Militärgeschichtliches Forschungsamt (Hrsg.)

Deutsche Militärgeschichte in sechs Bänden 1648—1939

Begründet von Hans Meier-Welcker

Herausgegeben vom Militärgeschichtlichen Forschungsamt
durch Friedrich Forstmeier, Wolfgang von Groote, Othmar Hackl,
Hans Meier-Welcker und Manfred Messerschmidt

Projektleitung und Gesamtredaktion:
Gerhard Papke und **Wolfgang Petter**

1983 Lizenzausgabe für
Manfred Pawlak Verlagsgesellschaft mbH, Herrsching

Umschlag- und Kassettengestaltung: Bine Cordes, Weyarn
Abbildungen auf Umschlägen und Kassette:
Interfoto-Pressebild-Agentur, München
ISBN: 3-88199-112-3

Band 2

Abschnitt IV
Militärgeschichte im 19. Jahrhundert
1814-1890

Abschnitt IV/Erster Teil

Manfred Messerschmidt
Die politische Geschichte der preußisch-deutschen Armee

Abschnitt IV/Zweiter Teil
Strukturen und Organisation

Manfred Messerschmidt
Die preußische Armee

Wolfgang Petter
Deutscher Bund und deutsche Mittelstaaten

Edgar Graf von Matuschka und Wolfgang Petter
Organisationsgeschichte der Streitkräfte

Gliederung der sechs Bände

IV

Militärgeschichte im 19. Jahrhundert

(1814-1890)

Erster Teil

Die politische Geschichte der preußisch-deutschen Armee
von Manfred Messerschmidt

Inhalt

Die politische Geschichte der preußisch-deutschen Armee

von
Manfred Messerschmidt

A. Preußen-Deutschland im System der europäischen Mächte

1. Die preußische Politik bis 1850

a. Der Vormärz

Die Rückführung der Armee in die Restauration

Die Rolle der preußischen Armee ist im Hinblick auf die außenpolitische Stellung des Staates seit dem Ende der napoleonischen Zeit durch eine prinzipielle Anpassung an die Ziele der Restauration gekennzeichnet. Die Wünsche führender Soldaten – so etwa das Bestreben Gneisenaus, eine dauernde, territorial abgesicherte Schwächung der Rheinposition Frankreichs herbeizuführen – scheiterten an den Interessen der anderen großen Siegermächte. Eine selbständige Großmachtrolle Preußens ließen das System der Tetrarchie und der Pentarchie sowie die „Heilige Allianz" nicht zu.

Die Verklammerung der europäischen Ordnung von 1815 mit der Konstruktion des „Deutschen Bundes" bedeutete für die Einzelstaaten des Bundes zwar eine Garantie, für den Ehrgeiz seiner Großmächte, namentlich für Preußen, aber eher eine Fessel. Für die 1814–1815 sichtbar gewordenen militärischen und machtpolitischen Vorstellungen Blüchers, Gneisenaus und anderer war kein Raum geblieben. Daher bedeutete der Sturz Boyens und Grolmans 1819 nur die auffällige Bestätigung einer Entwicklung, die Innen- und Außenpolitik Preußens wieder zur Deckung brachte. Das Ende der Reformen entsprach der außenpolitischen und innenpolitischen Verpflichtung auf die restaurative Friedensordnung des Wiener Kongresses und der Heiligen Allianz. In der preußischen Armee sank der Einfluß der Reformer. Sie sollen den Zaren zu der Bemerkung veranlaßt haben: „Es ist sehr möglich, daß wir dereinst dem König von Preußen gegen seine Armee zu Hilfe kommen müssen." Nach 1819 wäre ein solches Wort nicht mehr ausgesprochen worden. Das preußische Offizierkorps repräsentierte wieder eine konservative Ordnung, die alle Verfassungsbestrebungen zu ersticken drohte. Die Armee entwickelte sich von der intendierten Nationalarmee zurück zur Armee des Königs, in der das pseudodemokratische Institut der Allgemeinen Wehrpflicht unverbunden neben einem Offizierkorps stand, das seinen „unbürgerlichen" Geist jetzt erst systematisch auszubilden begann und damit im Rahmen der politischen Restauration die Ansätze der Heeresreform umbiegen konnte. So wandelten sich die Allgemeine Wehrpflicht, die Ehrengerichte, das sogenannte „Bildungsprinzip" zu Mitteln der Stärkung und immanenten Festigung des Königsheeres, in dem nach wie vor die Interessen des Militäradels dominierten.

Aber nicht dieser Prozeß – nachhaltig gefördert durch die Vertreter altständischer Politik, wie Karl von Mecklenburg, den Kommandierenden General des Gardekorps, oder Minister Wilhelm Ludwig Fürst zu Sayn-Wittgenstein – hat Preußen „in einen Zustand des bloßen Beharrens, des Stagnierens der Kräfte hineingedrängt, der sich auch auf die Militärorganisation höchst ungünstig auswirkte" (G. Ritter). Es war vor allem die Abhängigkeit Preußens von den bestimmenden Großmächten, die sich auch innenpolitisch so auswirkte, daß in der Armee die alten Interessen wieder weit stärker auflebten als die reformerischen Ansätze. Es war nicht mehr die Zeit dafür, die Verbindung einer Heeres- und Staatsreform mit den „seelischen Kräften" der Freiheitskriege durch „neue großartige Zielsetzungen preußischer Politik zu beleben".

Preußen rangierte völlig in die russisch-österreichische Politik ein, die ihm keine Selbständigkeit ließ, keine Möglichkeit zu derartigen „Zielen", die übrigens von seinen Staatsmännern nach 1819 auch nicht gesehen wurden. Sie hätten in der Richtung konstitutioneller und nationaler Anliegen gesucht werden müssen. Eben dagegen stellte sich die europäische Ordnung nach 1815, festgelegt vor allem durch die politischen Interessen der Flügelmächte England und Rußland. Sie hatten das „Mitteleuropa-Problem" 1815 machtpolitisch ausgeklammert und Frankreich weitgehend isoliert. Damit blieb Preußen im Schatten der österreichischen Führungsrolle und im Fahrwasser restaurativer Zielsetzungen des Metternich-Systems.

Die Armee hat diese Rolle durchaus akzeptiert. Im Grunde war sie mit ihren inneren Problemen beschäftigt und mit den Fragen der innenpolitischen Absicherung der monarchischen Ordnung, die ihren Interessen vor allem entsprach. So ist eine weitgehende Identität der außenpolitischen Einordnung Preußens in die Pentarchie und in die Heilige Allianz mit dem Selbstverständnis der Armee feststellbar. Eine Bedrohung der „Sicherheit und Ordnung" durch revolutionäre oder auch nur moderne Entwicklungen, gegen die sich das europäische Allianzsystem richtete, erschien der seit 1819 ebenfalls restaurierten Armee geradezu als Störung der altpreußischen Ordnung, als Bedrohung der Grundlagen des Staates. Sie hat sie auch nicht nur hingenommen, sondern bejahte das Konferenz- und Interventionsprinzip der fünf Mächte; auch Frankreich war seit dem Aachener Kongreß 1818 Mitglied des „Systems des allgemeinen Friedens". Dieser Fünfer-Bund, neben dem die Quadrupelallianz fortexistierte, bekannte sich zu den Zielen der Heiligen Allianz, also zum innen- wie außenpolitischen Status quo auf „christlicher" Grundlage.

Am 26. September 1815 unterzeichneten Alexander I., Franz I. und Friedrich Wilhelm III. den Vertrag, obwohl Metternich und der preußische König nicht viel von dem Plan hielten. Alle europäischen Staaten, die Gliedstaaten des Deutschen Bundes, auch Frankreich, traten dem Allianzvertrag bei. Nur England vermied den formellen Anschluß. Castlereagh bezeichnete die Heilige Allianz als „a piece of sublime mysticism and nonsense". Der Zusammenschluß folgte aus der Mobilisierung der Idee des christlichen Staates gegen Akte des Umsturzes. Er enthielt zugleich eine Interventionsdrohung gegen alle Versuche, Prinzipien der französischen Revolution in politische Wirklichkeit umzusetzen.

In der preußischen Armee gab es keine Potenzen mehr, die den Monarchen zu einer „preußischen" Politik im Sinne machtpolitischer friderizianischer Traditionen hätten inspirieren können oder wollen. Gottesgnadentum, Legitimismus und ein möglichst patriarchalisches Staatssystem – alles Elemente der Politik der Heiligen Allianz –, entsprachen den Vorstellungen des Offizierkorps mehr als liberal-nationale Wünsche. Eine Möglichkeit zu partiellem Zusammengehen im Sinne einer Führerrolle Preußens in nationalen Fragen ist den Soldaten nicht als Alternative erschienen. Hierzu hätte es monarchischer Initiative bedurft. Der Kommandogewalt des Kriegsherrn wäre die Armee auch für machtpolitische Ziele gefolgt, doch diese Lösung stand für Friedrich Wilhelm III. und seine Auffassung von der Stellung Preußens in Europa außer Frage.

Die Militarismusdiskussion, soweit sie auf die expansionistischen und militärstaatlich-machtpolitischen Traditionen Preußens verweist, muß die Jahrzehnte der Restauration konsequenterweise „ausklammern". Die Paradoxie dieser These liegt darin, daß gerade in dieser Epoche die innere Distanz der Armee zum politischen Leben der Nation ausgebildet und verfestigt wurde, die 1848 zur Krise führte und die schließlich die nationale Lösung bismarckscher Provenienz herausforderte und jenes bonapartistische System der Innenpolitik bedingte, das am Ende den Liberalismus ruinierte und zur Militarisierung der Gesellschaft wesentlich beitrug. Vorbedingungen der sozialen Militarisierung schuf in diesen außenpolitisch ruhigen Jahrzehnten die Allgemeine Wehrpflicht aufgrund der Indienstnahme breiter Schichten der Bevölkerung, die Kontakt zu einer Armee bekamen, in der der Soldat nicht mehr den Ausschuß der Nation darstellte oder die Truppenteile einen hohen Prozentsatz fremder Söldner umfaßten, während die eigentlichen bürgerlichen Schichten eximiert blieben.

Preußens außenpolitische Situation

In diesen Jahren des Vormärz, als Preußens Außen- und Innenpolitik sich dem Legitimismus verschrieb, lösten sich die Flügelmächte in Verfolgung eigener machtpolitischer Ziele schrittweise aus dem Friedenssystem von 1815. Rußland verwarf die von ihm maßgeblich akzentuierten ideologischen Konsequenzen einer antirevolutionären Status quo-Politik, als sie angesichts des griechischen Unabhängigkeitskampfes gegen die türkische Herrschaft mit den machtpolitischen Interessen des Zarenreichs kollidierten. England bog das Interventionsprinzip in der griechischen Frage ganz zugunsten liberaler und nationalstaatlicher Entwicklungen um, wobei es seine Orient- und Mittelmeerinteressen fest im Auge behielt. An der Peripherie des Kontinents wurde die Solidarität der Großmächte zuerst von machtpolitischen Zielen in Frage gestellt. Die Konstellationen wechselten. England operierte, wenn auch mit unterschiedlicher Zielsetzung, zeitweise mit Rußland. Das Petersburger Protokoll von 1826, in dem beide Mächte sich auf das Ziel, ein halbsouveränes Griechenland zu etablieren, einigten, widersprach grundsätzlich der Politik Metternichs. Als sich Frankreich 1827 dieser Politik anschloß, wurde die Grundlage der Lösung von 1815 in Frage gestellt. Auf der anderen Seite bildete sich die Gruppierung der „Ostmächte" Rußland, Österreich und Preußen heraus, die sich auf der Konferenz von Troppau im November 1820 auf das ursprünglich konservativ-antiliberale Interventionsprinzip festlegte. Danach sollten Staaten, „welche eine durch Aufruhr bewirkte Regierungsveränderung erhalten haben", in den Schoß der großen Allianz zurückgeführt werden.

Preußens Kalkül war in diesem Gegen- und Miteinander von Ideen und Interessen im wesentlichen wegen seiner polnischen Gebietsteile unmittelbar engagiert. Seine Aufmerksamkeit richtete sich aber vor allem auf mögliche Gefahren aus dem Westen, denn Frankreich galt nach wie vor als potentieller Exporteur revolutionärer Energien. Natürlicherweise band sich die preußische Politik also an Rußland und Österreich.

Im Innenverhältnis dieser Dreiergruppe tendierte Preußen stärker zum Zarenreich. Die preußische Vermittlung im russisch-türkischen Krieg 1828 bis 1829 führte zum Frieden von Adrianopel, der Rußlands Position gegenüber der Pforte erheblich verbesserte und zur Errichtung eines unabhängigen griechischen Staates führte. Heinrich v. Srbik betrachtet diesen Friedensschluß geradezu als den Schlußpunkt der Epoche der Solidarität der fünf Großmächte. Mit ihm sei die „gesamteuropäische Führerschaft Metternichs" – die ja eigentlich die Abwesenheit eigener Interessen der anderen Großmächte und damit einen „unnatürlichen" Zustand vorausgesetzt hatte – für immer verlorengegangen.

Gemessen an den von der Peripherie her auf den Deutschen Bund einwirkenden Kräften kann Preußen als der folgsamste Schüler des Metternichschen Systems angesehen werden. Auch die konservativen Militärs in den führenden Positionen sahen in der Einordnung in eine von fremden Interessen akzentuierte Politik der Ideen keinen Widerspruch zu den Anliegen und Aufgaben Preußens. Die innenpolitischen Konsequenzen dieser Gebundenheit schlugen in Preußen voll durch: im Deutschen Bund wurde Preußen mit Österreich zum maßgeblichen Vertreter der Restaurationsideen und blieb in der Verfassungsentwicklung weit hinter den süddeutschen Staaten zurück.

Seine besondere Abhängigkeit von Metternichs Politik zeigte sich beim Abschluß der sogenannten Teplitzer Punktation vom 1. August 1819, in der es sich verpflichtete, keine allgemeine Nationalrepräsentation einzuführen, sich mithin auf bloße landständische Provinzialvertretungen zu beschränken, aus denen ein „Zentralausschuß" gebildet werden konnte. In Teplitz einigten sich die beiden Großmächte des Deutschen Bundes auf die Grundsätze der kurz darauf gefaßten Karlsbader Beschlüsse, mit denen freiheitliche Bewegungen gestoppt, die Universitäten überwacht und die Voraussetzungen für ein gemeinsames Vorgehen der Bundesstaaten gegen „revolutionäre Umtriebe und demagogische Verbindungen" geschaffen wurden.

Auswirkungen der Julirevolution

Während England und Rußland ihre asiatischen, ja weltweiten Ambitionen verfolgten, Österreich die Erhaltung des Bestehenden mit dem Interventionsprinzip vor allem in Italien durchsetzte, schien der deutsche Raum, machtpolitisch ausbalanciert, nur noch der innenpolitischen Beruhigungstherapie zu bedürfen. Als Bollwerk gegen Frankreich und das Wiederaufleben französischer Bewegungskräfte begrüßten sowohl Rußland wie England diesen Zustand. Die französische Julirevolution akzentuierte die Frontstellung der drei Ostmächte gegen das Mutterland der Revolution. Für das europäische Mächtesystem konnten langfristige Strukturänderungen im wesentlichen allein durch die Flügelmächte England und Rußland herbeigeführt werden, und zwar vor allem infolge eines Bruchs in der bisher gemeinsam verfochtenen Linie der Eingrenzung der Macht und Bewegungsfreiheit Frankreichs.

Frankreich, unter dem Bürgerkönig Louis Philippe mit einem erweiterten Wahlrecht und der Gesetzesinitiative der Kammern auf liberale Verfassungsgrundlagen gestellt, wandte dem Legitimismus den Rücken. Wieder ging eine Sympathiewelle durch das Bürgertum in Europa, wenn auch der deutsche Liberalismus zu keiner großen Aktion fähig war. Die Voraussetzungen für eine Blockbildung der liberalen Westmächte und für einen dauernden liberalen Druck auf die europäische Mitte schienen gegeben. Die ersten Jahre nach 1830 sahen in der Tat eine Auflösung der Pentarchie und Ansätze zu einer Blockbildung, in der sich die drei Ostmächte den Westmächten entgegenstellten. Fraglich blieb allein, ob die Probleme der europäischen Mitte ausreichten, England und Rußland definitiv auseinanderzuzwingen.

Im Ergebnis ist festzustellen, daß die Julirevolution Europa ideologisiert und innenpolitisch sehr viel stärker beunruhigt hat als außen- und machtpolitisch. Der Bruch der Flügelmächte erfolgte nicht. Die Großmächte des Deutschen Bundes wagten nicht, die Revolution jenseits der Grenzen zu bekämpfen. Allein Rußland war bereit, einen neuen Koalitionskrieg gegen Frankreich und seine liberalen Sympathisanten zu führen, bis ihm der polnische Aufstand die Hände band. In Preußen sympathisierte der prominenteste Vertreter der Armee, der Prinz von Preußen, mit dem Gedanken einer bewaffneten Niederzwingung der Revolution.

Deutschland, ganz besonders Preußen, erlebten die politischen Auswirkungen der Julirevolution in Polen und Belgien als eine sie unmittelbar angehende Sache. Die Aufspaltung des Königreichs der Niederlande und die Schaffung des Königreichs Belgien bargen zeitweise die Möglichkeit der Intervention Rußlands und eines entscheidenden Interessenkonflikts zwischen Frankreich und England in sich. Doch die Londoner Konferenz von 1830 bannte die Gefahr eines europäischen Krieges. Preußens Vorschlag, Belgien zu neutralisieren, bot sowohl England wie Preußen Garantien gegen eine Expansion Frankreichs, schuf damit aber zugleich die Voraussetzung für die westliche Blockbildung.

Ungleich stärker drückte die Behandlung der polnischen Erhebung durch Rußland und Preußen das Auseinanderbrechen des europäischen Mächtesystems aus. Preußen koordinierte vor dem Hintergrund einer als unmittelbar bedrohlich empfundenen Entwicklung seine Interessen in viel stärkerem Maße mit der russischen Westpolitik, als dies während der Zeit der Kongresse und Interventionen der zwanziger Jahre der Fall gewesen war. An seiner Ostgrenze ließ es unter dem Oberbefehl Gneisenaus eine starke Observationsarmee aufmarschieren, die dem Kampf Rußlands gegen die polnische Revolution potentielle und praktische Hilfe gewährte. Preußen verhinderte damit nicht nur das Übergreifen der revolutionären Entwicklung auf das „Großherzogtum Posen“, das ihm auf dem Wiener Kongreß zugefallen war, sondern schuf sich seine spezielle polnische Frage, deren außenpolitische Konsequenz zur Bindung an das Zarenreich wesentlich beitrug. So ist die gemeinsame Bewahrung der polnischen Besitzanteile geradezu zum Kernpunkt eines Allianzvertrages der drei Ostmächte vom Dezember 1833 geworden – eines Garantieinstruments, in dem sich für Preußen Interessenpolitik und Ideologie verbanden, während es sonst lediglich ideeller oder nur innenpolitisch profitierender Partner der konservativen Bündnispolitik blieb. Staatliches Interesse und konservative Politik drängten sich vielen als innerlich zusammengehörig auf. Der deutsche Liberalismus hingegen sympathisierte mit der nationalen polnischen Bewegung, solange er nicht mit seinen nationalen Bedürfnissen gerade durch den preußischen Militärstaat abgefunden war.

Die östlichen Großmächte der Heiligen Allianz antworteten auf den Nachhall der Julirevolution in Zentral- und Osteuropa mit einer Erneuerung reaktionärer Maßnahmen. Metternich aktivierte den Deutschen Bund gegen Volksbewegung, politisches Bewußtsein, Meinungsfreiheit und wachsende Ansprüche des Konstitutionalismus. Herausgefordert durch das Hambacher Fest und den Frankfurter Wachensturm formulierte der Bundestag ein perfektes Kontrollsystem, das im Juni 1834 in den Beschlüssen der Wiener Ministerkonferenz vollendet wurde. Das Ergebnis war Pressezensur, Kontrolle der Kammern und der Universitäten. England und Frankreich schalteten sich ein, gestützt auf das „Garantierecht“ der Unterzeichnerstaaten der Wiener Verträge. Ziel der Intervention war es, Maßnahmen zu inhibieren, die eventuell „zu Erschütterungen und zum Kriege führen“ konnten. Zwar wies der Bundestag 1834 den Interventionsanspruch der Westmächte ab, aber die offenbare Wesensverschiedenheit der liberalen und konservativen politischen Systeme wurde dadurch eher noch unterstrichen.

Preußen stand damit bis zur Revolution des Jahres 1848 unverrückbar im Lager restaurativ-konservativer Politik. Dem liberalen Engagement stellte es überdies eine auf Romantik, historischer Rechtsschule und Restaurationsideen beruhende Staatsauffassung gegenüber, die insbesondere unter Friedrich Wilhelm IV. in Verbindung mit christlichen Anschauungen staatstheoretische Verdichtung erfuhr und praktischen Niederschlag zu finden suchte.

Bis 1848 wurde der Gegensatz der liberalen und konservativen Interventionsprinzipien, repräsentiert vor allem durch England und Rußland, zwar immer wieder von diagonal laufenden machtpolitischen Interessen aufgelockert und durchkreuzt, eine tiefgreifende Entfremdung zwischen der Staatsauffassung der preußischen Militärmonarchie und den Prinzipien der Verfassungsstaaten des Westens ist gleichwohl ausgebildet und geradezu als gegeben hingenommen worden. Im Verhältnis zu England hatte dieser Sachverhalt noch auf Jahrzehnte hin mangels ernsthafter machtpolitischer Reibungsflächen kaum praktische Konsequenz, dennoch kann über diese Grundlegung möglicher Antipathien nicht hinweggesehen werden.

Eine dauernde Verbindung machtpolitischer und ideologischer Faktoren zu beständigen Gruppierungen im Mächtesystem Europas hat die erste Hälfte des Jahrhunderts nach 1815 noch nicht gekannt. Selbst England und Rußland, die sich ideologisch und nach ihrer politischen und sozialen Struktur als wesensverschieden gegenüberstanden und überdies an vielen Punkten der Welt sich machtpolitisch die Wege kreuzten, liefen sich nicht in unverrückbaren Positionen fest. Bis zum Krimkrieg ist der Gegensatz gegen Frankreich ein wenn auch in der englischen Politik zeitweise überlagertes Element ihrer Außenpolitik geblieben.

Die Orient-Rhein-Krise 1840

Die sogenannte „Orientalische Krise“ brachte 1840 noch einmal die Mächte der alten Quadrupelallianz gegen Frankreich zusammen. Im Kern englischer und russischer Einspruch gegen die Selbständigkeits- und Expansionsbestrebungen des Vizekönigs von Ägypten, die die Machtverhältnisse im östlichen Mittelmeer und die Position des osmanischen Reiches zu verändern drohten, brachte diese Krise auch die europäische Politik in Bewegung wegen des französischen Interesses an der Stärkung Ägyptens. Frankreich geriet von seiner Algerienposition her damit in starken Widerspruch zur englischen Politik.

Als im Juli 1840 England, Rußland, Österreich und Preußen im Londoner Vertrag die Erhaltung der Türkei als wesentliche Aufgabe bezeichneten, sah Frankreich sich ausmanövriert. Es stand in seiner Mittelmeerpolitik dem englisch-russischen Übergewicht gegenüber und fühlte sich zudem von Mitteleuropa her bedroht. Die Kriegsstimmung in Frankreich fand ihre Ziele vor allem in der Wendung gegen Preußen mit dem Ruf nach der Rheingrenze. Nationale Stimmung des westlichen Nachbarn erzeugte Nationalgefühl in Deutschland, das auch den bisher stark mit Frankreich sympathisierenden Liberalismus ergriff. Obwohl Preußen, schwächster Partner des Londoner Vertrages, sich mit einem Neutralitätsvorbehalt für den Fall eines Krieges abgesichert hatte, fand es sich nun in der Rolle des Wächters der Rheingrenze.

In dieser Lage schlossen die beiden deutschen Großmächte ein Militärabkommen, das eine Modell-Lösung für Preußen vorsah, dessen Tendenz aus den Überlegungen der preußischen Militär- und Außenpolitik nicht mehr zu eliminieren war. Preußen erhielt nämlich den militärischen Oberbefehl über die norddeutschen Bundeskontingente, während es sich seinerseits bereit fand, Österreich im Kriegsfalle in Oberitalien zu unterstützen. An der Rheingrenze wurde die Bundesfestung Rastatt aufgebaut.

Preußens Oberbefehl in Norddeutschland, wenn auch nur kurzfristig und für den Notfall vorgesehen, ließ militärpolitisch ein Ziel sichtbar werden, das wirtschaftspolitisch mit der Zollvereinspolitik längst erreicht war: die Konsolidierung des norddeutschen Raumes und dann der Übergriff auf Süddeutschland mit dem Ziel der preußischen Lösung in Deutschland. Dieses Ziel verfolgte die preußische Politik in Ausnutzung der Schwäche der österreichischen Führungsmacht nachdrücklich später während der Revolutionsphase 1848–1850.

Nach dem Abklingen der Spannungen von 1840 pendelte sich das europäische Mächtesystem wieder stärker auf den Gegensatz der Ost- und Westmächte ein. Insbesondere führte die Interessengemeinschaft der Ostmächte gegen revolutionäre Bewegungen in Polen 1846, mit der die Angliederung Krakaus an Österreich durchgesetzt wurde, zum Zusammenrücken der Westmächte und zum verstärkten Mißtrauen der liberalen Bewegung gegen die osteuropäischen Monarchien.

b. Versuche einer großpreußischen Lösung

Preußen und die nationale Frage

Gleichsam im Schatten der politischen Möglichkeiten eines liberalen deutschen Nationalstaates, der das Mächtesystem Europas grundsätzlich verändert und neben die Großmächte in West und Ost eine starke Mitte gestellt hätte, verfolgte Preußen das Ziel, militärisch den Hebel in die Hand zu bekommen und letztlich doch aus dieser Position heraus die politische Neuordnung zu bestimmen. Der daraus erwachsende Gegensatz zu Österreich hat schließlich zum Scheitern einer neuen großzügigen Lösung überhaupt geführt. Zudem zeichnete sich dabei bereits ein Arrangement der Flügelmächte gegen die Politik eines deutschen Nationalstaates ab.

Die Schleswig-Holstein-Frage verwickelte die Frankfurter Nationalversammlung und die Reichsregierung in außenpolitische Zwänge, die ohne Machtbasis nicht zu lösen waren. Dänemarks Absicht, Schleswig voll einzugliedern, führte zum nationalen Protest und zur Kriegsstimmung in Deutschland. Der Deutsche Bund und ihm folgend die Nationalversammlung ließen preußische Truppen gegen Dänemark marschieren. Auf englisch-russischen Druck schloß Preußen im August 1848 in Malmö einen Waffenstillstand und räumte die Herzogtümer, was eine Niederlage der Zentralregierung, der Nationalversammlung, aber auch Preußens bedeutete, das liberale und nationale Sympathien einbüßte. Außenpolitisch war damit der nationale Elan der Mitte von den Flügelmächten auf indirekte Weise aufgefangen, innenpolitisch begannen die Chancen der Revolution zu schwinden. Die mit der Schleswig-Holstein-Politik von der liberalen preußischen Regierung, insbesondere von Außenminister Heinrich v. Arnim, verfolgten ehrgeizigen Ziele einer preußisch-deutschen Führungsrolle in Europa, eines Zusammengehens mit Frankreich und Polen gegen Rußland, erwiesen sich als unrealistisch, nicht nur wegen der Ablehnung dieser Wendung durch die konservativen Führungsgruppen, sondern vor allem wegen der Abneigung der europäischen Mächte gegen eine derartige Stärkung der Mitte.

Preußen suchte nach dem Erwachen aus derartigen visionären Träumen den Schwebezustand doch noch für eine Stärkung seiner Position in Deutschland, wenigstens aber in Norddeutschland, zu nutzen. Ministerpräsident Graf Brandenburg und der amtierende Außenminister Graf Bülow befürworteten Ende 1848 die unterschiedlichsten Wege für eine Machterweiterung. Als Heinrich v. Gagern Ende November Friedrich Wilhelm IV. bewegen wollte, Oberhaupt eines deutschen Bundesstaates zu werden, plädierten sie dafür ebenso wie wenig später für eine Zusammenarbeit mit Österreich auf der Grundlage völliger Gleichberechtigung und der Möglichkeit, Preußens militärische Stellung im Norden zu verbessern.

Preußische Offiziere wie General v. Auerswald und Politiker wie Radowitz sprachen sich in der Frankfurter Nationalversammlung für ein militärisch starkes Deutschland aus. Radowitz brachte eine Armee von etwa 700 000 Mann auf der Basis des preußischen Landwehrsystems in Vorschlag, ein Kriegsinstrument also, das mit seinen binnen weniger Jahre produzierten Reserven die Machtverhältnisse in Europa entscheidend verändern mußte.

Nicht die Ablehnung der Kaiserkrone durch Friedrich Wilhelm IV. im April 1849 hat die kleindeutsche Lösung mit ihrem natürlichen Schwergewicht Preußen zunächst verhindert, sondern das Wiedererstarken Österreichs unter der Regie Schwarzenbergs. Die dann einsetzenden Unionspläne Preußens, das

Werk Radowitz', mit denen auf einer stärker föderativ und monarchisch akzentuierten Basis doch noch der Nationalstaat unter preußischer Führung erreicht werden sollte, erwiesen sich ebenfalls als illusorisch. In Preußen ist die Einigungspolitik in beiden Phasen vor allem auf den Widerspruch der Ultrakonservativen gestoßen, die schließlich ihre Haltung auch außenpolitisch bestätigt fanden, als Rußland sich entschieden gegen die Unionspläne wandte. Preußen geriet damit wieder in die Abhängigkeit der Ostmächte, die konservative Kräfte als die normal bestimmenden anzusehen gewohnt waren. Der österreichische Gesandte in Berlin hat zeitweise geglaubt, auf solche Gemeinsamkeiten bauen zu können.

Die Militärkonventionen

Neben und unterhalb der nationalen und internationalen Politik suchte die norddeutsche Großmacht in kleinen Schritten ihre Stellung dadurch zu festigen, daß sie die norddeutschen Kleinstaaten mit Militärkonventionen zu binden bestrebt war. Dabei waren keine Gegensätze zwischen konservativen und ultrakonservativen Politikern in Berlin auszuräumen. Ein Exponent der letzteren, nämlich Ludwig v. Gerlach, hat selbst aktiv am Zustandekommen der Militärkonventionen mit den Anhaltischen Staaten mitgewirkt.

Voraussetzung für diese Politik waren verschiedene Beschlüsse der Frankfurter Nationalversammlung in Militärangelegenheiten, durch welche die Bundeskriegsverfassung und die Souveränität der Kleinstaaten in Frage gestellt wurden. Die wichtigste Grundlage dafür bildete das Gesetz über die Einsetzung der Zentralgewalt vom 28. Juni 1848, das den Reichsverweser mit der „Oberleitung der gesamten bewaffneten Macht" beauftragte. Im Juli suchte der Reichskriegsminister die Truppen der Einzelstaaten der Befehlsgewalt des Reichsverwesers zu unterstellen.

Schon im Juli 1848 sprach sich der auf Antrag des preußischen Generals v. Auerswald gebildete Ausschuß für Volksbewaffnung und Heerwesen für eine drastische Vergrößerung der bewaffneten Macht von 428000 auf 910000 Mann aus. Als Richtzahl billigte die Nationalversammlung an Stelle von 1% eine Größenordnung von 2% der Bevölkerungsziffer. Hierauf aufbauend, legte der Wehrausschuß im September den Entwurf eines Wehrgesetzes vor, der die Militärgewalt des Reiches besonders betonte. Im November 1848 erging dann der die Einzelstaaten ganz empfindlich treffende Beschluß der Nationalversammlung, der die Souveränität der Kleinstaaten aufzuheben drohte: „Diejenigen Staaten, welche als Kontingent weniger als 6000 Mann stellen, geben in bezug auf das Heerwesen ihre Selbständigkeit auf und werden in dieser Beziehung entweder unter sich in größere Ganze verschmolzen, welche dann unter unmittelbarer Leitung der Reichsgewalt stehen, oder insofern diese Verschmelzung nicht für angemessen empfunden wird, einem angrenzenden größeren Staate angeschlossen. In beiden Fällen haben die Landesregierungen dieser kleinen Staaten keine weitere Einwirkung auf das Heerwesen, als ihnen von der Reichsgewalt oder dem größeren Staate übertragen wird."

Viele Kleinstaaten sahen sich nun zu einem Zusammengehen mit Preußen gedrängt, weil sie noch weniger als an Preußen ihre Rechte an die Reichsregierung abgeben wollten. Die Reichsverfassung hat die souveränitätseinschränkenden Bestimmungen in ihren Wehrverfassungsregelungen (Art. III, §§ 11–19) etwas modifiziert, damit jedoch die Akzeptabilität für die kleinen Staaten nicht gefördert. Es blieb in Frankfurt zu wenig Zeit, die alte Bundeskriegsverfassung außer Kraft zu setzen, so daß 1848/49 nur ein Schwebezustand erreicht wurde, der von Österreich im folgenden Jahr mit Hinweis auf die Fortgeltung der alten Kriegsverfassung als rechtswidrig angegriffen wurde.

Bei der Zersplitterung des norddeutschen Raumes mußten die auf eine Änderung der Bundeskriegsverfassung zielenden Beschlüsse der Frankfurter Nationalversammlung vor allem Preußen zugute kommen. Reichskriegsminister war der preußische General v. Peucker. In seiner Sicht bedeutete der Anschluß kleiner Staaten an Preußen zugleich die Erhöhung der Wehrkraft des Reiches. Daher favorisierte er ihren Anschlußprozeß, ermutigte sie bei zweifelnden Anfragen, begünstigte also systematisch die Interessen Preußens.

In Berlin sah die politische und militärische Führung in der Konventionspolitik einen geeigneten Ansatz für den Aufbau eines „Groß-Preußen". Ministerpräsident Graf Brandenburg – zuvor Kommandierender General in Breslau – hielt die Militärkonventionen für „die einzige Realität". Als sich im Januar 1849 Mecklenburg zum Abschluß einer Militärkonvention bereit erklärte, schrieb er an Friedrich Wilhelm IV.: „Wenn die deutschen Regimenter in den Ländern, die sich zu uns halten wollen, auf preußischen Fuß werden organisiert sein und wenn Euer Königliche Majestät durch den Telegraphen diese Regimenter werden marschieren lassen können, wie preußische, dann läßt sich weiter sprechen. Alles andere ist Komödie."

Mit der Konventionspolitik stellte Preußen gegen die Frankfurter kleindeutsche und die österreichische großdeutsche eine großpreußische Lösung, die jederzeit die Möglichkeit bieten konnte, den großpreußisch-norddeutschen Raum auf Süddeutschland auszuweiten und damit einen militärisch durchorganisierten Nationalstaat monarchischer Prägung zu bekommen. Friedrich Meinecke sah diese Tendenzen „aus den eigensten und kräftigsten Quellen preußischen Wesens" hervorgehen. Bezeichnend ist jedenfalls, daß die militärische Verklammerung der Staaten als „realer" empfunden wurde als jede Art der Vereinbarung oder Konstituierung durch parlamentarische Beschlüsse.

Preußen schloß Militärkonventionen ab mit:
Mecklenburg-Strelitz im April 1849
Anhalt-Bernburg am 5. Juni 1849
Mecklenburg-Schwerin am 17. Juli 1849
Anhalt-Dessau-Köthen nach langen Verhandlungen am 6. Oktober 1849. (Schon am 5. April 1849 hatte Reichskriegsminister v. Peucker eine entsprechende Anfrage des leitenden Anhaltischen Ministers dahingehend beantwortet, daß nur ein Anschluß an Preußen sinnvoll wäre.)
Braunschweig im Januar 1850
Verhandlungen sind ferner geführt worden mit:
Hamburg: Der definitive Abschluß ist von Hannover und Österreich durchkreuzt worden.
Schaumburg-Lippe: Die Kontakte blieben im Verhandlungsstadium stecken.

Waldeck: Die Verhandlungen wurden preußischerseits im Februar 1849 verzögert, weil Berlin noch auf ein Arrangement mit Kurhessen hoffte. Erst im März billigte Friedrich Wilhelm IV. den Fortgang der Bemühungen. Aber erst als Kurhessen Waldeck an sich binden wollte, engagierte Preußen sich seit März 1850 stärker. Nach dem Scheitern der Erfurter Unionspläne Preußens ließ Waldeck die Sache einschlafen.

Schwarzburg-Sondershausen: Es kam nur zu beiläufigen Kontakten.

Sachsen-Coburg-Gotha: Für Preußen geographisch sehr wichtig. Im Mai 1849 erfolgte eine Anfrage wegen Abschlusses einer Konvention in Berlin. Zwar ist es nicht zum Vertrag gekommen, aber das Gothaer Kontingent wurde durch preußische Offiziere nach preußischem Muster organisiert. Gemeinsame Übungen fanden statt.

Baden: Es kam zum Vertragsentwurf.

Für die meisten der kleinen Staaten bot sich der militärische Anschluß an Preußen als das kleinere Übel an. Sie hielten sich außerdem eine Hintertür offen. Mit Ausnahme der Entwürfe für Baden und Schaumburg-Lippe enthielten alle Konventionen einen Vorbehalt, der eine Lösung möglich machte für den Fall, daß die Reichsgewalt ihre Militärhoheit gegen die kleinen Staaten nicht definitiv durchsetzen konnte, also für den Fall des Scheiterns der Revolution und der nationalen Einheit. Damit blieb auch gegenüber Österreich eine elastische Politik möglich. Preußen konnte mithin seiner Sache nie ganz sicher sein. Immerhin zeigten die Konventionen die Tendenz seiner „realpolitischen" Variante in der Zeit der relativen Schwächung der Führerrolle Österreichs.

Zu den wesentlichen Abmachungen zählten (Aufführung nach G. Hoffmann: Preußen und die norddeutsche Heeresgleichschaltung):

1. Einverleibung des betreffenden Kontingents in den preußischen Heeresverband unter Vorbehalt der Militärhoheit des Landesherrn.
2. Festsetzung der Kontingentstärke auf 2% der Bevölkerung. Formierung des Kontingents.
3. Regelung der Befehlsverhältnisse.
4. Übernahme der preußischen Reglements und Verordnungen.
5. Regelung der Disziplinargewalt und Gerichtsverhältnisse.
6. Festsetzung gemeinsamer Übungen.
7. Regelung des Inspektionswesens.
8. Finanzieller Ausgleich.
9. Annahme des preußischen Offizierprüfungssystems.
10. Besuch der preußischen Militärschulen.
11. Bewaffnungsfragen.

Die Realisierung der Konventionen bis zur vollen Anpassung an das preußische Militärwesen wurde unterschiedlich vollzogen, sowohl im Tempo als auch im Umfang. Anhalt-Dessau-Köthen zögerte die interne rechtliche Gleichordnung, vor allem im Hinblick auf die Disziplinarordnung und die Kriegsartikel, hinaus. In Dessau wollte man die Entwicklung in Frankfurt abwarten. Auch Mecklenburg-Strelitz überstürzte nichts. Solange das X. Bundes-Armeekorps noch bestand, wollte man „nicht über eine gewisse Grenze" hinausgehen. Immerhin nahmen die zuständigen Militärbehörden den dienstlichen

Verkehr auf. Sehr gut ließ sich dagegen für Preußen die Ausführung der Konventionen in Anhalt-Bernburg, Braunschweig und Mecklenburg-Schwerin an. Die preußischen Militärverordnungen wurden eingeführt, teilweise auch das Strafrecht. Inspektionen verliefen zufriedenstellend, so die des Schweriner Kontingents durch den Oberbefehlshaber in den Marken, General v. Wrangel. Es machte den überwiegenden Teil der gemeinsam mit Strelitz zu stellenden Brigade aus und sollte auf über 10000 Mann gebracht werden.

Preußen wäre auf diesem Wege mit Sicherheit zu einer militärischen Organisation Norddeutschlands nach eigenen Maßstäben gelangt, hätte vor allem allmählich über die militärische Kraft des Nordens verfügen können. Wesentliche Lücken blieben aber infolge der Konkurrenz Hannovers und des Fernbleibens Sachsens bestehen.

Hannover, das schon in den zwanziger Jahren über 13000 Mann zur 1. Division des X. Bundes-Armeekorps gestellt und unter Ernst August seit 1837 seine Streitmacht erheblich vergrößert hatte, strebte eine eigene Konventionspolitik an, mit dem Ziel, das X. BAK in eigene Regie zu bekommen. Die preußische Konventionspolitik stieß deshalb hier auf energischen Protest, als sie sich den Staaten zuwandte, die Truppen zum X. BAK stellten, also Mecklenburg, Braunschweig und Schaumburg-Lippe. Sehr wahrscheinlich haben der Abschluß der Mecklenburger Verträge und die Verhandlungen Preußens mit Braunschweig mit zum Rückzug Hannovers aus dem Dreikönigsbündnis beigetragen. Österreich tolerierte zunächst die preußischen Konventionen – teils allerdings auch nur notgedrungen wegen der eigenen Probleme – solange sie nicht Hannover und Sachsen anvisierten.

Vornehmlich zielte die österreichische Politik aber darauf, Preußens Konsolidierungsanstrengungen im Rahmen des Deutschen Bundes zu halten und neue „revolutionäre“ Wege abzublocken. Die in dieser Sicht „revolutionären“ Elemente des preußischen Vorgehens griff Schwarzenberg scharf an. Ende März 1850 ging bereits allen österreichischen Gesandten in Deutschland eine Denkschrift zu, in der minutiös alle Kollisionen der Konventionen mit dem Bundesrecht aufgeführt waren. Der Ausdehnung des preußischen Einflusses auf Kurhessen widersprach Schwarzenberg schon in den Verhandlungen im Januar 1849, als beide Großmächte über neue Organisationsformen im Bunde verhandelten, nämlich über Preußens Vorstellungen von einer eigenen norddeutschen Sphäre, für die Österreich einen Ausgleich erhalten sollte.

In preußischer Sehweise entwickelte sich seine „großpreußische“ Politik wider Erwarten gut. Als preußische Truppen im pfälzisch-badischen Raum während des Sommerfeldzuges 1849 die Revolution niederwarfen, schien Preußen damit zum ersten Ordnungs- und Machtfaktor im Bunde geworden zu sein. Ministerpräsident v. Brandenburg glaubte die Möglichkeit gekommen, das Konventionssystem auch auf Süddeutschland übertragen und damit Berlin zum Vorort in Deutschland machen zu können.

Er schrieb in einem Promemoria am 10. Juni 1849 die Erwartungen und Ziele dieser „großpreußischen“ Machtpolitik nieder: „Die Lage der Dinge in Deutschland ist jetzt so, daß ein festes, ruhiges, aber energisches Auftreten Preußens uns vollständig zu Herren der Situation macht. Die Zentralgewalt führt nur noch ein Scheinleben, welches notwendig aufhören muß; die kleineren Staaten, welche sich ihr und der Nationalversammlung angeschlossen hatten, warten nur auf einen Anlaß und auf die Gewißheit sicheren Schutzes durch Preußen, um sich uns in die Arme zu werfen. Beides wird erreicht durch das Auftreten S.K.H. des Prinzen von Preußen an der Spitze der imposanten Streitkräfte am Rhein."

Die Erfurter Union

Neben den großpreußischen Ambitionen dieser Zeit gab es noch eine national-konservative Variante, die mit dem Namen Joseph Maria v. Radowitz verbunden ist. Er erstrebte ein von Preußen geführtes Reich auf konservativer Grundlage, das hieß: absolutes Veto des Bundesoberhauptes gegen Beschlüsse des Parlaments, Dreiklassenwahlrecht nach preußischem Muster, Einfluß föderativer Elemente. Die Gesetzgebung sollte beim Reichsoberhaupt, dem Reichstag und einem sechsgliedrigen Fürstenkollegium liegen. Der im Prinzip preußisch geführte Bundesstaat sollte eine Union mit Österreich schließen. Auch Brandenburg setzte sich für diese Lösung ein. Der wichtigste Berater Friedrich Wilhelms IV. war indes General v. Radowitz.

Preußen formulierte den Unionsplan in einer Denkschrift vom 9. Mai 1849, die Schwarzenberg zugeleitet wurde. Dieser Versuch, Teilergebnisse der Beratungen der Frankfurter Nationalversammlung zur Lösung der nationalen Frage zu übernehmen unter Weglassung der liberalen Ziele, ist noch im Mai in Berlin mit den Vertretern Bayerns, Sachsens, Hannovers und Württembergs beraten worden. Das Ergebnis war das Dreikönigsbündnis vom 26. Mai zwischen Preußen, Sachsen und Hannover. Bayern und Württemberg blieben abseits. Hannover und Sachsen machten den wichtigen Vorbehalt, an die Verfassung definitiv nur gebunden zu sein, wenn alle deutschen Staaten außer Österreich beitreten würden. Preußen übernahm die vorläufige Leitung. Die Situation war zunächst günstig, weil Österreich im Mai 1849 infolge des ungarischen Aufstandes entscheidend gelähmt war.

Bis Ende 1849 traten von den 36 deutschen Staaten 26 der Union bei, nämlich, außer Preußen, Sachsen und Hannover: Kurfürstentum Hessen, die Großherzogtümer Baden, Hessen-Darmstadt, Mecklenburg-Schwerin, Mecklenburg-Strelitz und Oldenburg, die Herzogtümer Nassau, Braunschweig, Sachsen-Weimar, Sachsen-Altenburg, Sachsen-Coburg-Gotha, Sachsen-Meiningen, Anhalt-Dessau, Anhalt-Köthen, Anhalt-Bernburg, die Fürstentümer Schwarzburg-Rudolfstadt, Schwarzburg-Sondershausen, Lippe-Detmold, Schaumburg-Lippe, die beiden Reuß, Waldeck und die drei Hansestädte (nach E. R. Huber). Der Reichstag sollte in Erfurt zusammentreten, daher die Bezeichnung „Erfurter Union".

Daneben bestand immer noch der Deutsche Bund, den Österreich stets als Grundlage der deutschen Staatsordnung betrachtete und dessen volle politische Realität es mit seinem Wiedererstarken planvoll anstrebte. Darüber hinaus beabsichtigte die österreichische Politik, aus der Defensive heraus die Gesamtmonarchie so ins Spiel zu bringen, daß ein von Wien beherrschter Gesamtblock von 70 Millionen entstand. Preußisches und österreichisches

Hegemonialstreben stießen bei der Behandlung der kurhessischen Frage bereits so hart aufeinander, daß sich der Kampf um die Führung in Deutschland anzubahnen schien. Dabei trug der preußische Einsatz im Süden entgegen den Erwartungen in Berlin nicht zur Festigung der Stellung der norddeutschen Großmacht südlich des Rheins bei. Die Erfolge der preußischen Armee in Baden stärkten die Kräfte der Gegenrevolution in Süddeutschland, und für die Dynastien war die Anlehnung an Preußen nicht länger eine Lebensfrage.

Unter österreichischem Druck begann die Union auseinanderzubröckeln. Hannover und Sachsen schlossen im Februar 1850 mit Bayern und Württemberg das sogenannte Vierkönigsbündnis, das den Anschluß Gesamtösterreichs an den Bund forderte und sich damit ganz in das Fahrwasser der Mitteleuropablockziele Schwarzenbergs und Brucks stellte.

Der Verfassungsentwurf sah ein Siebener-Direktorium unter Einschluß Preußens vor. Schwarzenberg ließ überdies durchblicken, daß Preußen in Norddeutschland durchaus Machterweiterung suchen könne. Damit brachte er Brandenburg und die Konservativen auf seine Seite. Radowitz widersprach, weil er die nationale Einheit für das größere Ziel hielt, und setzte sich damit noch einmal durch. Preußen brachte die Unionsmitglieder zu einem Kongreß in Berlin zusammen. Die auf Wiederherstellung des Deutschen Bundes zielenden Bemühungen Österreichs führten, ebenfalls im Mai 1850, zur Frankfurter Konferenz, auf der die Mitglieder des Vierkönigbundes, Hessen, Holstein und einige andere Staaten erschienen.

In dieser Konstellation brachte der neu aufbrechende Krieg in Schleswig-Holstein und die kurhessische Frage vor allem Rußland ins Spiel und verknüpfte so die norddeutsche Problematik mit der großen europäischen Politik. Preußen gab auf der ganzen Linie nach, vor allem aus Rücksicht auf das Wohlwollen Rußlands. Im Juli 1850 schloß Preußen Frieden mit Dänemark.

Olmütz und die Rückkehr zum Status quo

Eine noch schärfere Zuspitzung bahnte sich in Kurhessen an. In der Auseinandersetzung des Kurfürsten mit den Ständen beschloß der Bundestag unter Österreichs Führung die Intervention zugunsten des Kurfürsten. Damit wurden unmittelbar die Interessen der Erfurter Union bedroht, die Kurhessen juristisch noch als Mitglied betrachtete. Vor allem aber sah Preußen sich bedroht. Kurhessen schob sich zwischen seine Kernlande und die westlichen Provinzen. Es konnte zusammen mit Hannover einen Querriegel bilden, zumal wenn Bundestruppen die preußischen Etappenlinien blockierten, auf deren Benutzung Preußen seit einer Etappenkonvention von 1834 Rechtsansprüche besaß. Radowitz sah den Beschluß zur Intervention geradezu als Kriegserklärung an. Preußische und bayerische Truppen rückten in Kurhessen ein. Ein kleineres Gefecht schien den großen Krieg anzukündigen. Die preußische

Mobilmachung, die Radowitz durchgesetzt hatte, war ein Fiasko; die militärischen Aussichten eines Waffengangs gegen Rußland und Österreich, zu dem Radowitz und der Prinz von Preußen entschlossen waren, waren undiskutabel. Kriegsminister v. Stockhausen beurteilte Preußens Aussichten in einem Krieg äußerst pessimistisch.

Preußens Konservative gewannen beim König die Oberhand. Auf das Ultimatum Österreichs schloß Preußen am 30. November 1850 die Olmützer Punktation. Radowitz war vorher fallengelassen worden. Damit sind Preußens Hegemonialbestrebungen in Ausnutzung der revolutionsbedingten relativen Schwäche Österreichs gestoppt worden. Die Punktation zwang Preußen zur Beendigung der Unionspolitik, zur Anerkennung der Bundesintervention in Hessen, zur Demobilisierung und zur Teilnahme an Ministerkonferenzen über die Bundesreform, ohne daß es österreichische Zugeständnisse in Richtung auf eine künftige preußische Gleichberechtigung im Bunde erreichte. Preußens Konservative triumphierten. Sie sahen nach wie vor Preußens politischen Platz an der Seite von Rußland und Österreich in der Abwehr nationaler und vor allem liberaler Anwandlungen. Auch die „großpreußischen" Konservativen schwenkten enttäuscht auf die Linie der Gebrüder Gerlach ein, selbst Bismarck, der im Namen der „Realpolitik" die Preisgabe der bisherigen preußischen Haltung zu rechtfertigen suchte. Preußens Liberale sprachen dagegen von der „Schmach von Olmütz".

Auf den sich bis zum Mai 1851 hinziehenden Dresdner Ministerkonferenzen erreichte weder Preußen die Parität noch Österreich die Aufnahme seiner nichtdeutschen Gebiete in den Bund als Voraussetzung des „Siebzigmillionenreiches", in dem Preußen definitiv zur Zweitrangigkeit verurteilt gewesen wäre. Hierin lag für eine künftige preußische Realpolitik eine wichtige Voraussetzung. Olmütz ist daher auf längere Sicht nicht nur als Niederlage für Preußen zu werten. Die Rückkehr zum Status quo auch in den Verhältnissen des Deutschen Bundes, wie sie in Dresden 1851 mangels anderer Lösungsmöglichkeiten beschlossen wurde, entsprach 1850/51 durchaus den realen Machtverhältnissen in Deutschland und in Europa. Die Flügelmächte hätten schwerlich der Einverleibung der Elbherzogtümer in einen neu konstituierten Deutschen Bund oder in ein Großreich Schwarzenbergischer Prägung zugestimmt. Das Londoner Protokoll von 1852 besiegelte ihren machtpolitischen Einfluß im Norden mit der Feststellung des Erbfolgerechts des Hauses Glücksburg in Gesamtdänemark gegen eine gesamtdeutsche Lösung.

Das Gesamtergebnis der Revolutionszeit für die preußische und deutsche Politik lag nicht in der Richtung ultrakonservativer Hoffnungen. Nicht das friedliche Nebeneinander konservativer Monarchien ist die dauernde Frucht der Rückkehr zur Lösung von 1815 gewesen, sondern ein sich verstärkender österreichisch-preußischer Dualismus in Deutschland. Dabei kamen die Resultate des wirtschaftlichen und industriellen Aufschwungs seit den fünfziger Jahren Preußen stärker zugute als dem Vielvölkerstaat. Insgesamt aber war um 1850 die Machtkonzentration in der Mitte Europas viel zu schwach, um dem Druck der Flügelmächte standhalten zu können.

Preußen hat 1850 seinen Ehrgeiz aus innen- wie außenpolitischen Gründen gebremst. Ein Vorwärtsschreiten im Sinne der Unionslösung hätte im Ergebnis zum unlöslichen Bündnis mit dem liberalen Nationalismus geführt. Dazu war die preußische Führungsspitze nicht bereit. Ohne dieses Bündnis aber konnte gegen die konservativen Mächte nicht mit Aussicht auf Erfolg operiert werden, denn ein Mitgehen Frankreichs und Englands aus ideologischen Gründen war keinesfalls zu erwarten. Von außen sind die Konsequenzen einer gesamtdeutschen Machtbildung klarer und nüchterner gesehen worden als in Deutschland selbst. Zumal die national-territorialen Ziele der liberalen Bewegung hier aufmerksam registriert wurden. Ein national-liberales Deutschland, wie es sich in der Nationalversammlung, in den Reaktionen auf die Vorgänge in den Elbherzogtümern, aber auch in dem deutlich werdenden Appetit auf angrenzende Gebiete, wie etwa Böhmen, andeutete, drohte zum Unruhefaktor in Europa zu werden. Eine nationale Politik mit weitgesteckten Zielen ließ schon in der Revolutionszeit – sichtbar in der dänischen Frage – die drei Großmächte in Ost und West näher zusammenrücken, eben die Mächte, die auch das Ende des Bismarckreichs herbeiführten. Ludwig Dehio sah darin bereits eine Vorform der ominösen „Einkreisung“.

Preußen war zudem militärisch nicht im entferntesten in der Lage, zu einem Waffengang anzutreten. Es hat erst aus den Ereignissen des Jahres 1850 seine militärischen und rüstungsmäßigen Konsequenzen gezogen und ist bald an die Planung der Verbesserung der Effektivität seiner Wehrstruktur herangegangen. An der wirtschaftlichen Voraussetzung einer künftigen größeren machtpolitischen Rolle, dem Zollverein, hielt es unbeirrbar fest.

Mit der Rückkehr in den Deutschen Bund annullierte Preußen nicht automatisch alle Ergebnisse seiner Politik seit 1848. Die Militärkonventionen mit den norddeutschen Staaten, als Instrumente großpreußischer Blockpolitik inauguriert, existierten teils faktisch, teils juristisch fort. Österreich beharrte auf der clausula rebus sic stantibus. Als Folge setzte sich bei den kleinen Staaten die Tendenz durch, die Pflichten der Konventionen abzuschütteln, finanzielle und militärische Vorteile aber möglichst beizubehalten, ohne jedoch in Konflikt mit der österreichischen Vormacht zu geraten. Die preußischen Vertreter beim Bundestag, der Militärbevollmächtigte und der Bundestagsgesandte, suchten die Konventionsfrage peinlichst zu vermeiden.

Nach der offiziellen Meinung Preußens verletzten die Konventionen die Bundeskriegsverfassung nicht. Es wollte zunächst an den Verträgen festhalten. So hieß es in der Instruktion für den Bundestagsgesandten v. Rochow vom 10. Mai 1851: „In Hinsicht der von uns mit verschiedenen kleineren Staaten geschlossenen Militärkonventionen, auf deren Gültigkeit wir beharren müssen, gehen wir von der Ansicht aus, daß solche die Bundesverhältnisse an und für sich gar nicht berühren, sondern vollständig neben denselben hergehen.“ In diesem Sinne suchte Manteuffel die Verträge umzuformulieren, aber möglichst den harten Kern festzuhalten.

Seit Olmütz und Dresden versiegte aber der machtpolitische Ehrgeiz der preußischen Politik für einige Jahre. Es ging ihm jetzt mehr um die Erhaltung kleiner Vorteile als um den Ansatz zu einem hegemonialen Ausgreifen im Norden. Bismarck verstand es als Bundestagsgesandter, die Bemühungen Österreichs abzuwehren, das in preußische Interessensphären dringen wollte. So konnte er den Anschluß der thüringischen Herzogtümer an das Königreich Sachsen, die Lösung Kurhessens vom X. Bundesarmeekorps und seine Zuweisung zum süddeutschen VII. BAK verhindern. Auch die Auflösung der Reserve-Infanteriedivision in einem für Preußen nachteiligen Sinne konnte unterbunden werden. Aber Preußens Elan war gebrochen. Selbst in Berlin gab es jetzt Stimmen, die zu einer Aufgabe der Konventionen rieten. Die Dessauer Konvention wurde 1857 aufgelöst, mit Bernburg eine neue Konvention ausgehandelt, die nicht länger mit dem Bundesrecht kollidierte. Auch der Vertrag mit Mecklenburg-Schwerin wurde aufgehoben, wenn auch militärische Bindungen bestehen blieben. Das gleiche Bild bot sich bei Mecklenburg-Strelitz, wo insbesondere die Militärs für die Beibehaltung der Kontakte zur preußischen Armee plädierten. Braunschweig, das unter hannoverschem Druck stand, erreichte 1854 die Lösung der Konvention. Trotzdem ist nicht zu leugnen, daß die Konventionen insgesamt den 1867 definitiv beschrittenen Weg der militärischen Angleichung des Nordens an Preußen vorgezeichnet und dafür bereits Modelle geliefert haben.

2. Bismarck und die kleindeutsche Lösung

a. Die Veränderung des deutschen Gleichgewichts

Preußen in der europäischen Politik 1850–1862

Der preußisch-österreichische Dualismus nach 1850 kennzeichnete eine veränderte Stellung beider Großmächte, die mit der Konstellation der Ära Metternich nicht mehr vergleichbar war. Die liberale Bewegung sah sich trotz aller Kritik und trotz aller Vorbehalte gegen konservative Prinzipien des Militärstaates auf Preußen als möglichen Vollstrecker des nationalen Anliegens gewiesen. Dagegen existierte eine ideologische Gemeinsamkeit der drei Ostmächte wie zur Zeit der Heiligen Allianz nicht mehr. Rußland und Österreich verfolgten hegemoniale Ziele im Balkanraum und kamen damit in Interessenkonflikte. Preußens Selbstbewußtsein aber war durch das Prioritätsstreben Österreichs im Deutschen Bund nicht erstickt, sondern eher belebt worden.

Der Krimkrieg ließ dann erstmals den durch die russisch-österreichische Entfremdung neugewonnenen Spielraum Preußens in einer auch im Deutschen Bund respektierten Wendung sichtbar werden. Die Donaumonarchie stützte mit halbmilitärischen Maßnahmen die Westmächte, suchte sogar den Deutschen Bund in die Front gegen Rußland einzubeziehen. Bismarck konnte die preußische Außenpolitik von Frankfurt aus dagegen ins Spiel bringen. Als nach Räumung der Donaufürstentümer dort österreichische Truppen einrückten, war die alte Bindung der Ostmächte endgültig zerrüttet. Auch in Berlin stritten pro- und antirussische Tendenzen miteinander, Konservative gegen die sogenannte Wochenblattpartei, der auch Prinz Wilhelm nahestand. Im Ergebnis gewann die preußische Politik stark unter Bismarcks Einfluß oder auch nur durch bloßes Abwarten seit dem Krimkrieg neue Optionen. England und Rußland hatten ihre politisch-militärischen Interessen mit Waffengewalt ausgetragen. Die Pontusklausel des Pariser Friedens von 1856, d. h. die Entmilitarisierung des Schwarzen Meeres, sorgte auch nach dem Friedensschluß für den Fortbestand der englisch-russischen Rivalität, während das Frankreich Napoleons III., der Allianzpartner Englands, nach 1856 den englisch-russischen Gegensatz als die Chance für eine ehrgeizige Außenpolitik ausnützte.

Nach dem Zerfall des europäischen Mächtesystems und mit dem Heraufkommen einer nunmehr viel programmatischer verstandenen „Realpolitik" der Großmächte besaßen vor allem Frankreich und Preußen größere Bewegungsfreiheit als zuvor. Einer der stärksten Pfeiler für die preußische Politik blieb dabei die Aufrechterhaltung guter Kontakte zu dem insgesamt in der Westpolitik schwächer agierenden Rußland, dessen dominierender Druck aufgehoben war. Die unter dieser Voraussetzung mögliche neue Einstellung der preußischen Regierung stieß allerdings bei den Anhängern der Wochenblattpartei und vor allem beim liberalen Bürgertum auf außerordentliche Skepsis.

Preußen und der italienische Krieg

In der Verschränkung innen- und außenpolitischer Entwicklungen in der zweiten Hälfte der fünfziger Jahre können als entscheidende Vorgänge herausgehoben werden: der Monarchenwechsel in Preußen, die systematische Vorbereitung und Inangriffnahme der Heeresreorganisation und der Verbesserung der Bewaffnung, die industrielle Expansion sowie der italienische Krieg.

Der Prinzregent und spätere König Wilhelm I. war nicht der Mann, die in ihn gesetzten liberalen Erwartungen zu erfüllen. Er stand aber liberalen außenpolitischen Vorstellungen insofern nahe, als er die Unionspolitik Radowitz' nicht abgelehnt und daher Olmütz ebenfalls als „Schmach" empfunden hatte. Auch Preußens Zurückhaltung während des Krimkrieges hatte seinen Vorstellungen wenig entsprochen. Als Soldat erzogen und auch vertraut mit der militärischen Maschinerie, hielt er preußische Großmachtpolitik nur mit einem wesentlich verstärkten militärischen Instrument für machbar. Er glaubte an eine Lösung der nationalen Frage durch Preußens Macht. Darin mit dem Nachfolger des Kriegsministers der „Neuen Ära", v. Bonin, dem General Albrecht v. Roon, einig, sah er die Armeeorganisation von Anfang an im Zusammenhang mit preußischer Machtpolitik. Natürlich darf darüber nicht vergessen werden, daß auch die Frage der innenpolitischen Absicherung der

Militärmonarchie in diesen Problemkreis mit hineingehört. Zunächst ist es bekanntlich zum schärfsten Konflikt mit dem preußischen Liberalismus gekommen, in dessen Verlauf jedoch die alten Fundamente des konservativen Staates weiter gefestigt und das besondere Wesen des preußischen Konstitutionalismus bloßgelegt wurden.

Der italienische Krieg von 1859 stellte in höherem Maße als der Krimkrieg Preußens innen- wie außenpolitisches Geschick auf die Probe. In Deutschland, d. h. außerhalb Preußens, wurde dieser Krieg überwiegend als nationale Sache empfunden. Eine Erschütterung der österreichischen Position in Oberitalien, also die Schwächung dieser deutschen Großmacht, drohte Frankreich übermächtig werden zu lassen und damit auch die Westgrenze zu gefährden. Darüber hinaus wurde ein russisch-französisches Zusammengehen befürchtet. Das Zarenreich sicherte Napoleon in einem Geheimvertrag im März 1859 wohlwollende Neutralität in einem Krieg gegen Österreich zu.

Von Preußens Verhalten hing die Haltung des Deutschen Bundes, ja ganz Deutschlands, der liberalen wie der konservativen Kräfte, ab. Nur ein gemeinsames Auftreten mit Österreich hätte Napoleons Ziel, im Namen des Nationalitätsprinzips mit Nizza und Savoyen selbst territoriale Gewinne zu machen und definitiv die Rolle der europäischen Vormacht zu spielen, verhindern können. Wilhelm I. und die preußische Regierung rangen sich zu keiner Entscheidung durch. Bismarcks Gedanke, von Petersburg aus formuliert, Österreichs Schwäche rigoros auszunutzen im Sinne einer nach Süden ausgreifenden großpreußischen Lösung, hatte keine Aussicht, akzeptiert zu werden. Im Gegenteil, Berlin versuchte, Österreich gegen Zugeständnisse spezieller Art seinen Beistand zu offerieren. Prinzregent Wilhelm bemühte sich auf der Linie, die schon 1840 verfolgt worden war und die sich in der Militärkonventionspolitik noch deutlicher abgezeichnet hatte, militärische und militärpolitische Vorteile herauszuholen. Er visierte den preußischen Oberbefehl über alle Bundeskontingente an, wenn gegen Frankreich marschiert werden sollte. Noch nach seinen Niederlagen von Magenta und Solferino im Juni 1859 drängte Österreich Preußen zum Eingreifen. Im Juli wurde in Berlin über die Zweiteilung des Oberbefehls verhandelt. Preußen schien damit die Schutzmachtposition im Norden endgültig zuzufallen.

Der Waffenstillstand von Villafranca vom 8. Juli 1859 hat dann Preußens Politik in den Augen vieler Patrioten mit dem Odium der Wankelmütigkeit und Schwäche belastet. Selbst Sozialisten glaubten damals, den „Rhein am Po verteidigen" zu müssen. Für die Masse der Zeitgenossen in Deutschland ging es hier um die deutsche Frage, weniger um die österreichische Position im engeren Sinne, zumal diese zugleich gegen ein national geeintes Italien gerichtet war. Der kraftvolle italienische Nationalismus hat sich dann auch folgerichtig von französischer Vormundschaft befreien können. Mit dem Erwerb der Lombardei war er seinen Zielen ein gutes Stück nähergekommen. Italien zählte nun in der europäischen Politik mit.

Das Ergebnis des Krieges für die Situation in Deutschland läßt sich als Zuspitzung des Dualismus der beiden Großmächte charakterisieren. Österreichs Position und Ansehen hatten insgesamt Einbußen erlitten. Es war klargeworden, daß bei dem Machtausgleich im Deutschen Bund, bei der gegenseitigen Rivalität und der damit verbundenen Neutralisierung des deutschen Machtpotentials jetzt um so weniger Aussicht auf politische Erfolge bestand, als Frankreich in eine Rolle hineinfand, mit der es sich ins volle politische Rampenlicht spielen konnte. Die inneren Probleme des Bonapartismus verlangten den Nachweis außenpolitischen Prestigegewinns.

Preußen mußte während der Mobilmachung 1859 deutliche Mängel seines militärischen Potentials feststellen. Immer mehr zeichnete sich die Lösung Bismarcks ab: Stärkung der bewaffneten Macht, Bereinigung der deutschen Frage, Eintreten des deutschen Einheitsstaates in das Mächtesystem im Zeichen eines von der „Realpolitik" vorgeschriebenen Staatsegoismus, dabei Inkaufnahme eines Dualismus der politisch-militärischen Führungsspitze.

Die Anfänge Bismarcks

Bismarck, seit September 1862 zum Ministerpräsidenten und Außenminister bestellt, fand eine Situation vor, die eine klare Entscheidung verlangte, eine Entscheidung, die den innen- wie außenpolitischen Standort Preußens und damit unlösbar die Entwicklung der deutschen Frage bestimmen mußte. Sein Beitrag zur „Lösung" der inneren Krise bedeutete nicht Herumschwenken des Ruders, sondern Halten des alten Kurses. Am Ende des durch die Heeresreorganisation ausgelösten Verfassungskonflikts stand weder die Staatsstreichlösung der Ultrakonservativen mit der Folge der Rückentwicklung der Verfassung noch der Sieg des liberalen Bürgertums und die damit verbundene Konsequenz der parlamentarischen Monarchie. Die Sonderform des militärstaatlichen Konstitutionalismus blieb beibehalten, allerdings mit verhärteten Fronten und einer Stärkung der extrakonstitutionellen Position der Armee. Bismarck hat damit dem preußischen Konservatismus einen größeren Dienst erwiesen, als es ein Sieg der Manteuffel-Gruppe langfristig vermocht hätte, aber er hat auch das Militär als tragende Säule im preußischen Führungsbau respektieren und weiter stärken müssen. Der preußische und deutsche Liberalismus ist auf diese Linie eingeschwenkt, als Bismarcks Politik ihre Praktikabilität für die Lösung der nationalen Frage nachwies. Damit ist erst die „Revolution von oben" zur Ruhe gekommen. Die nationale und ökonomische Kompensation für eine gestoppte Verfassungsentwicklung ist vom Bürgertum überwiegend akzeptiert worden und hat nach der Reichsgründung seinen Expansionswillen maßgebend bestimmt.

Außenpolitisch gewann die preußische Politik Spielraum. Schon kurz vor Bismarcks Berufung war der Versuch Österreichs, den Zollverein in seinem Sinne umzugestalten und die Abhängigkeit der kleinen Bundesstaaten von

Preußen aufzuheben, gescheitert. Die Wiederaufnahme großösterreichischer Ambitionen nach 1859 erwies sich als Fehlschlag. Preußen behielt eine gewisse Bewegungsfreiheit zwischen Paris und Wien. Als schließlich im Frühjahr 1862 der preußisch-französische Handelsvertrag auf freihändlerischer Basis zustande kam, der Wirtschaft und Industrie neuen Auftrieb gab, war Österreichs Initiative außen- und innenpolitisch lahmgelegt. Langfristig war damit sicher eine „ökonomische Basis für eine eigenständige preußische Großmachtpolitik" gegeben, aber die nächsten Schritte Bismarcks waren davon kausal nicht abhängig.

Im Gegenteil, er hat zunächst versucht, mit Wien zu einem Arrangement in der deutschen Frage zu kommen. Er verlangte freie Hand in Norddeutschland, vor allem die Anerkennung der Zugehörigkeit Hannovers und Kurhessens zur preußischen Einflußzone – Ziele also der großpreußischen Ansätze des Ministers Brandenburg 1849/50. Dafür bot er Österreich Hilfe oder Unterstützung an gegen andere Großmächte, aber auch bei inneren Unruhen in der Donaumonarchie. Österreich sollte sich nach diesem Konzept auf den Südosten konzentrieren. Als Konsequenz im Falle der Ablehnung drohte Bismarck noch im Dezember 1862 mit dem Ausscheiden Preußens aus dem Deutschen Bund, ja sogar mit einem Waffengang. Er zählte auf die Zurückhaltung Rußlands, fühlte auch bereits in Paris vor. Überhastet wie diese Pressionen scheinen mögen, veranlaßt auch durch die innenpolitischen Zwänge, zeigten sie doch den Willen, in der deutschen Frage Fortschritte zu machen, und klärten das wichtige Problem, in welchem Maße dabei auf die liberale Bewegung Rücksicht zu nehmen war.

Napoleon war nicht an der Aufhebung des deutschen Dualismus interessiert. Damit fehlte eine Voraussetzung in Bismarcks Versuch, die neuen Konstellationen im Mächtesystem für großpreußische Ziele zu nutzen. Bismarck sah sich auf den Weg gewiesen, mit der nationalen Bewegung zusammenzugehen. Österreichs Versuch einer den Liberalismus nicht zufriedenstellenden Bundesreform – es schlug eine deutsche Delegiertenversammlung aus Vertretern der einzelstaatlichen Landtage vor – wurde von Preußen konterkariert. In der Abstimmung im Januar 1863 in Frankfurt unterlag die Donaumonarchie. Preußen erklärte sich für eine demokratisch gewählte deutsche Volksvertretung – mitten in der Auseinandersetzung mit dem eigenen Abgeordnetenhaus in der Heeresfrage. Zwar stieß diese Initiative auf Unglauben, Ablehnung, ja Entrüstung. Aber ein Akzent war gesetzt. Die Bereitschaft des Leiters der preußischen Politik, jede denkbare und nützliche Größe für seine Ziele zu mobilisieren, war unbestreitbar.

Eine wesentliche Voraussetzung für erfolgreiche preußische Großmachtpolitik blieb die Erhaltung des russischen Wohlwollens. Mit dem im Januar 1863 ausbrechenden polnischen Aufstand bot sich nun eine Möglichkeit, die im Gange befindliche russisch-französische Annäherung zu unterbrechen, den Zaren für preußische Interessen einzuspannen und ihn gleichzeitig zur Dankbarkeit zu verpflichten. Bismarck nahm dafür in Kauf, zum Ärgernis des deutschen Liberalismus zu werden. Einen Sieg des polnischen Nationalismus und die Gründung eines polnischen Staatswesens betrachtete er als Lebensbedrohung für die Existenz Preußens als Großmacht. Mit der Alvenslebenschen Konvention vom 8. Februar 1863 manövrierte er die russischen Befürworter einer liberalen Polenpolitik und der Kombination Rußland-Frankreich, vor allem also Reichskanzler Fürst Gortschakoff, aus und legte den schwankenden Zaren Alexander II. auf eine gemeinsame, konservative Polenpolitik fest. Napoleon III. war gezwungen, gegen diese Entwicklung zu protestieren, sich also gegen Rußland zu wenden, obwohl er sich bemühte, seine Gegenmaßnahmen vor allem als Druck gegen Preußen hinzustellen. Einer englisch-französisch-österreichischen diplomatischen Offensive wich Bismarck aus, indem er sich von der Konvention wieder lossagte. Im Ergebnis erreichte er trotzdem die Annäherung an Rußland und zugleich eine Entfremdung zwischen Zar und Napoleon III. Zur Vorbereitung und Realisierung der Konvention war die preußische Armee an der russischen Grenze mit vier Armeekorps aufmarschiert. Wie Bismarck verlauten ließ, war sie bereit, einzurücken und die preußische Macht an die Stelle der russischen zu setzen, falls der Zar nachgiebig werden und Westpolen räumen sollte.

Österreich suchte in dieser Phase weitgehender Entfremdung zwischen der preußischen Politik und dem Liberalismus ein neues Konzept einer Bundesreform gegen Preußen durchzusetzen. Bismarck durchkreuzte auch diesen halbherzigen Plan – der anstelle eines Bundesstaates den Staatenbund mit Fürstendirektorium und Delegierten der Landtage vorsah – mit unannehmbaren Gegenvorschlägen, u. a. auch mit der Forderung nach einer direkt gewählten Nationalvertretung. Dem Fürstentag im August 1863 blieb Preußen fern. Österreichs Initiative stieß wiederum ins Leere. Die für den deutschen Nationalismus und Liberalismus zukunftsträchtigeren, wenn auch vorerst nicht realisierbaren Prinzipien lagen jetzt in einer preußischen Perspektive, die Bismarck allerdings bei Wilhelm I. nur mühsam durchsetzen konnte.

b. Politische Ursachen und Folgen der Einigungskriege

Die Schleswig-Holstein-Frage und der deutsch-dänische Krieg

Im Verlauf des Jahres 1863 verstand es Bismarck, Österreich so zu isolieren, daß es eine Kooperation mit Preußen als praktikablen Ausweg akzeptierte. Kooperation auf kleinem Nenner bei Zurücksteckung großer Reformziele hieß vor allem Zeitgewinn für Preußen, zumal die Reorganisation seiner Armee, Verjüngung der Truppe und Modernisierung der Bewaffnung entscheidende Fortschritte machte. Außenpolitisch ging Bismarcks Rechnung auf. Österreich war in Europa isoliert, Rußland und Frankreich standen auf Distanz, und

England widersprach einer Annäherung Napoleons an Rußland, sofern damit die Pontusklausel geopfert werden mußte. Das war eine Konstellation, die es Bismarck ermöglichte, die deutsche Frage gegen Österreich zu lösen. Als Einleitung bot sich ihm die 1863 wieder in den Vordergrund tretende Schleswig-Holstein-Frage an.

In Dänemark waren die nationalen „eiderdänischen" Bestrebungen durch das Londoner Protokoll von 1852 ebensowenig zur Ruhe gebracht worden wie auf deutscher Seite die national-liberalen Kräfte, großdeutsche Aspirationen und, wie sich zeigen sollte, bundesrechtliche Motivationen. Als Dänemark im November 1863 ein neues Grundgesetz annahm, das Schleswig praktisch in die Monarchie inkorporierte, und etwa gleichzeitig auch die Erbfolgefrage akut wurde, entwickelte sich das Schleswig-Holstein-Problem schlagartig zur nationalen Sache in Deutschland und schuf eine hochpolitische internationale Krisensituation. Die deutsche Nationalbewegung lebte wieder kräftig auf, vor allem in den Mittelstaaten. Sie forderte jetzt die Loslösung beider Herzogtümer von Dänemark, da ihre garantierte Autonomie sichtlich mißachtet worden war. Sie stellte sich hinter den von einer Länderversammlung zum Herzog von Schleswig-Holstein erhobenen Erbprinzen Friedrich von Augustenburg, dessen Linie durch das Londoner Protokoll von der Erbfolge in Dänemark ausgeschlossen worden war. Das Ziel dieses Engagements in Deutschland konnte nur die Einrichtung eines neuen Bundesstaates Schleswig-Holstein sein, der aus unterschiedlichen Gründen weder von Preußen noch von Österreich akzeptiert wurde. Beide Mächte setzten daher zunächst nur eine Bundesexekution in Holstein durch zur Sicherung eines Faustpfandes bis zur Regelung des Erbfolgestreits. Die Okkupation im Interesse des Augustenburgers, von einer starken Minderheit gefordert, fand nicht statt.

Damit schuf sich Bismarck die Ausgangsposition für eine Entwicklung mit mehreren denkbaren Lösungen. Es ging sowohl um eine „preußische" Lösung der Frage als auch um den Gewinn der Aktionsfreiheit auf internationaler Ebene und die Einspannung Österreichs in ein sich letztlich gegen Wien auswirkendes Konzept. Mit dem Ultimatum vom 16. Januar 1864, das eine Rücknahme der neuen dänischen Verfassung forderte, stellten sich die beiden deutschen Großmächte juristisch auf den Boden der Ordnung von 1850/52. Aber nur Österreich strebte, schon aus eigenem nationalitätenpolitischen Interesse, die Rückkehr zum Status quo an. Bismarck sah um diese Zeit die Dinge so: „Die up ewig Ungedeelten müssen einmal Preußen werden. Das ist das Ziel, nach dem ich steuere; ob ich es erreiche, steht in Gottes Hand. Aber ich könnte nicht verantworten, preußisches Blut vergießen zu lassen, um einen neuen Mittelstaat zu schaffen. Die Halsstarrigkeit der Dänen wird uns wahrscheinlich schaffen, was wir brauchen, den Kriegsfall." Dänemark lehnte in der Hoffnung auf englische Hilfe ab. Doch die von Ende April bis Ende Juni 1864 tagende Londoner Konferenz führte zur Isolierung Dänemarks und bestätigte die international garantierte Ordnung von 1850/52.

Der Krieg brachte für Preußen weiterhin sichtbare militärische Erfolge, wie die Erstürmung der Düppeler Schanzen, aber auch den Beginn eines entscheidenden Wandels in der militärischen Spitzenorganisation. Mit dem Aufstieg des Generalstabschefs zum effektiven Leiter der Operationen wurde ein die preußisch-deutsche politische und militärische Führung kennzeichnendes Doppelsystem inauguriert, das in der wilhelminischen Zeit zu einem wesentlichen Faktor der Führungsproblematik werden sollte.

Im Frieden von Wien verzichtete Dänemark zugunsten des Kaisers von Österreich und des Königs von Preußen auf Schleswig, Holstein und Lauenburg. Das Kondominat als Ergebnis des Friedensschlusses schuf im Verhältnis der beiden deutschen Großmächte potentiell den Stoff zu neuen Konflikten. Preußens Ziel war in einer ersten Etappe erreicht. Bei vordergründigem Eintreten für die internationale Ordnung konnte es jetzt die Rivalitäten der Großmächte, wie sie seit dem Krimkrieg und dem italienischen Krieg bestanden, ausnutzen, den Deutschen Bund von der Friedensregelung ausschließen und außerdem einen erheblichen eigenen Machtzuwachs verbuchen.

Der Krieg gegen Österreich 1866

Die Phase vom Wiener Frieden bis zum Beginn des Krieges gegen Österreich ist gekennzeichnet von den verschiedenen Ausgangspositionen Österreichs und Preußens in der Frage der Überführung des Kondominats in eine definitive Lösung. In der preußischen Führung, aber auch im preußischen Liberalismus zeigten sich Wirkungen des bismarckschen Kabinettskrieges, die dem Leiter der Politik nicht ungelegen kamen. Der Gedanke an Annexion griff um sich. Preußens Liberalismus, noch mitten in der innenpolitischen Auseinandersetzung um die Heeresreorganisation stehend, begann seine Linie jedenfalls mit Teilen seiner Anhängerschaft zu verlassen und mehr auf den Machtstaat zu setzen. Führendes Organ wurden die Preußischen Jahrbücher.

Ein Ausweg für Wien schien kurzfristig eine Lösung zugunsten des Augustenburgers, die Bismarck taktisch verhinderte. Österreich reagierte scharf auf die Ausmanövrierung des Augustenburgers. Ihm war klar, daß Bismarck auf den Erwerb der Elbherzogtümer für Preußen zusteuerte, denn der preußische Ministerpräsident hatte dieses Ziel bereits in den Schönbrunner Gesprächen im August 1864 nach dem Vorfrieden mit Dänemark durchblicken lassen. Er hatte es damals kombiniert mit dem Hinweis, Österreich beim Wiedererwerb der Lombardei beizustehen – eine Andeutung, deren Tendenz und Charakter noch heute umstritten sind.

Zündstoff für einen militärischen Austrag der Gegensätze der beiden Großmächte, die durch die preußische Politik in den Elbherzogtümern ständig verschärft wurden, war im ganzen Jahr 1865 ausreichend vorhanden. Bismarck hat den Krieg einkalkuliert, aber zunächst noch günstigere Möglichkeiten abwarten oder herbeiführen wollen. So riet er im Kronrat vom 29. Mai 1865 gegen die Meinung des Königs und des Generalstabschefs von der Annexion ab. Die Gasteiner Konvention vom 14. August 1865 erzielte noch einmal einen Ausgleich. Das Kondominium wurde modifiziert: bei fortdauernder gemeinsamer Verantwortung beider Großmächte erhielt Preußen Schleswig und Österreich Holstein als spezielle Verwaltungsbereiche. Im ganzen war die Vereinbarung für Preußen günstig. Lauenburg erhielt es im Wege des Kaufs, Sonderabmachungen erlaubten ihm die Anlage von Festungen und Marinestützpunkten in Holstein. Für die Zukunft hing die Normalisierung dieser für Österreich auf Dauer unhaltbaren Position von der Entwicklung der deutschen Frage und der Mächtekonstellation in Europa ab – Beziehungen, die Bismarck auszubalancieren suchte im Sinne größtmöglichen eigenen Vorteils.

In dem politischen und diplomatischen Vorfeld der Auseinandersetzungen hat Schleswig-Holstein bald lediglich eine Anlaßfunktion besessen. Von hier aus ebenso wie vom Komplex der deutschen Frage aus konnte die Initialzündung zur Auseinandersetzung der beiden Rivalen gegeben werden. Auf seiten der Großmächte machte Frankreich seinen Willen zur Mitsprache und zur Stärkung seiner westeuropäischen Position deutlich. Italien konnte bei einer Niederlage Österreichs auf den Erwerb Venetiens hoffen und bot sich daher als Partner Preußens an.

Österreichs Politik in Holstein – es ermutigte die proaugustenburgische Agitation – führte schon 1865 zu ernsten Reibungen mit Preußen. Bismarck deutete Anfang 1866 die Möglichkeit der Aufkündigung der Vereinbarungen mit Wien an. Österreich reagierte scharf, verbat sich jede preußische Einmischung in die Verwaltung Holsteins. Die merkliche Klimaabkühlung deutete die Entschlossenheit zu neuen Lösungen an. Im Februar 1866 fielen wichtige Vorentscheidungen. Ein Ergebnis im preußischen Kronrat vom 28. Februar war die Aufnahme von Kontakten mit Italien, die schon am 8. April zum Abschluß eines auf drei Monate befristeten geheimen Offensiv- und Defensiv-Vertrages führten. Italien verpflichtete sich, gegen Österreich offensiv vorzugehen, wenn Wien Preußen den Krieg erklären sollte. Dafür erhielt es die Zusage, daß kein Sonderfrieden abgeschlossen würde, der Italien nicht Venetien einbrächte.

Die im Juni zwischen Österreich und Frankreich abgeschlossene Neutralitätsvereinbarung machte Napoleon im Falle eines österreichischen Sieges zum Schiedsrichter im Westen und hätte zu einer Veränderung der innerdeutschen Staatenwelt geführt, die Österreich in den Augen der Nationalbewegung endgültig diskreditiert haben würde. Die Donaumonarchie konzedierte Napoleon mehr als sie jemals Preußen zuzustehen bereit gewesen wäre. Aber Wien war, zwischen Preußen und Italien, in Zugzwang geraten. Napoleons Politik gegenüber Preußen und Österreich jedoch ging von einer Einschätzung der Machtverhältnisse aus, die sich im Ergebnis als unzutreffend erwies und auch Bismarcks Ziele und Methoden nicht richtig einschätzte.

Dagegen verstand es Bismarck, feste Kompensationszusagen an Frankreich zu vermeiden. Ein Neutralitätsversprechen war auf diese Weise nicht zu bekommen. Napoleon wollte sich nicht festlegen, scheute zu hohe Forderungen mit Rücksicht auf Rußland und England, aber auch aus Sorge vor einem neuen Arrangement der deutschen Großmächte, das seinen Einfluß eindämmen mußte. Er blieb daher im ganzen in seinen Territorialwünschen vage. Bismarck äußerte sich nun in Hinweisen auf Luxemburg und, zwecks Aktivierung Bayerns, auf die Rheinpfalz.

Er kalkulierte daher die Mobilisierung der Nationalbewegung in einem denkbaren Nationalkrieg, möglicherweise einem Zweifrontenkrieg, ein. So war auch seine Politik gegen Österreich darauf abgestellt, den Kaiserstaat in den Augen der liberal-nationalen Bewegung möglichst ins Unrecht zu setzen. Am 9. April, also am Tage nach Abschluß des Vertrages mit Italien, stellte Preußen im Bundestag den Antrag, ein direkt gewähltes Nationalparlament zur Beratung einer Reform der Bundesverfassung einzuberufen. Beide Initiativen, der Vertrag mit Italien und der Vorstoß im Bundestag, waren aufeinander abgestimmt. Der erwartete Erfolg im Lager des Liberalismus blieb zunächst aus. In der sich zuspitzenden Lage tastete Bismarck über den Bruder des österreichischen Statthalters in Holstein, den preußischen Abgeordneten Anton v. d. Gablenz, die Möglichkeit einer direkten Verständigung mit Wien ab. Grundlage der Verständigung sollte die Einsetzung eines preußischen Prinzen in den Herzogtümern und eine Teilung der Einflußzonen im Deutschen Bund sein, vor allem die Teilung der Bundeskontingente – die seit 1840 anvisierte norddeutsche Lösung für Preußen.

Gleichzeitig ging Bismarck auch mit dem Plan einer Kombination der dualistischen Lösung mit einer für Österreich akzeptablen Nationalvertretung um, in der sich praktisch die Zweiteilung reflektieren konnte, sofern die Abgeordneten der Nord- und Südgruppierung entsprachen. Aber dieses Gedankenspiel mit dem Unerreichbaren, nämlich mit der Aufrechterhaltung des Deutschen Bundes bei Interessenausgleich der deutschen Großmächte und Einbeziehung der national-liberalen Kräfte, blieb in den ersten Versuchen einer politischen Realisierung stecken. Österreich spielte nicht mit. Es richtete sich auf die Aktivierung der Bundeskompetenzen ein und suchte die Mittelstaaten für seine Ziele einzuspannen. Damit waren die Voraussetzungen für die Eskalation – der Bismarck ebenfalls stets sein Augenmerk geschenkt hatte – gegeben. Im Falle einer Niederlage ging Preußen voraussichtlich das größere Risiko ein. Seine Existenz als Großmacht mußte dann stark von Wohlwollen Österreichs und Frankreichs abhängen. Napoleon III. dachte an die Schaffung eines relativ starken deutschen Weststaates am Rhein, an nachhaltige Schwächung Preußens durch die Abtretung Schlesiens an Österreich und an Verstärkung seiner Position in Mitteleuropa, wenn alle diese Vorstellungen auch nur umrißhaft skizziert waren.

Kurz vor Beginn der Feindseligkeiten gaben beide deutsche Großmächte zu erkennen, daß sie die eigene Staatsräson über die Friedenspflicht im Bunde stellten. Sowohl der preußisch-italienische Vertrag als auch der Inhalt der Neutralitätsvereinbarung Österreichs mit Frankreich verstießen eklatant gegen das Bundesrecht. Im Bund selbst befand sich Preußen in deutlicher Minorität, wie der Ausgang des Streits mit Sachsen wegen der dortigen Rüstungen zeigte. Ende Mai ersuchte der Bundestag alle aufgerüsteten Bundesglieder, die Voraussetzungen einer Abrüstung mitzuteilen. Österreich antwortete am 1. Juni und leitete damit die letzte Verschärfung der Gegensätze ein, weil es in der Schleswig-Holstein-Frage die Bundeskompetenz betonte. Preußen konterte mit dem erneuten Vorschlag einer Bundesreform. Es stellte die Schleswig-Holstein-Frage als nationale Angelegenheit hin und betonte, Österreich habe mit seiner Erklärung die Gasteiner Konvention aufgekündigt. Damit war Preußen nun wieder kompetent, in Holstein einzugreifen. Der Bundesreformplan stellte eine äußerste Brüskierung Wiens dar, da er einen Bund ohne österreichische Gebiete vorsah. Hinzu kam wieder die Forderung des demokratischen Wahlrechts. Gleichzeitig mit dieser Initiative begann die Besetzung Holsteins durch preußische Truppen. Auf österreichischen Antrag mobilisierte der Bundestag alle nichtpreußischen Bundes-Armeekorps gegen Preußen. Wenige Tage später begann Preußen die bewaffneten Aktionen. Der Deutsche Bund war am Gegensatz der beiden Großmächte gescheitert. Preußen stand im wesentlichen allein. Lediglich die beiden Mecklenburg, Oldenburg, Anhalt, einige kleine Staaten und die Reichsstädte im Norden hielten zu ihm.

Der preußisch-österreichische Krieg, herbeigeführt mit den Mitteln der Diplomatie, mit politischen Manövern und Pressionen in einer für eine Zweier-Auseinandersetzung günstigen internationalen Situation, lief ab als Kabinettskrieg. Der italienisch-österreichische Krieg war nur eine auf die geschickte Politik Bismarcks zurückzuführende Nebenerscheinung. Machtpolitisches Kalkül, nicht der Druck der nationalen Bewegung, hat ihn herbeigeführt. Nur der preußische Generalstabschef war sich des Sieges sicher. Von den Zeitgenossen ist der Ausgang des Krieges als offen angesehen worden, wenn die größeren Chancen nicht gar Österreich und seinen deutschen Verbündeten eingeräumt wurden. Selbst Bismarck unterschätzte die Schlagkraft der preußischen Armee. Die Bewährungsprobe des Zündnadelgewehrs stand noch aus. Erst kurz vor Ausbruch des Krieges war die Bewaffnung der Armee mit diesem Gewehrtyp abgeschlossen worden.

In der anfänglichen Unsicherheit über die Erfolgschancen und den Zeitbedarf der allein entscheidenden Operationen gegen Österreich erwog Bismarck den Plan, die Donaumonarchie durch Mobilisierung ihrer Nationalitäten zu sprengen. Moltkes Erfolge enthoben ihn dieses Mittels. Sie schufen auch die Voraussetzungen für ein Auffangen französischer Konferenzpläne oder gar weitergehender Schritte.

Der Ablauf des Feldzuges war beherrscht von Moltkes überlegener Aufmarschstrategie unter optimalem Einsatz der Eisenbahn. Ohne Rücksicht auf die Operationen im Westen ging die Masse der preußischen Streitkräfte in drei Armeen von der Lausitz, von Schlesien und von Sachsen aus gegen die österreichische Nordarmee in Böhmen konzentrisch vor, mit dem Ziel der Vereinigung zur entscheidenden Umfassungsschlacht. Eigenwille militärischer Führer, Fehler und Gegnerverhalten ließen den Plan nicht voll zur Durchführung kommen. Die 1. und 2. preußische Armee vereinigten sich im Raum der Festung Königgrätz. Moltke verhinderte die räumliche Massierung, die ein elastisches Reagieren auf neue Situationen erschwert hätte. „Vereinigung" bedeutete für ihn die Schaffung der Möglichkeit zum „Zusammenwirken". Während die österreichischen Kräfte mit etwa 200000 Mann eng massiert standen, bewegten sich die etwa gleich starken preußischen Armeen halbkreisförmig auf sie zu. Daraus entwickelte sich die Schlacht von Königgrätz am 3. Juli 1866, in die Ludwig v. Benedek, der österreichische Oberkommandierende, mit starkem Pessimismus hineinging. Moltke erreichte einen überlegenen Sieg, aber nicht den angestrebten Vernichtungsschlag, da der Masse der österreichischen Truppen der Abzug gelang. Dennoch befestigte Moltkes Strategie die Position des Generalstabschefs, der von nun an mehr und mehr in die preußische Führungsspitze vorstieß.

Verglichen mit diesen Vorgängen nehmen sich die Kämpfe gegen die bayerische und hannoversche Armee nebensächlich aus, zumal es zum effektiven Zusammenwirken der Verbündeten nicht gekommen ist.

Die Siege der Österreicher über die Italiener bei Custoza und Lissa blieben ohne Auswirkungen auf den Gang der Ereignisse.

Bismarck visierte jetzt das alte Ziel einer Konsolidierung des norddeutschen Raumes unter preußischer Führung an. Es gelang ihm, die Zustimmung der preußischen Militärs und vor allem Wilhelms I. zu seinen Plänen zu erreichen. Französische und russische Versuche, die Ergebnisse des Krieges in einer internationalen Konferenz von außen her zu beeinflussen, konnte er diplomatisch abwehren. Rußland, das sich auf die Garantierolle der Signatarstaaten der Wiener Schlußakte berief, ließ Bismarck Preußens Entschlossenheit andeuten, im Falle der Einmischung der Großmächte an die „volle nationale Kraft Deutschlands und der angrenzenden Länder" zu appellieren. Gleichzeitig wies er auf Preußens Bereitschaft hin, außerhalb einer Konferenz Rußland in der Pontusfrage zu unterstützen. Napoleon III., innenpolitischem Druck und eigenem Prestigebedürfnis folgend, kam mit speziellen Territorialforderungen zu spät. Der Nikolsburger Präliminarfriede und der Friede von Prag vom 23. August ließen keinen weiteren Spielraum mehr. Den Grundzügen der späteren Lösung hatte Napoleon bereits zugestimmt und war jetzt nicht mehr in der Lage, mit einem entscheidenden Erfolg vor der französischen Nation aufzutreten.

Preußen annektierte Hannover, Kurhessen, Nassau und Frankfurt, arrondierte also sein Territorium zu einem geschlossenen Block nördlich der Mainlinie. Von den Kriegsgegnern rettete im Norden lediglich Sachsen seine Existenz. Gegen die Auffassung des Königs und starke konservative Überzeugungen praktizierte Bismarck damit eine nationalpolitische „Revolution von oben" ohne Rücksicht auf das Legitimitätsprinzip. Österreichs Rechte an Schleswig und Holstein wurden an Preußen abgetreten, das beide Herzogtümer annektierte.

Der Deutsche Bund wurde aufgelöst. Österreich stimmte einer Neugestaltung Deutschlands ohne eigene Beteiligung zu, erkannte insbesondere den neuen von

Preußen geführten Bund nördlich der Mainlinie und eine noch zu findende Verbindung dieses Bundes mit einem zu schaffenden „Verein“ der süddeutschen Staaten an.

Italien erhielt indirekt aus der Hand Napoleons die Hoheitsgewalt über Venetien.

Österreich sah sich jetzt stärker auf den Südosten gewiesen und unterstrich mit der neuen Staatsform der Doppelmonarchie Österreich-Ungarn (1867) diese Orientierung besonders anschaulich. Das Für und Wider der Hinausdrängung Österreichs ist von Zeitgenossen und Historikern viel diskutiert worden. Angesichts der späteren Entwicklung des bismarckschen Nationalstaates und seiner Stellung zwischen den Großmächten kann das eindeutige pro der kleindeutschen Historie nicht ganz überzeugen.

Innenpolitisch brachten die Ergebnisse des Krieges von 1866 in Preußen die Beruhigung im Verfassungskonflikt. Noch während der Kämpfe gab es aufsehenerregende konservative Wahlsiege. Die Liberale Partei begann sich zu spalten. Mit der Indemnitätsvorlage manövrierte Bismarck die konsequenten liberalen Gegner aus. Der Prozeß der Heranführung des liberalen Bürgertums an den Militärstaat kam kräftig in Gang. Die vollendeten nationalen Tatsachen wie die bevorstehenden Aufgaben konnten von der breiten Basis innerer Zustimmung aus behandelt werden. Auch die Grundlage für eine künftige Verbindung agrarischer und großbürgerlich-kapitalistischer Interessen war mit Bismarcks Lösung und mit der Anerkennung der Position der Armee im Staate gelegt.

Der Norddeutsche Bund

Preußen begann nach den Bündnisverträgen mit den norddeutschen Staaten im Spätsommer 1866 mit der Bildung des Norddeutschen Bundes, in dem nach der Verfassung vom 16. April 1867 die 23 norddeutschen Staaten zu einem Bundesstaat auf föderativer Grundlage zusammengebunden waren. Die gegenseitigen militärischen Beistandsverpflichtungen und den Oberbefehl des preußischen Königs über die verbündeten Truppen stellten schon die Bündnisverträge sicher. Die Verfassung baute dieses System weiter aus. Preußen dominierte unanfechtbar. Sein starker Stimmanteil von 17 Stimmen sicherte praktisch das Übergewicht im Bundesrat. Entscheidend für die Zwecke der Außen- und Militärpolitik waren darüber hinaus die Kompetenzen des Bundespräsidiums und des Bundeskanzlers. Preußen stand jetzt die militärische und wirtschaftliche Macht Deutschlands nördlich der Mainlinie zur Verfügung. Mit Rücksicht auf Frankreich überschritt es im Rahmen des Bundes die Grenze nach Süden nicht. Die Ausgangsposition für den kleindeutschen, preußisch dominierten Nationalstaat auf föderativer Grundlage mit demokratisch gewählter Nationalversammlung war erreicht.

Der Bund umfaßte rund 30 Millionen Einwohner. Preußens Staatsgebiet allein war um 72000 qkm auf 350000 qkm gewachsen, sein Bevölkerungsanteil um 4,8 Millionen auf etwa 24 Millionen.

Gegen Preußens Stimme konnten Änderungen im Militärwesen nicht herbeigeführt werden. Die Verfassung stellte die Angleichung des Militärwesens aller Bundesstaaten an das preußische Vorbild sicher. Die Militärgesetzgebung ging auf den Bund über. Bundesfeldherr wurde der preußische König als Inhaber des Bundespräsidiums. Ihm allein oblag es, Krieg zu erklären und Frieden zu schließen. Auf kürzere Sicht mußte die bewaffnete Macht Norddeutschlands eine vergrößerte preußische Armee auf der Basis der Roonschen Reorganisation werden. Die Kommandogewalt des preußischen Königs als Bundesfeldherr expandierte auf die gesamte Bundesstreitmacht.

Nach der Auflösung des Deutschen Bundes besaßen die süddeutschen Staaten keinen automatisch wirksamen Schutz gegen größere Mächte. Untereinander kamen sie zu keiner Dauerbindung. Das größte Hindernis bildete das bayerische Vormachtstreben. Baden tendierte zum Norddeutschen Bund. Preußen setzte mit den 1867 zustande kommenden Schutz- und Trutzbündnissen mit den süddeutschen Staaten aber doch einen Fuß in den süddeutschen Raum. Das „Anschlußverbot" des Prager Friedens hinderte nicht die machtpolitische Einbeziehung des Südens in die künftige nationale Politik. Die süddeutschen Staaten vereinbarten die Vereinheitlichung ihres Wehrsystems nach preußischem Muster. Mit Hessen schloß Preußen noch 1867 eine Militärkonvention ab, Hessens Streitkräfte traten als Divisionsverband in die preußische Armee ein. Die Militärkonventionen des Jahres 1870 mit Baden, Württemberg sowie der Vertrag mit Bayern wurden mit den Lösungen des Jahres 1867 vorprogrammiert.

Die Wirtschaftspolitik schuf zudem mit der Weiterentwicklung des Zollvereins, der Stärkung der wirtschaftlichen Stellung Preußens im Norden und den Verbindungen zu den Südstaaten eine Klammer zum süddeutschen Liberalismus und zum Eigeninteresse dieser Staaten. Sinnfälligen Ausdruck fanden diese Bindungen im neuen Zollparlament, in dem neben den Abgeordneten des Norddeutschen Bundes 85 süddeutsche Vertreter saßen. Von hier aus ist die Wirtschaftseinheit Deutschlands nachhaltig gefördert worden. Die auf eine darüber hinausgehende politische Bindung zielenden Absichten Bismarcks erfüllten sich indes vordergründig deshalb nicht, weil in Süddeutschland kaum pro-preußische Vertreter in das Zollparlament gewählt wurden. Dennoch konnte langfristig damit gerechnet werden, daß der neue Zollverein die Reichsbildung mit vorbereitete. Das gab die Möglichkeit, diese Hebelwirkung abzuwarten und nicht vorzeitig das sich abkühlende Verhältnis zum Süden weiter zu belasten.

Preußens Expansion in Norddeutschland hat für die Großmächte zunächst keine bedrohlichen Aspekte gehabt. Die Beschränkung auf die Mainlinie hat diese Einschätzung unterstützt. Auch die Spekulation auf eine gegenseitige machtpolitische Neutralisierung der deutschen Großmächte mag mitgespielt haben.

Die Weiterentwicklung der 1866 auf halbem Wege steckengebliebenen Lösung der deutschen Frage ließ sich mit Frankreich nicht auf dem Verhandlungsweg erreichen. Überdies war nicht abzusehen, ob nicht doch die süddeutschen Staaten, mit Ausnahme Badens, eine selbständigere Rolle gegenüber Preußen spielen konnten. Der Schlüssel für die Fortsetzung großpreußisch-kleindeutscher Politik in der 1866 eingeschlagenen Richtung lag im Verhalten Napoleons III. Eine Annäherung schien in französischer Sicht möglich, allerdings um den Preis Luxemburgs. Doch das komplizierte diplomatische Spiel zerschlug sich. Gerade die innenpolitisch breiter gewordene Basis in Preußen verhinderte kabinettspolitische Manöver Bismarcks gegen nationale Leidenschaft und Glaubenssätze des öffentlichen Bewußtseins. Umgekehrt war Bismarck auch nicht entschlossen, die Luxemburg-Angelegenheit zum Krieg gegen Frankreich zu nutzen, zumal die süddeutschen Staaten wenig Neigung zeigten, einen solchen Krieg mitzumachen. Unter Einschaltung Englands zog er die Neutralisierung Luxemburgs und die Erklärung seiner Unabhängigkeit vor. Preußen gab sein Besatzungsrecht in der Festung auf. Nach den vielen ermutigenden Andeutungen gegenüber Frankreich seit dem Sommer 1866 und nach der Ausmanövrierung während des Krieges 1866 war dies eine Lösung, die gerade noch das Gesicht Napoleons wahren konnte.

Damit aber verstärkten sich die Tendenzen antipreußischer Politik in Paris, das Kontakte mit Wien suchte und sogar um engere Bindungen bemüht war, unter anderem auch mit dem Ziel, Preußen den Weg nach Süddeutschland zu verlegen. Die Annäherung zwischen Frankreich und Österreich führte zu einer Aktivierung der Beziehungen zwischen Rußland und Preußen, ja zu einem Allianzantrag des Zaren. Bismarck wich ihm geschickt aus, weil er eine Blockbildung unterstützt hätte, die Preußen in die russisch-österreichische Balkan-Interessenkollision hineinziehen konnte. Die wenig ergiebigen Schachzüge der französischen Diplomatie befreiten Napoleon nicht aus dem innenpolitisch gebotenen Zwang zu außenpolitischen Erfolgen, den das Fiasko seiner Mexikopolitik noch erhöht hatte. Aber es kam weder zu einem Zweibund Wien–Paris noch zu einem Dreibund mit Einschluß Italiens. Österreich sah keine Möglichkeit, angesichts seiner nationalitätenpolitischen Probleme gegen die deutsche Nationalbewegung anzusteuern. Es suchte den Umweg über eine Schwächung Rußlands, die wiederum nicht im französischen Interesse lag. So scheiterte also die französische Initiative. Weder ließ sich die nationale Weiterentwicklung Deutschlands eindämmen noch die Zäsur der Mainlinie, das von Napoleon selbst als Provisorium angesehene Ergebnis von 1866, verewigen.

Die Kandidatur des Erbprinzen Leopold von Hohenzollern-Sigmaringen für den spanischen Thron, von Frankreich zum Prestigefall gemacht und von Bismarck politisch genutzt, lieferte schließlich den Zündstoff für die entscheidende Krise. Den freieren Spielraum zur Ausnutzung der Angelegenheit besaß Bismarck. Napoleon III. stand wegen der Rückschläge seiner Außenpolitik in den sechziger Jahren unter starkem innenpolitischen Druck. Einen neuen Erfolg Preußens konnte sein Regime kaum akzeptieren. Gerade die rechtsstehenden Bonapartisten forderten Aktivität und Härte. Aber die Frage, ob Bismarck die Kontroverse mit Frankreich zur Herbeiführung des Krieges bewußt nutzte oder ob die französische Politik die verwickelte Situation in diesem Sinne zu nutzen suchte, ist von dieser Ausgangsanalyse her allein nicht zu beantworten. Unter Historikern ist kein Konsens gefunden worden. Die Ergebnisse Jochen Dittrichs, wonach Bismarck eine militärische Lösung der deutschen Frage im Zusammenhang mit der Thronkandidatur ablehnte, sind neuerdings wieder in Frage gestellt worden. Von seiten der DDR-Literatur wird Bismarcks Kriegskurs nicht bezweifelt.

Wichtiger als der Streit um Bismarcks Motive scheint zu sein, daß die internationale und nationale Konstellation den Krieg erlaubte. Frankreich war isoliert. Rußland und Österreich neutralisierten sich gegenseitig. Italien sah sich gerade durch Frankreich gehindert, endlich dem jungen Nationalstaat Rom als Hauptstadt zu gewinnen. Die süddeutschen Staaten wurden durch Frankreichs Politik in der Kandidaturfrage Preußen geradezu in die Arme getrieben. Die Sache selbst, aber auch Bismarcks Steuerung provozierten eine neue Welle nationaler Emphase in Deutschland. Alles in allem bildete die Hohenzollern-Kandidatur für Napoleon einen denkbar ungünstigen, für Bismarck aber einen geradezu idealen Anlaß, eine entscheidende Auseinandersetzung herbeizuführen, so sehr einzelne Äußerungen Bismarcks das Gegenteil zu belegen scheinen.

Eine andere Frage ist es, ob Bismarck innenpolitisch in einer die Grundkonstruktion und Balance seiner Lösung von 1866/67 angehenden Zwangslage stand, die ihn gerade 1870 nötigte, über die Grenzen des Halbfertigen von 1866 hinauszugreifen. Diese Ansicht wirkt unter Zuhilfenahme verschiedener Hypothesen recht schlüssig. So wird angeführt, daß sich Süd- und Norddeutschland weiter auseinander entwickelt haben würden, daß die nationalliberale Lösung im Süden wenig überzeugte, hier vielmehr das 1870 von Napoleon III. etablierte „liberale Kaisertum“ Beachtung fand; daß neu erwachende großdeutsche, demokratische, antipreußische Gefühle sich quer vor eine nationale Euphorie der überwiegend katholischen Bevölkerung im Süden legten und im übrigen die Großmächte eine weitere Machtverschiebung zugunsten der norddeutschen Machtkonzentration verhindert hätten. Alle diese Hinweise sind für sich plausibel, aber nicht beweisbar. Die gegebene Situation schuf jedenfalls für Süddeutschland den casus foederis aufgrund der Schutz- und Trutzbündnisse, und Bismarck war sichtlich bemüht, die selbstverschuldete Verlegenheit Napoleons III. zu benutzen, um ihn zu provozieren. Beide Lokomotiven standen unter Dampf, die preußische brauchte tatsächlich einen Anstoß, um Schweremomente der deutschen Politik zu überwinden. Bismarcks Kunst bestand darin, den Anschein zu erwecken, als ob vor allem Napoleon nicht abwarten konnte, mit Volldampf loszufahren. Mit der provozierenden

Redigierung der „Emser Depesche" gab Bismarck dann selbst das Startsignal für Frankreich.

Am 19. Juli 1870 erklärte Frankreich Preußen den Krieg. Bismarck war sich darüber klar, daß eine schnelle Entscheidung angestrebt werden mußte, wenn die Neutralitätsbereitschaft vor allem Englands, die er mit diplomatischen Mitteln noch zu verstärken suchte, nicht gefährdet werden sollte. Österreich blieb durch russische Militärkonzentrationen an seiner Grenze gebunden. Moltke suchte die numerische Überlegenheit der 16 deutschen Armeekorps mit über 400000 Mann in schnellen Entscheidungsschlachten möglichst noch in Grenznähe gegen die beiden französischen Armeegruppen in Lothringen (15 Divisionen unter Bazaine) und im Elsaß (7 Divisionen unter Mac Mahon) auszunutzen. Aber der Plan einer Umfassungsschlacht an der Saar konnte nicht realisiert werden. Auch der Plan, Bazaine westlich der Mosel nach Norden abzudrängen, gelang nicht in der beabsichtigten Weise.

Die in drei Armeen gruppierten deutschen Kräfte hatten äußerst verlustreiche Grenzschlachten zu bestehen, in denen sich die Überlegenheit des französischen Chassepotgewehrs zeigte. Dem linken Flügel (3. Armee) gelang es nicht, die Mac Mahon-Gruppe zu binden oder gar auszuschalten. Mac Mahon führte die angeschlagenen Verbände nach Châlons, wo mit Reserven bis zum 22. August eine neue Armeegruppe von ca. 140000 Mann aufgebaut werden konnte.

Die Operationen der 1. und 2. deutschen Armee gegen Bazaine entwickelten sich ebenfalls erst nach blutigen Grenzschlachten. Moltke suchte Metz südlich zu umgehen und damit Bazaine abzuschneiden. Die Schlacht entwickelte sich bei unklarem Feindbild und widersprüchlichen Auffassungen in der deutschen Führung. Unzureichende Kräfte, mit verkehrter Front kämpfend, erzwangen nach hohen Verlusten die Rückkehr Bazaines nach Metz. Eine schnelle Ausschaltung war nicht möglich. Erst im Oktober kapitulierte Bazaine.

Doch während der Operationen gegen Mac Mahons neue Armee, die sich auf Drängen von Paris in Richtung Metz bewegte, um Bazaine zu entsetzen, dann aber auf Sedan abdrehte, gelang Moltke ein klassischer Umfassungssieg. Damit war Anfang September die kaiserliche Armee ausgeschaltet. Der deutschen Seite war es nicht gelungen, die anfängliche quantitative Überlegenheit zu nutzen. Gelegentlich hing der Erfolg am seidenen Faden. Meinungsverschiedenheiten in der Führung komplizierten den Gang der Operationen. Die deutsche Infanterie war schlechter bewaffnet und wurde taktisch falsch eingesetzt. Als entscheidend für die deutschen Erfolge erwies sich die Überlegenheit der Artillerie und Moltkes Führung, ohne die Sedan wahrscheinlich nicht möglich gewesen wäre. Hiervon hat das Prestige des Generalstabs später nachhaltig profitiert.

Napoleon III. ging in Gefangenschaft. Das Kaiserreich brach zusammen. In Paris wurde die Republik ausgerufen. Die Regierung der nationalen Verteidigung unter Jules Favre und Léon Gambetta führte die Nation in einen Volkskrieg gegen einen Gegner, der inzwischen über sein Hauptziel – Herstellung der nationalen Einheit Deutschlands – hinausgegangen war und Annexionsabsichten erkennen ließ. Im deutschen Bürgertum entfachte dieser Krieg anders als 1866 nationale Leidenschaft.

Die deutsche Führung konnte sich von diesen Emotionen nicht freihalten, suchte zugleich auch eine militärisch günstige Position an der Westgrenze. Erst diese Haltung hat zur Fortsetzung des Krieges geführt. Die neue französische Regierung ließ noch in der ersten Septemberwoche ihre Friedensbereitschaft für den Fall durchblicken, daß Preußen-Deutschland sich mit der Erreichung der nationalen Einheit begnüge. Sie war aber nicht bereit, einen Fußbreit französischen Bodens oder eine Festung preiszugeben. Am 19./20. September scheiterten hieran Waffenstillstandsverhandlungen.

Am 14. August hatte die preußische Führung in Herny bereits entschieden, von Frankreich Territorialabtretungen zu verlangen. In Petersburg ließ Bismarck schon vorher wegen der Annexion Elsaß-Lothringens vorfühlen, nicht ohne wiederum auf das Schwarzmeerproblem hinzuweisen. Die Stimmung in Deutschland, vor allem in der liberalen Publizistik – etwa Treitschkes Artikel in den „Preußischen Jahrbüchern" von Ende August: „Was fordern wir von Frankreich" – mit der klar ausgesprochenen Annexionsforderung aus historischen, nationalen und rechtlichen Gründen – beschleunigte den nach dem Sturz Napoleons III. in Gang gekommenen Umschwung der Sympathien, vor allem in England. Bismarck präzisierte in ersten Formulierungen für Friedensbedingungen die Forderung nach „materiellen Bürgschaften". Bessere Grenzen, Festungen standen auf dem Programm. Anfang September sprach er vom Rückerwerb des alten Reichslandes. Dieser Expansions- und „Sicherungs"-wille erwuchs mit und neben der allgemeinen Nationalstimmung, ist also kaum als Auslösefaktor anzusehen. Auch der zeitweilige Gedanke, Bayern mit Elsaß-Lothringen für die Reichsbildung zu gewinnen, hatte offensichtlich nur eine Nebenbedeutung.

Die Fortsetzung des Krieges deckte die Fragwürdigkeit des den deutschen operativen Überlegungen seit Moltke zugrundeliegenden Dogmas von der Rolle der frühen Entscheidungsschlacht auf. Zwar hat der sogenannte „Volkskrieg" die deutschen Armeen operativ nie gefährden können, er bewies aber, daß mit den Reserven eines wirtschaftlich entwickelten Flächenstaates rasch neue Streitkräfte aufgebaut werden konnten, zumal wenn ansehnliche Reste der alten aktiven Armee als Kern noch vorhanden waren. Die Schlagkraft derartiger Verbände mußte in hohem Maße eine Frage der Organisation und der operativen Zielsetzungen sein. Solange die deutschen Einschließungstruppen vor Metz und Paris und an vielen anderen Stellen noch gebunden waren, blieben den schnell aufgestellten französischen Truppen überdies beträchtliche Chancen für die Kampfführung. Die aus dem Boden gestampften Verbände haben vor allem zahlenmäßig die deutsche Führung überrascht. In Paris waren 400000 Mann eingeschlossen. In den Provinzen standen über 290000 Mann des Stehenden Heeres, meist keine erstklassigen Kampftruppen, dazu aber schon Anfang Oktober 1870 über 240000 Mann Nationalgarde. Daß Frankreichs Menschenreserven nicht noch schneller und stärker ausgeschöpft werden konnten, lag vor allem daran, daß die Heimattruppe sich bei Kriegsausbruch in der Umbildung befunden hatte. Noch im November hat ein Gesetz den Aufbau von elf großen Truppenlagern mit je 60000 Mann programmiert. Die neuen Verbände begannen, sich auf den Entsatz des am 19. September eingeschlossenen Paris vorzubereiten. Moltke gelang es, mit zahlenmäßig unterlegenen Kräften die Loire-Armee, die Verbände an der Somme und die zum Entsatz Belforts antretende Armee Bourbakis in verschiedenen Treffen zu schlagen. Möglich war dies wohl nur, weil Gambetta ihm mit seiner Art Kriegführung entgegenkam. Der Entsatz von Paris mit großen, schlecht geführten, unter Offiziermangel leidenden Truppenkörpern war gegen die deutschen Verbände aussichtslos. Eine Strategie des langen Krieges aus der Defensive und größter Raumnutzung hätte wahrscheinlich Zeitgewinn für die Festigung der neuen Armeen und für Interventionsbemühungen Rußlands, vor allem aber Englands, gebracht. Im Ergebnis hat der Volkskrieg lediglich die Qualität des Krieges verändert: Verschärfung, teilweise Barbarisierung offenbarten erschreckende Aspekte. Die deutsche militärische Führung hat aus der potentiellen Bedrohung ihres Konzepts des kurzen Krieges für die Zukunft keine Lehren gezogen.

Die neuen deutschen Kriegsziele schienen zeitweise Interventionspläne Rußlands und Englands zu provozieren. Beide Mächte formulierten in der Elsaß-Lothringen-Frage Vorschläge, die der deutschen Führung nicht ins Konzept paßten. Im Ergebnis scheiterten die Einmischungsversuche an dem beide Mächte lähmenden Problem der Pontusklausel. Als Ende Oktober Rußland seine Bindungen einseitig aufkündigte, kam es im Frühjahr 1871 zwar in London zu einer Konferenz der Großmächte, aber die von Bismarck befürchtete Wendung zur Diskussion der deutsch-französischen Probleme ließ sich verhindern, obwohl gerade in England Unruhe über die neue Machtbildung in Mitteleuropa sichtbar wurde. Wegen solcher Möglichkeiten einer Internationalisierung des Konflikts hat die preußische politische Führung ständig eine schnelle Beendigung des Krieges angestrebt. Eben aus diesem Grunde bestand Bismarck auch auf der raschen Ausschaltung der Festung Paris unter Einsatz artilleristischer Mittel.

Die Militärs waren nicht allein aus waffentechnischen Überlegungen gegen eine schnelle Entscheidung. Hier wurde vielmehr ein grundsätzlicher Auffassungsunterschied über die Art der Ausschaltung des Kriegsgegners offenkundig, der die Probleme der preußisch-deutschen Doppelführung erstmals schlagartig sichtbar machte. Während der Politiker den Konflikt eingrenzen und beenden wollte in der Erkenntnis, damit politische Risiken vermeiden zu können, in der Voraussicht auch, daß Frankreich als Großmacht nicht eliminiert werden konnte, neigte der Militär einer Lösung zu, die eine Dauerlähmung des westlichen Nachbarn bedeutete. Der Generalstabschef befürwortete einen Exterminationskrieg im Sinne anhaltender Verhinderung effektiver militärischer Stärke und der Entwicklung eines dazu erforderlichen Wirtschaftspotentials. Bismarck konnte sich durchsetzen (25. Januar 1871).

Die wesentlichsten Bestimmungen des Friedens von Frankfurt vom 10. Mai 1871 lauteten: Abtretung Elsaß-Lothringens ausschließlich Belfort, aber einschließlich Metz an das Deutsche Reich; Zahlung einer Kriegsentschädigung von fünf Milliarden Francs; Verbleib deutscher Truppen in westfranzösischen Departements bis zur vollen Zahlung. Bayern, Württemberg und Baden traten dem Vertragsinstrument bei.

Schon vor dem Ende des Krieges, nämlich im Herbst 1870, schritt in langwierigen Verhandlungen, insbesondere mit Bayern, die Bildung der Reichseinheit voran. Bayern suchte die Ausdehnung der Verfassung des Norddeutschen Bundes auf Süddeutschland zu verhindern. Nach Scheitern seines Südbundplanes strebte es einen neuen, wesentlich loseren Bund an, der an die Stelle des Norddeutschen Bundes treten sollte, konnte sich aber nicht durchsetzen. Im November waren die Verträge mit Baden, Württemberg und Bayern –

nicht ohne starke Pressionen Bismarcks – unter Dach. Der Norddeutsche Bund wurde, wie schon vorher mit Baden und Hessen vereinbart, zum Deutschen Bund erweitert. Bayern sicherte sich die größten Reservatrechte, vor allem im militärischen Bereich. Die Kaiserkrone wurde König Wilhelm I. von den deutschen Fürsten angeboten. Beim Festakt am 18. Januar 1871, der Kaiserproklamation in Versailles, war die Nation konsequenterweise nicht vertreten.

Das Deutsche Reich repräsentierte im wesentlichen die Struktur des Norddeutschen Bundes. Preußen beherrschte das Reich. Mehr als 70% des Reichsgebiets und knapp 25 Millionen von etwa 42 Millionen Einwohnern waren preußisch. In der Person Bismarcks und im preußischen Militär, nunmehr Vorbild für die Gesamtstreitmacht, realisierte sich das Schwergewicht Preußens am sinnfälligsten.

3. Das Deutsche Reich und die europäischen Mächte

a. Der Weg zum Dreibund

Das Bismarckreich hat das machtpolitische Kräfteverhältnis Europas erheblich modifiziert. Sowohl die Einstellung der Nachbarstaaten zu Deutschland als auch das Selbstverständnis der Deutschen nachhaltig berührend, ja verändernd, schuf es nicht jene Ausgewogenheit im Mächtesystem, die von der späteren deutschen Geschichtsschreibung Jahrzehnte hindurch mit dem Hinweis auf seine „Saturiertheit" unterstellt wurde. Vielmehr sorgte ein Gefühl der Unsicherheit und der Sorge, wie das einmal Erreichte bewahrt und gesichert werden könne, für dauerndes Planen und Kombinieren, für innen- und außenpolitische Sonderstrategien, zu denen zeitweise auch der Blick auf die Möglichkeiten des Staatsstreichs und des Präventivkrieges gehörten.

Es muß die Frage gestellt werden, ob das Reich bis zu seinem Ende jemals innen- wie außenpolitisch eine Selbstverständlichkeit der Anerkennung erfahren hat, die eine ruhige Weiterentwicklung garantierte, ohne den Zwang zu Kraftdemonstrationen, die nur immer wieder neues Mißtrauen weckten. Zum Problemkreis der Außenpolitik gehörte der Umstand, daß gerade die innere Entwicklung, je mehr sie in die Dynamik der industriellen Revolution mit ihren Wachstumsproblemen geriet, Potentiale schuf und auch sichtbar machte, die machtpolitisch beunruhigend wirken mußten.

Außenpolitisch resultierte aus dem Sieg 1870/71 ein Dilemma des Bismarckreichs, das sich als wirksame Einschränkung seiner Bewegungsfreiheit erweisen sollte: es mußte ständig mit der Gegnerschaft Frankreichs rechnen. Erst diese Situation führte den „cauchemar des coalitions" herbei. Die Stärke des Siegers produzierte eine Orientierung der Großmächte, die eine große Gegenkoalition stets als denkbar erscheinen ließ. Schon gegen Ende des deutsch-französischen Krieges war sichtbar geworden, daß England und Rußland eine Machtkonzentration in der Mitte Europas, wie sie Bismarck herbeiführte, nicht erwünscht war. Berühmt wurde das Wort des britischen Oppositionsführers Disraeli aus seiner Unterhausrede vom 9. Februar 1871 von der „German revolution", die in ihrer Wirkung größer sei als die große französische Revolution.

Das relative Angewiesensein der europäischen Flügelmächte auf Preußen, speziell in der Schwarzmeerfrage, reichte gerade bis zur Durchsetzung der deutschen Einigung auf großpreußischem Wege. Nach dem Ende des Krieges gegen Frankreich war dieser von Bismarck geradezu raffiniert genutzte Vorteil in der Diplomatie verbraucht. „Abhängigkeiten" der Flügelmächte vom Reich, so wie sie einst Preußen gegenüber vorhanden waren, existierten nicht mehr – ein kurioses Ergebnis, wenn es auf die Kräfteverhältnisse bezogen wird, logisch aber, wenn man es in Zusammenhang mit der europäischen Gesamtlage nach dem Krieg sieht.

Bismarck war darauf angewiesen, die Kombination der Flügelmächte zu verhindern. Ihm schwebte die Erneuerung des Bundes der Monarchien Mittel- und Osteuropas vor, nunmehr aber unter Führung Deutschlands. Er spielte – unter deutlichem Hinweis auf den Pariser Kommune-Aufstand – mit dem alten Gedanken eines Bundes auch zur Bewahrung der inneren Stabilität der Monarchien. Sein weitergehendes Ziel, mit dem Drei-Kaiser-Abkommen von 1873 Frankreich zu isolieren und Deutschland aus dem Balkan-Gegensatz zwischen Rußland und Österreich herauszuhalten, erreichte er indes nicht.

Erste Kontakte der drei Monarchen im September 1872 in Berlin führten zu keinen festen Absprachen. Dem russischen Angebot einer Militärkonvention wich Bismarck halbwegs aus. Die Konvention wurde am 6. Mai 1873 nur von den Monarchen und den Generalstabschefs unterzeichnet. Bismarck stellte überdies den Beitritt Österreichs als Bedingung ihrer Wirksamkeit. Andrassy, der Leiter der österreichisch-ungarischen Außenpolitik, sah darin jedoch eine Option gegen England. So kam es zwischen dem Zaren und dem österreichischen Kaiser im Juni lediglich zu einem Konsultationsabkommen, dem Wilhelm I. am 22. Oktober 1873 beitrat. Der entscheidende Punkt der Absprache zielte für den Fall einer Friedensbedrohung durch eine dritte Macht darauf, sich vorab untereinander zu verständigen.

Wie wenig der angestrebte Isolierungseffekt gegenüber Frankreich erreicht wurde, zeigte sich in der sogenannten „Krieg-in-Sicht-Krise" des Jahres 1875. Allein die Tatsache, daß Frankreich sich nach dem Abzug der letzten deutschen Besatzungstruppen sehr schnell auch militärisch regenerierte, bewies die Fragwürdigkeit der Sehweise des Generalstabs im Jahre 1871. Die innere Unruhe und Unsicherheit in Deutschland wegen völlig normaler französischer Wehrstrukturmaßnahmen zeigte auf der anderen Seite die Labilität der außenpolitischen Situation des Reiches. Sein Versuch, erneut Druck auf den westlichen Nachbarn auszuüben, provozierte das Zusammenrücken der Flügelmächte gegen die Mitte. Das Drei-Kaiser-Abkommen erwies sich als brüchig.

Bismarck glaubte, am ehesten ein republikanisches Frankreich isolieren zu können. Das im März 1875 von der französischen Kammer bewilligte Kadergesetz war von einer monarchisch eingestellten Regierung eingebracht worden und erweckte schon deswegen Bismarcks Argwohn. Tatsächlich war das auf Vermehrung der Stäbe und Offizierstellen berechnete Gesetz kein Instrument zur Vorbereitung eines Revanchekrieges. Bismarcks Einschüchterungsversuche, von ihm inspirierte Pressekampagnen und schließlich Moltkes Gespräch mit dem belgischen Gesandten über die Frage des Präventivkrieges, den Bismarck als Drohmittel auch erwähnte, ernstlich aus verschiedenen Gründen aber ablehnte, führten zur Beunruhigung der europäischen Öffentlichkeit. Bismarck handelte hier unter dem Druck der außenpolitischen Zwänge, denen das Reich seit dem Wiedererstarken Frankreichs sich ausgesetzt sah. Schon 1874 meinte Bismarck, zunächst ein Zusammenrücken Rußlands und Österreich-Ungarns feststellen zu können. Nunmehr schien die Gefahr einer Dreierkoalition gegen Deutschland möglich zu sein. Frankreich auszumanövrieren gelang nicht. Im diplomatischen Gegenzug erreichte Frankreich vielmehr eine, wenn auch nicht kombinierte Intervention Rußlands und Englands, an der Österreich indirekt beteiligt war. Vorausgegangene Versuche Bismarcks (Mission Radowitz), jetzt doch zu einer festen Bindung mit Rußland zu kommen, schlugen fehl. Hierbei sind wohl russische Kompensationsgewinne als Ausgleich für den deutschen Machtzuwachs erörtert worden. Aber der Fisch biß nicht an. Bismarck mußte mit einer Interessenverbindung Englands, Rußlands und Frankreichs rechnen. Er gab auf und ließ in der Presse erklären, Deutschland verzichte auf die Rückgängigmachung des französischen Kadergesetzes. Es zeigte sich, daß die Großmächte die neue Mitte argwöhnisch beobachteten, daß selbst England ein kontinentales Engagement nicht scheute, um die weitere Schwächung von Mächten zu verhindern, die als Gegengewicht das Potential des Reichs auszubalancieren in der Lage waren.

Nach der Krieg-in-Sicht-Krise blieb als Fazit lediglich übrig, die noch lose Bindung mit Österreich-Ungarn zu festigen. Diese Option aber bedeutete am Ende den Verzicht auf Bewegungsfreiheit zwischen den Großmächten. Festlegen oder „Zwischen-die-Stühle-Geraten“ standen zur Wahl. Der weitere Weg schien nun geradezu vorprogrammiert zu sein, denn die Interessenkollisionen der Flügelmächte erwiesen sich als zu schwach, um sie im Sinne der Mitte ausnutzen zu können.

Das ist auch nur zeitweise während der Balkankrise und ohne eigentliches materielles Engagement gelungen. Seit die russische Politik unter den Druck panslawistischer Emotionen geriet, war die Zeit für Absprachen auf Monarchenebene vorbei, und immer stärker bedeutete ein gutes Verhältnis zu Österreich ein schlechtes zu Rußland.

Der Aufstand in Bosnien und der Herzegowina 1875 gegen die türkische Herrschaft ließ Rußland zum erstenmal als Sachwalter „panslawistischer“ Interessen ins Spiel kommen. Doch der Ausgang der türkisch-serbischen Auseinandersetzung entsprach keineswegs den russischen Ambitionen auf größeren Einfluß. Vor allem aber mußte Österreich auf Inbesitznahme der Interessengebiete verzichten, über die es sich vorher mit Rußland geeinigt hatte.

Mit der Änderung der russischen Politik geriet das Deutsche Reich in den befürchteten Optionszwang. Rußland erinnerte daran, daß es Preußen in den Einigungskriegen den Rücken gedeckt hatte, und der Zar fragte über den deutschen Militärbevollmächtigten an, ob Deutschland im Falle eines russisch-österreichischen Krieges so handeln würde wie einst Rußland im preußisch-französischen Krieg. Bismarck beantwortete diese „Doktorfrage aus Livadia" verklausuliert, ausweichend, im Ergebnis negativ. Damit war in der gegebenen Situation immerhin eine Stellungnahme gegen England vermieden, das entschlossen schien, russischem Machtgewinn entgegenzutreten. Im Verhältnis zu Rußland ist damit die entscheidende Weichenstellung erfolgt, die im Ergebnis zur russisch-französischen Annäherung, schließlich zum festen Bündnis führte.

Zunächst einmal arrangierte sich das Zarenreich vordergründig mit Österreich-Ungarn. Im Sommer 1877 begann der russisch-türkische Krieg. Je stärker panslawistische Einflüsse in St. Petersburg zum Zuge kamen, um so fragwürdiger wurde Bismarcks Versuch, sich das Wohlwollen Rußlands auch ohne Abgabe des gefährlichen Blancowechsels zu erhalten. Nach entscheidenden militärischen Erfolgen konnte Rußland im Frieden von San Stefano 1878 die Bedingungen diktieren. Die Schaffung eines Großbulgariens mit Zugang zur Ägäis rief England und Österreich auf den Plan. Der folgende Kongreß der Mächte in Berlin, äußerlich ein Höhepunkt internationalen Ansehens des Reiches, befreite Deutschland nicht langfristig aus seiner Manövrierunfähigkeit, die 1876/77 auch im Hinblick auf England sichtbar geworden war, als London deutschen Annäherungsversuchen gegenüber unzugänglich blieb.

Als „ehrlicher Makler" des Berliner Kongresses im Sommer 1878 suchte Bismarck den Draht nach Petersburg nicht abreißen zu lassen, Österreich und England zufriedenzustellen, im übrigen aber deutschen Interessen in einer Weise zu dienen, die der Funktion eines ehrlichen Vermittlers nicht entsprach. Programmatisch sind die Linien seiner Politik im Kissinger Diktat vom 15. Juni 1877 aufgezeichnet. Bismarck spricht hier von einer anzustrebenden „politischen Gesamtsituation, in welcher alle Mächte außer Frankreich unser bedürfen und von Koalitionen gegen uns durch ihre Beziehungen zueinander nach Möglichkeit abgehalten werden". Eine solche Politik konnte nur bei entsprechendem Spielraum durchgehalten werden, wenn sie nicht als künstliches Gebilde scheitern sollte. Im Grunde war sie aber bereits gescheitert, als sie formuliert wurde. Als Ergebnis der Kongreßverhandlungen konnte doch nur ein Zurückweichen Rußlands vor dem englischen Druck möglich sein. Überdies konnte Bismarck von seiner Basis aus nur mit rasch durchschaubaren Möglichkeiten arbeiten. In England sind seine Fühler 1876 richtig gedeutet worden. Es konnte nicht zweifelhaft sein, wohin Bismarck zielte, wenn er England für den Erwerb Ägyptens zu interessieren suchte.

Der Kongreß von Berlin hielt zwar die orientalische Frage offen, aber die Zuordnung der Mächte auf die Interessen der Mittelmacht blieb Utopie.

Rumänien, Montenegro und Serbien gewannen die Souveränität; Rußland erhielt asiatische Gebiete von der Türkei und von Rumänien Bessarabien. Österreich realisierte seine vorangegangenen Vereinbarungen mit Rußland; ihm fiel das Besatzungsrecht in Bosnien, Herzegowina und im Sandschak von Novibazar zu. Großbulgarien wurde aufgelöst. Die Türkei gewann daher Gebiete zurück. England sicherte sich Zypern.

Als entscheidendes Ergebnis zeichnete sich neben der österreichisch-russischen Rivalität, die ganz im Interesse Bismarcks lag, die kommende deutsch-russische Rivalität ab, die sich in schneller Reaktion darin ankündigte, daß das Drei-Kaiser-Abkommen als nicht mehr existent bezeichnet wurde.

In Bismarcks Politik blieb Rußland die entscheidende Größe, woran auch die Abkühlung der Beziehungen bis zur Möglichkeit eines Krieges 1878/79 nichts änderte. Ernste Reibungsflächen ergaben sich aus der russischen Ablehnung einer liberalen Rumänienpolitik und seit Bismarcks Bruch mit den Liberalen überdies durch die neue Schutzzollpolitik. In der Logik bismarckschen Denkens lag es weiterhin, das Zarenreich durch Druck und Erzeugung der Gefahr weiterer Isolierung an sich zu binden. Wieder zeigte sich der Zwang zu artifiziellen Arrangements, deren Validität schwer kalkulierbar blieb. Als Rußland schließlich einlenkte, hielt Bismarck die Zeit zu einer Festigung der Bindung mit Österreich für gekommen, weil er glaubte, jetzt einer definitiven Option entgehen zu können.

Die deutsch-österreichischen Beziehungen festigten sich zusehends. Von deutscher Seite kamen jetzt sogar Vorschläge für einen Bund, der geeignet gewesen wäre, die Kraft beider Staaten in hohem Maße zusammenzufassen. Natürlich waren alle diese Pläne geprägt von einer eindeutigen Prädominanz Deutschlands, das damit die mittel- und südosteuropäische Hegemonialstellung mindestens teilweise realisiert hätte, aber wohl auch in starken Gegensatz zu Rußland geraten wäre. Das österreichische Staats- und Machtbewußtsein ließ eine solche Lösung – die als Umkehrung der einstigen Pläne Bruck-Schwarzenbergs erschien – nicht zu. So kam es nur zu einem geheimen, defensiven Militärbündnis am 7. Oktober 1879.

Der Vertrag sah gegenseitige Hilfe bei einem russischen Angriff gegen einen der Partner vor und verpflichtete im Falle eines Angriffs einer anderen Großmacht den Nicht-Angegriffenen zu wohlwollender Neutralität. Er stellte also vor allem Österreich sicher. Im Falle eines französischen Angriffs auf Deutschland war Österreich nicht zu militärischer Hilfe verpflichtet. Bismarck ging aber davon aus, daß Frankreich einen Angriff nur im Bündnis mit Rußland wagen würde, ein Fall, der dann auch für Österreich den casus foederis bedeutet hätte. Damit war die befürchtete große Allianz gegen Deutschland, Petersburg–Wien–Paris, ausgeklammert, eine Allianz, die allerdings in der gegebenen Lage wegen des wachsenden panslawistischen Engagements Rußlands kaum Chancen einer Realisierung hatte.

Bismarck konnte den Widerstand Wilhelms I. gegen das österreichische Bündnis nur mühsam überwinden, fand aber den Beistand Moltkes und des Kronprinzen. Der Kaiser überschätzte die Bedeutung seiner persönlichen Beziehung zum Zaren, während Bismarck gerade wegen der „slawischen Revolution“ große Unsicherheitsmomente in einer deutsch-russischen Verbindung sah. Überdies schien die deutsch-österreichische Allianz größere Möglichkeiten gegenüber England zu bieten.

Der Zweibund ist von Bismarck nicht als endgültige Absicherung der 1871 erreichten Stellung des Deutschen Reiches angesehen worden. Rußland und England blieben in seinen Überlegungen weiterhin ausschlaggebende Faktoren einer langfristigen Absicherungspolitik, die durchaus kriegerische Verwicklungen einbezog und sie als Konsequenz solider Bündnisse nicht grundsätzlich zu vermeiden bestrebt war. Gerade diese Option zwischen defensivem Verharren und der Bereitschaft zum kategorischen Bremsen Rußlands auf dem Balkan machte den Kern der diplomatischen Bemühungen Bismarcks in London und St. Petersburg aus, die schon während der entscheidenden Phase der Verhandlungen mit Österreich-Ungarn einsetzten.

Der englische Premierminister war nur bereit, im Falle eines deutsch-russischen Krieges Frankreich und Italien aus dem Konflikt herauszuhalten. Im heutigen Rückblick kann die Erklärung durchaus als Entgegenkommen gewertet werden, weil ein deutsch-österreichischer Krieg gegen Rußland die Stabilisierung des Einflusses der Mittelmächte im ganzen Balkanraum involvierte und damit zu einer beträchtlichen Verfestigung der Position des Zweibundes führen mußte. Bismarck jedoch interpretierte damals Disraelis Antwort als Beleg für den englischen Versuch, Vorteile aus einem russisch-deutschen Gegensatz zu ziehen. Daher reagierte er wohl auch nicht mehr, als der englische Außenminister auf die Möglichkeit einer Allianz zwischen England und dem Zweibund zu sprechen kam. Die Skepsis gegenüber engeren Kontakten zu einem England, in dem eine liberale Regierung zum Zuge kommen konnte, mag Bismarck hierbei mitbestimmt haben. Seine Abneigung gegen das parlamentarische System mit seinen wechselnden, den Kurs der Regierungen beeinflussenden Mehrheiten machte sich also auch in der Außenpolitik bemerkbar.

Eine Weichenstellung in Richtung auf eine ernsthaft gewollte und praktizierte Annäherung an England hätte 1879/80 nicht ohne innenpolitische Konsequenzen in Deutschland auf lange Sicht vorgenommen werden können, zumal in Zusammenarbeit mit einer liberalen englischen Regierung. Die Betrachtung der europäischen Angelegenheiten von den Bedürfnissen der Mitte her genügte dafür außerdem nicht. Innenpolitische, vielleicht gesellschaftliche Auswirkungen einer programmatischen Englandpolitik war Bismarck nicht bereit zu akzeptieren. Ohne eine gewisse Anpassung konnte von dem Inselstaat nichts erwartet werden. Gladstone, der Nachfolger Lord Beaconsfields, stand überdies dem deutschen System der konstitutionellen Monarchie mit ebenso großen Vorbehalten gegenüber wie Bismarck dem parlamentarischen System. In Gladstones Sicht bedeutete eine Allianz mit Deutschland eine Option gegen das demokratische Frankreich.

Bismarck befriedigte die englische Zusage nicht. Er ging deshalb auf russische Vorstellungen über eine Erneuerung des Drei-Kaiser-Verhältnisses ein. Der Horizont möglicher Optionen schränkte sich seit 1880 – eigentlich bereits seit 1871 – auf das Dreiecksverhältnis Berlin–Wien–Petersburg ein, in dem die Kathete Petersburg–Wien eigentlich stets angeknickt war. Wie sehr und aus welchem Grund Bismarck die Wahl zwischen Wien und Petersburg zu meiden suchte, zeigt sein Hinweis an Wien: „Auch wenn wir mit Österreich im Bunde sind ... so bleibt doch ein russischer Krieg an sich, und besonders mit Frankreich im Hintergrund, für beide deutsche Mächte immer eine Eventualität, welche sie zu verhüten allen Grund haben."

Der Drei-Kaiser-Vertrag vom 18. Juni 1881 verlangte vor allem eine Ausbalancierung des russisch-österreichischen Gegensatzes. Daß dies nicht in aller Öffentlichkeit geschehen konnte, daß es ein Geheimvertrag bleiben mußte, bewies die schmale Basis der Einigung. Sie wurde vor allem in Rußland gerade noch von dem stärkeren Lager in der Regierung getragen.

Die Vertragschließenden sicherten sich für den Fall kriegerischer Verwicklungen mit einer vierten Großmacht (nicht notwendig in einem Verteidigungskrieg) wohlwollende Neutralität zu. Bei einem Krieg gegen die Türkei mußte allerdings vorher eine Einigung über die Resultate erzielt sein. Die deutschen Mächte akzeptierten Rußlands Auffassung in der Meerengenfrage – gegen die englische Sicht der Dinge –, wonach die Türkei dritten Mächten die Durchfahrt nicht gestatten dürfe. Österreich erreichte die Anerkennung des Rechts, Bosnien und die Herzegowina zu annektieren, während die Mittelmächte versprachen, einer Vergrößerung Bulgariens um Ostrumelien nicht im Wege zu stehen.

Im Ergebnis stärkten Deutschland und Österreich-Ungarn ihre Positionen, das eine gegen Frankreich, das andere gegen Italien. Rußland zielte auf Rückendeckung gegen England. Überraschungen bei einem neuen russisch-türkischen Krieg schienen weitgehend ausgeschlossen.

Rumänien, in Sorge um russische Expansionsbestrebungen, trat 1883 bei.

Sozialpolitische Gründe bestimmten Bismarck wie Wilhelm I. in hohem Maße bei der Suche nach Bindungen mit den osteuropäischen Monarchien. Es waren daher nicht nur bloße Worte, wenn der Kanzler anstrebte, „eventuell in den neu angebahnten Beziehungen der drei Kaiserhöfe den gemeinsamen Gefahren, denen sie durch Krieg oder Revolution ausgesetzt sein konnten, eine auch für längere Zeit haltbare Schutzwehr entgegenzustellen".

Der Drei-Kaiser-Vertrag, keine Allianz zu gemeinsamem Handeln, sondern lediglich eine Zusicherung des Abseitsstehens im Kriegsfalle, barg keine Probleme in sich, solange kein Kriegsfall eintrat oder keine Spannungen das Vertragsverhältnis störten. In seinem Schatten bildeten sich flankierende Kombinationen, wie 1883 ein österreichisch-rumänisches Defensivbündnis, dem Deutschland beitrat. Sein Sinn konnte nur ein an die Adresse Rußlands gerichtetes Zeichen zur Bewahrung der Ruhe auf dem Balkan sein; er änderte sich aber bald in rumänischer Sicht. In einer Zeit relativer Ruhe wurde 1884 der Drei-Kaiser-Vertrag für weitere drei Jahre verlängert und dabei für den ganzen Balkanraum das Prinzip gemeinsamer Verständigung vor etwaigen territorialen Veränderungen vereinbart.

Die Zweibundmächte Deutschland und Österreich schlossen am 20. Mai 1882 einen besonderen Dreibund mit Italien, das Anschluß suchte, um kolonialen Erwerbungen nachgehen zu können. Dabei spielte seine Enttäuschung über Frankreichs Festsetzung in Tunis, die nicht zuletzt mit Bismarcks Ermutigung zustande gekommen war, eine wesentliche Rolle. Besonderen militärischen Wert erwartete die deutsche Regierung von diesem Bund nicht, sie sah darin primär eine Sicherheit für Österreich-Ungarn.

Der Dreibund richtete seine Spitze vor allem gegen Frankreich. Ein unprovozierter französischer Angriff auf Italien löste die deutsch-österreichische militärische Beistandsverpflichtung aus. Italien hatte Deutschland bei einem derartigen Angriff beizustehen. In einem sonstigen Krieg mit einer europäischen Großmacht schrieb der Vertrag die wohlwollende Neutralität der Partner vor, während ein Krieg gegen mehrere Mächte den Bündnisfall bedeutete. Italien stellte aber klar, daß auf keinen Fall eine Hilfeverpflichtung gegen England gegeben sei. Seine Küstenlage zwang zu dieser Vorsicht.

Bei der Frage, welchem Instrument, Dreibund oder Drei-Kaiser-Bund, das politische Schwergewicht zukommen sollte, muß eine zweifache Bewertung der europäischen Konstellation vorausgesetzt werden. Die Schlüsselrolle fiel England zu, denn die Unabhängigkeit und Selbständigkeit der See- und Weltmacht konnte in der gegebenen Lage nicht verändert, England nicht zum „Kommen“ gebracht werden. Eine Bindung erforderte vielmehr ein „Gehen“ Deutschlands in neue Richtungen, wozu der Bismarckstaat kaum in der Lage war. Daher ist es im Verhältnis zu England bei halben Lösungen geblieben.

Der Dreibund war eine solche halbe Lösung, denn er konnte für Deutschland kaum praktikabel sein. Sein Abschluß indizierte im Grunde die Neigung für eine gemeinsame Politik mit Rußland. Die Absicherung Italiens gegen die Verwicklung in einen Krieg mit England bedeutete, daß der Dreibund nicht funktionsfähig sein konnte im Falle eines Zusammengehens von Frankreich und England. Diese Konstellation stellte sich wegen kolonialer Spannungen zwischen den beiden Westmächten so bald nicht ein. Außerdem konnte es sich England leisten, feste Bindungen zu meiden. Aber die Künstlichkeit des Bündnissystems blieb dennoch sein entscheidendes Manko. Wegen der latent weiter bestehenden russisch-österreichischen Rivalität ist auch das Drei-Kaiser-Bündnis von Anfang an nicht ein auf gemeinsamen Defensivinteressen beruhendes Übereinkommen gewesen, das bei langfristigem Interessenausgleich der Partner die Basis für eine solide Außenpolitik, für den Gewinn der gewünschten Sicherheit, abgeben konnte.

Den Beweis lieferten die Ereignisse nach dem Aufstand in Ostrumelien gegen die Türkei 1885. Mit dem jetzt aufbrechenden Konflikt kam das Ende des Drei-Kaiser-Vertrages. Die Verbindung Rumeliens mit Bulgarien zu einem größeren Bulgarien, wenn auch nicht zu dem einstigen Großbulgarien, entsprach jetzt nicht den russischen Vorstellungen, weil Bulgarien einen selbständigen Kurs zu steuern gedachte. Sogleich entzündete sich hier der russisch-englische Gegensatz, der soeben eine Zuspitzung in Afghanistan erlebt hatte. Serbien erklärte Bulgarien den Krieg, erlitt aber schwere militärische Rückschläge und wurde schließlich durch Intervention Österreich-Ungarns vor der totalen Niederlage bewahrt.

Bismarck folgte der österreichischen Balkanpolitik, die Bulgarien aus dem russischen Einflußbereich herauszulösen suchte, nicht. Er sah darin eine Verletzung des Drei-Kaiser-Vertrags. Vor allem aber wollte er sich nicht für österreichische und englische Interessen in einen Konflikt hineinziehen lassen. Seine Ausgleichspolitik hat am Ende jedoch nicht einen Umschlag der Stimmung gegen Berlin in St. Petersburg verhindert.

Bismarcks Bündnissysteme schienen für Normal-, nicht für Krisenzeiten gemacht. So hat neben hohen Beamten im Auswärtigen Amt auch der preußische Generalstab die Entwicklung gesehen. Er nahm – nach möglicherweise von Berlin angeregten Fühlern Wiens – engen Kontakt zur österreichischen militärischen Führung auf, überzeugt, daß der Präventivkrieg gegen Rußland, nicht diplomatische Lösungen, das Gebot der Stunde sei. Moltke regte 1887 schließlich offizielle Besprechungen an. In den Plänen des Generalstabs stand seit 1878 im Falle eines Zweifrontenkrieges die Offensive im Osten fest. Doch Abmachungen mit dem österreichischen Generalstab konnten nach Bismarcks Auffassung geeignet sein, die Doppelmonarchie zu aktiver Balkanpolitik zu ermutigen und so den Krieg herbeizuführen, den der Kanzler vermeiden wollte. Er bremste daher die Initiative der Generalstäbe.

b. Probleme der Mitte

Aus nicht eindeutig geklärten Gründen schlug nun Bismarck mit Agrarzöllen und starken Kreditrestriktionen einen harten wirtschaftspolitischen Kurs gegen Rußland ein, dessen wirtschaftliche Entwicklung in ihren Modernisierungsbemühungen nach dem Krimkrieg erheblich darunter litt. Mag dieses Vorgehen als innenpolitische Konzession an die Kritiker seiner Rußlandpolitik (Böhme), in gewisser Hinsicht selbst als Ersatz für die Präventivkriegslösung interpretiert (Wehler) werden, im Ergebnis veranlaßte es Rußland, wirtschaftspolitische Anlehnung an Frankreich zu suchen.

Ausgesprochen kompliziert wurde die Lage für Bismarck, als Frankreich 1886 aus der Phase seiner kolonialen Aktivität heraussteuerte und wieder Zeit fand, sich seines Gegensatzes zu Deutschland voll bewußt zu werden. Damit zeichnete sich nämlich ganz akut die Möglichkeit eines russisch-französischen Rapprochements ab.

Bismarck hat eine Orientierung Frankreichs nach Nordafrika gern gesehen und unterstützt. Er erblickte im französischen Engagement in Tunis die Möglichkeit zur Abschwächung der französischen Aktionsfähigkeit in Mitteleuropa. Dabei dachte er nicht an einen englisch-französischen Gegensatz. Beide Mächte hatten sich während des Berliner Kongresses auf eine Interessenabgrenzung in Nordafrika geeinigt: Tunis den Franzosen, Ägypten den Engländern. Frankreich errichtete 1881 ein Protektorat in Tunis, England besetzte 1882 Ägypten. Bei diesen Lösungen wirkte sich mitbedingend aus, daß französische Finanzkreise einer aktiven Kolonialpolitik zuneigten.

Sie konnten seit dem Sieg der Republikaner gegen die monarchistischen Rechtsgruppen Einfluß gewinnen und somit innenpolitisch Bismarcks Ablenkungsstrategie entgegenkommen. Auf diese Weise sah sich Rußland in der Vorphase des Drei-Kaiser-Bündnisses isoliert. Diese Konstellation änderte sich nach dem Sturz des Ministeriums Ferry rapide.

Unter Freycinet und insbesondere seinem in Januar 1886 berufenen Kriegsminister General Boulanger traten die französischen Kolonialinteressen in den Hintergrund. Die Armee wurde vergrößert, Revanchestimmung in Verbindung mit einer deutlichen Kontaktsuche zu Rußland bestimmten die neue Richtung. Deutsch-russische Wirtschaftsrivalitäten verschlechterten zur gleichen Zeit die Beziehungen mit Petersburg. Rußland erhöhte 1886 drastisch den Kohle- und Eisenzoll, die Bedingungen für ein Auseinanderrücken der beiden Großmächte waren damit zum erstenmal greifbar vorhanden. In Frankreich und in Rußland sorgte die Presse für antideutsche Stimmung, wobei auf russischer Seite auch die Enttäuschung über den Ausgang der Balkanwirren und die Unzufriedenheit über die Angewiesenheit auf Deutschland einen guten Nährboden abgaben.

In Deutschland reagierte die öffentliche Meinung vehement. Bismarcks Schachzüge trugen zur Aufstachelung wesentlich bei. Um das Verhältnis zu Rußland nicht weiter zu belasten, richtete sich seine Polemik gegen Frankreich als den großen Störenfried. Der Kanzler nutzte die Lage dazu, den Heeresetat abzusichern, d. h. das neue Septennat durchzusetzen und eine „regierungsfromme" Basis im Reichstag, den Kartell-Reichstag, herzustellen. Dabei war die Heeresverstärkung sowohl gegen Frankreich gerichtet als auch als Ausgleich für eine mögliche definitive Änderung der deutsch-russischen Bündnisbeziehungen gedacht. Innenpolitisch verschärfte Bismarck vorhandene Gegensätze, suchte die Opposition zu diffamieren und lahmzulegen. Mit bewußt herbeigeführten und in ihren Auswirkungen genau berechneten Stimmungseskalationen wurden außenpolitische Konstellationen, wie beispielhaft die Boulanger-Krise genutzt. Diese Mittel dienten dem obersten Ziel der Systemwahrung, die sowohl die preußisch-deutsche Sozialordnung mit der historisch gegebenen konservativen Vorherrschaft als auch die politische und ökonomische Machtverteilung und Deutschlands Position im Verhältnis zu den Großmächten umfaßte. Das dazu dienende Methodenarsenal wie die taktische Benutzung von Parteien, Gesinnungen und Überzeugungen ist nicht zu Unrecht als Bismarcks „Bonapartismus" bezeichnet worden.

Zweifellos war Bismarck im Hinblick auf Deutschlands Stellung zwischen den Mächten und auf die innere Geschlossenheit der Nation von tiefem Pessimismus erfüllt. Aber er hat die Zerrissenheit selbst am stärksten gefördert mit seiner Reichsfeind-Ideologie, denn er war es, der die oppositionellen innenpolitischen Gruppierungen – Zentrum, Sozialdemokratie, Vertreter der Parlamentarisierung des politischen Systems – berechnend in die Rolle des Reichsfeindes verbannte. Nach 1871 stand ihm aber nicht mehr das „grand dessin" seiner Anfangszeit zur Verfügung, nämlich „dem inneren Überdruck ein außenpolitisches Ventil" zu öffnen (Ludwig Dehio). Ein Austrag im Innern wuchs sich jedoch folgerichtig zu einem gefährlichen Unternehmen aus, bei dem gelegentlich der Staatsstreichgedanke in den Kreis der Möglichkeiten einbezogen werden mußte, ja am Ende seiner Ära schien der scheinlegale Staatsstreich als einzige Lösung noch offen zu sein.

In der bulgarischen Krise hielt Bismarck sich zurück, um nicht mit Rußland brechen zu müssen. Englische und österreichische Versuche, Deutschland im Sommer/Herbst 1886 in eine Front gegen die russischen Ziele in Bulgarien einzubeziehen, schlugen fehl. Die reservierte deutsche Haltung war eine Voraussetzung für die sogenannte Mittelmeerentente, zu der sich Österreich–England–Italien im Februar und März 1887 verabredeten. Eine Verhärtung der englisch-russischen Rivalität sah Bismarck als durchaus nützlich an. Die geheime Absprache suchte den Status quo im Mittelmeer, in der Adria, Ägäis und im Schwarzen Meer abzusichern. Es war möglich, darin eine wenn auch sehr lose Heranführung Englands an den Zweibund zu sehen, die sich dem Reich gegenüber indirekt als vorteilhaft auswirken konnte, zumal England Italiens Libyeninteressen im Falle französischer Aktivität zu schützen versprochen hatte. Um diese Zusage erweiterte Bismarck bei der Erneuerung des Dreibundes im Mai 1887 das deutsche Engagement – eine weitere theoretische Abmachung in seinem Bündnissystem. Im Dezember 1887 verständigten sich die Mächte darüber, neben der Erhaltung des Status quo die Unabhängigkeit der Türkei zu gewährleisten und den britischen Standpunkt in der Meerengenfrage zu unterstützen.

Angesichts der Unmöglichkeit, den 1887 auslaufenden Drei-Kaiser-Vertrag noch einmal zu verlängern, stellte sich 1886/87 für Bismarck vor allem die Frage nach dem künftigen Verhältnis zu Rußland. Eine Isolierung des Zarenreichs in der Balkan- und Orientpolitik konnte leicht zu einer russisch-französischen Verbindung führen, für die es in beiden Ländern Befürworter gab. Aus dieser Interessenlage heraus kam der sogenannte Rückversicherungsvertrag im Juni 1887 nach längeren Verhandlungen zustande. Die russische Seite suchte mit ihm vor allem größere Bewegungsfreiheit gegen Österreich-Ungarn zu gewinnen und aus der erwähnten Isolierung herauszukommen.

Der Hauptvertrag verpflichtete Rußland zur Neutralität bei einem unprovozierten französischen Angriff, ebenso sagte Deutschland Neutralität bei einem unprovozierten österreichischen Angriff auf Rußland zu. Über diese defensive Absprache hinaus ging das „ganz geheime" Zusatzprotokoll, das die prekäre Lage der deutschen Außenpolitik deutlich macht: Deutschland versprach Unterstützung für russische Interessen in Bulgarien, etwa bei der Etablierung einer neuen Regierung. Darüber hinaus verpflichtete sich das Reich, Rußlands Politik in der Meerengenfrage selbst bei offensivem Vorgehen bei wohlwollender Neutralität diplomatisch zu stützen.

Bismarck glaubte, gerade mit einer Stärkung der russischen Orientpolitik England an die Mittelmeerentente binden und damit auch Österreich dienen zu können. Das geheime Vertragswerk brachte Nuancierungen in Deutschlands Sicherheitspolitik, die mit der Bindung an Österreich schwer in Einklang zu bringen waren, denn es verstieß rechtlich im Zusatzprotokoll gegen die Bündnisverpflichtungen des kurz zuvor verlängerten Dreibundes. Potentiell war in ihm auch ein etwaiges Opfern des österreichischen Verbündeten angelegt, wenn die Existenz des Reiches auf dem Spiele stand.

Nach Lage der Dinge war aber der Versuch, die Konstellation der Großmächte von den Interessen des Reiches her bestimmen zu wollen, überholt.

Immer deutlicher zeigte sich gegen Ende der Bismarckära eine Schwäche: der Hebel war von der Mitte her nicht zu bedienen. Rußland konnte definitiv wohl nur noch bei Freigabe Österreichs gehalten werden, während es für die feste Bindung Englands an Deutschland überhaupt kein zureichendes Angebot gab. Die Aporie für die deutsche Politik lag einfach darin, daß ein starkes Reich in Mitteleuropa den Interessen der See- und Weltmacht widersprach. So hat der Rückversicherungsvertrag Deutschland nicht die Rolle der die Balance haltenden Großmacht eingebracht, sondern nur einen Zeitgewinn. Um ihn zu nutzen, wäre es nötig gewesen, die Schwebelage zwischen England und Rußland zu beseitigen. Das ist nicht gelungen, zuletzt deshalb nicht, weil die Machtballung in Mitteleuropa keine zentrierenden, sondern zentrifugale Tendenzen bei den Nachbarmächten auslöste. Nur das innerlich schwache Österreich verblieb im engeren Kraftfeld.

In Deutschland selbst produzierte der Vertrag nicht neues Sicherheitsgefühl, sondern Unsicherheit. Maßgebende Beamte des Auswärtigen Amtes hielten den Vertrag für völlig belanglos, und der Generalstab hätte am liebsten den Präventivkrieg begonnen. Im Herbst zweifelte auch Bismarck an seinem Wert. Im Hinblick auf die Verhinderung einer russisch-französischen Verbindung schrieb er ihm lediglich mögliche Wirkungen zu. In Rußland machten sich immer deutlicher die schwindenden Aussichten einer deutsch-russischen Gemeinsamkeit oder wenigstens einer Bereitschaft zum Nebeneinander der beiderseitigen Interessen bemerkbar. Dafür wuchsen die pro-französischen Stimmungen.

An einen Krieg mit Frankreich glaubte Bismarck im Jahre 1887 nicht. Er sah, daß der westliche Nachbar nicht dazu antreten konnte. Die Boulanger-Krise ist dann auch mit einer gewissen Verzögerung beigelegt worden. Extravagante Forderungen des französischen Kriegsministers, wie ein Ultimatum an Deutschland, waren im Ministerrat nicht durchgedrungen; der General schied aus der Regierung aus.

Trotzdem suchte Bismarck nun, zu einer offenen, gegen Frankreich gerichteten Verteidigungsabsprache mit England zu kommen. Im Januar 1889 ließ er den deutschen Botschafter einen entsprechenden Vorschlag machen. Salisburys Antwort: „... we leave it on the table, without saying yes or no", ließ erkennen, daß Deutschlands Spielraum zwischen den Flügelmächten geschrumpft war. Für eine großzügige Sicherheitspolitik gab es keine Ansatzmöglichkeiten. Was Bismarck im Kissinger Diktat als Ideallösung vorgeschwebt hatte, war aus dem Reich des Ideals in das der Utopie versetzt. Die Konzentration auf den Ausbau der mitteleuropäischen Stellung, die einigen seiner Berater als Alternative vorschwebte, signalisierte lediglich, daß die innere Kraftaufladung und Versteifung des Reiches als große Politik aufgefaßt wurden. Damit verstärkte sich aber nur die Ballung der nationalen Kraft bis an die Grenze der Explosionsfähigkeit und wurde der Zusammenschluß der Nachbarmächte gefördert.

Der Anschluß an England hätte eine vollkommene Schwenkung bedeutet, vor allem das offene Eingeständnis der Anlehnungsbedürftigkeit, und für die deutsche Innen- und Außenpolitik möglicherweise einen heilsamen Zwang zur Bescheidung. England konnte sich einer Festlegung versagen. Es ist bis zum Ersten Weltkrieg nie in Zugzwang geraten. Als infolge der Nichterneuerung des Rückversicherungsvertrages 1890 außenpolitisch die Ära Bismarcks zu Ende ging, der äußerst schwache Draht nach Petersburg endgültig riß und nun dem Zusammenrücken Frankreichs und Rußlands nichts mehr im Wege stand, hörte die deutsche Politik auf, von der Basis des europäischen Mächtesystems und seinen Möglichkeiten her zu operieren. Übrig blieb allein die Bindung an Österreich-Ungarn. Deutschland dominierte in diesem Bund eindeutig, schuf sich jedoch zugleich die gefährdete Südostflanke.

Als das wesentliche Ergebnis der Konzentration auf die Probleme der Mitte zeigte sich jetzt der Zwang zur Forcierung der militärischen Kraft. Jene Befürworter einer „entschlossenen" Politik, die 1887 am liebsten den Krieg herbeigeführt hätten, erhielten das Wort. Die in der preußisch-deutschen Gesellschaft angelegte, in der Geschichte des Militärstaats begründete enge Bündelung politischer und militärischer Sehweisen erfuhr folgerichtig nach dem Scheitern der politisch-diplomatischen Absicherung des Reiches durch Bismarcks Bündnissystem eine stärkere militärische Überblendung.

Der „neue Kurs" führte trotz aller Unausgewogenheit in der kontinentalen Konstellation in die Welt- und Flottenpolitik, die schließlich auch England definitiv auf die Seite Rußlands und Frankreichs drängte. Erste Differenzen hatten sich bereits Mitte der achtziger Jahre angekündigt, als Bismarck in schnellem Zugriff den Großteil der deutschen Kolonialerwerbungen absicherte, indem er bis dahin private Interessen unter den „Schutz des Reiches" stellte. Vor allem, als 1884 im südwestafrikanischen Angra Pequena vollendete Tatsachen geschaffen wurden, wuchs die Verstimmung in England. Wenn auch 1885 die strittigen Kolonialfragen zwischen London und Berlin bereinigt werden konnten, es blieb der Zustand der Konkurrenz in Übersee. Es blieb auch die Erkenntnis, daß die deutsche Politik langfristig nicht in der Lage war, Differenzen zwischen Großmächten, wie etwa zwischen Frankreich und England, zur Absicherung der eigenen Position auszunutzen. Um jedoch die Situation richtig würdigen zu können, darf man nicht übersehen, daß die aktive Kolonialpolitik innenpolitisch auch als „Ableiter" von Innendruck und Opposition diente.

Das Deutsche Reich besaß am Ende der Bismarck-Ära außenpolitisch geringeren Spielraum als Preußen vor den Einigungskriegen. Der Hauptgrund lag in der deutsch-französischen Gegnerschaft, die der Friede von 1871 vorprogrammiert hatte. Doch hinter diesem Frieden stand das gesamte bürgerliche Deutschland, stand vor allem die Armee. Nicht Bismarck allein ist für die Geburtsfehler des Reiches verantwortlich zu machen. Das Zusammengehen des nationalen Liberalismus, der treibenden politischen Kraft der Zeit, mit dem militärischen Establishment ist als tiefere Ursache anzusehen. Mit dieser Kombination hat Bismarck gerechnet, aber sie brachte ihm kaum Voraussetzungen mit für eine europäische Politik auf breiter Basis. Regierungsabsprachen im Stil der Kabinettspolitik konnten Deutschlands Position bündnismäßig nicht mehr absichern, vor allem aber nicht Rezepte, die machtpolitische Differenzen zwischen den Nachbarn erzeugten. Langsam wuchs darüber die größere Differenz zwischen den Nachbarn auf der einen und Deutschland auf der anderen Seite heran. Das neue Machtpotential in der Mitte Europas mußte den Widerstand des alten Ordnungsgefüges herausfordern. Bei zunehmender militärischer und wirtschaftlicher Stärke sah das Reich sich immer mehr auf sich selbst angewiesen. Daraus erwuchsen zwangsläufig wiederum Konsequenzen nach innen, so die Erzeugung eines überheblichen Kraftgefühls. Der Militärstaat produzierte auf diese Weise die Basis seiner Existenzberechtigung immer wieder neu. In keinem anderen Staat Europas gewann die Armee in so hohem Maße Rückhalt und Anerkennung in der Gesellschaft wie in Preußen-Deutschland. Neben anderen Ursachen findet die innere Entfremdung zwischen den Demokratien des Westens und Deutschland darin eine Erklärung.

Die Geschichte der europäischen Großmächte des 19. Jahrhunderts läßt sich nicht in so schlüssiger Weise wie die Preußen-Deutschlands als Militärgeschichte behandeln. Der Aufstieg und Niedergang Preußen-Deutschlands im 19. und 20. Jahrhundert ist charakteristisch nicht nur wegen der Triumphe und Niederlagen seiner Armee, sondern wegen der spezifischen Stellung der Armee in Staat und Politik und nicht zuletzt wegen ihres Beitrags zur Erhaltung militärmonarchischer Strukturen in einer sich wandelnden Welt. Ohne ihr Schwergewicht wären neue Entwicklungen in der Innenpolitik möglich gewesen – damit letztlich auch in der Außenpolitik. Bismarck aber war von der inneren Notwendigkeit der konservativen Struktur „seines Reiches“ überzeugt. Er hat keine andere Armee gewollt.

Diese Armee hat die preußische Lösung der deutschen Einigung ermöglicht und als Instrument dafür wichtige Voraussetzungen geschaffen. Sie hat aber auch zu ihrem Teil mitbestimmt, was innen- wie außenpolitisch aus dem neuen Reich wurde und wie sich bestimmte Strukturen und Energien zur Bewahrung eben dieser Strukturen in Staat und Gesellschaft langfristig auswirkten. Daß diese „Mitbestimmung“ nicht einfach auf Entscheidungen hoher militärischer Führer zurückgeführt werden kann, sondern hintergründiger zu sehen ist als die Wirkung von Strukturen, macht die Bedeutung und die innere Problematik der preußisch-deutschen Militärgeschichte aus.

B. Die Errungenschaften der Reform

1. Die Allgemeine Wehrpflicht

a. Das Wehrgesetz von 1814

Die Grundgedanken der Reform waren bereits vor Beginn der Freiheitskriege vornehmlich von den fortschrittlichen Mitgliedern der Militär-Reorganisationskommission formuliert und in einer Reihe von Verordnungen teilweise durchgesetzt worden. Im Kriege trat die vorläufige Anordnung einer generellen Dienstpflicht hinzu. Hieran anzuknüpfen lag für Boyen, den am 3. Juni 1814 ernannten Kriegsminister, auf der Hand.

Die ältere preußische Militärgeschichtsschreibung, wie etwa Jany, betonte diese Kontinuität, in der sie vor allem eine geschickte Kanalisierung des wehrhaften, patriotischen Geistes der Kriege von 1813–1815 zu sehen geneigt war. Dem neuen Kriegsminister hat ähnliches vorgeschwebt, bis er 1819 resignierend zurücktrat. Wichtiger ist der militärverfassungsgeschichtliche Aspekt der Reformgesetze von 1814–1815. Boyen war in seiner Beurteilung nicht frei von idealistischer Überschätzung. Seine Ernennung zum Kriegsminister bedeutete vom Standpunkt des Monarchen nicht die volle Zustimmung zur Verwirklichung eines „Volksheeres".

Das Wehrgesetz vom 3. September 1814 knüpfte in seinem Eingang an die während des Krieges benutzte Wehrverfassung an. Theoretisch kann es als Kodifikation reformerischer Ideen gelten, seine praktische Durchführung wich entscheidend davon ab. Es sah vor: eine stehende Armee (Linie), gebildet aus 20- bis 25jährigen. Nur die ersten drei Jahrgänge gehörten der aktiven Armee an, die nächsten zwei bildeten jeweils die Reserve des Kriegsheeres. Für die folgenden Jahrgänge bestand Landwehrdienstpflicht. Grundsatzbestimmungen für die neu konzipierte Landwehr sowie für die Institution der Einjährig-Freiwilligen verbanden auf berechnete Weise die Bedürfnisse des preußischen Militärstaates nach außen und innen, koordinierten das Stärkebedürfnis des Staates mit dem bürgerlichen Egoismus und setzten auf diese Weise die altpreußische ständestaatliche Ordnung auf neuer Ebene fort.

b. Wesenszüge und Konsequenzen der Allgemeinen Wehrpflicht

Dabei darf die ausgesprochen nationale Motivation des Wehrgesetzes nicht übersehen werden.

Der Begriff der Nation war, auch in Boyens Perspektive, eingeschränkt auf „Besitz und Bildung" und – unausgesprochen – auf die alten Führungsschichten. Die neue schlagkräftige Armee sollte auf der Verbindung mit dieser „Nation" beruhen, d. h.

auf der Gleichrichtung der Interessen von Militärinstitut und Bürgertum. Je fester diese Verbindung geknüpft werden konnte, um so nachhaltiger, so meinte Boyen, müsse sich das Eigeninteresse der gebildeten und besitzenden Schichten mit dem Staat verbinden, was letztlich ein Gewinn für die Monarchie sein werde.

Von daher wird es deutlich, daß in Reformerkreisen in Nachwirkung des aufklärerischen Idealismus die Armee als lebendiger Organismus verstanden wurde, der bei adäquater Organisation und Verfassung zur Hauptpflegestätte des Nationalbewußtseins werden sollte. Die verfassungsmäßigen und organisatorischen Voraussetzungen glaubte die Reformpartei in der Allgemeinen Wehrpflicht und in der Landwehr gefunden zu haben.

Auf den ersten Blick schien die Allgemeine Wehrpflicht bei Fortbestehen der monarchischen – ungeschriebenen – Staatsverfassung ein sichtbares Zeichen für den liberalen Fortschritt zu sein, denn die Armee verfügte mit ihr zweifellos über ein Ergänzungswesen, das alle in Frage kommenden Jahrgänge ausnahmslos als wehrpflichtig in Anspruch nahm. Trotzdem blieb sie eindeutig eine monarchische Armee. Sie blieb innenpolitisch der Garant des alten Systems, obwohl sie auf Elementen demokratischer und nationaler Herkunft aufbaute und insofern moderner war als die Staatsverfassung. Preußen verfügte also über eine Wehrverfassung, die den Vorstellungen eines Carnot am weitesten entsprach. Aber der Geist der Armee und ihre Institutionen – wie Kadettenkorps, Garde, Ehrengerichtsbarkeit – waren von revolutionärem oder auch nur demokratischem Denken unberührt.

Was den preußischen Reformern an den Leistungen der napoleonischen Armee am meisten imponierte, war ihr Elan und ihre schier unerschöpflichen Reserven. Dies suchten sie mit der Reform ebenfalls zu erreichen: Begeisterung, Vaterlandsliebe und vor allem Effizienz. Beibehalten wollten sie aber für die Monarchie und für die Armee eine im wesentlichen unveränderte Sozialordnung.

Faktisch hat die Allgemeine Wehrpflicht die Entfremdung von Bürger und Soldat auf der gesellschaftlichen Ebene beseitigt. Die Söhne aller Schichten dienten in dieser Armee. Dennoch hat die besondere preußisch-deutsche Lösung mit ihrer Herauslösung des Militärwesens aus der Gesamtverfassung, seiner einseitigen Zuordnung zur Exekutive und der daraus sich ergebenden militärischen Ideologie bei gleichzeitiger gesellschaftlich-sozialer Anerkennung des Militärs in der Nation zu der spezifischen Form des deutschen Militarismus führen können, der sich bei uns als Militarisierung des Lebens darstellte. Er erfaßte breite Volksschichten, ermöglichte im Zeitalter des Imperialismus große nationale Sammlungsbewegungen und schließlich auch den maßgebenden Einfluß des Militärs auf die Politik.

Daneben machten sich auch rein sachliche Mängel bemerkbar. So gab es ein „materielles" und zugleich politisches Motiv für die Einschränkung des Wehrgesetzes. Der materielle Grund für die Unmöglichkeit der Ausschöpfung der Wehrkraft innerhalb der stehenden Armee lag in der schwachen wirtschaftlichen und finanziellen Decke des Staates. Boyen fand deshalb die elastische Formel, daß sich die Stärke des „stehenden Heeres und der Landwehr nach den jedesmaligen Staatsverhältnissen“ bestimmen solle (§ 3). Diese Zurückhaltung war auch politisch geboten, weil Preußen sich zu Beginn der Wiener Konferenzen das Wohlwollen der stärkeren Nachbarn erhalten mußte.

In der Beschränkung lag aber zugleich eine entscheidende Systemdurchbrechung. An der Aufgabe, die Gedanken in Praxis umzusetzen, enthüllten sich die Probleme der scheinbar so klaren Grundsätze. Die Schwierigkeiten waren so bedeutend, daß zunächst am alten Kantonreglement festgehalten wurde. Das Kriegsministerium räumte den Kommandierenden Generalen aber Ermessensspielraum für die Anwendung der neuen Vorschriften ein. Auch zu Beginn des neuen Krieges gegen Napoleon war das Wehrgesetz noch nicht in Anwendung. Am 29. März 1815 ergingen „Vorläufige Bestimmungen, wie einer schleunig erforderlichen Ergänzung des Heeres für jetzt und bis zur Erscheinung eines definitiven Edikts über die Ergänzung überhaupt zu verfahren ist“. Sie beruhten zwar auf dem Wehrgesetz, von seiner reibungslosen Anwendung konnte aber keine Rede sein. Boyen arbeitete weiterhin mit provisorischen Vorschriften. Erst am 18. September 1816 genehmigte Friedrich Wilhelm III. die definitive Instruktion über die Aushebung.

Das Ausmaß und die Relevanz der dem Prinzip der Allgemeinen Wehrpflicht entgegenwirkenden Systemdurchbrechungen wird an der Gegenüberstellung von Theorie und Praxis deutlich. Boyen hatte eine Friedensstärke der stehenden Armee von 144000 Mann errechnet (nahezu 1,5% der Bevölkerung). Der tatsächliche Präsenzstand stieg aber von 1817 bis 1819 von 121000 auf nur 127000 Mann und blieb bis 1858 auf diesem Fuß ungeachtet des Bevölkerungszuwachses.

Die Folge war, daß bei einem jährlichen Ersatzreservat von über 80000 Mann die tatsächliche Einstellungsquote nur bei 30000 Mann lag. Sieht man von der Quote der Untauglichen ab, so wurden unter dem preußischen System der Allgemeinen Wehrpflicht nur etwa die Hälfte aller Dienstpflichtigen effektiv erfaßt. Der Rest blieb unausgebildet.

Die Konsequenzen betrafen weniger die aktive Armee als vielmehr das System selbst und die mit ihm verknüpften reformerischen Hoffnungen – vor allem aber die Landwehr, deren Qualität vom Prozentsatz der Gedienten abhing.

c. *Kritik an der Allgemeinen Wehrpflicht*

Die öffentliche Kritik richtete sich nicht gegen diese Unvollkommenheiten, sondern gegen die Wehrpflicht allgemein. Besonders die ehemals eximierten sozialen Schichten meldeten sich zu Wort, denn theoretisch konnte nunmehr jede Familie in die Lage kommen, die Konsequenzen der Wehrpflicht zu tragen.

Kaufmannskreise bedrängten den Staatskanzler mit der Warnung, die Ausnahmslosigkeit der Verpflichtung werde die Zivilisation zum Stillstand bringen und den Kredit unhaltbar erschüttern. Eine Reihe von Regierungspräsidenten empfahl eine großzügige Handhabung der Aushebung; hinzu kam Kritik aus Kreisen der Gutsbesitzer und aus den ehemaligen kantonfreien Städten, allen voran aus der Hauptstadt selbst. Auf Drängen Boyens trat Friedrich Wilhelm III. der Opposition mit einer Kabinettsorder am 2. Januar 1817 entgegen: „Es kann Mich nur schmerzlich befremden, in der durch so viele Verhältnisse vor allen anderen begünstigten Hauptstadt meines Landes Einwohner zu finden, die sich von einem für alle Staatsbürger gleichen Gesetz lossagen und die Erfüllung einer heiligen Pflicht mit egoistischem Sinn auf ihre übrigen Mitbürger wälzen wollen."

Egoistische Motive, aber auch schon eine die Voraussetzungen der Reform politisch bezweifelnde Fragestellung klingen durch die Kritik hindurch. Professoren der Breslauer Universität meinten, die Allgemeine Wehrpflicht sei nicht „minder tauglich, das Vaterland zu verderben als es zu erretten: Indem sie alle Bürger in Soldaten, nicht alle Soldaten in Bürger verwandelt, gibt sie den Machthabern eine nie gewesene Gewalt in die Hände". Eine Ahnung scheint hier aufzudämmern von den Möglichkeiten, die dem preußischen Militärstaat mit der neuen Militärverfassung zur Verfügung standen: seit der Einrichtung der Allgemeinen Wehrpflicht wurde die Armee in höherem Grade als das Militärinstitut des 18. Jahrhunderts zum Problem der „Nation". Sie geriet in den kommenden Jahrzehnten, mit wachsendem politischem Bewußtsein des Bürgertums, immer stärker in das Für und Wider politischer Betrachtungen und Forderungen, weil sich zeigte, daß die stehende Armee nicht in der Lage war, ja nicht daran dachte, innere Konsequenzen aus dem demokratischen Wehrpflichtprinzip zu ziehen. Die soziale Durchlässigkeit, im Grunde untrennbar mit diesem Prinzip verknüpft, wurde in der Praxis negativ mit der Errichtung schwer übersteigbarer Schranken entschieden. In der Armee reflektierte sich der politische und soziale Kosmos des preußischen Staates und der preußischen Gesellschaft nur unvollkommen. Die Wehrverfassung konnte das Ideal der Gleichheit der staatsbürgerlichen Verpflichtung nicht realisieren.

So fand die Ersatzinstruktion von 1817 nur eine recht zweifelhafte Lösung des Problems. Unregelmäßigkeiten und Ungerechtigkeiten beim Ersatzgeschäft kamen hinzu. Seit 1817 galt folgende Regelung: Über die Auswahl entschied das Lebensalter in der Weise, daß der Zwanzigjährige vor dem älteren Wehrpflichtigen herangezogen wurde. Innerhalb des Jahrgangs rangierte dann der Ältere vor dem Jüngeren, so daß „der im Januar geborene mit schwerem Herzen, das Dezemberkind aber frohgemut selbander zur Musterung zogen" (Meinecke). In den westlichen Provinzen wurde dieses Verfahren als so ungerecht empfunden, daß man nach dem Los verlangte.

Überflüssig, zu erwähnen, daß die altständisch-feudalen Gegenkräfte in der Armee nichts von der Allgemeinen Wehrpflicht hören wollten. Ihr Ideal war nach wie vor das isolierte Militärinstitut mit lang dienenden Berufssoldaten, die gehorchten um des Gehorsams selbst willen, denen der Offizier als Handhaber der Subordination als qualitativ anderes Wesen erscheinen mußte. In einer wohl für Wittgenstein angefertigten Studie hieß es, die Allgemeine Wehrpflicht sei auf die Dauer nicht mit dem monarchischen, auf Ehre begründeten Prinzip vereinbar. Im übrigen wecke sie den Argwohn der Nachbarn gegen Preußen und widerspreche den Grundsätzen der Heiligen Allianz. Nation, Vaterland, Allgemeine Wehrpflicht gehörten in den Augen jener strenggläubigen Monarchisten zu einer Denkweise, für die Monarchie und Adel nicht um ihrer selbst willen existierten, sondern in einer vielfachen Bedingtheit erschienen.

Der Traum der Reformer, das Wehrgesetz populär zu machen, ging nicht in Erfüllung. Einmal lag dies daran, daß die in der Sache liegenden Schwierigkeiten eine alle befriedigende Lösung verhinderten, zum anderen war es gerade der Erziehungseifer der Reformer, der nur in freiwilliger Übernahme der einschneidenden Pflichten eine dem Reformwerk adäquate Gesinnung erblicken wollte. Die „Erziehung" der Nation begann auf recht fühlbare Weise, wie sich an den die Rechtsposition des Soldaten regelnden Bestimmungen besonders deutlich zeigen sollte. Hier dokumentierte sich zuweilen eine Ordnungssucht, die ans Skurrile grenzte.

d. Der Dualismus von Landwehr und Linie

Das Wehrgesetz vom 3. September 1814 sprach von den „Grundgesetzen der Kriegsverfassung des Staates" und meinte damit Linie und Landwehr gleichermaßen. Was im Krieg nur als vorübergehende Notlösung erschienen war, als außergewöhnliche Maßnahme, die mit dieser Aufteilung die gesamte Nationalkraft zu erfassen suchte, das wurde durch das Wehrgesetz in den Rang einer „Wehrverfassung" erhoben, die nach Boyens Plänen darüber hinaus nichts anderes sein sollte als die Spiegelung der Verfassung des Staates selbst. Die Beziehung zur Landwehr war daher für die Linie von 1814 bis zur Reorganisation eines ihrer wichtigsten Probleme. In der Tat machte sich dieses Nebeneinander sowohl im inneren und äußeren Leben des Staates, in Innen- und Außen- und Finanzpolitik als auch in der Organisation, der Stärke, dem „Geist und Bewußtsein" der Armee bemerkbar. Die Linie gab sich in der Auseinandersetzung mit dem Landwehrinstitut ein Selbstbewußtsein und eine eigene Mentalität, wie sie vor der Reformzeit nicht vorhanden gewesen waren.

Die alte friderizianische Armee war schlechthin das Instrument des Monarchen gewesen, das Offizierkorps nahm ganz selbstverständlich die ihm vorbehaltene führende Position in dem ständisch gegliederten Staat ein. Für das Bewußtsein jener Zeit erschöpfte sich der Staat im wesentlichen in seiner Armee und in seiner Bürokratie. Die Kriegsverfassung von 1814 dagegen beruhte auf einer neuen Konzeption des Stehenden Heeres. Ihr Schöpfer, Boyen, sah nach den bitteren Erfahrungen mit den von der französischen Revolution und ihrem Erben Napoleon aus dem Boden gestampften Massenheeren wie nach dem Erlebnis einer während der Freiheitskriege sich auch in Preußen regenden patriotischen Gesinnung die unumgängliche Notwendigkeit der Verankerung der Armee in der Nation. Mit Gesetzen und Verordnungen allein war wenig getan: die „gesetzmäßig geordnete Bewaffnung der Nation" bedurfte der inneren Anteilnahme dieser wie auch immer konzipierten Nation.

Die Landwehr, das zweite Kernstück des Reformwerkes, sollte nach Boyens Ideen mit der Landwehr der Freiheitskriege, die ihren Weg als Miliz begonnen hatte und sich dann erst im Schutz und Schatten der aktiven Armee zu einem Kampfinstrument festigte, wohl noch den patriotischen Geist gemeinsam haben, sich im übrigen aber zu einer grundsätzlich anderen Institution wandeln, nämlich zu einer aus militärisch geübten Soldaten bestehenden kriegstüchtigen Truppe. Das Wehrgesetz sah eine Zweiteilung der Landwehr vor. Das 1. Aufgebot sollte im Krieg die stehende Armee in ihren Kampfhandlungen unterstützen, also die ins Feld zu stellende bewaffnete Macht sogleich verstärken, das 2. Aufgebot hingegen hatte die Aufgabe, im Kriegsfalle Besatzungsdienst zu leisten oder bei Bedarf das Heer auch zu verstärken.

Boyen sah in der Landwehr die eigentliche Verbindung der Nation mit der Armee. Bei größtmöglicher Freiheit sollte in ihr ein Instrument herangebildet werden, dessen Kader die durch die Schule der stehenden Armee gegangenen Soldaten bildeten. Von Anfang an lag die größte Schwerigkeit nicht darin, die Nation von der Möglichkeit einer sinnvollen Verbindung von fortschrittlichem Geist und militärischer Disziplin zu überzeugen, sondern darin, den Fachmilitärs, denen die Effektivität des Experiments höchst zweifelhaft erschien, diese Überzeugung zu geben. Auf beiden Ebenen, auf der organisatorischen wie auf der ideologischen, galt es, die Überzeugungskraft des neuen Prinzips, das den militärischen und staatsbürgerlichen Geist zu verbinden suchte, darzustellen. Die Geschichte dieses Versuchs ist nicht nur verflochten mit Boyens persönlichem Schicksal, sondern auch mit der preußischen Geschichte überhaupt, denn im Laufe des 19. Jahrhunderts, vor allem nach der Revolution um 1848, identifizierte sich das politische Bürgertum immer stärker mit der Landwehr, die ständisch orientierten Gesellschaftsschichten und das sie repräsentierende Offizierkorps dagegen immer ausschließlicher mit der stehenden Armee.

Dabei waren nicht nur ideologische Gesichtspunkte maßgebend, sondern auch nüchterne fachmilitärische Überlegungen. Es ist ganz natürlich, daß die Landwehr des 1. Aufgebots im Vordergrund solcher Auseinandersetzungen stand. Sie war es, die in erster Linie der stehenden Armee Konkurrenz machen konnte, weil sie ihre Angehörigen später in sich aufnehmen sollte und allein durch ihre Existenz einen weiteren Ausbau der Linie erschwerte. Nach dem

Wehrgesetz traten die gedienten Mannschaften mit dem 26. Jahre in die Landwehr 1. Aufgebots, um hier auf sieben Jahre ihrer Landwehrpflicht zu genügen, ehe sie auf weitere sieben Jahre in das 2. Aufgebot übertraten. Ferner wurden in das 1. Aufgebot die Ungedienten mit dem 20. Lebensjahr (Landwehrrekruten) eingereiht. Es umfaßte mithin die Gedienten vom 26. bis 32. Lebensjahr und die Ungedienten vom 20.–32. Lebensjahr. Der Charakter des Mischungsverhältnisses mußte also den größten Einfluß auf die militärische Brauchbarkeit dieser Truppe haben. Es lag in Boyens Intention, den Anteil der Gedienten möglichst groß werden zu lassen: die stehende Armee, die „Hauptbildungsschule der ganzen Nation für den Krieg", sollte nach seinen ursprünglichen Plänen mithin auch Durchgangsschule für die Mehrzahl der Landwehrmänner sein. Diese Erwartung ist im Wehrgesetz in den Bestimmungen über die Landwehr des 2. Aufgebots unmittelbar ausgesprochen: „Da die Landwehr des zweiten Aufgebots größtenteils aus gedienten Männern ..." hieß es hier. Aber diese Grundvoraussetzung für die militärische Effektivität der Landwehr konnte niemals verwirklicht werden, weil die ökonomische und politische Lage des Staates nicht erlaubte, die Allgemeine Wehrpflicht im vollen Wortsinne zu realisieren. So blieb das ganze Werk ein Torso. Die Unvollkommenheit wirkte sich nicht nur auf das fachmilitärische Verhältnis der Linie zur Landwehr aus, sie stand auch stets im Hintergrund aller Diskussionen um das Wehrwesen der preußischen Monarchie.

Boyen wollte der Linie nichts von ihrer Exaktheit, Disziplin, von ihrem Geist nehmen, sie sollte auch nicht in die andere Säule hineinwachsen. Die Trennung beider Institutionen gehörte zu seinen Grundprinzipien. Das wirft die Frage nach den inneren Gründen dieser Eigentümlichkeit der Wehrverfassung auf, die am Ende zur Beseitigung der Landwehr führte, weil die Armee sich unter den politischen und militärischen Bedingungen des 19. Jahrhunderts in Preußen diesen Dualismus, der die Effektivität der bewaffneten Macht entscheidend berührte, nicht länger glaubte leisten zu können. Daß Boyen 1814/15 und später in Kenntnis all der auf ihn zukommenden Schwierigkeiten dennoch unnachgiebig an der Trennung festhielt, ja um dieses Angelpunkts seines Systems willen 1819 den Abschied nahm, das hatte seine Gründe überwiegend darin, daß er einer der besten Kenner des Gesetzes und inneren Lebens der preußischen Armee war.

Auf den ersten Blick scheint die Auffassung des Kriegsministers nicht folgerichtig. Seit den Scharnhorstschen Reformen waren mit den Reglements von 1808 Institutionen und Ordnungen eingerichtet worden, die die einstige Absonderung des Militärinstituts von der bürgerlich-gesellschaftlichen Welt erheblich abschwächen konnten. Bürgerliche konnten Offiziere werden, es gab so etwas wie ein Bildungsprinzip, den Soldaten wurde eine eigene Ehre zuerkannt, und darauf war auch das Strafensystem zugeschnitten. Bei der nur noch dreijährigen Dienstzeit konnte überdies der „Geist der Linie" nicht jene Auswirkungen haben wie unter dem alten Konskriptionssystem. Die Notwendigkeit der Trennung ergab sich dennoch aus dem Charakter der stehenden Armee dieser Zeit und den tatsächlichen Auswirkungen der Scharnhorstschen Reform.

Die im neuen Wehrsystem vorausgesetzte Zuordnung von Linie und Landwehr zu einem Heer im Falle der Mobilmachung erforderte im Grunde, daß die Grenze zwischen beiden Institutionen so durchlässig wie möglich gehalten wurde. Boyen sah das Problem zu einseitig vom Standpunkt der Landwehr aus, in der er das für die Weiterentwicklung der Gesamtstaatsverfassung unentbehrliche und fortschrittliche Instrument erblickte, das seinen Gedanken von der Begründung der Macht Preußens auf den militärischen patriotischen Geist seiner Bürger entsprechen sollte. Deshalb wollte er, daß die stehende Armee das selbständige, in seinem militärischen Wert unübertroffene Institut blieb, das es immer gewesen war, aber es sollte sich in dieser Aufgabe nicht erschöpfen. Als Schule der Nation für den Krieg war die stehende Armee auch für die Landwehrangehörigen als Hauptausbildungsstätte gedacht. Aber damit sollte in Friedenszeiten die unmittelbare Beziehung zur Linie aufhören. Boyen glaubte, die Landwehr werde ihre innere Spannkraft nur bewahren können, wenn sie möglichst volkstümlich werde, das war aber nur zu erreichen, wenn man sie im Frieden von dem Geist der Exaktheit und Perfektion der stehenden Armee fernhielt, wenn sie nicht den kompromißlosen Gesetzen des militärischen Drills unterworfen würde.

2. Die Landwehr

a. Grundzüge der Landwehrorganisation

Eigenständigkeit der Landwehr

Anfang 1815 verfaßte Boyen seine „Grundzüge für die Einrichtung der Landwehr im Frieden". Sie wurden am 2. März 1815 dem König nach Wien übersandt und von ihm sogleich genehmigt. Der neu ausbrechende Krieg gegen Napoleon verhinderte die Weiterarbeit. Erst am 21. November konnte die definitive Landwehrordnung in Kraft treten.

Die Trennung der Landwehr von der Linie in Friedenszeiten machte eine besondere Organisation erforderlich, wie sie bei der Aufstellung einer Reserve für die stehende Armee nicht nötig gewesen wäre. Da aber die aktiven Regimenter nicht die Kader für die Landwehraufgebote sein sollten und sein konnten – dazu war der eigene Präsenzstand noch zu schwach – war für die Landwehr ein ganz eigener Rahmen zu schaffen. Boyen ging es in diesem Zusammenhang nicht zuletzt darum, daß die Beweglichkeit und Einsatzbereitschaft der stehenden Armee im Kriegsfalle noch erhöht werden konnte, wenn sie nicht mit dem Landwehrergänzungsgeschäft belastet wurde und lediglich die zwei Reservejahrgänge an sich heranzuziehen brauchte. Hierin lag, das war nicht zu bestreiten, ein enormer Vorteil gegenüber dem schwerfälligen Beurlaubungssystem vor 1806, und Boyen hat wohl mit diesem Argument manchem alten Militär die Landwehr annehmbarer erscheinen lassen können.

Aber auch die um die Reservejahrgänge verstärkte Linie bedurfte in einem Kampf gegen eine der europäischen Großmächte bald der Unterstützung durch die an ihre Seite tretende Landwehr des 1. Aufgebots, die doch in ihren Reihen die weiteren Reserven für die stehende Armee organisiert hatte. Das gab der Landwehr eine eigene wichtige Bedeutung, der in der Friedensorganisation Rechnung zu tragen war. Die Landwehr-Ordnung suchte das durch Rücksicht auf den Lokalgeist, auf bürgerliches Standesbewußtsein und durch Weckung und Erhaltung eines patriotisch-kriegerischen Denkens, dem nicht die Fesseln eiserner Disziplin minutiöser Subordination auferlegt waren, zu erreichen.

Die im neuen Wehrsystem vorausgesetzte Zusammenfassung von Linie und Landwehr zu einem Heer im Falle der Mobilmachung hätte im Grunde erfordert, daß die Grenze zwischen beiden Institutionen so durchlässig wie möglich gehalten wurde. Boyen sah jedoch das Problem zu einseitig vom Standpunkt der Landwehr aus, in der er das zur Weiterentwicklung der Gesamtstaatsverfassung unentbehrliche und fortschrittliche Instrument erblickte. Eben dadurch forderte er das nie beschwichtigte und nun in der Restaurationszeit sich wieder mächtig geltend machende Eigeninteresse der stehenden Armee heraus.

Im Gegensatz der Interessen hatte aber die Landwehr wenig Aussichten, ihrer Rolle gerecht zu werden. Sie und die hinter ihr stehenden politischen Motivationen reichten nur zurück bis in die Zeit der Freiheitskriege. Sie hatten nichts vorzuweisen als eine kurze, von mancherlei Enttäuschungen begleitete Bewährungsprobe. Die stehende Armee nahm trotz der Krise von 1806 dagegen Elemente einer hundertjährigen unerschütterten Tradition in das 19. Jahrhundert hinüber. Sie lebte in viel höherem Maße in den alten Wert- und Ordnungsvorstellungen, als es dem neuen Wehrsystem zuträglich sein konnte. Die Errungenschaften der Reformzeit bildeten demgegenüber nur einen schwachen Firnis. Die Offizierauswahl und die Ehrengerichtsbarkeit förderten im Ergebnis noch die Exklusivität des Offizierkorps, während das Bildungsprinzip von den Regimentskommandeuren „verwaltet“ werden konnte.

Das Offizierkorps der Landwehr

Zu den wesentlichsten Bestimmungen der Landwehr-Ordnung gehörten die Vorschriften über das Offizierkorps der Landwehr.

Mit diesem Offizierkorps und den Modalitäten seiner Ergänzung stand oder fiel das ganze Institut. Boyen vermied jede Einseitigkeit. Weder wollte er alle Stellen Offizieren von der Linie vorbehalten noch sich ganz auf den patriotischen Eifer lokaler Interessen verlassen. Die Landwehr, so sehr er sie in den lokalen Gegebenheiten ansiedeln wollte, mußte davor bewahrt bleiben, eine Streitmacht von Dilettanten zu werden. Boyen suchte das auf folgende Weise zu erreichen: Vom Bataillonskommandeur aufwärts stellte die Linie die Offiziere der Landwehr des 1. Aufgebots, außerdem einen Offizier je Kavallerie-Schwadron. Diese Offiziere wurden regelmäßig besoldet, gehörten aber nicht, wie der § 26 ausdrücklich bestimmte, zum „Korps Offiziere der Landwehr"; sie waren lediglich zur Landwehr kommandierte Offiziere der stehenden Armee.

Das eigentliche Offizierkorps der Landwehr, also die Offiziere vom Kompaniechef abwärts, ergänzte sich nach einem kombinierten Vorschlags- und Wahlverfahren, das der besonderen Verbindung der Landwehr mit den Heimatkreisen Rechnung trug. Selbstverständlich unterlag die erfolgte Wahl der königlichen Bestätigung, was als so normal empfunden wurde, daß die Landwehrordnung das königliche Bestätigungsrecht nicht einmal erwähnte. Bei einer Offiziersbesetzung wurde gemäß § 32 der Landwehrordnung so verfahren: „Es soll nämlich jeder Abgang bei dem Korps Offiziere eines Landwehrregiments künftig in der Art ersetzt werden, daß die Behörde und der Ausschuß eines Kreises, in dessen Bezirk der Offizier abgegangen ist, drei Kandidaten vorschlagen, aus welchen das Korps Offiziere des Regiments sich denjenigen auswählt, durch den es den Abgang ersetzen will." Hier war also das Kooptionsprinzip, wie es beim aktiven Offizierkorps durch die Reformen von 1808 eingeführt worden war, verbunden worden mit Rücksichten auf die „Volkstümlichkeit". Immerhin unterlagen nach den Ausführungsbestimmungen vom 11. Dezember 1815 nur die Offiziere bis zum Rittmeister und Kapitän dem Wahlrecht, die Auswahl der Bataillons- und Regimentskommandeure war Sache des Königs, der sie aufgrund von Vorschlägen durch die Generalkommandos vornahm. Das konnte nach dem von Boyen selbst gewünschten, zur Erhöhung der militärischen Tüchtigkeit getroffenen Aufbau der Landwehr nicht anders sein. Zur Landwehrdienstleistung kommandierte Offiziere der Linienarmee ließen sich eben nicht aus der Kommandogewalt des Monarchen herauslösen. Ein weiteres Zugeständnis an die Bedürfnisse der militärischen Effektivität bedeutete jene elastische Vorschrift des § 28 der Landwehrordnung, wonach außer den regelmäßig aus der Linie kommandierten Offizieren „es noch durch die jedesmaligen politischen und Lokalverhältnisse besonders bestimmt werden" sollte, „ob noch *weitere* Offiziere bei einem Landwehr-Regiment besoldet werden sollen". Diese Vorschrift hätte bei einer politischen Auseinanderentwicklung zu einem wichtigen Instrument der Krone werden können; sie bedurfte allerdings, wie sich zeigen sollte, bei der Loyalität des Landwehroffizierkorps nicht der politisch motivierten Anwendung.

Zur Sicherstellung einer gewissen soziologischen Homogenität des Landwehroffizierkorps hatte Boyen, in diesem Punkt vom Vorbild der Scharnhorstschen Landwehr abweichend, das Prinzip der freien Auswahl aus allen Ständen aufgegeben, das ja auch wohl 1813 nur aus der Not der Stunde heraus akzeptabel erscheinen konnte. Allerdings mögen Grenzen, wie gesagt worden ist, so gezogen gewesen sein, „daß ein exklusiver Kastengeist nicht aufkommen konnte".

Gemäß § 33 der Landwehrordnung konnten zum Offizier der Landwehr vorgeschlagen werden:

a) Offiziere der Linie, die aus persönlichen Gründen um ihre Entlassung aus der stehenden Armee einkommen, „jedoch mit Berücksichtigung, ob die vorgeschlagenen Individuen auch durch ihre Führung und Tätigkeit sowie durch ihre sonstigen Lebensverhältnisse sich zur Würde eines Offiziers" eigneten,
b) freiwillige Jäger, die bei ihrer Entlassung vom Regiment das Zeugnis der Fähigkeit zum Offizier erhalten hatten und inzwischen kreisansässig geworden waren,
c) Unteroffiziere, die freie Grundeigentümer waren,

d) Kreiseingesessene mit einem Vermögen von 10000 Talern Kapitalwert oder Einkünften aus einem solchen Kapital.

Eine Ergänzung des Landwehroffizierkorps nach diesem Modus konnte in der Tat zwei wichtigen Anforderungen genügen. Einmal wahrte der Übertritt ehemaliger aktiver Offiziere und Unteroffiziere einigermaßen den Anschluß an die stehende Armee, zum andern blieb das von Boyen in den Mittelpunkt seiner Überlegungen gestellte Prinzip der lokalen Verbundenheit unangetastet, weil die Kreisausschüsse immer nur eingesessene Bewerber vorschlagen konnten. Gerade hierdurch sollte die Landwehr bodenständig, zur eigenen Angelegenheit der Bevölkerung gemacht werden. Die noch zu erwähnende Einteilung der Ergänzungsbezirke hatte, neben der formalbürokratischen Zweckmäßigkeit, das gleiche Ziel.

Für die Entwicklung und den Geist der Landwehr kam es ganz entscheidend auf die Einstellung und Aktivität der Landwehrinspekteure an. Nach den für sie erlassenen Instruktionen vom 13. März und 10. Dezember 1816 waren sie zu einer verständnisvollen und einfühlsamen Erledigung ihrer Aufgaben angehalten. Sie sollten einerseits den militärischen Anschlußstand der Landwehr fördern, so weit es möglich war, andererseits sich Achtung und Vertrauen der Untergebenen erwerben, Heftigkeit und Strenge vermeiden. Besonders ans Herz gelegt war ihnen die Pflege eines guten Verhältnisses zu den Kreisansässigen und Kreisbehörden, bei denen das Offiziervorschlagsrecht lag. Zur Erhaltung des Gemeingeistes und zum Wohle des Staates sollten sie Reibungen zwischen Zivil und Militär ausgleichen und für verständnisvolles Zusammenwirken sorgen. Durch eine geeignete Personalauswahl wurde dieses Ziel in den Anfangsjahren vielfach erreicht. Der Kriegsminister besaß damals noch Einfluß auf die Personalentscheidungen des Königs. Boyen machte hiervon gerade für sein Lieblingskind, die Landwehr, erfolgreich Gebrauch, was keine leichte Aufgabe war, denn die Auswahl für die Spitzenstellungen in der Landwehr mußte unter Militärs erfolgen, die alle unter den alten Verhältnissen groß geworden waren.

Manche Offiziere traten in Erinnerung an die Kriegszeit den Landwehrleuten – damals noch viele Kriegsteilnehmer – mit einer gewissen patriotischen Rücksichtnahme gegenüber. Als diese Voraussetzungen in der folgenden Friedenszeit mehr und mehr wegfielen, tauchte das Problem auf, wie der Landwehr ein geeignetes Offizierkorps, die Nähe zur stehenden Armee und damit die zu fordernde, unabdingbare militärische Tüchtigkeit erhalten bleiben konnten. Wurden diese Fragen nicht befriedigend gelöst, mußte auf Dauer eine bereits bestehende Diskrepanz zwischen Linie und Landwehr anwachsen.

Das Avancement der Landwehroffiziere erfolgte innerhalb des Regiments nach der Anciennität. Dem Leistungsdenken war hierbei insofern Rechnung getragen, als sämtliche Stabsoffiziere und Hauptleute des Regiments den betreffenden Offizier für geeignet zu der Beförderung erklären mußten. Damit waren allerdings auch jene Mängel in das Ergänzungssystem des Landwehr-Offizierkorps von Anfang an eingeführt, die jeder Kooption aus einem relativ kleinen soziologischen Substrat anhaften. Aber gleichzeitig ist festzustellen, daß Boyen hier nicht nur einem patriarchalischen Idealismus huldigte, sondern von Gegebenheiten ausging, wie sie damals in Preußen, einem noch vorwiegend agrarisch strukturierten Staatswesen, anzutreffen waren. Es ist wohl nicht zu Unrecht gesagt worden, daß die „sozialen Rücksichten, welche die Landwehr-Ordnung forderte, ... in der That nur ein Mindestmaß dessen" waren, „was die Denkweise der Zeit forderte" (Meinecke).

Der Aufbau der Landwehr

Mit der Linie hatte die Landwehr, abgesehen von den zur Dienstleistung in ihren Reihen abgestellten Linienoffizieren, nur die Dachorganisation gemeinsam. Sie wurde jedoch, soweit die militärische Führung in Betracht kam, nur einmal im Jahr bei der nach dem Wehrgesetz vorgesehenen gemeinsamen Übung von Linie und Landwehr des 1. Aufgebots effektiv, denn die Landwehr war, von kleineren lokalen Übungen auf Kompanie- oder noch kleinerer Ebene abgesehen, nur bei ihren großen Übungen und im Kriegsfalle versammelt. In der kriegsmäßigen Formation sollten Linien- und Landwehrregimenter, zu Brigaden vereinigt, gemeinsam auftreten, wie es schon im Freiheitskrieg der Fall gewesen war. Im einzelnen gab es zwischen dem König und Boyen in dieser Frage viel Hin und Her. Dem Monarchen behagte vor allem nicht Boyens Plan, die Zahl der Landwehrbataillone in den Brigaden höher anzusetzen als die Zahl der Linienbataillone. Der Entwurf vom 2. März 1815 sah nämlich 5 Landwehr- und 3 Linienbataillone vor. Er beharrte auf Parität, so daß die Kriegsformation schließlich auf 3 Linien- und 3 Landwehrbataillone festgesetzt wurde. In der Kriegsformation hörte das Sonderleben der Landwehr auf. Sie unterstand hier der Linienhierarchie.

In der Friedensformation war die Dachorganisation weniger augenfällig. Das zeigt ein kurzer Blick auf die neuere Landwehrorganisation.

Der leitende Gesichtspunkt war, den 34 Regimentern der Linie 68 Landwehrregimenter gegenüberzustellen. In Kriegsfällen sollten je 2 Landwehrregimenter zu einem Feldlandwehrregiment zusammengefaßt werden, dessen Bataillone mit einem aktiven Regiment zu einer Brigade vereinigt wurden. Preußen wurde mithin in 136 Landwehrbataillonsbezirke aufgeteilt, und man war bestrebt, einem Wunsche Boyens nachkommend, die Kompaniebezirke auf die Kreiseinteilung abzustimmen, während die Regimentsbezirke möglichst den Regierungsdepartements entsprechen sollten. In jedem Regierungsbezirk übernahm ein General oder Stabsoffizier die Aufgabe einer Landwehrinspektion. Er hatte die Übungen beider Aufgebote zu leiten, ferner in Zusammenarbeit mit den Zivilbehörden die Militärergänzungs- und Mobilmachungsangelegenheiten des Regierungsbezirks. In allen diesen Fragen unterstand er dem Befehlsrecht des zuständigen Kommandierenden Generals.

Fehler des Systems

Mangelnde Übungsmöglichkeiten beeinträchtigten bald die militärische Leistungsfähigkeit der Landwehr. Das 1. Aufgebot wurde jährlich nur zu zwei Übungen von insgesamt vierwöchiger Dauer versammelt. So kann es nicht wundernehmen, daß bald spürbare Kritik gegen die Landwehr, speziell von seiten des Linienoffizierkorps, aufkam. Auch hinter dem Kriegsminister regten sich bald Kräfte, denen der ihm eigene unbedingte Wille zur großzügigen Entwicklung des Landwehrinstituts fehlte. Die Landwehr jener Jahre machte es ihnen relativ leicht, Fehler und Mängel aufzuspüren und alle möglichen Bedenken anzumelden. Die Linie selbst wurde zum größten Konkurrenten der Landwehr. Hatte diese Kritik einen berechtigten Ansatz, so wurde dabei allerdings häufig übersehen, daß nicht alle Mängel der Landwehr im System selbst begründet lagen, sondern zum großen Teil auch in äußeren Umständen, die durchaus hätten verändert werden können. Nach Lage der Dinge war vorauszusehen, daß Preußen nicht beide Träger seiner bewaffneten Macht gleichzeitig intensiv und gleichberechtigt nebeneinander ausbauen und entwickeln konnte. Doch nur unter dieser Voraussetzung hätte der Satz der Landwehr-Ordnung realisiert werden können, der die Landwehr als „einen Theil der bewaffneten Macht" des Staates bezeichnete.

Bei der relativ schwachen Schicht aktiver, in der Landwehr diensttuender Offiziere kam für die gedeihliche Entwicklung der Landwehr, vor allem des 1. Aufgebots, alles darauf an, daß ihm ein gut ausgebildetes eigenes Offizierkorps zur Verfügung stand. In diesem Punkt setzten aber von Anfang an die Schwierigkeiten ein. Der Stamm an Landwehroffizieren in der ersten Zeit war aus den Reihen der Kriegslandwehroffiziere entnommen worden. Viele von ihnen waren nicht in das Zivilleben zurückgekehrt, hatten sich in die stehende Armee als „aggregierte Offiziere" einreihen lassen und waren damit für die Landwehr verloren. Das Landwehroffizierkorps mußte zu seiner Ergänzung nun sogleich auf militärisch nicht vorgebildete Männer zurückgreifen.

Die ersten Übungen der Landwehr in den Jahren 1815–1819 konnten die Kritik nicht eindämmen. Die Fachmilitärs gingen von einem Kriegsbild aus, das die Verwendung einer schlecht eingeübten Truppe als höchst bedenklich erscheinen ließ. Ihnen konnte nicht widerlegt werden, daß sich die günstige Konstellation des vergangenen Krieges, in dem Preußen an der Seite starker Verbündeter gegen einen angeschlagenen Gegner gekämpft hatte, schwerlich wiederholen würde. Der Hinweis auf die Wirkungen der vaterländischen Begeisterung allein konnte solche Bedenken nicht ausräumen. Landwehrkommandeure und -inspekteure bemängelten den Zustand des Landwehroffizierkorps, der Ruf nach Vermehrung der besoldeten Männer wurde unüberhörbar zusammen mit dem Hinweis, daß ja auch im Kriege Landwehrregimenter, in denen zahlreiche Berufsoffiziere gestanden hatten, unvergleichlich besser gewesen seien als andere, in denen die unausgebildeten Offiziere überwogen hatten. Eine Denkschrift aus dem Jahre 1818 stellte geradezu fest, die Landwehroffiziere seien „eine Masse von unwissenden, des Dienstes unkundigen, größtenteils ungebildeten, für ein künftig ausgezeichnetes Benehmen im Kriege wenig oder nichts versprechenden Offizieren".

Diesen Zuständen sollte eine Kabinettsorder vom 22. Mai 1818 ein Ende bereiten. Da inzwischen ein gewisser Stamm ausgebildeter Leute aufgrund des Wehrgesetzes von 1814 vorhanden war, bestimmte sie, daß künftig bei den Wahlen zum Landwehroffizier genauer darauf geachtet werden sollte, ob der betreffende Bewerber sich seine militärischen Kenntnisse im stehenden Heer erworben habe. Damit wurden die Landwehroffizierstellen zur Domäne der Einjährig-Freiwilligen, deren kurze Dienstzeit keine unbedingte Gewähr für eine Eignung zum Offizier im Ernstfalle bot. Auch die Anordnung, daß die neugewählten Offiziere ihren Rang definitiv erst nach Ableistung einer Landwehrübung aufgrund der Beurteilung durch die Stabsoffiziere und Kapitäne des Bataillons erhalten sollten, brachte keine Abhilfe.

Durchschlagend sind diese wie andere Einzelverbesserungen nicht gewesen. In den Regimentern fehlte es an einer der speziellen Ausbildung des künftigen Landwehroffiziernachwuchses gewidmeten Einrichtung, daher hing fast jede Entscheidung nur vom guten Willen der einzelnen Kommandeure ab, ein fragwürdiges Kriterium. Bei der bestehenden Organisation waren die Mängel nicht abstellbar.

Die fachideologische Auseinandersetzung

Gefährlich für Boyens Werk war vor allen Dingen die Verbindung der militärfachlichen Kritik mit der aristokratisch-ständischen Opposition gegen den Fortschrittsglauben der Reformer überhaupt. Der Anspruch des Adels auf die dem Bürgertum eingeräumten Positionen richtete sich besonders nachhaltig auf vakant werdende Landwehroffizierstellen. Es begann ein Kampf der Ideologien. Wenn bürgerliche Offiziere die Meinung vertraten, daß die Landwehr das entscheidende Institut zur Emanzipation des Mittelstandes sei, so sahen die restaurativen Kräfte gerade hierin die größte Gefahr für die Monarchie. In der Denkschrift des Prinzen August über die Landwehr von 1819/20 zeichnen sich die Parteien, die dann bis zur Reorganisation der Armee unter Roon im Gegensatz zueinander standen, schon in aller Deutlichkeit ab. Der Prinz suchte Scharnhorst gegen Boyen auszuspielen, indem er ausdrücklich an der Allgemeinen Wehrpflicht festhalten wollte, nicht aber an dem von Boyen eingeführten „schädlichen" Prinzip der Trennung von Linie und Landwehr. Er empfand die Landwehr schlechthin als ein Konkurrenzinstitut der Linie, das auf eine Schwächung der Wehrkraft des Staates überhaupt hinauslief.

Darum wollte er die Landwehr des 1. Aufgebots abgeschafft wissen und die fraglichen Jahrgänge unter Rückkehr zum Beurlaubungssystem wieder der stehenden Armee zuführen. Als Nebenfrucht sollte dabei eine Vergrößerung der stehenden Armee um je 36 Infanterie- und Kavallerieregimenter möglich werden – Gedanken, die nicht weit entfernt von dem waren, was Roon später realisierte. Die ständische Ideologie offenbarte sich in der Feststellung, daß die Offiziere der Landwehr nie den

Grad der Bildung erreichen könnten, wodurch die preußischen Offiziere des Stehenden Heeres „vor allen übrigen sich auszeichnen". Vor allem könne bei den Landwehrregimentern nicht der ‚esprit de corps' des aktiven Offizierkorps „stattfinden". Es lag in der Denkweise der beginnenden Restauration, daß der Verfasser auch den Fall möglicher innerer Unruhen ins Auge faßte. In einer solchen Lage könnte man, heißt es, „die Besorgnis hegen, daß bei einer Dienstzeit von vier Wochen alle zwei Jahre die Landwehren weniger Soldaten als Bürger sein würden. Bei dem Ausbruche innerer Unruhen könnte dies aber sehr gefährlich werden, wenn die Landwehr von Offizieren kommandiert würde, welche denselben Geist hätten. Die Erfahrung hat auch bewiesen, daß am Anfang der französischen Revolution die Linientruppen größtenteils für den König, die Nationalgarden aber für die Nationalversammlung sich erklärten. Bei dem Beurlaubungssystem kann eine solche Gefahr niemals stattfinden, weil das stehende Heer an Gehorsam gewöhnt ist."

Der Schwager des Königs, Herzog Karl v. Mecklenburg, seit 1816 in der Funktion eines Kommandierenden Generals an der Spitze des „Garde- und Grenadierkorps", seit 1821 „Gardekorps", und seine Anhänger repräsentierten eine Richtung, die im wesentlichen für die Rückkehr zu den alten Zuständen in Staat und Armee eintrat. Männer wie er, wie Prinz August und General Kleist v. Nollendorf neben vielen anderen, waren überzeugt, daß bei den Landwehroffizieren der point d'honneur, der Preußens Armee und damit Preußen groß gemacht habe, nicht vorausgesetzt werden könne, daß es einen Wesensunterschied zwischen dem Offizierkorps der Linie und dem der Landwehr gebe und daher letztere am besten abgeschafft würde.

Der König war solcher Kritik zugänglich, sie berührte sich wahrscheinlich mit seinen ureigensten Vorstellungen. Die Eigenwilligkeit der Reformer behagte ihm seit langem nicht mehr. Im Jahre 1819 überlegte auch er, ob nicht die Landwehr abgeschafft werden sollte. Selbst die Bereitschaft, die Landwehr zu akzeptieren bei gleichzeitiger intensiver Pflege des „wahren Soldatengeistes in der Linie", wie sie Prinz Wilhelm vertrat, war bei den grundsätzlichen Gegnern der Reform nicht vorhanden. Ihnen hätte eine funktionierende Landwehr womöglich noch weniger behagt als die vorhandene mangelhafte. Bezeichnend hierfür sind Vorschläge des Finanzministers Graf Bülow vom März 1817, hinter denen die alte Militärpartei – Männer wie Kleist und Knesebeck, der Polizeiminister v. Wittgenstein und Herzog Karl v. Mecklenburg – stand. Bülow forderte eine Herabsetzung des Friedensstandes der Armee, die Abschaffung der Portepeefähnriche, an deren Stelle wieder die Junker treten sollten, ferner die Abschaffung der Landwehrinspektionen. Damit hätte die Landwehr nur noch auf ganz geringen Nachwuchs aus der stehenden Armee rechnen können und in der Hauptsache auf Leute, die oberflächlich ausgebildet worden waren. Praktisch liefen diese Vorschläge auf die Beseitigung der Landwehrordnung hinaus, auf die Abschaffung des bürgerlichen Landwehroffiziers und die Rückkehr zum ehemaligen aristokratischen Berufsoffizier. Das Prinzip der Allgemeinen Wehrpflicht wäre noch stärker durchbrochen worden. Es kam noch einmal zu einem Arrangement, bei dem Boyen Konzessionen zu machen hatte, vor allem eine Verkürzung der Übungszeiten der Landwehr – ein Arrangement, keine Bereinigung.

Boyens Verabschiedung – neue Organisation der Landwehr

In den folgenden Jahren, 1818 und 1819, gelang es Boyen mit Unterstützung Wilhelm v. Humboldts dennoch, den Militäretat im wesentlichen zu erhalten, aber eine klare Entscheidung für sich und seine Ideen erreichte er nicht. Seine Stellungnahme gegen die Karlsbader Beschlüsse hat dann das ihre dazu beigetragen, den König stärker für die Argumente der reaktionären Hofpartei zu interessieren.

Mit der Weisung des Königs vom 6. Dezember 1819 fiel eine wichtige Entscheidung gegen Boyen. Sie ließ erkennen, daß es gerade die liberalen Gesichtspunkte Boyens waren, nämlich jene auf dem Gedanken der Verschmelzung von Armee und Nation beruhenden Grundlagen des Wehrgesetzes, die sich der Monarch keineswegs zu eigen gemacht hatte. Boyen hatte ihn nicht davon überzeugen können, daß Preußen zur Entwicklung seiner nationalen und militärischen Kraft der bewußten Mitarbeit auch der Schichten bedurfte, die in der absoluten Monarchie nicht zu den staatstragenden gehört hatten. Daß die Landwehr auf andere Weise als bisher kriegstüchtiger gemacht werden mußte, war 1819 offenbar geworden. Aber der nun eingeschlagene Weg führte von der 1815 getroffenen Lösung weg.

Die Weisung des Königs vom 6. Dezember, wohl an Witzleben gerichtet, ordnete die Auflösung von 34 Landwehrbataillonen an, womit die Landwehr der Einteilung der Linie angepaßt wurde. Die nach der Reduzierung übrigbleibenden Regimenter wurden, der Linie entsprechend, in 36 Regimenter zu 3 Bataillonen formiert. Die Landwehrinspekteure, als Bindeglied zwischen Zivil- und Militärbehörden am Sitz der Regierungsdepartements, verschwanden. An ihre Stelle traten 16 Landwehrbrigadekommandeure, gemäß der Einteilung der Linie in 16 Divisionen. Damit war auch die von Boyen so betonte lokale Verankerung der Landwehr aufgehoben, denn die Ausrichtung der Kompaniebezirke auf die Kreise ließ sich nun nicht mehr aufrechterhalten. Da wenig später der Präsenzstand der Linie aus Ersparnisgründen weiter herabgesetzt wurde, konnte der wirkliche Mangel der Landwehr – der Mangel an ausgebildetem Nachwuchs und die wachsende Zahl der Unausgebildeten, der sogenannten Landwehrrekruten – nicht behoben werden. Hinzu kam, daß die Landwehr in den Divisionsverband eingereiht wurde.

Boyen sah sein Werk im Kern bedroht. Zu Einsparungen wäre er bereit gewesen, nicht aber zu prinzipiellen Zugeständnissen: das geht aus Denkschriften hervor, die er Ende 1819 verfaßte, aber wohl nicht mehr vorgelegt hat. In ihnen sah er die geplante Umformierung der Landwehr in größeren Zusammenhängen, wenn er auch den Ideen des Königs nicht überall gerecht wurde. Vor seinem geistigen Auge vollzog sich eine umfassende Rückkehr zum alten Militärsystem, wie es in Rußland und Österreich noch existierte, zu einer vom Leben der Nation getrennten Streitmacht, die ihre Brauchbarkeit auf strengste Zucht, mechanischen Drill und das ständisch-feudale Interesse des Offizierkorps gründete, zu eben jenem Militärsystem, das 1806 in Preußen so kläglich versagt hatte. Hierin übertrieb Boyen sicherlich. Dennoch: die Landwehr war mit der Kabinettsorder vom 22. Dezember 1819 „die anderweite Eintheilung der Landwehr betreffend", in ihrer ursprünglichen Konzeption ausgehöhlt, zu einem abhängigen Nebeninstitut der Linie geworden, die 16 Brigadekommandeure der Landwehr unterstanden nun den Divisionskommandeuren.

Boyen erhielt den erbetenen Abschied mit Kabinettsorder vom 25. Dezember 1819. Kurz darauf folgte die Entlassung Grolmans. Als wenig später Humboldt und Beyme von den Geschäften entbunden wurden, war der Elan und die Wirksamkeit der Reformer gebrochen. Das Landwehrinstitut hatte seine eifrigsten und sachkundigsten Fürsprecher verloren. Damit war es von nun an nicht länger möglich, die Landwehr als ein gleichberechtigt neben der Linie stehendes, der bürgerlichen Emanzipation gewidmetes Instrument anzusehen. Die stiefmütterliche Behandlung der unerwünschten Einrichtung in den folgenden Jahrzehnten führte schließlich dahin, daß die Kritik der Fachmilitärs an der Landwehr immer berechtigter, ihre Verteidigung durch die Liberalen immer wirklichkeitsfremder wurde. Als sich dann der liberale Eifer an der Landwehrexistenzfrage entzündete, konnte ihm der begründete Einwand entgegengehalten werden, daß er über militärische Fragen ohne Sachverstand urteile.

Landwehr – Volksheer

War aber mit dieser Weiterentwicklung der Landwehr auch das Prinzip des Volksheeres blockiert worden? Die liberale preußische Überlieferung hat die Landwehr unter Verkennung ihrer entscheidenden Mängel gern als die Inkarnation des Volksheeres angesehen. Tatsächlich ist sie das nie gewesen. Abgesehen davon, daß die Stehende Armee die „Hauptbildungsschule" der Nation für den Krieg war, und damit alle Schulungseinrichtungen für sich usurpiert hatte, blieb die Landwehr von vornherein wie die stehende Armee, nur in anderer Weise, auf einem ständischen Prinzip aufgebaut. Offiziere konnten nur Männer mit Besitz und Bildung werden, nach der ursprünglichen Konzeption am ehesten kreiseingesessene Grundeigentümer. Bei dieser Einrichtung war von vornherein nicht zu erwarten, daß sich das Interesse der Landwehrsoldaten so uneingeschränkt mit dem Institut verbinden würde, wie Boyen in seiner aufklärerisch-nationalen Denkweise glaubte voraussetzen zu können. Die größte Schwäche der Landwehr war, wie sich zeigen sollte, ihre zu ausschließliche Gründung auf ein – nicht vorhandenes – Interesse des Volkes an der Sache. Gegeben war lediglich ein bürgerliches Interesse, das nicht allzuweit vom Klassenegoismus entfernt war, wie die Einrichtung des eng mit der Landwehr verknüpften Instituts der Einjährig-Freiwilligen zeigen sollte. Die eigentliche Anknüpfungsmöglichkeit für die Anhänger des Gedankens des Volksheeres war nicht die Landwehr, sondern das Prinzip der Allgemeinen Wehrpflicht, das allerdings in dem zu seiner breiten Anwendung nicht ausreichenden Linienheer nicht realisiert werden konnte.

Die zu einseitige Gründung der Landwehr auf Ideen und Ideale gab ihr eine in der Welt der Tatsachen unvermeidliche Anfälligkeit und Verwundbarkeit. Das 19. Jahrhundert entfernte sich, auch in Preußen, immer mehr von der Herrschaft der Ideen, um einzumünden in die nüchterne Betrachtung der innenpolitischen Gegebenheiten, und um so stärker rückten auch innenpolitische Überlegungen bei der Bestimmung des Standortes der bewaffneten Macht im Staate in den Vordergrund. Nirgendwo wird es greifbarer als an der Situation Boyens in seiner zweiten Amtsperiode nach 1840. Aber schon die Zwischenzeit sah das Vordringen jener realistischen Betrachtungsweise, die sich mehr und mehr in der Person des Prinzen Wilhelm, des späteren Kaisers Wilhelm I., verkörperte.

b. Die Landwehr von 1819 bis zur Revolution 1848/1850

Prinz Wilhelm und die Landwehr

Die Neuordnung der Landwehr hatte einen organisatorischen Zusammenhang mit der Linie hergestellt. Damit hatte militärfachliche Kritik, die sich immer dagegen gesträubt hatte, daß die Landwehr „ein Dasein für sich" (Treitschke) führte, einen bedeutenden Erfolg errungen. Dennoch kamen die Auseinandersetzungen um die Landwehr nicht zur Ruhe. Der Abwehrwille gegen ein „bürgerliches" Heeresinstitut mit Offizieren bürgerlicher Provenienz wuchs in gleichem Maße wie die liberale Opposition gegen die Metternichsche Oppressionspolitik. Nach dem Scheitern des versprochenen Verfassungswerkes – laut Kabinettsorder vom 11. Juni 1821 – verhärteten sich die Gegensätze noch mehr. Als symptomatisch für die fortbestehende Kritik des Offizierkorps an seinem wenig ernst genommenen Konkurrenten können die Vorstellungen des Prinzen Wilhelm angesehen werden.

Unter dem Gesichtspunkt der Erhöhung der militärischen Brauchbarkeit der Landwehr schlug er verschiedene Änderungen des bestehenden Systems vor, die alle darauf abzielten, den Einfluß der Linie auf die Landwehr zu verstärken. So empfahl er, damals Kommandierender General des III. AK, in einem Schreiben an das Kriegsministerium vom 3. Dezember 1830, man solle bei der Auswahl der „als Offizierkandidaten zu bezeichnenden Subjekte" mit der größten Sorgfalt zu Werke gehen. Es komme, so hieß es weiter, auf die Überprüfung der allgemein menschlichen Qualifikation des Kandidaten an. Hierauf hätten die Landwehrbehörden ohnehin ein scharfes Augenmerk. Wichtiger sei es, Maßstäbe für die praktische Brauchbarkeit der Anwärter zu gewinnen. Ein Urteil hierüber sei am besten von den Kommandeuren und Offizieren der Linie zu fällen und man solle die Kandidaten zu entsprechenden Übungen bei einem Truppenteil in der Nähe ihres Wohnortes einberufen.

Zweifellos wären mit solcher Praxis Präzedenzen geschaffen worden, die schließlich die Landwehrbehörden mehr und mehr auf bloße Bureauarbeit beschränkt und die eigentliche Auswahl des Landwehroffizierkorps zu einer Angelegenheit des Linienoffizierkorps gemacht hätten. Das Kriegsministerium lehnte ab; es bleibt dahingestellt, ob mit oder ohne Erkenntnis jener möglichen Folgen.

Für Prinz Wilhelm verknüpfte sich das Linien-Landwehrproblem in diesen Jahren mit dem allgemeinen Problem der Stellung der Armee im Staate. Das ständige Experimentieren in den Jahren nach 1820 mit der mehrwöchigen Ausbildung von Landwehrrekruten bei der Linie, mit Beurlaubungen bei der Linie, hatte zu einem erheblichen Wirrwarr geführt, der immer weniger die klaren Grundsätze des Wehrgesetzes durchführbar erscheinen ließ. So konnten die Soldaten eines Bataillons – mit Ausnahme der Garde – sieben verschiedene Ausbildungszeiten aufweisen, darunter die am wenigsten brauchbaren Kriegsreserve- und Landwehrrekruten. Das Kriegsministerium fragte Mitte 1832 bei den Generalkommandos an, inwieweit die dreijährige Dienstzeit verkürzt werden könne und ob die Rekruten verschieden lang ausgebildet werden könnten. Auch dies war mit ein Problem der Landwehr, weil ihre Funktionstüchtigkeit von der Zahl und Qualität der aus der Linie in sie eintretenden Soldaten abhängig war.

Prinz Wilhelm fand eine höchst bezeichnende Antwort auf die Anfrage des Kriegsministeriums, die das Landwehrproblem in einem besonderen Licht erscheinen ließ. Schon die Kriegstüchtigkeit der Linie sah er bei einer Herabsetzung der dreijährigen Dienstzeit in Gefahr: „Wenn also jetzt auch unserer Armee eine nur zweijährige Dienstzeit zugemutet werden soll, so fürchte ich, daß wir uns dadurch einen Kriegsstand erziehen, der weit davon entfernt ist, ein gediegener und zuverlässiger im Augenblick der Gefahr zu sein! Wir werden zwar eine Masse dressierter und exerzierter Männer haben, aber keine Armee, die ein Soldatengeist belebt. Wer weiß, was wir uns dadurch dereinst bereiten!" Eine solche Entwicklung mußte Rückwirkungen auf die Landwehr haben. Die in diesem Zusammenhang gemachten konkreten Bemerkungen Prinz Wilhelms enthalten im wesentlichen bereits jene Motive, die ihn auch bei der späteren Reorganisation der Armee geleitet haben. Sie waren nicht nur militärischer, sondern auch ideologischer Art: Die Landwehr hat nur einen Sinn, wenn sie aus lauter Leuten besteht, „welche ihre völlige Ausbildung in der Linie erhalten haben und durch diesen Dienst zu Soldaten geworden sind, und nicht bloß zu exerzierten Menschen". Daß aber eine derartige Totalergänzung der Landwehr aus ehemaligen Liniensoldaten ganz und gar unmöglich war, hat gewiß niemand besser erkannt als der Prinz selbst. Das Institut an und für sich konnte seinen ideologischen und militärfachlichen Forderungen nicht genügen.

Als dann 1837 die zweijährige Dienstzeit eingeführt wurde und damit ein größerer Zustrom gedienter Leute zur Landwehr gewährleistet war, hat er an seiner negativen Meinung festgehalten, ja er hat später sogar erklärt, die Einführung der zweijährigen Dienstzeit sei der „empfindlichste Stoß“ gewesen, den die Armee erhalten habe. Dadurch sei die Durchbildung der Linie erschüttert worden, was sich konsequent in die Landwehr hinein ausgewirkt habe.

Einen Höhepunkt erreichte die Auseinandersetzung zwischen diesem fachmilitärisch-monarchistischen Denken und den dualistischen, Linie und Landwehr ihre besonderen Funktionen lassenden Anschauungen, als es 1841 zu einem ausführlichen Meinungsaustausch zwischen Boyen und Prinz Wilhelm, dem nunmehrigen Prinzen von Preußen, kam. Die Kontroverse ist von erheblicher Bedeutung angesichts der Tatsache, daß Boyen im Laufe der Korrespondenz am 28. Februar 1841 wieder zum Kriegsminister ernannt wurde, was der Prinz von Preußen offenbar zu durchkreuzen gesucht hat. Der Briefwechsel zwischen diesen beiden Vertretern entgegengesetzter Meinungen über die wesentlichsten Fragen der preußischen Heeresverfassung zeigt Boyen noch ganz in seinen alten Vorstellungen, während der Prinz zwar nicht die Existenz der Landwehr in Frage stellt, aber ihren engen Zusammenhang mit der Linie so eindeutig fordert, daß von der Landwehr der ursprünglichen Konzeption bei Verwirklichung seiner Ideen nicht viel übriggeblieben wäre. Insofern kann dieser Meinungsaustausch als Vorwegnahme der Kontroverse der Reorganisationsära angesehen werden.

Boyen machte in einem Beischreiben die wohl auf die Mentalität des Empfängers berechnete Bemerkung, man könne, wenn man über „dieses für den preußischen Staat so wichtige Institut urtheilen will“ zwei verschiedene Standpunkte einnehmen: „den einen aus dem Gesichtspunkt der Exerzierfertigkeit, den anderen nach den Forderungen der Strategie und inneren Politik“. Der Prinz von Preußen war zwar weit entfernt von den ideologischen Ängstlichkeiten der Hofclique, er wußte die Bedeutung der Allgemeinen Wehrpflicht für die Stärke Preußens wohl zu schätzen, aber alles schien ihm nur halb getan, wenn es nicht den eisernen Stempel der Disziplin einer mindestens drei Jahre dienenden Linienarmee aufgedrückt erhalten hatte. Boyen forderte, daß man in der Landwehr „nur immer die notwendigsten Bedingungen, welche zu ihrer Brauchbarkeit erforderlich sind, im Auge behalte“ und „nicht nach einem dem Exerzierplatz abgeborten Ideal hasche“. Prinz Wilhelm hielt dagegen, der Exerzierplatz sei nur dazu da, „die Ordnung zu erzielen: ist die in einer Truppe, dann kann man Alles mit ihr machen, aber nichts ohne sie“.

Prinz Wilhelm hatte seine eigenen Vorstellungen von den „Aufgaben der Linie“ als „Hauptbildungsschule“ der Nation. In ihr sollte nicht allein das Metier des Soldaten erlernt, sondern auch ein „militärischer Geist“ eingeimpft werden, der den einzelnen gegen die politischen Zeitströmungen immun und einzig und allein zum Dienst für die Monarchie disponibel machte. Das Mittel dazu sah er in der „Gewohnheit“.

Eine Verständigung zwischen diesen Exponenten diametral entgegengesetzter Meinungen, von denen Prinz Wilhelm, jetzt Kommandierender General des Gardekorps, so etwas wie ein „konkurrierender Kriegsminister“ (Meinecke) war, war nicht möglich. Boyens in vielem inzwischen anachronistisch anmutenden patriarchalischen

Ideen, die in die Mitte des 19. Jahrhunderts nicht mehr hineinpaßten, machten es dabei noch aussichtsloser, das Landwehrideal gegen das politische und fachliche Credo der Linienoffiziere durchzusetzen. Seine Forderung, die Landwehr nicht mit der strengen Disziplin der Linie geistig zu uniformieren, fand beim Prinzen nicht das geringste Verständnis: „Verfasser scheint den Geist der Armee zu verdächtigen, bloß weil sie ein schönes Äußeres neben ihren reelleren Leistungen hat." Daß die Landwehr „geistig und praktisch auf einer Höhe heute steht, die sie nie zu erreichen glaubte", eben dies führte der Prinz darauf zurück, daß sie mehr oder weniger zu einem Anhängsel der Linie geworden war; tatsächlich lag das weit mehr an der von ihm einst bekämpften Einführung der zweijährigen Dienstzeit bei der Linie.

Die Landwehr während der zweiten Amtsperiode Boyens

Die Landwehr hatte tatsächlich seit 1819 an militärischer Brauchbarkeit gewonnen. Seit 1824 übte sie bei den Reserven der Armeekorps mit, wodurch sich die Übungszeiten gegenüber der Boyenschen Zeit wesentlich verlängert hatten. Boyens Ziele stellten sich daher den Fachmilitärs als rückwärtsgerichtet dar; es trifft zu, daß Boyen gerade in seiner zweiten Amtsperiode in vielen Punkten zu doktrinär dachte. Dadurch brachte er die fachmilitärische Kritik vor allem der Kommandierenden Generale gegen sich auf, namentlich die des Prinzen Karl und des Generals Graf Friedrich v. Dohna, während die stärkste Stütze Boyens, Grolman, 1843 starb.

So weit es sich um die Truppenausbildung handelte, war der Kriegsminister immer noch in den Vorstellungen von 1808–1813 befangen. Nur in kleineren Verbänden könne, meinte er, intensiv ausgebildet werden. Aus diesem Grund schränkte er die Beteiligung der Landwehr an den Korpsübungen wieder ein, er hätte sie am liebsten wohl ganz aufgehoben aus Mißtrauen gegen den „Geist der Linie". Nach der Kabinettsorder vom 27. Februar 1845 sollte nur noch die Landwehr der zur Kriegsreserve bestimmten Armeekorps acht Tage an deren Manövern teilnehmen. Selbst die Übungszeit der Gardelandwehr wurde von vier auf drei Wochen insgesamt herabgesetzt. Auf der anderen Seite wurden aber die Samstagsübungen der Landwehr, obwohl sie seit 1820 obligatorisch geworden waren, kaum noch ernst genommen. Lediglich Kommandierende Generale wie Grolman pflegten sie noch als „Überreste des militärischen Geistes der Befreiungskriege". In Wirklichkeit waren sie in der Mitte des 19. Jahrhunderts anachronistisch geworden, vielfach zu bloßen Kontrollversammlungen herabgesunken. Beim Linienoffizierkorps wurden sie ohnehin meist nicht gern gesehen.

Eine weitere Maßnahme, die sich aus dem Festhalten Boyens an alten Lieblingsideen erklärt, war die 1843 durchgeführte Neueinteilung der Landwehrbezirke, die sich möglichst wieder an die Kreiseinteilungen anlehnte. Der Gedanke der Verwurzelung der Landwehr im Heimatbereich gehörte in Boyens patriarchalische Vorstellungswelt. Auch hier wäre der großzügigere Plan, die Armeekorpsbezirke der Landwehrergänzung zugrunde zu legen, sachlich berechtigter gewesen, weil er die

Möglichkeit bot, die verschiedene Zuwachsquote der Bevölkerung in den Kreisen auszugleichen.

Die wirtschaftliche und soziologische Entwicklung hatte in den letzten Jahrzehnten Boyens Hoffnungen im Grunde enttäuscht, um so weniger ist sein Beharren auf einem System, das mit der freiwilligen Opferbereitschaft der Menschen in ihrer heimischen Umgebung rechnete, zu verstehen. Tatsächlich waren gerade die fortschrittlichsten bürgerlichen Kreise wenig bereit, sich ihre berufliche und gewerbliche Entwicklung durch Übungen als Landwehroffizier stören zu lassen. Gutsbesitzer, Industrielle und Kaufleute entzogen sich immer mehr der Offizierswahl, vor allem in der Landwehrinfanterie, in deren Offizierkorps allmählich der Beamte, ja sogar der Subalternbeamte, am häufigsten vertreten war. Aus der Linie wurden die weniger brauchbaren Offiziere zur Landwehr abgeschoben, wo sie vor allem im 1. Aufgebot die Kompanieführerstellen einnahmen.

Selbst ein die Landwehr durchaus bejahender General schrieb damals (1841) über die Landwehroffiziere: „Kleine Beamte, Grundbesitzer kleinerer Verhältnisse, und auch diese nur als Ausnahme, und pensionierte Offiziere bilden dies wenig brauchbare Korps, alle nicht aus Eifer und Liebe zur Sache, sondern um durch den kleinen Zuschuß der Kompetenzen der Kompanieführer ihre sonst kärglichen Einkommen zu verbessern. Das übel angebrachte Mitleiden der Behörden konserviert sie in diesem Verhältnis."

Der soziologische „Abbau" ging parallel mit einem im Offizierkorps der Linie nicht zuletzt wegen der Landwehr sich immer stärker und bewußter ausprägenden Standesgeist. Dieser esprit de corps litt auch nicht unter der wachsenden Zahl Bürgerlicher im aktiven Offizierkorps. Selbst bei den Landwehrsoldaten galt der Linienoffizier mehr als der Landwehroffizier, und aus nicht wenigen Berichten dieser Zeit geht hervor, daß die Subordination der Landwehrsoldaten unter aktiven Offizieren besser, prompter und zuverlässiger war. Die ebenfalls karg besoldeten Linienoffiziere nützten ihre unbestreitbare dienstliche und soziale Überlegenheit entsprechend aus, um einträglichere Positionen in der Landwehr zu erreichen. Im Mittelpunkt der Rivalitätskämpfe standen die Stellen der Kompanieführer. Für das Jahr 1841 sind folgende Zahlen angegeben:

Von 416 Kompanieführerstellen waren nur 240 mit Landwehroffizieren besetzt, bei der Landwehrkavallerie wurden von den 104 Schwadronen nur 8 von Landwehroffizieren geführt. Dabei gab es zwischen den einzelnen Armeekorps erhebliche Unterschiede, und man kann durchaus von einer Purgationstendenz bei den der Landwehr nicht sehr gewogenen Kommandierenden Generalen sprechen. Im III. AK, das unter dem Prinzen Wilhelm gestanden hatte, jetzt von General v. Weyrach kommandiert wurde, gab es nur 18 Landwehrkompanieführer; im IV. Korps unter Prinz Karl 16 und im VI. Korps sogar nur 14, während Grolman und der liberal eingestellte General v. Pfuel 44 und 47 Kompanieführerstellen mit Landwehroffizieren besetzt hatten. Dieses System der Begünstigung ehemaliger Linienoffiziere tat das

Ihre, um die Freude am Dienst als Landwehroffizier auf einen Typ zu beschränken, der auch unter solchen Umständen darin noch Gewinn für sein soziales Prestige erblickte.

Die geringe Wertschätzung des Landwehroffiziers in der Linie wirkte sich naturgemäß auf Haltung und Selbsteinschätzung des Landwehrmannes aus. Die Hauptursache für solche, nicht leicht wahrnehmbaren Realitäten lag nicht zuletzt in der Trennung von Linie und Landwehr, was Boyen nicht genügend in Rechnung stellte. Wie sollte das Selbstgefühl des Landwehrmannes wachsen, wenn ihm ständig vor Augen geführt wurde, daß die im Ansehen der Nation an erster Stelle stehende Linie die Landwehr trotz aller Bemühungen Boyens als eine zweitrangige Miliz betrachtete. War man schon mit den Leistungen des Landwehrmannes zufrieden, wenn es einmal bei der Parade geklappt hatte, so drückte ein Lob ihn eher nieder, als daß es ihn aufrichtete. Angesichts der seit Einführung der zweijährigen Dienstzeit noch erhöhten Ungerechtigkeiten bei der Aushebung war ohnehin die Dienstfreude bei den meisten Landwehrmännern von vornherein nicht vorauszusetzen. Die Änderung von 1837 hatte zwar die von allen Sachverständigen abgelehnte Einstellung von Landwehrrekruten zu einer sekundären Frage gemacht, da nunmehr genügend Gediente zur Verfügung standen. Das bedeutete aber gleichzeitig, daß alle, die am Dienst in der Linie vorbeigekommen waren, nunmehr auch vom Dienst in der Landwehr praktisch verschont blieben. Hier zeigte sich ein Grundübel der Wehrverfassung. Die Praxis war von dem Ideal der Allgemeinen Wehrpflicht ebensoweit entfernt wie von der Notwendigkeit, in den Betroffenen jenen patriotischen Eifer und Opfersinn zu wecken, die dem rückwärts gewandten Blick Boyens vorschwebten. Es nutzte daher wenig, daß er immer wieder den besonderen Geist der Landwehr beschwor, jede exerziermäßige Monotonie verwarf, um allein der „kriegsmäßigen" Ausbildung das Wort zu reden. Alle Soldaten, die in der Linie gestanden hatten, waren davon durchdrungen, daß allein hier kriegsmäßig ausgebildet wurde und die Übungen der Landwehr von diesem Niveau erheblich abfielen.

Je größer die Kluft zwischen Linie und Landwehr wurde, desto ungünstiger wirkte sich die Konstellation auf die Landwehr selbst aus. Es gab Landwehroffiziere, denen die darin liegende Gefahr durchaus sichtbar war, die für engeren Kontakt zwischen Linie und Landwehr eintraten. Boyen aber glaubte weiterhin, einen „lebenden Anteil aller Stände an der Landwehr" voraussetzen zu können. Er förderte die trennenden Tendenzen.

So gehörte es zu den vernünftigen Einrichtungen, daß seit 1821 Landwehroffiziere zur Vervollkommnung ihrer Dienstkenntnisse zu vierwöchigen Übungen bei der Linie eingezogen wurden. Seit 1831 kommandierte man regelmäßig jährlich vier Offiziere von jedem Landwehrbataillon zu einer vier- bis sechswöchigen Übung zur Division und machte damit einen Anfang, die Gefühlsbarrieren zwischen den beiden Offizierkorps abzubauen. Boyen wünschte eine Eindämmung dieser Praxis. Künftig sollte kein Landwehroffizier mehr als einmal zu einer Übung bei der Linie kommandiert werden können. Auch hier schimmerte das Mißtrauen gegen die Linie durch, das, so berechtigt es in mancher Hinsicht war, wenig Gutes stiften konnte. Zur Politik der Abschirmung der Landwehr gegen die Linie gehörte ferner, daß er das Eindringen von Linienoffizieren in die wichtigen Kompanieführerstellen der Landwehr abzubremsen suchte. Im Jahrzehnt zwischen 1831 und 1840 war die Zahl der aus der Linie kommandierten Landwehrkompanieführer von 35 auf 157 gestiegen, unter Boyen wuchs sie bis 1848 nur bis auf 162 an. Aber der „Abschirmungserfolg" war nur theoretischer Natur, denn bei den Mobilmachungen 1848 und 1849 zeigte sich, daß eine ganze Reihe der Landwehrkompanieführer unabkömmlich oder invalide waren, so daß doch wieder auf Linienoffiziere zurückgegriffen werden mußte!

Während der Mobilmachung in der Revolution wurden schlechte Erfahrungen mit der Einsatzbereitschaft der Landwehr gemacht. Bei ihrer Einberufung kam es in verschiedenen Orten zu turbulenten Szenen. Daß eine große Zahl der Landwehrmänner sich mit den politischen Forderungen des Bürgertums identifizierte, vor allem im aufgeschlossenen Westen der Monarchie, folgte einfach daraus, daß sie sich primär als Bürger und als Angehörige des Standes fühlten, der die Bewegung der Zeit repräsentierte. Gerade dieser Antagonismus gegen die feudal-ständische Welt der alten, in der sozialen und politischen Ordnung des Staates dominierenden Gewalten war es, die der monarchisch denkende Linienoffizier befürchtet, geahnt und vorausgesagt hatte, am deutlichsten der Prinz von Preußen. Zu Beginn der revolutionären Epoche waren sehr viele Angehörige der Landwehr in den wirtschaftlich fortgeschrittensten Provinzen innerlich nicht auf der Seite des Königs. Die Frage war, ob der zu den Fahnen gerufene Landwehrmann als Soldat im Interesse einer Ordnung einzusetzen war, die er als Bürger nicht guthieß.

Die zwischen 1848 und 1850 vorgenommenen Dislokationen bewiesen, daß von seiten der militärischen Führung kein sonderliches Vertrauen in die Landwehr gesetzt wurde. Eine wichtige Ursache waren gewiß die bei den Einberufungen gemachten Erfahrungen. In Düsseldorf, Elberfeld, Krefeld, Mühlhausen, Erfurt, Langensalza, Breslau u. a. kam es zu groben Ausschreitungen und Disziplinwidrigkeiten. In Iserlohn und Prüm gab es Zeughausplünderungen. Einige Wehrmänner des Bataillons Prüm wurden kriegsrechtlich erschossen. Besonders aggressiv führten sich die nach dem Westen verladenen beiden Berliner Landwehrbataillone auf. Einige Kompanien mußten schließlich sogar von Linientruppen entwaffnet werden. Das Stehende Heer war trotz Heranziehung seiner Reserven den anfallenden Aufgaben vielfach nicht gewachsen, denn neben der Grenzsicherung, dem Engagement in Schleswig-Holstein, und später in Baden, glaubte man die Linie auch zur Sicherung im Innern verwenden oder bereithalten zu müssen. Die Verbände der Linie wurden auf diese Weise auseinandergerissen, um nicht einzelne Landesteile ganz von Linientruppen zu entblößen. Die Landwehr wurde mit Ausnahme ihrer Beteiligung zur Unterdrückung der Unruhen in Posen nur kurzfristig einberufen zur Übernahme einzelner Sicherungsaufgaben. In Schlesien und Thüringen kam es zu stärkerem Einsatz der Landwehr. Zeitweise standen hier 32 Landwehrbataillone pommerscher und brandenburgischer Herkunft. In Westfalen und im Rheinland, wo es bei der Einberufung zu Ausschreitungen gekommen war, wurden um die Wende 1848/49 die Landwehrbataillone entweder entlassen oder stark reduziert. Selbst bei der Aufstellung der in Baden eingesetzten „Operationsarmee am Rheine" unter dem Oberbefehl des Prinzen von Preußen, hatte man nicht gewagt, eine Reihe von Regimentern geschlossen heranzuziehen, um die Provinzen nicht von Linientruppen zu entblößen.

Doch auch der organisatorische Ablauf der Mobilmachung ließ viel zu wünschen übrig, besonders bei der Landwehr-Kavallerie. Sie war seit 1819 in ihrer Organisation wenig verändert worden. Zum Hauptübel gehörte die Form der Pferdegestellung durch die Kreise, in der Boyen eine schöne Demonstrationsmöglichkeit für patriotischen Opfersinn erblickt hatte. Für Übungszwecke war es leidlich gegangen wegen der relativ hohen Entschädigungsgelder. Bei den Mobilmachungen dagegen wurde durchweg minderwertiges Pferdematerial gestellt, und der Mangel an kavalleristischer Übung zeigte sich in erschreckendem Maße. Der Unterschied zwischen den aktiven und den Landwehreinheiten war bei der Kavallerie noch größer als bei der Infanterie.

Der Prinz von Preußen sprach rückblickend in seinen „Bemerkungen über die Mobilmachungs-Vorschrift der Preußischen Armee“ 1851 davon, das „Urtheil“ aller Führer der Landwehrkavallerie über ihre Truppe im Jahre 1850 sei „schaudererregend“, und noch bei seinem Vortrag im Staatsministerium am 3. Dezember 1859 erinnerte er, nun allerdings in gezielter Form im Zusammenhang mit seinen Reorganisationswünschen, an das Ereignis 1848/49, an den badischen Feldzug, in dem er erlebt habe, daß einzelne Landwehrbataillone aus dem Feuer liefen: „Im November 1848 wurden zunächst 50 Landwehr-Bataillone versammelt. Sie kamen leidlich zusammen und setzten den Wühlereien momentan einen Damm entgegen. Allein schon im folgenden Frühjahr hatten diese ein bedeutendes Terrain gewonnen. Ich erinnere an Mühlhausen, Iserlohn, Prüm, Erfurt, anderer Namen nicht zu gedenken.“

Dennoch geben diese negativen Urteile nicht die wirkliche Rolle der Landwehr in den Krisenjahren wieder. Sie hat sich, selbst vom Standpunkt der Armee aus, im großen und ganzen gut gehalten. Dies bescheinigte ihr 1849 der Kriegsminister v. Strotha ebenso wie schon vorher im Dezember 1848 der Prinz von Preußen – freilich auch hier wieder mit bestimmter politischer Absicht, nämlich zur Abwehr der Vorschläge des „Gesetzentwurfes über die deutsche Wehrverfassung“. In seinen Bemerkungen hierzu finden sich geradezu dithyrambische Lobeshymnen auf die Landwehr: „Inmitten einer Krisis wie sie so leicht kein Staat zu bestehen gehabt gegenüber den Wühlereien, die kein Mittel unversucht ließen, um das Volk zum Abfall von seinem rechtmäßigen Monarchen zu verleiten, konnte der König von Preußen ihr vertrauen. Er ruft 50 Bataillone Landwehr aus dem Herzen seines Volkes zusammen und wie mit einem Zauberschlage stehen diese 50000 Mann unter dem Gewehr! Wahrlich, ein gleich ehrendes Zeichen für die Gesinnung des Volkes als für die wahre Soldatenehre!“

Möglicherweise war es später weniger die Erfahrung mit der Landwehr in der Revolutionszeit als vielmehr die Tatsache, daß in Preußen eine Revolution stattgefunden hatte, die dazu führte, daß die politische Argumentation gegen das Landwehr-Institut wieder stärker wurde, während die militärfachliche Kritik des Offizierkorps der Linie nach wie vor ihre alten Vorbehalte geltend machte. Roon hat das gesamte Thema bei der Vorbereitung der Reorganisation der Armee wiederaufgenommen.

c. Der Landsturm

Fiktion des Volksheeres

Die Konzeption des Landsturms im Wehrgesetz vom 3. September 1814 knüpfte nicht an das Landsturmedikt vom 21. April 1813 an. Der Gedanke an die Möglichkeit eines leidenschaftlichen, entfesselten Volkskrieges gegen den über die Landesgrenzen vordringenden Feind war in der Ausnahmesituation der Freiheitskriege geboren, bald darauf aber wieder zu Grabe getragen worden. Abgesehen davon, daß er für die preußische Untertanenmentalität ungeeignet und dann auch unvollziehbar war, hätte seine Erklärung im Grunde bedeutet, daß die Monarchie sich eben jenes Geistes bedienen wollte, den sie auszumerzen trachtete. Man wollte den Geist der Revolution nicht mit den Mitteln der Revolution bekämpfen, und im Offizierkorps hatte die Theorie des Volkskrieges nie viel Anhänger gefunden.

Boyen sah wohl 1814/15 die Phase der nachrevolutionären Kriege als abgeschlossen an. Für den Krieg der Zukunft schwebte ihm die geordnete Mobilisierung der Nationalkraft vor, die Präambel des Wehrgesetzes sprach unmißverständlich von einer „gesetzmäßig geordneten Bewaffnung der Nation". Diesem Postulat entsprach auch die gesetzliche Regelung der Landsturmeinrichtung. Aber sie existierte nur auf dem Papier.

Im Grunde war und blieb der Landsturm so etwas wie eine abstrakte Ergänzung des schon in der stehenden Armee und in der Landwehr nur unvollkommen angewandten Prinzips der Allgemeinen Wehrpflicht. § 13 des Wehrgesetzes schrieb im einzelnen vor: „Der Landsturm tritt nur in dem Augenblick, wenn ein feindlicher Anfall die Provinzen überzieht, auf meinen Befehl zusammen; im Frieden ist er einer besonderen Bestimmung unterworfen, wie er von der Regierung zur Unterstützung der öffentlichen Ordnung in einzelnen Fällen gebraucht werden kann."

Aufbau und Verwendung

Landsturmpflichtig waren alle Männer bis zum 50. Lebensjahr, die nicht zur Linie oder Landwehr gehörten, ferner die aus der Landwehr Entlassenen und alle „rüstigen Jünglinge" vom 17. Lebensjahr an. In den großen Städten sollte er in Bürger-Kompanien, in der Provinz in Landkompanien gegliedert sein. Tatsächlich wurde er aber nie zusammengerufen. Die Monarchie wollte die „fragwürdige" Hilfe durch das Volk kontrollieren, aber nicht benutzen. Unter diesem Gesichtspunkt war die Anordnung, daß der Landsturm bei feindlichem Einfall nicht aus eigener Initiative zusammentreten solle, besonders wichtig.

Das Aufgebot einer ganzen Provinz durfte sogar nur auf ausdrücklichen königlichen Befehl hin erfolgen. Es gab somit in der preußischen Wehrordnung, die später Vorbild für das Reich wurde, eine deutliche Absage an die nationale Insurrektion. Von hier her erfuhr die Idee des Volksheeres also eine wichtige Einschränkung. Das Volksheer sollte in Wirklichkeit ein Staatsheer, genauer ein königliches Heer, sein, seine Aktionen dem Staatsinteresse dienen und nicht, wie es Theoretiker forderten, den „wahren" Interessen des Volkes.

So sehr Boyen davon durchdrungen war, daß das Interesse der feudal-aristokratischen Kreise und der Geist der Linienarmee nicht identisch waren mit den wahren Interessen der Monarchie und des Staates, so sehr war er zugleich überzeugt, daß sein System Staat und Staatsbürger in lebendige Beziehung bringen würde mit dem Ergebnis, daß sich das freie Leben der Nation im Staat entfalten und nicht jenseits seiner Ansprüche und Forderungen entwickeln werde. In diesem System war dann kein Raum für entfesselte Volksleidenschaften, die sich, ohne den Ruf des Staates abzuwarten, vielleicht mehr kompromittierend als nützlich austoben konnten. Die Streitmacht des Staates mußte mit dem Nationalcharakter und den politischen Gegebenheiten in Einklang stehen, auch der Landsturm. So kam es, daß das Gesetz einen Landsturm einführte, der diesen Namen zu Unrecht trug. Ihm fehlte alle Spontaneität, die der Charakter einer Not-Wehr eigentlich erfordert hätte. Nicht mehr eine qualitative Nuance brachte er in die Wehrverfassung, sondern nur noch den simplen Gedanken der Quantität.

Eine echte Probe hatte der Landsturm bis zur Reorganisation der Heeresverfassung – und auch späterhin – nicht zu bestehen. In der zweiten Hälfte des 19. Jahrhunderts, nach der Abwehr des liberal-demokratischen Angriffs auf die monarchische Ordnung im Bereich der bewaffneten Macht besaßen die ohnehin nur rudimentären demokratischen Elemente der alten Wehrordnung keinerlei Aussicht auf Weiterentwicklung. Hiervon wurde der Landsturm mitbetroffen, zumal der preußische Liberalismus der nachrevolutionären Zeit ebenfalls vor demokratischen Lösungen im Sinne der radikalen Parteiströmungen zurückschreckte. Der Liberalismus des Bildungs- und Besitzbürgertums konzentrierte sein Interesse auf die Landwehr. So ist es wohl auch zu erklären, daß das „Gesetz über den Belagerungszustand" vom 4. Juni 1851, in dem außerordentliche Maßnahmen in bedrohten oder besetzten Provinzen oder im Falle eines Aufruhrs geregelt waren – also die klassischen Aktionsbereiche für den Landsturm-, den Landsturm expressis verbis nicht erwähnte. „Ordnungsaufgaben" waren stillschweigend zur Domäne der stehenden Armee, der Gedanke an Wahrung der inneren Ordnung durch das Volksaufgebot dagegen obsolet geworden.

Mit der Stabilisierung der Wehrverfassung im monarchischen und zeitgenössisch-fachmilitärischen Sinne durch die Reorganisation unter König Wilhelm I. und Roon gaben Preußen und damit später der Norddeutsche Bund und das Reich endgültig die Möglichkeit des Aufgebots popularer Wehrpotenz auf. Die alte Landwehr des 1. Aufgebots wurde praktisch zur Reserve der stehenden Armee. Das „Gesetz betr. die Verpflichtung zum Kriegsdienst für den Norddeutschen Bund“ vom 19. November 1867 hielt an der Einheitslandwehr solcher Art fest. Die Landsturmpflicht wurde damit stärker von der Dienstpflicht abgehoben, was in der „Deutschen Wehrordnung“ vom 28. September 1875 deutlich zum Ausdruck kam (§ 5). Beide Pflichten galten indes als Ausfluß der Allgemeinen Wehrpflicht.

Über die Landsturmpflicht ergingen im „Gesetz über den Landsturm“ vom 12. Februar 1875 nähere Regelungen.

Hiernach konnte analog den ehedem für den Norddeutschen Bund ergangenen Vorschriften der Landsturm allein durch Kaiserliche Verordnung aufgeboten werden, wenn ein feindlicher Einfall „Theile des Reichsgebiets bedroht oder überzieht“. In diesem Falle konnte sich das Aufgebot auch auf die verfügbaren Teile der Ersatzreserve erstrecken, umgekehrt durften aber auch Mannschaften des aufgebotenen Landsturms bei außerordentlichem Bedarf der Landwehr zugewiesen werden. Der Landsturmdienstpflicht unterlagen nach der Deutschen Wehrordnung von 1875 die Wehrfähigen vom 17. bis 42. Lebensjahr (seit dem Gesetz betreffend Änderungen der Wehrpflicht vom 11. Februar 1888 bis zum 45. Lebensjahr), die nicht der Armee oder der Marine angehörten. Nach erfolgtem Aufruf unterlagen sie den Militärgesetzen, insbesondere den Militärstrafgesetzen und der militärischen Disziplinarordnung. Bei Verwendung gegen den Feind sollte der Landsturm militärische, auf Schußweite erkennbare Abzeichen erhalten und „in der Regel“ in besonderen Abteilungen formiert werden. Da aber ausdrücklich bestimmt war, daß die Landsturmpflichtigen, solange der Landsturm nicht aufgeboten war, „keinerlei militärischer Kontrolle oder Übung unterworfen werden“ durften, existierte praktisch keine zureichende Friedensorganisation. Eine Vorbereitung auf die Aufgaben des Landesschutzes fand also nicht statt.

Neue Regelungen brachte auch für den Landsturm das Gesetz vom 11. Februar 1888. Es setzte wie bisher die Pflicht des Landsturms dahin fest, daß er im Kriegsfalle an der Verteidigung des Vaterlandes teilzunehmen habe, bestimmte darüber hinaus aber, daß er in Fällen außerordentlichen Bedarfs auch zur Ergänzung des Heeres und der Marine herangezogen werden könne. Der Landsturm wurde neu eingeteilt in zwei Aufgebote. Zum I. Aufgebot gehörten die Landsturmpflichtigen bis zum vollendeten 39. Lebensjahre, zum II. die 40- bis 45jährigen Landsturmmänner.

In Anlehnung an die Befugnisse bestimmter militärischer Stellen aufgrund des Belagerungszustandsgesetzes wurde nunmehr auch der Aufruf des Landsturms nicht nur durch Kaiserliche Verordnung, sondern bei unmittelbarer Kriegsgefahr im Bedarfsfalle durch die Kommandierenden Generale und die Gouverneure und Kommandanten der Festungen zugelassen. Der Aufruf sollte nach Jahresklassen, mit der jüngsten beginnend, erfolgen. Nach wie vor durften, solange ein Aufruf nicht ergangen war, keinerlei militärische Kontrollen und Übungen stattfinden. Ein Novum war, daß der Landsturm nach dem Gesetz vom 11. Februar 1888, das ja seine eventuelle Heranziehung zur Ergänzung der Armee vorsah, „in einer für jede militärische Verwendung geeigneten Art“ bewaffnet, ausgerüstet und bekleidet werden sollte. Diese stärkere Betonung der Disponibilität für die stehende Armee, damit also auch für Aufgaben außerhalb der Landesgrenzen, hing sicherlich mit der seit 1879 durch den Dreibund und 1887 durch den Rückversicherungsvertrag gefestigten außenpolitischen Situation des Reiches zusammen, die nach menschlichem Ermessen einen feindlichen Einfall in das Reichsgebiet nicht erwarten ließ.

So also sah – abgesehen von dem Landsturm von 1813, der aber auch nur aus akutem Anlaß ins Leben gerufen und aufgeboten war – die Wirklichkeit der für die Landesverteidigung außerhalb der stehenden Armee vorgesehenen Einrichtungen aus. Sie standen, abgesehen von der nach 1888 in größerem Maße erfolgten Bereitstellung von Waffen und Ausrüstung, zum größten Teil nur auf dem Papier. Diese rückläufige Entwicklung erklärt sich aus der preußischen Abneigung gegen Miliztruppen, gegen jede Art der Volksbewaffnung, gegen die Beschäftigung mit dem „kleinen" Krieg, der in der militärischen Literatur des 19. Jahrhunderts einen nur wenig beachteten Rang besaß, zu einem großen Teil aber auch aus der Tatsache, daß bis zum Ersten Weltkrieg eine Situation, die eine Landesverteidigungsorganisation auf territorialer Ebene, also außerhalb des Rahmens der stehenden Armee, erforderlich gemacht hätte, für Preußen und später für das Reich nicht mehr in Sichtweite kam. Die „Deutsche Wehrordnung" nach dem Stand vom 1. Januar 1915 brachte ebenfalls keine Änderungen.

3. Das Institut der Einjährig-Freiwilligen

a. Ideologische Begründung des Institutes

Dieses auf der Besonderheit der preußischen Heeresverfassung beruhende Institut, als Bindeglied zwischen Armee und Bürgertum, zwischen Linie und Landwehr ersonnen, versorgte die Landwehr und später die Kriegsreserve mit Offizieren, die kurzfristig durch das Stehende Heer gegangen waren. Das Wehrgesetz von 1814 bestimmte in § 7: „Junge Leute aus den gebildeten Ständen, die sich selbst kleiden und bewaffnen können, sollen die Erlaubnis bekommen, sich in die Jäger- und Schützenkorps aufnehmen zu lassen. Nach einer einjährigen Dienstzeit können sie zur Fortsetzung ihres Berufs auf ihr Verlangen beurlaubt werden. Nach den abgelaufenen drei Dienstjahren treten sie in die Landwehr des ersten Aufgebots, wo sie nach Maßgabe ihrer Fähigkeiten und Verhältnisse die ersten Ansprüche auf die Offizierstellen haben."

Boyen knüpfte an die 1813 errichteten Jägerdetachements an, in denen die Söhne der bis dahin eximierten bürgerlichen Schichten in „angemessener" Form Kriegsdienst leisten sollten. Hatte Scharnhorst einst eine auf freiwilliger Basis ruhende Verbindung des Bürgertums mit der Armee erreichen wollen, so suchte Boyen im Zeichen der Allgemeinen Wehrpflicht soziologischen Gesichtspunkten, aber auch neu gesehenen staatlichen Bedürfnissen Rechnung zu tragen, die die harmonische Einbeziehung der damals neben dem Staat her lebenden Schichten in öffentlicher Funktion voraussetzten.

Daß die Abkürzung der Dienstzeit für die „gebildete Jugend" wegen ihrer höherentwickelten Intelligenz und Auffassungsgabe gerechtfertigt sei, war, wie auch 1810, ein Hilfsargument. Das Bürgertum sollte vielmehr mit der

Allgemeinen Wehrpflicht ausgesöhnt werden durch Schaffung von zweckgebundenen Vergünstigungen, die den abstrakten Grundsatz der Pflichtengleichheit scheinbar unberührt ließen. Daß die Privilegierung nur der Bildung, nicht auch dem „Besitz" ganz allgemein zustatten kommen sollte, war nicht gerade zeitgemäß gedacht, aber Boyen ließ sich trotz vieler Gegenvorstellungen von seiner Grundidee nicht abbringen; in erster Linie wohl deshalb, weil andernfalls der Rückgriff auf das alte Exemtionsprinzip kaum zu verhindern gewesen wäre. Bildung und Besitz hingen in der damaligen Gesellschaftsstruktur aber sehr eng zusammen. Ein direkter Bezug war im Gesetz selbst schon dadurch hergestellt, daß die Privilegierung nur denjenigen zuteil werden konnte, die in der Lage waren, sich selbst zu kleiden und zu bewaffnen. Das Bildungsprinzip stand aber doch im Vordergrund. Die Privilegierung erhielt eine gewisse funktionale Rechtfertigung aus der Tatsache, daß ohne die zweckmäßige Entwicklung von Bildung und Wissenschaften der Staat in absehbarer Zeit seinen Aufgaben nicht voll gerecht werden konnte.

Immerhin sah der Kriegsminister sich bei allem Festhalten am Grundsatz genötigt, Zugeständnisse zu machen, die im Effekt den Begriff der „Bildung" denkbar weit auslegten, ja fast aushöhlten und so dazu führten, daß das Institut des Einjährig-Freiwilligen-Dienstes von Anfang an mit schweren Mängeln behaftet war. Hätte man das Studium als Bedingung für die Vergünstigungen gesetzt, so wären vermutlich die Universitäten überfüllt worden. Boyen hielt aber stets an der Forderung fest, das Vorrecht des einjährigen Dienstes dürfe nur denen zugebilligt werden, die sich den Wissenschaften und der höheren Bildung widmen wollten. Ihnen sollte die künftige Ausbildung erleichtert werden. Zunächst ergingen allerdings keine näheren Bestimmungen über die geforderten Qualifikationen der Bewerber. Daß das Gesetz die Privilegierung nur als Möglichkeit hinstellte und davon sprach, die Freiwilligen könnten nach einjährigem Dienst beurlaubt werden, besagte nicht viel. Faktisch war das neue Prinzip damit eingeführt. Zunächst lag die Entscheidung über die Zulassung bei den Regimentskommandeuren, die in Ermangelung näherer Vorschriften weitgehend freie Hand besaßen. Die Regelung in der „Instruktion über den Eintritt von Freiwilligen in das stehende Heer" vom 19. Mai 1816 hat Boyens idealistische und in ihrer Einseitigkeit ungerechte Absichten nicht verwirklicht.

In § 9 der gemeinsam von Kriegs- und Innenministerium erlassenen Instruktion hieß es noch einmal programmatisch, das Gesetz verfolge den Zweck, „jungen Leuten aus den gebildeten Ständen, die sich den Wissenschaften und einer höheren Ausbildung widmen, eine zweckmäßige Vereinigung ihres Studiums mit ihrer zu lösenden Verpflichtung zum aktiven Militärdienst möglich zu machen". Künftig sollte die „bloße Fähigkeit, eine eigene Equipierung zu bewirken" bei der Zulassung zum einjährigen Dienst nicht allein entscheidend sein, es sollte auch der Nachweis eines solchen Grades wissenschaftlicher Bildung erbracht werden, der die Fähigkeit zu einer höheren Ausbildung bekundet und die Erreichung des Zwecks sichert, um dessentwillen der Staat ihm die Vergünstigung angedeihen läßt". Als Richtlinie über die zu fordernde Bildung wurde eine solche wissenschaftliche Vorbereitung bezeichnet, „die einem jungen Mann zum Eintritt in die höheren Klassen eines Gymnasiums eignet“. Die Instruktion empfahl den jungen Männern darüber hinaus, erst nach Abschluß der Gymnasialzeit als Freiwillige in die Armee einzutreten. Es genügte auch das Zeugnis von Privatlehrern.

Nach dieser Instruktion herrschte Ungewißheit über den Sinn und die Absicht des Gesetzes. So hatte der Minister des Innern durch Rundschreiben vom 17. Februar 1817 der Auffassung entgegenzutreten, daß nur Universitätsstudenten als Freiwillige zugelassen werden könnten. Die Instruktion von 1816 hatte überdies für die Kavallerie insofern eine Erleichterung vorgesehen, als bei ihren Bewerbern die „wissenschaftlichen Anforderungen“ weniger genau genommen werden durften, wenn besondere Fertigkeiten im Reiten vorhanden waren. Spätere Verfügungen und Anordnungen bauten das Berechtigungswesen auch für die Infanterie noch weiter aus. So bekräftigte die Ersatz-Instruktion vom 30. Juni 1817 eine Verfügung aus dem Jahre 1816, wonach die Freiwilligen bei rechtzeitiger Meldung ihre Dienstzeit nach eigenem Belieben zu irgendeinem Zeitpunkt vor Vollendung ihres 23. Lebensjahres antreten konnten. Sie konnten ferner bis 1843 frei bestimmen, an welchem Tag und bei welchem Truppenteil sie eintreten wollten. Erst 1843 legte man als Eintrittstermin den 1. Oktober, 1. April oder 1. August fest. 1817 wurde das Vorrecht ausgedehnt auf Künstler, und 1818 auf die Schulamtskandidaten. Seit 1827 wurden die Schulamtskandidaten überhaupt nur zu sechswöchigen Übungen eingezogen.

In der Kavallerie hätte Boyen gern einem Prinzip zum Durchbruch verholfen, das an manche Züge seines Landwehrideals erinnerte. So wollte er Bauernsöhnen, die bereit waren, sich mit ihrem eigenen Pferd zum Dienst zu stellen, die Vergünstigung des einjährigen Dienstes gewähren, wagte schließlich aber nicht, so weit zu gehen. Es erging lediglich am 18. April 1816 ein Cirkular an die Generalkommandos, das diese ermächtigte, Bauernsöhne als Einjährig-Freiwillige ohne wissenschaftliche Prüfung bei der Kavallerie einzustellen, wenn sie ihr Pferd mitbrachten und sich verpflichteten, sich nach ihrer Dienstzeit noch vier Jahre im Falle eines Krieges mit eigenem Pferd dem Regiment zur Verfügung zu stellen.

b. Einjährig-Freiwilligen-Institut und Schulwesen

Bildungsvoraussetzungen für den Einjährig-Freiwilligen-Dienst

Die nähere Bestimmung der bildungsmäßigen Voraussetzung für die Zulassung zum einjährigen Dienst erfolgte schließlich mit der Instruktion vom 21. Januar 1822. Den Mindestanforderungen genügte, wer als Schüler einer der ersten drei Gymnasialklassen ein Zeugnis der Schuldirektion darüber erbrachte, daß er nach vorgenommener Prüfung „in allen Zweigen des Schulunterrichts einen solchen Grad wissenschaftlicher Vorbereitung bekundet“ hat, der erwarten ließ, daß er „mit Nutzen den Wissenschaften sich widmen werde“.

Unter den ersten drei Klassen verstand man die Prima, Sekunda und Tertia. Der Besuch der Obertertia eines Gymnasiums, also nach heutiger Ordnung der 5. Klasse der höheren Schule, genügte mithin zum Erwerb der Berechtigung zum einjährigen Dienst, freilich erst nach Bestätigung der Kenntnisse in einer Prüfung. Hier wird im allgemeinen ein mittlerer Maßstab angelegt worden sein.

Seit dem Anfang der zwanziger Jahre wurden für die Prüfung der Bewerber zum Einjährig-Freiwilligen-Dienst in Berlin und in den westlichen Provinzen neben den Departement-Ersatz-Kommissionen auch Departements-Zensur-Kommissionen eingerichtet. Seit einer Verfügung vom 25. Dezember 1825 waren sie im ganzen Staat eingerichtet. Sie besaßen wichtige Kompetenzen, vornehmlich das Recht, die Zeugnisse der Gymnasien zu überprüfen und Bewerber ohne Gymnasialbildung zu examinieren.

Allmählich wurden die Realschulen und höheren Bürgerschulen hinsichtlich des Einjährigen-Privilegs den Gymnasien gleichgestellt. Schließlich gab es 1841 neununddreißig derartig privilegierte Real- und höhere Bürgerschulen. Dennoch bestanden weiterhin beträchtliche Unterschiede: während für Gymnasialschüler der Besuch der Tertia genügte, hatten auch nach 1841 Realschüler immerhin noch die Primareife ihrer Anstalt, d. h. den Besuch der letzten Klasse, nachzuweisen.

Die Konkurrenz der Realschulen und weiterer neuerer Schultypen zwang zu stärkerer Einschränkung der Privilegien der Gymnasien und, was für die militärische Seite des Instituts wichtiger wurde, zu einer Erhöhung der Anforderungen an die Gymnasiasten. Einen großen Schritt nach vorn tat man mit der Militär-Ersatz-Instruktion vom 9. Dezember 1838. Von nun an konnten die Tertianer der Gymnasien den Einjährigen-Schein nicht mehr bekommen. Als Mindestanforderung galt ein mindestens halbjähriger Besuch der Sekunda, während von den Schülern der „zu Entlassungsprüfungen berechtigten höheren Bürger- oder Realschulen“ gefordert wurde, daß sie „mindestens ein halbes Jahr in Prima gesessen haben“. Die Prüfung vor der „Departements-Prüfungs-Kommission für Einjährig-Freiwillige“ fiel für Schüler solcher berechtigten Schulen künftig fort. Nur wer nicht die vorgesehenen Zeugnisse vorlegen konnte, hatte sich einer Prüfung vor dieser Kommission zu unterziehen. Der Kampf um die Gleichstellung der Realschulen mit den Gymnasien ging weiter. Die Gleichstellung wurde erreicht, als im Zusammenhang mit einer neuen Unterrichts- und Prüfungsordnung die neunstufigen Realschulen als Schulen 1. Ordnung von den übrigen Realschulen, jetzt Realschule 2. Ordnung genannt, abgehoben wurden. 1859/60 erhielten die zu jener Zeit existierenden 26 Realschulen 1. Ordnung wie die Gymnasien das Sekundaprivileg. Für die übrigen Realschulen verblieb es bei der Prima-Regelung. Durch Kabinettsorder vom 22. September 1858 wurden ferner den sogenannten „anerkannten“ höheren Bürgerschulen (mit doppelstufiger Sekunda als oberster Stufe) ihre Abgangszensur als Nachweis der Qualifikation zum einjährigen Dienst anerkannt. Im Laufe der Zeit gelangten immer neue Schulen in den Genuß der staatlichen Privilegien, und es kam auf diese Weise zu sehr differenzierten und lokal unterschiedlichen Lösungen.

Dieses preußische System wurde nach 1866 auf den Norddeutschen Bund und nach 1871 auf das Deutsche Reich übertragen, wobei jeweils zur Erleichterung der Anpassung der hinzukommenden Länder Übergangsbestimmungen gefunden wurden.

Der erste Schritt erfolgte mit dem „Gesetz über die Wehrpflicht" vom 9. November 1867 und der zu seiner Ausführung erlassenen „Militär-Ersatz-Instruktion" vom 26. März 1868. Diese Instruktion hielt mit ihrer detaillierten Regelung des Einjährig-Freiwilligen-Wesens im wesentlichen an den bis dahin gültigen preußischen Vorschriften fest. Die Qualifikation konnte wie ehedem durch das Zeugnis anerkannter Schulen oder durch besondere Prüfungen erworben werden. Die Voraussetzungen wurden etwas erhöht: künftig hatten die Schüler der Gymnasien und Realschulen 1. Ordnung ein ganzes Jahr der Sekunda, die Schüler der Realschulen 2. Ordnung mindestens ein Jahr der Prima anzugehören. Eine ganze Reihe von Einzelbestimmungen machte es notwendig, daß die zur Ausstellung des Einjährigen-Zeugnisses berechtigten Schulen des Norddeutschen Bundes je nach den ihnen zugebilligten Rechten klassifiziert wurden. Eine entsprechende Regelung in der Ersatzinstruktion schrieb eine solche jährliche Klassifizierung vor. Der Bundeskanzler gab zu diesem Zweck jährliche Übersichtlisten heraus.

Für Hannover, Schleswig-Holstein, Lauenburg, Sachsen und die übrigen norddeutschen Bundesstaaten sahen Übergangsregelungen das stufenweise Inkrafttreten der Vorschriften der Ersatz-Instruktion in der Weise vor, daß bis 1874 im gesamten Bundesgebiet die einheitliche Durchführung sichergestellt war.

Der Schritt wurde getan mit dem „Reichsmilitärgesetz" vom 2. Mai 1874 und der an die Stelle der Militär-Ersatz-Instruktion von 1868 tretenden „Deutschen Wehrordnung" vom 28. September 1875. Auch diese Regelung hielt im wesentlichen an dem alten System fest. Die unterschiedlichen Schulprivilegien wurden sozusagen zementiert, indem nun einfach von Schulen gesprochen wurde, in denen der einjährige erfolgreiche Besuch der ersten Klasse oder der einjährige Besuch der zweiten Klasse nötig sei oder das Bestehen der Entlassungsprüfung gefordert wurde. Zum erstenmal gab es auch eine Prüfungsordnung für jene Bewerber, die ihre Befähigung nicht durch Schulzeugnisse nachweisen konnten. Prüfungsfächer wurden neben dem Deutschen zwei Sprachen und ferner Geographie, Geschichte, deutsche Literatur, Mathematik und Naturwissenschaften. Der Übergang für die süddeutschen Staaten vollzog sich relativ reibungslos.

In Württemberg wurden durch Einführung der norddeutschen Wehrverfassung die Gymnasien und Oberrealschulen berechtigt, die Prüfungsatteste der Einjährig-Freiwilligen zu erteilen, und in Baden schrieb das Wehrgesetz am 12. Februar 1868 einen einer sechsjährigen Gymnasialbildung entsprechenden Bildungsstand vor.

In Bayern wurde bereits durch Reichsgesetz vom 24. November 1871 das Wehrpflichtgesetz des Norddeutschen Bundes eingeführt. Aber das anders geartete bayerische Schulwesen machte spezifische Lösungen notwendig. Hier drängte man auf die Ausdehnung der Privilegien auf weitere Schulen. Diesem Anliegen kam die „Wehr- und Heeresordnung für das Königreich Bayern" aus dem Jahre 1875 nach, sie privilegierte neben den humanistischen und Realgymnasien eine Reihe anderer Schulen und Lehranstalten.

Die Masse der Einjährigen kam für die Auswahl zum Reserveoffizier kaum in Betracht. Auf der Schulkonferenz 1890 beschrieb ein Vertreter der Armee ihre Rolle so: „Für uns kommt es darauf an, daß die jungen Leute wissenschaftlich und geistig so geschult sind, um in einem Jahre dasselbe Ziel erreichen zu können, zu dem der gemeine Mann erst in drei Jahren gelangt, daß sie ferner als die Träger höherer Intelligenz in der Masse dienen und somit das gesamte geistige Niveau derselben heben, und daß endlich ein Bruchtheil später als Reserve- oder Landwehroffiziere die Berufsoffiziere bei der Friedensarbeit unterstützen, im Kriege ergänzen kann." Die Obergrenze für die schulische Vorbildung konnte bei einer derartigen Rollenzuweisung mit dem Abschluß einer sechsklassigen höheren Schule als erreicht angenommen werden. Solche Schüler befriedigten nach Darstellung des Armeevertreters „in Bezug auf ihre geistige Vorbildung und in Bezug auf den gesammten Intellekt den Anforderungen, welche die Heeresverwaltung zu stellen hat, und das Kriegsministerium hat es bisher noch nicht bereut, dazu beigetragen zu haben, daß diese Anstalten die Berechtigung zum einjährig-freiwilligen Dienst erhielten". Dagegen beurteilte die Armee die Vorbildung derjenigen, die „ihre Berechtigung auf den neunklassigen höheren Schulen ersessen haben", als „minderwerthig".

Rückwirkungen auf die Schulstruktur

Die Kritik berührte sich mit den Klagerufen der Gymnasien, die in den Unterklassen mit zahlreichen Schülern überbelegt waren, die lediglich den Berechtigungsschein für den einjährigen Dienst erwerben wollten. Es stand zur Diskussion, wieso das gesamte höhere Schulwesen durch das Einjährigen-System derartig belastet wurde, wenn doch die Resultate im Grunde unbefriedigend blieben. Dennoch ist das Gesamtsystem seit 1867 ohne grundsätzliche Abänderung weiterentwickelt worden.

Obwohl der Bund keine Kompetenz in Schulangelegenheiten besaß, ging Bismarck davon aus, daß er die Befugnis habe, das Maß der wissenschaftlichen Ausbildung für die seiner Verwaltung und Aufsicht unterstellten Zweige des öffentlichen Dienstes gleichmäßig zu bestimmen und darüber zu wachen, daß dieses Maß erreicht werde. Kriegsmarine und Armee machten keine Versuche, die Regelung dieser ja auch die künftigen Reserveoffiziere betreffenden Frage als Kommandoangelegenheit zu reklamieren. Eine Vorlage an den Bundesrat vom 16. November 1868 zielte auf die Einrichtung eines ständigen Fachorgans des Bundes, dessen sich der Bundeskanzler bei der Prüfung von entsprechenden Anträgen höherer Schulen bedienen konnte. Mit Bundesratsbeschluß vom 21. Dezember 1868 ist dieses Fachorgan als „Bundes-Schulkommission" eingerichtet worden – seit der „Erweiterung" auf Bayern am 18. März 1873 „Reichs-Schulkommission" genannt. Sie war nach dem Bundesratsbeschluß vom Dezember 1868 eingesetzt zur „entsprechenden Klassifizierung und zur Kontrolle der zur Ausstellung der Qualifikationszeugnisse berechtigten höheren Lehranstalten".

Damit konnte die Armee nur bei denjenigen Kandidaten Einfluß auf die Erteilung des Berechtigungsscheins nehmen, die den Nachweis der „wissenschaftlichen Befähigung" vor einer Prüfungskommission zu erbringen hatten, in der als ordentliche Mitglieder zwei Stabsoffiziere oder Hauptleute saßen. Die große Masse der Bewerber wurde lediglich aufgrund von Schulzeugnissen eingestellt. Hier lag eines der größten Probleme für das Schulsystem bis in den Weltkrieg hinein, weil die Schulen wegen dieser Möglichkeit überfüllt waren.

Wir besitzen einen ausgezeichneten Überblick über die Entwicklung des „Berechtigungswesens" der Schulen, weil der Reichskanzler nach § 90 Ziff. 3 Wehrordnung gehalten war, die anerkannten Lehranstalten durch das Zentralblatt für das Deutsche Reich zur Kenntnis zu bringen.

Ein quantitativer Vergleich der Schultypen für die Jahre 1881–1901 zeigt am Beispiel der fünf großen Bundesstaaten Preußen, Bayern, Sachsen, Württemberg und Baden, daß die neunstufigen Anstalten ganz überwiegend den einjährig-freiwilligen Nachwuchs stellten. Trotz wachsender Zahlen der sechsklassigen Anstalten und der Privatschulen, deren Abschlußzeugnis die begehrte Berechtigung verlieh, änderte sich das Gesamtverhältnis in diesen zwei Jahrzehnten nach dieser Zusammenstellung nur geringfügig, und unter den neunstufigen Schulen rangierte nach wie vor das humanistische Gymnasium an erster Stelle.

Der Anteil der humanistischen Gymnasien an der Gesamtzahl der neunklassigen höheren Schulen betrug in den fünf großen Bundesstaaten 1881 72,6%. Er fiel bis 1901 nur knapp auf 71,3%. Auch der Anteil der neunstufigen Anstalten an der Gesamtzahl aller berechtigten höheren Schulen, einschließlich der Privatschulen, hielt sich auf ungefähr gleicher Höhe: 1881 = 61,7% gegenüber 1901 = 59,1%. Das Gesamtbild auf der Reichsebene ist noch geringfügig in Richtung auf einen höheren Prozentanteil des humanistischen Gymnasiums verschoben gewesen, weil in den überwiegend kleinstädtischen oder ländlichen Bereichen der Typ der Realschulen kaum entwickelt war.

Verständlich wie die Klagen der Gymnasien wegen der Überfüllung ihrer Unterklassen war aber ebenso die Kritik der Militärverwaltung an dem Typus des Einjährig-Freiwilligen, der sich auf einer neunstufigen Schule seine „wissenschaftliche Befähigung" bis Sekunda „ersessen" hatte.

Der Fragenkatalog gab der Schulkonferenz von 1890 grundsätzlich zu prüfen auf, welche Änderungen im Berechtigungswesen der neunstufigen Anstalten und der höheren Bürgerschulen zu empfehlen seien. Dabei sind erhebliche Änderungen des Schulsystems zugunsten der höheren Bürgerschulen als mögliche Lösung angedeutet und als Beratungsgegenstand bezeichnet worden – vielleicht die direkteste Anspielung auf den Zusammenhang von Armee- und Schulproblemen, die offiziell erfolgt ist.

Nach der 1890 herrschenden Auffassung hätte die Koppelung der Berechtigung mit dem Reifezeugnis primär die Probleme der neunstufigen Anstalten gelöst, weil ihre Unter- und Mittelklassen von den großen Schülerzahlen befreit worden wären. Die Sekundaner und Primaner dieser Anstalten wären dagegen gegenüber den Absolventen sechsklassiger Schulen erheblich benachteiligt worden. Die Armee konnte mit vorbereitetem Zahlenmaterial operieren: im Jahre 1890 erteilten die zwölf preußischen Armeekorps im ganzen 5 000 Einjährig-Freiwilligen Berechtigungen. Davon entfielen auf Abiturienten neunklassiger Schulen rund 1 340, auf Absolventen sechsklassiger Schulen 300, 360 auf privat Vorbereitete und 3 000 auf Untersekundaner – der sogenannte Ballast der neunklassigen Schulen. Diese Zahlen sind besonders aufschlußreich, zeigen sie doch, daß 1890 die neunklassigen Schulen mit ihrem Anteil von etwa 60% an der Gesamtzahl der berechtigten Schulen insgesamt 86% der anerkannten Einjährig-Freiwilligen gestellt haben, davon als weit überwiegenden Teil Nichtabiturienten, die ja in der Armee nicht besonders gern gesehen wurden. Für 1901 auf Preußen bezogen, bei einem Anteil der neunklassigen Schulen an der Gesamtzahl der berechtigten Anstalten von 64,5%, ergibt sich kein wesentlich anderes Bild.

Daher war der Vorschlag des Armeevertreters aus seiner Sicht begründet, die höheren Bürgerschulen stark zu entwickeln und den Unterbau der neunklassigen Gymnasien bis zur Untersekunda so einzurichten, „daß die jungen Leute durch Betonung des Deutschen, der vaterländischen Geographie und Geschichte und der Religion eine wissenschaftlich abgerundete Vorbildung erhalten und in ihrem Intellekt so geschult werden, daß sie den Anforderungen in gleichem Maße wie die Abiturienten der sechsklassigen höheren Bürgerschulen entsprechen, und wenn dann am Ende der Unter-Sekunda ein Examen eingeschoben wird, in dem die Probe auch auf das Exempel gemacht wird, dann ist die Heeresverwaltung mit ihren Ansprüchen befriedigt ...“

Eines ließen die Diskussion und die auf der Konferenz verfochtenen Thesen deutlich werden: das Einjährig-Freiwilligen-Institut war zu einer sozialen und bildungssoziologischen Tatsache solchen Ausmaßes geworden, daß größere Änderungen zu einschneidenden Konsequenzen im gesamten höheren Schulwesen führen mußten. Das „Einjährige“, ursprünglich als Benefiz für „Gebildete“ gedacht, ist im letzten Drittel des 19. Jahrhunderts so etwas wie ein Zertifikat für „Bildung“ geworden. Verschiedene Berufe verlangten das Berechtigungszeugnis für den einjährigen Dienst als Zulassungsvoraussetzung, so etwa der Subalterndienst der Justizverwaltung. Auf den neunklassigen Schulen konnte es ohne besondere Prüfung relativ bequem ersessen werden, brachte ein gewisses Ansehen und dazu Bequemlichkeiten im Militärdienst mit sich. Damit war die Grundlage der Faszination dieser Einrichtung gelegt, gefördert noch durch die Atmosphäre des preußischen Militärstaats. Armee und Schule erblickten die „gute Seite“ dieser Entwicklung darin, daß die Schule eng mit dem „öffentlichen Leben“ verknüpft worden ist: „Die Schulen fühlen sich dem Staat, der Kirche, dem Heere, dem höheren Gewerbe verwandt und verpflichtet und zugleich in der allgemeinen Werthschätzung befestigt und gehoben“. Aus diesen Kreisen sind Auffassungen überliefert, die das Berechtigungswesen als Einrichtung betrachteten, die „mit den Lebensinteressen von weiten Kreisen unseres Volkes, ... mit den Interessen unseres nationalen Heeres“ eng verknüpft sei.

Zur Beseitigung der negativen Begleiterscheinungen – sozialer Ehrgeiz, Überfüllung der Schulen, Denaturierung des „Bildungsprestiges“ zum „Besitzprivileg“ – haben nur wenige Schulmänner die Abschaffung des ganzen

Instituts für richtig gehalten. Angesichts der Haltung der Armee, für die das Ganze auch eine Kostenfrage darstellte, blieben nur zwei Wege: entweder das Schulwesen im Interesse der Armee umzuorganisieren, ja sogar die Bildungsinhalte zu simplifizieren und bei allen Schultypen möglichst zu vereinheitlichen, oder die Masse der Bewerber nach den Wünschen der Gymnasien und Kultusverwaltungen von den neunstufigen Anstalten wegzulenken. Beide Lösungen, auf der Schulkonferenz diskutiert, hätten zu nachhaltigen Änderungen des Schulwesens geführt. So hat der Armeevertreter die Schule geradezu als Hilfseinrichtung der Armee behandeln wollen, selbst das Maß der Vorbildung bis zur Sekunda der Gymnasien und Oberrealschulen und die gesamten Lehrpläne aller anderen höheren Schulen sollten nach ihm von den Bedürfnissen der Armee her bestimmt sein.

Befürworter der Koppelung der Berechtigung mit dem Abitur prognostizierten auf der anderen Seite, daß zahlreiche Gymnasien sich bei einer solchen Lösung zu lateinischen Bürgerschulen zurückentwickeln würden, weil die Oberklassen kaum frequentiert werden würden. Selbst die Einschaltung einer besonderen Prüfung für Einjährige nach Untersekunda konnte nach dieser Sicht in die angedeutete Richtung führen. Der Armeevertreter hatte konsequent diesen Vorschlag gemacht, der seinem Wunsch, die Bürgerschulen zu verfünffachen, nur dienlich sein konnte. Fürstbischof Kopp, Breslau, schloß sich insoweit an, als er für die Zwischenprüfung votierte, ein Vorschlag, der schließlich angenommen und zum Beschluß der Konferenz gemacht worden ist. Die sich aus der Verwirklichung dieses Vorschlages ergebenden Konsequenzen für das Schulwesen sollten durch einen ganzen Katalog von Maßnahmen aufgefangen werden, der eindringlich zeigt, in welche tiefgreifenden sozialen und schulpolitischen Zusammenhänge das Einjährig-Freiwilligen-Institut eingebettet war.

So wurde empfohlen, jene neunstufigen Anstalten, an denen die überwiegende Schülerzahl nicht über Untersekunda hinausging, in höhere Bürgerschulen umzuwandeln. In Städten mit mehreren Gymnasien sollte möglichst eines in eine höhere Bürgerschule verwandelt werden. Für Städte ohne höhere Lehranstalt empfahlen diese Vorschläge, bei Neugründungen der höheren Bürgerschule den Vorzug zu geben. Dem Staat wurde nahegelegt, „die Errichtung und Erhaltung höherer Bürgerschulen nach denselben Grundsätzen zu unterstützen, wie dies bisher bei den gymnasialen Anstalten geschah“, wobei auch daran gedacht wurde, die Gehälter der Lehrer der höheren Bürgerschulen und der sonstigen sechsstufigen Anstalten denen der Gymnasiallehrer gleichzustellen.

Die weitere Entwicklung zeigte dann, daß die Erfolgserwartungen der Konferenz von 1890 stark enttäuscht wurden. Nicht nur Pädagogen und Ärzte, die Tagespresse und die politischen Parteien forderten die Abschaffung der 1892 eingeführten Zwischenprüfung nach Untersekunda; auch Verwaltungsberichte aus den Provinzen und Direktorenversammlungen plädierten gegen Ende der neunziger Jahre dafür. Tatsächlich hatte die Zwischenprüfung die

Frequenz der Gymnasien nicht tangiert. Nach Abschluß der Untersekunda gingen gegen alle Erwartung jetzt weniger Schüler ab als vor 1892. Die Verwaltungsberichte der Provinzen stellten dazu fest, daß minderbegabte Schüler nach bestandener Zwischenprüfung Hoffnung schöpften, auch die Reifeprüfung bestehen zu können. Alle diese Erfahrungen bewegten den Gutachter des preußischen Kultusministeriums, die Abschaffung der Zwischenprüfung – damals „Abschlußprüfung" genannt – zu empfehlen. Die Konferenz von 1900 schloß sich dieser Empfehlung an.

Als der Kultusminister 1900 den Vorschlag realisierte und die einzelnen Berechtigungen der Schulen im Sinne der vor 1892 gegebenen Lage 1901 weiter konkretisierte, beendete er einen Zustand, der vornehmlich dem Interesse der Armee gedient hatte. Außerdem unterstrich ein „Allerhöchster" (Gleichberechtigungs)„Erlaß" vom November 1900 – der trotz der theoretischen Anerkennung der Leistungen der Reformgymnasien im Gegensatz zu den Interessen der Streitkräfte die Vereinheitlichung der Schultypen nicht intendierte – die Besonderheiten der Schultypen. Dort hieß es, „durch die grundsätzliche Anerkennung der Gleichwertigkeit der drei höheren Lehranstalten wird die Möglichkeit geboten, die Eigenart einer jeden kräftig zu betonen". Diese Entscheidungen legten das Verhältnis von Armee und Schule bis zum Ende der Monarchie fest. Die Intention der Armee, im Interesse der Sicherstellung einheitlicher „Bildungsvoraussetzungen" ihres Nachwuchses, und zwar des Offizier- und des Einjährigen-Nachwuchses, die Schulen selbst zu schablonisieren, war abgewehrt, nicht zuletzt durch das preußische Kultusministerium, das sich auf zuverlässiges Zahlenmaterial stützen konnte.

So blieb das Offizierergänzungsgeschäft in den eingefahrenen Geleisen, in der Spannung zwischen „Herkunft und Bildung" stecken, woran die Gleichstellung der höheren Schulen wenig änderte, aber als womöglich noch festgefahrener erwies sich die Situation des Einjährig-Freiwilligen-Instituts. Nach dem Rückgang vom Dezember 1900 auf die Verhältnisse der Zeit vor 1892 stand im Grunde fest, daß seine Mängel an der Konstruktion als solcher lagen, darüber hinaus vor allem darin, daß es innerhalb der Wilhelminischen Gesellschaft nicht zu einer sozialen Mittlerrolle qualifiziert war oder ausgebildet werden konnte. Die neunstufigen Schulen, insbesondere die Gymnasien, erblickten in den Aspiranten des einjährigen Dienstes den typischen Subalternen, einen Ballast, den es loszuwerden galt. Die Armee wünschte sich einen billigen, möglichst patriotischen, aber nicht allzu hochgezüchteten einschlägigen Nachwuchs, den sie sich wegen meist fehlender „gesellschaftlicher Qualität" im allgemeinen nicht als künftige Reserveoffiziere dachte – und dieser Nachwuchs selbst sowie die Elternschaft suchten Sozialprestige über ein relativ billiges Bildungszertifikat, das zudem noch als militärfromm angesehen wurde, obwohl es im Grunde ein Befreiungszeugnis darstellte. Die sozialen Schranken nach oben waren damit nicht oder doch kaum zu durchbrechen, aber nach unten wirkte es wie ein Klassenattest und wurde als solches von der Sozialdemokratie heftig bekämpft. Seit der Abschaffung der Landwehr Boyenscher Provenienz, endgültig seit dem Abschluß der Roonschen Reorganisation, war dieses Institut ein Anachronismus. Für die Halbprivilegierten des Wilhelminischen Systems hat es eine gewisse Ventilfunktion gehabt, quasi-statusgewährend, Störungen in der Berufsausbildung des Mittelstandes und unteren Mittelstandes praktisch vermeidend; im Grunde aber trug es den sozialen Konflikt nach unten in die Gesellschaft. Scheinwerte erzeugend, belastete es die Schulen und letztlich auch die Armee der Allgemeinen Wehrpflicht.

Die Sozialdemokratie sprach von dem „verbitternden Privileg", das sie abgeschafft sehen wollte, von einem Privileg, das „wie ein schmerzender Pfahl im Fleische der deutschen Schulorganisation" sitze. Sie suchte einen Eckpfeiler aus dem System herauszubrechen mit dem Antrag, die Reichsschulkommission auszubauen zu einem „selbständigen Reichsamt für das Schul- und Bildungswesen des Deutschen Reiches". Damit sollte überhaupt eine reichsgesetzliche Regelung des Schulwesens verbunden sein und so die Verordnungspraxis, auf der die innere Ausgestaltung des Einjährigen-Berechtigungswesens beruhte, aus den Angeln gehoben werden, also jener „Kausalzusammenhang zwischen Heer und Schule", der der Sozialdemokratie ein ganz besonderer Dorn im Auge war als spezielles Exemplum des preußischen Klassenstaates. Im Reichstag war dafür keine Mehrheit zu haben, nur der Fortschritt ging halbherzig mit. Die Bundesstaaten waren ebenfalls nicht bereit, sich ihre Kompetenzen beschneiden zu lassen. Eine Lösung ist bis zuletzt nicht gefunden worden.

Die Gründe für die Beibehaltung des Systems und für seine Verklammerung mit dem höheren Schulwesen reichen weit über das innermilitärische und etatpolitische Interesse hinaus und in die Gesellschaftspolitik und Sozialpsychologie hinein. So gesehen wurde das Einjährigen-System begriffen als Klammer zwischen Armee, Schule und staatstragenden, staatsbejahenden Schichten, die unterhalb der Exklusivität des aktiven Offizierkorps erwünschte und benötigte Bindungen schaffte. Nur deshalb, so scheint es, konnte die vielfache Kritik an diesem System nicht durchschlagen, und mußte die Kritik der Gegner des Militärstaats eher noch stabilisierend wirken.

c. Die militärische Funktion des Einjährig-Freiwilligen-Instituts

Ergänzung des Landwehroffizierkorps

Die Instruktion vom Mai 1816 ging von der Regelung des Wehrgesetzes ab, wonach die Einjährig-Freiwilligen nur in den Jäger- und Schützenbataillonen dienen konnten. Abgesehen davon, daß diese Regelung die Privilegierung besonders augenfällig gemacht hatte, paßte sie auch nicht in die neue Wehrverfassung hinein. Sollten die Einjährig-Freiwilligen das Landwehr-Offizierkorps ergänzen, so kam es darauf an, sie bei allen Waffengattungen auszubilden. Die Instruktion ließ nur wichtige Einschränkungen bei der Garde unberührt. Im Gardekorps durften zunächst nur das Gardeschützen- und das Gardejägerbataillon Einjährige einstellen. Während des Dienstes wurden die Einjährigen entgegen den ursprünglichen Plänen nunmehr wie jeder andere Soldat in Reih und Glied eingereiht.

Sie traten bei der Infanterie auch in die etatmäßige Verpflegung, was allerdings den Nachteil hatte, daß ihretwegen entsprechend viele Soldaten zur Kriegsreserve entlassen werden mußten; nach einer Kabinettsorder vom 5. März 1820 waren die Einjährigen nicht mehr gehalten, Waffen und Lederzeug aus eigenen Mitteln zu beschaffen. Bei der Geld- und Brotverpflegung fielen sie aus. Die Bekleidung war ihre eigene Angelegenheit. Bei der Kavallerie gab es eine Übernahme in die Truppenverpflegung nicht. Hier wurden alle Einjährigen als Überzählige geführt.

Die Einreihung der Einjährigen in die Kompanien hätte dem Institut in den Augen des normal dienenden Soldaten manches von seiner Ungerechtigkeit nehmen können, wenn damit wirklich eine gründliche und im Hinblick auf die spätere Verwendung als Landwehroffizier zweckdienliche Ausbildung verbunden gewesen wäre. In den letzten Monaten hätte vernünftigerweise auch der Kontakt zum Offizierkorps hergestellt werden müssen, wodurch manche Reibungen zwischen Linie und Landwehr vermieden worden wären. Dies alles geschah aber nicht. Der gewöhnliche Liniensoldat mußte in der Regel mit ansehen, daß die Ausbildung der Einjährigen nur oberflächlich betrieben wurde. Er empfing hier Eindrücke, die es ihm schwermachten, später in der Landwehr Respekt vor seinen Vorgesetzten zu haben. Der Unterricht für die Einjährigen, die an sich den Brigaden oblag, war nicht näher geregelt. Besondere Einrichtungen dafür gab es nicht, und die Ausbildungsmöglichkeiten für die Berufsoffiziere waren auf längere Zeitabschnitte abgestimmt. Die Einjährigen konnten und sollten wohl auch nicht an ihnen teilhaben. Praktisch geschah auf diesem Gebiet nichts. Die Tatsache, daß nach der Ergänzungsverordnung von 1844 Aspiranten, denen das Führungszeugnis vom Offizierkorps nicht erteilt wurde, unter Umständen als Einjährige akzeptiert wurden und danach Landwehroffizier werden konnten, spricht auch in diesem Zusammenhang eine deutliche Sprache.

Die Instruktion vom Mai 1816 bestimmte ferner ausdrücklich, daß den Freiwilligen jede Förderung zur Weiterverfolgung ihrer Studien zuteil werden sollte. So kam es, daß diesen aus dem Bürgertum kommenden jungen Männern, die sich „freiwillig" zu weniger verpflichteten, als ihnen eigentlich nach den allgemeinen Gesetzen obgelegen hätte, eine zu großzügige Behandlung zuteil wurde, die zwar dem Stil der Zeit und der Denkweise der damaligen Gesellschaft entsprach, die aber dem Boyenschen Wehrsystem keinen Gewinn brachte. Daß die Einjährigen nach wenigen Dienststunden die Uniform ausziehen und ihren „wissenschaftlichen" Neigungen nachgehen konnten, beleuchtet aber auch die Einstellung der Linienoffiziere. Ihr Interesse an der Ausbildung der Konkurrenz war nicht besonders groß. Nur eine engere Verbindung von Landwehr und Linie hätte hier Entscheidendes ändern können.

Im aktiven Offizierkorps dachte man die Lösung des Problems vor allem durch Vermehrung der Berufsoffizierstellen in der Landwehr zu finden. Damit wären die eigenen Aufstiegsmöglichkeiten verbessert, die Nachfrage nach gut ausgebildeten Einjährigen aber noch geringer geworden. Diese Gedanken verwarf Boyen, der nur bereit war, mehr Berufsoffiziere in die Kriegsformation der Landwehr aufzunehmen, um ihr ein festeres Gerüst zu geben. Der Gegensatz der Meinungen blieb jahrzehntelang unausgetragen. Es geschah nichts zur strukturellen Lösung des Einjährigen-Problems. So kam es, daß in der Zeit, als die Landwehr selbst nicht mehr so umstritten war wie in den Anfangsjahren, also etwa zwischen 1830–1840, die Kritik am Landwehroffizier nicht mehr verstummen wollte. Er paßte weder den Ideologen der Restauration noch den Fachmilitärs jener modernen Richtung, wie sie Prinz Wilhelm repräsentierte.

Die allmähliche Erhöhung der bildungsmäßigen Anforderungen an die Einjährigen hatte offenbar keinen unmittelbaren Einfluß auf die militärische Brauchbarkeit dieser so sichtbar Begünstigten. Die Klagen wollten nicht verstummen. Das Allgemeine Kriegsdepartement hat später einmal selbst in einem Promemoria vom 30. Dezember 1846 über die Einjährigen festgestellt, daß sie nach sechswöchiger Dienstzeit nur dem Namen nach Soldaten waren. Auch Boyen erkannte in seiner zweiten Amtsperiode den Mangel. Ihm lag alles daran, Mittel und Wege zur zweckmäßigen Vorbereitung der Einjährigen auf ihre spätere Rolle als Landwehroffizier ausfindig zu machen. Schon 1833 hatte er in einer Denkschrift entsprechende Vorschläge gemacht, die, wie er ausführte, an die Behandlung der ehemaligen Freikorporale anknüpften. Einjährige, die sich aller Voraussicht nach zum Landwehroffizier eigneten, sollten nach dreimonatiger Grundausbildung zum Vizeunteroffizier ernannt werden und bei den Kompanien Unteroffizierdienste tun. War dieser Dienst zur Zufriedenheit ausgefallen, sollte die Ernennung zum Landwehr-Portepeefähnrich folgen. Als solcher hatte der Einjährige Offizierdienst zu leisten. Boyen fuhr mit einem Vorschlag fort, der geeignet war, auf eine bessere Verknüpfung von Linien- und Landwehroffizierkorps hinzuwirken: „Um ihm (dem Landwehrportepeefähnrich) einen praktischen Unterricht beizubringen, scheint es gut zu sein, daß der Bataillonskommandeur die theoretische Ausbildung als einen Ehrenvorzug einem Offizier übertrüge, der bei bewiesenem Eifer dafür Seiner Majestät in den Berichten anzuzeigen wäre.“ Bei Verwirklichung dieser Gedanken wären in der Tat wesentliche Mängel des Ausbildungsverfahrens abgestellt worden. Das hätte sich auf die gesamte Wehrverfassung auswirken können. Diese Vorteile blieben Prinz Wilhelm nicht verborgen. Er notierte dazu: „Der ganze Vorschlag erscheint sehr praktisch – aber freilich würden die Freiwilligen dann auch viel mehr zum Dienst herangezogen werden müssen, als dies jetzt geschiehet und geschehen müßte, wenn die Studien nicht zu sehr leiden sollen.“ Als Kommandierender General des III. Armeekorps hatte Prinz Wilhelm schon 1824 für eine Verbesserung der militärischen Ausbildung der Einjährigen in seinem Korps gesorgt und insbesondere das Verfahren zur Erteilung des Qualifikationszeugnisses zum Unteroffizier präzisiert.

Boyens Pläne fanden später ihren Niederschlag in der Instruktion vom 21. März 1843 über die Behandlung und Ausbildung der Einjährig-Freiwilligen. Hier hieß es: „Das Dienstjahr der Freiwilligen hat in militärischer Hinsicht den Hauptzweck, die durch ihre allgemeine Bildung dazu geeigneten jungen Leute zu Offizieren und Unteroffizieren der Landwehr auszubilden." Ihre Ausbildung in den Kompanien und Eskadronen begann mit der Grundschulung. Danach aber übernahm ein Offizier die theoretische Weiterbildung. Bei manchem Ausbildungsverlauf wurde der Einjährige nach drei Monaten Vizeunteroffizier, nach weiteren drei Monaten Unteroffizier (überzähliger). Im zweiten Halbjahr begann die Offizierausbildung. Hier sollte er lernen, die Soldaten richtig zu behandeln, Rekruten zu exerzieren, einen Zug zu führen u. ä.

Das Kriegsdepartement glaubte schon nach kurzer Zeit, eine wesentliche Aufwärtsentwicklung feststellen zu können. Es kam nicht mehr vor, daß der Einjährige nach wenigen Dienststunden die Uniform auszog und sich seinen privaten Neigungen widmete. Die jungen Männer legten jetzt Wert darauf, zu Unteroffizieren befördert zu werden. Der Durchschnitt des Unteroffizierersatzes hob sich beträchtlich und die Leistungen in den Offizierprüfungen wurden besser. In den Jahren nach 1843 wurden jährlich nahezu 1 000 Landwehroffizierbewerber geprüft, von denen rund 600 die Reife zum Landwehroffizier zuerkannt erhielten.

Dennoch reichten alle diese Verbesserungen nicht aus, die Kriegstüchtigkeit der Landwehr so zu heben, daß sie den strengen Ansprüchen der konservativen Kritiker genügen konnte. Das zeigte sich nach Meinung dieser Kreise insbesondere während der Mobilmachung in den Revolutionsjahren. Militärfachliche Kritik dieser Provenienz basierte stets auf politischer Furcht vor revolutionären Änderungen. Prinz Wilhelm begrüßte zwar eine intensivere militärische Schulung der Einjährigen, aber er blieb doch, wie seine Kritik an Boyens Denkschrift 1841 schon gezeigt hatte, davon durchdrungen, daß eine zu kurze Ausbildung zwar allerlei technische Fertigkeiten mit sich bringen könne, nicht aber den wahren militärischen Geist. So war er der Meinung, die Landwehroffiziere, also in erster Linie die ehemaligen Einjährigen, seien wohl in der Lage, ihren Soldaten Marschieren und Gewehrtragen beizubringen, nicht aber Disziplin. Dieser Disziplin-Begriff hatte eine nicht zu verkennende politische Beifarbe. In den Tagen der Revolution traten solche Bedenken naturgemäß stärker hervor, genährt durch bestimmte Erfahrungen. Diese politisch gefärbte Kritik ging in vielen Punkten zu weit und neigte zu Generalisierungen, die nicht gerechtfertigt waren.

Schwerer wiegt das Urteil eines Fachmannes, dem es in diesem Zusammenhang allein um die militärische Brauchbarkeit ging. General v. Bonin, der spätere Kriegsminister, berichtete 1851 als Divisionskommandeur: „Die alten sowohl als die jungen Offiziere leisten wenig oder nichts ... Ein kurzes Dienstjahr bei der Linie, eine vierzehntägige Übung bei der Landwehr, und aus einem ehemaligen Freiwilligen ist ein

Landwehr-Offizier geworden. Die in der Regel dann folgende theoretisch-praktische Übung bei der Linie auf 4 bis 6 Wochen, und hin und wieder, d. h. alle zwei bis drei Jahre, eine vierzehntägige Übung machen selbstverständlich den Offizier nicht brauchbarer und nicht tüchtiger, weil eben jede feste Grundlage, die militärische Erziehung fehlt, weil die oberflächliche Kenntniß des Reglements und des Exerzitiums noch nicht den Soldaten, geschweige den Offizier macht, weil man das Wesentlichste und Schwerste – Befehlen und Gehorchen – nicht im Vorübergehen, sondern nur durch jahrelange unausgesetzte Übung und Gewohnheit sich aneignen kann. – Offiziere aber, welche das Wesentlichste, das Befehlen, nicht verstehen, finden begreiflicherweise keinen Gehorsam bei einer Truppe, die – man darf es sich nicht verhehlen – von vornherein zum Ungehorsam hinneigt. – Für die Unteroffiziere gilt fast alles Vorgesagte, nur in noch höherem Maße."

So oder ähnlich urteilten selbst die Gemäßigten in der Armee über den Einjährigen.

Das Einjährig-Freiwilligen-Institut hing unauflöslich mit der bestehenden Wehrverfassung zusammen. Der Gedanke, es zu einer Art Klammer zwischen Linie und Landwehr zu machen, blickte durch manche Verbesserungsvorschläge hindurch. Gelungen ist der Plan nie, und dies lag nicht nur an den nicht zu überwindenden Vorbehalten des Linienoffizierkorps oder der Furcht Boyens vor der Überfremdung der Landwehr durch den Geist der Linie, sondern primär daran, daß ein auf ständischem Exklusivitätsdenken beruhendes Privilegiensystem nicht in die Organisation des „Volksheeres" und nicht in den straffen Organismus der „Königsgarde" der Linie hineinpaßte. Die Nachteile erntete allerdings nicht die Linie, sondern die Landwehr. Das Einjährig-Freiwilligen-Institut als solches nahm man hin, nicht aber das Landwehroffizierkorps. Das entsprach ganz der innenpolitischen Situation der Restaurationszeit, aber auch den machtpolitischen Gegebenheiten der ersten Hälfte des 19. Jahrhunderts, die eine rücksichtslose Ausschöpfung der nationalen Wehrkraft noch nicht forderten! Deswegen war das Einjährig-Freiwilligen-Institut auch kein „verhängnisvoller Einbruch in das Prinzip des Volksheeres" (Huber). – Als ein solcher wurde es nicht empfunden, weder von der alten Militärpartei, die von einem „Volksheer" im Grunde nichts wissen wollte, noch – einleuchtenderweise – vom Bürgertum selbst. Es ist fraglich, ob das Einjährig-Freiwilligen-System die „ständische Absonderung einer bürgerlichen Mittelklasse" *hervorrief*. Im Grunde handelte es sich eher um die Aufrechterhaltung der historisch gewordenen ständischen Gliederung in abgeschwächter Form. Treffend ist die Feststellung Franz Schnabels, bei dem Einjährigen-Privileg habe es sich um die „für Preußen und dann auch für Deutschland charakteristische Lösung jenes Problems" gehandelt, „das die französische Konskription mit Stellvertretung und Loskauf gelöst hatte".

Ergänzung des Reserveoffizierkorps

Rechtsgrundlage für das Einjährig-Freiwilligen-Institut als Vorstufe zum Reserveoffizier war nach der Roonschen Reorganisation im Norddeutschen Bund das Gesetz betreffend die Verpflichtung zum Kriegsdienst vom 9. November 1867. Es sah im Anschluß an die dreijährige aktive Dienstzeit eine vierjährige Reservezeit vor. Gemäß § 11 wurden „junge Leute von Bildung, welche sich während ihrer Dienstzeit selbst bekleiden, ausrüsten und verpflegen, und welche die gewonnenen Kenntnisse in dem vorschriftsmäßigen Umfange dargelegt haben", nach einjähriger Dienstzeit im Stehenden Heer zur Reserve beurlaubt. Nach Maßgabe ihrer Fähigkeiten und Leistungen konnten sie zu Offizieren der Reserve und Landwehr vorgeschlagen werden.

Diese Möglichkeit bestand allerdings nicht für eine Gruppe von Berechtigten, denen aus besonderen Gründen der Nachweis der wissenschaftlichen Befähigung durch Zeugnisse oder Prüfung erlassen wurde. Gemäß Ersatzinstruktion von 1858, Militär-Ersatzinstruktion von 1868 und nach der Deutschen Wehrordnung von 1875 konnten bestimmte Gruppen „kunstgewerblicher und mechanischer Arbeiter" auf diesem Wege als Einjährig-Freiwillige anerkannt werden. Sie wurden lediglich einer Prüfung in Elementarkenntnissen unterworfen. Zu ihnen zählten nach dem Katalog in § 87 der Wehrordnung auch Bühnenkünstler. Über die Berechtigung dieser Bewerber entschied die „Ersatzbehörde dritter Instanz", das war in Preußen der zuständige Kommandierende General zusammen mit dem zuständigen Oberpräsidenten. Mit ihrer positiven Entscheidung über die Berechtigung zum Einjährigen-Freiwilligen-Dienst war aber die Frage, ob der Antragsteller Reserveoffizier werden konnte, nicht präjudiziert. Hierüber waren besondere Bestimmungen in den §§ 16 und 18 der Heerordnung vom 28. September 1875 ergangen. Danach erhielten Einjährig-Freiwillige, „welche sich zur Beförderung zu Offizieren des Beurlaubtenstandes eignen", neben ihrem Führungsattest ein Qualifikationsattest, das vom Regimentskommandeur ausgestellt wurde. Vorauszugehen hatte eine theoretische und praktische Prüfung „in den allgemeinen Standes- und Berufspflichten des Offiziers, sowie in den von einem Subaltern-Offizier zu verlangenden Kenntnissen und Fertigkeiten". Auszuwählen und unter Anleitung besonderer Offiziere auszubilden zum Offizier der Reserve und Landwehr waren nur Bewerber, die „durch ihre allgemeine Bildung hierzu geeignet erschienen". Nach allem kamen hierfür kunstgewerbliche und gewerbliche Arbeiter nicht in Frage. Daher besagen relativ hohe Zahlen über Ausstellungen von Berechtigungsscheinen aufgrund des „Künstlerparagraphen" (in Preußen 1890–1895: 547 positive Entscheidungen) nichts über die Zusammensetzung des Reserveoffizierkorps, zumal Offiziere des Beurlaubtenstandes nach wie vor von dem Offizierkorps, dem sie anzugehören wünschten, gewählt werden mußten (§ 21 der Heerordnung).

Der Kontakt der Reserveoffiziere mit der aktiven Armee war wesentlich enger als der der alten Landwehroffiziere. Sie konnten zu mehreren vier- bis achtwöchigen Übungen herangezogen werden.

Die „Deutsche Wehrordnung" und die „Heerordnung" vom 28. September 1875 regelten das Einjährig-Freiwilligenwesen entsprechend. Seit dieser Zeit und dann vor allem seit den achtziger Jahren hatte sich die innere Problematik wie auch die militärische Bedeutung des Einjährigen-Freiwilligen-Instituts verschoben. Die alte Landwehr war beseitigt, der Streit zwischen Bürgertum und Militär um die Wehrverfassung entschieden. Die kriegerischen Lösungen von 1866 und 1870/71 hatten die Einstellung des Bürgertums zur Linienarmee gründlich verändert. Dieser Prozeß wurde mit dem Erstarken der sozialistischen Bewegung und seit dem vergeblichen Kampf gegen die Sozialdemokratie noch intensiviert. Der konservative Militär- und Beamtenstaat begann Faszination auf den Bürger auszuüben. Status-Gewinn war in Preußen-Deutschland in erster Linie in der Armee erreichbar. An die Stelle der alten Landwehr war seit der Reorganisation die Reserve getreten. Für sie wurden mehr und mehr bürgerliche Offiziere benötigt, weil der Adel schon längst nicht mehr zur Deckung der Stellen der Subalternoffiziere in der Linie genügte. Über das Institut des Reserveoffiziers begann seit den siebziger Jahren die entscheidende Militarisierung des Bürgertums, die in der konservativen Personalpolitik der Bismarckzeit im Beamtentum ihre Parallele hatte.

Der Reserveoffizier wurde, was der Landwehroffizier nach Boyens Plänen nie werden sollte und auch nie wurde, das Symbol der Indienstnahme des Bürgertums für die von der Armee repräsentierte feudal-monarchische Ordnung, die sich als stärker erwiesen hatte als die reformerischen Ideen über die Öffnung der Armee für die Nation. Seit 1870/71 vollzog sich diese Assimilierung des Bürgertums an den Geist der Militärmonarchie. In diesem veränderten geistigen Klima gewannen das Einjährigen-Berechtigungswesen und das Institut des Reserveoffiziers bald eine neue innenpolitische Bedeutung. Der Reserveoffizier stand in ganz anderer Weise unter der Kontrolle der Armee als der alte Landwehroffizier und nahm ihren Geist mit in das zivile Leben hinüber.

Je stärker die Armee auf Ersatz aus der sozialdemokratisch beeinflußten städtischen Arbeiterbevölkerung angewiesen war, je geringer der Anteil der Soldaten aus ländlich-konservativen Schichten wurde, um so fühlbarer wurde das Bedürfnis nach „assimilierten“ Reserveoffizieren (worauf Eckart Kehr zuerst aufmerksam gemacht hat). Das Bündnis der agrarischen Führungsschichten mit der Bourgeoisie fand in der Entwicklung des Instituts des Reserveoffiziers seinen vielleicht bezeichnendsten Ausdruck, wie es seine parteipolitische Fundierung im Anwachsen der nationalliberalen und konservativen Strömungen, seine nationalpsychologische Ausprägung in den Erscheinungen des rechtsorientierten Verbändewesens fand. Der Reserveoffizier kann als die Symbolfigur dieser Entwicklung gelten.

Die Sozialdemokratie hat in ihm und im Einjährig-Freiwilligen die Inkarnation des Klassencharakters des preußisch-deutschen Staates erblickt. Die Berechtigung dieser Kritik ist schwerlich zu bestreiten. Während der Anteil der Industriearbeiter in der aktiven Armee ständig stieg, gab es für sie die Annehmlichkeit der verkürzten Dienstzeit nicht, gleichgültig, ob sie Familie hatten oder nicht. In besonders krassen Fällen war lediglich die Möglichkeit einer zeitlich begrenzten Zurückstellung gegeben. Die Allgemeine Wehrpflicht zeigte ihre Härten vor allem den Unbemittelten, nicht denen, die sich für Wehrhaftigkeit und militärischen Glanz begeisterten.

4. Die Linie

a. Aufgaben und politische Grundhaltung

Das Wehrgesetz formulierte die Aufgabe der Stehenden Armee – der Linie – im Hinblick auf die Notwendigkeit der Wehrhaftmachung des Volkes und der Sicherstellung der ständigen Kampfbereitschaft. In § 4 hieß es: „Die stehende Armee ist beständig bereit ins Feld zu rücken. Sie ist die Hauptbildungsschule der ganzen Nation für den Krieg und umfaßt die wissenschaftlichen Abtheilungen des Heeres." Der Grundgedanke des Schöpfers der neuen Wehrverfassung war dennoch der Aufbau eines Heeres, dessen zwei großen Abteilungen verschiedene Aufgaben zugewiesen waren: die Stehende Armee repräsentierte eine Art Durchgangsschule für die junge Mannschaft der Nation. Sie sollte alle Einrichtungen besitzen, um in wenigen Jahren aus einer sich aus allen sozialen Schichten zusammensetzenden Mannschaft eine brauchbare Truppe zu machen, zugleich fiel dieser stets präsenten Macht die Rolle zu, durch ihre jederzeit gewährleistete Schlagbereitschaft, durch hohe Beweglichkeit und feste innere Geschlossenheit allen schnell gestellten Anforderungen und Notwendigkeiten der militärischen Demonstration zu genügen und darüber hinaus bei größeren Gefahren für den Staat die erforderliche Zeit zur Entfaltung der gesamten Stärke der Nation zu gewährleisten. Mithin war die Stehende Armee als ein auf sich selbst gestellter Organismus primär für den Fall einer begrenzten militärischen Aufgabe, für die unmittelbare Grenzsicherung, für die Erledigung von Einzelaktionen bestimmt, die nicht das Lebensinteresse des Staates berührten.

Die Aufgabe der Existenzsicherung, der Abwehr des militärischen Drucks einer europäischen Großmacht oder Mächtekombination, sollte und konnte die Linienarmee nur zusammen mit der Landwehr wahrnehmen, denn selbst nach Heranziehung der zwei Reservejahrgänge blieb sie alleingestellt zu schwach, um Preußen bei einer ernsten Probe sicher abschirmen oder gar offensiv zur Geltung bringen zu können. Daß die Stehende Armee auch in einem solchen Falle den wesentlichen Kern der Streitmacht des Staates darstellte, änderte nichts daran, daß sie in einer bisher nicht gekannten Weise auf einen zweiten militärischen Faktor zugeordnet und angewiesen war.

Solange Boyen Kriegsminister war, ließ sich das dualistische System nicht leicht verändern oder gar abschaffen. Der Weg ging vielmehr in Richtung auf eine größere Einflußnahme der Linie auf die Landwehr, die in der folgenden Zeit wachsenden politischen Bewußtseins in breiten Schichten der Gesellschaft von der Armee als dringend notwendig empfunden wurde. Das zeigte sich primär an den Ausbildungszielen, an der Entwicklungstendenz der schulischen Einrichtungen der Armee sowie an den Grundsätzen der Formung und Erziehung des Offizierkorps.

Die Armee entwickelte ihr politisches Bewußtsein in den Auseinandersetzungen der Zeit. Sie orientierte sich in fester Bindung an ihre Tradition als Armee des Königs am „monarchischen Prinzip" und bezog damit eine sowohl für die noch offene Frage der Staatsverfassung als auch für ihre eigenen Grundlagen wichtige Position, an der bis zum Ende der Monarchie sich nichts ändern sollte. Das Prinzip der Allgemeinen Wehrpflicht wurde von allen ernsthaften Sachkennern nicht mehr in Frage gestellt. Mit ihm allein war Preußen ohne erdrückende finanzielle Opfer überhaupt nur in der Lage, seiner Großmachtstellung gerecht zu werden. Von Anfang an sorgten die Einrichtungen der Friedensorganisation für die Zuweisung der entscheidenden Kompetenzen an die Stehende Armee. Sie war nicht, wie die Anhänger des frühliberalen Kriegsbildes gewünscht hatten, nur ein Kader, nur ein Gerüst für das eigentliche Volk in Waffen in Gestalt einer Milizarmee. Vielmehr war die Landwehr als Kader organisiert, dem aus der Linie die ausgebildeten Jahrgänge zugewiesen werden sollten. In der Stehenden Armee wurde an der ständigen Verbesserung der Ausbildung gearbeitet, nur hier in der permanenten Organisation war die Möglichkeit gegeben, Preußens militärische Macht ständig an die militärtechnischen und militärpolitischen Gegebenheiten anzupassen, einfach deshalb, weil nur sie zu jeder Zeit präsent und ausbildungsfähig beisammen war.

Die Armee akzeptierte im wesentlichen nur Anregungen und Maßnahmen der Reformzeit, die der Erhöhung ihrer Effektivität dienlich waren; sie verschloß sich aber häufig gegen das, was dem „Zeitgeist" zugehörig schien. So wurden „Effizienz" und „Korpsgeist" zu den entscheidenden Entwicklungsfaktoren ihres Werdegangs im 19. Jahrhundert, sie wurden eine Art Kompaß, mit dem die Armee ihr Sonderleben führte im Zeitalter der Allgemeinen Wehrpflicht und großer politischer und soziologischer, wirtschaftlicher und geistiger Veränderungen. Korpsgeist und monarchische Loyalität, wegen ihrer Selbstverständlichkeit vielfach als politische Faktoren nicht bewußt werdend, tradierten ein auf vorindustrielle Bedingungen und Anschauungen bezogenes Denken in die zweite Jahrhunderthälfte hinein. Auf diese Weise blieb die Geschichte der preußischen Armee über die Revolution und die deutsche Einigung hinaus die Geschichte einer monarchischen Armee: elastisch in der Anpassung an den „militärischen" Fortschritt, retardierend und selbstbewußt gegenüber dem „politischen" Fortschritt.

b. Aufbaugrundsätze und Umorganisation

Aufbaugrundsätze 1814/1815

Nach der napoleonischen Zeit mußte der Aufbau der Armee, wenn nicht ganz von vorn, so doch unter Voraussetzungen beginnen, wie sie Preußen in Friedenszeiten noch nicht gekannt hatte. Es waren lediglich ein Kern und verschiedene Kader in Gestalt der am Freiheitskrieg beteiligten Regimenter vorhanden, zu denen noch die Reserveregimenter und Freikorps hinzukamen, und schließlich einzelne Truppenteile der neu gewonnenen Provinzen, nämlich im Herzogtum Berg und in den ehemals sächsischen Gebieten. Bei der Kavallerie waren die Voraussetzungen noch weniger günstig. Diese Rudimente sollten zu einem Ganzen auf der Basis der Allgemeinen Wehrpflicht zusammengeordnet werden. Die neue Wehrverfassung erlaubte, die Stehende Armee der Finanzlage des Staates entsprechend relativ klein zu halten. Boyen dachte zunächst an je 36 Kavallerie- und Infanterieregimenter. Vor der Mobilmachung gegen den von Elba zurückgekehrten Napoleon erging schon im März 1815 die Weisung, die Armee in je 32 Infanterie- und Kavallerieregimenter neu zu formieren, wobei die Garderegimenter unberücksichtigt waren.

Mobilmachung 1815

Die Mobilmachung ersetzte die Anfänge eines planmäßigen Aufbaus wieder durch Improvisation. Sie lief alles andere als reibungslos ab, und der Kriegsminister hatte durchaus nicht die volle zentrale Lenkung in der Hand. Wie 1813 erging ein Aufruf an die „Jugend der gebildeten Stände" zum freiwilligen Dienst. Sie wurden in Abweichung von den zu engen Vorschriften des Wehrgesetzes nicht nur den Jäger- und Schützenbataillonen, sondern überhaupt den Infanterie- und Kavallerieregimentern zugewiesen. In der „Verordnung wegen Bewaffnung der Freiwilligen" vom 7. April 1815 hieß es dementsprechend: „Bewerbungen Freiwilliger, welche wiederum ins stehende Heer eintreten wollen, ist die Wahl des Regiments, ohne Rücksicht auf ihr früheres Dienstverhältnis, überlassen."

Damit war eine Vorentscheidung für die künftige Regelung des Freiwilligen-Wesens gefallen. Wie der freiwillige Dienst in Friedenszeiten durch handfeste Vorteile kräftig angeregt wurde, so half man auch jetzt bei der ersten Mobilmachung nach Einführung der neuen Wehrordnung dem Idealismus drastisch nach, mit recht eindeutigen Appellen an den Egoismus der potentiellen Vaterlandsverteidiger mit Besitz und Bildung. In der Verordnung hieß es u. a.: „Von jetzt an kann Niemand, der am Schluße des Krieges bereits preußischer Staatsbürger war und seit dem Jahre 1790 geboren ward, zu einer Beamten-Stelle in Vorschlag gebracht werden, wenn er entweder:

a) nicht am Feldzug von 1813–14 mitgemacht hat, oder jetzt als Freiwilliger eintritt,
b) nicht bereits am 31. März 1814 als Staatsbeamter wirklich angestellt war,
c) durch völlig erwiesene körperliche Unfähigkeit an der persönlichen Leistung seiner Dienstpflicht verhindert wird.

Dennoch führte die Mobilmachung von 1815 nicht zur Aufbietung der gesamten Nationalkraft. Der Anspruch wurde gestellt; die praktische Durchführung blieb zurückhaltender und nachsichtiger. Schon hier zeigte sich, was auch in den langen folgenden Friedensjahren immer der Fall war: die Allgemeine Wehrpflicht blieb im wesentlichen eine Möglichkeit, ein Grundgesetz, das für die praktischen Bedürfnisse noch nicht voll in Anwendung gebracht werden mußte und nach den organisatorischen, wirtschaftlichen und finanziellen Möglichkeiten der damaligen Zeit auch gar nicht ausgenutzt werden konnte.

Die neuen Ergänzungsbezirke

Das Kriegsministerium beabsichtigte, im Zusammenhang mit dem neuen Ergänzungswesen die alten, lokalen, kantonalen Aushebungsbezirke abzuschaffen, auf denen die noch in friderizianischer Zeit lebendige patriarchalische Bindung von Offizier und Soldat beruht hatte. Tatsächlich gehörten die alten Ergänzungsbezirke, in denen häufig die Kompaniechefs recht eigenwillig verfahren hatten, eher in den Rahmen territorial-ständischer Ordnung als in einen modernen „Nationalstaat", zu dem Boyen Preußen heranwachsen sehen wollte. Die Armee konnte nach seinen Vorstellungen auch hier Pionierarbeit leisten, indem sie durch Ausbildung und Erziehung von Rekruten aus den verschiedenen Provinzen ein preußisches Nationalbewußtsein heranbildete. Aber die beginnende militärische Opposition und auch der König waren für derartige moderne Gesichtspunkte nicht zu haben.

Sie standen auf dem Standpunkt der einstigen Militärreorganisationskommission, die zu bedenken gegeben hatte: „Die Gattung des Nationalstolzes ist jeder Provinz eigentümlich, und wir halten es durchaus für bedenklich, sie darin zu reformieren, indem der angeborene Patriotismus dadurch zerstört werden würde, ohne daß etwas Besseres an seine Stelle träte." So gelang nur die Ausweitung der Kantons auf den Bezirk von je zwei Brigaden und seit 1816 auf den Korpsbezirk, wodurch schließlich eine „interprovinzielle Zusammensetzung der einzelnen Regimenter" (Meinecke) gewährleistet war.

Der Staat zerfiel demnach in acht große Ergänzungsbezirke, sowohl für die Stehende Armee als auch für die Landwehr. In der Rheinprovinz wirkte sich dies nicht im Sinne der angestrebten nationalstaatlichen Vereinheitlichung aus wie im Osten des Staates. Dort verteilten sich etwa die Rekruten der Provinz Posen auf drei Armeekorps und konnten mithin mit den Neuzugängen der alten Provinz vermischt werden. Der König traute wohl auch jetzt noch mehr „dem Wetteifer der Provinzen" als den „allgemein nationalen Impulsen". Zeigte sich in dieser noch im wesentlichen territorial-staatlichen Denkweise, mit welchen historisch bedingten Schwierigkeiten die Reformer sich auseinanderzusetzen hatten, so gab es darüber hinaus weitere, vielleicht noch ernsthaftere Hemmnisse, die dem neuen System selbst anhafteten. Diese von der Sache gegebenen Unvollkommenheiten waren geeignet, den Widersachern der Allgemeinen Wehrpflicht das Argument zu liefern, daß das neue System theoretisch zwar ganz gut, praktisch aber doch ungeeignet zur Lösung der militärischen Bedürfnisse Preußens sei.

Der Friedensstand der Armee lag in den Jahren bis 1819 nie höher als zwischen 120000 und 130000 Mann einschließlich der Offiziere, Unteroffiziere und Landwehrstäbe. Ohne Offiziere erreichte die Armee bis 1840 kaum einen höheren Stand, abgesehen von den Jahren 1831–1835, in denen zeitweise 140000 Mann präsent waren. Die Friedensstärke der Kompanien lag ab 1816 bei der Hälfte des Heeres nur bei 125 Mann, im übrigen etwas höher bis zu 150 Mann. Die Friedensstärke der Bataillone schwankte zwischen 500 und 540 Mann. Schwächer waren die Jäger- und Schützenbataillone mit 402 Mann. Die Friedensstärke der Kavallerieregimenter wurde 1816 auf 602 Mann festgesetzt (Kriegsstärke 700 Mann + Pferde). Später ging sie herunter auf 542 Mann (1818) und 1821 weiter auf 526 Mann.

Die Zahlen allein geben jedoch noch keine Vorstellung von dem Grad der Realisierung der Allgemeinen Wehrpflicht, denn dieses Prinzip wurde abgeschwächt durch die Vorstellung, die Armee müsse über einen Kern voll ausgebildeter, längerdienender Soldaten verfügen, um ihre jederzeitige Einsatzbereitschaft sicherzustellen. Diese zweckmäßige Überlegung führte zur Einrichtung der sogenannten Kapitulanten, das heißt freiwillig längerdienender Soldaten. Bei der Überführung vom Kriegs- auf den Friedensstand war zunächst ein genügend großes Reservat entsprechender Bewerber vorhanden. Für die Zukunft sorgte eine Vorschrift des Wehrgesetzes vor.

In § 17 hieß es: „Wer in dem stehenden Heere nach Ablauf seiner dreijährigen Dienstzeit länger fortdienen will, verpflichtet sich dazu auf sechs Jahre und bekommt dafür eine äußere Auszeichnung, bei einer zweiten Verlängerung seiner Dienstzeit bekommt er eine Soldzulage und den Anspruch auf eine Versorgung, wenn er zum weiteren Dienst unfähig geworden." An ausreichendem Kapitulantenersatz hat es nicht gefehlt. Boyen setzte pro Kompanie eine Zahl von 30 Kapitulanten fest, womit jedes Bataillon auf 120 solcher längerdienenden Mannschaften kam. Beinahe ein Viertel aller Mannschaften waren mithin Kapitulanten. Die Zahl der aufgrund der Wehrpflicht dienenden Soldaten verringerte sich entsprechend. Dasselbe galt für die Kavallerie, wo ebenfalls 30 Kapitulanten in jeder Schwadron stehen sollten. Die Regimenter hatten großes Interesse daran, ihren Stamm an ausgebildeten Reitern zu erhöhen, und neigten dazu, möglichst viele Kapitulanten einzustellen. Hierdurch wäre im Ergebnis die Reservebildung erschwert worden, weshalb 1827 eine Höchstzahl festgesetzt wurde. Die Kavallerieregimenter durften hiernach außer den Unteroffizieren nur 191 Kapitulanten einstellen, was immer noch eine beträchtliche Zahl war.

Gegen Ende der Regierungszeit Friedrich Wilhelms III. zählte die aktive Armee ca. 135000 Mann; das Offizierkorps war etwa 5600 Mann stark. Auf die Infanterie entfielen ca. 72000 Mann, auf die Kavallerie 22000, auf die Artillerie 16000. Dazu kamen Pioniere, Gendarmerie, Landwehrstämme, Reservebataillone und Invaliden. Die Armee war also etwa auf dem Stand um 1820 geblieben, obwohl sich die Bevölkerungszahl seit 1816 von 10,3 Millionen auf 14,9 Millionen vergrößert hatte und das Staatsgebiet seit Erlaß des Wehrgesetzes erheblich umfangreicher geworden war.

Anders sahen die Kriegsstärkeberechnungen aus: 1817 war noch eine Zahl von rd. 296000 Mann errechnet worden; für 1831 hatte eine Kommission unter dem Vorsitz des Herzogs Karl von Mecklenburg-Strelitz ein Gesamtaufgebot von 454000 Mann und ca. 12500 Offizieren zugrunde gelegt. Rein zahlenmäßig wurde hierdurch das System Boyens auf das beste gerechtfertigt. Keine andere Wehrverfassung hätte bei einer so geringen Friedensstärke eine solche Streitmacht im Ernstfalle aufbieten können.

Hinter diesen Zahlen verbarg sich, soweit die Landwehr in Betracht kam, allerdings eine von den Wünschen der militärischen Führung erheblich abweichende Wirklichkeit. Ihr Streben war es daher, die Linie zu dem absolut zuverlässigen schlagkräftigen Instrument der Monarchie auszubauen und zu erziehen, um sie auch in innenpolitisch unsicheren Zeiten zur allzeit einsatzbereiten Kampftruppe zu machen, die allein den Geboten der militärischen Subordination nachzukommen bereit war. Es war, wie die oben angeführten Zahlen zeigen, kein sehr bedeutender Rahmen, in dem dieser Erziehungsprozeß stattfinden konnte, zumal das Offizierkorps, von dem hierbei die entscheidenden Impulse auszugehen hatten und auch ausgingen, eine zahlenmäßig, auf die Nation hin angesehen, schwache Gruppe darstellte. Aber gerade dieses kleine, in sich geschlossene Militärinstitut besaß jene innere Kraft und Festigkeit, die es erst zu dem wichtigen Faktor in Staat und Gesellschaft des 19. Jahrhunderts werden lassen konnte. Wenn in der zweiten Jahrhunderthälfte so häufig vom Vorrang der Qualität vor der Quantität die Rede war, so kam nach den Erfahrungen der Revolutionszeit und in der Konfrontation mit neuen innenpolitischen Kräften die politische Relevanz dieses „Qualitätsbegriffs" sehr klar zum Ausdruck. Mit den 1814/15 zugrunde gelegten Größenordnungen war im wesentlichen der Rahmen abgesteckt, innerhalb dessen sich die weitere Entwicklung der Armee bis zur Reorganisation vollzog. Dahinter verbarg sich – mitbedingt durch die außen- und wirtschaftspolitischen Gegebenheiten – eine erstaunliche militärische und militärpolitische Erstarrung, die ihren Grund allerdings weniger in einer eklatanten Ideenlosigkeit, als vielmehr in dem sich aus dem Aufeinanderprall entgegengesetzter politischer und gesellschaftlicher Interessen ergebenden Patt hatte. Selbst der schließlich eindeutige Sieg der reaktionären Kräfte nach der Revolution von 1848/49 änderte hieran scheinbar nichts: bis zu den politisch-militärischen Lösungen der Bismarck-Ära standen die sich befehdenden Wehrkonzeptionen der Fachmilitärs und des politisch bewußten Bürgertums einander unversöhnt gegenüber mit dem Ergebnis, daß die Landwehr der Linie und umgekehrt die Linie der Landwehr als das besonders zu fördernde Institut gegenübergestellt wurde.

C. Die Armee während Restauration und Revolution

1. Der politische Aspekt

a. Der Standpunkt der Frühliberalen

Die außenpolitische, innenpolitische, sozial- und wirtschaftsgeschichtliche Entwicklung Preußen-Deutschlands im 19. Jahrhundert hat die Armee der Allgemeinen Wehrpflicht nicht nur mit politischen Problemen der Zeit konfrontiert, sondern sie zunehmend in diese Problematik hineingezogen. Wohl wurde die bewaffnete Macht mit dem Aufleben militärkritischer Strömungen gegen den „Geist der Zeit" abgeschirmt, aber eben dadurch hat die Monarchie der formalen Disziplin ihres Militärinstituts auch die Aufgabe einer Abwehrfunktion gegen das Einwirken politischer Denkweisen und Überzeugungen auf den Soldaten zugemutet und eine Reihe von Maßnahmen getroffen, um die Eigengesetzlichkeit der Armee sicherzustellen. Diese Versuche reflektieren die langsam sich entwickelnde öffentliche Meinungsbildung in Kreisen, die nicht traditionell den gesellschaftlichen Hintergrund des Offizierkorps bildeten. Damit wird eine Erscheinung angesprochen, die den Standort der Armee in der Gesellschaft grundlegend berührte und von nun an in Rechnung zu stellen war. Im Gegensatz zu den Existenzbedingungen der preußischen Söldnerarmee des 18. Jahrhunderts, die ihre Schlachten vom Bürger möglichst unbemerkt schlagen sollte – wenn auch ihre Subsistenz den Bürger durchaus etwas anging, denn er hatte sich für seine Ruhe in das Korsett des Ständestaats einspannen zu lassen – betraf die Existenz der stehenden Wehrpflichtarmee den Bürger im 19. Jahrhundert unmittelbar.

In Preußen-Deutschland sagte das Dreiecksverhältnis Monarchie–Armee–Bürger (Untertan) seit der nachnapoleonischen Ära zugleich etwas aus über den Grad der politischen Selbstbestimmung im Lande. Fragen zur Rolle der Armee – das heißt der Armeeführung – in der Politik sind insofern auf Strukturfragen der Monarchie und seit 1848 der konstitutionellen Monarchie in der Übergangszeit von der Agrar- zur Industriegesellschaft zurückzuführen. Die militärtheoretische Ideologie des Frühliberalismus – entwickelt vornehmlich von ihrem militärpolitischen Hauptsprecher Karl v. Rotteck, dem Freiburger Professor und Publizisten, in seiner Schrift: „Über stehende Heere und Nationalmiliz" aus dem Jahre 1816 – hat diese Problematik nur zum Teil erfaßt. Ihre Fragestellung, ob die Nation zum Heer oder die Soldaten zu Bürgern gemacht werden sollten, entsprang der bürgerlichen Aversion gegen den Dienst in einer Stehenden Armee. Diese Denkweise wandte sich gegen die Stehende Armee, gegen das Berufssoldatentum, vor allem gegen den Geist des Berufsmilitärs, der als zu jedem kriegerischen Abenteuer manipulierbar, als kultur- und freiheitsfeindlich apostrophiert wurde. Das Konskriptionssystem französischer Herkunft mit seinen Ansätzen zur Allgemeinen Wehrpflicht hatte für das bisher eximierte Bürgertum unerwünschte Pflichten gebracht, mindestens die Unbequemlichkeit des Loskaufs auf dem Wege der Bezahlung eines Ersatzmannes. Der Kriegsfall, auch der Angriffskrieg gegen friedliche Nachbarn, den Rotteck als notwendige Konsequenz stehender Heere betrachtete, drohte derartige Differenzierungen gegenstandslos zu machen. Der Sohn aus gebildeten bürgerlichen Familien konnte nach dieser Auffassung gezwungen sein zum Dienst in einem Institut, in welchem „Mietlingsgeist", Gesinnung von Kriegsknechten, soldatischer Übermut gegen das Volk und Kulturblindheit an der Tagesordnung waren. In Preußen mußte der besitzende und gebildete Bürger selbst in Friedenszeiten einrücken.

Dem Frühliberalismus lag vor allem daran, durch Abschaffung der Stehenden Armee die innenpolitisch dominierende Position des Monarchen zu schwächen, um dem Verfassungsstaat echte Chancen zu geben oder ihn überhaupt erst einführen zu können. Dem Verfassungsstaat liberal-bürgerlicher Prägung mit seinen Idealen von Eigentum, Bildung, Recht und Freiheit sollte ein freiheitliches Wehrwesen entsprechen, aufgebaut auf dem Geist der Freiheit und selbstlosen Vaterlandsliebe des Bürgers. Rotteck wollte die Nationalmiliz als Träger eines derartigen freiheitlichen Wehrwesens an die Stelle der Stehenden Heere gesetzt sehen. Einen Kompromiß in Form der preußischen Lösung mit dem Nebeneinander von Linie und Landwehr lehnte er entschieden ab.

So sehr seine Forderungen frühliberalen Idealen entsprachen und weitgehend als verbindliche Grundlage für ein modernes, der politischen und kulturellen Entwicklung entsprechendes Wehrmodell im Bürgertum betrachtet wurden, in Preußen besaß darüber hinaus die Boyensche Reform in Gestalt des Landwehrinstituts Anknüpfungsmöglichkeiten für liberale Wünsche und Zielvorstellungen. Die Landwehr bot bei allen Mängeln immerhin den Vorteil einer Teillösung, mit der das Bürgertum sich identifizieren konnte. Damit bekam die fortbestehende Kritik an der Stehenden Armee Halt und Hintergrund, von wo aus mit Detailforderungen operiert werden konnte. Auf diese Weise hat die Reform der Armee dazu beigetragen, daß das Preußen des Vormärz nicht zum Zentrum radikaler Forderungen nach Abschaffung der Stehenden Armee wurde. Das Landwehrinstitut warf besondere Probleme auf, die auch innermilitärische Frontstellungen hervorriefen. Erst nach 1819 verlor diese Auseinandersetzung an Intensität, denn mit dem Abschied Boyens und der stärkeren Bindung der Landwehr an die Linie büßte sie praktisch ihre Eigenständigkeit und ihre mögliche Bedeutung als Konkurrenz der Stehenden Armee ein.

Dennoch ist die Landwehr mehr und mehr in den politischen Orientierungsbemühungen der Armee zum Objekt der Kritik geworden, nicht wegen der ihr vorgeworfenen Ineffektivität, sondern aufgrund der ideellen Bedeutung, die Boyens Schöpfung für den preußischen Liberalismus besaß.

Die theoretischen Positionen des süddeutschen Liberalismus in der Wehrfrage erfuhren eine gewisse Konkretisierung in Anträgen in verschiedenen Landtagen. Höhepunkte dieser Entwicklung bildeten die schon 1819 in der bayerischen Kammer vorgetragene Forderung einer Nationalmiliz und der

Antrag Welckers auf Errichtung einer stehenden Nationalwehr von nur 5000 Mann mit einer daneben aufzubauenden Landwehr in zwei Aufgeboten 1831 in der badischen Kammer.

b. Der Standpunkt der Restauration

In der preußischen Armee wurden die liberalen Forderungen als Herausforderung empfunden. Hier beeindruckte die positive Aufnahme des Landwehrgedankens in den süddeutschen Staaten zu einer Zeit, als in Preußen die militärische Restauration die Landwehr ihrer Eigenständigkeit beraubte und damit unmißverständlich klarmachte, daß die militärischen Reformen von 1814 zurückgeschraubt wurden auf den Rahmen der rudimentären Gegebenheiten der allgemeinen „Verfassungs"-Situation. „Boyensch" (G. Craig) war die Armee in Gesinnung und Haltung bis auf einen kleinen, relativ progressiven Offizierkreis zwar nie gewesen – sie wird in dieser Beziehung selbst von ostdeutschen Historikern überschätzt –, aber jetzt, nach 1819, begann sie ein Anstaltsdenken zu kultivieren, das als Erbschaft bis in das 20. Jahrhundert hinein tradiert wurde. Der Ausbau der Kadettenanstalten, die von den Ehrengerichten unterstrichene und geförderte Bedeutung der militärischen Ehre, ein erneutes Vordringen des Adels und die nur untergeordnete Rolle der Bildungsanforderungen im Ergänzungswesen können als äußere Gradmesser dafür gelten. Unmittelbare politische Reaktionen auf das auch in Preußen sich langsam entwickelnde politische Bewußtsein des Bürgertums gingen in die gleiche Richtung. Dabei zeigte sich ein allmähliches Hervortreten aus der Reserve, in die die konservative Mehrheit des Offizierkorps angesichts der modernen liberalen Forderungen geraten war. Vertreter dieser Mehrheit begannen mit Billigung der Armeeführung jetzt mit der Entwicklung einer selbstbewußt vorgetragenen Gegenposition.

Den Kern dieser Gedanken gab der Prinz von Preußen in einem Schreiben an den Kriegsminister v. Hake wieder, als er die innenpolitische Bedeutung seines Gehorsams- und Disziplinverständnisses näher umriß:

> Die Tendenz der revolutionären oder liberalen Partei in Europa ist es, nach und nach alle die Stützen einzureißen, welche dem Souverän Macht und Ansehen und dadurch im Augenblick der Gefahr Sicherheit gewähren. Daß die Armeen die vornehmlichsten dieser Stützen noch sind, ist natürlich; je mehr ein wahrer militärischer Geist dieselben beseelt, je schwerer ist ihnen beizukommen. Die Disziplin, der blinde Gehorsam sind aber Dinge, die nur durch lange Gewohnheit erzeugt werden und Bestand haben und zu denen daher eine längere Dienstzeit gehört, damit im Augenblick der Gefahr der Monarch sicher auf die Truppe rechnen könne. Dieser blinde Gehorsam ist es aber gerade, was den Revolutionären am störendsten entgegentritt. Direkt können sie und dürfen sie diesem Geist nicht entgegentreten; daher haben wir aber in allen Staaten, wo Konstitutionen und Kammern existieren, gesehen, welcher Weg von jener Partei eingeschlagen wurde.

Seine Auffassung enthält wesentliche Elemente der politischen Standortbestimmung, wie sie sich die Armee des Vormärz selbst gegeben hat. Sie ist um so wichtiger, als sie seit Einführung der Verfassung nicht verändert wurde. Im Gegenteil, das Erlebnis der Revolution hinterließ eine Schockwirkung, die wesentlich mit dazu beitrug, das vormärzliche Selbstverständnis traumatisch zu verankern. Damit blockierte sich die Armee selbst die Möglichkeit, mit den innenpolitischen Konsequenzen der beginnenden industriellen Revolution Schritt zu halten und eine jeweils zeitgemäße „innere Führung" zu betreiben.

Es sind bestimmte Verhaltensweisen zu dieser politischen Standortbestimmung notwendig. Die Antriebe historisch-politischen Wandels werden pejorativ der Monarchie gegenübergestellt und als Ergebnis des Wirkens einer unscharf definierten Umsturzpartei gesehen. Die Bereitschaft zur historischen Analyse komplexer Zusammenhänge fehlt, Geschichte wird als Bestätigung der Monarchie, des Staates wie er ist, verstanden. Die Möglichkeit, der Monarchie die Kräfte des Fortschritts zu erschließen, politischen Einfluß auf gesellschaftliche Veränderungen zu nehmen, die eigenen Positionen zu überdenken und anzupassen, bleibt unerkannt. Im Grunde steht dahinter das Wissen um den Ausgang der Französischen Revolution. Es ist als Stereotype verarbeitet. Monarchie und Revolution werden als Gegenprinzipe gesehen, zwischen denen zu vermitteln gefährlich wäre. Die Chancen der Evolution werden nicht begriffen.

Diese Entwicklung ließ seit 1819 immer deutlicher werden, daß die Errungenschaften der Reform nur ein dünnschichtiger Firnis geblieben waren. Lediglich soweit sie militärische Effizienz und Kostenersparnis garantierten, blieben sie ungeschmälert in Kraft, wurden aber auch nicht weiterentwickelt.

So paßte sich Preußen innenpolitisch dem System der Heiligen Allianz an. Sein Militärwesen machte dabei keine Ausnahme. Mit der Reduzierung der Bedeutung der Landwehr innerhalb der Heeresorganisation wurde mittelbar zugleich die Attraktivität der bewaffneten Macht für den Bürger negativ beeinflußt. Seit 1819 fiel der Soldat als Staatsbürger wieder in die Rolle des Untertanen zurück. Die Befürchtungen altkonservativer Kreise, Preußen könne sich bei Festhalten am Reformkurs in Europa isoliert sehen, schlugen durch bis in den Bereich innenpolitischer und militärpolitischer Fragen und führten zu neuen Akzentsetzungen. Am Zarenhof kursierte schon das Gerücht, Preußen stehe an der Spitze einer neuen Revolution, es müsse in Schranken gehalten werden (Pozzo di Borgo), sonst werde die Verbundenheit von demokratischen Grundsätzen und Machtgier Europa in Wirren und Krieg stürzen. Der Zar schien bereits der Meinung zu sein, Rußland werde eines Tages dem König von Preußen gegen seine Armee zu Hilfe kommen müssen (so Gneisenau an Boyen). Entsprechend meinten preußische Reformgegner – mit Blick auf die Landwehr und die Allgemeine Wehrpflicht –, die Nation bewaffnet zu halten, bedeute Widerstand und Unzufriedenheit organisieren. Treitschke gibt den Standpunkt der Anhänger der Heiligen Allianz in der preußischen Führungsspitze mit einer knappen Formel wieder: „In diesen Tagen der Tendenzpolitik der Legitimität war das System der europäischen Allianzen unlösbar mit den inneren Verhältnissen der Staaten verkettet."

Auf die Armee hat diese Politik entscheidenden Einfluß genommen. Als sich die außenpolitischen Konstellationen änderten, stand die Armee innerhalb der Bedürfnisse einer jetzt primär innenpolitisch motivierten „Tendenzpolitik der Legitimität" unverändert auf der Seite der Legitimität, der Krone, der es gelang, sich ihren unmittelbaren Einfluß ungeschmälert zu erhalten.

Die französische Revolution von 1830 brachte eine neue Welle der Sorge vor den „Irrlehren" der Zeit. In dieser Sicht der Dinge schien ein enger Zusammenhang zwischen innenpolitischer Konsolidierung im Sinne konservativer Anschauungen von Staat und Politik und außenpolitischer Absicherung des alten Europa naturnotwendig gegeben zu sein. Der Prinz von Preußen meinte, die Irrlehren, die man durch Erhaltung des Friedens in den Augen der Menge sanktioniere, dürften leichter verderblich für die Völker werden als ein Krieg zur Bekämpfung derselben. In dieser Ansicht, geäußert gegenüber einem anderen preußischen General, war auch die Furcht zu spüren, es könne bereits zu spät sein auch für aktive Maßnahmen: „Und siegen wir auch, das heißt Europa, gegen die Revolution – was wird der Erfolg sein in den nächsten Friedensjahren? Wohl kein besserer, als der nach zweimaligem Einzuge in Paris, denn trotz dieses zweimaligen Einzugs, trotz der Bekämpfung der Revolution in den neunziger Jahren, trotz deren zweifacher Besiegung 1814 und 1815 waren es gerade die darauffolgenden 15 Friedensjahre von 1815 und 1830, welche die Ausbreitung der Revolution in Deutschland bewirkten." Der Prinz sah die Massen in Bewegung geraten, das alte Europa der Souveräne dahinschwinden.

Seit dieser Zeit gehörte – vom Prinzen nachhaltig gefördert und bis in die achtziger Jahre hinein festgehalten – der Gedanke zum Credo der Armeeführung, die Armee müsse zum absolut zuverlässigen Instrument der Krone und des Staates gemacht werden, ohne daß ein Programm politischer Erziehung zur Verfügung gestanden hätte. Mit Elementen aus den Arsenalen der Restauration, etwa der historischen Rechtsschule, der Romantik, mit ständestaatlichen Argumenten war der „Zeitgeist" in einer für den kleinen Mann und Soldaten überzeugenden Weise nicht zu beschwören. Der Armee blieb im Grunde nichts übrig, als auf die Wirkung der Disziplin und der militärischen Gewöhnung zu vertrauen, also allein Mittel einzusetzen, mit denen einst die Söldner und Kantonisten des 18. Jahrhunderts feuerfest gemacht worden waren.

Die Armee hat aber darüber hinaus gegen alle Forderungen einer bürgerlich inspirierten Wehrverfassung den Gedanken der militärischen Effizienz betont. Diese vom Prinzen Wilhelm stets unterstrichene Perspektive hob sich klar von den Vorhaben der Reaktionäre des Jahres 1819 ab. Im Gegensatz etwa zum Herzog Karl von Mecklenburg dachte Wilhelm zu keiner Zeit an die Abschaffung der Allgemeinen Wehrpflicht, vielmehr an die Erhöhung der Wirksamkeit dieses Systems. Das ihn prägende politische Erlebnis seiner frühen Mannesjahre, die Pariser Julirevolution, hat seine wehrpolitischen Anschauungen ein für allemal auf diese Verbindung von Effizienzdenken mit innenpolitischer Identifizierung der Interessen von Krone und

Armee festgelegt. Dies hat auch Bismarck später als Gegebenheit akzeptieren müssen. Effizienz aber blieb im Rahmen der bescheidenen finanziellen Möglichkeiten bis zur Roonschen Reorganisation primär eine Angelegenheit der Sicherstellung des militärischen Geistes, erst danach wurde sie zusätzlich eine Angelegenheit der Finanzbewilligung durch das Parlament und der rüstungstechnischen Fortschritte.

2. Der politische Standort der Armee im Vormärz

a. Der Kampf gegen den Zeitgeist

Politik als Unmoral

Im letzten Drittel des Jahrhunderts hat die Armee im Rückblick auf diese Zeit eine Rollenbeschreibung akzeptiert, die zwar unter dem Eindruck der Entwicklung der siebziger Jahre stand, aber in grober Perspektive die vormärzliche Auffassung von der Stellung der bewaffneten Macht im Staate widerspiegelt.

So schreibt der damals sehr bekannte Militärschriftsteller Adolf v. Crousaz:

Der Zeitgeist producirte unaufhörlich frivole Gedanken, mißachtete die Kirche, bedrohte den Staat, erregte die Massen; – die Armee aber stand auf dem Grunde des Glaubens, der Autorität und Disziplin, und ihre innersten und heiligsten Prinzipien waren es, welche sie unaufhörlich lästern hörte. Diese zwei standen also, als geistige Gegner, miteinander auf der Mensur. Der Zeitgeist war aber in alle Schichten der Bevölkerung eingedrungen und erfüllte die ganze Athmosphäre des Vaterlandes; die Armee stand also mitten im feindlichen Heerlager und athmete mit jedem Zuge eine ihr peinliche und schädliche Lebensluft. Die Mitglieder der Armee mußten jetzt auf alle Weise vorsichtiger sein, die Zahl ihrer Rücksichten und Hemmnisse vermehrte sich; dennoch durfte kein peinliches Verhalten eintreten, und die Innehaltung des richtigen Gleises war nicht leicht.

Der Revolutionsgeist hat besonders mit zwei Hauptmitteln gegen die Armee operiert: mit seiner Schmähung und seiner Irrlehre; mit ersterer wollte er sie isolieren und zum Berufsüberdrusse bringen, mit letzterer sie, bis zum Abfalle, verderben.

Gegen politische Strömungen und Ausstrahlungen der liberalen Ideologie ließ sich die Disziplin als Rezept innerhalb einer kurzdienenden Wehrpflichtarmee nur mit Aussicht auf Erfolg anwenden, wenn ein längerdienendes Unteroffizierkorps zur Verfügung stand, wenn der Dienst als Ehrensache akzeptiert wurde und wenn ein homogenes Offizierkorps aufgebaut werden konnte. Alles dies ist unter den Bedingungen des Vormärz möglich gewesen und hat sich bis zum Beginn der industriellen Revolution so einspielen können, daß selbst eine weitaus stärkere Politisierung der Rekrutenreservoire seit der Aktivität der Sozialdemokratischen Partei an der unangefochtenen Position der Armee in Staat und Gesellschaft nichts mehr ändern konnte. Das wichtigste Repressionsmittel war die Überwachungspflicht der Kommandeure und Chefs.

Im Entwurf des Dienstreglements (1838) waren die einschlägigen Pflichten, etwa des Regimentskommandeurs, dahin festgelegt worden, daß ihm obliege, auf den militärischen Geist, auf den allgemeinen Sinn für militärische Zucht und Ordnung, Ehre, Gemeingeist und Anhänglichkeit an den Dienst, „sowie überhaupt auf Alles, was zur militärischen und sittlichen Bildung seines Regiments erforderlich ist, anregend, leitend und belebend zu wirken".

Prinzipiell galt dies, sogar in noch höherem Maße, für die Divisionskommandeure und Kommandierenden Generale. Ein besonders anschauliches Beispiel dafür bietet eine Auseinandersetzung zwischen dem Prinzen von Preußen als Kommandierendem General des Gardekorps und dem General v. Müffling als Gouverneur von Berlin im Jahre 1847 über die Frage der Zuständigkeit bei der politischen Überwachung der Truppen. Der Gouverneur hatte den Kommandeuren der Garnison Befehl erteilt, Recherchen anzustellen, ob von Emissären Versuche gemacht worden seien, Schriften kommunistischer Tendenz an Unteroffiziere und Gemeine der Garnison zu verteilen. Der Prinz von Preußen ließ Müffling wissen, daß ihm als Kommandierendem General nicht nur die Pflicht obliege, für Organisation, Bekleidung, Ernährung und Ausbildung der Truppen des Gardekorps zu sorgen. Zu seinem Pflichtenkreis gehöre vor allem „die Überwachung des Geistes der Truppen".

Propagandistische oder literarische Aktivitäten arbeiteten mit äußerst wenig Phantasie. Immerhin kam es nach der französischen Revolution von 1830, die das französische Heer bald auf der Seite des Bürgertums gesehen hatte, zu einschlägigen Überlegungen in Preußen. 1833 wurde mit dem „Soldaten-Freund" eine Zeitschrift gegründet, die mit amtlicher Protektion dem Soldaten die Grundsätze der Königstreue, des absoluten Gehorsams und des Traditionsstolzes näherbringen sollte. Bis 1918 hat das Blatt in diesem Sinne zu wirken versucht, seine Erfolge sind kaum hoch einzuschätzen. Es war aber bezeichnend, daß es sich seit Beginn der Pläne zur Verkürzung der Dienstzeit auf zwei Jahre (nach 1830) sogleich starker Unterstützung seitens der Armee erfreuen konnte: die Armee glaubte, nur mit längerer Dienstzeit genügend Einwirkungsmöglichkeiten auf den Soldaten zu haben. Drill und Religion schienen die sichersten Garanten für die Erzeugung des wahren Soldatengeistes, der, auch nach dienstlicher Auffassung, „unpolitisch" zu sein hatte. So hieß es z. B. in einem Entwurf allgemeiner Prinzipien für die Bearbeitung des Dienstreglements aus dem Jahre 1839: „Der Soldat darf keine Politik haben, sondern nur Gehorsam gegen seine Offiziere". Ein „konziliatorisches" Gehorsamsverhältnis wurde abgelehnt.

Daß ein so geartetes Religions- und Gehorsamsverständnis, begründet aus dem „Wesen" des preußischen Staates, dennoch im eigentlichen Sinne „politisch" war, ist gelegentlich von Vertretern der militärischen Führung empfunden oder erkannt worden. Im allgemeinen aber setzte sich die Auffassung in Armee und Offizierkorps durch, es handle sich hierbei um Fragen der Moral, wobei selbstverständlich davon ausgegangen wurde, daß eine positiv dem Staat, der Krone, der Armee nützliche Haltung moralisch richtig sei. Abweichungen galten als „politisch", d. h. unmoralisch, und diese Dichotomie der Werte ist dann durchgängig das geistige Rüstzeug der Armee geblieben, mit dem sie ihren Anstaltsgeist, ihre Gegenposition gegen die Gesellschaft durchhalten zu können glaubte.

Die Anfänge der im eigentlichen Sinne politischen Einwirkungen auf den Soldaten bestanden praktisch darin, Diskussionen einschlägiger Art, wo sie doch einmal vorkamen, zu unterbinden. Unter den Offizieren kam es dank der sorgfältigen Auslese erst kurz vor der 48er Revolution zu „unliebsamen" Erscheinungen, der Nachwuchs auf den Kadettenanstalten wurde sorgfältig gehütet. In dieser Beziehung lag das Wohl der Armee bei dem 1817 zum Kommandeur des Kadettenkorps bestellten Oberstleutnant v. Brause, dem früheren Gouverneur des Prinzen Wilhelm, in besten Händen. Nach seiner Auffassung forderte der Beruf eines jeden Lehrers und Erziehers „hauptsächlich, in dem aufblühenden Geschlechte alle edlen Keime sorgsam zu pflegen; ihre heilige Pflicht ist es vor allem, die Gesinnungstüchtigkeit der Schüler zu gründen ...". Erster Anlaß zu derartigen Einflußnahmen bestand, als sich im Kadettenkorps Ausstrahlungen der Burschenschaftsbewegung bemerkbar machten – ausgelöst durch jüngere akademische Lehrer. Der junge Roon berichtete darüber 1819 an seinen alten Lehrer auf der Kulmer Anstalt (vgl. dazu IV/II, S. 85).

Das „Politische", in erster Linie Reflexionen über Verfassung und Nation, wurde seit dieser Zeit als das Böse, Unangemessene, Gefährliche stigmatisiert. Zur Zeit der Karlsbader Beschlüsse stand die Armee damit ganz auf dem Boden der offiziellen Politik. Hardenberg, der sich im Interesse seiner Finanzpolitik kompromißlos gegen Boyen und Humboldt stellte, prangerte die Umtriebe der revolutionären Partei an. Ihm mißfiel die Nachsicht der Verwaltungsbehörden gegen die Turner, im Dezember 1819 wies er Friedrich Wilhelm III. darauf hin, die Militärbildungsanstalten müßten einen neuen Direktor erhalten, damit die jungen Offiziere nicht den teutonischen Jakobinern anheimfielen. Dieser Angriff richtete sich wohl in erster Linie gegen Rühle v. Lilienstern und dessen Ideen über „Nationalerziehung", obwohl wenige Tage zuvor mit General v. Pirch II ein „Chef der militärischen Unterrichtsanstalten" eingesetzt worden war.

Die theoretische Fixierung dieser Haltung ist in den zwanziger und dreißiger Jahren anzusetzen. Als Ursache läßt sich in der Führungsspitze Revolutionsfurcht, Furcht vor den als „Zeitgeist" ablehnend charakterisierten bürgerlichen, freiheitlichen und nationalen Forderungen und den damit als verbunden angenommenen Folgen für das System der monarchischen Legitimität und Solidarität feststellen. Auf Preußens militärischen Bildungsanstalten ist nach 1815 der Nachwuchs in diesem Sinne wenigstens oberflächlich geprägt worden, also jene Offiziersgenerationen, die von 1848 bis 1890 in wichtige Funktionen einrückten.

Wäre die Armee nicht schon monarchisch-restaurativ eingestellt gewesen, sie hätte aus bloßem Berufsegoismus auf diesen Weg gedrängt werden müssen, was von den liberalen Befürwortern der Volksmiliz viel zu wenig in Rechnung gestellt worden ist.

Für das politische Rüstzeug und für die verfassungsrechtliche Argumentation lieferten die verfassungspolitischen Kämpfe in den süddeutschen Staaten genügend Anschauungsmaterial schon vor der Märzrevolution. In der Auseinandersetzung mit den dort auf parlamentarischer Ebene ausgefochtenen Kontroversen um den Verfassungseid der Armee, um die Angleichung des Offiziers an den „Staatsdiener", erprobten preußische Offiziere für das politische Selbstbewußtsein ihrer Armee Argumente in Verteidigung und Angriff, auf denen später nicht zuletzt die Lehre von der Kommandogewalt aufbauen konnte, dieses arcanum imperii, mit dem die preußische Monarchie die Bedeutung der Konstitution zunehmend einzuengen vermochte.

In der Verfassungswirklichkeit der süddeutschen Staaten wahrte das „monarchische Prinzip", wie es bald sehr anschaulich genannt wurde, prinzipiell die absolute Position des Fürsten. Er hatte alle Rechte auf sich vereinigt, bediente sich lediglich in einzeln aufgeführten Fällen der Mitwirkung der Volksvertretung. Die Basis der konstitutionellen Ordnung blieb somit eindeutig die monarchische Souveränität, von der Souveränität des Volkes war keine Rede. Diese Verfassungen paßten in das Metternichsche System, sie korrespondierten mit dem Artikel 57 der Wiener Schlußakte. Der süddeutsche Liberalismus sah sich in diesem System nach dem Abflauen allzu euphorischer Hoffnungen auf den Weg der kleinen Fortschritte gewiesen. Auf dem Gebiet des Wehrwesens bedeutete das ein allmähliches Abgehen von der Nationalmilizforderung im politischen Tageskampf und die Verfolgung praktisch erreichbarer Ziele, die eine allmähliche Verbesserung der Struktur des Staates im Sinne liberaler Prinzipien gewährleisten konnten. Es ging ihm im wesentlichen darum, die entscheidenden Pole und harten Kerne der politischen Ordnung – Armee und Krone – aus ihrer gewohnten, historisch bedingten und als selbstverständlich empfundenen Zuordnung herauszumanövrieren. Die Armee sollte nach liberaler Auffassung stärker auf die geschriebene Verfassung festgelegt, ihr Offizierkorps in die Rolle des Staatsdieners, des Beamten, versetzt werden.

Daher stand der Verfassungseid der Armee im Zentrum der Auseinandersetzungen. Die Erwartung aber, mit diesem Eid zu einer „Verbürgerlichung" der Armee zu kommen, war doch sehr optimistisch und verkannte eine ganze Reihe von Kausalitäten, die bei einem solchen Prozeß eine Rolle spielen mußten. Der Offizier dieser Zeit ließ sich nicht einfach mit dem Beamten vergleichen, und so ist auch davon auszugehen, daß der Verfassungseid ihn nicht automatisch zum Beamten gemacht hätte, womit nach damaliger Sehweise vor allem ein Staatsdiener gemeint war, dessen Loyalität dem Staat und nicht der Person des Monarchen galt.

Im Vormärz wurde der Verfassungseid der Armee nur in Kurhessen 1831 eingeführt. Versuche in Bayern schon 1819, in Baden seit 1831 und in Sachsen ebenfalls seit dieser Zeit, schlugen fehl. Sie mobilisierten aber entschiedene konservative

Gegenargumentationen und riefen die Armee auf den Plan. Diese Abwehrbemühungen sind von der preußischen Armee aufmerksam verfolgt und für Postulate und Beweisführungen ausgewertet worden.

In *Bayern* kam die konservative Gegenbewegung schnell auf die entscheidende Formel: es handele sich um eine Kommandofrage. Der König allein kommandiere die Armee; er leiste den Eid auf die Konstitution. Die Armee müsse nur dem König gehorchen. Die Beeidigung des Militärs sei überflüssig. Ziel dieser Argumentation, die später auch in Baden anzutreffen ist, war die Absicherung der extrakonstitutionellen Position der Armee – sie durfte äußerstenfalls nur über den Monarchen in loser Verbindung zur Verfassung stehen. Damit wurde zugleich die Staatsbürgerqualität des Soldaten, insbesondere des Offiziers, verneint. In Bayern beschworen alle Staatsbürger und Beamten die Verfassung. Es war in der Tat in der Zeit einer sich bildenden öffentlichen Meinung für konservative Theoretiker eine ungünstige taktische Situation, auf die Frage antworten zu müssen, warum der Offizier mit seinem ehrenvollen Platz im Staate nicht als Staatsbürger oder Staatsdiener anzusehen sei. Die gefundenen „Lösungen" zeigen diese Verlegenheit: Der Soldat sei zu Haus und im Felde Maschine – er gehorche vom Untertan bis zum Obersten. Unbedingter Gehorsam sei einzige Regel seines Handelns.

In *Baden* wurde die Auseinandersetzung theoretisch und rechtlich auf hohem Niveau geführt. Ergebnisse konnten so wenig wie in Bayern erreicht werden. *Sachsen* folgte mit grundsätzlichen Erörterungen erst 1845/46, nachdem im August 1845 in Leipzig Militär auf die Bevölkerung geschossen hatte. Der sächsische Kriegsminister ging davon aus, der Verfassungseid könne „nachtheiligen Einfluß auf die allgemeine Wohlfahrt äußern, wenn die Armee dadurch verleitet würde, aus dem gehorchenden Körper ein berathender und entscheidender zu werden". Rigorosere Verfechter monarchischer und militärischer Interessen meinten, der Verfassungseid der Armee sei absolut unmöglich, er würde „den Stand aus den Angeln heben und die gefährlichsten Folgen" herbeiführen.

b. Die Rolle der militärischen Publizistik

In Preußen existierte das Forum und die Öffentlichkeit der Parlamente im Vormärz nicht. Armee und Militärpartei blickten auf die Entwicklung in den anderen Bundesstaaten in dem Bewußtsein, den Beweis vor Augen zu haben, daß es ins Chaos führen werde, wenn man nicht rechtzeitig den Ansätzen des revolutionären Geistes begegne. Sie konstatierten mit Zustimmung die Haltung etwa der bayerischen Armee, die sich entschieden gegen den Verfassungseid ausgesprochen hatte – selbst mit Adressen an den Monarchen, die in der Presse veröffentlicht waren. Hier war nun neben dem monarchischen und bürgerlichen Interesse im Verlauf der Auseinandersetzung das Eigeninteresse der Armee unüberhörbar an die Öffentlichkeit getreten, und zwar auf ganz und gar unmilitärische Weise. Preußische Militärschriftsteller behandelten diesen Vorgang, um ihn zum Anlaß einer Standortbestimmung der Armee in einer bürgerlichen Forderungen ausgesetzten politischen Umwelt zu machen.

Der preußische Offizier von durchschnittlicher Karriere und durchschnittlichem Zuschnitt pflegte sich im 19. Jahrhundert literarisch nicht zu äußern. Es sind daher zumeist Offiziere mit einem atypischen Lebenslauf, die das Denken ihrer Offiziersgeneration schriftlich zu formulieren wagten, wie etwa der Major Blesson und der Generalmajor v. Rudloff, die im folgenden als Beleg herangezogen werden.

Johann Ludwig Urbain Blesson (1790–1861) hatte sich als naturwissenschaftlich interessierter Techniker bereits Verdienste erworben, bevor er 1813 in die preußische Armee eintrat und auf besonderen Wunsch Scharnhorsts als Festungsingenieur Verwendung fand. Seine Offizierskarriere begann er dann 1814 als Seconde-Lieutenant, wurde 1818 als Kapitän zum Mitglied der Obermilitär-Examinations-Kommission und Lehrer an der Kriegsschule in Berlin ernannt, erbat aber 1829 seinen Abschied, weil er sich zurückgesetzt fühlte. Der Grund für die offensichtliche Kaltstellung lag zweifellos in seiner fruchtbaren, aber auch kritikreichen Tätigkeit als Militärschriftsteller und als Redakteur der „Militair-Literaturzeitung" und der „Zeitschrift für Kunst, Wissenschaft und Geschichte des Krieges". Seine spätere, stark dem Allgemeinwohl gewidmete Tätigkeit – etwa als Inaugurator und Direktor der Rentenversicherungsanstalt – bewirkte, daß er 1848 zum Major und sogar zum Oberkommandanten der Berliner Bürgerwehr gewählt wurde, obgleich er, wie Jähns es ausdrückt, „ein alter Officier, Royalist und Katholik war".

Karl Gustav v. Rudloff (1782–1871), Sohn eines höheren mecklenburgischen Verwaltungsbeamten, studierte auf verschiedenen Universitäten, trat 1806 als Kanzlei-Gehilfe in den Verwaltungsdienst, wurde 1811 Seconde-Lieutenant in einem anhaltischen Bataillon, machte die Freiheitskriege in der russischen Armee mit und trat 1816 als Kapitän in preußische Dienste. Von 1826 bis 1835 gab er in Berlin ein „Handbuch des preußischen Militairrechts" in drei Bänden heraus und wurde daraufhin später als Mitglied der Immediatkommission für die Revision der Militärgesetze zum Kriegsministerium kommandiert. Er erreichte 1841 den Rang eines Obersten und wurde 1847 mit dem Charakter als Generalmajor zur Disposition gestellt. Unter seinen recht verschiedenartigen Veröffentlichungen weist ihn eine kurze Autobiographie als Mitglied der Brüdergemeinde aus.

Eine Standortbestimmung versucht umfassend zuerst J. L. Blesson in seiner unveröffentlichten, aber den Militärs zugänglichen Schrift: „Betrachtungen über die Befugnis des Militairs, an politischen Angelegenheiten des Vaterlandes Theil zu nehmen" (1821). Sie ist im gleichen Maße politisch motiviert wie die liberalen Versuche, die Armee umzuorientieren. Das Neue daran ist für das vormärzliche Preußen nicht die Herausarbeitung einer besonderen Rolle des Militärs, nicht die Deduktion einer speziellen Standesqualität der Armee, denn diese Qualität war ihr schon längst zugestanden. Blesson weist insofern lediglich auf Faktisches hin. Neu ist dagegen die Begründung, die zeigt, daß bewußt auf politische Herausforderungen reagiert und eine Basis gesucht wird, von der aus Glaubwürdigkeit und Selbstbewußtsein für die Zukunft zu gewinnen sind. In Ansätzen entwickelte Blesson eine Definition für Standort und Rolle der preußischen Armee, die ihr die politische Möglichkeit zur Aktion im Eigeninteresse zuerkannte, wenngleich dieses Eigeninteresse identifiziert wurde mit dem monarchischen Interesse. Geht es um Dinge, die „den ganzen Stand berühren" – wie etwa um den Eid –, die die militärische Existenz betreffen und ihr „eine Hauptumgestaltung" androhen, so ist der Soldat berechtigt, für die Erhaltung seiner Sonderstellung einzutreten.

Blesson und nach ihm Rudloff haben der preußischen Armee im Vormärz die politischen, rechtlichen und ideologischen Grundlagen gegeben, mit denen sie sich auch im konstitutionellen System nach der Revolution so einrichten konnte, als existiere eine Verfassung für sie überhaupt nicht. Beide Autoren artikulierten nicht Gedanken, die erst langsam in der Armee hätten durchgesetzt werden müssen. Sie sprachen aus, was das Offizierkorps dachte. Hier finden sich Argumente, die auch vom Prinzen Wilhelm und anderen Offizieren geäußert worden waren. Dennoch hat die Vereinigung derartiger Überzeugungen, die bald zu topoi wurden, in einem geschlossenen System besondere Überzeugungskraft gewonnen. Daß diese Bemühungen schon Anfang der zwanziger Jahre einsetzten, also kurz nach dem Ausscheiden des Begründers der modernen preußischen Wehrverfassung, zeigt, wie dünn der Firnis Boyenschen Reformdenkens im Offizierkorps war.

Zu den wesentlichen Elementen dieses auf neuartige Weise politisch und rechtlich begründeten Standesdenkens, das ja zum wesentlichen geistigen Rüstzeug des Offizierkorps bis 1918 und in abgewandelter Form auch darüber hinaus zu zählen ist und das uns berechtigt, von der vorkonstitutionellen und vorindustriellen Grundsubstanz dieser Haltung zu sprechen, gehörte einmal die Zuordnung von Armee und monarchischer Staatsverfassung in einem Sinne, der existentiell begriffen wird und sich grundsätzlich abhebt von den Vorstellungen des Rechts- und Gesetzesstaates, wie er liberalen Vorstellungen entspricht. Ferner gehörte die Reklamation einer höheren Form der Freiheit und des Rechts für diese Ordnung althergebrachter Art dazu. Gegenüber ihrer Geschichtlichkeit und erwiesenen inneren Richtigkeit nehmen sich nach Auffassung der Militärideologen die geschriebenen Rechtsgarantien liberaler Provenienz vordergründig aus. Der Gedanke der Legitimation eines Systems durch seine Permanenz und Stabilität, wie er bei Blesson vorgetragen wird, läßt die Herkunft aus dem Ordnungsdenken der Romantik, der historischen Rechtsschule, aus dem Ideenkreis konservativer Legitimitätsphilosophie erkennen. Zu kurz kam freilich der nationalgeschichtliche Aspekt, der durch die Romantik insgesamt starke Antriebe erhielt. Da er aber auch in die liberale Lebenshaltung hineinpaßte, war er suspekt. Die Armee sah Gesellschaft und Staat als Gefäße für die historisch gewordene Ordnung und innenpolitische Machtstellung an.

Originell war an ihrer Standortbestimmung die Verbindung ihres professionellen Interesses mit der politischen Ordnung des Vormärz. In dieser Sehweise wurde allein durch den Fahneneid auf den König die Permanenz der bestehenden Regierungsform gesichert und mit ihr Freiheit und Recht. „Ungesetzmäßig“ können nur jene handeln, die mit dem Eid der Armee auf die Verfassung eine ungewisse Zukunft heraufführen. Armee und Freiheit werden auf diese Weise als sich ergänzende und bedingende Größen auf der Basis einer Ideologie der Rechtfertigung des Bestehenden herausgearbeitet. Die Brauchbarkeit der Schlußfolgerungen war um so nachhaltiger, als hier mit einem Mindestmaß an Theorie und Reflexion die gegebene konservative und im Offizierkorps verbreitete Wertung historisch-politischer Entwicklungen thesenhaft zusammengedrängt, bewußter und für die Auseinandersetzung mit dem „Zeitgeist" handlicher gemacht wurde.

Karl Gustav v. Rudloff, damals im Kriegsministerium und in wichtigen Kommissionen der Armee tätig, beteiligt u. a. an dem Entwurf eines neuen Dienstreglements, behandelt in seinem „Handbuch des preußischen Militärrechts" die in den positiven Rechtsquellen zu fassende Materie des preußischen Militärrechts vollständig, ordnete aber darüber hinaus das positive Recht in den politisch-ideologischen Zusammenhang ein, der auch Blessons Anliegen gewesen war. Das wird besonders deutlich an der Verwendung eines Standesbegriffes, der einmal der positiven Ordnung des Preußischen Landrechtes (ALR) genügte, in welchem ja das Militär als besonderer Stand – aus rechtlichen Gründen – behandelt war. Andererseits entwickelte Rudloff den Begriff des Standes vom Standpunkt der geistig-politischen Loyalität des Soldaten her. Damit verfestigte er die militärischen Elemente der Subordination und der Disziplin in ganz neuer Weise.

Die politische Haltung von Soldat und Offizier, konkret also seine Einstellung zu den innenpolitischen Kontroversen um die Verfassungsfrage, zur nationalen Bewegung, später zum Sozialismus, konnte in Konflikt geraten mit seiner Dienstpflicht. Die Dienstpflicht umfaßte den weiten Bereich der militärischen Standespflichten, und dies war das Feld, auf dem sich monarchische Loyalität, Disziplin, Subordination und politische Haltung gegenseitig bedingten. Die Restauration in der Armee besaß hierin ihren eigentlichen harten Kern, wie einst die Reform ihren Elan dadurch gewonnen hatte, daß sie vom Standesdenken abzurücken versuchte. Der oberste politische Grundsatz des neuen Standesdenkens ist jener in der preußisch-deutschen Militärgeschichte bis 1945 lebendige Gedanke, daß der Soldat keinen eigenen politischen Willen haben könne und dürfe. Sein politisches Credo kann nur das des Kriegsherrn sein. Rudloff spricht zwar auch von der „Staatsgewalt" – aber er setzt sie in eins mit der monarchischen Spitze, die, allein an das göttliche Recht gebunden, über das Militärinstitut verfügt.

Eine so definierte Staatsgewalt zu schützen und zu erhalten, ist seiner Meinung nach die Bestimmung des Militärinstituts: „Da nun diese [Bestimmung] nur durch eine, das Institut, als organisches Ganze belebende völlige Einheit des Sinnes und Willens, mithin durch eine gänzliche Hingebung seiner Mitglieder für dessen Zwecke und eine Verläugnung aller persönlichen Rücksichten, so weit sie mit jenen Zwecken im Widerspruche stehen, oder deren Erreichung gefährden können, erfüllt werden kann; da ferner nur der Staatsgewalt selbst die Befugniß zusteht, zu beurtheilen, ob ihre Rechte beeinträchtiget, und zu bestimmen, welche Mittel zu deren Behauptung anzuwenden, und wie sie zu benutzen sind, in einem rein monarchischen Staate, wie der Preußische, aber die Staatsgewalt sich in der Person des Monarchen concentriert, so lassen sich die Standespflichten der Militärpersonen auf die beiden Pflichten der unbegrenzten Treue gegen den König und des unbedingten Gehorsams gegen dessen unmittelbare oder mittelbare Befehle zurückführen." Prinz Wilhelm hat sich später in den dreißiger Jahren sinngemäß hierzu geäußert.

Zum moralischen Bindemittel dieses in sich geschlossenen Militärinstituts wurde die „militairische Ehre“ bestimmt: ein Sammelbegriff für die „höheren Motive“ des Soldatenstandes, der es ermöglichte, bald Ehrengerichte über politische Gesinnungen entscheiden zu lassen.

Dem Soldaten der Allgemeinen Wehrpflicht, dem Bürger- und Bauernsohn, der für wenige Jahre aus seinen zivilen Verhältnissen herausgelöst wurde, entsprachen diese Kategorien unter keinem Gesichtspunkt. Es handelte sich tatsächlich um ein Gedankengebäude von Offizieren für Offiziere. Der Wehrpflichtige genügte den gestellten Ansprüchen im wesentlichen durch Gehorsam und Exaktheit, durch Hinnahme der Tatsache, daß die Armee keine Gelegenheit zum Deliberieren bot. Die Armee wurde auf diese Weise zur Schule der Nation in der Anerkennung des Bestehenden, zur Anstalt des unmündigen Staatsbürgers; wenn die Landwehr nicht die Garantie für den gleichen Anstaltsgeist zu bieten schien, mußte ihr das den Argwohn des Linienoffizierkorps eintragen. Bei dieser Lösung konnte die Armee dem Soldaten als Leitbild nicht mehr bieten als die Dreiheit König–Religion–Gehorsam.

Über das Verhältnis der Armee zu den Soldaten meldete sich mit nicht eigentlich treffenden, aber doch zeittypischen Äußerungen ein weiterer Publizist zu Wort – der Generalmajor Carl v. Decker.

Carl v. Decker (1784–1844), war ursprünglich bürgerlich (1820 geadelt) und wie sein Vater Artillerieoffizier, tat nach den Freiheitskriegen Dienste im Generalstabe und als Lehrer an der Kriegs- und der Artillerieschule, wurde Anfang der 20er Jahre Mitglied der Ober-Militair-Examinations-Commission, machte ab 1829 wieder Dienst bei der Truppe, wurde 1835 als Brigadier Oberst und 1841 als Generalmajor zur Disposition gestellt. Decker schrieb mit leichter, wenn auch recht flüchtiger Feder eine fast unübersehbare Zahl von Publikationen. Zusammen mit Rühle v. Lilienstern gab er ab 1816 das „Militair-Wochenblatt“ heraus, später mit Blesson zwei weitere militärische Zeitschriften. Trotz wiederholter literarischer Kontroversen mit Sachkennern erhielt sich Decker in dem kleinen Kreis der sich in gegenseitigen lobenden Rezensionen stützenden Militärschriftsteller einen achtbaren Ruf, der die Nachwelt allerdings nicht überlebte.

Im Vormärz hat Decker eine äußerste Position militärisch-politischer Reflexion bezogen in seinem Werk „Über die Persönlichkeit des preußischen Soldaten“ (1842). Aber diese Position war nicht in dem Sinne auch die Position der Armee, daß etwa versucht worden wäre, seinen Feststellungen und Forderungen zum praktischen Durchbruch zu verhelfen. Decker gab den bisherigen defensiven Charakter der politischen Argumentation auf und suchte Verständnis zu wecken dafür, daß die Armee aktiv auf den Soldaten und damit auf die Nation einwirken müsse. Diesem Hinweis entsprach nicht der materielle Inhalt seiner Empfehlungen. Sie blieben auf der Ebene der Verherrlichung, bei naiver Überschätzung der geistigen Werte der Disziplin und Ordnung stehen. Die Ausklammerung der bewegenden politischen, nationalen und auch der allmählich herankommenden sozialen Fragen der Zeit konnte ein anderes Ergebnis kaum produzieren. Dennoch bleibt Deckers Versuch bedeutsam, weil er die Möglichkeiten und Grenzen der politischen Position der Armee fixierte, die praktisch bis 1918 nicht grundsätzlich erweitert werden konnten, trotz Konstitution und trotz des allgemeinen Wahlrechts der Reichsverfassung.

Nach Decker sollen „Ehrgefühl" und „Liebe zu König und Vaterland" die Armee zum „wahrhaftigen Volksinstitut" machen, zu einem „potenzierten moralischen Institut". Die Vorstellung wird zum Programm: der Soldat, wieder und immer wieder mit diesen Werten bekanntgemacht, wird vor den Verirrungen der Zeit, politischen Torheiten und den „Wahnbegriffen von Freiheit und Gleichheit" geschützt. In die Familie zurückgekehrt, vermittelt er daheim sein Denken und Fühlen. Auf diese Weise wird „in dem Soldaten des stehenden Heeres die Nation mitausgebildet".

Wenn Boyen im Wehrgesetz die Armee als Schule der Nation für den Krieg konzipiert hatte, so lief die neue Aufgabenstellung auf nicht weniger hinaus als auf eine Schule für innenpolitischen Konservatismus, eine Art Schule gegen die Nation. Decker zielte auf den Bauern- und Handwerkersohn. Intellektuelle zu überzeugen wäre in der Tat ein hoffnungsloses Unterfangen gewesen, obwohl auch das nach 1870 möglich werden sollte. Daß die Vermittlung dieses schlichten Credos dem Unteroffizierkorps anvertraut werden sollte, war nur konsequent. Diesem Korps blieb es nach Decker vorbehalten, den Soldaten zum sittlichen Menschen zu machen, sobald er an die „Pforten des vaterländischen Tempels" herangetreten war. Seine sittliche Erziehung kam dann der „Volkskultur" zugute, da das Stehende Heer als wesentlicher Bestandteil des Volkes betrachtet wurde.

Gegenüber dem Liberalismus wie gegenüber den Anfängen des Sozialismus entwickelte die Armee im wesentlichen nur eine Technik und Theorie der Repression. Lediglich einzelne Offiziere – wie die hier genannten – suchten seit den vierziger Jahren der Armee die Aufgabe eines Volksbildungsinstituts vorzuzeichnen mit einer bewußt über den Rahmen der Militärzeit hinausgehenden Einwirkung auf den Dienstpflichtigen. Eine nähere Betrachtung des Inhalts des Programms zeigt aber, daß auch diese Vertreter einer aktiven Erziehungspolitik der Armee nichts Neues zu bieten hatten. Im wesentlichen blieben z. B. die Feststellungen des Generalmajors v. Decker reines Wunschdenken. R. Höhn überschätzt seine Bedeutung erheblich. Das gleiche gilt von den Ausführungen Blessons in seiner späteren Schrift (1843): „Über den wahren Soldaten-Geist".

Beide Offiziere, als Redakteure der „Militair-Literatur-Zeitung" bemüht, der liberalen Kritik am absolutistischen Militärinstitut zu begegnen, lebten doch ganz von der bloßen Abwehr des „Zeitgeistes". Die Militärpresse vermochte vor 1866/70 zwar indirekt über ihre Leser im Offizierkorps ein Bewußtsein für den Gegensatz von Armeeinteresse und den politischen Forderungen der liberalen Demokratie und des Nationalgedankens zu wecken, aber in die Truppe sind diese Wirkungen kaum hineingelangt. Selbst der direkten Einflußnahme auf das Offizierkorps blieben Grenzen gesetzt. Nicht selten klagten die Redaktionen über mangelnde Mitarbeit und Absatzschwierigkeiten. Reaktionär im Sinne einer Umkehr um jeden Preis sind die führenden Militärzeitschriften nicht gewesen. „Militair-Literatur-Zeitung", „Militair-Wochenblatt", ferner die „Zeitschrift für Kunst, Wissenschaft und Geschichte des Krieges", aber auch nichtpreußische Militärzeitschriften, an denen preußische Offiziere mitwirkten, vertraten einen militärfachlichen Progressismus, der sich mit politischem Konservatismus zu arrangieren wußte, ja diese Mischung als notwendig begriff. Die erste Phase einer Kulmination politischer Aussagen erlebte die militärische Publizistik erst während der Märzrevolution 1848. Bis dahin blieb sie das negative Echo liberaler Gedankenarbeit.

Einen realen Kern enthielt das Programm der Publizisten, von aller Rhetorik und allem euphorischen Vokabular befreit, insofern, als die Militärzeit Eindrücke hinterließ, die gerade bei Soldaten einfacher Herkunft im Rückblick verklärt wurden. Der Einfluß der Kapitulanten nach ihrem Eintritt in den Zivildienst hat diese Auswirkung des „Geistes der Armee" in das zivile Leben hinein nachhaltig gefördert, und so ist in der Tat von hier aus ein kräftiger Militarisierungsprozeß in Gang gekommen, den die militärische Publizistik früh erkannt, wenn auch nicht mit ihren Mitteln entscheidend beeinflußt hat.

c. Der Primat des Militärs

Die Militarisierung der Gesellschaft

Dem Prinzen von Preußen hat diese Entwicklung vor Augen gestanden, als er 1833 dem Generaladjutanten v. Witzleben schrieb, den Soldatengeist erziehe man nur durch längere Gewöhnung. Sein Kampf für die dreijährige Dienstzeit hatte diesen politischen Hintergrund. Blesson artikulierte die „Politik" der Armee am eindruckvollsten. Bei ihm wird sie zur „National-Bildungsanstalt". Die Armee bildet den militärisch denkenden Soldaten. Darauf ruht die „Intelligenz der Bayonette". Aber diese Intelligenz darf nicht verwechselt werden mit politischem Mitspracherecht. So gesehen war es die Armee, nicht Schule und Universität, die den preußischen Menschen zur geistigen Regsamkeit geführt hat. Eine derartige Rolle konnte dem Unteroffizierkorps schwerlich zugemutet werden. Bei Blesson wird daher der Offizier zum Vermittler von Bildung und Aufklärung, zum Konkurrenten des bürgerlich-liberalen Bildungsmonopols. Im Vergleich der uniformierten Sekundareife mit der akademischen Bildung triumphiert der Offizier.

Der Vormärz hat alle diese Ausgangspositionen bereits gekannt. Die Armee bezog vor 1848 in der Gegenbewegung gegen die profiliertesten Thesen liberaler Publizisten ihrerseits innenpolitische Positionen, die zeigten, daß sie den Reformgeist abgelegt hatte, daß sie die Bedeutung und Zeitgemäßheit des bürgerlich-liberalen Drängens nach politischem Einfluß nicht wahrhaben wollte und daß sie vor allem den inneren Zusammenhang ihrer eigenen modernen Ansätze mit dem abgelehnten „Zeitgeist" nicht begriff.

Der in Gang kommende Militarisierungsprozeß der Gesellschaft war das Ergebnis der Boyenschen Wehrverfassung und der in ihrem Rahmen weiterexistierenden Traditionen der altpreußischen Militärmonarchie, eine Verbindung von Altem und Neuem. Ohne die Allgemeine Wehrpflicht wäre ein Hineinwirken des Geistes der Armee in die Gesellschaft kaum denkbar gewesen. Es darf nicht übersehen werden, daß Preußens Wehrsystem, gemessen an den teilweise katastrophalen Zuständen in den Konskriptionsarmeen, sich relativ vorteilhaft präsentierte. Die bürgerlich-liberale Wehrkonzeption leistete mit ihrer Nationalmilizidee überdies dem Gedanken der Identifizierung von Armee und Nation Vorschub. Die auf Breitenwirkung des Soldatengeistes ausgehenden Militärpublizisten Preußens schnitten sich aus diesen geschlossenen Gedankensystemen lediglich das ihnen passend Erscheinende heraus. Der Gedanke der Aufeinanderbezogenheit von Gesellschaft und Wehrwesen war nicht ihre Erfindung, er ließ sich aber praktisch verwerten für die Bedürfnisse einer Armee der Allgemeinen Wehrpflicht, der im Rahmen der preußischen Monarchie gerade diese Identität fehlte. So hat der liberale Angriff der Armee zur Ideologie des Volksinstituts verholfen und ihr dadurch immer nachhaltiger die Möglichkeit gegeben, exklusives Militärinstitut unter der ausschließlichen Leitung des Monarchen zu bleiben. Nur so konnte der Militarisierungsprozeß unter der Kontrolle der Armee bleiben, seine demokratischen Auswirkungen standen im Gleichgewicht mit den von der Armee gesteuerten Benefizien des Zivildienst- und Versorgungswesens. Nur eine Revolution oder entscheidende militärische Niederlagen hätten hieran etwas zu ändern vermocht. Die Revolution schlug fehl, bestätigte gar durch ihre Niederlage den preußischen Militärstaat nachhaltig. Dann folgten die nationalen Einigungskriege, die diese Affirmation fortsetzten und zugleich das letzte Ferment der liberalen Bewegung, den Nationalstaatsgedanken, zum Vorteil des preußischen Militärstaates zur Wirkung brachten.

Der politische Standort des Offizierkorps

Im System der Heiligen Allianz – jetzt beschränkt auf die mittel- und osteuropäischen Monarchien – blieb die innenpolitische Orientierung der preußischen Monarchie und ihrer Führungsspitze immer nur die Kehrseite außenpolitischer Obligationen. Vertreter der Armeeführung unterstrichen diese Zusammenhänge gern, ja sie kehrten hier den Gesichtspunkt der Realpolitik gelegentlich gegen die Pläne des Königs, wenn er ihnen in seiner historisierenden Betrachtung der Dinge zu weit zu gehen schien.

Die Beschäftigung preußischer Offiziere mit außenpolitisch relevanten Fragen wurde bereits während der napoleonischen Kriege von der politischen Führung als lästig und störend empfunden, in jenen Jahren, als sie im Banne nationalen Strebens ein aktives, nicht ungefährliches politisches Ziel verfolgten. Erwähnt seien Blüchers und Gneisenaus Vorstellungen von „Völkerrache“ an den Franzosen, Blüchers

Wunsch, nach der Niederwerfung des von Elba zurückgekehrten Napoleon mit hohen Forderungen vollendete Tatsachen zu schaffen, ehe man ihm „Zaum und Gebiß“ anlegte, und schließlich Blüchers Eingabe (hinter der wohl Grolman stand) gegen Hardenberg vom 20. November 1815, mit der er gegen die Unterstellung des Oberkommandos unter den Staatskanzler in politischen Fragen anzugehen suchte. Hier bemerkte er gegenüber Friedrich Wilhelm III: „Wie traurig und nachteilig es ist, vom Premierminister abzuhängen, und wie zerstörend es für die Armee sein würde, wenn dieser Einfluß fortdauerte und Ew. Majestät nicht die unmittelbare Leitung der Armee ferner beibehielten.“ (s. näher G. Ritter, Staatskunst und Kriegshandwerk I.)

In der Restaurationszeit stellte sich bei den Vertretern der militärischen Führungsspitze die Frage der politischen Position der Armee anders: Anstelle der Divergenz in außenpolitischen Fragen gewann die Gewöhnung an die durch den Bund mit Rußland und Österreich repräsentierte Verschränkung außen- und innenpolitisch konservativer Zielsetzungen an Boden, kräftig gefördert durch die Ereignisse der französischen Julirevolution. Am Ende des Vormärz betrachtete der Prinz von Preußen die Verfassungsfrage ganz von diesem Standpunkt. Nicht nur der Zar und Metternich gingen davon aus, daß die Einberufung des Vereinigten Landtags der Anfang vom Ende in Preußen sein würde. Metternich traf die Feststellung: „Wenn Ew. Majestät das Plenum der Provinzialstände zusammensetzen, so haben Sie Reichsstände, Sie mögen das wollen oder nicht. Das, was in der Gewalt der Dinge liegt, schafft sich Luft, wenn man ihm die Türe öffnet. Ew. Majestät werden sonach dahin gelangen, wohin Sie nicht gehen wollen.“ Auch der Prinz von Preußen als der Hauptsprecher der Armee vertrat die Auffassung, daß Verfassungseinrichtungen mit Preußens Stellung als Großmacht nicht zu vereinbaren seien. Boyens zaghafte Erinnerung an die Notwendigkeit, zur Herstellung einer nationalen Solidarität und zur Erhöhung der inneren Kampfbereitschaft wenigstens ein Minimum an Repräsentation zu gewähren, war ebenfalls weitgehend von außenpolitischen Erwägungen her bestimmt.

So ist in der Armee ein im Grunde niemals gründlich geprüfter und auf seine Validität unter sich verändernden geschichtlichen Bedingungen hin befragter Grundsatz selbstverständlich geworden, daß nämlich Preußens außenpolitische Aktionsfähigkeit und innere Kraft abhängen von einer bestimmten inneren Organisation. Diese Organisation läßt sich modellhaft-organisch als ein Gehäuse mit einem Doppelkern beschreiben. Die Angewiesenheit von Monarch und Armee aufeinander bildet den Doppelkern, um sie soll sich eine Ordnung aufbauen, die den Impulsen des Zentrums möglichst ungestörte Wirkung nach außen und im staatlichen Bereich sichert. Die absolute Monarchie und ihre Bindung an die Schwestermonarchien gelten als Ideallösung. Der Konstitutionalismus erscheint nach dem Abtreten der letzten Repräsentanten der Reformzeit endgültig als schwere Verirrung. Wer vor 1848 positiv von einer Konstitution sprach, wurde in Offiziersbesprechungen als Abweichler klassifiziert, häufig genug denunziert und ehrengerichtlich entfernt. Ein preußischer Leutnant konnte 1846 einem Kameraden gegenüber erklären: „Herr, derartige Äußerungen vertragen sich nicht mit unserem Stande: ziehen Sie den Rock aus, wenn Sie nicht wissen, was Sie ihm schuldig sind." Noch entschiedener aber erfolgte diese „Selbstreinigung" gegenüber Offizieren, die Aufgeschlossenheit für soziale Fragen zeigten, gegenüber Männern, die sich mit Herwegh, Bauer, Strauß und Ludwig Feuerbach beschäftigten, was vorgekommen ist.

Dieser im großen zu skizzierenden Entwicklung entsprachen das Selbstverständnis des preußischen Offizierkorps und seine politischen Überzeugungen. Ihm schien es selbstverständlich, daß das Verfassungsversprechen des Königs vom 22. Mai 1815 nicht eingehalten wurde. Als sich Preußen 1819 in der Teplitzer Punktation verpflichtete, keine allgemeine Volksvertretung einzuführen, hat diese Entscheidung in der Armee der Allgemeinen Wehrpflicht kein Echo gefunden, das ihre negative Bedeutung auch nur annähernd erfaßte. Dieses zu den folgenschwersten der neueren deutschen Geschichte gerechnete Ereignis, durch das Preußen „einen großen Teil der ideellen politischen Autorität" einbüßte, die es mit den Reformen gewonnen hatte (Schieder), wurde in der Armee eher begrüßt als kritisiert, und nach dem Regierungsantritt Friedrich Wilhelms IV. setzte sich selbst Boyen in einem Gutachten für einen kleinen halb ständischen, halb behördlichen Ausschuß ein. Aus taktischen Gründen wollte er nicht weitergehen, doch sah er immerhin den Zusammenhang von innerer Stabilität des Staates und außenpolitischer Aktionsfähigkeit, wie er es schon 1830 während der Julirevolution getan hatte. Um die Bereitwilligkeit des Volkes zu Kriegsopfern möglichst sicherzustellen, hielt er die rechtzeitige Gewährung von politischen Freiheiten für unumgänglich, aber er dosierte seine Vorschläge sehr vorsichtig.

In seiner zweiten Amtszeit als Kriegsminister hatte es Boyen zwar nicht mehr mit einer massiv feudalen Reaktion von der Art des Herzogs Karl von Mecklenburg zu tun, aber er fand kaum politisches Verständnis für viele seiner Vorschläge bei den hohen militärischen Führern. In seiner nächsten Umgebung standen Reyher als Direktor des Allgemeinen Kriegsdepartements und Griesheim auf einem anderen Standpunkt als er, und bei den Kommandierenden Generalen stieß er vielfach auf Opposition gerade in den Fragen, die politischen Beigeschmack hatten, wie etwa die Reform des Bildungswesens. Zu nennen sind hier der Prinz von Preußen als Kommandierender General des Gardekorps, ferner Prinz Karl von Preußen (IV. AK), Graf Friedrich zu Dohna (I. AK) und Weyrach (III. AK). Der Einfluß der feudal-aristokratischen Hofpartei auf die Armee war dagegen zurückgegangen. Sie kultivierte christlich-germanisches Staatsdenken. Im Zentrum stand eine „Korporationstheorie", in der Religion und politische Verfassung eine enge Verbindung eingegangen waren. Hohe Offiziere der Armee, wie Leopold v. Gerlach und der Generaladjutant Friedrich Wilhelm v. Rauch, gehörten zu diesem Kreis um Friedrich Wilhelm IV. Ihr allgemeiner politischer Einfluß war nach 1848 bedeutend; seit dieser Zeit trat auch Edwin v. Manteuffel stärker hervor, aber in der Armee blieb die Richtung des Prinzen von Preußen dominierend, zumal Friedrich Wilhelm IV. „die rein militärische Seite seines Königsamtes nicht sehr wichtig genommen hat“ (G. Ritter).

Kurz vor der Revolution hatten sich aber auch für diese nüchternen hohen Offiziere die innenpolitischen Gegensätze so verhärtet, waren ihnen der politische Wille des liberalen Bürgertums und die sozialen Forderungen der Unterprivilegierten so suspekt geworden, daß eine gewaltsame Auseinandersetzung als Lösung begrüßt worden wäre, zumindest aber das Königtum als äußerst gefährdet angesehen wurde. Was Prinz Kraft zu Hohenlohe-Ingelfingen, Generaladjutant Wilhelms I., rückblickend nach 1880 über die vorrevolutionäre Zeit mitteilt, mag cum grano salis als charakteristisch gelten für das politische Zeitverständnis des Offiziers, wenn er auch in erster Linie an „den Konservativen“ Kritik übte:

Ich sah auf der einen Seite ein Streben von unten nach oben, welches nur auf Raub und Zerstörung gerichtet war. Auf der anderen Seite sah ich eine sehr zahlreiche und einflußreiche Partei, welche, weit mehr um der süßen Gewohnheit nicht zu entsagen, als aus Eigennutz, weit mehr aus geistiger Trägheit als aus Mangel an Opferwilligkeit, Alles mit den härtesten Ausdrücken als Hochverrat und Landesverrat bezeichnete, was eine Besserung der Zustände, namentlich was eine bessere Lage der unteren Volksklassen anstrebte.

Hohenlohe kannte die sozialen Verhältnisse Schlesiens. Von seinem Vater, Prinz Adolph, der 1847 Mitglied des Vereinigten Landtags war, hatte er wohl die Mitteilung über die Auffassung des Generals v. Möllendorff, der angeblich sein Gewissen und seinen Gott fragen zu müssen meinte – für den Fall, daß er mit einem Hansemann, Lichnowsky oder Beckerath in einem Zimmer zusammentreffe –, welches Unrecht größer sei, einen Mord zu begehen oder einen solchen Bösewicht leben zu lassen. Es sei bezeichnend genug, meint Hohenlohe, daß ein preußischer General solche Redensarten führen konnte.

d. Armee und soziale Frage

Der Liberalismus des Vormärz war das Programm des besitzenden und gebildeten Bürgertums. Er schuf für das innere Leben der Armee keine ernsthaften Probleme, und der einfache Soldat wurde von den Auseinandersetzungen wenig berührt. Doch mit der Politisierung der sozialen Frage änderte sich auch die Situation der Armee. Zwar sind schwerwiegende Folgen erst seit der Organisierung der Arbeiterschaft in der Sozialdemokratischen Partei zu erkennen gewesen, die Konstellationen zeichneten sich aber schon vor der Revolution ab.

In diesen Jahren radikalisierten sich nicht nur einzelne Gruppen des Linksliberalismus, es bildeten sich auch die theoretischen und wirtschaftlich-sozialen Bedingungen für das Heranwachsen einer sozialistischen Bewegung heraus. Zwar existierte eine organisierte Arbeiterschaft noch nicht, aber Wirtschaftskrisen im Gefolge des Freihandels brachten Entwicklungsstörungen und damit soziale Unruhen, die die Voraussetzung für die Herausbildung eines politisch proletarischen Bewußtseins werden konnten. Gegen Ende des Vormärz erreichte die Entwicklung ihren Kulminationspunkt. Kurz zuvor hatte eine schwere Wirtschaftskrise zu dem in Preußen schockartig wirkenden schlesischen Weberaufstand in den Dörfern Langenbielau und Peterswaldau geführt (1844), in Berlin stürmten hungernde Massen Lebensmittelläden, in zahlreichen anderen Orten kam es zu Ausschreitungen. Die Bewertung dieser Vorgänge ist bis heute unterschiedlich. Marx sah im Weberaufstand einen Akt der Bewußtwerdung über das Wesen des Proletariats. Bürgerliche Historiker neigen dazu, die sozialen Unterströmungen der Revolution gering einzuschätzen (R. Stadelmann). Wirtschaftshistoriker unterstreichen dagegen wesentlich stärker die Kausalität der wirtschaftlich-sozialen Faktoren für die Revolution. In der DDR-Literatur wird der Weberaufstand als Maßstab dafür gewertet, daß der Klassengegensatz zwischen Bourgeoisie und Proletariat in Deutschland herangereift war, obwohl sie durchaus einräumen, daß es sich um eine spontane Aktion handelte.

Die preußische Armee begegnete den von Ausschreitungen begleiteten sozialen Unruhen auf Requisition der Verwaltungsbehörden offiziell mit dem Ziel, die Ruhe und Ordnung wiederherzustellen. In Langenbielau und Peterswaldau wurden 11 Aufständische erschossen, 24 verletzt. Es kam zu regelrechten Gefechten, in denen sich die Weber mit Knüppeln, Äxten und Steinen zur Wehr setzten. Nach der Niederschlagung, an der Truppen aus Schweidnitz, Breslau, Brieg und Glatz beteiligt waren, wurden zahlreiche Zuchthaus- und Festungsstrafen verhängt. Auch im Westen mußten Truppen eingesetzt werden, so in Köln, wo die Armee mit brutaler Gewalt während der Martinskirmes 1846 vorging. In der sogenannten Berliner „Kartoffelrebellion" des Jahres 1847 standen Soldaten des Alexander-Regiments und der Gardekürassiere im Einsatz. Der Gefahr einer Fraternisierung der Truppe mit der Bevölkerung suchte die Armeeführung in der Provinz durch Garnisonwechsel zu begegnen.

Zwar gestand Friedrich Wilhelm IV. mit Kabinetts-Order vom 15. Oktober 1847 den revoltierenden Handwerkern und Proletariern Straffreiheit zu, aber das Auftreten der Armee für die Stabilisierung einer Ordnung, in der Krisen primär von den Schwachen und Unterprivilegierten erlitten wurden, brachte dem Wehrpflichtheer besondere Probleme, die nicht zu lösen waren, sondern mit dem Feindbild einer „Umsturzpartei" verdeckt werden mußten.

Marx hatte Anfang der vierziger Jahre den politischen Begriff des Proletariats herausgearbeitet. Die Aufhebung der aufgrund der Karlsbader Beschlüsse verhängten strengen Zensur durch Friedrich Wilhelm IV. verschaffte der liberalen und sozialistischen Agitation seit 1840 einen gewissen Spielraum, der aber bald wieder eingeengt wurde. Immerhin gewann die Öffentlichkeit und auch die Armee einen Eindruck von den Anfängen des Programms einer kommunistischen Bewegung. Offizierkorps und Bürgertum wichen in ihrer Beurteilung der sich artikulierenden sozialen Unzufriedenheit nicht wesentlich voneinander ab. Die Armee hat aber darüber hinaus kontrapunktisch ihre monarchische Loyalität und ihre Vorstellungen von einer der monarchischen Ordnung gemäßen innenpolitischen Stabilität von den tatsächlichen oder vermeintlichen Zielen der sozialen Bewegung abgegrenzt und damit auch von ihrer Seite Grundlagen gelegt für die Entfremdung zwischen bewaffneter Macht und Arbeiterschaft.

Ein aufschlußreiches Zeugnis für diese Einstellung bietet ein Stabsoffizier-Ehrengerichtsurteil der 13. Division gegen den Leutnant Annecke (1845), das auf Dienstentlassung erkannte. A. hatte in Minden einen Leseverein gegründet, in dem auch verbotene Bücher angeboten wurden (u. a. Fichtes „Französische Revolution"; Freiligraths „Glaubensbekenntnis"). In der Urteilsbegründung hieß es: „Wenn man auch annehmen wollte, er sei über ihre (der Communisten) Zwecke getäuscht worden, habe ihre Bestrebungen als blos auf die Verbesserung des Looses der leidenden Menschheit gerichtet angesehen, so widerstreitet einer solchen Annahme wieder die Persönlichkeit des Lieutenant Annecke. Gerade ihm konnte es bei seiner Bildungsstufe nicht unbekannt bleiben, daß die Communisten, wenn sie auch von friedlicher, gesetzlicher Entwicklung reden und den revolutionairen Weg ausschließen wollen, die Umgestaltung dadurch zu erreichen erstreben, daß sie die untere Volksclasse zu befähigen trachten, sich durch eigene Kraft in eine andere Lage zu versetzen, was nur auf revolutionärem Wege geschehen kann. Der Lieutenant Annecke mußte wissen, daß die Tendenzen der Communisten den Absichten des Königs, dem er persönlich Treue geschworen, durchaus zuwider sind. Er steht also nicht mehr auf dem Boden des Officierstandes und hat eigentlich schon freiwillig diesen Stand verlassen. Es mußte deshalb auch das Erkenntniß sein Ausscheiden aus dem Dienst aussprechen."

e. Die restaurative Armee

Noch vor dem Ausbruch der Revolution stand für Preußens Intelligenz, Bürger- und Kleinbürgertum wie für den Vierten Stand fest, daß die Armee auf seiten der Restauration gesucht werden mußte. Es war überdies deutlich geworden, daß diese Haltung nicht nur als Ergebnis eines schweigenden, unpolitischen Gehorsams aufzufassen war, sondern als Ausdruck eines inneren Habitus, mit dem sich die Armee als tragende Stütze eines wirtschaftlich, gesellschaftlich und ideengeschichtlich überholten Systems präsentierte. Die Antriebe der Reformzeit waren versickert, die militärische Führung bis hinunter auf die Ebene der Kommandeure kleinerer Verbände, ja bis in das jüngere Offizierkorps hinein, identifizierte sich außen-, vor allem aber innenpolitisch mit den Grundsätzen der restaurativen Monarchie, für die eine innere Anteilnahme der Nation am Staate ein lebensgefährliches Dogma war. Die militärische Welt distanzierte sich vom zivilen Leben jetzt auch ideologisch – während es im 18. Jahrhundert mehr die Umstände oder naives Überlegenheitsgefühl gewesen waren. Je weniger es möglich war, bei der kurzen Dienstzeit – die ja in den dreißiger Jahren auf zwei Jahre verkürzt wurde – den Soldaten der zivilen Umwelt so zu entfremden wie einst den langdienenden Söldner, desto nachhaltiger wurde versucht, ihn während des aktiven Dienstes gegen Einflüsse von außen abzuschirmen und ihm militärische Gesinnung einzupflanzen. Das Ergänzungsverfahren beim Offiziersersatz schuf bis 1848 die Voraussetzungen für die erfolgversprechende Anwendung dieser Abschirmungspraktiken. Wie weit sich in den Jahrzehnten von 1815 bis 1848 das Standesbewußtsein des Offizierkorps politisierte, zeigt am besten die Entwicklung der Ehrengerichtsbarkeit zum politischen Selbstreinigungsinstrument.

So ist es zu erklären, daß die vormärzliche Revolutionsstimmung in der Armee der Allgemeinen Wehrpflicht keine Wurzeln schlagen konnte. Aber die Abschirmung gegen den Zeitgeist führte eben wegen der damit verbundenen Entfremdung von Armee und Gesellschaft dazu, daß die Revolution angesichts des Verhaltens des Monarchen in der Anfangsphase einen nachhaltigen Schock im Offizierkorps hinterlassen hat, der sein späteres Verhalten mitbestimmen sollte.

3. Armee und Revolution

a. König und Armee in der ersten Phase der Revolution

Die Vorgänge bis zum 20. März 1848

Mit dem Übergreifen der Unruhen nach der Pariser Februarrevolution auf Preußen wurde Berlin Mittelpunkt des Geschehens. Am 16. März 1848 wurden in Berlin die Wiener Ereignisse – die Entlassung Metternichs und das Verfassungsversprechen – bekannt. In liberal-national gesinnten Bürgerkreisen belebte sich die Hoffnung auf Preußens Führerrolle in der deutschen Politik, zugleich aber die Furcht, der Anschluß könne verpaßt werden, die Initiative damit auf Österreich übergehen. Die Vorgänge in der Hauptstadt gaben in den ersten Tagen tatsächlich Anlaß zu Skepsis wie auch zu Optimismus. Optimistisch stimmte die zögernde Haltung des Königs bei der Bekämpfung von Ausschreitungen. Obwohl rund 20000 Soldaten zur Verfügung standen, wurden sie nicht in einer großangelegten, militärischen Aktion eingesetzt. Einzelne Schießereien führten zu Verlusten auf beiden Seiten, steigerten die Verbitterung. Doch war die überwiegende Mehrheit des Bürgertums mit den Zugeständnissen vom 18. März so gut wie abgefunden.

Wie immer die zögernde Haltung Friedrich Wilhelms IV. motiviert gewesen sein mag – es ist fraglich, ob seine „deutsche Politik" dabei eine Rolle gespielt hat, der nach dem Rücktritt Metternichs sich neue Perspektiven boten, oder ob lediglich Unsicherheit die Ursache war – sie hat maßgebend zur Zuspitzung der Situation beigetragen, indem sie Erwartungen auf seiten der Bevölkerung weckte, denen im Offizierkorps Enttäuschung und Niedergeschlagenheit entsprachen. Der 18. März brachte die Kulmination. Nachrichten von bevorstehenden Konzessionen des Königs bewirkten Massenversammlungen vor dem Schloß. In dieser allgemeinen Aufregung konnte die Publikation des Patents wegen beschleunigter Einberufung des Vereinigten Landtags schwerlich beruhigend wirken. Der König sprach von der Reorganisation der Bundesverfassung, von der Umwandlung des Deutsches Bundes in einen Bundesstaat. Die neue Bundesrepräsentation erheische eine konstitutionelle Verfassung aller deutschen Länder. Dazu kamen Hinweise auf eine deutsche Wehrverfassung nach dem Modell der preußischen – unter Anspielung auf das Jahr 1813, also auf die volkstümliche Landwehr unter anderem. Gemessen an den Hoffnungen vergangener Jahre schien damit auch in Preußen „alles bewilligt" – aber es war nicht aus einer Position der Stärke heraus, sondern aus Nervosität und um Weiterem vorzubeugen konzediert worden. Daher die Verkennung der Emotionen der Menge vor dem Schloß. Hier herrschte Freude und Bewegung. Von der Mehrheit wurde die Anwesenheit des Militärs als störend empfunden: der König konnte sicher sein bei den Bürgern von Berlin – so oder ähnlich empfanden viele. Der Ruf: Militär zurück! deutete auf eine Kraftprobe zwischen Bürgertum und Militär hin, weniger auf den Versuch, den König wehrlos zu machen, wenn dieses Ziel auch einer radikalen Minderheit vor Augen gestanden haben mag. Im Schloß ist vorübergehend vielleicht mit Angriffsabsichten der Menge gerechnet worden. So kam es zu dem Befehl des Königs, den Schloßplatz zu säubern. Es fielen jene unbeabsichtigten Schüsse, die zur allgemeinen Verwirrung führten. Berlin glaubte sich verraten. Der Barrikadenbau begann. Vom 18. März an sahen König und Armee sich mit dem Bürgerkrieg konfrontiert.

Bis zu diesem Tage erfüllte sich in den Augen der Generalität – von ganz wenigen Ausnahmen abgesehen – und der Gardeoffiziere der Berliner und Potsdamer Regimenter das, was sie seit langem als Konsequenz einer nachgiebigen innenpolitischen Haltung der Krone befürchtet hatten. Der Prinz von Preußen sprach es am 17. März aus, jetzt hatte man es mit den unvermeidlichen Folgen des tadelnswerten Patents vom 3. Februar 1847 zu tun (das dem Vereinigten Landtag einige Rechte zugestanden hatte, wie das der Steuerbewilligung, jedoch nicht einmal die Periodizität). Die Entwicklung zum konstitutionellen Staat schien unabwendbar zu sein.

Daß in einem konstitutionellen Preußen sich Mittel und Wege finden würden, die Position von Armee und Offizierkorps, insbesondere das Verhältnis von Armee und König, praktisch beim alten zu belassen, damit rechnete in diesen Tagen niemand – im Hinblick auf den unmilitärischen Monarchen eine geradezu realistische Einschätzung der Möglichkeiten. So wurde versucht, zu retten, was zu retten war. Ein Weg schien vor allem wichtig: die „richtigen" Militärs an die richtigen Stellen zu bringen.

Der Prinz von Preußen hatte das Kommando über das Gardekorps interimistisch an General v. Prittwitz übergeben, eine vorgesehene Abreise ins Rheinland unterblieb. Er hat die Vorgänge in Berlin weiterhin in seinem Sinne zu beeinflussen versucht. Prittwitz galt als stramm. General v. Pfuel, der kurz zuvor erst zum Gouverneur von Berlin bestellt worden war, suchte mit Umsicht und Zurückhaltung die Aufregung zu dämpfen und mußte sich wegen Verhinderung des Schußwaffengebrauchs vom Prinzen von Preußen den Vorwurf machen lassen, das Militär werde kompromittiert, die Vorgänge auf den Straßen seien eine Indignität. Am 18. März gelang es einer reaktionären Gruppe um den König, vermutlich in erster Linie Graf Alvensleben und General v. Rauch, Prittwitz den Oberbefehl in Berlin zu verschaffen. Als Begründung wurde später angeführt, Pfuel sei von den Rebellen „abgesperrt" worden. Tatsächlich kam er bald danach zum Schloß und fand die neue Lage vor, die definitiv bleiben sollte.

Über die Stimmung im Gardekorps, dessen interimistischer Kommandeur Prittwitz bald die entscheidende Rolle spielen sollte, wird unter dem 17. März berichtet, es habe eine wahrhaft unerhörte Befangenheit über die politischen Interessen des Vaterlandes geherrscht. Man habe nur militärische Rücksichten gekannt und von jeder Änderung eine Benachteiligung befürchtet. Den stärksten Ausdruck verlieh dieser Stimmung der Rittmeister v. Manteuffel, der spätere Chef des Militärkabinetts, damaliger Adjutant des Prinzen Albrecht und in dieser Eigenschaft während der Märztage in der Umgebung des Königs, als er nach Bekanntwerden der Konzessionen vom 18. März erklärte: Wenn ein König der Meute Konzessionen mache, so koste das die Krone und die Monarchie gehe zugrunde.

Der Prinz von Preußen hat ähnlich über die Entwicklung gedacht. Sein Verbleiben in Berlin bis zur Zuspitzung der Lage zum Bürgerkrieg ist mit ursächlich für den Gang der Dinge gewesen. Ob es zutrifft, daß er am 15. März „ein wenig zu laut" im Schloßhof erklärte, man müsse kräftig auf das Volk schießen, ist von nicht allzu großer Bedeutung. Von der Bevölkerung wurde er jedenfalls in dieser Rolle gesehen. Er trat gegen eine Vorverlegung der Einberufung des Vereinigten Landtags ein, er sprach sich gegen die von Minister Bodelschwingh formulierten Zugeständnisse aus und wünschte im Grunde die Niederschlagung der Volksbewegung. Nach seiner ganzen Einstellung zur konstitutionellen Bewegung konnte das niemanden überraschen. Friedrich Wilhelm IV. hat ihn nicht zuletzt aus Sorge vor stärkerem Engagement auf das Schloß befohlen.

Prinz Wilhelm (1797–1888), zweiter Sohn Friedrich Wilhelms III., war nach Anlage und Erziehung ganz für ein Leben als Offizier bestimmt. Mit knapp zehn Jahren zum Offizier ernannt, durchlief er die für Prinzen übliche schnelle Karriere, war mit 17 Jahren Hauptmann, mit 20 Oberst, mit 21 Generalmajor, mit 28 Generalleutnant und Kommandeur des Gardekorps, mit 43 General der Infanterie. In dieser Zeit nutzte er die Gelegenheit, mit in- und ausländischen militärischen Problemen vertraut zu werden, so daß in ihm nicht nur ein Vertreter monarchisch-militärischen Denkens, sondern ein ausgesprochener Militärfachmann gesehen werden muß, der in der Lage war, seine zweifellos ideologiegebundene Argumentation sachlich zu begründen. Wenn in dieser Darstellung wiederholt auf Äußerungen des Prinzen zurückgegriffen wird, so nicht allein wegen seiner exponierten Stellung und seines starken Einflusses auf das militär-politische Geschehen. Prinz Wilhelm kann als der Prototyp des preußischen Offiziers im 19. Jahrhundert gelten, der es außerdem verstand, sein Denken und Handeln in präzisen Formulierungen auszudrücken. Er sprach immer zugleich als Vertreter des Kriegsherrn und des Offizierkorps und hat wesentlich zur Gleichordnung von monarchischem und offiziermäßigem Verhalten beigetragen.

Als präsumtiver Nachfolger seines kinderlosen Bruders wurde er 1840 zum „Prinzen von Preußen" ernannt und Vorsitzender des Staatsministeriums. Bei Ausbruch der Revolution hielt er Zugeständnisse für notwendig, allerdings erst nach Wiederherstellung der Ordnung. Er mußte Mitte März für drei Monate nach England fliehen, da er als „Kartätschenprinz", wenn auch wohl irrtümlich, vom Volke für die blutige

Niederschlagung des Aufstandes verantwortlich gemacht wurde. Im Sommer 1849 befehligte er die gegen die Unruhen in der Pfalz und in Baden eingesetzten Truppen; im Herbst desselben Jahres trat er sein Amt als Militärgouverneur in der Rheinprovinz und Westfalen an. Seit Oktober 1857 vertrat er seinen erkrankten Bruder in der Regierung, wurde ein Jahr später Regent und nach dem Tode Friedrich Wilhelms IV. am 2. Januar 1861 König von Preußen; 1871 erhielt er die deutsche Kaiserkrone.

Die Beurteilung des politischen Spielraums während eines revolutionären Prozesses ist für jede Regierung ein schwieriges Geschäft. Friedrich Wilhelm IV. stellte sich am 18./19. März auf die Seite der gemäßigten Ratgeber, die die Haltung der großen Mehrheit der Bevölkerung nüchterner bewerteten als die Vertreter der Armee, denen eine rein militärische Lösung vorschwebte. Gegen den Willen des Königs war sie nicht zu haben.

Hier begann das revolutionäre Kernerlebnis des Offizierkorps: die Armee begriff sich als die „preußischere" Kraft gegenüber dem Monarchen. Dieser König, dessen unmilitärisches Auftreten zuvor schon kritisiert worden war, ließ sich nach ihrer Ansicht unter dem Einfluß schwächlicher oder politisch verblendeter Ratgeber offensichtlich von den Grundsätzen der preußischen Militärmonarchie abbringen. Manteuffel brachte das Problem auf die Formel: „Der König war in den Händen einer Faktion, welche die Berechtigung zu ihrer Gewalt nur in den Sympathien der Massen fand. Diese hätte nie den Kampf durchkämpfen können ... Sollten die Truppen konzentriert bleiben, so konnte ein Erfolg nur erreicht werden, wenn gleichzeitig eine Anzahl Personen aus den königlichen Vorzimmern entfernt, einige zwanzig aber entweder gefangengenommen oder zu den Gefangenen nach Spandau geschickt worden wären." Bei dem eindeutigen Urteil über den abtretenden Minister Bodelschwingh und den neubestellten Ministerpräsidenten Graf Arnim-Boitzenburg, der nach Manteuffel die ihm zu Gebote stehenden Mittel gegen die Revolution nicht einsetzte, scheint dem prinzlichen Adjutanten der Gedanke nicht abwegig gewesen zu sein, die bestellten Leiter der Politik, mit denen Friedrich Wilhelm IV. ein Programm zu signalisieren gedachte, hätten ebenfalls kurzerhand auf die Festung gebracht werden sollen. Die Ereignisse vom 19. bis zum 21. März erhärteten noch eindringlicher, daß der Monarch die Bereitschaft der Armee zur Gegenrevolution nicht zur Kenntnis zu nehmen gedachte. Die Armee, nicht der König, schien verlassen zu sein, ohnmächtig zur Tatenlosigkeit verurteilt. Gardeoffiziere riskierten nur noch in Zivil durch die Straßen zu gehen.

Daß in dieser Situation der König nicht „soldatisch", sondern „politisch" dachte, hat das Selbstgefühl der Armee entscheidend getroffen. Die jahrelange Überheblichkeit gegenüber dem Anliegen des liberalen Bürgertums machte das Offizierkorps blind für politische Vorgänge europäischen Ausmaßes.

Zwar hat Friedrich Wilhelm IV. die Revolution, das Verlangen nach Konstitution und innerer Freiheit nicht bruchlos in seine politischen Vorstellungen einordnen können, aber sein Verhalten läßt zugleich erkennen, daß er auf die göttliche Verankerung seines Rechts vertraute, an ein völliges Zerreißen des Treuebandes zwischen Fürst und Volk nicht glauben konnte. Die Verbindungslinien seines christlich-germanischen Staatsdenkens mit einem kaum ganz deutlich faßbaren Bild der deutschen Nation ließen ihn das nationale Anliegen der Revolution, wenn auch in ganz anderer Perspektive, eher erkennen, als es dem in altpreußisch strammer Manier räsonierenden Offizierkorps gegeben war. Im Denken des Königs hatten sich Reste des Nationalgedankens der Erhebungszeit mit Elementen des konservativen Nationalstaatsgedankens der Mitarbeiter des „Berliner Politischen Wochenblattes", also der Gruppe Haller, Leo, der Brüder Gerlach, Stahl u. a. verbunden, wenn auch wieder in eigenwilliger Art, wobei die Anerkennung der historischen Dignität Österreichs eine besondere Rolle spielte. Seiner ganzen Natur nach widerstrebte ihm das kräftige Dreinschlagen und die rasche Entscheidung. Es war ihm nicht gegeben, die zu entscheidenden Fragen allein als Machtprobleme anzusehen. So sehr sein Schwanken zur Verschärfung der Konfrontation in Berlin beitrug, so hat er doch den regelrechten Bürgerkrieg mit dem sicheren Ergebnis einer blutigen Niederlage der Revolution verhindert.

Die Voraussetzungen für eine gewaltsame Lösung waren auch nach der Flucht des Prinzen von Preußen nach England noch vorhanden. Die Haltung der konservativen Legitimisten gibt Ludwig v. Gerlach in Magdeburg am 19. März nach Empfang der Nachrichten über die Berliner Vorgänge vom 18. wieder: „Nachrichten vom Siege der Truppen ... Letzter Hoffnungsfuncen, daß man den Sieg der Truppen benutzen werde, den Thron zu gründen ..." Aber in der Nacht zum 19. März verfaßte der König seinen Aufruf „An Meine lieben Berliner!" mit der Verheißung des Truppenabzugs von Straßen und Plätzen, sobald die Barrikaden hinweggeräumt seien. Selbst Zeughaus und Schloß sollten nach dieser Ankündigung nur noch auf kurze Zeit geschützt werden. Die Revolution als unseliger Irrtum des Volkes angesichts der väterlichen Intentionen des Königs, so etwa erschien Friedrich Wilhelm IV. der Aufstand in Berlin: Sein Beschwichtigungsappell sprach darüber hinaus von Deutschlands Zukunft durch Preußen.

F. Rachfahl hat die These vertreten, Friedrich Wilhelms IV. nachgiebige Haltung gegen die Revolution sei aus seinen „deutschen Aspirationen" zu erklären. In dieser überspitzten Form läßt sich die Auffassung nicht aufrechterhalten, weil die Motivationssumme eine ganze Reihe von Faktoren enthält, nicht zuletzt auch ein geschicktes psychologisches Entgegenkommen, um die Masse der Gemäßigten von den Radikalen zu trennen. Das Versprechen des Truppenabzugs gehört in erster Linie in diesen Zusammenhang, ferner – wenn auch kaum freiwillig – die Ehrenbezeigung gegenüber den in den Schloßhof getragenen Toten des Barrikadenkampfes; ein Vorgang, der von der späteren nationalen Geschichtsschreibung als schimpfliche, beschämende Szene bewertet wurde.

Der Abzug der Truppen aus Berlin

Die Armee, repräsentiert in erster Linie durch den Oberbefehlshaber in Berlin, General v. Prittwitz, hat sich in derlei Überlegungen nicht hineingefunden. Für sie stellte sich die Lösung als Entweder/Oder dar. Sie entschied sich für die Erprobung extremer Mittel, deren Berechnung allein auf dem

Machtkalkül beruhte. Sie brachte sich als selbständige Größe ins Spiel mit der Selbstrechtfertigung, daß der König nicht mehr frei sei. Aber es fehlte der Mut zur Verantwortung für selbständige Entschlüsse.

Prittwitz dachte von Anfang an nicht daran, die Stadt Straße um Straße freizukämpfen. Ihm schien es aussichtsreicher zu sein, den König zunächst in Sicherheit zu bringen und dann Berlin mit überlegenen Kräften zu zernieren. Friedrich Wilhelm IV. war aber für ein schnelles Verlassen der Stadt nicht zu haben. Dieses Zögern brachte die Pläne der Militärs durcheinander. Der Ausgangspunkt ihrer Überlegungen war dabei der Gedanke, der König sei berechtigt, nach siegreicher Niederkämpfung der Revolution alle bisherigen Konzessionen zurückzunehmen.

Daß der neue Ministerpräsident dem König abriet, mit den Truppen Berlin zu verlassen, weil noch nie ein vor seinen Gegnern aus der Hauptstadt gewichener König dorthin zurückgekommen sei, hat ihm die heftigste Kritik der Armee und der ständischen Reaktionäre eingetragen. Ludwig v. Gerlach notierte, nur durch solches Ausweichen wäre der König „aus der Umarmung der ‚lieben Berliner' losgekommen." Graf Arnim unterschätzte die Stärke der Armee, vielleicht hatte er auch übertriebene Vorstellungen von der Demoralisierung der Truppe.

Wie in den napoleonischen Tagen bildete sich in der Berliner Führung nunmehr ein Verhältnis aus, in dem die Armee das Tun und Lassen des neuen Ministeriums, vor allem die Ratschläge des Ministerpräsidenten an den König, allein nach ihren eigenen Maßstäben bewertete. Im Dreieck Monarch–politische Leitung–Armee hatte der Ministerpräsident sich nach Auffassung der Armee am Grundsatz der Interessenidentität Krone–Armee zu orientieren, mithin für das „alte Preußen" zu optieren. Graf Arnim hielt dagegen die Revolution für das Resultat einer Entwicklung, eine Verfassung mußte daraus zu einer neuen Ordnung führen.

Aus diesem Grunde trat er für die Herstellung eines Vertrauensverhältnisses zwischen Monarch und Bürgertum ein. In den kritischen Stunden des 18./19. März konzentrierte sich dieser Gegensatz auf die Frage des Truppenabzugs aus Berlin, der als entscheidendes Ereignis der Revolution anzusehen ist.

Im Aufruf „An Meine lieben Berliner" war nur von einem Zug-um-Zug-Rückzug mit dem Fortschreiten des Barrikadenabbaus die Rede. Tatsächlich wurden die Truppen am 19. März insgesamt zurückgenommen, selbst vom Schloßplatz. Über das Zustandekommen dieses Befehls, der im wesentlichen einer Fehlinterpretation der königlichen Anordnung durch Bodelschwingh zugeschrieben wird, ist restlose Klarheit nicht zu gewinnen. Prittwitz hat trotz des ihm bekannten Textes der Proklamation die königlichen Vorbehalte nicht berücksichtigt, war allerdings der Meinung, das Schloß sei ausreichend gesichert. Prinz Wilhelm soll kurz darauf aus einer Diskussion im Kabinett des Königs herausgekommen sein und seinen Degen in großer Aufregung auf den Tisch geworfen haben. Friedrich Wilhelm IV. dachte, als ihm klar wurde, daß er von seinen Truppen abgeschnitten war, vorübergehend an schnelle Flucht.

In der Truppe kam das Gefühl auf, nach den im ganzen erfolgreichen Kämpfen am 18. 3. im Stich gelassen zu sein. Der Rückmarsch in die Kasernen und in die Kantonnements war alles andere als triumphal; er vollzog sich im Angesicht der offensichtlich ans Ziel gelangenden Revolution. Es gab Offiziere, für die die Weltordnung zerbrochen schien, nicht nur in dem Sinne, wie es der Prinz von Bentheim, damals Batteriechef, formulierte: „... uns Aristokraten geht es an den Kragen, darauf ist es abgesehen", sondern in dem Sinne eines sang- und klanglosen Dahinschmelzens des Inbegriffs, der für sie einst Preußen bedeutet hatte. Offiziere legten Zivil an, verließen die Truppe und gingen in ihre Privatwohnungen. Der Kommandeur eines Grenadierbataillons des Kaiser-Alexander-Regiments erklärte vor einer Anzahl Soldaten, er werde den Abschied nehmen. Bei einer Stabsoffizierversammlung in der Wohnung des Generals von Prittwitz fand sich die Mehrzahl in Zivil ein. Die Meinungen und Gefühle, die diese Männer beherrschten, hat in selten kritischer Klarsicht der vor den Barrikaden tödlich verwundete Leutnant Tüpke, ein Hegelianer, philosophisch in den Satz gefaßt: „Der Offizier steht im Widerspruch mit dem Zeitgeist – dieser Widerspruch muß aufgehoben werden." Das Offizierkorps vertrat, um im Bilde zu bleiben, den „preußischen Zeitgeist", der seinerseits darauf drängte, den revolutionären Widerspruch gegen die alte Ordnung zu beseitigen.

Prittwitz ging ganz bewußt in diese Richtung, als er es gegen den Wortlaut des königlichen Befehls in das Ermessen der Regimenter stellte, Berlin zu verlassen. Maßstab für einen derartigen Entschluß sollte der Grad der Disziplingefährdung der Truppe sein.

Im einzelnen ermächtigte Prittwitz die Regimentskommandeure zum Verlassen der Stadt, a) wenn die Disziplin in der Truppe so erschüttert sein sollte, daß nur ein Ausmarsch der Auflösung derselben vorbeugen könne, und b) wenn sie die Kasernen nicht mehr gegen das Volk halten könne, ohne von den Waffen einen ernstlichen Gebrauch zu machen. Einem Gefecht sollte sie durch Abmarsch ausweichen.

Die zweite Alternative ist in keinem Fall als Abzugsgrund geltend gemacht worden, die erste wurde dagegen meist ohne ernsthafte Anzeichen einer Erschütterung angewendet. Auf diese Weise verwirklichte Prittwitz seinen von Anfang an bestehenden Zernierungsplan. Schon am 20. März stellte er eine Dislokationsliste auf.

Berlin war von Truppen entblößt. Der König praktisch isoliert. Am 21. März folgte sein Umritt mit dem schwarz-rot-goldenen Band am Arm. „Berlin in den Händen der Bürger, mit aufgerissenem Pflaster und den drei Farben", notierte Ludwig v. Gerlach. Wut und Wehklagen über „die Mißhandlung der Armee und des Königs Schande". Aber die Armee stand nun draußen bereit, sie wartete auf ein Zeichen. Potsdam wurde Treffpunkt der zur Gegenrevolution Entschlossenen, oder besser: Halbentschlossenen; was ihnen fehlte, war ein Mann, der das politische Risiko auf sich zu nehmen bereit war. Ein Soldat dieses Kalibers fand sich nicht.

Roon gibt wohl die Stimmung in Potsdam am Nachmittag des 19. März im wesentlichen treffend wieder: „Mein Gott, mein Gott, warum hast Du uns verlassen? ... Das Beste, was jetzt werden kann, was noch möglich, ist jene corruptible Repräsentativ-Konstitution, gegen die sich jeder Unbefangene bis dahin zu sträuben Recht und Anlaß hatte ... geht man aber in Berlin bis zur Republik, so halte ich dafür, daß die Provinzen sich dem nicht anschließen werden. Wäre nur der König in Sicherheit." Am folgenden Tag meinte Roon, der König könne nicht mehr vom Verfassungsversprechen zurücktreten. Angesichts einer zu fürchtenden „Pöbeltyrannei" wollte er „mit allen Kräften in das neue Schiff", wenn auch mit gebrochenem Herzen, um im drohenden Zusammensturz aller gesellschaftlichen Ordnung nicht die höheren Interessen des Lebens untergehen zu lassen. Aber auch Roon wäre von Entschlosseneren mitgerissen worden zur Gegenrevolution. Wrangel meldete aus Stettin, er werde sich jedem Schritt Prittwitz' anschließen – aber ohne Befehl war der Oberbefehlshaber in und um Berlin zu keinem Vorgehen zu bewegen.

Das gelang auch Bismarck nicht, der am 20. März in Potsdam eintraf und sofort eine rege Tätigkeit entfaltete. Wie seine Schönhausener Bauern, so hätte er am liebsten die Generale zum Marsch auf Berlin begeistert. Für ihn befand sich der König in Notwehr, er mußte herausgehauen werden, um wieder frei entscheiden und befehlen zu können.

Ob diese „Rechtsauffassung" des jungen Abgeordneten ansteckend gewirkt hat, ist schlüssig nur schwer zu belegen: Bauer und Edelmann für den in Notwehr befindlichen König gegen die Rebellion des städtischen Pöbels und der politischen Verblendung! Das war eine Formel, die dem einfachen an Adelsherrschaft gewöhnten Bauern und manchem Offizier unter die Haut ging. Aber die Disziplin der Armee stand ihrem eigenen Geist im Wege. Ähnliches wollte Bismarck dem König in Berlin sagen. Er wurde nicht vorgelassen, schrieb aber einen Brief, in welchem vorsichtig formulierte Andeutungen standen. In Magdeburg geriet er bei seinen konterrevolutionären Kontaktversuchen an den Falschen. Der Kommandierende General v. Hedemann drohte, ihn als Hochverräter festnehmen zu lassen. In Potsdam erweckte er andere Gefühle, als er mit den Generalen Prittwitz und Möllendorf die Möglichkeit eines selbständigen Handelns besprach. Bismarck klimperte auf einem Klavier den Infanteriemarsch zum Angriff. Möllendorf fiel ihm unter Tränen um den Hals: „wenn Sie uns das besorgen könnten!" Das konnte Bismarck nicht. Roon fand Hoffnung darin, daß ein Gerücht vom Beginn der Konterrevolution in Paris zu berichten wußte: „Das könnte uns vielleicht etwas helfen."

Doch alle Theorie von der Unfreiheit des Königs löste sich auf, als Friedrich Wilhelm IV. am 25. März in Potsdam erschien. Unter den jüngeren Offizieren hatte sich hier eine Art Komplott gebildet. Der junge Prinz Friedrich Karl war mit den Gardeoffizieren der Auffassung, „wenn Seine Majestät unfrei sei, auch ohne Befehl des Königs für die Sache desselben" eingreifen zu müssen. Etwa 80 Offiziere trugen sich mit und ohne Wissen ihrer Vorgesetzten mit diesem Plan. Friedrich Wilhelm IV. entzog mit seinem Auftreten solchen Ideen den Boden. Er kam nach Potsdam, um der Legende von seiner Unfreiheit zu begegnen, sprach vom guten Geist der Bürger, forderte zum Vergessen des

Gewesenen auf. Roon berichtet vom Eindruck der königlichen Ansprache vor den Potsdamer Offizieren: Die finsteren Gesichter hellten sich nicht auf, der Ausdruck der Trauer und des Schmerzes war nicht vertilgt. Aus dieser Stimmung heraus fand er die Worte: „Ja! ich sage es unumwunden, das Heer, das ist jetzt unser Vaterland, denn hier allein sind die unreinen, gährenden Elemente, die alles in Frage stellen, noch nicht eingedrungen."

b. Die Armee bis zum Anti-Reaktionserlaß

Konsolidierung des preußischen Militärstaates

Die März-Ereignisse gewannen als Anstoß für ein neues innenpolitisches Interesse der Armee – genauer, der vom Offizierkorps repräsentierten Armee – eine Bedeutung, die für das Verständnis ihrer Position im Verfassungsstaat nicht hinweggedacht werden kann. Es war das Erlebnis der Divergenz von monarchischem und militärischem Staatsbewußtsein, das den militärischen Solipsismus entband, der von nun an in der politischen Geschichte Preußen-Deutschlands bis 1933 eine wichtige Rolle spielen sollte. General v. Thile, ein alter Vertrauter des Königs, deutete diesem Ende März in einem Schreiben die Einstellung des Offizierkorps in gebotener Zurückhaltung an. Er stellte dem König die Verzweiflung vor Augen, die sich des Offizierkorps bemächtigt hatte, und bat ihn dringend, nicht zu vergessen, daß die Armee die einzige Säule sei, auf die er sich noch sicher stützen könne.

General Louis Gustav v. Thile I diente bereits unter Friedrich Wilhelm III. als Vortragender Adjutant, Direktor der Abteilung für die persönlichen Angelegenheiten und Mitglied der Kommission zur Revision der Militärgesetzgebung. Er wurde 1829 Generaladjutant und mit Regierungsantritt Friedrich Wilhelms IV. Mitglied des Staatsministeriums. Am 18. 3. 1848 drängte er auf energische Maßnahmen, nahm aber enttäuscht am selben Tag seinen Abschied. Sein Rat galt viel bei Friedrich Wilhelm IV., der den Brief als Stimme des Offizierkorps durchaus ernst genommen hat.

Die staatliche Struktur war in ihren Bedingtheiten und Gefährdungen erlebt worden. In der Armee wuchs die Erkenntnis heran, daß ihre Garantenstellung es erfordern könne, „königlicher" als der König selbst zu handeln und daß diese Aufgabe ihr die Verpflichtung auferlege, innenpolitische Entwicklungen mit Aufmerksamkeit zu verfolgen, um ihr „Recht" auf Mitwirkung bei der Gestaltung der Zukunft ausüben zu können. Dieses „Recht" leitete die Mehrheit der Offiziere aus der Vergangenheit her, aus den Verdiensten der Armee auf dem Schlachtfeld.

Auch Roon erblickte hierin neben soziologischen Realitäten einen wichtigen Grund für die aktive Teilhabe der Armee bei innenpolitischen Lösungen struktureller Art. Er übersah dabei, daß Preußens alte Armee 1806 gründlich versagt hatte und daß die Erfolge von 1813/15 eine Armee mit ganz anderem Geist errungen hatte. Von diesem Geist war 1848 nichts mehr vorhanden.

Offiziere, die bewußt die Auseinandersetzungen im Vormärz verfolgt oder gar reflektiert hatten, sahen sich daher wohl nach neuen Begründungen für die Position der bewaffneten Macht im Staate um. Auch hier kann Roon angeführt werden. Er meinte, das Heer wolle und werde „bei dem Entwicklungsprozeß, in dem wir uns befinden, eine Rolle spielen, es hat ein Recht dazu". Es hat – und dies ist die neue Begründung – in neuerer Zeit „mit glänzendem Erfolge das mühsame Geschäft der Volkserziehung in die Hand genommen, hat eben deßhalb offenbar ein größeres Anrecht bei der Lösung der Fragen über die Gestaltung unserer staatlichen Verhältnisse als jenes Heer von brodlosen Literaten und Zeitungsschreibern, derem gesetzlosem Treiben und Wühlen es leider gelungen, alle Elemente zu einem entsetzlichen Sturme zu beschwören, der alles, was bis dahin hoch, heilig, würdig, sittlich war, zu vernichten droht ...".

Als Zögling des Kadettenkorps und der militärischen Schulen konnte Roon, obwohl er auf der Kriegsakademie Kontakt mit hervorragenden Gelehrten bekommen hatte, kaum anders urteilen. Die Anfänge einer öffentlichen Meinungsbildung nach jahrzehntelanger strenger Pressezensur erschienen diesem Offizier, der in einem guten Jahrzehnt Kriegsminister werden und die umstrittene Heeresorganisation durchführen sollte, als „Macht des Zeitungsgeistes", die dem Soldaten sage: „Ihr müßt thun, was euch durch die (von uns gegängelte) Regierung befohlen wird (versteht sich nur solange, als es der herrschenden Volksschicht beliebt)."

Die entscheidende Frage war, ob die Kluft zwischen Monarch und Armee institutionell festgelegt werden, ob die Armee vom Parlament abhängig, ob ein parlamentarisch verantwortlicher Kriegsminister sich zwischen den Monarchen und das Heer stellen würde. Was theoretisch vor 1848 bewältigt und gebannt schien, stand als greifbare Möglichkeit nun vor Augen. Wurde der Offizier Staatsdiener? Kam der Eid auf die Verfassung? Wurde vielleicht wirklich Ernst gemacht mit dem Bildungsprinzip, so wie es den Reformen vorgeschwebt hatte, kamen die Kadettenanstalten in Gefahr?

Bei der Analyse dieser Denkweise darf nicht eine grundsätzliche Übereinstimmung der Militärs von 1848 mit den führenden Köpfen der Reformzeit übersehen werden. Es handelt sich dabei nicht um eine Übereinstimmung in Zielen und Programmen, sondern um die Erkenntnis, daß Staatsverfassung und Militärverfassung in einer Weise innerlich aufeinander angewiesen sind, die den Soldaten das Recht gibt, ihr Problem als politisches Problem zu sehen. Daraus folgerten sie ihre Mitverantwortung im Staate, nicht nur als Schutzwall vor äußeren Feinden oder als Hüter der Ordnung im Innern, sondern als verfassungsmäßig legitimierte Kraft. Ihr Hervorgehobensein vor anderen Institutionen, etwa der Verwaltung, war nach den 1848 vorherrschenden Überzeugungen der Soldaten eine der wesentlichen Voraussetzungen ihrer Effizienz. Der weitere Gang der Revolution, die Verlangsamung ihres Tempos und die allmählich deutlich werdende Tatsache, daß die alte Machtverteilung mit den gewährten Konzessionen nicht in Frage gestellt worden war, haben die Auffassungen der Militärs im Ergebnis bestätigt. Ohne durchschlagenden Erfolg der Revolution konnte ein anderes Resultat nicht erwartet werden: der preußische Militärstaat lebte unter der Konstitution in alter Kraft weiter.

Anfängliche scheinbar greifbare Erfolge der liberalen Bewegung verstärkten nur die Entschlossenheit der Armee zur Wiedergewinnung der alten Positionen. Bei diesen Gewinnen auf Zeit handelte es sich im wesentlichen um verfassungsrechtliche Neuerungen und um Modifikationen militärischer Institutionen oder Verbesserungen der Position der Soldaten. Erwähnt seien die Abschaffung der Strafe der körperlichen Züchtigung im Mai 1848, Fortfall der Nichtigkeitsklage seitens der Militärbehörden gegen Ehen ohne Heiratskonsens. Eine Allgemeine Kabinettsorder (AKO) vom 26. Juni 1848 ordnete an, daß künftig Soldaten jeder Waffe und jedes Standes Anspruch darauf hatten, von sämtlichen Vorgesetzten mit „Sie" angeredet zu werden. Aber für den Gang der Dinge, als Grundlage für echte Strukturänderungen und für eine Modifikation der verfassungsrechtlichen Stellung der Armee bedeuteten derartige Minimalerrungenschaften wenig. Am weitesten schien in diese Richtung noch die Bewilligung der Bürgerwehr zu gehen – sie ist aber von Friedrich Wilhelm IV. nie als Konkurrenzinstitut der Armee gedacht gewesen etwa im Sinne einer Dualisierung des Waffenträgermonopols, vielmehr nur als momentane Aushilfe gegen radikale Strömungen der Revolution, also etwa als Polizeiinstitut auf Zeit.

Ein besonders anschauliches Beispiel für die Abschirmung der Armee gegen Einflüsse des Zeitgeistes auf ihr inneres Gefüge bildet die Verzögerung und dann die definitive Unterbindung einer Neuordnung der Kadettenanstalten. Das Kriegsministerium unter General v. Pfuel, der zugleich Ministerpräsident war, hatte am 1. Oktober eine entscheidende Umgestaltung des Kadetten-Korps vorgeschlagen: die Provinzial-Kadettenhäuser sollten danach ihre rein militärische Organisation verlieren und umgetauft werden in „Königliche Erziehungsanstalten"; die Berliner Hauptanstalt sollte „Kgl. Militair-Schule" heißen. Darüber hinaus plädierte das Kriegsministerium für eine „Erweiterung der Bestimmung" dieser Anstalten. Ihre „Wohltaten" sollten auf „Staatsbürger aller Klassen, welche sich besondere Verdienste um das Vaterland erworben haben" – ausdrücklich erwähnt waren auch Söhne von gefallenen oder invaliden Bürgerwehroffizieren –, ausgedehnt und die Absolventen der Berliner Anstalt nicht gezwungen werden, beim Austritt sich „dem Militair-Stand zu widmen". Als „Pensionäre" sollten, soweit Platz vorhanden, Söhne von Bürgern aller Art zugelassen sein. Friedrich Wilhelm IV. erklärte zunächst sein Einverständnis mit diesen Vorschlägen, die in der Tat das Offizier-Ergänzungswesen – eine loyale Praxis vorausgesetzt – an ganz entscheidender Stelle modifiziert hätten. Aber bereits am 24. Oktober 1848 erging eine Allerhöchste Verordnung mit dilatorischer Zielsetzung. Zur Umgestaltung des Kadettenkorps, so hieß es hier, seien nachhaltige Einwirkungen der General-Inspektion des Militair-Erziehungs- und Bildungswesens erforderlich. Es fehle an Kräften. Mit der interimistischen Wahrnehmung wurde der Chef des Generalstabes (Generalleutnant v. Reyher) beauftragt. Die definitive Umformung des Kadettenkorps durch die im Dezember 1849 genehmigten neuen

Vorschläge des Kriegsministeriums sah dann erheblich anders aus. Die neue Regelung trat im April 1850 in Kraft. Danach blieb es bei den alten Bezeichnungen. Die Zweckbestimmung war nun, eine Pflanzschule für die Offiziere der Armee und Erziehungs- und Unterrrichtsanstalt zu sein, welche auch eine Ausbildung zu nicht militärischen Berufen ermöglichte. Die Aufnahmebedingungen für die etatmäßigen Stellen ließen ganz überwiegend nur Offizierssöhne zu. Söhne von „Staatsbürgern aller Klassen“ waren nur dann eintrittsberechtigt, wenn ihre Väter sich durch besondere Einzelhandlungen Verdienste um den Staat erworben hatten. Da 1850 das Verhältnis der Königl. Kadetten zu den Pensionären 760 zu 216 betrug, ist ein soziologischer und damit ideologisch-politischer Einbruch im Ergebnis nicht erfolgt.

Die Phase des Ministeriums Camphausen

Die Bestellung des Ministeriums Camphausen am 29. März 1848 und die Einberufung der „zur Vereinbarung der Verfassung berufenen Versammlung“ – die aus Wahlen nach allgemeinem und gleichem Wahlrecht hervorging – zum 22. Mai 1848 weckten neue Hoffnungen im Bürgertum. Im Parlament war vor allem der linke Flügel durch hervorragende Köpfe vertreten. Solange aber die Armee sich allein dem König verpflichtet fühlte und Friedrich Wilhelm IV., vom unmittelbaren Druck der revolutionären Anfangsphase frei geworden, sich wieder stärker auf die ungeschriebenen Prinzipien des preußischen Staates besann, konnten Parlament und Regierung kaum Hoffnung haben auf einen Einbau der bewaffneten Macht in den Verfassungsstaat, in welchem sich die Ministerverantwortlichkeit unbegrenzt auch auf das Militärinstitut erstrecken sollte.

Seit dem Sommer erstarkte die konservative Gegenbewegung; ein Zeichen dafür war die Gründung der neuen Preußischen Zeitung, „Kreuzzeitung“, am 1. Juli. Die hinter der Kreuzzeitung stehenden Konservativen, die Gerlachs, Kleist-Retzow, Bismarck, Stahl, Leo u. a. sahen sich in enger Interessengemeinschaft mit dem „Verein zum Schutze des Grundbesitzes“, andererseits auch mit der Militärpartei, innerhalb der sich immer stärker der Direktor des Allgemeinen Kriegsdepartements – seit dem 3. Mai 1848 Oberstleutnant v. Griesheim – profilierte. Der von der Regierung vorgelegte Verfassungsentwurf (auf dem Modell der belgischen Verfassung von 1831 beruhend) wurde von der Nationalversammlung im radikal-demokratischen Sinne abgeändert. Die Fronten verhärteten sich. Friedrich Wilhelm IV. verließ sich mehr und mehr auf unverantwortliche Ratgeber. Im Mittelpunkt dieser Kamarilla stand der General Leopold v. Gerlach.

Leopold v. Gerlach, in den zwanziger Jahren Adjutant des Prinzen Wilhelm, in verschiedenen Generalstabsverwendungen, war seit April 1850 offiziell Generaladjutant. In den Märztagen stets in der Nähe des Königs – täglicher „Kaffeevortrag“ – gewann er durch seine Vertrauensstellung großen Einfluß. Bismarck hat ihn als einflußreichsten Politiker der Kamarilla bezeichnet. Seine geistige Entwicklung ist gekennzeichnet durch frühen Kontakt mit Savigny und der historischen Rechtsschule. Er gehörte zu Arnims Christlich-Deutscher Tischgesellschaft, zur feudalen „Maikäferei", wurde stark von Hallers und Stahls Staatsphilosophie geprägt. Die Revolution war für ihn das zu bekämpfende Prinzip. Er unterschrieb wie sein Bruder Ludwig den Satz Joseph de Maistres: „La Révolution contraire n'est pas la contrerévolution, mais le contraire de la révolution." Noch im Mai 1857 schrieb er dem damaligen Bundestags-Gesandten Bismarck: „Mein politisches Prinzip ist und bleibt der Kampf gegen die Revolution."

Für ein von antirevolutionären Prinzipien bestimmtes oder vom Revolutionsschock gekennzeichnetes politisches Denken mußte die Armee zum harten Kern künftiger Politik werden. Noch während der Verfassungsberatungen erfuhr das liberale Ministerium, wie sich Friedrich Wilhelm IV. die weitere Entwicklung vorstellte.

Während des Aufstandes in Posen im April 1848 erteilte der König den dortigen Truppen unmittelbar Befehle. Im Mai bat ihn das Ministerium Camphausen, sich künftig in Militärangelegenheiten nicht mehr direkt mit den Kommandierenden in Verbindung zu setzen, sondern Anordnungen durch das Kriegsministerium erteilen zu lassen. Hiermit war nun die entscheidende Frage aufgeworfen. Ein Eingehen hierauf hätte das Ende der Militärmonarchie alten Stils bedeutet und damit einen wesentlichen Schritt in Richtung auf den Einbau der Armee in den Verfassungsstaat. Ein solches Resultat aber lag nicht im Bereich der Möglichkeiten, weil die Revolution in die Kernsubstanz des alten Staates nicht eingedrungen war. Friedrich Wilhelm IV. antwortete demgemäß und sicherlich in voller Übereinstimmung mit den Ansichten des Offizierkorps, die Ausdehnung konstitutioneller Prinzipien auf die Armee werde durch keine Verfassung gerechtfertigt. Im Juni wurde er noch deutlicher: in Preußen müsse die volle königliche Autorität in Militärangelegenheiten beibehalten werden. Ohne die absolute Einheit von König und Armee sei diese Autorität nicht denkbar. Ihre Einschränkung bedeute soviel wie ein Todesurteil für Preußen nach innen wie nach außen.

Das war ein deutliches Signal gegen die militärpolitischen Forderungen der Nationalversammlung. Zugleich zeigte sich hier ein erstes Abrücken von verfassungspolitischen Zusagen der Märztage, denn es war mehr als fraglich, welche Bedeutung dem Eid auf die Verfassung zukam, wenn weiterhin die volle und uneingeschränkte königliche Autorität das Verhältnis Monarch–Armee bestimmen sollte.

Der Eid der Armee auf die Verfassung war bereits am 22. März konzediert worden, und im Verfassungsentwurf hieß es entsprechend (§ 78): „Die Mitglieder der beiden Kammern, alle Staatsbeamten und das Heer haben dem Könige und der Verfassung Treue und Gehorsam zu schwören." Die politische Einschätzung des Eides war zwar innerhalb der Nationalversammlung nicht einheitlich, das Parlament ließ sich aber gern auch vom Ministerpräsidenten Pfuel, einem General, bestätigen, daß die Offiziere „seiner Zeit eidlich verpflichtet werden". Dennoch war Zweifel aufgekommen an der Solidität einer solchen Verpflichtung.

Die Linke wünschte vor allem die Einschmelzung der Stehenden Armee in ein Wehrsystem, in welchem Linie, Landwehr und Bürgerwehr ein Ganzes bilden sollten – eine Lösung, die das alte Ideal der Volkswehr beträchtlich näherrücken konnte.

Mit dem Erlaß des Bürgerwehr-Gesetzes am 17. Oktober 1848, das die Errichtung von Bürgerwehren in allen Gemeinden anordnete und diesem Institut die Bestimmung gab, „die verfassungsmäßige Freiheit und die gesetzliche Ordnung zu schützen und bei Vertheidigung des Vaterlandes gegen äußere Feinde mitzuwirken", wurde das angestrebte Ziel nicht erreicht. Die Mehrheit des Parlaments wollte an der bisherigen Organisation der Wehrkraft nichts ändern. Ministerpräsident Camphausen verlieh dieser Haltung Ausdruck: „So lange nicht eine bessere erprobte Organisation eines Heeres sich irgendwo zeigt, werde ich niemals meine Zustimmung dazu geben können, das Wesen der preußischen Heeres-Organisation zu ändern, wenngleich in manchen Theilen zeitgemäße Änderungen nicht unterbleiben werden." Dahinter stand die Illusion der liberalen Mehrheit, die Landwehr stärker zur Geltung bringen und die Linie verfassungsrechtlich auf den neuen Staat verpflichten zu können. Die Führerwahl der Bürgerwehr oder Volkswehr, wie sie von der Verfassungskommission genannt wurde, und die spezifische Verpflichtung der Bürgerwehr auf den Schutz der verfassungsmäßigen Freiheit konnten keine Maßstäbe für die weiterexistierende alte Wehrverfassung werden.

Damit aber war das Parlament auf den Weg gewiesen, die inneren Strukturen der Linienarmee zu ändern, die Trennung von Soldat und Bürger zu mildern, das Offizierkorps an den Verfassungsstaat heranzuführen. Die Vereidigung auf die Verfassung sollte dabei nur ein erster Schritt sein. Während des Anlaufs dieser Bemühungen setzte dann im Sommer 1848 die reaktionäre Gegenbewegung, die Versteifung in der Haltung des Königs, ein. Ein äußeres Zeichen wurde gesetzt mit der Gründung der „Deutschen Wehr-Zeitung" im Juli 1848, seit 1852 „Preußische Wehr-Zeitung", hinter der ein Kreis von Offizieren stand. Offiziell agierte das Blatt zwar nicht im Namen der Armee, aber die Redaktion berief sich darauf, „im Geiste der Armee" zu sprechen. Vom Standpunkt der alten Armee schien es höchste Zeit zu sein, die Stimme zu erheben. In der Öffentlichkeit wurde bereits von der Wahl der Offiziere gesprochen. Es erfolgten Angriffe auf das Kadettenkorps, die Militärgerichtsbarkeit, die Privilegien der Offiziere.

Der Anti-Reaktionsbeschluß der Nationalversammlung

In der Nationalversammlung dominierten jetzt Kräfte, die erkannt hatten, daß alle Änderungen des preußischen Wehrsystems mit Veränderungen im Offizierkorps beginnen mußten, sollte irgendein praktischer Erfolg herauskommen. Die entscheidende Wendung, die zugleich auch die Entschlossenheit des Offizierkorps zur Opposition erheblich forcierte, brachte der sogenannte Anti-Reaktionsbeschluß der Nationalversammlung vom 9. August 1848.

In Schweidnitz war es am 31. Juli wegen eines legitimen Rechts der Bürgerwehr, nämlich ihrer Zusammenrufung mit Trommelschlag, zu Auseinandersetzungen gekommen. Der Festungskommandant verweigerte nach anfänglicher Zustimmung die Erlaubnis. Aufgebrachte Bürger sammelten sich vor seinem Haus zur Demonstration. Militär eröffnete das Feuer: 14 Bürger fanden den Tod. Die Nationalversammlung befaßte sich nach einer Erklärung des Ministerpräsidenten v. Auerswald mit dem Vorfall. In Berlin erschien die Haltung des Militärs in Schweidnitz als exemplarisch für seinen Geist überhaupt, geradezu als „Probefall der Gegenrevolution" (Huber). Die bürgerliche Mitte des Parlaments verlangte die Entfernung der beteiligten Truppenteile aus Schweidnitz.

Die Linke drang auf Einsetzung eines Untersuchungsausschusses, ihr Abgeordneter Stein formulierte schließlich einen Antrag, der unmittelbar die Stellung des Offizierkorps betraf, dessen Behandlung und Entscheidung konstitutiv werden mußte für die Zukunft der preußischen Militärmonarchie. Das Vertrauen der Nation hänge davon ab, so Stein, daß im Zivil und Militär solche Beamte zur Verfügung ständen, „die vom Geist des neuen Staats, von den Ideen der neuen Zeit tief durchdrungen sind und dahin mit uns arbeiten, daß diese Ideen auch in der Tat verwirklicht werden". Von dieser Überlegung ausgehend brachte er folgenden Antrag ein: „Der Herr Kriegsminister möge in einem Erlaß an die Armee sich dahin aussprechen, daß die Offiziere allen reaktionären Bestrebungen fernbleiben, nicht nur Konflikte jeglicher Art mit dem Civil vermeiden, sondern durch Annäherung an die Bürger und Vereinigung mit denselben zeigen, daß sie mit Aufrichtigkeit und Hingebung an der Verwirklichung eines constitutionellen Rechtszustandes mitarbeiten wollen." Das Ministerium Auerswald-Hansemann ging mit. Der Schweidnitzer Kommandant wurde zur Disposition gestellt. Die Nationalversammlung nahm mit großer Mehrheit den Antrag Stein an, ein Antrag des Abgeordneten Schultz, der mit 180 zu 179 Stimmen angenommen wurde, verlangte den Zusatz: „Und es denjenigen Offizieren, mit deren politischen Überzeugungen dies nicht vereinbar ist, zur Ehrenpflicht zu machen, aus der Armee auszutreten."

Mit dem Antrag Schultz stellte die Nationalversammlung das Ministerium Auerswald-Hansemann, das den Kontakt mit der Linken gesucht hatte, auf eine schwere Probe, insbesondere den Kriegsminister v. Schreckenstein. Die Antwort des Staatsministeriums vom 2. September spiegelt diese Verlegenheit wider; sie wies auf die Bemühungen des Kriegsministeriums hin, antikonstitutionelle Tendenzen in der Armee nicht aufkommen zu lassen, die Befehlshaber seien auf ihre Pflicht aufmerksam gemacht worden, „auch ihrerseits mit Entschiedenheit jedem Bestreben entgegenzutreten, durch welches, sei es im reactionären oder republikanischen Sinne, das Princip der constitutionellen Freiheit beeinträchtigt werden könnte". Die Armee habe sich auch bis jetzt in ihrer Pflicht nicht irremachen lassen: „sie hat dieselbe bei vielen Gelegenheiten glänzend bewährt". Der Beschluß der Nationalversammlung könne nicht ausgeführt werden. Das Ministerium stellte sich auf den Standpunkt, allgemeine Erlasse der geforderten Art entsprächen nicht dem Geist und dem Wesen der Armee – ohne daß versucht worden wäre, zu explizieren, was darunter verstanden wurde. An die Stelle des vertrauensvollen Gehorsams des Soldaten und Offiziers würde der Geist des Mißtrauens treten, der „Disziplin und Ordnung und den ganzen Werth der Armee mit der Zeit untergraben würde".

Diese Auskunft setzte sich über die Tatsache hinweg, daß das Offizierkorps mit Hilfe der Ehrengerichtsbarkeit und der Kontrolle der Kommandeure in der Vergangenheit durchaus Purgationen vorgenommen hatte, allerdings hatte es sich damals um die Verfestigung eben jener Strömungen gehandelt, die die Nationalversammlung jetzt eindämmen wollte. Aber Schreckenstein kannte die Stimmung im Offizierkorps. Es hätte eines ganz erheblichen Mutes bedurft – den guten Willen vorausgesetzt –, seinen Offizierskameraden einen derartigen Erlaß zuzumuten.

Die Nationalversammlung beschloß einen Vollzugsantrag, mit dem sie das Staatsministerium „zur Vermeidung eines Bruches mit der Versammlung" festlegen wollte. Das Kabinett erklärte seinen Rücktritt. Damit war endgültig eine Situation herbeigeführt, die Entscheidungen über die künftige Position der Armee im Staate verlangte. Waren auch die Grundeinstellungen auf den Flügeln, auf der Linken wie auf Seiten der Armee und der Konservativen, während der Auseinandersetzung klar und für keinen der Beteiligten zweifelhaft, so stand noch die Entscheidung der Kontroverse aus, die über die Errungenschaften der Revolution endgültig befinden mußte.

Das Ministerium Pfuel

Friedrich Wilhelm IV. legte sich wenige Tage später auf ein Kampfprogramm fest, in welchem das Wiedererstarken der alten staatstragenden Kräfte und Anschauungen Ausdruck fand, aber er vertagte noch einmal die Entscheidung und ernannte eine Art Übergangsministerium unter General v. Pfuel. Daß er nicht im entferntesten daran dachte, ein parlamentarisches System mit voller Einordnung des Militärwesens zuzulassen, stand jedoch fest.

Zuvor hatte er zwar Camphausen gegenüber die englische Verfassung als vorbildhaft hingestellt, wenn auch im „preußischen" Sinne ausgelegt, obwohl der Londoner preußische Gesandte, v. Bunsen, ihm eine jedes Mißverständnis ausschließende Auskunft über die englischen Verfassungsverhältnisse in bezug auf das Militärwesen gegeben hatte. Was Friedrich Wilhelm IV. von General v. Pfuel als Ministerpräsident erwartete, ist nicht deutlich, war der ehemalige Gouverneur von Berlin doch gerade von der konservativen Umgebung des Königs überspielt worden.

General v. Pfuel (geb. 1779) hatte eine wenig typische Laufbahn hinter sich. Die Zeit der preußischen Reformen bis zum Befreiungskrieg verbrachte er in österreichischen und russischen Diensten, er war befreundet mit Heinrich v. Kleist und Adam Müller, lernte Goethe und den Herzog von Weimar kennen. Erst 1814 trat er wieder in den preußischen Dienst, war Kommandant von Paris, Verbindungsoffizier beim Herzog von Wellington, später Lehrer an der Allgemeinen Kriegsschule, wo er eifrig den Gedanken der Leibesübungen in der Armee verfocht. Sein Werdegang führte ihn weiter über die Dienststellungen eines Divisionskommandeurs, des 1. Kommandanten von Köln, des Gouverneurs von Neufchâtel und eines Kommandierenden Generals. Ihm schwebte die Versöhnung von Monarchie und Nation vor. Eine stille Reaktion – an die Friedrich Wilhelm IV. wohl mit dem Schachzug seiner Ernennung zum Ministerpräsidenten und zugleich zum Kriegsminister gedacht hat – war mit ihm nicht durchzuführen.

Wie der König, so täuschten sich auch die Berliner Demokraten in ihm, die sein Ministerium das „Ministerium der bewaffneten Reaktion" nannten. Pfuel erkannte bald, daß es ihm nicht gelingen werde, eine Lösung zu finden; sein Nachgeben gegenüber der Nationalversammlung brachte ihn dem König und der konservativen Reaktion gegenüber in eine unhaltbare Lage. Das Kabinett Pfuel hielt sich nur von September bis Anfang November 1848, am 4. November wurde der General auch von seinen Pflichten als Kriegsminister entbunden. In konservativen Kreisen war das Urteil über Pfuel eindeutig: Er habe das Unglück gehabt, daß ihm in einer Zeit größter revolutionärer „Verwirrung und Schande" eine Aufgabe zuteil geworden sei, der er nicht gewachsen war.

Die Bestellung des Ministeriums Pfuel zeigte bei aller Vorsicht des Königs angesichts der sich mehrenden Zeichen einer Radikalisierung der Revolution (Frankfurt, Baden und Wien) dennoch die beginnende Wende. An der Spitze stand ein General, die Minister waren Beamte, Parlamentarier waren nicht vertreten. Das Parlament schwächte mit dem Sturz des Kabinetts Auerswald seine eigene Position, obwohl die Resignation des Ministeriums für sich betrachtet wie ein Erfolg des Parlaments aussah, ja wie der Beginn parlamentarischer Regierungsform.

Ein weiteres Anzeichen für die Ansätze eines neuen, entschlossenen Kurses gegen Revolution und Parlament konnte in der am 13. September erfolgten Ernennung des als konservativ-reaktionär bekannten Generals v. Wrangel zum Oberkommandierenden in den Marken gesehen werden. Wrangel und Pfuel paßten nicht zusammen, der Gegensatz war einkalkuliert. Pfuel suchte mit der zusätzlichen Übernahme des Kriegsministeriums seine Position zu verbessern, namentlich sich auch die Befehlsgewalt gegenüber Wrangel zu sichern. Das Kampfprogramm des Königs, das die Auflösung der Nationalversammlung und die Oktroyierung der Verfassung vorsah, und die Ernennung Wrangels zeigten aber, wie eng der Bewegungsspielraum des Ministerpräsidenten war, der zudem noch mit Ministern zusammenarbeiten mußte, die er nicht ausgesucht hatte.

Pfuel sah sich sogleich dem Anti-Reaktionsbeschluß der Nationalversammlung gegenüber. In dieser Lage mehr Entgegenkommen zu zeigen als sein Vorgänger bedeutete für einen preußischen General die Inkaufnahme des Bruchs mit dem Offizierkorps. Wrangel hatte in einer geheimen Ansprache seinen Offizieren gesagt, sie könnten damit rechnen, bald zur Aufrechterhaltung von Ordnung und Gesetzlichkeit gerufen zu werden. Pfuel wagte einen Schritt, der für kurze Zeit die Umrisse einer anderen „Ordnung" in Preußen sichtbar werden ließ: das alte Ziel der Reformer, zur Kongruenz von militärischer und politischer Verfassung zu kommen, leuchtete noch einmal auf, aber eine noch größere Mehrheit des Offizierkorps als 1808–1814, ja bis auf Ausnahmen die Gesamtheit, blieb monarchisch im spezifisch vormärzlichen Sinne.

Pfuel war sich daher klar über die Bedeutung seiner Maßnahme. Sein Anti-Reaktionserlaß an die Kommandierenden Generale gehört zu den denkwürdigsten Dokumenten der preußischen Militärgeschichte.

Der Text des Anti-Reaktionserlasses vom 23. September 1848 lautet: Infolge meiner Ernennung zum Minister-Präsidenten und Kriegs-Minister, beehre ich mich Einem u. General-Commando hierbei das Programm des neuen Ministeriums ergebenst zu übersenden. Se. Majestät der König haben sich bereits in dem Armeebefehl vom 1. Mai d. J. über die Stellung auszusprechen geruht, welche die Armee bei den veränderten Verhältnissen des Staats einzunehmen habe. Auch hat mein Amtsvorgänger, der Generallieutenant Freiherr von Schreckenstein, wiederholentlich und zuletzt in dem Erlaß vom 18. d. M. erklärt, daß die Regierung Sr. Majestät reactionäre Tendenzen überall nicht hege und den eingeschlagenen Weg constitutioneller Entwicklung mit redlichem Willen verfolgen werde. Zugleich ist dabei auf die Nothwendigkeit von ihm hingewiesen worden, in diesem Sinne durch alle Instanzen auf die Untergebenen angemessen einzuwirken. Einverstanden mit diesen Ansichten und entschlossen, reactionäre Tendenzen nicht zu dulden, ersuche ich Ein u. Commando, das gute Einvernehmen zwischen Civil und Militair nach Kräften zu fördern, und wo sich reactionäre Bestrebungen bei den Wohldenselben untergebenen Truppen zeigen sollten, denselben entschieden entgegenzutreten. Ein u. Commando wolle zu dem Ende von meinem gegenwärtigen Erlasse die Wohldenselben untergebenen Offiziere aller Grade zur Nachachtung in Kenntnis setzen. Dieselben sind zugleich darauf aufmerksam zu machen, daß sie nach dem von Sr. Majestät der National-Versammlung vorgelegten Verfassungs-Entwurfe gleich den Civilbeamten zur Aufrechterhaltung der Verfassung seiner Zeit eidlich werden verpflichtet werden, und daß mit der Übernahme solcher Verpflichtung alle anticonstitutionellen Bestrebungen, wie sie überhaupt mit der Stellung eines Offiziers in der Armee unverträglich sind, im Widerspruche stehen würden. Je schwieriger die gegenwärtige Lage des Preußischen und des gesamten Deutschen Vaterlandes ist, desto nothwendiger ist ein vernünftiges Zusammenwirken aller gesetzlichen Gewalten, desto mehr muß selbst der Schein einer Spaltung vermieden werden, um den Feinden des Vaterlandes jeden Vorwand, jede Hoffnung zu benehmen, um das gesäte Mißtrauen zu entfernen und allen Unbefangenen die Überzeugung zu gewähren, daß die von unserem Könige angebahnte freie Entwicklung des constitutionellen Staates von der vaterländischen Kriegsmacht nicht bedroht, sondern beschützt wird. Ich erkenne vollständig die Schwierigkeit der Aufgabe, die ich mit dem von Sr. Majestät mir anvertrauten Amte übernommen habe, ich halte mich aber überzeugt, daß Ein u. General-Commando sowohl, als die unter Wohldesselben Befehl stehenden Offiziere, bewährt in Treue und Liebe zu König und Vaterland, mit mir nach demselben Ziele streben werden.
Berlin, den 23. September 1848.

Der Kriegsminister gez. v. Pfuel

Welchen Schock der Anti-Reaktions-Erlaß des Kriegsministers v. Pfuel im Offizierkorps auslösen mußte, wird deutlich, wenn die zeitgenössische militärische Publizistik herangezogen wird; wenn man sich ferner vor Augen führt, wie die vorangegangenen Beschlüsse der Nationalversammlung beim König und in seiner Umgebung gewirkt haben. Der König fühlte sich vom Ministerium hintergangen. „Meister Pfuel“ und „seine Gesellen“ hätten ihm anderes versprochen. Seine Hoffnungen konzentrierten sich jetzt auf Wrangel. Pfuel galt am Hof als der böse Geist des Ministeriums.

Schon wenige Tage vor Erlaß des Armeebefehls vertrat die Wehrzeitung in scharfer Formulierung die Ansichten des Offizierkorps: „Kein Ehrenmann kann die Hand zur Ausführung einer solchen Maßregel – gemeint war der Beschluß der Nationalversammlung – geben, hoffentlich wird sich niemals in der preußischen Armee ein Individuum finden, welches seinen Namen durch Unterzeichnung des verlangten Erlasses beflecken möge.“ Für diesen Fall wurde die Formel für eine reservatio mentalis empfohlen: „Für meine Handlungen bin ich verantwortlich, meinen Gedanken oder Gefühlen kann und darf Niemand Zwang antun.“ Damit schien die Möglichkeit eröffnet, einer Anordnung, einem Befehl über „konstitutionelles Verhalten“ zu entsprechen, ohne ihn innerlich zu billigen – obwohl doch ein derartiger Befehl, wenn auch vom Kriegsminister erlassen, von der Autorität des Königs getragen war oder sein mußte, weil der Minister dem König verantwortlich war.

Hier kam wieder jener Sondergeist des Offizierkorps zu Wort, der die Gardeoffiziere in Potsdam zum Staatsstreich inspirierte und den Prinzen von Preußen zu dem Bekenntnis veranlaßt hatte, er werde eine Demütigung wie die vom 19. März bei aller Ehrfurcht vor dem König ein zweites Mal nicht wieder gehorchend mitmachen. Als der Staatsstreich kam – vom König und seiner Kamarilla inauguriert – sah die Armee darin nicht mehr als eine normale Wiederherstellung des Gewesenen unter Inkaufnahme theoretischer Zugeständnisse. Das kam der Formel Roons aus den Märztagen sehr nahe. Aber Roons Ansichten waren jetzt noch dezidierter geworden. Zwei Tage vor dem Armeebefehl des Kriegsministers schrieb er: „40000 Mann sind in und um Berlin versammelt und brennen darauf, zur Herstellung der Ordnung verwandt zu werden. Zaudert man noch länger, so werden sich alle Bande lösen, und auch die letzte Säule des Thrones nicht allein, sondern unserer gesammten christlichen Gesittung, das Heer, wird zusammenbrechen.“

Die „Ordnung“ in Berlin wiederherstellen, das schien der Armee der Ausweg aus der staatsrechtlichen und politischen Situation, in der sie sich nicht zurechtfand. Ein Machtspruch unter führender Beteiligung der bewaffneten Macht mußte alles ändern. Die Armee wartete auf den Staatsstreich. Angesichts dieser Einstellung zählte Pfuels Auffassung nichts (in einem Brief an den König), daß „die Linke vollkommen geschlagen“ sei und der Armee nicht „das Geringste zu nahe geschehen“ wäre. Die Armee war sich ihrer politischen Rolle voll bewußt – mit den Worten der „Wehr-Zeitung“ vom Oktober 1848: „Die Armee ist auch eine geistige Macht.“

Kritik an den Frankfurter Gesetzentwürfen

Die Entscheidung in Preußen hing weitgehend vom Gang der Revolution in den außerpreußischen Staaten ab, zugleich aber auch von den Impulsen, die von Frankfurt, dem „gesamtdeutschen Schauplatz der Revolution" (Theodor Schieder), ausgingen.

Von besonderer Wichtigkeit wurden in den Augen der preußischen Armee die Initiativen des Frankfurter Parlaments, eine deutsche Wehrverfassung gesetzlich zu verankern. Im September 1848 legte der Wehrausschuß der Frankfurter Nationalversammlung seinen Entwurf zu einem Gesetz über die deutsche Wehrverfassung vor. Er hat zu ganz entschiedener Kritik in der preußischen Armee geführt. Aber schon vorher ließen ihre führenden Sprecher unmißverständlich klarwerden, daß die preußische Armee eine Lösung nicht akzeptieren könne, die auf eine Einschmelzung in das Reichsheer hinauslief.

Erste Anlässe zur Kritik ergaben sich infolge des „Reichsgesetzes über die Einführung einer provisorischen Zentralgewalt für Deutschland" vom 28. Juni 1848, das dem von der Nationalversammlung zu wählenden Reichsverweser die „Oberleitung der gesammten bewaffneten Macht" übertrug. Obwohl hier von einer echten Integration der einzelstaatlichen Truppenverbände in das Reichskriegswesen nicht die Rede war, obwohl der Verfassungsentwurf der Siebzehn vom 26. April das Heerwesen nach preußischem Muster auf der Allgemeinen Wehrpflicht, auf dem Stehenden Heer und der Landwehr aufbaute und im Vorwort unmißverständlich von der Erhaltung der Dynastien die Rede war, sah die preußische Armee ihre Selbständigkeit bedroht.

In der Nationalversammlung dominierte das rechte Zentrum, die bürgerliche Aristokratie von Bildung und Besitz, die die großen nationalen und konstitutionellen Ziele der Revolution repräsentierte; radikale Lösungen waren von dieser Seite nicht zu erwarten. Zudem hatte der erste Reichsministerpräsident, Fürst Karl von Leiningen, sich den preußischen General v. Peucker zum Kriegsminister ausersehen, und im Wehrausschuß übte General v. Auerswald einen nicht unerheblichen Einfluß aus, wie überhaupt die preußische Armee mit einer ganzen Reihe von Offizieren in der Nationalversammlung und der Zentralgewalt vertreten war, so etwa mit Oberst v. Stavenhagen als Chef des Departements für Heerwesen im Reichskriegsministerium. Solange aber nicht völlig klargestellt war, daß der preußische König Oberfeldherr des Reiches werden würde – in Fortsetzung alter Bestrebungen, die 1840 zur Unterstellung der norddeutschen Bundeskontingente unter preußischen Oberbefehl geführt hatten –, solange die preußische Armee ihrer Selbständigkeit im größeren Rahmen nicht sicher sein konnte, solange mußte mit ihrer unnachgiebigen Opposition in Frankfurt gerechnet werden.

Der Huldigungserlaß des Reichskriegsministers

Etwa zur selben Zeit wurden im Juli 1848 in Berlin der Vorentwurf der Reichsverfassung und der Huldigungserlaß des Reichskriegsministeriums bekannt. Der Vorentwurf sah ein Reichsheer vor, das dem Reichsoberhaupt und der Reichsverfassung Treue schwören sollte mit der Maßgabe, daß jede andere Verpflichtung des Militärs dieser Loyalität nachstehen sollte, während Peuckers Huldigungserlaß (ein „Rundschreiben an die Kriegsminister der deutschen Staaten, die Übernahme der Zentralgewalt durch den Reichsverweser betreffend") den Einzelstaaten die Oberleitung der gesamten deutschen bewaffneten Macht durch den Reichsverweser notifizierte, die Kriegsminister der Einzelstaaten aufforderte, mit dem Reichskriegsminister sogleich „in Verkehr zu treten" und die Truppen anzuweisen, in besonders dringenden Fällen die unmittelbar vom Reichskriegsministerium ergehenden Befehle sofort zu befolgen. Die Bundestruppen sollten in feierlicher Form von der Übernahme der Leitung der deutschen bewaffneten Macht durch den Reichsverweser in Kenntnis gesetzt werden, am 6. August in ihren Garnisonen zur Parade ausrücken und dem Reichsverweser „zum Ausdrucke der Huldigung ein dreimaliges Lebehoch" ausbringen.

Diese Frankfurter Initiativen fielen zeitlich zusammen mit dem Erstarken der reaktionären Kräfte in Preußen, die selbst da, wo sie an sich den Reichsgedanken nicht unbedingt ablehnten, kompromißlos an der überkommenen Position des preußischen Königs als oberstem Kriegsherrn festhielten.

Zum anerkannten Sprecher der Armee machte sich der Direktor des Allgemeinen Kriegsdepartements, Oberstleutnant v. Griesheim, mit seiner anonym erschienenen Flugschrift „Die deutsche Centralgewalt und die preußische Armee", datiert vom 23. Juli 1848.

Griesheim geißelte die „Ignoranz oder Perfidie", die den „Hebel zum Umsturz an die einzige in Deutschland noch fest und aufrecht stehende Säule legt, die den letzten Rest der Ordnung trägt und die wohl auch in Deutschland, wie in Frankreich schon jetzt, der Mittelpunkt werden wird, um welchen sich das neue Gebäude aufbaut". Das Selbstbewußtsein der preußischen Armee wandte sich gegen den konstitutionellen wie zentralistischen Umfassungsversuch der Reichsgewalt, deren Autorität nicht mehr ernst genommen wurde, brachte sich aber auch gegenüber der Krone in Preußen in Erinnerung: der Eid auf die Reichsverfassung beabsichtige, das preußische Heer loszulösen von dem Thron, „den es geschützt und erhalten hat in den Drangsalen des letzten Jahrhunderts". Und sicher traf Griesheim den Kern der Sache, wenn er zu bedenken gab, daß das erste preußische Infanterieregiment lieber die deutsche Einheit aufgebe, als daß es die „Reichsnummer 32 oder 40" annähme.

Er appellierte an die Regierung, die Huldigung auf den Reichsverweser nicht zuzulassen, die Huldigung sei ein Akt, „durch den das Heer an sich selbst, an der Regierung, an seinem König irre werden würde".

Es ist argumentiert worden (Höhn, Verfassungskampf und Heereseid), die Armee sei zwar bei diesem Engagement dazu übergegangen, die politische Führung zu beeinflussen, aber das sei lediglich zur Unterstützung von König und Thron geschehen. Tatsächlich brachte die Armee seit den Märztagen ihr eigenes Interesse an der Aufrechterhaltung der alten Ordnung unüberhörbar zum Ausdruck. Hier waren nicht nur ideelle, sondern auch materielle Motive im Spiel. Begriffe wie „Ordnung“, „Sittlichkeit“ und „Gesellschaft“ sind auch in dieser Weise gebraucht worden. Überhaupt zeigte sich im Offizierkorps die gleiche Neigung wie beim grundbesitzenden Adel, Partikularinteressen mit den Staatsinteressen zu identifizieren. So wie Bismarck glaubte, die Junkerprivilegien seien gerechtfertigt durch die Leistungen des Adels, so ging das Offizierkorps von der Vorstellung seiner Unübertrefflichkeit aus und folgerte daraus, daß diese seine Qualität nur unter den vorteilhaften Bedingungen des alten Militärstaats bewahrt werden könne, wie umgekehrt die Hohenzollernmonarchie nur auf dieser quasiständischen Basis gegründet sei. Antibürgerlich war diese Denkweise nur im Hinblick auf die politischen Forderungen des Bürgertums, aber ein deutlicher antisozialer Zug ist in den Urteilen über die demokratische Linke, über die erstmals deutlich werdenden sozialrevolutionären Tendenzen der Zeit, erkennbar.

Auch der Anti-Reichsaffekt, die Anti-Frankfurt-Gesinnung des Offizierkorps haben Hintergründe und Motive dieser Art gehabt. Die Wehr-Zeitung befürchtete das „finis Borussiae“. Für Griesheim war das Vaterland in erster Linie Preußen und in einem noch spezielleren Sinne die preußische Armee.

In nationalpolitischer Hinsicht ließ sich nach den Vorstellungen der Einzelstaaten Peuckers Huldigungserlaß sehr wohl als Versuch auffassen, die Kommandogewalt der Landesherren zu beseitigen und eine reichseinheitliche Kommandogewalt – gebunden an das Amt, nicht an die Person – zu schaffen. Es ist darüber hinaus staatsrechtlich argumentiert worden, die Umwandlung des Deutschen Bundes in einen Bundesstaat habe nicht ipso facto ein unmittelbares Befehlsrecht der Reichsinstanzen gegenüber den Landesinstanzen begründet. In Österreich und Preußen sahen Regierung und Armee daher die höchstpersönlich gedachte Kommandogewalt des Monarchen tangiert. Dagegen stand die Auffassung der Zentralgewalt, die so umschrieben werden kann (besonders klar bei E. R. Huber, Deutsche Verfassungsgeschichte, 2): „Wenn mit dem Gesetz vom 28. Juni 1848 der bundesstaatlich organisierte Nationalstaat in die Wirklichkeit eingetreten war, so kam ihm mit der nationalen Staatszentralgewalt ipso facto auch die nationale Militärgewalt zu, die dann ihrer Natur nach über alle bereits vorhandene partikulare Militärgewalt, auch die der Landesherren, trat. Die nationalstaatliche Konzeption der Wehrverfassung rechtfertigte den im Huldigungserlaß erhobenen Anspruch des Reichsverwesers auf die volle und unmittelbare Befehlsgewalt gegenüber allen militärischen Befehls- und Verwaltungsinstanzen der Länder.“

Diese Auffassung war indessen nur juristisch und theoretisch richtig. An den Machtverhältnissen ging sie vorbei, denn einen der wesentlichen Machtfaktoren im gesamten Kalkül bildete die preußische Armee und ihr Selbstverständnis, das es nicht zuließ – und, wie hinzugefügt werden darf, bis zum Ende der Monarchie nicht zuließ – vom grünen Tisch einer schlecht und recht etablierten „Reichsgewalt“ in ein bloßes Kontingent verwandelt zu werden.

Das Schicksal des Huldigungserlasses entsprach der politischen Situation: In *Österreich* wurde eine Parade abgehalten, das Kriegsministerium protestierte jedoch in Frankfurt gegen Peuckers Erlaß und erreichte, daß der Reichsverweser sich distanzierte. In *Preußen* unterblieb die Huldigung völlig. Ein Armeebefehl ließ keinen Zweifel daran, daß preußische Truppen nur mit Zustimmung des Königs im Sinne der Zentralgewalt eingesetzt werden könnten. Das Prinzip der persönlichen Kommandogewalt des Obersten Kriegsherrn setzte sich durch. In *Bayern* blieb die Lage unklar. Aber mit dem Scheitern der Ausdehnung der zentralen Militärgewalt auf die beiden deutschen Großmächte setzte sich praktisch die Gegenrevolution durch.

Die preußische Armee empfand diesen Ausgang als Erlösung von einem Alptraum.

Erst nach Abwehr solcher unmittelbaren Auswirkungen nationalstaatlicher Konzeptionen auf die preußische Armee erwuchs die Bereitschaft, den Grundsatz der „wirklichen Einheit Deutschlands" wenigstens theoretisch anzuerkennen. Aber die Stellungnahme zum „Gesetzentwurf über die deutsche Wehrverfassung" vom 25. September 1848 zeigte, daß Prinz Wilhelm als der Exponent der Armee unter „angemessenen Rücksichten auf die Lebensbedingungen der einzelnen Staaten" vor allem die Kommandogewalt des obersten Kriegsherrn verstand. Nicht einmal für den Fall eines Krieges konnte er sich vorstellen, „daß Großmächte wie Oesterreich und Preußen ihre Armeen ... ausschließlich der Centralgewalt unterordnen". Im Vordergrund seiner Argumentation standen die „Sonderbedingungen einzelner Staaten". Mit anderen Worten, es dominierte der Gedanke an eine bundesstaatliche Lösung eher lockerer Art, die bei der Sonderstellung der beiden Großmächte und bei starker Rücksicht auf die staatlichen Interessen aller Mitglieder letzten Endes doch wieder ganz in die Nähe einer staatenbündischen Ordnung zielte.

Die preußische Armee lehnte den Entwurf ab, obwohl er sich mit der Einteilung der bewaffneten Macht in Linie, Landwehr 1. und 2. Aufgebots eng an das preußische Vorbild anlehnte. Auch hierin zeigte sich, daß der Elan der revolutionären Bewegung in Deutschland gebrochen war.

d. Die Liquidierung der Revolution

Der Trend zur Restauration

In diesen Wochen des August–September–Oktober 1848 festigte und politisierte sich die Militärpartei in Preußen in einem Maße, wie es bisher nicht der Fall gewesen war. Anders als in der bewegenden Phase der Reformen 1808 bis 1814 reagierte die Armee jetzt nicht auf außenpolitisch-militärische Herausforderungen, sondern auf innenpolitische Aktionen der Regierung, die einen Ausgleich zwischen Verfassungsstaat und Offizierkorps anstrebten. Die um die „Deutsche Wehr-Zeitung" gescharte militärische Fronde unterminierte die Stellung des Ministerpräsidenten, in ihren Augen Verderber der Tradition und Ehre des Offizierkorps.

So sehr das Scheitern der Revolution als Grunderlebnis des deutschen Liberalismus anzusehen ist, so sehr kann der Erfolg der Reaktion als bewußtseinsbildende politische Erfahrung des Offizierkorps interpretiert werden: Erfahrung als Gewißheit des harten Kerns der preußischen Monarchie, des Triumphs der unangefochtenen Kommandogewalt des Königs über Regierung, Parlament und Verfassung, der Parallelität der Interessen von Königtum und Offizierkorps und der dahinterstehenden Hierarchie konservativer Wertvorstellungen.

Der Angriff der Nationalversammlung auf Privilegien, Attribute und Rechte der alten vorkonstitutionellen Ordnung überflügelte die gemäßigten Ziele der Regierung und führte zur Bildung der Interessengemeinschaft von Adel, ländlichem Besitz, Offizierkorps, Beamtentum und Krone in neuer Form. Als Herausforderung dieser Kräfte sind u. a. zu nennen: der Versuch, die Verfassung einseitig durch die Nationalversammlung zu verabschieden; Beschlüsse, den Adel, Ehrentitel und Orden abzuschaffen; größerer Schutz der persönlichen Freiheit, Abschaffung der Todesstrafe, Beschränkungen der Rechte der Gutsherren, Ablehnung des Gottesgnadentums, konstitutionelle Gleichschaltung des Offizierkorps; Verdrängung konservativer Leitlinien für Gesellschaft, Staat und Politik durch liberale.

Die Armee vollzog keinen Frontwechsel auf die Seite der konservativen Mächte (Huber), weil sie hier schon längst stand, sie übernahm jetzt aber unangefochten die Spitze als Stütze der monarchischen Staatsidee. Ihr politischer Kopf war der Chef des Allgemeinen Kriegsdepartements, Oberstleutnant v. Griesheim, der mit seinen anonymen Flugschriften die Anschauungen und Emotionen des Offizierkorps treffend artikulierte.

Karl Gustav Julius v. Griesheim, geb. 1798, gehörte seit 1837 dem Kriegsministerium an, war nebenher Lehrer an der Allgemeinen Kriegsschule, seit 1846 Vorsteher der Armeeabteilung des Ministeriums, ab Mai 1848 Direktor des Allgemeinen Kriegsdepartements. 1850/51 Chef des Stabes des Prinzen von Preußen. Gestorben 1854 als Generalmajor. Wegen des schnellen Wechsels der Kriegsminister in der Revolutionszeit gewann er vom Allgemeinen Kriegsdepartement aus erheblichen Einfluß auf die Militärpolitik. Die royalistische Gruppe um Leopold v. Gerlach dachte daran, ihn als Kandidaten für den Posten des Kriegsministers in einer konservativen Regierung ins Spiel zu bringen. Mit seinen berühmten anonymen Flugschriften attackierte er die preußische Außen- und Innenpolitik 1848 vom Standpunkt des Offizierkorps: April 1848 „Über den Krieg mit Rußland“; Juli 1848 „Die deutsche Centralgewalt und die preußische Armee“; September 1848 Flugschrift gegen die Bestimmungen über die Wahl der Landwehroffiziere in der „Charte Waldeck“; November 1848 (nach der Besetzung Berlins durch Wrangel) „Gegen Demokraten helfen nur Soldaten“.

Hatten sich die Reformer zum Sprecher einer Armee und eines Staates gemacht, wie sie sein sollten, so kämpfte das politisierte Offizierkorps der Revolutionszeit für den Inbegriff eines Staates, wie er nach seiner Vorstellung einst bestanden hatte und wie er wiederhergestellt werden sollte: für die Militärmonarchie, für ein Verhältnis des Aufeinanderangewiesenseins von König und Armee.

Lediglich eine kleine Minderheit auch aktiver Offiziere zeigte sich empfänglich für die Ziele der Revolution und sympathisierte mit den Bestrebungen für einen Neubau des Staates auf parlamentarischer Grundlage. Daß ehemalige, kurz vor der Revolution aus dem Offizierkorps entfernte Offiziere, wie die Leutnante Annecke und v. Willich, darunter waren, beunruhigte die Armee kaum. Das Verhalten aktiver Offiziere des 25. Infanterieregiments in Köln, u. a. von 4 Leutnants, die nicht bereit waren, ihre „Waffen gegen das Bürgertum gebrauchen" zu müssen und anderer, die für die Abschaffung der Ehrengerichte und der geheimen Conduiten eintraten, die eine Einschränkung der Befugnisse der Militärgerichte forderten sowie Schutz vor willkürlicher Behandlung und Entlassung, wog schwerer. Politische Auffassungen solcher Art, Courage im Dienst und Amt zu „unerhörten" Äußerungen sind vor allem aus rheinischen Garnisonen gemeldet worden. In Aachen beriefen sich 19 Infanterie- und Dragoner-Leutnante auf die „Scharnhorstschen Grundsätze", sie traten für die Einsetzung einer gemischten Reformkommission ein und für die Verschmelzung von Linie und Landwehr – was sicher nicht im Sinne der Reformer geschah. Mannschaften wandten sich vereinzelt gegen die Kriegsartikel und verlangten „Schwurgerichte". Es gab Demonstrationszüge, von dem Verhalten einiger Landwehreinheiten ganz zu schweigen, wo es zu Gehorsamsaufkündigungen kam, etwa in Neuß, Elberfeld, Krefeld und Essen. Am deutlichsten hat wohl der im April 1848 aus der Armee ausgeschiedene Leutnant v. Beust seine Position in seinem Entlassungsgesuch gemacht: „Ich bekenne mich durch die Tat zu dem Grundsatz, daß der Soldat, der Offizier Bürger sei, daß der Bürger in Uniform als Erzieher, als Lehrer seine Mitbürger zur Verteidigung ihres Herdes tüchtig mache." In keinem Stand, so Beust, sei weniger „eine freie menschliche Entwicklung, eine freie Befähigung zum Gemeinwohl möglich" als in dem der Offiziere. Solche Vorkommnisse blieben empfindlich wirkende Einzelereignisse. Die preußische Militärtradition hat sie unterdrückt, aber die militärische Führung hat sie mit großer Aufmerksamkeit registriert.

Der Staatsstreich

Ludwig v. Gerlach faßte in einem Promemoria für Friedrich Wilhelm IV. im September 1848 den Gedanken des Angewiesenseins des Monarchen auf die Armee dahin zusammen: „Der Treue, welche Armee und Untertanen dem König schuldig sind, korrespondiert nach deutschem, wahrhaft konstitutionellem Rechte die Treue, die der König seiner Armee, seinen Untertanen schuldig ist." Leopold v. Gerlach, der vertraute Ratgeber des Königs und seit 1850 Generaladjutant, stand auf dem Standpunkt, der König habe im März lediglich „einer Horde Aufrührer" Versprechungen gemacht. Darin sah er die „Unreinlichkeit" seiner Stellung. Eine Wiederherstellung der alten „Reinlichkeit" konnte mithin kein Treuebruch, kein Staatsstreich sein. So und ähnlich dachte die überwältigende Mehrheit des Offizierkorps. Es erblickte in der Ernennung Wrangels zum Oberkommandierenden aller Truppen zwischen Oder und Elbe (September 1848 = Oberkommandierender in den Marken) das Zeichen für die Vorbereitung der Gegenrevolution. Jetzt waren die Truppen zum Staatsstreich versammelt, der Krieg gegen Dänemark war am 26. August mit dem Waffenstillstand in Malmö beendet worden, das Preußische Kontingent stand bereit, in Berlin einzugreifen. Wrangel ließ keinen Zweifel an seiner Entschlossenheit.

Die Staatsstreichstimmung der Armee ist durch das weitere Zögern Friedrich Wilhelms IV. verstärkt worden. Die Ernennung des Übergangsministeriums v. Pfuel wirkte als ungeheuere Enttäuschung. Statt der – etwa in diesen Tagen von Moltke – erwarteten großen Dinge erging Pfuels „Anti-Reaktions-Erlaß“ am 23. September mit seinem das Offizierkorps herausfordernden Kernsatz, „daß die von unserem Könige angebahnte freie Entwicklung des constitutionellen Staates von der vaterländischen Kriegsmacht nicht bedroht, sondern beschützt wird“. Je mehr Vertrauen Pfuel bei der Mehrheit der Nationalversammlung gewann, um so unmöglicher wurde er in den Augen des Offizierkorps.

Die weitere Zuspitzung der Lage in Berlin im Oktober, die Auswirkungen der Wiener Oktoberrevolution; die Ablehnung Pfuels, den Belagerungszustand zu verhängen; sein Rücktritt führten zur Bildung des Kabinetts Brandenburg Ende Oktober, das allgemein als Regierung der Gegenrevolution angesehen wurde. Versuche der Nationalversammlung, eine Mitwirkung bei der Regierungsberufung zu erreichen, also den Weg zur parlamentarischen Regierungsform einzuschlagen, stießen bei Friedrich Wilhelm IV. auf entschiedene Ablehnung. Am 8. November formulierte er seinen Auftrag an die neue Regierung: „Die Märzrevolution entschieden und siegreich zu stürzen“. Die neue Regierung, in der die Armee durch zwei Generale vertreten war (Ministerpräsident und Außenminister Graf Brandenburg und Kriegsminister v. Strotha) war bereit, den Staatsstreich durchzuführen.

Der Staatsstreich in Preußen begann mit der rechtswidrigen Verlegung und Vertagung der Nationalversammlung. Der passive Widerstand der Versammlungsmehrheit führte schließlich am 10. November zum Einmarsch Wrangels, am 12. November zur Verhängung des Belagerungszustandes und am 13. zum Einsatz militärischer Gewalt gegen die opponierende Nationalversammlung. Am 14. November verhängte Wrangel das Kriegsrecht über Berlin. Nahezu parallel damit ging die Niederschlagung der Revolution in Österreich (26. bis 31. Oktober) durch Windischgrätz; in Frankreich wurde Prinz Louis Napoleon zum Präsidenten der Republik gewählt (10. Dezember), so daß von einem „gesamteuropäischen Rhythmus der Revolution“ (Th. Schieder) gesprochen worden ist. Dennoch hat die innenpolitische Rolle der Armee in Preußen ihre besonderen Züge, und die Verfestigung des alten Kerns der Militärmonarchie im Rahmen der Verfassungen von 1848/50 hat insbesondere ihren Interessen gedient. Daß die Verfassung ohne jede Auswirkung auf das unmittelbare Loyalitätsverhältnis zwischen König und Offizierkorps blieb, und zwar bis 1918, hängt aufs engste mit der Rolle der Armee während der Revolution zusammen, primär mit der Tatsache der Überwindung der Revolution im Zuge eines allmählichen Zurückholens des Monarchen auf den Standpunkt des reaktionär-legitimistisch politisierten Offizierkorps. So waren der Einmarsch in Berlin, die Auflösung aller politischen Vereine und Klubs, der Bürgerwehr, der Kampf gegen die Presse und die Verfolgung der Nationalversammlung von einem Versammlungslokal zum anderen nur besonders auffällige Schritte in einem politisch und theoretisch längst abgeschlossenen Aktionsprogramm, das royalistische Ultras sich am liebsten in den Formen des Bürgerkriegs hätten abspielen sehen. Allerdings gehört in diesem Zusammenhang auch das gemäßigte Auftreten des Majors Herwarth v. Bittenfeld am 15. November im Mielentzschen Saal, der den Befehl hatte, die Versammlung zum Verlassen des Saales anzuhalten, nötigenfalls Gewalt anzuwenden, um die Beratung des Steuerverweigerungsantrags zu verhindern.

Die Militärpartei berechnete die Wirkung der Demonstration militärischer Macht im Hinblick auf die Wiederherstellung politischer Macht, die etwa seit September unter dem Stichwort „Oktroyierung der Verfassung" diskutiert wurde, also einer Formel, die mindestens die Absicherung der unkontrollierten Kommandogewalt gewährleistete. Daß die Armee die prominente Rolle in diesem Coup d'Etat gespielt hatte, der nach ihrer eigenen Auffassung nichts weiter war als die Wiederherstellung beschädigten alten Rechts, das hat Griesheims Formel „gegen Demokraten helfen nur Soldaten" einprägsam und für die Armee und weite Kreise der politischen Rechten sowie des durch kommunistische Aktivitäten aufgebrachten Bürgertums zum Ausdruck gebracht. Die Formel hat darüber hinaus den psychologischen Effekt gehabt, daß sie den Rechtsbruch des Vorgehens überdeckte und das Ganze als Notstandsaktion erscheinen ließ, bei welcher das Recht auf seiten der Krone und des Militärs lag. Mit ihr schien auch anerkannt, was Wrangels Einmarsch am 10. November signalisiert hatte: die Armee war nach ihrem Selbstverständnis zum vorrangigen innenpolitischen Ordnungsfaktor geworden.

Ein spezielles Interesse der Armee war mit dem militärischen Coup d'Etat noch verbunden. Kriegsminister v. Pfuel hatte in seinem Anti-Reaktions-Erlaß am 23. September angekündigt, daß die Offiziere „zur Aufrechterhaltung der Verfassung seinerzeit eidlich werden verpflichtet werden". Nach „Wiederherstellung der Ordnung" schien diese „Gefahr" endgültig beseitigt und damit eine seit Jahrzehnten lebendige Überzeugung des Offizierkorps wieder zu ihrem Recht gekommen. Um so schockartiger wirkte die Ankündigung des Königs in seinem Patent vom 5. Dezember 1848, daß bei der Revision der am gleichen 5. Dezember oktroyierten Verfassung, die „verheißene Vereidigung des Heeres auf die Verfassung" veranlaßt werden würde. Hier war wahrscheinlich Verschleppungstaktik im Spiel, sofern nicht einfach eine schwankende Haltung des Königs angenommen werden kann.

Im Verfassungsentwurf der Regierung Brandenburg war die Vereidigung des Heeres enthalten. Hierüber gab es erhebliche Auseinandersetzungen mit dem König. Es folgte die Abschwächung zum bloßen Vereidigungsversprechen. Dabei wurde der Zeitgewinn einkalkuliert. Nach Auffassung des Innenministers Frhr. v. Manteuffel käme nach drei Monaten Ruhe alles zum Stillstand, eine solche Verfassung habe noch keinen Bestand: die Armee sei das Wichtigste.

Im Offizierkorps blieben diese Hintergründe weithin unbekannt. Daher setzte eine massive Agitation gegen den in Aussicht gestellten Eid ein. Die

„Deutsche Wehr-Zeitung" argumentierte, mit dem Verfassungseid werde die Armee ein „berathender" Körper, ihre „Kraft für das Vaterland" sei gebrochen: „Ein zweites mal rettet das Heer den Staat nicht." Die Krone stehe rat- und hilflos der Demokratie gegenüber. Die Agitation des Offizierkorps ging so weit, den Verfassungseid als praktischen Hebel der Linken und Demokraten für Wühlereien und Trübungen des Selbstbewußtseins der Armee hinzustellen. Die Revolution scheine auf diese Weise durch die Hintertür importiert zu werden.

Die gesamte Aktion gedieh auf dem Boden der unausgesprochenen Hoffnung eines stillen Einverständnisses mit dem Monarchen. Selten ist soviel in der preußischen Armee gegen eine Ankündigung des Königs argumentiert und deliberiert worden. Hier funktionierten weder Ehren- noch Kriegsgerichtsbarkeit. Nach der Mitteilung Arnim-Boitzenburgs, es sei sein Fehler gewesen, dem König im März den Rat zu geben, das Heer auf die Verfassung zu vereidigen, brach eine wahre Flut von Stellungnahmen und Petitionen gegen die Vereidigung herein, die wohlorganisiert war vom „Preußenverein", vom „Treubund für König und Vaterland" u. ä. Dahinter standen vor allem pensionierte Offiziere, Beamte und bürgerliche Kreise.

D. Von der Revolution bis zur Gründung des Deutschen Reiches

1. Die Position der Armee im konstitutionellen System

a. Der Eid auf die Verfassung

Für die letzten Anstrengungen der Armee gegen den Verfassungseid sind insbesondere die Argumentationen ihrer Vertreter in der Ersten und Zweiten Kammer von Bedeutung. In der nach dem neuen, durch Notverordnung verfügten Dreiklassenwahlrecht gewählten Zweiten Kammer dominierten jetzt ebenfalls die Konservativen zusammen mit dem rechten Flügel der Mitte.

In beiden Körperschaften fanden die Sprecher der Armee, etwa Generalleutnant v. Reyher, Oberst v. Griesheim, Generalmajor v. Brandt, Generalleutnant v. Canitz, Major v. Voigt-Rhetz und Oberst du Vignau u. a., also Offiziere aus dem Generalstab, dem Kriegsministerium und selbst ein Generaladjutant (v. Canitz), Unterstützung, als sie gegen den Verfassungseid und andere politische Rechte der Soldaten zu Felde zogen.

Bereits am 10. Oktober 1849 beantragte die Verfassungskommission in der Kammer einen Zusatz zu § 107 der Verfassung: „Eine Vereidigung des Heeres auf die Verfassung findet nicht statt." Kriegsminister v. Strotha erklärte bei der Debatte, die Vereidigung stehe im Widerspruch zur Verfassung, sie sei „gefährlich für das Land, weil diese Handlung zum unsicheren Gehorsam und zur Berathung führen, so die militärische Disziplin untergraben und politischen Umtrieben freie Bahn öffnen würde, die das Heer bis zum Treuebruch führen". Reyher: „Die Verheißungen der Regierung sind im Drange der Umstände gegeben worden, aber sie bestehen und müssen erledigt werden, und das kann wohl nicht anders geschehen, als daß die Verfassungsurkunde die Nichtvereidigung der Armee auf die Verfassung bestimmt ausspricht."

Für das Offizierkorps war mit der Frage des Verfassungseides noch eine andere Problematik verbunden: die Verbürgerlichung des Heeres. In der Auseinandersetzung mit den Liberalen wurde diese Forderung theoretisch schon seit Jahrzehnten diskutiert, vor allem in den Parlamenten Bayerns, Badens und Sachsens. Lediglich in Kurhessen gelang die Verwirklichung. Der Offizier sollte so in das normale Staatsdienerverhältnis überführt werden. Der liberalen Theorie zufolge schienen damit größere Rechtsgarantien für den Bürger verbunden, das Dienstverhältnis des Offiziers aber erst damit aus einem „willkürlichen" in ein wahres „Rechtsverhältnis" umgewandelt zu sein. Die Diskussion war dem preußischen Offizierkorps seit Jahrzehnten bekannt, sie hatte auch ihren Widerhall in der militärischen Publizistik gefunden. Der preußische Offizier hatte nicht die Absicht, Staatsdiener wie der Beamte zu werden, ebensowenig wünschte er die geistige Anpassung an den „konstitutionellen Verfassungszustand".

Die Linksliberalen und die Radikalen in der Kammer stellten sich taktisch auf diese Situation ein. Ihnen war klar, daß es vordringlich um die Änderung der Gesinnung des Offizierkorps, danach erst um rechtliche Fragen gehen müsse. Die weitere Entwicklung hat ihnen gerade mit ihrem negativen Resultat recht gegeben. Mit der Verfassungsrevision erledigte sich die Frage dann bis zum Ende der Monarchie.

Als die preußischen Kammern in der zweiten Hälfte des Jahres 1849 die Verfassungsrevision berieten, war die Zeit reif für die endgültige Ablehnung der Vereidigung der Armee. Die revidierte Verfassung vom 31. Januar 1850 enthielt die verheißene Bestimmung nicht, sie bestimmte vielmehr in Art. 108 Abs. 2: „Eine Vereidigung des Heeres auf die Verfassung findet nicht statt." Damit blieb es beim Fahneneid nach der Kabinettsorder vom 5. Juni 1831.

b. Das Wahlrecht der Soldaten

Nach Auffassung des Offizierkorps gehörte das Wahlrecht der Soldaten zu jenem Komplex politischer Rechte, die die „unpolitische" Existenz der Armee zu gefährden geeignet waren. Solche Rechte konnten, nach Auffassung der Konservativen wie auch nach „nur-militärischer" Meinung, demokratisches Denken und politische Unzuverlässigkeit in die Truppe einschleusen. Politische Rechte schienen daher äußerst gefährlich. Zu Beginn der Auseinandersetzung um diese Frage ist von militärischer Seite häufig der Zusammenhang mit dem Verfassungseid betont worden. Beide Institutionen verletzten in militärischer Sicht die Verfassungsbestimmung über das Deliberationsverbot.

De facto ging der Streit um prinzipielle politische Fragen. Die von der Armee vorgetragenen Bedenken waren ohne jeden Erfahrungsgehalt, einfach Behauptungen im Hinblick auf künftig mögliche Entwicklungen. Tatsächlich trafen die Wahlrechtsbestimmungen der Verfassung kaum die Masse der Wehrpflichtigen, die aus Altersgründen so gut wie nicht betroffen waren. Art. 67 der oktroyierten Verfassung gab jedem selbständigen Preußen mit vollendetem 24. Lebensjahr die Eigenschaft als stimmberechtigter Urwähler in der Gemeinde, in der er seit sechs Monaten ansässig war oder seinen Aufenthalt genommen hatte. Das passive Wahlrecht erhielt jeder Preuße mit vollendetem dreißigsten Lebensjahr, der bereits ein Jahr dem Staatsverband angehörte. Mit ihrem allgemeinen, gleichen, indirekten Wahlrecht (die Urwähler wählten zunächst Wahlmänner, die ihrerseits die Abgeordneten wählten) hatten sich das Staatsgrundgesetz und das Wahlgesetz für die Zweite Kammer vom 6. Dezember 1848 weitgehend den Grundsätzen der liberalen Demokratie angepaßt. Soldaten, Unteroffiziere und Offiziere wurden nicht von dieser Regelung ausgenommen, aber der Wehrpflichtige der aktiven Armee war im Regelfall noch nicht 24 Jahre alt. Der Unteroffizier lebte in so großer Abhängigkeit von der Armee, daß er kaum wagen durfte, politische Aktivität zu entfalten. Das Wahlrecht war also in der Praxis eine Sache der Offiziere, die auch mit einigen begabten Vertretern in die Zweite Kammer gelangten und dort die

Stimmen des Offizierkorps zu Gehör brachten. Die Armee hatte im übrigen die Möglichkeit, durch Dislokationsveränderungen das Wahlrecht von Soldaten illusorisch zu machen, weil auf diese Weise die Bedingungen des sechsmonatigen Aufenthalts in einer Gemeinde nicht erfüllt waren.

Für die ersten Wahlen im Januar 1849 gab das Kriegsministerium am 20. Dezember 1848 eine erläuternde Verfügung heraus, die zeigte, daß an eine loyale Sicherung des Wahlablaufs gedacht war. Der Kriegsminister wies darauf hin, daß nur bei wenigen Truppenteilen Garnisonsveränderungen stattgefunden hätten: „Mithin sind bei allen anderen Truppenteilen des stehenden Heeres, welche beim Eintritt der Wahlen sich in ihren Garnisonen befinden, alle dazu gehörenden Militärpersonen, welchen das aktive Wahlrecht gesetzlich zusteht, zur Ausübung jenes Rechts befugt, insofern sie zu dieser Zeit mindestens seit sechs Monaten dem betreffenden Truppenteil angehört haben, wobei es darauf, ob und wie lange der Truppenteil vom Garnisonort abwesend gewesen ist, nicht ankommt.

Bei denjenigen Truppenteilen des stehenden Heeres aber, welche beim Eintritt der Wahlen sich nicht in ihren Garnisonen befinden, können die dazu gehörenden Militärpersonen, denen sonst das aktive Wahlrecht gesetzlich zustehen würde, dieses Recht nur dann ausüben, wenn der Truppenteil seit mindestens sechs Monaten an einem und demselben Orte sein Standquartier hat, und sie seit jener Zeit dem Truppenteil angehören."

Diese Verfügung zeigte, daß die Armee gegebenenfalls das Wahlrecht der Soldaten erheblich beeinflussen konnte, etwa mit der Durchführung von größeren Übungen oder Manövern während der Wahlen.

Die Armee hat diese Möglichkeit nicht hoch bewertet, wohl deshalb nicht, weil die Masse der Soldaten ohnehin nicht wahlberechtigt war. Friedrich Wilhelm IV. hat dies wohl vor Augen gehabt, als er mit der Wahlrechts-Notverordnung vom 30. Mai 1849 das Dreiklassenwahlrecht einführte. Damit brach er ein entscheidendes Stück aus der jungen Verfassungsordnung heraus, mobilisierte die konservativen Kräfte und sicherte eine gemäßigte Zusammensetzung der Kammer. Das mit dieser bedenklichen Praxis, Verfassungsrecht im Wege der Notverordnung zu ändern, geschaffene Wahlrechtsinstrument blieb bis zum November 1918 in Kraft. Daß die Wahlrechts-Notverordnung in § 9 das Wahlrecht der Militärpersonen bestätigte, ja es ausdrücklich noch unabhängig davon machte, wie lange sie sich vor der Wahl an ihrem Standort aufgehalten hatten, steht in eigenartigem Kontrast zu den Bemühungen der Armee, das Wahlrecht der Soldaten überhaupt abzuschaffen.

Gerade die nach dem neuen Wahlrecht berufene Kammer hat ja im Herbst 1849, vor und im Hinblick auf den Erlaß der Revidierten Verfassung vom 31. Januar 1850, die Frage des Wahlrechts der Soldaten ausgiebig diskutiert. Auch in der Ersten Kammer ist das Thema behandelt worden. Die Vertreter der Armee kämpften hartnäckig gegen einen Vorschlag, das Wahlrecht der Militärpersonen „unabhängig von dem Verhältnis zu einem Gemeindeverbande" zu machen. Voigt-Rhetz beantragte in der Ersten Kammer dagegen, es möge beschlossen werden, „daß, weil die Vereidigung des Heeres auf die Verfassung abgelehnt ist, und alle Berathschlagungen der bewaffneten Macht verfassungsmäßig verboten sind, die Armee als solche, das Wahlrecht nicht in Anspruch nehmen, sondern dasselbe nur durch diejenigen Mitglieder ausüben kann, welche den allgemeinen, für alle Staatsbürger gültigen Bedingungen genügen".

Am deutlichsten sprach Generalmajor v. Brandt, damals Kommandeur einer Infanteriebrigade, die Befürchtungen im Offizierkorps aus. „Nachteile" des Wahlrechts sah er darin, daß die Disziplin leiden, der „militärische Geist" erschüttert werden könne. Ende November 1849 führte er in der Ersten Kammer aus: „Der Armee geht, nach der allgemeinen Wehrverpflichtung, jährlich ⅓ ihres Effectivstandes ersatzweise durch Leute aller Volksschichten zu, und da die Demokratie vorzüglich darauf bedacht ist, die Jugend in ihren Umtrieben zu unterrichten, so bekommt das Heer fortwährend einen Brennstoff, der durch die Wirkungen einer nur kurzen Dienstzeit kaum ausgetilgt werden kann. Wenn nun im Heere dieses offenbare Streben gegen die Autorität und Pietät ist, so werden, wenn man den Soldaten in Wahlversammlungen bringt, die üblen Früchte davon nicht ausbleiben. Klubs, Reden, Broschüren, Plakate – Alles was an der Sache hängt – werden das in den Leuten noch vorhandene Gute vertilgen, und man wird die Zucht und Disziplin der Armee gänzlich schwinden sehen. Der militärische Geist bedingt den Werth einer Armee, und begreift alle militärischen Tugenden, die ein Soldat haben muß, um, unter allen Verhältnissen, Mühseligkeiten zu ertragen, zu entbehren, siegend oder besiegt muthig zu kämpfen, und immer bereit zu sein, für Fürst und Vaterland zu sterben. Dieser Geist ist höher anzuschlagen, als selbst die militärische Ausbildung, aber es bedarf für ihn Zeit, Erinnerung, ungestörte Einwirkung der Vorgesetzten auf die Untergebenen, Hochachtung für edle Vorbilder, und besonders eines zugleich väterlichen und kameradschaftlichen Verhältnisses zwischen Offizier und Soldat. Dies würde fortan nicht bestehen können, wenn, in Angelegenheiten der Wahlen, Offiziere und Soldaten, oder auch Unteroffiziere und Soldaten, sogar Soldaten und Soldaten in ihren Meinungen auseinander gehen ... Das Wahlrecht der Armee würde dieselbe auch von ihrem Berufe ab – und zur Politik hinüberziehen, denn wenn es in die Augen springt, daß die Politik vorzugsweise Ehre und Nutzen bringt, daß sich alle Welt um Minister-Portefeuilles bewerben darf, daß besonders Alles, was Opposition macht, Geltung findet ... – dann müßten in der Armee lauter Catonen sein, wenn sie nicht auf die Idee kommen sollte, aus einem allgemeinen Schiffbruch einige Balken für sich zu retten."

Auffallend ist an der Argumentation der Offiziere in den Kammern, daß von einem Wahlrecht „der Armee" gesprochen wird. Davon konnte selbst dann nicht die Rede sein, wenn das Wahlrecht des Soldaten unabhängig von seinem „Verhältnis zu einem Gemeindeverband" gemacht wurde. Die ganze Diskussion offenbarte, daß das in den praktischen Konsequenzen unerhebliche Wahlrecht der Soldaten unter dem Gesichtspunkt der Politisierung der bewaffneten Macht gesehen wurde. Die Armee wünschte nicht den politisch mündigen Soldaten. Sie schrieb ihm weiterhin den Katalog der für ihn verbindlichen Werte vor: König, Vaterland, Opferbereitschaft, Gehorsam. Dabei standen König und Vaterland für einen Staat konservativer Prägung. Politisches Denken, selbst im Rahmen und in den Formen der von der Verfassung gegebenen Möglichkeiten, vertrug sich nach dieser Auffassung nicht mit Patriotismus und militärischem Geist, denn es konnte sich nach Meinung der

Offiziere nur um Arroganz, Oberflächlichkeit, Umtriebe, kurz um gefährlichen „Brennstoff" handeln.

Die Verbindung der Wahlrechtsfrage mit dem Problem des Verfassungseides macht besonders deutlich, wo das eigentliche Anliegen der Armee zu suchen ist: es ging ihr um die Erhaltung ihres extrakonstitutionellen Daseins. Politische Rechte und Loyalitäten sollten nicht zwischen ihr und dem Monarchen stehen. Ihr Staatsbild war gerade wegen der Revolutionserfahrungen vormärzlich geblieben. Seit 1848 wurde die Frage der Dienstzeit primär politisch gesehen. Nur während der aktiven Zeit konnte der „militärische Geist" anerzogen, konnten etwaige politische Anfälligkeiten ausgetrieben werden. Die Revidierte Verfassung hat das Wahlrecht der Soldaten beibehalten, es aber weiter entschärft durch die Heraufsetzung des Wahlalters auf das vollendete 25. Lebensjahr (Art. 70). Wehrpflichtige konnten während ihrer aktiven Dienstzeit kaum mehr in die Lage kommen, an einer Wahl teilzunehmen.

Während des Konflikts anläßlich der Heeresreform ging der Kriegsminister v. Roon so weit, das Wahlrecht zu unterdrücken, beeinflußt, wie es scheint, in erster Linie vom Chef des Militärkabinetts. Beide fürchteten ein Eindringen des liberalen Geistes in die Armee. Armee und Politik – d. h. Sympathie mit liberalen Grundsätzen, – schlossen sich für den preußischen Soldaten und Offizier nach dieser Vorstellung aus. Sie sahen ein besonderes Verdienst Wilhelms I. darin, daß er die Armee von der Politik fernhalte und politisch (liberal) auftretende Offiziere entlasse oder vor das Ehrengericht stelle. Manteuffel suchte 1863 den König zu veranlassen, das Wahlrecht der Militärpersonen ohne Erörterung der Frage im Ministerium abzuschaffen: „Es liegt in meinen Augen hier gar keine Staatsministerial-, sondern eine rein militärische Frage vor: die Frage nämlich, was die Armee ertragen kann, was zu ihrem Zusammenhalt Bedingnis ist. Das kann kein Civilminister wissen und beurtheilen."

In der Praxis hat das Offizierkorps nach Weisung oder Empfehlung gewählt, die durchaus auch, wie im April 1862 für das Potsdamer Militär, vom König selbst kommen konnte. Die Besorgnis des Militärkabinettchefs, bei Fortbestehen des Wahlrechts könne er nicht mehr „für den Zusammenhalt der Armee einstehen", ist nicht von der Praxis inspiriert, vielmehr ein psychologischer Kunstgriff gewesen, um zu den alten Zuständen zurückzukommen. Roon hat schließlich nach langen Beratungen im Staatsministerium am 28. September 1863 die AKO erwirkt, die das Wahlrecht der Militärs praktisch abschaffte, nämlich seine „Ausübung" untersagte. Erst bei der Einführung des allgemeinen, gleichen und geheimen Wahlrechts durch das Wahlgesetz für den Reichstag des Norddeutschen Bundes von 1869 ist für Soldaten eine vom generellen Wahlrecht abweichende gesetzliche Lösung eingeführt worden. Gemäß § 2 des Wahlgesetzes „ruhte" die Berechtigung zum Wählen, also das aktive Wahlrecht, solange, wie die Soldaten „sich bei der Fahne befinden".

Diese Formulierung führte bei den Beratungen im März 1869 im Reichstag des Norddeutschen Bundes zu Meinungsverschiedenheiten hinsichtlich der Reserven und der Landwehr. Der Generalstabschef griff in die Debatte ein in einer Weise, die zeigte, daß er die aktuelle Frage nicht überbewertete, daß er aber im wesentlichen die politischen Argumente von 1848/49 beibehalten hatte. Moltke führte aus: „Wann ist aber Landwehr und Reserve unter der Fahne? Das ist am Vorabend eines Krieges. Wollten Sie da die Ordnung der Armee dadurch lockern, daß Sie einen Theil derselben in das politische Treiben hineindrängen? ... Seien wir froh, daß wir in Deutschland eine Armee haben, die nur gehorcht. Blicken wir auf andere Länder, wo die Armee nicht die Schutzwehr gegen die Revolution ist, sondern wo diese aus der Armee hervorgeht.

Ich empfehle Ihnen dringend, niemals die Hand dazu zu bieten, daß es bei uns anders werde.

Ich glaube kaum den Einwurf noch berühren zu sollen, daß die Regierung möglicherweise die Reserve einberufen würde, um einen Einfluß auf die Wahlen zu erzielen, um gewiße Stimmen Ihnen zu entziehen. Sie sehen, daß hier die Regierung auf eine große Zahl von konservativen Stimmen freiwillig verzichtet, denn bei einer ganz legalen Einwirkung werden in der Armee konservative Stimmen immer zu erzielen sein.

Beiläufig bemerke ich noch, daß die ganze Frage sich doch eigentlich um etwas sehr Erhebliches nicht dreht, weil vielleicht neun Zehntel der ganzen Armee, die bei der Fahne ist, unter 25 Jahre sein wird ..."

Die Bestimmungen über das Wahlrecht der Militärpersonen nach der Reichsverfassung entsprachen denen von 1869: Das Wahlgesetz für den Norddeutschen Bund wurde 1871 als Reichsgesetz übernommen. Im Reichs-Militärgesetz vom 2. Mai 1874 hieß es in § 49: „Für die zum aktiven Heer gehörigen Militärpersonen, mit Ausnahme der Militärbeamten, ruht die Berechtigung zum Wählen sowohl im Betreff der Reichsvertretung, als im Betreff der einzelnen Landesvertretungen." Damit war auch klargestellt, daß das dem preußischen Soldaten nach § 9 der Wahlrechts-Notverordnung vom Mai 1849 zustehende Wahlrecht ruhte. Im Reichsheer gab es somit auch keine unterschiedlichen Wahlrechte der Soldaten für die Wahl ihrer Landesvertretungen. Alle diese Rechte ruhten während der aktiven Dienstzeit. Die Fassung von 1869 „unter der Fahne" wurde vermieden.

Mit dieser Regelung, die „preußischer" war als die alte preußische, ist zwar eine Vereinheitlichung erreicht worden, aber ganz im Sinne einer weiteren „Entpolitisierung" der Armee. Die Beschränkung politischer Rechte der Soldaten kontrastierte auffällig mit den erweiterten Rechten des Bürgers. Das eifersüchtig gehütete Dreiklassenwahlrecht in Preußen ist nur in negativer Form an Reichsrecht angepaßt worden, indem es für Soldaten während des aktiven Dienstes wegfiel. Neben dem demokratischen Reichstagswahlrecht, dem konservativen Dreiklassenwahlrecht in Preußen und in anderen Bundesstaaten gab es eine noch mehr absichernde und noch konservativere Lösung für den Soldaten: den Ausschluß vom Wahlrecht überhaupt.

Sahen selbst die Verfassungen und Wahlgesetze der Revolutionsära im Wahlrecht der Soldaten keine politische Gefahr, so hat doch die Armee stets darin eine mögliche Gefährdung für Autorität und Disziplin gefürchtet. So ist es aufschlußreich, daß Moltke den Komplex 1869 wieder in den Zusammenhang mit Revolution und gefährlicher Politisierung brachte. Nach wie vor bevorzugte die Armee den nur-gehorchenden, politisch entmündigten Soldaten. Während der folgenden Jahrzehnte, die das Anwachsen der Sozialdemokratie brachten, hat die Armee ihre Auffassung immer stärker als berechtigt, ja als notwendig bestätigt gefunden.

c. Die Kommandogewalt des Königs

Schon vor der Verkündung der Revidierten Verfassung brachte Friedrich Wilhelm IV. in einem Handbillet vom 1. Juli 1849 den Prozeß der Klarstellung der Verfassungsgrundsätze im Hinblick auf die Armee kräftig in Gang. Wieder im Vollbesitz der monarchischen Gewalt, instruierte er das Staatsministerium dahingehend, daß das „Feld der Verantwortlichkeit des Kriegsministers den Kammern gegenüber" dadurch beschränkt sei, daß gemäß Art. 44 der Verfassungsurkunde: „Der König führt den Oberbefehl über das Heer", den Kammern jede Einwirkung auf die „Leitung des Heeres entzogen" sei.

Diese Auffassung hat in Preußen dazu geführt, daß der Kriegsminister als bloßer „Verwaltungsminister des Heerwesens" (so Lorenz v. Stein) fungierte. In allen Nicht-Verwaltungssachen stand zwischen ihm und dem Parlament auf der einen und der Armee auf der anderen Seite die Kommandogewalt des Kriegsherrn, die sich auf die Tradition und den Artikel über den Oberbefehl stützte (Art. 46 der Revidierten Verfassung).

Damit setzte sich gegenüber der Verfassungsentwicklung der westlichen Nachbarn – die etwa mit der Lehre Benjamin Constants vom pouvoir ministériel zu charakterisieren ist, wonach bei den Ministern die politische Macht, beim Monarchen lediglich ein „pouvoir neutre et abstrait, au-dessus de la région véritablement active" liegen soll – das Prinzip eines spezifisch deutschen Konstitutionalismus durch, der insbesondere in Armeeangelegenheiten in Preußen die Traditionen des Absolutismus weiterführte.

Friedrich Wilhelm IV. brachte seine diesbezügliche Auffassung in seinem Handbillet – einem der zentralen Dokumente über die staatsrechtliche und politische Position der Armee im Staate – zum Ausdruck: „... Jeder Offizier sieht in seinem Könige den persönlichen Herrn, der ihn befördert, sich seiner annimmt, ihn vertritt. Diesem innigen Verhältnis der Armee zu ihrem Kriegsherrn verdankt das Land die Zuverlässigkeit und Hingebung der Armee. Daß dem so ist, weiß jeder preußische Patriot, namentlich jeder Offizier, der sich mit dem in der Armee lebenden Geist vertraut gemacht hat. Es wäre höchst verderblich, diese innige Verbindung gerade jetzt zu lockern und zu lösen, wo es gilt, die noch nicht gebrochene Macht der Revolution hauptsächlich durch die Kraft und Treue des Heeres zu bekämpfen und zu besiegen ... Nur dadurch, daß das alte Verhältnis von König und Heer unangetastet bleibt, daß an dem ohne Beispiel dastehenden Verwachsensein beider nicht gerüttelt wird, kann das Heer bleiben, was es ist: die feste Säule, auf der die Monarchie ruht. Ich muß das Staatsministerium warnen, Grundsätze aufzustellen, welche den Kriegsminister in die Lage bringen können, in Augenblicken der dringendsten Gefahr mit seinem Könige über staatsrechtliche Fragen zu rechten ..."

Im einzelnen zählte das Handbillet eine Reihe von Komplexen auf, die außerhalb der parlamentarischen Verantwortung des Kriegsministers liegen sollten – eine 1849 nicht abschließend gemeinte Beispielsammlung: Angelegenheiten der Militärorganisation, Dislokationen und Märsche, Truppenzusammenziehungen und Operationen, Stellenbesetzungen, Kommandoübertragungen.

Bald setzte eine extensive Interpretation des Verfassungssatzes über den Oberbefehl ein, mit dem Ziel der Ausweitung der unkontrollierten und damit kontrasignaturfreien Kommandogewalt. Die Frage, ob die Armee Instrument des Staates sein und damit über die verfassungsmäßige Stellung des Kriegsministers der Parlamentskontrolle unterliegen, oder ob sie, von anderen Staatsorganen unabhängig, lediglich der monarchischen Kommandogewalt unterstehen sollte, war von der Verfassung selbst nur indirekt gelöst: die politische und rechtliche Auffassung des Königs war angedeutet in dem kurzen Satz über den Oberbefehl und in der Vermeidung einer Vorschrift über die Vereidigung der Armee auf die Verfassung. So blieb ein weites Feld für Unklarheiten, das langsam aber zielstrebig im Wege militärischer Kasuistik eingeengt wurde im Sinne der Militärmonarchie, das aber auch Schauplatz scharfer Kontroversen zwischen dem Kriegsminister und Kommandostellen, insbesondere aber zwischen dem Minister und dem Militärkabinett wurde. Die Entwicklung des Immediatstellensystems gehört entscheidend in diesen Zusammenhang hinein. Hier sind vor allem Generalstab und Militärkabinett zu nennen.

Der langsame Prozeß der Ausdehnung des Begriffsinhalts der Kommandogewalt ist als eine wesentliche Erscheinung der preußischen Verfassungsentwicklung anzusehen. Von besonderer Bedeutung ist in diesem Zusammenhang, daß Komplikationen aufgrund des Budgetrechts des Parlaments vom König von Anfang vorausgesehen wurden. Die Probleme des Verfassungskonflikts von 1862 waren deshalb nicht nur „latent" (Huber) seit 1850 vorhanden, sondern bereits dem Ministerpräsidenten vor Augen gestellt worden, zugleich mit den vom König anvisierten Lösungsabsichten.

Darüber sagt ein königliches Handschreiben an Otto v. Manteuffel vom 9. März 1851: „Die Organisation der Armee und das Verteidigungssystem des Landes ist allein Sache der Krone, und dieses in der Verfassung ausdrücklich ausgesprochene Recht gedenke ich Mir nicht schmälern zu lassen. Glaubt die Kammer, nicht die ganze für das Militärbudget geforderte Summe bewilligen zu dürfen, so habe Ich allein zu entscheiden, auf welche Weise die dadurch nötig werdenden Ersparnisse zu erzielen sind, und ich habe mir keine Vorschriften darüber machen zu lassen, bei welchen einzelnen Titeln des Militäretats die Ersparnisse zu machen sind. Ich werde jeden Beschluß der Kammer über die einzelnen Titel des Militäretats als wirkungslos betrachten und erwarte, daß Meine Minister mich hierbei unterstützen."

Friedrich Wilhelm berief sich hier auf Regelungen der Verfassung, die so gar nicht vorhanden waren. Seine Auffassung vom Umfang der Kommandogewalt setzte alte preußische Anschauungen gegen das geschriebene Recht, das ja den Grundsatz der Ministerverantwortlichkeit für alle Regierungsakte des Königs – ein Wesenselement des Konstitutionalismus – vorsah. In Fragen der Organisation der Armee und des Verteidigungssystems – Begriffe, die praktisch alle Materien des Militärwesens umfassen konnten, beispielsweise auch die Abschaffung der Landwehr – war nach Auffassung des Königs der Monarch als Oberster Befehlshaber frei von den Beschränkungen, die mit der ministeriellen Gegenzeichnung (Kontrasignatur), der Ministerverantwortlichkeit, dem Budgetrecht der Kammern, einer etwaigen Spezifikation des Etats oder legislativer Akte verbunden sein konnten. Demnach war Friedrich Wilhelm IV. zwar der Meinung, daß Akte der Kommandogewalt Regierungsakte seien – es sind demgemäß auch von 1848 bis 1858 alle Kabinettsordern in Heeresangelegenheiten gegengezeichnet worden –, er ging in diesen Fällen nach dem Handschreiben vom 1. Juli 1849 aber davon aus, daß der Kriegsminister mit seiner Unterschrift Verantwortung gegenüber dem Monarchen, nicht gegenüber den Kammern, übernahm. Dem Parlament haftete er aus seiner Sicht der Dinge nur für Verfassungsverletzungen, Bestechung und Verrat, also nicht im eigentlichen Sinne „politisch". Der nicht präzis zu fassende Inhalt der Kommandogewalt – er expandierte bis 1918 ständig, zunächst in zäher Auseinandersetzung zwischen dem Kriegsminister und den Kommando- und Immediatstellen, aber auch in Meinungsverschiedenheiten mit dem Monarchen, wobei der Kriegsminister im allgemeinen den kürzeren zog – ist immer ein Politikum geblieben, obwohl sich nach 1866/70 ein Prozeß der Anpassung im Parlament feststellen läßt, gegen den sich primär der Fortschritt und vor allem die Sozialdemokratie zur Wehr zu setzen suchten.

2. Tendenzen in der Armee von 1850 bis zur Regentschaft

a. Die innenpolitische Haltung

Die Armee lebte seit 1850 mit der Konstitution so, als ob diese eine sie nicht betreffende Sache sei. Auf neu gesicherter Grundlage setzte sie sich insbesondere auch mit allen Überlegungen über populäre Wehrorganisationen auseinander. Dabei hielt sie als unverrückbaren Grundsatz fest, daß der gegebene innenpolitische, verfassungsrechtliche Standort ausgenützt werden müsse, um der Armee noch größere Effektivität zu garantieren. Das Problem der Kommandogewalt schien vorbildlich gelöst. Eine Steigerung preußischer Kraft hätte in dieser Sicht vor allem im Ausbau der Armee, in technischen und zahlenmäßigen Verbesserungen gesucht werden können, möglichst mit einer organisatorischen Konzeption, die sie nicht auf die Landwehr angewiesen sein ließen. Neben solchen militärfachlichen Spekulationen, die dann in der Roonschen Heeresreorganisation eine Verwirklichung fanden, verstummten die politischen Stimmen nicht.

Eine kritische Würdigung der innen- und außenpolitischen Haltung der Armee, insbesondere ihres problematischen Verhältnisses zur Verfassung, sollte nicht übersehen, daß es auf ultrakonservativer Seite starke Versuche gab, eine Totalrevision der Verfassung zu erreichen, um zu einer ständischen Verfassung zu kommen.

Friedrich Wilhelm IV. stand in dieser Frage ganz auf seiten der Kamarilla, nur wollte er aus Rücksicht auf seinen Verfassungseid nicht ohne die Kammern vorgehen. Ein entsprechender Antrag der Konservativen kam 1852 nicht durch. Der König hatte Ende 1851 erklärt: „Ich werde meinen Eid halten und werde nichts tun, um diesen Wisch zu verbessern, aber wohl Verbesserungen, um die man mich bitten wird, genehmigen und ebenso auch die ganze Verfassung beseitigen, wenn die Kammern bei mir darauf antragen. Dann werde ich meinem Volk einen Freibrief geben, der mehr Freiheit enthalten wird als diese Verfassung und so das, was ich immer *gewollt* habe – freie Fürsten und freie Völker – in Wahrheit realisieren." Der Gedanke an die Totalrevision kam ihm auch später noch wiederholt. Die Regierung Manteuffel verfolgte das Ziel von Teilrevisionen. Schritte dazu waren die Wiedereinführung der Provinzialstände, die Errichtung des Staatsrates und nicht zuletzt die scharfe politische Pressezensur und die eigene Pressepolitik mit der „Zentralstelle für Preßangelegenheiten" und regierungseigenen Zeitungen.

Dagegen wandte sich neben der Mitte und der Linken jene 1851 abgesplitterte konservative Richtung, die sich um das Preußische Wochenblatt zu formieren begann. Sie (M. A. von Bethmann Hollweg, Pourtalès, Perthes, Mathis, Robert v. d. Goltz u. a.) stellte sich auf den Boden der Verfassung und proklamierte die Notwendigkeit einer Außenpolitik auf der Grundlage der preußischen Interessen im Gegensatz zur konservativen und liberalen „Prinzipienpolitik". Kriegsminister v. Bonin stand ihr nahe, ebenso der Prinz von Preußen. Sie begriff sich als Vertreter der „nationalen Ehre" Preußens, vor allem gegen die „Tendenzpolitik der unheiligen Allianz". Sie sah innenpolitisch die Folgen der Revolution als überwunden an. Das Proletariat sei in Preußen noch nicht „so angefressen vom Gift unhaltbarer Doktrinen als das mancher anderer Länder", das Heer sei Teil des Volkes, nicht „Kriegskaste" (Pourtalès 1851). Die Gefahr einer „sozialistischen Republik" bestehe nicht mehr. Man habe die radikalen Kräfte in ihrer Gefährlichkeit erkannt, ihre Schlagkraft sei gebrochen. So schienen ihr alle Voraussetzungen für eine kräftige Innenpolitik gegeben auf der Grundlage einer sozial und rechtlich gesicherten Ordnung, die den Fortschritt Preußens gewährleistete.

Die militärische Publizistik profitierte nicht mehr von einer harten innenpolitischen Konfrontation, wie sie die Jahre 1849–1850 gesehen hatten und wie sie noch 1850 im Rückblick von der „Deutschen Wehr-Zeitung" (seit März 1851 „Preußische Wehr-Zeitung") formuliert wurde: „Wir haben mit der Waffe, der oft scharfen Waffe des Wortes, gegen ... Alle und Alles gekämpft, was die Revolution auch auf das militärische Gebiet übertragen wollte." Aber auch in der Zukunft sollte der Offizier nach der Meinung militärischer Publizisten, die von der Armeeführung gebilligt wurde, aktiv auf den Soldaten einwirken. Die Zeitung verlangte, dem Offizier als Ausbilder politische Ziele vorzuschreiben. Es ist zu Recht geurteilt worden, daß diese Zeitschrift wesentlichen Anteil hatte an der organisatorischen und politisch-ideologischen Sammlung der konterrevolutionären Kräfte im preußischen Heer. Gegen Ende der fünfziger Jahre nahmen die „Militairischen Blätter" in den Kontroversen um die Reorganisation der Armee wieder vehement gegen die „parlamentarische Bevormundung der Armee" Stellung. Angriffe gegen Opposition, Abgeordnetenhaus und Presse folgten.

Insgesamt läßt sich die innenpolitische Haltung der Armee in diesen Jahren als interessenbewußte Beobachtung der Politik zum Zwecke der Sicherung der am Ende der Revolution zurückgewonnenen Position charakterisieren, bei grundsätzlicher Indifferenz gegen Parlament und politisches Leben, soweit es die Armee nicht berührte. Griesheim befürchtete eine langsame Aushöhlung der gegebenen Ordnung durch den Zeitgeist, eine Auffassung, die auch von anderen publizistisch regen Offizieren geteilt wurde. Der Gedanke, den Offizier als „Volkslehrer, Erzieher und Arzt des Volkes" wirken zu lassen, konnte artikuliert werden. Er war im Sinne konservativer Beharrung gemeint.

Die Armee hat ein „insulares" Bewußtsein entwickelt. Bei den revolutionären, alte Werte und Überzeugungen zerstörenden, politisch-gesellschaftlichen Tendenzen des Liberalismus und Sozialismus könne nur eine Kraft, die sich gegen diese Erosion abzuschirmen in der Lage sei, Staat und Monarchie bewahren – die Armee. Sie müsse daher eine Insel inmitten des Prozesses der Aushöhlung altpreußischer Traditionen sein.

Aber dieser feste Block, abgeschirmt nach außen und immunisiert im Innern, schwebe in Gefahr, an Einfluß zu verlieren, wenn er nicht seine Vorstellungen und Überzeugungen aktiviere und nach außen wende. Daß der preußische Unteroffizier diese Arbeit leisten könne, wie von einigen Propagandisten angenommen und gefordert wurde, war mehr Wunschdenken. Ernster zu nehmen schien die Absicht, Unteroffiziere zu Volksschullehrern zu machen. Damit tauchte in einer innenpolitisch verwandelten Konstellation der Gedanke wieder auf, die Armee müsse Einfluß auf die Schule nehmen, um die Jugend – nun nicht im Sinne einer Verbindung von Armee und Bürgertum – gegen militärfeindliche Strömungen im liberalen Bürgertum abzuschirmen.

Wichtiger aber wurde der Plan, über den politisch gebildeten und wirksamen Offizier Einfluß auf die Gesellschaft zu gewinnen, zumal auf die aus den besitzenden und gebildeten Schichten stammenden Wehrpflichtigen, die ihrerseits häufig genug Landwehroffiziere wurden. Nur wenn der Offizier ein dem Akademiker vergleichbares Bildungsniveau und eine womöglich darüber hinausreichende politische Bildung besitze, könne er – so die „Wehrzeitung" – diese Aufgabe erfüllen, nur dann könne das Offizierkorps „der Kern und das Salz" sein, „von dem die Gesinnung ausströmt". Bei allen innenpolitischen Strategien dieser Art, bei allen solchen Versuchen, offensiv zu werden und das Bürgertum auf die Armee hin auszurichten, blieb aber offen, wo diese Bildung geleistet werden sollte. Die militärischen Schulen in ihrer gegebenen Gestalt, mit letztlich unpolitischen Lehrplänen, waren dazu nicht in der Lage. So ist es im wesentlichen bei Plänen und Vorschlägen geblieben. Die Verhältnisse in der Gesellschaft aber änderten sich, wie Griesheim warnend schrieb; die Armee überschätzte die ihr drohenden Gefahren bei weitem, wenn ihre Publizistik die Furcht vor dunklen Kräften anzuheizen suchte, die „unermüdlich den Boden unter uns und um uns" unterwühlen.

Im Ergebnis sind alle derartigen Rezepte Theorie geblieben. Praktisch setzte die militärische Führung auf die Wirkung der Disziplin. In dieser Auffassung glaubte sie sich bestätigt durch ihre Analyse des Verhaltens der Linientruppen während der Revolution. Wo alles schwankte und in seiner Überzeugung irritiert wurde, da stand allein die Armee unerschüttert als feste Säule des Staates und der Monarchie. Das sei allein der Disziplin zu verdanken gewesen, die dem Soldaten in Fleisch und Blut übergegangen sei. Und wie bisher die „Korrumpierung" der Linie durch bürgerlich-revolutionäre Ideen an der festen Disziplin der Truppe gescheitert sei, so müsse auch in Zukunft an dieser Strategie festgehalten werden. Damit war die Armee praktisch nicht über die innenpolitische Philosophie des Prinzen von Preußen hinausgelangt, der schon in den dreißiger Jahren mit solchen Argumenten für die Beibehaltung des 3. Dienstjahres zur Erzielung des wahren Soldatengeistes gestritten hatte. Griesheim formulierte diese Erkenntnis jetzt so: „Je mehr die jede Autorität zernagenden Lehren, deren überraschend große Verbreitung wir in den Jahren 1848 und 1849 gesehen haben, nach und nach in dem Volke um sich greifen, je stärker muß das Stahlbad des Gehorsams und der Treue sein, durch welches der waffenfähige Teil der Bevölkerung im Heere geht."

Analyse und daraus entwickelte Strategie paßten wenig zusammen. Daß die Disziplin der Truppe das Eindringen des „Zeitgeistes" in die Armee verhindert habe, ist eine in jenen Jahren oft gehörte Feststellung gewesen. Sie trifft im allgemeinen nicht zu. Der Rekrut und Soldat dieser Zeit, der ja noch nicht durchweg kaserniert war, wäre vielleicht noch von politischer Agitation erreichbar gewesen, er hat sich in der dienstfreien Zeit aber kaum für politische Fragen interessiert. Während der Revolution sorgte überdies das Militärstrafrecht dafür, daß kaum Dienstpflichtverletzungen vorkamen; gewiß tat das auch die Disziplin, aber nicht deshalb, weil sie zuvor den Zeitgeist erfolgreich abgewehrt hatte.

Der Rekurs auf die Disziplin als innenpolitische Abwehrwaffe machte deutlich, daß die Armee kein praktikables innenpolitisches Erziehungsprogramm entwickeln konnte. Die Auffassungen der royalistischen Ultras waren zwar nicht die des Durchschnittsoffiziers oder der Männer im Kriegsministerium und in den wichtigen Kommandostellen. Aus sich heraus vermochte die bewaffnete Macht dennoch in die Breite wirkende politische Überzeugungen nicht darzustellen. Sie hat sich immer nur als Schildhalter bestehender Ordnung gefühlt und damit ihrer eigenen Interpretation des verfassungsmäßigen Auftrages entsprochen. Es war ihr nicht gegeben, elastisch zu verfahren und Anpassungen vorzunehmen oder Verständnis für neue Kräfte und Institutionen zu gewinnen, deren Reformbestrebungen durchaus dem Wohle des Staates gewidmet waren. Aus „insularem Geist" hat sie letztlich politisch und sozial unfruchtbare Methoden entwickelt und verabsolutiert, mit denen lediglich militärische Denkweisen in die Gesellschaft übertragen werden konnten. So ist etwa das 3. Dienstjahr für notwendig gehalten worden zur Weckung von „Anhänglichkeit an die Vorgesetzten, militärischem Geist, Empfänglichkeit für Waffenehre, Gewohnheit des Gehorchens und der Pflichterfüllung, in Blut, Mark und Bein übergegangener Disziplin." Die Idealvorstellung eines sozialen Kosmos, in welchem soldatisch durchgebildete Männer nach Rückkehr in die Gesellschaft dort im Sinne der Disziplinierung weitereinwirkten, und so allmählich eine Nation mit Verständnis für Aufgaben, Stellung, Ziel und inneres Leben der Armee entstehen würde, stand hinter solchen Ideen und Plänen. Kaum je ist theoretisch die Konfrontation von politischem Bürgertum und Armee deutlicher gewesen: Verbürgerlichung der Armee und Disziplinierung der Gesellschaft ließen sich nicht miteinander vereinbaren.

In der politischen Praxis haben sich die Gegensätze weniger gestoßen. Hier ist die Behandlung des Budgets vor allem sichtbar gewesen, und es hat die Armee auf diesem Feld kräftige Argumente vorbringen können. Von der Grundposition der bürgerlichen Opposition her, eine nicht auf die Verfassung vereidigte Armee mit einem starken Berufs-Offizierkorps nicht noch zu stärken, vielmehr der Landwehr als bürgerlichem Wehrinstitut möglichst größere Aufmerksamkeit zu schenken, von dieser Position her wurde das Budgetrecht einzusetzen versucht von Männern, die nach Meinung des Offizierkorps nach wie vor versuchten, die Armee zu bekämpfen.

Tatsächlich war die Armee 1840 bei kleinerer Einwohnerzahl (14,9 Mill.) mit 135000 Mann größer gewesen als 1850 bei 16,3 Mill. und 127500 Soldaten. Die Mobilmachung Preußens 1850 gegen den drohenden Einmarsch von Bundestruppen in das zur Union gehörige Kurhessen war ein Fiasko, auch wenn berücksichtigt wird, daß Teile der Stämme erst aus Baden herangeholt werden mußten.

Die Armee war an der Peripherie disloziert: in Baden, Schleswig-Holstein, Posen; die Regimenter und Bataillone waren zerstreut, und es hielt sich das Gerücht, die Situation sei vom Kriegsminister von Stockhausen, einem Gegner der Politik Radowitz', herbeigeführt worden, um den Krieg gegen Österreich unmöglich zu machen.

Die Mobilmachung enthüllte teilweise Mängel der Armeeorganisation und der Bewaffnung. Auch die Ausnutzung der Eisenbahn ließ zu wünschen übrig. Zwar wich Preußen aus politischen Gründen zurück, weil auch Rußland die Exekution des Bundes zur Stützung des hessischen Kurfürsten guthieß. Nach dieser Mobilmachung wußten die Militärs aber, daß das Einlenken ein Glück für die Armee gewesen war. Eine Reorganisation schien überfällig. Daher wurde die Haltung der Kammern in Fragen des Militärhaushaltes besonders kritisch betrachtet.

Auch in den fünfziger Jahren, als ein militärisches Engagement wiederholt in greifbare Nähe rückte, aber Preußen sein Gewicht als Großmacht schließlich doch nicht einzusetzen wagte, wollte das Offizierkorps die Stärkung der Armee dringlich aus außenpolitischen Gründen herbeigeführt sehen, wenn es auch kaum die März 1851 befohlene Ablegung der deutschen Kokarde, die 3 Jahre neben der preußischen getragen wurde, bedauerte.

Die innenpolitische Haltung der Armee ist vom politischen Bürgertum im allgemeinen an den Vertretern extrem konservativer Auffassungen gemessen worden, an Männern wie Leopold v. Gerlach, Edwin v. Manteuffel und F. W. v. Rauch, dem Generaladjutanten. Für diese Männer brach eine Welt zusammen, als Friedrich Wilhelm IV. den Eid auf die Verfassung ablegte. Sie haben künftig mit dem Gedanken des Staatsstreiches gespielt, Gelegenheiten und Konstellationen herbeigesehnt, die „Unabhängigkeit des Königtums“ wiederherzustellen. Daß sie auch an die Stärkung der Position des Adels dachten, war für sie ein weiterer Aspekt der Hauptfrage. Ihr Anliegen war ein politisches und ein ständisches. Sie glaubten an die Existenzmöglichkeit der alten Gesellschaft, die in der großen Politik im Verein mit Rußland und Österreich abgesichert werden sollte. Dabei schien ihnen ihr Programm nicht Theorie oder Spekulation, sondern die Wiederherstellung des guten alten Rechts. Ihnen gegenüber stand innerhalb der Armee eine weniger prinzipielle, weniger dogmatisch gebundene Mehrheit. Sie nahm die Verfassung als Tatsache, suchte aber im bestehenden System möglichst großen Spielraum, möglichst viel kontrollfreien Raum für die Armee. Sie stellte sich nüchterner auf die neuen Bedingungen ein, ging, ähnlich Bismarck, primär vom „staatlichen Egoismus“ Preußens aus. Es war diese Richtung, die mit harter Politik der Bourgeoisie seit Ende der fünfziger Jahre begegnete und sie schließlich auf ihren Weg zwang, als mit den militärischen Erfolgen die Konsequenz der Militärs im Verfassungsstreit bestätigt zu sein schien.

b. Armee und Außenpolitik

Bismarcks Urteil, der Grundirrtum der preußischen Politik jener Jahre habe in dem Glauben gelegen, Erfolge, die nur durch Kampf oder Bereitschaft dazu gewonnen werden konnten, durch publizistische, parlamentarische und diplomatische Heucheleien erreichen zu können, hebt vor allem auf die politische Unentschlossenheit in Berlin ab. Die Frage des Einsatzes militärischer Machtmittel schien ihm 1850 ein Zeitproblem zu sein: Gewinn von Zeit zur Durchführung der Mobilmachung.

Im Offizierkorps war dagegen in den fünfziger Jahren das Gefühl lebendig, Preußen müsse für die Anlehnung an die eine oder andere der Großmächte optieren, um nicht – wegen seiner unzureichenden Stärke – am Ende zwischen allen Stühlen zu sitzen. In der vieldiskutierten „deutschen Politik“ gab es, grob gesprochen, zwei Richtungen: die preußisch-nationale, die eine deutsche Einheit unter preußischem Vorzeichen für realisierbar hielt, und daher bereit war, die Unionspolitik militärisch gegen Österreich durchzusetzen, wie etwa der Prinz von Preußen, der in dieser Zeit überzeugt war, Preußens geschichtliche Entwicklung deute darauf hin, daß es berufen sei, „einst an die Spitze Deutschlands zu treten“. Dabei dachte er daran, der Unionsverfassung die „demokratischen Elemente“ weitgehend zu nehmen. Radowitz’ Pläne waren ihm nicht „preußisch“ genug. Aber der Einsatz militärischer Macht für die Erweiterung des preußischen Einflusses in Deutschland entsprach seinen Vorstellungen.

Ganz anders sah dagegen die Kamarilla, die Generale Rauch und Leopold v. Gerlach, die Zukunft Preußens. „Deutsche Politik“ ließ sich in ihrer Sicht nur mit Österreich gegen die Demokratie machen. Nur so, glaubten sie, könne Preußen „Preußen bleiben“. In der liberalen Presse wurde dieser ultra-konservative Kreis als kleine, aber „unendlich mächtige Partei“ angesehen, die das Heer in der Hand habe. Die übergroße Zahl der Offiziere und Soldaten glaube ehrlich, was von diesen Männern gesagt werde. Diese Projizierung ihres „Feindbildes“ auf die ganze Armee war sowohl unzutreffend als psychologisch ungeschickt. Tatsächlich waren die Meinungen in der Armee geteilt. In der Umgebung des Prinzen von Preußen in Koblenz wurden durchaus Chancen in einem Krieg gegen Österreich gesehen; während dem Kriegsminister Stockhausen hier nachgesagt wurde, in Zweifel gezogen zu haben, ob die Armee sich überhaupt gegen Österreich schlagen werde.

Ein ähnlicher Mangel an Übereinstimmung im Offizierkorps bei der Beurteilung der Situation vor und während des Krimkrieges macht deutlich, daß ein auf der eigenen Kraft beruhendes Großmachtbewußtsein kaum vorhanden war. Die Abhängigkeit der preußischen Politik von den eigentlichen Großmächten der Heiligen Allianz war immer noch fühlbar. Hohenlohe-Ingelfingen berichtet, ein Teil seiner Offizierskameraden sei bereit gewesen, sich den Westmächten anzuschließen und den „Übermut des russischen Kolosses“ zu dämpfen. Royalisten wollten Preußen an der Seite Rußlands sehen. Sie verehrten in dem Kaiser Nikolaus ihren Abgott. „Da gab es Offiziere in preußischer Uniform, welche laut und offen dafür schrien, Preußen müsse sich für Rußland opfern, und die nach Art der Ritter vor sieben Jahrhunderten am liebsten an einem Kreuzzug gegen die Türken teilgenommen hätten.“

Roon, damals Regimentskommandeur, hatte – darin dem Prinzen von Preußen nahestehend – vor allem Preußens Vorteil im Auge und seine Weiterentwicklung zur militärischen Vormacht in Deutschland. Er meinte, Österreich und Preußen sollten sich nicht zur Führung des Kontinentalkrieges hergeben, bevor sie nicht hinlängliche Garantien für die kräftige Mitwirkung der Seemächte und für die Berücksichtigung ihrer eigenen Interessen erhielten. Bei ihm klingt Besorgnis vor „Rußlands drohender Universalherrschaft“ an.

Im Hinblick auf die Entwicklung der preußischen Politik unter Bismarck ist der bei Roon wie bei dem Prinzen von Preußen in den fünfziger Jahren ganz deutlich werdende Gedanke bemerkenswert, Deutschland von Preußen her militärisch zusammenzufassen, die deutsche Einheit ganz betont vom Gedanken der Machtkonzentration her zu sehen. Jenseits mittelalterlich-romantischer Ideen des Königs Friedrich Wilhelm IV. oder antidemokratisch-legitimistischer Grundsätze royalistischer Kreise, stand hier so etwas wie eine „preußische Logik“ Pate mit einem neuen Bild von preußischer Politik, preußischer Aufgabe in Deutschland, ohne daß schon Bismarcks Strategie, den Nationalismus für Preußens Interessen zu aktivieren, in irgendeiner Form Eingang in diese Überlegungen gefunden hätte. Hier wird der Gedanke entwickelt, die militärische Stärke Preußens als Haupthebel für die Zusammenfassung der deutschen Kraft einzusetzen. In der Theorie sucht diese Militärpolitik freizukommen von den bisherigen Schranken preußischer Politik zwischen Großmächten oder in Allianzen mit überlegenen Partnern. Das Gefühl dafür, daß die Zeit für eine solche Selbständigkeit bald kommen werde oder kurz bevorstehe, wächst. Politik und Diplomatie, die Psychologie der Nation, alles dies ist aber noch nicht genügend in Rechnung gestellt. Es handelt sich um einen Ansatz, der primär mit militärischer Effizienz rechnet. Von hier ging der nächste Schritt in die Reorganisation der Armee, die zum Hauptthema der folgenden Jahre und im Rahmen der Politik Bismarcks dann zu einer der Voraussetzungen der Entwicklung von 1866 und 1870/71 wurde.

Ein bezeichnendes Dokument für eine derartige politische Lagebeurteilung und Zukunftsberechnung liegt vor in einer Arbeit Roons vom Januar 1854 mit der etwas deklamatorischen Überschrift „Etwas Geschriebenes – Unthunlich Gebliebenes", die auf Gesprächen mit General Fischer beruhte und offenbar auf eine Anregung des preußischen Gesandten in Paris, Graf Albert Pourtalès, zurückging. Preußen wird als „Deutschlands natürlicher Vorkämpfer" charakterisiert.

Roon bringt die „politische Bedeutung" einer Armee hier in Zusammenhang mit ihrer Brauchbarkeit für die politischen Zwecke des Staates. In dieser Beziehung komme nicht nur die „materielle Wucht" in Betracht, sondern ihre Organisation und der „sie nationell und traditionell durchdringende Geist". Die „chimerische" Einheit und Unverletzlichkeit Deutschlands sei durch „die bloße Idee eines nur in den Protokollen einigen deutschen Bundesheeres" nicht zu behaupten – darin liege „Grund und Wesen der politischen Ohnmacht und Bedeutungslosigkeit Deutschlands". Roon spricht weiter von der Notwendigkeit einer größeren „Einigung der militärischen Kräfte der deutschen Nation", die organisch verbunden ganz Europa siegreich die Spitze bieten könne.

Österreich werde sich, seinem Lebensprinzip gemäß, jedem Schritt widersetzen, durch welchen Deutschlands wahre Einheit herbeigeführt werden könne. Preußen vertrete den anderen Standpunkt. Als Großmacht zu schwach, müsse es sich nach Allianzen umsehen, auf Verbindung mit den deutschen Mit-Staaten, denen es nach Nationalcharakter und Interessen homogen sei: „Es ist Deutschlands natürlicher Vorkämpfer ... nur bei Preußen vermag Deutschland Heil und Schutz und nationale Fortdauer zu finden."

Preußen bedürfe dazu aber der Oberleitung des gesamtdeutschen Kriegswesens. Zu beginnen sei bei gegebenen außenpolitischen Umständen nicht mit einer Revision der Bundesverfassung, sondern mit der Umgestaltung des deutschen Heerwesens. Darunter verstand er vornehmlich:

1. Die Befugnis Preußens, den Oberbefehlshaber in Krieg und Frieden zu ernennen.
2. Aufsicht über das gesamte Kriegswesen.
3. Schaffung eines homogenen Offizierkorps.
4. Gleiche Reglements und Militär-Strafgesetze.
5. Gleiche Bewaffnung.

Aber es bedürfe einer entschlossenen Politik Preußens, um solche Pläne vorwärtszubringen: „Die mehr oder minder richtige Beurtheilung der politischen Lage und

Verhältnisse und die mehr oder weniger umsichtige und entschlossene oder fehlgreifende und zaudernde Benutzung der letzteren können und werden allein Art und Größe des Erfolgs bestimmen und uns entweder zur vollen weltmächtigen Ebenbürtigkeit oder von Neuem nach Olmütz oder gar weiterführen."

Pläne dieser Art sahen zwar keine Sicherheit für demokratische Einrichtungen vor, aber wie die Ereignisse 1866 und ihre politischen Folgen bald darauf zeigen sollten, hätten sie wahrscheinlich die Mehrheit der Liberalen mitgerissen, die ja auch hinter Radowitz gestanden hatten.

Preußens Kapitulation in Olmütz ließ die nationale Partei an der preußischen Außenpolitik verzweifeln. Ihre Unlust, der Armee eines Staates, der sich mehr und mehr den autokratischen Mächten anschloß, der das Feld vor Österreich und Rußland zu räumen bereit war, mit budgetären Zugeständnissen zu helfen, erklärt sich vorwiegend aus diesem „nationalen" Versagen. Es ist daher mit Recht gesagt worden, daß die „Schmach von Olmütz" die Haltung der preußischen Liberalen zur preußischen Außen- und Militärpolitik in den nächsten fünfzehn Jahren „gefärbt" habe. Wenn auch die Verbindungen der Kamarilla zum russischen Hof und ihre dorthin lancierten vertraulichen Informationen über preußische Politik nicht bekannt wurden, so war doch das Mißtrauen der öffentlichen Meinung ebenso groß wie die Neigung, die Mehrheit des Offizierkorps als pro-russisch zu betrachten. Tatsächlich haben viele Offiziere die Demütigung von Olmütz nur deshalb ertragen zu können gemeint, weil sie vor allem den „Bruch mit der Revolution" bedeutete. Dieser Bruch war ihnen wichtiger als „Erfolg oder Niederlage auf dem Gebiet der uns verhaßten deutschen Politik" – so jedenfalls berichtet Lothar v. Schweinitz über die Offiziere im ersten Garderegiment.

Mit dem Prinzen von Preußen, mit Roon und Moltke dachten um diese Zeit aber gerade jene Männer der Armee, die später die vom Bürgertum bejubelten Erfolge vorbereiteten, „national" in einem Sinne, wie er bald darauf als schlechthin vorbildlich angesehen wurde. Sie erstrebten eine Lösung der nationalen Frage ohne demokratischen Beigeschmack, ohne Weckung des revolutionären Geistes, der 1850 endgültig besiegt schien.

Bei ihnen zeigte sich der „borussische Staatsegoismus": Österreich erschien ihnen mehr und mehr als außerdeutsche Macht, als Hindernis der nationalen Einigung; „national" hieß für sie in erster Linie Zusammenfassung der deutschen Kraft unter preußischer Führung, Aufgehen der nationalen Bewegung in Preußens Kraft, Ordnung und Disziplin, und dahinter zeichnete sich gelegentlich auch schon (etwa bei Moltke und Roon), der gewaltige deutsche Staatenkomplex ab, der Europa die Stirn bieten und vielleicht (Moltke) seine magnetische Kraft „bis zu den Deutschen der unerlösten Gebiete" ausstrahlen werde – wie mancher 48er bereits geträumt hatte.

Von solchen Ausgangsüberlegungen her erschien dann 1859 dem Generalstabschef Moltke ein Präventivkrieg gegen Frankreich ein natürliches Anliegen zu sein, in dem Preußen den zur Hegemonie in Deutschland notwendigen freien Raum erkämpfen und erreichen werde. In der Auseinandersetzung zwischen Österreich und Frankreich tendierten nahezu alle Militärs wieder der österreichischen Seite zu. Moltke hätte gern den Nationalkrieg nach Westen „nicht für, aber mit Österreich“ geführt. Er sah schon Elsaß-Lothringen als Preis winken. Ein wirklich robuster Egoismus, der Österreichs Zwangslage ausnutzen wollte mit einem Marsch nach Süden, bei dem die preußische Armee „die Grenzpfähle mitnehmen“ konnte, wurde nur vom Botschafter in St. Petersburg, Bismarck, vertreten. Aber das erstarkte Selbstbewußtsein der Militärs, voran des Prinzregenten, forderte doch den preußischen Oberbefehl, den Österreich aus Furcht vor dem Verlust der Mitte nicht zu konzedieren bereit war. So war in der Beurteilung der außenpolitischen Situation Preußens seine militärische Führung bei allen Nuancen in stärkerer Übereinstimmung mit dem norddeutschen Liberalismus als jemals zuvor. Eine Ausnahme hiervon machte lediglich die aus ihrer zentralen Position verdrängte Kamarilla. Leopold v. Gerlach wünschte 1859 den Krieg an der Seite Österreichs gegen Frankreich als der „verkörperten Revolution“. Der Revolution – damit auch der nationalen Bewegung in Deutschland, suchte diese erzkonservative Gruppierung in- und außerhalb des Offizierkorps immer noch mit dem Legitimitätsprinzip beizukommen.

Aber alle Ansätze zu einer Aufeinanderzubewegung von Armee und Bürgertum, von Parlament und Krone, zerbrachen in der nun folgenden Phase des Verfassungsstreits im Zusammenhang mit der Reorganisation der Armee.

3. Der Verfassungskonflikt und die Zeit der militärisch-politischen Triumphe 1858–1871

a. Neue Ära und Heereskonflikt

Der Regent und die Heeresorganisation

Die Regentschaft Wilhelms I. (seit 7. Oktober 1858) ist als die „Neue Ära“ in die Geschichte eingegangen. Das liberal-konservative Ministerium unter dem Ministerpräsidenten Fürst Karl Anton von Hohenzollern-Sigmaringen – praktisch geleitet von dem ehemaligen liberalen Ministerpräsidenten Rudolf v. Auerswald –, mit Schweinitz, einem Anhänger der Unionslösung von 1850, als Außenminister und Bonin als Kriegsminister, schien der Garant für eine neue Innen- und Außenpolitik zu sein, die der Prinzregent am 8. November 1858 in seiner Ansprache an das Kabinett formuliert hatte.

Die auf die deutsche Politik gemünzten Formulierungen ließen besonders aufhorchen: „In Deutschland muß Preußen moralische Eroberungen machen, durch eine weise Gesetzgebung bei sich, durch Hebung aller sittlichen Elemente und durch Ergreifung von Einigungselementen, wie der Zollverband es ist …", aber auch die von Selbstbewußtsein getragenen Sätze über Preußens aktive Außenpolitik: „Die Welt muß wissen, daß Preußen überall das Recht zu schützen bereit ist. Ein festes, konsequentes und, wenn es sein muß, energisches Verhalten in der Politik, gepaart mit Klugheit und Besonnenheit, muß Preußen das politische Ansehen und die Machtstellung verschaffen, die es durch seine materielle Kraft allein nicht zu erreichen imstande ist."

Die Revolution und Olmütz, also die Erfahrungen der innen- und außenpolitischen Schwäche Preußens, waren die Grunderlebnisse des Regenten in den Jahren, die sein politisches Denken entscheidend beeinflußt hatten. So ist er als „Außenpolitiker" zu einem Verfechter einer energischen Politik gegen Rußland geworden und konnte sich damit den Vorstellungen der „Wochenblattpartei" annähern. Innenpolitisch dagegen blieb er – ohne die Verfassung in Frage zu stellen – der alte konservative Vertreter des preußischen Militärstaates, und nur im Militärwesen konnte er während der fünfziger Jahre, als das politische Kalkül der Kamarilla den König beherrschte, wirken. Sein außenpolitischer Rat war mehr als einmal schroff zurückgewiesen worden, aber Friedrich Wilhelm IV. hatte ihn 1854 als Generaloberst an die Spitze der Infanterie gestellt. Er war der beste Kenner des Militärwesens, arbeitete an der gleichmäßigen Durchbildung der Korps in Ost und West und trat immer wieder für die Wiedereinführung der dreijährigen Dienstzeit ein, die schließlich 1856/57 befohlen wurde. Als Repräsentant einer Auffassung, die die Interessen der Armee an die Spitze der Staatsaufgaben stellte, näherte sich Wilhelm I. den Absichten des Chefs des Militärkabinetts, Edwin v. Manteuffel, mit dessen außenpolitischen Ideen er in den fünfziger Jahren nicht übereingestimmt hatte und der sich als Angehöriger der Kamarilla Friedrich Wilhelms IV. anfänglich durchaus nicht seiner Gunst erfreute.

Die Armee durfte von dem Regenten, ihrem ersten Repräsentanten, der in den letzten Jahrzehnten am nachhaltigsten für ihre Interessen eingetreten war, eine angemessene Berücksichtigung erwarten. Im Programm der Neuen Ära war von künftigen Änderungen des Wehrwesens die Rede im Hinblick auf Preußens Gewicht bei den politischen Rivalitäten der Großmächte.

Doch die Modernisierung und neue Organisation der Armee, mit einer Lösung des Landwehrproblems grundsätzlicher, die ganze Wehrverfassung berührender Art, wie sie dem Regenten vorschwebte, warf politische Probleme auf, die mit dem Kabinett der Neuen Ära gegen den preußischen Liberalismus nicht lösbar waren, weil Preußens Außenpolitik für die nationale Partei wenig Glaubwürdigkeit gewonnen hatte. Erst Bismarck hat dem Bürgertum den nationalen Gewinn für die mit der Reorganisation verbundenen innenpolitischen Niederlagen gebracht und damit die Aussöhnung von Armee und Rechtsliberalismus herbeigeführt, auf diese Weise freilich auch den Gesinnungsmilitarismus initiiert; mit der Allgemeinen Wehrpflicht, dem Zivilversorgungswesen und der gesellschaftlichen Bedeutung des Militärs waren die sozialen Wurzeln des Militarismus allerdings schon seit langem vorhanden.

Dem Regenten lag bereits eine Denkschrift Roons vor, die eine definitive Entbürgerlichung empfahl und sich darin mit den Vorstellungen Wilhelms I. deckte. Für die militärischen Reformpläne traf jedenfalls nicht zu, was General Leopold v. Gerlach im Januar 1858 vermutete: „Wohin der Prinz segelt, ist mir nicht klar, ihm wahrscheinlich auch nicht." In Roons Denkschrift, die am 22. Juli 1858 an den Prinzen abgeschickt wurde, lag ein umfassendes Konzept vor, das bei seinem Bekanntwerden die hoffnungsvollen innenpolitischen Erwartungen, mit denen die Regentschaft rechnen durfte, erheblich beeinträchtigt haben würde.

Roon trug mit seiner Denkschrift auch eine politische Strategie vor. Er hat das Papier als Vorlage zu einer neuen Heeres*verfassung* verstanden, also nicht nur als Empfehlung für eine Modernisierung der Armee. Daher nannte er es: „Bemerkungen und Entwürfe zur vaterländischen Heeresverfassung." Hegel und Ranke beeinflußten damals manchen Gebildeten und Halbgebildeten. Roon hatte von dieser Mischung soviel mitgenommen, daß er von dem inneren Zusammenhang von Macht und Sittlichkeit überzeugt war, vor allem davon, daß Preußen eine sittlich-machtpolitische Mission zu erfüllen habe. Und so sah er die „Notwendigkeit" für Preußen, „durch die drohende Wucht und Schärfe seines allzeit kampfbereiten Schwertes den Machtanspruch zu bewähren und zu verwerten, den es, vermöge seiner eigentümlichen Mission, zu machen berufen ist".

Die Landwehr machte vor allem die Forderung ständiger Kampfbereitschaft illusorisch. Daß sie bewußt vernachlässigt wurde, erwähnte Roon nicht. Er sah nur militärische Untauglichkeit und, in übertriebener Schwarzmalerei, politische Unzuverlässigkeit. Sie ist ihm schlicht eine „politisch falsche Institution", „von zweifelhafter Bedeutung" für die äußere wie für die innere Politik. Die Regierung müsse bei Meinungsverschiedenheiten stets „den Effekt berechnen", den angefochtene Regierungsmaßnahmen der äußeren wie der inneren Politik „auf den bewaffneten Theil des Volkes", auf die Landwehr, äußern möchten. Man sei nicht Herr im Haus. Bei der Errichtung der Landwehr sei aber an „innere Verstimmungen und revolutionäre Bewegungen" nicht gedacht worden.

Berechtigt war die militärfachliche Kritik an der Landwehr. Diese Organisation war in den fünfziger Jahren weit vom Geist von 1813 entfernt. Auch die Landwehr Boyens existierte in den fünfziger Jahren nicht mehr, eine viel stärkere Verbindung von Linie und Landwehr war eingetreten. Aber das Eigeninteresse der besitzenden und gebildeten Schichten des Bürgertums identifizierte sich stark mit der Landwehr, in der Meinung, dieses Institut der Wehrverfassung repräsentiere die Balance der aristokratisch-etatistischen und der bürgerlich-liberalen Interessen, in der Zweiteilung Linie–Landwehr reflektiere sich die Doppelung der sozialen Führungsschichten Preußens. Daher das starke Engagement des preußischen Liberalismus, bei dem zwar Reminiszenzen, aber wenig Wirklichkeitssinn beteiligt waren.

Bezeichnend ist, daß auf sozialistischer Seite die Selbsttäuschung des Bürgertums durchschaut wurde. Karl Marx und Friedrich Engels sahen in der Landwehr eine quantité négligeable, letzterer in der Betrachtung „Die preußische Militärfrage und die deutsche Arbeiterpartei". Engels trat für die volle Ausschöpfung der Allgemeinen Wehrpflicht ein. In der modernen sozialistischen Militärgeschichtsschreibung wird den militärischen Reformen die größere fachliche Modernität attestiert und sogar gefolgert, daß die bessere Anpassung der Armee an die technische Entwicklung den Interessen der Arbeiterklasse entsprochen habe, denn „Gesetzmäßigkeiten" wie die Herausbildung des „kapitalistischen Militarismus" könnten nicht verhindert werden.

Roon sah politische Gefahren auch deshalb, weil der Landwehrmann „durch unsere jetzige parlamentarische Regierungsform" Wähler geworden sei, weil er nicht nur den Arm, sondern auch die Zunge zu brauchen berufen und berechtigt sei: „Der richtige Grundsatz, ‚die bewaffnete Macht deliberiert nicht, sie führt bloß aus', ist bei uns wesentlich verletzt, und, so lange die Landwehr ihr jetziges korporatives Dasein behält, gar nicht wieder herzustellen, während man nach dem Beispiele Englands dahin wirken sollte, auch dem stehenden Heere, das aktive wie das passive Wahlrecht zu entziehen."

Deutlicher läßt sich kaum zeigen, wie konservativ auch die modern denkenden Soldaten in Preußen eingestellt waren. Es mußte sogar das sonst kaum als Vorbild empfundene England als Beleg dienen, das nicht über eine Armee der Allgemeinen Wehrpflicht verfügte und dessen Armee nicht vom antikonstitutionellen Geist beseelt war.

Roon bezweifelte die militärische Brauchbarkeit des Landwehrmannes: er gehorche nur, weil er müsse. Der Landwehr fehle es am echten militärischen Geist, ihr organisatorisches Gefüge sei zu schwach. Etwaige Schwächen der Linie sah er vor allem wegen ihrer Angewiesenheit auf die Landwehr gegeben. Nach der Lösung dieses Problems sei an die Verstärkung der Kader und an die Vermehrung des Präsenzstandes zu denken, damit auch an die Vergrößerung des Offizierkorps mit all ihren Voraussetzungen: Vermehrung der Bildungsanstalten u. a.

Der eigentliche Kunstgriff in Roons Vorschlägen, der die angedeuteten Ziele erreichbar machte, bestand darin, die Landwehr des 1. Aufgebots der Linie zuzuschlagen. Damit war die bisherige Landwehr abgeschafft, die Linie vergrößert, der militärische Geist gerettet. Roon: „Es wird nicht vorgeschlagen, dem Namen nach die Landwehr aufzuheben. Dies würde vielleicht schon aus Rücksichten für das historische Gewissen der Nation nicht ratsam erscheinen; möge man lieber, wenn man will, die ganze Armee ‚Landwehr' nennen … Übrigens kommt es auf den Namen, in Bezug auf das Wesen der dringend empfohlenen Reform, wenig an …" Zu den „unverkennbaren Vorzügen" des vorgeschlagenen Systems zählte Roon neben den rein militärischen: „Es verspricht den bedrohlichen Gegensatz zwischen dem Landwehrmann und dem Berufssoldaten zu verwischen und aufzuheben, d. h. das bisherige Landwehr- und Linienmaterial und den bisherigen Landwehrgeist in echten Soldatengeist zu verwandeln." Der höhere Präsenzstand erlaube eine den militärischen und *polizeilichen* Bedürfnissen entsprechende Dislokation; er verheiße zugleich „eine wesentliche innere Potenzierung", eine qualitative Steigerung des Offizierkorps.

Diese Vorschläge, die ja im wesentlichen realisiert wurden, enthielten politischen Sprengstoff. Die Gegner des innenpolitischen Kampfes unterstellten sich gegenseitig dazu noch weitere unausgesprochene Absichten. Keiner besaß mit seinen Zukunftsplänen Glaubwürdigkeit für den anderen. Gerade dieser Umstand verlieh der Reformphase die politische Bedeutung über die Verfahrensfragen hinaus, in denen sich die Krise vordergründig entwickelte.

Roons Vorschläge standen in einer Reihe mit früheren Überlegungen im Kriegsministerium, aber auch mit Forderungen Manteuffels, die dieser bereits 1849 in Aufzeichnungen formuliert hatte. Sie gingen von der politischen Konzeption der extremen Rechten aus mit ihrem Nachdruck auf der Notwendigkeit des Staatsstreiches. Die Reorganisation der Armee – technisch ganz ähnlich wie später bei Roon behandelt – ist primär von der Innenpolitik her gesehen. Mit der Landwehr, so Manteuffel, habe Preußen nur Kriege gegen äußere Feinde führen können: „Heute ist leider Gottes der Kampf gegen den Aufruhr im eigenen Land die nächste Aufgabe", – und, „Sollen wir unsere innerste Überzeugung aussprechen, so geht sie dahin, daß Preußen nur durch eine Diktatur zu retten und diese nur durch ein stehendes Heer im alten Sinne zu behaupten ist".

Manteuffel rückte während der Verfassungskrise immer enger an den Regenten und König heran. Es scheint daher diskussionswürdig, wenn ostdeutsche Publikationen feststellen, daß bei der Reorganisation die „unmittelbar innenpolitischen Absichten" gegenüber den außenpolitischen den Ausschlag gaben. Schließlich hat hauptsächlich der militärische Konservatismus Wilhelms I. das Ende der Neuen Ära herbeigeführt. Prinz Wilhelm hatte seinerzeit seine volle Zustimmung zu Manteuffels Ansichten zum Ausdruck gebracht, und später ließ er zu, daß sich gegenüber dem Kabinett der Neuen Ära eine konservative Fronde um Manteuffel, Gustav v. Alvensleben und dem Prinzen Karl aufbaute, die bestrebt war, vom Militärkabinett her den gemäßigten Kriegsminister v. Bonin zu stürzen. Der Plan gelang. Der Draht zu Roon war gezogen. Kurz vor seiner Ernennung zum Kriegsminister schrieb der mit Alvensleben und Manteuffel damals in Prinzipienfragen übereinstimmende Roon: er habe erklärt, daß er „von der ganzen constitutionellen Wirtschaft niemals etwas gehalten hätte, mich aber als richtiger Conservativer den vollbrachten Thatsachen unterthänig füge" – aber gerade diese Stelle zeigt, daß Roon nicht an Staatsstreich dachte; ihm schien die außenpolitische und militärfachliche Seite der Reorganisation wahrscheinlich ebenso wichtig wie die innenpolitische. Die Reorganisation ist nicht als bruchlose Fortsetzung ultrakonservativer Innenpolitik zu verstehen, obwohl sie starke Elemente davon übernommen hat.

Die Reorganisationspläne und ihre Verwirklichung

Die Analyse der politischen und militärfachlichen Beweggründe der Heeresreform läßt eine Mischung von konservativer Beharrung, innenpolitischem Sicherheitsbedürfnis, außenpolitischem Expansionswillen und technisch-fachlichem Modernitätsdenken erkennen. Gerade diese Verklammerung von Widersprüchen oder doch Teilwidersprüchen hat es verhindert, daß die militärische Führung ihr Anliegen offen darlegen und verständlich machen konnte. Sie hat stets nur Teilargumente vorgebracht und damit auch nur einzelne politische Interessen überzeugt, andere aber argwöhnisch werden lassen. So blieb es am Ende den mit dem reformierten und reorganisierten Instrument errungenen militärischen Erfolgen überlassen, eine nachträgliche nationale Zustimmung zu gewinnen, die allerdings nicht von der heranwachsenden Sozialdemokratie geteilt wurde.

Die Pläne selbst beruhten ebenfalls auf militärfachlichen (effizienzbezogenen), auf innen- und außenpolitischen Überlegungen. Wie diese Mixtur in der deutschen Politik Wirkungen gewinnen sollte, war wenig durchdacht. Militärs wie Roon und Wilhelm I. mochten an automatische politische Folgen denken, wenn erst die Armee als Voraussetzung alles Weiteren vorhanden war. Insoweit enthielten ihre Pläne ein, wenn auch wenig bestimmtes, neues Element, das manchen älteren Reformvorstellungen, auf denen aufgebaut werden konnte, noch gefehlt hatte. Die militärischen Grundgedanken waren seit Jahren „Gemeingut" (G. Ritter). Einige Generale (Bonin, Steinmetz) befürworteten zwar nicht die definitive Abschaffung der Landwehr, sahen aber ebenfalls ein, daß Reformen am Platze seien.

Um 1859 konnten die eingeleiteten Maßnahmen zur Erhöhung der Effektivität der Armee auch unter nur fachlichem und technisch-wirtschaftlichem Blickwinkel gesehen werden, wobei sich von dem innenpolitischen und verfassungspolitischen Hintergrund abstrahieren ließ. Im rein militärischen Sinne war die Reorganisation keine Sensation. Diese oder ähnliche Reformen waren nach dem Krimkrieg und dem italienischen Krieg von 1859, die eine Modernisierungsphase bei allen wichtigen europäischen Armeen auslösten, fällig und wären in Preußen unabhängig von seinem politischen System durchgeführt worden. Die militärische Logik war auf seiten der Militärs. Ihre Motivationen lassen aber erkennen, daß für sie wesentliche politische Fragen mitentscheidend waren.

Die Reorganisation der preußischen Armee durch Wilhelm I. und seinen Kriegsminister v. Roon schuf die Struktur der bewaffneten Macht, die im Ergebnis Deutschlands Armee vor dem Weltkrieg zur vielberufenen „besten der Welt" gemacht hat. Bei aller verfassungspolitischen Fragwürdigkeit der Methoden, mit denen Bismarck, der König und die Armee ihr Ziel durchsetzten, die aber bald nur noch liberale Historiker und Staatsrechtler beschäftigte, ist diese Struktur schnell als vorbildlich und angemessen betrachtet worden.

Der Hauptgedanke der Reform war die Verstärkung des Stehenden Heeres und die Abschaffung der Landwehr als Bestandteil der mobilen Armee. Die zahlenmäßige Entwicklung der preußischen Armee war seit 1814 im wesentlichen konstant geblieben trotz des Anwachsens der Einwohnerzahlen von 11 auf 18 Millionen (1817–1857). Nach wie vor rückten noch am Vorabend der Reorganisation jährlich etwa 40000 Rekruten ein.

Der Anfang wurde nach der Mobilmachung von 1859 gemacht, als lediglich die älteren Jahrgänge der Landwehrinfanterie entlassen wurden. Die gesamten jüngeren Jahrgänge wurden nur auf den Friedensstand reduziert und damit etwa auf die gleiche Kopfstärke gebracht wie die ebenfalls auf den Friedensstand zurückgeführten Linientruppen. Die neuen, aus den Landwehrregimentern gewonnenen Truppenteile erhielten vorläufig die Bezeichnung „Landwehrstammbataillone“ und „kombinierte Regimenter“.

Gleichzeitig ging die Arbeit an den Reorganisationsentwürfen weiter, nunmehr unter Leitung Roons, der am 5. Dezember 1859 zum Kriegsminister ernannt worden war. Nach Wilhelm I. sollte Bonin jedoch nicht „Märtyrer seiner liberalen Ansichten“ werden. Anfang 1860 brachte Roon den Reorganisationsplan vor das Parlament.

Roons Plan erhöhte die Aushebungsquote auf rund 63000 Mann. Mit Einführung der dreijährigen Dienstzeit 1860 bedeutete das die Anhebung der Friedenspräsenzstärke von 151000 Mann auf ca. 212000 Mann einschließlich Offiziere und Unteroffiziere (etwa 1,1% der Bevölkerung). Diese Zahlen erlaubten u. a. die Aufstellung von 39 neuen Infanterie- und 10 neuen Kavallerieregimentern. Die Landwehr verlor ihren alten Rang innerhalb der Wehrorganisation. In der Boyenschen Organisation setzte sich die mobile Armee aus 3 aktiven, 2 Reservejahrgängen (Linie) und den 7 Jahrgängen des 1. Landwehraufgebots zusammen. Roons Plan teilte die Landwehr des 1. Aufgebots auf. Die drei jüngsten Jahrgänge sollten der Reserve zugeteilt werden und standen damit zur Verfügung des Feldheeres, das dann aus 8 Jahrgängen gebildet worden wäre. Der Rest der alten Landwehr des 1. Aufgebots sollte mit der alten Landwehr des 2. Aufgebots verschmolzen werden. Die nunmehr aus insgesamt 11 Jahrgängen bestehende Landwehr hatte mit dem Feldheer nichts mehr zu tun. Ihre Aufgaben im Kriege sah Roon begrenzt auf den Etappendienst und auf Festungs- und Garnisonsdienst. Sie hatte ihren „selbständigen“ Charakter verloren und galt nur noch als Reserve für defensive Zwecke. Die Armee wurde jünger und beweglicher und war schneller zu mobilisieren. Das alte Landwehroffizierkorps verschwand; der neue „Reserveoffizier“ war ganz und gar ein Produkt der Linienarmee. Preußen stand jetzt in der faktischen Ausnutzung seiner Wehrkraft beispielgebend in Europa da. Dabei schöpfte es das Potential der Allgemeinen Wehrpflicht nicht annähernd aus. Finanzielle und außenpolitische Gründe standen dagegen.

Das Offizierkorps vergrößerte sich beträchtlich (um 1202 Offiziere auf insgesamt etwa 8800 Offiziere im Jahre 1866), wenn auch die von Roon anvisierte Zahl von 1345 Offizieren nicht voll erreicht wurde (bei Kavallerie und Artillerie). Die rasche Vergrößerung des aktiven Offizierkorps ließ sich durchführen, weil bereits Kriegsminister v. Bonin die Landwehr mit aktiven Kompanieführern versorgt hatte und seit 1859 in jedem Infanterieregiment 24 Hauptleute standen. Seit der Reorganisation sorgte überdies die schnellere Beförderungsaussicht für starken Zulauf. Kriegsschulen und die Selekta des Kadettenkorps führten verkürzte Kurse durch. Die größeren Zahlen wurden benötigt für die beim Abschluß der militärischen Reorganisation (1861) neu gebildeten 117 Infanterie- und 6 Jägerbataillone, sowie 10 Kavallerieregimenter und 9 Pionierbataillone.

Die Kriegsstärke änderte sich wegen des Wegfalls der älteren Landwehrjahrgänge trotz dieser Neuaufstellungen nicht wesentlich (vor der Reorganisation 335000 Mann Feldtruppen), dagegen die Qualität der mobilen Armee. Das mobile Armeekorps führte künftig ca. 40000 Mann ins Feld, davon rd. 28000 fechtende Soldaten (Infanterie), 4200 Reiter, 96 Geschütze. Preußens gesamte Kriegsstärke betrug seit 1861:

1. Feldtruppen	367000 Mann, 864 Geschütze
2. Ersatztruppen	130000 Mann, 144 Geschütze
3. Besatzungstruppen	140000 Mann.

Der Militärhaushalt erreichte ein Volumen von 121 Mill. Mark = 28,4% des Staatsbudgets. Er ist dann bis 1867 (mit 132,2 Mill.) wieder auf 25,6% zurückgefallen, pendelte sich also prozentual auf den Stand der fünfziger Jahre ein. Der Militäretat des Norddeutschen Bundes stieg geringfügig über 200 Millionen an, während das Deutsche Reich für das Militärwesen 1872 über 270 Millionen = 77,2% ausgab und dann bei unregelmäßigen Schwankungen bis 1890 auf 487 Millionen = 50,5% steigerte (1888/89 aber 762 Millionen = 62,2% und 1890/91 wieder 719 Mill. = 55,8).

Diese Organisation wurde in der Zeit des Heereskonflikts nicht fertig. Erst in den folgenden Jahren ist sie mit einigen Änderungen bei entsprechendem Anwachsen auf den Norddeutschen Bund und dann auf die Streitkräfte des Deutschen Reiches übertragen worden, wobei die Absicherung gegen parlamentarische Kürzungsversuche geradezu zum Wesensmerkmal der Militärverfassung selbst werden sollte. Die Zahl gewann politische Qualität im Rahmen der Quinquennate und Septennate.

b. Die politische Diskussion bis zur Ernennung Bismarcks

Liberale und konservative Argumente bis 1861

Die Machtprobe zwischen Armee und liberalem Bürgertum begann mit der ersten Vorlage des neuen Kriegsministers langsam in Gang zu kommen. Dabei zeigte der gesamte Verlauf bis 1867, daß der preußische Konstitutionalismus kein Formelkompromiß war, wie behauptet worden ist. Im Grunde besaß das Parlament nie eine Chance, die Auseinandersetzung zu seinen Gunsten zu entscheiden. Daher führte der Konflikt auch nicht zu einem echten Patt, in dem „der Staat sich aufzulösen drohte". Der Kampf war entschieden, ehe er richtig begann, Bismarck hat lediglich den politisch und psychologisch „richtigen" Ausweg gefunden und damit eine weitere Verhärtung der Fronten verhindert. Aber theoretisch war diese Lösung von Anfang an auch in den Fernzielen Wilhelms I. und Roons angelegt: der Gedanke einer Kombination von militärischer Stärke und aktiver Außenpolitik überzeugte im Ergebnis den preußisch-deutschen Liberalismus, daher konnten die Befürworter von Staatsstreichplänen, die, wie Manteuffel, mit der Militärdiktatur zurück zu vormärzlichen Verhältnissen gehen wollten, nicht durchdringen.

Sie verkannten die Bedeutung der nationalen Frage gegen Ende der fünfziger Jahre und damit die Möglichkeiten, die ein „Nationalkrieg" für den politischen Kompromiß im Innern bot. Für eine „nationale", von liberalen Sympathien getragene deutsche Politik und eine sich daran anschließende Westorientierung in der Außenpolitik konnte Preußen nach 1859 allerdings auf wenig Glaubwürdigkeit hoffen. Seine Zurückhaltung im italienischen Krieg war weithin als nationaler Verrat empfunden worden. Die Heeresreformpläne verstärkten das Mißtrauen. Süddeutschland orientierte sich wieder stärker auf Wien hin, und die österreichische Politik steuerte ein starkes Mitteleuropa unter österreichischer Führung an, ein Ziel, das weder in Berlin noch in Paris hingenommen werden konnte.

Die politische und die militärische Führung Preußens hat zwischen 1859 und 1862 keine klare Entscheidung treffen können. Eine innenpolitische Lösung im Sinne der konservativen Militärpartei hätte Preußen an die Seite Österreichs geführt, ein Sieg der liberalen Demokratie dagegen wäre über die Parlamentarisierung in eine pro-westliche Außenpolitik eingemündet. Von der Lösung der brennenden innenpolitischen Kampfsituation hing Preußens innerer und äußerer Weg ganz entscheidend ab. Bismarck ist dann seit 1862 einen Kurs gegangen, der die Interessen von Militärstaat und Liberalismus in neuer Form kombinierte, strukturelle Grundsatzentscheidungen aber zugunsten machtpolitischer „Realitäten" blockierte. Die Sonderform des preußischen Konstitutionalismus wurde ohne Rücksicht auf die rapide Weiterentwicklung im wirtschaftlichen und sozialen Bereich festgefroren. Ohne die Armee und die Anerkennung ihrer Rolle in Staat und Politik wäre dieser Weg nicht möglich gewesen. Am Anfang von Bismarcks Lösung standen vorgefundene Bedingungen, unter denen sich die Armee als eine solche sine qua non erwies.

Der Besitz- und Bildungsliberalismus in Preußen, auch der rechte Flügel der 1861 gegründeten Fortschrittspartei, sah einen engen Zusammenhang zwischen Machterweiterung und dem Gewinn bürgerlicher Freiheit. Im künftigen national-deutschen Rahmen schien sich die junkerliche Vorherrschaft brechen zu lassen, schien die weitere Ausbildung des preußischen Militärstaates aufgefangen werden zu können. Größere Freiheit in Preußen, meinte etwa Forckenbeck, ließ sich nur von der Lösung der nationalen Fragen erwarten. Auch das Problem der preußischen Verteidigungslasten wurde von diesen politischen Kräften unter nationalen Aspekten gesehen. Dieser Richtung des Liberalismus hätte sich die militärische Führung, abgesehen von der hochkonservativen Gruppe um Manteuffel und Alvensleben, mit deutlicher Nuancierung außenpolitischer Perspektiven durchaus verständlich machen können. Die Liberalen aus großbürgerlich-industriellen Kreisen hatten ihren Kompromiß mit dem Staat schon geschlossen, in dem sie eine Garantie gegen sozial-revolutionäre Entwicklungen sahen, eine Anstalt, die wirtschaftlichen Fortschritt sicherstellte, in der die politische Führung allerdings in konservativen Händen blieb. Lediglich die kleinbürgerlich-demokratische Richtung, die Waldeck und Schultze-Delitzsch repräsentierten, gab der demokratischen Entwicklung den Vorrang vor der nationalen Lösung.

Aber die Mehrheit der liberalen Kräfte unterstützte in wachsender Ungeduld die nationale Lösung, die „Integrität des Vaterlandes"; in ihren Augen blieb „Recht ohne Macht" ein bloßer Schein. Die von den Radikalen ersehnte Volkssouveränität trat hinter der nationalen Kraft und „Würde" zurück, hatte für manche auch bereits den Beigeschmack des politisch-sozialen Experiments; Bismarck hat die hier für seine „Realpolitik" liegenden Chancen früh erfaßt.

Ohne Glauben an eine baldige energische Politik Preußens fürchteten die Liberalen, die Vergrößerung des stehenden Heeres käme dem innenpolitischen Gegner allein zugute. Obwohl die Erhaltung der Landwehr und die aufgrund des Etatgesetzes von 1858 erst wieder eingeführte dreijährige Dienstzeit militärfachlich gesehen kaum Ziele waren, um die sich ein politischer Kampf lohnte, trat der linke Fortschritt unnachgiebig für die Landwehr und die kurze Dienstzeit ein. Den Altliberalen erschien die Reorganisation in anderem Licht. Sie gaben das Landwehrkonzept auf. In der großen Militärdebatte vor dem Ausbruch des Konflikts billigt der rechtsliberale Flügel im wesentlichen die Reformvorschläge Roons, mit Ausnahme der dreijährigen Dienstzeit. Vincke-Oldendorf ging sogar soweit, das Stehende Heer eine „große Garantie für die Freiheit" zu nennen, und meinte, die Landwehr habe sich weder als „Förderungsmittel" des konstitutionellen Staatswesens noch als „Sicherheitsmittel" für die Rechte und Volksfreiheiten erwiesen. Der Liberalismus, in seiner sozialen Struktur heterogen, war auch in der politischen Einstellung auf die Armeereform nicht geschlossen. Viele der liberalen Führer waren selbst Soldat gewesen, sie kannten die Stärken und Schwächen der Heeresorganisation.

Die Militärkommission des Abgeordnetenhauses legte 1860 einen Kompromißentwurf zum Regierungsentwurf vor, der den Forderungen der Armee weit entgegenkam. Die Landwehr blieb danach nur formell selbständig, sollte kampfkräftig gemacht und verjüngt werden. Selbst diese Vorschläge wurden später nicht weiterverfolgt. Lediglich die radikalen Fortschrittler brachten 1863 die Landwehrfrage noch einmal in die Diskussion. Der Streit spitzte sich ganz auf die Frage der zwei- oder dreijährigen Dienstzeit zu, und hier konnten die Liberalen aus partei- und wahltaktischen Gründen praktisch nicht nachgeben. Die Frage gehörte aber zum Kern der militärpolitischen Überzeugungen Wilhelms I. Hier war er nicht zu beeinflussen, wenn auch zahlreiche Generale, selbst eine Generalskommission 1862, sich für die Möglichkeit von Dienstzeitverkürzungen aussprach. Roon selbst war hier durch Wilhelm I. gebunden und gegenüber den Argumenten der Kammer in schwieriger Position.

Das wachsende Mißtrauen des Abgeordnetenhauses fand weitere Nahrung in gewissen royalistischen Zutaten der Wehrvorlage: Vermehrung der Garderegimenter, Erhöhung ihres Präsenzstandes, hohe Aufwendungen für die Kavallerie. In liberalen Kreisen herrschte die Überzeugung, einige Reaktionäre verfolgten die Absicht, „eine Armee von Berufssoldaten zu schaffen, deren Offiziere dem Junkerstand und der Junkerpartei angehörten – eine Armee, welche die Partei für ihre Zwecke brauchen könnte, mit der sie ‚die Revolution niederhalten', das heißt sich selber in der Herrschaft im Lande behaupten könnte". Von einer konservativen „Parteiarmee" war die Rede.

Aber der preußische Liberalismus sah auch die Gefahr, bei einem Bruch mit den Plänen der militärischen Führung seine Rolle als Regierungspartei einzubüßen. Man war erbittert, als auf den Gegenentwurf der Militärkommission der Regierungsentwurf zurückgezogen und lediglich ein „Provisorium" gefordert wurde, nämlich eine Pauschalsumme von 9 Millionen Talern bis Juli 1861 zur Durchführung der Reform. Die Partei glaubte, mit der Zustimmung einem politischen Dilemma entgangen zu sein und bessere Zeiten abwarten zu können.

In Wahrheit spitzte sich der Gegensatz zu. Die neuen Linienregimenter wurden definitiv errichtet. Was Optimisten lediglich als Budgetproblem erschien, entwickelte sich zur Machtfrage. Damit schien eine Situation herbeigeführt, die der Militärpartei um Manteuffel und den Generaladjutanten Alvensleben noch einmal die Gelegenheit zum Staatsstreich, zur Wiederherstellung altpreußischer Staatsordnung bieten konnte. Beiden war im Zusammenhang mit der Machterweiterung des Militärkabinetts der Sturz Bonins nach Plan gelungen. Die Annahme liegt nahe, sie hätten die Heeresreform am liebsten vom Militärkabinett aus betrieben, allein im Zeichen der Kommandogewalt, als deren einzige Repräsentanten sie sich fühlten. Jedenfalls gönnten Generaladjutant und Militärkabinettchef einem „liberalen" Ministerium nicht den Vorzug, die Reorganisation durchzuführen. Erst zusammen mit Roon schien ihnen die Voraussetzung zur Lösung der Frage in ihrem Sinne gegeben.

Roon hat sich bei der Reform vor allem als Sachwalter der Kommandogewalt gefühlt. G. Ritter bezeichnete ihn zutreffend als „politischen Sprengkeil" im Kabinett, wenn er auch besser zu taktieren wußte als Manteuffel. Für Roon ging es um „die politische Gesundheit des Vaterlandes", um eine Existenzfrage für Preußen; darum wollte er seinem „Kriegsherrn" beistehen, auch wenn ihm „dessen andere Helfer" – nämlich das Kabinett der Neuen Ära – nicht gefielen. Seine Taktik hieß: hinhalten, ausweichen, halbe Erklärungen abgeben und inzwischen irreversible Tatsachen in der Reform schaffen. „Die Armee wirklich stark aufstellen, ist das beste und einflußreichste Mittel gegen den Oppositionsangriff." Die Armee juble, während die Gegenpartei verdutzt schweige, schrieb er im Juli 1860 an Manteuffel. Das Programm, „stark schweigen und stark handeln", müsse durchgehalten werden. Während er die Fahnenweihe der neuen Regimenter im Januar 1861 als Siegel einer Dauerorganisation betrachtete, ließ er in der Militärkommission die Frage offen, ob überhaupt ein neues Wehrgesetz nötig sei.

Das Jahr 1861, in dem das Abgeordnetenhaus ein weiteres Provisorium bewilligte, sah die politischen Kräfte des Militärstaates und des Liberalismus in einer Auseinandersetzung, die die Möglichkeit einer Richtungsänderung zu bieten schien. Aber der preußische Liberalismus war zu schwach, seinen Willen durchzusetzen. Er agierte lediglich mit der Hoffnung, daß die „gesellschaftlich vorwiegenden Klassen ... unwandelbar auch die politisch herrschenden" werden würden (Karl Twesten). Mehr aus innerer Schwäche denn aus Stärke und Selbstbewußtsein raffte sich die Regierungspartei zu Gesetzesvorschlägen auf, die eine konstitutionelle Weiterentwicklung sicherstellen sollten. Aber die

Partei verfügte über keine Massenbasis. Die Abspaltung des „Fortschritts" vom Regierungsparteiliberalismus zeigte, daß starke Gruppen sich nicht mehr adäquat vertreten fühlten. Die Entschlossenheit zu kämpferischen Auseinandersetzungen, ja selbst zum Bürgerkrieg, war allein auf der hochkonservativen Seite vorhanden. So blieb den liberalen Vorstößen im Februar/März 1861, Gesetze über die Ministerverantwortlichkeit und über die Etatkontrolle des Oberrechnungsrats durchzubringen, wenig Erfolgsaussicht. Mit ihrer Verwirklichung wäre Preußen politisch verändert, wäre auch der Konflikt um die Heeresreform in neue Bahnen gelenkt worden. Die Tage Roons als Kriegsminister wären gezählt gewesen. Zwar hatte Wilhelm I. unter dem Zwang einer Kabinettskrise den Gesetzentwürfen zunächst zugestimmt, wohl auch in Überschätzung der liberalen Position, aber wie 1848/49 wurde die Krone wiederum von der Armee in altpreußischer Loyalität überholt und zur Umkehr bewogen. Roon und Manteuffel haben den König auf diese Linie zurückgebracht und damit erreicht, daß die Reorganisation ausschließlich zur Sache von Regierung und Armee ohne Beteiligung des Parlaments wurde. Von daher hat dann später die preußische Historie die innere Konsequenz der Reichsgründung von Preußen her gesehen und „bestätigt" gefunden.

So ist das Jahr 1861 zu einem Jahr entscheidender politischer Einflußnahme der Armee auf den Gang der preußischen Politik geworden, deren Bahnen auch Bismarck später nicht grundsätzlich ändern konnte.

Wilhelm I. und die Armee

Wie hat die Armee Wilhelm I. „zurückgeholt"? Welche Argumente gaben den Ausschlag, ihn von den widerstrebend gemachten Zusagen abzubringen? Es war die Psychologie der Armee, das preußische Königtum vom Selbstverständnis des Offizierkorps her zu bewerten, den „Soldatenkönig" herauszufordern.

Ein großer Teil der Nation, schrieb Roon am 1. 3. 1861 an Wilhelm I., nahm Ärgernis an einer Entwicklung, die die Macht der Krone gegen den Willen des Königs beschränken werde: „Ew. Majestät Kriegsminister darf nicht verhehlen, daß solche Aussichten namentlich in dem Theile der Nation Widerhall finden, der Ew. Majestät Waffen führt, und in dem Allerhöchstdieselben immer die festeste Säule Ihres Thrones gefunden haben. Wer es treu mit Ew. Majestät meint, kann nur mit Widerstreben an Möglichkeiten denken, durch welche dieser ‚rocher de bronce' jemals untergraben werden könnte."

Wilhelm schrieb an den Rand dieser Briefstelle: „Das überlebe ich nicht!" und zog seine Zustimmung zu den Gesetzentwürfen zurück. Mit dem Offizierkorps in politischer Meinungsverschiedenheit zu leben, König und Armee von Mißtrauen bedroht zu sehen – das hatte Wilhelm seinen Bruder durchexerzieren sehen – war ihm unerträglich.

Der psychologische Kunstgriff Roons gehörte zu den neueren Methoden des Offizierkorps, in der Politik sein Mitspracherecht und seine Interessen zu sichern. Daß der Erfolg diesem Mittel sicher war, sagt mehr über die preußische Verfassungswirklichkeit aus, als lange Debatten in den Kammern. Der theoretische Ansatz, der mit dieser Psychologie vermittelt wurde, läßt sich in kurzen Sätzen wiedergeben: die Oktroyierte Verfassung ist kein Vertrag, sondern vom König freiwillig gewährt. Die „Verheißungen" der Verfassung sind nicht automatisch eintreibbar, sondern stets nur von freien königlichen Entschließungen abhängig. In „anderen konstitutionellen Staaten" ist die Geltendmachung eines Regierungswillens gegen den König denkbar; in Preußen nicht. Nur eine solche Auffassung wahre das Interesse der Krone.

Und in diese Verfassungsinterpretation muß noch der Wille der Armee hineingenommen werden. Ohne *diese* Armee, das heißt ohne das Offizierkorps – das war ein Axiom Roons –, war die preußische Monarchie nicht lebensfähig. Daher durfte das Offizierkorps von der Krone entsprechende Berücksichtigung seiner innenpolitischen Grundüberzeugungen erwarten. Roon formulierte diesen Gedanken 1861 so: die Armee dürfe in ihrem Selbstbewußtsein, in ihrer Gesinnung nicht beirrt werden, sonst breche das Chaos herein; oder 1862: „Das Armeegefühl darf nicht verletzt werden, denn mit dem Ruin der Armee-Gesinnung wird Preußen rot, und die Krone rollt in den Kot."

In der praktischen Politik verdichteten sich Roons Vorschläge im März/April 1861 schließlich zu dem Rat, das Ministerium der Neuen Ära zu entlassen, das er als Befürworter eines „Scheinkönigtums" nach belgischem Vorbild hinstellte und dem König verdächtig machte. Die Armee dagegen trat auf als Streiter für das „ächt Preußische Königthum von Gottes Gnaden". Der freie königliche Wille galt als wahrer preußischer Verfassungsgrundsatz, über dem „Geschrei der Partheien" rangierend: ein Königtum nach dem Rechtsbewußtsein des Volkes. Roons Überredungskunst grenzte an Rabulistik. Für und gegen das Volk wurde argumentiert, wie es gerade paßte. Es war die politische Diktion, auf die Wilhelm I. ansprach: schlicht, schwarz und weiß, entweder – oder, Preußen oder Nicht-Preußen.

Die konservative Fraktion im Abgeordnetenhaus benutzte ganz ähnliche Formeln. Sie suchte das in den Zeiten der Kamarilla verlorene Vertrauen Wilhelms I. zurückzugewinnen. Möglicherweise war diese Taktik zwischen Roon und seinem Neffen Blanckenburg abgestimmt. Die Konservativen erklärten unumwunden, sie legten keinen Wert auf ein neues Extraordinarium. Sie betrachteten die Heeresreform als definitiv, sie sei nicht durch die Bewilligungen von 1861 zustande gekommen, sondern „auf Grund der durch nichts beschränkten, in unserer Verfassungsurkunde ausdrücklich anerkannten höchsten Machtvollkommenheit unseres Obersten Kriegsherrn". Im Falle eines Konflikts werde ihm ein Zivil-Yorck zur Stelle sein (so der Kreuzzeitungsredakteur Wagener im Mai 1861 in der Kammer). Ähnlich hatte vorher schon Manteuffel befürchtet, das Provisorium werde die Fronten verwischen und den Eindruck erwecken, die Armee hänge nicht einzig und allein vom Monarchen ab. Die Stimmung im Offizierkorps verlangte ebenfalls nach „klarer" Lösung. Roon schrieb im Juni 1861: „Aus dem Schlammbad einer neuen Revolution kann Preußen neugestärkt hervorgehen, in der Cloake des doktrinären Liberalismus wird es unrettbar verfaulen." Aber Wilhelm I. war trotz mancher starken Worte noch nicht entschlossen zum Bruch mit dem Ministerium.

Die Heeresreform führte mit ihren Wirkungen auf die öffentliche Meinung in der Folge zu einer Stärkung der liberalen Position im Lande. Im Dezember 1861 brachten Neuwahlen zur Zweiten Kammer einen deutlichen Sieg der neugegründeten „Deutschen Fortschrittspartei". Gegenüber den parlamentarisch fast bedeutungslos gewordenen Konservativen (14 Abgeordnete) erreichte die neue Partei 110 Sitze und wurde zur stärksten Fraktion. Die Aussichten für einen Abschluß der Reformen sanken, weil der Fortschritt die zweijährige Dienstzeit zum Grundsatz erhoben hatte. Der Versuch der Fraktion, jetzt auch die parlamentarische Kontrolle der Staatsausgaben durchzusetzen, führte zur ersten harten Kraftprobe. Das Abgeordnetenhaus wurde daraufhin im März 1862 aufgelöst, aber die Neuwahlen brachten dem Fortschritt im Mai einen noch größeren Sieg. Die Zeiten der Altliberalen und der „Neuen Ära" waren vorbei. Die neue Partei ging nun ganz bewußt auf Kollisionskurs. Sie suchte die Position des Parlaments zu stärken. Die Heeresreform wurde zum Kern der Auseinandersetzung, als die Kammer im September 1862 die Mehrausgaben für die Armee aus dem Haushalt eliminierte.

In den Monaten vom Herbst 1861 bis in das Frühjahr hinein, als sich die innenpolitische Landschaft nach der Seite linksliberal-demokratischer Tendenzen hin zu entwickeln schien, suchte die Armee mit neuer Energie den Staat im Sinne ihrer Interessen gegen ein weiteres konstitutionelles „Abrutschen" zu sichern. Wieder griff Bürgerkriegsstimmung um sich. Nach den Dezemberwahlen war die Militärpartei am Hofe überzeugt, daß mit dem neuen Landtag in der Heeresfrage nicht weiterzukommen sei, ja daß überhaupt nicht regiert werden könne. Für den Fall einer Kammerauflösung wurde mit Straßenunruhen gerechnet. In dieser Einschätzung der Lage bereitete die militärische Führung eine Art „Konterrevolution" vor: Starker Militäreinsatz gegen Berlin wird ins Auge gefaßt. Roon, Manteuffel stehen hinter dem Plan. Zwei Tage nach dem Zusammentreten des Abgeordnetenhauses am 16. Juni 1862 unterzeichnet Wilhelm I. die Geheimbefehle. Die Militärpartei plant den Sturz des Altliberalen Ministeriums mit dem Ziel, die Lage zu verschärfen, um militärisch eingreifen zu können. Gedanken an Staatsstreich und Aufhebung der Verfassung werden damit verbunden.

Der König mußte erneut mitgezogen werden, denn er trug sich im März/April 1861 wieder mit Abdankungsplänen. Manteuffel will daran erinnert haben, „daß wir in einer Revolution leben". Die Frage sei, ob der König „es machen wolle wie Karl I. und Ludwig XVI. und seine Macht sich aus den Händen winden lassen, ehe es zum ausgesprochenen Kampf komme". Wenn er auf Kosten der Armee nachgäbe, um gute Wahlen zu erreichen, so werde er „nur das Vertrauen der Armee zu seiner Festigkeit erschüttern". Noch deutlicher will Wrangel mit dem Ungehorsam der Armee gedroht haben, wenn der König aus Scheu vor der Auseinandersetzung mit den Demokraten sein Amt im Stich ließe. Roon hat zeitweise gemeint, ohne klare Entscheidungen im Sinne der Armee könne er nicht länger im Staatsministerium bleiben; die Armee würde an ihm irre, „und damit bin ich vernichtet". Ähnlich schrieb Manteuffel an den König. Kommandierende Generale nahmen sich politische Belehrungen des Königs heraus, wie etwa Steinmetz, der zu Neujahr 1862 Wilhelm I. schrieb, es müsse wieder dahin kommen, daß der König selbst und nicht das Parlament durch ein ihm willfähriges Ministerium regiere!

Bismarck empfahl dagegen schon im Sommer 1861 die Verlagerung des Konflikts nach außen. Er war nicht ausschließlich auf den innenpolitischen Gegner fixiert und überschätzte diese Fragen auch nicht so wie die Armeeführung und der König, der tatsächlich an Abdankung dachte. Roon teilte er mit: „Nur durch eine Schwenkung in unserer auswärtigen Haltung kann, wie ich glaube, die Stellung der Krone im Innern vor dem Andrang degagiert werden."

In einer Zeit nationalpsychologischer und nationalpolitischer Entwicklungen und Fortschritte in Europa und in Deutschland – hier hatte sich 1859 der Deutsche Nationalverein konstituiert mit dem Ziel, die öffentliche Meinung in Deutschland für die Einheit des Reiches unter preußischer Führung zu gewinnen – manövrierte sich die Armee immer stärker in die Ablehnung liberal-nationaler Bestrebungen hinein. Sie setzte damit ihre nächsten Ziele – die Reorganisation – dem Verdacht aus, sie dienten zuallererst dem innenpolitischen Bedürfnis, den alten Militärstaat zu befestigen, der sich bisher als Block gegen eine national-liberale Zukunft erwiesen hatte.

Alle Versuche des neuen konservativen Ministeriums von der Heydt–Roon–Bernstorff, Stimmungsgewinne für die Regierung zu machen, schlugen fehl, mußten bei dieser nationalen Erwartungshaltung fehlschlagen. Steuernachlässe, ja selbst die faktische Kürzung der Militärdienstzeit durch Winterbeurlaubungen und ein intensiver konservativer Werbefeldzug blieben erfolglos. Was dem König in zahllosen Denkschriften von Militärs geraten worden war, nämlich die Reorganisation als Angelegenheit der Kommandogewalt ohne Parlament durchzusetzen, wagte auch das neue Ministerium nicht zu empfehlen. Vielmehr gab es das Versprechen ab, ein neues Wehrgesetz einzubringen, und Roon schien sogar in der Frage der Dienstzeitdauer kompromißbereit. Am 17. September erklärte er zur großen Überraschung der Liberalen und zur noch größeren Verblüffung der Konservativen, über die zweijährige Dienstzeit werde sich reden lassen. Eine Zeit des Schwankens und Abtastens, vielleicht um Zeit zu gewinnen, bis der König den „Zivil-Yorck" berief! Manteuffel warnte und mahnte: was sei wichtiger für Preußens Zukunft – die momentane Nicht-Übereinstimmung mit der Kammer – oder die Untergrabung der Armee?

Roon, verkannt und heftig kritisiert, hatte damit nur einen Teilaspekt seiner Vorstellungen angedeutet. Das Ganze war aber mit dem König nicht abgestimmt, widersprach in wesentlichen Punkten seinen festsitzenden Überzeugungen und wurde auch vom Militärkabinett und der Generaladjutantur bekämpft. Seit Sommer 1861 löste sich Roon – wohl nicht sehr bewußt, doch allmählich erkennbar – von der konterrevolutionären Einbahnpolitik des Militärkabinetts, ohne diese Wendung deutlich machen zu können. So schrieb er etwa im Juni an Perthes, der Existenzkampf werde zur „Gesundung" führen, „nicht durch reaktionäre Rezepte, sondern durch eine ehrliche, offene und muthige Anwendung der verfassungsmäßigen Mittel".

Er wolle keinen „Systemwechsel", wende sich lediglich gegen zu liberale Interpretationen des Novemberprogramms von 1858. Diese Sätze stehen neben starken „altpreußischen" Wendungen. Roon war offensichtlich auf dem Weg zu neuen Wertungen, zu praktischen Lösungen, bei allem Festhalten an der Ablehnung des „doktrinären Liberalismus". Sein neues Programm lief denn auch im wesentlichen auf ein Entgegenkommen gegenüber dem Abgeordnetenhaus hinaus, bei Rückgriff auf Elemente, die konservativen Soldaten höchst gelegen kommen mußten. Programmatisch gesprochen hieß dies: Entlastung des Staatsbürgers (z. B. nur noch zweijährige Dienstpflicht), aber Abgehen vom „Volksheer", stärkere Beteiligung von Längerdienenden, die etwa ein Drittel der Infanteriebataillone ausmachen sollten. Damit wären wesentliche Elemente der Berufsarmee in das preußische Wehrwesen projiziert worden! Preußen hätte mit dem Problem zahlreicher Wehrdienstbefreiungen fertig werden müssen, also mit der Frage der „Wehrgerechtigkeit", die Roon über eine Art Wehrsteuer lösen wollte. Die parlamentarische, wenn auch nur budgetäre Kontrolle der Armee sollte wegfallen. Er plante weiterhin, die Friedensstärke auf 1–1,2% der Bevölkerung festzulegen und für jeden Soldaten eine feste Summe anzusetzen, über die kein künftiges Parlament mehr befinden konnte.

Dieser Plan wäre wahrscheinlich nicht an seinen unsozialen Konsequenzen gescheitert – in zahlreichen Fällen hätte der Geldbeutel entschieden (Einstandsgeld), ob ein Wehrpflichtiger tatsächlich einzurücken hatte; auch nicht an dem Vorwurf, daß er – wie militärische Kritiker erklärten – dem Militärdienst die Würde des „Ehrendienstes" nehme; viele Liberale begrüßten die Erleichterung für sozial Bessergestellte, vor allem den Wegfall des 3. Dienstjahres. Gescheitert ist Roon mit seinen Vorstellungen an Wilhelm I. In der Dienstzeitfrage gab es für den König kein Nachgeben, so sehr er die Verstärkung der Kapitulantenzahl begrüßte. Dem Kronprinzen gegenüber äußerte er, das dreijährige Dienstprinzip sei seine Überzeugung, mit der er „stehe und falle". Die Bindung der Präsenz an feste Prozentzahlen war ihm ebenfalls zuwider, weil er für den Moment die Mitbestimmung der Kammern ablehnte – während Moltke noch 1865 diese Lösung für richtig hielt. Der Generaladjutant v. Alvensleben meinte dem Kronprinzen gegenüber: „Nachgeben ist Einsetzung des Abgeordnetenhauses zum Oberbefehlshaber des Heeres an Stelle des Königs, also gleich einem vom König eingeführten Verfassungsbruch."

c. Bismarck und die Zeit des Verfassungskonflikts

Die Ausweitung zum Verfassungskonflikt

Die konservative Militärpartei hatte den König also auf ihrer Seite. Der Heereskonflikt weitete sich jetzt im Sommer und Herbst 1862 zum Verfassungskonflikt aus. Roon fürchtete, Wilhelm I. werde schließlich doch nicht durchhalten. Manteuffel dagegen war überzeugt, dem Ziel seiner Wünsche näher gekommen zu sein: wenn es zum ernstesten Ausbruch kommt, werde der Konflikt „zum Heile des Landes siegreich beigelegt werden". Er war entschlossen, für das „unumschränkte persönliche Commando des Königs", wenn nötig, „Blut fließen zu lassen".

Wilhelm I., überzeugt von der Richtigkeit der konservativen „Lückentheorie", wonach notfalls auch ohne Etatgesetz regiert und damit die Reform gesichert werden könne, sah sich von seinem zögernden Ministerium im „Stich gelassen". Er gab seinen Entschluß bekannt, die Krone niederlegen zu wollen.

Das Abgeordnetenhaus hatte zuvor bereits das Etatgesetz für 1862 abgelehnt. Ein Patt schien erreicht. Weder die Parlamentarisierung noch eine Rückkehr in den Vormärz ist in der Rückschau als mögliche Lösung erkennbar. Im Grunde standen sich aber der harte Kern des preußischen Staates, die Armee, und die öffentliche Meinung gegenüber. Eine Verfassungsänderung gegen den Willen der Armee war ohne Erfolgschancen, mit der Armee ließen sich selbst radikale Lösungen durchsetzen.

Aber der neue Leiter der Politik, Bismarck – nach starkem Widerstreben Wilhelms I. am 22. 9. 1862 berufen – dachte trotz starker Worte nicht daran, eine tabula rasa zu schaffen. Bismarck fand den „Geist der Armee", die in konservativen Kreisen nicht bezweifelte spezifische Zuordnung von Königtum–Offizierkorps–Staat und den Glauben an die Kraft der Disziplin vor. Seine erste Rolle war die eines Stabilisators der Kommandogewalt. So unbequem ihm gelegentlich politisierende Generale wurden, den Geist der Armee hat er sich nicht anders gewünscht: royalistisch, „unpolitisch", bedingungslos gehorchend.

Im Interesse der Armee hat er mit der Lückentheorie regiert, hat den nur schwach begründeten Konstitutionalismus auf dem Gebiet des Budgetrechts, dieser einzigen wesentlichen Errungenschaft des preußischen Liberalismus, ausgehöhlt, von vornherein aber den ganzen Konflikt in den Zusammenhang nationaler Bedürfnisse gebracht, deren Befriedigung später dann auch zu einer neuen Brücke mit der nationalen Bewegung der Zeit wurde. Aber diese politischen Fernziele waren auch nach seiner Auffassung doch nur ins Auge zu fassen bei einer Durchsetzung der Krone und der Armee im Verfassungskonflikt. Dies war überhaupt die Bedingung für Bismarcks Amtsantritt. Es zeigte sich sehr rasch, daß ein echtes Patt nicht gegeben war. Der Wille, fest gegen das Parlament zu steuern, Machtinteressen als Staatsnotwendigkeiten hinzustellen und kompromißlos zu verteidigen, genügte, um die liberalen Illusionen als solche sichtbar zu machen. Die Armee hatte Bismarck in tieferem Sinne auf sich verpflichtet, als ein schneller Blick auf sein Lebenswerk erkennen läßt. Und in der Furcht vor einer Resignation Wilhelms I. berührten sich darüber hinaus eigene ständisch-konservative Interessen und Grundüberzeugungen vom Wesen des preußischen Staates mit denen hochkonservativer Militärkreise. Die Resignation des „Ersten Soldaten" drohte die Stellung der Armee im Staate nachhaltig zu berühren. Eine dann in Sicht rückende Parlamentarisierung hätte die Verantwortlichkeit des Kriegsministers gegenüber dem Parlament ausgeweitet, „unerwünschte" Kontrollrechte geschaffen und auf weitere Sicht mit einer neuen Auffassung vom Wesen der Kommandogewalt den Anteil der Armee an der Staatsführung wesentlich eingeschränkt. Das hätte wohl zuerst das Militärkabinett zu spüren bekommen. Die „Eigengesetzlichkeit" der Armee wäre zu Ende gewesen, Preußen innenpolitisch auf einen neuen Kurs gesetzt und außenpolitisch wahrscheinlich in neue Richtungen gelenkt worden, die möglicherweise im Endergebnis nicht zur Konfrontation mit den Westmächten geführt hätten.

Den engeren Komplex der Armeereform suchte Bismarck in Anlehnung an Roons letzte Vorschläge zu behandeln. Die Dienstzeitfrage schien ihm zu nebensächlich, um ihretwegen auf Biegen und Brechen zu gehen – trotz seiner dem König gegebenen Zusicherung, ohne Rücksicht auf die eigene Meinung den Kampf durchzufechten: „Ich will lieber mit dem König untergehen als Ew. Majestät im Kampf mit der Parlamentsherrschaft im Stich lassen." Auch in der Frage der gesetzlichen Festlegung der Prozentziffer der Aushebungen sah er ein Mittel, Teile der liberalen Opposition für seine Politik zu gewinnen, die in diesen Monaten zu grundsätzlichen außenpolitischen Initiativen auszuholen suchte. Die Lockerung der Konfrontation im Verfassungsstreit wäre ihm schon um der Glaubwürdigkeit seiner Position in der Frage der Bundesreform gelegen gekommen (in Frankfurt hatte Preußen im Januar 1863 den gegen Österreich gerichteten Vorschlag eines Nationalparlaments gemacht, das aus direkten, geheimen und gleichen Wahlen hervorgehen sollte). Auch seine berühmte „Blut und Eisen"-Rede gehört als Appell an die antiösterreichischen Gefühle der „kleindeutschen" Liberalen in diesen Zusammenhang. Innenpolitisch hätte der Vorschlag Roon–Bismarck die Unabhängigkeit der Armee vom Parlament sogar noch gefördert, denn für die Konzession der zweijährigen Dienstzeit sollte das Parlament ein für allemal eine bestimmte Pauschalsumme pro Kopf der Soldaten bewilligen und die Präsenzstärke grundsätzlich auf 1% der Bevölkerung festgesetzt werden. Aber das Militärkabinett setzte sich durch. Seine Strategie definierte ein Nachgeben in der Reorganisationsfrage als „Vernichtung des Staates", als „Todesurteil der Armee". Die Vorlage des Dienstpflichtgesetzes von 1863 beruhte voll und ganz auf den Forderungen des Militärkabinetts und auf der verfassungsrechtlichen Auffassung: Formation und Organisation der Armee seien allein Angelegenheiten der Kommandogewalt. Das Parlament sei nur mittelbar berührt aufgrund seines Budgetbewilligungsrechts. Eine Vermittlung der Standpunkte war unmöglich geworden. Auf dieser Basis verhärteten sich die Fronten. Verlangt wurde von der Armee die Zustimmung zur dreijährigen Dienstzeit; über den Präsenzstand, den Umfang der Aushebungen, die Formation von Linie und Landwehr sollte das Parlament nicht mitzureden haben.

Auf diese Weise wurden die verschiedenen liberalen Richtungen zusammengezwungen, die Grundsätzlichkeit der Standpunkte hüben und drüben unterstrichen. Als dauerndes Ergebnis dieser Auseinandersetzung kann angesehen werden, daß das Mißverständnis liberaler innenpolitischer Ziele sich beim Offizierkorps nachhaltig verstärkte und bis über den Weltkrieg hinaus lebendig blieb. Bismarcks Behandlung der innenpolitischen Kontroverse, sein primär taktisches Verhältnis zu den politischen Parteien – soweit nicht, wie später gegenüber den Sozialdemokraten, prinzipielle Feindschaft bestimmend war – hat diese Haltung der Armee noch gefördert. Das Staatsbewußtsein der Armee blieb, abgesehen von der monarchistischen Grundeinstellung, gouvernemental. Das Parlament war für sie unnötig, überflüssig, ein Schönheitsfehler, ja ein

Störfaktor, weil es die wahren Interessen des Staates nur unzureichend unterstützte, wie sein Verhalten in der Verfassungskrise „bewiesen" hatte.

Noch wichtiger aber wurde die Wirkung der militärischen Erfolge bei der Lösung der „deutschen Frage". Bismarck hat mit seiner Politik nicht nur die liberale Opposition verwirrt, schließlich überwiegend überzeugt, sondern auch dem Credo der Armee neue Impulse gegeben. Nach 1871 schien ja selbst vielen der ehemaligen Gegner die Lösung Bismarcks die einzig mögliche gewesen zu sein. Die Armee hat dabei die prominenteste Rolle gespielt. Rehabilitiert von den Gegnern, sah sie sich in Denken und Handeln bestätigt. Aber so imponierend die militärischen Erfolge waren, einen dauerhaften innenpolitischen Eindruck machten sie vor allem als Wegbereiter der nationalen Lösung, die bis dahin von der Armee überwiegend als Ziel der „Revolution" betrachtet worden war. Seit Bismarck die Nation mit der preußischen Armee im Wege des Kabinettskrieges politisch zusammengeführt hatte, verfügte die Armee über ein Ansehen, das den Verlust der alten populären Strukturen (Landwehr) schnell in Vergessenheit geraten ließ.

Die Bewilligung der Indemnität für das Vorgehen der Regierung im Verfassungskonflikt war nur das äußere Zeichen für einen Umschwung des politischen Bewußtseins des preußischen Liberalismus. Daß Bismarck nicht den Weg der royalistischen Ultras ging, daß er die nationale Bewegung auffing und schließlich überzeugte, ohne das Wesen des preußischen Konstitutionalismus zu ändern, hat dazu geführt, daß sich die nationalen Erfolge psychologisch ungebrochen auswirkten und damit die Militarisierung der deutschen Gesellschaft seit 1870 stärker förderten, als es andere denkbare Lösungen vermocht hätten. Ja, die Kommandogewalt des Kriegsherrn wurde 1867–1871 zu einem noch härteren Kern der politischen Verfassung, als es vorher in Preußen der Fall gewesen war. Und dennoch glaubte der Nationalliberalismus an die gelungene Synthese von Militärstaat und bürgerlichem Rechtsstaat.

Bismarck und die außenpolitischen Vorstellungen der Armee

Die Reorganisation der Armee ist von der militärischen Führung sowohl unter innen- wie außenpolitischen Gesichtspunkten gesehen worden. Roon hatte in seiner grundlegenden Denkschrift beides betont. Die seit 1863 rasch eingeleiteten Schritte Bismarcks und die Ereignisse von 1863–1866 haben gleichwohl den Generalstab und das Kriegsministerium in ähnlicher Weise überrascht wie die Nationalbewegung. Im Ergebnis realisierte diese Politik langgehegte Wünsche der Soldaten, vor allem die Machterweiterung Preußens und den Gewinn der außen- und militärpolitischen Unabhängigkeit, die von der Unionspolitik nicht erreicht worden waren. Aber den Weg dahin hatte sich jeder der führenden Soldaten anders vorgestellt. Obwohl der Leiter der Außenpolitik ihnen kein Mitspracherecht einräumte, die großen Entscheidungen der Einigungsphase also ohne Einfluß von seiten einer Militärpartei am Hofe oder des Generalstabes vorbereitet und eingeleitet wurden, bleibt dennoch das Urteil der führenden Militärs aufschlußreich. Sie erkannten durchaus, daß der Weg zu dem erwünschten Ziel innenpolitisch eminent wichtig werden konnte und über Art und Umfang von Konzessionen in Verfassungsfragen entscheiden mußte.

Moltke verkannte Bismarcks Versuch, die europäischen Flügelmächte auszubalancieren, vollständig. Das Bezugssystem einer Politik, die Frankreich über den freihändlerischen Handelsvertrag außenpolitisch einzuspannen suchte, auf der anderen Seite Rußland zu scharfem Vorgehen im polnischen Aufstand von 1863 ermunterte, durchschaute der Generalstab nicht. Moltke wünschte sich 1863 einen deutschen Nationalkrieg gemeinsam mit Österreich gegen Frankreich.

Im dänischen Krieg begrüßte er das Zusammengehen mit Österreich. Seine ganze Abneigung galt der „Demokratie" in Dänemark und in Deutschland. Zu verhindern, daß die Entwicklung zu einer nationaldemokratischen Angelegenheit würde, das schien ihm vor allem wichtig. Zugleich sah er, daß ein Sieg über Dänemark Preußen auch im Innern stabilisieren würde. In der Tat wurde dies eine Nebenfrucht von Bismarcks Politik, wie die Unsicherheit im liberalen Lager bald zeigen sollte. Moltke, der ursprünglich die Ansprüche des Augustenburgers wohlwollend beurteilte, schwenkte voll auf Bismarcks Annexionslösung ein, sowohl aus preußisch-machtpolitischem Denken als auch deshalb, weil der Augustenburger vor allem von den Liberalen und Demokraten, aus nationalen Beweggründen, unterstützt wurde.

Roon hat dagegen dem Zusammenwirken mit Österreich anfangs skeptisch gegenübergestanden. Für ihn war das Ganze von Anfang an mehr eine Macht- als eine Rechtsfrage, auch innenpolitisch. Der Augustenburger hatte schon deshalb seine Sympathien verloren, weil er sich „dem Herzog Ernst [von Coburg] und seiner schwindelhaften Gesellschaft kopfüber in die Arme" geworfen, also politisch mit dem Liberalismus und dessen nationalem Programm paktiert hatte. Mit einem Sieg über Dänemark schien Roon zweierlei erreichbar: ein „Schach und Matt ... der revolutionären Wirtschaft in Deutschland" und die Tilgung des „dort 1850 aufgeladenen Fleckens an unserer politischen Ehre", um den „kleinen Kaziken und den großen Revolutionärs zu beweisen, daß sie nichts ohne uns vermögen, geschweige denn trotz uns" – also ein außen- und innenpolitischer Erfolg, der als Wiederherstellung der Aktionsfreiheit des preußischen Staates begriffen wird, die eben innenpolitisch nur durch Auffangen und Unterlaufen des nationalen Elans der „Revolution" erreichbar scheint.

Während des Krieges trat diese Spekulation bei Roon und Manteuffel noch stärker hervor, wobei Manteuffel wohl weniger an Übernahme der Bewegungskraft der nationalen Wünsche als an Abwehr und Repression gedacht haben mag, jedenfalls sah er einen solchen Erfolg als eine Sache des „Ruhms der preußischen Armee" und der „Stellung des Königs im europäischen Rat".

Roon dagegen begründete den Zwang zum Angriff auf Düppel mit der Notwendigkeit, einen erheblichen Erfolg zu gewinnen, „um den erlangten Respekt im Auslande sowie im Inlande nicht nur nicht zu verlieren, sondern in einem solchen Grade zu erhöhen, daß wir dadurch über viele Schwierigkeiten hinweggehoben werden". Er schlug damit eine direktere militärische Lösung vor als der aus militärischen Gründen abwartende Generalstabschef und der Befehlshaber vor Düppel, Prinz Friedrich Karl. Auch Bismarck wünschte einen spektakulären Erfolg in Düppel, um die Position Preußens auf der bevorstehenden Konferenz in London zu stärken.

Der weitere Gang der Ereignisse hat dann zu einer geschlossenen Front der Soldaten gegen Bismarck geführt. Vor allem hat sie der großzügige Waffenstillstand, auf dessen Bedingungen sie keinen Einfluß erhielten, gestört. Bismarck setzte sich ohne Schwierigkeit durch. Es ist daher die Kontroverse in der wissenschaftlichen Behandlung nicht grundsätzlich und beispielhaft betrachtet worden. Dennoch hat der Kriegsminister, der ja damals noch die Armee stärker als der Generalstabschef repräsentierte, im Mai 1864 dem Ministerpräsidenten geschrieben: es gebe kaum eine Armee, „welche sich lediglich als politisches Instrument, als Lanzette für den diplomatischen Operateur auffaßt und begreift ... je entwickelter das Standesgefühl in einem Heere sich befindet, desto empfindlicher und kitzlicher wird es für alles, was seine Interessen und Vorurtheile verletzt oder zu verletzen scheint". Roon artikulierte hier nicht nur das allgemeine, seit der Revolution geschärfte Selbstbewußtsein der Armee, das heißt des Offizierkorps, er sprach sehr deutlich die Gefühle der Generalität in der gegebenen Situation aus: der Widerwille der Armee gegen die Waffenstillstandsbedingungen sei „völlig begreiflich und berechtigt". Seine Schlußfolgerung war eine nachhaltige Belehrung des leitenden Ministers über den Zusammenhang von Außen- und Innenpolitik Preußens: „Die Armee ... legt die Nachtheile der Situation der Regierung, und zwar zunächst den leitenden Organen ihrer Politik, zur Last, und diese Imputation findet ihren Reflex in der Volksmeinung ... Stützt sich aber eine Regierung – und dies ist unser Fall – vornehmlich auf den bewaffneten Theil des Volkes und dessen Angehörige, so ist die Meinung des Heeres über das politische Thun und Lassen der Regierung gewiß nicht gleichgültig."

Mit dem Hinweis auf die Nutzanwendung dieser Gedanken auf die künftigen Friedensbedingungen unterstreicht Roon darüber hinaus noch den Anspruch der Armee, mit ihren Vorstellungen bei einer Frage von europäischer Bedeutung gehört und berücksichtigt zu werden. Der Minister der Armeereform benutzt gegenüber dem leitenden Minister das Argument des Mitspracherechts der Armee in politischen Fragen mit einer Begründung, die dem preußischen Offizier seit der Revolution geläufig war: dieser Staat existiert in der gegebenen Lage nur durch den Rückhalt der Armee. (Dabei übersah er, daß ein Staat, der sich auf die Armee und nicht auf die Nation stützte, als eine höchst unzeitgemäße Einrichtung hätte angesprochen werden müssen.) Wege und Ziele dieses Staates können daher nicht ohne Mitbestimmung der Armee, d. h. des Offizierkorps, festgelegt werden. Darin liegt die Logik der Struktur

Preußens. Der Armee muß es darum gehen, ihre Erfolge optimal in politisches Bewußtsein der Bevölkerung umzusetzen. Daraus spricht der Sinn dafür, daß Preußen in der deutschen und europäischen Politik am Beginn einer Wende steht. Die Armee versteht sich als der Motor des zu erwartenden Prozesses. Soweit dabei öffentliche Meinung aktiviert wird, muß sie bestimmt sein von der Rolle und dem entscheidenden Anteil der Armee bei der Lösung der geschichtlichen Aufgaben.

Der Gegensatz blieb ohne konkrete Folgen, aus persönlichen wie sachlichen Gründen, nicht zuletzt, weil die Politik sich in einer Richtung entwickelte, wie sie die Soldaten nicht zu hoffen gewagt hatten: das Scheitern der Londoner Konferenz und schließlich die Annexion der Elbherzogtümer.

Es ist auch zu bedenken, daß Mißverständnisse der Politik Bismarcks dadurch gefördert wurden, daß er in skeptischer Einschätzung des politischen Einfühlungsvermögens der Soldaten ihnen seine Ziele und die Etappen seines taktischen Vorgehens nicht enthüllte. Wahrscheinlich hat sein Respekt vor der starken Position der Militärs beim König verhindert, daß ein echter Führungsrat, ein politisch-militärisches Entscheidungszentrum gebildet wurde. Die negativen Erfahrungen in den Einigungskriegen haben dann dazu beigetragen, daß eine solche Instanz bis zum Ende der Monarchie nicht vorgesehen wurde.

Die zeitweilige Einspannung Österreichs in die preußische Dänemark-Politik ist von Moltke und Manteuffel in der Folge als Bestätigung langgehegter Wünsche aufgefaßt worden. Letzterer sah sogar eine Wiederbelebung antirevolutionärer Politik im Stile der Hl. Allianz als mögliches Ergebnis an.

Fortgang des Verfassungskonflikts

Aber nicht das Jahr von Düppel, sondern das Jahr von Königgrätz war das Epochenjahr auch für Preußens Innenpolitik. Der Verfassungskonflikt ging nach dem Sieg über Dänemark weiter. Als psychologische Tatsache zeichnete sich bei Teilen des Fortschritts – Mommsen, Sybel, Duncker, Treitschke u. a. – ein Einschwenken auf den Annexionsgedanken ab und Anzeichen für ein Verständnis der „Logik" der Armeereform. Bismarck suchte mit dem Mittel der Verzögerungstaktik den Konflikt weiter zu entspannen. Seit Januar 1864 tagte das Abgeordnetenhaus nicht. Es blieb abzuwarten, wie die Erfolge der Armee auf die Stimmung im Parlament gewirkt hatten.

Interessant ist für die Phase bis 1866 vor allem, wie in militärischen Kreisen die innenpolitischen Lösungsmöglichkeiten beurteilt wurden. In dieser Phase lebte bei der alten Militärpartei um die Generaladjutanten erneut der Plan zum Staatsstreich auf. Eine Annexion der Herzogtümer hielt insbesondere Manteuffel für die geeignete Gelegenheit, den Konstitutionalismus ein für allemal los zu werden. Nach militärischen Erfolgen sei die Autorität des Königs so groß, daß rechtliche Änderungen solcher Art vom Lande akzeptiert würden. Alvensleben rechnete immerhin mit „vormärzlichen" Reaktionen der Bevölkerung. In diesen Wochen und Monaten der Vorbereitung auf die Auseinandersetzung mit Österreich befaßte sich der Chef des Militärkabinetts wieder mit der Idee des „Prinzipienkampfes" der „Souveräne" gegen die „Völker", ging er um mit Gedanken an die Wiederbelebung der Heiligen Allianz, an die Synthese konservativer Innen- und Außenpolitik, bei der nur die Stimmen des Monarchen und der Armeen zählten.

Bismarck, im Begriff, die Unterstützung des Liberalismus für seine großpreußisch-deutsche Politik zu gewinnen und bereit zu Zugeständnissen in der Heeresreformfrage, stieß hier auf die grundsätzliche Gegenposition jener Militärs, die das Erlebnis der Revolution nicht zu einer neuen politischen Strategie herausgefordert hatte. Sie begriffen nicht die Möglichkeit, mit dem Konstitutionalismus dauerhaft alte Interessen auf neue Weise zu festigen. Manteuffel vereitelte die Annäherung in der Heeresfrage, die 1865 greifbar schien aufgrund eines Vermittlungsvorschlags des Parlaments, hinter dem Bismarck, Roon, das ganze Ministerium standen und dem auch Wilhelm I. möglicherweise zugestimmt hätte. Für Manteuffel–Alvensleben bedeutete dagegen jedes Nachgeben den Anfang der Revolution. In einem Schreiben an den König sagte der Chef des Militärkabinetts den Ministern des Königs nach, daß sie bereits in der Atmosphäre des Abgeordnetenhauses lebten.

Trotz wachsender liberaler Antipathien gegen Österreich reichte die Zeit bis zur Eröffnung des Krieges nicht mehr, den innenpolitischen Ausgleich zu gewinnen. Die Militärpartei hat alle Berechnungen des Zeitfaktors und der innenpolitischen Wirkung des nationalen Gedankens, die Bismarck in seine politische Strategie einbezogen hatte, durchkreuzt. Moltke sah nur Lösungen auf lange Sicht: die Opposition im Abgeordnetenhaus müsse sich ableben. Aber er glaubte – bewogen wohl durch den nationalen Elan des preußischen Liberalismus – jetzt wieder an die Möglichkeit sinnvoller Politik im Verfassungsstaat, wenn nur die „notwendigen Grundlagen des Staates" – nämlich Krongewalt, Armee, Bestimmung der Politik durch die parlamentsunabhängige Regierung – nicht angetastet würden. Damit artikulierte er eine Staatsvorstellung neukonservativer Richtung, die bereits den Kniefall des Liberalismus voraussetzte, für den er erst nach Königgrätz reif war: ein Bürgertum, das auf die zielbewußte Weiterentwicklung des Verfassungslebens zu verzichten bereit war im Eintausch gegen staatliche und wirtschaftliche Machterweiterung. Roon und Bismarck sahen die Zukunftschancen ähnlich, wenn auch der Kriegsminister in den innenpolitischen Auseinandersetzungen, die dem erfolgreichen Gegendruck Manteuffels gefolgt waren, zeitweise glaubte, die Revolution schreite fort und wenn nicht gehandelt würde, stehe das „finis Borussiae!" vor der Tür. Gehandelt werden müßte in einer Richtung, die die „apathische Masse" von revolutionären Tendenzen abziehen und innenpolitisch „positiv" motivieren konnte: „Gewiß ist nur, daß sie dem folgt, welcher entschlossen und mutig auf vernünftige, dem Nationalbewußtsein genugthuende Ziele los geht."

Von den Vertretern der drei innenpolitisch verschieden motivierten Strategien unter den führenden Militärs – den eingeschworenen Antirevolutionären um Manteuffel und Alvensleben, den Verfechtern des reinen Prinzips der Kommandogewalt, zu denen vor allem der König selbst zählte, und den „Machtpolitikern", die Preußens Größe möglichst mit dem politischen Elan der Nationalbewegung erweitern wollten, um dadurch die Expansion des Militärstaates in Deutschland voranzutreiben, wie

Roon und, weniger ausgesprochen, Moltke – gewann diese dritte Gruppe in Anlehnung an Bismarck immer mehr an Boden. Bezeichnend ist, daß sie 1865 erneut einen Kompromiß mit dem Parlament anstrebte. Noch scheiterte das Projekt an der starren Haltung Wilhelms I. An Roon schrieb er im Mai 1865: „Heute wurde immer vom Eindruck auf das Volk für Neuwahlen gesprochen, leider hatte ich vergessen zu fragen, welchen Eindruck die Sache auf die Armee machen wird?" Die Royalisten berechneten die Wirkung politischer Handlungen und Meinungen auf den König, Wilhelm I. betonte die Meinungsbildung in der Armee.

Die innenpolitische Entwicklung während des Verfassungsstreits zeigte seit dem ersten Aufleuchten nationaler Fernziele der preußischen Außenpolitik Tendenzen einer Auflockerung der Konfrontation. Eine der Situation des preußischen Militärstaats angemessene Beurteilung der Lage war lediglich bei den Militärpolitikern um Bismarck zu finden. Sie gingen davon aus, daß man sich um die politische Loyalität der Armee keine Sorgen zu machen brauche, daß aber die Frage, dieser Armee optimale Einsatzvoraussetzungen zu schaffen, weitergehende politische Überlegungen erfordere, die nebensächliche Konzessionen ratsam erscheinen lassen konnten. Und in der Tat handelte es sich bei dem erwogenen Kompromiß nicht um ein Nachgeben in der Substanz. Das Ganze war eher der Versuch, den unsicher gewordenen Gruppen der Liberalen eine goldene Brücke zu bauen. Diesen Soldaten blieb zwar auch die Armee der harte Kern des Staates, aber sie erkannten in der Kraft des nationalen Fermentes eine Möglichkeit, dem Staat eine neue Dimension zu öffnen und betrachteten von daher die Armee wieder als Instrument der Politik und nicht als Selbstzweck in der innenpolitischen Konfrontation. Militärische Stärke bedeutete ihnen auch Dynamik und Risikobewußtsein. Sie hatten eine Vorstellung davon, daß der militärische Erfolg im Kampf um nationale Ziele zur Integrierung starker Teile der Opposition führen werde. Darin lag die Antizipation der preußisch-deutschen Geschichte bis 1918.

Der Krieg gegen Österreich

Bismarcks Außenpolitik ließ die angestrebte Auseinandersetzung in Deutschland zudem mehr und mehr als reine Machtprobe zwischen Preußen und Österreich erscheinen. Gewünscht hat die preußische Generalität den Krieg mit der anderen deutschen Großmacht nicht. Manteuffel und Moltke hatten noch stärkere innere Vorbehalte beiseite zu schieben als der Kriegsminister. Mit bloßen Plänen und Kombinationen hätte der Leiter der Außenpolitik sie schwerlich überzeugen können. Mit der Frage der Annexion der Elbherzogtümer war ein Problem geschaffen, das nach Auffassung der militärischen Führung eine strategisch-machtpolitische Antwort im Sinne Preußens erheischte. Moltke erklärte am 29. Mai 1865 im Kronrat, Preußen müsse, falls Österreich diese Lösung ablehne, einen Krieg ins Auge fassen. Bis zum Frühjahr 1866 hat er gleichwohl die Hoffnung auf einen Ausgleich nicht fahren lassen, bis er schließlich im Mai dieses Jahres – nicht zuletzt wegen der österreichischen Truppenbewegungen, die bei dem schwerfälligen Mobilmachungsverfahren früher anlaufen mußten als in Preußen – zu der Auffassung gelangte, daß „zwei Großstaaten in Deutschland nebeneinander nicht bestehen können". Der Kampf müsse im Ergebnis den unausrottbaren „Sonderungstrieb" der Deutschen beseitigen, indem er einen der beiden Großen aus der Konkurrenz ausschalte.

Roon schrieb Bismarck im Juli 1865: „Daß ich übrigens den Krieg mit Österreich nicht wünsche, wissen Sie; ich aber weiß meinerseits, daß er u. U. eine gebietherische Notwendigkeit sein kann und daß man dann alle damit verknüpften Chancen laufen lassen muß." Schon im Februar 1866 votierten in Reaktion auf die von Bismarck herbeigeführte Lage die drei führenden Soldaten – Manteuffel, Roon und Moltke – im Kronrat für den Krieg gegen Österreich. Andere Offiziere des Generalstabes dachten wie ihr Chef. Voigts-Rhetz meinte in dieser Zeit, der Krieg würde zum inneren Ausgleich führen. Im Mai war dann auch der lange zögernde Wilhelm I. innerlich so weit präpariert, daß er den Krieg als unumgänglich ansah, zumal der Vertrag von Gastein nicht die erhoffte Bereinigung der Gegensätze gebracht hatte. Moltke war in diesen Monaten bereits verzweifelt über die Langatmigkeit bei der Signalgebung. In seiner Sicht konnte längeres Zögern nur die gegebenen strategischen Vorteile verkürzen oder gar illusorisch machen – und je näher der Krieg in Sicht kam, um so schwerer wog das Wort des Generalstabschefs. Demgegenüber zählte wenig, daß eine Reihe anderer hochgestellter Offiziere, die den legitimistisch-höfischen Kreisen nahestanden, einen Konflikt mit dem Kaiserstaat für verderblich und politisch unratsam hielt. Moltke aber trat bereits im April für die baldige Eröffnung des Krieges ein, Gelingen oder Mißlingen hänge wesentlich davon ab, „daß der Entschluß dazu früher hier als in Wien und wenn möglich schon jetzt gefaßt wird".

Dabei hat Moltke sich das Gesamtergebnis für Deutschland nicht sehr rosig vorgestellt. Er sah einen europäischen Krieg sich entwickeln: „Der Kampf wird furchtbar werden ... Jedenfalls zahlt Deutschland mit Provinzen rechts und links an seine Nachbarn." Als Generalstabschef mit den gegenwärtigen militärpolitischen und strategischen Problemen konfrontiert, gab es auch für ihn keine Lösung, die wesentlich aus den Perspektiven Bismarcks herausfallen konnte, aber unterschwellig ließen sich noch nostalgische Rückbeziehungen zu früher gehegten Wünschen erkennen. Kurz vor Ausbruch des Krieges faszinierte ihn noch einmal das Konzept eines süddeutschen Publizisten, das eine großdeutsche Lösung durch Zusammenarbeit beider Großmächte auf der Basis machtpolitischer Rollenteilung in Nord- und Süddeutschland vorschlug. Da war von Sammlung aller „norddeutschen" Kräfte bis Holland und Brabant die Rede, von einer deutschen Marine und Kolonisation, andererseits von der deutschen Herrschaft im slawischen Südosten. Ideenkombination solcher Art lassen erkennen, welche Verbindungslinien zwischen preußischem Staatsegoismus und nationalen Großmachtaspirationen herstellbar waren, lange bevor die Alldeutschen im Zeitalter des Imperialismus darin das einzige Heil für das Reich erblicken zu können meinten und bevor die Ereignisse von 1866 und 1870/71 dafür eine machtpolitische Basis geschaffen hatten. Moltke hat für das „Nationale" in solchen Entwürfen früh Sympathien entwickelt und gehegt.

Die Notwendigkeit, den Krieg gegen Österreich nach Königgrätz möglichst schnell zu beenden, ist von Bismarck und Moltke, wenn auch aus nicht voll übereinstimmenden Überlegungen, gefolgert worden, wobei sich politischer und militärisch-strategischer Weitblick ergänzten. Moltkes politisches Gesamturteil: „Nicht Rache üben, sondern den eigenen Vorteil ins Auge fassen", bezeugt aber doch eine Nähe zu den Auffassungen Bismarcks, wie sie später nicht mehr anzutreffen ist. Sie hielt an für die Zeit der Vorbereitung des Krieges gegen Frankreich und den Entschluß zum Waffengang.

Dieser Sieg über Österreich und die nachfolgende Gründung und Konstruktion des Norddeutschen Bundes, die im Kern bereits als Etablierung eines Großpreußens mit liberaler Dekoration erschien, hat in Armeekreisen die höfisch-legitimistische Richtung hoffnungslos geschlagen. Der wichtige Kristallisationspunkt ultrakonservativer Überzeugungen, der Kaiserstaat, war aus Deutschland verdrängt, und jedes System innen- und außenpolitischer Balance im Stile der Hl. Allianz damit ein für allemal als denkbares Modell künftiger Politik ausgeschlossen. Dafür hatte sich der preußische Militärstaat endgültig als nationaler Vollstrecker zum Fundament liberaler Staatsgesinnung etabliert. Roon interpretierte die Stunde des Triumphs, die so viele neue Möglichkeiten barg, vor allem als Triumph der Armee: Friedrich II. benötigte 23 Jahre von Mollwitz bis Hubertusburg, dagegen haben „wir heute in 23 Tagen mehr erreicht". Es war ein „Feldzug von 4 Wochen mit allem Effekt".

Ein Teil dieses Effekts lag in der gewonnenen Überzeugungskraft militärischer Argumente für die Innenpolitik. Die liberale Presse war schon vor Königgrätz auf die Linie Bismarcks eingeschwenkt. Im liberalen Credo dominierte die nationale Komponente über die verfassungsrechtliche. So konnte mit Herablassung um Indemnität für das Verhalten der Regierung während des Verfassungskonflikts nachgesucht werden.

Der Liberalismus beugte sich, wie treffend formuliert worden ist, unter das „Kaudinische Joch". Die Thronrede des Königs räumte theoretisch ein, daß die Armeereform nicht gesetzmäßig bewerkstelligt worden sei, aber jedenfalls im vitalen Interesse des Staates gelegen habe. Diese Sicht der Dinge fand die überwältigende Zustimmung (230 : 75) des Abgeordnetenhauses. Die Logik der Geschichte mußte erwiesenermaßen auf der Seite der bismarckschen Realpolitik gesucht werden, die ihrerseits nicht ohne die Armee und die Leistung des Generalstabs denkbar war.

Wilhelm I. hat die innen- und außenpolitische Entwicklung von 1859–1867 nach Abschluß der Heeresorganisation durch das Heeresgesetz von 1867 ganz unter dem Gesichtspunkt des Triumphs der Armee, des Sieges der Logik, der Stabilisierung des Staates im preußischen Sinne gesehen. An Roon schrieb er im Oktober 1867: „Den größten Lohn haben Sie auf den Schlachtfeldern von 1864 und 66 geerntet, wo die Gesetzlich-unfertige Armee solche Erfolge erfocht! Es ist gewiß ein Ereigniß ohne Gleichen, daß eine aus Parthei-Haß verunglimpfte Armee seine (!) Parthei-Gegner so aus dem Felde schlagen mußte!!"

Bismarck hat mit seiner Politik des Entgegenkommens nach der Sicherstellung der Ziele der Armeereform die im preußischen und auch im deutschen Bürgertum vorhandenen Neigungen zur Machtpolitik auf Kosten innenpolitischer Entfaltungsmöglichkeiten nachhaltig gefördert. Damit erwies er der Krone und der Armee einen größeren Dienst, als wenn er den Ratschlägen der Staatsstreichbefürworter gefolgt wäre. Bismarck ging aus innen- und außenpolitischen Überlegungen ganz bewußt nicht den Weg zurück in vormärzliche Verhältnisse. Er hat die Heranführung des konservativen Monarchismus an den Nationalismus möglich gemacht wie die Anpassung des Liberalismus an den Militärstaat. Diese Mischung politischer Psychologien produzierte erst das neudeutsche Staatsbewußtsein.

Problematik des deutsch-französischen Krieges

Schon die Vorgeschichte des deutsch-französischen Krieges ließ den aktivierten militärischen Nationalismus erkennen. Der Generalstabschef hat insbesondere eine gegen Frankreich gerichtete „nationale" Politik wiederholt befürwortet. Während der Luxemburgischen Krise 1867 meinte er: „Der gegenwärtige Anlaß ist gut. Er hat einen nationalen Charakter, man benutze ihn also." Nach der Bereinigung der innenpolitischen Gegensätze in Preußen schien Moltke die Identität der militärischen Interessen Preußens und der nationalen Deutschlands eine Selbstverständlichkeit. Das Zusammenwirken aller deutschen Streitkräfte und als Ziel ein geeintes Gesamtdeutschland schwebten ihm vor. Alte nationale Wunschträume schienen jetzt endlich realisierbar; die innere Anteilnahme an der deutschen Nationalbewegung meldete sich in solchen Sätzen ganz unverhohlen zu Wort. In seiner Sicht stand jetzt Preußen allein gegen den „mächtigsten Staat der Welt". Seine Aufgabe war, Kristallisationskern für Deutschland zu werden. In einem deutsch-französischen Krieg erblickte er das wichtigste Moment für die Entbindung der Energien, die der nationale Kristallisationsprozeß nach seiner Meinung noch erforderte. Nur so konnte Preußen seinen nationalen Auftrag erfüllen. Aus dieser elementaren Auffassung heraus blieb er skeptisch gegen den inneren Wert der Schutz- und Trutzbündnisse mit den süddeutschen Staaten. Sie enthielten ihm zu viele „Sonderrücksichten". Die Gewinnung der Nation in einem Verschmelzungsprozeß war ihm wichtiger als die Erreichung von Etappenzielen durch Staatsverträge.

Mit Bedenken ähnlicher Art trugen sich damals auch viele Liberale. Beinahe *eine* Stimmungslage nationalpsychologischer Hoffnungen und Erwartungen war also im Lager des nationalen Liberalismus zu finden wie beim Chef des Generalstabes, sichtbar vor allem auch in einem bedenkenlosen Drang zum Krieg für die nationale Sache, der Bismarck durchaus fern lag. Diese Sicht der Dinge knüpfte an Moltkes schon im August 1866 geäußerte Entschlossenheit an, auch bei der Gefahr eines Zweifrontenkrieges französischen Forderungen nicht nachzugeben. Territoriale Zugeständnisse an Frankreich hielt der Generalstabschef für „unvereinbar mit der Preußen zufallenden geschichtlichen Aufgabe, das ganze Deutschland zusammenzufassen und zu schützen, einer Aufgabe, zu deren Lösung der wichtigste Schritt eben jetzt getan ist". Der Nationalist – drängend und ungeduldig – und der kalkulierende Militär bestimmten in Moltkes Überlegungen die Abwägung der Chancen. Als nationaler Politiker verstand der Generalstabschef durchaus programmatische Effekte in seine Denkschriften einzubauen, die andere Takt- und Tempovorstellungen erkennen ließen, als sie der Leiter der Außenpolitik für richtig hielt. Als Stratege hat Moltke aber seine politische Ungeduld zu zügeln gewußt, und seit 1867 die Möglichkeiten gegnerischer Koalitionen, etwa eine österreichische Hilfestellung für Frankreich, einkalkuliert. Diese Mischung von politischen und strategischen Gesichtspunkten gibt den Plänen und Kombinationen des Generalstabschefs etwas dynamisch Drängendes, ohne daß ihm eine Überschreitung der Ressortgrenzen in den Sinn gekommen wäre. Aber der Besitz der Macht und der Glaube an die überlegene militärische Kraft stärkten bei ihm wie im nationalliberalen Lager die Neigung zur egoistischen Verwirklichung der nationalen Einheit mit Waffengewalt. Mochte Europa denken, was es wollte! Moltke ging von einem unvermeidlichen Zweikampf der beiden Nationen aus. Er fürchtete beinahe, daß Frankreich ohne starken Bundesgenossen eine Herausforderung nicht wagen werde. So sein Standpunkt in den letzten Jahren. Jetzt endlich schien die Gelegenheit gekommen.

Selbst auf dem Höhepunkt der Julikrise 1870 wird ein deutlicher Unterschied zwischen der Lageeinschätzung Bismarcks und der Moltkes und Roons sichtbar. Zwar empfanden alle den Gang der Dinge bis zum 12. Juli – Kandidaturverzicht der süddeutschen Hohenzollern und zögernde Langmut Wilhelms I., der tagelang die Forderungen des französischen Botschafters anhörte – als Prestigeverlust. Bismarck war äußerst deprimiert, später sprach er von Rücktrittsabsichten, weil er die Verantwortung für „das neue ... schwerer wiegende Olmütz" nicht tragen zu können meinte. Er soll geäußert haben, der König habe sich vom Instinkt seines Landes getrennt, obwohl er 800000 Mann hinter sich wußte. Dennoch lag ihm nichts ferner als eine rasche Ausnutzung der Lage zum Kriege, wie insbesondere seine Bemerkung gegenüber Gorčakov erkennen läßt, daß weder Vernunft noch Religion zuließen, den Kriegsbeginn zu beschleunigen wegen günstiger Beurteilung momentaner Chancen. Bismarck suchte nach diplomatischen Lösungen. Seine Motivationen bei der Redigierung der Emser Depesche am Abend des 13. Juli werden bis heute von der Forschung nicht einhellig beurteilt. Er sah die Gefahr, Preußens Nimbus könne in Deutschland verspielt werden, der Süden sein Vertrauen in Preußens Kraft verlieren, wenn die Norddeutsche Vormacht in einer „nationalen Ehrenfrage" zurückweiche. Roon und vor allem Moltke optierten dagegen für sofortige Kriegserklärung, weil Preußen im Vorteil sei. Übereilte Schritte hatte Bismarck nicht vor, aber eine Umkehrung der Positionen, die

Frankreich in Zugzwang bringen sollte. Moltke war unglücklich darüber, daß man eine Gelegenheit ausgelassen habe, wie sie Frankreichs gegenwärtiger Zustand bot. Als er den provokatorischen Sinn der Depeschenredigierung erfaßte, sah er erleichtert die Möglichkeit, doch noch die „Deutschen gegen die Franzosen zum Siege zu führen". Für den Generalstabschef lag die Berechtigung zum Kriege im nationalen Ziel der Deutschen, eine Art Logik der Geschichte über alle konkreten Gegebenheiten hinaus.

In diesen wenigen Tagen bis in die Anfangsphase des Krieges schien aber trotz der wesentlichen Auffassungsunterschiede über Praxis und Methode der Außenpolitik die engste Interessengemeinschaft zwischen Kanzler und Armee zu bestehen. Im Kriege sind dann ernste Konflikte zwischen Bismarck und dem Generalstab ausgebrochen, die das Verhältnis der militärischen und politischen Führung des Reiches als strukturelles Problem aufdeckten. Unterhalb der scheinbaren Führung des Monarchen existierte eine Doppelspitze, die vor allem in Krisenzeiten und im Kriege kaum koordiniert werden konnte.

d. Die Übernahme der preußischen Heeresorganisation durch den Norddeutschen Bund und das Deutsche Reich

Die Militärverfassung des Norddeutschen Bundes

Zu den großen Linien der Entwicklungsgeschichte des deutschen Militärwesens gehört die Expansion des preußischen Systems auf den Norddeutschen Bund und dann auf das Deutsche Reich.

Preußen versuchte, an ältere Bemühungen anknüpfend, schon vorher sein Militärsystem in Norddeutschland zu verankern. Es ging jetzt davon aus, daß die Kriegsverfassung des Deutschen Bundes eine der mangelhaftesten war, „welche je ein Volk gesehen hat" (Kommissionsbericht über Militärkonventionen vom Jahre 1862). Versuche, das Bundeskriegswesen zu verbessern, seit 1859 wiederholt unternommen, blieben vergeblich. Als nun der Herzog von Sachsen-Coburg-Gotha den Anschluß seines Kontingents an Preußen betrieb, ging Preußen diesen Weg der direkten zweiseitigen Abmachungen. Es schloß Militärkonventionen mit Sachsen-Coburg-Gotha (1. 6. 1861), Waldeck (23. Februar 1862) und mit Sachsen-Altenburg (30. 3. 1862). Preußen führte mit eigener finanzieller Beteiligung seine Organisation ein. Preußische Reglements vereinheitlichten die Ausbildung, Straf- und Disziplinarwesen, Besoldung, Offizierergänzung und -ausbildung. Die Coburg-Gothaischen und Waldeckschen Offiziere traten in die preußische Armee über. Sachsen-Altenburg räumte immerhin ein, daß die Stabsoffizierstellen mit kommandierten preußischen Offizieren besetzt wurden. Ausbildung und Disziplin behielt sich der Herzog selbst vor. An Übungen preußischer Truppenverbände nahmen z. B. 1865 die Truppen von Sachsen-Coburg-Gotha, Sachsen-Altenburg, Anhalt, Schwarzburg-Rudolstadt und Reuß jüngerer Linie teil. Manöver in der Mark Brandenburg wurden zusammen mit mecklenburgischen Truppen durchgeführt. Generalmajor von Fransecky übernahm, aus preußischen Diensten vorübergehend abkommandiert, zwischen 1860–1864 den Befehl über die Oldenburgisch-Hanseatische Brigade.

So desintegrierte sich in gewissem Sinne das Bundeskriegswesen in Norddeutschland zugunsten einer stärkeren Gruppierung der kleinen Staaten um Preußen. Der Krieg von 1866 ist dann im wesentlichen mit dieser Gruppierung geführt worden. 1867 expandierte die Kommandogewalt des preußischen Königs als „Bundesfeldherrn" auf die Bundesstreitmacht. Die Schutz- und Trutzbündnisse zwischen Preußen und den süddeutschen Staaten vom August 1866 sorgten dafür, daß die norddeutsche Großmacht im Süden Fuß faßte und dort die Anpassung an das preußische Militärsystem – vor allem in Baden und Württemberg – beginnen konnte.

Aber während der Verfassungsberatungen im Norddeutschen Reichstag prallten die alten Kontrahenten wieder aufeinander. Der Verfassungsentwurf hätte auf militärischem Gebiet den Konstitutionalismus definitiv beseitigt. Er sah die Festlegung der Präsenzstärke auf zehn Jahre vor. Das Bundeskriegswesen war unter den Gesetzgebungskompetenzen überhaupt nicht erwähnt. Bismarck suchte die Armee vollkommen von parlamentarischer Einflußmöglichkeit zu lösen und allein unter königliches Verordnungs- und Befehlsrecht zu stellen. Damit wäre der Indemnitätseffekt stark gefährdet worden. Nach Meinung der Liberalen überantwortete der Verfassungsentwurf die Militärangelegenheiten nach Art der Lex regia dem unverantwortlichen Bundesfeldherrn.

Bismarck stellte seine Auffassung dagegen: man brauche den parlamentarischen Einfluß nicht vorzugsweise an der Armee zu üben. Das Parlament könne seinen Einfluß bei Zollverträgen, Eisenbahnen und im Telegraphenwesen geltend machen. Vorläufig könne er im Heerwesen diesen Einfluß nicht dulden. Haltbar war diese Position nicht. Bismarck mußte einlenken. Sein Versuch zeigte aber, wie weit er den Interessen von Krone und Armee entgegenzukommen bereit war.

Die am 16. April angenommene Verfassung des Norddeutschen Bundes brachte auf dem Gebiet des Militärwesens eine Lösung, die den „Kompromißcharakter" des preußischen Konstitutionalismus fraglich erscheinen läßt. Das Militärwesen war zwar unter die Gesetzgebungskompetenz des Bundes aufgenommen, die Militärdiktatur mithin vermieden worden, aber Art. 5 stellte sicher, daß bei Gesetzesvorschlägen über das Militärwesen im Bundesrat in jedem Fall Preußens Stimme den Ausschlag gab, wenn sie sich „für die Aufrechterhaltung der bestehenden Einrichtungen" aussprach. Das bedeutete die Verewigung des preußischen Systems.

Die Verfassung des Norddeutschen Bundes (Art. 57–68) und das Gesetz „betr. die Verpflichtung zum Kriegsdienst" vom 9. November 1867 faßten die Gedanken der preußischen Heeresreorganisation mit Blick auf die Dienstpflicht zusammen. Danach dauerte die Dienstpflicht im Stehenden Heere sieben Jahre, davon waren drei Jahre aktiv abzuleisten. Die Reservedienstpflicht umfaßte vier Jahre. Das bedeutete im Ergebnis, daß nur noch die zwei jüngsten Jahrgänge der alten Landwehr (die nicht mehr existierte) zur Stehenden Armee gehörten. Der Reservist wurde zur Teilnahme an zwei großen Übungen (bis zu acht Wochen) verpflichtet. Die Landwehrdienstpflicht wurde auf fünf Jahre beschränkt.

Im einzelnen sah die Verfassung die Festlegung der Präsenzstärke auf 1% der Bevölkerung bis zum 31. Dezember 1871 vor, also praktisch ein Quinquennat. Das Budgetrecht des Reichstages des Norddeutschen Bundes wurde damit entscheidend eingeschränkt. Die preußische Militärgesetzgebung wurde im Bundesgebiet eingeführt, namentlich das Militärstrafgesetzbuch von 1845, die Militärstrafgerichtsordnung von 1845, die Verordnung über die Ehrengerichte, das Offiziererganzungswesen, die Bestimmungen über Bewaffnung und Organisation, vor allem über Aushebung und Mobilmachung. In allen praktischen Belangen entsprach das Heer des Bundes einer vergrößerten preußischen Armee auf der Grundlage der Reorganisation. Es unterstand in Krieg und Frieden dem Befehl des Königs von Preußen als Bundesfeldherrn.

Bismarck setzte sich gegen linksliberale Anträge, statt eines Bundesfeldherrn ein „Bundespräsidium" einzusetzen, durch. Ein Bundeskriegsministerium wurde nicht eingerichtet. Damit war noch klarer als in Preußen die extrakonstitutionelle Position des Militärwesens unterstrichen. Mit der Stellung des preußischen Königs als Bundesfeldherr änderte und erweiterte sich auch die Stellung seines Chefs des Militärkabinetts.

Der Bundesfeldherr besaß umfassende Kompetenzen, die ganz auf die preußische Interpretation der Kommandogewalt zugeschnitten waren. Er hatte dafür zu sorgen (Art. 63), „daß innerhalb des Bundesheeres alle Truppentheile vollzählig und kriegstüchtig vorhanden sind und daß Einheit in der Organisation und Formation, in Bewaffnung und Kommando, in der Ausbildung der Mannschaften sowie in der Qualifikation der Offiziere hergestellt und erhalten wird". Er bestimmte Präsenzstand, Gliederung und Einteilung der Kontingente der Bundesarmee, bestimmte die Garnisonen. Die Uniform des Bundesheeres entsprach den Grundfarben und dem Schnitt der preußischen.

Die Ernennung der Offiziere der außerpreußischen Kontingente war wie folgt geregelt: Der Bundesfeldherr ernannte die „Höchstkommandierenden" der einzelnen Kontingente, ferner Festungskommandanten sowie jene Offiziere, die Truppen mehr als eines Kontingents befehligten. Diese Offiziere leisteten dem Bundesfeldherrn den Fahneneid. Bei Offizieren im Generalsrang, die nicht unter die erwähnten Kategorien fielen, konnte die Ernennung nur mit Zustimmung des Bundesfeldherrn erfolgen. Alle anderen Offiziere wurden von den jeweiligen Kontingentsherren – den Bundesfürsten bzw. Senaten – ernannt. Sie waren Chefs aller „ihren Gebieten angehörenden Truppenteile". Zu Polizeizwecken konnten sie darüber hinaus in ihren Gebieten dislozierte sonstige Bundestruppen requirieren.

Die Militärverfassung des Norddeutschen Bundes ist ergänzt und teilweise modifiziert worden durch die im Jahre 1867/68 abgeschlossenen Militärkonventionen, die schon bestehende ältere Konventionen ersetzten. Die Kontingente der kleineren

Staaten wurden überwiegend der preußischen Armee einverleibt. Als Truppenteile blieben aber bestehen die Kontingente von Oldenburg (Konvention v. 15. 7. 1867), Mecklenburg-Schwerin (24. 7. 1868), Mecklenburg-Strelitz (9. 11. 1868), Anhalt (28. 6. 1867), Weimar, Koburg-Gotha, Meiningen (1. 10. 1867), Altenburg, Schwarzburg-Rudolstadt, beiden Reuß (26. 7. 1867). Zu den unmittelbar in preußische Truppenteile einverleibten Kontingenten zählten: Lippe-Detmold, Schwarzburg-Sondershausen, Schaumburg-Lippe, Waldeck, Bremen, Lübeck und Hamburg.

Eine Sonderstellung nahm Sachsen ein. Die Konvention vom 7. Februar 1867 schränkte die Befugnisse des Bundesfeldherrn teilweise ein, etwa das Dislokationsrecht. Das sächsische Kontingent bildete ein geschlossenes Armeekorps (XII. AK). Es behielt sein Kriegsministerium und die eigene Militärverwaltung, eigene technische Institute, ferner sein eigenes Kadettenkorps. Die sächsischen Truppen sollten aber „preußisch" organisiert und bewaffnet werden. Das Kontingent erhielt Anteil an Zentraleinrichtungen des Bundes: Generalstab, Bildungsanstalten, Lehrtruppen, Instituten und technischen Anstalten. Der Kommandierende General und der Kommandant der Festung Königstein wurden auf Vorschlag des Bundesfeldherrn vom sächsischen König ernannt. Der Bundesfeldherr besaß Inspektionsrecht.

Norddeutscher Bund, Kaiserreich und süddeutsche Staaten

Die Organisation im Rahmen des Norddeutschen Bundes ist zum Modell für die Ordnung des Militärwesens durch die Reichsverfassung vom 16. April 1871 geworden. Die Bestimmungen über das „Reichskriegswesen" (Art. 57 bis 68) sind teilweise wörtlich übernommen. Eingeleitet wurde die Entwicklung durch die Militärbündnisse der Südstaaten mit dem Norddeutschen Bund.

Aufgrund Art. 4 des Prager Friedensvertrages vom 23. August 1866 waren die Südstaaten berechtigt, in „einen Verein zusammenzutreten", der „eine internationale unabhängige Existenz" haben sollte. Bismarck hat darin trotz des ins Auge fallenden „Anschlußverbots" an den Norddeutschen Bund durchaus Entwicklungsmöglichkeiten für die nationale Sache erblickt. Der Südbund kam nicht zustande, aber die vier süddeutschen Staaten einigten sich in der Frage der Organisation ihrer Streitkräfte auf eine Lösung, die ohne jede bundesmäßige innere Bindung doch die Vereinheitlichung ihrer Streitkräfte anstrebte (Februar 1867). Nach dem Vorbild des preußischen Systems wurde überall die allgemeine Wehrpflicht eingeführt. Das Stellvertretersystem wurde abgeschafft, die dreijährige aktive Dienstzeit vorgesehen. Vereinbart wurden darüber hinaus eine Anpassung in Fragen der Gliederung, Bewaffnung und Vorschriften, sowie gemeinsame Übungen. Damit bahnte sich auf einer ganzen Reihe von Ebenen die Vereinheitlichung des ganzen deutschen Wehrwesens an, bis auf die höchste Kommandobefugnis und die Sicherstellung einer gemeinsamen finanziellen Basis.

Bayern und Württemberg strebten eine Koalition zwischen dem Norddeutschen Bund und den Südstaaten an. Baden gab dem direkten Anschluß an den Norddeutschen Bund den Vorzug und blockierte Hohenlohes Politik, die das Gewicht Bayerns in Süddeutschland verstärkt haben würde. Dies war die Ausgangssituation für den Abschluß der Militärkonventionen zwischen Preußen und den süddeutschen Staaten.

Hessen sah sich in einer ganz besonderen Situation, weil es mit den nördlich des Main gelegenen Landesteilen zum Norddeutschen Bund gehörte, südlich des Main aber als souveräner Staat existierte. Bismarcks Bemühungen um den Beitritt Gesamthessens zum Bund scheiterten. Die schließlich am 7. April 1867 unterzeichnete Militärkonvention zwischen Preußen und Hessen sah die Inkorporation aller hessischen Truppen als Divisionsverband in die preußische Armee vor. In Krieg und Frieden wurde damit der preußische König ihr Oberbefehlshaber. Sie leisteten auch auf ihn den Fahneneid. Das preußische Wehrsystem wurde mit einzelnen Übergangsbestimmungen eingeführt. So ernannte der Großherzog den hessischen Oberkommandierenden, allerdings mit Zustimmung des preußischen Königs.

Vier Tage später schloß Hessen als letzter süddeutscher Staat ein Schutz- und Trutzbündnis mit Preußen, das beide verpflichtete, im Kriegsfalle einander mit den bewaffneten Kräften zu Hilfe zu kommen – angesichts der Bestimmungen der Militärkonvention eine nur noch symbolische Zusage.

Baden betrieb unter Mathy und Jolly nach 1866 am entschiedensten die Politik des Beitritts zum Norddeutschen Bund und gegen einen Südbund. Gesichtspunkte der europäischen Politik sprachen gegen die rasche Realisierung des Hauptzieles. Sie zwangen auch Bismarck zur Zurückhaltung. In der Frage der Militärorganisation ging Baden trotz der mit Bayern und Württemberg im Februar 1867 eingegangenen Bindungen (Stuttgarter Konferenz) hinsichtlich der Angleichung des Militärwesens eigene Wege, wenn es auch nicht unmittelbar eine Militärkonvention mit Preußen abschließen konnte. Immerhin führte es das preußische Zündnadelgewehr und das preußische Exerzierreglement ein. Es bat um Überlassung preußischer Ausbilder. Faktisch war damit eine enge Anlehnung an Preußen gegeben, die spätere zwanglose Einfügung in die norddeutsche Organisation war vorbereitet. Damit erschien schließlich die am 25. November 1870 abgeschlossene Militärkonvention nur noch als Annex des zehn Tage zuvor vereinbarten Vertrages zwischen dem Norddeutschen Bund, Baden und Hessen über die Gründung des Deutschen Bundes.

Nach der Militärkonvention wurde das badische Kontingent „ungetrennt in die entsprechend größere Abtheilung der Deutschen Bundes-, beziehungsweise der Königlich Preußischen Armee“ eingereiht. Der Fahneneid war in der bisherigen Weise zu leisten „unter Einschaltung der Verpflichtung des Gehorsams gegen den Bundesfeldherrn“. Über die Bestimmungen der Bundesverfassung hinaus wurde für Offiziere, Portepeefähnriche, Ärzte und Militärbeamte im Offizierrang folgendes bestimmt: sie leisteten „den Fahneneid seiner Majestät dem Könige von Preußen als Bundesfeldherrn und verpflichten sich zugleich mittelst Reverses: das Wohl und Beste Seiner Königlichen Hoheit des Großherzogs zu fördern, Schaden und Nachtheile von Höchstdemselben und Seinem Hause und Lande abzuwenden“. Der Großherzog erhielt gegenüber den badischen Truppen die Befugnisse eines Kommandierenden Generals. Das preußische Militärgerichtsverfahren wurde in wesentlichen Bestimmungen übernommen. Das Begnadigungsrecht lag künftig beim König von Preußen. Badische Offiziere, Ärzte und Militärbeamte konnten, wenn sie es wünschten und preußischerseits für „geeignet“ befunden wurden, in die preußische Armee übernommen werden. Die Konvention trat nach der Demobilisierung der badischen Truppen in Kraft.

Württemberg und Bayern suchten im Gegensatz zu Baden ihre nach Auflösung des Deutschen Bundes gegebene volle staatsrechtliche Souveränität zu wahren. Rechtlich hätten sie ihr Verhältnis zum Norddeutschen Bund nach eigenem Ermessen regeln können, aber politisch stand der dazu notwendige Spielraum nicht zur Verfügung.

Nach dem Sieg bei Sedan wurde die Frage des Beitritts zum Norddeutschen Bund zur Ausweitung dieses Bundes zu einem gesamtdeutschen (kleindeutschen) Bunde zwingend. Die antipreußischen Mehrheiten in der württembergischen und bayerischen Kammer hatten nicht verhindern können, daß beide Staaten im Krieg gegen Frankreich den casus foederis als gegeben erachteten. Die Kammern verweigerten die Kriegskredite nicht, und so war die nationalstaatliche Lösung im wesentlichen vorprogrammiert. Als nach den triumphalen militärischen Siegen die nationale Stimmung hochschlug, eine Einheitsfront der süddeutschen Staaten nicht zustande kam, Bismarck schließlich widerstrebende monarchische und partikularistische Interessen mit der Einberufung des Reichstages auf den 24. November 1870 nach Berlin „demokratisch“ unter Druck setzte und seine Kontrahenten durch Einzelverhandlungen ausspielte, setzte er seine Lösung durch, nämlich die Erweiterung des Norddeutschen Bundes um die Südstaaten, also die Abwehr jeder grundsätzlich anderen Lösung, die Preußens Schwergewicht hätte schmälern können. Württembergs Position reflektierte nicht ein so starkes Selbstbewußtsein wie die Bayerns. Es lehnte nicht wie der größere Nachbar einen Beitritt zum norddeutschen Bundesstaat ab, sondern strebte Sonderrechte an sowie eine Reform der Bundesverfassung.

In den Versailler Novemberverhandlungen stimmten die süddeutschen Bevollmächtigten (außer Bayern) schließlich am 6. November 1870 zu, daß der Norddeutsche Bund durch ihren Beitritt zum Deutschen Bund erweitert werden sollte. Die Militärkonventionen bereiteten keine Schwierigkeiten, zumal Bismarck zur Schonung einzelner Interessen bereit war. Württemberg verweigerte die Zusage, auch ohne Bayern das Verfassungswerk anzunehmen, so daß zunächst am 15. November 1870 nur der Vertrag mit Baden und Hessen unterzeichnet wurde. Württemberg unterzeichnete erst zwei Tage nach Bayern am 25. November.

Die militärischen Bestimmungen des Vertrages – die Militärkonvention – sahen in Anpassung der Verfassungsartikel an die „besonderen Verhältnisse des Königreiches Württemberg“ vor: Die württembergischen Truppen bildeten als Teil des Bundesheeres ein in sich geschlossenes Armeekorps „nach preußischen Normen“ im Falle der Mobilmachung oder Kriegsbereitschaft, nämlich das XIV. Armeekorps mit eigenen Fahnen und Feldzeichen. Die württembergischen Truppen wurden dem König von Preußen als Bundesfeldherrn unterstellt. In Friedenszeiten sollte das Armeekorps in seinem Verband erhalten und in Württemberg disloziert bleiben.

Ernennung, Beförderung und Versetzung von Offizieren und Beamten oblag dem König von Württemberg; der Kommandierende General konnte nur nach vorgängiger Zustimmung des Königs von Preußen ernannt werden. Die Stellung des Königs von Württemberg war näher definiert: „Seine Majestät der König von Württemberg genießt als Chef seiner Truppen die Ihm Allerhöchst zustehenden Ehren und Rechte und übt die entsprechenden gerichtsherrlichen Befugnisse sammt dem Bestätigungs- und Begnadigungsrecht bei Erkenntnissen gegen Angehörige des Armeekorps aus, welche über die Befugnisse des Armeekorps-Kommandanten, beziehungsweise des Königlich-Württembergischen Kriegsministeriums hinausgehen."

Personal- und Qualifikationsberichte über die Offiziere des württembergischen Armeekorps vom Stabsoffizier aufwärts wurden künftig nach preußischem Schema jährlich dem Bundesfeldherrn vorgelegt.

Dem Bundesfeldherrn stand das Inspektionsrecht zu. Preußische „Normen" wurden für die Organisation des Armeekorps maßgebend. Daher wurden die preußische Militärgesetzgebung und das norddeutsche Gesetz über die Verpflichtung zum Kriegsdienst vom 9. November 1867 eingeführt. Württemberg behielt indessen bei: seine Militär-Kirchenordnung, das Militär-Strafgesetzbuch und die Militär-Strafgerichtsordnung, ferner Bestimmungen über Einquartierung und Ersatzleistungen bis zur Regelung durch Reichsgesetz. Bezeichnend ist, daß die preußische Verordnung über die Ehrengerichte von 1843 und die Bestimmungen über die Offiziergänzung eingeführt wurden.

Württemberg beteiligte sich finanziell gemäß Art. 62 der Verfassung an den Kosten auch für die „gemeinschaftlichen Einrichtungen des Gesamtheeres" (z. B. Zentrale Verwaltung, Festungen, Bildungswesen, Generalstab).

Die „Vermittlung der dienstlichen Beziehungen" des württembergischen Armeekorps zum Bundesheer fand im „direkten Schriftwechsel" zwischen dem preußischen und dem württembergischen Kriegsministerium statt. Württemberg erhielt ständigen Sitz im Ausschuß des Bundesrates für das Landheer und die Festungen (wie Bayern und Sachsen). Diese Reservatrechte betrafen keine wesentlichen, die Einheit der militärischen Leitung und Organisation tangierenden Materien, zumal die Reichsgesetzgebung bald darauf wichtige Zugeständnisse, zumal im Rechtswesen der Armee, wieder beseitigte.

Überdies führte 1895 die „Bebenhausener Konvention" zu einer engeren Verbindung zwischen der preußischen Armee und dem württembergischen Kontingent. Sie sorgte vor allem für eine engere Verbindung unter den Offizierkorps. So wurde zwischen preußischen und württembergischen Offizieren gleicher Rangstufe eine einheitliche Regelung des Dienstverhältnisses festgesetzt und daher seit dieser Zeit gemeinsame Ranglisten geführt. Ein württembergischer Offizier sollte zu dauernder Dienstleistung zum preußischen Militärkabinett kommandiert werden.

Bayern verfolgte in den zur Gründung des Deutschen Reiches führenden Verhandlungen im September (München) und November (Versailles) einen Kurs, mit dem es möglichst viel Eigengewicht bewahren wollte. Es hatte zwischen 1866 und 1868 unter Kriegsminister Freiherr v. Pranckh seine Armee neu organisiert und mit dem Wehrverfassungsgesetz vom 31. Januar 1868 den Vorsprung Preußens aufzuholen gesucht. Die Erfahrungen des Krieges von

1866 sind dabei von Pranckh als gutem Kenner der Verhältnisse berücksichtigt worden. Die neue Wehrverfassung kann als Faktor des bayerischen Selbstbewußtseins hoch veranschlagt werden.

Nach dem Sieg von Sedan meldeten sich in München sogar Tendenzen, das kriegerische Engagement abzubrechen, die Bündnispflichten als erfüllt anzusehen, sich wieder auf einen nur-bayerischen Standpunkt zurückzuziehen. Im Ergebnis ließ sich die bayerische Politik aber nicht mehr aus den nationalen Zwängen lösen. Nach dem Scheitern des Südbundes ging es jetzt primär darum, Bayern nicht einfach in dem Nordbund aufgehen zu lassen. Bismarck vermochte Bayern zu veranlassen, die Initiative zu Verhandlungen zu ergreifen. Die in München am 22. September beginnenden Besprechungen, bayerischerseits von Bray, Lutz und Kriegsminister Pranckh geführt, machten deutlich, daß Bayern mehr als nur Reservatrechte verlangte. Es drängte auf Auflösung des Norddeutschen Bundes, Schaffung eines neuen, weniger straffen Bundes, in dem Bayern überdies eine Sonderposition beanspruchte. Zur Militärverfassung entwickelte Bayern folgende Vorschläge: Bildung einer einheitlichen Streitmacht im Kriege, bayerische Militärhoheit im Frieden über einen geschlossenen Großverband. Dazu sollten weitere innen- und außenpolitische Rechte treten. Außenpolitik und Wehrverfassung, dazu entsprechende Finanzkompetenzen bildeten somit die wesentlichen Reservatwünsche Bayerns für eine neue Staatsordnung, in der das preußische Schwergewicht ohnehin beseitigt sein sollte. Bismarck ließ nicht mit sich reden. Zuletzt zog Bayern die Eifersucht der übrigen süddeutschen Staaten auf sich durch seinen Verfassungsentwurf vom 30. Oktober 1870, mit dem es einen „Doppelbund" ansteuerte. Die drei süddeutschen Staaten sollten dem Norddeutschen Bund beitreten und einen weiteren Bund bilden, während Bayern seinerseits nur einen Bund mit dem engeren Norddeutschen Bund abschließen wollte. Damit wäre Bayerns Sonderrolle mit Konsequenzen für das Wehrwesen auffällig unterstrichen worden. Bismarck durchkreuzte diese Pläne, und Bayern lenkte schließlich ein. Einen Tag vor dem Zusammentritt des Reichstages, am 23. November 1870, unterzeichnete Bayern den Vertrag, durch den es Mitglied des Deutschen Bundes wurde. Württemberg folgte zwei Tage später.

Auf dieser Basis konnte Bismarck bayerischen Reservatwünschen weitgehend entgegenkommen. Er tat dies auf dem Gebiet des Wehrwesens so großzügig, daß er bei König Wilhelm I. und Roon zunächst auf Ablehnung stieß. Als Kompensation für die Überantwortung der Außenpolitik an den Bund erhielt Bayern die größten Konzessionen auf dem Sektor des Wehrwesens. Bayern behielt seine Militärgesetzgebung, das Heeresfinanzwesen, sein Kriegsministerium. Seine Armee blieb ein abgegrenzter Körper. Im Frieden unterstand sie dem König von Bayern als ihrem Oberkommandierenden.

Im einzelnen sah der „Vertrag betreffend den Beitritt Bayerns zur Verfassung des Deutschen Bundes" vom 23. November 1870 vor: Die Artikel 61 bis 68 der Bundesverfassung fanden auf Bayern keine Anwendung, damit praktisch alle das Bundeskriegswesen betreffenden Regelungen, außer den Bestimmungen über die Wehrpflicht, die Präsenzstärke und die gleichmäßige Verteilung der Kosten und Lasten des „Kriegswesens des Bundes". Bayern behielt seine Militärgesetzgebung „bis zur verfassungsmäßigen Beschlußfassung über die der Bundesgesetzgebung anheimfallenden Materien, resp. bis zur freien Verständigung bezüglich der Einführung der bereits vor dem Eintritt Bayerns in den Bund in dieser Hinsicht erlassenen Gesetze und sonstigen Bestimmungen". Besondere Bedeutung erlangte dieses Sonderrecht insbesondere für die Frage des Militärstrafprozesses, der in Bayern wesentlich fortschrittlicher entwickelt war als in Preußen, ferner für die Offiziersergänzung. Hier stellte Bayern höhere Ansprüche als Preußen (Abiturforderung). Bayern behielt seine Militärverwaltung.

Bayern verpflichtete sich, seinen Militäretat dem des Bundesheeres anzupassen. Im Hinblick auf die Organisation, Formation, Ausbildung, Mobilmachung, Bewaffnung und Ausrüstung versprach Bayern die „Herstellung der vollen Übereinstimmung mit dem Bundesheere".

Ein wichtiger Punkt war zuletzt noch die Absage des bayerischen Königs gewesen, dem Bundesfeldherrn das Recht der Inspektion des bayerischen Heeres einzuräumen. Diese Position konnte nicht gehalten werden. Art. III des Bundesvertrages mit Bayern sah deshalb vor: „Der Bundesfeldherr hat die Pflicht und das Recht, sich durch Inspektionen von der Übereinstimmung in Organisation, Formation und Ausbildung, sowie von der Vollzähligkeit und Kriegstüchtigkeit des Bayerischen Kontingents Überzeugung zu verschaffen und wird sich über die Modalitäten der jeweiligen Vornahme und über das Ergebniß dieser Inspektionen mit Seiner Majestät dem Könige von Bayern ins Vernehmen setzen."

Vermittler der gegenseitigen Informationen „in den durch diese Vereinbarung geschaffenen militärischen Beziehungen" sollten die Kriegsministerien über die Militärbevollmächtigten in Berlin und München sein. Die Anordnung der Mobilmachung der bayerischen Armee erfolgte durch den König von Bayern „auf Veranlassung des Bundesfeldherrn". Die Verpflichtung der bayerischen Truppen, im Kriege den Befehlen des Bundesfeldherrn unbedingt Folge zu leisten, war in den Fahneneid aufzunehmen.

Der Bundesvertrag enthielt keine ausdrücklichen Bestimmungen über Uniformierung, Bezeichnung der Regimenter, Garnisonierung, Personal- und Bildungswesen. Im Schlußprotokoll wurde dazu unterstrichen, daß diese Materien des bayerischen Kriegswesens unberührt von den getroffenen Vereinbarungen blieben. Die Beteiligung bayerischer Offiziere an Militäreinrichtungen des Bundes zur höheren wissenschaftlichen und technischen Ausbildung blieb speziellen Abmachungen vorbehalten.

Die Militärverfassung des Deutschen Reiches

Die Wehrverfassung des Bundes ist die Wehrverfassung des Reiches geworden. Am 8. Dezember 1870 schlossen der Norddeutsche Bund, Bayern, Württemberg, Baden und Hessen die „Vereinbarung" über die Verfassung des Deutschen Bundes und konstatierten damit den bereits erreichten Rechtszustand. Die Bundesverfassung wurde am 16. April 1871 ihrem wesentlichen Inhalt nach die Verfassung des Deutschen Reiches; die Gesetze des Norddeutschen Bundes wurden Reichsgesetze.

Besonders zu erwähnen ist das Gesetz betr. die Verpflichtung zum Kriegsdienst vom 9. November 1867, das nach einem Gesetz vom 24. November 1871 in Bayern am 1. Januar 1872 als Reichsgesetz in Kraft trat „vorbehaltlich der dem König von Bayern zustehenden Rechte". Damit verlor u. a. das bayerische Gesetz über das Wehrgeld vom 29. April 1869 seine Geltung. Bayerns und Württembergs Reservatrechte blieben gemäß Schlußbestimmung zum Abschnitt über das Reichskriegswesen (Art. 57–68) „nach näherer Bestimmung des Bündnißvertrages vom 23. November 1870" (Bayern) und der Militärkonvention vom 21./25. November 1870 (Württemberg) erhalten.

Das „Reichsheer“ umfaßte nunmehr 18 Armeekorps. Sachsen stellte das XII. AK, Württemberg das XIII. AK (Bildung am 18. Dezember 1872). Das XV. AK wurde im Reichsland Elsaß-Lothringen errichtet mit dem Sitz des Generalkommandos in Straßburg (20. März 1871), während das XIV. AK am 1. Juli 1871 aus badischen und preußischen Truppen gebildet wurde. Zusammen mit dem I. und II. bayerischen Armeekorps und dem Gardekorps zählte die bewaffnete Macht des Reiches 18 Korps.

Für je 3–4 Armeekorps wurde eine Armeeinspektion gebildet. Diese Einteilung begann mit AKO vom 14. Juni 1871. Als Generalinspekteure wurden am 16. 6. 1871 eingesetzt: I. der Kronprinz von Sachsen, II. der Großherzog von Mecklenburg-Schwerin, III. der Prinz Friedrich Karl, IV. der Kronprinz. Im September 1877 wurde unter dem Großherzog von Baden eine V. Inspektion gebildet.

Sachsen, Württemberg und Bayern behielten ihre Kriegsministerien. Art. 60 der Reichsverfassung setzte die Friedenspräsenz bis zum 31. Dezember 1871 auf ein Prozent der Bevölkerung von 1867 fest. Sie sollte pro rata von den einzelnen Bundesstaaten gestellt werden. Für die Zeit danach war die Feststellung der Friedenspräsenz durch Reichsgesetz vorgesehen. Das Reichs-Militärgesetz vom 2. Mai 1874 faßte die Bestimmungen über Organisation, Heeresergänzung, Reservedienstpflicht, Landwehrpflicht, Beurlaubtenstand, Ersatzreserve und Entlassung zusammen. Es setzte die Friedenspräsenzstärke bis zum 31. Dezember 1881 (Septennat) auf 401659 Mann fest. Auf diese Gesamtstärke kamen nahezu 17000 Offiziere.

Die deutsche Wehrorganisation nach der Reichsverfassung, den Militärkonventionen und dem besonderen Vertrag mit Bayern stellte im Gegensatz zur Organisation des alten Deutschen Bundes eine auf den Oberbefehl des Kaisers zugeschnittene Struktur dar, die soviel Elemente reichseinheitlicher Tendenz umfaßte (Wehrpflicht, Bewaffnung, Ausrüstung, Ausbildung und Gliederung), daß daneben die kontingentalen Vorbehalte – insbesondere die Bayerns – nicht entscheidend ins Gewicht fielen. Denn selbst die bayerische Armee unterstand der kaiserlichen Befehlsgewalt im Kriegsfall. Die Militärhoheit des bayerischen Königs war zudem in Friedenszeiten stark durch das Inspektionsrecht des Kaisers eingeschränkt. Die Gesetzgebungskompetenz in Militärsachen lag beim Reich. Das ältere preußische Recht war über die Verfassung des Norddeutschen Bundes Reichsrecht geworden, nur für Bayern bedurfte es dazu besonderer Verträge. Künftig konnte nur das Reich, auch im Hinblick auf Bayern, neues Militärrecht schaffen. Der Reichstag, nicht etwa der bayerische Landtag, war dafür der zentrale Ort. So ist 1872 mit dem Reichsmilitärstrafgesetzbuch einheitliches materielles Strafrecht geschaffen worden, das Elemente preußischer und bayerischer Herkunft kombinierte. Bayern, Sachsen und Württemberg behielten bis 1900 mangels reichseinheitlicher Lösung neben Preußen (und dem Norddeutschen Bund außer Sachsen) ihren eigenen Militärstrafprozeß, aber die Zukunft gehörte auch hier dem Reich.

Mit Recht ist gerade auf die Gesetzgebungskompetenz und ihre Ausübung die Auffassung gestützt worden, die bewaffnete Macht des Reiches sei ein einheitliches Reichsheer gewesen (Huber).

Vor dem Ersten Weltkrieg überwog indessen die Kontingentslehre, die maßgeblich von Laband entwickelt worden war. Danach existierte die Streitkraft Deutschlands als Verbindung der Kontingente der Einzelstaaten. Dagegen betonte Haenel, die Armee sei wie die Marine eine Institution des Reiches, ohne damals damit durchdringen zu können.

Die militärische Wirklichkeit des Reiches blieb von dieser Streitfrage im wesentlichen unberührt. Politik, Stil und Entwicklung des Militärs wurden in Berlin bestimmt. Die Impulse kamen aus der Zentrale. Alle Planungen für den Kriegsfall wurden hier entwickelt und die entscheidenden Auseinandersetzungen in innenpolitischen Fragen fanden hier statt. Die Kontingentslehre läßt sich überhaupt nur bei nur-rechtlicher Betrachtung verstehen.

Ein Gesamtblick auf die Position der Armee nach 1871 muß heute zu der Feststellung kommen, daß sie in den entscheidenden Belangen von Preußen her gesteuert wurde. Dieser Primat wird anschaulich belegt durch die Auseinandersetzungen um die Heeresstärke, die an der Nahtstelle zwischen der Militärhoheit des Obersten Kriegsherrn und dem Budgetrecht des Reichstages ausgefochten wurden. Sie haben eine eminent verfassungspolitische Bedeutung gewonnen, das Klima des Kaiserreichs wesentlich mitbestimmt und die Bedeutung des Reichstages immer stärker hervortreten lassen, denn die Militärvorlagen waren konstruktionell Verfassungsangelegenheiten.

Art. 60 der Reichsverfassung bestimmte nach dem Wortlaut der Norddeutschen Verfassung die Festlegung der Friedenspräsenz bis zum 31. Dezember 1871 auf 1% der Bevölkerung von 1867. Danach sollte die Präsenz durch Reichsgesetz bestimmt werden. Der Verfassungsgeber bezweifelte selbst die Möglichkeit einer so klaren Lösung und behalf sich für den Fall des Nichtzustandekommens eines derartigen Gesetzes mit der Kompromißlösung des Art. 62: „Zur Bestreitung des Aufwandes für das gesammte Deutsche Heer und die zu demselben gehörigen Einrichtungen sind bis zum 31. Dezember 1871 dem Kaiser jährlich sovielmal 225 Thaler, in Worten zweihundert fünf und zwanzig Thaler, als die Kopfzahl der Friedensstärke des Heeres nach Artikel 60 beträgt, zur Verfügung zu stellen ...

Nach dem 31. Dezember 1871 müssen die Beiträge von den einzelnen Staaten des Bundes zur Reichskasse fortgezahlt werden. Zur Berechnung derselben wird die im Artikel 60 interimistisch festgestellte Friedenspräsenzstärke so lange festgehalten, bis sie durch ein Reichsgesetz abgeändert ist.

Die Verausgabung dieser Summe für das gesammte Reichsheer und dessen Einrichtungen wird durch das Etatgesetz festgestellt.

Bei der Feststellung des Militair-Ausgabe-Etats wird die auf Grundlage dieser Verfassung gesetzlich feststehende Organisation des Reichsheeres zu Grunde gelegt."

Bei Nichtzustandekommen eines Haushaltsgesetzes hätte sich die Position des Reichstages als sehr stark erweisen müssen. Das Reich erhielt zwar das Geld für die Armee, durfte es aber nicht verwenden. Im preußisch-deutschen Militärstaat war aber nicht daran zu denken, daß Kaiser, Regierung und Armee einen solchen Zustand tolerieren würden. Die Verfassung selbst bot dem Kaiser eine zunächst wenig beachtete Handhabe in ihrem Art. 63 Abs. 4: „Der Kaiser bestimmt den Präsenzstand, die Gliederung und Eintheilung der Kontingente des Reichsheeres ..."

Bismarck hat später die Bedeutung dieses Rechts auf Bestimmung der Präsenzstärke im Falle eines fehlenden Etatgesetzes in einer Weise definiert, die alle Möglichkeiten der einstigen „Lückentheorie" offenließ. Die Auseinandersetzungen über den Präsenzstand der Armee berührten aus diesem Grunde eines der wesentlichen Probleme der Verfassung des Reiches: das Mitspracherecht des Reichstages in Fragen, die den Kern seiner budgetären Zuständigkeiten betrafen, die aber zugleich angesichts der außenpolitischen Lage des Reiches und angesichts des Rüstungsstandes der europäischen Flügelmächte sowohl von der politischen wie von der militärischen Führung als Existenzproblem angesehen wurden. Ein Nachgeben schien hier nicht nur innen- und verfassungspolitisch die Prärogative des Monarchen zu gefährden und damit aufs neue in krisenhafte Bewegungen nach dem Vorbild des Verfassungskampfes der frühen sechziger Jahre hineinzuführen, sondern zugleich auch die europäische Position des Reiches zu gefährden. Die großen Militärvorlagen legten wiederholt diesen Zusammenhang offen. Die Rüstung verschlang den Großteil der Finanzen des Reiches, und deshalb ist die Ausschaltung des Parlaments hier besonders fühlbar gewesen. Allerdings kann nicht übersehen werden, daß das Parlament mit seiner Zustimmung zum Prinzip der langfristigen Bewilligungen selbst die Hand zu dieser Beschränkung seiner Befugnisse gereicht hat, freilich aus einer Position relativer Schwäche heraus, die den entscheidenden Bruch mit der Regierung, mit dem monarchischen System vermied.

Auf der 1871 gelegten Basis vollzog sich der weitere organisatorische Ausbau der Armee nach der Reichsgründung. Das Pauschquantum von 225 Talern pro Kopf der Friedensstärke erwies sich schon bei den Überlegungen zum Reichsmilitärgesetz von 1874 als unzureichend wegen der steigenden Preise. 1873 suchte das Kriegsministerium eine dauernde Festlegung der Friedenspräsenz zu erreichen. Eine solche Lösung sah sein Entwurf für das Reichsmilitärgesetz vor, der im Mai 1873 dem Reichstag zugeleitet wurde. Die Dauerregelung sollte „bis zum Erlaß einer anderweitigen gesetzlichen Bestimmung" gelten. Der Reichstag stellte sich mit Recht dagegen. Sein Budgetrecht wäre damit in der Tat zur bloßen Theorie geworden. Das Reichsmilitärgesetz sah dann die Septennatslösung vor, also eine Festlegung bis 1881. Einsichtige Militärs hielten aus anderen Gründen nichts von einem Äternat.

Mit Wirkung vom 1. Januar 1875 wurde die Gliederung des Reichsheeres in dem vorgegebenen Rahmen der 18 Korps auf 469 Bataillone Infanterie, 465 Eskadrons, 300 Batterien, 29 Bataillone Fußartillerie, 18 Pionier- und 18 Trainbataillone festgesetzt. Erst das Friedenspräsenzgesetz vom März 1887 brachte die Bildung von zwei neuen Infanteriedivisionen. Damit konnten die in der Zwischenzeit aufgestellten kleinen Einheiten, etwa bei der Artillerie, bei weitem nicht organisatorisch befriedigend untergebracht werden. Abhilfe sollte hier die vom Reichstag im Januar 1890 gebilligte Aufstellung des XVI. Armeekorps im Westen und des XVII. Armeekorps im Osten schaffen, die ohne Erhöhung der 1887 festgesetzten Präsenzstärke erfolgte. Bis zum Ende des Jahrhunderts erreichte die Armee einen Stand von 23 Armeekorps; das Präsenzgesetz vom März 1899 (2. Quinquennat) fügte nämlich der 1890 erreichten Organisation drei weitere Armeekorps hinzu (XVIII., XIX. und III. bayerisches Armeekorps), nachdem 1893 die zweijährige Dienstzeit eingeführt worden war.

Eine bedeutende Änderung der Wehrorganisation, die das Wehrpflichtsystem betraf, zielte primär auf eine Erhöhung der Kriegsstärke der Armee ab. Gerade hier fürchtete die Armee, von den Nachbarn überrundet zu werden. Trotz der Erneuerung des Dreibundes und trotz des Abschlusses des Rückversicherungsvertrages im Jahre 1887 wurde der wichtige Schritt mit dem „Gesetz betreffend Änderungen der Wehrpflicht" vom 11. Februar 1888 vollzogen. Das verfassungsändernde Gesetz behielt die bisherige Dauer der aktiven und Reservedienstpflicht von drei bzw. vier Jahren bei, verlängerte aber die Landwehrdienstzeit bis zum 39. Lebensjahr.

Die Landwehr wurde wieder in zwei Aufgebote geteilt, und zwar in ein 1. Aufgebot, das die schon bisher Landwehrpflichtigen, also fünf Jahrgänge, aufzunehmen bestimmt war, und in ein 2. Aufgebot, das für die aus dem 1. Aufgebot Ausscheidenden sowie die aus der Ersatzreserve abgehenden Ausgebildeten vorgesehen war. Die Zweiteilung der Ersatzreserve (vorgesehen für Mindertaugliche, Überzählige und Befreite) sollte beseitigt werden bei einheitlicher Dienstpflicht von zwölf Jahren, also bis zum 32. Lebensjahr. Im Kriegsfall diente sie zur Ergänzung des Heeres und zur Bildung von Ersatztruppenteilen. Ihr mußten jährlich soviel Mannschaften überwiesen werden, daß mit sieben Jahresklassen der erste Bedarf für die Mobilmachung gedeckt werden konnte.

Der Landsturm, ebenfalls durch das Gesetz in zwei Aufgebote gegliedert, erhielt eine über die bisherige defensive Heimatschutzaufgabe hinausgehende Bestimmung: „Er kann in Fällen außerordentlichen Bedarfs zur Ergänzung des Heeres und der Marine herangezogen werden." Die Landsturmdienstpflicht wurde um drei Jahre verlängert. Dem Institut gehörten nunmehr an: alle Wehrpflichtigen vom vollendeten 17. bis vollendeten 45. Lebensjahr, welche weder dem Heer noch der Marine angehörten. Im 1. Aufgebot diente der Pflichtige bis zum 39. Lebensjahr. Der Landsturm konnte nur durch kaiserliche Verordnung aufgerufen werden, bei unmittelbarer Kriegsgefahr auch durch die Kommandierenden Generale, die Gouverneure und Kommandanten von Festungen.

Mit dieser neuen Organisation erhielt die Kriegsformation in Gestalt der Landwehr 2. Aufgebots sieben weitere Jahrgänge, damit rund 700000 Mann und dazu die Möglichkeit, Teile des Landsturms zur Verstärkung von Landwehr und Ersatztruppen heranzuziehen.

Frankreich verbesserte 1889 ebenfalls sein Wehrsystem entscheidend (Herabsetzung der aktiven Dienstzeit von 5 auf 3 Jahre, Erhöhung der Reservepflicht von 4 auf 7 Jahre. Zusammen mit der Dienstpflicht in Territorialarmee und Territorialreserve setzte der Nachbar damit die Gesamtdienstpflichtdauer auf 25 Jahre fest. Die allgemeine Wehrpflicht wurde voll ausgeschöpft.

E. Die preußische Armee – Preußen und das Deutsche Reich 1871–1890

1. Die Stellung der Armee zur Außen- und Innenpolitik

a. Armee und Außenpolitik

Außenpolitik und Kriegsbild nach 1871

Der Sieg über Frankreich und die Lösung der nationalen Frage im preußischen Sinne haben das Reich in eine eigentümliche außenpolitische Lage gebracht. Machtpolitisch durch ein in der Mitte Europas bisher nicht gesehenes Potential abgesichert, schien es trotzdem von dem wiedererstarkenden Frankreich bedroht, zumal, wenn es der Republik gelang, Allianzen zu bilden.

Der Generalstab mußte diese Situation seinen Plänen bis zum Weltkrieg zugrunde legen. Eine außenpolitische Konfrontation auf Dauer war herbeigeführt, die in der Sicht Moltkes schon vor dem Krieg vorgezeichnet war. Ihm war die nationale Einigung nur in einem kriegerischen Verschmelzungsprozeß erreichbar erschienen, der zugleich die französische Präponderanz beseitigen würde. Dabei hat Moltke schon früh an die Annexion Elsaß-Lothringens gedacht, die zwangsläufig zu weiteren Waffengängen führen mußte. Die Verbindung von nationalen mit militärischen Zielen hat nach 1871 in der Sehweise der „nationalen" Gruppierungen der preußisch-deutschen Gesellschaft auch den Schluß als folgerichtig erscheinen lassen, daß militärische Notwendigkeiten – das heißt, was die Militärs als notwendig ansahen – zugleich auch nationale Notwendigkeiten seien. Aufschlußreich ist hier Moltkes Auffassung von der inneren Berechtigung nationaler Anliegen – eine Auffassung, die den Standpunkt des nationalen Liberalismus wie den der Militärs im wesentlichen widerspiegelte: Das militärische Engagement zur Durchführung der Annexion steht in vollem Einklang mit dem von Preußen-Deutschland beanspruchten Recht. Dagegen ist die Proklamation des Volkskrieges durch die „Regierung der nationalen Verteidigung" für einen Frieden ohne Landabtretungen in den Augen des Generalstabschefs eine Maßnahme an der Grenze der Legalität, ein „ruchloses Treiben" zum Nutzen derer, „welche vor allem Macht bewahren wollen, über deren Legalität sie die Nation nicht zu befragen wagen".

Moltkes Kriegsbild war bestimmt von der Ordnungsvorstellung einer Identität von Regierung und Regierten. Die revolutionäre Durchbrechung dieser Ordnung widerstrebte ihm. Sobald das von ihm anerkannte nationale Prinzip in revolutionär-demokratischer Gestalt auftrat, wurde es suspekt, ungeeignet als Verhandlungspartner. Die Erfahrungen der 48er Revolution zeigten sich hier in der Verbindung von innen- und außenpolitischen Grundsätzen in stark sozial-emotionaler Färbung. Das „Recht im Kriege" gegen Frankreich schien ihm damit, abgesehen vom Recht des Siegers, seinen Preis zu fordern. Hinzu kamen das staatliche Sicherheitsbedürfnis und die Aufgabe der Abwehr demokratischer Machtbildungen. Zugleich erwartete er davon eine innenpolitisch konsolidierende Wirkung auf Preußen-Deutschland.

Die Gefahr einer „Perversion“ des deutschen Nationalismus durch Demokratie und Sozialismus – Ende der sechziger Jahre seiner pessimistischen Zukunftserwartung durchaus möglich erscheinend – war für ihn nach den großen militärischen Erfolgen offenbar weniger wahrscheinlich. Jedenfalls sah er keine Gefahr in der Notwendigkeit, einer levée en masse gegebenenfalls mit der Heranziehung von Landwehrtruppen Raum zu gewähren, wenn auch nur, um dadurch Kampftruppen freizumachen. Die Aufbietung der deutschen Volkskraft gegen die französische war ihm primär ein militärisches Problem, zumal die Landwehrtruppen zum großen Teil durch die Schule der Linie gegangen waren. Nicht „Demokratie“, sondern organisierte, disziplinierte Streitkräfte hatte er vor Augen, vor allem die große Zahl. Roon hat in diesem Punkt viel konservativer gedacht. Ihm schien der Grundgedanke der Heeresreform, künftige Kriege mit der monarchischen Linienarmee zu schlagen, ohne auf „populäre“ Elemente angewiesen zu sein, mit einer solchen Maßnahme durchbrochen. Der Kriegsminister wünschte keinen Sieg aufgrund des Einsatzes demokratischer Elemente.

Die Konzeption des kurzen Krieges gegen die gegnerischen aktiven Streitkräfte – der Grundgedanke der Strategie des Generalstabes – war nach den Erfahrungen in Frankreich im Grunde nicht mehr haltbar. Die Verfolgung von Kriegszielen, die über das unmittelbare Anliegen der nationalen Einigung hinausgingen, nämlich die Annexion Elsaß-Lothringens – von der nationalen Bewegung, Presse und Propaganda in Deutschland gefordert, im Kriegsrat zu Herny am 14. August 1870 von der politischen und militärischen Führung Preußens bereits ins Auge gefaßt – hatte die Gegnerschaft der französischen Nation herausgefordert und damit einen Krieg neuer Dimension eingeleitet.

Das politische Bewußtsein der preußischen Armee ist nach 1871 dadurch mit bestimmt worden, daß es – noch einmal – gelang, diesen Krieg siegreich im wesentlichen mit der Schlagkraft der Linienarmee und ihrer Reserven durchzustehen, ohne auf die Volkskraft im weitesten Sinne zurückgreifen zu müssen. Die Armee konnte auf der Grundlage ihres teilweise widerlegten Kriegsbildes und der damit korrespondierenden Staats- und Gesellschaftsvorstellung in das letzte Drittel des 19. Jahrhunderts und damit in das 20. Jahrhundert hinein gehen, weil der Erfolg ihr Recht gegeben hatte und selbst der frühere innenpolitische Gegner überzeugt worden war. Der Zusammenfall dieses Erfolges mit der nationalen Lösung und der Demütigung des „Erbfeindes“ hat den Verdeckungs- und Selbsttäuschungseffekt noch verstärkt.

Hinzu kam die politische und psychologische Wirkung des Pariser Kommuneaufstandes auf die monarchisch-militärische und die bürgerliche Führungsschicht des Reiches. Sie hat, angesichts der Haltung der deutschen Sozialisten, den militärischen Erfolg auch als eine sozialpolitische Stabilisierungsgarantie erscheinen lassen. Das Reich ist für konservative und bürgerlich-nationale Kreise als politische Ordnung erschienen, in der die militärischen Ereignisse der Einigungskriege eine fortwirkende charakteristische Bedeutung besaßen.

Für sie wurden „national“ und „militärisch“ zu eng verwandten Wesensmerkmalen. Hieraus erklärt sich auch die kommende nationale Rolle der Konservativen. Es wurde möglich, sich selbst als national zu empfinden, ohne an die „Nation“ – nach dem Sprachgebrauch des 19. Jahrhunderts – einen Gedanken zu verschwenden. Jedenfalls blieben Demokratie und Sozialismus ausgeklammert.

Armee und Bürgertum, einst Antipoden in der innenpolitischen Auseinandersetzung, trafen in der Anerkennung des Reiches als „Machtstaat“ zusammen. „Nationalstaat“, so meinte Max Weber später, einem Grundgefühl des „nationalen Bürgertums“ Ausdruck verleihend, „ist uns ... die weltliche Machtorganisation der Nation“. Gegen diese der imperialistischen Ära zugehörende Begriffsbestimmung läßt sich das Selbstverständnis der Armee zwischen 1871 und 1890 insofern abheben, als sie sich nicht als Machtorganisation der Nation, sondern nach wie vor als Instrument des Monarchen empfand. Ihre Vorbehalte gegen das Parlament, gegen jede andere Kompetenz als die des Königs und Kaisers blieben bestehen, aber sie registrierte wohlwollend die zunehmende Militärfreundlichkeit im Bürgertum.

Nach der Lösung der deutschen Frage hat es im Hinblick auf die Außenpolitik keine grundsätzlichen Positionsunterschiede in der national orientierten Gesellschaft und der Armee gegeben. Die Armeeführung, insbesondere der Generalstab, sah, einseitiger als die politische Führung, die Erhaltung der militärischen Überlegenheit des Reiches als ausschlaggebendes Ziel an, das auch gegebenenfalls durch Präventivkriege zu verfolgen sei. Sie ging dabei im wesentlichen von den Zahlen- und Qualitätsverhältnissen der aktiven Streitkräfte aus, sowie von der Vorstellung der Entscheidungsschlacht und des kurzen Krieges. Die politische und soziale Homogenität der Nation, die auch ein Durchstehvermögen für längere Kriege hätte gewährleisten können, die aber auch eine andere Einstellung zur sozialen Frage und zur sich organisierenden Arbeiterschaft vorausgesetzt hätte, ist ihr als positive Möglichkeit nicht bewußt geworden, einzelne Vertreter vielleicht ausgenommen. Als die Wahlen zum Norddeutschen Reichstag in Berlin nur demokratische Kandidaten siegreich sahen, meinte Moltke: „Die Menge ist eben blind, und wehe der Gesellschaft, wo sie zur Herrschaft gelangt.“

Diese Sicht der Dinge beruhte auf innen- wie außenpolitischen Grundsätzen, die auch von der politischen Führung des Reiches und den sie tragenden Gesellschaftsschichten vertreten wurden und die in einer Zeit beispiellosen wirtschaftlichen Wachstums geradezu anachronistisch wirkten. Die Tendenz, Auseinandersetzungen zwischen Großmächten mit dem Einsatz der Wirtschaftskraft der Nationen, mit Massenheeren und Mobilisierungen ganz neuer Größenordnungen auszutragen, war nicht erst absehbar, sondern konnte bereits mit Beispielen belegt werden. Doch die Armee sah sich immer noch als Garant einer Sozialordnung, die nicht darauf angewiesen war, die politische Organisation der Sozialdemokratie wie überhaupt nicht-agrarische und bisher unterprivilegierte Interessen zu integrieren. Sie sah sich vor allem als Instrument eines Machtstaates, der gerade durch die Armee einen Teil seines Wesens und seiner Kraft repräsentierte.

Der die nationalen Rivalitäten verschärfende Eintritt der europäischen Nationen in die Phase des Imperialismus, der auch zu einer unvergleichlich stärkeren Anteilnahme der Nation an außenpolitischen Fragen führte, offenbarte eine „Stimmungslage", die gerade das „gebildete" Deutschland in viel größere Nähe zum Generalstab als zum Kanzler rückte. Praktizierte Bismarck die psychologische und politische Ausnutzung solcher Stimmungen für die Innenpolitik, so wurden in den „nationalistischen" Kreisen aus Stimmungen Glaubenssätze. Die Überzeugung von der unabwendbaren Schicksalhaftigkeit kommender Kriege zur Behauptung des Reiches und zur Sicherung seiner Lebensansprüche teilte mit diesem Bürgertum auch die militärische Spitze des Reiches. Der Friede mit Frankreich, der „unter dem Eindruck nationaler Gegensätze von unüberwindbarer Tiefe und Härte" (G. Ritter) geschlossen worden war, hatte das politische und psychologische Klima in Europa derartig mitbestimmt, daß ein solches Denken als natürlich und realistisch empfunden werden konnte. Es waren nicht nur Glaubenssätze radikaler Nationalisten und Imperialisten, die sich in dem Kraftbewußtsein und der Unruhe der Nation seit 1890 reflektierten, sondern die sehr reale Tatsache, daß durch Machtpolitik langgehegte nationale Ziele erreicht worden waren. Fortschritte nach innen, das heißt parlamentarisch-demokratische Weiterentwicklungen, waren nicht zuletzt wegen der innenpolitischen Wirkungen der Siege, der Erfüllung des Einheitsstrebens und der im „nationalen" Lager vorhandenen Sorge vor dem Sozialismus inopportun. Die Ökonomie der neugewonnenen Macht und Kraft schien das Hauptproblem geworden zu sein. Hier war die Armee, primär der Generalstab, zuständig. Seine Planungen stellten zwar technisch-rationale Überlegungen für denkbare Eventualitäten dar, aber sein Urteil über die Wahrscheinlichkeit möglicher Entwicklungen entsprach im wesentlichen den Empfindungen des nationalen Bürgertums und seinen quasi-philosophischen Denkrichtungen sozial-darwinistischer Prägung.

Dem vor allem an der Machtbehauptung an sich orientierten Glauben, die Stellung des Reiches werde am besten gesichert durch den Schwächezustand der Nachbarn, schien das Mittel des Präventivkrieges die angemessene Form der möglichen Auseinandersetzung zu sein. Moltke ging noch stark von historischen Überzeugungen aus. Für ihn spielte das Bild von der germanischen Mitte Europas, die sich gegen den slawischen Osten und den romanischen Westen durchsetzen müsse, eine Rolle.

Zu bedenken ist auch, daß die Differenz zwischen Bismarck und den Militärs in außenpolitischen Fragen – Verhältnis zu Frankreich und Rußland – nicht gestattet, aus dieser Tatsache den Schluß zu ziehen, daß zwischen der politischen und militärischen Führung wesentliche Auffassungsunterschiede bestanden hätten. In politischen Grundfragen, und dazu zählten seit 1871 in prominenter Weise die innenpolitischen

Gegebenheiten, stimmten die Führungsinstanzen überein. Bismarck hat an der Rolle des Militärs im Staate gar nicht rütteln wollen und können. Die Bedeutung politischer Auffassungen der militärischen Führungsspitze wird überhaupt erst aus der innenpolitischen Rolle und Funktion der Armee erhellt, und erst aus der Gesamtschau wird das Problem des preußisch-deutschen Militarismus deutlich.

Die Gegensätze zwischen militärischer und politischer Führung in Fragen der Außenpolitik beschränkten sich, ehe sie seit 1887 gravierender wurden, bei dieser generellen Übereinstimmung in Grundsatzfragen auf Tempoprobleme, auf die verschiedene Bewertung der moralischen, politischen und psychologischen Folgen eines Präventivkrieges und auf unterschiedliche Stärkeeinschätzungen potentieller Gegner.

Das Verhältnis zu Frankreich

Ernste Differenzen entwickelten sich angesichts der Vorstellungen des Generalstabs über den Waffenstillstand, dagegen nicht in der Frage der Gebietsabtretungen (Kriegsrat von Herny). Bismarck stimmte der Forderung der Militärs am Ende zu, auch die Festung Metz zu annektieren, andernfalls hätte er mit ihrer erbitterten Gegnerschaft rechnen müssen. General v. Alvensleben hätte am liebsten Frankreich bis zur Marne behalten. Blumenthal ging davon aus, der niedergeworfene Feind müsse so in den Griff genommen werden, „daß er sich in hundert Jahren nicht wieder erheben kann“. Moltke war nicht weit von solchen Vorstellungen entfernt. Die rasche Erholung des westlichen Nachbarn hielt den Gedanken an Präventivkrieg in ihm wach. Schon 1872 bezeichnete er in einem Aufmarschplan als deutsches Kriegsziel: „Endlich den Vulkan zu schließen, welcher seit einem Jahrhundert Europa durch seine Kriege wie durch seine Revolutionen erschüttert.“ Die Erfahrungen des Volkskrieges hatten zwar in Ansätzen eine Art Ermattungsstrategie in den Plänen des Generalstabes herausgefordert, dominierend blieb aber der Gedanke an den Krieg als Abfolge von Entscheidungsschlachten und dann einer möglichen Entwaffnung und Wehrlosmachung des Gegners, der ihm nach 1871 als ein ewig revanchelüsterner Feind erschien. Die politische Räson wurde in solchen Zukunftsvisionen überschattet von einem Geschichtsverständnis, das den Krieg als selbstverständliches Element voraussetzte.

Während der Krieg-in-Sicht-Krise 1875 zeigte sich das gleiche Bild. Für den Generalstab schrumpfte die Außenpolitik gegenüber Frankreich auf das fatalistische Rezept zusammen, dem Gegner möglichst zuvorzukommen, ihn zu schlagen und abzudrosseln, alles jedoch ohne die Überzeugung, die große Nation zum Stillhalten bringen zu können. Die Frage, ob dieses Denkmodell selbst im deutschen Interesse – und in welchem deutschen Interesse – akzeptabel sein könne, wurde offensichtlich nicht gestellt. Angeblich war es die Niederlage von 1870/71 an sich, die die unruhige Nachbarnation so revanchelüstern machte, erst in zweiter Linie die Annexion der beiden Provinzen. Bismarck benutzte die von ihm aus Anlaß des neuen französischen, vom deutschen Generalstab weit überschätzten Heeresgesetzes hervorgerufene Krise dazu, Paris einzuschüchtern und im Ergebnis eine Verlangsamung seines Rüstungstempos zu erreichen, dies mit gefährlichen, aber letztlich taktischen Druckmitteln über die Presse und auf diplomatischem Wege. Der Generalstab sah bereits elementare Gefahren, die nach abrupten Lösungen verlangten. Der deutsche Militärattaché handelte sich eine Zurechtweisung ein, weil er die Situation gelassener beurteilte und erklärte, die „Kriegsbedrohung" sei durch das Cadres-Gesetz nicht in größere Nähe gerückt. Ein Gutachten des Generalstabes „bewies" das Gegenteil, und mit Moltkes Zustimmung gelangte ein Artikel in das Militärwochenblatt, der von der Vorstellung einer unmittelbar drohenden Kriegsgefahr inspiriert war. Moltke glaubte, die neuen Verstärkungen der französischen Armee indizierten einen Offensivwillen, dem nur mit entsprechenden strategischen Plänen zu begegnen war, etwa mit der Einberechnung großer Begegnungsschlachten schon in der Anfangsphase eines Krieges. Eine Ruhe auf längere Zeit schien ihm nur nach erneuter entscheidender Schwächung des westlichen Nachbarn erreichbar, wenn dadurch psychologisch die Hinnahme des Ergebnisses von 1871 herbeigeführt würde. Während Bismarck nach Kombinationen und Balancen suchte, verfolgt von der Vision gegnerischer Koalitionen – so zeitweise auch von der Furcht vor einer Verbindung Österreich–Frankreich–Rußland –, ja selbst argwöhnisch die Verbindung der Partner des Dreikaiserbündnisses beobachtete, verdeckte sich für den Generalstab die prekäre außenpolitische Lage des Reiches hinter dem Problem der militärischen Stärke und reduzierte sich zu der Auffassung, die Politik habe vornehmlich dafür zu sorgen, daß die Vorzüge der deutschen militärischen Organisation: Schnelligkeit, rasche Herbeiführung der Kampfbereitschaft, auch ins Spiel gebracht werden konnten.

Bismarck war die Haltung des Generalstabes aus taktischen Erwägungen bis zu einem gewissen Grade willkommen. Es schien ihm nützlich zu sein, dem Gegner nicht die Sicherheit zu geben, daß man seinen Angriff in jedem Falle abwarten werde. In einem Brief an Wilhelm I. hob er aber hervor, er würde niemals deshalb zum sofortigen Kriegsbeginn raten, „weil wahrscheinlich ist, daß der Gegner ihn später besser gerüstet beginnen werde".

Die politischen Kombinationen Bismarcks in dieser Krise liefen im wesentlichen auf den Versuch hinaus, aus der Defensive zu einer dauernden Absicherung der 1871 errungenen Position zu kommen, Frankreich möglichst in größere Abhängigkeit zu bringen. Die Reaktionen Englands und Rußlands (Intervention) bewiesen dagegen, daß der Spielraum der deutschen Politik wesentlich enger geworden war als vor dem Kriege. Es war nicht zu verhindern, daß Frankreich wieder zur Stellung einer Großmacht zurückfand. Der als offensives, auf Machterweiterung berechnetes Manöver Bismarcks interpretierte Schritt in der Krieg-in-Sicht-Krise, ließ in seinen Konsequenzen erkennen, daß weder England noch Rußland einen weiteren Ausbau der deutschen Position hinzunehmen gesonnen waren.

Moltke hat 1875 die ganze Unausgewogenheit des militärischen Denkens dem belgischen Gesandten gegenüber sichtbar gemacht. Deutschland, so meinte er, dürfe nicht abwarten, bis Frankreich mit seinen Rüstungen fertig wäre, sondern müsse ihm zuvorkommen. Durch „rechtzeitiges" Losschlagen könnten hohe Verluste erspart werden. Auf die Gegenfrage: „Was wollen Sie mit dem besiegten Frankreich machen?" kam die Antwort: „Das weiß ich nicht, das zu entscheiden wird sicherlich eine große Verlegenheit sein!"

Auch in den folgenden Jahren nahm er die Notwendigkeit eines Krieges mit Frankreich an. Dabei sah der Generalstabschef den westlichen Nachbarn nicht isoliert als politischen und militärischen Gegner. Schon früh tauchte in seinen Überlegungen der Gedanke an eine russisch-französische Kombination auf. Aufschlußreich sind hier weniger die Pläne der militärischen Technokraten für den Eventualfall eines nach zwei Seiten zu führenden Krieges, als die politisch-historischen Reflexionen, die ein solches Ergebnis als unausweichlich erscheinen lassen – ein Denken in Kategorien, die Bismarck fernlagen, weil sie Politik geradezu überflüssig zu machen schienen. Ein resignierender Fatalismus, der den nationalen Entwicklungstendenzen in den Völkern des europäischen Ostens ein unberechenbares Gewicht einräumte, verlieh den politischen Gedankengängen Moltkes eine insgesamt skeptische Orientierung. Angesichts der Tatsache, daß hier die Wege der Geschichte nicht mehr steuerbar waren, schienen ihm die Auswirkungen der Einigungskriege auf die europäische Mächtekonstellation nur von sekundärer Bedeutung.

Das Verhältnis zu Rußland

So sah er auch das Verhältnis zu Rußland eingebettet in eine schicksalhafte Antinomie. Zwischen dem deutschen und russischen Volk bestand nach ihm „unverkennbar eine gegenseitige Abneigung in Glauben und Sitten, ein Widerspruch in den materiellen Interessen". Den Aufstieg Deutschlands zur Großmacht empfand er lediglich als zusätzliche Verschärfung dieses Gegensatzes. Bismarcks Versuch, mit dem Dreikaiserabkommen von 1873 zu einer auf dem antirevolutionären Prinzip beruhenden Verbindung der drei Monarchien zu kommen, blieb Episode. Eine Konzeption, die Frankreich isolierte und die europäische Ordnung der Zeit vor dem Krimkrieg, nun aber im Zeichen deutscher Führung, wiederherstellte, zielte in eine Richtung, die die elementare Auffassung des Generalstabschefs skeptisch ansah.

In den folgenden Jahren, besonders seit 1876/79, zeichnete sich im Zusammenhang mit dem russisch-österreichischen Gegensatz auf dem Balkan für den Generalstab die Möglichkeit eines Zweifrontenkrieges ab. Moltke neigte einer engen Verbindung mit Österreich zu. Die traditionelle Freundschaft Preußens mit Rußland, von ihm im wesentlichen als Verbrüderung befreundeter Regierungen betrachtet, hätte er gerne beibehalten, um der Gefahr des Krieges gegen Ost und West zu entgehen. Aber die wachsende und schwer berechenbare Stärke Rußlands hat den militärischen Fachmann immer stärker beunruhigt, und seit 1879 sahen die Planungen für einen – nicht intendierten, sondern aus der politischen Lage sich ergebenden – Zweifrontenkrieg die Offensive im Osten und das defensive Abwarten im Westen vor. Der deutsch-französische Gegensatz war die feste Größe in den Berechnungen des Generalstabes, der deutsch-russische gewann für ihn immer mehr an innerer Wahrscheinlichkeit. So schienen die psychologisch-historisch-kulturphilosophischen Reflexionen Moltkes von der politischen Entwicklung nach 1876 bestätigt zu werden. Der Generalstabschef sah die Möglichkeit des Bruches der „seitherigen politischen Traditionen" in Rußland voraus, da ein Krieg gegen Deutschland in der russischen gebildeten Gesellschaft und auch in der Armee mit Enthusiasmus begrüßt worden wäre. Deshalb hielt er es auch nicht für ausgeschlossen, daß die orientalische Mobilmachung Rußlands sich plötzlich nach Westen auswirken könne.

Der deutsch-österreichische Zweibund stellte das Reich noch stärker in den russisch-österreichischen Gegensatz hinein. Bismarck hat sich seit 1876 über das deutsch-russische Verhältnis zwar bedenklich geäußert, denn wirtschaftliche Gegensätze hatten in Rußland zu einer antideutschen Stimmung geführt. Dennoch hat er nicht an eine Ausweglosigkeit der Politik, also an den Krieg mit Rußland, gedacht. Im Gegenteil, er tat alles, um ihn zu vermeiden. Er hat schließlich in den achtziger Jahren ein ganzes Bündnissystem aufgebaut, um dieses Ziel sicherzustellen – freilich seit 1887 immer pessimistischer werdend angesichts des nicht mehr heilbaren, von beiden Seiten forcierten wirtschaftspolitischen Gegensatzes zu Rußland.

Der Generalstab orientierte sich an Zahlen und Kräfteverhältnissen; seine Pläne gestatteten keine Ungewißheit über mögliche Haltungen der östlichen Nachbarmacht. So erklärt sich die Neigung zu Absprachen mit dem österreichischen Generalstab, eine Tendenz, die seit 1882 vor allem vom Generalquartiermeister Waldersee forciert wurde und 1887 ihren Höhepunkt während der bulgarischen Krise erreichte. Bismarck setzte durch, daß ihr Grenzen gezogen wurden – er sah die Gefahr, daß der Generalstab zum entscheidenden Berater des Monarchen werden könnte – aber auf längere Sicht verfestigten sich die vom Generalstab zur Grundlage seiner Planungen gemachten Überzeugungen von der Unvermeidbarkeit einer kämpferischen Auseinandersetzung mit Rußland. In der militärischen Führung war in dieser Zeit kaum jemand zu finden, der nicht an die Vorteile eines präventiven Losschlagens gegen Rußland glaubte; außer Moltke und Waldersee können erwähnt werden der Chef des Militärkabinetts v. Albedyll, ferner Loë, Goltz, Yorck. Bismarcks „carré triangulaire" der drei Kaisermächte wurde mehr und mehr als Fiktion eines realen Bundes betrachtet, jedenfalls nicht als Grundlage einer echten Sicherheitspolitik, was im Kern durchaus richtig gesehen war.

Die Generalität begann der Kunst der Diplomaten zu mißtrauen. Ihr Kriegsbild führte sie zu dem Schluß, daß der Kabinettskrieg der Vergangenheit angehörte und in Zukunft mit dem Ausbruch nationaler Leidenschaften zu rechnen war, der durch Verträge kaum kontrolliert oder kanalisiert werden könnte. Man tat also gut daran, das Netz zu zerreißen, oder, wie Moltke es ausdrückte: „1756 wiederholen!“ Es wäre sicherlich eine unzulässige Vereinfachung, anzunehmen, der Generalstab habe direkt das Ziel angesteuert, die beiden Flügelgroßmächte in einen Zustand machtpolitischer Ohnmacht hineinzuzwingen, aber wünschenswert erschien ihm eine solche Lösung angesichts der für ihn feststehenden schicksalhaften Gegensätze zwischen Deutschland und seinen beiden großen Nachbarvölkern. Moltke hielt trotz des Nachgebens 1887 in seinem Operationsplan von 1888 an dem Gedanken der entscheidenden Offensive nach Osten fest. Waldersee hoffte, der Gang der Dinge werde einen jüngeren Herrscher auf der Höhe der Zeit finden und den Kriegsentschluß herbeiführen.

Kronprinz Wilhelm stand 1887/88 schon stark unter dem Eindruck der fatalistischen Zukunftsprognosen des Generalstabes. Frankreich war ihm der „geborene Erbfeind“. Je mehr die französische Republik erstarke, so meinte er, und trotz loyaler Absichten des Zaren, werde Rußland immer größere Neigung zeigen, „den günstigsten Augenblick zu erfassen, um im Bunde mit der Republik über uns herzufallen“. Es gebe ein gemeinschaftliches Interesse „der Panslavisten und des republikanischen Frankreichs, Deutschland als Hort der Monarchie niederzuwerfen“. Der Krieg sei notwendig, um Rußland entscheidend zu lähmen. Es werde dann „in eine ganz andere Ohnmacht gelangen ... als irgendein anderer europäischer Staat“.

Die weitere Entwicklung, insbesondere der sich verstärkende wirtschaftspolitische Gegensatz zwischen Deutschland und Rußland seit der 1873 einsetzenden Wirtschaftskrise, hat immer mehr innenpolitische Faktoren auf beiden Seiten ins Spiel gebracht, die zum mindesten die Experimentiermöglichkeiten der Außenpolitik einengten. Mit der durch die Wirtschaftskrise erzwungenen Wendung zum Schutzzoll vollzog sich seit 1879 innenpolitisch die definitive Abkehr vom Liberalismus und der Übergang zur Harmonie auf Zeit zwischen Großindustrie, Finanzinteressen und Großagrariern im Zeichen einer Feudalisierung des Bürgertums. Trotz technischer und industrieller Entwicklungen größten Ausmaßes und den damit verbundenen sozialen Umschichtungen dominierten so nach wie vor die politischen Interessen der Großagrarier und damit der preußische Kern des Staates, dem das Offizierkorps am nächsten stand. Der Protektionismus hat wesentlich zur Entfremdung zwischen dem Zarenreich und dem Deutschen Reich beigetragen, und zwar von beiden Seiten her.

Im Grunde bestand in der Beurteilung Rußlands nur noch in Nuancen ein Unterschied zwischen dem Kanzler und dem Generalstab. Als Zukunftsgefahr zeichnete sich die östliche Großmacht am Ende der Bismarckära sowohl für die politische wie für die militärische Führung ab. Die Reichsgründung und die damit geschaffene politische und wirtschaftliche Kraft in der Mitte Europas und der folgende wirtschaftliche Konkurrenzkampf zwischen den Mächten brachten Faktoren, Größenordnungen und Perspektiven in die europäische Politik, die schwer kalkulierbar und beherrschbar waren. Bismarck erkannte den schwindenden Spielraum der deutschen Außenpolitik, machte den Versuch, mit politischen Mitteln wieder aktionsfähig zu werden. Demgegenüber ist die Lagebeurteilung des Generalstabes in Krisensituationen von Irritation, Ungeduld, Unsicherheit und umschlagend wieder von Stärkebewußtsein gekennzeichnet gewesen. Moltke befürwortete im November 1887 den Angriff auf das Zarenreich. Den Winter sah er nicht als Hindernis an. Der Frost werde die „Wegbarkeit“ des Kriegsschauplatzes erhöhen und die Möglichkeit eröffnen, die „Stellungen der Russen zu überwinden“. Bismarcks Zukunftsvision war am Ende seines Wirkens von äußerster Skepsis bestimmt: er wollte keine „allgemeine Schlachterei“. Aber wenn sie komme, komme sie.

b. Armee und Innenpolitik 1871–1890

Die neue Interessenharmonie

Die innenpolitische Orientierung des Bismarckreiches wurde für den Zeitgenossen lange überdeckt von der im Zeichen militärischer Siege und monarchischer Übereinkunft stehenden Reichsgründung. Hinter dem patriotischen Glanz verbargen sich massive innenpolitische Interessen. Außen- und Innenpolitik hat Bismarck wiederholt in ein System zu bringen versucht. Als er 1877 angesichts der englischen Zurückhaltung, wenigstens Neutralität zuzusichern, sich darauf verwiesen sah, die militärische Absicherung Deutschlands durch engeres Zusammengehen mit Österreich zu erreichen, betonte er auch die innenpolitische Bedeutung dieses konservativen Bundes gegen „revolutionäre“ Umwandlungen. Die Rolle der Armee in der Innenpolitik des Kaiserreichs wurde von 1871–1890 mitbestimmt von ihrem gewachsenen Ansehen in dem von der überwiegenden Mehrheit der Nation als Machtstaat verstandenen Reich – also von einer außenpolitischen Perspektive her. Ebenso aber übten die in die Phase der Hochindustrialisierung übergehende industrielle Revolution mit ihren Wachstumsstörungen, und die mit diesen Entwicklungen verbundenen sozialen Umschichtungen und psychologischen Auswirkungen ihren Einfluß auf die Streitkräfte aus. Die tiefgreifenden Veränderungen der Parteienkonstellation seit dem Übergang zum Schutzzoll, die damit verbundene Wendung gegen den Liberalismus (1879) und die mit dem Sozialistengesetz beginnende grundsätzliche Auseinandersetzung des Staates mit der Sozialdemokratie markierten auch für die Armee entscheidende Prozesse, die sie im wesentlichen als Bestätigungen ihres konservativen Staatsverständnisses auffaßte und als Zeichen des entscheidenden Kampfes des preußisch-deutschen Staates gegen gesellschaftliche Zersetzungen, Fehlentwicklungen oder Umsturzgefahren. Bis heute liegt allerdings keine eingehende Untersuchung über die Tiefenwirkung dieser Prozesse auf die militärische Führung und das Offizierkorps vor.

Ihr Ansehen war aufgrund der militärischen Erfolge beim Bürgertum ungeheuer gestiegen. Daß die nationale Frage mit der militärischen Macht

Preußens gelöst wurde, hat auch den verfassungspolitischen Konflikt zwischen den konservativen Führungsschichten Preußens und dem liberalen Bürgertum zugunsten der Krone und der Armee entschieden. Der „Kompromiß" der revidierten Verfassung hatte die politischen Rechte der Krone und die Zuordnung der bewaffneten Macht zur unkontrollierbaren Prärogative des Monarchen festgestellt. Dieser Zustand verfestigte sich 1866/71 nach dem vergeblichen Versuch des preußischen Liberalismus, während des Verfassungskonflikts einen größeren Anteil an der politischen Macht zu erringen. Es war einer der unbefragten Grundsätze der Armee, daß sie über den innenpolitischen Auseinandersetzungen zu stehen habe auf der Grundlage der gegebenen Machtverteilung. Ihr Mißtrauen gegen jedes parlamentarische Hineinreden in ihre Angelegenheiten wurde nicht dadurch verringert, daß der Liberalismus überwiegend den innenpolitischen status quo akzeptierte. Das Deutsche Reich präsentierte sich als Ergebnis einer preußisch-militärischen „Revolution von oben", die innenpolitisch möglich wurde aufgrund der sich schon seit 1848/49 abzeichnenden gemeinsamen Abwehrstellung der agrarisch-feudalen und wirtschaftlichen Interessen gegen sozialrevolutionäre Strömungen. Auf dieser Basis hat sich vor allem die rheinisch-westfälische Großindustrie mit der aristokratischen Führungselite Ostelbiens arrangiert.

Der wirtschaftspolitische Spielraum im Zeichen des Freihandels absorbierte die Machtinteressen des politischen Bürgertums, während Bismarck seine außenpolitischen Ziele zu verwirklichen suchte.

Der Gedanke, die Armee könne als Instrument nach innen gegen bürgerlich-liberale Positionen eingesetzt werden, nach 1848/49 mehr und mehr verblaßt, wurde angesichts der ins Auge fallenden Gemeinsamkeiten nur noch für konservative Ultras denkbar, die den Kompromiß mit dem liberalen Bürgertum nach 1866 für verfehlt hielten und, wie etwa Moritz v. Blankenburg, meinten, das Reich müsse als Großpreußen konstruiert werden, politisch eindeutig konservativ orientiert sein. In ihrer Sicht bot sich mit dem Eintritt der Süddeutschen in den neuen Reichsverband die Chance zur Verfassungsrevision, zur Beschränkung der Rechte des Reichstages, mit einem Wort: zum Aufbau der „preußischen Zentralgewalt zum Bollwerk des Konservatismus" (Brief Blankenburgs an Roon vom 22. August 1870) – ein Staatsstreichplan erzkonservativer Herkunft mit deutlicher Spitze gegen die „Omnipotenz" des Parlaments, politisch und psychologisch ganz selbstverständlich mit dem Wohlwollen der Armee rechnend. Diese Pläne besaßen keine Aussicht auf ernsthafte Prüfung.

Dagegen zeichnete sich eine andere innenpolitische Rolle der Armee im Hinblick auf sozialistische Gefahren ab. Kaum bekannt sind die Auswirkungen der „großen Depression" seit 1873 auf die Armee. Ökonomisch waren Beamte und Offiziere, der öffentliche Dienst, kaum betroffen, aber die wachsende Unzufriedenheit gerade in agrarischen Kreisen blieb hier nicht verborgen. Der Übergang von der ständischen zur Klassengesellschaft bedeutete für das Offizierkorps keinen Standortwechsel. Die wirtschaftspolitischen Maximen des Liberalismus fanden bei ihm ohnehin wenig Gegenliebe oder Verständnis. So ist auch die große Wende in Bismarcks Innenpolitik, der Bruch mit den Liberalen – die doch als „Nationalliberale" zu den überzeugtesten Anhängern der Reichskonstruktion gehörten –, in der Armee ohne wesentlichen Nachhall geblieben. Die wichtigsten sozialen Beziehungen des Offizierkorps verbanden es mit dem grundbesitzenden Adel und der Staatsbürokratie. Die Generalität setzte sich bei Bismarcks Amtsantritt zu 79%, 1878 gar zu 81% aus Adeligen zusammen. Die Wirtschaftskrise seit 1873 hat die Solidarität von Industrie, Landwirtschaft und „konservativem System" (Böhme) erzwungen. Machtvolle Interessenverbände wuchsen heran und begannen die öffentliche Meinung im Sinne dieser Solidarität und ihrer Sonderinteressen zu bearbeiten. Die Konstruktion einer neuen Innenpolitik von dieser Basis her, möglich auch seit Abbruch des Kulturkampfes nach dem Tode Pius' IX., erfolgte mit dem Anstrich einer nationalen Konsolidierung, deren Gegner nur allzu leicht der Reichsfeindschaft verdächtigt wurden. Vorkommnisse, wie die beiden Attentate auf Wilhelm I., nutzte Bismarck dazu bewußt aus. Nach der Trennung von den Liberalen repräsentierte der Staat in höherem Maße als vor 1879 wieder die ‚Harmonie' von führender Gesellschaft und „Staatsinteresse". Beamtentum, Offizierkorps, Großagrarier und die Führer der Großindustrie bildeten die konservative neudeutsche Führungsschicht. Die Kirchen fanden in das System hinein, und die neuen Verbände suchten in Teilbereichen den Reichstag zurückzudrängen.

Diese ganze Entwicklung ist neuerdings als „Neufundierung" des Reiches bezeichnet worden. Dabei wurde dem Übergang der Großagrarier zur Schutzzollforderung größte Bedeutung beigemessen (Böhme). Aber schon die ältere Bismarckforschung und -verherrlichung hat den Grundzug der nun beginnenden Epoche „conservativ" genannt (Erich Marcks). Die Interessenharmonie zwischen dem preußischen Agraradel, den großen Familien der Industrie und dem politisch umorientierten Staat zeigte sich in der Statusanhebung der Vertreter aus Wirtschaft und Finanzwelt. Nobilitierungen, Ordensverleihungen regneten herab. Berufungen in das Preußische Herrenhaus und in den Staatsrat häuften sich. Heiraten zwischen den führenden Familien des Westens und Ostens und Landerwerb der Wirtschaftsgrößen im Osten intensivierten die Interessenanpassung im konservativen Staat. Hand in Hand ging die deutliche Verfestigung der innenpolitischen Konfrontation mit dem linken Liberalismus, der Reste parlamentarischer Rechte, vor allem in der Frage des Militärbudgets, zu retten suchte, und, immer schärfer und feindseliger, der Kampf gegen die Sozialdemokratie, die wichtige altliberale und demokratische Positionen übernommen hatte und insbesondere mit ihren Wehrvorstellungen den Kampf gegen die stehende Armee erbittert fortsetzte.

Die innenpolitische Position der Armee ruhte also nach 1871 und insbesondere seit 1879 – Jahreszahlen, die eine Entwicklung mit fließenden Übergängen nur ganz allgemein bezeichnen sollen – auf einer breiteren und stärkeren gesellschaftlichen Basis als während der früheren Konflikte mit dem Liberalismus. Nicht nur die alten konservativen Führungsschichten Preußens standen hinter der bewaffneten Macht, sondern potente Kräfte des Großbürgertums, die einmal in der Armee den wesentlichen Garanten der gegebenen Staats- und Gesellschaftsverfassung sahen, zum andern aber auch die

Rüstung des Reiches als speziellen Gegenstand ihres Interesses im Auge behielten. Hinzu kamen jene bürgerlichen und kleinbürgerlichen Gruppen, die der Dauerfaszination der nationalen Einigung und einer darauf basierenden starken Politik erlagen. Zu ihnen zählten durchaus auch ehemalige radikale Demokraten. So konnte sich der rückwärtsgewandte Patriotismus preußischer Herkunft, der an Armee, Monarchie, Ordnung und Staat orientiert war, mit neuen Strömungen verbinden, die stärker wirtschaftliche Interessen als Reichsinteressen verfochten und dafür neue organisatorische Strukturen – die aus dem Boden schießenden Verbände jeder Art – mit einer eigenen Apparatur und Technik zur Beeinflussung der öffentlichen Meinung einzusetzen wußten. Im öffentlichen Bewußtsein bildete sich die schematische Gegenüberstellung von „staatsbejahenden" und „staatsverneinenden" Schichten und Klassen aus. Die Struktur der öffentlichen Meinung wandelte sich. Ihr Adressat war nicht mehr, wie noch im liberalen Zeitalter, das bürgerliche Individuum, das, – weil es selbst dachte und politische Prinzipien verfocht, eine genaue Vorstellung vom Rechtsstaat und seinem Verhältnis zur bewaffneten Macht hatte – mit Argumenten überzeugt oder widerlegt werden konnte, sondern der anonyme Propagandakonsument.

Der Standort der Armee in der bürgerlich-sozialistischen Frontstellung

Dementsprechend sind auch die geistigen Bemühungen der Armee um ihre eigene Position und um Profil und Interessenwahrnehmung ebenso wie ihre Abwehrversuche gegen „wehrfeindliche" Gesinnungen und politische Gegner grobschnittiger geworden als in der Auseinandersetzung mit dem liberalen Bildungsbürgertum in den vorausgegangenen Jahrzehnten. Zu bedenken ist aber auch, daß der innenpolitische Hauptgegner die gleichen Simplifikationen benutzte. Unterlegen in materieller und rechtlicher Hinsicht, kämpfte die Sozialdemokratie mit dem Rücken zur Wand. Sie betrachtete die Armee als harten Kern und als Symbol der Klassenherrschaft, und indem sie sich diesen Gegner als Hauptfeind speziell vornahm, geriet sie in die Rolle des „Staatsfeindes". Schon früh tauchten in der Publizistik Pläne und Ratschläge auf, diesen Feind mit seinen sozialen Umsturzvorstellungen abzulenken und umzubiegen, an deutscher Expansion zu interessieren, letztlich auf den Machtstaat zu verpflichten, der mittels der allein von ihm abzudeckenden wirtschaftlichen Expansion nach außen ökonomische Funktionskrisen zu verhindern in der Lage war. Auch das Besitz- und Bildungsbürgertum war daran interessiert, „Gefahren, welche aus revolutionären sozialen Bewegungen für das Gesamtwohl zu erwachsen drohen", abzuwehren, den sozialen Status quo zu stabilisieren, und sah sich deshalb auf eine starke Armee angewiesen.

Begriffe wie „Staat", „Gesamtwohl", „Ordnung", „Reich", „Patriotismus" sind von den nationalen ‚staatserhaltenden' Schichten und Interessen nach 1871 im wesentlichen mit dem gleichen Sinngehalt gefüllt worden. Die Armee hat daher ihre Position und Rolle nicht grundsätzlich erklären und verteidigen müssen. Für sie kam es primär darauf an, Angriffe auf ihre innere Ordnung abzuwehren, die Notwendigkeit großzügiger Berücksichtigung im Staatshaushalt verständlich zu machen und sich als Hüter der von der Mehrheit akzeptierten Ordnung zu präsentieren. Es zeigte sich nämlich bald, daß die durch die Verfassungen des Norddeutschen Bundes und dann des Deutschen Reiches gefestigte Absicherung der Institutsautonomie des Militärs allein nicht genügte. Von außen drängten politische und gesellschaftliche Entwicklungen in die Basis der Armee hinein. Während der gesamten Bismarckzeit ging auch die Auseinandersetzung von konstitutionellen und gegenkonstitutionellen Kräften weiter, und zwar immer deutlicher in Richtung militärischer Wünsche und Forderungen. Den Veränderungen des Sozialgefüges war in der Armee mit Befehlen und Kabinettsorders kaum wirksam zu begegnen. Zum erstenmal trafen jetzt in der bewaffneten Macht auf der Ebene der Wehrpflichtigen zwei Ideologien aufeinander – was in der liberalen Epoche wegen des bildungsgeschichtlichen Hintergrundes der liberalen Doktrin praktisch nicht der Fall gewesen war – die patriarchalisch-monarchische und die sozialistische.

Dabei zeigte sich, daß die Erziehung und Bildung des Offizierkorps, der selbstverständliche und darum unreflektierte Bestand an politischen Überzeugungen innerhalb der militärischen Hierarchie, der neuen Aufgabe nicht gewachsen waren. Die Armee zog sich in einer ihrem Denken naheliegenden Weise auf eine Freund-Feind-Schablone zurück und betrachtete ihre Abwehrversuche als Kampf gegen die Mächte der Finsternis. Diese Haltung kann jedoch nicht als exzeptionell oder auch nur als Zeichen für eine besonders unterentwickelte Aufgeschlossenheit gegenüber drängenden Problemen der Zeit angesehen werden. Auch das Bürgertum, nicht zuletzt im akademischen Bereich, besaß keinen historisch und politisch haltbaren Zugang zum Phänomen des sich politisch organisierenden Sozialismus. War es doch gerade diese Erscheinung, also das Auftreten sozialrevolutionärer Forderungen, die seinem eigenen Elan während der 48er Revolution den Schwung genommen und die Angst vor Umwälzungen erzeugt hatte. Die Universitätswissenschaft drang erst mit Werner Sombarts Analyse des Sozialismus (1896) vor zur Erkenntnis der historischen und theoretischen „Notwendigkeit" dieser sozial-ökonomischen Erscheinung. Aber das blieb Episode und wurde im allgemeinen als „bedenkliche Abweichung von bürgerlicher Denkungsart, als Annäherungsversuch an den Feind" (Nicolaus Sombart) empfunden. Eine sachliche Würdigung der Einstellung der militärischen Führung auf die Sozialdemokratie muß sich deshalb der Tatsache bewußt bleiben, daß die Armee hier in politisch-weltanschaulicher Übereinstimmung mit vielen nicht-sozialistischen Gesellschaftsgruppierungen handelte und dachte, sich überdies auf der Linie der Bismarckschen Repressionspolitik befand und daß sie als Inbegriff des preußischen Staates, als Schutzwehr des „kapitalistischen Systems" in den Augen der neuen Partei ein besonderes Ziel für Angriffe und Kritik bot.

So ist die innenpolitische Position der Armee nicht mehr, wie noch um die Jahrhundertmitte und bis in den Verfassungskonflikt hinein, exakt und alleine zu erfassen in der Gegenüberstellung zum liberalen und liberal-demokratischen Denken. Beginnend mit den siebziger Jahren ist die Spannweite des National- und Staatsbewußtseins in Deutschland immer deutlicher und ausgeprägter nicht in den Abschattierungen der konservativen, großbürgerlichen und bürgerlichen Erscheinungsformen zu finden, nicht in der Verteilung auf ihre politischen Parteien und Institutionen, sondern in der sozialistisch-bürgerlichen Frontbildung. Und hierbei ist nicht zu übersehen, daß die Sozialdemokratie gewisse Vorstellungen von Nation, staatlicher Ordnung, Wehrkraft und internationaler Ordnung entwickelt hat, deren „nationale" Komponenten allerdings stark von ihrem Internationalismus verdeckt wurden, eine Gegebenheit, die massiv und bewußt von der Agitation des innenpolitischen Gegners ausgenutzt worden ist. Dies war der allgemeine Rahmen, innerhalb dessen sich die Initiativen der Armee bewegten, die insgesamt theoretisch nicht über rezeptive und repressive Strategien hinausgelangten.

Zur Erleuchtung des innenpolitischen Standortes der Armee zwischen 1870 und 1890 bietet sich eine Reihe von Beobachtungsebenen an: Der Kampf gegen die Sozialdemokratie, die Anstrengungen zur Absicherung der „unpolitischen" Stellung der bewaffneten Macht und die Organisation und Unterstützung dessen, was als Komplex der Militarisierung der Gesellschaft bezeichnet worden ist.

2. Armee und Parlament

a. Das System der langfristigen Bewilligungen

Die Diskussion der Präsenzfrage bis zum Septennat

Der preußische Verfassungskonflikt hatte über die Reorganisation der Armee im Sinne der Krone entschieden, aber der Grundsatz der budgetären Zuständigkeit des Parlaments für den Armeehaushalt war am Ende unerschüttert geblieben, ja durch das Indemnitätsersuchen noch unterstrichen worden. Der Monarch als oberster Kriegsherr behauptete aber seine Befugnis, den Friedenspräsenzstand der Armee zu bestimmen. Die Gegensätze waren mithin nicht ausgeräumt, die Ursachen künftiger Konflikte vielmehr mit in die Verfassungskonstruktion des Reiches hineingebaut.

Bismarck suchte zur Vermeidung derartiger Konflikte eine dem Militärstaat konforme Lösung mit dem sogenannten Äternat zu erreichen, also eine Dauerfestsetzung der Heeresstärke mit der Möglichkeit der Anpassung an die Entwicklung der Bevölkerungszahlen. Dieses Ziel hat er nicht erreicht, sondern nur eine interimistische Lösung gewonnen, die praktisch eine Festlegung der Präsenzstärke von 1867 bis 1871 garantierte und danach eine komplizierte Lösung vorsah, die dem Kaiser beim Nichtzustandekommen eines Etatgesetzes die Möglichkeit gab, selbständig die Präsenz festzulegen (Verhältnis Art. 60 und 63 Abs. 4 RV, vgl. S. 215 f).

Nach Ablauf des Provisoriums hätte am 31. Dezember 1871 ein Präsenzgesetz verabschiedet worden sein müssen. Es kam nicht zustande, so daß das Provisorium bis Dezember 1874 verlängert wurde. Der Reichstag verlängerte die Pauschquantum-Regelung. Er suchte in der Stimmung nach dem Sieg über Frankreich seine Forderungen auf Herabsetzung der Präsenz und Kürzung der faktischen Dienstzeit nicht ernsthaft durchzusetzen, bewilligte aber auch nicht den von der Armee geforderten außerordentlichen Haushalt. Immerhin war der Kaiser angesichts liberaler Versuche, das Parlament zu stärken, wieder einmal in Rücktrittsstimmung.

In der Armee stieß der Gedanke, nach einem großen Sieg die militärische Stärke zugunsten anderer Staatsaufgaben zu reduzieren, auf völliges Unverständnis. Ein solcher Schritt erschien ihr als Zurückweichen vor dem inneren Gegner. Sie hat kein Verständnis aufgebracht für Eugen Richters Hinweis, kein Parlament könne auf sein Budgetrecht verzichten, keine Nation setze die Stärke ihrer bewaffneten Macht auf Ewigkeit fest. Verstöße gegen solche Grundprinzipien seien nur geeignet, einen Abgrund zwischen Armee und Parlament zu schaffen. Für den Offizier stand fest, daß Mißverständnisse, Gegensätze, ja feindselige Haltungen stets nur von einem irregeleiteten Zeitgeist ausgingen, der es leider vermochte, sich auch im Reichstag Geltung zu verschaffen.

Die Mehrzahl der Offiziere hat über Armee und Politik, König und Parlament etwa gedacht, wie es der Oberstleutnant v. Crousaz 1873 in seiner „Organisation des Brandenburgischen und Preußischen Heeres" formulierte: „Dennoch trat ihm (gemeint ist das Heer), in den Krisen der neuen Ära, die Gefahr einer Beschädigung sehr nahe, und wenn die dahin zielenden Bestrebungen eines fehlgehenden Zeitgeistes, 1848 oder nach 1860, geglückt wären, so würde dies den ganzen Aufschwung des Vaterlandes gehemmt, vielleicht seinen Ruin herbeigeführt haben. Daß dieß verhindert wurde, und das Heer schmuck und stark und in so zeitgemäßer Progression blieb, daß es, von 1864 ab, mit seinen unermeßlichen Leistungen das Vaterland auf den Gipfel der Welt stellen konnte, – dieß ist, unter Gottes Beistand, zuerst König Friedrich Wilhelm IV. und dann und am meisten König Wilhelm I. verdankt worden...

Je näher an der Gegenwart, desto enger wurden die Beziehungen zwischen Organisation und Krieg, Volk und Heer, Heer und Politik. Eins kann ohne das andere nicht mehr sein. Jetzt darf die Geschichte der Organisation eines solchen Heeres, wie es Preußen besitzt und nun für ganz Deutschland geschaffen hat, sich nicht mehr blos den militärischen Fachmännern, sondern der ganzen Deutschen Nation zuwenden."

Die Septennate

Die Diskussion um die Präsenzfrage spitzte sich 1874 nach Vorlage des Entwurfs zum Reichs-Militärgesetz erneut zur grundsätzlichen Auseinandersetzung zwischen Armee und Parlament zu. Sozialdemokratie, Zentrum und

Liberalismus kämpften, wenn auch von verschiedenen Ausgangspunkten her, um die Erhaltung des Budgetrechts des Reichstages, das in Militärsachen durch den Entwurf in Frage gestellt wurde, der wiederum ein Äternat anstrebte auf der Grundlage von 1867 (1% der Bevölkerung = 401 000 Mann).

Führende Offiziere, der Kaiser, selbst Bismarck sahen in diesem Bereich in der Ausschaltung des Parlaments eine innen- wie außenpolitisch gebotene Lösung.

Moltke zog dem Äternat eine elastische, automatisch greifende Anpassung an das Bevölkerungswachstum vor, die das Parlament noch stärker entmachtet hätte. Selbst Abgeordneter des Reichstages, erkannte er die Bedeutung dieses Organs der Gesetzgebung, seine Rolle bei der Durchsetzung der nationalen Einheit, des nationalen Rechts, aber er fürchtete bei der gegebenen parlamentarischen Situation und angesichts der sozialen Entwicklung im Zuge der Industrialisierung eine weitere Demokratisierung des Staates. Am liebsten hätte er einen Reichstag gehabt, der sich aus Delegierten der Parlamente der Bundesstaaten zusammensetzte. War schon das Anwachsen der Sozialdemokratie und des Zentrums nicht zu verhindern, so sollten nach Moltkes Idealvorstellungen wenigstens auflösende Tendenzen nicht in das parlamentarische Organ der Reichsgesetzgebung gelangen.

Moltke hat theoretisch einen Staat bejaht, in welchem die Vernunft die Leidenschaft bändigt. Die preußische Monarchie schien ihm eine zeitgemäße Form zu sein. Die Regierung, nicht die Regierten, hatte über das Wohl und Weh des Staates und seine allgemeine Richtung zu befinden. Das Parlament ohne Gesetzesinitiative, eine auf Lebenszeit ernannte Erste Kammer, erschienen ihm als brauchbare Lösung. Die preußische Verfassung von 1850 hat er nicht kritisiert. Dennoch ist er nicht zu den orthodoxen Konservativen zu rechnen. Über den Adel hat er ganz eigene, kritische Gedanken entwickelt, ja es gibt Äußerungen, die als Vorbehalt gegen eine einseitig militärische Denkweise, gegen die Dominanz des Gedankens der Wehrhaftigkeit, gegen die Ausrichtung der Erziehung auf dieses Ziel hin interpretiert werden können. In den Fragen der praktischen Politik standen ihm die Interessen der Armee als der Repräsentantin des Staatswillens und Garantin des Reiches in der gegebenen politischen und sozialen Ordnung an erster Stelle. Wer gegen das Reichsmilitärgesetz stimmte, erschien ihm als Vaterlandsverräter.

Die Abschaffung des allgemeinen, gleichen und direkten Wahlrechts hätte er begrüßt. Als Abgeordneter ging er nicht so weit, darum stimmte er schließlich in der Präsenzfrage Bennigsens Vorschlag zu, der auf der Grundlage von 1867 dann 1874 zum Septennat führte, also zur Festlegung der Präsenzstärke bis zum 31. Dezember 1881 (Reichs-Militärgesetz, § 1). Damit schien ihm wenigstens bis zu einem gewissen Grad seiner Auffassung vom Wesen der deutschen Verfassung Genüge getan: Der Kaiser behielt die Verfügungsgewalt über die Armee, ohne daß das Parlament sein jährliches Mitbestimmungsrecht geltend machen konnte.

Mit dieser Regelung ist der Militärhaushalt zum Verfassungsproblem erster Ordnung geworden, wenn es auch nicht gelang, die Armee wie beabsichtigt gänzlich aus dem Verfassungsstaat herauszuheben. Rein militärisch gesehen bedeutete die Lösung von 1874 den Verzicht auf die volle Ausschöpfung der Allgemeinen Wehrpflicht, selbst auf das zahlenmäßige Schritthalten mit Frankreich, das gerade seine Präsenz auf 450000 Mann angehoben hatte.

Der entschlossene Kampf um das Budgetrecht des Reichstags, getragen vor allem vom Fortschritt mit Eugen Richter, vom linken Flügel der Nationalliberalen und vom Zentrum – das allerdings bereit gewesen wäre, gegen Konzessionen im Kulturkampf einzulenken –, hat in Armeekreisen die Furcht hochkommen lassen, das Parlament werde sich künftig noch stärker in innere Fragen der Armee einzuschalten suchen. Jährliche Budgetberatungen hätten dazu größere Möglichkeiten eröffnet. Die Armee hat charakteristische Abwehrmechanismen produziert, vor allem die alte Praxis verstärkt, den Kriegsminister weiter zu entmachten, den Kreis der Kommandogewalt auszuweiten und damit Diskussionen im Reichstag von vornherein unmöglich zu machen. Das Septennat gehört in den Zusammenhang dieser Taktik mit hinein. Diese Furcht erklärt die heftigen Reaktionen auf die Bereitschaft des Kriegsministers Kameke, über Fragen zu diskutieren, die das Militärkabinett als Kommandosachen ansah.

Die widerstrebenden Kräfte im deutschen Liberalismus sind schließlich durch Bismarcks Drohung, den Reichstag aufzulösen, zum Einlenken gezwungen worden. Die Attraktivität der liberalen Tradition schwand ohnehin in der seit 1873 heraufziehenden Wirtschaftskrise. Wahlen hätten die Armee siegreich gesehen. Eine intensive Bearbeitung der öffentlichen Meinung durch die Regierung war im Gange. Die neuere Forschung hat die hier erkennbaren Methoden publizitärer Techniken der Gegensteuerung gegen das Parlament im Sinne regierungsamtlicher „Notwendigkeiten" dargelegt und damit ein Instrumentarium der Herrschaft analysiert, das künftig zu den etablierten Mitteln der Innenpolitik gehören sollte. 1874 wurde damit der Septennatskompromiß erzwungen, der überdies für Bismarck den Vorteil künftiger Abhängigkeit auch der Militärs vom Kanzler mit sich brachte, während ein Äternat die Armee auch von der politischen Führung unabhängiger gemacht hätte.

Der Fall des Kriegsministers v. Kameke bietet vielleicht das anschaulichste Beispiel für die Haltung der Armee, der führenden Soldaten gegenüber dem Parlament.

König, Militärkabinett, Bismarck und Waldersee erhoben den Vorwurf gegen den Kriegsminister, er habe bei den Etatverhandlungen 1883 die parlamentarischen Angriffe auf die Armeeverhältnisse in Verwaltung und Gesetzgebung nicht entschieden genug abgewehrt, vor allem aber den Reichstag in Kommandoangelegenheiten hineinreden lassen (Richters Kritik an den Garderegimentern u. a.). Der Kaiser verlangte vom Kriegsminister in einer vom Militärkabinett entworfenen Kabinetts-Ordre vom 24. 2. 1883, dem Reichstag die Kommandogewalt vor Augen zu führen. Er könne es jetzt, wo die Tendenz ominöser Angriffe gegen die bewährten Einrichtungen der Armee ganz offen zutage trete, weder für die Armee noch für die Auffassungen im Lande und im Reichstage für richtig halten, wenn die Kommandogewalt weiterhin gewissermaßen im Verborgenen gehalten werde. Kameke war genötigt, zurückzutreten.

Kriegsminister Paul Bronsart v. Schellendorf erklärte dem Kaiser in voller Kenntnis der Hintergründe des Sturzes seines Vorgängers: „Auf politischem Gebiet werde ich jedem Versuch, die Rechte der Krone zu gefährden, sowie dem Streben parlamentarischer Parteien, irgendwelchen Einfluß auf die Kommandogewalt zu gewinnen, mit Ernst und Bestimmtheit entgegentreten." Bronsart hat seine Auffassung bald revidieren müssen. Ein Kriegsminister, der im wesentlichen darauf aus zu sein hatte, Diskussionen im Reichstag zu vermeiden, bot ständig das Bild eines Vertreters (als General) der Armee, dem der Monarch und die Armee nicht zutrauten, eine politisch überzeugende Position in Armeefragen einzunehmen. Bronsart hat diesen Standpunkt 1889 vorgetragen, aber ohne Erfolg. Für den Reichstag wurde damit das Militärkabinett zur Hauptzielscheibe der Kritik, wodurch sich die Fronten nur weiter verhärteten.

Mit den bürgerlichen Parteien war durchaus die Weiterentwicklung und Stärkung der Armee zu erreichen. Das zeigte sich schon 1879 bei der auf Bismarcks Initiative vorgezogenen neuen Militärvorlage, die ganz bewußt dem Reichstag, mit dem das Sozialistengesetz durchgebracht worden war, zur Entscheidung anvertraut wurde. Kameke wollte den Verzicht auf Heeresvermehrung anbieten, um endlich das Äternat zu bekommen, eine Lösung, die Bismarck aus eigenem Interesse widerstrebte. Überdies wäre damit ein unabsehbarer Konflikt mit dem Parlament provoziert worden. Der Kanzler plädierte für die Heeresvergrößerung, die wiederum demagogisch vorbereitet wurde. Dahinter standen auch außenpolitische Sorgen wegen des französisch-russischen Zusammenrückens und entsprechende Entwürfe Moltkes für einen Zweifrontenkrieg. Das schließlich 1880 aus diesen Überlegungen hervorgehende Septennatsgesetz – in Kraft ab 1881, auf der Basis von 1% der Bevölkerung von 1875, im Ergebnis eine Anhebung der Präsenz um rund 25000 Mann – nahm ohne Schwierigkeit die parlamentarische Hürde.

Erst die um ein Jahr vorgezogene, also schon 1886 eingebrachte Vorlage für ein neues Septennat – der Entwurf sah auf der Grundlage der Bevölkerungsziffer von 1885 eine Heeresvermehrung um 41000 Mann vor – führte zu neuen grundsätzlichen Auseinandersetzungen mit dem Reichstag. Für Bismarck stand die schwierige außenpolitische Lage (Boulanger in Frankreich, wachsende Unberechenbarkeit Rußlands) ebenso im Kreis der Überlegungen, wie der Gedanke, innenpolitische Schwierigkeiten durch Entmachtung des Parlaments zu meistern. Moltke verwies auf den Chauvinismus der Franzosen und auf den Panslawismus der Russen. Der Reichstag – liberale Parteien und Zentrum – suchten jetzt entschieden das Bewilligungsrecht auch im Armeehaushalt durchzusetzen.

Das Parteiprogramm der Deutschfreisinnigen von 1884, auf dem die Verbindung zwischen Fortschritt und Sezessionisten beruhte, sah expressis verbis die Festlegung der Friedenspräsenz „innerhalb jeder Legislaturperiode" vor, also längstens für je drei Jahre. Bismarck brachte die Opposition ganz bewußt in eine schwierige Lage, als er schon vor der Abstimmung ankündigte, der Reichstag werde aufgelöst, wenn er die Regierungsvorlage nicht akzeptiere. Er ging weit radikaler vor als der Kriegsminister, der wenigstens eine Verständigung über eine fünfjährige Laufzeit für möglich gehalten hatte. Aufschlußreich ist Bismarcks Brief vom 13. Dezember 1886 an Bronsart mit der Bemerkung: „Für unsere gesamte politische Lage würde das Verharren der Opposition bei der ursprünglichen Gegnerschaft und die dadurch bedingte Auflösung das nützlichste sein." Ja, er hat die Chance zur Auflösung des Reichstages wegen der Militärfrage von vornherein einkalkuliert, in der Hoffnung, vielleicht nicht nur eine gründliche Änderung der Zusammensetzung des Parlaments mit einer konservativen-rechtsliberalen Mehrheit zu erreichen, sondern sogar eine strukturelle Umgestaltung. Darum hielt er so unnachgiebig an der vollen Forderung fest.

Das Gefühl war da, daß die kommende Wahl über mehr als die Militärvorlage entscheide. Bismarcks Vertrauter Lucius meinte, die Militärfrage sei „die beste Auflösungsfrage, an welche sich eventuell eine Revision des Wahlsystems und der Verfassung anknüpfen läßt" (Lucius, Bismarck-Erinnerungen). Die Freisinnige Partei wies sogar in ihrem Wahlaufruf auf derlei Möglichkeiten und Gefahren hin (Bußmann). So unverhüllt wie in der Konfliktzeit zeigte sich, daß der preußische Staat seinen harten Kern, die Armee, gegen den Einfluß des Parlaments zu stärken gewillt war. Bismarck hatte dabei innen- wie außenpolitische Erwägungen angestellt, die zeigten, wie sehr er in seiner Lösung eine Existenzfrage des Staates erblickte. Nur so glaubte er auch über den bevorstehenden Thronwechsel hinweg die Kontinuität der preußischen Monarchie sichern zu können. Um dieses Ziel zu erreichen, nahm er bewußt die Irritation der Nation, Polarisierung der Standpunkte und Verhärtung der Fronten in Kauf.

Aber Freisinn und Zentrum waren bereit, die geforderte Verstärkung einzuräumen mit dreijähriger Laufzeit – Antrag Stauffenberg. Und Windthorst erklärte zu Bismarcks außenpolitischen Übertreibungen: „Wozu diese langen Deduktionen des Reichskanzlers, die beweisen sollen, daß wir die Verstärkung des Heeres nötig haben? Die große erdrückende Mehrheit des Reichstages ist bereit, die volle Forderung zu genehmigen." Die Vermehrung selbst wäre also durchführbar gewesen, aber das Parlament war nicht bereit, in der Prinzipienfrage nachzugeben. Noch weniger die Armee. Moltke: „Die Armee darf niemals ein Provisorium sein" – was sie selbst im Falle jährlicher Etatbewilligungen nicht ewesen wäre! Zum Antrag Stauffenbergs erklärte er: „Wird die Forderung der Regierung abgelehnt, dann glaube ich, haben wir den Krieg ganz sicher."

Bismarck in seiner immer kritischer werdenden Einstellung gegen den oppositionellen Reichstag betonte, der Stand des Heeres dürfe nicht von den wechselnden Majoritäten und den Beschlüssen des Parlaments abhängig werden. Obwohl überzeugt, Frankreich werde nicht im Alleingang vorgehen und die von Boulanger erreichten Heeresverstärkungen nicht als bedrohlich ansehend, ja, sowohl vom Generalquartiermeister als auch vom deutschen Botschafter in Paris auf die Unwahrscheinlichkeit eines Krieges aufmerksam gemacht, nutzte Bismarck die angebliche Kriegsgefahr für die neue Militärvorlage psychologisch aus.

Daß das Offizierkorps sich ein dem preußisch-deutschen Staat adäquates Parlament als ein die „wahren Bedürfnisse" der Armee respektierendes Gremium vorstellte und daher mit der vorhandenen Volksvertretung nicht nur faktisch, sondern ideologisch bedingt unzufrieden war, hat eine ganze Reihe von Gründen gehabt. Es mußte sich in seiner Auffassung durch die Reichsleitung geradezu bestätigt sehen, wenn Bismarck anläßlich des Septennatsstreits 1886/87 erklärte, für den Reichstag sei nicht eine Zeit-, sondern eine Prinzipienfrage im Spiel, nämlich die Frage, „ob das Deutsche Reich durch ein kaiserliches Heer oder durch ein Parlamentsheer geschützt werden solle" (im RT am 11. Januar 1887). An seiner Auffassung von der letztentscheidenden Befugnis des Kaisers zur Feststellung der Präsenz gemäß Art. 63 RV ließ der Kanzler keinen Zweifel und drohte damit in der Sitzung des Staatsministeriums vom 9. 2. 1887 einen neuen Konflikt an. Linksliberalismus und Zentrum hielten an ihrem Triennatsvorschlag fest, obwohl selbst die Kurie die Annahme des Septennats empfahl. Der Reichstag wurde aufgelöst. Der „Schlag gegen die Mehrheit" konnte geführt werden.

Damit war für Bismarck das Signal für die Eröffnung eines demagogischen Wahlkampfes gegeben. Der Kaiser schaltete sich in die Propaganda ein, über 70000 Reservisten wurden nach Elsaß-Lothringen zu Übungen einberufen, eine Maßnahme, die dort geradezu als direkte Vorbereitung der Mobilmachung empfunden wurde. Aber der Generalquartiermeister meinte zu alledem: „Je mehr ich über die Kriegsgefahr nachdenke, die der Kanzler für gut findet jetzt vorzuführen, desto fester wird meine Ansicht, daß alles Komödie ist." Das Ergebnis des Wahlkampfes, eine bisher nie dagewesene Wahlbeteiligung von 77,5%, läßt sich als Mobilisierung der Nation für die Armee, für „Wehrhaftigkeit" und „Wehrgesinnung" interpretieren. Der sogenannte Kartellreichstag (Konservative, Reichspartei und Nationalliberale) ging aus diesen Wahlen hervor. Die Armee erlebte das manipulierte Funktionieren eines Verfassungsorgans für ihre Interessen. Die politischen Gegner des Septennats profilierten sich in den Augen der bewaffneten Macht als Systemgegner, vor allem die Sozialdemokratie, die in ihrem Wahlaufruf erklärt hatte: „Mit dem Militarismus, welcher ein notwendiger Auswuchs des herrschenden Staats- und Gesellschaftssystems ist, gibt es für die Sozialdemokratie ebensowenig eine Aussöhnung wie mit diesem System selbst."

Der Kartellreichstag nahm das Septennat an. Er stellte mit seinen „Regierungsparteien" nunmehr die Repräsentation des späten Bismarcksystems dar, verkörperte den Erfolg geschickter psychologisch-bonapartistischer Schachzüge, die Ausmanövrierung demokratisch-parlamentarischer Gruppen, die Identität militärischer und systemimmanenter politischer Bedürfnisse auf Kosten starker innenpolitischer Frontbildungen und Entfremdungen. Waldersee bedauerte, „daß die deutsche Nation den Wunsch des Kaisers mißachtet" und – mit Blick auf das Zentrum – „erst auf Anraten des Papstes" erfüllt habe – was bekanntlich nicht der Fall war.

Die späteren Heeresvergrößerungen

Angesichts der Entwicklung der Wehrkraft Rußlands und Frankreichs sind im Kriegsministerium gegen Ende der achtziger Jahre Pläne für eine neue große Heeresvermehrung in Angriff genommen worden, die erstmals auf ein prinzipielles Abgehen vom Septennatssystem zielten.

Kriegsminister v. Verdy, überzeugt von einem nahe bevorstehenden Waffengang, rechnete dem Kanzler 1889 vor, Frankreich stelle aufgrund des Wehrgesetzes vom 15. Juli 1889 künftig jährlich 220000 Mann ein gegenüber 173000 deutschen Rekruten. Nach voller Durchführung des französischen Wehrgesetzes kalkulierte Verdy die Zahl der ausgebildeten Mannschaften auf 4,1 Millionen gegenüber 3,35 Millionen in Deutschland. Die russische Friedensstärke wurde 1889 mit 830000 Mann, die Kriegsstärke mit 3,5 Millionen Ausgebildeten angenommen. Um hier annähernd Schritt halten zu können, glaubte Verdy, ein elastischeres System als die Septennatslösung zur Verfügung haben zu müssen. Bis jetzt habe man nur schrittweise den Nachbarn zu folgen versucht: „Mir scheint es unter den jetzigen Verhältnissen dringend geboten, überhaupt von einer weiteren schrittweisen Entwicklung unserer Organisation Abstand zu nehmen, und alles das, was wir organisatorisch noch bedürfen, mit einem Schlage zu fordern und aufzustellen.“ (Schreiben an Bismarck vom 31. 8. 1889).

Bismarck stimmte der Vermehrung zu, lehnte aber die Aufgabe des Septennatssystems entschieden ab, für das er 1887 so nachdrücklich eingetreten war, das er auch im Juli 1879 dem Kriegsminister v. Kameke gegenüber verteidigt hatte, der für ein Äternat eintreten wollte. Nach seiner Überzeugung bildete das von ihm nicht einmal grundsätzlich akzeptierte Institut „einen Teil unserer verfassungsmäßigen Gesetzgebung“. Er zweifelte, ob für eine prinzipielle Aufgabe des Septennats im Reichstag eine Mehrheit zu bekommen wäre. Die dazu notwendigen Manipulationen könnten sich überdies, wie er fürchtete, so nachteilig bei den bevorstehenden Neuwahlen auswirken, „daß unsere Hoffnung auf gute Wahlen schwinden müßte“. Kriegsminister Verdy teilte diese Ansicht nicht. Eine „gute Vorbereitung“ der Wahlen konnte nach seiner Meinung das Risiko ausschließen: „Eine vortreffliche Wahlparole wäre: Der Kaiser ist es der Nation schuldig, sie zu schützen, und diese kann verlangen, daß er Maßregeln ergreift, die die Sicherheit absolut garantieren. Wer dafür stimmt, ist für das Reich, wer dagegen, der will es zerstören.“ Die parteipolitische Landschaft zeigte allerdings um diese Zeit die allmähliche Auflösung der Grundlage des Kartells und damit eine wachsende Bedeutung des Zentrums.

Der Plan Verdys zur Vergrößerung der Armee 1889 sah die effektive Ausschöpfung der Wehrkraft vor. Mit dem Prinzip, daß jeder Wehrfähige auch ausgebildet werden müsse, sollte ernst gemacht werden.

Dazu empfahl er vor allem die Bereitstellung neuer Kader, um genügend Reserveformationen aufstellen zu können, die Kriegsformation schon im Frieden vorzubereiten, und Ausbildungskapazitäten zu schaffen: „Neben der Notwendigkeit nun, möglichst alle Wehrfähigen im Waffendienste auszubilden, läuft das Bedürfnis nach einer Vermehrung der im Frieden vorhandenen Kadres. Zu einem Teil ist diese Vermehrung dadurch bedingt, daß bei Festhaltung der gesetzlichen Dienstzeit, deren Änderung – wie die Verhältnisse liegen – als ausgeschlossen anzusehen ist, die größere Zahl auszubildender von den jetzigen Kadres nicht aufgenommen und durchgearbeitet werden kann; aber auch ohne diesen Zusammenhang mit der Erhöhung der Friedenspräsenz ist es im Interesse unserer Mobilmachung dringend erforderlich, die Zahl der Friedenskadres derartig zu vermehren, daß sich aus ihnen die Kriegsformationen, deren wir gegenüber den Massen unserer voraussichtlichen Gegner alsbald bedürfen, mit der nötigen Sicherheit und Festigkeit gleich bei Beginn des Krieges entwickeln können." Da Deutschland der „großartigen Massenausdehnung der französischen Armee" dennoch nicht folgen könne, müsse auch künftig am Qualitätsprinzip festgehalten werden.

Angesichts der auf das Reich mit diesen Plänen zukommenden Lasten, wollte Verdy eine Wehrsteuer einführen. Das Projekt war dem Reichstag schon 1881 einmal vorgelegt worden, es sah die Besteuerung aller nicht zum aktiven Militärdienst eingezogenen Pflichtigen für die Dauer von zwölf Jahren vor.

Das Programm war überhaupt nur in Etappen durchzuführen, zumal Verdy an eine Gesamterhöhung der Präsenz um 150000 Mann dachte. In einem ersten Abschnitt glaubte er, 40000 Mann verlangen zu müssen. Das Septennatssystem stand ihm mit seinen vieljährigen Intervallen bei der Realisierung des Gesamtplanes im Wege. Es hätte für die ins Auge gefaßten fünf Ausbauabschnitte eine 35jährige Wartezeit zur Folge gehabt, also nach Meinung Verdys schwerwiegende Nachteile für die Arme beinhaltet. Jede zwischenzeitlich notwendig werdende Änderung der Präsenzstärke erhielt den Anschein des „Außergewöhnlichen". Aber hierin lag eben die Konsequenz des Mißtrauens gegenüber dem Reichstag, der Kaiser, Kanzler und Armee zu diesem System geführt hatte, um sich nicht jedes Jahr in Armeeangelegenheiten „hineinreden" lassen zu müssen. Verdy wollte die Zahl der Friedenseinheiten durch ein Reichsmilitärgesetz festlegen, die Präsenz aber jährlich bestimmen lassen.

Bismarck schob die Pläne des Kriegsministers aus innenpolitischen Gründen auf die lange Bank, er wollte erst die Wahlen 1890 abwarten. Der dann im Frühjahr 1890 der Regierung vorliegende Plan sah weder die Aufstellung großer Verbände noch eine Verkürzung der Dienstzeit vor. Sein Hauptgedanke war: Einziehung aller Diensttauglichen und die damit notwendig werdende Vermehrung und Verstärkung der Friedenskader.

Dem Gesamtprogramm des Fünfstufenplans stand Bismarck skeptisch gegenüber. Er sah die Konsequenzen für das gesamte Rüstungssystem. Aber einzelne Elemente hielt er für richtig. Vor allem ging es ihm jetzt darum, den Kaiser mit einer großen Militärvorlage an sich zu binden. Der Kanzler suchte eine Konfliktsituation zu schaffen, um sich unentbehrlich zu machen. Die finanziellen Forderungen – etwa 47 Millionen Mark unmittelbar und etwa 177 Millionen Folgekosten – ließen mit Sicherheit energischen Widerstand erwarten, zumal Bismarck gleichzeitig mit weiteren Kostenforderungen an das Parlament herantreten wollte. Wilhelm II. schränkte nun seinerseits aus innenpolitischen Gründen das Programm ein. Bismarck wurde entbehrlich. Seine Krisenstrategie schreckte den Kaiser. Im Ergebnis kam es nur zu einer Heeresvermehrung um ca. 18000 Mann, obwohl Wilhelm II. sich nach dem Sturz Bismarcks durchaus zum Programm Verdys bekannte. Reichskanzler v. Caprivi unterstützte das Programm ebenfalls, beließ es aber im Rahmen des Septennatssystems, und zwar „im Interesse der Parteien, welche für letzteres eingetreten sind".

Verdy selbst gefährdete die Annahme der Gesetzesvorlage, als er durchblicken ließ, daß er noch weitergehende Pläne in der Schublade habe. Doch Caprivi wirkte beruhigend mit der Erklärung, die Vorlage bezwecke im wesentlichen die Konsolidierung der vorhandenen Organisation. Der Reichstag wandte sich mit einer von Windthorst vorgeschlagenen Entschließung vom 16. Juni 1890 wegen unerschwinglicher Kosten gegen eine volle Durchführung der Allgemeinen Wehrpflicht und sprach sich für die Einführung der zweijährigen Dienstzeit bei den Fußtruppen aus.

Verdys Programm war damit entscheidend blockiert, wenn ihm auch die zweijährige Dienstzeit entgegenkam, die überdies innenpolitische Entspannung bringen konnte. Maßgebliche Militärs erblickten große Vorteile darin. Caprivi wollte sie sich nicht erst vom Parlament abringen lassen. Der neue Kriegsminister v. Kaltenborn-Stachau trat ebenfalls dafür ein. Der Kaiser schwankte, ließ sich aber von Caprivi auf die neue Linie bringen. Die Grundgedanken Verdys wurden aufgegeben, dafür aber eine rasche Vergrößerung angestrebt, die allerdings weniger die Kriegsorganisation im Auge hatte. Caprivi bot die Aufgabe des Septennatssystems an, das bereits in den politischen Kämpfen von 1887 zum eigentlichen Kern aller Diskussionen geworden war, und die Annahme der zweijährigen Dienstzeit – faktisch, wenn auch noch nicht rechtlich. Dieses Zugeständnis an das Parlament gegen den Widerstand des Kaisers und seiner konservativen Umgebung hatte besondere Mühe gekostet. Nach der Vorlage sollte der Militärhaushalt entsprechend der Dauer der Legislaturperiode auf fünf Jahre (Quinquennat) festgesetzt werden.

Dafür aber verlangte die im November 1892 eingebrachte Militärvorlage eine Präsenzerhöhung um 72037 Mann, 12323 Unteroffiziere und 2138 Offiziere, also die größte Vermehrung seit der Reichsgründung. Im Reichstag bestand keine Aussicht auf Annahme des Programms. Eugen Richter lehnte jede Präsenzerhöhung ab. Die zweijährige Dienstzeit war dem Fortschritt und den Freisinnigen stets als beste Lösung erschienen, aber sie wußten auch, daß damit von selbst eine Heeresvermehrung verbunden war wegen der nun größer werdenden Rekrutenzahlen. Ähnlich argumentierte das Zentrum. Den Nationalliberalen und selbst den Konservativen erschien die Forderung zunächst als zu hoch. Der Bundesrat zögerte. Bismarck bekämpfte öffentlich Caprivis Vorlage. Ein Kompromißvorschlag Huenes (Zentrum), der eine Herabsetzung der Vorlage um 12000 Mann vorsah, fand die Billigung des Kanzlers, hatte aber beim Freisinn und im Zentrum selbst nur wenig Anhänger. Der Kompromiß scheiterte im Reichstag. Das Parlament wurde am 6. Mai 1893 aufgelöst.

Die Neuwahlen brachten im Juni dem konsequenten Liberalismus eine entscheidende Niederlage. Der Block der Freisinnigen brach auseinander. Nach Theodor Mommsen wurde der deutsche Liberalismus damit zur „Reminiszenz", und das Zentrum gab den Widerstand gegen Heeresvermehrungen auf. Vielen Abgeordneten erschien die Erlangung der zweijährigen Dienstzeit als großer politischer Erfolg. Die Vorlage wurde nach Maßgabe des Hueneschen Änderungsvorschlags Gesetz.

Die Armee hat trotz dieser großen Verstärkung von insgesamt über 70000 Mann (ca. 59000 Mannschaften, dazu Unteroffiziere und Offiziere) dennoch die Grundgedanken des Verdy-Planes nicht realisieren können. Ein planmäßiger, am Bevölkerungswachstum orientierter Ausbau der Armee und die faktische Erfassung aller Wehrtauglichen fanden nicht statt.

Der im Februar 1891 ernannte Generalstabschef Graf Schlieffen, der die entscheidenden operativen Planungen der folgenden Zeit bestimmte, hat aber gerade diesen Gedanken als notwendig hervorgehoben. Er war nicht der Meinung, daß „eine kleine, aber gute Armee" ausreichend sei. Eine „viel höhere Qualität" attestierte er der deutschen Armee im Vergleich zur französischen oder russischen nicht, jedenfalls nicht in dem Maße, daß sich qualitative Anstrengungen erübrigt hätten: „Worin soll wohl diese viel höhere Qualität bestehen in einer Zeit, wo in allen Armeen Bewaffnung, Ausrüstung und Ausbildung nahezu die gleiche ist!" Er sah diese Fragen ähnlich wie Caprivi, aber eben fachlicher. So kritisierte er die 1893 gemachten Abstriche. Künftig gingen seine Forderungen auf den Ausbau der Kriegsformationen, auf die Schaffung großer Kader, auf die Stärkung der Reserve- und Ersatzverbände unter dem Gesichtspunkt ihrer schnellen mobilen Verwendung. Seit 1895 überzeugten ihn die Mängel der Reservedivisionen aber mehr und mehr davon, daß vor allem der Ausbau der Friedensformation wichtig sei, um die Abhängigkeit der aktiven Armee von den qualitativ zurückstehenden Reservedivisionen zu verringern. Von nun an plädierte der Generalstabschef für Vergrößerung der „Operationsarmee", also für die Schaffung von Großverbänden. Aus den vierten Bataillonen wollte er zunächst 20 Vollregimenter und dann acht neue Divisionen machen. Das alles sollte die Voraussetzung für die Schaffung einer größeren Zahl neuer Armeekorps bei der nächsten Heeresvermehrung sein.

Das Kriegsministerium folgte diesen Gedanken nur teilweise. Bei der Einbringung des neuen Quinquennats 1899 wirkte sich überdies die Konkurrenz der Flotte schon deutlich aus. Schlieffen hoffte auf sieben neue Armeekorps. Das Kriegsministerium erwog nur die Aufstellung von drei neuen Korps, die in der Kriegsgliederung schon vorgesehen waren. Der veranschlagte Personalbedarf belief sich auf über 23000 Mann, 3299 Unteroffiziere und 861 Offiziere. Der Kriegsminister suchte dem Reichstag mit dem Angebot entgegenzukommen, die Vergrößerung auf die einzelnen Jahre des Quinquennats zu verteilen und der jährlichen Etatbewilligung zu unterstellen. Der Reichstag forderte eine Reduzierung um 7000 Mann. Auflösungspläne wurden erwogen. Schließlich akzeptierte Reichskanzler Hohenlohe „unter dem Vorbehalt ..., vor Beendigung der gesamten Organisation an das hohe Haus mit Anträgen heranzutreten, welche die Durchführung der gegenwärtigen Vorlage in vollem Umfange sicherstellen". Der Reichstag stimmte zu. Er war bereit, gegebenenfalls noch während der Laufzeit des Quinquennats in Erwägungen über die Präsenzstärke einzutreten.

Das Reich wurde in 22 Korpsbezirke neu eingeteilt. Die Friedenspräsenzstärke betrug damit seit März 1899 495000 Mann; der Zuwachs des Jahres 1899 belief sich auf etwas über 16000 Mann. Zwar ist die zahlenmäßige Entwicklung nach 1893 nicht „im wesentlichen auf zwei Jahrzehnte ganz zum Stillstand“ gekommen (Herzfeld), aber sie wurde langsamer, und in den ersten Jahren nach der Jahrhundertwende gewann Frankreich wieder Teilvorsprünge. Das Verhältnis Armee–Reichstag hat bei dieser Entwicklung nach wie vor eine wichtige Rolle gespielt, daneben die Flotte als konkurrierender Kostenfaktor.

b. Die ideologische Gegnerschaft

Im Bismarckreich wie in der Wilhelminischen Ära stand die Selbstachtung der Armee bei Regierung und regierungskonformer Öffentlichkeit als staatserhaltende Tatsache und verfassungspolitischer und -psychologischer Grundsatz weit über der Bedeutung, die etwa dem Rang des Parlaments zugebilligt wurde, das sich oft genug die manipulierten Techniken des Kanzlers gefallen lassen mußte. Es ist der Gedanke, daß Staat und Armee über den Parteien, über der Gesellschaft, über der Nation stehen, insofern sie deren Lebensinteressen wahrnehmen, schützen, garantieren, ermöglichen, der – vermeintlich erlebt und erfahren durch die Geschichte der preußischen Monarchie, die revolutionären Ereignisse des Jahrhunderts – die Distanz zwischen Offizier und Parlament setzte. Bei den weniger reflektierenden Soldaten war dieser politisch-psychologische Kurzschluß noch direkter. „Der Reichstag“, „das Parlament“, gerieten auf diese Weise für die Armee in den Verdacht, die „wahren Interessen“ des Reiches zu vernachlässigen.

Im Hinblick auf die Armee und den monarchischen Oberbefehl argumentierte auch Bismarck mit dem „parlamentarischen Schwergewicht“, das „in einer auf Dauer gefährlichen Weise von Jahr zu Jahr stärker auf die Entwicklung unserer staatsrechtlichen Verhältnisse drücken“ werde. Beunruhigt hat ihn vor allen Dingen das Eindringen gesellschaftlicher Emanzipationsbestrebungen in die gesetzgebenden Körperschaften, was ja auch die Armeeführung so sehr beunruhigte, daß sie mit massiven Mitteln in Wahlkämpfe einzugreifen suchte. Hier wird die Identität konservativ-etatistischer Auffassungen in der politischen und militärischen Führung besonders deutlich. Das Offizierkorps ist mit seiner politischen Vorstellungswelt hier voll einzuordnen.

Daß die Argumente der Regierung und der Armee in der Septennatsfrage von der weiteren Entwicklung überholt wurden, daß nach der mit soviel Beschwörung der deutschen Zukunft erreichten Septennatslösung von 1887 Bismarck noch im gleichen Jahr eine neue Militärvorlage einbringen mußte und 1890 die nächste, schließlich vor Ablauf des Septennats durch Caprivi 1893 noch eine dritte fällig wurde – eine Entwicklung, die selbst vom Standpunkt der militärischen Logik die Gesichtspunkte des Reichstages stärker bestätigte als die der Reichsleitung –, hat die Haltung der Armee gegenüber dem Parlament nicht günstiger beeinflussen können.

Innenpolitik war weithin zur ideologischen Auseinandersetzung geworden. Die Kommandogewalt ist von der Armee als einziges Bollwerk gegen das Eindringen gesellschaftspolitischer Orientierungen demokratischer und sozialistischer Herkunft gesehen und die bewaffnete Macht als Schutzwall gegen einen Staatsumbau durch diese politischen Kräfte betrachtet worden. So haben sich Armee und die sie tragenden gesellschaftlichen Gruppen, der „Staat" und seine Bürokratie einerseits und die demokratischen und sozialistischen Parteien und Überzeugungen andererseits auseinanderentwickelt. Diese Polarisierung hat eine schon seit der Auseinandersetzung mit dem Frühliberalismus in der Armee vorhandene politische Selbstgenügsamkeit ganz besonderer Art verstärkt, die dazu geführt hat, daß sie die in Westeuropa heranwachsende parlamentarische Regierungsform als für Preußen-Deutschland unpassend, ungeeignet, ja gefährlich betrachtete und daher die Ansätze des Parlamentarismus im deutschen Reich beargwöhnte und bekämpfte.

Der entscheidende Gegensatz zwischen Armee und Reichstag beruhte aber wohl auf der unterschiedlichen Wertung der geschichtlichen und künftigen Aufgaben des Parlaments. Der Reichstag verkörperte als Schauplatz der gesamtnationalen, gesamtgesellschaftlichen Entwicklung das Reich wie keine andere Institution. Demokraten und Sozialdemokraten und Zentrum verstanden sich – mehr oder weniger, gelegentlich von taktischen Erwägungen bestimmt oder gehemmt – als Wegbereiter eines immer größeren Einflusses des Parlaments. Sie exemplifizierten, was in der Tendenz des Verfassungsorgans lag, nämlich das Streben nach vollem Inhalt parlamentarischer Rechte: Gesetzesinitiative, Ministerverantwortlichkeit. Gerade das Selbstverständnis fortschrittlicher Parlamentarier brachte den Reichstag in den Augen der Armee in Gegensatz zum „Staat". Der Kriegsminister v. Einem (1903–1909) hat rückblickend dieses „immer größer werdende Machtstreben des Reichstags" als das „Schlimme in unserer ganzen innenpolitischen Entwicklung, die sich am deutlichsten im Reichstag spiegelte", bezeichnet, und damit noch ex post dem politischen Grundgefühl des Offizierkorps Ausdruck verliehen. Daß die anwachsende Sozialdemokratie von dieser Tribüne des Reichstags aus ihre grundsätzliche Ablehnung des Militärstaats artikulierte, sich taktisch mit bürgerlichen Parteien vor allem in der Ablehnung militärischer Forderungen und in der Kritik an Auswüchsen militärischer Arroganz verband, hat die ablehnende Haltung der Armee noch gestärkt. Daß das politische Bewußtsein der Nation sich im Parlament reflektierte, daß es sich hierbei um eine normale Umsetzung politischen Denkens und Verhaltens in artikuliertes politisches Wollen handelte, das eben konnte und wollte die Armee nicht anerkennen. Hier witterte sie einen insgesamt schädlichen Dynamismus undisziplinierter Strömungen, die das Staatsschiff nur in gefährliche Richtungen treiben konnten, die schließlich eine Staatsordnung herbeiführen wollten, die Rolle und Standort der Armee radikal verändern mußte.

Der ganze Komplex könnte als das große Mißverständnis des Offizierkorps beschrieben werden. Die bürgerlichen Parteien waren zu derartiger Zusammenarbeit mit der Sozialdemokratie aus wohl verstandenem Eigeninteresse nicht bereit. Daher hat sich auch die Sozialdemokratie als „Salz des Reichstages" verstanden. Ihre konsequentesten Vertreter sahen parlamentarisches Taktieren im Kampf gegen den Militärstaat lediglich als ein Mittel der Strategie an, die im Ergebnis die Überwindung des bürgerlichen Klassenstaates anstrebte. Aber die Partei unterlag dabei selbst einem Abnutzungseffekt, wie revisionistische, antirevolutionäre Tendenzen bald zeigen sollten.

Das Selbstverständnis der Armee beruhte immer auch auf einem Stück Parlamentsfremdheit, Parlamentsfeindschaft und -gleichgültigkeit. Der Wunsch des Kaisers, des Kriegsherrn, der Vaterfigur bedeutete für den Offizier unendlich viel mehr als politische Argumente in der Volksvertretung. Diese „Parlamentsfremdheit" ist auch nicht zeitweise behoben und neutralisiert worden, wenn die Majorität von Parteien gebildet wurde, die den Militärstaat rückhaltlos unterstützten, wie etwa der Kartellreichstag, dessen liberaler Regierungsflügel von Ludwig Bamberger nach der Wahlniederlage so charakterisiert wurde: „Sein Geist, pomphafte Unterwürfigkeit, ist der Ausdruck der deutschen Mittelklassen. Der deutsche Parlamentarismus war eine Episode."

Das Bismarckreich und das wilhelminische Reich basierten in so entscheidendem Maße auf der Sonderposition der Armee im Staate, daß die Parlamentarisierung nach westeuropäischem Vorbild keine Alternative sein konnte. Der Reichstag war damit intentional von der Weiterentwicklung seiner rechtlichen und politischen Bedeutung abgeschnitten. Im Falle eines die Verfassungskonstruktion – nämlich das Verhältnis zwischen Monarch, Armee und Reichstag – bedrohenden Gegendrucks durch eine starke, die Mehrheit gewinnende Opposition, blieb zur Systemstabilisierung das Mittel des Staatsstreichs, das in den Überlegungen führender Militärs seit 1848 eine Rolle gespielt hat. In Krisensituationen ist ihnen das Parlament als abschaffbare Versuchseinrichtung, die die Probe nicht bestanden hatte, erschienen. Taktische Überlegungen besonnener Soldaten, aber auch die Schwäche der Gegner, haben den letzten Schritt verhindert, aber seit Bismarck sich mit Staatsstreichplänen trug, nahm das Problem neue Züge an: seine eigene Konstruktion, die Verbindung des monarchischen Staatsgedankens mit einem auf der Grundlage allgemeiner, direkter und geheimer Wahlen gewählten Parlament trug von Anfang an den Keim zum Dauerkonflikt in sich, der nur lösbar schien durch Rückkehr zum Alten oder durch Konstituierung des parlamentarischen Systems.

Das Bündnis Bismarcks mit der Armee ließ, ganz unabhängig von seiner eigenen konservativen Grundeinstellung, den zweiten Weg nicht zu. Bismarck hat keinen Zweifel daran gelassen, daß er in wichtigen Fragen – und dazu gehörte vor allem die Stellung des Monarchen zur Armee – in letzter Instanz ein Mitspracherecht des Reichstags ablehne.

Der Reichskanzler stand auf dem Standpunkt, daß Heer und Parlament nichts miteinander zu schaffen hätten. Er sprach von seinem Bedürfnis, auf schärfere Abwehr der „durch Interpellationen und Anträge versuchten Übergriffe hinzuwirken". Alle anderen Institutionen des Staates konnten nach seiner 1883 in einem Schreiben an den Kaiser formulierten Auffassung „eher von der Gunst des Parlaments abhängig erscheinen; für die Armee aber muß m. E. auch der Schein vermieden werden, als ob deren Vertreter das Bedürfnis haben, Parlamentsbeschlüsse durch Bitten und künstliche Manöver wie Tausch- und Handelsgeschäfte zu erreichen. Die Vertretung der Armee in jüngster Zeit ist nach meiner ehrf. Ansicht nicht vornehm genug gehalten, und doch ist das notwendig, weil Institutionen wie Personen durch Mangel an berechtigtem Selbstgefühl auch in der Schätzung anderer verlieren ...". Das war ein gezielter Hieb, und zwar ganz genau berechnet auf den in der Armee groß gewordenen Monarchen, der das beschworene Selbstgefühl der Armee wie kein anderer personifizierte.

Eine als Militärdiktatur inszenierte Lösung hatte er faktisch schon früher in seiner Kritik an Manteuffels Auffassungen mißbilligt. Bismarck suchte sein Ziel mit einer Dauerdiskreditierung des Reichstages, mit der Einschränkung seiner Rechte, mit der Ausspielung der politischen Parteien gegeneinander zu erreichen, wobei er das höchst bedenkliche Argument der Reichsfeindschaft rücksichtslos gebrauchte.

Diese Politik – repräsentiert durch den Kampf gegen die „sozialistische Gefahr", die zur „Chiffre für Parlamentarismus und Freihandel, Liberalismus und Sozialdemokratie geworden war" (M. Stürmer), scheiterte, am sichtbarsten im Zusammenhang mit dem sogenannten „Maulkorbgesetz" 1879.

Damit war Bismarck in noch stärkere Abhängigkeit von der Armee gebracht. Ständig wiederholte Auflösungsdrohungen deuteten die Rückkehr zum „preußischen Machtstaat" an. Und 1890 war der Kanzler offensichtlich entschlossen (andere Interpretationen nehmen nur eine Drohung mit einer Eventuallösung an – so Werner Pöls), den legalen Staatsstreich zu praktizieren, also die als Bund der souveränen Fürsten interpretierte Reichskonstruktion aufzulösen und das Wahlrecht, ja vielleicht den Reichstag selbst, abzuschaffen.

Die „wachsende Macht" des Reichstages schien weder durch Bismarcks Interpretation der verfassungsrechtlichen Stellung des Kaisers noch durch innenpolitische Schachzüge blockierbar zu sein. Der Staatsstreich erfolgte nicht, aber die Tatsache, daß die wiederholte Erwägung des Gedankens daran in engem Zusammenhang mit der Rolle der Armee im Staate stand, beleuchtet einen strukturellen Sachverhalt.

Das ambivalente Verhältnis Friedrich Wilhelms IV. zur Verfassung und zum Parlament hatte die Unsicherheit der Armee über ihren Standort wachgerufen und trotz der mit militärischer Macht erreichten Lösung nach 1848 das Bedürfnis nach größerer Systemstabilisierung wachgehalten, schließlich seit 1862 neu angefacht. Seit dem Abflauen der nationalen Euphorie im Gefolge der Einigungskriege meldete sich die alte Problematik verstärkt und jetzt auf der Bühne eines demokratisch gewählten Parlaments. Hinter der Virtuosität, mit der Bismarck den Reichstag behandelte, kann seine Abhängigkeit von der Armee nicht übersehen werden, die auch nicht dadurch abgeschwächt wurde, daß gelegentlich unterschiedliche außenpolitische Lagebeurteilungen zu ernsten Konflikten führten: die Armee ist einer der entscheidenden Faktoren für die Erhaltung der sozialen und politischen Organisation des preußisch gelenkten und konstruierten Reiches geblieben. Sie hat sich selbst so verstanden und gesehen und ist auch von der Reichsleitung stets als ein solcher Hüter des „Staats" betrachtet worden. Roon, inzwischen nicht mehr im Amt als Kriegsminister, schrieb im Februar 1874: „Eine tüchtige Armee ... ist der einzige denkbare Schutz sowohl gegen das rothe, als gegen das schwarze Gespenst. Ruiniren Sie die Armee, dann ist das Ende da; dann adieu Preußischer Kriegsruhm und Deutsche Herrlichkeit!"

Die bloße Existenz der im Wesen preußischen Armee hat daher Gewicht und Entfaltungsmöglichkeiten eines Parlaments entscheidend berührt. Der Fortschrittswille eines Teils der Nationalvertretung, der sich an den vorbildlichen Institutionen Westeuropas orientierte und der Staatsgedanke einer allein auf den Monarchen verpflichteten Armee standen sich gegenüber in einer Konfrontation, die existentielle Fragen berührte, die Ideologien produzierte, die den Gang der Nation in das neue Jahrhundert begleitete und überschattete. Existenzberechtigung und Spielraum des Parlaments sind immer ein Thema dieser Konfrontation gewesen.

Die Armee stand auf der Seite derer, die im Prinzip davon durchdrungen waren, ohne Reichstag auskommen zu können. Faktisch war sie dennoch zu einer Strategie der Konzessionen und der Parlamentsauflösungen gezwungen, die im Ergebnis dem Parlament kleine Schritte nach vorn einbrachten. Die Kriegsminister mußten plausible Argumentationen suchen und sich am Durchsetzbaren orientieren. Dieser Zwang nötigte immer stärker zur Sachlichkeit und zur Beachtung innenpolitischer Dimensionen. Das Septennats- und das Quinquennatssystem widerlegten sich selbst. Sie konnten die ursprünglich angestrebte „unpolitische" Position der Armee nicht gewährleisten. Vielmehr warfen sie immer wieder mit der ihnen innewohnenden Problematik die Frage nach der verfassungspolitischen Stellung der Armee im Staate auf.

Es ist aber auch zu betonen, daß die Aufrechterhaltung einer angemessenen militärischen Stärke des Reiches in der Konsequenz der 1870/71 errungenen außenpolitischen Position Deutschlands lag. Die führenden Soldaten sahen die Entwicklung in den Nachbarstaaten. Sie wußten, daß trotz Zwei- und Dreibund die Hauptlast eines künftigen Krieges, den sie als Zweifrontenkrieg voraussahen, von der deutschen Armee zu tragen war. Hier lag die außenpolitischstrategische Motivation ihrer Präsenzpläne: eine Betrachtung möglicher Entwicklungen, die durch Hinweis auf die erkennbaren militärischen Größenordnungen in Europa zu begründen war, die aber andererseits mit ihrer Prognose künftiger Abläufe selbst Zwänge für die deutsche Politik schuf, die die Militärs am liebsten von ihren operativen Planungen her akzentuiert hätten.

Das Netz der innen- und außenpolitischen Zwänge ist von der politischen Führung, von der Armee und von den innenpolitischen Kontrahenten zu verschiedenen Zeiten unterschiedlich gesehen worden. Ihre Argumentationen enthielten Stichhaltiges wie Taktisches oder Extravagantes. Eine Synthese wurde selten gefunden. Oft und nachhaltig hat die Verfassungskonstruktion dazu geführt, daß die Problematik der Entwicklung der militärischen Stärke mit innenpolitischen Machtfragen, ja mit gegenseitigem Mißtrauen in Zusammenhang gebracht wurde. Letztlich hat die Frage, ob das Reich auf dem Wege zum parlamentarischen System sei, die Diskussion über das Maß seiner militärischen Kraft getragen, angefacht oder wenigstens berührt. Der Militärhaushalt blieb bis zuletzt ein Faktor der verfassungspolitischen Entwicklung.

Die Ausschließlichkeit der verschiedenen Standpunkte hat das Finden des gemeinsamen Nenners verhindert. Die Armee hat wie andere politische Kräfte ihre Optik für die einzig richtige gehalten. Vorwürfe dieser Art sind ihr wie anderen politischen Faktoren des Kaiserreichs zu machen.

3. Armee und Sozialdemokratie

a. Die politischen Positionen

Die Ausgangsposition der Armee

Die Armee stand bis 1918 auf dem Boden eines vorrevolutionären Staatsbewußtseins. Ohne Verständnis für die Zeitgerechtheit der liberalen Forderungen schienen ihr die Ziele der sozialistischen Bewegung erst recht zum Ende jeder Ordnung zu führen. Der Pariser Kommuneaufstand hat dieses Gesamtbild weiter vergröbert und die Ratlosigkeit gegenüber dem neuen Gegner vertieft. Seit Bebels Bekenntnis zur Pariser Kommune 1871 stand auch für Bismarck fest, daß die Sozialdemokratie darauf aus war, den „Scheinkonstitutionalismus" der Reichsverfassung ins Wanken zu bringen.

Die bürgerliche Welt stand ebenfalls unter dem Eindruck der aus der französischen Hauptstadt gemeldeten Schreckensnachrichten. In dieser psychologisch aufgeladenen Atmosphäre erklärte Bebel im Reichstag nach Niederschlagung der Kommune durch französische Regierungstruppen, die mit wohlwollender deutscher Zustimmung und direkter Unterstützung durch vorzeitige Entlassung von Kriegsgefangenen erfolgte: „Wenn auch im Augenblick Paris unterdrückt ist, dann erinnere ich Sie, daß der Kampf in Paris nur ein kleines Vorpostengefecht ist, daß die Hauptsache in Europa uns noch bevorsteht, und daß, ehe wenige Jahrzehnte vergehen, der Schlachtruf des Pariser Proletariats: Krieg den Palästen, Friede den Hütten, Tod der Not und dem Müßiggang, der Schlachtruf des gesamten Proletariats sein wird."

Die militärische Führung hatte einen unmittelbaren Eindruck vom Kommuneaufstand, denn er spielte sich vor ihren Augen ab. Für sie war es eine Art Schlüsselerlebnis, das im allgemeinen ihre vorgefaßten Meinungen vom Sozialismus zu bestätigen schien. Moltke bemerkte noch wenige Tage vor dem Aufstand: „Die große Gefahr aller Länder liegt wohl jetzt im Sozialismus."

Im Hinblick auf die Verhältnisse in Deutschland ist ihm wie auch anderen Offizieren die Beseitigung sozialer Mißstände als notwendig erschienen, wie überhaupt der Soldat dem doktrinären Liberalismus manchesterlicher Herkunft abgeneigt war. Die Sorge für den sozial Schwachen sollte sich aber in staatlich gelenkten und geordneten Bahnen abspielen, nicht in revolutionärer Form. Daher wurde die politische Organisation des Sozialismus, die Sozialdemokratische Partei, ihre Theorie, Taktik, ihre Ziele bekämpft und verdächtigt als gigantischer Versuch der Demagogie, dem sonst brave Arbeiter zum Opfer fielen. Von daher führte eine direkte Linie zur Anerkennung der Bismarckschen Sozialpolitik von oben und gleichzeitiger Repression der politischen Organisationen der sozialistischen Arbeiterschaft.

Der Gedanke einer heilen sozialen Welt im Rahmen des preußisch-deutschen Staates, weitgehend orientiert an den patriarchalischen Verhältnissen auf dem Lande, der Glaube an die rechte Ordnung in der Monarchie und an eine immer noch mögliche Einheit der Nation angesichts der komplizierter werdenden Stellung des Reiches zwischen den großen Mächten haben dieses Denken – ein Wunschdenken – getragen, das bekanntlich später in die Bahnen eines sogenannten „deutschen" oder „preußischen Sozialismus" einmündete. Die Offiziere wünschten sich, von ganz konservativen Vertretern abgesehen, im allgemeinen einen Staat, der im Innern für Ordnung und Gerechtigkeit sorgte und sich damit selbst die Voraussetzungen für Großmachtpolitik schaffte. Ihre Vorstellung von „Ordnung und Gerechtigkeit" paßte aber wenig in ein Zeitalter, dessen ökonomische Struktur kaum Raum ließ für eine vom Staat zur allgemeinen Zufriedenheit verwaltete Daseinsvorsorge und ein auch von den Unterprivilegierten dankbar akzeptiertes „unpolitisches" Gesamtwohl. Daß Klasseninteressen nach politischem Ausdruck verlangten, vermochte der im Preußen des Dreiklassenwahlrechts politisch beheimatete, aus adligem oder bürgerlichem Hause stammende Offizier für den vierten Stand gewöhnlich nicht anzuerkennen. Die Sozialdemokratie erschien daher als der große Störenfried einer deutschen Ordnung, die nach den Intentionen der Regierung jedes revolutionäre Drängen gerade überflüssig machen sollte. Die Sozialpolitik von oben, die Befriedung des Kirchenkampfes, das glanzvolle Auftreten des Reiches auf dem Berliner Kongreß 1878, die eingeleitete Unterdrückung der Sozialdemokratie und das Abrücken von der liberalen Wirtschaftspolitik, dies alles waren für den politisch denkenden Offizier Zeichen der Gesundung von Staat und Nation, und wohl jeder fühlte sich einer Meinung mit seinem Obersten Kriegsherrn, der den Standpunkt vertrat, Gottesleugnung und Sozialdemokratie seien zwei Seiten derselben Medaille, und der Bismarck im November 1878 seinen Glückwunsch und Dank ausgesprochen hatte für die beiden „weltgeschichtlichen“ Leistungen des Jahres: den Berliner Kongreß und das Sozialistengesetz. Die Durchsetzung des Schutzzolls im folgenden Jahr war für den Kaiser ein „froher Tag“ (E. Marcks). In all diesen politischen Grundsatzfragen stand die Armee auf der Grundlage der Wandlung des Jahres 1878/79, das Wilhelm I. als Epochenjahr betrachtete. Seine Auffassungen deckten sich nahezu vollkommen mit denen Roons, der ihm schon 1875 ein Vorgehen „gegen die von einer doctrinären Gesetzgebung großgezogene Hydra der unsere ganze Civilisation bedrohenden Partei der Verwilderung“ nahegelegt hatte.

Der Standpunkt der Sozialdemokratischen Partei

Die Position der Sozialdemokratie war dadurch bestimmt, daß sie die deutsche Einigung Bismarckscher Prägung ablehnte.

Dagegen sah sie in der staatlichen Zusammenfassung der Nation an sich ein erstrebenswertes Ziel, das sie als Zwischenetappe auf dem Wege zum Sozialismus begriff. Selbst Marx urteilte nicht anders. Für den Sozialisten bedeutete die Erreichung großräumiger Lösungen überhaupt einen Fortschritt, weil damit neue Entwicklungen möglich werden konnten. Marx schrieb in diesem Sinne 1870 an Engels: „Die Franzosen brauchen Prügel. Siegen die Preußen, so ist die Zentralisation der state power nützlich der Zentralisation der Arbeiterklasse.“ Die große Wende in der Beurteilung des deutsch-französischen Krieges trat für den deutschen Sozialisten erst ein, als das napoleonische Heer besiegt war und der Krieg gegen die republikanischen Truppen fortgesetzt wurde.

Die Sozialdemokratie bekämpfte das Reich Bismarcks als antidemokratische Organisation, die im wesentlichen auf der militärischen Macht Preußens ruhte sowie auf den Klasseninteressen der Bourgeoisie und der Agrarier. Für sie begann der nationale Triumph mit Verhaftungen und Verdächtigungen als Antwort auf ihre in zahlreichen Demonstrationen bekundete Kritik an dem „ungerechten Eroberungskrieg“ gegen die französische Republik. In den Augen des Bürgers, des Liberalen, hatte sich die Armee als Siegerin in den Einigungskriegen unvergängliche Verdienste erworben. Aber gerade diese Tatsache hat die Sozialdemokratie als den entscheidenden Geburtsfehler des deutschen Nationalstaates angeprangert, so etwa Liebknecht in seinem Hochverratsprozeß (wegen der kompromißlosen Ablehnung der Annexion Elsaß-Lothringens): „Ein Staat wie das Bismarcksche Preußen-Deutschland ist durch seinen Ursprung mit fatalistischer Notwendigkeit dem gewaltsamen Untergang geweiht ... auf dem Schlachtfeld geboren, das Kind des Staatsstreichs, des Krieges und der Revolution von oben, muß es ruhelos von Staatsstreich zu Staatsstreich, von Krieg zu Krieg eilen und entweder auf dem Schlachtfeld zerbröckeln oder der Revolution von unten erliegen.“

Die Ablehnung des Bismarckstaates bedeutete nicht die Aufgabe des nationalen Standortes der Partei. Das Eisenacher Programm von 1869 und, auf ihm fußend, das Gothaer Programm von 1875, sind gerade wegen ihrer ‚nationalen‘ Elemente heftig von Marx und Engels attackiert worden; so meinte Marx:

„Die sozialistischen Ideen sitzen nicht einmal ‚hauttief'." Die Eisenacher und Gothaer Partei wollte im nationalen Rahmen mit gesetzlichen Mitteln arbeiten. Sie sah sich deshalb bei ihrem Ziel des „freien Volksstaates" auf immanente Kritik angewiesen und auf die Entwicklung eigener Modelle für politische Lösungen.

Zwar enthielt die Formel vom „proletarischen Patriotismus" nicht eine allseitig mit gleichem Inhalt gedachte Orientierung – was ja übrigens auch im konservativen und bürgerlichen Begriff der Nation nicht der Fall war. Das Nationalbewußtsein der Sozialdemokratie unterschied sich vom bürgerlichen Reichs- und Nationsverständnis durch die Absenz oder extrem nebensächliche Einbeziehung des Machtgedankens – was im Zeitalter des Imperialismus zu entscheidenden grundsätzlichen Abweichungen führte. Macht kam überhaupt nur vor als Mittel zur Überwindung des Machtstaates als solchen, zur Sicherung einer Zukunft ohne nationale Rivalitäten alten Stils. In überspitzter Form läßt sich sagen, daß die Sozialdemokratie ein Verständnis von Staat und Nation besaß, das auf dem Bewußtsein aufbaute, mißverstanden zu werden. Der Revisionismus wurde später zum Versuch, diese Hypothek loszuwerden, während der linke Flügel das national-psychologische Mißverständnis des sozialdemokratischen Patriotismus geradezu als Kompliment auffaßte. Im Ergebnis stand Ideologie gegen Ideologie.

Bei dieser Strategie stellte die Kritik an der Armee und Wehrverfassung ein wesentliches Element der politischen Arbeit der Partei dar. Sie stieß auf die entschlossene Abwehr ihrer politischen Gegner, aber diese wurden, wie die Armee, doch gezwungen, auf Kritik und konkrete Vorschläge sowie auf die Modellvorstellungen der Partei einzugehen, um sie widerlegen zu können.

Die wesentliche militärpolitische Forderung der Sozialdemokratie war die Volkswehr (Eisenacher Programm) und dann im Gothaer Programm die „Allgemeine Wehrhaftigkeit, Volkswehr an Stelle der stehenden Heere", praktisch also eine Wiederbelebung alter liberaler Ziele, die im Rahmen des gegebenen Staates praktisch unerreichbar und daher von den Liberalen längst verabschiedet waren. Sie hätten überhaupt eine Änderung des europäischen Staatensystems, die Übereinstimmung der Großmächte im Friedensgedanken, im Grunde gesellschaftliche Veränderungen größten Ausmaßes vorausgesetzt. Die stehende Armee hatte soeben der staunenden Welt und dem deutschen Bürgertum ihre Vortrefflichkeit vor Augen geführt, so daß sich die Volkswehrforderung der Sozialdemokratie utopisch ausnahm.

Kontroversen

Aber eben diese stehende Armee bezeichnete die Sozialdemokratie, wie übrigens während der Konfliktzeit mancher Liberaler als gefährliches Kriegsinstrument, das den Krieg nicht verhindere, sondern erst produziere. Mit dieser Argumentation griff die Sozialdemokratie die militärische und außenpolitische Position des Reiches überhaupt an. Die deutschen Rüstungen seien nicht erforderlich wegen einer fortbestehenden Gefährdung, sie zwängen die Nachbarn erst, ihrerseits zu rüsten. Ruhe und Frieden konnten nach dieser Auffassung in Europa erst herbeigeführt werden, wenn mit der stehenden Armee in Deutschland auch der Militärstaat abgeschafft werde.

Die Armee hat diese Strategie der Sozialdemokratie kaum als Herausforderung empfunden, noch viel weniger die Behauptung der Überlegenheit der Volkswehr über die stehende Armee, die schon in der Auseinandersetzung mit dem Frühliberalismus überwunden schien. Aber was vom Reichstag aus verkündet und in Broschüren, Zeitungen und Versammlungen verbreitet wurde, konnte der Armee schon wegen der politischen Bedeutung solcher Agitation und Rhetorik für den Wehrpflichtigen nicht gleichgültig bleiben. Moltke hat im Reichstag die Argumente der Sozialdemokratie seit 1874 entschieden bekämpft und zu widerlegen versucht. Die Sozialdemokratie hielt an ihrer Ansicht fest, die sie wohl primär als taktisches Mittel gegen den Militärstaat benutzte, weniger, wie es scheint, weil sie selbst an die Überlegenheit einer Miliz glaubte. Jedenfalls war der dogmatische Standpunkt kein geeignetes Mittel, innenpolitisch Verbündete zu gewinnen, wie die Reaktion der Liberalen zeigte, die Moltke beipflichteten. Besonders beweiskräftig wurde für sie die Auffassung des Generalstabschefs, wonach die Stellung des Reiches künftig eine starke stehende Armee verlange, weil sich ein historisches Ereignis wie die Reichsgründung nicht vollziehe und unbestritten bleibe im Kreise der großen Mächte. Nicht zuletzt darum wurde ihnen von der Sozialdemokratie Verrat an ihren eigenen Prinzipien vorgeworfen.

Das Bürgertum wertete die Forderung der Sozialdemokratie auf Volksbewaffnung vor allem im Lichte der damit gegebenen politischen Möglichkeit, die Macht im Innern zu übernehmen. Die Umsturzgefahr mußte gerade damit provoziert werden. Moltke hat diesen Gedanken, der seiner tiefsten politischen Überzeugung entsprach, wiederholt vorgetragen. Für ihn gewährten die Garnisonen der stehenden Armee die „letzte Sicherheit“ für die öffentliche Ordnung. Die Taktik der Sozialdemokratie nährte geradezu die Überzeugung in konservativen und bürgerlichen Kreisen, daß die stehende Armee innenpolitisch ständig an Bedeutung gewinne. Damit ist Militärgläubigkeit und konservative Orientierung gefördert und befestigt und seitens der Sozialdemokratie ein unbewußter Negativbeitrag zur politischen Denkweise in Deutschland geleistet worden, der der Armee einen zunehmend prominenter werdenden Platz im öffentlichen Bewußtsein sicherte. Moritz Mohl hat das schon 1871 im Reichstag so formuliert: die „kommunistische“ Partei ist es, „welche die große Masse der Denkenden und Gebildeten froh sein läßt, wenn eine äußere Macht da ist, welche das Leben, das Eigentum, die Bildung und Zivilisation schützt“.

Handelte es sich bei solchen Angriffen und Thesen um grundsätzliche Stellungnahmen, die eher den Politiker und Militärpolitiker, den Reichstag und die öffentliche Meinung anzusprechen suchten, die auch die Armee in die Gesamtkritik am Kaiserreich einbezogen, so hat die Sozialdemokratie daneben eine intensive immanente Kritik an den Einrichtungen, der Ausbildung und Psychologie der Armee geübt, die viele schwache Stellen aufdeckte, häufig stark übertreibend im Sinne des strategischen Zieles, die Armee als Grundübel von Staat und Gesellschaft hinzustellen.

Hier kann ein ganzer Katalog von immer wiederkehrenden Vorwürfen, Anklagen und Aufdeckungen angeführt werden, mit dem im Ergebnis primär erreicht wurde, daß die militärische Führung stärker mit der inneren Beschaffenheit der Armee befaßt wurde, sich aber auch vor die Notwendigkeit gestellt sah, eigene ideologische propagandistische Taktiken zu entwickeln.

Zu den „großen Themen" dieser Auseinandersetzung gehörte die einst zwischen Armee und Liberalismus geführte, jetzt in verschärfter Form auflebende Kontroverse um die Frage der Rolle der Armee bei der „Erziehung" der Nation. Die innenpolitische Konstellation hatte sich seit dem Auftreten der sozialistischen Partei grundlegend zugunsten der Armee gewandelt. Im Parlament und in der Öffentlichkeit wurde ihre Auffassung vom Erziehungsauftrag der Armee nicht mehr nur von den Konservativen gebilligt. Seit die Armee als stärkstes Bollwerk gegen den sozialen Umsturz betrachtet wurde, gab das liberale Bürgertum seinen noch in der Konfliktzeit vertretenen Anspruch auf, die Armee müsse vom Geist der bürgerlichen Gesellschaft inspiriert werden, der Soldat habe Staatsbürger zu sein und nicht nur Adept einer vom Volke getrennten Institution. Diese insbesondere von der Fortschrittspartei verfochtene Linie wird konsequent nach 1871 nur von der Sozialdemokratie vertreten. Das Bürgertum sieht den Anspruch der Armee, ihrerseits erzieherisch auf die Gesellschaft einzuwirken, nicht mehr als gegen sich, sondern gegen die Sozialdemokratie gerichtet (ausführlich R. Höhn, Sozialismus und Heer).

In der Tat haben die militärische Publizistik und die Sprecher der Armee im Reichstag die Rolle der Armee für die Erziehung der Nation immer wieder betont und dabei ganz bewußt die politischen Akzente hervorgehoben. Nicht nur eine Schule der Nation für den Krieg ist nach dieser Auffassung die Armee, sondern eine für die Aufrechterhaltung der inneren Ordnung. Moltke formulierte es so: die Armee sei „schon im Innern nicht zu entbehren für die Erziehung der Nation". In den „Jahrbüchern für die deutsche Armee und Marine" wurde der Offizier als „Volksschullehrer im eminentesten Sinne des Wortes" gefeiert. Die Armee machte sich allen Ernstes daran, die These zu widerlegen, der Volksschullehrer sei der eigentliche Schlachtensieger der Einigungskriege gewesen. Moltke selbst ergriff zu diesem Thema das Wort: „Keine Nation habe bis jetzt in ihrer Gesamtheit eine Erziehung genossen wie die unsrige durch die allgemeine Wehrpflicht".

Der Gesamttenor der Stimmen, die dem Heer eine „zivilisatorische Aufgabe" gegen den „inneren Feind", gegen die „zersetzenden Elemente" des Staates zusprachen, zeigt, daß die Bereitschaft zur Beschäftigung mit den Grundlagen des Sozialismus nicht vorhanden war. Abgesehen von dem Glauben an heilsame Wirkungen einer Sozialpolitik von oben, lassen die militärische Publizistik und die Ausführungen führender Soldaten kein Programm erkennen, wie die gewünschte „Nationalerziehung" aussehen sollte. Im Grunde existierte nicht mehr an Bildungsprogrammatik als der Glaube an die erzieherische Wirkung der Militärzeit. Positive Inhalte sollten etwa sein: Anhänglichkeit an König und Vaterland, Entwicklung des Sinnes für Ordnung und Gesetz.

Dem defensiv-repressiven Ansatz, dem wie der Gesamteinstellung des monarchischen Deutschlands der Wille fehlte, der sozialen Bewegung anerkanntes politisches Mitspracherecht zuzubilligen, mangelte dementsprechend ein Leitbild des Offizier-Erziehers.

Über die Schablonen der Offizier-Erzieher-Typologie der vierziger bis sechziger Jahre kam die Armee nicht hinaus. „Der Offizier als Volkslehrer im besten Sinne des Wortes" (Militär-Wochenblatt), habe darauf hinzuwirken, daß der von seinem Regiment in seine Heimat zurückkehrende Soldat, „neben den Grundsätzen des Gehorsams, der Pflichterfüllung" usw. „auch patriotischer und geistig durchgebildeter in sein Vaterhaus, in seinen Beruf zurückkehre, als er fortgegangen" sei. Nur wie das gegenüber Anhängern der Sozialdemokratie zu bewerkstelligen sei, wurde nicht gesagt. Mit den weithin inhaltsleeren Erziehungsforderungen verband sich die Hoffnung, die heimkehrenden Reservisten könnten innerhalb der Gesellschaft einen Damm gegen die „zähnefletschend am Umsturz aller bestehenden sozialen Verhältnisse" arbeitende Sozialdemokratie bilden.

Besondere Gedankenarbeit verlangte die Armee mit solchen Vorstellungen der Sozialdemokratie nicht ab. Sie brauchte nur den Faden dort aufzunehmen, wo der Liberalismus ihn fallengelassen hatte, und wurde die konsequenteste Verfechterin des Grundgedankens, daß Erziehung im Staat nicht vom Militärinstitut ausgehen könne. Aber im wesentlichen haben die sozialdemokratischen Grundsätze nur Überzeugungskraft besessen für Sozialdemokraten und Reste linker Liberaler, die ohnehin so dachten. So sicher sich die Partei ihrer sozialdemokratischen Rekruten war, sie erkannte, wie Bebel schon 1870 im Reichstag ausführte, eine Gefahr im nationalen Erziehungsanspruch der Armee und in dem Einfluß auf die politisch unreifen jungen „Wehrpflichtigen". Die ehemals liberale Kritik, daß die Armee den Soldaten zu einem „dem übrigen Volke gegensätzlichen Geist" erziehe, wird in vielen Varianten vorgetragen, polemisch, sachlich und im ganzen mit Witz und Ironie: Engels fragte etwa, ob wegen der von der Armee behaupteten unzureichenden patriotischen Leistungen deutscher Schulmeister tatsächlich „jeder Deutsche drei Jahre lang auf die hohe Schule geschickt werden (müsse), wo der Unteroffizier Professor ist?".

In engstem Zusammenhang mit dem Themenkreis „Armee als (politisches) Erziehungsinstitut" stand die Auseinandersetzung um Wesen und Inhalt der Disziplin. Neues ist hier von beiden Seiten kaum vorgetragen worden. Es ist aber nicht zu bezweifeln, daß die einseitige Koordination von Disziplin und „militärischem Geist" – das arcanum imperii des Militärinstituts seit der Restauration und höchster militärischer Lehrsatz Wilhelms I. – auch durch Moltke, dem prominentesten, weil erfolgreichsten Soldaten des Kaiserreiches, Maßstäbe für die Denkweise breitester Schichten setzte. Nach Moltke erfuhr der Bürger in der Schule des Heeres die höchste, vor allem charakterliche Erziehung. Der „militärische Geist", schwer definierbar, vielleicht als Ausdruck des inneren Lebens der Armee, ihrer geschriebenen und ungeschriebenen Gesetze und Traditionen aufzufassen, gipfelte in der fraglosen Entsprechung von Befehl und Gehorsam, ein Verhältnis, das im allgemeinen nur formal bestimmt wurde.

Nach Moltke war die Disziplin „die ganze Seele der Armee". Dieser Satz, der noch heute von vielen Soldaten vieler Armeen für richtig gehalten wird, hat seinen Sinn in bezug auf das Funktionieren des Kampfinstruments. Sobald der Soldat dieses Instruments ins Auge gefaßt wird, ergibt sich automatisch die Frage nach seinen Wertvorstellungen und seiner politischen Orientierung, und es taucht das Problem auf, ob der formale Disziplinbegriff auch für Krisenzeiten ausreichen kann. Das Moltkesche Heer beantwortete diese Frage mit ja, weil es aus einer langen Tradition heraus argumentierte, und so hat es auch hinter so mageren Sätzen, wie sie in der militärischen Publizistik vorgetragen wurden, einen tieferen Sinn erblickt als der heutige Leser, z. B.:

> Der unbedingte Gehorsam ist die Disziplin der Armee. Das, was befohlen ist, geschieht, weil's befohlen ist. Vertrauen auf die Disziplin wächst mit der Subordination selber.

Nur dieses Verständnis der formalen Disziplin hat zu der Auffassung geführt, eine lang genug geübte Gewöhnung an Disziplin gewährleiste zugleich eine weltanschauliche Immunisierung: einst gegen den Liberalismus, jetzt gegen den Sozialismus.

Demgegenüber hat die Sozialdemokratie fest daran geglaubt, daß sozialistische Ideen mit der Vergrößerung der Armee Boden gewinnen würden. Disziplin allein hielt sie für eine schwache Abwehrwaffe, ohne ihre formale Kraft zu unterschätzen. Im allgemeinen wertete sie die Disziplin der preußisch-deutschen Armee aber als leere Dressur ab. Sie ging davon aus, der Soldat müsse wissen, wofür er kämpfe. Die formale Disziplin sollte nach ihren Vorstellungen meß- und kontrollierbar werden, also unter dem Gesetz stehen. Das hieß aber Ausdehnung der Grundsätze des Rechtsstaates auf die Armee und Einschränkungen der kontrollfreien Sphäre der Kommandogewalt. Damit wird bereits das bevorzugte Gebiet sozialistischer Kritik am Heer der Kaiserzeit berührt: Rechtszustände, fehlende Rechtsgleichheit, Straf- und Disziplinarwesen, Soldatenselbstmorde, Einjährig-Freiwilligen-Privileg, Befreiung der Offiziere von den Kommunalsteuern u. a. Das waren die Punkte, an denen die neue Partei ihre Überzeugung demonstrierte, daß die Armee zur Schule des blinden Gehorsams und der königstreuen Gesinnung gemacht werde, zu einem Angriffs- und Unterdrückungsinstrument zwecks Absicherung feudal-bürgerlicher Klasseninteressen.

Diesen „Militarismus" hoffte sie durch Unterwanderung von innen heraus zu sprengen, weil sie nur auf diesem Wege den demokratischen Rechtsstaat für erreichbar hielt. Genau diese Hoffnung – korrespondierend der Sorge in der Armee angesichts der wachsenden Mitglieder und Wählerzahlen der Partei – bezeichnet den Punkt der unerbittlichsten Gegensätze zwischen Armee und

Sozialdemokratie. Das Unvorstellbare trat ein, die Armee begann in ihrer Disziplingläubigkeit unsicher zu werden. Die automatische Wirkung der weltanschaulichen Immunisierungskraft langgeübter Disziplin schien bei dem sozialdemokratisch beeinflußten Soldaten zu versagen.

b. Überwachung und Repression

Die Phase des Sozialistengesetzes und der Sozialgesetzgebung

An Tiefenwirkung übertraf die sozialistische Ideologie die liberale wesentlich. Wilhelm I. empfahl 1885 in Erkenntnis solcher Zusammenhänge, „durch leidenschaftslose Behandlung und durch erziehenden Ernst des Dienstes“ bei Anhängern und Förderern der SPD auf „patriotisches Denken und Fühlen“ hinzuwirken, bei negativem Erfolg aber „Verführer ihrer Kameraden“ mit aller Schärfe zu behandeln und, falls angängig, in Arbeiter-Abteilungen zu versetzen.

Zwischen dieser Auffassung und der Strategie der siebziger Jahre bestand ein ganz erheblicher Unterschied. Die Verhärtung des Kampfes, vor allem sichtbar im Vorgehen des Staates seit 1878 aufgrund des Sozialistengesetzes, reflektierte sich bald in der Armee. Sie begrüßte die Ausnahmegesetzgebung gegen die Sozialdemokratie, darüber gab es ein einhelliges Urteil, angefangen vom Generalstabschef bis zur militärischen Publizistik. Bald wurden Überlegungen angestellt, wie die Armee sich selbst vor sozialistischer Agitation, vor dem politischen Wirken von Anhängern der Partei unter den Soldaten schützen könne. Dabei ließ sich von Anfang an absehen, daß mit der Verweigerung von Aufstiegschancen oder von materiellen Vorteilen kein Erfolg zu erzielen war, denn der sozialdemokratische Soldat besaß in der deutschen Armee weder Status- noch Aufstiegschancen. Die theoretische, immer noch vertretene Auffassung, das dritte Dienstjahr werde automatisch die gewünschte Immunisierung sicherstellen, erwies sich als falsch. So blieb kein anderes Mittel als Repression. Ein ganzes Netz von Maßnahmen legte sich über die Armee: Quartierrevisionen, Postüberwachung, Wirtshausverbote, schwarze Listen, Spezialbehandlung verdächtiger Rekruten, Isolierung sozialdemokratischer Soldaten in abgelegenen ländlichen Garnisonen. Aber all das nützte so wenig wie das Sozialistengesetz selbst. 1890 stand die Partei stärker da als zuvor, die Armee war mit ihrem Problem um nichts weiter gekommen.

Bald stellte sich heraus, daß auch während der Zeit des Ausnahmerechts der Zwang zur Aufmerksamkeit, zur steten Kontrolle Ungeduld und Nervosität in der militärischen Führung provozierte. Im Jahre 1880 erwartete die Armee eine größere Flugblatt-Aktion der Sozialdemokratie. Aus zahlreichen Garnisonen wurden Vorkommnisse gemeldet. Dabei hat die Armee kaum einen Unterschied zwischen sozialdemokratischen und anarchistischen Produktionen gemacht. Besondere Aufmerksamkeit wurde dem „in London befindlichen

Herde der Sozialdemokratie" geschenkt, von wo um diese Zeit eine systematische Unterwanderungskampagne erwartet wurde. Aber allen Befürchtungen zum Trotz blieben die Ergebnisse der Quartierrevisionen und der – im Sozialistengesetz nicht vorgesehenen – Postüberwachung mager. Das schien nicht in das Gesamtbild sozialistischer Aktivitäten dieser Zeit hineinzupassen. Es war bekannt, daß von London und von der Schweiz aus viel Material in das Reichsgebiet eingeschleust wurde. Die Armeeführung traute dem sich ihr darbietenden Lagebild nicht so recht. Wahrscheinlich ordnete Kriegsminister Bronsart v. Schellendorf aus diesem Grunde 1884 eine Generalrevision an (Zit. nach Höhn, Sozialismus und Heer 3).

Der Erlaß vom 30. November 1884 hat folgenden Inhalt:
Um einen Anhalt zu gewinnen, ob und inwieweit die sozialdemokratische Tendenzliteratur in der Armee etwa Verbreitung gefunden hat, werden auf Allerhöchsten Befehl S.M. des Kaisers und Königs die Kgl. Generalkommandos ergebenst ersucht, am Montag, dem 15. Dezember d. Js. mittags 12 Uhr eine unvermutete eingehende Kasernen- und Quartierrevision gefälligst vornehmen zu lassen, welche sich auch auf die Untersuchung der Kleider der Mannschaften (einschließlich der Unteroffiziere ohne Portepee) zu erstrecken hat. Es sollte darüber hinaus die Privatkorrespondenz der Soldaten geprüft werden – „mit Diskretion", wegen eventueller Kritik im Reichstag. Nach der Revision sollten „die zuverlässigsten Mannschaften" unter „Hinweis auf ihren Diensteid und mit dem Appell an ihre Vaterlandsliebe" befragt werden, „inwieweit sie und ihre Kameraden sozialistischen Wühlereien ausgesetzt" gewesen seien.

Bayerns Kriegsminister, v. Maillinger, beantragte beim bayerischen König eine gleichzeitige Parallelaktion, weil er „die Bestrebungen der Sozialdemokratie der Armee gegenüber" nie unterschätzt habe. An Gründlichkeit ließ die am 15. Dezember veranstaltete Revision nichts zu wünschen übrig: Der Soldat hatte Rock, Hose und Stiefel auszuziehen, Betten, Koffer und Ausrüstung wurden durchsucht, Schränke und Strohsäcke durchgesehen.

Das Ergebnis der Maßnahmen blieb mehr als dürftig. Aus den erhalten gebliebenen Akten der bayerischen Armee ergibt sich eindeutig, daß die befürchtete systematische „Wühlarbeit" der sozialdemokratischen Partei nicht stattgefunden hatte – was ja in der Tat auch der Linie der Partei entsprach, weil sie sozialdemokratischen Soldaten Schwierigkeiten ersparen wollte. Bayerns Kriegsminister konnte am 6. Januar 1885 melden, daß die Aktion „keinerlei Anhaltspunkte dafür ergeben hat, daß die sozialdemokratische Tendenzliteratur in Euer Kgl. Majestät Armee Verbreitung gefunden oder irgendeine politische Partei den Versuch gemacht habe, sich Einfluß auf die Armee zu verschaffen". Man kann Höhn mit seiner Meinung recht geben, daß das Ergebnis in Preußen ähnlich ausgefallen ist. Die Entsprechung wäre das logische Resultat der Haltung der Sozialdemokratie.

Armee und Verwaltung haben dieser Linie der sonst so kämpferischen Partei Mißtrauen entgegengebracht. Ständig lebten sie in der Vorstellung, vor neuen Taktiken und Strategien auf der Hut sein zu müssen, sich keinesfalls überraschen zu lassen. Bayern fand zuerst einen Weg, den Finger am Puls zu behalten, Preußen folgte bald. Im Jahre 1885 wurde das System der „schwarzen Listen“ eingeführt. Ein gewisser Respekt vor der Qualität und Disziplin sozialdemokratischer Soldaten ist nicht zu verkennen. Früh schon tauchte der Argwohn auf, daß sie sich durch „gute Führung“ ihre Basis zur Agitation schaffen wollten. Es sei davon auszugehen, daß es sich bei den gefährlichsten Elementen gerade um „gute Soldaten“ handle. Preußens Innenminister folgte dem bayerischen Beispiel mit einem noch perfekteren System, das dann von Bayern und den anderen Bundesstaaten imitiert wurde.

Sein Erlaß an die Oberpräsidenten am 31. Mai 1885 ordnete an, den Generalkommandos diejenigen neuen Rekruten namhaft zu machen, „welche bereits eine gewisse Führerrolle innerhalb der sozialdemokratischen Partei eingenommen haben oder wenigstens als eifrige und zielbewußte Vertreter ihrer Lehren gelten“. Damit wurden die schwarzen Listen eingeführt als Grundlage für eine genaue Beobachtung Verdächtiger.

Aus Rücksicht auf die Initiativen der Partei gegen die Armee im Reichstag wurde ein äußerst vorsichtiges, rechtlich nicht angreifbares Vorgehen gegen erkannte aktive Sozialdemokraten befohlen. Es gab also keine Übergriffe seitens der Unteroffiziere, kein Anfassen und Schlagen – „sie haben das Gesetzbuch studiert!“ –, aber scharfes Herannehmen im Dienst, dann das Mittel der Isolierung und Versetzung, schließlich auch die Überweisung in die Arbeiterabteilungen, vor allem die Unterbrechung des Kontaktes zu den Parteistellen in den Garnisonsorten.

Das Jahr 1890 brachte der jungen Partei sichtbaren Aufschwung. Ihr Anwachsen, ihre Wahlerfolge – fast 1,5 Millionen Wählerstimmen, 35 Abgeordnete im Reichstag – widerlegten die Politik der Verbote, machten endgültig den sozialen, historisch-politisch-ökonomischen Hintergrund dieser Partei deutlich, die nun auf andere Weise als in England und Frankreich und in anderen Staaten bewies, daß die industrielle Revolution nicht im Prokrustesbett hergebrachter gesellschaftlicher Zustände kanalisiert und eingedämmt werden konnte.

Ein Versuch, zu neuen Lösungen zu kommen, war bereits Bismarcks Plan einer Sozialpolitik der achtziger Jahre, die den Arbeiter zum Rentner des Staates und damit zum Anhänger der bestehenden Ordnung machen sollte. Seine Sozialpolitik war eindeutig politisch im Sinne der Systemerhaltung motiviert: Sozialreform von oben gegen die revolutionäre Klassenkampfagitation.

Die Opposition der Partei gegen eine solche Sozialpolitik entsprach ihrem Selbsterhaltungstrieb. Sie setzte eine eigene politische Losung dagegen: keine Sozialreform ohne die Sozialdemokratie. Der Reichstag folgte nur sehr zögernd. Im ganzen ist die Krankenversicherung (1883), die Unfallversicherung (1884), die Alters- und Invalidenversicherung nicht im Sinne Bismarcks konstruiert worden. Der Arbeiter wurde vielmehr an den Kosten beteiligt. Insbesondere Liberale und Zentrum fürchteten an Bismarcks Plänen die Gefahr einer Staatsomnipotenz. Der Versuch, den Arbeiter von der Sozialdemokratie zu trennen, scheiterte vollkommen.

Auch die Jahre 1890–1893, die Tauwetterperiode, standen in der Sozialpolitik im Zeichen des Versuchs des Kanzlers v. Caprivi und des preußischen Handelsministers v. Berlepsch, mit neuen reformerischen Gesetzen die Arbeiterschaft in den Staat zu integrieren. Wichtige Ziele wurden erreicht mit der Arbeiterschutzgesetzgebung (Gewerbeordnungsnovelle) und der Verbesserung der Sozialversicherung. Hierdurch und durch das Außerkrafttreten des Sozialistengesetzes im Herbst 1890 wurde zum erstenmal eine partielle Klimaverbesserung zwischen Staat und Arbeiterschaft ermöglicht.

Der Kaiser freilich stand schon bald nach Bismarcks Sturz innerlich auf der Seite derjenigen, die Sozialpolitik für ein erfolgloses Mittel hielten. Er hätte Innenpolitik am liebsten mit den Konservativen und Nationalliberalen gemacht und sich nicht wie Caprivi auf Zentrum und Freisinn gestützt.

Im Ergebnis scheiterte die Tauwetter-Politik äußerlich an der Heeresvorlage 1892, mit der Caprivi eine Verstärkung von 84000 Mann forderte. Die Neuwahlen brachten einen Rechtsruck. Die konservativen Parteien und die Nationalliberalen (das alte Kartell) gewannen; Zentrum und Freisinn verloren Sitze – wie überhaupt bis 1914 Reichstagswahlen im Zeichen der Armeevergrößerung stets Gewinne der Rechtsparteien brachten. Aber die Sozialdemokratie stieg 1893 ebenfalls von 35 auf 44 Sitze. Konservativer Staat und Sozialdemokratie standen sich erneut unversöhnlich gegenüber. Wilhelm II. und der preußische Ministerpräsident v. Eulenburg verfielen wieder auf Pläne zu Kampfmaßnahmen mit dem Rückgriff auf alte Staatsstreichgedanken Bismarcks. Damit konnten sie auf Zustimmung in der Armee rechnen. Die Angelegenheit zeigte die prekäre Stellung politisch besonnen agierender Männer zwischen Macht und Reichstag.

Die Armee hat von der Sozialpolitik Bismarcks und auch von dem Tauwetter zwischen 1890 und 1893 kaum Notiz genommen, obwohl die Sozialdemokratie im Reichstag und in der Publizistik deutlich zu verstehen gab, sie werde sich nicht zu Gewaltakten provozieren lassen und auch ihre Anhänger in der Armee wegen Agitation oder sonstiger Aktivitäten nicht der Verfolgung aussetzen. Das Gebot der Zurückhaltung galt weiterhin. Die Führung der Partei war von der Aussichtslosigkeit einer Auseinandersetzung oder gar einer Revolution überzeugt. Darin stimmten die Führer der deutschen Sozialdemokratie mit Engels überein. Die waffentechnische Entwicklung hätte den Barrikadenkampf zum Selbstmord werden lassen. Den Gefallen einer bewaffneten Reaktion wollte die Partei der Armee ganz bewußt nicht erweisen. Ignaz Auer erklärte auf dieser Linie 1895 im Reichstag: „Wir können Sie viel mehr ärgern dadurch, daß wir uns innerhalb der gesetzlichen Schranken halten, als dadurch, daß wir Ihnen den Gefallen tun, die 8-mm-Gewehre spielen zu lassen.“ Die Partei glaubte an den zwangsläufigen Sieg ihrer Sache: „Sie werden an unserer Gesetzlichkeit zugrunde gehen; so komisch das klingt, so wahr ist es.“

Situation nach Aufhebung des Sozialistengesetzes 1890

Nach der Aufhebung des Sozialistengesetzes verstärkten sich in der Armee die Sorgen vor den Wirkungen sozialistischer Agitation. Der Glaube vieler Sozialdemokraten, das Militärsystem werde an seinen eigenen Konsequenzen zugrunde gehen und die Sozialdemokratie müsse sich bei Bismarck bedanken, wenn er die Armee noch weiter vergrößere, fand seine Entsprechung in dem Unbehagen der Armeeführung über die Agitation gegen die Armee, in der sie eine Gefahr für die politisch-psychologische Verankerung der Armee im nationalen Bewußtsein erblickte. Politische Führung, Konservative und Rechtsliberale haben zusammen mit der Armee an die große Auseinandersetzung geglaubt.

In der Armee sorgten die Wahlerfolge der Sozialdemokratie für Sorge und Beunruhigungen. Die 1,4 Millionen Stimmen vom 20. Februar 1890 ließen die Vision der Unterwanderung und Furcht vor der allmählichen Korruption der Wehrgesinnung auftauchen. Der „innere Feind" nahm deutliche Konturen an. Einem solchen Phänomen hatte die Armee noch nicht gegenübergestanden. Sie zeigte sich macht- und instinktlos vor dieser durch Provokation und Repression nicht zu erschütternden Disziplin.

Die Ausdehnung der politischen Arbeit auf das Land gehörte zu den besonders kritisch registrierten Taktiken der Partei. Hinzu kam die Möglichkeit des Dilemmas, daß die aus außenpolitischen Gründen für notwendig gehaltene Heeresvergrößerung wegen der nicht vermeidbaren stärkeren Heranziehung sozialdemokratisch beeinflußter Rekruten die Armee innenpolitisch unzuverlässiger machen könne. Wilhelm II. erließ neue Anweisungen über die Verteilung sozialdemokratischer Rekruten und Soldaten auf die einzelnen Truppenteile. Prinzip war hiernach die Fernhaltung sozialdemokratischer Soldaten aus „sozialdemokratischen Orten", also die Verhinderung von Kontakten zwischen Parteizellen innerhalb und außerhalb der Armee. Den Truppenkommandeuren waren aktive und passive Sozialdemokraten anzuzeigen, um eine entsprechende „Rekrutenverteilung" sicherzustellen. Kriegsminister Verdy du Vernois wies im April 1890 darauf hin, daß ein „Zusammenkommen zahlreicher derartiger Elemente in denselben Garnisonen bzw. in demselben Truppenteil" grundsätzlich zu vermeiden sei. Unterbringung und Überwachung sollten weitere „sozialdemokratische Berührungen" ausschließen.

Die alte Praktik preußischer Musterungskommissionen, stärker auf ländliche als auf städtische Wehrpflichtige zurückzugreifen, ließ sich bei intensiver Heranziehung der Jahrgänge kaum mehr durchhalten. Mit den Problemen der rasch fortschreitenden Industrialisierung und der damit verbundenen Verstädterung war auf diese Weise auch nicht fertig zu werden. Allmählich bildete sich die Überzeugung aus, die Partei arbeite auf gewaltsame Lösungen hin. Die Beobachtungen der Wahlkampfstrategie 1890 und 1893, das wachsende Selbstbewußtsein der Partei und ihre Erfolge, schienen, entgegen der offiziell verkündeten Linie der Parteiführung, auf Kampf hinzudeuten: eine Lageanalyse, die teils auf Nervosität, teils auf eine Soldaten naheliegende Denkweise zurückzuführen ist. Hinzu kam die Überzeugung, daß die parteipolitische Entwicklung dazu geführt habe, daß Militärforderungen nicht mehr bewilligt würden.

Die von düsteren Zukunftsahnungen gefärbte Einschätzung der innenpolitischen Situation ließ wiederum Gedanken an einen Staatsstreich aufleben. Kommandierende Generale sahen darin nur einen Präventivschlag, der Generalstabschef, Graf Waldersee, wollte bei der Abschaffung des allgemeinen Wahlrechts „gern mithelfen". Wie in anderen Staatsstreichüberlegungen seit 1860 spielte die Möglichkeit der Entmachtung des Parlaments die entscheidende Rolle. Der Reichstag erschien, wie z. B. bereits in den ultrakonservativen Ideen des Jahres 1870, als eine gegen die wahren Staatsinteressen orientierte Instanz.

Bis heute ist die Staatsstreichatmosphäre des Frühjahrs 1890 nicht völlig geklärt, vor allem, was Bismarcks letzte taktische Schachzüge angeht. Der Kanzler suchte sich unentbehrlich zu machen. Seine Forderungen – neues Sozialistengesetz und große Militärvorlage – wären nach der Meinung von Gegnern und Freunden ohne innenpolitischen Konflikt nicht durchzusetzen gewesen. Bismarck hat bekanntlich nach dem ursprünglichen Protokoll der Sitzung des Staatsministeriums vom 2. März 1890 den Gedanken vorgetragen, das Reich beruhe auf einem Bund souveräner Fürsten. Letztere könnten vom Vertrag zurücktreten, und es würde damit möglich werden, „sich vom Reichstag loszumachen, wenn die Wahlen fortgesetzt schlecht ausfallen sollten". Konzessionen an das Zentrum hätten bei Vermeidung sofortiger Konfrontation in der Folge ebenfalls zu unübersehbaren Komplikationen geführt. Ob Bismarck nur „Staatsstreichbereitschaft" oder der Wille zum Staatsstreich zu unterstellen ist, ist in der Forschung umstritten, jedenfalls hat er die Sicherstellung der Bereitschaft der Armee im Falle von Reaktionen gegen einen Staatsstreich gebilligt.

Die Armee ging offensichtlich von der Gefahr eines nahe bevorstehenden innenpolitischen Kampfes um die Macht im Staate aus, bei dem sie mit Waffen einzugreifen habe. Bismarcks komplizierte Taktik hat Kriegsminister v. Verdy nicht durchschaut. Für die Armee stand weniger das „Ob" als das „Wie" eines Kampfes im Vordergrund der Betrachtung. Daß die Auseinandersetzung kommen würde, schien ihr nicht zweifelhaft. Auf dieser Grundlage konzipierte das Kriegsministerium einen Erlaß des Kaisers, der in der Situation des Frühjahrs 1890 viel eher der Strategie Bismarcks entsprach als der Wilhelms II. Aber gerade darum ist er besonders aufschlußreich für das praktische Denken der Armeeführung, für ihre Vorstellung von Lösungsmöglichkeiten.

Der Entwurf vom 12. März 1890 und der Erlaß vom 20. März legten den Kommandeuren und Garnisons-Ältesten die Verpflichtung auf, sich über Organisationen, Führer, Agitatoren, Zeitungen und Flugblätter der Sozialdemokratie auf dem laufenden zu halten. Enge Zusammenarbeit mit den Zivilbehörden und der örtlichen Polizei wurde befohlen. Die Generalkommandos mußten über die Verhältnisse in den Korps-Bezirken orientiert sein.

Es wurde hingewiesen auf die „militärischen Maßnahmen für die provisorische Erklärung des Belagerungszustandes":

Ziff. 3 Die Rädelsführer und Anführer sind vorläufig festzunehmen.
Das Erscheinen der Zeitungen und Flugblätter, durch welche der öffentlichen Sicherheit Gefahr droht, ist zu unterdrücken, und sind alle außerdem erforderlich erscheinenden Maßnahmen, insbesondere der zu bildenden Kriegsgerichte zu treffen.

4. Soweit eine schnelle Ausführung dieser Maßnahmen es erfordert, sind dieselben durch Vorräthighalten bz. Druck-Vorbereitung der nöthigen Veröffentlichungen, Ermittlung von Räumlichkeiten für Arrestanten u.s.w. in unauffälliger Weise vorzubereiten.

5. Neben den Vorbereitungen für lokale und polizeiliche Maßnahmen, haben die Generalkommandos ein etwa erforderliches Einschreiten der Truppe dahin vorzubereiten, daß durch genügende Kraft-Entfaltung und energisches Auftreten jeder Aufruhr im Keime erstickt wird.
Wird hierbei von der Waffe Gebrauch gemacht, so erwarten Seine Majestät der Kaiser, daß dieser Gebrauch ein dem Ernst der Lage entsprechender ist.

Dabei scheinen Verdy und Waldersee nicht einmal stark von Bismarcks Argumentation gegenüber dem Kaiser beeindruckt gewesen zu sein, wie eine Aufzeichnung Waldersees vom 26. Februar 1890 zeigt. Sie nahmen ihm den „Alptraum" nicht ab, daß bei Unruhen und Aufständen nicht mit „ganzer Energie" zugefaßt würde, daß der Kaiser vielleicht „nicht schießen" lasse. Diesen „Verdacht" zerstörte Wilhelm II. schnell: im Notfalle werde er auch vor den „äußersten Maßnahmen" nicht zurückschrecken. Wilhelm II. hatte am Tage zuvor Bismarcks Kampfprogramm gegen den Reichstag zugestimmt, während der Kanzler seinen Widerstand gegen die Arbeiterschutzgesetzgebung aufgab. Aber schon am 4. März schwenkte der Kaiser um. Er durchschaute, wie sehr Bismarcks Kurs ihn vom Kanzler abhängig machen würde und wollte seine Regierung auch nicht mit Kampf und Unruhen beginnen. Aber einen besonderen Eklat erregte dann seine Ansprache bei der Rekrutenvereidigung des Potsdamer Garderegimentes im November 1891, in der er die Bereitschaft der Gardetruppen verlangte, auf seinen Befehl „Verwandte und Brüder niederzuschießen".

So schwarz, wie sich Bismarck 1890 die Situation ausmalte – die Zeit sei nicht mehr fern, wo auf die Armee kein Verlaß mehr sei –, hat die Armee sie nicht gesehen. Ihre Führer zeichneten zwar gern in politischen Erklärungen ein pessimistisches Bild, vertrauten aber auf die Wirkung der Disziplin. So hat 1895 Kriegsminister Bronsart v. Schellendorf etwa argumentiert, die Armee sei zwar nicht länger immun gegen „Ansteckungsstoffe jeder Art", er hoffe aber, sie werde als scharfes Instrument agieren, gleichgültig, „nach welcher Richtung" sie eingesetzt werde. Diese Lage, daß man zwar auf die Disziplin vertraute, dennoch nicht so ganz sicher zu sein glaubte hinsichtlich der psychologisch-politischen Verfassung der Truppe, ließ die Überzeugung wachsen, mit den bisherigen repressiven Mitteln allein sei es künftig nicht mehr getan, vielmehr sei eine Kombination defensiver und offensiver Maßnahmen erforderlich.

Insgesamt blieb das „Programm" im Rahmen konservativer Anschauungen stecken und mußte deshalb scheitern. Erreicht wurde nur, daß sich die Kluft zwischen Armee und Sozialismus bis zum Ausbruch des Weltkrieges eher vertiefte und die Vorurteile sich verfestigten. Die Armee hat so wenig wie die ihr nahestehenden sozialen und politischen Gruppen die innere Fragwürdigkeit eines konservativ bemessenen und konservativ akzentuierten Fortschrittswillens, vor allem in der Arbeitswelt mit ihrer sozialen Problematik, begriffen. Nur so ist die im konservativen Lager zum Dogma erhobene Überzeugung zu erklären, daß die Armee als Garant des Rechts und der Vernunft gegen Anarchie und Umsturz der Werte zu gelten habe.

Zu einer Einbeziehung der sozialen Frage in das „Programm“ ist es seit 1890 nicht gekommen. Seine defensive Seite sah ohnehin nichts anderes vor als die alten Methoden der „schwarzen Listen“. Das Kriegsministerium wünschte seit Ende März 1890 die Totalerfassung sämtlicher Anhänger der SPD bei der Aushebung. Damit schnellten jetzt die Zahlen der im Auge zu behaltenden Soldaten rapide an, so daß schließlich die Übersicht verlorenging. Schon 1894 sah die Armee sich gezwungen, wieder zur alten Praxis zurückzukehren, also nur die „zielbewußten und führenden Elemente“ zu erfassen.

Einen Höhepunkt der repressiven Tendenzen brachte die Stimmung im konservativen und in Teilen des nationalliberalen Lagers während der Vorgeschichte der sogenannten „Umsturzvorlage“, die schließlich im Mai 1895 im Reichstag scheiterte.

Ihr Ziel war ein neues Gesetz gegen die Sozialdemokratie, geboren aus Anarchistenfurcht und einer durch nichts begründeten Identifizierung internationaler anarchistischer Methoden mit den Plänen und Zielen der deutschen Sozialdemokratie. Als Hauptanlaß solcher Verdächtigungen ist die Ermordung des französischen Staatspräsidenten Carnot durch Anarchisten am 24. 6. 1894 zu nennen. Caprivi zeigte sich zurückhaltend. Die Aussichten neuer Ausnahmegesetze auf Billigung im Reichstag beurteilte er recht nüchtern. Der Kaiser stand inzwischen auf Bismarcks Standpunkt von 1890, verlangte vom Kanzler einen Gesetzentwurf: „Die augenblickliche ängstliche Stimmung der Bourgeoisie muß ausgenutzt und erhalten, beziehungsweise erhöht werden.“ Wilhelms II. Königsberger Rede im Anschluß an die Kaisermanöver in Ostpreußen im September 1894 mit dem Aufruf: „Auf zum Kampfe für Religion, für Sitte und Ordnung, gegen die Parteien des Umsturzes“, führte zum Bruch mit dem Kanzler, der sich nun verlassen gegenüber der Front der Konservativen, der Nationalliberalen und der Armee sah. Der Kaiser sprach sich für Staatsstreich und neues Wahlrecht aus. Caprivi sah sich veranlaßt, das preußische Staatsministerium vor die Frage zu stellen: Staatsstreich oder nicht? wobei er selbst seine ablehnende Haltung deutlich machte. Er war lediglich bereit, einige verschärfende Änderungen des Strafgesetzbuches und des Presserechts vorzuschlagen – kein Ausnahmegesetz. Im wesentlichen ging es ihm um Einschränkungen der Versammlungs- und Pressefreiheit. Die extremen Ansichten einiger Bundesfürsten, des Kaisers, vor allem des preußischen Ministerpräsidenten Eulenburg, standen dagegen. Wilhelm II. suchte zuletzt zwar einzulenken, entließ aber schließlich Caprivi und Eulenburg.

Die Armee beteiligte sich aktiv an den Überlegungen, die Umsturzvorlage zu einem repressiven Instrument gegen die Sozialdemokratie zu gestalten. Sie verlangte eine gesetzliche Grundlage, um sozialdemokratische Einflüsse abwehren zu können, oder, wie es in der Begründung zum Gesetzesentwurf betr. Änderungen und Ergänzungen des Strafgesetzbuches hieß, um „von den Angehörigen der bewaffneten Macht gefährliche, auf Untergrabung der Disziplin hinzielende Einflüsse fernzuhalten“. Gedacht war an eine gesetzliche Bestimmung, die großen Interpretationsspielraum bot, die vor allem gestattete, auch solche Einflüsse zu bestrafen, die nicht als Aufforderung zur Verweigerung gegebener Befehle qualifiziert werden konnten und nicht schon nach geltendem Recht inkriminiert waren. Der Regierungsentwurf kam solchen Wünschen mit der Fassung des § 112 entgegen, wonach jemand mit Gefängnis zwischen einem Monat und drei Jahren bestraft werden sollte, der es „unternimmt, einen Angehörigen des aktiven Heeres oder der aktiven Marine zur Beteiligung an Bestrebungen zu verleiten, welche auf den gewaltsamen Umsturz der bestehenden Staatsordnung gerichtet sind". Speziellere Tatbestände sahen noch gravierendere Strafbestimmungen vor.

Die Armee hätte damit ein scharfes Instrumentarium in die Hand bekommen, im wesentlichen, um sich selbst mit ihren Zukunftssorgen zu beruhigen, denn sie konnte kein stichhaltiges Material vorbringen, um solche Strafgesetze zu rechtfertigen (s. dazu Höhn, Sozialismus und Heer). Ihr fragwürdiges Bemühen, Sozialdemokratie und Anarchismus in einen Topf zu werfen, war ernsthaft nicht zu vertreten, ebensowenig die Tendenz, das allgemeine, gegen die bürgerliche Gesellschaft gerichtete Programm der SPD zum Beweis für aktuelle Umsturzpläne zu nehmen. Die 1895 abgelehnte Umsturzvorlage bewies, daß die Armee keine Einstellung zur Sozialdemokratie gefunden hatte, die über die alten Voreingenommenheiten hinausging. Die wahre soziale und politische Bedeutung der Organisation der Arbeiterschaft blieb unklar hinter Verdächtigungen und mangelnder Bereitschaft, dem Problem auf den Grund zu gehen.

c. Ideologische Abwehr

Eine ähnliche Hilflosigkeit charakterisierte die offensiven Maßnahmen zur Eindämmung des Sozialismus und zur Immunisierung der Soldaten gegen die sozialistische Ideologie. Im militärischen Schrifttum wurden politisch-pädagogische Forderungen erhoben, die allesamt über den recht inhaltsleeren Satz nicht hinaus kamen, die Armee müsse zur patriotischen Schule der Nation werden, um wirksam das „sozialdemokratische Gift" vernichten zu helfen. Aber wie im einzelnen die Erweiterung des Aufgabenkatalogs der bewaffneten Macht über ihren fachlichen Auftrag hinaus beschaffen sein sollte, darüber gaben alle diese Anregungen und Entwürfe nur spärlich Auskunft. Da war von einem Lehrsystem der „Gesittung", des „Patriotismus", der „Königstreue", der „nationalen Gesinnung" die Rede. Die Tatsache, daß diese Begriffe und Inhalte – von der Armee definiert und von Offizieren deduziert – kaum geeignet waren, der sozialen und politischen Herausforderung seitens der Sozialdemokratie zu begegnen, wurde nicht gesehen. So ist etwa ohne weiteres davon ausgegangen worden, in der Sozialdemokratie existiere so etwas wie Vaterlandsliebe, Heimatgefühl, nationales Bewußtsein überhaupt nicht, obgleich die deutsche Sozialdemokratie durchaus ein eigenes nationales „Geschichtsbild" und einen „Patriotismus" besaß.

Die Armee war mit der selbstgestellten Aufgabe einer Nationalpädagogik weit überfordert. Historisch und theoretisch war so gut wie nichts vorhanden – nur Sätze und Formeln, die bereits gegenüber dem Liberalismus versagt hatten.

Im wesentlichen kristallisierten sich nach 1890 zwei Ansätze des neuen „Programms" der ideologischen Arbeit innerhalb der Armee heraus: die Erweckung christlichen Geistes und die Berufung auf das „vaterländische Geschichtsbild". „Religiöse" Beeinflussung der Soldaten und Applizierung eines national-konservativen Geschichtsbildes sind im wesentlichen zu verstehen als Abwehrmechanismen des wilhelminischen Staates gegen politische und soziale Veränderungen. Die auf den Soldaten berechnete Mischung von sittlichen und historischen Inhalten einer politisch-gesellschaftlichen Ideologie gibt zugleich Auskunft über das Selbstverständnis der führenden gesellschaftlichen Gruppierungen der Zeit nach 1871. Religion und Geschichte selbst schienen zu Gegenbeweisen des Sozialismus zu werden. Beides konnte aber nur unvollkommen in den ideologischen Kampf eingespannt werden. Erfolgschancen gab es von Anfang an nicht.

Der christliche Geist

Mit dem planmäßigen Einsatz der Religion gegen die Sozialdemokratie ging Wilhelm II. über das immer schon in der Armee vorhandene funktionale Mißverständnis von Religion als Medium zur Festigung der Kampfmoral noch hinaus. Sozialpolitik und christliche Erneuerung sollten die Gesellschaft gegen die Mächte der Finsternis immunisieren. Aber selbst die evangelische Kirche ging nur mit geringem Elan mit. Immerhin forderte der Oberkirchenrat die Pfarrer und Theologen auf, sich mit sozialen Fragen zu beschäftigen; der Evangelisch-Soziale Kongreß trat 1890 zusammen (Hofprediger Stoecker). Große Wirkungen wurden nicht erzielt. Der Kirchenleitung blieb Sozialismus in jeder Form suspekt, letztlich ein Versuch, gottgewollte Ordnungen abzuschleifen oder zu verändern. 1895 wurde das Ruder wieder auf den alten Kurs gelegt und die Pfarrer auf die seelsorgerischen Aufgaben beschränkt. Es wurde ihnen untersagt, sich fernerhin auf sozialpolitische Probleme oder Diskussionen einzulassen, aus Furcht, Pfarrer könnten aus Sympathie für soziale Anliegen ungewollt in das „sozialdemokratische Lager" hinübergleiten. Die Sozialdemokratie stand unerschüttert. Die Monarchie kehrte zur Polizeimaßnahme zurück.

Im vorwiegend evangelisch-lutherischen Preußen wäre es Aufgabe der evangelischen Militärseelsorge gewesen, das Immunisierungsprogramm innerhalb der Armee durchzuführen. Sie war dazu ganz und gar nicht in der Lage. Das Luthertum verwechselte wie schon früher die historische Ordnung mit Gottes ewiger Ordnung. Die evangelische Kirche und insbesondere ihre Militärseelsorge standen unerschütterlich auf der Seite der nationalen und ständisch-konservativen Kräfte. Rückwärtsgewandt und zeitblind gerieten sie in wachsende Distanz zu weiten Teilen der Nation.

Nach dem Scheitern des Kulturkampfes und des Sozialistengesetzes änderte sich hierin nichts. Aus Kreisen der Militärgeistlichkeit sind Proben geradezu erschütternder sozialkonservativer Kurzsichtigkeit überliefert. Sie verstand seit 1895/96 ihren Erziehungsauftrag im Sinne weltanschaulicher Abwehr liberaler und sozialistischer Ideen. Selbst wo ein einzelner Militärpfarrer die innere Berechtigung gewisser „idealer Forderungen" des Sozialismus anerkannte, meinte er doch, im Interesse der Aufrechterhaltung der Autorität der militärischen Vorgesetzten darüber schweigen zu müssen. Ob er von der gottgewollten ständischen Ordnung oder gegen pazifistische Gesinnungen sprach, ob er aufforderte, dem Kaiser als Gesalbtem des Herrn zu folgen oder bei der Eidesansprache zurief, der sei ein Verräter, der unter der Uniform des christlichen Soldaten „ganz andere Gedanken" hege, stets redete er in einer Sprache, die den sozialistisch beeinflußten Soldaten, und nicht nur ihn, nicht zu erreichen vermochte. Die evangelische Kirche in Preußen hatte die Signale der 48er Revolution, die demokratische und sozialistische Bewegung des Jahrhunderts, lediglich als Bedrohung der auch von ihr repräsentierten Ordnung empfunden, aber nicht die Kraft aufgebracht, sich als Kirche mit diesen Erscheinungen auseinanderzusetzen und die eigene Position zu überprüfen. Vielmehr verschrieb sie sich jenen Strömungen des letzten Drittels des 19. Jahrhunderts, die vor allem von einem kräftigen Selbstbewußtsein des nationalen Bürgertums getragen wurden. Bezeichnend dafür war die neue nationalpolitische Färbung des Lutherbildes, „Luther der Deutsche", das von Historie und Literatur übernommen wurde und sich auch stärker im „Pastorennationalismus" niederschlug.

Für die Zwecke der Militärgeistlichkeit verschmolzen diese Ideenverbindungen zur Synthese einer recht simplen deutschtümelnden, oftmals penetranten, nationalistischen und kirchlich-konservativen Indoktrinierung, die nicht selten in der Nachbarschaft der Alldeutschen stand und später im Kriege Beispiele einer geschmacklosen Kriegstheologie lieferte.

In der preußischen Armee, deren oberster Kriegsherr sich so gern auf die göttliche Ordnung berief, war nach einer Untersuchung über „Christentum und Heer" vom Jahre 1899 der Einfluß des Militärgeistlichen auf den Offizier „gleich Null". Christliche Überzeugungen spielten in der Gesellschaft des ausgehenden 19. Jahrhunderts nur eine geringe Rolle, auch im Offizierkorps. Der Offizier konnte schon deshalb den Soldaten nicht „christlich" erziehen. So blieb der Militärgeistliche auf sich und die Sterilität des zeitgenössischen Protestantismus angewiesen.

Auch die katholische Kirche nahm gegenüber Liberalismus und Sozialismus keine überzeugende Position ein. Militärseelsorger beider Kirchen griffen zu durchaus austauschbaren „Erziehungs-" und Indoktrinationstopoi, die insgesamt gegenüber sozialdemokratisch beeinflußten Soldaten vollkommen wirkungslos blieben.

Zur besseren Anschaulichkeit seien einige angeführt (e = evangelischer, k = katholischer Herkunft; Fundstellen bei Höhn, Sozialismus und Heer).

Der Soldat muß im Vorgesetzten einen Träger der von Gott gewollten Weltordnung erkennen (k).

Widersetzung gegen Vorgesetzte ist Widersetzung gegen Gott (k).

Nicht auf das Betragen, sondern lediglich auf die Autorität des Vorgesetzten hast Du zu achten (k).

Die Armee soll der Schutz der bürgerlichen Ordnung und des inneren Friedens sein (k).

„Wie, euch sollte ich noch für meine Mitbürger, für meine Brüder erkennen, da ihr meinen König nicht mehr als solchen ehrt, sondern euch gegen ihn empört? Eher wollte ich noch Diebe und Straßenräuber schonen als Anführer, die sich am Haupte meines Volkes vergreifen und das ganze Vaterland zerrütten und in Gefahr des Untergangs bringen" (k).

Die Pflicht des Geistlichen, durch die Predigt patriotische Gesinnung zu pflegen, wird noch verschärft durch die Zeitverhältnisse; denn der Geist des Umsturzes, der Gesetzlosigkeit und Vaterlandslosigkeit wird am besten bekämpft durch christliche Gottesfurcht (e).

Der Patriotismus auf der Kanzel hat nichts mit Parteipolitik zu tun. Königstreue und Vaterlandsliebe um des Herrn willen – das ist die Politik, die allein auf die Kanzel gehört (e).

Militärdienst soll die jungen Männer wappnen gegen die Verlockungen des Materialismus, des Sozialismus und des Anarchismus (e).

Der Soldat soll erzogen werden „zu einem brauchbaren Gliede unseres christlichen und monarchischen Staates, zu einem Manne, der auch nach seiner Soldatenzeit zu den staatserhaltenden Elementen zählt, an dem die Versuche und Versuchungen der Umsturzpartei erlahmen" (e).

Die Militärseelsorge bekämpfte in vollem Einverständnis mit der evangelischen und katholischen Kirche den „Zeitgeist", den sie vor allem im „Materialismus" und Atheismus der Sozialdemokratie verkörpert sah. Sie indoktrinierte den Soldaten mit ihrem Verständnis des Obrigkeitsstaates, der in protestantischer Sicht auf die Identifizierung Preußens mit der göttlichen Weltordnung hinauslief, in katholischer mehr auf den allgemeinen Gedanken der gottgerechten Obrigkeit. Beide Kirchen sind vom Vulgäratheismus des marxistischen Sozialismus jener Jahrzehnte sowie von seinem Fortschrittsglauben herausgefordert worden, aber nur zur Defensive in hergebrachten Positionen. Daß sie damit in der Armee politische Indoktrination betrieben, ist ihnen kaum bewußt geworden, weil sie gegen „Ungeist", Gottlosigkeit und den Umsturz aller Werte, schließlich um ihre eigene Existenz zu kämpfen meinten. ‚Staat', ‚Monarchie', ‚Regierung' wurden dem Soldaten als Wesenheiten höherer Ordnung, nicht als politische Systeme, deren Balance und Willensbildung kontrollierbar, meßbar, oder auch nur durch Nachdenken und Mitarbeit beeinflußbar waren, hingestellt. Dieses Staatsbild blieb weit hinter der gegebenen Verfassung, hinter den Grundsätzen der konstitutionellen Monarchie zurück und entsprach mehr der Staatsvorstellung, die in der Armee von jeher lebendig war. Der Oberste Kriegsherr war hier eine Art selbstverständliches Requisit, während Reichstag, Wahlen, Mehrheitsverhältnisse nicht so recht erklärbar waren. Aus so begriffener Defensivrolle heraus bezogen beide Kirchen Position für den starken Staat, für Nationalismus und ständische Ordnung, für die gottgewollten Unterschiede unter Menschen und Klassen, gegen Demokratie, Sozialismus, Gleichheit und politische Selbstbestimmung. Sie sprachen den Soldaten zuallererst als den Gewaltunterworfenen an, dessen Pflichten sich auf den einen Grundsatz zurückführen ließen: unter allen Umständen gehorchen zu müssen – auch im Hinblick auf den „inneren Feind". Es ist nicht zu übersehen, daß die Militärkirche an der Entwicklung des Bildes vom „inneren Feind" stark beteiligt war, damit an der Identifizierung von Klassen mit Staatsinteressen, die sich unheilvoll auf die deutsche politische und Sozialentwicklung ausgewirkt hat und sich auch später nicht aus der Genese des Nationalsozialismus wegdenken läßt.

Die Sozialdemokratie hat von ihrer theoretischen, vor allem geschichtstheoretischen Position aus diese Zusammenhänge durchschaut, ja als Bestätigung ihrer Qualifizierung des Bismarckschen und Wilhelminischen Reiches aufgefaßt. Sie hat sich aber auch mit den Widersprüchen zwischen christlicher Sittenlehre und diesem „angewandten" Christentum beschäftigt. Dabei lehnte sie jeden Anspruch der Monarchie, der eigentliche christliche Staat zu sein, ab, kämpfte mit Ironie und historischen Belegen gegen die Auffassung, daß Christentum und Militärstaat aufeinander angewiesen seien. Insgesamt hat der Eifer der Kirchen, den wehrpflichtigen Soldaten ideologisch zu immunisieren, die Sozialdemokratie nicht beunruhigt. Im Hinblick auf sozialdemokratisch orientierte Soldaten war dieser Standpunkt angemessen, im allgemeinen aber eher kurzsichtig.

Der Vaterländische Geschichtsunterricht

Überzeugt von der heilenden, sozialismuszerstörenden Kraft der Vaterländischen Geschichte verlangte Wilhelm II. eine Reform des Geschichtsunterrichts. Mit Kabinettsorder vom 13. Februar 1890 ordnete er an, daß der Offizier die neuere und neueste Geschichte zu kennen habe, um eine Anschauung „von der Eigenart unseres Vaterlandes" zu gewinnen.

Im Hinblick auf den Versuch, sozialdemokratische Soldaten zurückzugewinnen, andere zu immunisieren, blieben die ohne einheitliche Linie in Gang kommenden Ansätze des Vaterländischen Unterrichts im allgemeinen ohne oder doch nur von zweifelhafter Wirkung. Die Rekrutenoffiziere und Kompaniechefs, denen der Unterricht oblag, waren durchweg ihrer Aufgabe nicht gewachsen und auch die Armee hat ihnen keine besondere Hilfe zuteil werden lassen. Selbst in Bayern, wo mit der Abiturforderung für den Offiziersersatz ernst gemacht wurde, reichte das geistige Rüstzeug des Offiziers nicht aus, wie es ein Bericht des Kommandierenden Generals des II. Bayerischen Armeekorps an das Bayerische Kriegsministerium aus dem Jahre 1894 deutlich macht. Der Bericht wies auf die Notwendigkeit hin, schon auf den Kriegsschulen eine entsprechende Vorbildung zu bieten, was allerdings grundsätzliche Überlegungen über die politische Bildung des Offiziers erfordert hätte, wozu keine Aussicht bestand.

Außerdem entsprach der Forderung des Vaterländischen Geschichtsunterrichts kein einheitliches Programm. Soweit dieses Feld von militärischen Autoren beackert wurde, bestand die Ernte im allgemeinen nur aus sterilen Publikationen. Gerade die gesellschaftlichen, wirtschaftlichen und sozialen Probleme blieben ausgeklammert. Sie beschränkten sich im wesentlichen auf patriotische Heldengeschichten, an denen es ohnehin nicht mangelte. Sie appellierten im allgemeinen stärker an das Gefühl und den Glauben als an das kritische Nachdenken. Geistige Schablonisierung paßte an sich gut zur physischen Disziplinierung, stieß aber dennoch auf große Hindernisse, weil die wissenschaftliche Behandlung des Sozialismus im bürgerlichen Lager so gut wie verpönt und Literatur daher kaum vorhanden war. Zwar sollte der Vaterländische Geschichtsunterricht kein sozialpolitischer sein, aber er hätte seine Abwehrfunktion gegen die Sozialdemokratie überhaupt nur sinnvoll vorbereitet, wenn ein Mindestmaß von Kenntnissen über die soziale Bewegung, ihre Ziele und Strategien vorhanden gewesen wäre. Daran fehlte es vollständig. So blieb nichts übrig, als die Vorbildlichkeit von Monarchie, Armee, Staat und Politik zu unterstreichen, um, wie die Schrift „Was leistet unser Heer als Erziehungsanstalt?" (1891) betonte, „dem Kampf mit dem roten Gespenst im Innern vorzubeugen".

Handbücher für den Vaterländischen Unterricht wurden erst nach der Jahrhundertwende erarbeitet – und auch nicht nach Plan und Weisung des Kriegsministeriums, sondern von einzelnen Offizieren, die den Mangel der bisherigen Praxis empfanden. Kritische Geschichtsbetrachtung, wenn auch in kompendienhafter Form, konnte – und durfte – nicht geboten werden. Insgesamt liefen diese Versuche auf die Darstellung der Leistungen des Hohenzollernhauses hinaus, auf patriotische Beispielsammlungen, Erzeugung von Anhänglichkeit an das kaiserliche Haus und gelegentlich auch auf Bekenntnisse zu Deutschlands Ruhm und Größe in der Welt, wie etwa in dem Buch des Obersten v. Cochenhausen „Die Erziehung des Soldaten. Praktische Ratschläge für den Batterie-Chef" (1905).

Militärpublizistik und Bibliotheken

Die nach 1871 stark anschwellende Militärpublizistik bot einen beträchtlichen Fundus an gedrucktem Material dieser Art. In Erkenntnis der damit gegebenen Möglichkeiten sind schon 1891 im Kriegsministerium, auf Veranlassung des Kaisers, Überlegungen über den Einsatz dieser Literatur angestellt worden. Im selben Jahr wurde ein „Organisationsplan zur Versorgung der Mannschaften des Heeres mit Lesestoff" entworfen (s. Höhn, Die Armee als Erziehungsschule der Nation). Er sah die Versorgung von Soldatenbibliotheken mit passenden Büchern und Broschüren vor – „Schriften politischer Tendenzen oder irgendwelcher Parteifärbung sowie leichtere Unterhaltungslektüre sind ausgeschlossen" – sowie die Schaffung von Zeitschriften mit entsprechend abgestimmtem Niveau.

Als Zeitschriften im Sinne des Organisationsplans wurden vorgesehen der schon seit Jahrzehnten existierende „Soldatenfreund" als Monatsschrift und zwei Wochenblätter, der „Soldatenhort" und „Nach dem Dienst". Diese Initiativen standen in unmittelbarem Zusammenhang mit dem Fall des Sozialistengesetzes, wenn auch schon vorher von der militärischen Publizistik die Notwendigkeit der publizistisch-literarischen Bekämpfung der Sozialdemokratie in der Armee herausgestellt worden war.

So insbesondere von der „Deutschen Heeres-Zeitung", einem für Offiziere bestimmten Organ, das schon 1880 gefordert hatte, der Offizier müsse sich mit der sozialistischen Ideologie auseinandersetzen, um den Mannschaften eine geeignete Belehrung zuteil werden lassen zu können. In ihrem Beitrag von Ende Dezember 1880 „Politik im Offizierkorps" hatte diese Zeitung auf den offenkundigen Sachverhalt hingewiesen, daß es zu den seltensten Ausnahmen gehöre, „daß ein Hauptmann oder Lieutenant von Begriffen wie z. B. Parlamentarismus, konstitutionelle Regierung, Absolutismus, Sozialdemokratie etc. mehr als elementare Kenntnisse" besitze.

Ein so aktives Programm sah die Armee auch nach 1890 nicht vor, weil es die theoretische Beschäftigung mit der Position des Sozialismus erfordert hätte. Immerhin hielt das Kriegsministerium den alten ‚Soldatenfreund', der sich seine „Verdienste" im Kampf gegen den Liberalismus in den vierziger und fünfziger Jahren erworben hatte, allein nicht für ausreichend zur Immunisierung der Soldaten gegen den Geist des „Umsturzes". Die neue, in Zusammenarbeit mit dem Verlag des Christlichen Zeitschriftenvereins herausgegebene Zeitschrift „Nach dem Dienst" sollte den Soldaten speziell „über die Dienstzeit hinaus gegen Irrlehren widerstandsfähiger machen", aber auf indirekte Weise. Sie wurde in 150 Exemplaren jedem Generalkommando kostenlos geliefert. Die Soldatenbibliotheken wurden ebenfalls aus festen Fonds unterhalten. Als zweite Soldatenzeitschrift neben „Nach dem Dienst" wurde der „Soldatenhort" ins Leben gerufen. 1892 sollten die erwähnten Zeitschriften aus Etatmitteln von den Garnison- und Regimentsbibliotheken abonniert werden, und ab 1893 hatte jede Kompanie, Schwadron und Batterie alle drei Zeitschriften zu halten. Das Bayerische, Sächsische und Württembergische Kriegsministerium folgten mit entsprechenden Erlassen. Der „Soldatenhort" machte sich speziell den Kampf gegen die Sozialdemokratie zur Aufgabe.

Neben diesen speziell für Soldaten bestimmten Organen gab es eine Flut von Publikationen, die in den Gesamtzusammenhang der Militarisierung der deutschen Gesellschaft einzuordnen sind. Hier wurde ein umfassender publizistischer Horizont geschaffen, der jene militärischen, antisozialistischen und imperialistischen Akzente setzte und verbreitete, die seit 1890 immer stärker das öffentliche Bewußtsein in Deutschland prägten, getragen von der Verflechtung militärischer, gesellschaftlicher und industrieller Interessen.

Insgesamt muten die Anstrengungen der Armee im literarischen Kampf gegen die Sozialdemokratie theoretisch stümperhaft an, weil sie ihr Thema im wesentlichen mit Glorifizierungen der eigenen Position und mit wenig beweiskräftigen negativen Behauptungen über den Gegner behandelten. Die als besonders wichtig und nützlich betrachteten Instruktionsstunden litten an der gleichen Unzulänglichkeit. So blieb es bei vagen Umrissen eines inneren Feindbildes, das in antisozialistischen Kreisen gleichwohl sozialpsychologische Wirkungen erzielte, trotz der zu unterstellenden und vielfach beklagten Lustlosigkeit des Soldaten, sich mit Literatur dieser Spezies – oder überhaupt mit Literatur – zu beschäftigen.

Kriegervereine

Indoktrination dieser Art vermochte immerhin grobe politische Glaubenssätze zu verfestigen und unterschwellige Einstellungen zu erzeugen, zumal da, wo sie Hand in Hand ging mit Initiativen auf dem Gebiet des militärischen, nationalistischen und politischen Verbändewesens. Dies war seit den siebziger Jahren in hohem Maße der Fall. Damit wurde ein Klima erzeugt und verfestigt, das spätere Bemühungen einsichtiger Offiziere, die Arbeiterschaft in Staat und Armee zu integrieren – wie es etwa seit 1906/07 der Hauptmann Preuss mit einigen Publikationen versuchte – von vornherein illusorisch machte, wie die Entrüstung über die Versuche mit dem sozialpolitischen Unterricht im XVIII. AK zeigen sollte.

Die sich aus den alten Begräbnisvereinen entwickelnden Kriegervereine nahmen nach 1871 einen gewaltigen Aufschwung. Früh hat die Armee und die politische Führung des Reiches die hier liegenden Möglichkeiten zum Einsatz gegen die Sozialdemokratie erfaßt. Die Kriegervereine wurden zur Massenorganisation, seit sie dazu übergingen, auch Reservisten aufzunehmen. Bald nahmen sie ihren Platz an der Seite der „Ordnungsparteien" ein. Die Größenordnung zeigt sich in folgenden Zahlen: 1873 gehörten zum „Deutschen Kriegerbund" 241 Vereine mit 27511 Mitgliedern, 1890 lagen die Zahlen bei 4728 Vereinen mit 404276 Mitgliedern, und zehn Jahre später wurde die Millionengrenze überschritten. Daneben existierten viele nicht im Deutschen Kriegerbund vertretenen Vereine. Die Aktivität der Kriegervereine gewann seit dem Zusammenschluß der Landeskriegerverbände zum „Kyffhäuserbund" (1900) neue Dimensionen und nunmehr unter preußischem Einfluß eine verschärfte Tendenz gegen die Sozialdemokratie.

Als Bismarck 1888 dem Vorsitzenden des Deutschen Kriegerbundes für seinen Jahresbericht dankte, faßte er sein Programm, die Vereine zum innenpolitischen Agitationsinstrument umzufunktionieren, in dem Satz zusammen, er sehe in ihnen eine „kräftige Abwehr gegen staatsgefährdende Bestrebungen". Bismarck strebte schon vor Erlaß des Sozialistengesetzes eine reichseinheitliche Organisation der Kriegervereine an, scheiterte aber an Bayerns Sonderinteressen.

Wenn also die Bewegung ihre volle Entfaltung erst in der Zeit nach Bismarck erreichte, so begann doch schon vor 1890 die Mobilisierung des kleinbürgerlichen Gesinnungsmilitarismus auf der Grundlage von Landes- und Reichsorganisationen gegen die Sozialdemokratie. In voller Entsprechung zu den Intentionen des Vaterländischen Unterrichts und zu den Bemühungen der Militärkirche wurde der Versuch gemacht, die „Erziehungserfolge" der Dienstzeit zu stabilisieren und zu ergänzen in einem Reservoir militanter, unkritischer

Gefolgsleute, denen die bestehende Ordnung als beispielhaftes Ergebnis der Hohenzollernpolitik und -fürsorge sowie als Resultat der Ruhmestaten der preußisch-deutschen Armee vor Augen geführt wurde. Der Sozialdemokrat wurde damit als Abtrünniger und Außenseiter gebrandmarkt, dem es vor allem an nationalem Bewußtsein mangelte.

Die Armee suchte seit Mitte der achtziger Jahre angesichts der günstigen Entwicklung der Sozialdemokratie direkten Einfluß auf die Vereine zu gewinnen. Sie beobachtete das politische Klima in den Vereinen, schleuste inaktive und Reserveoffiziere in die Organisation ein. Kriegsminister Paul Bronsart v. Schellendorf gab im Jahre 1887 den Generalkommandos zu bedenken, es bedürfe „weiterer positiver auf die Erhaltung und Förderung des guten Geistes derselben gerichteter Einwirkung. Solche vollzieht sich am wirksamsten durch eine möglichst starke Durchsetzung der Mitgliedschaften mit solchen Elementen, welche geeignet sind, die Krieger-Vereine in ihrem Bestreben zu unterstützen, den Geist der Treue zu Kaiser und Reich, König und Vaterland zu pflegen und eine Wehr gegen diejenigen Bewegungen zu bilden, welche sich gegen die Grundlagen unseres Staatslebens und die soziale Ordnung richten". Der engere Anschluß der Organisation an die Armee fand ihren äußeren Ausdruck in geplanten Ehrenpräsidentschaften Kommandierender Generale, in der Verteilung von Fahnenbändern u. ä. Seit Alfred Westphals Aktivität im Bundesvorstand des Deutschen Kriegerbundes und des Preußischen Landeskriegerverbandes nahm die Bewegung von 1886 an eindeutig Richtung auf das Ziel, die Kriegervereine in Kampfstätten gegen die Sozialdemokratie zu verwandeln. Mit diesem Programm übernahm Wilhelm II. das Protektorat über den Preußischen Landeskriegerverband (1898).

Die Art der Verbindung zwischen Armee und Kriegerbund war in erster Linie eine Frage der Behandlung des ‚Verbandsegoismus'. Die Vorstellung des Preußischen Kriegsministeriums, die Kommandierenden Generale zu indirekten Vorgesetzten der Vereine ihrer Korpsbezirke zu machen, ließ sich nicht realisieren. Dagegen sprachen sich die Verbände dafür aus, die weniger mächtigen Bezirkskommandeure zu Ehrenvorsitzenden auf der Bezirksebene zu bekommen. Die Armee hat zunächst geprüft, ob und inwieweit sich in den Kriegervereinen sozialdemokratische Einflüsse bemerkbar machten. Die Bezirkskommandeure hatten auf Anweisung des Kriegsministers sich ständig über „Zusammensetzung und Haltung" derselben unterrichtet zu halten. Den Kommandierenden Generalen oblag die Auswertung der Beobachtungsergebnisse, die nach einem Erlaß des Kriegsministers vom 8. Oktober 1887 an die Generalkommandos so erfolgen sollte: „Sollten dem Kgl. Generalkommando Fälle bekannt werden, welche das Eingreifen der Staatsbehörde wünschenswert machen, und das wird namentlich dann der Fall sein, wenn nachgewiesenermaßen sozialdemokratische Elemente in den Kriegervereinen von den Vorständen geduldet werden oder letztere gar selbst dieser Richtung angehören, so wird hierüber mit dem Oberpräsidium in Verbindung zu treten sein." (Höhn)

Nur wenige Offiziere, darunter ein Kommandierender General, begriffen, daß die Armee sich damit massiv in das Gebiet der sonst so beargwöhnten „Politik" hineinbegab. Es ist ein perfektes Überwachungssystem auf der Bezirks-, Brigade- und Generalkommandoebene eingerichtet worden, und bald konnte berichtet werden, daß das Kriegervereinswesen sich in der gewünschten politischen Richtung bewege. Die Einschleusung von inaktiven Offizieren als Vertrauensmänner der Armee wurde forciert.

Wilhelm II. hat Bismarcks Linie bewußt fortgesetzt. Bei vielen Gelegenheiten zeigte er sich ostentativ bei den Kriegervereinen, erhöhte ihr Ansehen, schuf damit Anreiz für Offiziere, in die Vereine einzutreten. Der Kaiser ließ keinen Zweifel daran, daß er die Kriegervereine als Institute der Bewahrung und Vermittlung militärischen Geistes und politischer Loyalität betrachtete, die eine eminente Rolle im politischen Leben spielen konnten und sollten, insbesondere in Wahlkämpfen. Schon in der ausgehenden Bismarckzeit traten Kriegervereine im Interesse der Regierung, der konservativen Partei auf. Ihr lokaler Einfluß kann nicht unterschätzt werden. Aber über den taktischen Abreden, der Ausnutzung von Abhängigkeiten, dem Versuch, alte Subordinationsverhältnisse auf das politische Leben zu übertragen, stand die Steuerung von oben, die Wilhelm II. ganz bewußt in die Hand nahm. Sie schlug sich nieder in bestimmten Formeln, etwa der von dem „anderen Armeekorps", oder in Richtlinien wie der, im Kriegervereinswesen sei vor allem wesentlich die fortwährende Wahrung der einst im Fahneneid dem König gelobten Treue.

Und wie in der Armee, so ist auch in den Kriegervereinen die massive monarchisch konservative Haltung, darüber hinaus noch der Einsatz bei Wahlen, die Beeinflussung der öffentlichen Meinung als „unpolitisch", als allein staatsorientiert, staatserhaltend, für richtig und gesund angesehen worden. Sozialdemokraten, die ihren politischen Standort nicht offenbarten und Mitglieder zu bleiben suchten, galten als Heuchler und Verräter, als Eidbrüchige.

Staat, Armee und die den wilhelminischen Staat tragenden gesellschaftlichen Gruppen gewannen damit in der ländlichen und städtischen Arbeiterschaft, im Kleinbürgertum, Beamtentum und weiten Kreisen der Wählerschaft einen aktiven militanten Anhang, der mit leeren Formeln von der Vorbildlichkeit der Sozialordnung des Kaiserreiches, von der nicht in Frage zu stellenden politischen Ordnung, ihrer Gerechtigkeit und Angemessenheit überzeugt wurde oder werden sollte. Hier wurde ein eingängiger ‚preußischer Sozialismus' gepredigt, der dem Arbeiter auch Sinn und Wesen der Sozialgesetzgebung nahebringen sollte.

Die Armee setzte ihr Prestige ein, um dem Kriegervereinswesen Glanz und Attraktivität zu verleihen. Das Anwachsen der Organisationen läßt ihren Erfolg erkennen. Diese Entwicklung ist von seiten der Armee als Reagieren auf eine Herausforderung empfunden worden. Nicht der politische Liberalismus, sondern erst die parteipolitische Organisation des deutschen Sozialismus hat es vermocht, die Armee zum aktiven Eingreifen in Vorgänge und Entscheidungen auf innenpolitischer Ebene herauszufordern, die sie zuvor nicht betreten hatte. Dabei sind von ihr die in Jahrzehnten geschaffenen Bedingungen des sozialen Militarismus, die die Allgemeine Wehrpflicht, das Zivilversorgungswesen, das Ansehen des Militärs in Staat und Gesellschaft produzierten, bewußt politisch und psychologisch genutzt und aktiviert worden. In der Gegenbewegung gegen den sozialdemokratischen Einfluß auf die Arbeiterschaft fanden sich nicht nur christlich-religiöse und kirchliche Interessen mit Integrationskraft nach unten – unterstützt durch die Folgewirkungen des Kulturkampfes –, nicht nur agrarisch-unterentwickelte Sozial- und Bildungsverhältnisse zusammen, sondern eben auch jene sozialpsychischen Potentiale, die dem Wirkungskreis der Armee, der Reservistenloyalität zuzurechnen waren. So ist es in Preußen-Deutschland zu der ganz besonderen Färbung einer auch in anderen Industrienationen feststellbaren Entwicklung gekommen, die große Teile der Unterprivilegierten in die Frontstellung gegen die politischen Ziele des Sozialismus hineinführte. Die Armee hat hier eine größere Rolle gespielt als etwa in Frankreich und England. Der deutsche Militarismus besaß stärker vorgebildete soziale und psychologische Wurzeln in allen Gesellschaftsschichten – und die Herausforderung durch eine straff disziplinierte sozialistische Partei war hier größer.

Wichtig zu sehen ist aber, daß die Armee nicht allein institutionelle Interessen abzusichern suchte, daß sie nicht nur den sozialdemokratischen Einfluß auf Heer und Wehrgesinnung mit ihrem Engagement in den Kriegervereinen bekämpfte, sondern daß sie hier in einer Linie mit der bürgerlichen Gesellschaft Staat und Sozialordnung gegen die Mitsprache neuer sozialer und politischer Kräfte verteidigte, was ihr die Kritik eintrug, ein Klasseninstrument zu sein.

Unter den gegebenen Bedingungen konnte sie jedoch gar nichts anderes sein. Sie konnte kein anderes, moderneres Problembewußtsein entwickeln als die Gesellschaft, die sich mit ihr identifizierte und die in ihr ihren Schutzwall erblickte. Ihre ‚Modernität' lag allein im fachlich-technischen Bereich. Eine andere Sicht der Dinge wäre unhistorisch. Sie verkennt die Möglichkeiten einer beschränkten Bildung und endogenen Erziehung. Wie sollte es die Armee über sich bringen, aus dem Kreis der eigenen Existenzbedingungen, sei es auch nur theoretisch, herauszutreten? Die sozialistische Herausforderung hat diese Grenzen deutlich gemacht wie keine andere politische Herausforderung zuvor.

4. Das Problem des Militarismus

a. Preußen-Deutschland als Sonderfall

Der preußisch-deutsche Militarismus läßt sich nicht begrenzen auf die Extrapolation militärischen Denkens in die Bereiche der Außenpolitik, auf den Versuch der militärischen Führung, außenpolitisch relevante Entscheidungen mit oder allein zu bestimmen, oder das letzte Wort in der Frage zu haben, ob Krieg oder Frieden sein soll. Dieser Komplex umfaßt nur eine, wenn auch sehr wichtige Facette des Gesamtproblems, die speziell von Gerhard Ritter sorgfältig beschrieben worden ist. In seinem großen Werk „Staatskunst und Kriegshandwerk" finden sich auch Hinweise auf die sozialen und politischen Bedingungen des deutschen Militarismus, der unter den europäischen Militarismen von hier her seine besonderen Züge erhalten hat.

Fraglos ist die Allgemeine Wehrpflicht einer seiner grundsätzlichen Faktoren gewesen; präziser muß gesagt werden, es war die Nutzung dieses modernen Typs einer Wehrverfassung in einem relativ unmodernen politischen System. Allein die Tatsache, daß Söhne aller Familien in der preußischen oder einer anderen deutschen Armee kurze Zeit aktiv dienten und dann ins zivile Leben zurückkehrten, hat für die Verbreitung militärischen Denkens in der Nation eine erhebliche Rolle gespielt. Sie hat auch bewirkt, daß es – abgesehen vom Offizierkorps – keine soziale Distanz zwischen Armee und Nation, zwischen Soldat und Bürger gab. Für eine kurze Zeit wenigstens dienten die Söhne von Ministern, Generalen und Wirtschaftskapitänen als gemeine Soldaten. Das Einjährigen-Freiwilligen-Institut hat „Bildung und Besitz" für die Lösung interessiert und eingenommen. Insgesamt hat das Bürgertum die Belastung des einzelnen nicht als unerträglich empfunden. Die Armee wurde immer weniger unpopulär.

Lediglich die Möglichkeit, sie innenpolitisch gegen die Interessen des Bürgers einzusetzen, hat der militärischen Führung, dem Monarchen und dem preußischen politischen System Aversionen eingetragen. Seit die Armee dem Bürgertum selbst als Schutzwall gegen sozialistische Gefahren erschien, also nach 1848, ist auch dieser Vorbehalt mehr und mehr dahingeschmolzen. Als dann während des Verfassungskonflikts alle Versuche, im Kampf um die Festsetzung des Armeehaushalts die Verfassungsfrage vorwärtszubringen, gescheitert waren, als die nationale Lösung mit der königlichen Armee und nicht mit einem Parlamentsheer erreicht worden war, ist die preußische Armee monarchischer Prägung endgültig als Sieger aus den innenpolitischen Konflikten hervorgegangen, in ihrer Stellung von weiten Teilen der Nation sanktioniert. Sie hat dann erst die latent vorhandene soziale Verankerung und Billigung durch die Nation auch politisch und psychologisch realisieren können. Sie hat die Parteienlandschaft beeinflußt. Der Spaltungsprozeß der einst mächtigen Gegnerin, der liberalen Partei, geht auf ihr Konto, insoweit sie als Instrument bismarckscher Politik nicht mehr nur preußische, sondern deutsche Geschichte gemacht hat. Dem Zeitgenossen war zudem klar, daß sie immer noch etwas mehr war als nur Instrument der Politik, daß Bismarck ohne sie keine Politik europäischen Zuschnitts hätte machen können. Sehr genau hat die Armee selbst dieses Bewußtsein gehabt.

So ist die Geschichte des deutschen Militarismus auch in eminentem Sinne eine Geschichte bewußtseinsmäßiger Prozesse gewesen. Das Offizierkorps als Fokus dieser geistigen Abläufe und Konstanten gewann von der nach 1871 neu befestigten Position der Armee im preußisch-deutschen Militärstaat neues Ansehen. Sein Sozialprestige summierte sich aus der langen Gewöhnung des

Bürgers an die inneren Verhältnisse Preußens und aus der Bewunderung der Zeitgenossen für ein Kriegsinstrument, das als das schlagkräftigste und gefürchtetste der Welt angesehen wurde. Eine um sich greifende Ethisierung der Macht begleitete den „Respekt" des Untertanen vor dem Träger der Macht. Der Prozeß einer „Militarisierung" des zivilen Lebens, des Eindringens militärischer Gewohnheiten, von Strammheit und Harschheit in die Bürokratie und andere nichtmilitärische soziale Bereiche war dabei um so bemerkenswerter, als die Armeeführung den Kurs der Isolierung der Armee von der bürgerlichen Gesellschaft, insbesondere der gesellschaftlichen Abschließung des Offizierkorps, bewußt fortsetzte, sichtbar vor allem in den Richtlinien für die Ergänzung des Offizierkorps und in der Ängstlichkeit und Beharrlichkeit, mit der Kaiser und Militärkabinett die Öffentlichkeit des Militärgerichtsverfahrens zu verhindern suchten. Eine übersteigerte, lebensfremde Sublimierung der „Offiziersehre" gehört ebenfalls hierher.

Akzente der Militarisierung setzte Wilhelm II. mit der Einrichtung des „Kaiserlichen Hauptquartiers", dem seit 1889 ein „Kommandant" vorstand. Diese „maison militaire" faßte das militärische persönliche Gefolge des Monarchen zu einer Einheit zusammen und betonte schon in Friedenszeiten die Bedeutung militärischer Formen und Organisationsprinzipien auf höchster Ebene. Damit zeigte Wilhelm II., daß ihm der Gedanke des roi connétable ein unumstößlicher Grundsatz war – eine auch militärisch schädliche Auffassung (G. Ritter). Überdies schirmte er sich durch dieses „Hauptquartier" wirksam gegen zivile Einflüsse und Ratgeber ab.

Die Zweitrangigkeit des Zivilisten zeigte sich so an der Spitze und blieb durchgängig Prinzip bis in die letzte Garnison. Der Offizier fühlte sich als Sonderwesen, als überlegener Repräsentant monarchischer Gesinnung, den Verfassung, politisches Leben, Staatsbürgertum nicht zu interessieren brauchten. Das dem Kaiser zugeschriebene Wort: „Die Verfassung habe ich nie gelesen und kenne sie nicht" (Graf Zedlitz-Trützschler) charakterisiert auch die Einstellung des Offizierkorps. Nach Auffassung des Kaisers hatte das Staatsministerium nichts mit der Armee zu schaffen – wieviel weniger Zivilisten unterhalb dieser Ebene.

Wilhelm II. ist mit seinen politischen Vorstellungen kaum über die Denkweise seiner Gardeoffiziere hinausgelangt. Stil und Ton vieler seiner Reden und Äußerungen können als Zeichen einer selbstverständlich-unbewußten und dann wieder forciert-gewollten Übertragung militärischer Denkmuster in die Innen- und Außenpolitik angesehen werden.

Die „Übertragung" militärischer Denkmuster in das zivile Leben ist in der Bismarckschen und Wilhelminischen Zeit ganz allgemein als verbreitetes Phänomen feststellbar. Möglich konnte sie nur werden, weil sie von der zivilen Seite überwiegend akzeptiert wurde, weil sie auf soziologischen Gegebenheiten ruhte, die die Prädominanz des Militärs garantierten und immer neu produzierten. Das Offizierkorps als erster Stand im Staate ist in Stil, Haltung, Sprech- und Denkweise von bürgerlichen Gruppen, akademischen Kreisen imitiert und kopiert worden. Die Symbolfigur dieses Vorgangs, der das Verblassen der politischen Kultur des klassischen Liberalismus in der Phase der nationalen

Euphorie und der bonapartistischen Schachzüge Bismarcks wie später in den Jahrzehnten imperialistischer Kraft- und Machtbesessenheit signalisierte, wurde der Reserveoffizier.

In den achtziger und neunziger Jahren ist das Institut des Reserveoffiziers aufgebaut worden. Die Heeresvermehrungen seit 1887 liefen auf eine beträchtliche Vermehrung der Reserven hinaus. Im Kriegsfalle wäre die Armee in einem weit stärkeren Maße auf bürgerliche Offiziere aus dem zivilen Berufsleben angewiesen gewesen, als es im vergangenen deutsch-französischen Krieg der Fall gewesen war, als Roon aus innenpolitischen Gründen bewußt auf den Einsatz von Landwehrtruppen verzichtet hatte. Damit ergab sich für den preußischen Militärstaat das Problem, ein zahlenmäßig großes und nach den Maßstäben des aktiven Heeres loyales Reserveoffizierkorps zu gewinnen, für das der Adel praktisch nicht in Frage kam, weil er schon zur Besetzung der stark vermehrten aktiven Stellen zu schwach war. Die Voraussetzungen dafür entwickelten sich noch mit dem seit den Einigungskriegen einsetzenden Prozeß der „Feudalisierung" des Bürgertums, dem der Bismarcksche Staat mit ökonomischen Zugeständnissen kräftig nachhalf. Im Öffentlichen Dienst hatten in der Ära des Ministeriums Puttkamer (1881–1888) nur noch konservatiev Referendare Aussicht auf Zugang zu Staatsämtern. So ist von verschiedenen Seiten her die Entliberalisierung eingeleitet worden. Die konservativ akzentuierte gemeinsame Abwehrfront der alten Führungsschichten und der neuen Interessen in Wirtschaft und Industrie gegen den Sozialismus hat den Feudalisierungsprozeß noch verstärkt.

Seit den achtziger Jahren lieferte das Bürgertum den gewünschten Typus des Reserveoffiziers. Daß die Wirkung der nationalen Erfolge bei diesem Bewußtseinswandel eine wichtige Rolle gespielt hatte, darf nicht übersehen werden. Ein bloßes „Bündnis" aufgrund ökonomischer Überlegungen zwischen Bürgertum und Militärmonarchie reicht zur Erklärung des Vorgangs nicht aus. Eckart Kehrs These, wonach die Ausbildung des Reserveoffizierwesens seit den achtziger und neunziger Jahren die „endgültige Kapitulation des deutschen Bürgertums, das auf die politische Revolution verzichtet hatte und aus Furcht vor dem Umsturz der besitzlosen Klasse sich intensiv an die bestehende Machtorganisation des Staates anzuschließen strebte", definiert diesen Prozeß zu sehr als politischen Entschluß, als Aufgabe einer Linie, die ebenfalls erfolgversprechend hätte ins Auge gefaßt werden können. Tatsächlich „verzichtete" das Bürgertum nicht, es resignierte in Erkenntnis der eigenen Ohnmacht. Das aus Resignation geborene Einschwenken auf die Bedürfnisse des in der deutschen Frage siegreich gebliebenen Militärstaates war um so elementarer und rückhaltloser. So erklärt sich auch der Zusammenbruch des Liberalismus, der Stilwandel, die Faszination durch militärische Formen, Uniformen und Dekorationen. Die Militarisierung der bürgerlichen Gesellschaft war im wesentlichen initiiert durch das Erlebnis der Ohnmacht vor dem funktionierenden militärischen Instrument der preußischen Monarchie, das sich als conditio sine qua non für die vom Liberalismus ersehnten machtpolitischen Ziele erwiesen hatte.

Soziologisch und historisch vorbereitet worden ist die rasche Rezeption militärischer Maßstäbe und Denkkategorien durch die Gesellschaft des Kaiserreichs in den langen Jahrzehnten seit der preußischen Reform. Bürger und Soldat standen hier nie sozial gegeneinander. Das Offizierkorps hat zwar immer eine Sonderrolle gespielt, die der Monarch und die militärische Führung bewußt forcierten, so daß das bürgerliche Element, soweit es in das Korps aufgenommen wurde, schnell eingeschmolzen worden ist. Nicht der Geist der Reformen nach 1806, sondern stärker die friderizianische Tradition hat hier weitergelebt. Dennoch sind aufgrund der sozialen Bedingungen, auf denen die Allgemeine Wehrpflicht aufbaute, Militär und Bürger, Soldat und Zivilist vor allem auf der unteren Skala der Gesellschaft eng zusammengerückt. Das Militär ist faktisch zur nationalen Einrichtung geworden. Der von der Armee gewünschte Entfremdungseffekt, den die dreijährige Dienstzeit beim Soldaten erzielen sollte, ist nicht eingetreten. Der Gegensatz Militär–Zivil läßt sich im wesentlichen eingrenzen auf den Gegensatz Armee–politisch-liberales Bürgertum, und diese Konfrontation ging den „kleinen Mann" sehr wenig an. Aber auch das Bürgertum hatte während der Zeit, als es am Landwehrideal festhielt, zahlreiche Kontakte mit der Armee. Was als trennend empfunden wurde, war der „Geist der Linie", aber eben dieser Geist hatte 1866 und 1870/71 Triumphe gefeiert und gezeigt, daß er nationale Ziele zu erfassen imstande war.

Die Hereinnahme des Bürgertums in das Offizierkorps in der Größenordnung seit 1887 ist sowohl als Ergebnis wie als Faktor der Militarisierung der Nation aufzufassen. Vom Standpunkt des konservativen und nationalliberalen Nationverständnisses her war dieser Prozeß auch eine Nationalisierung der Armee, dagegen schwerlich nach den Maßstäben des kämpferischen Liberalismus des Vormärz, dessen Ziele nach 1870 eher in die Kategorie der „Reichsfeindschaft" einzuordnen waren, noch weniger natürlich in der Sicht der Sozialdemokratie.

Unterhalb der Ebene des gehobenen Mittelstandes hat sich die militarisierende Prägekraft der Militärmonarchie auch noch speziell ausgewirkt. Das System der Zivilversorgung durchsetzte die kommunale, die Staats- und Reichsverwaltung mit sorgfältig ausgesiebten „loyalen Bewerbern". Ihr Stil und Auftreten haben ebenso wie das der Offiziere und Reserveoffiziere auf die neudeutsche Gesellschaft gewirkt.

Eine besondere Dimension brachte in diese Entwicklung überdies das Einjährig-Freiwilligen-Institut. Seit immer mehr Schultypen das Recht erhielten, das begehrte Zeugnis auszustellen, sind von immer weiteren Bevölkerungskreisen die erwünschten Privilegien in Anspruch genommen worden. Hier war einmal der Weg zum Reserveoffizier möglich, andererseits aber auch der Teilloskauf von der Dienstpflicht. Insgesamt hat dieses System „militarisierend nach unten" gewirkt, weil es das Interesse an der gegebenen Ordnung wachhielt und neu produzierte. Reichstag und die Parlamente der Bundesstaaten haben immer wieder auf die Mißstände des Einjährigen-Systems hingewiesen. Es war schon zu fest etabliert und sicherte das Interesse am Militärwesen zu offensichtlich, als daß es hätte aufgegeben werden können. Ein Privileg für „Bildung“ im Sinne Boyens war es längst nicht mehr.

Das militärische und pseudomilitärische Verbändewesen, an erster Stelle die Kriegervereine, aber später auch die „Alldeutschen“, der Flottenverein usw., gehörten zu den „Multiplikationsfaktoren“ militärischen Denkens, das dazu bewußt noch mit antisozialistischen Affekten aufgeladen wurde.

In diese Richtung zielten auch die Bemühungen um die schulentlassene männliche Jugend seit Ende der achtziger Jahre, die sowohl im Zeichen der vormilitärischen Ausbildung wie der Gegenwirkung gegen die sozialdemokratische Jugendarbeit standen. Moltke hatte noch im Oktober 1890 die Volksschule als brauchbare Anstalt für die ideologische Jugendbeeinflussung betrachtet. Seit Ende der achtziger Jahre kam aber schon mit der „Spielbewegung“ der Ansatz zu vormilitärischen Jugendorganisationen in die Diskussion. Gerichtet gegen die Sozialdemokratie, getragen von Nationalliberalen, Konservativen, Bundesstaaten und Kommunen und unterstützt vom Wohlwollen des Kaisers, der Verwaltung und nicht zuletzt der Armee, widmeten sie sich der Erhaltung der „vaterländischen Wehrkraft“ und der „Hebung der Gesittung“ des Volkes. Zwischen der vom 1891 gegründeten „Zentral-Ausschuß zur Förderung der Jugend- und Volksspiele in Deutschland“ ins Leben gerufenen Volksspielbewegung, die auch die national-ideologische Bedeutung des Turnens für sich nutzbar machen wollte, und dem Deutschen Turnerbund kam es bald zu scharfer Rivalität. Eine definitive Organisationsform für eine staatlich geförderte Jugendarbeit ist bis zur Jahrhundertwende und danach nicht gefunden worden. Aber dem Grundsatz, daß für die Jugend zwischen Schule und Heeresdienst etwas zu geschehen habe im Sinne der Gesinnungsertüchtigung, huldigten einmütig die Armee, die Verwaltung, das liberal-konservative Lager wie auch die Kirchen.

Die Armee verfolgte die Entwicklung vor allem unter dem Gesichtspunkt der Abwehr militärfeindlicher Einstellungen bei Jugendlichen. Die Diskussion ist bis zum Weltkrieg weitergeführt worden. Gedacht war auch an ein „Abwehrgesetz gegen den Antimilitarismus“, an eine Zwangsorganisation der Jugendlichen, an die Zusammenfassung der Jugendarbeit in einer zentralen Organisation (Jung-Deutschland-Vereinigungen unter Generalfeldmarschall Colmar Frhr. v. d. Goltz), Offiziere sollten für die Jugendarbeit interessiert, die zahlreichen „Jugendwehren“ zusammengefaßt werden. Der Vereinspartikularismus hat sich gegen eine solche Zentralisierung erfolgreich gewehrt, aber Bundesfürsten und Kommandierende Generale unterstützten die Idee, die gesamte nationale Rechte stand dahinter.

In der Sicht des Staates, der Armee, der bürgerlichen Gesellschaft sollte diese Jugendarbeit nicht nur Vorbereitung auf den Militärdienst sein, sondern darüber hinaus die Bedingung für eine reibungslose Erziehungsarbeit in der Armee offenhalten oder zurückgewinnen, indem sie den jungen Menschen absicherte gegen antimonarchische und antimilitärische Agitatoren. Die Erziehung in der Armee sollte hieran anknüpfen und schließlich das patriotische, loyale, monarchisch-christliche, bürgerliche, militärische und antisozialistische Weltbild weitergeben an den Reservisten, der es wieder einbrachte in die Gesellschaft.

b. Entwicklung des Militarismusbegriffs

Die Sozialdemokratie hat den Militarismusbegriff des Liberalismus um charakteristische, aber nicht entscheidende Züge erweitert. Die einer früheren innenpolitischen Auseinandersetzung angemessenen Begriffsinhalte: monarchische Willkür, Instrument für Angriffskriege, antibürgerlicher Geist des Linienmilitärs, Exklusivität des Offizierkorps, sind auf die theoretischen und strategischen Bedürfnisse des Klassenkampfes umgebogen worden. Im allgemeinen läßt sich sagen, daß die Kritik am „Geist des Militärs", also die kritische Bestandsaufnahme der inneren Verfassung der Armee, stark an die liberale Tradition anknüpfte. Auch in den „positiven" Zielen, nämlich in der Argumentation für ein neues Wehrsystem, hat die Sozialdemokratie nichts wesentlich Neues produziert, sondern blieb in der liberalen Linie der Volkswehrforderung. Die allgemeine Volksbewaffnung erschien als das demokratische, antimilitärische Wehrsystem. In der Sicht heutiger sozialistisch-kommunistischer Geschichtswissenschaft (Ernst Engelberg, Deutschland 1871–1897) forderte die Sozialdemokratie nach 1871 „eine Wehrorganisation, die der nationalen Verteidigung ebenso förderlich wie der Unterdrückung nach innen und der Aggression nach außen abträglich war. Das sozialdemokratische Wehrprogramm beabsichtigte keine reformerische Umgestaltung der preußisch-deutschen Armee; es war nur im Kampf *gegen* die reaktionäre Militärmonarchie durchzusetzen".

Aber es gab noch eine weitere Ebene sozialistischer Kritik am Militarismus, die das eigentlich Neue an ihrer Position sichtbar werden ließ, nämlich die Beschäftigung mit jenem Phänomen, das Karl Liebknecht in seiner Schrift „Militarismus und Antimilitarismus unter besonderer Berücksichtigung der internationalen Jugendbewegung" (1907) als „Militarismus nach innen" bezeichnet hat. Seine Analyse, die die in zahlreichen Beschlüssen, Parteitagsresolutionen, Reden und Broschüren formulierte Sehweise der Sozialdemokratie zusammenfaßte und weiter entwickelte, kommt zu der Feststellung, daß jede Klassengesellschaft ihren spezifischen Militarismus aus sich heraus entwickelt, der keinesfalls nur im Heerwesen sichtbar wird. In der kapitalistischen Gesellschaft wird in sozialistischer Sicht der „Schutz der herrschenden Gesellschaftsordnung", also die Absicherung des Kapitalismus, zum Wesenselement des Militarismus. Er tritt damit als „reines Werkzeug des Klassenkampfes" auf.

Er bewaffnet das Volk gegen das Volk im Interesse der herrschenden Minderheit. Die dialektische Betrachtungsweise zieht die Entwicklung des proletarischen Klassenbewußtseins in die Analyse mit hinein. In ihrer Sicht fordert gerade die Zuspitzung der Klassengegensätze neue Abwehranstrengungen des Militarismus heraus. Der Militarismus wird damit einerseits Instrument der herrschenden Klasse nach innen und außen, zugleich aber auch zur Funktion der Klassengegensätze selbst. Wie der Sozialismus den Kapitalismus an seine Grenze bringt, so fordert er den Militarismus zur Demaskierung und Offenlegung seiner inneren Widersprüche heraus. Den preußisch-deutschen Militarismus begreift diese Interpretation nicht theoretisch, sondern nur wegen gewisser historischer „Zutaten" als Sonderfall. Er ist „durch die besonderen halbabsolutistischen, feudal-bürokratischen Verhältnisse Deutschlands zu einer ganz besonderen Blüte gediehen". „Dieser preußisch-deutsche Militarismus trägt alle schlechten und gefährlichen Eigenschaften irgendeiner Form des kapitalistischen Militarismus an sich, so daß er sich am besten als Paradigma zur Darstellung des Militarismus in seinem gegenwärtigen Zustand, in seinen Formen, seinen Mitteln und seinen Wirkungen eignet."

Liebknechts Analyse bildet bis heute den Kern aller sozialistischen wissenschaftlichen Kritik am deutschen Militarismus. Sie hat mit äußerster Konsequenz den Gedanken vertreten, daß es sich um ein gesellschaftliches Phänomen handelt, nicht lediglich um korrigierbare Auswüchse militärischen Denkens. Historiker der DDR gehen von dieser theoretischen Position aus. Sie finden weitere Einzelheiten für Detailkritik, eine wesentlich neue Sicht ist auch bei ihnen nicht erkennbar. Einzelne Historiker tendieren zu einer Reduktion des Ansatzes, womit sie in die Nähe liberaldemokratischer Kritik am Militarismus geraten, wie etwa Hajo Herbell (Staatsbürger in Uniform 1789–1961, S. 196), wenn er die „Degradation des Staatsbürgerbegriffs" als „Ergebnis der imperialistisch-militärischen Entwicklung" auffaßt. Diese Position entspricht etwa der des liberalen Kritikers Carl Bleibtreu, der 1893 in seiner Schrift „Der Militarismus im heutigen deutschen Reich. Eine Anklageschrift" feststellte, daß der Militarismus nicht so starke Wirkungen entfalten könnte, wenn nicht die Kraft des Bürgertums „durch Infizierung mit dem militärischen Gift" so geschwächt wäre.

Im Zusammenhang mit der Krisenbewältigungsstrategie wird der Militarismus zur „fortdauernden Bedrohung des Völkerfriedens" (Ernst Engelberg). Das Militärsystem erscheint als Hauptinstrument des Klassenkampfes und der Friedensgefährdung.

In der westdeutschen nicht-marxistischen wissenschaftlichen Diskussion des Militarismusbegriffs löste Gerhard Ritters Werk „Staatskunst und Kriegshandwerk" neue Unruhe, neue Kontroversen aus, fand aber kaum neue Perspektiven. Ritters Auffassung, zuvor in der kleinen Schrift „Das Problem des Militarismus in Deutschland" (1953) skizziert, faßt unter Militarismus ein Doppeltes zusammen:

1. Die einseitige Bestimmung politischer Entscheidungen durch militär-technische Erwägungen statt durch die „Staatsvernunft" – die ihrerseits das dem Staat und Volk Nützliche und das Sittengebot umfaßt.

2. Das Überwiegen militärischer, kämpferischer Züge in der politischen Haltung eines Staatsmannes oder einer Nation, wodurch die „letzte Aufgabe" des Staates zu kurz kommt, nämlich eine dauerhafte Rechts- und Friedensordnung zu stiften und den „ewigen Kampf" von Interessen im Innern der Gesellschaft und zwischen den Nationen zu schlichten oder gar zu überwinden in einer „höheren Gemeinschaft".

Ritter geht davon aus, daß es eine rational „nicht auflösbare Antinomie des Politischen" gebe, nämlich die einander widerstrebenden „Aufgaben des Staates": kämpferische Machtballung und friedliche Dauerordnung. Sie kann nach ihm nicht letztlich gelöst, sondern lediglich durch praktische Politik in der Balance gehalten werden. Militarismus ist eine Erscheinung, die ein solches Balancesystem gefährdet, ja verhindert.

Der Kern der Definition bringt „Militarismus" in die Nähe psychologischer Deutung. Das „einseitige Überwiegen militanter, kämpferischer Züge" in der Grundhaltung eines Staatsmannes oder einer Nation ist zumindest teilweise aus der Psychologie erklärbar. Andererseits spricht Ritter auch von der kämpferischen Machtballung als „Aufgabe des Staates". Diese Interpretation ergibt sich ihm aus der Überzeugung, daß der deutschen Geschichte die Aufgabe gestellt ist, den Staat in der Großmacht- und Machtstaatsrolle auf den Weg der Ordnungsmacht zu setzen, die letztlich dann eine pazifizierende Kraft entfalten wird. Das Ziel der Aufhebung der Gegensätze in einer sittlichen Gemeinschaft deutet als letzten Bezug der politischen Vorstellungen Ritters den Glauben an die synthetische, pazifizierende Kraft nationalstaatlicher und kulturpolitischer Energien an – wenn nicht gar an religiös-eschatologische Sinnzusammenhänge.

„Militarismus" erscheint als psychologischer Störfaktor und als Auswuchs begrenzter – militärfachlicher – Sehweisen. Er wird vor allem dort sichtbar, wo ein Staat sich aus beengten Verhältnissen heraus zur Großmacht aufschwingt.

Dieser Militarismus-Begriff ist von verschiedener Seite in Frage gestellt worden, am klarsten von Ludwig Dehio, der die historische Kontinuität des preußisch-deutschen Militarismus hervorhebt und Ritter in seiner Beweisführung zu widerlegen sucht. Der schwerste Vorwurf geht dahin, daß Ritter die Begriffe Staatsvernunft und Dauerordnung im wesentlichen gebrauche, wenn der Enderfolg einer kriegerischen Politik feststellbar sei. Auf diese Weise wird Friedrich der Große zum Vertreter sittlicher Staatsvernunft, Napoleon dagegen zum Militaristen. Dehio kritisiert, daß der Militarismusbegriff Ritters aus unscharfen, nicht eindeutigen Elementen aufgebaut ist. In der Tat ist die „sittliche Staatsvernunft" als Gegenbegriff des Militarismus und als Maßstab ein Postulat, schwerlich ein historisch nachweisbares Element der Politik. Demgegenüber betont Dehio den militärischen Charakter der preußischen Staatsräson der letzten 200 Jahre, stellt also die historische Deskription gegen den eindeutig scheinenden Begriff der Staatsvernunft, den Ritter gebraucht. Preußen legte nach Dehio seine Politik auf Wachstum, auf Dynamismus an, was dem Gedanken einer friedlichen Dauerordnung entgegengesetzt war – abgesehen von dem erstrebten Fall einer nicht mehr erschütterbaren Hegemonie, die aber nur eine preußische „Dauerordnung" sein konnte, ohne innere Zustimmung der „befriedeten" Nachbarn.

Dehios Militarismusbegriff umfaßt Staat, Außenpolitik, Militär und Gesellschaft, die insgesamt in den Zusammenhang eines Dranges nach Wachstum, nach forcierter Entwicklung auf Kosten anderer gestellt werden.

Wesentlich ist die Erkenntnis, daß „Militarismus" nicht nur sichtbar wird in der direkten Aktion, sondern daß er bereits die Jahrzehnte friedlicher Arbeit bestimmt und färbt, insofern die Friedensarbeit „stets zugleich als Vorbereitung auf die ultima ratio geregelt wurde": „Und so erschien uns denn bisher die preußische Staatsräson gewiß nicht auf friedliche Dauerordnung praktisch ausgerichtet als ihr letztes Ziel, sondern ganz einfach auf Wachstum, und zwar mit Hilfe einer überdimensionalen, systematischen Dauerrüstung. Krieg und Frieden konnten ihr als vertauschbare Mittel gelten, das erstrebte Wachstum voranzutreiben, so zwar, daß der gerüstete Friede selbstredend der erwünschtere und jedenfalls länger andauernde Zustand war" (Um den deutschen Militarismus, 1955). Dehios Begriff geht nicht von kategorischen Prinzipien aus, sondern ist stärker historisch orientiert, er hat deskriptiven Charakter. Das wird besonders deutlich, wenn er bemängelt, daß bei Ritter jene Dynamik nicht sichtbar werde, die die Katastrophen des 20. Jahrhunderts auslöste: „Jene 200jährige militaristische Politik, die einen unbekannten Kleinstaat zur gewaltigsten Festlandsmacht emporgeführt hat."

Er sieht in vergleichender Betrachtung die Besonderheit des deutschen Militarismus aber wiederum als relativ an. Bei Mächten, die in den „hegemonialen Bereich" einrücken, sind vergleichbare, vorgeformte Züge zu finden. Die Hegemonialmächte ragen als „einsame Hauptfiguren" empor, daher sind ihnen dämonische Versuchungen spezifischer Art zugeordnet. Das will sagen, daß in der Geschichte seit jeher Vormachtexistenzen ein besonderes Machtbewußtsein erzeugt haben. Machtpositionen erzeugen Denkweisen und Psychologien und werden umgekehrt von ihnen getragen und gefärbt.

Gordon A. Craig versteht Militarismus wesentlich als konservativ-militärisch-etatistische Erscheinung, als eine unmittelbar am politischen und institutionellen Einfluß der Armee ablesbare Größe, die in Preußen-Deutschland dahin charakterisiert wird, daß die Armee die Ausbildung politischer Institutionen im Staate behinderte und damit letztlich die Entwicklung von Staat und Gesellschaft verzögerte. Diesen Zusammenhang bringt Craig unter den Begriff des Staates im Staate.

Friedrich Meinecke brachte nach dem Zweiten Weltkrieg den preußisch-deutschen Militarismus wesentlich in Zusammenhang mit dem modernen technisch-utilitaristischen Geist, der im „preußischen Militarismus, wie ihn Friedrich Wilhelm I. geschaffen hat", eine „ältere Vorform" gehabt habe. Bei Offizier und Mann wurde das „Seelenleben im Ganzen" fest eingeschnürt und ausgerichtet für den rationalen Zweck einer militärischen Höchstleistung. Boyen konnte nur mit begrenztem Erfolg sein freieres und humaneres, „freilich technisch nun wieder minder leistungsfähigeres" Landwehrprinzip durchsetzen. Endgültig seit der Roonschen Reorganisation blieb dann der „Geist des Linienmilitärs" dominant und als Kontinuum bis in die Weltkriege erhalten. Der technische Geist des 19. Jahrhunderts traf in der preußischen Armee auf „etwas sehr Wahlverwandtes". Im Generalstab gipfelten Geist und Eigenschaften dieser Armee. Die Leistungsfähigkeit des im Generalstab konzentrierten Militarismus war eine „durch gefährliche Einseitigkeit" erworbene Leistungsfähigkeit. Das entscheidende Defizit erblickt Meinecke in der Störung des „Gleichgewichts rationaler und irrationaler Motive".

Daß hier nicht nur ein immanent militärisches Phänomen als Militarismus angesprochen werden soll, bringt Meinecke mit der Frage nach den verbindenden Gelenken zwischen Militär und kulturellem Leben, ja dem Gesamtleben, zum Ausdruck. Im Schlieffenplan findet Meinecke den exemplarischen Beweis dafür, daß die „Verbindungen zwischen den Gelenken des Gesamtlebens" lockerer wurden.

Hans Herzfeld spricht vom „rationalen und technisierten Militarismus". Der „Apparat der Rüstung" erzeugt aus sich heraus bestimmende Impulse der Politik.

Jüngere Interpretationen sehen den deutschen Militarismus vor allem in Verbindung mit der Entwicklung von Kapitalismus und Imperialismus. Er wird zur Funktion militärisch-ökonomischen Herrschaftsstrebens, steht in engem Zusammenhang mit der Abwehr von Demokratie und Sozialismus, dient der Mobilisierung kleinbürgerlicher Schichten und ist der Generation der Spätbismarckzeit selbstverständliche Voraussetzung deutscher Kraft und Macht, konnte mithin in den neunziger Jahren Ingredienz jener Vorstellungen werden, die „Weltmachtpolitik" forderten.

Die Verfechter der These vom Sozialimperialismus ordnen den Militarismus, zumeist nicht expressis verbis, unter die Faktoren jener Gesellschaftsorganisation ein, die mit der Strategie der sozialökonomischen Ablenkung in ihrer Ruhelage gehalten werden soll. Der deutsche Militarismus erscheint somit auf der Seite der konservativen Kräfte, die die gesellschaftlichen Erschütterungen der industriellen Revolution aufzufangen suchen. Der „Militärstaat" ist gerade jener Kern einer anachronistischen politischen Organisation, die in Deutschland auf revolutionärem Wege nicht beseitigt wurde und nun mit einer aus „Einsicht und Furcht" gemischten Strategie der Expansion ökonomischen Gewinn und soziale Stabilität zu garantieren sucht. Die industrielle Revolution hat für die Industriegroßmächte ähnliche Probleme und innenpolitische Bedürfnisse aufgeworfen, ganz besonders aber in Deutschland, wo die Nationalstaatsidee weite „innenpolitische Spannungsfelder" nicht überbrücken konnte, wo „grobkörnige Reibungsflächen zwischen Industrie- und Feudalgesellschaft" (Wehler) existent blieben.

Die jüngsten Bemühungen um begriffliche Fixierung stammen aus dem Bereich der Friedens- und Konfliktforschung. Sie sind hauptsächlich durch angelsächsische Autoren angeregt und befruchtet worden. Dieter Senghaas gibt darüber in „Rüstung und Militarismus" einen informativen Überblick. Wesentliche Einsichten dieser Forschungsrichtung sind aus der Analyse des modernen Rüstungswettlaufs gewonnen worden. Daher lassen sich die neuen Kategorien schwerlich auf die Bismarckzeit oder die wilhelminische Ära anwenden.

Volker Berghahn hat den Versuch unternommen, mit Kategorien der Konfliktforschung Phänomene der wilhelminischen Zeit zu erfassen. Es geht ihm darum, diese Kategorien anhand der deutschen Flottenrüstung historisch zu verifizieren.

Die für Historiker wichtige Aussage, daß das europäische Wettrüsten als ein vom Deutschen Reich einseitig ausgelöstes Flottenrüsten begann, engt die Fragerichtung zu einseitig auf die Seerüstung ein (vgl. dazu S. 278f.). Die unterschiedlichen Akzentsetzungen bei der Heeres- bzw. Flottenrüstung sind bisher noch nicht systematisch erforscht worden.

Eine die verschiedenen Sehweisen, Theorien und Betrachtungen verwertende Analyse kann zum Problem des deutschen Militarismus feststellen:

- Er besaß, anders als die westeuropäischen Erscheinungsformen, eine breitere Basis auch „unten" in der Gesellschaft, weil er auf dem System der Allgemeinen Wehrpflicht aufbaute, das eine Entfremdung von Bürger und Soldat verhinderte.
- Er ist von der Tatsache, daß der Militärstaat die bürgerliche Revolution abwehren konnte, stark beeinflußt worden.
- Er profitierte von der Lösung der nationalen Frage durch Bismarck.
- Er stand für die hergebrachte Gesellschaftsordnung (Offizierkorps).
- Er war gekennzeichnet durch Revolutionsfurcht und den Willen zur innen- und außenpolitischen Machtbehauptung.
- Er überzeugte 1848 und dann 1866 den Mittelstand.
- Er hat das Nationalbewußtsein stark beeinflußt.
- Er modernisierte sich im innenpolitischen Kampf, entwickelte Organisationen und Propagandatechniken.
- Er trug zur Aufladung politischer und sozialer Gegensätze bei.
- Er wurde als Ausdruck und Symbol der Macht zum Hauptgegner der sozialistischen Kritik.
- Er war eine gesellschaftliche Kraft und Erscheinung mit größter Breiten- und Tiefenwirkung, zugleich eine professional-instrumentale Organisation mit spezifischen Orientierungen. Seinen Kern bildeten Armee und Marine, aber in der Spätbismarckzeit wurde er zum Phänomen der deutschen Gesellschaft schlechthin.
- Seine Aggressivität ist nur relativ zu bestimmen im Vergleich zu anderen Mächten des imperialistischen Zeitalters nach 1890.
- Die Frage, ob er seine Impulse aus dem Militär oder aus ‚zivilen' Bereichen erhält, wird bei gesamtgesellschaftlicher Betrachtung sekundär. Es will scheinen, als ob das professionelle Denken weniger zur globalen Weit-

schweifigkeit neigt. Der professionelle Horizont der Marine ist in dieser Beziehung offener. Die Armee blieb stärker in den Dimensionen Bismarckscher Mitteleuropaorientierung.

- Militarismus, Nationalismus, Imperialismus, Gesellschaftsstruktur, ökonomische und innenpolitische Organisation können nicht getrennt voneinander voll verständlich gemacht werden.

Ohne Berücksichtigung der historischen Zusammenhänge all dieser Momente kommt der Begriff „Militarismus" in Gefahr, zum Schlagwort zu werden.

F. Die Instrumente der Armee: Spitzenorganisation und Immediatstellen

Der Neubau der preußischen Armee 1814/15 führte zur Zusammenfassung aller Militärangelegenheiten unter dem verantwortlichen Kriegsministerium. Nur wenige Jahre bestand diese Zentralbehörde in der konzipierten Form. Von da an entwickelte sich die Spitzenorganisation der preußischen und später der preußisch-deutschen Armee im dezentralistischen Sinne, so daß 1914 von einer einheitlichen Führung nicht mehr die Rede sein konnte; sie bestand nur noch theoretisch als Oberbefehl des Obersten Kriegsherrn. Mit der wachsenden Kompliziertheit dieser Struktur gewannen die Organe Bedeutung, die durch unmittelbaren Zugang zum König und Kaiser, durch ihr Vortragsrecht mit dem konstitutionellen Kriegsminister konkurrieren konnten. Sie nahmen für sich in Anspruch, dem Kriegsherrn in Kommandoangelegenheiten näher zu stehen als der Minister; vom Monarchen wurden sie als die berufenen Berater des Oberbefehlshabers, als die Vollstrecker seiner Anordnungen, betrachtet.

Hier liegt der militärpolitische Grund für die allmähliche Lösung des Militärkabinetts und des Generalstabs aus dem Kriegsministerium. Aber der Prozeß ist nicht allein daraus zu erklären. Mitentscheidend wurden die beteiligten Persönlichkeiten, vor allem Wilhelm I. und Wilhelm II., die Kabinetts- und Generalstabschefs, der Reichskanzler sowie schließlich die Rolle und der Erfolg der Armee bei den nationalen Entscheidungen von 1866 und 1870/71.

So ging ein von mehreren Faktoren bedingter und geförderter Lauf der Dinge vor sich, der seiner Natur nach nicht allein militärimmanenter Art war. Die Armee brachte, da sie ihre Probleme im Parlament nicht zur Diskussion gestellt wissen wollte, ihre Stimme unmittelbar beim Monarchen zur Geltung. Sie hatte dies seit der Revolution verstärkt nicht nur im engeren fachlichen Sinne getan, sondern im Bewußtsein ihrer Garantenstellung für die innen- und außenpolitische Stabilität des Staates im ganz umfassend politischen Sinne.

1. Der Kriegsminister

a. Die nichtkonstitutionelle Phase

Im wesentlichen können im Rahmen der Entwicklungsgeschichte des Instituts im 19. Jahrhundert zwei große Phasen unterschieden werden: die nichtkonstitutionelle bis 1848 und die konstitutionelle nach dieser Zeit. Erst die zweite Phase hat das 1808 geschaffene Institut mitten in die innenpolitischen Auseinandersetzungen zwischen Militärstaat und politischem Liberalismus gestellt und aus innenpolitischen Gründen zu den Positionsverlusten zugunsten neuer Immediatstellen geführt.

In der ersten Phase bedingten andere Ursachenketten und Motivationen die allmähliche Schwächung des Kriegsministeriums. Eine wesentliche Erklärung für diesen Prozeß liefert die Rolle des Monarchen selbst. Der König blieb auch nach dem Untergang der friderizianischen Form der preußischen Militärmonarchie der erste Soldat, er blieb Oberster Kriegsherr in Frieden und Krieg, damit jederzeitiger Inhaber der Kommandogewalt. Von Anfang an konnte sich der Kriegsminister nur als abhängiger Platzhalter fühlen neben einem Monarchen, der nicht nur, wie in anderen absolutistisch regierten Staaten, Oberbefehlshaber der Armee sein wollte, sondern tatsächlich auch dessen Funktionen wahrzunehmen gedachte. Die Reformer begnügten sich mit dem Vorschlag einer Zentralinstanz unterhalb der königlichen Kommandogewalt, mit einer alle Bereiche der militärischen Organisation umfassenden und repräsentierenden Behörde, und mit der Abwehr unverantwortlicher höchster militärischer Ratgeber, etwa eines Generaladjutanten.

Aber bereits 1808 zeigte sich die Problematik der Zuordnung eines allzuständigen Ministers zum Inhaber der militärischen Kommandogewalt. Friedrich Wilhelm III. ernannte mit der Kabinettsorder über die neue Organisation der Militärverwaltung vom 15. Juli 1808 an das Oberkriegskollegium für die beiden Abteilungen des neu zu schaffenden Ministeriums, die damals Hauptdepartements genannt wurden, je einen Chef. Generalmajor v. Scharnhorst wurde Chef des 1. Hauptdepartements (Verfassung und Kommando), Oberstleutnant Graf Lottum Chef des 2. (ökonomische Angelegenheiten). Beide erhielten Vortragsrecht. Der allzuständige Kriegsminister wurde nicht ernannt. Auch als mit Kabinettsorder vom 25. Dezember 1808 das neue Kriegsdepartement – das erst in einem Publikandum vom 18. Februar 1809 als „Kriegsministerium" bezeichnet wurde – aus der Vorläufigkeit seiner Existenz erlöst und definitiv als 5. Hauptabteilung des Staatsrats eingerichtet wurde, änderte sich daran nichts. Die Monarchie besaß nunmehr ein Kriegsministerium, aber formell keinen Kriegsminister. Scharnhorst oblag als Chef der jetzt Allgemeines Kriegsdepartement genannten 1. Hauptabteilung nur kommissarisch die Verwaltung des gesamten Ministeriums.

Aber auch sachlich bedeutete die neue Organisation nicht eine wirklich zentralistische Zuordnung des Militärwesens auf den (noch zu ernennenden) Kriegsminister. Die Selbständigkeit des Chefs des Ökonomiedepartements mit seinem Immediatrecht paßte nicht in ein zentralistisch konzipiertes System. Darüber hinaus wurde den Kommandierenden Generalen sogleich für den Kriegsfall eine Sonderrolle eingeräumt: im Kriege sollte das Verhältnis des Allgemeinen Kriegsdepartements zu den Kommandierenden Generalen „besonders bestimmt" werden. Die Kabinettsorder vom 25. Dezember 1808 ordnete des näheren darüber an, daß den Kommandierenden Generalen „die militärischen Dispositionen und Operationen allein überlassen" blieben. Vom eigentlichen Kommando war der Kriegsminister ausgeschlossen. Er mußte, wie einst das Oberkriegskollegium nach dem Patent vom 25. 6. 1787, zusehen, wie der König als Oberfeldherr mit seinen Feldherren und Befehlshabern direkt verkehrte – dabei war der Kriegsminister Vorgesetzter der Generalstabsoffiziere, da der Generalstab dem Kriegsdepartement als 2. Division eingegliedert war. Die Keime zur zentrifugalen Entwicklung der Heeresorganisation waren damit von Anfang an gelegt, und schon im Vormärz setzte ein schleichender Prozeß ein, der zur Herauslösung immediater Sonderbehörden aus dem Kriegsministerium führte.

Dennoch brachte die Lösung von 1808–1814 ganz wesentliche Verbesserungen. Theoretisch war der Kriegsminister zuständig für Kommando-, Generalstabs-, Personal- und Verwaltungsangelegenheiten.

Praktisch erlitt dieser Grundsatz wesentliche Einschränkungen. So blieb das gesamte Personalwesen der Offiziere kraft preußischer Tradition Domäne des Königs. Bestallungs- und Beförderungsordern ergingen auf Allerhöchsten Befehl. Die Zuständigkeit des Ministers war offenkundig eine abgeleitete, so daß sich schon von hier aus die Herauslösung des Militärkabinetts aus dem Ministerium in Gang setzen konnte.

In der Kabinettsorder vom 25. Dezember 1808 hieß es: „Zum Geschäftskreis des Kriegsdepartements gehört alles, was auf das Militär, dessen Verfassung, Errichtung, Erhaltung und den von solchen zu machenden Gebrauch Bezug hat.“ Sein Verhältnis zum Monarchen war auf folgende Weise bestimmt: „Es erhält S.M. den König in der genauesten Übersicht des gesamten Militärwesens nach allen einzelnen Zweigen durch mündliche und schriftliche Rapporte nach einer besonderen Instruktion. Dagegen hat es auch den Vortrag in allen Sachen, die an des Königs Majestät gelangen und auf das Militärwesen Bezug haben, und alle offiziellen Schreiben, Resolutionen und Befehle an die Armee und einzelne erfolgen, insoweit sie nicht in seinem eigenen Namen erlassen werden, wenigstens in seinem Vortrag, damit es die vollständigste Übersicht habe und für die Ordnung des Ganzen verantwortlich sein könne.“

Die Kabinettsorder setzte ferner fest, daß neben der Form der unmittelbaren Verfügung des Kriegsministers die auf „Allerhöchsten Befehl“ zu erlassende Order stehen sollte – die unmittelbare Verbindung des Monarchen mit der Armee also, bei welcher der König sich des Kriegsministeriums lediglich als Übermittler bediente. Im Verfassungsstaat ist später aus diesen Ansätzen ein ganzes System entwickelt worden, um zu verhindern, daß Akte der Kommandogewalt auch nur den Anschein einer Vermittlung durch den parlamentarisch verantwortlichen Minister an sich hatten.

Das Kriegsdepartement war angewiesen, dem Staatsrat alles, „was rücksichtlich des Militärwesens von erheblicher Beziehung auf das Innere vorkommt, im Detail zu kommunizieren“. Ferner hatte es, wo sein Geschäftskreis dazu Anlaß gab, mit dem Finanzministerium und den anderen Ressorts zusammenzuarbeiten. Auf der anderen Seite hatte der Minister des Auswärtigen das Kriegsdepartement über wichtige Vorgänge zu orientieren: „Das Departement muß notwendig von der Lage des Staats in Hinsicht der äußeren Verhältnisse stets unterrichtet sein. Der auswärtige Minister teilt ihm auch mit, was die Gesandten über Veränderungen im Militärwesen des Auslandes berichten.“

Preußens erster Kriegsminister, Hermann v. Boyen (1814–1819), schlug im

August 1814 einige Änderungen vor, die das Gesamtgefüge nicht wesentlich berührten; er zeigte sich in einem Schreiben an den König mit der Organisation zufrieden. Im Zeitpunkt der umfassendsten Zuständigkeit des Kriegsministeriums während des Vormärz hatte es das alte Kabinettssystem verdrängt. Als vermittelnde Behörde war es auch zuständig für Kommandosachen und Personalangelegenheiten. Generalstab und Personalamt waren Unterabteilungen der militärischen Zentralbehörde. Bis auf die drängenden Kommandierenden Generale gab es keine Immediatstellen neben dem Ministerium. Der Kriegsminister war der höchste militärische Berater des Königs. Selbst als während der Zeit der Staatskanzlerschaft Hardenbergs die Selbständigkeit der übrigen Minister durch Verlust des Immediatvortragsrechts eingeschränkt wurde, konnte der Kriegsminister seine Position bewahren.

Der Rücktritt Boyens 1819 zeigte aber, daß eine noch vom Reformgeist lebende Zentralbehörde in der Restaurationszeit keine weiteren Entfaltungsmöglichkeiten mehr besaß. Die Armee suchte die Instanz zwischen sich und dem König ihrer Macht zu entkleiden, was im Ergebnis nur die Rückkehr zum Pluralismus des Immediatsystems bedeutete, das doch gerade einem schwachen Monarchen das Regieren angenehmer machen konnte.

Die Hintergründe der Entlassung Boyens veranschaulichen den Gegensatz zwischen den restaurativen Interessen und den bereits abgeschlagenen und zusammengeschmolzenen Reformern deutlich. Der aktuelle Anlaß war der Kampf um die selbständige Rolle der Landwehr im Wehrsystem des Staates, darüber hinaus ging es Boyen aber um Bedeutung und Funktion seines Ministeramtes. Es war ihm nicht möglich, sich nur als „gehorsamer Diener seines Herrn" zu sehen. Nach seiner Auffassung konnte der König unmöglich beanspruchen, alles selbst zu machen und zu beurteilen. Er könne nur ‚Befehle im Großen' geben, Vorschläge annehmen oder ablehnen. Der Minister komme andernfalls in die Lage, täglich sein ‚Glaubensbekenntnis' über seine Arbeit und Aufgaben zu äußern. Es entstünden Mißstimmung und Mißtrauen. Boyen sprach von der Nation, die sich ein Bild von ihren Ministern mache. Ein Minister müsse, „wenn er dann nicht in seiner Einsicht und in seinem Gewissen die Mittel findet, seine Pflicht zu erfüllen, sich lieber selbst hingeben und aufopfern, als durch seine Persönlichkeit in den veränderten Gang der Staatsmaschine störend einzugreifen" (Meinecke).

In der Tat lief die preußische Staatsmaschine, verglichen mit 1808–1814, mit „verändertem Gang". Die Position des Kriegsministers ließ neben dem Obersten Kriegsherrn, neben dem faktischen Oberbefehlshaber in Krieg und Frieden, dem Monarchen, einen theoretisch weitgeratenen Zuschnitt erkennen. Der Vorsprung, den Preußen damit anderen Armeeorganisationen gegenüber hatte gewinnen können, wurde gerade von den Militärs nicht wahrgenommen. Die Organisation war der Praxis weit voraus und wurde nun Schritt für Schritt auf praktische, psychologische, standesmäßige und kurzsichtige Bedürfnisse zurückgeschnitten.

So ist die Schwächung dieser militärischen Zentralstelle nicht erst als Folge der speziellen innenpolitischen Bedürfnisse des konstitutionellen Systems zu erklären. Hieraus entstanden vielmehr noch zusätzliche neue Probleme und eine Situation, die nachteilig von den Erfahrungen der revolutionären Ereignisse in Berlin mitbestimmt worden ist. Der politische Gehalt des preußischen Begriffs der Kommandogewalt schälte sich jetzt deutlich heraus.

b. Die konstitutionelle Phase

Bis zum Verfassungskonflikt

Aus der neuen verfassungsrechtlichen und verfassungspolitischen Situation resultierte eine eigentümliche Stellung des preußischen Kriegsministers, die dadurch noch komplizierter wurde, daß der Kriegsminister regelmäßig preußischer General war. So stand er bei einer im ganzen unklaren Rechtslage im Pflichtenkonflikt zwischen der Kammer und dem König.

Ähnlich wäre es mit hoher Wahrscheinlichkeit dem während der Revolutionszeit – allerdings nur vom 10. August 1848 bis zum 6. November 1848 – im Amt befindlichen Unterstaatssekretär (Generalmajor v. Brandt) ergangen. Parlament und Ministerium errangen nur einen Scheinerfolg. Wäre das Amt zur Dauereinrichtung geworden, so hätte es nur eine Parallele zur Entwicklung des Kriegsministeriums bieten können. Auch hier wäre Bedingung gewesen, daß immer nur ein Soldat den Posten hätte ausfüllen können.

Bis in die Vorweltkriegszeit hinein hat die Rechtswissenschaft sich darum bemüht, die Begriffe Oberbefehl, Kommandogewalt, Befehls- und Verwaltungsangelegenheiten zu klären, ohne zu ganz einhelliger Meinung zu gelangen. Rechtlich war die Klärung bedeutsam für die Frage der Kontrasignaturbedürftigkeit von Erlassen in Militärangelegenheiten, denn von der Praxis, daß alle einschlägigen Ordres gegengezeichnet wurden, ging später König Wilhelm I. bewußt ab. Bei den Abgrenzungsversuchen herrschte im wesentlichen Klarheit darüber, daß auf den militärischen Einsatz bezogene Befehle kontrasignaturfrei, dagegen Anordnungen, die das Budgetrecht der Kammern betrafen, gegenzeichnungsbedürftig seien. Streitig blieb die Zwischenzone. Im allgemeinen wurde der *Oberbefehl* in der frühen Rechtslehre relativ eng ausgelegt und im wesentlichen nur auf den Kriegsfall, die Truppenleitung u.a.m. bezogen, also auf die Kommandobefugnis im engen Sinne, ohne daß wirklich Klarheit erreicht wurde. Allmählich setzte sich dann die Identifizierung von Oberbefehl und Militärhoheit durch. Parlamentsfreundliche Autoren dispensierten nicht alle Akte im Bereich dieses weitgefaßten Oberbefehls von der Kontrasignatur, sondern nur den sogenannten „höchsten militärischen Befehl". Das Handbillet Friedrich Wilhelms IV. vom 1. Juli 1849 ging über derlei Meinungen hinweg, indem es den Umfang des Begriffs Oberbefehl wesentlich erweiterte. Der Oberbefehl wurde damit gegenüber der Kommandogewalt der umfassendere Begriff. Die noch zu behandelnde Order Wilhelms I. an den Kriegsminister vom 18. Januar 1861 hat dann zu der vereinfachenden Auffassung geführt, als müsse unterschieden werden zwischen „Militärdienstsachen" und „Militärverwaltungssachen". Diese Order aus praktischen und politischen Interessen gleichermaßen ergangen, hat das Problem der Abgrenzung nur weiter kompliziert.

Bis zum Regierungsantritt Wilhelms I. lief die preußische Praxis nicht auf ein reibungsloses Funktionieren im Verantwortungsbereich des Kriegsministers hinaus. Mehrere Kriegsminister faßten ihr konstitutionelles Recht weiter, als dem König genehm war. Von April 1848 bis Ende 1851 nahmen sechs Kriegsminister ihren Abschied. So haben offenbar v. Strotha und v. Stockhausen 1850/51 sich der Auffassung Friedrich Wilhelms IV. nicht anschließen können, die Verfassung habe an der Stellung des Königs zur Armee nichts geändert. Strotha resignierte aus Protest gegen selbstherrliche Verfügungen des Königs in Offizierspersonalien. Auch Stockhausen überwarf sich deswegen mit dem König. Kriegsminister Graf Waldersee wurde 1858 von Edwin v. Manteuffel, dem Chef des Militärkabinetts, ausgespielt und Prinzregent Wilhelm auf die Linie des ehrgeizigen Manteuffel in der Kontrasignaturfrage gebracht. So höhlte der Ehrgeiz der Inhaber von oder der militärischen Anwärter auf Immediatstellen die Position des Kriegsministers weiter aus.

Die Entwicklung wurde unter Wilhelm I. beschleunigt. Seit in den Augen des Königs und der Armee die verfassungsmäßige Stellung des Kriegsministers die Gefahr einer Einmischung des Parlaments in militärische Angelegenheiten mit sich brachte, mußte jede seiner Aktionen oder Reaktionen Argwohn erwecken. Selbst den Schein einer Trübung der alten Unmittelbarkeit des Verhältnisses Monarch–Armee suchte man peinlichst zu vermeiden. Die ehemalige umfassende Verantwortung des Kriegsministers für alle Armeeangelegenheiten, wie sie Scharnhorst und Boyen gefordert und so weit wie möglich praktiziert hatten, wurde zusehends eingeschränkt, die Spitzenorganisation der Armee unterhalb des Obersten Kriegsherrn damit wieder dezentralisiert.

Der erste Kriegsminister der „Neuen Ära", General v. Bonin, 1854 von Friedrich Wilhelm IV. gegen den Protest des Prinzen von Preußen entlassen, schien die Gewähr einer guten Zusammenarbeit mit dem Prinzregenten zu bieten. Er hatte gegen die Kamarilla außenpolitische Auffassungen vertreten, die auch vom Prinzen von Preußen unterstützt wurden. Er sah die Notwendigkeit einer Heeresreform und ist wohl primär deshalb vom Prinzregenten zum Kriegsminister gemacht worden. Aber Bonin wollte Kriegsminister sein wie Boyen und Scharnhorst, also Leiter des gesamten Militärwesens unter dem Monarchen. Dagegen operierte der Chef des Militärkabinetts, vor allem mit dem Argument, das unmittelbare Verhältnis der Offiziere zu ihrem König dürfe nicht gestört werden. Der Prinzregent hatte dafür ein offenes Ohr, und so kam es in der Folge zu Umgehungen des Kriegsministers, zur Schwächung seiner konstitutionellen, damit aber zugleich seiner zentralen Position. Bemerkenswert hieran ist, daß Manteuffel diesen Angriff unternehmen und im wesentlichen fortführen konnte, obwohl er als Chef der Abteilung des Kriegsministeriums für die persönlichen Angelegenheiten Untergebener des Ministers war. Die Art seiner Taktik und seiner Beweisführungen wird bei der Darstellung des Militärkabinetts umrissen (s. S. 299 f).

Manteuffel und dem Prinzregenten ging es im wesentlichen um die Eindämmung des „konstitutionellen Prinzips". Alle ihre Gesichtspunkte, etwa für die Wiederherstellung des althergebrachten Geschäftsganges – Umgehung des Kriegsministers beim unmittelbaren Verkehr mit den Kommandobehörden –, hatten diesen Hintergrund. Bonin meinte in einer dieser Kontroversen gegenüber dem Prinzregenten: ihm sei völlig unverständlich, was der General Manteuffel meine, wenn er die Befürchtung ausspreche, das rein militärische Prinzip sei gefährdet, die Armee könne ihrem Allerhöchsten Kriegsherrn entzogen und lediglich von dem konstitutionellen Minister in der Landesvertretung abhängen. Der Prinzregent stand auf dem entgegengesetzten Standpunkt, den er auf die kurze Formel brachte: „Der Kriegsherr kommandiert die Armee und nicht der Kriegsminister." Bonin ging, er kapitulierte nicht.

Kriegsminister Roon und seine Nachfolger

Der Kriegsminister der Heeresreorganisation, v. Roon, der am 5. Dezember 1859 sein Amt antrat, ging von vornherein mit der Vorstellung an seine Aufgabe, er habe sein Augenmerk auf die Erhöhung der Effektivität der Armee zu richten und nicht auf konstitutionelle Rechte, die er eher als hinderlich hierbei betrachtete. Sein Prinzip war: „die kriegsherrliche Stellung des Königs in bezug auf das Oberkommando aufrechtzuerhalten gegen die um sich greifende konstitutionelle Begriffsverwirrung".

Albrecht v. Roon (1803–1879) war seit den dreißiger Jahren in verschiedenen Stellungen im Generalstab, in der Ober-Militär-Examinationskommission, als Lehrer an der Allg. Kriegsschule und als Chef des Generalstabs VIII. AK tätig. Am badischen Feldzug 1849 nahm er als Chef des Generalstabs bei General Hirschfeld teil. Schon seit längerem vom Prinzregenten in der Reorganisationsfrage zu Rate gezogen, wurde er im September 1859 in das Kriegsministerium kommandiert.

Roon befand sich in der Frage der Reorganisation der Armee in voller Übereinstimmung mit Wilhelm I. Er sah das als rein militärisches Problem an, in das sich Parlament und öffentliche Meinung nicht einzumischen hatten. In Grundsatzfragen der Staatsanschauung stimmte er mit Edwin v. Manteuffel mehr überein, als ihre Reibereien vermuten lassen. Dagegen hatte er der Kamarilla Friedrich Wilhelms IV. nicht so nahegestanden wie der Chef des Militärkabinetts. Obwohl Roon die Reorganisation in umfassender Zuständigkeit ohne Militärkabinett und Generalstab durchführte, war er in konstitutionellen Fragen weiterhin unnachgiebig. Bei Pflichtenkonflikten fühlte er sich mehr als General denn als Minister. Die Zersplitterung der Führungsorganisation verhinderte er nicht, obwohl er vielleicht den größten Einfluß auf den König unter allen Kriegsministern besaß. Militärpolitische – vor allem innenpolitische – Fragen reduzierten sich für ihn weitgehend auf Loyalitätsprobleme und auf Effektivitätsdenken, eine Einstellung, die bis 1918 die meisten führenden Soldaten beherrscht hat. Roon muß bei aller organisatorischen Fähigkeit als Exponent dieser Auffassung angesehen werden, die dazu führte, daß Preußen-Deutschland hinter den modernen Spitzenorganisationen der westlichen Nachbarn zurückblieb.

Auf eine Frage wurde zu seiner Zeit und späterhin viel juristischer Scharfsinn verwandt – die Kontrasignatur. Hier nämlich schien sich der gordische

Knoten des preußischen Konstitutionalismus zu befinden, der bei Lösungsversuchen von seiten der Kammer mit seiner Festigkeit bewies, daß die Verfassung keineswegs ein „Formelkompromiß" war, sondern ein Instrument der politischen Machtverteilung, bei dem altpreußische Vorstellungen sich sehr gut Geltung verschaffen konnten. Eine Kabinettsorder vom 18. Januar 1861 brachte eine Regelung ganz im Sinne weiterer Profilierung der Kommandogewalt. Optisch gibt sich die Order als eine aus praktischen Erwägungen des Geschäftsganges notwendige Anordnung, tatsächlich hat sie den Kriegsminister in den Augen der Armee zum bloßen Verwaltungsminister werden lassen. Von seiner Ministerverantwortlichkeit ist überhaupt nicht mehr die Rede. Die im Militärkabinett entworfene Order trieb die Erweiterung des verfassungsfreien Raumes für die Armee voran und schwächte die Position des Kriegsministers erneut.

Von nun an sollten Armeebefehle und Ordern in Dienst- und Personalsachen ohne Signatur des Kriegsministers ergehen. Enthielten derartige Anweisungen zugleich Bestimmungen, welche die Verwaltung oder den Etat berührten, durfte die Signatur nur auf die vom Kriegsministerium zu den Akten zu nehmende Ausfertigung gesetzt werden: nach außen wollte der Regent als der von parlamentarischer Kontrolle freie Kriegsherr erscheinen. Lediglich Befehle, die ausschließlich Verwaltungssachen oder Etatfragen betrafen, ergingen künftig noch mit der Gegenzeichnung. Klare Abgrenzungen waren aber auch hier nicht möglich.

Die Order entsprach dem Denken der Armee, die von den Kriegsministern erwartete, sich als General und Befehlsempfänger zu fühlen. Unter Wilhelm I. verfestigte sich dann diese schiefe Einordnung der Armee in den Verfassungsstaat. In den gelegentlichen Auseinandersetzungen der Kriegsminister mit den Vertretern des Prinzips der reinen Kommandogewalt, vor allem mit dem Chef des Militärkabinetts und mit dem Monarchen, sind immer nur die Minister die Unterlegenen gewesen.

Als besonders drastisches Beispiel mag der Sturz des Kriegsministers v. Kameke erwähnt sein, bei dem Albedyll, der Chef des Militärkabinetts, und der Generalquartiermeister Graf Waldersee mitwirkten. Wilhelm I. forderte schließlich den Minister auf, im Reichstag zu erklären, daß er in Armeeangelegenheiten nur über Verwaltung und Gesetzgebung mitzusprechen habe, in Kommandoangelegenheiten stehe ihm eine Einwirkung irgendwelcher Art nicht zu. Kameke widerstand und mußte gehen, aber in Paul Bronsart v. Schellendorf fand sich ein General, dem es als Kriegsminister zugemutet werden konnte, hinter die Organe der Kommandogewalt zurückzutreten. In diese Zeit (1883) fiel dann die endgültige Lösung des Generalstabes und des Chefs des Militärkabinetts vom Kriegsministerium. Wenig später, gegen Ende der Bismarck-Ära, schon unter dem neuen Kaiser, der im November 1887 mit dem Chef des Generalstabs einen Meinungsaustausch über die Stellung von Kriegsministerium, Militärkabinett und Generalstab geführt hatte, zeigte sich in Verdy du Vernois erneut ein General, der im Interesse der Kommandogewalt an der Unterminierung seiner eigenen künftigen Stellung als Kriegsminister mitzuwirken bereit war. Er erklärte, der Kriegsminister müsse seinem Ministerium gegenüber als „eine Art Selbstmörder ... in bezug auf dessen Macht" auftreten.

Angesichts solcher Selbstentäußerung im Namen eines extrakonstitutionellen Prinzips – jedenfalls extrakonstitutionell, wo es derartig extensiv interpretiert wurde –, mußte es für den Reichstag zum schwierigen Manöver werden, wenn er in Armeeangelegenheiten überhaupt mit Aussicht auf Erfolg tätig werden wollte.

Bei den wichtigen Debatten im verfassungsgebenden Norddeutschen Reichstag, wo die Würfel für das folgende halbe Jahrhundert deutscher Wehrverfassungsentwicklung fielen, war diese Situation allen Beteiligten gegenwärtig. Ein Bundeskriegsministerium wurde nicht geschaffen, ebensowenig wie später ein Reichskriegsministerium. Linksliberale Anträge, keinen „Bundesfeldherrn", sondern ein Bundespräsidium einzurichten, stießen auf Bismarcks entschiedenen Widerstand. Im Bundesfeldherrn verkörperte sich die Kommandogewalt des preußischen Königs innerhalb des Norddeutschen Bundes. Der preußische Kriegsminister übernahm die Verantwortung hier nur in den vorgezeichneten Grenzen. Bei dem stärkeren absolutistischen Charakter, den die bundes- und, ihr folgend, die reichsrechtliche Lösung hatte, verlor der preußische Kriegsminister noch mehr Gewicht. Der Kaiser als Oberbefehlshaber schaffte in noch unumschränkterer Wahrnehmung seines Oberbefehls und in extensiver Interpretation seiner Kommandogewalt 1885 auch die geheime Gegenzeichnung der Personalordres ab.

Mit Unterstützung Bismarcks ist die absolutistische Tendenz der Wehrverfassung verstärkt worden. Der Posten des preußischen Kriegsministers wurde in diesem Prozeß der immer stärkeren Zuordnung der Armee zum kontrollfreien Raum der Kommandogewalt zum undankbarsten und kompliziertesten Regierungsamt. Politisches Amt war es dem Reichstag gegenüber allein in Etatfragen, im übrigen hatte der Kriegsminister sich auf Abwehrfunktionen gegen Angriffe aus dem Parlament zu beschränken, wobei er dann mehr als General denn als Minister sprechen mußte, wollte er sich nicht – wie etwa Kameke – den Unwillen der Armee zuziehen. Er ist – wie Huber feststellt – vom Parlament in diese Rolle gedrängt worden. Damit hatte er politische Funktionen, die Monarch und Armee ihm allein in dieser negativen, auf die Abwehr- und Verteidigungsrolle beschränkten Form konzedierten, nicht etwa als normale Kompetenz. Trotz dieser wachsenden politischen Funktion des Kriegsministers und seiner umfangreichen Zuständigkeiten im Verwaltungsbereich und bei der Gesetzgebung hat die preußisch-deutsche Verfassungswirklichkeit die Entwicklung der Armee zum extrakonstitutionellen Organ des Monarchen seit 1871 weiter verstärkt. Und bei der Anerkennung und Förderung solcher Tendenzen durch die Reichskanzler, vor allem durch Bismarck, fehlte den preußischen Kriegsministern bei der politischen Führung des Reichs der Rückhalt.

In der Kontroverse zwischen den Vertretern und den Gegnern der These von der extrakonstitutionellen Position der Armee – die vor allem im Hinblick auf die Kommandogewalt und die Rolle des konstitutionellen Kriegsministers bedeutungsvoll ist – wird von letzteren darauf verwiesen, zahlreiche Verfassungsbestimmungen, vor allem in der Verfassung des Norddeutschen Bundes und in der Reichsverfassung, die sich mit dem Wehrwesen befassen, deuteten auf die enge Beziehung von Armee und verfassungsmäßiger Ordnung hin. Wer das einräumt, muß den nur-rechtlichen Argumentationszirkel dennoch verlassen, wenn er sich die historische Entwicklung mit ihren deutlichen Akzenten vor Augen führt. Verfassungskonformität muß nicht identisch sein mit Systemkonformität. Der Buchstabe der Verfassung läßt das politische System selten ganz deutlich werden. In Preußen-Deutschland gewährleistete dieses politische System hinter der Verfassung den Fortbestand absolutistischer Prärogativen. Es sicherte die Bindung des „Volksheeres" nicht nur an die monarchische Gewalt, sondern auch an eine damit soziologisch und psychologisch verbundene Ordnung alten Stils, die mit dem allgemeinen Wahlrecht zum Reichstag nicht in innerem Zusammenhang stand.

Dazu trug bei, daß das verfassungsrechtliche Verhältnis Kriegsminister–Reichskanzler so kompliziert und auf Konkurrenz hin angelegt war, daß sehr leicht Kompetenzkämpfe entstehen konnten. Bismarck hatte sich deshalb gegen Roons Forderung nach einem Reichskriegsministerium gewandt. Es ist von den Versuchen zur „Staatssekretarisierung" des Kriegsministers gesprochen worden. E. R. Huber umschreibt die staatsrechtliche Situation folgendermaßen: Auf der einen Seite war der Kriegsminister ein wirklicher Minister, nämlich der selbständige Leiter seines Ressorts. Während der Reichskanzler der unmittelbare Chef sämtlicher Reichsämter, so auch des Reichsmarineamts, war und die Reichsstaatssekretäre als Untergebene des Reichskanzlers die Ressortgeschäfte führten, war der Kriegsminister, nicht der Reichskanzler, Chef des Kriegsministeriums; der Kriegsminister war nicht der Untergebene, sondern der Kollege des Reichskanzlers. Seiner Funktion nach war der preußische Kriegsminister selbständiger Reichsminister neben dem Reichskanzler; er war neben dem Kanzler der einzige selbständige Reichsminister, den es gab.

Auf der anderen Seite oblag nach Art. 17 DRV dem Reichskanzler sinngemäß die Gesamtverantwortung für die Ausübung der Reichsgewalt. Auch soweit nach dem Stellvertretergesetz einer der Reichsstaatssekretäre eine eigene Verantwortung im Rahmen seines Gegenzeichnungsbereichs trug, blieb die Gesamtverantwortung des Reichskanzlers erhalten. Es wäre mit diesem das Grundgefüge der Reichsverfassung bestimmenden Kanzlersystem unvereinbar gewesen, wenn der Kriegsminister eine von der Kanzlerverantwortlichkeit ausgenommene, in diesem Sinn selbständige Verantwortlichkeit hätte für sich beanspruchen wollen. Vielmehr trug nach dem Gesamtzusammenhang der Verfassungsnormen der Reichskanzler auch im Geschäftsbereich des Kriegsministers die politische Hauptverantwortung; die parlamentarische Verantwortlichkeit des Kriegsministers war der des Reichskanzlers nachgeordnet. Vom Maß der Verantwortlichkeit aber hängt grundsätzlich das Maß der Bestimmungsmacht ab. Da den Reichskanzler die übergeordnete Verantwortlichkeit traf, kam ihm im Geschäftsbereich des Kriegsministers auch die übergeordnete Bestimmungsmacht zu. Gewiß entschied der Kriegsminister die technischen Detailfragen seines Ressorts selbständig. In allen das Ressort des Kriegsministers betreffenden Fundamentalfragen dagegen kam dem Reichskanzler die letzte Entscheidung zu. Im Geschäftsbereich des Kriegsministeriums besaß der Reichskanzler zwar nicht, wie bei den eigentlichen Reichsämtern, das Recht der Ressortleitung, wohl aber das Recht zur Bestimmung der „Richtlinien der Politik".

Bismarck hat neben sich keinen Reichskriegsminister hochkommen lassen wollen, der, wie in Preußen der Kriegsminister neben dem Ministerpräsidenten, eine selbständige Rolle spielte. Sowohl 1870/71 als auch bei der Vorbereitung des Reichsmilitärgesetzes 1873/74 wies er entsprechende Forderungen Roons bzw. Kamekes zurück. Der preußische Kriegsminister wuchs aber als „faktisches Organ des Reiches" „in das Reich hinein". Viele Kontroversen zwischen Kanzler und Kriegsminister gingen darauf zurück, daß der Kanzler als „Reichskriegsminister" auftrat. Er war es, der den Reichstagspräsidenten darauf hinwies, daß dem Kriegsminister nicht gestattet sei, Aufforderungen des Parlaments in Empfang zu nehmen oder zu befolgen.

Eine differenzierende Beurteilung, wie sie Morsey vorgenommen hat, muß zu dem Schluß kommen, daß der preußische Kriegsminister „im Schnittpunkt aller innerstaatlichen Kampflinien" stand, „indem sein Geschäftsbereich gleichsam nach allen Seiten hin (Kaiser, Kanzler, Reichstag, preußischer Landtag, einzelstaatliche Kontingentsverwaltungen) offenlag und ‚zerrieben' werden konnte".

2. Das Militärkabinett

Das Militärkabinett entwickelte sich aus der Organisation des Kriegsministeriums von 1808 heraus. Sicherlich nicht im Sinne Scharnhorsts, der dem König im Sommer 1809 die Vorzüge des neuen Systems schilderte: „Ein Offizier vom Generalstabe bearbeitet die eingekommenen Gegenstände, welche auf die höheren Theile des Krieges, die eigentliche Kriegskunst, Bezug haben; ein anderer die persönlichen Verhältnisse; ein dritter die auf die Rekrutierung und Formation Bezug habenden Geschäfte und andere innere sachliche Verhältnisse. Alle diese Gegenstände werden unter dem Chef des Allgemeinen Kriegs-Departements unter einen Gesichtspunkt gebracht und mit den obigen Offizieren und einem Ingenieur- und Artillerie-Offizier berathschlagt, ehe sie Sr. Majestät vorgetragen werden."

Hiernach besaß der Chef der 1. Division des Allgemeinen Kriegsdepartements, dem alles oblag „was auf die persönlichen Verhältnisse der Individuen Bezug hat", keine Sonderstellung. Aber schon 1810 erhielt er Immediatvortragsrecht und seit 1817 führte er im Hinblick auf diese immediate Position die Dienstbezeichnung Generaladjutant. Der Umkreis der von ihm immediat erledigten Sachen wurde größer und erstreckte sich bald auf das ganze Militärwesen, nämlich auf alle beim König vorliegenden oder von diesem aufgegriffenen Militärsachen. Diese Funktionen wurden, zunächst inoffiziell, als zum „Militärkabinett" gehörig angesehen, das als solches dann seit 1843 auch im Staatshandbuch aufgeführt wurde. Daneben blieb der Direktor der 1. Division für die „Departementsangelegenheiten" Untergebener des Ministers.

Boyen hat dann 1814 selbst für eine Stärkung der Position der „Personalabteilung" gesorgt. In dem neugegliederten Ministerium erhielt sie die bedeutendste Funktion unter den fünf Departements. Diesem neuen 3. Departement hätte Boyen gern den Namen „Militärvortragsdepartement" gegeben. Der Kriegsminister bestand zwar auf seinem Recht, dem Immediatvortrag des Direktors des 3. Departements beizuwohnen, aber das konnte nicht stets und überall praktiziert werden. So setzte schon unter Boyen die Rückentwicklung zur alten Generaladjutantur ein. Als 1825 das Kriegsministerium aus Sparsamkeitsgründen erneut umorganisiert wurde und wieder nur zwei Departements umfaßte, nämlich das Allgemeine Kriegsdepartement und das Militärökonomiedepartement, da erhielt das ehemalige 3. Departement, jetzt als Abteilung für die persönlichen Angelegenheiten (A.f.d.p.A.), wiederum eine hervorgehobene Stellung. Sie allein rangierte nicht in eines der beiden Departements ein, sondern wurde dem Kriegsminister unmittelbar unterstellt, während der Direktor dieser Abteilung in seiner Eigenschaft als Generaladjutant dem Minister gleichgeordnet war.

Daß die A.f.d.p.A. diese besondere Entwicklung genommen hat, liegt daran, daß die Personalfragen in Friedenszeiten „den Kern der fürstlichen ‚Kommandogewalt'" darstellten (Gerhard Ritter), vor allem aber daran, daß ihr Direktor in Personalunion die insbesondere zum engsten Kreis der Kommandogewalt gerechneten Aufgaben eines Generaladjutanten versah. Obwohl einzelne Direktoren der A.f.d.p.A. bedeutenden Einfluß auf den Monarchen gewannen, wie etwa der spätere Kriegsminister (1834) Job v. Witzleben, so sind dennoch die Friktionen mit den Kriegsministern nicht schwer ins Gewicht gefallen. Boyen und Witzleben haben beide Positionen erfolgreich innegehabt, zudem war der politische Spielraum der Armee vor 1848 in Preußen nicht eine Frage der Abschirmung einer Sphäre der Kommandogewalt gegen die Befugnisse des Ministers. Hier waren persönliche Anschauungen, Pläne und Zielvorstellungen und vor allem das „Zusammenpassen" der leitenden Männer wichtig. So haben Friedrich Wilhelm IV. und Boyen in seiner zweiten Amtszeit nach 1840 vertrauensvoll zusammengearbeitet. Es blieb wenig Spielraum für den Ehrgeiz des Chefs des Militärkabinetts, zumal er bei loyaler Einstellung des Monarchen nicht in der Lage war, den Kriegsminister vom Immediatvortrag fernzuhalten.

Eine besondere politische und verfassungsrechtliche Bedeutung erhielt die geschilderte Entwicklung erst seit 1848. Jetzt trat die Sonderstellung der Institution des Militärkabinetts voll zutage, weil in ihr das Prinzip der reinen Kommandogewalt besonders anschaulich zur Geltung kam. In ihr verkörperte sich ein Stück der alten Armee, der Anspruch der bewaffneten Macht, aufgrund ihrer eigentümlichen Stellung im Staat und zum Monarchen weiterhin ein Eigenleben zu führen.

Während der Revolutionszeit kam es daher zu einem grundsätzlichen Widerspruch zwischen Kriegsministerium und Militärkabinett. Der Kriegsminister, General v. Reyher, war mit der gesamten Problematik vertraut, weil er unter Boyen Chef des Allgemeinen Kriegsdepartements (seit 1840) gewesen war und in dieser Stellung die hervorragende Position des Kabinettchefs jenseits der Zuständigkeiten des Departements miterlebt hatte.

Karl (v.) Reyher (1786–1857) war aus dem Mannschaftsstand aufgestiegen und wurde 1828 nobilitiert. In Generalstabsstellungen, im Kriegsdepartement und in der Studienkommission erwarb er umfassende Kenntnisse. Von April bis Anfang Mai 1848 wurde er mit der Vertretung des Kriegsministers beauftragt. Als Chef des Generalstabes erreichte er den Rang eines Generals der Kavallerie.

Reyher war 1848 der Auffassung, das Militärkabinett stehe als „eine vom verantwortlichen Ministerio getrennte Behörde mit der konstitutionellen Staatsform nicht in Einklang", daß es daher mit dem Ministerium zu „verschmelzen" sei. Die Initiative blieb ohne Wirkung und die weitere Entwicklung bis zur Revidierten Verfassung hat dann immer deutlicher zur Herausarbeitung jener Grundsätze vom kontrollfreien Oberbefehl geführt, die für

Friedrich Wilhelm IV. das Militärkabinett zur Notwendigkeit werden ließen. Sein Handbillet vom 1. Juli 1849 umreißt gerade jene Materien, die primär zum Aufgabenbereich des Militärkabinetts gehörten. Bei der konstitutionellen „Anfälligkeit" einiger Kriegsminister der Revolutionszeit und in den folgenden Jahren ist diese Haltung noch verfestigt worden. Aber die Bemühungen der Kriegsminister erreichten doch, daß der Chef des Militärkabinetts in den Hintergrund trat. Er fungierte zwar als Direktor der Abteilung für die persönlichen Angelegenheiten, scheint aber geringen Einfluß gehabt zu haben. General v. Schöler wurde bis 1856 in seinen eigentlichen Funktionen als Kabinettchef im wesentlichen verdrängt und ersetzt durch die Generale der Kamarilla Friedrich Wilhelms IV., also vor allem durch die Generaladjutanten v. Rauch und Leopold v. Gerlach. Friedrich Wilhelm IV. war militärischen Fragen gegenüber weniger interessiert als seine Vorgänger und Nachfolger. Er besprach vor allem politische Fragen mit den Mitgliedern dieser Kamarilla. Der Typus des politischen Generals tritt hier eigentlich zum erstenmal deutlich hervor. Die Rolle des inoffiziellen Chefs des Militärkabinetts spielten diese Männer nur nebenher.

Entscheidend wurde dann seit 1856/57, daß Edwin v. Manteuffel, Angehöriger der Kamarilla, sein ganz und gar politisches Rollenverständnis mit in die neue Position hinüber nahm und dort weiterhin zu praktizieren suchte.

Edwin v. Manteuffel (1809–1885) war während der Revolution 1848 Flügeladjutant und trat energisch für die Niederwerfung ein. Im Kreis der Kamarilla galt er als „politischer Offizier"; ohne zeitgemäße politische Ideen war sein Denken von der europäischen Revolutionsgefahr beherrscht. Über die Staatsvorstellungen der Restaurationszeit ist er eigentlich nicht hinausgekommen. Innenpolitisch glaubte er „mit mystischer Devotion an die Unfehlbarkeit des Herrschers von Gottes Gnaden und an die bedingungslose Pflicht des Vasallen, dem Willen seines Herrn Geltung zu verschaffen" (G. Ritter). Als Chef der A.f.d.p.A. erhielt er einen Wirkungskreis, der ihm erlaubte, im Interesse der reinen Kommandogewalt zu wirken. Diese Position hatte er von 1856–1865 inne, also während der entscheidenden Jahre der Heeresreorganisation. Er hat hier energisch die Verjüngung des Offizierkorps betrieben und zu seinem Teil mitgewirkt an der Erhöhung der Schlagkraft der Armee. Aber er sah in ihr vor allem ein Instrument für die Revision der inneren Verhältnisse Preußens, für die Wiederherstellung der alten vorrevolutionären Zustände. Darum spielte der Staatsstreich in seinem Kalkül eine große Rolle. Seine unnachgiebige Haltung und seine über den eigenen Aufgabenkreis hinausgehende Aktivität brachten ihn in Gegensatz zu Kriegsminister v. Roon und zu Bismarck. Dem liberalen Bürgertum galt er als *der* Exponent des Prinzips der Sonderrolle der Armee im Staate. M. war nach 1865 Kommandierender General, Oberbefehlshaber der Truppen in den Elbherzogtümern, Gouverneur in Schleswig und Holstein, Armeebefehlshaber im deutsch-französischen Krieg und seit 1879 Statthalter in Elsaß-Lothringen. Seit 1873 bekleidete er den Rang eines Generalfeldmarschalls.

Sichtbarer Erfolg seines Bestrebens, die Kommandogewalt des Kriegsherrn nach altpreußischer Art abzusichern, wurde die Kabinettsorder vom Januar 1861, die bekanntlich die Position des Kriegsministers erheblich schwächte, ohne daß Roon hier Einwände zu machen hatte. Der Kriegsminister fühlte sich selbst als Anwalt der Kommandogewalt, eine Haltung, die nicht überraschte. Die Soldaten dieser Generation betrachteten überwiegend die konstitutionellen Pflichten des Kriegsministers als lästige Neuerung, als mögliche oder sogar akute Gefährdung der Unmittelbarkeit des Verhältnisses der Armee zum Monarchen – eine Überzeugung, die sich allmählich zum politischen Topos verdichtete, über den nicht mehr nachgedacht zu werden brauchte. Im Grunde war mit der Übernahme der Regentschaft durch den Prinzen von Preußen die künftige Entwicklung des Militärkabinetts vorgezeichnet. Manteuffel gelang es, den Kriegsminister Bonin, den Mann der Wahl des Regenten, auszumanövrieren und eine Entscheidung darüber zu erreichen, ob, wie er die Dinge sah, die Armee vom König oder von einem dem Landtag verantwortlichen Minister geführt werde. Hier stimmte er mit den innersten Überzeugungen des Regenten überein. Daher konnte sein Rücktrittsgesuch nur ein Ergebnis haben: nicht seine Demission, sondern den Sturz Bonins.

In der Sache hatte das Militärkabinett mit dem Rücktritt Bonins seine Unabhängigkeit durchgesetzt. Manteuffel ist von seinen Nachfolgern in der unmittelbaren Einflußnahme in politischen Fragen, in seiner Dynamik, nicht erreicht worden. Aber sein Prinzip, das Verhältnis der Armeeführung und des Königs zum Parlament zweitrangig zu behandeln gegenüber der unmittelbaren Beziehung des Monarchen zur Armee, blieb das Credo des Kabinetts bis zuletzt. Manteuffel blieb hier Vorbild.

Seit 1871 wurde das preußische Militärkabinett praktisch ein „Reichsmilitärkabinett". Von der Reichsgründung bis zum Ende der Kanzlerschaft Bismarcks war Emil v. Albedyll Chef, gefolgt von Wilhelm v. Hahnke (1888–1901).

Bedeutung und Rolle des Militärkabinetts blieben weiterhin bestimmt von der Stellung der Institution in der militärischen Führungsorganisation. Der Kriegsminister war gezwungen, den Einfluß des Kabinetts gegenüber dem Parlament zu verharmlosen, wie es Roon 1862 mit der Feststellung getan hatte: „Das Militärkabinett ist eine einzige Person, die in gewissen Beziehungen im subordinierten Verhältnis zum Kriegsminister steht..." Tatsächlich hatten auch nach Roon Kriegsminister mit dem Militärkabinett ihre Schwierigkeiten, wobei Ressortegoismus und persönliche Motive mitwirkten. Albedyll hat es verstanden, derartige Kontroversen stets in Zusammenhang mit einer angeblichen Gefährdung der Kommandogewalt zu bringen und sich dadurch die Unterstützung des Kaisers zu sichern. Entsprechende Interpretationsmöglichkeiten boten sich schon deshalb an, weil es in vielen Fällen ganz unmöglich war, zwischen Kommando- und Verwaltungssachen scharf zu unterscheiden. Kritik an den Methoden des Kabinetts ließ sich unter Wilhelm I. und seinem Enkel nur zu leicht als Kritik an der Kommandogewalt selbst hinstellen. So ist der Kriegsminister v. Kameke zu Fall gebracht worden, und so ist auch sein Nachfolger v. Bronsart I 1889 gescheitert.

Das Jahr 1883 brachte dem Militärkabinett den endgültigen Triumph über den Kriegsminister. Ein langer Kleinkrieg ging zu Ende. Trotz der Wirksamkeit Manteuffels stand der Chef des Militärkabinetts in seiner Teileigenschaft als Chef der A.f.d.p.A. immer noch formell in einem Subordinationsverhältnis zum Kriegsminister. Eine Kabinettsorder vom 8. 3. 1883 hob dieses Verhältnis auf. Die Personalabteilung führte von nun an nur noch die Bezeichnung Militärkabinett. Damit brach ein weiterer Stein aus der Scharnhorst-Boyenschen Heeresorganisation heraus.

Die umstrittene Position des Militärkabinetts ließ die Täuschung der Öffentlichkeit über die Hintergründe des Schrittes ratsam erscheinen. Angeblich machte der vorgesehene neue Kriegsminister die Übernahme des Amtes abhängig von einer Änderung der Stellung des Militärkabinetts. Albedyll habe deshalb sein Abschiedsgesuch eingereicht. Diese Lesart war für die Presse bestimmt. Im Armee-Verordnungsblatt durfte nur ein Teil der Kabinettsorder veröffentlicht werden. Der entscheidende Passus im nichtveröffentlichten Teil lautete: „Die der Bestimmung ad 1 entsprechenden Anweisungen über den inneren Geschäftsgang des Kriegsministeriums ersuche ich den Kriegsminister in dem Sinne zu veranlassen, daß überall, wo es das Interesse des Dienstes wünschenswert und angenehm erscheinen läßt, Beratungen und Kommunikationen seitens des Kriegsministers mit Meinem Militärkabinett geschehen, ohne daß indes nach irgendwelcher Richtung hin ein Subordinationsverhältnis desselben stattfindet oder beansprucht wird."

Wilhelm I. glaubte – von Albedyll dazu bewogen – die neue Regelung treffen zu müssen, um, wie er dem neuen Kriegsminister schrieb, unrichtige Auffassungen über die „Selbständigkeit seiner Kommandogewalt" zu verhindern. Eine angemessene richtige Ressortverteilung sei nur möglich, führte der Kaiser aus, „bei vollem Eingehen des Kriegsministers auf Meine Auffassung über die Kommandogewalt".

Das preußisch-deutsche Immediatstellensystem, hervorgewachsen aus den Formen der Kabinettsregierung der alten Zeit mit ihren unverantwortlichen Ratgebern des Monarchen, erhielt seit der Revolution und seit der konstitutionellen Staatsverfassung eine zuvor nicht so ausgeprägte politische Bedeutung. Liberalismus, Verfassung, neue Auffassungen vom Zusammenspiel der Staatsorgane, die Ergebnisse einer europäischen politischen und sozialen Bewegung und ihre Ausstrahlung mußten nach Auffassung der preußischen Monarchie aufgefangen werden vor dem harten Kern des Staates und der politischen Herrschaft: vor der Armee. Das war bei dem auf der Allgemeinen Wehrpflicht beruhenden „Volksheer" nur möglich, wenn das Offizierkorps ebenso dachte, wenn die Auffassungen des Monarchen hier auf Resonanz stießen, wenn den politischen Horizont eben die Armee ausmachte, nicht der Verfassungsstaat mit seinem Balancesystem. Das Militärkabinett wurde zum Büro und Vermittler dieses „rein" militärischen Denkens, gerade deswegen konnte es sich gegen den Kriegsminister durchsetzen, dessen Funktionen speziell in der Stellung zwischen Krone, Armee und Parlament auf Begrenzungen der monarchischen Gewalt hinwiesen, also auf Abhängigkeiten der Armee von Faktoren neben dem Monarchen und Oberbefehlshaber. Daß die preußische Armee bis 1918 nicht zu einem vorbehaltlosen Hineinleben in die verfassungsmäßige Ordnung gekommen ist, hat ihre tieferen Gründe in der deutschen Geschichte vor allem seit 1848, in der preußischen Lösung der nationalen Fragen, in der Erziehung des Offizierkorps, nicht zuletzt aber auch in der Wirksamkeit militärpolitischer Institutionen wie dem Militärkabinett. Hier verbanden sich Ressortegoismus, militärisches Fachdenken, monarchische Verfassungsinterpretation, Selbsterhaltungstrieb eines Standes zu ganz spezifischer Wirksamkeit, an der Reichstag und Parteien nicht vorbeikamen.

Innenpolitisch gesehen trifft deshalb Gerhard Ritters Feststellung nicht zu, wonach das Militärkabinett nach dem Abgang Edwin v. Manteuffels zunehmend an Bedeutung verlor. Die Leistungen des Generalstabs lagen vor aller Augen und wurden anerkannt, aber was im Militärkabinett geschah, blieb geheimnisvoll und verborgen. Es hielt das Mißtrauen des Reichstages wach und blieb schon um dieser psychologischen Wirkung willen bis zuletzt ein innenpolitischer Faktor. So schien es als dunkler Schatten hinter dem Kriegsministerium zu stehen. Daß seine Verantwortung nach außen nicht fixiert war, erhöhte seine Einflußmöglichkeiten. Dem Reichstag erschien es als „verfassungswidriger Fremdkörper", als „antediluvianische Erscheinung", als Beispiel von „Absolutismus in seiner ausgeprägtesten Form": eine Auffassung, die ihre Ergänzung in Kamekes Bemerkung nach seinem Sturz fand: „Der letzte preußische Kriegsminister verläßt mit mir dies Haus."

Aber es muß auch festgestellt werden, daß das Militärkabinett in militärpolitischer Hinsicht die Stimmung des Offizierkorps artikulierte. Eines der prominentesten Beispiele hierfür in den letzten Jahren des 19. Jahrhunderts war seine Haltung in der Frage der Reform der Militärgerichtsordnung. 1896 brachte das Kabinett einen zweiten Kriegsminister zu Fall, der moderner dachte. Die Modernisierung des militärischen Verfahrensrechts wurde zum Politikum erster Ordnung, mußte es im Wehrpflichtheer dieser Zeit geradezu werden. Nach Hahnke war es verfehlt, die Öffentlichkeit des Verfahrens zu gewähren, weil „die Armee ein abgesonderter Körper bleiben müsse, in den niemand mit kritischem Auge hineinsehen dürfe". Erst der Reichskanzler Hohenlohe konnte sich schließlich durchsetzen. Seit seiner Zeit ging der politische Einfluß des Kabinetts spürbar zurück. Die zunehmende Bedeutung des Reichstags hat indirekt die Position des Kriegsministers wieder aufgewertet. Nach Hahnkes Abgang (1901) stand das Kabinett eindeutig hinter dem Minister und dem Generalstab zurück.

3. Die Kommandierenden Generale

Die Reformer, insbesondere der Kriegsminister v. Boyen, sahen die Heeresreform zugleich als Mittel des Staatsneubaus an. Vieles von dem, was unter diesem Gesichtspunkt 1814/15 in Angriff genommen worden ist, verwandelte sich in einem nur von der Gesamtbetrachtung der preußisch-deutschen Geschichte des 19. Jahrhunderts her verständlichen Umkehrprozeß in Elemente und Kernsubstanzen des Militärstaates, der bis 1917 politisch-demokratischen

Veränderungen widerstand. Die Einrichtung der Generalkommandos unter den Kommandierenden Generalen in den Provinzen kann hierfür als anschauliches Beispiel angeführt werden. Boyen sah als Ideal die gemeinsame Oberleitung einer Provinz durch den Kommandierenden General und den Oberpräsidenten an, zwar jeder auf seinem Gebiet, aber doch in vielfacher Zusammenarbeit und in gemeinsamer Verständigung über die Staatsaufgaben. Militärische und zivile Verwaltungsgrenzen sollten sich decken. Der Kommandierende General wurde in den frühen Entwürfen als „Provinzgeneral" konzipiert. Heeres- und Landesinteressen liefen in der Hand dieser Generale zusammen. Damit erhielt die militärische Organisation des Landes – die bisher nur punktuell bei den Gouverneuren der Hauptstädte und für den engeren Dienstbetrieb bei den Brigadegeneralen gelegen hatte – eine lückenlose Kohärenz. Der Kommandierende General wurde allen Kommandeuren und Befehlshabern in der Provinz übergeordnet, auch den Gouverneuren. In dringenden Fällen konnte er Truppen zusammenziehen; er wurde Garant der inneren Sicherheit und hatte den Ausbildungsstand der Truppen zu überwachen. Seine Kommandobehörde erhielt im Hinblick auf die umfassenden Funktionen die Bezeichnung Generalkommando.

Als Boyen noch vor Abschluß des Wiener Kongresses im Februar 1815 dem Staatskanzler seinen Plan zur Einteilung der Monarchie in sechs Generalkommandos vorlegte, zeigte sich sogleich die eminent politische – innen- wie außenpolitische – Zielsetzung des Vorhabens: Es gelte, so glaubte er, die Gebiete zwischen dem alten Staatsverband und dem neugewonnenen Rheinland in einer Hand militärisch zusammenzufassen und zum anderen die polnischen Gebiete in einer den preußischen Machtinteressen entsprechenden Form zu behandeln. So schaltete sich der Kriegsminister, unterstützt von Grolman und Thile, in Fragen der Landeseinteilung ein, die er als innerlich zusammenhängend mit der Armeeorganisation ansah. Er plädierte für die Zusammenfassung von Schlesien und Posen zu einem Generalkommando, dagegen sollte der Netzedistrikt von der Verwaltung der polnisch bevölkerten Gebiete abgetrennt werden.

Zunächst waren vorgesehen: Zehn Oberpräsidenturen und fünf „Militärdivisionen", nämlich: Ost- und Westpreußen, Brandenburg-Pommern, Schlesien-Posen, Sachsen, Niederrhein-Westfalen. Bei der definitiven Einrichtung der neuen Armeegliederung nach dem Kriege sind dann sieben Generalkommandos vorgesehen worden.

Die Kommandierenden Generale Thielmann, Kleist, Tauentzien, Hünerbein, Borstell, Thümen, abgesehen von Gneisenau, der schon 1816 zurücktrat, gehörten nicht zu den entschlossenen Anhängern der Reformpartei. So war Thümen der Meinung, der Zeitgeist wolle offenbar dem Militär alle Gewalt und Einmischung in die Geschäfte nehmen. Kleist v. Nollendorf gehörte zu den Anhängern der hocharistokratischen Hofpartei und nahm beim König offen gegen die „Ideologen" des Kriegsministeriums Stellung.

Von Anfang an zeigten sich damit die gegen die Intentionen des Kriegsministeriums gerichteten, der neuen Einrichtung immanenten dezentralistischen Gefahren für die im Kriegsministerium zusammengefaßte Spitzenorganisation der Armee. Gerade die umfassenden Kompetenzen und Befehlsbefugnisse und das Immediatvortragsrecht der Kommandierenden Generale, die sie zu königlichen militärischen Statthaltern in den Provinzen machten, haben diese Tendenzen verstärkt, zumal sie sich primär als Organe der Kommandogewalt verstanden.

In diesen Zusammenhang gehört die wichtige Kabinettsorder vom 13. März 1816, die im wesentlichen bestimmte:

„1. Der kommandirende General hat den Oberbefehl über sämmtliche in einem Kommandobezirk dislocirte Truppen und einzelne Militärpersonen. Es sind ihnen daher auch die Gouverneure und die Kommandanten in den Hauptstädten und Festungen untergeordnet...

3. Der kommandirende General hat die Oberaufsicht über die Dienstübungen sämmtlicher in der Provinz befindlichen Truppen und bewaffneten Mannschaften.

4. Der kommandirende General wacht darüber, daß in seinem Bezirk alle für das Militair und die bewaffnete Macht überhaupt gegebenen Vorschriften auf das Pünktlichste und mit dem gehörigen Eifer ausgeführt werden."

Als besondere Pflicht war dem Kommandierenden General ferner die Entscheidung von Streitigkeiten „zwischen Militair und Civil" übertragen.

Die erste Durchbrechung der neuen Organisation erfolgte noch 1816 zugunsten des unter dem Herzog von Mecklenburg stehenden Garde- und Grenadier-Korps. Eine Kabinettsorder vom Dezember befahl, der Herzog solle zum Garde- und Grenadier-Korps „eben so stehen wie die kommandirenden Generale in den Provinzen zu den ihnen untergeordneten Truppen". Hofpartei und Sonderinteresse der Garde setzten sich gegen den Kriegsminister durch. Der Kommandierende General des Gardekorps, Zentrum der Hofpartei, überspielte Boyen bereits in der Anfangsphase des Neubaus der Armee. In den Marken und Pommern gab es damit zwei Kommandierende Generale.

Neben dieser territorialen Organisation wurde 1816 eine Neugliederung der stehenden Armee in acht Armeekorps verfügt. Preußen wurde gegliedert in acht Ergänzungsbezirke für jeweils ein Armeekorps.

Friedrich Wilhelm III. beabsichtigte zunächst, besondere Korpskommandeure zu ernennen, die ähnlich wie der Kommandierende General des Garde- und Grenadier-Korps zum Kommandierenden General in Pommern und den Marken zu den jeweiligen Kommandierenden Generalen in den Provinzen stehen sollten. Damit wäre eine von der Friedensorganisation abgehobene Kriegsformation parallel aufgebaut worden. Hiergegen hat Boyen entschieden Stellung bezogen, weil sein leitender Gedanke, die Militärorganisation der allgemeinen Landeseinteilung anzupassen, damit grundsätzlich preisgegeben worden wäre. Nach Boyens Rücktritt ist dann die vom rein militärischen Standpunkt brauchbare Organisation dennoch durchgeführt worden.

Mit AKO vom 3. April 1820 übertrug Friedrich Wilhelm III. den Kommandierenden Generalen den unmittelbaren Oberbefehl über die in ihren Provinzen stehenden Korps. Die territorialen Befugnisse blieben ihnen. Ihre Position war damit erheblich verstärkt worden, weil ihr Verhältnis zu den stehenden Truppen nicht mehr bloß in Aufsichtsrechten, Verwaltungsbefugnissen und Ordnungsaufgaben zum Ausdruck kam, sondern zur vollen Kommandobefugnis erweitert worden war. Die Generalkommandos wurden damit gleichzeitig Verwaltungs- und Kommandobehörden, und erst jetzt erstand den Kriegsministern jener mächtige potentielle Gegenspieler, der häufig in den sogenannten „Kommandosachen" sich nur dem Monarchen verpflichtet fühlte und dem Kriegsminister nur zugestehen wollte, was ihm „zukam", nämlich Befugnisse in Verwaltungsangelegenheiten – eine Entwicklung, die nach 1848 erkennbar wird.

Während der Revolution 1848 wurden in der militärischen Führung Überlegungen über die Zweckmäßigkeit der Generalkommandos und der Position der Kommandierenden Generale angestellt, deren schriftlicher Niederschlag aufschlußreiche Einblicke in die Vorzüge und Mängel, auch in den innenpolitischen Funktionskreis dieser Kommandobehörden gibt. Eine vom Kriegsminister im Mai 1848 angesetzte Kommission zur Ausarbeitung einer „zeitgemäßen" Reorganisation der Armee schlug vor, an die Stelle der Kommandierenden Generale Militärgouverneure mit wesentlich verminderten Kompetenzen zu setzen. Die Kommandoangelegenheiten im engeren Sinne, insbesondere die Truppenübungen und -ausbildung, sollten dagegen auf die Divisionskommandeure übergehen. Hiergegen wandte sich zunächst entschieden der Prinz von Preußen, der Kommandierende General des Gardekorps. Im Laufe des Jahres 1849 erhielt die Diskussion auf der Grundlage neuer Vorschläge des Ministeriums geradezu politischen Charakter, der insbesondere durch den Oberst v. Griesheim betont wurde. Der innere Zusammenhang von Armeeorganisation und innenpolitischen Bedürfnissen kam aufgrund der Erfahrungen der Märztage ins Blickfeld. Eine Denkschrift des Kriegsministers v. Trotha vom 10. November 1849 war noch ganz „organisatorisch" gehalten. Er wies zunächst nur darauf hin, daß

- die Truppen der preußischen Armee im Frieden zu viele Vorgesetzte haben,
- die Untergebenen daher „jede Selbständigkeit verlieren",
- die Regierung „durch das Bestehen der kommandierenden Generale" in der Wahl der geeigneten Generale für bestimmte besondere Kommandos auf das Nachteiligste beschränkt sei,
- gegenwärtig nur die neun Kommandierenden Generale selbständig seien: „und die einzelnen Personen gelangen in so vorgerücktem Alter und nachdem sie während einer langen Dienstzeit fast nie zu selbständigem Handeln gekommen sind, zu dieser Charge, daß es nicht wundern darf, wenn die Elastizität des Geistes, die in gefahrdrohenden Momenten Charakter und moralischen Muth hervorruft, nicht mehr vorhanden ist."

Griesheim forderte dann eine „organische Einteilung" der Armee, damit sie nicht nur nach außen, sondern „eben so leicht auch nach Innen verwendbar" sei. Bei der Armeekorpseinteilung habe man nur einen Krieg nach außen im

Auge gehabt. Jetzt sei aber ein äußerer Krieg kaum denkbar ohne gleichzeitige innere Unruhen. Kleinere Truppenkörper, wie Divisionen mit eigenem Generalstab, seien nützlicher.

Die endgültige Niederschlagung der revolutionären Bewegung in Europa hat diese Vorschläge überflüssig erscheinen lassen. In der Kommission unter dem Prinzen von Preußen wurde überdies keine einheitliche Auffassung über die Denkschrift des Kriegsministeriums erzielt, in erster Linie deshalb nicht, weil der Kommandierende General des Gardekorps die Institution des Kommandierenden Generals nicht angetastet wissen wollte.

Nicht nur, daß der erste Versuch des Kriegsministeriums, die Generalkommandos abzuschaffen, fehlgeschlagen war: von 1848 an ist bei der antikonstitutionellen Haltung der Armee die Position der Kommandierenden Generale entscheidend gestärkt worden. Es wurde praktisch unmöglich, ähnliche Vorschläge in die Diskussion zu bringen. „Innenpolitisch" beruhten ihre Befugnisse als „Militärbefehlshaber" nach der Revolution auf dem „Gesetz über den Belagerungszustand" vom 4. Juni 1851, sie konnten mithin bei Verhängung des „Belagerungszustandes" Truppen im Innern einsetzen. Bei inneren Unruhen lag die Zuständigkeit zur Verhängung des Belagerungszustands beim Staatsministerium, bei „Gefahr im Verzuge" konnten jedoch die Militärbefehlshaber selbständig tätig werden. Der Artikel 68 der Reichsverfassung legte schließlich die Befugnis zur Verkündung des Ausnahmezustands – jetzt generell Kriegszustand genannt – in die Hand des Kaisers. Es genügte jetzt die „Bedrohung der öffentlichen Sicherheit".

Aber nicht hierin kann primär die Stärkung der Stellung der Kommandierenden Generale erblickt werden – obwohl sich die Armee über die innenpolitische Bedeutung des Belagerungszustandsrechts im klaren war, ja über seine Möglichkeiten vor allem seit dem Anwachsen der Sozialdemokratie gründlich nachdachte –, sie wurde hauptsächlich gefördert durch das extrakonstitutionelle Bewußtsein der Armee. In der Auseinandersetzung zwischen Militärkabinett und Kriegsministerium profitierten die Kommandierenden Generale von jedem Zwischensieg des Kabinetts. Sie hielten sich ebenfalls für die speziellen Repräsentanten der Kommandogewalt. Zwischen ihnen und dem Monarchen durfte keine Zwischeninstanz stehen.

Bezeichnend für dieses Denken und die fortschreitende Dezentralisierung zur vermeintlichen Absicherung der Kommandogewalt des Monarchen ist die Kontroverse zwischen dem Kriegsminister v. Roon und dem Kommandierenden General des V. Armeekorps, General v. Steinmetz. Anlaß war die Weigerung des Generals, einem Requisitionsersuchen des Oberpräsidenten von Posen, v. Horn, nachzukommen. Das Allgemeine Kriegsdepartement stellte sich auf die Seite des Oberpräsidenten. Steinmetz wies das Vorgehen als „Rektifikation" und Eingriff in die Kommandogewalt des V. Armeekorps zurück. Darauf qualifizierte das Kriegsdepartement die Angelegenheit als administrativen Vorgang und bat den Kriegsminister, präzise allgemeine Normierungen über das Verhältnis des Kriegsministeriums zu den Generalkommandos herbeizuführen. Roon entsprach dem Wunsch. Das Militärkabinett lehnte eine Klarstellung ab mit der Feststellung: „Prinzip ist, der König hat dem Kriegsminister die Leitung der Armeeverwaltung übertragen, das Kommando der Armee hat der König unmittelbar behalten.“ Manteuffel sprach hier nur aus, was Wilhelm I. selbst dachte. Die königliche Entscheidung der Kontroverse erging im Sinne des Generalkommandos und beleuchtet die Problematik der Führungsorganisation der Armee im Verfassungsstaat. Über die Gesichtspunkte von 1848/49 hinaus motivierte Wilhelm I. seine Auffassung von der Stellung der Kommandierenden Generale jetzt so: eine allgemeine und präzise Festsetzung der Stellung des Kriegsministeriums zu den Generalkommandos könne dazu führen, in Kommandosachen eine Instanz zwischen den Kommandierenden Generalen und dem Monarchen zu bilden.

Unter Wilhelm I. vergrößerte sich bei der bewußt unklar gelassenen Kompetenzabgrenzung die Selbständigkeit der Kommandierenden Generale, die sich den Befugnissen des Kriegsministers weitgehend entzogen. Sie berichteten immediat dem Monarchen und empfingen unmittelbar von ihm Befehle. Da die obersten militärischen Immediatstellen – Militärkabinett, Kriegsministerium und später Generalstab – keine Kommandogewalt besaßen, nahmen also die Kommandierenden Generale eine ausgesprochene Sonderstellung ein, denn sie übten Kommandogewalt in unmittelbarer Nachordnung zum Obersten Kriegsherrn aus. In der Provinz seines Armeekorps nahm der Kommandierende General die erste Stelle ein. Bei seiner Anwesenheit in anderen Standorten als dem Sitz des Generalkommandos wurde geflaggt. Zahlreiche Kontakte mit den Zivilbehörden ergaben sich in Sicherheitsfragen, im Ersatzwesen, bei Mobilmachungsvorbereitungen. Sein Beispiel und seine Entscheidungen waren maßgebend für die Stellung und Haltung des Militärs zur Zivilbevölkerung.

Im Zuge der Vergrößerung der Armee, insbesondere 1867 und dann nach 1871, wurden neue Generalkommandos gebildet. 1874 bestanden 18, davon 14 preußische; 1890 stieg die Zahl auf 20, schließlich 1912 auf 25. Bis auf die drei bayerischen Armeekorps unterstanden im Frieden auch alle nichtpreußischen Armeekorps (XII. AK Dresden, XIV. AK Leipzig und XIII. AK Stuttgart) dem Kaiser. Die bayerischen Kommandierenden Generale unterstanden im Frieden der landesherrlichen Kommandogewalt.

Eine den Bedürfnissen des Verfassungsstaats angemessene Ausbildung hatte kaum einer dieser Exponenten des preußisch-deutschen Militärstaates genossen. Daher fiel ihnen vielfach elastisches Reagieren schwer. Die Zabern-Affäre muß hier als prominentester Fall erwähnt werden, aber die Fixierung auf bloß militärische Perspektiven ist durchgängig festzustellen. Bei den Planungen der Generalkommandos für den Fall innerer Unruhen, also seit die Sozialdemokratie zum „staatsgefährdenden“ Problem für die Führung des Reiches geworden war, wird dies Verhalten ganz deutlich. Verfügungen des Kriegsministers und sogar Generalstabsstudien sind von einzelnen Generalkommandos in Befehle umgesetzt worden, die im Ernstfalle zu einer Eskalation hätten führen müssen. So wurden z. B. die Verhaftungen von Reichstagsabgeordneten vorgesehen, ohne daß das Immunitätsrecht überhaupt problematisch geworden wäre. Die Zabern-Affäre hat die Kommandogewalt beim Zusammentreffen mit politischen Überlegungen und lokalen Bedürfnissen in der besonderen Situation des Reichslandes – wo ja die politische Reichsleitung, der Kanzler, kaum verfassungsmäßig eingreifen konnte, weil hier der zivile Statthalter wie ein Kommandierender General unmittelbar dem Kaiser unterstand – sozusagen im Modellfall vorgeführt. Bei der Verschlechterung des innenpolitischen Klimas im Reich ab Ende der siebziger Jahre, bei einer wachsenden Reichsfeindmentalität gegen demokratische oder gar sozialistische Tendenzen konnten Konfrontationen ähnlicher Art auch andernorts zum Austrag kommen. In allen Fällen von solch politisch-sozialer Komplexität sah sich der innenpolitische Gegner unvermittelt dem Träger der Kommandogewalt gegenüber. Je unausgewogener die innenpolitische Lage wurde, um so fragwürdiger wurde die Rolle der Armee und um so fragwürdiger zugleich die nach innen gerichteten Sicherungsfunktionen der Kommandierenden Generale, die als Inhaber der vollziehenden Gewalt auch die Zivilbehörden unter ihr Befehlsrecht stellten.

Die Armee hatte seit 1848 System in ihre innenpolitische Aufgabe gebracht, und in diesem System standen die Kommandierenden Generale als stärkste Eckpfeiler des Militärstaates an der Spitze. Daß sie im Kriegsfall ausersehen waren, mit dem aktiven Korps in den Kampf zu ziehen, also ihre eigentliche Bestimmung, ist während der langen Jahrzehnte seit 1871 weniger in das Bewußtsein gedrungen als ihre Friedenspräsenz im Namen der unkontrollierten Kommandogewalt des Obersten Kriegsherrn.

4. Der Generalstab

a. Die Entwicklung bis 1857

Innerhalb der Organisation des Kriegsministeriums (Kriegs-Departement) von 1809 nahm der Generalstab als 2. Division der 1. Hauptabteilung (Allgemeines Kriegs-Departement) nur einen bescheidenen Platz ein.

Die Reorganisationskommission ging davon aus, daß „ein gehörig instruirter, theoretisch und praktisch gebildeter und geübter Generalstab für die Armeen aller Mächte in neueren Zeiten ein unumgänglich notwendiges Bedürfniß geworden" sei. Scharnhorst legte Wert darauf, den alten Generalquartiermeisterstab zu modernisieren, ihn vor allem nach einem sorgfältig abgestimmten Studienplan auszubilden und auf seine Aufgaben im Frieden vorzubereiten. Im Vordergrund standen schon bei früheren Überlegungen Kriegswissenschaften, Kriegsgeschichte, praktische Ausbildung = Kenntnis der inneren Verfassung und der taktischen Manöver der Truppen, Terrainlehre, Anwendung der Truppenbewegungen auf dem Terrain im großen sowohl als im kleinen, Kenntnis der Geländebeschaffenheit im Ausland. Die systematische Erforschung der politischen und ökonomischen Struktur fremder Großmächte wurde noch nicht als Programm gesehen.

Nur sehr langsam ist der Generalstab aus dieser mit nur geringem Einfluß auf die Armee verbundenen Rolle herausgewachsen. Der Erste Offizier des Generalstabs, seit 1810 als Chef des Generalstabs bezeichnet, unterstand nicht nur dem Kriegsminister, sondern auch dem Chef des Allgemeinen Kriegsdepartements. Von irgendeiner Einwirkung auf Entscheidungen des Monarchen war er weit entfernt. Bei der Umorganisation des Ministeriums 1814 rangierte der Generalstab als 2. Departement neben vier anderen. Sein Chef, General v. Grolman, stand in gutem Einvernehmen mit Boyen und zeigte keine Selbständigkeitsbestrebungen. Er war Anhänger der von Scharnhorst und Boyen durchgesetzten Zentralisierung des Militärwesens im Kriegsministerium.

Die Zusammenfassung der Generalstabsoffiziere im 2. Departement bedeutete dennoch, daß ein sichtbares Gewicht auf die Ausbildung dieses Zweiges der militärischen Tätigkeit gelegt wurde. Aber obgleich sich die Generalstabsoffiziere in den Feldzügen seit 1813 bewährt hatten, war es selbst Scharnhorst nicht gelungen, in dieser Zeit den der Position des Obersten Kriegsherrn zugeordneten zentralen strategischen Berater beim König durchzusetzen. Was erreicht werden konnte, war lediglich die Entsendung fähiger Generalstabsoffiziere zum Armeekommando Blüchers und zu den Armeekorps. Hier wurden Generalstäbe gebildet mit so bekannten Offizieren wie Aster, Clausewitz, Valentini, Witzleben, Rudolphi u. a.

Das Modell für den Aufbau des Generalstabs war damit gegeben. Die Friedenseinteilung in einen zentralen Körper und seine Glieder bei den höchsten Kommandobehörden hat den alten Gedanken Scharnhorsts dann für die folgenden Jahrzehnte realisiert. Was noch ausstand, war die Anerkennung dieser Institution als wirkliches Führungsorgan. In der langen Friedenszeit bestand wenig Aussicht auf nachhaltige Änderung gegen die eingefahrenen Vorstellungen der hohen Generalität. So hat der Generalstab lange Zeit im stillen gewirkt mit einer zweckmäßigen inneren Struktur, in stetem Gedankenaustausch zwischen der Zentrale und den Truppengeneralstäben.

Die Jahrzehnte nach 1813/14, insbesondere nach 1819, sahen den Abschwung der durch den Nationalkrieg gegen Napoleon geweckten politisch-militärischen Hoffnungen. Gneisenau, in Planung und Durchführung der letzten Feldzüge der entscheidende Mann, mit neuen Ideen, wenn auch im wesentlichen intuitiv und nicht aufgrund langer planerischer Vorstudien arbeitend, wäre der geeignete Generalstabschef mit zentralen Befugnissen gewesen. Aber der einsetzende Geist der Restauration brandmarkte ihn als gefährlichen Kopf. Der Heiligen Allianz fehlten die psychologischen und politischen Voraussetzungen für den Durchbruch von Ideen, die eine strategisch-operative Planungszentrale für eine Armee der Allgemeinen Wehrpflicht und für einen Krieg in den Dimensionen des Nationalkrieges anvisierten. So hatte Grolman von vornherein in recht bescheidenem Rahmen zu wirken. War auch eine auf militärische Perspektiven verengte Planungsinstanz aufgebaut worden, die den

Einrichtungen der übrigen Großmächte überlegen war, so blieb die theoretische und praktische Arbeit doch sehr in Routine und Alltagsarbeit, in nützlicher Ausbildung, in exakter kartographischer Erfassung der Monarchie, Beobachtung der Armeen der Nachbarn und militärischen Planungen verhaftet, die von einer Koordination von politisch-militärischen und gesellschaftlich-psychologischen Elementen weit entfernt waren. Der Generalstab konnte nicht über den Horizont einer Armee hinaus denken, die selbst in bewußter Konfrontation zu politisch-geschichtlichen Entwicklungen stand, denen, jedenfalls in Westeuropa, die Zukunft gehörte.

Bei allen Verbesserungen und Verfeinerungen seiner Organisation blieb diese nur multikausal erklärbare Begrenzung der Möglichkeiten und des Blickfeldes bis zuletzt konstitutiv. Dies ist bei der Betrachtung des weiteren Werdeganges der Institution im Blick zu behalten. Hinzu kam die Verengung der nationalen, ja gelegentlich nationalstaatlichen Sehweise auf ein preußisches Machtdenken, bei dem das Potential der Armee im Vordergrund stand und nicht die Kraftreserven eines ganzen Volkes. Sollte die Planung des Generalstabs nicht bloße Utopie bleiben, so gab es praktisch auch keine andere Möglichkeit, als sich in den Größenordnungen einer Politik zu bewegen, die durch ein reaktionäres politisches System in Europa und durch einen in Jahrzehnten kaum wachsenden Heeresetat festgelegt waren.

Im Jahre 1816 war das II. Departement des Kriegsministeriums mit 16 Generalstabsoffizieren eingeteilt in je eine Sektion für den westlichen, östlichen und mittleren Kriegsschauplatz, ferner für Kriegsgeschichte, dazu Trigonometrische und Topographische Büros, eine Plankammer und das Lithographische Institut (seit 1817).

Die Truppengeneralstäbe bei den Generalkommandos setzten sich aus einem Chef und einem bis drei Offiziere zusammen, bei den Brigaden stand je ein Kapitän.

Im Friedensetat von 1817 ist schließlich die Bezeichnung „Generalstab“ eingeführt worden.

Nach Boyens und Grolmans Abgang (1819) ist die weitere Entwicklung des Generalstabes zunächst mehr von Zufälligkeiten oder personell motivierten Entscheidungen abhängig gewesen als von systematischen Überlegungen. Schon 1820 kehrte Generalleutnant v. Müffling in den Generalstabsdienst zurück. Der damalige Chef des 2. Departements und Nachfolger Grolmans, Rühle v. Lilienstern, war als Generalmajor rangniedriger. So ist im Januar 1821 die Lösung gefunden worden, Müffling als Chef des Generalstabs der Armee an die Spitze des Berliner Generalstabs und der Truppengeneralstäbe zu stellen, während Rühle Chef des Großen Generalstabs, also der in Berlin im 2. Departement zusammengefaßten Generalstabsoffiziere wurde. Die Gesamtkonstruktion war kaum überzeugend und fügte sich damit der insgesamt zu komplizierten Führungsorganisation als weiteres komplexes Gebilde ein: Der Generalstab bildete jetzt zwar als Ganzes eine selbständige Behörde, gehörte aber teilweise, nämlich mit dem 2. Departement, noch dem Kriegsministerium an. Formal stand der Chef des Generalstabes der Armee nicht unter dem Kriegsminister, während der Chef des Großen Generalstabes sowohl Untergebener des Kriegsministers als auch des Chefs des Generalstabes der Armee war. Gemildert wurden mögliche Kompetenzkonflikte durch Müfflings Auffassung der Dinge, wie er sie in einem Bericht an den Kriegsminister v. Hake formulierte: „Es ist die Meynung aufgestellt worden, als ob *ein* Chef diesen Geschäften vorstehen könnte, allein, wenn man erwägt, wie unser ganzes militärisches Erziehungswesen, die Anstellung der höheren Offiziere und die Leitung der Operationen im Kriege mit dem Generalstab zusammenhängt, so übersieht man bald, daß nur in dem Kriegs-Minister, in welchem sich alle Angelegenheiten der Armee vereinigen, ein vollkommener Chef des Generalstabs bestehen kann" (Bericht an Kriegsminister v. Hake). Schon 1821 gab es den hier gemeinten Kriegsminister in Preußen nicht mehr. Müfflings Verzicht auf Ressortegoismus hat aber sicherlich dazu beigetragen, daß der Chef des Generalstabs noch Jahrzehnte nur formal dem Kriegsminister nebengeordnet war. Faktisch gelangten Vorschläge und Berichte des Chefs des Generalstabs nur über den Kriegsminister an den Monarchen. Ein selbständiges Vortragsrecht besaß er also nicht. Der Schriftverkehr lief weitgehend über das Allgemeine Kriegsdepartement. Die Angewiesenheit des Generalstabschefs auf den Kriegsminister legte eine AKO vom 11. 1. 1821 fest, wonach er mit dem Minister „in einer nahen Verbindung bleiben" und seine „Anordnungen und Vorschläge vor deren Ausführung dem Kriegsminister vorlegen und stets mit demselben im Einverständnis" handeln sollte.

Hieran änderte auch die 1824 vollzogene Auflösung des 2. Departements nichts, 1825 wurden die Geschäfte des Departements dem Generalstab der Armee überwiesen. Rühle wurde Verbindungsoffizier zum Kriegsministerium an der Spitze der Sonderbehörde des Generalstabs im Kriegsministerium.

In der Moltkezeit wird fälschlicherweise die Kabinettsorder vom 11. 1. 1821 als Beweis für die Immediatstellung des Generalstabschefs angeführt, so bei Bronsart v. Schellendorf: Der Dienst des Generalstabes, 1875.

Der Dienstbetrieb des Generalstabes spielte sich in den langen Friedensjahrzehnten ein und vollzog sich ohne Höhepunkte in „politischer Windstille" (G. Ritter), in beinahe antiquarischem Sammlerfleiß im Umgang mit Daten, Fakten, Karten, Planspielen, ohne große Aufgaben, mit „sehr gemächlichem Arbeitstempo". Immerhin sorgte der von Grolman eingeführte Wechsel zwischen Generalstabs- und Truppendienst für Belebung. Müffling, bis 1829 im Amt des Generalstabschefs, führte die systematische Schulung der Offiziere durch, wobei, seinen eigenen Neigungen entsprechend, die Topographie starke Beachtung fand. Er knüpfte an Grolmans Methode der Übungsreisen an und baute sie zur regelmäßigen Einrichtung aus. Müffling entwickelte ferner das Planspiel am Sandkasten. Die kriegsgeschichtlichen Arbeiten mit dem Akzent auf dem taktischen und operativen Lernen wurden intensiviert und die Beobachtung der Streitkräfte der Nachbarn verstärkt betrieben. In einem seiner Etatentwürfe faßte er bereits Offiziere zur Abordnung bei den sechs Hauptgesandtschaften ins Auge.

Als wichtig für die weitere Entwicklung des Generalstabes erwies sich die Anordnung des besonderen Generalstabsdienstweges durch Müffling. Seit 1821 konnten die Generalstabsoffiziere ohne Rücksicht auf das 2. Departement oder die Truppenkommandeure unmittelbar an den Chef des Generalstabes berichten. Das hat den Zusammenhang der Generalstabsoffiziere, die Einheitlichkeit der taktischen und operativen Grundvorstellungen in der Armee und die Befehlsgebung im Kriege entscheidend verbessern helfen.

Insgesamt aber dominierte bis in die fünfziger Jahre ein ausgesprochener Friedensbetrieb. Die Lehrpläne der Kriegsakademie, wo die künftigen Generalstäbler ausgebildet wurden, ließen noch keine Anpassung an die Möglichkeiten des beginnenden Industriezeitalters für das Waffen- und Verkehrswesen erkennen. Soziale und politische Probleme blieben ausgeklammert. Das Schwergewicht lag auf formalen Disziplinen. Mathematik und Geographie dominierten. Moderne Kriegstechnik wurde hier nicht erlernt. Und so ist es kein Wunder, daß der Generalstab bis in die sechziger Jahre keinen Einfluß auf Rüstung und Bewaffnung besaß, ja, daß er selbst bei der Reorganisation der Armee unter Wilhelm I. und Roon praktisch nicht in Erscheinung trat. Seit Müffling setzte sich vielmehr das Spezialistentum durch, ganz im Zeichen konservativer Wertmaßstäbe und fachmilitärischer Selbstgenügsamkeit. Einzelne Offiziere suchten diese Enge aufzubrechen, etwa Rühle v. Lilienstern, der Chef des Großen Generalstabs, und Valentini, ohne indes mit ihren militärtheoretischen Arbeiten wirklich zukunftsweisende Wege zu gehen. Militärpolitische Köpfe hat der Generalstab auch nicht herangebildet. Clausewitz ist eine Einzelerscheinung geblieben. Vor sozialen und politischen Erscheinungen europäischer Größenordnung, wie die Revolution von 1848, stand die geistige Elite der Armee genau so ratlos wie jeder Linienoffizier. Als Beispiel sei hier nur auf Moltkes Zeitgefühl und Sicht 1848 verwiesen.

Müfflings Nachfolger, Wilhelm v. Krauseneck, änderte an der Einordnung des Generalstabs in das Führungssystem wie auch an seinem Selbstverständnis nichts. Fast zwei weitere Jahrzehnte, 1829–1848, existierte er in stiller Abgeschiedenheit, beurteilte Ausbildungsvorschriften, wirkte bei Truppenübungen mit und verfeinerte seine Methoden. Landvermessung, Übungsreisen und der jährliche Mobilmachungsplan standen im Vordergrund, dazu kamen Manöverkritik und kriegsgeschichtliche Studien.

Karl v. Reyher, Generalstabschef von 1848 bis 1857, legte noch stärkeres Gewicht auf die praktische Ausbildung. Ihm gelang es, die grundsätzliche Änderung des Generalstabs, die 1848 als Möglichkeit erwogen wurde, abzuwenden. Eine Zusammenlegung mit der Adjutantur zu einem „Armeestab" hätte die Institution wahrscheinlich erheblich tangiert. Reyher konnte allerdings auch nicht seine Herkunft aus der alten topographischen Praxis verleugnen, und so forderte er als Voraussetzungen für den Generalstabsdienst: drei Jahre Allgemeine Kriegsschule, drei Jahre beim Topographischen Büro, im Sommer Vermessungen auf dem Lande, im Winter militärwissenschaftliche Aufgaben, allerdings auch Dienstleistungen bei verschiedenen Waffen.

Unter Reyher setzte die Einbeziehung der Möglichkeiten der Technik in die Überlegungen des Generalstabes sichtbar ein. 1855 ließ er eine Übersicht über die Kapazitäten der in- und ausländischen Eisenbahnen anfertigen, nachdem schon seit 1834/35 die Eisenbahn, wenn auch nicht nachhaltig, in den Interessenbereich des Generalstabs gerückt war. Die Eisenbahn wurde in Aufmarsch- und Operationspläne einbezogen. In die vierziger Jahre, in Boyens zweites Ministerium, fiel auch die Einführung des Zündnadelgewehrs. Hier arbeiteten Boyen und der Chef des Generalstabs zusammen.

Unter Boyen änderte sich nichts an der Stellung des Generalstabschefs zum Kriegsministerium, aber die Sonderstellung des Generalstabs begann sich allmählich abzuzeichnen: Die Generalstabsoffiziere wurden nunmehr innerhalb des Generalstabs befördert, und seit 1843 waren sie äußerlich erkennbar an den karmesinroten Hosenstreifen.

Die alte Generation der Offiziere aus dem Generalquartiermeisterstab trat ab, die praktische Kriegserfahrung war bald nicht mehr vertreten. Der neue Typ des Generalstabsoffiziers war der durch die neuen Bildungseinrichtungen gegangene, theoretisch versierte Fachmann. Er hob sich ab von den hochkonservativen Offizieren des Gardekorps, war aber durch und durch monarchisch. Krausenecks und Reyhers Schule wurde von vielen preußischen Offizieren gerühmt, nicht zuletzt von ihrem Nachfolger Moltke.

Das Phänomen Clausewitz

Bezeichnend ist, daß Clausewitz' Buch „Vom Kriege", veröffentlicht 1832/1834, nach seinem Tode, auf Denken und Planen des Generalstabes offensichtlich nur in fachlicher Verengung Einfluß ausgeübt hat. Hier lag nun eine moderne Theorie vom Kriege vor, die nicht den Ehrgeiz hatte, ein System, eine geschlossene Konstruktion zu sein, sondern zu den Wesens- und Kernfragen des Krieges vorzudringen sich bemühte. Keine Schulmeisterei, keine Festlegung auf Lehrsätze ist angestrebt, vielmehr eine Gesamtanschauung, „den Standpunkt auszumitteln, aus welchem die Dinge aufgefaßt und beurteilt werden müssen".

Carl v. Clausewitz (1780–1831) gibt in seinem Werk nicht die zu seiner Zeit im preußischen Generalstab vertretenen Auffassungen wieder, das Buch ist vielmehr die Frucht jahrelanger eigener Gedankenarbeit und die Verarbeitung selbstgewonnener Erfahrungen und Anschauungen, in der Stille geschrieben (1816–1830), also im wesentlichen in jener Zeit, als Clausewitz als Verwaltungsdirektor der Allgemeinen Kriegsschule praktisch ohne Einfluß auf die Unterrichtsgestaltung dieser Bildungsstätte für den Generalstab war. Seine Erfahrungen als Generalstabsoffizier – 1815 Generalstabschef des III. AK (Ligny und Wavre), später Chef des Stabes beim Generalkommando in Koblenz (Gneisenau), 1831 unter Gneisenau Chef bei der preußischen Observationsarmee in Polen – sind von der Armee nicht wirklich genutzt worden.

Die wesentlichen, über die bisherigen Kriegstheorien hinausführenden und auch von den späteren Auffassungen im preußisch-deutschen Generalstab nicht erreichten Gedanken suchen den Zusammenhang von Krieg und Politik, von militärischen und staatlich-nationalen Anliegen zu erfassen. Clausewitz war von der nationalen Euphorie der Erhebungszeit gepackt; er erkannte die politischen Bedingungen für die Kriegführung Napoleons und hat seit dieser Zeit Krieg, Kriegführung und Politik nicht mehr isoliert gesehen. Clausewitz behandelt, wie gesagt worden ist, „den Krieg im Hinblick auf Napoleon schlechthin". Zentrale Themen sind: das Verhältnis von Krieg und Politik, Strategie und Taktik, Bedeutung der moralischen Größen, Unwägbarkeiten, die theoretischen und praktischen Probleme des „Vernichtungskrieges", das Verhältnis von Zweck und Mittel, und das oft verkannte Verhältnis des „absoluten Krieges" zu „den natürlichen Verhältnissen" des Krieges, das Clausewitz zu einer spezifischen Bewertung des „Enderfolges" führte.

In solchen und anderen historisch-theoretischen und dialektischen Verdichtungen schlug sich das Erlebnis der dynamischen Kraft der Französischen Revolution und ihrer durch Carnot organisatorisch, durch Napoleon in der Kriegführung überlegen genutzten Energie nieder. Dabei bezieht Clausewitz ein im Kern machtpolitisches Staatsverständnis in seine Überlegungen ein, das bereits einen Schritt über den romantisierenden nationalen Eifer der Befreiungskriege hinausreicht in die Atmosphäre der zweiten Hälfte des 19. Jahrhunderts. Staat ist ihm die Organisation kämpferischen nationalen Willens zur Selbstbehauptung. Vitalistische Züge werden sichtbar. Der Staat soll nicht „Opfer der Rechtlichkeit" werden. Der große Entschluß, die Tat, enthalten mehr Potenz für eine Wiedergeburt als das langsame Werk der Reformen. In verschiedenen Zeugnissen gibt Clausewitz der „Staatsnation" den unbedingten Vorrang vor der „Kulturnation". Er nimmt, wie G. Ritter es formuliert, in der damals sich anbahnenden „kopernikanischen Wendung" der deutschen Geistesgeschichte vom weltbürgerlichen zum nationalstaatlichen Denken einen ganz besonderen Platz ein: weniger durch Bildung und Erziehung schien ihm die Nation zur politischen Willensbildung befähigt zu werden als durch Engagement, Einsatz, kriegerisches Gefordertsein (besonders in seiner „Bekenntnisschrift" von 1812).

Das Buch „Vom Kriege" zieht die Summe aus solchen Erfahrungen und Forderungen. Der Krieg erscheint hier nicht als mathematisches Rechenexempel im Stile des 18. Jahrhunderts, sondern als der historische Ort von Energieentfaltungen, der geistigen Durchdringung und Beherrschung von Bedingungen und Potentialen; der Abstimmung von Zielen mit dem Erreichbaren, aber auch als elementares Geschehen unberechenbarer Schicksalhaftigkeit. Der große Feldherr, der die geistigen und charakterlichen Voraussetzungen für diese Art Krieg mitbringt, reicht in die Dimensionen eines höheren Menschentums, dem es gelingt, „heroische Entschlüsse aus Gründen der Vernunft" zu fassen, er besitzt Einsicht in die „höheren Staatsverhältnisse", wo Politik und Kriegführung zusammenfallen.

Am wenigsten eindeutig läßt sich der absolute Krieg mit seiner Vernichtungsstrategie in seinem Verhältnis zum Gesamtkalkül fassen. Ob Clausewitz stärker an den Normalfall einer Dauerfriedensordnung dachte oder an eine ständige Rivalität der Nationen, die den Krieg als etwas Naturgegebenes mit einschloß? Für beide Interpretationen finden sich Hinweise.

Eine ganz entscheidende Grundlage der Clausewitzschen Reflexion ist vor allem darin zu sehen, daß er den Krieg auch in seiner „absoluten" Form nicht als Mittel ansieht, eine neue Ordnung auf einer historischen tabula rasa zu errichten. Der Krieg ist vielmehr „mit seinem Resultat nie etwas Absolutes". Er enthält keine „vollendete Entscheidung". Mit den Kontrahenten ist in neuer Form nach jedem Sieg oder nach jeder Niederlage wieder zu rechnen. Der Krieg muß daher nicht nur vom politischen Zweck beherrscht sein, sondern er ist es tatsächlich auch. Eine Führung, die das nicht erkennt, weiß ihre Potentiale nicht richtig abzustimmen. Sie wird den Interessen der eigenen Nation, so kann gefolgert werden, nicht gerecht. Als Anweisung zur Vermeidung solcher Fehlleistungen benutzt Clausewitz die Formulierung, der politische Zustand der Nachkriegszeit müsse durch das Kalkül bereits auf den Krieg zurückwirken. Konkret gesprochen: die Kriegsanstrengungen stehen in Beziehung zum „politischen Zweck" der Rivalen, sie hängen ab von ihren historischen Gegebenheiten. Selbst ein totaler Sieg ist es nur im Hinblick auf die Erreichung eines politischen Zwecks, der nicht absolut gesetzt ist als „Vernichtung des Gegners". Darum gibt es auch während der kriegerischen Auseinandersetzung kein Ruhen des politischen Kalküls. Die letzte Kraftanstrengung mag gelegentlich den politischen Zweck in den Hintergrund treten lassen, aber das ist nur psychologisch entschuldbar. Politisch gesehen hängt die Größe der Kraftanstrengung ab von der Höhe des Wertes, den der Kriegführende seinem politischen Zweck beimißt. Die höchste kriegerische Kraftentfaltung verlangt deshalb notwendigerweise das wache, umfassende Kalkül der politischen Führung.

b. Der Generalstab unter Moltke

Der Generalstabschef und sein Instrument

Die neue Rolle des Generalstabs, insbesondere seit 1866, ist nicht allein mit den Leistungen Helmuth v. Moltkes zu erklären, sie kann nur im Zusammenhang mit dem Gang der preußisch-deutschen Politik, der kriegerischen Lösung der deutschen Frage und vor dem Hintergrund des Eintritts Deutschlands in das Industriezeitalter gesehen werden. Auf rein militärfachlicher Ebene veranschaulichen zwei Abläufe eindringlich die wachsende Bedeutung des Generalstabs. Im Jahre 1850 bei der Mobilmachung gegen Österreich (im Zusammenhang mit den Unionsplänen Preußens), die ein halbes Fiasko war, trat der Generalstab maßgeblich nicht in Erscheinung. Mobilmachung und Dislokation blieb Sache des Kriegsministeriums. Dagegen lief der Gang der Ereignisse 1866 vollständig nach einem vom Generalstab entworfenen Zeit- und Aktionsplan ab. Diese erste Phase auf dem Wege zur Gewinnung der planerischen Alleinzuständigkeit des Generalstabs und der Kommandobefugnis im Kriegsfalle wird eindeutig dominiert durch den neuen Generalstabschef.

Helmuth v. Moltke (1800–1891) war Generalstabschef von 1857–1888. Zunächst in dänischen Diensten, trat er 1822 als Sekondeleutnant in die preußische Armee ein.

Nach Besuch der Allgemeinen Kriegsschule wurde er 1828 zum Topographischen Büro und 1832 zum Großen Generalstab kommandiert. Von 1836 bis 1839 hatte er einen Auftrag als Instrukteur in der Türkei. Nach verschiedenen Generalstabsstellungen – 1848 Abteilungsvorsteher im Großen Generalstab, Chef des Generalstabes IV. AK – wurde er 1855 Adjutant beim Kronprinzen Friedrich Wilhelm und zwei Jahre später Chef des Generalstabes, konnte aber erst nach Rücktritt des Oberbefehlshabers Wrangel in seiner Eigenschaft als Chef des Generalstabs im Oberkommando der verbündeten Armee in Schleswig-Holstein 1864 Einfluß auf die Operationen nehmen. Der General der Infanterie erhielt im Feldzug gegen Österreich zum erstenmal als Generalstabschef Befehlsbefugnis über die Streitkräfte. Wilhelm I. teilte Moltke diese entscheidende Neuerung wie folgt mit: „Ich übersende Ihnen anliegend Abschrift Meiner heute an den Kriegsminister erlassenen Order, wonach von jetzt ab Meine Befehle über die operativen Bewegungen der konzentrierten Armee und ihrer einzelnen Teile durch den Chef des Generalstabes der Armee den Kommandobehörden mitgeteilt werden sollen, das Kriegsministerium jedoch gleichzeitig durch Sie in Kenntnis der Vorgänge zu setzen ist. Berlin, 2. 6. 1866." Im Feldzug gegen Frankreich koordinierte er Aufmarsch und Operationen. Seine Ernennung zum Generalfeldmarschall kennzeichnete nicht nur seine persönliche Leistung, sondern war Ausdruck der jetzt unbestrittenen Stellung des Generalstabs. Nach dem Kriege widmete Moltke sich vor allem der Ausbildung der Generalstabsoffiziere und der Aufmarschplanung. Nach Peuckers Ausscheiden begrüßte er es daher, daß die Kriegsakademie aus der Zuständigkeit der Generalinspektion des Bildungswesens genommen und dem Chef des Generalstabs unterstellt wurde. Durch Einsetzung des Generalquartiermeisters Graf Waldersee 1882 wurde er weitgehend von den laufenden Geschäften entlastet. Moltke leitete weiterhin die großen Übungsreisen.

Die zentrale Rolle des Generalstabs im Kriege hatte wesentliche Auswirkungen auf die politische Bedeutung seiner Planungen im Frieden. Damit wurde das Verhältnis Generalstabschef–politische Führung problematischer, selbst bei persönlicher Loyalität. Die Sehweise des Soldaten und des Politikers stießen aufeinander. Das Verhältnis Bismarck–Moltke ist unter diesem Aspekt vielfach untersucht worden. Es macht einen ganz wesentlichen Teil der Geschichte des Generalstabs aus. Moltkes Bedeutung für die moderne Aufgabe und Funktion des Generalstabes zeigt sich gerade an dieser Möglichkeit, die Problematik zu personifizieren.

Die Akzente der Generalstabsarbeit und der Weiterentwicklung der Institution standen unter Moltke ganz eindeutig im Zusammenhang mit strategischen Überlegungen, die vor allem Mobilität, Schnelligkeit und Präzision forderten. Abgesehen von der zahlenmäßigen Vergrößerung auf zunächst 88 Offiziere und zusätzlich 21 Offiziere des Nebenetats, ist hier die Umgliederung in drei Abteilungen für die Kriegsschauplätze zu nennen. Besonders wichtig wurde die 2. Abteilung als Zentralinstanz für Organisation, Ausbildung, Mobilmachung und Aufmarsch. Ihr war eine besondere Eisenbahnabteilung angeschlossen, die mehr und mehr Gewicht erhielt.

Die 1. Abt. bearbeitete:	Türkei, Griechenland, Österreich, Rußland, Schweden und Norwegen, Dänemark, Asien.
Die 2. Abt.	Preußen und Deutschland, Schweiz, Italien.
Die 3. Abt.	Frankreich, Großbritannien, Belgien, Holland, Spanien, Portugal, Amerika.

Der steigenden, zuletzt überragenden Bedeutung des Generalstabs in der Führungsspitze entsprach sein weiterer Ausbau nach den Einigungskriegen, obwohl Moltke keine Ressortdynamik entwickelte. Der eigentliche Akzent lag in der Richtung, die sein Planen und Denken dem Ganzen gab, in der Herausbildung einer Expertenschule, die daran ging, die Erfahrungen der Kriege auszuwerten. Moltke wirkte als Theoretiker wie auch als „Lehrer" bei den Besprechungen der taktischen Schlußarbeiten, vor allem aber bei den Kriegsspielen der Korps und bei den Übungsreisen des Großen Generalstabs, die selbst die Aufmerksamkeit des Auslandes auf sich zogen. Die unangefochtene Rolle des Generalstabs zeigte sich nunmehr auch darin, daß er ganz selbstverständlich für die Bearbeitung neuer Reglements und Instruktionen herangezogen wurde, was bis 1866 bei weitem nicht der Fall gewesen war.

Der durch den Krieg verzögerte Aufbau der seit 1869 selbständigen Eisenbahnabteilung zur 4. Abteilung wurde im Sommer 1871 abgeschlossen. Dem Generalstab direkt unterstellt wurde ein Eisenbahnbataillon (seit 1876 Regiment). Unter Moltke gewann die Eisenbahnabteilung bald ganz zentrale Bedeutung für die Aufmarsch- und Mobilmachungsplanung. Ihre Zusammenarbeit mit der 2. Abteilung war ausdrücklich vorgesehen, ohne allerdings kompetenzmäßig bestimmt worden zu sein.

Im Kriege hatte sich ein Mangel an Generalstabsoffizieren herausgestellt. Daher, und auch auf Grund der Neubildung des XIV. und XV. Korps, wurde 1871 der Hauptetat auf 106 Offiziere erhöht, der Nebenetat wuchs von 21 auf 29 an. Weitere Stellenvermehrungen führten bis 1888 zu folgenden Zahlen: Hauptetat 113, Nebenetat 42.

Die Landesaufnahme (Trigonometrische, Topographische und Kartographische Abteilung) wurde 1875 unter einem dem Chef des Generalstabs unterstellten „Chef der Landesaufnahme" zentral zusammengefaßt, und damit der Generalstab, der sich ganz auf Aufmarsch- und Mobilmachungsprobleme konzentrierte, entlastet.

Sachsen und Württemberg beteiligten sich am Großen Generalstab. Sachsen behielt ein eigenes Topographisches Büro und eine zum Generalstab gehörige Ingenieurabteilung. Bayern behielt seinen Generalstab und eine eigene Landesaufnahme, kommandierte aber Offiziere zum Großen Generalstab nach Berlin.

Zweifellos hat diese Organisation ihr eigenes Schwergewicht entwickelt. Doch wenn die hier programmierten Abläufe künftiger militärischer Auseinandersetzungen zwanghaft für die Politik zu werden drohten, weil die errechneten Vorteile der Mobilmachung und des Aufmarsches zum – einzigen – Rezept für die Herbeiführung der siegreichen Entscheidungsschlacht hochstilisiert wurden, so ist doch zu sagen, daß Moltkes Verhältnis zur Politik nicht so undifferenziert war, wie man es aus der Gliederung herauslesen könnte. Er glaubte nicht so einseitig wie manche seiner Nachfolger an die „Vernichtungsschlacht". Der „Rechenhaftigkeit" des modernen Krieges, „der wie eine Maschine abrollt und dem Irrationalen keinen Spielraum mehr läßt", hat er seine Erfolge nicht zu verdanken. Hierin ist seinem Biographen Kessel beizustimmen, und doch hat Moltke „stets an dem Gedanken festgehalten, daß die lange voraus bedachten Anordnungen für die Versammlung und den ersten Aufmarsch der Armeen den ganzen Feldzug entscheidend bestimmen und

„unfehlbar zu dem beabsichtigten Resultat führen". Diese Auffassung konnte sowohl nur-militärischer Art sein als auch kombiniert mit Präventivkriegsgedanken auftreten.

Vor den Einigungskriegen lassen sich durchaus offensive Antriebe in Moltkes Kalkül nachweisen. Der Gedanke an Krieg zur Herbeiführung der deutschen Einheit steht im Zusammenhang mit Moltkes schon sehr früh entwickelten nationalpolitischen Überzeugungen, die ihn von den reaktionären Gruppen des Offizierkorps stets abgehoben haben. Insofern besaß er eine im Wesen nationalbürgerliche Überzeugung. Sie wurde allerdings in der Spätphase der Revolution stark von law-and-order-Überlegungen gefärbt – wie bei vielen Liberalen, denen das politische Auftreten des vierten Standes Anlaß zur Furcht gegeben und Zukunftssorgen bereitet hatte. Glaubte er im März 1848 an einen „natürlichen" Weg zum deutschen Einheitsstaat über die Verfassungsbewegung, so plädierte er im Herbst für die Notwendigkeit der Gegenrevolution, um „den Aufstand des Gehorsams gegen den Befehl, des Nichtbesitzes gegen den Besitz" niederzuschlagen.

Das für das Verhältnis von politischer und militärischer Führung in Deutschland Entscheidende der theoretischen Bemühungen Moltkes ist aber weniger aus den nationalen Motiven abzuleiten als aus der Prädominanz militärischer Gesichtspunkte. Der Generalstab ist nach ihm mit dieser Verabsolutierung noch weiter gegangen. Clausewitz' ganzheitliche Betrachtung politisch-militärischer Interdependenzen ging nicht nur verloren, sie wurde vielmehr in äußerst einseitiger Überschätzung der Bedeutung rein militärischer Steuerung eines Krieges bewußt aufgegeben. Dazu haben zwar im Ergebnis die Siege von 1866 und 1870 maßgebend beigetragen, im Ansatz findet sich aber dieser Purismus schon früher bei Moltke, etwa in einem Operationsplan für den Krieg gegen Dänemark aus dem Jahre 1862. Vom Beginn der Mobilmachung an sollten „weder diplomatische Verhandlungen noch politische Rücksichten den weiteren militärischen Verlauf unterbrechen" dürfen. Die rücksichtslose Offensive, das rasche, bedenkenlose Ausnützen des Mobilmachungsvorsprungs sind Elemente generalstabsmäßigen Denkens geworden, weil Präzision, Ablaufanalysen, Zeitkalkulationen und damit fachlich-technizistische Argumente überzeugender zu sein schienen als politische Phantasie, als Kompromiß und Geduld.

Besonders plastisch zeigt sich dieser Standpunkt vor dem deutschen Krieg 1866. Kurz vorher schwebte Moltke noch der Gedanke an das gemeinsame militärische Gewicht der beiden deutschen Großmächte in Europa vor Augen, aber sobald er als Stratege seinen Blick auf Österreich als künftigen Gegner richtete, traten außenpolitische Skrupel als plangefährdend vollkommen zurück. Die Anlage des Aufmarsches der Angriffskeile auf der äußeren Linie mit dem Ziel ihrer Versammlung zur entscheidenden Schlacht zu vorauszuberechnenden Zeiten, diese neue und ungemein erfolgreiche Strategie – beruhend auf optimaler Ausnutzung technischer Gegebenheiten – verlangte zur Verbürgung des Erfolges nach seiner Überzeugung die Ausschaltung diplomatisch-politischer Erwägungen, soweit sie verzögernd wirken oder gar hemmende und störende Effekte haben konnten. Der strategische Plan übernahm damit eine Garantiefunktion, die nach Ansicht der militärischen Planer vom Beginn der Mobilmachung an nichts sonst gewähren konnte. Moltke formulierte diese Überzeugung in seiner Denkschrift vom April 1866 so: „Nur dürfen wir, wenn wir einmal mobilmachen, den Vorwurf der Aggression nicht scheuen. Jedes Zuwarten verschlimmert unsere Lage ganz entschieden."

Vor dem deutsch-französischen Krieg forderte Moltke die Absicherung des operativen Vorsprungs durch die politische Initiative, er spricht vom „Schein der Aggression", den man nicht scheuen dürfe. Der Krieg selbst hat ihn nicht von der Vordergründigkeit des nur-militärischen Denkens überzeugt. So sehr dieser Krieg nach seiner Planung ablief, so groß die Erfolge waren, Frankreich ließ sich als Großmacht nicht eliminieren. Der naheliegende Schluß, daß die Politik jetzt das nachbarliche Verhältnis zu gestalten habe, ist vom Generalstab nicht gezogen worden. Im Gegenteil, als Frucht des Sieges wuchs die Sorge vor französischer Revanche, der wiederum primär mit militärischen Mitteln begegnet werden sollte. Während der Krieg-in-Sicht-Krise 1875 streiften seine Überlegungen den Gedanken des Präventivkrieges.

Nach 1871 steht der defensive Gedanke der Absicherung der deutschen Machtposition im Zentrum der in einigen Situationen bis zur Präventivkriegsforderung entwickelten Überlegungen, vornehmlich im Zusammenhang mit dem Problem des Zweifrontenkrieges. Die Folgerichtigkeit des mit Zeitvorteilen rechnenden militärischen Fachmannes schien hier noch zwingender zu sein. Seit der Verschlechterung der deutsch-russischen Beziehungen in der Krieg-in-Sicht-Krise hing für den Generalstab die Lösung der deutschen Probleme in noch höherem Maße von der „Entscheidungsschlacht" ab. Ein Operationsentwurf vom Februar 1877 verlegte sie aus Westrußland wieder nach Frankreich (Lothringen), weil dann vier Wochen später ein Schlag mit zusammengefaßter Kraft gegen Rußland möglich war. Dieser Plan sah vor, Frankreich am fünften Tag der Mobilmachung den Krieg zu erklären, „ohne Rücksicht darauf, welche Haltung Frankreich bis dahin gezeigt hat".

Auch die Planungen gegen Rußland erforderten „rechtzeitiges", „rücksichtsloses", „schnelles" Handeln ohne Furcht vor dem Vorwurf der Aggression. Der Entschluß zur Offensive müsse gefaßt werden, heißt es an einer Stelle, nicht erst wenn Rußland den Krieg erklärt, sondern wenn „der Krieg gegen Rußland vorauszusehen ist". Die Frage, die Bismarck so bewegte, nämlich, ob das Reich als Angreifer oder Verteidiger erscheine, war für Moltke stets von untergeordneter Bedeutung.

Krieg und Politik

Im Ergebnis ist die Feststellung Stadelmanns berechtigt, der Generalstabschef Moltke habe bei allen großen Aufmarschplänen die Forderung vertreten, daß politische Gesichtspunkte den strategischen untergeordnet werden müßten, sobald der Entschluß zum Kriege einmal gefaßt sei – und den Entschluß zum Kriege hat der Generalstab gelegentlich auszulösen versucht. Damit vor allem ist die neue Position des Generalstabs gegenüber den Zeiten ruhiger Schreibtischarbeit nach 1815 zu veranschaulichen. Gerhard Ritter sucht diesen Umschlag mit der Formulierung zu fassen, Moltke habe eine neue Ansicht vom „Lebensgesetz des Krieges“ entwickelt, die als Abkehr von der umfassenden Perspektive Clausewitz' qualifiziert wird.

Als paradigmatisch hierfür wird der Satz aus dem Aufsatz „Über Strategie“ (1871) zitiert: Die Politik bedient sich des Kriegs für Erreichung ihrer Zwecke, sie wirkt entscheidend auf den Beginn und das Ende desselben ein, so zwar, daß sie sich vorbehält, in seinem Verlauf ihre Ansprüche zu steigern oder aber mit einem minderen Erfolg sich zu begnügen.

Bei dieser Unbestimmtheit kann die Strategie ihr Streben stets nur auf das höchste Ziel richten, welches die gebotenen Mittel überhaupt erreichbar machen. Sie arbeitet so am besten der Politik in die Hand, nur für deren Zweck, aber im Handeln völlig unabhängig von ihr.

Moltke suchte vor allem die nach seiner Meinung „unberechtigten“ Einmischungen der Politik abzuwehren. Einflüsse auf die Kriegführung aus innenpolitischen Motivationen hielt er geradezu für verderblich. Hier ging er dogmatisch – unter dem Eindruck des Revolutionserlebnisses – davon aus, daß sie nicht im wohlverstandenen Eigeninteresse eines Staates liegen könnten. So sah er im unglücklichen Ausgang des Krieges für Dänemark ein Beispiel für die Führungsfehler in der Demokratie. Die Zusammenfassung der Staatsmittel für die Kriegführung schien ihm am günstigsten in der Gestalt des Monarchen als Oberfeldherrn gegeben zu sein.

Daß die Außenpolitik Einfluß auf die Kriegführung nehmen darf, hat Moltke nicht grundsätzlich in Frage gestellt, er wandte sich primär gegen „Hemmungen“ der Kriegführung, womit er im wesentlichen Eingriffe meinte, die nicht unbedingt außenpolitisch geboten erschienen – deutlich etwa in seiner Wertung des Krieges von 1864. Vielleicht hat er auch „Hemmungen“ dieser Art empfunden, wenn die militärische Lage die Eröffnung des Krieges zu fordern schien, der Leiter der Außenpolitik gleichwohl abwartete, weil er sich nicht auf eine „Berechenbarkeit“ der Zukunft einlassen zu können meinte. Das war 1867 der Fall, als Moltke die Zeit für gekommen hielt, den nach seiner Meinung unvermeidlichen Nationalkrieg zu beginnen, Bismarck es aber ablehnte, „der Vorsehung vorzugreifen“. Moltke ist bei solchen Anlässen hinter die Außenpolitiker zurückgetreten: „Bismarcks Standpunkt ist unanfechtbar, wird uns aber seinerzeit viel Menschenleben kosten.“

Aber damit ist nur die Haltung des Generalstabschefs im Vorfeld eines Krieges beschrieben: er überließ dem Politiker, was seiner Beurteilung zustand. Außerdem stellte die Präventivkriegsfrage den Grenzfall dar, der je nach der Kraft und Bedeutung der beteiligten Persönlichkeiten die Vorherrschaft des militärischen oder des politischen Denkens mit sich bringt. Grundsätzliche Momente des Verhältnisses von militärischer und politischer Führung müssen dabei nicht in jedem Fall berührt sein.

Nicht nur neu, sondern auch prinzipiell war dagegen die Antwort Moltkes – und des Generalstabs – auf die Frage, wer während des Krieges über die Bewegungen und den Einsatz der bewaffneten Macht zu befinden habe. Die oft zitierte Kontroverse mit Bismarck wegen der Beschießung von Paris war zugleich so sehr persönlich und psychologisch motiviert, daß eindeutige Aussagen, wie Kessels eingehende Analyse zeigt, nicht möglich sind. Festzuhalten ist aber, daß die preußische Führungsstruktur im Kriege, wie sie seit 1866 existierte, den Generalstabschef dahin führen mußte, seine Alleinzuständigkeit im operativen Bereich zu vertreten und die Mitwirkung des Politikers auf „Information" zu beschränken. Die Grenze wurde überschritten bei der rabulistischen Unterscheidung zwischen abgeschlossenen und geplanten Maßnahmen, die der Generalstab aus „Geheimhaltungsgründen" selbst dem verantwortlichen Leiter der Politik nicht zur Kenntnis geben wollte. Neben persönlichen Motiven spielte mehr noch die Übersteigerung dessen eine Rolle, was als Überheblichkeit des Fachmannes bezeichnet werden kann, der die allein von ihm gekannten Notwendigkeiten nicht durch Forderungen von „Laien" verwässern oder verpatzen lassen will. Bismarck respektierte im Grunde den Soldaten als Fachmann, und so ließ er sich in Auseinandersetzungen um Grenzprobleme, oder besser um Abgrenzungsprobleme, ein, die in ihrer strukturell bedingten Grundsätzlichkeit nicht einmal erkannt wurden. Selbst in Bismarcks Sicht blieben beim Streit gegen die „Halbgötter" im Generalstab überwiegend personelle Unstimmigkeiten ausschlaggebend.

Tatsächlich aber ließ sich die Frage der persönlichen Disharmonien nicht von den durch die Sache gegebenen Kalamitäten trennen und der sachliche Zwiespalt, den Moltke nicht wahrhaben wollte, war existent. Er stellte sich als historische Hypothek des preußischen Konstitutionalismus und des von ihm begünstigten Anspruchs des Militärs auf möglichste Bindungsfreiheit heraus. So hat der Konflikt der Kriegsminister mit dem Militärkabinett in Friedenszeiten sich unter Kriegsbedingungen modifiziert, in neuer Gestalt manifestiert im Gegensatz zwischen dem politischen und militärischen Leiter im Kriege – denn es zeigte sich hier sehr deutlich, daß die vereinheitlichende Zusammenfassung und Koordinierung der Perspektiven durch den Monarchen fiktiv war.

Der Generalstab hatte damit im Zeichen der Kommandogewalt des Kriegsherrn für sich Bewegungsraum gewonnen, der in die Bereiche der politischen Führung hinübertendierte, zumal die Frage, ob strategisch-operative Absichten das Feld der Politik berührten, in jener Zeit zu keiner befriedigenden Klärung kam. Der Begriff einer umgreifenden politisch-militärischen Strategie, wie er in Clausewitz' Formel von den „Zwecken" vorgebildet war, ist von den Soldaten im optimalen Falle nur für die Zeit bis zur Mobilmachung anerkannt worden. Im Kriege gehörte das Feld nach ihrer Meinung dem Strategen, das heißt dem militärischen Planer und Befehlsgeber.

Diese Sicht der Dinge mag als Postulat eines eigenen „Lebensgesetzes des Krieges“ angesehen werden. Zumindest wird darin die verengende Perspektive des militärischen Experten offenbar, die Clausewitz überwinden wollte. Daß der Krieg mit den modernen technischen Mitteln, mit den Möglichkeiten, große Massen auf präzis vorausberechneten Bahnen für die Entscheidungsschlacht in Position zu bringen, selbst eine solche Auffassung begünstigte, trifft zu. Treffender aber noch wäre die Feststellung, daß Moltke und seine Nachfolger eine Strategie für die gegebene Lage des Reiches in der Zweifrontensituation entwickelten, die die ungestörte Ausführung subtiler Zeitpläne gebieterisch zu erheischen schien. Dabei ließ sich das soldatische Kalkül nicht von den besonderen Belastungen eines Präventivkriegs „irritieren“, weil es auf den nur-strategischen Vorteil fixiert blieb und nicht das Ganze sah.

Moltkes prägnante Formulierung in der „Strategie“ verdichtet die Erfahrungen dreier Kriege. Sie besagt im wesentlichen, daß in der Auseinandersetzung zwischen Großmächten, bei denen es um Sieg oder Niederlage geht, die Politik kaum eine Chance hat, zu Wort zu kommen. Nur bei kriegerischen Verwicklungen, bei denen Spielraum gegeben ist, die Ansprüche zu steigern oder zu senken, kann die Politik neue Ziele bestimmen, ihre Erfolgserwartungen bemessen und dadurch das militärische Engagement direkt qualitativ und quantitativ dirigieren. Sonst aber muß dem Feldherrn die Freiheit bleiben, das „höchste Ziel“ anzustreben.

Dieser schillernden, im konkreten Fall zu Mißverständnissen einladenden Argumentation stehen klare Aussagen für das Verhältnis von politischer und militärischer Führung gegenüber. In den Anweisungen für die höheren Truppenführer von 1869 heißt es dazu: „Der Krieg hat zum Zweck, die Politik der Regierung mit den Waffen durchzuführen.“ Die politische Führung bestimmt danach das Kriegsziel. Moltke hat diese Formel 1871 entscheidend relativiert. Damit hat sich dann die Auffassung festgesetzt, als sei mit Kriegsbeginn die bestimmende Rolle der Politik an ihr Ziel gekommen, als ginge es jetzt primär um das „Wie“ der Verwirklichung einmal gesteckter Ziele. So hat sich in der preußisch-deutschen Führung aus Überlegungen dieser Art, ferner aufgrund der im 19. Jahrhundert entstandenen Struktur der Führungsorganisation und nicht zuletzt als Ergebnis der militärischen Erfolge von 1866–1870/71 der Generalstab so weit nach vorne schieben können, daß er im Kriege den Anspruch erhob, der erste und wichtigste Berater des Monarchen zu sein.

Moltke engte aus unmittelbarem Anlaß seine grundsätzliche Perspektive sogar noch weiter ein, nämlich in der doch auch höchst politischen Frage der Beschießung von Paris: Für den Gang der militärischen Operationen „können politische Momente nur insoweit Berücksichtigung finden, als sie nicht etwas militärisch Unzulässiges oder Unmögliches fordern“. Eine solche Auffassung mußte den militärischen Strategen in entscheidenden Situationen geradezu zum Steuermann der Politik machen, weil nämlich er die Initiative in der Hand hatte, und der Politiker dann sehen mochte, wie er mit den Ergebnissen fertig wurde.

Die Auffassung Moltkes, später vom Generalstab noch puristischer verfochten, verkannte die Schwierigkeit, wenn nicht die Unmöglichkeit einer reinlichen Scheidung zwischen militärischen und politischen Erfordernissen. Für eine von ihren Nachbarn beargwöhnte starke, ja dominierende Militärmacht im Herzen Europas ließen sich im Grunde kaum militärische Aktionen größeren Stils denken, die nicht zugleich „politisch“ waren oder in der Sicht der anderen politisch bewertet wurden. Ein unpolitischer Strategiebegriff konnte der politischen Gesamtsituation des Deutschen Reiches nicht mehr genügen. Im Ersten Weltkrieg hat sich dies dann nach und nach enthüllt. Daran änderte auch die Tatsache nichts, daß Moltke gelegentlich in Denkschriften die Trennung der Politik von strategischen Überlegungen ablehnte.

Der Generalstab hat, wie G. Ritter deutlich herausgearbeitet hat, später Moltkes Lehren dogmatischer und einseitiger interpretiert. Es sei, so hieß es in einer Kompilation Moltkescher Gedanken – in übersteigerter Formulierung –, nicht Sache des militärischen Führers, „was die Politik mit seinen Siegen oder Niederlagen anfangen“ könne. Liegt hier nicht bereits der Keim einer Auffassung, wonach die militärische Führung etwas Kunstvoll-Sachliches darstellt, das in seinen Ergebnissen erst vom Politiker ausgenutzt oder denaturiert wird, der dann damit auch eine etwaige Schuld auf sich zu nehmen hat?

Spezialisierungstendenz

Die bedeutenderen Untersuchungen zur Geschichte des preußisch-deutschen Generalstabs stimmen darin überein, daß sich unter Moltke im Generalstab das Spezialistentum durchsetzte. Die unter den Zwängen der deutschen militärischen Situation nach 1871 verständliche Beschränkung auf das Metier, vor allem aber die Orientierung an Notwendigkeiten, die aus planerischen Analysen gefolgert wurden, trugen wesentlich zu diesem Gesamturteil bei. Das scheint erstaunlich angesichts der Weite der Bildung, die Moltke sich persönlich angeeignet hatte, und angesichts seiner Weltkenntnis und der Weite seines Blickfeldes. Es trifft auch zu, daß diese Entwicklung im Zuge der „allgemeinen Spezialisierungstendenz des Jahrhunderts“ lag. Vor allem aber wirkte dahin die Bestätigung der bisherigen Arbeit des Generalstabs durch die nationalen Erfolge von 1866 bis 1870/71.

So begann auf den militärischen Schulen nach 1871 der schon vorher eingeleitete Siegeszug des bloßen Fachwissens. Die Entwicklung des Unterrichtsplanes der seit 1872 dem Chef des Generalstabs unterstellten Kriegsakademie legt davon Zeugnis ab. Moltke hat diese Unterstellung zwar nicht direkt veranlaßt, aber als sehr zweckmäßig angesehen. Die Akademie wurde nun zur Vorschule des Generalstabs. Schon frühzeitig erblickten Kritiker jetzt in ihr eine „Hochschule des persönlichen Ehrgeizes“. So aufgeschlossen sich die Kriegsakademie aber auch auf die Bewältigung neuer Elemente der Kriegführung konzentrierte (Eisenbahnen, moderne Nachrichtenübermittlung, verbesserte Waffen), ihre Wissensvermittlung blieb in den engen Grenzen der Fachbezogenheit stecken. Zur Entwicklung oder auch nur Vermittlung eines technisch-industriellen Weltbildes hat sie auch nicht in Ansätzen beigetragen. Der Industriearbeiter, also ein Großteil der jungen Mannschaft des Heeres, fand im Weltbild des angehenden Generalstabsoffiziers keinen Platz. Moltkes „Lehrordnung der Königlichen Kriegsakademie" von 1888 legt hiervon noch am Ende seines aktiven Wirkens deutlich Zeugnis ab. Sein Hinweis auf eine „gediegene formale Bildung" als Vorbedingung einer „gründlichen militärischen Berufsbildung" änderte daran kaum etwas.

Moltkes Bildungsplan zeigte nicht, daß der Generalstab es für nötig befand, wirtschaftliche, innen- und außenpolitische oder gar soziale Gesichtspunkte bei der Ausbildung seines Nachwuchses zu berücksichtigen. Die höchste militärische Bildungsanstalt blieb unter der Oberleitung des Generalstabes auf militärische Disziplinen beschränkt.

Dieser nüchterne, „unpolitische" Geist des Generalstabs ist für sein Selbstverständnis entscheidend geworden. Weil hier so viele Probleme ausgeklammert blieben und damit außer Sicht kamen, konnte die normbildende Kraft des preußischen Militärs mit starker Extravaganz einhergehen. Friedrich Meinecke hat diese Entwicklung aus der Synthese des Linienmilitärgeistes mit dem technisch-utilitaristischen Geist der zweiten Hälfte des 19. Jahrhunderts zu erklären versucht. Das Schlagwort „Die Waffe eine Wissenschaft, die Wissenschaft eine Waffe" bezeichnet die Implikationen dieser Synthese recht anschaulich. Der Rationalismus des Positivismus, verpflichtet auf Gesetzmäßigkeiten, auf Erfolg und Effizienz, gehörte zu den Elementen preußisch-deutschen militärischen Planungsdenkens in der zweiten Jahrhunderthälfte. Dieser „wissenschaftliche" Geist zeigte sich im Generalstab verbunden mit einem kräftigen Elitedenken. Zu den inneren Antrieben planender Institutionen des technischen Zeitalters gehört das „savoir pour prévoir" des Positivismus. Der deutsche Generalstab hat seit Moltke diesen Comteschen Grundsatz im operativen und mobilmachungstechnischen Sinne mit ungeheuerem Fleiß realisiert und damit seinen Ruf begründet. Aber zur „großen Strategie" hat er den Weg nicht gefunden. Dazu hätte er wirtschaftliche, politische, soziale und psychologische Komponenten in hohem Maße in Rechnung stellen, er hätte die Voraussetzung der führungsmäßigen Überlegenheit des preußisch-deutschen Systems im Kriege selbst zum Gegenstand seiner Überlegungen machen müssen, jedenfalls nicht unbefragt und axiomatisch voraussetzen dürfen. Von da aus wäre er vielleicht zu skeptischer Beurteilung der Vernachlässigung oder Repression innenpolitischer Kräfte gekommen, die den Angehörigen des Wehrpflichtheeres nicht gleichgültig waren.

So hat die Abschließung der Armee von der gesellschaftlich-innenpolitischen Entwicklung, von neuen Kräften und Faktoren sich selbst auf die spezifischen Planungen des Generalstabs indirekt ausgewirkt, nämlich im Sinne einer Verengung der Perspektive auf Zahlen, Stärkeverhältnisse, Kapazitäten und Qualitäten und darauf zugeschnittener Aufmarschpläne. Der Krieg erschien noch ganz als Angelegenheit der mobilen Armee – die offensichtlich als innenpolitisch „immun“ betrachtet wurde. Moltke ließ immerhin, namentlich in der ersten Zeit nach dem deutsch-französischen Krieg und solange er noch nicht unter Waldersees Einfluß stand, eine gewisse Skepsis in seine Überlegungen einfließen, so, wenn er meinte, Deutschland dürfe nicht hoffen, sich durch eine rasche und glückliche Offensive von einem Gegner zu befreien, um sich dann gegen den anderen zu wenden: „Wir haben eben erst erlebt, wie schwer es ist, selbst den siegreichsten Kampf gegen Frankreich zu beenden.“ Im ganzen aber rechneten er und seine Nachfolger mit künftigen Wiederholungen von Königgrätz oder „Cannae“ und stellten im wesentlichen nur die gegnerischen mobilen Streitkräfte als Widerstandsfaktoren in ihre Rechnung ein. Für Moltke und den Generalstab nahm die Nation im Kriege gleichsam eine andere Qualität an. Es schien, als sei ihr nur noch mit „absoluten“ Entscheidungen zu dienen. Das Gesetz des Handelns mußte nach dieser Auffassung in die Hände des Fachmannes gelegt werden. Hier setzte die Überantwortung des Schicksals der Nation an die Armee ein, die im Ersten Weltkrieg Wirklichkeit wurde. Daraus ist eine Art Glaubensbekenntnis geworden.

Daß eine solche Sicht der Dinge im deutschen politischen Leben auf der konservativen und bürgerlichen Seite teilweise schon präformiert war, hat mit dazu beigetragen, daß der Generalstab das Reich in die von ihm errechneten Zwangsläufigkeiten hineinmanövrieren konnte.

Die Rolle Waldersees

Den „offiziellen“ Abschluß bei seinem Aufstieg in die Führungshierarchie der Armee, ja des Reiches, brachte dem Chef des Generalstabs das Jahr 1883. Bis zu dieser Zeit stand ihm keine an das Amt gebundene Immediatstellung zu. Moltke nahm dieses Recht lediglich für seine Person wahr. Er strebte einen weiteren Ausbau der Stellung des Generalstabschefs nicht an. Anders Graf Waldersee, seit 1882 Generalquartiermeister, sein Stellvertreter und mutmaßlicher Nachfolger.

Graf Alfred v. Waldersee (1832–1904) – ein befähigter Offizier, der jedoch vornehmlich als politisierender General in die Geschichte einging – bekleidete eine Reihe wichtiger Adjutanten- und Generalstabsstellen, bis er dem alternden Moltke als „Amanuensis“ beigegeben wurde und in dieser Position volle Freiheit genoß. Er trug das Seine zum Sturze Bismarcks bei, hielt sich aber nur von 1889–1891 als Generalstabschef und opponierte darauf zusammen mit dem Altreichskanzler gegen den „neuen Kurs“. Der frisch zum Generalfeldmarschall ernannte trat 1900 noch einmal in das volle Licht der Öffentlichkeit, als er mit dem Oberbefehl über die europäischen Truppen gegen den Boxeraufstand in China betraut wurde.

Waldersee wollte die dominierende Rolle des Generalstabschefs im Kriege durch zureichende Befugnisse im Frieden absichern, um die Kontrolle über die Realisierbarkeit der Aufmarschpläne und Mobilmachungsmaßnahmen in die Hand zu bekommen. Diese Forderung schien in der Logik der Entwicklung der militärischen Spitzengliederung in Preußen-Deutschland zu liegen, die ja immer mehr von der zentralen Position des Kriegsministers weggeführt hatte und nunmehr im Zeichen der Zwangsläufigkeiten des technisierten Krieges großer Massenheere eine neue zentrale Leitung zu erfordern schien. Vom militärimmanenten Standpunkt aus sprach seit 1870/71 alles für die Zentralisierung unter dem Generalstabschef. Waldersee nutzte die Situation zugleich für persönlichen Ehrgeiz aus im Zusammenwirken mit dem Chef des Militärkabinetts. Und der neue Kriegsminister, Paul Bronsart v. Schellendorf, stimmte von vornherein dem Immediatvortragsrecht des Generalstabschefs zu, der damit seit Mai 1883 den regelmäßigen Vortrag beim Monarchen erhielt, ohne daß er den Weg über den Kriegsminister gehen mußte. Bronsart, früher selbst einer der „Halbgötter" des Generalstabs, stimmte nur einer Lösung zu, die ihm im Krieg 1870/71 bereits als „normal" gegolten hatte. Aber der Hintergrund der Affäre, nämlich das Bemühen, Armeefragen vom Parlament fernzuhalten – wobei Kriegsminister v. Kameke „versagt" hatte –, überschattete die Positionsverbesserung des Generalstabschefs. Bronsart erkannte das bald und versuchte, die Position des Kriegsministers wieder aufzuwerten. An der Stellung des Generalstabschefs änderten Initiativen dieser Art nichts mehr. Er konnte nur von einem starken Kanzler „beherrscht" werden.

So vermochte Bismarck den Ehrgeiz Waldersees zu zügeln, etwa während der bulgarischen Krise 1887, als Waldersee Einfluß auf die österreichische Politik im Sinne eines Präventivkrieges gegen Rußland zu nehmen versuchte. Aber die Tatsache, daß der Generalstab sich mehr und mehr mit politisch-militärischen Fragen beschäftigte und sie nach seinen Planungen zu beeinflussen suchte, war auch von Bismarck nicht mehr aus der Welt zu schaffen. Fügte sich die militärische Planungsbehörde auch 1887 den deutlichen Hinweisen Bismarcks, der, im Besitz des Rückversicherungsvertrages, nichts vom Losschlagen gegen Rußland wissen wollte und der nicht an die vom Generalstab errechneten Planzwangsläufigkeiten glaubte, so gingen die Operationsüberlegungen Moltkes und Waldersees im Februarplan von 1888 doch vom offensiven Einsatz starker deutscher Kräfte gegen Rußland aus, und offensichtlich vertrat auch der künftige Monarch die Ansichten Waldersees.

Der Generalstab war nicht länger die nur planende Instanz, er nahm ganz selbstverständlich seine Kompetenzen als Verantwortlicher der Kriegführung schon im Frieden wahr, und zwar mit dem Ziel optimaler Beeinflussung der Politik im Sinne seiner militärischen Planungen. Er entwickelte schon unter Bismarck Zielvorstellungen, die sich nicht immer mit denen des Leiters der Außenpolitik deckten. Bismarck hat nicht zuletzt aus diesem Grunde seine grundsätzliche Reichstagsrede vom 6. Februar 1888 mit der endgültigen Ablehnung des Präventivkriegs als Mittel der Politik gehalten. Er setzte sich entschieden gegen die unabhängige militärpolitische Berichterstattung der Militärattachés an den Chef des Generalstabs zur Wehr, obwohl Waldersee in dieser Frage das Ohr des jungen Kaisers, der ja 1887/88 durchaus zur „Präventivkriegs-Partei“ gehörte, hatte. Die einheitliche Lenkung der Außenpolitik ließ Bismarck nicht antasten.

Aber nach ihm ist eine Auseinandersetzung mit den Großmächten im Osten und Westen auch von der politischen Führung des Reiches als ein auf das Reich zukommendes Problem angesehen worden – teils als ein schicksalhaftes, teils als eines, dem mit militärischen Lösungen aktiver Art, die den Präventivkrieg nicht grundsätzlich ausschlossen, beizukommen war. Damit aber gewann der Generalstab mittelbaren politischen Einfluß: seine Pläne wirkten zurück auf das außenpolitische Kalkül. Und diese Pläne zielten nunmehr, in Abänderung des Planes von 1888, auf den raschen, zupackenden Entscheidungsschlag im Westen. Die Politik hat den „Generälen in keiner Weise mehr hineingeredet“ (G. Ritter).

Waldersee suchte auch im Verhältnis zum Kriegsministerium die Kompetenzen des Generalstabs auszuweiten, indem er seine Zuständigkeit für die Ausbildung, für Dienstvorschriften und allgemeine Reglements beanspruchte. Bronsart sah die Stellung des Kriegsministers als Ratgeber des Kriegsherrn in der Militärverwaltung, in den zentralen Fragen der Landesverteidigung gefährdet. Bronsart ging. Waldersee setzte ein schnelleres Avancement der Generalstabsoffiziere durch, schuf neue Abteilungen und Oberquartiermeisterstellen im Generalsrang, nahm Einfluß auf die wesentlichen Personalfragen der Armee. Mit Verdy du Vernois lancierte er einen der alten „Halbgötter“ in die Position des Kriegsministers. Der neue Kriegsminister brachte binnen kurzem große Pläne zur Heeresverstärkung vor, die zum Abgehen vom Septennatssystem zwingen mußten und das Fernziel einer Heeresverstärkung um 150000 Mann anvisierten: der Generalstab wurde im schärferen Rüstungsdruck, im Wettlauf um die großen Zahlen zum aktivsten Verfechter der Forderung nach großer Qualität und Quantität der Armee – Fragen, die in den Jahrzehnten vor dem Ersten Weltkrieg militärisches und politisches Gewicht besaßen.

5. Militärattachés und Bevollmächtigte

a. Die Militärattachés

Die Einrichtung

Der Gedanke, militärische Fachleute zu benachbarten Staaten als Beobachter zu entsenden, ist nach vereinzelten Überlegungen und Hinweisen im 18. Jahrhundert in der napoleonischen Zeit allgemeiner diskutiert worden. Auf den Kongressen in Wien und Aachen tauchte wiederholt der Vorschlag auf, den diplomatischen Missionen Offiziere als ständige Vertreter beizugeben.

Da eine solche Institution besonders da von Nutzen sein konnte, wo eine militärische Zentralbehörde die eingehenden Berichte prüfen und auswerten konnte, ließ von Anfang an ein enges Verhältnis zwischen dem Attachédienst und dem Generalstab sinnvoll erscheinen. Die Praxis ist solchen Vorschlägen nur zögernd gefolgt, sah hierin vielmehr ein schwer zu lösendes Zuständigkeitsproblem. Rivalitäten zwischen Außenministerium und Generalstab waren häufig.

In Preußen kam schon früh aus dem Generalquartiermeisterstab die Anregung, Offiziere bei den Gesandtschaften anzustellen, weil man nicht glauben dürfe, „die Bedürfnisse der Politik durch Diplomatiker allein befriedigen" zu können. Dieser Vorschlag Massenbachs aus dem Jahre 1795 ging von der Einheit militärischer und politischer Interessen aus. Aber schon bald zielten die Absichten der Befürworter der Einrichtung mehr auf eine nur militärfachliche Berichterstattung, wie etwa eine Anregung an Kriegsminister v. Boyen aus dem Jahre 1814. Staatskanzler v. Hardenberg teilte dem Kriegsminister Anfang 1817 mit, es sei seine Absicht, den wichtigen Gesandtschaften „eine Militärperson" mit passendem Rang beizugeben, welche über „militärische Einrichtungen und Maßregeln unter Mitwirkung des Königlichen Gesandten hierher einberichten kann". Grolman unterstrich 1816 in einer Denkschrift an Boyen den streng militärfachlichen Auftrag solcher Offiziere bei den Gesandtschaften. Ihm ging es damals für den Generalstab um die genaue Kenntnis fremder Staaten in militärischer Hinsicht. Die bei den diplomatischen Missionen anzustellenden Offiziere sollten sich jeder Einmischung in die Politik enthalten.

Grolman sah einen Teil der spezifischen Probleme der Institution voraus: die Ressortstreitigkeiten und mögliche außenpolitische Komplikationen. Ähnlich war ja auch die Situation in anderen europäischen Staaten, insbesondere in Frankreich, wo der Reorganisator der Armee, St. Cyr, ganz besonders auf politische Reaktionen zu achten hatte. Abgesehen von der exzeptionellen Lösung in St. Petersburg (s. S. 336) geschah in Preußen zunächst praktisch nichts. Erst 1824 griff Prinz August, der Generalinspekteur der Artillerie, die Frage in Schreiben an den Kriegsminister und den Außenminister wieder auf, nicht ohne auf das Beispiel fremder Mächte hinzuweisen. Auch sein Motiv war der militärische Nutzen, der aus fachmännischer Berichterstattung gezogen werden könne. Zwar verfügte der Generalstab etatmäßig über sechs Offizierstellen für den Dienst bei Gesandtschaften, außer in Petersburg unterhielt Preußen aber nur beim Deutschen Bund einen ständigen militärischen Vertreter. Gegen eine Ausweitung des Instituts sprach sich in dieser Zeit der Minister des Auswärtigen, Graf Bernstorff, mit der Begründung aus, eine solche Maßnahme könne Mißtrauen bei den in Frage kommenden Staaten wecken.

Abgesehen von gelegentlichen Sonderaufträgen an einzelne Offiziere scheint erst 1830 nach der Julirevolution in Frankreich ein preußischer Offizier nach Paris entsandt und damit – abgesehen von St. Petersburg – die erste permanente Attachéstelle – ohne daß dieser Terminus damals schon benutzt worden wäre – eingerichtet worden zu sein. Frankreich entschied sich 1833, als Teil der Reorganisation des Generalstabes generell die Möglichkeit zu schaffen, Generalstabsoffiziere zur Verfügung des Auswärtigen Amtes zu stellen.

In Wien ist erst 1854 ein Offizier der preußischen Gesandtschaft attachiert worden, nämlich Prinz Kraft zu Hohenlohe-Ingelfingen. Erstaunlicherweise geschah dies zu der Zeit, als im Auswärtigen Amt die Auffassung vertreten wurde, es sei fraglich, ob künftig ein Offizier in Paris „zur Beobachtung der dortigen militärischen Verhältnisse" – während des Krimkriegs! – notwendig sei. Die preußische Vertretung in Florenz erhielt 1869 einen Offizier attachiert, der in seiner Instruktion als „Attaché der Gesandtschaft" bezeichnet wurde und kurz darauf, im Mai 1869, ging auch ein Attaché an die Botschaft in London. Es sind vorher schon Offiziere mit Sonderaufträgen und für kürzere Zeit ins Ausland geschickt worden. In der Praxis der Mächte gehörte die Entsendung von Offizieren als Beobachter in die Hauptquartiere kriegführender Staaten zu den bewährten Möglichkeiten, Einblick in die Entwicklung des Kriegswesens zu bekommen. Gelegentlich ging der Wunsch nach Entsendung eines Militärattachés auch von Fremdstaaten aus, wie etwa 1872 von Belgien, wo der Monarch sich der Sache angenommen hatte.

Die Kompetenzen

Kann für die Restaurationszeit eine nur geringe Bedeutung des Militärattachéwesens der Großmächte konstatiert werden, eine allgemeine Zurückhaltung der Diplomatie, die Konkurrenz des Militärs groß werden zu lassen, so zeigte in Preußen die langsame Fortentwicklung des Instituts, daß auch im Vormärz und nach der Revolution keine entscheidenden Änderungen eintraten. Generalstab und Kriegsministerium respektierten die Beschränkung der Attachés – häufig noch als ‚Bevollmächtigte' bezeichnet – auf die militärische Berichterstattung. Nähere Regelungen für die Tätigkeit gab es nicht. So wurde Hohenlohe-Ingelfingen beim Generalstab dahin beschieden, über alles zu berichten, „was in der Oesterreichischen Armee Bemerkenswertes vorgehe". Die ihm vom Generalstab mitgegebenen Fragen „waren ein einziges Dokument der Kenntnislosigkeit". Ingelfingen war erstaunt über die „absolute Unkenntnis, in der man sich in Berlin über die Oesterreichische Armee befand".

Auch in den fünfziger Jahren konnte bei der Selbstbescheidung der leitenden Militärs keine Rede von einer eigenen Militärdiplomatie sein – abgesehen von dem Sonderfall des Militärbevollmächtigten in St. Petersburg. Der Generalstab, der später auf eine solche Entwicklung hinarbeitete, stand zudem noch im Schatten des Kriegsministers. Dagegen war die Stellung der Attachés in Österreich-Ungarn unabhängiger und bot die Möglichkeit, sich neben der militärischen auch der politischen Berichterstattung zu widmen.

In Preußen ist Anfang der fünfziger Jahre der offizielle Versuch zur Abgrenzung der militärfachlichen Aufgaben der Attachés gemacht worden. Aber die Beratungen des Kriegsministers und des Außenministers über eine Attaché-Instruktion führten gerade in diesem Punkt zu keinem greifbaren Ergebnis. Bei der Formulierung, die Attachés sollten sich „auf die militärisch-technischen Angelegenheiten beschränken" und „dasjenige fernhalten, was auf das politische Gebiet übergreift", sah sich Kriegsminister v. Bonin veranlaßt, den Vorbehalt zu machen: „Sofern diese (die militärischen Angelegenheiten) nicht mit politischen Angelegenheiten in näherem Zusammenhang stehen." Offenbar ist angenommen worden, eine Trennung sei möglich. Immerhin teilte der Kriegsminister dem Generalstab im März 1854 mit, daß über die Stellung des Militärattachés in Paris eine Einigung mit dem Auswärtigen Amt dahin erfolgt sei, daß dieser dem Gesandten untergeordnet sei, keine selbständigen offiziellen Kontakte aufnehmen dürfe. Seine Berichte und die ihm zu erteilenden Aufträge mußten über den Gesandten geleitet werden. Das war eine Abgrenzung im Hinblick auf das Wie der Tätigkeit, über das Was war die Abklärung nur bis zu der oben zitierten Formel gelangt.

Tatsächlich gehörten die Attachés den Gesandtschaften nur mittelbar an. Sie galten nicht als zum Stamm gehörig. Ihr Einkommen wurde zum größten Teil aus dem Fonds des Auswärtigen Amtes gezahlt. Als Mitglieder der Gesandtschaften erhielten sie Diplomatenpapiere und den Status der Exterritorialität; vor ihrer Kommandierung wurde um das Agrément ersucht. Innerhalb des Gesandtschaftspersonals rangierten sie meist hinter dem Vertreter des Missionschefs.

Selbst als Moltke 1857 Chef des Generalstabes wurde, änderte sich an der Rolle der Attachés kaum etwas, wenn auch das „Selbstgefühl" der preußischen Offiziere sich nicht oder nur schwer mit der Unterstellung unter einen ‚Zivilisten' abfand. Es ist daher vielfach zu Friktionen zwischen den Missionschefs und den Attachés gekommen.

Bei der Gefahr für die Attachés, in Spionageangelegenheiten verwickelt zu werden, suchte Bismarck, aus gegebenem Anlaß, politisch relevante Aufträge nur noch über die Missionschefs an die Attachés zu vergeben. Moltke stimmte im November 1877 vollkommen zu. Ein Erlaß des Kriegsministers verbot kurz darauf entsprechende, nur mit Hilfe von Spionage zu erledigende Aufträge.

Unter Waldersee sollte das anders werden, zumal auch Wilhelm II. ihm darin folgte, daß die Militärs bei den Missionen zuverlässiger und ungeschminkter berichteten, als die aus lauter Rücksicht auf den Kanzler angeblich zu zaghaften Diplomaten. Jetzt erst kam die Gefahr einer unabhängigen Militärdiplomatie auf. Der Generalstab konnte nunmehr auch präziser die Aufgaben der Attachés formulieren. Von der Sache her zeigte sich die Schwierigkeit, ja Unmöglichkeit, streng zwischen militärischen und politischen Angelegenheiten zu trennen. Im Zeitalter der industriellen Revolution, der beginnenden Einbrüche der Technologie in die militärische Rüstung und der sich damit stärker entwickelnden Verflechtung militärischer Planungen und wirtschaftlich-finanzieller Voraussetzungen war eine solche Trennung nicht mehr eindeutig durchzuführen.

So hat der Chef des Generalstabs, Graf Schlieffen, 1898, als wieder ein Heeresattaché nach London geschickt werden sollte – nachdem diese Funktion seit 1882 von einem Marineoffizier mit wahrgenommen worden war – den Aufgabenkatalog des Attachés entsprechend umfassend umschrieben: Studium des Verhältnisses zwischen Kommandogewalt und Kron- und Regierungsgewalt, Haltung der öffentlichen Meinung zu geplanten militärischen Reformen, ferner die „militärische Seite" der Zustände innerhalb der Verwaltungsbehörden und der Eisenbahngesellschaften, der irischen Frage; die Bedeutung der „Kulturverhältnisse des den Ackerbau aufgebenden Staates mit seinen großen Städten". Nach Schlieffens Meinung forderten auch die „wirtschaftlichen Beziehungen zwischen Deutschland und England zur Abwägung der militärischen Machtmittel" auf. Diese Aufgabenstellung ging weit über das hinaus, was der militärischen Führung noch in der ersten Hälfte des Jahrhunderts vorgeschwebt haben mochte. Schlieffen ist mit dieser Sicht der Dinge kaum über das gebotene militärische Aufklärungsbedürfnis hinausgegangen. Alles in allem wäre ihm als verantwortlichem Leiter der militärischen Planungen bei einer begrenzten Sicht des Problems der Vorwurf ungenügender oder unrealistischer Vorbereitungen zu machen gewesen.

Methoden der Berichterstattung und Verhältnis zum Generalstab

Die Tätigkeit der Attachés ist jedoch nicht von ihrem Aufgabenkatalog, sondern von den Methoden ihrer Berichterstattung her zu einem ernsten innenpolitischen Zündstoff geworden, zur Ursache berechtigter Klagen der politischen Führung.

Der Berichtsweg der Attachés ging von der Gesandtschaft über das Auswärtige Amt zum Kriegsministerium. Generalstabschef v. Reyher betonte, er sei streng angewiesen, keine direkten Berichte von den zu den Gesandtschaften kommandierten Offizieren zu verlangen. Kriegsminister Graf Waldersee nuancierte dahingehend: der Attaché habe den Gesandten in allen Fragen des dienstlichen Verkehrs als Vorgesetzten zu betrachten; es sei aber dem Kriegsministerium daran gelegen, daß sich die attachierten Offiziere „im Wesentlichen ganz selbständig hielten". Der Gesandte müsse allerdings alle Berichte vor Abgang zur Kenntnis bekommen. Ähnlich sah Ministerpräsident v. Manteuffel die Angelegenheit unter starker Hervorhebung der Unterstellung der Attachés unter das Auswärtige Amt.

Eine völlige Ausschließung von Nebenwegen der Berichterstattung ist in der Praxis nicht gelungen. Die Attachés bei den großen Missionen waren zugleich Flügeladjutanten des Königs, später des Kaisers, und hatten als Angehörige der „maison militaire" das Recht der unmittelbaren Berichterstattung an den Monarchen. Hinzu kam, daß der Chef des Großen Generalstabes seit 1862 direkt mit den Generalstabsoffizieren bei den Truppengeneralstäben korrespondierte, eine Übung, die sich leicht auf die ebenfalls dem Generalstab entnommenen Attachés ausdehnen ließ. Moltke hatte diese Lösung aus Gründen der Truppenführung durchgesetzt: Er dachte auch später nicht daran, sie militärpolitisch auszunutzen und damit eine Arena der Konkurrenz mit dem Auswärtigen Amt zu eröffnen. Immerhin scheint die seit 1869 in Gang gekommene Praxis der Militärattachés, in „rein technisch-militärischen" Fragen direkt an die heimischen Militärbehörden zu berichten, in unmittelbarem Zusammenhang mit der gewachsenen Bedeutung des Generalstabes zu stehen. Sie enthielt keimhaft den Ansatz zur Teilemanzipierung der Attachés vom normalen diplomatischen Berichtsweg, ohne daß hier schon die Tendenz zur politischen Ausnutzung der Möglichkeiten vorgelegen hätte.

In einer Instruktion aus dem Jahre 1875 wird die von Bonin gemachte Ausnahme bereits als normale Angelegenheit angesehen: es wird das Recht der unmittelbaren militärfachlichen Berichterstattung an die heimischen Militärbehörden bestätigt, danach heißt es, die „allgemeinen resp. militär-politischen Berichte" hätten über den Gesandten zu laufen. Von diesen Berichten erhielt der Generalstab häufig erst spät Kenntnis, weil sie über das Auswärtige Amt an das Militärkabinett gingen, häufig vom Monarchen gelesen wurden, um dann erst den Kriegsminister und den Generalstab zu erreichen. Moltke hat deshalb z. B. den Attaché im Rom 1876 aufgefordert, ihm Abschriften unmittelbar zuzuleiten. Moltke hat im selben Jahre auch eine Entscheidung des Kaisers darüber herbeizuführen gesucht, wer militärischer Vorgesetzter der Attachés sei, der Kriegsminister oder der Generalstabschef. Die Frage blieb wahrscheinlich zunächst offen. Erst in der Ära Waldersee wandelte sich das Verhältnis zum Generalstab. Politisch relevante Berichte, die zur Lagebeurteilung wichtig wurden, umgingen den Kanzler, sogar gezielte Aktionen oder Mitteilungen an ausländische Militärs oder Politiker, die von den Überlegungen der politischen Leitung abwichen, wurden vom Generalstab in Verfolg seines politischen Ehrgeizes initiiert. Wo die Lagebeurteilung dort von der des Kanzlers abwich und die Auffassung vertreten wurde, die existentiellen Interessen des Reiches seien vom Generalstab klarer erfaßt als vom Kanzler, da konnte der Militärattaché erst den Spielraum gewinnen, den eine eigenständige militärische Diplomatie benötigte. Sie bedurfte im Grunde des Konflikts zwischen militärischer und politischer Spitze des Reiches, um Aktionsradius zu gewinnen.

Hinzu kam noch die Veränderung der Stellung des Generalstabschefs zum Monarchen, als diese Position seit 1883 eine Immediatstelle geworden war. Damit ging die militärpolitische Korrespondenz der Attachés häufig am Kanzler vorbei unmittelbar an parlamentarisch nicht verantwortliche militärische Berater des Monarchen. Unmittelbar nach 1883 bedeutete das zwar keine große Änderung. Moltke besaß nicht den politischen Ehrgeiz, die damit geschaffenen Möglichkeiten auszunutzen, was ihm im übrigen schon vorher aufgrund des ihm persönlich gewährten Immediatrechts möglich gewesen wäre.

Waldersee nahm hierzu eine grundsätzlich andere Position ein. Als Generalstabschef beeinflußte er den Kaiser mit seiner Auffassung, die Attachés aus der Unterstellung unter den Kanzler herauszunehmen – zwar nicht sofort, weil sich Bismarck widersetzte, aber doch auf längere Sicht. Diese seit 1867 gegebene Unterstellung sei „unzweckmäßig". Waldersee riet, der Kaiser möge sich die Attachés unmittelbar unterstellen. In der nächsten Zeit werde sich wohl „ein direkter Verkehr entwickeln“, da Deines und Huene Flügeladjutanten seien. Waldersee selbst machte von diesem direkten Verkehr ausgiebig Gebrauch, indem er den Dienstweg umging und eine breit geführte Korrespondenz mit den Attachés unterhielt. In Bismarcks Zeit, in den Winter 1887/88, fiel noch der erste große dramatische Konflikt zwischen politischer Führung und Militärdiplomatie, die hinter sich den Prinzen Wilhelm und den Generalstab wußte.

Der Konflikt spielte in die große Politik hinein und entzündete sich letztlich an der Frage eines Präventivkrieges gegen Rußland. Bismarck wollte sich angesichts des eben abgeschlossenen Rückversicherungsvertrages weder durch Anzeichen des russischen Nationalismus noch durch den auf eine kriegerische Lösung drängenden Generalstab aus dem Konzept bringen lassen. Waldersees Denkschrift vom Herbst 1887 über die russische Gefahr, von Moltke gebilligt, hat ihm entgegen der Meinung Waldersees kaum Eindruck gemacht. Waldersee glaubte nicht an die Möglichkeit eines österreichisch-russischen Krieges ohne deutsche Teilnahme, darum schien ihm jedes Warten gefährlich.

In dieser Lage drängte der Militärattaché in Wien, Major Deines, beim österreichischen Generalstab und beim Kaiser Franz Joseph auf offensives Vorgehen gegen Rußland, damit ganz auf der Linie des Generalquartiermeisters operierend. Er sicherte Österreich starke deutsche militärische Hilfe zu. Eine dynamische neu-deutsche Außenpolitik kündigte sich an, die keinen Sinn für Bismarcks vorsichtiges Abwägen besaß. Waldersee stieß damit im Auswärtigen Amt durchaus auf die Zustimmung junger Mitarbeiter, wie Holstein und Radowitz. Bismarck ließ Deines einen ausdrücklichen Tadel zukommen und drohte im Wiederholungsfalle mit der Abberufung.

Der Kanzler suchte jetzt nach einer generellen Lösung, insbesondere seit er im Sommer 1889 mißtrauisch wurde. So antwortete er auf einen Instruktionsentwurf des Kriegsministeriums vom Mai 1889, daß eine generelle Instruktion für die Attachés jetzt vom Auswärtigen Amt, nicht vom Kriegsministerium, ausgehen müsse. Es ging ihm um die genaue Kontrolle des gesamten Schriftverkehrs. Darum wollte er künftig die unmittelbare „militärische“ Berichterstattung an die Militärbehörden nicht mehr dulden. Alle Berichte seien dem Missionschef vorzulegen. Was Anfang der fünfziger Jahre offengeblieben war, was die Instruktion von 1854 nicht geklärt hatte, war Bismarck nunmehr endgültig gewiß: die Grenzen zwischen militärischen und politischen Interessen ließen sich nicht ziehen. Künftig sollten schriftliche und amtliche Weisungen daher nur vom Auswärtigen Amt erteilt werden, da diese Behörde allein die rechtliche und politische Verantwortung trage. Damit stieß der Kanzler auf den Widerstand des Kriegsministers Verdy du Vernois, eines alten Generalstäblers. Ein Kompromiß wurde erreicht. Der Kanzler begnügte sich damit, daß die Missionschefs mündlich über die „rein“ militärischen Aufträge orientiert wurden. Aber Bismarck hielt daran fest, daß künftig die Instruktionen vom Auswärtigen Amt erlassen werden sollten. In dieser Situation schaltete sich der Generalstabschef massiv in den Interessenkonflikt ein. Er sah in Bismarcks Vorgehen (das auch auf die genauere Kontrolle der Marineattachés zielte) „einen erneuten Versuch, die Militärattachés dem Einfluß der Militärbehörden, auf deren Antrag sie geschaffen sind und in deren Interesse sie in erster Linie wirken sollen, zu entziehen". Er legte dem Kriegsminister nahe, „die erste sich darbietende Gelegenheit zu benutzen", das alte „allein richtige und der Würde der Militärbehörden entsprechende" Verhältnis wiederherzustellen.

Bismarck setzte sich selbst nicht mehr voll durch. Die grundlegende Instruktion ist in seiner Amtszeit nicht mehr ergangen. Zu stark war inzwischen der Einfluß des Generalstabschefs geworden. Wilhelm II. wäre schwer zu einer Lösung im Sinne des Kanzlers zu bewegen gewesen. Hier standen nicht nur Generationen gegeneinander, sondern grundverschiedene Auffassungen über den Stil deutscher Außenpolitik, über die Rolle militärischen Denkens auf diesem Gebiet.

Caprivi hatte als Kanzler dann bald Anlaß, den Komplex wieder aufzugreifen. Im Gegensatz zu Bismarck war er überhaupt gegen politische Betätigung und Berichte der Attachés (Gießler). Eine weitere Spionageaffäre und dann eine politische Meldung des Militärattachés in Wien machten eine generelle Instruktion erneut akut. Der Kanzler legte seine Entwürfe und Absichten dem Kriegsminister und dem Generalstabschef offen. Dabei zeigt die Entwicklung von Juni bis Dezember 1890 ein Zurückweichen des Kanzlers bis zu einem größeren Nachgeben in Einzelfragen.

Eine Zirkularverfügung vom 20. Juni betonte ein allgemeines Kontrollrecht der Missionschefs, das sogar so weit reichte, daß sie Berichte, die nicht ihre Billigung fanden, nicht weiterzuleiten brauchten, sondern zurückgeben konnten. Der Kanzler behielt sich darüber hinaus das Recht vor, im Einzelfall zu entscheiden, was er aus den Militärberichten an das Kriegsministerium und den Generalstab weiterleiten wollte.

Waldersee sah seine ganze Linie gefährdet. Er kämpfte nach wie vor für die politische Berichterstattung der Attachés und stellte fest, Bismarck habe es gerne gesehen, wenn die Militärs sich mit Politik beschäftigten. Caprivi gegenüber bestritt er rundweg, gemeinsam mit den Militärattachés Politik getrieben zu haben.

Ein neuer Entwurf des Auswärtigen Amtes war ganz darauf abgestellt, für Klarheit zu sorgen und das Verhältnis zum Generalstab nicht zu strapazieren. Wesentliche Rechte der Missionschefs und des Kanzlers waren preisgegeben, etwa das Recht zu entscheiden, was an den Kriegsminister und den Generalstab weitergeleitet werden sollte. Dennoch sah Waldersee in den meisten Regelungen nur Zumutungen für die Attachés: „Es werden doch keine Kinder zu Attachés ernannt!"

Das Überlegenheitsgefühl gegenüber den Zivilisten zeigt sich in seinen Glossen unverhüllt. Dem Kriegsminister gegenüber ging er sogar so weit, zu argwöhnen, daß die Instruktion sich „eigentlich gegen Seine Majestät den Kaiser Selbst richtet" – und zwar wegen der Unterstellung der Attachés unter die Missionschefs! Der Kriegsminister sah die Dinge ganz anders, stimmte im wesentlichen Caprivi zu, vor allem der Auffassung, daß die Attachés nur Offiziere sein sollten, ohne eigene politische Tätigkeit. Aber als Offiziere hätten sie dann Instruktionen vom Kriegsminister zu bekommen, die jedesmal mit dem Kanzler abzustimmen wären.

Am 11. Dezember 1890 wurde die „Instruktion für die zu den auswärtigen Missionen kommandierten Offiziere" erlassen, die, mit einigen Änderungen 1900, die Stellung der Militärattachés bis 1918 festlegte.

Große Veränderungen brachte sie nicht, bestätigte aber im wesentlichen Caprivis Vorstellungen. Waldersee hatte sich nicht durchgesetzt.

Nunmehr war folgendes klargestellt:
Die Militär- und Marineattachés unterstanden „bezüglich ihrer Tätigkeit im Auslande" den Missionschefs, „in allen übrigen Beziehungen" den heimischen Militärvorgesetzten (seit der Instruktion vom 2. Februar 1900 „unmittelbar Seiner Majestät dem Kaiser und König"). Zur Mission gehörend, standen sie „neben deren diplomatischem Personal". Eine selbständige politische Tätigkeit durften sie „nie spielen wollen". Politische Beobachtungen mußten dem Missionschef mitgeteilt werden, dem allein die Weiterbehandlung oblag. Als „militärische Aufgabe" wurde bestimmt: „sich mit allen wichtigen Vorgängen in den Armeen bzw. Flotten der betreffenden Staaten bekannt zu machen, in deren Geist und Einrichtungen einzudringen, Personal und Material, Organisation und Gesetzgebung, Ausbildung und Technik zu beobachten". Ihre militärischen Berichte waren zwar an das Kriegsministerium oder das Reichsmarineamt zu adressieren, aber dem Missionschef vorzulegen und von diesem an den Reichskanzler zu senden, „welcher sie nach Vorlage bei Seiner Majestät dem Kaiser oder, sofern sie dazu nicht wichtig genug sind, direkt an das Königlich Preußische Kriegsministerium bzw. Reichsmarineamt weitergibt" (seit 1900 hatte der Kanzler sie grundsätzlich dem Kaiser vorzulegen).

Waldersee kämpfte verbissen gegen diese Instruktion. Er hielt es tatsächlich für undenkbar, daß Caprivi dem Kaiser über die Angelegenheit Vortrag gehalten habe. Grenzenlos war seine Enttäuschung über die Haltung Wilhelms II., mit dem er noch im Frühjahr vollkommen übereingestimmt zu haben meinte. Er glaubte auch, es würden sich schwerlich Offiziere finden, „die mit einer solchen Instruktion Militärattachés werden wollen". Der „Allerhöchste Dienst" erleide summa summarum eine Schädigung. Geradezu „komisch" sei die Instruktion, weil sie den Missionschef berechtige, „Aufträge militärischer Natur" zu erteilen: „Ich hoffe, es kommt dazu; es wäre das beste Mittel die ganze Größe des Unsinnes darzulegen ..."

In diesem Sinne hat er nach eigener Aufzeichnung offenbar auch beim Kaiser intrigiert. Wilhelm II. habe dabei zugegeben, „daß es ein bedenklicher Zustand sei, einen Offizier unter Zivilisten zu stellen", und im übrigen darauf verwiesen, daß die Attaché-Flügeladjutanten nach wie vor direkt berichten könnten.

Der Kanzler hatte, abgesehen von solchen direkten Kanälen, die von Bismarck angestrebte Kontrolle erreicht, wenn auch nicht in der zunächst intendierten strikten Form. Sogar der neue Chef des Militärkabinetts, v. Hahnke, gab Caprivi darin recht, daß politische Berichte nicht am Kanzler vorbeigehen dürften.

Waldersee war selbst in der Regierungszeit Wilhelms II. ein exzeptioneller Fall. Eine selbständige Militärdiplomatie schien ihm bis zuletzt die natürlichste

Sache der Welt. Wie sehr damit in den Verantwortungsbereich des politischen Leiters hineindirigiert werden konnte, ist ihm offenbar nicht klargeworden. Dazu kam sein Präventivkrieg-Kalkül, für das er 1887 den vorsichtigen Moltke schon halb und den jungen Monarchen ganz gewonnen glaubte. Die kurze Ära Waldersee hat die Gefahr einer dynamischen Zielsetzung für die deutsche Außenpolitik durch militärische Gewaltlösung aufblitzen lassen. Es zeigte sich, daß die Militärattachés eine politische Rolle spielen konnten, wenn der Generalstabschef eigenen politischen Ehrgeiz entfaltete und dabei möglicherweise die Unterstützung des Monarchen besaß. Außenpolitik war auf diese Weise zu einem Stück Kommandogewalt zu reduzieren. Dem Kanzler blieb dabei Verantwortung nach außen für Entwicklungen, die er selbst kaum steuern konnte. Diese Konstellation war kurzlebig, sie ging nach Waldersees Abberufung als Generalstabschef im Januar 1891 zu Ende. Ihre innere Entwicklung ließ aber ein schwerwiegendes Problem der preußisch-deutschen Verfassung, der politischen Praxis und der Spitzenorganisation deutlich werden: das Schwergewicht militärischer Denkweisen in allgemeinpolitischen Bereichen, das als eine unter mehreren Komponenten des preußisch-deutschen Militarismus aufzufassen ist.

b. Der Militärbevollmächtigte beim Zaren

Preußen unterhielt zwar „Militärbevollmächtigte" beim Deutschen Bund und dann seit 1867 in Bayern, Württemberg und Baden, aber im Ausland hat Preußen nur einen Militärbevollmächtigten eingesetzt, nämlich – seit den Tagen Friedrich Wilhelms III. – am Zarenhof.

Der Zar Alexander I. und der preußische König Friedrich Wilhelm III. attachierten sich gegenseitig Flügeladjutanten und unterstrichen damit ein enges freundschaftliches Verhältnis. Diese Militärbevollmächtigten gehörten nicht zu den Missionen, sie waren vielmehr dem fremden Monarchen unmittelbar attachiert und standen in keinem Abhängigkeitsverhältnis zum Kriegs- oder Außenministerium. Zutreffend hat sich ein preußischer Militärbevollmächtigter als „Privatbotschafter" seines Königs bezeichnet. Daß die Militärdiplomaten zugleich die Funktionen von Militärattachés wahrnahmen, war nicht das wesentliche Kennzeichen. Ihre offiziellen Berichte gingen an den Monarchen. Grenzen zwischen militärischer und politischer Berichterstattung existierten für sie nicht. Daneben lief wohl regelmäßig ein nicht hochoffizieller Berichtsweg zum Kabinett des Königs oder zu Persönlichkeiten in seiner engeren Umgebung. Nicht selten fühlten sich die Vertreter Preußens zugleich als Vertrauenspersonen des Zaren. Sie nahmen Einfluß auf die deutsch-russischen Beziehungen zu einer Zeit, als das gute Verhältnis der Monarchen zueinander von erheblicher Bedeutung war. Dabei konnten loyale Bevollmächtigte durchaus ein offenes Verhältnis zum Vertreter der Außenpolitik haben, wie etwa Lothar v. Schweinitz zu Bismarck. Wilhelm I. ließ allerdings Bismarck nicht im unklaren über die Berichte aus Petersburg. Unter Friedrich Wilhelm IV. war das wesentlich anders gewesen. Bekanntgeworden sind die Spannungen zwischen dem Bevollmächtigten in Petersburg, Graf Münster, und Otto v. Manteuffel, dem Leiter der preußischen Außenpolitik.

Seit den siebziger Jahren wurden der Botschaft in Petersburg zur Unterstützung des Militärbevollmächtigten Offiziere zugewiesen. Sie besaßen nicht dessen Sonderrechte und Stellung, sondern waren im eigentlichen Sinne Militärattachés. Der Bevollmächtigte blieb nach einer Entscheidung des Kaisers von 1891 weiterhin vom Botschafter unabhängig. Aber die zur Botschaft kommandierten Offiziere wurden dafür dem Botschafter wie Militärattachés unterstellt, ihr Unterordnungsverhältnis unter den Bevollmächtigten wurde aufgehoben.

In der Instruktion für die Militärattachés vom 11. Dezember 1890 hieß es in bezug auf die Militärbevollmächtigten: „Auf den Militärbevollmächtigten in St. Petersburg findet diese Instruktion nur insoweit Anwendung, als die besonderen Verhältnisse seiner Stellung dies zulassen."

Die Geschichte des Nebeneinanders beider Institutionen in St. Petersburg ging 1892 zu Ende, als Alexander III. den Grafen Kutusow aus Berlin zurückrief. Das ganz auf Gegenseitigkeit und auf gute politische Beziehungen gegründete Verhältnis ließ sich seit der Nichterneuerung des Rückversicherungsvertrages nicht mehr aufrechterhalten. Auch der preußische Bevollmächtigte kehrte nach Berlin zurück. Erst 1904 suchte Wilhelm II. eine Erneuerung herbeizuführen. Die alte Bedeutung hat der Militärbevollmächtigte bis zum Ersten Weltkrieg nicht mehr erlangen können, lediglich Kapitän v. Hintze machte eine Ausnahme. Ihm gelangen wichtige politische Kontakte, er wußte Wichtiges zu berichten, hielt auch gute Kontakte zum Botschafter. Seine nüchterne Beurteilung der russischen Haltung paßte nicht zum antienglischen Kurs einflußreicher Gruppierungen in Berlin.

Im Zeitraum bis 1914 traten speziell die Londoner Marineattachés mit politischer Aktivität hervor. Bei ihnen versagten „alle Bremsen amtlicher Instruktionen" (G. Ritter). Ein neues Kapitel militärischer Politik am Kanzler vorbei begann.

6. Der Einsatz von Militär im Innern

a. Militär und öffentliche Ordnung im Vormärz

Unter dem alten „Kriegsrecht" (loi martiale) der absoluten Monarchie vollzog sich der Übergang vom normalen Rechtszustand zu einer Lage, in der das Militär nach innen eingesetzt, Standrecht verhängt und Gewalt angewendet werden konnte, als Maßnahme der königlichen Souveränität, die keiner weiteren rechtlichen Begründung bedurfte. Mit der Französischen Revolution änderte sich die Lage völlig. Ihr nachhaltiger Einfluß auf die europäische Verfassungsentwicklung führte unvermeidlich zur Herstellung einer Beziehung zwischen Verfassung und Ausnahmerecht. Entscheidend wurde für die Metternichsche Ära ein neues Bild des inneren Gegners. Handelte es sich im 18. Jahrhundert in erster Linie um Polizeiwidrigkeiten, gelegentlich um soziale Unzufriedenheit oder um vereinzelte Opposition gegen militärische Rekrutierungsmethoden, so stand den Staaten des Deutschen Bundes der Revolutionär, der innenpolitische Feind der Monarchie, vor Augen. Für seine Bekämpfung war das Instrument der Bundesintervention (Artikel 26 der Wiener Schlußakte) geschaffen worden, womit selbst über die Grenzen der Bundesstaaten hinweg den Grundsätzen der restaurativen Ordnung Geltung verschafft werden konnte. In den deutschen Einzelstaaten war die rechtliche Normierung des Ausnahmerechts abhängig vom Grade ihrer Verfassungsentwicklung. Daher ist die Rechtsproblematik des Ausnahmerechts des bürgerlichen Rechtsstaates im verfassungsrechtlich rückständigen Preußen des Vormärz nicht zu fassen. Das politische Problem des Einsatzes des Militärs nach innen ist aber hier nicht weniger existent gewesen als in den Verfassungsstaaten.

Schon vor der Revolution ist in Preußen Militär gegen Bürger oder Arbeiter eingesetzt worden, etwa im Dezember 1837 in Münster im Zusammenhang mit dem Kirchenstreit. Die von der Armee als Krawall bezeichneten Aufläufe wurden von Husaren mit der Klinge auseinandergetrieben. Generalmajor v. Wrangel ließ den Magistrat wissen, er werde bei künftigem Versagen der Polizei mit Kartätschen kommen. In den vierziger Jahren verstärkte sich die ökonomisch-soziale Komponente der Unzufriedenheit. Zu nennen ist insbesondere der schlesische Weberaufruhr von 1844. Patriotisch-politische Hintergründe hatte die „Posensche Empörung“ von 1846. In den schlesischen Dörfern Peterwaldau und Langenbielau trat die Armee mit Waffengewalt für die Interessen der Unternehmer ein.

Für den Einsatz des Militärs nach innen standen in Preußen Bestimmungen zur Verfügung, die an französischen Vorbildern orientiert waren. Sie können als spezielle Ausprägungen des umfassend gedachten Notrechts des Souveräns aufgefaßt werden. Es handelte sich einmal um sogenannte Tumultbestimmungen, die den Einsatz von Truppen auf Requisition der Zivilbehörden vorsahen, und um den militärischen Belagerungszustand (état de siège militaire). Bereits eine Zirkularverordnung vom 30. Dezember 1798 sah militärisches Eingreifen bei Tumulten und Aufläufen auf Requisition der Zivilbehörden vor. Es galt der Grundsatz der Verhältnismäßigkeit von Gefahr und Abwehrmaßnahmen. Der pflichtmäßigen Beurteilung des kommandierenden Offiziers oblag es, zu bestimmen, ob Waffengewalt eingesetzt werden sollte. Eine ins einzelne gehende Regelung über das Zusammenwirken von Zivil- und Militärbehörden sah die AKO vom 17. Oktober 1820 „betr. Mitwirkung der Militärbehörden zur Herstellung der Ordnung, wenn die öffentliche Ruhe durch Excesse gestört wird“, vor.

Hiernach mußte die Polizei den zuständigen Militärbefehlshaber von Schlägereien, Volksaufläufen oder sonstigen die öffentliche Ruhe bedrohenden Auftritten benachrichtigen. Die primäre Zuständigkeit der Polizei endete, sobald sie nicht mehr „hoffen“ konnte, den Zweck mit ihren Mitteln zu erreichen. Mit der Requisition des Militärs ging die Leitung aller Maßnahmen auf den zuständigen Befehlshaber über, der seinerseits der Zivilbehörde Anweisungen erteilen konnte. Der Militärbefehlshaber mußte ohne Requisition der Zivilbehörden von sich aus tätig werden, wenn die Zivilbehörde nach seiner Auffassung mit der Requisition zu lange zögerte. In kritischen Situationen war damit das Militär in jedem Fall Herr des Verfahrens. Gemäß einer Geschäftsanweisung für die Regierungen vom 31. Dezember 1825 und einem Reskript des Innenministeriums vom 4. August 1822 hatte die Requisition in der Regel durch den Oberpräsidenten beim zuständigen Generalkommando zu erfolgen. Nur bei Gefahr im Verzuge war eine unmittelbare Requisition einzelner Truppenteile durch die zunächst befaßte Zivilbehörde zulässig.

Weitere detaillierte Vorschriften und Strafbestimmungen in Ergänzung der Straftatbestände des ALR über Verbrechen gegen innere Ruhe und Sicherheit des Staates sah die „Verordnung zur Aufrechterhaltung der öffentlichen Ordnung und der dem Gesetz schuldigen Achtung“ vom 17. August 1835 vor. Sie gestattete z. B. in Anlehnung an die älteren Vorschriften den kommandierenden Offizieren – und Unteroffizieren – den Waffengebrauch, wenn der „Haufen“ nach der zweiten Wiederholung seiner Anordnungen nicht auseinanderging.

Der preußische Staat des Vormärz hat seinem Militär in kritischen Situationen den Entschluß zum Waffengebrauch relativ leichtgemacht. Selbst bei Requisition der Zivilbehörden lag der Waffengebrauch im Ermessen des militärischen Befehlshabers, der lediglich an die Zweck-Mittel-Relation gebunden blieb. Seine Position wurde durch das „Gesetz über den Waffengebrauch des Militärs“ vom 20. März 1837 noch weiter verbessert, denn es stellte die gesetzliche Vermutung auf, daß das Militär beim Waffengebrauch innerhalb seiner Befugnisse gehandelt habe, bis das Gegenteil erwiesen sei. Ein solcher Beweis war praktisch aber nur vor Militärgerichten zu führen, die sich nur in extremen Fällen dazu verstehen konnten, die Ermessensausübung des zuständigen Befehlshabers als fehlerhaft anzusehen.

An diesem Beispiel zeigt sich vielleicht deutlicher als an theoretischen, verfassungsrechtlichen Überlegungen der polizei- und militärstaatliche Charakter des damaligen Preußen. Eine unabhängige richterliche Kontrolle militärischer Maßnahmen war bei der engen strukturellen Verknüpfung von Militärinstitut und monarchischer Autorität nicht denkbar. Überdies existierten in dieser Zeit verfassungsmäßig verankerte Grundrechte des Individuums nicht. Das Militär stand bei inneren Unruhen, die in diesen Jahren über lokale Ausmaße nicht hinausgingen, daher nicht vor der schwierigen Abwägung zwischen Freiheit und Ordnung, sondern lediglich vor dem Problem, die Ordnung mit adäquaten Mitteln aufrechtzuerhalten. Damit wurde aber eine Überprüfung des Ermessensspielraums immer nur vom Gesichtspunkt der öffentlichen Ordnung, nicht von der Rechtsposition des einzelnen her möglich.

Die Errungenschaften der Märzrevolution blieben in dieser Hinsicht Episode, wenn auch die sogenannte ‚Charte Waldeck' – die Umarbeitung des Verfassungsentwurfs des Ministeriums Camphausen vom 20. Mai 1848 – die Freiheitsverbürgungen stark hervorgehoben hatte. Die öffentliche Ordnung in Friedenszeiten sollte von einer demokratisch organisierten Volkswehr gewährleistet werden, die bezeichnenderweise über die „verfassungsmäßigen Rechte des Volkes" wachen sollte. Das Gesetz über den Schutz der persönlichen Freiheit vom 24. September 1848 bestätigte das Recht auf den gesetzlichen Richter, ließ aber auch die Suspension gewisser Grundrechte zu. Im Gesetz über den Belagerungszustand vom 4. Juni 1851 sind die Voraussetzungen von Grundrechtssuspensionen näher geregelt worden.

Die Vorschriften über den Waffengebrauch des Militärs wurden dagegen von der Revolution nicht nachhaltig beeinflußt. Der Artikel 36 der Verfassung vom 31. Januar 1850 bekräftigte den alten Grundsatz, daß das Militär im Innern in der Regel nur auf Requisition der Zivilbehörden eingesetzt werden durfte. Eine gemeinsame Instruktion des Kriegs-, Justiz- und Innenministers faßte 1851 alle geltenden Vorschriften des Requisitionsrechts zusammen. Ein Fortschritt über den Rechtszustand, wie er 1835–1837 normiert worden war, ist nicht erzielt worden.

Das Belagerungszustandsrecht ist nach 1848 stärker rechtsstaatlich geprägt worden. In Frankreich ist dieses Rechtsinstitut gegen Ende des 18. Jahrhunderts aus einem auf die Verteidigung von Festungen bezogenen Recht zur Anordnung außergewöhnlicher Maßnahmen weiterentwickelt worden zum Recht des innenpolitischen Einsatzes von Militär, zum sogenannten état de siège politique.

Es ist mit Recht darauf hingewiesen worden (zuletzt von H. Boldt), daß sich mit der Wendung zum état de siège politique der Sinn der Übernahme der Ordnungsgewalt durch das Militär grundlegend gewandelt hatte. Die Staatsführung besaß mit dem neuen Instrument die Möglichkeit, das Militär als eine Art politische Polizei gegen innenpolitische Gegner einzusetzen. In vorrevolutionärer Zeit spielte dabei die Verhängung des Standrechts die wichtigste Rolle.

Unter Standrecht verstand man ursprünglich den summarischen Prozeß gegen Militärpersonen während des Kriegszustandes, teilweise auch das Verfahren gegen Einwohner feindlicher Gebiete. Der Absolutismus benutzte das Standrecht schließlich als politisches Kampfmittel gegen die eigenen Staatsangehörigen in Ausnahmezeiten (z. B. Joseph II.: Peinliche Gerichts-Ordnung von 1788; Bayern beim Tiroler Aufstand 1809). Mit der Proklamierung des Standrechts – durch den Monarchen, durch den Militärbefehlshaber oder durch die oberste Gerichts- oder Verwaltungsbehörde – wurden für einzelne Orte oder Bezirke die ordentlichen Gerichte ausgeschaltet und die in der Proklamation bezeichneten strafbaren Handlungen den Standgerichten ohne Appellationsmöglichkeit zur Aburteilung zugewiesen. Gemäß der im Polizeistaat geltenden Abschreckungstheorie waren die bezeichneten Delikte mit hohen Strafen bedroht.

In Preußen ging die Entwicklung des sogenannten Kriegsrechts im Vormärz schließlich dahin, daß seine Verhängung in Friedenszeiten zur Anwendung des militärischen Strafrechts gegen Zivilisten führen konnte, wenn sie militärischen Verrat übten.

Während der Revolution erst sind die verfassungsrechtlichen Voraussetzungen für eine Übernahme des französischen „rechtsstaatlichen Belagerungszustandes" als eines „régime de légalité" erkämpft worden. Dieses Rechtsinstitut suchte den Einsatz von Militär nach innen, die Verhängung des Kriegsrechts auch gegen Zivilpersonen an formale Voraussetzungen zu knüpfen und räumlich zu begrenzen. Am wichtigsten war die Festlegung bestimmter Freiheitsrechte, in die allein eingegriffen werden durfte. In Preußen sind trotz Nachahmung französischer Vorbilder die Akzente nicht so stark im Hinblick auf die Bewahrung der bürgerlichen Gesellschaft gegen die Arbeiterschaft gesetzt worden. Das Bürgertum suchte die Beschränkung der Vollmachten der Exekutive vielmehr zu seinem Schutz vor Maßnahmen des Staates mit militärischen Mitteln herbeizuführen. In der frühen Phase der Revolution wird dieses Anliegen ganz deutlich. Hierin reflektierte sich die gegenüber dem westlichen Nachbarn zurückgebliebene soziale Entwicklung des vierten Standes und seines politischen Selbstbewußtseins.

Innerhalb weniger Jahre durchlief die preußische Verfassungsentwicklung, noch mehr aber ihre Diskussion in verschiedenen Ansätzen, Vorschlägen und Entwürfen, jene Phase, die sich in den konstitutionellen Staaten in den zurückliegenden Jahrzehnten vollzogen hatte. Das Ausnahmerecht wurde immer schärfer als Gegenüberstellung exekutiver Befugnisse zum Militäreinsatz nach innen und möglichster Bewahrung bürgerlicher Freiheiten erfaßt. In diesen Jahren enthüllte sich das Ausnahmerecht als entscheidendes Verfassungsproblem.

Die Regierungsvorlage eines Verfassungsentwurfs vom 20. Mai 1848 sah im Falle von Krieg oder Aufruhr die Möglichkeit von Grundrechtssuspensionen vor. Erwähnt waren die persönliche Freiheit, die Unverletzlichkeit der Wohnung, der Anspruch auf den gesetzlichen Richter und die Versammlungs- und Vereinsfreiheit. Dagegen schränkte der Entwurf der Kommission der Nationalversammlung (Charte Waldeck) die Möglichkeit zur Suspension von Grundrechten weiter ein mit dem Verbot von Ausnahmegerichten. Der Anspruch auf den gesetzlichen Richter sollte auch in Kriegs- und Aufruhrzeiten nicht verlorengehen.

Noch wichtiger aber wurde der in der Vorlage unternommene Versuch, die parlamentarische Kontrolle über den Ausnahmezustand sicherzustellen. Der Legislative sollte die Befugnis zur Verhängung des Ausnahmezustandes sowie das Recht der Suspension von Grundrechten zustehen. Der Entwurf der preußischen Kammer war damit demokratischer als die Frankfurter Reichsverfassung. Durchzusetzen war er genausowenig. Die monarchischen Kräfte stabilisierten sich im Fortgang der Revolution. Mit einem gegen das Parlament gerichteten Belagerungszustand entschied sich die Auseinandersetzung zwischen Krone und Volksvertretung.

Wrangel vollzog den vom neuen konservativen Kabinett im November 1848 verhängten Ausnahmezustand über Berlin ganz im Stile militärischer Ungebundenheit, gegen politische Rechte, und erst recht unberührt von den Überlegungen liberaler Politiker.

Das zeigt seine Verordnung vom 12. November 1848, die auch Rechte beschränkte, die vorher nicht als suspensibel angesehen wurden, vor allem, wie schon im September beim Belagerungszustand in Köln, die Pressefreiheit. In Ziffer 4 hieß es dazu: Plakate, Zeitungen und andere Schriften dürfen nur dann gedruckt, öffentlich verkauft, oder durch Anschlag verbreitet werden, nachdem das hiesige Polizei-Präsidium die Erlaubniß dazu erteilt hat.

Die Verordnung löste die Bürgerwehr „vorbehaltlich ihrer Reorganisation" auf, bestimmte dabei zugleich, daß diese Reorganisation nicht während des Belagerungszustandes erfolgen dürfe. Die Anordnung der Schadenshaftung der Stadt Berlin für allen Schaden, der bei Unterdrückung eines offenen oder bewaffneten Widerstandes gegen die bewaffnete Macht an öffentlichem oder Privateigentum verübt wurde, war ganz dazu angetan, die Klasseninteressen des Besitzbürgertums auf die Seite der Monarchie zu ziehen.

Der spontane Erfolg dieses Militäreinsatzes gegen das Parlament und gegen den Versuch weiterer Demokratisierung des Staates hat Monarchie und Militär in jene nun auch innenpolitisch bewußt festgehaltene Beziehung und Verbindung gebracht, die es bis zum Ersten Weltkrieg gestattete, in Preußen die Verfassungsentwicklung stagnieren zu lassen.

c. Die Oktroyierte Verfassung und das Gesetz über den Belagerungszustand

Zwar sorgte die Oktroyierte Verfassung vom 5. Dezember 1848 mit ihrer Anerkennung konstitutioneller Prinzipien für eine Beschwichtigung des Bürgertums. Das monarchische Prinzip aber wurde entscheidend gestärkt und im Grunde das alte Verhältnis des Königs zur Armee bestätigt, denn die Oktroyierte Verfassung schob die Vereidigung der Armee auf die Verfassung auf die lange Bank. Dem König wurde ein weitgefaßtes Notverordnungsrecht eingeräumt, dem praktisch auch Verfassungsartikel zugänglich waren. Die Armee hatte den Staatsstreich ermöglicht. Eine Belagerungszustandspraxis jenseits parlamentarischer Kontrolle, ja, eine gegen das Parlament selbst gerichtete, stand am Beginn der restaurativen Kontrolle über den preußischen Konstitutionalismus. Friedrich Wilhelm IV. präzisierte seine Meinung über die Rolle der Exekutive in Ausnahmezeiten durch eine Randnotiz am Entwurf zur Oktroyierten Verfassung mit der Feststellung: „In Jahren hoher Gefahr übernimmt der König die Diktatur."

Wrangel erledigte seine Mission in Berlin in diesem Sinne. Dem Präsidenten der Nationalversammlung, der das Parlament allein dem Schutz der Bürgerwehr unterstellen wollte, erklärte er, er kenne keine Nationalversammlung, sie sei aufgehoben.

Wrangel verbot am 13. November eine Reihe von Zeitungen, unter anderen den „Krakehler" und den „Kladderadatsch". Das Ministerium Brandenburg richtete an alle militärischen Kommandos und Behörden in den Provinzen ein Rundschreiben mit dem Befehl, jeden Versuch zum Aufruhr mit militärischer Gewalt zu unterdrücken und, wenn notwendig, das militärische Standrecht über einzelne Städte, eventuell über ganze Provinzen, zu verhängen.

Das Offizierkorps war überwiegend in der Stimmung, Revanche für die Märzereignisse zu nehmen; ein Bürgerkrieg – von der Nationalversammlung ausgerufen – wäre ihm recht gewesen. Selbst Bismarck meinte in späterer Zeit, die politische Lage hätte sich für die Regierung noch sehr viel anders gestaltet, wenn es auch nur zu einem kleinen Scharmützel gekommen und Berlin nicht aufgrund der Kapitulation, „sondern im Sturm genommen worden" wäre. Der Ausgang einer solchen Auseinandersetzung wäre nicht zweifelhaft gewesen. Nach dem Waffenstillstand mit Dänemark in Malmö standen genügend Truppen bereit, zum großen Teil solche, die im März aus Berlin abgezogen worden waren. Wrangel verfügte über 80000 Mann und 170 Kanonen.

Aber gerade die Vermeidung des Zusammenpralls hat der auf der Oktroyierten und dann auf der Revidierten Verfassung aufgebauten Kompromißordnung den Konsens des Bürgertums gesichert, vor dessen Augen im Laufe des Jahres 1848 die Gefahr des sozialen Aufruhrs der sozialrevolutionären, kommunistischen und radikal-demokratischen Gruppen emporstieg. Es fand sich mit der Einrichtung eines Konstitutionalismus ab, bei dem alle entscheidenden Positionen in Händen der Krone lagen. Für das Ausnahmerecht bedeutete das die Hinnahme des Notverordnungsrechts des Art. 105 der Oktroyierten Verfassung, das es erlaubte, den eigentlichen Belagerungszustandsartikel (110) in der Form der alten Regierungsvorlage zu fassen. Danach konnten unter anderem das Grundrecht des gesetzlichen Richters und die Pressefreiheit suspendiert werden. Das in Art. 110 vorgesehene Gesetz zur näheren Regelung des Komplexes ist nicht ergangen, lediglich eine Notverordnung vom 10. Mai 1849. Die Revidierte Verfassung vom 31. Januar 1850 sah Bestimmungen über den Belagerungszustand in ihrem Art. 111 vor. Der Belagerungszustand konnte im Gegensatz zur Oktroyierten Verfassung im Kriege oder bei Aufruhr nur „bei dringender Gefahr für die öffentliche Sicherheit" verhängt werden. Die suspensiblen Verfassungsartikel waren im einzelnen aufgezählt. Für das Nähere sollte wiederum ein Gesetz ergehen.

Das „Gesetz über den Belagerungszustand" (BZG) erging am 4. Juni 1851. Über die Verfassungen des Norddeutschen Bundes von 1868 und über die Reichsverfassung von 1871 regelte es das Ausnahmerecht in Preußen-Deutschland mit Ausnahme Bayerns bis 1919. Bayern behielt sich aufgrund des Bündnisvertrages vom 23. November 1870 die Nichtanwendbarkeit des Art. 68 der Reichsverfassung vor, es blieb hier bis 1912 beim Standrecht von 1813, dann erging das bayerische „Gesetz über den Kriegszustand".

Nach dem „Gesetz über den Belagerungszustand" vom 4. Juni 1851 konnte im Falle eines Krieges jeder Festungskommandant in den vom Feinde bedrohten Provinzen die Festung und ihren Rayonbezirk in Belagerungszustand erklären. Das gleiche Recht besaß jeder Kommandierende General für den Bezirk des Armeekorps oder einzelne Teile desselben zum Zwecke der Verteidigung. Nach § 2 des Gesetzes konnte der Belagerungszustand auch im Falle eines Aufruhrs bei dringender Gefahr für die öffentliche Sicherheit erklärt werden, und zwar in Kriegs- wie in Friedenszeiten. Alsdann hatte die Erklärung des Belagerungszustandes durch das Staatsministerium zu erfolgen. In dringenden Fällen konnte auf Antrag der Verwaltungsspitze des betreffenden Regierungsbezirks auch der oberste Militärbefehlshaber in diesem Bezirk den Belagerungszustand provisorisch erklären, vorbehaltlich der sofortigen Bestätigung durch das Staatsministerium. Bei Gefahr im Verzug war der Militärbefehlshaber zur Erklärung des provisorischen Belagerungszustandes auch ohne Antrag der Verwaltungsbehörde befugt.

Nach Bekanntmachung der Erklärung des Belagerungszustandes ging die vollziehende Gewalt ipso jure auf den Militärbefehlshaber über. Es bedurfte keiner besonderen Delegation. Dieser Übergang setzte aber nicht die gesamte Zivilverwaltung außer Funktion. Sie arbeitete weiter, hatte allerdings den Anordnungen und Weisungen des Militärbefehlshabers Folge zu leisten.

Die Erklärung des Belagerungszustandes suspendierte nicht unmittelbar die Grundrechte des Staatsbürgers. Hierzu bedurfte es gemäß § 5 einer besonderen ausdrücklichen Erklärung unter Anführung der von der Suspension betroffenen Artikel der Verfassung. Mit der Erklärung des Belagerungszustandes standen alle Militärpersonen unter Kriegsrecht. Der Militärbefehlshaber erhielt über sie die höhere Militärgerichtsbarkeit. Für bestimmte Delikte trat eine Strafschärfung ein. Eine besondere Bedeutung erhielt später im Ersten Weltkrieg § 9b des Gesetzes. Hiernach konnte jemand, der ein vom Militärbefehlshaber erlassenes Verbot übertreten oder hierzu aufgefordert hatte, mit Gefängnis bis zu einem Jahr bestraft werden.

Bei den gemäß § 5 BZG suspendierbaren Grundrechten handelte es sich im wesentlichen um folgende: Art. 5 (Persönliche Freiheit), Art. 6 (Unverletzlichkeit der Wohnung), Art. 7 (Gesetzlicher Richter, Verbot von Ausnahmegerichten), Art. 27 (Recht der Meinungsfreiheit, Zensurverbot), Art. 29 (Versammlungsfreiheit), Art. 30 (Vereinigungsfreiheit).

Da gemäß § 16 BZG die Suspension von Grundrechten im Kriege und bei Aufruhr bei dringender Gefahr für die öffentliche Sicherheit mit Ausnahme des Art. 7 der Verfassungsurkunde auch ohne Erklärung des Belagerungszustandes möglich war, gab es nach dem Belagerungszustandsgesetz drei Formen des Belagerungszustandes:

1. Belagerungszustand ohne Suspension von Verfassungsgesetzen. Hauptwirkung: Übergang der vollziehenden Gewalt auf den Militärbefehlshaber, Verschärfung des gemeinen Strafrechts, Abänderung des Militärstrafprozesses.

2. Belagerungszustand mit Suspendierung von Verfassungsgesetzen. Wirkung: Wie unter Ziff. 1, zusätzlich Aufhebung von Grundrechten. Bei Suspension des Art. 7 (Gesetzlicher Richter, Verbot von Ausnahmegerichten) konnten besondere Kriegsgerichte eingesetzt werden, die aber nicht zu verwechseln sind mit den für die bewaffnete Macht zuständigen Kriegsgerichten des Militärstrafprozesses (sogenannter verschärfter Belagerungszustand).

3. Bloße Suspension von Verfassungsartikeln ohne Erklärung des Belagerungszustandes und damit ohne Kompetenzen des militärischen Imperiums gemäß Art. 16 BZG (Sogenannter kleiner Belagerungszustand). Der kleine Belagerungszustand war durch Art. 68 der Reichsverfassung von 1871 nicht Reichsrecht geworden. Er galt daher nur für Preußen.

Diese Regelung galt bis 1919. Es sind aber wesentliche Modifizierungen gemäß Art. 67 der Verfassung des Norddeutschen Bundes und Art. 68 der Reichsverfassung eingetreten.

Der Art. 68 der Reichsverfassung (RV) von 1871 bestimmte: „Der Kaiser kann, wenn die öffentliche Sicherheit in dem Bundesgebiet bedroht ist, einen jeden Teil desselben in Kriegszustand erklären. Bis zum Erlaß eines die Voraussetzungen, die Form der Verkündigung und die Wirkungen einer solchen Erklärung regelnden Reichsgesetzes gelten dafür die Vorschriften des preußischen Gesetzes vom 4. 6. 1851."

Das Erklärungsrecht des Kaisers, dem nicht ein wenn auch eingeschränktes Kontrollrecht des Reichstages gegenüberstand, bedeutete gegenüber der Regelung des BZG einen konstitutionellen Rückschritt, denn hier war noch eine Rechenschaftspflicht des Staatsministeriums gegenüber den Kammern vorgesehen. Der Reichstag hat die Schwächung seiner Position kaum diskutiert. Der siegreich beendete Krieg gegen Frankreich bewies auch hier seine patriotischen und militärfreundlichen Wirkungen. Hinzu kam, daß im Kriege nur über einige Grenzkorpsbezirke der Kriegszustand verhängt worden war und daher kaum praktische Erfahrungen mit diesem Institut gemacht werden konnten.

Das in Art. 68 RV 1871 angekündigte Reichsgesetz ist nicht erlassen worden. Damit ergab sich für die Praxis und staatsrechtliche Betrachtung die Frage nach dem Verhältnis des Art. 68 RV 1871 zum Belagerungszustandsgesetz. Das Belagerungszustandsgesetz sollte den Art. 68 RV ausfüllen, und zwar als Landesgesetz. Daraus folgte: Es galt als Reichsgesetz nur im Rahmen des Art. 68 RV, das heißt nur für Voraussetzungen, Wirkung und Form der Erklärung des Belagerungszustandes. Das Gesetz konnte nicht wörtlich Anwendung finden, weil es sich auf preußische Einrichtungen und Verfassungsbestimmungen bezog. Hieraus ergaben sich eine Reihe von Fragen, die in der staatsrechtlichen Literatur umstritten waren. In Hinblick auf die Suspension von Grundrechten – und dies war eine ganz wesentliche Problematik des Ausnahmerechts seit 1848 – brachte Art. 68 RV das Kuriosum, daß er dem Bund das Recht übertrug, Freiheitsrechte zu suspendieren, die in der Reichsverfassung selbst nicht garantiert worden waren.

In dem hier interessierenden Bereich ist vor allem die Kontroverse um die Frage bedeutsam, ob ausschließlich der Kaiser den Kriegszustand verkünden durfte, oder ob auch den Landesfürsten ein solches Recht zustand. Interpreten des landesrechtlichen Staatsrechts, z. B. v. Mohl, neigten dazu, den Landesfürsten dieses Recht zuzugestehen. Begründet wurde diese Auffassung mit dem nach Landesrecht fortbestehenden Requisitionsrecht. Im Anschluß an Paul Laband setzte sich schließlich die zentralistische Auffassung durch. Ob diese Auffassung ihre Argumente aus der Kommandogewalt des Kaisers als

Obersten Befehlshaber der Bundestruppen oder aus dem Wesen des Bundesstaates herleitete, ist dabei weniger wichtig. Auch die Unterscheidung, ob der Kriegszustand in Kriegszeiten oder gemäß § 2 BZG in Friedenszeiten erklärt wurde, war nach der schließlich herrschenden Meinung unerheblich.

Die Praxis der Einzelstaaten hat an der gegenteiligen Auffassung festgehalten. Zwar gibt es aus der Zeit von 1870 bis zum Ersten Weltkrieg nur wenige Beispiele, diese zeigen aber deutlich die bezeichnete Haltung. Am 28. Juni 1871 wurde in Königshütte auf Antrag des Regierungspräsidenten durch Erklärung des obersten Militärbefehlshabers der provisorische Belagerungszustand verhängt. Die Bestätigung durch das Staatsministerium erfolgte am 4. Juli 1871. Der gleiche Vorgang wiederholte sich aus Anlaß eines Streiks in Bielefeld am 28. März 1885. Das Staatsministerium bestätigte den Belagerungszustand am 30. März. Nach kurzem militärischen Einschreiten konnte der Belagerungszustand am 8. April 1885 wieder aufgehoben werden. Nicht bestritten war dagegen, daß in Preußen weiterhin der sogenannte kleine Belagerungszustand gemäß § 16 BZG verhängt werden konnte.

Die Erklärung des Belagerungszustandes durch einzelne Militärbefehlshaber wurde vor allem deshalb überwiegend abgelehnt, weil nahezu alle suspendierbaren Artikel der preußischen Verfassung Reichsrecht geworden waren. Man hielt es für ausgeschlossen, daß ein Militärbefehlshaber durch eigene Erklärung Reichsrecht, etwa Vorschriften des Gerichtsverfassungsgesetzes, des Strafgesetzbuches oder der Strafprozeßordnung sollte außer Kraft setzen können. Die überwiegende Meinung wollte wegen des schwerwiegenden Eingriffs in das öffentliche Recht die Erklärung des Kriegszustandes an die Person des Kaisers gebunden wissen und lehnte selbst eine Ermächtigung Dritter zur Abgabe der Erklärung im Namen des Kaisers ab. Die Erklärung des Kriegszustandes hatte nach 1871 über die bereits geschilderten Wirkungen hinaus ganz erheblichen Einfluß auf die bundesstaatliche Ordnung: die vollziehende Gewalt ging von den Landesbehörden auf die Militärbefehlshaber über. Die Suspensionsbefugnis umfaßte auch die Ermächtigung, solche Landesgesetze außer Kraft zu setzen, die durch die suspendierbaren Artikel der preußischen Verfassung bezeichnet waren.

Ob den Militärbefehlshabern aufgrund des Belagerungszustandes ein Verordnungsrecht zustand, wurde vor dem Ersten Weltkrieg kaum diskutiert. Die vielschichtigen Probleme und Anforderungen, die der Weltkrieg – vor allem die Kriegswirtschaft – mit sich brachten, waren schwer voraussehbar. So mochte man die Konzentration der vollziehenden Gewalt in der Hand der Militärbefehlshaber und das landesrechtliche Notverordnungsrecht für ausreichend zur Bewältigung denkbarer Ausnahmesituationen halten.

G. Wirtschaft, Transportwesen, Rüstung

1. Der Prozeß der Industrialisierung

Bis in die fünfziger Jahre des 19. Jahrhunderts sind im preußischen Militäretat keine auffälligen Bewegungen feststellbar: 1816 waren 75 Millionen Mark in Ansatz gebracht worden, 1846 stieg das Volumen auf 84,3 Millionen. Vor Beginn der Reorganisation waren knapp 94 Millionen erreicht worden. Die Zahlen für 1864 und 1866 lagen bei 118 und 130 Millionen. Die bis um diese Zeit kräftig in Gang gekommene Expansion der preußischen Wirtschaft, der erreichte Grad der Industrialisierung und Technologie spiegeln sich in diesen Zahlen kaum, zumal zu bedenken ist, daß ein beträchtlicher Anteil des Haushaltsvolumens allein auf das Konto der zahlenmäßigen Vergrößerung der Armee während der Reorganisation zu schreiben ist.

Ob die deutsche Einheit durch „Blut und Eisen" oder eher durch „Eisen und Kohle" – wie der englische Nationalökonom Keynes 1919 formulierte – geschaffen wurde, ist eine Fragestellung, die Zusammengehörendes auseinandernimmt. Wird der Gesamtprozeß der Herbeiführung der Reichseinheit ins Auge gefaßt, dann sind alle Faktoren zu berücksichtigen: Herstellung der Wirtschaftseinheit (Zollverein), Schaffung eines umfassenden Transport- und Verkehrssystems (Eisenbahnen, Schiffahrt), industrielle Revolution, Kapitalakkumulation, politisches Bewußtsein und schließlich der Grad der Verfügbarmachung all dieser Faktoren für die Schlagkraft der Armee, die den letzten Schritt auf dem Wege zur Einheit auf dem Schlachtfeld zu gehen hatte.

In enger militärgeschichtlicher Betrachtung allerdings wird meist der Komplex der Rüstung isoliert herausgegriffen und dabei auch ein kurzer Blick auf die Entwicklung der Rüstungsindustrie geworfen. Doch bis in das Jahrzehnt vor den Einigungskriegen waren die Entscheidungen gerade der militärischen Bürokratie hinsichtlich der in der Bewaffnung zu setzenden Akzente für die Waffenproduktion noch von ganz erheblicher Bedeutung, während die Eigengesetzlichkeit der Produktion und der Technologie sich erst langsam bemerkbar machte. Sie zeigte um so stärkere Wirkungen, je mehr der Großbetrieb sich durchsetzte, der wiederum vom Rüstungsgeschäft entscheidend begünstigt wurde. Überdies bedeutete der Aufbau einer nationalen Großindustrie nicht, daß ihre Erzeugnisse allein der eigenen bewaffneten Macht zugänglich gewesen wären. Die Modernität der Bewaffnung einer Armee war seit 1850 vielleicht ebenso von der Ausgaben- und Experimentierfreudigkeit von Parlamenten und Bürokratien abhängig. Daß ein industrieller, technologischer Vorsprung militärisch nicht bewußt genutzt, vorangetrieben und in bewußter Zusammenarbeit von bewaffneter Macht und Industrie aufrechterhalten wurde, zeigt vor allem das Beispiel Englands bis in die Zeit, in der sein industrieller Vorsprung verlorenging. Lange Jahrzehnte hindurch hat dieser Vorsprung die Erfahrungs-, Leistungs- und Investitionskapazität einer ganzen Generation umfaßt, ohne sichtbar in einer überlegenen Modernität der englischen Bewaffnung Niederschlag zu finden.

In allen denkbaren Belangen stellten, abstrakt betrachtet, die Entwicklung einer leistungsfähigen Volkswirtschaft mit modernen Verkehrswegen, die Schaffung eines Großwirtschaftsraumes und die Konzentration von industrieller Kapazität sowie die Heranbildung eines immer größeren technologischen know-how allerdings einen Vorteil für nationale Streitkräfte dar. Für die militärhistorische Betrachtung ist daher die Würdigung solcher Entwicklungen unerläßlich.

Der Prozeß der Industrialisierung in Preußen ist in Oberschlesien, Sachsen, Westfalen und der Rheinprovinz, jeweils auf unterschiedlichen historischen Bedingungen aufbauend, ein Prozeß der Verbindung von Kapitalanlageinteressen, Grundstofferschließungen und Anwendung mechanisch-maschineller Arbeitsmethoden gewesen. Für die Zwecke einer Betrachtung rüstungswirtschaftlicher und waffentechnischer Fragen können allerdings die an sich aus dem Komplex der Industrialisierung nicht wegzudenkenden Gebiete der Textil- und Gebrauchsgüterfertigung unberücksichtigt bleiben.

Allgemein läßt sich für den Aufbau der Industrien Preußens sagen, daß auch seit der Anhäufung von Kapital oder wenigstens einer größeren Disponibilität in den dreißiger Jahren des 19. Jahrhunderts nicht „automatisch“ Geld in Industriekapital verwandelt wurde. Die englische Konkurrenz hemmte den Unternehmergeist. Seit der Zollverein einen umfassenden Markt geschaffen hatte, änderten sich die Voraussetzungen und das wachsende Eisenbahnnetz schuf weitere Anreize. So ist mancher Handelsunternehmer veranlaßt worden, sein überschüssiges Geld in Fabrikunternehmen zu investieren, wie etwa Haniel und Stinnes, die sich zunächst auf die Montanindustrie konzentrierten. In Oberschlesien etablierten sich Adelsfamilien wie die Henckel von Donnersmarck, Pless, Schaffgotsch in der Montan- und Hüttenindustrie.

Im Maschinenbau bestand die Abhängigkeit von der englischen Technologie länger. Unternehmensgründungen erfolgten hier zumeist auf gesellschaftlicher Basis, zunächst bis zur Jahrhundertmitte in der Form der offenen Handelsgesellschaft. Dem Staat blieb die Aktiengesellschaft noch suspekt, sowohl politisch wie haftungsrechtlich. Aber erst diese Form der Kapitalbereitstellung hat den Großbetrieb ermöglicht, der sich an Größenordnungen des Bedarfs orientierte, die bislang unbekannt waren. Hier spielten staatliche Rüstungsaufträge eine wichtige Rolle. Bedeutende Betriebe haben damit erst den Durchbruch erzielen können. Zu seinen technischen Voraussetzungen gehörte der moderne Dampfmaschinen-Park, der andererseits allein auch die steigenden Produktionsziffern der Grundindustrie garantieren konnte. Die Voraussetzungen für den Übergang von der Manufaktur zum Industriebetrieb großen Stils waren damit gegeben.

Deutschland erlebte seit 1840 eine stürmische Entwicklung. Die Zahlen (in 1000 t) für die Montan- und Hüttenindustrie zeigen das im Vergleich mit Frankreich und England (nach F. F. Wurm: Wirtschaft und Gesellschaft in Deutschland 1848–1948):

	England	Deutschland		Frankreich	
	1870	1840	1870	1840	1870
Roheisen	6740	100	1600	350	860
Steinkohle	117300	4000	29400	3000	13200

Noch imposanter nimmt sich der Aufschwung der Stahlerzeugung aus, die bis 1875 auf 6,5 Millionen Zentner stieg. Die auf dem Kontinent bislang in der Eisenproduktion führenden Länder, Belgien und Frankreich, waren 1870 überholt.

In diesem Aufschwung spiegelte sich zugleich die durch zahlreiche Bankgründungen gekennzeichnete lebhafte Entwicklung des deutschen Kapitalmarktes seit den fünfziger Jahren, die bei fortdauernder Zurückhaltung der preußischen Bankpolitik zu einer weitgehenden Verflechtung mit der Weltwirtschaft führte.

Gleich wichtig für die wirtschaftliche Entwicklung wie für militärische Bedürfnisse wurde der Eisenbahnbau. In den vierziger Jahren ist das Bahnnetz wesentlich erweitert worden. Im Rekordjahr 1846 wurden allein 1100 km fertiggestellt, ehe die Anlagebereitschaft Ende der vierziger Jahre wieder abebbte.

Bei unterschiedlichem Engagement des Staates wuchs das deutsche Eisenbahnnetz kontinuierlich von 8300 km im Jahre 1855 auf 28000 km 1875. Mit einem von anderen Ländern unerreichten Bautempo konnte Deutschland in den vierziger Jahren Frankreich überholen. England allerdings lag 1850 mit über 10000 km weit vor Deutschland mit 5874 km und Frankreich mit 2127 km. Die Gesamtzahlen für 1870 beliefen sich in Deutschland auf 18800 km, Frankreich 17900 km, England 25000 km. In den fünfziger Jahren existierte in Deutschland ein leistungsfähiges Netz, absolut gesehen ging der Bahnbau in dieser Zeit zurück. Wirtschaftskrisen (1847) und Staatsbahnpolitik hatten dabei eine Rolle gespielt.

In Preußen hätte der Staatsbahnbau wegen der unumgänglichen Staatsanleihen die Verfassungsfrage aufgeworfen. Effektiv wurde dagegen die Förderung des Privatbahnbaus durch staatliche Zinsgarantien, die das Unternehmerrisiko praktisch ausschlossen. 1848 schlug das Ministerium Auerswald–Hansemann die Übernahme aller Privatbahnen durch den Staat vor. Der Gedanke wurde nicht realisiert, er indizierte aber eine neue Einstellung des preußischen Staates. Der preußische Staat strebte mit der Verstaatlichung der Bahn zugleich den Ersatz der Privatangestellten durch beamtetes Personal an (Handelsminister v. d. Heydt). Damit war ein wichtiges innenpolitisches Ziel verbunden, das dem erstarkenden Liberalismus nicht ins Konzept paßte. In den sechziger Jahren obsiegten wieder liberale Tendenzen. Der Staatsbahnbau stagnierte. Bismarck setzte dann nach dem Ende der liberalen Phase der Innenpolitik gegen Ende der siebziger Jahre das Staatsbahnsystem durch.

Den unmittelbarsten Bezug zum Rüstungs- und Waffensektor haben in dem vielfältigen und komplizierten Prozeß der industriellen Revolution die Schwerindustrie, der Maschinenbau, die Metallurgie und die allgemein der Waffenproduktion zugute kommenden Fortschritte der Technologie, der Fertigungsmethoden, der Präzision und die steigenden Produktionszahlen gehabt.

Die Umstellung auf maschinelle Produktion hat sich entscheidend auf die Waffenanfertigung in militärischen Werkstätten ausgewirkt. Um 1830 existierten in ganz Preußen nur 245 Dampfmaschinen mit insgesamt 4485 PS, davon arbeitete lediglich eine Kapazität von 2382 PS im Berg- und Hüttenwesen. Allein in Schlesien, Rheinland und in Westfalen wurde die Maschine schon in der Produktion gewerblicher Unternehmen eingesetzt. 1838 wurde die erste Lokomotive gebaut. Borsig und Maffei begannen 1841 in Berlin und Hirschau den Lokomotivenbau. Andere Betriebe folgten bald, etwa Henschel in Kassel. Schichau gründete 1837 seine Fabrik für Maschinenbau und 1852 die später bedeutende Werft. Borsig produzierte 1846 bereits die 100. Lokomotive, 1854 verließ die 500., 1858 die 1000. Lokomotive das Werk. In den fünfziger und sechziger Jahren des vorigen Jahrhunderts erfolgte allgemein der Übergang zur maschinellen Produktion. Allein in Rheinland-Westfalen stieg die Zahl der festmontierten Dampfmaschinen von 651 im Jahre 1849 (mit über 18000 PS) auf 11706 im Jahre 1875 (mit über 379000 PS).

Zahlreiche Betriebe der metallverarbeitenden Industrie wurden gegründet. Die bedeutendsten Unternehmungen kombinierten Eisen- und Stahlerzeugung mit der Weiterverarbeitung; so z. B. Haniel in Oberhausen, Stumm im Saargebiet und Borsig in Berlin. Von den um 1875 im Reichsgebiet vorhandenen 105 Großbetrieben mit mehr als 1000 Beschäftigten entfielen 87 auf Preußen, und hier wiederum 34 auf die Rheinprovinz, 21 auf Schlesien und 19 auf Westfalen. Den Löwenanteil hatten hiervon der Bergbau und das Hüttenwesen.

Erst die Organisation des Industriekredits hat diesen Aufstieg ermöglicht. Großbankengründungen kennzeichnen diesen Prozeß, und schließlich muß als Movens der Siegeszug der Aktiengesellschaft erwähnt werden. In der „großen" Gründerzeit 1870–1872 sind allein in Preußen 726 neue Aktiengesellschaften gegründet worden. Es entstanden Kartelle der eisenverarbeitenden Industrie. 1870 waren in der Schwerindustrie des Ruhrgebiets weit über 200 Millionen Taler investiert.

Beispielhaft für diesen Aufschwung ist für Zeitgenossen und für die rückblickende Betrachtung die Entwicklung der Krupp-Unternehmungen gewesen. Einige Zahlen geben einen Begriff von der Dynamik der Industrialisierung im jüngsten Gebiet der deutschen Eisenverarbeitung: 1835 stellte Alfred Krupp die erste Dampfmaschine auf, die Belegschaft umfaßte 67 Arbeiter. 1846: 122; 1850: 300; 1860: 2000; 1870: 12000. Schon 1847 produzierte er die ersten Gußstahlkanonenrohre, aber zunächst dominierte die Produktion von Eisenbahnrädern. Seit 1864 war er imstande, jährlich 10000 Eisenbahnachsen und 20000 Räder zu liefern. Noch abhängig von der englischen Technologie, führte er 1860 das Bessemerverfahren ein, baute Walzwerke und wurde zum großen Eisenbahnschienenproduzenten. Er erwarb Erz- und Kohlengruben und errichtete Hochöfen. 1865 stellte er auf das Siemens-Martin-Verfahren bei der Stahlgewinnung um. Sein Konzern produzierte Eisenbahnteile, Schiffsmaterial, Maschinenteile, Gußstahlblöcke und Gußstahlkanonen. Krupp wurde nicht nur zur deutschen Waffenschmiede. Er lieferte an jeden, der zahlen konnte. In dieser Hinsicht war der „Kanonenkönig" Kosmopolit. So verdankte er den stürmischen Aufstieg nicht zuletzt russischen Riesenaufträgen, aber auch der preußischen Armee.

Alfred Krupp schuf soziale Einrichtungen für seine Arbeiter, vom Wohnungsbau bis zur Betriebskrankenkasse. Dabei repräsentierte er den patriarchalischen Unternehmer der Zeit mit seinem „Herr-im-Hause"-Standpunkt.

2. Rüstung und Bewaffnung

Die zahlreichen ineinandergreifenden Faktoren, die in die industrielle Revolution einmündeten, begleitet von den mit der Verstädterung verbundenen großen Menschenbewegungen, produzierten eine ständig abrufbare Leistungsfähigkeit, die in dieser Präzision und Dimension selbst einen Teil der technischen Revolution ausmachte, sie weitertrieb und einen Aktivismus erzeugte, den viele Zeitgenossen als Zukunftsangst oder als Zukunftshoffnung erlebten.

Die bloß technische Seite des Prozesses war etwas, das seine Anziehungskraft auf führende Soldaten eigentlich nicht verfehlen konnte. Tatsächlich ist dies oft genug der Fall gewesen, denn die Bedingungen für die Einstellung der Armee auf die technische und industrielle Revolution waren nicht so geartet, daß hier eine plötzliche und reibungslose Übernahme des Neuen selbstverständlich gewesen wäre.

Nur allmählich, nach langwierigen Prüfungsprozeduren, fielen grundsätzliche Entscheidungen in Fragen der Bewaffnung. Zwei große Komplexe sind dabei im wesentlichen zu berücksichtigen: die Umstellung auf ein neues Infanteriegewehr und auf gezogene Geschütze. Aber diese Umstellung bedeutete zugleich, daß ein neues Verhältnis von Waffenproduktion und Armee akzeptiert werden mußte.

Bis in das 19. Jahrhundert hinein wurden Gewehre und Kanonen im allgemeinen in militärischen Werkstätten angefertigt. Im Vordergrund standen dabei handwerkliche Verfahren, die nur geringe Präzision garantierten. Gewehrläufe wurden z. B. noch geschmiedet. Friedrich Engels kam noch 1860 in seinem informativen Aufsatz „Über gezogene Kanonen" zu der Feststellung: „Die Herstellung von Feuerwaffen war bis vor wenigen Jahren der rückständigste Zweig der modernen Industrie. Es gab zuviel Handarbeit und zuwenig Maschinen." Erst der Übergang zur gezogenen Waffe verwies stärker auf die neuen Möglichkeiten der Technik. Aber über das Für und Wider der glatten oder gezogenen Waffen ist unter Militärs noch lange gestritten worden. Das Prinzip des gezogenen Laufs war längst bekannt. Die technischen Mängel der frühen Typen waren aber so groß (umständliches Laden), daß sich z. B. Napoleon ganz entschieden gegen gezogene Gewehre wandte.

a. Das Infanteriegewehr

In Preußen hat erst Johann Nikolaus Dreyses Hinterladerkonstruktion (zunächst mit glattem Lauf) die Gewehrproduktion in neue Bahnen gelenkt.

Dieser Durchbruch gelang in den zwanziger Jahren, also noch vor der industriellen Revolution. Dreyse war innerhalb des Deutschen Bundes nicht der einzige Konstrukteur eines Hinterladers, aber sein Zündnadelgewehr setzte sich wegen seiner Praktikabilität durch. Es ließ sich schnell laden, garantierte also eine hohe Feuergeschwindigkeit.

Aber es dauerte Jahrzehnte, in denen die Waffe weiter verbessert wurde, bis die preußische Infanterie damit bewaffnet war. Allein dieser Vorgang läßt es ratsam erscheinen, den industriellen Aufschwung und die Modernisierung der Bewaffnung und Ausrüstung der Armee nicht einfach als Parallelerscheinungen aufzufassen. Seit den sechziger Jahren wäre technisch ein perfektes Magazingewehr möglich gewesen, das zuvor im amerikanischen Bürgerkrieg Verwendung gefunden hatte. Wenn es nicht eingeführt wurde, so eben, weil eine Reihe von Faktoren die Umsetzung technischer Fortschritte in Waffenmodernität verhinderte.

Es war ein sehr langer Weg, auf dem das Zündnadelgewehr das glatte Feuersteinschloßgewehr ablöste, mit dem die preußische Infanterie seit dem 18. Jahrhundert bewaffnet war. In den ersten Jahrzehnten des 19. Jahrhunderts war sie vornehmlich mit einer verbesserten Ausführung des Modells von 1782 bewaffnet, dem Steinschloßgewehr M. 1809. Erst die Erfindung des Zündhütchens ermöglichte es, die Feuersteinzündung durch die sogenannte Perkussionszündung zu ersetzen, bei der ein Hahn oder Hammer das Zündhütchen durch Schlag zur Entzündung brachte. Jahrelang verhinderten die verschiedensten Bedenken und die Finanzlage die Einführung der Verbesserung. Erst 1826 kam es zu kleineren Versuchen mit umgebauten Steinschloßgewehren, und 1834 wurde ein Füsilierbataillon mit der neuen Waffe ausgerüstet. Es zeigte sich, daß sie dem alten Gewehr in jeder Hinsicht überlegen war. Auch bei Nässe gab es kaum Versager, die Treffsicherheit war größer. Überdies konnte das Perkussionsgewehr nach Lösung nur geringer technischer Probleme in staatlichen Fabriken hergestellt werden. Aber erst 1839 ordnete eine AKO die Ausrüstung der gesamten Armee mit dem Gewehr an, wobei teils umgebaute Steinschloßgewehre, teils neukonstruierte Perkussionsgewehre mit geringerem Kaliber zur Verwendung kamen. Damit war in Preußen die letzte Stufe der Entwicklung des glatten Vorderladers erreicht, der inzwischen bereits durch Dreyses Erfindung überholt war.

Dieser Vorderlader ließ viele Wünsche offen. Wegen der geringen Feuergeschwindigkeit blieb die Massenwirkung minimal, im zerstreuten Gefecht erwies er sich als zu unhandlich, und ballistisch war der gezogene Vorderlader ihm überlegen.

Bisher war die Konstruktion eines brauchbaren Hinterladers daran gescheitert, daß die Waffentechnik nicht in der Lage war, ein bewegliches Schloß herzustellen, das dem Gasdruck standzuhalten vermochte. Dreyse löste das Problem mit dem Zündnadelsystem. Die Zündung wurde hierbei nicht durch Schlag, sondern durch Stich mit einer Nadel erreicht. Diese Konstruktion aus dem Jahre 1827 führte Dreyse 1829 dem Prinzen Wilhelm vor. 1831 wurde schließlich von einer militärischen Kommission ein Versuch mit 10 Gewehren angestellt, ein Jahr später erfolgten Vergleiche zwischen Steinschloß-, Perkussions- und Zündnadelgewehren. Daraufhin wurden 1835 zwei Füsilierbataillone mit dem Zündnadelgewehr ausgerüstet. 1836 verbesserte der Konstrukteur die Waffe. Sie erhielt eine bewegliche Kammer, der Lauf hatte nunmehr vier flache Züge. Die Feuergeschwindigkeit übertraf die des Perkussionsgewehres um das Doppelte, und die Treffsicherheit war höher als die der

Jägerbüchse, wie Truppenversuche bestätigten. Friedrich Wilhelm IV. ordnete 1840 den Ankauf von 60000 Zündnadelgewehren an. Sie sollten in einer aus Staatsmitteln zu erbauenden Fabrik produziert werden.

Die Armee ist aber nicht in der kürzest möglichen Zeit mit der überlegenen Waffe ausgerüstet worden. Dazu reichte die Finanzkraft nicht aus. Tatsächlich hat jedoch das Nebeneinander mehr Geld gekostet als eine schnelle totale Umrüstung. Dreyse lieferte bis 1848 aus seiner Fabrik in Sömmerda 45000 Gewehre und Material für 22 Millionen Patronen. Das Gewehr war 1840 zum Staatsgeheimnis erklärt worden. Bei Beginn der Ereignisse des Revolutionsjahres 1848 schlug das Kriegsministerium die Ausgabe des Gewehres an die Füsilier- und Jägerbataillone vor. Wegen der Unsicherheit der Lage erhielten aber im wesentlichen nur Garderegimenter und 3 Füsilierbataillone die neue Waffe. Ihre Wirkung in den Dresdner Straßenkämpfen überzeugte die letzten Zweifler. 1851 ordnete Friedrich Wilhelm IV. an, es solle von nun an der Abgang von Infanteriegewehren jeder Art durch Neuanfertigung von Zündnadelgewehren gedeckt werden, und zwar in der Reihenfolge: Rest der Garde-Infanterie, Garde-Landwehr, zuletzt Linieninfanterie und Landwehr-Infanterie.

Noch 1855 war dieser Prozeß nicht abgeschlossen, als die Erfahrungen des Krimkrieges die Überlegenheit des gezogenen Gewehres eindrucksvoll erwiesen. Preußen hatte Überlegungen anzustellen, ob nicht die Masse der noch vorhandenen glatten Perkussionsgewehre umzuarbeiten sei. Die Rechnung war einfach: 1855 verfügte die Armee über 170000 Zündnadelgewehre. Die 90 mit diesem Gewehr bewaffneten Bataillone gebrauchten davon im Mobilmachungsfall ca. 105000 Stück. Damit blieb eine Reserve von höchstens 65000 Stück. Dreyses Jahresproduktion belief sich nur auf 30000 Stück. Eine Ausweitung der Kapazität erforderte ebenfalls Zeit. Die Masse der Infanterie war immer noch mit dem Perkussionsgewehr ausgerüstet, das dem gezogenen Vorderlader eindeutig unterlegen war. Preußen stand mit der Bewaffnung seiner Infanterie 1855 hinter dem französischen Vorderladergewehr von 1849 zurück. Hinter den technischen Möglichkeiten, die es selbst besaß, hinkte es um Jahrzehnte hinterher.

Die Infanteriebewaffnung der preußischen Armee ist im 19. Jahrhundert also nicht dominierend von den Möglichkeiten der Technik bestimmt worden. Technisch wäre es möglich gewesen, genügend Kapazität zu schaffen, um die Infanterie binnen kurzem mit der besten Waffe auszurüsten. Aber Fragen der Finanzierung und Geheimhaltung verhinderten es.

Auf der anderen Seite erlaubte es die technische Entwicklung immer weniger, auf einmal erreichte Vorsprünge in der Bewaffnung zu vertrauen. Nicht nur neue mechanische Erfindungen und Verbesserungen brachten ständig „Unruhe“, sondern auch die Fortschritte in der Metallverarbeitung selbst. So ist der Dreyse-Hinterlader bis zu den Einigungskriegen erst durch weitere Verbesserungen zu der durchschlagenden Waffe geworden. Die wichtigste Änderung war der Ersatz der schmiedeeisernen Läufe durch Gußstahlläufe, die die Herabsetzung des Kalibers ermöglichten, die Gleichmäßigkeit des Durchmessers erlaubten und vor allem der maschinellen Fertigung durch Bohrmaschinen keine Schwierigkeiten boten. Erst damit waren endgültig die Voraussetzungen für eine Massenherstellung gegeben.

Frankreich führte das 1849 von dem Kapitän Minié entwickelte gezogene Vorderladergewehr mit Geschoßexpansion ein. Seine langsame Feuergeschwindigkeit und die Unmöglichkeit, es im Liegen zu laden, waren Mängel, die durch seine hervorragenden ballistischen Eigenschaften aufgewogen wurden. Viele Staaten rüsteten in den fünfziger Jahren ihre Truppen damit aus.

In Preußen sind die guten Erfahrungen mit dem Minié-Gewehr im Krimkrieg aufmerksam verfolgt worden. Da die Armee nicht vollständig mit Zündnadelgewehren ausgerüstet war, wurde geprüft, ob nicht die glatten Perkussionsgewehre nach dem System Minié umgebaut werden konnten. Friedrich Wilhelm IV. schrieb am 31. Dezember 1854 an den Kriegsminister: „Höchstbeschleunigter Versuch mit in Mignet umgearbeiteten preußischen Gewehren. Während dessen Vorbereitungen zur Umarbeitung im größten Maßstabe.“ Eine Generalskommission wurde zur Prüfung der Verbesserungen eingesetzt. Als sie im April 1855 unter Vorsitz des Königs zusammentrat, waren in der Zwischenzeit erfolgreiche Versuche mit dem „in Minié umgeänderten Perkussionsgewehr“ unternommen worden, die eine enorme Treffsicherheit ergeben hatten.

Der König wies darauf hin, es sei wichtig „unter den gegenwärtigen politischen Konjunkturen“ zu einer Schußwaffe zu kommen, die der preußischen Armee ein unbedingtes Übergewicht sichere. Der Kriegsminister plädierte für die Erhöhung der Zündnadelgewehrproduktion. Prinz Wilhelm verlangte die Behebung einiger Mängel des Minié-Gewehres (zu schwache Läufe) und plädierte für ein längeres Erprobungsstadium. Er glaubte, Preußen habe Zeit zu längeren Experimenten. Nach seiner Rechnung verfügte Rußland nur über 10000 gezogene Gewehre, England über 15000 und Frankreich über 70000. Daher fragte er, „ob die beschleunigte Einführung eines neuen und nicht vollständig erprobten Gewehres als Bedürfnis anerkannt werden könne?“. Abschließend trat er für eine Steigerung der Zündnadelgewehrproduktion ein. Andere Generale sprachen sich für die Minié-Übergangslösung aus, etwa General v. Willisen, mit dem Hinweis, man könne monatlich 20000–25000 Gewehre umbauen bei minimalen Kosten von $1^1/_2$ Thaler pro Stück. Der Kriegsminister verwies auf das Munitionsproblem. Die Einführung des Perkussions-/Minié-Gewehrs mache es nötig, ca. 43 Millionen Patronen zu fertigen. Es könnten jährlich aber nur 10 Millionen gefertigt werden. Also werde man Reserven einberufen müssen, was eine Kostensteigerung von einer Million jährlich bedeute. Friedrich Wilhelm IV., sichtlich verstimmt, erklärte, bei Ablehnung des Minié-Systems werde er auch die Zündnadelgewehrproduktion sistieren lassen. Daraufhin erklärte Prinz Wilhelm, seine „Abstimmung sei nicht mehr frei“. Die Kommission stimmte schließlich mit 10:8 für die Einführung des Minié-Systems als Übergangslösung. Damit blieb die Zündnadelproduktion gesichert. Sie erhielt allerdings auch keine neuen Impulse.

Die Entscheidung, das Minié-Gewehr einzuführen, hat für die preußische Armee schwerwiegende Nachteile involviert. Die Reihenfolge in der Umbewaffnung verwies die Landwehrregimenter auf die letzte Stelle. Da sie im Kriegsfalle mit Linienregimentern zu mobilen Brigaden zusammengefaßt wurden, bedeutete dies, daß in den Brigaden noch jahrelang mit unterschiedlicher Bewaffnung gerechnet werden mußte, wodurch wiederum Munitions- und Transportprobleme aufgeworfen wurden. Prinz Wilhelm trat daher 1856 noch einmal für eine schnelle Ausstattung der restlichen 32 Bataillone mit Zündnadelgewehren ein. Da die Fehlentscheidung nicht mehr rückgängig zu machen war, wünschte er jetzt die Bereitstellung einer zweiten Garnitur für die Linie, bevor mit der Umbewaffnung der Landwehr begonnen werde.

Im Jahre 1856 verfügte die Armee über 180600 Zündnadelgewehre und die jährliche Produktion lag bei ca. 44000 Stück. Die Berechnungen gingen dahin, daß die Linie 1857 vollständig umgerüstet sein würde, während die zweite Garnitur für die Landwehr aller Voraussicht nach 1863 zur Verfügung stehen würde. Damit hatte es von der Konstruktion des Zündnadelgewehres bis zur völligen Ausstattung der Armee mit dieser Waffe annähernd eines Zeitraums von 4 Jahrzehnten bedurft. Der technischen Neuerung bediente sich die Armee also; die Tempomöglichkeiten, die Industrie und Technik boten, nutzte sie dagegen nicht aus.

Mit dem vielfach verbesserten Zündnadelgewehr M 62 und wesentlich verbesserter Munition zog die preußische Infanterie in den Krieg gegen Österreich. Fast 270000 Zündnadelgewehre sicherten mit ihrer Feuergeschwindigkeit die infanteristische Überlegenheit gegenüber dem ballistisch besseren Vorderlader der österreichischen Soldaten.

Inzwischen hatte Frankreich das Prinzip der Nadelzündung und Papiereinheitspatrone übernommen und bei dem kleineren Kaliber von 11 mm mit dem Chassepotgewehr wesentlich verbessert. Dieses Gewehr war ballistisch dem preußischen Zündnadelgewehr überlegen, erzielte höhere Reichweiten und größere Treffgenauigkeit.

Preußen antwortete nur unzureichend mit einer Verbesserung seines Modells, indem vor allem für den gasdichten Abschluß von Lauf und Verschluß gesorgt wurde. Die Patrone wurde verkürzt und das Geschoß auf 12-mm-Kaliber reduziert. Das Gewehr präsentierte sich jetzt handlicher, reichte aber an die Eigenschaften des Chassepot nicht heran.

Mauser konstruierte noch während des Krieges ebenfalls einen 11-mm-Hinterlader, einen Selbstspanner. Diese Waffe wurde mit Kabinetts-Ordre vom März 1872 zur Einführung bestimmt. Die Laufkonstruktion lehnte sich an das Chassepotgewehr an. Mit der Metallpatrone wurde allerdings ein erheblicher Fortschritt erzielt. Damit war zwar der Vorsprung Frankreichs eingestellt, von einer Führung Preußens in diesem Bereich konnte gleichwohl nicht die Rede sein. Längst hatte sich nämlich im Sezessionskrieg und im russisch-türkischen Krieg die Überlegenheit der Magazingewehre, also der höheren Feuerkraft, erwiesen. Das Problem lag darin, mehrere Patronen am oder im Gewehr unterzubringen und sie mechanisch zuzuführen. Auch dieser Frage standen führende Militärs skeptisch gegenüber. Das wichtigste Gegenargument lag in der Befürchtung eines zu großen Munitionsverbrauchs.

Dennoch erhielt Mauser einen entsprechenden Konstruktionsauftrag. Damit ging im hohen Maße die Fortentwicklung der Infanteriewaffen auf die Privatindustrie über, die aufgrund ihres know-how nicht mehr hinweggedacht werden konnte. Mauser baute ein Repetiergewehr, das auch als Einzellader benutzt werden konnte. Das Magazin war im Schaft untergebracht; es faßte acht Patronen. Dieses Gewehr ist durch Kabinetts-Ordre vom 31. Januar 1884 als „Infanterie-Gewehr 71/84" eingeführt worden.

Als Ideallösung ist es nicht betrachtet worden. Die Magazinlösung war kompliziert, sie genügte den Ansprüchen an die Feuergeschwindigkeit nicht.

Daß schon bald, ja während der Erprobungszeit des Modells 71/84, Versuche mit kleineren Kalibern liefen – ein Weg, den Frankreich beschritten hatte, wo allerdings ein qualitativ geeignetes Pulver produziert wurde –, zeigt, welche Bewegung in das Gebiet der Infanteriebewaffnung gekommen war. Erst jetzt ist die volle Anschließung an den Stand der Technik angestrebt worden. Die größeren Möglichkeiten des Militäretats nach 1871 erlaubten dies, und die Konkurrenz mit dem sich rasch erholenden Frankreich schien dieses Tempo geradezu zu fordern. Bismarck verfolgte mit Sorge die Anstrengungen Frankreichs, die zur Überlegenheit der französischen Infanteriebewaffnung geführt hatten. Er setzte sich nachhaltig beim Kriegsminister Paul Bronsart v. Schellendorff für eine rasche Umbewaffnung ein. Nicht zuletzt deshalb verfügte die Armee schon Anfang der neunziger Jahre über das neue Gewehr. Seit 1883 experimentierte die Armee mit dem 9-mm-Kaliber. Eine Entscheidung fiel nicht, weil die Pulver- und Kaliberfrage und ihr Zusammenhang als ungeklärt angesehen wurden. Seit 1887 liefen Versuche mit dem neuen französischen Blättchenpulver (Hauptelement Schießwolle). Dieses Pulver, sowie aus nitriertem Holzstoff gewonnenes Pulver zeigten ganz neue Möglichkeiten (Rauchlosigkeit und wesentlich höhere Mündungsgeschwindigkeit). Es gelang indes nicht, das Modell 71/84 in ein brauchbares 8-mm-Gewehr umzubauen.

Daher ist ein neues 8-mm-Gewehr konstruiert worden. Es erhielt das sog. „Mannlicher Magazin“ mit unten offenem Kasten für fünf Patronen, die gleichzeitig mit einem Rahmen eingeführt werden konnten. Dieses „Infanterie-Gewehr 88“, Lauf-Kaliber 7,9 mm, ist zum Grundmodell der deutschen Infanteriebewaffnung bis zum Zweiten Weltkrieg geworden, denn das bekannte „Gewehr 98“ war lediglich eine Verbesserung des 88er Modells.

Gerade um die Zeit, als das Infanteriegewehr in den Augen der Militärverwaltung seine letzte Vervollkommnung erfahren hatte, eröffnete die Erfindung des 1883 patentierten Hiram Maxim-Maschinengewehrs ganz neue Perspektiven. Der amerikanische Ingenieur stellte 1887 seine Erfindung der deutschen Heeresverwaltung vor – einen Rückstoßlader mit gleitendem Lauf, der 600 Schuß in der Minute feuerte. Maxim hatte das Prinzip der Mehrläufigkeit verworfen und das bewegliche Einlaufgewehr eingeführt, bei dem der Rückstoß Öffnung, Laden, Schießen und Abfeuern besorgte. Zwei Exemplare wurden beschafft. Sie zeigten sich den noch manuell zu bedienenden Schnellfeuerwaffen der Systeme Gardner und Nordenfelt weit überlegen. Preußen suchte das Maximgewehr zu verändern und an die Patrone 88 anzupassen. Die Versuche schlugen fehl und wurden eingestellt, obwohl die Gewehrprüfungskommission nach Umstellung der 11-mm-Maxim auf 7,9 mm die Feldbrauchbarkeit wiederholt bejaht hatte. Erst 1894 wurden die Versuche wiederaufgenommen, jetzt auch mit dem Ziel, die Waffe nicht nur im Festungs-, sondern auch im Feldkrieg zu verwenden; weitere erfolgreiche Erprobungen führten zur Kabinettsorder vom 26. März 1901, mit der die verbesserte Waffe eingeführt wurde.

Bis in die fünfziger Jahre besaßen Frankreich und Österreich gegenüber Preußen eindeutig die artilleristische Überlegenheit. England war technologisch vorausgeschritten: das Armstrong-Geschütz und die Whitworth-Kanone stellten die Artillerie auf neue Grundlagen. Der Aufschwung der Artilleriewaffe wurde insgesamt erst möglich seit Beginn der fünfziger Jahre, als anstelle der alten Bronze- und Gußeisenrohre Gußstahlrohre produziert werden konnten. In Preußen war in den fünfziger Jahren die gesamte Waffengattung noch mit glatten Rohren ausgerüstet. Im dänischen Krieg 1864 besaß die Armee erst 4 Batterien pro Armeekorps mit gezogenen Sechspfündern. 1866 zogen die Artillerieregimenter mit 10 gezogenen und 6 glatten Batterien ins Feld. Hier wirkte sich die rückständige Auffassung des Generalinspekteurs der Artillerie, v. Hahn (1853–1864), aus, der sich bis zuletzt der Einführung gezogener Kanonen widersetzt hatte. Selbst über seinem Grab durfte der Salut nicht mit gezogenen Geschützen gefeuert werden! So hatten die seit 1851 von der Artillerieprüfungskommission durchgeführten Versuche mit gezogenen Hinterladern wenig Aussicht, bald die Bewaffnung zu beeinflussen. Erst 1858 wurde befohlen, gezogene Kanonen in die Festungs- und Belagerungsartillerie einzustellen. Für die Feldartillerie setzte sich seit 1859 Prinzregent Wilhelm über den Generalinspekteur hinweg ein. Prinz Wilhelm hatte die Leistungsfähigkeit der neuen Krupp-Kanone auf dem Artillerieschießplatz Jungfernheide erkannt. Statt der zunächst vorgesehenen 100 Kanonen ließ er 300 bestellen.

Die großen Erfolge des französischen gezogenen Feldgeschützes, eines Vorderladers, in Oberitalien 1859 ließen Preußen nun mit der Einführung der gezogenen Kanonen nicht länger zögern. 1858 war ein brauchbares Hinterlader-Geschütz konstruiert, das dem Modell des schwedischen Produzenten Wahrendorff überlegen war. Krupp hatte aber bereits 1847 einen Prototyp entwickelt. Neukonstruktionen in der Artillerie waren jetzt auch deshalb unumgänglich geworden, weil die verbesserten Infanteriewaffen die glatten Kanonen in die Reichweite des Infanteriefeuers gebracht hatten. Erst die Kruppsche Kanone hat das Mißbehagen in der preußischen Armee über die Leistungen der Feldartillerie beseitigen können. Aber bis 1859 war es Krupp nicht gelungen, seine Gußstahlkanonen an den Mann zu bringen, obwohl er verschiedene Typen auf den Weltausstellungen in London und Paris gezeigt hatte und Frankreich ihn zur Fabrikgründung bewegen wollte. Die preußische Artillerieprüfungskommission hatte 1849 die Kosten für zu hoch befunden. Der Entschluß des Prinzregenten hat hier die Kontinuität der Entwicklung gewahrt, denn Krupp war 1859 nahezu entschlossen, das Gußstahl-Kanonenrohr-Projekt zu stoppen, alle Versuche einzustellen. Aus Enttäuschung über die zurückhaltenden Äußerungen militärischer Fachleute – denen finanziell die Hände stark gebunden waren – wollte er sich vom potentiellen Geschäft mit den „Kriegswerkzeugen“ distanzieren.

Tatsächlich belegte die Situation in Frankreich, England und Rußland, daß nicht um jeden Preis der Anschluß an die letzten Errungenschaften der Waffentechnik gesucht wurde. Die nicht zu bestreitenden guten Eigenschaften des Gußstahlrohres erregten Bewunderung, ohne die finanziellen Bedenken zerstreuen zu können. Prinz Wilhelm setzte sich mit seiner Bestellung über derlei Rücksichten hinweg, obwohl die in Vorbereitung befindliche Reorganisation der Armee mehr Geld benötigte, als die Kammer zu bewilligen bereit war, und obwohl auch Kriegsminister v. Roon dem Produzenten aus Essen sehr skeptisch gegenüberstand. Damit war endgültig das Bronzerohr aus dem Feld geschlagen. Die artilleristische Bewaffnung hatte den Anschluß an die Technik gefunden. Preußens bis dahin verwendetes Geschützmaterial aus dem Jahre 1842 konnte als vollkommen antiquiert gelten. Die glatten Bronzekanonen aus der Geschützgießerei in Spandau, die zur Produktion derartiger Modelle noch in der Lage war, gingen über die Technik der friderizianischen und napoleonischen Zeit nicht wesentlich hinaus. Ihr Hauptvorteil bestand nur darin, daß sie etwas leichter und damit beweglicher gemacht worden waren.

Mit der Entscheidung für das Gußstahlrohr war zugleich angebahnt, daß die Artillerieproduktion nun im wesentlichen von der privaten Rüstungsindustrie geleistet wurde. Vorausschauend ist schon 1858 die Inspektion der Artilleriewerkstätten in eine Inspektion der technischen Institute der Artillerie umgewandelt worden, mit Werkstätten, einem Feuerwerkslaboratorium und Prüfungseinrichtungen, die künftig immer größere Bedeutung im Zusammenwirken mit der privaten Rüstungsindustrie gewinnen sollten. Ihr wurden auch die Pulverfabriken in Spandau und Neiße unterstellt.

Die Rüstung und Bewaffnung ist von nun an von der Armee nicht mehr allein gesteuert und beherrscht worden. Entwicklungen im Ausland und fremde Kriegserfahrungen sind in den Konstruktionsbüros der Industrie verwertet worden. Eine enge Zusammenarbeit diktierte der Sachzwang, in dem sich die Großmacht Mitteleuropas befand, die zur Behauptung der durch Waffengewalt erreichten Position sich der waffentechnischen Superiorität verpflichtet fühlte. Die Finanzkraft des Reiches hat dieses Ziel realisierbar werden lassen. In der artilleristischen Bewaffnung ist Preußen-Deutschland seit 1859 immer etwas stärker in der Nähe der technologischen Möglichkeiten geblieben als in der infanteristischen Bewaffnung, die noch 4 Jahrzehnte ohne die große brauchbare Erfindung auskommen mußte. Seit den sechziger Jahren zeichnete sich die Krupp-Kanone durch ein mit Hilfe russischer Artillerieoffiziere verbessertes Verschlußsystem aus (Flachkeil-, später Rundkeilverschluß). Auch die „Ringkonstruktion" schwerer Gußstahlrohre ist mit russischer Hilfe erreicht worden. In Essen sind Versuchsreihen von russischen Artilleriefachleuten geleitet worden! General v. Hindersin, der Ende 1864 Generalinspekteur der Artillerie wurde, forderte mit allem Nachdruck die gezogene Kanone. Mit ihm kehrten Tatkraft und Weitsicht in diesen Zweig des Armee- und

Rüstungswesens ein. 1866 zeitigte diese Aufgeschlossenheit noch keine greifbaren Resultate. Aber bis 1870 änderte sich das Bild.

Hindersin sorgte dafür, daß die Feldartillerie vollständig mit Gußstahl-Hinterladern ausgerüstet wurde. Die Kampfweise der Artillerie ist von ihm nachhaltig verbessert worden. Er stellte die Erfahrungen des österreichischen Feldzuges in einer Denkschrift zusammen, ebenso das Erfahrungswissen über die taktische Verwendung der Artillerie in der Zusammenarbeit mit anderen Waffen. Auf seine Initiative ist 1867 die Artillerie-Schießschule in Berlin gegründet worden. In der gesamten Artillerie wurde das Feld-Kriegsspiel geübt. "The tactical employment of these weapons was minutely studied and transformed and the introduction of a School of Gunnery set an entirely new standard for scientific precision of fire", urteilt ein bedeutender englischer Historiker (Michael Howard). So erwies sich die Effektivität der preußischen Artillerie 1870/71 als die große taktische Überraschung.

Trotz ihrer Überlegenheit über die französische Artillerie konnte die deutsche Feldartillerie 1870/71 nicht ganz überzeugen. Das weitreichende gegnerische Infanteriefeuer hatte sie oft in Bedrängnis gebracht. Daher zielten die Weiterentwicklungen vor allem auf eine größere Reichweite. Die neue, wieder von Krupp gelieferte schwere Feldkanone (8,8 cm) erreichte Weiten von 6800 m (das alte Modell: 3800 m). Aber sie war nicht sehr beweglich. Die reitenden Batterien wurden deshalb mit dem „leichten Feldgeschütz" (7,85 cm) ausgerüstet. Besondere technische Fortschritte waren damit nicht erzielt. Trotz Weiterentwicklung der Munition und der Treibladungen ist bis zum Ende der achtziger Jahre lediglich eine Vereinheitlichung erreicht worden, und zwar durch die Kaliberreduzierung des schweren Feldgeschützes auf ebenfalls 7,85 cm. Damit war das lange als Ideal angesehene „Einheitsgeschütz" der Feldartillerie vorhanden.

Doch auch weiterhin mußte zu Zwischenlösungen gegriffen werden. In Zusammenarbeit zwischen Krupp und der Artillerieprüfungskommission ist 1897 wieder eine 7,7 cm-Einheitskanone herausgebracht worden (Feldkanone 96), leichter als ihre Vorgängerin, mit Nickelstahlrohr, aber mit sehr unvollkommener Rücklaufbremsung. Ein Schnellfeuergeschütz war dieses Modell nicht. Als die Umbewaffnung anlief, hatte Frankreich eine Kanone mit hydropneumatischer Rücklaufbremse entwickelt (7,5 cm), die der Kanone 96 entscheidend überlegen war. Deutschlands Artillerieingenieure und -produzenten gingen in das neue Jahrhundert mit der Erkenntnis, daß die Entwicklungszeit bis zu einem eigenen Rücklaufmodell mit halben Maßnahmen überbrückt werden mußte, um die großen Mängel der Kanone 96 einigermaßen zu beheben.

Auch die leichte Feldhaubitze 98 (10,5 cm), ebenfalls eine Krupp-Produktion, besaß keinen Rohrrücklauf. Sie war auf Forderung des Generalstabs in Auftrag gegeben worden, weil insbesondere russische Erfahrungen gezeigt hatten, daß mit der Feldkanone gegen Verschanzungen nichts auszurichten war. Allein mit Steilfeuergeschützen ließen sich Erfolge erzielen.

Schon Hindersin war 1870 dafür eingetreten, die ehemalige Festungsartillerie von der Feldartillerie zu trennen. Sein Nachfolger Podbielski verfolgte den Gedanken weiter. So entstand im November 1872 die „Fußartillerie". Bei dieser schweren Artillerie – mit 15-cm- und 21-cm-Steilfeuergeschützen sowie 12-cm- und 15-cm-Flachfeuergeschützen – wurden bis 1890 die geringsten Fortschritte erzielt. Außer dem mit einem Krupp-Stahlrohr ausgestatteten 15-cm-Flachfeuergeschütz besaßen sie nur Bronzerohre, auch der 1870/71 erst erprobte 21-cm-Mörser. Erst in der ersten Hälfte der achtziger Jahre gelang es, die Innenwand der Bronzerohre zu härten. Doch vor allem die Entwicklung der Stahlgeschosse mit brisanter Sprengladung 1883 gab dieser Waffe die durchschlagende Wirkung gegen Festungsanlagen, die erst wieder durch die Verwendung des Panzerstahls und Betons eingeschränkt wurde. Die Hauptwaffe der Fußartillerie war die 15-cm-Haubitze, die sowohl für den Festungskrieg als auch für den Feldgebrauch verwendbar gemacht wurde. Aber erst 1903 gelang es, in Zusammenarbeit zwischen Krupp und der Artillerieprüfungskommission, eine 15-cm-Feldhaubitze mit Rohrrücklauf zu konstruieren, die schwere Feldhaubitze 02.

Als das ausschlaggebende Moment der sehr wechselvollen und nicht immer erfolggekrönten Entwicklung der preußisch-deutschen Artillerie zeichnete sich nach 1871 immer deutlicher die Zusammenarbeit zwischen den technischen Einrichtungen der Artilleriewaffe und der Privatindustrie ab. Krupp erstanden Konkurrenten, und selbst die Eigenfabrikation der Armee – noch um die Mitte des Jahrhunderts in recht rückläufiger Tendenz – entwickelte neue Impulse. In der Rüstungsindustrie zeigten sich jetzt stärker und stärker die Implikationen der industriellen Revolution für die Armee, ohne daß die damit gegebene soziale Problematik ernsthaft ins Gewicht gefallen wäre. Immerhin schien aber die Wiederbelebung und Vergrößerung der staatlichen Werkstätten und Betriebe ein Autarkiebestreben zu charakterisieren, das wohl nicht nur technisch und finanziell zu begründen ist.

3. Transportprobleme

a. Die Armee und die Eisenbahn

Als Moltke 1857 Chef des Generalstabes der Armee wurde, existierten bereits Erfahrungen im Eisenbahntransport von Truppen und Nachschub. Friedensmäßig hatte zuerst England ein ganzes Regiment mit der Eisenbahn transportiert. Preußen sammelte Erfahrungen im schleswig-holsteinischen Krieg 1848 und während der Revolutionszeit. Aber zur Meisterung der Probleme des Aufmarsches mit Hilfe der größeren Kapazität und Schnelligkeit des neuen Transportmittels war so gut wie nichts geschehen.

Moltkes Vorgänger Reyher hatte durchaus die Bedeutung der Eisenbahn für die Kriegführung erkannt. Einzelne Gutachten ohne Anspruch auf systematische Durchdringung des Gesamtproblems sind auf seine Weisung erarbeitet worden, so etwa Fallstudien oder Überlegungen über Sicherung der Bahnlinien durch Befestigungen. Reyher war noch nicht so weit gegangen, mit dem Handelsministerium und mit lokalen Bahnverwaltungen unmittelbare Absprachen zu treffen. Immerhin wurde der

Chef des Generalstabes herangezogen, die militärischen Wünsche bei neuen Streckenführungen vorzutragen, gegebenenfalls auch zur Beratung der Sicherheitsprobleme. Die preußische Eisenbahnpolitik hat ihm diese Aufgaben nicht erleichtert. Der Privatbahnbau richtete sich nach wirtschaftlichen Gesichtspunkten. Die große Ost-West-Achse ist allerdings auch ganz im Sinne militärischer Bedürfnisse angelegt worden. Wirtschaftliche und militärische Bedürfnisse deckten sich hier weitgehend. Eine Planung allerdings, wie Frankreich sie betrieb und den deutschen Vorsprung in den fünfziger Jahren vorübergehend einstellte, war in Deutschland um diese Zeit schwerlich möglich. Hier wuchsen die verschiedenen Netze erst langsam zusammen, während der westliche Nachbar weiträumiger plante und ganz bewußt strategische Gesichtspunkte berücksichtigte.

Erst Moltke ging über die mehr punktuellen Ansätze hinaus. Er hatte die Absicht, die Bahn mit ihren Möglichkeiten planmäßig für den Aufmarsch der Armee, für ihre Beweglichkeit und Versorgung zu nutzen. Sie ist ihm als operatives Hilfsmittel erschienen, das aber nur dann seine Bedeutung für den Gewinn von Zeit und Raum optimal erhalten konnte, wenn es planmäßig in die Gesamtüberlegung eines militärischen Vorhabens einbezogen wurde, und wenn dabei möglichst wenig der Improvisation überlassen blieb. Das setzte zweierlei voraus: die Zusammenarbeit mit den Bahnverwaltungen mußte im Frieden schon abgestimmt sein und in der militärischen Planungsinstanz mußte eine verantwortliche Stelle eingerichtet werden. Dabei vertrat Moltke auch als Generalstabschef keinen extremen Standpunkt. Nach Kessel war es das „ökonomische Denken", das ihn in dieser Frage den wirtschaftlichen Nutzen über den militärischen stellen ließ. Selbst militärisch gesehen problematische Linienführungen sind nicht durch ein Veto des Generalstabschef erschwert oder verhindert worden. Nur wollte er Vorbereitungen zur Zerstörung im Bedarfsfalle getroffen wissen. Eine andere Haltung wäre illusorisch gewesen, solange es keine Staatsbahnen gab. Für lediglich strategisch nützliche Bahnen hätte sich schwerlich in Wirtschaftskreisen ein Geldgeber finden lassen. Aber ein krasser Fall von Interessenkollision brauchte nicht ausgestanden zu werden.

Moltke institutionalisierte die Zusammenarbeit mit dem Handelsministerium, um die Bahnkapazität für den Aufmarsch sicherzustellen. Genaue Berechnungen und Abstimmungen, die auch mit den Bahndirektionen zu treffen waren, konnten möglicherweise einen Zeitvorsprung, den etwa die französische Armee aufgrund des strategisch zweckmäßigeren Bahnsystems noch in den fünfziger Jahren erreichen mochte, egalisieren. Der Kontakt mit dem Handelsministerium bewährte sich schon in der politisch gespannten Lage des Jahres 1859. Der Krieg gegen Dänemark ist im Hinblick auf den Eisenbahnaufmarsch im Generalstab theoretisch vorbereitet worden. Im Deutschen Bund existierten noch keine einheitlichen Bestimmungen über Militärtransporte in Spannungsfällen. Es bedurfte daher einer besonderen Konferenz vor dem Ablauf der Transporte nach Schleswig-Holstein.

Aber das war nur einer unter verschiedenen Gesichtspunkten. Für Moltke stand die Notwendigkeit planerischer Vorarbeiten für den Aufmarschtransport fest. Daher schuf er im Generalstab das zuständige Planungsbüro. Innerhalb der zur Aufmarschabteilung umgebildeten 2. Abteilung organisierte er 1859 eine spezielle Eisenbahnsektion, die 1869 selbständig wurde (Abteilung 4).

Der Generalstab hat die gewonnenen Erfahrungen immer weiter systematisiert. Nach 1871 standen auch keine neuen oder bundespolitischen Schwierigkeiten mehr im Wege. Von nun an reduzierte sich das Problem auf die Meisterung technischer und logistischer Schwierigkeiten. Die Aufmärsche 1866 und 1870 hatten bereits überzeugende Ergebnisse der systematischen Planungen des Generalstabes gebracht.

Preußen stellte 1866 „Eisenbahntruppen" auf. Bei diesen „Feldeisenbahn-Abteilungen" handelte es sich um gemischt zivil-militärische Einheiten unter Leitung von Bahnbeamten. Improvisationen reichten bei diesem immer wichtiger werdenden Bereich der Logistik nicht aus. 1870/71 hatten schon Pioniere die Eisenbahnformationen unterstützen müssen, sowie 3600 Beamte des Eisenbahnpersonals. Das war ein Zustand, der gerade vom „Feldeisenbahnchef" – dem friedensmäßigen Abteilungschef der 4. Abteilung des Generalstabes, im deutsch-französischen Krieg Major v. Brandenstein – als verbesserungsbedürftig angesehen werden mußte. Im Oktober 1871 ist dann ein Eisenbahnbataillon aufgestellt worden. Bayern folgte 1873 mit einer Eisenbahnkompanie. Diese Truppen sind später weiter vermehrt worden. Im Kriegsfall konnten solche Einheiten am ehesten die Bahneinrichtungen in besetzten Gebieten organisieren und überhaupt den Betrieb unter kriegsmäßigen Bedingungen aufrechterhalten. Für sie wurde 1899 eine besondere „Inspektion der Verkehrstruppen" eingerichtet.

Den größten Fortschritt erzielten die seit langen Jahren auf eine zentrale Zusammenarbeit zwischen Armee und Verkehrsbehörden gerichteten Bemühungen des Generalstabes nach 1871. Die erreichte Zentralisierung in einem nun zur Verfügung stehenden Planungsraum, das gewachsene Ansehen des Generalstabes und die allgemeine Erwartung eines Verteidigungskrieges zur Behauptung der dominierenden Rolle in Mitteleuropa ließen bei der Linienführung der Eisenbahnen jetzt stärker strategische Rücksichten in den Vordergrund treten.

Im deutsch-französischen Krieg, im russisch-türkischen Krieg, später dann vor allem im russisch-japanischen Krieg hatten sich die Vorteile eines leistungsfähigen Bahnwesens bzw. die Nachteile des Mangels entsprechender Transportkapazitäten deutlich erwiesen, und zwar sowohl für die Mobilmachung als auch während der Auseinandersetzungen. So sind dann in Deutschland bis 1914 „große Summen für die Vervollständigung des strategischen Eisenbahnnetzes ausgegeben" worden, wie 1914 selbst ein Militärschriftsteller ausführte.

Frankreich lag um diese Zeit in der Ausnutzung der Beweglichkeit der Eisenbahn vor Deutschland. Dennoch zögerte die militärische Führung, diesen Vorsprung mit einer Elektrifizierung wenigstens der Hauptstrecken aufzuholen. Ihr ging die Betriebssicherheit letztlich über die Geschwindigkeit. Die Ansicht der Militärs hat Osten-Sacken 1914 zusammengefaßt: „Die brennende Frage im Eisenbahnwesen bildet zur Zeit die Elektrifizierung der Bahnen. Sie ist wegen der möglichen größeren Fahrtgeschwindigkeit von der größten Bedeutung. Zur Zeit steht ihr aber noch der

Umstand im Wege, daß elektrische Bahnen sehr leicht Betriebsstörungen unterworfen sind, die häufig nur mit großem Zeitverlust beseitigt werden können. Die unbedingte Sicherheit des Betriebes muß aber von militärischer Seite in allererster Linie gefördert werden; bei einer Mobilmachung müssen die großen durchgehenden Bahnen voll belegt werden, eine Betriebsstörung könnte unabsehbare Folgen zeitigen. So spricht gegenwärtig noch das militärische Interesse sehr entschieden gegen eine Elektrifizierung der Bahnen."

Zur weiteren Förderung der Indienstnahme der Eisenbahnen für militärische Zwecke, zur organisatorischen Vorbereitung dieses entscheidenden Zweiges der Logistik ist eine Reihe wesentlicher Maßnahmen getroffen worden. Nach dem Kriege erhielt die Eisenbahnabteilung des Großen Generalstabes ihren festen Etat. 1876/77 führte die Zusammenarbeit mit der Eisenbahn zur Einrichtung von drei sogenannten „Linienkommissionen". 1914 existierten bereits zwanzig. Sie garantierten auf unterer Ebene die Abstimmung ziviler und militärischer Interessen, befaßten sich auch mit technischen Fragen. Zu ihren Mitgliedern gehörten Militärs und Techniker.

Die wichtigsten Voraussetzungen zur Indienstnahme des Eisenbahnwesens für militärische Bedürfnisse schuf die Verfassung des Deutschen Reiches vom 16. April 1871. Das in den Artikeln 41–47 geregelte Eisenbahnwesen ist in engsten Zusammenhang mit militärischen Erfordernissen gebracht worden. Bis dahin spiegelte sich in den Besonderheiten der Eisenbahnen der Bundesstaaten noch die unorganische Entwicklung dieses Verkehrszweiges im staatlich zersplitterten Bund. Der Nachholbedarf in Organisation und Linienführung war gerade vom militärischen Standpunkt groß.

Dieser Sehweise trug Art. 41 voll Rechnung: „Eisenbahnen, welche im Interesse der Vertheidigung Deutschlands oder im Interesse des gemeinsamen Verkehrs für nothwendig erachtet werden, können kraft eines Reichsgesetzes auch gegen den Widerspruch der Bundesglieder, deren Gebiet die Eisenbahnen durchschneiden, unbeschadet der Landeshoheitsrechte, für Rechnung des Reiches angelegt oder an Privatunternehmer zur Ausführung konzessioniert und mit dem Expropriationsrecht ausgestattet werden."

Gesetzliche Widerspruchsrechte gegen Konkurrenzbahnlinien wurden aufgehoben. Vor allem wurde Nachdruck auf die Organisation eines einheitlichen Netzes gelegt. Dazu sollten rasch übereinstimmende Betriebseinrichtungen und gleiche „Bahnpolizei-Reglements" eingeführt werden.

Kamen derartige Vorschriften mindestens im gleichen Maße auch der deutschen Wirtschaft zugute und entsprachen sie ganz dem von den Liberalen gewünschten zentralistischen Ausbau von Reichskompetenzen – etwa die Reichskontrolle über das Tarifwesen, der sich freilich Bayern entzog –, so hatten Art. 46 und 47 wieder vorrangig militärische Erfordernisse im Auge. Art. 46 stellte fest: „Dem Reiche steht jedoch auch Bayern gegenüber das Recht zu, im Wege der Gesetzgebung einheitliche Normen für die Konstruktion und Ausrüstung der für die Landesvertheidigung wichtigen Eisenbahnen aufzustellen." Art. 47 bestimmte darüber hinaus: „Den Anforderungen der Behörden des Reichs in Betreff der Benutzung der Eisenbahnen zum Zwecke der Vertheidigung Deutschlands haben sämmtliche Eisenbahnverwaltungen unweigerlich Folge zu leisten. Insbesondere ist das Militär und alles Kriegsmaterial zu gleichen ermäßigten Sätzen zu befördern."

Mit ihren einschlägigen Bestimmungen gab die Verfassung die Möglichkeit, den organisatorischen und rechtlichen Vorsprung der Nachbarstaaten, insbesondere Frankreichs, aufzuholen. Die Gründung des „Reichseisenbahnamts" 1873 und die weitere Verstaatlichung von Privatbahnen realisierten die Planungen weitgehend. Allerdings gelang es Bismarck nicht, eine einheitliche Reichsorganisation der Eisenbahn, eine „Reichseisenbahn", die ihm aus budgetären Gründen sehr willkommen gewesen wäre, durchzusetzen. Einer solchen Entmachtung des Reichstages wollten und konnten auch die Liberalen nicht zustimmen, ganz im Gegensatz zu einigen Wirtschafts- und Industrieverbänden (Böhme).

Diese die Innenpolitik bewegenden Vorgänge änderten aber nichts daran, daß die Armee sich praktisch die Eisenbahn für ihre Zwecke „parallelisieren" konnte. Am Ende dieser Entwicklung standen die „Militärtransport-Ordnung für Eisenbahnen im Kriege" von 1887 und die „Militäreisenbahnordnung" (1899).

b. Das Kraftfahrwesen

Gegen Ende der hier zu behandelnden Zeit setzte nach der Erfindung des Verbrennungsmotors 1885 die dann Jahrzehnte hindurchgehende Veränderung des Straßenverkehrs ein. Schon vorher versuchte die Armee, Maschinen im Straßenverkehr zu verwenden. 1870 stand das englische Modell einer Straßenlokomotive (Firma Fowler) zur Verfügung.

Im deutsch-französischen Krieg sind vom Kriegsministerium zwei Exemplare angekauft und in Frankreich eingesetzt worden. Diese dampfgetriebenen Kolosse von 20 t Gewicht konnten auf den Straßen jener Zeit kaum eingesetzt werden. Die wenigsten Straßenbrücken erfüllten die nötigen statischen Bedingungen. Dennoch sind einige Munitionstransporte durchgeführt, ja selbst Eisenbahnlokomotiven auf dem Straßenwege mit diesem Transportmittel befördert worden. Ein ganzes Jahrzehnt beschäftigte sich das Kriegsministerium damit. Es führte nach ungünstigen Erfahrungsberichten des Ministeriums für öffentliche Arbeiten selbst Versuche durch, obwohl die Straßenbaubehörde zunächst Einspruch erhoben hatte. Das Eisenbahnregiment plädierte für einen leichteren Typ der Straßenlokomotive. Daher plante die Armee die Bereitstellung derartiger Maschinen in Grenzfestungen.

Zum Studium des internationalen Standes der einschlägigen Technik ging der Kommandeur des Eisenbahnregiments 1877 zur Weltausstellung nach Philadelphia. Neues war hier nicht zu sehen. Fowler lieferte der Armee 1878 ein verbessertes Modell, aber allmählich setzte sich die Erkenntnis durch, daß ein falscher Weg versucht wurde (1881). Auch die von einer Berliner Firma entwickelte ‚Dampfkutsche' ist von der Armee 1880 erprobt und schließlich verworfen worden.

Das Hauptinteresse wandte sich allmählich den Möglichkeiten des Verbrennungsmotors zu (s. dazu V, S. 184).

Die deutsche Kraftfahrzeugindustrie hat im Ergebnis von den Prüfresultaten der Armee und den daraus folgenden Konstruktionsbedingungen nicht wenig profitiert. In dieser Zusammenarbeit erblickte die Heeresverwaltung ihre wesentliche Aufgabe zu einer Zeit, da das Kraftfahrzeug noch in den Anfängen steckte und ständig verbesserte Typen auf den Markt kamen. Die Armee konnte sich auf den Standpunkt stellen – und sie tat es –, daß ihr im Kriegsfalle das Kriegsleistungsgesetz die vorhandenen Wagen verfügbar machen würde. Es ging ihr deshalb vor allem darum, auf die technische Entwicklung Einfluß zu nehmen, mit dem Ziel, Typen zu bekommen, die Kriegsansprüchen genügten, und ferner, diese Typen in ausreichender Zahl produziert zu sehen. Gedacht war etwa an Staatssubventionen für Käufer von Lastwagen, um die Produktion anzuregen und Erfahrungen zu sammeln. Zusammen mit der Deutschen Landwirtschaftsgesellschaft beteiligte sich das Kriegsministerium an der Organisation eines Preisausschreibens (1902), das der Industrie die Aufgabe stellte, eine „Vorspannmaschine" mit Spiritusmotor zu bauen, die auch selbst Nutzlast zu tragen vermochte.

In der Personenwagenkonstruktion erzielte Maybach-Daimler 1902 mit dem Mercedes-Typ einen großen Schritt nach vorn, ferner Benz und Dürkopp. Harte Leistungstests in der Armee gaben die Möglichkeit, verbesserte Lieferungsbedingungen für Militär-Personenkraftwagen zu formulieren.

Alles in allem läßt sich sagen, daß die Armee den Fragen der Motorisierung von Anfang an starke Beachtung geschenkt hat. Verzögerungsphasen, wie sie noch bei der infanteristischen und artilleristischen Umrüstung zu verzeichnen gewesen waren, sind hier nicht zu konstatieren. Die erzielten Fortschritte sind allerdings bescheiden gewesen, zum Teil deshalb, weil dieser neue Industriezweig noch allzusehr mit Kinderkrankheiten zu kämpfen hatte. Noch 1907 wußte die Armee nicht, welcher Wagentyp den absehbar wachsenden logistischen Erfordernissen gerecht werden könnte. Die Versuchsreihen sind letztlich doch auf zu schmaler Basis durchgeführt worden. Auch die Modalitäten eines militärisch organisierten Kraftfahrzeugbetriebes blieben unklar. Es wurde letztlich geknausert. Erstaunlich bleibt, daß die hohe Schule der militärischen Zukunftsplanung, der Generalstab, sich hier nicht stärker engagierte. Aber noch war die operative oder taktische Verwendung des Motorfahrzeugs nicht abzusehen, und die Logistik ist nach allem, was wir heute wissen, abgesehen von der Aufmarschplanung, letzten Endes vernachlässigt worden. Das 20. Jahrhundert hat aber doch jede europäische Großmacht unter den Zwang gestellt, die Modernität ihrer Rüstung weiter voranzutreiben. Und Rüstung bedeutete künftig in noch stärkerem Maße als bisher die vorausschauende Organisation der rückwärtigen Verbindungen. Frankreich hat das klarer erkannt als Deutschland. Es hat größere Mittel in die Entwicklung gesteckt und sich damit einen beträchtlichen Vorsprung gesichert. Frankreich erkannte auch früher die Bedeutung des Omnibusses für militärische Zwecke. Verwundern kann nur, daß angesichts der französischen Aufgeschlossenheit für die Konstruktion von gepanzerten Fahrzeugen mit MG-Bestückung deutsche Militärs derartige Projekte mit Rücksicht auf die Schwerfälligkeit gepanzerter Fahrzeuge ablehnten. In Deutschland steckte das militärische Kraftfahrwesen bei Ausbruch des

Ersten Weltkrieges noch immer in den Anfängen. Krankenkraftwagen gab es nur wenige. Immerhin hatte man sich Gedanken über die Motorisierung von Nachrichtenfahrzeugen gemacht. (Über die Anfänge des militärischen Flugwesens s. V, S. 284ff).

Das militärische Nachrichtenwesen ist seit der Mitte des 19. Jahrhunderts auf neue Grundlagen gestellt worden. Die Erfindung des Telegraphen, insbesondere des Zeigerapparates (1846 Werner Siemens), dann der 1847 in Deutschland eingeführte Morseapparat und schließlich der 1855 von dem Amerikaner Hughes zuerst benutzte Drucktelegraph kennzeichnen den technischen Hintergrund der Entwicklung. Bis zur Jahrhundertwende ist ein dem öffentlichen Telegraphen entsprechender, an den Draht gebundener Morseapparat als „Feldtelegraph“ das wichtigste militärische Nachrichtenmittel gewesen. Die Armee verfügte über eine Telegraphenschule, es wurden 1899 Telegraphenbataillone aufgestellt, die zu einer Inspektion der Telegraphentruppen zusammengefaßt wurden. (Über die weitere Entwicklung s. V, S. 183).

4. Armee und Rüstungsindustrie

a. Das Verhältnis der Armee zur Industrie

Das Verhältnis der bewaffneten Macht zur Rüstungsindustrie kann als Teilkomplex des umfassenden Verhältnisses von Staat und Rüstungswirtschaft angesehen werden. Im 20. Jahrhundert sind immer mehr Wirtschafts- und Produktionsbereiche militärisch relevant und kriegswichtig geworden. „Kriegswirtschaftlich“ interessant wurden allmählich alle Faktoren, die in einem langen Krieg Bedeutung erlangen mußten. Dazu gehörten Ernährungsprobleme, Rohstoffvorräte, Industriekapazitäten, Finanzreserven, Transportmittel, Treibstoffreserven u. ä.

Hier kann in einer für das 19. Jahrhundert noch zulässigen Vereinfachung nur der unmittelbare Sektor der Waffenproduktion kurz beleuchtet werden. Eine gewisse Rechtfertigung für diese Beschränkung kann darin gefunden werden, daß die deutsche operative Planung Moltke-Schlieffenscher Prägung von der Notwendigkeit der Herbeiführung einer schnellen Entscheidung auf dem Schlachtfeld ausging, eine Auffassung, die sich im Weltkrieg als große Fehlspekulation erwiesen hat, die aber im 19. Jahrhundert noch vorherrschte.

Der engere Komplex der Waffenproduktion birgt schon im 19. Jahrhundert eine Reihe bisher von der Forschung nicht hinreichend geklärter Probleme, die es verbieten, eine konfliktfreie, enge Zusammenarbeit im vollen Einverständnis zwischen Militär und Industrie zu unterstellen. Das Waffengeschäft hat immer eine nationale, eine internationale, eine firmenegoistische und eine den großen wirtschaftlichen Bewegungen (Depressionen, Aufschwünge) verhaftete Seite gehabt, dazu eine im engeren Sinne militärstrategische. In jedem gegebenen Moment sind alle diese Faktoren in verschiedenen Mischungsverhältnissen beteiligt gewesen, so daß der rote Faden schwer erkennbar ist.

In seinem Entwicklungsstand vor dem Ersten Weltkrieg konnte sich der größte deutsche Rüstungsgigant, der Krupp-Konzern, mit den Bilanzen der englischen Zaharoff-Gruppe (Vickers, Armstrong, Beardmore) nicht vergleichen, auch im internationalen Geschäft lag er weit hinter dem englischen Konkurrenten. Nicht nur Krupp profitierte von Staatsaufträgen und Staatsförderungen, andere deutsche Firmen erzielten durch diesen Beistand ebenfalls Gewinne. Das gleiche gilt für die Rüstungsindustrie anderer Staaten. Zwischen Staat und Rüstungsindustrie bildete sich ein Verhältnis gegenseitiger Abhängigkeit aus.

Damit wurden mittelbar die Einstellung des Staates zur sozialen Frage präjudiziert und Strukturen verfestigt, die ohnehin präformiert waren. In den Industriestaaten der Welt paßten Gewerkschafts- und Streikbewegungen nicht in die „Ordnung" hinein. Das patriarchalisch-etatistische System Preußen-Deutschlands hat weniger noch als etwa die politisch-sozialen Bedingungen in England oder Frankreich den inneren Spielraum gewährt, diesen Zirkel aufzubrechen. Unter dem Druck des Rüstungswettlaufs wäre das nicht nur als weltfremd-utopisch, sondern als Aufgabe nationaler Interessen empfunden worden.

Dennoch ist die Zusammenarbeit von Armee und Rüstungswirtschaft nicht nur als Erscheinung einer unbefragten Interessenidentität zu sehen. Die Armee hat allein unter dem Zwang der Haushaltsbedingungen ihr Finanzgebaren kalkulieren müssen. Sie hat ein scharfes Auge auf die Preise von Rüstungsgütern gehabt und daher strenge Qualitätsanforderungen gestellt, die den Profitinteressen der Industrie nicht genehm sein konnten. Die Armee war kein unbedingter Anhänger der Rüstungsmonopole, die ja ihre Kontrollmöglichkeiten begrenzten, aber der Zwang zur Modernität verwies sie andererseits auch auf die Großindustrie, die Entwicklungsreihen und lange Erprobungen allein durchhalten konnte. Daher ist gerade im Interesse des rüstungstechnischen Fortschritts die Armee in vielen Fällen für Subventionierung der Rüstungsindustrie eingetreten, wobei nicht selten verschiedene militärische Instanzen unterschiedliche Auffassungen vertraten. Zu diesem Komplex ist auch jene indirekte Form der Förderung zu rechnen, die zu den umstrittensten Aktivitäten der Rüstungsindustrie gehört, nämlich die Expansion in fremde Märkte, der Verkauf hochwertiger Rüstungsgüter an fremde Mächte. Im 19. Jahrhundert ist auf diesem Gebiet „unbefangener" gehandelt worden im Hinblick auf militärische Entwicklungen und Novitäten, die heutzutage sehr wahrscheinlich unter den Geheimschutz fallen würden.

In Preußen-Deutschland ist immer wieder die Entwicklung der Firma Krupp zur „Waffenschmiede" des Staates unter manchem der genannten Gesichtspunkte kritisch beleuchtet worden. Sie kann vielleicht als pars pro toto aufgefaßt werden. Der Historiker tut gut daran, sich gegenwärtig zu halten, daß seit der Mitte des 19. Jahrhunderts sowohl die Armee wie die sich entwickelnde Rüstungsindustrie zum erstenmal ihr gegenseitiges Verhältnis selbst erlebten und erprobten. Noch war die Erfahrung für den Unternehmer zu machen, ob mit dem Waffengeschäft allein oder mit gemischter Produktion der Betrieb existenzfähig zu halten und sogar vorwärtszubringen sei. Die Frage, mit welchen Mitteln im Obrigkeitsstaat bei Staatsgeschäften Konkurrenzen zu verdrängen und Monopolstellungen zu erringen seien, war experimentell noch nicht beantwortet.

Aufschlußreich ist auch das Instrumentarium, das sich der Staat, speziell die Heeresverwaltung, schuf und ausbaute, um mit der Waffentechnologie Schritt zu halten, die Entwicklung übersehen zu können und sich nicht den Forderungen der Industrie völlig auszuliefern. Preußen-Deutschland bietet bei solcher Betrachtung nur einen unter vielen Fällen. Waffenproduzenten hatten es in Preußen zunächst mit den Waffenprüfungskommissionen zu tun und mit der Tatsache, daß um 1850/60 die Auffassung noch sehr stark vertreten wurde, daß die Werkstätten der Armee durchaus leistungsfähige Produzenten seien. Den Erzeugnissen der freien Wirtschaft lastete in den Augen führender Soldaten nicht selten ein Profitmakel an.

Eine ganz entscheidende Bedeutung muß dieser Eigenproduktion im Hinblick auf die Pflege und Förderung technischer Kenntnisse zugeschrieben werden. Auf dieser Grundlage konnte die Armeeadministration zum kritischen Partner der privaten Rüstungsindustrie werden. Sie konnte deren Produkte prüfen, Forderungen stellen, Anregungen geben und – in Erkenntnis eigener Unzulänglichkeit – für die finanzielle Förderung bestimmter Produktionen eintreten. Noch 1913/14 prüfte der Reichstag die Probleme der Lieferung von Kriegsmaterial durch private oder staatliche Rüstungsbetriebe.

Bis weit in die zweite Hälfte des 19. Jahrhunderts ist in der Armee versucht worden, den sogenannten „Friedensbedarf" und Instandsetzungen in eigenen Produktionsstätten und Arsenalen sicherzustellen. Dieses Verfahren ließ sich bei den Bronzekanonen und bei der Gewehrfabrikation partiell durchhalten. Aber auch seit den technischen Innovationen der fünfziger Jahre blieb die Armee bestrebt, ihren Anspruch aufrechtzuerhalten. Dabei spielten Autonomiegesichtspunkte ebenso eine Rolle wie Kostenersparnisgründe. Eine tatsächliche Unabhängigkeit in Friedenszeiten ließ sich jedoch immer weniger sicherstellen. Technologie und Produktionsverhältnisse nahmen eine zu stürmische Entwicklung.

Aber gerade seit sich die Möglichkeit einer völligen Abhängigkeit der Armee von der Privatindustrie abzuzeichnen begann, nahm die Armee die Herausforderung an und ging zu einer größeren Nutzung ihrer Produktionskapazitäten über und zur Ausweitung ihrer Ausstattung. Ehemals staatliche Rüstungsfabriken, die privatisiert worden waren, sind seit den fünfziger Jahren wieder in staatliche Regie zurückgeführt worden – nicht nur in Preußen. Hinzu kamen Neugründungen. Diese Entwicklung setzte sich auch nach der Reichsgründung fort. Eine Abgrenzung von der privaten Rüstungsindustrie konnte nur theoretisch erreicht werden mit der Vorstellung, die Armee könne aus eigener Produktion ihren Waffenbedarf decken, während die neue, schnell wachsende private Rüstungsindustrie primär für die Umrüstung gebraucht werde. Damit schien auch eine relative Unempfindlichkeit gegen Streiks sichergestellt zu sein.

Zu den wichtigsten staatlichen „Werkstätten" und technischen Instituten der hier in Frage kommenden Kategorien gehörten die *Gewehrfabriken:*

Preußen verfügte über drei solcher Produktionsstätten (Spandau, Erfurt, Danzig), Bayern besaß eine in Amberg. In Spandau wurden später auch Fahrräder und Maschinengewehre gefertigt. Seit 1894 verfügte Spandau über ein Konstruktionsbüro, das zusammen mit der Gewehrprüfungskommission Konstruktionsfragen im Bereich der Handfeuerwaffen, des Munitions- und Fahrzeugwesens bearbeitete. Seine Zuständigkeit erstreckte sich auch auf die Maschinengewehrwaffe sowie auf Patentangelegenheiten.

Zum größten Betrieb entwickelte sich die aus der Spandauer Munitionswerkstatt 1889 hervorgehende Munitionsfabrik.

Die *Artillerie* verfügte über *Werkstätten,* Feuerwerkslaboratorien, Pulverfabriken, Geschoßfabriken, Geschützgießereien und Konstruktionsbüros. Artilleriewerkstätten: Preußen besaß vier (Spandau, Danzig, Lippstadt, Straßburg), Sachsen eine (Dresden), Bayern eine (München). In diesen Werkstätten sind zahlreiche Artillerieausrüstungsgegenstände gefertigt worden: Lafetten und Protzen, Fahrzeuge aller Art, Pioniergerät, Geschützzubehör u. ä.

Zu dem Spandauer *Feuerwerkslaboratorium* kam 1893 ein weiteres selbständiges Laboratorium in Siegburg. Bayern besaß eines in Ingolstadt. Hier wurden Zünder, Zündhütchen, Leuchtmunition u. ä. hergestellt. *Pulverfabriken* produzierten in Spandau und Hanau (seit 1873), ferner in Ingolstadt und in der Nähe von Bautzen.

Die *Geschützgießereien* (Spandau, Siegburg), die vereinigte Geschützgießerei und Geschoßfabrik in Ingolstadt, sahen sich angesichts der Fortschritte in der Stahlindustrie vor besonders schwierige Entwicklungsaufgaben gestellt. Sie haben sich unter diesem Zwang zu modernen industriellen Betrieben entwickelt mit Eisen- und Stahlgießereien, Tiegelguß- und Formanlagen, Preßwerken und Vergütungsanlagen.

In enger Verbindung mit diesen Produktionsstätten stand das Artillerie-Konstruktionsbüro in Spandau, das zugleich eine wichtige Funktion in der Zusammenarbeit mit der Prüfungskommission und damit für den Sektor der privatwirtschaftlichen Rüstungsindustrie wahrnahm.

Das Militär-Versuchsamt in Spandau widmete sich chemisch-physikalischen Fragen der Waffenwirkung, insbesondere der Prüfung von Treib- und Explosionsstoffen.

Noch bis in die achtziger Jahre sind alle Heereswerkstätten und -ämter von Offizieren geleitet und mit militärischem Personal besetzt gewesen. Selbst der Arbeitsbetrieb stand unter ihrer Oberleitung. Erst allmählich sind wissenschaftlich geschulte Ingenieure, Physiker und Chemiker eingestellt worden. Bis zum Ende des 19. Jahrhunderts oblag die zentrale Leitung der militärisch organisierten Waffenproduktion den bundesstaatlichen Kriegsministerien.

Erst im Jahre 1898 ist mit der Feldzeugmeisterei eine spezielle oberste militärische Beschaffungs- und Verwaltungsbehörde für Infanterie-, Artillerie- und Trainausrüstung eingerichtet worden, die dem Allgemeinen Kriegsdepartement unmittelbar unterstand. Bayern errichtete 1900 eine Inspektion der technischen Institute, schließlich 1906 ebenfalls eine Feldzeugmeisterei, Sachsen hatte bereits 1892 eine Zeugmeisterei etabliert.

In der preußischen Feldzeugmeisterei waren zusammengefaßt:

1. Inspektion der technischen Institute der Infanterie,
2. Inspektion der technischen Institute der Artillerie,
3. Artilleriedepot-Inspektion als Aufsichtsbehörde über die an die Stelle der früheren Artilleriedepot-Inspektionen tretenden vier Artilleriedepot-Direktionen,
4. Traindepot-Inspektion.

Die unter der Feldzeugmeisterei zusammengefaßten Heereswerkstätten beschäftigten vor dem Ersten Weltkrieg zuletzt 16000 Arbeiter. Obwohl den Rüstungs- und Planungsvorbereitungen die Vorstellung eines kurzen künftigen Krieges zugrunde lag, reichte dieses Potential schließlich nicht einmal aus, den Friedensbedarf zu decken. Mehr und mehr gewann die private Rüstungsindustrie an Boden, zumal Modernisierungen und Umrüstungen die Möglichkeiten der armeeeigenen Betriebe häufig überforderten. Noch vor dem Krieg sind etwa 60% des Finanzaufwands für Kriegsmaterial der Armee an die private Rüstungsindustrie geflossen, 40% an die Heereswerkstätten.

b. Die private Rüstungsindustrie

Das Verhältnis zwischen militärischer und privater Rüstungsindustrie ist mehr und mehr als ein partnerschaftliches aufgefaßt worden. Hätte dem Generalstab als künftiger Krieg nicht der rasche Entscheidungskampf vor Augen gestanden, sondern der langdauernde Waffen- und Wirtschaftskrieg, der sämtliche Reserven der Nation auf das äußerste beansprucht, so wäre mit Gewißheit der Anteil der privaten Rüstungsindustrie an der Gesamtrüstung noch angestiegen. Wie die Dinge lagen, schien es der militärischen Führung auszureichen, wenn eine Rüstungsindustrie existierte, deren Kapazität den schnellen Ersatz von Kriegsverlusten garantieren konnte. Sie ist nach 1870/71 rasch entstanden.

In der Metallindustrie, besonders im hier interessierenden Maschinenbau, setzte sich der Großbetrieb durch. Von 1882–1895 stieg die Zahl der Maschinenbaubetriebe von 6079 auf 7300. Das stärkste Wachstum wiesen unter ihnen (65%) die Großbetriebe auf. Der Export industrieller Fertigwaren stieg, und relativ nahm der Produktionsgüteranteil zu (1880: 27%; 1890: 28%; 1900: 39%).
Seit 1877 begünstigte das Patentgesetz die Entwicklung technischer Verfahren und Verbesserungen, die zu großer Spezialisierung führten. Der Weg zur Serienherstellung war in fortgeschrittenen Unternehmen ermöglicht.

Eine leistungsfähige Industrie gerade in den Bereichen, die für die Waffenproduktion in Frage kamen, war in einer Größenordnung vorhanden, die jeden Bedarf hätte decken können, nicht nur eine Ergänzung, die mit der Vergrößerung der Armee bis zum Weltkrieg verbunden war, sondern auch einen

Umrüstungsbedarf größten Stils. Aufträge solcher Art aber konnte die Armee praktisch nicht vergeben. Große Dimensionen hat lediglich die Artillerieumrüstung gehabt. Dies ist auch der Grund dafür, daß die Armee- und Reichsführung den Waffenexport im allgemeinen begünstigte. Sie sah darin eine Möglichkeit, Leistungsfähigkeit und technisches Können der Rüstungsindustrie weiterzuentwickeln oder gar zu vermeiden, daß einzelne Firmen zur ausschließlichen Produktion von Friedensgütern übergingen, so schwer definierbar dieser Begriff auch sein mochte.

Die Feldzeugmeisterei führte eine Liste über deutsche Rüstungsproduzenten, die ins Ausland lieferten, wo hingegen eine systematische Erfassung der Leistungsfähigkeit deutscher Betriebe überhaupt fehlte. Auch die Handelspolitische Abteilung des Auswärtigen Amtes führte Buch über Krupps Auslandswaffenlieferungen. Aus diesen Unterlagen ergibt sich geradezu ein unmittelbares Interesse des Reiches am Waffenexport, der die Außenpolitik begleiten und mit dem die eigene Rüstung teilfinanziert werden konnte. Er schuf willkommene Abhängigkeiten.

Das Verhältnis zwischen Armee und privater Rüstungsindustrie ist gleichwohl in dem Zeitraum bis zur Jahrhundertwende nur in geringem Maße von Überlegungen bestimmt worden, die einen scharfen Konkurrenzkampf unter den deutschen Industriellen auslösen konnten. Auch die Millionen aus der französischen Kriegsentschädigung, die zu einem erheblichen Teil für den Festungsbau und die Reorganisation des Heeres gebraucht wurden (H. Böhme), haben eine solche Wirkung nicht gehabt. Die Konzentration etwa der Geschützproduktion in wenigen großen Betrieben war vielmehr das Ergebnis der technischen Entwicklung, die praktisch nur den Großbetrieb befähigte, Präzisionsapparate solcher Größenordnung herzustellen. Krupp etwa ist über andere Produktionszweige erst in die Lage versetzt worden, Waffenproduktion in großem Stile zu betreiben, zumal er anfänglich gerade bei Staat und Armee ganz erhebliche Schwierigkeiten zu überwinden hatte. Diesen „Umweg" sind viele andere gegangen, etwa Ehrhardt, Armstrong, Whitehead, Vickers, Skoda, Maxim, Schneider, Carnegie.

Das 19. Jahrhundert hat auch, wie E. Kehr zutreffend formuliert hat, nie einen „gewöhnlichen Wettbewerb" erlebt, „zwischen Firmen, die die gleichen Produkte herstellten, sondern vielmehr einen erbitterten Kampf zwischen zwei verschiedenen Geschützarten und ein Wettrennen zwischen Kanonen und Panzerplatten". Das heißt, daß der Kampf der Richtungen in den militärischen Spitzengremien für die Rüstung lange Zeit entscheidender war als die jüngsten und technisch vollkommensten Lösungen der Industrie. Bis in die siebziger Jahre verfochten preußische Generale noch die Überlegenheit der Bronzekanone. Der Prinzregent mußte sich 1859 brüsk über seinen Generalinspekteur der Artillerie hinwegsetzen, als er die ersten 300 Krupp-Kanonen bestellte. Krupp war damals mit seiner überlegenen Gußstahlkanone im Kriegsministerium alles andere als gern gesehen.

Das Netz reziproker Abhängigkeiten zwischen Staat und Rüstungsindustrie läßt sich am Beispiel der Firma Krupp nachzeichnen. Um die Mitte des Jahrhunderts spannen sich die ersten Fäden. Preußische Artillerieoffiziere regten den Bau gußstählerner Versuchsgeschütze an. Das erste Modell wurde 1847 gegossen. Nachdem es von der Artillerieprüfungskommission zahlreichen Tests unterworfen worden war und obwohl die hervorragenden Eigenschaften des Materials bestätigt werden mußten, lehnte die Kommission mit dem Hinweis auf die hohen Kosten und das fehlende Bedürfnis der Artillerieverbesserung die Fortsetzung der Versuche ab. Krupp arbeitete auf eigenes Risiko weiter und suchte in zäher Auseinandersetzung mit dem Handelsministerium seine Patente zu sichern. Dabei ist er wenig erfolgreich gewesen. Im Oktober 1855 teilte ihm Handelsminister v. d. Heydt kurz und bündig mit: „Auf die Vorstellung vom 15. v. M. erwidere ich Ihnen unter Rückgabe der Anlage, daß ich dem Gesuch um Verlängerung des am 27. September 1849 Ihnen erteilten Patents auf Anfertigung von Geschützrohren nicht entsprechen kann." Mit Lafettenpatenten gab es ebenfalls Schwierigkeiten. Zehn Jahre später war Alfred Krupp nahezu entschlossen, die Kanonenproduktion einzustellen. „Dieselbe ist an und für sich nicht besonders lohnend und in der Weise, wie sie bisher betrieben, indem ich auf Lieferung einiger Probestücke beschränkt blieb, gar unvorteilhaft und störend." Die Aussicht auf Massenlieferungen hatte bisher getrogen. Erst die große Bestellung vom Mai 1859 stellte das Verhältnis Krupp/Armee auf eine neue Grundlage. Dennoch beklagte er sich beim General v. Voigts-Rhetz, Direktor im Allgemeinen Kriegsdepartement, über den Handelsminister, der den Bochumer Verein begünstigen wolle. Tatsächlich hat die staatliche Bürokratie um diese Zeit keinen Vorteil darin gesehen, Rüstungsmonopole zu begünstigen.

Prinzregent Wilhelm mußte 1860 persönlich eingreifen, um Krupp die Verlängerung eines Patents zu sichern: „In Anerkennung der patriotischen Gesinnungen, welche der Kommerzienrat Alfred Krupp in Essen mannigfach und namentlich durch Zurückweisung der ihm vom Auslande her angetragenen, ihm ansehnlichen Gewinn versprechenden Bestellungen von Geschützen an Tag gelegt hat." Bei seinen Versuchen, mit der Armee ins Geschäft zu kommen, nahm Krupp Verbindung mit einflußreichen Persönlichkeiten in verschiedensten Stellungen auf, z. B. mit dem Chef des Geheimen Zivilkabinetts, mit General v. Manteuffel, dem Chef des Militärkabinetts, verschiedenen Generalen und – ohne durch Rückschläge entmutigt zu werden – mit dem Handels- und Kriegsministerium. Er zögerte auch nicht, den König in Immediatgesuchen gegen den Handelsminister einzunehmen, als dieser trotz positiver Bewertung einer neuen Verschlußkonstruktion durch die Artillerieprüfungskommission sein Patentgesuch ablehnte.

König Wilhelm, im Oktober 1861 bereits Gast im Hause Krupp, unterstützte den Kanonenproduzenten gegen die Bochumer Konkurrenz. Der Weg zur Monopolstellung des künftigen Essener Rüstungsgiganten ist hier in kleinen Schritten vorbereitet worden. Krupp wußte an die Gefühle des Monarchen zu appellieren. Dem Chef des Militärkabinetts schrieb er im März 1862, er habe „nicht aus persönlichen und pekuniären, sondern aus Interesse für die vaterländische Waffe" ein Immediatgesuch eingereicht. Mit königlicher Hilfe, auch Bismarck trat für ihn ein, erwarb er aus fiskalischem Besitz die Sayner Hütte. Der Staat verzichtete auf eine Ausschreibung. Krupp kam billig an das Objekt heran. Das Kriegsministerium war hier wesentlich zurückhaltender (Boelcke).

Das große Geschäft ging finanziell eindeutig zu Lasten der öffentlichen Hand. König und Kanzler haben dennoch in der künftigen Zusammenarbeit mit Krupp Vorteile gesehen. Der Charakter solcher „Vorteile" des Rüstungsgeschäfts mit dem Staat liegt für den Unternehmer in der Sicherung eines großen Produktionsanteils, gelegentlich in der Erringung einer Monopolstellung, für den Staat in der Gewinnung von Kapazitäten, von know-how, von relativer Auslandsunabhängigkeit, von industrieller Entwicklung überhaupt. Für beide ist damit die Schaffung gegenseitiger Abhängigkeit verbunden, die ihre Auswirkungen auf die Wirtschafts- und Sozialpolitik hat. Krupp suchte diese Abhängigkeit zu forcieren mit seinem Angebot von 1867, im Juli 1870 wiederholt, „im Falle eines Kriegs mit Frankreich Gußstahlkanonen bis zum Werte einer Million Taler als Beisteuer zu den Kriegskosten dem Vaterlande liefern zu wollen". Schließlich bot er die gesamte Produktion seiner Feldgeschütze mit der Klausel an, sie nur nach glücklichem Kriegsausgang bezahlt haben zu wollen. Kriegsminister v. Roon lehnte entschieden ab. Derartige Geschäfte behielten trotz patriotischer Verbrämung in seinen Augen die Dubiosität, die in Krupps Spekulationen tatsächlich steckte.

Am 27. Juli 1870 wies Alfred Krupp seine Firma zum Übergang auf vorrangige Waffenproduktion an. Ein großes Geschäft begann, wie es etwa auch Siemens machen konnte. Rüstungsgeschäft und Patriotismus fanden bei dieser ersten großdimensionierten Zusammenarbeit zwischen Armee, Staat und privater Rüstungskapazität Formulierungen, die für den nationalen Industriestaat kennzeichnend wurden. Bezeichnend ist dafür Krupps Anweisung vom 27. Juli 1870, in der sich folgende Sätze finden: „Abgesehen davon, ob dieses Vorgehen (nämlich die Umstellung auf Kriegsproduktion) bei den Behörden Wohlgefallen erweckt, ob es gutgeheißen werden wird, ob man die Leistungen akzeptieren wird und noch mehr davon abgesehen, ob man je eine Bezahlung dafür bewilligen wird, erwarte ich von dem Patriotismus eines jeden, der hierbei seine Dienste widmen wird, daß er nichts anderes bedenke, als den möglichen Notfall, wo unsere Arbeit zur Geltung kommen und dem Staat von unersetzlichem Werte sein kann."

Bis zu dieser Zeit konnten schwerlich „private" Initiativen sich selbst eine derartige Bedeutung für den Staat im Kriegsfalle beimessen. Der Grad gegenseitiger Abhängigkeit wurde zu einer ökonomischen Tatsache, die den Staat zwang, für diesen Wirtschaftssektor bereitzustehen, falls hier ein „Notfall" eintreten sollte. Zu derartigen Notfällen konnten Zollprobleme gehören, aber auch Streiks und soziale Unruhen. Der Übergang zum Schutzzoll Ende der siebziger Jahre hat gar eine umwälzende innenpolitische Umorientierung mit sich gebracht.

Selbst als Krupp erst noch auf dem Wege zum Rüstungsgiganten war, gelang es ihm, einen Millionenkredit aus der preußischen Staatskasse zu erhalten (1866), um die Kriegsrüstung voranzutreiben. Anderen Unternehmern wäre der sich auf den Krieg einstellende Staat schwerlich zu Hilfe gekommen, Krupp aber brauchte keinen teuren Bankkredit in Anspruch zu nehmen. Als ihn 1874 seine fieberhafte Expansionspolitik an den Rand des Ruins gebracht hatte, war es wiederum der Staat, in letzter Instanz der Kaiser, der die Firma rettete. Krupps Vorschläge in dieser Krise waren alles andere als bescheiden und verzweifelt. Er wies darauf hin, daß die Kruppsche Fabrikation dem Staat „direkt" diene, die Bedeutung der Geschützfabrikation für den Staat habe sich bereits in den jüngsten Kriegen bewährt. Denselben Vorsprung in der Bewaffnung könne und werde das Vaterland auch künftig behaupten. Er warnte davor, den Staat „dem Zufall" auszusetzen, „sobald die Geschützfabrikation nur noch in Händen von Aktiengesellschaften wäre". Die Königliche Seehandlungssozietät griff mit einer 10-Millionen-Anleihe ein. Spätestens von nun an liefen Staatsinteresse und privatwirtschaftliche Rüstungsinteressen gebündelt nebeneinander.

Diese Erfahrung hatten Kriegsminister noch zu machen, denen der Aufbau von Rüstungsmonopolen nicht erstrebenswert erschien. Schon 1876 konnte Alfred Krupp in einer Audienz den Kaiser darauf hinweisen, daß ein „freundliches Verhältnis zwischen Fabrik und Staat" doch entschieden auch im Interesse des Staates liege. Dieses Verhältnis verhieß für den Produzenten Entgegenkommen des Staates bei Aufträgen, Darlehen, bei Patenterteilungen usw., vor allem aber ein Eingehen auf die Bedürfnisse, die die Essener Fabrik immer wieder zu schaffen suchte. Krupp mischte sich in den Streit der Bronzeanhänger gegen die Stahlrohrbefürworter. Dem General v. Voigts-Rhetz sandte er sogar Konstruktionsunterlagen ins Generalkommando nach Frankreich, und schließlich kam dann nach dem Krieg der große Auftrag zur Lieferung von 2000 8,8 cm-Feldgeschützen.

Von 1875 bis 1891 konnte Krupp dennoch nur 18% seiner Kriegsmaterialproduktion im Inland absetzen. Die Masse (82%) ging ins Ausland, vor allem Kanonen. 1875 ging ein Großauftrag nach Rußland. Von 1847 bis 1890 produzierte die Essener Kanonenschmiede etwa 24000 Kanonen. Sie gingen in alle Welt (Rußland, Türkei, Chile, Argentinien, Brasilien, China, Japan u. a.).

Aber die Erfahrungen mit der Internationalität des Waffengeschäfts blieben nicht ohne Rückwirkungen auf die Einstellung heimischer Militärs. Als Krupp

1874 Geschütze an Österreich lieferte, wurde sein Patriotismus in Berlin stark angezweifelt. Seine militärischen Gegner gewannen Einfluß beim Kaiser, und es bedurfte einer Audienz, um über diese Hürde hinwegzukommen. Die nicht zuletzt durch großzügige staatliche Darlehen gefestigte Abhängigkeit zwischen Rüstungsindustrie und Staat ist unter den Gesetzen des kapitalistischen Marktes zu einer dialektischen Bindung geworden, die es zulassen mußte, fremde Mächte, ja Gegner von gestern, aufzurüsten, um den wirtschaftlichen Ruin von Großunternehmen zu verhindern, die in die Volkswirtschaft integriert waren, ja einen Teil der weltwirtschaftlichen Bedeutung der jeweiligen Heimatländer ausmachten. Hinzu kam, daß nur um den Preis der Miteinbeziehung militärisch und politisch rivalisierender Mächte in das Rüstungsgeschäft die Kapazität und Modernität der Investitionen in der eigenen Rüstungsindustrie zu halten und zu verbessern waren. Das Diktat der Technik zwang zu einer Progression, die im nationalen Rahmen allein nicht geleistet werden konnte. Begriffe wie Vaterland und Patriotismus schienen in dieser auf Progressivität, Technik, Konkurrenz und Einfluß hin angelegten Sphäre ohne rechten Bezug zu stehen, obwohl Krupp wie andere Unternehmer davon ausgiebig Gebrauch zu machen pflegten.

Gegen Ende der hier zu behandelnden Epoche stieß Krupp im preußischen Kriegsministerium wieder auf starke Gegnerschaft. Wiederum ging es um die Entscheidung zwischen Stahl- und Bronzerohren. Die Krupp-Gegner, an ihrer Spitze Kriegsminister v. Verdy, suchten Gegengewichte gegen die Monopolstellung Krupps zu finden. Ihre Argumentation ist bald von der technischen Entwicklung widerlegt worden, ihr Anliegen hatte beim Kaiser wenig Aussicht auf Erfolg. Bronzerohre mit Stahlseelen erwiesen sich auch nach der Einführung der Brisanzgranaten den Stahlrohren nicht als überlegen, zumal 1890 die ersten Nickelstahlrohre getestet werden konnten. Dieser letzte Versuch, Krupps Monopolstellung zu brechen, scheiterte noch vor der Panzerplattenära, noch vor der großen Flottenrüstung, die dann definitiv die Hohenzollern und Krupp zusammenband. Der Kriegsminister mußte gehen, wenn auch nicht allein aus diesem Grund. Krupp triumphierte.

Verdys Bericht an den Kaiser vom 20. Juli 1890 zeigte das ganze Ausmaß der Vergünstigung, die Krupp von seiten der Militärverwaltung bis dahin gewährt worden war: finanzielle Erleichterungen, wie sie keiner anderen „Privatfabrik" zuteil geworden waren, Millionenvorschüsse und unverzinsliche Darlehen, Verzicht auf Heranziehung einer leistungsfähigen Konkurrenz, „wie es bei der heutigen Entwicklung unserer Stahlindustrie wohl unschwer zu erreichen gewesen wäre" und obwohl das rein finanzielle Interesse eine solche Maßnahme hätte ratsam erscheinen lassen. Krupp war teuer, obwohl er viel von der Zusammenarbeit mit der Artillerieprüfungskommission – die auf Weisung erfolgte – profitierte. Ein Unternehmen, das mit Staatshilfe hochgebracht war, nutzte denselben Staat offenkundig aus. Verdy sprach dieses Problem deutlich an: „Die Kruppsche Fabrik verdankt ihren Weltruf in der Geschützfabrikation großenteils nicht nur der direkten und indirekten finanziellen Unterstützung seitens des Staates, sondern wesentlich auch dem Umstande, daß durch rückhaltlose Überlassung reicher Versuchsergebnisse der Artillerieprüfungskommission das Etablissement seit Jahren in den Stand gesetzt worden ist, in alle Welt ein Geschützmaterial zu verkaufen, dem diese Erfahrungen zugute gekommen sind. Gegenwärtig geht nach dem Schreiben des Chefs des Militärkabinetts die Kruppsche Fabrik soweit, E.M. Angaben zu unterbreiten, welche den Glauben erwecken könnten, als sei gegen das Interesse der Sache der Verkehr zwischen E.M. Behörden und der Fabrik eingeschränkt oder als ob der Kenntnis E.M. Erfolge der Fabrik vorenthalten worden wären, welche bei der Entscheidung über die Frage des Materials der Rohre für die jetzt neu aufzustellenden Batterien von Wichtigkeit sein können."

Verdy betonte, die Rücksicht auf die Armee müsse den Rücksichten auf die Interessen der Fabrik „unter allen Umständen vorangehen".

Der Vorstoß zielte auf Abbau der übergroßen Macht eines Monopols, nicht auf Drosselung der Zusammenarbeit mit der Privatindustrie überhaupt. Hier hatte Verdy im Gegenteil den zuständigen Departements einen „unmittelbaren und umfassenden Verkehr" zur Pflicht gemacht. Der Versuch kam zu spät und mit untauglichen Mitteln. Unter Friedrich Alfred Krupp erlebte die Firma eine gewaltige Expansion. Der Umsatz stieg von 1887 = 42,2 Mill. Mark auf 1901 = 101 Mill. Mark. Die Beschäftigungszahl verdoppelte sich auf über 42000. Im Jahre 1902 arbeiteten allein in der Gußstahlfabrik Essen über 24000 Arbeiter. Krupp setzte in dieser Periode über 16000 Geschütze ab, davon überwiegend die teuren neuen Nickelstahlkanonen, deren Geheimnis im Interesse der Markterweiterung mit Zustimmung des Reichskanzlers preisgegeben wurde.

Wilhelm II. und F. A. Krupp standen sich wesentlich näher als Wilhelm I. und Alfred Krupp. Eine positivere weitere Geschäftsentwicklung ist persönlich garantiert und „überhöht" gewesen. Wahrscheinlich lag hier auch der Grund dafür, daß Krupp den technologischen Vorsprung eines kleinen Konkurrenten im wesentlichen finanziell ausnützen konnte. Die 1889 gegründete „Rheinische Metallwaren-Maschinenfabrik" (Düsseldorf) – Aufsichtsratsvorsitzender war der Geheime Baurat Dr. Ehrhardt – baute 1896 ein leichtes Rohrrücklaufgeschütz, das von der Heeresverwaltung nicht akzeptiert, dagegen vom Ausland (Rußland) gekauft wurde. Die Firma hielt technisch mit Krupp in jeder Weise Schritt, überflügelte die Waffenschmiede in mancher Beziehung und beschäftigte 1914 8000 Arbeiter. Die große geschäftliche Nutzung ihrer Erfindung in Deutschland blieb ihr versagt, weil Krupp seine Kapazität jetzt auf die neue Erfindung umstellte. Deutschland kaufte die Kanone mit hydraulischer Rücklaufbremse in Essen.

Krupp suchte den Vorsprung des Konkurrenten zunächst mit einer technisch weit unterlegenen Lösung aufzufangen (Federsporngeschütz) und fand hierbei auch die Unterstützung des Kriegsministeriums. Eckhart Kehr übertrieb nicht, als er schrieb: „Der Wille der Firma Krupp bestimmte die Haltung der preußischen Artillerie." Ehrhardt schwebte statt des „fahrbaren Gußstahlblocks" Kruppscher Provenienz „ein fahrbarer Explosionsmotor für außergewöhnlich hohe Explosionsdrucke und Kolbengeschwindigkeiten mit ganz besonderen kriegstechnischen Aufgaben" vor.

Die Artilleriekommission lehnte 1897 wiederum Ehrhardts Modell ab. Aus Kostengründen verhinderte Krupp die technisch bessere Bewaffnung der Artillerie. Das 96er Federsporngeschütz war eine kostspielige Fehlinvestition. Frankreich führte kurz darauf die technisch weit überlegene Rücklaufkanone ein. Schneider verdrängte damit Krupp als führenden Kanonenproduzenten. Das Ausland bestellte bei Schneider. Die Schweiz ging 1901 von Krupp zu Ehrhardt über. Krupp zog nach und konnte die geschäftlichen Nachteile seiner Unbeweglichkeit verhindern. Die Gefahr hatte bestanden, den Auslandsmarkt völlig an Schneider und Ehrhardt zu verlieren. In dieser Situation hielt die Militärverwaltung zu Krupp. Ehrhardt konnte schließlich seit 1905 die Feldartillerie umbewaffnen, Krupp behielt das Monopol bei der Schweren Artillerie.

Die Abhängigkeit der Armee von Krupp hätte fast verhindert, daß die Armee mit einem leistungsfähigen Geschütz ausgerüstet wurde. Es war primär die internationale Konkurrenz, die für Remedur sorgte. Bebel legte den Finger auf die Wunde, als er formulierte, „daß die Militärverwaltung sich in den Armen eines kapitalistischen Polypen befindet, woraus sich zu befreien sie nicht in der Lage“ sei. Er sprach in der drastischen Sprache des politischen Kampfes, ohne es zu wissen, im Grunde etwas aus, was nicht sehr verschieden von dem war, was Kriegsminister v. Verdy 1890 vorsichtig dem Monarchen gegenüber angesprochen hatte.

Die Vorstellung von einer möglichen Unabhängigkeit der Armee von der Rüstungsindustrie konnte um diese Zeit allerdings nur von einer relativen Freiheit der Beziehungen ausgehen. Gemeint war die Vermeidung monopolartiger Positionen. Eine andere Auffassung wäre im Industriezeitalter illusorisch gewesen.

Seine Position war so stark geworden, daß Krupp sich 1890 sogar Opposition gegen die kaiserliche Sozialpolitik leisten konnte. In Essen wurde der harte Kurs bismarckscher Observanz für die einzig richtige Methode im Umgang mit der organisierten Arbeiterschaft gehalten.

d. Rüstungsindustrie und Politik

Mit dem Eintritt in das Zeitalter des Imperialismus verwoben sich außen-, innen-, finanz- und industriewirtschaftliche Probleme zu einem großen Netz gegenseitiger Abhängigkeit mit starker Beteiligung psychologischer Faktoren. In dieser von nationaler und wirtschaftlicher Machtausweitung gekennzeichneten Periode sind die großen Rüstungsfirmen, -konzerne und -kartelle zu wesentlichen politischen Faktoren geworden. Ihre internationalen Geschäftsinteressen haben die nationalen Rivalitäten nicht gemildert, im Gegenteil, der Spannungszustand wirkte geschäftsfördernd. Während Industrielle sich „nationalen“ Organisationen verschrieben, die der vaterländischen Stärke und Expansion dienen wollten (Flottenverein, Alldeutsche), pflegten sie gleichzeitig ihre Geschäftsinteressen im Ausland, stets im Begriff, Märkte und Einflußzonen auszuweiten.

Das internationale „Wettrüsten“ wurde zum Wettlauf der Nationen mit den Mitteln der international agierenden Industrie und globaler Finanzinteressen. Die ständige Entwicklung der Waffentechnologie sorgte für immer neue

Impulse. Stillstand konnte es nicht geben. In Deutschland spielten im internationalen Geschäft der Rüstungsindustrie die Großbanken neben der Staatshilfe eine entscheidende Rolle. Die Entwicklung der Elektroindustrie zeigt das besonders deutlich. So stand die Deutsche Bank dem Hause Siemens sehr nahe. Und Siemens besaß im In- und Ausland einen ähnlichen Einfluß wie Krupp. Auch dieses Unternehmen ist durch fremde wie eigene Staatsaufträge saniert und großgemacht worden. Auf bestimmten Gebieten besaß Siemens für Armee und Marine das Liefermonopol. Die Vermittlung der Banken – Deutsche Bank, Disconto-Gesellschaft u. a. – hat der monopolbeherrschten Rüstungsindustrie gewaltige Auslandssaufträge zugeführt. Bis 1900 sind etwa 15 Milliarden Mark Kapital ins Ausland exportiert worden, an ca. 40 internationalen Kartellen waren deutsche Großunternehmen beteiligt.

Die großen Konzerne des Auslands verfolgten eine ähnliche Politik. Soweit es die geschäftlichen Interessen zuließen, identifizierten sie sich wie die Großen in Deutschland mit der nationalen Außenpolitik, die sie weitgehend zu bestimmen suchten und dank ihres Kapitaleinflusses partikulär auch bestimmen konnten. Aber oft genug bedeuteten ihnen nationale Freund- und Feindschaften wenig. Dem nationalen Engagement daheim stand draußen ein weitgespannter Interessenfächer gegenüber, der nicht immer und überall der offiziellen Außenpolitik angepaßt werden konnte.

Aber bis zum Ende der Bismarckzeit hat die Armee bei aller Zusammenarbeit mit der Rüstungsindustrie und aller Förderung ihrer Ziele doch stärker das Interesse der Armee im Auge gehabt. Danach ist ein Prozeß in Gang gekommen, dem das Dogma unterlag, daß die Interessen der großen Rüstungskonzerne, -monopole und -kartelle mit den Interessen der bewaffneten Macht stärker gleichzusetzen seien. Wilhelm II. und seine besonderen Beziehungen zu Krupp setzten hier spezielle Akzente.

Im Zeitalter des Imperialismus tendierten in allen Industriestaaten Unternehmer und Kapitalinteressen auf ein System hin, in welchem staatliche Macht ihren Interessen zur Verfügung stehen sollte. Die Wirtschaft verlangte, wie Rudolf Hilferding schon 1907 einleuchtend formulierte, den starken Staat, der sie auf den Weltmärkten stützte und im Innern für optimale Ausgangspositionen sorgen konnte. Diese Tendenz ist in Deutschland von der politischen Führung früher erkannt und gefördert worden als von der Armee, die ihrerseits, sicher nicht ausnahmslos, länger den Vorstellungen des 19. Jahrhunderts verhaftet blieb.

Einige jüngere Vertreter der neueren Forschung bringen die Rüstungsproblematik nach 1890, vor allem seit der 1898 einsetzenden Flottenrüstung, stark mit innenpolitischen Strategien in Zusammenhang. Die von E. Kehr gesetzten Akzente werden nach Heranziehung neuer Quellen stärker betont (u. a. V. Berghahn). Neben den Vertretern der den Primat der Innenpolitik betonenden Forschung und neben anderen, die die hier liegenden Probleme als Phänomene der inneren Entwicklung des Kapitalismus ansehen, stehen

Verfechter von Hypothesen der kritischen Friedensforschung, die den „militärisch-industriellen Komplex“ vorwiegend unter dem Gesichtspunkt der „Herrschaftsstabilisierung“ behandeln.

Die Armeerüstung spielt in diesen Untersuchungen kaum eine Rolle. Einmal, weil die wesentlichen Aktenbestände vernichtet sind, zum anderen deshalb, weil von den neunziger Jahren bis 1913 die Flottenrüstung kennzeichnender war.

Einige nicht wirklich durchgeprüfte Annahmen gehören zu den Argumentationselementen der erwähnten Forschungsrichtungen: „Herrschaftsstabilisierung“ habe eine weitere Vergrößerung der Armee ausgeschlossen, wegen damit gegebener innenpolitischer Gefahren, etwa Problemen des Offiziersersatzes; die Aufrüstung der Flotte sei keine „Reaktion“ gewesen auf außenpolitische Herausforderungen, sie sei vielmehr primär innenpolitisch initiiert worden.

Soweit die Armeerüstung in Frage steht, sind die hier liegenden Probleme kaum erforscht. Es scheint aber festzustehen, daß der „militärisch-industrielle Komplex“ in Deutschland schon vor 1890 existent war. In den Beziehungen zwischen Armee, Regierung und Krupp spielten bereits transrüstungstechnische Momente eine Rolle. Das Schwergewicht ökonomischer und sozialer Fragestellungen machte sich jenseits relativ leicht zu treffender Optionen für waffentechnische Entwicklungen geltend. Die Auslastung von Kapazitäten, die Stimmung der Arbeiter sind erörtert worden. Die Sozialdemokratie blickte als „ungebetener Gast“ in den Entscheidungsprozeß hinein. Aus solchen übergeordneten Erwägungen sind technische Minderleistungen in Kauf genommen, sind Überpreise gezahlt worden.

In der Forschung wird übersehen, daß die angeblich „unmögliche“ Vergrößerung der Armee, die dann 1913 doch erfolgte, nicht deckungsgleich ist mit der Armeerüstung. Auch eine nicht ostentativ vergrößerte Armee hätte nach 1890 ein bedeutend höherer Kostenfaktor werden können, wenn sie moderner, umfassender und großzügiger ausgestattet worden wäre. In der artilleristischen Rüstung ist zumeist auf Entwicklungen im Ausland „reagiert“ worden. Eine Einschränkung des Flottenbaus hätte nicht unbedingt eine entsprechende Minderbeschäftigung der Rüstungsindustrie bedeuten müssen, wenn auch einzuräumen ist, daß die Flottenrüstung in ihrer Extravaganz nicht hätte egalisiert werden können. Das Verhältnis des „Reagierens“ bei der Armeerüstung zur – unterstellt – innen- und herrschaftspolitisch motivierten, nicht-reaktiven, sondern „selbstindizierten“ Flottenrüstung ist neu zu überdenken. Das Problem ist nicht damit aus der Welt zu schaffen, daß festgestellt wird, die Armee habe nicht „vergrößert“ werden können (der Generalstab war meist anderer Auffassung!). Überdies hätten in die Luftrüstung, in das Kraftfahrwesen, in Panzerzüge, in den Ausbau der Festungen und in die Armeeinfrastruktur nach 1900 durchaus erhebliche Investitionen gesteckt werden können. Damit wäre im Sinne der den Primat der Innenpolitik betonenden Forschung durchaus ebenfalls „Systemstabilisierung“ machbar gewesen. Alles, was zur Krisenbewältigung, zum Verfassungsproblem, zum Steuersystem usw. gesagt wurde, würde auch hier gelten. Daß der Prozeß bei der Flottenrüstung ablief, muß mithin auf „Kausalitäten" oder auf Verschränkungen im „Konfigurationsmodell" beruhen, die bisher zu wenig beachtet wurden. Damit soll nicht einem „Primat der Außenpolitik" das Wort geredet werden. Das Problem ist aber mit einer antithetischen Behandlung von Flotten- und Heerespolitik sicherlich nicht zu lösen.

IV

Militärgeschichte im 19. Jahrhundert

(1814-1890)

Zweiter Teil

Inhalt

Die preußische Armee

von Manfred Messerschmidt

Deutscher Bund und deutsche Mittelstaaten
von Wolfgang Petter

Organisationsgeschichte der Streitkräfte
von Edgar Graf von Matuschka und Wolfgang Petter

Die preußische Armee

von

Manfred Messerschmidt

A. Das Offizierkorps

1. Der Zustand nach den Freiheitskriegen

Ein bedeutender Abschnitt des Reformwerkes von 1808 befaßte sich mit dem Offizierkorps. Den Reformern war bewußt, daß der Neuaufbau der Armee ohne Reorganisation des Offizierkorps nicht möglich war, jedenfalls nicht in einer den Zeiterfordernissen nach der Katastrophe von 1806 angemessenen Weise. Ihre Pläne bewegten sich dabei in doppelter Richtung: einmal im Hinblick auf eine neue innere Ordnung, zu welcher die Einrichtung der Ehrenräte, eine intensivere Bildung und ein neues Verhältnis zur Mannschaft gehörten, ein neues Disziplinarrecht der Offiziere ebenso wie ein neues Strafensystem für die Soldaten; zum andern im Hinblick auf die Abänderung der Zulassungsbedingungen für den Offizierberuf mit dem Ziel der Öffnung des Standes zu einem Beruf, zu dem eine gesunde Konkurrenz der Begabungen und Befähigungen hinführen sollte, mit der notwendigen Folge, daß ein Anreiz für die Söhne des Bürgertums zum Eintritt in die Armee geschaffen wurde.

In der nun folgenden stagnierenden Friedensepoche, als die Beförderungsmöglichkeiten denkbar schlecht waren, konsolidierte sich die Front der Offiziere, die die Armee als ihre Domäne ansahen. Ihre Versuche, die alten Positionen zurückzuerobern, waren um so verständlicher und aussichtsreicher, als die Rückkehr zur alten gesellschaftlichen Ordnung der allgemeinen politischen Entwicklung entsprach.

In der Armee besserten sich damit die Aussichten der reaktionären Kräfte, ihren Einfluß gegen die Reformen geltend zu machen. Freilich hatte sich inzwischen einiges geändert. Boyen, der neue Kriegsminister, bildete zunächst noch ein ernst zu nehmendes Hindernis und in den Freiheitskriegen war es zu einer bis dahin nicht gekannten Verbindung zwischen Armee und Nation gekommen.

Die neue Zeit war nicht spurlos am Offizierkorps vorübergegangen. Als die Armee auf Friedensfuß gesetzt wurde, suchte eine beträchtliche Zahl inzwischen zu Landwehroffizieren beförderter ehemaliger freiwilliger Jäger, also junge Männer aus bürgerlichen Familien, zum Teil Studenten, die jetzt die Lust an wissenschaftlicher Betätigung verloren hatten, Unterschlupf in der aktiven Armee. Die brauchbarsten von ihnen wurden zunächst als überzählige – aggregierte – Offiziere übernommen und rückten dann allmählich in die Planstellen ein. Hinzu kam eine Reihe aus dem Unteroffizierstand hervorgegangener Offiziere.

Für das Jahr 1816 hat man die Gesamtzahl dieser Aggregierten bei allen Waffengattungen einschließlich der Garnisontruppe auf 1536 Köpfe berechnet, davon 1078 bei der Infanterie, 348 bei der Kavallerie, 84 beim Artillerie- und Ingenieurkorps, 26 bei den Garnisontruppen. Die Rangliste von 1819 enthielt noch über 1000 aggregierte Offiziere, darunter etwa 130 Stabsoffiziere und über 300 Kapitäne und Rittmeister. 1821 lag die Gesamtzahl noch bei 480. Es wurden einrangiert:

	1816	1817	1818	1819	1820	1821
Infanterie	293	183	157	22	91	47
Kavallerie	53	36	14	12	10	11
Artillerie und Ingenieure	11	15	22	24	45	18
Gesamt	357	234	193	58	146	76

Davon entfielen im einzelnen auf die Rangstufe der

Obersten	5	Kapitäne und Rittmeister	145
Oberstlieutnants	14	Premierlieutnants	138
Majore	32	Sekondelieutnants	730

In dem relativ kleinen Offizierkorps machten diese Einschübe einen beträchtlichen Teil aus. Sie verlangsamten die Aufstiegsmöglichkeiten der jungen Offiziere empfindlich und durchsetzten bis etwa 1840 ein auf diese Weise buntgemischtes Korps. Die Homogenität litt überdies darunter, daß in den neugewonnenen Provinzen frühere westfälische, sächsische, bergische, polnische, selbst einzelne französische Offiziere übernommen worden waren, die sich nur schwer in die preußischen Verhältnisse einfügen ließen.

Im Offizierkorps setzte sich allmählich eine Purifikationstendenz durch, die dazu führte, daß der junge Offiziernachwuchs wieder nahezu ausschließlich aus den alten Familien kam und die als heterogen empfundenen Bestandteile des Offizierkorps zurückgedrängt wurden. Wenn letztere sich auch nach Jahren und Jahrzehnten in den ‚Geist der Linie' hineinfanden, so blieben sie doch in nicht wenigen Regimentern bis in die vierziger Jahre eine als Fremdkörper betrachtete Gruppe, die eine nach Herkunft und Gesinnung einheitliche Zusammensetzung des Offizierkorps erschwerte. Zwischen den verschiedenen Elementen gab es Reibungen und Voreingenommenheiten, zum wenigsten Gleichgültigkeit und Nebeneinanderherleben.

Besonders deutlich können derartige Erscheinungen bei den in Westfalen und der Rheinprovinz stehenden Regimentern festgestellt werden. Als Beispiel mag hier die Zusammensetzung des Offizierkorps des in Düsseldorf stehenden 1. Bataillons des 16. Infanterieregiments angeführt werden. Unter den Hauptleuten befand sich neben den aus der alten Armee stammenden ein ehemals westfälischer Offizier. In den Reihen der Premierleutnante waren ein ehemaliger Unteroffizier und ein ehemaliger freiwilliger Jäger zu finden. Die Gruppe der Sekondeleutnante setzte sich zusammen aus drei ehemaligen freiwilligen Jägern, einem ehemaligen Landwehroffizier und vier aus dem Kadettenkorps hervorgegangenen Offizieren. Das Offizierexamen hatten überhaupt nur die nach dem Kriege Eingetretenen abgelegt, hingegen gab es unter den ehemaligen freiwilligen Jägern Offiziere mit akademischer Bildung. In dieser bunten Gesellschaft ging beinahe jeder seine eigenen Wege, lediglich die ehemaligen

Kadetten machten eine Ausnahme. Nach der rückblickenden Feststellung eines von ihnen war es sehr erklärlich, „daß bei einer so gemischten Zusammensetzung, bei einer so großen Verschiedenheit der Herkunft, der Bildung, der ursprünglichen Berufe usw. eine Kameradschaft im eigentlichen Sinne des Wortes in diesem Offizierkorps sich nicht hatte bilden können". Sehr viel anders sah es auch nicht in anderen Regimentern aus. Der spätere General v. Holleben berichtete über seine in diese Zeit fallenden Leutnantsjahre in Stargard, ein Drittel des Offizierkorps sei aus ausgehobenen Leuten hervorgegangen, die sich im Frieden nur schwer halten konnten, bei einem anderen Teil habe es sich um Leute gehandelt, die aus der Landwehr übernommen und eingeschoben worden seien: „Mit einem großen Theil der älteren Kameraden hatte ich fast gar keinen Umgang, wir sahen uns nur im Dienst."

Unter diesen Umständen begegneten sich das Eigeninteresse der altpreußischen Offizierfamilien an der Unterbringung ihrer Söhne in der Armee und die Absicht des Monarchen und einflußreicher militärischer Führer, auf eine homogene Zusammensetzung des Offizierkorps hinzuarbeiten. Die Grundsätze und Methoden der Ergänzung des Korps sind mehr als ein innermilitärisches Anliegen dieser Zeit, sie besitzen Aussagekraft auch für die innenpolitische Orientierung der preußischen Monarchie, für das politisch-gesellschaftliche Leitbild der Zeit. In der Frage der Offizierergänzung deckten sich, wie sich bald herausstellte, die Auffassungen des Kriegsministers mit denen des Königs und seiner reaktionären Umgebung ebensowenig wie in anderen wichtigen Belangen der Armee.

Bei den Überlegungen über den Neuaufbau des Offizierkorps stand von Anfang an die künftige Rolle der Kadettenanstalten im Vordergrund. Die Lösung dieser Frage mußte, das war allen Beteiligten klar, als Vorentscheidung über die Zusammensetzung und den Geist des Offizierkorps angesehen werden. Wollte man mit dem 1808 eingeführten „Bildungsprinzip" ernst machen, so hätten die altpreußischen, vielfach verarmten „Offizierfamilien" mit dem Bürgertum allerdings nicht konkurrieren können. Vielen von ihnen wäre es ganz unmöglich gewesen, ihre Söhne in das Gymnasium in der nächsten Stadt zu schicken. Die Kadettenanstalten boten einen Ausweg. Unter den Bedingungen des Wehrgesetzes, der Allgemeinen Wehrpflicht und der neuen Grundsätze der Offizierergänzung zeigte sich ihre standespolitische Funktion noch deutlicher als in früherer Zeit. Daneben trat die homogenitätssichernde Rolle, vor allem im Hinblick auf die Pflege monarchischer Loyalität, immer stärker hervor.

Schon die Tatsache, daß neben den Versuchen des Kriegsministeriums und der Generalinspektion des Militär-Erziehungs- und Bildungswesens zu einem einheitlichen Schulsystem bei langsamer Anhebung der Anforderungen an den Nachwuchs zu kommen, die Kadettenanstalten – als typische Institution des Militärinstituts absolutistischer Observanz – beibehalten wurden, brachte von Anfang an ein Moment in das Ergänzungswesen, das die Pläne Scharnhorsts und Boyens entscheidend modifizieren mußte. Friedrich Wilhelm III. und seine Nachfolger zeigten mit der Beibehaltung des Kadettenkorps, daß sie im Grunde eine andere Vorstellung vom Offizierkorps hatten als die Reformer. Der Zögling des Kadettenkorps paßte theoretisch schlecht zum Soldaten der Allgemeinen Wehrpflicht. In der Praxis der preußischen Armee gab es dagegen keine Schwierigkeiten, weil die Armee mit der Betonung ihres Anstaltscharakters, ihres rechtlichen Sonderdaseins, aus dem ihr Anspruch auf ein politisches Sonderdasein abgeleitet wurde, selbst zum „demokratischen" Element der Allgemeinen Wehrpflicht kein inneres Verhältnis gewann.

Das Kadettenkorps wurde zum wichtigen Ansatzpunkt altpreußischer Opposition gegen die modernen Züge der Armeeverfassung. Der Zustand des Offizierkorps nach den Befreiungskriegen kam diesen Bestrebungen entgegen.

2. Ergänzung und Beförderung

a. Das Ergänzungswesen

Die Entwicklungsmöglichkeiten der Reform

Theoretisch hätten die Ergänzungsbestimmungen von 1808 den weiteren Zustrom bürgerlicher Offizieraspiranten sicherstellen können. Anstelle der in jungen Jahren in die Regimenter eintretenden „Junker" sahen die neuen Bestimmungen die Einstellung von mindestens siebzehnjährigen „Portepeefähnrichen" vor, die nicht nur drei Monate Dienst als Gemeiner, sondern auch eine bestandene Prüfung vor einer Kommission bei ihrem Armeekorps vorweisen mußten. Wenn das Ergänzungswesen auch nicht vom Erziehungs- und Bildungswesen getrennt betrachtet werden kann, so lassen sich doch bestimmte Grundsätze der Wahl zum Offizier, die neben den eigentlichen Bildungsanforderungen praktiziert wurden, vorweg behandeln. Das Offizierergänzungswesen beruht seit der Reformzeit auf einem doppelpoligen Ausleseverfahren. Mit seiner Hilfe wurde angestrebt, „Geist" und „Charakter" der Aspiranten zu erfassen und zu berücksichtigen. Cum grano salis läßt sich sagen, daß dabei den Schulen und Prüfungskommissionen die Aufgabe zufiel, den „Geist", Kenntnisse und Bildungsstand zu ermitteln, während die Beurteilung des „Charakters" Sache der Offizierkorps und Kommandeure war.

Das Reglement vom 6. August 1808 blieb nach den Freiheitskriegen weiterhin maßgebend. Im Juli und Dezember 1817 unterstrich Friedrich Wilhelm III. seine Vorstellungen in dieser wichtigen Angelegenheit noch einmal in charakteristischer Weise. Gemäß Reglement von 1808 gewährten in Friedenszeiten Kenntnisse und Bildung einen „Anspruch" auf „Officier-Stellen" und jeder junge Mann von siebzehn Jahren konnte nach Ablegung der Prüfung vor der Kommission des Armeekorps und, „sobald seine Aufführung bis dahin tadellos und gut gewesen sei", zu den Portepeefähnrichstellen (14 pro Infanterieregiment, 8 pro Kavallerieregiment) gelangen. Darüber hinaus war es auch jungen Leuten aus dem Mannschafts- und Unteroffizierstand möglich, die schon länger gedient hatten und ein schriftliches Attest des Kompaniechefs über die „gesittete und tadellose" Aufführung vorwiesen.

Die Verordnung vom 18. Dezember 1817 an die Ober-Militär-Examinations-Kommission befaßte sich vor allem mit der Auswahl der Portepeefähnriche zum Offizier. Sie knüpfte an die entsprechenden Vorschriften aus dem Jahre 1808 an. Damals wählten sämtliche Premier- und Sekondeleutnante bei einer Offiziervakanz aus den 14 Portepeefähnrichen „die drei vorzüglichsten aus, die sie am würdigsten halten, in das Officier-Corps einzutreten", wobei sie ihr Augenmerk besonders auf Geistesgegenwart, schnellen Blick, Pünktlichkeit, Ordnung im Dienst und anständiges Betragen richten sollten. Nur diese drei wurden zum Offizierexamen zugelassen. Aus den ältesten geprüften Portepeefähnrichen wählten dann die Kapitäne den zum Offizier vorzuschlagenden aus, der dann durch den Kommandeur und die Stabsoffiziere definitiv dem König benannt wurde. Nach der Regelung von 1817 durften sich zwar sämtliche Portepeefähnriche mit einem „unbedingten" Zeugnis der Reife zum Offizierexamen melden, zugelassen wurden aber nur diejenigen, die von den Premier- und Sekondeleutnanten (nach Dienstkenntnis und „sonstiger Führung") ausgewählt wurden. Wichtig wurde nunmehr, daß das über diese Wahl von den Leutnanten ausgestellte Zeugnis durch die Kompaniechefs und Bataillonskommandeure „sanktioniert" werden mußte. Damit wurde der Selbstergänzung durch Wahl schon im Anfangsstadium der offizielle Stempel der Entscheidung des Kommandeurs aufgedrückt.

In keinem Falle war die Wahl oder der Vorschlag des Kommandeurs nachprüf- oder anfechtbar. Auf diese Weise ließ sich eine planmäßige Ergänzungspolitik für die einzelnen Offizierkorps durchführen, die noch dadurch unterstützt und gefördert werden konnte, daß die aus dem Kadettenkorps als Sekondeleutnant abgehenden Nachwuchskräfte nach Bedarf verteilt werden konnten. Ein schneller Erfolg dieser Personalpolitik war nicht zu erreichen. Es dauerte bis in die Tage der Revolutionszeit, bis allmählich die heterogenen Elemente ausschieden. Dann zeigte sich aber, in welchem Geiste von den Offizier-Ergänzungs-Vorschriften der Reformzeit Gebrauch gemacht worden war. In der Armee standen wieder rund zwei Drittel adlige Offiziere. Diese soziale Umschichtung, die in der ganzen Armee festzustellen ist – abgesehen von dem Offizierkorps der Artillerie und Pionierwaffe, in denen ja schon im 18. Jahrhundert meist bürgerliche Offiziere gestanden hatten – änderte oder regulierte sich erst wieder nach der Roonschen Reorganisation einfach infolge der Vermehrung der Offizierstellen, die nun rein zahlenmäßig vom Adel nicht mehr überwiegend ausgefüllt werden konnten.

In den Augen der Armeeführung hing die Frage des Offiziersatzes in eminenter Weise mit dem Problem der Erhaltung des Offiziergeistes zusammen. Unter diesem Aspekt wurden die in den Freiheitskriegen in das Offizierkorps aufgenommenen Bürgerlichen als nicht vollwertig angesehen. Sie kamen eben nicht aus jenen Familien, bei denen dieser Geist als selbstverständlich vorausgesetzt werden konnte. Prinz Friedrich Karl sprach später von diesen Männern einigermaßen geringschätzig als von „einer gewissen Sorte Offizier", sie seien zum Teil „manch' wunderbarer Mutter Kind“ gewesen, „ohne standesgemäße Herkunft und Erziehung“. Erst nachdem das „nicht Assimilierbare“ abgestoßen worden sei, habe sich alles wieder in die alte Ordnung gefunden, „und der preußische Offizier war wieder der erste nach dem König und stand mit seinem Leben für die ‚Person‘ des Königs, so daß jede Beleidigung desselben für jeden Offizier eine persönliche Beleidigung war – ganz wie in alten Tagen“.

Die Situation um die Jahrhundertmitte

Bildungswesen und Offizierergänzung beschäftigten seit Boyens zweiter Amtszeit als Kriegsminister die zuständigen Stellen in erhöhtem Maße. Im Jahre 1842 führte der Prinz von Preußen als Kommandierender General des Gardekorps darüber eine Diskussion mit dem Kriegsminister. Die Überlegungen gingen ein in die grundlegende Verordnung „Über die zukünftige Ergänzung der Offiziere des stehenden Heeres im Frieden und die militärische Ausbildung der Offizier-Aspiranten“ vom 4. Februar 1844.

Diese Verordnung brachte die Verbindung von theoretischem Wissen, praktischen Dienstkenntnissen, von Wissen und Können in einer den Erfordernissen der Zeit besser gerecht werdenden Weise zum Ausdruck. Der Weg bis zur Ernennung zum Offizier ebenso wie die Mitwirkung des Offizierkorps hierbei wurden modifiziert.

Boyen hatte der Verordnung folgende Präambel vorangestellt: „Das größere Maß von Berufskenntnissen und allgemeiner Bildung, welches jetzt in allen Ständen und Geschäftszweigen verlangt und angetroffen wird, macht auch für den Offizierstand, um ihn in seiner Würde zu erhalten und seinen Mitgliedern einen etwaigen Berufswechsel nicht zu erschweren, eine Aenderung in der Prüfung und Vorbildung derjenigen nöthig, welche sich ihm widmen wollen.“

Hiernach scheint der Gesichtspunkt der besseren Vorbildung ganz im Vordergrund zu stehen. Daneben aber sah die Verordnung wiederum – in abgewandelter Form – ein Wahlverfahren vor: Künftig konnte „mit Aussicht auf Avancement“ in die Armee eintreten, wer mindestens $16^1/_2$ Jahre alt war und die Primareife besaß. Er hatte die Portepeefähnrichsprüfung bei der Division abzulegen und erhielt bei positivem Abschneiden ein Attest über die Annahme. Damit war er „auf Avancement“ eingestellt. Es folgte eine 5- bis 6monatige Zeit als Gemeiner und Unteroffizier. Dann entschieden die Kompanieoffiziere, der Kompaniechef und die zuständigen Bataillons- und Regimentskommandeure, ob der Aspirant „würdig“ sei, weiter auf Avancement zu dienen. Hierüber war ein Protokoll aufzunehmen; der Divisionskommandeur beantragte daraufhin bei der Ober-Militair-Examinations-Kommission das „Attest der Reife zum Portepeefähnrich“.

Nach Maßgabe vorhandener Vakanzen konnte jetzt die Ernennung zum Portepeefähnrich erfolgen. Hierauf durchliefen die Portepeefähnriche die Divisionsschulen. Eine Vorprüfung entschied über ihre Befähigung zum Offizierexamen, während die Zulassung überdies von einem positiven Urteil über die Führung seitens sämtlicher als Lehrer oder Aufseher kommandierten Offiziere abhängig war. Die erfolgreich durch das Offizierexamen gegangenen Kandidaten standen zum Offizier heran. Dem Vorschlag mußte ein Protokoll des Offizierkorps des betreffenden Truppenteils beigefügt werden, in welchem zu erklären war, daß „es den Vorzuschlagenden für würdig erachtet, in seine Mitte zu treten“. Ein besonderes Attest sollte ferner bezeugen, daß er die „einem Offizier nöthige praktische Dienstkenntniß“ besaß.

Interessant ist die in der Literatur so gut wie nicht beachtete Abhebung des Urteils über die Würdigkeit von dem Zeugnis über die praktische Dienstkenntnis. Im Reglement von 1808 richtete sich das Würdigkeitsurteil ausdrücklich auch auf dienstliche Leistungen und Eigenschaften. Jetzt gewann das Würdigkeitsurteil an abstrakter Selbständigkeit, die sehr leicht mit sozialen und politischen Maßstäben konkretisiert werden konnte und wurde. Das Wahlrecht des Offizierkorps wurde für den Fall von Meinungsverschiedenheiten dahin geregelt, daß bei dem Gegenvotum einer Minorität die abweichende Meinung motiviert werden mußte. Die Entscheidung über die Berücksichtigung derartiger Voten lag beim zuständigen Generalkommando.

Im Zuge der Roonschen Reorganisation der Armee ist an diesen Grundsätzen nichts geändert worden. Auch die in Fragen der Bildungsvoraussetzungen wichtige Änderungen bringende „Verordnung über die Ergänzung der Offiziere des stehenden Heeres" vom 31. Oktober 1861 beließ es bei dem 1844 eingeführten Wahlmodus.

Gemäß § 17 der Verordnung befreite Auszeichnung vor dem Feinde vom Portepeefähnrichsexamen, fortgesetztes ausgezeichnetes Benehmen im Krieg auch vom Offizierexamen. Das war gegenüber der Regelung von 1808 eine wichtige Einschränkung. Die Möglichkeit, „Kriegsoffizier" zu werden, blieb nach den neuen Vorschriften wesentlich geringer. Vielleicht war die Erinnerung an die zahlreichen Kriegsoffiziere nach 1815 ursächlich für die vorsichtigere Handhabung. Wilhelm I. unterstrich jedenfalls nach den Kriegen gegen Dänemark und Österreich mit Kabinettsorder vom 3. September 1866, daß er über § 17 keine „unpassenden Elemente" in das Offizierkorps aufgenommen sehen wolle. Die „vollständige moralische und dienstliche Reife" sei Grundbedingung für jeden Vorschlag. Für „unzeitige Nachsicht" in dieser Beziehung machte er insbesondere die Regimentskommandeure verantwortlich.

Befürchtete Wilhelm I. von einer in seinen Augen laxen Handhabung der Überwachung der Aspiranten negative Entwicklungen, so sahen andere Kreise in der Armeeführung in zu genauer Befolgung des Bildungsprinzips eine Gefahr für den Geist des Offizierkorps. Zu ihnen zählte vor allem Edwin v. Manteuffel als Chef des Militärkabinetts. Er faßte das Wahlrecht des Offizierkorps ganz offenkundig als soziologisch wirksames Instrument auf, wohl gar nicht daran denkend, wie weit er sich damit vom ursprünglichen Sinn dieses Instituts entfernte. So wandte er sich auch gegen die bei der Reorganisation der Armee aus numerischen Gründen notwendige Übernahme von Landwehroffizieren in das Linienoffizierkorps. Damit werde, so schrieb er dem Kriegsminister Roon am 25. 11. 1861, „das Hauptwesen der preußischen Offizierkorps, das vor allem mit dazu beigetragen hat, ihre Eigentümlichkeit zu begründen und zu bewahren, das Recht und die Pflicht, sich ihren Zuwachs selbst zu wählen und heranzubilden ... nach und nach erschüttert."

Manteuffel machte in diesem Zusammenhang auf einen wichtigen Umstand aufmerksam: die Offizierkorps beschäftigten sich seit Abschaffung der Kategorie der auf „Avantage" dienenden Leute nicht mehr von Anfang an mit dem Nachwuchs. Die Verordnung vom Oktober 1861 erlaubte, jeden Unteroffizier oder Soldaten im Alter zwischen 17 und 23 Jahren nach mindestens sechsmonatiger Dienstzeit bei Vorliegen der sonstigen Voraussetzungen zum Portepeefähnrich vorzuschlagen. Die Betreffenden brauchten also nicht mehr „auf Avantage“ einzutreten und als solche vom Offizierkorps akzeptiert zu werden. Für Manteuffel war hier die Ursache dafür zu suchen, „daß mehrere zu junge Offiziere moralisch untergehen“. Die Erziehung des Nachwuchses in den Offizierkorps gehörte zu seinen wiederholten Forderungen als Chef des Militärkabinetts. Er fand die volle Zustimmung des Monarchen, der darin auch ein Mittel gegen unerwünschte politische Einflüsse erblickte. Wilhelm I. wandte sich in diesem Sinne 1867 erneut mit einer Kabinettsorder besonders an die Regimentskommandeure. Sie seien durch ihre Stellung hauptsächlich zu Trägern des Geistes in den Offizierkorps berufen, deren Fortbildung und Ergänzung sei ihre erste Pflicht. Bei den ihnen gewährten besonderen Befugnissen seien sie dafür verantwortlich, „wenn sich ungeeignete Elemente in ihren Offizier-Korps zum Schaden des Dienstes halten, oder wenn der Offizier-Ersatz eine strenge und angemessene Auswahl vermissen“ lasse.

Die Angemessenheit der Auswahl bestimmte sich primär nach den Familienverhältnissen der Bewerber. Besonders klar brachte Wilhelm I. diese Voraussetzung in einer Kabinettsorder an den Chef der Admiralität vom 20. November 1879 zum Ausdruck, die die bewaffnete Macht unter den Bedingungen der Konfrontation mit politischen und sozialen Gegenkräften sah. Der Kaiser führte hier aus:

„Ich sehe die Mitwirkung der Offizier-Korps an einer Ergänzung durch eine freie und unbeirrte Wahl der neu hinzutretenden Mitglieder als eins der wesentlichen Mittel zur Bildung und zur Erhaltung guter Offizier-Korps an... Ich aber in Betreff der Annahme nicht umhin kann, darauf hinzuweisen, daß doch kein zu großes Gewicht auf die Erlangung eines sehr zahlreichen Offizier-Ersatzes gelegt werden darf. – Die Hauptsache bleibt hier Qualität und die innere Zusammengehörigkeit, welche die jungen Leute schon aus ihren Familien-Beziehungen mit in den neuen Beruf bringen, denn dies ist das Fundament aus dem sich später der feste Zusammenhang eines Offizier-Korps sehr viel leichter und sicherer bilden läßt als aus sich fern stehenden Elementen.“

Die Entwicklung nach 1871

Die Verhärtung der innenpolitischen Lage in den siebziger Jahren, eine allgemein zu erkennende Polarisierung politischer und sozialer Gruppierungen ist als Hintergrund einer derartigen Ergänzungspolitik zu denken. Die Vergrößerung der Armee machte es künftig, und noch dazu auf Reichsebene, ganz unmöglich, auf die alten Reservate des Offiziersersatzes allein zurückzugreifen. Eine soziologische Ausweitung der Grenzen war unumgänglich geworden. In den innenpolitisch ruhigen Zeiten der Reform konnte noch allgemein von Besitz und Bildung gesprochen werden. Damit war lediglich für die Söhne der Offizierfamilien und des Adels ein Konkurrenzproblem berührt. Nach der Revolution und insbesondere seit der parteipolitischen Formierung des Sozialismus lag das Problem anders. Im Bürgertum begann der Sozialistenschreck um sich zu greifen. Der durch die Siege von 1864, 1866 und 1870 kräftig geförderte Nationalismus hat überdies den Kreis bürgerlicher Familien, die jetzt nach Abschaffung der Landwehr alten Stils armeefreundlich wurden, ganz beträchtlich erhöht. In diesen Jahrzehnten ergab sich jene soziale Zuordnung von Armee und nationalem Bürgertum, jene Abgrenzung des Kreises derjenigen, die vom Standpunkt der bewaffneten Macht die richtige „Gesinnung" besaßen, die als definitiv bis in die Weimarer Zeit hinein verfolgt werden kann.

Wilhelm II. nahm nach seinem Regierungsantritt in dieser Hinsicht keine neuen Fäden auf. Sein Erlaß über die Ergänzung des Offizierkorps vom 29. März 1890 unterstrich die Konstellation. Die Aufhebung der Sozialistengesetze und die Versuche, zum sozialen Frieden zu kommen, änderten daran nichts. Die Armee, das Offizierkorps vor allem, repräsentierte eine innenpolitische Ordnung, die eindeutig auf der Privilegierung von Offizierkorps, Beamtentum, Grundbesitz und seit 1879 auch der Schwerindustrie beruhte. Ergänzungspolitik in der Armee ließ sich unter diesen Umständen gar nicht anders bewerkstelligen als in einem neoständischen Sinne.

Wilhelm II. stand mit dem Erlaß ganz auf diesem Boden: „Die allmähliche Vermehrung der Cadres der Armee hat die Gesamtzahl der etatmäßigen Offizierstellen beträchtlich erhöht... Diese Lage macht die Heranziehung eines ausreichenden und geeigneten Ersatzes zu einer von Tag zu Tag wichtigeren und ernsteren Pflicht der Truppenkommandeure. Der gesteigerte Bildungsgrad unseres Volkes bietet die Möglichkeit, die Kreise zu erweitern, welche für die Ergänzung des Offizierkorps in Betracht kommen. Nicht der Adel der Geburt allein kann heutzutage wie vordem das Vorrecht für sich in Anspruch nehmen, der Armee ihre Offiziere zu stellen. Aber der Adel der Gesinnung, der das Offizierkorps zu allen Zeiten beseelt hat, soll und muß demselben unverändert erhalten bleiben. Und das ist nur möglich, wenn die Offizieraspiranten aus solchen Kreisen gewonnen werden, in denen dieser Adel der Gesinnung vorhanden ist. Neben den Sprossen der adligen Geschlechter des Landes, neben den Söhnen meiner braven Offiziere und Beamten, die nach alter Tradition die Grundpfeiler des Offizierkorps bilden, erblicke ich die Träger der Zukunft meiner Armee auch in den Söhnen solcher ehrenwerten bürgerlichen Häuser, in denen die Liebe zu König und Vaterland, ein warmes Herz für den Soldatenstand und christliche Gesittung gepflegt und anerzogen werden... Unausgesetzt haben die Kommandeure es sich klar zu machen, daß es heutzutage mehr wie je darauf ankommt, Charaktere zu erwecken und großzuziehen ..."

Wilhelm II. machte mit diesem Erlaß klar, daß die Armee seit jeher weit entfernt davon war, Bildungsmaßstäbe bei der Offiziererergänzungspolitik dominieren zu lassen. Der Erlaß scheint die grundlegenden Vorschriften von 1844 und 1861 vollkommen zu übersehen oder jedenfalls als belanglos zu behandeln. Nach ihnen wäre theoretisch ein Rückgriff auf „weitere Kreise" durchaus möglich gewesen, er ist auch teilweise erfolgt, weil anders die Lücken nicht hätten gefüllt werden können. Dennoch änderte sich nichts an der konservativ-standespolitischen Haltung der Armee. Das neo-romantische Pathos des jungen Kaisers entstammte einer Tradition, der die Fähigkeit zur Anpassung an Zeiterfordernisse nur sehr begrenzt zur Verfügung stand. Die Einspannung christlicher Gesittung in die Grundsätze der Personalauslese muß im Zusammenhang der Abwehrbemühungen gegen die Sozialdemokratie gesehen werden.

Insgesamt kann die Ergänzungspolitik der Armee mit zunehmender Polarisierung der politischen Gegensätze seit der Revolution und insbesondere seit der Bismarckzeit als ein gelungener Versuch angesehen werden, das Reservoir auf das innenpolitisch frustrierte, in nationaler und wirtschaftlicher Hinsicht aber sich angesprochen fühlende Bürgertum auszudehnen. Das Offizierkorps reflektierte auf diese Weise in seiner Zusammensetzung gerade jene im preußisch-deutschen Staat dominierenden Gesellschaftsschichten, denen der Übergang in die Phase der Industrialisierung Vorteile oder Absicherung alter Vorzugsstellungen gebracht hatte. Die Verbindung von politischer Rückständigkeit und wirtschaftlichem Fortschritt fußte auf der sich im Offizierkorps herauskristallisierenden Harmonisierung der alten und neuen Führungsschichten.

b. Das Beförderungswesen

Die Beförderungsprinzipien: Anciennität und Leistung

Das Avancement war schleppend. Aussicht auf raschen Aufstieg gab es überhaupt nicht. Im allgemeinen vollzog sich die Laufbahn des Offiziers im Rahmen des Anciennitätsprinzips, in der hier behandelten Zeit reiner und ausschließlicher als im 18. Jahrhundert, als Friedrich II. die Ordnung vielfach mit außerordentlichen Einzelmaßnahmen durchbrochen hatte. Er hatte manchem Offizier den weiteren Aufstieg gesperrt, anderen die „Fortune" mit einer außerordentlichen Beförderung bestätigt oder auch besondere Leistungen mit bevorzugter Beförderung belohnt. Von diesen „Korrektionen" des reinen Anciennitätsprinzips wurde nach 1815 nicht in so drastischer Weise Gebrauch gemacht, vielmehr wurde eine allgemeine, für alle Offiziere gleich wirksame Funktionsvoraussetzung für das Anciennitätsprinzip gefunden, die das alte System gewissermaßen an die Bedingungen des 19. Jahrhunderts anpaßte und im Grunde nur eine Folge der Einführung eines wie immer gearteten Prüfungswesens in der Armee war. Ein gewisses Maß an Wissen und Können, an beruflicher Tüchtigkeit, besonders für die Stellen vom Major an aufwärts, also vom Bataillonskommandeur an, wurde zur Bedingung weiterer Beförderung gemacht. Seit dieser Zeit gab es die gefürchtete „Majorsecke". Dieses Prinzip ist ganz richtig als das einer „bedingten" Anciennität, die den Wesensgehalt des alten Systems nicht antastete, bezeichnet worden, es hat sich aber erst nach etlichen Umwegen eingebürgert.

Die Reformer wollten bekanntlich ein weit schärferes Aussiebeverfahren durchsetzen, sie waren so weit gegangen, dem König für die Berufung der Kommandeure und Generäle die Abschaffung des Anciennitätsprinzips überhaupt vorzuschlagen. Boyen suchte seit 1814 auf der Grundlage der reformerischen Pläne dem Leistungsprinzip zum Durchbruch zu verhelfen. Seine Vorschläge gingen dahin, für die Subaltern-Offiziere, Stabsoffiziere und Generäle selbständige, scharf voneinander getrennte „Avancementskörper" zu schaffen. Für die einzelnen Dienstgrade sollten feste Altersgrenzen festgelegt werden, freilich dachte er auch daran, die für den einzelnen damit etwa verbundenen Härten durch ein adäquates Pensionierungssystem auszugleichen; er wollte sogar die Beförderung auf Zeit oder auf Probe einführen. Das alles war für die damalige Zeit zu ausschließlich funktionalistisch gedacht. Boyen unterschätzte die Patriarchalität des Königs, in dessen biedere Vorstellungswelt solche Ideen einfach nicht hineinpaßten. Hinzu kam, daß das Lebensgefühl und das unartikulierte Staatsbewußtsein der Zeit alles andere als auf dem Wege zu modernen Lösungen waren und ein Zurückgehen auf „ständische" Ordnungen und Sicherheiten eher zu beobachten war, unterstützt von den romantisch-idealistischen geistigen Strömungen. Die Träger der Tradition, in der Armee durch handfeste Familieninteressen repräsentiert, erblickten in Boyens Ideen nicht die Garantie, sondern eine Gefahr für Preußens Stellung und Größe. Ihre Stimmen hatten das Ohr des Königs. Mit dem Erstarken der restaurativen Tendenzen waren Boyens Pläne zum Scheitern verurteilt.

In den zwanziger Jahren wurden die Grundsätze der Beförderung der Kapitäne zu Stabsoffizieren als unzureichend angesehen. Sie stiegen nach der Anciennität auf, abgesehen von den selbständigen Kommandeuren, deren Ernennung außerhalb der Tour erfolgte. Das erwähnte System führte bei den Stabsoffizieren nicht durchweg zu befriedigenden Ergebnissen und wurde daher gelegentlich durchbrochen. Der Generaladjutant Job von Witzleben schlug 1824 als generelle Lösung ein Wahlverfahren vor, bei dem die Stabsoffiziere im Falle einer Vakanz aus den Kapitänen den „geeignetsten" auswählen sollten, der dann vom Kommandeur dem König zur Ernennung vorgeschlagen werden sollte. Witzleben wollte damit das schon bei der Wahl zum Sekondeleutnant 1817 (durch die vorgeschriebene Sanktionierung der Wahl seitens des Kommandeurs) eingeschränkte genossenschaftliche Prinzip auf höherer Ebene wieder lebendig machen. Der Versuch schlug gründlich fehl.

Die eigens zu seiner Prüfung einberufene Kommission unter Vorsitz des Prinzen Wilhelm stimmte zwar mit den Verbesserungswünschen des Generaladjutanten überein, hielt aber den vorgeschlagenen Weg für bedenklich. Sie erblickte in einem Wahl- oder Vorschlagsverfahren der angegebenen Art eine Gefahr für Subordination und kameradschaftlichen Zusammenhalt im Offizierkorps. Dagegen schloß sie sich der Auffassung Witzlebens darin an, daß eine theoretische Prüfung kein geeignetes Mittel der Auswahl sei, weil es „bei der Beurtheilung militärischer Tüchtigkeit weit wesentlicher auf das Können als auf das bloße Wissen ankommt". Die Kommission empfahl erstens, daß die Beförderung der Kapitäne zu Stabsoffizieren nicht auf Wahl und Vorschlag von den Regimentern selbst, sondern, wie es bisher schon in Fällen außergewöhnlicher Beförderung geschah, nach eigener Auswahl von Seiner Majestät dem Könige unmittelbar erfolge, und zweitens, daß „Seine Majestät geruhen wolle, den bisherigen Grundsatz auch ferner aufrecht zu erhalten, daß kein jüngerer Kapitän mit Übergehung seiner Vorderleute in demselben Regimente Major werden könne, sondern eine solche Beförderung eines jüngeren Kapitäns stets mit Versetzung in ein anderes Regiment ... verbunden werde“. Die Auslese der nach Wissen und Können besten Hauptleute sollte mittels gewissenhafter Führung der Konduitenlisten praktiziert werden. Die Kommission schlug sogar eine königliche Verordnung darüber vor, daß „das Anciennitätsverhältniß bei den höheren Beförderungen nicht mehr als alleinige gesetzliche Norm anerkannt ist“. Die Beförderung bis zum Kapitän sollte dagegen „in der bisherigen Form“ weiterhin gehandhabt werden. Darin liege für die übergangenen Hauptleute die Sicherheit, daß sie in ihrer Hauptmannsstelle bleiben könnten, sofern sie sie genügend ausfüllten. Sie sollten sich nicht als Hindernis für junge Leute fühlen. Prinz Wilhelm war dagegen, daß eine etwaige Verordnung die Gründe angebe, die die Beförderung der Stabsoffiziere außer der Tour notwendig mache, um „das Zartgefühl und den Standesgeist“ zu schonen. In der Armee werde eine derartige Anordnung verstanden werden. Für jedes höhere Avancement sollten die angegebenen Grundsätze noch dringendere Geltung haben. Die Konduitenlisten mußten daher stets ein genaues Urteil darüber enthalten, ob der betreffende Offizier die für eine höhere Stellung erforderlichen Eigenschaften habe oder nicht.

Die Kommission hatte mit ihren Empfehlungen das Prinzip „einer anderen als der strengen Anciennitätsbeförderung“ in Vorschlag gebracht, nämlich die „bedingte Anciennität“. Sie wurde verbindlich bis zum Ersten Weltkrieg. Im wesentlichen handelte es sich dabei um ein sachlich orientiertes Leistungsdenken, das seitdem nicht nur den militärischen Bereich kennzeichnete. Wie in vielen bürgerlichen Berufen am Anfang der Laufbahn ein breit angelegtes Examen stand und dann die weiteren Befähigungsnachweise sich allein auf den Fachbereich bezogen, so hatte der Offizier nach Portepeefähnrichs- und Offiziersprüfung zunächst sein Können zu beweisen. Vom Stabsoffizier aufwärts wurden zusätzlich „militärwissenschaftliche“ Fähigkeiten und Kenntnisse verlangt, womit im Grunde ein fachliches „Auf-der-Höhe-der-Zeit-sein“ (up to date) verlangt wurde, nebst der Fähigkeit zur praktischen Anwendung dieses Wissens.

Sehr viel anders läßt sich wahrscheinlich ein fachlicher Ausleseprozeß gar nicht durchführen. Der Vorwurf Meineckes, daß die Offiziersgeneration der Mitte und zweiten Hälfte des 19. Jahrhunderts das geistige Leben der Zeit nur in Form einer für das Militärwesen brauchbaren Erziehung aufnahm, richtet sich daher gegen eine allgemeinere Erscheinung. Der geistige Schwung der Aufklärung, des Idealismus und der Romantik ließ nach, er machte jenem pragmatischen Denken Platz, das immer stärker zum Spezialistentum hinführte. Tatsächlich hatte ja auch zu Beginn des 19. Jahrhunderts nur eine Minderheit im Offizierkorps sich den geistigen Bewegungen und Zeitströmungen gegenüber aufgeschlossen gezeigt, wie es schon im 18. Jahrhundert immer einzelne solcher Offiziere gegeben hatte. Aber diese Militärs, wie Boyen, Scharnhorst,

Gneisenau, Grolman u. a., können selbst in der Reformperiode nicht als repräsentativ für den geistigen Habitus des Offizierkorps angesehen werden. Im weiteren Verlauf des 19. Jahrhunderts traten solche universal angelegten Interessen im Offizierkorps noch mehr zurück oder weniger hervor. Allerdings hatte das geistige Leben der „Nation" auch längst nicht mehr jenen ursprünglichen frischen Atem, der die Reformer ermutigt hatte, das Programm der Harmonisierung von Armee und „Nation" zu formulieren und in Angriff zu nehmen. Im Zeitalter der Restauration waren die durch die französische Revolution ausgelösten geistigen Bewegungen in Parteigegensätze zerflossen.

Im Hin und Her der Interessenkämpfe fixierte sich die Position des Offizierkorps stärker und ausschließlicher als vorher. Geistige Freiheit und Unabhängigkeit waren nur noch in engeren Grenzen möglich, darüber hinaus standen sie in Gefahr, für liberal, d. h. aber politisch unerwünscht, zu gelten. Von nun an begann die innenpolitische Orientierung des Offizierkorps im engeren Sinne. Es wurde „monarchisch", aber damit war etwas anderes gemeint als mit dem alten Begriff „königliches Offizierkorps", denn die Monarchie war nun selbst zum innenpolitisch umstrittenen Begriff geworden und hatte sich gegen die liberalen Zeittendenzen zu behaupten. Für den „geistigen Offizier" lag es daher nahe, sich ausschließlich mit den Problemen seiner Fächer zu beschäftigen. Der geistige Spielraum, den die Katastrophe von 1806 gegeben hatte, war nicht mehr vorhanden. Die Siege von 1814/15 hatten ihn erheblich eingeengt; Preußens Anschluß an die Politik Metternichs schließlich hatte die alten Gewalten wieder restituiert und besonders hellhörig gemacht. Das Vordringen des militärischen Spezialistentums hängt also wohl mit der allgemeinen geistigen Bewegung der Zeit, zugleich aber auch mit Preußens besonderer Situation zusammen.

Insofern war die Einführung der „bedingten Anciennität" ein zeit- und sachgerechter Fortschritt. Die Armee sicherte sich den Fachmann, die Monarchie den „disziplinierten" Geist, dessen Loyalität nicht durch „gefährliche" Weitschweifigkeit in Frage gestellt war. Die Armee honorierte mit den Ausleseprinzipien der „bedingten Anciennität" nicht die Bildung an sich, nicht theoretische, durch Prüfungen meßbare Wissenschätze, die allzu leicht ein Überwiegen des bürgerlichen Elements zur Folge gehabt hätten, sondern „Wissen und Können", wofür den rechten Maßstab zu finden nach Überzeugung der mehr und mehr dominierenden „Nur-Soldaten" vornehmlich der fähige Kommandeur in der Lage war. Diese Ausleseprinzipien wurden scharf gehandhabt, sie stellten eine echte Verbesserung dar, sie machten die militärische Karriere zu einer Berufskarriere, legten damit freilich auch den „Keim" zu einer Entwicklung, die langsam von den „ständischen Lebensformen" des Offizierkorps wegführte. Aber eines blieb doch gesichert: der Auftrag der Offiziere blieb eine Angelegenheit immanent militärischer Maßstäbe, die geradezu voraussetzten, daß die Armee das Sonderinstitut blieb, das sie war – eine dem bürgerlichen Denken, auch dem bürgerlichen Leistungsdenken, verschlossene Welt.

Dennoch darf man sich die Zahl der nach solchen Grundsätzen vorgenommenen bevorzugten Beförderungen nicht sehr groß vorstellen. Im allgemeinen blieb die Entwicklung in Grenzen. An dem Prinzip wurde aber unbeirrt festgehalten, wie verschiedene Kabinettsordern zeigen, durch die an einzelne Neuerungen aus der Reformzeit erinnert wurde.

Anknüpfungsmöglichkeiten boten vor allem die einschlägigen Kabinettsordern vom 30. November 1808 und vom 10. März 1809. Erstere hatte die Übertragung zeitlich begrenzter Kommandos an Generalmajore und Generalleutnante aus dem Anciennitätsprinzip gelöst. Seit dieser Zeit konnten jüngere Generalmajore für bestimmte Kommandos als Befehlshaber eingesetzt werden, in der Weise, daß sie in dieser Eigenschaft auch dienstälteren Generalmajoren übergeordnet waren. Das gleiche galt bei Generalleutnanten. Hiermit war gewissermaßen ein funktioneller Einbruch in die starre Anciennität erfolgt, erweitert wurde der Schritt mit der zweiten Vorschrift, die generell für die Berufung in Kommandeurstellen das Anciennitätsprinzip aufhob: „Seine Majestät finden bei den jetzigen Verhältnissen in der Armee sich genöthigt, dem bisherigen Gebrauche, die Kommandeure der Regimenter zu Zeiten ohne Rücksicht auf das Dienstalter zu wählen, eine gesetzmäßige weitere Ausdehnung zu geben und zu dem Ende hierdurch zu erklären, daß Sie bei Besetzung dieser Stellen in der Folge als allgemeine Regel nicht auf das Dienstalter sehen wollen, sondern, wenn Sie es für das Beste des Dienstes nothwendig erachten, die Kommandeurstellen ohne Rücksicht auf das Dienstalter besetzen werden. Seine Majestät haben mehrere Beweggründe zu dieser Bestimmung und sich überzeugt gefunden, daß die Stellung eines Kommandeurs besondere Eigenschaften erfordert, und daß mancher, übrigens sehr schätzenswerthe Stabsoffizier, sich nicht zum Kommandeur eines Regimentes eignet ...“

Das Offizierkorps konnte sich offenbar mit solchen Maßnahmen nicht abfinden. Es gab immer wieder Vorstellungen übergangener Offiziere. Wiederholt ließ der König die alten Grundsätze dem Offizierkorps deshalb in die Erinnerung rufen, so 1839 und wieder 1859. Auch bei außerdienstlichem Vakantwerden von Offizierstellen behielt sich der König die Dispositionsfreiheit vor und untersagte Vorschläge zur Wiederbesetzung der Stellen. Das galt z. B. bei Vakanzen infolge Selbstmord (KO v. 15. März 1823), aufgrund von Versetzungen und Pensionierungen infolge allerhöchster Entscheidung (KO v. 25. August 1826), bei Vakanzen nach tödlichem Duellausgang (KO v. 2. August 1826) und bei Vakanzen aufgrund von Kassationen, selbstverschuldeter Entlassung und Entfernung aus dem Offizierstand (KO v. 12. November 1834). Die hierdurch eröffnete elastischere Beförderungspraxis kam im allgemeinen den Truppenoffizieren weniger zugute als der ohnedies in Sonderstellungen tätigen Elite, die Dienst im Generalstab oder in der höheren Adjutantur tat.

Es kam nicht selten vor, daß übergangene Offiziere den Abschied nahmen, ja daß ihnen nahegelegt wurde, diesen Schritt zu tun. Andererseits bedeutete aber ein Übergangenwerden nicht unbedingt das Ende der Karriere. Die Kabinettsorder vom 17. Mai 1859 stellt hierzu fest: „... daß Generale, Regiments-Kommandeure und Stabsoffiziere, welche hierdurch bei der Besetzung höherer Stellen unberücksichtigt bleiben sollten, sich noch keineswegs als definitiv übergangen zu betrachten haben." Wurde beispielsweise ein übergangener Stabsoffizier doch später Regimentskommandeur, so stellte sich sein altes Dienstaltersverhältnis zu den inzwischen vorgezogenen Offizieren wieder her. Das war möglich, weil alle Offiziere vom Major an aufwärts, gleichgültig welcher Waffengattung sie angehörten, in einem und demselben Ancienniätsverband standen.

Wenn auch die Zahl der Aggregierten bis 1840 fiel, so erwuchs doch um diese Zeit ein neues Problem, das innerhalb der nicht vergrößerten Armee Avancementsschwierigkeiten gerade für junge Offiziere bewirkte, nämlich der Zustrom junger Leute zum Offizierberuf. Viele von ihnen wurden übernommen und dann zu „überzähligen" Offizieren befördert, was in der Regel bedeutete, daß sie auf das Portepeefähnrichsgehalt gesetzt wurden. Diensteifer und Zufriedenheit sind auf diese Weise nicht gefördert worden. Um Pensionen zu sparen, wurden auf der anderen Seite hohe Dienstränge möglichst spät verabschiedet. Das Avancement geriet ins Stocken, das Offizierkorps überalterte ähnlich wie in der Zeit vor 1806.

Ein Vergleich der Zahlen bei der Infanterie belegt diese Feststellung (bei der Kavallerie, Artillerie und dem sogenannten fixierten Teil der Armee wie den Garnisonkompanien, Traindepots usw. lagen die Verhältnisse ähnlich).

	1806	1829
Infanterie		
Fähnriche und Leutnante	3100	2347
mit Aussicht auf Beförderung zum Kapitän	30%	26%
Stabskapitäne	936	616
mit Aussicht auf Beförderung zum Stabsoffizier	57%	57%
Stabsoffiziere	538	552
mit Aussicht auf Beförderung zum General	12%	15%
Gesamte Armee		
Leutnante mit Aussicht auf Beförderung zum Kapitän	30%	33%
Kapitänsränge mit Aussicht auf Beförderung zum Stabsoffizier	67%	52%
Stabsoffiziere mit Aussicht auf Beförderung zum General	15%	16%

Die Armee hat das Avancement – und damit das Überalterungsproblem – bis in die Zeit der Reorganisation nicht zu lösen vermocht. Dennoch hielt der Zustrom junger Leute, vornehmlich aus dem Adel und aus Offizierskreisen, unvermindert an. Die kostenlose Ausbildung auf den Divisionsschulen, so fragwürdig sie war, trug das Ihre dazu bei.

In keinem anderen Zweig des höheren öffentlichen Dienstes waren die Zulassungsvoraussetzungen materiell so günstig. Für den Nachwuchs aus dem Kadettenkorps – das ohnehin nur Sprößlingen bestimmter Familien offenstand – gab es zudem weitere vorteilhafte Nuancierungen. Kadetten erhielten, sobald sie zum überzähligen Offizier ernannt wurden, sogleich das Gehalt ihrer Charge. Kriegsminister v. Boyen rügte dieses Verfahren in seinem Bericht an den König vom 29. Dezember 1841. Er bezifferte zu dieser Zeit die Zahl der überzähligen Offiziere auf 887 Köpfe. Künftig sollten Absolventen des Kadettenkorps nur dann sogleich den Charakter als Offizier bekommen, wenn sie ohne „Weisung“ bestanden hatten, aber auch dann nur auf Fähnrichsgehalt gesetzt werden. Ihre Patente sollten nach Boyens Vorschlag erst nach einem Jahr mit Rücksicht auf die Prüfungszeugnisse, das Dienstalter und die Applikation der übrigen zu Leutnanten beförderten Portepeefähnriche geordnet werden. Boyen hoffte, über ein rigoroses Bildungs- und Prüfungsverfahren die Schwierigkeiten überwinden zu können, aber die ständischen Interessen hielten schließlich doch ihre Positionen, vor allem unter dem Patronat des Militärkabinetts, von dessen Chefs insbesondere Manteuffel später ein Gegner der Boyenschen Ideen war.

In der Zeit nach 1815 war eine elastische Beförderungspraxis mit dem Ziel der Verjüngung des Offizierkorps noch aus einem anderen Grunde nicht möglich. Jene Stabsoffiziere und Generale, die im Kriege rasch aufgestiegen waren, blockierten jetzt auf Jahre, oft auf Jahrzehnte, die Aufstiegschancen für die Subalternoffiziere. Einen Eindruck davon gibt eine Statistik über die durchschnittliche Dienstzeit der Subalternoffiziere in den einzelnen Chargen für die ersten Jahrzehnte des 19. Jahrhunderts. Hiernach war der „Durchschnittsoffizier“ in seiner Charge:

im Jahre	Leutnant:	Kapitän:	Major:
1815	10–11 Jahre	5– 6 Jahre	2– 6 Jahre
1825	12–14 Jahre	12–15 Jahre	11–15 Jahre
1835	21–22 Jahre	14–18 Jahre	10–17 Jahre

Ähnlich lang blieben die Regimentskommandeure in ihren Stellungen. Mit der von den Reformern geforderten Erhaltung des lebendigen Geistes im Offizierkorps hatte das alles nichts mehr zu tun. Hier sprach sich der patriarchalische Sinn des Königs aus, der davor zurückschreckte, verdiente Männer rechtzeitig abzulösen. Diese Wirklichkeit paßte auch nicht in das Konzept des Prinzen Wilhelm, und es hat später den Chef des Militärkabinetts, Edwin v. Manteuffel, harte Arbeit gekostet, die dringend notwendige Verjüngung herbeizuführen. Um 1840 waren 45jährige Premier- und Sekondeleutnante keine Seltenheit. Erst die Roonsche Heeresreorganisation brachte eine nachhaltige Verbesserung.

3. Die wirtschaftliche Lage der Offiziere

a. Der Umbruch von 1808

Die ökonomische Situation des Offiziers in der friderizianischen Armee war, sofern er nicht über eigenes Vermögen verfügte oder aus begüterter Familie stammte, von dem komplizierten System der Kompaniewirtschaft bestimmt worden, das wiederum mit dem Armeeergänzungswesen jener Zeit innerlich in Zusammenhang stand. Den Reformern schwebte 1808 die Errichtung einer Nationalarmee vor. Dieses Planungsziel wirkte sich entscheidend auch auf den Etat und daher auf die Regelung des Besoldungswesens aus.

Friedrich Wilhelm III. hatte mit AKO vom 10. Juni 1808 der Reorganisationskommission aufgetragen, „sämtliche Verbesserungen beim Militär mit Hinsicht der möglichsten Ersparnisse durch Hinwegschaffen alles Überflüssigen und Unbrauchbaren" in Vorschlag zu bringen.

Scharnhorst erledigte diesen Auftrag prompt. Sein Vorschlag vom 3. Juli 1808 enthält den Kern jener Regelung, die der preußischen Armee die Modernisierung ihres Besoldungs-, Pensions- und Verpflegungswesens gebracht hat, nämlich den Entwurf des „Friedensetats von der Infanterie und Kavallerie, Aufstellungen der Pensions- und Halbsoldbezüge sowie eine Reihe einzelner Verbesserungsvorschläge". Zu letzteren gehörte ein schon früher vorgebrachter Gedanke: nämlich alle Offiziere, die über dem Etat oder nicht aktiv waren – eine erhebliche Anzahl nach der Verringerung der Armee – auf Halbsold und alle zum Kriegsdienst untauglichen Offiziere auf Pension zu setzen.

Seit 1808 erhielt der Offizier vom Leutnant bis zum General lediglich das Gehalt (Traktament), den Servis und die Fourage. Nebeneinnahmen aus den diversen Aufgaben der alten Kompaniewirtschaft fielen fort. Der neue Etat wurde mit der Maßgabe publiziert, daß Offiziere vom Kompanie- und Eskadronchef aufwärts „bei dem jetzigen Zustand der Finanzen" einen Abzug von einem Drittel des Gehalts erleiden mußten. Der Vergleich mit dem Traktament des Gemeinen (2 Taler), des Korporals (3 Taler, 12 Groschen) und des Feldwebels (6 Taler, 12 Groschen) ist aufschlußreich. Erstrebenswert wurde für mittellose Offiziere erst die Position des Kapitäns.

Im einzelnen sah die Tabelle der monatlichen Gehälter 1808 vor: Regimentskommandeur 208, Stabsoffizier 150, Kapitän 100, Stabskapitän 30, Premierleutnant 25, Adjutant 23, Sekondeleutnant 17 Taler.

Die Generale erhielten nach dem „Friedensverpflegungsetat für die Generalität sowohl der Infanterie als Kavallerie" vom 19. Juli 1808 ebenfalls – „solange die Abzüge der übrigen Staatsbeamten fortdauern" – nur zwei Drittel ihrer Gehaltssätze ausbezahlt. Als ungekürztes Jahresgehalt erhielten:

Generalleutnant ohne Kommando	4000 Taler
als Divisionskommandeur zusätzlich	2400 Taler Tafelgeld
Generalmajor ohne Kommando	3000 Taler
als Brigadekommandeur zusätzlich	1200 Taler Tafelgeld

Für Subalternoffiziere war der materielle Anreiz des Berufs gering. Aber die mittlere Beamtenschaft stand nicht besser da. Doch der höhere Anspruch, ferner die Zugehörigkeit zu einem Korps, das bis in die höchsten Ränge durchgestuft war ohne die unüberschreitbaren Barrieren, die den mittleren vom höheren Beamten trennten, gewährten Aufstiegschancen besonderer Art, die der öffentliche Dienst sonst nicht bot. Die verschiedene soziale Herkunft des Subalternoffiziers und des Subalternbeamten entsprach diesen Entwicklungsmöglichkeiten. Herkunft blieb entscheidend bei der theoretischen Bindung des Offizierberufs an gewisse, bescheidene Bildungsvoraussetzungen. Herkommen und darauf gegründeter Anspruch wirkten angesichts des relativ zähflüssigen Vorwärtskommens bei bescheidener Besoldung nicht selten negativ auf die

Geduld der jungen Leute ein. So mancher nahm vorzeitig den Abschied aus solchen Gründen.

Den Besuchern der Allgemeinen Kriegsschule – also der „Bildungselite“ – wurde übrigens wiederholt, noch mit Verordnung vom 27. April 1820, eingeschärft, daß sie während des Schulbesuchs nicht um Entlassung aus dem Dienst einkommen dürften. Absolventen waren verpflichtet, „noch einige Jahre im Dienst zu bleiben“. Diesem Grundsatz ist nicht durchgängig entsprochen worden, so daß 1820 die Absolventen des dreijährigen Kurses auf eine anschließende Dienstzeit von mindestens sechs Jahren festgelegt wurden.

Ein Sekondeleutnant, der nichts Eigenes zuschießen konnte, lebte äußerst spärlich. Mit einem Gehalt von 17 Talern im Monat, zu dem noch der Servis in den Garnisonstädten, der Wohnung und Heizung deckte, kam, konnte er sich nur schlecht und recht durchschlagen. Dieses geringe Gehalt bekam er aber nicht einmal voll ausgezahlt. Nach Abzug der Kleiderkassen-, Marsch- und sonstigen Beiträge blieben häufig nur zehn Taler übrig, die praktisch für die Besorgung der Wäsche, für den Schuhmacher, für den Burschen und vor allem für den Mittagstisch ausgegeben werden mußten. Die übrigen Mahlzeiten konnten meist nur aus Butterbroten bestehen. Ein Bier war bereits Luxus. Mit privaten Zulagen konnten zu Beginn des Jahrhunderts die wenigsten rechnen, lediglich bei den Garderegimentern war es in dieser Hinsicht besser bestellt, aber auch hier hatten sich die meisten jungen Offiziere mit etwa zehn zusätzlichen Talern zufriedenzugeben.

In der alten Armee konnte der über reichliche Einkünfte verfügende Kompaniechef seinen jungen Offizieren einen freien Mittagstisch bieten. Nach den Reformen entfielen korporative Elemente dieser Art. Der einzelne war stärker den wirtschaftlichen Problemen der Zeit ausgesetzt. Nur eine drastische Gehaltsaufbesserung hätte hier Abhilfe schaffen können, aber dazu fehlten die Mittel. So verfiel man auf die Idee, „Offizier-Speiseanstalten“ zu errichten, möglicherweise angeregt durch das Beispiel der englischen Offiziermessen, die Friedrich Wilhelm III. bei seinem Englandbesuch nach dem ersten Pariser Frieden im Juni 1814 kennengelernt hatte. Diese Speiseanstalten wurden nach der AKO vom 4. September 1816 überall, wo Bedarf herrschte, eingerichtet. Aus ihnen gingen die Offizierkasinos hervor. Unterstützt wurde die Einrichtung durch die Gewährung der sogenannten Tischgelder, die ein Ausgleich für den spürbaren Preisanstieg der Lebensmittel sein sollten. Friedrich Wilhelm III. genehmigte bei Festsetzung des Etats für das Jahr 1816, daß „einem Infanterie-Bataillon oder einem Kavallerie-Regimente bei ganz außerordentlichen Verhältnissen“ in „Garnisonen, wo die Theuerung der Lebensmittel und überhaupt die Kostbarkeit des Aufenthaltes solches rechtfertigt“ monatlich 30 Taler Tischgeld gezahlt werden sollte, unter der Voraussetzung, daß das Offizierkorps eine gemeinschaftliche Speiseanstalt einrichtete. Die Beiträge der Subalternoffiziere sollten zur Vermeidung von „Luxus“ 4 Taler nicht übersteigen. Ein Jahr nach dem Ende der napoleonischen Kriege mußte ein solcher Hinweis übervorsichtig erscheinen. In der Tat meinte er etwas anderes als die späteren Befehle gegen den Luxus im Offizierkorps. In den ersten Jahren nach der Neuordnung des Militärwesens dominierten eher Sparsamkeit und Frugalität. Der Kriegsminister suchte die Angelegenheit zu forcieren, er erreichte schließlich, daß beim Neubau von Kasernen Offizier-Speiseanstalten sogleich eingeplant wurden.

Die ersten Einrichtungen dieser Art – durch Verordnung nach Größe und Mobiliarausstattung normiert – waren mehr als schlecht; eintürige Räumlichkeiten, bar jeden Schmuckes, mit einfachen Tischen und Bänken. Erst allmählich wurden Stühle genehmigt und bessere Tische: „vorausgesetzt, daß dies keine Spiel-, sondern Speisetische sind", hieß es bezeichnenderweise in einer Verlautbarung des Kriegsministers von 1830 an das 2. Garderegiment zu Fuß. Allmählich kamen, je nach den Verhältnissen der Regimenter und der Freigebigkeit ihrer Gönner, Lese-, Billard- und Spielzimmer hinzu. Aus den Speiseanstalten wurden Kasinos. Den ersten Schritt in dieser Richtung machte die AKO vom 7. August 1820, die es gestattete, daß für die Bibliotheken Zimmer angewiesen wurden mit dazugehörigem Mobiliar. Die Kasinos erfuhren durch das Kriegsministerium und auch durch besondere Spenden Einzelner, nicht zuletzt des Königs, weitere Förderung, bis man schließlich bei einzelnen Regimentern einem um sich greifenden Luxus steuern mußte.

Für junge Offiziere war diese Einrichtung eine unentbehrliche Hilfe; dennoch war der Leutnant, der abends die Runde durch die befreundeten Familien machte, „eine typische Erscheinung".

b. Die wirtschaftliche Situation in der zweiten Hälfte des Jahrhunderts

In den fünfziger Jahren ist, im ganzen genommen, wie in den Beförderungs- so auch in den Gehaltsverhältnissen kaum eine Besserung eingetreten. Leichte Anhebungen der Bezüge besagten wenig angesichts der Verteuerung der Lebensmittel und der im allgemeinen gestiegenen Lebenshaltungskosten. Der Leutnant konnte auch in der nachrevolutionären Zeit mit seinem Einkommen von rund 20 Talern Gehalt, 4 Talern Wohnungsgeld und 2 Talern Tischzulagen kaum auskommen. Ohne elterliche Zuwendungen nahm er nicht selten zum Schuldenmachen Zuflucht. Eine von Boyen 1842 durchgesetzte kleine Gehaltsaufbesserung blieb ohne Wirkung, ebenso eine Herabsetzung der Freistellen im Kadettenkorps. Mit dieser Maßnahme rief der Kriegsminister nur die Opposition der ärmeren Offiziers- und Adelsfamilien wach.

Im Jahre 1848 sind Premierleutnante von 39 und Hauptleute von 47 Jahren in der Rangliste zu finden. Die Regimentskommandeure standen vor schwierigen Aufgaben. Der eine sah in den Qualifikationsberichten großzügig über die Schulden junger Offiziere hinweg, der andere neigte dazu, Söhne aus gutsituierten bürgerlichen Familien zu akzeptieren. Wilhelm I. wies noch in einer KO vom 27. November 1862 an die Kommandierenden Generale auf untragbare Mißstände hin: „Ebenso hat das Verschuldetsein einzelner Offiziere zu

Eclats geführt, und es hat sich gezeigt, daß dieselben seit Jahren derangiert gewesen sind, während in den Personal- und Qualifikationsberichten ihre finanziellen Angelegenheiten als geordnet angegeben waren."

Schon um die Mitte der fünfziger Jahre hatte eine KO bestimmt, daß sich die Regimentskommandeure bereits bei den Vorschlägen zum Portepeefähnrich über die finanziellen Verhältnisse und das „Freivonschuldensein" der Vorgeschlagenen aussprechen sollten. Damit mußte zwangsläufig bei beginnender Industrialisierung und Zunahme von Wohlstand und Selbstbewußtsein im Bürgertum das Angebot des Offiziersersatzes verändert werden. Die sogenannten altpreußischen Familien erlebten die Konkurrenz geistig und politisch assimilierter bürgerlicher Kreise. Erst während der Reorganisation wirkte als Stimulans neben den gesellschaftlichen Vorteilen hierbei auch ein primär materielles Interesse mit. Zwar wurden die Gehälter nicht erhöht, aber die Beförderungsmöglichkeiten verbesserten sich schlagartig in der vergrößerten Armee. Schon im Oktober 1861 konnten die Weisungen über die Berücksichtigung der materiellen Lage der zum Portepeefähnrich vorgeschlagenen Bewerber aufgehoben werden. Eine Auflockerung bewirkten überdies zahlreiche Pensionierungen in den Jahren vor der Mobilmachung 1859. Die mit der Reorganisation anfallenden neuen Kompaniechef- und Premierleutnantstellen wurden nicht sogleich besetzt. Monatliche Vorschläge blieben einer speziellen Prüfung unterworfen, so daß das Offizierkorps in fast allen Chargen erheblich verjüngt werden konnte. Der Scheitelpunkt der Kurve, die das Ausscheiden von Offizieren wegen Verschuldung kennzeichnete, war damit überwunden. Dennoch glaubte Manteuffel in einem Promemoria an den König vom April 1862 darauf hinweisen zu müssen, daß die Überalterung schon wieder zuzunehmen beginne. Mit der Begründung, der Anreiz für junge Leute – gemeint waren die Söhne altpreußischer Familien – lasse wieder nach, suchte er für sie Erleichterungen durchzusetzen.

Alles in allem aber änderte der Zustrom bürgerlicher Aspiranten den materiellen Hintergrund vor allem des jungen Offizierkorps. Ob ihr Beispiel oder der Sog der Lebensverhältnisse negativ wirkten, ist eine offene Frage.

Schon als Prinzregent machte Wilhelm I. deutlich, daß dem „bei einzelnen Truppenteilen eingerissenen, ganz unmilitärischen Luxus" noch grundsätzlicher entgegenzutreten sei. Seine Kabinettsorder vom 2. August 1860 muß zusammen mit den einschlägigen Bemühungen Friedrich Wilhelms IV. als Beleg dafür gewertet werden, daß die sprichwörtliche Einfachheit und Anspruchslosigkeit des preußischen Offiziers schon vor den Gründerjahren in Gefahr standen, von der allgemeinen wirtschaftlichen Entwicklung und den sich daraus ergebenden Maßstäben für den Lebensstandard und die persönlichen Bedürfnisse stärker berührt zu werden, als nach außen bekanntwerden durfte.

Sie stellte den „inneren Werth" gegen den äußeren Anschein von Wohlhabenheit: „Ich mißbillige überhaupt alles, was zu prunkhaften, den Verhältnissen der Mehrzahl der Offiziere unangemessenen Ausgaben, dadurch zur Verschuldung und somit zur Beeinträchtigung des guten Rufs eines Standes führt, der seine bevorzugte Stellung allein durch männliche Selbstbeschränkung und ritterliche Sitte zu behaupten vermag."

Daß in der zweiten Hälfte des 19. Jahrhunderts, nach einer zwar im Keim erstickten revolutionären Bewegung, inmitten herankommender sozialer Probleme unabsehbarer Größe und Vielfalt die dominierende Stellung eines Standes auf derartig einseitige, dem militärischen Vokabular und militärischen Wunschvorstellungen entliehene Tugenden begründet werden konnte, mag Wilhelm I. kaum problematisch erschienen sein.

In seiner richtungweisenden Einleitungsorder zur Ehrengerichtsverordnung wies er als Kaiser darauf hin, der Offizier müsse sich von „Ausschweifungen, von Trunk, Glücksspiel, von Börsengeschäften und von der Teilnahme an Erwerbsgesellschaften, deren Zweck nicht unantastbar und deren Ruf nicht tadellos ist, sowie überhaupt von jedem Streben nach Gewinn auf einem Wege, dessen Lauterkeit nicht erkennbar ist", fernhalten. Wilhelm II. formulierte ähnliche Gedanken 1888 in seiner KO anläßlich der Übernahme des Oberbefehls über die Armee, wobei die Sonderstellung des Offizierkorps in der Gesellschaft besonders hervorgehoben wurde.

Aber gerade diese patriarchalisch-krampfhaften Abwehrbemühungen gegen den Geist der Zeit legen Zeugnis ab von dem wachsenden Maß materieller Interessen im Offizierkorps, ohne daß ein einseitiger Zusammenhang mit der Aufnahme finanziell interessanter bürgerlicher Bewerber, die neben den durchaus immer noch vorhandenen armen Leutnant traten, nachweisbar wäre. Es ist nicht allein eine Entwicklung sichtbar zu machen, die etwa nur als eine bürgerlich heterogene Kraft in das Offizierkorps hineingewirkt hatte, nämlich jene in den Abwehrreaktionen der militärischen Führung und der Krone abschätzig als Geist der Zeit apostrophierte Wirtschaftsgesinnung des Industrie- und Geldkapitalismus städtischer Herkunft. Karl Demeter hat darüber hinaus deutlich gemacht, daß der aus großagrarischen Verhältnissen stammende Offizier mit der Atmosphäre „spekulativer Kreditökonomie" von Hause aus vertraut war. In Gutsbesitzerskreisen gehörte Schuldenwirtschaft seit der Mitte des 19. Jahrhunderts zur notwendig geübten Praxis.

Allenthalben boten sich dem Offizier Beispiele steigenden Lebensstandards. Schuldenmachen gehörte überdies seit je zu den Selbstverständlichkeiten seiner Lebenshaltung. Es entsprach nicht selten einer überheblich zur Schau gestellten Gleichgültigkeit gegen die Gesetze der Wirtschaftsmoral, einer Gleichgültigkeit, die das Bewußtsein von der Sonderstellung in der Gesellschaft einprägsam zu artikulieren geeignet war. Das war eine Haltung, zu der widerspruchslos die Prätention paßte, sich die Ausbildung vom Staat im Gegensatz zu sonstigen Staatsbediensteten möglichst kostenlos gewähren zu lassen. Zu diesem Zweck wurde eine Art Ideologie vom armen Leutnant entwickelt, wie sie etwa in den Verlautbarungen Edwin v. Manteuffels zu finden ist. Die Ermahnungen gegen Luxus, Schuldenmachen, Glücksspiele etc. passen nicht so recht in dieses Idealbild, sie zeigen vielmehr die Wirklichkeit.

Dieser Wirklichkeit hatte schon Friedrich Wilhelm IV. 1845 weder mit religiös motivierten Maßstäben noch mit der kaum zumutbaren Weisung an die Kommandeure begegnen können, sie sollten zum Zwecke der Überwachung ihrer Offiziere mit den Ortspolizeibehörden dauernd Verbindung halten. Boyens Äußerungen hierzu zeigen den Hintergrund: der König wandte sich vor allem gegen das Aufnehmen von Geld zu Wucherzinsen, gegen Verpfändung des Ehrenworts, Glücksspiele, Teilnahme an Spielgesellschaften und gegen „Privatgesellschaften unverheirateter Personen an öffentlichen Orten, bei denen häufig ein die Vermögenslage der dabei betheiligten Individuen weit überschreitender Luxus entwickelt wird".

Es war besonders der Luxus in den Offizierkasinos, der die Mißbilligung des Königs fand. Das Kriegsministerium wandte sich mit einem einschlägigen Ersuchen 1868 an die Generalkommandos. Wenn auch die gegebenen Hinweise nicht exemplarisch für die gesamte Armee waren, so zeigten sie doch einen Trend, der seit der Reorganisation der Armee, vor allem aber nach den nationalen Einigungskriegen, deutlich wurde. Der Andrang konservativ und nationalliberal gesinnter bürgerlicher Schichten zum ersten Stand im Staate enthob die Armee besonderer besoldungsrechtlicher Anstrengungen. Ein Anreiz brauchte nicht geschaffen zu werden. Mag Wilhelm I. Ehre und Frugalität in innerem Zusammenhang gesehen haben, die Offizierkorps wollten offenkundig trotz des nach außen kultivierten Pathos preußischer Einfachheit einen Anteil am Fortschritt nicht vermissen.

Das Kriegsministerium stellte 1868 fest, daß in den Kostenanschlägen „für die Ausstattung der Offizier-Speise-Anstalten und Kasinos sich häufig eine Neigung zum äußeren Luxus kund giebt, dessen Befriedigung nicht der Militair-Verwaltung zugemutet werden kann, und dessen Auftreten überhaupt zu Bedenken Veranlassung giebt. Wenn die hierher gerichteten Anträge auf ausgedehntere Beschaffung von Silberzeug, von vollständigen Garnituren von Gläsern für verschiedene Weinsorten, von zahlreichen Polster-Meubles der theuersten Art und dergleichen hinausgehen, so wird damit das Bedürfniß für ein Kasino, dessen Zweck es eben sein soll, den unbemittelten Offizieren einen billigen Aufenthaltsort und kameradschaftlichen Verkehr zu gewähren, überschritten und nothwendig eine Neigung zu Aufwand hervorgerufen, der mit den Mitteln der meisten Offiziere nicht im richtigen Verhältniß stehen dürfte".

Über den im Zuge der allgemeinen wirtschaftlichen Entwicklung in Deutschland, zumal im Zeichen der Gründerjahre, auch im Offizierkorps grassierenden „Materialismus" besitzen wir ein aufschlußreiches Dokument militärischer Herkunft, nämlich eine Denkschrift des Kriegsministers v. Kameke „Über den Luxus in der Armee und die damit verbundenen Gefahren" vom Februar 1876, die der Chef des Militärkabinetts, v. Albedyll, mit kritischen Glossen versehen hat. Nicht ohne Hinweis auf die veränderte Zusammensetzung der Offizierkorps nach der Reorganisation – die Zahl der Regimenter wurde mehr als verdoppelt –, auf die Aufnahme hannoverscher, hessischer und anderer

Offiziere, auf die Prüfungen und Umwälzungen einer Zeit, welche „an allem Bestehenden rüttelte und das Gift, welches sie mit sich führt, in jede offene Spalte spritzt", stellte Kameke fest, daß die Erlasse und Repressivmaßregeln gegen das Schuldenmachen das Übel nicht nachhaltig bekämpft hätten.

Der Chef des Militärkabinetts war anderer Ansicht, aber die Tatsachen sprachen gegen ihn. Bei einem durchschnittlichen Zuwachs von jährlich 600 Offizieren waren, wie Kameke ausführt, 1874/75 43 Offiziere an „pekuniärem Derangement" gescheitert. Diese Zahlen gaben nicht einmal das tatsächliche Ausmaß der Schuldenmacherei im Offizierkorps an. In vielen Fällen griff nämlich die Familie ein, nicht selten mit dem Risiko des eigenen Ruins. Wucherer beuteten diese Lage aus. Der Kriegsminister wies darauf hin, daß die strengeren Erlasse gegen Schuldenmacherei erhebliche Auswirkungen auf den Offiziersersatz gehabt hätten.

Die Regimenter gingen dazu über, die Annahme der Offizieraspiranten vom Nachweis einer monatlichen Zulage für die Dauer der Leutnantszeit abhängig zu machen. Bei einigen Infanterieregimentern galten 25–30 Taler als ausreichend, die Kavallerie forderte hier und dort schon 60 Taler und darüber. Die Privatzulagen der Portepeefähnriche auf den Kriegsschulen betrugen 1875 im Durchschnitt monatlich 75 Mark bei der Infanterie, 154 Mark bei der Kavallerie, 90 Mark bei der Artillerie und den Pionieren. Offiziersehre, Familienehre und wirtschaftliche Lage standen in wachsendem Widerspruch zueinander. Damit berührte dieser Komplex auch das Ergänzungswesen, dem in der zweiten Hälfte des 19. Jahrhunderts eine besondere soziale und damit politische Bedeutung zukam.

Kameke machte für diese Entwicklung nicht das steigende Preisniveau verantwortlich, weil auch die Gehälter und sonstigen Zuwendungen seit Mitte der sechziger Jahre heraufgesetzt worden waren. Er sah die „Gefahr", daß der herkömmliche preußische Offiziersersatz nicht länger mithalten könne und daher „Elemente" eindringen könnten, „welche zwar den in Bezug auf Privatvermögen gestellten Anforderungen nicht nur entsprechen, sondern deren finanzielle Mittel oft weit über das geforderte Maß hinausgehen, die aber andererseits in weichlicher Lebensweise, ohne jede Selbstverleugnung, Ehr- und Pflichtgefühl erweckende Erziehung, die für den Offizierstand so wichtig ist, und ohne entsprechende Familien-Traditionen herangewachsen sind".

Derartige Topoi aus der Eigenoptik des Offizierkorps wurden dem bürgerlichen Ersatz nicht gerecht, der sich rasch in die Denkweise und Haltung des Offizierkorps einlebte, ja nicht selten dabei übertrieb. Die militärische Führung begriff auch nach der Ära Manteuffel noch nicht, daß im Rahmen der Armee der Allgemeinen Wehrpflicht das Offizierkorps nicht ein priesterliches Eigendasein führen konnte jenseits gesellschaftlicher Entwicklungen und Wertmaßstäbe, die das industrielle Zeitalter mit sich gebracht hatte.

Mit dem „Geldverpflegungs-Reglement für das Preußische Heer im Frieden" vom 24. Mai 1877 war jedenfalls auch keine nachhaltige Abwehr der eingerissenen Zulagen-Praxis zu erreichen. Hiernach beliefen sich die Chargengehälter (ohne Berücksichtigung der Zulagen für gewisse Dienststellungen):

Generalfeldmarschall, General der Infanterie oder Kavallerie, Generalleutnant	1000 M
Generalmajor	750 M
Stabsoffizier mit dem Range und den Gebührnissen eines Brigade- oder Regimentskommandeurs	650 M
Hauptmann bzw. Rittmeister 1. Klasse	300 M
2. Klasse	180 M
Premierleutnant	90 M
Sekondeleutnant	75 M

Hiervon gingen die Beiträge zur Offizier-Kleiderkasse und ggf. zur Witwenkasse ab. Zusätzlich gab es gewisse etatsmäßige Zulagen, neben den Wohnungsgeldzuschüssen meist Dienststellungszulagen, etwa für Offiziere an Schulen, ferner Kommandozulagen, Ehrenzeichenzulagen. Hinzu kamen Tischgelder, in Notfällen auch Hilfen aus bestimmten Fonds.

So hatten etwa die Unterstützungsfonds für Offiziere gemäß einer kriegsministeriellen Verwaltungsinstruktion vom 28. Februar 1869 den Charakter einer „Gnadenwohlthat", die mit der Bestimmung bewilligt wurde, daß sie dazu diene, „unbemittelten Offizieren, vom Lieutenant bis zum Hauptmann oder Rittmeister zweiter Gehaltsklasse in gewissen Fällen im Interesse des Dienstes mit einer Unterstützung oder einem Vorschusse in bestimmten Grenzen beizustehen". Der Fonds betrug bei den Infanterieregimentern 2400 Mark, bei den Kavallerieregimentern 1320 Mark, er wurde bei den Truppenteilen nach den allgemeinen Kassenvorschriften aufbewahrt, darüber hinaus gab es detaillierte Vorschriften für die Zusammensetzung der jeweiligen Verwaltungskommission. Als Bedürftigkeitsfälle wurden angesehen: Krankheit, Verluste durch Brand oder Diebstahl, Verlust von Dienstpferden, erste Equipierung u. a.

c. Pensionen und Zivilversorgung

Aus einem Institut, das noch in der friderizianischen Zeit allein von der Gnade des Monarchen abhing, entwickelte sich das Pensionswesen der Offiziere gegen Ende des 18. Jahrhunderts zu einem rechtlich geordneten Unterstützungswesen.

Im Jahre 1789 wurde eine Invaliden-Versorgungskasse gegründet. Sie setzte sich aus königlichen Zuschüssen und aus Traktamentsabzügen zusammen. Ein Anspruch auf Versorgung war bei vorhandener Bedürftigkeit nur gegeben, wenn Dienstunfähigkeit durch Verwundung, Dienstbeschädigung im Frieden oder eine zwanzigjährige Dienstzeit nachgewiesen werden konnten. Primär war allerdings an eine Zivilanstellung gedacht (mit Wartegeld bis zur Anstellung) oder an Anstellung bei einer Invalidenkompanie, um sich der Dienste des invaliden Offiziers möglichst lange zu versichern. Pensionen wurden demgemäß nur subsidiär gezahlt. Sie betrugen in Talern jährlich: Generalleutnant 1200, Generalmajor 1000, Oberst 600, Oberstleutnant 500, Major 350–400, Kapitän 250–300, Leutnant 72–96.

Dieses Modell konnte 1825 erweitert und verbessert werden. Der Grundsatz einer gewissen „Gegenseitigkeit" blieb aufrechterhalten. Das sich eng an das Beamten-Pensionsreglement vom 30. April 1825 anlehnende Militärpensionsreglement aus dem gleichen Jahr setzte die jährlichen Fondsbeiträge der Offiziere folgendermaßen fest: Sekondeleutnant 3, Premierleutnant 5, Hauptleute und Rittmeister III. bis I. Klasse $10^1/_2$, 15, 25, Major und Oberstleutnant 35, Kommandierender General 375 Taler. Die Mindestdienstzeit für eine Normalpension war auf 15 Jahre festgesetzt worden. Kürzere Dienstzeiten gewährten nur Anspruch auf eine zeitlich befristete Unterstützung, so nach fünfjähriger Dienstzeit eine auf ein Jahr befristete Pension.

Der Sekondelieutnant erhielt bei 15- bis 20jähriger Dienstzeit 120 Taler, bei 20- bis 30jähriger Dienstzeit 180 und für jede weiteren 10 Jahre zusätzlich 60 Taler. Beim Major beliefen sich die entsprechenden Sätze auf 250, 500 und 750 Taler jährlich.

In der konstitutionellen Monarchie gehörte das Pensions- und Versorgungswesen stets zu den Verwaltungsangelegenheiten, bei denen das Parlament mitzusprechen hatte. Gerade auf diesem Gebiet ist die Unrichtigkeit der immer wieder, insbesondere während und nach der Reorganisation aus Armeekreisen vorgetragenen Behauptung der Gegnerschaft des Parlaments gegen die Wünsche der Armee nachzuweisen. Es kam hier nämlich sehr auf die Art der Wünsche an. Gegen eine Verbesserung der Versorgung von Unteroffizieren, Offizieren und Militärbeamten hat der Landtag wenig einzuwenden gehabt; im Gegenteil, er wurde auf diesem Gebiet wiederholt initiativ. 1857 stellte die Budgetkommission des Landtags und des Herrenhauses einen Antrag auf Neufassung eines Pensionierungsgesetzes, 1863, mitten im Heereskonflikt, wiederholte der Landtag seine Aufforderung, ein Pensionsgesetz vorzulegen – die einzige ihm bei fehlender Gesetzesinitiative gegebene Möglichkeit. Nach weiteren Anträgen erging am 27. Juni 1871 das Militärpensionsgesetz, das 1901 im einzelnen verbessert wurde. Die Materie erfuhr schließlich mit dem Gesetz über die Pensionierung der Offiziere, einschließlich der Sanitätsoffiziere des Reichsheeres, der Kaiserlichen Marine und der Kaiserlichen Schutztruppen vom 31. Mai 1906 und mit dem Militärhinterbliebenengesetz vom 17. Mai 1907 die abschließende Regelung.

Das Gesetz von 1871 reduzierte die zur Pension berechtigende Dienstzeit auf zehn Jahre. Falls Verwundung oder Dienstbeschädigung zur Dienstunfähigkeit geführt hatten, konnte schon nach kürzerer Dienstzeit eine Pensionsberechtigung gegeben sein. Mit vollendetem 10. Dienstjahr lag die Pension bei $^1/_4$ des pensionsfähigen Diensteinkommens und stieg mit jedem weiteren Dienstjahr um $^1/_{80}$. Die Obergrenze lag bei $^3/_4$ des pensionsfähigen Einkommens. Den Leutnanten wurde beispielsweise auch der etatsmäßige Wert ihrer Berechtigung zur Teilnahme am gemeinschaftlichen Offiziertisch auf das pensionsfähige Diensteinkommen angerechnet. Nach den Vorschriften des Militärpensionsgesetzes von 1871, dem Gesetz vom 4. April 1874 und dem Wohnungsgeldzuschußgesetz von 1873 betrug seit 1875 das pensionsfähige jährliche Diensteinkommen eines Sekondeleutnants 1946 Mark (Premierleutnant 2126, Hauptmann 2. Klasse 3590 bis aufwärts zum Kommandierenden General 21990). Nach 30 Dienstjahren entsprachen diesen Beträgen folgende Pensionen: 973, 1063, 1795 und 10995 Mark. Für Witwen und Hinterbliebene sah das Gesetz besondere Beihilfen vor.

Die Zivilanstellung verabschiedeter Offiziere hatte einen grundsätzlich anderen Charakter als die der Unteroffiziere. Nach dem Militärpensionsreglement von 1825 ließ der Pensionsanspruch auch den Antrag auf Zivilanstellung zu. KOn von 1828 und 1835 legten die Zivilanstellungsbewilligungen für Offiziere umfangmäßig auf den Rahmen der Berechtigung für Unteroffiziere fest; es handelte sich hier aber um Kann-Bestimmungen, die allerdings dadurch konkrete Bedeutung gewannen, daß das Kriegsministerium sich selbst mit den Anstellungsbehörden ins Benehmen setzte. In den siebziger Jahren wurde endgültig der Charakter der Zivilanstellung definiert. Es gab keinen Rechtsanspruch auf Anstellung. Eine Verfügung des Kriegsministeriums aus dem Jahre 1876 führte hierzu aus, die Allerhöchsten Orts verliehene Aussicht auf Anstellung im Zivildienst gewähre den betreffenden Offizieren das Recht, sich bei den Behörden um eine Anstellung zu bewerben, die Behörden seien jedoch nicht verpflichtet, die – wenn auch qualifizierten – Bewerber unter allen Umständen zu der gewünschten Stelle zuzulassen. Es fand daher auch keine Überweisung anstellungsberechtigter Offiziere an Zivilbehörden statt. Anträge von Bewerbern waren unmittelbar an die betreffende Behörde zu richten.

Im allgemeinen kamen anstellungsuchende Offiziere im Strafanstaltsdienst, im Telegraphenwesen, bei der Eisenbahn, im Garnisonverwaltungsdienst und bei den Gemeindeverwaltungen unter. Eine Sonderstellung nahm der Postdienst ein, weil eine Anzahl von Postämtern ausschließlich zur Versorgung pensionierter, mit Aussicht auf Anstellung im Zivildienst verabschiedeter Offiziere bestimmt war. 1862 waren von den preußischen Postämtern 1. Klasse 18, von denen 2. Klasse 82 ausschließlich für die Versorgung verabschiedeter Offiziere bestimmt (Militärpostämter). Das Verzeichnis von 1872 umfaßte in vier Klassen eine ganz erhebliche Anzahl von Ämtern.

d. Sozialer Anspruch – wirtschaftliche Realität

Gemessen an den eigenen Anstrengungen und Aufwendungen, die zur Ergreifung des Offizierberufs erforderlich waren, ergab sich für die Offiziere eine relativ bessere Regelung als für die Beamten, wobei ihre Chancen auf Beförderung wesentlich günstiger waren. Sie erreichten ohne akademische Ausbildung Positionen, die im Zivildienst nicht geboten werden konnten. Dennoch hat sich lange die Ansicht gehalten, daß der Offizier dem Staat ein Opfer bringe. Verglichen mit Referendaren und Assessoren nahm sich aber ihre Situation günstig aus. Angesichts der bescheidenen Aufstiegsmöglichkeiten im zivilen Staatsdienst kann der Zustrom des Adels zum Offiziersberuf nicht als Ausdruck besonderer Opferbereitschaft angesehen werden, wie in der älteren militärgeschichtlichen Literatur zuweilen behauptet wurde. Tatsächlich bedeutete besonders für die durch das Kadettenkorps gehenden Aspiranten diese Berufsmöglichkeit ein Höchstmaß an staatlicher Fürsorge. Der „entsagungsvolle Beruf der Väter“ gab doch jedem eine Chance, die eine zivile Laufbahn schwerlich geboten hätte. Beispiele dafür sind die späteren Generale v. Roon, v. Fransecky und v. Holleben. Letzterer bestätigt ausdrücklich in seinen Erinnerungen: „Obgleich ich gern studiert hätte oder Kaufmann geworden wäre, so blieb bei den ärmlichen häuslichen Verhältnissen keine Wahl des Berufs, ich mußte in das Kadetten-Korps treten, also Soldat werden."

Mit den steigenden Ansprüchen seit der Mitte des 19. Jahrhunderts und vor allem dann nach 1870/71 hat das Besoldungswesen des öffentlichen Dienstes insgesamt nicht Schritt halten können. Der Offizier verfügte jetzt immerhin über eine relative materielle Sicherheit. Vom Standpunkt der Bedürfnisse der Armee war eine leidliche Lösung erreicht, von der Rolle des Offiziers in der Gesellschaft her gesehen blieb das Ergebnis mager. Die hieraus resultierende Unzufriedenheit zeigt die Zwiespältigkeit des Rollenbewußtseins des Offiziers jener Zeit: er definierte seine Bedürfnisse von gesellschaftsimmanenten Gegebenheiten her, sah sich zugleich aber als Repräsentant einer oberhalb der Gesellschaft etablierten Ordnung.

Eine nach der Heeresreform moderne Auffassung vom Heerwesen – 1872 besonders eindrucksvoll dargelegt von Lorenz v. Stein – hat das Problem vom funktionalen Standpunkt zu lösen versucht: der Offizier sei Träger und Vertreter der militärischen Fachbildung, hierin bestehe seine „höhere Berechtigung". Je höher diese Fachbildung stehe, so meinte Stein, um so höher stehe das Offizierkorps, „und desto unmöglicher wird es, diese Fachbildung ohne die Schöpfung eines eigenen Standes für dieselbe zu gewinnen". Daher müßten die Offiziere ein entsprechendes Gehalt und eine entsprechende gesellschaftliche Stellung haben.

In dieser Vorstellung spiegelte sich einmal die Verengung des Bildungsbegriffs auf fachliche Belange, wie sie sich im militärischen Bildungswesen, aber darüber hinaus auch infolge positivistischer Ansätze in der Wissenschaft allgemein, durchgesetzt hatte, zum anderen auch das Bestreben nationalbürgerlicher Kreise, über den „Fachberuf" in einen „Stand" hineinzuwachsen. „Stand" und soziales Prestige sollten sich mit den Kategorien des Berufs, mit seinen materiellen Gegebenheiten, verknüpfen. Die erfolgreiche, nicht wegzudenkende Rolle der Armee bei der Herbeiführung des deutschen Nationalstaates hat die Anerkennung ihrer fachlichen eigengesetzlichen Bedürfnisse innerhalb der bürgerlichen Gesellschaft nachhaltig gefördert. Daß ein außenpolitisch aktives Auftreten der neugewonnenen Position Deutschlands entsprach, daß hierbei die bewaffnete Macht eine eminente Rolle spielen würde, gehörte zu den Selbstverständlichkeiten der beginnenden Epoche des Imperialismus. Stein meinte, solchen Gegebenheiten Ausdruck verleihend, es habe einen jeden Staat noch immer unendlich viel gekostet, wenn ihn sein Offizierkorps zu wenig kostete. Aber die Armee realisierte diese Bereitschaft zur Förderung der materiellen Lage der Offiziere im Rahmen der langfristigen Haushaltsfestlegungen nicht. Der Militäretat war hier nicht elastisch genug.

Im System der Septennate und Quinquennate lagen die Prioritäten nicht auf dem Personalsektor.

4. Ehre und Ehrengerichte

a. Die Offiziersehre

Soziologische und politische Voraussetzungen

Die interessanteste Seite der Entwicklung des preußischen Offizierkorps im 19. Jahrhundert ist jener Prozeß, der trotz der allmählichen Umbildung des „Standes" friderizianischer Prägung zum Berufsstand untergründig alle jene Gesinnungen, Emotionen, Privilegien und Imponderabilien zu erhalten und in die konstitutionelle Monarchie mit hineinzunehmen wußte und dabei doch erlaubte, die preußische Armee zum modernsten militärischen Instrument der Zeit werden zu lassen. Eine wichtige Voraussetzung dieses Prozesses war die skizzierte Personalpolitik, mit deren Hilfe dem Offizierkorps insgesamt ein Rang erhalten blieb, der ursprünglich auf die Verhältnisse der wirtschaftlich zurückgebliebenen Ostprovinzen zugeschnitten gewesen war. Die relative wirtschaftliche und politische Rückständigkeit Ostelbiens hielt bis zum Ende der Monarchie an; da die führenden und die dienenden Gesellschaftsschichten auf dem Land jeweils identisch waren mit denen in der Armee, wurde der Hintergrund für die Personalpolitik in Armee und Verwaltung immer von den Verhältnissen der Osthälfte Preußens gebildet, die die ganze Struktur des Staates mitbestimmten. Das Bürgertum war mit Privilegien anderer Art – auch innerhalb der Armee – abgefunden worden. Die Gleichsetzung der sozialen Privilegierung mit dem Offizierdienst, historisch erwachsen aus der Umformung des ständischen Adels zum militärischen Dienstadel in einem „ständisch" neuartig gegliederten Staat, war in das Bewußtsein der preußischen Untertanen so unaustilgbar eingegangen, daß hieran alle liberalen Ansätze nichts ändern konnten. Umgeben von diesem Privilegienschimmer gewann das Offizierkorps als nach wie vor führende Gesellschaftsschicht schließlich auch in den westlichen Provinzen und später im ganzen deutschen Reich jene Präponderanz, die die Phantasie des Bürgertums gefangennahm und zusammen mit den soziologischen Auswirkungen der Allgemeinen Wehrpflicht zu jenem Phänomen führte, das als die Militarisierung der Gesellschaft bekannt ist.

Die militärische Führung hat diesen Prozeß bewußt gefördert. Eines der wichtigsten Mittel wurden die 1808 durch die Reformer eingeführten Ehrenräte, überhaupt alle auf innere Sauberkeit, adäquate Gesinnung, point d'honneur und Exklusivität abzielende Einrichtungen und Maßnahmen, mit denen dem Offizierkorps die hohen Ansprüche der Armee und des Monarchen an seine „Haltung" vor Augen geführt wurden. Ehrengerichtsbarkeit, Konduitenlisten, Erzieherrolle der Kommandeure, die vielseitige Einwirkung auf die

Lebensführung, alles dies zielte ab auf die Gewinnung der unanfechtbaren inneren Geschlossenheit einer Korporation von Königspaladinen in einer sich differenzierenden politischen, sozialen, wirtschaftlichen und geistigen Atmosphäre, die mit zentrifugaler Kraft am althergebrachten Wesen der preußischen Monarchie riß und zog. Die Interessen der Monarchie und der in der Armee dominierenden Schicht hingen in dieser Hinsicht sehr eng zusammen. Für die Krone verflocht sich mit diesem Problem zugleich die Frage der Macht und Größe Preußens. Damit wurden auch innenpolitische Standpunkte tangiert. Für die den Staat repräsentierende Armee hatte die preußische Ordnung ihre innere Rechtfertigung durch das Gebot der Staatsräson, denn für sie stand unumstößlich fest, daß eine Armee mit einem anders gearteten Offizierkorps niemals Hüter und Garant der preußischen Lebensansprüche sein könne. Noch für eine spätere Zeit hat Friedrich Meinecke hierauf abgehoben mit seiner Feststellung: „Erinnern wir uns doch: das Übergewicht des Preußentums im Reich und der altpreußisch-konservativen Tendenzen in Preußen beruht ja nicht auf bloßer Gewalt, ist auch nicht eigentlich die Frucht wirtschaftlicher und sozialer Verhältnisse, sondern beruht auf dem ersten und dringendsten Lebensbedürfnis, das die Regierung eines großen europäischen Staatswesens haben muß.“ (Weltbürgertum und Nationalstaat).

Die historische Entwicklung des Ehrbegriffs

Unter diesem Aspekt, wie auch unter soziologischen und immer deutlicher im Verlauf der Zeit unter innenpolitischen Gesichtspunkten muß die Rolle der Ehrengerichtsbarkeit im Offizierkorps gesehen werden. Der verfeinerte Ehrbegriff der Reformer ist von den wenigsten Offizieren in seiner funktionellen Bedeutung überhaupt verstanden worden. Die traditionalistische Schwerkraft des Offizierkorps zeigte sich in diesem Punkt am nachhaltigsten.

Erinnert sei in diesem Zusammenhang daran, daß die vorausgegangenen Versuche Friedrichs II., den Ehrbegriff zu funktionalisieren, also mit den Anforderungen an die dienstliche Tüchtigkeit unmittelbar in Zusammenhang zu bringen und damit meß- und überprüfbar zu machen, im Ergebnis gescheitert sind. Die in dem Entwurf zum ALR 1785 vorgesehenen Ehrengerichte entsprachen keineswegs den Vorstellungen des damaligen Offiziers über persönliche Ehre und Wahrung der Ehre. Lebendig wie je war die alte, einst von Leopold von Dessau dem König gegenüber vertretene Auffassung, daß man sich in Ehrenfragen keiner Autorität beugen könne. Als sich der Generalauditeur Cavan 1786 gegen den Entwurf aussprach, begründete er seine Auffassung mit der Feststellung, Ehrengerichte ließen sich „mit der Ambition eines Offiziers nicht wohl vereinen“. Damit war ausgesprochen, daß trotz aller friderizianischen Erziehung der Offizier im Grunde noch an einem Begriff der Ambition festhielt, der mit dienstlichem Streben und Eifer nicht viel gemein hatte. Friedrich II. hatte sich hier selbst im Wege gestanden, denn parallel mit seinen Versuchen, einen säkularistischen, aufklärerisch gefärbten Ehrbegriff im Offizierkorps einzubürgern – man denke nur an seine moralphilosophischen Arbeiten für die Académie des Nobles und das Kadettenkorps –, liefen immer wieder Einschränkungen und Äußerungen, die erkennen ließen, daß er unverrückbar an dem Axiom der größeren Brauchbarkeit des Adels für den Offizierdienst festhielt, und zwar gerade wegen seines spezifischen Ehrgefühls. So umschrieb der von Friedrich II. verwendete Begriff der Ambition sowohl den beruflichen Ehrgeiz, die Tüchtigkeit im Dienst als auch jene dem Adel zugeschriebenen Tugenden der Loyalität, Standfestigkeit und Contenance.

Die Reformer suchten jene selbstverständliche Voraussetzung, als handele es sich bei der Ehre des Offiziers um eine Art Standessignum, zu durchbrechen. Ihnen ging es darum, mit den Humanitätsvorstellungen der Zeit das Idealbild eines neuen soldatischen Menschenführers verbindlich zu machen, der seine Autorität nicht aus einer bestimmten Klassenzugehörigkeit bezog, sondern von der eigenen Leistung, Bildung und Überzeugungskraft her. Diese individualistische Komponente suchten sie nun aber zu binden und den Bedürfnissen der Armee anzupassen. Das geschah durch die kollektive Bindung der Individualehre in der Korporation des Offizierkorps. Mit den Ehrenräten wurde nur eine Art Selbstkontrolle des Offizierkorps eingeführt, die als solche den „altständischen" Anschauungen grundsätzlich und entschieden widersprach.

Die Entwicklung nach 1815 spiegelt einen eigenartigen Umkehrprozeß wider, ein Wiedererstarken traditionalistischer Kräfte, Anschauungen und Wertmaßstäbe. Die monarchische Einflußnahme auf die Ehrvorstellungen zielte auf die Herausarbeitung der korporativen und gruppenethischen Gesichtspunkte, auf eine genossenschaftliche Solidarität ab, in deren Rahmen die individualethischen Momente nur noch den Charakter von Hilfsfunktionen hatten. So ging die Entwicklung von den mehr individualethisch bestimmten Zielvorstellungen der Reformer bis hin zu der „Verordnung über die Ehrengerichte der Offiziere im preußischen Heere" vom 2. Mai 1874 immer stärker in Richtung auf einen innenpolitisch absolut zuverlässigen Korpsgeist, einen soziologisch möglichst abgeschlossenen „Offizierstand" mit einer dazu passenden „Standesethik". Die Ehrengerichte verstanden sich mehr und mehr als Hüter dieser „Standesehre". Ihre Wirksamkeit, die ganz dazu angetan war, in viel höherem Maße als die alte selbstverständliche, zeitgemäße und soziologisch fundierte Ehrenvorstellung des Offizierkorps im 18. Jahrhundert, den Offizieren die Besonderheit ihrer Stellung, die besonderen Anforderungen an ihre Haltung und Gesinnung immer wieder vor Augen zu führen, konnte – gerade wegen ihres Anachronismus – jene Effekte erzielen, die die Reformer mit der Einrichtung der Ehrengerichtsbarkeit verhindern wollten. Je weniger bei dem eintretenden Offiziersersatz jener „Standesgeist" vorhanden war, je nachhaltiger er erst erzeugt werden mußte, je artifizieller, gemachter dieses Produkt war, um so selbstbewußter und auffälliger trat diese „Standesethik" in Erscheinung, um so nachhaltigere Anziehungs- und Abstoßungskraft entwickelte sie. Bürgerliche Offizieraspiranten wurden von ihr aus diesem Grunde wohl besonders schnell erfaßt und in das Offizierkorps eingeschmolzen, wobei für sie der Gewinn an Sozialprestige eine nicht geringe Rolle gespielt hat.

Tradition und Standesehre

Mit diesen standespolitischen Zielen verbanden sich auf seiten zahlreicher Offiziere übersteigerte, oft auf ritterliche Traditionen zurückgehende soziale Maßstäbe, die historisch schief gesehen und zugleich ohne Bezug zur Gegenwart waren. So wurden beispielsweise in einem Kommentar zu den „ehrengerichtlichen Einrichtungen" noch 1886 die „Grundanschauungen des Offizier-Corps" auf den Geist des alten „Rittertums" zurückgeführt, der bezeichnenden Ausdruck gefunden habe in der Devise:

A Dieu mon âme,
Ma vie au roi,
Mon cœur aux dames,
L'honneur pour moi.

Es waren dies nicht nur die „alten Argumente des außenwendigen Ethos" (Demeter), vielmehr Überzeugungen aus einer sozialen, psychologischen und edukativen Sphäre, die vom „Geist der Reformzeit" kaum berührt worden waren. Es ist nicht zu verkennen, wie sehr diese Denkweise dem Ehrenstandpunkt des militärischen Kavaliers des 17. Jahrhunderts schablonenhaft nachzueifern strebte. Diese alten Topoi waren seit Friedrich Wilhelm I. durch eine strenge „Dienstauffassung" lediglich überlagert, daneben aber mit jener „dienstständischen Politik", die aus dem brandenburgischen, pommerschen, überhaupt dem provinziellen Landadel den preußischen Militäradel machte, auch wieder gestärkt worden, denn die „Monarchisierung" setzte die Ehre des Offiziers in Beziehung zu den Ansprüchen des königlichen Dienstes. Daher verlor der an seiner Ehre beschädigte Offizier nicht nur die Achtung seiner Umwelt, er wurde zugleich unbrauchbar für den Dienst des Königs.

150 Jahre war diese Auffassung lebendig geblieben. Friedrich Wilhelm III. hat sie mit ein paar Kabinettsordern nicht aus der Welt schaffen können, zumal er seinen Willen nicht entschlossen durchsetzte. Die wenigen einsichtigen, moderner denkenden hochgestellten Offiziere konnten ohne königlichen Beistand ebenfalls kaum etwas ausrichten. Das Offizierkorps in seiner Gesamtheit begriff nicht, daß der der Stellung des Offiziers in der Söldnerarmee des 18. Jahrhunderts angemessene kavaliersmäßige „Ehrenstandpunkt" sich im Wehrpflichtheer überlebt hatte. Ein modernes Offizierkorps mußte bereit sein, sich mit seinen Anschauungen „auf die Armee" einzurichten und sich nicht ausschließlich auf sich selbst als einer exzeptionellen Gemeinschaft hin zu orientieren. In solcher Orientierung erblickte indes die maßgebende Führerschaft der Armee die beste Gewähr für die Bewahrung der Tugenden, die

nach ihrer Auffassung den eigentlichen Wert der preußischen Armee ausmachten.

Ganz anders, nüchterner, sah Prinz Friedrich Karl in einem Essay über den preußischen Offiziersgeist 1860 die Zusammenhänge, wenn er meinte, nicht die Ehrvorstellung des Adels sei auf das Offizierkorps übergegangen, sondern das Gegenteil sei der Fall. Eher seien die sogenannten ritterlichen Passionen, also „Rauf- und Sauf-Sucht, Spiel, Hang zum Abentheuern und zum Landsknechtleben“ in die Offizierkorps eingedrungen.

Boyen dagegen hat offensichtlich auch in seiner zweiten Amtsperiode als Kriegsminister die hier liegenden Gefahren nicht gesehen. Der offenbare Mißbrauch des Duells, die Gefahr konventioneller Verknöcherung des Ehrbegriffs, die Verschärfung des Gegensatzes zwischen hoch und niedrig, zwischen den satisfaktionsgebenden und nicht satisfaktionsgebenden Ständen, wie Friedrich Meinecke es formuliert hat, beunruhigten ihn nicht. Er dachte sogar daran, Ehrengerichte für Unteroffiziere und Soldaten einzurichten, ohne allerdings so weit zu gehen, derartige Ideen vorzutragen. Immerhin meinte er, die Kommission von 1841 (Knesebeck, Borstell, Müffling, Natzmer, Stolberg und Boyen) darauf hinweisen zu sollen, daß sie nicht allein über die Offiziersehre zu beraten habe, sondern daß es sich bei dem Komplex vielmehr um „die Keime zu einer neuen vollständigen Gesetzgebung über Standes- und Bürgerliche Ehre“ handele, „deren konsequente Entwicklung ein dringendes Zeitbedürfnis befriedigen würde“. Im weiteren Verfolg seiner Pläne sollten Ehrengerichte der Rittergutsbesitzer, der Beamten und anderer Stände eingerichtet werden. Diese zeitfremde Stände-Romantik wurde abgewehrt, die ethische Reglementierung der Gesellschaft blieb Utopie, nur für das Offizierkorps verwirklichten sich die übersteigerten Vorstellungen. So diente sein Idealismus, um mit dem Biographen des Kriegsministers zu sprechen, „seine ganze Arbeit doch nur der Befestigung eines Bollwerks aristokratisch-militärischen Standesgeistes, und die Institution erwies sich hier mächtiger als der Mensch, der sie nach seinen Wünschen stellen wollte.“

Nicht nur in Erlassen, wo von der Heiligkeit des Standes, auch wo nur von der Ethik des Offizierberufs die Rede war, zeigte sich eine krasse Überbewertung der eigenen Ehre, was mitverantwortlich dafür war, daß das Offizierkorps in eine Art Selbstisolierung geriet, auch wenn sich die allgemeinen gesellschaftlichen Maßstäbe später auf seinen Comment hin orientierten. Beispielhaft seien hier Formulierungen eines Offiziers, die einem mit kriegsministerieller Genehmigung publizierten Werk im Jahre 1873 vorangestellt waren, angeführt:

„Die Ehre ist das Eigentum eines jeden Menschen und gehört folglich allen Ständen an, denn sie ist nichts mehr und nichts weniger als die vollständigste Erfüllung aller Pflichten, die es zulässig macht, sich wegen jeder Handlung des Lebens furchtlos vor jedes Gericht der Ehre, wie vor den eigenen inneren Richter zu stellen. Aber die Pflichten sind verschieden in jedem Stande und Beruf und mit der Verantwortlichkeit der Berufspflichten wechseln daher auch die besonderen Anforderungen der Ehre, außer der sich überall gleichbleibenden allgemeinen Anforderung derselben. Kein Stand legt so gesteigerte Berufspflichten auf als der unsrige, in keinem Verhältnisse erscheint daher die Ehre in einer höheren Potenz als in dem unsrigen, denn zu ihrer Erfüllung und Erhaltung sind wir verpflichtet, das höchste irdische Gut, das Leben, einzusetzen. Dies ist ... im Staatszweck begründet."

Wie im einzelnen auch immer die dem Offizierkorps zugebilligten besonderen Ehrenansprüche begründet, motiviert oder erklärt wurden, sicher ist, daß die preußische Monarchie, ausgehend von einer dienstständischen Politik im 18. Jahrhundert, den Gruppenegoismus des Offizierkorps bewußt gefördert, zumindest hingenommen hat, weil er der Staatsräson entsprach. So konnte es möglich sein, daß noch gegen Ende des 19. Jahrhunderts, ja im 20. Jahrhundert, als die Allgemeine Wehrpflicht jeden wehrfähigen Staatsbürger zum geborenen Vertreter des Staates gemacht hatte, das Offizierkorps für sich eine besonders hohe Berufsehre in Anspruch nehmen konnte. Als wichtige Kausalität kann die Auswirkung soziologischer Tatbestände angeführt werden, die sich in dem ganzen Zeitraum kaum verändert hatten. So verschwand auch bald nach der Regierungszeit Friedrich Wilhelms III. die humanitäre Komponente aus den einschlägigen Erlassen, um noch deutlicher standespolitischen Gesichtspunkten Raum zu geben. Die Ehre (point d'honneur) und der kameradschaftliche Geist (esprit de corps) sollten, wie es der zitierte Offizier formulierte, „als lebendes Prinzip in allen Handlungen des Offiziers wirksam sein, als die Blüthe des Standes gepflegt, und als Kleinod desselben bewertet werden".

Duellwesen

In führenden militärischen Kreisen hat man das l ünstliche des Unternehmens, eine neue „Standesgesinnung" zu erzeugen, durchaus erkannt; man konnte das um so eher, je auffälliger das Mißverhältnis zwischen der Armseligkeit des Offizierersatzes, bzw. der jungen Offiziere und den gestellten gesellschaftlichen Ansprüchen ins Auge sprang.

So schrieb z. B. General v. Borstell in einer Eingabe vom Jahre 1821 an den König, daß der Offizierstand im Frieden eines besonderen Bindungsmittels bedürfe, „um bey mehrerer Muße, größeren Bedürfnissen, weniger Einkommen und einem viel getheiltern Interesse, mit seinen Kameraden, Mißständen und sich selbst im Einklange zu leben! Er findet dies nur einzig sicher in der zart behandelten und makellos erhaltenen eignen und Standesehre; wirksamer als durch die besten Disciplinar-Gesetze wird hierdurch im Frieden der nicht bemittelte, fast dürftige Officierstand, in sich einig und rein, und bey den Gebildeten und Ungebildeten in allen Volksständen in Achtung erhalten".

Anlaß zu diesen Ausführungen waren die im Offizierkorps häufiger werdenden Duelle. Die mangelnde Homogenität des Korps dieser Zeit darf als Hauptursache dafür angesehen werden. Borstell glaubte nicht an die Möglichkeit, künftig die Geschlossenheit des Standes mit den alten Mitteln der Selbsthilfe, vor allem also durch das Duell, regenerieren zu können. Hierin begegnete er sich mit den Anschauungen Friedrich Wilhelms III. Vergeblich hatten Preußens Könige gegen das Duellwesen angekämpft und es schließlich stillschweigend zugelassen. Nunmehr hielt Borstell die Zeit für gekommen, „daß die Gesetzgebung über Duelle ... eine andere und festere Verfassung gewinne". Es sei unleugbar, „daß die bisherige Ungewißheit der Gesetze und der allgemein herrschende feste Glaube, daß die höchste Staatsgewalt die Duelle, insbesondere unter den Offizieren, connivire, im Widerspruch mit der fortgeschrittenen Cultur, dem Duellwesen bisher selbst noch Vorschub geleistet habe".

Borstell glaubte voraussetzen zu können, der aus den neuen Heereseinrichtungen, der Allgemeinen Wehrpflicht, der „Verordnung über die Bestrafung der Offiziere" sprechende Geist sei identisch mit dem Geist, „welcher die Welt und das preußische Heer durchdrungen hat". Er meinte, das Duellwesen stehe nicht im Einklang mit diesem neuen Geist. Aber er erkannte, daß es eine Art ‚Bindemittel' für „das Offizierkorps war, das nicht ersatzlos wegfallen dürfe". Er empfahl als zeitgemäßes Surrogat die Einrichtung von „Ehren-Commissionen", deren Befugnisse ganz dazu angetan sein konnten, ein in Haltung und Gesinnung einheitlicheres Offizierkorps heranzubilden, die aber genauso wenig wie die bisherigen Ehrengerichte in der Lage sein konnten, das Offizierkorps an jenen „neuen Geist" heranzuführen, der nach Borstell die Armee bereits durchwehte. Auf die Dauer sollten alle diese der „Selbstreinigung" dienenden Instrumente zwar, wie es hieß, eine „höhere Sittlichkeit befördern", sie mußten aber zugleich in Verbindung mit einer eindeutig restaurativen Ergänzungspolitik die korporative Sondergesetzlichkeit des Offizierkorps neu beleben und ständig neu befruchten.

Boyen gab in seiner zweiten Amtsperiode als Kriegsminister den Arbeiten der Immediatkommission zur Revision der Militärgesetze, soweit die Ehrengerichtsbarkeit in Betracht kam, keine entscheidende Wendung. Freilich konnte wohl von ihm, der Wilhelm v. Humboldt einst in Wien wegen einer Lappalie zum Zweikampf herausgefordert hatte, nicht erwartet werden, daß er sich in der Duellfrage über die im Offizierkorps verbreiteten Ansichten hinwegsetzen würde. Er glaubte an die „wunderbare Lebenskraft" der Duellsitte – eine Auffassung, die oft zu wenig berücksichtigt wird, wenn vom „Geist der Reformzeit" die Rede ist.

Zwischen 1817 und 1829 sollen 39 schwere Fälle bestraft worden sein (Demeter). Mit den Mitteln rigoroser Strafverfolgung suchte man das Problem nicht zu lösen, denn selbst die schwersten Strafen wurden im Wege der Begnadigung bald korrigiert. Die Strafe bedeutete nach der Standesauffassung keinen Makel. Das Gegenteil war der Fall. In der Generalität dachte man hierin nicht anders als unter den jungen Offizieren. Noch um 1900 stand die Zahl der an Duellen beteiligten aktiven Offiziere in Preußen und Bayern wie 18:1 (Demeter). Das öffentliche Militärgerichtsverfahren in Bayern hatte an dieser rückläufigen Bewegung gewiß seinen Anteil, die direkte Einflußnahme der Regierung also. Aber dieses Beispiel zeigt auch, woran es in Preußen fehlte und was man dort bewußt nicht in Angriff nahm.

Allmählich trat neben die individuelle Ehrenwahrung eine Art Ehrenverwaltung, eine Neigung der militärischen Führung, ihre Auffassung von Homogenität und Loyalität über die Ehrengerichtsbarkeit im Offizierkorps verbindlich zu machen, wobei Zugeständnisse an individuelle Ehrauffassungen soweit wie möglich eingeräumt wurden, so daß das Duell als Ausweg für besondere Fälle unangetastet blieb und sich bis in das 20. Jahrhundert hinein erhalten hat. Die „Ehrenpolitik" der militärischen Führung schuf Homogenität nach innen vermöge ihrer distanzschaffenden Wirkung nach außen. Die Heraushebung des Offizierkorps aus der Gesellschaft, ja auch aus der die soziale Wirklichkeit der „Nation" repräsentierenden Armee der Allgemeinen Wehrpflicht, wurde nicht nur in Kauf genommen, sie war vielmehr beabsichtigt. Das wird häufig übersehen, weil nur die eine Seite der Wirksamkeit der Ehrengerichte, die „Sittlichkeitspflege", ins Auge gefaßt wird. Darüber hinaus wachten die Ehrengerichte aber auch über den sozialen Anspruch des Korps und über die politische Loyalität, d. h. über die monarchische Gesinnung der Offiziere. Der dieser Praxis zugrunde liegende Ehrbegriff war alles andere als nur auf Moralität und Dienst orientiert, er stellte sich gegen den „Zeitgeist". Bürgerlich-liberale Auffassungen bekämpfte er.

Die innenpolitische Entwicklung förderte den Prozeß der Abschließung des Offizierkorps nach außen gegen eine Gesellschaft, die sich den Werdegang des preußischen Staates anders vorzustellen beliebte, als es den monarchisch-konservativen Interessen entsprach. Im Zeichen liberalen und später sozialistischen Gegendrucks, als Antwort auf die wieder auflebende Reformdiskussion über das Armeeinstitut, sah sich die Krone geradezu auf den Weg zielbewußter Homogenitätspolitik gedrängt. Die Bindung dieses geschlossenen Offizierkorps an die Monarchie, an die königliche Disposition vermöge der unbeschränkten Kommandogewalt war der dahinterstehende „höhere" Gesichtspunkt. Die preußische Verfassung hat an diesen Grundverhältnissen nichts geändert. Die Aufrechterhaltung der vollen königlichen Kommandogewalt war überhaupt die Voraussetzung dafür, daß Preußen sich in eine konstitutionelle Monarchie umwandelte. Daß die Position des Offizierkorps sich auch unter der „geschriebenen Verfassung" nicht änderte, diese Tatsache gehörte zu den wichtigsten Verfassungswirklichkeiten seit 1850. Möglich war die Entwicklung aber nur auf der Basis einer monarchischen Konformität, zu deren Grundlagen nicht zuletzt die Ehrengerichtsbarkeit gehörte, die doch auch ein Stück wirksamer Personalpolitik darstellte. Tatsächlich ließen sich im 19. Jahrhundert, vor und nach der 48er Revolution, keine besseren und wirkungsvolleren Mittel ersinnen, um die Armee an die Krone zu binden. Hinzu kam, daß unter dem geistigen Einfluß der Romantik die Wiederbelebung adlig-ritterlicher Gesinnungen im Offizierkorps eine innere Rechtfertigung zu erhalten schien, die den Mangel echter historischer Kontinuität vergessen ließ.

Die Armee, das Offizierkorps, gewannen ein Eigenleben neben dem Monarchen, wie es unter Friedrich II. undenkbar gewesen wäre. Die preußische Staatsräson schien besser beim Offizierkorps als beim König aufgehoben zu sein. In der späteren Bemerkung des Prinzen Friedrich Karl, die Offiziere hätten königlicher gedacht als der Souverän, steckte ein wahrer Kern. So wurden in dieser Zeit mit dem Erstarken des Offizierkorps in Gesellschaft und Staat Grundlagen gelegt, die Preußen-Deutschland bis zum Ersten Weltkrieg innenpolitisch prägten, ja eine Verfassung neben der Verfassung schufen.

Kaiser Wilhelm I., in seinem geistigen Habitus selbst ein Repräsentant der ersten Jahrhunderthälfte, änderte hieran nichts. Er hob lediglich die technisch-fachliche Seite des Militärwesens stärker hervor. Mit den hohen Ansprüchen an die Qualität der Armee wurden die strengen Anforderungen an die Homogenität und das „Ehrgefühl" der Offiziere eher noch weiter akzentuiert.

Unter ihm mündete die Entwicklung endgültig in den Rahmen fixierter Grundsätze über „Sittlichkeit", „Ansehen" und drängte zur Identifikation von Ehre und standesmäßigem Achtungsanspruch im Rahmen einer präzise gehandhabten „Ehrenverwaltung" in der Armee. Dieser „verwaltungsmäßige" Zug in der Auffassung des Ehrwesens in der Kaiserzeit ging maßgeblich auf Wilhelm I. zurück. Schon in der zweiten Amtsperiode Boyens war er gegen den genossenschaftlichen Gedanken zu Felde gezogen, ohne sich damals durchsetzen zu können. Für ihn stand fest, daß die Autorität der Kommandeure durch eine genossenschaftliche Ehrenpflege nicht angetastet werden dürfe – eine „Gefahr", die er durch die großen einschlägigen Verordnungen vom Juli 1843 in greifbare Nähe gerückt sah (s. dazu S. 49ff.).

Nach Auffassung Wilhelms I. mußten die Vorgesetzten Wächter über die Ehre ihrer Offiziere sein, nicht nur über die Ehre des einzelnen oder des Standes, sondern stets auch über „Ehre" als dem vornehmsten Ansatzpunkt königlicher Autorität über das Herrschaftsmittel des Heeres. Gerade deshalb konnte der Ehrbegriff im 19. Jahrhundert ohne inneren Bruch politische Gehalte in sich aufnehmen, die ihrerseits wiederum den Einfluß der Kommandeure als Sachwalter der Linientreue stärken mußten. Andeutungsweise, aber deutlich genug, brachte daher die richtungweisende Einleitungsorder zur Verordnung über die Ehrengerichte der Offiziere der Armee vom 2. Mai 1874 im Zeichen vor allem sozialistischen, aber auch noch liberalen Gegendrucks den politischen Hintergrund des Ehrbegriffs zum Ausdruck.

Konduite und Verhaltensmaßstäbe

Ehre und Homogenität erwiesen sich als Steuerungselemente für eine politisch erwünschte soziologische Zusammensetzung des Offizierkorps. Die Einleitungsorder konnte hier bereits von stabilisierten Verhältnissen ausgehen. Um so größeren Nachdruck legte sie auf die Normierung des außerdienstlichen Auftretens der Offiziere. Im Vordergrund der Überlegungen standen hier die

Absicherung des Ansehens und die Abwehr gesellschaftlicher Einflüsse, die die zunehmende Pluralisierung der Interessen in der zweiten Jahrhunderthälfte mit sich brachte:

„Der Offizier soll bestrebt sein, nur diejenigen Kreise für seinen Umgang zu wählen, in denen gute Sitte herrschend ist, und darf am wenigsten an öffentlichen Orten aus dem Auge lassen, daß er nicht blos als gebildeter Mann, sondern auch als Träger der Ehre und der gesteigerten Pflichten seines Standes auftritt. Von allen Handlungen, welche dem Ruf des Einzelnen oder der Genossenschaft nachtheilig werden können, besonders von allen Ausschweifungen, Trunk und Hazardspiel, von der Übernahme solcher Verpflichtungen, mit denen auch nur der Schein unredlichen Benehmens verbunden sein könnte, vom hazardmäßigen Börsenspiel, von der Theilnahme an Erwerbsgesellschaften, deren Zweck nicht unantastbar und deren Ruf nicht tadellos ist, sowie überhaupt von Streben nach Gewinn auf einem Wege, dessen Lauterkeit nicht klar erkennbar ist, muß der Offizier sich weit ab halten. Sein Ehrenwort darf er nie leichtsinnig verpfänden. Je mehr anderwärts Luxus und Wohlleben um sich greifen, um so ernster tritt an den Offizierstand die Pflicht heran, nicht zu vergessen, daß es nicht materielle Güter sind, welche ihm die hochgeehrte Stellung im Staate und in der Gesellschaft erworben haben und erhalten werden. Nicht nur, daß die kriegerische Tüchtigkeit des Offiziers durch eine verweichlichende Lebensweise beeinträchtigt werden könnte, sondern völlige Erschütterung des Grundes und Bodens, worauf der Offizierstand steht ist die Gefahr, welche das Streben nach Gewinn und Wohlleben mit sich bringen würde."

Die Zusammenhänge von Ehre, Ehrenverwaltung, Verhaltensregelung und politischer Loyalität begegnen in zahlreichen Ordern und Verordnungen, vor allem auf den Gebieten der Überwachung der wirtschaftlichen und gesellschaftlichen Verhältnisse der Offiziere, der Personalauslese und der Bildungsanforderungen. Der Komplex dieser Überwachung läßt sich unter dem Begriff der außerdienstlichen, teilweise auch der dienstlichen Konduite zusammenfassen. Das Konduitenwesen erschöpfte sich nicht in den regelmäßig vorzulegenden Führungszeugnissen über die Offiziere. Zu seinen wichtigsten Elementen gehörte die Überwachungs- und Bewertungsfunktion der Kommandeure, ja der älteren Offiziere gegenüber den jüngeren. Friedrich Wilhelm IV. drohte Offizieren, „welche sich vor einer ihre dienstlichen Verhältnisse beeinträchtigenden Zerrüttung ihrer pekuniären Lage nicht zu bewahren wissen", die Dienstentlassung an. Den Kommandeuren wurde die Überwachung der ökonomischen Verhältnisse ihrer untergebenen Offiziere zur Pflicht gemacht und der gesamte Komplex der ehrengerichtlichen Beurteilung zugewiesen.

Für die militärische Führung war der junge Offizier von typischen Gefahren bürgerlich-erwerbsgesellschaftlicher Herkunft bedroht. In gemilderter Form schlug sich in dieser Sehweise alte friderizianische Trennungspolitik nieder. Überlegungen, ob die rechtlich-ökonomische Unmündigkeit des jungen Offiziers (vgl. S. 127ff) eine gewisse mitverursachende Rolle bei den gerügten Vorkommnissen gespielt haben könnte, sind offensichtlich nicht angestellt worden. Kavaliersmäßige Einstellung zum Geld, oft nicht mehr als blasse Erinnerung, in Verbindung mit blanker Mittelmäßigkeit oder Bedürftigkeit haben aber sicherlich im Offizierkorps eine Gesinnung wachgehalten, die dem gewünschten Purismus nicht entsprach. Zum Vorteil der

Armee blieb der Durchschnittsoffizier eben Durchschnitt und bremste so die Entwicklung in Richtung auf übertriebene Vorstellungen von einem „Offiziersorden" oder einer Offizier-„Genossenschaft".

Für die siebziger Jahre gibt Kamekes Denkschrift (s. S. 31 f.) wichtige Daten; seine Schlußfolgerung, wonach Heilung aller Schäden durch Beachtung der gegen Wohlleben und Luxus gerichteten Anordnungen zu erwarten sei, zeigt die Entschlossenheit der Armeeführung, mit unangemessenen Methoden gegen soziale und wirtschaftliche Entwicklungen anzukämpfen, die nur bei gründlicher Überprüfung des Standortes der Armee in Staat und Gesellschaft befriedigend berücksichtigt werden konnten. Vielleicht zeigt sich hier besonders deutlich, daß die Armee noch in den Zusammenhängen des vorindustriellen Zeitalters dachte, in welchem die führenden Männer der sechziger bis achtziger Jahre ihre wichtigsten Eindrücke empfangen hatten. Ehrenvorstellungen und die ihnen entsprechende Personal- und Ergänzungspolitik sind aus diesem Zusammenhang bis zuletzt nicht herausgekommen.

b. Die Ehrengerichte

Die Entwicklung bis 1843

Vom Ursprung her stehen die Ehrengerichtsverfahren in einem inneren Zusammenhang mit dem Disziplinarwesen. Schon die „Verordnung betreffend die Bestrafung der Offiziere" vom 3. August 1808 hatte beide Rechtsmaterien zusammengebracht. Vorausgegangen waren nach 1806 die Untersuchungen gegen pflichtvergessene Offiziere des Krieges gegen Napoleon. Damals hatten vielfach die Offizierkorps der Truppenteile eine Art Richterrolle übernommen. Diese Einrichtung wurde durch die Verordnung von 1808 in gewisser Hinsicht in die Verfassung der Offizierkorps eingebaut in Form der „Ehrengerichte". Jedes Offizierkorps konnte aus gegebenem Anlaß als ein solches „Ehrengericht" zusammentreten, um ein als nicht standesgemäß empfundenes Verhalten eines Offiziers zu überprüfen. Jeder Offizier besaß das Recht, eine derartige Prüfung zu verlangen. Der Untersuchung unterlag jedes dienstliche oder außerdienstliche Verhalten, das einen „Makel" auf das Korps werfen konnte, wie unanständiger Umgang, übermäßige Neigung zum Alkoholgenuß, Spielleidenschaft, Verstöße gegen die ungeschriebenen Gesetze gegenseitiger Achtung im Offizierkorps und – wie sich später zeigen sollte – „Loyalitätsfehlhaltungen". Ein solches „Ehrengericht" konnte nach der Verordnung von 1808 nun auf Unfähigkeit zum Avancement bis zur Besserung erkennen (hatte damit im eigentlichen Sinne ein starkes – ja das stärkste – Disziplinarmittel zur Verfügung). Für die Entscheidung war eine Dreiviertelmehrheit erforderlich. Der Beschuldigte hatte das Recht, gegen den Spruch des Ehrengerichts Untersuchung bei einem anderen Regiment zu verlangen.

Zeitgenössische Militärjuristen bezweifelten, daß die VO von 1808 tatsächlich „Ehrengerichte“ institutionalisiert habe. Sie neigten zu der Auffassung, daß es sich um die Schaffung kollektiver Disziplinarstraforgane gehandelt habe. Zu sehr noch brachte man Ehre mit Duellfragen in Zusammenhang, als daß dieses neue Instrument zur Überwachung der „Kollektivehre“ in seiner Bedeutung richtig hätte erkannt werden können.

Die Reformer sind sich über die Konsequenzen ihrer Absichten schwerlich im klaren gewesen. Die neue Einrichtung bot sich geradezu zum Wächter über den Standesgeist an, dessen konservative Neigungen schon 1808 abzusehen waren. Ihr Programm mutet einem heutigen Betrachter wie die Vorwegnahme jugendbündischer Reinheitspostulate an:

„Wenn die Offiziere eines Regiments sich wechselseitig unter einander sorgsam bewachen, die älteren Offiziere ihre jüngeren Kameraden beizeiten warnen, die pünktliche Ausführung jeder übertragenen Dienstpflicht zur Ehrensache gemacht und der gute Ruf des ganzen Offizierkorps als der Antheil jedes Einzelnen angesehen wird, dessen Schmälerung nicht zu gestatten der Ehrgeiz eines jeden Mitgliedes des Offizierkorps sein muß, so wird der höhere Vorgesetzte sich selten in der unangenehmen Nothwendigkeit befinden, Männer, deren Stand und Bildung sie eines äußeren Antriebes zur Pflichterfüllung entheben sollte, mit Strafen belegen zu müssen.“

Die ständige Überwachung des einzelnen durch die Gruppe mußte sich im Ergebnis nachteiliger auf das Individuum auswirken als eine klar umgrenzte Disziplinarstrafdrohung, die es ja überdies auch noch gab. In Zeiten innenpolitischer Meinungsverschiedenheiten konnte die Bewachung aller durch alle die Kameradschaft und das Vertrauen gefährden. Es hat, namentlich vor und während der Revolution von 1848, Fälle dieser Art gegeben. Die Purifikationsmanie von 1808 hatte ihre Gefahren. Sie führte zusammen mit der damals eingeführten Offizierwahl in einem Umkehrprozeß konservativer Richtung zur sozial untermauerten Entfremdung des Offizierkorps von der „Nation“ –, ein Ergebnis, das geradezu im Gegensatz zu den Vorstellungen von 1808–1814 stand.

Von ähnlichen Überlegungen ging die Immediateingabe General v. Borstells 1821 aus. Er erblickte in der Erweiterung der Kompetenzen der Ehrengerichte auch eine Möglichkeit zur Bekämpfung des Duellwesens. Auf seine Initiative gingen die Kabinettsordern vom 15. Februar und 19. September 1821 zurück, die schärfere Sanktionen ermöglichten, nämlich die Anordnung des Avancementsverlustes, die Entlassung aus dem Dienst und die Entfernung aus dem Offizierstand. Allerdings unterwarfen sie nur Subalternoffiziere und Kapitäne dem Spruch des Ehrengerichts. Damit schien auch ein Mittel gefunden, die ewige Diskrepanz zwischen den staatlichen gesetzlichen Duellverboten und den Anschauungen im Offizierkorps zu überbrücken. Gelungen ist dieser Ausgleich allerdings im Ergebnis nicht. Noch immer deckten sich die tatsächlichen Ehrbegriffe des Offiziers nicht mit den zivilen Ehrvorstellungen, die die Kabinettsordern von 1821, 1828 und 1829 durchzusetzen suchten.

Wichtig wurde in diesem Zusammenhang besonders die Kabinettsorder vom 29. März 1829, die zum erstenmal eine differenzierte Bewertung des Ursachenkomplexes in Duellangelegenheiten erkennen ließ. Sie stellte fest, daß nicht nur der Beleidigte, der den Insult über sich ergehen ließ, ehrlos handelt, sondern vornehmlich derjenige, der sich zu einem Angriff auf die Ehre eines Kameraden hergibt. Dieser Gedanke ermöglichte von nun an eine gerechtere Wertung der Motivationen bei Ehrenhändeln.

Seit 1837 befaßte sich die Immediatkommission zur Revision der Militärgesetze mit dem weiteren Ausbau der Ehrengerichtsbarkeit. Ihr Ausgangspunkt konnte kein anderer sein als die bekannten, in den Ordern von 1821, 1828 und 1829 niedergelegten Intentionen des Königs. Doch anscheinend hatten inzwischen mit dem Wiedererstarken der restaurativen Kräfte auch innerhalb der Armee die alteingesessenen Ehrvorstellungen neue Impulse erhalten. Die Grundsätze des Monarchen waren nicht akzeptiert worden, sie besaßen für die Neuordnung keine formende Kraft. Die Kommission widmete ihnen lediglich ein Lippenbekenntnis, indem sie ehrabschneidende Handlungsweise „als Frevel gebührend angesehen" wissen wollte. Im übrigen sprach sie die Überzeugungen des Offizierkorps in einer mit den Ideen Friedrich Wilhelm III. kaum noch zu vereinbarenden Einseitigkeit aus, die die alte Polarität zwischen der staatlichen Norm und den Offiziersprivilegien aufs neue drastisch erhellte: das Gefühl der Ehre müsse seiner Natur nach notwendig jedem Autoritätseinfluß fremd und sogar widerstrebend sein.

Die Ehrengerichtsordnung von 1843

Das Ergebnis langwieriger Kommissionsberatungen waren die beiden Verordnungen vom 20. Juli 1843: erstens die „Verordnung über die Ehrengerichte", zweitens die „Verordnung über das Verfahren der Ehrengerichte bei Untersuchungen der zwischen Offizieren vorfallenden Streitigkeiten und Beleidigungen sowie über Bestrafung des Zweikampfes unter Offizieren". Anscheinend hat Friedrich Wilhelm IV. selbst den Anstoß zur Wiederaufnahme der Arbeiten gegeben. Er hatte sich zwar nicht in allen Punkten mit der Arbeit der Kommission einverstanden erklärt. So blieb der Entwurf zu einer „Verordnung über die Ehrengerichte in der Armee" vom 6. November 1839 zunächst liegen. Boyen hat dann, offenbar auf einer Weisung Friedrich Wilhelms IV. aufbauend, in Anlehnung an eine Arbeit des Generalauditeurs Friccius seine Entwürfe verfertigt. Sie gingen nach juristischer Überarbeitung im Juni 1842 den Kommandierenden Generalen, den Generalinspekteuren und dem Chef des Generalstabs zur Stellungnahme zu.

Die Verordnungen unterstrichen das ständisch-genossenschaftliche Prinzip durch die den permanenten Ehrenräten zugebilligten Kompetenzen. Die Legalisierung der Duelle wurde Wirklichkeit, und die Zweckbestimmung der Ehrengerichte entsprach eindeutig den Vorstellungen Boyens, der sich hierin mit den romantisierenden, am ständischen Prinzip sich erbauenden Staatsvorstellungen der neuen Monarchen berührte. Freilich, die Gefahr der Untergrabung des autoritativen Aufbaues der Armee, die der Prinz von Preußen zu erkennen glaubte, bestand nicht. Dazu war diese Armee seit Jahrhunderten zu fest in den Traditionen der Subordination zusammengewachsen.

Der § 1 der Verordnung über die Ehrengerichte legt den Zweck der Ehrengerichte im korporativen Sinne fest: „Der Zweck der Ehrengerichte ist: die gemeinsame Ehre der Genossenschaft, so wie die Ehre des Einzelnen zu wahren; gegen diejenigen Mitglieder, deren Benehmen dem richtigen Ehrgefühl oder den Verhältnissen des Offizierstandes nicht entspricht, auf dem hier weiterhin bezeichneten Wege einzuschreiten und, wo es nöthig, auf die Entfernung unwürdiger Mitglieder aus der Genossenschaft anzutragen, damit die Ehre des preußischen Offizierstandes in ihrer Reinheit erhalten, und der gute Ruf jedes Mitgliedes, so wie des Ganzen, unbefleckt bleibe."

Die Wahrnehmung so weitgesteckter und nur allgemein umrissener Ziele erforderte eine umfassende Kompetenz der Ehrengerichte. Daher wies der § 2 ihrer Beurteilung zu:

„1. alle Handlungen und Unterlassungen, welche nicht durch besondere Gesetze als strafbar bezeichnet, gleichwohl aber dem richtigen Ehrgefühl oder den Verhältnissen des Offizierstandes zuwider sind, und zwar vorzugsweise:
   a) Mangel an Entschlossenheit;
   b) fortgesetztes und überhaupt ein solches Schuldenmachen, mit dem ein unredliches Benehmen oder sonst eine Beeinträchtigung der Standesehre verbunden ist;
   c) eine dem Offizier in Rücksicht auf seine kriegerische Bestimmung nicht geziemende oder eine solche Lebensweise, die dem Rufe der Genossenschaft durch eine unrichtige Wahl des Umganges nachtheilig werden kann;
   d) Mangel an Verschwiegenheit über dienstliche Anordnungen;
   e) Neigung zum Trunk oder zum Spiel, wenn Warnungen und Disziplinarstrafen ohne Erfolg geblieben sind, oder wenn dadurch ein öffentliches Aergerniß veranlaßt worden ist;
   f) unpassendes Benehmen an öffentlichen Orten;
   g) fortdauernd mangelhafte Erfüllung der Dienstobliegenheiten;
   h) wiederholtes und vorsätzliches Uebertreten der Standespflichten.
2. Die Streitigkeiten und Beleidigungen der Offiziere unter sich, so wie die Anreizungen zum Zweikampf – nach dem deshalb erlassenen besonderen Gesetz – in sofern dieselben nicht im unmittelbaren Zusammenhang mit einem Act des Dienstes stehen und deshalb zugleich als Dienstvergehen zu betrachten und zu bestrafen sind."

Der umfassende Katalog negativer, oft sehr allgemein gehaltener Umschreibungen einer idealen Haltung und Gesinnung des Offiziers und der „Offiziergenossenschaft"stellte ein Normensystem dar, das dem Offizier kaum noch den Rest einer privaten Existenz ließ. Das Individuum wurde damit rechtlich in ein beinahe vollkommen gedachtes System dienst- und standespolitischer Wertmaßstäbe eingeordnet, die gerade durch die Kodifizierung nicht an innerer Kraft gewinnen konnten. Das Offizierkorps zog jetzt einen viel zu weit geratenen Normenmantel über, unter dessen Decke sich geradezu Ehrenpedanterie entwickeln konnte und auch teilweise entwickelte, die in der

Revolutionszeit zuweilen an Gesinnungsschnüffelei grenzte. Im Jahre 1808 unterlag die „niedere Denkungsart" eines Offiziers dem Urteil des Ehrengerichts, jetzt alle Handlungen oder Unterlassungen, welche dem richtigen Ehrgefühl oder den Verhältnissen des Offizierkorps zuwider waren. Damit war praktisch jede der Majoritätsgesinnung zuwiderlaufende Haltung justiziabel geworden.

Hinzu kam, daß nun auch die Stabsoffiziere erfaßt wurden, ferner die Landwehroffiziere, die Gendarmerieoffiziere, die auf Inaktivitätsgehalt stehenden, die mit Pension zur Disposition gestellten sowie die mit dem Recht zum Tragen der Uniform verabschiedeten Offiziere. Der „Standesgeist" expandierte kräftig in die bürgerliche Gesellschaft hinein, denn viele ehemalige Offiziere, die nun den Ehrengerichten unterworfen waren, lebten jetzt als Bürger fern der Armee und gingen ihren zivilen Beschäftigungen nach, waren jedoch ausdrücklich genötigt, ihr „Standesbewußtsein" zu pflegen und herauszustellen. Der Offizierstand warf, wie Friedrich Meinecke es formuliert hat, „sozusagen seine Anker auch in das bürgerliche Leben aus". So hat denn kurioserweise Boyen, dem an der Versöhnung von Nation und Armee soviel gelegen war, kräftig an der Militarisierung der Gesellschaft mitgewirkt, ja geradezu die Grundlagen für den vor allem in der zweiten Jahrhunderthälfte einsetzenden Prozeß gelegt. Hauptsächlich kausal für diese Entwicklung wurden nicht die Betonung der autoritativen Momente innerhalb des Offizierkorps, sondern das Wachsen des korporativen Bewußtseins, der korporativen Institution und vor allem die mit den neuen Ehrengerichtsverordnungen ins Überdimensionale gesteigerte Perfektion einer wahren Ehrenapparatur.

Im einzelnen enthielten die neuen Regelungen komplizierte Vorschriften. Das Bedürfnis, so sehr ins Detail zu gehen, erklärt sich zweifellos aus dem Bewußtsein, daß das Gesamtwerk, wenn nicht lebensfremd, so doch übersteigert artifiziell ausgefallen war.

Die Einleitung eines Ehrengerichtsverfahrens lag ausschließlich beim Regimentskommandeur. Er überprüfte den Bericht des Ehrenrats und sandte die Akten zusammen mit der eigenen Stellungnahme an den Divisionskommandeur, der die Eröffnung des Verfahrens daraufhin anordnen konnte.

Die Spruchgewalt der Ehrengerichte war, abgesehen von der freisprechenden Erkenntnis, in folgender Form normiert:

a) Warnung,
b) Entlassung aus dem Dienst,
c) Entfernung aus dem Offizierstand, womit der Verlust des „Titels der Charge" und die Erklärung der Unfähigkeit zur Wiederanstellung als Offizier zu verbinden waren,
d) Verlust des Rechts zum Tragen der Uniform für die mit Erlaubnis zum Tragen der Uniform verabschiedeten Offiziere,
e) Entfernung aus dem bisherigen Wohnort für die auf Inaktivitätsgehalt und mit Pension zur Disposition gestellten Offiziere.

Das Abstimmungsverfahren war kompliziert geregelt. In den Ehrengerichten über Subalternoffiziere und Hauptleute bzw. Rittmeister erfolgte die Abstimmung in der Art, daß zuerst die Mitglieder des Ehrenrats abstimmten, dann der älteste Hauptmann oder Rittmeister, danach der älteste Premierleutnant, gefolgt vom ältesten Sekondeleutnant. Die Reihenfolge setzte sich dann entsprechend mit dem zweitältesten Hauptmann, zweitältesten Premierleutnant etc. fort. In den Ehrengerichten über Stabsoffiziere galt der gleiche Abstimmungsmodus, es begann aber der älteste Oberst, gefolgt vom ältesten Oberstleutnant und ältestem Major. Allerdings fand hier keine gemeinschaftliche Beratung statt, die Akten wurden vielmehr durch den Ehrenrat in der genannten Reihenfolge den Stabsoffizieren zugestellt, wonach diese ihr Votum schließlich abgaben.

Zur Gültigkeit eines Urteils über einen Hauptmann oder Subalternoffizier war eine Zweidrittelmehrheit der abgegebenen Stimmen für ein Votum erforderlich, im Stabsoffizierehrengericht genügte die einfache Mehrheit. Bei Stimmengleichheit entschied hier das Votum des ältesten Stabsoffiziers.

Bei weiterer Stimmenzersplitterung war ein noch detaillierteres Verfahren vorgesehen. In § 46 Abs. 2 heißt es:

„Sind jedoch mehr als zwei Meinungen im Ehrengericht vorhanden, so entscheidet die relative Majorität, und wenn in einem solchen Fall für die Meinungen, welche die mehrsten Stimmen für sich haben, eine gleiche Anzahl von Stimmen vorhanden ist, so gilt diejenige dieser Meinungen als der Beschluß des Ehrengerichts, welcher der älteste Stabs-Offizier beigetreten ist; in sofern aber dieser für eine andere Meinung sein Votum abgegeben hat, so giebt alsdann von den beiden Meinungen, für welche eine gleiche Anzahl von Stimmen vorhanden ist, die gelindere Meinung dergestalt den Ausschlag, daß dieselbe als der Beschluß des Ehrengerichts angenommen werden muß."

Falls im Ehrengericht der Hauptleute und Subalternoffiziere eine Zweidrittelmehrheit nicht zu erlangen war, trat merkwürdigerweise das Ehrengericht der Stabsoffiziere als eine Art Substitutionsehrenhof in Funktion. Damit war die Sache dem zuständigen Gericht entzogen.

Jedes Ehrengerichtserkenntnis bedurfte königlicher Bestätigung. Danach wurde es dem Angeschuldigten durch den Ehrenrat eröffnet. Gegen ein solches Urteil war ein weiteres Verfahren nur mit königlicher Genehmigung zulässig.

Der Ehrenrat trat vornehmlich im Ermittlungsstadium in Erscheinung. Er wurde als eine Kommission der Ehrengerichte auf ein Jahr gewählt. Jedes Infanteriebataillon und jede Artillerieabteilung verfügten über einen besonderen Ehrenrat. Er bestand bei den Ehrengerichten der Stabsoffiziere aus einem Regimentskommandeur, einem Bataillons- (Abteilungs-)Kommandeur und einem Stabsoffizier; bei den übrigen Ehrengerichten aus einem Hauptmann (Rittmeister), einem Premier- und einem Sekondeleutnant. Er hatte als Organ sowohl der Kommandeure als auch der „Genossenschaft" über die „Standes-Ehre" zu wachen, besaß jedoch nicht das Recht, selbständige Untersuchungen zu führen oder ihm zugegangene Meldungen zum Anlaß weiterer Nachforschungen zu nehmen. Über die Weiterbehandlung entschied allein der Kommandeur, „unter dessen Leitung das Ehrengericht steht". Nur mit seiner Genehmigung konnte der Ehrenrat als Ermittlungsausschuß in Aktion treten, wobei er auch das „wechselseitige Wohlwollen" im Auge behalten sollte.

Nicht anders sahen die ihm zugedachten Aufgaben in Duellangelegenheiten aus. Nach der „Allerhöchsten Verordnung über das Verfahren der Ehrengerichte bei Untersuchungen der zwischen Offizieren vorfallenden Streitigkeiten und Beleidigungen, sowie über die Bestrafung des Zweikampfes unter Offizieren" hatte der Ehrenrat einen gütlichen Ausgleich anzustreben. Er hatte aber auch darauf zu sehen, ob die Beleidigung „in einer den Offizierstand entehrenden Weise ausgesprochen" worden war.

In Duellsachen trat das Ehrengericht in Erscheinung, wenn eine gütliche Einigung nicht möglich war oder der Fall nach Überzeugung des Ehrenrates sich für einen Ausgleich nicht eignete. Das Ehrengericht konnte in solchem Falle erkennen:

a) daß der Fall zur ehrengerichtlichen Rüge nicht geeignet und die Ehre des oder der Beteiligten für nicht verletzt zu erachten sei; oder
b) auf eine Rüge gegen einen oder gegen beide Theile des Benehmens wegen und auf wechselseitige, durch Handschlag zu bestätigende Ehren-Erklärung; oder
c) auf Entlassung aus dem Dienst.

Grundsätzlich hätte nach Bestätigung eines solchen ehrengerichtlichen Erkenntnisses die Sache für erledigt gelten müssen und eine weitere Genugtuung von den Beteiligten nicht gefordert werden dürfen. Die Verordnung beließ es hierbei jedoch nicht und stellte sich eigentlich dadurch selbst in Frage. Sie öffnete den im Offizierkorps verbreiteten Ansichten wieder ein Ventil mit Vorschriften, die das „genossenschaftliche" Prinzip, die Eigengesetzlichkeit des Standes, wirkungsvoll manifestierten.

So lautet z. B. der § 16: „Sollte eine unter Offizieren vorfallende Streitigkeit oder Beleidigung durch das Ehrengericht beyzulegen sein und die Betheiligten zu erkennen geben, daß sie bei dem Ausspruch des Ehrengerichts wegen der eigenthümlichen Verhältnisse des Offizierstandes sich nicht beruhigen zu können glauben, so sind die Verhandlungen des Ehrengerichts zwar zu schließen, zugleich aber die Betheiligten auf die in den §§ 21 und folgenden enthaltenen Strafen des Zweikampfes vom Ehrenrath aufmerksam zu machen!"

Die vorgesehenen Strafen bewegten sich je nach den Folgen des Zweikampfes zwischen einmonatigem bis zu zehnjährigem Festungsarrest, abgesehen von den noch schwereren Strafen bei Verletzung der herkömmlichen oder verabredeten Form des Duells. Dennoch hatte der Ehrenrat das Recht, auf dem Duellplatz zu erscheinen und als Kampfgericht tätig zu werden. Nach dem Ende des Duells trat die Bestrafung wegen des vollzogenen Zweikampfes ein. Angesichts einer in sich so widerspruchsvollen Regelung hatte der Prinz von Preußen durchaus recht, wenn er meinte, daß, wenn jemand zur Verantwortung gezogen werden sollte, dies in erster Linie das Kampfgericht sein müsse. Man verwickelte sich mit der „Legalisierung" des Duells in nicht mehr zu beseitigende Widersprüche. Die „Praxis" behalf sich damit, daß die ehrengerichtlichen Erkenntnisse in Duellangelegenheiten so gut wie nie ernsthaft vollstreckt wurden. Meist war ein zu langem Festungsarrest verurteilter Delinquent nach kurzer Zeit wieder in der Armee anzutreffen.

Einwände des Prinzen von Preußen gegen wichtige Punkte der Verordnungsentwürfe sind kaum berücksichtigt worden. Als interessant und aufschlußreich für die spätere Entwicklung der Ehrengerichtsbarkeit müssen sie jedoch erwähnt werden.

Er wandte sich entschieden gegen die Auffassung, die Ehrengerichte hätten über die Ehre der Genossenschaft zu wachen. Seine Kritik fußte dabei jedoch nicht auf einer individualistischen Betrachtungsweise, sie brachte vielmehr den auf der Autorität der Vorgesetzten ruhenden Aufbau der Armee in Erinnerung. Ihm entsprechend war die Armee primär ein auf Autorität gegründeter Verband. Die Ehre des Offizierkorps sollte dadurch selbstverständlich nicht eingeschränkt sein, aber der Prinz wollte nicht soweit gehen, ihr eine Eigenständigkeit zuzugestehen, die den Autoritätsverband in einen korporativen Organismus hätte umwandeln können. In dieser Hinsicht stand er Friedrich II. näher als sein Vater und Bruder. So begegnete er der im Entwurf formulierten Zweckbestimmung der Ehrengerichte: „Der Zweck jedes Ehrengerichts ist, die gemeinschaftliche Ehre der Genossenschaft und die jedes Einzelnen zu bewahren“, mit der nüchternen Feststellung: „Nach der Fassung dieses Paragraphen gewinnt es den Anschein, als solle das Ehrengericht zum Wächter der Offiziersehre bestellt werden. Damit bin ich nicht einverstanden. Denn das Ehrengericht soll nur über bestimmte, zur Sprache gebrachte Vorfälle seine Meinung aussprechen. Die dem Ehrengericht hier beigelegten Attribute stehen dem vorgesetzten Dienstobern zu, dem für die vorkommenden Fälle der Ehrenrath zur Erörterung, das Ehrengericht zur gutachtlichen Beurteilung in Form eines Erkenntnisses beigegeben ist.“

Dabei suchte der Prinz präzise Umschreibungen der Tatbestände einzuführen. So riet er etwa davon ab, „Mangel an Entschlossenheit“ als Ehrendelikt einzuführen. Diese Formulierung sei zu unbestimmt. Sie könnte ebenso leicht zu Mißdeutungen führen wie die im Reglement von 1788 erwähnte Lâcheté. Seine mehr auf die Autorität abzielenden Gesichtspunkte ließen ihn darüber hinaus zu der Feststellung kommen, daß für den gesamten Komplex der Ahndung von Dienst- und Standespflichtverletzungen die Disziplinar- und Strafgerichtsbarkeit zur Verfügung stehe. Nach seiner Auffassung blieb für die Arbeit des Ehrenforums allein der Bereich der Standessitte und Standesehre offen, und zwar nur in der Weise, daß diese Institution als Hilfsorgan der Kommandeure bei der Beaufsichtigung des Offizierkorps mitzuwirken hatte.

Im ganzen genommen hätten die Änderungsvorschläge des Prinzen eine Straffung und in gewissen Grenzen auch eine Entidealisierung der Entwürfe herbeiführen können. Ein einziges Beispiel zeigt das bereits. Zu dem Entwurfpassus: „Die Ehre des Offiziers wird gefährdet: a) durch eine dem Offizier in Rücksicht auf seine kriegerische Bestimmung nicht geziemende oder eine solche Lebensweise, die entweder seine eigenen Kräfte übersteigt oder dem Rufe der Genossenschaft nachteilig wird", hieß es in den Bemerkungen des Prinzen kurzweg: „ist nicht ganz verständlich ... und möchte daher zu streichen sein".

Die Strafbefugnisse der Ehrengerichte waren Prinz Wilhelm viel zu weit gefaßt. Auch darin erblickte er eine Gefährdung des Autoritätsprinzips in der Armee. Er wollte den Ehrengerichten unter keinen Umständen das Recht geben, auf Verweis, Versetzung und Avancementverlust zu erkennen: „Überhaupt die Versetzung als Strafe anzusehen, halte ich für unpassend und muß die Versetzung stets nur vom Allerhöchsten Willen abhängen." Hier sprach sich möglicherweise ein allgemeines Mißtrauen aus, denn er hielt nicht sehr viel von der bisherigen Arbeit der Ehrengerichte. Seit 1808, so meinte er, hatte die Ehrengerichtsbarkeit es nicht vermocht, „bei der Armee bestimmte und richtige Grundsätze in Ehrensachen allgemein zu verbreiten und eine Stetigkeit der Standessitte und der darauf gegründeten Urteilssprüche zu begründen". Dieses Mißtrauen mag der Grund gewesen sein, warum er für Stabsoffiziere in Berlin einen besonderen Ehrengerichtshof bilden wollte, der sich aus den dort anwesenden höchsten Generalen zusammensetzen sollte. Da er ferner die zweite Instanz in Ehrensachen bilden sollte, hätte auf diesem Wege tatsächlich die gewünschte Einheitlichkeit der Ehrenrechtsprechung erreicht werden können, allerdings wiederum auf Kosten der genossenschaftlichen Eigengerichtsbarkeit.

Auch in den im Entwurf vorgesehenen permanenten Ehrenräten erblickte Prinz Wilhelm eine Beeinträchtigung der Kommandobefugnisse, obwohl die Ehrenräte nur als ständige Ehrenaufsichtskommissionen ohne jegliche Entscheidungskompetenz gedacht waren und die Entscheidung darüber, ob ein Ehrengerichtsverfahren eingeleitet werde oder nicht, allein beim zuständigen Divisionskommandeur lag. „Einer Kommission neben dem Kommandeur Kontrollbefugnisse geben, hieße", so meinte er, „die Einheit des Kommandos republikanisch theilen."

In der gleichen Richtung lagen die Änderungsvorschläge zum Gesetzentwurf „betreffend die Behandlung der Beleidigungen und die möglichste Verhinderung des Zweikampfes unter Offizieren des preußischen Heeres sowie über die Bestrafung derselben". Im wesentlichen richteten sie sich wieder gegen die dem Ehrenrat zugedachte selbständige Rolle als vermittelndes, aussöhnendes und ermittelndes Organ. Boyen suchte mit dem Entwurf den Zweikampf in gewissen Grenzen zu legalisieren, hielt aber dennoch an seiner Sträflichkeit fest. In Fällen, die wegen ihrer „besonderen und zarten Natur" sich einer Erörterung im Ehrenrat entzogen, konnte er sich für inkompetent erklären oder sich als Kampfgericht konstituieren. Nach erfolgtem Zweikampf sollte dieses Kampfgericht, dessen Funktion die Anerkennung des Rechts zum Zweikampf involvierte, die Duellanten verhaften. Hierin lag wohl der stärkste innere Widerspruch in dem Boyenschen Werk. Prinz Wilhelm erklärte sich deswegen rundweg gegen die Kampfgerichte.

Als Kaiser berief Wilhelm I. 1872 eine Kommission zur Revision der ehrengerichtlichen Bestimmungen. Inzwischen hatten sich nach dem Urteil der zur Berichterstattung aufgeforderten Befehlshaber die Einrichtungen von 1843 bewährt und eingebürgert. Selbst die von Wilhelm I. seinerzeit heftig kritisierte Stellung des Ehrenrates als Kampfgericht wurde von ihnen gebilligt. Sie gingen sogar noch weiter. Der Einfluß der Ehrengerichte vor einem Duell wurde noch stärker eingeschränkt. Von den alten Verfahrensvorschriften blieb die Pflicht zur Anzeige an den Ehrenrat, wenn eine Herausforderung zum Zweikampf ergangen war. Aber die Rolle des Ehrenrats bestand nur noch darin, sogleich, möglichst vor Beginn des Duells, Meldung an den Kommandeur zu erstatten.

Nach der „Verordnung über die Ehrengerichte der Offiziere im Preußischen Heere" vom 2. Mai 1874 war der Ehrenrat bloßes Hilfsorgan des Kommandeurs – dem allein die Verantwortung für die Behandlung der ehrengerichtlichen Angelegenheiten oblag. Diese Regelung entsprach dem schon früher geäußerten Willen des Kaisers, der jede Beschränkung der Autorität der Kommandeure ablehnte.

Ob auf eine Meldung oder Anzeige ein ehrengerichtliches Verfahren einzuleiten war, entschied der zuständige Regimentskommandeur. Von ihm hing es in vielen Fällen ab, ob ein nicht „richtiges" Ehrgefühl angenommen wurde, und er hatte darüber maßgeblich zu befinden, ob irgendein Verhalten „den Verhältnissen des Offizierstandes" zuwider war. Der „Schnüffeleiparagraph" wurde beibehalten: Jeder Offizier hatte das Recht, „Handlungen und Unterlassungen jedes anderen Offiziers des Deutschen Heeres oder der Marine, welche die Ehre desselben oder die des Standes gefährden oder verletzen, zur Kenntniß des Ehrenraths oder des direkten Vorgesetzten des Bezichtigten zu bringen".

Der jeweilige Kommandeur trug die Verantwortung für das Verfahren. Untersuchungen wurden schriftlich (protokollarisch) geführt vom Hilfsorgan des Kommandeurs, d. h. vom Ehrenrat. Erst nach Abschluß der Untersuchung wurde dem Angeschuldigten mitgeteilt, daß und in welcher Weise er sich verteidigen dürfe. So erhielt er z. B. zur Einreichung einer Verteidigungsschrift nur eine Ausschlußfrist von acht Tagen. Der Kommandeur berief nach Abschluß der Untersuchungen des Ehrenrats das Ehrengericht.

Ehrengerichte wurden gebildet: a) über Hauptleute und Subalternoffiziere bei jedem Regiment und selbständigen Bataillon. Und zwar gehörten hier sämtliche Offiziere zum Gericht; b) über Stabsoffiziere im Territorialbezirk eines jeden Armeekorps. Diese Gerichte setzten sich zusammen aus einem General und neun Stabsoffizieren. Sie wurden auf ein Jahr gewählt.

Aufgabe der Ehrengerichte sollte nach der neuen Verordnung sein:

1. gegen diejenigen Offiziere, deren Benehmen dem richtigen Ehrgefühl oder den Verhältnissen des Offizierstandes nicht entspricht, auf dem durch gegenwärtige Verordnung bezeichneten Weg einzuschreiten und, wo es zur Erhaltung der Rein-

heit der Ehre des Offizierstandes nöthig, auf die Entfernung unwürdiger Mitglieder aus der Genossenschaft anzutragen; sowie
2. die Offiziere von unbegründeten Verdächtigungen ihrer Ehrenhaftigkeit zu reinigen, insofern andere standesgemäße Wege hierzu nicht vorhanden sind.

Demgemäß gehörten zur Beurteilung der Ehrengerichte:
1. alle Handlungen und Unterlassungen von Offizieren, welche dem richtigen Ehrgefühl oder den Verhältnissen des Offizierstandes zuwider sind und daher die gemeinsame Ehre der Genossenschaft gefährden oder verletzen;
2. diejenigen Fälle, in welchen Offiziere zum Schutz ihrer eigenen Ehre auf einen ehrengerichtlichen Spruch antragen.

Der Spruch konnte lauten auf u. a.:
a) schuldig der Gefährdung der Standesehre unter Beantragung der Ertheilung einer Warnung, wenn das Ehrengericht der Überzeugung ist, daß der Angeschuldigte durch das ihm zur Last fallende Verhalten nicht unwürdig geworden ist, im Dienst belassen zu werden;
b) schuldig der Verletzung der Standesehre unter Beantragung der Entlassung mit schlichtem Abschied, wenn das Ehrengericht der Überzeugung ist, daß der Angeschuldigte in seiner Dienststellung nicht belassen werden kann;
c) schuldig der Verletzung der Standesehre unter erschwerenden Umständen unter Beantragung der Entfernung aus dem Offizierstande, wenn das Ehrengericht der Überzeugung ist, daß der Angeschuldigte dem Offizierstande ferner anzugehören unwürdig geworden ist.

Die Folge einer Entlassung mit schlichtem Abschied war der Verlust der Dienststelle; die Entfernung aus dem Offizierstande zog ferner den Verlust des „Offiziertitels" nach sich. Gegen inaktive Offiziere wurde statt auf Entlassung mit schlichtem Abschied auf Verlust des Rechts, die Offiziersuniform zu tragen, erkannt.

Den Abschluß in der Reihe der großen Verordnungen in Ehrensachen brachten die „Bestimmungen zur Ergänzung der Einführungsorder zu der Verordnung über die Ehrengerichte der Offiziere im Preußischen Heere" vom 1. Januar 1897. Wie Reichskanzler Fürst Hohenlohe 1896 im Reichstag erklärte, ging man damit zurück auf die 1874 aufgehobene Verordnung von 1843, die dem Ehrenrat eine besondere (genossenschaftliche) Rolle zugewiesen hatte.

Die Bestimmungen führen in einem besonderen Passus einen Gedanken der KO von 1829 an. Daß er jetzt erneut betont werden mußte, bestätigte die Skepsis Wilhelms I. gegenüber der Ehrenspruchpraxis. Es heißt dort: „Das Officier-Corps der 8ten Brigade hat in seinem Ausspruch den richtigen Gesichtspunkt für die Behandlung einer solchen Angelegenheit gänzlich verfehlt und dargethan, daß es Meine in der Cabinets-Ordre vom 13ten Juni vorigen Jahres klar ausgesprochene Willensmeinung nicht gehörig aufgefaßt hat; denn wenn ich in dieser Verfügung vom Officier-Corps gefordert habe, daß sie durch wechselseitige Aufsicht Ausbrüche ungesitteten Betragens verhindern und Streitigkeiten durch Zurechtweisung p.p. schlichten sollen, so habe Ich doch nicht weniger bestimmt erklärt, daß diejenigen schonungslos behandelt werden sollen, die durch vorsätzliche Verletzung des Anstandes und freche Beleidigung den Anreiz zum Zweikampf geben. Ich will in Meiner Armee die persönliche Ehre der Officiere heilig geachtet, aber eben darum auch gegen jeden falschen, unwürdigen Anfall geschützt wissen. Wenn es Beschimpfungen giebt, die nach den noch herrschenden Ansichten diese persönliche Ehre in dem Maße verletzen, daß sie vermeintlich nur durch Blut wieder gereinigt werden kann, so macht sich derjenige, der fähig ist, eine solche niedrige Beschimpfung leichtfertig auszusprechen, ebendadurch unwürdig, dem Stande ferner anzugehören, für deßen Heiligthum ihm der Sinn gebricht und seine Entfernung aus diesem Stande ist zugleich für den ungebührlich Gekränkten die vollgültigste Genugthuung, die Ich als eine solche überall auch anerkannt wissen will."

Die politische Praxis

Daß bei einer so verstandenen Standesgerichtsbarkeit der Grundsatz des ne bis in idem ohne Belang blieb, versteht sich von selbst. Der Monarch hielt den Bereich seiner Kommandogewalt möglichst frei von Grundsätzen, die seine Entscheidungsfreiheit stören konnten. Ein bereits eingeleitetes Strafverfahren war abzuwarten. Nach seinem Anschluß galt folgende Regelung: bei Freisprechung konnten Tatsachen, die der gerichtlichen Würdigung zugänglich waren, insoweit noch dem Spruch eines Ehrengerichts unterstellt werden, „als dieselben an sich eine Verletzung der Ehre des Offizierstandes" enthielten; war eine Verurteilung erfolgt, so konnte der zuständige Kommandeur immer noch entscheiden, ob außerdem ein ehrengerichtlicher Spruch zu fällen sei.

Die Ausfertigung des ehrengerichtlichen Erkenntnisses, Entscheidungsgründe und Sachverhalte mußten dem Kaiser vorgelegt werden. Seine Entscheidung war dem Angeschuldigten zugleich mit dem Spruch des Ehrengerichts bekanntzumachen. Dagegen war nur mit Genehmigung des Kaisers ein weiteres Verfahren zulässig.

Diese Standesgerichtsbarkeit bot dem Monarchen jeden denkbaren Vorteil, einem Angeschuldigten aber alle Nachteile: keine unabhängigen Richter, keine Rechtsmittel, erschwerte Verteidigung, kein präzise formulierter Tatbestand. Der Straftatbestand als Garantie für den Angeklagten existierte nicht. So konnten sich durchaus Gesinnungsbekämpfung, Ausmerzung freier Ansichten und selbständiger politischer Meinung entwickeln. Das Standesgericht wurde auch zum Interessengericht.

Die autoritativen Maßstäbe erwiesen sich speziell in Krisenzeiten als vorzügliches Mittel zur Wahrung der politischen und ideologischen Geschlossenheit. In der nachrevolutionären Ära schwächte sich das politische Engagement des Bürgertums – und damit auch dasjenige bürgerlicher Offiziere – entscheidend ab. „Ehre" erschien jetzt weniger auffällig in ihrem politischen Zusammenhang. Anders vor der 48er Revolution; damals hatten sich einzelne Offiziere für soziale Fragen zu interessieren begonnen und sich sozialistischen, in manchen Fällen auch liberal-demokratischen Kreisen angeschlossen, so z. B. der durch seine Opposition berühmt gewordene Leutnant Rüstow und die Mindener Artillerie-Leutnante Annecke und Korff. In allen drei Fällen führten die Verfahren zum Ausschluß der Offiziere aus der Armee, weil ihre politischen Ansichten sich mit der „Würde des Offizierstandes" angeblich nicht vertrugen. Es zeigte sich, daß die Ehrengerichte als Instrument einer zielsicheren politischen Justiz gehandhabt werden konnten. Der Monarch konnte so oft das Verfahren anderen Gerichten übertragen, bis ein ihm genehmes Urteil gefällt war. Im Fall des Leutnants Rüstow wurde dies offenkundig.

Anlaß waren Schriften des Offiziers, mit denen er sich für eine Verfassung und ein Volksheer, also für die Abschaffung der königlichen Armee, eingesetzt hatte. In einem Flugblatt „Brief eines demokratischen Offiziers an die Männer des Volkes in der Singakademie zu Berlin" (1848), hatte er die Behauptung aufgestellt, die in den hohen Rängen vertretene Reaktion habe die Subalternoffiziere mittels der Ehrengerichte in der Hand. Dies war eine deutliche Anspielung auf die Möglichkeiten einer politischen Justiz. Im folgenden Ehrengerichtsverfahren lauteten die einzelnen Vorwürfe: Verunglimpfung der älteren Offiziere, Vorwurf der Gesinnungslosigkeit gegen die jüngeren Offiziere, Verdächtigung der Ehrengerichte und des Offizierkorps selbst und Verfolg reaktionärer, verfassungswidriger Zwecke durch die Ehrengerichte. Der Ehrenrat sah sich zur Widerlegung der Rüstowschen Einwendungen genötigt, ein Gutachten über die Rechtmäßigkeit der Ehrengerichtsbarkeit einzuholen, das positiv ausfiel. Der Spruch des Subaltern-Ehrengerichts brachte nicht die zu einer Verurteilung ausreichende Zweidrittelmehrheit. Damit ging das Verfahren an das Ehrengericht der Stabsoffiziere über. Im jüngeren Offizierkorps gab es Männer, die noch nicht ganz in den „Standesbegriffen" dachten und wohl eine freie Meinung respektierten. Das Gericht der Stabsoffiziere dagegen kam zu der Erkenntnis: „Daß der Seconde-Lieutenant, weil er die Ehre des Offizierstandes durch den Inhalt einer von ihm verfaßten Druckschrift herabgewürdigt, wegen Mangel an richtigem Ehrgefühl mit Entfernung aus dem Offizierstande zu bestrafen sei."

Vom Standpunkt der Armee war gewiß kein anderes Urteil zu erwarten, kein anderes wäre „zeitgemäß" gewesen. Aufschlußreich ist deshalb nicht dieses Urteil, nicht die Korrektur der Maßstäbe der Subalternoffiziere durch die Stabsoffiziere, sondern der weitere Fortgang des Verfahrens. Er erlaubt einen Blick in die persönlichsten Vorstellungen des Monarchen über sein Verhältnis zur Armee.

Dem König genügte der Spruch des Ehrengerichts der 10. Division nicht. Nach seiner Auffassung erheischte die Gesinnung des Leutnants eine exemplarische Bestrafung. Im Vorgehen des jungen Offiziers erblickte er militärische Verbrechen gegen die Subordination. Er hob das Urteil auf und ordnete ein kriegsgerichtliches Verfahren an. Das Posener Kriegsgericht sprach den Offizier von der Anklage der Insubordination frei. Der junge Offizier wurde durch diese Erkenntnis in seiner Auffassung bestätigt, daß eine „politische Verfolgung" gegen ihn betrieben werde. Friedrich Wilhelm IV. hob das Urteil wiederum auf. Das Glogauer Kriegsgericht stellte eine militärische Treueverletzung „in den Gesinnungen" fest. Die Behauptung des Offiziers, so argumentierte das Gericht, „das Heer sei des Volkes halber da", verletzte den dem König geleisteten Eid. Dennoch hielt sich das Gericht für unzuständig und wies die Sache den Ehrengerichten zu.

Inzwischen war 1849 Rüstows Schrift „Der deutsche Militärstaat vor und während der Revolution" erschienen und sogleich beschlagnahmt worden. Sie versuchte, die öffentliche Meinung im antimonarchischen Sinne zu beeinflussen. Ein weiteres Urteil hob Friedrich Wilhelm IV. auf. Rüstow wurde schließlich im August 1850 mit Entfernung aus dem Offizierstand, Verlust der Nationalkokarde, 31½jährigem Festungsarrest und 10jähriger Polizeiaufsicht bestraft.

5. Soziologie des Offizierkorps

a. Der Adel

Seit den Reformen von 1808 und insbesondere seit dem Wehrgesetz von 1814 änderte sich die rechtliche, aber weniger die soziologische Beziehung des Adels zum Offizierdienst. Noch im Kantonreglement von 1792 wurde ihm das Geburtsrecht der Befreiung vom Militärdienst bescheinigt. Den Söhnen des ersten Standes im Staate – als welchen das Allgemeine Landrecht von 1794 den Adel in exakter Beschreibung der preußischen Wirklichkeit bestätigte –, die sehr viel zahlreicher waren als die vorhandenen Offizierstellen, wurde Militärdienst nur in der Form des Offizierdienstes zugemutet, zumal auch das gehobene Bürgertum eximiert war.

Das Wehrgesetz statuierte die positive Gleichstellung von Adel und Bürgertum, überhaupt von allen „Eingeborenen" des Staates, in ihren militärischen Pflichten. Die Offizierergänzungsbestimmungen von 1808 sicherten die *rechtliche* Gleichstellung von adligen und bürgerlichen Offizieraspiranten. Damit war aber keineswegs die *soziale* Ebenbürtigkeit hergestellt, obwohl 1807 auch die Standesschranken beim Erwerb ritterlichen Grundbesitzes gefallen waren. Die Standesgrenzen zwischen Adel und bürgerlicher Oberschicht wurden damit, wie Koselleck plastisch ausgeführt hat, „wirtschaftlich" osmotisch. Diese Grenze ist schon früher vom Bürgertum unterminiert worden, und daher spiegelt schon das ALR nicht mehr eine fest gegründete Wirklichkeit wider. Insofern zogen die neuen Grundsätze für das Offizierkorps von 1808 auch rechtlich einen Schlußstrich unter die Bestimmung des ALR, die dem Adel „die Verteidigung des Staates, so wie die Unterstützung der äußeren Würde und inneren Verfassung desselben" (§ 1, II, 9) zugewiesen hatte.

Zu berücksichtigen bleibt jedoch, daß der preußische Adel nicht nur Staatsstand, sondern im Laufe des 18. Jahrhunderts in immer höherem Maße auch Dienststand geworden war. Im Offizierkorps und höheren Beamtentum nahm er seinen Platz ein. Die wirtschaftliche Entwicklung förderte diesen Prozeß, denn je weniger der Landbesitz ausreichte, seine Position zu wahren, desto mehr mußte er „Dienste" nehmen. Das ständische Zusammengehörigkeitsgefühl, das den landlosen Adel wie den Magnaten als Gleiche zusammenfaßte, kam den Bedürfnissen des Dienstadels entgegen und ist umgekehrt vom Korpsgeist des Offizierkorps gefördert worden. Die seit 1808–1814 einsetzende bürgerliche Konkurrenz hat die zentripetalen Kräfte des Adels als Stand noch stärker angeregt. Hinzu kam, daß die preußische Monarchie des Vormärz nicht mehr darauf aus war, adlige und bürgerliche Rivalitäten anzuregen und zu fördern. Trotz der Beseitigung der Standesschranken im Offizierkorps gibt es Zeichen für die eindeutige Begünstigung des adligen Elements. Ergänzungs- und Erziehungspolitik wiesen in diese Richtung. Vor allem ist hier an die

Rolle des Kadettenkorps zu erinnern, an die vornehmen, nur Adlige akzeptierenden Regimenter, an die Nobilitierung als äußere Anerkennung und Rangerhöhung.

Einzelne Garderegimenter – 1. und 2. Garde-Regiment zu Fuß, 1. Garde-Grenadier-Regiment (Alexander), Regiment Gardes du Corps, Garde-Kürassier-Regiment, 1. Garde-Dragoner-Regiment – nahmen bis zum Ersten Weltkrieg keine Bürgerlichen in ihre Offizierkorps auf. Die Existenz dieser Regimenter als der Elite der Königlichen Armee allein involvierte die fortdauernde Privilegierung des Adels, nun zwar nicht mehr in rechtlicher Hinsicht, sondern als Folge eines ungeschriebenen gesellschaftlichen Gesetzes und eines seit 1848 immer stärker empfundenen innenpolitischen Bedürfnisses.

In seiner Funktion als Dienstadel wurde der preußische Adel ganz besonders von der Gleichstellung der bürgerlichen und adligen Offizieraspiranten getroffen, entsprechend zäh war sein Widerstand. Der allgemeine soziologische Befund, daß mit der Abschaffung ständischer Privilegien die Ungleichheit nicht wie durch Zauberhand verschwindet, ist am Beispiel des preußischen Offizierkorps nachgewiesen. Differenzierungen, leichter Zugang zu höheren Rängen, die besseren Verbindungen und Beziehungen blieben existent. Unter den Generalen gab es bis zuletzt kaum Bürgerliche. Vor der Revolution begegneten in der Rangliste (1847) fast nur altpreußische Namen. Einzelne Bürgerliche kamen, wenn überhaupt, fast regelmäßig über die Artillerie- oder Ingenieurwaffe in die höchsten Ränge, wie etwa der Generalstabschef v. Krauseneck und v. Peucker (beide nobilitiert). In den sechziger und siebziger Jahren änderte sich nichts. Das gleiche Bild bieten die Ranglisten um 1890 oder vor dem Weltkrieg. Es war schon als Besonderheit anzusehen, daß einzelne Bürgerliche, die tatsächlich den Generalsrang erreichten, nicht nobilitiert worden waren.

b. Das Bürgertum

Eine ähnliche soziologische Situation ist in den Spitzen des Beamtentums – auf der Ebene der Minister, Oberpräsidenten, Regierungspräsidenten –, vor allem natürlich im Auswärtigen Dienst, zu finden. Auf der subalternen Ebene drang das bürgerliche Element auch im Offizierkorps vor, schon allein aufgrund des wachsenden Bedarfs nach der Reorganisation von 1859–1865. Dennoch ist ein Vergleich des Offizierkorps mit dem Beamtentum in soziologischer Sicht nur möglich bei Beschränkung der Analyse auf das höhere, akademisch gebildete Beamtentum. Denn das Beamtentum als Berufsstand – „das vom Reichskanzler bis zum Briefträger reicht", wie Otto Hintze sehr anschaulich gesagt hat – umfaßte unterhalb der Gruppe der höheren Beamten gerade jene sozialen Schichten, die vom Offizierkorps praktisch ferngehalten wurden. Das Beamtentum ließ sich als soziale Klasse „nur hinsichtlich der sozialen Merkmale, die im Beruf liegen“ auffassen, nicht aber „in Hinsicht auf Bildung, Lebensstellung und Einkommen“. Vor allem aber nicht hinsichtlich der persönlichen Geltung oder der im 19. Jahrhundert noch als Realität empfundenen Satisfaktionsfähigkeit.

Wenn das Offizierkorps, in seiner Mehrheit selbst gegen Ende des Jahrhunderts bildungsmäßig auf der Stufe der Primareife stehend, in Relation zum akademisch gebildeten Beamtentum gesetzt werden kann, so wird damit deutlich, wo es seine gesellschaftliche Verwandtschaft im Bürgertum suchte. Neben den Abkömmlingen aus Adels- und Offizierfamilien besaßen die Söhne höherer Beamten die besten Aufnahmechancen. Das höhere Beamtentum war in gewissem Sinne wie das Offizierkorps auch eine politische Institution, „die den herrschaftlichen Charakter unseres Staatswesens ganz deutlich und unvertilgbar an sich trägt und durch eine gewisse Altertümlichkeit in Gestaltung und Motiven auf eine lange Vergangenheit zurückweist“ (O. Hintze). Wer die Begründungen Edwin v. Manteuffels für die Erhaltung der hergebrachten sozialen Struktur des Offizierkorps nachprüft, dem fällt auf, daß über das Beamtentum ähnliches gesagt worden ist, daß nämlich die Argumente zugunsten des Bestehenden „etwas Eigenartiges, Irrationales“ enthielten.

Tatsächlich hat der monarchische Gedanke in Preußen seit der Konstitution von 1848–1850 irrationale Aspekte gehabt, die im allgemeinen durch den Appell an die machtpolitischen Bedürfnisse des Staates verdeckt zu werden pflegten. Insofern stellten die der Zusammensetzung des Offizierkorps gewidmeten Verordnungen und Erlasse zugleich höchst rationale wie auch ideologisch-irrationale Maßnahmen dar. Sie schufen wie die Personalpolitik im höheren Beamtentum eine Elite für die monarchische Idee. Damit war zwingend das Gebot der Annäherung von Adel und besitzendem und gebildetem Bürgertum gegeben. Nobilitierung und gegenseitige Heiratsfähigkeit ermöglichten diesen Prozeß, der schon im 18. Jahrhundert begann und Adel und Teile der vom Militärdienst eximierten bürgerlichen Kreise zusammenführte – wenn auch nicht bis zum Grade der Einschmelzung des Adels in eine einzige Führungsschicht von Bildung und Besitz. Die preußische Monarchie blieb auch unter der Verfassung – gerade für Armee und Verwaltung – vorwiegend Monarchie, im eigentlichen Sinne Militärmonarchie, in der es entscheidend blieb, daß der König oberster Kriegsherr und seine militärischen Paladine Angehörige des ostelbischen Adels waren, deren Söhne über das Kadettenkorps nachwuchsen

Daß für die Söhne von Adel und Beamtentum – eines aus dem Militärdienst erwachsenen Beamtentums – innerhalb des Offizierkorps die Standesunterschiede verblaßten, weil militärische Stellung und Rang, Auszeichnungen und Ehrenrechte starke Ansprüche auf gesellschaftliche Position und äußeres Ansehen gaben, ist ein Faktum. Es bestand so etwas wie eine Dienstaristokratie, die aber keineswegs die Geburtsaristokratie verdrängte oder nebensächlich machte. In diesem Angleichungsprozeß haben die einschlägigen Institutionen und Prinzipien der Armee, Offizierwahl und Offizierehre vor allem, bedeutende Wirkungen ausgeübt. Sie wirkten in die Armee hinein und nach außen, aber es geht wohl nicht an, diese nach außen gehende Wirkung als „standesbildendes Prinzip" zu verstehen, wie Huber es will. Über die Offizierzulassungsvoraussetzungen ist die „ständische" Integration von Adel und „offizierfähigen" bürgerlichen Schichten nicht erreicht worden. Dazu waren politische Entscheidungen erforderlich (1866 und 1870/71), die das Bürgertum vom Landwehrideal zu lösen vermochten, und das Aufkommen der Sozialdemokratie, das die Armee dem Bürgertum als innenpolitischen Garanten erscheinen lassen konnte. Es ist eine grundsätzliche Verkennung der preußischen Entwicklung, wenn angenommen wird, daß über die Offizierkorps „in Fortwirkung der Reformen" eine neue bürgerliche Hierarchie entstanden sei (Huber). Was sich hier entwickelte, geschah gerade nicht in Fortführung der Reformen, sondern nur in Ausnutzung von Instrumenten, die die Reformer in ganz anderem Geist geschaffen hatten. Gewiß hätte die Sozialentwicklung Preußen-Deutschlands anders ausgesehen, damit auch die Zusammensetzung des Offizierkorps, wenn sie nach den Vorstellungen Gneisenaus, Scharnhorsts, Boyens und Steins verlaufen wäre. Daß der Adel, der größere Grundbesitz und das besitzende und gebildete Bürgertum als „offizierfähige Schichten" im Gegensatz zum kleinen Mittelstand und zur Arbeiterschaft standen, ist eine Aussage ohne relevanten Bezug, denn dieser Gegensatz war ohnehin vorhanden, auch ohne die Eigenschaft der „Offizierfähigkeit". Relevant ist dagegen, daß die Armee nur diese Schichten für offizierfähig hielt.

c. Quantitatives Verhältnis von Adel und Bürgertum

Zwar war der Begriff der Offizierfähigkeit eindeutiger als der der Beamtenfähigkeit: der Unterschied zwischen Subaltern- und Stabsoffizieren war eine Frage des Dienstalters, auch der dienstlichen Tüchtigkeit und der Fortune, nicht eine soziale Differenz, wie sie zwischen dem höheren und mittleren Beamtentum bestand, aber in den höheren Dienststellungen der Armee kam das soziologische Moment doch stärker zum Vorschein und damit eine gewisse qualitative Ungleichheit, die vordergründige Feststellungen über „ständische" Wirkungen des Ehrbegriffs und der Offizierwahl widerlegt.

Am Beispiel der Besetzung der Regimentskommandeur-Stellen läßt sich das Gesagte unschwer verifizieren. Das Verhältnis von Adligen (eingeschlossen Neuadlige) zu Bürgerlichen betrug

Mitte der	fünfziger Jahre:	sechziger Jahre:	siebziger Jahre:	achtziger Jahre:
Infanterie	41 : 6	77 : 4	95 : 19	93 : 29
Kavallerie	34 : 4	45 : 3	66 : 5	67 : 5
Artillerie	67 : 3	9 : 5	20 : 18	20 : 20

Der Anteil bürgerlicher Regimentskommandeure betrug demnach:

	1855	1865	1875	1885
Infanterie	13%	5%	17%	24%
Kavallerie	11%	6%	7%	7%
Artillerie	33%	33%	≈ 50%	50%

Diese Zahlen belegen ganz eindeutig das Überwiegen des Adels.

Interessant ist das Zurückgehen des bürgerlichen Elements gegen Ende der Reorganisationsphase, obwohl selbst nach Auskunft eines Armeesprechers vor der Heereskommission des Abgeordnetenhauses von 1865 der Anteil des Adels im Offizierkorps insgesamt nur etwas mehr als 50% betrug, wobei allerdings außerhalb der Infanterie und Kavallerie dieser Anteil relativ niedrig lag. Nach dieser Zeit und insbesondere seit 1871 und den folgenden Heeresvergrößerungen war der Adel in den entsprechenden Dienstaltersstufen zahlenmäßig nicht mehr in der Lage, das alte Verhältnis aufrechtzuerhalten. Hier wäre nichts anderes übriggeblieben, als die offenkundige Zurücksetzung Bürgerlicher zur Praxis zu erheben. Daran hat in der Armee niemand zu denken gewagt. Hinzu kam, daß Edwin v. Manteuffel und sein reaktionärer Kurs jetzt der Vergangenheit angehörten. So erklärt sich bei der Infanterie das stetige Anwachsen des bürgerlichen Elements bis auf ein Viertel in den achtziger Jahren – eine Tendenz, die sich freilich nicht in die Generalität fortsetzte. Die Kavallerie machte diese Entwicklung nicht mit. Sie lag 1875 und 1885 bei einer für bürgerliche Offiziere weit ungünstigeren Relation als 1855. Dagegen vollzog sich in der Artillerie das Vordrängen der Bürgerlichen stetig. Aber hier und in der Ingenieurwaffe, die beide für weniger attraktiv galten, war das Vorwärtskommen mühsamer, mit intensiverer Ausbildung verbunden und an schwerere Prüfungen geknüpft.

d. Offizierkorps Vollstrecker der nationalen Einheit

Zusammenfassend läßt sich sagen, daß nicht das Offizierergänzungs- oder Ehrenwesen die adlig-bürgerliche Integration ausschließlich bewirkte, sondern der Zwang der großen Zahlen sich nach 1866 auszuwirken begann. Dieser Zwang fiel zeitlich zusammen mit der nationalpolitischen Saturierung des Bürgertums und mit seiner innenpolitischen Resignation. Bismarcks Politik hat vermutlich für die Homogenität des Offizierkorps seit den siebziger Jahren mehr erbracht als die Methoden der Abteilung für die persönlichen Angelegenheiten im Kriegsministerium oder die Maßnahmen des Militärkabinetts.

Daß die Einbeziehung der Kontingente der norddeutschen Bundesstaaten in das preußische Militärsystem so reibungslos vonstatten ging, muß ebenfalls in höherem Maße der Politik Bismarcks als den inneren Gesetzen der Armee zugesprochen werden. Auch die Einschmelzung des hannoverschen Offizierkorps läßt sich ohne die nationalen Effekte der Politik Bismarcks schwerlich vorstellen. Die nationale Einheit war auf vielen Ebenen, in vielen Kreisen, Schichten und politischen Richtungen diskutiert und zu einer das Denken der Zeitgenossen begleitenden und anregenden Zielvorstellung geworden, die Bismarck ausnutzte und in genuin preußischer Lösung realisierte. Die Armee, das Offizierkorps, traten als Vollstrecker auf, und das hat auf sie zurückgewirkt.

So nimmt es nicht wunder, daß bald nach 1871 die Frage eines „Deutschen Offizierkorps" thematisch wurde. In Löbells Jahrbüchern für die Deutsche Armee und Marine wurde sie aufgenommen und unter Schonung partikularer Empfindlichkeiten im preußischen Sinne beantwortet. Bayern hat dennoch in Fortsetzung seiner Tradition an Eigenem festgehalten, aber alles in allem expandierten die preußische Ordnung, preußische Grundsätze und Wertvorstellungen in den größeren Organismus. Das Offizierkorps bildete hier keine Ausnahme.

Wilhelm II. gab 1890 Richtlinien für die Ergänzung des Offizierkorps, die Realität und Wunschvorstellungen gleichermaßen widerspiegeln. Dabei blieb die Anknüpfung an Bildungsvoraussetzungen – an den „gesteigerten Bildungsgrad unseres Vokes" – nur eine rhetorische Passage in der Argumentation, denn der Rückgriff auf Bildungsreserven wäre schon 50 oder 60 Jahre früher möglich gewesen. Entscheidend war der Gedanke des „Gesinnungsadels". Damit zielte Wilhelm II. auf konservativ-monarchisch orientierte bürgerliche Kreise auch außerhalb des Beamtentums, also primär auf die akademischen freien Berufe und auf Wirtschaftskreise, die ja im Zeichen des Nationalliberalismus und nach 1878 im Zeichen des nationalen Verbändewesens, der wachsenden Konservativen Partei, bei den Alldeutschen und Flottenagitations-Kreisen reichlich zu finden waren. Diese national-bürgerlichen Reservoirs fanden Einlaß in das Offizierkorps. Neben ihnen nahmen sich Offiziers- und Beamtensöhne vielfach weniger „deutsch" als „preußisch" aus, aber am „Klassencharakter" des Offizierkorps änderte sich damit praktisch nichts. So ließ sich auch der sozialistischen Kritik schwerlich etwas entgegensetzen, wenn sie den Klassencharakter des Kaiserreichs vor allem im Offizierkorps exemplifiziert sah. Dieser soziologische Aufbau des Offizierkorps ließ die Kluft zu weiten Teilen der Nation, insbesondere zur Arbeiterschaft, immer deutlicher werden, während die Assimilationskraft des Offizierkorps in bürgerlichen und großbürgerlichen Kreisen wuchs.

Die antibürgerliche Einstellung des Militärkabinetts unter Edwin v. Manteuffel war in reiner Form in der bürgerlichen Spätphase des Industriezeitalters nicht aufrechtzuerhalten. In den Jahren der Revolutionsfurcht und betont antiliberaler Einstellung konnte das Militärkabinett noch Personalpolitik treiben auf der Grundlage des Manteuffel-Satzes: „Unsere Macht findet dort ihre Begrenzung, wo unser Junkermaterial zur Besetzung der Offizierstellen aufhört." Selbst Moltke fand kritische Worte über den bürgerlichen Offizierersatz, eine Beurteilung der Verhältnisse, die sich in den folgenden Jahrzehnten als falsch und zu ängstlich herausgestellt hat. In der Bismarck-Ära und in der Wilhelminischen Zeit arrangierte sich das Bürgertum als Klasse mit dem Militärinstitut preußischer Observanz. Die Armee erschien ihm als nationale Einrichtung, ihr Anstaltscharakter und ihre einseitig monarchische Loyalität wurden nicht mehr als störend oder gar als innenpolitische Gefahr empfunden. Damit waren wichtige Voraussetzungen für die Ausweitung der soziologischen Grundlagen des Offizierkorps gewonnen, die bis 1935 Geltung besaßen.

B. Erziehung und Bildung

1. Die Anfänge in der Reformzeit

Die auf eine kleine Armee in dem preußischen Rumpfstaat nach dem Frieden von Tilsit berechneten Erziehungs- und Bildungsinstitute, wie sie die Militärreorganisationskommission in Vorschlag gebracht hatte, waren in der Zeit bis zu den Freiheitskriegen noch nicht zu einer wirklich gedeihlichen Entwicklung gelangt. Daher waren es weniger die mit den Kriegsschulen für die Portepeefähnriche und mit der Kriegsschule für Offiziere gemachten Erfahrungen als die Erziehungs- und Bildungsgrundsätze der Reformer, an die nach dem Ende der Napoleonischen Kriege beim Neuaufbau des Erziehungs- und Bildungswesens angeknüpft werden konnte.

Zweifellos hat die folgende Restaurationszeit Abstriche vom Bildungsprogramm der Scharnhorstzeit erzwungen und wichtige Konzessionen an altständische Interessen verlangt und durchgesetzt. Dafür zwei Beispiele: erstens wurde die Offiziernachwuchsförderung dezentralisiert und geriet wieder unter den Einfluß der Truppe. Dabei muß allerdings zugegeben werden, daß als Richtlinie für die Prüfungsanforderungen nach wie vor das Reglement vom 6. August 1808 verbindlich blieb. Seine Anforderungen waren bescheiden genug, stellten aber dennoch im Vergleich zu der ehemaligen Praxis, die den Regimentern erlaubte, nach eigenem Ermessen Junker als Offiziernachwuchs einzustellen, eine erhebliche Verbesserung dar. Eine zweite bezeichnende Einschränkung des reformerischen Willens wurde mit dem Ausbau der Kadettenanstalten erreicht. Damit verlor der im Reglement von 1808 niedergelegte Gedanke, daß künftig nur Kenntnisse und Bildung Anspruch auf Offizierstellen geben und alle Standesvorzüge aufhören sollten, viel von seiner Bedeutung, denn die Kadettenanstalten befriedigten ein standespolitisches Interesse, mit dem die Armee des 18. Jahrhunderts – praktisch eine Berufsarmee – allerdings nicht schlecht gefahren war. Das militärische Bildungs- und Erziehungswesen kann deshalb eine gewichtige Antwort auf die Frage geben, ob und inwieweit die reformerischen Ansätze zur Verwirklichung eines neuen Begriffs der „Nation“ in der Armee weitergeführt werden konnten.

Trotz aller kühnen Programme handelte es sich zunächst um bescheidene Anfänge einer „Bildung“ des Offiziernachwuchses und der Offiziere. Ein Bildungssystem bedarf zu allererst der geeigneten Lehrer. So gingen auch die ersten Überlegungen der Reformer dahin, einen systematischen Lehrerkursus einzurichten und möglichst alle unbrauchbaren Lehrer und Inspektoren zu pensionieren. Die Ansprüche an die Schule waren minimal gehalten, wie ein Blick in das Reglement vom 6. August 1808 zeigt, und selbst in der Denkschrift über militärische Bildungsanstalten hieß es hinsichtlich der Anforderungen bei Eintritt in die „Akademie für Offiziere“: „Von der Infanterie und

Kavallerie wird niemand in die Akademie für Offiziere aufgenommen, welcher nicht die ersten Kenntnisse der Arithmetik und Geometrie besitzt und die deutsche Sprache ohne auffallende Fehler schreibt." Das Niveau hob sich in den folgenden Jahren kaum. Dann brachten die kriegerischen Ereignisse bis 1815 wieder einen Rückschlag. Wo man 1815/16 wieder anzufangen hatte, zeigt die Kabinettsorder an die Kommandierenden Generale vom 9. Februar 1816 über die Prüfungen der in das Stehende Heer übertretenden Landwehroffiziere. Hiernach sollten die eigens für ihre Prüfung bei den Generalkommandos eingerichteten Kommissionen die im Reglement von 1808 niedergelegten Bestimmungen im allgemeinen zugrunde legen.

Einschränkend hieß es dann aber weiter: „Es soll von jedem Offizier, der die letzten Feldzüge mitgemacht hat, zunächst geprüft und beurteilt werden:
1. Die richtige Ansicht über seinen Wirkungskreis sowohl im Linien- als auch Felddienst und ein schriftlicher Aufsatz darüber. Es wird hierbei hauptsächlich zu beobachten sein, wie er die im Kriege gemachte Erfahrung anzuwenden versteht.
2. Die für einen Offizier nöthigen natürlichen Anlagen.
3. Soviel wissenschaftliche Bildung, als sich zur Würde eines Offiziers eignet, weshalb nicht streng die bisherigen Vorschriften für die Examinations-Kommissionen in Beziehung auf die einzelnen Wissenschaften angewandt werden können, sondern es dem Prüfenden mehr überlassen bleiben muß, auf welchen Standpunkt wissenschaftlicher Ausbildung im Allgemeinen der zu Prüfende steht ..."

Die in dieser Anweisung zum Ausdruck kommende bewußte Zurückstellung „wissenschaftlicher Anforderungen" an den Offizier erinnert an die Instruktion Friedrich Wilhelms III. für die Examinations-Kommission vom 13. August 1808, mit der dem unter dem Generalmajor von Diericke eingesetzten Gremium bedeutet worden war, die Absicht des Königs gehe unter den gegenwärtigen Umständen „nur dahin, zu verhindern, daß nicht ganz unwissende und ungebildete Subjekte zu Offizieren in Vorschlag kommen, und es ist keineswegs Höchstdero Bestimmung, von den jungen Leuten jetzt einen Fonds von Kenntnissen zu fordern, zu deren Erlangung ihnen die Mittel fehlen". Die strikte Befolgung der Vorschriften im Reglement von 1808, das unter anderem Präzision in schriftlichen Aufsätzen über militärische Gegenstände, die Fähigkeit, aus dem Französischen zu übersetzen, mathematische Kenntnisse bis zu den Gleichungen zweiten Grades, dazu Kenntnisse in Geographie und Geschichte verlangte, hätte gerade die Familien getroffen, die bisher nach dem Junkersystem den Offiziernachwuchs gestellt hatten, vor allen Dingen die armen adligen Familien und die in kleinen Garnisonen stehenden Offiziere, die es sich nicht leisten konnten, ihre Söhne, sofern sie nicht in das Kadettenkorps aufgenommen wurden, auf eine auswärtige Schule zu schicken. Schon deshalb schien es angebracht, in den Bildungsanforderungen nur schrittweise strengere Maßstäbe anzulegen.

Immerhin hatten die Reformer mit der weiteren in das Reglement aufgenommenen Forderung, daß nicht nur Kenntnisse und Wissenschaften die an einen Offizier zu stellenden Anforderungen bezeichnen, sondern auch „Geistes-

Gegenwart, schneller Blick, Pünktlichkeit und Ordnung im Dienst und anständiges Betragen" deutlich gemacht, daß es bei der Offizier-Ergänzung nicht darum ging, lediglich auf junge Männer mit gewissen Kenntnissen zu sehen, daß vielmehr das Gesamturteil über Kenntnisse und Eigenschaften der Aspiranten dahin gehen mußte, daß sie im militärischen Beruf brauchbare Männer zu werden versprachen. In Übergangs-, Kriegs- und Nachkriegszeiten schien es deshalb durchaus angebracht, bei den theoretischen Kenntnissen Nachsicht walten zu lassen und mehr auf die Charaktereigenschaften und das Betragen in den Feldzügen zu sehen.

In späteren Jahrzehnten wurden dann „Bildung" und „Charakter" zu Schlagworten einander befehdender politischer Gruppierungen. Jene Kreise, die die Priorität der altpreußischen Offizierfamilien bei der Besetzung der Offizierstellen durchzusetzen oder zu wahren suchten, während sie zugleich die bürgerliche „Bildungskonkurrenz" oder Überlegenheit fürchteten, beriefen sich darauf, die Armee müsse in erster Linie „charakterfeste" Offiziere bekommen, die liberale Opposition dagegen drängte auf die Abschaffung der militärischen Bildungsinstitute, vor allem des Kadettenkorps, um auf diese Weise eine freie Konkurrenz zu erreichen und das Offizierkorps endgültig dem Bürgertum zu öffnen. Scharnhorst hatte dagegen „Bildung" und „Charakter" nicht als Gegensätze, sondern als sich ergänzende Voraussetzungen für die Zulassung zum Offizierberuf verstanden. Ihre innere Spannung – vor allem insoweit beide Begriffe als politische Forderungen verschiedener sozialer Interessen begriffen wurden – wurde schon zu Beginn des Aufbaus der Friedensorganisation nach 1815 spürbar.

Das Reglement verlangte, wollte man mit dem „Bildungsprinzip" auch in seiner abgeschwächten Form Ernst machen, die Schaffung institutioneller Voraussetzungen. Die Grundlagen wurden bald gelegt. Zunächst setzte eine Kabinettsorder vom 8. September 1809 eine Kommission unter dem Generalmajor v. Lützow ein, welcher die Ausarbeitung von Vorschlägen für die neu zu schaffenden militärischen Bildungsanstalten übertragen war. Damit begann ein grundsätzlicher Neuaufbau, der im wesentlichen von den Ideen Scharnhorsts getragen wurde. Der wesentliche Organisationsgedanke war, ein einfach gegliedertes übersichtliches Schulsystem aufzubauen, das die Aspiranten vom Einfachen zum Komplizierten führen und darüber hinaus eine Auslese für den Führernachwuchs treffen konnte. Voraussetzung war hierzu die Auflösung der älteren Institute, wie der Militärakademie, der Ingenieur- und Militärakademie und er Akademie für Offiziere

Der am 8. April 1810 von der Kommission vorgelegte „Organisationsplan der allgemeinen Militair-Academie in Berlin" entwickelte das Schema einer neuen Gliederung des Bildungswesens. Wenig später, am 3. Mai 1810, erfolgte die Genehmigung des auf dem Organisationsplan beruhenden „Regulativs zur Organisation der militärischen Lehrinstitute". Nun verfügte die preußische Armee über folgende Einrichtungen:

1. Die Kadettenanstalten zur Vorbereitung auf die Portepeefähnrichsprüfung. Die nicht in die Kadettenanstalten aufgenommenen Aspiranten hatten sich die verlangten Kenntnisse auf den normalen Schulen oder sonst privat zu erwerben.

2. Die Kriegsschulen für Portepeefähnriche in Berlin, Breslau und Königsberg.

3. Die Kriegsschule für Offiziere in Berlin.

Der Kurs für die Fähnriche war auf neun Monate festgesetzt. Der volle Ausbildungsplan für Offiziere erstreckte sich auf drei Jahre für diejenigen, die sich den Kriegswissenschaften ganz widmen wollten, andere Offiziere hatten die Möglichkeit zur Teilnahme an Ein oder Zwei-Jahres-Kursen, die faktisch auf je neun Monate begrenzt waren. Eine Zulassungskontrolle wurde in der Weise eingeführt, daß die von den Regimentern zum Besuch der Kriegsschule kommandierten Offiziere Prüfungsfragen der Studiendirektoren schriftlich zu beantworten hatten. Der als Kurator und allgemeiner Direktor der Kriegsschulen eingesetzte Chef des Generalstabes entschied aufgrund dieser Antworten über die Aufnahme.

Der Stoffplan für die Kriegsschule für Offiziere gab zum erstenmal in der preußischen Armee interessierten Offizieren Gelegenheit zu einem vertieften Studium der Kriegswissenschaften auf höherem und allgemeinerem Niveau, mit Gegenständen für alle Waffen, wie Kriegskunst, Kriegsgeschichte, Fortifikation, Physik, Chemie, Geographie, Statik, Sprachen. Dabei waren Taktik, Strategie und militärische Geographie als „Kriegskunst im engeren Sinne" zusammengenommen worden. Als Unterrichtsziel war bereits im „Organisationsplan" der Kommission unter Lützow bestimmt worden: „Die Kriegsschule für die Officiere ist zur höheren Ausbildung reiferer Köpfe und zur Erlernung genauer Berufs-Gegenstände bestimmt. Obgleich darauf hingewirkt wird, dem Zöglinge solche speciellen Kenntniße und Fertigkeiten beyzubringen, die seiner besonderen Bestimmung entsprechen, so wird doch zugleich eine große Aufmerksamkeit darauf verwendet, mit dem Lernen einen kräftigen Gebrauch des Denkvermögens zu verbinden, und die Ausbildung des Verstandes und der Urtheilskraft als die Hauptsache zu betrachten."

Der unter dem Generalmajor v. Dierícke eingesetzten Examinationskommission schrieb eine Kabinettsorder vom 13. August 1808 in großen Zügen eine Prüfungsordnung vor, die Spielraum ließ zur Bewertung der individuellen Anlagen der Prüflinge. Die Kommission sollte hierauf sogar besonders achten: „Die Kommission wird übrigens ihre Aufmerksamkeit auf die natürlichen Anlagen der Subjekte richten, diese zu erforschen sich bemühen und darüber in dem Attest ihre Bemerkung mitteilen." Freilich legte die Order der Kommission auch nahe, die positiven Kenntnisse der Kandidaten nicht zum entscheidenden Maßstab zu nehmen.

Die äußere Organisation des Schulwesens wurde mit der AKO vom 3. Mai 1810 im wesentlichen abgeschlossen. Die drei Kriegsschulen in Berlin, Breslau und Königsberg erhielten je eine militärische und eine wissenschaftliche Direktion. Zunächst war daran gedacht, nicht mehr als 50 Schüler in jede Schule aufzunehmen. Ein genau geregeltes Prüfungsverfahren suchte die gewünschte Auslese sicherzustellen. Die Offiziere hatten jährlich eine schriftliche Prüfung abzulegen, worüber der Chef des Generalstabs ein Zeugnis ausstellte. Die Ergebnisse wurden in Listen zusammengefaßt und alljährlich dem König vorgelegt. Sie sollten ein Urteil über die Prüflinge ermöglichen.

Im Jahre 1810 erhielt Generalleutnant v. Diericke die Oberaufsicht über alle militärischen Lehr-Institute. Die Voraussetzungen für eine einheitliche, nach vorgegebenen Grundsätzen erfolgende Anstellung des militärischen Nachwuchses waren damit gegeben. Für die Aufnahme in die Kriegsschule für Offiziere war ein fester Schlüssel vorgesehen: jedes der 12 Infanterie-Regimenter durfte zwei Offiziere abordnen, die 19 Kavallerie-Regimenter je einen, jede der drei Artilleriebrigaden drei und die Jäger- oder Schützenbataillone drei Offiziere; das war eine Gesamtzahl von 55 Offizieren. Tatsächlich wurden schon im ersten Jahrgang 97 Offiziere aufgenommen – ein Beweis des regen Interesses. Damit war die Möglichkeit gegeben, die für den ganzen dreijährigen Ausbildungsgang zu bestimmenden Offiziere sorgfältig auszuwählen.

Über die Anfänge, die Erfolge und Enttäuschungen des Unterrichtsbetriebs des ersten Jahres der Kriegsschule für Offiziere berichtete Scharnhorst in seinem Immediatbericht am Schluß des ersten Kurses am 24. Juni 1811: „Die hochgestellten Erwartungen konnten bei weitem nicht erfüllt werden. Der Grund dafür war in der mangelnden Vorbildung vieler Infanterie- und Kavallerieoffiziere zu suchen.“ Letztere hatte Scharnhorst gerade wegen ihrer eklatanten Bildungslücken aufgenommen. Hier mußten einfach zunächst Fundamentalkenntnisse vermittelt werden. Scharnhorst berichtete dem König von den „meistenteils sehr geringen und verworrenen Vorkenntnissen“ der Kavallerieoffiziere. Es konnte mithin keine Rede von gehobenen wissenschaftlichen Vorträgen sein. Das Lehrpersonal war entsprechend angewiesen worden, sich zunächst in seinen Vorträgen auf diese Gegebenheiten einzustellen und mehr die „sokratische Methode“ zu pflegen.

Bei den Kommandierenden Generalen in den Provinzen stand die neue Anstalt zunächst nicht in besonderem Ansehen. Sie gaben bei der knappen Personallage nur ungern jungen Offizieren die Erlaubnis zum Besuch. Bei ihnen vornehmlich und bei den Regimentskommandeuren lag aber die Auswahl der Offiziere. Scharnhorst schrieb den Kommandierenden Generalen nach dem ersten Jahr, es müsse in jedem Fall ihnen überlassen bleiben, „welche Subjekte sie zur Aufnahme in die Kriegsschule bestimmen würden“. Yorck wies in seiner Antwort auf den Offiziermangel hin und gab dem Wunsch Ausdruck, man möge die Einberufungen beschränken. Blücher erwiderte auf einen besonderen Antrag, einen bestimmten Offizier freizustellen, er könne auch diesen einen nicht entbehren, und fuhr fort: „Ich habe bereits den Monarchen gebethen, daß sämtliche Officir der hiesigen Regimenter anhiero geschickt werden, denn ohne Officir kan ich nicht fertig werden.“ Scharnhorst war trotz aller beobachteten Mängel im allgemeinen mit der Entwicklung der Anstalt zufrieden. Bei vielen Offizieren war der Wissensstand gehoben worden. Der

Unterricht gab Gelegenheit, den interessierten Nachwuchs kennenzulernen und Anwärter für den Adjutanten- oder Generalstabsdienst herauszusuchen. Darüber hinaus versprach sich der Generalstabschef viel von der Möglichkeit, die jungen Offiziere während der vorlesungsfreien drei Monate bei anderen Waffen Dienst tun zu lassen.

Friedrich Wilhelm III. entsprach weitgehend den Anregungen Scharnhorsts. Belobigungen, Beförderungen, aber auch Ausschlüsse von der Schule verfügte er im allgemeinen nach Scharnhorsts Anträgen. Es war ein hoffnungsvoller Beginn. Der Weg zur Realisierung des großen Reglements von 1808 war beschritten. Aber es blieb ein Anfang. Die Auseinandersetzung mit Napoleon, eigentlich schon die Vorbereitung darauf, setzte dem Schulbetrieb und überhaupt dem Schulsystem ein rasches Ende. Als erste Schule wurde im September 1812 die Kriegsschule in Königsberg geschlossen; es folgten im Januar die Schule in Berlin und im Februar 1813 die Kriegsschule in Breslau.

Damit waren auch die Bestrebungen des Prinzen August von Preußen, eine verbesserte Ausbildung der Artillerieoffiziere durchzusetzen, inhibiert. Nach seinen Vorstellungen sollte der angehende Artillerieoffizier zunächst die allgemeine Offizierprüfung ablegen und zum „Officir von der Armee" ernannt werden, erst nach Absolvierung einer zweiten, speziellen und schwierigeren Prüfung im Anschluß an einen dreijährigen Unterrichtskursus sollte die Ernennung zum Artillerieoffizier folgen.

2. Das Bildungs- und Erziehungswesen nach den Freiheitskriegen

a. Bildungs- und Erziehungsvorstellungen

Einen anerkannten Begriff von „Bildung" innerhalb der Armee hat es im 19. Jahrhundert nicht gegeben. Nach der revolutionären und napoleonischen Zeit schwächte sich die einstige Verbindlichkeit der – wenn auch nur von wenigen Offizieren erfaßten – aufklärerischen Bildung ab. An ihre Stelle trat bei führenden Köpfen der Armee, und gerade bei den Wegbahnern der Reform nach 1806, ein stark national-politisch und national-pädagogisch gefärbter Bildungsbegriff, dem die Synthese von Armee und Nation als erreichbares und wünschbares Resultat inhärent zu sein schien. In liberalen Kreisen führte er – im Grunde als Nachvollzug von Ideen, die in Frankreich schon im 18. Jahrhundert modern waren – zur Ideologie des freien Bürgerheeres, der Nationalmiliz; preußischen Soldaten stellte sich das Problem der Synthese in anderer Perspektive, nämlich vom Ausgangspunkt des Stehenden Heeres aus. Der Nation in den Waffen des Stehenden Heeres korrespondierte eine Nationalerziehung, welcher der Integrationseffekt nationaler Bildungsgüter oder überhaupt von Bildungswerten selbstverständlich war.

Konservativen Offizieren war dieses Bildungsanliegen, das auf den militärischen Schulen zu nach ihrer Meinung militärisch unbrauchbaren Anforderungen führte, mindestens unbehaglich, wenn nicht politisch verdächtig, zumal es bei streng gehandhabten Prüfungsmethoden zum Nachteil des altständischen Offizierersatzes führen mußte. Den Realisten in der Armee erschien das Gesamtkonzept dazu angetan, die notwendige militärfachliche Ausbildung zu kurz kommen zu lassen. Hinzu kommt ein zweiter Aspekt, der an dem Gegensatz Rühle v. Lilienstern–Clausewitz deutlich wird.

Die Kritik der Realisten, man werde „Stubengelehrte" heranbilden, erfaßte im Grunde nicht die Tiefe des vorhandenen Gegensatzes. In der Konsequenz der Ideen Boyens und Rühles lag eine solche Gefahr nicht, viel eher die Möglichkeit, „Bildung" als patriotisch disponible Sache zu behandeln, wie die Geschichte der Nationalstaaten des 19. Jahrhunderts sie immer stärker gefördert hat. In Deutschland haben Romantik, Historismus und Hegels Staatslehre hierzu besondere Wurzeln gelegt. Geist als Faktizität, als im Staate und damit in seinem Wehrwesen sich realisierende Kraft zu begreifen, gehörte zu den Inhalten dieses Bildungsbegriffs. Adam Müller, dem sich Rühle besonders verbunden wußte, war entschiedener Gegner der westeuropäischen Staatsvorstellung, in welcher der Staat primär als Rahmen der Gesellschaft angesehen wurde. Nach Müller konnte der Mensch nicht hören, nicht sehen, nicht denken, nicht empfinden, nicht lieben ohne den Staat. Der Mensch, damit die Gesellschaft, sei nicht anders zu denken als im Staat. Nach dieser organischen Staatsauffassung konnten auch die Wissenschaften nicht neutrale Angelegenheit irgendeines nur gesellschaftsbezogenen Eifers und Fleißes sein. Der Krieg avancierte zum „natürlichen Zustand". Die Staatslehre sollte „gänzlich von dem Gedanken des Krieges allgegenwärtig durchdrungen und beseelt" sein. Hegels Wirkung im Zusammenhang mit der Ausbildung des autoritären Machtstaatsdenkens in Deutschland muß hinzugenommen werden. Rühle bezog aus solchen Vorstellungen seine Gedanken über Nationalerziehungskunst. Zwar blieb er Epigone, schwächte einige radikale Forderungen ab, entwickelte zugleich aber einige über die Ansätze der Reformzeit hinausgehende Gedanken zur „militärischen Volkserziehung", aus denen der Militarisierungseffekt der reformerischen Ideen besonders deutlich wird.

Clausewitz' Gedanken waren weit nüchterner, sparsamer. Er dachte mehr an die Weckung kriegerischen Elans für einen konkreten Konfliktsfall. Die philosophische und theoretische Begründung einer militärischen Nationalerziehung lag ihm fern. Das zeigt sich besonders klar an seinen Ausführungen über die „moralischen Hauptpotenzen", die kriegerische Tugend und den Volksgeist, den er ganz psychologisch (Enthusiasmus, fanatischer Eifer, Glaube, Meinung) faßt. In solch grundsätzlicher Antithetik ist zwar die Meinungsverschiedenheit zwischen beiden über die Studienpläne der Allgemeinen Kriegsschule nicht ausgetragen worden. Der geistige Hintergrund muß gleichwohl im Auge behalten werden. Der Gegensatz zwischen den beiden bedeutenden Männern, Rühle als Direktor der Studiendirektion der Allgemeinen Kriegsschule, Clausewitz seit 1818 als ihr Militärdirektor, zeigt, welche Richtungen der Gedanke einer Nutzbarmachung von Bildung in der Armee nehmen konnte. Clausewitz setzte sich mit der Forderung stärkerer Betonung militärfachlichen Stoffes nicht durch. Seine Vorstellungen gingen ein in sein großes Buch „Vom Kriege“, das angesichts des in der zweiten Jahrhunderthälfte sich durchsetzenden „technokratischen“ Zuges in der militärischen Bildung längst nicht die Beachtung fand, die es verdiente.

Mit dem Nachfolger Boyens im Kriegsministerium, General v. Hake, verstärkte sich überdies der von den Reformern nur verdeckte Geist bildungspolitischer Bedürfnislosigkeit in der Armee. Hake ging davon aus, es genüge, wenn der angehende Offizier ordentlich lesen, schreiben und rechnen lerne: „man zeige mir doch den, der später viel mehr gebraucht hätte“. Diese Auffassung kam einer allgemein konstatierten Bildungsfeindlichkeit beim Offiziernachwuchs sehr entgegen.

Aber schon in den vormärzlichen Jahrzehnten brach sich bei einzelnen Offizieren die Erkenntnis Bahn, daß Offizierbildung nicht allein vom fachmilitärischen Nutzeffekt her gesehen werden dürfe. Die bildungspolitische Selbstgenügsamkeit der Armee wurde in der Auseinandersetzung mit der Ideologie des liberalen Bürgertums, mit seiner akademisch gelehrten historischen und verfassungsrechtlichen Argumentation als hoffnungslos unterlegen erkannt. Bahnbrecher dieser Erkenntnis waren Offiziere wie der bayerische Hauptmann v. Xylander und der sächsische Hauptmann v. Pönitz. O. v. Platen sprach bereits von neuen Bildungsanforderungen „im Jahrhundert der Industrie“ (1843). Dabei ist nicht nur die Vorstellung von Bedeutung, daß das Offizierkorps seine führende Rolle in der Gesellschaft nur mit gründlicher und allgemeiner Bildung halten könne, sondern auch der Gedanke, daß in der innenpolitischen Auseinandersetzung mit dem Liberalismus „Bildung“ wichtig sei. In der Praxis des militärischen Schulbetriebes setzten sich derart fortschrittliche Forderungen nicht durch. Die Armee fürchtete die Sprengkraft allgemeiner Bildung für die Geschlossenheit ihres institutionellen Sonderdaseins. Gegenüber der Resignation, es sei „bei der Masse vorhandener Bildungsmittel unmöglich, die Eigenthümlichkeit selbst derjenigen Charaktere in der Armee, welche dem Geist der Regierung am wenigsten entsprechen, zu unterdrücken, da sie überall sich Nahrung für ihr Bestehen und weitere Ausbildung verschaffen können“, meinte Prinz Wilhelm 1838, in der Armee müßten dergleichen Gesinnungen viel strenger beachtet werden; die Männer, „die bösen Geist verbreiten“, müßten „fort“.

Im allgemeinen läßt sich sagen, daß die preußische Armee gegenüber sich politisierenden, liberalen Bildungsinhalten außer der Pflege von „Standesgesinnung“ kein Rezept gefunden hat, es sei denn das der personalpolitischen

Repression. In ihrer Bildungsarbeit selbst entwickelte sie kein aktives Programm politischen Unterrichts. Bezeichnend sind dafür die Vorschläge des Prinzen von Preußen über „Veränderungen in dem Entwurf zu einem Gesetze über die deutsche Wehrverfassung" von 1848. Die als Broschüre 1848 erschienenen Bemerkungen zu dem Gesetzentwurf über die deutsche Wehrverfassung forderten die Aufhebung aller „einseitig militärischer Erziehungsanstalten" und empfahlen statt dessen Lehrstühle für Kriegswissenschaften an den Universitäten. Der Prinz von Preußen sah damit das institutionelle Sonderdasein in wichtiger Hinsicht gefährdet. „Bildung" erscheint bei ihm ganz als komplementäre Größe der Sonderexistenz des Militärs gegenüber der Gesellschaft.

In der nachrevolutionären Zeit setzte sich dieser „fachbezogene" Bildungsbegriff immer stärker durch. Er entsprach einerseits der zunehmenden Technisierung des Militärwesens, der Verabsolutierung generalstabsmäßiger Technokratie, einem Hang, Probleme berechenbar zu machen, andererseits aber auch der Unfähigkeit, den komplizierter werdenden innenpolitischen und sozialen Problemen gerecht zu werden. Insofern ist das Bildungsanliegen der nachrevolutionären Zeit von fachtümlerischer Abstinenz gekennzeichnet und von dem Vertrauen auf das Funktionieren – auch politisch gesehen – des Offizierergänzungsverfahrens.

Die besondere historische, christlich-ständestaatliche Variante preußischen politischen Bewußtseins, wie sie bei Friedrich Wilhelm IV. zum Durchbruch kam, hat auf die Bildungsvorstellungen in der Armee keine Auswirkungen gehabt. Karl Ludwig v. Hallers Staatsphilosophie, wenn auch von einzelnen Militärs, wie etwa dem Chef des Generalstabs des III. Armeekorps und späteren Generaladjutanten Leopold v. Gerlach, stark vertreten, wie überhaupt das auf der Lehre Friedrich Julius Stahls fußende romantisch-konservative Denken, dem Friedrich Wilhelm IV. mit seiner Korporationstheorie sehr nahe stand, blieben auf engere Zirkel beschränkt.

Bei der Offizierbildung wurden diese Fragen nicht programmatisch. Die Berichte der Generalinspekteure des Erziehungs- und Bildungswesens an den Monarchen legen ebenso davon Zeugnis ab wie die Stellungnahmen Friedrich Wilhelms IV. Dokumente dieser Art sind lediglich Hinweis dafür, daß praktisch allein die Frage der Bildungsanforderung Kopfzerbrechen bereitet hat. Ein Bildungskonzept besonderer Art ist für die militärischen Schulen nicht entwickelt worden. Dagegen ist ein militärischer Begriff der „Bildung" mit eindeutig politischem Hintergrund jenseits des eigentlichen Schulbetriebs artikuliert worden, der im Zusammenhang mit den Aufgaben der Ehrengerichte stand. Der Prinz von Preußen sprach dies während der Revolution deutlich aus, wenn er jetzt argumentierte, die preußischen Ehrengerichte hätten wesentlich dazu beigetragen, die Offizierkorps auf die Stufe der „Bildung, des Ehrgefühls und der Gesittung zu erhalten". „Dieser Bildungszustand der Officiere, die Träger der Ehre einer Armee, d. h. der Treue und des Gehorsams gegen den

Herrscher, die Erhalter der Ordnung ..." seien, sei den „Aposteln der Anarchie" in höchstem Grade zuwider. 1843 hatte er noch anders gedacht!

Ein Ziel des militärischen Bildungsgangs, die Erzeugung von „Standesgesinnung", ist weniger „Konzept" als defensives Reagieren oder bloße Fortsetzung alter Praxis gewesen. Der Ausbau der Kadettenanstalten ist dafür ein besonders deutliches Zeichen. Homogenität anstelle von Vielfalt und individueller Ausdrucksfähigkeit gehörte weiterhin zu den „Bildungszielen". Auch Moltke als Generalstabschef lehnte eine „Berücksichtigung der Individualität" als Richtschnur des königlichen Dienstes ab. Der Prinz von Preußen befürchtete, mit der Bevorzugung geistiger Bildung könne „eine ganz andere Richtung, ein ganz anderer Geist" in die Armee einziehen. Das war eher soziologisch gedacht. Im ganzen zeigte sich im Fortgang des 19. Jahrhunderts immer stärker, daß die Armee mit den geschichtlichen, politischen und sozialen Bildungsanforderungen der Zeit nicht zurechtkam.

Das auf diese Weise sehr zurückhaltend mit allgemeinem Bildungsgut bekanntgemachte Offizierkorps ließ sich um so eher in den alten Traditionen erziehen, in denen die soziale Frage oder die Rechte des Parlaments keine Rolle spielten. Es wurde gegen den „Zeitgeist" immunisiert. Die Entwicklung des Unterrichtsplans der Kriegsakademie ist hier aufschlußreich. Es kam mehr und mehr zu bloß fachbezogener Wissensvermittlung, ohne daß die Armee an der Entwicklung eines technisch industriellen Weltbildes mitzuwirken in der Lage gewesen wäre.

Das, was fortschrittlich war im Bildungsbereich, blieb zugleich fachmilitärisch eng. Die Armee partizipierte im letzten Drittel des 19. Jahrhunderts an dem technisch-utilitaristischen Geist der Zeit. Das Schlagwort: „die Waffe eine Wissenschaft, die Wissenschaft eine Waffe" bezeichnet diese Entwicklung treffend, vor allem ihren rationalistischen Kern. Der „wissenschaftliche Geist" des Generalstabes wurde dominant auch für das Schulwesen, seit die Kriegsakademie wieder dem Chef des Generalstabes unterstellt worden war. Die höchste militärische Bildungsanstalt gab die Richtung an: Heranbildung von Spezialisten. Der Rationalismus des Positivismus, verpflichtet im wesentlichen auf Gesetzmäßigkeiten, auf Erfolg und Effizienz, dafür auf tiefdringende Analyse verzichtend, kam der militärischen Denkweise, nicht nur in Deutschland, entgegen. Er löste das alte organische Bildungsanliegen, wie es einst der Chef des Großen Generalstabes und der Generalinspekteur des Erziehungs- und Bildungswesens im Vormärz vertreten hatten, endgültig ab. In gewisser Hinsicht war dieses Zweckmäßigkeitsdenken „unpolitisch", es fand Genüge an der Untersuchung von Stärkeverhältnissen, an militärgeographischen und statistischen Untersuchungen und an Berechnungen aller Art. Bildung wurde begriffen als Vorschule zu derartiger Spezialistenarbeit. Exemplarisch dafür war etwa die Art, in der Kriegsgeschichte betrieben wurde.

Im Jahrhundert der Hochblüte der historischen Wissenschaft beschäftigten sich die Militärhistoriker der Armee in Schulen und Akademien und im Generalstab mit einer Form der „angewandten" Forschung, die in der Untersuchung von Kriegen und Schlachten taktische und strategische Rezepte für künftige Erfolge finden zu können hoffte. Geschichte wurde zu Prolegomena von Taktik und Strategie. Dieses Bildungskonzept, von allem Beiwerk, aller Theorie entkleidet, verzichtete bewußt auf den Versuch, sich auf die bewegenden Kräfte der europäischen oder auch nur der nationalen Geschichte zu orientieren, und beschränkte sich auf sachliche Probleme und die Bewältigung militärischer Fragestellungen. So fand die Armee auch bildungspolitisch nach 1870 kein Rezept gegen die Sozialdemokratie.

Der Gedanke, daß soziale, wirtschaftliche und politische Komplexe in die Bildungspläne für das Offizierkorps eingeordnet werden könnten, ist offenbar gar nicht aufgetaucht. Mit der Hoffnung, die dreijährige Dienstzeit werde den rechten Geist erzeugen helfen, war wenig getan. Der nur fachlich erzogene Offizier war den auch vom Standpunkt der Armee unumgänglichen Auseinandersetzungen daher nicht gewachsen.

Im zweiten und letzten Drittel des 19. Jahrhunderts waren die Bildungs- und Erziehungsgrundsätze der Armee so gesellschaftsfern wie zuvor. Daß Wilhelm II. zeitweise die Evangelische Militärseelsorge als bildungspolitisches Auskunftsmittel einzusetzen suchte – ein Versuch, der scheitern mußte –, beleuchtet die Ausweglosigkeit der Situation. Trotz der Konkurrenz der akademischen „bürgerlichen" Bildung ist die Armee von dieser Seite kaum herausgefordert worden, ihre eigenen Bildungsgrundsätze zu überdenken. Der schnelle Wandel im gesellschaftlichen Bereich hat im Bildungssystem der Armee keine Entsprechung gefunden.

b. Die Spitzenorganisation des Erziehungs- und Bildungswesens

Einbrüche in das Reformwerk

Das 1808 eingeführte „Bildungsprinzip" schien sich also nach 1815 allmählich ganz von selbst erledigen zu wollen, obwohl die Armee so viele „Bildungs"-Institutionen besaß wie nie zuvor. Bis in die dreißiger Jahre ließ sich ein ständiges Absinken der Effektivität des Unterrichts feststellen. Der sogenannte „praktische Offizier" schien sich in der Armee gegen den „gebildeten Offizier" durchzusetzen. Das bisherige, seit 1808 verbindliche System setzte voraus, daß sich die auf Beförderung dienenden jungen Leute die zur Ablegung des Portepeefähnrichexamens nötigen Kenntnisse selbst aneigneten. Allerdings genossen viele Offizierssöhne die unentgeltliche Ausbildung des Kadettenkorps. Dennoch hätte nach Aufgabe des alten Junkersystems, das die jungen Leute schon mit 14 und 15 Jahren unter die staatliche Fürsorge gestellt hatte, die bürgerliche Konkurrenz für den Adel bald fühlbar werden müssen. An diesem Punkt setzte die Gegenwirkung der ständischen Opposition ein, und zwar mit schnellem Erfolg. Die Kriegsschulen für Portepeefähnriche zu

Königsberg und Breslau hatten bald nach dem Kriege ihren Unterricht wieder aufgenommen. Da machte die AKO vom 11. Januar 1816 dem Anknüpfen an die Vorkriegszeit ein Ende. Sie ordnete die Einrichtung von sogenannten Brigadeschulen an Stelle der Kriegsschulen für Portepeeunteroffiziere an. Erhalten blieb die Kriegsschule für Offiziere in Berlin, die jetzt den Namen „Allgemeine Kriegsschule" erhielt. Die Brigade- oder Divisionsschulen wurden jetzt für Jahrzehnte (neben dem Kadettenkorps) von der Masse des Offiziernachwuchses durchlaufen, während auf der allgemeinen Kriegsschule ausgesuchte Offiziere weitergebildet wurden. In der Entwicklungsgeschichte dieser Institute zeigte sich in den folgenden Jahren und Jahrzehnten die Veränderung der Einstellung zu Fragen der Erziehung und Bildung, zu Fragen der Soziologie des Offizierkorps. Dieser Prozeß wurde von der Armeeführung in durchaus nicht geradliniger und unumstrittener Weise gesteuert. Die Auseinandersetzungen um die Verwirklichung des „Bildungsprinzips" und um die Konkretisierung des Bildungsbegriffs für die Armee wurden in der Spitzenorganisation des Erziehungs- und Bildungswesens ausgetragen.

Bemühungen um Zentralisierung

Seit Scharnhorsts Reorganisation des militärischen Bildungswesens unterstand die Kriegsschule für Offiziere dem Chef des Generalstabes der Armee. In dieser Zeit – das Verhältnis bestand bis 1825 – existierte der Gegensatz Kriegsministerium–Generalstab noch nicht. Es ist daher zwischen Boyen und dem ihm untergebenen Grolman zu keinen Kompetenzkonflikten gekommen. Beide gehörten dem Kreis der Reformer an. Das Bildungswesen profitierte zunächst von dieser Konstellation. Von der Studiendirektion der Berliner Kriegsschule kamen wichtige Vorschläge, an denen der damalige Oberst Rühle v. Lilienstern in hohem Maße beteiligt war. Auf diesen von Boyen gebilligten Vorarbeiten basierte die 1816 eingerichtete zentrale Militär-Studienkommission, der die fachliche Oberaufsicht über die Unterrichtsinstitute der Armee zukommen sollte – eine Regelung, die bald durchbrochen wurde. Ebenfalls im Jahre 1816 erfolgte die Einrichtung der Ober-Militär-Examinationskommission für die Offizierprüfungen und für die obere Leitung der Examinationskommissionen bei den Brigaden.

Der Gedanke der Zentralisierung des Erziehungs- und Bildungswesens ist im Kriegsministerium stets betont und festgehalten worden. Das Prinzip überdauerte Boyens erste Amtszeit. Am 26. Dezember 1819 setzte eine Kabinettsorder einen „Chef der militärischen Unterrichtsanstalten", Generalleutnant Pirch II, ein, dem die obere Leitung der Allgemeinen Kriegsschule, des Kadettenkorps sowie die Wahrnehmung des Präsidiums der Militär-Studienkommission anvertraut war. In diesen Angelegenheiten erhielt er „im Einverständnis mit dem Kriegsminister" Immediatvortragsrecht. Die Studienkommission unterstand andererseits der Aufsicht des Direktors des 1. Departements des Kriegsministeriums und gehörte im Kriegsministerium zum Geschäftsbereich der „Armee-Abtheilung“ im 1. Departement. Pirchs Nachfolger, Generalleutnant v. Holtzendorff, dem mit Kabinettsorder vom 13. Juni 1825 die Oberaufsicht über die Kriegsschule, die Divisionsschulen, die Artillerie- und Ingenieurschulen übertragen wurde, erhielt 1825 den Titel eines „General-Inspekteurs des Militair-Erziehungs- und Bildungswesens“.

Während der Generalinspekteur über die Beachtung der gegebenen Instruktionen zu wachen und darauf zu sehen hatte, daß der Zweck der Bildungsinstitute erreicht wurde, oblag der „Militair-Studien-Commission“ (seit 1855: „Ober-Militair-Studien-Commission“) die Kontrolle des gesamten Militärunterrichts. Sie hatte erhebliche Schwierigkeiten, sich Einfluß auf die militärischen Schulen zu verschaffen, wie auch der Generalinspekteur oft genug seine liebe Not mit den Kommandeuren hatte. Mit der allmählichen Festigung der Position des Generalinspekteurs trat später die Bedeutung der Studienkommission mehr und mehr zurück. Unter General v. Peucker, der 1854 Generalinspekteur des Militär-Erziehungs- und Bildungswesens wurde, wandelte eine Kabinettsorder die Militär-Studienkommission in eine Studienkommission für die Divisionsschulen um, schließlich beschränkte sie sich auf die Begutachtung der Jahresberichte der Divisionsschul-Direktionen. Bezeichnend für den nach Boyens Weggang immer deutlicher werdenden restaurativen Umschlag in der Armee war der trotz aller Bemühungen vergebliche Versuch der Kommission, Einfluß auf das nominell ihrer Aufsicht unterstellte Kadettenkorps zu gewinnen und sich in den Angelegenheiten der Divisionsschule durchzusetzen. Scharnhorsts und Boyens Prinzip der Einheit der Militärverwaltung brach sich im Erziehungs- und Bildungswesen an Gegenwirkungen, die sich zuletzt für ihre Einstellung auf das monarchische Prinzip beriefen und berufen konnten.

General v. Peucker suchte als Generalinspekteur die Einheit des Bildungswesens der Armee mit neuen organisatorischen Lösungen sicherzustellen, ohne sein Ziel zu erreichen. Die von ihm angeregte, formal durch Kabinettsorder vom 20. Dezember 1855 eingerichtete Ober-Militär-Studienkommission, in der Mitglieder der Studienkommissionen für die Divisionsschulen, die Allgemeine Kriegsschule und für das Kadettenkorps sowie die Direktoren der Ober-Militär-Examinationkommission, der Artillerie- und der Ingenieurschule sowie der Kommandeur des Kadettenkorps vertreten waren, hätte ein Instrument gemeinsamer Erziehungs- und Bildungsplanung und der Abstimmung werden können. Ihr Auftrag ging dahin, „entweder in ihrer Gesamtheit oder in ihren Theilen nach dem Ermessen des General-Inspekteurs zu Berathungen und gutachtlicher Berichterstattung über die Organisation der Militär-Unterrichtsanstalten überhaupt, sowie über die Zweckmäßigkeit und den Zusammenhang der Lehrpläne der Anstalten und über den Umfang, den Geist und die Methode des Unterrichts insbesondere“ zusammenzutreten. Peucker selbst und seine Nachfolger benutzten aus im einzelnen nicht bekannten Gründen dieses Instrument nicht zur Durchsetzung eines organischen Erziehungswesens. Anscheinend ist die Kommission niemals zusammengetreten.

Gewisse Konzentrationswirkungen im Erziehungs- und Bildungswesen scheinen Ämterkumulationen erreicht zu haben, die besonders auffällig in der Laufbahn Rühle v. Liliensterns sind.

Rühle wurde, seit 1820 dem 2. Departement des Kriegsministeriums aggregiert, seit 1821 Chef des Großen Generalstabs und Direktor des 2. Departements, 1826 Direktor der Militär-Studienkommission und Präses der Studiendirektion der Allgemeinen Kriegsschule. Mit der Ernennung zum Direktor der Allgemeinen Kriegsschule im Jahre 1837 wurde er von den Geschäften des Chefs des Großen Generalstabs entbunden, behielt aber die Direktion der Militär-Studienkommission und die Studiendirektion der Allgemeinen Kriegsschule. 1844 wurde er Generalinspekteur des Militär-Erziehungs- und Bildungswesens. Die Annahme liegt nahe, daß ihm ein nachhaltiger Einfluß auf das Schulwesen möglich gewesen sei. Sie trifft nicht zu. Dagegen war seine Einwirkung auf die Studienpläne erheblich – wenn auch sehr umstritten.

Rühle war schriftstellerisch fruchtbar, wenn auch oft nicht originell. Starke Anklänge an Adam Müllers „Elemente der Staatskunst" sind nachgewiesen. Aber gerade sein Bildungsanliegen (er stand Heinrich v. Kleist, Adam Müller und Friedrich Gentz nahe und gehörte in Weimar zum Goethekreis), das von einem System der Nationalerziehung und damit alten reformerischen Ideen ausging, hatte in der Restaurationszeit bei den Fachmilitärs wenig Aussicht auf Durchsetzbarkeit. Nach Gerhard Ritter verkörperte sich in Rühle „wohl am markantesten die Verbindung von soldatischer Erziehung und schöngeistiger Allgemeinbildung, die für das militärische Führertum der Erhebungszeit charakteristisch ist".

Friedrich Wilhelm IV. hat selbst die Möglichkeit solcher Ämterkumulationen für das Erziehungs- und Bildungswesen nicht in ihrer wahren Bedeutung erkannt. Das zeigt die Tatsache, daß der 1834 als Nachfolger Valentinis zum Generalinspekteur des Erziehungs- und Bildungswesens ernannte General v. Luck, dem 1837 auch der Vorsitz in der Ober-Militär-Examinationskommission übertragen worden war, übrigens ein Mann, der manche Mängel des Bildungswesens erkannt hatte, von Friedrich Wilhelm IV. nach Regierungsantritt unter Belassung in seiner Eigenschaft als Generalinspekteur zum Generaladjutanten ernannt wurde. Er stand damit teils innerhalb, teils außerhalb des Kriegsministeriums und hatte auch im Bildungswesen verschiedenen Interessen gerecht zu werden.

Entscheidend blieb aber die Haltung des Kriegsministers. Erst in Boyens zweiter Amtszeit sind weitere Fortschritte im Schulwesen erzielt worden, ohne daß das Vordringen altkonservativ-ständischer Interessen aufzuhalten war. Sie personifizierten sich schließlich in Edwin v. Manteuffel, dem starken Chef des Militärkabinetts, mit dem selbst Roon erhebliche Schwierigkeiten hatte.

Prüfungswesen

Auch im Prüfungswesen zeigten sich schwere Mängel, obwohl mit der Einrichtung der Ober-Militär-Examinationskommission durch Verordnung vom 26. April 1816 das Prüfungswesen hinsichtlich der Offizierprüfungen vereinheitlicht worden war. Allerdings machte der König mit seinen Gnadenerweisungen immer wieder Kandidaten zum Offizier, die den gestellten Anforderungen nicht genügt hatten. Verfechter einer mehr ständischen Ergänzungspolitik – wie etwa später Edwin von Manteuffel – scheuten sich nicht, das sogenannte Bildungsprinzip schärfster Kritik zu unterziehen, weil es geeignet sei, den bewährten Offizierfamilien Schwierigkeiten zu machen, wenn sie nun gegen die bürgerliche Konkurrenz sich behaupten mußten.

Bedenklicher noch als die Eingriffe des Monarchen wirkten sich die Prüfungsverhältnisse an den Divisionsschulen aus. Eine verbindliche Prüfungsordnung existierte nicht, infolgedessen mangelte es an einem geregelten, einheitlichen Verfahren für die Portepeefähnrichsprüfungen. Ein geringer Vorteil war wenigstens dadurch gegeben, daß die Prüfungen nicht bei der eigenen Divisionsschule der Prüflinge stattfanden, sondern bei einer anderen Divisionsschule, und zwar vor einer Provinzial-Prüfungskommission. Ihr Urteil konnte nur lauten: unbedingte oder bedingte Reife, oder Verweisung zu einer zweiten Prüfung. Mit dem Zeugnis der bedingten Reife wurde in der Regel die Auflage einer Probearbeit oder einer Teilnahmeprüfung verbunden.

Bei der Ober-Militär-Examinationskommission liefen die Ergebnisse zusammen. Offenbar hat diese Kommission, die bis 1820 unter General v. Diericke, danach unter der nominellen Leitung Gneisenaus arbeitete, in den zwanziger Jahren ein optimistisches Bild von dem Stand der Kenntnisse der Prüflinge gezeichnet, das im Gegensatz zu den kritischen Kommentaren der Militär-Studienkommission stand und auch den Prüfungsergebnissen nicht gerecht wurde.

3. Die militärischen Schulen

a. Die Kadettenanstalten

Von der Reform bis zur Revolution

Die Kadettenanstalten besaßen nach 1815 neben ihrer besonderen Rolle innerhalb des Offiziergänzungswesens eine eigene Bedeutung im Rahmen des Schulsystems der Armee. Sie durchbrachen mit der ihnen zugrunde liegenden Konzeption das Bildungsprinzip entscheidend – vor allem den Gedanken, daß nur Kenntnisse und Bildung Anspruch auf Offizierstellen gewähren sollten und „aller bisher Statt gehabter Vorzug des Standes“ beim Militär aufhören sollte. Jetzt, da die Armee für die „Nation“ offenstehen sollte, sah das liberale Deutschland in den Kadettenanstalten eine anachronistische Einrichtung, geeignet zur Züchtung exklusiven Standesdenkens auf der Basis denkbar fachmäßig orientierter Wissensvermittlung, die dem Bildungsanliegen der Zeit nicht genügen konnte. Wilhelm v. Humboldt hat die Beziehung zwischen Staatsleben und Bildungsvermittlung formuliert, als er noch vor den Freiheitskriegen sagte, auch die Armee werde gewinnen, wenn sie wie jeder andere Stand ihre Zöglinge aus der ganzen Nation und „aus allen Anstalten des Staates" nehme. Gemeint waren damit Gymnasien und Universitäten. Boyen vertrat auch als Kriegsminister eben diese Meinung. Bei der ihm bekannten Einstellung des Königs konnte er einen direkten Angriff auf die Kadettenanstalten allerdings nicht in Erwägung ziehen.

Seine Absichten wurden aber doch deutlich aus seinem Immediatbericht vom 14. Januar 1816.

Er wollte das Leistungs-, nicht das Versorgungsprinzip berücksichtigt wissen. Vorrechte sollten jene erhalten, die ihrer wert seien. Seine Vorschläge liefen ferner auf eine Ausweitung des Kreises der bevorrechtigten Familien hinaus: nicht nur die Söhne von Offizierfamilien sollten Zutritt haben, sondern darüber hinaus die Söhne aller Staatsbediensteten. Auch hierin lag freilich ein gewisses Fürsorgedenken, aber es hatte doch einen weiteren sozialen Hintergrund. Im übrigen wollte Boyen den Fürsorgegedanken auch nur für die Primäranstalten in Potsdam und Kulm akzeptieren, auf der Hauptanstalt zu Berlin sollte allein die Leistung der Zöglinge den Ausschlag geben. Für die Prüfung verlangte er ein gutes Prädikat. Die bisherigen Vorteile der Kadetten gegenüber den sonstigen auf Beförderung dienenden jungen Männern sollten wegfallen, die Absolventen des Kadettenkorps nur in ganz seltenen Ausnahmefällen gleich als Offizier in die Armee eintreten können. Die nicht übertriebenen Forderungen des Kriegsministers, die an wesentlicher Stelle einen Einbruch in das alte Privilegienwesen unter Anpassung an die neuen Grundsätze der Wehrverfassung bedeutet hätten, hatten keine Aussicht auf Verwirklichung.

Friedrich Wilhelm III. war noch zu sehr in ständisch-patriarchalischen Staatsvorstellungen verwurzelt, als daß er sich zu Auffassungen bekennen konnte, die den Offizieradel unmittelbar betroffen und damit tatsächlich das Offizierkorps in Geist und Zusammensetzung langsam verändert hätten. Seine Kabinettsorder an den Kriegsminister vom 29. Februar 1816 setzte sich in den wesentlichen Punkten über Boyens Anregungen hinweg. Sie leitete den Wiederaufbau des Kadettenkorps im alten ständisch-feudalen Geist ein: nicht Leistung allein, sondern Erhaltung eines Standes gehörten weiterhin zu den Hauptzielen der Einrichtung. Die Kadettenanstalten wurden ganz bewußt zur Pflegestätte des alten Offiziergeistes etabliert, den Boyen in der neuen Wehrordnung als durchaus störend empfand. Mit dieser Aufgabenstellung und in diesem Rahmen haben sie nach der gründlichen Reorganisation von 1816 gewirkt, aber sie blieben doch bis zuletzt eine innenpolitische Hypothek und vom Bildungsstandpunkt alles andere als eine Ideallösung.

In den Richtlinien für den Kriegsminister heißt es: „Nur Offiziersöhne, deren Väter vor dem Feinde geblieben sind, oder denen dadurch ein Beweis des Königlichen Wohlwollens zu Theil werden soll, haben die Berechtigung zum Kadettenthume, und blos in Bezug auf die Pensionäre oder hinsichtlich einzelner Fälle in den neuen Provinzen, soll die Rücksicht auf den Stand des Vaters nicht maßgebend sein." Über die Verwendung der ausgebildeten Kadetten besagte die Kabinettsorder: „Nach beendetem Cursus behält es der König sich vor, die Kadetten, je nach ihrem Fleiße als Offiziere, Fähnriche oder Unteroffiziere in die Armee zu stellen."

Die Kabinettsorder ging von einer zweistufigen Einteilung des Kadettenkorps aus. Die Unterstufe bestand aus den Voranstalten in Culm und Potsdam mit je zwei Kompanien zu 60 Kadetten, die Hauptanstalt in Berlin umfaßte vier Kompanien zu ebenfalls 60 Kadetten. In der Regel blieben die Zöglinge vom 10. bis 14. Lebensjahr in den Voranstalten, die Geeigneten siedelten dann bis zum vollendeten 17. Lebensjahr nach Berlin um. Da mithin die Hauptanstalt einen dreijährigen Kurs für 240 Kadetten umfaßte, konnte sie im günstigsten Falle jährlich 80 Absolventen in die Armee schicken.

Diesem Offiziernachwuchs aus den traditionellen Familien schenkte Friedrich Wilhelm III. eine ganz besondere Beachtung. Unter dem Vorsitzenden der Ober-Militär-Examinationskommission, Generalleutnant v. Diericke, wurde 1816 eine Immediatkommission zur Erforschung der inneren Verhältnisse des Kadettenkorps eingesetzt. Sie sollte einen Plan zur zweckmäßigen Einrichtung des Korps nach Maßgabe der Order vom 29. Februar 1816 entwickeln. Das erste Ergebnis war eine gründliche Neuordnung der Kulmer Anstalt, die eine Reihe von Jahren unter polnischer Leitung gestanden hatte.

Im März 1817 wurde eine neue Kommission gebildet, die schon durch ihre Zusammensetzung zeigt, welche Ziele der König verfolgte. Den Vorsitz führte Herzog Karl von Mecklenburg, unter ihm standen unter anderen der Geheime Legationsrat v. Ancillon und der frühere Gouverneur des Prinzen Karl, Generalmajor v. Manu, ferner der im September 1817 als Nachfolger des Generalmajors v. Lingelsheim zum Kommandeur des Kadettenkorps ernannte Gouverneur des Prinzen Wilhelm, Oberstleutnant v. Brause. Die Kommission brachte die äußere Reorganisation zum Abschluß.

Sie erarbeitete unter maßgeblicher Beteiligung Brauses die Instruktion für das Kadettenkorps vom 25. August 1818. Diese Instruktion hielt sich im Rahmen der Kabinettsorder 1816 und ist ein beweiskräftiges Dokument für den Beginn eines Prozesses, der die Position des Kriegsministers in der beginnenden Restauration zu komplizieren begann, der sich seit Verkündung der Verfassung dann noch mit der inneren Problematik der konstitutionellen preußischen Lösung verkoppelte. Der Kommandeur des Kadettenkorps war „in den allgemeinen Hinsichten“ dem Kriegsminister unterstellt, „sonst“ aber unterstand er, wie es hieß, unmittelbar dem König. Seine Berichte gingen direkt an den Monarchen, und dessen Befehle gingen ebenfalls direkt, unter Auslassung des für das Militärwesen verantwortlichen Ministers, an den Kommandeur des Kadettenkorps. Der Kommandeur war verantwortlich für die Einstellung der Lehrkräfte, er allein machte die Vorschläge für die Besetzung der vakanten Kadettenstellen. Die „etwa nöthig werdende Entlassung“ eines Zöglings aus dem Kadettenkorps bedurfte der königlichen Genehmigung.

Das Kriegsministerium konnte lediglich auf die Gestaltung des Lehrplans Einfluß nehmen, nicht mehr auf die Prüfungen und den ganzen inneren Betrieb der verschiedenen Institute, so daß sich hier frühzeitig eine militärische Anstalt auszubilden begann, die einen erheblichen Einfluß auf das langsam im Aufbau begriffene Offizierkorps nahm. Dem ersten Generalinspekteur des

Erziehungs- und Bildungswesens wurde in einer Kabinettsorder von 1825 bedeutet, daß seine neue Stellung „in der bisherigen speziellen Leitung" des Kadettenkorps nichts verändern sollte. Hier wurden Paladine des Königs herangebildet, ein in Haltung und „politischer Einstellung homogener zuverlässiger Stand", der bis zum Ende der Regierungszeit Friedrich Wilhelms III. allmählich an die Stelle solcher Mitglieder des Offizierkorps trat, die nach den Freiheitskriegen unter weniger eindeutigen Auslesebedingungen eingestellt oder übernommen worden waren. Damit gelang es, den Anteil des preußischen Adels an den Linienoffizierstellen, der um 1817/18 nicht viel mehr als 50% ausmachte, zielbewußt wieder anzuheben.

In welchem Geiste er das Institut leiten wollte, brachte Brause bei der Eröffnung der Instruktion für das Kadettenkorps von 1818 zum Ausdruck: „Nach einer Zeit, wo die höhere Lebensanschauung darniederlag, Trübsale und Erschütterungen durch die Menschheit gingen, wird es doppelte heilige Pflicht aller Lehrer und Erzieher, in dem aufblühenden Geschlechte alle edlen Keime sorsam zu pflegen. Der Beruf eines jeden Lehrers und Erziehers fordert hauptsächlich eine Gesinnungstüchtigkeit des Schülers zu gründen, sie moralisch und charaktervoll zu machen. Für den Unterricht selbst ist die Gründlichkeit erforderlich, es kommt dabei aber auf keine pedantische Gelehrsamkeit, sondern auf Schärfung des Denkvermögens, auf Beweglichkeit und zweckmäßige Thatkraft des Geistes an. Für diese Zwecke muß man sich heute zu gemeinsamen Bestrebungen zusammenschließen, um dem Könige und Vaterlande Diener zu bilden, welche zuverlässig durch ihre Gesinnungen, geschickt durch ihre Geistesfähigkeit, treu und tüchtig in ihren Diensten, die Gnade des Königs, welche an ihnen offenbar geworden, vergelten können."

In diesen programmatischen Sätzen wurde die Problematik der Erziehung des Offiziernachwuchses im 19. Jahrhundert angerührt, die Konkurrenz von „Charakter- und Geistesbildung, von Erziehung und Bildung".

Es bedeutete keine Einschränkung der ständischen Tendenz der neuen Richtlinien, wenn Brause 1819 anordnete, daß künftig die Bezeichnung „Königlich-Adeliges Cadetten-Corps" nicht mehr gebraucht werden sollte. Im Hinblick darauf, daß in den Kadettenanstalten „Söhne von Offizieren ohne Unterschied des Standes" erzogen werden sollten, wurde die Bezeichnung „Königliches Cadetten-Corps" eingeführt. Tatsächlich profitierten auch weiterhin vornehmlich adlige Familien von der Einrichtung. Sie blieb nach wie vor eine wichtige Hilfe für arme Adelsfamilien. Daß einzelne Bürgerliche Aufnahme fanden, änderte an dem Prinzip nichts. Überwiegend handelte es sich um Freistellen, nur ein kleiner Bruchteil der Stellen wurde sogenannten „Pensionären" eingeräumt, also Zöglingen, deren Eltern einen gewissen Beitrag zu zahlen hatten. In der Potsdamer Anstalt stellte sich das Verhältnis von Freistellen zu Pensionärstellen 1818 auf 60:10.

Wenn überhaupt eine Möglichkeit bestand, daß Kadetten mit den bewegenden Fragen der Zeit in Berührung kamen, so nur über den Kontakt zu ihren zivilen Erziehern, den Gouverneuren, Professoren und Lehrern. Die Einrichtung der Gouverneure war in der Instruktion von 1818 beibehalten worden.

Bei ihnen handelte es sich zumeist um junge, akademisch gebildete Männer, deren Aufgabe es war, in enger Gemeinschaft zu einer kleinen Gruppe von 15 Zöglingen erzieherischen Einfluß auszuüben neben ihrer Repetitionstätigkeit und ihren „polizeilichen" Kompanie- und Korpsdiensten. Trotz sorgfältiger Auswahl dieser Leute war es gar nicht zu vermeiden, daß mit Angehörigen der akademischen Jugend ein etwas frischerer, zeitnaherer Geist in das Kadettenkorps einzog. Aber eben darin erblickten die Verantwortlichen die große Gefahr. Brause sah sich in einem besonderen Bericht an den Monarchen veranlaßt, politische Verdächtigungen vom Kadettenkorps abzuwehren. Er versicherte ihm, daß es keine „unpassende Theilnahme" der Zöglinge an politischen Gegenständen oder verminderte Ehrerbietung gegen „hoch und theuer dastehende Personen und Begriffe" gegeben habe, stellte aber fest, daß die Gouverneure „als unlängst auf Universitäten gebildete junge Männer" immer eine „vom militärischen Sinne abweichende Richtung" haben müßten, und gab zu bedenken, ob sie im Kadettenkorps „Bestand haben könnten". Ein Offizier glaubte feststellen zu müssen, die Gouverneure befänden sich trotz „persönlicher Würdigkeit" im „Mißverhältnis mit dem Cadettenthume". So währte es nicht lange, und die Einrichtung der Gouverneure wurde durch Kabinettsorder vom 29. Januar 1820 abgeschafft.

Bei dem nur auf drei Wochen bemessenen Jahresurlaub der Kadetten war ein Kontakt mit dem politischen Leben der Bevölkerung so gut wie ausgeschlossen. Sie lebten in einer sorgfältig abgeschirmten Welt, wuchsen auf mit Loyalitätsbegriffen und einer Lebenseinstellung, die sie später in vorgezeichneten Dimensionen handeln und denken ließen. Es ist daher nicht zu verwundern, daß die Einrichtung von den Liberalen aller Schattierungen so entschieden bekämpft wurde.

Der junge Albrecht v. Roon befand sich um diese Zeit im Berliner Hauptinstitut. Seine Korrespondenz mit seinem ehemaligen Erzieher in Kulm, dem damaligen Kapitän v. Chappuis, gibt einen lebendigen Eindruck von der Einstellung des militärischen Erziehungspersonals zu den politischen Problemen der Zeit, das als repräsentativ für die Haltung des Offizierkorps überhaupt angesehen werden kann. Auf Roons Anfrage, wie er sich dem „Bösen" gegenüber verhalten solle, antwortete am 15. September 1819 Chappuis: „Unter dem ‚Bösen' können Sie nach Ihren Worten nichts anderes meinen, als das ‚Schlechte', was neben dem in neuerer Zeit ausgebildeten Guten, gehüllt in die Kutte der Schwärmerei mit freiheitsschwindelndem Wahn und Mordsucht sich einschleicht und nach allen Seiten Fallstricke wirft, besonders aber nach jugendlichen Gemütern, um den Umsturz des Bestehenden zu Stande zu bringen ... Äußern Kameraden, durch zufälligen Umgang mit exaltierten und fanatischen Köpfen verleitet, etwas Schlechtes und mit der Dankbarkeit und Verehrung gegen König und Obrigkeit Unvereinbares: so brauchen Sie sich ja nur an Ihren Hauptmann wenden und es ihm gerade und offen zu sagen ... Jede Parthey zieht Euch vom wahren Ziele ab: auch der guten sollt Ihr nicht angehören!"

In den Jahren nach 1819 gab es keine wesentlichen Änderungen. Der Kursus der Vorbereitungsanstalten wurde von vier auf drei Jahre reduziert, dafür die Ausbildung im Berliner Hauptinstitut auf vier Jahre heraufgesetzt und das

Entlassungsalter auf 18 Jahre festgesetzt. Latein wurde aus dem Lehrplan eliminiert, dafür in den oberen drei Klassen des Berliner Instituts der Unterricht in den militärischen Fächern forciert, selbst auf Kosten der Stundenzahl für Geschichte und Geographie. Im allgemeinen traten jetzt die Absolventen der obersten (1.) Klasse als Offizier, die der 2. Klasse als Portepeefähnrich in die Armee ein.

Mit der Ernennung des bedeutenden Geographen Karl Ritter zum Studiendirektor des Kadettenkorps schien eine Niveauanhebung des Lehrbetriebs verbunden zu sein. Ritter hatte die Lehrmethode zu überwachen und die Klassen zu inspizieren; ihm unterstanden auch die zivilen Lehrkörper, „neue Einrichtungen" durfte er aber selbständig nicht treffen. Verschiedene Kabinettsordern suchten in den zwanziger Jahren den Forderungen des Lehrpersonals Nachdruck zu verleihen. So gab es eine Anordnung, daß nur Kadetten zur Offizierprüfung zugelassen werden sollten, von denen ein gutes Bestehen erwartet werden konnte. Im Grunde widersprach es aber den Absichten Friedrich Wilhelms III., aus dem Kadettenkorps so etwas wie eine Pflanzstätte für einen auf der Höhe der Zeit stehenden Offiziernachwuchs zu machen.

Schon eine Kabinettsorder an Brause aus dem Jahre 1817 ließ dies erkennen: „Nichts ist wichtiger als die Erziehung der Jugend, und in keinem Wirkungskreise kann leicht mehr Gutes oder Böses gestiftet werden als in diesem. Beherzigen Sie dies, und führen Sie die Zöglinge auf den Weg wahrer Gottesfurcht und Sittlichkeit; lehren Sie sie die Strenge gegen sich selbst und Gehorsam, wodurch sie, nächst der nöthigen wissenschaftlichen Ausbildung, allein für ihren künftigen Beruf brauchbar werden, und ohne ihnen anständige in einer vernünftigen Erziehungsweise begründete Freiheiten zu versagen, bewahren Sie die jungen Leute vor dem gefährlichen Hinausschweifen über gesetzliche Form und Zucht."

Am deutlichsten wurden seine patriarchalischen Neigungen vielleicht in seiner KO vom 11. Februar 1828, worin es heißt: „... daß das Cadetten-Corps nicht dazu bestimmt sei, lauter ausgezeichnete Subjekte zu erziehen, sondern vielmehr die Söhne verdienter Offiziere zu bewohlthätigen, und sie, je nach ihren Fähigkeiten, brauchbar für die Armee auszubilden. Die jungen Leute müßten genommen werden wie sie sind und diejenigen, welche einmal für geeignet befunden werden, in das Hauptinstitut überzugehen, könnten doch nicht mehr so ganz unfähig sein, und müßten schon behalten werden.

Nach dem Abgang Brauses kam es nach 1834 zu weiteren Überlegungen über den Ausbau des Korps. Hauptgrund hierfür war der vermehrte Offizierbedarf der Armee. Der Kriegsminister, Generalleutnant v. Witzleben, formulierte 1835 neue Pläne mit dem Ziel, zwei weitere Vorbereitungsanstalten einzurichten, um jeder „Armee-Abtheilung" eine eigene Anstalt zur Verfügung zu stellen. So kam es 1838 und 1840 zur Erweiterung des Kadettenkorps durch die Kadettenanstalten Wahlstatt in Schlesien und Bensberg in der Rheinprovinz. Verbunden mit der äußeren Reorganisation wurde eine „innere Erneuerung". Sie liegt uns vor in den am 21. Januar 1838 genehmigten neuen Statuten für das Kadettenkorps. Die Aufgabenstellung des Instituts blieb die alte; der innere Geist wurde durch das speziell formulierte allgemeine Erziehungsziel zum Ausdruck gebracht: „Die allgemeine Erziehung leitet den Zögling hauptsächlich dahin, seinen Willen dem im Gebote seiner Vorgesetzten ausgedrückten göttlichen Willen überzeugungsvoll unterzuordnen." Ein sinnreich abgestuftes Strafen- und Belohnungssystem sollte diesen Erziehungsprozeß fördern. Den noch nicht Vierzehnjährigen durften auch Prügel verabreicht werden. Im allgemeinen wollte man aber mit Ehrenstrafen auskommen. So wurde ein System von fünf verschiedenen sogenannten „Sittenklassen" eingeführt, in dem die Zöglinge je nach ihrem Betragen auf- und absteigen konnten.

Mit der neuen Organisation entstand eine höhere Abteilung in Berlin und eine niedere Abteilung, gebildet aus den vier gleichgestellten Provinzialanstalten, die aber jetzt eine größere Bedeutung gewann. Künftig schickte man Zöglinge, die nicht für geeignet befunden wurden, die höhere Abteilung zu absolvieren, nicht mehr nach Hause, sondern beließ sie in den Provinzialinstituten, von wo sie als Portepeefähnriche, Unteroffiziere oder Gemeine in die Armee eintraten. Damit verstärkte sich der Kadettennachwuchs der Armee erheblich, zumal auch die Zahl der Zöglinge heraufgesetzt worden war und jetzt einschließlich der Pensionäre bei 892 Schülern lag.

Der Lehrplan umfaßte Unterricht in den Fächern: Deutsch, Französisch, Geschichte, Geographie, Mathematik, Naturlehre und Kriegswissenschaften. Einen guten Eindruck vom Lehrbetrieb und den angestrebten Zielen gibt die „Instruktion für die Lehrer des Kadetteninstituts zu Berlin" aus dem Jahre 1838. Die obere Grenze stellten die Anforderungen des Portepeefähnrichexamens und des Offizierexamens dar. Hinzu kam eine praktische militärische Ausbildung, die für die älteren Kadetten das Bataillonsexerzieren und eine Anleitung zum Garnison- und Felddienst umfaßte. Denselben Jahrgängen oblag ferner als besondere Auszeichnung der Pagendienst bei Hof und für fremde Fürstlichkeiten.

Trotz der Verbesserungen fügten sich die Kadettenanstalten nur schwer in das Schulsystem und in die allgemeinen Ausbildungsziele. Noch während der zweiten Amtsperiode Boyens sah sich der Generalinspekteur des Erziehungs- und Bildungswesens, General v. Luck, veranlaßt, dem König mitzuteilen, daß die „in einem unreifen wissenschaftlichen Bildungsstande aus dem Cadetten-Corps in die Armee versetzten Zöglinge den Divisionsschulen zur Last fallen".

So war die gemeinsam mit der „Verordnung über die Ergänzung der Officiere des stehenden Heeres im Frieden und die militärische Ausbildung der Officier-Aspiranten" erlassene „Verordnung über die Organisation des Cadetten-Corps" vom 4. Februar 1844 überfällig. Sie sollte die Kadettenausbildung in Übereinstimmung mit der Ausbildung der übrigen Offizieraspiranten bringen. Ansätze einer Anpassung suchte Boyen ferner mit einer strukturellen Änderung des Kadettenkorps durchzusetzen. Sollte wirklich das Bildungswesen wie aus einem Guß stehen, höheren Ansprüchen genügen und dem

Fortgang bürgerlicher Bildung zeitgemäß angepaßt werden, so mußte das für das Kadettenkorps zum wenigsten die Einschränkung des Privilegienwesens und womöglich die Eliminierung des Wohltätigkeitsgedankens bedeuten. Eine derartige Lösung involvierte aber langfristig eine Änderung in der sozialen Zusammensetzung des Offizierkorps und stieß deshalb sogleich auf energischen Widerstand. Auch hier hatte Boyen wieder mit dem Prinzen von Preußen zu rechnen, denn er ließ im Zusammenhang mit der Neuorganisation 60 Freistellen – je 10 Stellen bei den Provinzialanstalten und 20 im Berliner Institut – streichen. Am 14. Januar 1844 erging die diesbezügliche Kabinettsorder.

Der Protestbrief des Prinzen von Preußen vom 9. Mai 1844 an den Kriegsminister macht die innere Problematik von Offizierbildung und Ergänzung des Offizierkorps im damaligen Preußen in einer Weise deutlich, die einen Einblick in die zentralen Bedürfnisse des alten Militärinstituts gibt. In einer Einschränkung der Hilfe für die alten Offizierfamilien sah der Prinz die größte Gefahr für Geist und inneren Halt der Armee. Er verlangte im Gegensatz zum Kriegsminister eine Vermehrung der Freistellen für Kadetten und die Sicherung von Freistellen an Gymnasien.

Zur Begründung seiner Vorschläge gab er zu bedenken: „Wie sehr meine Forderung im Widerspruch mit den neuesten Anordnungen steht, nach welchen 60 Freistellen bei den Kadetten eingehen sollen, ist sehr in die Augen springend. Nichtsdestoweniger muß ich Ihre ganze Aufmerksamkeit auf diese Vorschläge leiten, wenn anders der wahre Militärgeist in der Armee erhalten werden soll. Daß ich hierunter nicht etwa den sogenannten Korporalgeist für die Offiziere verstehe, hoffe ich nicht auseinandersetzen zu müssen. Aber der Soldatengeist läuft Gefahr, aus der Armee zu verschwinden, wenn wir die Klassen aus derselben durch die selbstgeformten Umstände verdrängen, welche bisher diesen Geist mit der Muttermilch einsogen und wieder vererbten." Man müßte, so verlangte der Prinz, ein Heer haben, in welchem der ernste und strenge Soldatengeist herrscht, der bei unserer Heeresverfassung nur von der ritterlichen Gesinnung der Offiziere auf die jugendlichen Soldaten aus- und übergehen kann".

Bestimmte Kreise in der Armee mußten Boyens Maßnahmen als schweren Eingriff in ihre Vorzugsstellung empfinden. Sie reagierten mit heftigen Attakken gegen den Kriegsminister, den man als ausgemachten Demokraten, ja als „preußischen Lafayette" bezeichnete. Im Mittelpunkt der Kritik standen die vom König am 4. Februar 1844 genehmigten grundlegenden Verordnungen.

Die erste Verordnung über „Die Ergänzung der Officiere des stehenden Heeres im Frieden und die militairische Ausbildung der Officier-Aspiranten" und die zweite über „Die Organisation des Cadetten-Corps" schraubten die Anforderungen für den Offizierberuf in Anpassung an die übrigen Berufsvoraussetzungen herauf, indem sie generell die Primareife verlangten. Da von diesen Bestimmungen auch die Kadettenausbildung keine Ausnahme machen sollte, mußte die Organisation entsprechend verändert, der Lehrstoff vor allem um den Lateinunterricht erweitert werden. Überhaupt sah die neue Organisation eine Anpassung des Unterrichtsganges im Kadettenkorps an den Lehrplan der Realgymnasien vor. Die neue Ordnung teilte den Ausbildungszyklus in sechs Gymnasialklassen mit Einjahreskursen ein. Die vier unteren Klassen mußten in den Provinzial-Kadettenhäusern absolviert werden, die zwei oberen im Berliner Hauptinstitut. Im Anschluß daran fand für die abgehenden Primaner das Eintrittsexamen vor der Portepeefähnrichs-Examinationskommission statt. Wer bestand, wurde zur Ernennung zum Portepeefähnrich vorgeschlagen, erhielt das Patent aber erst nach fünf- bis sechsmonatiger Dienstzeit in der Truppe. Die Regelung entsprach Boyens Vorstellungen über einen zweckmäßigeren Gang der Offizierausbildung, sie war darüber hinaus notwendig geworden, weil in den sechs Gymnasialklassen des Kadettenkorps nicht mehr wie früher „Kriegswissenschaften" gelehrt wurden. Der abgehende Zögling mußte also zunächst Diensterfahrung gewinnen, bevor er den Wehrpflichtigen als Vorgesetzter gegenübertreten konnte.

Kriegswissenschaftlichen Unterricht gab es künftig nur in der sogenannten Selekta, in die aus dem Kreis der Primaner nach der Portepeefähnrichprüfung die 30 vorzüglichsten „unter Berücksichtigung der moralischen und wissenschaftlichen Qualifikationen" vom Kadettenkorps ausgewählt wurden. In dem einjährigen Sonderkurs der Selekta erhielten die Schüler Unterricht in den „Berufswissenschaften", anschließend legten sie das Offizierexamen bei der Ober-Militär-Examinationskommission ab. Der weitere Werdegang bestimmte sich nach den Vorschriften über die Ergänzung der Offiziere des Stehenden Heeres im Frieden. Die neue Regelung sicherte den Selektanern den kürzesten Weg zum Leutnantspatent, den es von nun an in der Armee gab.

Damit erfuhr das unter Friedrich Wilhelm III. im Vordergrund stehende Versorgungsdenken eine erhebliche Abschwächung. Die Aufnahmebedingungen waren verschärft worden. Kadetten, die den Anforderungen nicht genügten, mußten die Anstalt in der Regel verlassen. Mehr als früher sah man auf Leistungen in den wissenschaftlichen Disziplinen.

Aber der Widerstand von Militärs in wichtigen Positionen der Armee war so stark, daß die volle Realisierung des Boyenschen Programms scheiterte. Nach der Revolution und später unter der Regentschaft und Regierung Wilhelms I., als die Kompetenzen des Kriegsministers zugunsten der monarchischen Kommandogewalt immer stärker eingeschränkt wurden, begannen sich speziell unter dem Chef des Militärkabinetts, Edwin v. Manteuffel, in der Frage des Offiziernachwuchses restaurative Tendenzen wieder durchzusetzen.

Revolution und Reaktion

Zunächst allerdings wurden für das Kadettenkorps die Auswirkungen der Revolution und die sich verschärfende öffentliche Kritik gegen die militärische Exklusivität von Bedeutung. Der neue Ministerpräsident und Kriegsminister, General v. Pfuel, der als Gouverneur von Berlin durch Zurückhaltung mäßigend einwirken wollte, betrieb auch in militärischen Angelegenheiten im Herbst 1848 nicht ohne Erfolg eine Politik der Angleichung. Freilich zog er damit die Kritik der Armee auf sich. Seine Erklärung vom 25. September, er habe den Kommandierenden Generalen empfohlen, „reaktionäre Tendenzen in der Armee nicht zu dulden und das gute Einvernehmen zwischen Zivil und Militär nach Kräften zu fördern“, beruhigte zwar die Nationalversammlung, aber das Offizierkorps wurde mißtrauisch. Für die von Friedrich Wilhelm IV. erwartete „sanfte Reaktion“ war dieser General nicht zu gewinnen.

Auch des Kadettenkorps, dieses heftig umstrittenen Hortes „altpreußischen Militärgeistes“, nahm er sich in einem nicht gewünschten Sinne an. Seine Maßnahmen blieben jedoch eine Zwischenlösung und wurden von der reaktionären Welle 1850 wieder beseitigt. Es bleibt aber dennoch aufschlußreich zu sehen, wie sich der Zeitgeist auf Ordnung und Aufgabenstellung des zentralen Offiziernachwuchsförderungsinstituts auswirkte und was unter den Ausnahmebedingungen der Revolutionszeit als wertvoll fortbestehen konnte. Eindrucksvoll ist auch die Rolle, die bei diesem Umbildungsprozeß ein aufgeschlossener Kriegsminister spielen konnte, dem alles darum zu tun war, eine Versöhnung zwischen Nation und Armee zustande zu bringen.

Friedrich Wilhelm IV. hatte sich mit Pfuels Vorschlägen „zu einer zeitgemäßen Umgestaltung des Cadetten-Corps im Allgemeinen“ einverstanden erklärt. Die neue Verordnung vom 3. Oktober 1848 war darauf berechnet und im wesentlichen auch geeignet, der liberalen Kritik gegen das Kadettenkorps die Spitze zu nehmen.

Als wesentliche Neuerungen sind zu nennen: Die Provinzialanstalten sollten fortan „Königliche Erziehungsanstalten“ heißen, ihre militärische Organisation sollte aufgelöst, die Leitung in den Händen von Direktoren, Inspektoren, Gouverneuren und Lehrern liegen, die sowohl Offiziere als auch Schulmänner sein konnten. Der Zugang sollte den Söhnen aller Staatsbürger offenstehen, „welche sich ein besonderes Verdienst um das Vaterland erworben haben“, also vornehmlich Söhnen von Offizieren, Landwehroffizieren, Beamten und Staatsdienern, Offizieren der Bürgerwehr und darüber hinaus von Staatsbürgern jeder Klasse (als Pensionäre).

Allein das Hauptinstitut blieb unter der Bezeichnung „Königliche Militair-Schule“ militärisch organisiert. Seine Zöglinge behielten die Uniform, die in den Provinzialinstituten durch eine einfache, gleichmäßige Kleidung ersetzt werden sollte. Der Lehrplan blieb im wesentlichen so erhalten, wie Boyen ihn eingerichtet hatte. Aber es fiel die Verpflichtung fort, nach Abschluß der Ausbildung in die Armee einzutreten. Mit der so eingeführten Freiheit der Berufswahl begegnete man dem oft gehörten Vorwurf, daß die jungen Leute, ehe sie sich noch zu einem Beruf entschieden hätten, definitiv zum berufsmäßigen Militärdienst verpflichtet würden.

Die Reform von 1848 ließ die Ausführung im einzelnen noch offen. Der Nachfolger Pfuels als Kriegsminister, v. Strotha, legte unter Berufung auf die Kabinettsorder von 1848 im Dezember 1849 weitere Reformvorschläge vor. Nach königlicher Genehmigung publizierte das Kriegsministerium am 13. April 1850 die neuen Bestimmungen über die Veränderungen in der Organisation und über die Aufnahme von Knaben. Auf dem Papier blieb der Aufbau des Korps etwa so, wie Pfuel es empfohlen hatte, allerdings behielt man die alte

Bezeichnung „Cadetten-Corps" und „Provinzial-Cadettenhaus" bei. In praxi änderte sich aber wenig an dem militärischen Charakter der Anstalten, für die Berliner Anstalt wurde dies sogar besonders betont: „Die Organisation dieses Instituts bleibt unverändert, und ist dem militärischen Element in demselben eine um so größere Aufmerksamkeit zu widmen, als es vorzugsweise in seinem Zwecke liegt, der Armee ebensowohl wissenschaftlich gebildete, als auch für den Dienst derselben richtig und ausreichend vorgebildete Officiere und Officier-Aspiranten zu liefern."

Der militärische Zweck stand in der Zeit nach der Revolution ganz im Vordergrund. Das Kadettenkorps war und blieb die „Pflanzschule für die Offiziere der Armee" – nach dem Stand von 1850 nahm es 720 Königliche Kadetten (etatmäßige) und bis zu 216 Pensionäre auf –, es sorgte weiterhin für die alten Offizierfamilien. Die zusätzliche Bestimmung, eine Erziehungs- und Unterrichts-Anstalt zu sein, „welche den Söhnen aller Klassen von Staatsbürgern die Gelegenheit zu ihrer Ausbildung, auch für einen anderen als den rein militärischen Beruf darbietet", war nicht viel mehr als eine leere Deklamation. Gerade in mit den Offizierpersonalien zusammenhängenden Fragen sollte die parlamentarische Verantwortlichkeit des Kriegsministers und damit die Kontrolle durch die Volksvertretung aufhören. Diese Politik begann schon beim Kadettenkorps. Die wichtige Frage, wer hier Zugang finden sollte, entschied der König einseitig durch Kabinettsordern. Zielbewußt schränkte er nach 1850 den Wortlaut der Bestimmungen vom April 1850 wieder ein. Es war keine Rede davon, daß künftig den Söhnen aller Staatsbürger ein Bildungsinstitut offenstand, dessen Zweckbestimmung auf das engste mit dem Wesen der preußischen Militärmonarchie verbunden war.

Das exklusive Militärinstitut bestätigten deutlich die Kabinettsordern vom 20. März 1851 und vom 17. Juni 1852. Hiernach konnten die Söhne der ohne Pensionsberechtigung verstorbenen Landwehroffiziere nur eine etatmäßige Stelle erhalten, wenn ihre Väter an einem Feldzug teilgenommen hatten. Unteroffizierssöhne erhielten nur dann Zugang, wenn sie während der aktiven Dienstzeit ihrer Väter geboren worden waren. Im übrigen mußten Unteroffiziere und lediglich charakterisierte Offiziere 25 Dienstjahre in der Armee hinter sich gebracht haben, wenn sie „nach Maßgabe der vorhandenen Vacanzen, ihre Söhne im Cadetten-Corps unterzubringen" gedachten. Die Einschränkungen gingen parallel mit einer Vergrößerung des Kadettenkorps. 1854 lag die zugelassene Höchstzahl bei 1156 Zöglingen, aber bereits 1853 hatte die Generalinspektion des Militär-Erziehungs- und Bildungswesens die Vergrößerung des Korps auf 1440 Stellen gefordert. Das Kriegsministerium befürwortete den Antrag, und im November 1854 genehmigte eine Kabinettsorder eine entsprechende Erweiterung.

Die Erweiterung lag ganz auf der Linie der vom Prinzen von Preußen repräsentierten Richtung. Sie zeigt den Kurs der Armee nach den Erfahrungen der Revolution. Der Prinz war schon 1848 überzeugt gewesen:

„1. daß der Staat in seinem eigensten und wichtigsten Interesse die Erweiterung und Vermehrung der Militair-Bildungsanstalten, und zwar schleunigst, in die Hand zu nehmen hat, weil das Werk Zeit erfordert, bevor es nutzbringend werden kann und jede Zögerung die Gefahr, in der wir uns befinden, verlängert;
2. daß die vorhandenen und neu anzulegenden Cadetten-Häuser stets gefüllt sein und einen für den vermehrten Bedarf hinreichenden und zugleich angemessensten Offizierersatz liefern werden, wenn
a) das ... Benefizium in integr. restituirt wird, wenn
b) in Betreff der Anstellung und Verwendung der geeignetsten Lehr- und Erziehungskräfte, über die die Armee irgend verfügt, jede unzeitige und engherzige Oeconomie ausgeschlossen bleibt".

Qualitätsgesichtspunkte – durchaus auch politischer Natur – stellte er heraus, um zu vermeiden, daß die Kadettenhäuser „keine bloßen Officier-Fabriken werden und demgemäß auch bloße Fabrikarbeit liefern".

Die alten Verhältnisse stellten sich bald wieder her, allerdings unter Anpassung an die steigenden Anforderungen an die Ausbildung des Offiziernachwuchses, vor allem also an die „Verordnung über die Ergänzung der Offiziere des stehenden Heeres" vom Oktober 1861 (vgl. S. 105), die wiederum für die Selektaner des Kadettenkorps die sofortige Ernennung zum Offizier vorsah.

Maßgebend für die weitere restaurative Entwicklung während des Norddeutschen Bundes und nach der Reichsgründung wurden die „nach Allerhöchst gegebenen Grundsätzen" im Juni 1869 erlassenen „Bestimmungen für die Aufnahme von Knaben in das Königlich-Preußische Cadetten-Corps". Sie legten die Aufgabe des Kadettenkorps dahingehend fest, daß es den Zweck hatte, den Söhnen von Offizieren die Mittel sowie den Söhnen aller Klassen von Staatsangehörigen die Gelegenheit zur Erziehung und Ausbildung zu geben. Die Einteilung in die sechs Voranstalten und in die Zentralanstalt in Berlin (Sekunda, Prima, Oberprima und Selekta) blieb bestehen, ebenso die in Königliche Kadetten und Pensionäre. (Nach 1866 und 1871 wurde die Anstalt auch nicht nichtpreußischen Bundes- bzw. Reichsangehörigen geöffnet.) Der Lehrplan sah bis Prima eine, wenn auch nicht erreichte Anpassung an den Stoff der Gymnasien, in der Oberprima und der Selekta lediglich „Militair-Wissenschaften" vor. Universitätsreife wurde nicht angestrebt.

Wichtiger als diese für den elitären Nachwuchs vorgesehene Genügsamkeit und bezeichnend für die fortschreitende Akzentuierung militärischer Standesinteressen wurden die Bestimmungen über die „Anwartschaft zur Aufnahme in etatmäßige Stellen: Auf die Wohltat der Aufnahme in etatmäßige Stellen haben ... eine Anwartschaft:
A. Im Bereich des Offizierstandes:
1. Die Söhne vor dem Feind gebliebener oder durch eine unmittelbar im Dienst erlittene Beschädigung invalide gewordener Offiziere des stehenden Heeres (Landarmee und Marine), der Gendarmerie und des Beurlaubtenstandes;
2. die Söhne aktiver Offiziere des stehenden Heeres (Landarmee und Marine) sowie der Gendarmerie;

3. die Söhne pensionierter, gut gedienter Offiziere des stehenden Heeres (Landarmee und Marine), der Gendarmerie und des Beurlaubtenstandes;
4. die Söhne gut gedienter, ohne Pensions-Berechtigung verstorbener Offiziere des stehenden Heeres (Landarmee und Marine), der Gendarmerie und des Beurlaubtenstandes in dem Falle, daß die Väter einem Feldzuge beigewohnt haben;
5. die Söhne nur mit dem Offizier-Charakter beliehener, nicht patentierter Offiziere, wenn letztere eine Dienstzeit von 25 Jahren im stehenden Heere erreicht haben.
Demnächst, insofern Stellen offen sind:
B. Die Söhne solcher Unteroffiziere des stehenden Heeres (Landarmee und Marine) und des Beurlaubtenstandes, welche entweder vor dem Feinde geblieben, oder in Folge von Verwundungen, welche sie im Dienst erlitten haben, ... eine Verstümmelungszulage beziehen;
2. die Söhne von Unteroffizieren, welche mindestens 25 Jahre im stehenden Heere (Landarmee und Marine) gut gedient haben.
C. Im Bereiche des Civilstandes:
die Söhne derjenigen Preußen, welche sich durch besondere, mit persönlicher Gefahr verbundene Einzelhandlungen Verdienste um den Staat erworben haben."

Mit diesen Bestimmungen, die auf einen mit dem Anwachsen der Armee immer zahlreicheren Nachwuchs Anwendung fanden, ging die Armee im letzten Drittel des 19. Jahrhunderts hinter die Vorstellungen der Reformer von 1808 und 1814/15 zurück, von den nicht realisierten Plänen der Revolutionsjahre ganz abgesehen.

b. Die Divisions- und Kriegsschulen

Brigade- und Divisionsschulen

Das Schulsystem der Scharnhorstzeit mit seinen wenigen Anstalten genügte in der Friedensperiode nach 1815 zur Sicherstellung eines ausreichenden Offiziernachwuchses in der wesentlich vergrößerten Armee nicht mehr. Hierin lag der äußere Anlaß zu der Kabinettsorder vom 11. Januar 1816, durch welche die Errichtung von sogenannten Brigadeschulen – wegen der Umbenennung der Brigaden in Divisionen hießen sie seit September 1818 Divisionsschulen – an Stelle der Kriegsschulen für Portepeefähnriche angeordnet wurde. Ihr zunächst zweijähriger Ausbildungsgang sah in der oberen oder ersten Klasse Vorträge für Offiziere und Portepeefähnriche zur Vorbereitung auf die Offizierprüfung, in der unteren oder zweiten Klasse einen auf die Portepeefähnrichprüfung vorbereitenden Unterricht vor.

Boyens „Allgemeiner Plan" vom 20. Juli 1816 war unter der Voraussetzung genehmigt worden, daß die auf Beförderung eintretenden Freiwilligen bereits die „wissenschaftlichen Kenntnisse" eines Portepeefähnrichs mitbringen sollten. Lediglich jene Bewerber, „denen einige Vollständigkeit in einzelnen Zweigen der Wissenschaft fehlt", sollten in verschiedenen Fächern mit höchstens 30 Wochenstunden unterrichtet werden. Doch wurde dieser Präliminarunterricht bald zur Hauptaufga[illegible] der Divisi[illegible], zumal der in der Oberstufe vorgesehene Offizierunterrich[illegible] nicht obligatorisch war. Er konnte mithin auch kaum, wie Boyen gewünscht hatte, der Kriegsakademie Entlastung bringen. Mochte diese Entwicklung zunächst als Kriegsfolge gelten können – bald erwies sich, daß sie vor allem sozialen Interessen diente.

Ein vielfach elementarster Vorbildung ermangelnder Nachwuchs suchte auf diesem Wege Einlaß in das Offizierkorps. Die kostenlose Vorbildung, sonst für keinen höheren Beruf vorgesehen, überforderte die Armee, denn 18 derartige Schulen konnten kaum mit qualifizierten Lehrern besetzt werden.

Im Herbst 1819 fielen über die Hälfte aller Fähnrichaspiranten durch die Prüfung. Schon 1818 hatte die Ober-Militär-Examinationskommission über das schlechte Niveau der Schulen Klage geführt. Dabei waren die geforderten Kenntnisse nicht unzumutbar.

Boyen hatte schon 1816 darauf hingewiesen, daß selbst die Vorträge für Offiziere nur die allgemein erforderliche Offiziersbildung anstreben und nicht etwa eine Art Vorbereitung für die Allgemeine Kriegsschule oder den Generalstab darstellen sollten. Entsprechend waren die Anforderungen in der Offizierprüfung: Mathematik bis zu den Gleichungen zweiten Grades, Logarithmen und Trigonometrie, Geschichte Preußens seit dem Großen Kurfürsten und Zusammenhang mit der „allgemeinen Geschichte". Die deutsche Sprache sollte mit „logischer Tendenz", d. h. mit dem Ziel der Verstandesbildung gelehrt werden. Man suchte Abhilfe durch Einführung einer Aufnahmeprüfung zu schaffen, aber der Kenntnisstand war viel zu gering, als daß man eine vernünftige Grenze hätte ziehen können.

In den Jahren 1821/22 suchte General v. Pirch II mit verschiedenen Vorschlägen zu einer Reform zu kommen: Erhöhung des Etats vor allem für das Lehrpersonal, Einführung der dreijährigen Schulzeit u. a. m. Mit Kabinettsorder vom 18. Juni 1822 folgte Friedrich Wilhelm III. diesen Vorschlägen. Von einer Reform konnte dennoch keine Rede sein. Gerade die auf zwei Jahre verlängerte Vorbereitungszeit auf die Portepeefähnrichsprüfung – im dritten Jahr erfolgte die Vorbereitung auf die Offizierprüfung – führte dazu, daß der Andrang unvorgebildeter Bewerber rapide zunahm, was eine weitere Niveauminderung nach sich zog.

Von den in den Jahren 1817–1827 geprüften Portepeefähnrichen wurden folgende Ergebnisse berichtet:

Zahl der Prüflinge:	3824
unbedingt bestanden:	57%
bedingt bestanden:	37%
abgewiesen:	6%

Die Ergebnisse der Offizierprüfungen sahen ähnlich aus:

Zahl der Prüflinge:	3629
unbedingt bestanden:	57%
bedingt bestanden:	39%
abgewiesen:	4%

Unter den als „bestanden" angeführten befanden sich auch die Bewerber, die in der „wissenschaftlichen" Prüfung versagt hatten, aber auf Empfehlung der Ober-Militär-Examinationskommission vom König „aus Allerhöchster Gnade" unter die Bestandenen aufgenommen worden waren.

Offensichtlich waren die Divisionsschulen überfordert. Pirchs Konzeption lief im Ergebnis auf die Pflege sozialer Gegebenheiten, nicht auf die Verbesserung der „wissenschaftlichen" Betreuung des Offiziernachwuchses hinaus.

Was auch sollten die gänzlich überlasteten Lehrer der Divisionsschulen mit Zöglingen beginnen, die nach Maßgabe der erwähnten Kabinettsorder nur folgende außerordentlich gemäßigte Zulassungsvoraussetzungen zu erfüllen brauchten?

„Der Eintretende muß sowohl kalligraphisch, als orthographisch in dem Verhältniß gut schreiben, daß er dem Unterricht bei der Schule sogleich beiwohnen kann; er muß seine Lebensbeschreibung verständlich abfassen, und gewöhnliche Aufgaben aus den vier Rechnungsarten lösen. Dabei ist vorzüglich auf Anlagen und Fähigkeiten des jungen Menschen Rücksicht zu nehmen."

Bei einer großen Zahl von Schulen mußte es ganz unmöglich sein, in der vorgeschriebenen Zeit das Ausbildungsziel zu erreichen. Hinzu kam noch, daß die Regimenter das Recht der Auswahl der Bewerber für die Divisionsschulen besaßen. War diese Auswahl einmal erfolgt, so konnte die Schuldirektion (sie bestand seit 1822 aus einem Militär-Direktor, einem Studien-Direktor – meist einem der beiden Divisionsprediger – und einem Lehrer) theoretisch zwar die Aufnahme wegen mangelnder Vorkenntnisse versagen. Aber in wie vielen Fällen mag von diesem Recht gegen die Entscheidung des Regiments Gebrauch gemacht worden sein? Unterlagen darüber liegen nicht vor. Eine einigermaßen hinreichende Vorstellung von der geübten Praxis ist zu gewinnen, wenn man sich vor Augen hält, daß in den Regimentern vielfach bewußt ständische Ergänzungspolitik betrieben wurde, vor allem in Regimentern, die etwas auf sich hielten. Anders lagen die Dinge prinzipiell nur bei der Artillerie und im Ingenieurkorps. Prinz August von Preußen hatte schon 1808 höhere Anforderungen an die künftigen Artillerieoffiziere gestellt. Es war ihm gelungen, selbst für Leutnante und Stabskapitäne Prüfungen durchzusetzen. Aufgrund seiner Bemühungen um die Hebung der Kenntnisse der Offiziere der Artillerie waren hier und im Ingenieurkorps noch bis 1890 höhere Anforderungen in Mathematik bei der Eintritts- und Portepeefähnrichprüfung maßgebend.

Bei der Infanterie und Kavallerie besserten sich die Verhältnisse vorerst nicht, wie die Erläuterungen der Militärstudienkommission zur Kabinettsorder zeigen:

Der Lehrplan bleibt ungeändert (Pirch hatte immerhin in Erweiterung der Bestimmungen von 1808 die Aufnahme des Französischen in den Lehrplan durchgesetzt), die verlängerte Dauer des Aufenthalts bezweckt nur, Gelegenheit zur Wiederholung des Kursus der zweiten Klasse zu geben. Die Einrichtung der Schuldirektionen soll diesen Behörden Stetigkeit geben und die Geschäfte des Studiendirektors in berufene Hände bringen. Die geringe Anforderung an die Vorbildung soll jungen Leuten zu gute kommen, deren Väter ihrer beschränkten Mittel wegen ihnen den erforderlichen Unterricht nicht haben angedeihen lassen können, die aber sonst zu Offizieren vorzüglich geeignet sind.

Dieser Ergänzungspolitik ging es nicht darum, bestimmte Bildungsziele an sich abzulehnen, sondern darum, die bürgerliche Konkurrenz, der das Bildungsprinzip vor allem förderlich sein mußte, in gebührenden Grenzen zu halten. Die führenden Soldaten dieser Zeit, der König selbst, hatten eben die entscheidende geistige Prägung vor der Scharnhorst-Zeit erfahren. Sie sahen nach der Beseitigung der napoleonischen Gefahr keinen Anlaß zu grundsätzlichen Änderungen und befanden sich mit dieser Auffassung auf der Seite der siegreichen restaurativen Kräfte Kontinentaleuropas.

Aber selbst vom Standpunkt ständischer Interessenpolitik wurde der Bogen überspannt mit einer Ermächtigung vom 22. April 1824, durch die den Divisionskommandeuren gestattet wurde, die Söhne unbemittelter, aktiver und pensionierter Offiziere, sobald sie das 14. Lebensjahr erreicht hatten, als Hospitanten in die Divisionsschulen aufzunehmen. Diese Vergünstigung wurde allmählich ausgedehnt auf die Söhne des armen Landadels. Im Grunde handelte es sich hierbei um eine Art Wiederbelebung des alten Junkersystems. In den ohnehin wenig leistungsfähigen Schulen war damit naturgemäß ein weiteres Absinken des Unterrichts- und Leistungsniveaus verbunden, und es traf durchaus zu, daß die Forderungen von 1808 und 1816 ständig unterschritten wurden, wie ein Kenner der Verhältnisse feststellte.

Scharnhorsts und Boyens Zielvorstellungen von einer zweckmäßigen, aber auch zeitgerechten Bildung und Erziehung des Offiziernachwuchses waren mit diesem System, das zwar nominell an den Grundsätzen von 1808 festhielt, aber in die unter der „Studiendirektion" von Divisionspfarrern stehenden militärischen Schulen junge Leute hineinließ, die wenig über den Bildungsstand 14jähriger Jungen hinausgelangt waren, auch nicht annähernd zu realisieren. Dabei hatte Boyen mit der Vermehrung der militärischen Schulen selbst den Keim zu dieser Entwicklung gelegt.

Generalleutnant v. Holtzendorff, seit 1824 Nachfolger Pirchs und seit 1825 Generalinspekteur des Erziehungs- und Bildungswesens, führte bald danach wichtige Änderungen ein. Eine an die Divisionskommandeure gerichtete Umfrage ergab zwar, daß die Mängel dort erkannt worden waren, daß man aber weiterhin an der unteren Klasse der Divisionsschulen festhalten wollte, um den Söhnen unbemittelter Offiziere den Weg in den Offizierberuf nicht zu verschließen. Einsichtsvolle Kreise in der Armee, die den Zusammenhang des Ergänzungssystems mit der Qualität des künftigen Offizierkorps vor Augen hatten, verwarfen diese Lösung, ohne allerdings den ständischen Aspekt auszuklammern. Eine zur Prüfung der Beförderungsverhältnisse der Kapitäne unter dem Prinzen von Preußen eingesetzte Kommission hielt die Fragen für so dringend, daß sie über ihren Auftrag hinausging und das heiße Eisen anfaßte.

Prinz Wilhelm unterzog das bisherige System bitterer Kritik: Bisher, so heißt es in dem Gutachten, hätten manche Eltern die Erziehung und Ausbildung ihrer Söhne „nur zu häufig auf gewissenlose Art vernachlässigt", man habe die Divisionsschulen „als ein bequemes und das wohlfeilste Mittel betrachtet, die Kinder das nachholen zu lassen, was sie zu Hause versäumt haben, wenn sie auch gerade nur so viel noch lernen, als dazu gehört, um im Offizierexamen durchzukommen". Der Staat habe mit der Unterstützung derartiger Gesinnungen „der Mittelmäßigkeit und Unkultur ...

bis zu einem Punkte fortgeholfen, wo sie höhere Ansprüche erheben lernt, ohne nun die Fähigkeit zu höheren Leistungen in sich aufgenommen zu haben".

Bei solcher Kritik war es nur konsequent, wenn die Kommission vorschlug, die beiden unteren Klassen der Divisionsschulen abzuschaffen, nur noch junge Leute nach erlangter Reife zum Portepeefähnrich in die Armee aufzunehmen, um sie nach einer dreimonatigen Dienstzeit sogleich zur Prüfung zulassen zu können. Der dann nur noch einjährige Kursus der Divisionsschulen konnte ganz auf die Vorbereitung zum Offizierexamen angelegt und wesentlich verbessert werden. Damit war man wieder bei der Einrichtung von 1808 angekommen, die in ihrer theoretischen Richtigkeit hierdurch besser als durch alle Lippenbekenntnisse zum Bildungsprinzip bestätigt worden ist.

Die Kommission suchte dem gerade dem Prinzen Wilhelm so wichtigen Problem der Vorsorge für die Söhne unbemittelter Offiziere mit einem neuartigen Vorschlag beizukommen, der dahin ging: „Bei den Gymnasien in sämtlichen Provinzen einige Hundert Stellen zur Aufnahme von Söhnen armer Offiziere zu fundieren, in welchen ihnen der Unterricht durch einen vierjährigen Kursus vom 13. bis zum beendigten 17. Jahr zu Theil würde und wo sie, wenn die Eltern nicht an demselben Orte wohnten, auch Aufnahme, Verpflegung und Kleidung erhielten." Nach Verhandlungen zwischen dem Kriegsminister und dem Minister der geistlichen Angelegenheiten wurde dieser Anregung durch Kabinettsorder vom 25. Juni 1830 tatsächlich stattgegeben, zur praktischen Durchführung ist es jedoch nicht gekommen.

Immerhin führten die schwerwiegenden Bedenken des Generalinspekteurs, des Prinzen Wilhelm und anderer Offiziere dazu, daß 1827 die beiden unteren Klassen der Divisionsschulen abgeschafft wurden. Sie sollten nur noch bis zur Beendigung der laufenden Kurse fortgeführt werden. Von den 1827/28 zur Prüfung gelangten 500 Schülern der Divisionsschulen bestanden 168 die Portepeefähnrichs-, 149 die Offizierprüfung. Eine AKO vom 29. 6. 1828 ordnete definitiv zum 1. Oktober 1828 die Auflösung der auf die Fähnrichprüfung vorbereitenden Unterklassen an. Den allerärgsten Mißbräuchen war nun ein Riegel vorgeschoben.

Seit 1828/29 dienten die Divisionsschulen der Weiterbildung der Portepeefähnriche zur Vorbereitung auf die Offizierprüfung. Man hatte sich jedoch noch nicht entschließen können, lediglich einen einjährigen Ausbildungskurs für die Portepeefähnriche einzurichten, die „unbedingt" bestanden hatten. Für die schwächeren unter ihnen – bei der unterschiedlichen Prüfungspraxis konnten sehr wohl schwache Kandidaten das Zeugnis der unbedingten Reife erhalten – wurde ein einjähriger Vorkurs (Cötus) eingerichtet. Über die Aufnahme in den ersten oder zweiten Cötus sollte eine Prüfung vor der Studiendirektion der Schule entscheiden.

Holtzendorff und General v. Valentini, sein Nachfolger seit 1828, gingen in der Folgezeit mit dem Versuch, den Unterricht an den Divisionsschulen auf einheitliche Grundlagen zu stellen, eine der Hauptschwächen des Bildungssystems an. Im Juni 1829 brachte eine Instruktion der Militär-Studienkommission für den Unterricht in den Königlichen Divisionsschulen nähere Vorschriften über den Umfang und die Gliederung des Stoffes, damit auch eine Hebung des Niveaus.

In der Armee fand dieses Programm wenig Beifall. Valentinis Nachfolger, General v. Luck, meinte 1834, das Vorurteil, wissenschaftliche Bildung schade dem Offizier mehr als sie ihm nütze, sei im Heere immer noch nicht überwunden. Selbst die Ober-Militär-Examinationskommission schlug vor, die von Valentini eingeführten höheren Anforderungen, die doch nicht erfüllt würden, wieder herabzusetzen, dann aber auf genaue Einhaltung der minderen Bedingungen zu achten. Andere Offiziere gingen noch weiter, so der Direktor des Allgemeinen Kriegsdepartements, Generalleutnant v. Schöler, der dem Kriegsminister zu bedenken gab, von einem Offizier könne nicht mehr gefordert werden als eine auf den Schriftverkehr des Subalternoffiziers zugeschnittene Kenntnis der deutschen Sprache und einige minimale Kenntnisse im Rechnen, in der Geschichte und Geographie.

Bis zu den wichtigen durch Boyen eingeführten Neuerungen im Jahre 1844 beruhte die Arbeit der Divisionsschulen theoretisch auf den 1837 genehmigten „Bestimmungen über die Annahme der zum Dienste auf Beförderung in die Armee eintretenden jungen Männer und deren Eintritts- als gleichzeitige Portepeefähnrichprüfung sowie über die Ausstellung der Zeugnisse der Reife zum Portepeefähnrich und zum Offizier". Hiernach mußte die Portepeefähnrichsprüfung vor Dienstantritt abgelegt werden. Nach dreimonatiger Dienstzeit konnte das Portepeefähnrichreifezeugnis bei der Ober-Militär-Examinationskommission beantragt werden, die ihrerseits die königliche Genehmigung einzuholen hatte. Der Gedanke des unmittelbaren Kontaktes des Monarchen auch zum Offiziernachwuchs war immer noch lebendig. Der Dienst in der Armee war „königlicher" Dienst.

Die Anforderungen in der Portepeefähnrichsprüfung entsprachen nunmehr etwa dem Kenntnisstand eines Tertianers mit etwas angehobenen Ansprüchen in Geschichte, Mathematik und Geographie; allerdings ohne Berücksichtigung der alten Sprachen. In der Offizierprüfung wurden etwa Sekunda-Kenntnisse vorgeschrieben, dazu kamen militärische Fächer, wie Befestigungswesen, Waffenkunde, Dienstkenntnis, Planzeichnen, Geländeaufnahme u. a.

Damit besaß die Armee ein brauchbares Instrument für die Heranbildung des Offiziernachwuchses. Es herrschten vernünftige Ansichten über die anzuwendenden Prüfungsmethoden. Es ging nicht um die Feststellung von angelerntem Detailwissen, sondern von geistigem Vermögen und Urteilskraft. Mit dem verbesserten System – die Klagen über die mangelnden Leistungen der Divisionsschulen ließen allerdings nicht nach – hob sich der Bildungsstand sichtlich, wie die Prüfungsergebnisse der Jahre 1837 – 1844/45 bewiesen: von 2541 Bewerbern bestanden in der Portepeefähnrichsprüfung 70% unbedingt, 29% bedingt. In der Offizierprüfung bestanden von 2627 Anwärtern 63% unbedingt, 37% bedingt. Aber immer noch bezogen zu viele Fähnriche ungenügend vorgebildet die Divisionsschulen.

Boyen hatte schon 1816 den Grundsatz vertreten, das Ziel der militärischen Bildung könne nicht darin bestehen, Stubengelehrte heranzubilden; es gelte auch nicht, den talentlosen Fleiß heranzuziehen, sondern Kühnheit und Talent „auf die Bahn der Wissenschaften zu führen". Damit war freilich in erster Linie das Ausbildungsziel der Allgemeinen Kriegsschule gemeint, aber doch auch das Prinzip angesprochen, nicht totes, angelerntes Wissen und unnötigen Ballast zu verlangen und zu fördern. Wenn auch einstweilen von einem Zuviel überhaupt nicht die Rede sein konnte, so war es doch nützlich, daß schon bald nach Beginn des Neuaufbaus derartige Zielvorstellungen vorgetragen wurden. Dennoch, seine organischen, noch dem ersten Jahrzehnt des 19. Jahrhunderts entstammenden Bildungsideale paßten wenig zusammen mit der sich in der Armee durchsetzenden Auffassung von einer verbesserten Ausbildung des künftigen Offiziers – die vornehmlich von Prinz Wilhelm repräsentiert wurde.

Diese Richtung sah das Problem vor allem unter dem Gesichtspunkt der militärischen Effektivität, aber auch der soziale Aspekt gewann seine beinahe dogmatische Bedeutung. In ihren Augen hing die Existenz dieser preußischen Armee von der Erhaltung der dominierenden Rolle der mit der Armee verbundenen Familien ab. Von ihrem Verständnis des preußischen Staats her gesehen war diese Meinung nur konsequent. Aber diese Denkweise war zu eng, weil sie konservierte Monopole als wesentliche Voraussetzung künftiger Entwicklung ansah. Ihre Vertreter wurden Boyen nicht gerecht, der durchaus den Wert der alten Offizierfamilien für den preußischen Staat zu würdigen wußte, aber mit dem Prinzip der Klassengleichheit gerade diese Kreise zur Leistung herausfordern wollte. Die Konkurrenz der Besten für die Interessen des Staatswesens, das schwebte ihm vor. Darum lehnte er im Jahre 1836, als sich wieder Sonderwünsche aus den Kreisen der Offizierfamilien zu Wort meldeten, in einem Gutachten besondere Veranstaltungen für die Söhne armer Offiziere ab. Der Staat, so meinte er, der durch die Anstrengungen aller Bürger die Armee erhalte, könne nicht allein einem bevorzugten Stande Anspruch auf die Offizierstellen geben. Er müsse auf die Fähigsten zurückgreifen. Dem Offizier seien neben den militärischen Kenntnissen „die dem Zeitbedürfnis angemessenen weltbürgerlichen Kenntnisse notwendig". Es sei auch aus sozialen und politischen Gründen nur klug, die reichen Bürgerfamilien durch Zulassung ihrer Söhne zum Offizierberuf fester an den Staat zu binden. Boyens Elitebegriff umfaßte neben dem höheren Beamtentum ganz allgemein die gebildeten Kreise. Daher meinte er, es sei nur gerecht, wenn die zukünftigen Offiziere ebenso für ihre Bildung aus eigenen Mitteln sorgen müßten wie die Referendare und Kandidaten.

Der Bildungsabstand zwischen den Abiturienten und vor allem den akademisch gebildeten jungen Leuten und dem durchschnittlichen Offiziernachwuchs wurde stärker fühlbar, je weniger die Divisionsschulen ihren Aufgaben nachkommen konnten. Es gab durchaus einsichtige Offiziere, die bereits frühzeitig das Mißverhältnis erkannten. Mancher wies darauf hin, so etwa General v. Peucker in seiner „Denkschrift über den geschichtlichen Verlauf, welchen die Vorschriften über das von den Offizier-Aspiranten darzulegende Maaß an formaler Bildung und die Erfolge dieser Vorschriften seit der Reorganisation des Heeres im Jahre 1808 genommen haben". Aber es blieb Sache Boyens, in seiner zweiten Amtsperiode wenigstens theoretisch einen Schritt nach vorn zu tun, nicht ohne in der Armee auf erheblichen Gegendruck zu stoßen. Boyen fand beim Generalinspekteur für das Erziehungs- und Bildungswesen, v. Luck, Unterstützung für seine Forderung, die Ansprüche in der Portepeefähnrichsprüfung zu steigern. Auch Friedrich Wilhelm IV. ließ sich überzeugen und forderte Luck im Oktober 1841 auf, ein Gutachten darüber vorzulegen, „ob nicht und bis zu welchem Abschnitt der Gymnasialbildung die Forderungen bei der Eintritts- resp. Portepeefähnrichsprüfung zu steigern sein möchten“. Boyen wandte sich scharf gegen das Unwesen der sogenannten „Pressen“, d. h. der Vorbereitung auf das Offizierexamen durch Privatunterricht, für den sich finanziell bessergestellte Portepeefähnriche beurlauben ließen. Als Kriegsminister gab er zu diesem Thema in einem Bericht über die Ergänzungsverhältnisse des Offizierkorps im Dezember 1841 zu bedenken: die in allen Ständen fortschreitende Bildung werde bald erforderlich machen, die wissenschaftlichen Anforderungen bei der Annahme von Offizieranwärtern zu erhöhen.

Einen ersten Durchbruch brachte die „Verordnung über die Ergänzung der Offiziere des stehenden Heeres im Frieden und die militärische Ausbildung der Offizier-Aspiranten“ vom 4. Februar 1844.

Es hieß in der Präambel: „Das größere Maaß von Berufskenntnissen und allgemeiner Bildung, welches jetzt in allen Ständen und Geschäftszweigen verlangt und angetroffen wird, macht auch für den Offizierstand, um ihn in seiner Würde zu erhalten und seinen Mitgliedern einen etwaigen Berufswechsel nicht zu erschweren, eine Änderung in der Prüfung und Vorbildung derjenigen nöthig, welche sich ihm widmen wollen.“

Verlangt wurde nunmehr die Primareife eines Gymnasiums, und zwar im einzelnen:

„a) In der *deutschen Sprache* eine gute leserliche Handschrift, ein geordneter Styl, ohne orthographische und grammatische Fehler, Gewandtheit im schriftlichen Aufsatz, sowie im mündlichen Vortrage, Nachweis einiger Kenntniß der deutschen Literatur.

b) In der *lateinischen Sprache* das geläufige Verstehen der lateinischen Prosaiker, welche nach dem Lectionsplan in der Secunda eines Preußischen Gymnasii gelesen werden. Uebung im schriftlichen Uebertragen aus dem Lateinischen in das Deutsche, und grammatikalisches Analysiren einzelner Stellen.

c) In der *französischen Sprache* geläufiges Lesen und Uebersetzen aus dem Deutschen in das Französische, und umgekehrt; grammatikalisch-etymologisches Analysiren französischer Sätze und Kenntniß der Syntax.

d) In der *Mathematik*.

aa) *Arithmetik*. Fertigkeit in den gewöhnlichen Rechnungsarten, im Ausziehen der Quadratwurzeln aus ganzen Zahlen und Brüchen, so wie der Proportionen und ihrer Anwendung bis einschließlich der Gesellschafts- und zusammengesetzten Proportions-Rechnung; ferner die Lehre von den Potenzen und Wurzeln mit ganzen und gebrochenen, positiven und negativen Exponenten, die Gleichungen der beiden ersten Grade mit einer und mit mehreren Größen, die Logarithmen, Elemente der logarithmischen Gleichungen, die arithmetischen und geometrischen Progressionen und Uebung in der Anwendung dieser verschiedenen Lehren.

bb) die gesammte *ebene Elementar-Geometrie* nebst Berechnung der gradlinigen Figuren und des Kreises, Verwandlungen und Theilungen der Figuren; einfache Anwendung der Algebra auf die Geometrie.

cc) *Ebene Trigonometrie*. Die trigonometrischen Functionen und ihre Logarithmen, Gebrauch der trigonometrischen Tafeln, Berechnung der einzelnen Dreiecksstücke, der regulairen Polygone und der Kreis-Segmente.

Bei der vorzugsweisen Wichtigkeit dieser Disciplin für die Offiziere der Artillerie und des Ingenieur-Korps sind die an die Aspiranten dieser beiden Waffen in der Mathematik zu machenden Anforderungen zwar nicht extensiv, doch intensiv, durch die Forderung eines höheren Prädicats der Leistungen angemessen zu steigern.

e) In der *Geographie*. Die Haupt-Grundzüge der mathematischen und physischen Geographie, die Kenntniß unseres Sonnensystems, der Bewegungen der Erde und der davon unmittelbar abhängigen Erscheinungen. Fertigkeit, aus dem Gedächtniß die Umrisse der bedeutenderen Länder mit ihren Hauptgebirgen, Flüssen und größeren Städten zu zeichnen. Allgemeine Umrisse der politischen Geographie der wichtigeren außereuropäischen Staaten, specieller der europäischen; Elemente der Statistik der letzteren, specieller von Deutschland und Preußen.

f) In der *Geschichte*. Kenntniß der merkwürdigeren Begebenheiten der welthistorischen Völker, ihres Zusammenhangs, ihrer Veranlassungen und nächsten Folgen und der ausgezeichnetsten Personen aller, bis zu den neuesten Zeiten, Specielleres Wissen von der Geschichte Griechenlands, Roms, Deutschlands und Preußens. Bei letzterem mit besonderer Rücksicht auf äußeren Anwuchs, innere Entwickelung und die Haupt-Ereignisse der wichtigsten Kriege seit der Mitte des 18ten Jahrhunderts.

g) *Zeichnen*. Fertigkeit im freien Handzeichnen und in der Construction mathematischer Figuren, einige Fertigkeit im Situations- und Bergzeichnen, als Vorübung für das militairische Planzeichnen.

h) Außerdem kann der Examinand noch in anderen Lehrobjecten geprüft werden, in welchen er nach den vorgelegten Attesten Unterricht erhalten hat, also auch in der Physik, in dem Umfange des genossenen Unterrichts."

Auf den Divisionsschulen sollten in einem nur neunmonatigen Lehrgang nur noch „Militair-Wissenschaften" gelehrt werden, nämlich: Waffenlehre, Artillerie, Fortifikation, Elementartaktik, Felddienst, Kleiner Krieg, Situationszeichnen, Geländeaufnahmen.

Der Geist der Reformzeit meldete sich in diesen Sätzen wieder zu Wort. Die Forderung nach der Primareife als Voraussetzung für die Zulassung zur Portepeefähnrichprüfung stellte die Auslesegrundsätze für den Offiziernachwuchs theoretisch auf neue Grundlagen. Der Weg zur Anpassung an die bildungsmäßigen Anforderungen anderer Führungsberufe schien jetzt frei zu sein, und damit schien auch eine breitere Assimilierung des Offizierkorps möglich werden zu können.

Ein weiteres in diese Richtung weisendes Moment brachten eine Kabinettsorder vom 27. November 1848, wonach Abiturienten schon nach dreimonatiger Dienstzeit die Ausstellung des Reifezeugnisses zum Portepeefähnrich beantragen konnten (sonst war eine fünf- bis sechsmonatige Dienstzeit vorgesehen), ferner die KO vom 6. November 1849, die ihnen sogleich nach der Ernennung zum Portepeefähnrich die Anmeldung zum Offizierexamen erlaubte, und schließlich die KO vom 23. Januar 1849, die die Abiturienten von der Ablegung der Fähnrichsprüfung entband – großenteils Vergünstigungen, die die Verordnung vom 4. Februar 1844 schon für Studenten vorgesehen hatte.

Die Armee hat den Liberalisierungsprozeß in seinen Auswirkungen merklich zu hemmen gewußt, und zwar über die Offizierwahlen. In diesem Zusammenhang bedarf besonders die Abhängigkeit des Portepeefähnrich-Reifezeugnisses von dem sogenannten Dienst-Applikations-Zeugnis der Erwähnung.

Die Verordnung vom 4. Februar 1844 brachte erneut die soziale Frage ins Spiel. Jetzt drohte die bürgerliche Konkurrenz übermächtig zu werden.

Boyens Einstellung war klar. Er war bereit, Abiturienten zu fördern, die zunächst die Universität besuchen wollten. Die Verordnung vom 3. Februar 1844 sah für sie eine schnellere Beförderung zum Portepeefähnrich und Offizier vor (§ 16). Hierdurch wollte er jedoch nicht den armen Offizieradel benachteiligen. Deshalb empfahl er jetzt die Einrichtung von Freistellen auf den Gymnasien, wollte aber den Schülern die spätere Berufswahl freistellen. Hierzu kam es nicht. Im Offizierkorps verstärkte sich die Abneigung gegen bürgerliche Bildungsziele. Trotz Aufnahme mancher Bürgerlicher war das Offizierkorps dieser Zeit in seiner Denkweise homogener als 1806, als ein großer Teil junger Offiziere den neuen Ideen gegenüber aufgeschlossen war. Aber diese, soweit sie jetzt noch wie der alte Boyen in der Armee standen, hatten keinen richtungweisenden Einfluß mehr auf die Haltung des Offizierkorps. Friedrich Meinecke trifft wohl das Richtige, wenn er sagt, daß der heraufkommende Typus des preußischen Offiziers in der zweiten Hälfte des 19. Jahrhunderts dem ideellen Bildungsanliegen der Reformzeit fernstand. Er sah durchaus die Bedeutung einer verbesserten Erziehung und Bildung des Offiziernachwuchses, eignete sich selbst die Ergebnisse der Wissenschaft auch soweit an, als sie für den Offizier von Belang waren. Im ganzen aber hielt er mehr auf die rechte Mischung von praktischen Kenntnissen und Erziehung nach den alten Grundsätzen des Standes. Prinz Wilhelm war einer der hervorragendsten Vertreter dieser Richtung. Ihm erschien eine etwaige Zurückdrängung der alten Familien als entscheidende Schwächung der Armee. Deutlicher als er hat niemand den Gedanken ausgesprochen: „Sie wissen, daß ich mit dem Prinzipe, die wissenschaftlichen Anforderungen an die Offizierkandidaten zu steigern, ganz einverstanden bin. Was man im Jahre 1808 fühlte, macht sich im Jahre 1844 von Neuem geltend, nämlich, daß die im Steigen bleibende allgemeine Bildung auch dem Offizierstande beiwohnen müsse, obgleich ich sehr wohl weiß, daß man mit den wissenschaftlichen Kenntnissen den Feind nicht schlägt! Wie soll aber der erwähnten Klasse von Offizierkandidaten ferner die Möglichkeit werden, sich dem Offizierstande zu widmen? Wo soll der ärmere Adel, der arme Offizier den Söhnen den Unterricht ertheilen lassen, den die nun vorgeschriebene Bildung verlangt; wo die Mittel hernehmen, die Söhne bis Prima zu fördern? ... Ich glaube, man ist es jener Klasse von Familien schuldig, in Erinnerung der innigen Verschmelzung derselben mit der Preußischen Armee und des Geistes, den sie in derselben erhielten, wodurch von jeher so Großes durch sie erkämpft ward, ihre Existenz und ihre ganze Zukunft nicht zu gefährden, da man sonst Gefahr läuft, eine ganz andere Richtung, einen ganz andern Geist in die Armee zu bringen als bisher, was weder gewünscht werden kann, noch zum Ruhm und Frommen derselben gereichen würde. Die große Bevorzugung der geistigen Bildung jetzt und namentlich die Begünstigungen, welche den Studenten eingeräumt sind, lassen überhaupt schon einen solchen Umschlag der militärischen Richtung befürchten." Prinz Wilhelm war mit diesen Ansichten der Fürsprecher der stärksten Richtung im Offizierkorps. Seine Ideen waren auch die Manteuffels, der später als Chef des Militärkabinetts entscheidenden Einfluß auf die Personalpolitik nehmen sollte. Praktische, fachliche Bildung und Standesgeist waren die entscheidenden, das preußische Offizierkorps zusammenhaltenden Klammern, stark genug, neuen, zunächst heterogenen Zuwachs zu assimilieren.

Die höheren Anforderungen an die Portepeefähnriche und Offiziere bedingten eine neue Organisation der Schulen und der Examinationsbehörden. Schon bald nach Inkrafttreten der Verordnung vom 4. Februar 1844 wurde die Unterrichtsmethode an den Divisionsschulen auf der Grundlage guter Leitfäden verbessert. Seit Oktober 1850 wurden die Divisionsschulen und die Provinzialprüfungskommissionen auf der Armeekorpsebene zusammengefaßt, so daß künftig nur noch neun derartige Einrichtungen bei den Armeekorps und eine bei der Artillerie- und Ingenieurschule, also insgesamt zehn vorhanden waren. Ein weiteres Ansteigen der Prüfungsleistungen war bald festzustellen: so bestanden von den in den Jahren 1845–1856 zum Portepeefähnrich geprüften 69%, von den 4626 zum Offizier geprüften 87%. Die Anzahl der Abiturienten betrug immerhin schon 492 Anwärter, während der Anteil der Kadetten bei den Portepeefähnrichen 19%, bei den Offizieren 10% (Selektaner) ausmachte.

Aber erst General v. Peucker hat nach seiner Berufung an die Spitze des Militär-Erziehungs- und Bildungswesens im Jahre 1854 auf eine gründliche Umgestaltung der Divisionsschulen, der Crux des ganzen Bildungswesens, hingewirkt. Nach langwierigen Vorarbeiten fanden seine Pläne 1858/59 die Billigung des Prinzregenten.

Eduard v. Peucker (1791–1876) war ab 1820 Mitglied der Studienkommission, erwarb sich Verdienste im Artilleriewesen, besonders als Chef der Artillerieabteilung im Kriegsministerium, und erreichte 1844 den Rang eines Artillerieinspekteurs. Hervorzuheben ist seine führende Mitwirkung in Umrüstungsfragen (Zündnadelgewehr). Im Jahre 1848 wurde er preußischer Militärkommissar bei der Bundesversammlung in Frankfurt a. M., kurz darauf mit Genehmigung des preußischen Königs Reichskriegsminister bei der provisorischen Deutschen Zentralgewalt. Seine Anregung, dem Reichsverweser durch alle Bundestruppen mit einem „Hoch“ huldigen zu lassen, wurde in Preußen kritisch aufgenommen und nicht befolgt. Er schlug den Septemberaufstand in Frankfurt nieder und verzichtete nach Ablehnung der Reichsverfassung durch Preußen auf sein Amt. Nach seiner Ernennung zum Generalinspekteur des Erziehungs- und Bildungswesens 1854 setzte er die Einrichtung der Kriegsschulen an Stelle der Divisionsschulen durch und modernisierte den Ausbildungsgang an der Allgemeinen Kriegsschule, der späteren Kriegsakademie. Er war vielseitig gebildet. Seine Laufbahn kann als glänzende Bestätigung der Offiziergänzungsbestimmungen von 1808 gelten.

Die Kriegsschulen

Peuckers Reformen gaben den der Ausbildung des Offiziernachwuchses dienenden Schulen jenes Ansehen, das sie aus ihrer bedenklichen Stellung innerhalb der Armeeorganisation erlöste. Die Kriegsschulen unterschieden sich nicht nur dem Namen nach von den Divisionsschulen. An Stelle der bisherigen neun Divisionsschulen traten 1859 nur drei Kriegsschulen, Neiße für I., V. und VI. AK, Potsdam für Gardekorps, II. und III. AK, dazu Erfurt. So war eine in jeder Hinsicht qualitativ und quantitativ bessere Ausstattung dieser Anstalten ermöglicht.

Eine besonders glückliche Lösung war die direkte Unterstellung der Schulen unter die Generalinspektion des Militär-Erziehungs- und Bildungswesens. Lehrer und Direktoren schieden damit aus ihren Truppenteilen aus. Vorschläge für Neubesetzungen oblagen nur noch der Inspektion. Schon bald galt die Verwendung als Kriegsschullehrer als Anerkennung „wissenschaftlicher und praktischer Brauchbarkeit" des Offiziers. Ein Wechsel zwischen Truppendienst und Lehrtätigkeit erhöhte die Anpassungsfähigkeit der Schulen an die lebendige Entwicklung der Armee, denn die Kriegsschulen sollten Stätten angewandter Theorie sein, praktisch-brauchbare Institute der Aus- und Fortbildung. Einen weiteren Anreiz für begabte Offiziere, sich dem Schuldienst zu widmen, schuf Peucker mit der Zusicherung, daß gute Leistungen im Schuldienst sich auf den Werdegang der betreffenden Offiziere günstig auswirken würden. Diesen Aussichten entsprachen die gestellten Anforderungen. Der militärische Experte, der theoretisch vorgebildete Fachmann hatte jetzt seine Stunde. Artillerieoffiziere und Ingenieure lehrten Befestigungswesen und Waffenlehre, in den übrigen Disziplinen unterrichteten in der Regel Offiziere, die bereits die Kriegsakademie und möglichst auch ein Kommando zum Generalstab absolviert hatten. Als Grundlage der bis in den Ersten Weltkrieg hineinreichenden Entwicklung können die „Bestimmungen über die Organisation der Kriegsschulen" vom 21. Juli 1859 und die „Dienstordnung für die Königlichen Kriegsschulen" vom 18. September 1859 angesehen werden.

Zunächst besuchten nur Portepeefähnriche der Infanterie und Kavallerie die Kriegsschulen. Erst seit 1865/66 traten Ingenieure und Artilleristen hinzu. Die Fähnriche wurden je nach ihrem Kenntnisstand in Klassen von 25 bis 30 Schülern eingeteilt. Dabei kamen die Abiturienten stets in die besser vorgebildeten Klassen. Unterrichtet wurde in der sogenannten „applikatorischen" Methode, die schon in früheren Erlassen für die wenig vorgebildeten Schüler empfohlen worden war. Peucker setzte Selbständigkeit des Denkens nicht voraus, wollte diese Fähigkeit vielmehr heranbilden und hielt daher den akademischen Vortrag nicht für angemessen.

In diesem Sinne müssen seine methodischen Anweisungen in der Instruktion über die Methode, den Umfang und die Einteilung des Unterrichts auf den Königlichen Kriegsschulen vom 20. Mai 1859 verstanden werden:

„Die Anwendung der Lehrmethode hat in der zweckmäßigen Verbindung eines als unerläßlich zu erachtenden, systematischen, darstellenden Vortrages mit der entwickelnden Besprechung und mit unausgesetzter Übung der geistigen Fähigkeiten der Hörer sowie des richtigen mündlichen und schriftlichen Ausdrucks ihrer Gedanken zu bestehen. Die Schüler sollen durch die entwickelnde Besprechung zu produktiver Selbstthätigkeit genöthigt werden, indem der Lehrer mit ihnen in einen geistigen Verkehr über das Vorgetragene tritt ..."

Die Kriegsschulen dienten im Gegensatz zu den alten Divisionsschulen allein der militärfachlichen Ausbildung. Hier wiederum standen als Hauptdisziplinen im Vordergrund: Waffenlehre, Taktik, Fortifikation, Terrainlehre, Aufnehmen und Zeichnen. Ermöglicht wurde diese Spezialisierung dadurch, daß endlich mit der Forderung Ernst gemacht worden war, die Portepeefähnrichreife als Zulassungsvoraussetzung unabdingbar zu machen. Hinzu kam als militärische Mindestforderung der Nachweis genügender, in fünfmonatiger erfolgreicher Dienstzeit als Soldat erworbener Dienstkenntnisse.

Eine gewisse Vereinheitlichung des Lehrstoffs erreichte Peucker durch die Anordnung, daß die Lehrer von ihren Vorträgen sogenannte genetische Skizzen, d. h. kurze Aufrisse zum Gebrauch der Schüler, anfertigen sollten. Gegen Lehrbücher bestand Abneigung. Der lebendige Kontakt mit dem Lehrer sollte das bloße Studieren überflüssig machen. Tatsächlich setzte sich langsam der Wunsch nach gedruckten Hilfsmitteln durch, und so gab es bald für die einzelnen Fächer, etwa seit der zweiten Hälfte der siebziger Jahre, sogenannte Leitfäden, z. B. für Taktik, Waffenlehre, Befestigungslehre und Festungskrieg, Planzeichnen, Terrainlehre, Mathematik, Heeresorganisation, auch für die russische und französische Sprache, die seit 1887, aber auch nur kurzfristig, Unterrichtsgegenstand wurden.

Schriftliche Arbeiten, ferner die Vierteljahresprüfungen, sorgten für die fortlaufende Kontrolle des Leistungsstandes der Schüler. Entscheidend wurde vor allem die letzte Vierteljahresprüfung: Nur eine der Note „genügend" entsprechende Punktzahl gab den Weg frei für die Offizierprüfung. Die Inspektoren konnten ferner Sondergenehmigungen erteilen, wobei sie seit 1884 nicht mehr an eine Mindestpunktzahl gebunden waren.

Trotz ihrer militärfachlichen Spezialisierung besaßen die Kriegsschulen nicht das absolute Monopol der Offiziernachwuchsausbildung. Abiturienten konnten nach einjährigem Universitätsbesuch zum Offizierexamen zugelassen werden, sogar ohne sechsmonatige Dienstzeit als Portepeefähnrich, wie es von den Kriegsschülern verlangt wurde. Voraussetzung war lediglich der Erwerb des Dienstzeugnisses und eine sechsmonatige Dienstzeit als Gemeiner. Die Begünstigungen wurden in der Armee vielfach nicht gern gesehen, obwohl sie nicht allzu häufig gewährt wurden. Einer zu starken Inanspruchnahme der akademischen Ausbildung als Nebenweg in das Offizierkorps standen überdies soziale Gesichtspunkte entgegen, die besonders der Chef des Militärkabinetts, Edwin v. Manteuffel, aber auch grundsätzlich der Prinzregent und spätere König Wilhelm I. für unabdingbar ansahen. Den kürzesten Weg zum Offizier nahmen die tüchtigsten Zöglinge des Kadettenkorps, nämlich die unter Berücksichtigung ihrer charakterlichen und „wissenschaftlichen" Qualitäten vom Kadettenkorps in die Selekta gewählten Primaner. Wer nach dem einjährigen Selekta-Kurs die Offizierprüfung bestand, wurde nämlich dem König sofort zur Ernennung zum Offizier vorgeschlagen.

In den Bildungsanforderungen brachte die neue „Vorschrift über die Ergänzung der Offiziere des stehenden Heeres" vom 31. Oktober 1861 – in Kraft seit 1. Januar 1862 – noch einige Änderungen. Sie schrieb vor, die Portepeefähnrichprüfung müsse vor Diensteintritt abgelegt werden, und korrespondierte insofern mit der Verordnung vom 4. Februar 1844, die ja die Portepeefähnrichprüfungen als Eintrittsprüfungen bezeichnet hatte. Sie verschärfte leicht die Anforderungen in der deutschen Sprache mit der Bestimmung, daß Bewerber als „nicht bestanden" zu erachten seien, die „in Bezug auf Grammatik und Rechtschreiben" nur die Note „nicht hinreichend" erlangt hatten. Aber der Boyensche Grundsatz, wonach die „vollständige Reife der Prima" zu fordern sei, noch in der Verordnung von 1844 ausdrücklich niedergelegt, war aus der Fassung von 1861 eliminiert worden. Es hieß nur, daß die wissenschaftliche Qualifikation eines jungen Mannes zum Portepeefähnrich entweder durch den Besitz eines vollgültigen Abiturientenzeugnisses oder durch die Ablegung der Portepeefähnrichprüfung nachgewiesen werde. Für die Prüfung aber gab es keine generelle, an den Gymnasien orientierte untere Grenze der Kenntnisse, sondern in den Einzelfächern Bedingungen, die teilweise die Primareifeforderung nicht erreichten.

Da der Anteil der Abiturienten am Offiziernachwuchs relativ bescheiden blieb, gelangte die große Mehrheit der Aspiranten über die Fähnrichsprüfung in das Offizierkorps. Die Armee verschloß sich nicht den Forderungen nach Anpassung der Bildungsanforderungen an die Zeit, aber sie sorgte zugleich dafür, daß das Ergänzungssystem ein Mittel zur Pflege standespolitischer Bedürfnisse blieb. Immer wieder bestimmten Kabinettsordern, daß die Vorschriften der Verordnung vom 31. Oktober 1861 nicht buchstabengetreu und ohne Ansehen der Person angewendet wurden. (KO vom 12. Juli 1862, 23. August 1865 und 11. April 1867.) Erst eine Kabinettsorder vom 5. Mai 1870 sah vor, daß die Zulassung zur Portepeefähnrichprüfung ab 1. April 1872 vom Nachweis der Primareife abhängig sein sollte. Nach anfänglicher Großzügigkeit der Gymnasien und Realschulen bei der Erteilung der Primareife besserten sich die Verhältnisse langsam, so daß seit 1875 die Zahl der erfolgreich die Portepeefähnrichprüfung durchlaufenden Bewerber über 75% der Teilnehmer lag. Der später wachsende Offizierbedarf hat diese günstigen Zahlen allerdings wieder negativ beeinflußt.

Sonder- und Übergangsregelungen brachten vor allem die Kriege 1866 und 1870/71 mit sich. Aber das inzwischen bewährte System spielte sich stets wieder ein. So wurde, nachdem 1866 wegen der Mobilmachung die Kriegsschulen aufgelöst worden waren, bald darauf im Norddeutschen Bund auf breiterer Grundlage wieder begonnen. Schon 1867 wurden zwei neue Schulen in Kassel und Hannover eröffnet. Weitere Schulen entstanden nach dem Deutsch-Französischen Krieg in Anklam, Engers und Metz. Es galt in dieser Zeit auch, dem im Kriege ohne Offizierprüfung ernannten Offizier Gelegenheit zur theoretischen Ausbildung zu geben.

Die Kapazität der Schulen war unterschiedlich. Für die Zeit kurz nach dem Kriege sind folgende Schülerzahlen überliefert: Erfurt und Kassel je 80; Neiße, Anklam, Potsdam und Metz je 100; Engers 96; Hannover 93 Kriegsschüler. Der Ausbau des Schulwesens führte am 1. Januar 1875 zur Einrichtung der Inspektion der Kriegsschulen, deren erster Inspekteur Generalmajor v. Hartmann wurde. Ihm oblag die

Überwachung des Dienstbetriebes, des Unterrichts und der Disziplin, ein Großteil der Verwaltung. Wichtig wurde vor allem sein Einfluß auf die Besetzung der Lehrerstellen. Spätere Heeresvermehrungen forderten die Erweiterung der bestehenden Anstalten sowie Neugründungen. Nach Errichtung der Kriegsschule Hersfeld, die später durch eine neue Schule in Danzig ersetzt werden sollte, erhöhte sich die Kapazität 1891 beträchtlich: Potsdam (100); Glogau (die an die Stelle der Kriegsschule Erfurt getreten war, 100); Neiße (107); Engers (100); Kassel (80); Hannover (128); Anklam (96); Metz (120); Hersfeld (112); Danzig (108). Dennoch mußten auf einzelnen Schulen drei Kurse abgehalten werden, als in den neunziger Jahren der Bedarf weiter stieg. Hinzu kam eine Zulassungserleichterung. Die geforderten Dienstzeiten wurden von fünf auf drei Monate, bei den aus dem Kadettenkorps kommenden Portepeefähnrichen auf zwei Monate herabgesetzt. Eine weitere Zentralisierung war erreicht worden mit der Auflösung der Provinzial-Prüfungskommissionen. Sämtliche Prüfungen wurden jetzt von der Ober-Militär-Examinationskommission abgenommen.

Damit war auf dem Gebiet des Erziehungs- und Bildungswesens ein Abschluß erreicht. In verbesserter Form schienen die Ideen der Reformer jetzt realisiert zu sein, aber es herrschte doch in der zweiten Hälfte des 19. Jahrhunderts ein ganz anderer Geist in der Armee als während der Reformzeit. Der idealistische Schwung hatte dem Fachdenken weichen müssen. Prinz Wilhelm gehörte zu den profilierten Vertretern fachmilitärischen Fortschrittswillens. Die militärische Führungsspitze war zutiefst von dem Gedanken durchdrungen, daß die preußische Monarchie zu allererst auf einer effektiven, monarchisch ausgerichteten Armee ruhte. Von der Verankerung in der Nation war nach den Erfahrungen mit dem „Zeitgeist" nicht mehr die Rede.

So standen schließlich auch das Bildungswesen, die Bildungsziele, besonders im Hinblick auf das Offizierkorps, im Wirkungskreis eines nüchterner gewordenen Fachdenkens, das für sich die sachlogische Überzeugungskraft in Anspruch nahm. Kurze Zeit nach der endlich erreichten Zentralisierung der Prüfungsbehörden erwies es sich angesichts der stark ansteigenden Zahlen des Offiziernachwuchses während der Reorganisation des Heeres als zweckmäßig, die Offizierprüfungen an den Kriegsschulen abzuhalten, ein Verfahren, das durch Kabinettsorder vom 30. Mai 1862 dann definitiv eingeführt wurde mit der Maßgabe, daß der Präses und zwei Mitglieder der Ober-Militär-Examinationskommission der Prüfung beiwohnten.

Nichtmilitärische Bildungsvoraussetzungen

Die Verordnung über die Ergänzung der Offiziere des Friedensstandes vom März 1880 hielt in den Bildungsanforderungen an den Bestimmungen von 1861 fest. Sie erlaubte aber die bessere Ausnutzung des gegebenen allgemeinen Schulsystems dadurch, daß nun neben den Primareifezeugnissen der Gymnasien und Realgymnasien auch die *Abschlußzeugnisse* einer Reihe ausdrücklich zugelassener Progymnasien, Oberrealschulen und höheren Bürgerschulen zur Ablegung der Portepeefähnrichprüfung berechtigten. Dagegen ersetzte das

Oberrealabiturzeugnis nicht wie die Gymnasialabschlußzeugnisse die Fähnrichprüfung. Die Armee wollte sich die auch „sozial“ verstandene Kontrollinstanz des Fähnrichexamens bei den Bewerbern, die aus dem Einzugsbereich der Oberrealschulen kamen, nicht nehmen lassen.

Seit den Heeresvermehrungen der achtziger und neunziger Jahre nötigte der Zwang der großen Zahl, auf weitere Kreise für den Offizierersatz zurückzugreifen. Die Feststellung scheint nicht unzutreffend, daß die Armee neben dem „altpreußischen“ Ersatz am liebsten einen Typ mit Kenntnissen in den modernen Sprachen und in den Realien gesehen hätte, der aber möglichst aus dem sozialen Milieu des humanistischen Gymnasium stammen sollte. Jedenfalls haben Armeevertreter auf den Schulkonferenzen und in der allgemeinen Bildungspolitik gegen das Humanistische Gymnasium votiert, dagegen in der Einstellungspraxis den Oberrealschüler benachteiligt. Die Armee hoffte, allmählich einen Ausgleich der Schultypen zu bekommen und damit einen bildungsmäßig und soziologisch homogenen Offiziernachwuchs. Im allgemeinen bewegte sie sich auf der Linie der Realgymnasien und des Frankfurter Reformgymnasiums, obwohl Wilhelm II. auf der Schulkonferenz 1890 den Lehrplan des Realgymnasiums in Grund und Boden verdammt hatte.

Schließlich gewährte eine KO vom Februar 1900 den Abiturienten Vorpatentierungen, und 1902 wurden in der Armee die Oberrealabiturienten den Gymnasialabiturienten gleichgestellt. Seit dieser Zeit besaßen die Streitkräfte eine auch durch ihre Mitwirkung zustande gekommene Ordnung der Bildungsvoraussetzungen des Offizierberufs, die im Hinblick auf die Schultypen, den Bildungsstoff und die Prüfungsanforderungen den gehobenen bürgerlichen Berufen weitgehend angepaßt und eng an die Ergebnisse der Schulreform angelehnt war.

Aber die großen Ausnahmemöglichkeiten bei der Einstellung blieben nach wie vor bestehen – das Kadettenkorps, das Verfahren der Annahmekommission und der Truppenkommandeure und die kaiserliche Dispenspraxis, die ja auf Antrag militärischer Immediatstellen funktionierte. Damit ist zu einem beträchtlichen Teil gegen die 1900–1902 gefundene Lösung gesteuert worden, ganz im Sinne der Ergänzungspraxis des 19. Jahrhunderts. Hier zeigt sich hinter den Kulissen, gedeckt und favorisiert von der Kommandogewalt, eine andere Haltung der Armee gegenüber Schule und Bildung, als sie auf den Schulkonferenzen, im preußischen Staatsministerium und in den Klagen der Ober-Militär-Examinationskommission über mangelnde Leistungen der Gymnasien in den modernen Sprachen und in anderen Fächern zutage getreten war. Hier wurde die Stimme des Offizierkorps vernehmlich, die das unbürgerliche Wesen des Offizierberufs betont sehen wollte und die besonderen Gesetze des Standes, die nicht ausgehöhlt werden sollten durch Anpassung an vermeintlich vergleichbare Bedingungen. In dieser Sehweise rangierte der Offizierberuf als unvergleichbar mit allen höheren Berufen, eben als „Stand“ jenseits aller Einordnungsversuche.

Es blieb vornehmlich das Militärkabinett, das als Hebel für jeden standesspezifischen Druck auf den Monarchen fungierte. Ober-Militär-Examinationskommission und Bildungsinspektion sprachen sich für schärfere Anforderungen aus, zumal seit Ende des 19. Jahrhunderts die durch die große Heeresvermehrung Anfang der neunziger Jahre verursachten Vakanzen vorübergehend aufgefüllt werden konnten. Wilhelm II. verstand sich jedoch nur zu einer Lösung, die auch den „ständischen" Interessen entsprach. Mit Kabinettsorder vom 28. März 1899 ordnete er an, daß vom Frühjahr 1900 an die Einstellung als Fahnenjunker ohne Primareife nur noch in beschränktem Umfang – also eben doch noch – zulässig sein sollte. Von 1901 bis 1909 sind noch 803 Zöglinge der sogenannten Pressen, also nichtöffentlicher Vorbereitungsanstalten, von der Vorlegung des Primazeugnisses befreit worden. Insgesamt erteilte Wilhelm II. von 1902 bis 1912 über 1000 Dispense in der Armee, wie Demeter festgestellt hat. Ein Vergleich der Zahlen von 1890 und 1912 (134:54) zeigt aber den Rückgang der Ausnahmepraxis aufgrund der Regelung von 1899.

Dennoch blieb Preußen hinter Bayern erheblich zurück, wo bereits seit der Pranckhschen Reform das Abitur als Zulassungsvoraussetzung des Offizierberufs eingeführt war.

Der Gegensatz zwischen Generalinspektion des Bildungswesens und Militärkabinett blieb bis zum Weltkrieg ungelöst. Noch im März 1909 legte ein Schriftwechsel zwischen den Chefs dieser Behörden die gegensätzlichen Standpunkte klar. Dort finden sich folgende Ausführungen des Generalinspekteurs: „In einer Zeit aber, wo überall sonst erhöhte Anforderungen an die geistige Entwicklung gestellt werden, darf ein bedeutender Bestandteil des Offiziersersatzes hierin nicht so auffallend zurückbleiben. In keinem anderen höheren Beruf ist ein junger Mann mit solcher Vorbildung möglich, selbst für die Berufsarten des Mittelstandes wird heute zum Teil die Abiturientenprüfung verlangt. Dieser Umstand schädigt zweifellos das Ansehen des Offizierstandes – auch dem Auslande gegenüber, wie verschiedene mir vorliegende Pressestimmen ... beweisen."

Die Vereinigte Artillerie- und Ingenieurschule

Die Geschichte dieser 1816 auf Initiative des Generalinspekteurs der Festungen, General v. Rauch, ins Leben gerufenen Schule zeigt ebensosehr die Sonderinteressen der beiden Waffengattungen, denen sie zu dienen hatte, wie die Entwicklung des Bildungswesens der preußischen Armee überhaupt. Von Anfang an gingen die Planungen davon aus, daß der Lehrplan auf die (Brigade-) Divisionsschulen und auf die Allgemeine Kriegsschule abgestimmt werden müsse. Man suchte dieses Ziel mit der allgemeinen Vorbildung der angehenden Artillerie- und Pionieroffiziere auf den Brigadeschulen mit anschließendem zweijährigen Besuch der Vereinigten Artillerie- und Ingenieurschule zu erreichen. Wenn damit auch die Unzulänglichkeiten des allgemeinen Offizierbildungswesens mit in Kauf genommen werden mußten, so läßt sich doch sagen, daß Artillerie- und Ingenieurkorps über relativ bessere Ausbildungsmöglichkeiten verfügten als Infanterie und Kavallerie. Die Schüler – seit 1817 im Verhältnis von 77 Artilleristen zu 25 Pionieren – brachten von vornherein günstigere Voraussetzungen mit. Sie hatten die Portepeefähnrichsprüfung bestanden und verfügten über hinreichende Kenntnisse in Deutsch, Französisch, Geschichte und Mathematik. In beiden Klassen wurde primär Fachunterricht erteilt, daneben Mathematik und in der Oberklasse Militärgeschichte, Französisch und Deutsch.

Eine neue Verfassung, an deren Entwurf maßgeblich Radowitz, Chef des Stabes bei Prinz August von Preußen, beteiligt war, wurde durch Kabinettsorder vom 29. August 1832 genehmigt. Sie führte den obligatorischen Unterricht ein und baute ihn zu einem dreijährigen Kurs aus.

Die im September 1832 erlassenen „Bestimmungen über die Annahme der jungen Leute auf Beförderung bei der Artillerie und über deren Eintritt in die Vereinigte Artillerie- und Ingenieurschule“ (ähnlich den Bestimmungen für das Ingenieurkorps) sahen folgende Bedingungen vor: gute sittliche und gesellschaftliche Erziehung und einen Grad der Schulbildung, „wie er in den gebildeten Ständen stattfindet“(!), worunter Sekundareife oder die Voraussetzungen zum einjährig-freiwilligen Dienst zu verstehen waren, eine Vorprüfung im Umfange der Portepeefähnrichsprüfung und nach neunmonatiger Dienstzeit die Beförderung zum Bombardier. Bewerber, die die Portepeefähnrichsprüfung unbedingt bestanden hatten – seit 1835 auch Absolventen der Gymnasien –, konnten sogleich in die zweite oder dritte Klasse eintreten.

Das schärfere Ausleseverfahren der beiden Waffen setzte sich definitiv mit der 1841 erlassenen „Vorschrift zur weiteren Ausführung der von des Königs Majestät genehmigten Grundzüge der Schulverfassung der Vereinigten Artillerie- und Ingenieur-Schule“ durch. Sicherlich spielten die höheren technischen Anforderungen eine Rolle, vor allem aber die damit verbundene wesentlich stärkere bürgerliche Frequenz. Ihre Konkurrenz wurde hier nicht vom altständischen Element empfunden, weil schon seit jeher beide Waffen nicht zur Domäne des Militäradels gehörten. Ab 1841 wurde bei Aufnahme in die Schule ein Portepeefähnrich-Prädikatsexamen verlangt. Die Versetzung in den zweiten Cötus war verbunden mit der Ernennung zum Portepeefähnrich. Daran schloß sich die Wahl zum Offizier und die Offizierprüfung an. Bei Abschluß des zweiten Cötus wurden die Kandidaten erneut zur Wahl gestellt und bei positivem Ausgang zu aggregierten Sekondeleutnanten mit Infanteriegehalt ernannt. Nach Abschluß des dritten Cötus erfolgte die „Berufsprüfung“, danach erst die Ernennung zum etatmäßigen Offizier der Artillerie- bzw. des Ingenieurkorps.

Die mehrfach erwähnte Verordnung über die Ergänzung der Offiziere des Stehenden Heeres von 1844 führte auch hier zu einer Lehrplanänderung. Aber erst in den fünfziger Jahren machte sich die allgemeine militärfachliche Verengung der Bildungsvorstellungen stärker bemerkbar: für Französisch waren nur noch zwei Stunden vorgesehen und für Geschichte der Kriegskunst nur noch drei Stunden im zweiten Cötus.

Der äußere Ausbau der Schule ging stetig voran, 1852/53 zählten 196 Artilleristen und 60 Ingenieure zu ihren Zöglingen, 1872/73 insgesamt über 400. Seit 1860 drängte die Entwicklung noch stärker in Richtung auf eine bloße Fachschule. Erreicht wurde dieses Ziel wenige Jahre später mit Überweisung der Aufgaben des ersten Cötus an die Kriegsschulen. Die Offizieraspiranten der Artillerie und des Ingenieurkorps sollten nach Absolvierung der Kriegsschule zunächst in die Truppe zurückkehren und dann auf zwei Jahre zur Vereinigten Artillerie- und Ingenieurschule kommandiert werden. Hier sollte größeres Gewicht auf die sogenannte applikatorische Methode und auf gründlicheren Mathematikunterricht gelegt werden.

In der Artillerie vollzog sich in dieser Zeit primär der technische Fortschritt der Armee. Ein Beispiel dafür ist die beginnende Umrüstung auf gezogene Geschütze, damit eine für damalige Verhältnisse waffentechnische Revolution – trotz der ablehnenden Worte des Generalinspekteurs der Artillerie, v. Hahn: „wir brauchen keine gezogenen Geschütze, wir brauchen gezogene Generale". Allein die Tatsache, daß die Artillerie- und Ingenieuroffiziere hier nach ihrer Ausbildung auf der Kriegsschule noch einmal äußerst gründlich geschult und geprüft wurden, gab ihnen fachlich einen Vorsprung vor den übrigen Offizieren. In dieser Hinsicht gehörten sie zur Elite der Armee. Technisch-mathematisches Denken beherrschte die Ausbildung. Der Infanterie- und Kavallerieoffizier blieb stärker ideologisch gebunden. Wahrscheinlich ist es deshalb nicht erstaunlich, daß sich in der Revolutionszeit vornehmlich Artillerieoffiziere zu politischen Einstellungen „verstiegen", die in der Armee nicht geduldet wurden. Technischer Fortschritt war nicht Domäne der Armee. Hier partizipierte sie vielmehr an einer allgemeinen Entwicklung. Das Schulwesen des Artillerie- und Ingenieurkorps konnte hieran bei aller Betonung des militärischen Nutzeffekts nicht vorbeigehen. So ist die fachliche Einengung hier zugleich stärker mit außermilitärischen Entwicklungen verbunden gewesen als bei der Infanterie und Kavallerie.

Die neuen Organisationsbestimmungen von 1882 brachten keine wesentliche Änderung. Die gründlichste Ausbildung erhielten hiernach die angehenden Ingenieuroffiziere. Ihr Kreis blieb noch leicht überschaubar, der Friedensetat des Ingenieurkorps wies z. B. 1875 nur 601 Offiziere aus. Mit ihrer Ausbildung konnte sich die der Masse der Offiziere der Armee schlechterdings nicht vergleichen.

c. Allgemeine Kriegsschule und Kriegsakademie

Die Zeit der Allgemeinen Kriegsschule

Ihren Ausgang nahm die spätere Kriegsakademie von der auf Scharnhorsts Ideen zurückgehenden Umgestaltung der Berliner Kriegsschule für Offiziere.

Diese auch Militärakademie genannte Schule, die später Allgemeine Kriegsschule hieß, war hervorgegangen aus der einst von Friedrich dem Großen nach dem Siebenjährigen Krieg eingerichteten Berliner Inspektionsschule. Hier wurde Unterricht erteilt in Logik, Fortifikationswesen, Mathematik, Taktik und einigen allgemeinbildenden Fächern. Aber das Ansehen der Schule war gesunken; Scharnhorst suchte nach der Trennung einer Oberstufe – Akademie für Offiziere genannt – von der eigentlichen Inspektionsschule eben diese Akademie zur zentralen Ausbildungsstätte des Offizierkorps zu machen, auf der über bloßes Fachwissen im Stil der Ingenieur- oder Artillerieschulen hinausgehend die „Wissenschaft vom Kriege" gelehrt werden sollte. Der Offizier sollte hier in einem auf alle Aspekte seines Berufs hin orientierten Bildungsgang unterrichtet und erzogen werden, um der Armee allmählich anstelle der ständischen eine Bildungselite zur Verfügung stellen zu können. Die Grundideen Scharnhorsts, die er schon in seiner Hannoverschen Zeit angesprochen und besonders nach seiner Ernennung zum „Kurator und allgemeinen Direktor der Kriegsschulen" nachdrücklich weiterverfolgt hatte, sollten den Ausbau der zentralen Offizierbildungsanstalt nach den Freiheitskriegen nachhaltig beeinflussen. Neben dem Leistungsprinzip trat allerdings wieder stärker ständisches Denken in den Vordergrund, doch ist gerade damit eine Verbindung gefunden worden, die unter den Bedingungen und Anschauungen des 19. Jahrhunderts in Preußen keine Besonderheit darstellte.

Zum normalen Betrieb kehrte die Kriegsschule für Offiziere, die 1812 geschlossen worden war, 1816 zurück, ein Datum, das zugleich den Ausgangspunkt einer neuen Entwicklung bezeichnet. Zwar war schon 1814 mit dem Unterricht aufgrund eines von Boyen im Oktober genehmigten Lehrplans begonnen worden. Oberst v. Boguslawski stand seit 1810 an der Spitze der Militärdirektion, während Oberst Rühle v. Lilienstern seit 1815 der Studiendirektion vorstand. Der nach der Rückkehr Napoleons von Elba wieder einsetzende Krieg brachte in der Entwicklung der Schule neue Rückschläge, so daß ab Juni 1815 nur in bescheidenem Umfang neu begonnen werden konnte.

Das „Regulativ zur Organisation der militairischen Lehrinstitute" vom 3. Mai 1810, das die Grundlagen für das gesamte Militär-Bildungswesen neu legte, bestimmte die „Kriegsschule für die Officiere" in Berlin zur zentralen Anstalt für die Fortbildung der Offiziere im „höheren Unterricht in der Kriegskunst". In einem dreijährigen Kursus wurden, abgesehen von den durchlaufend unterrichteten Sprachen Deutsch und Französisch, in den einzelnen Jahreskursen Schwerpunkte gebildet; im ersten Jahr: Mathematik, Kriegskunst im engeren Sinne (Taktik, Strategie und militärische Geographie); im zweiten Jahr: Statik, Kriegskunst im engeren Sinne, Kriegsgeschichte und Fortifikation; im dritten Jahr: Kriegskunst, mathematische Geographie, Kriegsgeschichte, Fortifikation. Für Artillerie- und Ingenieuroffiziere wurden neben diesen allgemeinen Fächern vor allem in Mathematik und in Spezialgebieten nach der Ordnung von 1810 weitere Vorlesungen gehalten, bis 1816 die „Allgemeine Kriegsschule", wie die Kriegsschule für Offiziere seit dieser Zeit hieß, durch die Gründung der „Vereinigten Artillerie- und Ingenieurschule" in Berlin entlastet wurde.

Die Schule sollte laut Kabinettsorder vom 11. Januar 1816 einer Anzahl talentierter Offiziere Gelegenheit zur Weiterbildung geben – insbesondere zur Hinführung auf die Spezialgebiete des Generalstabs – der Adjutanten-und Lehrtätigkeit.

Erste allgemeine Richtlinien formulierte hierfür eine Instruktion vom 9. September 1816 für die „Militärstudienkommission", die auf dem von der Kommission selbst erarbeiteten Erlaß vom 1. September 1816 „Über die künftige Bestimmung der allgemeinen Kriegsschule und über die Erfordernisse der Aufnahme in dieselbe" fußte.

In Überschätzung der damaligen Leistungsfähigkeit der Brigadeschulen ging die Kommission davon aus, jeder Offizier erhalte dort das für die praktischen Belange der Armee ausreichende abgeschlossene Elementarwissen. Die Allgemeine Kriegsschule sollte daher nicht an Stoff und Lehrweise der Brigadeschulen anknüpfen.

Der Erlaß vom 1. September 1816 unterstrich das Prinzip der Unabhängigkeit der höchsten Bildungsanstalt der Armee von den sonstigen Offizierbildungsstätten:

„Es ergibt sich hieraus von selbst, daß es eine unrichtige Ansicht seyn würde, wenn Jemand die Kriegsschule nur als eine Fortsetzung und Ergänzung der Brigade-Anstalten betrachten wollte, in welche jeder, der den Brigade-Unterricht sorgfältig benutzt hat, in der Folge unmittelbar eintreten könnte. Denn der Zweck der Kriegsschule setzt offenbar nur solche Theilnehmer voraus, die aus wirklicher Neigung und mit innerem Beruf nach einer höheren wissenschaftlichen Ausbildung streben; Bedingungen, welche der Natur der Sache nach überall nur bei einer kleinern Anzahl statt finden können. Ja der Besuch einer Brigade-Anstalt ist gar keine ausdrückliche Bedingung der Aufnahme in die Kriegsschule, sondern es kommt einzig darauf an, daß der Aufzunehmende unzweideutige Beweise darlege, daß es ihm ein wahrer Ernst mit seiner wissenschaftlichen Ausbildung sey, und daß er sich die erforderliche Reife nicht bloß durch fremden Unterricht, sey es auf einer Brigadeschule oder anderweitig, sondern ganz vorzüglich auch durch eigenes eifriges Studium erworben habe."

Als Erbe der Aufklärung blieb der Allgemeinen Kriegsschule ein durch Scharnhorst vertieftes Interesse an der Mathematik, von dem der Erlaß der Studienkommission beredtes Zeugnis ablegt. Sie stand geradezu im Mittelpunkt des im ganzen äußerst formalen Bildungsbetriebes während der dreijährigen Kurse.

Interessanter noch ist die beginnende, noch kaum bewußte Hinwendung zum Historismus, die freilich 1816 noch nicht sehr viel Nahrung bei der eigentlichen Historie fand. So erklärt sich wohl auch die Empfehlung Johannes v. Müllers als des trefflichen Geschichtsschreibers, dessen „allgemeine Raisonnements und Combinationen" gleichsam zum Leitbild dessen dienen sollten, was an historischem Verständnis von den Kandidaten der Allgemeinen Kriegsschule gefordert werden müsse. Die Wertschätzung dieses Historikers, der nach Meinecke eine Mittelstellung zwischen Pragmatismus und Historismus einnahm, gibt einen Eindruck von den Bildungszielen der hohen Militärschule Preußens in den ersten Jahren nach der napoleonischen Ära: „Die freiere Geistesbildung", so hieß es, „worauf es bei dieser Anstalt wesentlich angelegt ist, wird nur durch eine Art der Philosophie möglich, welche sich mit der Geschichte und den ihr verwandten Wissenschaften überhaupt verschwistert, ohne in die Klippen metaphysischer Speculation und idealistischer Schwärmerei zu gerathen". Das „philosophische" Moment der Geschichtsbetrachtung war nicht mehr einseitig das einer vernünftig-pragmatischen Spekulation, vielmehr war damit verbunden die historische Reflexion auf den „Geist der Gesetzgebung und Staatsverfassung", auf Politik, Staatsinteresse und das innere Leben der Staaten – die Veränderung des bürgerlichen Gesellschaftszustandes – und den Geist der Zeitalter. Der Staat der vernunftbegabten Individuen trat zurück hinter den Staat an sich, hinter die eigentliche, singuläre, historische Staatspersönlichkeit. In der Verbindung aufklärerischer, idealistischer und romantisch-historischer Vorstellungen schlug auch an der militärischen Hohen Schule jenes Staatsdenken seine ersten Wurzeln, das untergründig das monarchische Bewußtsein und die monarchische Loyalität des preußischen und später deutschen Offiziers getragen hat. Die Geschichtswissenschaft wurde neben der Mathematik zu einer Art Katalysator des gesamten Bildungsprozesses erhoben.

In ähnlicher Weise, wie sich die maßgebenden militärischen Erzieher um ein neues Verständnis des Wesens der Staatsindividualität und ihrer Bedürfnisse bemühten, suchten sie dem Schüler der Allgemeinen Kriegsschule das Wesen des Krieges zu veranschaulichen. Zu diesen Grundsätzen gehörte das Dogma, daß aller Unterricht in den Kriegswissenschaften neben praktischer Übung eine „historische Basis" voraussetze. Doch ist hier ein Unterschied zu machen: Das „Wesen des Krieges" oder die „Verhältnisse des Krieges im Allgemeinen" begriff man doch im wesentlichen unter dem weiterwirkenden Einfluß Scharnhorsts als eine praktische Aufgabe. So sollten die Vorträge der „eigentlichen Militär-Wissenschaften" die „allgemeinen Grundsätze der neuern Kriegskunst für den combinirten Gebrauch sämmtlicher Waffen" entwickeln und an den „durch die Geschichte aufbewahrten Beispielen und Erfahrungen" so weit erläutern, als ihr Verständnis den Chefs der Brigaden und des Generalstabes unumgänglich nötig sei.

Eine sinnfällige Bestätigung, daß nicht die spekulative, sondern die pragmatisch-wissenschaftliche Bewältigung der Probleme des Krieges auf der Allgemeinen Kriegsschule angestrebt werde, schien mit der Ernennung Carls v. Clausewitz zum militärischen Direktor (9. Mai 1818) erfolgt zu sein. Aber in dieser Eigenschaft hatte Clausewitz keinen Einfluß auf die Lehrpläne und Unterrichtsgestaltung, für die allein die Studiendirektion verantwortlich blieb. Rühle v. Lilienstern, seit 1815 Mitglied und seit 1826 Direktor der Studiendirektion, besaß hier wichtigen Einfluß, vor allem auch, seit er Generalinspekteur des Erziehungs- und Bildungswesens wurde, denn die Allgemeine Kriegsschule war diesem seit Dezember 1819 unterstellt. Die Grundsätze von 1816 blieben in sich widerspruchsvoll. Gleichzeitig eine „philosophisch"-historische, mathematisch-formale und praktische Berufsausbildung zu verwirklichen, war unmöglich. So blieb das Programm umstritten.

Seine Fixierung im Stundenplan von 1818/19 gibt einen Eindruck von dem, was um diese Zeit als höhere Kriegswissenschaften betrieben wurde:

I. Cötus: Analysis des Endlichen (5 Wochenstunden), Einleitung in die höhere Mathematik (5), Enzyklopädie (4), allgemeine Geschichte (2), Taktik (3), Artillerie (3), Terrainlehre und Kriegsgeschichte (5).

II. Cötus: Analysis des Unendlichen (5), angewandte Mathematik (7), Physik (4), allgemeine Geschichte (4), deutsche Literaturgeschichte (4), Artillerie (1), Ingenieurwissenschaften (4).

III. Cötus: Höhere Geodäsie (2), Chemie (4), ausländische Literatur (2), Militärstatistik (4), Geschichte des Kriegswesens (2), Angewandte Taktik (4), Generalstabsgeschäfte (2), Belagerungskrieg (4), Pferdekenntnis (2).

Im einzelnen hat dieser Plan in den folgenden Jahren und Jahrzehnten mannigfache Änderungen erfahren, und zwar mehr und mehr in Richtung auf eine fachmilitärische Schwerpunktbildung hin.

Methodisch kam man wieder auf die anspruchsloseren Schülern gerechtwerdende sogenannte applikatorische Lehrweise zurück. Der reine Vorlesungs- oder Vortragsbetrieb hatte nur bei besonders begabten Schülern wirkliche Erfolge gezeitigt. Der Wandel trat eben um die Zeit ein, als Helmuth v. Moltke nach dreijähriger Ausbildung mit ausgezeichnetem Erfolg die Allgemeine Kriegsschule verließ. Sein Abgangszeugnis zeigt, daß im Jahre 1827 die Anstalt noch nicht zur militärischen Fachschule geworden war; es zeigt aber auch, daß noch immer mathematisch-naturwissenschaftliche Fächer ihr Sonderdasein führten in einem Bildungsplan, der in der Voraussetzung der formalen Bildungskraft der mathematisch-naturwissenschaftlichen Fächer eine beinahe zufällige und im ganzen nur lose Bindung des allgemeinen Stoffes mit den speziellen militärischen Fächern erreichte. Eine auffallende Weiterentwicklung des Bildungsgangs ist seit 1816 kaum feststellbar. Wenn wir die Fächer mit denen vergleichen, die in Moltkes dänischer Offizierprüfung genannt werden, so ist, was den stofflichen Umfang angeht, keine prinzipielle Neuorientierung festzustellen. Die Allgemeine Kriegsschule suchte in einem herkömmlichen Miteinander von Fächern ein vertieftes Wissen dessen zu vermitteln, was die Zeit für den Offizierberuf für angemessen hielt, aber sie war weit entfernt von dem, was Clausewitz unter Wissenschaft vom Kriege verstand. Seit 1827/28 setzte sich, vor allem in den beiden unteren Jahrgängen, die applikatorische Methode durch, maßgeblich gefördert durch Rühle v. Lilienstern und den Kapitän v. Radowitz. Das Vorbild der französischen polytechnischen Schulen spielte eine gewisse Rolle. Um diese Zeit machte sich starke Kritik an dem bisherigen „Universitätsleben" geltend. Die trotz der Aufnahmeprüfungen vielfach noch zu dürftigen Vorkenntnisse erlaubten vielen der etwa 100 kommandierten Schüler nicht, dem freien Vortrag zu folgen.

Dabei war das Verfahren der Eintrittsprüfung gemäß der auf Vorschlag Holtzendorffs vom König genehmigten „Bekanntmachung“ vom 26. 1. 1826 durchaus geeignet zur Ermittlung geeigneter Offiziere. Die Prüfung fand bei den Generalkommandos vor einer Kommission statt. Die Prüfungsaufgaben wurden von der Studienkommission der Allgemeinen Kriegsschule gestellt. Daneben waren die Konduitenlisten einzureichen, die sich „ausdrücklich über die praktische Brauchbarkeit dieser Offiziere und ob ihre ökonomischen Verhältnisse arrangiert sind“ auszusprechen hatten. Dennoch nannte einer der um 1830 tätigen Lehrer den „allgemeinwissenschaftlichen Standpunkt“ unglaublich niedrig. Die meisten Schüler seien nicht einmal für die Tertia eines mittelmäßigen Gymnasiums reif gewesen. „Der Fehler der Schule“, so faßte er seine Kritik zusammen, sei gewesen, daß „sie eben keine Schule war“. Jeder hätte tun und lassen können, was er wollte. Das harte Urteil kann dadurch nicht entkräftet werden, daß, wie verschiedene Stimmen einwenden, von den preußischen Generalen der Zeit nach 1866 ein Großteil zu den Schülern der Allgemeinen Kriegsschule zwischen 1816–1849 gehört habe, darunter Männer wie Steinmetz, Moltke, Roon, Manteuffel, Voigts-Rhetz, Blumenthal und Stosch. Noch 1847 teilte der Generalinspekteur des Erziehungs- und Bildungswesens mit, es würden immer noch Offiziere zur Allgemeinen Kriegsschule kommandiert, von denen „bei gewissenhafter Erwägung der Umstände eine angemessene Vorbildung ... gewiß nicht behauptet werden kann“.

Immer wieder gab es Kritik, die auf die unangemessene Position der mathematischen Fächer im Unterrichtsplan hinwies. Schon Clausewitz hatte dies bemängelt. Die Schüler zeigten durch ihr Verhalten, daß auch sie nicht recht begriffen, was ein Übermaß an Mathematik dem Offizier nützen könne; sie mieden diese Vorlesungen offensichtlich. Als die Allgemeine Kriegsschule nach der Revolutionszeit 1851 den Unterricht wieder aufnahm, lag die Mathematik mit ihrer Stundenzahl immer noch an der Spitze aller Disziplinen. Prinz Kraft zu Hohenlohe-Ingelfingen bemerkte später über seine 1851–1853 an der Kriegsschule verbrachte Zeit: „Es blieb bei der Theorie, der grauen, und das Grün vom Baum des Lebens blieb uns verborgen.“ Die in der Schule gelernte Mathematik habe er in seiner ganzen Dienstzeit nicht ein einziges Mal praktisch gebrauchen können.

Der 1816 noch stark betonte Gedanke einer historisch-politischen, nationalgeschichtlichen Ausbildung mit Schwerpunkt auf „staatsphilosophischem“ Gebiet war langsam zurückgedrängt worden, in erster Linie aus Mangel an geeignetem Lehrpersonal. Rühle, in Erkenntnis dieser Problematik, dachte daher an die Einrichtung militärischer Fakultäten an den Universitäten und wußte hierfür auch den Kriegsminister v. Hake einzunehmen. Ein Rückblick aus dem Jahre 1847 in einem Nachruf auf Rühle sagt dazu, dieser nicht realisierte Plan, der schon bei Scharnhorst aufgetaucht war, „wäre allerdings einem nationalisirten Heer und einer militarisirten Nation entsprechend, und die sicherste Ausgleichung der sich heut zu Tage kontrastirenden Begriffe von Militair- und Bürger-Staat gewesen". Schon vor der Revolution begriffen Offiziere diesen angedeuteten Zusammenhang von höherer militärischer Bildung und nationalgeschichtlicher sowie innenpolitisch-gesellschaftlicher Entwicklung: im eigentlichen Sinne also die Konsequenzen der Armee der allgemeinen Wehrpflicht für Staat und Gesellschaft. Die Perspektive war dabei eindeutig vom Interesse der Armee her gestellt, Staat und Nation als primär wehrpolitische Größenordnungen gesehen. Auch dies war ein Erbe der Reformzeit. Allerdings bewegten sich derartige Vorstellungen jetzt im luftleeren Raum. Monarchie und Armeeinstitut wären als Leitgedanken verständlich gewesen, sie aber bezogen sich auf Staat und Nation, auf Begriffe mit stark geschichtsphilosophisch-theoretischem Einschlag, die im Offizierkorps keinen Boden gewonnen hatten und bis 1918 kaum gewinnen sollten.

In der Armee herrschte die Überzeugung, daß militärische Bildungsanstalten mit erfahrenen militärischen Lehrern unersetzbar seien. Prinz Wilhelm unterstrich dies in seiner Kritik an dem 1848 erschienenen „Gesetzentwurf über die deutsche Wehrverfassung", der alle militärischen Bildungsanstalten abzuschaffen und für das „höhere militärische Studium" die Errichtung von „Lehrstühlen der Kriegswissenschaft" vorschlug. Der Prinz dachte an echte Fachschulen und insoweit ließen sich seine Argumente schwerlich widerlegen. Die Allgemeine Kriegsschule wurde aber auch diesem Anliegen nicht gerecht. Im Grunde befriedigte sie weder das Bedürfnis nach praktischer und theoretischer Ausbildung in den „Kriegswissenschaften" – die Erziehung von in ihrem Beruf brauchbaren Männern, nicht von gelehrten Offizieren, wie die Bestimmungen von 1816 definiert hatten – noch das nach allgemeinwissenschaftlicher Vertiefung. Clausewitz plädierte 1819 in seinem Bericht an Boyen für den Charakter einer polytechnischen Schule, er lehnte einen universitätsmäßigen Unterricht ab. Doch war dies nicht die Alternative, weil die Allgemeine Kriegsschule keiner dieser Modellvorstellungen gerecht wurde.

Die Erfahrungen waren so schlecht gewesen, daß schon 1833 auf Vorschlag Valentinis das Kommando zur Allgemeinen Kriegsschule nur noch auf ein Jahr ausgesprochen wurde, es also vom Fleiß des einzelnen Offiziers abhing, ob er eine weitere Kommandierung erhielt. Clausewitz sah nüchterner als Rühle. Ein nicht so anspruchsvoller, eher praktischer Ausbildungsgang hätte der Vorbildung und dem geistigen Habitus der Durchschnittsschüler dieser Anstalt besser entsprochen, zugleich aber auch auf der Linie des sich in der Armeeführung immer ausschließlicher durchsetzenden institutionellen Denkens gelegen.

Die Zeit der Kriegsakademie

General v. Peucker förderte als Generalinspekteur des Militär-Erziehungs- und Bildungswesens maßgeblich die Entwicklung der ihm unterstellten Schule zur militärischen Fachschule. Als Freund und Förderer der applikatorischen Methode änderte er entscheidend die Aufgabenstellung der Anstalt und suchte sie in das allgemeine Bildungswesen der Armee als Fortbildungsinstitut einzugliedern: eine Verfügung von 1866 sprach ausdrücklich davon, daß das Unterrichtswesen der Armee eine „organisch gegliederte Einheit" bilden müsse. Die ehemalige deutliche Trennung von den Elementarschulen paßte nicht länger in den militärischen Fortbildungsgang hinein. Das Vertrauen auf den Bildungshunger des militärischen Gentleman war verloren. Peucker forderte in seiner „Instruktion für den Umfang und die Methode des Lehrgangs auf der Königlichen Kriegsakademie" von 1868 die obligatorische Teilnahme am Unterricht in den Berufswissenschaften. Im übrigen sollte jetzt die Kriegsakademie – so hieß die Allgemeine Kriegsschule seit der Wiederaufnahme des Unterrichts nach der Mobilmachung von 1859 – an die auf den Kriegsschulen gelegten Grundlagen anknüpfen. Dabei zeigte der Lehrplan nur wenig Unterschiede zur früheren Zeit. Tatsächlich widmete sich Peucker der Akademie erst gründlich, nachdem er Ordnung in die Kriegsschulen gebracht hatte. Seine ordnende Hand wirkte sich im wesentlichen dahin aus, daß nun in stärkerem Maße geprüft und kontrolliert wurde.

Die Kandidaten hatten nunmehr bei Eintritt in die als militärische Fachschule fungierende Akademie nachzuweisen, daß sie die in der Offizierprüfung verlangten Kenntnisse noch parat hatten und über ein gewisses Maß an allgemeiner Urteilskraft verfügten. Daß die Teilnahme am Unterricht in den Berufswissenschaften obligatorisch blieb, daneben aber eine Wahlmöglichkeit zwischen den geschichtlichen, mathematischen und sprachlichen Fächern konzediert wurde, konnte als angemessen, ja fortschrittlich angesehen werden. Dennoch blieben die Lehrpläne in den drei Cöten bis 1872 bei dem alten Aufbau. Jeder Offizier im ersten Kurs hatte die Pflicht, die neunstündige Mathematik-Vorlesung zu besuchen, für die also fast ebensoviel Zeit veranschlagt war wie für alle kriegswissenschaftlichen Disziplinen zusammengenommen (für Taktik, Kriegsgeschichte, Waffenlehre und Feldbefestigungskunst waren insgesamt nur elf Wochenstunden vorgesehen).

Peucker betonte vor allem den Gedanken der Heranbildung einer militärischen Elite. Die Schule sollte nicht mehr nur einigen begabten und interessierten Offizieren Gelegenheit zur Weiterbildung geben, sondern der Armee ein Reservoir von Fachleuten für Führungspositionen aufbauen: Dieser Gesichtspunkt kommt unmißverständlich in einer Verfügung der Generalinspektion vom Dezember 1857 zum Ausdruck: „Die Königl. Allgemeine Kriegsschule ist vermöge einer dreijährigen genaueren Beobachtung der natürlichen Fähigkeiten, des Ernstes und der Ausdauer in deren Anwendung, sowie der dadurch erlangten Ergebnisse, unzweifelhaft eines der Mittel, um die ihren Kameraden sowohl an geistiger Befähigung, als an Charakter-Eigenschaften durchweg überlegenen Offiziere kennen zu lernen, und zwar insbesondere dann, wenn der Aufnahme in diese Anstalt nicht allein die vorgeschriebene wissenschaftliche Prüfung, sondern auch eine strenge Würdigung der in ihrem Werthe nicht hoch genug anzuschlagenden militärischen und sittlichen Qualifikationen der Aspiranten zum Grunde gelegt, demnächst aber in der Anstalt selbst eine sorgfältige Beobachtung darauf gerichtet wird, welche der darin aufgenommenen Offiziere allen Uebrigen an Fähigkeiten, Haltung, Ausdauer und Leistungen voranstehen, und zwar nicht etwa bloß mit Rücksicht auf ein vorwaltendes Talent in einer oder der anderen wissenschaftlichen Richtung, sondern hauptsächlich mit Rücksicht auf die Totalität der geistigen Thätigkeit, der Intelligenz und des Charakters." Peucker ordnete eine scharfe Kontrolle der Akademieschüler und ein genaues Ausleseverfahren während der drei Akademiejahre an: „Wenn eine derartige Maßregel streng gehandhabt und durchgeführt wird, so dürfte hierdurch ein sehr beachtenswerthes Material zu einem Urtheil darüber gewonnen werden, welche der jüngeren Offiziere zu besonderen Hoffnungen künftiger ausgezeichneter Tüchtigkeit berechtigen, und welchen durch demnächstige Verwendung zu solchen Dienstleistungen im Heere, die eine nicht gewöhnliche Befähigung erfordern, die Gelegenheit zu geben sein wird, sich auch praktisch in ausgedehnteren Wirkungskreisen zu bewähren ..."

Grundsätzlicher Wandel trat im Verhältnis der sogenannten formalen zu den eigentlichen kriegswissenschaftlichen Disziplinen erst ein, als die Kriegsakademie mit Kabinettsorder vom 21. November 1872 dem Chef des Generalstabs der Armee unterstellt wurde. Jetzt konnte die unter Peucker eingeleitete Umorientierung zur Fachschule endgültig vollzogen werden. Aber das war nicht, wie mancher Zeitgenosse in vereinfachender Betrachtung meinte, eine Rückkehr zu den Ansichten Scharnhorsts, dem ja auch als 1. Offizier im Generalstab die Kriegsschule für Offiziere unterstanden hatte. Inzwischen hatte die Spezialisierung erhebliche Fortschritte gemacht. Die gewaltigen militärischen Erfolge von 1866 und 1870/71 förderten die Verabsolutierung des militärischen Metierdenkens in einer Weise, wie sie die Reformer, denen es um die Bindung der Armee an die Nation zu tun gewesen war, nicht gekannt hatten. Zu vergessen ist auch nicht, daß es gerade Scharnhorst war, der den formalen Disziplinen große Beachtung schenkte, zumal der Mathematik. Die Überwölbung der militärfachlichen durch die formalen Disziplinen, wie sie die Zeit der Unterstellung der Allgemeinen Kriegsschule unter den Generalinspekteur des Militär-Erziehungs- und Bildungswesens kennzeichnete, ging ihrem Ende entgegen. Peucker hatte bei allem Festhalten an einem allgemeinen Bildungsbegriff bereits 1868 sehr deutlich in die neue Richtung gezielt mit der „Instruktion für den Umfang und die Methode des Lehrganges auf der Königlichen Kriegs-Akademie", hier vor allem mit der Forderung, daß die Vorbereitung zum Kriege „auch in den Sälen der Kriegs-Akademie in der Sonderrichtung wissenschaftlicher Erkenntnis gesucht und gefunden werden" sollte, um dem „praktischen Leben der Armee" genügen zu können. Deshalb sollten auch die Disziplinen der formalen Bildung den Zweck verfolgen, Spezialkenntnisse für die „Sonderbedürfnisse des Heeres" zu vermitteln.

In stärkerem Maße noch als früher widmeten sich jetzt Offiziere des Generalstabs der Lehre an der Akademie. Eine engere Verbindung entstand überdies dadurch, daß die besten Schüler der Akademie nach ihrer Ausbildung zum Generalstab kommandiert – eine seit 1866 eingeführte Praxis – und nach Bewährung übernommen wurden. Mit der Vergrößerung der Armee stieg die

Zahl der zur Akademie einberufenen Offiziere. Im Jahre 1876/77 erreichte sie zum erstenmal die Gesamtziffer 300.

Neue Pläne des Direktors der Akademie, General v. Flatow, zur Änderung des Aufbaus, von Moltke gutgeheißen, sahen um die Mitte der achtziger Jahre die Beschränkung auf einen zweijährigen Lehrgang vor, dem dann eine Selekta für die qualifizierten Offiziere folgen sollte. Das Kriegsministerium versagte wegen der notwendigen Mehrkosten seine Zustimmung. Dagegen kamen andere Vorschläge Flatows zur Ausführung, vor allem seit 1885 ein neuer Lehrplan. Danach, gegen Ende der Moltkeschen Ära, ordneten zwei neue Grundgesetze der Akademie Betrieb und Funktionen für die Zukunft – die Dienstordnung vom 26. April 1888 und vor allem die von Moltke am 12. August 1888 erlassene „Lehr-Ordnung der Königlichen Kriegsakademie". Moltke stellte fest, die Kriegsakademie müsse ihren Lehrplan auf den gewandelten Krieg umstellen: Eisenbahn und Telegraph, verbesserte Waffen, wie die gezogenen Geschütze und die Hinterlader, verlangten neue Führungsmethoden.

Als allgemeine Richtlinie galt die Vorrangigkeit der fachlichen Ausbildung: „Den Aufgaben der Kriegsakademie entsprechend muß der Lehrplan seiner ganzen Anlage nach auf eine gründliche Berufsbildung hinzielen, darf sich nicht in das weite Gebiet allgemeiner wissenschaftlicher Studien verlieren. Immerhin bleibt zu beachten, daß eine gediegene formale Bildung die unerläßliche Vorbedingung einer gründlichen militärischen Berufsbildung ist."

Aufgrund dieser Umorientierung sah das Programm des Unterrichts um 1890/91 wesentlich anders aus als zur Zeit der Vorherrschaft der „formalen" Bildungstendenzen. Die neuen Bildungsziele haben die Ausbildung des militärischen Führerkorps im wesentlichen bis zum Ausbruch des Weltkriegs bestimmt.

Ein Überblick über den Lehrplan um die Mitte der neunziger Jahre gibt einen Eindruck von dem Stand des Bildungswesens an der höchsten Militärschule, wie auch von den Wandlungen, die sich seit der Mitte des 19. Jahrhunderts vollzogen hatten:

I		II		III	
Taktik	4	Taktik	4	Taktik	2
Kriegsgeschichte	3	Kriegsgeschichte	4	Kriegsgeschichte	4
Geschichte des älteren Heerwesens	1	Verkehrsmittel	2	Generalstabsdienst	4
Waffenlehre	3	Aufnahmen	2	Festungskrieg	3
Befestigungslehre	3	Militärrecht	1	Staatsverwaltung	2
Geschichte	3	Mil. Gesundh.pflege	1	Mathematik	3
Mathematik	4	Mil. Geographie	2	Geodäsie	3
Physik-Geographie	2	Geschichte	3	oder	
Physik	2	Mathematik	4		
oder		oder			
Allgem. Geographie	2				
Französ. oder Russ.	6	Französ. oder Russ.	6	Französ. oder Russ.	6

Im einzelnen gab es naturgemäß immer wieder Abweichungen und Fortentwicklungen, jedoch keine neue Konzeption, die das Schema hätte verdrängen können. Aber der relativ lasche Betrieb, wie er noch für die fünfziger Jahre bezeichnend war, hatte ganz aufgehört. Bei den Einberufungsprüfungen, die bei den Generalkommandos am gleichen Tage für alle Bewerber aufgrund der vom Chef des Generalstabs ausgewählten Arbeitsthemen abgenommen wurden, konnte aus der großen Zahl der Bewerber eine entsprechende Auslese vorgenommen werden. Ein Wettlauf der Ehrgeizigen setzte ein. Überwiegend geschah die Vorbereitung auf die Aufnahmeprüfung auf sogenannten „Pressen". So hatten sich von den 1886 einberufenen 103 Offizieren nur 27 selbständig vorbereitet. Abhilfe ist hier nicht geschaffen worden.

Die fachliche Verengung im Ausbildungsgang an der höchsten Militärschule Preußen-Deutschlands wurde schon von Zeitgenossen kritisiert, etwa von dem Militärschriftsteller Hoenig, in dessen Augen die Kriegsakademie seit 1872 eine „Hochschule des persönlichen Ehrgeizes" war. Tatsächlich hat sich die Kriegsakademie, seit sie zur Vorschule des Generalstabs wurde, einseitig den engeren militärischen Berufsproblemen gewidmet. Moltkes Bildungsplan zeigt, daß der Generalstab es nicht für nötig hielt, wirtschaftliche, innen- und außenpolitische Faktoren und gesellschaftspolitische Probleme systematisch in seine Überlegungen einzubeziehen. Das deutsche militärische Bildungswesen blieb auf militärische Disziplinen beschränkt, abgesehen von einigen naturwissenschaftlich-mathematischen und sprachlichen Zutaten. So ist es nicht verwunderlich, daß es auch später in Deutschland Bildungsstätten von der Art des britischen Imperial Defense College oder des französischen Centre des Hautes Etudes Militaires, die eine Ausbildung auf allgemeiner politisch-militärischer Grundlage gewährleisteten, nicht gegeben hat. Selbstgenügsamkeit und Abschließung von politisch-gesellschaftlichen Grundproblemen kennzeichneten die preußisch-deutsche Bildungssituation. Preußens Schulen erzogen bis zuletzt den „Offizier des Königs", dem das Wesen des Verfassungsstaates, die pluralistisch sich auffächernde Gesellschaft, die Probleme der Industrialisierung und Verstädterung selbst in ihrer Bedeutung für die Rolle der Armee im Staate im Rahmen der Bildungsinstitute der Armee nicht nahegebracht wurden. Daß für diesen Offizier 1918 eine Welt zusammenbrach, hängt mit dem politischen Dornröschenschlaf auf den militärischen Schulen zumindest indirekt zusammen.

C. Die rechtliche und soziale Stellung des Soldaten

1. Der Soldat in der Rechts- und Dienstordnung

a. Die Rechtssituation des Soldaten

Zivile und militärische Rechtsordnung

Die preußische Rechtsordnung nach 1815 stand in einem bemerkenswerten Kontrast zur Militärverfassung der Monarchie, vor allem im Hinblick auf die grundlegenden Gedanken des Wehrgesetzes und die rechtlich verwirklichten Ideen in den Reformjahren nach 1806. Auch hinsichtlich der Geltungsbereiche gab es Unterschiede. Das Allgemeine Landrecht (ALR), räumlich und sachlich nicht auf allen Ebenen des Rechtslebens in Geltung, den Provinzialgesetzen gegenüber subsidiäres Recht bildend, hatte die ihm zugrunde liegenden gesellschaftspolitischen Ideen nicht realisiert. Sein Ansatz ging auf das historische Naturrecht zurück. Aber die vernunftrechtliche Zielsetzung mußte sich zahlreiche Einschränkungen gefallen lassen.

Sein Verständnis der menschlichen Gesellschaftsorganisation wurde an vielen Stellen vom Firnis historischer Gegebenheiten zugedeckt. Wilhelm Dilthey glaubte in ihm ein spezifisch „preußisches Naturrecht" zu erkennen. Aber gerade dieses Spezifische enthielt schwerwiegende Mängel. In der Schlußredaktion fielen mit Rücksicht auf die ständische Opposition zentrale Begriffe der aufklärerischen Staatsphilosophie weg. Die „Bürgerliche Gesellschaft" wurde in ein neuständisches Schema gepreßt, das dem Adel, jetzt wie das Bürgertum als „Staatsstand" konzipiert, viele Vorrechte ließ. Dennoch enthielt das ALR zukunftsweisendes „potentielles Recht" (Koselleck), sobald es gelang, es seiner ständischen Bindung zu entkleiden. Denn bei aller Anerkennung sozialer Gegebenheiten brach das ALR insofern mit der Tradition, als es soziale Rechtsbeziehungen unter die staatliche Disposition stellte. Vor allem hiergegen wandte sich die ständisch-konservative Gegenbewegung. Das Reformwerk von 1807/08 kann als Weiterentwicklung der preußischen Rechtsverfassung, wie sie das ALR konzipiert hatte, angesehen werden; in seinem fragmentarischen Charakter zeugt es zugleich von der Gegenkraft historisch gewordener und altetablierter Interessen.

Im Ergebnis haben die Reformen Bahnbrechendes allein auf den Gebieten der Verwaltung, der Finanzen, der Wirtschaftsverfassung und des Militärwesens bewirkt. Die Armee wurde in der Gesamtverfassung des Vormärz zu einer modern konzipierten Anstalt in einem Staatswesen, das in seinen ständischen Abschichtungen, seiner provinziellen Heterogenität weit hinter der Militärverfassung zurückblieb. Aber faktisch entsprach auch in der Armee die Handhabung der Reformgesetze nicht überall ihrem Geist. Wie konnte erwartet werden, daß z. B. der adlige Offizier als Mitglied eines besonders hervorgehobenen Staatsstandes sich ohne Mühe in die 1808 postulierte Gleichheit mit seinen bürgerlichen Kameraden und Konkurrenten finden würde? Der Soldat gewann durch die Reform gegenüber seiner sozialen Herkunftsschicht gleichsam eine neue Rechtsposition, die weit über die Bedürfnisse der militärischen Anstalt hinausging und sich u. a. im Strafrecht deutlich zeigte. Während des Vormärz gingen von den zivilen, gelegentlich auch von den militärischen Verwaltungen Impulse in Richtung auf die Modernisierung der zivilen und militärischen Rechtsordnung aus, die bei aller Gegenwirkung dem Ziel dienten, die tatsächlichen Verhältnisse der vom ALR nicht adäquat erfaßten Sozialordnung anzugleichen. Der 1808–1814 vorhandene Vorsprung des Militärinstituts wurde allmählich geringer, weil sich in ihm die retardierenden Kräfte seit 1819 besonders stark in Szene setzen konnten.

Nach dem ALR bildeten alle Militärpersonen einen eigenen Stand im rechtlichen Wortsinne. Deshalb wurden sie rechtlich als in einem doppelten Verhältnis stehend betrachtet: als Mitglieder des Militärinstituts und als Staatsbürger. In erster Eigenschaft waren sie, gelöst von ständischen Schranken, unmittelbarer dem Staat unterworfen als in ihrer allgemeinen Rechtsposition. Je stärker später der Begriff des Staatsbürgers, der ja im Wehrgesetz eigentlich vorausgesetzt war, politisch verstanden wurde, um so fühlbarer wurde die Abschließung des Militärinstituts gegen die Gesellschaft und damit die Preisgabe der reformerischen Bemühungen um den Staatsbürger in der Armee. Neben die Staatsunterworfenheit des Soldaten – und sie vielfach überlagernd – trat mehr und mehr seine Anstaltszugehörigkeit, also die Ausgestaltung seines besonderen Gewaltverhältnisses, ins Bewußtsein.

In der zeitgenössischen militärischen Literatur – die allerdings auf ältere Denkmodelle zurückgreifen konnte – wird der Gedanke der Besonderheit des militärischen Rechtsverhältnisses in schwächerer oder stärkerer Form entwickelt, je nachdem, ob der Autor sich bereits in die innenpolitischen Kontroversen um die Stellung der Armee im Verhältnis zum Staat und zum Monarchen als obersten Kriegsherrn einschalten will oder sich vorwiegend als Kommentator betätigen möchte.

In Rudloffs ‚Handbuch des Preußischen Militärrechts‘ (1826ff.) erscheint die militärrechtliche Sonderstellung des Soldaten als eine Ausnahme von der allgemeinen Rechtsordnung. Die Soldaten sind danach den allgemeinen Landesgesetzen unterworfen, „in so weit nicht für sie, in Rücksicht auf ihr militärisches Dienst- und Staatsverhältnis, Ausnahmen davon und Erweiterungen oder Beschränkungen dieser allgemein gesetzlichen Bestimmungen vom Gesetzgeber ausdrücklich vorgeschrieben sind“. Die Notwendigkeit solcher Modifikationen ergebe sich „schon aus der Bestimmung des Militärinstituts und dessen, durch dieselbe bedingte, eigenthümliche Verfassung, oder: mit anderen Worten, aus der Natur der militärischen Verhältnisse, indem diese

a) eine immerwährende Abhängigkeit des Soldaten ... von seinem Vorgesetzten, auch in manchen seiner häuslichen und ökonomischen Angelegenheiten [vorsehen], in so ferne diese auf sein dienstliches Verhältniß, oder auf seine Brauchbarkeit für das Militärinstitut, wenigstens mittelbaren Einfluß haben können;

b) bei manchen Vergehen, deren Folgen für diese Verhältnisse von besonders nachtheiligem Einflusse seyn könnten, eine strengere Bestrafung erfordern und endlich

c) der Gesetzgeber, in Rücksicht auf die mit dem Waffendienste verbundenen Gefahren und Beschwerlichkeiten, dem Soldaten einige Rechtsbegünstigungen zu bewilligen sich veranlaßt fand."

Innenpolitisch, staats- und ‚standes'-rechtlich stärker in die Kontroverse zwischen absoluter und liberaler Staatsauffassung eingreifend präsentieren sich Blessons ‚Betrachtungen über die Befugnis des Militairs, an politischen Angelegenheiten des Vaterlandes Theil zu nehmen' (1821). Sie konstatieren eine viel weitergehendere Sonderstellung des Militärs als Stand. Hat der Soldat seinen Eid geleistet, so steht von nun an der Kriegsherr „zwischen ihm als Angehörigem einmal der Armee und zum anderen der Gesellschaft".

Das Alltagsleben des Soldaten, seine Rechtsstellung sind im ALR, in den Reformgesetzen, ferner in zahlreichen besonderen Militärgesetzen, Königlichen Verordnungen, Kabinettsordern, Ministerialverfügungen, in Verfügungen des Militär-Justizdepartements und in den Observanzen der Armee, also in einem sehr komplexen Gesamtrechtsbestand, der zahlreiche Verbindungen und Berührungspunkte mit dem allgemeinen Recht hatte, geregelt gewesen. Eine absolute Trennung vom Recht der Gesellschaft ist nicht erfolgt. Sie war bei der zunehmenden rechtsstaatlichen Durchbildung der öffentlichen und privaten Rechtsverhältnisse auch gar nicht möglich

Ebenso wurde die Verschränkung von Recht und Innenpolitik in der inneren Ordnung der Armee an vielen Regelungen spürbar, vor allem in dem noch zu behandelnden Straf- und Gerichtswesen, aber auch die Auswirkungen des Eintritts in die Armee auf die bürgerlich-rechtliche Position des Soldaten sind erwähnenswert. Im Vormärz bedeutete die unmittelbare Staatsunterworfenheit des Soldaten durchaus nicht, daß er den ständischen Normierungen des Landrechts völlig entzogen gewesen wäre. So blieben Angehörige des Adels in ihren Privatangelegenheiten den Gesetzen unterworfen wie der Adel ihres Garnisonsortes. Unteroffiziere und Gemeine unterlagen dem Bürgerrecht ihres Garnisonsortes. Zahlreiche Bestimmungen des ALR und späterer Gesetze und Verordnungen paßten nach heutigen Begriffen wenig zu der Tatsache, daß die Armee seit dem Wehrgesetz eine Nationalarmee mündiger Staatsbürger sein sollte.

Der Heiratskonsens

Einen besonders fühlbaren Eingriff in die Rechtsstellung des Individuums stellten die Bestimmungen über den Heiratskonsens dar. Spezifisch preußisch sind sie nicht gewesen, aber in Preußen stellten sie seit den Reformen und seit dem Wehrgesetz von 1814 ein besonders augenfälliges Relikt aus dem Militärstaat alter Observanz dar.

Wie in friderizianischer Zeit sollte jungen Offizieren die Heiratserlaubnis möglichst nicht gegeben werden. In einer Kabinettsorder vom 1. September 1798 (die dem ALR angehängt wurde), hieß es, Verschuldung und Dürftigkeit kennzeichneten die Lage sehr vieler Offiziere. Sie seien unfähig, den Stand eines Hausvaters zu versehen. Ihre Kinder erhielten keine gehörige Erziehung, „wodurch dem Staate eine Klasse von Menschen zur Last fällt, die vermöge ihrer Geburt auf Vorzüge und Beförderung Anspruch machen, wegen ihrer vernachlässigten Ausbildung aber ganz davon ausgeschlossen werden müssen, weil die Erfahrung gelehrt habe, daß sie sich darin nicht zu behaupten wissen".

Nur in Ausnahmefällen, „wo ein gebildeter Subalternoffizier wirklich sein Glück dadurch mache", durfte der Konsens erteilt werden. Als Sicherheit mußte der Offizier 600 Taler jährliche Beihilfe nachweisen, die seine Verwandtschaft oder die der Ehefrau als vertragliche Pflicht zu übernehmen hatten (Nachweis durch gerichtliches Attest). Der Offizier bedurfte zum Verlöbnis und zur Heirat der Genehmigung des Königs. Fehlender Konsens hatte die Nichtigkeit der Ehe zur Folge. Die ohne Konsens eingegangene Ehe blieb auch nach der „gänzlichen Entlassung" aus den Militärverhältnissen ungültig (ALR Thl. 1. Tit. 2. § 938). Generale und solche Offiziere, die nicht einem besonderen Chef oder Kommandeur unterstanden, durften unmittelbar den Konsens des Königs einholen. Sie wie alle Stabsoffiziere und Kapitäne waren vom Vermögensnachweis befreit. Subalternoffiziere wurden nach Beibringung des Vermögensnachweises und nach Beitritt in die „Wittwen-Pensionierungssocietät" vom zuständigen Kommandeur in Gesuchslisten aufgenommen.

Zuvor aber hatte der Kommandeur sich davon zu überzeugen, ob die Heirat „sowohl in Hinsicht der Herkunft der Braut, als ihrer Erziehung und ihres Rufes, so wie der Verbindung, worin dadurch der Officier gerathen kann (indem die Verheirathung eines Officiers mit einem Frauenzimmer von unverhältnismäßig niedriger Herkunft, schlechter Erziehung und schlechtem Rufe nicht Statt finden darf), für anständig und zulässig, ingleichen, in Hinsicht des ökonomischen Verhaltens des Officiers", für unbedenklich gehalten werden durfte.

Die Verordnung vom September 1798 hob die Abschirmung des Adels vom Bürgertum auf. Im Schoße der Familie durften „Rittergeist und Bürgergeist" Versöhnung feiern, wenn die nötigen Mittel auf bürgerlicher Seite vorhanden waren. Der Hauptgrund für dieses Einlenken lag in dem Bestreben, eingerissene Mißstände, Mätressenwirtschaft und den Umgang mit liederlichen Frauenzimmern zu beheben und zu verhindern.

Unteroffiziere und Soldaten bedurften des Heiratskonsenses ihres Bataillons- oder Regimentskommandeurs. Verlöbnisse und Ehen ohne Konsens waren nichtig, „wenn auch das Eheversprechen eidlich geschehen oder das Frauenzimmer, mit Bezug auf dasselbe, geschwängert seyn sollte" (ALR und Kriegsartikel). Den Kommandeuren war ein ökonomisches und moralisches Prüfungsrecht eingeräumt, das eine beträchtliche Abhängigkeit im Einzelfall erzeugen konnte. So war ihnen „anheimgestellt, zur Verhinderung leichtsinniger und dem Dienste nachtheiliger Verheirathungen, die Ertheilung des Heiratsconsenses, nach ihrem pflichtmäßigen Ermessen, an besondere dahin abzweckende Bedingungen zu knüpfen".

Die Garderegimenter verlangten darüber hinaus von den unbescholtenen Auserwählten der Gardesoldaten, daß sie ein gewisses Vermögen mindestens zur Finanzierung des Hausstandes besitzen mußten. Noch im Juni 1849 bestätigte das Allgemeine Kriegsdepartement diese Usance, und daraus entwickelte sich später die allgemeine Vorschrift (Kriegsministerium 30. Juni 1873), daß Unteroffiziere vor ihrer Verheiratung 100 Taler bei der Kasse ihres Truppenteils hinterlegen mußten. Unteroffiziere unterlagen darüber hinaus schärferen Bestimmungen als Soldaten. So hatte der für die Erteilung des Konsenses zuständige Vorgesetzte zu beachten, „daß die dienstlichen Interessen eine Ertheilung des Verheirathungs-Konsenses an Unteroffiziere vor der Beförderung zum Sergeanten im Allgemeinen nicht wünschenswerth erscheinen lassen“ (1873).

Trotz aller solcher Einschränkungen und Bedingungen wurde der Soldat nach geschlossener Ehe „in Hinsicht seiner militärischen Verpflichtungen und Verhältnisse“ als unverheiratet angesehen. Die Armee ließ ihn wissen, daß er weder für seine Ehefrau noch für seine Kinder auf irgendeine staatliche Unterstützung werde rechnen können.

Häufige Wiederholungen dieser Grundsätze durch das ganze 19. Jahrhundert hindurch zeigten, daß die ökonomischen Bedingungen und die Standesrücksichten im Offizierkorps sich nur langsam modifizierten. Kabinettsordern aus den Jahren 1826, 1850, 1852, 1868, 1873 belegen diese Feststellung. Friedrich Wilhelm III. unterstrich die alten Grundsätze 1826 nachdrücklich: „Offiziere, welche dergleichen Ermahnungen nicht beherzigen, sind den höheren Vorgesetzten anzuzeigen, und ihr Betragen ist in den Konduitenlisten zu bemerken; wenn aber unangenehme Folgen daraus entstanden sind, so soll Mir augenblicklich Kenntniß davon gegeben werden, denn es ist mein Wille, alsdann ohne alle Rücksicht zu verfahren, und einen Offizier nach Umständen sogar aus dem Dienste zu entfernen, der durch Nichtachtung weiblicher Tugend das Glück einer Familie zerstört und dadurch zu erkennen gibt, daß ihm die Grundlage wahrer Ehre, die Sittlichkeit, mangelt.“ Nach der AKO vom 14. März 1850 hatten Subalternoffiziere nach wie vor einen Vermögensnachweis über 600 Taler zu führen, nunmehr waren aber auch die Hauptleute 2. Klasse gehalten, wenigstens 250 Taler nachzuweisen.

Eine ganz erhebliche Änderung brachte die am 31. Oktober 1868 vom Kriegsministerium bekanntgegebene Anordnung Wilhelms I., wonach künftig Heiratskonsense nur erteilt werden konnten, wenn der nachsuchende Offizier sich verpflichtete, jährliche Mindestbeiträge bei der Militär-Witwenkasse zu versichern, und zwar Sekonde- und Premierleutnante 200, Hauptleute und Rittmeister 300, Majore und Oberstleutnante 400, Obersten und Generale 500 Taler.

Derartige Grundsätze resultierten aus fiskalischen Rücksichten, vor allem aber aus standespolitischen Überlegungen. Nur auf diese Weise konnte es gelingen – und ist es tatsächlich gelungen –, das Offizierkorps homogen im Sinne der Krone und der Armeeführung zu erhalten. Fortschritte in Angleichung an die soziale Entwicklung in Preußen-Deutschland ließen sich mit diesen Prinzipien aber schwerlich erreichen.

Noch 1845 hatte das Strafgesetzbuch für das Preußische Heer die Strafdrohung gegen Heiraten ohne Konsens bestätigt.

Der „Militärstand“ blieb eine Welt für sich, in welcher der wehrpflichtige Staatsbürger ein Höchstmaß individueller Freiheit verlor.

Erst die Revolution von 1848 brachte genügend Gegendruck, um in Teilbereichen der Armeeordnung Änderungen zu ermöglichen, die über die Fixierung des ALR hinweg der sozialen Entwicklung um die Mitte des Jahrhunderts Rechnung trugen. In diesem Zusammenhang ist in erster Linie das Zirkularschreiben des Kriegsministeriums vom 2. August 1848 zu erwähnen, mit dem die Ehenichtigkeitsvorschrift des ALR gleichsam unterlaufen wurde: wenngleich, so führte das Kriegsministerium aus, die Bestimmungen des ALR noch Gültigkeit besäßen, so paßten sie doch nicht in die „jetzigen Verhältnisse“. Deshalb wurden die Befehlshaber über die Generalkommandos ersucht, künftig im Falle des § 938 ALR keine Nichtigkeitsklagen mehr zu erheben. Es blieb allerdings bei den Strafvorschriften des Militärstrafgesetzbuches gegen die Eingehung der Ehe ohne Konsens. Immerhin war damit dem Mißbrauch einer allgemeinen Rechtsvorschrift im Interesse innerdienstlicher militärischer Bedürfnisse ein Riegel vorgeschoben. Der Soldat – auch der Offizier – der Allgemeinen Wehrpflicht erhielt dadurch mit 35jähriger Verspätung und nur auf äußeren Druck hin nun auch tatsächlich einen Teil jener staatsbürgerlichen Würde zuerkannt, wovon die Reformer und dann das Wehrgesetz so ausgiebig theoretisch gesprochen hatten.

Diese Entwicklung kann als Paradigma für das innere Lebensgesetz des preußischen Staates im 19. und 20. Jahrhundert überhaupt angesehen werden. Auf der Verwaltungsebene zum reformerischen Fortschreiten bereit, sich aber mehr und mehr auf technizistische Bewältigungsvorhaben beschränkend, empfing er wirklich bahnbrechende Impulse, die zu politisch relevanten Lösungen führen konnten, allein aus Krisensituationen (1806, 1848, 1918). Im Anschluß an diese Zäsuren setzten sich aber bald die restaurativen Kräfte wieder stark durch. Politische Entwicklungen wurden so vom Schwergewicht sozial-ökonomischer, ideologischer und soziologischer Gegebenheiten revidiert. In die Armee hinein schlugen die Wellen dieser Entwicklung ohnehin nicht so effektiv, weil frühzeitig ihr Sonderdasein im Staate fixiert, ja als spezifisch preußisch postuliert wurde. Aber die „Errungenschaften“ der Revolution in der Armee verdienen gerade deswegen Aufmerksamkeit, auch insoweit sie die Rechtsstellung des Soldaten berührten. Der Verzicht auf die Geltendmachung der Nichtigkeit von Ehen in dem genannten Fall beseitigte die Abhängigkeit des Soldaten von seinem Vorgesetzten in einer wichtigen Beziehung.

Andere zivilrechtliche Einschränkungen

Auswirkungen des alten Berufsarmeedenkens lassen sich bei zahlreichen weiteren Regelungen erkennen, die von der Rechtsfähigkeit bis zum Obligationenrecht reichen.

So war z. B. im Anhang zum ALR bestimmt, daß Offiziere mit Erlangung der Volljährigkeit nicht von der väterlichen Gewalt befreit wurden. Dies war als Schutz für den Offizier gedacht. Solange die väterliche Gewalt bestand, hatte der Vater für den Sohn zu sorgen. Für die schlechtbesoldeten Subalternoffiziere bedeutete das aber zugleich eine Abhängigkeit, die zu ihrem sozialen Prestige schlecht passen wollte. Erst mit Erreichung der Charge des Kapitäns und des damit verbundenen Gehalts wurde die Unabhängigkeit vom väterlichen Portemonnaie vom Gesetz unterstellt.

Ähnliche Bedenken galten für Unteroffiziere und Gemeine nicht; sie traten mit Erreichung der Volljährigkeit aus der väterlichen Gewalt. Ja, hier ging man in gewisser Hinsicht den entgegengesetzten Weg, nämlich im Zusammenhang mit dem Kapitulantenproblem. So wurde durch AKO 1825 festgesetzt, daß Soldaten bei Ende ihrer gesetzlichen Dienstzeit im Hinblick auf ihre Entschließung zum freiwilligen Weiterdienen vor Erreichen der Volljährigkeit als majorenn zu betrachten seien.

Sämtliche Soldaten bedurften – selbst Stabsoffiziere und Generäle – der Genehmigung zur Übernahme von Vormundschaften. In Grenzen – dies wohl eine Erbschaft aus den Zeiten des Kantonreglements – durfte der Soldat Gewerbe ausüben. Das ALR wahrte zwar den Grundsatz, daß „Militärpersonen ... in die Rechte des Civilstandes, in Hinsicht auf bürgerliche Nahrung und Gewerbe, keine Eingriffe thun" dürften, aber Soldaten konnten doch mit Genehmigung ihres Kommandeurs bei den Zivilbehörden Antrag auf Ausübung eines Gewerbes stellen. Solche Anträge wurden genauer Prüfung unterzogen, vor allem dahin, „ob seine Dienstverhältnisse mit den, in Hinsicht auf das von ihm gewählte Gewerbe, zu leistenden persönlichen Lasten und Kommunalpflichten vereinbar sind". Die hinter derartigen Regelungen sichtbar werdende wirtschaftliche und soziale Welt der ersten Hälfte des 19. Jahrhunderts zeigt die Armee noch in mancher Hinsicht dem 18. Jahrhundert verhaftet. Die soziale Lage des einfachen Soldaten hatte sich in den ersten Jahrzehnten seit Jena nicht grundlegend gewandelt, so daß selbst die kurze dreijährige Dienstzeit kein abruptes Ende alter Gepflogenheiten brachte. Kausal dafür war auch der Umstand, daß erst allmählich mit dem Bau von Kasernen die Unterbringung der Soldaten in Privatquartieren aufhörte. Eine Anordnung des Allgemeinen Kriegsdepartements aus dem Jahre 1810, wonach kein Soldat das „Naturalquartier" ohne Genehmigung des Wirts zur Betreibung eines Gewerbes benutzen dürfe, hat bis in die dreißiger Jahre ihre Bedeutung gehabt. Noch 1822 bestimmte ein Reskript des Handels-, Innen-, Finanz- und Kriegsministeriums, daß Soldaten und ihren Ehefrauen grundsätzlich nicht verwehrt werden könne, in der Garnison Marketenderei oder Viktualienhandel zu treiben.

Von besonderer Bedeutung blieben die durch das ALR aufrechterhaltenen Beschränkungen des Soldaten in der freien Verfügbarkeit über sein Vermögen. Vorschriften solcher Art blieben im Vormärz ungeschmälert gültig. Sie dienten durchaus auch dem Schutz des Soldaten und bis zu einem gewissen Grade auch dem des Offiziers, waren aber in erster Linie vom Interesse der Armee her bestimmt. Auch sie paßten wenig zum Gedanken des mündigen Staatsbürgers, Theorie und Praxis klafften hier weit auseinander. Der Soldat (bis zum Portepeefähnrich) konnte beispielsweise ohne Genehmigung seines Kompaniechefs kein Darlehen aufnehmen. Der Darlehensgeber erhielt keine einklagbare Forderung und mußte obendrein mit einer fiskalischen Strafe rechnen, wenn dem Geschäft nicht der schriftliche Konsens des Kompaniechefs zugrunde lag. Selbst mit einer solchen Genehmigung blieb dem Gläubiger der Zugriff auf das Traktament des Schuldners verwehrt. Dies galt selbst für Ansprüche aus unerlaubter Handlung. Zwar haben Gemeine und Unteroffiziere selten besonderen Kredit gehabt, mit den genannten Vorschriften wurden sie aber ganz empfindlich eingeschränkt und darüber hinaus der Wille, Schulden zu tilgen, nicht gefördert: das Traktament blieb in jedem Fall für Gläubiger unerreichbar. Noch die Kriegsartikel vom 27. Juni 1844 und die revidierten Kriegsartikel vom 9. Dezember 1852 stellten Schuldenmachen ohne Konsens des Kommandeurs unter Strafe. Im Prinzip hielten noch die Kriegsartikel vom 31. Oktober 1872 am Verbot des Schuldenmachens fest, schwächten aber die Strafdrohung entscheidend ab.

Eine weitere Minderung der Rechtsstellung des Soldaten folgte daraus, daß ein Gläubiger im Zusammenhang mit Schuldverträgen im Rahmen eines dem Soldaten genehmigten Gewerbes eine besondere Erlaubnis des Kompaniechefs benötigte, wenn er sich aus dem Grundbesitz des Soldaten befriedigen wollte. Für bestimmte Darlehensverträge war überdies ein Vertragsabschluß vor Gericht vorgeschrieben.

Dagegen durften Generale, Stabsoffiziere und Kompaniechefs persönliche oder dinglich gesicherte Kredite aufnehmen. Subalternoffiziere und Kapitäne, die nicht Kompaniechef waren, konnten jedoch weder Personal- noch Realdarlehen aufnehmen. Derartige Geschäfte waren ohne Konsens ihres Chefs nichtig. Die Forderung (die eigentlich nicht existierte) fiel an den Fiskus. Hierzu kam, daß Forderungen der Offizier-Kleiderkasse Vorrang vor sonstigen Forderungen hatten. Nach ALR durften Offizieren, die nicht konsensfrei Darlehen aufnehmen konnten, insoweit auch nicht Waren oder andere Sachen auf Kredit gegeben werden. Bei der Verpfändung beweglicher Sachen unterlagen Subalternoffiziere den gleichen Beschränkungen wie Soldaten, dagegen konnten sie Immobilien ohne Konsens belasten.

Auf manchen anderen Gebieten des Rechtslebens existierten derartige Beschränkungen. Zusammen mit den disziplinarischen und strafrechtlichen Sondernormen schufen die zahlreichen Bestimmungen ein militärisches Standesrecht, das noch ganz vom ALR her konzipiert war und in vieler Hinsicht aus den Bedürfnissen des Mlitärinstituts des 18. Jahrhunderts zu erklären ist. In die Zeit der Allgemeinen Wehrpflicht schien das alles nicht passen zu können, vor allem nicht für die kurz dienenden Wehrpflichtigen.

Auch von der Funktion der bewaffneten Macht her gesehen blieben viele Einschränkungen dieser Art unverständlich. Aber die Armee wurde in Preußen traditionsgemäß nicht nur als „Instrument" gesehen, sondern als vornehmste Selbstäußerung des Staatslebens, der Monarchie und der Seinsbedingungen der nur mühsam zu haltenden Großmachtposition. Diese übergeordneten Ideen, dieses toposhafte

Selbstverständnis wirkten sich im Innern der Armee vor allem als Stabilisator restaurativer Tendenzen aus.

Von nicht sehr großer Bedeutung, aber doch bezeichnend für die Art, in der die Armee die „Zeichen der Zeit“ beachtete, wurde die Anweisung vom Juni 1848, wonach der Soldat jeder Waffe und jedes Standes künftig Anspruch darauf haben sollte, von sämtlichen Vorgesetzten mit „Sie“ angeredet zu werden. Wichtiger wurde dagegen, daß gegen Deserteure seit 1850 nicht mehr die Vermögenskonfiskation ausgesprochen, sondern nur noch auf eine Geldbuße (in Höhe von 50–100 Talern) erkannt werden durfte. Die Abschaffung der Prügelstrafe durch Allerhöchsten Erlaß vom 6. Mai 1848 bedeutete einen Schritt über eine Selbstverständlichkeit des alten Polizei- und Militärstaates hinweg.

b. Die Pflichten des Soldaten

Standes- und Berufspflichten

Der nach 1815 langsam einsetzende Prozeß der Restauration knüpfte im militärischen Bereich vor allem an die Möglichkeit der dienstrechtlichen Überlagerung der allgemein-bürgerlichen Rechtsstellung des Soldaten an und bediente sich in der nachrevolutionären Phase vornehmlich des Prinzips der Kommandogewalt zur Sicherung des institutionellen Charakters der Armee jenseits der Verfassung.

Diese besonderen dienstrechtlichen Bestimmungen wurden klassifiziert als militärische *Standes- oder Berufspflichten* und als militärische *Dienstpflichten.*

Sie wurden im wesentlichen zurückgeführt auf das Gebot der Treue gegen den Monarchen, in dessen Person die Staatsgewalt und damit die oberste militärische Weisungsbefugnis konzentriert gedacht wurde, und auf die Forderung des unbedingten Gehorsams gegen dessen unmittelbare oder mittelbare Befehle je nach Stellung des Befehlsempfängers in der militärischen Hierarchie. Die einzelnen Standespflichten gingen aus diesen obersten Grundsätzen hervor, also etwa die Pflicht der Manneszucht, die Pflicht des Soldaten, bei allen seinen Handlungen stets Rücksicht auf seine dienstlichen Aufgaben und auf seinen Stand zu nehmen.

Mit diesen Pflichten wurde auch die Ehre des Soldaten in Verbindung gebracht. Seine Ehrliebe wurde aufgefaßt als „das moralische Bedürfniß, sich durch sorgfältige Erfüllung dieser Pflichten und Vermeidung alles dessen, was sich mit ihnen und der Würde des ehrenvollen Berufs nicht vereinbaren läßt“, Anspruch auf Achtung zu erwerben. Daß überhaupt von der Ehre des Soldaten die Rede sein konnte, ging auf die Arbeiten der einstigen Reorganisationskommission unter Scharnhorst zurück. Die Kriegsartikel von 1808, die Verordnung wegen der Militärstrafen und die Verordnung wegen Einführung des National-Militärabzeichens aus dem gleichen Jahre setzten einen neuen Typ des Soldaten voraus, mit dem allein Preußen den kommenden Aufgaben gewachsen zu sein glaubte. Die Reformer hatten dem gemeinen Soldaten eine rechtlich besonders im Strafrecht und Strafvollzug zum Ausdruck kommende

Ehre zuerkannt, weil bei Allgemeiner Wehrpflicht „junge Leute von guter Erziehung und feinem Ehrgefühl als gemeine Soldaten unter die Fahnen" treten mußten, von denen ein „Beispiel vernünftigen Gehorsams" erwartet werden konnte. Das Militärrecht und die militärischen Standes- und Dienstpflichten sollten sich dieser sozialen Tatsache anpassen.

Bald nach 1815 stellte typisch militärisches Denken diese Grundsätze auf den Kopf. Die militärische Ehre wurde jetzt als Besonderheit gesehen, weil sie die Erfüllung aller Dienstpflichten mit Unerschrockenheit und Nichtachtung von Gefahren verlange, wie sie von den Mitgliedern anderer Stände nicht gefordert werde. Die Armee argumentierte mit den Bedürfnissen eines „Berufes", also ganz vom Standpunkt des Offizierkorps. Die Tatsache, daß die dienende wehrpflichtige Mannschaft den Wehrdienst nicht als „Beruf" betrieb, daß das Wehrgesetz die Armee lediglich als Schule für den Krieg bezeichnete, wurde bewußt ausgeklammert. „Pflicht" und „Ehre" wurden auf diese Weise zu berufsimmanenten Rechtsfiguren, die der rechtstheoretischen Position des Wehrpflichtigen in keiner Weise entsprachen. Die institutionelle Sonderentwicklung des preußischen Militärs zeigt sich in dieser Argumentation vom „Beruf" her besonders plastisch. Die Armee der Allgemeinen Wehrpflicht wurde vom Anstaltsdenken der alten Berufsarmee her gesehen. Darum spielte der längerdienende „Kapitulant" eine so große Rolle und darum konnte der Streit um die dreijährige Dienstzeit so erbittert geführt werden.

Die neuentdeckte „militärische" Ehre wird zum „wesentlichsten moralischen Element des Militärinstituts". Sie muß als „Heiligtum" betrachtet werden. In dieser den Interessen der Armee dienenden Überhöhung und Idealisierung soldatischer Pflichten kündigte sich die preußisch-deutsche Form der Militarisierung der Gesellschaft an, in der das Militärische schlechthin vorbildlich für das zivile Leben wurde. Soviel von Pflicht und Ehre ist in keinem anderen Bereich nationalen Lebens gesprochen worden, und gegen Ende des 19. Jahrhunderts wurde es zum Dogma, daß der Mann erst im Militärdienst zum Vollmitglied der Gesellschaft herangebildet werde.

In diesen Zusammenhang gehört auch die Zuweisung des „unbedingten Gehorsams" zu den Standespflichten. Dienstrechtlich hatte er in der alten Armee für den Soldaten immer bestanden. Im 19. Jahrhundert, schon im Vormärz, wurde er aber bewußter als Pflicht gegenüber dem Monarchen als Kriegsherrn präzisiert. Rudloff interpretiert ihn als „Fundament des ganzen Militärinstituts, da dasselbe ohne ihn, statt, seinem Zwecke nach, die öffentliche Sicherheit zu schützen, und dem öffentlichen Wohl, durch Entfernung der ihm entgegenstehenden Hindernisse, förderlich zu seyn, beide nur gefährden könnte". Deshalb sei die Befugnis, „über die Zweckmäßigkeit und Rechtmäßigkeit der von dem Staatsoberhaupte zur Erhaltung und Beförderung der öffentlichen Wohlfahrt gewählten Mittel zu urtheilen – ein Urtheil, das ohnehin in einem monarchischen Staate keinem andern irdischen Richter, als der Geschichte zusteht –", gänzlich ausgeschlossen.

Die Nichtnachprüfbarkeit militärischer Befehle und Weisungen beruhte mithin auf der Anschauung, daß ihre Quelle letztlich die allein Gott und der Geschichte verantwortliche monarchische Autorität selbst sei.

Die Einschaltung der christlichen Religion hat in diesem Zusammenhang keine unwesentliche Rolle gespielt. Das war im 19. Jahrhundert nichts Neues, weil die Verbindung christlicher Moralgrundsätze mit den Forderungen der Disziplin zu den überkommenen Selbstverständlichkeiten gehörte. Rudloff, in den dreißiger Jahren Referent im Kriegsministerium und Mitarbeiter am Entwurf des Dienstreglements, gab in seinem Handbuch die offizielle Auffassung hierzu dahingehend wieder, alles, was auf die moralische Brauchbarkeit und Tüchtigkeit des Militärinstituts Bezug habe, sei Gegenstand der militärischen Disziplin. Daher müsse alles vom Militär ferngehalten oder entfernt werden, „was auf die moralische Brauchbarkeit, also auch auf die moralische Tüchtigkeit seiner einzelnen Mitglieder ... oder auf deren Geist störend wirken kann, wie umgekehrt Alles zu befördern [sei], was diese Brauchbarkeit zu erhalten und zu vermehren im Stande sey".

Das preußische Staatskirchentum und vor allem das Luthertum standen hinter solchen Grundsätzen. Es existierte eine alte Tradition kirchlich-militärischer Zusammenarbeit – wie auch in anderen Armeen. „Da vor allem andern, die Bewegungsgründe der christlichen Religion das sicherste Mittel sind, die Menschen zu einem ordentlichen und tugendhaften Lebenswandel zu bestimmen und zur gewissenhaften Treue in ihrem Berufe zu gewöhnen; so sind die Militärbefehlshaber besonders verpflichtet, ihre Untergebenen zur Beobachtung der Vorschriften derjenigen Confession, welcher sie zugethan sind, anzuhalten, und überhaupt so viel in ihren Kräften steht, den religiösen Sinn ihrer Untergebenen zu wecken."

Von Anfang an bestand die Forderung nach Vorbildhaftigkeit der soldatischen Lebensführung, die gelegentlich gegenüber der zivilen, gesellschaftlichen Umwelt etwas Künstlich-Gewolltes an sich hatte. Sie ist in das Selbstverständnis des preußischen Militärs eingegangen.

Die Kriegsartikel von 1808 umschrieben diesen Komplex auf folgende Weise: „Da künftig ... die Armee fast gänzlich aus Einländern bestehen wird, so erwarten S.K.M., überzeugt von dem Pflichtgefühl und der treuen Anhänglichkeit Höchstdero Untertanen, daß sie als Söhne des Vaterlandes ihren hohen Beruf und ihre Pflicht, dasselbe zu beschützen und zu verteidigen, sowohl bei ihrem Eintritte in den Dienst zum steten Augenmerke haben und sich zugleich beeifern werden, ihren Mitbürgern überall ein Muster ordentlichen rechtschaffenen und tugenhaften Lebenswandels zu geben."

Dienstpflichten und soldatische Gesinnung

Bei der rechtlichen Normierung des „Ehrendienstes" in der Armee trat der Pflichtenkatalog des Soldaten in Erscheinung, der mit harten disziplinären und strafrechtlichen Sanktionen bewehrt war. Die Fülle der soldatischen Dienstpflichten läßt sich auf knappem Raum nicht darstellen, erschöpft sie sich doch nicht in den Kriegsartikeln, in Ministerialverfügungen, in Befehlen und in Allerhöchsten Kabinettsordern. Die Summe der dienstlichen Verhaltensvorschriften umfaßte das gesamte dienstliche und außerdienstliche Leben des Soldaten.

Im Vormärz ist die Tendenz zur Überhöhung der soldatischen Pflichten zu erkennen, aber auch schon der Gedanke, sie politisch zu nutzen und einzusetzen. Bei den Arbeiten an der Reform des Dienstreglements kam diese Situation sehr anschaulich in einer Bemerkung eines Referenten zur Sprache: „Der Soldat darf keine Politik haben, sondern nur Gehorsam gegen seine Offiziere. Ein konziliatorisches Subordinationsverhältnis ... stimmt nicht wohl mit dem der Armee nothwendigen unbedingten Gehorsam."

Dienstrechtlich wurde die Standespflicht des Gehorsams durch die militärische *Subordination* realisiert. Subordination beruht auf der Abhängigkeit des Soldaten von seinem Vorgesetzten oder überhaupt von ranghöheren Chargen, denen vom Monarchen Autorität über andere ausdrücklich beigelegt ist. Die Verpflichtung zum militärischen Gehorsam läuft mithin durch alle Rangstufen, von der untersten bis zur höchsten. Alle Militärpersonen eines Ranges sind allen Soldaten höheren Ranges ohne Unterschied der Waffe in dienstlichen Angelegenheiten subordiniert. Jeder dieser Vorgesetzten ist auf der anderen Seite seinen Vorgesetzten und letztlich dem Monarchen für die Rechtmäßigkeit und Zweckmäßigkeit von ihm erteilter Befehle verantwortlich.

Die Kriegsartikel von 1808 umschrieben den Grundsatz der Subordination in Artikel 7 so:

„Der Soldat muß Sr. Königl. Majestät Generalität, auch sonst jedem Ober- und Unterofficier, und überhaupt jedem Vorgesetzten von dem Regimente worin er dient sowohl als von jedem andern Regimente, es sey von welcher Art Truppen es wolle, Achtung und Gehorsam zu jeglicher Zeit beweisen, und ihre Befehle genau befolgen."

Über die Neufassungen von 1844, 1852 und 1872 behauptete sich dieser Grundsatz bis in das 20. Jahrhundert. Aber bereits in der Fassung von 1844 erhielten die Kriegsartikel eine restaurative Färbung, die 1808 bewußt vermieden worden war. Damals hatte der Generalauditeur v. Koenen einen Artikel des Entwurfs, in dem von der Treuepflicht des Soldaten gegenüber dem „Kriegsherrn" die Rede war, abgeändert und dafür von der Treue gegenüber dem „Landesherrn" gesprochen. Scharnhorst gegenüber begründete er die Änderung damit, es sei ihm passender erschienen, „sich bei einer aus größtenteils Landeskindern bestehenden Nationalarmee, die den Staat und sein Oberhaupt zu beschützen verpflichtet ist, des Ausdrucks ‚Landesherr' zu bedienen". Der Ausdruck „Kriegsherr" erinnere nur an Söldlinge. Stein pflichtete bei mit der Feststellung: „Der Idee des Kriegsherren entspricht die des Söldners; wird die Leistung des Kriegsdienstes als eine Folge des Verhältnisses des Bürgers gegen den Staat angesehen, so erscheint der König als Oberhaupt des Staates und nicht als Kriegsherr." Gneisenau stellte sich ebenfalls auf diesen Standpunkt. Aber gerade diese Begründung der militärischen Dienstpflicht auf eine Rechtspflicht des Bürgers gegen den Staat paßte in die Auffassung der politischen Reaktion von der Stellung der Armee zur Krone nicht hinein. 1844 verschwand der „Landesherr" aus den Kriegsartikeln. An seine Stelle trat „S. Kgl. Majestät".

Tendenzen, dem Soldaten in besonderen Umständen ein Recht auf Nachprüfbarkeit von Befehlen zuzuerkennen, wurden eingeengt. Als sich 1821 das Generalauditoriat in einem Einzelfall auf den Standpunkt stellte, „die Verbindlichkeit zur Befolgung eines Befehls ‚könne' bedingt" sein, erklärte Friedrich Wilhelm III., die Anwendung solcher Grundsätze „würde zur Auflösung aller militärischen Subordination führen und die Autorität des Vorgesetzten vernichten, der für die Folgen seiner Befehle allein verantwortlich bleibt". Zwar bedeutete diese Auffassung, gemessen an den Grundsätzen anderer Armeen, keine Besonderheit, aber in Preußen meldete sich darin das Abrücken von Prinzipien der Reformzeit an. In der rechtswissenschaftlichen Literatur der Zeit wird dagegen ein Prüfungsrecht zugebilligt, das allerdings im wesentlichen nur dem Offizier zustehen konnte, da die Prüfung sich auf die Kollision von monarchischer Loyalität und militärischer Subordination bezog.

Im Hinblick auf die Mannschaften und Unteroffiziere hielt etwa Rudloff das Prüfungsrecht für praktisch nicht existent: Die Beurteilung einer derartigen Kollision könne, wenn sie nicht völlig evident sei, „den in den untergeordneten Verhältnissen stehenden Militärpersonen, wie schon aus der Beschränktheit ihres dienstlichen Gesichtskreises von selbst hervorgeht, nicht zustehen". Praktisch bedeutete das eine unbedingte Subordination. Nach dem Dienstreglement hatte jeder Soldat, der sich „in Dienstausübung befand", jeden Befehl zu befolgen, auch wenn er glaubte, daß der Befehl den Absichten Sr. Majestät nicht entspreche. Damit wurde friderizianische Tradition fortgesetzt, die ja seit 1744 immer fühlbarer auch bei den Offizieren die Subordination in den Vordergrund gestellt hatte.

Die Kommission für den Entwurf eines neuen Dienstreglements, die 1847 ihre Tätigkeit einstellte, hat sich in den fertig vorliegenden ersten drei Titeln über militärische Pflichten, Subordination und Befehlshabergewalt sowie Disziplinhandhabung, die zum Teil durch die Disziplinarstrafordnung von 1841 überholt worden waren, intensiv um eine Formulierung der Dienstpflichten bemüht. Prinz Wilhelm hat als Vorsitzender der Kommission den Titel über die allgemeinen militärischen Pflichten eigenhändig umgearbeitet und dabei Ansichten vorgetragen, die als Anschauung der maßgebenden Offiziere in der Kommission und weit darüber hinaus angesehen werden können. Kommissionsmitglieder waren u. a. die Generale v. Roeder, v. Krauseneck und v. Selasinski, denen wie dem Prinzen die moralische Verankerung der soldatischen Dienstpflichten, die einen wichtigen Ansatz für Disziplinar- und Strafrecht hergab, selbstverständlich war.

So heißt es: „Zur Treue gegen Seine Majestät den König ist der Soldat schon als Unterthan verpflichtet; durch den bei seinem Eintritte in den Militärdienst geleisteten Diensteid aber wird sie für Ihn zur heiligsten Gewissenssache gesteigert; er muß ihr willig Blut und Leben opfern. Nichts auf der Welt darf ihn in derselben wankend machen. Sie verpflichtet ihn, durch die angestrengteste Erfüllung seiner Dienstobliegenheiten Seiner Majestät und des Königlichen Hauses, sowie des Vaterlandes und des Militärdienstes Bestes nach allen seinen Kräften zu fördern und Alles, was demselben widerstreitet, zu verhindern, und kann er Letzteres nicht selbst, so muß er durch ungesäumte Anzeige dem Übel zuvorzukommen suchen."

Je lebendiger dem Soldaten „das Ehrenvolle" seines Berufs – die Verteidigung des Throns und des Vaterlandes – vor Augen trete, desto leichter werde ihm die Erfüllung aller seiner Pflichten werden. In diesem Sinne gehörte es zur Aufgabe der Regimentskommandeure, „auf den militärischen Geist, auf den allgemeinen Sinn für militärische Zucht und Ordnung, Ehre, Gemeingeist und Anhänglichkeit an den Dienst, sowie überhaupt auf alles, was zur militärischen und sittlichen Bildung seines Regiments erforderlich ist, anregend, leitend und belebend zu wirken".

Die „richtige Gesinnung", unter der eine dienstethische, militärkonforme, politisch loyale Denkweise verstanden wurde, ist im Vormärz und auch später kaum eindeutig umschrieben worden. Überzeugungen, Erfahrungen, Tradition und Wunschvorstellungen sind in diesen Begriff eingegangen. Er hat Bedeutung gehabt für die Auslegung der Dienstpflichten und ging auch als „richtige" bzw. „unrichtige dienstliche Anschauung" in die Beschwerdeordnung ein. In der Auseinandersetzung des Jahres 1837 um die Herabsetzung der Dienstzeit hat er auch eine Rolle gespielt. Prinz Wilhelm war der Überzeugung, daß die richtige Gesinnung und der wahre Soldatengeist nicht in weniger als drei Jahren anerzogen werden konnten. Was die Dienstpflichten vorschrieben, konnte nach seiner Auffassung äußerlich zwar erlernt werden, der Geist des preußischen Dienstes war dagegen nur durch das Leben in der Armee, durch möglichst langes Dabeisein, zu erfassen.

In der großen Zusammenfassung der Dienstvorschriften der preußischen Armee, die Karl v. Helldorff mit Autorisation des Kriegsministeriums vorlegte, ist noch in der dritten Auflage des ersten Teils (1873) zu lesen: „Das erste Erforderniß eines jeden Soldaten unserer Armee ist: religiöse Liebe und Anhänglichkeit an den König, und Heilighaltung des geleisteten Eides der Treue. Ein Jeder wirke dahin, bei seinen Untergebenen diese Gefühle zu erhalten, zu befestigen, zu nähren und zu bestärken. Sie gehen Hand in Hand mit ächt religiösem und moralischem Sinne, der aber wohl zu unterscheiden ist von der religiösen Schwärmerei einer frömmelnden Zeit. Diese ist ebenso nachtheilig und verwerflich als ihr Gegentheil, die Irreligiösität. Beide müssen daher unserem Stande gleich fern bleiben, und darauf ist sorgfältig zu wachen."

c. Grundsätze der Soldatenbehandlung

Das neue Soldatenbild

Für das Alltagsleben des Soldaten wurden jene Grundsätze, die sich aus den neuen Vorschriften über Soldatenbehandlung ergaben, fast noch wichtiger. In engem Zusammenhang damit stand die Entwicklung des Beschwerde- und Disziplinarrechts.

Die wesentlichen Gesichtspunkte über die Anpassung der Soldatenbehandlung an eine „allgemeine Militärkonskription" sind nach gründlichen Beratungen in der „Verordnung über die Militärstrafen" von 1808 formuliert worden. Über das hier Gesagte hinaus sind im 19. Jahrhundert keine weiterführenden Gedanken entwickelt worden. Hingegen hat die militärische Praxis den Rückschluß vom neu konzipierten Soldaten der Wehrpflicht auf den ihm zugeordneten Offizier vielfach weniger gut beherzigt.

Die leitenden Gesichtspunkte kamen in folgenden Sätzen zum Ausdruck:

„S.K.M. versehen Sich zu den Offizieren, daß sie sich ihre ehrenvolle Bestimmung, die Erzieher und Anführer eines achtbaren Teils der Nation zu sein, immer vergegenwärtigen, und wenn auch durch den Weg der Konskription ein rohes Individuum unter ihre Befehle kommen sollte, lieber suchen werden, solches im Anfange durch zutrauliches Zureden und Verdeutlichung der ihm obliegenden Pflichten und erst dann, wenn dieses sanftere Verfahren nichts fruchtet, durch verständige Anwendung der erlaubten Bestrafungsarten in ihren verschiedenen Abstufungen zu bessern.

Die Erfahrung lehrt, daß Rekruten ohne Schläge im Exerzieren unterrichtet werden können. Einem Offizier, dem dies unausführbar scheinen möchte, mangelt entweder die nötige Darstellungsgabe oder der klare Begriff vom Exerzierunterricht in seinen Fortschritten vom Leichteren zum Schwereren, folglich die für seinen Posten unentbehrliche Ausbildung. Einem solchen Offizier ist der Unterricht im Exerzieren so lange abzunehmen, bis er sich die durchaus nötige Fertigkeit, den Soldaten in seinen Dienstpflichten auf eine faßliche Art auszubilden, erworben hat ... Die höheren Befehlshaber und die der Kompanien und Eskadrons sind dafür verantwortlich, daß ihre Untergebenen weder den Soldaten auf eine rohe Art behandeln noch sich fernerhin das hie und da übliche Schimpfen derselben erlauben."

Die Verordnung über die Militärstrafen regelte insoweit Grundsätze, die gelegentlich von einzelnen Kommandeuren für richtig gehalten, die aber noch niemals rechtlich fixiert und als disziplinare Rechtsstellung des Soldaten unmittelbar aus einem neuen Verständnis des Soldatentums hergeleitet worden waren. Gemessen an der Situation des Gesindes, der Gutsarbeiter, an der Praxis der Polizeigerichtsbarkeit, bei der Prügel bis in die Mitte des 19. Jahrhunderts gang und gäbe waren – noch 1819 wurde lokalen Polizeibehörden das Recht zu mäßiger körperlicher Züchtigung bestätigt, wenn auch die Verwaltung im ganzen auf die Abstellung der körperlichen Strafen hinarbeitete –, erschien der Soldat im neuen Recht als freier Staatsbürger mit Anspruch auf ehrenvolle Behandlung. Das war ein weiter Schritt vom 18. Jahrhundert, auch über die an seinem Ende stehende große preußische Kodifikation hinweg. So ist in der preußischen Armee der Durchbruch zum modernen Bild des Soldaten weniger in Anknüpfung an vernunftrechtlich-humanitäre Konzeptionen erreicht, sondern in der nationalen Not als Möglichkeit zur Weckung nationaler Energie erfaßt worden, die freilich ohne die Mitwirkung des sich selbst bestimmenden Individuums nicht denkbar war.

Die Armee hat dieses Soldatenbild im weiteren Verlauf des Vormärz und vor allem in der nachrevolutionären Phase nicht mit der gleichen Blickrichtung festgehalten, aber sie blieb sich bewußt, daß mit den Soldaten der Allgemeinen Wehrpflicht Angehörige der vielfältigen Schichtungen der Nation unter die

Fahnen traten, denen bei aller gewollten und erzwungenen Einpassung in die Heeresanstalt das Recht auf Achtung der Persönlichkeit und der menschlichen Würde nicht vorenthalten werden durfte. Ausnahmen von diesem Grundsatz wurden in einer Weise rechtlich und psychologisch abgesichert, die die Ehrenhaftigkeit des Militärdienstes um so auffälliger in Erscheinung treten ließ, wie das Beispiel der Versetzung eines Soldaten in die sogenannte 2. Klasse des Soldatenstandes zeigt.

Bei einer im ganzen wesentlich verbesserten Situation des einfachen Soldaten hielt die Armeeführung doch an einer sozial-qualitativen Grenze zwischen Offizier und Soldat fest, die nicht nur funktional verstanden worden ist. Partiell ist am herkömmlichen Selbstverständnis des Offiziers festgehalten worden, obwohl den Wehrpflichtigen eine andere Sozialqualität zugesprochen worden war als dem Söldner vergangener Zeiten.

Es gab darüber hinaus ein innenpolitisches Motiv dafür, Mißhandlungen von Soldaten in Grenzen zu halten. Ungerechtigkeiten gegen Soldaten, Mißhandlungen und damit zusammenhängende Selbstmorde wurden zum bevorzugten Ansatzpunkt liberaler und später sozialistischer Kritik. Seit der Revolution konnte das Parlament hier zur Tribüne scharfer Auseinandersetzungen um Geist und Verfassung der Armee werden. Neben dem disziplinären sorgte also ein politisches Bedürfnis für eine entsprechende Kontrolle des Unteroffizierkorps, über deren Effektivität allerdings kein abschließendes Urteil zu gewinnen ist. Durch Beschwerden konnte der Soldat keinen wirksamen Schutz erhoffen, weil das Beschwerderecht für ihn mit Risiken behaftet war. Die wichtigste Garantie für ehrenvolle Behandlung des Soldaten lag unter diesen Umständen in der Entschlossenheit und Bereitschaft der Kommandeure und einsichtiger Offiziere, das Unteroffizierkorps aber auch manchen Offizier genau zu überwachen und gegen Übergriffe einzuschreiten. Ein solches System konnte nicht reibungslos funktionieren. Nicht selten sah sich der Soldat der gemeinsamen Interessenlage von Unteroffizier und Offizier gegenüber. Die Neigung zur Bagatellisierung dienstlicher Härte entsprach ohnehin den Gepflogenheiten – nicht nur in der preußischen Armee.

Dennoch muß die Normierung und Kodifizierung des Schutzes des Soldaten vor Übergriffen Vorgesetzter als wesentliche Errungenschaft gewertet werden, an die die weitere Entwicklung des Disziplinar- und Strafrechts anknüpfen konnte. Im militärischen Dienst stehen Rechte und Pflichten von Soldat und Vorgesetztem häufig in reziprokem Verhältnis zueinander, wie etwa im Beziehungsfeld von Befehl und Gehorsam, das als Grundmodell militärischer Strukturen überhaupt verabsolutiert worden ist. Aus der Sicht des Soldaten besitzt sein Anspruch auf Achtung seiner Persönlichkeit und auf entsprechende Behandlung höheren Rang, und auch für den Offizier ist diese Aufgabe eminent wichtig. Die Reformer erlösten den Soldaten aus der Rolle des bloßen Befehlsempfängers. Sie versuchten Personen an die Stelle von Drillmeistern und Statisten zu stellen. Die Armee hat zwar nach 1814 den

Gehormsamsbegriff wieder in alter Weise verabsolutiert, versuchte aber gleichzeitig den Komplex „Soldatenbehandlung" nicht zu vernachlässigen.

In den Kriegsartikeln von 1844 heißt es hierzu:

„Artikel 3: Jeder rechtschaffene, unverzagte und ehrliebende Soldat darf sich einer ehrenhaften Behandlung versichert halten.

Artikel 55: Die Unteroffiziere sollen durch ruhiges, ernstes und gesetztes Benehmen die Achtung und das Vertrauen ihrer Untergebenen sich zu erwerben suchen, und von denselben nur solche Geschäfte und Leistungen fordern, welche der Dienst mit sich bringt. Sie dürfen ihren Untergebenen den Dienst nicht unnötig erschweren und dieselben weder wörtlich beschimpfen, noch thätlich mißhandeln. Auch dürfen sie ihr Ansehen nicht dazu mißbrauchen, um auf Kosten ihrer Untergebenen sich Vortheile zu verschaffen.

Artikel 56: Wer seine Dienstgewalt gegen Untergebene zu Befehlen, die in keiner Beziehung zum Dienste stehen, mißbraucht, von Untergebenen Geschenke fordert, ohne Vorwissen des gemeinschaftlichen Vorgesetzten von ihnen Geld borgt oder Geschenke annimmt, oder seine Untergebenen sonst durch sein Ansehen veranlaßt, gegen ihn Verbindlichkeiten einzugehen, die ihnen nachtheilig sind, ist mit Arrest oder, nach Umständen, mit Degradation zu bestrafen."

Weitere Artikel sahen Arrest für Beschimpfungen; Arrest, Degradation, ja selbst Festungsstrafe für Mißhandlungen vor.

Ganz ähnliche Bestimmungen enthielten die Kriegsartikel von 1852 und 1872.

Das Beschwerderecht des Soldaten

Die verbesserte persönliche Rechtsstellung des Soldaten wurde durch die Reformgesetze von 1808 vor allem mit Verhaltensrichtlinien für die Offiziere abgesichert, für die Unteroffiziere mit entsprechenden Anweisungen vorwiegend in den Kriegsartikeln. Dagegen enthielten die Kriegsartikel kein Beschwerderecht des Soldaten gegen Vorgesetzte. Über das Beschwerderecht herrschten im Gegenteil noch Jahrzehnte Meinungsverschiedenheiten und Unsicherheit.

Das Kriegsministerium stellte 1828 mit Zirkularschreiben Grundsätze des Beschwerdeverfahrens fest, die von dauernder Bedeutung blieben. Hiernach waren Beschwerden der Soldaten über Vorgesetzte jeden Grades beim Kompaniechef anzubringen. Richtete die Beschwerde sich gegen den Kompaniechef, so mußte sie dem nächstältesten Offizier vorgetragen werden. Der betreffende Offizier war gehalten, der Beschwerde abzuhelfen oder sie als Meldung weiterzuleiten. Zugelassen war lediglich die mündliche Beschwerde. Der Beschwerdeführer konnte sie nur persönlich anbringen, im Krankheitsfalle durch den Feldwebel. Wollten mehrere Soldaten Beschwerde führen, durften höchstens zwei als Beschwerdeführer auftreten (bei Vermeidung disziplinarischer Bestrafung). Eine unbegründete Beschwerde wurde „nach Maßgabe des dabei bewiesenen Leichtsinnes oder der bösen Absicht" bestraft. „Observanzmäßig" hatte der Soldat überdies vor Einlegung der Beschwerde seinem Unteroffizier oder Feldwebel von seiner Absicht Mitteilung zu machen. Der Kompaniechef, gegen den die Beschwerde beim ältesten Kompanieoffizier vorgebracht wurde, war nicht zur Erledigung und Entscheidung befugt. Die Beschwerde mußte an den nächsthöheren Vorgesetzten geleitet, nötigenfalls bis zum König weitergegeben werden.

Als 1838 am Entwurf eines neuen Dienstreglements gearbeitet wurde, schlug der Referent, Oberst v. Unruh, vor, Beschwerden der Unteroffiziere und Soldaten möglichst zu verhüten, da sie „bei unserer Organisation ein bedeutender Übelstand“ seien. Prinz Wilhelm, der diesen Entwurf mit kritischen Glossen versah, meinte: „Wohl wahr, aber sollte die Befugniß der Beschwerdeführung der Soldaten gegen Obere diese nicht am ehesten zur Vorsicht anspornen, – und würde das Gegentheil nicht eine Ungerechtigkeit und Härte für den gemeinen Mann sein und den Geist tödten.“ Diese Auffassung, wie vieldeutig auch immer begründet, setzte sich durch und fand schließlich, bei Abweichungen im einzelnen, Eingang in die bis 1894/95 gültigen „Vorschriften über den Dienstweg und die Behandlung von Beschwerden der Militärpersonen des Heeres und der Marine, sowie der Civilbeamten der Militär- und Marineverwaltung“ vom 6. März 1873. In ihnen wurde das Beschwerderecht für Offiziere und Soldaten gemeinsam geregelt.

Die Nichteinhaltung des Beschwerdeweges wurde nunmehr bei Soldaten gerichtlich verfolgt. Zu den wichtigen Verfahrensmodalitäten gehörten die Anweisung, eine Beschwerde nicht früher als am nächsten Morgen „nach dem Stattfinden desjenigen Vorfalls ... welcher zur Beschwerde Veranlassung gegeben hat“, anzubringen; eine von diesem Zeitpunkt an laufende Drei-Tage-Frist zur Einlegung der Beschwerde; Unabhängigkeit der Beschwerdeentscheidung von der Einhaltung des Beschwerdeweges. Eine wichtige „beschwerdedämpfende“ Wirkung muß der in § 7 vorgesehenen „Abmahnung von der Beschwerdeführung“ zugeschrieben werden: „Ein Offizier, welchem auf dienstlichem Wege Anzeige davon gemacht wird, daß ein im Range der Unteroffiziere und Gemeinen stehender Untergebener beabsichtige, Beschwerde über einen Vorgesetzten zu führen, ist berechtigt, sich über etwaige Grundlosigkeit der Beschwerde zu äußern, und verpflichtet, den Beschwerdeführer darauf aufmerksam zu machen, daß er durch Anbringung einer an sich unbegründeten oder einer leichtfertigen Beschwerde sich strafbar mache. Die gleichen Befugnisse stehen einem jeden Vorgesetzten zu, welcher dienstlich Kenntnis davon erlangt, daß ein ihm untergebener Offizier oder Beamter sich beschweren will.“ Noch war der Gedanke, daß auch das subjektive Gefühl, verletzt zu sein, geschützt werden müsse, nicht durchgedrungen. Daher drohte bei jeder Beschwerde die Gefahr, nach erfolgloser Einlegung bestraft zu werden.

Die Bedenken von 1838 waren lebendig geblieben. Noch zeigte sich die Funktion der Beschwerde als bloßes Ventil für eindeutige Fälle von Rechtsverletzungen in den Vorschriften über Maßregeln gegen unbegründete Beschwerden. Das Risiko des Beschwerdeführers wurde auf diese Weise besonders groß. Gerade die „zweifelhaften Fälle“, die ja oft wegen mangelnder Beweismöglichkeit „zweifelhaft“ waren, gingen zu Lasten des Untergebenen. Daß beim Militär in solcher Situation der Vorgesetzte Recht bekommt – und nicht nur beim Militär und auch nicht allein in Preußen-Deutschland –, muß dabei als Überzeugung des Soldaten in Rechnung gestellt werden.

Für das Verhältnis der Auffassungen von Subordination und Disziplin gegenüber dem Rechtsschutzbedürfnis des gewaltunterworfenen Soldaten, der eine subjektiv berechtigte Beschwerde vorbringt, ist der § 12 der Beschwerdevorschrift aufschlußreich. Er zeigt, daß der Untergebene seine Rechte häufig nur mit beträchtlichem Aufwand an Courage wahrnehmen konnte.

„Beschwerden, welche von Seiten des entscheidenden Vorgesetzten für unbegründet erachtet werden, weil sie von falschen Voraussetzungen oder unrichtigen dienstlichen Anschauungen ausgehen, sind zurückzuweisen.

Die Anbringung solcher Beschwerden an den Beschwerdeführer durch Disziplinarstrafen oder Rüge zu ahnden, bleibt dem Ermessen des entscheidenden Vorgesetzten und, falls dieser zur Ausübung einer Disziplinarstrafgewalt über den Kläger nicht befugt ist, dem nächsten der zur Disziplinarbestrafung des Betreffenden kompetenten, von der Sache dienstlich in Kenntnis gesetzten Vorgesetzten überlassen.

Die Entscheidung, ob Bestrafung einzutreten hat, wird sich darnach richten, ob die Aufrechterhaltung der Zucht und Ordnung im Heere oder der Marine ... ein derartiges Einschreiten gegen den Kläger erforderlich und die Lage der gesetzlichen Bestimmungen ein Strafverfahren angängig erscheinen läßt."

Im Wiederholungsfalle wurden derartige Beschwerden bestraft oder verschärft bestraft, wenn der in höherer Instanz entscheidende Vorgesetzte der ersten Beschwerdeentscheidung beitrat.

Für Offiziere war zunächst ein im einzelnen geregeltes Vermittlungsverfahren vorgesehen. Der Beschwerdeweg für Soldaten und Unteroffiziere entsprach im wesentlichen der Regelung von 1828. Als wichtige Neuerung war aber vorgesehen, daß der entscheidende Vorgesetzte den Beschwerdeführer und den „Verklagten" persönlich anhören mußte.

Eine wirksame Beschwerdeordnung hat die preußisch-deutsche Armee mit diesen Vorschriften nicht besessen. Das dem Beschwerdeführer überbürdete Risiko, abgewiesen und bestraft zu werden, war eine zu einseitige Hypothek, zumal die Vorschrift mit unbestimmten, von Werturteilen abhängigen Begriffen wie „unrichtige dienstliche Anschauungen" arbeitete, die dem Vorgesetzten in vielen Fällen Vorteile boten. Auf diese Weise konnte in der Armeeführung kaum ein zutreffendes Bild vom neuen Geist der Armee gewonnen werden. Der „achtbare Teil der Nation", den die Armee zu erziehen sich vorgenommen hatte, wurde in die Rolle schweigender Pflichterfüllung gedrängt, Schikanen blieben vielfach unentdeckt, und der Kasernenhofton entsprach durchaus nicht den Vorstellungen, von denen hohe Offiziere schon 1808 ausgegangen waren. Aber dies lag nicht allein an dem in allen Lebensbereichen vorhandenen Unterschied zwischen Theorie und Praxis; die Beschwerdeordnung von 1873 trug mit ihrer Rechtsauffassung und ihrem „Bild vom Soldaten" nicht unwesentlich dazu bei.

Die Bindung durch den Diensteid

Strenggenommen hätte der Diensteid, der allen Pflichten Verbindlichkeit und die erwähnte Überhöhung verlieh, erst nach einem Gewöhnungsprozeß geleistet werden können, denn in ihm versprach der Soldat die Erfüllung seiner Pflichten in einem Geist, den er vor Beginn der militärischen Erziehung gar nicht besitzen konnte. Dies wäre der Argumentation des Prinzen Wilhelm entgegenzuhalten gewesen.

Die militärische Rechtspraxis ging aber davon aus, daß die militärischen Standes- und Dienstpflichten ohne Rücksicht auf den Zeitpunkt der Eidesleistung mit dem faktischen Eintritt in ein Dienstverhältnis begannen. Militärjuristen neigten dazu, den Eid überhaupt nicht als wesentliches Erfordernis anzusehen, sondern nur als Mittel, dem Soldaten die Pflichten seines Standes „noch heiliger zu machen". Für die Strafbarkeit der durch die Kriegsartikel pönalisierten Vergehen und Verbrechen war – sofern es sich nicht um allgemeine Delikte handelte – lediglich die Verlesung der Kriegsartikel Voraussetzung; eine unterbliebene Eidesleistung konnte allenfalls strafmildernd ins Gewicht fallen.

Die Eidesformeln enthielten im wesentlichen Überkommenes. Ihre eigentliche historische Bedeutung im 19. Jahrhundert gewannen sie juristisch wie auch politisch, als sich im Zeichen der aus jeder Kontrolle heraustretenden Kommandogewalt der Oberste Kriegsherr zwischen Armee und Parlament stellte.

Die vom Generalauditeur Koenen vorgelegten und in der Militär-Reorganisations-Kommission beratenen Entwürfe der Eidesformel führten schließlich 1808 zu folgender Fassung: „Ich N.N. schwöre zu Gott dem Allwissenden und Allmächtigen einen leiblichen Eid, daß S.M. dem Könige von Preußen Friedrich Wilhelm III., meinem allergnädigsten Landesherrn, ich in allen und jeden Vorfällen zu Lande und zu Wasser, zu Kriegs- und Friedenszeiten getreu und redlich zu dienen entschlossen bin. Ich will die mir vorgelesenen Kriegsartikel überall befolgen und mich in Ausübung meiner sämtlichen Pflichten jederzeit so betragen, wie es einem ehrliebenden und unverzagten Soldaten eignet und gebühret. So wahr mir Gott helfe."

Offiziere leisteten seit 1713 nicht mehr den Eid auf die Kriegsartikel. Ihr Pflichtenkatalog ergab sich aus den Dienstreglements, im weitesten Sinne aus der Rechtsordnung überhaupt.

Die Fassung des Diensteides vom 5. Juni 1831 sah kleine Änderungen und Ergänzungen vor, insbesondere den Zusatz: „Allerhöchstdero Nutzen und Bestes befördern, Schaden und Nachtheil aber abwenden." Offiziere leisteten diesen Eid mit der Maßgabe, daß sie nicht auf die Kriegsartikel, sondern auf die „Kriegs- und Dienstgesetze schwören", die ihnen naturgemäß nicht vorgelesen werden konnten. Abgesehen von bestimmten Sonderregelungen im Norddeutschen Bund und im Deutschen Reich, die sich aus der föderalistischen Struktur ergaben, blieb die Formel von 1831 maßgebend bis 1918.

In den Auseinandersetzungen um den Eid der Armee auf die Verfassung wurde die Eidesformel zu einem Politikum erster Ordnung (vgl. IV/I, S. 160f). Auf liberalen Druck hin versprach Friedrich Wilhelm IV. in einer Proklamation vom 22. März 1848, er werde das Stehende Heer auf die neue Verfassung vereidigen lassen. Im Verfassungsentwurf der Regierung vom 20. Mai 1848 war dann von einer Vereidigung des Heeres auf den König und die Verfassung die Rede. Aber die preußische Revolution nahm wie die Revolution im übrigen Deutschland einen Verlauf, der die Erfüllung solcher Versprechen unnötig machte. Die Armee hatte die Auseinandersetzungen mit steigendem Unwillen zur Kenntnis genommen. Sah die äußerste Linke im Eid überhaupt etwas Reaktionäres und gedachte, ihn höchstens als taktisches Mittel einzusetzen, so erblickte die Mehrheit des Abgeordnetenhauses in ihm eine wichtige Bindung des Heeres an die Verfassung.

Es gab 1848 politische und dogmatische Zweifel auch an dem Wert des Fahneneides, aber seine Bedeutung für das Offizierkorps war unbestritten. Diese Einstellung der Offiziere reflektierte politische, soziologische und ökonomische Sachverhalte, die sich im weiteren Verlauf des 19. Jahrhunderts zur Ideologie des „unpolitischen", nur dem Monarchen zugeordneten Offizierkorps verdichteten. Der Soldateneid ist seit dieser Zeit in Preußen-Deutschland ein innenpolitischer Eid geworden.

d. Das Disziplinarstrafwesen

Das neue Disziplinarstrafsystem

Mit der Rechtsposition des Offiziers und Soldaten ist auch der große Komplex des Disziplinar-, Militärstraf- und Militärstrafverfahrensrechts verbunden.

Im Disziplinarrecht setzten die neuen Bestimmungen der Reformzeit sogleich mit einer qualitativen Trennung der Offiziere von den Unteroffizieren und Soldaten ein. Damit wurde in veränderter Form an Grundvorstellungen des 18. Jahrhunderts festgehalten, wenn auch mit dem Ziel, eine Anpassung an die Bedingungen einer Allgemeinen Wehrpflicht zu erreichen. Für den gemeinen Soldaten wurden Verbesserungen und Erleichterungen durchgesetzt, aber von einer Disziplinarrechtsordnung für eine Nationalarmee konnte nicht die Rede sein. Die Armee blieb in diesem Bereich eindeutig im Standesdenken befangen, das sich in späterer Zeit durchaus auch als Klassendenken qualifizieren ließ. Die Schaffung der Ehrengerichtsbarkeit unterstrich diese Entwicklung noch.

Der entscheidende Anstoß zur Umgestaltung des Rechtswesens der Armee erfolgte durch die Arbeiten der Militär-Reorganisationskommission unter Scharnhorst. Zu nennen sind in erster Linie die „Verordnung wegen der Militärstrafen", die neuen Kriegsartikel, die „Verordnung betreffend Bestrafung der Offiziere", alle vom 3. August 1808, und die erst 1809 zum Abschluß gekommene Reform der Militärstrafgerichtsbarkeit. Diese neuen, grundlegenden Vorschriften hingen untereinander auf das engste zusammen. Sie sollten nach den Vorstellungen ihrer Urheber das neue Bildungs- und Erziehungsprogramm, die Verbindung von Armee und Nation und ein neues Verhältnis zwischen Soldat und Offizier, überhaupt einen neuen Typ des Soldaten verwirklichen helfen. Dahinter standen durchaus praktische Gesichtspunkte, vor allem der Gedanke, die Armee schnell und doch auf Dauer wieder effektiv zu machen.

Idealistisches Denken überlagerte diesen praktischen Zusammenhang. Es zeigt sich in weit ausholenden Reflexionen und in dem experimentellen, konstruktivistischen

Ansatz. So ist mit Recht gesagt worden, daß das Wort von der „Macht des Geistes", auf der Preußens Macht beruhe, ein Topos war, der eine wenig überprüfte Allgemeingültigkeit gewann. Auch die Armee „berief" sich gern auf diese Macht des Geistes, ging aber im übrigen bald zu ihren Tagesgeschäften über, deren Bewältigung eher mit traditionellem Rüstzeug zu gelingen schien. Aber wenn vom „preußischen Geist" die Rede war, so erschienen Armee und Beamtenschaft als seine berufenen Träger. Die neuen Rechtsordnungen der Armee von 1808/09 sind Zeugnisse dieses „Geistes". Sie sind von Beamten und Offizieren „gemacht" für ein Staatswesen, dem die autochthonen Schwergewichte seiner Existenz – nationale Identität, gemeinsame Sprache, Überzeugungen und Geschichte – nicht selbstverständlich waren.

Das neue Militärdisziplinarstrafrecht veränderte die Stellung von Offizieren und Soldaten zueinander erheblich. Der Offizierberuf verlangt im wesentlichen Umgang mit Menschen, Führung und Leitung von Untergebenen. Wenn nun an die Stelle von Gassenlaufen und Prügelstrafe ein abgewogenes System von Freiheitsstrafen, vom gelinden Arrest bis hin zum Festungsarrest, trat, so setzte das Offiziere voraus, die mit sublimeren Mitteln Ordnung und Disziplin wahren konnten, die es verstanden, an die Persönlichkeit des Soldaten zu appellieren.

Die „Verordnung wegen der Militärstrafen" stellte die wichtigste Anweisung an die Offiziere für die Behandlung der Untergebenen dar. Sie wies dem Offizierkorps die Rolle des „Erziehers und Anführers eines achtbaren Theils der Nation" zu und gab damit den Kern der friderizianischen Heeresverfassung, nämlich die scharfe – auch dienstethische – Trennung von Offizierkorps und Mannschaften auf. Wenn im weiteren Verlauf des 19. Jahrhunderts dienstständisches Denken wieder Boden zurückgewann, so zeigt dies nur, wie dünn der Firnis der modernen Gesinnungspostulate war. Aber ein Weg zurück in das alte System war dennoch unmöglich. Der Offizier sollte nicht mehr eine Art höheres Wesen mit einer nur ihm zukommenden Ehre sein – blieb es allerdings in schwächerer Form doch bis 1918. Seine Autorität sollte allein auf höherer Einsicht, überlegenen Kenntnissen und größerer Erfahrung im Metier beruhen.

Gneisenau hat in seinem Aufsatz „Freiheit der Rücken" vom 9. Juli 1808 den inneren Zusammenhang von allgemeiner Wehrpflicht, Achtung des gemeinen Soldaten und Bildung der Offiziere zur Sprache gebracht, mit einem Wort: die Abhängigkeit des Wehrwesens einer Nation von ihrer kulturellen Entwicklung. Gerade diesen Zusammenhang bezweifelten die Reformgegner, wenn sie die Grundsätze der neuen Kriegsartikel bekämpften und nicht müde wurden, auf die Vorbildlichkeit der Einrichtungen der alten Armee zu verweisen (etwa York). Befürworter und Gegner der neuen Einrichtungen standen sich noch lange gegenüber. In diesem Zusammenhang muß auch noch Grolmans Kritik von 1836 an den Bemerkungen des Herzogs von Wellington über die Disziplin in der preußischen und englischen Armee gesehen werden. Im Vergleich der Strafensysteme beider Armeen meinte Grolman, jeder Verehrer Wellingtons und jeder Freund der englischen Armee und Nation müsse bedauern, daß der ruhmgekrönte Feldherr seine kriegerische Laufbahn nicht dadurch vollendete, „daß er ein grausames, unhaltbares Gesetz (das noch das Auspeitschen zuließ) aufhob oder milderte, was noch jetzt die Krieger herabwürdigt und verwildert, die die Grundfeste seiner Siege und seines Ruhmes waren". Die anschließenden – im

Militärwochenblatt ausgeführten – Spekulationen über die daraus resultierende Untüchtigkeit des englischen Soldaten zu eigenverantwortlichem Handeln zeigen noch einmal den spezifischen Denkansatz der Reformer.

Das neue Disziplinarstrafsystem der „Verordnung wegen der Militärstrafen" wurde richtungweisend im 19. Jahrhundert. Es nahm in vieler Hinsicht vorweg, was die liberale und sozialistische Kritik später als notwendig bezeichnen sollte. Diese Kritik hatte sich daher am Einzelfall, an Übergriffen zu orientieren. Die Rechtsgrundlage für eine angemessene disziplinarische Behandlung des Soldaten der Allgemeinen Wehrpflicht lag bereits 1808 in Perfektion vor. Hätte die Armee sich danach gerichtet, wäre ihr mancher innenpolitische Angriff erspart geblieben.

Die nach der Verordnung wegen der Militärstrafen zulässigen Disziplinarstrafen brachten eine deutliche Humanisierung des Disziplinarstrafwesens mit sich. Bedenklich blieb nach wie vor die härteste Arreststrafe, die – geht man von rechtsstaatlichen Prämissen aus – eigentlich nur gerichtlich hätte verhängt werden dürfen.

Strafformen

Es gab folgende Arreststrafen:

Erster Grad des Arrests (gelinder Arrest).

Er konnte als Hausarrest oder „einsames Gefängnis" verhängt werden. Näher hieß es dazu: der Hausarrest werde bei kleineren Vergehungen, besonders bei gebildeten Soldaten, seine Wirkung nicht verfehlen, „während öffentliche Bestrafung das Ehrgefühl verschlechtert und oft das Gemüt verstockt. Verläßt ein mit dieser gelinden Strafe belegtes Subjekt seinen ihm auf Treue und Glauben gegebenen Arrest oder mißbraucht es ihn zu Spiel und Trinkgelagen, so erklärt es hierdurch sich selbst dieser feineren Behandlung für unwürdig, verwirkt demnach die ihm durch Bildung gewordenen Vorzüge einer milderen Behandlung, und es tritt Arrest mit Einsamkeit ein."

In diesen Bestimmungen ist mit Händen zu greifen, daß die in den alten Exemtionsbestimmungen vorgesehenen Begünstigungen des gebildeten und begüterten Bürgertums (Freistellung von der Kantonpflicht) sich nunmehr fortsetzen sollten als strafrechtliche Begünstigung in Form eines Anrechts auf milderen Strafvollzug. Derartige Differenzierungen gehörten zum Wesen des durch das ALR modifizierten Ständestaates. Im Injurienrecht war das immer besonders deutlich zum Ausdruck gekommen. Der preußische Vormärz ging diesen Weg auf einer Reihe von Sachgebieten weiter. Dafür boten sich verschiedene Gerichtsstände für die verschiedenen ständisch qualifizierten Personengruppen an: Soldaten, Beamte etc. Diese rückschrittlichen Maximen wurden selbst im Rheinland praktiziert, das unter Napoleon die bürgerliche Gleichheit kennengelernt hatte.

Zweiter Grad des Arrests.

„Wo der vorbenannte Grad des Arrests erfolglos befunden worden, oder bei bedeutenderen Vergehungen tritt der *mittlere Arrest* oder *Arrest zweiten Grades* ein, nämlich: Arrest mit Einsamkeit bei Wasser und Brot, mit Entziehung der gewohnten Bedürfnisse des Arrestanten, z. B. Genuß des Tabaks pp., und mit Verlust des Soldes während der Arrestzeit ... Sobald der Arrest bei Wasser und Brot länger als drei Tage dauert, so erhält der Arrestant am vierten Tage warmes Essen, und so wird abwechselnd die ganze Zeit seines Arrestes fortgefahren."

Dem Disziplinarvorgesetzten standen mithin strenge Zuchtmittel zur Verfügung, die nicht exakt an Disziplinartatbestände gebunden waren. Das weite Ermessen bot zahlreiche Möglichkeiten zu Willkür und Ungerechtigkeiten. Der Übergang vom gelinden zum mittleren Arrest – der sich in nichts von einer Gefängnisstrafe unterschied – war sehr leicht und ohne komplizierte Begründung möglich.

Dritter Grad des Arrests.

Die gleichen Bedenken lassen sich geltend machen gegen die Voraussetzungen des Arrests dritten Grades. Ein solches Disziplinarmittel in der Hand militärischer Vorgesetzter entsprach nicht den Appellen an Ehre und Selbstbestimmung des Staatsbürgers im Soldatenkleid.

Über den Arrest dritten Grades (strenger Arrest) hieß es in der Verordnung: „Schwere Vergehungen werden mit strengem Arrest oder Arrest des dritten Grades bestraft, nämlich durch Arrest unter den nächstvorhergehenden Bestimmungen, aber noch überdies mit Entziehung des Tageslichts in einem fest verschlossenen Zimmer, ohne Lagerstätte, und wo der Fußboden des Arrestortes dargestalt mit Latten benagelt ist, daß sich der Bestrafte nicht dazwischen ohne Unbequemlichkeit niederlegen kann. Sobald dieser Arrest über drei Tage dauert, so erhält der Arrestant am vierten Tage den Genuß warmen Essens, des Tageslichts und einer Lagerstätte, und so wird bei längerem Arrest immer fortgefahren."

Welche Qualität dem strengen Arrest zugemessen wurde, zeigt eine Bekanntmachung Boyens vom 9. Januar 1817, wonach drei Monate Zuchthaus in sechs Wochen strengen Arrest umzurechnen waren. Die Zuchthausstrafe wurde also nur als etwa halb so schwerer Vollzug betrachtet. Grolmans Kritik an Wellingtons Ausführungen im Jahre 1836 hätte etwas mehr Selbstkritik gut zu Gesicht gestanden. Dennoch ist zu beachten, daß die beiden härteren Arreststrafen an die Stelle der Prügelstrafe zu treten bestimmt waren.

Friedrich Wilhelm III. brachte dies zum Ausdruck mit seiner Ermahnung: „S.K.M. versehen Sich zu den Militärvorgesetzten Allerhöchstdero Armee, daß sie mit Eifer und Einsicht dafür Sorge tragen werden, daß jede Gefängnisstrafe nach ihrem jedesmaligen Grade in ihrer ganzen Strenge ausgeführt und jede unzeitige Nachsicht, womit unverständiges Mitleiden die Härte der Bestrafung mildern möchte, durch eine zweckmäßig geordnete Oberaufsicht unmöglich gemacht werde. Es ist keinem Zweifel unterworfen, daß nicht die beiden letzten Grade der Arreststrafen von eben der Wirksamkeit als körperliche Züchtigungen sein sollten, und wollte man künftighin dennoch behaupten, daß solche in ihren Wirkungen erfolglos gewesen seien, so ist mit Gewißheit anzunehmen, daß sie ohne gehörige Aufsicht der Vorgesetzten in Ausübung gebracht worden sind und solche es überhaupt an der nötigen Disziplin haben fehlen lassen."

Im Kriegsfalle war, soweit der stationäre Arrest sich nicht durchführen ließ, vorgesehen: Verurteilung zu „schlechteren Arbeiten, Entziehung der Feldportion an Fleisch, Gemüse und Branntwein“, ferner „Anschließen an einen Baum oder eine Wand mit zugekehrtem Gesicht, auf eine Art, daß der Bestrafte sich nicht niederlegen kann“.

Die Armee glaubte dennoch, nicht auf Körperstrafen verzichten zu können. Das Problem war, diese Strafart in einer Armee zu begründen, die sich aus allen Schichten des Volkes ergänzen sollte. Die Reorganisationskommission fand einen Ausweg mit der Schaffung der „in der Klasse der Stockschläge sich befindenden Gemeinen“, später allgemein als die „zweite Klasse des Soldatenstandes“ bezeichnet. Friedrich Wilhelm III. sprach sich gegen eine Vollziehung der Körperstrafen mit der flachen Klinge (Fuchtelhiebe) aus.

So hieß es in der „Verordnung wegen der Militärstrafen“ entsprechend: „Körperliche Strafen – Ist ein Soldat von so bösartigem Gemüt, daß die vorbezeichneten Bestrafungsarten ohne Wirkung auf seine Besserung geblieben sind oder begeht er ein entehrendes Verbrechen, z. B. Diebstahl mit seinen verschiedenen Abarten, so wird ein solches Subjekt durch Standrecht zur Klasse derjenigen verurteilt, die nur durch empfindliche körperliche Züchtigungen in Ordnung gehalten werden können, und bei Vergehungen mit Stockschlägen und zwar mit kleinen Röhrchen zu bestrafen sein.“

Die Prügelstrafe durfte nicht öffentlich vollzogen werden – im Gegensatz zum ehemaligen Brauch. Allerdings konnte die Prozedur vor den Kameraden des Bestraften durchgeführt werden. Mit AKO vom 9. 12. 1812 wurde diese Art des Vollzugs bei den aus dem Soldatenstand ausgestoßenen Individuen untersagt, weil ein Delinquent während des Vollzugs der Prügelstrafe den aufsichtsführenden Offizier angegriffen hatte. Künftig sollte der Vollzug in derartigen Fällen auf der Festung durch einen besonderen Zuchtmeister vorgenommen werden.

War ein Soldat durch Urteil in die zweite Klasse des Soldatenstandes versetzt, so konnte er wegen Exerzier- und „Dienstfehlern“ vom Kompaniechef zu Stockhieben (bis zu 40) verurteilt werden. Die Strafe wurde von einem Unteroffizier vollzogen. Eine weitere Folge der Versetzung in diese Klasse war, daß jeder nicht zur Stockklasse zählende Soldat den Verurteilten wie ein Gefreiter „kommandieren“ konnte. Nur diese Folgen der Versetzung in die zweite Klasse gehörten in den Bereich des Disziplinarrechts, die Versetzung selbst geschah durch Urteil, wurde also als strafrechtliche Maßnahme behandelt. Preußen besaß damit zwei Klassen von Soldaten. Mit dieser Trennung ließ sich theoretisch der Gedanke aufrechterhalten, daß der Soldat der Allgemeinen Wehrpflicht als ehrenhafter Staatsbürger anzusehen sei, dem Nation und Armee Achtung entgegenzubringen hatten.

Von diesem Grundgedanken her war auch die Möglichkeit zu sensiblen Ehrenstrafen geschaffen, wie etwa dem Verlust des von Friedrich Wilhelm III. gestifteten National-Militärabzeichens.

Eine AKO vom 13. Oktober 1824 stellte den Zusammenhang des Verlustes des National-Militärabzeichens mit der Versetzung in die zweite Klasse des Soldatenstandes klar. Hiernach konnte kein Soldat nach Verlust des Abzeichens in der ersten Klasse verbleiben und umgekehrt. Derartig Bestrafte verloren im späteren zivilen Verhältnis das Recht, die Nationalkokarde zu tragen (mit VO vom 22. Februar 1813 geschaffen als äußeres Kennzeichen wegen der „herzerhebenden allgemeinen Äußerung treuer Vaterlandsliebe"). Das Recht besaßen alle Männer in Preußen, soweit es nicht verwirkt war: „Das stets anwesende Sinnbild von dem Panier des Vaterlandes muß jeden, der es zu der Kokarde trägt, mit der Erinnerung an seine heiligsten Pflichten doppelt erfüllen."

Strafbefugnisse und willkürlicher Gebrauch

Die Strafbefugnisse wurden übersichtlich geregelt, aber im Hinblick auf einfache Maßnahmen nicht differenziert, zuviel blieb dem Ermessen anheimgestellt. Jeder Offizier mit besonderem Kommando und jeder Kompaniechef konnte die beiden Arten des gelinden Arrests bis zu drei Tagen verhängen. Auf gleiche Dauer konnte er den mittleren Arrest verhängen, mußte hiervon aber dem Bataillons- und Regimentskommandeur Anzeige machen. Bataillons- und Regimentskommandeur besaßen das Recht, gegen Unteroffiziere und Gemeine gelinden Arrest von 14 Tagen, mittleren Arrest von acht Tagen und strengen Arrest von drei Tagen zu verhängen. Gegen Angehörige der zweiten Klasse durften sie bis zu 40 Stockschläge anordnen.

Über die Abgrenzung der Disziplinarstrafe von der Kriminalstrafe herrschte Unsicherheit, ebenso über die Anwendung der verschiedenen disziplinären Mittel. Die Folge waren schwere Eingriffe in die Rechte von Soldaten, entehrende Behandlung, körperliche Überstrapazierung, so daß Soldatenselbstmorde nicht selten vorgekommen zu sein scheinen.

Prinz Wilhelm berichtete darüber als Kommandierender General des III. Armeekorps an das Kriegsministerium. Seine dabei gemachten Vorschläge können als positive Anregungen im Sinne eines modernen Ansprüchen genügenden Disziplinarrechts angesehen werden. Sie kennzeichnen die Situation um 1827 anschaulich:

„Um ähnlichen unglücklichen Ereignissen wie die vorgedachten, sowie überhaupt jeder Willkür und Mißbrauch bei Ausübung der Disziplinargewalt möglichst vorzubeugen, scheint es Mir dringend nöthig, daß die Bestimmung in der Verordnung vom 3. August 1808 wegen Anwendung der Militärstrafen, wonach den Befehlshabern überlassen bleibt, nach eigenem Ermessen besondere Disziplinarstrafen zu verhängen, aufgehoben und dagegen diejenigen dem Namen und der Dauer nach speziell bezeichnet werden, welche überhaupt zur Anwendung gebracht werden dürfen, dabei aber den Truppenbefehlshabern gemessenst untersagt werde, andere als diese zu verhängen.

Auch scheint es Mir erforderlich zu sein, daß gleichzeitig über das Wesen und die Anwendung der Disziplinarstrafen im Allgemeinen höheren Orts etwas Näheres ausgesprochen und zugleich bemerkt werde, in welchen Fällen die Militärbefehlshaber von ihrer Disziplinargewalt Gebrauch machen und wo gerichtliche Untersuchung und Bestrafung eintreten muß, sowie auch ob und inwieweit sie ermächtigt sind, statt letzterer die erstere eintreten zu lassen, indem Ich die Überzeugung gewonnen habe, daß hierüber hin und wieder ganz eigentümliche Ansichten obwalten, namentlich aber vermeint wird:

der Militärbefehlshaber könne von seiner Disziplinargewalt überall Gebrauch machen, falls auch kein Vergehen feststehe, und werde nur verantwortlich, wenn er deren Grenze überschreite, und es darüber bis jetzt an ausdrücklichen Bestimmungen mangelt, wo gesetzlich die Disziplinargewalt aufhört und förmliche Untersuchung verhängt werden muß.

In letzterem ist besonders der Grund zu suchen, weshalb so häufig zum Nachtheil der Disziplin grobe, durch die Kriegsartikel verpönte Vergehen außergerichtlich beseitigt, dagegen aber an sich unbedeutende Verstöße weitläufig auf gerichtlichem Wege geahndet werden."

Die gerügten Mängel wirkten sich für den einfachen Soldaten als erhebliche Rechtsunsicherheit aus. Militärjuristen versuchten das Problem dogmatisch zu lösen, mußten im Ergebnis aber scheitern, weil hier in der Tat nur das Enumerationsprinzip helfen konnte, also die Beschränkung auf ausdrücklich bezeichnete Fälle. So ist versucht worden, jene militärischen Vergehen, die nicht durch die allgemeinen Kriminalgesetze inkriminiert waren, als klassische Disziplinarstraftatbestände zu klassifizieren. Derartige Unterlassungen oder Handlungen hätten in der Regel keine gerichtliche Bestrafung zur Folge, sie seien daher den Militärbefehlshabern „überlassen". Das eigentliche Problem war aber, daß die Befehlshaber wegen der unklaren Rechtslage selbst im Zweifel sein mußten, ob eine gerichtliche Untersuchung einzuleiten sei oder nicht. Im Hinblick auf die einfachen Disziplinarstrafen unterhalb des Arrests hielten selbst Juristen die Formel für ausreichend, daß erlaubt sei, was nicht das Ehrgefühl verletzt. Damit war dem Erfindungsreichtum der Disziplinarvorgesetzten großer Spielraum gelassen, und mancher Offizier hat ihn ausgenutzt. In dieser Beziehung ist der vom Prinzen Wilhelm mitgeteilte Katalog aufschlußreich, in welchem immerhin öffentliches Putzen der Montierungsstücke, Degradierung von Gefreiten zu Gemeinen, einige Stunden vor der Tür des Kompaniechefs – also meist in der Stadt vor der Öffentlichkeit – ohne Gewehr strammstehen usw. aufgeführt sind.

Auf die Initiative des Prinzen erging sichtlich die wichtige KO vom 13. November 1828 an den Kriegsminister v. Hake, die folgende kleinere Disziplinarstrafen für zulässig erklärte: „Nachexerzieren, Strafwachen, Strafstallwachen, Straf-Dujour, Strafarbeiten in Kaserne, Küche, Stall, auf dem Schießstand, Reinigen und Putzen (auf der Kammer etc.), Ausgehbeschränkungen, Versagen der Erlaubnis, sich nach Zapfenstreich außerhalb des Quartiers aufzuhalten, Entziehung der freien Verfügung über das Traktament, Stellung unter Aufsicht eines Unteroffiziers, Visiten zu bestimmten Stunden, Strafappelle und sogenannte Strafparaden, Verlust des Vorzugs, permanenter Beisitzer im Kriegsgericht zu sein."

Weitere Entwicklung des Disziplinarstrafrechts

Eine generelle und übersichtliche Ordnung des Disziplinarstrafwesens brachte erst die „Verordnung über die Disziplinarbestrafung in der Armee" vom

21. Oktober 1841. Sie regelte in den Allgemeinen Bestimmungen den Umfang und das Wesen der Disziplinarstrafe unter verschiedenen Gesichtspunkten:

1. Nach der Art des Delikts: Geringe Vergehen gegen die militärische Zucht und Ordnung und Übertretungen der Dienstvorschriften, über welche in den Militärgesetzen keine Strafbestimmungen enthalten waren, sollten disziplinarisch bestraft werden.

2. Soweit die Militärgesetze Strafen im Rahmen der Disziplinarstrafgewalt festsetzten, lag es im Ermessen des Befehlshabers, das Disziplinar- oder gerichtliche Verfahren einzuleiten.

3. Die nach den Gesetzen polizeilich zu ahndenden Vergehen waren disziplinarisch zu bestrafen, falls die Disziplinarstrafgewalt dazu ausreichte und nichts anderes vorgeschrieben war.

Die Strafen differierten bei Unteroffizieren und Gemeinen.

Unteroffiziere: Strafwachen oder Strafdujour, Kasernen-, Quartier- oder gelinder Arrest bis zu 3 Wochen, mittlerer Arrest bis zu 14 Tagen (gegen Portepee-Unteroffiziere war mittlerer Arrest nicht zulässig).

Gefreite und Gemeine: 1. Kleinere Disziplinarstrafen: Nachexerzieren, Strafwachen und Strafstubendujour, Strafarbeiten in Kaserne, Stall, Kammer, Schießstand, Rapport oder Appell in bestimmtem Anzug, Entziehung der freien Verfügung über das Traktament, Verwaltung des Traktaments durch Unteroffizier, Auszahlung in Raten. 2. Arrest-Strafen: wie bei Unteroffizieren und strenger Arrest bis zu einer Woche. Gegen Gefreite konnte auf Chargenverlust erkannt werden und gegen Soldaten der zweiten Klasse auf 30 Stockschläge (falls sie in Strafsektionen oder Arbeitsabteilungen untergebracht waren, auf 40 Schläge).

Die Strafgewalt stand nur Offizieren zu, denen der Befehl über Truppenabteilungen mit Verantwortlichkeit für die Disziplin übertragen war. Die Strafbefugnis war an die Dienststellung, nicht an die Charge gebunden. Die Verordnung regelte im einzelnen die Strafbefugnisse bis hinauf zum Regimentskommandeur und zu den höheren Befehlshabern. Für den Soldaten wurde vor allem aber die Befugnis seines Kompaniechefs von Bedeutung. Der Kompaniechef konnte Unteroffiziere und Gemeine mit sechs Tagen Arrest bestrafen, mit mittlerem Arrest bis zu drei Tagen.

Vor Verhängung einer Disziplinarstrafe mußte der Vorgesetzte sich von der Schuld des zu Bestrafenden überzeugt haben. Hierbei war er nicht an die Regeln des gerichtlichen Beweises gebunden, hatte gegebenenfalls aber eine mündliche, schriftliche oder protokollarische Verhandlung zu führen.

Nach wie vor ermöglichte der Ermessensspielraum den Chefs Soldatenmißhandlungen in einem unerwarteten Maße. Wo der Chef die hierüber gegebenen Grundsätze nicht beherzigte, machte sich Schikane und Ungerechtigkeit der Unterführer breit. Schon bald nach der neuen Disziplinarverordnung schritt eine scharfe AKO hiergegen ein.

Friedrich Wilhelm IV. bemerkte in dieser AKO vom 1. Februar 1843, er habe mit Mißfallen vernommen, daß Mißhandlungen der Soldaten durch Unteroffiziere und „sogar durch Offiziere“ stattgefunden hätten. Er machte es den Offizieren zur „heiligen Pflicht“, jedes unangemessene Benehmen der Unteroffiziere zu rügen, „und dadurch die dem Offizierstande besonders für den Fall eines Krieges unentbehrliche Liebe und Anhänglichkeit der Untergebenen zu sichern“. Generale und Stabsoffiziere sollten in dieser Hinsicht den Dienst in den Kompanien überwachen. Abschließend hieß es: „Die Vergehen dieser Art, sei es in Schimpfworten oder körperlichen Mißhandlungen, sind nicht allein nach dem Maße ihrer gesetzlichen Strafbarkeit, sondern auch als Überschreitung Meiner Befehle, nach Befinden der Umstände und der Größe des Vergehens mit Arrest, Degradation, Festungsstrafe und selbst Dienstentsetzung zu bestrafen.“

Diese Kabinettsorder mußte dem gesamten Unteroffizierkorps vorgelegt, die Kenntnisnahme unterschriftlich bestätigt werden. Die Kommandierenden Generale wurden angehalten, halbjährliche Nachweisungen der wegen Mißhandlung Untergebener verhängten Strafen gegen Offiziere, Unteroffiziere und Gefreite vorzulegen.

Den Abschluß der Entwicklung des Disziplinarstrafrechts im 19. Jahrhundert brachte die Disziplinarstrafordnung für das Heer vom 31. Oktober 1872. Sie galt auch in Sachsen und Württemberg. Für Bayern wurde sie am 12. Dezember 1872 als Königlich Bayerische Disziplinarstrafordnung erlassen. Die beratende Immediatkommission hatte sich in der systematischen Erfassung des Disziplinarrechts an die Vorschriften von 1841 angelehnt.

Der Disziplinarbestrafung unterlagen nunmehr (Umfang der Disziplinarstrafgewalt):

1. Handlungen gegen die militärische Zucht und Ordnung und gegen die Dienstvorschriften, für welche die Militärgesetze keine Strafbestimmungen enthalten.

2. Diejenigen militärischen Vergehen, deren Bestrafung im Disziplinarwege in leichteren Fällen durch das Einführungsgesetz zum Militär-Strafgesetzbuch vom 20. Juni 1872 ausdrücklich gestattet war (nämlich: eigenmächtige Entfernung von der Truppe, eigenmächtige Urlaubsüberschreitung – falls sie nicht länger als 7 Tage – im Felde 3 Tage – gedauert hatte).

Die Strafdrohungen waren wiederum differenziert und davon abhängig, ob sie sich gegen Soldaten, Unteroffiziere oder Offiziere richteten. Dabei war es im wesentlichen bei den herkömmlichen Sanktionen geblieben. Für Unteroffiziere wurden verschiedene Formen des Verweises (einfacher – im Beisein eines Vorgesetzten; förmlicher – vor den versammelten Offizieren und Unteroffizieren der Kompanie; strenger – durch Parolebefehl mit Eintragung in das Parolebuch) vorgesehen. Die höchste Arreststufe für Unteroffiziere blieb der mittlere Arrest.

Soldaten sahen sich wiederum einer Fülle von kleinen Maßnahmen unterhalb des Arrestes gegenüber. Für sie existierte nach wie vor der strenge Arrest (bis zu 14 Tagen), aber für Soldaten der zweiten Klasse des Soldatenstandes war an die Stelle der Stockschläge die Einstellung in eine Arbeiterabteilung getreten.

Innerhalb der Armee der Allgemeinen Wehrpflicht gab es damit Abstufungen, die ständisch gedacht waren, sich immer mehr als soziale Wertungen einer verflossenen Zeit herausstellten und die Armee zum Modell einer Ordnung werden ließen, die nicht „national", sondern klassenmäßig orientiert war.

Disziplinarstrafen gegen Offiziere

Das neue Strafrecht im weitesten Sinne, die Strafbestimmungen für Offiziere, Unteroffiziere und gemeine Soldaten, ist in der Militär-Reorganisationskommission sehr ausführlich behandelt worden. Grundlegende Zusammenhänge mit einer neuen Militärverfassung, ja mit einer künftigen Staatsverfassung, wurden dabei aufgedeckt. „Realistisch" blieben diese Vorschläge insofern, als sie der Besonderheit der Rolle des preußischen Offizierkorps Rechnung trugen. Egalitäre Vorstellungen, die vielleicht vom Standesdenken weg zu stark in Richtung auf eine rein funktionalistische Betrachtung des Offizierdienstes führten und die der Monarch auch kaum gebilligt hätte, wurden vermieden. So wurde neben dem ehrengerichtlichen auch das disziplinarische und strafrechtliche Normensystem für Offiziere zu einem der großen Hebel für die Verfestigung des Standesgeistes im 19. Jahrhundert, also zum Wegbereiter einer Entwicklung, die in dieser Form von den Reformern nicht gewollt war.

Nach verschiedenen vorbereitenden Überlegungen entschied sich die Kommission zu dem Immediatbericht vom 17. April 1808, der Friedrich Wilhelm III. die Notwendigkeit einer grundsätzlichen Änderung des Disziplinarwesens vor Augen führte.

Wenn – so hieß es – der Zeitgeist es nötig gemacht habe, auf weniger entehrende Strafen für den Unteroffizier und gemeinen Soldaten zu denken, so dürften auch die Bestrafungsarten der Offiziere eine Erörterung verdienen, um solche teils zweckmäßiger zu bestimmen, teils darin nicht soviel der Willkür der Vorgesetzten zu überlassen. Tatsächlich war es in der friderizianischen Armee bis 1806 möglich, einen Offizier wegen kleiner Dienst- oder Exerzierfehler durch einen Unteroffizier und zwei Soldaten in den Arrest abführen zu lassen: „Die Öffentlichkeit dieser unanständigen Behandlung setzte den Offizierstand in den Augen des übrigen Publikums herab. Diese Verfahrensart müßte künftighin abgeschafft und nur gegen Offiziere, die sich grober Verbrechen schuldig gemacht haben, als Sicherungsmaßregel angewendet werden dürfen."

Als Resultat ergab sich ein Vorschlag, der als disziplinare Mittel lediglich verschiedene Arten des Verweises und den Stubenarrest empfahl.

Die „Verordnung wegen Bestrafung der Offiziere" kombinierte Humanitätsvorstellungen der Zeit mit einem modifizierten Ehrbegriff, der auf die neuen Offiziergänzungsbestimmungen abgestellt war. Die neuen Strafbestimmungen nahmen nun in weit höherem Maße Rücksicht auf die Ehre des Einzelnen, als es das alte Standesbewußtsein für notwendig befunden hatte. Waren beim einfachen Soldaten Disziplin und Ordnung gleichgesetzt, so beim Offizier Disziplin und Ehre, daher die Abhandlung der Disziplinarvorschriften und der neuen „Ehrengerichts"-Bestimmungen in ein und derselben Verordnung. Die neuen Bestimmungen sahen für Offiziere vor: Verweis ohne Zeugen, Verweis vor dem Offizierkorps, Eintragung des Verweises ins Parolebuch, Stubenarrest und schließlich, als eine Art Untersuchungshaft bei Kriminaldelikten Einweisung in die Offizierarreststube. Jede Bloßstellung sollte vermieden werden. Der Arrestant erhielt sogar seinen Degen, wenn er über die Straße geführt wurde (nur in Begleitung eines Offiziers).

Mit der nach 1808 einsetzenden recht milden Disziplinarpraxis gegen Offiziere ist die Armee nicht besonders gut gefahren. Wiederholt wurde die Disziplinarstrafgewalt der „höheren Militärbefehlshaber" heraufgesetzt.

So hieß es in einer AKO vom 15. April 1835: „Um die höheren Militär-Befehlshaber in den Stand zu setzen, Vergehen von Offizieren, welche zur gerichtlichen Untersuchung nicht geeignet sind, mit hinreichendem Nachdruck disziplinarisch zu rügen, will Ich die in der Instruktion vom 13. März 1816 ... denselben beigelegte Disziplinar-Strafgewalt dahin erweitern, daß Brigade-Commandeure, Gouverneure und Commandanten auf acht Tage; Divisions-Commandeure auf zehn Tage; Commandierende Generale, General-Inspecteure der Artillerie und der Festungen auf vierzehn Tage Arrest als Disziplinarstrafe aus eigener Autorität und ohne gerichtliches Erkenntnis gegen Offiziere verhängen können."

Reichte nach Auffassung des zuständigen Offiziers die eigene Strafgewalt zur Ahndung eines Disziplinarvergehens nicht aus, so hatte er die Bestrafung in das Ermessen des nächsthöheren Disziplinarvorgesetzten zu stellen, weil wegen eines Vergehens keine Doppelbestrafung zulässig war.

An diesem Strafrahmen änderte die „Verordnung über die Disziplinarbestrafung in der Armee" vom 21. Oktober 1841 nichts, sie stellte zur Kompetenzabgrenzung aber weiterführend fest, daß die Zuständigkeit der höheren, den Regimentskommandeuren vorgesetzten Befehlshaber eintrete, wenn Vergehen
a) unter ihren Augen begangen,
b) gegen ihre dienstliche Autorität verübt,
c) von Militärpersonen verschiedener Truppenteile begangen,
d) ihnen zur Entscheidung gemeldet,
e) von dem unteren Befehlshaber ungestraft gelassen worden waren.

Bereits in den zwanziger Jahren galt es für zulässig, Offiziere nicht nur mit Stubenarrest zu belegen, sondern auch in die Offizier-Arreststube zu schicken, wenn sie sich „oft wiederholter Vergehungen" schuldig gemacht hatten. Bei „offenbaren" Dienstvergehen konnte ferner jeder Vorgesetzte, selbst jeder ältere Offizier, einen ihm nachgeordneten dienstjüngeren nötigenfalls mit Arrest belegen. Gemäß Disziplinarstrafordnung von 1872 wurde dieses Recht umgewandelt in die Befugnis zur vorläufigen Festnahme, die sofort einem mit Disziplinarstrafgewalt versehenen Offizier zu melden war.

2. Die Militärjustiz

a. Militärstrafrecht und -verfahrensrecht

Berücksichtigung des Standesdenkens

Wie im Disziplinarrecht führten auch im Strafrecht die Reformarbeiten, ausgehend von den Prinzipien des ALR im Ergebnis zur „ständischen“ Differenzierung. Im Anschluß an Vorüberlegungen und erste Vorschläge der Reorganisations-Kommission traten die Arbeiten mit der Kabinettsorder vom 11. April 1808 in das entscheidende Stadium. Friedrich Wilhelm III. befahl die Vorlage von Vorschlägen „zur Festsetzung der Strafen gegen Vergehungen der Offiziere“, verlangte eine Trennung des Kriegsstrafkodex von den neu zu entwerfenden Kriegsartikeln für die Friedenszeit, ferner eine Anpassung der Strafen an die Zivilgesetze, soweit nicht rein militärische Straftatbestände in Frage standen.

Der Auftrag zum Entwurf der neuen Kriegsartikel erging an den Generalauditeur v. Koenen, der sich mit grundsätzlichen Überlegungen an die Militär-Reorganisations-Kommission wandte. Koenen war eifriger Verfechter des Aufbaus einer Nationalarmee. Der Gedanke des Königs, Verbrecher länger dienen zu lassen, schien ihm bedenklich: „Ungerne oder doch mit beträchtlicher Herabstimmung seines Begriffes von der Würde des Soldatenstandes wird der junge, von den Pflichten des letzteren belebte Soldat sich mit Sträflingen zusammenreihen lassen, bedauern werden es manche Eltern, ihre gut erzogenen Söhne einem Stande anvertrauen zu müssen, den die Gesetze zugleich als eine Strafanstalt ansehen ... Ich würde mehr dafür sein, den Verbrecher aus dem Soldatenstande auszustoßen, als ihn zur Bestrafung irgendeines Verbrechens länger dienen zu lassen.“

Koenen begründete mit dieser Auffassung das noch in der Wehrmacht des Nationalsozialismus gültige Prinzip der sogenannten Wehrunwürdigkeit. Nicht Längerdienen als Strafe, sondern Aussonderung besonders schwer straffällig gewordener Soldaten aus der Truppe wurde von nun an als adäquate Strafform im Wehrpflichtheer angesehen. Koenen exemplifizierte seine Ansicht am Beispiel des Raubes, wiederholten Diebstahls und schweren Diebstahls. Derartige Delikte sollten nach seinem Vorschlag „mit körperlicher Züchtigung außer der Festungsarbeit, zugleich aber mit Ausstoßung aus dem Soldatenstande, und damit die Anordnung dieser Strafe nicht von unwürdigen Subjekten, um aus dem Soldatenstande zu kommen, gemißbraucht werden kann, außerdem mit der Unfähigkeit, das Bürgerrecht zu erlangen“, bestraft werden. Gneisenau sah einen Ausweg in der Errichtung von Strafkompanien. Diebstahl mit „aggravierenden Umständen“ verdiente seiner Meinung nach „Festungsstrafe mit Ausstoßung aus dem Soldatenstande“.

Konsequenterweise mußten für „unlautere Elemente“ Sondereinrichtungen geschaffen werden, in denen wegen des Verlustes der moralischen Würde, Soldat zu sein, Strafarten praktiziert werden durften, die den idealistisch-nationalen Höhenflügen der Reformzeit wenig in die Theorie hineinpaßten. So gewann die Armee den Anspruch, sich als Sammelbecken des wertvollen Teils der Nation zu präsentieren. Was unter dieser Schwelle vorhanden war, ließ sich gegebenenfalls in Strafkompanien, als Festungssträfling und – als Voraussetzung dafür – in der zweiten Klasse des Soldatenstandes unterbringen.

In der wissenschaftlichen Behandlung des preußisch-deutschen Militarismus haben diese Anfangsüberlegungen zur Schaffung eines ehrenhaften „Soldatentums“ wenig Beachtung gefunden. So „vorteilhaft“ diese Lösung praktisch auch sein mochte, insbesondere für die Söhne des Bürgertums, die so vor der Begegnung mit manchem gefallenen Sohn des Volkes bewahrt blieben, auf lange Sicht hat sie die Militarisierung der Gesellschaft gefördert. Erst jetzt konnte der „Gediente“ als vaterländischer Musterknabe auftreten, konnte der Kapitulant im Wege der Zivilversorgung seine Ansprüche auf Einrangierung in den öffentlichen Dienst stellen.

Der Immediatbericht der Reorganisationskommission vom 17. April 1808 ging ausführlich auf die Frage der Strafkompanien ein. Ihre Bestimmung sollte sein, „Verbrecher aufzunehmen, deren Vergehungen von der Art sind, daß sie das zu bestrafende Individuum zwar unwürdig machen, mit Soldaten rechtlicher Gemütsart zusammen zu dienen, aber dennoch nicht von dem Belang, daß sie zur Aufnahme unter die eigentlichen Festungsgefangenen sich eigneten“.

Sie sollten zu allen etwa erforderlichen Fortifikationsarbeiten herangezogen werden: „Sie haben keinen permanenten Aufenthalt und arbeiten da, wo der Staat ihrer bedarf.“ Sie sollten nur für „königliche Arbeiten“ gebraucht werden. Stockhiebe schienen der Reorganisationskommission durchaus angemessen. Im Sommerhalbjahr wollte man sie in Bretterschuppen, im Winter in den Kasematten unterbringen. Um ihr Entweichen zu verhindern, schien es der Kommission angebracht, „durch ein von geschickten Chemikern auszumittelndes unschädliches und wieder zu vertilgendes Ätzmittel ihnen eine Hand dunkel zu färben“, woran sie sogleich zu erkennen sein würden. Immerhin konnten sie nach diesem Plan nach Ablauf ihrer Strafzeit und nach „Beweisen ihrer Gemütsbesserung“ wieder in ihre Regimenter eintreten. Die erlittene Strafe sollte ihnen nicht zum Vorwurf gereichen – aber auch nicht auf die Dienstzeit angerechnet werden.

Eine Ausnahme hiervon machten die eigentlichen Festungsgefangenen, die in besondere Abteilungen von „gröberen Verbrechern beider Stände, des Zivils und Militärs“ eingestellt werden sollten. Diese „zu den eigentlichen Festungsgefangenen Verdammten“, konnten nicht wieder in den Militärstand zurücktreten.

Friedrich Wilhelm III. genehmigte die Aufstellung von Strafkompanien nicht. Vielmehr sollten Mannschaften, die auch durch Anwendung des Stockes „nicht gebändigt“ werden konnten, in besonderen Abteilungen bei den Garnisonkompanien zusammengefaßt werden. Ein Regulativ vom 31. Oktober 1808 ordnete entsprechend die Bildung besonderer Strafabteilungen für die zur Festungsarbeit verurteilten Soldaten an. Diese Männer blieben auch während der Strafzeit Soldat, sollten deshalb auch nicht mit entehrenden Arbeiten beauftragt oder wie die Baugefangenen in Eisen gelegt werden.

Die „Verordnung wegen der Militärstrafen" setzte als Kriminalstrafen gegen Soldaten und Unteroffiziere – neben dem Arrest, vor allem dem strengen Arrest, der als Kriminalstrafe im Normalfalle auf sechs Wochen, bei gewissen Delikten auch auf längere Zeit ausgesprochen werden konnte, z. B. bis zu eineinhalb Jahren bei Störung des öffentlichen Gottesdienstes – ausschließlich die Festungsarbeit und die Festungsbaugefangenschaft (außer der Todesstrafe) fest. Mit der Einführung dieser Straftypen verfolgten die Reorganisations-Kommission und der Generalauditeur v. Koenen wiederum das Ziel, ein differenziertes Strafensystem mit Rücksicht auf die Angehörigen der „gebildeten Stände" zu erhalten.

Koenen meinte in den Erläuterungen zu den von ihm entworfenen Kriegsartikeln vom 26. Mai 1808 zu dieser Frage: „An Dieben, Betrügern und Falschmünzern, eidbrüchigen Deserteurs, Brandstiftern pp. ist wenig zu verderben. Diese möchte immerhin die Strafe der Festungsarbeit mit allem ihrem Ungemach und Schrecknissen treffen. Soll aber dergleichen entehrende und herabwürdigende Behandlung, als von der Festungsarbeitsstrafe bis jetzt unzertrennlich war, den Soldaten aus den gebildeten Ständen treffen, der im Taumel der Leidenschaft ein minder entehrendes Verbrechen, z. B. eine wörtliche Widersetzung, eine körperliche Verletzung, ein Duell, ein fleischliches Verbrechen, unternommen hat? Eine dergleichen Behandlung eines solchen Verbrechers würde härter als das Verbrechen selbst sein und zur Abstumpfung des Ehrgefühls und zur moralischen Verschlimmerung des Verbrechers oder zur Verzweiflung führen, Folgen, denen zum Besten des Ganzen vorzubeugen man bemüht sein muß."

Immerhin bedrohten die Kriegsartikel wörtliche Widersetzung gegen einen Befehl mit einer Festungsstrafe bis zu drei Jahren, die je nach Herkunft des Beschuldigten, nach Koenens Erläuterung, verschieden vollstreckt werden sollte. Derartige Differenzierungen hatte auch das ALR vorgesehen. Ein Hofreskript vom 15. September 1804 präzisierte diesen Gedanken dahingehend, daß gestattet wurde, auf bloßen Festungsarrest zu erkennen, wenn Geburt, Erziehung, Stand und Gewerbe des zu Bestrafenden vermuten ließen, daß er an körperliche Arbeiten nicht gewöhnt sei. Die Kriminalordnung vom 11. Dezember 1805 bestimmte, daß auch zu Festungsarrest verurteilte Personen aus den höheren Klassen ihren Fähigkeiten angemessene Arbeiten verrichten sollten; von dieser Vorschrift wurde jedoch praktisch kein Gebrauch gemacht.

Die Kriegsartikel von 1808

Koenen wählte für die schon seit 1713 nur für Unteroffiziere und Gemeine geltenden Kriegsartikel eine neue Systematik. Er gliederte sie in drei Abteilungen, von denen die erste die Dienstverbrechen, die zweite die sogenannten gemeinen Verbrechen – Tatbestände, die mit dem militärischen Dienst nicht unmittelbar zusammenhingen, also von jedermann verletzt werden konnten –

und die dritte die Strafbestimmungen enthielt. Die Artikel waren entgegen der ursprünglichen Absicht des Königs für den Friedens- und Kriegsdienst bestimmt. Das Mittel der Strafschärfung reichte für den Kriegsfall aus.

Insgesamt brachten sie bei einer Reihe von Tatbeständen Strafmilderungen, der Strafvollzug wurde humaner. Immerhin war die Todesstrafe noch bei einer ganzen Reihe von Tatbeständen als Normalstrafe oder als schärfste Strafart vorgesehen.

Mit dem Tode wurden bestraft: Tätliche Widersetzung, Drohen mit Gewehr, Widersetzung gegen Wachen bei Festnahmen oder „Steuerung eines Unfugs", Beschwerdeführung vor versammelter Mannschaft (im Kriege), Plünderung, Raub, Brandstiftung, Entfernung von der Wache, Flucht vor dem Feind, Überlaufen, Entlaufenlassen eines arretierten Hoch- und Landesverräters, Totschlag, Vergewaltigung mit Körperverletzung. Friedrich Wilhelm III. hatte in einer Bemerkung zum letzten Entwurf der Kriegsartikel zum Ausdruck gebracht, daß er bei Subordinationsverbrechen die „alleinige Todesstrafe" angewendet wissen wollte. Gemeint war damit Vollstreckung durch Erschießen, mithin Wegfall besonderer Vollzugsarten, wie die „Strafe des Rades". Es blieben aber bei anderen Tatbeständen durchaus verschiedene Vollzugsarten zulässig, wie etwa die Strafe des Schwertes, Rädern (bei Mord) „von oben herab oder von unten herauf" (nach Bewandtnis der obwaltenden Umstände und des Verhältnisses der ermordeten Person), oder Flechten des Körpers auf das Rad. Brandstifter wurden durch das Schwert oder mit „Verbrennung des Körpers" bestraft. Hier blickte also gelegentlich noch die Rigorosität der Carolina durch. 150 Jahre Aufklärung waren nicht ausreichend gewesen, um manche archaische Gepflogenheit zu beseitigen. So hieß es z. B. in Artikel 38: „Wer sich selbst das Leben nimmt, um sich einer durch grobe Verbrechen verwirkten Strafe zu entziehen, wird nach Befinden des Gerichts auf dem Richtplatze verscharrt. Ist bereits ein Strafurteil wider ihn ergangen, so wird solches, so weit es möglich und zur Abschreckung anderer dienlich ist, an dem toten Körper vollzogen."

Hinsichtlich der Festungsstrafe bestimmten die Kriegsartikel, daß gegen aus dem Soldatenstand Ausgestoßene auf Festungsarbeit unter den Baugefangenen zu erkennen sei. Mit der Ausstoßung aus dem Soldatenstande war die Unfähigkeit zum Erwerb des Bürgerrechts oder des Besitzes von Grundstücken verbunden – eine Rechtsfolge, die erst 1838 beseitigt wurde. Auf Ausstoßung aus dem Soldatenstand mußte erkannt werden bei der dritten Desertion in Friedenszeiten, gewaltsamem Diebstahl im Wiederholungsfalle und Raub. Diese Aufzählung ist unter dem Gesichtspunkt der gewünschten Säuberung der Armee von „unwürdigen" Elementen recht aufschlußreich, war doch in den Kriegsartikeln eine Reihe anderer Delikte aufgezählt, die mindestens im gleichen Umfang zum Unwürdigkeitsurteil hätten führen können.

Die so entstandene „Lücke" wurde, wenn auch nur mit temporärer Wirkung, ausgefüllt mit dem Mittel der Versetzung in die zweite Klasse des Soldatenstandes, die bei einer ganzen Reihe von Vergehen oder Verbrechen möglich war, so z. B. bei Fortschleichen aus einem Gefecht, Wegwerfen des Gewehrs auf dem Rückzug, Falschmünzerei, einfachem Diebstahl – falls der Wert des gestohlenen Gutes über fünf Taler lag –, Urkundenfälschung, versuchter Brandstiftung. Die Versetzung in die zweite Klasse des Soldatenstandes (auch geringere Klasse genannt) hatte die Folge, daß außer der Prügelstrafe nun auch Zuchthausstrafe gegen den Delinquenten ausgesprochen werden konnte. Die Zuchthausstrafe durfte allerdings nur zur Ahndung der sogenannten gemeinen Vergehen verhängt werden. In jedem Falle wurde der Verlust des National-Militärabzeichens ausgesprochen. Eine Wiederverleihung konnte nur durch den König angeordnet werden; deshalb stellte eine AKO vom 13. Oktober 1824 klar, daß die Kommandeure künftig nicht mehr befugt waren, die Zurückversetzung in die erste Klasse auszusprechen.

Friedrich Wilhelm III. hatte mit Kabinettsorder an den Generalauditeur vom 11. April 1808 schon zu erkennen gegeben, daß die Strafen für gemeine Verbrechen „mit den Strafen für die übrigen Stände übereinstimmen sollen und daher in den Kriegsartikeln bei Hinweisung auf das Kriminalrecht das Verhältnis der Militärarreste zu den in dem Kriminalrecht festgesetzten Strafen bestimmt werden muß". Eine derartige genaue Abstimmung sahen die Kriegsartikel im Ergebnis nicht vor. Es hieß nur allgemein, daß in der Regel gegen Soldaten keine Geldstrafen angewendet werden dürften.

Ferner hieß es: „Gemeine Verbrechen der Soldaten, das ist Überschreitungen solcher Strafgesetze, welche mit ihren Dienstpflichten nicht in unmittelbarer Beziehung stehen, werden nach den allgemeinen Landesgesetzen bestraft und dabei nur solche Verschiedenheiten angewendet, als durch die Verhältnisse des Soldatenstandes notwendig gemacht werden. Der Soldat hat sich daher nach den allgemeinen Landesgesetzen zu richten, von welchen hier nur ein Auszug, besonders mit Rücksicht auf die bemerkten Verschiedenheiten, angegeben werden kann."

Strafrechtsverordnungen bis 1845

Kriegsrechtliche Erkenntnisse bedurften seit je zur Rechtskraft der Bestätigung. Eine Verordnung vom 28. 1. 1826 regelte die Zuständigkeiten auf allen Ebenen. Danach blieben der unmittelbaren königlichen Bestätigung folgende Urteile vorbehalten:

a) gegen Offiziere, Militärbeamte im Offizierrang, Portepee-Fähnriche ohne Rücksicht auf Art und Höhe der Strafe; gegen Feldwebel und Wachtmeister der Garden, wenn auf Verlust des Portepees und auf Degradierung erkannt war;

b) gegen alle übrigen, wenn auf mehr als zehnjährige Festungsstrafe erkannt war;

c) gegen Soldaten der Garde vom Feldwebel bis zum Gemeinen, bei über dreijähriger Festungsstrafe;

d) Urteile über dreijährige Festungsstrafe, wenn ein Vergehen gegen die Subordination vorlag;

e) Urteile in Duellsachen; wenn auf Adelsverlust oder Ausstoßung aus dem Soldatenstand erkannt war.

Das Bestätigungsrecht bei anderen Urteilen lag in genauer Abstufung entweder beim Kriegsminister, den Kommandierenden Generalen oder bei den Divisionskommandeuren.

Mit dieser Regelung blieb der Oberste Kriegsherr zugleich der Oberste Gerichtsherr, ein Recht, das schon immer zu den vornehmsten Prärogativen der monarchischen Gewalt gezählt wurde. Sie beanspruchte entsprechend auch das Begnadigungsrecht.

In Teilbereichen setzte vor der 48er Revolution im militärischen Strafrecht eine Modernisierung ein, vor allem deutlich in der Abschaffung alter, auf die Psyche des ehemaligen Söldners berechneter „optischer" Maßnahmen erkennbar. Schrittmacher war hier wie in vielen Bereichen der preußischen Reformen das modernere französische Recht. Wenn das englische Militärrecht um diese Zeit hinterherhinkte, so erklärt sich dies nicht allein aus der Abneigung gegen französisch-napoleonische Neuerungen, sondern noch eher aus der Tatsache, daß in England weiterhin die Söldnerarmee alter Art fortexistierte.

So gab noch 1819 das preußische Kriegsministerium über das Verfahren bei der Rehabilitierung der in contumaciam verurteilten Deserteure und der wegen entehrender Verbrechen aus dem Soldatenstande Ausgestoßenen bekannt, die Anheftung des Namens eines Deserteurs an den Galgen bilde einen wesentlichen Teil der Strafe. Eine auf diese Weise vollzogene öffentliche Entehrung könne auch nur öffentlich beseitigt werden. Daher sollte eine „öffentliche Feierlichkeit" an der Gerichtsstätte erfolgen: Der Name des Begnadigten wurde in Gegenwart des Bataillons vom Galgen oder Schandpfahl gerissen. Der Rehabilitierte wurde in das im Kreise angetretene Bataillon zurückgeführt, nachdem er „von einer dazu geeigneten Person (Auditeur, Feldprediger) mit einer eindringlichen Ermahnung wegen des begangenen Verbrechens empfangen, ihm die unglückliche und schimpfliche Lage, in der er sich befunden, vorgestellt, und ihm die Größe und der Werth der ihm widerfahrenden Begnadigung gehörig ans Herz gelegt, auch ihm das feierliche Versprechen abgenommen, sich durch ernstliche Besserung und unverbrüchliche Treue des Glücks und der Ehre würdig zu machen, nun wieder in der Mitte braver Krieger auftreten, und mit ihnen gemeinschaftlich Dienst tun zu dürfen".

Bei Offizieren sahen die alten Vorschriften im Falle der Desertion die Anheftung der „Bildnisse" am Schandpfahl oder Galgen vor. Erst 1839 hob eine Kabinettsorder diese Praxis auf und ersetzte sie durch Publikation der Namen in den Amtsblättern.

Prinz Wilhelm meldete ferner als Kommandierender General des III. Armeekorps im Jahre 1832 erhebliche Bedenken gegen die bestehende Praxis in den sogenannten „Korrektionskompanien" bei den Garnisonkompanien an. Sein praktischer Sinn richtete sich auf das Problem der Einsatzmöglichkeit der Angehörigen der zweiten Klasse des Soldatenstandes im Kriege. Zu einer durchgreifenden Lösung gelangte er nicht, beschränkte sich vielmehr auf einzelne Verbesserungsvorschläge. Seine Bemerkungen zeigen jedoch, daß häufig Versetzungen in die minderberechtigte Klasse wegen wiederholter kleiner Vergehen vorgenommen wurden. Diese Soldaten wurden dann mit Kriminellen zusammengebracht. Hier fand sich dann auch der „Ausschuß" der Garden ein, den die Linienregimenter nicht mehr wie früher akzeptieren wollten. Auf diese Weise wurde der Erziehungs- und Korrektionseifer, der einst den Generalauditeur v. Koenen beflügelt hatte, ad absurdum geführt. Zahlreiche Kommandeure urteilten sehr skeptisch über diese Institution zur Applizierung von Dienstmoral.

Anregungen dieser Art blieben auf die Kommission zur Revision der Militärgesetze ohne nachhaltige Wirkung, als in der ersten Hälfte der vierziger Jahre Beratungen über neue Kriegsartikel in Gang kamen. Etwa gleichzeitig begannen Überlegungen zu einem Militärstrafgesetzbuch. Prinz Wilhelm schlug vor, die Kriegsartikel für den Fall, daß das Strafgesetzbuch bald eingeführt würde, als eine Art soldatischer Pflichtenlehre und nicht als Strafkodex zu redigieren. Er nahm damit die Entwicklung bis 1945 vorweg, denn alle nach der Revolution erschienenen Kriegsartikel stellten ausschließlich einen Pflichtenkatalog dar und hatten auf das Militärstrafrecht keinerlei Einfluß mehr.

Erstes Erfordernis war seiner Meinung nach, die Artikel „in einem sehr einfachen, volksgemäßen und kräftigen Styl abzufassen", da sie nur so „auf den gemeinen Soldaten, indem sie sich an seine Gefühle und seine Denkungsart wenden und anschließen, überzeugend wirken und Beweiskraft für ihn haben können. Unmittelbar „vor der Strafbedrohung müßte in jedem dieser Kriegsartikel, wenn auch nur mit zwei Worten, an die gesunde Vernunft, das moralische oder religiöse Gefühl des Soldaten eindringlich appelliert werden, um ihn hierdurch zugleich für die Nothwendigkeit der vielfachen und harten Strafen zu gewinnen und mit denselben zu versöhnen". Angesichts des rigorosen Strafvollzugs ein optimistisches Unterfangen! Diese Ideen kamen damals über das Entwurfstadium nicht hinaus.

Die „Kriegsartikel für das preußische Heer" vom 27. Juni 1844 wurden als Strafgesetzbuch konzipiert mit insgesamt 68 Einzelartikeln. Im großen lehnten sie sich an die Artikel von 1808 an mit ähnlichen Strafdrohungen und Vollzugsarten. Die Sprache war schlichter. Eine innenpolitisch interessante Nuance gegenüber der Formulierung von 1808, wonach der Soldat sich dem König als seinem Landesherrn verpflichtete, brachte die Wendung: „Seiner Königlichen Majestät *und* dem Vaterland treu zu dienen, ist des Soldaten erste Pflicht."

Das Strafgesetzbuch für das preußische Heer

Die Kriegsartikel von 1844 blieben nur eine Zwischenlösung. Schon im April 1845 trat das Strafgesetzbuch für das preußische Heer in Kraft mit neuem Aufbau und einer besseren Systematik. Am wichtigsten wurde die Tatsache, daß nun wieder ein für Offiziere, Unteroffiziere und Soldaten gemeinsames Strafrecht gegeben war, wenn auch für Offiziere noch zahlreiche Sondernormen und Vergünstigungen bestehen blieben. § 1 stellte fest, daß das neue Recht auf alle der Militärgerichtsbarkeit unterworfenen Personen anzuwenden sei; das Strafrecht der allgemeinen Landesgesetze behielt für Soldaten subsidiäre Geltung.

Eingangs behandelte das Gesetz die zulässigen Strafarten: Todesstrafe, Baugefangenschaft, Festungsstrafe, Festungsarrest (nur gegen Offiziere und Portepee-Unteroffiziere, soweit es im Ermessen des Richters lag, von der Degradation abzusehen). Die übrigen Arrestarten blieben wie herkömmlich geregelt, ebenso die Versetzung in die zweite Klasse des Soldatenstandes und die Rehabilitierung.

Wesentlich Neues brachte auch nicht die Behandlung der „bürgerlichen Strafen gegen Personen des Soldatenstandes": besaß der Richter Ermessensspielraum, so sollte er statt auf Zuchthaus auf militärische Festungs- oder Arreststrafe erkennen. Statt der Gefängnisstrafe war gegen Portepee-Unteroffiziere bis zur Dauer von 12 Wochen gelinder Arrest, sonst Festungsarrest zu verhängen. Statt auf Geldstrafe mußte auf Freiheitsstrafe erkannt werden.

Das Verhältnis der Strafen zueinander war folgendermaßen geregelt:
acht Monate Baugefangenschaft = ein Jahr Festungsstrafe
vier Monate Festungsstrafe = sechs Monate Festungsarrest
Festungsarrest = Stubenarrest = gelinder Arrest
eine Woche strenger Arrest = zwei Wochen mittlerer Arrest = vier Wochen gelinder Arrest
20 Stockschläge = eine Woche strenger Arrest
Degradation vom Portepee-Unteroffizier zum Gemeinen = sechs Monate Festungsstrafe
Degradation vom Unteroffizier zum Gemeinen = drei Monate Festungsstrafe
Baugefangenschaft = Zuchthaus
ein Jahr Festungsstrafe = acht Monate Zuchthaus
gelinder Arrest = Gefängnis

Eine ganz besondere Bedeutung kam der Regelung der Strafbarkeit bei Nichtbefolgen eines Befehls und bei Gesetzesverletzungen in Ausführung eines Befehls zu. Wie zuvor war für die Verletzung eines Strafgesetzes in Ausführung eines Befehls in Dienstsachen der Vorgesetzte in der Regel alleinverantwortlich. Den Untergebenen traf die Strafe des Teilnehmers bei Befehlsüberschreitung oder wenn ihm bekannt war, daß der Befehl eine Handlung betraf, welche offenbar ein Verbrechen bezweckte. Die in der preußischen Armee (und nicht nur hier) zur Frage der Ausführung rechtswidriger Befehle entwickelte Kasuistik bürdete praktisch dem Untergebenen das Risiko auf, zwischen Insubordination und strafbarer Rechtsverletzung abzuwägen. Von ganz eklatanten Fällen der Unrechtmäßigkeit eines Befehls abgesehen, konnte der Soldat nichts Besseres tun, als seinem Vorgesetzten zu gehorchen. Subordination galt als die wesentliche innere Voraussetzung des militärischen Instruments – ein Grundsatz, der vom militärischen Standpunkt keinem Zweifel unterliegen kann. In der einfachen Übertragung der aus der Söldnerarmee übernommenen und immer noch lebendigen Anschauungen auf das 19. Jahrhundert lag dennoch eine Übertreibung, die vermeidbar gewesen wäre. Eine sachgerechte Risikoverteilung hätte die Grundfesten der preußischen Armee keineswegs erschüttert.

Die einschlägige Kasuistik (mag sie sich auch als Dogmatik gegeben haben) kann mit den Worten eines zeitgenössischen Militärjuristen (v. Rudloff) gekennzeichnet werden:

„Die Treue gegen den Monarchen, also die stete Rücksicht auf dessen Interesse, und der unbedingte Gehorsam gegen seine Befehle sind allerdings, als die Grundlagen des ganzen Militärinstituts, höhere Pflichten, als die der militärischen Subordination, oder des inneren militärischen Gehorsams; wo also eine Collision jener Pflichten mit dieser Statt finden sollte, würde unbedenklich die letztere zurückstehen müssen. Die Beurtheilung ob eine solche Collision vorhanden ist, kann indessen, solange diese nicht völlig evident ist, den in untergeordneten Verhältnissen stehenden Militairpersonen, wie schon aus der Beschränktheit ihres dienstlichen Gesichtskreises von selbst hervorgeht, nicht zustehen; aber auch der höhere, in einem eigenthümlichen und selbständigen Dienstwirkungskreise stehende Officier muß, wenn er sich veranlaßt findet, die Rechtmäßigkeit eines von seinem Vorgesetzten erhaltenen Befehls, oder dessen Uebereinstimmung mit den Absichten und dem Interesse des Monarchen, die, so lange das Gegentheil nicht am Tage liegt, allemal vorausgesetzt werden muß, in Zweifel zu ziehen, und demgemäß zu handeln, stets dabei vor Augen haben: daß wenn der Erfolg nicht seinen Ansichten entspricht, und die vermuthete Nichtübereinstimmung des Befehls mit dem Willen und dem Interesse des Monarchen nicht bestätiget, er durch dessen Nichtbefolgung, des, an sich vielleicht lobenswerthen, und aus reiner Ueberzeugung der Pflicht hervorgegangenen Motivs derselben ungeachtet, die Strafe der Insubordination sich zuzieht, und außerdem für alle, durch verweigerte oder verzögerte Ausführung des Befehls entstehenden nachtheiligen Folgen verantwortlich ist. Er muß ferner berücksichtigen: daß, da die Verletzung des militairischen Gehorsams, an sich betrachtet, eine sehr wesentliche Verletzung des Königlichen Willens und des Königlichen Interesses in Bezug auf das Militairinstitut ist, dieselbe nur dann gerechtfertigt seyn kann, wenn der Zweck oder die Veranlassung des Ungehorsams von höherer Wichtigkeit für das Interesse des Monarchen war, als in dem concreten Falle die Erhaltung des militairischen Gehorsams, und daß, bei Abwägung dieser beiden Rücksichten gegen einander, der Ausschlag um so mehr zum Nachtheile des Ungehorsams seyn muß, je mehr militairische Rücksichten und Pflichten in diesem Falle durch denselben verletzt werden."

Im Militärstrafgesetzbuch von 1845 und in der neuen Fassung vom 20. Juni 1872 ist die Strafbarkeit der Verletzung von Strafgesetzen in Ausführung eines Befehls auf die gleiche Weise geregelt worden. Es mußte sich um einen „Befehl in Dienstsachen" handeln. Eine klare gesetzliche Definition dieses Begriffes gab es nicht, und er wurde sehr weit ausgelegt. So konnten beispielsweise auch Privatangelegenheiten eines Soldaten unter gewissen Voraussetzungen den Gegenstand eines Befehls in Dienstsachen bilden, da zu den „Dienstangelegenheiten" alle Angelegenheiten gehörten, mit denen der Vorgesetzte nach den bestehenden Vorschriften sich dienstlich zu befassen verpflichtet war. Im Einzelfall konnte auch ein derartiger Befehl vorliegen, wenn seine Ausführung die Verletzung eines Strafgesetzes involvierte. War dies dem Untergebenen bekannt, so mußte er den Befehl verweigern.

In der Armee ist der Standpunkt vertreten worden, diese Vorschrift, die später im Militärstrafgesetzbuch von 1872 unter § 47 zu finden war, habe mit dem sogenannten „blinden Gehorsam" gebrochen, weil dem Untergebenen („was immerhin nicht unbedenklich sein mag", so Elsner v. Gronow und

Sohl) ein Prüfungsrecht eingeräumt worden sei. Tatsächlich setzte die Vorschrift aber positive Kenntnis der Strafbarkeit des geforderten Verhaltens voraus, nicht eine Prüfung. So wurde nicht der ‚blinde Gehorsam' eliminiert, sondern eher ein Zeichen dafür gesetzt, daß nicht jeder Befehl als sakrosankt angesehen werden konnte.

Das Militärstrafgesetzbuch für das Deutsche Reich

Das Militärstrafgesetzbuch für das Deutsche Reich vom 20. Juni 1872 brachte in enger Anlehnung an die Systematik des Strafgesetzbuches für das Deutsche Reich vom 15. Mai 1871 eine weitere Annäherung des Militärstrafrechts an das allgemeine Strafrecht. Es beschränkte sich nicht auf die Herausarbeitung der Besonderheiten des eigentümlichen Gewaltverhältnisses des Soldaten in strafrechtlicher Hinsicht, sondern führte auch eine Reihe von typischen Differenzierungen ein, die weniger den Unterschied zwischen Militär und Zivil, als zwischen Offizier und Soldat betrafen.

Die – wenn auch moderierte – Aufrechterhaltung eines unterschiedlichen Strafensystems für Offiziere und Mannschaften erscheint im Rückblick um so aufschlußreicher, als mit dem neuen Militärstrafgesetzbuch Gelegenheit zu einer Neuorientierung auch bei diesem Komplex gegeben gewesen wäre. Aber die nationalen Erfolge von 1866 und 1870/71 bewirkten eben, daß die „bewährten" Institutionen der Armee, der die entscheidenden Siege, die Voraussetzungen der deutschen Einigung zu danken waren, mit in das Reichsheer übernommen wurden. So blieb es bei den „nach dem Militärrange des Täters" unterschiedlichen Arrestarten. An die Stelle des Festungsarrestes trat Festungshaft, auf die nicht nur gegen Offiziere, sondern auch gegen Unteroffiziere und Gemeine erkannt werden konnte. In einer Anweisung des Generalauditoriats aus dem Jahre 1873 wurde in einer die Praxis kennzeichnenden Weise dazu die Auffassung vertreten, es dürfte sich empfehlen, ihre Anwendung zumeist auf Offiziere, Portepee-Unteroffiziere, Einjährig-Freiwillige und solche jungen Leute, welche auf Beförderung zum Offizier dienen, zu beschränken.

Die Mehrheitsverhältnisse im Reichstag ließen eine klare und gerechte Entscheidung nicht zu. Ehrengesichtspunkte, aufgehängt an Besitz- und Bildungsinteressen, dominierten und führten zu einer Lösung, die nicht auf den innerlich überzeugenden Weg der „Nationalarmee" hinsteuerte.

Recht anschaulich spiegelte sich die rangmäßige Abstufung des Rechts in der herrschenden Lehre zum § 121 MilStGB: „Wer einen Untergebenen beleidigt oder einer vorschriftswidrigen Behandlung desselben sich schuldig macht, wird mit Freiheitsstrafe bis zu zwei Jahren bestraft." Hierzu setzte sich die Auffassung durch, daß einschlägige Äußerungen eines Vorgesetzten gegenüber einem Untergebenen nicht als Beleidigung aufgefaßt werden konnten, auch wenn sie objektiv ehrenkränkender Natur seien, wenn der Vorgesetzte vermöge seiner Dienstgewalt ein Recht zu der Äußerung hatte.

In diesen Zusammenhang gehört auch die Tatsache, daß die Armee und mit ihr der Reichstag es nach 1872 noch für erforderlich hielten, als „Ehrenstrafe“ die Versetzung in die zweite Klasse des Soldatenstandes beizubehalten. Auf sie mußte erkannt werden neben dem Verlust der bürgerlichen Ehrenrechte. Es konnte darauf erkannt werden bei wiederholten Rückfällen und bei Verurteilung wegen Diebstahls, Unterschlagung, Raub, Erpressung, Hehlerei, Betrug und Urkundenfälschung. Die Rechtsfolgen umfaßten den dauernden Verlust von Orden und Ehrenzeichen, der Militärkokarde und der Versorgungsansprüche; letztere konnte der Verurteilte nicht geltend machen, soweit sie durch Richterspruch aberkannt werden konnten (diese Rechtsfolge wurde erst 1893 annulliert). Soldaten der zweiten Klasse konnten ferner nach fruchtloser Anwendung von Disziplinarmitteln vom Kommandierenden General in Arbeiterabteilungen eingewiesen werden.

Die preußisch-deutsche Armee ist aus eigener Wertung und Überlegung im ganzen 19. Jahrhundert nicht aus den Fesseln eines vorrevolutionären Klassendenkens herausgekommen. Im Strafrecht reflektierte sich dieser Immobilismus deutlich. Nur, wenn gesellschaftliche Entwicklungen zu Konzessionen drängten, wie etwa während der 48er Revolution, sind größere Fortschritte erzielt worden, sonst blieb es auf den meisten Gebieten bei kleinen und kleinsten Reformen auf dem Verordnungs- und Verwaltungswege, die wenig am System zu verändern vermochten. Die antiquierten Rechtsverhältnisse fallen besonders deutlich ins Auge, wenn die Rechtsposition des Soldaten der des Offiziers gegenübergestellt wird.

Stellung des Offiziers im Strafrecht

Im ganzen 19. Jahrhundert ist an den offizierfreundlichen Disziplinarvorstellungen der Militär-Reorganisations-Kommission festgehalten worden. Im Strafrecht zeigt sich – nicht ganz so konsequent – eine ähnliche Entwicklung. Schon die Tatsache, daß erst 1845 wenigstens ein gemeinsames Strafgesetzbuch für Soldaten und Offiziere geschaffen wurde, gibt hierfür Anhaltspunkte. Dabei war in diesem Gesetz Raum genug für standesgemäße Differenzierungen. Dem Soldaten wurde nach wie vor der Katechismus der Kriegsartikel als „Pflichtenlehre“ zugemutet, während dem Offizierkorps als „Pflichtenlehre“ ritterlich-feudal anmutende Belehrungen in Ehrensachen zuteil wurden, die gegen Ende des Jahrhunderts ein zunehmend patriarchalisches Pathos aufwiesen.

Im Bereich der strafrechtlichen Sanktionen durfte der Offizier anders als vielfach der strafwürdige Soldat damit rechnen, als zivilisierter Mensch behandelt zu werden. Festungsarbeit, Baugefangenschaft, primitive Unterkünfte u. ä. sahen die Gesetze für ihn nicht vor. Bis 1845 mußten Strafsanktionen gegen Offiziere den allgemeinen Gesetzen entnommen werden, weil es ein spezifisches Strafrecht für sie nicht gab. Gleichwohl richtete sich der Strafvollzug nicht nach allgemeinen Bestimmungen, sondern nach Sondernormen.

Als Freiheitsstrafe gegen Offiziere existierte jahrzehntelang nur der Festungsarrest. Er war eine Art Festungsstubengefangenschaft. Bei mehr als vierwöchigem Festungsarrest (-strafe) verlor der Offizier die Hälfte seines Gehalts (war er Kompaniechef, so bekam derjenige Offizier, der die Kompanie während der Strafverbüßung interimistisch führte, die einbehaltene Gehaltshälfte als Zulage).

Bezeichnend für die Anschauung der Zeit war es, daß dem Häftling ein Bursche „zu seiner Aufwartung“ zugewiesen wurde. Ein Zirkularschreiben des Kriegsministeriums von 1818 sah darüber hinaus vor: Gewährung von Feuerungsanlagen und geweißten Wänden. Mobiliar konnte der Häftling sich zur eigenen Bequemlichkeit besorgen. Wer hierzu nicht genügend Mittel besaß, erhielt aus der Festungsdotierungskasse eine Pritsche oder Bettstelle, Tisch, Schemel und Nachtstuhl. Der Offizier behielt überdies seine „Rationskompetenz“, also seine Verpflegung, es sei denn, er war zur Kassation oder zur Entfernung aus dem Offizierstand verurteilt.

Kurze Festungsstrafen wurden auf die Dienstzeit angerechnet. Das Strafgesetzbuch für das Preußische Heer von 1845 dehnte diese Vergünstigung auf Strafen bis zu einem Jahr aus. Es legte wiederum fest, daß gegen Offiziere keine härtere Freiheitsstrafe als Festungsarrest zulässig sei. Hatte ein Offizier ein Verbrechen begangen, worauf das Gesetz eine härtere Freiheitsstrafe androhte, so mußte statt dieser Strafe auf verhältnismäßig verlängerten Festungsarrest (mit seinen relativen Bequemlichkeiten) erkannt werden. Das bedeutete praktisch, daß Offiziere weder die rigorosen Freiheitsstrafen für militärische Verbrechen (Baugefangenschaft) noch die bürgerlichen Strafen für gemeine Delikte (Gefängnis oder Zuchthaus) zu fürchten hatten. Statt Gefängnis bis zu sechs Wochen war Stubenarrest, sonst Festungsarrest vorgesehen. Statt Zuchthaus mußte auf verhältnismäßigen Festungsarrest und auf Entfernung aus dem Offizierstand oder Kassation erkannt werden.

Erst das Militärstrafgesetzbuch von 1872 sah auch gegen Offiziere härtere Freiheitsstrafen vor, nämlich neben Arrest und Festungshaft auch Gefängnis und Zuchthaus. Allerdings mußte wie bei Soldaten neben Zuchthaus auf Entfernung aus dem Heer erkannt werden. Neben Gefängnis von mehr als fünfjähriger Dauer konnte ebenfalls auf Entfernung aus dem Heer erkannt werden.

Von erheblicher Bedeutung waren die als Nebenstrafen möglichen oder obligatorischen Ehrenstrafen (die nicht zu verwechseln sind mit den Sprüchen der Ehrengerichte).

b. Die Militärgerichtsbarkeit

Vor und in der Reformzeit

Preußen ging mit einer Militärgerichtsbarkeit in das 19. Jahrhundert, die völlig dem Ständestaat friderizianischer Herkunft entsprach. Die Kriegsgerichtsordnung – überhaupt die erste preußische staatliche Verfahrensordnung

– und die Auditeurinstruktion stammten noch aus dem Jahre 1712. Beide waren nicht veröffentlicht worden und daher weithin unbekannt. Theoretisch hätte der Auditeur als Inquirent, Ankläger und Verteidiger erheblichen Einfluß auf das Verfahren nehmen können, aber neben den adligen Offizieren blieb seine Position bescheiden, häufig nur die eines Protokollanten. Es war nicht einmal sichergestellt, daß Exemplare der Verfahrensvorschriften von den Offizieren angeschafft wurden. In Kriminalsachen gegen Offiziere war die Position des Auditeurs geradezu hoffnungslos, da er nicht einmal das Dienstreglement in Händen hatte, auf das sich die Anklage stützen konnte.

Friedrich Wilhelm I. entzog den Regimentskommandeuren immerhin die Bestätigung gravierender Erkenntnisse gegen Soldaten und Unteroffiziere. Sie waren seit 1726 dem König durch den Generalauditeur zur Bestätigung vorzulegen – sichtlich um Willkür und Machtmißbrauch abzuschaffen.

Unter Friedrich II. gewannen die Kommandeure wieder größere Zuständigkeiten. Das Bestätigungs- und Vorlagerecht des Generalauditeurs wurde abgeschafft. Der König verkehrte wieder direkt mit den Kommandeuren, die für ihn auch als Präsides der jeweiligen Gerichte Aktenauszüge fertigen ließen. Die Auditeure hatten keinen Einfluß. Die Tendenz der Zurückdrängung des juristischen Fachrates in der Militärjustiz seit Friedrich II. ist unverkennbar.

Mit der Einrichtung des Oberkriegskollegiums unter Friedrich Wilhelm II. im Jahre 1787 wurde das Generalauditoriat zu einem „besonderen" Departement. Damit verlor der Generalauditeur seine immediate Stellung endgültig. Der Dienstweg führte nunmehr über den vortragenden Generaladjutanten. Die Auditeure waren ihrerseits selbst nach Auffassung der Rechtswissenschaft keine Richter, sondern eine Art „Gerichtsverwalter" und Untergebene ihrer Kommandeure.

Das Verhältnis des Auditeurs zum präsidierenden Stabsoffizier im Gericht ist vielfach ebenfalls als Untergebenenverhältnis aufgefaßt worden. Das soziale Gefälle zwischen Stabsoffizier und Auditeur und die faktische Abhängigkeit haben dazu geführt, daß der letztere sich widerspruchslos in diese subalterne Rolle hineinfand. Als der Schwächere war er in der fatalen Lage, seine oft richtige Auffassung nicht zweifelsfrei belegen zu können, weil im absoluten Staat nicht durchgehend die Möglichkeit bestand, von einem abstrakten Gesetzesbegriff auszugehen, der es gestattet hätte, eine Rechtsauffassung auch gegen traditionelle Auffassungen, Meinungen und Usancen zu verteidigen. Zwar enthielt das Dienstreglement von 1788 einige Vorschriften über die Zusammensetzung der Kriegs- und Standgerichte, im ganzen fehlte ein umgrenztes Prozeßrecht. Die bei den Zivilgerichten ausgebildeten Auditeure begannen daher das Verfahren der Allgemeinen Kriminalordnung vom 11. Dezember 1805 bei den Militärgerichten anzuwenden. Ohne gesetzliche Ermächtigung, mit bloßer Billigung seitens des Generalauditoriats, galt dieses Verfahrensrecht subsidiär bis in die Zeit der Einführung der neuen Militär-Gerichtsordnung im Jahre 1845.

Das Problem der Reformer war nicht die Einführung eines Verfahrens mit Garantien für den Angeklagten, sondern der weitgehende Abbau der Zuständigkeit der Militärgerichte in Angelegenheiten, die nicht unmittelbar mit dem Militärdienst verbunden waren. An der Schwelle der Reformzeit besaß Preußen eine den Bedürfnissen einer Söldnerarmee entsprechende Militärgerichtsbarkeit. In einer Zeit aber, in der die Armee „nationalisiert" werden sollte, mußte die Zuständigkeit der Militärgerichte für Zivilsachen, ja für die Familie und das Gesinde der Soldaten und Offiziere, als Hindernis empfunden werden.

Die Militär-Reorganisations-Kommission schlug daher vor, den Militärgerichten künftig nur die Kriminaljustiz zu lassen. Friedrich Wilhelm III. schaltete den Generalauditeur in die Diskussion ein.

Mit KO vom 21. Januar 1808 an den interimistischen Justizminister Kanzler v. Schroetter trug er diesem und dem Generalauditeur auf, ihm einen Bericht zu der Frage vorzulegen, „ob die Militärgerichtsbarkeit künftig nicht bloß auf Dienstsachen und Dienstvergehen einzuschränken sei". Dies sei in England und Frankreich schon der Fall. Friedrich Wilhelm gab zu bedenken: „Da ... die bei der neuen Organisation der Armee angenommenen Grundsätze, wonach jeder Untertan ohne Unterschied des Standes zum Militärdienst verpflichtet wird, die Einführung derselben [Einschränkung] auch hier zu erfordern scheinen, so muß diese Frage jetzt gründlich erörtert werden."

Dem Generalauditeur fiel es schwer, einer Begrenzung der Zuständigkeit der bisherigen Militärgerichtsbarkeit zuzustimmen. Zwar sah auch er die Notwendigkeit einer stärkeren Annäherung und einer auf „gegenseitige, vermehrte Achtung gegründeten Harmonie des Militär- und des Zivilstandes". Er räumte auch Mängel der Militärjustiz ein, nicht ohne die Abhängigkeit der Auditeure von ihren Chefs und Kommandeuren zu erwähnen, im ganzen aber war er der Ansicht, daß gerade die Übertragung von Teilkompetenzen zu nachteiligen Reibungen „zwischen beiden Ständen" führen würde. Bei einer Abgabe der Strafgerichtsbarkeit über gemeine Verbrechen an die Zivilgerichte befürchtete er „einen nachteiligen Einfluß auf das Ehrgefühl der Militärpersonen" – wobei wohl in erster Linie an Offiziere gedacht war –, „welche eine Beruhigung und Auszeichnung darin fänden, von ihren Kameraden gerichtet zu werden".

Generalauditoriat und Justizdepartement gerieten über diese Fragen in einen immer grundsätzlicher werdenden Gegensatz, in welchem der Justizminister Schroetter konsequent die Forderung auf eine weitgehende Beseitigung des militärischen Gerichtsstandes vertrat, während der leitende Militärjurist seine Sonderinteressen und die der Militärjustiz verteidigte. Diese Kontroverse, Jahrzehnte vor der Einführung des konstitutionellen Prinzips in Preußen ausgetragen, ging zwar nicht um die Stellung des Angeklagten im Verfahren, eine Frage, die in Preußen-Deutschland bis zum Ende des Jahrhunderts umkämpft blieb, aber doch um ein eminent wichtiges Problem, das in den größeren Zusammenhang der Position des Militärinstituts im Staate gehörte. In der Argumentation des Justizministers kam der aufklärerisch-edukative Elan des Reformgeistes ganz unverhüllt zum Ausdruck. Seinen Gedankengängen haftete durchaus etwas Konstruktivistisches an. Gegenüber diesem Durchdrungensein von der Idee, Staat und Nation planen, neu organisieren und auf die Zukunft vorbereiten zu können, hatte der Generalauditeur allein praktische Gesichtspunkte ins Feld zu führen.

Schroetter ließ den Generalauditeur bei den Vorbereitungsarbeiten an dem gemeinsam einzureichenden Immediatbericht über die Reform der Militärgerichtsbarkeit in einem Schreiben vom 15. Mai 1808 wissen: „Ich finde die Frage kaum zweifelhaft, weil mir kein haltbarer Grund erscheinen will, der es rechtfertigte, daß der dem Staat als Soldat dienende Bürger einen andern Richter über Mein und Dein und über seine etwaigen Verletzungen allgemeiner Pönalgesetze haben soll als den, welchen er ohne Beziehung auf seinen Stand hatte … vielleicht fing man mit der Exemtion des Militärs von der Kriminalgerichtsbarkeit an, weil in dem Militärchef das ganze Disziplinar- und Kriminalstrafrecht vereinigt werden sollte, und schritt dann weiter zur Exemtion von der Ziviljurisdiktion … Angenommen, daß bis jetzt keine Ausnahme des Militärs von der ordentlichen Gerichtsbarkeit stattgefunden hätte, würde sie doch gewiß nicht eingeführt werden, weil sie unverkennbar eine Scheidewand zwischen dem Bürger und dem Soldaten aufrichtet und beide Stände zu einem schädlichen esprit de corps anreizt, der dem Zweck des Staatsvereins laut widerspricht und den Soldaten isoliert."

Generalauditeur v. Koenen lehnte bereits in einem Schreiben an die Militär-Reorganisations-Kommission diese Grundsätze ab und berief sich darauf, daß, abgesehen von England und Frankreich, praktisch alle Staaten „dem Militär wegen der Eigentümlichkeit seines Standes und wegen der öfteren Veränderung seines Aufenthalts eine besondere Gerichtsbarkeit" beigelegt hätten.

Der gemeinsame Immediatbericht vom 19. Dezember 1808 stellte die beiderseitigen Standpunkte kompromißlos nebeneinander. Schroetter plädierte für die Übertragung der bisherigen Militärgerichtsbarkeit in Friedenszeiten auf die Zivilgerichte, mit Ausnahme „des Strafamts über die Dienstvergehungen", und abgesehen von kleineren Delikten, die auch nach den allgemeinen Strafgesetzen nur mit Polizeistrafen belegt würden. Koenen fand es nicht „so unzweifelhaft", daß man bei der neuen Organisation des Staates „diese … Einrichtung wählen müsse", und führte für „unsere bisherige Militärgerichtsbarkeit" an, daß „solche zu sehr blühenden Zeiten des Preußischen Staats stattgefunden und den Beifall der Regenten genossen hat". Die Aufhebung der bisherigen „Zivilgerichtsbarkeit" des Militärs hielt er für weniger bedenklich.

Dem Immediatbericht war ein „Entwurf wegen Verwaltung der Militärgerichtsbarkeit" beigefügt, mit welchem dem Auftrag der AKO vom 21. Januar 1808 entsprochen werden sollte. Darin wurde der Wille des Monarchen bereits dahin interpretiert, daß die gesamte Militärgerichtsbarkeit bis auf die Zuständigkeit für Dienstvergehen den Zivilgerichten zu übertragen sei.

Als besonders wichtig sind die §§ 1 und 7 anzuführen:

§ 1 Der bisherige Militärgerichtsstand, sowohl der persönliche als der dingliche, wird … aufgehoben, und die Zivil- und Kriminalgerichtsbarkeit über das Militär geht auf die gewöhnlichen Zivilgerichte über.

§ 7 Die in Untersuchungssachen wider Offiziere abgefaßten Erkenntnisse werden nach erlangter Rechtskraft mit den Akten an das Kriminaldepartement des Justizministerii eingesandt und von diesem dem Generalauditoriate zur Durchsicht mitgeteilt, auch hiernächst vom Chef des Kriminaldepartements und vom Generalauditeur mittelst gemeinschaftlichen gutachtlichen Berichts bei des Königs Majestät zur Bestätigung eingereicht.

Erkenntnisse gegen Unteroffiziere und gemeine Soldaten bedürfen nur in denjenigen Fällen der Bestätigung S.K.M., wo solche bei Erkenntnissen gegen Zivilpersonen erforderlich ist, und diese wird auf gleiche Art wie bei den Erkenntnissen gegen Offiziere eingeholt.

Die Militärgerichte im Vormärz

Friedrich Wilhelm III. verfolgte eine mittlere Linie und schloß sich mit einer AKO vom 19. Juli 1809 dem Vorschlag der Militär-Reorganisations-Kommission an, die den Militärgerichten die Kriminalsachen im alten Umfang belassen, aber alle zivilrechtlichen Angelegenheiten der Militärpersonen an die ordentlichen Gerichte verweisen wollte. Eine entsprechende Instruktion erging am 15. September 1809, unterzeichnet von Scharnhorst und dem Generalauditeur. Die Landwehr erhielt ebenfalls diesen Militärgerichtsstand, während der Landsturm den ordentlichen Strafgerichten zugewiesen wurde (VO v. 21. Juli 1813).

Preußen besaß damit eine Kompetenzregelung, die wesentlich moderner war als die ständisch konzipierte der alten Armee. Die Sonderzuständigkeit der Armee in Straf- und Injuriensachen blieb aber voll gewahrt. Auch dies schuf wichtige Voraussetzungen für die in späteren Jahrzehnten stärker betonte Kommandogewalt des Obersten Kriegsherrn. Die nach 1819 einsetzende Restauration fand hier wie auch bei der Ehrengerichtsbarkeit wichtige institutionelle Hebel, mit denen die geistige Auseinandersetzung wirksam im monarchischen Sinne beeinflußt werden konnte.

Die Zusammensetzung der Gerichte und das Verfahren wurden allein von den besonderen Bedürfnissen des Militärinstituts her bestimmt. So ist es zu erklären, daß nach wie vor in der Gerichtsverfassung besondere Gerichte für Offiziere vorgesehen waren; die Stellung des Angeklagten war denkbar schwach, seine Verteidigungsmöglichkeiten begrenzt.

Die dominierende Rolle spielte der jeweilige Gerichtsherr, nämlich der militärische Befehlshaber, dem die Strafgerichtsbarkeit „verliehen" war. Er übte zwar nicht selbst das Richteramt aus, führte persönlich keine Untersuchung, sprach kein Erkenntnis aus, aber er besaß alle jene Befugnisse, die das Verfahren in Gang brachten und in Gang hielten bis zum Urteil und zur Bestätigung.

Diese Befugnisse ergaben sich teils aus seiner Disziplinargewalt, teils aus seiner gerichtsherrlichen Stellung. Hierzu gehörten im einzelnen: die Veranlassung der gerichtlichen Untersuchung, das Recht der Verhaftung des Beschuldigten, Vorladung,

Bekanntmachungen, Requisitionen anderer Gerichte, Aktenvorlage, die Anordnung des erkennenden Gerichts, die Bestätigung oder Veranlassung der Bestätigung des Urteils, die Vollstreckung oder die Veranlassung derselben.

„Gerichtsherr" im engeren Sinne war somit ein Befehlshaber nur insoweit, als ihm auch das Bestätigungsrecht zustand. In allen anderen Fällen handelte es sich mehr um eine bloße Herrschaft über das Verfahren, genauer über die Ingangsetzung desselben, denn das Verfahren und die Zusammensetzung der Gerichte waren vorgeschrieben. Gerichtsherr im vollen Sinne des Wortes war allein der Monarch, ohne daß prinzipiell geklärt war, ob er dies in seiner Eigenschaft als Oberster Befehlshaber war. Die Zuspitzung auf diese Frage konnte erst in der konstitutionellen Ära erfolgen, als die Kommandogewalt von der allgemeinen Exekutivgewalt wegen ihrer Freiheit von parlamentarischer Kontrolle besonders abgehoben wurde.

Das preußische Militärrecht kannte eine Teildelegation gerichtsherrlicher Befugnisse an den Generalauditeur und an Militärbefehlshaber, denen „der Befehl über eine, nicht allein in tactischer Hinsicht, sondern auch in Hinsicht ihrer disciplinarischen Verhältnisse, und ökonomischen Bedürfnisse ein selbständiges Ganzes bildende Truppenabteilung unter Auflegung eigener Verantwortlichkeit anvertraut ist" (Rudloff), also an Befehlshaber von Armeekorps, Divisionen, Regimentern, Festungen und Gouvernements und an Inspekteure.

Die Einteilung in eine höhere und eine niedere Strafgerichtsbarkeit beruhte auf der Kompetenz der Kriegsgerichte und der Spruchkommissionen einerseits und der Standgerichte andererseits. Angehörige des Soldatenstandes konnten nur durch Kriegs- oder Standgerichte verurteilt werden. Die sogenannten militärischen Spruchkommissionen waren zuständig für nicht zum Soldatenstand gehörige Militärpersonen, also etwa für Militärärzte, Kompaniechirurgen, alle höheren und mittleren Militärbeamten sowie Handwerker – Personen, die nicht auf die Kriegsartikel oder die Dienstreglements vereidigt worden waren.

Die höhere Gerichtsbarkeit stand zu: den Kommandierenden Generalen, den Divisionskommandeuren, verschiedenen Festungskommandanten, den Gouverneuren von Berlin, Königsberg und Breslau, den Bundesfestungen Mainz und Luxemburg, dem Inspekteur der Besetzung der Bundesfestungen u.a.m. Die niedere Gerichtsbarkeit übten aus: die Brigadekommandeure der Kavallerie und der Landwehr für Garnison- und Invalidenkompanien, Regimentskommandeure und Brigadiers der Artillerie, der Kommandeur des Kadettenkorps u.a.m.

Die niedere Gerichtsbarkeit gegen Soldaten oblag den Standgerichten. Ihre Zuständigkeit richtete sich sowohl nach dem Rang des Beschuldigten als auch nach der Art der zu erwartenden Strafe. Gegen Offiziere konnte ein Standgericht überhaupt nicht erkennen. Für sie existierte die niedere Gerichtsbarkeit nicht. Hier war bei allen Delikten die Zuständigkeit der Kriegsgerichte (höhere Gerichtsbarkeit) gegeben, während Kriegsgerichte gegen Soldaten und Unteroffiziere nur in bestimmten Fällen erkennen konnten.

Die Kompetenzen waren folgendermaßen differenziert:
Standgerichte: Alle Vergehen von Soldaten und Unteroffizieren, wenn keine höhere Strafe als Arrest, Degradation zum Gemeinen (allerdings nicht bei Portepeeverlust), Versetzung in die zweite Klasse des Soldatenstandes, körperliche Züchtigung angedroht war.
Kriegsgerichte: Todesstrafe, Festungsstrafe, Degradation von Portepeeunteroffizieren zu Gemeinen, Ausstoßung aus dem Soldatenstande. Sämtliche Vergehen von Offizieren.

Die Zusammensetzung der Stand- und Kriegsgerichte war verschieden, je nachdem sie als Untersuchungsgerichte oder als erkennende Gerichte fungierten; darüber hinaus war die Berufung der beisitzenden Richter abhängig vom Rang des Beschuldigten.

So erkannte ein Standgericht gegen einen Gemeinen in folgender Besetzung: 1 Kapitän als Präses, 2 Premierleutnante, 2 Secondeleutnante, 2 Sergeanten, 2 Korporale, 2 Gefreite und 2 Gemeine, dazu der Auditeur oder der untersuchungsführende Offizier.
Ein Kriegsgericht verhandelte gegen einen Gemeinen in der Besetzung: 1 Major als Präses, 3 Kapitäne, 3 Premierleutnante, 3 Secondeleutnante, 3 Sergeanten, 3 Korporale, 3 Gefreite und 3 Gemeine.

Da der einzige Jurist, nämlich der Auditeur, lediglich als Berichterstatter und Rechtsberater fungierte, sah sich jeder Angeklagte juristischen Laien als Richtern gegenüber, die überdies noch vom zuständigen Gerichtsherrn zur Sitzung kommandiert wurden. Die Hauptverhandlung war nicht öffentlich, die Verteidigung ganz entscheidend eingeschränkt.

Auch die „Strafgerichts-Ordnung für das preußische Heer" vom 3. April 1845, die mit geringen Änderungen die geschilderte Entwicklung kodifizierte, brachte in diesem Punkt keine Verbesserung. Sie sah keine Berücksichtigung des Öffentlichkeitsprinzips vor. Die Position des Beschuldigten erhellt aus folgenden Grundsätzen: Bei militärischen Verbrechen gab es kein „artikuliertes Verhör". In wichtigen Fällen konnten dem Angeschuldigten bestimmte Fragen vorgelegt werden. Bei militärischen Verbrechen konnte in Ermangelung anderer Beweismittel aufgrund der eidlichen Aussage des Vorgesetzten auf die gesetzliche Strafe erkannt werden. Die Verteidigung war nur schriftlich oder zu Protokoll erlaubt. Lediglich bei den sogenannten gemeinen Verbrechen, also den nach den allgemeinen Strafgesetzen strafbaren Delikten, konnte in Friedenszeiten ein Rechtsverständiger als Verteidiger beigezogen werden, wenn das Verbrechen mit mehr als dreijährigem Freiheitsentzug bedroht war. Bei einem militärischen Verbrechen sah die Strafgerichts-Ordnung nur für Delikte, die mit höherer Strafe als zehnjährigem Freiheitsentzug oder mit Todesstrafe bedroht waren, eine Verteidigung durch einen

Dritten vor, der allerdings Militärperson sein mußte. Aber die Verteidigung blieb auch in diesem Fall auf das gerichtliche Protokoll angewiesen. Der – wenn auch militärische – Verteidiger konnte in der Verhandlung nicht auftreten. Im übrigen durfte er nur im Beisein des Untersuchungsführers Akteneinsicht nehmen und mit einem verhafteten Angeschuldigten sprechen.

Zu den bemerkenswerten Grundsätzen der Strafgerichts-Ordnung gehörten ferner die Unanfechtbarkeit bestätigter Erkenntnisse und die Identität von Anklagebehörde und Gericht. Ein Urteil erlangte nicht Rechtskraft aufgrund allgemeiner und berechenbarer Voraussetzungen (Ablauf von Rechtsmittelfristen oder letztinstanzlichem Spruch), weil derartige Rechtsgarantien nicht existierten, sondern allein durch die Bestätigung seitens des zuständigen Gerichtsherrn. Das Urteil besaß demnach lediglich den Charakter eines Vorschlags. Allerdings hing die Bestätigung ab von dem Gutachten eines Auditeurs, der selbst nicht mit dem Fall befaßt war. Brachte er Bedenken gegen eine Bestätigung vor, ging die Sache an das Generalauditoriat. Dem Gerichtsherrn stand in gewissen Grenzen das Recht zur Milderung des Urteils zu.

Nur eine wesentliche Neuerung brachte die Strafgerichts-Ordnung von 1845, nämlich die Einführung des Rechts – nach rechtskräftigem Urteil – um Annullierung oder Restitution nachzusuchen. Voraussetzung des Restitutionsantrags war die Vorlage neuer Beweise für die Unschuld des Verurteilten oder von Beweisen, daß das Urteil auf falschen Aussagen von Zeugen oder gefälschten Urkunden beruhte. Eine Annullierung konnte aus formalen Gründen erfolgen, wenn die Zusammensetzung des Gerichts nicht den Vorschriften des Gesetzes entsprochen hatte.

Dieser Überblick zeigt, daß die preußische Armee wie der Staat in den knapp vier Jahrzehnten seit den Reformdiskussionen nicht über die Positionen jener Zeit hinausgelangte. Im Gegenteil, mit dem Willen zu durchgreifenden Änderungen erlahmte auch die theoretische Bemühung darum. Die jetzt dominierende Rechtslehre der historischen Schule hielt überdies nur eine langsame Fortentwicklung historischer Institute für vorbildlich. Die Strafgerichts-Ordnung von 1845 spiegelt diesen Zeitgeist adäquat wider. Im großen und ganzen fixierte sie, was ohnehin schon praktiziert worden war oder sich in obsoleten Rechtsquellen vorfand.

Die Diskussion des Militärstrafprozeßrechts nach 1848

Erst die achtundvierziger Revolution brachte neue Bewegung, auch auf dem Gebiet des Militär- und speziell des Militärstrafprozeßrechts. Aber diese Bewegung nahm teil am Gesamtschicksal der deutschen und preußischen Revolution: sie kam über Pläne, Ideen und Gesetzentwürfe kaum hinaus. Wo diese Vorschläge sich mit dem Heerwesen befaßten, gerieten sie auf ganz besondere Weise mit preußischen Interessen in Brührung, denn eine Liberalisierung im Militärwesen mußte diesen Staat in seinem Kern treffen. Auf der anderen Seite war das Frankfurter Parlament gezwungen, preußische

Einrichtungen zu übernehmen, vor allem die Allgemeine Wehrpflicht und die Landwehr. Die innere Organisation des Reichs-Wehrpflicht-Heeres wollte der Wehrausschuß des Parlaments allerdings so unpreußisch wie möglich. Vorüberlegungen zu einem neuen Militärstrafprozeßrecht gingen dahin, in Friedenszeiten nur militärische Vergehen der Kompetenz der Militärgerichte zuzuweisen. Die alte Kontroverse aus der preußischen Reformzeit war noch nicht ausgetragen. § 176 der Frankfurter Reichsverfassung bestimmte in diesem Zusammenhang: „Die Militärgerichtsbarkeit ist auf die Aburtheilung militärischer Verbrechen und Vergehen, so wie der Militär-Disziplinarvergehen beschränkt, vorbehaltlich der Bestimmungen für den Kriegszustand."

Der Prinz von Preußen nahm – als Stimme der preußischen Armee– zu diesen Fragen in einer im Dezember 1848 erschienenen Broschüre Stellung. Seine Ausführungen knüpften an die Argumente des Generalauditeurs vom Jahre 1808 an, nur daß er die Interessen der Armee wesentlich vom Gesichtspunkt der Disziplin her definierte. Eine Abgabe der Strafgewalt bei gemeinen Vergehen und Verbrechen an Zivilgerichte hielt er in dieser Sehweise für disziplingefährdend: den Militärgerichten müsse die volle Strafgewalt erhalten bleiben, „wenn man nicht einen der festesten Grundsteine aus dem Heerwesen verlieren will". Als gegen „alle bisher anerkannten Grundsätze der militärischen Hierarchie" verstoßend sah er vor allem den Vorschlag des Wehrausschusses an, Beigeordnete aus allen Rangklassen über Schuld oder Nichtschuld befinden zu lassen. Damit wäre die Abhängigkeit des Urteils von der Bestätigung des Gerichtsherrn in Frage gestellt worden, obgleich der Wehrausschuß an einem formellen Bestätigungsrecht festhielt, dieses aber bei dem „Landesherrn", nicht dem Kriegsherrn, liegen sah. Der Prinz von Preußen witterte hier die „Gefahr", es könnten Geschworenengerichte in der Armee eingeführt werden.

Bei dieser Haltung mußte es geradezu überraschen, daß er gegen die vorgeschlagene Einführung des Öffentlichkeits- und Mündlichkeitsprinzips nichts weiter einwandte als die Befürchtung, „daß in vielen Fällen die Öffentlichkeit und Mündlichkeit der Militärgerichtsverhandlungen nicht günstig auf Erhaltung der Disziplin wirken wird und ein Terrorisieren der Richter durch die Zuhörer nicht außer aller Berechnung liegen sollte". Die Garantiefunktion beider Prinzipien für ein rechtmäßiges Verfahren, die Kontrolle der Öffentlichkeit über die Handhabung der Strafgewalt in der Armee, die bei einer ausgebildeten öffentlichen Meinung von erheblicher Bedeutung gerade gegenüber einer sich mehr und mehr auf ihre Sonderrolle in der Gesellschaft berufenen Armee werden mußte, schien ihm um diese Zeit noch nicht bewußt geworden zu sein. Befürchtungen solcher Art bestimmten dagegen später auffällig die Einstellung der Armee zur Frage der Modernisierung des Strafprozeßrechts.

Demgegenüber sah der Entwurf des Wehrausschusses zu einem Gesetze über die deutsche Wehrverfassung vom 25. September 1848 für den Militärstrafprozeß die wesentlichen Grundsätze der Mündlichkeit und der Öffentlichkeit des Verfahrens vor. Doch je bewußter die Armee als ein ausschließlich der Kommandogewalt des Obersten Kriegsherrn zugeordnetes Institut betrachtet wurde, das sich gegen politische und gesellschaftliche Entwicklungen abschirmte, um so hartnäckiger hielt sie an ihrem Strafprozeßrecht fest. Öffentlichkeit und Mündlichkeit des Verfahrens bedeuteten in ihren

Augen eine Gefahr für die Disziplin – genauer: für die monarchische Loyalität. Bayern besaß schon seit 1856 einen Militärstrafprozeß, in dem der Verteidiger bei der Hauptverhandlung anwesend sein konnte, wenn auch die Militärgerichte sich nach ähnlichen Grundsätzen wie in Preußen zusammensetzten. Als dann Bayern 1869 eine noch fortschrittlichere Strafprozeßordnung einführte, die die wesentlichen Errungenschaften des zivilen Strafprozesses, nämlich Öffentlichkeit und Mündlichkeit der Verhandlungen, unbeschränkte Verteidigung, Geschworene, Nichtigkeitsbeschwerde gegen Urteile der Untergerichte berücksichtigte, ergaben sich daraus seit 1871 für eine anstehende reichsrechtliche Neuordnung wesentliche Anstöße.

In Preußen ist die Militärgerichtsbarkeit, vor allem seit dem Heereskonflikt, grundsätzlich diskutiert worden. Je nach der politischen Einstellung der Abgeordneten oder der sonstigen Diskussionsteilnehmer schwankten die Vorschläge zwischen der gänzlichen Abschaffung oder der unveränderten Beibehaltung der Ordnung von 1845. Besonders umstritten waren, wie schon 1808, der Umfang der Kompetenzen der Militärgerichte, ferner die Frage der Unabhängigkeit der Richter – womit zugleich die Position des Gerichtsherrn in das Blickfeld geriet –, das Problem der selbständigen Anklagevertretung, die Zulässigkeit von Rechtsmitteln und die Öffentlichkeit und Mündlichkeit des Verfahrens. Selbst gegenüber verfassungsrechtlichen Argumenten wie dem, der Sonderstatus der Militärgerichte verstoße gegen den Gleichheitsgrundsatz des Artikels 4 der Preußischen Verfassung, wehrten sich die Sprecher der Armee mit den hergebrachten Argumenten: Eingriffe in den Umfang der Militärgerichtsbarkeit müßten sich ungünstig auf die Disziplin auswirken; eine Abgrenzung der militärischen Delikte von den allgemeinen sei unmöglich; was im Kriege funktionieren solle, müsse im Frieden erprobt werden; Zivilrichter besäßen nicht genügend militärische Erfahrung. Demgegenüber ging die wichtigste Kritik dahin, das Militärstrafverfahren entspräche nicht mehr dem modernen Rechtsgefühl, die Armee bekomme durch diese Institution das Bewußtsein einer privilegierten Stellung oder, wie eine parlamentarische Interpellation 1862 formulierte: den „Charakter einer nicht im Volke, sondern über dem Volke stehenden Macht.“.

Argumente für und gegen die hergebrachte Kompetenz der Militärgerichte trafen während des 8. Deutschen Juristentags 1869 in Heidelberg aufeinander. Von bayerischer militärjuristischer Seite wurde die Auffassung vertreten, bei der Militärgerichtsbarkeit handle es sich um einen durch das militärische Interesse, keineswegs aber wegen der Interessen der Militärpersonen bedingten „ausnahmsweisen Gerichtsstand“. Preußische Liberale betrachteten das Problem vom politischen und verfassungsrechtlichen Standpunkt. Bei ihnen finden sich schon Formulierungen wie: der Organismus des Verfassungsstaates vertrage keinen Staat im Staate, im übrigen mache es die Abgeschlossenheit des Heereskörpers fraglich, ob die Unbefangenheit und Unabhängigkeit der Militärgerichte gewährleistet sei. Die überwiegende Mehrheit der Stimmen trat auf diesem Juristentag für eine Herausnahme der gemeinen Delikte aus der Zuständigkeit der Militärgerichte ein.

Auch im Reichstag des Norddeutschen Bundes kam es zu Initiativen mit dem Ziel der Kompetenzeinschränkung der Militärgerichte (etwa Antrag Lasker März 1870). Selbst die Nationalliberalen forderten den Anklage- anstelle des Inquisitionsprozesses, erst recht linke Liberale und Zentrum, während die Konservativen die Interessen der Armee verteidigten. Allerdings ließen die Nationalliberalen 1876 ihre Forderung nach Beschränkung des Militärstrafprozesses auf Dienstvergehen fallen.

Solche liberalen Forderungen blieben auch nach 1871 ohne Erfolg. Wie schon die Militärgerichtsordnung von 1845 gemäß Artikel 61 der Verfassung des Norddeutschen Bundes in das Wehrsystem des Bundes eingeführt worden war, so wurde sie jetzt aufgrund der Reichsverfassung Reichsgesetz. Nur Bayern und Württemberg sollten bis zur reichseinheitlichen Neuregelung ihren Militärstrafprozeß behalten, während sich Sachsen schon 1867 stark an das preußische Vorbild angelehnt hatte. Im Reichstag sind wiederholt Angriffe auf den Umfang der Militärgerichtsbarkeit erfolgt, so etwa bei der Beratung des Reichsmilitärgesetzes 1874 und der bürgerlichen Strafprozeßordnung 1876. Sie wurden vor allem von den Linksliberalen vorgetragen, während die Sozialdemokraten eine besondere Militärgerichtsbarkeit überhaupt ablehnten und mit ihrer fortwährenden Kritik an Soldatenmißhandlungen das Thema ständig auf der Tagesordnung hielten. Das Zentrum forderte eine Reform „unbeschadet der in Bayern bestehenden Regelung von 1869 (clausula bajuvarica)". Kriegsminister v. Kameke berief sich, wie preußische Soldaten seit Jahrzehnten, auf die Notwendigkeiten der Disziplin. Er fand die Unterstützung auch Rudolf Gneists.

Die Erarbeitung einer reichseinheitlichen Gerichtsordnung

Die Reichsverfassung und das Reichsmilitärgesetz gingen von der Einheitlichkeit der Militärgerichtsordnung aus. Eine Neuregelung dieser Materie war deshalb unumgänglich. Seit 1873 arbeiteten mehrere Kommissionen am Entwurf eines neues Gesetzes. Die erste, am 17. Februar 1873 eingesetzt, ging auf die Einsicht des Kriegsministers v. Roon zurück, daß die Militärstrafgesetzgebung enger an die allgemeine Landesgesetzgebung angepaßt werden müsse. Der 1874 vorgelegte Entwurf dieser Kommission, dem der Entwurf der allgemeinen Strafprozeßordnung zugrunde lag, wurde für unannehmbar befunden, weil er den „militärischen Verhältnissen" nicht genügend Rechnung trage. Bis 1890 gelang es lediglich, die verabschiedeten Offiziere der zivilen Strafgerichtsbarkeit zu unterstellen (Gesetz vom 3. Mai 1890). Hinsichtlich der zur Disposition gestellten Offiziere stießen parlamentarische Anträge auf den entschlossenen Widerstand der hinter dem Kriegsminister stehenden Armee.

Die öffentliche Meinung begann sich in hohem Maße der Kontroverse anzunehmen. Zahllose Publikationen über das Für und Wider der Militärgerichtsbarkeit erschienen.

Neben diesem innenpolitischen Kern der Diskussion ist noch ein staatsrechtlicher Gesichtspunkt zu erwähnen. Bayern wehrte sich weniger gegen ein einheitliches Verfahren als gegen eine Zentralisierung der Militärrechtspflege in einem Reichsmilitärgericht. Dagegen ließ sich kaum etwas einwenden, wenn die Militärgerichtsbarkeit der Kommandogewalt zugeordnet wurde. Betrachtete man sie, wie Reichskanzler und Bundesrat, als Ausfluß der Justizhoheit, so ließ sich für eine dezentralisierte Organisation plädieren. In der staatsrechtlichen Literatur sind zu dieser Frage beide Standpunkte vertreten worden. Von besonderem Interesse sind jene Stimmen, die unter der Suggestion der militärischen Erfolge im Einigungskrieg dazu neigten, den Staat als Machtstaat aufzufassen und von daher zu einer Verwischung der Grenzen von Staatsgewalt und Kommandogewalt tendierten (Rissom). Auffassungen dieser Art ließen sich dahin vernehmen, daß die Staatsgewalt über Heeresangehörige der Kommandogewalt immanent sei. Lorenz v. Stein ließ in seiner berühmten „Lehre vom Heerwesen" die Frage unentschieden. Er meinte, die militärische Strafrechtspflege habe die Aufgabe, „das Recht des militärischen Gehorsams im weitesten Sinne zu verwirklichen". Aber dieser Ansatz war unhaltbar im Hinblick auf gemeine Verbrechen oder Vergehen. Mord, Totschlag, Diebstahl sind nicht Probleme militärischer Subordination, sondern der Rechtsordnung überhaupt. Nach preußischem Prozeßrecht gehörten sie zur Kompetenz der Militärgerichte, wovon Stein wohl aus systematischen Gründen absehen zu können glaubte.

Seit 1894 spitzte sich die Auseinandersetzung um die Militärgerichtsbarkeit zu. Die Armee stand unter dem Druck der Kritik an Soldatenmißhandlungen, vor allem, seit der „Vorwärts" im Januar 1892 einen Geheimerlaß des Kommandierenden Generals des XII. (sächs.) A.K. gegen fortgesetzte und gewohnheitsmäßige Quälereien durch Unteroffiziere und Offiziere publiziert hatte. Kriegsminister Walter Bronsart v. Schellendorff wies im Reichstag auf mögliche Auswirkungen neuer Vorschriften für den zivilen Strafprozeß auf den Militärstrafprozeß hin. Die entscheidende Frage war die Öffentlichkeit der Hauptverhandlung. Wilhelm II. hatte sich wiederholt gegen ihre Einführung in den Militärprozeß ausgesprochen und berief sich dabei auf die Kommandogewalt. Ein Entwurf des Kriegsministeriums trug dieser Auffassung Rechnung.

Um so bemerkenswerter war Bronsarts Mitteilung. Ein entsprechender neuer Entwurf wurde vom preußischen Staatsministerium und vom Reichskanzler Fürst Hohenlohe begrüßt – unter dessen Ministerpräsidentenschaft 1869 der bayerische Militärstrafprozeß reformiert worden war. Als schärfste Gegner standen der Reform die engsten militärischen Berater des Kaisers gegenüber, vor allem der Chef des Militärkabinetts, v. Hahnke. Zwar sahen einige hochgestellte Offiziere die Notwendigkeit einer Reform des alten, auf dem Prinzip des geheimen und schriftlichen Inquisitionsverfahrens beruhenden Prozesses ein, aber im ganzen genommen repräsentierten Kaiser und Militärkabinett die Meinung des Offizierkorps. Ihre Bedenken richteten sich gegen Auswirkungen auf die öffentliche Meinung, die die Mündlichkeit und Öffentlichkeit der Hauptverhandlung mit sich bringen mußten. So bemerkte Hahnke gegenüber dem Kanzler, die Armee müsse ein abgesonderter Körper bleiben, in den niemand mit kritischen Augen hineinsehen dürfe. In der Frage der Modernisierung des Militärstrafprozesses ist es zu erheblichen Krisen und

Meinungsverschiedenheiten, auch zwischen Kaiser und Kanzler, gekommen; erwähnt sei die Köller-Krise vom November/Dezember 1895. Im Hintergrund der Auseinandersetzungen stand nicht zuletzt die Furcht der Armee vor sozialdemokratischer Agitation gegen die Armee, die mit der Einführung des Öffentlichkeitsprinzips sehr erleichtert wurde. Dagegen sah Reichskanzler Hohenlohe in der Reform gerade eine Möglichkeit, der SPD das Wasser abzugraben und die Einheit von Armee und Nation zu stärken. Als sich der Kaiser auf dem Neujahrsempfang 1896 für die Kommandierenden Generale gegen das öffentliche Verfahren aussprach, reichte Kriegsminister Walter Bronsart v. Schellendorff sein Rücktrittsgesuch ein. Das Militärkabinett verzögerte mit gezielter Personalpolitik weiterhin die Reform. So wurde etwa der Sachbearbeiter des Entwurfs, Generalleutnant v. Spitz, verabschiedet.

Der Reichskanzler und preußische Ministerpräsident Hohenlohe sah zugleich sein persönliches Problem: „Würde ich ein Gesetz einbringen, das die Öffentlichkeit ausschließt, so stände ich dem preußischen Kriegsminister gegenüber, der die Öffentlichkeit fordert, ich würde also preußischer sein als ein preußischer General. Ich träte in Widerspruch mit meiner Vergangenheit und wäre der Gefahr ausgesetzt, daß man mich im Reichstage an das von mir eingebrachte bayerische Gesetz erinnerte. Dann würde ich verhöhnt und lächerlich gemacht werden, und ein diskreditierter Reichskanzler würde für den Kaiser von keinem Nutzen sein. Geht also der Kriegsminister wegen dieses Gesetzes, so werde ich auch gehen."

Bis zur Vorlage des Gesetzentwurfs der neuen Militärstrafgerichtsordnung wurden verschiedene Versuche unternommen, den Kaiser umzustimmen. Aus taktischen Gründen argumentierte er zuletzt stärker gegen die bayerischen Reservatwünsche, die gegen ein zentrales Gericht gerichtet waren. Miquel und Tirpitz suchten ihm klarzumachen, die Flottenvorlage sei nur durchzubringen nach Konzessionen in der Frage des Militärprozesses. Auch die Militärvorlage von 1896 hat in diesem Zusammenhang eine Rolle gespielt. Aber erst im Herbst 1897 war Wilhelm II. so weit, einzusehen, daß eine weitere Verzögerungspolitik nur Nachteile bringen konnte. Mit Bayern war wegen des Zentralen Gerichtshofs noch keine Einigung erzielt. Daher sollten im Einführungsgesetz hierüber weitere Verhandlungen vorbehalten werden. Schließlich konnte der Kanzler am 30. November 1897 den Entwurf der neuen Strafgerichtsordnung (MStGO) dem Reichstag vorlegen.

Die Militärstrafgerichtsordnung von 1898

Kriegsminister v. Goßler appellierte bei der Beratung an die Verantwortung der „staatserhaltenden Parteien", aber die Militärstrafgerichtsordnung – MStGO – wurde am 1. Dezember 1898 als Gesetz verkündet und trat am 1. Oktober 1900 in Kraft. Insgesamt kann sie als Kompromiß zwischen militärischem Anstaltsdenken und zeitgemäßen Forderungen angesehen werden. Die Institution des Gerichtsherrn blieb erhalten, ebenso die Zuständigkeit der Militärgerichte für nicht militärische Verbrechen und Vergehen. In der Begründung zur MStGO hieß es dazu, der Soldat müsse „irre werden, wenn er in Angelegenheiten, die die militärische Disziplin betreffen, und dahin gehört das ganze Strafgebiet, noch eine andere als die militärische Gerichtsbarkeit anzuerkennen hätte“.

Der persönliche Geltungsbereich umfaßte, abgesehen von einer Reihe besonders aufgezählter Personengruppen, wie etwa die zur Disposition gestellten Offiziere, Sanitätsoffiziere und Ingenieure des Soldatenstandes, gemäß § 1 MStGO grundsätzlich die Militärpersonen des aktiven Heeres und der aktiven Marine – das waren nach den Vorschriften der MStGO Offiziere, Kapitulanten, Freiwillige, ausgehobene Rekruten, die aus dem Beurlaubtenstande zum Dienst einberufenen Offiziere, Ärzte, Militärbeamten und Mannschaften, alle in Kriegszeiten aufgebotenen Offiziere, Ärzte, Militärbeamten und Mannschaften, nach dem Aufgebot des Landsturms auch seine Angehörigen.

Beibehalten blieb die Einteilung in eine niedere und eine höhere Gerichtsbarkeit. Für Strafsachen der niederen Gerichtsbarkeit – die sich wie zuvor nur auf Personen erstreckte, die keinen Offizierrang besaßen – waren die Standgerichte zuständig. Ihre Gerichtsbarkeit umfaßte die nur mit Arrest bedrohten militärischen Vergehen und Übertretungen, soweit nicht eine Ehrenstrafe zu erwarten stand. Alle übrigen strafbaren Handlungen unterlagen der höheren Gerichtsbarkeit.

Gerichtsherren der niederen Gerichtsbarkeit waren im Heere: Regimentskommandeure, Kommandeure eines selbständigen Bataillons, Kommandeure eines Landwehrbezirks, der Kommandant von Berlin, Kommandanten kleiner Festungen.

Gerichtsherren der höheren Gerichtsbarkeit waren: Kommandierende Generale, Divisionskommandeure, der Gouverneur von Berlin, Gouverneure oder Kommandanten großer Festungen, Gouverneure, Kommandanten oder sonstige Befehlshaber eines in Kriegszustand (Belagerungszustand) erklärten Ortes oder Distrikts.

Während nach bayerischem Recht der Gerichtsherr praktisch ohne wesentliche Funktionen im Verfahrensablauf war, setzte sich bei der neuen reichsrechtlichen Lösung wiederum die preußische Betrachtungsweise durch, das Militärrecht vor allem in seinem Zusammenhang mit den Anforderungen der Disziplin zu sehen. Dies war der Grund für die Beibehaltung der Rolle des Gerichtsherrn, in dessen Person Befehlsgewalt und Gerichtsgewalt zusammenkamen. In der Begründung des Entwurfs wurde hierauf besonders hingewiesen. Aus dem Gesichtspunkt der Unteilbarkeit der Verantwortung ließ sich dann folgern, daß das Verfahren wie auch die Anklageerhebung in der Hand des Gerichtsherrn liegen müsse. Diesen Weg ist die Militärstrafgerichtsordnung von 1898 gegangen. Nach wie vor besaß der Gerichtsherr das Recht, die Standgerichte, Kriegsgerichte und die Oberkriegsgerichte einzuberufen. Die Gerichtsgewalt war bei der Kommandogewalt angesiedelt.

Dieser Zusammenhang wurde auch nicht dadurch gelöst, daß ein Einfluß des Gerichtsherrn auf die Urteilsfindung selbst ausgeschlossen war; gemäß § 18 erhielten die erkennenden Gerichte Unabhängigkeit. Sie seien, wie es hieß, nur dem Gesetz unterworfen. Ihre Urteile erhielten den Charakter echter Entscheidungen zuerkannt. In dieser Frage brachte das neue Gesetz eine erhebliche Verbesserung der Gerichtsordnung von 1845.

Damit änderte sich der Sinn des Bestätigungsrechts des Gerichtsherrn. Die Bestätigung setzte nunmehr ein rechtskräftiges Urteil voraus und lautete deshalb: „Ich bestätige, daß das Urteil rechtskräftig geworden ist." Im Falle der Verurteilung war hinzuzusetzen: „Das Urteil ist zu vollstrecken." Immerhin durfte der Gerichtsherr das Urteil in gewissen Grenzen mildern. Voraussetzung dieses Rechts war im allgemeinen eine entsprechende Entscheidungsfreiheit auch für das Gericht. Als besonders wichtige Einzelfälle sind zu nennen die Möglichkeit, eine Degradation oder die Versetzung in die zweite Klasse des Soldatenstandes zu erlassen, soweit das Gesetz diese Straffolgen nur als Kannvorschrift androhte. Insofern ging das Bestätigungsrecht über eine bloße vollstreckungsrechtliche Befugnis hinaus.

Der Kaiser behielt sich in Ausführung des § 418 MStGO das Bestätigungsrecht in folgenden Fällen vor:

a) für Urteile, durch die auf Todesstrafe, auf lebenslängliche Freiheitsstrafe oder wegen eines militärischen Verbrechens auf eine mehr als zehnjährige Freiheitsstrafe erkannt wurde;
b) für Urteile gegen Offiziere, Sanitätsoffiziere und obere Militärbeamte;
c) für Urteile, durch die gegen einen Fähnrich auf Degradation erkannt wurde.

Erstmalig in der preußischen Militärgeschichte erhielten jetzt die Militärjuristen die Befugnis, an der Urteilsfindung mitzuwirken. Zwar führte bei allen Gerichten (auch beim Reichsmilitärgericht) ein Offizier den Sitzungsvorsitz, aber die Verhandlungsleitung lag beim dienstältesten Kriegsgerichtsrat bzw. beim Senatspräsidenten. Derartige Kriegsgerichtsräte (an Stelle der Auditeure) wurden den Gerichtsherren „zugeordnet". Sie verteilten die Geschäfte unter diesen Beamten, und zwar so, daß sie sowohl als Anklagevertreter wie auch als erkennende Richter eingesetzt wurden. Abgesehen von der letzteren Tätigkeit hatten sie den Weisungen des Gerichtsherrn Folge zu leisten, was insbesondere bei Anklagevertretungen erhebliche Bedeutung gewann und die Fragwürdigkeit des Instituts des Gerichtsherrn offenkundig machte. Militärjuristen fungierten allein im Rahmen der höheren Gerichtsbarkeit.

Den Gerichtsherren der niederen Gerichtsbarkeit standen an ihrer Stelle sogenannte Gerichtsoffiziere zur Seite. Sie übten im Rahmen der niederen Gerichtsbarkeit die Funktionen aus, die den Kriegsgerichtsräten bei den höheren Kriegsgerichten oblagen, also insbesondere die Durchführung von Ermittlungen nach Eröffnung des Ermittlungsverfahrens durch den Gerichtsherrn, Fertigung der Anklageschrift, Vertretung der Anklage. Bestellt wurde ein Gerichtsoffizier durch den Gerichtsherrn aus dem Kreis seiner Subalternoffiziere. Ihre Abhängigkeit war noch größer als die der Militärjuristen.

Beim Reichsmilitärgericht – und zwar nur dort – wurde die Militäranwaltschaft eingerichtet:

Bei den Militäranwälten handelte es sich um nichtrichterliche Militärbeamte, die allerdings die Befähigung zum Richteramt besitzen mußten. In Fragen, welche die Geltung oder die Auslegung einer militärischen Dienstvorschrift oder eines militärdienstlichen Grundsatzes betrafen, oder allgemeine militärische Interessen berührten, war der Obermilitäranwalt (als Träger der bürokratisch, nicht kollegial verfaßten Behörde) gehalten, die Ansicht des Präsidenten des Reichsmilitärgerichts zu vertreten. Richterliche Funktionen durften den Militäranwälten nicht übertragen werden. Ihre Ernennung erfolgte durch den Kaiser auf Vorschlag des Bundesrates. Dem Obermilitäranwalt wurden die beim Reichsmilitärgericht eingehenden Sachen zunächst vorgelegt und von ihm mit einer Stellungnahme an den zuständigen Senatspräsidenten weitergeleitet. Ihm oblag auch die Aufstellung einer jährlichen Kriminalstatistik, die über den Präsidenten dem Kaiser vorzulegen war.

Die Militäranwaltschaft beim Reichsmilitärgericht entsprach im allgemeinen der Staatsanwaltschaft bei den ordentlichen Strafgerichten. Gerichtsoffiziere und Kriegsgerichtsräte bei den unteren Instanzgerichten hatten demgegenüber eine Zwitterstellung.

Für die preußische Armee brachte die reichsrechtliche Regelung erstmals ordentliche Rechtsmittel. Gegen die Urteile der Standgerichte und ebenso der Kriegsgerichte als erste Instanz konnte Berufung mit dem Ziel tatsächlicher und (oder) rechtlicher Überprüfung eingelegt werden. Wegen Gesetzesverletzung (Gesetz, Rechtsgrundsatz, militärische Dienstvorschrift oder militärdienstlicher Grundsatz) war Revision gegen Urteile der Oberkriegsgerichte zugelassen.

Neben dieser Verbesserung der Rechtsstellung des Angeklagten ist vor allem auf die heißumstrittene Einführung der Mündlichkeit und Öffentlichkeit der Hauptverhandlung hinzuweisen. Der Entwurf von 1897 sah die Möglichkeit zur Einschränkung oder Aufhebung der Öffentlichkeit in § 270 Abs. 2 vor. Hohenlohe rechnete mit „großen Angriffen“, wenn es nicht gelänge, diese Vorschrift zu Fall zu bringen, aber Reichstag und Bundesrat stimmten zu mit den Stimmen des Zentrums, der konservativen Parteien und vor allem der Nationalliberalen, die im Gesetz eine Stärkung der „Reichseinheit“ erblickten, und in allen Details den Gesichtspunkt der Vorrangigkeit der Disziplin gelten ließen. Auf der Gegenseite standen Sozialdemokraten, die bayerischen Zentrumsabgeordneten und der Freisinn, neben wenigen anderen.

Die Bestimmungen über die Öffentlichkeit des Verfahrens lauteten:

§ 282 Die Hauptverhandlung erfolgt öffentlich.

§ 283 Die Öffentlichkeit kann für die ganze Verhandlung oder für einen Teil derselben durch Beschluß des Gerichts ausgeschlossen werden, wenn sie eine Gefährdung der öffentlichen Ordnung, insbesondere der Staatssicherheit, oder eine Gefährdung militärdienstlicher Interessen oder eine Gefährdung der Sittlichkeit besorgen läßt.

Unberührt bleibt die nach § 8 des Reichsmilitärgesetzes vom 2. Mai 1874 dem Kaiser zustehende Befugnis, allgemeine Vorschriften darüber zu erlassen, unter welchen Voraussetzungen das Gericht die Öffentlichkeit der Verhandlung wegen Gefährdung der Disziplin auszuschließen hat.

Aufgrund des § 8 des Reichsmilitärgesetzes (Vorschriften über die Handhabung der Disziplin im Heere werden vom Kaiser erlassen) in Verbindung mit dem § 283 Abs. 2 der MStGO erließ der Kaiser am 28. Dezember 1899 eine „Verordnung über den Ausschluß der Öffentlichkeit im militärgerichtlichen Verfahren wegen Gefährdung der Disziplin“, die zeigt, welche Möglichkeiten vom Standpunkt der Kommandogewalt aus immer noch gegeben waren, die Interessen der Armee hier zur Geltung zu bringen. Vor allem galt dies im Hinblick auf etwaige Presseveröffentlichungen. Der § 18 Abs. 2 des Einführungsgesetzes zur MStGO stellte derartige Veröffentlichungen über Verhandlungen unter Strafe, bei denen wegen Gefährdung der Staatssicherheit oder militärdienstlicher Interessen die Öffentlichkeit ausgeschlossen worden war. Wilhelm II. machte in seiner Verordnung die Berücksichtigung der militärdienstlichen Interessen in erster Linie zur Pflicht der Gerichtsherren und der Anklagevertretung. Hier schien ihm die Wahrung der Belange der Kommandogewalt am ehesten gewährleistet. Die Verordnung beseitigte praktisch die von der Armee befürchteten „Gefahren“ des Öffentlichkeitsprinzips.

Sie lautete: Die Disziplin verlangt, daß auch im gerichtlichen Verfahren das Ansehen der Kommandogewalt, der militärischen Einrichtungen, Verordnungen und Gebräuche erhalten, der Sinn für die unbedingte Unterordnung des Untergebenen unter den Vorgesetzten jeden Grades gewahrt und dem berechtigten Ehrgefühl aller Beteiligten, insbesondere derjenigen des Offizierstandes, Rechnung getragen wird.

Sobald dieser Grundsatz gefährdet ist, sei es nach dem Gegenstande der Anklage, nach den Eigenheiten des zur Verhandlung kommenden Falles, nach der Persönlichkeit des Angeklagten oder der Zeugen, nach zeitlichen oder örtlichen besonderen Verhältnissen, ist die Öffentlichkeit auszuschließen.

Die Prüfung, ob der Ausschluß der Öffentlichkeit zu beantragen, gehört in erster Linie zu den Pflichten des Gerichtsherrn und des Vertreters der Anklage. Aber auch die erkennenden Gerichte sind verpflichtet, ohne solchen Antrag die Öffentlichkeit für die ganze Verhandlung oder einen Teil derselben auszuschließen, wenn die Voraussetzungen hierfür nach dem vorstehend von mir gegebenen Grundsatz eintreten.

Der Kaiser und seine ‚maison militaire‘ hatten damit ein nahezu unfehlbares Mittel in der Hand, um ihre Ziele durchzusetzen. Die Frage war berechtigt, was die Öffentlichkeit der Hauptverhandlung angesichts solcher Kautelen noch wert sein konnte. In Verfahren gegen Offiziere existierte sie praktisch überhaupt nicht. Richter, die großzügig verfuhren und dazu neigten, die Öffentlichkeit in Zweifelsfällen nicht auszuschließen, mußten mit vorzeitiger Pensionierung rechnen. Im Reichstag ist hierüber wiederholt Klage geführt worden.

Das Verteidigungsrecht des Angeklagten ist durch die MStGO von 1898 wesentlich verbessert worden. Allerdings konnte vor den Standgerichten ein Verteidiger nicht auftreten. Vor den übrigen Militärgerichten konnte eine Reihe von Personen mit bestimmten – im wesentlichen vom Standpunkt der Armee her gesehenen – Qualifikationen zugelassen werden. Die freie Wahl eines Rechtsanwalts gehörte nicht zu den Rechten des Angeklagten. Fachliche

Voraussetzungen und die Bestellung von Amts wegen sorgten für eine weitgehende Siebung.

Als Verteidiger konnten zugelassen werden:

1. Personen des Soldatenstandes des aktiven Heeres und der aktiven Marine im Offizierrange;
2. Kriegsgerichtsräte und die bei den Militärgerichten beschäftigten Assessoren und Referendare;
3. nichtrichterliche obere Militärbeamte:
4. Personen des Beurlaubtenstandes im Offizierrange;
5. Rechtsanwälte, die von der obersten Militärjustizverwaltung ernannt waren.

Lediglich bei Verbrechen und Vergehen gegen einzelne Tatbestände des „bürgerlichen" Strafgesetzbuches (z. B. Urkundenvernichtung, falsche Versicherung an Eides Statt, Verleitung zum Meineid, Erpressung, Betrug, Untreue, Urkundenfälschung) mußte einem Rechtsanwalt die Verteidigung vor einem Militärgericht vom Gerichtsherrn gestattet werden, „wenn nicht eine Gefährdung militärdienstlicher Interessen oder eine Gefährdung der Staatssicherheit zu besorgen" war. Gegen die Ablehnung stand nur die Rechtsbeschwerde an die oberste Militärjustizverwaltung zur Verfügung.

Mit diesen Bestimmungen konnte die Abschirmung des Verfahrens auch nach Abschluß des Ermittlungsverfahrens weitgehend gesichert werden. Bezeichnend war, daß dem „Advokaten" mit den gleichen Waffen begegnet wurde wie dem Prinzip der Öffentlichkeit überhaupt. Wo nur der Anschein einer Möglichkeit bestand, Öffentlichkeit und Presse könnten in einem Militärstrafprozeß unliebsamen Einblick in den inneren Betrieb der Armee gewinnen, sorgte die Zulassung abhängiger beamteter Verteidiger (oder von Offizieren) und der Ausschluß der Öffentlichkeit für die Sicherung der „militärdienstlichen" Interessen. Dennoch ist nicht zu leugnen, daß die MStGO von 1898 die Rechte der Verteidigung und damit die Rechtsstellung des Angeklagten verbessert hat.

Die Militärstrafgerichtsordnung schuf eine neue Gerichtsorganisation, deren wichtigstes Merkmal die Einführung eines Instanzenzuges war. Angefochtene Urteile konnten nunmehr im höheren Rechtszuge durch ein Gericht überprüft werden. Das bedeutete für den Angeklagten höhere Rechtsgarantien als das Gutachten eines abhängigen Militärjuristen und die Bestätigung alter Art.

Die neue Gerichtsverfassung sah vor:
Standgerichte: 3 Richter – 1 Stabsoffizier, 1 Hauptmann, 1 Oberleutnant;
Kriegsgerichte: 5 Richter – 1 Kriegsgerichtsrat, 4 Offiziere.

Die Zusammensetzung der militärischen Mitglieder richtete sich nach dem Rang des Angeklagten, und zwar bei einem
Gemeinen oder Unteroffizier: 1 Major, 1 Hauptmann, 2 Oberleutnante;
Subalternoffizier oder Hauptmann: 1 Oberstleutnant, 1 Major, 1 Hauptmann, 1 Oberleutnant;
Major: 1 Oberst, 2 Oberstleutnante oder Majore, 1 Hauptmann;
Oberstleutnant: 1 Generalmajor, 1 Oberst, 1 Oberstleutnant, 1 Major;

Oberst: 1 Generalmajor, 2 Oberste, 1 Oberstleutnant;
Generalmajor: 1 Generalleutnant, 2 Generalmajore, 1 Oberst;
Generalleutnant: 1 General, 2 Generalleutnante, 1 Generalmajor;
General oder höherrangig: 2 Generale, 2 Generalleutnante.

Nahm der Gerichtsherr an, daß auf Todesstrafe oder auf Freiheitsstrafe über 6 Monate zu erkennen sei, so setzte sich das Kriegsgericht aus zwei Kriegsgerichtsräten und 3 Offizieren zusammen, wobei die Offiziere wiederum je nach dem Rang des Angeklagten aus verschiedenen Rangklassen berufen wurden.

Oberkriegsgerichte wurden bei den Generalkommandos und bei dem Oberkommando der Marine gebildet. Sie erkannten in der Besetzung mit 7 Richtern, von denen zwei Oberkriegsgerichtsräte waren. Wie bei den Kriegsgerichten variierte die Zusammensetzung der militärischen Richter je nach Rang des Angeklagten. Gemeine Soldaten und Unteroffiziere waren also als beisitzende Richter nicht mehr vorgesehen.

Das Reichsmilitärgericht fungierte – neben anderen Aufgaben – im wesentlichen als Revisionsinstanz. Im Gegensatz zu den Stand-, Kriegs- und Oberkriegsgerichten trat das Reichsmilitärgericht nicht nur für den Einzelfall zusammen. Es bildete vielmehr ein permanentes Gericht, wie das bei einer Revisionsinstanz, der vor allem „die Herbeiführung und Erhaltung einer einheitlichen Rechtsprechung durch gleichmäßige Auslegung und Anwendung der Gesetze“ oblag, in der großen Organisation des deutschen Heeres nicht anders möglich sein konnte. An der Spitze des Reichsmilitärgerichts stand als Präsident ein General oder Admiral im Range eines Kommandierenden Generals. Ihm stand die Leitung der Geschäfte zu, an der Rechtsprechung nahm er nicht teil. Die Rechtsprechung wurde durch Senate ausgeübt, die in der Besetzung von vier militärischen und drei juristischen Mitgliedern entschieden; dagegen mit umgekehrtem Verhältnis, wenn eine Revision lediglich die Verletzung prozessualer oder bürgerlich-rechtlicher Vorschriften rügte. Senatspräsidenten und Räte wurden vom Kaiser auf Vorschlag des Bundesrats ernannt. Die militärischen Mitglieder, die mindestens im Range eines Stabsoffiziers stehen mußten, wurden vom Kaiser auf Vorschlag der Kontingentsherren mindestens auf die Dauer von zwei Jahren bestimmt.

Die Bayerische Armee erhielt durch Gesetz vom 9. März 1899 einen besonderen Senat beim Reichsmilitärgericht.

3. Wirtschaftliche Lage und Versorgung der Soldaten

a. Die wirtschaftliche Situation des Soldaten

In ökonomischer und verwaltungsmäßiger Hinsicht brachten die Reformen nach dem Frieden von Tilsit einen ebenso grundsätzlichen Wandel wie auf dem Gebiet der Heeresverfassung. Das System der Kompaniewirtschaft – zuletzt nur noch ein von vielen Ausnahmen und Unzulänglichkeiten durchlöchertes Gebäude –, dessen Fehler wesentlich zur Herabsetzung der Effizienz der Armee beigetragen hatten, wurde beseitigt. Die zu schaffende Nationalarmee konnte schwerlich ihren Soldaten zumuten, sich einen Teil des Unterhalts nebenher selbst zu verdienen und aus diesem Grund den Dienst nur zeitweise zu versehen, wie es in der friderizianischen Armee bis 1806 im Rahmen des Beurlaubungs- und Freiwächterwesens üblich war. Der Kompaniechef knüpfte sein wirtschaftliches Interesse bei der Kompaniewirtschaft gerade an diese

Mängel und Systemfehler. Je mehr Freiwächter er über die zugelassene Zahl hinaus freistellte, um so besser stellte er sich, da sie aus dem Etat ausschieden und ihm so Mehreinnahmen ermöglichten. Das Verhältnis von Offizieren und Soldaten hatte auf diese Weise einen wirtschaftlichen und finanziellen Aspekt, der so gar nicht in die Überlegungen und Ziele der Reorganisationskommission hineinpassen wollte, ebensowenig aber auch in eine geordnete Heeresökonomie, auf die Preußen nach der Niederlage ganz entscheidend angewiesen war. Hier sorgte die Reorganisationskommission für gründlichen Wandel.

Die sogenannte „Militärökonomie" wurde den Kompanie- und Eskadronchefs genommen. Die bisherigen Einkünfte – auch aus der Beschaffung der kleinen Montur – wurden ihnen untersagt, dafür erhielten sie jetzt ein festes Gehalt. Die neuen Gehalts- und Löhnungssätze für alle Dienstgrade ergaben sich aus dem „Friedensverpflegungsetat", der für alle Truppenteile aufgestellt wurde. Über sämtliche Zahlungen war künftig Rechnung zu legen. Prüfungsbehörde war die Oberrechnungskammer. Der Friedensverpflegungsetat für ein Infanterieregiment vom 11. Juli 1808, nach welchem ab 1. August von der Generalkriegskasse „die Verpflegung" gezahlt werden sollte, sah genaue Vorschriften über die Verwaltung der Gelder vor bis hin zu etwa verbleibenden Überschüssen, Gewehr- und Reparaturkosten. Überschüsse aus den Kompanieunkosten sollten „zum Besten des gemeinen Mannes", zu dessen militärischer Bildung und Übung verwendet werden.

Im Hinblick auf Löhnung und Verpflegung der Mannschaften schien mit dem Übergang zum Wehrpflichtheer eine grundlegend veränderte Situation eingetreten zu sein. Tatsächlich vollzog sich der Wandel auf diesem Gebiet sehr langsam. Gegen Ende des 18. Jahrhunderts beruhte das preußische Löhnungs- und Verpflegungswesen auf dem „Reglement für die Königlich Preußische Infanterie" von 1788. Der gemeine Soldat erhielt monatlich zwei Reichstaler, von denen er sich seine Beköstigung einschließlich der Brotrationen selbst beschaffen mußte. Erst eine AKO von 1799 bestimmte, daß den diensttuenden Unteroffizieren und Soldaten und den Urlaubern während der Exerzierzeit an den Löhnungstagen (jeden 5. Tag) sechs Pfund Brot (etwa 2,8 Kilo) zustehen sollten. Proviantämter in den Festungen und größeren Garnisonen veranlaßten die Beschaffung durch Garnisonsbäckereien; wo solche nicht vorhanden waren, durch vertraglich verpflichtete Privatbäcker. Beim Dienst außerhalb der Garnison gab es eine alle drei Tage verabfolgte etwas größere Brotportion. In beiden Fällen handelte es sich um Roggenschrotbrot.

Bei der Feldverpflegung – der Verpflegung während eines Feldzuges – gab es bis 1809 Brotportionen von täglich knapp 1 Kilo. Der Soldat führte einen dreitägigen Bedarf mit. Nichtmilitärisch organisierte Feldbäckerkolonnen begleiteten die Truppe. Andere Lebensmittel mußte sich der Soldat mit seinen Geldgebührnissen selbst beschaffen. Gelegenheit dazu boten sogenannte „Lagermärkte". Im Notfalle sollten die Soldaten, „wenn sie sonst nichts haben, Wasser kochen, Kommißbrot dazu schneiden, und Salz dazu tun". Der Feldzug von 1806 offenbarte neben sonstigen schweren Mängeln entscheidende Fehlleistungen auch in diesem Bereich.

Die Heeresreform konnte angesichts der Finanzlage an der Verpflegungssituation nicht viel ändern. Voraussetzung wäre z. B. die Einrichtung von Kasernements und von Küchen gewesen. Bei dem zwischen 1809 und 1814 von 7 auf 24½ Millionen ansteigenden Heeresetat war eine sofortige Umstellung während der Vorbereitung und der Durchführung der Auseinandersetzung mit dem napoleonischen Frankreich ausgeschlossen.

Im Zeitraum zwischen den Reformen und dem Beginn einer friedensmäßigen, auf gesichertem Etat aufgebauten Versorgung der Truppe, also zwischen 1808 und 1815, ist es nicht zur Einrichtung von Truppenküchen gekommen. Die Situation des Soldaten verschlechterte sich überdies wegen einer fühlbaren Teuerung, so daß 1809 Überlegungen über eine Viktualienzulage von 12 Groschen pro Mann vom Feldwebel abwärts angestellt wurden. Der wichtige neue Gedanke dabei war, diese Zulage nicht in bar zu zahlen, sondern dem Soldaten dafür – und für einen Teil des Gehalts – Lebensmittel zu beschaffen. Aus Kostengründen ist dieses Verfahren nur vereinzelt angewendet worden.

Wegweisend für den Kriegsfall wurde das „Regulativ die Verpflegung der Truppen im Felde betreffend" vom 30. Juni 1809, das zum mindesten die Fehlleistungen des Feldzuges von 1806 zu korrigieren suchte. Es regelte die Bereitstellung von Fleisch und Gemüse, schrieb feste Portionssätze vor, führte den Zwieback ein. Jeder Soldat sollte künftig als tragbaren Feldvorrat 4 Pfund Brot, 1 Pfund Zwieback, 1 Pfund Reis, Grütze oder Graupen mitführen. Der Fleischbedarf sollte durch Schlachtviehdepots sichergestellt werden, die den Feldbäckereien angeschlossen wurden. Daneben blieb das Prinzip der Selbstbeschaffung aufrechterhalten – je nach Lage und Situation. Entfiel die Normalverpflegung, erhielt der Soldat neben Sold und Brotportion eine geringe monatliche Feldzulage. Dieses gemischte System zwang zur Beibehaltung der Lagermärkte.

Erst nach 1815 bot der Militäretat größeren Spielraum. Er stieg in diesem Jahr auf 66 Millionen an und hielt sich bis 1850 mit Schwankungen nach unten und oben zwischen 66 und 81 Millionen. Bei der langsam steigenden Bevölkerungszahl verminderte sich die auf den Kopf der Bevölkerung entfallende Rate von 6,5 auf 4,7 Mark, während die pro Soldat anfallende Rate angesichts der konstanten Einberufungsquoten relativ gleichblieb. Sie tendiere um den Betrag von 500–600 Mark.

Jetzt konnte auch die wirtschaftliche Situation des Soldaten allmählich verbessert werden. Daß sie in engstem Zusammenhang mit dem „wahren militärischen Geist" gesehen werden mußte, hat die Armee schon weit früher erkannt.

Aufschluß darüber gibt das Promemoria zum Entwurf eines Verpflegungsetats für ein Infanterie-Regiment von 1807, wo es heißt: „Um den wahren militärischen Geist hervorzubringen und zu erhalten, und um den Soldaten die nötige militärische Ausbildung zu geben, ist es unumgänglich notwendig, daß der Soldat, so lange er sich bei der Fahne befindet, so viel zu seinem Unterhalt bekommt, daß er davon leben kann, ohne gezwungen zu sein, sich zu allem, auch den erniedrigensten Arbeiten gebrauchen zu lassen. Wie sehr der Geist und die Achtung des Soldaten sinkt, wenn er von der Willkür seiner Mitbürger erst seinen Unterhalt bekommen muß, wird jeder bemerkt haben, der das Innere unserer bisherigen Militärverfassung kannte." Auch lag hierin mit ein Grund, warum der Soldat nie ganz militärisch ausgebildet werden konnte, da man ihm immer den größten Teil der Zeit zur Erwerbung seines Unterhalts lassen mußte und ihn die übrige Zeit nicht als Soldat, sondern mehr für Polizeidienste auf den Wachen gebrauchte.

Trotzdem änderte sich die Löhnung im Vergleich zur friderizianischen Zeit wenig und blieb auch im ganzen 19. Jahrhundert auf ungefähr gleicher Höhe. Dabei ist zu bedenken, daß einerseits außer der Brotration, die immer geliefert wurde, auch die übrige Verpflegung nicht mehr voll aus der Löhnung bezahlt zu werden brauchte, andererseits die sehr langsame, aber kontinuierliche Geldentwertung die Löhnung stetig minderte.

Einen Vergleich der verschiedenen Sätze erleichtert ein kurzer Überblick über die preußische Währung. Anfang des 19. Jahrhunderts gingen auf 1 Taler (tlr) 24 gute Groschen (gr) zu je 12 Pfenningen (pf), nach 1821 waren es 30 Silbergroschen (gr) zu ebenfalls 12 pf; ab 1871 wurde 1 tlr zu 3 Mark (mk) mit je 100 pf gerechnet.

Friedrich Wilhelm III. glich die Höhe der Löhnungen in den einzelnen Waffengattungen weitgehend einander an, so daß 1812 folgende Sätze monatlich gezahlt wurden: Gemeiner der Infanterie oder der Pioniere 2 tlr, der Kavallerie 2 tlr 12 gr, der Garde und der Jäger 3 tlr, der Garde du Corps 4 tlr; Gefreiter der Infanterie 2 tlr 2¾ gr, der Kavallerie 2 tlr 17 gr, der Garde 3 tlr 5½ gr.

Vor der Jahrhundertwende erhielt der Gemeine der Infanterie bereits 10 mk 50 pf, also pro Tag 35 pf, die übrigen Dienstgrade entsprechend mehr. Dafür wurden jedoch jedem Unteroffizier und Soldaten, der aus Truppenküchen verpflegt wurde, täglich 13 pf abgezogen. Dieser „Löhnungsbeitrag zur Beschaffung der Mittagskost" fiel ab 1. April 1898 fort, der Löhnungssatz betrug jedoch danach 6 mk 60 pf, also auch nur 22 pf pro Tag. Die Unterschiede nach Waffengattung, Garde und Linie fielen bei Unteroffizieren und Mannschaften ab 1912 weg. Nur Berittene und Fahrer erhielten höhere Löhnung, bestimmte Funktionsträger eine Zulage. Kurz vor dem Ersten Weltkrieg betrug die Löhnung für den Gemeinen 9 mk monatlich, den Berittenen oder Fahrer 10 mk 50 pf, den Gefreiten 10 mk 50 pf, den berittenen Gefreiten 12 mk.

Nach 1815 ist die Qualität der Soldatenverpflegung in kleinen Schritten verbessert worden. Um die Mitte des Jahrhunderts erreichte die Diskussion um den Geschmack und Nährwert des Brotes einen Höhepunkt. Es war vorgekommen, daß Soldaten ihre Brotration verkauften, um mit dem geringen Erlös Bäckerbrot kaufen zu können. Nicht die 1845 eingeführte Erhöhung der Ration, sondern die Verbesserung des Mehls erschien wichtiger. Eine Kommission unter Leitung eines Generalleutnants empfahl 1855 einen fünfprozentigen Kleieauszug. Nach Einführung des allgemeinen Landesgewichts im Jahre 1858 – das 100 statt 110 Pfund auf den Zentner vorsah – setzte das Reglement über die Naturalverpflegung der Truppen im Frieden von 1858 folgende Rationen fest: leichte Brotportion auf 1 Pfund 12 Lot = 700 g, schwere Brotportion, die verabreicht wurde, wenn sich der Soldat nicht in Garnison befand, auf 1 Pfund 26 Lot = 933 g. Die beim Gardekorps 1867 angestellten Versuche mit einem verbesserten Brot von 12% Kleieauszug bei etwas gekürzter Ration schlugen aus Kostengründen fehl, obwohl dieses Brot in der Truppe sehr geschätzt wurde.

Erst 1871 zwangen die Verhältnisse bei den süddeutschen Kontingenten, in denen besseres Brot mit Weizenzusatz längst bekannt war, zu einer gründlichen Änderung. Eine Kabinettsorder vom 7. September 1871 ordnete mit dem Etatjahr 1872 Verbesserungen an, die bis zum Beginn des Weltkrieges die Brotverpflegung des deutschen Heeres auf eine angemessene Basis stellten.

Im einzelnen war vorgesehen: Anhebung der Normalportion auf 750 gr, der schweren Portion auf 1000 gr. Einführung eines Mischbrotes mit erhöhtem Kleieauszug in den Korpsbezirken, in denen bisher schon besseres Brot ausgegeben worden war. In den übrigen Bezirken mußten zunächst die alten Bestände aufgebraucht werden. Hier war es auch zulässig, „sofern die landesüblichen Gewohnheiten ein Bedürfnis dazu anerkennen" ließen, ein reines Roggenbrot mit 15% Kleieauszug zu verabfolgen.

Die Entwicklung des Roggenpreises führte seit 1871 dazu, daß wieder allgemein zum Mischbrot übergegangen wurde.

Nach 1871 ging die Beschäftigung von Vertragsbäckern zurück und militärisch betriebene Garnisonbäckereien wurden die Regel. Es waren vorhanden im Jahre 1809 = 12, 1816 = 32, 1823 = 31, 1859 = 34, 1876/77 = 45, 1909 = 93.

Die sonstige Verpflegung der Soldaten ist bei allen äußeren Veränderungen der Lebensverhältnisse infolge der Industrialisierung nur sehr zögernd verbessert worden. Gerade hier hätte seit der Revolution und vor allem seit 1871 beim Parlament großes Verständnis vorausgesetzt werden können. Aber das Quinquennatssystem war viel zu unelastisch, um schnelle Fortschritte in dieser Beziehung ermöglichen zu können. Daß die Armee die ihr zur Verfügung gestellten Mittel vorrangig in die Verbesserung der Bewaffnung und in die Erweiterung der Kader steckte, entsprach fachmilitärischem Denken und den Zwängen des beginnenden technischen Zeitalters. So ist es erst gegen Ende des Jahrhunderts zu einer die Bedürfnisse des Soldaten deckenden Naturalverpflegung gekommen. Bis dahin war der Soldat weitgehend noch auf Selbstbeköstigung angewiesen, für die ihm der Dienstherr ab 1837 endlich eine so lange nur als Ausnahme gewährte Viktualienzulage von 12 guten Groschen im Monat zuschoß. Genauere Bestimmungen über die Naturalverpflegung 1844 sprachen dem Soldaten einen bestimmten Verpflegungssatz zu, behielten aber, soweit die Verpflegung gestellt werden konnte, „nach Verhältnis der Selbstkosten" bis zu $^2/_3$ des Solds und die gerade bewilligte Viktualienzulage ein. Zum Ausgleich steigender Lebensmittelpreise war es den Generalkommandos gestattet, beim Kriegsministerium „extraordinäre Verpflegungszuschüsse" zu beantragen. Dieses System erlaubte, Preisschwankungen bis zu einem gewissen Grade zu korrigieren.

Nach Einführung des allgemeinen Landesgewichts bestimmte ein jahrelang beratenes „Reglement über die Natural-Verpflegung der Truppen im Frieden" seit dem 1. Juli 1858 folgende Verpflegungssätze:

In der Garnison: 9 Lot Fleisch, 5½ Lot Reis (oder 7 Lot Graupen oder Grütze, oder 14 Lot Hülsenfrüchte oder ½ Metze Kartoffeln), 1½ Lot Salz. Frühstück und Abendbrot standen dem Soldaten nicht zu.

Bei Übungen, Lagern und Biwaks: 15 Lot Fleisch, 7 Lot Reis (oder Graupen, Grütze, Hülsenfrüchte und Kartoffeln entsprechend erhöht). (1 Lot = 16,6 gr, 1 Metze = 3,4 l). Hinzu kam $^1/_{16}$ Quart Branntwein, der seit 1862 durch 13 g Kaffee ersetzt wurde. Der Branntwein verschwand damit aus der Friedensverpflegung.

Bei mindestens 8stündiger Benutzung von Eisenbahn oder Dampfschiffen wurde ein sog. Erfrischungszuschuß gewährt.

In welchen Größenordnungen Verbesserungen im Verpflegungswesen gewährt wurden, zeigt anschaulich der im Etat von 1868 vorgesehene Zuschuß für eine Frühstücksportion, der sich auf 3 Pfennig pro Kopf belief. Als 1872 eine neue Maß- und Gewichtsordnung in Kraft trat und nunmehr die Portionssätze in Gramm festgelegt wurden, ist es praktisch nicht zu Verbesserungen gekommen.

Erst mit der „Verpflegungsvorschrift für das Preußische Heer im Frieden" vom 3. April 1902 (Entwurf 1898) gab die Armee den Grundsatz auf, daß der Soldat seine Verpflegung durch Soldabzüge selbst zu finanzieren habe. Naturalverpflegung und Geldabfindung wurden nunmehr scharf getrennt. Bei einer Kürzung der Löhnung um 13 Pfennige pro Tag erhielt der Wehrpflichtige jetzt eine Naturalverpflegung mit verbesserten Portionssätzen (s. S. 185). Allgemeinwirtschaftliche Gesichtspunkte, wie die Anhebung des Lebensstandards, waren hierfür maßgebend, aber auch die mit der Einführung der zweijährigen Dienstzeit verbundene Erhöhung der Anforderungen an den Soldaten. Dennoch blieb die Erhöhung der Fleisch- und Fettportionen (180 g Fleisch, 40 g Fett) noch erheblich hinter den Rationen für die Soldaten der europäischen Großmächte zurück (Rußland 310 g Fleisch, Frankreich 320 g, England 339 g, Italien 200 g, Österreich 190 g).

Bis 1898/1902 bestanden das Frühstück und das Abendbrot des Soldaten in der Regel nur aus Kaffee. Nur bei günstiger Vorratslage gab es ein Abendessen. Erst seit 1902 trat hier fühlbare Besserung ein, weil die erhöhten Portionssätze bei richtiger Einteilung die Gewährung eines Abendessens ermöglichten. Wo „gemeinsame Speiseanstalten" vorhanden waren, ließ sich vorteilhafter planen und einteilen. Der Kasernenbau hat diese Entwicklung vorangetrieben, so vor allem die neuen Vorschriften über Einrichtung und Ausstattung der Kasernen aus dem Jahre 1874:

Jetzt konnten auf Wunsch des Truppenteils 1 Küche für das Bataillon oder 1 Küche für je 2 Kompanien eingerichtet werden. Unteroffiziere erhielten ein besonderes Speiselokal – in Nachahmung der Offizier-Speiseanstalten. Weitere Verbesserungen sah der Entwurf eines Gesetzes betr. die Aufnahme einer Anleihe zur Durchführung der allgemeinen Kasernierung des Reichsheeres vom 3. März 1877 vor und vor allem die Garnison-Gebäudeordnung vom 19. Dezember 1889.

Bei Märschen und Übungen erhöhten sich die Normalsätze. Bei der Feldverpflegung ging die Geldabfindung immer mehr zugunsten der Naturalverpflegung zurück. Entscheidend wurde hier das Reglement über die Naturalverpflegung im Kriege vom 4. Juli 1867. Für kantonierende und biwakierende Truppen im Inland schrieb es die Naturalverpflegung als Regel vor, wobei es im Ermessen der Kommandierenden Generale lag, ob die Truppen einen tragbaren eisernen Vorrat bis zu drei Tagen mitführen mußten. Im Feindesland sollte grundsätzlich Naturalverpflegung zugewiesen werden. Seit 1870 wurden eiserne Rationen generell vorgeschrieben. Diese Grundsätze, überarbeitet und verbessert durch das Kriegsleistungsgesetz von 1873 und die Kriegsverpflegungsvorschrift von 1901, galten bis in den Weltkrieg.

Nunmehr hatten alle Angehörigen des mobilen Heeres ohne Unterschied des Ranges vom ersten Mobilmachungstage an Anspruch auf die Feldkost: 750 g Brot bzw. 400–500 g Zwieback, 375 g frisches Fleisch, 125 g Reis o.a., 25 g Kaffee oder 3 g Tee, 17 g Zucker.

Eine grundlegende Wandlung in der Zubereitung der Feldkost brachte seit Beginn des 20. Jahrhunderts die Einführung der fahrbaren Feldküchen („Gulaschkanonen") mit sich. Sie bedeutete eine erhebliche Erleichterung für den Soldaten im Einsatz, erforderte allerdings eine beträchtliche Erweiterung des Trosses.

Zu den Maßnahmen, mit denen die Qualität, Haltbarkeit und Transportfähigkeit der Feldkost verbessert wurden, gehörte die Herstellung von Konserven. Vor dem Deutsch-Französischen Krieg gelang lediglich die Produktion von Erbswurst, die in großen Mengen verbraucht wurde. Es begannen 1870 auch schon Versuche mit Fleischkonserven und mit der Herstellung von Dauerfleisch. Die Okkupationsarmee errichtete 1872 eine Konservenfabrik in Nancy, 1874 folgte der Bau einer Armee-Konservenfabrik in Mainz, die Fleisch- und Gemüsekonserven herstellte. Nach der Inbetriebnahme einer zweiten Armee-Konservenfabrik in Spandau konnte von Auslandsbeschaffungen abgesehen werden.

b. Die Situation der Kapitulanten und Unteroffiziere

Stellung und Haltung der Unteroffiziere

Einen besonderen Anreiz hat die Armee für die Masse der Wehrpflichtigen mit ihrem Besoldungs- und Verpflegungswesen nicht geboten. Sie war im Zeitalter der Allgemeinen Wehrpflicht hierzu weder herausgefordert noch auch in der Lage. Lediglich für die Längerdienenden, die sogenannten Kapitulanten, und für die Unteroffiziere aller Grade mußte sie von anderen Überlegungen ausgehen.

Kapitulanten verpflichteten sich zu einer längeren als der gesetzlich vorgeschriebenen aktiven Dienstzeit. Die erste Kapitulation umfaßte zumindest vier, für Einjährig-Freiwillige drei Jahre. Spätere Kapitulationen mußten auf mindestens ein Jahr abgeschlossen werden. Angenommen wurden nur Mannschaften, die zum Unteroffizier geeignet waren. Kapitulanten – außer Handwerkern und Funktionsträgern –

wurde für die erste Kapitulation ein Handgeld von 100 mk zugesprochen. Sie erhielten außerdem eine Kapitulantenzulage von 3 mk monatlich. Unteroffiziere erhielten nach 12jähriger Dienstzeit neben dem Zivilversorgungsschein eine Dienstprämie von 1000 mk.

Die Bedeutung der Längergedienten wuchs im Laufe der Zeit, sie bekam seit der 48er Revolution, ja schon während der Auseinandersetzung mit dem Frühliberalismus, einen ausgesprochen politischen Akzent gerade in den Augen der Armeeführung selbst; denn so wenig sie daran dachte, grundsätzlich die Durchlässigkeit von der Unteroffizier- in die Offizierlaufbahn zuzulassen, so sehr war sie vom Wert und von der Aufgabe des „Unteroffizierkorps" durchdrungen, einmal, weil in ihm der handwerkliche Perfektionismus des Soldatenberufs unübertroffen war, und zum andern, weil eine genügend lange Assimilierung an den Geist der Armee vorausgesetzt werden konnte. Der Geist der Armee aber war es, der – davon ging insbesondere Prinz Wilhelm, der spätere König und Kaiser, aus – eine Anfeindung durch den Zeitgeist so gut wie sicher ausschloß. Langgediente und Unteroffiziere gewannen in der Armee für die militärische Führung die Funktion des Rückgrats. Hier zu sparen hielt sie für gefährlich.

„Falls man aus Etatgründen zur zweijährigen Dienstzeit übergehe", meinte der Prinz in einem Schreiben an den Kriegsminister im Juli 1832, „so gebe es nur ein Mittel, wie diesem großen Übelstande einigermaßen abgeholfen" werden könne, und dies bestehe darin, „daß man sich einen Stamm von länger dienenden Unteroffizieren und Soldaten bildet, in welchem der Kriegergeist sich fortpflanzt und durch welchen derselbe auf die junge Mannschaft übertragen wird.

Dazu gehört also:

1. daß man den Unteroffizierstand noch besser dotiert als bis jetzt und
2. daß die vorschriftsmäßigen 30 Kapitulanten per Kompanie jedenfalls stets komplett erhalten werden müssen, was auch nur durch eine Erhöhung der Kapitulantenzulage möglich ist".

Derartige Forderungen blieben lange Zeit in dem engen Haushalt bloße Wünsche.

Ein echter materieller Anreiz ist für den Kapitulanten und Unteroffizier noch lange nicht geschaffen worden. Kriegsminister v. Boyen mußte noch 1844 gegenüber dem Prinzen von Preußen bekennen, daß die Erhöhung der Brotportionen und die Anhebung der Gehälter der Unteroffiziere sein „tägliches Gebet" seien; beide Erfordernisse seien ein dringendes Bedürfnis zur Erhaltung des guten Geistes in der Armee, aber, fuhr er fort, „ich werde wahrscheinlich ins Grab steigen, ehe es nur gelingen wird, die Mittel dazu flüssig zu machen". Ein Anreiz war aber dringend notwendig, mußte doch 1833 die Etatzahl der Kapitulanten pro Kompanie und Eskadron von 30 auf 15 reduziert werden, 1841 fehlten bei der Infanterie an dieser Zahl immer noch 50 bis 75%. Die Kapitulanten stellten aber, solange das System der Unteroffizierschulen noch nicht ausgebaut war, praktisch das alleinige Reservoir für den Unteroffiziersersatz dar.

Die prekäre Situation des Unteroffizierstandes im Vormärz hatte erhebliche Auswirkungen auf seine Zusammensetzung und sein Niveau. Schon die praktische Unmöglichkeit, in das Offizierkorps aufzusteigen, beschränkte im wesentlichen die Aspirantenauswahl auf Männer, die sich mit einer Existenz ohne nennenswerte Verbesserungsmöglichkeiten zufriedengaben. Wenn einzelnen der Sprung gelang, so war damit nur das Trennungsprinzip bestätigt. Die resignierende Haltung wird noch deutlicher, wenn berücksichtigt wird, daß die materielle Situation des Unteroffiziers von der langsam steigenden Lohnbewegung insgesamt kaum berührt war. An eine Erweiterung der Bildung durch Eigeninitiative war daher nicht zu denken. Die Masse ist über das mitgebrachte Volksschulwissen nicht hinausgekommen. Das war die Atmosphäre, in der sich der Typ des preußischen Unteroffiziers des Wehrpflichtheeres heranbildete. Er verstand zwar sein Handwerk, faßte es aber sehr häufig als Selbstzweck auf. Er blieb ein militärischer Erzieher, dem nur allzu oft nicht oder nur in einem ganz bestimmten Sinne bewußt war, daß ihm für 2 oder 3 Jahre die junge Mannschaft der Nation anvertraut war. In der dumpfen Drill- und Kasernenhofluft gingen gerade jene Impulse verloren, die Scharnhorst und Boyen geweckt hatten. Anreiz bot diesem Unteroffizierstand die frugale „Sicherheit“ des Berufes und die nicht zu unterschätzende Atmosphäre des Militärstaats überhaupt, die Uniform und das „Etwas-zu-sagen-Haben“. Alle diese Momente zusammengenommen produzierten eine Art „Standesgeist“, der bewußt von seiten der militärischen Führung gepflegt, von den Liberalen aber erbittert bekämpft wurde.

Eine der Ursachen dieses „Standesgeistes“ war sicherlich die grundsätzliche Trennung vom Offizierkorps, für das andere Herkunfts- und „Bildungs“-kategorien vorausgesetzt wurden. Bei der Klasse der Unteroffiziere verbanden sich Selbstgenügsamkeit und Gruppenschicksal und das Gefühl, im Vergleich zum Zivilisten doch etwas darzustellen, zu einer besonderen Mentalität. Sie erklärt die vielfachen Beweise des Gemeinschaftsbewußtseins und zahlreiche Initiativen gruppensoziologischer Natur, die über gesellige Veranstaltungen, etwa Bierabende der Unteroffiziere einer Einheit zusammen mit ihren verabschiedeten Kameraden, doch weit hinausgingen.

So gab es bereits 1818 in einem Füsilierbataillon einen Unteroffiziersverein, der zu seinen Festveranstaltungen die Offiziere des Regiments und Vertreter der Bürgerschaft einlud. Seit den 30er Jahren werden „Speiseanstalten“ für Unteroffiziere und Kapitulanten erwähnt, es kam zur Gründung von „geselligen Militärvereinen“.

Einen kräftigen Antrieb bekamen die Tendenzen, das Gruppenbewußtsein der Unteroffiziere zu heben, mit der seit Ende der 30er Jahre auf breiter Basis erfolgenden Gründung von Unteroffizier-Unterstützungsvereinen. Die 1. Artilleriebrigade erlebte 1838 den Zusammenschluß eines „Unterstützungsvereins für Avancierte“, der 1839 vom König genehmigt wurde und zu seinen Ehrenmitgliedern bald Persönlichkeiten auch des zivilen Bereichs zählte. Wenn für Ende 1839 bereits 400 Mitglieder eingetragen waren, so beweist diese Zahl, auf welche Sympathien derartige Initiativen hoffen konnten.

Der Kommandierende General des pommerschen Armeekorps, der Kronprinz und spätere König Friedrich Wilhelm IV., förderte derartige Vereine nachhaltig. Gemäß einer Instruktion vom Dezember 1838 wurden in allen Garnisonen seines Korps Unterstützungs-Kommissionen gebildet, die die Unterstützung der Familien hilfsbedürftiger aktiver Unteroffiziere zu ihrem besonderen Anliegen machten, da die Kommunen entsprechende Verpflichtungen ablehnten. Auf ähnlicher Ebene lag die seit 1842 in Gang kommende Gründung von militärischen Begräbnisvereinen, die später in den politisierten Kriegervereinen aufgingen.

Alle diese Ansätze, unter denen auch die Einrichtung von Leih-Bibliotheken für Unteroffiziere und Kapitulanten zu erwähnen ist, fanden hinsichtlich ihrer „Korpsgeist"-bildenden Wirkung eine gewisse Krönung in der Gründung von speziellen Zeitschriften. Besonders hinzuweisen ist auf die 1833 von einem Unteroffizier ins Leben gerufene erste Zeitschrift für Unteroffiziere und Mannschaften „Der Soldatenfreund". Er wirkte allein durch die Veröffentlichung der zahlreichen Initiativen von und für Unteroffiziere und Kapitulanten standesgeistfördernd. Nachrichten über Unteroffiziere belebten das Interesse am Beruf. Der Stand profilierte sich in einem bisher nicht gekannten Maße. Der Gründer der Zeitschrift leitete das Blatt selbst bis zum Jahre 1878. Es existierte bis 1914. Die Wandlungen des Unteroffizierstandes, für die es selbst eine Art Initialzündung gegeben hatte, begleitete dieses Blatt und wurde so zum Zeichen der Kontinuität der Probleme und Beschränktheiten des „Standes".

Die Kargheit und Bescheidenheit der dienstlichen und materiellen Verhältnisse verhinderten nachhaltige Änderungen im Selbstverständnis der Unteroffiziere im Vormärz. Fahneneid und monarchische Loyalität bildeten die leitenden höheren Gesichtspunkte ihrer Haltung. Aber ein „Unteroffizierkorps" im eigentlichen Sinne dieses Wortes hat es im Vormärz nicht gegeben. Zu einem Teil mag das Fehlen einer Ehrengerichtsbarkeit ursächlich hierfür gewesen sein, wie von Zeitgenossen gelegentlich behauptet wurde. Im „Soldatenfreund" ist um diese Zeit die Bezeichnung „Unteroffizierkorps" als zu hochgegriffen und nicht amtlich ausdrücklich abgelehnt worden. Aber die Frage wurde diskutiert, und je mehr sich die Position des Unteroffiziers als Mittler zwischen den vorgesetzten Offizieren und den Mannschaften herauskristallisierte, gefördert durch entsprechende Maßnahmen materieller und schulisch-theoretischer Art, um so deutlicher schien sich eine solche Entwicklung anzubahnen.

Besoldung, Stellenplan, Beförderung

Als vordringlich wurde allseits die Verbesserung der wirtschaftlichen Situation des Unteroffizierstandes angesehen. Boyen setzte 1846 wichtige Maßnahmen durch, die zur Besoldungsanhebung namentlich für ältere Unteroffiziere führten und einige kleine Verbesserungen der Aufstiegsmöglichkeiten brachten. Während das Kriegsdepartement stärker den Gedanken vertrat, daß der Hauptanreiz einmal von der Zivilversorgung für Kapitulanten und Unteroffiziere ausgehe, dann aber auch von der Selbstbestätigung, die das Recht zum Befehlen gewähre, weshalb man möglichst die Avancementsbeschränkungen lockern solle, suchte Boyen über längere Dienstverpflichtungen zum Ziel zu kommen. Die psychologischen Gegebenheiten hat er insgesamt wohl nicht so exakt erfaßt wie das Kriegsdepartement.

Das mit AKO von 1846 genehmigte „Regulativ wegen Gehalts-Verbesserung der Unteroffiziere" setzte Boyens Standpunkt durch.

Die AKO vom 6. Januar 1846 ordnete im einzelnen an: Einrichtung von 3 Sergeantenstellen (Beförderungsstellen) pro Kompanie und Eskadron. Sergeanten erhielten wie die Feldwebel und Wachtmeister als besonderes Abzeichen einen Knopf mit heraldischem Adler auf jeder Kragenpatte, eine Maßnahme, die als Anreiz nicht gering veranschlagt werden sollte. Die Tatsache, daß ein Sergeant nach 15jähriger Dienstzeit zum Vize-Feldwebel mit den Rangabzeichen eines wirklichen Feldwebels ernannt werden konnte, gehört in die gleiche Ebene der Förderungsmethoden. Pro Kompanie durften ferner bis zu 4 Gefreite zu Obergefreiten befördert werden. Sie erhielten einen etwas kleineren Pattenknopf als die Sergeanten, die Unteroffizier-Säbeltroddel und die Unteroffizierszulage von 15 Silbergroschen monatlich. Boyen hob allerdings bis zu einem gewissen Grade den Effekt dieser Maßnahmen mit der Bestimmung wieder auf, daß nur die Unteroffiziere Anspruch auf eine Zulage und die Möglichkeit zur Beförderung zum Sergeanten oder Feldwebel haben sollten, die sich mindestens zu einer Gesamtdienstzeit von 12 Jahren verpflichtet hatten.

In den folgenden Jahren konnten die Mängel des Regulativs teilweise mit außerordentlichen Maßnahmen behoben werden, etwa mit der Ernennung von überzähligen Sergeanten, die allerdings keinen Anspruch auf die Unteroffizierszulage hatten. Am System änderte sich damit nichts. Eine Lockerung der Boyenschen Grundsätze brachte erst eine Kabinettsorder sieben Jahre später.

Diese KO vom 21. 4. 1853, die Kriegsminister Bonin am 22. Mai 1853 der Armee bekanntmachte, führte für die Unteroffizierchargen besondere Gehaltsklassen ein. Sie hob ausdrücklich den alten Grundsatz auf, daß nur eine 12jährige Verpflichtung den Weg in die Sergeanten- und Feldwebelcharge öffne und Anspruch auf die Zulage gebe. Die ehemalige Charge der Vize-Unteroffiziere und der Obergefreiten wurde wieder abgeschafft. Künftig sollte deren Funktion durch Gefreite wahrgenommen werden, für deren Ernennung der Abschluß einer Kapitulation nicht Voraussetzung war. Dennoch wurden die alten Wunschzahlen für Kapitulanten (30 pro Kompanie) nicht länger für realisierbar gehalten, nicht einmal für Kapitulanten und Gefreite zusammengenommen. 1853 hielt die Armee lediglich 60 Kapitulanten und Gefreite bei den Gardebataillonen für erreichbar und 48 bei den Linienbataillonen.

Bei der Artillerie und Pionierwaffe, im Sanitätsdienst und bei den Militärmusikern, den Feuerwerkern u. a. existierte eine Reihe weiterer Differenzierungen im Bereich der Unteroffizierchargen, wie auch bei der Artillerie nach wie vor Obergefreite ernannt wurden. Mit diesen Stellen waren kleinere finanzielle Vorteile verbunden. Die Hauptförderung zielte aber ab auf die Gefreiten und Kapitulanten und die Unteroffiziere, deren Nachwuchs erst seit 1860 stärker über die Unteroffizierschulen sichergestellt werden konnte. Die gewährten Vergünstigungen hielten sich jedoch in äußerst bescheidenen Grenzen. Als beispielhaft mag ein Erlaß des Kriegsministeriums erwähnt sein, der für

Gefreite und „zur Kapitulation gelangende Gemeine“ eine um 15 Silbergroschen höhere Löhnung als für Gemeine vorsah. Sofern der Gefreite zu den Kapitulanten zählte, erhöhte sich die Differenz auf 1 Taler. Die Zahl der Mannschaften, die gleichzeitig Kapitulanten und Gefreite sein konnten, war bedingt durch die Etatmittel des jeweiligen Truppenteils. Bei den Kavallerieregimentern bestand seit 1867 in Erweiterung früherer Vorschriften eine Grenze insoweit, als die Zahl der Gefreiten und Gefreitenkapitulanten nicht höher als 75 per Regiment liegen durfte. Hier gab es überdies noch die Möglichkeit, Soldaten, die sich zur Ableistung eines vierten Dienstjahres verpflichteten, die Kapitulantenlöhnung für dieses Jahr zu gewähren.

Die Besoldung war in den einzelnen Truppenteilen verschieden und wurde erst allmählich angeglichen. Außerdem war das Ineinandergreifen von Verpflegungszuschüssen und -abzügen weitgehend durch Kann-Vorschriften geregelt, so daß eine genaue Fixierung der Sätze nur schwer möglich ist. Einen Anhalt geben die Löhnungssätze, die in einem Infanterieregiment der Linie um die Jahrhundertwende tatsächlich gezahlt wurden (außer den Zulagen für Funktionsdienstgrade wie Fourier u. ä.). Es erhielten monatlich in Mark:
Gemeiner = 6,60, Gefreiter = 8,10, Kapitulant (Gefreiter und Gemeiner) = 12,60, Unteroffizier als Nichtkapitulant = 11,10, Unteroffizier als Kapitulant = 21,60, Sergeant = 23,10, Vizefeldwebel = 41,10, Feldwebel = 56,10.

Gemessen an dem allgemeinen Fortschritt des Wirtschaftslebens bedeutete dies alles recht wenig. Gerade in den Westprovinzen war der Wert der Arbeit bereits in den vierziger Jahren so hoch gestiegen, daß dort selbst der Tagelöhner mehr verdiente als der Unteroffizier. Beim späteren Lamentieren über die Knauserigkeit des Parlaments übersah die Armee nur zu gern, daß auch in der vorparlamentarischen Zeit Staat und Armee für den Unteroffizier und auch für den Offizier wenig ausgabefreudig waren. Ein Promemoria des Allgemeinen Kriegsdepartements wies 1841 darauf hin, daß Unteroffiziere und Kapitulanten den Engpaß der Regimenter bei der Besetzung der Unterführerstellen ausnutzten und einfach wechselten, wenn ihnen ein Regiment aus irgendwelchen Gründen nicht zusagte.

Eine spürbare Umsetzung des wachsenden nationalen Reichtums für militärische Bedürfnisse hat der preußische Militärstaat bis in die Anfangsphase der zweiten Hälfte des Jahrhunderts nicht zustande gebracht.

So monarchisch-etatistisch Organisation und Selbstgefühl des Staates blieben, so liberalistisch blieb seine Steuerpolitik. Anders zu handeln wäre freilich in Europa als revolutionär empfunden worden und hätte wahrscheinlich das Konzert der Großmächte mobilisiert. Immerhin ist festzustellen, daß in einer Zeit, als die deutsche Roheisenproduktion von 100000 auf 1,6 Millionen Tonnen und die Kohleproduktion von 400000 auf 29,4 Millionen Tonnen stiegen (1840–1867/70), der preußische Militärhaushalt lediglich von 75,59 Millionen auf 132,2 Millionen (1867) anwuchs, eine Zahl, die im wesentlichen die Auswirkungen der Roonschen Heeresreform widerspiegelt. Für eine Verbesserung der finanziellen Situation der Soldaten blieb da wenig Raum. So ist es zu verstehen, daß die Versorgung einschließlich der immer wichtiger werdenden Zivilversorgung das wesentliche Stimulans für den Entschluß zum Kapitulieren wurde.

c. Versorgung und Invalidenwesen

Der Ausbau der überkommenen Institute

Das Versorgungswesen läßt sich in die beiden großen Komplexe der Soldatenfürsorge (Invalidenfürsorge) und der Versorgung (für Kapitulanten) zerlegen. Dabei gehörte die Invalidenfürsorge als spezieller Typ in den großen Rahmen der staatlichen (kommunalen) Armee- und Krankenfürsorge, wie sie das ALR normiert hatte. Seit 1814 wurde in Fürsorgefragen zwischen Angehörigen der Landwehr und des Stehenden Heeres insoweit differenziert, als erstere der Zuständigkeit der Regierungen überwiesen wurden. Nach den napoleonischen Kriegen galt es vor allem, Versorgungsmöglichkeiten für die zahlreichen Invaliden zu eröffnen. In Fortführung älterer Bestimmungen suchte eine Kabinettsorder 1811 eine grundlegende Lösung zu schaffen. Je nach dem Grade der Invalidität kam eine Einstellung in Garnisonkompanien, die Aufnahme in Invalidenhäuser, Einstellung in Invalidenkompanien, Gnadengehalt oder Zivilversorgung, d. h. Zivilanstellung, in Frage.

Die KO vom 14. März 1811 sah eine Einteilung in Halb- und Ganzinvalide vor. Ganzinvaliden wurden in Invalidenhäuser aufgenommen, wenn sie Krüppel oder gebrechlich waren. Sonst wurden sie in die Provinzial-Invalidenkompanien eingestellt, wo sie die Zivilversorgung abwarten konnten, wenn sie zur Selbsternährung unfähig waren und die Invalidität zurückging auf Verwundung, Dienstbeschädigung oder eine längere Dienstzeit (bei Feldwebeln z. B. 21 Jahre). Zivilanstellung wurde zunächst nur „sehr gut gedienten" Ganzinvaliden zugebilligt. Damit wurde endlich davon Abstand genommen, die Fürsorge auf die Gemeinden abzuwälzen, wie es seit 1807 üblich gewesen war. Freilich brachte später die Zivilversorgung der Invaliden ernste Schwierigkeiten, weil sie für gesunde Zivilbewerber eine erhebliche Konkurrenz und oft eine Zurücksetzung darstellte.

Das sogenannte „Gnadengehalt" betrug für Feldwebel 3 Taler, für Unteroffiziere 2 und für Gemeine 1 Taler. Als Mindestdienstzeit wurden hier für Feldwebel immerhin 18 Jahre gefordert. Statt der Einstellung in eine Invalidenkompanie konnte das Gnadengehalt gewährt werden. War ein Berechtigter im Besitz des Militär-Ehrenzeichens, so konnte er schon nach Ableistung der Hälfte der normalerweise geforderten Dienstzeit in eine Invalidenkompanie aufgenommen werden oder ohne Rücksicht auf die Dienstzeit Gnadengehalt beziehen.

Eine Königliche Verordnung teilte 1818 jedem der acht Armeekorps zwei Invalidenkompanien zu. Abgesehen von dem Garde-Invalidenbataillon gab es damit 16 derartige Institutionen mit einer Kopfstärke von je 200 Mann. Daneben verfügte die Armee über Invalidenhäuser für ganz verstümmelte Soldaten. Seit 1834 ließ man die Invalidenkompanien durch Sperre von Neuzugängen allmählich eingehen. Die für Halbinvalide bestimmten Garnisonkompanien wurden 1838 aufgelöst und statt dessen bei jedem Armeekorps ein Reservebataillon für die Halbinvaliden aufgestellt.

Grundsätzlich neue Regelungen sah erst die KO vom 18. Februar 1842 vor. Vor allem die im Anschluß ergangene Verordnung des Kriegsministeriums vom 28. Juni 1842. Von nun an durften halbinvalide Unteroffiziere und Gemeine nicht mehr mit Gnadengehalt entlassen werden; sie erhielten vielmehr nach zwölfjähriger Dienstzeit den Zivilversorgungsschein.

Aufgrund der KO sollten die noch bestehen gebliebenen Invalidenkompanien in Veteranensektionen umgewandelt werden, und zwar derart, daß beim Tode eines Invaliden der Invalidenkompanie dessen Rechte und Bezüge einem Ganzinvaliden zufielen, der aber der Veteranensektion zugewiesen wurde. Letztere wurden den Landwehrbataillonen in Stärke von je 16 Köpfen zugeteilt. Daß diese Leute im Aufsichtsdienst und „zur Erhaltung der öffentlichen Ordnung" eingesetzt werden sollten, wirkte im Ergebnis in die gleiche Richtung wie das Zivilversorgungswesen überhaupt, das ja neben seiner Fürsorgefunktion ganz erheblich zur Militarisierung der preußischen Gesellschaft beigetragen hat.

Für gänzlich dienstunfähige Invaliden baute die Armee die Invalidenhäuser weiter aus. Allein die Berliner Anstalt erhielt eine Aufnahmekapazität für 400 Soldaten. Das Gardekorps erfuhr auch auf diesem Gebiet eine Sonderbehandlung: seine Invalidenkompanie blieb erhalten. Der Geist, der diese Art Fürsorge durchwehte, läßt sich fassen auch in der Tatsache, daß zwischen den ganzinvaliden Soldaten der Berliner Anstalt differenziert wurde nach Gesichtspunkten nicht ihres Beschädigungsgrades, sondern ihrer verflossenen militärischen Leistungen. So kamen beispielsweise Inhaber des Eisernen Kreuzes in die sog. Leibkompanie, deren Mitglieder monatlich eine kleine Zulage erhielten.

Die Invalidenpension

Die Revolution förderte die Entwicklung des Versorgungswesens im Sinne einer Verstärkung der Rechtsposition der Antragsteller. In diesem Sinne bewies die KO vom 21. Oktober 1848 Fingerspitzengefühl, als sie das „Gnadengehalt" umwandelte in eine Invalidenpension. Das „Gnadengehalt" bedeutete schon im Wehrpflichtheer einen Anachronismus, in der Verfassungswirklichkeit der konstitutionellen Monarchie – besonders in den Zeiten ihres frühen Elans – mußte diese Formel zum Stein des Anstoßes werden. Die militärischen Organisationsformen des Versorgungswesens fielen der Entwicklung teilweise zum Opfer. Wie auf manch anderem Gebiet des Militärwesens in Preußen zwang hier „der Zeitgeist" zu fortschrittlichen Lösungen, ohne den Geist der Armee ändern zu können. So sollten 1849 die Veteranen- und Halbinvalidensektionen und die im Abbau begriffenen Invalidenkompanien – abgesehen von den Gardeeinrichtungen – endgültig abgeschafft werden. Die Mannschaften gingen mit einer Invalidenpension nach Hause, die bei den Angehörigen der ehemaligen Invalidenkompanien ihre gesamten bisherigen Kompetenzen umfaßte (Erlaß vom 27. März 1849), während die Mitglieder der Sektionen in

Pensionsklassen eingeteilt wurden. Ein wirklicher Einschnitt ist dies dann doch nicht gewesen, denn nach der Revolution existierten weiterhin Invalidenkompanien, für die 1851 sogar neue Formationsbestimmungen erlassen wurden.

Immerhin leiteten die mit AKO vom 28. April 1849 genehmigten „Grundsätze und Bestimmungen über das Pensions- und Versorgungs-Wesen der Militär-Invaliden vom Oberfeuerwerker, Feldwebel und Wachtmeister abwärts" eine moderne Entwicklung ein.

Zum erstenmal differenzierten die Fürsorgegrundsätze auch unter dem Gesichtspunkt einer möglichen Verwendung der Halbinvaliden im „Landbau und den Gewerben". Statt sie ohne dringendes Bedürfnis in Invalidenanstalten aufzunehmen, wurde vorgezogen, bedingt Arbeitsfähige mit angemessener Pension zu entlassen, um sie einer ihren Möglichkeiten entsprechenden Tätigkeit zuzuführen. Allen Invaliden sollte nunmehr „die mit den Finanzkräften des Staates vereinbare Fürsorge gewidmet" und alle nach gleichen Grundsätzen behandelt werden. Ein weiterer Zweck der neuen Regelung lag in dem Gedanken, „auf einen tüchtigen Unteroffiziersstand hinzuwirken". Im Ergebnis hatte sich damit die Ansicht des Kriegsdepartements durchgesetzt. Die Pension der Ganzinvaliden richtete sich nach sehr strengen Maßstäben. Eingeteilt wurden sie in vier Klassen. Eine Aufnahme in die Invalidenpension I. Klasse, die einen Anspruch auf monatliche Unterstützung zwischen 3 bis 8 Talern (tlr) gewährte – je nach Charge vom Soldaten bis zum Feldwebel aufwärts – konnte nur erfolgen, wenn der Invalide Krüppel oder voll erwerbsunfähig war:

a) durch Verwundung vor dem Feind, oder
b) bei dem Besitz eines im Kriege erworbenen Militär-Ehrenzeichens, oder
c) durch Beschädigung bei unmittelbarer Ausübung des Militär-Dienstes (Dienst als Handwerker oder Bursche gehörte nicht hierher) oder
d) durch gänzliche Blindheit infolge einer während des Dienstes überstandenen ansteckenden Augenkrankheit, oder
e) nach 21jähriger Dienstzeit.

Die Pension der erreichten Charge wurde überdies nur gewährt, wenn sie 10 Jahre bekleidet worden war.

Auf die Invalidenpension der II. Klasse – 6 bis 2 tlr 25 Silbergroschen – hatten „größtenteils erwerbsunfähige" Invaliden nach 15 Jahren Dienstzeit Anspruch, auf die III. Klasse – 5 bis 2 tlr – teilweise Erwerbsunfähige nach 12 Jahren und auf die IV. Klasse – 1 bis 3 tlr – nicht erwerbsunfähige Ganzinvaliden nach 8 Jahren, alle nach den genannten Voraussetzungen a) bis d). Unter besonderen Voraussetzungen konnten auch Dienstbeschädigungen der Landwehrmänner entsprechend abgefunden werden. Invaliden der zweiten Klasse des Soldatenstandes hatten keinen Pensionsanspruch. Der monatliche Invalidentaler durfte ihnen gewährt werden, wenn sie eine der Voraussetzungen für die erste oder zweite Pensionsklasse erfüllten. Bereits entlassenen Soldaten konnte in einem besonderen Verfahren die II. bis IV. Pensionsstufe zuerkannt werden, „bei erwiesener moralischer Würdigkeit" in extrem gelagerten Fällen sogar der Zivilversorgungsschein.

Ein Gesetz vom 4. Juni 1851 betr. Versorgung der Militärinvaliden führte auf der 1849 entwickelten Grundlage kleinere Verbesserungen, vor allem eine Krüppel- und Blindenzulage, ein. Es wurde allgemein als ungerecht empfunden, daß dem Gesetz keine rückwirkende Kraft beigelegt worden war. So kamen gerade die schwerblessierten Veteranen der napoleonischen Kriege nicht in den Genuß der Zulagen. Erst 1863, während des Verfassungskonflikts, gewährte ein Gesetz ihnen generell die Pension der ersten Klasse und den Verstümmelten darüber hinaus eine Zulage.

Als Besonderheit des Gesetzes vom 10. März 1863 ist der Ehrensold zu erwähnen, der den Inhabern des Eisernen Kreuzes I. und II. Klasse zuerkannt wurde: für die I. Klasse 150 Taler, für die II. Klasse 50 Taler jährlich auf Lebenszeit. In einer Zeit des Kampfes um die Landwehr verteilte das Gesetz auf ehemalige Angehörige von Linie und Landwehr diese Benefizien. Die erbitterte Diskussion wurde dadurch nicht beeinflußt.

Bis 1871 ist eine ganze Reihe von Einzelverbesserungen erzielt worden. Am wichtigsten erwies sich für den angestrebten Zweck, den materiellen Anreiz für die Unteroffizierlaufbahn, das Gesetz vom 6. Juli 1865, das die Pensionen der ersten bis dritten Klasse heraufsetzte und in Erweiterung des Versorgungsgedankens die Pensionsberechtigung bei längerer Dienstzeit unabhängig vom Nachweis der Invalidität und der Erwerbsunfähigkeit zuerkannte, also den Weg der Beamtenversorgung ging. Die Pensionsklassen I–III hingen nach diesem System ab von der Vollendung einer 30-, 24- oder 18jährigen Dienstzeit mit der Möglichkeit weiterer Zulagen. Sämtliche Unteroffiziere kamen in den Genuß der Pension ihres letzten innegehabten Dienstgrades, wenn sie nur ein Jahr in der Charge gedient hatten. Gesetzlich geregelt war jetzt auch die Versorgung der Witwen von Gefallenen oder infolge Verwundung Gestorbenen.

Das preußische Versorgungssystem wurde im Norddeutschen Bund eingeführt, und ebenso baute die reichsrechtliche Lösung mit dem Gesetz vom 27. Juni 1871 auf den preußischen Grundlagen auf. Die Normen über die Zivilversorgung führte mit spezieller Maßgabe eine Bekanntmachung des preußischen Kriegsministeriums vom 14. November 1869 auf der Grundlage des „Reglements über die Civilversorgung und Civilanstellung“ vom 16. bzw. 20. Juni 1867 mit Übergangsregelungen im Gebiet des Norddeutschen Bundes ein.

Das „Gesetz betr. die Pensionierung und Versorgung der Militärpersonen des Reichsheeres und der Kaiserlichen Marine, sowie die Bewilligungen für die Hinterbliebenen solcher Personen“ vom 27. Juni 1871 faßte zum ersten Mal die gesamte Materie für Mannschaften, Unteroffiziere und Offiziere zusammen, ohne allerdings grundsätzlich neue Wege einzuschlagen. Es brachte Verbesserungen für die Versorgungsberechtigten und dehnte die Versorgung der Invaliden im Zivildienst auf das ganze Reich aus. Den Zivilversorgungsschein erhielten Ganzinvaliden zusätzlich zur Pension, Halbinvaliden konnten zwischen beiden wählen. Bedingung für sie war allerdings eine zwölfjährige Dienstzeit. Die Armee konnte erheblichen Einfluß auf die Gewährung des Zivilversorgungsscheins nehmen aufgrund der Vorschrift des Gesetzes: „Die als versorgungsberechtigt anerkannten Invaliden erhalten, wenn sie sich gut geführt haben, einen Civilversorgungsschein.“ Das „Sich-gut-geführt-Haben“

konnte zur Auffassungssache werden, insbesondere in Fällen, die als „politisch" angesehen wurden.

Das Gesetz schuf fünf Pensionsklassen an Stelle der bisherigen vier. Der Gemeine erhielt in der ersten Klasse 10, in der fünften Klasse 2 Taler, der Feldwebel 14 bzw. 5 Taler.

Ein großes Hindernis für die Schaffung eines Anreizes zur Kapitulation blieben nach wie vor die bei Nichtinvaliden geforderten überlangen Dienstzeiten. So wurde die volle Pension der ersten Klasse erst nach 36jähriger Dienstzeit ohne Nachweis der Invalidität gewährt. Für die zweite Klasse verlangte das Gesetz eine 30jährige Dienstzeit. Noch für die vierte Klasse mußten 18 Jahre abgedient werden. Für Nichtinvaliden wurde diese 18-Jahre-Grenze überhaupt zur Voraussetzung der Mindestversorgung. Abhilfe schuf erst 1874 eine Gesetzesnovelle über die Erlangung des Zivilversorgungsscheins.

Vor allem in den Jahren 1893–1895 ist das Pensionswesen weiter ausgebaut worden. Ein Gesetz vom 14. Januar 1894 sorgte für die Gleichstellung aller Invaliden. Das war notwendig, weil die Gesetzgebung von 1871–1874 lediglich die Kriegsteilnehmer des Deutsch-Französischen Krieges berücksichtigt hatte und weil die Versorgung der älteren nichtpreußischen Invaliden teilweise noch auf landesrechtlichen Vorschriften beruhte, für die bisher allgemeine Anpassungsgrundsätze nicht erlassen worden waren. Weitere Gesetze sorgten 1896 für eine Einbeziehung der Schutztruppenangehörigen in das allgemeine Versorgungssystem, 1897 für eine Erhöhung der Unterstützungsbeiträge und für eine Verbesserung der Fürsorge für Hinterbliebene.

Den Abschluß der Regelung des Versorgungswesens brachte vor Ausbruch des Weltkrieges das „Gesetz über die Versorgung der Personen der Unterklassen des Reichsheeres, der Kaiserlichen Marine und der Kaiserlichen Schutztruppen" vom 31. März 1906, das als Bemessensgrundlage nicht mehr vom Grad der Dienstunfähigkeit, sondern vom Grad der Erwerbsunfähigkeit ausging.

Bei völliger Erwerbsunfähigkeit erhielten als Vollrente jährlich: Feldwebel 900 M, Sergeanten 720 M, Unteroffiziere 600 M, Gemeine 540 M. Die Vollrente wurde mit 35 Dienstjahren erreicht. Bei einer Dienstzeit von 18 Jahren betrug die Rente 50% der Vollrente; sie stieg mit jedem weiteren Dienstjahr um 3%.

Im Kriegsministerium wurde die Auffassung vertreten, das Mannschaftsversorgungsgesetz bedeudete „einen großen Fortschritt auf der Bahn sozialer Fürsorge des Reichs für sein Volk in Waffen und bildet zugleich einen moralischen Kraftzuwachs für die Schlagfertigkeit der Armee".

d. Das Zivilversorgungswesen

Der Gedanke der Erhöhung der Effizienz der Armee durch Schaffung sozialen Anreizes galt in noch höherem Maße für das mit dem Pensionswesen eng verknüpfte Zivilversorgungswesen. Daß dieser Materie unter König Wilhelm und im Kaiserreich besondere Aufmerksamkeit geschenkt wurde, ging nicht zuletzt auf Grundüberzeugungen des Monarchen zurück, die er bereits in den dreißiger Jahren geäußert hatte. Die in dieser Richtung in Gang gebrachte Entwicklung schuf der Verwaltung Personalprobleme besonderer Art. Ihr wurde nämlich die Heranbildung eines eigenen Nachwuchses für die in Frage kommenden Stellen immer stärker beschnitten. Eine lange Reihe von Kabinettsordern und Ministerialreskripten des Innenministeriums sorgte für die privilegierte Behandlung der versorgungsberechtigten Invaliden schon seit den zwanziger, dreißiger und vierziger Jahren.

Beispielhaft erwähnt sein mag ein Beschluß des Staatsministeriums vom 12. Oktober 1837, in welchem es u. a. hieß: „Um den Behörden in Betreff der Versorgung invalider Militärs vom Feldwebel und Wachtmeister abwärts, sowohl überhaupt als insbesondere hinsichtlich der mit Ausschluß aller anderen Bewerber, nur diesen Versorgungsberechtigten zu verleihenden Stellen und Beschäftigungen einen sicheren Anhalt zu geben, sind von dem Staatsministerium folgende Beschlüsse gefaßt worden: u. a. nachfolgende Stellen bei den Ministerien, bei den Central- und Provinzialbehörden, bei den Königl. Kreis- und Lokalbehörden oder Verwaltungen, endlich bei den auf Kosten des Staats bestehenden kirchlichen, Lehr-, Erziehungs-, Kranken-, Kunst und anderen Anstalten dürfen mit Ausschluß aller anderen Bewerber nur aus der Zahl der mit Civil-Versorgungsschein versehenen Militär-Invaliden besetzt werden:
Kastellane und Portiers in Königl. Dienstgebäuden, Botenmeister, Kanzlei-, Kassen-, Amts-, Gerichts-, Polizei- etc. Diener, Stempler, Boten, Gewichtssetzer, Ober- und Unter-Aufseher, Aufseher, Aufwärter, Nachtwächter, Wächter und Pförtner, Hausdiener, Lampenversorger, Ofenheizer und Hausknechte, Gefangenen-, Kranken-, Kasernen- und andere Wärter, Pedell, Küster und Organisten, insofern solche nicht zugleich öffentliche Lehrer sind, Kalkanten, Totengräber, Glöckner und andere niedere Kirchendiener, Kornmesser, Schließer, Zuchtmeister, Zuchtknechte und ähnliche Unterbediente.

Für alle Kommunen, in welchen die Städte-Ordnung vom 19. November 1808 oder die revidierte Städte-Ordnung vom 17. März 1831 in Kraft ist, für die ständischen Institute, sowie für alle solche Institute, welche ganz oder teilweise aus Staatsfonds oder den Fonds jener Kommunen erhalten werden, gelten in Absicht auf die Invalidenversorgung dieselben Vorschriften, welche für die Staatsbehörden gegeben sind, dergestalt, daß sie ihre Unterbedienten, nach Analogie der vorstehenden Bestimmungen ebenfalls nur aus der Zahl der mit dem Civil-Versorgungsschein versehenen Invaliden wählen dürfen ...“

Die Verwaltungschefs hatten sich nach derartigen Beschlüssen zu richten und „das Nöthige“ zu veranlassen.

Schon 1840 erhielten nach den nicht vollständigen Nachrichten, die dem Kriegsministerium vorlagen, 44 Offiziere und 1755 Unteroffiziere und Gemeine eine Zivilanstellung. Die zugewiesenen Stellen verteilten sich auf die gesamte Innenverwaltung. Auch die Armee brachte einige Aspiranten unter, etwa im Rahmen der Kadettenanstalten.

Mit der Verordnung des Kriegsministeriums vom 28. Juni 1842 wurde zum Prinzip erhoben, daß Voll- oder Halbinvaliden bei Verzicht auf andere

„Invalidenwohltaten", sofern sie „moralisch zur Anstellung im Zivildienst qualifiziert" waren und bei Vorliegen der weiteren Voraussetzungen, wie der zwölfjährigen Dienstzeit der Halbinvaliden, den Versorgungsschein erhalten konnten. Diese Praxis hat das Zivilversorgungswesen beträchtlich an Umfang zunehmen lassen. Durch das preußische „Reglement über die Civilversorgung und Civilanstellung der Militärpersonen des Heeres und der Marine vom Feldwebel abwärts" vom 16./20. Juni 1867 ist die ins einzelne gehende, in Jahrzehnten entwickelte Kasuistik der Privilegien der Kapitulanten-Invaliden durchaus nicht beseitigt worden. In den folgenden Jahren wurde auf dieser Grundlage weiterverfahren. Die Basis hierfür wurde eine dem Reglement von 1867 beigefügte „Übersicht der Unterbeamtenstellen, welche, soweit nachstehend nicht ein anderes bestimmt worden, ausschließlich mit Militär-Anwärtern zu besetzen sind". Nach Ressorts geordnet, breitete sich damit ein lückenloses Netz von Militäranwärterstellen über die Verwaltung. Durch einen Ministerialbeschluß vom Juni 1868 wurde es auf die Provinzen Hannover, Hessen-Nassau und Schleswig-Holstein ausgedehnt und danach auch zur Grundlage des Zivilversorgungswesens im Reich. Im einzelnen verlangten die verschiedenen Verwaltungen (etwa Post, Bahn, Forsten) für besondere Stellen noch den Nachweis von Qualifikationen oder Erfahrungen.

Wesentlich blieb aber vor allem, daß die Zivilversorgungsscheine sowie die Zivilanstellungsscheine (erstere für Invaliden und Halbinvaliden, letztere für Langgediente) von den Generalkommandos bzw. den zuständigen Truppenkommandos ausgestellt wurden.

Die Generalkommandos hatten sogenannte Expektantenlisten an die Verwaltungen einzureichen, beizufügen war eine „Nationale", ein formales Personalpapier mit einer Übersicht über den Werdegang des Aspiranten. Ein Führungs- und Qualifikationsattest, ein ärztliches Attest und eventuell ein Strafvermerk waren vorzulegen. Gemäß einer Anordnung des Kriegsministeriums vom 9. April 1873 hatte etwa das vom Kompaniechef zu erstellende Qualifikations-Attest für einen Gendarmeriebewerber sich an folgendes Schema zu halten:

Führungs- und Qualifikations-Attest

Dem Sergeanten N. N. der ...ten Kompanie des 3. Thüringischen Infanterie-Regiments Nr. 71
am: .... 18.. zu .... Kreis .... Reg.-Bezirk ...... geboren, wird hierdurch attestiert, daß derselbe sich während seiner Dienstzeit
dienstlich:
moralisch: geführt hat.
Derselbe bewahrte den unverletzten Ruf der Treue, Ehrlichkeit, Nüchternheit und eines untadelhaften Lebenswandels, besitzt gute natürliche Geistesanlagen, ist schuldenfrei und wird in jeder Hinsicht zur Anstellung in der Gendarmerie für qualifiziert erachtet.

Ort und Datum — Hauptmann und Kompanie-Chef (Führer)

Abgesehen von den politischen Möglichkeiten, die ein derartiges Verfahren vor allem zur Absicherung gegen die Sozialdemokratie bot, war damit eine Durchsetzung der Verwaltung auf der unteren Ebene mit preußisch-militärischem Denken sichergestellt, vor allem aber die Garantie monarchischer Gesinnung und Staatsfrömmigkeit gegeben. In den höheren Rängen sorgten Herkunft und Reserveoffizierstatus für die gleiche Haltung. Zwar haben die zuständigen militärischen Stellen bei ihren Vorschlägen auch auf die geistigen Anlagen der Aspiranten achten müssen, im Vordergrund stand für sie aber die Unterbringung gutgedienter Unteroffiziere.

Eine Reihe von Verwaltungsvorschriften erleichterte diese Aufgabe. So mußte vor Besetzung einer für Militäranwärter zugänglichen Stelle zunächst von den Militärbehörden ermittelt werden, ob Interessenten unter den Militäranwärtern vorhanden waren. Erst bei negativem Ausgang dieser Nachforschung durfte ein Zivilbewerber (Applikant) zugelassen werden. Militäranwärter rangierten untereinander in bestimmter Reihenfolge: Inhaber des Zivilversorgungsscheins vor Inhabern des Zivilanstellungsscheins. Innerhalb dieser Kategorien in der Reihenfolge: erstens die im Dienst vor dem Feinde invalide Gewordenen, zweitens die in Friedenszeiten im Dienst auf See invalide Gewordenen, drittens Inhaber von Kriegsauszeichnungen, viertens Zeit der Anmeldung, Länge der Dienstzeit. Die Kontrolle darüber, ob Militäranwärterstellen auch tatsächlich nur mit Berechtigten besetzt waren, übten die Ressort-Ministerien, für den Bereich der Kommunen, Korporationen und Institute die Regierungspräsidien und Oberpräsidien aus.

Einen fühlbaren Einschnitt bewirkte dann die Gesetzesnovelle vom 4. April 1874, die auch nichtinvaliden langjährigen Unteroffizieren den Versorgungsschein zusprach. Der § 10 der Novelle lautete: „Unteroffiziere, welche nicht als Invaliden versorgungsberechtigt sind, erlangen durch zwölfjährigen aktiven Dienst bei fortgesetzter guter Führung den Anspruch auf den Civilversorgungsschein." Damit wurde der sogenannte „Zwölfender" aus der Taufe gehoben. Mit der Öffnung des Zivildienstes für Unteroffiziere nahm das Zivilversorgungswesen jene Dimensionen an, die zur Ausbreitung militärischer Äußerlichkeiten, zur „Strammheit" und Schroffheit im zivilen Bereich in ganz erheblichem Maße beitrugen. Die Zahl der Langgedienten, die nach Ableistung ihrer nur noch zwölfjährigen Dienstzeit in die unteren Dienstposten der Verwaltung einrückten, schwoll zusehends an.

Im Interesse der Armee wurde die Regelung gegen alle Kritik beibehalten und ständig ausgeweitet, so daß schließlich die Anstellung von Zivilbewerbern im Staats- und Kommunaldienst auf der unteren Ebene nahezu völlig, auf der mittleren stark blockiert war. Die notwendige Folge wurde als Vorzug angesehen: die militärische Disziplin galt mit ihrer Gewöhnung an Ordnung, Pünktlichkeit und promptes Gehorchen als hervorragende Schule für untere Beamte. Diese Männer brachten vom Militär das Denken in festen sozialen Kategorien mit. Sie fanden es natürlich, daß die höhere Laufbahn ihnen ebenso unerrreichbar blieb wie einst die Position des Offiziers. Praktisch trat ihr Vorgesetzter ihnen in der Doppeleigenschaft als Offizier und höherer Beamter gegenüber. In ihrer Auffassung von Staatsordnung mußte die Verwaltung als Vorhof oder Unterbau der Armee erscheinen – ähnliche Vorgesetztenverhältnisse, ähnliche Klassenschranken, Ton und Umgangsformen kaum wesentlich konzilianter. Was dies für die innere Entwicklung der deutschen Gesellschaft, in welcher der Beamte enormes Ansehen genoß, bedeutete, ist heute kaum noch zu ermessen. Im Gesamtkomplex des deutschen Militarismus spielte das Zivilversorgungswesen eine nicht wegzudenkende Rolle. Hier lag ein außerordentlich wichtiger sozialgeschichtlicher Knoten, der Armee und „zivile" Ordnung in diesem Militär-Beamten-Staat zusammenband.

4. Der jüdische Soldat

a. Judenemanzipation und Allgemeine Wehrpflicht

Die Rechtsstellung der Juden ist in Preußen schon vor dem „Edikt betreffend die bürgerlichen Verhältnisse der Juden in dem Preußischen Staate" vom 11. März 1812 im Zusammenhang mit der Militärpflicht gesehen worden. Auch die Vertreter der Judenschaft, Liberale wie Orthodoxe, haben deutlich vor Augen gehabt, daß im preußischen Militärstaat der Weg zur rechtlichen Gleichstellung über das „Recht" auf Militärdienst führte. Als Friedrich Wilhelm III. im Zusammenhang mit der Reorganisation die „allgemeine Militärkonskription" ankündigte, sorgte Minister Frhr. vom Stein dafür, daß hinsichtlich der Juden genauere Bestimmungen vermieden wurden. Der neue Leiter der Politik, Staatskanzler Hardenberg, dachte nüchterner und vorurteilsloser über die Einordnung der Juden in den Staat trotz einer starken konservativen Opposition, die einen „neumodischen Judenstaat" heraufkommen sah. Der Antijudaismus verband seine Vorurteile mit finsteren Prognosen genau wie später der Antisemitismus. Die allgemeine Stimmung war einem umfassenden Emanzipationsgesetz im Jahre 1812 eher ungünstig.

Hardenberg sah sich gezwungen, Abstriche an seinen Entwürfen hinzunehmen, die zunächst von der allgemeinen Militärpflicht der Juden ausgingen. Obwohl jüdische Autoritäten sich für eine den angestrebten Rechten entsprechende Übernahme von staatsbürgerlichen Pflichten aussprachen, gelang dies nicht, soweit der öffentliche Dienst und der Militärdienst in Betracht kamen. Friedrich Wilhelm III. stand in diesen Fragen stärker auf der Linie altgewohnter Anschauungen. So wurde die Entwurffassung, wonach Juden „gleich den übrigen Staatsuntertanen" militärpflichtig sein sollten, umgewandelt in ein weniger präzises „gleichfalls". Das war mindestens ein dilatorischer Behelf, wie aus dem Zusatz zu dem § 16, der die Militärdienstpflicht beschrieb, hervorgeht: „Die Art und Weise der Anwendung dieser Verpflichtung auf sie wird durch die Verordnung wegen der Militärkonskription näher bestimmt werden."

Da das Edikt das Recht auf Staatsanstellung nicht gewährte, standen die Juden Preußens um 1812, als sie schon der Eingliederung in Staat und Gesellschaft ein großes Stück nähergekommen waren, in der wesentlichen Frage der Aufnahme in den öffentlichen Dienst und den Militärdienst vor folgender Situation: die Beamtenlaufbahn war ihnen praktisch verschlossen; ob und wann sie wie jeder Bürger militärpflichtig werden „durften", war ungewiß. Falls sie es wurden, besaßen sie keinen Anspruch auf Beförderung zum Offizier. Mit dem Wortlaut der Offiziierergänzungsbestimmungen von 1808 war dieser Zustand schwerlich vereinbar, aber die Praxis führte allgemein weg von den Grundgedanken der Reformen.

Die Freiheitskriege verlangten rasches Handeln, Vorurteile und Ressentiments verloren an Bedeutung. So konnten die „Bekanntmachung in betreff der zu errichtenden Jägerdetachements" vom 3. Februar 1813 und die „Verordnung über die Aufhebung der bisherigen Exemtion von der Kantonpflichtigkeit für die Dauer des Krieges" vom 9. Februar 1813 vorübergehend als Lösung des durch den § 16 des Emanzipationsedikts aufgeworfenen Problems angesehen werden, wenn auch in vielen Fällen bei militärischen Dienststellen Zweifel auftauchten. Im großen und ganzen wurden aber die jüdischen Freiwilligen nach den allgemeinen Vorschriften behandelt. Um Zweifel zu beseitigen, ordnete der Innenminister am 27. Februar 1813 an, daß jüdische Freiwillige zu berücksichtigen seien. Seit 1814 standen auch Konskribierte in der Armee, wenn auch die Meinung darüber in der Generalität und bei den Behörden geteilt war und wenn vereinzelt materielle Leistungen statt der persönlichen Dienstpflicht akzeptiert wurden, meist mit königlicher Billigung. Einzelne Generale sprachen sich direkt für die Einstellung von Juden in die Linienarmee aus. Der Staatskanzler hat hierzu keinen grundsätzlichen Bescheid erteilt, aber das Allgemeine Kriegsdepartement billigte eine solche Praxis.

Über die Anzahl jüdischer Kriegsteilnehmer sind verläßliche Angaben nie gemacht worden. Eine Statistik des Kriegsministeriums vom Jahre 1843 konnte nur von unzureichenden Unterlagen ausgehen. Eine Denkschrift des Innenministeriums vom Jahre 1845 erwähnte z. B., daß die Listen von drei Armeekorps verlorengegangen waren. Die übrigen Angaben enthielten, soweit sie 1843 vom Militärwochenblatt aufgenommen wurden, zahlreiche Fehlerquellen. Dennoch kam das Blatt, mit unsicheren Interpolationen rechnend, zu dem Ergebnis: in den Jahren 1813/15 hätten 731 Juden in der Armee gestanden. Diese Angabe löste lebhafte Kontroversen in der Presse aus.

Art und Umfang der jüdischen Teilnahme an den Freiheitskriegen sind gerade im „christlichen Staat" zu einem wichtigen Faktor in der innenpolitischen Diskussion um ihre Position im Staate geworden und mußten daher von den Juden selbst mit besonderem Interesse behandelt werden. Sie, die bisher von öffentlichen Fragen Ausgeschlossenen, wurden wie andere von Patriotismus und Begeisterung erfaßt. Selbst bisher passive Rabbiner ließen sich in Gottesdiensten patriotisch vernehmen. Jüdische Zeremonialvorschriften erwiesen sich nicht, wie bislang von Gegnern der Emanzipation stets geargwöhnt, als Hemmnisse im dienstlichen Betrieb. Militärische Dienststellen hatten an den Leistungen der jüdischen Kriegsteilnehmer nichts zu bemängeln, stellten ihnen später sogar das beste Zeugnis aus; 19 wurden zu Sekondeleutnanten und 3 zu Premierleutnanten befördert. Das Eiserne Kreuz ist 71mal an jüdische Soldaten verliehen worden.

Nach dem Krieg lebte die alte Diskussion wieder auf. Die Restaurationszeit verschloß sich den emanzipatorischen Zielen nicht nur der Juden. Ihr Sonderproblem wurde ohne Rücksicht auf ihr Engagement gegen Napoleon weiterhin dilatorisch, ja diskriminierend behandelt. So ist das Wehrgesetz von 1814 mit seiner allgemeinen Verpflichtung zum Kriegsdienst nur kurze Zeit als Ausführungsgesetz zum § 16 des Emanzipationsedikts angesehen worden. Es bildete die Grundlage für die Einberufungen 1815 und repräsentierte die tatsächliche Rechtslage. Um so schwerwiegender war die danach einsetzende Politik der preußischen Regierung, die von den Konsequenzen der neuen Wehrverfassung wieder abrückte. Im Jahre 1817 schränkte Preußen die Militärpflicht der Juden auf „jüdische Staatsbürger“ ein, also auf die Einwohner der alten Provinzen. Im übrigen waren die alten Judenverfassungen der Provinzen nach dem Stand vom 11. März 1812 anzuwenden.

Noch während der Ministerzeit Boyens gewannen also restaurative Gesinnungen in der Emanzipationsfrage bedeutenden Einfluß auf die praktische Handhabung der Gesetze. In der Frage der Zulassung zu Staatsämtern – dazu gehörte in prominenter Weise die Offizierlaufbahn – ist Hardenberg bereits Ende 1815 im Staatsministerium hoffnungslos isoliert worden. Ein tatsächliches, aber auch politisch bequemes Mißtrauen gegen die „moralische“ Zuverlässigkeit der Juden gehörte zu den Motivationen der Restriktionspolitik. Selbst jüdischen Kriegsteilnehmern stand die „Vermutung weniger Moralität“ im Wege. Auch die Praxis einiger Garderegimenter, Juden nicht aufzunehmen, ist ohne Diskussion als selbstverständlich akzeptiert worden, obwohl die rechtlichen Bestimmungen nicht eindeutig waren. Der große Bedarf und die Ungenauigkeit der Listen sind in vielen Fällen Ursache ganz unterschiedlicher Behandlungen der Einzelfälle gewesen.

Im Juni 1816 wurden alle jüdischen Beamten gezwungen, den Dienst zu quittieren. Das Staatsministerium bestätigte 1818 das Zulassungsverbot. Der Finanzminister meinte zwar, man könne mit den Inhabern des Eisernen Kreuzes eine Ausnahme machen wegen ihrer „höheren Sittlichkeit“, aber auch für sie ist es anscheinend zu keiner abschließenden positiven Regelung gekommen. Den jüdischen Trägern der Auszeichnung der Freiheitskriege wurde das Recht auf Unterstützung verweigert, obwohl Hardenberg und Boyen 1817 dafür eingetreten waren. Der Beschluß des Staatsministeriums versagte Juden den Zivilversorgungsschein und lehnte ein Wartegeld für sie ab, auch hier wieder gegen den Kriegsminister, der allerdings seit 1818 eine härtere Haltung einnahm. Diese Quittung für den allenthalben während der Kriegszeit geweckten und tätigen jüdischen Patriotismus wirkte demütigend und entehrend.

Seit 1818 ist Preußen entgegen den bedingungsfreien Versprechungen von 1813 und entgegen der Rechtslage nach dem Wehrgesetz zur restriktiven Politik offiziell zurückgekehrt. Dabei haben die Leistungen des jüdischen Bevölkerungsteils während der Freiheitskriege eine noch radikalere Lösung verhindern helfen. Angesichts dieser Vorgeschichte bleibt die schwankende Haltung des Kriegsministers Boyen unverständlich. Er hatte hier mit der antijüdischen Einstellung des Königs in der Frage des Staatsdienstes zu rechnen und wohl auch seine im ganzen schwächer werdende Position zu berücksichtigen.

Wenn die Verwaltung einen mindestens so rigorosen Kurs gesteuert hat wie die Armee, so spielten dabei „christliche" Vorurteile und Gewöhnung an alte Überzeugungen die Hauptrolle. Die Diskussion über die Weiterentwicklung des Judenrechts ist hiervon immer gefärbt geblieben, und häufig genug fielen auch Vorurteile gegen die „Militärtauglichkeit" und die „Vaterlandsliebe" der Juden ins Gewicht. Die Provinzialstände sind zu keiner einheitlichen Linie gekommen. Teils votierten sie für die Abschaffung des § 16 des Emanzipationsedikts auch für die jüdischen Staatsbürger, teils verlangten sie die Intensivierung der Assimilation über eine stärkere Heranziehung zum Militärdienst. Insgesamt aber ist es nicht für ratsam befunden worden, das Edikt in den neuen Provinzen in Kraft zu setzen. Hinzu kam, daß diese innenpolitische Diskussion im Zeichen heftiger publizistischer Angriffe gegen die jüdische Gleichberechtigung geführt wurde. Die Armee kann sogar als ein Sektor des öffentlichen Lebens angesehen werden, der sich als relativ weniger beweglich erwies; sie hat im wesentlichen nur kriegsbedingte Konzessionen zurückgenommen.

So ist es trotz mancher befürwortender Stimmen nicht zu einer Ausdehnung der Allgemeinen Wehrpflicht auf alle Juden gekommen. Unterworfen blieben ihr – im klaren Widerspruch zum Wehrgesetz von 1814 – nur die Staatsbürger der alten Provinzen, also des Staatsgebietes nach dem Frieden von Tilsit, während im übrigen Preußen die bestehenden Ordnungen weitergalten. Rechtsunsicherheit hat eigentlich immer bestanden, zumal vor allem in den neuen Westprovinzen durchaus Staatsbürger ansässig waren. Zwei Reskripte des Innenministeriums vom August 1817 brachten keine Klarheit in der Frage der Militärpflicht der Juden. Jedenfalls ist der einheitliche Grundsatz des Wehrgesetzes durchlöchert worden. Teilweise beruhte die Wehrpflicht der Juden auf älterem, nichtpreußischem Recht. Immerhin gingen aber Militärkabinett und Kriegsministerium von der Wehrpflicht des überwiegenden Teils der in Frage kommenden Juden aus, was wichtige Konsequenzen für ihre bürgerliche Position gehabt hat.

Die Wehrpflicht ist für Juden rechtlich in den folgenden Jahrzehnten eigentlich nie auf das Wehrgesetz gegründet worden, sondern auf den § 16 des Emanzipationsedikts, auf zwei Reskripte des Innenministers vom 12. 8. 1817 und auf vorpreußische Bestimmungen, im wesentlichen also auf höchst unsichere Grundlagen, die gegebenenfalls leicht abzuändern gewesen wären. Aber soweit wollte die preußische Regierung nicht gehen, zumal sie im Wehrdienst eine der Möglichkeiten für ihre religiös motivierte Assimilationspolitik erblickte. Regierung und Verwaltung, mit wenigen Ausnahmen, suchten in diesem Sinne den Militärdienst als Erziehungsmittel zu benutzen, während sie den militärischen Nutzen der Ausbildung von Juden im allgemeinen gering bewerteten. So hat z. B. die Regierung in Minden im März 1815 geurteilt: „Wie die Schule das jüdische Kind dem christlichen assimiliert, so der Militärdienst den jüdischen Jüngling dem christlichen. Nicht nur wird er dadurch seinem angeborenen und sein Dasein in der bürgerlichen Gesellschaft hauptsächlich so verderblich gestaltenden Lieblingsumgang, dem Schacher, wenigstens auf drei Jahre entzogen; nicht nur häufig zu mancher Beschäftigung angelernt, die er nachher vielleicht aus Wahl fortsetzt, nicht nur durch dreijährige Versetzung aus dem Kreis seiner Glaubensgenossen in den einer frischen, kräftigen und lustigen Christenjugend und durch Dienstgewöhnung so manches alte Kastenvorurteil in ihm abgeschliffen; nicht nur sein Körper gestärkt und geschmeidigt; sondern auch eben durch alles dieses sein künftiger Übertritt zum Christentum wahrscheinlicher als durch jedes andere Mittel vorbereitet.“ (Zit. nach Fischer)

So wesentlich aber rechtliche Regeln in diesen Fragen für die Juden waren, so wichtig sich auch das Motiv der preußischen Judenpolitik, einschließlich der Wehrdienstfrage, im Ergebnis erwies, weil es ein dauerndes Interesse wachhielt, das zwar auf Assimilation und Abschaffung des religiösen Sonderlebens abzielte, damit aber auch behutsam und geduldig zu verfahren hatte – in der Praxis des Tages spielten doch Denkweisen und Einstellungen der Armee die tragende Rolle im Sinne eines Gegenprinzips. Dem Wunsch der Juden, im preußischen Heer zu dienen und so ihre Gesamtposition in Staat und Gesellschaft zu verbessern, stand gerade auf seiten militärischer Behörden und im Offizierkorps eine ausgesprochene Reserve gegenüber. Verwaltungsbehörden sahen hierdurch die Assimilationspolitik gefährdet. Berichte hoher Verwaltungsämter sprachen von der „großen Abneigung des Militärs gegen jüdische Rekruten“, von einem „christlichen Vorurteil“ bei der Rekruteneinstellung.

Die Entwicklung der preußischen Judenpolitik ist bis zur entschieden „christlich“ fixierten Richtung unter Friedrich Wilhelm IV. schwankend geblieben. Auch der Versuch des Innenministers Rochow 1838, den Militärdienst generell auf das Wehrgesetz von 1814 zu gründen, schuf kein einheitliches Recht. Ausgenommen blieben von Anfang an die Posener Juden; den sächsischen Juden gelang es, der neuen Verfügung erfolgreich entgegenzutreten.

Auch im Hinblick auf spezielle Laufbahnen und die Anstellung in einzelnen Regimentern blieb die Annahmepraxis unterschiedlich. Angesichts der Unmöglichkeit, die Wehrkraft überhaupt auszuschöpfen, ließ sich dieses Verfahren leicht durchhalten, da die Einzelfälle nicht zu grundsätzlichen Entscheidungen zwangen. Seit den dreißiger Jahren konnten schließlich Juden als Kompanie-Chirurgen Dienst tun. Dagegen blieb ihnen der Aufstieg in die Klasse der Militärärzte mit Offizierrang noch verwehrt.

Garderegimenter, Kadettenkorps und Offizierkorps blieben gegen jüdische Aspiranten abgeschirmt.

Die Ablehnung jüdischer Bewerber seitens der Garderegimenter war mindestens seit 1818 ständige Praxis, die wahrscheinlich durch den Kommandierenden General des Gardekorps, Herzog Karl von Mecklenburg, zum Grundsatz erhoben worden ist. Ein Reskript des Innenministeriums vom April 1832 bestätigte den Ausschluß der Juden von der Garde: „Übrigens bleiben ... die israelitischen Militäranwärter vom Eintritt in das Garde-Korps ausgeschlossen, als bei diesem überhaupt keine Juden eingestellt und angenommen werden." Erst um die Jahreswende 1842/43 gewährte ein Erlaß Juden das Recht, in den Garderegimentern zu dienen. Am Verhalten der Garden änderte sich damit nichts.

Das Kadettenkorps nahm in der Regel nur Söhne von Offizieren auf. Es ist nie „verbürgerlicht" worden. Wenn nur wenige Söhne aus bürgerlichen Nicht-Offizierfamilien die Chance zur Aufnahme hatten, so keinesfalls jüdische Bewerber.

Im Prozeß der Wiederherstellung der Homogenität des Offizierkorps, der Abstoßung mancher Mitglieder, die während der Freiheitskriege aufgestiegen waren, sind auch die wenigen jüdischen Offiziere mit diskriminierenden Methoden hinausmanövriert worden. Sie wurden regelmäßig in der Beförderung übergangen, als Landwehroffiziere nicht mehr zu Übungen einberufen. Neue Beförderungsvorschläge wurden abgewiesen. Verglichen mit den rigorosen Methoden in Justiz und Verwaltung war diese Praxis der Armee noch zurückhaltend. Sie wurde vom Kriegsminister zäh gegen das Justizministerium verteidigt, hat aber doch bis in die zwanziger Jahre die Einstellung gegenüber dem Problem der Zulassung von Juden zum Offizierberuf beeinflussen können. Der Chef des Militärkabinetts, v. Witzleben, meinte 1822 in einer Mitteilung an den Kriegsminister, daß „Juden immer nur als gemeine Soldaten eintreten und in dieser Qualität der allgemeinen Pflicht genügen, auf Beförderung in höheren Militärchargen aber keinen Anspruch haben" könnten (zit. nach H. Fischer). Im Kriegsfalle allerdings könnten – nach späterer Ansicht Witzlebens als Kriegsminister 1837 – Ausnahmen gemacht werden.

Auch zum Landwehroffizier konnte es ein ungetaufter Jude praktisch nicht bringen, da dazu mehrere Beförderungen notwendig gewesen wären. Es sollten deshalb auch keine Offizierprüfungen jüdischer Einjähriger vorgenommen werden. Dennoch sind Vorschläge zur Beförderung von Juden zu Landwehroffizieren gemacht oder wenigstens in Einzelfällen Atteste der militärischen Tüchtigkeit von der Truppe ausgestellt worden, weil die Rechtslage unklar blieb.

Friedrich Wilhelm III. ging in Übereinstimmung mit Mitgliedern des Staatsministeriums und mit der herrschenden Auffassung im Offizierkorps davon aus, Juden dürften überhaupt nicht befördert werden. Die Kabinettsorder vom 18. Juni 1822 legte diesen Grundsatz verbindlich fest. Aber selbst ohne Verweis auf die Order sind Beförderungen abgelehnt worden, gelegentlich mit dem Hinweis, „Juden dürften Christen nicht befehlen". Beförderungen zum Gefreiten gab es nur noch in Ausnahmefällen.

b. Die Judenpolitik der Jahrhundertmitte

Mit dem Regierungsantritt Friedrich Wilhelms IV. faßten die preußischen Juden Hoffnung auf eine gerechtere Behandlung, aber alle Ansätze zur Liberalisierung wurden durch eine noch stärkere Hinwendung zum christlichen Staatsgedanken zunichte gemacht. Noch 1840 hatte es so ausgesehen, als wolle der

König im Gegensatz zu seinem Vorgänger den Juden entgegenkommen. Der Kriegsminister Boyen hatte sich bereits für die Zulassung ihres Avancements zum Unteroffizier ausgesprochen und der Innenminister war bereit, für Zivilversorgungsansprüche von Juden eine Reihe von „nicht exekutiven" Subalternbeamtenstellen zu öffnen. Ende 1841 schien jedoch eine Kabinettsorder die preußische Judenpolitik völlig umzuorientieren und in extrem konservative Richtung zu lenken.

Die Kabinettsorder vom 13. Dezember 1841 wies das Staatsministerium an, einen neuen Gesetzentwurf zur Regelung des Judenrechts vorzulegen. Friedrich Wilhelm IV. intendierte jetzt eine neue Judenverfassung auf der Basis der religiösen Verschiedenheit. Religion und politische Rechte schienen ihm so eng zusammenzugehören, daß eine Rechtsgleichheit von Juden und Christen staatstheoretisch unmöglich war. Aus christlich-romantischem Staatsdenken leitete sich die sog. „Korporationstheorie" her, die Religion und politische Verfassung als zusammengehörige Elemente betrachtete. Juden sollten deshalb in Zukunft eine besondere „Korporation" bilden, eine „Nation in der Nation", mit bloßen Korporationsrechten im Rahmen von „Judenschaften", während das preußische Staatsbürgerrecht ihnen nicht länger zustehen sollte. Damit im Zusammenhang stand auch die Erwägung des Monarchen, die Allgemeine Wehrpflicht für Juden aufzuheben und die Posener Verhältnisse auf die Gesamtmonarchie zu übertragen.

Das erste Ergebnis der Umorientierung war eine kräftig auflebende Opposition der Juden, geführt von Ludwig Philippson, einem Rabbiner und Redakteur in Magdeburg. Sie zielte in Richtung auf einen preußischen patriotischen Liberalismus, dem sehr wohl die Gefahren einer „Befreiung" vom Militärdienst bewußt waren.

Im Ergebnis ist schließlich der Versuch, „die alten Mächte noch einmal ideologisch mit christlichen Motiven gegen den heraufziehenden Umbruch abzuschirmen", gescheitert. Die Gefahr, das Edikt von 1812 nebenbei außer Kraft zu setzen, ging vorüber. Wesentlichen Anteil daran hatte die jüdische Opposition, die in eindrucksvollen Manifestationen erkennen ließ, daß von der beabsichtigten Freistellung vom Militärdienst kein Gebrauch gemacht werden würde. Kriegs- und Innenminister – Boyen und Rochow – erfaßten die politische Tragweite der Unruhe in der jüdischen Bevölkerung und konnten Friedrich Wilhelm IV. zu erneuter Überprüfung des ganzen Komplexes veranlassen.

Bis 1847/48 erreichten Preußens Juden im Militärdienst einige Verbesserungen, die unter den gegebenen Verhältnissen als Fortschritt gelten konnten. So sprachen sich 1843/44 Kriegs- und Innenminister – und ähnlich auch die Provinzialregierungen und Provinziallandtage – für die allgemeine Militärpflicht der Juden aus und befürworteten, an frühere Voten anknüpfend, eine Beförderungsmöglichkeit bis zum Unteroffizier und die Zivilversorgung auf bestimmten Beamtenposten. Friedrich Wilhelm IV. folgte den Vorschlägen schließlich und genehmigte den Erlaß der entsprechenden Verordnung vom 31. Dezember 1845.

Damit war ein erster Zugang zu Staatsämtern eröffnet. Aber die Armee übte die entscheidende Kontrolle aus, denn sie allein konnte dazu die notwendigen Atteste ausstellen. In der Praxis freilich war damit ein Durchbruch nicht erzielt. So hat sich vor allem die Justiz energisch gegen die Anstellung von Juden gewehrt.

Bei den Überlegungen zu einem Judengesetz hätten zahlreiche Fragen geklärt werden müssen. Im Mittelpunkt stand nach wie vor der Zusammenhang der allgemeinen Rechtsposition der Juden mit der Frage der Zulassung zu öffentlichen Ämtern. Daß eine allgemeine Rechtsangleichung nicht auch den Zugang zum Offizierberuf öffne, stand für das Staatsministerium noch bei der Beratung des Gesetzentwurfs fest, und nach dem zweiten Entwurf blieb das Prinzip erhalten, wonach Juden nur auf dem Wege über die Zivilversorgung Staatsstellen antreten durften. Im Vereinigten Landtag stießen viele restriktive Bestimmungen auf Kritik, ebenso die aus dem Geiste des „christlichen Staates" kommende Argumentation der Regierungsvertreter. Das „Gesetz über die Verhältnisse der Juden" vom 23. Juli 1847 näherte die individuelle Rechtsstellung der Juden an die allgemeinen Staatsbürgerrechte an. Öffentliche Ämter wurden nunmehr in dem zuvor gegebenen Rahmen auch ohne Erwerb des Zivilversorgungsscheines – d. h. ohne langjährigen Militärdienst – zugänglich, was aber ohne große praktische Auswirkung blieb. Im Hinblick auf den Offizierberuf brachte das Gesetz keine Verbesserung.

Die Revolution von 1848 bewirkte in vielen Bundesstaaten den Fortgang oder den Abschluß der Emanzipation. Preußen hob im April 1848 die noch bestehende Abhängigkeit bürgerlicher und politischer Rechte vom religiösen Bekenntnis auf. Der § 5 der Verordnung über einige Grundlagen der künftigen preußischen Verfassung stellte fest: „Die Ausübung staatsbürgerlicher Rechte ist fortan von dem religiösen Glaubensbekenntnisse unabhängig." Die Oktroyierte Verfassung bestätigte am Ende des Jahres den Grundsatz (Art. 11) und präzisierte weiterhin: „Die öffentlichen Ämter sind für alle dazu Befähigten gleich zugänglich (Art. 4)." Die Revidierte Verfassung vom Januar 1850 änderte diese Rechtslage nicht.

Für die inneren Verhältnisse der Armee bedeutete dies im Prinzip dennoch nicht die abschließende Regelung. Immerhin sind 1848 auch führende Soldaten von der richtungweisenden Bedeutung verfassungsrechtlicher Normierungen für die Armee ausgegangen. So sah der Kriegsminister die Erhebung jüdischer Militärärzte in den Offizierrang erst nach einer Verfassungsbestimmung über die rechtliche Gleichstellung der Anhänger der verschiedenen Bekenntnisse als möglich an. Im Herbst 1848 sind dann Offiziersernennungen von Militärärzten erfolgt, und der Kriegsminister verhieß die Anwendung dieser Grundsätze „im ganzen Umfange des Militär-Departements".

Der Fortgang und schließlich die Überwindung der Revolution machten aber klar, daß König und Armee nicht die Verfassung als Grundlage für die innere Ordnung in der bewaffneten Macht ansahen, sondern die Kommandogewalt. So blieb in der Zeit nach 1848/49 die Lage der Juden in der Armee abhängig vom königlichen Willen, von Konventionen und Vorurteilen. Die

Reaktionszeit verschüttete im wesentlichen die liberalen Akzente der frühen Revolutionsphase gerade in Fragen der inneren Militärpolitik. Das Offizierkorps hat seine Homogenität eifersüchtig gehütet und fand bald in Edwin v. Manteuffel als Chef des Militärkabinetts die eigenwillige Persönlichkeit zur kompromißlosen Durchsetzung dieser ungeschriebenen Grundsätze.

Während des Vormärz und nach der Revolution stand nur ein jüdischer Offizier im aktiven Offizierkorps: Meno Burg. 1815 zum Sekondeleutnant bei der Artillerie ernannt, überstand er als einziger von wenigen jüdischen Offizieren die folgende Zeit der Diskriminierung. Er wurde Lehrer an der Vereinigten Artillerie- und Ingenieurschule. Letztlich ist seine Karriere bis zum Major möglich gewesen dank der Unterstützung und Hilfe des Prinzen August, des Inspekteurs der Artillerie. Aber Burg ist trotzdem bei der Beförderung übergangen worden; auch er trug sich mit dem Gedanken, den Dienst zu quittieren. Friedrich Wilhelm III. lehnte dreimal die Verleihung des Roten Adlerordens 4. Klasse an Burg ab. Burgs Laufbahn war ein einziges Extraordinarium. Bei der Kavallerie oder Infanterie wäre sie wahrscheinlich unmöglich gewesen.

c. Der jüdische Reserveoffizier

Die Praxis der Armee änderte sich erst wieder während der Einigungskriege. Sie folgte damit Grundsätzen, die Kriegsminister v. Witzleben Jahrzehnte vorher in Aussicht gestellt hatte. Im Deutsch-Französischen Krieg nahmen nach späteren Schätzungen etwa 100–120 Juden als Reserveoffiziere teil, davon mindestens 60 in der preußischen Armee, wo die Ernennungen während des Krieges ausgesprochen wurden. Im ersten Jahrzehnt nach der Reichsgründung folgten weitere Ernennungen, aber diese liberale Praxis endete, wie der Einfluß des Liberalismus allgemein, Ende der siebziger Jahre. In dem sich versteifenden innenpolitischen Klima, bei wachsender „Reichsfeindmentalität", konnten Juden nicht darauf zählen, zu den „staatserhaltenden Kräften" gerechnet zu werden, zumal in Verwaltung und Armee erkannt wurde, daß mehr und mehr Juden vom Nationalliberalismus zum Linksliberalismus wechselten. Außerhalb Bayerns wurde 1885 zum letztenmal ein Jude zum Reserveoffizier ernannt, und wahrscheinlich setzte sich diese Abwehrtendenz bereits seit 1880 durch.

Auf seiten der Juden wurde angesichts des bedeutenden Prestiges, das die Eigenschaft als Reserveoffizier mit sich brachte, besonderer Wert auf die Zulassung zu dieser Position gelegt. Dagegen haben sie den aussichtslosen Versuch, auch zur aktiven Offizierlaufbahn zugelassen zu werden, gar nicht erst unternommen. Der bürgerliche Reserveoffizier war zur Symbolfigur der neudeutschen Gesellschaft geworden. Wem dieses Benefiz zuteil wurde, dem konnten andere Staatsämter kaum vorenthalten werden. Daher war der Kampf der Juden um das Privileg verständlich. Eine andere Ursache ist in ihrem verzweifelten Bemühen zu sehen, gegen die Welle des Antisemitismus anzukämpfen, die ihnen insbesondere seit der großen Wirtschaftsdepression entgegenschlug. Aber gerade diesen Stimmungen und Strömungen entsprach die Praxis der Armee, wie Kriegsminister v. Heeringen später im Reichstag einräumen mußte. Darüber hinaus hielt die Armeeführung weiterhin an ihrem jahrzehntealten „religiösen" Standpunkt fest, was sie nach außen allerdings stets bestritten hat. Die Zahlen sprechen jedoch für sich: von den etwa 20000 bis 30000 jüdischen Einjährigen zwischen 1885 und 1914 wurde in Preußen nicht ein einziger Ungetaufter für tauglich befunden, während eine ganze Reihe getaufter Juden akzeptiert wurde.

Bis zum Beginn des Ersten Weltkrieges entwickelte sich dann im Zeichen von Sammlungspolitik und vehementem Antisemitismus überhaupt ein Klima, das die Ausschließung der Juden aus dem öffentlichen Dienst begünstigte, ja geradezu postulierte. Auch die Versuche, den Sozialismus an christliche Grundsätze zu binden und zu „nationalisieren", konservative Denkweisen zu aktivieren und „zeitgemäß" zu machen, sind unter den innenpolitischen Gegebenheiten der Wilhelminischen Ära in eine Verschärfung der Gegensätze gemündet, die eine Festigung liberaler Ansätze verhinderte. Erwähnt sei hier Adolf Stöckers Christlich-Soziale Bewegung, die mit einem ausgesprochenen Antisemitismus einherging. Wilhelm II. gab im März 1890 eine richtungweisende Order über die Ergänzung des Offizierkorps, in der sich alte Anschauungen und der „Zeitgeist" widerspiegelten. Nur solche „bürgerlichen Häuser", in denen neben Liebe zu König und Vaterland „christliche Gesittung gepflegt und anerzogen" wurden, kamen danach als Reservoir für das Offizierkorps in Frage. Juden blieben damit eindeutig ausgeschlossen. Die bis 1880 ernannten jüdischen Reserveoffiziere behielten zwar ihre Eigenschaft, aber ihr Anteil am Reserveoffizierkorps ging bis 1914 ständig zurück. Diese Praxis widersprach eindeutig Gesetz und Verfassung, wie die Gepflogenheiten im 19. Jahrhundert zuvor.

Im komplizierten Reserveoffizier-Berufungsverfahren gab es genügend Möglichkeiten, jüdische Bewerber zu eliminieren, ohne den eigentlichen Grund nennen zu müssen und ohne offiziell vom Grundsatz der „Gleichberechtigung" abzuweichen. Dabei haben zahlreiche Offiziere jüdischen Aspiranten gutes Verhalten und die Eigenschaft zum militärischen Führer bescheinigt, aber irgendwo in der Skala der Atteste und Voten blieb der Bewerber dann doch hängen. Wiederholte parlamentarische Unterstützung hat den Optimismus der Juden immer wieder beflügelt, sie aber letzten Endes an der Erkenntnis gehindert, daß sie in dieser Gesellschaft das Unmögliche erstrebten. Erst 1914 durften jüdische Reserveoffiziere, die sich das Wilhelminische Deutschland am ehesten als Karikatur vorgestellt hatte, wieder hinausziehen.

D. Militärverwaltung und Beamtenschaft

1. Die Militärverwaltung

a. Das „Militair-Oeconomie-Departement“

Erst nach der Niederlage von 1806 ist es aufgrund der Vorschläge der Militär-Reorganisations-Kommission in Preußen zur Einrichtung einer militärischen Fachverwaltung gekommen. Die Eigenwirtschaft der Truppen, vornehmlich die sogenannte Kompaniewirtschaft – die alte Wirtschaftsform des Söldnerheeres –, wurde abgeschafft. Eine feste Besoldung machte den Offizier, vor allem den Kompaniechef, von den Erträgen der alten Kompaniewirtschaft unabhängig. Mit der Konstituierung des Kriegsministeriums – Urkunde vom 25. 12. 1808 – etablierte die Monarchie zum erstenmal eine rein militärische zentrale Behörde für Heeresverwaltungsangelegenheiten.

Zuständig wurde für diese Materie das zweite Departement unter der Bezeichnung „Militair-Oeconomie-Departement“. Die Zuständigkeiten der alten Verwaltungsorganisationen: Oberkriegskollegium, Generaldirektorium, Militärdepartement u. a., wurden dem Kriegsministerium übertragen. Das Ökonomiedepartement, in vier Divisionen unterteilt, bearbeitete das Kassenwesen, die Grundsätze des Serviswesens, die General-Kriegskasse, Invaliden- und Waisenangelegenheiten, vor allem aber Bekleidungs- und Verpflegungsangelegenheiten. Alle diese Angelegenheiten waren Staatshaushaltsposten geworden, die durch Militärverwaltungen wahrgenommen wurden.

Über das Verflegungswesen hieß es in der „Stiftungsurkunde“: „Der zweyten Division liegt die Leitung der Verpflegung der Truppen mit Brod, Fourage und Victualien, so wie die Besorgung des Approvisionnements der Festungen ob.

Sie wird von einem Staatsrath unter eigenem Namen und Verantwortlichkeit geleitet, und ihr sind in Friedenszeiten alle Verpflegungsmagazine für das Militär, in Kriegszeiten aber nur diejenigen untergeordnet, über welche der General-Kriegskommissair zu disponieren nicht genöthigt ist.“

In der skizzierten Organisation gliederte sich die Heereswirtschaft als Fachangelegenheit in die Heeresorganisation ein. Künftig mußten nicht zivile Beamte im Kriegsfall Verwaltungsaufgaben im Heer erfüllen. Die Reorganisation der Armee im Jahre 1808 hat mithin das aktive militärische Fachbeamtentum ins Leben gerufen.

Im Jahre 1820 wurde mit der Einrichtung der Intendanturen der Unterbau auf der Mittel (Provinzial-)instanz geschaffen. Die allgemeine Provinzialverwaltung gab ihre bisherigen einschlägigen Zuständigkeiten ab. Damit erfolgte innerhalb der Bereiche der Generalkommandos die definitive Trennung der Militärverwaltung von der allgemeinen Verwaltung. Schließlich ging 1824 auch das Unterkunftswesen auf die Intendanturen über.

Den Intendanturen oblag:
- die Versorgung und Verpflegung der kämpfenden Truppe,
- der Nachschub für die mobilen Korps,
- die Bekleidungswirtschaft,
- das Haushalts-, Kassen- und Rechnungswesen,
- die Kontrolle der Heeresverwaltung,
- nach und nach mit der Übernahme weiterer Aufgaben von der Zivilverwaltung: Servis- und Einquartierungswesen, Kasernenverwaltung, Lazarettwesen, Bauverwaltung, Truppenübungsplätze.

Die Gesamtheit dieser Aufgaben unterlag dem Grundsatz der Gesetzmäßigkeit der Verwaltung und dem staatlichen Haushaltsrecht. Damit waren Heereswirtschaft und -verwaltung Staatsangelegenheit geworden, die Ökonomie der Truppen, wie sie im 18. Jahrhundert üblich war, endgültig überwunden.

Die Position der neuen Militärverwaltung innerhalb der Armee ist von der gleich zu Beginn der Reorganisation sichtbaren Trennung in Kommando- und Verwaltungsangelegenheiten stark berührt worden. Solange ein gesamtverantwortlicher Kriegsminister nicht ernannt war – bis 1814 –, erhielt der Chef des Ökonomiedepartements eigenes Vortragsrecht beim Monarchen. Aber auch nach 1814 besaß der Kriegsminister nicht die alleinige Zuständigkeit in Armeesachen, weil der Monarch in Kommandoangelegenheiten direkt entschied. Die Einheit von Kommando und Verwaltung konnte vom König als Oberstem Kriegsherrn nur symbolisch repräsentiert werden. Faktisch bestand diese Einheit nicht wegen der Beschränkung des Kriegsministers auf administrative Bereiche. Auf der Kommandoseite dagegen ging ein direkter Weg vom König zu den Kommandierenden Generalen. Nach Anordnung der Mobilmachung weiteten sich gemäß einer Kabinettsorder vom 23. März 1812 zudem die Befugnisse der Kommandierenden Generale auch in Verwaltungssachen auf Kosten des Kriegsministeriums aus. Die Generalstäbe der mobilen Korps traten bei dieser Lösung „an die Stelle des Kriegsministeriums", letzteres trat mit den Kommandierenden Generalen „wie mit einer anderen Landesbehörde" in Verbindung. Allerdings hatte das Ministerium zu überwachen, daß Vorschriften und Dienstbefehle eingehalten wurden.

Der Egoismus der Kommandobehörden hat mit dazu geführt, den 1808 sehr weitgefaßten Begriff der Militärverwaltung einzuengen auf den Bereich der im engeren Sinne „ökonomischen" Verwaltung. Das galt vor allem für die Provinzialinstanz der Intendanturen, während das Kriegsministerium weitere Befugnisse behalten konnte, allerdings längst nicht die Fülle der Kompetenzen, wie sie die Stiftungsurkunde vom Dezember 1808 aufgezählt hatte.

In der konstitutionellen Monarchie machte die Unterscheidung von Kommando- und Verwaltungssachen endgültig den im Hintergrund vorhandenen politischen Interessengegensatz deutlich. Es ging um entscheidende Machtpositionen im Staate. Solange die Monarchie lebte, ist der Gegensatz durchweg zugunsten der Kommandogewalt ausgetragen worden.

Die Militärverwaltung ist bis zuletzt ein Zwittergebilde geblieben, teils vom Ministerium, teils von Kommandobehörden beherrscht. Daraus resultierten zahlreiche Probleme, die sich besonders am Militärbeamtentum deutlich machen lassen.

b. Das Generalkriegskommissariat

Eine besondere Stellung hatte der Generalkriegskommissar – seit 1814 Leiter eines selbständigen Departements im Kriegsministerium – inne. Von ihm hing alles ab, „was zu einer Mobilmachung der Armee unmittelbar erforderlich ist und in Friedenszeiten vorhanden seyn muß“ (Proviantfuhrwesen, Bäckereien, Trains und Lazarett-Depots). Im Kriegsfalle hatte er die „Leitung der Oeconomie“ für alle mobilisierten Truppen zu übernehmen. Dazu wurden ihm die Kriegskommissare der ins Feld rückenden Brigaden unterstellt sowie die Magazine der Provinzen, in denen Truppen mobilisiert worden waren.

Schon im Oktober 1812 war sein Verhältnis zum Kommandobereich im Kriegsfalle näher bestimmt worden:

> „Der General-Kriegs-Commissair ist beim Korps in vielen Fällen das, was bei der Armee im Frieden der Chef des Militair-Oeconomie-Departements ist. Er ist zwar dem Chef des Generalstabes untergeordnet, in Hinsicht der allgemeinen Anordnungen, welche durch die Ergebnisse bestimmt werden; in Hinsicht der inneren Geschäftsordnung handelt er aber nach eigener Ansicht und auf eigene Verantwortung.“

Bis zur Aufhebung des Generalkriegskommissariats im Jahre 1825 und der Überleitung seiner Kompetenzen auf das Militär-Ökonomiedepartement bildete dieses Kommissariat zusammen mit den unterstellten Kommissaren bei den Brigaden und in der Zentrale einen besonderen Typus innerhalb der Militärverwaltung. Es war ganz auf den Kriegsfall hin angelegt und im wesentlichen als mobile, die Truppe begleitende Verwaltung gedacht. Der erste Chef des Kriegskommissariats, Generalkriegskommissar Staatsrat Friedrich v. Ribbentrop, setzte sich nach 1819 überhaupt für den Aufbau einer preußischen Militärverwaltung dieses Typs ein. Die Entwicklung lief aber in entgegengesetzter Richtung. Die Auflösung des Generalkriegskommissariats ist nicht nur aus Ersparnisrücksichten erfolgt, sondern im Rahmen der Restaurationswelle innerhalb der Armee zu sehen. Ribbentrop kritisierte vergeblich die mit der Einrichtung der Intendanturen definitiv im Sinne des Territorialprinzips festgefahrene Militärverwaltung, aus der im Kriegsfalle erst eine „mobile“ Verwaltung herausentwickelt werden mußte. Aber diese rückwärts orientierte Lösung entsprach mehr der Kritik an den Neuerungen, die schon 1808 aus dem Offizierkorps heraus vernehmbar war. Selbst Lottum, der ehemalige Chef des zweiten Departements, wäre im Hinblick auf das Kriegskommisariat am liebsten zu älteren Verhältnissen zurückgekehrt. Als Begründung nannte er die Umständlichkeit der neuen Verwaltung, insbesondere beim Rechnungs-

und Liquidationswesen, so in einem Schreiben an Kriegsminister v. Boyen vom 7. Juni 1819. Lottum war damals Chef der Generalkontrolle.

Erst durch KO vom 27. Juni 1861 wurde Ribbentrops Idee der „mobilen“ Verwaltung wieder aufgenommen. Die KO ordnete bei zunächst vier Armeekorps die Einrichtung von je zwei Divisionsintendanturen an, 1862 folgten entsprechende Maßnahmen bei den restlichen Korps, 1864 beim Gardekorps.

Noch schwieriger und problematischer wurde die Position der Kriegskommissare (Intendanten) bei den Brigaden, später den Korps. In allgemein dienstlicher Hinsicht waren sie den Kommandierenden Generalen unterstellt, was bei den sich immer weiter ausbildenden Befugnissen derselben eine beträchtliche militärische Bindung bedeutete. Sie waren angewiesen, in Ökonomieangelegenheiten nach Weisung des Generals zu arbeiten, mußten zugleich aber sicherstellen, daß solche Weisungen in Übereinstimmung blieben mit allgemeinen Vorschriften und Anordnungen des Kriegsministeriums, dem sie ja ebenfalls unterstanden (im Frieden unmittelbar dem Ökonomiedepartement, im Kriege bis 1825 dem Departement des Generalkriegskommissars). Die damit aufgeworfenen Probleme, die zu zahllosen Reibungen führten, sind mit der Einrichtung der Intendanturen nicht beseitigt worden. Es blieb eine ständige Aufgabe, zwischen den selbständigen Verwaltungsaufgaben der Intendanten, für die sie dem Kriegsministerium gegenüber volle Verantwortung trugen, und ihren Aufgaben als Stabsabteilungsleiter im Generalkommando zu unterscheiden.

c. Das Generalauditoriat

Das Generalauditoriat gewann nach der Entlassung des Generalauditeurs Cavan neues Ansehen. Eine Instruktion vom 20. Oktober 1800 gewährte dem Generalauditeur wieder das Recht des schriftlichen Immediatvortrags, die Aufgaben der Behörde wurden neu geordnet. Aber dem Generalauditoriat erwuchs im Kriegsministerium eine Rechtsabteilung als Gegenspieler mit dem Ergebnis, daß der Generalauditeur nicht mehr bei Beratungen in der Ministerialinstanz benötigt wurde. Das persönliche Vortragsrecht hat er nicht wiedererlangt. Aber er blieb Berater des Königs in Militärstrafsachen.

Das Generalauditoriat, als kollegiale Behörde mit Juristen besetzt, war primär Aufsichtsorgan über die Gouvernements-, Garnisons-, Regiments- und Bataillonsgerichte, nur in beschränktem Umfang höhere Gerichtsinstanz. Es hatte als Aufsichtsbehörde lediglich auf Gewährung einer ordnungsmäßigen Rechtspflege zu achten. Im Rahmen des Kriegsministeriums verlor das Generalauditoriat allmählich an Einfluß. Es blieb finanziell von ihm abhängig und ist schließlich als untergeordnete Behörde angesehen worden, soweit seine Funktion als Aufsichtsbehörde in Betracht kam. Diese Entwicklung ging im wesentlichen auf das Konto des Militärjustizdepartements des Ministeriums.

Als oberster Gerichtshof war es zuständig (MStGO 1845) in Strafsachen gegen Militärbeamte, ferner bei Verfahrensbeschwerden. Hinzu kamen seine gutachtliche Tätigkeit für die königliche oder ministerielle Urteilsbestätigung und beratende Funktionen. Bis zu seiner Auflösung im Jahre 1900 ist das Generalauditoriat sowohl Gericht als auch – primär – Gerichtsverwaltungsbehörde geblieben.

2. Allgemeine Beamtenschaft und Militärbeamte

a. Allgemeine Beamtenschaft

Obwohl die Militärverwaltung Züge der allgemeinen Behördenorganisation Hardenbergscher Konzeption annahm, blieb sie innerhalb der Armee ein Institut, das an die bedeutende Position der preußischen Mittelbehörden – Oberpräsidenten und Regierungen – nicht entfernt heranreichte. Dennoch läßt sich die Militärbeamtenschaft nur im Zusammenhang mit der allgemeinen Beamtenschaft sehen, wobei gewisse Unterschiede erst deutlich werden können.

In der wichtigen Phase, in der sich unter Hardenberg die neue Verwaltungsorganisation einspielte, gewann sie und ihre Träger, die Beamtenschaft, entscheidenden Einfluß auf bedeutende Reformaufgaben; denn von ihr hing ganz wesentlich die Ausgestaltung der sozialen Verfassung, die Liberalisierung der Wirtschaft und die sogenannte Administrativjustiz ab. Bei ihr lag auch fachlich ein Großteil der Gesetzesinitiative. Gutachtlich wurde sie zu den wichtigsten gesetzgeberischen Vorhaben gehört. Nach dem Ende der vormärzlichen Reformzeit geriet die Verwaltung stärker in ministerielle Abhängigkeit, aber das Prinzip der Kollegialität in den Verwaltungs- und Regierungsbehörden sicherte ihrer Arbeit weiterhin ein hohes Maß an fachlicher Richtigkeit und Stimmigkeit. In dieser Organisation der Verwaltung schien manchem Zeitgenossen die bürgerliche Freiheit Preußens verbürgt. Vor Einführung der provinzialständischen Verfassung trug die durch Gutachten, Diskussion und interne Abstimmung getragene Gesetzesinitiative der Verwaltung, wenn auch stark vom beruflichen Hintergrund mitgeprägt, „quasiparlamentarische Züge" (Koselleck).

Soziales Substrat dieser durchaus politische Verantwortung wollenden Verwaltung war eine in sich durch Herkommen und Bildung homogene Beamtenschaft, die gegen ständische Interessen, Tradition und Geschichte im eigentlichen Sinne den Gesamtstaat und seine Fortschritte repräsentierte; besonders augenfällig im Vormärz, als es, abgesehen von den Städten, unterhalb der Regierungen (den Mittelinstanzen) verantwortliche Verwaltungen nicht gab. Der Beamte, der juristisch geschulte und in langer Praxis erprobte Fachmann und Vertreter jener berufsmäßig gebildeten Intelligenz, dem im Wirtschaftsleben noch kaum ähnlich vorgebildete Vertreter gegenüberstanden, übte über die Bevölkerung Vormundschaft und Kontrolle aus. Er stand für den Staat, für das „Allgemeinwohl", repräsentierte die „Vernunft" des Staates, schloß aber hierdurch die Verwalteten von tätiger Mitwirkung aus. Bei der langsam einsetzenden Entwicklung zur politischen Mitverantwortung des Bürgers lag gerade in dieser Sonderstellung der höheren Beamtenschaft ihr Prestige begründet. Die Hegelschule erblickte das Verfassungsmäßige des preußischen Staates geradezu in der Natur seines Beamtenstandes (Eduard Gans). Ob dies auch die Meinung der im bürokratischen Wohlfahrtsstaat verwalteten Bürger war, ist nicht so einheitlich zu beantworten.

Ein wichtiger Einschnitt war jedenfalls die 48er Revolution, aber bereits seit den Karlsbader Beschlüssen verstärkte sich der reaktionäre Zug auch in der Verwaltung. Der Beamte stand seit dem Sieg des Militärstaates eindeutig für diese fest etablierte Ordnung. Für den preußischen Beamten der zweiten Hälfte des 19. Jahrhunderts hat Otto Hintzes allgemeine Feststellung einen sehr hohen Grad innerer Richtigkeit: Der Beamtenstand ist von jeher ein Annex der herrschenden Gewalten kriegerischer oder priesterlicher Art; er ist ihr verlängerter Arm, ihr Werkzeug, ihre Gehilfen- und Dienerschaft.

In Preußen brachten Reformzeit und siegreiche Befreiungskriege die Bürokratien in entscheidende Positionen, aber schon vor der Revolution von 1848 war die liberal-fortschrittliche Seite ihrer Führungsrolle beendet. Es setzte eine restaurative Gegenbewegung des ländlichen Adels mit der Wirkung des Interessenausgleichs ein. Familienverbindungen gingen hinüber und herüber. Der Anteil des Adels in den höchsten Verwaltungsbehörden schwankte erheblich zwischen 1815 und 1848. Im Jahre 1829 gehörten 60% der höheren Beamten bürgerlichen Familien an, 1848 waren es nur noch 36%, davon ein Teil neuadlig. Revolution und sozialer Umsturzschrecken erhöhten die konservativen Tendenzen.

Die Beamtenbürokratie war einerseits Initiator eines modernisierenden Wandels der Staatsverfassung, des Sozialgefüges und Wirtschaftssystems, eines „obrigkeitlich gelenkten Emanzipationsprozesses" (Jürgen Kocka), andererseits in Abhängigkeit von adlig-agrarischen Interessen Repräsentant vorindustrieller Maßstäbe und Gefangener eigener Herrschaftsinteressen, die untrennbar mit der Verfügungsmacht über Tempo und Ausmaß der Reformen verbunden waren. Verknüpfungen mit Wirtschaft und Industrie waren vielfältig. Im Bürgertum entsprach dieser Entwicklung Resignation, später, nach den nationalen Erfolgen, Anerkennung der Führungsrolle der Bürokratie, mit dessen Geschichte und Zukunft es sich identifizierte.

Solcher politisch-gesellschaftlichen Führungsrolle kam die allgemeine Überzeugung von der fachlichen Untadeligkeit des Beamtentums besonders zustatten. Der preußische höhere Beamte des hier zu behandelnden Zeitraumes war Jurist, er hatte strenge Prüfungen abzulegen und einen mehrjährigen Vorbereitungsdienst zu absolvieren. Verfassungsrechtlich sollten seit 1850 (Art. 4 der Verfassung) die öffentlichen Ämter für alle Qualifizierten „gleich zugänglich" sein. Ämterpatronage im eigentlichen Sinne des Wortes und Korruption ließ dieses System nicht zu, Disziplinarrecht und Rollenbewußtsein des Standes hätten überdies für eine rasche Purgation gesorgt.

Aber es existierte eine ganz selbstverständlich exerzierte politische Patronage und wenig Sinn dafür, daß der Jurist in der sich über immer neue Sachgebiete erstreckenden Verwaltung im Industriezeitalter immer weniger mit der passenden Vorbildung versehen war. Erst 1879 im Reich und 1883 in Preußen erfolgten kleine Zugeständnisse: der juristische Vorbereitungsdienst für Bewerber zum höheren Verwaltungsdienst wurde verkürzt zugunsten der Zeit, die vor dem Assessorenexamen bei Verwaltungsbehörden abzuleisten war, aber eine Erweiterung der akademischen Studien um Wirtschaftswissenschaften ließ sich von ihren Befürwortern nicht durchsetzen. Der Jurist ließ sich seinen Platz in der Verwaltung ebensowenig streitig machen wie der Adel den seinen in der Armee und Diplomatie (und im höheren Staatsdienst, vor allem im Auswärtigen Dienst). Wie aber die Inspektion des Bildungswesens der Armee gelegentlich über mangelnde Bildungsvoraussetzungen der Offiziere klagte, so auch einzelne weitschauende Fachleute über Lücken in der Ausbildung der Beamtenschaft.

Der höhere Verwaltungsdienst, so wie er war, bot Möglichkeiten, in Spitzenpositionen aufzusteigen, zumal bei der Ministerialbürokratie. Zweifellos hatte der Beamte stets die Vorrangigkeit des Offiziers mitanzusehen, obwohl es auch ein „geheimrätliches Standesbewußtsein" gab, dessen Vertreter teilweise mit milder Nachsicht auf die neben dem Beamtentum stehende „zweite Säule des preußischen Staates", das Offizierkorps, herabblickte. Trotzdem war auch seine Perspektive auf ständisch-konservative Fernziele festgelegt, die im Wesen der Hohenzollernmonarchie angelegt waren, weil sie dringende Probleme und Entwicklungen der Industrialisierung durch systemerhaltende Steuerung von Interdependenzen abzufangen suchte. Eine Änderung der Herrschaftsstruktur schien der Anfang des Untergangs zu sein, Beamtentum wie Offizierkorps stimmten darin vollkommen überein.

Dabei war die materielle Lage des höheren Beamtentums – vom mittleren und unteren Dienst ganz zu schweigen – nicht eben glänzend, faßt man die Gehälter und Pensionen ins Auge.

Nach der allgemeinen Aufbesserung der Gehälter unter dem Finanzminister Motz im Jahre 1825 kam es erst Anfang der 50er Jahre zu einer neuen Erhöhung. Seit den 60er Jahren erfolgten Erhöhungen zeitlich gestaffelt: etwa 1867 für Unterbeamte, 1868 für Subalternbeamte, 1872 dann eine allgemeine Erhöhung um 15%. 1873 wurde darüber hinaus der Wohnungsgeldzuschuß eingeführt. Seit den 90er Jahren ging Preußen dann zum System der Dienstaltersstufen über, was möglich wurde aufgrund stärkerer Abhängigkeit des Staatshaushalts von wirtschaftlichen Faktoren.

Nach der herrschenden Lehre in der Rechtswissenschaft (Laband u.a.) begründete der „Staatsdienst-Vertrag" des Beamten „potenzierte Untertanenpflichten".

Die Disziplinarvorschriften entsprachen nach Auffassung der Zeit der Tatsache, daß der Beamtenstand der herrschende Faktor im Staate geworden war. In den fünfziger Jahren konnte das Ministerium Manteuffel diese Waffe wirksam zur Einschränkung der staatsbürgerlichen Rechte der Beamten einsetzen – vor allem jener, die Anfälligkeiten für revolutionäre Ideen gezeigt hatten. Danach hat es Differenzen solcher Art nur noch gelegentlich gegeben, ja die konstitutionelle Verfassung hat dazu geführt, daß auch die Verwaltung gegenüber dem Parlament dirigistisch von oben zusammengefaßt und gelenkt wurde. Erst so bekam die Auffassung von den Säulen des Staates – Armee und Beamtenschaft – eine gegen die Verfassung gerichtete Tendenz in der Überbetonung der Zuordnung zur Exekutive, letztlich zum Monarchen. Das, wenn auch im 19. Jahrhundert nicht abschließend kodifizierte, preußische Beamtenrecht wurde maßgebend für das Reichsbeamtengesetz von 1873.

Nach preußisch-deutscher Auffassung vom Beamtendienst war der Beamte zur Treue verpflichtet. Damit unterlegte der Staat der Dienstverpflichtung ethische Momente, für deren Wahrnehmung im Eid eine moralische Garantie gesucht wurde. Diese Garantie war um so umfassender, je weniger der Inhalt der Dienstpflicht des Beamten rechtlich präzis faßbar war. Von dieser Auffassung her, die eine Identifizierung von monarchisch-gouvernementalen Interessen mit den Staatsdiener-Loyalitätspflichten beinahe selbstverständlich machte, ist es erklärlich, daß die Berufsorganisationen der Unterbeamten mißtrauisch betrachtet wurden wegen der Möglichkeit, sie könnten unter gewerkschaftlichen oder sozialdemokratischen Einfluß geraten. Deshalb war der Verein der unteren Postbeamten längere Zeit verboten.

Diese Entwicklung bewies zugleich die Bedeutung, die die Einschleusung von Militäranwärtern in den unteren öffentlichen Dienst im Sinne einer gewünschten politischen Einstellung haben mußte. Die wesentliche Stabilisierung erfuhr das System aber durch die weitgehende Selbstergänzung des Beamtentums. Söhne aus Beamten- und Offizierfamilien wurden häufig wieder Beamte und Offiziere. Die letzte Auswahl der Bewerber des höheren Verwaltungsdienstes traf – wie beim Offiziernachwuchs der Regimentskommandeur – der zuständige Regierungspräsident nach freiem Ermessen.

So hat die nach sozio-politischen Maßstäben betriebene Auswahl der Assessoren, die sich seit 1866–1870 tunlichst zusätzlich noch um die Qualifikation des Reserveoffiziers zu bemühen hatten, und auf unterer Ebene der Militäranwärter der preußisch-deutschen Verwaltung den Stempel aufgedrückt. Der Bürger, zumeist als Antragsteller, stieß allenthalben auf Hierarchie und hierarchisches Denken. Regiert werden hieß zugleich verwaltet und disponiert werden. Daß der Militäranwärter später als Polizist seinen rüden Ton beibehielt, war kein Schönheitsfehler, sondern Ergebnis dieser Konstruktion, im Grunde nur die Spitze des Eisbergs.

Die Militärbeamtenschaft war in dieses System mit den spezifischen Abweichungen eingeordnet, die sich aus ihrer Zugehörigkeit zur bewaffneten Macht ergaben.

Aus der Entwicklung des preußischen Militärinstitutes heraus ergab sich nach den Reformen zu Beginn des 19. Jahrhunderts folgende Einteilung des Personals der Armee:

a) die zum Waffengebrauch verpflichteten Kombattanten = Personen des Soldatenstandes,

b) Personen, die für die moralischen, physischen und technischen Bedürfnisse des Militärinstituts sorgen und damit seinem Zweck mittelbar entsprechen = Nichtkombattanten,

c) Individuen, die zum Nutzen der Armee tätig waren, also Zivilbeamte, die nicht zum Militärstande gehörten.

Die beiden ersten Gruppen gehörten dem Militärstand an, ihre Angehörigen waren mithin *Militärpersonen*. Ihr Gehalt durfte nicht zu Gemeindeabgaben herangezogen werden. Die Gruppe a) umfaßte die Soldaten, unter b) fielen im wesentlichen: Militärgeistliche, Auditeure, Militär-Medizinalbeamte, Ärzte, Chirurgen, Quartiermeister, Mitglieder der Militär-Intendanturen, Gefangenenaufseher, Stallmeister etc. Von ihnen besaßen Offizierang: Geistliche, Auditeure, Medizinalbeamte, Ärzte (außer den Kompanie- und Eskadronchirurgen) und die Regimentsquartiermeister und Intendanten. Die im Offizierrang stehenden Militärbeamten wurden als obere Militärbeamte bezeichnet. Die Ärzte waren den Offizieren gleichgestellt.

Die zur dritten Gruppe gehörenden Zivilbeamten hatten keinen militärischen Status, bedurften also keines Heiratskonsenses, ihr Gehalt konnte zur Hälfte zu Gemeindeabgaben herangezogen werden. Zu ihnen gehörten die Zivilbeamten des Kriegsministeriums, weiter Direktoren, Oberinspektoren und Inspektoren der Garnisonsverwaltungen, Kasernen- und Bauinspektoren, Landbaumeister, Proviantmeister und -Kontrolleure, Oberaufseher, Maschinisten, Aufseher, Remonte-Administratoren und weiteres Remontepersonal; Lazarettinspektoren, Packmeister u.a.m. Zu den Oberbeamten gehörte die Klasse der Direktoren und Inspektoren.

Gemäß ALR bildeten alle Militärpersonen, also auch die Militärbeamten, einen „eigenen Stand". Die preußische Rechtsordnung gliederte sie in ein doppeltes Rechtsverhältnis ein: als Mitglieder des Militärinstituts und als Staatsbürger. Das hatte u. a. zur Folge, daß die Militärbeamten zwar in bürgerlichen Rechtsangelegenheiten den ordentlichen Gerichten unterworfen waren, in Kriminal- und Injuriensachen aber einem militärischen Gericht. Sie hatten sich ferner der militärischen Standesehre würdig zu erweisen, die selbst nach rechtlicher Auffassung im 19. Jahrhundert als eine besondere Ordnung und als besonderer Anspruch verstanden wurde.

Der Generalkriegskommissar v. Ribbentrop ermahnte in diesem Sinne 1812 seine Beamten: „Kein Beamter ist mehr den vielen Urteilen ausgesetzt, als derjenige der Militärverwaltung, und aus diesem Grunde bleibt es für uns eine der ersten Pflichten, gegen jeden Angriff auf unsere Dienstehre mit Nachdruck zu kämpfen und diesen Kampf auch nicht eine Minute zu verschieben." Das Bemühen um Anerkennung der Ehre der Militärbeamtenschaft richtete sich vornehmlich gegen Vorurteile in der Armee, vor allem im Offizierkorps. Schon Friedrich Wilhelm III. mußte hier einschreiten. Grund und Ursache derartiger Kritik lagen in der sozialen Differenzierung, denn die Militärbeamtenschaft der Frühzeit des 19. Jahrhunderts entsprach noch ganz der friderizianischen Ordnung, es handelte sich also meist um aus der Praxis hervorgegangene Leute.

Mit dem Aufbau einer ständigen Behördenorganisation in Friedenszeiten wurden die Berufsvoraussetzungen der Militärbeamten der Zivilbeamtenschaft angeglichen. Diese Entwicklung setzte um 1820 ein. Schon seit 1814 bildete das alte Kriegskommissariat ein eigenes Departement (das fünfte) im Kriegsministerium.

Dem Generalkriegskommissar – seit 1817 Generalintendant – unterstanden Kriegskommissare – seit 1820 Intendanten bei den Generalkommandos – als Zwischenbehörden zwischen dem Kriegsministerium und der Truppe. Ihnen oblag die Aufsicht über alle zum Bereich des Generalkommandos gehörenden Verwaltungszweige. Seit 1821 gehörten zu jeder dieser Behörden der Intendant, drei Intendanturräte und einige Subaltern- und Unterbeamte.

Der Intendant war Chef der Behörde und Disziplinarvorgesetzter seiner Beamten. Die Intendanturen waren mithin nicht nach dem Kollegialprinzip organisiert. Die Position des Intendanturrats konnte nicht ohne weiteres mit der eines Regierungsrates verglichen werden.

Trotz des Ehrgeizes der Militärverwaltung, den Anschluß an die allgemeine Verwaltung zu finden, Anerkennung durch ein anerkanntes Ausleseverfahren zu gewinnen, gelang es nicht so bald, eine entsprechende Homogenität vor allem im höheren Beamtenstand herzustellen. Auch als „Militärpersonen" konnten sich die höheren Militärverwaltungsbeamten nicht mit den Offizieren vergleichen. Schon in der Stiftungsurkunde des Kriegsministeriums vom Dezember 1808 war bestimmt worden, daß die „Besetzung aller Posten, welche auf die bloße Militäradministration Bezug haben", dem Kriegsministerium ohne vorherige Anfrage beim König obliege, abgesehen von den Direktionsposten. Die „bloße Militäradministration" und ihre Personalien waren damit zu sekundären Größen gegenüber dem Offizierkorps deklariert, wo sich der König höchstpersönlich mit eigener Unterschrift um den Portepeefähnrich kümmerte. Auch dies hat die personelle Situation der Beamtenschaft beeinflußt. Noch jahrzehntelang mußten die ehemaligen Kriegskommissare übernommen oder Aufsteiger aus dem Sekretariatsdienst akzeptiert werden. Gegen ihre sachliche Tüchtigkeit konnte nichts eingewendet werden, aber ihr soziales Ansehen entsprach ihrer Herkunft aus dem nichtakademischen Bereich.

Die strenge Trennung des höheren Dienstes vom Subalterndienst, wie er in der Zivilbeamtenschaft und im Offizierkorps Gesetz war, ist in der Militärbeamtenschaft nur langsam erreicht worden. Selbst die 1822 erfolgte Einsetzung einer oberen Examinationskommission für Intendanturräte, der auch die Ausarbeitung von Grundsätzen für die Prüfung der Subalternbeamten oblag, führte nicht zur grundsätzlichen Anpassung an die Bedingungen der allgemeinen Verwaltung.

Zur Prüfung für Intendanturratsstellen blieben Personen zugelassen, die aus der Mitte der Intendanturen ihre Qualifikation nachweisen wollten und vom Kriegsministerium unmittelbar überwiesene Leute.

Von der Prüfung befreit waren noch disponible alte Kriegskommissare und Kandidaten, die in der Zivilverwaltung das große Examen für Räte bei den Landeskollegien absolviert hatten.

Mit dieser Ordnung importierte oder besser perpetuierte die Militärverwaltung die Inhomogenität ihres höheren Dienstes. Demgegenüber erscheinen die 1822 festgelegten Voraussetzungen für den Subalterndienst anspruchsvoll: mindestens Primareife – also mehr, als damals für die Qualifikation zum Offizier erforderlich war.

Bei den Juristen des Ministeriums stellten sich allmählich Bedenken ein, ob die Ergänzung der höheren Beamten in richtigen Bahnen erfolge. Mehr und mehr wurden nämlich nicht Assessoren zu Räten befördert, sondern Bewerber aus dem Subalterndienst. So kam es 1839 zum Erlaß der „Regulative I. über die Annahme, Ausbildung und Prüfung der Sekretariats- und Registraturapplikanten und II. über die Annahme, Ausbildung und Prüfung der Referendarien bei den Militär-Intendanturen". Hierdurch wurde die Subalternkarriere auch für felddienstfähige Offiziere, für Rechnungsführer und ausnahmsweise auch für Unteroffiziere mit zwölfjähriger Dienstzeit geöffnet. Im Subalterndienst ging man schließlich gänzlich von der Einstellung von Zivilanwärtern ab. Diese Stellen standen seit dieser Zeit lediglich anstellungsberechtigten Militärs und Zahlmeisteraspiranten offen.

Für den höheren Dienst schuf das Regulativ das Intendanturreferendariat. Regelmäßiger Ersatz sollte mithin aus den Gerichtsauskultatoren (-referendaren) gewonnen werden. Die Militärverwaltung schien damit ebenfalls auf dem Wege, zum Juristenmonopol zu werden. Der Intendanturreferendar hatte nach Ableistung einer gründlichen Verwaltungsausbildung die große Staatsprüfung vor der „Ober-Examinationskommission für Intendanturbeamte", bestehend aus dem Direktor des Militär-Ökonomiedepartements und fünf Ministerialräten, abzulegen. Mit der Anpassung an die Zulassungsvoraussetzungen des höheren Dienstes in der Zivilverwaltung wurde allmählich auch die Basis für die kollegialische Beratung geschaffen. 1857 wies eine Ministerialverfügung auf die Bedeutung gemeinsamer Besprechungen hin.

Es blieb allerdings die Ausnahme bestehen, daß nach wie vor Subalterne und Offiziere, die sich durch hervorstechendes Talent auszeichneten und entsprechende Universitäts- oder Gymnasialzeugnisse zum Nachweis der erforderlichen „allgemeinen wissenschaftlichen Bildung" vorlegen konnten, zugelassen waren. In den fünfziger Jahren begann die Armee zudem Wert darauf zu legen, daß Kandidaten für die Intendanturlaufbahn Landwehroffiziere sein sollten.

Der seit der Reorganisation einsetzende Trend zur Militarisierung der preußisch-deutschen Gesellschaft, wie er sich etwa in der auffälligen Überbewertung des Reserveoffiziers bemerkbar machte, ging nicht am zivilen Beamtentum und schon gar nicht an der Militärbeamtenschaft vorbei. Als im Jahre 1868 das Regulativ von 1839 über die Annahme, Ausbildung und Prüfung von Kandidaten durch eine neue Vorschrift ersetzt wurde, wurde dieser Entwicklung Rechnung getragen. Nunmehr stand der höhere Militärverwaltungsdienst offen:

a) qualifizierten Offizieren von mindestens sechsjähriger Dienstzeit,

b) Auditeuren, Gerichtsassessoren und Referendaren (die zum großen Examen zugelassen sein mußten), die Offiziere des Beurlaubtenstandes waren,

c) in Ausnahmefällen Subalternbeamten, die Reserve- oder Landwehroffiziere waren.

Damit war ein „Durchbruch" erzielt, der bisherige Ausnahmeregelungen zum System erhob. Die Militärbeamtenschaft setzte sich künftig nur noch aus Kandidaten zusammen, die entweder ehemalige aktive Offiziere oder Reserveoffiziere waren. In dieser Hinsicht glich sich die Entwicklung an den Prozeß an, der mit dem Einzug des Reserveoffiziers in der Zivilverwaltung im vollen Gange war, aber die Zulassungsvoraussetzungen, soweit akademische Qualifikationen in Betracht kamen, reichten nicht an die Forderungen des Zivildienstes heran. Insgesamt blieb es eine Art Schönheitsfehler.

Die Masse der in dem vergrößerten Heeresinstitut immer zahlreicher werdenden Militärbeamten – Kriegszahlmeister, Oberbuchhalter, Buchhalter, Geheime Sekretäre, Kassenassistenten, Intendanten, Intendanturräte, Assessoren, Intendantursekretäre, Registratoren, Feldpropst, Oberpfarrer, Divisions- und Garnisionspfarrer, Divisions- und Garnisonsküster, General-Auditeur, Räte des General-Auditoriats, Korpsauditeure, Kanzlei-Sekretäre, Divisions-, Gouvernements- und Garnisions-Auditeure u.a.m. – gehörten (nach 1871) zu den mittelbaren Reichsbeamten (abgesehen von den bayerischen). Lediglich die nicht im Heeresverband stehenden Beamten, und vor allem die Militärbeamten der Marine, waren unmittelbare Reichsbeamte. Sie alle wurden in ihrer Rechtsposition – Pensionierung, Erforderlichkeit eines Heiratskonsenses u.a.m. – gleichbehandelt.

Eine besondere Stellung nahmen unter der preußischen Militärbeamtenschaft die Auditeure ein, die in der Zeit der Reformen bereits auf eine lange, wenn auch nicht sehr rühmliche Tradition zurückblicken konnten. Ihre finanzielle Situation und ihr Status – militärisch waren sie unter den Leutnant, ja Fähnrich, abgesunken, schließlich in den „Unterstab" des Regiments abgerutscht und als Beamte angesehen – zwangen sie im 18. Jahrhundert zu mancherlei Nebenbeschäftigung. In Juristenkreisen schadete ihrer Reputation vor allem die Abhängigkeit von ihren militärischen Vorgesetzten. Die Reformzeit brachte ihnen allmählich Prestigegewinn. Schon seit 1800 wurde als Anstellungsvoraussetzung das Referendarexamen verlangt. Ein Vergleich mit den juristischen Berufen, die die Assessorprüfung voraussetzten, war allerdings noch nicht möglich. Auch der Tätigkeitsbereich umfaßte durchaus noch subalterne neben juristischen Aufgaben. Seit 1812 konnten Militärjuristen, die zum Oberauditeur aufsteigen wollten, nur nach einem Examen vor der Immediat-Prüfungskommission weiterkommen. Sie mußten die Befähigung zu einer „Ratsstelle" nachweisen. Der Beruf des Auditeurs ließ bald halbe Lösungen wie bei der sonstigen Militärbeamtenschaft nicht mehr zu. Seit 1829 waren ganz allgemein das Assessorexamen und eine Probezeit vorgeschrieben. Der Generalauditeur wurde zur entscheidenden Stelle für die Auswahl des Nachwuchses, das alte Präsentationsrecht der Kommandeure fiel weg. Es hob ihr Ansehen, daß Auditeure seit 1812 nur noch bei den Brigadegerichten und dann bei den Divisions- und höheren Gerichten vertreten waren. Volle Unabhängigkeit in der Verfahrensleitung konnten sie allerdings nicht erringen. Disziplinar unterstanden die Auditeure dem Generalauditeur sowie (wegen militärischer Vergehen) ihren militärischen Vorgesetzten. Zwei Herren zu dienen war ihr Hauptproblem, das zu immer neuen Reibungen und Schwierigkeiten führte. Auch in Verfahrensfragen hatten Auditeure selbst gegen besseres Wissen Weisungen des militärischen Gerichtsherrn zu befolgen. Das Recht, derartige Fälle dem Generalauditeur anzuzeigen, war eine relativ schwache Waffe. In der Praxis wirkten traditionelle Denkweisen der verbesserten Stellung des Juristen im Verfahren noch entgegen.

Seit 1812 entsprachen Rangverbesserungen der erweiterten Funktion der Militärjuristen. Oberauditeure erreichten eine den Majoren vergleichbare Beamtenposition, Auditeure standen auf der Hauptmannsstufe. Der Generalauditeur erhielt den militärischen Rang eines Generalmajors.

Auch nach der Militärstrafgerichtsordnung von 1845 standen die Militärjuristen im Schatten des militärischen Gerichtsherrn. Aber der Auditeur wurde jetzt Mitglied des Gerichts im Rahmen der höheren Gerichtsbarkeit, also bei Verfahren gegen Offiziere, gegen Unteroffiziere und Gemeine bei schweren Straftaten und gegen obere Militärbeamte. Insbesondere war er verantwortlich für die Gesetzlichkeit gerichtlicher Anordnungen, blieb aber nach wie vor dem Weisungsrecht des Gerichtsherrn unterworfen. Rechtsgarantien bot die Nachprüfung des Verfahrens durch Militärjuristen vor der Bestätigung.

Die preußischen Verfassungsurkunden gewährten dem Militärjuristen nicht die persönliche Unabhängigkeit wie den ordentlichen Richtern. Aber der Rechtsstaat bot ihnen doch größere disziplinarische Schutzrechte, ohne daß die neue Disziplinarordnung eine im allgemeinen Dienstbetrieb jederzeit wirksame Absicherung gegen Übergriffe militärischer Vorgesetzter hätte sein können. Rangverbesserungen sahen die neuen gesetzlichen Regelungen von 1845 nicht vor. Der Generalauditeur verlor seinen militärischen Rang. Alle Auditeure hatten nur einen „allgemeinen Offiziersrang".

Bis zum Ende der Monarchie wurde der Jurist in der Armee rangmäßig unterbewertet. Ersatz zu beschaffen war wegen der geringen Attraktivität des Berufes häufig ein Problem. Der normale Heeresverwaltungsbeamte besaß bessere Berufsaussichten, obwohl die Anstellungsvoraussetzungen niedriger waren. Ein Rückblick läßt den Schluß zu, daß die Abhängigkeit des juristischen Fachmannes vom militärischen Befehlshaber, und ein Denken, das die Rechtsprechung in zu enger Bindung an „militärische Bedürfnisse" beheimatet sah, eine Lösung der sozialen Problematik des Berufsstandes der Militärjuristen verhinderten.

Ein grober Vergleich der Jahresgehälter von 1875 der verschiedenen Beamtendienstgrade mit denen der Offiziere veranschaulicht in etwa die Position dieser Gruppen.

Die Tabelle gibt die Jahresgehälter nach dem Stand von 1875 in Mark an.

Offiziere:	*Militärbeamte:*	*Zivilbeamte:*
Kommandierender General:		Direktor:
12000		3000–3600
Divisionskommandeur:	Generalauditeur:	Oberinspektor:
12000	12000	2400–3000
Brigadekommandeur:	Feldpropst:	
9000	8100	Divisions- und
Regimentskommandeur		Garnisonspfarrer:
(Oberst):	Intendant:	1800–2700
7800	6900–8100	Verw.-Inspektor:
Major:		1950–2400
5400		Kaserneninspektor:
Hauptmann 1. Klasse:	Intendanturrat:	1575–1950
3600	3600–5400	Lazarettinspektor:
	Oberpfarrer:	1575–1950
	3000–4200	Sekretär:
Hauptmann 2. Klasse	Assessor:	1800–2400
2160	1800–3000	Assistent:
		1350–1650
Premierleutnant:		
1080		
Sekondeleutnant:		
900		

Außerdem erhielten Kommandierende Generale 18000, Divisionskommandeure 4500, Regimentskommandeure 900 M als jährliche Dienstzulage.

Deutscher Bund und deutsche Mittelstaaten

von Wolfgang Petter

1. Der Deutsche Bund

a. Die Freiheitskriege

Der Vertrag von Kalisch, in dem die Monarchen von Rußland und Preußen sich 1813 zum gemeinsamen Kampf gegen Napoleon verbündeten, enthielt keine Abmachungen zur deutschen Frage. Doch verfolgte die russische Politik konkrete Absichten. Denn zu diesem Zeitpunkt stand der Zar unter dem Einfluß des Freiherrn vom Stein, der als sein Berater und Bevollmächtigter in deutschen Angelegenheiten danach drängte, die Wiederherstellung des „ehrwürdigen deutschen Reiches in Freiheit und Einheit" zum russischen Kriegsziel zu erheben.

Tatsächlich enthielt die vom russischen Oberbefehlshaber Kutusow im Namen der beiden verbündeten Monarchen verkündete „Proklamation von Kalisch", die zum Befreiungskampf der Deutschen aufrief, entsprechenden Erklärungen. Sie waren nicht allein an die rheinbündischen Fürsten gerichtet, sondern auch an die „deutschen Völker", und implizierten einen repräsentativ verfaßten nationalen Bundesstaat. So begann die Vorgeschichte des Deutschen Bundes mit dem Prinzip der Einheit. Dieses wurde im weiteren Verlauf stufenweise bis zur Schablone abgebaut.

Im Vertrag von Breslau kamen die beiden Mächte am 19. März 1813 überein, ihre eigenen Kriegsanstrengungen durch straffes Heranziehen aller militärischen Ressourcen des noch zu erobernden Einflußbereichs zu ergänzen. Zu diesem Zweck entwarfen sie als gemeinsames Besatzungsorgan einen Zentralverwaltungsrat, dem sie ganz Norddeutschland mit Ausnahme ehemals preußischer und hannoverscher Territorien unterstellten. Er sollte bei unbegrenzter Vollmacht die besetzten oder übergetretenen Länder verwalten und durch Rekrutierung und Erhebung von Kontributionen ihre Kräfte den Verbündeten zuführen.

Die Willkür, mit der Stein vorging, veranlaßte die beiden Monarchen, in der Kalischer Konvention vom 4. April 1813 die rigorosen Breslauer Instruktionen erheblich abzuschwächen. Der Zentralverwaltungsrat hatte von nun an gewissenhaft zwischen eroberten und übergetretenen Staaten zu unterscheiden. Die übergetretenen Fürsten behielten ihre Souveränität, und der Rat mußte mit ihnen die Bedingungen aushandeln, unter denen er über ihr Geld und ihre Truppen verfügen durfte.

Unter diesen Umständen blieb das Ergebnis von Steins Arbeit in der ersten Kriegsphase, die nach den „Rekrutenschlachten" des Frühjahrs im Juli 1813 mit dem Waffenstillstand abschloß, gleich Null. Schon bevor Napoleon die Verbündeten über die preußische Grenze zurückgeworfen hatte, war das Versagen der Zentralverwaltung in der gegebenen Form offensichtlich geworden.

Nach dem Beitritt Österreichs zur antinapoleonischen Allianz im August 1813 trat die entscheidende Wende des Kriegsverlaufs ein. Zugleich fanden die Rheinbundstaaten in Metternich, der die Wiederaufnahme der alten Reichstradition nur als Hemmschuh und Last und die Nationalidee als eine tödliche Gefahr für Österreich ansah, einen Anwalt ihrer Existenz und Freiheit. Metternichs Absicht war es, den beiden deutschen Großmächten ihre Bewegungsfreiheit zu erhalten, das europäische Gleichgewicht wiederherzustellen und die Kraft der vereinigten deutschen Staaten in der Defensive zur Wirkung zu bringen. Darüber, daß Anarchie in Zentraleuropa zu vermeiden sei, waren sich alle europäischen Mächte im klaren. Sie waren aber nicht bereit, nach der Überwältigung von Napoleons Grand Empire eine neue Machtkonzentration hinzunehmen.

Nachdem bekanntgeworden war, daß die Alliierten die im Rheinbund zusammengeschlossenen Staaten zu erhalten wünschten, fiel es diesen leicht, aus dem französischen Lager zu den Verbündeten überzugehen, wie es sich bei der offensichtlichen Peripetie des napoleonischen Dramas empfahl. Unter österreichischer Federführung kamen ihnen die neuen Schutzherren großzügig entgegen und nützten ihre Zwangslage zwischen den Fronten nur mäßig aus.

Die Serie der Abfälle vom Rheinbund eröffnete Bayern, mit dem Österreich kurz vor der Leipziger Schlacht am 8. Oktober 1813 den Bündnisvertrag von Ried abschloß. Da die beiden anderen Hauptmächte gegen Steins Protest dem Vertrag beitraten, war die Frage des Kriegsbeitrags und der Souveränität der bisherigen Feindstaaten für Kriegs- und Nachkriegszeit vorentschieden. In Ried erhielt Bayern seine volle Souveränität und seinen territorialen Umfang garantiert. Militärische Abmachungen betrafen vor allem die Bildung eines alliierten Korps aus 36000 Bayern und 14000 Österreichern unter bayerischem Kommando. Mit diesen Kräften versuchte Wrede die von Leipzig zurückflutenden Franzosen abzufangen. Bei Hanau stieß ihn Napoleon zur Seite. Doch hatte Bayern wenigstens sein militärisches Gewicht demonstriert.

Nach der Völkerschlacht schloß sich Württemberg den Verbündeten an. Es mußte sich aber schon eine vage Einschränkung der Souveränität durch eine Klausel zur Herstellung und Sicherung der deutschen Freiheit und Unabhängigkeit gefallen lassen. Im November wechselten die übrigen deutschen Staaten die Seite. Sie erhielten ähnliche, wenn auch noch stärker eingeschränkte Souveränitäts- und Existenzgarantien. Von Napleon aufgehobene Staaten wurden wiederhergestellt. Dagegen nahmen die Alliierten die Länder der Napoleoniden in Sequestration und unterstellten Sachsen ihrer direkten Verwaltung.

Damit war die Stunde Steins und der Zentralverwaltung gekommen, deren Aufgaben bereits in der Leipziger Konvention vom 21. Oktober 1813 über die Verwaltung der besetzten und befreiten Gebiete durch Rußland, Österreich, Großbritannien, Preußen und Schweden endgültig geregelt worden waren. Die Umbildung des kollegial aufgebauten Zentralverwaltungsrats in ein bürokratisch geleitetes Departement gestaltete die Arbeit des Reichsfreiherrn, der als gemeinsamer Besatzungsminister der Hauptmächte auftrat, wesentlich wirkungsvoller als bisher. Freilich waren Österreich, Preußen, Schweden und

Hannover nach dem Stand von 1805, die habsburgische Sekundogenitur Würzburg, sowie Bayern und Württemberg exemt. Gegenüber den anderen deutschen Staaten besaß Stein aber die Befugnis, Truppen- und Geldleistungen zu verlangen und den Alliierten zuzuführen. Das nach dem Rückzug der Franzosen „herrenlos" gewordene Deutschland auf beiden Rheinufern fiel in seine unmittelbare Zuständigkeit. Später trat die Aufsicht über die besetzten Teile Frankreichs nach dem Stand von 1792 hinzu.

Mit dem Akzessionsvertrag, in dem ein Übertritt angenommen wurde, koppelten die Alliierten jeweils ein Abkommen, in dem der betreffende Fürst sich zu Leistungen im Krieg gegen Napoleon verpflichten mußte. Der Vertrag, der erst die politische Existenz des bisherigen Rheinbündlers sicherte, wurde dann von den Alliierten nicht vor dem Tag ratifiziert, an dem das verlangte Kontingent voll ausgerüstet gemeldet wurde. So hatten die Großmächte ein Druckmittel in der Hand, mit dessen Hilfe sie die kleinen Staaten zu den gewünschten Leistungen zwingen konnten. Diese Leistungen verlangten sie den Übergetretenen nach einem einheitlichen Schlüssel ab, den sie in den Frankfurter Vereinbarungen zur Bewaffnung des befreiten Deutschlands vom 24. November 1813 festlegten. In drei Protokollen regelten sie die Aufstellung der Kontingente, die Aufbringung der Kriegskosten und die Versorgung der Armeen. Als Richtsatz dienten die bisherigen Leistungen für den Rheinbund.

Unter dem Titel eines „Generalcommissarius für die deutsche Landes-Bewaffnung" leitete der preußische Oberstleutnant Rühle von Lilienstern, dem Stein die Erledigung aller durch die Frankfurter Protokolle der Zentralverwaltung zugefallenen rein militärischen Geschäfte übertragen hatte, die Aufrüstung. Diesem Offizier unterstand auch der Landsturm. Nach Steins Vorstellung sollte der Landsturm zentral aufgestellt und von immediaten „Bannerherren" kommandiert werden. Da die Fürsten als Ergebnis der Volksbewaffnung die Revolution bereits zu sehen vermeinten, scheiterte die Aufstellung des Landsturms auf die Dauer an ihrem Widerstand.

Zu dem Kontingent an Linientruppen verlangten die Alliierten zusätzlich ein gleichstarkes Landwehraufgebot, so daß jeder Fürst zwei Prozent seiner Untertanen unter Waffen stellen mußte. Dazu hatten Freiwilligenverbände und der Landsturm zu treten. Besoldung und Ausrüstung oblagen dem Kontingentsherrn allein, doch halfen die Alliierten angesichts des Waffenmangels mit Beutewaffen aus und konnten so die Abhängigkeit der Übergetretenen über die vertraglichen Abmachungen hinaus verstärken. An Linientruppen sollten bis Neujahr 1814 für acht sogenannte „Deutsche Korps" zur Verfügung gestellt sein:

Korps:	Staat:	Stärke:
I.	Bayern	36 000
II.	Hannover u. a.	32 900
III.	Sachsen u. a.	23 350
IV.	Hessen-Kassel	12 000
V.	Kleinstaaten	9 230

VI.	Würzburg, Hessen-Darmstadt	9 250
VII.	Württemberg	12 000
VIII.	Baden u. a.	10 330
		145 060

Die Befehlshaber der fünf gemischten Korps wurden von den großen Mächten, die des bayerischen, württembergischen und hessen-kasselschen von ihren Kontingentsherren ernannt. Hannover, Oldenburg und Braunschweig verzögerten die Truppenstellung, und auch bei einigen bisherigen Rheinbündlern trat nicht viel guter Wille zutage. So wurde die verlangte Truppenstärke nie erreicht. Immerhin konnten die verbündeten Großmächte ihre Armeen doch durch etwa 100000 Mann verstärken.

Als Beitrag zur zentralen Kriegsfinanzierung hatten die Fürsten Schuldverschreibungen an Österreich, Preußen, Rußland und Schweden auszustellen, die die Mächte im Verhältnis 5 : 5 : 5 : 1 unter sich teilten und als Zahlungsmittel benutzten. Die Höhe der Obligationen entsprach dem Bruttoeinkommen eines Jahres. Die Alliierten garantierten die Tilgung durch die Fürsten binnen sechs Jahren unter ihrer strengen Aufsicht.

Die Versorgungslasten wurden genau abgewogen und verteilt, freilich so kompliziert, daß die Ansprüche teilweise noch Jahre nach dem Krieg ungeklärt geblieben waren. Jeder Fürst hatte unentgeltlich die Naturalien zur Versorgung seines Kontingents für ein Jahr zu liefern. Darüber hinausgehende Leistungen wurden von den Alliierten mit den erwähnten Obligationen vergütet. Auf deutschem Boden durfte nur von den Generalintendanten und Kommandierenden Generalen und nur über die Landesbehörden requiriert werden. Dadurch, daß sich der Krieg bald auf französisches Gebiet verlagerte, wo andere Maßstäbe anzulegen waren, blieb diesem friktionsverheißenden System die Belastungsprobe erspart.

Um die Jahreswende ergänzten die Alliierten in Basel die drei Protokolle durch ein viertes, das „Regulativ über die Errichtung und Unterhaltung der Lazarette". Die nicht zu Österreich und Preußen gehörenden Teile Deutschlands wurden in 6 Lazarettbezirke aufgegliedert. Zur einen Hälfte wurden die Kosten der Lazarette von Rußland, Österreich und Preußen, zur anderen Hälfte von den deutschen Staaten getragen. Neben der Militärkommission Rühles ließ die Zentralverwaltung eine Lazarettkommission unter Vorsitz des Grafen Solms-Lauterbach in Frankfurt zurück. Diese Behörde führte die Zentralkasse, überwachte die Verträge mit Privatunternehmen zur Versorgung der Lazarette, sorgte für die innere Lazarettordnung und stellte die Ärzte und Helfer ein.

b. Die Entstehung der Bundeskriegsverfassung

Schon während der Freiheitskriege führten also die gegen Napoleon verbündeten deutschen Staaten Verhandlungen, deren Ergebnisse den Aufbau eines deutschen Verteidigungssystems in der Nachkriegszeit hätten präjudizieren können. Die straffe Zusammenfassung ehemals rheinbündischer Kräfte durch die Zentralverwaltung unter dem Freiherrn vom Stein schien Elemente einer militärischen Neuordnung vorwegzunehmen. Aber die Maßnahmen der Alliierten verfolgten nur den Zweck, durch Ausschöpfen aller Mittel den Krieg zu gewinnen. Die Frankfurter Vereinbarungen blieben ohne Folgen für die Zukunft. Endgültige Entscheidungen behielten sich die Mächte für den Wiener Kongreß vor. Zwar bestand darüber Einigkeit, daß der Schaffung einer für alle Mitglieder des neugegründeten Deutschen Bundes verbindlichen Kriegsverfassung größte Bedeutung zukäme. Doch es gelang nur mühsam, die politischen Schwierigkeiten, vor allem die einzelnen Souveränitätssorgen, zu überwinden. Im Laufe von sechs Jahren entstand die Bundeskriegsverfassung schrittweise in einer Form, die alle Beteiligten als militärisch sinnvoll und politisch unbedenklich akzeptierten.

Viel mehr, als Konsens darüber, daß der Bund die Verteidigungskompetenz innehaben, daß aber das Militärwesen selbst ausschließlich den Landessouveränen zustehen sollte, kam auf dem Wiener Kongreß bezüglich dieser Frage nicht zustande. Die Verteidigungskompetenz wurde dem Bund in der Bundesakte vom 8. 6. 1815 mit der Formulierung des Bundeszwecks zugewiesen, den die Mächte in der „Erhaltung der äußeren und inneren Sicherheit Deutschlands und der Unabhängigkeit und Unverletzbarkeit der einzelnen deutschen Staaten" erblickten. Der „Deutsche Ausschuß" des Kongresses (Österreich, Preußen, Bayern, Hannover und Württemberg) konstituierte einen Militärausschuß, unter Vorsitz des Konprinzen von Württemberg, zur Ausarbeitung von Grundbestimmungen einer Kriegsverfassung. Aber dieses Werk mußte vertagt und an die Bundesversammlung als nächste Aufgabe nach der Verfassungsschöpfung überwiesen werden. Nur einige Bestimmungen, und diese nur von allgemeiner Art, konnten schon in der Bundesakte verkündet werden. Tatsächlich hatte man damit bereits den entscheidenden Schritt getan, denn das Recht zur Kriegführung im eigenen Interesse, durch das die alte Reichskriegsverfassung praktisch bedeutungslos geblieben war, ging den Einzelstaaten nun verloren – mit Ausnahme von Preußen und Österreich, die als „europäische Mächte" dem Deutschen Bund nur in Teilen angehörten. Umgekehrt mußten sich sogar die Niederlande und Dänemark quasi als Vasallen mehr oder minder an der Verteidigung Deutschlands beteiligen, in die sie durch ihre Bundesanteile Luxemburg und Holstein unter Umständen ganz hineingezogen werden konnten. Auf diese Weise kam der Bund, wenigstens theoretisch, zu Seestreitkräften, und ganz unbefangen zählte man in der Publizistik die österreichische, niederländische und dänische Flotte (eine preußische gab es erst seit 1848) als deutsche Flotte zusammen.

Im Endeffekt hatten die beiden deutschen Großmächte, die den Bund dirigierten, wenn sie in ihren Zielen einiggingen, erreicht, daß sie in einem Koalitionskrieg über ganz erhebliche Verstärkungen, deren Wert sich soeben erwiesen hatte, verfügen würden. In den Einzelheiten konnten sie sich den kleineren Staaten gegenüber großzügig zeigen. Gern hätte Preußen die Bundeskriegsverfassung über die kleineren Staaten hinweg noch vor Zusammentritt des Bundestags bilateral mit Österreich fixiert. Der Kaiserstaat taktierte jedoch in den Vorverhandlungen zurückhaltend, um die Bundesfreundlichkeit der anderen nicht schon zu Beginn zu strapazieren. Wesentliche, aber kontroverse militärische Einzelfragen des Bundesheeres klammerten Österreich und Preußen auf der Aachener Militärkonferenz 1818 aus. Sie beschränkten sich auf Unverbindlichkeiten. Im Interesse der Übereinstimmung in allgemein politischen Fragen überließen sie deren Regelung den Hauptbetroffenen und erwarteten die Beratungsergebnisse der „dritten Kraft". Inzwischen hatten im Frühjahr 1817 die Beratungen auf Bundesebene mit der „Proposition" begonnen: die Bundeskriegsverfassung, als deren Maßstab die militärischen Verhältnisse des übrigen Europas zu berücksichtigen waren, sollte möglichst erschöpfend schriftlich festgelegt werden und „unter vollkommenster Würdigung der Souveränität der deutschen Staaten" ihren eigenen Zweck, Bildung des Bundesheeres, Friedens- und Kriegsstand, Oberbefehl, Feldzeichen, Landsturm, Bundesfestungen und Verteilung der Kosten klären.

Die Ministerkonferenz, die in der „Wiener Schlußakte" vom 15. Mai 1820 die Verfassung des Deutschen Bundes erließ, traf wesentliche Bestimmungen in den Bereichen Bundeskrieg, Bundesexekution und Bundesintervention, bestätigte aber sonst nur, daß künftig noch vom Bundestag „die auf das Militärwesen des Deutschen Bundes Bezug habenden organischen Einrichtungen und die zur Sicherstellung seines Gebietes erforderlichen Verteidigungsanstalten zu beschließen" seien.

Inzwischen hatte der Bundestag seine Tätigkeit auf dem Gebiet des Militärwesens fortgeführt. Nach über einjährigen Verhandlungen nahm er am 20. August 1818 eines der wesentlichsten Elemente der Bundeskriegsverfassung an, die vorläufige Matrikel auf der Basis von 30094050 Seelen innerhalb der deutschen Grenzen. Mit der Bearbeitung der Punkte, die er in der Proposition vorgelegt hatte, beauftragte er einen „Bundestags-Ausschuß" aus sieben Diplomaten, der von einem „Militär-Ausschuß" aus zwölf Offizieren unterstützt wurde. Im Oktober 1818 legten die beiden Ausschüsse ihren gemeinsamen Entwurf vor. Die Rahmenbestimmungen verkündete der Bundestag nach mehr als zweijährigen Beratungen am 9. April 1821 als Bundesgesetz über die „Grundzüge" der Bundeskriegsverfassung (24 Artikel). Die „Näheren Bestimmungen" dazu erließ er am 12. April 1821 und am 11. Juni 1822 (zehn Abschnitte mit 94 Paragraphen).

Im großen und ganzen blieb die Bundeskriegsverfassung bis zum Ende des Deutschen Bundes im Jahr 1866 unverändert bestehen. Einige Ergänzungen folgten 1830. Amtlich kommentiert wurde sie 1841. Nach der Revision des ersten Teils der „Näheren Bestimmungen" unter dem Datum des 4. Januar 1855, die die relativ problemlosen ersten fünf Abschnitte umfaßte, ließ sich keine Änderung mehr durchsetzen. Zwar wurde 1859 noch einmal eine „sorgsame Prüfung" beschlossen, zur Ausführung einer Totalrevision gemäß den 1861 erlassenen Richtlinien kam es aber nicht mehr.

c. Die Bundeskriegsverfassung 1815–1866

Schon in der Bundesakte waren vereinzelte Bestimmungen zu Wehrfragen enthalten. Den nach 1805 mediatisierten Reichsständen räumte sie die Befreiung von der militärischen Dienstpflicht ein. Auch erneuerte sie die traditionelle Freizügigkeit im deutschen Militärdienst für alle Untertanen, die keiner militärischen Verpflichtung in ihrem Heimatstaat unterlagen. Zu diesen Individualrechten traten Sätze, in denen die Bundesstaaten politische Erklärungen in rechtliche Bindungen umwandelten. Von grundlegender Bedeutung für die europäische Ordnung war, daß in Art. 11 alle Mitglieder des deutschen Bundes das Versprechen abgaben, „sowohl ganz Deutschland als auch jeden einzelnen Bundesstaat gegen jeden Angriff in Schutz zu nehmen" und sich ihren territorialen Besitzstand innerhalb der Bundesgrenzen garantierten. Zwar behielten sie sich das ihrer Souveränität angemessene Recht auf Bündnisse aller Art vor, sagten aber zu, keine Verbindungen einzugehen, die sich gegen die Sicherheit des Bundes oder einzelner Bundesstaaten richteten. Keiner von ihnen durfte bei erklärtem Bundeskrieg einseitig mit der gegnerischen Macht verhandeln, einen Waffenstillstand eingehen oder selbständig Frieden schließen. Vor allem verpflichteten sich die deutschen Staaten, unter keinem Vorwand gegeneinander Krieg zu führen und Streitigkeiten untereinander nie mit Gewalt auszutragen. Allein durch Vermittlung oder Schiedsspruch des Bundes waren innerdeutsche Streitigkeiten künftig zu erledigen.

Der exekutive Verfassungsschutz des Bundes

Diese knappen Rahmenbestimmungen ergänzten die deutschen Staaten im Jahr 1820 durch die Wiener Schlußakte. Damit waren die politischen und militärischen Grundsätze bei Gewaltanwendung durch den Bund geklärt. Als Rechtsinstrumente zur Ausübung des Verfassungsschutzes erhielt der Bund die Mittel der Bundesintervention und der Bundesexekution.

An sich oblag allein den Staatsregierungen die Aufrechterhaltung von Ruhe und Ordnung in ihren Hoheitsgebieten. Mit Rücksicht auf die innere Sicherheit des gesamten Bundes und kraft der wechselseitigen Beistandspflicht aller Länder konnte der Bund ihnen aber zur Seite treten. Vor allem galt das, wenn zu erwarten war, daß die Unruhen auf andere Bundesstaaten übergreifen würden. Hatte eine Regierung alle „verfassungsmäßigen und gesetzlichen Mittel" gegen Widersetzlichkeiten der Untertanen oder gar offenen Aufruhr erschöpft, so war der Bundestag sogar verpflichtet, auf ein Beistandsersuchen hin „die schleunigste Hülfe zur Wiederherstellung der Ordnung zu veranlassen". In ihrer Revolutionsfurcht gestanden die Staaten dem Bund das Recht zur über alle Souveränitätsvorbehalte hinwegschreitenden unerbetenen Intervention zu. Sollte eine Regierung „notorisch außer Stande sein, den Aufruhr durch eigene Kräfte zu unterdrücken, zugleich aber durch die Umstände gehindert werden, die Hülfe des Bundes zu begehren", so war der Bund verpflichtet, ohne Anrufung durch diese Regierung einzuschreiten. Die Bundesintervention umfaßte immer Maßnahmen zugunsten legitimer Regierungen gegen Unruhe und Umsturz, wobei der Bund die Freiheit zum Eingreifen über sie hinweg besaß. Für den Fall, daß der Bundestag die Voraussetzungen zur Intervention für gegeben ansah, billigten ihm die Länder wirkungsvolle Vollmachten zu.

Sein Vorgehen banden sie an die Exekutionsordnung, die ebenfalls 1820 erlassen wurde. Danach übertrug der Bund einer oder mehreren Regierungen oder einem Bundeskommissar die Ausführung der beschlossenen Maßnahmen. Der Vollstrecker durfte Festnahmen und Aburteilungen anordnen, Beamte aus dem Dienst entfernen, Presseveröffentlichungen und Versammlungen verbieten. Er durfte unter Umständen soweit gehen, das betroffene Land zu besetzen, seinen Landtag aufzulösen, seine Regierung abzusetzen, die gesetzgebende und ausführende Gewalt bis zur Wiederherstellung von Ruhe und Ordnung selbst zu übernehmen.

Der Spielraum war sehr weit gefaßt. Das Ziel bestand aber immer darin, die Landesregierung zu unterstützen oder sie in der Form wiederherzustellen, wie sie vor dem Umsturz bestanden hatte und vom Bund als legitim anerkannt worden war. Im Gegensatz zur Intervention richtete sich die Bundesexekution gegen legitime, aber bundeswidrig handelnde Regierungen. Die beiden Maßnahmen des exekutiven Verfassungsschutzes werden häufig verwechselt; sie beinhalteten aber, so sehr sie bei der Ausführung ineinander übergehen konnten, ganz verschiedene Ziele. Denn mit dem Mittel der Exekution ging der Bund gegen Länder vor, die die Erfüllung seiner Forderungen verweigerten. Diese Forderungen konnten darin bestehen, Schieds- oder Gerichtssprüchen des Bundes bei Streitigkeiten zwischen Gliedstaaten nachzukommen. Die Exekution fand dann auf Antrag der Regierung statt, die sich im Recht befand, aber nicht zur Selbsthilfe schreiten durfte. Sie wurde im Einvernehmen mit ihr, vielleicht auch im Auftrag des Bundes von ihr selbst durchgeführt. Der Bund konnte aber auch im eigenen Interesse Maßnahmen zum Schutz der Bundesverfassung vollziehen, gegen Auflehnung oder Abspaltung von Ländern einschreiten, und die Durchführung von Bundesgesetzen, -garantien oder -beschlüssen exekutiv erzwingen lassen, wenn alle gütlichen Möglichkeiten ausgeschöpft waren.

Zur Erfüllung dieses Bundeszweckes wurde, um keine politische Lösungsmöglichkeiten zu versäumen, im Interesse der gliedstaatlichen Souveränität eine umständliche Prozedur vorgeschrieben.

Zunächst richtete der Bundestag, wenn sein permanenter Exekutions-Ausschuß ein entsprechendes Gutachten vorlegte, an die betreffende Regierung eine Aufforderung, die inkriminierte Handlung oder Haltung innerhalb gesetzter Frist zu rechtfertigen oder zu ändern. Wenn die Reaktion für unbefriedigend erachtet wurde, wurde ein Exekutionsbeschluß gefaßt und unter Wiederholung der ersten Aufforderung eine zweite Frist gesetzt. Blieb der Grund weiterhin bestehen, wurde der Eintritt in die Exekution beschlossen. Durch Wiederholung von Aufforderung und Androhung erhielt die aufsässige Regierung eine letzte Chance.

Die Exekution mußte nicht vom Bund selbst, aber im Namen aller Bundesländer durchgeführt werden. Der Bundestag, der bei seiner Beschlußfassung zur Berücksichtigung der allgemeinen Umstände und besonders der örtlichen Verhältnisse verpflichtet war, stellte allein die Notwendigkeit der Exekution fest und beauftragte dann eine oder mehrere, möglichst unbeteiligte, Regierungen mit dem Vollzug. Dazu bestimmte er Zweck und Dauer des Verfahrens und die Stärke der einzusetzenden Truppen. Eine Regierung war verpflichtet, die Exekution zu übernehmen, wenn sie beauftragt worden war. Sie ernannte dann einen Zivilkommissar, der nach ihren Instruktionen das Exekutionsverfahren leitete; der Bundestag wählte den Zivilkommissar nur dann selbst aus, wenn mehrere Regierungen beauftragt worden waren und nicht eine allein die Verantwortung trug. Der Bundestag war über den Stand der Exekution laufend zu unterrichten und vom Abschluß in Kenntnis zu setzen. Die Maßnahmen der Exekution entsprachen denen der Intervention und konnten bis zur Absetzung des Landesherrn gehen. Die Kosten sollten so gering wie möglich gehalten und aus dem exekutierten Land gedeckt werden.

Um die verbotene Selbsthilfe von Bundesgliedern und um offene Auflehnung von Ländern zu verhindern oder zu beenden, besaß der Bund auch die Möglichkeit zur „formlosen Exekution". Bei Gefahr im Verzug konnte der Bundestag „vorläufige Maßregeln" treffen. Damit hatte der Bund die Chance, so schnell und energisch gegen die verbotene Selbsthilfe von Bundesgliedern vorzugehen, wie es die deutschen Länder gestatteten.

Der Bundeskrieg

So wie dieser deutsche Staatenbund als selbständiges Völkerrechtssubjekt das Recht besaß, Verträge und Bündnisse abzuschließen und Gesandte auszutauschen, konnte er auch den „Bundeskrieg" erklären und Frieden schließen. Ausdrücklich erlaubte ihm die Bundesakte nur die Führung von Kriegen zur Selbstverteidigung, und die Wiener Schlußakte wiederholte, daß der Bundeskrieg allein zur „Erhaltung der Selbständigkeit und äußeren Sicherheit Deutschlands und der Unabhängigkeit und Unverletzbarkeit der einzelnen Bundes-Staaten" diene. Das bedeutete freilich nicht, daß der Bund in immerwährender Neutralität wie die Schweiz auf gegnerische Angriffe zu warten hatte. Er durfte durchaus auch präventiv vorgehen. Aber als Kriegsziel war nichts anderes als die Wiederherstellung des gestörten Friedenszustandes zulässig.

Mit der Formulierung von Art. 11 der Bundesakte hatten sich alle deutschen Staaten verpflichtet, sowohl ganz Deutschland als auch jedes einzelne deutsche Land gegen Angriffe in Schutz zu nehmen, und hatten die gegenseitige Garantie aller ihrer in dem Bund einbegriffenen Besitzungen ausgesprochen. Daraus folgerte der Bund, daß kein deutscher Staat von einem auswärtigen verletzt werden konnte, ohne daß alle Bundesglieder gleicherweise betroffen worden wären. Deshalb war den deutschen Staaten nach der Schlußakte nicht nur verboten, auswärtige anzugreifen – sie hatten sogar ihre Politik so auszurichten, daß kein Angriff auf sie herausgefordert wurde! In der ersten Phase eines, trotz aller vorbeugenden Satzungen, doch ausgebrochenen Konflikts war der Bund unparteiisch.

Der Bundestag nahm auswärtige Beschwerden über deutsche Feindseligkeiten entgegen und prüfte sie. Wenn er sie als begründet anerkennen mußte, forderte er den belasteten Staat „zur schleunigen und genügenden Abhülfe" auf. Wie ernst die Verfassungsgeber des Deutschen Bundes die Friedenspflicht beurteilten, wird daraus deutlich, daß der Bund unter Umständen mit Maßnahmen der Bundesexekution nachhalf, um die Ausführung seines Befehls in angemessener Zeit zu erzwingen. Auch wenn ein deutscher Staat bei Verwicklungen mit dem Ausland den Bund anrief, trat keineswegs automatisch die Beistandsverpflichtung der Bundesglieder in Kraft. Zuerst einmal hatte der Bundestag „den Ursprung solcher Irrung und das wahre Sachverhältniß sorgfältig zu prüfen". Der etwaige Schluß, daß sich der deutsche Kontrahent im Unrecht befand, verpflichtete den Bund dann dazu, „denselben von der Fortsetzung des Streites ernstlich abzumahnen, und die begehrte Dazwischenkunft zu verweigern, auch erforderlichen Falls zur Erhaltung des Friedensstandes geeignete Mittel anzuwenden".

„Seit 1820 war das Verbot des rechtlosen Angriffskrieges somit ein für Bund und Gliedstaaten verbindlicher gemeindeutscher Verfassungssatz. Die klassische völkerrechtliche Lehre vom gerechten Krieg, der zur Selbstverteidigung oder zur Wahrung verletzter Rechte geführt wird, war somit noch ein Bestandteil des deutschen Bundesverfassungsrechts" (E. R. Huber). Die Bundesrepublik Deutschland griff dieses Prinzip wieder auf und unterwarf ihre Regierung und Staatsangehörigen dem Rechtssatz: „Handlungen, die geeignet sind und in der Absicht vorgenommen werden, das friedliche Zusammenleben der Völker zu stören, insbesondere die Führung eines Angriffskrieges vorzubereiten, sind verfassungswidrig. Sie sind unter Strafe zu stellen." (Grundgesetz, Art. 26.)

Wenn der Bundestag aber feststellte, daß in einer solchen auswärtigen Verwicklung das Recht auf der Seite des deutschen Landes lag, ließ er dem angegriffenen Bundesglied seine „wirksamste Verwendung und Vertretung angedeihen", sofern dieses die Sache nicht allein durchfechten wollte. Wenn das Land die Hilfe des Deutschen Bundes in Anspruch nahm – der „Versicherungsanstalt", wie Humboldt ihn nannte –, dann mußte er zunächst diplomatisch die Macht des ganzen Bündnisses in die Waagschale werfen, um den Konflikt erfolgreich zu beenden und dem Bundesglied zu der Genugtuung zu verhelfen, auf die es nach der Schlußakte Anspruch besaß. Krieg war für diesen Zweck erst die ultima ratio, aber legitim.

Hatte der Bundestag mit absoluter Stimmenmehrheit nach Prüfung und Beratung anerkannt, daß einem Bundesglied oder der Gesamtheit ein feindlicher Angriff bevorstehe, war er berechtigt und verpflichtet, sofort militärische Maßnahmen zu beschließen. Auf einen feindlichen Überfall hin trat der Kriegszustand von selbst ein, der dem Bund alle Vollmachten zu den erforderlichen Verteidigungsmaßnahmen verlieh. Entschied der Bundestag aber, daß keine Gefahr bestehe, so war es Bundesländern, die dennoch von ihr überzeugt blieben, ausdrücklich gestattet, gemeinsame Kriegsmaßnahmen zu verabreden, also eine Art Verteidigungsassoziation alten Stils zu bilden. Eine Kriegserklärung des Bundes selbst konnte nur mit einer Stimmenmehrheit von zwei Dritteln der Vollversammlung beschlossen werden.

Krieg mußte der Bund, der keine eigenen Streitkräfte besaß, mit Kontingenten seiner Gliedstaaten führen; Stärke und Verteilung des Aufgebots waren bereits durch die Matrikel von 1818 bestimmt worden. Ausdrücklich stand jedem Land frei, dem Bund einen höheren als den verfassungsmäßig geforderten Beitrag zu leisten, der aber auf keinen Fall ohne Gleichbehandlung aller Bundesländer verlangt werden durfte. Denn mit seinen übrigen Streitkräften durfte jedes Land nach Belieben verfahren. Es gab aber für Bundesglieder kein Neutralitätsrecht und keine Möglichkeit, ihre Kontingente oder die militärischen Leistungen durch Subsidien abzulösen. Wenn Waffenstillstands- oder Friedensverhandlungen bevorstanden, sollte der Bundestag eigene Bevollmächtigte ernennen und instruieren, sowie einen speziellen Ausschuß bestellen. Die Ratifizierung des ausgehandelten Vertrags erfolgte wieder im Plenum, sie wurde im Gegensatz zur Kriegserklärung schon mit einfacher Mehrheit erlangt. So war es nicht möglich, daß eine Minderheit das Ende der Kampfhandlungen blockierte.

Die militärischen Regelungen der Schlußakte betrafen im Grunde nur die Mittel- und Kleinstaaten Deutschlands, die damit von Österreich und Preußen über den Bundestag unter Kontrolle gehalten werden konnten. Sich selbst hielten die beiden deutschen Großmächte die Möglichkeiten offen, Krieg ohne Rücksichtnahme auf das Bundesverhältnis, als auch mit Segen und Hilfe des Bundes, zu führen.

Eine Besonderheit des Deutschen Bundes bestand darin, daß seine zwei wichtigsten Gliedstaaten, Österreich und Preußen, zugleich „europäische Mächte" waren, deren Territorium weit über die Bundesgrenzen hinausreichte. Umgekehrt erstreckten sich die zwei ausländischen Randstaaten Dänemark und die Niederlande über die Grenze hinweg nach Deutschland hinein. Im Sprachgebrauch des deutschen Bundes galten sie als die vier „nicht rein deutschen Mächte". Schließlich bestand noch die bundesrechtlich irrelevante, faktisch allerdings recht bedeutungsvolle Personalunion zwischen Hannover und Großbritannien, die sich 1837 auflöste.

„Beginnt ein Bundes-Staat, der zugleich außerhalb des Bundesgebiets Besitzungen hat, in seiner Eigenschaft als Europäische Macht einen Krieg", verkündet die Schlußakte, „so bleibt ein solcher, die Verhältnisse und Verpflichtungen des Bundes nicht berührender Krieg dem Bunde ganz fremd." Gewann die Mehrheit des Bundestags jedoch den Eindruck, daß in einem Verteidigungskrieg eines solchen Gliedstaates, den dieser als nichtdeutsche Macht führte, Gefahr für das Bundesgebiet bevorstehe, so griff der Bund auf Wunsch des Betroffenen schiedsrichterlich, politisch oder auch militärisch ein. Wenn sich die Kampfhandlungen auf deutsches Gebiet ausdehnten, war er zum Eingreifen verpflichtet, weil dann der Kriegszustand von selbst eintrat. In diesen Fällen verlor auch die europäische Macht alle Entscheidungsfreiheit an den Bund, der sich die Zuständigkeit für Frieden und Waffenstillstand allein vorbehielt. Von Aggressionskriegen distanzierte sich der Bund also auch auf europäischer Ebene grundsätzlich: Hilfe für die nicht reindeutschen Mächte versprach er nur für den Fall, daß sie einen Verteidigungskrieg führten.

Das Bundesheer

Die Aufgabe der Bundestagsausschüsse, auf deren Vorarbeiten die Bundesgesetze über das Militärwesen zurückgingen, war nicht leicht gewesen. Alle möglichen politischen und wirtschaftlichen Faktoren hatten bei der Konstruktion des Verteidigungsinstruments Beachtung verlangt. Denn grundverschieden waren die 41 Bundesstaaten an politischer, ökonomischer und militärischer Kapazität, „zuweilen nicht ohne den Schimmer des Kuriosen" (E. R. Huber), aber gleich in ihren Souveränitätsansprüchen. Die Ausschüsse hatten eine Vielfalt vorgegebener Organisationsformen und Bewaffnungssysteme von groß-, mittel- und kleinstaatlichen Armeen zu „möglichster Gleichförmigkeit und Kraft der Einheit", wie in der Proposition des Bundestages verlangt wurde, auf einen Nenner zu bringen gehabt. Außerdem hatte der Bundestag Lösungsvorschläge von seinen Kommissionen erwartet, die „stete Rüstung" mit der Forderung nach „möglichster Schonung der Kräfte" vereinbarten. Auch wirkte sich die spezielle Erschöpfungssituation nach Abschluß der Freiheitskriege nachhaltig auf die Bundeskriegsverfassung aus, die für einen längeren Zeitraum gedacht war.

Nach den schweren Opfern, die die vergangenen zwei Kriegsjahrzehnte gekostet hatten, setzte sich überall die Tendenz durch, abzurüsten und den Heeresetat so weit wie möglich zu kürzen. Hohe Kriegskredite mußten zurückgezahlt werden, Millionenbeträge waren für Pensionäre und Invaliden aufzubringen. Aber die schwere Wirtschaftskrise, in der sich die beginnende Abschwungphase der Konjunktur nach den Freiheitskriegen („1. Kondratieff") niederschlug, hielt die Staatskassen leer. Unter diesen Umständen wurden die militärischen Leistungen der deutschen Staaten für den Bund so gering wie möglich angesetzt und konstitutionell verankert.

Als Richtschnur für alle Bundesforderungen garantierten die deutschen Länder in den „Grundzügen", daß die Interessen der einzelnen Staaten zwar eingeschränkt werden durften, aber nur so weit, wie es der „allgemeine Zweck" verlangte. Die Gleichheit der Rechte, Pflichten, Vorteile und Belastungen blieb Grundgesetz. Die Wehrordnung wurde so gestaltet, daß „selbst der Schein von Suprematie eines Bundesstaates über den anderen" vermieden wurde.

Eigene Streitkräfte besaß der Bund nicht. Dennoch konnte er im Konfliktfall ein „Bundesheer" aufbieten. Diese Kriegsmacht setzte sich aus Kontingenten aller Bundesstaaten zusammen, die ihre Truppen auf die verschiedensten Weisen rekrutierten, ausbildeten, ausrüsteten, bewaffneten und organisierten. Dazu kamen noch drei weitere Abstufungen. Das „gewöhnliche Kontingent" aus stehenden Truppen hatte die Stärke von 1% der Bevölkerung. Das Reservekontingent, das im Frieden nur aus Kadern bestand, betrug $1/3$%. Im Kriegsfall hatte jeder Bundesstaat laufend aus einem Ersatzkontingent von $1/6$% für den Ausgleich der Verluste zu sorgen, die seine beiden Feldkontingente erlitten, mußte aber pro Kriegsjahr nicht mehr als $1/2$% seiner Einwohner dafür aufwenden. Das Gesamtaufgebot machte also $1\frac{1}{2}$ bis $1\frac{5}{6}$% der Einwohner eines jeden Bundesstaates aus.

Es sei vorweggenommen, daß das Kontingentsystem trotz detaillierter Vorschriften des Bundes höchst unzulänglich funktionierte. Dem Bund fehlte die Macht und den Großmächten das tiefere Interesse, um die Durchführung der Verfassungsbestimmungen zu erzwingen. Dennoch war das Kontingentsystem sinnvoll, denn es schonte die Empfindlichkeiten der Länder und machte doch auch die Kräfte der kleineren für die gemeinsame Verteidigung nutzbar. Das Kontingentsystem ist elastisch genug, um den Weg zu seiner Weiterentwicklung nicht zu blockieren, wenn es ernsthaft gehandhabt wird. Das beweist die Schweiz bis heute und bewies das Deutsche Reich 1871–1921.

Der Matrikel, nach der sich die Verteilung der allgemeinen Lasten auf den einzelnen Bundesstaat richtete, lag die Bevölkerungszahl zugrunde. Der Bund hatte auf den Modus zurückgegriffen, nach dem schon das alte Reich vorangegangen war, und hatte Anträge, Flächenraum und Finanzkraft zu berücksichtigen, abgelehnt. Ohne Rücksicht auf die tatsächliche Verschiebung der Bevölkerungszahlen blieb sie nach dem Stand von 1818 bis 1866 in Kraft, lediglich in Bezug auf Gebietsveränderungen modifiziert. Da das Bundesheer niemals geschlossen aufgeboten wurde, wirkte sich praktisch nur die Geldmatrikel aus. Die Matrikel legte die Lasten folgendermaßen nach der Kopfzahl auf die einzelnen Bundesglieder um (Auszug, Stand 1842):

	Hauptkontingent an Soldaten	Anteil an 1000 Gulden Gulden/Kreuzer
Österreich	94 822	314/20
Preußen	79 484	263/29
Bayern	35 600	118/01
Württemberg	13 955	46/16

Baden	10 000	33/09
Hessen-Darmstadt	6 195	20/32
Sachsen	12 000	39/47
Hessen-Kassel	5 679	18/49
Nassau	4 039	10/02
Luxemburg	2 536	8/28
Hannover	13 054	43/16
Braunschweig	2 096	6/17
Holstein-Lauenburg	3 600	11/56
Mecklenburg-Schwerin	3 580	11/52
Oldenburg	2 829	7/19
Mecklenburg-Strelitz	718	2/23
Hamburg	1 298	4/18
Liechtenstein	55	–/11
Sachsen-Weimar	2 010	6/40
Frankfurt	693	1/35
andere	9 250	31/20
	303 493	1 000/00

Daß als Höchstzahl für das Bundesheer $1^{5}/_{6}\%$ der Bevölkerung angenommen wurde, hatte wirtschaftliche, innenpolitische und außenpolitische Gründe. Bei der geringen Technisierung stellten alle ökonomischen Sektoren, vor allem die damals noch dominierende Landwirtschaft, personelle Anforderungen, die um ein Vielfaches höher waren als heute. Ohne Schädigung der Volkswirtschaft konnten nicht sehr viele Menschen auf längere Zeit zum Kriegsdienst freigegeben werden. Abgesehen davon setzte auch die Kapazität der Waffenindustrie bis in die vierziger Jahre noch enge Grenzen.

Zum Vergleich seien die Zahlen einer ganz ähnlichen staatenbündischen Konstruktion herangezogen, der Schweizerischen Eidgenossenschaft nach der Verfassung 1815–1847: Das Militärreglement von 1817 forderte von den Kantonen im Kriegsfall Kontingente zum Bundesheer, deren „Auszug“ 2% der Landbevölkerung ausmachte, 33758 Soldaten.

Der Präsidialantrag hatte die deutschen Bundesstaaten eigentlich mit 3% belasten wollen. Unter Führung Bayerns setzten sich die Mittelstaaten energisch zur Wehr und brachten die Minimalforderung durch. So verblieb denen unter ihnen, die, wie namentlich Bayern, auf „Haustruppen“ über das verfassungsmäßig zu stellende Kontingent hinaus nicht verzichten mochten, ein gewisser Spielraum.

Auch außenpolitisch war die relativ geringe Stärke des Bundesheeres zweckmäßig. Als potentieller Gegner galt Frankreich. Indem der Bund sein Heer auf einem Stand hielt, der Verteidigung aussichtsreich machte, ohne bei dem bevölkerungsärmeren Nachbarn das Gefühl des Bedrohtseins zu erwecken, zementierte er das militärische Gleichgewicht und damit den Frieden.

Das Zahlenverhältnis der Waffengattungen zueinander beruhte gesetzlich auf den „Grundsätzen der neueren Kriegführung“. In Verbindung mit diesem zeitgemäßen Prinzip feierte paradoxerweise der Partikularismus Triumphe.

Denn um sich kompletter Armeen, gleich Österreich und Preußen, rühmen zu können, setzten die Mittelstaaten durch, daß die Aufschlüsselung nach Waffengattungen bereits innerhalb der einzelnen Kontingente erfolgte. Jedes Kontingent besaß deshalb Reiterei in Stärke von $^1/_7$ und Pioniere von $^1/_{100}$ der Mannschaft; die Jäger machten $^1/_{20}$ der Infanterie aus. Eingehende Bestimmungen wurden über die Waffengattung mit dem höchsten Materialwert getroffen, die Artillerie. Sie bestand zu $^4/_5$ aus Fuß- und zu $^1/_5$ aus reitender Artillerie. Von der Masse ihrer Waffen waren $^1/_4$ Haubitzen, $^1/_4$ Zwölfpfünder- und $^2/_4$ Sechspfünderkanonen. Für 1000 Mann eines Kontingents verlangte der Bund zwei Geschütze, deren Bedienungsmannschaft er auf je 36 Soldaten veranschlagte; ein drittes hoffte er „nächstdem" als Reserve im Zeughaus oder Depot vorzufinden. Die Stellung schwerer Geschütze überließ er „der Konvenienz der Staaten" und sagte gegebenenfalls Nachlaß bei den kleinen Kalibern zu. Als Armeeartillerie verfügte das Bundesheer schließlich noch über einen Belagerungspark von 100 schweren Kanonen, 30 Belagerungshaubitzen und 70 Mörsern, die korpsweise gestellt wurden. Für zwei Brückentrains waren die Großmächte verantwortlich. Die numerische Stärke der Hauptwaffengattung, der Infanterie, ergab sich durch Substraktion der Angehörigen aller Spezialwaffengattungen von der Summe des Kontingents – sie hatte einen Anteil von 77%.

Es war jedem Bundesstaat überlassen, sein Kontingent bis zur Hälfte aus Landwehr zusammenzusetzen. Eine Begriffsbestimmung gab der Bund dabei nicht, sondern forderte lediglich, daß die Landwehr „gleich den Linientruppen geübt, ausgerüstet, schlagfertig, und mit in der Linie gebildeten Offizieren besetzt sein" müsse. Andere Formen der Volksbewaffnung, wie Landsturm oder Miliz, zählte der Bund nicht „in das geregelte System des Krieges", sondern zu den Notmaßnahmen, die dem Ermessen der Länder überlassen blieben.

Das Bundesheer wurde in zehn Armeekorps eingeteilt. Von diesen waren sieben „ungemischt": das I. bis III. umfaßte das österreichische, das IV. bis VI. das preußische, das VII. das bayerische Kontingent. Dazu traten drei „kombinierte" Armeekorps, die sich aus Truppen verschiedener Bundesstaaten zusammensetzten: das VIII. aus südwest-, das IX. aus mittel-, das X. aus norddeutschen Kontingenten. Die Armeekorps wurden nach dem gängigen Schema weiter in Divisionen, Brigaden usw. untergliedert. Da hierbei die Kontingentstruktur berücksichtigt werden mußte, kam es zu wenig befriedigenden Lösungen. So war das VIII. Korps noch relativ glücklich aufgebaut: die 1. Division stellte Württemberg, die 2. Baden, die 3. Hessen-Darmstadt; naturgemäß waren diese Divisionen nicht einmal stärkemäßig gleichwertig. Im IX. Korps aber stand die königlich sächsische Division einem Gemenge von Soldaten aus dem hessisch-thüringischen Raum gegenüber, vor dem alle Organisatoren resignierten, und ähnlich war die Situation beim X. Korps, in das man Hannover mit elf Kleinstaaten gekoppelt hatte.

Durch den Grundsatz, daß kein Bundesstaat, der ein oder mehrere Armeekorps zum Bundesheer stellte, andere Kontingente mit dem seinen in einer Abteilung vereinigen durfte, wurde dieser Zustand verfestigt. Er opferte die militärische Schlagkraft dem politischen status quo, denn bei der territorialen Gemengelage nördlich des Mains hätte Preußen, zu dessen Gunsten viele Kleinstaaten gern auf die lästige Militärhoheit verzichtet hätten, von einer gegenteiligen Regelung erheblich profitieren und gegenüber Österreich an Gewicht zunehmen können.

Die „Grundeinheit" des Bundesheeres umfaßte, ohne Rücksicht auf die taktische Gliederung, 400 Infanteristen oder 300 Reiter oder sechs bis acht Geschütze. Jedes Kontingent sollte aus einer oder mehreren Grundeinheiten bestehen. Die Grundeinheiten sollten zu Regimentern zusammengefaßt und diese in Bataillone und Kompanien gegliedert werden. Damit kollidierte die Matrikel, die beispielsweise von Sachsen-Weimar 1480 Linieninfanteristen, 78 Jäger, 287 Reiter, 145 Artilleristen mit vier Geschützen verschiedenen Kalibers und 20 Pioniere forderte. Innerhalb eines Korps war deshalb den Ländern vorgeschrieben, sich gegenseitig nach dem Waffengattungsschlüssel zu vertreten („Reluition"), etwa so, daß ein Land mehr Infanterie, aber keine Spezialwaffen stellte, die ein anderes Land übernahm und dafür an Infanterie sparte. Durch die Kombination der Grundeinheiten zu taktischen Verbänden, hoffte der Bund, würden aus den Erfahrungen der Praxis die Kleinstaaten zu gleicher Bewaffnung, Organisation und Ausbildung veranlaßt werden. Er behielt sich deshalb für die Fälle, in denen die betroffenen Staaten sich nicht über die Bildung der gesetzlichen Abteilungen und das Verhältnis der Waffengattungen einigen konnten, Vermittlung und Entscheidung vor.

Die Überlagerung von Kontingentstruktur und Heeresgliederung, die im Einsatz alle Probleme einer Koalitionsarmee verhieß, ja sie in den gemischten Korps bis auf die untere Führungsebene projizierte, hatte einen ideologischen Grund. Die Zeitgenossen hielten das strenge Kontingentsystem für militärisch sinnvoll. „Vaterländische Gesinnung", die seit den Freiheitskriegen als Kardinaltugend des Soldaten galt, konnten sie sich nur auf landsmannschaftlicher Ebene vorstellen. In diesem Sinn war die Rücksichtnahme auf die einzelstaatliche Souveränität durchaus zweckmäßig und modern, denn sie entsprang dem von der Französischen Revolution veränderten Menschen- und Kriegsbild.

Der Bund verlangte von allen Staaten, die Kontingente mannschafts- und materialmäßig auf einem Stand zu halten, der ihre Mobilmachung innerhalb von vier Wochen ermöglichte. Zu diesem Zweck schränkte er die langfristige Beurlaubung von der Truppe, die fast alle deutschen Staaten praktizierten, ein. Er sah das Verhältnis der Friedens-Ist-Stärke zur Kriegs-Soll-Stärke bei der Infanterie mit 1:6, bei Infanterieunteroffizieren mit 2:3, bei der Kavallerie und reitenden Artillerie mit 2:3, bei der Fußartillerie mit 1:3 für ausreichend an. Alle Beurlaubungen unterbrach er durch eine vierwöchige Wehrübung pro Jahr. Lediglich die Zahl der Ärzte bei der Linie durfte auch im Frieden nicht verringert werden, allerdings trat das Hospitalpersonal, in Stärke von

$^1/_{10}$ bis $^1/_{12}$ des Bundesheeres, erst im Krieg dazu. Ferner behielt der Bund sich vor, das Bundesheer im Krieg aufgrund besonderen Beschlusses durch Heranziehen der Reserve auf $1\frac{1}{3}\%$ der Bevölkerung zu verstärken. Aus diesem Grund verlangte er von den Ländern, deren Heeresstärke die Matrikelforderung nicht erheblich übertraf, zur Aufstellung des Reservekontingents die Bereithaltung entsprechender Kader, Offiziere, Unteroffiziere, Spielleute und Materialien schon im Frieden. Zur Kontrolle ließ er sich jedes Jahr Standesübersichten über die Haupt- und Reservekontingente vorlegen.

Eigentlich hatte der Bund die Absicht, die Versorgung seiner Streitmacht nach einem allgemeinen, jeden Beamten des Bundesheeres bindenden „Verpflegungs-Reglement" durchzuführen. Doch scheinen die größeren Länder für die Eigenständigkeit der Versorgungssysteme ihrer Truppen, die außerhalb des Bundesrahmens standen, gefürchtet zu haben. Wie das seit 1821 angestrebte einheitliche Sanitätsreglement kam die Versorgungsordnung des Bundesheeres nie über Vorarbeiten hinaus. Gesetz wurden nur einige Grundsätze über die Brotversorgung und über die Zusammensetzung und Menge des Munitionsvorrats je Mann und Geschütz und über dessen Verteilung auf Heer und Depot. Bereits hinsichtlich des Gewehr- und Geschützkalibers blieb dem Bund nur der vage Wunsch übrig, es „soll in jedem Armee-Corps eine solche Uebereinstimmung stattfinden, daß die Munition der Artillerie und vorzüglich der Feuergewehre gegenseitig gebraucht werden kann".

Die Ausübung der Militärjustiz stand den Befehlshabern der ungemischten Verbände in den Grenzen zu, die ihnen von ihren Heimatstaaten gesetzt wurden. Bei den kombinierten Verbänden einigten sich die Beteiligten über die Befugnisse der Befehlshaber. Gerichtsebenen waren Korps, Division, Brigade und Regiment. Angehörige des Hauptquartiers, Fremde und Kriegsgefangene unterlagen der Gerichtsbarkeit des Hauptquartiers nach dem Militärstrafrecht des Staates, dem der Bundesfeldherr angehörte. Ein „gleichförmiges Gesetz" über die Bestrafung bestimmter Delikte – Meineid, Verrat, Fahnenflucht und Insubordination –, dessen Erlaß der Bund versprochen hatte, kam nie zustande. Eigentlich sollten die Gesetze der einzelnen Länder im Bundesheer nur subsidiär gelten; da die Kriegsartikel des Bundes bis zuletzt auf sich warten ließen, blieb das Landesrecht das Militärstrafrecht für die jeweiligen Kontingente.

Ein leidiges Problem, das aufzutreten pflegt, wenn Armeen verschiedener Staaten in einer gemeinsamen Befehlstruktur verbunden sind, ist die Rangfolge unter den Offizieren. Gerade Operettenstaaten ohne ernsthafte Verteidigungsinteressen, deren es in Deutschland genug gab, neigen dazu, den Anteil hoher Dienstgrade im Verhältnis zur Stärke ihrer Streitmacht künstlich aufzublähen. Der Deutsche Bund ließ seine souveränen Gliedstaaten ruhig jedem Offizier im Kontingent jeden beliebigen Dienstgrad verleihen, ordnete aber beim Einsatz im Bundesheer den tatsächlichen Rang streng nach der Funktion. Neben der Zusammensetzung der Truppenkörper nach Einheiten und Köpfen legte er zugleich die Dienstgrade der Befehlshaber fest, von der Division bis hinunter zur Kompanie. Im Bundesdienst nahm ein Offizier jedes beliebigen Dienstgrads nur den Rang ein, der an den von ihm geführten Truppenkörper gebunden war.

Ein „gemeinsames Erkennungszeichen", wie es der Bund für den Kriegsfall verhieß, ist niemals von allen Bundeskontingenten getragen worden. Der Bund selbst besaß anfangs überhaupt keine Symbole; erst 1843 übernahm er den Doppeladler des alten Reiches, an sich nur als Zeichen auf den Kanonenrohren der Bundesfestungen, und 1848 die schwarz-rot-goldene Flagge und Kokarde der deutschen Nationalbewegung.

Im Jahr 1814 hatten sich die alliierten Truppen an weißen Armbinden erkannt. Nur an ein Erkennungszeichen nach diesem Vorgang war gedacht worden, nicht an ein Nationalitätssymbol, dessen Gestaltung allein dem einzelnen Bundesstaat zukam. Die Verleihung der schwarz-rot-goldenen Kokarde an alle Bundeskontingente, die der Bundestag im März 1848 verfügte, war ein revolutionärer Akt. Österreich ignorierte ihn. Preußen übernahm die Kokarde für seine gesamte Armee, kehrte aber, wie fast alle anderen deutschen Länder, nach 1849 wieder zu den eigenen Farben zurück. Während des Krieges von 1866 wurden Erkennungszeichen im Sinn von 1814 getragen. Das VIII. Bundeskorps einschließlich der zugeteilten österreichischen Brigade legte schwarz-rot-goldene Armbinden an. Bei den anderen Bundeskontingenten ist sie ebensowenig nachzuweisen wie bei der Armee Benedek, der sie strenggenommen auch gar nicht zustand.

Die Bestimmungen, die sich zur Wehrstruktur äußern, sind die „dünnsten" der Bundeskriegsverfassung, denn Entscheidungen über Wehr- und Heeressystem kamen selbstverständlich allein den souveränen Einzelstaaten zu. Die Großmächte belästigte der Bund gar nicht erst mit Wünschen. Er beschränkte sich auf die Hoffnung nach gleichem Kaliber der Feuerwaffen und gleichen Grundsätzen der Dienstreglements innerhalb der gemischten Armeekorps. Daß sich hinter der malerischen und vielfältigen Erscheinung der Bundeskontingente, die von Mittel- und Kleinstaaten gestellt wurden, dennoch ein relativ einheitliches Heerwesen versteckte, war eine Folge des Vorbilds der Großmächte – Frankreichs, Österreichs, Preußens – und der Gemeinsamkeit des provinziellen Niveaus.

Im Dezember 1830 verordnete der Bundestag eine teilweise Umstrukturierung des Bundesheeres. Der Waffenausgleich zwischen den Kontingenten der meisten Klein- und Zwergstaaten ließ sich einfach nicht zustande bringen, da sich die betreffenden Regierungen weigerten, die hohen Kosten der Spezialwaffen zu übernehmen. Der Bund nahm deshalb die Kontingente von 19 süd- und mitteldeutschen „mindermächtigen Staaten" aus dem VIII. und IX. Armeekorps heraus und formierte aus ihnen die „Reservedivision", die allein aus Infanterie bestand und für den Festungsdienst vorgesehen wurde.

Von Anfang an fand diese Schöpfung Widerspruch. Der Bund hatte argumentiert, daß der schlechte Ausbildungsstand dieser 19 Kontingente sie gerade noch zum Festungsdienst brauchbar erscheinen ließ. Fachleute fochten das mit den gegensätzlichsten Argumenten an: manche erklärten es für unverantwortlich, den modernen Festungskrieg, der höhere Anforderungen als der früherer Jahrzehnte stelle, mit minderwertigen Truppen führen zu wollen; andere behaupteten, der Ausbildungsstand habe sich doch so gehoben, daß die Reservedivision zu gut für den Festungskrieg sei, galten doch beispielsweise 1858 nur noch die Kontingente von Lippe, Hessen-Homburg und Liechtenstein für völlig unbrauchbar. Sachsen und die übrigen Staaten des IX. Armeekorps, die „Hauptleidtragenden", forderten die Wiedereingliederung der thüringischen Kontingente, da ihre Herausnahme, abgesehen von der zahlenmäßigen Reduzierung des Korps, den geographischen Zusammenhang zwischen Sachsen und Hessen zerrissen hatte. Die Truppen der Reservedivision selbst empfanden die Einplanung, die sie vom Waffendienst im freien Feld ausschloß, als ehrenrührige Zurücksetzung. Und bei den betroffenen Staaten, nach der Matrikel „Kapazitäten" von 5546 bis 201000 Einwohnern, entstand die Befürchtung, bei Kapitulationen von Festungen ihre komplette, unersetzbare „Armee" zu verlieren.

Der Bund versuchte 1840 einen Kompromiß durchzusetzen und ordnete an, die Reservedivision mit Spezialwaffen auszurüsten und in insgesamt 13 kontingentsmäßig gemischte Bataillone umzugliedern. Diesen eklatanten Verstoß gegen das Recht, von Spezialwaffen befreit zu sein, ließen sich die Kleinstaaten nicht gefallen. Erst recht erboste sie der Widerruf des 1830 verbrieften Souveränitätsmerkmals, daß gerade ihre Kontingente, entgegen den Bestimmungen über die Grundeinheiten, selbständige Truppenkörper bilden und nicht mit anderen zusammengelegt werden sollten. Sie erreichten, daß der Vollzug des Bundesbeschlusses ausgesetzt wurde. Die Reservedivision blieb weiterhin ein Komplex von zweifelhaftem Wert.

Die Revision 1855

Wesentliche Neuerungen brachte die Revision der Bundeskriegsverfassung nicht. Einige Bestimmungen wurden präzisiert, einige flüssiger formuliert, einige abgeändert. Gewisse Artikel, die infolge vorhergegangener anderweitiger Bundesbeschlüsse die „Näheren Bestimmungen" nur noch als Redundanzen zierten, gestaltete man sinngemäß um. Der Bundestag hatte damit seiner Ansicht nach genug getan, um die Grundbestimmung zu erfüllen, die ihm auftrug, das Bundesheer den „Grundsätzen der neueren Kriegführung" anzupassen. Doch war sich die militärische Öffentlichkeit bewußt, daß mit der Revision nur an sekundären Gebrechen der Kriegsverfassung herumkuriert werden war. An die entscheidende Fehlkonstruktion, den Oberbefehl (s. u. S. 253ff.), konnte der Bund das Messer nicht legen: er hätte eine neue Form des österreichisch-preußischen Dualismus finden müssen, während doch seine eigene Existenz auf dem 1815–1821 gefundenen Ausgleich beruhte. Die „Revision“ des Oberbefehls wurde über ihn hinweg politisch und schließlich militärisch ausgetragen.

Durch die Revision der Bundeskriegsverfassung erhöhte sich 1855 die Stärke des Bundesheeres nur geringfügig. Das Hauptkontingent wurde auf $1^1/_6$% angehoben, während die Zahlen des Reservekontingents und des Ersatzes unverändert blieben. Die Höchststärke des in einem Kriegsjahr aufzubringenden Heeres steigerte sich damit von $1^5/_6$% auf 2% der Bevölkerung nach der Matrikel von 1818. Da der Bundestag bereits 1842 grundsätzlich bestimmt hatte, daß Haupt- und Reservekontingent „gleichmäßig marsch- und schlagbereit gehalten werden müssen“, zählte das Bundesheer in seinen stehenden Kontingenten jetzt 452000 Mann. Bei der 1861 verfügten Zusammenlegung der beiden Kontingente zu einem Hauptkontingent neuer Art handelte es sich nur um eine Formalie. Dafür steigerte sich 1861 der im Krieg präsent zu haltende Ersatz von $^1/_6$ auf $^1/_3$%, was der Ausbildung der Ersatzleute zugute kam; eine größere Ersatzleistung pro Kriegsjahr ließen sich die Bundesstaaten aber nicht abringen, so daß es allgemein bei maximal $^1/_2$% blieb. Den Gleichbelastungsparagraphen der „Näheren Bestimmungen“ konnte der Bund dagegen zu seinen Gunsten flexibler gestalten. Er durfte seit 1855 einzelne Bundesstaaten um größere Anstrengungen, die über die an die Allgemeinheit gestellten Forderungen hinausgingen, wenigstens „ersuchen“.

Leichte Veränderungen traten bei den Waffengattungen ein. Die Kavallerie reduzierte sich auf $^1/_8$ der Gesamtstärke. Neu eingeführt wurde die berittene Feldgendarmerie, die 2% der Reiterei ausmachte. Zusätzlich zur Artillerie, deren Stärke er voll aufrechterhielt, gestattete der Bund die Gestellung von Raketenbatterien, die in den fünfziger Jahren große Mode waren, aber bald wieder verschwanden. Die Raketeure akzeptierte er als „Streitbare“, die auf das Kontinegnt im Bundesheer verrechnet werden durften. Bei der Infanterie erhöhte er den Anteil der Jäger und Scharfschützen auf $^1/_{16}$.

Eingehendere Aufmerksamkeit als bisher widmete der Bund seit 1855 der Präsenz, einem Feld, in dem er durch die bisherige Regelung die erheblichen Mißstände nicht hatte beseitigen können. Für Haupt- und Reservekontingent galten die neuen Bestimmungen gleichermaßen. Die Stelle der alten Reserve nahm das Ersatzkontingent ein. Die „dauernde Vacanthaltung“, das ist die Nichtbesetzung vorhandener Planstellen, ließ der Bund nur noch zu, wenn ihm unter Nachweisung der Mittel im Friedensetat versichert wurde, daß die betreffende Stelle im Mobilmachungsfall sofort besetzt werden konnte. Zulässig war dieses Verfahren bei $^1/_{12}$ der Subalternoffizier-, $^1/_6$ der Unteroffizier- und $^1/_3$ der Arztstellen. Unter der Voraussetzung, daß Zahl und Zustand der im Land vorhandenen Pferde genau und fortlaufend kontrolliert würden, erlaubte er in begrenztem Maß auch die Vakanz von Pferden. Beurlaubungen von Unteroffizieren und Mannschaften ließ er in etwas verringertem Ausmaß weiterhin zu. Die Dienstverpflichtung setzte er auf 6 Jahre fest, von denen der berittene Soldat 3 bis $3^1/_2$, der unberittene 2 bis $2^1/_2$ präsent zu halten war.

Während der Bund bisher Ausbildung und Übung des Bundesheeres voll den Einzelstaaten überlassen hatte, konnte er 1855 auch dazu einige Rahmenbestimmungen erlassen. Als Minimum der Ausbildungszeit rechnete er für den Rekruten, der als solcher nicht auf den Präsenzstand des Kontingents angerechnet werden durfte, sechs Monate. Erst wenn der Soldat „die für den Krieg erforderliche Fähigkeit" durch Scharfschießen und Spezialausbildung erlangt hatte, ließ der Bund seine Beurlaubung zu. Jeder taktische Körper mußte sich einmal im Jahr vereinigen und mindestens alle zwei Jahre an einer Übung im Divisions- oder Brigaderahmen teilnehmen. Zur alljährlichen Durchführung vierwöchiger Dienst- und Waffenübungen seines Kontingents in wenigstens halber Kriegsstärke war jeder Staat verpflichtet. Um die militärische Bildung von Offizieren der Kleinstaaten zu erhöhen, legte der Bund den größeren Ländern die Verpflichtung auf, Offizieren und Offizieranwärtern der kleineren den Zutritt zu ihren Militärbildungsanstalten und Prüfungen zu eröffnen.

Bundeseigene Verantwortungsbereiche

Auf eine zentrale Leitung der militärischen Angelegenheiten hatte der Bund für den Frieden verzichtet. Als einzige Einrichtung, die Angelegenheiten des gesamten Bundesheeres bearbeitete, wurde 1819 zur fachlichen Beratung des Bundestags und seines „Ausschusses für Militärangelegenheiten" aus Diplomaten die „Militär-Commission" aus Offizieren konstituiert.

Die Militärkommission des Deutschen Bundes setzte sich aus sechs Mitgliedern zusammen: je einem österreichischen, preußischen und bayerischen, sowie je einem Militärbevollmächtigten aus den drei gemischten Korps nach Übereinkunft der beteiligten Bundesstaaten. Weitere Offiziere wurden als nicht stimmberechtigte Beisitzer hinzugezogen. Vorsitz und Protokollführung kam Österreich zu. Zur Beschlußfassung war die absolute Mehrheit von vier Stimmen vorgeschrieben. Nach 1848/49 behielt sie als Unterkommission die „Festungsabteilung" des aufgelösten Reichskriegsministeriums bei und schuf sich als weitere den „Artillerie-Beratungsausschuß".

Der Tätigkeitsbereich der Militärkommission, zu der die Bundesstaaten stets besonders qualifizierte Offiziere entsandten, umfaßte allgemein:
- die Vorlage rein militärischer Arbeiten und Gutachten (das waren um 1860 z. B. Vorschläge zur Revision der „Näheren Bestimmungen", die Erarbeitung eines Feld-Verpflegungsreglements für das Bundesheer und Gutachten über den Wert gezogener Geschütze für die Bundesfestungen)
- die Sammlung, Kommentierung und Vorlage der „Standes- und Diensttabellen" der Kontingente, um dem Bundestag eine Übersicht über die „Evidenthaltung" des Bundesheeres zu vermitteln

und speziell bezüglich der Bundesfestungen:
- die rein militärische Aufsicht über deren Zustand und den dortigen Dienstbetrieb
- die Leitung der fortifikatorischen Arbeiten und ausführliche Berichterstattung

darüber, sowie die Beantwortung von dienstlichen diesbezüglichen Anfragen der Befehlshaber
- nach Ermächtigung durch das Bundestagspräsidium (Österreich) die persönliche Inspektion der Bundesfestungen.

Die Kommission war nur dem Bundestag verantwortlich, der aber auch allein über sie in den betreffenden Verantwortungsbereichen exekutiv tätig werden durfte. Sie war die vorgesetzte Behörde der Gouverneure und Kommandanten der Bundesfestungen. Über eine eigene Kasse verfügte sie nicht. In den ihr zugewiesenen Arbeitsgebieten übte die Militärkommission, da sie als Ganzheit dem Bundestag untergeordnet war, zwar die Tätigkeit eines Kriegsministeriums aus, doch besaß sie kein Initiativrecht, und ihre Mitglieder sahen sich bei Abstimmungen an die Instruktionen ihrer Heimatstaaten gebunden.

Aus den frühen Protokollen der Militärkommission, die sich für das Bundesheer verantwortlich fühlte und den bisweilen anfechtbaren Wert der jährlichen Stärkemeldungen einschätzen konnte und kritisierte, ersieht man immer wieder, wie sie das Fehlen einer wirksamen Kontrolle beklagte. Endlich führte der Bund 1841 periodische Inspektionen ein. Nach den Vorschlägen der Militärkommission fanden ab 1854 die Musterungen alle fünf Jahre statt.

Die Kontingente wurden von Offizieren jeweils anderer Bundeskorps gemustert, und zwar
- Preußen durch Österreich, Sachsen, Hannover
- Österreich durch Preußen, Bayern, Württemberg
- Bayern durch Preußen, Hannover, Baden
- Sachsen durch Preußen, Württemberg, Braunschweig
- Württemberg durch Preußen, Bayern, Kurhessen
- Baden durch Österreich, Holstein, Nassau
- Hannover und Braunschweig durch Österreich, Sachsen, Hessen
- der Reservedivision durch Österreich, Preußen und Bayern
usw.

Die Inspektionen hatten Aufschluß über die Einsatzbereitschaft der Truppen zu bringen und die Frage zu beantworten, ob die Staaten alle von der Kriegsverfassung geforderten Einrichtungen und Maßnahmen geschaffen bzw. getroffen hatten. Besonders wurden Urteile über Exerzieren, Schießübungen, Felddienst und taktische Ausbildung gefordert. Der Wert der Inspektionen minderte sich dadurch erheblich, daß sie angemeldet, also diplomatisch vorbereitet wurden. Die größeren Staaten nahmen sich die Freiheit, ihre zu besichtigenden Einheiten bindend „vorzuschlagen". Nach den Worten eines zeitgenössischen Kritikers waren diese Kontrollen mehr von Komplimenten und Ordensverleihungen begleitete Formalitäten als ernsthafte Untersuchungen zum Zweck der Revision von Mängeln.

Immerhin lautete ein Bericht an den Bundestagsausschuß für Militärfragen über die Musterung von 1858 dennoch:

„Die Militär-Commission findet, daß hinsichtlich der Gesamtpräsenz 11, hinsichtlich der Theilnahme der Contingente an Übungen mit gemischten Waffen 10, hinsichtlich der Ergänzung der Offiziere 5, hinsichtlich der Waffen und der Munition 11, hinsichtlich der Casernen und andern Militärgebäude 5, hinsichtlich der Bekleidung und Ausrüstung der Mannschaften, sowie der Transportmittel 4, endlich hinsichtlich der Artillerie-Stellung 1, allermeist kleine Contingente, den bezüglichen Bundesforderungen noch nicht vollständig entsprochen haben. Sie ersucht den Militärausschuß um geeignete Schritte zur baldigen Abhülfe".

Auch die Überprüfung des gesamten deutschen Eisenbahnnetzes auf seine Eignung für Mobilmachung und Aufmarsch des Bundesheeres wurde von der Militärkommission eingeleitet. Sie stellte 1854 fest, daß es (einschließlich der preußischen Ostgebiete) rund 1200 deutsche Meilen umfaßte; bei dem Bestand von etwa 1800 Lokomotiven könnten an einem Tag 170000 Mann und 56000 Pferde verlegt werden. Eingehendere Untersuchungen erschienen notwendig, weil 1849/50 bei Verladung und Beförderung von Truppentransporten große Schwierigkeiten aufgetreten waren.

Seit 1855 forderte die Kommission deshalb Berichte der Staaten auch über Streckenführung, Material und Einrichtung ihrer Eisenbahnen an. Nachdem der Bundestag sich 1858 der Sache angenommen und eine Unterkommission zur Bereisung der Strecken eingesetzt hatte, erhielt die Militärkommission detailliertes, wenn auch unvollständiges Material, das ihr erlaubte, Erhebungen über die Leistungsfähigkeit der deutschen Eisenbahnen anzustellen, Vorschläge für die Verwendung und den Schutz derselben im Krieg zu äußern, Mängel hervorzuheben, sowie den Bau strategisch interessanter Eisenbahn- und Telegraphenlinien anzuregen.

Bundesfestungen

Namentlich die Lehren, die man aus den die Landesmilitärhoheit bloßstellenden Vorgängen um die kurfürstliche Festung Mainz zog, die mehrere Male aus Desinteresse am Reichskrieg den Franzosen übergeben und von diesen dann energisch verteidigt worden war, führten zur Errichtung eines Systems vom Bund kontrollierter Festungen in Schlüsselpositionen der deutschen Westgrenze.

In den Pariser Verträgen von 1815 stellten die vier verbündeten Großmächte Mittel zur Sicherung der deutschen Westgrenze durch feste Plätze bereit. Der französischen Festungskette sollte eine deutsche entsprechen, die frontal den Rhein decken und durch eine Flankenstellung im Moselraum unterstützt werden sollte. Das Reich hatte 1735 zwei Römermonate für Mainz bewilligt, „jedoch nur für diesmal und ohne Konsequenzen". Nun wurden aus der französischen Kriegsentschädigung 60 Millionen Franken zur Befestigung der Rheinlinie ausgesetzt. Preußen erhielt für seine westlichen Festungen (Wesel, Köln-Deutz, Koblenz-Ehrenbreitstein sowie Saarlouis) 20 Millionen, Bayern für den Mittelrhein 15 Millionen. Zur Vollendung von Mainz wurden 5 Millionen, zur Neuerrichtung einer Bundesfestung für den oberrheinischen

Raum 20 Millionen bestimmt. Im Pariser Protokoll vom 3. Dezember 1815 wiesen die Alliierten den Plätzen Mainz, Luxemburg und Landau den Status von Bundesfestungen zu. In ihnen galt die Landessouveränität nur beschränkt, und das Besatzungsrecht des Bundes ging hier dem Landesrecht vor. Der Bund erhielt die Befugnis und Pflicht, Verteidigungsmaterial, Festungswerke und Kasernen zu übernehmen, zu schaffen und zu unterhalten. Diese gehörten dann zu seinem Eigentum bzw. gingen dorthin über. Die Deckung des jährlich aufzustellenden Festungsbudgets erfolgte durch Matrikularbeiträge der Bundesstaaten. Nachdem der Bund 1818 die von Österreich und Preußen mit den betroffenen Territorialherren von Niederlande/Luxemburg, Bayern und Hessen-Darmstadt abgeschlossenen Verträge ohne Einwände zur Kenntnis genommen hatte, übernahm er seine drei Festungen im Jahr 1820.

Als vierte stand 20 Jahre lang Rastatt gegen Ulm zur Wahl. Schließlich baute der Bund, da die bei Rothschild in Frankfurt deponierten 20 Millionen Franken sich zu einer ausreichenden Summe verzinst hatten, seit 1841/42 beide Plätze zu Festungen aus. Nun besaß er zwei „Festungen I. Ranges" und „Hauptwaffenplätze" für die Bundeskontingente nördlich bzw. südlich des Mains (Mainz bzw. Ulm) und drei taktische „Festungen II. Ranges" (Luxemburg, Landau, Rastatt). Auf den Ausbau von Germersheim konnte der Bund durch die Zuweisung der 15 Millionen Franken an Bayern einen gewissen Einfluß ausüben. Germersheim blieb jedoch in jeder Beziehung unter bayerischer Hoheit. Es wurde nie unter die Bundesfestungen gezählt.

Ebensowenig gehörte Rendsburg in diese Kategorie, wenn es auch die Gasteiner Konvention 1865 in Aussicht stellte.

Analog zu den verwickelten politischen Verhältnissen der Elbherzogtümer gehörte die Eiderfestung teils zu Holstein, teils zu Schleswig. Da Holstein Bundesglied war, setzte sich der Bund zeitweise lebhaft für dessen Anteile an der Festung ein, die der dänische König als Herzog von Holstein-Lauenburg ganz an das bundesfremde Schleswig, also praktisch an Dänemark, abtreten wollte. Man löste den Konflikt 1851 durch Schleifen der Anlagen.

Die Festungen des Bundes standen schon im Frieden unter seiner direkten Aufsicht und Fürsorge, die er durch die Militärkommission wahrnahm; über Landau übte sie unter seiner Verantwortung 1830–1858 Bayern allein aus, das in diesem Zeitraum von den sonstigen matrikelmäßigen Aufwendungen befreit war. Im Kriegsfall trat der Oberfeldherr in die Rechte des Bundes ein.

Oberster militärischer Befehlshaber am Platz war der Gouverneur. Ihm unterstellt und mit ihm zusammen das „Festungsgouvernement" bildend, leitete der Kommandant den Truppendienst. Zur „Gouverneurskonferenz" konnte der Gouverneur, dessen Stimme den Ausschlag gab, außer ihm den Genie- und den Artilleriedirektor und andere Vorstände der Festungsverwaltung hinzuziehen. Die vier genannten Offiziere standen in „Eid und Pflicht" des Bundes und auch schon zu Friedenszeiten in ihrem Verhältnis zur Festung unter dessen Befehl. Der Gouverneur trug die Verantwortung für die Verteidigungsbereitschaft der Festung, für das Festungseigentum, für die rechtzeitige Erklärung des Belagerungszustandes in dringenden Fällen sowie für die Ortspolizei, und übte die allgemeine Aufsicht über die Aufrechterhaltung von Ordnung und Manneszucht der Truppen aus, die gemäß den Kriegsrechtsartikeln der „Näheren Bestimmungen“ den Befehlshabern der einzelnen Kontingente oblag. Auch die zivilen Behörden unterstanden dem Gouverneur in allem, was Bezug auf die Verteidigung des Platzes hatte.

Einer paradoxen Situation sah sich der Bund bei der Versorgung seiner Festungen gegenüber. Mit der Souveränität der Länder blieb auch deren Zollhoheit bestehen. Da Baden, Luxemburg und Hessen-Darmstadt keine Verteidigungsindustrie besaßen, mußten Waffen und Munition eingeführt und verzollt werden. Es handelte sich dabei um ansehnliche Beträge; allein für Ulm und Rastatt und allein an Nachgebühren wurden 1859 wegen Munitionslieferungen aus dem Zollausland 16000 Gulden reklamiert. Das gleiche Problem stellte sich übrigens auch bei mobilgemachten Teilen des Bundesheeres.

Besoldung, Bekleidung und Verpflegung der Besatzungstruppen lagen bis zum Eintreten des Belagerungszustandes in der Hand der kontingentstellenden Staaten, dann des Bundes.

Daß der Bund bei aller sonstigen Sparsamkeit bei seinen Festungen auch im Frieden große Ausgaben zur Herbeiführung eines mustergültigen Verteidigungszustandes nicht scheute, geht aus folgenden Tabellen hervor:

I = normale Artilleriekosten, II = Voranschlag für die Umrüstung auf gezogene Geschütze 1859, III = dgl. 1860, IV = Gesamtvoranschlag 1860 (einschl. I und III).

Alle Summen in Gulden

	I	II	III	IV
Mainz	20 027	725 541	317 748	1 871 668
Ulm	4 166	652 397	140 345	1 427 850
Rastatt	9 612	449 812	230 859	905 948
Landau	5 213	765 966	145 859	595 964
Luxemburg	7 610	801 124	516 753	1 062 027
	46 628	3 394 840	1 351 564	5 863 457

Für die Verhältnisse in Mainz waren maßgeblich der Vertrag zwischen Österreich, Preußen und Hessen vom 30. Juni 1816 betreffend die Übergabe der Festung, die preußisch-österreichische Militärkonvention vom 10. August 1817 über den Besatzungsdienst und die militärische Verwaltung und das Reglement für die Bundesfestung Mainz vom 27. Dezember 1832. Die Mainzer Konvention wurde zum Vorbild für die Abmachungen bezüglich aller anderen Bundesfestungen.

Das Recht auf die Benennung des Gouverneurs und des Kommandanten, die nicht dem gleichen Staat angehören durften, wechselte alle fünf Jahre zwischen Österreich und Preußen. Der Artilleriedirektor wurde vom ersteren, der Geniedirektor von anderen Staaten ernannt.

Die 8000 Mann starke Friedensgarnison wurde von den beiden Großmächten zu gleichen Teilen gestellt, dazu trat ein hessen-darmstädtisches Bataillon. Die 21000 Mann starke Kriegsbesatzung dieses „Schlüssels zu Deutschland" (1817) setzte sich zu je einem Drittel aus Truppen Österreichs, Preußens und hauptsächlich herzoglich sächsischer und anhaltinischer Kontingente der Reservedivision zusammen. Bei dem Kriegsausbruch von 1866 verblieb die Festung in preußischer Hand; den österreichischen Truppen wurde in einer Konvention friedlicher Abzug gewährt. Bis zu diesem Zeitpunkt besaß Mainz einen besonderen Ruf für Prügeleien zwischen Soldaten der beiden großmächtlichen Kontingente.

Ähnlich wie in Mainz wurden die Verhältnisse im württembergischen Ulm und im badischen Rastatt geregelt. Die betreffenden Bundesbeschlüsse datierten vom 26. März und vom 11. August 1842. Die Friedensbesatzung von Ulm, dem Hauptwaffenplatz und „ersten Abschnitt für die Defensivoperationen in Süddeutschland" bestand aus 5000 Mann, nämlich 4400 Württembergern und Bayern und 600 österreichischen Artilleristen. Der Kriegsfuß sollte durch Verstärkung der drei Kontingente auf je ein Drittel der auf etwa 20000 Mann festgesetzten Besatzung erreicht werden. Von Österreich wurde der Artilleriedirektor, von den beiden anderen Staaten wurden im Turnus die drei anderen Bundesoffiziere ernannt.

An der Besatzung von Rastatt beteiligten sich Österreich, Preußen und Baden. Ersteres ernannte den Geniedirektor, letzteres die anderen drei Chargen. Die Friedensstärke war auf 2500 Mann festgelegt. Die Kriegsstärke der Besatzung von Rastatt, das als „Verbindungs- und Grenzfestung" sowie als Waffenplatz des VIII. Bundeskorps eingestuft war, umfaßte 10000 Mann. Während der Revolutionsereignisse von 1848/49 stand die Festung ganz in der Verfügungsgewalt Badens. Sie diente als letzte Zufluchtstätte der revolutionären Streitkräfte und fiel nach einer zweimonatigen Belagerung durch preußische Truppen.

Landau war mit Vertrag vom 14. April 1816 von Österreich an Bayern abgetreten worden, das die Ernennungs- und Besatzungsrechte allein ausübte. Die Besatzungsforderung des Bundes betrug im Frieden 800, im Krieg 6300 Mann. Im Kriegsfall wurden die Bayern auf 4000 Mann verstärkt; dazu traten dann mittel- und süddeutsche Kontingente der Reservedivision.

Durch den Staatsvertrag vom 8. November 1816 mit den Niederlanden kam Preußen in den Besitz erheblicher Vollmachten bezüglich der Bundesfestung Luxemburg. Es benannte alle vier höheren Offiziere und stellte zunächst den Hauptteil der 4000 Mann starken Friedensbesatzung. Später, in Verträgen von 1856 und 1857, verzichtete Luxemburg auf seine Anteile und überließ, gekoppelt mit einem Reluitionsvertrag, die Besatzungsrechte ganz an Preußen. Seitdem trat das luxemburgische Kontingent von 1217 Mann erst im Krieg zu den 4333 Preußen, zusammen mit 1450 nordwestdeutschen Soldaten der Reservedivision. Die Spezialwaffen gab Preußen allein.

Welchen Wert der Bund dem Festungskrieg beimaß, wird, wie aus den finanziellen Aufwendungen, auch aus der Truppenmasse deutlich, die er im Kriegsfall in seine fünf Festungen zu legen beabsichtigte. Sie betrug um 1860 fast 15% des ganzen Bundesheeres.

Dazu hatten zu stellen:

	Bataillone	Schwadronen	Soldaten	Pferde
Österreich	11	3	17 167	764
Preußen	12	2½	14 447	827
Bayern	14	2	11 189	390
Württemberg	6	1	5 828	383
Baden	6½	1½	7 024	526
Luxemburg	1½	–	1 565	9
Reservedivision	18½	–	16 045	162
	69½	10	73 265	3 061

Kritiker beanstandeten am System der Bundesfestungen, daß es nicht auf einen Grundgedanken zurückgehe, sondern darauf, daß gerade die betreffenden Plätze in den Freiheitskriegen erobert worden seien. Die Korrektur der Zufälligkeiten durch Germersheim, Rastatt und Ulm reiche nicht aus. Was daneben noch geschehe, sei die dankenswerte Schöpfung vor allem Preußens.

Rastatt wurde von Anfang an vielfach für unzureichend gehalten, das obere Rheintal zu decken. Viele Stimmen forderten eine Festung weiter südlich, etwa Freiburg im Breisgau. Auch gegen die französische Rheinbrücke bei Straßburg-Kehl wurde eine Defensivstellung verlangt.

Als der Entschluß zum Bau von Rastatt und Ulm wegen der Aufregung der Orient-Rhein-Krise von 1840 gefaßt wurde, hatte man das noch in den Kinderschuhen steckende Eisenbahnwesen nicht weiter berücksichtigt. Während Frankreich darauf achtete, daß die Strecken durch Festungen gesichert wurden, entstanden die meisten deutschen Eisenbahnlinien nach rein kommerziellen Gesichtspunkten, und die Militärkommission konnte ihre Wünsche nicht durchsetzen. So kam es, daß das deutsche Streckennetz außerhalb Preußens kaum militärisch geschützt war. Außerdem lagen Rastatt, Landau und Germersheim zur Zeit des Deutschen Bundes abseits der Trassenführung, was sich auf Versorgung und Besetzung im Mobilmachungsfall negativ ausgewirkt hätte.

Wie sehr der Deutsche Bund im Grunde ein Mittel zur Ergänzung gemeinsamer Verteidigungsanstrengungen von Österreich und Preußen war, wird auch an den Bundesfestungen deutlich. Beide Staaten traten die zivile Hoheit über Festungen, die sie in Besitz genommen hatten, die aber zu abgelegen waren oder über deren Verbleib sie sich aus Eifersucht nicht einigen konnten (Mainz, Landau, Luxemburg), an kleinere deutsche Staaten ab, ohne auf die militärische Verfügung zu verzichten. Drei andere Festungen (Germersheim, Ulm, Rastatt) entstanden auf ihre Initiative hin an von ihnen gewünschten Punkten. Durch die Verpflichtung zur Besatzungsgestellung und -verstärkung banden sie die Mittel- und Kleinstaaten an dieses System. Von einer Einflußnahme auf ihre eigenen Festungen hielten sie den Bund dagegen fern. Das preußische Festungssystem im weiteren Weichselraum blieb auch territorial dem Bund ebenso fremd wie das österreichische in Galizien und vor allem das berühmte Festungsviereck Verona–Peschiera–Mantua–Legnago in Oberitalien. In das Festungssystem der beiden deutschen Großmächte eingeordnet, erhielten die Bundesfestungen ihren Sinn. Den Militärs war der Grundsatz, daß der Rhein am Po verteidigt werden müsse, keine leere großdeutsche Phrase.

Der militärische Oberbefehl

Im Deutschen Bund herrschte äußerlich das Prinzip des strengsten Föderalismus, der uneingeschränkten Gleichberechtigung aller Bundesglieder. Freilich hatte gleiches Recht keineswegs gleiche Macht zur Folge. Bei der Ungleichgewichtigkeit der deutschen Länder – 2 Großmächte standen 7 Mittel- und 32 Klein- und Zwergstaaten gegenüber – herrschte in Wirklichkeit, hinter den Souveränitätsbeschwörungen der Bundesgesetze versteckt, das Prinzip des „hegemonialen Föderalismus“ in der Ausprägung der „dualistischen Hegemonie“ Österreichs und Preußens. Bei politischen Systemen, die wirkliche Machtverhältnisse nicht ausdrücken, sondern verschleiern, äußert sich die Unwahrhaftigkeit in der Labilität ihrer Schlüsselfunktionen – so auch hier: ein Hauptzweck des Bündnisses war die Gewährleistung der militärischen Sicherheit Deutschlands; doch in der Unfähigkeit der Mächte, den militärischen Oberbefehl über politische Differenzen hinweg sachgerecht zu ordnen, erwies sich von Anfang an, daß der Gedanke, den unter spezifischen sozioökonomischen und politischen Bedingungen entstandenen österreichisch-preußischen Interessenausgleich von 1815 zu verewigen, eine Fehlkalkulation war, die irgendwann eine Krise heraufbeschwören würde. Die Verfassungsberatungen von 1815–1822 erfolgten noch im Zeichen der Illusion. Aber nicht einmal unter der vergänglichen Voraussetzung, daß der friedliche Dualismus von Dauer sein und die Erfahrungen des vergangenen Krieges ihre Gültigkeit behalten würden, lieferte der Bundestag in den Abschnitten über den Oberbefehl ein befriedigendes Ergebnis. Schon daß die Einigung über diese Bestimmungen der Bundeskriegsverfassung erst als letzte zustande kam, deutet auf die Schwierigkeiten der Materie hin. Sie ließ sich in der Tat nur noch unter Aussparung wesentlicher Elemente bewältigen.

Äußerlich erweckte die Lösung der Oberbefehlshaberfrage einen gelungenen Eindruck. Da es kein permanentes Bundesheer gab, sondern dieses erst im Krieg zusammengestellt wurde, erschien es zu Recht überflüssig, schon im tiefen Frieden einen Bundes-Oberbefehlshaber zu ernennen. Es hätte sich faktisch doch nur um eine Designation gehandelt, die aber die Gefahr heraufbeschwor, daß der zum Bundesfeldherrn ernannte General aus dieser Eigenschaft Tätigkeitsmerkmale und Ansprüche hergeleitet und das im Frieden sehr eng begrenzte militärische Aufgabenfeld des Bundes auszuweiten gesucht hätte. Notwendigerweise wäre der Oberbefehlshaber, um die seiner Funktion immanenten militärischen Verantwortlichkeitsrechte durchzusetzen, politisch aktiv geworden – eine bonapartistische Konsequenz, vor der alle deutschen Staaten zurückschreckten. Erst im Kriegsfall kamen unter den Verfassungsverhältnissen des Deutschen Bundes auf einen Bundesfeldherrn Aufgaben zu, die eine zentrale Leitung verlangten. Erst im Kriegsfall war der Rahmen gegeben, den ein Oberbefehlshaber ohne den Überhang ins Politische ausfüllte, der über den im Begriff der Strategie enthaltenen hinausgeht. Für den Kriegsfall erdachten die deutschen Regierungen eine Reihe von Bestimmungen, die mit einem System von „checks and balances" den Spielraum eines so wichtigen und potentiell gefährlichen Kommandopostens freigab und zugleich begrenzte – sofern sich alle Länder seiner Autorität unterwarfen, und darin lag das eigentliche Problem!

Erst im Zusammenhang mit der Aufstellung des gesamten Kriegsheeres war der Bundestag zur Wahl des Oberfeldherrn und seines Stellvertreters verpflichtet. Mit der Demobilisierung erloschen beide Stellen. Für Teilmobilmachungen hatten die deutschen Staaten Vorschriften bewußt vermieden, so daß der Bund hier nach freiem Ermessen handeln konnte. Diese Handlungsfreiheit gewährte dem Bundestag die Möglichkeit, bei begrenzten Konflikten die Eskalation und alle Nuancen der Drohung wie der Maßnahme zu kontrollieren und den Primat der politischen Lösungen, den Lebensnerv des Deutschen Bundes bei inneren Konflikten, zu sichern. Die Kriegsverfassung bewahrte den schwerfälligen Bundestag vor dem Schicksal, in einem solchen Fall der Dynamik einer militärischen, im soldatischen Geist energischen Spitzenbehörde nachziehen zu müssen.

Die Stellung des Bundesfeldherrn zum Bund verhielt sich wie die eines Kommandierenden Generals zu seinem Souverän. Allein der Bundestag stand, und zwar über einen aus ihm gewählten Ausschuß, offiziell mit dem Oberbefehlshaber in Verbindung, nahm ihn „in Eid und Pflicht", erteilte ihm Instruktionen, Vollmachten und Rahmenbefehle. Der Oberbefehlshaber durfte allein dem Bundestag, nicht einer Landesregierung, unmittelbar Bericht erstatten und war allein dem Bund verantwortlich, nötigenfalls vor einem Bundeskriegsgericht.

Das ungewöhnliche Ausmaß seiner Vollmachten im Feld erlaubte dem Oberbefehlshaber eine so effektive Kriegführung, wie die verfassungsmäßig vorgegebenen Mittel sie nur zuließen. Gegen Friktionen von politischer Seite war er abgeschirmt, wenn er sich eindeutig auf Maßnahmen zur Erreichung des Kriegsziels beschränkte. Denn zur Erfüllung des Auftrags, den ihm der Bundestag erteilt hatte, blieb es „ihm allein überlassen, den Operationsplan nach seiner Ansicht zu entwerfen, auszuführen und abzuändern, wie es die Umstände fordern", sagten die „Näheren Bestimmungen", die fortfuhren: „Er ist durchaus nicht verbunden, diesen Plan vor der Ausführung irgend jemand mitzutheilen ..." Dadurch besaß der Bundesfeldherr volle Handlungsfreiheit im operativen und die Möglichkeit zu erheblicher Einflußnahme im strategischen Bereich, da er den Bundestag nicht vor der wirklichen Ausführung und dann nur über die Grundgedanken zu informieren brauchte. Den Feldzugsplan mußte er „auf das Umständlichste schriftlich aufsetzen", um seinem eventuellen Nachfolger volle Einsicht zu ermöglichen.

Eine Kompensation dieser Befehlsgewalt, die auch Musterungen und gewisse infrastrukturelle Maßnahmen einschloß, in bestimmten Fällen sogar Anordnungen an Landesregierungen zuließ, erfolgte weniger durch den mit der Verbindung zur politischen Leitung beauftragten Ausschuß, als vielmehr durch die Zusammensetzung und Aufgabenstellung des „Hauptquartiers". Der Bund hatte dem Oberbefehlshaber damit eine Behörde zur Seite gestellt, die zur Ausführung des bundesfeldherrlichen Kriegsplans in sechs Unterabteilungen die Bereiche von Operationen und Bewegungen, Innerem Dienst, Artilleriewesen, Pionierwesen, Militärpolizei leitete. Das Hauptquartier handelte unter Gegenzeichnung des Oberbefehlshabers, konnte in dringenden Fällen aber auch selbständig Anordnungen treffen. Die Referenten wurden teils vom Bundestag, teils vom Bundesfeldherrn gewählt, der nur seinen persönlichen und den Generalstab selbst zusammensetzen durfte. Auf diese Weise war in der Praxis gewährleistet, daß die Entscheidungen des Oberbefehlshabers keineswegs jenseits von fachlicher Kritik gefällt werden konnten.

In diesem Zusammenhang verdienen noch die Befehlshaber der einzelnen Bundeskorps Erwähnung. Bei den ungemischten Korps oblag die Festlegung ihrer Rechte und Pflichten den Kontingentsherren, die nur auf Übereinstimmung ihrer Richtlinien mit der Bundeskriegsverfassung zu achten hatten. Bei den kombinierten Korps waren umfangreichere Anordnungen des Bundes notwendig, die auf die Gleichbelastung und -berechtigung der beteiligten Staaten hinzielten, sowie die Rechte der Korpskommandanten gegenüber den Kontingentsherren und dem Bundesoberbefehlshaber festlegten. Die Kommandierenden Generale wurden von den Staaten ernannt, die dem betreffenden Armeekorps ein Kontingent stellten. Die Länder konnten selbst die Modalität der Ernennung, wie Dauer des Kommandos, Stellvertretung, Gehilfen, Korpsgeneralstab, Reihenfolge der den Befehlshaber stellenden Staaten bestimmen. Analoges gilt für die Divisionen und Brigaden. „Schlußakten über die Inneren Verhältnisse" unterzeichneten die Staaten des VIII. Korps 1831, die des IX. Korps 1834, die des X. Korps 1835.

Wie schief die Regelung des Oberbefehls in Wirklichkeit war, wird aus der Praxis deutlich: niemals wurde bei gegebenen Anlässen die Berufung des Bundesfeldherrn nach den Bestimmungen der Bundeskriegsverfassung erwogen oder vollzogen. Die Reformversuche – denn auf eine tatsächliche Revision der Abschnitte über den Oberbefehl konnten sich die Bundesstaaten niemals einigen – lassen die Mängel deutlich zutage treten. Bei dem wachsenden Mißtrauen der beiden Großmächte gegeneinander war weder Preußen bereit, drei seiner Korps einem österreichischen Bundesfeldherrn zu unterstellen, noch war Österreich gewillt, sein Bundeskontingent einem Preußen unterzuordnen. Ein Oberbefehlshaber aus dem Kreis der Mittelstaaten war für beide undiskutabel, wenn sich auch der kriegserfahrene König Wilhelm I. von Württemberg Hoffnungen auf diesen Posten machte.

Preußen beantragte 1860/61 die Teilung des Oberbefehls unter die beiden Großmächte. Alle Truppen nördlich des Mains sollten dem preußischen, alle südlich davon dem österreichischen unterstellt werden. Auf diese Weise hätte keine der beiden Mächte Truppen an den übergeordneten Bund abgeben müssen. Der Zusammenhang ihrer Armeen wäre gewahrt, aber diese zugleich durch die Streitkräfte der übrigen Staaten verstärkt worden, was ja der eigentliche Sinn der Bundeskriegsverfassung war. Schon bei der Mobilmachung von 1840 gegen Frankreich sei durch Abmachungen zwischen Berlin und Wien das Bundesheer in zwei Armeen mit unabhängiger operativer Führung geteilt worden, erklärte der preußische Bundestagsgesandte, und sein Land wünsche die Beibehaltung dieses Verfahrens, das als einziges Erfolg verspreche.

Aber die Reform des Oberbefehls scheiterte nicht nur am Dualismus der Führungsmächte, sondern auch am „Antagonismus im zweiten Glied" (W. D. Gruner). Die Mittelstaaten versuchten, sich der Mediatisierung durch Preußen und Österreich – denn so hätte sich ihre Zuteilung zu Einflußsphären letztlich ausgewirkt – zu entziehen. Auf mehreren Treffen, den „Würzburger Konferenzen" von 1859–1861, einigten sie sich auf Reformansätze, die u. a. die Dreiteilung des Oberbefehls unter je einen Bundesfeldherrn für die österreichischen, preußischen und übrigen Armeekorps beinhalteten. Da sich die Konzeptionen der Mittelstaaten, besonders Bayerns und Sachsens, zur Bundesreform generell widersprachen, und da mehrere Staaten Ansprüche auf die Führung der „rein deutschen" Kontingente erhoben, zerstritt sich das „Dritte Deutschland" und blockierte seine Reformvorschläge selbst. Nun fand keiner der Reformversuche eine Mehrheit im Bundestag, und alles blieb beim alten.

Im Krieg von 1866 brachten die österreichfreundlichen und bundestreuen Staaten keinen gemeinsamen Oberbefehl zustande. Die hannoversche Armee operierte selbständig und die sächsische schloß sich der österreichischen Nordarmee an. Nur die süddeutschen Truppen unterstellten sich einem gemeinsamen Oberbefehl, der Führung des bayerischen Prinzen Carl. Das VIII. Bundeskorps unter Prinz Alexander von Hessen richtete sich jedoch kaum nach seinen Befehlen, und im Korps selbst folgten die einzelnen Divisionen mehr den Weisungen der heimischen Höfe.

d. Die Reichskriegsverfassung von 1849

Auch wenn manche Abgeordnete in der Frankfurter Nationalversammlung eine grundlegende Veränderung des Wehrsystems auf der Basis von Landwehr- oder Milizmodellen betrieben, so erkannte das Revolutionsparlament seine Aufgabe doch nicht darin, sondern in einer begrenzten Umgestaltung der Wehrverfassung. Für einen radikalen Umsturz der gesamten Wehrstruktur Deutschlands war in der Paulskirche keine Mehrheit zu finden. Die meisten Abgeordneten schätzten das Eigengewicht der seit zwei Jahrhunderten selbständigen und auf stolz gehütete Traditionen blickenden Heere der größeren Einzelstaaten realistisch ein. Sie gingen nicht darüber hinaus, die alte Bundeskriegsverfassung wörtlich zu nehmen und sie endlich ihres verschleierten eigentlichen Charakters als Instrument der österreichisch-preußischen Hegemonie zu entkleiden. Die Aufgabe war deshalb weniger eine organisatorische als eine politische. Sie bestand darin, die Kriegsverfassung auf der materiellen Basis der bereits vorhandenen einzelstaatlichen Armeen zu dem Ding-an-sich zu machen, das zu sein sie seit der Bundesgründung 1815 vorgab.

Da die eigentliche politische Arbeit der Nationalversammlung hinter den Kulissen stattfand, fallen die mehr deklamatorischen Plenarverhandlungen der Paulskirche ins Auge. Diese drehten sich freilich in erster Linie um die Frage des Wehrsystems. Was am Verhältnis der vorhandenen Heere, vor allem ihrer Offizierkorps, und hier in erster Linie des preußischen, zur Nationalversammlung zu verderben war, wurde in diesen Debatten verdorben. Viele leidenschaftliche Worte wurden gegen das „dynastische Heerwesen", gegen die „preußische Soldateska" geschleudert.

Die „Linke", soweit sie nicht eskapistischem Pazifismus huldigte und gerade noch die Errichtung einer bürgerwehrartigen Ordnungspolizei zugestand, war seit Carl von Rottecks Attacke gegen das Stehende Heer (1816) auf das Prinzip der „Nationalmiliz" eingeschworen. Die „Levée en masse" der französischen Revolution war für sie das unanfechtbare Vorbild. Als Modell schwebten der Linken je nach der landsmannschaftlichen Herkunft ihrer Sprecher mehr die schweizerische Miliz oder die preußische Landwehr vor.

Die repräsentative Partei der Paulskirche, das nationalbürgerlich gestimmte „Zentrum", beabsichtigte zwar, die standesmäßige und extrakonstitutionelle Sonderstellung des Militärs abzubauen, da sie die Kernfrage des Wehrsystems in der Überwindung des „unseligen Gegensatzes von Bürger und Soldat" erblickte. Sie fand aber auch, daß Aufrechterhaltung der Disziplin und technische Schlagkraft am besten durch den bewährten Rahmen des Stehenden Heeres, und hier in idealer Form durch das preußische Modell mit seiner wenigstens theoretisch allgemeinen Wehrpflicht, gewährleistet würden. Während die Linke auf die patriotische Begeisterung baute, die die Mängel des Milizsystems im Ernstfall wettmachen würde, urteilte das Zentrum skeptischer.

Schweizerische Manöverberichte lasen sich in jener Zeit eher wie „militärische Humoresken" (P. Dürrenmatt), und im gerade durchgefochtenen Bürgerkrieg (1847) hatten die zahlenmäßig eindrucksvollen Milizaufgebote der eidgenössischen bzw. sonderbündischen Partei sich gegenseitig wenig Leid zugefügt. Die vernachlässigte preußische Landwehr bot seit langem keinen übermäßig vertrauenerweckenden militärischen Anblick mehr.

So steuerte die Mehrheit der Nationalversammlung aus politischer Einsicht und sachlicher Überzeugung auf das begrenzte Ziel hin, den gegenwärtigen Zustand lediglich zu verbessern, nicht aber, ihn umstürzen und ein unitarisches Volksheer zu schaffen. Sie strebte das kontingentsmäßig aufgebaute Nationalheer an, in dem die Ansätze, die bei dem Bundesheer in den Bereichen Oberkommando, Militärgesetzgebung, Militärverwaltung, Militärgerichtsbarkeit, Bewaffnung und Ausbildung bereits bestanden, fortentwickelt werden konnten. Die Reichsverfassung vom 28. März 1849 bestimmte deshalb über die Bundeskriegsverfassung hinaus nur:

„Das Reichsheer besteht aus der gesamten zum Zweck des Krieges bestimmten Landmacht der einzelnen deutschen Staaten ...

Die Reichsgewalt ausschließlich hat in Betreff des Heereswesens die Gesetzgebung und die Organisation; sie überwacht deren Durchführung in den einzelnen Staaten durch fortdauernde Kontrolle ... (Die einzelnen Staaten) haben die Verfügung über ihre bewaffnete Macht, soweit dieselbe nicht für Dienste des Reiches in Anspruch genommen wird ...

Den Regierungen der einzelnen Staaten bleibt die Ernennung der Befehlshaber und Offiziere ihrer Truppen, soweit deren Stärke sie erheischt, überlassen ...“

Für Detailregelungen, vor allem die Form der Dienstpflicht und die „Stärke und Beschaffenheit des Reichsheeres“ betreffend, stellte die Frankfurter Reichsverfassung ein die Bundeskriegsverfassung revidierendes Gesetz „über eine allgemeine für ganz Deutschland gleiche Wehrverfassung“ in Aussicht.

Wie auf der staatspolitischen Ebene, so stellte sich auch auf der militärischen der Nationalversammlung von Anfang an die Zentralgewalt als Kernproblem. Sie überging die Ansprüche Preußens auf das Amt des „Reichserzfeldherrn“, die der Radowitzsche Bundesreformplan von 1848 aufgegriffen hatte und übertrug die „Oberleitung“, d. i. die Kommandogewalt über die gesamte bewaffnete Macht der Einzelstaaten, mit dem Gesetz vom 28. Juni 1848 dem Reichsverweser Erzherzog Johann. Das Amt des Reichskriegsministers trat im Juli 1848 der preußische Generalmajor Eduard von Peucker an.

Peucker (1791–1876) diente seit 1809 in der preußischen Armee. Seit 1815 im Kriegsministerium tätig, erwarb er sich Verdienste u. a. um die Modernisierung der Bewaffnung, z. B. bei der Einführung des Zündnadelgewehrs. Im Mai 1848 wurde er preußischer Vertreter bei der Bundesmilitärkommission. Als Reichskriegsminister fungierte er vom 15. Juli 1848 bis zum 9. Mai 1849. Anschließend bekleidete er wichtige Posten in der preußischen Armee.

Auch wenn der Minister sich als loyaler preußischer Offizier fühlte, der sein Amt nur unter der Bedingung angetreten hatte, daß die preußische Armee substantiell unverändert fortbestehen würde, so besaß er doch profilierte Vorstellungen von einer Reform des Bundesheeres. In einer kurz vorher veröffentlichten Schrift hatte er die Bedrohung Deutschlands durch seine kriegsmächtigen Nachbarn Frankreich und Rußland geschildert und mit dem Hinweis auf die „hoch aufgethürmten Leichenhügel“ der unerfahrenen Sansculottenheere gewarnt, sich an idealistische Experimente im Bereich des Wehrsystems zu wagen. Peucker schlug ein Bundesheer aus Landeskontingenten vor, die nach dem Muster der preußischen Linienarmee und nach dem verbesserten Muster der preußischen Landwehr aufgebaut sein sollten.

Zunächst bemühte sich Peucker um seine Anerkennung als Repräsentant der militärischen Zentralgewalt. Am 16. Juli 1848 zeigte er den deutschen Kriegsministern seine Ernennung und die Delegation der Obersten Befehlsgewalt des Reichsverwesers an ihn an. Er wollte sie normalerweise indirekt unter Zwischenschaltung der einzelstaatlichen Kriegsminister wahrnehmen, beanspruchte aber in dringenden Fällen auch den direkten Weg zur Truppe. Schließlich ordnete er eine Feldparade aller deutschen Truppen am 6. August 1848 an, die die dreifarbige Kokarde anzulegen und dem Reichsverweser militärisch zu huldigen hatten. Damit hätten die Einzelstaaten die Mediatisierung ihrer Armeen formal vollzogen. Deshalb ließen die wichtigsten Staaten den „Huldigungserlaß“ überhaupt nicht (Preußen, Hannover) oder unvollkommen (Österreich, Bayern) ausführen. Auf österreichischen Protest hin desavouierte Erzherzog Johann seinen Kriegsminister – die Etablierung einer obersten Befehlsgewalt war mißlungen.

Erst als Anfang 1849 die Wahl des preußischen Königs zum Reichsoberhaupt immer wahrscheinlicher wurde, bahnte sich eine Wendung an. Jetzt beteiligte sich auch das preußische Kriegsministerium an den Vorarbeiten zur Wehrreform. In den das Wehrwesen betreffenden Artikeln der Frankfurter Verfassung wurde ein Kompromiß gefunden, der zentralistische und föderative Zielsetzungen unter dem Aspekt der Hegemonie des Königs von Preußen als Kaisers der Deutschen ausgleichen konnte. Die weitgehende Übernahme der betreffenden Artikel in die von Preußen inaugurierte Erfurter Unionsverfassung bestätigte dies. Auch das Bismarckreich griff auf einige Elemente der geplanten Wehrmacht des 48er Reiches zurück.

2. Die Wehrstruktur der Mittelstaaten

a. Gemeinsamkeiten

Als „Mittelstaaten“ des Deutschen Bundes gelten die, die nicht wie Österreich und Preußen Großmächte waren, aber doch eine gewisse Rolle auf dem internationalen Parkett spielten. Das waren die vier Königreiche Bayern, Württemberg, Sachsen und Hannover und das Großherzogtum Baden; unmittelbar am Rand zur Kleinstaatlichkeit befanden sich das Kurfürstentum Hessen-Kassel und das Großherzogtum Hessen-Darmstadt.

Als Kennzeichen wird herkömmlicherweise das Recht, im Engeren Rat 1 Virilstimme zu führen, herangezogen, das den beiden Großmächten, den sieben genannten sowie Dänemark und den Niederlanden zukam (die fast dreißig anderen Bundesländer führten zusammen 6 Kuriatstimmen).

Gleichwohl differierten die Mittelstaaten an politischem und militärischem Gewicht untereinander erheblich. Allein Bayern legte Wert auf Unabhängigkeit in Wehrfragen, doch stellte sich seine Selbsteinschätzung schließlich als erheblich übertrieben heraus. Alle anderen gewannen die Einsicht, daß den hohen Verteidigungslasten bei ihrem Format nur geringe Effektivität entsprach. Sie neigten immer mehr zur Einordnung in ein größeres Ganzes, zunächst im Rahmen der drei gemischten Bundeskorps. Der Aufbau ihrer Wehrsysteme deckte sich durchweg. Hier segelten sie im Kielwasser der großen Vorbilder Österreich und Frankreich. Nur in wenigen Fällen sind Eigenarten erkennbar, die mehr als dekorativen Charakter aufweisen.

Das Urteil über das außenpolitische Gewicht des Militärs der Mittelstaaten – und ihre Daseinsberechtigung als unabhängige Staaten in einer Welt der Machtpolitik, der Nationalbewegung und der wirtschaftlichen Umwälzung –, sobald der Schutzschirm des Deutschen Bundes, also der beiden Großmächte, wegfiel, wurde im Krieg von 1866 gesprochen. Zur Frage nach der innenpolitischen Funktion ihrer Soldaten erteilte die Revolutionskrise von 1848/49 die Antwort. Wenn man über heimat- und heereskundliche Fragestellungen hinauskommen will, ist mittelstaatliche Militärgeschichte der Versuch der Betroffenen, diesen beiden Herausforderungen, die sich jeweils lange vorher ankündigten, aus eigenen Kräften zu begegnen.

Wehrverfassung

Zur Gesamtheit der vertraglichen und gesetzlichen Bestimmungen über die Aufstellung, Führung und Verwendung der einzelnen deutschen Armeen wurde das Grundlegende vom Bund vorgeschrieben, besonders in der Bundeskriegsverfassung (s. o.). Einzelstaatliche Kriege der rein deutschen Länder waren undenkbar geworden. Die Bundesbeschlüsse grenzten in Verteidigungsfragen den rechtlichen Spielraum der Länder ein, der sich freilich infolge der Nachsicht der beiden Führungsmächte nicht mit dem politischen deckte. Die Richtlinien waren in der Praxis nur annähernd bindend und von großer Toleranzbreite.

Da sich die deutschen Fürsten in den Bundesverträgen auf militärischem Gebiet die formelle Souveränität verbürgt hatten, konnte von einheitlicher Rekrutierung, Organisation, Bewaffnung und Ausbildung an sich keine Rede sein. Dennoch ergaben sich als Erbe der Rheinbundzeit (s. Teil II, S. 61–77 und 157–159) auch in Details große Gemeinsamkeiten. Über Jahrzehnte hin sah kaum jemand Veranlassung, die Einrichtungen zu ändern, die sich in den

Freiheitskriegen bewährt hatten und die sich in fast allen europäischen Staaten nur wenig voneinander unterschieden.

Auch lenkten gewisse Sachzwänge die Entwicklung in ähnliche Richtungen. Die lange Friedensperiode nach 1815, das Biedermeier, ließ große Militäraufwendungen als Verschwendung erscheinen. Kein Landtag brachte Verständnis dafür auf. Die anwachsende Unruhe in den europäischen Beziehungen nach der 48er Revolution wurde in den kleinen Hauptstädten nur wenig gespürt, da man sich dort echte Eigenverantwortlichkeit, die über den Schein hinausging, langsam abgewöhnt hatte. Dementsprechend liefen die Maschinen der Gesetzgebung und der Bürokratie in kaum verändertem Rhythmus nach dem Leitmotiv „Einsparung" weiter. Über die Routine des Tagesgeschäfts erhoben sich die Verordnungen und Gesetze nicht, die in reicher Fülle zur Kenntnis gegeben wurden. Ernsthafte Reformziele entwickelte allein Preußen, wenn auch anderswo über Volksbewaffnung, Wehrgerechtigkeit und Schlagkraft viel geredet worden ist. Das Erbe der Rheinbundzeit wurde auf diese Weise im wesentlichen konserviert. Den Anstoß, den die Revolution durch neue gesetzliche Bestimmungen gab – Allgemeine Dienstpflicht, Erhöhung der Heeresstärken, Zusammenlegung kleinerer Kontingente –, konnten der Bund und die Staaten überwinden, ohne daß ernste Spuren in ihren Wehrverfassungen blieben.

Preußen fiel durch die allgemeine Wehrpflicht und durch die Stellung seines Offizierkorps in Staat und Gesellschaft aus dem Rahmen des in Europa üblichen heraus und war deshalb als der „Militärstaat" verschrien. Dagegen läßt sich bei einem Vergleich der Verhältnisse in Österreich und in den meisten deutschen Mittel- und Kleinstaaten zwar nicht von Einheitlichkeit, aber doch von Übereinstimmung sprechen. Das schließt nicht aus, daß namentlich in den letzten Jahren des Deutschen Bundes preußische Technik und Taktik als vorbildlich galten. Bezüglich der gesellschaftlich relevanten Elemente der bewaffneten Macht aber grenzte sich das „dritte Deutschland" betont von Preußen ab.

Bewaffnung

Nicht zuletzt muß der preußische Sieg von 1866 als ein Sieg des Zündnadelgewehrs bezeichnet werden. Unter diesem Aspekt ist seitdem immer Kritik an der Bewaffnung der unterlegenen Armeen geübt worden. Tatsächlich waren sie mit unterlegenen Gewehrmodellen bewaffnet; aber die Kritiker zielten in eine falsche Richtung, wenn sie aus einer richtigen Entscheidung des preußischen Kriegsministeriums schlossen, daß die Bewaffnung der anderen Bundesstaaten durch einheitliche Leitung verbessert worden wäre.

Bis zur Einführung gezogener Gewehre bestand das Problem überhaupt nicht, da die Waffen weitgehend gleichwertig waren. Auch logistische Schwierigkeiten waren unbekannt, denn der Soldat konnte die Munition auf verschiedene Kaliber selbst umändern. Die Schwierigkeit, im vorindustriellen

Zeitalter Gewehre zu beschaffen, hätte die Umrüstung aller deutschen Bundeskontingente auf einen einheitlichen Gewehrtyp zur teuren Spielerei gemacht.

Die Situation wandelte sich Anfang der vierziger Jahre, als sich die industrielle Fertigung durchsetzte. Aber es war zugleich eine Zeit technischer Neuerungen, deren Bewährung erst in der Praxis erwiesen werden mußte. Preußen entschied sich für den schnellfeuernden Hinterlader; Österreich führte einen Vorderlader ein, der mit ballistischen Leistungen glänzte. Entscheidend war, daß in beiden Staaten die wirtschaftlichen Voraussetzungen bestanden, die Gewehre in Massenproduktion herzustellen. Diese Möglichkeit hatten die deutschen Mittelstaaten nicht. Ihre finanzielle Schwäche verhinderte die Modernisierung der staatlichen Fabriken, an denen sie zäh festhielten. Sie griffen deshalb zu Aushilfen und ließen – wie es lange Zeit auch in Preußen geschah – die vorhandenen Gewehre ausbohren und technisch verbessern. Der amerikanische Sezessionskrieg bot ihnen seit 1861 die Möglichkeit, veraltete Bestände an beide kriegführende Parteien zu verkaufen und aus dem Erlös mit geringen zusätzlichen Kosten moderne Gewehre einzuführen. So waren die Einheiten der Mittelstaaten 1866 durcheinander mit den „Ladenhütern" und den technischen Spitzenleistungen ihrer Zeit bewaffnet.

Für die Umrüstung der Artillerie auf zeitgemäße Modelle fehlten ihnen erst recht die Mittel. Mit Österreich, das sich hierin gegenüber Preußen einen Vorteil geschaffen hatte, konnten sie im Deutschen Krieg nicht konkurrieren. Auch Sachsen, das mit seiner „Granatkanone" technische Pionierarbeit leistete, besaß weder das industrielle noch das militärische Format, sich durch diese Entwicklung einen Vorsprung zu schaffen. Die wissenschaftlichen Beiträge mittelstaatlicher Techniker und Offiziere dürfen bei der Entwicklung vom Feuerrohr zum leistungsfähigen Geschütz nicht außer acht gelassen werden, so wenig sie den eigenen Streitkräften direkt zugute kamen.

Wehrsystem

Die Gewinnung und Ergänzung des Personalbedarfs der Streitkräfte beruhte in allen deutschen Staaten auf dem Prinzip der Aushebung. Die vier Freien Städte bevorzugten die Anwerbung von Freiwilligen, nahmen aber zur Auffüllung von Lücken und bei Ersatz, Reserve und Landwehr ebenfalls Aushebungen vor. Die Rekrutierung erfolgte fast überall in Form der Konskription mit Exemtion und Stellvertretung.

Angehörige der regierenden Häuser und des ehemals reichsständischen Hochadels waren überall, auch in Preußen, von der Wehrpflicht befreit. Die meisten Staaten praktizierten daneben die Exemtion bestimmter, sozial bedeutungsvoller Untertanen, etwa von Studierten, Beamten, einzigen Söhnen mit Unterhaltsverpflichtung für die Familie oder von gewissen religiösen Gruppen, doch schränkten sie den Kreis der ursprünglich privilegierten immer weiter ein, so daß die noch Ende des 18. Jahrhunderts weitverbreitete soziale und regionale Exemtion gegen Mitte des 19. Jahrhunderts in Deutschland fast erloschen war.

Zum Vergleich, der den Fortschritt auf dem Weg zur Wehrgerechtigkeit deutlich illustriert, seien einige Exemtionen des preußischen Kantonreglements vom 12. November 1792 aufgezählt: (regional:) Die Städte Berlin, Potsdam, Brandenburg, Breslau u. a., die schlesischen Weberdistrikte, die Gewerbeorte der Grafschaft Mark, das Herzogtum Cleve; (sozial:) die bürgerliche Oberschicht, Berg- und Hüttenleute, Schmiede, Fabrikanten, Arbeiter der Metallindustrie und andere, „die auf großen Handelsverkehr und Nationalindustrie Bezug haben".

Aus dem Kreis der Wehrpflichtigen wurden die Dienstpflichtigen ausgelost. Vom Los getroffen worden zu sein, bedeutete jedoch keineswegs, die Uniform anziehen zu müssen. Nach französischem Vorbild bestand in fast allen Ländern die Möglichkeit, einen freiwilligen Stellvertreter zu benennen. „Einsteher" dieser Art wurden teils vom Staat, teils von darauf spezialisierten Firmen vermittelt. Der Dienstunwillige, der bisweilen schon als Kind für diesen Unglücksfall bei einem entsprechenden Unternehmen versichert worden war, zahlte dem Stellvertreter ein Handgeld, dessen Höhe sich nach der Marktlage richtete. Außerdem hatte er als Bürgschaft für dienstliches Wohlverhalten eine höhere Bürgschaftssumme (meistens um 500 Gulden oder 300 Taler) in einer staatlichen Amortisationskasse zu hinterlegen; dieses Geld erhielt der Einsteher nach Beendigung der Dienstzeit ganz oder teilweise ausgezahlt. Die militärische Stellvertretung, die in fast ganz Europa praktiziert wurde, galt als ein Höhepunkt zivilisatorischer Errungenschaften; denn „gebildeten" Menschen, hörte man z. B. in württembergischen Landtagsverhandlungen, seien die Mühen und Leiden des Kriegsdienstes nicht zuzumuten. Dieses Privileg verteidigten die Oberschichten – denn selbstverständlich war die Stellvertretung ein rein plutokratisches System – mit großem Eifer, auch gegen Anfechtungen aus den eigenen Reihen. Selbst bei der Landwehr beharrten sie auf der Möglichkeit zur Stellvertretung.

Seit alters her verlangte die Staatsräson, sobald das Volk zum Kriegsdienst herangezogen wurde, die Freistellung von Personen, die sich auf andere Weise dem Ganzen wertvoller erweisen konnten als ausgerechnet durch den Einsatz im Feld. Im Zeitalter des Merkantilismus galt deshalb die Exemtion als selbstverständlich, so daß die Wehrpflicht nur Gruppen traf, die keine über die Selbsterhaltung hinaus produktive Arbeit leisteten. Seit dem Aufstieg des Dritten Standes wurde der geforderte Beitrag zum Gemeinwohl am wirtschaftlichen Erfolg gemessen, d.h. am Reichtum. Hierin liegt der Sinn der Stellvertretung.

Durchschnittlich machte ein Viertel der Ausgelosten von der Stellvertretung Gebrauch. Doch wurde es in den fünfziger Jahren schwierig, überhaupt noch Einsteher zu bekommen, da sich infolge des Wirtschaftsaufschwunges immer weniger Leute als Freiwillige meldeten. Trotz des Stellvertreterwesens näherten sich deshalb auch die Wehrsysteme der Mittelstaaten in der Praxis immer stärker der allgemeinen Wehrpflicht an; Preußen konnte sie nach 1866 zur

rechtlichen Angleichung an seine Verhältnisse veranlassen, ohne großen Druck ausüben zu müssen.

Die Dienstzeit dauerte bei der Infanterie im allgemeinen sechs Jahre; manche Länder zogen die Soldaten für acht Jahre ein, manche kannten eine daran anschließende kurze Reserveverpflichtung, manche als Ergänzung einen Landwehrdienst. Für die Spezialwaffen galten ähnliche Zahlen und Zustände. Von diesen Jahren verbrachte der Soldat aber doch nur eine relativ geringe Zeit bei der Truppe, auch wenn er die ganze Dienstzeit über in der Ist-Liste geführt wurde. Durchweg genoß er eine mehrmonatige Ausbildung, tat etwas Dienst und wurde dann nur noch zu Übungen aus dem Urlaub zurückgerufen. Der Ausbildungsstand der meisten mittelstaatlichen Armeen war deshalb nur mäßig. Die Präsenzstärke der Einheiten war niedrig, so daß der Bund sich zur Aufstellung von Normen veranlaßt sah; die Landesregierungen führten diesen Beschluß herbei, um vor ihren sparsamen Volksvertretungen das schwere Geschütz ihrer Gehorsamspflicht gegenüber dem Bund auffahren und so höhere Militärbudgets durchsetzen zu können. Im Normalfall kam für den einzelnen Pflichtigen eine im Ganzen erträgliche Dienstbelastung dabei heraus. Allerdings bedeuteten selbst geringfügige Krisen, da die Truppe weit unterkomplett gehalten wurde, eine große Unsicherheit für den beurlaubten Soldaten, der dann dauernd mit seiner Einberufung zu rechnen hatte. Reserven gab es in diesem System kaum; sie mußten zum Ausgleichen der Verluste im Feld dann einberufen und ausgebildet werden, wenn bereits Krieg herrschte.

Bei allem militärischen Gepränge fühlten sich die Staaten auch im Krieg verpflichtet, das Wohl der Gesellschaft zu wahren, indem das Bevölkerungspotential nicht rücksichtslos ausgeschöpft wurde. Kaum ein deutscher Fürst hielt sich für befugt, das entsetzliche Leid, das ein Krieg unter den barbarischen medizinischen und sanitären Verhältnissen jener Jahre auch damals produzierte, noch zu vermehren. Erst der seit dem amerikanischen Civil War entwickelte totale Krieg, der wegen der Verteufelung des Feindes je nach Lage in einen Kreuzzug oder in einen Existenzkampf ausartet, hat den Staatsmännern die unentrinnbare Verantwortung für das Ausblutenlassen des von ihnen gelenkten Volkes auferlegt.

Infolge des plutokratischen Stellvertretungswesens dienten durchweg nur Angehörige der Unterschichten. Diese Methode der Auslese machte unter normalen Umständen die Konskriptionsarmee zu einem Garanten der bestehenden Ordnung. Der einfache Mann, der die Uniform anziehen mußte, fand die nationalökonomische und politische Motivation der Schichten, die sich in seinen Augen unter vielen beleidigenden Ausreden vor dem Wehrdienst „drückten“ und diese Last abwälzten, weder verständlich noch wertvoll. Das liberale Gedankengut der Freikauffähigen war ihm suspekt; mit einer outgroup identifizierte er sich nicht. Disziplinierung und Indoktrination im Dienst taten ein übriges, wenn auch die Kluft zwischen Offizieren und Mannschaften „Innere Führung“ ausschloß.

Wiederholtes stellvertretendes Dienen lief auf ein Berufssoldatentum hinaus, dessen Verpflichtungsprämien den Fiskus nicht belasteten. Der Bedarf an Unteroffizieren ließ sich lange Zeit ohne Schwierigkeiten durch die längerdienenden Einsteher decken. Die Truppe gewann an der Stellvertretung so viel Geschmack, daß die Rekrutierungsbehörden bei der Aushebung die potentiellen Freikäufer gleichmäßig auf die Einheiten verteilte, damit bewährte Leute weiterdienten.

Die abnehmende Zahl der Einsteher zwang die Militärbehörden schließlich zu anderen Methoden. Sie versuchten leere Unteroffizierstellen kurzerhand mit Wehrpflichtigen zu besetzen. Da Unteroffiziere länger dienen und in der Kaserne wohnen mußten, hintertrieben viele Soldaten eine mögliche Beförderung durch geringe Dienstmoral. Zu diesem weiteren Faktor, der die Qualität mittelstaatlicher Armeen mitbestimmte, kam noch ein dritter. Da kein Mittelstaat dazu überging, durch wesentlich höhere Besoldung Anreize zu schaffen, litten etwa seit der Jahrhundertwende alle an einem erheblichen Unterführermangel.

Tapferkeit oder hervorragende Dienstleistung eröffnete in allen Armeen Unteroffizieren die Möglichkeit der Beförderung zum Offizier. Da man aus Ersparnisgründen Offizierstellen vakant hielt, wurden bei jeder Mobilmachung zahlreiche derartige Beförderungen vorgenommen. Nach Wiederherstellung des Normalzustandes kamen die Aufsteiger mit wenigen Ausnahmen in ungünstige Dienststellungen, die sie bald zum Einreichen des Abschieds veranlaßten. Hauptgrund war ihre Ausbildungs- und Bildungslücke, die sie hinderte, höheren Anforderungen gewachsen zu sein. Die meisten Staaten hielten sich diese Möglichkeit zur Verabschiedung der sozial nicht erwünschten ehemaligen Unteroffiziere offen. Lediglich Hessen-Darmstadt und Sachsen richteten Schulen ein, in denen geeignete Unteroffiziere die wissensmäßigen Voraussetzungen zur Offiziersqualifikation erwerben konnten.

Das österreichische Offizierkorps ergänzte sich zum einen aus dem übernationalen Hochadel der Donaumonarchie und aus der mediatisierten süddeutschen Aristokratie. Zum anderen bildete bei entsprechender Qualifikation die Herkunft aus dem Bürgertum kein Hindernis zum Eintritt in das Offizierkorps; allerdings endete die Karriere in der Regel höchstens bei einem Stabsoffiziergrad. Die oberen Ränge besetzte mehrheitlich der hohe Adel, weniger kraft Verdienst denn kraft Privileg, so daß sich die kaiserliche Generalität im Durchschnitt keineswegs mit hohen Fähigkeiten hervortat.

Ähnlich wurde es in den Mittelstaaten gehalten. Da ihre Herrscherfamilien viele Prinzen zu versorgen hatten, aber die kleinen Armeen wenige Generalstellen anboten, herrschte auf der obersten Ebene ihrer Armeen starkes Gedränge. Zahlreiche Angehörige regierender Häuser wichen auf den Dienst in der kaiserlichen Armee aus, während sich begabten Offizieren nichtfürstlicher Herkunft in deutschen Armeen nicht sehr viele Chancen zum Aufstieg in Generalsränge boten.

In der Nachkriegszeit ging man daran, die zahllosen, allein von der allgemeinen Notlage, aber nicht von der individuellen Würdigkeit gebotenen Beförderungen der Freiheitskriege zu überprüfen und unerwünschte Elemente zu entfernen. Deshalb blieben kleine, aber geschlossene und hauptsächlich adlige Offizierkorps übrig. Seit den vierziger Jahren änderte sich ihre Zusammensetzung. Die Veteranen, die bei schlechtem Avancement in vernachlässigten Armeen ausgehalten hatten, begannen auszuscheiden. An ihre Stelle traten hauptsächlich Zöglinge von Kadettenanstalten, also meistens Söhne verdienter Untertanen und bürgerlicher Herkunft. Diese Männer bildeten seitdem den Kern der Offizierkorps, die nur in Krisenzeiten die genannten ephemeren Veränderungen erlebten. Die Kadettenhäuser und Militärbildungsanstalten zählten zu den angesehenen Schulen der deutschen Länder; der Bildungsstand der mittelstaatlichen Offiziere wird durch ihre überdurchschnittlich zahlreichen militärwissenschaftlichen Veröffentlichungen dokumentiert. Die Heeresreformen nach 1866 konnten so auf einer guten Grundlage aufbauen: auf Offizieren, die den erfolgreichen preußischen Gegnern und Kameraden fachlich in nichts außer an Übung nachstanden.

b. Nord- und mitteldeutsche Staaten

Sachsen

Für das Königreich Sachsen und seine Armee endeten die Freiheitskriege unglücklich. Als einziger Rheinbundfürst verpaßte König Friedrich August die Gelegenheit zum Absprung auf die Seite der Sieger. Zwar ging ein Teil der sächsischen Armee unter General Thielmann schon vor der Schlacht von Leipzig zu den Alliierten über; der König aber, der bis zuletzt zu lavieren versucht hatte, geriet in Kriegsgefangenschaft. Sein Land wurde der Zentralverwaltung unterstellt und als Generalgouvernement zuerst von Rußland, dann von Preußen besetzt und regiert. Gestützt auf Zusagen der Verbündeten sah der preußische König diese Eroberung im Vorgriff auf die künftige Friedensregelung als festen Besitz an. Die sächsische Armee wurde gemäß den Frankfurter Beschlüssen reorganisiert und preußischem Oberbefehl unterstellt.

Auf dem Wiener Kongreß wurden die preußischen Ansprüche von den meisten Mächten zurückgewiesen. Fast wäre es im Winter 1814/15 über die sächsische Frage zum Krieg zwischen den Staatengruppen Rußland–Preußen und Österreich–England–Frankreich gekommen. Schließlich wurde ein Kompromiß in der Teilung des Landes und preußischer Entschädigung in Polen und Westdeutschland gefunden. Preußen erhielt einen Gebietszuwachs mit einem Anteil von 40% der sächsischen Untertanen. Die Dynastie Wettin durfte, anstatt dem ursprünglichen preußischen Wunsch entsprechend nach Münster verpflanzt zu werden, auf den Thron ihres erheblich verkleinerten Königreichs zurückkehren.

Die reorganisierte sächsische Armee stand zu diesem Zeitpunkt im Verband der Armee Blücher am Rhein. Ihre Soldaten waren königstreu gesinnt und über die fortdauernde Gefangenschaft ihres Monarchen erbittert. Den Kommandierenden General Thielmann betrachteten sie als Deserteur. Als der König nach der Rückkehr Napoleons von Elba erst recht gegen die Teilung opponierte, wuchs die Unruhe in der sächsischen Armee an.

Ohne Rücksicht auf die patriotische Gesinnung der Sachsen, und darauf, daß Friedrich August den Friedensvertrag noch nicht unterzeichnet hatte und daß die vom Kongreß beschlossene Abtretung noch nicht wirksam war, befahl jedoch Friedrich Wilhelm III. dem Generalstabschef der Blücherschen Armee, Gneisenau, das sächsische Korps, das bereits gegen Napoleon in Marsch gesetzt worden war, in einen preußischen und einen sächsischen Bestandteil aufzugliedern.

Die Mannschaften und Unteroffiziere aus den an Preußen fallenden Landesteilen waren sofort in rein preußische Regimenter zusammenzufassen. Den Offizieren war die Wahl des Dienstverhältnisses unter preußischer oder sächsischer Fahne freizustellen. Die im bisherigen Korps verbliebenen Einheiten waren dann in die Armee Wellington einzugliedern.

Gneisenau war sich des rechtlich zweifelhaften und psychologisch ungeschickten Charakters dieses Befehls bewußt. Er zögerte die Ausführung zunächst hinaus, mußte ihm aber nach Anmahnung durch den König schließlich doch nachkommen. Daraufhin meuterte ein Teil des sächsischen Korps, obwohl es inzwischen in Belgien vor dem Feind stand. In Lüttich stürmten sächsische Soldaten das Hauptquartier und bedrohten den alten Marschall Blücher, der sich nur mit knapper Not vor ihnen retten konnte. Doch wurde die preußische Armee schnell wieder Herr der Lage, zumal sich ein großer Teil der Sachsen an dem Aufstand nicht beteiligt hatte. Das Korps aber, dessen Übernahme Wellington verweigerte, wurde nach Magdeburg verlegt und dort nach strenger individueller und entehrender kollektiver Bestrafung wie vorgesehen aufgeteilt. Die königlich-sächsisch gebliebenen Teile wurden im Juli 1815 in Osnabrück provisorisch reorganisiert und vereidigt. Die „preußischen" Einrichtungen, wie das „Banner der freiwilligen Sachsen" und die Landwehr, ließ der König sofort beseitigen. Die verbündeten Mächte setzten das Korps nur noch zu Besatzungsaufgaben in Ostfrankreich ein.

Sachsen besaß nicht den Ehrgeiz, ein Heer zu unterhalten, das über die Forderungen des Deutschen Bundes hinausging. Diese wurden bei der endgültigen Reorganisation berücksichtigt. Seit 1821 erlebte die sächsische Armee keine wesentliche Veränderung mehr. Als Ziel der Neuordnung wurde in Sachsen die möglichste Gleichartigkeit der einzelnen Waffengattungen als leichte und schwere Einheitsinfanterie und -kavallerie angestrebt. Die gliederungsmäßigen Unterschiede fielen weg; alte Bezeichnungen galten nur noch als Traditionsnamen, die Uniformen wurden auf einheitliche Muster vereinfacht. Anschließend erfolgte in Verbindung mit einem neuen Strafgesetzbuch die Reform des Militärjustizwesens, dem alle Dienstgrade gleichmäßig unterworfen waren. Den Regimentern wurden eigene Kriegsgerichte angegliedert, ihre Kommandeure erhielten die Gerichtsherrlichkeit. Neue Kriegsartikel brachten die Soldatenklasse der „Ausgezeichneten", die im Gegensatz zum Durchschnittssoldaten nicht geprügelt werden durften.

Zur sächsischen Eigenheit entwickelte sich die erneuerte Dresdner Bürgergarde, die nicht mit den „Fronleichnamssoldaten" anderer Länder verglichen werden darf. Sie bestand aus ausgewählten Personen, die besonders verpflichtet, uniformiert und bewaffnet wurden. Den Oberkommandierenden, einen Stabsoffizier der Armee, berief der König, der auch die anderen Offiziere ernannte. Die Bürgergarde hatte den Sicherheitsdienst in der Hauptstadt zu übernehmen, wenn die Truppen ausgezogen waren. Ähnliche Kommunalgarden bestanden im ganzen Land.

Die Rekrutierung der Armee wurde 1825 endlich in ein System gebracht. Bisher hatte jeder Gerichtsbezirk auf ihm freigestellte Weise eine bestimmte Mannschaftsquote zu decken gehabt. Normalerweise tat er das durch Werbung; in der Not der Freiheitskriege durch Konskription von Fall zu Fall und auf unbestimmte Dauer. Das Mandat vom 25. Februar 1825 regelte Aushebung, Dienst- und Reservepflicht. In der Praxis zog man aber die Werbung vor. Erst das Gesetz vom 26. Oktober 1834 glich die sächsische Rekrutierungsmethode mit sechsjähriger Dienstzeit, Stellvertretung und ausgedehnten Beurlaubungen an die in Deutschland übliche an. Die Zweite Kammer hatte nur zögernd zugestimmt, da ihr Freiwillige lieber waren und die Bestimmung Unangenehmes verhieß, daß die Wehrpflichtigen sich nur für den Frieden freilosen konnten, für den Kriegsfall dagegen auf der Liste der „Dienstreserve" standen.

Militärisch repräsentiert sah sich die landtagsfähige Bürgerschicht bereits in der Bürgergarde. Zwischen dieser und der Armee, die sich aus adligen Offizieren und – da sich bei der geringen Einstandssumme in Sachsen jeder Bessergestellte freikaufte – Angehörigen der untersten Schichten als Mannschaften zusammensetzte, entstand in den Revolutionsjahren ein gewisser Antagonismus. Bei den Unruhen von 1830/31 zugunsten einer Verfassung stand die Bürgergarde auf seiten der Aufrührer, so daß die Armee eingesetzt werden mußte. Die Armee weigerte sich nach dieser Erfahrung, während der Leipziger Tumulte von 1845 ihre Stelle als Ordnungsmacht zugunsten der dortigen Kommunalgarde zu räumen, wie es die erregte Bevölkerung verlangte. Der Dresdener Maiaufstand 1849 verdankt seine Schlagkraft nicht unwesentlich der Teilnahme der Bürgergarde. Nach diesen Ereignissen wurden sie und die verwandten Einrichtungen im Land entwaffnet.

In den Deutschen Krieg trat die sächsische Armee als innerlich geschlossene und modern bewaffnete Truppe. Durch die Bewaffnung mit dem österreichischen Lorenz-Gewehr und durch die Ausbildung nach überholten Dienstvorschriften war die Infanterie der preußischen unterlegen. Bei der Artillerie hatte Sachsen die teuere Eigenentwicklung aufgegeben und preußische Geschütze übernommen. Zwar zog das sächsische Oberkommando Lehren aus der Kriegsgeschichte und befahl sofort nach Kriegsausbruch den Abmarsch der Armee zur Vereinigung mit den Österreichern, aber durch den Ausgang der Schlacht von Königgrätz wurde das Königreich tiefer in die Niederlage gezogen als die Süddeutschen.

Das Königreich Sachsen mußte dem Norddeutschen Bund beitreten und sein Heer als XII. Armeekorps der preußischen Armee beiordnen und nach ihrem Vorbild umgestalten. Die Armee behielt relative Selbständigkeit unter eigenem Kriegsministerium, und als Chef ihren König, der die Offiziere allein und die Generale mit preußischer Zustimmung ernannte. Von Vorteil war es für sie, daß ihr alle preußischen Einrichtungen offenstanden, sie aber zugleich, da sich alle Offiziere gegenseitig kannten, eine besondere Geschlossenheit bewahren konnte. Rein militärisch gesehen ergänzten sich in der sächsischen Armee nunmehr große und kleine Verhältnisse recht harmonisch.

Die neue Waffenbrüderschaft wurde noch 1870 eingedenk der antagonistischen Vergangenheit von Mißtrauen begleitet. Prinz Friedrich Karl, der Oberkommandierende der II. Armee, glaubte, die Sachsen, die zusammen mit den Hannoveranern anfangs sogar nur als Hauptreserve gedacht waren, vor Metz nur bei Nebenoperationen einsetzen zu dürfen. Erst nachdem das XII. Korps infolge der falschen Lagebeurteilung des Prinzen bei St. Privat die Hauptlast der siegreichen Schlacht getragen hatte, wurden die Sachsen in der preußischen Armee gerecht beurteilt.

Hannover

Eine gewisse Kontinuität von der kurfürstlichen zur königlichen Armee Hannovers wurde durch die 1803 geschaffene britische „King's German Legion" hergestellt. Ihren Grundstock bildeten ehemalige Angehörige der nach der französischen Besetzung des Landes aufgelösten kurhannoverschen Einheiten. Sie stand unter Führung des Herzogs von Cambridge und umfaßte sechs Batterien, fünf Dragonerregimenter und zehn Infanteriebataillone. In die neue Armee übergeführt wurde sie erst im Jahr 1815.

Auch die nach der Befreiung Hannovers 1813 aufgestellten Truppen galten zunächst als königlich-britisch. Aus zwei Bataillonen, die an sich für die „Russisch-deutsche Legion" geworben worden waren, aus drei freiwilligen Feldbataillonen und drei Husarenregimentern, aus der von der Zentralverwaltung eingeführten Landwehr und aus detachierter Legionsartillerie formierte sich eine Armee, die erst im Februar 1814 ihre englischen Feldzeichen ablegte und der hannoverschen Regierung unterstellt wurde. Das äußere Erscheinungsbild blieb dem englischen Vorbild verhaftet.

Ein Jahr später erfolgte die erste Reorganisation, die eine Umgliederung der Infanterie in zehn Regimenter zu je einem geworbenen Feld- und drei Landwehrbataillonen brachte. In dieser Gestalt focht die hannoversche Armee bei Waterloo.

Jeder 19- bis 25jährige Hannoveraner war landwehrpflichtig. Stellvertretung wurde allein im Frieden erlaubt. Die Kader bestanden aus den Offizieren, Unteroffizieren und Spielleuten. Im Mai wurden die Soldaten zum Exerzieren zusammengezogen, zu dem auch die Sonntagnachmittage von April, Juni und Juli benutzt wurden. Zusätzlich hatten sie nach Bedarf zum Wachdienst einzurücken. Nach zeitgenössischen Quellen war der Landwehrdienst bei der Bevölkerung gründlich verhaßt. Auch erwies sich diese Wehrstruktur als kostspielig und unzulänglich. Denn die Landwehrkader mußten fast wie die Linie besoldet werden und konnten bei der geringfügigen Präsenz doch nur eine ungenügende Ausbildung vermitteln. Der Versuch Hannovers, die Vorteile des Landwehrsystems zu bewahren, aber seinen „demokratischen" Geist durch Verquickung mit berufssoldatischen Elementen fernzuhalten, bestand über die Freiheitskriege hinaus die Probe nicht.

Im Jahr 1820 zog Hannover die Konsequenzen aus der unglücklichen Wehrstruktur und paßte sich an das allgemeine Vorbild an. Die zweite Reorganisation brachte das Stehende Heer und die durch Exemtion und Stellvertretung erleichterte allgemeine Wehrpflicht von sechs Jahren. Die Formation wechselte einige Male, die Uniform wandte sich vom englischen Vorbild ab und dem preußischen zu, die Dienstzeit erhöhte sich auf sieben Jahre – aber substantielle Veränderungen erlebte die Armee, die im Rahmen des in Deutschland verbreiteten Militärsystems blieb, bis zu ihrem letzten Feldzug nicht mehr. Im Gegensatz zu den Süddeutschen legte Hannover das Generalkommando im Frieden nicht mit dem Kriegsministerium zusammen, sondern schied wie Preußen die königliche Kommandogewalt und die ministerielle Verwaltungsbefugnis streng voneinander. Der eigenständigste Zug aber, der milizmäßige Aufbau der Kavallerie, wurde in den letzten Jahren der Monarchie von den wirtschaftlichen und gesellschaftlichen Veränderungen gefährdet.

Bei der Reiterei nahm Hannover nur Freiwillige auf 10 Jahre an, die eine Bescheinigung der Heimatbehörde über ihre Fähigkeit, zu Hause ein Dienstpferd zu unterhalten, beizubringen hatten. Die Soldaten wurden mit ihren Pferden in weit verstreute ländliche Quartiere gelegt. Da sich fast nur wohlhabende Bauernsöhne meldeten, die das Quartier selbst anboten, wurden im Grund die Soldaten mit voller Uniform und Ausrüstung nach Hause beurlaubt. Unter die Fahne zu treten hatten sie zur Ausbildung, zu Wehrübungen und zu den häufigen Besichtigungen. Zudem legte Hannover größten Wert auf sachgemäße Remontierung. So genoß seine Kavallerie einen ausgezeichneten Ruf. Um 1866 waren jedoch einige Regimenter infolge der veränderten Lebensverhältnisse bereits gezwungen, Leute anzunehmen, die nie mit Pferden umgegangen waren, und sie unberitten zu beurlauben.

Das hannoversche Offizierkorps war stolz auf seinen besonderen Charakter, der vom Begriff des „gentleman" und von Weltoffenheit geprägt war. Bewußt pflegte man strenge Subordination im Dienst und familiäre Ungezwungenheit außerhalb desselben. In Kasinos und Klubs trafen sich die Offiziere freundschaftlich mit Angehörigen der bürgerlichen Oberschicht, aus der sie in der Mehrheit selbst hervorgegangen waren. Von anderen Offizierkorps stach das hannoversche durch die Förderung des Universitätsstudiums ab und durch das Ansehen, das mit wissenschaftlicher Bildung verbundene Truppengattungen genossen. Kein Wunder, daß sich die hannoverschen Offiziere nach Auflösung ihrer Armee, abgesehen von den politischen Motiven, gegen den Dienst im preußischen Heer entschieden und hauptsächlich nach Sachsen gingen.

Hessen-Kassel

Das Kurfürstentum Hessen-Kassel wurde, nachdem es in der Rheinbundzeit einen Teil des Königreichs Westfalen gebildet hatte, von den Alliierten während der Freiheitskriege wiederhergestellt. Binnen kurzer Zeit überwarf sich der zurückgekehrte Fürst mit den kurhessischen Landständen, die gegen seine in kleinlichster Weise durchgeführte Restauration des Zustandes von 1806 opponierten. Der Konflikt war ihm gleichgültig. Englische Subsidien ermöglichten es ihm, seinen militärischen Verpflichtungen im Kampf gegen den Korsen in jeder Weise nachzukommen. Außenpolitisch war er deshalb abgesichert und innenpolitisch konnte er den Ständen gegenüber, von deren Geldbewilligung er nicht abhing, taub bleiben. Einprägsamstes Zeichen der neuen Epoche wurde der Zopf, den Soldaten und Beamte erneut tragen mußten.

Denn in stärkerem Maße als in anderen Ländern wurde in Kurhessen der weitere Verlauf der Geschichte von der Persönlichkeit der Monarchen geprägt. Sie waren autokratisch, wie andere deutsche Herrscher dieser Zeit auch, die von ihren Völkern mehr oder minder unwillig ertragen wurden. Sie waren aber zugleich unmoralisch und damit im 19. Jahrhundert ein Ärgernis für die Gesellschaft, die, seit sie sich als Element des Staates ansah, die Legitimität nicht mehr einfach aus der Geburt ableitete, sondern aus der Identifikationsmöglichkeit von Fürst und Staat.

Das Heer war nach den Freiheitskriegen in alter Tradition das gehorsame Instrument des absolutistisch auftretenden Herrschers. Im weiteren Verlauf drangen jedoch liberale Ideen in das Offizierkorps ein, das seinen Herrn verabscheute. Seine geistige Struktur veränderte sich dahin, daß es sich jetzt als Instrument des Staates verstand, in dem der Kurfürst nur einen Faktor unter anderen darstellte. Nach einigem Zögern kam ihm das Bürgertum entgegen. Seit 1831 gab es eine Verfassung, die das Bürgertum an die Aufgaben des Staates heranführte und in ihm Verständnis für die Funktion des Heeres weckte, dem es bisher mit Polemik begegnet war. Diese Polemik hatte sich jedoch nur gegen das Machtinstrument des verhaßten Kurfürsten gerichtet. Nachdem der Versuch, als Mittel zum Schutz der Verfassung und der bürgerlichen Freiheiten vor dem Kurfürsten Bürgerwehren zu organisieren, nicht zuletzt an der Bequemlichkeit der Bürger selbst gescheitert war, gab der Landtag seine Bemühungen um die Auflösung der Armee als besonderen Stand auf.

Man begann Militärs als Staatsbürger und Staatsdiener zu betrachten, die nicht neben der Gesellschaft standen. Aus diesem Grund war nicht einzusehen, warum sie einer in Normen und Institutionen eigenständigen Militärstrafgerichtsbarkeit unterliegen sollten. Sie wurde in jahrelangem Tauziehen zwar eingeschränkt, aber nicht beseitigt, da man die besonderen Verhältnisse militärischer Disziplin erkannte. Mit der Abschaffung der besonderen Ehrengerichte für Offiziere hatte das Bürgertum eine Wand niedergerissen, die das Sonderbewußtsein des Offizierkorps zusammengehalten hatte. Bezeichnenderweise versuchte der Kurfürst sie wiederherzustellen, als der weltanschauliche Gleichklang von Bürgern und Offizieren offenbar wurde.

Es gelang der Regierung, die Verfassung weitgehend zu unterlaufen. Über den konkreten Artikel, der den Verfassungseid der Staatsdiener festsetzte, zu denen das Militär gezählt wurde, konnte sie sich nicht hinwegsetzen. Als einzige Armee im vormärzlichen Deutschland legte die kurhessische den Eid ab, der sie zum Gehorsam im Sinne des Rechtsstaates verpflichtete. In der Nachklangphase der Revolution von 1848 führte die etatistische Einstellung der Armee zum Konflikt mit ihrem gekrönten Oberbefehlshaber. Das Verhalten eines sozial überwiegend bürgerlichen, politisch liberalen und auf eine Verfassung vereidigten Offizierkorps fand in ganz Deutschland Beachtung als Modellfall. Die Rückwirkungen auf die preußische Armee, die im konservativen Sinn Lehren aus den Erfahrungen der Revolution zu ziehen suchte, sind unübersehbar.

Im Mai 1850 erklärte die Regierung Kurhessens den Austritt aus der Erfurter Union, während der Landtag entschieden für den Verbleib eintrat. Er setzte als Waffe die Budgetverweigerung ein. Nach zweimaliger Landtagsauflösung reagierte der Kurfürst mit Notverordnungen und schließlich mit dem Kriegsrecht, um die verweigerten Steuern und Abgaben einziehen zu können. Dieses Vorgehen war in jeder Form verfassungswidrig, wie das Oberappellationsgericht in Normenkontrollverfahren entschied. Die Verwaltung verweigerte die Ausführung der kurfürstlichen Befehle. Die Armee schloß sich mit preußischer Rückendeckung der „Renitenz“ an, als sie den Befehl erhielt, die Notverordnung zu erzwingen.

In der Staatskrise trat das Offizierkorps auf die Seite der Opposition. Am 10. Oktober 1850 reichten 241 von 277 Offizieren unter ausdrücklichem Hinweis auf ihren Verfassungseid, den sie höher als Befehle stellten, den Abschied ein, der freilich in den meisten Fällen verweigert wurde. Beide, Armee und Kurfürst, faßten dieses Verfahren als Widerstandshandlung auf. Nachdem die Olmützer Punktation der „Renitenz“ die preußische Protektion genommen und eine Bundesintervention die Autorität des Kurfürsten mit Waffengewalt wiederhergestellt hatte, gaben die Soldaten nach. Der Verfassungseid wurde aufgehoben, ohne daß unter den veränderten Umständen im Offizierkorps weitere Widersetzlichkeiten aufgetreten wären. Eine großzügige Amnestie schloß den Konflikt ab.

Die Ablehnung des kurfürstlichen Regimes durch Bürgertum und Armee dauerte fort, da sich nach dem Staatsstreich von 1852, in dem eine neue Verfassung oktroyiert wurde, die Fronten erneut verhärteten. Die Krise verschärfte sich bis 1866 so sehr, daß der Landtag den Anschluß an Preußen forderte, während die Regierung Österreich folgte. Die Armee wartete nach Kriegsausbruch in der Bundesfestung Mainz die politische und militärische Entwicklung ab und unterstellte sich einige Wochen, nachdem der Kurfürst gefangen nach Stettin abgeführt worden war, freiwillig dem Kommando der preußischen Mainarmee, ohne ihrem Oberbefehlshaber nachzutrauern. Mit der Annexion Kurhessens wurde sie, ohne daß Widerspruch in ihren Reihen lautgeworden wäre, voll in die preußische Armee eingegliedert.

Hessen-Darmstadt

Daß die großherzoglich-hessische Armee die Revolutionsjahre im ganzen gut überstand, ohne wie die badische zu zerfallen, rief einige Verwunderung hervor. War Hessen doch nach neuerem, freilich sicher überscharfem Urteil „damals das reaktionärste und wohl auch verelendetste Gebiet Deutschlands". Nach 1830 hatte die gärende politische Unruhe das notleidende Bauerntum Oberhessens erfaßt und zu einem regelrechten Aufstand hingerissen, der mit Waffengewalt niedergeworfen wurde. Gerade in den letzten Jahren vor 1848 hatte die Not Tausende zu Auswanderung, Landgängerei oder Bettelfahrt veranlaßt.

Tatsächlich fand der politische Radikalismus, der nach dem harten Durchgreifen an der Universität Gießen zertreten schien, in der Revolution großen Zulauf und kam dem badisch-pfälzischen Aufstand zu Hilfe. Im Land selbst hatte der Großherzog rechtzeitig eine liberale Regierung eingesetzt und die seit Jahren umkämpften politischen Forderungen erfüllt. Die regierenden Liberalen wehrten sich energisch und erfolgreich gegen den systemverändernden Umsturz. Die Truppe gehorchte der staatlichen Autorität und blieb bei ihren Einsätzen gegen die radikale Revolution im April 1848 und Juni 1849 in Baden und im September 1848 in Frankfurt zuverlässig. Daß die beiden größeren Feldzüge sich gegen Landfremde richteten, hat viel dazu beigetragen.

Die darmstädtische Armee zeigte keine Besonderheiten gegenüber dem in den Streitkräften der deutschen Bundesstaaten üblichen. Hessen war immer bereit, sich mindestens im Rahmen des VIII. Bundeskorps einheitlichen Regelungen zu unterwerfen und tat sich auch auf Bundesebene mit entsprechenden Anträgen hervor. Trotz der beschränkt partikularistischen Landespolitik nach 1866 trat die hessische Division zur gleichen Zeit nach Abschluß einer Konvention reibungslos der preußischen Armee bei.

c. Baden

Allgemeiner Rahmen

In ganz besonderem Maß ist die badische Militärgeschichte, deren hervorstechendes Ereignis die große Meuterei des Jahres 1849 ist, mit der innenpolitischen Entwicklung des Landes verknüpft. Ohne Beleuchtung einiger wesentlicher historischer Elemente dieses in der Zeit Napoleons aus zahllosen Gebietsfetzen zusammengebauten Mittelstaats würde sie unverständlich bleiben.

Nach der Schlacht von Leipzig fiel auch das Großherzogtum Baden von Napoleon ab und trat durch den Mitabschluß der Frankfurter Akzessionsverträge auf die Seite der Verbündeten über. Auf dem Wiener Kongreß wahrte es seinen Besitzstand. Als aber der mit einer Zähringerin verheiratete Zar seine Protektion zurückzog, mußte der junge Staat um seinen Fortbestand bangen, da die Thronfolge der nicht ebenbürtigen Hochberger Linie von Österreich und vor allem von Bayern nicht anerkannt wurde. Erst 1818, auf dem Aachener Kongreß, erreichte der Großherzog mit erneuter russischer Unterstützung die europäische Anerkennung des Thronfolgegesetzes, das die ungeteilte Erhaltung Badens garantierte.

Der Preis bestand, da die russische Hilfe erst durch die Vermittlung des Freiherrn vom Stein erlangt worden war, der seinerseits nur gegen die Zusage einer liberalen Konstitution handelte, in der Gewährung einer Verfassung, der freiheitlichsten von Deutschland. Im Jahr 1818 in Kraft gesetzt, enthielt sie Elemente der französischen Charte Constitutionelle und der vom Zaren erlassenen kongreßpolnischen Konstitution. Ihre Wirkung auf die Regierungspraxis war gering, da das Land weiter nach dem Organisationsstatut von 1809 im Geist des strengsten bürokratischen Zentralismus verwaltet wurde.

Zudem revidierte der Großherzog 1825 die Verfassung im autoritären Sinn, nachdem der durch seine großen Liberalen, wie Rotteck, Welcker und Itzstein, und die von ihnen geprägten Debatten berühmt gewordene Landtag sich nicht nach seinen Wünschen gerichtet hatte. Von der Teilhabe an der Staatsgewalt ausgeschlossen, geriet der badische Liberalismus immer stärker in doktrinäre Bahnen.

In steriler Opposition wiesen die Liberalen die Parlamentarisierung als Versuchung und Sündenfall von sich, als die Umstände ihnen 1830 die echte Chance zur Beteiligung an der Staatsgewalt boten. Damit hatten sie sich als politischen Faktor selbst erledigt. Verhängnisvollerweise hatten sie den Weg, die nichtbürokratischen Eliten des badischen Volkes in einer parlamentarischen Monarchie zur Macht zu bringen, diskreditiert und verbaut.

Seit 1840 gewann deshalb eine aus verschiedenen Wurzeln zusammengewachsene neue Gruppierung immer mehr Einfluß, die das Erbe der Kompromißlosigkeit bewahrte, aber die liberale Machtabstinenz verdammte. Die neue Generation, die sich nun in den Vordergrund schob, wurde beeinflußt von der Bewegung des „Jungen Deutschland“ (H. Heine, L. Börne, G. Büchner) und den Philosophen des Linkshegelianismus (D. F. Strauß, L. Feuerbach, der junge Marx). Nachdem sich die bisherige Oppositionstaktik als ungeeignet erwiesen hatte, die notwendigen Reformen herbeizuführen, sahen sie es als Verpflichtung an, die Gesetzgebung und die Ausführende Gewalt in die Hand der Vertreter des Volkes zu bringen. An diese offensiven „Demokraten“ mußte der defensive Liberalismus in Baden die Initiative verlieren. In den vierziger Jahren gaben ihre Männer, wie F. Hecker, G. v. Struve und L. Brentano, den Ton an. Sie vertraten die aus ihrer speziellen Erfahrung gewonnene These, daß die Volkssouveränität nur in einer Republik zu verwirklichen sei, aber nicht nur in dem provinziellen Baden, sondern in ganz Deutschland. Daran zerbrach die Einheit der liberalen Bewegung. Vor allem um die fortschrittlich gesinnten Teile der Beamtenschaft herum, die ein wesentliches Element im Landtag darstellten – ihre Haltung hat die Bezeichnung „Geheimratsliberalismus“ gefunden –, bildete sich ein konstitutioneller Flügel, der mit der Regierung zusammenarbeitete und mehrere Minister stellte. Während die Konstitutionellen segensreich, aber in der „Esoterik“ der Ministerien und Amtsstuben wirkten, gewannen die Radikalen, die die Presse beherrschten und die Tradition der „metaphysischen“, aber zündenden Reden im Landtag fortführten, die Öffentlichkeit für sich.

Die Armee 1813–1848

Nach dem Untergang seines 7100 Mann starken Kontingents in Rußland sah sich auch Baden vor der Notwendigkeit, dem Gebot Napoleons nachzukommen und ein neues Heer für den Kaiser aufzustellen. Nach der Leipziger Völkerschlacht wurde die Situation für das Großherzogtum unangenehm: während in Kehl noch französische Besatzung lag und die Rheinflanke des Landes gegen Frankreich hin offen hielt, marschierten in die rechtsrheinische Pfalz bereits russische und bayerische Truppen ein – und was von der soeben neu aufgebauten Armee im November 1813 noch übrig war, befand sich größtenteils in alliierter oder französischer Kriegsgefangenschaft. Unwillig beugte sich Baden den Bedingungen der Verbündeten. Diese forderten ein Korps von 8000 Linien- und 8000 Landwehrsoldaten sowie die Errichtung des Landsturms.

Bei den erschütterten Verhältnissen der badischen Armee, die nicht mit der gleichen Energie wie in Württemberg bereinigt wurden, kam beim alliierten Vormarsch nach Frankreich nur die Garde zum Einsatz. Die sich langsam konsolidierende Armee, die von den Russen mit Beutegewehren bewaffnet wurde, diente als Belagerungskorps im Elsaß.

Da sich der Großherzog der Gesinnung seiner heterogenen Untertanenschaft keineswegs sicher war, sabotierte er die Volksbewaffnung durch den Landsturm nach Kräften und beseitigte nach Kriegsende ihn und die Landwehr so schnell wie möglich. Obwohl in Baden die lebhaftesten Verfechter der Idee vom Volksheer lebten und gerade hier am lautesten dafür agitieren konnten, blieb so gerade die badische Wehrmacht gegen eine Umgestaltung nach liberalen Prinzipien abgeschirmt.

Seit dem Beitritt zum Deutschen Bund schwand das Interesse des Staates an seiner bewaffneten Macht rasch dahin. Vom Anfang seiner Geschichte an hatte sich das kleine Baden nur in der Klientel größerer Mächte behaupten können. Für alle deutschen Mittelstaaten war militärischer Ehrgeiz, der infolge der landständischen Sparsamkeit nicht einmal mehr höfisches Prunkbedürfnis befriedigen konnte, absurd und für Baden bei seiner exponierten Lage und fragilen Struktur gefährlich geworden. An mehr als an die den Bundespflichten entsprechenden Leistungen dachte deshalb niemand. Der Großherzog war sich bewußt, daß die Zeit der Anlehnung an Frankreich unwiederbringlich dahin und Schutz allein durch den Deutschen Bund gewährleistet war, und daß dessen wirkliche Kraft sich in den beiden deutschen Großmächten verkörperte. Das badische Heer geriet deshalb rasch in einen Zustand „ziemlich untergeordneter Mittelmäßigkeit“ (Mielitz).

Großherzog Karl (1811–1818) kümmerte sich wenig um seine Armee. Zwar organisierte er anspruchsvolle Generalkommandos und -inspektionen, aber hierbei bestand ein „echtes Bedürfnis“, sowenig der Landtag es auch teilte: die Schaffung von Posten für verdiente Generale. Dafür verzichtete man 1816 überhaupt auf Rekrutierungen, designierte 1817 und 1818 theoretisch je 1000 Mann für die Infanterie und führte nur bei Kavallerie und Artillereie die Auffüllung ordnungsgemäß durch.

Erst unter Karls Nachfolger setzten Bemühungen zur Erhöhung der Schlagkraft ein.

Die großherzogliche Armee und der Landtag waren nicht gut aufeinander zu sprechen. Seit Rotteck in dem eindrucksvollen Schwarz-Weiß-Gemälde seiner Schrift „Über stehende Heere und Nationalmiliz“ (1816) aus theoretischen Überlegungen und in einseitiger Geschichtsauslegung den Gegensatz zwischen „Fürstenknecht“ und „freiem Landesverteidiger“ unter das Volk gebracht hatte, war die Atmosphäre bleibend vergiftet. Der große Konflikt zwischen Landtag und Regierung, der den Liberalismus in die Negativrolle drängte, brach über der Wehrfrage aus. Denn Großherzog Ludwig (1818 bis 1830) hielt sich viel auf seine Tätigkeit als preußischer General und Schöpfer der badischen Armee zugute (s. Teil II, S. 72). Metternich selbst mußte den aufgebrachten Fürsten vor dem Staatsstreich und der Aufhebung der Verfassung zurückhalten. Baden gehörte nun eine Zeitlang zu den reaktionärsten Staaten des Deutschen Bundes. Der Landtag aber spielte seine Budgetvollmacht aus, um die Armee anzugreifen. Gegen die Bürokratie konnte er nichts unternehmen, aber die zweite Stütze des monarchischen Absolutismus, das Stehende Heer, ließ sich durch Geldverweigerung unschädlich machen. Großherzog Ludwig hatte sich damit abzufinden, daß das Heer äußerst knapp gehalten wurde.

Nachdem Anfang der zwanziger Jahre der Anteil adliger Offiziere im badischen Heer zugenommen hatte, weil damals viele Elemente, die in der Not der Freiheitskriege nach oben getrieben worden waren, aus ihrem Kreis entfernt wurden, stieg der Anteil der Bürgerlichen in der Konsolidierungsphase kontinuierlich an. Unter Großherzog Ludwig genoß der Offizierstand eine besondere Ehrenstellung im Staate. Er übte deshalb eine gewisse Attraktivität auf aristokratische Kreise aus, denen im Wirkungsbereich des fortschrittlichen Bürgertums nicht wohl war. Freilich zogen sie den Dienst in der kaiserlich-österreichischen Armee vor, aus Abneigung gegen den badischen Staat und aus der spezifischen Tradition Südwestdeutschlands, das sich als eigentliche Verkörperung des römisch-deutschen Reiches angesehen hatte. Außerdem entfernte sich der west- und süddeutsche Adel rasch von den Relikten feudaler Mentalität, in denen der ostelbische erstarrte, und hielt wirtschaftliche und wissenschaftliche Tätigkeit nicht für unter seiner Würde.

Wenn auch der Adel in der Armee weder zahlenmäßig stark war noch bevorzugt wurde, so galt seine gesellschaftliche und ideologische Leitfunktion im Offizierkorps aber doch als selbstverständlich. Er setzte noch immer die Maßstäbe für Verhalten und Gesinnung, die sich mit den „allerhöchsten" Vorstellungen deckten und am Indikator der Beförderung transparent blieben. Das liberale Bürgertum stieß zudem seine an den Fürstendienst verlorenen Söhne mit Abscheu von sich. Zwangsläufig kapselte sich das Offizierkorps ab und verlor die Beziehung zu den geistigen und politischen Zeitströmungen, zu deren Trägern es in beiderseitiger Verständnislosigkeit auf Distanz lebte. Das Bürgertum orientierte sich an Ideen und Zielen, die mit den Interessen der Regierung damals unvereinbar zu sein schienen. Selbstverständlich orientierte sich das Offizierkorps an der Krone. Voll Stolz bekannte es sich zum Ethos des Dienens bis zur Selbstaufopferung und interpretierte den Liberalismus als Deckmantel für die Verfolgung selbstsüchtiger Ziele des auf den Erwerb materieller Güter konzentrierten Bürgertums. Betont widmete das Offizierkorps dieses Dienen nicht dem Volk, sondern dem Großherzog.

Hatte das badische Heer, allerhöchste Protektion genießend und gegen den „feindseligen" Landtag abgeschirmt, ein Jahrzehnt lang zufrieden vor sich hin leben dürfen, so änderten sich die Verhältnisse nach dem Regierungsantritt von Großherzog Leopold (1830–1852). Der neue Fürst hing den Idealen des gemäßigten Liberalismus an, fühlte sich betont als Zivilist und ließ sich als „Bürgerfreund" feiern.

Leopold ließ sofort weitere Herabsetzungen des Militäretats zu. Er vereinfachte die Organisation der Armee und löste die Garde auf. Seine Befehls- und Kommandogewalt als „Kriegsherr" übte er durch den Kriegsminister aus und übergab 1830–1848 den Oberbefehl an seinen Bruder, den Markgrafen Wilhelm. Seinen jüngsten Bruder Max brachte er als Kommandeur der Kavalleriebrigade unter. Er selbst nahm wenig Anteil an seiner Streitmacht. Auf die heftigen Angriffe im Landtag reagierte das Offizierkorps mit Abkapselung vom Bürgertum und zog sich auf sich selbst zurück. Denn in der Regierung fand es keinen Anwalt mehr.

So konnte es zu den viel Bitterkeit erzeugenden Zwischenfällen in Freiburg 1833/34 kommen. Zur Abwehr eines befürchteten revolutionären Poleneinfalls war das 4. Infanterieregiment 1833 an die Schweizer Grenze verlegt worden. Nach der Rückkehr in die Freiburger Heimatgarnison fielen Bürger, Studenten und Handwerksburschen monatelang mit Beschimpfungen, Hohn und Schikanen über die Soldaten her oder versuchten sie aufzuwiegeln. Das Militär mußte sich diesen Zustand gefallen lassen, ohne daß eine Zivilinstanz ernsthaft eingegriffen hätte.

Den Angriffen des Landtags, der aus Gründen der Kosten und der Milizideologie die Reduzierung von Präsenzstand und Ausbildungszeit forderte, gab die Regierung bis an den untersten Rand der Bundesforderung nach. Auch die fortschreitende Kürzung des Etats, der von 1832–1840 von 12,9 auf 10,8% der Bruttoeinnahmen gestrichen wurde, nahm sie hin; erst nach der Krise von 1840 bewilligten die Abgeordneten mehr. Mit dem Mittel ihrer Budgetvollmacht beseitigte die Kammer 1831 das Kadetteninstitut und setzte 1832 die Auflösung der Generaladjutantur durch, die, allein dem Großherzog verantwortlich, die Kommandoangelegenheiten bearbeitet hatte. Intensiv ausgenützt wurde die parlamentarische Verantwortung des Kriegsministers, der mit kritischen Interpellationen konfrontiert wurde.

Die Armee in der Revolution

Die Revolution setzte in Baden mit Agrarunruhen gegen die Reste des Feudalismus ein. Im Verlauf des Jahres 1848 brachen republikanische Aufstände aus (Hecker, Struve); es kam zu Einfällen republikanischer Freischaren aus dem Elsaß (Herwegh) und der Schweiz (Struve), die teils von badischen Truppen allein, teils von Kontingenten des VIII. Bundeskorps und Bayerns niedergeschlagen bzw. abgewehrt wurden.

Hatte sich die Truppe bei den ersten Einsätzen im März 1848 noch treu gezeigt, so ließ mit dem Einrücken der Rekruten im April die Disziplin rasch nach. Vor randalierenden Bürgern und Soldaten kapitulierend, nahmen in Mannheim und Freiburg die Garnisonskommandos disziplinierende Maßnahmen zurück. Südbaden, wo die Herrschaft der Zähringer erst einige Jahrzehnte alt war, lehnte sich geschlossen auf und beeinflußte die von Bodensee und Schwarzwald kommenden Soldaten. Der Landtag unterstützte nur Beschwerden gegen die Leitung des Militärs. Da sich die anfängliche Beschwichtigungspolitik als Fehlschlag erwies, griff der Kriegsminister, General Hoffmann, mit der vollen Strenge der Kriegsartikel durch. Das Ergebnis bewies, daß die Truppe unzufrieden, aber keineswegs revolutionär gesinnt war. Bei den Einsätzen gegen Hecker und Struve gehorchte sie energischen Führern. Selbst die einberufenen Urlauber fügten sich der militärischen Ordnung.

Zu offensichtlich handelte es sich beim Heckerzug vom April und beim Struveputsch vom September um aussichtslose Trotzreaktionen von Radikalen, die von der Nationalbewegung verstoßen worden waren. Zwar fanden die Republikaner beim

Frühjahrsaufstand Zulauf, aber Heckers Zuversicht, daß Dreiviertel der Armee spontan auf seine Seite treten würden, zerrann in nichts. Das Bodenseegebiet, in dem die Radikalen mit ihrer guten Presse die Öffentlichkeit gewonnen hatten, erneuerte seine seit 1806 mehrfach praktizierte Tradition der Rekrutenverweigerung, aber der Aufstandsversuch kam so überstürzt, daß niemand mehr das große revolutionäre Potential Südbadens effektiv organisieren konnte. Weder ein Soldaten- noch ein Volksaufstand ließ sich zustande bringen.

Zweifellos hat ein psychologisches Moment das Verhalten der Truppe beeinflußt: zum ersten Mal nach Jahrzehnten der Untätigkeit und des Kasernenhofdrills wurde sie ihrer eigentlichen Aufgabe, der Gefechtstätigkeit, zugeführt. Die Paradoxie des Soldatenberufes, durch Kriegsbereitschaft den Krieg zu verhindern, wie sie das Metternichsche Friedenssystem heraufbeschworen hatte, war damals nur von wenigen seelisch verarbeitet worden. Ähnlich wie in der preußischen Armee von 1806 hatte sich unter diesen Umständen die stumpfe Mentalität breitgemacht, dienstliche Beschäftigung als Selbstzweck zu betreiben. Der „frische Wind“, der durch die Möglichkeit zum Einhauen 1848 in die Truppe fuhr, wirkte „sehr vorteilhaft“.

Indessen brachte es der Staat fertig, sich seine bis jetzt bei aller Anfechtung bewährte Stütze, die Armee, zu entfremden. Während gegen Hecker noch Kontingente aus zwei Bundesarmeekorps eingesetzt wurden, die an sich gegen die französische Bedrohung des Oberrheins aufmarschiert waren, gelang es General Hoffmann, den Septemberputsch von Struve im schnellen Zugriff mit wenigen, aber badischen Soldaten im Entstehungsprozeß abzuwürgen. Daß dann die Regierung gegen den gefangenen Aufrührer und seine Männer auf die mildestmögliche Art und Weise vorging, irritierte und verbitterte die alte Armee.

Die Regierung, die wußte, daß sie auf einem Pulverfaß saß, forderte in ihrer Not beim Reichsverweser preußische Besatzungstruppen an, aber da sich Karlsruhe bei allen bisherigen Vorgängen schwankend, widersprüchlich und unsicher gezeigt hatte, warteten Frankfurt und Berlin auf eine Situation, in der Baden endlich zu folgerichtigem Handeln gezwungen sein würde.

Gleichzeitig zog die deutsche Nationalversammlung der badischen Staatsgewalt den Boden unter den Füßen weg. Unter preußischem Einfluß revidierte sie die Bundeskriegsverfassung entscheidend. Auf einen Schlag beseitigte sie die Stellvertretung, verdoppelte die Heeresstärke von einem auf zwei Prozent der Bevölkerung und verlangte von den Gliedstaaten ein vollständig präsentes Heer. Baden ordnete sich unter und erließ die entsprechenden Gesetze. In der Öffentlichkeit wurde das nach der Errichtung der allgemeinen Bürgerwehr, der Beseitigung der Prügelstrafe in der Armee, dem Anredeerlaß und dem Verfassungseid des Heeres als fortgesetztes Zurückweichen vor der Revolution interpretiert.

Als unmittelbare Folge wurde eine sehr große Zahl von Rekruten eingezogen, von Burschen, die zum Teil an den Aufständen des Vorjahres teilgenommen oder wenigstens die republikanische Agitation miterlebt und deren Argumente und Phrasen kennengelernt hatten. Am 1. April 1849 war die badische Armee zum Volksheer geworden, in dem sich die Stimmung des Volkes nur zu gut widerspiegelte.

Daß die Mannschaften dem politisch und gesellschaftlich auf die monarchische Ordnung eingeschworenen Offizierkorps den Gehorsam verweigerten, war unter diesen Umständen wohl nicht mehr anders zu erwarten. Aber das rein militärisch-fachlich denkende und bisher von den wehrpflichtigen Mannschaften wegen seiner Ergänzung durch den Einsteherdienst getrennte Korps der alten Troupiers, der Feldwebel und Unteroffiziere, sagte ihm ebenfalls den Gehorsam auf, der sich noch im September bewährt hatte.

Der Grund lag darin, daß die Auszahlung der in der staatlichen Amortisationskasse zurückgelegten Einstandsgelder ersatzlos gestrichen worden war. Das rührte an den nervus rerum und verwandelte die apolitischen Unteroffiziere in Leute, die jedem Aufwiegler folgten. Die Rekruten aus dem oberen Bürgertum, die sich schon freigekauft hatten und jetzt doch zum persönlichen Dienst verpflichtet wurden, fühlten sich im gleichen Maß „hereingelegt".

So kam es, daß die Gruppen, die sich durch militärfachliche Autorität und durch rednerische Kapazität auszeichneten, an der Spitze der Armeemeuterei marschierten, weil durch die fehlende Abstimmung des neuen auf das alte Wehrsystem ihr Geldbeutel strapaziert wurde.

Die Katastrophe des badischen Staates nahm im Mai 1849 ihren Ausgang in Rastatt. Zielbewußt arbeiteten die dortigen Volksvereine auf die Revolution hin und fanden bei den bereits aufgewiegelt eingerückten April-Rekruten und den 6000 Festungsarbeitern Resonanz. Da Militär- und Zivilbehörden nicht gegen die Versammlungen einschritten, in denen der Aufruhr gegen die Regierung zum Gemeinplatz geworden war, hatten sie bald jeden Respekt verspielt. Als der Festungskommandant schließlich doch einschreiten wollte, war es zu spät. Zusammen mit dem vergeblich herbeigeeilten Kriegsminister mußten Offiziere und treue Soldaten vor der tobenden Soldatenmenge flüchten. Es handelte sich hier zunächst um eine ziellose Soldatenmeuterei, eine Folgeerscheinung der aufgewühlten allgemeinen Stimmung.

Nur mit Mühe konnte der revolutionäre Landesausschuß, der sich während des Zusammenbruchs der staatlichen Autorität auf einer Volksversammlung in Offenburg konstituierte, erreichen, daß sich die meuternde Garnison ihm unterstellte. Nach der Rastatter Initialzündung verjagten auch andere badische Truppenteile ihre Offiziere und schlossen sich der Revolution an. Zum Teil lief die Führung einfach davon und die Truppe auseinander. Meistens fielen die Offizierstellen an Unteroffiziere. Seit der Flucht des Großherzogs wurde die effektive Staatsgewalt von den Trägern der Revolution verkörpert, die im Hinblick auf die monarchisch-konstitutionelle Reichsverfassung die Proklamation der Republik vermieden. Dem Landesausschuß unterstellte sich, wie die Beamtenschaft, auch das meuternde Heer, dem zahlreiche Freischärler zuliefen.

Zum Oberbefehlshaber der badischen Streitmacht wurde Mierosławski berufen, der berühmteste Revolutionsgeneral der Zeit.

Ludwik Mierosławski (1814–1878) zog zuerst im Polenaufstand von 1830 die Aufmerksamkeit der Öffentlichkeit auf sich. Im Exil festigte er seinen militärischen Ruf durch kriegswissenschaftliche Veröffentlichungen und Vorlesungen in Paris, wo er schließlich in das exilpolnische Zentralorgan berufen wurde. Als Führer der Polen versuchte er persönlich, den fehlgeschlagenen Aufstand in Posen auszulösen, der 1846 die Befreiung ganz Polens einleiten sollte. Nach seiner Entlassung aus preußischer Haft leitete er revolutionäre Bewegungen in Posen, Sizilien, und schließlich Baden. Zuletzt trat er 1863 als „Diktator" des polnischen Januaraufstandes hervor.

Da die Mairevolution von 1849 im übrigen Deutschland zusammengebrochen war und um Baden herum preußische, bayerische, österreichische und württembergische Truppen konzentrisch aufmarschierten, übernahm Mierosławski den Oberbefehl nach eigenem Bekenntnis in der Überzeugung, nur noch „eine heroische Leichenfeier zu leiten". Trotz der großen Mängel der badischen Revolutionsarmee und der ihr zugelaufenen Freikorps und trotz Gegenrevolution und Verrat konnte der geschickte und draufgängerische Pole aufsehenerregenden Widerstand leisten.

Im übrigen verwechselten die Soldaten meist politische Demokratie mit militärischer Disziplinlosigkeit, ohne daß der Landesausschuß es vermocht hätte, seine Armee aus einer meuternden in eine für die Revolution kämpfende Streitmacht umzuwandeln. Vom Volkskrieg spanischen Vorbildes war nie die Rede, man operierte in regulären Verbänden nach den taktischen und operativen Erkenntnissen der Zeit.

Unter fortschreitender Auflösung zog sich das Gros der Revolutionsarmee nach Rastatt zurück. Dort konnte es sich noch mehrere Wochen halten, weil die Belagerer die wertvolle Bundesfestung schonen wollten. Nach der Kapitulation wurde über die Gefangenen willkürlich und exemplarisch zu Gericht gesessen.

Neuaufbau und Konvention mit Preußen

Noch während der Belagerung von Rastatt wurde die alte badische Armee am 14. Juli 1849 mit Ausnahme der wenigen Einheiten, die sich wegen ihres Einsatzes außerhalb Badens nicht an der Meuterei beteiligt hatten, aufgelöst. Die militärische Gewalt ging auf das preußische Besatzungskorps über.

Ein preußisches Korps von 18000 Mann wurde in Baden, das ihm Verpflegung und Unterkunft bereitstellte, fest einquartiert. Mehrere Verbände des neu aufgestellten badischen Korps wurden dafür nach Preußen verlegt, wo sie fast wie ein Bestandteil der königlichen Armee behandelt wurden. Der Versuch, eine Militärkonvention herbeizuführen und die neue badische Armee an Preußens rheinisch-westfälische Heeresabteilung anzuschließen, scheiterte an Österreichs geharnischten Drohungen und an Widerständen in Baden selbst.

Nach Olmütz mußte auch die Truppenkommandierung rückgängig gemacht und das preußische Korps abgezogen werden.

Friedrich I., unter dessen Regierung Baden sich vom Schock der Revolution und der Reaktion erholte und als „Musterländle“ bekannt wurde (Regent seit 1852, Großherzog 1856–1907), übernahm das Kommando selbst. Als überzeugter Kleindeutscher setzte er die Reorganisation der neuen Armee nach preußischen Prinzipien durch.

Zwar stellte Baden 1866 unter dem Druck der Nachbarn und der eigenen Öffentlichkeit eine Streitmacht von 10 Bataillonen, 12 Eskadrons und 5 Batterien bundesverfassungstreu als 2. Division des VIII. Bundeskorps ins Feld. Aber als sich – zeitlich bereits nach Königsgrätz - Gefechtsberührung mit der preußischen Mainarmee nicht mehr vermeiden ließ, scheint man ernsthaften Kampfhandlungen aus dem Weg gegangen zu sein.

Die Niederlage Österreichs und seiner Parteigänger bewirkte in Landtag und Öffentlichkeit einen weitgehenden Umschwung. Vergeblich versuchte Baden, schon während der Friedensverhandlungen in den Norddeutschen Bund aufgenommen zu werden oder wenigstens eine Militärkonvention abzuschließen. Die Bemühungen des Großherzogs, der die vollständige Angleichung von Bewaffnung, Ausrüstung, Organisation und Reglements sowie die Ausbildung von Offizieren und Kadetten seiner Armee in Preußen wünschte, blieben zunächst ohne Erfolg. Bismarck verlangte, daß sich die süddeutschen Staaten, die ja einen „Südbund“ abschließen sollten, untereinander auf die Einführung des preußischen Wehrwesens einigten.

Die vier Süddeutschen gelangten nur zu einer fragmentarischen Übereinkunft. Baden führte die Angleichung allein und sehr energisch durch.

Abkommen von 1867 und 1868 ermöglichten die Ausbildung badischer Offiziere und Anwärter in Preußen. Preußische Offiziere wurden in hohe Kommandostellen Badens berufen, der preußische Generalleutnant v. Beyer sogar als Kriegsminister und Generaladjutant. Nach langwierigen Kammerverhandlungen konnten dem norddeutschen Kriegsdienstgesetz entsprechende Gesetze verkündet werden, die die allgemeine Wehrpflicht brachten und die Stellvertretung beseitigten. Das Kontingentgesetz von 1868 legte die Friedenspräsenzstärke ohne Offiziere und Militärbeamte auf 14000, die Rekrutenquote auf 4700 Mann fest. Durch Befehle und Verordnungen wurde das bisherige Armeekorps in eine Division preußischen Typs umgewandelt. Die Einführung entsprechender Bezeichnungen und Dienstgrade folgte. Mit dem badisch-norddeutschen Vertrag über die mögliche Ableistung des Wehrdienstes der betreffenden Staatsangehörigen in der jeweils anderen Armee vom 25. Mai 1869 schuf man auch die psychologische Einheit.

Nachdem preußische Waffen, Reglements, Militärverwaltung und -gerichtswesen Eingang gefunden hatten, konnte Ende 1869 die Reform als im wesentlichen durchgeführt gelten.

Im Deutsch-Französischen Krieg setzte Baden insgesamt 45000 Mann ein. Bei Nuits und im Gefecht gegen die Freischar Garibaldis zeichnete sich die badische Division besonders aus. Nachdem die Modalitäten über den Eintritt in den Norddeutschen Bund geregelt waren, wurde am 25. November 1870 in Versailles endlich die Militärkonvention unterzeichnet, die Baden schon länger angestrebt hatte. Die badische Armee gab ihre Selbständigkeit auf und wurde unter Auflösung des Kriegsministeriums ein ungetrennter Bestandteil der preußischen.

d. Württemberg

Landtag und Wehrpflicht

Gleich bei ihrem ersten Zusammentritt lehnten sich die neugeschaffenen württembergischen Landstände besonders gegen die Militärpolitik ihres Monarchen auf. Wohl bekannten sie sich zu der Verpflichtung jedes Untertanen, König und Vaterland zu verteidigen, wohl rühmten sie die verflossenen Waffentaten. Aber im konkreten Fall deuteten sie vorsichtig an, daß sie es am liebsten sähen, wenn das Stehende Heer abgeschafft würde. Schwere Klagen erhoben sie namentlich gegen die als barbarisch und die Kultur zersetzend angeprangerte Allgemeine Wehrpflicht nach der Ordnung von 1809. Das Bürgertum haßte sie, abgesehen von der Belästigung, nicht zuletzt wegen der veralteten Kriegsartikel, in denen noch Spießrutenlaufen vorgesehen war, und die es beispielsweise erlaubten, einen Studenten wie einen Hund zu prügeln.

Der großbürgerlich-aristokratische Landtag war seiner soziologischen Struktur gemäß nicht in der Lage, zum Aufbau eines objektiv gerechten Wehrsystems beizutragen. Sein Interesse erschöpfte sich darin, dem König das württembergische Heer zwar zu belassen, aber Lasten von den Bevölkerungsgruppen, die sich im Landtag artikulieren konnten, auf die anderen abzuwälzen. Der König ging auf diese Beschwerden ein und nahm mit dem Konskriptionsgesetz von 1815 der Armee ihren „bürgerfeindlichen“ Charakter. Mit der Durchsetzung ihrer Forderungen hatten die Stände die von ihnen lebhaft beschworene Verteidigung des Vaterlandes kräftig pervertiert, die ihrer Ansicht nach leider den Söhnen der wohlhabenden Oberschicht viel schwerer fiele als Ungebildeten. Doch das war die communis opinio des europäischen Bürgertums.

Das Heer unter König Wilhelm I.

König Wilhelm I. (1816–1864), der als Kronprinz das württembergische Kontingent gegen Napoleon geführt hatte, hielt sich zeitlebens für einen begnadeten Feldherrn. Dennoch, und obwohl er sich als Soldat fühlte, schätzte er die militärische Potenz seines Königreichs realistischer ein als sein Vater und führte eine durchgreifende Reorganisation des württembergischen Heerwesens durch, das er den Forderungen der Zeit, den Wünschen der Landtagsmehrheit und den Kräften von Volk und Staat anpaßte. Die Armee verlor die große Bedeutung, die sie besessen hatte. Wilhelm ging so weit, den Oberbefehl in Friedenszeiten fakultativ dem Kriegsminister zu übertragen.

Die endgültig eingetretenen Friedensverhältnisse erlaubten es, die Armee zu verkleinern – man strich z. B. 284 Offizierstellen – und entsprechend umzuorganisieren. Besonders reduzierte Wilhelm die Garden und wandelte die verschiedenen Truppengattungen zu Einheitsinfanterie bzw. -kavallerie um. Nicht zuletzt in den Uniformen fand der neue Geist der Nüchternheit Ausdruck.

Dem preußischen Vorbild folgend war schon 1817 in Württemberg die „Freiheit der Rücken" proklamiert und die Prügel als Erziehungsmittel durch Arreststrafen ersetzt worden. Am 20. Juli 1818 traten als Marksteine in der württembergischen Sozialgeschichte neue Kriegsgesetze in Kraft, in denen Württemberg als einer der ersten Staaten die preußischen Reformprinzipien von 1808 übernahm. Als Ziel galt die Hebung des militärischen Ehrgefühls der Mannschaften, das erst den Wehrdienst zu einer Aufgabe des Volkes machen konnte. Die Konskriptionswehrpflicht, so ungerecht sie selbst auch gehandhabt werden mochte, hatte wenigstens theoretisch ihre angemessene Ergänzung gefunden, indem die unwürdige Behandlung weiter Volksteile im Frieden aufgegeben wurde.

Den Wünschen des Landtages kam der König im Zug des innenpolitischen Konfliktabbaus 1819 gern entgegen. Zwar beteiligte er den Landtag, mit dem er sich erst zwei Monate später in der Verfassungsfrage einigte, noch nicht an Ausarbeitung und Erlaß der neuen Ordnung, berücksichtigte aber die Interessen der landtagsfähigen Stände, die sich dann auch zufrieden zeigten.

Die Aufstellung der Rekrutenlisten wurde den Gemeinderäten übertragen, also der kommunalen „Ehrbarkeit", die damit über die Exemtionen entschied. Schließlich wurde die militärische Belastung des reichen Bürgertums dadurch aufgehoben, daß die Möglichkeit, einen Vertreter zu stellen, erweitert wurde. In diesen Grundsätzen kopierte Württemberg das französische Vorbild, das liberale Wehrgesetz von Gouvion-St. Cyr, wie es sich überhaupt in Militärfragen bis 1866 im allgemeinen an Frankreich orientierte. Die Wehrpflicht des Württembergers erstreckte sich vom 20. bis zum 30. Lebensjahr. Freiwillige Soldaten und ausgebildete Wehrpflichtige sollten im Kriegsfall in der Linienarmee, unausgebildete je nach Alter in zwei Klassen der erst dann aufzustellenden Landwehr dienen. Die Dauer der aktiven Dienstzeit im Frieden unterlag Schwankungen. Von den Wehrpflichtigen genossen im allgemeinen nur Arrestanten eine kontinuierliche Ausbildung über ein ganzes Jahr hin.

Bei der Bemessung der Heeresstärke hielt sich Württemberg an die Forderung des Deutschen Bundes. Von den 21000 Soldaten hielt es aber nur ein Drittel präsent und schickte die übrigen Wehrpflichtigen nach Beendigung der elementaren Ausbildung auf „unbestimmten Urlaub". Leitender Gedanke war die Kostenersparnis, denn der Landtag drückte den Etat so weit nach unten wie möglich: zwischen 1820 und 1830 von 2,3 auf 1,8 Millionen Gulden. Deshalb mußte sich die Militärverwaltung, wenn sie mit außergewöhnlichen

Ausgaben konfrontiert wurde, damit behelfen, als einfachste Möglichkeit eine entsprechende Anzahl von Soldaten zu entlassen. Obwohl die Rekrutierungsgesetze verlangten, daß die Präsenzdauer eine ordentliche Ausbildung gewährleisten sollte, war offensichtlich, daß die militärischen Interessen der württembergischen Armee auf die Dauer innenpolitischen Erwägungen geopfert wurden.

Bekleidung, Verpflegung, Unterbringung und Besoldung der Soldaten gestalteten sich entsprechend armselig. Da die bemittelten Schichten sich durch die Stellvertretung vor dem Wehrdienst bewahren konnten, war es gang und gäbe, daß Soldaten sich durch Nebentätigkeiten, die der nicht zu intensive Dienst gestattete, vor dem Hunger in der muffigen Kaserne bewahren mußten. Viel beneidenswerter war auch die Lage der Unteroffiziere nicht. Ohne die sorgfältige Auslese der guten Schützen, die besser ausgebildet wurden und als Reservoir für das Unteroffizierkorps dienen mußten, wäre der Bedarf nicht annähernd zu decken gewesen; auch unter den Schützen waren die Tressen unbeliebt.

Selbst den Offizieren bot die württembergische Armee wenige Attraktivitäten. Unter diesen Umständen zog die traditionelle Offizierschicht, der Adel, namentlich der seit König Friedrich mit dem Königshaus bitter verfeindete ehemals reichsunmittelbare, den Dienst in der kaiserlich österreichischen Armee vor. Das württembergische Offizierkorps ergänzte sich infolgedessen immer stärker aus dem Bürgerstand und verschmolz mit ihm, woran auch die zahlreichen Nobilitierungen von Offizieren nichts mehr änderten.

Nachdem die Frankfurter Nationalversammlung in den Grundrechtsartikeln die Stellvertretung im Militärdienst verboten hatte, beschloß auch der Stuttgarter Landtag ihre Beseitigung mit großer Mehrheit. Doch schon der nächste Landtag billigte bereits 1851 die Wiedereinführung des Einsteherwesens, das 1817–1849 bei 15 000 Fällen 6 Millionen Gulden den Besitzer hatte wechseln lassen und die Finanzierung des württembergischen Unteroffizierkorps erst ermöglicht hatte. Für den Einsparungseifer der Landstände wog das mehr als Idealismus.

Wie für Preußen erwies sich die chaotische Mobilmachung anläßlich des oberitalienischen Krieges von 1859 auch für Württemberg als eine Zäsur, aber doch ohne vergleichbar weittragende Konsequenzen.

Herrschte schon im Stuttgarter Hauptquartier des VIII. Armeekorps der bedrükkendste Dillettantismus, so galt das von der Truppe mit ihrer geringen Zahl ausgebildeter oder gar brauchbarer Dienstgrade erst recht. Die mobilgemachte Armee präsentierte sich als verrostetes Durcheinander. Obwohl sie statt der bundesseitig geforderten vier Wochen für die Mobilmachung schon ein Vierteljahr aufwenden mußte, war sie auch dann nur bedingt kriegsbereit. Offiziers- und Unteroffiziersstellen konnten durch Einberufen und hastiges Befördern wenigstens organisatorisch, wenn auch nicht effektiv besetzt werden, aber Waffen, Bekleidung, Ausrüstung, Pferde und Unterkünfte ließen sich nicht einmal auf dem Papier beschaffen. Als schwerster Fehler stellte sich die mangelnde Übung heraus.

Von größter Bedeutung erwies sich, daß bei der Mobilmachung infolge der erhöhten Kontingentsforderung zum ersten Mal die bisher nur im Reich der Illusion existierende Landwehr einberufen worden war. Während die Einsteherverträge bei der Linie nach gesetzlichen Normen abgeschlossen werden mußten, herrschte bei der Stellvertretung für die Landwehr nämlich der „freie Markt". Deshalb konnten sich nur die allerreichsten Schwaben von der Landwehrpflicht loskaufen, und so lernten 1859 erstmals wieder die gebildeten Schichten das Soldatenleben kennen. Und das bei den schlimmen Verhältnissen gerade dieses Aufgebots! Mit einem Schlag drangen die materiellen und sozialen Gebrechen der württembergischen Armee in das Bewußtsein einer Öffentlichkeit, der die Probleme der Linientruppe mit ihren Mannschaften allein aus der nicht artikulationsfähigen Volksschicht gleichgültig gewesen waren. Nach diesem Schock sahen die landtagsfähigen Stände ihre Wehrmacht mit anderen Augen an als bisher.

So konnten sich von jetzt an zwei württembergische Eigentümlichkeiten auswirken. Zum einen hatte der soziale Wandel des Offizierkorps, das inzwischen überwiegend aus dem Bürgerstand kam, Anfeindungen, wie sie 1848 gegenüber den „vertierten Söldingen" üblich gewesen waren, endgültig den Boden entzogen. Mit Entrüstung wandte sich die Presse gegen das Projekt König Karls (1864–1891), die Offiziere durch die Einrichtung von Kasinos zu dem in anderen Armeen üblichen Kastengeist zu erziehen. Zum anderen führten die Landwehrerfahrungen der oberen Stände – die noch 1850 der Ansicht waren, der Soldat habe einen Teil seines Unterhalts selbst hinzuzuverdienen – endlich zu Solderhöhungen. Das konstitutionell gesinnte Bürgertum identifizierte sich mit der Streitmacht. Alte Träume vom Volkswehrsystem wurden wieder aufgegriffen und von den meinungsbildenden Organen popularisiert.

Krieg und Reorganisation 1866–1871

Den Deutschen Krieg sah man in Württemberg als Wendemarke an, denn die Regierung hatte vor dem Landtag, der in der Kriegskreditfrage geschickt seine Budgetvollmacht ausgespielt hatte, kapituliert und für die Nachkriegszeit den allmählichen Übergang zum Volkswehrsystem zugesagt.

Das Versagen der süddeutschen Armeen war schon in den politisch-strategischen Voraussetzungen des Krieges angelegt, der sich in mehrere unverbundene Kriegstheater aufsplitterte. Aber die konfuse militärische Führung des unvorbereiteten württembergischen Heeres, die ohne operative Konzeption und unfähig zu effektiver Stabsarbeit war, schickte die Armee nach hungerreichen Kreuz- und Quermärschen zuletzt noch in das verlustreiche Gefecht von Tauberbischofsheim. Zunächst gelang es ihr, ihr eigenes Versagen durch das Feiern von Heldentum und Patriotismus der unglücklichen Soldaten vor der Öffentlichkeit zu verschleiern, zumal dem bisherigen Wehrsystem, das nur eine widerwillig dienende und schlecht ausgebildete Armee mit ungenügender

Ausrüstung produziert hatte, vor aller Augen die Hauptschuld an der Niederlage zukam.

Ihr Prestige hatte die Heeresführung aber doch verspielt, und vor den zum Teil maßlosen Angriffen der Öffentlichkeit trat sie die Flucht nach vorn an. Nach Königgrätz hatte die Presse den Übergang zum Volkskrieg spanischen Musters verlangt. Nach dem Krieg, in dem das Experiment einer schwäbischen Guerilla glücklicherweise unterblieben war, schwoll der Chor der Freunde der Volksbewaffnung an: laut wurde in Presse, Volks- und Turnerversammlungen die „vaterländische Miliz“ nach schweizerischem Muster gefordert, die durch Einberufung aller Wehrpflichtigen sozialen Neid und durch kürzestmögliche Präsenz wirtschaftliche Belastungen verhindern sollte. Anfang Dezember legte der neue Kriegsminister Oskar v. Hardegg einen Gesetzentwurf vor, der in raffinierter Form scheinbar eine Umgestaltung, tatsächlich aber allein eine Intensivierung des württembergischen Wehrsystems, mit einigen populären Elementen der Miliz verbrämt, vorsah.

Gemäß den volkstümlichen Forderungen der „Milizdemokraten“ wurden Auslosung und Stellvertretung radikal beseitigt und die Präsenzzeit theoretisch drastisch gekürzt. Wenn in den Schulen nach schwedischem Muster die vormilitärische Ausbildung dazukäme, würden ein Grund- und wenige Wiederholungskurse für die vollständige Ausbildung und Übung ausreichen, hieß es in der Begründung.

Die vorgeschlagenen Präsenzzahlen erhöhte Hardegg in einem zweiten Entwurf. Von einem Milizsystem konnte man unter diesen Umständen nicht mehr reden. Im aktiven Heer hätte demnach jeder Württemberger 3 Jahre, in den Reservebataillonen ebenso viele und im Anschluß daran in der Landwehr noch 8 Jahre zu dienen gehabt. Die Präsenzdauer, also das entscheidende Element, war jedoch bewußt wesentlich höher als in der Schweiz – wo sie wenige Monate insgesamt ausmachte – auf 21 Monate Infanterie-, 24 Monate Artillerie- oder 30 Monate Kavalleriedienst während der aktiven und Reservephase veranschlagt.

Unter diesen Voraussetzungen errechnete Hardegg einen Formationsstand von 2,5% der Bevölkerung (45 000 Soldaten) und einen Präsenzstand von 0,75% (13 000 Soldaten). Unter der Bedingung der Erhöhung der Präsenzzeiten auf 24, 30 und 36 Monate gab der König seine Zustimmung.

Bei dieser Regelung wäre die Präsenzdauer – wie in allen Entwürfen veranschlagt – höher gewesen als früher, als die Wehrpflichtigen in der Ausbildungsphase und ein paar Herbstmonate über Dienst getrieben hatten. Im Gegensatz zu den vordergründigen Äußerungen und Akklamationen wären die finanziellen und personellen Forderungen in einem ganz anderen Maß gestiegen, als die wehrfreudigen, aber sparsamen Schwaben sich das gedacht hatten.

In die beginnende Neuorganisation gemäß dem Hardeggschen Entwurf platzte im Frühjahr 1867 die Luxemburg-Krise. Nach der Veröffentlichung der deutschen „Schutz- und Trutzbündnisse“ durch Bismarck entließ König Karl preußenfeindliche Minister, darunter Hardegg, und schwenkte auch im Militärwesen vollständig um. Entscheidender Mann im Kriegsministerium wurde nun der schärfste Kritiker der bisherigen Wehrverhältnisse, der Oberst v. Suckow.

Albert Freiherr von Suckow (1828–1893), aus ursprünglich mecklenburgischer Soldatenfamilie, diente seit 1845 in der württembergischen Armee. 1855 im Generalquartiermeisterstab, 1859 im Stab des VIII. Bundeskorps, 1861 Leiter der Kriegsschule, 1866 württembergischer Vertreter im Hauptquartier des Prinzen Karl von Bayern, wurde er 1867 Generalquartiermeister und Adjutant des Kriegsministers. 1870–1874 wurde er selbst mit dem obersten Posten der württembergischen Armee betraut. In der Diskussion um Wehrreformfragen trat er mehrfach literarisch hervor.

Auf dem Weg, die Wehrstruktur Württembergs möglichst vollständig an die für ihn vorbildliche Preußens anzugleichen, ging Suckow in Etappen vor. Eine erste Entscheidung zog fast zwangsläufig die andere in seinem Sinne nach sich: dem Zündnadelgewehr folgte das preußische Exerzierreglement; mit der Ausbildung darin wurden badische Instruktoren beauftragt. Im Herbst 1867 wurden die Grundlagen der gesamten Ausbildung durch Reorganisation der Kriegsschule nach preußischem Vorbild neugestaltet.

Der entscheidende Durchbruch erfolgte mit dem neuen Kriegsdienstgesetz, zu dem Suckow gegen scharfe Angriffe seitens des Hofes schließlich die Zustimmung des Königs gewann. Anfang 1868 wurde die Vorlage nach hitzigen Debatten mit geringer Mehrheit und nach einigen Änderungen vom Landtag angenommen.

Der Hauptunterschied des württembergischen Gesetzes bestand gegenüber dem norddeutschen, an das man sich ohne sklavische Nachahmung eng angelehnt hatte, in der Dauer der Dienstzeit, die auf 2 Jahre reduziert war. Außerdem wurde dem begüterten „Einjährig-Freiwilligen" preußischen Musters gleichberechtigt der „Einjährig-Dienende" zur Seite gestellt, bei dem der Staat fehlenden Wohlstand des Elternhauses durch Zuschüsse kompensierte. Durch den Nachweis guter vormilitärischer Ausbildung konnte die Dienstzeit sogar auf ein halbes Jahr herabgesetzt werden. Untaugliche und nicht Einberufene wurden mit einer Wehrsteuer von 20 Gulden belastet, die sich als unerwartet ertragreich erwies.

Schließlich kommandierte Suckow zahlreiche Offiziere nach Preußen und zur Teilnahme an preußischen Generalstabsreisen, um sie die dortigen Einrichtungen kennenlernen zu lassen.

Indessen löste die progressive „Verpreußung" einen Proteststurm in der württembergischen Öffentlichkeit aus. Gegen das Kriegsdienstgesetz kamen 150000 Unterschriften zusammen. Angesichts der partikularistischen Haltung der Regierung hätte König Karl Suckow nicht lange halten können, wenn nicht Ausbruch und Verlauf des Deutsch-Französischen Krieges den völligen Umschwung der Ansichten herbeigeführt hätten.

Im Rahmen der Kronprinzenarmee focht die württembergische Division von 22000 Mann und fand allgemein großes Lob. Suckows Maßnahmen waren vor der Öffentlichkeit glänzend gerechtfertigt, hatte sich doch die württembergische Streitmacht von der zwangsrekrutierten Armee zum Volksheer gewandelt, in dem alle Stände dienten und das tonangebende Bürgertum sich doch nicht übermäßig belastet fühlte. Die Veränderung ermöglichte es dem Heer, sich konfliktlos in die Wehrstruktur des neuen Reiches einzupassen.

Preußen konnte der reorganisierten Armee ohne Bedenken die Reservatrechte gewähren, die dem schwäbischen Königreich den Verlust der Selbständigkeit 1871 versüßten. Und durch die rechtzeitige Anpassung war es der württembergischen Armee gelungen, den bürgerlichen Charakter zu wahren, zu dem sie sich seit den Freiheitskriegen hinentwickelt hatte, und der Gesellschaft und Armee mehr miteinander harmonisieren ließ als anderswo im Deutschen Reich.

e. Bayern

Das Königreich Bayern trat in die Nachkriegszeit mit weitgehend arrondiertem Gebiet, durchgebildeter Bürokratie, schwacher wirtschaftlicher Basis, relativ ausgeglichener gesellschaftlicher Struktur, zerrütteten Finanzen und dem Anspruch auf wenigstens regionale Großmachtstellung. Mit der Gewährung der Verfassung von 1818 gelang die Integration der fränkischen Bevölkerung, die nach dem Verzicht Bayerns auf die Tiroler als unruhiges Element verblieben war, während die Rheinpfälzer bei ihrer über das gesamtbayerische Niveau fortgeschrittenen politischen und gesellschaftlichen Kultur nicht mehr gewonnen werden konnten. Dazu hielt sich in den neubayerischen Gebieten, vor allem den protestantischen, die sich auch wirtschaftlich nicht der offiziösen Gleichung „Bayernland = Bauernland" einpaßten, ein deutsches Nationalgefühl, dem der romantische „Teutonismus" König Ludwigs I. (1825–1848) nicht genügte. Bayern war ein Staat, der durch seine Größe allein politisches Gewicht besaß, dessen Masse aber auch Risse aufwies. Aber es war ein unglückliches Mittelformat, zu groß für den Verzicht auf bedeutende Ziele und zu klein für wirkliche Machtentfaltung.

Daß Bayerns Kapazität zu gering war, um großes Auftreten auf dem internationalen Pflaster zu gestatten, sah man selbst in München ein. Mit Ausnahme des finanziellen, administrativen und militärischen Engagements im Griechenland des wittelsbachischen Königs Otto (1832–1862), das aber hauptsächlich die Angelegenheit des Philhellenen Ludwig I. war, hielt sich Bayern zurück. Dagegen war das Königreich der Hauptexponent der „Triaspolitik" im Deutschen Bund, die darauf hinauslief, gegenüber den „nicht rein deutschen Mächten" Österreich und Preußen eine geschlossene Front der deutschen Mittelstaaten als „dritte Kraft" aufzubauen. Bayern beanspruchte in dieser Gruppierung die führende Position, mußte sich aber mit der Rivalität Württembergs und der reaktionären Haltung Sachsens auseinandersetzen. Einen natürlichen Vorrang gestand kein deutscher Fürst den Wittelsbachern zu, und trotz scheinbarer Fortschritte in den sechziger Jahren blieb die Triaspolitik eine Schimäre. Im Krieg von 1866 erwies sich, daß Bayern allein stand, wenn es die Anlehnung noch kleinerer Staaten erwartete, anstatt sich selbst einer echten Großmacht anzuschließen.

Bayerns Krankheit, die aus den napoleonischen Kriegen seit 1804 in den Frieden hinübergeschleppt wurde, war der traurige Zustand der Staatsfinanzen. In den ersten Nachkriegsjahren wuchs die Situation der Regierung über den Kopf. Kernstück auch des Friedensbudgets waren die Ausgaben für das Heer. Anfangs versuchte König Maximilian I., den Militäretat aus den französischen Kontributionsgeldern zu entlasten. Schließlich verfügte er eine Begrenzung der militärischen Ausgaben auf 8 Millionen Gulden; die Armee sollte so abgebaut und neu formiert werden, daß diese Summe ausreichte. Da Maximilian versäumte, die ganze Staatsmaschinerie durch Rationalisierung zu verbilligen, mußte der Versuch zur Sanierung der zerrütteten Finanzlage zu immer stärkerer Verminderung des Heeres führen, auf das Bayern bei seiner Sorge um die Souveränität und bei seinen Ambitionen auf Machtposition und badisches Territorium doch nicht verzichten konnte. Die Verfassung wurde vor allem erlassen, um das Volk durch seine Vertreter an der finanziellen Verantwortung zu beteiligen und um vom Landtag Kredite bewilligt zu bekommen. So sehr die konstitutionelle Geste des Königs 1818 die innenpolitische Situation entspannen mochte – diese Rechnung ging nicht auf. Die Volksvertretung war nicht bereit, für die Ausgeglichenheit des Etats Opfer zu bringen, ohne daß von der disproportionierten Wehrmacht weitere Abstriche erfolgten. Die Ergebnisse des ersten Landtags 1819–1825 stellten die Weichen für die ganze spätere Entwicklung.

Im Landtag kam sofort ein Problem zur Sprache, das der Regierung unangenehm war. Es handelte sich um die Frage, wozu Bayern überhaupt ein Heer in der regierungsseitig geforderten Größenordnung brauchte. Viele Abgeordnete verdächtigten die Regierung, zur Verwirklichung ihrer Großmachtambitionen Bayern in einen Militärstaat verwandeln zu wollen. Das Königreich sei nur ein „Staat zweiter Größe", sein Schutz beruhe auf Allianzen, in denen einige Tausend bayerische Soldaten keine Rolle spielten. Solange Bayern die formale Unabhängigkeit besaß, um eigene Politik treiben zu können – bis 1870 –, wiederholte sich das Schauspiel, daß die Regierung um ihr Stehendes Heer kämpfte und die Opposition die Umwandlung zur „billigen" Miliz verlangte.

Das Militärbudget kürzte der Landtag kräftig. Den Argumenten des Kriegsministers zugunsten höherer Ausgaben brachte er keinen Glauben entgegen. Der König erklärte daraufhin seine Absicht, gegebenenfalls den bewilligten Etat bedenkenlos zu überschreiten; er berief sich auf die Forderungen des Bundes, deren Nichterfüllung Anlaß zu einer Bundesintervention in Bayern geben konnte. Schließlich gab Maximilian doch nach, berief eine Kommission, die die Armee nach Einsparungsmöglichkeiten auf der Basis des bewilligten Etats untersuchte, und vollzog deren Vorschläge.

Dennoch konnte er in Militärfragen keinen Frieden mit dem Landtag schließen. Ein strittiger Punkt war die Frage der Vereidigung des Heeres auf die

Verfassung. Sie sollte ungelöst bleiben, denn sie war ein Antagonismus des Konstitutionalismus, der in allen deutschen Verfassungsstaaten auftauchte. Der Konflikt um den militärischen Verfassungseid trug im vormärzlichen Bayern zur Anheizung eines vorrevolutionären Zustandes bei. Im Gegensatz zur Ansicht vieler Abgeordneter bestritt die Regierung, daß das Militär zur Gruppe der „Staatsdiener" zählte, die den Verfassungseid zu leisten hatte. Die Armee sollte, durch keine Eidskrupel behindert, ein gefügiges Instrument des monarchischen Willens bleiben. Der König beharrte auf einem Fahneneid, der seiner Person zu leisten war. Die Mehrheit der bayerischen Offiziere befürchtete, daß aus dem Verfassungseid ein wachsender Einfluß des im Landtag organisierten Bürgertums auf die Armee hervorgehen und diese sich schließlich zum Volksheer entwickeln würde, und stimmte der Willensbekundung ihres Monarchen bei.

Das Heer unter Ludwig I.

Die ersten Maßnahmen König Ludwigs I., der aus seiner Kronprinzenzeit als national und liberal gesinnt bekannt war, fanden den Beifall des Landtags und riefen Stimmen wach, die den Ausbruch von Bayerns goldenem Zeitalter priesen. War das Königreich bei großen Ansprüchen und geringem Steueraufkommen bisher am Rand des Staatsbankrotts dahingetrieben, von einer allmächtigen und fast autonomen Ministerialbürokratie gelenkt, so ergriff Ludwig nun die Zügel der Regierung selbst und begann, die Kosten der Staatsverwaltung auf ein den Mitteln entsprechendes Maß zurückzuschrauben. Aber da die politischen Ansprüche nicht geringer wurden, entstand durch den Abbau des bürokratischen und militärischen Instrumentariums, das zu ihrer Durchsetzung nötig war, eine noch tiefere Kluft zur tatsächlichen Kraft Bayerns.

In der Reihe der bayerischen Könige gilt Ludwig I. als der begabteste und originellste, aber auch pflichtbewußteste. Das Verfassungsprinzip des Konstitutionalismus „le roi règne, mais ne gouverne pas" lehnte er ab, da er sich in patriarchalischer Fürsorge um alles kümmern zu müssen glaubte. So brachte er zwangsläufig die Liberalen, die zeitgemäße Formen und Reformen von ihm erwarteten, gegen sich auf. Deshalb brach er 1830/31 mit ihnen und regierte mit konservativen Ministerien. Mit der Berufung des Ministeriums Abel (1837–1847) begab er sich ganz auf das klerikale und reaktionäre Geleise. Die ministerielle und öffentliche Entrüstung über die Affäre des alternden Monarchen mit der Tänzerin Lola Montez führte ihn 1847 wieder den liberalen Parteien zu. Als er feststellte, daß ihn niemand mehr akzeptierte, dankte er im März 1848 ab.

Schon in seiner Kronprinzenzeit hatte Ludwig in allen Bereichen des Staates Einsparungen zu dessen finanzieller Gesundung gefordert. Nach seinem Regierungsantritt berief er sofort eine Ersparungskommission für die Armee. Die Kommission sprach sich für die Beibehaltung der gegenwärtigen Wehrstruktur aus, empfahl aber, um eine Million einsparen zu können, eine neue

Gliederung. In ehrfürchtiger Bewunderung der Armee von 1814/15 konnte sie sich nicht zu durchgreifenden Neuerungen entschließen. Die halbe Maßnahme, die der König gemäß der erhaltenen Ratschläge anordnete, beschränkte sich so hauptsächlich auf die zahlenmäßige Verringerung stehender Einheiten und der Präsenzziffern. Das Heer wurde lediglich „verdünnt", ohne daß materielle Vorbereitungen für die Auffüllung im Krieg getroffen wurden.

Die Einsparungen kompensierte die Regierung aber gleichzeitig durch ein, wie sich erweisen sollte, letztlich überflüssiges Projekt. Ludwig wünschte den Ausbau eines Systems von Landesfestungen, das durch Verteidigungslinien und -punkte Bayern mit einem „nach allen Seiten die Stirn bietenden Verteidigungsgebäude", unabhängig vom Bund, sichern sollte. Je nach Lage sollte die Armee ihre Schutzaufgabe angelehnt an die Mainlinie mit Würzburg, die Donaulinie mit Regensburg oder die Lechlinie mit Augsburg als festem Platz kämpfend wahrnehmen. Die Verbindung dieser drei Festungen erforderte nach Ansicht des Königs und der ihn beratenden Militärkommission einen festen Zentralpunkt. Das an sich strategisch günstige Regensburg wurde für diesen Zweck verworfen, damit Österreich sich nicht herausgefordert fühlen konnte. Man entschied sich für Ingolstadt, das unter den, wie man annahm, geringsten Kosten zu befestigen war. Doch entwickelte sich der Festungsbau zu einer schweren Last.

Die Neubefestigung Ingolstadts, dessen aus dem 16. Jahrhundert stammende Anlagen 1800 von den Franzosen geschleift worden waren, wurde ein Lieblingsprojekt Ludwigs. Alljährlich verschlang der Bau, der 1826 begonnen wurde, erhebliche Summen. Da ihm bei der Bereitstellung von Mitteln Vorrang zukam, mußte in anderen Bereichen der Armee zu weiteren Einsparungen geschritten werden. „So kann man wohl behaupten, daß das Problem ‚Festung Ingolstadt' zu einem Hemmschuh für eine Gesamtentwicklung der bewaffneten Macht wurde" (W. D. Gruner). Erst in den sechziger Jahren war der Bau abgeschlossen.

Bayern verfolgte diese eigenständige militärstrategische Konzeption, weil die militärische Handlungsfreiheit als Grundlage der politischen Handlungsfreiheit eines Staates angesehen wurde. Die „Rundumverteidigung" des Kernlandes erforderte ein weit stärkeres Heer, als von Bayern im Rahmen eines Bundeskrieges verlangt wurde. Denn im letzteren Fall oblag ihm nur die Verteidigung der pfälzischen Rheinlinie mit einem Armeekorps. Hervorragendster Vertreter der unabhängigen Verteidigungskonzeption war ein Mann, der als Befehlshaber der bayerischen Armee von 1814/15 und Bevollmächtigter Bayerns auf dem Wiener Kongreß der Ansicht war, daß die berechtigten Wünsche seines Landes nach den Freiheitskriegen ungenügend erfüllt worden seien und daß Bayern im Besitz eines stärkeren Heeres nicht zu kurz gekommen wäre: der Feldmarschall Fürst von Wrede.

Der Heidelberger Carl Philipp Wrede (1767–1838) hatte nach dem Jura-Studium in seiner Heimatstadt zunächst die Beamtenlaufbahn eingeschlagen. Über seine Tätigkeit als pfälzischer Landeskommissar bei österreichischen Truppen kam er 1799 in den Militärdienst. Als Generalleutnant war er 1804 an der Neugestaltung des bayerischen Heeres beteiligt. Sein Auftreten bei Wagram 1808 trug wesentlich zu Napoleons Sieg bei. Aus Rußland zurückgekehrt schloß er 1813 den Rieder Vertrag ab und führte seitdem das bayerisch-österreichische Korps. Bei Hanau konnte er zwar Napoleons Rückzug von Leipzig zum Rhein nicht aufhalten, doch kämpften die Bayern unter seiner Führung im weiteren Verlauf des Freiheitskrieges erfolgreich. 1814 wurde er Feldmarschall. In der Nachkriegszeit setzte er sich als Minister für eine Verfassung und den Sturz Montgelas' ein. Das Generalkommando der Armee hatte er 1822–1829 inne. 1832 wurde er mit der Beruhigung der Pfalz beauftragt.

König Ludwig identifizierte sich mit dieser Zielsetzung. Aber seine Bereitschaft, Land und Armee entsprechend vorzubereiten, war begrenzt. Er verließ sich auf die innenpolitische Integrationskraft eines Krieges, ohne zu bemerken, daß die unumgänglichen personellen und materiellen Voraussetzungen für die großartige Kriegsreserve, von der diese Militärpolitik abhing, wegen der Vernachlässigung des stehenden Heeresrahmens und erst recht des Reservistenpotentials nicht bestanden.

Im Gegensatz zur landläufigen Ansicht war Ludwig ein an seinem Heer sehr interessierter Fürst, in dem die militärischen Erfahrungen seiner Kur- und Kronprinzenzeit nachwirkten. Gerade diese Erfahrungen, die sich naturgemäß mit wachsendem zeitlichem Abstand verklärten, verleiteten ihn zur Überschätzung der Substanz seiner Armee. Da er nicht selbst führte, war er auf die Meldungen seines Kriegsministeriums, dem er die Leitung voll übertragen hatte, angewiesen. Dieses legte ihm regelmäßig „gefilterte" Berichte über die Frühjahrs- und Herbstinspektionen vor, die dem König die zahlreichen Klagen aus der Truppe selbst verschwiegen und ihm ein befriedigendes, wenn nicht sogar erfreuliches Bild suggerierten. Die schlechten Gewehre, die zu kurze Ausbildung und der Unterführermangel seiner Armee blieben ihm deshalb verborgen. Warum er höheren Budgetforderungen oder Verschuldungswünschen seiner Minister an den Landtag zustimmen sollte, wenn aus seiner Sicht Schlagkraft und innerer Zustand mit den gegebenen Mitteln aufrechterhalten wurden, sah er dann natürlich nicht ein. Außerordentliche Aufwendungen für die Armee ließ er jedoch aus dem „Reichsreservefonds" decken. Auch aus den Erübrigungen, die aus der Praxis der Regierung erwuchsen, vor dem Landtag für einzelne Budgetposten höhere Ausgaben zu veranschlagen als tatsächlich entstanden, ließ er Mittel auf den Heeresetat umwälzen.

Die häufig geäußerte Behauptung, Ludwig habe zugunsten seiner „Bauliebhaberei" die Armee vernachlässigt, scheint sich als Legende zu erweisen. Neuere Forschungen weisen nach, daß die drastische Kürzung des Militäretats auf die Entspannung der katastrophalen finanziellen Lage Bayerns zielte und daß dem Heer sogar immer wieder Mittel aus anderen Quellen zuflossen. Bei seiner Armee erwirtschaftete Ludwig jedenfalls keinen „Gewinn". Über den Festungsbaufond, der Bayern aus der französischen Kontribution zugewiesen worden war, verfügte der König allerdings sehr frei.

Mußte der König eine Heeresreform für überflüssig halten, da für ihn alles zum besten stand, so lehnte er eine zeitgemäße Reorganisation, die ihm mehrfach in Denkschriften kompetenter Soldaten nahegelegt wurde, auch aus grundsätzlichen politischen Erwägungen ab. Er befürchtete eine Beeinträchtigung des von ihm verkörperten monarchischen Prinzips. So verwarf er 1830 die Vorschläge des Generalquartiermeisters Raglovich, der sich für die allgemeine Wehrpflicht preußischen Musters unter Anpassung an besondere bayerische Verhältnisse ausgesprochen hatte. Die Entscheidung Ludwigs fiel nicht allein deswegen negativ aus, weil die Allgemeine Wehrpflicht nur unter erneuter Kreditaufnahme durchführbar war. Sie scheiterte vor allem an der Schlußfolgerung des unter dem Schock der Pariser Julirevolution stehenden Monarchen, daß seine Untertanen für die Erhöhung ihrer militärischen Lasten eine Vermehrung ihrer politischen Rechte fordern würden.

Wenn auch die militärpolitischen Zielsetzungen von König und Landtag differierten, so herrschte doch unter gegebenen Umständen zwischen ihnen Einigkeit über die Wehrstruktur. Ohne größere Schwierigkeiten konnte deshalb 1829 ein neues Gesetz über die Heeresergänzung an Stelle des Konskriptionsgesetzes von 1812 in Kraft gesetzt werden.

Die Wehrpflichtigkeit jedes 20 Jahre alten Bayern hielt 6 Jahre an. Aus dem Wehrpflichtigenpotential wurde im Frieden durch Los ein Sechstel des Heeresbestandes ergänzt, im Krieg durfte die Regierung auch einen höheren Satz einziehen. Ehrlose Personen wurden zum Arbeitsdienst herangezogen. Zahlreich waren im Frieden die Möglichkeiten zur Zurückstellung. Vor allem aber konnte jeder, den das Los getroffen hatte, sich durch einen „Einsteher" im Dienst vertreten lassen.

Über die tatsächliche Einberufung der Pflichtigen sagte das Gesetz nichts. So blieb es bei der älteren Einrichtung der „Assentiert-Unmontierten", das ist ausgeloster, in den Truppenlisten geführter, aber im Frieden nicht einberufener „Soldaten", die ein wichtiges Element sowohl der Einsparungsmaßnahmen als auch der Qualitätsverschlechterung darstellten. Da Bayern mehr Truppen besaß als der Deutsche Bund verlangte, konnte es sich über dessen Vakanthaltungsbestimmungen hinwegsetzen.

Im ganzen gesehen verlief die Militärgeschichte Bayerns unter König Ludwig I. ohne Höhepunkte. Die Nachwehen der Freiheitskriege, in denen Männer im Heer hochgekommen waren, denen die nötige innere Ruhe abging, um im Kasernenhofdienst der Nachkriegszeit berufliche Befriedigung zu finden, waren bewältigt worden. Besonders gute Dienste hat dafür 1823 die Einführung des Ehrengerichts für Offiziere geleistet. Die Disziplinlosigkeit unter Subalternoffizieren und Mannschaften, namentlich die Duellierwut, waren jetzt gebändigt. Angesichts des langweiligen und weder durch dauerhaften Erfolg noch finanziell gelohnten Dienstes vegetierte die bayerische Armee nur noch. So erweckte das „Griechenlandabenteuer" auch in ihr anfangs so viel Zustimmung, wie es bei seinem entsagungsreichen Verlauf und nach seinem unglücklichen Ende Kritik fand.

Im Jahr 1832 hatten die Großmächte den jüngeren Sohn König Ludwigs, Otto, als König von Griechenland eingesetzt und die Regierung bis zu dessen Volljährigkeit einem bayerischen Regentschaftsrat übertragen. Die Regenten wurden offiziell von einem bayerischen Kontingent begleitet; außerdem schlossen sich ihnen zahlreiche Freiwillige an, die als Basis für die neue königlich griechische Armee vorgesehen waren. Im Kampf mit der Ungunst der Landesnatur und der Bewohner rieben sich die Bayern auf; schließlich wurden sie durch eine Revolution vertrieben.

Der bayerischen Armee brachten die Jahre des Griechenlandzuges einen erheblichen Substanzverlust. Junge und fähige Offiziere, denen sich zu Hause nur geringe Aufstiegschancen boten, meldeten sich in so großer Zahl zum Dienst bei den Hellenen, daß in Bayern nicht einmal mehr die wenigen Kader ordentlich exerzieren konnten. Auch die Kosten der Expedition fielen seit 1833 dem präsenten Heer zur Last: das Kriegsministerium entließ kurzerhand Mannschaften in den Dauerurlaub und erhöhte die Zahl der Assentiert-Unmontierten, die wenigsten 1830 und 1831 ausgebildet worden waren. Aus Sparsamkeit versagte man pensionsreifen Offizieren den Ruhestand, den sie so „verdient" hatten, daß schließlich doch ein Inspektionsbericht sich über ihre Unbrauchbarkeit äußerte (1834). Größere Beträge gingen aus dem Festungsbaufonds nach Griechenland; nach seiner Abdankung wurde Ludwig vom Landtag zur Zurückzahlung dieser Summen aus seiner Privatschatulle gezwungen.

Die Kriegsgefahr von 1840 veranlaßte Bayern, sich zu größeren Opfern für sein Heer aufzuraffen. Die relativ gute wirtschaftliche Situation begünstigte die wenigstens teilweise Erfüllung grundlegender militärischer Desiderate. Durch formationsmäßige und technische Verbesserungen gelang es, die bayerische Armee etwas aus der Tiefzone zu ziehen. Freilich wurde ihr, kaum daß die Kriegsgefahr und die Bundesinspektion vom Oktober 1841 überstanden waren, „der Gürtel wieder enger geschnallt".

Denn Bayern hatte erneut viel Geld für eine infrastrukturelle Einrichtung aufzubringen. Kaum daß sich der kostspielige Donau-Main-Kanal der Vollendung näherte (Bauzeit 1836–1845), mußte die Regierung, um den Durchgangsverkehr nicht nach Württemberg abfließen zu lassen, den Eisenbahnbau forcieren. Der Übergang vom Privat- zum Staatsbahnsystem (1843) stellte Bayern vor neue finanzielle Probleme, zumal König Ludwig zusätzliche unwirtschaftliche Ausgaben herbeiführte, wie z. B. den sachlich überflüssigen Prestige-Tunnel bei Erlangen. Die Aufstockung des Heeresbudgets wurde deshalb aufgeschoben.

Das Heer 1848–1866

Die Revolutionsjahre 1848/49 änderten an der bayerischen Armee strukturell nichts. Die Vereidigung auf die Verfassung, die der König nach drei Jahrzehnten Kampf hatte zugestehen müssen, wurde bald aufgehoben, die vorbehaltsreiche Huldigung für den Reichsverweser erledigte sich 1849 von selbst. Ausdrücklich verzichtete der Münchener Landtag auf eine Reform des Wehrwesens und erkannte die Kompetenz dafür der Nationalversammlung zu. Zwar hatte der neue König Maximilian II. (1848–1864) die Märzforderung nach „Volkswehrhaftmachung“ akzeptiert, aber alle Seiten erkannten an, daß die militärische Krise, in der sich die Revolution für Bayern hauptsächlich manifestierte, militärische Experimente verbot. Die bisherige Sparpolitik und das indolente Vertrauen darauf, daß im Ernstfall die Kriegsbrauchbarkeit sich schon irgendwie herstellen ließe, rächten sich jetzt. Die Mobilmachung des Heeres, die die Neuaufstellung von 16 Infanteriebataillonen und anderen Verbänden, bedeutende Ankäufe von Waffen, Ausrüstung und Pferden sowie einen kriegsmäßigen Präsenzstand bedingte, brachten den Staat auf einen Schlag in schwere finanzielle Bedrängnis. Der effektive Einsatz in Baden, der Pfalz, Schleswig-Holstein und Kurhessen war unumgänglich, wenn sich die bayerische Regierung im Rahmen des neuen Reiches einen gewissen Spielraum wahren wollte. Tatsächlich trat jedoch die Armee nicht mit Leistungen hervor, die Bayerns Ansprüche gerechtfertigt hätten. In Wirklichkeit erwies sich das Reich der Wittelsbacher als ein Staat, dem die maßgeblichen Politiker nicht mehr soviel Beachtung schenken mußten wie in der napoleonischen Ära.

Damit war die Notwendigkeit tiefgreifender Reformen schlagend demonstriert worden. Der geschichtsbewußte Maximilian wollte nicht der Monarch sein, unter dem Bayerns Souveränität zerschmolz. Er unterstützte nach Kräften den General Lüder, einen der energischsten und fähigsten Kriegsminister, der sich in Bayern in diesem Amt verbrauchte.

Ludwig von Lüder (1795–1862), einer der Griechenlandfahrer (1832–1836), war von der Artillerie in den Generalstab und ins Kriegsministerium gekommen und 1848 Generalmajor geworden. 1848/49 und 1857–1859 war er Stadtkommandant von München, 1849–1855 und 1859–1861 lenkte er als Kriegsminister die Entwicklung des bayerischen Heeres. 1861 wurde er als Feldzeugmeister pensioniert.

Mit dem König als Rückhalt gelang es Lüder, im Streit um die verfügbaren finanziellen Mittel gegenüber seinen Ministerkollegen Sieger zu bleiben und in kurzer Zeit die gröbsten Mißstände im Heer zu mildern. Seine Reformpläne liefen auf verbesserte Übung und Ausbildung der Armee in ihrer gegenwärtigen Form hinaus, was keine Änderungen, sondern allein Geld verlangte. Auf die Dauer konnte sich aber auch Lüder nicht durchsetzen. Sein langjähriges Tauziehen mit anderen Ressorts und mit dem Landtag endete damit, daß das Material der Armee weitgehend erneuert und ergänzt war und wenigstens die Kader standen, als der Kriegsminister aus Protest gegen die Ablehnung von Geldforderungen zurücktrat, die ihm in den Jahren des Krimkrieges notwendig erschienen.

Neben der vergänglichen materiellen Erholung erlebte das bayerische Heer in den frühen fünfziger Jahren eine entscheidende Weichenstellung. Während Lüder eher französische Militäreinrichtungen bewunderte, neigte der König unter dem Einfluß seines Flügeladjutanten von der Tann dazu, sich bei Veränderungen nach dem preußischen Vorbild zu richten. Schon unter Ludwig I. hatte ein reger bayerisch-preußischer Erfahrungsaustausch stattgefunden. Die borussophile Einstellung Maximilians II. verstärkte diese Beziehungen. Preußische Waffen, Ausrüstungsgegenstände und Vorschriften wurden für die bayerische Armee geprüft. Bayerische Offiziere, die preußische und österreichische Manöver und Militäreinrichtungen verglichen, empfahlen die Nachahmung dessen, was sie in Preußen gesehen hatten. Zur durchgreifenden Reorganisation mit preußischen Elementen kam es aber nicht, da alle Anläufe letztlich an der Unentschlossenheit des Königs und der Bewilligungsunlust des Landtags scheiterten.

Nach Lüders erstem Rücktritt flammte die Diskussion um die Wehrorganisation wieder auf. Durch Bundesbeschluß war die Zahl der von Bayern zu stellenden Truppen erhöht worden. Die Ansicht des leitenden Ministers von der Pfordten (in dieser Funktion 1849–1859 und 1864–1866), daß die Heeresstärke noch über diesen Satz hinaus erhöht werden müsse, traf bei den Abgeordneten auf scharfen Widerspruch. Pfordten sah ein großes Heer als Voraussetzung seiner ehrgeizigen Triaspolitik an. Der Landtag ließ sich dagegen von realistischen finanziellen Erwägungen leiten und bewilligte keine weiteren Mittel. Nicht zuletzt fiel der Heeresetat freilich dem Kampf der Liberalen gegen die konservativen Minister zum Opfer, an denen Maximilian festhielt. Man beschritt den alten Ausweg, die Armee durch Erhöhung der Kriegs- und Verminderung der Friedensstärke zu verdünnen; sogar die Bauarbeiten in Germersheim und Ingolstadt wurden unterbrochen. Paradoxerweise wurden gerade in dieser Zeit eingeschränkter Ausbildung die Grundlagen für das militärische Bildungswesen der Armee gelegt, auf denen nach 1866 aufgebaut werden konnte.

Das Zwischenspiel der zweiten Amtszeit Lüders brachte keine grundlegenden Veränderungen. Zwar führte er einige Verbesserungen durch, etwa auf dem Sanitätssektor, bei der Artillerie, im Magazinwesen. Aber nach dem Abflauen der Kriegsgefahr von 1859 riß die alte Sorglosigkeit in der Regierung wieder ein. Die katastrophale Finanzlage und die infolge der Bahnbauten wachsende Verschuldung des Staates verboten die Kreditaufnahme für das Heer, ohne die eine Erneuerung nicht durchzuführen war. Der König und die anderen Minister verlangten eine Herabsetzung der Heeresstärke auf ein Maß, das den Kräften Bayerns entsprach und verweigerten weiterhin jede Aufwendung, die nicht durch aktuelles Bedürfnis geboten schien.

Als Lüder einsah, daß sein Ziel, die Armee durch Umrüstung auf moderne Waffen, durch zeitgemäße Verteilung der Waffengattungen, durch Intensivierung der Ausbildung und durch Erhöhung der Präsenz schlagfähig zu halten, angesichts der Widerstände aus allen Lagern unerreichbar blieb, demissionierte er endgültig. Beinahe wäre im Landtag eine Ministeranklage gegen ihn wegen unkonstitutioneller Amtsführung durchgekommen.

Der Aufschwung in Lüders erster Amtsperiode war bewirkt worden durch Erhöhung der Präsenthaltung, Vereinfachung und Intensivierung der Ausbildung, Abhaltung von Übungen und Lagern, Verbesserung von Bewaffnung und Ausrüstung, Anlage von Depots und Magazinen, Kasernenbauten, Neuformierungen und Verstärkung einzelner Waffengattungen nach den Erkenntnissen der zeitgenössischen Kriegslehre. Als erster bayerischer Kriegsminister hatte sich Lüder bemüht, das Heer schon im Frieden kriegsbereit zu halten. Diese Anspannung der Kräfte Bayerns war zu stark, und die Reaktion der übrigen Minister und des Landtags erfolgte mit solcher Heftigkeit, daß die bayerische Armee für die politische Leitung, deren Berechnung weitgehend auf der Voraussetzung einer schlagkräftigen bewaffneten Macht beruhten, erneut ein unbrauchbares Instrument wurde. Seit der Krise von Lüders zweitem Rücktritt war der Landtag noch sparsamer geworden. Und infolge der Anklagen gegen den selbstherrlichen Kriegsminister wagte es keiner seiner Nachfolger mehr, partielle Notlagen durch Umwälzung unverbrauchter Budgetposten zu bereinigen. Infolgedessen zog sich die Umrüstung auf Hinterladergewehre und gezogene Geschütze so lang hin, daß die Bayern 1866 ein „Sammelsurium" von Waffen führten. Die Rüstungskosten gingen wieder zu Lasten der Ausbildung und Übung der Armee, in der die Zahl der präsenten Soldaten fiel und die der Assentiert-Unmontierten anstieg. Das auch taktisch unglückliche Kämpfen der bayerischen Armee von 1866 läßt sich direkt auf diese Unzulänglichkeiten zurückführen.

Strategisch war die Streitmacht, als sie unter Feldmarschall Prinz Carl – der dieses Kommando angesichts der von ihm seit langem angeprangerten Mängel nur ungern übernahm – gegen die Preußen antrat, ein Opfer der Illusionspolitik Pfordtens. Der Minister hatte für Bayern die Rolle des „Züngleins an der Waage" gewinnen wollen. So verhinderte er den Anschluß der Bayern an die österreichische Nordarmee, während ihm die anderen Süddeutschen infolge seiner Schaukelpolitik und Vermittlungsversuche mit unklaren Zielen mißtrauten.

Die bayerische Heeresreform

Die blamable Niederlage von 1866 deckte schonungslos die Vermessenheit der außenpolitischen Ansprüche und die Untauglichkeit der wehrpolitischen Grundsätze auf, an denen Bayern sich bisher orientiert hatte. Das Fiasko der Armee veranlaßte Oberbefehlshaber, Generalstab und Kriegsministerium zu eingehender Darlegung der im Feldzug zutage getretenen Mängel und zur Überprüfung der bisherigen Wehrstruktur. Man entschloß sich, dem militärischen Vorbild des Siegers zu folgen und preußische Einrichtungen zu übernehmen. In der Luxemburgkrise vom Frühjahr 1867 stellte sich Bayern vertragsgemäß auf die Seite Preußens und begann einen mit dem preußischen koordinierten Mobilmachungs- und Aufmarschplan auszuarbeiten. Eine regelrechte Konvention wurde vermieden, doch boten die militärischen Abschlüsse und die Institution wechselseitiger Militärbevollmächtigter einen Ersatz, der die bayerische Empfindlichkeit schonte, ohne an der faktischen Abhängigkeit von Preußen viel zu ändern. Bis zum Frühjahr 1868 wurden die gesetzlichen Grundlagen für die Heeresreform geschaffen und die nötigen Mittel bereitgestellt. Mit der Durchkämpfung und Durchführung dieser Maßnahmen hatte König Ludwig II. (1864–1886) unter Übergehung aller bayerischen Generäle sofort nach Kriegsende einen erfahrenen Referenten des Kriegsministeriums, den Oberst v. Pranckh, beauftragt.

Sigmund Freiherr von Pranckh (1821–1888), Sohn eines bayerischen Oberstleutnants, war im Kadettenkorps erzogen worden. Er trat 1841 zur Genietruppe und diente im Regiment von Lüder, dem er ins Kriegsministerium folgte. Nach einem Zwischenspiel im Generalstab leistete er dort 1852–1859 als Adjutant Dienst; durch seine Tätigkeit als Protokollant gewann er Einblick in die Reformbestrebungen. Die Truppendienstphase seiner ausnehmend raschen Laufbahn brachte ihm 1866 die Stelle eines Brigadiers ein. Das Kriegsministerium leitete er von 1866–1875. Durch seine Reformmaßnahmen und dadurch, daß er im Großen Hauptquartier 1870 die Versailler Verträge Bayerns mit dem Norddeutschen Bund abschloß, gehört er zu den Gründervätern des Bismarckreiches.

Die v. Pranckhschen Reformen brachten die Allgemeine Wehrpflicht preußischen Musters ohne Exemtionen und Einsteher. Die taktische Ausbildung der Truppe wurde intensiviert; dazu kamen regelmäßige operative Übungen in gemischten Verbänden. Die technische Erneuerung bestand in der allgemeinen Einführung des Hinterladers und dem Ersatz der zahlreicher glatter Geschütze durch gezogene.

Die Versailler Verträge vom November 1870 regelten die Eingliederung der bayerischen Wehrmacht in das deutsche Kontingentsheer. Da der Rahmen des neuen Reiches verfassungsrechtlich und politisch ausreichende Festigkeit aufwies, gewährte Bismarck, um den Eintritt Bayerns zu erleichtern, formell erhebliche Reservatrechte. Die bayerische Armee blieb im Frieden unter dem Befehl ihres Königs, der auch alle Offiziere ernannte. Die höchste Gewalt ging erst im Krieg an den Kaiser über, der im Frieden die bayerische Armee nur inspizieren und dem König die Beseitigung von Mängeln vorschlagen durfte. Bayern behielt ein gewisses Militärgesetzgebungsrecht in dem Sinne, daß die Einführung der älteren preußischen Militärgesetze besonderer Vereinbarung bedurfte, auch verblieb ihm ein ebenfalls in wesentlichen Dingen an den preußischen Vorgang gebundenes selbständiges Militär-Verordnungsrecht. Eine gewisse Organisationshoheit im Rahmen der vom Reich vorgegebenen Strukturen wirkte sich eigentlich nur auf die Uniformierung und Numerierung der bayerischen Truppen aus. Keine Nachahmung fand die bayerische Eigentümlichkeit, bei Offiziersernennungen die Hochschulreife zu verlangen.

Das Kernstück realer Macht aber, die militärische Budgethoheit, kam nicht mehr Bayern zu, sondern dem Deutschen Reich; das Reich überwies Bayern den Betrag des Heeresetats, der ihm nach seinem Anteil an der Reichsrüstung zukam, und das Gehalt des als Reichsbeamten geltenden Kriegsministers. Dem Landtag blieb nur noch das Recht zur Mitwirkung an der Verteilung und zur Kontrolle der Gelder (vgl. Teil V. S. 54f.).

f. Die Neuordnung durch den Norddeutschen Bund

Mit den Regierungen der 17 norddeutschen Kleinstaaten, die sich bei Ausbruch des Deutschen Krieges vom Bund losgesagt und sich auf die Seite Preußens gestellt hatten, traf Bismarck im August 1866 ein neues politisches und militärisches Abkommen, das den Norddeutschen Bund begründete. Bis Oktober schlossen sich alle nicht annektierten deutschen Staaten nördlich des Mains an. Mit sofortiger Wirkung traten alle norddeutschen Truppen in Krieg und Frieden unter den Oberbefehl des Königs von Preußen, der das Recht erhielt, jederzeit die Mobilmachung anzuordnen. Dem Oberbefehlshaber wurde die Sorge für die Schlagkraft der Kontingente übertragen, dazu die Verwaltung des mit der Nationalvertretung zu „vereinbarenden" gemeinsamen Militärbudgets.

Die norddeutsche Verfassung von 1867 überführte das Militärwesen einschließlich der Kriegsmarine von der Gesetzgebungszuständigkeit der Länder in die des Bundes. Sie räumte dem Bundespräsidium (= Preußen) in dieser Materie die ausschlaggebende Stimme ein, wenn es sich für die Aufrechterhaltung bestehender Einrichtungen aussprach. Nach lebhaftem parlamentarischem Kampf erhielt die Legislative zwar die Budgethoheit, aber nicht das Recht, die Friedenspräsenzstärke zu bestimmen. Reichstag und Bundesrat einigten sich auf 1% der Bevölkerung von 1867 und 225 Taler pro Soldat als verfassungsmäßige Mindestnormen. Die zahlreichen Verfassungsbestimmungen über die Vereinheitlichung des Militärwesens blieben durch die Konventionen mit Sachsen und Hessen und durch die Einverleibung der anderen Kontingente, außer dem braunschweigischen, in das preußische Heer ohne Folgen.

Herzog Wilhelm von Braunschweig hatte seine Truppe nach preußischem Muster reorganisiert und die Militärverwaltung preußischen Organen übertragen, aber die Selbständigkeit seines Offizierkorps gewahrt. Er weigerte sich beharrlich, eine darüber hinausgehende Konvention mit Preußen abzuschließen und widerstand den Pressionen Bismarcks, der so weit ging, Vorwände für eine Reichsexekution zu suchen. Erst Wilhelms Nachfolger, ein preußischer Prinzregent, verzichtete 1886 auf die Unabhängigkeit des braunschweigischen Kontingents.

Bis Mitte 1868 hatten mit dieser Ausnahme alle norddeutschen Kleinstaaten Militärkonventionen mit Preußen abgeschlossen. Gegen finanzielle Vorteile verzichteten sie auf die Wahrnehmung ihrer verfassungsmäßigen Rechte, die eigene Wehrverwaltung und die Ernennung der Offiziere. Einige verzichteten vollständig auf eigene Kontingente. Die meisten thüringischen Fürsten vereinigten ihre Truppen zu drei Infanterieregimentern mit preußischen Offizieren und preußischer Verwaltung.

Das Zustandekommen der norddeutschen Bundesverfassung hing nicht unwesentlich vom Entgegenkommen Sachsens ab. Bald nach Abschluß des Friedensvertrages und vor Erlaß der Verfassung gewährte Preußen deshalb eine Militärkonvention, die dem kleinen Königreich eine gewisse Sonderstellung einräumte. Sachsen stellte als Kontingent ein geschlossenes Armeekorps mit eigenen Feldzeichen und behielt seine eigene Wehrverwaltung. Der Bundesfeldherr durfte bei Inspektionen festgestellte Mängel nicht selbst abstellen, sondern mußte den sächsischen König ersuchen, sie zu beseitigen. Erst im Krieg unterstand das sächsische Kontingent dem Oberbefehl des Königs von Preußen.

Gewisse Sonderrechte wurden dem nur mit seiner Nordhälfte dem Bund angehörenden Hessen eingeräumt, das sowohl seine bundeszugehörigen als auch seine bundesfremden Truppen in eine Division zusammengefaßt der preußischen Armee angliederte.

Schon in den Jahren des Norddeutschen Bundes wurden die süddeutschen Staaten in militärischer Hinsicht eng mit Preußen verbunden. Die norddeutsche Verfassung hatte im Entwurf sogar ausdrücklich Verträge mit ihnen vorgesehen. Eine Vereinbarung regelte das gemeinsame Eigentum an den bisherigen Bundesfestungen und deren Verwaltung, für die eine kleindeutsche Inspizierungskommission eingesetzt wurde. Die größte Wirkung ging von den Schutz- und Trutzbündnissen aus, die die Süddeutschen sofort nach den Friedensschlüssen mit Preußen eingegangen waren. Untereinander einigten sie sich nach zwei Stuttgarter Militärkonferenzen auf eine Resolution, in der sie die Umbildung ihrer Wehrverfassung nach den preußischen Prinzipien verhießen: Allgemeine Wehrpflicht unter Aufhebung der Stellvertretung, gleichmäßige taktische Einteilung, Vereinheitlichung der Offizierausbildung, Reglements und Feuerwaffen, gemeinsame Manöver. Die Ausführung erfolgte in den einzelnen Staaten mit verschiedener Intensität, aber doch so, daß auf freiwilliger Basis eine Angleichung erzielt war, die die Vereinheitlichung aller deutschen Truppen zum Reichsheer ohne Härten ermöglicht hat. Mit ihrer Zustimmung zu Moltkes gemeinsamem Aufmarschplan gegen Frankreich und ihrer Unterordnung bei Kriegsausbruch haben die süddeutschen Staaten geholfen, die Fakten zu schaffen, die ihre selbständige militärische Existenz in der Substanz aufhoben.

Organisationsgeschichte der Streitkräfte

von Edgar Graf von Matuschka

und Wolfgang Petter

1. Österreich

a. Spitzengliederung

Zentralbehörden

In den Jahren 1848/49 wurde der k.k. Hofkriegsrat (s. Teil III, S. 95), die oberste und einzige immediate Militärbehörde des Kaiserstaates, zerschlagen. Seine Befugnisse wurden aufgeteilt. Die Militärverwaltung übernahm das 1848 bis 1853 bestehende Kriegsministerium. Als Kaiser Franz Joseph I. 1849 den Oberbefehl persönlich übernahm, setzte er als Ausführungsorgan seines Willens ein dreigliedriges Armeeoberkommando ein.

Dieses bestand aus der Generaladjutantur (mit der in Funktion und Einflußnahme dem preußischen Militärkabinett vergleichbaren Militärzentralkanzlei), der Organisationskanzlei und der Operationskanzlei. Das Kriegsministerium wurde ihm 1853 als Administrativsektion angefügt. 1857 wurde das Armeeoberkommando in 8 Sektionen und 4 Generaldirektionen umgegliedert.

Das Fiasko des Krieges von 1859 bewog den Kaiser, sich im folgenden Jahr aus der Verantwortung des Oberbefehls, der das Prestige der Krone schwer belastet hatte, zurückzuziehen und fast alle militärischen Aufgaben einem neubegründeten Kriegsministerium zuzuweisen.

Generalstab

In der Zeit des Deutschen Bundes spielte der Generalquartiermeisterstab Österreichs noch nicht die Rolle, die er seit den achtziger Jahren unter Männern wie Beck und Conrad errang. Bis 1848 unterstand er als eine der „Verwaltungsbehörden für besondere Dienstzweige" dem Hofkriegsrat und befaßte sich mit Topographie, Militärgeographie und Kriegsgeschichte. Danach bildete er einen Bestandteil der Operationskanzlei mit der Aufgabe, größere Manöver zu entwerfen. Seit 1865 hieß er Generalstab. Erst seit den siebziger Jahren, in denen er immediat gestellt wurde, führte er operative Vorarbeiten durch.

Regionale Oberbehörden waren die 12 (anfangs 14) Generalkommanden. Ihnen unterstanden alle im jeweiligen Bereich („Provinz“) befindlichen Truppen, Festungen, Militärbehörden und sonstigen militärischen Einrichtungen. Die Kommandierenden Generale führten nach Weisung des Hofkriegsrates die Verwaltung und Ausbildung der betreffenden Truppen durch. In den Provinzen der Militärgrenze (s. Teil III, S. 28ff.) unterstand ihnen auch die Zivilverwaltung.

Nach 1849 wurden schon im Frieden 4 Armee- und 14 Korpskommanden aufgestellt, die eine raschere Mobilmachung ermöglichen sollten. Die alten Provinzoberbehörden, jetzt Landesmilitärkommanden genannt, wurden in rein militärischen Angelegenheiten ihnen, in Administrativdingen dem Kriegsministerium/Armeeoberkommando unterstellt. Doch trat allmählich, da aus Sparsamkeit die Armee- und Armeekorpskommanden nach und nach aufgelassen wurden, nach einer Ära des Durcheinanders der alte Zustand annähernd wieder ein. Mit der Schaffung von 16 Territorialbezirken wurde er 1869 erreicht.

b. Operative Verbände

Seit 1763 bestanden bereits im Frieden unter dem Befehl von Generalmajoren/Generalwachtmeistern Truppenbrigaden, die 2 Regimenter Infanterie oder Kavallerie und 1 Batterie umfaßten. In gemischten Brigaden waren alle Waffengattungen vertreten; seit 1859 gliederte sich die Infanteriebrigade in 2 Infanterieregimenter und 1 Feldjägerbataillon. Bis 1869 war das Brigadekommando auch für den administrativen Dienstbetrieb zuständig, den ein beigegebener Kriegskommissar leitete.

Brigadier und Kriegskommissar hatten den Dienst gemeinsam zu besorgen und für alles gemeinsam zu haften. Deshalb waren alle Befehle, die nicht allein die Waffenübung („Exercitium“) betrafen, von dem Kommissar mit auszufertigen. Erst nach 1850 wurde die bedeutende Stellung des Beamten abgebaut.

Den 1865 geschaffenen Lokal-Truppenbrigaden, die nicht ausrückten, gehörten die „stabilen Heeresanstalten und Behörden sowie die Ersatzkörper“ an, die im Standortbereich lagen.

Allein mit Kommandofragen befaßten sich die Feldmarschalleutnante, die die Truppendivisionen befehligten. Normalerweise waren 2, bisweilen 3 Brigaden einer oder verschiedener Waffengattung in diesem Verband zusammengefaßt. Die Truppendivisionsebene wurde 1859 für die Infanterie aufgehoben, so daß die Infanteriebrigaden 1866 direkt unter Korpskommanden kämpften. Doch beeilte man sich nach dem Krieg, neben den beibehaltenen und im Feldzug den Korps gleichgestellten Kavalleriedivisionen die entsprechenden Infanterieverbände wieder zu errichten.

Die „Truppendivision" ist nicht zu verwechseln mit der „Division" im Sinn von Abteilung, einem Verband zwischen Bataillon und Kompanie unter einem etatmäßigen Befehlshaber.

Armeekorps- und Armeekommanden wurden herkömmlicherweise von Fall zu Fall im Krieg geschaffen. Erst 1849 wurden sie bereits im Frieden aufgestellt, ohne daß diese Einrichtung im besprochenen Zeitraum von Dauer geblieben wäre (s. o.).

c. Rekrutierung

Bis 1827 beruhte die Rekrutierung unverändert auf den Regelungen, die Erzherzog Karl in den napoleonischen Kriegen veranlaßt hatte (s. Teil III, S. 119–127). Die 1827 eingeführte Konskription blieb bis zum Jahr 1868, das die Allgemeine Wehrpflicht brachte, bestehen.

In der neuen Vorschrift für die „altkonskribierten Länder" wurde 1827 die Reserve aufgehoben, so daß die Leute nicht mehr in vorgerückterem Alter zur Truppe mußten. Die Stellungspflicht erstreckte sich auf 11, ab 1858 auf 7 Altersklassen. Die lebenslange Dienstzeit der Ungarn wurde 1830 beseitigt und 1840 auf 10, 1850 auf 8 Jahre beschränkt. In den übrigen Reichsteilen wurde die Dienstzeit schon 1845 auf 8 Jahre herabgesetzt.

Die Landwehr schaffte man 1852 ab und führte statt dessen eine zweijährige Reserveverpflichtung ein. In Tirol und Vorarlberg war die ganze waffenfähige Bevölkerung zur Landesverteidigung verpflichtet. (Zur Militärgrenze s. Teil III, S. 42ff.)

d. Truppengattungen

Garden

Die österreichischen Garden dienten allein zu höfischen Wach- und Repräsentationszwecken. Als Elitetruppen, wie sie in den meisten anderen Staaten unter diesem Namen verstanden wurden, waren sie nie gedacht. Sie waren nur kleine Einheiten von etwa Kompaniestärke und standen gemeinsam unter dem Kommando des Ersten Oberhofmeisters.

Infanterie

Seit den Freiheitskriegen zählte die Linieninfanterie 58 Regimenter, davon 15 „ungarische" und 43 „deutsche". Durch die Umwandlung von Grenztruppen traten 1851 noch 4 Linienregimenter hinzu.

Ein „ungarisches" Regiment hatte im Frieden 3 Bataillone zu 6 Kompanien und 1 Reservedivision (4400 Mann), im Krieg 1 weiteres Bataillon (5800 Mann).

Ein „deutsches" Regiment zählte im Frieden 2 Bataillone zu 6 Kompanien und 1 Bataillon zu 4 Kompanien (3600 Mann). Im Krieg wurde das 3. Bataillon auf ebenfalls 6 Kompanien gebracht, das gleichartige 1. Landwehrbataillon hinzugefügt und ein allein zum Einsatz in der Provinz bestimmtes 2. Landwehrbataillon angeschlossen; dazu hatte das Regiment seine Depotdivision (4400 Mann).

Die tatsächlichen Friedenspräsenzstärken wichen von den Gliederungsstärken erheblich ab. Die 8 „deutschen" Regimenter, die sich aus Lombardo-Venetien rekrutierten, erhielten keine Landwehr.

Außerdem gab es 20 Grenadierbataillone, die Elite der Armee, die in 58 Divisionen auf alle Regimenter aufgeteilt waren.

Nach Aufhebung der Landwehr gliederte sich das Infanterieregiment einheitlich in 4 Bataillone zu 1 Grenadier- und 5 Füsilierkompanien sowie 1 Depotbataillon zu 4 Kompanien (seit 1855: 5. Bataillon). Die Kriegsstärke betrug ab 1857 5900 Mann.

Im Krieg von 1859 erwiesen sich die Infanterieregimenter als zu unhandlich. Deshalb gab nach dem Feldzug jedes Regiment 1 Bataillon ab, aus denen 18 neue Verbände errichtet wurden. Es gab nun 80 Regimenter zu 3 Bataillonen, jedes zu 6 Füsilierkompanien (3600 Mann). Die Bezeichnung „Grenadier" wurde zum Titel für freiwillig länger dienende Soldaten.

Bewaffnet war die österreichische Infanterie seit den fünfziger Jahren mit dem Lorenz-Gewehr, einem Vorderlader, dessen Schußweite und Treffsicherheit die des preußischen Zündnadelgewehrs übertraf. Die Wirkung der Feuergeschwindigkeit des preußischen Hinterladers und die Möglichkeit, diese Waffe auch in liegender Stellung laden zu können, wurden aber auf österreichischer Seite unterschätzt. Man glaubte hier, daß die Schnellfeuermöglichkeit die Preußen zu Munitionsverschwendung verleiten und sich damit als ein Nachteil im Gefecht erweisen würde. Als Wien sich dann doch zu der Einführung eines Hinterladers entschloß, scheiterte dieses Vorhaben an der Kostenfrage. Der Versuch, durch „Unterlaufen" des feindlichen Feuers die Nachteile der eigenen Schußwaffe auszugleichen und den Feind mit der blanken Waffe zu schlagen, führte bereits 1864 im Feldzug gegen Dänemark zu unverhältnismäßig hohen Verlusten und wurde dann mitbestimmend für die Katastrophe von 1866.

Der Tatsache, daß die weiße Farbe der österreichischen Uniformröcke bei der vergrößerten Tragweite der neuen Waffen ebenfalls hohe Verluste erwarten ließ, suchte man durch die Anordnung zu begegnen, im Felde die dunkelgrauen Mäntel anziehen zu lassen. In der warmen Jahreszeit sollten die weißen Waffenröcke im Tornister mitgeführt werden. Diese bereits 1859 von der französischen Infanterie erprobte Tragweise brachte durch den weiten, bequemeren Schnitt der Mäntel eine spürbare Erleichterung für den Infanteristen.

Daneben gab es 17 Regimenter sog. „leichte" Grenzinfanterie, die aber wie die Linieninfanterie ausgerüstet war; ihre Zahl reduzierte sich laufend.

Die Zahl von 12 Feldjägerbataillonen erwies sich in den Revolutionsfeldzügen der Jahrhundertmitte als zu niedrig. Durch Abspaltung und Neuaufstellungen wurden 1849 deshalb 13 weitere Bataillone geschaffen und 1859 die Gesamtzahl auf 32 erhöht. Die meisten Bataillone hatten 4, einige 6 Kompanien; auf je 2 Bataillone kam 1 Depotkompanie (Friedensstärke 850, Kriegsstärke 1400 Mann).

Außerdem gab es das Tiroler Kaiserjägerregiment mit ursprünglich 4 Bataillonen, deren Zahl sich entsprechend dem Zuwachs der Landesbevölkerung bis 1893 auf 16 vermehrte (Kriegsstärke 1859: 7300 Mann).

Kavallerie

Mehrfach umorganisiert wurde die Reiterei. Noch über 1866 hinaus blieb sie generell zum Masseneinsatz auf dem Schlachtfeld bestimmt, obwohl sie sich nach Ausrüstung und Pferdematerial zur leichten Reiterei hin entwickelte.

Kerntruppe der schweren Kavallerie (die Klassifizierung erfolgte nach dem Pferdeschlag) waren seit alters her die Kürassiere, die eigentliche Schlachtenkavallerie. Bis 1860 trugen ihre 12 Regimenter Stahlhelm und Brustpanzer. Nachdem sie auch diese Relikte der alten Eisenkleidung verloren hatten, wurden sie 1867 in Dragoner umgewandelt. Von diesen mit Karabinern bewaffneten und für Sicherungsaufgaben vorgesehenen Reitern gab es bis dahin 6 Regimenter.

Zur leichten Kavallerie gehörten die den Dragonern verwandten „deutschen“ Chevauxlegers. Es gab 7 Chevauxlegersregimenter, die 1851 in Ulanen- und Dragonerregimenter umgewandelt wurden.

Als „ungarische“ Komponente entsprachen ihnen die Husaren. Die häufig wechselnde Zahl der Husarenregimenter pendelte um 12.

Die Ulanen rekrutierten sich ursprünglich nur aus Galizien. Ihre 4 Regimenter wurden 1851 durch Umwandlung von 7 Regimentern anderer Gattung und Herkunft auf 11 vermehrt.

Die Eskadronen, von denen ein Reiterregiment je nach Klassifizierung 6 oder 8 besaß, zählten etwa 200 Mann und Pferde. Die Regimentsstärke (Krieg) wurde 1852 für die schwere Reiterei auf 1400, für die leichte auf 2050 Mann festgesetzt. Das Gesamtzahlenverhältnis der Kavallerie zur Infanterie betrug 1866 auf dem böhmischen Kriegsschauplatz 1:9, auf dem italienischen 1:24.

Die verschiedenen Kavalleriegattungen bestanden bis zum Ersten Weltkrieg nur noch aus Traditionsgründen fort. Der Sache nach besaß Österreich Einheitskavallerie. Da Ausbildung und Verwendung der schweren und der leichten Kavallerie sich im Lauf des 19. Jahrhunderts einander angeglichen hatten, fiel die formelle Aufteilung 1869 weg.

Artillerie

Von 1808 bis 1867 wurden die Geschütze, die vorher ohne System als Linien- oder Regimentsgeschütze verwendet worden waren, in Batterien zu 4 Kanonen und 2 Haubitzen vereinigt, die die taktische Einheit der Feldartillerie wurden. Jede Brigade erhielt 1 Batterie, die übrigen wurden als Geschützreserve der höheren Verbände angesehen.

Die 5 Artillerieregimenter zu 18 Kompanien (3660 Mann) waren zu Verwaltungszwecken bestimmte Organisationen, denen erst bei Kriegsausbruch die Bedienungsmannschaften für die Batterien entnommen wurden.

Die Ausbildung in Herstellung und Einsatz von Geschütz und Munition erfolgte im Bombardierkorps (1100 Mann), dessen Feuerwerksmeistereien außerdem die Munition herstellten. Das vom Wiener Feldzeugamt besorgte Material verwaltete im Frieden die auf 14 Distrikte verteilte Garnisonsartillerie (4300 Mann, hauptsächlich Veteranen). Die Bespannung stellte bis 1850 das Militärfuhrwesenkorps.

Nach der Jahrhundertmitte schritt man zu gewissen Reformen. Die Aufgaben des Bombardierkorps, soweit sie nicht an die Zeugsartillerie (1851) oder Technische Artillerie (1854) übergingen, übernahmen nun die Truppe selbst und, auf akademischer Ebene, eine Artillerie-Hauptschule. Gleichzeitig wurden die Regimenter in je 24 Batterien (8000 Mann) umgegliedert und den Geschützen eigene Bespannung zugewiesen. Eine selbständige Festungsartillerie gab es 1850–1854, dann vereinigte sie sich (bis 1867) wieder mit der Feldartillerie. Diese gliederte man 1854 in 12 Regimenter zu 14 Batterien um (Friedensstand 2000, Kriegsstand 4000 Mann). Zur taktischen Einheit entwickelte sich das Feldartillerieregiment erst aufgrund der Erfahrungen von 1866.

Bei der Artillerie vollzog sich um die Mitte des 19. Jahrhunderts auch in Deutschland der Übergang von einer Hilfswaffe zur schlachtenentscheidenden Waffengattung. Im Feldzug 1859 hatte die französische, mit gezogenen Geschützen ausgerüstete Artillerie ihre Überlegenheit bewiesen. Das österreichische Geschützmaterial war dagegen modellmäßig über 100 Jahre alt. Eine Neubewaffnung war hier nicht zu umgehen. So wurde die Artillerie mit modernen vier- und achtpfündigen Geschützen ausgestattet. Die Tragweite des Vierpfünders betrug 3600, die des Achtpfünders 4000 m. Mit diesen beiden modernen Geschützen war die österreichische Artillerie der preußischen, deren Masse 1866 noch nicht die neuen Krupp-Geschütze hatte, materialmäßig weit überlegen.

Neben den üblichen Geschützen verwendete die österreichische Artillerie 1817–1867 auch Raketen. Erzeugung und Einsatz oblag den 4 Kompanien des Feuerwerkskorps (766 Mann), ab 1851 Raketeurkorps genannt. 1854 erfolgte analog zur Feldartillerie eine Umgliederung in ein Raketeurregiment mit 12 Batterien und 144 Raketengeschützen. Zehn Jahre später teilte man es, nach einem kurzen Zwischenspiel als „Raketeur- und Gebirgs-Artillerie-Regiment“, batterieweise unter die Feldartillerieregimenter auf.

Technische Truppen

Für alle Militärbau- und Fortifikationsangelegenheiten, ab 1857 auch für jegliche Gebäudeverwaltung, war das seit 1772 bestehende Geniekorps zuständig. Es handelte sich dabei keineswegs um eine einheitliche Truppe. Auch durch die Uniformierung wurden ihre drei Elemente deutlich getrennt.

Das „k.k. Genie-Hauptamt“ leitete die Bauarbeiten, das auf 14 Fortifikationsdistriktdirektionen verteilte Ingenieurkorps (lichtblaues Grundtuch) führte sie aus. Um möglichst viele Festungen kennenlernen zu können, wurden seine Offiziere alle 2 Jahre versetzt. Für Spezialfragen des Angriffs auf Festungen bestand seit 1716 das Mineurkorps (6 Kompanien, 930 Mann, graues Grundtuch), für solche der Festungsverteidigung seit 1760 das Sappeurkorps (7 Kompanien, 1060 Mann, dunkelblaues Grundtuch).

1851 wurden aus dem Ingenieurkorps der Geniestab und aus den Truppen 2 Genieregimenter gebildet (je 2 Bataillone zu 4 Kompanien und 1 Lehrbataillon zu 6 Kompanien). Letztere löste man 1855 parallel zu den 12 lokalen Geniedirektionen in 12 Bataillone auf, stellte sie jedoch 1860 (mit je 6 Bataillonen) wieder her.

Das „Oberste Militär-Schiffsamt", das für Wassertransport und Schiffsbrückenwesen verantwortlich war, gab sein Pontonierbataillon mit den Brükkentrains 1843 an das Pionierkorps ab. Dieses, 1806 errichtet und direkt dem Generalquartiermeisterstab unterstellt, war bisher nur für den Bau von Wegen und festen Brücken zuständig gewesen. Im Dezember 1866 wurden Genie- und Pionierkorps vorübergehend, erst in den neunziger Jahren endgültig miteinander vereinigt, wenn sie auch immer schon unter dem Oberbegriff „Technische Truppen" zusammengefaßt worden waren.

Das Pionierkorps bestand ursprünglich aus 2 Bataillonen zu 6 Kompanien (2000 Mann); im Krieg wurden die Kompanien verstärkt und ein weiteres Bataillon mit 4 Kompanien aufgestellt (Gesamtstärke dann 3050 Mann). Nach der Erweiterung durch die 4 Kompanien des Pontonierbataillons wurde die Friedensstärke bis 1849 auf 24 Kompanien in 4 Bataillonen erhöht.

Die Reorganisation von 1854 brachte die Umgliederung in 6 Bataillone zu 4 Kompanien mit zusammen 3 Materialdepots; 1860 wurde für jedes Pionierbataillon eine Zeugsreserve geschaffen. Über eigene Bespannung für seine Brückenzüge verfügte das Pionierkorps nur 1854–1860. Für eine vorübergehende Vereinigung mit der Genietruppe wurde es 1867 in ein Regiment umgewandelt.

Sicherheitstruppen

Die Aufrechterhaltung der öffentlichen Sicherheit, Ruhe und Ordnung galt in Östereich als militärische Aufgabe. Die Revolutionsereignisse überzeugten Ministerpräsident Schwarzenberg vom Wert einer die ganze Monarchie überziehenden, berittenen Gendarmerietruppe. So wurden 1850 aus bestqualifizierten Leuten 16 Gendarmerieregimenter mit je 1000 Mann errichtet, die man 1854 um 3 Regimenter vermehrte; 1860 wurde die Gendarmerie aus Kostengründen auf 10 Regimenter reduziert. 1866 wurden sie in 15 Landesgendarmeriekommanden umgewandelt.

Seit 1775 sorgten in Wien und später auch in wichtigen Provinzhauptstädten „Militär-Polizeiwachtkorps", die sich aus „gut conduitisirten Halbinvaliden, welche die Regimenter dahin abgeben" ergänzten, für Ordnung. Bis 1866 wurden sie auf 3500 Mann gebracht, hauptsächlich zu Fuß.

Die gleiche Aufgabe erledigte in Oberitalien und Südtirol das 1814 vom napoleonischen Vizekönigreich Italien übernommene berittene Gendarmeriekorps. Sein venezianischer Teil zählte 500, der lombardische 900 Landesangehörige. Im Kriegsfall war diese Gendarmerie für den Feldeinsatz vorgesehen.

Der Feldarmee wurde bis 1866 ein in Detachements verteilter Gendarmeriekriegsflügel beigegeben. Daneben hatte jede Armee einen Generalstabsoffizier als Generalgewaltigen und jedes Korps einen Rittmeister als Korpsgewaltigen mit großen Machtbefugnissen; unter Umständen konnten diese Offiziere Soldaten auf der Stelle niederschießen lassen, z. B. wegen Feigheit.

Train

Das Fuhrwesenkorps war 1776–1867, obwohl es einem eigenen Korpskommando (ab 1856 einer Inspektion) unterstand, eng mit der Artillerie verbunden, da seine vornehmste Aufgabe im Geschütz- und Munitionstransport bestand.

Im Frieden wurde es als reiner Kaderverband, dem erst nach der Mobilmachung die eigentlichen und umfangreichen Versorgungsaufgaben erwuchsen, auf dem Stand von wenigen Tausend Mann gehalten. Im Krieg sollte es bis auf 40000 Mann mit 65000 Pferden und einer großen Anzahl von Wagen verstärkt werden.

In dem Grad, in dem die Artillerie nach und nach den Geschütztransport selbst übernahm, verlor das Fuhrwesenkorps (ab 1880: Traintruppe) den Charakter einer eigenständigen Institution und wurde in zahlreiche Traineinheiten (bis 1856: Divisionen) aufgespalten, die den Chefs der zu versorgenden Truppenkörper unterstanden.

Sanitätswesen

Der Sanitätsdienst außerhalb der Spitäler wurde in Österreich 1849 organisiert. Das Sanitätskorps gliederte sich in 3 Bataillone und 14 sehr starke Kompanien (Kriegsstärke: 250 Mann). Als das Korps 1857 in die Sanitätstruppe umgewandelt wurde, traten an die Stelle der Bataillone 3 Sanitätstruppeninspektionen, von denen 1860 zwei aufgelassen wurden. Für den Lazarettdienst in den 1851 die Regimentsspitäler ersetzenden 19 (später 29) Garnisonsspitälern bildete sich eine nur aus Unteroffizieren und Soldaten bestehende Spezialbranche.

Die Ärzte wurden 1786–1874 an der Wiener Medizinisch-chirurgischen Josephs-Akademie („Josephinum") herangebildet. Sie rangierten zwischen dem Soldaten- und dem Militärbeamtenstand. Seit 1854 galten graduierte Militärärzte als Offiziere; 1869 erfolgte die Errichtung eines eigenen militärärztlichen Offizierkorps.

e. Militärische Dienste

Militärbildungsinstitute

Die Offizierausbildung erfolgte in der Militärakademie Wiener Neustadt (1769–1786 und 1849: „Theresianische Militärakademie"; 1786–1806: „Militärkadettenhaus").

Hier konnten aufgrund von Stiftungen unentgeltlich 450 Söhne verdienter Offiziere und Beamter in einem siebenjährigen Lehrgang mit allgemeiner und militärischer Bildung versorgt werden; weitere Zöglinge traten auf Kostgeld hinzu. Hervorragende Schüler blieben, mit der Aussicht auf günstigeres Avancement in der Truppe, ein zusätzliches Jahr auf der Akademie.

Seit 1852 gab es als Vorbereitungsschulen 4 Kadetteninstitute.

Zur Heranbildung von Unteroffizieren bestanden 1782–1852 die Regiments-Knabenerziehungshäuser, zuletzt 50 an der Zahl, und 1852–1869 neben Schuleinheiten der einzelnen Waffengattungen noch Unter- und Obererziehungshäuser. Die besten Zöglinge konnten auf die Akademien übertreten und Offizier werden.

An Waffenschulen gab es die Ingenieurakademie zu Wien, die 1851 als Genieakademie nach Znaim verlegt wurde; die Wiener Bombardierschule zog 1852 als Artilleriehauptschule nach Olmütz und 1859, da es auf ihr „zu tschechisch" herging, als Artillerieakademie nach Mährisch Weißkirchen um. Außerdem findet man die Schulen für das Pionierkorps (Tulln), das Mineurkorps (Haimburg) und das Sappeurkorps (Brugg a. d. Leitha). Schließlich besaß die Armee noch das Büchsenmacher-Lehrinstitut (Steyr), das Zentral-Equitations-Institut (Salzburg), Anteile am Tierarznei-Institut (Wien) und das „Josephinum".

Militärseelsorge

Seit alters her amtierte in Österreich nur ein römisch-katholischer Feldklerus, der alle Soldaten betreute. Unter Außerachtlassung der Diözesanordnung ging der Instanzenzug vom Regimentskaplan aufwärts zum 1773 errichteten Apostolischen Feldvikariat.

Im Berichtszeitraum erhielt die evangelische Konfession eigene Militärseelsorger, 8 an der Zahl (1861). Auf Dauer des Feldzuges wurde 1866 für die Nord- und Südarmee je 1 israelitischer Feldprediger angestellt. Religiöse Homogenität wurde auf Brigadeebene angestrebt.

Militärgerichtswesen

Das Richteramt in „Ehrensachen" übte das Offizierkorps des jeweiligen Truppenkörpers als Standesgericht in eigener Machtvollkommenheit aus. Die höheren Behörden duldeten dieses Verfahren nicht nur, sondern gestatteten auch keine Berufung gegen seine Ergebnisse. Das Ehrengerichtsverfahren wurde 1867 institutionalisiert.

Als Gerichtsherr über das Regiment fungierte bis 1869 der Inhaber, über andere Militärpersonen der Kommandierende General. Als erste Instanz bestanden Regiments- und Garnisongerichte sowie bis 1869 für Privatrechtsfälle Landesmilitärgerichte; als zweite Instanz amtierten Militärappellationsgerichte, als dritte der Oberste Militärjustizsenat. Die Regimentsgerichtsbarkeit ging 1869 an die Brigade über.

Die Auditoren, die einen ähnlichen Status wie die Feldärzte hatten, erhielten vom Majorauditor aufwärts 1851, die übrigen 1859 Offiziercharakter. Ein eigenes Offizierkorps bildeten sie seit 1869.

Das Militärstrafgesetz von 1823, dessen Revision schon 1837 angeordnet worden war, wurde 1851 und 1855 durch neue Gesetzbücher abgelöst.

Der Freiheitsentzug war in den Stockhäusern der Gerichtsverbände zu verbüßen. Wiederholt kriegsgerichtlich bestrafte Soldaten wurden in Disziplinarkompanien versetzt, deren Mannschaften nur aus Sträflingen bestanden.

1855 erging eine Vorschrift über die – rechtmäßig bleibende – Prügelstrafe, die in den 48er Revolutionsjahren mit ihren überfüllten Gefängnissen im Übermaß verhängt worden war.

2. Preußen 1815–1866

a. Immediatstellen

Kriegsministerium

Als einheitliche, oberste Verwaltungsbehörde der Armee entstand am 28. August 1814 aus dem Allgemeinen Kriegs- und dem Militärökonomiedepartement das preußische Kriegsministerium. Es umfaßte anfangs 6 Departements. Am 16. Februar 1825 kehrte man zum alten Schema der in Abteilungen untergliederten 2 Departements zurück, die unter der Bezeichnung Kriegsministerium vereint blieben und durch das Büro des Kriegsministers ergänzt wurden. Daneben unterstanden einzelne Abteilungen und Einrichtungen dem Kriegsminister direkt. Durch Rangerhöhung und Umgliederung wuchs die Zahl der Departements bis zur Jahrhundertwende auf 4 an, die von Direktoren geleitet wurden (seit 1814). Die wichtigsten Ausgliederungen waren die des Generalstabs (1821) und des Militärkabinetts (1883).

Das 1. Departement des alten Kriegsministeriums zerfiel in je 1 Abteilung für Artillerie-, Infanterie-, Kavallerie- und Ingenieurangelegenheiten; ab 1821 trat eine Abteilung für Landwehr und Heeresergänzung hinzu. Das 2. Departement bearbeitete Stabs-, das 3. Personalangelegenheiten; das 4. entsprach dem bisherigen Militärökonomiedepartement, das 5. dem Kriegskommissariat. Dem Kriegsminister unterstanden außerdem das (unnumerierte) Departement für die Invaliden, das Generalauditoriat, die Generalmilitärkasse und die 1823 errichtete Inspektion der Remonte.

Die Neugliederung von 1825 brachte das Allgemeine Kriegsdepartement mit den Abteilungen für 1. Armee-, 2. Artillerie- und 3. Ingenieurangelegenheiten und der dem Kriegsminister unterstehenden Abteilung für persönliche Angelegenheiten mit der Geheimen Kriegskanzlei, und das Militärökonomiedepartement mit den Abteilungen: 1. Kassen- und Etatwesen, 2. Naturalverpflegungs-, Reise- und Vorspannangelegenheiten, 3. Bekleidungs-, Feldequipage- und Trainangelegenheiten, 4. Servis- und Lazarettwesen, und – dem Kriegsminister direkt unterstellt – 5. Invalidenwesen sowie die Abteilung für Militärwitwenkassen- und Garnisonschulangelegenheiten (1835 zur 1. Abteilung). Generalauditoriat, Remonteinspektion und Generalmilitärkasse unterstanden direkt dem Kriegsminister. Die „Vorsteher" der Abteilungen erhielten 1852 den Titel „Abteilungs-Chef".

Das Büro des Kriegsministers wurde 1852 zur Zentralabteilung, 1893 zum Zentraldepartement mit 2 Abteilungen erhoben.

Die 1. bzw. 2. Abteilung wurde 1898 in Ministerialabteilung (Z 1) mit der 1891 errichteten Druckschriftenverwaltung (DV) bzw. in Intendanturabteilung (Z 2) umbenannt.

Das Allgemeine Kriegsdepartement (s. o.) war für die Truppe selbst zuständig. Die wichtigste Umgliederung erfolgte 1886.

Die Armeeabteilung (A 1) war 1866–1886 in die Armeeabteilungen A und B geteilt. Die Infanterieabteilung (A 2; 1890/93 „Abteilung für Fußtruppen") und die Kavallerieabteilung (A 3; 1890/92 „Abteilung für berittene Truppen") wurden 1886 errichtet. Die Feldartillerieabteilung (A 4) entstand 1892 durch Ausgliederung aus A 3. Die Fußartillerieabteilung (A 5; 1886/93 „Artillerieabteilung") gehörte 1890/93 dem provisorischen Waffendepartement an. Die Ingenieur- und Pionierabteilung (A 6) entsprach der alten 3. Abteilung des AD, die 1886 in Ingenieur-, 1890 in Festungsabteilung umbenannt worden war. Die Geheime Kriegskanzlei (GKK) unterstand 1883 einige Monate lang dem Militärkabinett. Die Technische Abteilung für die Artillerieangelegenheiten (A 7) gehörte 1890/93 dem Waffendepartement an.

Das Armeeverwaltungsdepartement ging 1898 aus dem Militärökonomiedepartement hervor; die neuen Namen der alten Abteilungen datieren von 1886.

Es bestand aus der Kassenabteilung (B 1), der Verpflegungsabteilung (B 2), die 1872 die Reise- und Vorspannangelegenheiten an die Bekleidungsabteilung (B 3) abgab, der Unterkunftsabteilung (B 4), der 1902 die Übungsplatzabteilung (B 5) entnommen wurde. Die Bauabteilung (B 6; bis 1902: B 5) gehörte erst ab 1886 zu BD; sie war 1881 als Ministerialbaubüro begründet worden und ab 1882 selbständige Bauabteilung gewesen.

Die 5. Abteilung des Militärökonomiedepartements wurde 1834 selbständig und 1873 zum Departement für das Invalidenwesen erhoben. Es hatte 3 Abteilungen. Der neue Name wurde 1898 verliehen.

1873/86 bestand CD aus den Abteilungen A für das Pensionsanerkennungswesen und B für die Verwaltungsangelegenheiten, seit 1886 aus der Pensionsabteilung (C 1) und der Versorgungsabteilung (C 2). Die Anstellungsabteilung wurde 1898 in Justizabteilung (C 3) umbenannt.

Die Inspektion der Remonte von 1823 wurde 1837 zu einer selbständigen Abteilung. 1898 kehrte man zur alten Bezeichnung zurück.
Die Militärmedizinalabteilung wurde 1868 provisorisch, 1869 definitiv errichtet. 1886 wurde sie in Medizinalabteilung umbenannt.
Das Waffendepartement bestand 1890–1893.

Seine Technische Abteilung wurde AD entnommen und kehrte dorthin zurück (A 7). Seine 1890 errichtete Handwaffenabteilung wurde 1893 mit A 1 verschmolzen.

(Zum Militärkabinett s. Teil V, S. 67–69).

Generalstab

(Vgl. Teil II, S. 168f.; Teil V, S. 69–72).

Mit der Neuorganisation des Kriegsministeriums wurde 1814 der Geschäftsbereich des Generalquartiermeisterstabs dem 2. Departement zugeteilt. Dieses setzte sich seit 1816 zusammen aus „3 Kriegstheatern“ (östliches, südliches, westliches), der Historischen Abteilung, der Aufnahmeabteilung, den 2 Plankammern Potsdam und Berlin (1824 zusammengelegt).

Der Generalstab wurde 1817 etatisiert (der Name „Generalquartiermeisterstab“ verschwand). Er bestand aus dem 2. Departement mit 16 im Kriegsministerium Dienst tuenden und 6 an die wichtigsten Gesandtschaften kommandierten Offizieren. Außerdem wurden jedem Generalkommando ein (Truppen-) Generalstab mit 1 Chef und 2 Offizieren sowie jeder Brigade/Division ein Generalstabsoffizier zugeordnet.

Die einschneidende Neueinteilung des Generalstabs, zugleich dessen Emanzipation vom Kriegsministerium, erfolgte 1821. Alle Generalstabsoffiziere unterstanden dem „Chef des Generalstabs der Armee“, der seinerseits nur dem König unterstand. Die Truppengeneralstäbe bestanden fort. Das 2. Departement verlor die Historische Abteilung und die 3 Kriegstheater, die zum „Großen Generalstab“ zusammengefaßt wurden und von jetzt ab 4 Sektionen desselben bildeten; 1824 ging das 2. Departement ganz in ihm auf. Der Große Generalstab blieb bis 1837 dem Kriegsministerium insoweit verbunden, als sein Chef zugleich als „Generalstabsoffizier des Kriegsministeriums“ dem Direktor des Allgemeinen Militärdepartements unterstand. Die Chefstelle des Großen Generalstabs ging 1837 an den Chef des Generalstabs der Armee selbst über.

Die Planstellen für Generalstabsoffiziere verminderten sich im Friedensetat 1824 auf 45, stiegen 1853 auf 64 und 1867 auf 88 (+ 21 im Nebenetat) an. Dazu traten kommandierte Offiziere. Die Stelle im Kriegsministerium ging 1837 ein. Die Divisionen verloren ihre Generalstäbler 1824, erhielten sie 1853 zurück. Die Chefs der Truppengeneralstäbe erhielten 1821, die der Kriegstheater 1826 Rang und Gebührnisse von Regimentskommandeuren.

1833 erging die Bestimmung, daß Generalstabsoffiziere nicht zu lange in diesem Dienstverhältnis verbleiben sollten, sondern „nach Gelegenheit und Umständen“ zur Truppe zurücktreten sollten; sie wurde jedoch lasch gehandhabt, so daß sie 1843 erneut eingeschärft werden mußte.

Die Grundstruktur des Großen Generalstabs blieb bis 1867 erhalten. Es kam lediglich zu Umbenennungen und Angliederungen.

Die Bezeichnung „Kriegstheater“ wurde 1848 – ohne sachliche Veränderung – in „1. bis 3. Abteilung“, die Bezeichnung „Chef“ in „Abteilungsvorsteher“, 1852 in „Abteilungschef“ geändert. Die Historische Abteilung blieb unverändert. 1862 trat eine Militärwissenschaftliche Abteilung hinzu, die 1867 einen Nebenetat für 21 wissenschaftlich tätige Offiziere erhielt.

Bei Mobilmachungen der preußischen Armee rächte sich die Sparsamkeit, die bei der tatsächlichen Stellenbesetzung des Generalstabs obwaltete. Viele Positionen waren unbesetzt geblieben oder stellvertretend wahrgenommen worden, so daß an ausgebildeten und eingeübten Generalstabsoffizieren im Einsatz Mangel herrschte. Dieser Zustand war mitbestimmend dafür, daß die preußischen Korps 1848/50 nicht gerade ruhmreich fochten und daß bei der Mobilmachung 1859 chaotische Erscheinungen auftraten. 1864 mußte der Große Generalstab so viele Offiziere an die Truppe abgeben, daß er funktionsunfähig wurde. 1866 brach der Dienst in Berlin ebenfalls zusammen, weil für Reservekorps und Eisenbahn nicht vorgesorgt war; bei 64 Friedensplanstellen war ein Kriegsbedarf von 105 Generalstabsoffizieren aufgetreten.

Die Kriegserfahrungen führten zur Vermehrung der Generalstabsplanstellen auf 109. Nach Abschluß der Militärkonventionen mit Hessen und Sachsen traten 2 bzw. 8 Offiziere dieser Länder hinzu. Auch 1870/71 ließ sich der Kriegsbedarf von weit über 200 Offizieren nicht durch Generalstäbler abdecken, doch blieb diesmal ein relativ starker „Stellvertretender Großer Generalstab" in Berlin zurück.

Unter Moltke bot der Große Generalstab seit 1867 folgendes Bild:

I. Hauptetat (88 Offiziere)

1. Abteilung: Armeen der ostwärtigen Nachbarn
2. Abteilung: deutsche Armeen, Eisenbahnangelegenheiten
3. Abteilung: Armeen der westlichen Nachbarn

II. Nebenetat („wissenschaftliche" Tätigkeiten, 21 Offiziere)

Kriegsgeschichtliche Abteilung
Geographisch-statistische Abteilung
Topographische Abteilung
Landestriangulation
Plankammer

Die Offiziere von Haupt- und Nebenetat wurden in der Praxis untereinander ausgetauscht. Die Eisenbahnabteilung wurde 1869 selbständig.

Die wichtigste Abteilung war die 2., in der die deutschen Aufmarsch- und Operationsangelegenheiten bearbeitet wurden.

Die Landesvermessung führte seit 1796 der Generalquartiermeisterstab, seit 1808 die 2. Division des Allgemeinen Kriegsdepartements durch. 1821 wurde jeder Sektion des Großen Generalstabs ein Büro der Landesvermessung zugeteilt; das 1817 errichtete lithographische Institut trat 1825 zum Generalstab. Die topographische Aufnahme lag in den Händen zukommandierter Offiziere. Die 3 topographischen Büros wurden 1833 den Sektionen ausgegliedert und zusammengelegt, das trigonometrische Büro verließ die Historische Abteilung 1865.

1870 wurde ein Zentraldirektorium für das preußische Vermessungswesen geschaffen. Die Stelle „Chef der Landesaufnahme" (s. u.) wurde 1875 errichtet.

Zur Entlastung von Routinegeschäften ließ Moltke 1881 einen Generalquartiermeister berufen. Unter Aufhebung dieser Stelle wurden 1889 3 Oberquartiermeister mit Brigadekommandeursrang ernannt, denen jeweils mehrere Abteilungen unterstellt wurden. Seit 1897 führte der älteste den Titel Generalquartiermeister.

1890 hatte der Große Generalstab, der seit 1871 nicht mehr preußische, sondern deutsche Einrichtung war, folgende Gliederung:

Oberquartiermeister I

2. Abteilung
Eisenbahnabteilung
Eisenbahnsektion (Aufsicht über Eisenbahnregiment und Luftschifferabteilung)

Oberquartiermeister II

4. Abteilung (1889: fremde Festungen)
Geographisch-statistische Abteilung
Deutsche Sektion (Generalstabsreisen, Kriegsakademie)

Oberquartiermeister III

1. Abteilung
3. Abteilung
Sektion IIIb (Nachrichtenwesen)

Chef der Landesaufnahme (1894: Oberquartiermeister IV)

Trigonometrische Abteilung
Topographische Abteilung
Kartographische Abteilung

Unter dem Chef des Generalstabs:

Zentralabteilung (Personalien, Verwaltung)
Kriegsgeschichtliche Abteilung (1896: Teilung in I und II)
Kriegsarchiv mit Bibliothek

Die Trennung in Haupt- und Nebenetat fiel 1898 weg.

Generalkommandos

Nach dem Gesetz vom 3. September 1814 gliederte sich die preußische Wehrmacht in das Stehende Heer, die Landwehr I. Aufgebots, die mit ins Feld zog, die Landwehr II. Aufgebots für Besatzungszwecke und den Landsturm für die Heimatverteidigung.

Seit 1808 war das Stehende Heer in gemischte „Truppenbrigaden" eingeteilt, für die während der Freiheitskriege die Bezeichnung „Division" aufkam. 1818 wurde die Division generell eingeführt. Sie setzte sich aus 1 Infanterie- und 1 Kavalleriebrigade zu je 2–4 Regimentern zusammen.

1852 wurden die Divisionen neu gegliedert. Sie bestanden nun aus 2 Infanteriebrigaden mit je 1 Linien- und 1 Landwehrregiment gleicher Nummer und aus 1 Kavalleriebrigade mit je 2 Linien- und 2 Landwehrregimentern.

1816 erfolgte eine vorläufige, 1818/20 die definitive Gliederung des Stehenden Heeres in Armeekorps (AK). Diese bestanden aus 2 Divisionen nebst Artillerie- und Pionierverbänden. Die Generalkommandos der Armeekorps waren für Landwehr und Landsturm sowie für alle militärischen Einrichtungen der jeweiligen Provinz zuständig. Je 2 Armeekorps wurden in eine Armeeabteilung zusammengefaßt.

Es gab 1821–1866:

Gardekorps (Berlin/Mark Brandenburg)	
I. AK (Provinz Preußen) II. AK (Pommern)	Erste Armeeabteilung
III. AK (Mark Brandenburg) IV. AK (Provinz Sachsen)	Zweite Armeeabteilung
V. AK (Posen) VI. AK (Schlesien)	Dritte Armeeabteilung
VII. AK (Westfalen) VIII. AK (Rheinprovinz)	Vierte Armeeabteilung
1866 traten hinzu:	
IX. AK (Norddeutschland) X. AK (Niedersachsen) XI. AK (Hessen, Thüringen)	Fünfte Armeeabteilung

b. Das Stehende Heer 1815–1859

Infanterie

Die Infanterie wies noch lange Jahre große Unterschiede in Ausbildung und Ausrüstung auf.

Nur 15 von 45 Regimentern waren „altpreußische" Truppenteile oder aus solchen hervorgegangen. Alle anderen stammten von aktiv gehaltenen Kriegsformationen, Freikorps, Freiwilligenformationen, Regimentern des Großherzogtums Berg, der Russisch-Deutschen Legion oder sich aus Vorpommern rekrutierenden schwedischen Truppen ab.

Die altpreußischen Truppen führten als Infanteriegewehr das preußische Modell M 1809. Die anderen Regimenter waren mit österreichischen, russischen, schwedischen Gewehren, und vor allem mit französischen Beutewaffen, ausgerüstet. Erst mit der Einführung des „Infanteriegewehrs 1839" ab 1840 wurde die preußische Infanterie einheitlich bewaffnet.

Gegliedert war jedes Infanterieregiment in je 2 Musketier- (bei den Garde- und Grenadierregimentern: Grenadier-) bataillone und 1 im Dienst der leichten Infanterie ausgebildetes und dafür ausgerüstetes Füsilierbataillon. Jedes Bataillon hatte 4 Kompanien, deren Friedensstärke auf 125 Mann festgesetzt war. Die Garde- und Grenadierregimenter hatten, wegen häufig anfallender Repräsentationsaufgaben, einen etwas höheren Etat. Die 9 Reserve-Infanterieregimenter bestanden aus jeweils 2 Bataillonen.

Als Ausbildungsvorschrift blieb das Reglement von 1812 maßgebend. Es wurde nicht für erforderlich gehalten, Kriegserfahrungen darin einzuarbeiten. Der Ausgang des Krieges wurde als Indiz für seine Bewährung angesehen.

Für Aufklärungs- und Sicherungsaufgaben waren bei jedem Regiment Füsiliere eingegliedert. Seit 1821 unterstand jedem Generalkommando eine Jäger-

bzw. Schützenabteilung zu 2 Kompanien; beim Gardekorps befand sich das Garde-Jäger- und das Garde-Schützenbataillon. Jäger und Schützen – die ersteren rekrutierten sich nur aus gelernten Jägern – waren mit gezogenen Büchsen, der preußischen Jägerbüchse M 1810, oder mit Beutewaffen bewaffnet, hatten einen erhöhten Etat an Übungsmunition und bildeten, soweit sie nicht für Aufklärungs- und Sicherungsaufgaben eingesetzt wurden, eine Reserve des Kommandierenden Generals.

1835 erhielten sie mit der Perkussions-Jägerbüchse M 35 eine neue, dem damaligen Stand der Waffentechnik entsprechende moderne Einheitsbewaffnung. Der Hirschfänger ließ sich auf die Büchsen aufpflanzen, so daß die Jäger nicht mehr wie im 18. Jahrhundert dem Nahkampf, insbesondere einer Reiterattacke, auszuweichen brauchten.

Kavallerie

Wie die Infanterie war auch die preußische Kavallerie nach 1815 aus altpreußischen, neuformierten und bisher nicht preußischen Regimentern zusammengesetzt.

Sie gliederte sich in die als Schlachtenkavallerie ausgebildeten Kürassierregimenter, je 1 bei jedem der 8 Armeekorps, beim Gardekorps 2. Bewaffnet waren die Kürassiere mit französischen und russischen Pallaschen und zwei, allerdings wenig zuverlässigen, Steinschloßpistolen. Als Schutzrüstung waren aus der französischen Kriegsbeute Vollkürasse (Vorder- und Rückenstücke) eingeführt worden.

Die mit der Lanze, dem englischen leichten Säbel und der Reiterpistole bewaffneten Ulanen hatten in den Napoleonischen Kriegen bei der preußischen Armee viel Anerkennung gefunden. Jedes Armeekorps erhielt 1 Regiment, das Gardekorps 2 (1826). Die Ulanen zählten mit den Kürassieren zur Schlachtenkavallerie, doch wurden im Gegensatz zu diesen auch die Ulanen als leichte Kavallerie insbesondere im Aufklärungsdienst ausgebildet.

Die 5 Dragoner- und 13 Husarenregimenter gehörten zur leichten Kavallerie. Sie führten einen kurzen Karabiner und englische Säbel. Ihre Aufgabe lag besonders auf dem Gebiet des Aufklärungs- und Sicherungsdienstes. Im Krieg wurden sie sowohl bei den durch Zusammenziehung mehrerer Kavalleriebrigaden gebildeten Kavalleriedivisionen als auch als „Divisionskavallerie" bei den Infanteriedivisionen verwendet.

Artillerie

Die Artillerie war im Kriege sehr stark vermehrt worden. Batterieführer waren in der Regel nicht Hauptleute, sondern Leutnante gewesen. Als Geschützmaterial dienten Modelle aus den Beständen fast aller kriegführenden Staaten. Nach dem Krieg wurden alle artilleristischen Formationen zu Artilleriebrigaden der Armeekorps zusammengezogen; jeweils mehrere dieser Brigaden wurden einem Artillerieinspektor unterstellt.

Jede Artilleriebrigade erhielt 3 Abteilungen mit 1 reitenden Kompanie und 4 Fußkompanien sowie 1 Handwerkerkompanie für die Artilleriewerkstätten.

Jede Fußkompanie hatte einen Friedensetat von 4 Offizieren, 91 Unteroffizieren und Mannschaften, 16 Pferden und 2 Geschützen, dagegen eine Kriegsstärke von 4 Offizieren, 161 Unteroffizieren und Mannschaften, 112 Pferden, 6 Geschützen, 9 sonstigen Fahrzeugen. Die mit Zwölfpfündern ausgerüsteten Einheiten hatten einen höheren Kriegsetat. Die reitenden Kompanien, die im Frieden 4 von ihren 6 Geschützen bespannt hatten, zählten im Frieden 86 Mann und 79 Pferde, im Kriegsfall 170 Mann und 220 Pferde.

Das Einheitsgeschütz war die sechspfündige Kanone, daneben gab es noch in jeder Artilleriebrigade eine mit siebenpfündigen Haubitzen ausgerüstete und in jeder Abteilung eine mit zwölfpfündigen Kanonen ausgerüstete Kompanie.

Die Angehörigen der Fußkompanien wurden auch als Festungsartilleristen ausgebildet.

Der ausbildungstechnische Engpaß bei der Artillerie lag weniger an dem verschiedenartigen Material, als in dem aus volkswirtschaftlichen Gründen erzwungenen Mangel an Reit- und Zugpferden. Man half sich in größeren Garnisonen durch die Formierung sogenannter „Exerzierbatterien", bei denen die Pferde verschiedener Kompanien zusammengezogen waren. Doch war es kaum möglich, eine gewissenhafte Offizier- und Unterführerausbildung zu betreiben. Die Zusammenarbeit mit den anderen Waffengattungen wurde vernachlässigt.

Jeder Artillerieoffizier sollte sowohl eine reitende wie eine Fußbatterie mit allen dabei vorkommenden Geschütztypen führen können, als auch Aufgaben und Schießtechnik der Festungs- und Belagerungsartillerie beherrschen. Ihre Ausbildung erhielten die Artillerieoffiziere an der 1816 errichteten Artillerie- und Ingenieurschule. Artillerie- und Ingenieuroffiziere, die das Ausbildungsziel dieser Schule nicht erreichten, konnten als Leutnante zu anderen Waffengattungen versetzt werden.

Andere Truppen

Auch die Pionierwaffe war im Kriege von 3 auf insgesamt 17 Kompanien und 1 aus Mansfelder Bergleuten formiertes Bataillon vermehrt worden. Aus diesen Truppen wurden 9 Abteilungen zu je 2 Kompanien gebildet und jedem Armeekorps 1 Abteilung zugewiesen.

Die preußischen Festungen waren im Osten: Danzig, Glatz, Glogau, Graudenz, Königsberg, Kolberg, Kosel, Küstrin, Loetzen (Feste Boyen), Marienburg, Neiße, Pillau, Posen, Schweidnitz, Silberberg, Spandau, Stettin, Stralsund, Swinemünde, Thorn.

Im Westen bzw. Südwesten: Erfurt, Jülich, Koblenz, Köln, Magdeburg, Minden, Torgau, Wesel und Wittenberg.

Die im Kriege aufgestellten Versorgungstruppen wurden 1815 aufgelöst. Das Material wurde in Traindepots gelagert und von insgesamt 36 ehemaligen, in den Beamtenstatus übernommenen Kavallerie- und Artillerieoffizieren verwaltet.

Diese Maßnahme erwies sich bei den in späteren Jahren befohlenen Mobilmachungen als ein schwerer Fehler. Eine kurzfristige Aufstellung der erforderlichen Trainformationen stieß auf erhebliche Schwierigkeiten, die Armee entbehrte im entscheidenden Augenblick ihrer Versorgungsdienste.

Die Organisation der 1809 eingeführten Landgendarmerie wurde auf die neugewonnenen Provinzen ausgedehnt. Sie gliederte sich in 8 Landgendarmeriebrigaden. Sie bestand aus ehemals aktiven Offizieren und Unteroffizieren, die personell dem Kriegsministerium, in Bezug auf ihre Dienstobliegenheiten dem Innenministerium unterstanden. Im Kriegsfall stellte sie die Feldgendarmerie.

Landwehr

Die Landwehr war neben dem Stehenden Heer auch für das Friedensverhältnis beibehalten worden, während der Landsturm nur im Kriegsfall aufgerufen werden sollte. Sie bestand aus zahlenmäßig geringen Kadern; im Frieden wurden die Landwehrpflichtigen nur zu Übungen einberufen. Außer den bereits im Stehenden Heer gedienten Leuten wurden der Landwehr auch Rekruten zugewiesen, deren mangelhafte Ausbildung die Feldverwendungsfähigkeit der Landwehr immer mehr herabsetzte.

Nach der Landwehrordnung von 1819 gliederte sich die Landwehr in 32 Landwehr-Infanterieregimenter mit 3 Bataillonen und in 4 Reserve-Landwehrregimenter mit 2 Bataillonen. Die Garde-Landwehr stellte 4 Regimenter zu je 3 Bataillonen, deren Stämme jedoch nicht in und um Berlin vereinigt waren wie die aktive Truppe, sondern sich auf alle Provinzen verteilten. Die Landwehr-Kavallerie war den Landwehr-Infanterieregimentern zugeteilt. Landwehr-Kavallerieregimenter wurden erst 1852 aufgestellt (die beiden Ulanenregimenter galten zwar als Landwehr, waren jedoch aktive Verbände). Landwehr-Artillerie oder -Pioniere gab es nicht.

c. Die Armee nach der Roonschen Heeresreform

Als Hauptursache für die Mängel, die bei der Mobilmachung von 1859 auftraten, stellte sich in den Augen des Prinzregenten Wilhelm die preußische Landwehr dar, die mit ihrem ersten Aufgebot die Hälfte des Feldheeres, mit dem zweiten die Besatzungstruppen aufzustellen hatte. Beide Aufgebote waren so schlecht ausgebildet, daß sie nicht bestimmungsgemäß eingesetzt werden konnten.

Neuformierungen

Bei der Demobilmachung wurde die Landwehr I. Aufgebots nicht mehr auf ihre Kader reduziert, sondern auf den Friedensetat der Linie. Gleichzeitig erfolgte ihre Umwandlung in Verbände des Stehenden Heeres.

So entstanden 1860 bei der Infanterie 4 neue Garde- bzw. Garde-Grenadierregimenter und 32 neue Linien-Infanterieregimenter. Die 9 Reserveregimenter erhielten ein drittes Bataillon und die Benennung „Füsilierregiment". Jedes der 9 Korps hatte jetzt 8 Infanterieregimenter, 1 Füsilierregiment und 1 Jägerbataillon (die Schützen waren 1845 Jäger geworden; alle Jägerabteilungen wurden 1860 Bataillone); das Gardekorps besaß zusätzlich das Garde-Schützenbataillon.

Die 11 aus der friderizianischen Armee übernommenen Linienregimenter und das 1813 aus Krümpern errichtete 12. Infanterieregiment erhielten die Bezeichnung „Grenadierregimenter". Die bisher dem Gardekorps zugeteilten Grenadierregimenter wurden Garde-Grenadierregimenter.

Die Kavallerie wurde um 2 Garde- und 3 Linienregimenter vermehrt. Die bei der Mobilmachung zusammengestellten Kavalleriedivisionen wurden bis auf die Garde-Kavalleriedivision wieder aufgelöst und die Kavalleriebrigaden den Kommandeuren der Infanteriedivisionen unterstellt.

Je 1 leichtes Kavallerieregiment verblieb bei den Infanteriedivisionen. Für den Kriegsfall war vorgesehen, aus den 16 Linien-Kavalleriebrigaden 4 Kavalleriedivisionen zu je 3 Brigaden zu formieren, wobei die 4 freiwerdenden Brigadestäbe die Stämme für die Divisionsstäbe bilden sollten.

Bei der Artillerie wurde die Anzahl der Ausbildungseinheiten nur in geringem Maße vermehrt. Doch erhielt diese Waffengattung eine neue Gliederung. Die Artilleriebrigade des Armeekorps sollte jetzt bestehen aus 3 Fuß- und 1 reitenden Abteilung Feldartillerie zu je 3 Batterien und aus 2 Festungsabteilungen mit je 4 Kompanien.

Von den Fußabteilungen sollte im Feld und bei Manövern jeder Infanteriedivision 1 Abteilung zugeteilt werden, während die übrige dritte Fußabteilung und 2 Batterien der reitenden Abteilung als Korpsartillerie dem Kommandierenden General zur Schwerpunktbildung zur Verfügung standen. Eine reitende Batterie sollte zu einer der im Kriegsfall zu formierenden Kavalleriedivision treten.

1862 wurde verfügt, um die Artillerie beweglicher zu machen, daß statt 9 Fußbatterien zu 8 Geschützen in Zukunft 12 Fußbatterien zu je 6 Geschützen formiert werden sollten. Die Organisation der reitenden Batterien wurde nicht verändert. Die Festungsartillerie, die dem Feldheer nur für Belagerungszwecke nachgeführt wurde und ausbildungstechnisch ein Eigenleben führte, wurde 1864 völlig von der Feldartillerie getrennt und erhielt eigene Regimentsstäbe.

Die Artillerieoffiziere wurden weiterhin in allen drei Sparten ausgebildet und wechselten turnusmäßig zwischen Fußartillerie, reitender Artillerie und Festungsartillerie.

Die Pionierabteilungen erhielten 2 weitere Kompanien und wurden damit Pionierbataillone. Alle 1. Kompanien sollten als Pontonier-, die 2. und 3. als

Sappeur-, die 4. als Mineureinheiten ausgebildet werden. Einige Unteroffiziere je Bataillon wurden im Eisenbahndienst unterwiesen.

Bei jedem Korps waren 1853 Trainstämme errichtet, die seit 1865 als Trainbataillone bezeichnet wurden. Sie wurden 1859 mit 13 Offizieren und 267 Mannschaften etatisiert.

Die Trainbataillone wurden 1860 in 2 Kompanien gegliedert. Die Ausbildung der Trainrekruten erfolgte jetzt bei diesen Bataillonen.

Alle Trainmannschaften erhielten Kombattantenstatus. Gleichzeitig wurde bestimmt, daß der dritte Teil aller bei der Kavallerie zur Entlassung kommenden Reservisten, wenigstens aber 50 Mann von jedem Regiment, alljährlich zur Reserve der Trains zu überschreiben sei.

Für die Landwehrinfanterie, deren alte Stämme in den neuen Linienregimentern aufgegangen waren, wurden neue Stämme für 12 Garde- und 104 Provinzial-Landwehrbataillone aufgestellt. Bei der Landwehrkavallerie bestanden nur noch die Stämme für 12 Regimenter. Die übrigen 22 Landwehr-Kavallerieregimenter wurden zwar noch bis 1868 in den Listen geführt, hatten aber keine Friedensstämme mehr. Seit 1860 oblagen der Landwehr nur noch die Besatzungs- und Sicherungsaufgaben des II. Aufgebots.

Ergebnis

Die Neugliederung der preußischen Armee verband sich mit einer Erhöhung der Friedensstärke um rund 1400 Offiziere, 65 000 Unteroffiziere und Mannschaften und 15 000 Pferde. Die Friedensstärke der preußischen Armee betrug nun 211 000 Mann, etwa 1,1% der Bevölkerung. Das Militärbudget belief sich bei Abschluß der Reform auf 40 Millionen Taler, etwa 30% des Gesamthaushalts.

Die 1860 durchgeführte Neugliederung der Armee, die als „Roonsche Heeresreform“ bekannt ist, blieb Grundlage der preußischen Heeresgliederung, bis die fortschreitende Waffentechnik gegen Ende des Jahrhunderts eine neue Organisation forderte.

Umbewaffnungen

Das 1841 in Preußen erstmalig eingeführte Zündnadelgewehr wurde bei den Infanterieregimentern durch das verbesserte, kürzere und leichtere Zündnadelgewehr M 62 abgelöst. Die 9 Füsilierregimenter erhielten das Füsiliergewehr M 60 mit verkürztem Lauf und aufpflanzbarem Seitengewehr. Die Gewehre älterer Art, auch das Zündnadelgewehr M 62, hatten noch immer das dreikantige, ständig auf dem Lauf getragene Bajonett. Die Jägerbataillone erhielten 1865 die neue Zündnadelbüchse M 65 mit aufpflanzbarem Hirschfänger statt der Büchse M 54 mit Pikenbajonett.

Die Dragoner- und Husarenregimenter erhielten den Zündnadelkarabiner M 54 und einen neuen Kavalleriesäbel mit Korb. Die Kürassiere behielten ihre Pallasche und die wenig zuverlässige Perkussionspistole M 50. Die Ulanen führten den Kavalleriesäbel M 52, die genannte Pistole und eine mit eiserner Spitze versehene Holzlanze.

Auch die Artillerie wurde umbewaffnet. Da die glatten Sechspfünderkanonen der gesteigerten Feuerwirkung und Tragweite der gezogenen Infanteriewaffe unterlegen waren, wurden sie, außer bei den berittenen Batterien, zugunsten von Zwölfpfündern abgeschafft. 1859 wurden erste gezogene Feldgeschütze mit 8-cm-Stahlrohren eingeführt. Sie waren mit Achssitzen versehen, so daß die Bedienung bei schneller Gangart nicht mehr auf den Handpferden aufzusitzen brauchte und aus „Fußbatterien" „fahrende Batterien" wurden.

Felddienstordnung

Die Neugliederung verband sich mit der Anpassung von Ausbildung und Fechtart der Truppe an die Entwicklung, die das Kriegswesen in den letzten Jahren genommen hatte.

Am 29. Juni 1861 wurden die „Allerhöchsten Verordnungen über die größeren Truppenübungen" erlassen. Diese Verordnungen bildeten die erste preußische Felddienstordnung, da es auf diesem Gebiet bisher noch keine zusammenhängende Instruktion gegeben hatte. Sie gaben Anhaltspunkte für die höheren Führer – ohne daß deren Selbständigkeit dadurch eingeschränkt wurde –, die die Wirkung der neuen gezogenen Waffen berücksichtigten, und behandelten das bisher in keiner Vorschrift niedergelegte Thema der Verwendung der verschiedenen Waffengattungen und ihrer Zusammenarbeit. Besonderer Wert wurde seit den Erfolgen der Franzosen im Feldzug 1859 gegen Österreich auf Geländeausnutzung gelegt. Es wurde streng verboten, bei Truppenübungen „Geländeannahmen" zu erlauben. Jeder Truppenführer hatte das Gelände so zu nehmen, wie es sich ihm tatsächlich bot.

3. Bayern

a. Heeresleitung

Kriegsministerium

Während der Freiheitskriege wurde die bayerische Armee von zwei Ministerien verwaltet: vom „Department des Kriegswesens", das 1808–1814 der König selbst leitete, und vom Finanzministerium, an dessen Spitze Graf Montgelas stand. Erst nach dem Krieg wurden die Aufgaben zusammengefaßt. Das nach dem Sturz Montgelas' 1817 errichtete „Staatsministerium der Armee" erhielt neben der Finanzverwaltung sogar den Oberbefehl über die Streitkräfte. Zwar sank es 1822 als „Armeeministerium" bzw. ab 1826 „Kriegsministerium" zu einer Verwaltungsbehörde herab. Aber bereits 1829, nach der „Kaltstellung" Wredes (vgl. S. 292f.), erhielt es die Befehlsbefugnis zurück.

Der bayerische Kriegsminister war allein dem König verantwortlich, der bei seinen Erlassen – auch bei Offiziersernennungen! – aber auf kriegsministerielle Gegenzeichnung angewiesen war. Der Kriegsminister vertrat das Militärbudget vor dem Landtag. Aus seiner Stellung als oberster militärischer Berater des Königs konnte ihn nichts verdrängen: die militärische „Geheimkanzlei" der Prinzregentenzeit (1886 bis 1913) erlangte niemals eine Stellung, die annähernd an die des preußischen Militärkabinetts herankam.

Generalinspektion

Das 1822 für Wrede errichtete Armeekommando wurde im Zug seiner Entmachtung 1829 zu einer Generalinspektion abgeschwächt. Wrede verblieben in dieser Funktion nur noch Besichtigungsbefugnisse und die Aussicht auf den Oberbefehl im Kriegsfall. Nach dem Tod des Feldmarschalls (1838) wurden erst seit 1847 wieder Generalinspekteure ernannt. Ab 1886 wurde die Stelle, deren Inhaber stets über ihre Bedeutungslosigkeit geklagt hatten, nicht mehr besetzt, zumal das Inspektionsrecht 1871 an den Deutschen Kaiser übergegangen war. Es wurde von der IV. deutschen Armeeinspektion ausgeübt (s. Teil V, S. 54f.).

Generalquartiermeisterstab

Der Truppengeneralstab französischen Musters wurde nach österreichischem Vorbild (s. o.) 1822 zu einem Generalquartiermeisterstab umgestaltet, der im Krieg von 1866 versagte. Zwar erhielt er 1867 die Verantwortung für die Aufmarsch- und Operationspläne, Ausbildung, Bewaffnung, Gliederung und Stärke des Heeres, konnte sie aber nur in enger Zusammenarbeit mit der preußischen Parallelinstitution wahrnehmen. Vier Jahre später fielen seine Aufgaben definitiv dem Großen Generalstab in Berlin zu. Der bayerische Generalstab – so hieß er seit 1878 – in München blieb als Schulungsstätte bestehen.

b. Operative Verbände

Die 8 Infanterie- und 5 Kavalleriebrigaden der demobilisierten Armee wurden 1815 ohne Zwischenglieder 2 Generalkommandos unterstellt. Seit 1822 teilte sich die Armee unter dem Armeekommando in 4 Divisionen zu 2 Infanteriebrigaden und 1 Kavalleriebrigade (4. Division: 1 Kavallerieregiment) auf; diese Einteilung blieb nach der Auflösung des Armeekommandos über 1829 hinaus bestehen.

Der Heeresvermehrung von 1849 folgte eine vorübergehende Neueinteilung in 2 Korps zu 2 Infanteriedivisionen und 1 Kavalleriedivision, jede zu 2 Brigaden.

Die Gliederung auf der Basis der Division wurde schon 1855 wieder hergestellt. Jeder der 4 Divisionen unterstanden 2 Infanteriebrigaden zu 6 Infanteriebataillonen und 1 Jägerbataillon und 1 Kavalleriebrigade mit 2 oder 3 Regimentern zu 4 Eskadrons (1863).

1869 wurde eine der preußischen ähnliche und später entsprechende Einteilung in 2 „Generalkommandos" (ab 1872 „Armeekorps" usw.) getroffen.

Da die Kommandierenden Generale dem Kriegsminister unterstanden, und nicht direkt dem Monarchen, arbeiteten in Bayern die Militär- und Zivilverwaltungsbehörden nach eigener Ansicht in besserem Einvernehmen miteinander, als es in anderen deutschen Staaten des Bismarckreiches geschah.

c. Truppengattungen

Garden

Die Leib- und Palastgarden in München („Hartschiere"), Würzburg (bis 1845), Veitshöchheim und Werneck (beide bis 1820) können kaum zur Armee gerechnet werden. Im Jahr 1815 etwa 200 Mann stark, reduzierten sie sich bis zur Jahrhundertmitte auf die Hälfte.

Zum Schimmer einer Krone – und Schimmer hatte die parvenühafte bayerische Monarchie nötig – gehörten nach Ansicht Wredes und König Max Josephs auch Gardetruppen, wie u. a. Frankreich und Preußen sie besaßen. Deshalb wurden 1814 alle Grenadiere der Linieninfanterie zu einem „Grenadier-Garderegiment" mit 3 Bataillonen zu 6 Kompanien zusammengefaßt. Mit seinen ausgesuchten Leuten und wertvollen Uniformen stellte es ein Prunkstück des armen Königreiches dar. Dasselbe gilt vom gleichaltrigen Kavallerieregiment „Garde du Corps" mit seinen 6 Eskadrons. Beide Regimenter fielen 1825 der Einsparungskommission unter Ludwig I. zum Opfer. Sie wurden in das „Linieninfanterie-Leibregiment" bzw. in ein neues „1. Kürassierregiment" umgewandelt.

Infanterie

In der Endphase der Freiheitskriege erreichte die bayerische Infanterie mit 30 Feldbataillonen wieder ihre planmäßige Stärke von 1811. Die Linieninfanterieregimenter gliederten sich in 2 Feldbataillone zu 1 Grenadierkompanie, 1 Schützenkompanie, 4 Füsilierkompanien und in 1 Reservebataillon zu 4 Füsilierkompanien (2450 Mann). Die 1814 befohlene Abgabe der Grenadierkompanien wurde durch die Bildung von 5. Füsilierkompanien ausgeglichen, die jedoch seit 1840 nur noch imaginäre Depotkompanien waren. Die Reservebataillone wurden 1814 auf den Stand der Feldbataillone umgegliedert.

Gemäß den Empfehlungen der Einsparungskommission setzte Ludwig I. die Linieninfanterie auf 16 Regimenter bisheriger Gliederung fest. Als Friedensstärke bestimmte er 1550, als Kriegsstärke 2360 Mann. Da jede Kompanie nur 32 Mann präsent zu halten hatte und die übrigen 140 Soldaten beurlaubt oder nur „Assentiert-

Unmontierte" waren (s. S. 294), ging die tatsächliche Stärke weit hinter diese Zahlen zurück. Als Maßstab für das Unumgängliche galt die Fähigkeit der Armee, die zahlreichen Wachen zu besetzen.

In den Revolutionsjahren rückte das Prinzip der Einsatzbereitschaft in den Vordergrund, so daß man die Präsenzziffern heraufsetzte. Gleichzeitig wurden die Reservebataillone in ordentliche 3. Feldbataillone umgewandelt. Die Regimenter setzten sich jetzt aus 15 Füsilier- und 3 Schützenkompanien zusammen; erstere wurden vorübergehend 1851–1859 unter Erhöhung der Kompaniestärken auf 12, letztere 1856 bis 1859 auf 2 reduziert. 1863 wurden in jedem Regiment 3 Kompanien Füsiliere durch Schützen ersetzt.

Im Krieg von 1866 gliederten sich deshalb die 16 bayerischen Linieninfanterieregimenter von 4000 Mann in 3 Bataillone zu 2 Schützen- und 4 Füsilierkompanien. Im Reichsheer erreichte das bayerische Linien-Infanteriekontingent 1890 den Stand von 20 Regimentern, die wie die preußischen gegliedert waren.

Aus freiwilligen Aufgeboten der Kriegszeit, die unter der Fahne blieben, wurden 1815 2 Jägerbataillone formiert. Bei einer Stärke von 1000 Mann hatten sie 6 Kompanien, von denen eine 1821 durch eine „Karabinierkompanie" zum Tiraillieren ersetzt wurde. Bis 1870 wurden die Jäger auf 10 Bataillone zu 4 Kompanien gebracht (900 Mann), jedoch bis 1890 durch Umwandlung in Linieninfanterie auf 2 verringert.

In den Einsatzgrundsätzen unterschieden sich die Jäger nicht von der Linieninfanterie; sie genossen lediglich eine intensivere Schießausbildung. Ihr militärischer Wert lag in den moralischen Folgen ihres Selbstverständnisses als Elitetruppe.

Kavallerie

2 Husarenregimenter, die als Anreiz für freiwilligen Diensteintritt geschaffen worden waren, bestanden 1815–1822. Standardreiterei des bayerischen Heeres waren die „Chevaulegers", von denen es 1815–1904 6, ab 1909 8 Regimenter gab.

Ein Ulanenregiment existierte wie die Husaren 1815–1822; doch wurden 1863 erneut 3 Regimenter aufgestellt (1867 auf 2 reduziert). Die Kürassiere zählten nach verschiedenen Umwandlungen und Teilungen seit 1825 2 Regimenter (1863–1867: 3). Nach dem Verlust des Küraß (1876) legten sie 1879 auch Stahlhelm und Namen ab. Hinfort hießen sie „Schwere Reiter".

Jedes Kavallerieregiment bestand 1825 aus 6 Eskadrons. Sein Feld-/Friedensetat belief sich auf 1200/1050 Mann und 1160/690 Pferde. Durch Beurlaubungen und Assentiert-Unmontierte sanken die Präsenzziffern sehr viel tiefer. Die Sollstärken verringerten sich bis 1866 so, daß das Regiment im Feldzug auf 4 Eskadrons mit 800 Mann und 600 Pferden kam.

Die zeitgemäße Entwicklung zur Einheitskavallerie fand ihren Abschluß im Jahr 1890, als die gesamte Reiterei gleichmäßig mit Lanze und Karabiner bewaffnet war. Ausbildung und Aufgaben glichen sich einander an. Nur hatte die schwere Kavallerie größere Pferde und Leute.

Artillerie

Nach dem Abschluß der Freiheitskriege bestand die Artillerie aus 1 Regiment mit (1817) 4 Bataillonen zu 1 leichten und 5 Linienkompanien (3170 Mann). Zusammen mit dem einen Fuhrwesenbataillon (1000 Mann) bildete es die Artilleriebrigade. Nachdem ihr die Zeughaushauptdirektion untergeordnet worden war, hieß die Brigade seit 1822 „Artillerie-Korpskommando".

Das Regiment wurde 1824 in 2 geteilt. Beide erhielten Teile des aufgehobenen Fuhrwesenbataillons. Nach Anmahnung des Bundes (Inspektion 1846) wurde 1848 ein Regiment reitender Artillerie mit 4 Batterien gegründet. Ein 4. Regiment entstand 1859, zum Teil auf Kosten der beiden älteren.

Das Material war in Sechspfünder- und Zwölfpfünderbatterien aufgeteilt. Jede Batterie bestand aus 6 Kanonen und 2 Haubitzen. Die Stärke der Kompanien zu 130 Mann war so bemessen, daß sie zur Bedienung und Versorgung einer Batterie ausreichte, die ihr zugewiesen wurde. Außerdem beanspruchte deren Transport etwa 100 Fuhrwesensoldaten mit 200 Zugpferden. Lediglich die 4 reitenden Batterien besaßen eigene Bedienungen und Fahrkanoniere.

Anstelle der Gliederung in Kompanien trat 1855 eine solche in Batterien. Die insgesamt 10 Feldbatterien hatten je 3 Sechs- und 2 Zwölfpfünder. Daneben gab es 4 reitende und 20 Fußbatterien (Festungsartillerie).

Nach einer Reorganisation zählte die bayerische Artillerie 1859 in den 3 fahrenden Regimentern zusammen 6 gezogene Sechspfünder-, 8 glatte Zwölfpfünder- und 22 Fußbatterien sowie im reitenden Regiment 4 glatte Zwölfpfünderbatterien (Summe: 40). Seit 1861 wurden die glatten Geschütze durch gezogene ersetzt.

Die gesamte Artillerie wurde 1869 in 2 Brigaden zusammengefaßt. Nach der Abtrennung der Festungsartillerie (1873) bestand sie aus 2 Feldartilleriebrigaden zu 2 Regimentern sowie 2 Fußartillerieregimentern. 1890 hatte sie den Stand von 5 Feld- und 3 Fußartillerieregimentern erreicht.

Technische Truppen

Erst 1844 wurden die verschiedenen, bisher anderen Waffengattungen zugehörigen Zweige der technischen Truppen zu einem Geniebataillon zusammengefaßt (620 Mann) und dem Ingenieurkorps unterstellt. Das Bataillon umfaßte 5 Kompanien, die in den Dienstzweigen entsprechende Sektionen geteilt waren. Obwohl sich diese Untergliederung bei Übungen nicht bewährte, blieb sie bis 1856 erhalten, weil die Geniesoldaten in der Praxis schon lange als Festungsbauarbeiter verwendet wurden. Seitdem erfolgte eine Spezialausbildung kompanieweise als „Feld-" bzw. „Festungspioniere". Nach der Vermehrung zum Regiment (1848) hatte die Genietruppe in den sechziger Jahren schließlich eine Kriegsstärke von über 2000 Mann, von denen aber 600 als Assentiert-Unmontierte im Frieden keinerlei Ausbildung erhielten.

Diese Truppe wurde 1872 in 2 Pionierbataillone mit je 3 Feld- und 3 Festungskompanien umgewandelt

Um den Forderungen des Deutschen Bundes nachzukommen, hatte Bayern 1822 je eine Pionier-, Sappeur- und Mineurkompanie aufgestellt.

Den Sappeuren und Mineuren war anfangs durchaus Feldeinsatz zugedacht gewesen. Sie unterstanden deshalb der Artillerie. Doch entdeckte man 1827 auch eine produktive Friedenstätigkeit, indem man sie, nunmehr dem Ingenieurkorps unterstellt, zum Festungsbau heranzog.

Die Pioniere unterstanden dem Generalquartiermeisterstab. Doch wurde diese Kompanie nur fragmentarisch ins Leben gerufen und 1825 in eine 2. Sappeurkompanie umgewandelt. Die nach dem Krieg vernachlässigte Pontonierkompanie wurde 1822 durch Festsetzen eines Etats wieder zu einer brauchbaren Einheit gemacht. Bis zur Eingliederung in das Geniebataillon blieb sie der Artillerie unterstellt. Modernes Material nach dem System Birago kam 1845 in die Truppe, die es bis 1910 behielt.

Festungswesen

Für das gesamte Militärbauwesen war das Ingenieurkorps zuständig. Seit 1841 setzte es sich nur noch aus Offizieren zusammen, nachdem die „Kondukteure“ zu „Junkern“ geworden waren. Seine Arbeit leistete es in 5 Geniedirektionen (1848–1855: 3) und, während der Festungsbauten, in entsprechenden Lokal-Geniedirektionen. Als Geniestab wurde es 1857 mit dem Genieregiment in das Geniekorps integriert.

Bis zur Reichsgründungszeit verloren alle 10 Festungen, die Bayern 1815 besaß, ihre Eigenschaft als solche: Augsburg, Nürnberg und Lindau 1826; Forchheim und Rothenberg 1838; Oberhaus-Passau, Rosenberg, Wülzburg und Marienberg-Würzburg 1867; Landau 1871. Dafür wurden 2 zeitgemäße Festungen erbaut: Germersheim 1834–1842; Ingolstadt 1827–1847 und darüber hinaus. Als bayerischer Anteil an der Bundesfestung Ulm entstand ferner 1841–1855 rechts der Donau Neu-Ulm.

Sanitätstruppe

Das obere Sanitätspersonal bestand aus approbierten Ärzten, die bis 1872 dem Beamtenstand angehörten. Erst seitdem gab es ein Sanitätsoffizierkorps, das 1903 eigene Ehrengerichte erhielt. Die Militärärzte genossen den Vorteil, neben dem Dienst eine Privatpraxis unterhalten zu dürfen.

Die Veterinärärzte, die seit 1831 „Offizierachtung“ genossen, erhielten erst 1910 Offiziersrang. Die Militärapotheker blieben unverändert obere Militärbeamte.

Die erste bayerische Sanitätskompanie errichtete nach österreichischem Vorbild 1850 der Kommandierende General Fürst Taxis. Das Kriegsministerium hieß diese Maßnahme gut, die eigener Initiative entsprungen war. Weitere Einheiten kamen 1850, 1859 und 1863 hinzu, so daß jede Division eine Kompanie von 200 Mann besaß. Da im Frieden Sanitätskompanien nur zur Schulung dienten, die auch auf andere Art erfolgen konnte, wurden sie 1900 aufgelöst. Denn Friedenssanitätsdienst größeren Ausmaßes war nur in Lazaretten notwendig.

Gendarmerie

Die Polizeiaufgaben nahm das militärische Gendarmeriekorps wahr, das bis 1837 auch als Zollschutzwache diente. In jedem bayerischen Kreis (= Regierungsbezirk) und in der Landeshauptstadt bestand zu diesem Zweck eine Kompanie, die auf die Sitze der Landgerichte und auf einzelne Stationen verteilt war. Bei den Gendarmen (1842: 1874 Mann; 1863: 2485 Mann) handelte es sich um ausgesuchte gediente Leute. Ihr Korps wurde an der Spitze der bayerischen Ranglisten geführt.

Als Feldgendarmerie wurden von Fall zu Fall aus Leuten der Linienkavallerie besondere Abteilungen zusammengestellt.

d. Militärische Dienste

Militärseelsorge

In den napoleonischen Kriegen war es zu Ausschreitungen bayerischer Truppen gekommen, für die die Regierung keine andere Erklärung fand als moralische Verwilderung infolge zu geringer Anzahl an Geistlichen. Bei den Expeditionen und Mobilmachungen im 19. Jahrhundert wurden deshalb immer genügend Feldgeistliche beider Konfessionen berufen. Als katholischer Feldpropst fungierte der Erzbischof von München-Freising. Den Israeliten im Feld wurde ein Armeerabbiner gewährt.

Unter Friedensverhältnissen hielt man es dagegen für ausreichend, die Militärpersonen dem Pfarrverband des Standortes zuzuweisen. Die Militärseelsorge übten die Stadtpfarrer und -rabbiner im Nebenamt aus. Evangelische Soldaten kamen in der Regel nur in Standorte, in denen evangelische geistliche Betreuung gesichert war. Jeden Sonntag fanden Kirchenparaden statt, an hohen militärischen Feiertagen außerdem Festgottesdienste beider Religionen und Konfessionen.

Böses Blut erregte der „Kniebeugeerlaß", der 1838–1844 galt. Das konservative Ministerium Abel ordnete ohne Rücksicht auf die religiöse Differenziertheit der Armee an, daß alle Soldaten dem Sanctissimum die „militärische Ehrenbezeugung" des Niederkniens zu erweisen hatten. Die Teilnahme an Fronleichnamsprozessionen war Dienst. Der Erlaß führte die Regierung in einen „Kulturkampf" gegen Evangelische und Liberale, in dem der König schließlich nachgab.

Militärgerichtswesen

Die Militärstrafgerichtsbarkeit kam formell den Kommandeuren der Regimenter, selbständigen Bataillone und größeren Kommandantschaften zu.

Über Verbrechen urteilten Kriegsgerichte. Die Zusammensetzung der Untersuchungskommissionen oder des Gerichts richtete sich nach der Dienstgradgruppe, der der Angeklagte angehörte. Die Zuständigkeit in bürgerlichen Rechtssachen ging 1828 an die zivilen Gerichte über.

Die Voruntersuchung und die Leitung des Gerichtsverfahrens lag in der Hand des Auditors, der zugleich Anklage und Strafantrag formulierte. aber nirgends die entscheidende Stimme führte. Als Gehilfe war ihm ein Aktuar beigegeben. Revisionsgerichte bestanden bei den Divisionen und dem Artilleriekorps. Die letzte richterliche Erkenntnis fällte als oberster Militärgerichtshof das „Generalauditoriat". Urteile auf Tod und auf Dienstenthebung von Offizieren waren dem König vorzulegen. Die Errichtung von Standgerichten war für Kriegszeiten vorbehalten.

Die Revisionen der Strafprozeßordnung von 1804/23 brachten 1856 die beschränkte „Militäröffentlichkeit" des Verfahrens, 1863 die Zulassung von Angehörigen und die Mündlichkeit der Verhandlung. Die Bedeutung der Auditoren wurde 1863 durch das Recht des Kommandeurs, mit allen Teilen der Untersuchung Offiziere zu beauftragen, entscheidend herabgesetzt. Auch wurde jetzt Verteidigung zugelassen.

Die Prügelstrafe als Disziplinarmittel kam seit 1819 seltener zur Anwendung und verschwand 1826 weitgehend, nachdem der zu ihrem informellen Vollzug „einladende" Korporalstock abgeschafft worden war. Die amtliche Abschaffung erfolgte 1848.

Dem Spießrutenlaufen wurde 1823 ein Ende gesetzt.

Die Versetzung zur Infanterie als Ergänzungsstrafe für Fahnenflucht fiel 1856 weg.

Militärbildungsinstitute

Ein bayerisches Kadettenkorps gab es seit 1756. Die Zahl der Zöglinge wurde 1826 auf 200 festgesetzt, von denen 150 die Anstellung im Heer garantiert wurde. Seit 1851 stand es nicht nur den Söhnen von Offizieren oder höheren Beamten offen, sondern allen Klassen.

Der Lehrplan des Kadettenkorps entsprach weitgehend dem der öffentlichen Lateinschulen und Gymnasien – wenn auch Latein nur wenige Jahre lang unterrichtet wurde – und vermittelte in den beiden oberen Schuljahren (5. und 6.) zusätzlich militärische Berufsausbildung. Die Kadetten gingen als Junker zur Truppe. 1866 erhielt das Kadettenkorps das Recht, das Absolutorium eines Realgymnasiums auszustellen.

An die Stelle der höheren Klassen der Regimentsschulen, die die Junker und die aus der Truppe hervorgegangenen Anwärter auf den Offizierdienst vorbereiteten, trat 1858 nach preußischem Vorbild eine Kriegsschule. Ihr Lehrstoff bezog sich fast nur auf „militärwissenschaftliche" Fächer. Die Beförderung zum Offizier hing seitdem vom erfolgreichen Abschluß der Kriegsschule ab.

Als Hochschule, die Offiziere auf die Generalstabslaufbahn vorbereitete, wurde 1867 – nach dem Versagen des Generalquartiermeisterstabs im Deutschen Krieg – eine bayerische Kriegsakademie gegründet. Auch hier folgte man dem preußischen Vorbild.

Bis 1851 erfolgte die wissenschaftliche Ausbildung der jüngeren Artillerieoffiziere während des Winters in den Regimentern. Danach versuchte man einige Jahre lang, bereits die zukünftigen Artillerie- und Genieoffiziere in einem „Anwendungskurs" des Kadettenkorps heranzuziehen. 1857 übertrug man diese Aufgabe der neugegründeten „Artillerie- und Genie- (seit 1872: „Ingenieur-)schule". Die Errichtung einer „Equitationsanstalt" preußischen Musters, einer Reitschule, folgte 1868. Die Lehroffiziere wurden vor Aufnahme ihrer Ausbildungstätigkeit an die Spanische Hofreitschule in Wien kommandiert.

Zur Erzielung von Gleichmäßigkeit beim Schießen wurde 1872 die „Militärschießschule" eröffnet. 1876 folgte die „Oberfeuerwerkerschule".

4. Die übrigen Staaten des Deutschen Bundes

a. Südwestdeutschland (VIII. Bundeskorps)

Württemberg (1. Division)

Generalkommando, Generalinspektion und Militärverwaltung waren im Frieden in der Person des Kriegsministers vereinigt, der unter dem unmittelbaren Befehl des Königs stand.

Bei der Organisation und Stärkebemessung des Generalquartiermeisterstabes war berücksichtigt, daß er in der Feldaufstellung mit Stäben der anderen Kontingente zum Generalstab des Bundeskorps verschmelzen sollte.

Ein württembergisches Infanterieregiment setzte sich aus 2 Bataillonen zu 4 Kompanien zusammen. Die Friedensstärke betrug nach dem Einrücken der Rekruten von März bis Juli 560 Mann. In den Monaten August und September erhöhte sie sich für die Herbstübungen auf den „großen Friedensstand" von 800 Mann. Für die übrige Zeit gab es keine präzisen Zahlen. Die Stärke wurde so bemessen, daß bei den nicht beurlaubten Soldaten auf 3 Tage normalen Dienstes 1 Tag Wache kam; sie hing also von der Stärke der zu stellenden Wachen ab. Der Kriegsstand sollte 1790 Mann betragen.

Die Infanterie umfaßte 8 Regimenter, die im Frieden in 2 Divisionen zu 2 Brigaden zusammengefaßt waren, sowie Garnisonskompanien. 1859 kamen 2 Jägerbataillone, 1865 ein drittes dazu.

1 Kavallerieregiment umfaßte 4 Schwadronen. Seine Friedensstärke betrug 360 Mann mit 320 Pferden, seine Kriegsstärke 690 Mann mit 650 Reit- und 30 Trainpferden. In den Regimentern gab es nur „Linienreiterei" genannte Einheitskavallerie, die nach Pferden und Bewaffnung zur leichten Reiterei

tendierte. Als vornehmste Truppe der Monarchie galt die selbständige Feldjägerschwadron. Die 1816 errichtete Leibgardeschwadron wurde 1864 aufgelöst.

Die 4 Regimenter waren unter Friedensverhältnissen in 1 Division zu 2 Brigaden zusammengefaßt.

Das eine württembergische Artillerieregiment bestand zuerst aus je 1 Bataillon reitender und Fußartillerie, jedes zu 3 Kompanien. Nach der Neugliederung von 1867 umfaßte das Feldartillerieregiment 3 Abteilungen zu 3 Batterien. Außerdem bestand jetzt eine Abteilung Festungsartillerie mit 4 Batterien. Die Friedensstärke des Regiments stieg von 725 auf 930 Mann.

Zur Artillerie zählte organisatorisch auch der Train. Seine 2 Kompanien (1869: 2 Abteilungen) bildeten die Kader für die erst im Krieg aufzustellenden Versorgungstruppen.

Mit den Abteilungen der Arsenaldirektion und der Garnisonsartillerie bildeten die Artillerieeinheiten und der Train die Artilleriebrigade.

Das „Landjägerkorps" von 450 Mann versah den Landespolizeidienst. Es war zwar in bezug auf seine „militärische Verfassung" dem Kriegsministerium unterstellt, bezüglich seiner Dienstleistungen aber dem Innenministerium.

Das Pionierkorps, das seit 1815 existierte, wuchs bis 1869 von 1 Kompanie auf 1 Bataillon mit 2 Kompanien an.

Mit den Pionieren stellte das Ingenieurkorps die „Technische Abteilung" des Generalquartiermeisterstabes dar. Es fand seine Aufgabe in Bau und Unterhaltung der Fortifikationen von Ulm links der Donau.

In den fünfziger Jahren baute auch Württemberg ein über den Truppensanitäts- und Lazarettdienst hinausgehendes Sanitätskorps auf. In den 3 Hauptgarnisonen (Stuttgart, Ulm und Ludwigsburg) wurden Sanitätszüge formiert, die als Stämme für die erst im Krieg aufzustellenden 3 Sanitätskompanien und 1 Spitalabteilung dienten.

Die württembergische Armee galt als 1 Korps. Für den Einsatz als Bundeskontingent wurden seine meisten Truppen in 1 Division gegliedert. Dieser gehörten an: 3 Infanteriebrigaden mit je 2 Regimentern – sowie später 1 Jägerbataillon –, 1 Kavalleriebrigade mit 3 Regimentern und den Feldjägern, dazu die Pioniere und 3½ Batterien.

Die übrigen Truppen bildeten das Reserve-/Ersatzkontingent mit 1 Infanteriebrigade und 1 Kavallerieregiment und Ersatzabteilungen der anderen Truppengattungen.

Baden (2. Division)

Nach 1815 setzte sich die großherzogliche Armee aus 10 Bataillonen Infanterie (4 Linienregimenter, Leibgrenadiergarde, Leichtes Bataillon), 12 Eskadrons Kavallerie (2 Dragonerregimenter, Garde du Corps) sowie 3 Fuß- und

1 reitende Batterie, 1 Trainabteilung zusammen. Sie zählte 11300 Mann. Die Bewaffnung wurde nach dem Krieg mit französischem Material vereinheitlicht, dagegen näherte sich das äußere Erscheinungsbild der Soldaten dem preußischen an.

Ein 3., das Gardekavallerieregiment, bildete sich 1819 aus Abgaben der anderen Reiterverbände. Die 3 Regimenter wurden 1830 zu einer Brigade zusammengefaßt.

Zur Artilleriebrigade wurden 1831 die 4 Batterien – die 1847 eine Feldartillerieabteilung bildeten – und eine aus der Handwerkerabteilung der Zeughausdirektion verstärkte Pionierkompanie vereinigt; die Leute der Trainkompanie wurden auf die Batterien verteilt.

Die Infanterie wurde 1832 in eine Division zu 2 Brigaden formiert. Die beiden bisher selbständigen Bataillone bildeten jetzt das Leibinfanterieregiment. Bis 1847 hatte jedes Regiment 2 Bataillone zu 6 Kompanien; in diesem Jahr gliederte man die 5 Regimenter in 3 Bataillone mit 4 Kompanien – deren Gesamtzahl (60) also unverändert blieb – um.

Mit Ausnahme einer Eskadron und eines Bataillons, die sich, da außer Landes eingesetzt, nicht an der badischen Armeemeuterei beteiligt hatten, löste der Großherzog am 14. Juli 1849 alle Verbände seiner Armee auf. An ihre Stelle traten „Depots“, in denen sich Soldaten der aufgelösten Truppenkörper sammelten. Seit Anfang 1850 formierten sich 3 neue Kavallerie- und 1 Artillerieregiment, 1 Pionierkompanie sowie 10 selbständige Infanteriebataillone zu 4 Kompanien. In preußische Garnisonen verlegten 2 Bataillone, 2 Kavallerie- und das Artillerieregiment. Um den Jahreswechsel 1850/51 kehrten diese Truppen nach Baden zurück, während das 18000 Mann starke preußische Besatzungskorps abzog.

Prinzregent Friedrich übernahm das Generalkommando der Armee – das in Baden nie dem Kriegsminister übertragen war – im Jahr 1852 selbst. Die Kommandosachen bearbeitete eine Generaladjutantur. Von den unmittelbaren Dienstgeschäften befreite sich der Großherzog erst später durch die Errichtung einer Generalinspektion (1863) und eines Armeekorpskommandos (1865). Die Regimentsgliederung der Infanterie stellte er 1852 wieder her. 8 Bataillone bildeten 4 Regimenter, von denen eines 1856 Garderang erhielt, 2 blieben als Füsilierbataillone erhalten. Er verstärkte die Armee durch 1 Jägerbataillon und 1857 durch ein 3. Füsilierbataillon, das er 1861 in ein 5. Infanterieregiment umwandelte.

Für die Festung Rastatt ließ er 1854 eine Festungsartillerieabteilung (ab 1859: -bataillon) aufstellen. Die glatten Zwölfpfünderkanonen wurden 1860 durch preußische gezogene Sechspfünder-Hinterlader ersetzt. Die Aufstellung einer selbständigen Trainabteilung erfolgte 1864.

In der gegen Preußen eingesetzten Felddivision stellte Baden 1866 als Hauptkontingent: 10 Bataillone, 11 Eskadrons, 5 Batterien mit 30 Geschützen, 1 Pionierabteilung, 1 Brückenzug, 1 Sanitätskompanie.

In den Jahren 1867/68 organisierte Baden seine Armee nach preußischem Vorbild neu. Die Infanterie wurde durch Zusammenlegung der bisher selbständigen Bataillone und Neuaufstellungen auf 6 Regimenter gebracht, die 3 Brigaden bildeten. Die Aufstellung von 10 Landwehrbataillonen, die zu den Brigaden treten sollten, wurde in Angriff genommen. Die Kavallerieregimenter erhielten fünfte Eskadrons. Beide Zweige der Artillerie wurden ebenso vermehrt wie die Pioniertruppe. 1869 schließlich entstand ein eigenständiges Sanitätskorps.

Bis Ende 1869 war die Reform weitgehend durchgeführt und die badische Armee innerlich wie äußerlich der preußischen aufs engste angenähert worden; allerdings gelang es freilich bis zum Ausbruch des Deutsch-Französischen Krieges noch nicht, den gewünschten Zahlenstand zu erreichen.

In der Militärkonvention, die die Eingliederung der badischen in die preußische Armee regelte, verzichtete der Großherzog auf Reservatrechte, wie sie sich die 3 Königreiche sichern konnten. Die badischen Truppen behielten ihre alten Symbole bei, doch trugen die Offiziere zusätzlich die preußische Kokarde. Die Verpflichtung auf den König von Preußen fand zusätzlich Eingang in den Fahneneid. Nach Möglichkeit sollten die Truppen Garnisonen in Baden erhalten.

Hessen-Darmstadt (3. Division)

Den Oberbefehl im Frieden (Generalkommando) übte das großherzogliche Kriegsministerium aus, dem die Militärverwaltung unterstand. Die Struktur des Generalstabs war auf den Einsatz im Rahmen des Bundeskorps zugeschnitten.

Zum Dienst um die Person des Großherzogs bestand eine „Garde du Corps" aus „brav gedienten Veteranen". Bei einer Stärke von 50–60 Mann war das Korps als Kompanie formiert. Später erhielt es den Namen „Garde-Unteroffizierskompanie". Die Gardisten waren kavalleriemäßig ausgerüstet, aber nicht beritten.

Die hessische Infanteriedivision gliederte sich in 2 Brigaden und 4 Regimenter, 1 Regiment in 2 Bataillone. Das Bataillon umfaßte 4 Linienkompanien und 1 Schützenkompanie. Etwa ein Drittel der Soldaten waren Kriegsreservisten. Die Schützen wurden vor 1866 aus den Regimentern gezogen und in 2 eigene Bataillone vereinigt.

Hessen besaß als Kavallerieverband das „Garderegiment Chevauxlegers". Dieses gliederte sich in 3 Divisionen oder 6 Eskadrons. Es zählte 1350 Mann, ebenfalls zu einem Drittel Kriegsreservisten. 1859 wurde ein 2. Regiment aufgestellt. Beide leichten Reiterregimenter zählten je 4 Eskadrons.

Das Artilleriekorps vermehrte sich von $^1/_2$ reitenden und 2 Fußkompanien (1842) auf 1 reitende und 3 Fußbatterien (1866). Die Train-Artilleristen vermehrten sich von 1 Kompanie auf 1 Abteilung.

Von der hessischen Pionierkompanie war in den vierziger Jahren die Hälfte der Soldaten zum Sappeur-, ein Drittel zum Pionier- und ein Sechstel zum Mineurdienst bestimmt. Bei einer Gesamtstärke von 90 Mann erwies sich diese Einteilung als zu künstlich, so daß die Pioniere schließlich einheitlich in allen Branchen ausgebildet wurden.

Der öffentlichen Sicherheit und dem Grenzschutz diente ein Gendarmeriekorps von 250 Mann, das sich aus gedienten Leuten ergänzte. Seine dienstlichen Befehle und die Verpflegung erhielt es, unbeschadet seiner prinzipiellen Zugehörigkeit zum Militär, vom Innenministerium und den Justizbehörden.

Durch die Konventionen vom 7. April 1867 und vom 13. Juni 1871 wurde die hessische Streitmacht als geschlossenes Kontingent in die preußische Armee eingegliedert. Sie bildete die 25. Division preußischen Typs im XIV. Armeekorps. Die hauptsächliche organisatorische Veränderung ergab sich durch die Hinzufügung von Landwehr.

b. Mitteldeutschland (IX. Bundeskorps)

Sachsen (1. Division)

Die Militärverwaltung des Königreiches unterstand ohne Einschränkungen der „Geheimen Kriegskanzlei" bzw. dem 1831 gebildeten Kriegsministerium. Dagegen besaß das „Generalkommando der Armee" infolge des absolutistischen Anspruchs der Krone bis 1849 einen eigentümlich gespaltenen Charakter: es stand unter dem unmittelbaren Befehl des Königs, der alle schriftlichen Vorträge entgegennahm, sie aber an das Ministerium weiterreichte, wo die Bearbeitung erfolgte. 1849 erhielt der Kriegsminister auch die Kommandogewalt. Der Generalstab des Bundeskorps existierte kaderartig als sächsischer „Generalkommandostab". Bei Auflösung des Generalkommandos kam er 1849 an das Kriegsministerium.

Aus den größten Leuten des alten „Leib-Grenadierregiments" wurde 1822 zum Wachdienst in den Residenzen Dresden und Pillnitz eine selbständige „Infanterie-Gardedivision" gebildet, die bis 1848 bestand. Ihre 2 starken Kompanien zeichneten sich durch die rote Uniform der alten Garde aus. Obwohl sie Hofdienst tat, zählte die Garde zur aktiven Armee.

Die 4 Linienregimenter, zu denen die sächsische Infanterie 1821 vereinheitlicht worden war, bildeten 2 Brigaden. Jedes Regiment zählte 3 Bataillone zu 4 Kompanien mit zusammen 1750 Mann. 3 Schützenbataillone waren in einer Halbbrigade zusammengefaßt.

In Verfolg des Beschlusses der deutschen Zentralgewalt, die eine Vermehrung des Bundes-/Reichsheeres auf 2% der Bevölkerung verlangt hatte, stellte Sachsen 5 neue Bataillone auf. An die Stelle der Regimenter und der Halbbrigade traten 5 Brigaden (darunter 1 Jägerbrigade) zu 4 Bataillonen zu 4 Kompanien, jedes mit über 1000 Mann Kriegsetat. Die ganze Infanterie wurde in 2 Divisionen geteilt.

Die aus den Freiheitskriegen überkommenen Kürassiere, Ulanen und Husaren der sächsischen Kavallerie wurden in den Jahren 1820–1822 zur gleichmäßig bewaffneten und uniformierten Einheitskavallerie umgewandelt. Sie zählte 1 Garde- und 2 leichte Reiterregimenter zu 6 Schwadronen (700 Mann). 1849 kam ein viertes dazu. Jedes Regiment – das Prädikat „leicht" fiel weg – hatte jetzt zwar nur noch 5 Schwadronen, doch war deren Kopfzahl erhöht worden, so daß die Kriegsstärke 800 Mann betrug. Die gesamte Kavallerie bildete bis 1449 1 Brigade, danach 1 Division aus 2 Brigaden.

Das Artilleriekorps bestand aus dem Fußartillerieregiment, der reitenden Artilleriebrigade und der Trainbrigade. Ersteres, in 3 „Brigaden" unterteilt, umfaßte 10 Kompanien (800 Mann), die seit 1849 Batterien genannt wurden. Die reitende Artillerie setzte sich aus 2 Kompanien/Batterien (160 Mann) zusammen. 2 Fußbatterien wurden 1850 nach schwedischem Vorbild in „halbberittene" umgewandelt. Der Train wurde 1849 als „Kommissariatstrain" abgespalten; die Geschütze wurden seitdem vom eigenen „Artillerietrain" bewegt.

Die sächsische „Sappeur- und Pionierkompanie" zählte 120 Mann. Die Sappeure wurden 1843 zu Pionieren. Auf 2 Kompanien verstärkt, wurden die Pioniere nach Auflösung des Ingenieurkorps 1849 dem Kommando des Artilleriekorps unterstellt.

Die Gendarmerie ergänzte sich zwar aus gedienten Unteroffizieren und Soldaten, stand aber in keiner Beziehung mit der Armee mehr. Die Feldgendarmerie wurde im Krieg durch Abgaben der Kavallerie gebildet.

Die Ausbildung der Sachsen nach den preußischen Vorschriften erfolgte Anfang 1867 in einem Lehrbataillon, das nach Erfüllung seines Zwecks der Auflösung verfiel.

Die Neugliederung der Armee, künftig XII. Armeekorps des Norddeutschen Bundes, geschah analog zu den preußischen Verhältnissen. Die Infanteriekompanien wurden in 8 Regimenter zusammengefaßt; die ersten 2 nannten sich Grenadierregimenter. Die Jäger wurden als Schützenregiment der 1. und als 2 Jägerbataillone der 2. Division zugeteilt. Die Kavallerie wurde in 6 Regimenter umgegliedert: 4 Reiterregimenter, von denen 2 als schwere beritten gemacht wurden, sowie 2 Ulanenregimenter. Die Artillerie bestand jetzt aus 1 Feld- und 1 Festungsartillerieregiment. Außerdem traten die neu eingeführten Landwehrverbände zum Korps.

Hessen-Kassel (Erste Brigade der 2. Division)

In Kurhessen, das sich in militärischen Fragen oft eng an Preußen anlehnte, führte das Kriegsministerium nur die Heeresverwaltung durch. Die Armee stand unter dem direkten Befehl des Kurfürsten oder Kurprinzen, der ihn über seine Generaladjutantur ausübte. Der sehr kleine Generalstab diente im Frieden als „Militärstudien- und Examinationskommission".

Die „Schweizer-Leibgarde“, eine Abteilung von 16 Halbinvaliden (1842), diente zur Bewachung der Kasseler Residenz und der Löwenburg. Ein echter Gardeverband war die Kürassierdivision „Garde du Corps“ von 2 Schwadronen (250 Mann), die zur Reiterbrigade zählte. Das „Leibgarderegiment“ Infanterie unterschied sich nach Ausstattung und Bewaffnung von der Linie nicht.

Die Infanterie bestand einschließlich der Garde aus 4 Regimentern Linieninfanterie zu 2 Bataillonen zu 4 Kompanien (über 1300 Mann); außerdem besaß Kurhessen 2 leichte Bataillone (je 660 Mann). Sie wurde in 1 Division zu 2 Brigaden organisiert. Ihre Stärke wuchs von 6600 Mann (1842) auf 9500 (1866).

Die Kavalleriebrigade bestand neben den genannten Gardekürassieren aus 2 Regimentern zu 4 Eskadrons. Von 1832–1845 waren sie als Dragoner, vorher und nachher als Husaren uniformiert und bewaffnet. Der Gesamtstand der Brigade stieg von 1240 Mann (1842) auf 1500 Mann (1866).

Die Artillerie zählte 1 reitende und 2 Fußbatterien, die selbständig waren; jede Batterie verfügte in den vierziger Jahren über eine genügende Anzahl von Fuhrkanonieren und Zugpferden, um selbstbeweglich zu sein. 1866 wurde 1 Artillerieregiment zu 4 Batterien eingesetzt (900 Mann).

Die „Pionier- und Handwerkerkompanie“ zählte zur Artillerie. 1845 wurde sie in ihre beiden Elemente geteilt. Die nunmehr selbständige Pionierkompanie wuchs von 50 (1842) über 90 (1846) auf 180 Mann (1866) an.

Die „Landgendarmerie“ (170–200 Mann) war dem Innenministerium untergeordnet, aber militärisch organisiert. Sie ergänzte sich aus gut gedienten Unteroffizieren und Mannschaften. Ihre Offiziere, bei deren Ernennung das Kriegsministerium mitsprach, rangierten mit den Offizieren der Armee.

Als Stamm für die Feldgendarmerie bestand die „Armee-Gendarmerie“, die Ordonnanz- und Polizeidienste in der Residenz leistete. Seit 1845 hieß sie deshalb „Garde-Gendarmerie“.

Nassau (Zweite Brigade der 2. Division)

Militärverwaltung und Oberbefehl unter dem Herzog übernahm an Stelle des alten Kriegskollegiums 1821 das Generalkommando.

Die 2 Regimenter Infanterie setzten sich bis 1831 aus 2 Bataillonen zu 6 Kompanien zusammen; die Umgliederung brachte jedem Regiment 2 Bataillone Linie und 1 Bataillon leichte Infanterie, alle mit 4 Kompanien. Im Feldzug von 1866 zählte die nassauische Brigade 2 Regimenter zu 2 Bataillonen mit 4 Linienkompanien und 1 Schützenkompanie – eine Gliederung, die 1848 in Schleswig-Holstein erprobt und für gut befunden worden war – sowie ein Jägerbataillon zu 5 Kompanien.

Kavallerie besaß Nassau keine. Dafür stellte das Herzogtum mit Billigung des Bundes ein Drittel mehr Infanterie und Artillerie, als die Bundeskriegsverfassung an sich verlangte.

Eine herzogliche Artilleriekompanie wurde 1822 aufgestellt. 1833 wurde eine 2. Kompanie hinzugefügt; beide wurden als „Artilleriedivision“ zusammengefaßt. Die Fahrkanoniere gehörten den Kompanien bereits an. 1866 setzte Nassau 2 Batterien zu 8 Feldgeschützen ein.

Zum Polizei- und Landessicherheitsdienst benutzte das Herzogtum origineller weise bis 1848 die Kader und Einberufen seines aus dem Landsturm hervorgegangenen Reservebataillons. In diesem dienten diejenigen, die wegen leichter Gebrechen oder häuslicher Verhältnisse nicht in die Linie eingereiht werden konnten. In der Revolutionszeit wurde das Bataillon aufgelöst. Den Sicherheitsdienst übernahm ein Landjägerkorps.

Seit 1831 besaß Nassau ein Pionierdetachement zur Bedienung seines Biragoschen Brückentrains, das mit den kurhessischen Pionieren eine Kompanie bilden sollte. Seit 1833 plante man, im Krieg einen Bagagetrain aufzustellen.

Die kleine Festung Maxburg, das Staatsgefängnis, stand unter der Obhut einer Garnisonskompanie.

Luxemburg und Limburg

Das luxemburgische Bundeskontingent, das in seiner Planstärke mehrfach wechselte, gehörte zum IX. Bundeskorps und sollte seine Landeshauptstadt und Bundesfestung schützen.

1845 wurde die Regelung getroffen, daß Luxemburg 2 Jägerbataillone stellte und Preußen das Großherzogtum in allen anderen Waffengattungen vertrat. Limburg dagegen brachte 1 Kavallerieregiment ein, das zur nassauischen Brigade zu treten hatte.

c. Norddeutschland (X. Bundeskorps)

Hannover (1. Division)

In der ersten Phase ihrer Organisationsgeschichte nach den Freiheitskriegen zeigt sich die königlich-hannoversche Armee geprägt von der Verschmelzung der englischen King's German Legion mit den auf dem Kontinent aufgestellten deutsch-hannoverschen Truppen der britischen Armee.

Die Infanterie zählte 10 Regimenter zu 4 Bataillonen zu 4 Kompanien. Die 1. Bataillone waren Garde-, stehende Jäger-, Grenadier- oder leichte Bataillone, die 2. bis 4. waren Landwehrbataillone. Die Kriegsstärke jedes Regiments sollte 2400 Mann betragen.

Der Fehlschlag des Landwehrgedankens bewog die Krone zur Einführung der Konskriptionswehrpflicht, aus der 1820 eine Umgliederung der Infanterie hervorging. Aus vorhandenen Truppenteilen wurden 12 Regimenter zu 2 Bataillonen zu 4 Kompanien gebildet: 1 Gardejäger-, 1 Gardegrenadier-, 1 leichtes und 9 Linieninfanterieregimenter, jedes zu 1200 Mann. Die Infanterie wurde 1820 in 3 Brigaden eingeteilt, 1831 in 2 Divisionen zu 3 Brigaden zu 2 Regimentern.

Die Kavallerie, die von einer anderen Rekrutierungsbasis ausging, bildete 1816–1833 konstant 8 Regimenter zu 4 Schwadronen: 2 Kürassier- und 6 Husarenregimenter, von denen 2 in Ulanen umgewandelt wurden (1828). Sie formierten ab 1828 eine Division zu 4 Brigaden. Das 1816 aufgestellte Artillerieregiment zählte 2 Bataillone zu 5 Fuß- und 1 reitenden Batterie, jede mit 5 Kanonen und 1 Haubitze.

Die Landstände erzwangen 1833 eine erhebliche Reduktion der Armee, die sich sofort organisatorisch niederschlug.

Die Infanterie wurde in 16 selbständige Bataillone (2 Garde-, 2 leichte, 12 Linienbataillone) zu 5 Kompanien umgegliedert und in 2 Divisionen zu 2 Brigaden formiert.

Die Kavallerie reduzierte sich auf 1 Regiment Garde du Corps-Kürassiere und 3 Regimenter Dragoner. Jedes Regiment war in 2 Divisionen zu 3 Schwadronen eingeteilt.

Die Artillerie wurde völlig umgegliedert und in eine Brigade verwandelt. Diese umfaßte 2 Kompanien reitende Artillerie und 2 Bataillone mit zusammen 7 Kompanien Feldartillerie, dazu kam eine Handwerkerkompanie.

Dagegen wurden eine Pionier- und eine Pontonierkompanie neu aufgestellt.

Nach Auflösung der Personalunion mit Großbritannien (1837) traten in der hannoverschen Armee Veränderungen ein, die ihre Organisation und ihr Aussehen bis zum Ende des Königreichs bestimmten.

Äußerlich fiel das Abgehen vom englischen Uniformstil mit roter Grundfarbe durch die weitgehende Angleichung an das preußische Uniformbild ins Auge, auch wenn als politische Demonstration nach 1858 die Pickelhaube das österreichische „Käppi“ ersetzte.

Den Oberbefehl über die hannoversche Armee nahm der König selbst wahr. Seine Befehle leiteten als „Organe des Generalkommandos“ der Generaladjutant und der Chef des Generalstabs weiter. Die Militärverwaltung unterstand dem Kriegsministerium.

Die 16 Bataillone wurden in 1 Garde- und 7 Linieninfanterieregimenter zusammengefaßt. Die 2 Divisionen und 4 Brigaden blieben bestehen. Das Gardejäger- und die 3 leichten Bataillone formierten bis 1847 eine selbständige leichte Brigade; nach deren Auflösung standen die leichten Bataillone – seit 1857 „Jägerbataillone“ – bei den Linienbrigaden.

Die Zahl der Reiterregimenter wurde durch Halbierung der 4 bestehenden auf 8 verdoppelt: 2 Gardekürassier-, 1 Husaren- und 1 Gardehusaren- sowie 4 Dragonerregimenter zu 3 Schwadronen. Diese schwachen Verbände wurden 1840 verstärkt. Sie standen in 2 Divisionen bzw. 4 Brigaden. 1849 wurden 2 Dragonerregimenter aufgehoben und die übrigen Regimenter auf 4 Schwadronen gebracht. Die Kavallerie bildete seitdem 6 Regimenter in einer Division zu 3 Brigaden.

Die Artillerie blieb bis 1863 organisatorisch unverändert. 1860 begann man, die glatten Vorderlader meist englischen Systems durch gezogene Hinterlader aus Preußen zu ersetzen. Nach einer Neuformierung 1863 zählte die Artillerie: 2 reitende Batterien mit je 6 kurzen Zwölfpfündern; 3 Fußbatterien mit je 6 gezogenen Sechspfündern; 2 Fußbatterien mit je 6 glatten Zwölfpfündern; 1 Fußbatterie mit 8 langen glatten 24pfündigen Haubitzen.

Das Landgendarmeriekorps – ursprünglich „Landdragoner" genannt – war in 7 Distrikte eingeteilt und unterstand als Polizei den Zivilbehörden, als militärische Truppe der Generaladjutantur. Die „Königs-" oder „Leibgendarmerie" versah Ordonnanzdienste an der Residenz.

Die Bundeskriegsverfassung forderte seit 1855 eine größere Anzahl Trainsoldaten. Hannover entschloß sich, erst im Mobilmachungsfall eine Traintruppe aufzustellen. Das erfolgte 1859 provisorisch. Fest aufgestellt und der Artilleriebrigade unterstellt wurde die Trainabteilung 1862, aber in viel zu geringer Stärke.

Die Aufstellung einer Sanitätskompanie erfolgte 1855. Diese Truppe blieb zur Sanitätsausbildung nur von Januar bis Juni zusammen. Während der anderen Jahreshälfte und während des Feldzuges von 1866 war die Kompanie zugweise den Brigaden zugeteilt.

Braunschweig (zur 1. Division)

Die herzogliche Armee bildete ein Truppenkorps unter einem allein dem Fürsten verantwortlichen General. Die Geschäfte der Militärverwaltung besorgte das Kriegskollegium.

Das eine braunschweigische Infanterieregiment bestand aus 2 Bataillonen zu 4 Kompanien, von denen die jeweils erste als Grenadierkompanie bezeichnet und uniformiert wurde. Sein 3., ein Reservebataillon, setzte sich 1866 aus Landwehrleuten zusammen.

Das Leibbataillon, bekannt wegen seiner schwarzen Uniform mit Totenschädel (ab 1848), zählte zur leichten Infanterie.

Die braunschweigische Reiterei bestand aus einem Husarenregiment mit 2 aktiven und 1 Reserveeskadron. Nach 1855 zählte das Regiment 3 Eskadrons, zu denen 1866 eine Landwehreskadron trat.

Die Artilleriekompanie bediente eine Batterie von 4 Sechspfündern. Nach 1842 kamen 2 Zwölfpfünder-Haubitzen dazu. Die Artilleriereserve kam 1866 als Landwehrbatterie zum Einsatz.

Die Gendarmerie teilte sich in berittene „Landdragoner" und „Landjäger" zu Fuß.

Außerdem gab es ein Pionierkommando, das aus detachierten Angehörigen anderer Waffengattungen bestand, und eine Brückenequipage.

Norddeutsche Kleinstaaten (2. Division)

Holstein-Lauenburg stellte eine Brigade, für welche nach mehrfacher Anmahnung seitens des Bundes schließlich die aus den Herzogtümern rekrutierten Verbände der dänischen Armee designiert wurden. Es handelte sich dabei um das 15., 16. und 17. Linienbataillon, das 5. Jägerkorps, das 2. Dragonerregiment sowie um 1 Batterie und die Pontonierkompanie des 2. Artillerieregiments. Außerdem wollte Holstein das gesamte Brücken- und Belagerungsmaterial nebst Personal der 2. Division stellen.

Die oberste Leitung der Militärangelegenheiten Schwerins behielt sich der Großherzog vor. Administrative und bauliche Angelegenheiten erledigte das Militärkollegium. Die gesamte Streitmacht war in eine kombinierte Feldbrigade zusammengefaßt.

Die Infanterie, die bis 1838 eine eigene Brigade bildete, bestand aus 1 Grenadier-Gardebataillon, 2 Musketierbataillonen und 1 leichten Bataillon. Letzteres besaß 2 Kompanien, die anderen je 4. Nach 1855 stellte das Großherzogtum 2 Regimenter zu 2 Bataillonen sowie 2 Jägerkompanien.

Weiterhin standen 1 Dragonerregiment mit 4 Schwadronen, 2 Fußbatterien und 1 Pionierabteilung in der mecklenburgischen Brigade. Seit 1843 übernahm Schwerin die Stellung von Kavallerie, Artillerie und Jägern für Strelitz, das zum Ausgleich seinen Anteil an Infanterie in der gemeinsamen Bundesbrigade erhöhte.

Das kleinere der mecklenburgischen Großherzogtümer besaß ein Infanteriebataillon von 4 Kompanien. Ein Kommando Husaren versah den Gendarmeriedienst. In den sechziger Jahren stellte Strelitz, trotz des Reluitionsabkommens mit Schwerin, eine eigene Batterie von 6 Geschützen auf.

Die Militärverwaltung des Großherzogtums Oldenburg leitete das aus Regierungsmitgliedern und Offizieren zusammengesetzte Militärkollegium.

Oldenburg besaß anfangs nur 2 Infanteriebataillone zu 6 Kompanien (1 Grenadier-, 1 Schützen-, 4 Füsilierkompanien). Nach einer Heeresvermehrung in den dreißiger Jahren wurde die Infanterie auf 2 Regimenter gebracht. 1849 bis 1855 bestand sie aus 4 selbständigen Linienbataillonen und 1 leichten Bataillon, die eine Brigade bildeten. Danach wurden die leichten Kompanien aufgelöst und die Linienbataillone in ein Regiment zusammengefaßt. 1866 zählte dieses 3 Feldbataillone und 1 Ersatzbataillon.

Aufgrund eines Reluitionsvertrages übernahmen die anderen Staaten der 3. Brigade die Kavallerie. Doch errichtete Oldenburg 1849 ein eigenes Dragonerregiment mit 3 Schwadronen.

Da das Großherzogtum gegen Kostenersatz die Artillerieverpflichtung der Hanseaten übernommen hatte, verstärkte es seine eine Batterie bis 1866 auf 1 Bataillon, zu dem auch einige Pioniere gehörten.

Die hanseatischen Streitkräfte unterstanden dem Militärdepartement (Hamburg, Lübeck) bzw. der Militärkommission (Bremen) ihrer Heimatstadt. Alle diese Behörden setzten sich aus Senatoren und Bürgerschaftsdeputierten zusammen.

Hamburg besaß 1 Infanteriebataillon von 6 Kompanien, 1 Jägerabteilung, 1 Dragonereskadron und zuletzt auch ein kleines Pionierdetachement. Außerdem bestand eine Bürgergarde von 8 Bataillonen Infanterie, 1 Jägerbataillon, 2 Kompanien Artillerie und 1 Reitereskadron. 1855 vermehrte die Hansestadt ihr Kontingent um 1 weiteres Bataillon Infanterie und 1 Eskadron Ulanen.

Die bremische Infanterie formierte 2 Kompanien, seit 1855 aber 1 Bataillon, die Kavallerie ½ Eskadron. Von Lübeck gilt das gleiche. Bis 1855 sollten diese Kompanien bzw. halben Eskadronen im Krieg 1 lübisch-bremisches Bataillon bzw. 1 Eskadron bilden.

Die Bürgergarde Bremens bestand aus 3 Bataillonen, die von Lübeck aus 1 Bataillon, 1 Jägerkompanie sowie aus Landwehr.

Durch die Konvention von 1834 erhielt die „oldenburgisch-hanseatische Brigade" eine gewisse Geschlossenheit. Bereits im Frieden befehligte ein Brigadekommandeur alle 4 Kontingente einschließlich der Reserven und führte eine jährliche Hauptmusterung durch.

Das Offizierkorps der Brigade galt als Einheit; Versetzungen von Kontingent zu Kontingent waren möglich; das Avancement roulierte zwischen den taktischen Verbänden. Die gemeinsame Offizierschule befand sich in Oldenburg.

d. Deutsche Zwergstaaten (Reservedivision)

Aus den Kontingenten der deutschen Zwergstaaten, die ursprünglich vor allem dem IX. Bundeskorps zugeordnet waren, wurde 1830 die Reservedivision gebildet, die zur Besatzung der Bundesfestungen bestimmt wurde. Die betreffenden Staaten hatten nur Infanterie oder Jäger zu stellen.

Mittelgruppe (Bundesfestung Mainz)

Von den für Mainz bestimmten Kontingenten inspizierte Österreich die der sächsischen Herzogtümer. Die Truppen der anderen beteiligten Staaten, einschließlich des Großherzogtums Sachsen-Weimar, inspizierte Preußen.

Das Land Anhalt bestand 1815 aus drei Herzogtümern. Die Linie Köthen starb 1847 aus; ihr Ländchen fiel zuerst in Personalunion und 1853 real an Dessau (-Köthen). Bernburg erlosch 1863, womit die 260 Jahre dauernde Teilung rückgängig gemacht war.

Dessau besaß 3 Feldkompanien und 1 Reserveeinheit. Bernburg nannte 2 Linienkompanien (bis 1840 Jägerkompanien) sein eigen sowie 1 nur aus Kadern bestehende, zur Bewachung der Ballenstädter Residenz dienende Grenadier-Leibkompanie als Reserve. Köthen blickte auf 2 aktive Kompanien und 1 Reservekompanie. Diese Kontingente besaßen die Gemeinsamkeit, aus Füsilieren und Jägern kombiniert zu sein, stärkemäßig genau den Bundesforderungen zu entsprechen und im Einsatz jeweils 1 Bataillon bilden zu sollen. Nach seiner Wiedervereinigung stellte das Herzogtum ein Regiment von 2 Bataillonen und 2 Kompanien Scharfschützen.

Oberste militärische Dienststellen des Großherzogtums Weimar waren das „Militärkommando“ und ein Departement des Staatsministeriums, das für die „Militärökonomie“ sorgte.

Die Weimarer Infanterie bestand 1842 aus 2 Linien- und 1 Reservebataillon, das 1855 ebenfalls ein stehendes Bataillon wurde, und 2 meistens den Bataillonen zugeteilten Scharfschützenkompanien. Im Feldzug 1866 bildeten diese Truppen ein Regiment. Dazu kam Regimentsartillerie und ein kleines „Husarenkorps“, das Wach- und Gendarmeriedienste verrichtete.

Nach den Freiheitskriegen besaß Meiningen ein leichtes Infanteriebataillon von 3 Kompanien. Durch den Erwerb der Landesteile Saalfeld und Hildburghausen konnte man das Bataillon 1826 auf 4 Kompanien vermehren, die aus „Schützen“ und Scharfschützen kombiniert waren. 1831 wurden die Scharfschützen zu einer Jägerkompanie vereinigt, doch in der Praxis kamen sie 1849 nicht selbständig, sondern in kombinierten Einheiten zum Einsatz. 1849 wurde das Bataillon auf 6 Kompanien verstärkt und 1853 in „Füsilierbataillon“ umbenannt. Nach der allgemeinen Heeresverstärkung von 1855 wurde die Meininger Streitmacht unter Aufhebung der Jägerwaffe in ein Regiment zu 2 Füsilierbataillonen zu 4 Kompanien gegliedert.

Sachsen-Gotha-Altenburg löste 1816 sein Landwehrbataillon auf. Die Linieninfanterie blieb dergestalt bestehen, daß jeder Landesteil 1 Bataillon zu 4 Linienkompanien und 1 „Scharfschützenabteilung“ (= freiwillige Jäger) formierte, das einem gemeinsamen Regimentskommando unterstand. Die Spezialwaffen übernahm das Königreich Sachsen.

Nach dem Aussterben dieser wettinischen Linie fiel 1826 Gotha an Coburg, während in Altenburg der bisherige Herzog von Hildburghausen – das an Meiningen kam – die Regierung übernahm.

Das Altenburger Bataillon war 1826 selbständig geworden. 1831 zog der Herzog die Konsequenz daraus, daß die aus den Freiheitskriegen überkommene freiwillige „Scharfschützenabteilung“ nur auf dem Papier stand und wandelte sie in eine gewöhnliche Jägerkompanie um. Preußen übernahm 1837 die Sicherstellung der Munition, 1840 die Lazarettversorgung. Entgegen einem Bundesbeschluß, der die Angleichung des Altenburger Militärs an Österreich verlangte, folgte der Herzog dem preußischen Vorbild. Er verstärkte 1849 sein Kontingent auf 1 Füsilierregiment zu 2 Bataillonen zu 4 Kompanien.

Von einer ersten Konvention mit Preußen, die nach Olmütz rückgängig gemacht wurde, blieb die freiwillige Unterstellung unter die preußische Inspektion. Der dauernde Anschluß an Preußen erfolgte mit der Militärkonvention vom 30. März 1862.

Der Coburger Herzog behielt aus den Freiheitskriegen 1 Infanteriebataillon und 1 Detachement der freiwilligen Jäger, die er 1813 mit Meiningen und Hildburghausen in einer gemeinsamen Einheit ins Feld gestellt hatte.

Seit 1826 regierte der Herzog in Personalunion auch Gotha, das aber weitgehend selbständig blieb. Die Truppen beider Landesteile wurden zu einem Regiment zu 2 Bataillonen und zu 1 Jägerabteilung vereinigt. In den vierziger Jahren war je eine der 4 Kompanien jedes Bataillons nur eine Reserveeinheit. Nach der Heeresvermehrung 1855 wurden sie wieder stehende Truppe.

Coburg-Gotha war der erste Staat, der nach dem fehlgeschlagenen Versuch von 1849 mit Preußen eine Militärkonvention abschloß, was am 1. Juli 1861 geschah. Das Kontingent, dem gegenüber der Herzog die Stellung eines Kommandierenden Generals einnahm, unterstand seitdem der preußischen Armeeverwaltung.

Der Zwergstaat Hessen-Homburg besaß 2 Infanteriekompanien, die seit 1839 als Jäger galten. 1866 fiel die Landgrafschaft durch Aussterben der regierenden Familie an Hessen-Darmstadt.

Westgruppe (Bundesfestung Luxemburg)

Neben preußischen und niederländischen Truppen waren auch die Kontingente der drei am nächsten liegenden Fürstentümer zur Kriegsbesatzung Luxemburgs bestimmt. Diese drei Kontingente unterstanden der preußischen Inspektion.

Das waldeckische Infanteriekontingent bestand seit 1816 aus 2 Kompanien. Die Jägerabteilung ging im Lauf der dreißiger Jahre ein. Als der Bund 1861 die Aufstellung einer 3. Kompanie forderte, war das zuviel für das arme Land. Der Fürst von Waldeck trat gegen eine Geldentschädigung 1862 das Recht auf die „Erhaltung“ seiner Truppe an den König von Preußen ab. Das „waldeckische“ Bataillon wurde 1867 aufgelöst.

Lippe-Detmold unterhielt 1 Infanteriebataillon zu 4 Kompanien, das 1861 ein Füsilierbataillon wurde. Aufgrund einer Konvention von 1867 ging das lippische Kontingent in der preußischen Armee auf.

Schaumburg-Lippe verfügte über 2 Kompanien Infanterie, aus denen die besten Leute zu einer Jägerabteilung zusammengezogen wurden. Gegen Ende der dreißiger Jahre formte der Fürst die ganze Truppe in eine Jägerabteilung um. Die schaumburgische Streitmacht wurde 1867 aufgelöst; die Wehrpflichtigen rückten gemäß einer Konvention zu einem preußischen Jägerbataillon ein.

Südgruppe (Bundesfestung Landau)

Die übrigen deutschen Zwergstaaten, außer Frankfurt, stellten Truppen zur Kriegsbesatzung von Landau. Bayern, das den Hauptteil der Besatzung stellte, besaß das Inspektionsrecht über diese Kontingente.

Die beiden schwarzburgischen Fürstentümer verfügten bis 1855 über je 2 Kompanien, die als Bundeskontingent zu einem Bataillon zusammenzufassen waren. Stab und logistisches Personal hatten sie im Kriegsfall gemeinsam aufzustellen; das Jägerdetachement, das erst im Krieg aus den Füsilierkompanien entnommen wurde, gab Rudolstadt allein. Nach der Heeresverstärkung stellte jedes Fürstentum 1 Füsilierbataillon auf. Das Rudolstädter Kontingent war das größere; das Sondershausener wurde 1867 aufgelöst.

Das Fürstentum Reuß-Greiz repräsentierte die „ältere Linie". Die „jüngere" bestand aus Reuß-Lobenstein (bis 1824), Reuß-Ebersdorf (seit 1824 Reuß-Lobenstein-Ebersdorf), Reuß-Gera (seit 1802 gemeinsamer Besitz) und Reuß-Schleiz, das 1848 alle Lande der jüngeren Linie vereinigte.

Jedes der reußischen Ländchen stellte 1 Kompanie zu dem kombinierten Bataillon, das schon im Frieden eine Einheit bildete; im Kriegsfall wurde 1 Kompanie Jäger aus den Füsilierkompanien entnommen. Nach 1855 stellten die Fürstentümer weiterhin ein gemeinsames Kontingent. Die jüngere Linie brachte ein Füsilierbataillon von 4 Kompanien, die ältere 2 Jägerkompanien ein.

Auch die drei südwestdeutschen Zwergstaaten stellten ein gemeinsames leichtes Bataillon. Hechingen gab die 1. Kompanie, Sigmaringen die 3. und 4., beide gemeinsam die 2., und Liechtenstein einen Zug Scharfschützen. Mit dem Souveränitätsverzicht der süddeutschen Hohenzollern zugunsten des preußischen Königs gingen deren Truppen in der preußischen Armee auf. Der Reservedivision verblieb nur der Anspruch auf die 55 (ab 1855: 82) Liechtensteiner Jäger.

Frankfurt

Das Linienmilitär Frankfurts bestand aus einem Bataillon Infanterie mit 5 Füsilierkompanien und 1 Schützenkompanie; in den vierziger Jahren wurde die Schützenkompanie aufgehoben und ihre Leute den nunmehr 6 Füsilierkompanien zugeteilt. Das Frankfurter Bataillon sollte dem Bundesfeldherrn als Stabswache zur Verfügung stehen.

Die „Stadt- und Landwehr" setzte sich aus 1 Bataillon Scharfschützen, 8 Bataillonen Infanterie, 1 Reitereskadron und 1 Artilleriekompanie zusammen. Das Gendarmeriekorps und das Bataillon Feuerwehr zählten ebenfalls zur bewaffneten Macht der Freien Stadt.

5. Der Norddeutsche Bund

a. Das Bundesheer

Nach den zwischen Preußen und den anderen Bundesstaaten abgeschlossenen Verträgen unterschied man an Bundeskontingenten:

1. Truppen mit eigener kriegsministerieller Verwaltung: Preußen und Sachsen.

2. In die preußische Armee aufgenommene „selbständige“ Kontingente: beide Mecklenburg, Hessen (und ab 1886 Braunschweig).

3. In die preußische Armee aufgenommene „nicht selbständige“ Kontingente: Sachsen-Weimar, Oldenburg, Sachsen-Meiningen, Sachsen-Altenburg, Sachsen-Coburg-Gotha, Anhalt, Schwarzburg-Rudolstadt und Reuß.

Die Truppen der übrigen Bundesstaaten waren völlig in preußischen Truppenteilen aufgegangen: Schwarzburg-Sondershausen, Waldeck, Lippe, Schaumburg-Lippe und die Hansestädte.

Die Friedensstärke des norddeutschen Bundesheeres sollte 302633 Mann, 73312 Pferde und 808 Geschütze betragen, die Kriegsstärke an Feldtruppen: 12777 Offiziere, 543058 Mann, 155896 Pferde, 808 Geschütze; an Ersatztruppen: 3280 Offiziere, 182940 Mann, 22545 Pferde, 234 Geschütze; an Besatzungstruppen: 6376 Offiziere, 198678 Mann, 15689 Pferde, 234 Geschütze.

Gegliedert war das Heer in 13 Armeekorps nach dem preußischen Muster, zu denen zusätzlich die Großherzoglich Hessische Division trat. Die neun alten preußischen Armeekorps waren: Garde mit Sitz in Berlin, I. in Königsberg, II. in Stettin, III. in Berlin, IV. in Magdeburg, V. in Posen, VI. in Breslau, VII. in Münster und VIII. in Koblenz. Sie wurden vermehrt um das IX. Armeekorps in Schleswig mit den schleswig-holsteinischen, lauenburgischen und hanseatischen Truppen und den mecklenburgischen Kontingenten, um das X. Armeekorps in Hannover mit den neugebildeten hannoverschen Regimentern, dem oldenburgischen und dem braunschweigischen Kontingent und um das XI. Armeekorps zu Kassel mit den in die preußische Armee übernommenen ehemals kurhessischen Truppenteilen, den neugebildeten nassauischen Regimentern und den Kontingenten der thüringischen Staaten. Die Königlich Sächsische Armee bildete das XII. Armeekorps. Die Großherzoglich Hessische Division erhielt innerhalb des Bundesheeres die Nummer 25.

b. Infanterie

Abgesehen von den 9 preußischen Garderegimentern und den hessischen Regimentern waren alle Infanterieregimenter des Norddeutschen Bundes fortlaufend durchnumeriert. Die Nummern 97–99 blieben bis 1881 offen. Die Regimenter hatten die gleiche Gliederung zu 3 Bataillonen und 12 Kompanien. Die hessischen Regimenter hatten nur 2 Bataillone. Jedes Korps hatte als leichte Infanterie 1 Füsilierregiment und 1 Jägerbataillon, die preußische Garde zusätzlich noch das Garde-Schützenbataillon, das sächsische Armeekorps hatte bei jeder Division 1 Jägerbataillon. Auch die hessische Division behielt zunächst ihre 2 Jägerbataillone, diese wurden erst später bei der Formierung der III. Bataillone der Infanterieregimenter zu Füsilierbataillonen umgestaltet.

Bewaffnet wurde die gesamte Infanterie mit dem preußischen Zündnadelgewehr M 62, die Jäger mit der Zündnadelbüchse M 65; die Füsilierregimenter führten das leichtere Zündnadel-Füsiliergewehr M 60 mit einem wie auf der Büchse aufpflanzbaren Seitengewehr, während zum Gewehr M 62 ein dreikantiges, ständig aufmontiertes Bajonett gehörte.

Als gemeinsame Uniform war für alle Bundestruppen die preußische Uniform vorgesehen, doch wurde diese Bestimmung sehr weitherzig ausgelegt. 1867 führten zwar alle Bundeskontingente mit Ausnahme von Braunschweig, das an seinen alten schwarzen Uniformen festhielt, für ihre Infanterie die Pickelhaube und dunkelblaue Uniformröcke ein, behielten aber im Uniformschnitt, in der Farbe und Anzahl der Uniformknöpfe, in der Form und Farbe der Achselklappen und Ärmelaufschläge ihre Eigenheit.

c. Kavallerie

Preußen hatte durch Übernahme der kurhessischen Husarenregimenter und Abgaben aller alten Regimenter seine Kavallerie um 16 Regimenter vermehrt, so daß es jetzt über 8 Garde-, 8 Kürassier-, 16 Dragoner-, 16 Husaren- und 16 Ulanenregimenter verfügte. Mecklenburg-Schwerin errichtete 1867 ein zweites Dragonerregiment. Beide Regimenter traten als 17. Kavallerie-Brigade zum IX. Armeekorps. Das oldenburgische Reiterregiment kam als Dragonerregiment zusammen mit dem braunschweigischen Husarenregiment zur Kavallerie des X. Armeekorps. Die 4 sächsischen Reiterregimenter behielten ihre Bezeichnung, Uniform und Bewaffnung und stellten zusätzlich aus gemeinsamen Abgaben noch 2 Ulanenregimenter auf. Hessen stellte im Kriegsfall zum Bundesheer 2 Chevaulegersregimenter.

An der Bewaffnung der Kavallerie wurde nichts geändert. Die Kürassiere führten nur den langen Pallasch und eine längst veraltete Pistole, die im Felde so gut wie nie benutzt worden ist. Dragoner und Husaren, sächsische Reiter und hessische Chevaulegers hatten Säbel und kurze Zündnadel-Karabiner M 57, die Ulanen Holzlanzen, Säbel und Reiterpistolen.

Die Bedeutung der Feuerwaffe für die Kavallerie war noch nicht erkannt, erst die Erfahrungen des Deutsch-Französischen Krieges von 1870/71 sollten hier einen Wandel schaffen, als man z. B. feststellen mußte, daß nicht nur mehrere Kavalleriebrigaden, sondern auch die ganze 3. Kavalleriedivision zu ihrer eigenen Sicherung nicht einen einzigen Karabiner hatten.

Um eine schnellere Mobilmachung der Kavallerie zu erleichtern, verstärkte man alle Regimenter für das Friedensverhältnis auf 5 Eskadrons. Das Feldregiment sollte jedoch nur 4 Eskadrons zählen. Bei der Mobilmachung hatte 1 Eskadron als Ersatzkader im Standort zu verbleiben und die nicht kriegsbrauchbaren Pferde und erkrankten Mannschaften zu übernehmen bzw. auszutauschen.

Zur Hebung der Reitausbildung wurde 1867 der Stamm der Militärreitschule von Schwedt an der Oder nach Hannover verlegt und daraus das Militärreitinstitut errichtet, das aus einer Reiterschule für Offiziere und einer Kavallerieunteroffizierschule bestand.

d. Artillerie

Die preußische Feldartillerie wurde durch Übernahme des kurhessischen Artillerieregiments und der beiden nassauischen Batterien, durch Neuaufstellungen und durch Eingliederung der mecklenburgischen, oldenburgischen und braunschweigischen Batterien um 3 Regimenter vermehrt. Dazu kam das sächsische Artillerieregiment. Jedes Regiment hatte 3 Fußabteilungen zu je 2 vier- und sechspfündigen Batterien und 1 reitende Abteilung zu 3 vierpfündigen Batterien. Jeder Infanteriedivision sollte im Gefecht eine Fußabteilung als Divisionsartillerie zugeteilt werden; die reitenden Batterien bildeten, soweit sie nicht einer Kavalleriedivision unterstellt waren, mit der 3. Fußabteilung die Korpsartillerie.

Das sächsische Feldartillerieregiment hatte 4 Fußabteilungen, 2 zu 4 und 2 zu 3 Batterien und 1 reitende Abteilung zu 2 Batterien. Das Großherzoglich Hessische Artilleriekorps bestand aus 5 Fuß- und 1 reitenden Batterie.

Die Geschütze erhielten nach dem Krieg durchweg gezogene Rohre. Die bisherigen glatten Zwölfpfünder wurden bei den reitenden Batterien durch Vierpfünder, bei den Fußbatterien durch Sechspfünder ersetzt. Obwohl im Kriege einige der neuen Stahlrohre gesprungen waren, so daß wieder Versuche mit Bronzerohren begannen, setzte sich der Gußstahl als Rohrmaterial durch.

Bei der nur für den Belagerungskrieg bestimmten „Festungsartillerie“ wurden keine neuen Regimenter, sondern nur 3 Festungsartillerieabteilungen zu je 4 Kompanien neu errichtet. Sachsen stellte zum Bundesheer 2 Festungsartilleriekompanien.

Auf Antrag des Generals v. Hindersin, der wohl sicher auch von der Schießleistung der österreichischen Artillerie bei Königgrätz beeindruckt war, erfolgte am 4. Juli 1867 die Errichtung der Artillerieschule in Berlin mit einer Lehrbatterie und einer Lehrkompanie für die Festungsartillerie.

e. Sonstige

Die Zahl der preußischen Pionierbataillone erhöhte sich um 3. Die preußische Trainorganisation hatte sich bewährt. Sie wurde auf die neuerworbenen Gebietsteile ausgedehnt, was zur Aufstellung von 3 weiteren Trainbataillonen führte.

Die bisherige Bundesfestung Mainz war preußisch geworden. Neue Festungsanlagen an der Jade, 1869 „Wilhelmshaven“ genannt, an der Weser- und Elbmündung sowie die Befestigung des Kriegshafens Kiel vermehrten die Zahl der festen Plätze.

f. Landwehr

Eine völlig neue Gestaltung bekam die Landwehr. Das neue Wehrgesetz, die Verordnung über die Organisation der Landwehrbehörden vom 5. September 1867 und die mit dem 1. Januar 1868 in Kraft tretende Landwehrbezirkseinteilung gaben den gesetzmäßigen Rahmen.

Bei der Gardelandwehr blieb es bei der bisherigen Stärke von 12 Bataillonen, deren Ergänzungsbezirke auf die 8 altpreußischen Korpsbezirke verteilt waren. Im übrigen entsprach fortan jedem aktiven Infanterieregiment ein Landwehrregiment mit gleicher Nummer zu je 2 Bataillonen. Jedem Landwehrbataillon war ein Ergänzungsbezirk zugeteilt. Als Landwehr-Kontrollbehörde hatte jeder Bataillonsbezirk ein Landwehr-Bezirkskommando, das mit aktiven Offizieren und Unteroffizieren besetzt war. Die Reserve-Landwehrbataillonsbezirke, die die Nummer der sich aus dem ganzen Korpsbezirk ergänzenden Füsilierregimenter trugen, dienten dem Ausgleich. Durch diese Organisation war eine Verstärkung des Kriegsheeres um 216 Landwehrbataillone vorbereitet (189 preußische, 4 mecklenburgische, 17 sächsische und 6 hessische).

g. Offizierausbildung

Für die Ausbildung des Offiziernachwuchses wurden zwei neue Kadettenhäuser in Plön und in Oranienstein errichtet, das Kadettenhaus in Berlin auf 6, 1870 auf 7 Kompanien erweitert. Sachsen behielt sein Kadettenhaus in Dresden. Die Zahl der Kriegsschulen wurde 1867 von 4 auf 6 erhöht.

h. Etappenwesen im Krieg

Einen wesentlichen Fortschritt bedeutete die am 2. Mai 1867 genehmigte „Verordnung über die Organisation des Etappenwesens im Kriege". Über diesen Gegenstand lag bisher nur ein völlig veraltetes Regulativ aus dem Jahre 1833 vor. 1870 hatte jede Armee ihre General-Etappeninspektion, jedes Armeekorps seine Etappeninspektion. Ein Reglement über die Beförderung von Truppen auf den Eisenbahnen des Norddeutschen Bundes und der süddeutschen Staaten wurde am 26. Juni 1870 vereinbart. „Direktiven für die Verpflegung der mobilen Armee" erschienen erst nach Ausbruch des Krieges am 25. Juli 1870, gaben aber nur allgemeine Anhaltspunkte. Die Versorgung der Armee mit Lebensmitteln erfolgte 1870/71 noch fast ausschließlich durch Verträge mit zivilen Lieferanten. Erstmalig in der Geschichte des Kriegswesens kamen diesmal größere Mengen von Verpflegungskonserven, besonders von Erbswurst, zur Ausgabe.

i. Sanitätswesen

Im Bereich des Militärsanitätswesens hob eine am 20. Februar 1868 genehmigte Verordnung die Stellung der Militärärzte an. Sie wurden in ihren Rang- und Dienstverhältnissen den entsprechenden Offiziersklassen gleichgestellt. Die Bezeichnung „Sanitätsoffiziere" wurde aber erst 1873 genehmigt.

6. Das deutsche Reichsheer

a. Gliederung

Die gesetzlichen Grundlagen für die Organisation der bewaffneten Macht des neuen Deutschen Reiches gaben die Reichsverfassung vom 16. April 1871, die in ihrem das Reichskriegswesen behandelnden Absatz XI fast wörtlich die entsprechenden Grundbestimmungen der Verfassung des Norddeutschen Bundes beibehielt, das Gesetz vom 24. November 1871, wonach das preußische Wehrgesetz vom 9. November 1867 für Bayern als Reichsgesetz zu gelten hatte, und die mit den deutschen Fürsten und den Freien Reichsstädten geschlossenen bzw. erneuerten Militärkonventionen. Bayern und Württemberg erhielten in diesen Konventionen erhebliche Zugeständnisse auf militärischem Gebiet.

In Fortführung der Organisation des norddeutschen Bundesheeres gab es auch beim Reichsheer Kontingente mit eigener kriegsministerieller Verwaltung, nämlich die der Königreiche Preußen, Sachsen, Württemberg und Bayern, ferner die in die preußische Armee aufgenommenen „selbständigen" Kontingente, zu denen die beiden Mecklenburg, Hessen und bis 1886 auch Braunschweig gehörten. In diesem Jahr schlossen Preußen und Braunschweig eine Militärkonvention, wonach das braunschweigische Kontingent seine bisherige Selbständigkeit verlor. Zu den „nicht selbständigen" Kontingenten zählten auch die badischen Truppen.

Die bewährte Gliederung des Heeres des Norddeutschen Bundes blieb bestehen. Preußen stellte das Garde- und das I. bis XI. Armeekorps, Sachsen das XII. Armeekorps. Das württembergische Heereskontingent, im Jahre 1871 auf 2 Divisionen verstärkt, bildete das XIII. Armeekorps. Aus den Truppen der badischen Division, 2 preußischen Infanterieregimentern und 1 preußischen Dragonerregiment wurde gleichfalls 1871 das XIV. Armeekorps formiert, das aufgrund der preußisch-badischen Militärkonvention vom 25. November 1870 als preußisches Korps zählte. Bayern stellte seine 2 Armeekorps (I. und II. bayerisches AK). Auf dem Territorium des Reichslands Elsaß-Lothringen wurde das XV. Armeekorps errichtet.

Auch dieses Korps zählte zu den preußischen Armeekorps, doch war es, da die Elsaß-Lothringer in entfernten preußischen Truppenteilen dienen mußten, aus mehreren deutschen Kontingenten zusammengesetzt. Das Gros bestand aus preußischen Verbänden. Bayern, Württemberg und Sachsen stellten Verbände in verschiedener Zahl.

b. Infanterie

Die Infanterie des deutschen Reichsheeres gliederte sich nach dem Reichs-Militärgesetz vom 2. Mai 1874 in 148 Infanterieregimenter (darunter 16 bayerische) und 26 Jägerbataillone (darunter 10 bayerische). Die bayerischen Jäger wurden 1878 in 2 neue Infanterieregimenter und 4 Jägerbataillone umgegliedert. Der Gesamtetat für die Infanterie sah 9123 Offiziere und 269969 Mann vor. Die Friedensstärke für ein Bataillon betrug etwa 20 Offiziere und 600 Mann, die Kriegsstärke über 1000. Die Friedensstärken waren nicht gleichmäßig festgesetzt: bei der preußischen Garde waren sie stärker (22/680), bei einigen Kontingenten, insbesondere in Württemberg, geringer. Anläßlich der im Reichstag am 6. Mai 1880 beschlossenen Verstärkung der Armee wurden 1881 8 preußische, 2 sächsische und 1 bayerisches Regiment neu errichtet. Bei der erneuten Heeresvermehrung im Jahre 1887 wuchs die Zahl der Infanterieregimenter noch einmal um 4 preußische und 1 sächsisches Regiment sowie um ein 3. sächsisches Jägerbataillon.

Außerdem wurden seit 1887 4. Bataillone formiert. Diese nur 2 Kompanien starken Bataillone sollten die 3 anderen Bataillone von den Abstellungen für den Standortwachdienst, für Arbeitskommandos und andere Zwecke entlasten und dadurch mehr Zeit für den Ausbildungsdienst und größere Ausrückstärken ermöglichen. Diese Maßnahme bewährte sich jedoch nicht. Die Angehörigen der vierten Bataillone, insbesondere das Unterführerkorps, fühlten sich zurückgesetzt und deklassiert, die Ausbildungsergebnisse dieser Kompanien fielen stark ab. 1890 wurden daher die vierten Bataillone wieder aufgelöst und als Kader für Neuaufstellungen verwendet.

Da das Zündnadelgewehr M 62 sich im Feldzug 1870/71 bereits als unmodern gegenüber dem französischen Infanteriegewehr erwiesen hatte, bemühte sich das preußische Kriegsministerium, das die Aufgaben eines Reichskriegsministeriums wahrnahm, um ein leistungsfähigeres Gewehr. Unter den verschiedenartigsten Konstruktionen auf dem internationalen Waffenmarkt entschied man sich für die des württembergischen Büchsenmachers Mauser.

Das neue Infanteriegewehr M 71, das ab 1873 an die Truppe, ab 1877 auch an die bayerische Infanterie ausgegeben wurde, hatte ein Kaliber von 11 mm, eine Visiereinrichtung für Entfernungen bis zu 1600 m. Die Munition bestand aus Metallpatronen, von denen jeder Soldat 80 bei sich trug. An die Stelle des Bajonetts trat ein aufpflanzbares Seitengewehr, ähnlich wie beim Füsiliergewehr M 60. Die Munitionsergänzung erfolgte aus dem jedem Bataillon zugeteilten Patronenwagen, auch auf die Kompaniepackwagen wurde Munition geladen.

Auch die Jäger bekamen eine neue Schußwaffe, die Jägerbüchse M 71, ebenfalls eine Mauserkonstruktion, auf der der bisher getragene Hirschfänger aufgepflanzt werden konnte. Die Füsiliere erhielten Infanteriebewaffnung.

Der große waffentechnische Erfolg, den die amerikanischen Winchester-Gewehre in dieser Zeit darstellten, erweckte auch in der deutschen Armee das

Bedürfnis nach einem Magazingewehr. Mit einem Mehrlader konnte die Feuergeschwindigkeit in kritischen Gefechtslagen um mehr als das Doppelte gesteigert werden. Das 1884 vom Kriegsministerium angenommene und ab 1886 an die Truppe ausgegebene Gewehr M 71/84 war allerdings eine Kompromißlösung.

Dieses Gewehr hatte unter dem Lauf ein Röhrenmagazin für 8 Schuß. Mit 1 Patrone im Lauf und 1 auf dem Zubringer konnten insgesamt 10 Schuß geladen werden. Nachteilig war das größere Gewicht des geladenen Gewehrs, seine starke Vorderlastigkeit und der bei jedem Schuß wechselnde Schwerpunkt. Von Vorteil war dagegen, daß die aus Gründen der damals drohenden Kriegsgefahr in großen Mengen angefertigten Munitionsbestände für das M 71 weiterverwendet werden konnten. Die ballistischen Leistungen des Gewehrs M 71/84 waren die gleichen wie beim Modell 71.

Die Ausbildungsvorschriften für die Infanterie paßten sich der modernen Waffenwirkung nur langsam an.

Zwar wurde durch eine Kabinettsorder vom 19. März 1873 verfügt, daß die Bataillonskolonnen im wirksamen feindlichen Feuer nicht mehr auftreten dürften, und auch das Vorgehen in Schützenlinien, wie es sich im Krieg von selbst herausgebildet hatte, eingeführt. Doch konnte man auf den Exerzierplätzen noch lange Zeit Gefechtsformationen sehen, die ihren Kriegswert längst verloren hatten. Die für das Schützengefecht erlassenen Bestimmungen blieben dürftig. Erst 1888 entstand mit der Neufassung des Infanteriereglements eine dem Stand der Waffentechnik entsprechende Vorschrift.

c. Kavallerie

Nach dem Feldzug 1870/71 wurden die 3 badischen Dragonerregimenter in die preußische Armee eingegliedert. Dazu gehörten dem Reichsheer seitdem die bayerische und die württembergische Reiterei an. Insgesamt hatte das deutsche Heer 93 Kavallerieregimenter zu je 5 Eskadrons, darunter 10 bayerische Regimenter.

Gegliedert war die Kavallerie im Frieden in Brigaden zu je 2 oder 3 Regimentern, die den (Infanterie-)Divisionen unterstanden. Nur beim Gardekorps und beim XII. (Königlich Sächsischen) Armeekorps bestand ein Kavalleriedivisionsstab. Für den Kriegsfall war die Aufstellung von 10 Kavalleriedivisionen zu je 4–6 Regimentern vorgesehen.

1875 wurden die beiden Kavalleriebrigaden des XV. Armeekorps in Elsaß-Lothringen und 1885 die beiden Brigaden des I. Korps in Ostpreußen zu je 1 Division zusammengefaßt, um eine schnellere Einsatzfähigkeit der Kavallerie der beiden Grenzkorps zu gewährleisten. Die letztere wurde 1890, die erstere 1900 beim Nachlassen der außenpolitischen Spannungen wieder aufgelöst.

Da der Krieg bewiesen hatte, daß auch für den Kavalleristen eine gute Schußwaffe nötig war, erhielten 1873 alle Dragoner-, Husaren- und Ulanenregimenter anstelle der veralteten Zündnadelkarabiner und Pistolen Chassepotkarabiner aus der Kriegsbeute. 1876 wurden die Chassepots gegen Kavalleriekarabiner M 71 ausgetauscht. Erst von jetzt an verschossen alle Waffengattungen die gleiche Munition.

Die Kürassiere sowie die Unteroffiziere und Trompeter aller Regimenter vertauschten 1881 die bisher noch geführten glatten Pistolen mit dem Revolver M 79, für den später das kürzere Modell 83 eingeführt wurde, das jedoch das gleiche Kaliber und die gleiche Munition hatte. Im Jahre 1884 wurden 25 Mann in jeder Kürassier-Eskadron ebenfalls mit dem Karabiner M 71 bewaffnet. 1888 wurden alle Kürassiere mit dem Karabiner bewaffnet, der Küraß für den Gefechtsdienst abgeschafft und nur noch bei Paraden angelegt. In Bayern war die gesamte Kavallerie einschließlich der schweren Reiterregimenter in den Jahren 1878/79 mit dem Karabiner M 71 ausgestattet worden.

Die Feldzugserfahrungen hatten klar erkennen lassen, daß die Ausbildungs- und Führungsgrundsätze bei der Kavallerie neu durchdacht und formuliert werden mußten. Deshalb trat 1872 eine Immediatkommission zusammen, der berühmte Kavallerieführer angehörten. Eine Überarbeitung des Exerzier-Reglements von 1855 erschien als Arbeitsergebnis dieser Kommission bereits 1873, desgleichen eine Instruktion über die Waffenübungen der Kavallerie. Aufgrund einer großen Kavallerieübung in Mitteldeutschland (Sommer 1873) wurden die Grundlagen für ein völlig neues Reglement praktisch erarbeitet. Das am 5. Juli 1886 genehmigte neue „Exerzier-Reglement für die Kavallerie“ stellte für den einheitlichen Einsatz der Kavallerie in der Schlacht Regeln auf, die sowohl dem Eskadronschef wie dem Divisionskommandeur Anhaltspunkte für ihr Handeln gaben. Am 10. April 1876 wurde eine Neubearbeitung genehmigt. Dieses Reglement zeichnete sich vor allem durch die Tendenz aus, nur ganz einfache Formen wie zur Zeit Friedrichs des Großen im Gefecht zu verwenden. Alles Gekünstelte wurde abgelegt. Im Krieg unter der Einwirkung der feindlichen Waffen verspreche nur Einfachheit Erfolg.

Die für alle Waffengattungen verbindliche Felddienstordnung vom 23. Mai 1887 enthielt Absätze über die Tätigkeit der Kavallerie im Aufklärungs- und Sicherungsdienst, doch fehlt in dieser Vorschrift noch das Herausheben der Bedeutung einer engen Zusammenarbeit zwischen den einzelnen Waffengattungen.
Endlich erschien am 13. Januar 1888 eine Schießvorschrift für die Kavallerie und im gleichen Jahr eine „Anleitung für die Zerstörungs- und Herstellungsarbeiten der Kavallerie im Felde“, die sich besonders mit der Zerstörung von technischen Einrichtungen, wie Eisenbahnen und Telegraphenlinien, befaßte.

d. Artillerie

Die Feldartillerie wurde 1872 vorläufig, 1874 endgültig von der nunmehr als „Fußartillerie“ bezeichneten Festungsartillerie getrennt. Die bisherige Gemeinsamkeit ihrer Offizierkorps hörte auf. Gemeinsames Bindeglied beider Waffengattungen blieb nur die „General-Inspektion von der Artillerie", bis auch diese 1889 aufgelöst wurde.

Feldartillerie

Ab November 1872 hatte jedes Armeekorps eine Feldartilleriebrigade zu 2 Regimentern, die sich durch ihre Bestimmung als Korpsartillerie und Divisionsartillerie unterschieden. Das Regiment Korpsartillerie hatte 2 fahrende und 1 reitende Abteilung zu je 3 Batterien. 1874 fielen die Bezeichnungen „Korps-" und „Divisionsartillerie" weg. Im ganzen bestanden, entsprechend den 18 Korps, 36 Feldartillerieregimenter mit zusammen 300 Batterien zu je 6 Geschützen, von denen im Frieden jedoch nur 4 bespannt waren. Außerdem gab es noch die Lehrbatterie der Feldartillerieschießschule.

Im Feldzug 1870/71 war die deutsche Artillerie, um erfolgreich wirken zu können, meist gezwungen gewesen, im Wirkungsbereich des französischen Infanteriefeuers in Stellung zu gehen und hatte entsprechend hohe Verluste an Bedienungsmannschaften und Zugpferden hinnehmen müssen. Es stellte sich daher die Forderung nach einem neuen, weiter tragenden Geschütz. Die Firma Krupp konstruierte ein solches mit einer Schußweite von 7000 m. Dieses Geschütz C/73 wurde in zwei Kalibern (8,8 und 7,85 cm) hergestellt. 1874 wurde mit der Umbewaffnung begonnen, die aus außenpolitischen Gründen bis zum 1. Juli 1875 beendet sein sollte. Alle fahrenden Batterien erhielten die 8,8-cm-Kanonen, die reitenden die vom Kaliber 7,85 cm.

Das Hauptgeschoß war die Granate mit Aufschlagzündung, daneben etwa im Verhältnis 1:2 das Schrapnell, dessen Zeitzünder jedoch noch nicht allen Anforderungen voll entsprach. Zur Nahverteidigung hatte jedes Geschütz 2 Kartätschen. Die Munitionsausrüstung betrug je Geschütz 135 Schuß bei Kaliber 8,8 cm bzw. 153 Schuß beim Kaliber 7,85 cm. 32 bzw. 38 Schuß führte das Geschütz im Protzkasten mit, der Rest wurde auf Munitionswagen nachgeführt, aus denen die Protzenmunition bei Bedarf ergänzt wurde. Diese Munitionsausstattung erschien damals völlig ausreichend, war es doch im Feldzug 1870/71 nur in einigen Ausnahmefällen vorgekommen, daß während eines Kampftages die Protzen zum Aufmunitionieren zurückgeschickt werden mußten.

An Ausbildungsvorschriften für die Feldartillerie erschienen Reglementsentwürfe in den Jahren 1873 und 1876 und unter dem 23. August 1881 die endgültige Fassung des „Exerzier-Reglements für die Feldartillerie". Größter Wert wurde in diesem Reglement auf Manövrierfähigkeit, flottes Exerzieren in jedem Gelände und leichtes Überwinden von Hindernissen gelegt. Das Zusammenwirken mit den anderen Waffen wurde dagegen kaum behandelt. Ein im Jahre 1887 erschienener neuer Reglementsentwurf brachte wie bei der Kavallerie eine Vereinfachung der Formen. Hier wurde erstmalig die Tendenz vertreten, die Artillerie solle „mit möglichst geringen Verlusten" in die Feuerstellung gelangen, um ungeschwächt und überraschend wirken zu können.

Nach einem vorläufigen Entwurf vom Jahr 1873 erschienen 1874 die ersten „Schießregeln für die Feldartillerie". In dieser Vorschrift wurde von dem bisherigen zugweisen Schießen abgegangen und angestrebt, grundsätzlich das Feuer der ganzen Batterie zu vereinigen. 1875 ergingen „Direktiven für die Schießübungen" Von diesem Jahr an kann man auch in der preußischen Armee von einer wirklichen Schießausbildung bei der Feldartillerie sprechen.

Eine solche hatte es vor den Kriegen 1866 und 1870/71 eigentlich nur bei der österreichischen Armee gegeben. Die Erwerbung größerer Artillerieschießplätze, wie Jüterbog, Hammerstein und Wahn, ermöglichte es, Scharfschießen auf kriegsmäßigen Entfernungen abzuhalten. Doch war ein Schießen auf Entfernungen über 2500 m auch weiterhin sehr schwierig, da die Ferngläser noch sehr mangelhaft entwickelt waren. 1883 erschienen wieder neue Schießregeln, die sich insbesondere des Schießens mit Schrapnells annahmen.

Die Planung von Landwehr-Artillerieregimentern für das Besatzungsheer stieß auf Schwierigkeiten, da nicht genügend moderne Geschütze zur Verfügung standen, um das aktive Heer voll auszustatten, man andererseits aber auch keine Munition für die alten Geschütze mehr anfertigen ließ. Die Durchführung dieser Planung mußte daher auf spätere Zeiten verschoben werden. Mit Einschluß der Lehrbatterien hätten insgesamt nur 51 Reservebatterien gebildet werden können.

Fußartillerie

Die am 1. November 1872 aus den Artilleriebrigaden ausgeschiedene Fußartillerie führte noch lange Zeit das Eigenleben einer Hilfswaffengattung, die nur im Festungskrieg die Gelegenheit zu kriegerischer Betätigung hat. Sie war in Regimenter zu 2 Bataillonen mit je 4 Kompanien gegliedert. An sich sollte bei jedem Armeekorps 1 Fußartillerieregiment formiert sein, doch hatten die 1867 neu aufgestellten Korps (IX., X. und XI.) nur 1 Bataillon.

Die im allgemeinen als Festungsbesatzung bestimmte Fußartillerie hatte im Gegensatz zur Feldartillerie eine infanteristische Bewaffnung und auch entsprechende Gefechtsausbildung. Als Schußwaffe diente zunächst das Zündnadelgewehr, ab 1876 dann die Jägerbüchse M 71. Aus der Geschützausrüstung der Festungen verschwanden nach und nach die letzten Vorderlader und glatten Rohre. Die Belagerungsartillerie erhielt als Flachfeuergeschütze gezogene 12-cm-Kanonen aus Bronze und die 15-cm-Ringkanone aus Gußstahl, als Steilfeuergeschütze kurze 15-cm-Kanonen sowie 15- und 21-cm-Mörser aus Bronze. Die in den achtziger Jahren aufkommenden brisanten Sprengladungen erhöhten die Wirkung schwerer Geschütze gegen die damals noch üblichen Festungsbauten und zwangen Ingenieure und Techniker, nach neuen Wegen beim Bau von Verteidigungsanlagen zu suchen.

Der Krieg 1870/71, insbesondere der Kampf um Paris und die anderen französischen Festungen, hatte die Aufmerksamkeit des Generalstabes auch auf diese bisher ausbildungsmäßig stark vernachlässigte Waffengattung gelenkt.

Jetzt wurden wiederholt größere Belagerungsübungen abgehalten und auch Ausbildungsvorschriften verfaßt. Sogar im scharfen Schuß wurden die Fußartilleristen ausgebildet und mit dem Ankauf des Schießplatzes Cummersdorf bei Berlin im Jahre 1877 die Voraussetzung für die technische Weiterentwicklung dieser Waffe zur späteren „Schweren Artillerie des Feldheeres" geschaffen.

e. Technische und Verkehrstruppen

Pioniere

Bezüglich der Pioniere galt der Grundsatz, daß jedes Armeekorps über 1 Pionierbataillon verfügen sollte. Die württembergischen und badischen Pioniere wurden deshalb auf Bataillonsstärke gebracht. Für das in den Reichslanden formierte XV. Armeekorps wurde 1871 ein neues Pionierbataillon aus Abgaben preußischer Bataillone formiert. Als später erforderlich wurde, in jeder der beiden großen Festungen Elsaß-Lothringens ein Pionierbataillon zu stationieren, wurde 1881 ein neues Bataillon für Metz errichtet, während das alte Metzer Bataillon nach Straßburg rückte. Bayern stellte zum Reichsheer 2 Pionierbataillone.

Die bisher teilweise noch getrennte Ausbildung in Pontonier-, Sappeur- und Mineurkompanien fiel weg. Als Ausbildungsziel schwebte dem Generalstab der Einheitspionier vor, doch ließ sich dieses Ideal mit den nur 3 Jahre dienenden Wehrpflichtigen bei der Vielgestaltigkeit des technischen Dienstes nicht verwirklichen. Ab 1872 wurden daher versuchsweise, ab 1874 endgültig 3 Kompanien in jedem Bataillon gleichmäßig für alle Aufgaben des Feldkrieges, die 4. Kompanie vorzugsweise für den Festungskrieg ausgebildet. Das 1870 noch recht verschiedene Brückengerät der Kontingente wurde vereinheitlicht, für jedes Korps wurde ein Korpsbrückentrain, für jede Division ein Divisionsbrückentrain bereitgestellt, die Schanzzeugwagen den Divisionsbrückentrains zugeteilt. Im Falle einer Mobilmachung war vorgesehen, jeder Division 1 Pionierkompanie zuzuteilen; die 3. Kompanie sollte Korpstruppe werden, die 4., für den Festungskrieg ausgebildete Kompanie für Sonderaufgaben zur Verfügung stehen. Bei der Bewaffnung des ganzen Heeres mit dem Mauser-Gewehr erhielten die Pioniere die Jägerbüchse M 71, dazu das bisherige Seitengewehr mit dem Sägerücken.

Das preußische Ingenieurkorps mit den angegliederten sächsischen Ingenieuroffizieren war 1873 in 4 Ingenieurinspektionen mit je 2 Festungs- und 1 Pionierinspektion eingeteilt worden, dazu kam noch die Königlich Bayerische Inspektion des Ingenieurkorps und der Festungen. 1885 wurde das Korps, mit Ausnahme des bayerischen Ingenieurkorps, umgegliedert. Die neue Gliederung sah 4 Ingenieurinspektionen mit zusammen 10 Festungsinspektionen, 2 der Generalinspektion unterstellten Pionierinspektionen, das Ingenieurkomitee mit unterstellter Festungsbauschule (errichtet 1886) und die Inspektion der Militärtelegraphie vor. Die Ingenieuroffiziere sollten künftig entweder den Ingenieurinspektionen oder den Pionierbataillonen angehören und vorzugsweise entweder für den Fortifikations- oder für den Truppendienst ausgebildet werden.

Hier zeigte sich, daß, während zur gleichen Zeit eine einheitliche Ausbildung der Mannschaften angestrebt wurde, die Offizierausbildung sich zu spezialisieren begann – eine Tendenz, die sich immer stärker auswirken sollte, je mehr die Technik beim Heer in den Vordergrund rückte.

Festungen

Die Festungen Stettin, Minden, Erfurt, Wittenberg, Cosel, Kolberg und Stralsund verloren ihren Charakter als Festung. Graudenz erhielt 1879 neue Anlagen. Im Westen waren Straßburg, Metz, Diedenhofen, Bitsch und Neubreisach als Festungen neu dazugekommen, von denen die beiden erstgenannten zu Waffenplätzen erster Ordnung ausgebaut wurden. Rastatt ging in preußische Zuständigkeit über. Ulm wurde Reichsfestung mit einem preußischen Gouverneur und württembergisch-bayerischer Besatzung. Bayern behielt die Festungen Ingolstadt und Germersheim bei, Landau wurde aufgelassen. Sachsen behielt die Festung Königstein.

Eisenbahnwesen

Im Feldzug 1870/71 hatte sich die Aufrechterhaltung der Eisenbahnverbindungen im besetzten Gebiet, die Instandsetzung zerstörter Strecken und Eisenbahnbrücken sowie die Neuverlegung von Eisenbahnstrecken – etwa zur Umgehung einer noch belagerten Festung, für die Versorgung der Armee mit Munition, Material und Verpflegung sowie für den Abtransport von Verwundeten und Gefangenen – als lebensnotwendig erwiesen.

Bei der Demobilmachung der 4 Feldeisenbahnabteilungen wurde daher aus dem verfügbar gehaltenen Personal und Material und aus Abgaben der Infanterie- und Pioniertruppe am 1. Oktober 1871 in Berlin ein Eisenbahnbataillon errichtet. Es sollte als Stammtruppe für die bei einer Mobilmachung aufzustellenden Eisenbahnformationen dienen. Als solche waren Eisenbahnbau- und -betriebskompanien vorgesehen. Bayern errichtete 1873 eine Eisenbahnkompanie in Ingolstadt. 1876 wurde durch die Errichtung eines 2. Bataillons das Preußische Eisenbahnregiment formiert, das 1887 auf 4 Bataillone verstärkt wurde. Sachsen und Württemberg stellten zu diesem Regiment je 1 Kompanie, Bayern formierte im gleichen Jahr eine 2. Eisenbahnkompanie.

Sowohl die preußischen wie die bayerischen Eisenbahnpioniere waren im Frieden direkt den jeweiligen Generalstabschefs unterstellt. Für den Kriegsfall war die Stelle eines Chefs des Feldeisenbahnwesens vorgesehen, dem die Militäreisenbahndirektionen für die Bahnen auf dem Kriegsschauplatz und die

Linienkommandanturen für die Regelung der Militärtransporte in der Heimat unterstellt werden sollten.

Telegraphentruppe

An Telegraphentruppen waren, nach den guten Erfahrungen des preußischen Generalstabes mit diesem Führungsmittel im Jahre 1866, im Feldzug 1870/71 7 preußische, 1 württembergische und 2 bayerische Feldtelegraphenabteilungen sowie 5 preußische und 2 bayerische Etappentelegraphenabteilungen aufgestellt worden. 1871 wurden diese Abteilungen jedoch wieder aufgelöst und die Friedensausbildung im Telegraphendienst einigen Pionierbataillonen übertragen.

1877 errichtete man eine Inspektion der Militärtelegraphie in Berlin, doch bestand noch längere Zeit keine für diesen Dienst besonders ausgerüstete und ausgebildete Truppe. Erst 1887 wurde beim Garde-Pionierbataillon eine 5. Kompanie aufgestellt und mit allen auf dem Gebiet des Militärtelegraphenwesens auszuführenden Versuchen beauftragt. Im gleichen Jahr wurde die Ausbildung von Feldtelegraphisten bei den 4. Kompanien aller Pionierbataillone angeordnet und in Berlin eine Militärtelegraphenschule errichtet.

Train

Die Traintruppe behielt ihre bisherige Organisation. Jedes Armeekorps hatte ein Trainbataillon zu in der Regel 2 Kompanien, die reine Ausbildungskader für die Kriegsformationen waren. Alle Trainmannschaften, auch die Bäcker und Krankenträger, waren seit 1872 mit Karabinern bewaffnet.

Im Kriegsfall sollte ein Trainbataillon 5 Proviant-, 6 Fuhrpark-, 1 Feldbäckereikolonne, 1 Pferdedepot, 12 Feldlazarette und 3 Sanitätsdetachements, außerdem noch die Bespannungsabteilungen für die Brückenkolonnen der Pioniere und die Fahrzeuge der Telegraphenabteilungen stellen. Die Munitionskolonnen hatte die Artillerie aufzustellen. Doch gehörte es auch zu den Aufgaben des Trains, erforderlichenfalls den Geschützpark der Belagerungsartillerie beweglich zu machen. Die Regelung, daß ein bestimmter Prozentsatz der Reservisten einschließlich der Reserve- und Landwehroffiziere von der Kavallerie im Mobilmachungsfall dem Train zur Verfügung zu stellen war, blieb bestehen.

f. Landwehr und Landsturm

Landwehr

Bei der Organisation, mit der die deutschen Heere 1870 in den Krieg gegen Frankreich gezogen waren, hatte man für die Landwehr zunächst nur Sicherungs und Besatzungsaufgaben vorgesehen. Die Feldarmee, die die feindlichen Armeen aufsuchen und schlagen sollte, bestand planmäßig nur aus aktiver Truppe, die durch das Einziehen von Reservisten auf Kriegsstärke gebracht worden war. Die Ausweitung des Kriegsgebietes, der Kampf um die im Hinterland der eigenen Truppe eingeschlossenen feindlichen Festungen und der neuartige Volkskrieg der Freischaren und neu aufgestellten Heere der Republik hatten aber für Teile des Besatzungsheeres Kampfaufträge gebracht, wie sie an sich nicht geplant waren. Die Kämpfe der Landwehr vor Straßburg, vor Paris und an der Lisaine bewiesen der militärischen Öffentlichkeit, daß die Landwehrmänner zu denselben Leistungen befähigt waren wie die Liniensoldaten. Außerdem zeichnete es sich ab, daß in einem zukünftigen Krieg mit noch größeren mobilisierten Massen zu rechnen war als 1870/71.

Der Mobilmachungsplan vom September 1875 sah daher die Aufstellung von „Feldreservetruppen" vor, die zur Verstärkung der Feldarmee, gewissermaßen als zweite Welle, aus dem bisherigen Besatzungsheer formiert werden sollten. Geplant war die Aufstellung von 13 Reservedivisionen mit je 4 Reserve-Infanterieregimentern 1 Reserve-Kavallerieregiment, 3–4 Reservebatterien und 1 Reserve-Pionierkompanie, sowie einiger Reserve-Infanteriebrigaden. Der Engpaß lag bei der Artillerie. Hier konnten waffen- und gerätemäßig nur 44 Batterien formiert werden, wohingegen 180 Infanteriebataillone zur Verfügung gestanden hätten. An ausgebildeten Mannschaften der Reserve und der jüngsten Landwehrjahrgänge standen im Mobilmachungsjahr 1879/80 so viele Infanteristen zur Verfügung, daß die Formierung von zusätzlichen 66 Feldinfanteriebataillonen geplant wurde, die für eine sofortige Verwendung im Feld bestimmt wurden. 1880/81 wurde die Zahl der Reservedivisionen auf 18 (dabei 2 Garde, 1 sächsische, 1 württembergische und 2 bayerische) und die Zahl der selbständigen Reserve-Infanteriebrigaden auf 13 (dabei 1 sächsische und 2 bayerische) erhöht. Die Planung für 1888/89 sah ebenfalls 18 Reservedivisionen vor, die im allgemeinen den aufstellenden aktiven Armeekorps unmittelbar zugeteilt werden sollten.

Neben den Reservetruppen, zu deren Aufstellung auch das 1. Aufgebot der Landwehr hinzuzuziehen war, gab es in den Mobilmachungsplänen noch die Landwehrtruppen aus dem 2. Aufgebot, denen die Aufgaben der früheren Besatzungsarmee zufielen.

Hier war geplant, allein in Preußen 203 Landwehrbataillone, 44 Eskadrons, 12 Feldartillerieabteilungen und 48 Fußartilleriebataillone aufzustellen.

Landsturm

Der Landsturm, der als letztes Aufgebot zur Landesverteidigung, aber auch für Sicherungsaufgaben im Heimatgebiet vorgesehen war, wurde mit 203 Bataillonen, 50 Eskadrons, 25 Batterien, 24 Fußartilleriebataillonen und 25 Pionierkompanien in den Mobilmachungsplänen veranschlagt. Die Angehörigen der Landwehr 2. Aufgebots und des Landsturms, d. h. alle Männer, die das 32. Lebensjahr überschritten hatten, konnten jedoch im Frieden zu Wehrübungen nicht herangezogen werden, es sei denn aufgrund besonderer kaiserlicher Verordnungen. Ihr Ausbildungsstand, ihre Unkenntnis moderner Waffen und der Gefechtslehren mußten im Mobilmachungsfall in Rechnung gestellt werden.

Bibliographie

IV

Militärgeschichte im 19. Jahrhundert

(1814–1890)

Siglen und Abkürzungen

ALR	Allgemeines Landrecht
AMZ	Allgemeine Militär-Zeitung
APP	Die Auswärtige Politik Preußens 1858–1871. Diplomatische Aktenstücke, hrsg. von der Historischen Reichskommission, 10 Bde., Oldenburg 1933ff.
Craig	Gordon A. Craig: Die preußisch-deutsche Armee 1640 bis 1945. Staat im Staate, Düsseldorf 1960
Delbrück-Daniels	Hans Delbrück: Geschichte der Kriegskunst im Rahmen der politischen Geschichte, fortgesetzt von Emil Daniels, 7 Bde., Berlin 1920–1936
Demeter	Karl Demeter: Das deutsche Offizierkorps in Gesellschaft und Staat 1650–1945, [3]Frankfurt/M. 1964
DJZ	Deutsche Juristenzeitung
DW	Dahlmann-Waitz: Quellenkunde der deutschen Geschichte, Hrsg. von Hermann Haering, Leipzig [9]1931
FBPG	Forschungen zur Brandenburgischen und Preußischen Geschichte
GWU	Geschichte in Wissenschaft und Unterricht
Helmert	Heinz Helmert: Militärsystem und Streitkräfte im Deutschen Bund am Vorabend des preußisch-österreichischen Krieges von 1866, Berlin 1964
Hillgruber	Andreas Hillgruber: Bismarcks Außenpolitik, Freiburg 1972
Huber	E. R. Huber: Deutsche Verfassungsgeschichte seit 1789, bisher 4 Bde., Stuttgart 1957ff.
HZ	Historische Zeitschrift
Meinecke, Boyen	Friedrich Meinecke: Das Leben des Generalfeldmarschalls Hermann von Boyen, 2 Bde., Stuttgart 1896/99
MEW	Karl Marx/Friedrich Engels, Werke. Hrsg. vom Institut für Marxismus-Leninismus beim ZK der SED, 41 Bde., Berlin 1959–1969
MGM	Militärgeschichtliche Mitteilungen
MIÖG	Mitteilungen des Instituts für österreichische Geschichte
MS	Maschinenschriftliches Manuskript
MWBl	Militär-Wochenblatt
PrJbb	Preußische Jahrbücher
PVS	Politische Vierteljahresschrift

Ritter	Gerhard Ritter: Staatskunst und Kriegshandwerk. Das Problem des „Militarismus“ in Deutschland, 4 Bde., München 1954–1968
Schnabel	Franz Schnabel: Deutsche Geschichte im neunzehnten Jahrhundert, 4 Bde., Freiburg 1947–1951
Treitschke	Heinrich von Treitschke: Deutsche Geschichte im Neunzehnten Jahrhundert. Staatengeschichte der neuesten Zeit, 5 Bde., [11]Leipzig 1922–1925
Valentin	Veit Valentin: Geschichte der deutschen Revolution von 1848–1849, 2 Bde., Berlin 1930f
Vaupel	Rudolf Vaupel: Reorganisation des preußischen Staates unter Stein und Hardenberg, Leipzig 1938
VjHfZg	Vierteljahrshefte für Zeitgeschichte
WWR	Wehrwissenschaftliche Rundschau
ZfG	Zeitschrift für Geschichtswissenschaft
ZfPol	Zeitschrift für Politik

Die politische Geschichte der preußisch-deutschen Armee

A. Preußen-Deutschland im System der europäischen Mächte

Befriedigende Gesamtdarstellungen der deutschen Geschichte des 19. Jahrhunderts gibt es nicht. Die bekannten Werke von Franz Schnabel (s. u.) und Heinrich v. Treitschke decken nur die ersten Jahrzehnte ab, Treitschkes fünfbändige Deutsche Geschichte im 19. Jahrhundert führt bis an die 48er Revolution heran. Starke Parteinahme für Preußen und die Behandlung der Nationalstaatsidee im Sinne der preußischen Schule kennzeichnen das Werk. Trotz ihres breiten, viele Ebenen einbeziehenden Ansatzes sind sie partiell durch zahlreiche Einzelstudien – vor allem Treitschke – überholt. Kürzere, einbändige Werke bieten nur geraffte Übersichten. Vor allem zu erwähnen ist Golo MANN: *Deutsche Geschichte des 19. und 20. Jahrhunderts, Hamburg 1967.* G. Mann widmet dem Zeitabschnitt 1815–1890 ca. 380 Seiten. Die deutsche Entwicklung ist außenpolitisch und geistesgeschichtlich in den europäischen Rahmen gestellt, ohne daß der Versuch strukturgeschichtlicher Analyse gemacht wird. Der Interpretationshintergrund ist liberal-individualistisch. Von ostdeutschen Gesamtdarstellungen ist heranzuziehen das *Lehrbuch der deutschen Geschichte,* hier die Bände 6, 7 u. 8: Karl OBERMANN: *Deutschland von 1815 bis 1849. Von der Gründung des Deutschen Bundes bis zur bürgerlich demokratischen Revolution, Berlin ³1967,* und Ernst ENGELBERG: *Deutschland von 1849 bis 1871. Von der Niederlage der bürgerlich-demokratischen Revolution bis zur Reichsgründung, Berlin ³1972,* und ders.: *Deutschland von 1871 bis 1897. Deutschland in der Übergangsperiode zum Imperialismus, Berlin 1967.* Diese Arbeiten behandeln das 19. Jahrhundert zwar grundsätzlich vom Gesichtspunkt der Klassenauseinandersetzungen, geben aber einen breitangelegten Überblick über innenpolitische und wirtschaftlich-soziale Entwicklungen. Die Darstellung der 48er Revolution und ihrer Ergebnisse nimmt einen breiten Raum ein .Die Außenpolitik in der Zeit des Vormärz ist nur dürftig behandelt. Eingehender befaßt sich Engelberg mit der internationalen Lage Deutschlands in der Phase der Einigungskriege, während die Außenpolitik Bismarcks nach 1871 nur kurz in den Blick genommen wird. Die Auswahlbibliographien dieser Bände vernachlässigen bewußt die westdeutsche Literatur. Sie sind einseitig, bringen für den westdeutschen Benutzer aber manchen Titel, der in den üblichen Nachschlagwerken nicht zu finden ist.

Nach wie vor unentbehrlich, auch wegen der Hinweise auf weiterführende Literatur, ist Hans HERZFELD: *Die moderne Welt. 1789–1945. T. I, Die Epoche der bürgerlichen Nationalstaaten, 1789–1890, Braunschweig ⁶1969 = Geschichte der Neuzeit, Bd. 3, 1.* Auch für die Außenpolitik Preußen-Deutschlands bietet Ernst Rudolf HUBER: *Deutsche Verfassungsgeschichte seit 1789, bisher 4 Bde., Stuttgart 1957–1969,* eine gedrängte Übersicht, die sich stark mit Preußens deutscher Politik beschäftigt. Die Ziele und Möglichkeiten des Nationalstaats versucht Huber aus seinem Wesen heraus verständlich zu machen. Kritisch zu Hubers Ansatz: Michael STÜRMER in: MGM 1/70, S. 155ff.

Daneben ist zu verweisen auf die Abschnitte zur Geschichte des 19. Jahrhunderts in Bruno GEBHARDT: *Handbuch der Deutschen Geschichte, Bd. 3: Von der Französischen Revolution bis zum Ersten Weltkrieg, Stuttgart* [8]*1963,* im einzelnen: II. Theodor SCHIEDER: *Vom Deutschen Bund zum Deutschen Reich* und III. Karl Erich BORN, *Von der Reichsgründung bis zum Ersten Weltkrieg;* ferner: Otto BRANDT, Arnold Oskar MEYER und Leo JUST: *Handbuch der Deutschen Geschichte, Bd. 3,* Konstanz 1956. Erschienen ist hier der 2. Abschnitt: Walter BUSSMANN, *Das Zeitalter Bismarcks.*

Die erste Ausgabe der *Propyläen-Weltgeschichte, hrsg. von* W. GOETZ, behandelt in Bd. 8, Berlin 1930, das 19. Jahrhundert: *Liberalismus und Nationalismus.* Dem entspricht Bd. 8, Berlin 1960, der neuen Ausgabe, hrsg. von Golo MANN: *Das 19. Jahrhundert.*

Heranzuziehen sind ferner die englischen und französischen Reihenwerke: *The Oxford History of Modern Europe; The New Cambridge Modern History, Bde. IX–XI, Cambridge 1965–1967; Histoire des Relations Internationales, Bde. 5 und 6; Peuples et civilisations, Bde. 15–17.* Die Gesamtdarstellungen der Staatenbeziehungen in Europa im 19. Jahrhundert bieten im allgemeinen Diplomatiegeschichte. Sie suchen den Wandel der Positionen der Großmächte nachzuzeichnen. In diesem Rahmen bereiten einige ein reiches Material auf. Zu nennen ist für den Militärhistoriker vor allem: Alfred STERN: *Geschichte Europas seit den Wiener Verträgen von 1815 bis zum Frankfurter Frieden von 1871, 10 Bde., Stuttgart 1899–1924.*

1. Die preußische Politik bis 1850

a) Der Vormärz

Zu den umfassendsten Arbeiten über das europäische Mächtesystem der Restaurationszeit gehört Karl GRIEWANK: *Der Wiener Kongreß und die europäische Restauration 1814/15, Leipzig* [2]*1954* und ders.: *Preußen und die Neuordnung Deutschlands,* FBPG 52, 1940. Heinrich Ritter v. SRBIK: *Metternich. Der Staatsmann und der Mensch, 3 Bde.,* [2]*München 1954* gibt nicht nur gründlichen Einblick in die inneren Verhältnisse Österreichs, sondern eine Gesamtbetrachtung des Metternich-Systems unter Betonung seines europäischen Charakters. An diese Sehweise schließt an: Werner NÄF: *Versuche gesamteuropäischer Organisation und Politik in den ersten Jahrzehnten des 19. Jahrhunderts, in: Staat und Staatsgedanke. Vorträge zur neueren Geschichte, Bern 1935.* Abweichend davon beurteilt

Wilhelm SCHWARZ: *Die Heilige Allianz, Tragik eines europäischen Friedensbundes, Stuttgart 1935*, das System. Eine pro-österreichische Zusammenfassung, die die Grenzen der Prinzipienpolitik herausarbeitet und kurz auf die Stellung Preußens im System eingeht, bietet Hugo HANTSCH: *Die Geschichte Österreichs, 2. Bd., Graz* ²*1953*. Eine kürzere eindringliche Darstellung der Kongreßpolitik der europäischen Mächte vor dem Hintergrund der Auseinandersetzungen der liberalen Nationalstaatsidee mit der monarchischen Idee liegt vor mit Franz SCHNABEL: *Deutsche Geschichte im Neunzehnten Jahrhundert, 2. Bd., Freiburg 1949*. Zum machtpolitischen Hintergrund der Spannungen in der Allianz ist wichtig Werner MARKERT: *Metternich und Alexander I. Die Rivalität der Mächte in der europäischen Allianz, in: Schicksalswege deutscher Vergangenheit, hrsg. von W. Hubatsch, Düsseldorf 1950 (Kaehler-Festschrift)*. Einen wesentlichen neuen Ansatz versucht Ludwig DEHIO: *Gleichgewicht oder Hegemonie. Betrachtungen über ein Grundsatzproblem der neueren Staatengeschichte, Krefeld 1948*. Dehio hebt die unter der Decke der Heiligen Allianz aufbrechenden machtpolitischen Egoismen hervor und zeichnet von daher den Gegensatz der Zentral- und Flügelmächte. Diesen Ansatz hat Andreas HILLGRUBER aufgenommen im 1. Kapitel von *Bismarcks Außenpolitik, Freiburg 1972*. Von englischer Seite sind zu nennen: Sir Charles Kingsley WEBSTER: *The Foreign Policy of Castlereagh 1815–1822. Britain and the European Alliance, London* ²*1934* und Harold TEMPERLEY: *The Foreign Policy of Canning 1822–1827, London 1925*. Treffend zum Verhätlnis Österreich–Preußen: A. J. P. TAYLOR: *The Habsburg Monarchy 1809–1918. A History of the Austrian Empire and Austria-Hungary, = Penguin Books Y 41, o.J. (1948)*. Von französicher Seite ist heranzuziehen Guillaume de BERTIER de SAUVIGNY: *Metternich et son temps, Paris 1959*; ders.: *Metternich et la France après le Congrès de Vienne. Vol. I: De Napoléon à Decazes (1815–1820), Paris 1968*, und *Vol. II: Les grands Congrès 1820–1824, Paris 1970* sowie *Vol. III: Au temps de Charles X (1824–1830), Paris 1971; Histoire des Relations Internationales*, T. IV: Pierre RENOUVIN, De 1814–1871, Paris 1954; T. V: ders., De 1871–1914, Paris 1955. Eine umfassende Darstellung des Europäischen Konzerts ist, wie Winfried BAUMGART: *Vom europäischen Konzert zum Völkerbund, Darmstadt 1974 (= Erträge der Forschung 25)* feststellt, bisher nicht vorhanden.

Die Rückführung der Armee in die Restauration

Die gründlichste Behandlung der Auseinandersetzung zwischen den Reformern und den restaurativen Kräften findet sich bei Friedrich MEINECKE: *Das Leben des Generalfeldmarschalls Hermann v. Boyen, 2 Bde., Stuttgart 1895 und 1899*. Bei im ganzen überwiegender Sympathie für den Kriegsminister, gelegentlicher Idealisierung, setzt das Werk durchaus auch kritische Akzente bei einzelnen Auffassungen der Reformer. Gerhard RITTER: *Staatskunst und Kriegshandwerk. Das Problem des „Militarismus" in Deutschland. 1. Bd.: Die alt-*

preußische Tradition (1740–1890), München 1954, sieht die Auseinandersetzung nach 1815 in der Perspektive „Volksheer oder Königliche Garde?". Das Werk stellt die preußische Armee in den Rahmen der deutschen Geschichte. Es muß daher für zahlreiche weitere Materien in diesem Handbuch herangezogen werden. Der Zusammenhang des Schicksals der Armeereform nach 1815 mit der Geschichte der Staatsreform ist eindringlich behandelt bei SCHNABEL, *Deutsche Geschichte im neunzehnten Jahrhundert, Bd. 2.* Einen ausführlichen Überblick bietet Gordon A. CRAIG: *The Politics of the Prussian Army 1640–1945, Oxford 1955,* der die einschlägige Literatur umfassend herangezogen hat. Deutsche Ausgabe: *Die Politik der preußischen Armee, Düsseldorf 1960.* Carl Hans HERMANN: *Deutsche Militärgeschichte. Eine Einführung, Frankfurt a. M. ²1968,* streift nur die Probleme der militärischen Restauration. Neben kurzen Darstellungen wie etwa Walter BUSSMANN: *Königliche Armee – Volksheer, in: Schicksalsfragen der Gegenwart, III., 1958,* u. Manfred MESSERSCHMIDT: *Werden und Prägung des preußischen Offizierkorps – ein Überblick, Einleitung zu: Offiziere im Bild von Dokumenten aus drei Jahrhunderten (= Beiträge zur Militär- und Kriegsgeschichte, Bd. 6, Stuttgart 1964)* sind zu erwähnen die einschlägigen Kapitel bei E. R. HUBER, *Deutsche Verfassungsgeschichte* und ders., *Heer und Staat in der deutschen Geschichte, Hamburg ²1943.*

Preußens außenpolitische Situation

S. dazu die zum Überblick „Vormärz" genannte Literatur; ferner Otto HINTZE: *Die Hohenzollern und ihr Werk. Fünfhundert Jahre vaterländischer Geschichte, Berlin ⁷1916;* Sir J. A. R. MARRIOTT u. Sir Charles GRANT ROBERTSON: *The Evolution of Prussia. The Making of an Empire, Oxford ²1937;* Sir Charles PETRIE: *Diplomatic History 1713–1933, New York 1949,* Deutsche Ausgabe unter dem Titel: *Diplomatie und Macht. Eine Geschichte der internationalen Beziehungen 1713–1933, 1950;* Gordon A. CRAIG, *Europe since 1815, New York ³1971.* Die englischen Werke stehen in der Tradition der Diplomatiegeschichte, arbeiten aber deutlich den Gegensatz von pragmatischer Machtpolitik und Prinzipienpolitik heraus.

Auswirkungen der Julirevolution

Gustav HUBER: *Kriegsgefahr über Europa (1830–32) im Urteil der Zeit und hundert Jahre später, Berlin 1936* mit eindringender Behandlung des Schocks, den diese Revolution auslöste. HILLGRUBER, *Bismarcks Außenpolitik,* mit dem Hinweis auf die nur vorübergehend bedeutsame Auswirkung der Revolution auf eine ideologische Blockbildung. Über die Wirkung auf den wichtigsten Repräsentanten der Armee, Prinz Wilhelm, vgl. Erich MARCKS: *Kaiser Wilhelm I., Leipzig ⁸1928.* W. CRONEMANN: *Die Haltung Preußens in der belgischen Frage 1830/32, Diss. Phil. Berlin 1928.* Das deutsch-französische

Verhältnis im konservativen Urteil: Leopold v. RANKE: *Restauration und Julirevolution. Zur französischen und deutschen Geschichte von 1815 bis 1836. Aufsätze aus d. Hist.-Politischen Zeitschrift = Werke 49 u. 50.* Ferner die angeführte Literatur zur Epoche.

Die Orient-Rhein-Krise 1840

Für den geistig politischen Hintergrund der europäischen Politik zwischen 1830 und 1848 ist der wichtige Aufsatz von Heinz GOLLWITZER: Ideologische Blockbildung als Bestandteil internationaler Politik im 19. Jahrhundert, HZ 201 (1965) heranzuziehen. An eingehenden Untersuchungen der Außenpolitik der Mächte liegen vor: Adolf HASENCLEVER: *Die orientalische Frage 1838–1841, Leipzig 1914;* Eugène de GUICHEN: *La crise d'Orient de 1839 à 1841 et l'Europe, Paris 1921;* Irmlinde VEIT-BRAUSE: *Die deutsch-französische Krise von 1840. Studien zur deutschen Einheitsbewegung, Diss. phil. Köln 1967,* mit umfassender Angabe einschlägiger Literatur. Über die Bedeutung der Krise für Preußens Position an der Rhein-Grenze – militärischer Oberbefehl – vgl. P. HASSEL: *Joseph Maria von Radowitz, Bd. 1, Berlin 1905;* ferner W. DEUTSCH: *Die Mission von Hess und Radowitz 1840, in: Gesamtdeutsche Vergangenheit, 1938.*

b) Versuche einer großpreußischen Lösung

Andreas HILLGRUBER, *Bismarcks Außenpolitik,* behandelt den Zeitraum bis zum Krimkrieg unter dem Gesichtspunkt der Interessenpolitik der Flügelmächte England und Rußland, die zur „Ausklammerung" des Mitteleuropa-Problems geführt habe. Die preußischen Energien, zu einer gesamtstaatlichen Organisation zu gelangen – Unionsplan – werden wie die österreichischen – „Großösterreich" – als Versuch bewertet, die jeweils andere Großmacht in eine „Juniorpartnerschaft" abzudrängen. So kontrapunktisch bewerten andere Darstellungen den hier zutage getretenen preußischen Egoismus nicht. Unterschiedliche Bewertungen der „deutschen" Ziele Friedrich Wilhelms IV. kamen bereits in der sich nach Felix RACHFAHL: *Deutschland, König Friedrich Wilhelm IV. und die Berliner Märzrevolution, Halle an der Saale 1901,* anschließenden Kontroverse zum Ausdruck. Rachfahl beurteilt die Haltung des Königs in der Revolution von seiner „deutschen Politik" her. Einschränkend vor allem: Friedrich MEINECKE: *Friedrich Wilhelm IV. und Deutschland, HZ 89 (1902),* und Friedrich TIMME: *König Friedrich Wilhelm IV., Prittwitz und die Berliner Märzrevolution,* in: *FBPG 16 (1903)* und andere.

Preußen und die nationale Frage

Zu Preußens Haltung in der Schleswig-Holstein-Frage sind die zusammenfassenden Bemerkungen Hillgrubers *(Bismarcks Außenpolitik)* wichtig, die die europäische Konstellation für ein von Preußen geführtes Deutschland aufzeigen. Weiterführende und die Problematik vertiefende Literatur, die auch die nationalen Ziele des Liberalismus in der Sicht der Großmächte behandelt Alexander SCHARFF: *Die europäischen Großmächte und die deutsche Revolution. Deutsche Einheit und europäische Ordnung 1848–1851, Leipzig 1942;* ders.: *Die deutsche Einheit und die großen Mächte 1848–1871, in: Teilung und Wiedervereinigung. Ein weltgeschichtlicher Überblick, herausgegeben von G. Franz. Göttingen 1963;* A. J. P. TAYLOR: *The Struggle for Mastery in Europe 1848–1918, Oxford 1954.* Eine knappe Zusammenfassung gibt John McMANNERS: *Lectures on European History 1789–1914, Oxford 1966.* Eine der jüngsten sehr gerafften Darstellungen betont, daß die europäischen Mächte einer kraftvollen Führung Preußens bei Mäßigung der national-revolutionären Kräfte differenziert gegenüberstanden: Erich ANGERMANN: *Die deutsche Frage 1806 bis 1866, in: Reichsgründung 1870/71. Tatsachen, Kontroversen, Interpretationen, hrsg. von Th. Schieder und E. Deuerlein, Stuttgart 1970.* Angermann folgt hier der Darstellung von Werner Eugen MOSSE: *The European Powers and the German Question, 1848–1871. With Special Reference to England and Russia, Cambridge 1958.*

Die Militärkonventionen

Die zusammenfassende Darstellung dieses von der Wissenschaft vernachlässigten wichtigen Hebels „großpreußischer" Politik bei Georg HOFFMANN: *Preußen und die Norddeutsche Heeresgleichschaltung nach der achtundvierziger Revolution. Ein Beitrag zur Geschichte der deutschen Einigung, München 1935 = Münchener Historische Abhandlungen 2. Reihe, Kriegs- und Heeresgeschichte, hrsg. von E. von Frauenholz, 8. Heft.* Dort weitere Literatur; zu beachten: Friedrich MEINECKE: *Zur Geschichte des Gedankens der preußischen Hegemonie in Deutschland, in: HZ 82 (1899).*

Die Erfurter Union

Diesem Fragenkreis hat sich die Literatur ausgiebig zugewandt. Zu Radowitz s. die bei Veit VALENTIN: *Geschichte der deutschen Revolution 1848–1849, 1. Band, Bis zum Zusammentritt des Frankfurter Parlaments, Köln 1970,* S. 648f. angeführte Literatur, ferner DW 13827, 14151. Kurze Zusammenfassung: E. ANGERMANN: *Die deutsche Frage 1806 bis 1866.* Eine eindringende Betrachtung der Unionspolitik in ihrer Verbindung nationaler und konstitutioneller Ziele aus der Perspektive der späteren Reichslösung bei Friedrich MEINECKE: *Weltbürgertum und Nationalstaat, München 1962 (= Werke Bd. 5).* Grundlegend weiterhin MEINECKES Werk: *Radowitz und die deutsche Revolution, Berlin 1913.*

Olmütz und die Rückkehr zum Status quo

Die Einschätzung der Unionspolitik und ihres Scheiterns in Olmütz auf Seiten der konservativen Gegner Radowitz' ist ausführlich behandelt bei Hans-Joachim SCHOEPS: *Das andere Preußen. Konservative Gestalten und Probleme im Zeitalter Friedrich Wilhelms IV., Berlin 1964.* Zur entgegengesetzten Haltung des Prinzen von Preußen vgl. Erich MARCKS, *Kaiser Wilhelm I., Leipzig 1928;* wichtig ferner: Erich MARCKS: *Bismarck und die deutsche Revolution 1849–1851, Stuttgart ²1940.* Den russischen Einfluß auf das Olmützer Abkommen sieht Joachim HOFFMANN: *Rußland und die Olmützer Punktation, in: Forschungen zur osteuropäischen Geschichte 7 (1959),* als geringfügig an. Die Situation aus der Sicht des preußischen Kriegsministers beschreibt Ludwig DEHIO: *Zur Novemberkrise des Jahres 1850. Aus den Papieren des Kriegsministers von Stockhausen, FBPG 35 (1923).* Gründliche Darstellung des Gesamtablaufs und der Perspektiven für die deutsche Politik Preußens und Österreichs bei E. R. HUBER, *Deutsche Verfassungsgeschichte,* Bd. 2.

2. Bismarck und die kleindeutsche Lösung

a) Die Veränderung des deutschen Gleichgewichts

Der Zusammenhang der außenpolitischen Orientierung Preußens mit den politischen Grundanschauungen der konservativen Führungsgruppe ist oft dargestellt worden. Der Weg Bismarcks führte weg von konservativer Prinzipienpolitik. Die Entwicklung verfolgen: Erich MARCKS: *Bismarck und die deutsche Revolution 1848–51, Stuttgart ²1940;* Gerhard RITTER: *Die preußischen Konservativen und Bismarcks deutsche Politik 1858–1876, Heidelberg 1913;* Siegfried A. KAEHLER: *Bismarck, Cavour und Napoleon III. im Spiegel des Jahres 1848, in ders.: Studien zur Geschichte des 19. und 20. Jahrhunderts. Aufsätze und Vorträge, Göttingen 1961;* Egmont ZECHLIN: *Bismarck und die Grundlegung der deutschen Großmacht, Stuttgart ²1960.* Diese Literatur geht neben vielen älteren Arbeiten von der historischen „Richtigkeit" des bismarckschen Nationalstaats aus. Die grundsätzliche und knappste Fixierung dieser Position gibt Gerhard RITTER unter eindeutiger Ablehnung jeder „Großraum-" oder „Mitteleuropa-Idee" in dem Aufsatz: *Großdeutsch und kleindeutsch im 19. Jahrhundert, in: Schicksalswege deutscher Vergangenheit. Beiträge zur geschichtlichen Deutung der letzten hundertfünfzig Jahre, hrg. von W. Hubatsch, Düsseldorf 1950.* Konservative und Liberale werden an diesem Maß gemessen. Zur Problematik siehe Michael STÜRMER: *Bismarcks Deutschland als Problem der Forschung, in: ders. (Hrsg.): Das kaiserliche Deutschland. Politik und Gesellschaft 1870 bis 1918, Düsseldorf 1970.* Die unübersehbar gewordene Bismarck-Literatur ist zusammengefaßt in: *Bismarck-Bibliographie. Quellen und Literatur zur Geschichte Bismarcks und seiner Zeit, hrsg. von K. E. Born, Köln 1966.* Wichtige, das Staatensystem ins Auge fassende Arbeiten sind vor allem im Zusammenhang mit dem Krimkrieg und dem Italienischen Krieg (1859) zu erwähnen.

Preußen in der europäischen Politik 1850–1862

Neben den erwähnten Arbeiten von Taylor und Mosse sind für den Krimkrieg heranzuziehen, vor allem für die Perspektive der beiden Großmächte: Kurt BORRIES: *Preußen im Krimkrieg, Stuttgart 1930;* ders.: *Zur Politik der deutschen Mächte in der Zeit des Krimkrieges und der italienischen Einigung,* in: HZ 191 (1935); Bernhard UNCKEL: *Österreich und der Krimkrieg, Studien zur Politik der Donaumonarchie 1852–1856, Lübeck-Hamburg 1969.* Die für Bismarcks Außenpolitik bis 1871 so wichtige Pontus-Frage ist eingehend behandelt bei Kurt RHEINDORF: *Die Schwarzmeer-(Pontus-)Frage vom Pariser Frieden von 1856 bis zum Abschluß der Londoner Konferenz von 1871, Berlin 1925.* Die ausführlichste neuere Literaturübersicht zum Krimkrieg hat Winfried BAUMGART gegeben: *Der Krimkrieg in der angelsächsischen und russischen militärgeschichtlichen Literatur der sechziger Jahre, in MGM 2/1970.* Für die politische Geschichte des Krimkrieges, auch für die Haltung der nichtkriegführenden Mächte: W. BAUMGART: *Probleme der Krimkriegsforschung. Eine Studie über die Literatur des letzten Jahrzehnts, in: Jahrbücher für Geschichte Osteuropas 19 (1971), S. 49ff. und 371ff.* Mit beiden Berichten schließt Baumgart an Edgar HÖSCH: *Neuere Literatur (1940–1960) über den Krimkrieg, in: Jahrbücher für Geschichte Osteuropas 9 (1961),* an.

Weiterführend zum preußisch-russischen Verhältnis: Christian FRIESE: *Rußland und Preußen vom Krimkrieg bis zum polnischen Aufstand, Königsberg 1931 = Osteuropäische Forschungen, N.F. 11.* Eine bisher nicht gekannte Bewegungsfreiheit Preußens als Folge der englisch-russischen Entfremdung aufgrund der Schwarzmeerklausel konstatiert Andreas Hillgruber, der darin überhaupt die Ausgangssituation für einen neuen Anlauf Preußens zur Gewinnung der Vorherrschaft in Deutschland sieht, in: *Bismarcks Außenpolitik;* s. hier auch die kurze Behandlung der gegensätzlichen Standpunkte der Brüder Gerlach und Bismarcks gegenüber Napoleon III. Unentbehrlich ist für diesen auch die Außenpolitik bestimmenden Hintergrund: Ernst Ludwig v. GERLACH: *Von der Revolution zum Norddeutschen Bund. Politik und Ideengut der preußischen Hochkonservativen 1848 bis 1866; II. Teil: Briefe, Denkschriften, Aufzeichnungen, Göttingen 1970, hrsg. von Helmut Diwald (= Deutsche Geschichtsquellen des 19. und 20. Jahrhunderts, Bde. 46/I und II, Hrsg. von der Historischen Kommission bei der Bayerischen Akademie der Wissenschaften).*

Preußen und der Italienische Krieg

Der Italienische Krieg berührte das Problem der Führungsfrage in Deutschland und die nationale Frage überhaupt. Aus marxistischer Sicht die Haltung Preußens kritisierend, ganz an Marx und Engels anschließend: Ernst ENGELBERG: *Deutschland 1849 bis 1871. Von der Niederlage der bürgerlich-demokratischen Revolution bis zur Reichsgründung, Berlin [3]1972;* Friedrich ENGELS: *Savoyen, Nizza und der Rhein, MEW, Bd. 13;* und ders.: *Po und Rhein (1859) ebd.*

Zusammenfassend zur nationalen Stimmung in Deutschland: Anni MITTELSTÄDT: *Der Krieg von 1859. Bismarck und die öffentliche Meinung in Deutschland, Stuttgart 1904.* Zum Italienischen Krieg und seiner Bedeutung für die deutsche Politik sind nach wie vor wichtig die Arbeiten von Kurt BORRIES, ergänzend ders.: *Deutschland und das Problem des Zweifrontendrucks in der europäischen Krise des italienischen Freiheitkampfes 1859, in: Das Reich, Idee und Gestalt. Festschrift f. Johannes Haller, Stuttgart 1940,* und ders.: *Deutschland im Kreis der europäischen Mächte. Eine historisch-politische Analyse, Stuttgart 1963;* Konstantin RÖSSLERs berühmte Flugschrift: *Preußen und die italienische Frage, Berlin [4]1858,* enthält die Aufforderung an Preußen, gegen Österreich anzutreten. Eine kurze Zusammenfassung der Politik Österreichs und Preußens in der Krise vom pro-preußischen Standpunkt aus, mit genauer Schilderung der Bemühungen Preußens um den Oberbefehl über alle norddeutschen Truppen bei E. R. HUBER, *Deutsche Verfassungsgeschichte,* III, S. 253ff. Die österreichische Sicht gibt wieder: H. KENTMANN: *Preußen und die Bundeshilfe an Österreich im Jahre 1859, in: MIÖG, Erg. Bd. 12, 1932.* Der Mangel an monographischer Aufarbeitung der nachrevolutionären Phase läßt auch heute noch Bd. 2 von Heinrich v. SRBIK: *Deutsche Einheit: Idee und Wirklichkeit vom Heiligen Reich bis Königgrätz, 4 Bde., München 1935–1942,* unüberholt erscheinen.

Die Anfänge Bismarcks

Unter den knapp gehaltenen Darstellungen der Bismarckzeit gibt den umfassendsten, innen- wie außenpolitische Fragen einbeziehenden Überblick: Walter BUSSMANN: *Das Zeitalter Bismarcks, Konstanz 1956 (= Handbuch der Deutschen Geschichte, neu hrsg. von Leo Just, 3. Bd., 3. Abschnitt).* Heranzuziehen sind die wichtigsten Bismarck-Biographien. Die ganz in der nationalgeschichtlichen Tradition stehende Biographie von Erich MARCKS: *Bismarck, Neudruck der 20. Aufl. 1944,* reicht nur bis an den Beginn der politischen Laufbahn Bismarcks heran. Erich EYCK unterzieht Bismarck strenger liberaler Kritik: *Bismarck, 3 Bde., Zürich 1941–1944.* Frei von Voreingenommenheit nationalpolitischer Art ist die Arbeit von Otto PFLANZE: *Bismarck and the Development of Germany. The Period of Unification, 1815–1871, Princeton 1963.* Über Preußens Optionen in der Entscheidungssituation von 1862 – preußisch-französischer Handelsvertrag – gibt HILLGRUBER, *Bismarcks Außenpolitik,* einen informativen Überblick. Umfassend informiert über die wirtschaftspolitischen Probleme Helmut BÖHME: *Deutschlands Weg zur Großmacht. Studien zum Verhältnis von Wirtschaft und Staat während der Reichsgründungszeit 1848 bis 1881, Köln 1966.* Im Gegensatz zur außenpolitisch orientierten Forschung sieht Böhme den Weg zur Reichsgründung primär von wirtschaftlichen Faktoren bestimmt. Gegen die Überbetonung ökonomischer Zwänge und Gesetzlichkeiten vgl. Lothar GALL: *Staat und Wirtschaft in der Reichsgründungszeit, in: HZ 209 (1969).* Sehr kritisch gegen Böhme auch Hans-

Ulrich WEHLER: *Sozialökonomie und Geschichtswissenschaft, in: Neue Politische Literatur 14 (1969)*. Ohne ökonomische Faktoren zu verabsolutieren: Wolfgang ZORN: *Wirtschafts- und Sozialgeschichtliche Zusammenhänge der Reichsgründungszeit (1850–1879), in: Probleme der Reichsgründungszeit 1848–1879, hrsg. von H. Böhme, Köln 1968 (= Neue Wissenschaftliche Bibliothek 26 – Geschichte –)*. Heranzuziehen ist die erwähnte Arbeit von ZECHLIN; ferner Otto BECKER: *Bismarcks Ringen um Deutschlands Gestaltung, hrsg. und ergänzt von A. Scharff, Heidelberg 1958*. Für die Beurteilung von Bismarcks Rußlandpolitik im Zusammenhang mit dem polnischen Aufstand ist neben den genannten Werken von Belang: H. SCHEIDT: *Die Konvention Alvensleben und die Interventionspolitik der Mächte in der polnischen Frage, Diss. Phil. München 1936*.

b) Politische Ursachen und Folgen der Einigungskriege

Für den Gesamthintergrund ist die Literatur zum deutschen Dualismus heranzuziehen sowie die Untersuchungen zum europäischen Mächtesystem seit dem Krimkrieg. HILLGRUBERs thesenhafte Zuspitzung, mit dem Krimkrieg sei eine Epoche in der Geschichte des europäischen Mächtesystems zu Ende gegangen *(Bismarcks Außenpolitik)*, die auch von anderen Historikern vertreten worden ist, wird von Winfried BAUMGART: *Vom europäischen Konzert zum Völkerbund, Darmstadt 1974*, als nur „bedingt richtig" angesehen. Dennoch ist an der These insoweit festzuhalten, als sie einen großen Spielraum für preußische Machtpolitik impliziert.

Die Schleswig-Holstein-Frage und der deutsch-dänische Krieg

Die österreichische Politik sowie die Entwicklung des Verhältnisses der deutschen Großmächte aus österreichischer Sicht am ausführlichsten bei H. SRBIK, *Deutsche Einheit, Bd. 4*. Zur gesamteuropäischen Lage Lawrence D. STIEFEL: *The Schleswig-Holstein Question, Cambridge (Mass.) 1932;* Charles SEMPELL: *England und Preußen in der Schleswig-Holsteinischen Frage, Berlin 1932 = Historische Studien 219*. Heranzuziehen sind die Bismarck-Biographien. Ergiebig ist die Übersicht bei BUSSMANN. Zur Sicht der preußischen Führungsspitze: R. STERNFELD: *Der preußische Kronrat vom 2. und 3. Januar 1864, in: HZ 131 (1925)*, hier Abdruck des Protokolls. Zur Kriegführung: *Der deutsch-dänische Krieg, hrsg. vom Großen Generalstabe, 2 Bde., 1866–1867*, ferner DELBRÜCK-DANIELS, *Geschichte der Kriegskunst, Teil 5, Buch 2*.

Der Krieg gegen Österreich 1866

Zur Vorgeschichte des Krieges kann immer noch mitbenutzt werden das früher führende Werk von Heinrich FRIEDJUNG: *Der Kampf um die Vorherrschaft in Deutschland 1859 bis 1866, Stuttgart* [10]*1919*. Das „Dreieck" Berlin–Paris–Wien behandelt, unter Herausarbeitung der um Bewahrung verschiedener Optionen taktierenden Politik Bismarcks, Andreas HILLGRUBER,

Bismarcks Außenpolitik. Siehe hierzu auch Otto BECKER: *Der Sinn der dualistischen Verständigungsversuche Bismarcks vor dem Kriege 1866, in: HZ 169 (1949).* Wichtige ältere Literatur zum österreichisch-preußischen Interessengegensatz: Ch. W. CLARK: *Franz Joseph und Bismarck. The Diplomacy of Austria before the War of 1866, Cambridge (Mass.) 1934.* Die englische Haltung mitberücksichtigend: H. BURCKHARDT: *Deutschland–England–Frankreich. Die politischen Beziehungen Deutschlands zu den beiden westeuropäischen Großmächten 1864 bis 1866, München 1970.* Rudolf STADELMANN: *Das Jahr 1865 und das Problem von Bismarcks europäischer Politik, München 1933.* Die österreichische Sicht bei H. von SRBIK: *Die Schönbrunner Konferenzen vom August 1864, in: HZ 153 (1936).* Gegen die dominierende kleindeutsche Sicht neuerdings Walter LIPGENS: *Zum geschichtlichen Standort der Reichsgründung 1870/71,* in: GWU 22 (1971) mit positiver Wertung des österreichischen Fürstentagsplans von 1863. Siehe ferner W. LIPGENS: *Bismarcks Österreichpolitik vor 1866. Die Urheberschaft des Schönbrunner Vertragentwurfs vom August 1864, in: Die Welt als Geschichte Jg. 10, 1950.* Zur Haltung der preußischen Führungsspitze vgl. Arnold Otto MEYER: *Der preußische Kronrat vom 29. 5. 1865 in: Gesamtdeutsche Vergangenheit, Festschrift für H. von Srbik, München 1938.* Das Protokoll des Kronrats in: APP, Bd. VI, Nr. 100, S. 174ff.; Protokoll des preußischen Kronrats vom 28. 2. 1866, ebd., Nr. 499, S. 611ff. Aus ostdeutscher Sicht sind zu erwähnen: Ernst ENGELBERG: *Die politische Strategie und Taktik Bismarcks von 1851 bis 1866,* und Konrad CANIS: *Die politische Taktik führender preußischer Militärs 1858 bis 1866,* beide Aufsätze in Bd. 1 von: *Die großpreußisch-militaristische Reichsgründung 1871. Voraussetzungen und Folgen. Hrsg. von H. Bartel und E. Engelberg, Berlin 1971 (= Deutsche Akademie der Wissenschaften zu Berlin. Schriften des Zentralinstituts für Geschichte, Reihe 1: Allgemeine und Deutsche Geschichte, Bd. 36/A).* Engelberg betont stark Bismarcks wirtschaftliche Orientierung als „Teil seines taktischen Systems" das bei der gegebenen Interessenlage und Kräftekonstellation zur kriegerischen Auseinandersetzung zwischen Preußen und Österreich führen mußte. Damit wendet sich Engelberg gegen die „jüngeren bürgerlichen Wissenschaftler", die eine friedlich-dualistische Auffassung der Bismarck-Politik vertreten.

Zur Entscheidung von 1866 als Voraussetzung der Nationalstaatsbildung: Werner CONZE: *Die Ermöglichung des Nationalstaates, in: Entscheidung 1866. Der Krieg zwischen Österreich und Preußen, Stuttgart 1966, Hrsg. von Wolfgang von Groote und Ursula von Gersdorff;* Werner FRAUENDIENST: *Das Jahr 1866. Preußens Sieg die Vorstufe des deutschen Reiches, Göttingen 1966.*

Kriegsablauf: DELBRÜCK-DANIELS, *Der preußisch-österreichische Krieg 1866, Geschichte der Kriegskunst, Teil 5, Buch 3;* Gordon A. CRAIG: *Königgrätz, Wien 1966;* Johann Chr. ALLMAYER-BECK: *Der Feldzug der österreichischen Nord-Armee und Königgrätz,* und Eberhard KAULBACH: *Königgrätz nach hundert Jahren. Zur militärischen Führung aus heutiger Sicht,* beide Beiträge in: Entscheidung 1866 (s. o.).

Der Norddeutsche Bund

Zu den wichtigsten Darstellungen des Norddeutschen Bundes als Etappe auf dem Wege zur Bildung des Nationalstaates und als Grundlage einer neuen Machtkonstellation in Europa gehört Otto BECKER: *Bismarcks Ringen um Deutschlands Gestaltung, Heidelberg 1958.* Becker behandelt gründlich die innenpolitische und verfassungspolitische Konstruktion. Zur Stellung des Norddeutschen Bundes in Europa Richard DIETRICH (Hrsg.): *Europa und der Norddeutsche Bund, Berlin 1967.* Eine gründliche Deskription der Organisation des Bundes sowie der Beziehungen des Bundes zu den süddeutschen Staaten einschließlich der preußisch-süddeutschen Militärbündnisse bei E. R. HUBER, *Deutsche Verfassungsgeschichte, Bd. 3.*

Der deutsch-französische Krieg

Akzente der Vorgeschichte, die die Forschung besonders in den Blick genommen hat, waren die Luxemburg-Krise und die spanische Thronkandidatur der Hohenzollern. Die umfassendste Darstellung des deutsch-französischen Verhältnisses nach wie vor Hermann ONCKEN: *Die Rheinpolitik des Kaisers Napoleon III. von 1863–1870, 3 Bde., Stuttgart 1926;* ergänzend dazu Gerhard RITTER: *Bismarck und die Rheinpolitik Napoleons III., in: Rheinische Vierteljahresblätter Jg. 15/16, 1950/51.* Speziell zur Luxemburg-Frage: Helmut WILLENBORG: *Bismarcks Politik in der Luxemburg-Krise, Freiburg 1971;* ältere Arbeiten: Kurt August SCHIERENBERG: *Die deutsch-französische Auseinandersetzung um die Luxemburger Frage, dargestellt vor allem an der Luxemburger Angelegenheit des Jahres 1867, Phil Diss. Marburg 1933;* Jules GARSOU: *Le Grand Duché de Luxembourg entre la Belgique, la France et la Prusse 1867–1871, Luxembourg 1936.*

Die Diskussion um die spanische Thronkandidatur ist vor allem durch Jochen DITTRICH, der die überwiegende, bis dahin akzeptierte Auffassung verfestigte, belebt worden: *Bismarck, Frankreich und die spanische Thronkandidatur der Hohenzollern. Die „Kriegsschuldfrage" von 1870, München 1962.* Dittrich unterstellt Bismarck in der Thronkandidatur-Frage die Absicht zur friedlichen Lösung der deutschen Frage. Aufgrund minutiöser Untersuchungen der Aktionen und Reaktionen auf deutscher und französischer Seite kommt Eberhard KOLB: *Der Kriegsausbruch 1870. Politische Entscheidungsprozesse und Verantwortlichkeiten in der Julikrise 1870, Göttingen 1970,* zu dem Ergebnis, daß der Krieg nicht vorgeplant war, Napoleon aber unter Zwang stand, eine vermeintlich höherrangige Position zu bewahren. Entschieden gegen Dittrich Stellung beziehend: Josef BECKER: *Der Krieg mit Frankreich als Problem der kleindeutschen Einigungspolitik Bismarcks 1866–1870, in: Michael Stürmer (Hrsg.): Das kaiserliche Deutschland. Politik und Gesellschaft 1870–1918,* und ders.: *Zum Problem der Bismarckschen Politik in der spanischen Thronfolge 1870, in: HZ 212 (1971).* Becker hebt stärker auf eine Deutung der Motive Bismarcks ab, die auf eine militärische Lösung zielten. Im Zentrum stehen für ihn die Fragen eines nationalen Unionskrieges und eines innenpolitisch akzentuierten Integrationskrieges, m. a. W. der Krieg mit seinen nationalen Bündniswirkungen. HILLGRUBER, *Bismarcks Außenpolitik,* neigt stark der Auffassung Kolbs zu, die aber einen konstruktivistischen Zug hat. Die unmittelbare Vorgeschichte des Krieges reicht offensichtlich für eine Gesamterklärung nicht aus. Heranzuziehen sind die umfassenderen Darstellungen. Wichtig sind auch Ch. W. CLARK: *Bismarck, Russia and the Origins of the War of 1870, in: Journal of Modern History, Vol. 14, 1942;* E. M. CARROLL: *Germany and the Great Powers, 1866–1914. A Study in public opinion and foreign policy, Prentice Hall History Series, New York 1938.* Über die Auffassungen in der preußischen Führungsspitze über die Annexionsfrage und zum Annexionsproblem überhaupt hat sich eine Kontroverse im Anschluß an W. LIPGENS: *Bismarck, die öffentliche Meinung und die Annexion von Elsaß und Lothringen 1870, in: HZ 199 (1964)* entwickelt. Lipgens Auffassung, wonach Bismarck die deutsche öffentliche Meinung im Blick auf Süddeutschland bewußt und maßgeblich proannexionistisch beeinflußt habe, ist vor allem von Lothar Gall und Eberhard Kolb widersprochen worden. Kurze Beleuchtung der Kontroverse mit Hinweisen auf Fundstellen bei: Manfred MESSERSCHMIDT: *Militär und Politik in der Bismarckzeit und im Wilhelminischen Deutschland, Darmstadt 1975,* 100–106 (= Erträge der Forschung, Bd. 43).

Neuere Untersuchungen zum Kriegsablauf: Michael HOWARD: *The Franco-Prussian War, The Invasion of France 1870/71, New York 1961.* Neben dieser wichtigen Darstellung sind heranzuziehen: Eberhard KAULBACH: *Der Feldzug 1870 bis zum Fall von Sedan. Zur deutschen militärischen Führung in heutiger Sicht,* und Hans MEIER-WELCKER: *Der Kampf mit der Republik,* beide in: *Entscheidung 1870. Der deutsch-französische Krieg. Hrsg. v. Militärgeschichtlichen Forschungsamt durch W. v. Groote und U. v. Gersdorff, Stuttgart 1970.*

Ältere Darstellungen: DELBRÜCK-DANIELS: *Geschichte der Kriegskunst, Teil 6, Buch 1 u. 2, Berlin 1929/31;* C. Frhr. v. d. GOLTZ: *Kriegsgeschichte Deutschlands im 19. Jahrhundert, Bd. 2, Berlin 1914;* HELMUTH v. MOLTKE: *Geschichte des deutsch-französischen Krieges von 1870/71 (Bd. 3 der Gesammelten Schriften u. Denkwürdigkeiten), 1891.* Außerdem: *Der deutsch-französische Krieg 1870–71. Redigiert v. d. kriegsgeschichtlichen Abteilung des Großen Generalstabes, 2 Teile in 5 Bänden, Berlin 1871–81.*

Über die Gegensätze in der preußischen Führung s. unter „Der Generalstab unter Moltke“.

3. Das Deutsche Reich und die europäischen Mächte

a) Der Weg zum Dreibund

Aus der nahezu unübersehbaren Literatur können unter den älteren Werken hervorgehoben werden: Otto BECKER: *Bismarck und die Einkreisung Deutschlands, Teil 1: Bismarcks Bündnispolitik, Berlin 1923;* Fritz HARTUNG: *Deutsche Geschichte 1871–1919, ⁶1952;* Johannes ZIEKURSCH: *Politische Geschichte des neuen deutschen Kaiserreiches, Bde. 2 u. 3, Frankfurt a. M. 1927/30.* Zu den wichtigsten Darstellungen der internationalen Beziehungen gehört: Pierre RENOUVIN: De 1871 à 1914 = Histoire des relationes internationales, hrsg. v. P. Renouvin, 6, 1955. Daneben: Hermann ONCKEN: *Das Deutsche Reich und die Vorgeschichte des Weltkrieges, 2 Bde., Leipzig 1933;* A. J. P. TAYLOR: *The Struggle for Mastery in Europe 1848–1918, Oxford 1954;* Walter BUSSMANN: *Das Zeitalter Bismarcks, in: Handbuch der Deutschen Geschichte, neu hrsg. v. L. Just, III 2, Konstanz 1956;* als geraffte, problemorientierte Darstellung mit Angaben zur wichtigsten Literatur zu nennen: Hans HERZFELD *Die Moderne Welt 1789–1890. 1. Teil, Die Epoche der Bürgerlichen Nationalstaaten 1789–1890, Braunschweig ⁶1969.* Die überwiegend „harmonisierende" Interpretation der Außenpolitik Bismarcks in der älteren Forschung kritisiert Martin B. WINKLER: *Bismarcks Bündnispolitik und das europäische Gleichgewicht, Stuttgart 1964,* sowie in mehreren Aufsätzen; s. dazu die zit. Arbeit von M. MESSERSCHMIDT: *Militär und Politik in der Bismarckzeit und im Wilhelminischen Deutschland.* Die sog. „Krieg-in-Sicht-Krise" hat neuerdings durch Andreas HILLGRUBER neue Beleuchtung erfahren: *Die Krieg-in-Sicht-Krise 1875 – Wegscheide der Politik der europäischen Großmächte in der späten Bismarck-Zeit, in: Gedenkschrift f. Martin Göhring. Studien zur Europäischen Geschichte, hrsg. v. E. Schulin, Wiesbaden 1968,* und ders.: *Bismarcks Außenpolitik;* ältere Arbeit: H. HERZFELD: *Die deutsch-französische Kriegsgefahr von 1875, Berlin 1922 (= Forschungen und Darstellungen aus dem Reichsarchiv, H. 3);* Zum deutsch-russischen Verhältnis s. insbesondere: Reinhard WITTRAM: *Bismarcks Rußlandpolitik nach der Reichsgründung, in HZ 186 (1958), S. 261ff.;* zum englisch-deutschen Verhältnis vgl. Klaus HILDEBRAND: *Von der Reichsgründung zur „Krieg-in-Sicht-Krise". Preußen-Deutschland als Faktor der britischen Außenpolitik 1866–1875, in: M. Stürmer (Hrsg.): Das kaiserliche Deutschland. Politik und Gesellschaft 1870–1918; Düsseldorf 1970, S. 205ff.* Zur Problematik der Stellung des deutschen Nationalstaats nach 1871 s. Theodor SCHIEDER: *Das deutsche Kaiserreich als Nationalstaat, Köln 1961.*

Über die Orientkrise und die Optionsproblematik – Bündnisangebote Bismarcks an Rußland und Großbritannien – orientieren neben der allg. Literatur speziell: Wilhelm SCHÜSSLER *Bismarcks Bündnisangebot an Rußland „Durch dick und dünn" im Herbst 1876, in: HZ 147 (1932);* und ders.: *Bismarck zwischen England und Rußland in der Krise von 1879/1880, in: HZ 27 (1932/33);*

Schüßler überinterpretiert Bismarcks Anfrage an Rußland wegen einer Garantie für Elsaß-Lothringen.

Eine Beleuchtung des Optionsproblems unter dem Gesichtspunkt der Spannungsablenkung zur „Peripherie" bei HILLGRUBER, *Bismarcks Außenpolitik*. Spezialuntersuchungen zum Zweibund: H. GOLDSCHMIDT: *Das deutsch-österreichische Bündnis 1879, Preußische Jahrbücher 235 (1934)*, u. E. HELLER: *Das deutsch-österreichisch-ungarische Bündnis in Bismarcks Außenpolitik, Berlin 1925*. Zur Erneuerung des Dreikaiserbundes vor allem: Wolfgang WINDELBAND: *Bismarck und die europäischen Großmächte 1879–85, Essen 1940*. Über die Konsequenzen des Bundes knapp HILLGRUBER, *Bismarcks Außenpolitik*.

b) Probleme der Mitte

Einen wichtigen Anstoß für die Interpretation der Lage Deutschlands nach 1871 hat Ludwig DEHIO: *Deutschland in der Epoche der Weltkriege, in: Deutschland und die Weltpolitik im 20. Jahrhundert, München 1955* gegeben. Die anvisierten Lösungsmöglichkeiten werden aus den Zwangsläufigkeiten einer „halbhegemonialen" Stellung erklärt. Ähnlich Michael STÜRMER: *Bismarck und die preußisch-deutsche Politik 1871–1890, München 1970 (= dtv. Dokumente 692)*, u. HILLGRUBER, *Bismarcks Außenpolitik*, der von der „Spannung zwischen Hegemonie und Gleichgewicht" spricht – in Anlehnung an die gleichnamige Arbeit L. DEHIOS.

Dagegen sieht H. BÖHME: *Politik und Ökonomie in der Reichsgründungs- und späten Bismarckzeit, in: Das kaiserliche Deutschland, hrsg. von M. Stürmer, S. 26–49*, Bismarcks Außenpolitik, etwa in der Krise von 1887, primär durch wirtschafts- und innenpolitische Probleme bestimmt. Die Wirtschaftspolitik entwertete den Rückversicherungsvertrag. Noch weitergehend sieht H.-U. WEHLER in der Politik der Großmächte die Dominanz der „bleibenden Verhältnisse", also den „Primat der Innenpolitik" als maßgebend an: *Das Deutsche Kaiserreich 1871–1918, Göttingen 1973 (= Dt. Geschichte, hrsg. von J. Leuschner, Bd. 9 = Kl. Vandenhoeck – Reihe 1380)*.

Gegenüber diesen neueren Untersuchungen nimmt sich die Mehrzahl älterer Arbeiten in der Deutung der Außenpolitik Bismarcks harmonisierend aus, abgesehen von Erich Eyck, Golo Mann u. a. Gerhard Ritter vernachlässigt wirtschaftpolitische Gesichtspunkte. Er hält im Grunde eine Dauerordnung für machbar. Eine abgewogene Betrachtung bietet Th. SCHIEDER: *Das Deutsche Reich in seinen nationalen und internationalen Beziehungen 1871 bis 1945, in: Reichsgründung 1870/71: Tatsachen – Kontroversen – Interpretationen, Hrsg. Th. Schieder u. E. Deuerlein, Stuttgart 1970, S. 422ff.*

Zum Rückversicherungsvertrag vgl. Peter RASSOW: *Zur Interpretation des Rückversicherungsvertrages, in: Historisches Jahrbuch der Görres-Gesellschaft 74 (1955), 758ff.*; ders.: *Die Stellung Deutschlands im Kreise der großen Mächte*

1887–1890, Mainz 1959; Helmut KRAUSNICK: *Rückversicherungsvertrag und Optionsproblem, 1887–1890, in: Festschrift für O. Becker, Wiesbaden 1954, 210–232* und Hans HALLMANN (Hrsg.): *Zur Geschichte und Problematik des Rückversicherungsvertrages von 1887, Darmstadt 1968.*

Unter den ostdeutschen Arbeiten zur Außenpolitik der späten Bismarckzeit ist besonders Konrad CANIS: *Bismarck, Waldersee und die Kriegsgefahr Ende 1887, in: die großpreußisch-militaristische Reichsgründung 1871, Bd. 2, 397–435, Hrsg. von H. Bartel u. E. Engelberg, Berlin 1971 (= Deutsche Akademie der Wissenschaften zu Berlin. Schriften des Zentralinstituts für Geschichte, Reihe 1: Allgemeine und deutsche Geschichte, Bd. 36/B),* zu nennen. Canis zieht Bismarcks Absicht zur Friedensbewahrung stark in Zweifel.

Zu den Möglichkeiten deutscher Außenpolitik am Ende der Bismarckzeit vgl. HILLGRUBER, *Bismarcks Außenpolitik,* mit Angabe weiterführender Literatur u. ders.: *Zwischen Hegemonie und Weltpolitik – Das Problem der Kontinuität von Bismarck bis Bethmann Hollweg, in: Das kaiserliche Deutschland, hrsg. von M. Stürmer, S. 187ff.* Wichtige ältere Arbeiten: Siegfried H. KAEHLER: *Zwei deutsche Bündnisangebote an England, in: Nachrichten der Akademie der Wissenschaften in Göttingen, Phil.-Hist. Klasse 1948, 142ff.* und Paul KLUKE: *Bismarck und Salisbury. Ein diplomatisches Duell, in: HZ 175 (1953).*

B. Die Errungenschaften der Reform

1. Die Allgemeine Wehrpflicht

a) Das Wehrgesetz von 1814

Über die Bedeutung der Allgemeinen Wehrpflicht für die militärische Entwicklung Preußen–Deutschlands informieren im allgemeinen historisch-politischen Zusammenhang G. RITTER, *Staatskunst und Kriegshandwerk I,* und Gordon A. CRAIG: *The Politics of the Prussian Army 1640–1945, Oxford 1955.* Daneben bleiben ältere Werke unentbehrlich. Über Wesen und Zweck der Allgemeinen Wehrpflicht ist immer noch Friedrich MEINECKES Boyen-Biographie das gründlichste Werk: *Das Leben des Generalfeldmarschalls Hermann von Boyen, 2. Bd., 1814 bis 1848, Stuttgart 1899.* Heranzuziehen ferner: Emil v. CONRADY: *Leben und Wirken des Generals der Infanterie und kommandierenden Generals des V. Armeekorps Carl von Grolman, 3 Bde., Berlin 1894–96;* diese Arbeit ist als Materialsammlung unentbehrlich; ferner Georg H. PERTZ u. Hans DELBRÜCK: *Das Leben des Feldmarschalls Grafen Neidhardt von Gneisenau, 5 Bde., Berlin 1864–80.* Einen moderneren Zugang eröffnet Hans DELBRÜCK: *Das Leben des Feldmarschalls Grafen Neidhardt von Gneisenau, 2 Bde., Berlin [4]1920.* Eine geraffte, die wichtigsten Probleme berührende Darstellung liefert HUBER, *Deutsche Verfassungsgeschichte I,* wo auch knappe Literaturhinweise gegeben werden.

Das Wehrgesetz von 1814 ist in seiner ganzen Breite bei Meinecke behandelt. Huber gibt unter dem Stichwort „Volksheer“ eine Genesis des Instituts der Allgemeinen Wehrpflicht.

b) Wesenszüge und Konsequenzen der Allgemeinen Wehrpflicht

Über die aufklärerischen und revolutionären Anstöße und Hintergründe informiert Rainer WOHLFEIL: *Vom Stehenden Heer des Absolutismus zur Allgemeinen Wehrpflicht (1789–1814), Abschnitt II dieses Handbuches.* Die wichtigste einschlägige Literatur wird in der Bibliographie zu diesem Abschnitt vorgestellt.

c) Kritik an der Allgemeinen Wehrpflicht

Hierzu ist G. RITTER: *Staatskunst und Kriegshandwerk I,* heranzuziehen. Ritter behandelt sowohl den Widerstand bisher eximierter Gruppen wie die liberale Kritik gegen die Einordnung des Prinzips der Allgemeinen Wehrpflicht in den Rahmen der stehenden Armee. Beredtester Kritiker war in diesem Punkt Karl v. ROTTECK: *Über stehende Heere und Nationalmiliz, Freiburg 1816.* Ritter wirft Rotteck Kurzsichtigkeit gegenüber den „technischen Zwangsläufigkeiten des modernen Heerwesen“ vor. Die gründlichste Behandlung der bürgerlichen und ständischen Opposition gegen die Allgemeine Wehrpflicht bei MEINECKE: *Boyen II.*

d) Der Dualismus von Landwehr und Linie

Als Hauptproblem der Heeresorganisation ist dieser Dualismus von Ritter und Meinecke deutlich herausgearbeitet, bei Ritter mit stärkerer Betonung der Mängel des Systems. E. R. HUBER: *Deutsche Verfassungsgeschichte I,* gibt eine knappe Übersicht über die gegensätzlichen Standpunkte. Die Auffassung der „Preußischen Schule", gegen einen Dualismus gerichtet, bei Heinrich v. TREITSCHKE: *Deutsche Geschichte im Neunzehnten Jahrhundert, Bd. 2, Bis zu den Karlsbader Beschlüssen, Leipzig 1927.* Ausgewogen urteilt Franz SCHNABEL: *Deutsche Geschichte im Neunzehnten Jahrhundert, 2. Bd., Monarchie und Volkssouveränität, Freiburg* ²*1949* über das Dualismusproblem mit Hinweis auf immanente, finanzielle bedingte Mängel der Landwehr.

2. Die Landwehr

a) Grundzüge der Landwehrorganisation

Eine befriedigende Monographie über die Landwehrproblematik existiert nicht. Ältere, materialreiche, aber in der politisch-verfassungsrechtlichen Behandlung unbefriedigende Darstellungen: R. BRAEUNER: *Geschichte der preußischen Landwehr, 2 Bde., Berlin 1863,* und R. de l'HOMME de COURBIÈRE: *Die preußische Landwehr in ihrer Entwicklung von 1815 bis zur Reorganisation von 1859, Berlin 1867.* Die eindringlichsten Untersuchungen zur Frage der Eigenständigkeit der Landwehr sind die zit. Werke von Meinecke und Ritter. Diese Literatur ist heranzuziehen für die Unterkapitel Eigenständigkeit der Landwehr, Offizierkorps der Landwehr, Aufbau der Landwehr, Fehler des Systems, die fachideologische Auseinandersetzung, Boyens Verabschiedung, Landwehr-Volksheer. Wichtig auch: Carl FRICCIUS: *Über die Rechtsverhältnisse der Landwehr, Berlin 1824.*

Zum Problemkreis Heer – Bürgertum – Nationalheer ist wichtig Emil OBERMANN: *Soldaten – Bürger – Militaristen, Militär und Demokratie in Deutschland, Stuttgart 1958.* F. MEINECKE: *Boyen und Roon. Zwei preußische Kriegsminister, in: HZ 77 (1896), 207ff.* Die führende ostdeutsche Arbeit über die deutschen Wehrsysteme vor 1866 behandelt die preußische Landwehr nur kursorisch, hebt vor allem die gezielte Vernachlässigung dieses Instituts hervor: Hein HELMERT: *Militärsystem und Streitkräfte im Deutschen Bund am Vorabend des preußisch-österreichischen Krieges von 1866, Berlin 1964 (= Militärhistorische Studien 7, Neue Folge).*

b) Die Landwehr von 1819 bis zur Revolution 1848/1850

Neben der unter 2a erwähnten Literatur sind heranzuziehen: *Militärische Schriften weiland Kaiser Wilhelms des Großen Majestät, 2 Bde., Hrsg. vom Königl. Preuß. Kriegsministerium, Berlin 1897.* Die Stellungnahmen des Prinzen von Preußen beleuchten seinen Gegensatz in der Landwehrfrage zu Boyen. Wichtig für die Offiziersfrage sowie für das Problem der Zuverlässigkeit der Landwehr. Nützlich ist die knappe Zusammenfassung bei HUBER: *Deutsche Verfassungsgeschichte I.* Zum Problem der Zuverlässigkeit der Landwehr während der 48er Revolution und zur Frage der politischen Beeinflussung s. Karl OBERMANN: *Flugblätter der Revolution. Eine Flugblattsammlung zur Geschichte der Revolution von 1848/49 in Deutschland, Berlin 1970,* ferner die Hinweise bei Veit VALENTIN: *Geschichte der deutschen Revolution von 1848–1849, 2 Bde., Köln 1970;* ferner: *Denkwürdigkeiten aus dem Leben des General-Feldmarschalls Kriegsministers Grafen von Roon. Hrsg. von Waldemar v. Roon, 3 Bde., Breslau 1897; Militärische Schriften ... Wilhelms des Großen (s. o.); Bd. 2.*

c) Der Landsturm

Zu den Anfängen der Landsturm-Organisation vgl. die Literaturangaben von Wohlfeil im Abschnitt II dieses Handbuches. Über Aufgabe und Organisation des Landsturmes nach dem Wehrgesetz von 1814 am eingehendsten MEINECKE, *Boyen II.* Craig berührt die Neuordnung nur am Rande. RITTER, *Staatskunst und Kriegshandwerk I,* beleuchtet eingehend die Motive der Umgestaltung des Landsturms durch das Wehrgesetz. Der Landsturm nach der Reorganisation wird in der Literatur im wesentlichen als Problem der Heeresstärke behandelt. Heranzuziehen ist als wichtiges Quellenwerk auch zum Landwehr-Landsturmproblem: *Denkwürdigkeiten aus dem Leben des Grafen von Roon* (s. o.). In diesem Sinne, allerdings mit starker Beachtung innenpolitischer Zusammenhänge, auch Michael STÜRMER: *Bismarck und die preußisch-deutsche Politik 1871–1890, München 1870 (= dtv Dokumente 692)* u. ders.: *Militärkonflikt und Bismarckstaat. Zur Bedeutung der Reichsmilitärgesetze 1874 bis 1890, in: Gesellschaft, Parlament und Regierung. Zur Geschichte des Parlamentarismus in Deutschland, hrsg. v. G. A. Ritter, Düsseldorf 1974, S. 225–248.*

3. Das Institut der Einjährig-Freiwilligen

Zum allgemein-historischen, sozialgeschichtlichen und militärverfassungsgeschichtlichen Hintergrund des Instituts ist vor allem MEINECKE, *Boyen II,* heranzuziehen, ferner RITTER: *Staatskunst und Kriegshandwerk I* und besonders SCHNABEL II.

Die Auswirkungen auf das Schulwesen sind für die Spätzeit behandelt bei Manfred MESSERSCHMIDT: *Militär und Schule in der wilhelminischen Zeit, in: Studien zum Wandel von Gesellschaft und Bildung im 19. Jahrhundert* (erscheint voraussichtlich 1976). Ergiebige Quellengrundlage: *Verhandlungen über Fragen des höheren Unterrichts, Berlin, 6.–8. Juni 1900, nebst einem Anhang von Gutachten, hrsg. im Auftrage des Ministers der Geistlichen, Unterrichts- und Medizinalangelegenheiten, Halle ²1902;* ferner: *Central-Blatt für das Deutsche Reich,* das die von der

„Reichs-Schulkommission" mitgeteilten Daten enthält. Die Sicht der Linienarmee in: *Militärische Schriften ... Wilhelms des Großen* (s. o.). Hier und bei MEINECKE, Boyen, und SCHNABEL II ist auch das Problem der Ergänzung des Landwehr- und Reserveoffizierkorps behandelt, ebenso in den *Verhandlungen über Fragen des höheren Unterrichts*. Vgl. hier die Stellungnahme der militärischen Vertreter. Stark pointiert Eckart KEHR: *Zur Genesis des Königlich Preußischen Reserveoffiziers, in: Der Primat der Innenpolitik, hrsg. v. H.-U. Wehler, Berlin 1965.*

4. Die Linie

Funktion und Aufgaben der Linie nach dem Wehrgesetz sind erschöpfend behandelt bei MEINECKE, *Boyen II,* hier auch Darstellung der politischen Grundhaltung des Offizierkorps und seiner führenden Vertreter. Die zitierten Werke von Huber, Schnabel und vor allem Ritter, sind heranzuziehen. Zu den Absichten Boyens bei der Schaffung der neuen Ergänzungsbezirke MEINECKE, *Boyen II.* Zur Organisation und den Heeresstärken: Hans MEIER-WELCKER: *Deutsches Heerwesen im Wandel der Zeit. Ein Überblick über die Entwicklung vom Aufkommen der stehenden Heere bis zur Wehrfrage der Gegenwart, Frankfurt a. M. 1956.* Ottomar Frhr. v. d. OSTEN-SACKEN: *Preußens Heer von seinen Anfängen bis zur Gegenwart, Berlin 1911–1914;* Curt JANY: *Geschichte der königlich-preußischen Armee, 4. Bd., Berlin 1936;* A. v. CROUSAZ: *Die Organisation des Brandenburg-Preußischen Heeres seit 1640, 2 Teile, Berlin ²1873.*

C. Die Armee während Restauration und Revolution

1. Der politische Aspekt

a) Der Standpunkt der Frühliberalen

Die Kritik des Frühliberalismus gegen das stehende Heer behandelt kritisch RITTER, *Staatskunst und Kriegshandwerk I.* Rottecks Milizvorschlag wird als Radikallösung zur Verbürgerlichung des Heeres klassifiziert. Eine knappe Beschreibung der im Gegensatz Königliche Armee – Volksheer liegenden Problematik bei Walter BUSSMANN: *Königliche Armee – Volksheer, in: Schicksalsfragen der Gegenwart III, 1958.* Die gründlichste Behandlung der Argumente des Frühliberalismus gegen das stehende Heer und seine innen- wie außenpolitischen Funktionen bei Reinhard HÖHN: *Verfassungskampf und Heereseid, Der Kampf des Bürgertums um das Heer (1815–1850), Leipzig 1938,* und ders.: *Die Armee als Erziehungsschule der Nation. Das Ende einer Idee, Bad Harzburg 1963.* Beide Arbeiten vor allem wertvoll wegen der zahlreichen Quellenzitate, die diesem Handbuchabschnitt zugute gekommen sind. Allgemein zur politischen Einstellung des liberalen Bürgertums der Zeit: SCHNABEL II, HERZFELD, *Moderne Welt I* mit weiteren Literaturhinweisen. Speziell: Hans W. PINKOW: *Der literarische und parlamentarische Kampf gegen die Institution des stehenden Heeres in Deutschland in der ersten Hälfte des XIX. Jahrhunderts (1815–1848), Berlin 1912.* Zum geistigen Hintergrund der Zeit ist heranzuziehen Heinz GOLLWITZER: *Europabild und Europagedanke. Beiträge zur deutschen Geistesgeschichte des 18. und 19. Jahrhunderts, München ²1964.*

b) Der Standpunkt der Restauration

Eine unübertroffene Darstellung des Ideengutes der Restauration bei SCHNABEL II: Problemorientiert behandelt unter den Gesichtspunkten Ordnung, konservatives Denken, Autorität, Legitimismus, Privilegien statt Rechtsgleichheit, Gottesgnadentum u. a.; knappe Übersicht bei HERZFELD, *Moderne Welt I,* mit Literaturangaben zu den Themenkreisen Restauration und Reaktion. Grundlegend zur Ideenwelt der deutschen Restauration: Friedrich MEINECKE, *Weltbürgertum und Nationalstaat, hrsg. und eingeleitet von H. Herzfeld, München 1962 (= F. Meinecke, Werke, Bd. V),* ferner GOLLWITZER, *Europabild.*

2. Der politische Standort der Armee im Vormärz

Grundlegend RITTER, *Staatskunst und Kriegshandwerk I,* ferner, mit reichen Quellenbelegen R. HÖHN mit den unter C 1 a angeführten Arbeiten. CRAIG, *Politics of the Prussian Army,* bietet einen knappen Abriß, der sich primär organisatorischen und institutionellen Problemen zuwendet.

a) Der Kampf gegen den Zeitgeist

Aufschlußreich: *Militärische Schriften ... Wilhelms des Großen, Bd. 1*, insbesondere Bemerkungen zum Entwurf des Dienstreglements, 1838; *Denkwürdigkeiten des ... Grafen von Roon I;* zusammenfassend RITTER, *Staatskunst und Kriegshandwerk I* und knappe Hinweise bei CRAIG und bei M. MESSERSCHMIDT: *Werden und Prägung des preußischen Offizierkorps – Ein Überblick = Einleitung zu Offiziere im Bild von Dokumenten aus drei Jahrhunderten, hrsg. von H. Meier-Welcker, Stuttgart 1964 (= Beiträge zur Militär- und Kriegsgeschichte, Bd. 6);* eine knappe Analyse der Auseinandersetzung der Armee mit dem Frühliberalismus gibt auch Eleftherios SOSSIDÍ: *Die staatsrechtliche Stellung des Offiziers im absoluten Staat und ihre Abwandlungen im 19. Jahrhundert, Berlin 1939.* Noch nicht überholt und wegen der zahlreichen Quellenbelege unentbehrlich die unter C 1 a erwähnten Arbeiten HÖHNs.

b) Die Rolle der militärischen Publizistik

Neben der zu C 2 angeführten Literatur sind die bei Höhn ausgiebig behandelten, aber in ihrer Wirkung überschätzten zeitgenössischen Schriftsteller zu erwähnen. Insbesondere: Johann L. U. BLESSON: *Betrachtungen über die Befugnis des Militärs, an politischen Angelegenheiten des Vaterlandes Theil zu nehmen, 1821;* Karl G. v. RUDLOFF: *Handbuch des preußischen Militärrechts, oder Darstellung der im Preußischen Heer bestehenden Grundsätze über militärische Rechts- und Polizei-Verhältnisse, Disziplin und Justizverwaltung, 3 Teile, 1826;* Carl v. DECKER: *Über die Persönlichkeit des preußischen Soldaten, 1842.* Am gründlichsten hat Helmut SCHNITTER das Thema behandelt: *Militärwesen und Militärpublizistik. Die militärische Zeitschriftenpublizistik in der Geschichte des bürgerlichen Militärwesens in Deutschland, Berlin 1967 (= Militärhistorische Studien, N.F.9).*

c) Der Primat des Militärs

Neben den zusammenhängenden Darstellungen RITTER, *Staatskunst und Kriegshandwerk I* und CRAIG ist für die zweite Amtsperiode Boyens besonders wichtig MEINECKE, *Boyen II.* Zum Selbstverständnis der Armee: *Militärische Schriften ... Wilhelm des Großen.* Die militärische Publizistik ist für dieses Thema unentbehrlich. Ergänzt werden muß diese Literatur durch andere zeitgenössische Zeugnisse. Hinzuweisen ist auf Prinz Kraft zu HOHENLOHE-INGELFINGEN: *Aus meinem Leben, 1. Bd., 1897;* Eduard v. FRANSECKY: *Denkwürdigkeiten, Hrsg. v. W. v. Bremen, 2 Bde., Bielefeld ²1913.* Eine spezielle Untersuchung zur Auswirkung der Allgemeinen Wehrpflicht und des militärischen Bildungswesens auf die Militarisierung der Gesellschaft steht noch aus.

d) Armee und soziale Frage

Eine wissenschaftlich befriedigende Monographie zum Thema ist nicht vorhanden. In der „bürgerlichen" wissenschaftlichen Literatur ist der Einsatz von Militär bei sozialen Unruhen so gut wie nicht behandelt. Die ostdeutsche Geschichtswissenschaft hat sich des Themas im Zusammenhang mit der Darstellung des „Aufschwungs der Arbeiterbewegung" angenommen: Karl OBERMANN: *Deutschland von 1815 bis 1849. Von der Gründung des Deutschen Bundes bis zur bürgerlich-demokratischen Revolution, Berlin ³1967,* oder es als Beispiel der Stützung der Bourgeoisie durch das Militär angeführt: Joachim STREISAND: *Deutsche Geschichte in einem Band. Ein Überblick, Berlin 1970.* Das Problem ist für die 40er Jahre auch angesprochen bei Heinz HELMERT und Hansjürgen USCZECK: *Bewaffnete Volkskämpfe in Europa 1848/1849, Berlin 1973.* Die ostdeutsche Geschichtswissenschaft sieht den Gegensatz zwischen dem Militärinstitut dieser Zeit und den sozialen und demokratischen Kräften als gesetzmäßig an. Die Gestalt des Proletariers erschien dem preußischen Offizier als fremdes, gefährliches Wesen. Dazu aufschlußreich *Denkwürdigkeiten des ... Grafen von Roon,* auch Helmuth v. MOLTKE in Briefstellen: *Gesammelte Schriften und Denkwürdigkeiten des General-Feldmarschalls Grafen Helmuth von Moltke, 6. Bd., 3. Sammlung, Berlin 1892.* In die Ehrengerichtsprozesse gegen Annecke, Willich und Andere spielte die „soziale Frage" mit hinein; Vgl. F. ANNECKE: *Ein ehrengerichtlicher Prozeß, Leipzig 1846.*

e) Die restaurative Armee

Die gesamte unter C 2 a–d angeführte Literatur ist heranzuziehen. Hinzu kommt die unter C 3 erwähnte Literatur, namentlich Arbeiten über die Kamarilla Friedrich Wilhelms IV.

3. Armee und Revolution

a) König und Armee in der ersten Phase der Revolution

Als Hintergrund der Entwicklung in Preußen ist die wichtigste Literatur zur Vorgeschichte und Geschichte der 48er Revolution heranzuziehen, vgl. Übersicht bei HERZFELD, *Moderne Welt I.* Für Preußen ist wichtig: Veit VALENTIN: *Geschichte der deutschen Revolution 1848–1849, 2 Bde., Köln 1970, Nachdruck der Erstauflage von 1930/31.* Es handelt sich hier um die umfassendste, materialreichste Darstellung. Obwohl kritisch beurteilt, kann sie noch immer als führend angesprochen werden. Einen übersichtlichen Gesamtaufriß bietet HUBER, *Deutsche Verfassungsgeschichte II.* Dazu wichtige Dokumente in: ders.: *Dokumente zur deutschen Verfassungsgeschichte, Bd. 1, Stuttgart 1961.*

Zur Haltung Friedrich Wilhelms IV: Felix RACHFAHL: *Deutschland, König Friedrich Wilhelm IV. und die Berliner Märzereignisse, Halle 1901.* R. erklärt die schwankende Politik der frühen Phase aus den deutschen Zielen des Monarchen.

Friedrich Wilhelms IV. Briefwechsel mit Ludolf von Camphausen, hrsg. und erl. von Erich Brandenburg, Berlin 1906 ist aufschlußreich für das Verhältnis des Königs zur Armee. Ferner: Karl HAENCHEN *(Hrsg.): Revolutionsbriefe 1848, Ungedrucktes aus dem Nachlaß Friedrich Wilhelms IV. von Preußen; Leipzig 1930;* Georg KÜNTZEL: *Friedrich Wilhelms IV. Briefwechsel mit Erzherzog Johann von Österreich, Frankfurt a. M. 1925; Friedrich Wilhelms IV. Reden, Proklamationen, Botschaften etc. seit seiner Thronbesteigung, zusammengest. v. J. Killisch, Berlin 1851, ⁴1861; Unveröffentlichte Handbillette des Königs Friedrich Wilhelm IV., in: Deutsche Revue, Bd. 32, 1907.* Friedrich MEINECKE: *Friedrich Wilhelm IV. und Deutschland, in: HZ 89 (1902).* Zur Haltung der Armee aufschlußreich: Denkwürdigkeiten des ... Grafen von Roon, Bd. I; Friedrich THIMME: *König Friedrich Wilhelm IV., General v. Prittwitz und die Berliner Märzrevolution, FBPG Bd. 16, 1903;* F. RACHFAHL: *König Friedrich Wilhelm IV. und die Berliner Märzrevolution im Lichte neuer Quellen, in: Preußische Jahrbücher, 110, 1902, S. 264–309 u. 413–462,* enthaltend die Relationen von Prittwitz und Nobiling; *Denkwürdigkeiten aus dem Leben Leopold von Gerlachs, Generals der Infanterie und Generaladjutant König Friedrich Wilhelms IV. Nach seinen Aufzeichnungen hrsg. v. seiner Tochter, 1. Bd., Berlin 1891;* v. MEIERINCK: *Die Thätigkeit der Truppen während der Berliner Märztage des Jahres 1848, = Militär-Wochenblatt, Beiheft 1891, H. 4.5.*

b) Die Armee bis zum Anti-Reaktionserlaß

Neben VALENTIN, HUBER II, ROONs *Denkwürdigkeiten I,* E. BLEICH: *Verhandlungen der Versammlung zur Vereinbarung der preußischen Staatsverfassung, 2 Bde., Berlin 1848/49;* NOBILING: *Die Berliner Bürgerwehr 1848, Berlin 1851;* Briefwechsel *Friedrich Wilhelms IV. – Camphausen;* Zur Kamarilla: RITTER I; vor allem: L. v. GERLACHs *Denkwürdigkeiten;* K. HAENCHEN: *Flucht und Rückkehr des Prinzen von Preußen im Jahre 1848; in: HZ 154 (1936);* Über die führenden Soldaten kurze, wenn oft auch einseitige Informationen bei: Kurt von PRIESDORFF: *Soldatisches Führertum, 10 Bde., Hamburg o.J.*

c) Die preußische Armee und die Reichskriegsverfassung

HUBER II; VALENTIN; *Militärische Schriften Wilhelms I,* Eduard v. PEUCKER: *Beiträge zur Beleuchtung einiger Grundlagen für die künftige Wehrverfassung Deutschlands (1848);* (K. G. v. GRIESHEIM): *Die deutsche Centralgewalt und die preußische Armee (1848);* A. HOHLFELD: *Das Frankfurter Parlament und sein Kampf um das deutsche Heer, 1932;* E. R. HUBER: *Heer und Staat in der deutschen Geschichte, ²1943;* HÖHN, Verfassungskampf und Heereseid (s. o.).

d) Die Liquidierung der Revolution

Der Zusammenhang mit dem „gesamteuropäischen Rhythmus" (Schieder) der Revolution ist unter Rückgriff auf die angeführte allgemeine Literatur zu erhellen. Zur Rolle der Armee: HUBER, HÖHN, VALENTIN, K. v. GRIESHEIM: *Gegen Demokraten helfen nur Soldaten, 1848;* K. HAENCHEN: Revolutionsbriefe (s. o.); „*Deutsche Wehr-Zeitung*" seit 1848; F. Frhr. MARSCHALL v. BIEBERSTEIN: *Verantwortlichkeit und Gegenzeichnung bei Anordnungen des Obersten Kriegsherrn. Studie zum deutschen Staatsrecht, Berlin 1911* ist zur Regelung der Oberbefehlsfrage wichtig; Graf ARNIM-BOITZENBURG: *Die Verheißungen des 22. März und die Verfassung vom 5. Dezember, 1849;* A. H. v. ARNIM-SUCKOW: *Zur Politik der Contre-Revolution in Preußen, 1851.*

D. Von der Revolution bis zur Gründung des Deutschen Reiches

1. Die Position der Armee im konstitutionellen System

a) Der Eid auf die Verfassung

Grundlegend zum Kampf um die „Verbürgerlichung" der Armee HÖHN: *Verfassungskampf und Heereseid,* mit Herausarbeitung des süddeutschen Hintergrundes; wichtig ferner HUBER III; RITTER I; Graf ARNIM-BOITZENBURG: *Über die Vereidigung des Heeres auf die Verfassung, 1849.* Weitere zeitgenössische, der politischen Auseinandersetzung entstammende Arbeiten: H. HELENUS: *An das preußische Volk und dessen Vertreter: Gegen den Eid des Heeres auf die Verfassung, 1848;* W. v. MERCKEL: *Darf das Heer auf die Verfassung vereidigt werden?, 1849;* E. FRIESENHAHN: *Der politische Eid, 1848;* Bedeutsam für die Haltung Manteuffels in der Frage des Verfassungseides: F. FRAHM: *Entstehungs- und Entwicklungsgeschichte der preußischen Verfassung, in: FBPG, 41, 1928,* ferner verschiedene Artikel in der *„Deutschen Wehrzeitung"; Verhandlungen der preußischen Kammern, Stenographische Berichte, 1849.*

b) Das Wahlrecht der Soldaten

Wichtige Quelle für die Abwehrbemühungen der Armee: *Verhandlungen der preußischen Kammern, Stenographische Berichte, 1849.*

Zur Entwicklung der Frage in der Reorganisationsphase: RITTER I, hier Herausarbeitung der Rollen Manteuffels und Roons, s. ferner: E. IMMEL: *A. v. Roons Entwicklungsgang, phil. Diss., Berlin 1936;* Zu Moltkes Haltung: *Verhandlungen des Reichstages des Norddeutschen Bundes, 1869.*

c) Die Kommandogewalt des Königs

Heranzuziehen ist die Literatur zum Konstitutionalismus und zum monarchischen Prinzip. Wichtige Orientierungen mit weiteren Literaturangaben vermitteln: HUBER III, Ernst W. BÖCKENFÖRDE: *Der deutsche Typ der konstitutionellen Monarchie im 19. Jahrhundert, in: Beiträge zur deutschen und belgischen Verfassungsgeschichte im 19. Jahrhundert, = GWU, Beiheft 1967;* Stand der Auffassungen zum Wesen des deutschen Konstitutionalismus: Hans BOLDT: *Deutscher Konstitutionalismus und Bismarckreich, in: Das kaiserliche Deutschland,* hrsg. von Michael Stürmer, 119–142. In Überbewertung der Kraft des liberalen Bürgertums nimmt W. SAUER: *Das Problem des deutschen Nationalstaats, in: Moderne deutsche Sozialgeschichte, hrsg. v. H.-U. Wehler, Köln ²1962, 407–436 (= NWB 10),* ein Patt zwischen Krone und Parlament an; mit einseitiger politischer Wertung: Carl SCHMITT: *Staatsgefüge und Zusammenbruch des Zweiten Reiches, 1934.* Ältere Arbeiten: Otto HINTZE: *Das monarchische Prinzip und die konstitutionelle Verfassung* (1911) *in: Staat und Verfassung,*

Gesammelte Abhandlungen zur allgemeinen Verfassungsgeschichte, hrsg. von G. Oestreich, Göttingen [2]*1962.* E. HUBRICH: *Das monarchische Prinzip in Preußen, Zeitschrift für Politik 1, 1908.* Paul LABAND: *Die Kommandogewalt und die Kabinettsorder von 1820, in: Deutsche Juristen-Zeitung, Jg. 19 (1914), 185–190.* Weitere Hinweise bei HUBER. Carl RISSOM: *Militärgerichtsbarkeit und Kommandogewalt, = Goltdammers Archiv, Bde. 56 und 58.* Unüberholt zum Problem der Entwicklung des Umfangs der Kommandogewalt: F. Frhr. MARSCHALL V. BIEBERSTEIN: *Verantwortlichkeit und Gegenzeichnung bei Anordnungen des Obersten Kriegsherrn. Studien zum deutschen Staatsrecht, Berlin 1911.* Unentbehrlich: R. SCHMIDT-BÜCKEBURG: *Das Militärkabinett der preußischen Könige und deutschen Kaiser. Seine geschichtliche Entwicklung und staatsrechtliche Stellung 1787 bis 1918, Berlin 1933.* Die wichtigste Arbeit zur militärischen Praxis und zum Selbstverständnis der militärischen Führung in der Frage der Kommandogewalt und des Oberbefehls: RITTER I.

2. Tendenzen in der Armee von 1850 bis zur Regentschaft

a) Die innenpolitische Haltung

HUBER III, RITTER I; SCHMIDT-BÜCKEBURG; K. G. v. GRIESHEIM: *Lebensfragen der Landwehr, 1851,* [2]*1860;* R. HÖHN: *Die Armee als Erziehungsschule der Nation. Das Ende einer Idee, Bad Harzburg 1963,* mit besonderer Betonung des Kampfes gegen den Liberalismus, Hervorhebung der volkserzieherischen Aufgaben der Armee; wichtig die Literatur zur Kamarilla. Als Quellenwerk unentbehrlich: L. v. GERLACHs *Denkwürdigkeiten;* ROONs *Denkwürdigkeiten; Militärische Schriften Wilhelms I, Bd. 2.* Wichtig sind die Beiträge zur *Deutschen Wehrzeitung* – seit 1851 *Preußische Wehrzeitung* –, in denen das Erlebnis der Revolution „verarbeitet" wird; *Aus dem Leben Theodor von Bernhardis, 9 Bde., Leipzig 1893–1901.* CRAIG gibt einen kurzen Abriß unter besonderer Berücksichtigung der Haltung des militärischen Establishments gegenüber dem Parlament. Die ostdeutsche Sicht in knappem Aufriß bei: HELMERT, *Militärsystem und Streitkräfte;* Hajo HERBELL: *Staatsbürger in Uniform 1789 bis 1961. Ein Beitrag zur Geschichte des Kampfes zwischen Demokratie und Militarismus in Deutschland, Berlin 1969.*

b) Armee und Außenpolitik

Grundlegend zur Unionspolitik: MEINECKE, *Radowitz;* HUBER III; RITTER; CRAIG; Hinweise auch bei HILLGRUBER, *Bismarcks Außenpolitik;* Über die Auffassungen der Militärs in der Kamarilla: H. J. SCHOEPS: *Das andere Preußen,* Stuttgart 1952; die Sehweise des Prinzen von Preußen bei Erich MARCKS: *Kaiser Wilhelm I., Leipzig* [8]*1928.* Zur Haltung des Kriegsministers v. Stockhausen: L. DEHIO: *Zur Novemberkrise des Jahres 1850. Aus den Papieren des Kriegsministers von Stockhausen, FBPG 35 (1923).* Die Auffassungen im Offizierkorps über Olmütz skizziert bei HOHENLOHE-INGEL-

FINGEN: Aus meinem Leben, Bd. 1; eine dem Prinzen von Preußen nahestehende egoistisch-preußische Sicht der Dinge sichtbar in ROONs *Denkwürdigkeiten.* Peter RASSOW: *Der Konflikt König Friedrich Wilhelms IV. mit dem Prinzen von Preußen im Jahre 1854. Eine preußische Staatskrise, in: Akad. der Wiss. u. Lit., Abhdlg. d. geistes- u. sozialwiss. Klasse, Jg. 1960, Nr. 9, Wiesbaden 1961;* Zum Programm der den Anschauungen des Prinzen von Preußen nahestehenden „Wochenblattpartei" neuerdings: Michael BEHNEN: *Das preußische Wochenblatt (1851–1861). Nationalkonservative Publizistik gegen Ständestaat und Polizeistaat, Göttingen 1971,* mit ausführlichen Literaturhinweisen; deutliche Kritik an der Auffassung von Schoeps. Diese Arbeit ist auch wichtig für die Einstellung auf die Revolution und das Problem der deutschen Einigung. Zur „Realpolitik": Hans ROTHFELS: *Zeitgeschichtliche Betrachtungen zum Problem der Realpolitik, in: Zeitgeschichtliche Betrachtungen, Göttingen 1959;* Walter SCHMIDT: *Die Partei Bethmann Hollweg und die Reaktion in Preußen 1850–58, Berlin 1910.* Zur Einstellung der Konservativen Gerhard RITTER: *Die preußischen Konservativen und Bismarcks deutsche Politik, 1913 (= Heidelberger Abhandlungen zur mittleren und neueren Geschichte, Heft 43);* L. DEHIO: *Edwin von Manteuffels politische Ideen, in: HZ 131 (1925) 41–71;* Die Auffassungen der Garde während des Krimkrieges veranschaulicht: *Denkwürdigkeiten des Botschafters General v. Schweinitz, hrsg. v. W. v. Schweinitz, 2 Bde., Berlin 1927;* Fritz HARTUNG: *Veranotwortliche Regierung, Kabinette und Nebenregierungen im konstituitionellen Preußen 1848–1918, T. 2, in: FBPG, 44 (1932), 302–373.* Zu Moltke: am ausführlichsten Eberhard KESSEL: *Moltke, Stuttgart 1957.*

3. Der Verfassungskonflikt und die Zeit der militärisch-politischen Triumphe 1858–1871

a) Neue Ära und Heereskonflikt

Übersichtliche Zusammenfassung z. Geschichte und Programm der Neuen Ära bei HUBER III. Beste Charakteristik Wilhelms I. und seiner militärpolitischen Anschauungen bei RITTER I u. E. MARCKS, *Kaiser Wilhelm I.* Zur Landwehr und Reorganisationsfrage neben den genannten vor allem ROONs *Denkwürdigkeiten* (Denkschrift von 1858!); *Militärische Schriften Wilhelms I.;* zur Durchführung der Reorganisation: die genannten Autoren, ferner: Theodor v. BERNHARDI: *Die Reform der Heeresverfassung, 1860;* H. WITTE: *Die Reorganisation des preußischen Heeres durch Wilhelm I., 1910;* knapper Überblick bei HERZFELD, *Moderne Welt I,* und CRAIG; Auswirkungen auf den Militäretat: *Das Königlich preußische Kriegsministerium 1809–1909, Berlin 1909.*

b) Die politische Diskussion bis zur Ernennung Bismarcks

RITTER I gibt den gründlichsten Überblick; HUBER III; Zur liberalen Position: Karl TWESTEN: *Woran uns gelegen ist, 1859;* ders.: *Was uns noch retten kann, 1861;* Rudolf VIRCHOW: *Reden zum Verfassungskonflikt im preußischen Abgeordnetenhaus, 1860–62;* Zur Spaltung des Liberalismus eindringlich: RITTER I. Aufschlußreich zur Haltung der Militärs: L. DEHIO: *Die Pläne der Militärpartei und der Konflikt, in: Deutsche Rundschau 213 (1927);* SCHMIDT-BÜCKEBURG: *Militärkabinett.*

c) Bismarck und die Zeit des Verfassungskonflikts

Die einschlägige Bismarckliteratur erfaßt die *Bismarck-Bibliographie. Quellen und Literatur zur Geschichte Bismarcks und seiner Zeit, hrsg. v. K. E. Bown, Köln 1966.* Zum Verfassungskonflikt s. 5. 121; in die Problematik führt am gründlichsten ein RITTER I; übersichtliche Darstellung bei HUBER III. und ders.: *Heer und Staat in der deutschen Geschichte, ²1943;* wichtige monographische Arbeiten: F. LOEWENTHAL *Der preußische Verfassungsstreit 1862-66, 1914;* A. WAHL: *Beiträge zur Geschichte der Konfliktzeit, 1914;* L. DEHIO: *Die Taktik der Opposition während des Konflikts, in HZ 140 (1929),* ders.: *Bismarck und die Heeresvorlagen der Konfliktszeit, in: HZ 144 (1931);* Zu Manteuffel vgl. auch die unter Kapitel Militärkabinett erwähnte Literatur.

Zusammenfassend Egmont ZECHLIN: *Bismarck und die Grundlegung der deutschen Großmacht, Stuttgart ²1960,* mit Unterbewertung des Einflusses der Militärs. Heranzuziehen ist die ausgewogene Bismarckbiographie von Otto PFLANZE: *Bismarck and the Development of Germany. The Period of Unification, 1815–1871, Princeton 1963.* Otto BECKER: *Bismarcks Ringen um Deutschlands Gestaltung, hrsg. v. A. Scharff, Heidelberg 1958,* räumt der Heeresreorganisation für den Ablauf des Prozesses der deutschen Einigung nur geringe Bedeutung ein; Gegensätzlich ist die Auffassung der früheren Arbeit von L. DEHIO: *Bismarck und die Heeresvorlagen der Konfliktszeit, in HZ 144 (1931);* kritisch dazu: RITTER I.

Betonung der Abhängigkeit Bismarcks von den strukturellen Gegebenheiten der preußischen Militärmonarchie bei M. MESSERSCHMIDT: *Die Armee in Staat und Gesellschaft. Die Bismarckzeit, in: Das kaiserliche Deutschland, 89–118.* Starke Betonung des innenpolitischen Einflusses der Armee bei CRAIG. Kritischer Literaturbericht: M. MESSERSCHMIDT: *Militär und Politik in der Bismarckzeit und im wilhelminischen Deutschland, Darmstadt 1975 (= Erträge der Forschung, Bd. 43).* Ferner: E. N. ANDERSON: *The Social and Political Conflict in Prussia, 1858–64, Lincoln 1954,* der den sozialgeschichtlichen Hintergrund des Verfassungskonflikts stärker herausarbeitet.

Zusammenarbeit Bismarck–Roon und „Behandlung" des Monarchen am treffendsten bei RITTER I. Siehe dazu auch *Militärische Schriften Wilhelms I., Bd. 2.*

Zur Divergenz der außenpolitischen Vorstellungen Bismarck–Roon–Moltke, vor allem im Hinblick auf einen Krieg gegen Österreich und eine mögliche Auseinandersetzung mit Frankreich insbesondere RITTER I, ferner KESSEL, *Moltke.*

d) Die Übernahme der preußischen Heeresorganisation durch den Norddeutschen Bund und das Deutsche Reich

Das Thema ist eingehend behandelt bei HUBER III mit ausführlicher Beleuchtung der Militärkonventionen, des Hineinwirkens preußischer Organisationsformen nach Süddeutschland. Ritter vernachlässigt diese Aspekte. Die verfassungsrechtliche Literatur ist bei Huber angeführt. Anschaulich behandelt das Problem „Reichsheer" oder „Kontingentsheer". Dazu wichtig die Kontroverse Laband–Haenel.

Zur Struktur des Reiches im Hinblick auf seine Wehrverfassung unterschiedliche Auffassungen in der Forschung. Die ältere Kontroverse um den „dilatorischen Formelkompromiß" (Schmitt-Huber) ist nicht ganz überholt. SAUER spricht vom „Patt", s. *Das Problem des deutschen Nationalstaats;* Zu den Auswirkungen der „Konstruktionsmängel": RITTER I; Zum Anteil der militärischen Führung an den militärischen Verfassungsbestimmungen: BECKER: *Bismarcks Ringen um Deutschlands Gestaltung;* ferner MESSERSCHMIDT: *Militär und Politik.*

Zu Bismarcks Entgegenkommen gegenüber den „preußischen" Gewalten: MESSERSCHMIDT: *Die Armee in Staat und Gesellschaft.* Knappe Gesamtbetrachtung: H. HERZFELD: *Staats-, Gesellschafts- und Heeresverfassung, in: Schicksalsfragen der Gegenwart, hrsg. v. Bundesministerium f. Verteidigung, Bd. 3, Tübingen 1958.*

Zur Regelung der Budgetfrage: HUBER III, mit sehr konservativer Auffassung. H. rechnet die Militärgewalt zu den „existenziellen" Vorbehaltsrechten des monarchischen Prinzips, s. a. ders.: *Die Bismarcksche Reichsverfassung im Zusammenhang der deutschen Verfassungsgeschichte, in: Reichsgründung 1870/71. Tatsachen – Kontroversen – Interpretationen, Hrsg. v. Th. Schieder und E. Deuerlein, Stuttgart 1970, 164–196.* Zum Verfassungsproblem der „Doppelspitze" ausführlich RITTER I – dazu auch HILLGRUBER, *Bismarcks Außenpolitik.* Qualifizierung der Verfassung – mit Blick auf die Militärverfassung – als „Scheinkonstitutionalismus", als Ausdruck der „Revolution von oben" bei H.-U. WEHLER: *Bismarck und der Imperialismus, Köln 1969;* ders.: *Krisenherde des Kaiserreiches 1871–1918. Studien zur deutschen Sozial- und Verfassungsgeschichte, Göttingen 1970,* u. ders.: *Das Deutsche Kaiserreich 1871–1918, Göttingen 1973;* ähnlich Michael STÜRMER: *Staatsstreichgedanken im Bismarckreich, in: HZ 209 (1969), 566–615;* ders.: *Bismarck und die preußisch-deutsche Politik 1871–1890, München 1970 (= dtv-Dokumente 692);* und ders.: *Regierung und Reichstag im Bismarckstaat 1871–1880. Cäsarismus oder Parlamentarismus?, Düsseldorf 1974 (= Beiträge z. Gesch. d. Parlamentarismus und der politischen Parteien, Bd. 54).* Diese vom Primat der Innenpolitik ausgehenden Werke knüpfen stark an Eckart Kehr an.

E. Die preußische Armee – Preußen und das Deutsche Reich, 1871–1890

1. Die Stellung der Armee zur Außen- und Innenpolitik

a) Armee und Außenpolitik

Die Diskussion um die Rolle der bewaffneten Macht in der Außenpolitik des Kaiserreichs wurde vor allem durch Gerhard Ritter neu entfacht. Scharfe Kritik erfuhr er durch Ludwig Dehio. Die Literatur hierzu vgl. unter Kapitel „Das Problem des Militarismus".

Wesentliche Aussagen zu außenpolitischen Konzepten der militärischen Führung stehen im Zusammenhang mit ihrem Kriegsbild: Dazu vor allem RITTER I; KESSEL; Rudolf STADELMANN: *Moltke und der Staat, Krefeld 1950;* wie auch WEHLER, STÜRMER; s. ferner die ostdeutschen Veröffentlichungen E. ENGELBERG: *Deutschland von 1871 bis 1897. Deutschland in der Übergangsperiode zum Imperialismus, Berlin 1967* und – besonders wichtig wegen neuer Thesen zur Krise von 1887 Konrad CANIS: *Bismarck, Waldersee und die Kriegsgefahr Ende 1887, in: Die großpreußisch-militaristische Reichsgründung 1871, Bd. 2, hrsg. v. H. Bartel u. E. Engelberg, Berlin 1971, 397–435.* Heranzuziehen ist ferner die zum Kapitel „Der Generalstab" angegebene Literatur. Zum deutsch-französischen Verhältnis vor allem RITTER I u. KESSEL. Dazu auch HILLGRUBER, *Bismarcks Außenpolitik,* mit weiteren Literaturangaben. Wichtig die Kontroverse über die Annexion Elsaß-Lothringens; vertreten sind insbesondere Walter Lipgens, Eberhard Kolb, Lothar Gall und Josef Becker; näher dazu: MESSERSCHMIDT: *Militär und Politik.* Wichtig der Aufsatz von E. KOLB: *Der Kriegsrat zu Herny am 14. August 1870, in: MGM 1/71, 5–13.* Zum Ausbruch des deutsch-französischen Krieges s. auch die Kontroverse Kolb-J. Becker: J. BECKER: *Der Krieg mit Frankreich als Problem der kleindeutschen Einigungspolitik Bismarcks 1866 bis 1870, in: Das kaiserliche Deutschland,* u. ders.: *Zum Problem der Bismarckschen Politik in der spanischen Thronfolge 1870, in: HZ 212 (1971), 529-607;* E. KOLB: *Der Kriegsausbruch 1870, Göttingen 1970;* Zur „Krieg-in-Sicht-Krise" neben RITTER und den allg. Werken zur Epoche HILLGRUBER, *Bismarcks Außenpolitik,* u. ders.: *Die „Krieg-in-Sicht" Krise 1875 – Wegscheide der Politik der europäischen Großmächte in der späten Bismarck-Zeit, in: Gedenkschrift Martin Göhring. Studien z. Europ. Geschichte, hrsg. v. E. Schulin, Wiesbaden 1968, 239–253.*

Zum deutsch-russischen Verhältnis RITTER I; WEHLER; Helmut BÖHME: *Politik und Ökonomie in der Reichsgründungs- und späten Bismarckzeit, in: Das kaiserliche Deutschland, 26–49;* KESSEL; STADELMANN; ferner die umfangreiche Literatur zur Außenpolitik Bismarcks. Übersichtliche Zusammenstellung bei: W. BUSSMANN: *Das Zeitalter Bismarcks, in: Handbuch der Deutschen Geschichte, III 2.*

Aus ostdeutscher Sicht der Beitrag: H. OTTO: *Militärische Aspekte der Außenpolitik Bismarcks, in: Zeitschrift f. Militärgeschichte 1967, 150–166.*

b) Armee und Innenpolitik 1871–1890

Zur Interessenharmonie von Armee und staatstragenden Schichten, zu der breiter gewordenen Ebene der Militärkonformität vgl. die angeführten Werke von BÖHME, WEHLER, STÜRMER, SAUER; Fritz STERN: *Die politischen Folgen des unpolitischen Deutschen, in: Das kaiserliche Deutschland, 168–186;* Hajo HOLBORN: *Der deutsche Idealismus in sozialgeschichtlicher Beleuchtung, in: HZ 174 (1952);* Otto HINTZE: *Machtpolitik und Regierungsverfassung* (1913), *in: Staat und Verfassung, 424–456,* gibt die wesentlichen Denkstrukturen bürgerlicher Machtaffinität wieder; allgemein zur Wirklichkeit und zum Selbstverständnis des neuen Reiches: Th. SCHIEDER: *Das deutsche Kaiserreich von 1871 als Nationalstaat, Köln 1961,* mit Deskription des neuen Patriotismus; anders Ritters These vom „rückwärtsgewandten" Patriotismus; zusammenfassend H. PLESSNER: *Die verspätete Nation. Über die politische Verführbarkeit des bürgerlichen Geistes, Stuttgart [5]1969;* M. MESSERSCHMIDT: *Reich und Nation im Bewußtsein der wilhelminischen Gesellschaft, in: Marine und Marinepolitik im kaiserlichen Deutschland 1871–1914, hrsg. v. Militärgeschichtlichen Forschungsamt durch H. Schottelius u. W. Deist, Düsseldorf 1972, 11–33,* stellt den bürgerlichen und sozialistischen Patriotismus einander gegenüber.

Zum Standort der Armee in der bürgerlich-sozialistischen Frontstellung: vor allem R. HOEHN: *Sozialismus und Heer, Bd. 2, Die Auseinandersetzung der Sozialdemokratie mit dem Moltkeschen Heer, Bad Homburg v. d. H. [2]1961,* und *Bd. 3, Der Kampf des Heeres gegen die Sozialdemokratie, Bad Harzburg 1969.* Das Werk ist wichtig durch eine Fülle von Quellenzitaten, stellt die Auseinandersetzung Heer–Sozialismus aber nicht in den gesamtgeschichtlichen Zusammenhang; WEHLER: *Das Deutsche Kaiserreich 1871–1918,* bietet einen problemorientierten Gesamtaufriß, Angabe weiterführender Literatur. S. auch die knappe Gesamtdarstellung von K. BUCHHEIM: *Das Deutsche Kaiserreich 1871–1918, München 1969.*

2. Armee und Parlament

a) Das System der langfristigen Bewilligungen

RITTER I; HUBER IV; die wichtigste neue Veröffentlichung: M. STÜRMER: *Regierung und Reichstag im Bismarckstaat 1871–1880,* mit Überbetonung der Bedeutung der „Staatsstreichdrohung", dazu ders.: *Staatsstreichgedanken im Bismarckreich, in: HZ 209 (1969), 566–615.* Zum Staatsstreichproblem ferner: J. C. G. RÖHL: *Staatsstreichplan oder Staatsstreichbereitschaft. Bismarcks Politik in der Entlassungskrise, in: HZ 203 (1966), 610–624* – gegen W. PÖLS: *Sozialistenfrage und Revolutionsfurcht in ihrem Zusammenhang mit den angeblichen Staats-*

streichplänen Bismarcks, Lübeck 1960 (= Hist. Studien H. 377); s. ferner E. ZECHLIN: *Staatsstreichpläne Bismarcks und Wilhelms II., 1890–1894, Stuttgart 1929*. Zur Sicht Moltkes ausführlich KESSEL; s. auch die Literatur zu den Kapiteln: „Der Kriegsminister" u. „Der Generalstab".

b) Die ideologische Gegnerschaft

Wie unter 2a; ferner Erich EYCK: *Bismarck, 3 Bde., Erlenbach–Zürich 1944*; CRAIG mit der These, daß das Schwergewicht der Armee die kontinuierliche Verfassungsentwicklung gestört habe. RITTER problematisiert das Verhältnis Armee–Parlament im wesentlichen unter dem Gesichtspunkt der Kommandogewalt. Die Qualifizierung der Militärpolitik als Auswirkungen des „halbabsolutistisch dirigierten, parlamentsautonomen Militärapparats" bei V. R. BERGHAHN: *Der Tirpitz-Plan. Genesis und Verfall einer innenpolitischen Krisenstrategie unter Wilhelm II., Düsseldorf 1971*. Armee als Instrument zur Absicherung des gesellschaftlichen und innenpolitischen Status-quo: WEHLER; STÜRMER; BERGHAHN; SAUER u. a. Hinweis auf Standesegoismus und Fortleben parlamentsfeindlicher Gesinnungen im Offizierkorps aus der Zeit der Auseinandersetzung mit dem Frühliberalismus: MESSERSCHMIDT, *Militär und Politik*. Einordnung der Armee in die „Krankengeschichte" des Patienten Kaiserreich bei STADELMANN: *Deutschland und die westeuropäischen Revolutionen*; daran anknüpfend: H.-U. WEHLER: *Bismarck und der Imperialismus, Köln 1969*.

Ältere Arbeiten: D. DIETZ: *Die Heeresvorlage von 1880 und die liberalen Parteien, Phil. Diss. Berlin 1929*; F. KOHLNDORFER: *Die Stellung des Reichstages zu den Heeresvorlagen 1867–1893, Diss. phil. München 1945*.

In der ostdeutschen Literatur ist das Thema nicht mit großen Arbeiten vertreten. Monographische Behandlung: M. WEIEN: *Der Kampf der deutschen Sozialdemokratie im Reichstag für Demokratie und gegen Militarismus 1878 bis 1884, in: Die großpreußisch-militaristische Reichsgründung 1871, Bd. 2, 357–396*.

3. Armee und Sozialdemokratie

a) Die politischen Positionen

Zum Standpunkt der militärischen Führung KESSEL; MARCKS, *Kaiser Wilhelm I*; Nur angerissen: WEHLER: *Das Deutsche Kaiserreich*; grundsätzlicher: SAUER, *Das Problem des deutschen Nationalstaats*; MESSERSCHMIDT, *Reich und Nation im Bewußtsein der wilhelminischen Gesellschaft*; F. MEINECKE: *Die deutsche Katastrophe. Betrachtungen und Erinnerungen, Wiesbaden ²1946*; K. SCHILLING: *Beitrag zu einer Geschichte des radikalen Nationalismus in der wilhelminischen Ära, 1890–1909. Die Entstehung des radikalen Nationalismus, seine Einflußnahme auf die innere und äußere Politik des Deutschen Reiches und die Stellung von Regierung und Reichstag zu seiner politischen und publizistischen Aktivität,*

Phil. Diss., Köln 1968; HÖHN: *Sozialismus und Heer, 3. Bd.;* ältere Literatur: *Das deutsche Offiziertum und die Zeitströmungen, 1892;* H. ROCHOLL: *Über unsere allgemeine Wehr- und Dienstpflicht wider den äußeren und inneren Feind, 1900.*

Die Position der Sozialdemokratie beleuchten grundsätzlich: Karl LIEBKNECHT: *Militarismus und Antimilitarismus unter besonderer Berücksichtigung der internationalen Jugendbewegung, 1907, in: Gesammelte Reden und Schriften, Bd. 1, Berlin 1958;* F. ENGELS: *Die Rolle der Gewalt in der Geschichte, Berlin 1964 (= Bücherei des Marxismus-Leninismus, Bd. 61);* Clara ZETKIN: *Bürgerlicher und proletarischer Patriotismus, in: Ausgewählte Reden und Schriften, Bd. 1, Berlin 1957;* Franz MEHRING: *Partei und Nation, in: Politische Publizistik 1891–1904, Berlin 1964 (= Franz Mehring: Ges. Schriften, Hrsg. v. Th. Höhle, Bd. 14),* ders.: *Kaiser und Sozialdemokratie, ebd.;* E. BERNSTEIN: *Patriotismus, Militarismus und Sozialdemokratie, in: Sozialistische Monatshefte, 1907;* HÖHN: *Sozialismus und Heer, 3. Bd.;* ders.: *Die Armee als Erziehungsschule der Nation.* Zur „nationalen“ Beurteilung des Reiches seitens der Sozialdemokratie aufschlußreich die Kontroverse zwischen west- und ostdeutschen Historikern: W. CONZE – D. GROH: *Die Arbeiterbewegung in der nationalen Bewegung. Die deutsche Sozialdemokratie vor, während und nach der Reichsgründung, Stuttgart 1966;* dagegen: H. BARTEL – G. SEEBER: *Pariser Kommune, Reichsgründung und revolutionäres Proletariat. Ausgangsposition und Problematik der Stellung der deutschen Arbeiterbewegung zum Deutschen Reich, in: Die großpreußisch-militaristische Reichsgründung 1871, 2. Bd.* Bartel–Seeber betonen, die Komplexe „Nation“ und „Nationalstaat“ seien temporär und sachlich nicht immer identisch. H. HERBELL: *Staatsbürger in Uniform, Berlin 1969.*

b) Überwachung und Repression

Ausführlichste Bearbeitung bei HÖHN: *Sozialismus und Heer, 3. Bd.,* umfangreiche Quellenbelege.

c) Ideologische Abwehr

Zum Einsatz der Militärseelsorge gegen den Sozialismus am ausführlichsten HÖHN, 3. Bd. u. ders.: *Die Armee als Erziehungsschule der Nation;* ferner zeitgenössische Literatur zur Religionsfremdheit des Offizierkorps; U. v. HASSEL: *Christentum und Heer, in: Zeitfragen des christlichen Volkslebens, XXIV, 1, 1899;* KÜBEL: *Der Militärgottesdienst und die Soldatenpredigt, in: Mitteilungen für die evangelischen Geistlichen der Armee und der Marine, Nr. 7–8, Juli-August 1908;* HEINE: *Welche Aufgaben erwachsen dem Militärpfarrer aus den sozialen Zuständen der Gegenwart?, in: Korrespondenzblatt für die evangelischen Geistlichen der deutschen Armee, Nr. 9, Dez. 1890.* Knapper Aufriß der Haltung der Evangelischen Kirche gegenüber der Sozialdemokratie bei Karl KUPISCH: *Kirchengeschichte, Bd. 5, Das Zeitalter der Revolutionen und Weltkriege, Stuttgart 1975;* Problemorientierte Fassung bei WEHLER: *Das Deutsche Kaiserreich 1871 bis*

1918, Stichwort: „Religion als Legitimationsideologie." Zur Institution der Militärseelsorge s. Julius LANGHÄUSER: *Das Militärkirchenwesen im kurbrandenburgischen und Königlich Preußischen Heer. Seine Entwicklung und derzeitige Gestalt, Jur. Diss. Straßburg, Metz 1912.*

Zum vaterländischen Geschichtsunterricht: Grundlegend HÖHN, ebenso zu Militärpublizistik und Bibliotheken.

Zum Problemkreis Kriegervereine: A. WESTPHAL: *Kriegervereine gegen Sozialdemokratie. Ein Mahnwort an die gebildeten Stände, ²1899;* ders.: *Das deutsche Kriegervereinswesen, seine Ziele und seine Bedeutung für den Staat, 1903; Handbuch für die Kriegervereine des preußischen Landeskriegerverbandes, ⁴1912;* HÖHN: *Sozialismus und Heer, 3. Bd.,* und: *Armee als Erziehungsschule der Nation;* im allg. politischen Zusammenhang grundsätzlicher behandelt bei K. SAUL: *Der „Deutsche Kriegerbund". Zur innenpolitischen Funktion eines „nationalen" Verbandes im kaiserlichen Deutschland, in: MGM 1/70, 95–159.*

4. Das Problem des Militarismus

Die neuere Diskussion des preußisch-deutschen Militarismus ist weitgehend durch Gerhard Ritter ausgelöst worden. Sein im wesentlichen im Bereich politische Führung – militärische Führung angesiedelter Begriff ist als verengt abgelehnt worden. Wichtigster früher Kritiker: Ludwig DEHIO: *Um den deutschen Militarismus, in: HZ 180 (1955), 43–64;* kritisch gegen den verengten Militarismusbegriff Ritters auch H. HERZFELD: *Zur neueren Literatur über das Heeresproblem in der deutschen Geschichte, in: VjHfZg 1956, 361–383;* u. W. SAUER: *Die politische Geschichte der Deutschen Armee und das Problem des Militarismus, in PVS, 1965, 340–353.* Der Forschungsstand ist inzwischen über diese Betrachtungsebenen hinausgelangt. S. dazu J. ERICKSON und H. MOMMSEN: *Militarismus, in: Sowjetsystem und demokratische Gesellschaft. Eine vergleichende Enzyklopädie, Bd. IV, Freiburg 1971, Sp. 526–568;* ferner die Übersicht bei MESSERSCHMIDT, *Militär und Politik;* Dieter SENGHAAS: *Rüstung und Militarismus, Frankfurt a. M. 1972 (= Edition Suhrkamp 498),* unterscheidet zwischen einem traditionellen und einem „erweiterten" Militarismusbegriff. Den älteren, traditionellen Begriff, etwa Herzfelds, rechnet er der „begrenzt antimilitaristischen Phase der bürgerlichen Gesellschaft" zu, er beruhe auf der Forderung der Trennung von bürgerlicher und militärischer Ordnung. Tatsächlich sind die meisten, auch jüngeren, Autoren von diesem Begriff ausgegangen. „Militarismus" wird zur Funktion militärisch-ökonomischen Herrschaftsstrebens. So etwa die mehrfach zitierten Arbeiten von WEHLER, STÜRMER und BERGHAHN. Hans HERZFELD: *Der Militarismus als Problem der neueren Geschichte, in: Schola. Monatsschrift für Erziehung, 1. Jg. 1946, H. 1, 41–67* bringt aber schon Elemente aus der technisch-industriellen Entwicklung in den Begriff ein. Verfechter der These vom Sozialimperialismus (Wehler) bringen den Militarismus in Zusammenhang mit konservativen Systemabsicherungsstrategien. Momente des sozialen Militarismus behandeln K. SAUL: *Der „Deutsche Kriegerbund“* u. ders.: *Der Kampf um die Jugend zwischen Volksschule und Kaserne. Ein Beitrag zur „Jugendpflege“ in Wilhelminischen Reich 1890–1914, in: MGM 1/71, 97–143;* Manfred MESSERSCHMIDT: *Militär und Schule in der Wilhelminischen Zeit, in: Studien zum Wandel von Gesellschaft und Bildung im 19. Jahrhundert* voraussichtl. 1976); ältere wichtige Arbeit: L. QUIDDE: *Der Militarismus im heutigen deutschen Reich, Stuttgart 1893;* auf die nationale und soziale Klammerfunktion der Allgemeinen Wehrpflicht weist bereits F. MEINECKE: *Die Idee der Staatsräson in der neueren Geschichte, hrsg. v. W. Hofer, München 1957 (= F. Meinecke, Werke, Bd. 1)* hin; neuerdings zu diesem Komplex, der noch nicht befriedigend untersucht ist: WEHLER, *Das Deutsche Kaiserreich 1871–1918;* den ersten Versuch, mit Kategorien der Konfliktforschung Phänomene der wilhelminischen Zeit zu erfassen, unternahm Volker R. BERGHAHN: *Rüstung und Machtpolitik. Zur Anatomie des „Kalten Krieges“ vor 1914, Düsseldorf 1973 (= Mannheimer Schriften z. Politik und Zeitgeschichte 5);* Berghahn bereitet im übrigen einen Militarismus-Band vor. Zur Begriffsgeschichte des Militarismus vgl. Erhard ASSMUS: *Die publizistische Diskussion um den Militarismus unter besonderer Berücksichtigung der Geschichte des Begriffs in Deutschland und seine Beziehungen zu den politischen Ideen zwischen 1850 und 1950, Phil. Diss. Erlangen 1951;* u. Werner PICHT: *Der Begriff „Militarismus“, in: GWU 5 (1954).*

Grundlage der Militarismusforschung in der DDR bildet die Analyse Karl LIEBKNECHTs von 1907: *Militarismus und Antimilitarismus unter besonderer Berücksichtigung der internationalen Jugendbewegung;* vgl. etwa: E. ENGELBERG: *Deutschland 1871–1897,* u. ders.: *Über das Problem des deutschen Militarismus, in: ZfG 1956, 1113–1145;* ders.: *Probleme des nationalen Geschichtsbildes der deutschen Arbeiterklasse, in: ZfG 1962, Sonderheft 10;* FÖRSTER-HELMERT-OTTO-SCHNITTER: *Der preußisch-deutsche Generalstab s. u. S. 402),* beziehen organisatorische und technologische Komponenten in einen als „bürgerlich-junkerlich“ qualifizierten Begriff des Militarismus ein.

F. Die Instrumente der Armee

1. Der Kriegsminister

a) Die vorkonstitutionelle Phase

Die beste Herausarbeitung der Problematik des neugeschaffenen Amtes des Kriegsministers im Vormärz bei MEINECKE, *Boyen II* und bei RITTER I. Knappe Übersicht über die Entwicklung des Amtes und seine politische Bedeutung bei HUBER I und II und ders.: *Heer und Staat*. Einen informativen Überblick gibt H. O. MEISNER: *Der Kriegsminister 1814–1914. Ein Beitrag zur militärischen Verfassungsgeschichte, Berlin 1940;* Zur Abberufung Boyens: *Mitteilungen aus dem Archiv des Königlichen Kriegsministeriums. Boyens Ausscheiden aus dem Kriegsministerium 1819, in: Militär-Wochenblatt, 1892, Sp. 2036–2043;* Offizielles Werk: *Das Königlich Preußische Kriegsministerium 1809–1. März 1909, hrsg. v. Kriegsministerium, Berlin 1909,* nicht frei von Zeittendenzen. Wichtige Arbeit auch zur organisatorischen und politischen Geschichte des Kriegsministeriums SCHMIDT-BÜCKEBURG, *Militärkabinett*. Einen die wesentlichen Probleme erfassenden Aufriß gibt CRAIG. Siehe ferner die vom Gesamtverständnis der Epoche getragene Würdigung Boyens bei SCHNABEL II, aber auch H. v. TREITSCHKE II; Zur Position Boyens auch Siegfried A. KAEHLER: *Wilhelm v. Humboldt und der Staat, München 1927;* E. KESSEL: *Zu Boyens Entlassung, in: HZ 175 (1953), 41–54.*

b) Die konstitutionelle Phase

Zur verfassungsmäßigen Stellung des Kriegsministers zwischen Krone und Parlament am klarsten HUBER II u. III. Wichtig ist die von Huber angeführte staatsrechtliche Literatur. Grundsätzlich zum Problemkreis Kommandogewalt = kontrasignaturfreier Raum: F. Frhr. MARSCHALL v. BIEBERSTEIN: *Verantwortlichkeit und Gegenzeichnung bei Anordnungen des obersten Kriegsherrn, Berlin 1911,* mit kritischer Würdigung der preußischen Praxis. Ihm folgten maßgebende Verfassungsrechtslehrer; vgl. ferner: W. WEBER: *Kontrasignatur und Mitzeichnung bei Akten des Staatsoberhauptes, in: Jahrbuch der Akademie für Deutsches Recht, 1937.* Über Meinungsverschiedenheiten in der Frage der verfassungsrechtlichen Stellung des Kriegsministers selbst bei den Kriegsministern: RÜDT v. COLLENBERG: Die staatsrechtliche Stellung des Preußischen Kriegsministers von *1867–1914, in: Wissen und Wehr 8 (1927)* zum Gegensatz Roon–Bronsart. Wichtig im Hinblick auf den Gegensatz des Kriegsministers zum Militärkabinett: SCHMIDT–BÜCKEBURG; ferner CRAIG und RITTER I, der weniger auf den verfassungsrechtlichen Hintergrund als auf die politische Praxis abhebt. Knappe monographische Behandlung bei Theodor SECURIUS: *Die Verantwortliche Vertretung des Heerwesens durch die deutschen Kriegsminister, Jur. Diss. Tübingen 1914;* einen aufschlußreichen Vergleich zieht F. MEINECKE: *Boyen und Roon, Zwei preußische Kriegsminister, in: HZ 77 (1896), 207–233;* als Quelle unverzichtbar sind ROONs *Denkwürdigkeiten,* mit wichtigem Material für das Verhältnis zu Manteuffel. Zur Rolle Roons 1864–1871 ist wichtig die unter Kapitel D 2 b, D 3 a, E 1 a und E 2 a angegebene Literatur. Andrea v. HARBOU: *Dienst und Glaube in der Staatsauffassung Roons, 1936,* mit nicht ganz zutreffender Interpretation der Rolle Roons im Verfassungskonflikt; E. IMMEL: *Albrecht v. Roons Entwicklungsgang, Phil. Diss., Berlin 1936,* mit wichtigen Hinweisen zur Haltung Roons in der Wahlrechtsfrage; Zum Problemkreis „Reichskriegsministerium": RITTER I, HUBER III; besonders gründlich: Rudolf MORSEY: *Die Oberste Reichsverwaltung unter Bismarck 1867–1890, Münster 1957 (= Neue Münstersche Beiträge zur Geschichtsforschung, Bd. 3);* zur Struktur und Geschichte der militärischen Spitzenorganisation neben RITTER und HUBER s. H. O. MEISNER: *Militärkabinett, Kriegsminister und Reichskanzler zur Zeit Wilhelms I., in: FBPG 50, 1938, 86–103.* Für die Nach-Roon-Ära s. auch die Arbeiten von STÜRMER zum System der langfristigen Bewilligungen. Literatur z. Thema Kriegsminister-Parlament vgl. MESSERSCHMIDT, *Militär und Politik;* heranzuziehen ist die zu den Kapiteln „Militärkabinett", „Der Generalstab" und „Militärattachés und Bevollmächtigte" angegebene Literatur.

Die ostdeutsche Literatur vernachlässigt stark die Frage der Stellung des Kriegsministers im konstitutionellen System. Ihre Fragestellungen zielen einseitiger auf die Klassenstruktur. Selbst eine das Thema anvisierende Arbeit wie die vom Manfred WEIEN: *Der Kampf der deutschen Sozialdemokratie im Reichstag für Demokratie und gegen Militarismus 1878 bis 1884, in: Die großpreußisch-militaristische Reichsgründung 1871, Bd. 2, 357–396,* bleibt in diesem Punkt unbefriedigend.

2. Das Militärkabinett

Die gründlichste, bisher im ganzen unüberholte Darstellung: Rudolf SCHMIDT–BÜCKEBURG: *Das Militärkabinett der preußischen Könige und deutschen Kaiser. Seine geschichtliche Entwicklung und staatsrechtliche Stellung 1787 bis 1918, Berlin 1933;* zur konstitutionellen Position wichtig: MARSCHALL v. BIEBERSTEIN, *Verantwortlichkeit und Gegenzeichnung;* einschränkend RITTER I; vgl. ferner: F. HARTUNG: *Verantwortliche Regierung, Kabinette und Nebenregierungen im konstitutionellen Preußen;* für die Frühzeit heranzuziehen MEINECKE, *Boyen II;* geraffte Darstellung vor allem mit Blick auf Verhältnis Militärkabinett–Kriegsminister: HUBER II u. III; für die militärpolitische Wirksamkeit grundlegend RITTER I und II, sowie H. O. MEISNER: *Militärkabinett, Kriegsminister und Reichskanzler zur Zeit Wilhelms I., in: FBPG 1938.* Für die Ära Manteuffel zusätzlich heranzuziehen: ROONs *Denkwürdigkeiten;* L. DEHIO: *Edwin von Manteuffels politische Ideen, in: HZ 131 (1925) 41–71;* Elisabeth SCHMITZ: *Edwin v. Manteuffel als Quelle zur Geschichte Friedrich*

Wilhelms IV., München 1921; L. DEHIO: *Edwin von Manteuffel und der Kaiser, in: Deutsche Rundschau 206, Berlin 1926, 40–48;* W. GRADMANN: *Die politischen Ideen Edwin von Manteuffels und ihre Auswirkungen auf seine Laufbahn, Phil. Diss. Tübingen 1932;* einseitige Parteinahme für M.: *General Freiherr von Manteuffel und seine Gegner. Ein deutsches Wort non sine ira, München 1871;* umfassend: Karl H. KECK: *Das Leben des General-Feldmarschalls Edwin von Manteuffel, Bielefeld 1890;* L. v. GERLACH, *Denkwürdigkeiten II,* insbesondere zur Rolle Manteuffels im Verfassungskonflikt; ein wichtiger zeitgenössischer Beobachter ist Theodor v. Bernhardi: *Aus dem Leben Theodor von Bernhardis, 9 Bde., Leipzig 1893–1901,* hier Bde. 3 u. 4; zum Gegensatz Manteuffel–Roon in der Frage der Bildungsanforderungen s. auch K. DEMETER: *Das Deutsche Offizierkorps in Gesellschaft und Staat, 1650–1945, Frankfurt a. M. [4]1965;* kurz dazu: M. MESSERSCHMIDT: *Werden und Prägung des preußischen Offizierkorps.* Zur Rolle des Militärkabinetts in der Konfliktzeit speziell: L. DEHIO: *Die Pläne der Militärpartei und der Konflikt, in: Deutsche Rundschau 213, 1927;* auf breiterer Quellenbasis: E. ZECHLIN: *Bismarck und die Grundlegung der deutschen Großmacht, Stuttgart 1930, [2]1960.* Unter Benutzung des Manteuffel-Nachlasses ist die Studie von G. CRAIG erarbeitet: *Portrait of a Political General: Edwin von Manteuffel and the Constitional Conflict in Prussia, in: Political Science Quarterly, 66, 1951, 1, 1.36;* darauf beruhend die große Arbeit Craigs.

Zur Rolle des Militärkabinetts nach Manteuffel, insbesondere in der Kameke-Krise, vgl. auch die zum Kapitel „Der Generalstab" angeführte Literatur.

3. Die Kommandierenden Generale

Für die Zeit nach 1814 unentbehrlich MEINECKE, *Boyen II,* mit Schilderung der allmählichen Dezentralisierung des Führungssystems zu Gunsten der Kommandierenden Generale (KG); RITTER I; über die Pläne des Kriegsministeriums zur Abschaffung der KG während der Revolutionszeit: *Militärische Schriften Wilhelms I,Bd. 2;* hierzu ist die Literatur zum Problemkreis Kommandogewalt–Oberbefehl heranzuziehen; Lebensabrisse der Gegner Boyens unter den KG, insbes. Thielmann, Kleist v. Nollendorf, Tauentzien, Hünerbein, Borstell und Thümen bei Priesdorff, *Soldatisches Führertum;* zur Rolle einzelner KG während der Revolution vgl. Valentin und weitere zu C 3 angeführte Literatur; ferner *Generalkommando des Garde-Korps. Zum 18. März 1848, in: PrJbb 112, Berlin 1903, 327–337;* F. v. MEERHEIMB: *Graf v. Wrangel. Königlich preußischer General-Feldmarschall, in: MWBl, 1877, Beiheft 7;* Versuch einer Übersicht: C. v. WINTERFELD: *Preußens kommandierende Generale, Potsdam 1869;* Über Schwierigkeiten Roons mit General v. Steinmetz vgl. ROONs *Denkwürdigkeiten;* zur Frage der politischen Erziehungs- und Überwachungsaufgaben der KG vgl. den Streit zwischen dem Prinzen von Preußen und dem Gouverneur von Berlin, in: *Militärische Schriften Wilhelms I., Bd. 1;* für die spätere Zeit – Sozialdemokratie, Kriegervereine – vgl. HÖHN

u. SAUL; ferner: MESSERSCHMIDT, *Die Armee in Staat und Gesellschaft*. Zum Fragenkreis Organisation der Generalkommandos: HUBER I-III; zu den Aufgaben der KG nach dem Belagerungszustandsgesetz und zu ihren Überwachungsaufgaben: Wilhelm DEIST: *Die Armee in Staat und Gesellschaft 1890–1914; in: Das kaiserliche Deutschland, 312–339;* u. ders. mit der grundlegenden Arbeit: *Militär und Innenpolitik im Weltkrieg 1914–1918, Düsseldorf 1970 (= Quellen zur Geschichte des Parlamentarismus und der politischen Parteien, 2. Reihe, Militär und Politik, hrsg. E. Matthias u. H. Meier-Welcker).*

4. Der Generalstab

a) Die Entwicklung bis 1857

Von allen Institutionen der preußisch-deutschen Armee ist der Generalstab in der militärgeschichtlichen und historisch-politischen Literatur am gründlichsten behandelt worden, dennoch sind die Gesamtdarstellungen unbefriedigend geblieben: Walter GÖRLITZ: *Der deutsche Generalstab. Geschichte und Gestalt 1657–1945, Frankfurt a. M.* ²*1953,* und ders.: *Kleine Geschichte des deutschen Generalstabes, Berlin 1967;* Gerhard FÖRSTER, Heinz HELMERT, Helmut OTTO, Helmut SCHNITTER: *Der preußisch-deutsche Generalstab 1640–1965. Zu seiner politischen Rolle in der Geschichte, Berlin 1966.* Wiegand SCHMIDT-RICHBERG: *Die Generalstäbe in Deutschland 1871–1945. Aufgaben in der Armee und Stellung im Staat, Stuttgart 1962* behandelt nur den Zeitraum der Reichsgeschichte.

Für die Anfänge der Entwicklung nach 1806 unentbehrlich: *Die Reorganisation der preußischen Armee nach dem Tilsiter Frieden. Beiheft zum MWBl 1858–1866;* ferner: Rudolf VAUPEL: *Die Reorganisation des preußischen Staates unter Stein und Hardenberg, II. 1. Das Preußische Heer vom Tilsiter Frieden bis zur Befreiung 1807–1814, Leipzig 1938 = PPr. StA, Bd. 94, N.F. Abt. 1.* Vgl. R. WOHLFEIL, Handbuch II; Wichtig: W. BRONSART v. SCHELLENDORF: *Der Dienst des Generalstabs, I, 1875;* Günther WOHLERS: *Die staatsrechtliche Stellung des Generalstabes in Preußen und dem deutschen Reich, Bonn 1921;* zur technischen Entwicklung immer noch unentbehrlich: Rudolf v. CAEMMERER: *Die Entwicklung der strategischen Wissenschaft im 19. Jahrhundert, 1904 (= Bibl. der Politik und Volkswirtschaft, 15);* als wichtigste neuere Arbeiten, die die Diskussion um die Rolle des Generalstabes neu belebt haben: RITTER I u. II, und KESSEL, *Moltke;* ferner STADELMANN, *Moltke und der Staat*. Ritter stellt vor allem die Rivalität Kanzler-Generalstab in den Mittelpunkt seiner Untersuchungen, bietet aber auch eine gute Übersicht über die ruhige Zeit der ersten Hälfte des Jahrhunderts: knappe aber treffende Schilderung der Müffling-Rühle=Zeit, des Verhältnisses zum Kriegsminister u. a.. Für diese Anfangszeit wichtig MEINECKE, *Boyen;* ferner: CONRADY, *Grolman, II;* u. E. KESSEL: *Grolman und die Anfänge des preußischen Generalstabes, in: Militär-*

wiss. Rundschau, 1944, 120–129; außerdem MARSCHALL v. BIEBERSTEIN, SCHMIDT-BÜCKEBURG; vgl. ferner HUBER I; v. OLLECH: *Carl Friedrich Wilhelm von Reyher, in MWBl, Beihefte 1860, 1861, 1869, 1870, 1873–76, 1879;* zu Carl v. CLAUSEWITZ näher: *Vom Kriege; 18. Aufl. Hrsg. v. W. Hahlweg, Bonn 1973,* die ausführliche Einleitung: „Das Clausewitzbild einst und jetzt", mit Verarbeitung der wesentlichen Literatur.

b) Der Generalstab unter Moltke

Die wichtigsten Arbeiten zur Moltke Ära sind mit RITTER (von WEHLER als Verharmlosung klassifiziert), KESSEL und STADELMANN erwähnt; ergänzend zum Fragenkreis Militär und Politik im Rahmen der Kriegführung: Anneliese KLEIN-WUTTIG: *Politik und Kriegsführung in den deutschen Einigungskriegen 1864–66 und 1870/71, Berlin 1934,* u. Hermann ONCKEN: *Politik und Kriegführung, München 1928;* wichtige Quelle speziell zur Auseinandersetzung zwischen Bismarck und Moltke 1870/71: Paul BRONSART von SCHELLENDORF: *Geheimes Kriegstagebuch, 1870–71, hrsg. v. P. Rassow, Bonn 1954 (= Dt. Geschichtsquellen des 19. u. 20. Jahrhunderts).* Unzureichend: O. BIHLER: *Die Beschießung von Paris 1870/71, Phil. Diss. Tübingen 1932;* ferner: Hans v. HAEFTEN: *Bismarck und Moltke, in: Pr Jbb 177, 1919; 85–105;* W. v. BLUME: *Die Beschießung von Paris 1870/71, 1899.* Zu den Aufmarschplänen und zum Präventivkriegsdenken neben den verschiedene Akzente setzenden RITTER und KESSEL vor allem K. E. JEISMANN: *Das Problem des Präventivkriegs im europäischen Staatensystem mit besonderem Blick auf die Bismarckzeit, Freiburg 1957;* Helmuth v. MOLTKE: *Die deutschen Aufmarschpläne 1871 bis 1890, Forschungen und Darstellungen aus dem Reichsarchiv, 7, hrsg. F. v. Schmerfeld, Berlin 1929;* bagatellisierend W. KLOSTER: *Der deutsche Generalstab und der Präventivkriegsgedanke, 1932;* Kritische Einwände Ritters gegen P. RASSOW: *Der Plan des Feldmarschalls Grafen Moltke für den Zweifrontenkrieg 1871–90, Breslau 1936;* R. KOOP: *Das Problem des Präventivkriegs in der Politik Bismarcks, Phil. Diss. Freiburg 1953 (MS);* Zur Krieg-in-Sicht-Krise HILLGRUBER in seinem gleichnamigen Aufsatz und in *Bismarcks Außenpolitik.* Aus ostdeutscher Sicht streiten HELMERT–SCHMIEDEL: *Zur Kriegspolitik und Strategie des preußischen Generalstabes 1870/71 und nach der Entstehung des deutschen Kaiserreiches, in: Die großpreußisch-militaristische Reichsgründung 1871, Bd. 2, 74–126* den grundsätzlichen Charakter der Auseinandersetzung Kanzler–Generalstab ab; dazu auch: Ernst ENGELBERG: *Über das Problem des deutschen Militarismus, in: ZfG, 1956, 1131–1141.* Über die Dogmatisierung und Verengung Moltkescher Auffassungen durch den Generalstab s. RITTER I; HELMERT–SCHMIEDEL; Quellen dazu: W. v. BLUME: *Strategie. Eine Studie, Berlin 1882, 3. Aufl. 1912* unter dem Titel: *Strategie, ihre Aufgaben und Mittel;* ders.: *Politik und Strategie, Bismarck und Moltke 1866 und 1870/71, in: Pr Jbb 111, Berlin 1903, 223–254;* VERDY du VERNOIS: *Studien über den Krieg, III. Teil,*

Strategie, H. 1, 1902; dazu auch HAHLWEG: *Das Clausewitzbild einst und jetzt;* s. ferner MESSERSCHMIDT, *Militär und Politik;* Einbettung der Problematik in ein Gesamtverständnis des deutschen Konstitutionalismus bei: E. KOLB: *Kriegführung und Politik 1870/71, in: Reichsgründung 1870/71, 95–118;* zum Verhältnis der politischen zur militärischen Führung s. a. R. v. ALBERTINI: *Politik und Kriegführung in der deutschen Kriegstheorie von Clausewitz bis Ludendorff, in: Schweizerische Monatsschrift für Offiziere aller Waffen 59 (1941), H. 1–3.* Zur Spezialisierungstendenz nicht nur im strategischen Bereich sondern auch im Bildungswesen neben RITTER und STADELMANN frühe Kritik bei Fritz HOENIG: *Die Mannszucht in ihrer Bedeutung für Staat, Volk und Heer, Berlin 1882;* dazu J. HOFFMANN: *Der Militärschriftsteller Fritz Hoenig, in: MGM 1/70, 5–25;* ferner M. MESSERSCHMIDT, *Die Armee in Staat und Gesellschaft.*

Zur Rolle Waldersees vor allem RITTER I, ferner BÖHME, *Politik und Ökonomie,* mit kurzen Blick auf die Zusammenhänge mit der deutschen Restriktionspolitik gegen Rußland; und ebenso WEHLER, *Das Deutsche Kaiserreich 1871–1918* und ders.: *Krisenherde des Kaiserreiches;* hier auch weitere Literatur zum Präventivkriegs-Komplex; W. FORNASCHON: *Die politischen Anschauungen des Grafen Waldersee, Berlin 1935;* H. MOHS (Hrsg.): *A. Graf v. Waldersee in seinem militärischen Wirken, II, Berlin 1929; Denkwürdigkeiten des Generalfeldmarschalls Alfred Grafen von Waldersee, hrsg. v. H. O. Meisner, 3 Bde., Stuttgart 1923–25; Aus dem Briefwechsel des Generalfeldmarschalls Alfred Grafen von Waldersee, 1886–91, hrsg. v. H. O. Meisner, Berlin 1928;* G. A. CRAIG: *Krieg, Politik und Diplomatie, Hamburg 1968;* HILLGRUBER, *Bismarcks Außenpolitik;* H. KRAUSNICK: *Holsteins Geheimpolitik in der Ära Bismarck, 1886-90, 1942;* aus ostdeutscher Sicht bemerkenswert: *Bismarck, Waldersee und die Kriegsgefahr Ende 1887, in: Die großpreußisch-militaristische Reichsgründung, Bd. 2, 397–435.*

5. Militärattachés und Bevollmächtigte

a) Die Militärattachés

Einen Gesamtüberblick versucht Alfred VAGTS: *The Military Attaché, Princeton 1967,* weniger institutionsgeschichtlich als politisch problemorientiert, nützliche Literaturhinweise. Über die Entwicklung der Institution: H. O. MEISNER: *Militärattachés und Militärbevollmächtigte in Preußen und im Deutschen Reich. Ein Beitrag zur Geschichte der Militärdiplomatie, 1957;* G. A. CRAIG: *Military Diplomats in the Prussian Army and German Service: The Attachés 1816–1914, in: Political Science Quarterly, 64, 1949;* WALDERSEE, *Denkwürdigkeiten* und *Briefwechsel.* Ergänzend zu den genannten Arbeiten: G. RITTER: *Die deutschen Militärattachés und das Auswärtige Amt (= Sitzungsberichte Heidelberg 1959, I Abh.),* auf jetzt vernichteten Generalstabsakten beruhend; hieran anknüpfend RITTER I u. II; zu der Situation um die Jahrhundertmitte anschaulich Prinz Kraft zu HOHENLOHE-INGELFINGEN: *Aus meinem Leben, 1. Bd.;* zur späten Bismarckzeit noch J. HALLER: *Aus dem Leben des Fürsten Philipp zu Eulenburg-Hertefeld, 1924; Briefwechsel zwischen dem Chef des Generalstabes Grafen Waldersee und dem Militärattaché in Petersburg Grafen Yorck von Wartenburg 1885–1894, hrsg. v.* H. O. MEISNER, *in: Historisch-politisches Archiv zur deutschen Geschichte des 19. u. 20. Jahrhunderts 1, 133–192; Aus Berichten des Pariser Militärattachés Freiherr von Hoiningen gt. Huene an den Grafen Waldersee (1888–91), in: Berliner Monatshefte, 1937, hrsg. v.* H. O. MEISNER; ders.: *Graf Waldersees Pariser Informationen 1887; Pr Jbb 224, 1931;* Zu einer von Ritter abweichenden Wertung der Einstellung Bismarcks zum Aufgabenkreis der Militärattachés gelangt die neue Arbeit von Volker GIESSLER: *Die Institution des Marineattachés im Kaiserreich, Boppard 1976 (= Wehrwissenschaftliche Forschungen, Abt. Militärgeschichtliche Studien, Bd. 21).* Neue Akzente für die Situation 1887 setzen die erwähnten Arbeiten von BÖHME und WEHLER; eine grundsätzlich andere Auffassung der Rolle Bismarcks in der Krise zwischen Kanzler und Generalstab wegen der Aktivität des Wiener Attachés bei CANIS; s. a. Erich v. WITZLEBEN: *Adolph v. Deines, Berlin 1913;* Adolf HASENCLEVER: *Militärattaché und Auswärtiges Amt um die Wende vom alten zum neuen Kurs, in: Vergangenheit und Gegenwart XXII, 1932.*

b) Der Militärbevollmächtigte beim Zaren

VAGTS, *The Military Attaché;* MEISNER, *Militärattachés und Militärbevollmächtigte;* RITTER II, Graf Gustav v. LAMBSDORFF: *Die Militärbevollmächtigten Kaiser Wilhelms II am Zarenhof, 1904–1914, Berlin 1937; Aus Jahrzehnten deutsch-russischer Freundschaft. Immediatberichte des deutschen Militärbevollmächtigten in Petersburg, General der Infanterie Bernhard von Werder (1870–1886), eingel. und hrsg. v. W. v. Werder, in: Berliner Monatshefte, 17, 1939; Denkwürdigkeiten des Botschafters General v. Schweinitz, hrsg. v. Wilhelm v. Schweinitz, Bd. 1, Berlin 1927.*

6. Der Einsatz von Militär im Innern

a) Militär und öffentliche Ordnung im Vormärz

Zur Herkunft des Instituts des Belagerungszustands und zu seiner Normierung im bürgerlichen Rechtsstaat grundsätzlich Hans BOLDT: *Rechtsstaat und Ausnahmezustand. Eine Studie über den Belagerungszustand als Ausnahmezustand des bürgerlichen Rechtsstaats im 19. Jahrhundert, Berlin 1967 (= Schriften zur Verfassungsgeschichte, 6);* dieses Kapitel ist in der Beschreibung der Anfänge des Instituts auf Boldts Arbeit aufgebaut; zu den vormärzlichen Rechtsvorschriften in Preußen und zum Problem der Bundesintervention ausführlich HUBER I u. II; bei HUBER und BOLDT weitere staatsrechtliche Literatur. Über die Durchführung des Militäreinsatzes gegen die Zivilbevölkerung berichtet:

E. v. FRANSECKY im Zusammenhang mit dem Kirchenstreit (Münster 1837): *Denkwürdigkeiten, hrsg. v. W. v. Bremen, 1. Bd., Bielefeld ²1913;* im übrigen hat sich die DDR-Literatur vornehmlich dieses Themas angenommen; vgl. z. B. Karl OBERMANN: *Deutschland von 1815 bis 1849. Von der Gründung des Deutschen Bundes bis zur bürgerlich demokratischen Revolution, Berlin ³1967;* s. insbesondere die Beschreibung des Weberaufstandes von 1844; Peter BACHMANN u. Kurt ZEISLER: *Der deutsche Militarismus. Illustrierte Geschichte, Bd. 1, Vom brandenburgisch-preußischen zum deutschen Militarismus, Berlin 1971.* Eine spezielle, das Thema umfassend behandelnde Arbeit liegt bis jetzt nicht vor.

b) Der Einfluß der Revolution

Über Truppeneinsatz: OBERMANN; VALENTIN; zusammenfassend neuerdings, nicht frei von Tendenzen: H. HELMERT u. H. USCZECK: *Bewaffnete Volkskämpfe in Europa, 1848–1849, Berlin 1973;* Über die staatsrechtliche Entwicklung und die Lösungsversuche der Revolution: BOLDT und HUBER.

Die oktroyierte Verfassung und das Gesetz über den Belagerungszustand: HUBER; BOLDT; ferner: Hans PÜRSCHEL: *Das Gesetz über den Belagerungszustand, Berlin 1916;* Max FLEISCHMANNs Artikel „Belagerungszustand“, in: STENGEL-FLEISCHMANN: *Wörterbuch des Deutschen Staats- und Verwaltungsrechts, 1. Bd., Freiburg ²1911.*

d) Der Artikel 68 der Reichsverfassung

HUBER III, mit ausführlicher Darlegung des Problems der Verkündigung des Reichsbelagerungszustandes sowie des Inhalts der vollziehenden Gewalt der Militärbefehlshaber; zum sog. Kleinen Belagerungszustand und seiner Praxis vgl. Bd. IV; BOLDT bietet einen Vergleich des deutschen und französischen Belagerungszustandes; über die „Politisierung“ der Aufgaben der Inhaber der vollziehenden Gewalt unter Wilhelm II. vgl. W. DEIST: *Die Armee in Staat und Gesellschaft 1890–1914, in: Das kaiserliche Deutschland, 312–339;* hier auch abgehandelt die Problematik des Truppeneinsatzes gegen Streiks; zu diesem Thema s. auch Ernst ENGELBERG: *Deutschland 1871 bis 1897. Deutschland in der Übergangsperiode zum Imperialismus, Berlin 1967;* zum Problemkreis Armee als Kampfinstrument nach innen knapp WEHLER, *Das Deutsche Kaiserreich 1871–1918;* Militäreinsatz nach innen am Rande behandelt – im Zusammenhang mit der Vorlage zum Reichsmilitärgesetz – bei Walter WITTWER: *Zur Politik des preußisch-deutschen Staates gegen die revolutionäre Arbeiterbewegung nach der Reichsgründung (1871–1878), in: Die großpreußisch-militaristische Reichsgründung 1871, Bd. 2, 306–356.*

G. Wirtschaft, Transportwesen, Rüstung

1. Der Prozeß der Industrialisierung

Einen knapp gehaltenen Gesamtüberblick über die deutsche Sozial- und Wirtschaftsentwicklung gibt Wilhelm TREUE in Bruno GEBHARDT: *Handbuch der deutschen Geschichte, Bd. 3, Stuttgart [8]1960;* die wichtigste weiterführende Literatur ist hier angegeben. Unter den älteren Darstellungen ist zu nennen: Werner SOMBART: *Die deutsche Volkswirtschaft im 19. Jahrhundert und im Anfang des 20. Jahrhundert, Berlin [7]1927;* zur Bedeutung der Wirtschaftsentwicklung für die Reichseinigung bahnbrechend, wenn auch die Automatik ökonomischer Abläufe stark herausstellend, Helmut BÖHME: *Deutschlands Weg zur Großmacht. Studien zum Verhältnis von Wirtschaft und Staat während der Reichsgründungszeit 1848–1881, Köln 1966,* mit erdrückenden Quellen- und Literaturangaben; nützlich die geraffte Darstellung von Franz F. WURM: *Wirtschaft und Gesellschaft in Deutschland 1848–1948, Opladen 1969;* Zu Einzelproblemen s. die Beiträge in: *Probleme der Reichsgründungszeit 1848–1879, Köln 1968 (= NWB 26),* vor allem: Friedrich ZUNKEL: *Das rheinisch-westfälische Unternehmertum 1834–1879, 104–113;* H. BÖHME: *Preußische Bankpolitik 1848–1853, 117–158;* Hans ROSENBERG: *Der weltwirtschaftliche Struktur- und Konjukturwandel von 1848 bis 1857, 159–192;* H. BÖHME: *Verfassungskonflikt und Handelspolitik: Die Frage der Kontinuität im Jahre 1862, 195–225;* Wolfgang ZORN: *Wirtschafts- und sozialgeschichtliche Zusammenhänge der deutschen Reichsgründungszeit 1850–1879, 296–316;* Ivo N. LAMBI: *Die Schutzzoll-Interessen der deutschen Eisen- und Stahlindustrie 1873–1879, 317–327;* H. BÖHME: *Bismarcks Schutzzollpolitik und die Festigung des konservativen Staates, 328–352.*

W. ZORN: *Wirtschaft und Gesellschaft in Deutschland in der Zeit der Reichsgründung, in: Reichsgründung 1870/71, 197–225;* H. ROSENBERG: *Große Depression und Bismarckzeit, 1967,* ist als Anreger für zahlreiche moderne Arbeiten von besonderer Bedeutung; K. E. BORN: *Wirtschaftsentwicklung und Wirtschaftsstil im ersten Jahrzehnt nach der Reichsgründung, in: Wissenschaft, Wirtschaft und Technik (Festschrift W. Treue), 1969;* die Sicht der ostdeutschen Wissenschaft in knapper Darstellung in den Bänden des *Lehrbuches der deutschen Geschichte:* OBERMANN 1815–1849; ENGELBERG 1849–1871 und 1871–1897.

2. Rüstung und Bewaffnung

a) Das Infanteriegewehr

Zum Infanteriegewehr ausführlich das amtliche Werk: *Das Königlich-Preußische Kriegsministerium;* ferner in vergleichender Übersicht H. HELMERT, *Militärsystem und Streitkräfte im Deutschen Bund;* zur Weiterentwicklung: F. HENTSCH: *Construktion und Handhabung des Gewehrsystems Mauser und seine Entwicklung aus dem Dreyse-schen Zündnadelgewehre, Berlin 1872; Das gezogene Gewehr als Hauptwaffe der Infanterie, in: AMZ, 1856, Nr. 25–32,* und ebd. *1865 Nr. 20: Die gezogene Handfeuerwaffe der Gegenwart;* besonders wichtig zum Umrüstungsproblem und den Meinungsverschiedenheiten darüber in der preußischen Führung nach dem Krimkrieg: *Militärische Schriften Wilhelms I., Bd. 2,* hier auch grundsätzliche Überlegungen zur Zündnadel-Taktik. F. ENGELS: *Die Geschichte des gezogenen Gewehrs, in: MEW 15, Berlin 1961.*

b) Artillerie

Übersicht in: *Das Königlich-Preußische Kriegsministerium;* gut informierte Arbeit: HELMERT, *Militärsystem und Streitkräfte im Deutschen Bund; Über die Consequenzen der allgemeinen Einführung gezogener Geschütze in die Feld-Artillerie, in: Militärische Blätter, 23, Berlin 1870, 417–436;* F. ENGELS: *Über gezogene Kanonen, in: MEW 15, Berlin 1961; Über die Einführung des gezogenen Vierpfünders in der königlich-preußischen Artillerie, in: AMZ, 1863, Nr. 16; Der Kruppsche Gußstahl als Geschützmetall, in: Blätter f. Kriegswesen und Kriegswissenschaft, Jg. 1857, Nr. 16; Die Wirkungen des verbesserten Infanteriegewehrs und der Einfluß desselben auf die Artillerie, in: AMZ, 1857, Nr. 71–74;* als vergleichende Untersuchung ist informativ: *Die Feld-Artillerie der europäischen Großmächte und die gezogenen Geschütze. Eine geschichtliche Skizze, in: Loebell's Jahrbuch für die Deutsche Armee und Marine, Bd. 2, Januar-März 1872, 91–107.* Zur Kruppschen Gußstahlrohr-Produktion und der Durchsetzung der Krupp-Kanone in der preußischen Armee besonders anschaulich Willi H. BOELCKE (Hrsg. und Einleitung): *Krupp und die Hohenzollern in Dokumenten. Krupp-Korrespondenz mit Kaisern, Kabinettchefs und Ministern 1850–1918, Frankfurt a. M. 1970;* ferner die zu Ziff. 4. Armee und Rüstungsindustrie angeführte Arbeit E. KEHRs. Hinzuweisen ist auch auf die ältere von BOELCKE besorgte Publikation: *Krupp und die Hohenzollern. Aus der Korrespondenz der Familie Krupp 1850–1916, Berlin 1956 (= Quellen-Veröffentlichungen aus dem Deutschen Zentralarchiv Merseburg).* Zur patriotischen Geschäftigkeit Krupps die kritische, wenn auch journalistisch flotte Arbeit von Bernt ENGELMANN: *Krupp. Legenden und Wirklichkeit, München 1970 (= dtv 726);* zur Geschützproduktion Krupps in den 90er Jahren s. auch: George W. F. HALLGARTEN: *Das Wettrüsten. Seine Geschichte bis zur Gegenwart, Frankfurt 1967;* einen Rückblick auf die Artillerierüstung bietet: *Kriegsrüstung und Kriegswirtschaft, Bd. 1. Die militärische, wirtschaftliche und finanzielle Rüstung Deutschlands von der Reichsgründung bis zum Ausbruch des Weltkrieges, nebst Anlagen, Berlin 1930, hrsg. vom Reichsarchiv;* eine knappe Übersicht auch im vorliegenden Handbuch, Teil V, *Organisationsgeschichte des Heeres 1890–1918;* über die Artillerieentwicklung auch HERMANN: Deutsche *Militärgeschichte.*

3. Transportprobleme

a) Die Armee und die Eisenbahn

Zur Entwicklung der Eisenbahnen muß die allgemeine wirtschaftsgeschichtliche Literatur (G 1) herangezogen werden. Zum Interesse des Generalstabes an der Entwicklung der Eisenbahnen im Rahmen seiner Aufmarschpläne s. die Literatur zum Kapitel „Generalstab", insbes. KESSEL, *Moltke;* RITTER I; Über die Anfänge vgl.: *Die Eisenbahnen aus dem militärischen Gesichtspunkt betrachtet, in: MWBl 28, 1843, H. 25, 189–196;* Überblick über die gesamte Frühzeit bei A. MRUCK: *Die Eisenbahnen in der Kriegsgeschichte bis zum nordamerikanischen Sezessionskrieg (1861–1865), Phil. Diss. Göttingen 1951;* FRITSCHE: *Kriegsbereitschaft der deutschen Eisenbahnen, in: AMZ, 1861, Nr. 18–19.* Kurzer Rückblick auf die Bedeutung der Eisenbahnen für die bewaffnete Macht bei Horst ROHDE: *Das deutsche Eisenbahntransportwesen im Zweiten Weltkrieg, Entstehung – Organisation – Aufgaben, Stuttgart 1971 (= Beiträge z. Mil. u. Kriegsgeschichte, 12);* ferner: *Die Entwicklung des Militärtransportwesens, Hamburg 1961;* Hugo SCHMIEDECKE: *Die Verkehrsmittel im Kriege, Berlin ²1911,* kurze Behandlung der „Linienkommissionen". Dazu auch Albert SCHNEIDER: *Die deutschen Eisenbahnen unter dem Einfluß des Weltkrieges 1914–1918, Phil. Diss. Erlangen 1928.*

Kurzer Abriß der Verstaatlichung der preußischen Eisenbahnen bei HUBER IV; s. ferner: H. MOTTECK: *Die Ursachen der preußischen Eisenbahn-Verstaatlichung und die Vorbedingungen ihres Erfolges, Phil. Diss. 1950.*

Zur Frage der Finanzierung strategisch wichtiger Bahnen in den 50er Jahren: *Militärische Schriften Wilhelms I, Bd. 2.* Zur Regelung der militärischen Bedürfnisse im Eisenbahnwesen durch die Artikel 41–47 der Reichsverfassung vgl. die verfassungsrechtliche Literatur.

b) Das Kraftfahrwesen

Den wichtigsten Überblick bietet: *Kriegsrüstung und Kriegswirtschaft;* weitere Literatur angeführt bei ROHDE; ferner HERMANN, *Deutsche Militärgeschichte;* Kurzdarstellung in: *Das Königlich-preußische Kriegsministerium 1809–1909.*

4. Armee und Rüstungsindustrie

a) Das Verhältnis der Armee zur Industrie

Für dieses Verhältnis spielte die Existenz der heereseigenen Produktionsstätten eine wichtige Rolle. Daher ist die Literatur über die Heereswerkstätten von Bedeutung: August GENTH: *Die preußischen Heereswerkstätten. Ihre Entwicklung, allgemeine volkswirtschaftliche Bedeutung und ihr Übergang in privatwirtschaftliche Betriebe, Phil. Diss. Berlin 1926;* detaillierte Angaben in: *Kriegs-*

rüstung und Kriegswirtschaft; innere Vorbehalte gegen das Vordringen der privaten Rüstungsindustrie in ehemals armeeinterne Aufgaben erklären sich aus Ressortegoismus und aus mangelndem Verständnis der Gegebenheiten der industriellen Revolution wie des Innovationstempos moderner Technologie; Beispiele hierfür wie auch für das Sparsamkeitsdenken hat BOELCKE angeführt. Eckart KEHR: *Krieg und Geld im Zeitalter der Maschinenrevolution. Fragmente, in: Der Primat der Innenpolitik, 198–234,* mit knapper Beschreibung des Krupp-Einflusses auf die Artillerieprüfungskommission bei der Ablehnung des Rohrrücklaufsystems. Unzureichend, weil im wesentlichen nur die Optik der Großindustrie hervorhebend, ist die einleitende Beschreibung des Verhältnisses Staat-Industrie gegen Ende des 19. Jahrhunderts bei Fritz VILMAR: *Rüstung und Abrüstung im Spätkapitalismus. Eine sozio-ökonomische Analyse des Militarismus, Hamburg 1973 (rororo 480);* V. R. BERGHAHN: *Rüstung und Machtpolitik. Zur Anatomie des „Kalten Krieges" vor 1914, Düsseldorf 1973* hebt im wesentlichen nur auf die Marinerüstung ab; s. dazu auch MESSERSCHMIDT, *Militär und Politik.* HALLGARTEN, *Wettrüsten,* bezeichnet die Bismarckzeit noch als „Vorübung". Umfassend ders.: *Imperialismus vor 1914. Die soziologischen Grundlagen der Außenpolitik europäischer Großmächte vor dem ersten Weltkrieg, 2 Bde., ²1963.* Zum allgemeinen Verhältnis der hochstrukturierten Wirtschaft zum Staat, in dem etwa das Jahr 1895 eine Orientierungsmarke setzte, vgl. die Literatur zur Frage des „organisierten Kapitalismus"; Hinweise bei WEHLER, *Das Deutsche Kaiserreich.* Im Hinblick auf die Rolle der Armee sind diese Fragen so gut wie nicht untersucht; bei E. KEHR aufschlußreich, aber nur angerissen. Boelckes Feststellungen sind daher als wichtige Charakterisierung zu beachten. Zum Thema gehört ferner die unter 4 c angeführte Krupp-Literatur.

b) Die private Rüstungsindustrie

Heranzuziehen ist die wirtschaftsgeschichtliche Literatur. Übersicht über wichtige Arbeiten bei W. TREUE, in GEBHARDT: *Handbuch der deutschen Geschichte, ⁸1960.* Wichtig der Aufsatz von Eckart KEHR: *Die Rüstungsindustrie, in: Der Primat der Innenpolitik, 184–197;* ferner ders.: *Krieg und Geld im Zeitalter der Maschinenrevolution, Fragmente; ebd., 198–234;* knapper Überblick in *Kriegsrüstung und Kriegswirtschaft, 1. Bd.;* R. LEWINSOHN: *Der Mann im Dunkel. Die Lebensgeschichte Sir Basil Zaharoffs, Berlin 1929;* H. R. MURRAY: *Krupp and the International Armaments Ring, London 1915;* HALLGARTEN: *Wettrüsten,* mit weiteren Literaturhinweisen. Zu beachten ist auch die unübersehbar gewordene Literatur zum Imperialismusproblem. Auswahl mit Verzeichnis wichtigster Literatur in: *Imperialismus, Hrsg. H. U. Wehler, Köln, 1970 (= NWB 37);* aus ostdeutscher Sicht: Ernst BARTH: *Die Einwirkung der Reichsgründung von 1871 auf die Entwicklung der deutschen Maschinenbauindustrie bis etwa 1900, in: Die großpreußisch-militaristische Reichsgründung 1871, Bd. 2, 485–516,* mit weiteren Literaturangaben.

c) Die Rüstungsfirma Krupp

Zusätzlich zu den in Kapitel G genannten einschlägigen Werken die spezielle Krupp-Literatur, die häufig entweder apologetisch oder anklagend ist. Erste Gruppe: Norbert MÜHLEN: *Die Krupps, Frankfurt a. M. 1960;* vor allem der Krupp-Archivar Wilhelm BERDROW mit mehreren Arbeiten, von denen *Alfred Krupp, 2 Bde., Berlin 1927* am wichtigsten ist; Gert v. KLASS: *Die Drei Ringe. Lebensgeschichte eines Industrieunternehmens, Tübingen [6]1966;* und Ernst SCHRÖDER: *Krupp. Geschichte einer Unternehmerfamilie, Göttingen 1957.*

Zweite Gruppe: Bernt ENGELMANN: *Krupp. Legenden und Wirklichkeit, München 1969,* verhalten kritisch ist Bernhard MENNE: *Krupp – Deutschlands Kanonenkönige, Zürich 1939.* Wertung dieser Literatur bei Boelcke. Siehe ferner die nicht ganz vollständige Krupp-Bibliographie von William MANCHESTER: *Krupp. Zwölf Generationen, Müncnen 1968.*

Zur Entlassung Verdys: BOELCKE; ferner WALDERSEEs *Denkwürdigkeiten, Bd. 2.* Zu Krupps Verbindungen zur Generalität und zu Vertretern des Kriegsministeriums: v. VOIGTS-RHETZ: *Briefe aus den Kriegsjahren 1866 und 1870/71, Berlin 1906;* dazu auch BOELCKE, mit Bemerkungen zur diesbezüglichen Quellenlage.

d) Rüstungsindustrie und Politik

Das Thema ist stärker für die Marinerüstung als für die Heeresrüstung aufgearbeitet; zuletzt umfassend von Volker R. BERGHAHN: *Der Tirpitz-Plan Genesis und Verfall einer innenpolitischen Krisenstrategie unter Wilhelm II., Düsseldorf 1971;* vgl. ferner die einschlägigen Beiträge zu: *Marine und Marinepolitik im Kaiserlichen Deutschland 1871–1914, hrsg. v. Militärgeschichtlichen Forschungsamt durch H. Schottelius und W. Deist, Düsseldorf 1972;* bei dem Komplex der langfristigen Bewilligungen handelte es sich mehr um ein Finanz- als um ein Rüstungsproblem, so daß die hier einschlägige Literatur (zuletzt M. STÜRMER) nur am Rande heranzuziehen ist. Wichtiger ist der Komplex der Rüstungslieferungen ins Ausland mit Billigung staatlicher und militärischer Instanzen, vgl. dazu KEHR und BOELCKE; ferner der Zusammenhang von Rüstungsindustrie und Sozialpolitik, wie überhaupt die Einflußnahme der (Rüstungs)-Wirtschaft auf staatliche Entscheidungen. Hierzu kann die unter a–c angeführte Literatur benutzt werden, sowie die unter das Stichwort Wettrüsten fallenden Arbeiten. Zu erwähnen ist für diesen Bereich noch Hans HERZFELD: *Die deutsche Rüstungspolitik vor dem Weltkriege, Bonn 1923;* wichtig ist die Einflußnahme von Wirtschaft und Industrie auf das deutschrussische Verhältnis 1887, die bei WEHLER, BOEHME, CANIS u. a. behandelt ist. Die Verschränkung von Militärapparat, Technologie, Wirtschaft, Wissenschaft unter politisch propagierten militärischen Vorzeichen, wie sie Dieter SENGHAAS, *Rüstung und Militarismus,* für einen erweiterten Militarismusbegriff konstatiert, ist bei der Armeerüstung der Bismarckzeit noch nicht voll gegeben. Herangezogen werden kann für diese negative Feststellung auch F. MEINECKE, *Staatsräson,* der ebenfalls die Kombination Militarismus-Kapitalismus-Imperialismus erst der wilhelminischen Zeit zurechnet. Die wichtigsten Einblicke in das Geflecht der Interdepenzen von Staat und Wirtschaft vermittelt die erwähnte Literatur zum Imperialismuskomplex. Mit diesen Problemen hat sich schon früh die Sozialdemokratie beschäftigt. Zu den wichtigsten Werken, die vor allem den Einfluß von Banken und Monopolen behandeln, gehört Rudolf HILFERDING: *Das Finanzkapital, 2 Bde., Berlin 1909;* heranzuziehen ist die in den Anfängen stehende Literatur zum „organisierten" Kapitalismus, etwa H. A. WINKLER (Hrsg.): *Organisierter Kapitalismus, Göttingen 1973.*

Strukturen und Organisation

Die preußische Armee

A. Das Offizierkorps

1. Der Zustand nach den Freiheitskriegen

Zu den Anfängen in der Reform nach 1806 vgl. WOHLFEIL, Handbuchteil II; unentbehrlich ist für diese Zeit VAUPEL. Karl DEMETER: *Das Deutsche Offizierkorps in Gesellschaft und Staat 1650–1945, Frankfurt a. M. 41965,* geht auf den Umbruch von 1806/08 und seine Folgen nur partiell ein, vor allem im Bereich des Bildungswesens; die Lebensläufe der später in die Generalität aufgestiegenen Offiziere und der Generale der Zeit kurz, aber politisch einseitig-apologetisch bei Kurt v. PRIESDORFF: *Soldatisches Führertum, 10 Bde., Hamburg 1936–1942;* knapper Gesamtabriß: Felix PRIEBATSCH: *Geschichte des preußischen Offizierkorps, Breslau 1919;* eine kurze Übersicht über die Zeit nach 1814, mit dem Versuch, wichtige Aspekte vorzuführen bei Manfred MESSERSCHMIDT: *Werden und Prägung des preußischen Offizierkorps – ein Überblick, Einführung zu: Offiziere im Bild von Dokumenten aus drei Jahrhunderten, Stuttgart 1964 (= Beiträge zur Militär- und Kriegsgeschichte, 6);* einseitig idealisierend im Hinblick auf die „Wertvorstellungen" nach der Reformzeit E. SOSSIDI: *Die staatsrechtliche Stellung des Offiziers im absoluten Staat und ihre Abwandlungen im 19. Jahrhundert, Berlin 1939;* geschichtliche Überblicke über das Offizierkorps als Stand oder Dienststand geben: Eugen KELLER: *Die geschichtliche Entwicklung des Offizierstandes, in: Jahrbuch für die Deutsche Armee und Marine, Berlin 1876, 1–23; 141–150 u. 260–281;* Wilhelm LEHMANN: *Rechtliche Natur des deutschen Offizierdienstes nach deutschem Staatsrecht, Jur. Diss. Erlangen 1906;* u. ders.: *Rechtliche Natur des deutschen Offizierdienstes entwickelt aus der Geschichte und dem geltenden Rechte, in: Annalen des Deutschen Reiches für Gesetzgebung, Verwaltung und Volkswirtschaft, Jg. 40, 1907, 541–551, 618–632, 722–742; Die Vorrechte der Offiziere im Staate und in der Gesellschaft, Berlin 1883;* Hans DELBRÜCK: *Der preußische Offizierstand, in: Hist. u. pol. Aufsätze, Berlin 21907, 321–338; Der deutsche Offizier. Ein Wort zur Verständigung und Abwehr von einem preußischen Stabs-Offizier, Hannover 41884.* Prinzipiell zur „Standesfrage" *Militärische Schriften Wilhelms I, Bde. 1 u. 2.* Zum standesrechtlichen Hintergrund ferner: *Königliche Verordnungen für die Armee betreffend Rechte und Pflichten für Offiziere, in: MWBl, Jg. 28, 1843, H. 9, 65f.* Zum Aufbau des Offizierkorps, zur Frage der aggregierten Offiziere und zum Problem der Inhomogenität bis in die 40er Jahre unüberholt, ja die wesentliche Arbeit: MEINECKE, *Boyen II;* Zahlenentwicklung der aggregierten Offiziere in den Ranglisten bis in die 40er Jahre; ferner: PRIEBATSCH, *Geschichte des preußischen Offizierkorps.* Zur Entscheidung für die Beibehaltung der Kadettenanstalten ebenfalls MEINECKE, *Boyen II.* RITTER I beschäftigt sich merkwürdigerweise kaum mit der Entwicklung des Offizierkorps nach 1814/15. Er kommt lediglich zu der Feststellung der Fortexistenz von adligen Offiziersprivilegien, die dem „Geist der allgemeinen Wehrpflicht" zuwider waren. Streiflichter auf den Zustand des Offizierkorps nach 1815 werfen einzelne Memoiren, u. a. [Albert] v. HOLLEBEN: *Aus den hinterlassenen Papieren des Generals der Infanterie v. Holleben, Berlin 1867.* Zum „Umkehrprozeß" nach 1815 MESSERSCHMIDT, *Werden und Prägung;* einzelne Darstellungen entgehen nicht der Gefahr, durch Hervorhebung der Ziele der Reformer den Eindruck zu erwecken, als sei die Wirklichkeit nach 1815 mit diesen Zielvorstellungen über das Offizierkorps kongruent gewesen, so etwa C. H. HERMANN, *Deutsche Militärgeschichte,* weil die Entwicklung des Korps nach 1815 nicht behandelt wird. Anders CRAIG, bei dem im Ergebnis festgestellt wird, daß das Offizierkorps nach 1819 nicht mehr „boyensch" geblieben sei. Ebenfalls mit kritischem Blick: Gerhard PAPKE: *Offizierkorps und Anciennität, in: Untersuchungen zur Geschichte des Offizierkorps. Anciennität und Beförderung nach Leistung, Stuttgart 1962 (= Beiträge z. Militär- u. Kriegsgeschichte, 4).* Zum Zustand des Offizierkorps nach 1806 Hinweise bei Rudolf IBBEKEN: *Preußen 1807–1813. Staat und Volk als Idee und in Wirklichkeit, Köln 1970.*

2. Ergänzung und Beförderung

a) Das Ergänzungswesen

MEINECKE, *Boyen II;* über die im Zusammenhang mit den bildungsmäßigen Anforderungen stehende Restauration s. DEMETER; ferner *Militärische Schriften Wilhelms I, Bd. 1;* ferner die unter „Erziehung und Bildung" erwähnte Literatur; zum Wahlprinzip: Rainer WOHLFEIL: *Die Beförderungsgrundsätze, in: Untersuchungen zur Geschichte des Offizierkorps.*

Die Situation in den 40er Jahren und um die Jahrhundertmitte ist gekennzeichnet durch die Boyensche „Bildungsreform". Daher gehört zur wichtigsten Literatur MEINECKE, *Boyen II;* ferner *Militärische Schriften Wilhelms I, Bd. 2;* Text der VO vom 4. Februar 1844 über die Ergänzung der Offiziere des Heeres: *MWBl, 1844;* vgl. ferner MESSERSCHMIDT, *Werden und Prägung;* angesichts des Fehlens einer befriedigenden monographischen Behandlung des Themas ist die knappe Darstellung bei DEMETER die bisher zuverlässigste Übersicht; OSTEN-SACKEN, Bd. 2; Prinz FRIEDRICH KARL von PREUSSEN: *Aufsatz über „Entstehung und Entwicklung des preußischen Offiziergeistes", abgedruckt bei* DEMETER, *Dok.-Anhang Nr. 1;* Wolfgang FOERSTER: *Prinz Friedrich Karl von Preußen, 2 Bde., Stuttgart 1910;* Über die Ergänzungspolitik Manteuffels s. Gustav SCHMOLLER: *Die preußische Wahlrechtsreform von 1910 auf dem Hintergrunde des Kampfes zwischen Königtum und Feudalität, in: Schmollers Jahrbuch 34, 1910;* dazu auch: *Aus dem Leben Theodor v. Bernhardis, 2. Teil,* Wiedergabe eines Gesprächs mit Major von Schweinitz. Zur unterschiedlichen Praxis bei Kavallerie–Infanterie gegenüber Artillerie und Ingenieurkorps: DEMETER. Zum Gegensatz Roon–Manteuffel in diesen Fragen: ROONs *Denkwürdigkeiten;* DEMETER.

Zur Entwicklung nach 1871 s. die Literatur zur Reorganisation der Armee; DEMETER; MESSERSCHMIDT, mit Dokumenten aus dem Marinearchiv; CRAIG. Zum Zwang der großen Zahlen ferner: *Untersuchungen zur Geschichte des Offizierkorps. Anciennität und Beförderung nach Leistung* (s. u.); ferner: *Über den Mangel an Führern im Kriege bei dem jetzigen stehenden Heerwesen und wie diesem Mangel abgeholfen werden kann, in: Deutsche Wehrzeitung, Jg. 1865, Nr. 89;* s. a. Order v. 29. März 1890, s. DEMETER; MESSERSCHMIDT, hier Wiedergabe des Dokuments; ferner bei Paul v. SCHMIDT: *Das deutsche Offizierkorps und seine Aufgaben in der Gegenwart, Berlin 1904;* Zum Ergänzungs-Reservoir auch Friedrich v. BERNHARDI, *Denkwürdigkeiten.* Zur Auswahlbefugnis der Regimentskommandeure: DEMETER; *Militärische Schriften Wilhelms I, Bd. 2.* Zum Problem der Offizierwahlen und -examen: MEINECKE, *Boyen II; Militärische Schriften Wilhelms I, 2. Bd.*

b) Das Beförderungswesen

Im Gegensatz zu anderen Bereichen der Geschichte des Offizierkorps ist das Beförderungswesen durch eine modernen Bedürfnissen gerecht werdende Monographie aufgearbeitet: *Untersuchungen zur Geschichte des Offizierkorps. Anciennität und Beförderung nach Leistung, Stuttgart 1962, mit Beiträgen von Gerhard* PAPKE, *Hans* BLACK, *Edgar Graf v.* MATUSCHKA *und Rainer* WOHLFEIL (= *Beiträge zur Militär- und Kriegsgeschichte, 4. Bd. Hrsg. v. Militärgeschichtlichen Forschungsamt durch H. Meier – Welcker).*

3. Die wirtschaftliche Lage der Offiziere

a) Der Umbruch von 1808

Über die 1808 diskutierten und dann eingeführten Änderungen in der wirtschaftlichen Situation – Abschaffung der Kompaniewirtschaft – vgl. vor allem VAUPEL; für den Hintergrund: WOHLFEIL, Handbuch II; MESSERSCHMIDT: *Werden und Prägung;* Felix PRIEBATSCH: *Geschichte des preußischen Offizierkorps;* die staatsrechtliche Literatur hat den ökonomischen Komplex weitgehend vernachlässigt, vgl. etwa E. SOSSIDI: *Die staatsrechtliche Stellung des Offiziers im absoluten Staat und ihre Abwandlungen im 19. Jahrhundert, Jur. Diss. Berlin 1939.* Eine wissenschaftlichen Ansprüchen genügende Darstellung gibt es nicht. Die Arbeit von Hans HELFRITZ: *Geschichte der preußischen Heeresverwaltung, Berlin 1938* ist für Einzelheiten nützlich, häufig sehr kompilatorisch und bei politischen Wertungen einseitig. Zum Thema der wirtschaftlichen Lage der Offiziere nach 1808/14 eine Reihe von Hinweisen; besonders ergiebig: MEINECKE, *Boyen I u. II;* in die Problematik führt gut ein: *Militärische Schriften Wilhelms I, 1. Bd.;* v. WITZLEBEN: *Die preußischen Offizier-Speiseanstalten, in: MWBl. Jg. 60, 1875. 1419–1425;* umfassendste Übersicht: *Das Königlich Preußische Kriegsministerium;* die rechtlichen Grundlagen finden sich in den Sammlungen der Preußischen Gesetze und der Militärgesetze. Einen kurzen Überblick gibt HELMERT: *Militärsystem.*

b) Die wirtschaftliche Situation in der zweiten Hälfte des Jahrhunderts

Wie unter a); ferner, zum Problem des Schuldenmachens: DEMETER; ebenso zur Frage des Einflusses schlechter Beförderungsmöglichkeiten auf die wirtschaftliche Situation; s. hierzu auch MESSERSCHMIDT; über Maßnahmen gegen Luxus dieselben Autoren, ferner CRAIG; über die Auswirkungen der Aufnahme eines zahlreichen Offiziersersatzes aus dem gehobenen Bürgertum wie allgemein zum sozialen Hintergrund von Luxus in den Kasinos und feudalen Regimentern: CRAIG; DEMETER; E. KEHR: *Das soziale System der Reaktion in Preußen unter dem Ministerium Puttkamer* u. ders.: *Zur Genesis des Königlich Preußischen Reserveoffiziers,* beide Beiträge in: *Der Primat der Innenpolitik;* zur Feudalisierung auch RITTER I; ferner MESSERSCHMIDT: *Die Armee in Staat und Gesellschaft. Die Bismarckzeit;* WEHLER: *Das Deutsche Kaiserreich 1871–1918.*

c) Pensionen und Zivilversorgung

Umfassendste Übersicht in: *Das Königlich-Preußische Kriegsministerium;* nur kursorisch behandelt Helfritz den Komplex; nützlich ist die ältere Arbeit von A. FROELICH: *Die Verwaltung des Deutschen Heeres. Heerwesen und Oekonomie, nach den bestehenden Gesetzen, Reglements und sonstigen offiziellen Vorschriften. T. 1. Heerwesen, T. 2. Oekonomie, Berlin* [4]*1875; Die Offizierspensionierungen im Deutschen Heere, Stuttgart 1897;* G.: *Das Ende der Offizierlaufbahn. Freimütige Betrachtungen eines alten Offiziers über Verabschiedungen, o.O.o.J.;* v. HELLDORFF: *Dienstvorschriften der königlich preußischen Armee, 11 Bde. Berlin* [3]*1873–1884;* Stichwörter bei B. POTEN: *Handwörterbuch der gesamten Militärwissenschaften, 9 Bde., Berlin 1877–1880.* Die gesetzlichen Grundlagen: Carl FRICCIUS: *Preußische Militair-Gesetz-Sammlung 1701–1862, 6 Bde., Berlin 1836–1862;* Preußische Gesetzsammlung; Reichsgesetzblatt u. a.

d) Sozialer Anspruch – wirtschaftliche Realität

Aufschlußreich ist die Memoirenliteratur. Erwähnt werden können die Erinnerungen von ROON, FRANSECKY und HOLLEBEN. Zur funktionellen Begründung des standesgemäßen Gehalts vgl. Lorenz v. STEIN: *Die Lehre vom Heerwesen. Als Theil der Staatswissenschaften, Stuttgart 1872;* Zum Zulagenwesen: DEMETER und HELFRITZ, der den Gedanken des „Opfers" der Offizierfamilien unterstreicht.

4. Ehre und Ehrengerichte

a) Die Offiziersehre

Am ausführlichsten, mit historischem Rückblick behandelt bei Demeter, im wesentlichen aber unter dem Gesichtspunkt Standesehre–Individualehre, kaum in den Blick genommen dagegen ist die Ehrengerichtsbarkeit als ideologisches und politisches Führungsmittel. Standesdenken und sozialer Hintergrund des Ehrenwesens reflektieren sich noch in Boyens Vorstellungen der vierziger Jahre: MEINECKE, *Boyen II.* Zur Heraushebung des Standes s. auch *Allgemeines Landrecht für die preußischen Staaten von 1794, Textausgabe mit einer Einführung v. H. Hattenhauser, Frankfurt a. M. 1970, 2. Theil, Zehnter Titel;* wesentlich zu den sozialen Gruppen im Staate nach den Reformen und zu den ständischen Bindungen des ALR: Reinhart KOSELLECK: *Preußen zwischen Reform und Revolution. Allgemeines Landrecht, Verwaltung und soziale Bewegung von 1791–1848, Stuttgart 1967.* Zur Verbindung „ostelbisches Rittergut" – bestimmender Einfluß des Adels im Offizierkorps trotz der Reformen: SCHNABEL II; vgl. zur Restauration des Offizierkorps auch RITTER I und CRAIG. Die zitierten Arbeiten von RUDLOFF u. BLESSON. MEINECKE, *Weltbürgertum und Nationalstaat* hat das „Lebensbedürfnis" des preußischen Staates als Hintergrund der Präponderanz altpreußisch-konservativer Tendenzen angesprochen.

Zu den Lösungsversuchen der 20er Jahre insbesondere DEMETER; zu Boyens Grundsätzen während der 2. Amtsperiode ebenda. Widerstand des Prinzen von Preußen: *Militärische Schriften Wilhelms I, 1. Bd.* Die weitere Entwicklung unter Wilhelm I. bei DEMETER und MESSERSCHMIDT.

Zum Duellwesen vgl. die bereits aufgeführte Literatur.

Über die Wirkungen der Auseinandersetzungen mit politischen Gegnern auf die Exklusivität und monarchische Gesinnung des Offizierkorps ist die zu den Kapiteln „Armee und Innenpolitik" angeführte Literatur mitheranzuziehen.

Zum Konduitenwesen: DEMETER; *Militärische Schriften Wilhelms I., 2. Bd.* Die fundierteste Darstellung: Hans BLACK: *Die Grundzüge der Beförderungsordnungen, in: Untersuchungen zur Geschichte des Offizierkorps, Bd. 4.*

b) Die Ehrengerichte

Außer der zu 4a angeführten Literatur:

C. FRICCIUS: *Geschichte des deutschen, insbesondere des preußischen Kriegsrechts, Berlin 1848;* Leonhard Graf SCHWERIN: *Zweck, Bedeutung und Anwendung der ehrengerichtlichen Einrichtungen für die Offiziere des preußischen Heeres, Hannover 1886;* E. APEL: *Die Königliche Gewalt auf dem Gebiete des Ehrengerichtsverfahrens gegen preußische Offiziere, Berlin 1906;* H. DIETZ (Hrsg.): *Die Ehrengerichtsverordnungen, Neufassung 1910,* enthaltend die „Allerh. Verordnungen über Ehrengerichte der Offiziere und Sanitätsoffiziere im Preußischen Heere" (vom 2. Mai 1874 bzw. 9. April 1901), der Offiziere und Sanitätsoffiziere, des Kommandos der Schutztruppen im Reichskolonialamt und der Kais. Schutztruppen (vom 15. Juni 1897 bzw. 7. November 1901), die Ergänzungsorder (vom 1. Januar 1897) nebst ergänzenden Erlassen und Bestimmungen, *Rastatt 1910;* A. v. BOGUSLAWSKI: *Der Ehrbegriff des Offizierstandes, Berlin 1897.* Zu den Boyenschen Entwürfen für eine neue Ehrenordnung von 1842 ausführlich DEMETER. Die Kritik des Prinzen von Preußen in: *Militärische Schriften Wilhelms I, 1. Bd.* Zur Haltung Manteuffels: A. DOVE: *Ausgewählte Schriften, Leipzig 1898;* dazu DEMETER. Zur Generalskommission von 1872 und zur Auffassung Wilhelms I. über die Neufassung der Ehrengerichtsbestimmungen: DEMETER, gestützt auf Akten des Reichsarchivs.

Die politische Wirksamkeit der Ehrengerichte erhellt aus den Schriften der aus der Armee eliminierten Offiziere: F. ANNECKE: *Ein ehrengerichtlicher Prozeß, Leipzig 1846;* H. KORFF: *Schon wieder ein ehrengerichtlicher Prozeß, Mannheim 1847;* grundsätzlich zum Rüstow-Prozeß: Robert v. STEIGER: *Der Rüstow-Prozeß 1848–1850, eine wehrplitische Kontroverse, Phil. Diss. Bern 1937.* Zur „Literatur der entlassenen Leutnante" s. Hajo HERBELL: *Staatsbürger in Uniform 1789 bis 1961. Ein Beitrag zur Geschichte des Kampfes zwishcen Demokratie und Militarismus in Deutschland, Berlin 1969.*

5. Soziologie des Offizierkorps

a) Der Adel

Eine Gesamtdarstellung liegt nicht vor. Vorarbeiten aus nicht mehr zugänglichen Aktenbeständen hat DEMETER geleistet. Darüber hinaus fragmentarische Betrachtungen zur Frage der „Feudalisierung" des seit der Reorganisation und den späteren Heeresvermehrungen zuströmenden bürgerlichen Offiziernachwuchses bei RITTER, KEHR, WEHLER u. a.; ferner auch MESSERSCHMIDT.

Zur Frage der rechtlichen, aber durchaus nicht sozialen Gleichstellung des adligen und bürgerlichen Offiziernachwuchses durch die Ergänzungsbestimmungen von 1808: MEINECKE, *Boyen I u. II;* DEMETER; MESSERSCHMIDT; wichtig: *Untersuchungen zur Geschichte des Offizierkorps, Bd. 4.* Den allgemeinen Hintergrund des Verhältnisses Adel–Bürgertum beschreibt umfassend KOSELLECK, der davon spricht, daß die Grenzen *wirtschaftlich* osmotisch wurden. Die Stärkung des adligen Elements hervorgehoben bei Demeter mit zahlreichen Belegen, ferner bei Schnabel, 2. Bd. Wegen der kausalen Zusammenhänge mit dem „Bildungswesen" vgl. die zum Kapitel „Erziehung und Bildung" angeführte Literatur. Über das Verhältnis Adel–Bürger um 1815: OSTEN–SACKEN, *Bd. 2.;* Prinz FRIEDRICH KARL: *Entstehung und Entwicklung des preußischen Offiziergeistes;* Zahlenangaben für die folgenden Jahre bei Demeter; heranzuziehen sind für den gesamten Zeitraum die Ranglisten; zur Bevorzugung „unfähiger" Adliger SCHMOLLER, *Die preußische Wahlrechtsreform.* Zur Verjüngung des Offizierkorps und zur Schutzpolitik für die „altpreußischen" Offizierfamilien: die Meinungsverschiedenheiten Prinz von Preußen – Boyen und Manteuffel – Roon, dazu *Militärische Schriften Wilhelms I, Bd. 1;* ROONs *Denkwürdigkeiten;* MEINECKE, *Boyen II;* DEMETER; RITTER I; s. a. CRAIG; *Aus dem Leben Theodor v. Bernhardis, 2. Theil;* Nicht voll zutreffend: Max LENZ: *Geschichte Bismarcks, Leipzig 1902,* der bei der Behandlung der Reorganisation den Zwang der großen Zahlen unterschätzt und davon ausgeht, die Reorganisation sei allein zugunsten des Adels erfolgt; dazu eingehend DEMETER; hier auch Wiedergabe der wichtigen Statistik von 1862–67, sowie Behandlung der Einstellung zum „neuen" Ersatz in der Generalität. Zum Mißtrauen gegen diese Bewerber auch MESSERSCHMIDT, *Militär und Schule.* Wichtig für das Thema auch die Unterschreitung der Anforderungen in den Fähnrichsprüfungen beim „altpreußischen" Ersatz; dazu K. v. HELLDORF: *Dienst-Vorschriften der Königlich Preussischen Armee, Erster Theil. Ergänzungswesen, Zweite Abtheilung, Ergänzung der Offiziere des stehenden Heeres, Berlin ³1874* über Erlaß der Primareife (Dispenspraxis) zwischen 1862 und 1872.

Zur Generalität: PRIESDORFF; Nikolaus v. PRERADOVICH: *Die Führungsschichten in Österreich und Preußen (1804–1918). Mit einem Ausblick bis zum Jahre 1945, Wiesbaden 1955;* Günther MARTIN: *Gruppenschicksal und Herkunftsschicksal. Zur Sozialgeschichte der preußischen Generalität 1812–1918, Phil. Diss. Saarbrücken 1970,* mit guter Übersicht über wichtige Memoirenliteratur; DEMETER: *Die militärische Führungsschicht Deutschlands, in: Führungsschicht und Eliteproblem, Frankfurt 1957.*

b) Das Bürgertum

Heranzuziehen die unter 5a genannte Literatur, wegen des historischen Bedingungszusammenhangs mit dem Problem des Adelsnachwuchses der Armee. Besondere Verknüpfungszusammenhänge: Zwang der großen Zahlen, dazu DEMETER; Bildungswesen: MEINECKE, Boyen II; „Feudalisierung" des Bürgertums: RITTER, KEHR, WEHLER, MESSERSCHMIDT u. a. Vergleich zum Beamtentum: Otto HINTZE: *Der Beamtenstand, in: Soziologie und Geschichte, Gesammelte Abhdlg. Bd. 2, Göttingen ²1964, 66–125.*

c) Quantitatives Verhältnis von Adel und Bürgertum

Wichtigste Arbeit, auf nicht mehr zugänglichen Quellen beruhend, mit aufschlußreichen Statistiken: DEMETER, zusätzlich: Ranglisten. Dem soziologischen Aufbau des Offizierkorps hat ferner Martin KITCHEN: *The German Officer Corps 1890–1914, Oxford 1968,* ein Kapitel gewidmet.

d) Offizierkorps Vollstrecker der nationalen Einheit

Wichtig die allgemeine Literatur zur Bismarckzeit und zu den Anfängen der wilhelminischen Ära. Zur Bedeutung der militärischen Erfolge in den Einigungskriegen für das Bürgertum: RITTER II; zur Literatur s. MESSERSCHMIDT, *Militär und Politik,* Kapitel „National- und Staatsbewußtsein"; WEHLER, *Das Deutsche Kaiserreich,* unter: „Integrationsklammern und strukturelle Demokratiefeindschaft", u. a. s. auch O. K. UECHTRITZ: *Das deutsche Offizierkorps und seine Bedeutung für Königtum und Gesellschaft, Heilbronn 1887.*

B. Erziehung und Bildung

1. Die Anfänge in der Reformzeit

Wichtigstes Quellenwerk: VAUPEL. Klare, problemorientierte Übersicht: WOHLFEIL, Handbuch II, mit Literaturübersicht; Heinz STÜBIG: *Armee und Nation. Die pädagogisch-politischen Motive der preußischen Heeresreform 1807–1814; Frankfurt a. M. 1971 (= Europäische Hochschulschriften, Reihe 9, Pädagogik, Bd. 5)*, mit dem Mißverständnis, die Armee habe mit den neuen Ordnungen von 1808 „eindeutig die Werthaltungen des Bürgertums übernommen". Stübig hat das Manuskript Vaupels zum 2. Bd. der Aktenpublikation über das preußische Heer benutzen können. Umfassende Literaturangaben mit wenigen Ausnahmen. Ähnlich überschätzt HUBER I das „Leistungsprinzip" und die Rolle des „humanistisch-pädagogischen Prinzips" in der Offizierausbildung. Besonders wichtig für die Beurteilung von Änderungen im militärischen Bildungswesen ist die Literatur zur Situation im allgemeinen Bildungswesen. Aus der unübersehbaren Masse seien angeführt: Karl-Ernst JEISMANN: *Das preußische Gymnasium in Staat und Gesellschaft. Die Entstehung des Gymnasiums als Schule der Gebildeten, 1787–1817, Stuttgart 1974 (= Industrielle Welt, Schriftenreihe des Arbeitskreises für moderne Sozialgeschichte, hrsg. v. W. Conze, Bd. 15);* Jeismann deutet die Konsequenzen des Prüfungswesens für das Militär vorsichtig an; nützlich ist auch JEISMANNs Dokumentenzusammenstellung mit Einleitung: *Staat und Erziehung in der preußischen Reform 1807–1819, Göttingen 1969;* die umfassendste Dokumentation zum Thema „Nationalerziehung" hat Helmut KÖNIG besorgt: *Zur Geschichte der bürgerlichen Nationalerziehung in Deutschland zwischen 1807 und 1815; Berlin 1973 (= Monumenta Paedagogica, Bd. 13);* Kurt v. RAUMER: *Zum geschichtlichen Hintergrund und europäischen Kontext der preußischen Bildungsreform, in: Das Vergangene und die Geschichte. Festschrift f. Reinhard Wittram zum 70. Geburtstag. Hg. v. R. v. Thadden u. a., Göttingen 1973, 42–62.* Gesamtübersichten über das 19. Jahrhundert: Friedrich PAULSEN: *Geschichte des gelehrten Unterrichts auf den deutschen Schulen und Universitäten vom Ausgang des Mittelalters bis zur Gegenwart. Mit besonderer Rücksicht auf den klassischen Unterricht, 2 Bde., hrsg. v. R. Lehmann, Berlin ³1921,* unveränderter Nachdruck Berlin 1965; ders.: *Die Wandlungen des Bildungsideals in ihrem Zusammenhang mit der sozialen Entwicklung (1899),* in: *Gesammelte Pädag. Abhandlungen, Hg. v. E. Spranger, Stuttgart 1912;* ders.: *Das deutsche Bildungswesen in seiner geschichtlichen Entwicklung, Berlin ²1909,* unveränd. Nachdruck Darmstadt 1966; Walter RÜEGG: *Bildung und Gesellschaft im 19. Jahrhundert, in: Bildung und Gesellschaft, hrsg. v. H. Steffen, Göttingen 1972;* Eduard SPRANGER: *Wilhelm v. Humboldt und die Reform des Bildungswesens, Berlin 1910,* Tübingen ³1965. Eine geraffte Übersicht bietet HUBER I. Sehr anschaulich politisch-pädagogische und theoretische Fragestellungen einbeziehend: Andreas FLITNER: Die politische Erziehung in Deutschland. Geschichte und Probleme 1750–1880, Tübingen 1957.

Eine Gesamtuntersuchung über das Verhältnis des militärischen Bildungs- und Erziehungswesens zum allgemeinen Bildungswesen existiert nicht. Am ausführlichsten, vor allem im Hinblick auf die institutionelle Entwicklung in der Armee informiert B. POTEN: *Geschichte des Militär-Erziehungs- und Bildungswesens in den Landen deutscher Zunge, Bde. I–IV, Berlin 1889–1897 (Monumenta Germaniae Paedagogica, hrsg. v. K. Kehrbach).*

2. Das Bildungs- und Erziehungswesen nach den Freiheitskriegen

a) Bildungs- und Erziehungsvorstellungen

Zu Rühle v. Liliensterns Konzeption der Nationalerziehung instruktiv RITTER I; ferner Nachruf auf Rühle in: MWBL, *Beihefte Oktober–Dezember 1847;* H. v. TREITSCHKE, *Deutsche Geschichte I;* L. SAUZIN: *Rühle von Lilienstern et son Apologie de la Guerre, Paris 1937;* die ganz anders geartete Auffassung von CLAUSEWITZ s. im Hauptwerk: *Vom Kriege;* Zu den Vorstellungen im Kriegsministerium am eindringlichsten MEINECKE, *Boyen II;* Zur „Verzopfung“ des geistigen Lebens in Berlin mit ihren Auswirkungen auf militärische Bildungseinrichtungen: RITTER I, der sich auf Julius v. HARTMANN: *Lebenserinnerungen, Bd. 1, 1882* beruft; zu den Bildungshemmungen in Preußen nach den Freiheitskriegen auch DEMETER; Zur Reaktion der militärischen Führung auf die allgemeinen Bildungsgegebenheiten des Offiziernachwuchses, die allerdings die soziologischen Bedingungen vorgegeben hatten: *Militärische Schriften Wilhelms I, 1. Bd.* – Ansichten einer 1825 eingesetzten Kommission –. Zum Scheitern der Bildungsvorstellungen der Reformzeit im Offizierkorps und zu den Ursachen grundsätzlich: SCHNABEL II; Zur Politisierung des Bildungsbegriffs des Offizierkorps in der Auseinandersetzung mit dem Liberalismus: HÖHN, *Verfassungskampf und Heereseid,* u. ders.: *Die Armee als Erziehungsschule der Nation;* in der Auseinandersetzung mit der Sozialdemokratie: HÖHN: *Sozialismus und Heer;* vgl. ferner die zum Handbuchteil IV/1, Kapitel E 3 angegebene Literatur. Zur Verengung des allgemeinen Bildungsbegriffs auch RITTER I u. SCHNABEL II; besonders eingehend MEINECKE, Boyen II. Ferner: *Über die Wissenschaftlichkeit der Offiziere in den stehenden Heeren, in: Deutsche Wehrzeitung, 1865, Nr. 56–57.*

Über die Meinungsverschiedenheiten zwischen Militärkabinett und Kriegsministerium über Bildungsanforderungen seit Manteuffel: DEMETER; MESSERSCHMIDT; HERWIG (s. u.).

b) Die Spitzenorganisation des Erziehungs- und Bildungswesens

Allgemeiner Überblick bei POTEN; zu den ersten Einbrüchen in das Reformwerk auch *Militärische Schriften Wilhelms I, Bd. 1;* MESSERSCHMIDT,

Werden und Prägung; MEINECKE, *Boyen II.* Zur Einrichtung der Spitzenbehörden sind auch biographische Materialien der zuständigen Generale heranzuziehen. Schneller, wenn auch sehr summarischer Überblick bei PRIESDORFF. Zu nennen sind die Generale: Rühle v. Lilienstern, v. Pirch II, v. Holtzendorff, vor allem v. Peucker, v. Luck, v. Diericke, v. Valentini, die Generalstabschefs u. a. In den Zeiten einschneidender Änderungen gehörten die Kriegsminister zu den wichtigsten Persönlichkeiten.

Zum Prüfungswesen, zur Dispenspraxis ferner: DEMETER; für die Spätphase auch MESSERSCHMIDT, *Militär und Schule in der wilhelminischen Zeit.* Die im allgemeinen für die Marine getroffenen Feststellungen zum Bildungswesen bei Holger HERWIG: *The German Naval Officer Corps. A Social and Political History, 1890–1918, Oxford 1973* sind für die Armee ebenfalls aufschlußreich. Speziell zum Prüfungswesen: W. NOTTEBOHM: *Hundert Jahre militärischen Prüfungsverfahrens. Die Königlich Preußische Ober-Militär-Prüfungskommission 1808–1908, Berlin 1908.*

3. Die militärischen Schulen

a) Die Kadettenanstalten

Eine befriedigende Monographie ist nicht vorhanden; die zu B 1–2 genannte Literatur; hervorzuheben neben POTEN ist MEINECKE, *Boyen II,* wichtig vor allem zur Frage der Beibehaltung des Kadettenkorps. Dazu RITTER I, SCHNABEL II, DEMETER. Die Arbeit von A. CROUSAZ: *Geschichte des Königlich-Preußischen Kadetten-Corps, Berlin 1857,* ist nützlich für Details, unbefriedigend im zeitbedingt unkritischen Ansatz. Zur politischen Indoktrinierung: ROONs *Denkwürdigkeiten I;* zum Komplex Homogenität und Bildungsanforderungen: *Militärische Schriften Wilhelms I, Bd. 1.* Zum Themenkreis gehört die einschlägige Literatur zum Kapitel A 5: „Soziologie des Offizierkorps". Über die Reorganisationsversuche des Kadettenkorps während der Revolution gibt es ebenfalls keine ausreichende Untersuchung. Versuche einer Reform unter Boyen: Text der Verordnung über die Organisation des Cadetten-Corps vom 4. Februar 1844 im *MWBl 1844;* zum Gegensatz Prinz von Preußen – Kriegsminister v. Boyen 1843/44 am zuverlässigsten MEINECKE, *Boyen II* u. *Militärische Schriften Wilhelms I, Bd. 1.* Zu den Reformplänen während der Revolution und den Vorstellungen der Kriegsminister v. Pfuel und v. Strotha: POTEN. Zum Thema der militärischen Bildungsanstalten prinzipiell der Prinz von Preußen in seinen Vorschlägen zu Veränderungen des Gesetzentwurfes über die deutsche Wehrverfassung 1848, in: *Militärische Schriften Wilhelms des Großen,* Bd. 2; der Stellenwert des Kadettenkorps im Offizierergänzungswesen unterschätzt bei E. KESSEL: *Die preußische Armee 1649 bis 1866, in: Deutsche Heeresgeschichte, hrsg. v. Karl Linnebach, Hamburg 1935.* Zur Bedeutung des Kadettenkorps für die Armee nach 1848

s. auch HÖHN, *Armee als Erziehungsschule der Nation.* Stellung des Kadettenkorps seit Neufassung der Offiziierergänzungsbestimmungen von 1861: MESSERSCHMIDT, *Werden und Prägung.* Die bevorzugte Stellung der Selektaner wird deutlich bei Frhr. v. FREYTAG-LORINGHOVEN: *Menschen und Dinge, wie ich sie in meinem Leben sah, Berlin 1923;* zur Situation um 1861: DEMETER, unter Anführung wichtiger Quellen. Über den Lehrplan des Kadettenkorps und die Angleichung an die Realgymnasien, ferner zum damit verbundenen Problem der Zulassung der Realgymnasialabiturienten zum Jura- und Medizinstudium: MESSERSCHMIDT, *Militär und Schule,* ferner die *Verhandlungen* der Schulkonferenzen 1890 und 1900. Als persönliches Dokument von allgemeinem Wert: Leopold v. WIESE: *Kindheit. Erinnerungen aus meinen Kadettenjahren, Hannover 1924.*

b) Die Divisions- und Kriegsschulen

Vor allem POTEN und für die Anfänge MEINECKE, *Boyen II;* wichtiges Quellenmaterial DEMETER; MESSERSCHMIDT, *Werden und Prägung;* ferner Lebensabrisse der Generalinspekteure des Erziehungs- und Bildungswesens: v. Pirch II, v. Holtzendorff, v. Valentini, v. Luck und insbesondere v. Peucker. Zur Lage in den zwanziger Jahren: der Prinz von Preußen: *Militärische Schriften Wilhelms I, Bd. 1,* hier auch Vorschlag zur Errichtung von Gymnasialfreistellen für „Söhne armer Offiziere". Zur Situation in Boyens zweiter Amtsperiode s. unter „Kadettenanstalten". Auswirkungen der Erhöhung der Bildungsanforderungen auf das Schulsystem ebendort. Zur Begünstigung der Abiturienten DEMETER; MESSERSCHMIDT, *Werden und Prägung,* hier ebenfalls nichtmilitärische Bildungsvoraussetzungen. Zum Problemkreis Oberrealschule MESSERSCHMIDT, *Militär und Schule;* mißverständlich HERWIG, *The German Naval Officer Corps;* bei den Genannten Ausführungen zur Dispenspraxis und zum Thema „Offizierspressen". Allerhöchste Entscheidungen gegen unterschiedslose Anwendung höherer Anforderungen s. HELLDORFF: *Dienstvorschriften der Königlich Preußischen Armee, Erster Theil. Ergänzungswesen, Zweite Abtheilung;* Beispiel für Entwicklung einer Kriegsschule: NICOLAI: *Geschichte der Kriegsschule in Potsdam, Berlin 1904.* Über die Vereinigte Artillerie- und Ingenieurschule ausführlich: POTEN.

c) Allgemeine Kriegsschule und Kriegsakademie

Zu der bisher zum Bildungswesen angeführten einschlägigen Literatur speziell noch für die Vorphase: Gottlieb FRIEDLAENDER: *Die Königliche Allgemeine Kriegsschule und das höhere Militair-Bildungswesen 1765–1813, Berlin 1854;* v. SCHARFENORT: *Die Königlich preußische Kriegsakademie, 1810–15. Oktober – 1910, Berlin 1910;* Bernhard SCHWERTFEGER: *Die großen Erzieher des deutschen Heeres. Aus der Geschichte der Kriegsakademie, Potsdam 1936;* RITTER I zum Gegensatz Clausewitz–Rühle. Kritik ehemaliger Schüler:

Prinz Kraft zu HOHENLOHE-INGELFINGEN: *Aus meinem Leben, Bd. 1;* Verbindung zum Generalstab: POTEN; Kritik: Fritz HOENIG; *Die Mannszucht in ihrer Bedeutung für Staat, Volk und Heer, Berlin 1882;* dazu J. HOFFMANN: *Der Militärschriftsteller Fritz Hoenig, in MGM 1/70, 5–25;* zu den fachlichen Erziehungsvorstellungen Moltkes auch R. HÖHN: *Die Armee als Erziehungsschule der Nation.* Zu den Anforderungen des Generalstabsdienstes, für den die Akademie als Vorschule galt: BRONSART v. SCHELLENDORFF: *Der Dienst im Generalstab, Berlin ⁴1905;* ferner KESSEL, *Moltke;* MESSERSCHMIDT, *Die Armee in Staat und Gesellschaft. Die Bismarckzeit;* idealisierend: F. v. RABENAU: *Von Scharnhorst zu Schlieffen;* zu summarisch: CRAIG.

C. Die rechtliche und soziale Stellung des Soldaten

1. Der Soldat in der Rechts- und Dienstordnung

a) Die Rechtssituation des Soldaten

Ausgangspunkt ist die Literatur zum Reformwerk von 1808, insbes. VAUPEL. Zum Verhältnis zwischen militärischer und ziviler Rechtsordnung Reinhart KOSELLECK: *Preußen zwischen Reform und Revolution. Allgemeines Landrecht, Verwaltung und soziale Bewegung von 1791–1848, Stuttgart 1967,* mit ausführlichen Literaturangaben; Text des ALR; für Offiziere war das Dienstrecht primär in Kabinettsordern niedergelegt, sowie in den ins Privatrecht und in die allgemeine Rechtsstellung eingreifenden Normierungen im ALR, wie Heiratskonsens, Vermögensnachweise, Kreditrestriktionen, s. dazu DEMETER; MESSERSCHMIDT, *Werden und Prägung;* v. HELLDORFF: *Dienstvorschriften; Militärische Schriften Wilhelms I, Bde. 1 u. 2;* für Soldaten ergaben sich bis 1848 diese Normen im wesentlichen aus dem ALR und aus den Kriegsartikeln; Fassung von 1808 bei VAUPEL, Neufassung 1844; zum besonderen „privilegierten Gerichtsstand: ALR; Strafdrohungen seit 1845: Strafgesetzbuch für das Preußische Heer, s. Carl FRICCIUS (Hrsg.): *Preußische Militär-Gesetz-Sammlung 1701–1862, 6 Bde., Berlin 1836–1862.* Änderungen in der Revolution, etwa Absehen von der Geltendmachung der Ehenichtigkeit: ebd.; s. a. VALENTIN.

b) Die Pflichten des Soldaten

Ausgangssituation bei VAUPEL. Zur weiteren Entwicklung, vor allem der restaurativen Interpretation der soldatischen Rechte und Pflichten nach 1819, die mindestens offiziöse Arbeit des Majors Karl G. v. RUDLOFF: *Handbuch des preußischen Militärrechts oder Darstellung der im preußischen Heer bestehenden Grundsätze über militärische Rechts- und Polizei-Verhältnisse, Disziplin und Justizverwaltung, 3 Teile, 1826.* Rudloff unterstreicht die Sonderposition des Militärstandes. Abgeschwächt auch: L. BLESSON: *Betrachtungen über die Befugnis des Militärs, an politischen Angelegenheiten des Vaterlandes theil zu nehmen, 1821.* Dazu am ausführlichsten HÖHN: *Verfassungskampf und Heereseid;* ferner RITTER I; A. v. CROUSAZ: *Die Disciplin des Preußischen Heeres nach ihren historischen Haltpunkten und ihrer Bethätigung, Leipzig 1874* bringt die Disziplin in Zusammenhang mit militärischen Aufgaben gegen den inneren Feind und gegen den „Zeitgeist". Wichtigstes Dokument über die Auffassungen der allgemeinen militärischen Pflichten – Treue und Gehorsam, ferner über Vorgesetztengewalt und Disziplinhandhabung ist die Umarbeitung des Rudloffschen Entwurfs zu einem neuen Dienstreglement durch den Prinzen Wilhelm 1838, in: *Militärische Schriften Wilhelms I, Bd. 1.* Recht zur Nachprüfung von Befehlen: RUDLOFF, *Handbuch des Militärrechts.*

Zur Politisierung der Pflichten des Soldaten in der Auseinandersetzung mit Liberalismus und Sozialdemokratie: HÖHN: *Verfassungskampf und Heereseid,* und ders.: *Die Armee als Erziehungsschule der Nation.*

c) Grundsätze der Soldatenbehandlung

Heranzuziehen ist die Literatur zur Reform, vgl. WOHLFEIL, Handbuch II, u. a.; idealisierend: STÜBIG; MESSERSCHMIDT, *Werden und Prägung.* Quelle: VAUPEL, insbes.: Verordnung über die Militärstrafen von 1808. Zur ehrenhaften Behandlung ferner: Kriegsartikel 1844; *Militärische Schriften Wilhelms I;* ebenda zum Beschwerderecht; zum Diensteid: Fassung 1808 bei VAUPEL; Fassung 1831 HELLDORFF, *Dienstvorschriften;* sämtliche Fassungen von 1831 (Protestanten, Katholiken, Juden) in: FROELICH: *Verwaltung des Deutschen Heeres, 1. Theil, ⁴1875.* Sicht der Armee ferner bei: C. v. DECKER: *Über die Persönlichkeit des preußischen Soldaten, festgestellt durch die Militärverfassung seines Vaterlandes. Zur Belehrung für meine jungen Landsleute, welche Soldat werden wollen oder sollen, aus dem Buche der Erfahrung niedergeschrieben, Berlin 1842.* Sehr kritisch dazu H. HERBELL: *Staatsbürger in Uniform.*

d) Das Disziplinarstrafwesen

Grundlage: Verordnung wegen der Militärstrafen v. 1808 – VAUPEL; kurze Würdigung allgemeiner Zusammenhänge bei MEINECKE, *Boyen I,* ferner MESSERSCHMIDT, *Werden und Prägung;* zum Thema Mißbrauch von Strafbefugnissen ist wichtig die Stellungnahme Prinz Wilhelms 1827, *Militärische Schriften Wilhelms I, Bd. 1.*

Text der Disziplinarstrafordnung von 1841 in: Preußische Militärgesetz-Sammlung. A. v. CROUSAZ: *Die Organisation des Brandenburgischen und Preußischen Heeres seit 1640, sowie neuzeitig diejenigen des Norddeutschen Bundes und Deutschen Reichsheeres. Nach ihren Verhältnissen mit den Staatskräften und im Zusammenhang mit der politischen Vaterlandsgeschichte, 2. Theil, 1. Abt. 1840–1861, Berlin 1873,* geht kurz auf die Dispziplinarordnung als dem Bedeutendsten, „was außerdem noch in militärischer Hinsicht 1841 zum Vorschein kam", ein. Sehr positiv ebenfalls von Demeter beurteilt.

Die Grundsätze der Disziplinarstrafen gegen Offiziere ebenfalls in der „Verordnung wegen Bestrafung der Offiziere" von 1808; zu den Grundsätzen der Soldatenbehandlung ferner: Kriegsartikel von 1844 und Militärstrafgesetzbuch von 1845. Weitere Entwicklung: Text der Disziplinarstrafordnung von 1872 im Armee-Verordnungsblatt 1872; s. auch: *Die Militärgesetze des Deutschen Reiches, nach amtlichen Materialien bearb. v. v. Walther, 3 Bde.; Berlin 1880.*

2. Die Militärjustiz

a) Militärstrafrecht und -verfahrensrecht

Zur Situation vor den Reformen: G. W. C. CAVAN: *Das Kriegs- und Militärrecht, wie solches jetzt bei der Königlich Preußischen Armee besteht, 2. Bd., Berlin 1801.*

Kriegsartikel 1808, Regulativ über die Bildung von Strafabteilungen, Verordnungen wegen der Militärstrafen: VAUPEL. Zum Strafrecht auch MEINECKE, *Boyen I;* M. LEHMANN, *Scharnhorst, Bd. 1, Leipzig 1886;* und ders.: *Zur Geschichte der preußischen Heeresreform von 1808; in: HZ 126 (1922);* kaum behandelt: E. KESSEL: *Die preußische Armee 1640–1866, in: Deutsche Heeresgeschichte;* gute Übersicht bei HUBER I; C. FRICCIUS: *Geschichte des deutschen, insbesondere des preußischen Kriegsrechts, Berlin 1848.* Zur Fortentwicklung nach 1815 s. Preuß. Militär Gesetzsammlung, ferner *Militärische Schriften Wilhelms I, Bd. 1* – Bedenken gegen die „Korrektionskompanien" und Neufassung der Kriegsartikel auch bei C. v. DECKER: *Über die Persönlichkeit der preußischen Soldaten 1842* und dazu HÖHN, *Die Armee als Erziehungsschule der Nation.* Für die 20er/30er Jahre wichtig: K. G. v. RUDLOFF, *Handbuch des preußischen Militärrechts, T. 1–3, Berlin 1826–1835.*

Kriegsartikel 1844: Text: Preußische Militär-Gesetzsammlung; ebda. das Strafgesetzbuch für das preußische Heer von 1845. Zum Entwurf des Militärstrafgesetzbuches von 1845: *Erläuterungen zum Entwurf des Strafgesetzbuches für das Königlich Preußische Militär, T. 1, 2, Berlin 1835–37;* Betrachtungen vor Erlaß des Gesetzes: *Einige Bemerkungen über den gegenwärtigen Zustand der preußischen Militärjustiz, aus den Papieren eines alten Militairs, Hrsg. v. Dorow, Leipzig 1843;* kommentierte Ausgabe des Gesetzes: E. FLECK: *Kommentar über das Strafgesetzbuch für das preußische Heer, 2 Teile, Berlin 1852–54.*

Kriegsartikel 1872: *Armee-Verordnungsblatt 1872.* Zur Geschichte der Kriegsartikel s.: *Entwicklung der preußischen Kriegsartikel, in: MWBl 1890, Beiheft 9, 351–394.*

Militärstrafgesetzbuch für das Deutsche Reich von 1872: *Armee-Verordnungsblatt 1872;* E. FLECK u. E. KELLER: *Militärstrafgesetzbuch für das Deutsche Reich, 2 Teile, Berlin 1875–80;* ferner: Kurt ELSNER v. GRONOW u. Georg SOHL (Hrsg.): *Militärstrafrecht für Heer und Marine des Deutschen Reichs. Handbuch für Kommando- und Gerichtsstellen, für Offiziere und Juristen, Berlin 1906.*

Zur innenpolitischen Funktion des Militärstrafrechts: *Die Strafen im deutschen Heer und ihr Einfluß auf die Disziplin, in: Militär-Zeitung 1884;* zum Verfahren: O. EHRL: *The Development of the German Military Criminal Procedure during the 19th Century, in: Revue de Droit Pénal Militair et de Droit de la Guerre VII, 2, 1968, 241–261;* Zustand im Vormärz: Joh. Wilhelm SCHÄDEL: *Grundsätze des in der kgl. preuß. Armee jetzt üblichen Verfahrens, Berlin 1818,* ²*1819;* E. FLECK: *Das Strafverfahren der preußischen Militärgerichte, Berlin 1840.*

Militärstrafgerichts-Ordnung 1845: Zusammenstellung des in Preußen geltenden Militär-Strafrechts in: *Bundes-Gesetzblatt Nr. 13, 1867;* s. a. E. FLECK (Hrsg.): *Preußische Militär-Strafgerichts-Ordnung nebst den dieselbe ergänzenden, erläuternden und abändernden Gesetzen, Verordnungen, Erlassen und allgemeinen Verfügungen, Berlin 1873;* R. BRÄUNER: *Der militärische Richter bei Ausübung seines Amtes, Berlin 1863;* E. FLECK: *Das Strafverfahren der preußischen Militärgerichte, Neuausgabe, Berlin 1845.*

b) Militärgerichtsbarkeit

Eine nützliche Kurzdarstellung der Gesamtentwicklung hat Hans-Dieter SCHWIND vorgelegt: *Kurze Geschichte der deutschen Kriegsgerichte, München 1966;* ältere Arbeit: Burkard v. BONIN: *Entwicklung des deutschen Kriegsgerichtswesens, Rastatt 1912.*

Einzelprobleme: Instruktion vom 15. September 1809 und Vorgeschichte, insbesondere Kontroverse Schrötter–Koenen bei VAUPEL; Text der KO wegen Aufhebung der Militärjurisdiktion in Zivilsachen und Bestimmung des Militärgerichtsstandes in Kriminal- und Injuriensachen vom 19. Juli 1809 sowie der Instruktion vom 15. September 1809 in der Preußischen Militärgesetzsammlung.

Diskussion des Militärstraf-Prozeßrechts nach 1848

Zum Widerstand der preußischen Armee gegen die Grundsätze der Militärgerichtsbarkeit in der Frankfurter Reichsverfassung und nach dem Entwurf des Frankfurter Wehrausschusses vgl. die Schrift des Prinzen von Preußen „Bemerkungen zu dem Gesetzentwurfe über die deutsche Wehrverfassung", Berlin 1849, Wiederabdruck in: *Militärische Schriften Wilhelms I, Bd. 2;* s. dazu HÖHN: *Verfassungskampf und Heereseid.*

Die weitere Diskussion: Verhandlungen des Preußischen Abgeordnetenhauses, des Norddeutschen und des Deutschen Reichstages; s. auch Carl FRICCIUS: *Entwurf einer Verordnung über die Einführung des mündlichen Verfahrens in den kriegsgerichtlichen Untersuchungen, Berlin 1853.*

Karl HILSE: *Die leitenden Grundsätze des heutigen deutschen Militärstrafverfahrens, Berlin 1864;* ders.: *Die leitenden Grundsätze des deutschen Militärstrafverfahrens in ihrer Berechtigung, die Grundlage eines zeitgemäßen Verfahrensgesetzes abzugeben, Berlin 1868.* Zum Stand der Diskussion kurz vor der Reichsgründung wichtig: *Verhandlungen des Achten deutschen Juristentages, 1. Bd.; Berlin 1869.*

Erarbeitung einer reichseinheitlichen Militärstrafgerichtsordnung von 1898

Zur Vorgeschichte und Geschichte der Militär-Strafgerichts-Ordnung von 1898 gibt es keine moderne eingehende monographische Darstellung. Vorbereitet wird eine Freiburger Dissertation von Wolfgang MECKLENBURG. Ein wichtiger Beitrag ist Helge BERNDT: *Zur Reform der Militärstrafgerichtsordnung 1898. Die Haltung der Parteien im Reichstag, in: MGM 14 (1973) 7–30.*

Ein wichtiger Beitrag ist: Helge BERNDT: *Zur Reform der Militärstrafgerichtsordnung 1898. Die Haltung der Parteien im Reichstag, in: MGM 14, (1973), 7–30.* Ältere Arbeiten aus der Zeit der Reformdiskussion: Carl KELLER: *Die Aufgaben einer Militärstrafprozeßordnung für das deutsche Reich, Berlin* [2]*1877;* Fr. BOTHE: *Der preußische Militärstrafprozeß und die Reform des Militärstrafverfahrens, Hannover 1878;* v. HOFF: *Darstellung unseres Militärgerichtswesens, Berlin 1884;* Hugo MARCK: *Der Militärstrafprozeß in Deutschland und seine Reform, 2 Bde., Berlin 1893/94;* Friedrich ZENK: *Die Öffentlichkeit im Militärstrafprozeß, Berlin* [3]*1897;* M. STENGLEIN: *Gegen den Militärstrafprozeß-Entwurf, DJZ 1898, 11ff.*

Das Thema ist ferner gestreift oder behandelt von einer Reihe von Autoren: Fürst Chlodwig zu HOHENLOHE-SCHILLINGSFÜRST: *Denkwürdigkeiten der Reichskanzlerzeit, hrsg. v. K. A. v. Müller, Stuttgart 1931;* H. HERZFELD: *Johannes v. Miquel. Sein Anteil am Ausbau des Deutschen Reiches bis zur Jahrhundertwende, 2. Bd.; Detmold 1938;* SCHMIDT-BÜCKEBURG, *Militärkabinett;* J. C. G. RÖHL: *Deutschland ohne Bismarck. Die Regierungskrise im Zweiten Kaiserreich 1890–1900, Tübingen 1969;* Instruktiv die Behandlung bei W. DEIST: *Die Armee in Staat und Gesellschaft 1890–1914, in: Das kaiserliche Deutschland, 312–329;* HUBER IV, u. a. Kurt PAULUS: *Die Begründung eines Reservatsrechtes in Bayern auf einen eigenen obersten Militärgerichtshof, Jur. Diss. Rostock 1899.* Zum Vollstreckungsrecht: *Militär-Straf-Vollstreckungs-Reglement, Berlin 1873.*

Eine kommentierte Ausgabe der Militärstrafgerichtsordnung von 1898 bei: Kurt ELSNER v. GRONOW und Georg SOHL (Hrsg.): *Militärstrafrecht für Heer und Marine des Deutschen Reichs. Handbuch für Kommando- und Gerichtsstellen, für Offiziere und Juristen, Berlin 1906.*

3. Wirtschaftliche Lage und Versorgung der Soldaten

a) Die wirtschaftliche Situation des Soldaten

Die Überlegungen in der Reformzeit – Abschaffung der Kompaniewirtschaft – werden klar aus den von Vaupel wiedergegebenen Dokumenten. Knappe Übersicht über die Lösungen seit 1808 bei HELFRITZ; ausführlicher: L. MEYER: *Grundzüge der deutschen Militärverwaltung, Berlin 1908.* Zum Militäretat instruktiv die tabellarische Übersicht in: *Das Kgl. Preußische Kriegsministerium;* ferner: Frhr. v. RICHTHOFEN: *Der Haushalt der Kriegsheere, T. 2, Berlin 1840 (= Handbibliothek für Offiziere, Bd. 5).* Zum Verpflegungs- und Unterbringungswesen detaillierte Übersicht in: *Das Kgl. Preußische Kriegsministerium;* lückenhaft HELFRITZ; über die Zeit nach 1870 bis 1875 informiert FROELICH: *Die Verwaltung des Deutschen Heeres, 2. Teil Oekonomie, Berlin* [4]*1875.* Über die frühe Entwicklung: RIBBENTROP: *Sammlung von Vorschriften, Anweisungen und sonstigen Aufsätzen über den Dienst der Kriegskom-*

missare bei der Königlich Preußischen Armee, Band „Verpflegung und Einquartierung", 1814.

b) Die Situation der Kapitulanten und Unteroffiziere

Wie zu a); ferner für den Zusammenhang zwischen Attraktivität des Berufs und Armeeinteresse: *Militärische Schriften Wilhelms I, Bde. 1 u. 2;* MEINECKE, *Boyen II;* Von den Gesamtübersichten über die Geschichte der Unteroffiziere verdient das Werk von Frhr. Ferdinand v. LEDEBUR: *Die Geschichte des deutschen Unteroffiziers, Berlin 1939,* wegen seiner Materialdichte den Vorzug vor der Arbeit von Werner LAHNE: *Unteroffiziere. Werden, Wesen und Wirken eines Berufsstandes, München 1965,* in der wichtige Literatur nicht verarbeitet worden ist. Zur Stellung und Haltung der Unteroffiziere gibt Lahne Hinweise auf die Abgrenzung nach oben, auf Ausbildung und auf Bestrebungen, einen „Stand" herauszubilden. Dazu ferner: C. MEINECKE: *Ein Beitrag zur Lösung der Unteroffizierfrage, Berlin 1877;* A. HELLHOF: *Die Unteroffizierfrage, Leipzig 1874; Der Unteroffizier-Mangel bei der Infanterie, eine Existenzfrage für die Armee, Leipzig 1873;* C. Th. MÜLLER: *Standesehre und Standespflichten des Unteroffizierkorps, Cöln 1905 (= Mit Gott für Kaiser und Reich, 5);* Max WALTER: *Der Unteroffizier, Standes- und Berufspflichten, Berlin ³1907;* P. v. SCHMIDT: *Der Beruf des Unteroffiziers, Berlin ³1891;* A. MÜLLER. *Die Unteroffizier- oder Militäranwärter-Carriere, Berlin 1894.* Zusammenhang von materieller Stellung und Rolle in der Armee bei C. v. BAGENSKY: *Die Unteroffiziere und ihre Stellung in der preußischen Armee im Hinblick auf ihre Besoldung, Zivilversorgung und Behandlung, Berlin 1859.* Wichtig für „Standesfragen" ist die auf den Unteroffizier zugeschnittene Publistik: *„Der Soldatenfreund"*, Zeitschrift, Berlin, erschien seit 1833 bis 1914; ferner die *v. Glasenapp'sche Unteroffizierzeitung* (1874–1919); dazu: Helmut SCHNITTER: *Das Militärwesen und die Militärpublizistik. Die militärische Zeitschriftenpublizistik in der Geschichte des bürgerlichen Militärwesens in Deutschland, Berlin 1967 (= Militärhistorische Studien, N. F. 9).* Über die Rolle des Unteroffiziers als möglicher Volkserzieher: HÖHN, *Armee als Erziehungsschule.*

Zum Besoldungs- und Beförderungswesen: LEDEBUR; LAHNE; MEINECKE, *Boyen II; Militärische Schriften Wilhelms I; Das Königl. Preußische Kriegsministerium;* HELFRITZ; FROELICH u. a. Zum Ausbildungswesen F. L. v. VERSEN: *Geschichte der Unteroffizierschule in Potsdam 1824–1899, Berlin 1899;* ferner: Fr. BORCHARDT: *Geschichte und Erinnerungen an die ehemalige Unteroffizierschule Biebrich-Wetzlar, Wiesbaden 1936.*

c) Versorgung und Invalidenwesen

Zu wichtigen genannten Titeln – insbes. LEDEBUR, HELFRITZ, FROELICH, v. HELLDORFF, MEYER, *Das königl. Preußische Kriegsministerium* – speziell noch: *Grundsätze über die Gewährung der Unterstützungen an*

Militair-Familien bei eintretendem Kriege, o. O. 1836; W. J. BERLIN: *Das Pensions-Wesen in Preußen, Magdeburg 1857;* v. FRANCOIS: *Vorschläge zur Reform über das Militair-Pensions-Gesetz vom 27. 6. 1871, Görlitz 1886;* C. GRAEF: *Das Reichsgesetz betreffend die Fürsorge für Beamte und Personen des Soldatenstandes in Folge von Betriebsunfällen vom 15. 3. 1886, Ansbach 1886; Reichs-Militair-Pensions-Gesetz vom 27. 6. 1871 nebst Nachträgen, o. O. 1893/94;* GERMANICUS: *Die Ehrenschuld des Deutsches Reiches gegenüber den Hinterbliebenen seiner gefallenen Krieger und den Kriegsinvaliden, o. O. ³1893;* BUHRKE: *Bestimmungen über die Versorgung der Hinterbliebenen der Angehörigen des Reichsheeres, Berlin 1894;* W. ASSMANN: *Militärunterstützungsgesetze. Gesetz betr. die Unterstützung von Familien der zu Friedensübungen einberufenen und in den Dienst eingetretenen Mannschaften, sowie Beihülfe an Kriegsinvaliden, Düsseldorf 1898;* Kurt BAYER gibt einen Überblick in: *Grundlagen und Probleme der preußisch-deutschen Berufssoldatenversorgung des 19. Jahrhunderts, Potsdam 1938.* Gründliche Problembehandlung bei A. FROELICH: *Preußens Militairversorgung, Berlin 1868;* zu erwähnen: *Inaktive Offiziere und Unteroffiziere oder die Fürsorge des Staates für Beide, o.O. o.J.* Zum Fragenkreis der Militärwaisen: *Festschrift zur Zweihundertjahrfeier (1724–1925) des Potsdamschen Großen Waisenhauses, Potsdam 1924.*

d) Das Zivilversorgungswesen

Zu den einschlägigen genannten Arbeiten speziell noch: A. DREGER: *Die Civil-Versorgung der Militair-Anwärter im Reichs- und Staatsdienste, Leipzig 1884;* G. LIEBAU: *Die Civilversorgung der Militairanwärter, Berlin 1887.*

4. Der jüdische Soldat

a) Judenemanzipation und Allgemeine Wehrpflicht

Zur Lage der Juden in Preußen in der ersten Hälfte des 19. Jahrhunderts ist die Literatur zur Reform- und Restaurationszeit heranzuziehen: TREITSCHKE, SCHNABEL, HUBER I u. II. An spezieller Literatur ist vor allem zu nennen: Selma STERN: *Der preußische Staat und die Juden, Tübingen 1962 (= Schriftenreihe wissenschaftlicher Abhandlungen des Leo-Baeck-Instituts 7 u. 8);* Ludwig v. RÖNNE u. Heinrich SIMON: *Die früheren und gegenwärtigen Verhältnisse der Juden in den sämtlichen Landestheilen des preußischen Staates. Eine Darstellung und Revision der gesetzlichen Bestimmungen über ihre staats- und privatrechtlichen Zustände. Mit Benutzung der Archive der Ministerien des Innern und der Justiz, Breslau 1843;* Leo F. V. Reichsgraf HENCKEL von DONNERSMARCK: *Darstellung der bürgerlichen Verhältnisse der Juden im Preußischen Staate unmittelbar vor dem Edikt vom 11. März 1812, Leipzig 1814;* Ernst KLEIN: *Von der Reform zur Restauration, Finanzpolitik und Reformgesetzgebung des preußischen Staatskanzlers Karl August v. Hardenberg, Berlin 1965 (= Veröffentl. d. Hist. Komm. zu*

Berlin, 16); Alfred MICHAELIS: Die *Rechtsverhältnisse der Juden in Preußen seit dem Beginne des 19. Jahrhunderts. Gesetze, Erlasse, Verordnungen, Entscheidungen, Berlin 1910.* Mit zeitbedingter Tendenz: Erich BOTZENHART: *Der politische Aufstieg des Judentums von der Emanzipation bis zur Revolution von 1848; in: Forschungen zur Judenfrage, Bd. 3, Hamburg 1938 (= Sitzungsberichte der Dritten Münchener Arbeitstagung des Reichsinstituts für Geschichte des neuen Deutschlands v. 5.–7. Juli 1938).*

Zur Frage des Anteils an den Freiheitskriegen: *Die Formation der freiwilligen Jäger-Detachements der preußischen Armee im Jahre 1813, in: MWBl, Beiheft 1845;* Michael FRAENKEL: *Der Anteil der jüdischen Freiwilligen an dem Befreiungskriege 1813/14, Breslau 1922 (= Sonderabdruck aus: Jüdische Volkszeitung, Jg. 29, Nr. 2–9)*; Martin PHILIPPSON: *Der Anteil der jüdischen Freiwilligen an dem Befreiungskriege 1813 und 1814, in: Monatsschrift für Geschichte und Wissenschaft des Judentums, 50, Breslau 1906,* und ders.: *Die jüdischen Freiwilligen im preußischen Heere während der Befreiungskriege 1813/14, in: Im deutschen Reich, 12, Berlin 1906.*

Den umfassendsten Überblick über die Stellung der Juden im preußischen Staat und Heer hat Horst FISCHER gegeben: *Judentum, Staat und Heer in Preußen im frühen 19. Jahrhundert. Zur Geschichte der staatlichen Judenpolitik, Tübingen 1968 (= Schriftenreihe wissenschaftlicher Abhandlungen des Leo Baeck-Instituts, 20).* Diese Arbeit war Ausgangspunkt der vorliegenden Darstellung.

Weitere wichtige Untersuchungen: Manfred LAUBERT: *Die jüdische Militärpflicht in der Provinz Posen, in Monatsschrift für Geschichte und Wissenschaft des Judentums 66, N. F. 30, Breslau 1922;* Theodor ZLOCISTI: *Über die Militärpflicht der Juden Preußens, in: Mitteilungen aus dem Verein zur Abwehr des Antisemitismus 8, Berlin 1898,* und ders.: *Über den Gerichts- und Fahneneid der Juden, in: ebda.;* Eli RUST: *Die Verbindlichkeit des Zeremonialgesetzes für den jüdischen Krieger. Nach jüdischen Quellen dargestellt, in: Allgemeines Archiv des Judentums, 2, Berlin 1842;* Heimann JOEL: *Inwieweit die Militärpflicht dem Judentume widerstehe oder nicht? in: Allg. Archiv. d. Judentums, 2, Berlin 1842.* Zu den Anfängen des Antisemitismus mit ausführlichen Literaturangaben: Eleonore STERLING: *Judenhaß. Die Anfänge des politischen Antisemitismus in Deutschland (1815–1850), Frankfurt a. M. 1969,* hier auch wichtige Ausführungen zum christlich-germanischen Konservativismus.

b) Die Judenpolitik der Jahrhundertmitte

Zur Judenpolitik um die Jahrhundertmitte vor allem Horst FISCHER; ferner die zu 4a genannte, die 2. Jahrhunderthälfte mitberücksichtigende Literatur. Speziell zur Revolutionszeit: Adolf KOBER: *Jews in the Revolution of 1848 in Germany, in: Jewish Social Studies, 10, New York 1948;* Salo W. BARON: *The Impact of the Revolution of 1848 on Jewish Emancipation, in: Jewish Social*

Studies, 11, New York, 1949. Zur jüdischen Opposition: Jakob TOURY: *Die politischen Orientierungen der Juden in Deutschland. Von Jena bis Weimar, Tübingen 1966 (= Schriftenreihe wissenschaftlicher Abhandlungen des Leo Baeck Instituts, 15).* Über Meno Burg s. die Autobiographie: Meno BURG: *Geschichte meines Dienstlebens, hrsg. v. Ludwig Geiger, Leipzig ²1916.* Als jüdische Verteidigungsschrift ist wichtig: *Die Juden im Heere, hrsg. vom Verein zur Abwehr des Antisemitismus Berlin, Berlin 1910.*

c) Der jüdische Reserveoffizier

Zur Frage der Reserveoffizierfähigkeit hat Werner T. ANGRESS die grundlegende Untersuchung vorgelegt: *Prussia's Army and the Jewish Reserve Officer Controversy before World War I, in: Year Book of the Leo Baeck Institute, London 17, 1972, 19–42.* Hierauf beruht im wesentlichen dieser Abschnitt. Zum Problem der Feudalisierung des Bürgertums und zur entsprechenden Wirkung auf die Reserveoffizierfähigkeit vor allem Eckart KEHR: *Zur Genesis des Königlich Preußischen Reserveoffiziers, in: Primat der Innenpolitik, 53–63.* Siehe ferner RITTER II; zum Antisemitismus in der Armee der Wilhelminischen Zeit: Martin KITCHEN: *The German Officer Corps 1890–1914, Oxford 1968.*

D. Militärverwaltung und Beamtenschaft

1. Die Militärverwaltung

a) Das „Militair-Oeconomie-Departement“

Wichtigste Quellengrundlage: VAUPEL; Übersicht bei HELFRITZ; LEHMANN, *Scharnhorst, Bd. 2;* kritisch, vor allem im Hinblick auf das Verhältnis zum Generalkriegskommissariat: MEINECKE, *Boyen I;* sehr knapp HUBER I. L.A.W. FROELICH: *Die Militär-Okonomie im Frieden und im Kriege, Stettin 1858.* Sebastian SCHROECKER: *Die Heeresverwaltung, ihre Stellung in der deutschen Verfassungs- und Verwaltungsgeschichte, in: Reich, Volksordnung, Lebensraum, 1943, 382–474.* Über das Schrifttum zur Frage der Feldverpflegung hat Karl LINNEBACH eine Übersicht erarbeitet: *Das Schrifttum zur Geschichte der Verpflegung der Feldheere in der Zeit von 1500–1914; in: Zeitschrift für die Heeresverwaltung 1937, Heft 1, 31ff.*

Heranzuziehen die organisationsgeschichtlich ergiebigen Arbeiten, die zu Teil IV/1,F „Der Kriegsminister“ genannt worden sind, insbesondere noch de l'HOMME de COURBIÈRE: *Die Brandenburg.-Preuß. Militair-Verwaltung;* Otto STEGEMANN: *Reformbedürftigkeit der deutschen Militärverwaltung, Leipzig 1910;* K. v. HELLDORFF: *Dienstvorschriften der Königlich Preußischen Armee, 11 Bde., Berlin ³1873–1884; ⁴1892–1902.* G. MESSERSCHMIDT: *Die Verwaltung des Militärhaushalts in Preußen, Berlin 1853.*

b) Das Generalkriegskommissariat

Wie zu a). Ferner als wichtigste Grundlage: RIBBENTROP: *Sammlung von Vorschriften, Anweisungen und sonstigen Aufsätzen über den Dienst der Kriegs-Kommissaire bei der Königlich Preußischen Armee, 12 Bde., o.O. 1814–1821.*

c) Das Generalauditoriat

Für die verfahrensrechtlichen Funktionen vgl. die zu Teil IV/2, C 2 b „Die Militär-Gerichtsbarkeit“ angegebene Literatur. Das Generalauditoriat als Behörde und seine Funktionen behandelt Werner HÜLLE: *Das Auditoriat in Brandenburg-Preußen. Ein rechtshistorischer Beitrag zur Geschichte seines Heerwesens mit einem Exkurs über Österreich, Göttingen 1971;* s. ferner: Otto MEYER: *Die Ausübung der Militärstrafgerichtsbarkeit durch die Gerichtsherren und die Militärjustizverwaltung nach der preußischen MStGO v. 1854 im Vergleich mit der MStGO v. 1898, in: Arch. für Mil. Recht, Bd. 4, 349ff.;* ders.: *Wie war die Stellung des früheren preußischen Generalauditeurs und des Generalauditoriats zum Kriegsministerium, in: Arch. für Mil. Recht, Bd. 3, 138ff.*

2. Allgemeine Beamtenschaft und Militärbeamte

a) Allgemeine Beamtenschaft

Umfassendste Darstellung: Siegfried ISAACSOHN: *Geschichte des preußischen Beamtenthums von Anfang des 15. Jahrhunderts bis auf die Gegenwart, 3 Bde., Berlin 1874–1884;* Otto HINTZE: *Der Beamtenstand (1911), in: Soziologie und Geschichte, Ges. Abhdlg. Bd. 2, Göttingen ²1964,* mit wichtigen Hinweisen auf die Änderungen im Selbstverständnis der Beamtenschaft seit Einführung der Konstitution: „straffere Zusammenfassung des eigentlichen Regierungsapparates gegenüber den Kammern". Zum „Gegensatz" Beamter–Offizier in der Frage des Verfassungseides vgl. HÖHN, SOSSIDI, HUBER. Zum Verhältnis des Frühliberalismus zum Beamten und über den Werdegang vom „Staatsdiener" zum „Beamten" sehr instruktiv SCHNABEL II. Zum Juristenmonopol, Elitebegriff u. a.: Ralf DAHRENDORF: *Gesellschaft und Demokratie in Deutschland, München 1965;* zur Bürokratie zwischen 1815 und 1848 treffend Hans ROSENBERG: *Bureaucracy, Aristocracy and Autocracy. The Prussian Experience 1660–1815, Cambridge (Mass.) 1958;* ausführlicher Reinhart KOSELLECK: *Preußen zwischen Reform und Revolution. Allgemeines Landrecht, Verwaltung und soziale Bewegung von 1791–1848, Stuttgart 1967;* ders.: *Staat und Gesellschaft in Preußen 1815–1848, in: Staat und Gesellschaft im deutschen Vormärz, 1815–1848, hrsg. v. W. Conze, Stuttgart 1962,* Abdruck in: *Moderne deutsche Sozialgeschichte, hrsg. v. H.-U. Wehler, Köln ²1968, 55–84.*

Zur „Identifizierung von Verwaltung und Politik" in der ersten Hälfte des 19. Jahrhunderts: Eckart KEHR: *Zur Genesis der preußischen Bürokratie und des Rechtsstaats. Ein Beitrag zum Diktaturproblem (1928),* in: *Der Primat der Innenpolitik, 31–52;* KEHR skizzierte auch die Weiterentwicklung der Machtposition und des Selbstverständnisses bis ins 20. Jahrhundert hinein: *Die Diktatur der Bürokratie, in: Primat der Innenpolitik, 244–253;* wichtig auch KEHRs Aufsatz: *Das soziale System der Reaktion in Preußen unter dem Ministerium Puttkamer (1929),* in: *Primat der Innenpolitik, 64–86;* Kehr behandelt die innere Einstellung des Beamtentums auf Sozialismus und Proletariat nach der Selbstauflösung des humanitären Idealismus, den Zusammenhang mit der Entwicklung des juristischen Positivismus. Wichtig auch für die Frage der Feudalisierung von Bürgertum und Verwaltung; Stichwort: Verschwinden des liberalen Geheimrats aus der Verwaltung; zu diesem Komplex kurz auch WEHLER: *Das Deutsche Kaiserreich 1871–1918;* Hinweis auf die „zuverlässige Gesinnung" der Beamtenschaft. S. ferner: J. RÖHL: *Beamtenpolitik im Wilhelminischen Deutschland, in: Das kaiserliche Deutschland, 287–311.* Zur Position des Beamten vgl. die staatsrechtliche Literatur, insbesondere Paul LABAND: *Das Staatsrecht des Deutschen Reiches, 1876; 3. verb. und verm. Auflage in 2 Bänden, Freiburg 1895.*

b) Die Militärbeamten

Wichtigste Quellengrundlage: VAUPEL und RIBBENTROP: *Sammlung von Vorschriften* usw., *1814ff.*, hier insbesondere Material zur Gruppe der Kriegskommissare; MEINECKE, *Boyen II;* HELFRITZ; CROUSAZ; *Das Königl. Preuß. Kriegsministerium;* L. MEYER: *Grundzüge der deutschen Militärverwaltung.* Eine wissenschaftlich befriedigende Monographie existiert nicht. Die Gruppe der Auditeure ausführlicher behandelt bei HÜLLE. Zahlreiche Details zum Dienst der Militärbeamten bei FROELICH, *Verwaltung des Deutschen Heeres;* und bei v. HELLDORFF: *Dienstvorschriften.*

Deutscher Bund und deutsche Mittelstaaten

1. Der Deutsche Bund

An Monographien zur Militärgeschichte im Deutschen Bund liegen zwei wichtige neuere Werke vor: Heinz HELMERT, *Militärsystem und Streitkräfte im Deutschen Bund am Vorabend des preußisch-österreichischen Krieges von 1866, Berlin 1964;* und Elmar WIENHÖFER, *Das Militärwesen des Deutschen Bundes und das Ringen zwischen Österreich und Preußen um die Vorherrschaft in Deutschland 1815–1866, Osnabrück 1973.* Beide stellen den Bund und seine Kriegsverfassung in erster Linie als lange erfolgreiches Instrument zur Bändigung des preußisch-österreichischen Dualismus dar und kommen so zu einer wesentlich positiveren Bewertung als ältere Arbeiten von der Art eines Reinhard SCHOLZ, *Der Deutsche Bund und seine Wehrverfassung, Jur. Diss. Freiburg 1936.* Die moderne Nuancierung bei HELMERT ergibt sich aus der Friedrich Engels verpflichteten Zusammenschau der technischen, sozialen und politischen Entwicklung. Unter deutlicher thematischer Abgrenzung befaßt sich WIENHÖFER mehr mit den formalen Strukturen, die er angemessen durch Verlaufsskizzen ergänzt. Nach dem gleichen Prinzip geschrieben, detailreich und durch den Zusammenhang mit den Nachbarkapiteln in besonderer Weise aufgewertet, sind die einschlägigen Abschnitte in dem monumentalen Werk von Ernst Rudolf HUBER, *Deutsche Verfassungsgeschichte seit 1789, Bd. 1: Reform und Restauration 1789 bis 1830, Stuttgart 1957; Bd. 2: Der Kampf um Einheit und Freiheit 1830 bis 1850, Stuttgart 1960.*

Umfassende, moderne Bibliographien zum Militärwesen im Deutschen Bund und seinen Gliedstaaten finden sich bei HELMERT und WIENHÖFER.

In den älteren militärgeschichtlichen Handbüchern spiegelt sich das „borussische“ Geschichtsbild wider, wie es Heinrich von Treitschke für zwei Generationen geprägt hat. Das gilt von Hermann GACKENHOLZ, *Das Heerwesen des Deutschen Bundes (1815–1866), in: Deutsche Heeresgeschichte, hrsg. v. Karl LINNEBACH, Hamburg 1935, S. 278–295;* von Johannes ULRICH, *Das deutsche Volksheer im 19. Jahrhundert, in: Die Deutsche Soldatenkunde, hrsg. v. Bernhard SCHWERTFEGER und Erich Otto VOLKMANN, Bd. 1, Leipzig 1937, dort bes. 131ff.* und, trotz moderner Terminologie, auch von Carl Hans HERMANN, *Deutsche Militärgeschichte. Eine Einführung, Frankfurt ²1968, S. 185–196.*

Die ältere Literatur zur Zentralverwaltung ist heute überholt durch: Peter Graf von KIELMANSEGG, *Stein und die Zentralverwaltung 1813/14, Stuttgart 1964.*

Als Quellen für die Geschichte der Bundeskriegsverfassung lassen sich nennen: *Protokolle der Militärcommission der deutschen Bundesversammlung, Frankfurt/M. 1819–1866 (31 Bde.); Allgemeine Militär-Zeitung, hrsg. von einer Gesell-*

schaft deutscher Offiziere und Militärbeamten, Darmstadt 1826ff.; Militär-Wochenblatt für das deutsche Bundesheer, Darmstadt u. Leipzig 1860f.; Das achte Armee-Corps des deutschen Bundesheeres im Jahre 1840, Ulm 1840; B. JACOBI, *Das zehnte Armee-Corps des deutschen Bundesheeres. Kriegs-Verfassung und Verwaltung seiner Contingente, Hannover 1858.*

Neben Alexander MÜLLER, *Übersichtliche Darstellung der Militärverhältnisse des Deutschen Bundes aus dem Gesichtspunkte des öffentlichen Rechts mit einigen kosmopolitischen Anmerkungen, Mainz 1833 = Archiv für die neueste Gesetzgebung aller deutschen Staaten, Bd. 4, Heft 1* und *Die Organisation des deutschen Bundesheeres, der österreichischen, bayerischen, der hannoverischen, der sächsischen, der württembergischen, der russischen, der französischen, der britischen und der ostindischen Armee, Berlin 1853,* ist durch seine Kommentare und historischen Hinweise W. Fr. Ph. Freiherr von LEONHARDY, *Versuch einer Entwicklung der Kriegsverfassung des Deutschen Bundes, als Manuscript für die Hohen Deutschen Regierungen, Frankfurt a.M. 1835,* von besonderem Wert. Das gilt auch von A. von LOEN, *Die Kriegsverfassung des deutschen Reiches und des Deutschen Bundes (1668–1860), Dessau 1860.* Einen Gesamtüberblick, der seinen Wert durch den Vergleich der Bundesforderungen mit den tatsächlichen Verhältnissen gewinnt, gibt das Handbuch von Max Ritter von XYLANDER, *Das Heer-Wesen der Staaten des deutschen Bundes, 2 Bde., Augsburg ²1842 u. 1846.*

Ein Vergleich mit den teilweise ähnlichen Schweizer Verhältnissen läßt sich über Paul E. MARTIN, *Die Eidgenössische Armee von 1815–1914, Bern 1923, = Schweizer Kriegsgeschichte, hrsg. v.* M. FELDMANN *und* H. G. WIRZ, *H. 12,* ziehen.

2. Die Wehrstruktur der Mittelstaaten

Als Grundlage für die Beschäftigung mit der sächsischen Militärgeschichte steht noch immer nur das organisationsgeschichtlich konzipierte Werk von O. SCHUSTER u. F. U. FRANCKE, *Geschichte der Sächsischen Armee von deren Errichtung bis auf die neueste Zeit, Bd. 3, Leipzig 1885,* zur Verfügung. Einen komprimierten Überblick gibt EBERHARDT, *Die sächsische Armee, in:* LINNEBACH (s. o.), S. 246–260. Die Leiden und Lasten während der Freiheitskriege beschreibt Ferdinand PLATHNER, *Behördenorganisation und Kriegskontributionen im Königreich Sachsen während des Generalgouvernements von 1813 und 1814, Leipzig 1909.*

Einen kurzen, übersichtlichen Rückblick, der die Entwicklung der hannoverschen Armee bis zum Stand von 1866 rekapituliert, bietet Victor von DIEBITSCH, *Die Königlich Hannoversche Armee auf ihrem letzten Waffengange im Juni 1866, Bremen 1897.* Zu nennen ist auch Wilhelm von WERSEBE, *Geschichte der hannoverschen Armee, Hannover 1928 = Niedersächsische Hausbücherei, Bd. 2.* Friedrich SCHIRMER, *Nec aspera terrent, Bd. II: Eine Heeres-*

kunde der hannoverschen Armee und ihrer Stammtruppenteile von 1803 bis 1866, Hildesheim und Leipzig 1937, stellt durch die beigegebenen Gründe für die organisatorischen Veränderungen eine wertvolle Ergänzung dar. SCHÜTZ von BRANDIS, *Übersicht der Geschichte der Hannoverschen Armee von 1617 bis 1866, Hannover 1903*, bricht vor dem Berichtszeitraum ab.

Über die wenig erforschte neuere Militärgeschichte beider Hessen unterrichten der anonyme *Abriß der Großherzoglich Hessischen Kriegs- und Truppen-Geschichte 1567–1871, Darmstadt und Leipzig 1886*, und Hugo BACH, *Das kurhessische Heer als militärisches und politisches Machtinstrument 1803–1866, Phil. Diss. (masch.) Marburg 1951*; BACH liefert in seinem Aufsatz *Heer und Staat in Kurhessen, mit einem Seitenblick auf Bundesrepublik und Bundeswehr, in: WWR 19 (1969), S. 632–639*, außerdem ein Resümee.

Für die Erforschung der badischen Militärgeschichte ist relativ viel Schrifttum zugänglich. Organisationsgeschichtlich orientiert und die Revolution aussparend: Karl DÖRNER, *Die badische Heeresverfassung von 1806 bis zur Konvention mit Preußen, Jur. Diss. Heidelberg 1937*; Heinz RIESE, *Die badische Wehrmacht 1866–1870/71, Phil. Diss. Heidelberg 1934*. Den Weg zur Revolutionierung analysiert die grundlegende, leider schwer zugängliche Arbeit von Reinhard MIELITZ, *Das badische Militärwesen und die Frage der Volksbewaffnung von den Jahren des Rheinbundes bis zur 48er Revolution, Phil. Diss. (masch.) Freiburg 1956*. Klaus SCHREINER, *Die badisch-pfälzische Revolutionsarmee 1849, Berlin 1956*, ersetzt die fehlende Quellenbasis durch Interpretation des Bekannten anhand der kommunistischen Doktrin. Das borussische Bild korrigieren die beiden Arbeiten von Friedrich Wilhelm SCHILL, *Baden und die preußische Unionspolitik 1849–50. Ein Beitrag zur Geschichte der deutschen Einheitsbewegung, Heidelberg 1930* und ders., *Militärische Beziehungen zwischen Preußen und Baden in den Jahren 1849–1850, in: Forschungen zur Brandenburgischen und Preußischen Geschichte, 43, 1930, S. 290–333*.

Die grundlegende, von zeitgemäßen Fragestellungen ausgehende, die Quellen und die Literatur ausschöpfende Darstellung der württembergischen Militärgeschichte gibt Paul SAUER, *Das Württembergische Heer in der Zeit des Deutschen und Norddeutschen Bundes, Stuttgart 1958 = Veröffentlichungen der Kommission für geschichtliche Landeskunde in Baden-Württemberg, Reihe B*. Als kurzgefaßte Kriegsgeschichte mag MÜLLER-LOEBNITZ, *Die württembergische Armee, in: LINNEBACH (s. o.), S. 261–277* dienen. Das alte Handbuch von Edmund JÄGER, *Das Militärwesen des Königreichs Württemberg, Stuttgart 1869*, ist noch heute brauchbar, da es die Praxis beleuchtet und die Einordnung in das Staatsganze anreißt. Einzelfragen klären Fritz SCHIELE, *Die Organisation des Landsturms in Württemberg 1814, Phil. Diss. Tübingen 1932* und B. POTEN, *Geschichte des Militär-Erziehungs- und Bildungswesens in Württemberg, Berlin 1897*.

Mit modernen Fragestellungen und unter einer anspruchsvollen Zielsetzung hat Wolf D. GRUNER, *Das Bayerische Heer 1825–1864, Boppard/Rh. 1972 = Militärgeschichtliche Studien, Bd. 14*, den Versuch unternommen, die ältere Forschung anhand der Primärquellen im kritischen Sinn zu revidieren.

Obwohl ihm das im großen und ganzen überzeugend gelungen ist, haben die vom Bayerischen Kriegsarchiv herausgegebenen Bände ihren Wert für Detailprobleme nicht verloren: Oskar BEZZEL, *Geschichte des Königlich Bayerischen Heeres, 3 Bde., München 1931 f. = Geschichte des Bayerischen Heeres, Bd. 6, 1; 6,2; 7;* Eugen von FRAUENHOLZ, *Die Königlich Bayerische Armee 1867 bis 1914, München 1931 = Geschichte des Bayerischen Heeres, Bd. 8,* Max LEYH, *Die bayerische Heeresreform unter Ludwig II. 1866–1870, München 1923 = Darstellungen aus der bayerischen Kriegs- und Heeresgeschichte, H. 23.* Als kurzgefaßter Überblick ist Eugen FRANZ, *Das bayerische Heer von Kurfürst Maximilian I. bis zum Jahre 1866, in: LINNEBACH (s. o.), S. 193–245,* noch immer brauchbar. Friedrich MÜNICH, *Geschichte der Entwicklung der bayerischen Armee seit zwei Jahrhunderten, München 1864,* ein mehr organisationsgeschichtliches Handbuch, wurde jüngst eines Neudrucks wert erachtet *(Krefeld 1972).* Über Einzelfragen unterrichten Hermann RUMSCHÖTTEL, *Das bayerische Offizierkorps 1866–1914, Berlin 1973 = Beiträge zu einer historischen Strukturanalyse Bayerns im Industriezeitalter, Bd. 9,* das Standardwerk über die thematisierte Gruppe; Konrad UHL, *Der Aufbau der bayerischen Militärverwaltung von 1806 bis 1871, Speyer 1941;* Eduard KREUZER, *Die staatsrechtliche Entwicklung des bayerischen Heerwesens von 1799 bis 1868 im Rahmen der bayerischen Verfassungsgeschichte, Jur. Diss. Erlangen 1932;* Wolf SEIDEL, *Bayern in Griechenland. Die Geschichte eines Abenteuers, München 1965;* Rainer WOHLFEIL, *Die Pfalz in der Kriegsverfassung des Deutschen Bundes 1815–1866, Phil. Diss. Mainz 1954.*

Für die vorliegende Darstellung nicht mehr verwertet werden konnte: Jörg CALLIESS, *Die Armee in der Krise. Die bayerische Armee in der Revolution von 1848/49, Boppard a. Rh. 1976 = Wehrwissenschaftliche Forschungen, Abt. Militärgeschichtliche Studien, hrsg. vom Militärgeschichtlichen Forschungsamt, Bd. 22.*

Organisationsgeschichte der Streitkräfte

Organisationsgeschichtliche Angaben finden sich in der oben genannten, allgemein militärhistorischen Literatur. Umfassende Auskunft über die Entwicklung der Heeresorganisation der Länder, die das Deutsche Reich bildeten, gewährt Claus von BREDOW und Ernst von WEDEL, *Historische Rang- und Stammliste des deutschen Heeres, Berlin 1905 (Neudruck Osnabrück 1972 = Bibliotheca Rerum Militarium, 36)*. Nach wie vor wichtig sind Kurt JANY, *Geschichte der Königlich Preußischen Armee, Bd. 4: Die Königlich Preußische Armee und das Deutsche Reichsheer 1807 bis 1914, Berlin 1933* und Ottomar Freiherr von der OSTEN-SACKEN und von RHEIN, *Preußens Heer von seinen Anfängen bis zur Gegenwart, 3 Bde., Berlin 1911–1914*. Einzelne Lücken, besonders bezüglich der Kleinstaaten, lassen sich mit Hilfe der *Allgemeinen Militair-Encyclopädie, 11 Bde., Leipzig ²1868–78* schließen.

Die österreichischen Verhältnisse beschreibt in synchroner und historischer Darstellung Karl GLÜCKMANN, *Das Heerwesen der österreichisch-ungarischen Monarchie, Wien ¹¹1909;* Alphons Freiherr von WREDE, *Geschichte der k. und k. Wehrmacht. Die Regimenter, Corps, Branchen und Anstalten von 1618 bis Ende des XIX. Jahrhunderts, 5 Bde., Wien 1898–1905, = Supplement zu den „Mittheilungen des k. und k. Kriegs-Archivs"*, zeichnet sich durch außerordentlichen Detailreichtum aus. Als neuester Beitrag zur österreichischen Militärgeschichte ist das umfangreiche Werk von Antonio SCHMIDT-BRENTANO, *Die Armee in Österreich. Militär, Staat und Gesellschaft 1848–1867, Boppard a. Rh. 1975, = Wehrwissenschaftliche Forschungen, Abt. Militärgeschichtliche Studien, hrsg. vom Militärgeschichtlichen Forschungsamt, Bd. 20* zu nennen; Brentano liefert eine eingehende Beschreibung der Armee und analysiert ihre Funktion als Wirtschaftsfaktor, als Verfechterin der österreichischen Großmachtstellung und als Hüterin der inneren Ordnung.

Eine wichtige Ergänzung zur Organisationsgeschichte ist das *Handbuch der Uniformkunde. Die militärische Tracht in ihrer Entwicklung bis zur Gegenwart, begründet von Richard KNÖTEL, grundlegend überarbeitet, fortgeführt und erweitert von Herbert KNÖTEL d. J. und Herbert SIEG, Hamburg ³1937.*

Percy E. Schramm (Hrsg.)

KRIEGS-TAGEBUCH DES OBER-KOMMANDOS DER WEHRMACHT 1940-1945

Streng geheim wurde das Kriegstagebuch des Wehrmachtführungsstabes im Oberkommando der Wehrmacht geführt und 1945 nach dem Zusammenbruch unter abenteuerlichen Umständen gerettet. Eine minutiöse Chronik, die die militärische Situation des 3. Reiches zwischen 1940 und 1945 auf über 6.800 Seiten Tag für Tag nüchtern und frei von politischer Propaganda beschreibt. Der eigentliche Tagebuchtext wird ergänzt durch meist unveröffentlichte Anlagen, Führerweisungen, OKW-Anordnungen und andere wichtige Dokumente.

Der renommierte Herausgeber- und Bearbeiterstab unter Leitung des ehemaligen Tagebuchführers 1943–1945, Prof. Dr. Percy Ernst Schramm, gewährleistet höchste Authentizität dieses wichtigsten deutschen Quellenwerkes zur militärischen Geschichte des 2. Weltkrieges.

Militärgeschichtliches Forschungsamt (Hrsg.)

Deutsche Militärgeschichte in sechs Bänden 1648—1939

Begründet von Hans Meier-Welcker

Herausgegeben vom Militärgeschichtlichen Forschungsamt
durch Friedrich Forstmeier, Wolfgang von Groote, Othmar Hackl,
Hans Meier-Welcker und Manfred Messerschmidt

Projektleitung und Gesamtredaktion:
Gerhard Papke und **Wolfgang Petter**

1983 Lizenzausgabe für
Manfred Pawlak Verlagsgesellschaft mbH, Herrsching

Umschlag- und Kassettengestaltung: Bine Cordes, Weyarn
Abbildungen auf Umschlägen und Kassette:
Interfoto-Pressebild-Agentur, München
ISBN: 3-88199-112-3

Band 3

Abschnitt V
Von der Entlassung Bismarcks bis zum Ende des Ersten Weltkrieges
1890-1918

Wiegand Schmidt-Richberg
Die Regierungszeit Wilhelms II.

Edgar Graf von Matuschka
Organisationsgeschichte des Heeres
1890-1918

Karl Köhler †
Organisationsgeschichte der Luftwaffe
von den Anfängen bis 1918

Abschnitt VI
Reichswehr und Republik
1918-1933

Rainer Wohlfeil
Heer und Republik

Edgar Graf von Matuschka
Organisation des Reichsheeres

Gliederung der sechs Bände

V

Von der Entlassung Bismarcks bis zum Ende des Ersten Weltkrieges

(1890-1918)

Inhalt

Die Regierungszeit Wilhelms II.
Von Wiegand Schmidt-Richberg

Organisationsgeschichte des Heeres 1890 bis 1918
Von Edgar Graf von Matuschka

Organisationsgeschichte der Luftwaffe von den Anfängen bis 1918

Die Regierungszeit Wilhelms II.

von

Wiegand Schmidt-Richberg

A. Die Epoche

1. Politische Entwicklung bis 1914

a. Außenpolitik

Grundzüge

Die Stellung Deutschlands auf dem europäischen Kontinent bis zur Entlassung Bismarcks 1890 beruhte auf dem kunstvollen Geflecht sich mittelbar oder unmittelbar ergänzender Bündnisse und Verträge, in die der große Kanzler eine Reihe von Mächten unter Ausspielung ihrer gegensätzlichen Interessen und Ziele einbezogen hatte. Durch Verteilung von Gewichten und Gegengewichten war es ihm möglich, gefährliche Spannungen auszugleichen und sich selbst eine verhältnismäßig große Entscheidungsfreiheit zu bewahren. Unter seiner Führung konnte dieses System auch deshalb so erfolgreich wirken, weil ein im ganzen gutes Einvernehmen mit der englischen Weltmacht bestand, die im eigenen Interesse seine auf die Erhaltung des europäischen Friedens abzielende Politik begünstigte. England selbst durch ein direktes Abkommen mit Deutschland zu binden, gelang aber Bismarck nicht.

Die defensive Sicherheitspolitik für das in seinen Augen saturierte Reich ging mit von der Gegebenheit aus, daß es außerhalb des Bereichs jeder Möglichkeit lag, einen „Zwei-Mächte-Standard“ für die deutsche Landrüstung aufzustellen und durchzuführen, wie ihn England 1889 zum Programm seiner Seerüstung erklärt hatte. Er besagte, daß die englische Flotte mindestens so stark sein müsse wie die größten Flotten der beiden dahinter rangierenden Mächte zusammen. Auch bei äußerster Anspannung seiner Volkskraft wäre Deutschland nie imstande gewesen, allein mit der russischen Heeresstärke Schritt zu halten, da Rußlands Einwohnerzahl mehr als das Doppelte der deutschen betrug. Zudem hatte aber Deutschland immer Frankreich im Auge zu behalten, das seine Rüstungen auf dem Stand der deutschen hielt, obwohl es an Bevölkerungszahl von Jahr zu Jahr weiter zurückfiel. Die Verhinderung des Zusammengehens dieser beiden Flügelmächte war ein Grundprinzip der Außenpolitik Bismarcks.

Diese politische Situation fand General v. Caprivi vor, als er 1890 die Nachfolge Bismarcks antrat. Bismarck hatte den General wegen seiner Eigenschaften und Fähigkeiten früher recht günstig beurteilt und ihn für das höchste Staatsamt als den geeigneten Mann bezeichnet, falls es einmal zu innenpolitischen Konflikten kommen sollte. Ein solcher Anlaß war bei seiner Berufung zwar nicht gegeben, doch mag der junge Kaiser auf der Suche nach einem Kanzler durch dieses positive Urteil mit beeinflußt worden sein. Im übrigen wollte der Monarch den Kurs der Staatsführung im wesentlichen nunmehr selbst bestimmen und glaubte, in dem General einen seinen Intentionen gefügigen Kanzler gefunden zu haben.

Caprivi fühlte sich als Soldat verpflichtet, der Aufforderung des Monarchen zur Übernahme des Kanzleramtes Folge zu leisten. Er hatte sich in den Einigungskriegen als Generalstabsoffizier und später im Frieden in hohen militärischen Führerstellen, darunter von 1883 bis 1888 als Chef der Admiralität auf einem ihm vollkommen fremden Tätigkeitsgebiet und zuletzt als Kommandierender General des X. Armeekorps, bewährt. Die Außenpolitik war für ihn ein ganz unbekanntes Feld. Er konnte und wollte nach seinen Gaben und nach seiner Wesensart das große politische Spiel Bismarcks mit den fünf Kugeln gleichzeitig, wie er sich ausdrückte, nicht weiterspielen.

Sogleich nach Übernahme der Kanzlerschaft trat die Frage der Verlängerung des 1887 von Bismarck mit Rußland abgeschlossenen geheimen Rückversicherungsvertrages zur Entscheidung an ihn heran. Seine außenpolitischen Berater, vor allem der den außenpolitischen Kurs bis 1906 weitgehend mitbestimmende Geheimrat v. Holstein, aber auch der deutsche Botschafter in Rußland, General v. Schweinitz, sprachen sich dagegen aus, so daß die Erneuerung des Vertrages unterblieb.

Rußland suchte darauf Anschluß an das von Bismarck isolierte Frankreich, das in dieser Richtung schon vorgearbeitet hatte und bei der russischen Intelligenz und einem großen Teil des Offizierkorps starke Sympathien besaß. Im Sommer 1892 wurde eine russisch-französische Militärkonvention unterzeichnet, in der sich beide Partner zur gegenseitigen sofortigen militärischen Hilfeleistung im Falle der Mobilmachung einer der Dreibund-Mächte gegen einen von ihnen verpflichteten. Dem Dreibund Deutschland – Österreich-Ungarn – Italien, dem sich 1883 auch Rumänien zum Schutz gegen den russischen Druck angeschlossen hatte, stand nunmehr ein Bündnis Frankreich – Rußland entgegen. Unter den kontinentalen Großmächten war hierdurch ein Gleichgewicht entstanden. England verharrte als Zünglein an der Waage weiter in seiner „splendid isolation“.

Die Abkehr von Rußland bedeutete keine Gegnerschaft zum Zarenreich, wenn sich auch Caprivi sehr um freundliche Beziehungen zu England bemühte. Er brachte die schon von Bismarck eingeleiteten Verhandlungen über die Beilegung kolonialer Differenzen in Afrika durch den Helgoland-Sansibar-Vertrag (1. Juli 1890) zum Abschluß, der in der Hauptsache die Abtretung Helgolands an Deutschland gegen die Überlassung des Protektorats über die Insel Sansibar und deren Nebeninseln an England zum Inhalt hatte. Die seestrategische Bedeutung dieses kleinen, damals noch unbefestigten Felseneilands wurde von keinem der Partner hoch veranschlagt.

Nach viereinhalb Jahren wurde Caprivi vom Kaiser, dem er ein unbequemer Kanzler geworden war, seinen konservativen Gegnern zuliebe geopfert. Er hatte innenpolitisch eine Linie der Versöhnung und Auflockerung der Gegensätze eingeschlagen, aber sich nicht durchsetzen können. Für die außenpolitische Führung des Reiches fehlte es ihm an Sicherheit und Selbständigkeit des Urteils und an Weitblick. Mit seinem nüchternen Sinn war dieser preußische General nicht der Mann für gewagte Experimente. Unbestreitbare Verdienste erwarb er sich durch Abschluß langfristiger Handelsverträge mit den meisten Nachbarstaaten, die der deutschen Wirtschaft bessere Exportmöglichkeiten eröffneten und der schnell wachsenden Bevölkerung Arbeit boten. Die Zügel der militärpolitischen Führung hielt er fest in der Hand und bewahrte dem Kaiser gegenüber eine charaktervolle Haltung.

Fürst zu Hohenlohe-Schillingsfürst, ein süddeutscher Standesherr mit liberaler Einstellung, übernahm 1894 das Steuer des Reiches. Seine Kanzlerschaft war nur als Übergangslösung gedacht, dauerte aber sechs Jahre.

Hohenlohe war nach dem Kriege von 1866 bis 1870 bayerischer Ministerpräsident und hatte für ein Bündnis Bayerns mit Preußen und die Reorganisierung des bayerischen Heeres nach preußischem Muster gearbeitet. Er war mit 75 Jahren zu alt, um die aufgesplitterte Reichsleitung wieder in einer starken Hand zu vereinigen, konnte jedoch manches unkluge Vorhaben des impulsiven Kaisers verhindern. Gegen dessen Widerstand gelang ihm die Einführung der langumkämpften modernen Militär-Strafgerichtsordnung, die einheitlich für Heer und Marine war (s. S. 200 f.).

Während seiner Amtszeit traten keine Änderungen in der bestehenden Bündniskonstellation der europäischen Großmächte ein. Das Verhältnis zu Rußland gestaltete sich trotz der russisch-französischen Militärkonvention seit der Thronbesteigung von Zar Nikolaus II. 1894, mit dem sein Vetter Kaiser Wilhelm gute Beziehungen unterhielt, freundlicher, als es ehedem war. Die deutsche Außenpolitik stand unter dem Leitgedanken, aktive Weltpolitik zu betreiben, Macht und Ansehen des nun auch wirtschaftlich immer stärker werdenden Reiches überall zur Geltung zu bringen, sich Absatzgebiete und Stützpunkte zu verschaffen und bei der Aufteilung der noch wenigen freien Gebiete auf der Erde als gleichberechtigter Partner beteiligt zu werden. Deutschland folgte der imperialistischen Zeitströmung, die von England ausgegangen war und alle Großmächte ergriff.

Deutschland erwarb 1897 als Sühne für die Ermordung zweier deutscher Missionare von dem machtlosen China pachtweise für 99 Jahre das Gebiet Kiautschou mit der Hafenstadt Tsingtau und erhielt damit den sehnlichst gewünschten Flottenstützpunkt in Ostasien. Rußland sicherte sich Port Arthur,

England setzte sich zwischen Tsingtau und Port Arthur fest und verfolgte das russische Vordringen in Asien mit Argwohn.

Als 1896 ein aus der englischen Kapkolonie unternommener Handstreich, unter dem Namen „Jameson Raid" bekannt, auf die unabhängige Burenrepublik Transvaal mißlang, beglückwünschte Kaiser Wilhelm ostentativ in einem Telegramm den Präsidenten der Republik, Krüger, zur gelungenen Abwehr. Die englische Öffentlichkeit reagierte mit einhelliger Entrüstung hierauf. Dessenungeachtet fanden 1898 und noch einmal 1901 Sondierungen über ein deutsch-englisches Bündnis statt, die ergebnislos verliefen.

Gegen Ende des Jahrhunderts nahmen allenthalben die machtpolitischen Bestrebungen nach Ausdehnung an Intensität zu. Rußland richtete seinen Expansionsdrang nach Ostasien, Frankreich und Großbritannien bauten ihre kolonialen Imperien weiter aus. Japan geriet 1894 mit China in Krieg, das unterlag und die europäischen Großmächte um Vermittlung anrief. Rußland, Frankreich und Deutschland nötigten darauf im Frieden von Schimonoseki Japan zum Verzicht auf chinesischen Festlandbesitz, wobei der deutsche Gesandte durch ein unnötig schroffes Auftreten auffiel. Die Quittung hierfür wurde Deutschland 1914 erteilt. Japan suchte Anlehnung an England, was 1902 zu einem Defensivbündnis führte, das gegen Rußland zielte. Italien wurde 1896 bei dem Versuch, in Abessinien Fuß zu fassen, zurückgeschlagen. Bei Faschoda am oberen Nil stießen Frankreich und England 1898 zusammen. Vor der drohenden Haltung Englands wich Frankreich zurück. Zwischen den Vereinigten Staaten von Amerika und Spanien kam es 1898 zu einem Krieg. Spanien verlor Kuba, Puerto Rico und die Philippinen. Mit dem Ausgreifen über ihre Hemisphäre hinweg kündigte sich die weltgeschichtliche Rolle der Vereinigten Staaten an. Deutschland erwarb den Rest der spanischen Besitzungen im Pazifik, die Inselgruppen der Marianen und Karolinen, durch Kauf. Mit den Vereinigten Staaten einigte es sich über eine Teilung der Samoa-Inseln. Die wachsenden Gegensätze zwischen England und den Burenrepubliken Transvaal und Oranje lösten 1899 auch einen Krieg aus, in dem die Freistaaten der weit überlegenen Macht Englands unterlagen und in das Weltreich eingegliedert wurden.

Im Jahre 1900 löste der bisherige Staatssekretär des Äußeren, Graf von Bülow – er wurde 1905 zum Fürsten ernannt – den greisen Hohenlohe als Reichskanzler ab.

Bülow kam aus einer erfolgreichen diplomatischen Laufbahn und führte schon seit 1897 maßgebend die Außenpolitik des Reiches. Er war ein gewandter Taktiker, liberal denkend, der es geschickt verstand, den Kaiser zu nehmen und auch mit dem Reichstag gut auszukommen. Seine außenpolitischen Schachzüge fußten indessen oft auf falscher Einschätzung der Lage, da sie von einer zu hohen Bewertung der Position Deutschlands im Kräftespiel ausgingen. Ihm ist im wesentlichen die politische Isolierung Deutschlands zuzuschreiben.

Der Boxeraufstand in China 1900 vereinte die europäischen Staaten, die USA und Japan zu einer gemeinsamen militärischen Aktion. Den Oberbefehl über die internationale Streitmacht erhielt auf Drängen des Kaisers Feldmarschall Graf Waldersee, der ehemalige Chef des Generalstabes der Armee, da Deutschland durch die Ermordung seines Gesandten v. Ketteler am stärksten beleidigt war. Militärische Lorbeeren waren für Waldersee nicht mehr zu holen, da schon vorher die Niederwerfung im großen und ganzen geglückt war.

Im Februar 1904 brach um Korea und die Mandschurei zwischen Rußland und Japan Krieg aus, der zur großen Überraschung fast aller Militärexperten mit einem Siege Japans endete. Eine neue und moderne Großmacht war im Fernen Osten entstanden. Deutschland übte gegen Rußland eine wohlwollende Neutralität, hatte auch durch Kohlelieferungen für die nach Ostasien in Marsch gesetzte Ostseeflotte Hilfe geleistet.

England und Frankreich schlossen im April des gleichen Jahres nach längeren Vorverhandlungen eine „entente cordiale", die alte Kolonialdifferenzen beseitigte und die gegenseitige Unterstützung bei der Aufteilung ihrer Interessensphäre vorsah. Frankreich erkannte die englische Vorherrschaft in Ägypten endgültig an und erhielt dafür freie Hand in dem noch unabhängigen Marokko, mit dessen „friedlicher Durchdringung" es begann.

Die diplomatische Gegenaktion Deutschlands zur Verhinderung einer einseitigen Regelung der Marokko-Frage, angefangen von dem Tanger-Besuch des Kaisers über den durch das starke deutsche Auftreten veranlaßten Rücktritt des französischen Außenministers Delcassé bis zu der schließlich erreichten Konferenz von Algeciras 1906, stieß auf eine gemeinsame Front Frankreichs, Englands, Rußlands, der USA und selbst des Dreibund-Partners Italien. Das Ergebnis war daher für Deutschland sehr mager und verdeckte notdürftig eine politische Niederlage. In dem diplomatischen Ringen wurde von Deutschland mit hohem Einsatz gespielt, aber einen kriegerischen Austrag hatten weder Kanzler noch Kaiser im Sinn, obwohl die Gelegenheit durch die Lähmung Rußlands infolge Niederlage und Revolution günstig erschien. Wenn Deutschland mit seinem Vorgehen bezwecken wollte, Frankreich von der Nutzlosigkeit eines Einvernehmens mit England zu überzeugen, so trat das Gegenteil ein, beide Mächte wurden enger zusammengeführt. England hatte in Frankreich den Partner gefunden, den es einige Jahre zuvor in Deutschland gesucht hatte. Nunmehr wurden Generalstabsbesprechungen zwischen der französischen und englischen Armee aufgenommen. Im Verlauf dieser Krise unternahm Deutschland Versuche, das letzte Mal durch Kaiser Wilhelm in Verhandlungen mit dem Zaren in Björkö, mit Rußland wieder zu einem Bündnis zu gelangen. Infolge der Vorbehalte beider Partner scheiterten sie letztlich wie die früher betriebenen Kontinentalbundpläne. England und Rußland verständigten sich sogar 1907 über ihre Einflußzonen in Afghanistan, Persien und Tibet. Rußland unterrichtete Deutschland über diese Vereinbarung.

Ernster war die Krise, die 1908 durch Österreich-Ungarn in Ausnutzung der jungtürkischen Revolution mit der Annektierung der formell noch unter türkischer Oberhoheit stehenden Gebiete Bosnien und Herzegowina herbeigeführt wurde. Die Einverleibung erfolgte eigenmächtig unter Verletzung der Kongreßakte von 1878. Von dem Schritt ist auch der deutsche Bundesgenosse vorher nicht unterrichtet worden. Da die Bevölkerung dieser Gebiete größtenteils aus Südslawen bestand, wurden die nationalistischen Ambitionen Serbiens getroffen, das seit einigen Jahren ein sehr gespanntes Verhältnis zur Donau-Monarchie hatte und gegen den alten Kaiserstaat wühlte. Dahinter stand Rußland, das nach dem Scheitern seiner Expansion in Ostasien zu seiner alten Balkan-Politik zurückkehrte und sich als Schutzmacht der Slawen betrachtete. Durch seinen scharfen Protest gegen das österreichische Vorgehen nahm die Lage eine gefährliche Wendung. In dieser prekären Situation stellte sich Deutschland mit seinem ganzen Gewicht hinter Österreich-Ungarn. Da auch England und Frankreich bei aller Verurteilung des eigenmächtigen Handelns Österreich-Ungarns für eine friedliche Regelung eintraten, gelang es mit Hilfe Deutschlands, die Krise zu entschärfen. Das noch nicht erholte Rußland mußte nachgeben und wurde durch diesen Ausgang erst recht an die Seite der Ententemächte getrieben.

An Stelle des seit der Daily-Telegraph-Affäre für den Kaiser nicht mehr tragbaren Fürsten Bülow trat 1909 der bisherige Staatssekretär des Inneren, v. Bethmann Hollweg. Er führte die Reichsgeschäfte bis zum Sommer 1917.

Bethmann Hollweg entstammte nicht wie Bülow dem preußischen Adel, sondern einer alten geadelten Frankfurter Bankiersfamilie. Sein Vater, ein namhafter Rechtsgelehrter, war von 1858 bis 1862 preußischer Kultusminister. Der neue Kanzler hatte im Innendienst des Reiches eine glänzende Karriere gemacht und sich in der Sozialpolitik Verdienste erworben, besaß jedoch keine außenpolitische Erfahrung. Er war ein Mann von achtenswerten geistigen wie menschlichen Fähigkeiten und ernster, grüblerischer Sinnesart, aber ohne überzeugende politische Führungsqualitäten. Die Problematik der äußeren und inneren Verhältnisse Deutschlands erkannte er früh und rang zäh an ihrer Lösung. Zur Bewältigung dieser enormen Aufgaben in außergewöhnlichen Zeiten reichten seine Gaben und Kräfte aber nicht aus.

Bülow hinterließ ihm eine unerfreuliche Erbschaft. Von dem großartigen Paktsystem Bismarcks war nur noch das Bündnis mit Österreich als fester Bestandteil geblieben, das sich durch eine immer mehr betonte emotionale Seite infolge der langen gemeinsamen Geschichte verfestigt hatte. Für Deutschland war diese Bundesgenossenschaft auch deshalb sehr wichtig, weil seine in der Türkei gegenüber England und Rußland erworbene politisch-wirtschaftliche Vorzugsstellung durch Österreich-Ungarns Balkanposition mit abgestützt wurde. Aber die Donau-Monarchie krankte an den Nationalitätenkonflikten und war in ihrer Rüstung, gemessen an ihrer Bevölkerungszahl, rückständig. Auf den Dreibund-Partner Italien war kein rechter Verlaß mehr, und die Verpflichtungen aus dem Bündnis hingen maßgebend von dem deutsch-englischen Verhältnis ab. Das Bündnis mit Rumänien wurde fast nur von dem deutschfreundlichen König vertreten. Zu Frankreich hatten sich die Beziehungen wieder normalisiert und zu Rußland waren sie dank der persönlichen Beziehungen der beiden Herrscher noch durchaus befriedigend.

Dagegen hatte sich das Verhältnis zu England verschlechtert. Nicht die erfolgreiche Konkurrenz der mächtig aufstrebenden deutschen Wirtschaft in vielen Gebieten der Erde, in denen England bisher unangefochten dominiert hatte, war die Ursache für die aufgetretenen Spannungen. Es war vielmehr die Intensivierung der deutschen Flottenrüstung seit 1905, durch die sich England herausgefordert fühlte. Der Risikogedanke des Organisators der deutschen Flotte, Admiral v. Tirpitz, die Seestreitkräfte so stark auszubauen, daß England ohne eigene größere Gefahr keinen Angriff wagen könne und deshalb zu einem politischen Entgegenkommen genötigt sein werde, mochte theoretisch richtig sein. Zu seiner glatten Verwirklichung setzte er aber ein festes Bündnis mit einer anderen starken Macht neben Österreich-Ungarn voraus. Es lag diesem Denken derselbe Fehler zugrunde, den in den Jahren zuvor die deutsche Politik begangen hatte, als sie von der Überlegung ausgegangen war, daß England aufgrund der Spannungen mit Rußland immer auf Deutschland angewiesen sein werde. Bethmann Hollweg sah richtig, daß die Flottenfrage das Kernproblem beider Nationen war. Die von beiden Seiten unternommenen Versuche zu einer Verständigung über diese Frage – der Höhepunkt war der Besuch des englischen Kriegsministers Lord Haldane 1912 in Berlin – führten infolge mangelnder Konzessionsbereitschaft auf beiden Seiten zu keinem Ergebnis.

Entgegen den wirtschaftlichen und politischen Vereinbarungen mit Deutschland über Marokko schritt Frankreich aufgrund von Unruhen zur Besetzung von Rabat und Fès. Zur Wahrung der deutschen Interessen entsandte die Reichsregierung das Kanonenboot „Panther“ nach Agadir. Diese eindeutige Machtdemonstration verfolgte die Absicht, Frankreich wenigstens zu einer Kompensation für den deutschen Verzicht auf dieses Gebiet zu nötigen. Nach monatelangen Verhandlungen erreichte Deutschland eine Ausweitung seines Kamerun-Besitzes. England trat darauf sofort mit einer aufsehenerregenden Warnung in der Rede des Schatzkanzlers Lloyd George an die deutsche Adresse auf die Seite Frankreichs. Neue Generalstabsbesprechungen zwischen England und Frankreich fanden statt, und die Kriegsbereitschaft wurde überprüft. Die „entente cordiale“ wurde dadurch noch enger geschmiedet und das deutsch-französische Verhältnis belastet. Durch Frankreich ging eine Welle nationaler Sammlung. Poincaré wurde Ministerpräsident. In der deutschen Öffentlichkeit war die Reaktion ebenso scharf, und es erklangen Worte der Empörung gegen England.

Noch ehe die II. Marokko-Krise ganz ausgeklungen war, schritt Italien im Oktober 1911 zum Krieg gegen die nordafrikanischen Besitzungen der Türkei, nachdem diese eine ultimative Forderung auf die Abtretung von Tripolis abgelehnt hatte. Wegen des unerwartet starken türkischen Widerstandes zog sich der Kampf monatelang hin. Für Deutschland war der Krieg seines Dreibund-Partners gegen die befreundete Türkei sehr unangenehm. Die Türkei ließ sich unter deutschem Einfluß erst zu einem Verzicht auf ihre Besitzungen bewegen, als die Balkanstaaten Bulgarien, Griechenland, Montenegro und Serbien im Sommer 1912 losschlugen und die restlichen europäischen Besitzungen des Osmanenstaates in kurzer Zeit eroberten. Dieser Balkan-Bund war ein Werk der russischen Diplomatie. Im Streit um die Beute griffen Serbien, Montenegro und Griechenland mit dem bisher unbeteiligten Rumänien das isolierte Bulgarien an, das den größten Teil seiner Eroberungen verlor. Rußland unterstützte in diesem zweiten Waffengang die Gegner Bulgariens, das nunmehr Anlehnung an Deutschland und Österreich-Ungarn suchte.

Bei der Neuordnung der Besitzverhältnisse auf dem Balkan waren Rußland und Österreich-Ungarn hart aneinandergeraten. Den vereinten Bemühungen Englands und Deutschlands gelang es jedoch, einen kriegerischen Konflikt zwischen beiden zu verhindern. Da auch Italien gegen die von Rußland unterstützte Vergrößerung Serbiens Stellung nahm, konnte der Dreibund 1912 noch einmal verlängert werden. England und Deutschland kamen auch Mitte Juni 1914 zu einem Ausgleich über die Bagdad-Bahn und zu einer Einigung über die Frage der portugiesischen Kolonien in Afrika. Allerdings wurde seitdem die französisch-russische Militärallianz immer stärker ausgebaut. Da fiel am 28. Juni 1914 das österreichische Thronfolgerpaar in der bosnischen Hauptstadt Sarajewo einem von serbischen Nationalisten österreichischer Staatsangehörigkeit ausgeführten Mordanschlag zum Opfer, durch den der Erste Weltkrieg ausgelöst werden sollte.

Die deutschen Militärmissionen

Ein Ausdruck des politischen Ansehens, das die um den höchsten Leistungsstand in ihrem Heerwesen wetteifernden europäischen Staaten inner- und außerhalb ihres Kontinents besaßen, waren die Militärmissionen. Die hochentwickelten Heere und Flotten der Großmächte waren die Vorbilder für die weit weniger fortgeschrittenen militärischen Einrichtungen anderer Länder, die hiernach den Aufbau oder die Modernisierung ihrer Streitkräfte vornahmen. Viele von ihnen, namentlich die nichteuropäischen Länder, erbaten hierzu oft die Hilfe der Großmächte, da sie bei den ständigen Änderungen im Militärwesen infolge der Fortschritte in der Waffentechnik nicht in der Lage waren, die notwendigen Reformen aus eigener Kraft durchzuführen. Entweder sandten sie nach Vereinbarung Offiziere zur Dienstleistung für einige Zeit zu einer der großen Militärmächte, damit diese dort das Militärwesen studieren konnten, um ihre Kenntnisse später in der Heimat zu verwerten, oder sie suchten um eine Anzahl befähigter Offiziere als Lehrer und Instrukteure zur Mithilfe bei der Reorganisation ihrer Streitkräfte nach. Für diese letzte Form einer offiziellen Unterstützung war der Terminus „Militärmission" üblich. Oft fanden beide Arten der Hilfeleistung unter gegenseitigem Offizieraustausch gleichzeitig statt. Die Großmächte haben solchen Gesuchen in der Regel gern stattgegeben, sei es aus politischen, wirtschaftlichen oder Prestigegründen.

England galt als der unbestrittene Lehrmeister in Marineangelegenheiten und unterhielt Marinemissionen in mehreren Ländern, von denen nur Griechenland, Japan und die Türkei genannt sein mögen. Für Heeresfragen wurden mit Vorrang vor den anderen Mächten hauptsächlich Deutschland und Frankreich in Anspruch genommen, die sich auf diesem Gebiet als Rivalen betrachten konnten. Neben diesen offiziellen Missionen sind wiederholt europäische Offiziere aus eigenem Entschluß in den Dienst solcher Staaten getreten.

Seit den Einigungskriegen genoß die preußisch-deutsche Armee Weltruf. Ausländische Offiziere vieler Staaten dienten eine Zeitlang im deutschen Heer, um die Organisation, die Ausbildung und die taktischen Grundsätze kennenzulernen. Auf Bitten der japanischen Regierung waren von 1884 bis 1888 einige deutsche Instruktionsoffiziere in der japanischen Armee tätig, die das von französischen Offizieren in den siebziger Jahren begonnene Reorganisationswerk weiterführten. Die deutsche Militärmission hat auf die Gestaltung der japanischen Armee stärksten Einfluß ausgeübt. Vor allem machte sich der damalige Generalstabsmajor Meckel verdient, der nach seiner Rückkehr in der deutschen Armee bis zum General avancierte und dessen Schriften über Taktik und Truppenführung sehr bekannt waren. Der gegenseitige Offizieraustausch zwischen Deutschland und Japan blieb lange Jahre bestehen.

In den neunziger Jahren wurden Verhandlungen zwischen der deutschen und der chinesischen Regierung über Entsendung einer Militärmission gepflogen, die aber durch den Einspruch Rußlands unterbunden wurden. Der sehr selbständige Vizekönig der Jangtse-Provinzen suchte trotzdem um einige deutsche Offiziere als Instrukteure nach. Unter ihnen befand sich der spätere Kriegsminister und Generalstabschef v. Falkenhayn, der von 1896 bis 1899 dort als Kriegsschullehrer wirkte. Anschließend, von 1900 bis 1903, war Falkenhayn Generalstabsoffizier bei dem Oberkommando des deutschen Chinakorps und der ostasiatischen Brigade. Die damals gesammelten Erfahrungen im Verkehr mit den an dem Chinafeldzug beteiligten anderen Großmächten über militär- und wirtschaftspolitische Fragen haben zweifellos seinen Blick geweitet, was sich auch später in seinem nüchternen Urteil über die Lage Deutschlands im Kriege bemerkbar machte. In Argentinien, Bolivien, Chile und Paraguay arbeiteten ebenfalls deutsche Militärmissionen.

Das klassische Land für die Beratertätigkeit fremder Mächte auf allen Gebieten und selbstverständlich auch im Militärwesen war seit vielen Jahrzehnten die Türkei. Der politische und wirtschaftliche Einfluß im Vorderen Orient war ein so zugkräftiges Lockmittel, daß hier der Wettbewerb unter den einzelnen Großmächten am stärksten in Erscheinung trat. Bekanntlich war Generalfeldmarschall Graf Moltke von 1835 bis 1839 Militärberater der türkischen Armee gewesen. Von dieser Zeit an standen ununterbrochen deutsche Offiziere, sei es im offiziellen Auftrag, sei es auf eigene Initiative in den Diensten des türkischen Heeres. Von 1883 bis 1895 war eine deutsche Militärmission mit der Reform des türkischen Heerwesens beauftragt. Ihr bedeutendster Kopf war der spätere Generalfeldmarschall Freiherr von der Goltz, der die Gunst des mißtrauischen und verschlagenen Sultans gewann und infolgedessen von der deutschen Diplomatie auch für politische Aufgaben herangezogen wurde. Goltz diente auf Wunsch der türkischen Regierung 1909/10 nochmals als Militärberater. Die Niederlagen der Türkei in den Kriegen mit Italien und den Balkanstaaten 1912/13 veranlaßten die Hohe Pforte, erneut um die Entsendung einer größeren deutschen Militärmission nachzusuchen. Da es sich für Deutschland darum handelte, den wirtschaftlichen Einfluß in der Türkei (Bagdad-Bahn, Ölfelderkonzessionen und rüstungswirtschaftliche Interessen) zu behaupten und zugleich den schon etwas rissigen Staat gegen Rußland zu stützen, lag es in seinem selbstverständlichen Interesse, dieser Bitte zu entsprechen. Unter Leitung des Generals Liman v. Sanders wurde 1913 eine aus 42 deutschen Offizieren bestehende Militärmission nach der Türkei entsandt. Liman v. Sanders sollte als Generalinspekteur mit sehr weitgehenden Befugnissen das türkische Heer reorganisieren und zugleich den direkten Befehl über das I. türkische Armeekorps in Konstantinopel erhalten, das als Modellkorps für die anderen türkischen Verbände ausersehen war. Dieses Vorhaben führte zu starken politischen Spannungen, da Rußland scharfen Protest dagegen erhob, daß ausgerechnet das vor allem zur Verteidigung der Meerengen bestimmte Armeekorps einem deutschen General unterstellt werden sollte. Unterstützt wurde der Protest von Frankreich und in gemäßigter Form auch von England. Dieses mußte sich zurückhalten, weil eine englische Marinemission die türkische Flotte reorganisierte und der englische Admiral Limpus Höchstkommandierender dieser Flotte war. Dem französischen General Baumann war die türkische Gendamerie, ein Elitekorps von beträchtlicher Stärke, unterstellt. Die Angelegenheit wurde schließlich dadurch entschärft, daß Liman v. Sanders nur als Generalinspekteur mit geringen Befugnissen fungieren sollte. Die Zahl der bei der deutschen Militärmission tätigen Offiziere wurde bis zum Kriegsbeginn auf 70 erhöht. Im übrigen wurden seit den achtziger Jahren Hunderte von türkischen Offizieren in der deutschen Armee ausgebildet. Durch die militärische Hilfestellung ist dem deutsch-türkischen Bündnis im Ersten Weltkrieg wirksam vorgearbeitet worden. Goltz wurde im Kriege die Führung einer türkischen Armee übertragen. Er konnte 1916 eine britische Armee bei Kut el Amara einschließen und zur Kapitulation zwingen.

b. Der Demokratisierungsprozeß in der Innenpolitik

Die innenpolitische Entwicklung Deutschlands bis 1914

Mit dem demokratischen Stimmrecht der Reichsverfassung von 1871, und sogar schon der Verfassung des Norddeutschen Bundes von 1867, war Deutschland allen anderen europäischen Mächten mit Ausnahme von Frankreich um Jahrzehnte vorangegangen. Es behielt aber Grundzüge des Militär- und Beamtenstaates aus seinem geschichtlichen Werdegang bei. Das galt vor allem für den größten Bundesstaat Preußen, wo auch das Zensuswahlrecht nicht aufgehoben wurde. Als erstes Land hatte Deutschland in den achtziger Jahren eine Sozialgesetzgebung eingeleitet, zu der sich die übrigen Staaten erst viele Jahre später entschlossen.

Zwischen dem eigenartigen, auf dem monarchischen Prinzip beruhenden deutschen Konstitutionalismus und dem Parlamentarismus der Westmächte England und Frankreich bestanden gewiß erhebliche Unterschiede. Aber auch das Gemeinsame sollte nicht übersehen werden. In allen Staaten waren noch die alten Oberschichten führend, die in Deutschland und England mehr ein aristokratisches und in Frankreich ein überwiegend bürgerliches Gepräge hatten.

Durch die Einführung des demokratischen Wahlrechts wurde in der Staatsverfassung ein Äquivalent zur Heeresverfassung geschaffen. Dagegen gingen politische Verfassung und gesellschaftliche Wirklichkeit immer mehr und in einem bedenklichen Maße auseinander. Der Zug zur Demokratie, im Grunde schon seit der großen Französischen Revolution wesentlicher Inhalt der inneren Geschichte der europäischen Staatenwelt, verstärkte sich auch in Deutschland. Daraus ergaben sich Spannungen, von denen auch die Streitkräfte direkt oder indirekt betroffen wurden.

Als Grund für die Demokratisierung muß in erster Linie die gesellschaftliche Umschichtung angesehen werden, die durch die Industrialisierung und die rapid anwachsende Bevölkerung hervorgerufen wurde. Einige Zahlen sollen diese Entwicklung belegen.

Deutschland zählte 1890 rund 49 Millionen Einwohner. Bis 1914 wuchs die Bevölkerung auf nahezu 68 Millionen an. Im Vergleich dazu sei Frankreich genannt, dessen Bevölkerungszahl bei noch nicht einmal ganz 40 Millionen stehen blieb und von Großbritannien mit einem Anstieg auf 45 Millionen überflügelt wurde. In Österreich-Ungarn vermehrte sich die Bevölkerung im ersten Jahrzehnt des neuen Jahrhunderts um 4½ auf 51,4 Millionen. Die Bevölkerung Rußlands stieg sogar von 128 Millionen im Jahre 1897 auf schätzungsweise 160 bis 170 Millionen im Jahre 1914 an, Zahlen, die auf dem deutschen Generalstab wie ein Alpdruck lasteten.

Etwa 36 % der deutschen Bevölkerung wohnten 1871 in Städten über 2 000 Einwohner, 1910 dagegen waren es bereits 60 %. Die Landbevölkerung ging in dieser Zeit von 64 auf 40 % zurück. Es gab 1871 nur 8 große Städte mit mehr als 100 000 Einwohnern. 1910 waren es 48, in denen rund 14 Millionen Menschen lebten. Da die Landwirtschaft keine Erwerbsmöglichkeit für den Bevölkerungsüberschuß bieten konnte, zogen viele in die Großstädte, um in der aufblühenden Industrie Arbeit und Brot zu finden. Die Auswanderung in das Ausland, früher ein Ventil für den Bevölkerungsüberschuß, ging von 1890 an erheblich zurück. In der Landwirtschaft wurden 1882 noch rund 42 % der erwerbstätigen Bevölkerung beschäftigt, 1907 nur noch 28,5 %, und dieser Anteil verminderte sich weiter.

Diese Strukturänderungen hatten eine starke Verschiebung im innenpolitischen Kräftefeld zur Folge. Die konservativen und rechtsliberalen Parteien wie auch das Zentrum verloren an Boden. Die linksliberalen Parteien, von jeher Befürworter einer parlamentarischen Regierungsform, aber nicht Gegner der Monarchie, erholten sich wieder. Die sozialdemokratische Partei wuchs mächtig an. Trotz oder wohl gerade wegen der vorangegangenen Unterdrückungsmaßnahmen (Sozialistengesetz) konnte die Partei 1890 bei den Reichstagswahlen schon 35 von 397 Sitzen erringen. Im Jahre 1903 erhielt die Partei bereits 81, im Jahre 1912 bei den letzten Reichstagswahlen vor dem Ersten Weltkrieg sogar 110 Mandate und wurde die stärkste Fraktion. Gut ein Drittel der wahlberechtigten Bevölkerung hatte für die Sozialdemokratie gestimmt.

Dem Wachstum der Partei waren allerdings Grenzen gesetzt, da es ihr bis 1914 nicht gelang, über die Arbeiterschaft hinaus in den anderen Schichten des Volkes größere Eroberungen zu machen. Infolgedessen konnte sie sich im Parlament nie mit Anträgen durchsetzen, wenn die anderen Parteien gegen sie standen. Aber das Verhältnis der Sozialdemokratie zum Staat wurde das Kardinalproblem des Kaiserreichs.

Einen noch glänzenderen Aufschwung nahmen die mit der Sozialdemokratie eng zusammenarbeitenden freien Gewerkschaften, in denen bald die weit überwiegende Mehrheit der Arbeiterschaft organisiert war. Gegenüber der Partei bewahrten sich aber die Gewerkschaften für ihre Sonderaufgaben Selbständigkeit. Durch eine erfolgreiche Durchfechtung besserer Arbeits- und Lohnbedingungen trugen sie viel dazu bei, die Solidarität der Arbeiterschaft zu stärken und deren Selbstgefühl zu heben.

Das revolutionäre Programm der Sozialdemokratie Deutschlands zielte auf die Verwirklichung des freien Volksstaates und einer sozialistischen Gesellschaft in einer Verbindung von absoluter Demokratie und extremem Sozialismus auf der Grundlage der internationalen Solidarität der unterdrückten Arbeiterklasse. Mit den sozialistischen Bewegungen der anderen Länder stand sie in engem Kontakt. Konsequent bekämpfte daher die Partei mit aller Erbitterung die bestehende Staatsordnung, in der sie nur eine Vertretung der herrschenden und besitzenden Klassen zur Ausbeutung der unteren Schichten sah. Neben diesen Parolen, die in simplifizierter und jedermann verständlicher Form verbreitet wurden, war es die Berechtigung vieler ihrer Forderungen, die ihren großen Erfolg in der breiten Masse verständlich macht.

Es störte dabei nicht, daß zwischen der revolutionären Theorie der Propaganda und dem politischen Handeln ein Widerspruch bestand. Von dem orthodoxen Marxismus rückte die Partei ohnehin intern bald ab. In ihrer ökonomisch determinierten Geschichtsauffassung von dem schließlichen Siege ihrer Ideen überzeugt, glaubten die Sozialdemokraten, daß ihnen die Macht durch den Stimmzettel ohne Gewaltanwendung zufallen müßte, und sie hielten den legalen Weg zur Erreichung ihres Zieles für den einzig richtigen, zumal die Machtmittel des Staates einen anderen Weg ausschlossen.

Die Gegnerschaft eines immer größer werdenden Teils des Volkes gegen den monarchischen Staat schuf für die Reichsleitung ein ernstes innenpolitisches Problem, das bis zum Ausbruch des Ersten Weltkrieges wie eine bedenkliche Hypothek auf dem nach außen so stabil wirkenden Bau des Kaiserreiches lag. In den hohen Staatsämtern saßen manche weitblickenden Persönlichkeiten, die sich über den Ernst der Situation durchaus klar waren und der Entfremdung der Massen mit sozialpolitischen Maßnahmen entgegenzuwirken versuchten, unter ihnen besonders der preußische Handelsminister, Freiherr von Berlepsch, und der Staatssekretär des Inneren, Graf von Posadowski-Wehner. Von ihnen ist die Sozialgesetzgebung nicht allein aus realpolitischer Notwendigkeit, sondern auch aus ihrer Überzeugung von der christlichen und sittlichen Verpflichtung des Staates zur Hilfe für die Schwachen, mitunter gegen den Widerstand des Unternehmertums und der konservativen Parteien, ausgebaut worden, so daß Deutschland vor dem Ersten Weltkrieg sozialpolitisch als der fortschrittlichste Staat gelten konnte.

Mit diesen Maßnahmen allein war indessen das Vordringen der Sozialdemokratie nicht aufzuhalten. Ging es ihr doch nicht nur um eine Besserung der sozialen Lage, sondern im Kern um eine neue Staats- und Gesellschaftsordnung, in der sich der Arbeiter als gleichberechtigtes Mitglied und nicht als Objekt und letzter Untertan fühlen sollte, wie es in dem Obrigkeitsstaat der Fall war, mochte er auch in vielen Beziehungen vorbildlich arbeiten. Das waren in ihrer Auswirkung politische Forderungen von nicht übersehbarer Tragweite. Die Regierung konnte solche Bestrebungen einer Partei, die sich, zumindest in ihrer Propaganda, als besitzfeindlich, klassenkämpferisch, international, antireligiös und antimonarchisch auswies, nur scharf zurückweisen. Dagegen sperrten sich auch alle Kräfte, die den monarchischen Staat trugen und noch immer die überwiegende Mehrheit des Volkes ausmachten.

Dessenungeachtet schwächte sich in den letzten Vorkriegsjahren die zwischen Staat und Sozialdemokratie herrschende Spannung etwas ab. Dieser kaum wahrnehmbare Wandel war wohl in erster Linie auf die praktische Mitarbeit der Partei in den kommunalen Verwaltungen und in den Parlamenten der Länder und des Reiches zurückzuführen, der sich die Sozialdemokratie aufgrund ihres wachsenden Stimmenanteils seit der Jahrhundertwende nicht entziehen konnte. Manche utopischen Vorstellungen haben wahrscheinlich durch diese Praxis einer realistischeren Beurteilung Platz gemacht. Es entwickelten sich hieraus Kontakte und Zusammenspiele mit bürgerlichen Mittelparteien, insbesondere im süddeutschen Raum, wo die Gegensätze von vornherein nicht so scharf gewesen waren. Der Vorgang dehnte sich ebenfalls auf die Beziehungen zu den staatlichen Gewalten aus, so daß nicht zu Unrecht von einer leichten Hinwendung zum Staat gesprochen werden kann. Das Verhältnis beider Partner hatte einen ambivalenten Charakter, der in einem Wort des Parteiführers Bebel, eines Unteroffiziersohnes, auf dem Parteitag 1910 in Magdeburg anklingt: „Es gibt keinen zweiten, dem preußischen ähnlichen Staat, aber wenn wir einmal diesen Staat in der Gewalt haben, haben wir alles ... im Süden versteht man nicht diesen Junkerstaat in seiner ganzen Schönheit ..." Von diesem Obrigkeitsstaat ist auf die Sozialdemokratie eine starke Wirkung ausgegangen. Man hat darauf hingewiesen, daß die sozialdemokratische Partei in ihrer straffen Organisation und Disziplin ein Abbild des preußischen Staates sei. Diese Entspannung darf mit als Voraussetzung für die Haltung der Partei bei Kriegsausbruch gewertet werden.

Der Sozialismus war eine internationale Bewegung, die auch in den Nachbarstaaten Deutschlands interne Spannungen unterschiedlichen Ausmaßes hervorrief. Davon wurden weder England und Frankreich verschont, noch die anders strukturierte Donau-Monarchie, ganz abgesehen von dem autokratisch regierten Rußland, das als ein Fremdkörper in der europäischen Staatenwelt empfunden wurde. Überall wirkte der Sozialismus als Schrittmacher für den Ausbau oder die Festigung demokratischer Einrichtungen. Je härter und kompromißloser die Auseinandersetzungen wurden, um so mehr trat die Armee als Stabilisierungsfaktor und stärkstes Bollwerk des Staates in den Mittelpunkt. Ihr fiel damit eine entscheidende Rolle auch in der Innenpolitik zu. Bei offenem Kampf entschied ihre Ergebenheit über den Ausgang. Die markantesten innenpolitischen Vorgänge sind im folgenden kurz skizziert.

In Österreich-Ungarn war mit der Ausbreitung der Industrie auch die sozialistische Bewegung hochgekommen und schnell gewachsen. Die radikale und die gemäßigte Richtung schlossen sich 1889 zu der „Sozialdemokratischen Arbeiterpartei Österreichs" zusammen. Das 1907 nur für die österreichische Reichshälfte gewährte demokratische Stimmrecht verschaffte der Partei schon bei den ersten Wahlen eine starke Position im Parlament. Ungeachtet ihrer konsequenten Opposition gegen die noch wesentlich von der alten Oberschicht bestimmte Staatsführung bahnte sich in den letzten Vorkriegsjahren auch hier eine gewisse Entspannung an.

Die Zentralfrage der Donau-Monarchie war aber noch mehr als das soziale und demokratische Problem das Selbstbestimmungsrecht der Völker, über das es zunehmend zu heftigen Konflikten kam. In allen Volksgruppen hatte die Sozialdemokratie zahlreiche Anhänger, vertrat eine weitgehende Autonomie der einzelnen Nationalitäten und wirkte im ganzen ausgleichend auf die Schärfe des Nationalitätenkampfes. Die vielhundertjährige Dynastie, verkörpert in der würdigen Gestalt Kaiser Franz Josephs I. (1848–1916), die zentralistische Bürokratie und das Heer bildeten die Klammer des auseinanderstrebenden Vielvölkerstaates. Der Kaiser hatte den Oberbefehl über die bewaffnete Macht, die auf ihn vereidigt war und im wesentlichen von den harten innenpolitischen Auseinandersetzungen unberührt blieb. Der deutsche Bevölkerungsanteil betrug nur ein knappes Viertel, stellte aber das Hauptkontingent im Offizierkorps und in der Verwaltung und versuchte, seinen Führungsanspruch mit allen Mitteln aufrechtzuerhalten.

Im Kriege hat die österreichische Sozialdemokratie die Pflicht zur Verteidigung des Vaterlandes vorangestellt und damit die Abwehrkraft des Staates erheblich gestärkt. Erst in der zweiten Hälfte des Krieges machten sich bei ihrem linken Flügel revolutionäre Tendenzen bemerkbar. Der Tod des alten Kaisers lockerte die Bande des Zusammenhalts der Monarchie. Durch Befriedigung der Nationalitätenansprüche suchte sein junger Neffe und Thronerbe Kaiser Karl Auflösungserscheinungen aufzuhalten. Dem wirkte aber die feindliche Propaganda durch das Versprechen der Selbständigkeit der einzelnen Nationalitäten entgegen. Das Schicksal der Donau-Monarchie wurde durch den Kriegsausgang bestimmt. Wenn sie noch eine solche Lebenskraft hatte, daß sie vier Jahre lang, allerdings stark gestützt durch den deutschen Bundesgenossen, den ungleichen Kampf durchstehen konnte, so war das vor allem ein Verdienst der Armee. Durch die Unzuverlässigkeit einiger slawischer Truppenteile und das Überlaufen tschechischer Verbände erlitt sie zwar eine starke Einbuße an Kampfkraft, schlug sich aber im Kern trotz ihrer vielfältigen Zusammensetzung unter diesen erschwerenden Bedingungen bis zum Schluß gut und wahrte ihren alten Ruf, bis das Staatsgebilde im Strudel der militärischen Niederlage auseinanderfiel.

Die Herrschafts- und Sozialordnung Rußlands war in keiner Weise mit der eines mittel- oder westeuropäischen Landes zu vergleichen. Anarchistische Bestrebungen, Bauernunruhen, sozialrevolutionäre Strömungen und Verschwörungen rissen in dem Riesenreich nie ab. Nach den Reformen unter Zar Alexander II. (1855–1881) steuerte die Regierung Alexanders III. (1881–1894) und Nikolaus II. (1894–1917) wieder einen reaktionären Kurs und unterdrückte alle freiheitlichen Tendenzen rigoros.

Anfang der achtziger Jahre faßte der Marxismus in den revolutionären Kreisen Fuß. Ihr radikaler Flügel (Bolschewiki) gewann unter Lenin seit den neunziger Jahren nach und nach die Oberhand über die gemäßigte Richtung (Menschewiki). Lenin, seit 1900 im Ausland lebend, bereitete systematisch die Revolution durch Organisation des Industrie-Proletariats vor. Der unglückliche Krieg gegen Japan 1904/05 löste einen Umsturzversuch aus, geringe Teile der Armee und Flotte (Panzerkreuzer Potemkin) schlossen sich den Revolutionären an. Der Aufstand wurde mit unerbittlicher Härte niedergeschlagen, veranlaßte aber die Regierung zur Gewährung einer Verfassung mit allgemeinen Wahlen für eine Volksvertretung (Reichs-Duma) mit sehr begrenzten Vollmachten.

Angesichts der noch nicht konsolidierten inneren Verhältnisse war die Beteiligung Rußlands am Ersten Weltkrieg ein großes Wagnis und glich einer Flucht nach vorn. Die schweren Niederlagen und Gebietsverluste in den ersten beiden Kriegsjahren erschütterten die Zarenherrschaft und führten im März 1917 zu ihrem Sturz. Rußland wurde eine demokratische Republik. Eine aus Mitgliedern liberaler, demokratischer und sozialistischer Parteien gebildete Regierung, als deren stärkster Mann sich bald der Sozialrevolutionär Kerenski erwies, setzte den Krieg gegen die Mittelmächte fort. Nach anfänglichen Erfolgen erlitt das russische Heer aber weitere Niederlagen und stand vor der Auflösung.

Inzwischen spielte sich ein interner Machtkampf zwischen den Bolschewisten und den anderen Parteien ab. Mit Genehmigung der deutschen Regierung konnte Lenin aus seinem Exil in der Schweiz mit anderen emigrierten russischen Sozialrevolutionären durch Deutschland reisen, um über Schweden und Finnland nach Rußland zu gelangen. Lenin übernahm die Führung der bolschewistischen Partei, organisierte eine Streitmacht aus Arbeitern und Soldaten und stürzte am 6./7. November 1917 die Regierung Kerenski. Mit den Mittelmächten schloß seine neue Regierung sofort einen Waffenstillstand ab und nahm nach hinhaltenden Verhandlungen unter dem Druck des wiederaufgenommenen militärischen Vormarsches deutscher und österreichischer Truppen den Friedensvertrag von Brest Litowsk am 3. März 1918 an.

In Frankreich erlangten die republikanischen und demokratischen Mittelparteien des Bürgertums erst allmählich die Oberhand über die von der Armee und Kirche unterstützten Rechtsparteien, bei denen Tendenzen auf eine Wiedereinführung der Monarchie vorherrschten. Sie behaupteten sich auch gegen den immer stärker aufkommenden Sozialismus, der eine große eigenständige Tradition mit einem syndikalistischen Einschlag seit den Aufständen der Pariser Arbeiter 1848 und der Pariser Kommune 1871 besaß. Das innere Leben Frankreichs wurde durch den 1894 aufgrund eines unkorrekten Kriegsgerichtsverfahrens unschuldig wegen Landesverrats verurteilten jüdischen Generalstabshauptmann Dreyfus mächtig aufgewühlt. Durch die republikanischen und sozialistischen Parteien wurde mit Unterstützung eines Teiles der geistigen Elite seine Rehabilitierung erzwungen und zugleich die Machtstellung des aus Monarchisten, Nationalisten, Antisemiten und Klerikalen bestehenden Rechtsblocks gebrochen, mit dem das Offizierkorps der Armee bisher stark sympathisiert hatte. Die Folgen dieser Affäre waren für die Armee einschneidend. Damals verlor sie ihre bis dahin ziemlich unabhängige Stellung und ihr Eigenleben im Staat und wurde strenger der politischen Leitung unterworfen. Zugleich erfolgte ein grundlegender Wechsel in den hohen Kommandostellen.

Wenn auch der französische Sozialismus die Stärke und Geschlossenheit der deutschen Sozialdemokratie nicht erreichte, so war seine Wirkung auf die Demokratisierung der Gesellschaft und des Staates dennoch stark. Er bekämpfte den Nationalismus, Imperialismus und Kapitalismus Frankreichs scharf und griff auch das ganze Wehrsystem an, weil es nach Geist und Inhalt weder sozial, noch zweckmäßig war. Die letzte große Heeresverstärkung Frankreichs wurde von ihm abgelehnt, da er ein kompromißloser Gegner des Wettrüstens und des Militarismus war. Das Spannungsverhältnis zwischen Staat und sozialistischer Arbeiterschaft wurde auch im demokratischen Frankreich nicht ganz überwunden. Ehemalige Sozialistenführer, wie Briand, Viviani und Millerand, verließen ihre Partei, um dem Staat zu dienen. Bei Kriegsausbruch wurde der Führer der Sozialisten, Jaurès, von einem Nationalisten erschossen. Im Laufe des Krieges fanden sich Persönlichkeiten, die in der Lage waren, auftretende interne Schwierigkeiten und Krisensituationen zu meistern.

Für das Inselreich war typisch, daß die marxistische Klassenkampfideologie von dem englischen Sozialismus nicht aufgenommen wurde. Praktisch-soziale, philanthropische und pazifistische Ideen standen im Vordergrund. Die Arbeiterschaft hatte früh das volle Koalitionsrecht erhalten. Als ihre selbständige politische Vertretung im Unterhaus konstituierte sich erst Anfang dieses Jahrhunderts die Labour Party. Bis dahin übten die gewählten Arbeitervertreter ihre Mandate zumeist bei der liberalen Partei aus. Der starke Ausbau der Demokratie setzte mit der Ablösung der langjährigen konservativen Herrschaft im Ober- und Unterhaus 1906 durch eine liberale Mehrheit ein, die von den Labour-Abgeordneten unterstützt wurde. Mit sozialen Reformen, einem neuen Steuersystem, der Entmachtung des konservativen Oberhauses und der Ausdehnung des Wahlrechts auf weitere Schichten wurde das parlamentarische System demokratisch untermauert. Schatzkanzler Lloyd George war die treibende Kraft bei diesen Maßnahmen. Wenn damit auch soziale Unruhen nicht vollends behoben wurden, so trugen diese internen Reformen viel dazu bei, daß sich die ganze Bevölkerung im Kriege hinter die Regierung stellte. Ein Arbeiterführer (Henderson) war mehrere Jahre Minister. Von schweren Streiks wurde England im Verlaufe des Krieges nicht verschont, doch verstand es die Regierung, durch Verhandlungen mit den Gewerkschaftsführern kritische Folgen zu verhindern.

2. Die geistigen Strömungen und Mächte

a. Nationalismus

Zu den Kräften, die dem außen- und innenpolitischen Geschehen der Zeit eine besondere Steigerung und Dynamik verliehen haben, rechnet in erster Linie der moderne Nationalismus. In der großen Französischen Revolution als Ideologie des damals entstehenden Nationalstaates zum Entflammen gebracht, faßte er in allen Staaten Fuß. Nach einer kurzen Definition ist der Nationalismus die übersteigerte, intolerante Erscheinungsform des gesunden Nationalgefühls. Von Nationalismus wird immer zu sprechen sein, wenn die Nation als höchster Wert gesetzt wird, dem alle anderen Werte, gleich welcher Art, untergeordnet werden.

Vertreten wurde der Nationalismus in allen Ländern vorwiegend von den bürgerlichen Bildungsschichten. In seinen Ausdrucksformen wies er nationale Eigenarten auf, die auf die unterschiedliche Tradition und politische Struktur zurückzuführen sind. Seine Wirkung war deshalb nicht in jedem Lande gleich. Einschneidende politische Ereignisse verstärkten sie. In Frankreich hat die Niederlage von 1870/71 den Nationalismus wieder entfacht. Als er abzuflauen begann, sorgten die Marokko-Krisen für sein Wiedererwachen. Sein geistiger Wortführer war der bedeutende französische Schriftsteller und Mitglied der Akademie Maurice Barrès (1862–1923). Naturnotwendig wirkten die Nationalismen der großen Mächte gegeneinander, verschärften Spannungen und engten die Handlungsfreiheit der Staatsmänner ein, die auf die öffentliche Meinung Rücksicht nehmen mußten. Der schärfste Gegner des Nationalismus in Idee und Zielsetzung war der international ausgerichtete Sozialismus.

Volk, Staat und Nation deckten sich nicht im deutschen Kaiserreich. Das späte und unvollkommene Erreichen der nationalstaatlichen Einigung rief in Verbindung mit dem schnellen und großartigen Machtanstieg des Reiches einen Nationalismus hervor, der sich zwar nicht wesentlich von dem englischen, französischen und russischen unterschied, aber von diesen älteren, konsolidierten Mächten als störend und bedrohlich empfunden wurde. Kaiser Wilhelm II. selbst stand innerlich dieser Richtung fern, wenn auch in seinen vielen Reden sehr oft nationalistische Töne erklangen. Unter den geistigen Wegbereitern ist mit Vorrang der Historiker Heinrich v. Treitschke (1834–1896) zu nennen.

Treitschke, der Sohn eines sächsischen Generals, lehrte seit 1863 als Professor für Staatswissenschaften und später für Geschichte an mehreren deutschen Universitäten, zuletzt in Berlin. Von Anfang an widmete er sich leidenschaftlich politischen Tagesfragen, war ein Verfechter des sittlich gebundenen Machtstaates nach preußischem Vorbild und ein Verherrlicher kriegerischer Eigenschaften und Tugenden. Sein Hauptwerk, „Die Geschichte Deutschlands im 19. Jahrhundert", hat durch eine ungewöhnliche Darstellungskunst das Geschichtsbild des nationalen Bürgertums stark beeinflußt.

Mit dieser politischen Denkrichtung flossen andere geistige Zeitströmungen zusammen. In Deutschland fanden die Rassentheorien des französischen Grafen Gobineau (1816–1882) und des Engländers Houston Steward Chamberlain (1855–1927), der Schwiegersohn Richard Wagners und Wahldeutscher wurde, von der Prävalenz der germanischen Rasse einen größeren Anklang als in ihren Heimatländern. Aus den Thesen des großen englischen Biologen Charles Darwin (1809–1882) erlangten die Begriffe „Vom Kampf ums Dasein" und „Vom Recht des Stärkeren" eine gewisse Popularität und wurden bedenkenlos von nationalistischen Aposteln auch als Grundprinzipien im Völkerleben übernommen. Ebenso ließen sich vorzüglich die antithetisch überspitzten Formulierungen Friedrich Nietzsches von der „Herrenmoral" und dem „Willen zur Macht" hierin einordnen, obwohl der Philosoph diese Begriffe in anderen Zusammenhängen sah und sogar ein erklärter Gegner nationalistischer Engstirnigkeit war.

In voller Bewußtheit sind diese geistigen Strömungen nur von einem sehr kleinen Teil der Gebildeten aufgenommen, verarbeitet und politisch ausgemünzt worden. Die Führungsschichten in Politik, Verwaltung und Armee wurden kaum davon berührt. Aber diese Ideen haben als mißverstandene Schlagwörter den Boden vorbereitet, auf dem der Prototyp radikaler nationalistischer und imperialistischer Ziele, der „Alldeutsche Verband“, wirken konnte. Sein Ursprung geht auf einen in mehreren großen Zeitungen veröffentlichten Protest einiger Deutscher gegen die Annahme des 1890 mit England abgeschlossenen Helgoland-Sansibar-Abkommens zurück. Schon in dieser ersten Verlautbarung finden sich in charakteristische Formulierungen gekleidete Wendungen, die nach der offiziellen Verbandsgründung (1894) das Leitmotiv des Programms blieben, so wenn vom Herrenvolk die Rede ist, das seinen Anteil in der Welt sich selbst nimmt und nicht von der Gnade und dem Wohlwollen eines anderen Volkes. Nationalistische und imperialistische Tendenzen fielen bei dem Alldeutschen Verband zusammen, eine Paarung, die häufig anzutreffen ist. Bis zum Kriege zählte er selten mehr als 20 000 Mitglieder, die vorwiegend den gehobenen bürgerlichen Schichten entstammten, mit einem verhältnismäßig hohen Anteil an Lehrern und Hochschulprofessoren. Auch gehörten etwa 60 Abgeordnete der Rechts- und Mittelparteien dazu. Führende Männer des Verbandes hatten gleichzeitig leitende Positionen in anderen nationalen Organisationen, wie in dem Flottenverein, dem Wehrverein, der Kolonialgesellschaft und dem Reichsverband gegen die Sozialdemokratie, wodurch vor allem seine Ausstrahlungskraft angesichts der bescheidenen Mitgliederzahl zu erklären ist. In unermüdlicher publizistischer und agitatorischer Tätigkeit forderte der Verband außenpolitisch eine Erweiterung der Machtstellung des Reiches in der Welt. Der Präventivkrieg galt ihm hierfür als probates Mittel. Als Hauptfeind Deutschlands wurde England angesehen. Innenpolitisch bekämpfte er vor allem die Sozialdemokratie.

Die Alldeutschen vertraten ihr Programm kompromißlos und oft in Kampfstellung gegen die Regierung. Wegen der erfolglosen deutschen Außenpolitik griffen sie schließlich jeden Kanzler an, am meisten Bethmann Hollweg. Auch der Kaiser wurde nicht geschont. Ihr Einfluß auf die deutsche Außenpolitik war im Frieden jedoch ohne Bedeutung. Darin täuschte sich der Unterstaatssekretär im Foreign Office, Sir Eyre Crowe, gründlich, der sich sein Urteil über Deutschlands Ziele hauptsächlich aus den Reden und Schriften der Alldeutschen bildete.

Es lag ganz auf der Linie des Verbandes, daß er sich stets für eine starke militärische Rüstung einsetzte. Für Wehrfragen besaß er in verabschiedeten Offizieren, namentlich den Generalen Keim und v. Liebert, fachkundige Berater, die mit dem Offizierkorps und der militärischen Führung in loser Verbindung standen. Man begrüßte wohl von dieser Seite die Unterstützung in Wehrangelegenheiten durch den Verband, sympathisierte auch mit dessen allgemeinen nationalen Zielen, aber alldeutsches Gedankengut konnte sich doch nur recht begrenzt in der Armee ausbreiten. Die irrealen politischen Forderungen stießen bei der Führung auf Ablehnung. Selbst General v. Bernhardi, verabschiedeter Offizier und Verfasser des 1912 erschienenen Buches „Deutschland und der nächste Krieg“, trat erst nach Kriegsausbruch dem Verbande bei. Seine Forderungen in diesem Buch überboten an aggressivem Nationalismus und Imperialismus beinahe noch das sonstige alldeutsche Schrifttum und wirkten im Ausland unheilvoll. Kaiser Wilhelm sprach ihm seine scharfe Mißbilligung aus. Im Kriege gewann alldeutscher Nationalismus sehr an Boden. Die 3. Oberste Heeresleitung, insbesondere der engere Kreis um General Ludendorff, machte sich diese Vorstellungen weitgehend zu eigen.

Nationalistisches Denken führte in Staaten mit nicht einheitlich nationaler Bevölkerung zunehmend zu Nationalitätenkonflikten, von denen der Vielvölkerstaat Österreich-Ungarn besonders betroffen wurde. Auch Deutschland war nur bedingt ein Nationalstaat, da innerhalb der Reichsgrenzen nationale Minderheiten lebten. Die litauische Volksgruppe in Ostpreußen und der dänische Volksteil in Schleswig-Holstein waren zu klein, um ins Gewicht zu fallen. Dagegen lebten in den preußischen Ostprovinzen allein etwa 3,5 Millionen Polen. Gegen die drohende polnische Überfremdung in den Grenzgebieten hatte schon Bismarck Gegenmaßnahmen ergriffen. Caprivi nahm auch in dieser Frage eine versöhnliche Haltung ein, die ihm von der polnischen Reichstagsfraktion bei der Abstimmung über die große Heeresverstärkung 1893 entgolten wurde. Nur mit Hilfe der 16 polnischen Stimmen kam die erforderliche Mehrheit zustande. Danach verschlechterte sich das Verhältnis zwischen Deutschen und Polen durch die Ostmarkenpolitik der preußischen Regierung, die das weitere Vordringen des Polentums mit allen möglichen Mitteln aufzuhalten suchte. Letzten Endes erwies sich dies als verfehlt und stärkte nur das polnische Nationalbewußtsein. Auf die Loyalität der Polen im Wehrdienst übten diese Vorgänge keine nachteilige Wirkung aus. Im Frieden und im Kriege bewährten sich die Polen allgemein als gute und zuverlässige Soldaten.

Im Westen des Reiches waren durch den Sieg von 1870/71 gegen Frankreich Elsässer und Lothringer hinzugekommen. Von ihnen sprachen wohl die ersteren noch in weit überwiegender Mehrheit deutsch, waren aber infolge der langen Zugehörigkeit zu Frankreich dem Deutschtum innerlich entfremdet. Eine intensive französische Propaganda arbeitete gegen die Bemühungen der deutschen Regierungsstellen, die Bevölkerung – infrage kamen nur die Elsässer – wieder für Deutschland zu gewinnen. Den deutschen Behörden fehlte es oft an Geschicklichkeit und Einfühlungsvermögen in ihrer Behandlung. Die elsässischen Rekruten mußten anfangs ihre Wehrpflicht in binnendeutschen Garnisonen ableisten. Erst ab 1903 wurden sie zu 25% versuchsweise zu den in ihren Heimatgebieten stationierten reichsdeutschen Truppenteilen eingezogen. Die Annahme von Offizieranwärtern aus elsässischen Familien war eine Seltenheit. Kleine Fortschritte einer Annäherung an Deutschland wurden 1913 durch das erstaunliche Fehlgreifen in den Maßnahmen militärischer Kommandostellen bei einem an sich unbedeutenden Anlaß zunichte gemacht. Als Zabern-Affäre erlangte dieser Vorgang eine traurige Berühmtheit (s. S. 76 f.). Hiernach konnte es nicht verwundern, daß der Prozentsatz an Fahnenflüchtigen und Überläufern unter den elsässischen Soldaten im Kriege besonders hoch war.

Die Heeresverwaltung nahm auf die Nationalitätenprobleme Rücksicht. Die alljährlich mehrmals sowie vor der Fahneneidleistung vorgenommene Bekanntgabe der Kriegsartikel, eine soldatische Pflichtenlehre, die 1902 neu gefaßt wurde, mußte für die der deutschen Sprache nicht kundigen Soldaten in ihrer Muttersprache, dänisch, französisch, litauisch oder polnisch, erfolgen (Armee-Verordnungsblatt Nr. 234 vom 22. 9. 1902).

b. Imperialismus

Aus dem Zusammenspiel geistiger, politischer und wirtschaftlicher Kräfte ist der „Imperialismus" entstanden, der von etwa 1880 an bis zum Ersten Weltkrieg dem Zeitalter das entscheidende Gepräge gab, so daß dieser Name der Epoche beigelegt wurde. Der moderne Imperialismus ist Machtstreben, das vornehmlich von Europa ausging und über die nationalen Staatsgrenzen ins Weite drängte, um in fremden Ländern und Erdteilen Herrschaft auszuüben, sie wirtschaftlich zu nutzen und die eigene Machtüberlegenheit zur Geltung zu bringen. Dahinter stand eine seelische Verfassung oder ein Sendungsbewußtsein, das an die Berechtigung solchen Handelns glaubte. Von den imperialistischen Bewegungen früherer Perioden unterschied er sich vor allem dadurch, daß er von den nationalen Energien der Großmächte getragen wurde und sich über die ganze Erde ausdehnte.

Wenn dieser Imperialismus auch nicht denkbar war ohne einen bestimmten Leistungsstand der Wirtschaft, die sich überall Rohstoffgebiete und Absatzmärkte sichern wollte, so ist er aus ökonomischen Motiven allein nicht zu erklären. Wirtschaftliche Notwendigkeiten, wie Überbevölkerung oder eine Überkapazität der Industrie, lagen nicht in jedem Falle vor. Frankreich hatte keine überschüssige Volkskraft und schuf sich doch seit 1880 ein großes Kolonialreich. Rußland war industriell, im Vergleich zu den anderen Großmächten, rückständig, hatte in seinem Riesenreich noch weite, unausgefüllte Räume und versuchte trotzdem seinen Herrschaftsbereich immer weiter auszudehnen. England, der Schrittmacher der imperialistischen Idee und seit langem Herr eines Weltreiches, baute sein Imperium weiter aus, um seine Vorrangstellung gegenüber den rivalisierenden Mächten zu halten. Deutschland, Japan, Italien und die Vereinigten Staaten von Amerika griffen seit den neunziger Jahren in diesen imperialistischen Wettstreit mit ein, um bei der Aufteilung der Erde nicht leer auszugehen.

Für einen deutschen Imperialismus waren einige Voraussetzungen gegeben, die bei Frankreich und Rußland nicht vorhanden waren. An Bevölkerungszahl ließ Deutschland seinen westlichen Nachbarn von Jahr zu Jahr weiter hinter sich. An Wirtschaftskraft stellte es Rußland vollkommen in den Schatten und überflügelte auch Frankreich immer mehr. Sein stetig wachsendes Gewicht in der Weltwirtschaft hätte wohl allein mit Notwendigkeit dazu geführt, daß sich Deutschland aus der Weltpolitik nicht heraushalten konnte und in den Sog der imperialistischen Zeitströmung geriet. Bismarck hatte zögernd aufgrund der Initiative deutscher Kaufleute und Forschungsreisender einige Kolonien erworben, um die nationalen Energien auf ein Ziel zu lenken, war aber imperialistischen Experimenten abgeneigt. Die gleiche Haltung vertrat sein Nachfolger Caprivi.

Der junge Kaiser dachte anders. In dieser Hinsicht war er Exponent der neuen Zeit. Für ihn hatte Deutschland ein Anrecht auf eine seiner Machtstellung gemäße Mitbestimmung bei allen Welthändeln. Der Flottenbau war eine Folge des imperialistischen Strebens, das sich in einer Mischung von Prestige-, Macht- und Wirtschaftspolitik äußerte. Deutschland kam zu spät als Bewerber und vermochte seinen kolonialen Besitz nicht mehr wesentlich zu vergrößern. So konnte der deutsche Imperialismus vor allem nur wirtschaftspolitische Expansion erfolgreich betreiben. Für Kolonialfragen bestand anfangs im Volk und auch im Reichstag wenig Interesse. Die Propagandaarbeit der nationalen und nationalistischen Kreise und Verbände schuf hier langsam Wandel und regte Phantasie und Stolz an. Wirklich volkstümlich sind die imperialistischen Bestrebungen in der kurzen Zeit nicht geworden, obwohl selbst einige Sozialdemokraten zuletzt diesem Fragenkomplex ein gewisses Verständnis entgegenbrachten, wenn sie auch jede machtpolitische oder kapitalistische Komponente darin nach wie vor ablehnten.

Wieweit die imperialistische Strömung auf das Offizierkorps der Armee einwirkte, ist schwer abzuschätzen. Vieles spricht dafür, daß ihr Einfluß nicht stark gewesen ist und sich auf die nicht zahlreichen offenen Anhänger der alldeutschen Richtung beschränkte. Die maßgeblichen Führungsstellen, Generalstab und Kriegsministerium, begegneten ihr eher mit Skepsis oder sogar mit Ablehnung, wie aus manchen Äußerungen hervorgeht. Das lag weniger an ihrem von Berufs wegen kontinentalen Denken als an ihrer Verantwortung und Sorge für die Schlagkraft der Armee gegenüber den beiden starken Mächten im Osten und Westen. Kein Kriegsminister oder Generalstabschef war sich je darüber im Zweifel, daß im Falle eines Krieges die Armee die Hauptaufgabe zu leisten hatte und der Flotte nur eine zweitrangige Rolle zufiel. Die starke Forcierung des Flottenbaues zu Lasten der Armee sahen sie deshalb mit Bedenken, erhoben aber dagegen keine ernsthaften Vorstellungen beim Kaiser.

Vom Kolonialproblem wurde die Armee insofern unmittelbar betroffen, als ihr der militärische Schutz der afrikanischen Kolonien anvertraut war. Für die Kolonien Deutsch-Ostafrika und Kamerun stellte sie das Führungs- und Verwaltungspersonal der aus Eingeborenen gebildeten Schutztruppen. In Deutsch-Südwestafrika bestand die gesamte Schutztruppe aus deutschen Mannschaften und Offizieren. Diese Streitkräfte waren nur zur Sicherung gegen Eingeborenen-Aufstände bestimmt und dementsprechend gering. Nach dem letzten großen Aufstand in Südwestafrika 1904 genügte eine Stärke von 2 000 Mann. Das Schutzgebiet Kiautschou unterstand dem Reichsmarineamt und war mit schwachen Marinetruppen belegt (s. S. 209). Wie diese Gebiete bei einem europäischen Kriege mit England als Gegner gehalten werden konnten, war der Heeresführung unklar. Der Generalstabschef Graf Schlieffen gestand während des Russisch-Japanischen Krieges: „Dieses Kiautschou kann einem schlaflose Nächte machen."

c. Militarismus

Wie sich Nationalismus und Imperialismus unabhängig voneinander und doch in Wechselwirkung aus dem modernen Staatsdenken entwickelten, so gilt das gleiche für den diese Epoche mitbestimmenden „Militarismus". Der Ausdruck kam erst in den sechziger Jahren des vorigen Jahrhunderts, wahrscheinlich in Frankreich, auf und bürgerte sich alsbald überall als politisches Schlagwort ein. Ursprünglich bedeutete das Wort eine innenpolitische Kampfparole liberaler, später sozialistischer und auch klerikaler Kreise gegen das Stehende Heer, auf das sich die herrschenden konservativen und reaktionären Mächte in einigen Staaten als stärkstes Bollwerk in ihrem Widerstand gegen demokratisch-freiheitliche Bestrebungen stützten. Der innenpolitische Aspekt ist, wenn auch in anderer und umfassenderer Art, das Hauptmerkmal des Militarismus nach dem später eingetretenen Bedeutungswandel des Wortes geblieben.

Im Ersten Weltkrieg wurde das Schlagwort „Militarismus" mit großem Erfolg als propagandistische Waffe gegen das deutsche Kaiserreich verwendet, um einen dort herrschenden Zustand und eine Geisteshaltung anzuprangern, die angeblich einer friedlichen Ordnung im Völkerleben im Wege stand. Eine bis auf den Grund gehende Analyse des vielschichtigen und umstrittenen Begriffes wird wohl einen Militarismus eigener Art für Deutschland bestätigen, freilich ohne die ihm zugesprochene aggressive Tendenz. Sie wird aber auch zu dem Ergebnis kommen, daß der Militarismus dieser Zeit ein internationales Phänomen war.

Ganz allgemein wird heute unter Militarismus die tatsächliche oder angenommene Vormachtstellung des Militärs in Staat und Gesellschaft verstanden. Hiervon ausgehend läßt sich schon in früheren Geschichtsperioden, insbesondere im Absolutismus, ein Militarismus feststellen. Für den modernen Militarismus ist Voraussetzung die Allgemeine Wehrpflicht, die zu einer Militarisierung der ganzen Gesellschaft führen kann. Keineswegs können Forderungen nach einer starken Wehrmacht, militärischer Geist und Gesinnung des Offizierkorps, Hochhalten des soldatischen Ethos, strenge Disziplin oder selbst eine Politik, die den Krieg als letztes und einziges Mittel zur Selbstbehauptung der Nation ansieht, allein als Militarismus ausgelegt werden. Dagegen ist die Übertragung militärischer Formen, Denkweisen und Zielsetzungen in den zivilen Bereich ein notwendiges Attribut des Militarismus. Von dem Deutschamerikaner Alfred Vagts stammt die Definition: „Der Militarismus umfaßt jedes Denk- und Wertsystem und jeden Gefühlskomplex, der militärische Mentalität und Verhaltensweisen über die des Zivillebens stellt und sie in den zivilen Bereich überträgt." (S. 15). Gerhard Ritter hat dagegen das Militarismus-Problem nur unter dem Gesichtspunkt des Verhältnisses von Heer und Außenpolitik und der Beeinflussung der letzteren durch die militärische Führung gesehen und damit in einen zu engen Rahmen gestellt. Als Militarismus bezeichnet er die einseitige Bestimmung politischer Entscheidungen durch militärtechnische Erwägungen an Stelle einer auch am Sittengesetz orientierten Staatsvernunft und darüber hinaus das

Überwiegen militanter kämpferischer Züge in der politischen Grundhaltung eines Staatsmannes, die in dem Bemühen um Schaffung einer dauerhaften Rechts- und Sozialordnung zum Wohle der Menschheit liege. Auch in seinem Werk „Staatskunst und Kriegshandwerk", Bd 2, geht er den Spuren nach und legt unter anderem dar, wie stark der englische General Wilson selbständig auf eine militärpolitische Bindung Englands an Frankreich hingearbeitet hat.

Der Typ des politischen Offiziers ist gelegentlich in allen Staatsformen anzutreffen. In der deutschen Armee erscheint er nach dem Ausscheiden des Generals Graf v. Waldersee als Generalstabschef 1891 bis zum Kriegsausbruch nicht mehr. Im übrigen lag es bei der Staatsleitung in jedem Land, ob sie das politische Wirken eines Offiziers tolerierte oder seine Vorschläge ablehnte, wie es dem österreichischen Generalstabschef General Conrad v. Hötzendorf mit seinen Kriegsplänen gegen Serbien erging. Die politische Betätigung einiger höherer Offiziere gegen die Absichten und Ziele der Staatsleitung kann nicht als Maßstab für den Militarismus genommen werden.

Der deutsche Militarismus wird im allgemeinen auf den altpreußischen Militärstaat zurückgeführt, der nach dem Urteil des bedeutenden deutschen Verfassungshistorikers Otto Hintze das klassische Land des alten absolutistischen Militarismus war. In diesem Staat wurde am frühesten und reinsten die Idee der Allgemeinen Wehrpflicht nach den von Frankreich in der großen Revolution entwickelten Ideen verwirklicht. Preußen machte sich zwar damit in seiner Heeresverfassung die Forderungen der neuen Zeit zu eigen, verschloß sich aber bis zur Revolution 1848 dagegen, die sich aus der Wehrpflicht jedes Bürgers ergebenden Konsequenzen für eine entsprechende politische Verfassung zu ziehen. Die dadurch entstehende Kluft zwischen Bürgertum und Armee in dieser Zeit trug wesentlich dazu bei, einen ausgesprochenen Militarismus nicht aufkommen zu lassen, obwohl die Armee der dominierende Faktor im Staate war.

Die glänzenden Waffenerfolge in den Einigungskriegen, die endliche Erfüllung des lange gehegten Traumes von einem einigen Reich und der schnelle Machtanstieg dieses Reiches bewirkten nunmehr einen Umschlag in der Einstellung des größten Teils des Bürgertums zum Heer. Die Ressentiments verblaßten mehr und mehr, namentlich auch in den süddeutschen Bundesstaaten, in denen man vorher oft mit Abscheu von dem preußischen Militarismus gesprochen hatte. Die immer stärkere militärische Durchorganisierung des Volkes im Zuge der durch die außenpolitische Konstellation bedingten Rüstungsverstärkungen führte zu einer Übertragung militärischer Formen und Denkweisen auf das Zivilleben, gefördert durch Schulunterricht, nationale Gedenktage mit militärischem Gepränge, die Kriegervereine, Sängerbünde, Turnerverbände, Literatur und Presse. In ausgesprochenen Militärstaaten konnte sich ein solcher Wandel leichter in der Mehrheit der Bevölkerung vollziehen als in Demokratien, in denen der Vorrang der Zivilgewalt länger begründet war. In Frankreich war die militärische Durchorganisierung des Volkes viel radikaler durchgeführt, ohne daß es in diesem Ausmaß zu solchen militaristischen Erscheinungen kam. Die Gegenkräfte in

Deutschland, vor allem in der sozialistischen Bewegung, aber auch in dem mit den neuen Zeitströmungen gehenden Schrifttum, die solche Erscheinungen kritisierten und geißelten, kamen schwer dagegen auf. Deutschland befand sich in einer Übergangslage von einer feudal-aristokratisch-patriarchalischen Gesellschaftsverfassung zu einer individualistisch-demokratischen. Es war von ausschlaggebender Wirkung, daß der Offizier in der Gesellschaftshierarchie die erste Stelle einnahm. Diese Vorzugsstellung in der Rangordnung war eine der Hauptursachen in der Überbewertung des Militärischen an sich.

Unter der Regierung Kaiser Wilhelms II. erreichte diese Entwicklung ihren Höhepunkt, aber auch für diese Zeit darf Militarismus nicht mit militantem Geist verwechselt werden. Die Auswüchse des Militarismus wie der übertriebene Uniformkult, die Hochschätzung und Nachahmung militärischer Umgangsformen mochten dem ausländischen Beobachter bizarr und aufdringlich erscheinen, waren aber doch mehr Äußerlichkeiten. Die Unterordnung des einzelnen unter einen überhöhten Staatsbegriff, der sich von dem der westlichen Nationen sehr abhob, fand im Heer die ausgeprägteste Verkörperung. Es darf jedoch bei allen Vorbehalten nicht übersehen werden, daß diese Form des Militarismus die innere Struktur des Reiches mitgestaltete und ihr Halt gab.

Im Ausland freilich konnte er als gefährliche Explosionskraft angesehen werden. Maßgebenden Einfluß auf die Politik besaß und erstrebte die Heeresführung nicht. Erst in der zweiten Hälfte des Weltkrieges wurde sie infolge der Schwäche des Kaisers und der politischen Reichsführung die bestimmende Kraft. Wie die Verdammung des deutschen Militarismus in der Welt entstehen konnte, welche Motive und Fehlurteile ihr zugrunde lagen, hat Werner Picht in seinen Betrachtungen über den Begriff Militarismus dargelegt.

3. Die wirtschaftlichen Antriebskräfte

a. Dynamischer Wirtschaftsaufstieg Deutschlands

Für die Entwicklung der deutschen Wirtschaft um die Jahrhundertwende war die Jahrzehnte zurückliegende Zollvereinspolitik Preußens die wichtigste Voraussetzung. Dank der damit erreichten wirtschaftlichen Einheit nahm die Industrie in der Zwischenzeit einen erstaunlichen Aufschwung, der sich nach der Reichsgründung, gefördert durch eine einheitliche Wirtschaftsgesetzgebung und durch die Vereinheitlichung des Geldwesens mit Übergang zur Goldwährung, kräftig fortsetzte. Als Ausfuhrland erreichte Deutschland 1880 den vierten Platz hinter Großbritannien, Frankreich und den Vereinigten Staaten von Amerika.

Nach 1890 nahm der wirtschaftliche Aufstieg ein beinahe stürmisches Tempo an. Deutschland überflügelte Frankreich und näherte sich von der Jahrhundertwende an in immer schnelleren Schritten England, erreichte es sogar auf einigen Produktionsgebieten, blieb aber an Kapitalkraft noch hinter Frankreich zurück.

Die Kohleförderung stieg zwischen den Jahren 1890 und 1913 von 89 Millionen auf 267 Millionen, die Roheisengewinnung von 4,7 Millionen auf 19,3 Millionen Tonnen. Deutschland war bei Ausbruch des Ersten Weltkrieges der größte Eisen- und Stahlproduzent Europas und stand in der Kohleproduktion an zweiter Stelle. Auf der Verbindung von Kohle und Eisen, den wichtigsten Wirtschaftsgütern des Zeitalters, beruhte vor allem die industrielle Entwicklung Deutschlands. Das Deutsche Reich sei weit eher auf Kohle und Eisen als auf Blut und Eisen aufgebaut, hat später der bekannte englische Nationalökonom Lord Keynes in Abwandlung eines berühmten Bismarck-Wortes gesagt. Neben der Schwerindustrie mit den Ballungszentren Ruhrgebiet, Oberschlesien, Saargebiet begründeten insbesondere die Chemische, Optische und die Elektro-Industrie die wirtschaftliche Weltgeltung Deutschlands. An dem sich von 1890 bis 1910 wertmäßig auf 150 Milliarden Mark verdoppelnden Welthandel war Großbritannien mit 20, Deutschland mit 16, die Vereinigten Staaten mit 14 und Frankreich mit 11 Milliarden beteiligt.

In diesen Zahlen spiegelt sich die fortschreitende Industrialisierung Deutschlands wider, die durch die starke Bevölkerungsvermehrung mit vorangetrieben wurde. Reichskanzler v. Caprivi sprach dieses Problem an, als er in einer Reichstagsrede am 10. Dezember 1891 zur Begründung seiner Vorlagen für neue langfristige Handelsverträge mit Nachbarstaaten erklärte: „Wir müssen exportieren, entweder wir exportieren Waren oder wir exportieren Menschen. Mit dieser steigenden Bevölkerung ohne gleichmäßig zunehmende Industrie sind wir nicht in der Lage, weiterzuleben.“ Die Reichsleitung unterstützte daher die Industrie, soweit es sich mit dem Schutz für die Landwirtschaft und ihrer Sozialpolitik vereinbaren ließ. Der Staat, durch seinen Land-, Forsten- und Grubenbesitz, durch Heeres- und Marinebetriebe, sowie durch sein Monopol für Post und Eisenbahn selbst der größte Unternehmer, vermochte durch seine Wirtschaftspolitik und durch Aufträge, unter denen Rüstungsaufträge nicht unbedeutend waren, nur Hilfe zu geben. Das schnelle Wachstum und die hohe Leistungsfähigkeit der Wirtschaft waren vornehmlich dem Können und der Tüchtigkeit qualifizierter Arbeits- und Führungskräfte zu verdanken, angefangen vom Facharbeiter über den Ingenieur, Kaufmann und Konstrukteur bis zum Unternehmer.

Die Wirtschaft wurde ein Machtfaktor ersten Ranges, von deren Gedeihen die Wohlfahrt des Staates in entscheidender Weise abhing. Die Unternehmer errangen daher in dem Beamten- und Militärstaat eine unabhängige und einflußreiche Stellung im öffentlichen Leben, die von der Reichsleitung respektiert wurde. Ihre Verdienste um den Staat wurden mit Titeln, Orden oder Nobilitierung honoriert. Zu den adligen Führungskreisen in der Politik, Staatsverwaltung, Armee und Marine bahnten sich mehr und mehr Querverbindungen an, die eine Auflockerung des feudalen Gesellschaftsgefüges in den oberen Rängen zur Folge hatten. Die alte Geburtsaristokratie und die neue Finanz- und Industriearistokratie einte bei manchen Unterschieden der Kampf gegen die sozialistische Opposition. Die großbürgerliche Unternehmerschicht bejahte gefühls- und verstandesmäßig die monarchische Staatsordnung in der bestehenden Form mit dem militaristischen Einschlag, in der sie die sicherste Stütze für ihr Wirken im In- und Ausland sowohl im nationalstaatlichen Interesse wie im Dienste ihrer übernationalen Funktion und gegen eine Umsturzgefahr von links sah. Walter Rathenau, ein bedeutender Wirtschaftsführer dieser Epoche, hat treffend gesagt: „Die Kruste des Militarismus gab uns Halt."

b. Rivalität mit England

England, das Mutterland der industriellen Revolution, war bis etwa zum Beginn der hier behandelten Epoche unangefochten und mit Abstand die erste Wirtschaftsmacht der Erde. Seine Industrialisierung übertraf die jedes anderen Landes. Seine überlegene Seemacht hatte dem Inselreich die Möglichkeit geboten, mit dem Aufbau seines überseeischen Imperiums den Welthandel an sich zu ziehen und eine Art Monopolstellung zu erringen, während die großen Kontinentalstaaten noch mit der Konsolidierung ihrer inneren Verhältnisse beschäftigt waren. England lebte von Industrie und Handel. Das Offenhalten der Handelswege und überseeischen Verbindungen war Existenzbedingung. In ähnlicher Lage befand sich Deutschland, das allerdings im Gegensatz zu England auch auf die Erhaltung seiner Landwirtschaft bedacht war. Seine aufblühende Industrie stieß auf der Suche nach Absatzgebieten überall auf England, so daß sich ein harter Konkurrenzkampf entwickelte. Die alarmierte englische Wirtschaft rief nach Kampfmaßnahmen gegen die deutsche Konkurrenz, ohne bei ihrer Regierung Gehör zu finden.

Ungeachtet dieser Tatsache und der seit Anfang des Jahrhunderts wachsenden politischen Animosität zwischen beiden Nationen, ergab sich daraus keine feindselige Haltung in den Wirtschaftsbeziehungen. Im Gegenteil, von dem zunehmenden Weltbedarf an industriellen Waren profitierten beide und waren gegenseitig die besten Kunden. Bis zum Kriegsausbruch wurden die wirtschaftlichen Bande von den maßgebenden Wirtschaftskreisen beider Länder eifrig gepflegt und der Gedanke an einen Krieg lag ihnen fern. Auf deutscher Seite ist von manchen Gruppen aus dem scheinbar unbegrenzten Aufschwung der eigenen Wirtschaft geschlossen worden, daß England zu den absteigenden Mächten zähle und Deutschland Englands Platz durch friedlichen Wettbewerb erringen werde. Das war eine Verkennung der wirtschaftlichen Machtquellen Englands, der, wie auch auf anderen Gebieten, eine Überschätzung der eigenen Stärke zugrunde lag. Darauf gründete sich später eine populäre Vorstellung von dem Handelsneid Englands als eigentlichem Kriegsmotiv, die aber abwegig ist und keiner sachlichen Analyse standhält. Dagegen hat die nationalistische Presse beider Seiten aus dem Wirtschaftsablauf Kapital für ihre Überzeugungen und Ziele geschlagen und zur Vergiftung der Atmosphäre in den Völkern beigetragen. Vor Kriegsausbruch waren beide Rivalen schon von den USA überflügelt.

c. *Wirtschaft und Politik*

In allen Industrieländern ließ der Staat der auf dem Privateigentum an den Produktionsmitteln und individuellem Erwerbsstreben beruhenden kapitalistischen Wirtschaft in Erkenntnis ihrer enormen Bedeutung für das Wohl der Nation und aufgrund der liberalen Wirtschaftsprinzipien jener Zeit ein hohes Maß von Eigengesetzlichkeit für ihr Handeln. Unabhängig von der Bündnispolitik ihrer Staaten und öfter gar nicht in Einklang mit dieser, schlossen große Unternehmen unter sich Abmachungen über Preise und Märkte und tauschten Erfindungen aus. Konkurrenzkampf ging neben Interessenausgleich auf übernationaler Basis einher. Infolgedessen waren politischer und wirtschaftlicher Expansionsdrang der Mächte, die Hauptmerkmale des imperialistischen Zeitalters, nicht immer aufeinander abgestimmt, ergänzten sich freilich häufig und wirkten zusammen, da sich die Interessen des Staates mit denen der Wirtschaft sehr oft deckten. Die Wirtschaft suchte und fand bei Schwierigkeiten in vielen Fällen Rückhalt an ihrem Staat, und dieser bediente sich der Wirtschaft gelegentlich für seine politischen Absichten. Bei den meisten politischen Aktionen dieser Epoche, vor allem außerhalb des europäischen Raumes, waren wirtschaftliche Gesichtspunkte mehr oder weniger hervorragend beteiligt. Politik und Wirtschaft durchdrangen sich auf eine oft schwer durchschaubare Weise.

Die deutsche Schwerindustrie auf ihrer ständigen Suche nach Erzlagern hatte zum Beispiel in Frankreich große Lagerstätten auf privatkapitalistischem Wege erworben. Kurz vor dem Ersten Weltkrieg kontrollierte sie 75 % der Vorkommen in der Normandie und mindestens 15 % im Briey-Gebiet sowie beträchtliche Lager in Französisch-Lothringen. Als Ausgleich wurden französische Unternehmen am deutschen Kohlenbergbau beteiligt, ein Beweis für den Grad der internationalen Wirtschaftsverflechtung ohne das Hineintragen nationaler Gesichtspunkte auf beiden Seiten bei diesem Geschäft. In der Ostasien-Politik der Großmächte ging es ebenso sehr um wirtschaftliche Interessen wie um militärische Stützpunkte. In dem sich sieben Jahre hinziehenden Marokko-Konflikt waren die widerstreitenden Interessen deutscher und französischer Wirtschaftsgruppen an Erzen mit beteiligt. Das Engagement Deutschlands in der Türkei war anfangs rein privatwirtschaftlicher Art, wurde aber mit dem Bau der Bagdad-Bahn und der Kontrolle der mesopotamischen Ölfelder durch eine deutsche Wirtschaftsgruppe nach und nach ein Politikum ersten Ranges, je mehr sich der deutsche Einfluß gegenüber dem englischen und französischen durchsetzte und militärpolitische Überlegungen Gewicht bekamen. In allen politischen Konflikten mit stark wirtschaftlichem Einschlag wurde jedoch immer ein Ausgleich gefunden, wie es zuletzt auch in der Türkei gelang.

4. Rüstung und Abrüstungskonferenzen

a. Rüstungswettlauf

Der imperialistische Wetteifer der großen Mächte, ihr gegenseitiges Mißtrauen und ihre nationale Reizbarkeit, die sich bei jeder politischen Krise offenbarten, riefen ein erhöhtes Schutz- und Sicherheitsbedürfnis hervor und führten in Konsequenz zu einer steten Verstärkung der Rüstungen. Jede Vermehrung der Streitkräfte auf der einen Seite wurde zwangsläufig von der anderen mit gleichen Maßnahmen beantwortet. Man hat für diesen Vorgang das treffende Wort „Rüstungswettlauf" geprägt, der dem Verlauf der politischen Entwicklung angepaßt war, so daß er in den letzten Jahren vor Kriegsausbruch ein immer schnelleres Tempo annahm. Deutschland hielt sich in dieser Beziehung bis dahin verhältnismäßig zurück und spielte die durch seine Bevölkerungszahl gegebenen Möglichkeiten für eine stärkere Heeresrüstung aus außen- und innenpolitischen Gründen nicht aus.

Bei dem Amtsantritt General v. Caprivis als Reichskanzler 1890 besaß Frankreich nach Ausbau seines Wehrsystems durch die Einstellung aller Wehrpflichtigen bei minderen Tauglichkeitsgraden als Deutschland eine Überlegenheit sowohl in der Friedensstärke der Armee (rund 500 000 Unteroffiziere und Mannschaften gegen 469 000) wie auch in ausgebildeten Leuten (3,2 gegen 2,8 Millionen). Die Friedensstärke der russischen Armee wurde auf 830 000 Mann geschätzt. Demgegenüber brachte auch die Zurechnung der Heeresstärken der beiden Bündnispartner, Österreich-Ungarn mit 290 000 und Italien mit 230 000 Mann, keinen Ausgleich. Unter Hinweis auf die unzureichende eigene Rüstung allein gegen Frankreichs militärische Macht konnte der Kanzler im Mai 1890 als Ergänzung zu der letzten Heeresvermehrung unter Bismarck von 1887 die Zustimmung des Reichstages für eine Erhöhung der Friedenspräsenzstärke um 18 500 Mann gewinnen.

Kann bei dieser Heeresvermehrung von einem Bezug auf die gewandelte außenpolitische Konstellation durch die Nichterneuerung des Rückversicherungsvertrages noch nicht die Rede sein, so trat er deutlich bei der schon drei Jahre später im Sommer 1893 vorgenommenen Verstärkung um rund 71 000 Mann hervor. Die Friedensstärke des deutschen Heeres steigerte sich hierdurch auf 557 000 Unteroffiziere und Mannschaften, wozu noch etwa 9 000 Einjährig-Freiwillige und rund 22 500 Offiziere kamen. Gekoppelt war diese Vermehrung mit der zunächst versuchsweise eingeführten aktiven Dienstpflicht von zwei Jahren für die Fußtruppen, mit der Deutschland allen Staaten voranging, an Stelle der bisherigen dreijährigen Dienstzeit. Da sie sich bewährte, wurde sie beibehalten und 1905 gesetzlich verankert. Mit dieser Verstärkung wurde eine kleine Überlegenheit über die französische Armee erreicht, obwohl auch jetzt noch nicht alle wehrtauglichen Rekruten eingestellt werden konnten. Diese wurden mit den bedingt Tauglichen der Ersatzreserve zugewiesen, für die im

Gegensatz zu früher keine kurzfristige militärische Ausbildung mehr stattfand. Ihre Zahl wuchs im Laufe der Jahre mächtig an.

Es war bis 1912 der letzte Versuch, verlorenen politischen Spielraum durch erhöhte Heeresrüstung auszugleichen. Die nächsten Heeresverstärkungen von 1899, 1905 und 1911 standen in keinem ursächlichen Zusammenhang mit der außenpolitischen Entwicklung. Sie betrugen insgesamt noch nicht einmal 40 000 Mann und dienten vorzugsweise der Ausfüllung von Lücken in den einzelnen Waffengattungen, der Erweiterung der Heeresorganisation und dem Ausbau technischer Formationen. Eine Anregung des Reichskanzlers Bülow beim Kriegsminister v. Einem 1906 hatte keine Folgen, da dieser angesichts der politischen Lage darauf verzichten zu können glaubte, auch fürchtete, beim Reichstag damit nicht durchzukommen.

Die II. Marokko-Krise hatte Deutschlands Isolierung offenkundig gemacht. Angesichts dieser Sachlage, die durch die überraschend schnelle Reorganisation und Verstärkung der russischen Armee mit laufender französischer Finanzhilfe ein besonderes Gewicht erhielt – schon 1909 erreichte die Friedensstärke des russischen Heeres 1,2 Millionen Mann und sollte weiter gesteigert werden –, waren sich das Kriegsministerium und der Generalstab über die Unzulänglichkeit der deutschen Heeresrüstung einig. Da auch der Kaiser immer wieder auf eine Verstärkung drängte, wurde der anfängliche Widerstand des Kanzlers und des Staatssekretärs des Reichsschatzamtes überwunden. Es war die erste außerplanmäßige Heeresverstärkung seit 20 Jahren, nur ein Jahr nach der letzten normalen Präsenzerhöhung um rund 11 000 Mann im Jahre 1911, die nach dem Quinquenatsystem für fünf Jahre gelten sollte. Die militärische Führung hielt zunächst eine Vermehrung des Stehenden Heeres um 29 000 Mann für ausreichend, da weitere Mittel infolge einer gleichzeitig eingebrachten Flottennovelle bei der angespannten Finanzlage nicht zur Verfügung gestellt wurden.

Der Ausgang der Balkan-Kriege im gleichen Jahre veränderte jedoch die militärpolitische Lage weiter stark zuungunsten des Zweibundes. Wegen der Schwäche der Türkei und der Erstarkung der Balkan-Staaten war Österreich im Falle eines Krieges gezwungen, einen Teil seines Heeres gegen diese Gegner bereit zu halten, und konnte nicht mit seiner ganzen Macht gegen Rußland antreten. Unter diesen Umständen ergriff zum erstenmal der Generalstab energisch die Initiative und wandte sich in einer Denkschrift vom 2. Dezember 1912 an den Kriegsminister und den Reichskanzler mit einem großen Rüstungsprogramm, das einen umfassenden Ausbau der Landstreitkräfte aufgrund der gewandelten militärpolitischen Situation und der Kräfteverhältnisse dringend forderte. An der Ausarbeitung dieser Denkschrift war der Chef der Aufmarschabteilung des Großen Generalstabes, der damalige Oberst Ludendorff, maßgebend beteiligt, der wegen seines unnachgiebigen Drängens bald darauf in die Truppe versetzt wurde. Den sachlich begründeten Argumenten konnte sich der Kriegsminister und schließlich auch der Reichskanzler nicht verschließen. Die vom Kriegsminister aufgestellte Heeresvorlage erbrachte eine Vermehrung um rund 135 000

Mann einschließlich der Offiziere und Unteroffiziere. Mit der zusätzlichen Forderung nach Aufstellung von drei neuen Armeekorps drang indessen der Generalstab wegen des Mangels an Ausbildungspersonal nicht durch.

Die Friedensstärke des deutschen Heeres stieg mit dieser größten Wehrvorlage seit der Reichsgründung auf 800 000 Mann. Bei Kriegsausbruch war diese Verstärkung erst gut zur Hälfte durchgeführt. Österreich-Ungarn begann seit 1912 gleichfalls, die Versäumnisse seiner Heeresrüstung nachzuholen. Die Friedensstärke seiner Armee wuchs bis 1914 auf rund 480 000 Mann. Die Stehenden Heere beider Mittelmächte zusammen betrugen bei Kriegsbeginn etwas über 1,2 Millionen Mann, die von Rußland und Frankreich dagegen über 1 Million mehr. Noch krasser zeigte sich die Überlegenheit der Feldheere allein auf der russisch-französischen Seite mit 5,3 Millionen gegenüber Deutschland-Österreich-Ungarn mit 3,8 Millionen Mann.

Im Ausland erregten die außerplanmäßigen deutschen Heeresverstärkungen naturgemäß großes Aufsehen, doch wäre es falsch, in ihnen die Ursache für das Rüstungsfieber zu erblicken, das viele Staaten, nicht nur die Großmächte, seit 1912 ergriff. Es ist mehr ein Symptom für die mit Spannung geladene Atmosphäre. Frankreich hatte immer unter höchster Anspannung seiner Volkskraft mit der deutschen Heeresstärke Schritt gehalten. Es parierte sofort, noch während die Beratungen über die große deutsche Wehrvorlage liefen, durch die Wiedereinführung der dreijährigen Dienstzeit und die Vorverlegung der Einberufung zum Wehrdienst vom 21. auf das 20. Lebensjahr. Rußland erhöhte seine Friedensstärke 1913 von 1,2 Millionen auf 1,4 Millionen Mann. England verlegte 1912 in Absprache mit Frankreich einen Teil seiner Mittelmeerflotte in die Heimatgewässer und ermöglichte dadurch Frankreich, alle Anstrengungen auf den Ausbau seiner Landstreitkräfte zu konzentrieren. Der als Ersatz für ein offizielles Bündnis geltende Briefwechsel zwischen dem englischen Außenminister Grey und dem französischen Botschafter Cambon Ende 1912 erhielt zwar keine unbedingte Bindung Englands an Frankreich für jeden Fall, engte aber die britische Handlungsfreiheit durch die militärischen Abmachungen weitgehend ein.

Es rächte sich jetzt, daß Deutschland von 1893–1912 aus einer zu optimistischen Beurteilung durch die maßgebenden politischen und militärischen Führungsinstanzen seine Heeresrüstung nicht auf einen höheren Stand gebracht und statt dessen die Flottenrüstung vorangetrieben hatte. Von etwa 10 Millionen wehrfähigen Männern im Alter von 21 bis 46 Jahren waren über 5 Millionen nicht ausgebildet. Auf Deutschland lastete vor allem der kontinentale Druck, gegen den es sich abzuschirmen hatte, nachdem kein politisches Heilmittel gefunden worden war. Heeres- und Flottenrüstung zugleich zu forcieren, war bei der Finanzlage des Reiches schwer möglich. Abgesehen hiervon gab Deutschland für den Rüstungshaushalt von 1902–1913 weniger aus als England und Frankreich.

Dazu einige Vergleichszahlen, bezogen auf die Belastung mit Rüstungskosten pro Kopf der Bevölkerung:

Für 1902 lauten die Zahlen, in Mark gerechnet, für England 46,5, für Frankreich 24,0, für Deutschland 16,6. Im Jahre 1909 waren es für England 28,1, für Frankreich ebenfalls 28,1 und für Deutschland 21,6. Im Vorkriegsjahr 1913 stand Frankreich mit 33,5 an erster Stelle, gefolgt von England mit 32,9 und Deutschland mit 31,3. Die Friedensstärke der französischen Armee betrug 1914 über 2 % der Bevölkerung, während die des deutschen Heeres nur auf 1,15 % kam.

b. Die Haager Friedenskonferenzen

In die Zeit der imperialistischen Ausbreitung der Großmächte fiel der erste Versuch einer Einschränkung übermäßiger militärischer Rüstungen im Interesse des Wohles der Völker und zur Vermeidung von Kriegen durch eine internationale Vereinbarung. Die Idee ging von Rußland aus und wurde von der Weltöffentlichkeit begrüßt. Standen hinter dem russischen Vorschlag gewiß auch egoistische Motive finanzieller und politischer Art, so konnte doch kein Staat sich dem Appell des Zaren in einer guten Sache entziehen. Die in Den Haag 1899, einige Monate vor dem Burenkrieg, zusammentretende Konferenz war von annähernd 30 Staaten, darunter allen Großmächten, beschickt. Über die ursprünglich beabsichtigte Begrenzung der Rüstungen kam keine Einigung zustande, ebensowenig über den Vorschlag, in den nächsten fünf Jahren die Militärausgaben nicht zu erhöhen.

Von den Hauptmächten wurde eine mehr oder weniger verschleierte Obstruktion betrieben, da kein Staat daran dachte, in eine Beschneidung seiner Souveränitätsrechte einzuwilligen. Die deutschen Vertreter exponierten sich dabei als Sprecher dieser Richtung in so ungeschickter Weise, daß man die Schuld an der Geringfügigkeit der Ergebnisse später propagandistisch Deutschland zuschieben konnte.

Folgende Resultate wurden erzielt:

1. Die Ausdehnung der Genfer Konvention von 1864, die sich nur auf den Landkrieg bezogen hatte, auch auf den Seekrieg.
2. Die Humanisierung des Krieges durch Verbot der Verwendung von Dumdum- und Gasgeschossen sowie des Abwerfens von Projektilen aus Luftfahrzeugen.
3. Die Errichtung eines permanenten Gerichtshofes in Den Haag zur Regelung internationaler Streitigkeiten, der nur auf Wunsch beider Parteien zusammentreten sollte.

An der aufgrund einer amerikanischen Anregung wiederum von Rußland ausgehenden Einladung zu einer II. Friedenskonferenz in Den Haag 1907 nahmen fast alle Staaten der Welt teil. Die Abrüstungs- und Friedensbestrebungen wurden von weiten Kreisen in vielen Staaten stark unterstützt, doch kam man in den Fragen der Abrüstung oder Rüstungsbeschränkung nicht weiter. Das lag sowohl an der Schwierigkeit der Materie wie auch an den unterschiedlichen Auffassungen und den Sonderinteressen der einzelnen Großmächte. So waren die Ergebnisse insgesamt noch mäßiger als auf der I. Konferenz und beschränkten sich auf einige Fortschritte in der Weiterbildung des Land- und Seekriegsrechts und in der Anerkennung eines obligatorischen Schiedsgerichts bei geringeren internationalen Streitigkeiten. Die in der Haager Konferenz von 1907 erreichten Abkommen über Gesetze und Gebräuche des Landkrieges wurden in die letzte Felddienstordnung für das deutsche Heer 1908 aufgenommen.

Deutschlands Haltung war auch auf dieser Konferenz wenig glücklich. Die über den unbefriedigenden Ausgang enttäuschte Weltöffentlichkeit sah wiederum in dem deutschen Militarismus den eigentlich Schuldigen. Wenn das auch im vollen Umfange keineswegs berechtigt war, so ist nicht zu widerlegen, daß der deutschen Reichsleitung ein Gefühl für die diesen Problemen innewohnenden Imponderabilien abging.

B. Die Wehrverfassungen und Heeresergänzungen der Großmächte

1. Die Wehrpflichtsysteme der Kontinentalstaaten

a. Frankreich

Nach der Niederlage von 1870/71 hatte Frankreich sofort das Wehrpflichtsystem nach deutschem Muster eingeführt. Da seine Bevölkerungszahl hinter der deutschen immer mehr zurückblieb, war es genötigt, auch Wehrpflichtige mit geringerem Tauglichkeitsgrad für die Aufstellung der Landstreitkräfte heranzuziehen, um mit dem immer mächtiger werdenden deutschen Nachbarn Schritt halten zu können, den es zeitweise in der Heeresstärke sogar übertraf. Die zunächst auf die Dauer von 20 Jahren begrenzte Dienstverpflichtung wurde schon 1889 auf 25 Jahre ausgedehnt, davon waren 3 Jahre im aktiven Heer, 7 Jahre in der Reserve der aktiven Armee, 6 in der Territorialarmee (Landwehr) und 9 in deren Reserve abzuleisten. Bei der Verkürzung der aktiven Dienstzeit im Jahre 1905 auf zwei Jahre in Nachahmung der schon 1893 von Deutschland vorgenommenen Herabsetzung wurde die Reservepflicht auf elf Jahre verlängert. Alle Vergünstigungen, die Ausnahmen, wie vorzeitige Entlassung und Dienstbefreiung, ermöglichen konnten, fielen fast vollständig fort. Familien, deren Ernährer im Wehrdienst standen, erhielten staatliche Unterstützung. Die Einrichtung des Einjährig-Freiwilligen-Dienstes für Mannschaften mit gehobener Schulbildung war schon 1889 abgeschafft.

Die deutsche Heeresverstärkung von 1913 quittierte Frankreich mit der Wiedereinführung der dreijährigen Dienstzeit. Es konnte dadurch seine Friedensstärke auf 813 000 Unteroffiziere und Mannschaften und 30 900 Offiziere steigern. Der Wehrpflichtige diente 3 Jahre aktiv, gehörte 11 Jahre zur Reserve der Armee, verblieb dann 7 Jahre in der Territorialarmee und weitere 7 Jahre in der Reserve der Territorialarmee. Die Dauer der Dienstpflicht erstreckte sich vom 21. bis 48. Lebensjahr. Lediglich Soldaten mit mehreren Kindern konnten auf eine Verkürzung der aktiven Dienstzeit um sechs bis zwölf Monate rechnen. Frankreich spannte seine Wehrkraft wie kein anderer Staat an und war mit dieser bis zum äußersten getriebenen Mobilisierung seiner Kräfte 1914 in der Lage, sich im Verein mit seinen Bundesgenossen gegen Deutschland zu behaupten.

Der Wehrdienst wurde von den Franzosen nicht mit Begeisterung absolviert. Es fanden gelegentlich kleinere Unruhen statt, doch hat der Appell an das nationale Gefühl immer vermocht, der Schwierigkeiten Herr zu werden. Der Weg vom langdienenden Kasernenheer zum Wehrpflichtheer mit kürzerer Dienstzeit wurde systematisch verfolgt. Nach dem Dreyfus-Prozeß machte die Integration der Armee in das soziale Gefüge der nach links tendierenden Republik starke Fortschritte. Es kam diesem Prozeß der Demokratisierung der Armee zustatten, daß die Schranken zwischen Offizier und Unteroffizier nicht so unübersteigbar waren wie in Deutschland, denn das Offizierkorps der unteren Ränge bis zum Capitaine wurde zu zwei Dritteln von tüchtigen Unteroffizieren gestellt.

b. Rußland

Rußland ging 1874 zum System der Allgemeinen Wehrpflicht über. Einige Grenzgebiete, die ausgenommen waren, hatten eine Wehrsteuer zu entrichten. Die späteren Wehrgesetze von 1888, 1893, 1903, 1905 und 1912 brachten Ergänzungen und Änderungen, die darauf hinzielten, alle bisher gewährten Freistellungen abzubauen und eine systematische Erfassung aller Wehrpflichtigen zu erreichen. In dem Riesenreich mit den vielen Fremdvölkern war das vor allem ein Organisationsproblem, dessen Bewältigung man im Laufe der nächsten Jahrzehnte immer näher kam. Die Wehrpflicht umfaßte anfangs die Jahrgänge von der Vollendung des 21. bis 40. und wurde später bis zum 43. Lebensjahr ausgedehnt. Während dieser Zeit gehörten die Mannschaften dem Stehenden Heer oder der Reichswehr an, die in etwa mit dem deutschen Landsturm zu vergleichen war und in zwei Aufgebote zerfiel. Die aktive Dienstpflicht im Stehenden Heer betrug bei der Infanterie und fahrenden Artillerie zuletzt 3 Jahre, bei den übrigen Waffen 4 Jahre. Dann wurden die gedienten Mannschaften bis zum 30. oder 32. Jahre der Reserve I und daraufhin bis zum 39. Jahre der Reserve II zugeteilt. Die Reichswehr umfaßte die ausgebildeten Leute vom 40. bis 43. Lebensjahr sowie alle wehrfähigen Mannschaften vom 22. Lebensjahr an, die von der Ableistung der aktiven Dienstpflicht befreit worden waren. Ausgehobene Leute mit höherer Bildungsstufe dienten nur ein bis zwei Jahre aktiv.

Einen besonderen Bestandteil der russischen Armee stellten die elf Kasakenheere dar, die aus berittenen und unberittenen Truppenteilen bestanden. Sie waren entweder zu selbständigen größeren Verbänden vereinigt oder den Armeekorps und Kavalleriedivisionen zugewiesen. Ihre Dienstpflicht ging noch über die im Stehenden Heer und der Reichswehr hinaus. Die ältesten Jahrgänge gehörten zur Heereswehr, der Landsturmformation der Kasaken. Für die Kasakenheere galten im übrigen ähnliche Bedingungen wie für das Stehende Heer.

Von den Wehrpflichtigen kamen jährlich nur etwa 53 % zur Einstellung. In der Befreiung vom aktiven Dienst wegen familiärer Verhältnisse oder sonstiger Umstände ging die russische Heeresführung so weit wie kein anderes Land. Bei seinem ungeheuren Menschenreservoir konnte sich Rußland freilich eine solche Großzügigkeit erlauben, die es dem Zarenreiche trotzdem ermöglichte, die größte Landstreitmacht der Erde unter Waffen zu halten und ihre Friedensstärke bis 1914 auf 1,4 Millionen Mann zu bringen. In den nächsten Jahren sollte sie um weitere 300 000 Mann erhöht werden.

Allerdings wies die gewaltige Heeresmacht manche Mängel auf, die von der deutschen Heeresleitung erkannt waren und im Kriege ausgenutzt wurden. Bewaffnung und Ausrüstung waren infolge des Fehlens einer eigenen leistungsfähigen Rüstungsindustrie und des schwerfälligen und zum Teil korrupten Verwaltungsapparates nicht auf der Höhe. Die Ausbildung der Truppen, die Beweglichkeit der Verbände und das Zusammenspiel der verschiedenen Waffen ließen noch zu wünschen übrig. Eine dem deutschen oder französischen Offizierkorps gleichwertige, homogen durchgeschulte Offizierschicht war nicht vorhanden, wenn daran auch in der letzten Zeit vor dem Kriege intensiv gearbeitet wurde. Außerdem waren die inneren Spannungen zu groß, als daß sich eine feste innere Beziehung zwischen Volk und Armee, wie sie in Deutschland und Frankreich trotz aller Differenzen bestand, herausbilden konnte.

c. Österreich-Ungarn

Die allgemeine und persönliche Wehrpflicht wurde 1868 eingeführt und durch die Wehrgesetze von 1889 bis 1912/13 im Zuge der Rüstungsverstärkungen weiter ausgebaut. Die Einheitlichkeit der Heeresverfassung in der Donau-Monarchie wurde dadurch sehr beeinträchtigt, daß es seit dem Dualismus mit Ungarn von 1867 drei getrennte Heeresorganisationen mit drei zuständigen Ministern unter dem Oberbefehl des Kaisers gab, nämlich das gemeinsame k. und k. Heer, die k. k. österreichische Landwehr und die k. ungarische Landwehr, letztere auch Honved genannt. Die beiden Landwehren waren zum Unterschied gegen die mit diesen Namen bezeichneten Einrichtungen in Deutschland und anderen Ländern keine Reserveformationen von gedienten Leuten älterer Jahrgänge, sondern Bestandteile des Feldheeres erster Linie, und rekrutierten sich zum Teil aus jungen Wehrpflichtigen, die in diesen Formationen ihren normalen aktiven Militärdienst ableisteten. Dementsprechend waren sie zu größeren Verbänden zusammengezogen und in der letzten Zeit mit Artillerie und Kavallerie, aber ohne technische Truppen ausgestattet.

Die Wehrpflicht umfaßte die Dienstpflicht und die Landsturmpflicht. Erstere dauerte zwölf Jahre, von denen zwei bis drei Jahre je nach Waffengattung auf die aktive Dienstzeit und die übrigen auf die Zugehörigkeit zur Reserve entfielen, gleichgültig, ob die eingezogenen Mannschaften dem gemeinsamen Heer oder den Landwehren zugewiesen waren. Aus den nicht einberufenen Wehrpflichtigen wurde eine Ersatzreserve gebildet, für die im Frieden nur eine kurzfristige Ausbildung vorgesehen war. Mannschaften mit gehobener Schulbildung brauchten nur ein Jahr aktiv zu dienen. Freiwilliger Eintritt war schon mit 17 Jahren möglich. Die Stellungspflicht begann mit dem 21. Lebensjahr. Landsturmpflichtig waren alle Jahrgänge vom 19. bis 42. Lebensjahr, die nicht dem Heer, den Landwehren, deren Reserven und der Ersatzreserve angehörten. Der Landsturm zerfiel in zwei Aufgebote. Das erste Aufgebot enthielt die Mannschaften bis zum 37., das zweite die älteren Leute bis zum 42. Lebensjahr.

Im Verhältnis zu seiner Einwohnerzahl (1914 über 51 Millionen) blieb Österreich-Ungarn in der strikten Durchführung der Wehrpflicht noch mehr zurück als Deutschland. Dazu kam eine größere Ungleichheit in der Bewaffnung und Ausbildung. Interne Schwierigkeiten des Vielvölkerstaates waren hauptsächlich dafür verantwortlich, daß in dieser Beziehung nicht mehr geschah und zu spät mit dem Aufholen begonnen wurde. Das wird vor allem aus dem Vergleich mit Frankreich ersichtlich, das mit knapp 40 Millionen Einwohnern 1914 ein Stehendes Heer von über 800 000 Mann besaß, während das Friedensheer Österreich-Ungarns nur eine Stärke von 480 000 Mann erreichte. Das Verhältnis zwischen Militär und Zivilbevölkerung war im allgemeinen trotz der Nationalitätenkämpfe gut. Die Armee wurde in diese Konflikte nicht mit hineingezogen, genoß Achtung und Ansehen in allen Teilen und Schichten der Monarchie und war das stärkste Band des Zusammenhalts.

d. Italien

Die Allgemeine Wehrpflicht bestand seit 1875, wurde anfänglich locker, später etwas strenger durchgeführt. Mit der letzten Regelung von 1911 sollte eine weitere Verstärkung der Stehenden Armee und eine Einschränkung der bisher sehr großzügig gewährten Freistellungen von der Wehrpflicht erfolgen. Die Friedensstärke des Stehenden Heeres betrug 1893 rund 230 000 Mann einschließlich Offiziere und war im Jahre 1914 auf etwa 310 000 Mann angewachsen. Die Wehrpflicht begann mit dem vollendeten 20. und reichte bis zum 39. Lebensjahr. Die aktive Dienstzeit war zunächst auf 3 Jahre festgesetzt und wurde 1910 auf 2 Jahre für alle Waffen reduziert. Dann gehörte der Mann 6 Jahre der Reserve des Stehenden Heeres, 4 Jahre der Mobilmiliz (Landwehr I) und 7 Jahre der Territoritalmiliz (Landwehr II und Landsturm) an. Pflichtige mit gehobener Schulbildung dienten nur ein Jahr.

Der Aufbau eines leistungsfähigen Wehrpflichtheeres mit den erforderlichen Reserven vollzog sich in dem neuen Einheitsstaat ohne große militärische Tradition, mit Ausnahme von Savoyen, unter Schwierigkeiten. Patriotischer Eifer allein genügte nicht. Der unglückliche Feldzug gegen Abessinien 1896, ein imperialistisches Abenteuer, offenbarte viele Schwächen der Armee, ebenso der Krieg gegen die Türkei 1911.

e. Die kleineren europäischen Staaten

Die kleineren Staaten folgten nach und nach dem Beispiel der europäischen Großmächte, ihre Stehenden Heere auf der Grundlage der Allgemeinen Wehrpflicht zu bilden. In einigen Staaten waren Milizeinrichtungen loser oder fester mit ständigen Streitkräften gekoppelt. Letztere bestanden größtenteils aus Freiwilligen und Konskribierten, für die noch längere Zeit eine Stellvertretung möglich war. Spanien schaffte die Stellvertretung erst 1912 ab.

Nur die Schweiz unterhielt kein Stehendes Heer und blieb bei ihrem jahrhundertealten und jeden wehrfähigen Mann erfassenden Milizsystem, das bis in die letzte Zeit immer wieder organisatorisch verbessert wurde. Die Miliz war gegliedert in den sogenannten „Auszug“ für die einer kurzfristigen Ausbildung mit Wiederholungsübungen unterworfenen Wehrpflichtigen vom 20. bis 32. Lebensjahr, in die gleichfalls hin und wieder zu Übungen einberufene „Landwehr“ für die Altersstufen vom 33. bis 40. und in den „Landsturm“ als letztes Aufgebot für die Jahrgänge vom 41. bis 48. Lebensjahr. Dieses System galt den Sozialisten aller Länder als die ideale Form einer demokratischen Heeresverfassung, da sie mit Ausnahme eines geringen Ausbildungspersonals und weniger Offiziere für die oberen Führungsstellen und Stäbe ein Berufssoldatentum überflüssig machte und nur für Verteidigungszwecke vorgesehen war.

Die erst in der zweiten Hälfte des vorigen Jahrhunderts selbständig gewordenen Balkan-Staaten stellten sogleich reine Wehrpflichtheere auf. Die folgenden Länder wurden in den Ersten Weltkrieg hineingezogen:

Serbien

Die Allgemeine Wehrpflicht war 1889 eingeführt und erstreckte sich vom 21. bis zum 50. Jahr. Die aktive Dienstzeit betrug anfangs zwei bis drei Jahre und wurde später, je nach Waffengattung, auf höchstens zwei Jahre begrenzt. Dann gehörte der Wehrpflichtige bis zum 30. Jahr der Reserve, bis zum 40. der Volkswehr I. Aufgebots und bis zum 50. der Volkswehr II. Aufgebots und dem Landsturm an. Die reguläre Friedensarmee hatte 1913 eine Stärke von etwa 32 000 Mann, die Kriegsstärke wurde auf über 350 000 Mann geschätzt.

Bulgarien

Seit 1879 bestand die Allgemeine Wehrpflicht. Sie umfaßte eine zwei- bis dreijährige Dienstzeit bei der Fahne, eine sechzehn- bis achtzehnjährige Reservezeit und weitere sieben Jahre Zugehörigkeit zur Volkswehr I. und II. Aufgebots. Die Friedensstärke der Stehenden Armee zählte 1913 etwa 57 000 Mann, die Kriegsstärke wurde mit rund 340 000 Mann angenommen.

Rumänien

Die Allgemeine Wehrpflicht war schon 1876 eingeführt und ging bis zum 46. Lebensjahr. Nach einer dreijährigen aktiven Dienstzeit und einer vierjährigen Zugehörigkeit zur Reserve des Stehenden Heeres wurde der Wehrpflichtige bis zum 46. Jahr der Miliz (Landwehr) und anschließend dem Landsturm zugewiesen. Die Friedensstärke der Armee betrug 1912 etwa 90 000 Mann.

Türkei

Die seit 1880 geltende Verpflichtung zum Wehrdienst betraf anfangs nur die mohammedanische Bevölkerung und erfaßte die Wehrpflichtigen vom 21. bis 39. Jahr mit einer drei- bis vierjährigen Dienstzeit bei der Fahne. Durch ein neues Wehrgesetz von 1912 wurde die Dienstpflicht bis zum 45. Jahr verlängert und auch auf die christliche Bevölkerung ausgedehnt, die bisher für die Befreiung eine Wehrsteuer entrichten mußte. Vor dem Balkan-Krieg betrug die Friedensstärke der Armee 300 000 Mann. Während der gründlichen Reorganisation des Wehrwesens, die noch Jahre gebraucht hätte, brach der Erste Weltkrieg aus. (Über die Tätigkeit deutscher Instruktionsoffiziere in der Türkei s. S. 17 f.)

Belgien

Das belgische Heer rekrutierte sich bis 1909 aus Freiwilligen und Ausgehobenen (Miliz). Im Jahre 1909 wurde die Allgemeine Wehrpflicht Gesetz und 1913 eine Neuorganisation des Heerwesens durchgeführt. Die Stärke der Armee wurde jährlich von der Volksvertretung festgesetzt. Sie betrug 1913 etwa 45 000 Mann und sollte beträchtlich erhöht werden. Die Dienstpflicht im Heer und in der Heeresreserve war auf 13 Jahre festgesetzt. Alle nichtgedienten Männer vom 21. bis 50. Jahr waren zum Dienst in der Bürgerwehr (Garde civique) mit kurzfristigen Übungen verpflichtet, die in zwei Aufgebote unterteilt war. Für die Feldarmee war im Kriege eine Stärke von über 100 000 Mann vorgesehen, während die Truppen der II. und III. Linie, annähernd 200 000 Mann, vor allem für die Besatzung der Festungen verwandt werden sollten.

Portugal

Die portugiesische Heeresverfassung gründete sich auf der 1887 eingeführten Allgemeinen Wehrpflicht. Ein neues Wehrgesetz von 1911 nach Abschaffung der Monarchie bestimmte, daß jeder Portugiese vom 16. bis 45. Lebensjahr dienstpflichtig war. Die aktive Dienstzeit begann erst mit dem 20. Jahr und war nach Waffengattungen gestaffelt. Zur regulären Armee gehörten die Wehrfähigen 10 Jahre, zur Reserve ebenfalls 10 Jahre und weitere 10 Jahre zur Territorialarmee. Die Stehende Armee hatte eine Stärke von 30 000 Mann.

2. England und die Vereinigten Staaten von Amerika

a. England

Schutz und Sicherheit des Inselstaates ruhten vorrangig auf seiner überlegenen Seemacht, die eine Invasionsgefahr ausschloß, die Weltstellung garantierte und die Verbindungswege zu allen Teilen des Weltreiches offenhielt, solange nicht eine andere Großmacht über eine starke Flotte verfügte oder ein Bündnis großer Mächte gegen England zustande kam. Als Machtinstrument des Staates trat infolgedessen die vorhandene Berufsarmee, die in erster Linie zur Sicherung und Befriedung der überseeischen Besitzungen unterhalten wurde, an militärischer Bedeutung erheblich hinter der Flotte zurück.

England war in kriegerische Auseinandersetzungen mit einer großen Kontinentalmacht seit dem Krim-Krieg nicht mehr verwickelt worden und hatte diesen Krieg im Bund mit Frankreich und mit Hilfe der Türkei und Italiens führen können. Die sich seit 1870 auf dem Kontinent vollziehende militärische Entwicklung, den Aufbau großer Wehrpflichtheere, verfolgte es sehr aufmerksam, dachte aber nicht daran, dieses System für seine Streitkräfte zu übernehmen. Auch die Flotte rekrutierte sich aus Freiwilligen. An der historisch bedingten Aversion des Engländers gegen jede Form der Militarisierung wie auch an seiner liberalen Haltung wäre jeder Versuch in dieser Richtung ohnedies gescheitert. Nach Ansicht der militärischen Experten war zudem eine Berufsarmee aus langdienenden Soldaten für die besonderen Aufgaben in den Kolonien geeigneter als eine Wehrpflichttruppe, deren Mannschaften nach kurzer Dienstzeit wechselten. Die englische Berufsarmee bestand aus Angeworbenen der untersten Volksschichten. Das trug zur geringen Achtung, ja Mißachtung des gemeinen Soldaten in der Öffentlichkeit bei.

Schwere Rückschläge infolge veralteter und ungenügender Truppenausbildung und verfehlter Organisation des ganzen Militärapparates im Burenkrieg (1899 bis 1902) forderten eine zeitgemäße Reorganisation. Die Reform war noch aus einem anderen Grunde notwendig. England konnte sich nicht mehr aus der machtpolitischen Verstrickung der in zwei Bündnisblöcke gespaltenen kontinentalen Mächte heraushalten. Da es sich entschied, an der Seite Frankreichs ein Übergewicht des mächtig aufstrebenden Deutschen Reiches zu verhindern, brauchte es eine leistungsfähige Truppe, die jederzeit eingesetzt werden konnte. Daher wurde aus der modernisierten Berufsarmee ein Expeditionskorps in Stärke von sechs Infanteriedivisionen und einer Kavalleriedivision gebildet. Für die Frage der notwendigen Reserven einer solchen Expeditionsarmee fand der britische Kriegsminister und bedeutendste Reformer des englischen Heerwesens, Lord Haldane, eine Lösung, die sich auf das beste allen Traditionen des Verfassungs- und Gesellschaftslebens anpaßte. Haldane studierte zu diesem Zweck das deutsche Heerwesen gründlich, war auch in Berlin, um sich zu informieren und richtete nach deutschem Vorbild einen Generalstab ein.

Aufgrund der überkommenen Wehrverfassung bestanden noch lokale Milizen, Milizreserven und Freiwilligenverbände verschiedener Form, die kaum ausgebildet und militärisch ohne Wert waren, aber zur Verteidigung des Heimatlandes aufgeboten werden konnten. Durch einen Parlamentsbeschluß von 1907 wurde aus diesen Hilfstruppen eine einheitlich geleitete Territorialarmee mit Ersatzformationen geschaffen, die nach dem Muster der regulären Armee organisiert war und zuletzt 14 Divisionen mit etwa 300 000 Mann zählte. Die Territorialarmee baute sich auf dem Prinzip der Freiwilligkeit auf und konnte im Kriegsfall als Reserve der regulären Armee herangezogen werden. Im übrigen rechnete man mit dem vaterländischen Pflichtgefühl jedes Engländers zur Verteidigung der Heimat. Darin sollte man sich auch nicht täuschen. Es war gewiß keine Wehrpflichtarmee, die auf diese Weise formiert wurde, aber es war der Rahmen geschaffen, der bei Bedarf ausgefüllt werden konnte.

Die Landstreitmacht zerfiel dementsprechend in das Stehende Heer (Regular Forces) mit Armee- und Spezialreserve und in die Territorial-Forces. Erstere erreichte 1913 einschließlich der Streitkräfte in Indien eine Stärke von rund 260 000 Mann und war bereits im Frieden in die Feldarmee, die Besatzungs- und Ersatzformation gegliedert. Die Freiwilligen der Territorialarmee hatten sich zu einer Dienstzeit von vier Jahren mit kurzfristigen Übungen verpflichtet, die Ausbildung erfolgte durch das Personal der Berufsarmee. Im Ersten Weltkrieg sah sich England darüber hinaus genötigt, 1916 die Allgemeine Wehrpflicht für die Dauer des Krieges einzuführen.

b. Die Vereinigten Staaten von Amerika

Bis in die Zeit nach dem Zweiten Weltkrieg standen die USA unter keiner ernsthaften außenpolitischen Bedrohung und konnten ungestört ihre Vorstellungen von einer Wehrverfassung klären und verwirklichen. Hieraus erklärt sich eine ziemlich konstante Linie in der Entwicklung des Heerwesens, die auch der Sezessionskrieg (1861 – 1865), der schon offensichtliche Merkmale eines totalen Krieges aufwies, nicht unterbrechen konnte.

Für die nationale Sicherheit war von Anfang an nur ein kleines Stehendes Heer vorgesehen. In Notzeiten sollte die Truppe durch Milizen und Freiwillige verstärkt werden, die als das eigentliche Rückgrat der Verteidigungsmacht betrachtet wurden. Daran hielt man bis zur Jahrhundertwende fest. Dieses reguläre Heer, eine Berufsarmee, war zwischen 1875 bis 1898 nur etwa 30 000 Mann stark und ergänzte sich aus Freiwilligen mit fünfjähriger Dienstzeit, die um weitere fünf Jahre verlängert werden konnte. Der Amerikanisch-Spanische Krieg (1898), eine sichtbare Manifestation des amerikanischen Imperialismus, bedeutete einen Einschnitt, denn mit diesem Schritt in die Weltpolitik erfolgte ein konsequenter Ausbau der Streitkräfte zu Wasser und zu Lande. Die reguläre Armee erreichte bis 1914 eine Stärke von etwa 90 000 Mann.

Von einschneidender Bedeutung wurde es, daß im Zusammenhang damit durch Bildung eines Generalstabes nach deutschem Muster eine Oberste Kommando- und Verwaltungsbehörde für die Landstreitkräfte geschaffen wurde, die einheitliche Richtlinien für die Planung, Ausbildung, Rüstung und Logistik festlegte. Der an der Spitze dieses Stabes stehende Chef trat als ranghöchster Soldat an die Stelle des bisher vorhanden gewesenen Kommandierenden Generals, übernahm die Funktion des Obersten Militärischen Beraters des zivilen Kriegsministers und des verfassungsmäßigen Oberbefehlshabers, des Präsidenten, und handelte in deren Auftrag. Die 1903 geschaffene zeitgemäße Führungsorganisation war das Werk des Kriegsministers Elihu Root, eines Juristen, der hiermit den militärischen Apparat für die Aufstellung von Massenheeren schuf.

Zugleich leitete Root eine Reorganisation des Milizwesens ein, das sich noch auf eine Gesetzgebung von 1792 stützte. Theoretisch waren alle waffenfähigen Bürger vom 18. bis 45. Lebensjahr in der Miliz dienstpflichtig. Es bestand also eine Abart der Allgemeinen Wehrpflicht, doch wurde in der Praxis nur ein sehr kleiner Teil zu kurzfristigen militärischen Übungen herangezogen. Ihre Ausbildung war sehr unterschiedlich. Die Miliz, auch Nationalgarde genannt, unterstand den Gouverneuren der Bundesstaaten, die ihre Stärke festsetzten und sich gegen eine Kompetenz der Bundesregierung auf diesem Gebiet heftig wehrten. Nur bei inneren Notständen und zur Abwehr einer Invasion konnte der Präsident über sie verfügen. Mit der Zeit erreichte die Bundesregierung die Anerkennung der Freiwilligen Nationalgarde als „Organisierte Miliz“, die als Militärreserve dienen und die gleiche Gliederung, Ausbildung und Ausrüstung wie das Stehende Heer erhalten sollte. Ihre Stärke betrug 1913 rund 120000 Mann. Damals fanden auch Manöver der regulären Armee mit einem Teil der organisierten Miliz statt. Die Zahl der nichtorganisierten Milizkräfte wurde auf etwa 14 Millionen Mann geschätzt.

Als Amerika 1917 in den Krieg gegen die Mittelmächte eintrat, begnügte man sich nicht mehr wie bisher mit dem Aufruf von Milizen und Freiwilligen, sondern verkündete die Allgemeine Wehrpflicht. Auf diese Aufforderung ließen sich 9,5 Millionen Männer zwischen 21 bis 30 Jahren in die Stammrollen eintragen. Von März bis Oktober 1918 landeten 1,75 Millionen ausgebildeter amerikanischer Soldaten in Frankreich und entschieden den Sieg der Ententemächte.

3. Allgemeine Wehrpflicht und kaiserliches Heer

a. Die Durchführung der Allgemeinen Wehrpflicht

Wehrpflicht und Dienstpflicht nach 1888

Im Anschluß an die letzte Heeresverstärkung von 1887 war es Bismarck gelungen, ein neues Gesetz über die Wehrpflicht vom 11. Februar 1888 beim Parlament durchzubringen, das die bisher erlassenen Gesetze und Ausführungsbestimmungen hierüber ergänzte und erweiterte. Die wichtigsten Änderungen bestanden in der Einteilung der Landwehr in zwei Aufgebote mit Verlängerung der Landwehrpflicht, einer Neuregelung der Dienstpflicht in der Ersatzreserve und in der Ausdehnung der Landsturmpflicht vom 42. auf das 45. Lebensjahr. Alle nunmehr geltenden Gesetze und Bestimmungen über die Wehr- und Dienstpflicht, über das Ersatz- und Kontrollwesen sowie über die Dienstverhältnisse der Angehörigen des Beurlaubtenstandes wurden in einer neuen „Wehrordnung und Heerordnung" vom 22. November 1888 zusammengefaßt, die an die Stelle der alten von 1875 trat und bis 1914 gültig war. Die Verkürzung der aktiven Dienstzeit 1893 war die einzige Änderung. Der Kriegsminister war ermächtigt, notwendig werdende Änderungen nicht grundsätzlicher Art zur „Heerordnung", die nur Ausführungsbestimmungen für die Militärbehörden zur „Wehrordnung" enthielt, zu erlassen.

Die Wehrpflicht gliederte sich hiernach wie bisher in die Dienstpflicht und in die Landsturmpflicht. Erstere umfaßte die Zeit vom vollendeten 20. Lebensjahr bis zum 31. März des Kalenderjahres, in dem der Wehrpflichtige das 39. Lebensjahr vollendete. Sie war unterteilt in die

1. Aktive Dienstpflicht,
2. Reservepflicht,
3. Landwehrpflicht,
4. Ersatzreservepflicht.

Jeder Deutsche gehörte sieben Jahre lang, in der Regel vom vollendeten 20. Lebensjahr bis zum beginnenden 28. Lebensjahr, dem Stehenden Heer an, und zwar die ersten drei Jahre bei den Fahnen, ausgenommen die Einjährig-Freiwilligen, und die letzten vier bis fünf Jahre in der Reserve. Mit dem Gesetz vom 3. August 1893 wurde die Dauer der unterbrochenen Dienstpflicht bei den Fahnen, die sowieso schon durch die vorzeitige Beurlaubung guter Soldaten, die sogenannten Dispositionsurlauber, etwas durchlöchert war, für alle Mannschaften mit Ausnahme der in der Kavallerie und der reitenden Feldartillerie Dienenden vorläufig auf zwei Jahre herabgesetzt und durch Gesetz vom 15. April 1905 als endgültige Regelung beibehalten. Reservisten waren im Frieden zu zwei Übungen bis zu je acht Wochen verpflichtet.

Nach Beendigung der Reservezeit gehörte der Dienstpflichtige fünf Jahre zur Landwehr I. Aufgebots und sodann bis zum Ende der Dienstpflicht zur Landwehr II. Aufgebots. Für Landwehrmänner des I. Aufgebots bestand eine Verpflichtung zu zwei Übungen von je acht bis vierzehn Tagen Dauer. Angehörige der Landwehr II. Aufgebots durften im Frieden nicht zu Übungen und Kontrollversammlungen herangezogen werden.

Der Ersatzreserve wurden die Dienstpflichtigen vom 20. Lebensjahr an zugeteilt, die voll militärtauglich waren, aber wegen zu hoher Losnummer als überzählig nicht eingestellt werden konnten. Ferner kamen nur bedingt Taugliche, die zeitweise Untauglichen und alle, die wegen besonderer familiärer oder wirtschaftlicher Verhältnisse auf Antrag zurückgestellt waren, zur Ersatzreserve.

Die Militärbehörden verfuhren hierbei nicht engherzig. Die Zugehörigkeit zur Ersatzreserve war auf zwölf Jahre begrenzt. Ihr wurden so viel Mannschaften zugewiesen, daß sieben Jahrgänge den voraussichtlich ersten Mobilmachungsbedarf deckten, da sie zur Ergänzung des Heeres dienen sollten. Die Ersatzreservisten zählten zum Beurlaubtenstand, waren den Kontrollversammlungen unterworfen und zur Ableistung von drei Übungen zu zehn, sechs und vier Wochen Dauer verpflichtet. Nach dem Ausscheiden aus der Ersatzreserve traten diejenigen, die geübt hatten, zur Landwehr II. Aufgebots, die übrigen zum Landsturm I. Aufgebots.

Über den Landsturm sagte das Gesetz, daß er im Kriegsfall an der Verteidigung des Vaterlandes teilzunehmen hatte und bei außerordentlichem Bedarf zur Heeresergänzung verwandt werden konnte. Er umfaßte alle Wehrpflichtigen vom vollendeten 17. bis zum vollendeten 45. Lebensjahr, die weder dem Heer noch der Marine angehörten. Der Landsturm war in zwei Aufgebote eingeteilt. Zum ersten gehörten die nichtgedienten Leute vom 17. bis zum 39. Lebensjahr, zum zweiten die älteren Jahrgänge einschließlich der aus der Landwehr II. Aufgebots Ausgeschiedenen. Der Aufruf des Landsturms erfolgte durch kaiserliche Verordnung. Bei unmittelbarer Kriegsgefahr hatten die Kommandierenden Generale, die Gouverneure und die Kommandanten von Festungen die Vollmacht, den Landsturm innerhalb ihres Befehlsbereichs aufzurufen.

Das Verhältnis von Bevölkerungspotential und Dienstpflicht

Bis 1890 hatte Bismarck davon abgesehen, die Wehrpflicht voll und ganz durchzuführen und einen diesbezüglichen Vorschlag des preußischen Kriegsministers, General Verdy du Vernois (1889/90), fürs erste zurückgewiesen. Die nach Verhandlungen zwischen Reichsregierung und Parlament jeweils auf die Dauer von sieben Jahren (Septenatssystem) gesetzlich festgelegte Friedenspräsenzstärke des Stehenden Heeres erreichte mit den in den achtziger Jahren vorgenommenen Erhöhungen vorübergehend immer etwa ein Prozent der Bevölkerungszahl, bezog sich aber dabei auf eine meist Jahre zurückliegende Erhebung. Infolge dieser zeitlichen Bindung hielt die Heeresstärke nicht Schritt mit der sehr schnellen Zunahme der Bevölkerung, so daß eine ständig wachsende Zahl tauglicher Wehrpflichtiger nicht zur Ableistung ihrer Dienstpflicht herangezogen wurde.

Der neue Reichskanzler v. Caprivi griff die Vorstellungen Verdys aufgrund der außenpolitischen Lage auf, konnte sie aber nur in abgeschwächter und abgeänderter Form mit der großen Heeresverstärkung von 1893 und der Einführung der zweijährigen Dienstzeit beim Parlament durchsetzen. In den nächsten Jahren wurde hierdurch eine stärkere Heranziehung der Wehrpflichtigen zum Militärdienst bewirkt. Dann trat der Grundgedanke der Allgemeinen Wehrpflicht, die Ausbildung aller wehrfähigen Mannschaften, wieder in den Hintergrund. Reichsleitung und Kriegsministerium hielten, zumeist entgegen den Forderungen des Generalstabes, die Ausnutzung der steigenden Wehrkraft des Volkes aus mannigfachen Gründen bis 1912 nicht für notwendig. Von den Kriegsministern wurde die Überzeugung vertreten, daß die nach ihrer Ansicht bessere Ausbildung, Führung und Organisation des deutschen Heeres die höheren Zahlen der französischen oder russischen Armee ausglichen. Am stärksten tritt dieser Gesichtspunkt in einer Niederschrift des Kriegsministers vom 19. November 1899 (Kriegsrüstung und Kriegswirtschaft, Bd I, S. 65 f.) hervor, kehrt aber auch noch in der Denkschrift vom 29. November 1911 (Anlagenband S. 133) wieder. Zum anderen hatte auch der zeitweise herrschende Mangel an Offiziernachwuchs Einfluß auf die Begrenzung der Heeresstärke. Ferner spielte natürlich die Kostenfrage eine bedeutende Rolle. Die nach Vereinbarung mit dem Parlament im Abstand von jeweils fünf bis sechs Jahren vorgenommenen Heeresverstärkungen in den Jahren 1899, 1905 und 1911 hielten sich in mäßigen Grenzen und waren dem Wachstum der Bevölkerung, in dieser Zeit um fast 15 Millionen, nicht angepaßt. Auf die kurzfristige Ausbildung der Ersatzreservisten war schon seit 1893 sowohl aus Mangel an Mitteln und verfügbarem Ausbildungspersonal als auch aus militärischen Zweckmäßigkeitsgründen verzichtet worden. Im Jahre 1908 wurden der Ersatzreserve allein 90 000 Mann zugewiesen, von denen ein nicht unbeträchtlicher Teil voll wehrtauglich war. Die Folge war, daß bei Kriegsausbruch 1914 von insgesamt 10,4 Millionen Wehrpflichtigen, also den Jahresklassen vom 20. bis 45. Lebensjahr unter Ausschluß der Landsturmpflichtigen vom 17. bis 19. Lebensjahr rund 5,4 Millionen nicht ausgebildet waren. Die unter dem Druck der außenpolitischen Situation zustande gekommene Heeresverstärkung von 1913 sollte dieses ungünstige Verhältnis verbessern, kam aber zu spät, um den in 20 Jahren aufgelaufenen Rückstand aufholen zu können.

Organisation der Heeresergänzung

Der planmäßige Mannschaftswechsel des Wehrpflichtheeres, offiziell mit Heeresersatz bezeichnet, wurde organisatorisch von den damit beauftragten Militärbehörden und den zuständigen Zivilbehörden gesteuert und umfaßte im großen die Registrierung der Wehrpflichtigen, ihre Musterung, Aushebung und Einberufung sowie die weitere Kontrolle der Offiziere und Mannschaften des Beurlaubtenstandes.

Die oberste Instanz für die Heeresergänzung waren das Kriegsministerium und das Ministerium des Inneren (in einigen Bundesstaaten das Staatsministerium), die über die Aufbringung und die Verteilung des etatmäßigen Rekrutenkontingents auf die einzelnen Armeekorpsbezirke entschieden. Jeder Korpsbezirk hatte einen besonderen Ersatzbezirk, aus dem in erster Linie der Bedarf gedeckt wurde. Nur das preußische Gardekorps hatte keinen eigenen

Ersatzbezirk, sondern ergänzte sich durch Freiwillige aus allen deutschen Ländern sowie durch Rekrutierung in ganz Preußen, den thüringischen Staaten und Elsaß-Lothringen. Innerhalb der Korpsbezirke fungierten die Kommandierenden Generale und die Chefs der Provinzial- oder Landesverwaltungen als höchste Ersatzbehörden und bestimmten die Verteilung auf die Brigadebezirke und die bei einigen Korps vorhandenen Landwehrinspektionen. Die Brigadekommandos und Landwehrinspektionen waren zugleich höhere Ersatzbehörden. Ihre Kommandeure waren in dieser Eigenschaft unmittelbar den Generalkommandos unterstellt. Die Brigadebezirke und Landwehrinspektionen waren in mehrere Landwehrbezirke unterteilt und diese wiederum nach Bedarf in kleinere Bezirke und außerdem in Meldeämter und Hauptmeldeämter. An der Spitze der Landwehrbezirke standen Bezirkskommandos, die sich aus einem zumeist inaktiven Stabsoffizier als Bezirkskommandeur, mehreren inaktiven Bezirksoffizieren und den erforderlichen unteren Dienstgraden zusammensetzten. Zu den Aufgaben der Bezirkskommandos gehörte die Regelung aller Ersatzfragen einschließlich des Kontroll- und Meldewesens und der militärischen Fürsorgeangelegenheiten auf der unteren Ebene.

Die erste Musterung der Dienstpflichtigen mit ärztlicher Untersuchung und Losziehung, die zuletzt wegfiel, fand vor der aus militärischem und zivilem Personal gebildeten Ersatzkommission, der unteren Ersatzbehörde, statt. Militärvorsitzender war der Bezirkskommandeur, Zivilvorsitzender der Landrat oder dessen Stellvertreter. Zur Begutachtung der Anträge auf Zurückstellung oder Befreiung wurden angesehene Bürger mitherangezogen. Die Ersatzkommission nahm eine vorläufige Einteilung auf die Waffengattungen und die Zuweisung zur Ersatzreserve oder zum Landsturm vor. Die endgültige Entscheidung, die eigentliche Aushebung, traf die aus höheren Rängen der militärischen (Brigadekommandeur oder Landwehrinspekteur) wie zivilen Seite bestehende Oberersatzkommission, die im Beisein der Ersatzkommission noch einmal die Gemusterten überprüfte und, wenn nötig, eine zweite ärztliche Untersuchung vornehmen ließ. Im Kriege wurden Musterung und Aushebung zu einem Verfahren vereinigt. Wünsche nach Einstellung in einem bestimmten Truppenteil oder Regiment wurden nach Möglichkeit erfüllt.

b. Die Struktur des deutschen Heeres

Das kaiserliche Heer und seine Kontingente

Unter der Regierung Kaiser Wilhelms II. wuchs das Heer in Einheit und Gleichmäßigkeit immer stärker zusammen. Die Kontingentsgliederung bedingte zwar teilweise umständliche Befehlsverhältnisse, wirkte sich aber im ganzen durch die Rücksichtnahme auf landsmannschaftliche Eigenarten und militärische Tradition eher als innere Stärke aus und spornte zum Wetteifer mit dem maßgebenden preußischen Vorbild an. Das Zusammenarbeiten der Militärverwaltungen und Generalstäbe der mehr oder weniger selbständigen Kontingente mit den preußischen Führungsstellen des Gesamtheeres war frei von Reibungen und Spannungen. Die Reichsbindung verwurzelte sich, wofür äußerlich das Anlegen der deutschen Kokarde neben der Landeskokarde an den Kopfbedeckungen auf kaiserlichen Befehl im Jahre 1897 ein Symbol ist. Die Einführung der feldgrauen Uniform ab 1910 stellte auch Gleichheit im äußeren Bild des Heeres her, das bisher durch die zum Teil in den Grundfarben verschiedenen bunten Uniformen recht mannigfaltig war. Die alten Uniformen wurden nur noch bei besonderen Anlässen getragen.

Die Verknüpfung der einzelnen Länderkontingente gestaltete sich durch eine zunehmende Verwendung ihrer Offiziere in den Zentralstellen des Heeres und im Reichsdienst enger und fester. Den sächsischen Truppen (XII. und XIX. Armeekorps) und den württembergischen Truppen (XIII. Armeekorps) standen die preußischen Militärbildungsanstalten von Anfang an zur Schulung offen, soweit sie nicht über eigene Einrichtungen dieser Art verfügten. Für den Generalstabsdienst wurden sächsische und württembergische Offiziere auf der preußischen Kriegsakademie ausgebildet und fanden sowohl innerhalb ihres Kontingents wie auch beim Großen Generalstab Verwendung.

Die Laufbahnen der aus der württembergischen Armee stammenden Generale Groener und Walter Reinhardt sind in dieser Hinsicht erwähnenswert. Groener, ein sehr befähigter Generalstabsoffizier, war vor dem Kriege Chef der Eisenbahnabteilung des Großen Generalstabes, im Kriege zuerst Chef des Feldeisenbahnwesens, dann Chef des Kriegsamtes im preußischen Kriegsministerium und wurde nach einigen Frontkommandos am Schluß des Krieges Erster Generalquartiermeister und Mitarbeiter Hindenburgs in der Obersten Heeresleitung nach der Entlassung Ludendorffs. Sein Einfluß in dieser Stellung auf das Verhältnis von Heer und Republik beim Sturz der Monarchie war von weittragender politischer Bedeutung für den Aufbau des neuen Staates. – Reinhardt bewährte sich im Kriege als Generalstabschef mehrerer Armeen, wurde kurz vor Kriegsende zur Durchführung der Demobilisierung zum preußischen Kriegsministerium kommandiert und schließlich letzter preußischer Kriegsminister und erster Chef der Heeresleitung in der Republik.

Die relativ selbständige bayerische Armee verfügte über eine besondere Einteilung in der Numerierung ihrer Truppenverbände. Sie besaß eine Reihe eigener Militärinstitute und militärtechnischer Anstalten und bildete ihre Generalstabsoffiziere auf der eigenen Militärakademie aus, stellte aber laufend eine Anzahl von ihnen zum Großen Generalstab. Ferner wurden bayerische Offiziere ebenfalls zu den zwar preußischen, aber dem ganzen Heer dienenden Einrichtungen, wie der Artillerie- und Gewehrprüfungskommission, der militärtechnischen Akademie und ähnlichen Institutionen, zu den Reichsfestungen Ulm und Metz und zum Kolonialdienst kommandiert. Bayern stellte geschlossene Verbände für die China-Expedition von 1900 und für die in Elsaß-Lothringen stationierten Armeekorps. Der Kommandant von Ulm war ein bayerischer General im Reichsdienst. Ebenso rechnete die 4. Armeeinspektion, zu der die bayerischen und zwei preußische Korps gehörten, zum Reichsdienst. Ihre Armeeinspekteure waren von 1892 an bayerische Prinzen, zuerst Leopold von Bayern und ab 1913 Kronprinz Ruprecht von Bayern.

Die Friedensorganisation

Die Heeresorganisation wurde 1890 zum erstenmal nach der Reichsgründung den vorhandenen Truppenstärken durch Aufstellung von zwei neuen Armeekorps, des XVI. im Westen (Metz) und des XVII. im Osten (Danzig) angepaßt. Die Anzahl der aktiven Armeekorps erhöhte sich dadurch auf 20 einschließlich des preußischen Gardekorps und der beiden bayerischen Korps. Ein weiterer Ausbau erfolgte 1899/1900 mit der Bildung des XVIII. (Frankfurt a. M.) des XIX. (2. sächsisches, Leipzig) und des III. bayerischen Korps (Nürnberg) und war verbunden mit einer Neueinteilung des Reichsgebiets in 22 Korpsbezirke. Die letzte Erweiterung der Organsation vor dem Kriege geschah 1912 mit der Formierung des XX. Korps im Osten (Allenstein) und des XXI. Korps im Westen (Saarbrücken). Das Friedensheer von 1914 zählte damit insgesamt 25 aktive Armeekorps.

Das Korps war weiterhin der größte selbständige Heereskörper für operative Aufgaben geblieben und setzte sich dementsprechend aus allen Waffengattungen zusammen. In der Regel bestand es zuletzt aus 2 Infanteriedivisionen, 2 Feldartilleriebrigaden, 1 Fußartillerieregiment, 4 Kavallerieregimentern, technischen Truppen, Nachschubeinheiten sowie den notwendigen Verwaltungs- und Verpflegungseinrichtungen. Die Feldartilleriebrigaden des Korps wurden ab 1899 auf die Infanteriedivisionen aufgeteilt, um deren Schlagkraft als kleinerer operativer Grundverband zu verstärken. Die Zahl der Armeeinspektionen wurde mit der Aufstellung der neuen Armeekorps nach und nach bis 1913 von fünf auf acht erhöht. Jeder Armeeinspektion waren drei bis vier Armeekorps zugeteilt.

Die etatmäßige Heeresstärke betrug einschließlich der Sanitätsoffiziere, Veterinäre und Militärbeamten 800675 Mann mit 160092 Dienstpferden.

Die Kriegsformation

Entsprechend dem Ausbau der Friedensorganisation wurde die für den Fall der Mobilmachung vorgesehene Kriegsformation des Heeres weiterentwickelt. Sie lehnte sich, soweit es mit den Kriegserfordernissen zu vereinbaren war, an die Friedensorganisation an. Die Mobilmachung hatte sich nach den Bestimmungen des vom preußischen Kriegsministerium unter Mitwirkung des Großen Generalstabes und ziviler Dienststellen ausgearbeiteten und den Veränderungen immer wieder angepaßten Mobilmachungsplans zu vollziehen. Ergänzend traten hinzu die Mobilmachungsinstruktionen der höheren Kommandobehörden und die von jedem Truppenteil zu führenden Mobilmachungsterminkalender. Die Vorarbeiten waren von den Dienststellen bis in die letzte Einzelheit auf dem laufenden zu halten, da die schnelle Bildung des Kriegsheeres und dessen Einsatzbereitschaft von der strikten Ausführung aller Maßnahmen abhing.

In der Kriegsformation wurde die Landmacht in das Feldheer und in das Besatzungsheer unterteilt. Das Feldheer, die eigentliche Operationsarmee, sollte als Hauptbestandteil die durch die Einberufung der jüngeren Reservistenjahrgänge auf Kriegsstärke gebrachte Friedensarmee, ferner Reserveverbände und mobilgemachte Landwehrformationen nebst den für die Kampfaufgaben notwendigen Neuaufstellungen, wie Munitions- und Proviantkolonnen, Brückentrains, Sanitätseinheiten und Verwaltungseinrichtungen aller Art, umfassen. Die planmäßige Kriegsstärke eines Bataillons betrug 1914 ohne Sanitäts- und Trainpersonal rund 1 000 Mann gegenüber dem Friedensetat von durchschnittlich 600 Mann. Ein kriegsstarkes Armeekorps zählte mit 25 Bataillonen, 8 Eskadrons, 24 Feldbatterien zu je 6 Geschützen und 4 schweren Batterien zu je 4 Geschützen einschließlich der benötigten Kolonnen und sonstigen Einheiten 1 554 Offiziere, 43 317 Unteroffiziere und Mannschaften.

Das Besatzungsheer behielt die Friedensgliederung vollständig bei und sollte aus den nicht dem Feldheer zugeteilten Truppen bestehen. In erster Linie waren es Ersatztruppen, immobile Landwehrverbände und aufgebotene Landsturmtruppen mit den stellvertretenden Kommando- und Verwaltungsbehörden.

Über die Gestaltung der Kriegsformationen gingen die Meinungen von Kriegsministerium und Generalstab zeitweise sehr auseinander, und es kam zu lebhaften internen Auseinandersetzungen zwischen ihnen. Dem unablässigen Drängen des Generalstabes war es vornehmlich zuzuschreiben, daß die Aufstellung einer größeren Anzahl von Reservekorps aus Reservisten und jüngeren Landwehrleuten mit einem sehr geringen Friedensstamm vorbereitet wurde. Entgegen den bisher geltenden Anschauungen sollten die Reservekorps sogleich Seite an Seite mit den verstärkten Friedenskorps in einem Kriege eingesetzt werden. Auf diese Weise wurde ein gewisser Ausgleich für die ungenügende Vermehrung des Friedensheeres erzielt, wenn man sich auch darüber klar war, daß die Reservekorps nicht die Leistungsfähigkeit der aktiven Verbände haben konnten. Im Frieden wurden gelegentlich schon volle Reservedivisionen an Manövern beteiligt. Die Schwierigkeiten für die Verwirklichung dieser Absicht lagen in der unbefriedigenden Offizier-Personallage für die zu bildenden Stäbe und vor allem in der Bereitstellung von Ausrüstung und Bewaffnung. Ihre Beschaffung war ein finanzielles Problem und konnte nicht voll gelöst werden.

Immerhin wurde erreicht, daß bei Kriegsausbruch das Feldheeer mit folgenden Verbänden aufmarschieren konnte:

25 aktive Armeekorps
11 aktive Kavallerie-Divisionen
14½ Reservekorps (darunter 1 aktive Division)

1 Landwehrkorps
6 1/2 Ersatzdivisionen
15 1/2 selbständige Landwehrbrigaden.

Das Feldheer kam damit auf eine Stärke von etwa 2 100 000 Mann unter Abzug der für Festungsbesatzungen bestimmten Teile, das Besatzungsheer auf über 1 700 000 Mann. Die Reservekorps hatten jedoch nur die Hälfte der Feldartillerie der aktiven Korps. Ebenso fehlten die schwere Artillerie, die Fliegerabteilung und der Scheinwerferzug, und die Ausstattung mit Kavallerie, Pionieren, Verkehrstruppen, Munitionskolonnen und Trains war geringer. Die Landwehrverbände konnten vollends kaum mit Artillerie und Maschinengewehren ausgerüstet werden und besaßen keine technischen Formationen.

Durch den sofortigen Einsatz von zwölf Reservekorps im Westen war die deutsche Armee den feindlichen Streitkräften, Franzosen, Engländern und Belgiern, auf dem Umfassungsflügel anfangs erheblich überlegen. Hierin kann eine berechtigte Aussicht für das volle oder teilweise Gelingen des Schlieffen-Plans gesehen werden. Ihr Eingreifen kam den Gegnern völlig überraschend. Auch in Frankreich waren Überlegungen über die sofortige Verwendung der Reservekorps angestellt worden, doch hielt man ihren Einsatz bei der hohen Präsenzstärke der Armee zunächst nicht für erforderlich.

c. Die Allgemeine Wehrpflicht als Integrationsfaktor

Nach den Einigungskriegen bürgerte sich auch in den nichtpreußischen Bundesstaaten die in der Reichsverfassung verankerte Allgemeine Wehrpflicht schnell ein, wurde Bestandteil der Lebensordnung und gehörte zu den selbstverständlichen staatsbürgerlichen Pflichten, wie es in Preußen seit einem halben Jahrhundert der Fall war. In der von dem berühmten Althistoriker Theodor Mommsen verfaßten Glückwunschadresse aller deutschen Städte zum 90. Geburtstag von Generalfeldmarschall Graf Helmuth von Moltke 1890 finden sich die Worte: „Deutschlands Bürger sind auch Deutschlands Soldaten." Mommsen war ein politischer Gegner Bismarcks und Reichstagsabgeordneter einer linksliberalen Partei, die eine Parlamentarisierung der Regierungsform erstrebte, aber sich unabhängig davon zu dem Wehrsystem und der Stehenden Armee als dem sichersten Schutz der Einheit und Stärke des Reiches bekannte. In dieser Hinsicht gab es mit Ausnahme der Sozialdemokratie keine Unterschiede in den Parteien, mochten sie auch sonst in ihren politischen Programmen und in ihrer Stellungnahme zu Heeresfragen sehr voneinander abweichen.

Von der Allgemeinen Wehrpflicht gingen zweifellos außerdem mittelbar und unmittelbar starke Wirkungen auf die Mentalität des einzelnen wie des Volkes in vielfacher Richtung aus. Jedes Jahr übernahm die Armee 200 000 bis 300 000 junge Männer aus allen sozialen Schichten zur militärischen Ausbildung und entließ sie wieder nach zwei- bis dreijähriger Dienstzeit als fertige Soldaten ins

Zivilleben. Was sie während dieser Zeit lernten und erfuhren, war nicht allein die Beherrschung des militärischen ABC, das ihnen in Fleisch und Blut übergehen sollte. Das Endziel der militärischen Erziehungsmaßnahmen war, daß die Anforderungen und Härten des Dienstes nicht erzwungene Akte sein sollten, sondern aus freiwilliger Einsicht und innerer Verbundenheit mit dem Ganzen ertragen und bejaht wurden. Der Formungsprozeß griff über die physische Leistungssteigerung und die militärhandwerkliche Fertigkeit hinaus. Die Rekruten nahmen mehr oder weniger bewußt und unbewußt die Gesetze und Werte einer soldatischen Gemeinschaft in sich auf, die für die innere Festigkeit und Güte einer Armee ausschlaggebend sind, die Disziplin mit ihren Ausstrahlungen, die soldatischen Tugenden. Sie lernten ihr Dasein unter einer höheren Idee begreifen, die den Einsatz des Lebens notfalls forderte, wie es der Fahneneid und die Kriegsartikel vorschrieben. Der Wehrdienst stand unter der Devise: „Mit Gott für König und Vaterland" oder „Für Kaiser und Reich", also Bindungen an die monarchische Staatsform und die Nation.

Das demokratische Gleichheitsprinzip der Allgemeinen Wehrpflicht trug erheblich zur Milderung der Klassengegensätze bei und schuf ein unmittelbares persönliches Verhältnis des Bürgers zur Nation, wie es in keiner anderen Einrichtung des Staates möglich war. Die Armee fing die innenpolitischen Spannungen in sich auf, wirkte als Stabilisierungsfaktor und festes Bollwerk nach außen und innen. In einer auf Autorität beruhenden Staatsordnung konnte sie freilich auch den Untertanengeist fördern, doch überwogen bei weitem die positiven Züge. Sie stellte wirklich eine Erziehungsschule der Nation dar oder richtiger eine Erziehungsanstalt zur Nation.

Vermutlich wären die Wirkungen der Allgemeinen Wehrpflicht in staats- und sozialpolitischer Hinsicht noch größer gewesen, wenn die Dienstpflicht für alle annähernd voll und ganz zur Durchführung gekommen wäre. Eine Beeinträchtigung des Gleichheitsprinzips war ferner der Einjährig-Freiwilligen-Dienst für Leute mit besserer Schulbildung, die sich selbst bekleiden und verpflegen mußten.

Diese Vergünstigung wurde jedoch auch allen Personen ohne die verlangte Schulbildung und ohne Rücksicht auf die soziale Herkunft gewährt, die vor einer Prüfungskommission den Nachweis für eine besondere Befähigung in Zweigen der Wissenschaft, Kunst oder in einer anderen, dem Gemeinwesen zugute kommenden Tätigkeit nachweisen konnten (§§ 88 und 89 der Wehrordnung). Dazu rechneten auch hervorragende handwerkliche oder mechanische Arbeiten. Nach Höhn (S. 343–348) erhielten in den Jahren 1890–1895 von 764 Bewerbern 547 den Berechtigungsschein innerhalb Preußens. In den Jahren 1900–1904 waren es 736 von 989 Antragstellern. Es sind dadurch auch Arbeitersöhne in den Vorzug des Einjährig-Freiwilligen-Dienstes gekommen. Das Leistungsprinzip wurde dem Bildungsprivileg gleichgestellt.

Für Einjährig-Freiwillige bei den Fußtruppen, denen die Mittel zum Unterhalt fehlten, konnten die Generalkommandos ausnahmsweise und unter besonderen Umständen teilweise oder ganz Zuschüsse zur Bestreitung der Kosten geben. Die Heeresführung nahm bei der Aushebung der Wehrpflichtigen und bei Übungen möglichst Rücksicht auf häusliche und wirtschaftliche Verhältnisse.

C. Reichsleitung und Heer

1. Kaiser Wilhelm II. als Oberster Kriegsherr

Wilhelm II. ist so in das deutsche Schicksal verwoben und hat darauf bestimmend eingewirkt, daß auf eine kurze Skizzierung seiner kontrastreichen Persönlichkeit nicht verzichtet werden kann. Geboren am 27. Januar 1859, kam er am 15. Juni 1888 nach der nur neunundneunzigtägigen Regierung seines Vaters auf den Thron, mit dessen Tod der Ansatz zu einer möglichen anderen Entwicklung abgeschnitten wurde. „Das Amt des wachhabenden Offiziers auf dem Staatsschiff ist mir zugefallen. Der Kurs bleibt der alte", telegraphierte der junge Kaiser in naiver Selbstüberheblichkeit an den Großherzog von Baden nach der Entlassung Bismarcks. Die beherrschenden Eindrücke seiner Jugend waren die Gründung und der Aufstieg des Reiches. Er hatte sich vorgenommen, die Nation weiter aufwärts zu führen und ihr einen Platz an der Sonne zu sichern. Vielfach ist er zum Repräsentanten seiner Zeit gestempelt worden, eine Meinung, die hinsichtlich des von ihm dargestellten imperialen Stils, des äußeren Glanzes, des Pathetischen und Pompösen berechtigt sein mag.

Er brachte für den Herrscherberuf eine Reihe blendender Eigenschaften mit. Vielseitiges Interesse, geistige Lebendigkeit, rasche Auffassungsgabe, hervorragendes Gedächtnis, große Aufgeschlossenheit und Verständnis für technische und wirtschaftliche Dinge wurden ergänzt durch ein gutes Rednertalent, das ihn allerdings in seiner impulsiven Art sehr oft zu unbesonnenen Äußerungen, ja Entgleisungen hinriß. Auf viele Persönlichkeiten des In- und Auslands machte er einen bedeutenden Eindruck. Demgegenüber bestand ein offenbarer Mangel an Realitätssinn, Nüchternheit und Gründlichkeit. Er konnte bezaubern, wollte gefallen und immer hervortreten. Befremdend war seine verstiegene, zeitfremde Vorstellung vom Gottesgnadentum der Könige, die während seiner ersten Regierungszeit öfter absolutistische Gesten und Neigungen hervorrief und sich auch in einer gewissen Mißachtung des Parlaments kundtat, obwohl er andererseits wieder enge Beziehungen mit bürgerlichen Wissenschafts- und Wirtschaftskreisen unterhielt. Den polar entgegengesetzten Anlagen seiner Natur fehlten Ausgeglichenheit und Stetigkeit. Er war starken Stimmungsschwankungen unterworfen. Nach außen gab er sich betont energisch, optimistisch und selbstsicher, war aber im Grunde ein labiler, unfertiger Charakter und bei allem Prestigebedürfnis friedliebend. Inwieweit die Lähmung seines linken Armes von Geburt an zu seiner verkrampften seelischen Haltung mit beigetragen hat, ist schwer zu entscheiden.

Viele Fehlgriffe der deutschen Politik gehen nicht auf sein Schuldkonto, wie nach den neuesten Forschungen festgestellt ist. Er hat sich öfter gegen besseres Wissen den Ansichten seiner Ratgeber angeschlossen. Über die Tragweite seiner Worte und Handlungen ist er sich meist nicht bewußt gewesen oder darüber von seiner Umgebung in Unkenntnis gehalten worden. Bei seiner Charakterveranlagung neigte er dazu, seine nächsten Berater mehr nach persönlichen Sympathiegefühlen als nach fachlicher Eignung auszuwählen. Der Sturm im Parlament und in der Öffentlichkeit über sein Interview in der englischen Zeitung „Daily Telegraph" 1908, das die deutsch-englischen Beziehungen bessern sollte, hat ihn tief getroffen, obwohl gerade hier keine eigenmächtige Handlung von ihm vorlag, denn er hatte den so heftig kritisierten Text vorher dem Reichskanzler zur Begutachtung vorgelegt. Seitdem kann man nicht mehr von einem persönlichen Regiment des Kaisers sprechen, das auch für die erste Regierungszeit nur bedingt zutrifft. Den an ihn im Ersten Weltkrieg herantretenden schweren Belastungen war er nicht gewachsen und ließ sich mehr und mehr ausschalten. Wenn ihm auch unbedingt bestes Wollen und Streben zugebilligt werden muß, so ist er von persönlicher Mitschuld an dem Gang der Ereignisse nicht freizusprechen.

Nachhaltiger und ungehemmter als auf politischem Gebiet konnte sich der Kaiser militärisch betätigen, zumal er als Oberbefehlshaber des deutschen Heeres verfassungsmäßig mit weitgreifenden Befugnissen ausgestattet war. Die in ihrer Reichweite sehr umstrittene Kommandogewalt hielt er bis zum Schluß fest. Seine Ausbildung hatte sich gemäß der hohenzollernschen Haustradition sehr stark auf das Militärische gerichtet. Vor seiner Thronbesteigung war er zuletzt Kommandeur einer Gardeinfanteriebrigade. Die ihm auferlegten militärischen Pflichten seines Herrscheramtes übte er mit Passion aus. Von diesen Aufgaben glaubte er etwas zu verstehen und opferte ihnen den größten Teil seiner Zeit. Durch zu einseitige militärische Formung, aber auch durch persönliche Neigung wurde er in dem Gefühl bestärkt, in dem militärischen Beruf eine höhere Lebensform zu sehen als in einer zivilen Tätigkeit. Alle wichtigen militärischen Angelegenheiten mußten ihm zur persönlichen Entscheidung vorgelegt werden. Durch ihn kam von Beginn seiner Regierungszeit an ein neuer Schwung in die Armee. Er verjüngte das Offizierkorps in den obersten Rängen, förderte die Schießausbildung, ging gegen Soldatenmißhandlungen und den um sich greifenden Luxus im Offizierkorps vor und erließ wichtige Ehrengerichtsbestimmungen. Die Einführung der schweren Artillerie des Feldheeres förderte er ebenso wie die Ausrüstung mit Maschinengewehren. An den Kriegsspielen im Großen Generalstab nahm er oft teil, übernahm bei den Kaisermanövern anfangs oft die Führung einer Partei und hielt ausgezeichnete Manöverkritiken. Seine Vorliebe galt jedoch noch mehr der Marine, die er für seine Schöpfung hielt.

Die ihn kennzeichnende Mischung von modernen und romantischen Zügen zeigte sich bei ihm auch auf militärischem Gebiet. Er liebte es, die Entscheidungen in Manövern durch große Kavallerieattacken herbeizuführen, an deren Spitze er sich zuweilen setzte, obwohl dies angesichts der Feuerkraft der modernen Infanterie und Artillerie unsinnig war. Erst der letzte Vorkriegs-Generalstabschef, Generaloberst v. Moltke, konnte ihm diese Spielerei ausreden. Dazu gehörten ferner unzählige, von ihm verfügte Uniformänderungen und seine Freude an Paraden und Besichtigungen. Aber für so wesentliche Dinge wie die genaue Abstimmung der Operationspläne von Heer und Marine für den Kriegsfall trug er keine Sorge, obwohl unter seiner Leitung 1904 gemeinsame Manöver an der Ostseeküste stattfanden. Infolgedessen und aus dem Ressortdenken beider Wehrmachtteile beschränkte sich ihre Zusammenarbeit letzten Endes auf allgemeine und unverbindliche Besprechungen der Führungsstäbe, und jeder plante und traf seine Vorbereitungen unabhängig von dem anderen. Er förderte die Dezentralisierung in der Spitzengliederung von Armee und Marine durch Schaffung neuer Immediatstellen und löste die bestehende Landesverteidigungskommission, eine aus Generalen und Admiralen gebildete Zentralstelle für die Koordinierung militärischer Verteidigungsmaßnahmen, 1897 auf, ohne diese so wichtige Institution zu ersetzen. Notwendigen Neuerungen, wie der Einführung der zweijährigen Dienstzeit für die Fußtruppen, einer modernen Militär-Strafgerichtsordnung und der feldgrauen Uniform, setzte er aus Traditionsgründen längeren Widerstand entgegen. Ein militärischer Fachmann mit nüchternem Blick wie sein von ihm hochverehrter Großvater, Wilhelm I., ist er nicht gewesen und konnte es bei seiner Wesensart auch nicht werden.

Im Weltkrieg übte er das Amt des Obersten Feldherrn nur nominell aus und trat vollends in der zweiten Hälfte des Krieges immer mehr in den Hintergrund. Gemäß den allgemeinen Mobilmachungsbestimmungen leitete von Anfang an der Generalstabschef des Feldheeres in seinem Namen die Landkriegsoperationen und holte vor wichtigen Entschlüssen seine Zustimmung ein. Er ließ ihm große Freiheit und vermied Eingriffe, so daß der Generalstabschef zu der ausschlaggebenden Persönlichkeit für die Kriegführung wurde. Zweimal, dann aber nicht rechtzeitig, ließ er sich zu einem Wechsel bewegen. Dagegen wirkte er sehr bestimmend auf den Einsatz der Seestreitkräfte ein. Die ihm zufallende Aufgabe, die Einheit von Politik und Kriegführung herzustellen, vermochte er aus Unsicherheit und Unselbständigkeit nicht den Erfordernissen entsprechend sachgerecht durchzuführen und zu gewährleisten. Gegen das Überhandnehmen des Einflusses der 3. OHL auf die Politik wehrte er sich nicht entschieden genug und entließ auf deren Verlangen sogar seine nächsten politischen Berater. Die Zügel der Regierung waren ihm schon lange vor der Revolution entglitten, die das Ende einer vielhundertjährigen monarchischen Herrschaft durch Fehler und Versäumnisse herbeiführte, die wohl zu einem Teil in dem zu wenig anpassungsfähigen System lagen, aber doch auch seinem persönlichen Versagen mit zur Last zu legen sind. Seine Regierungszeit umspannt einen Schicksalsbogen, der von der Entlassung des Reichsgründers bis zur Abdankung und zum Exil reicht. Wenn die deutsche Armee sich im Ersten Weltkrieg vier Jahre lang im Kampf gegen eine große Übermacht so hervorragend behauptete, so war dieser auch von allen Gegnern anerkannte hohe Leistungsstand nicht ohne langjährige und gründliche Friedensarbeit denkbar. Eine gerechte Würdigung wird auch dem letzten Kaiser Verdienste daran nicht absprechen können, selbst wenn auch manche restaurative Züge mit eingeflossen sind.

2. Das militärische Immediatsystem

a. Gliederung der militärischen Führung

Nach der Verfassung stand die gesamte Landmacht des Reiches unter dem Befehl des Kaisers, dessen Befugnisse im Frieden lediglich durch die Bündnisverträge und militärischen Konventionen mit den einzelnen Bundesstaaten, namentlich mit Bayern, und durch das Budgetrecht des Parlaments eingeschränkt waren. Die von dem preußischen Konstitutionalismus übernommene Unterscheidung zwischen Kommandobereich und Militärverwaltungsbereich ermächtigte den Kaiser, allein über Organisation, Ausbildung, Disziplin, Stellenbesetzung und Verwendung der Truppe zu entscheiden, während seine Anordnungen im Militärverwaltungsbereich über die Stärke der Streitkräfte, die Rekrutierung, Ausrüstung, Verpflegung, Versorgung, kurz – in allem, was den Etat berührte, der Gegenzeichnungspflicht des verantwortlichen Reichskanzlers oder Kriegsministers unterlagen und der Zustimmung des Parlaments bedurften. Die Grenzen zwischen beiden Bereichen waren fließend und umstritten, so daß der Umfang der kaiserlichen Kommandogewalt je nach Auslegung enger oder weiter gezogen werden konnte. In Zweifelsfällen geschah dies in der Regel zugunsten des Kaisers.

Es entsprach ganz der Wesensart Wilhelms II., wenn er aus der Tradition des preußischen Königtums heraus den persönlichen Oberbefehl über die bewaffnete Macht nicht nur fiktiv, sondern tatsächlich ausüben wollte, obwohl das durch seine Beanspruchung in Regierungsgeschäften und sonstige Abhaltungen praktisch nicht mehr zu verwirklichen war. Er bediente sich hierzu der sogenannten Immediatstellen, zu denen im großen und ganzen die hohe Generalität der Armee rechnete. Diese militärischen Führungsspitzen waren für ihren Geschäfts- oder Kommandobereich ganz oder teilweise dem Kaiser direkt unterstellt und hatten das Recht des Immediatvortrages bei ihm, um seine Entscheidung in wichtigen Angelegenheiten zu erwirken. Das Immediatsystem hatte schon unter seinem Großvater einen bedeutenden Umfang, wurde aber von ihm noch weiter ausgedehnt, obgleich sich die Armee in der Zeit von 1871–1914 nahezu verdoppelte und unter seiner Regierung eine starke Flotte mit einer ähnlichen Aufteilung des Kommando- und Verwaltungsapparates geschaffen wurde.

Im Gegensatz zu der in der Person des Reichskanzlers zentralisierten Spitze der politischen Leitung war die Führung der bewaffneten Macht auf diese Weise in eine Vielzahl gleichrangiger Stellen, annähernd 40 allein in der Armee, mit verschiedenen Ressortzuständigkeiten unter dem Kaiser aufgesplittert. Die Nachteile einer solchen Dezentralisation traten schon im Frieden hemmend in Erscheinung, wenn es sich darum handelte, über eine wichtige Angelegenheit einen Beschluß zu fassen. Da häufig eine Reihe von Immediatstellen daran beteiligt war und infolgedessen gehört werden mußte, kam es wegen geteilter Auffassungen oft zu recht langwierigen Verzögerungen, so daß der Kaiser das letzte Wort sprechen mußte. Wenn die Folgen dieses Systems sich nicht ungünstiger auswirkten, so lag das an dem unterschiedlichen Gewicht der Immediatstellen. Unter ihnen hatten das Kriegsministerium, das Militärkabinett und der Generalstab aufgrund ihrer besonderen Aufgaben und ihrer regelmäßig festgesetzten Vortragstermine beim Kaiser einen klaren Vorrang vor den anderen, die nur aus besonderen Anlässen hierzu aufgefordert wurden, wenn sie sich auch jederzeit an den Kaiser wenden konnten.

Weiterhin leistete dieses System internen Machtkämpfen in Zuständigkeitsfragen, die sich nicht klar voneinander trennen ließen, erheblichen Vorschub. Erst der Krieg schuf eine Änderung und hob den Generalstabschef über alle anderen heraus, da er nach den Mobilmachungsbestimmungen im Auftrag des Kaisers die Operationen des Feldheeres zu leiten hatte.

b. Das Kriegsministerium

Das 1809 von Scharnhorst als Zentralinstanz der preußischen Armee geschaffene Kriegsministerium nahm bis etwa zu den Einigungskriegen eine klare Primatstellung in der militärischen Hierarchie ein, obwohl schon in dieser Epoche abweichend von der Regelung in anderen Ländern, so auch in Bayern, die Kommandierenden Generale in Kommandoangelegenheiten und Truppenführung nicht dem Kriegsminister, sondern unmittelbar dem König unterstellt waren. Die nach der Reichsgründung erfolgende Emanzipation des Generalstabes, des Militärkabinetts, der eingerichteten Armee- und Generalinspektionen engte die Zuständigkeit des Kriegsministeriums schließlich von den achtziger Jahren an bis in den Ersten Weltkrieg hinein auf die Militärverwaltung im weiteren Sinne ein, so daß es im Schrifttum häufig als oberste Militärverwaltungsbehörde bezeichnet wird. Der Ausdruck besagt indessen nur, daß dem Kriegsministerium zum Unterschied gegen eine Kommandobehörde keine Kommandobefugnisse über die Armee oder Teile derselben eingeräumt waren. In diesem Sinne waren auch der Große Generalstab im Frieden, das Militärkabinett und die schon genannten Armee- und Generalinspektionen keine Kommandobehörden. In der zweiten Hälfte des Ersten Weltkrieges wurden dem Kriegsminister aus Zweckmäßigkeitsgründen die Stellvertretenden Kommandierenden Generale des Besatzungsheeres in der Heimat unterstellt und bei der Parlamentarisierung am Ende des Krieges das Militärkabinett wiedereingegliedert.

Zum Kriegsminister wurden im allgemeinen Divisionskommandeure vom Kaiser ernannt, die sich als Truppenführer bewährt hatten und neben umfassenden militärischen Kenntnissen Organisationstalent, Redebegabung und Verhandlungsgeschick mitbrachten, um vor dem Parlament bestehen zu können. Alle waren durch die Schule des Generalstabes gegangen, ebenso ihre Stellvertreter. Als Kriegsminister fungierten:

1890–1893	v. Kaltenborn–Stachau
1893–1896	Bronsart v. Schellendorf (Walter)
1896–1903	v. Goßler
1903–1909	v. Einem
1909–1913	v. Heeringen
1913–1915	v. Falkenhayn
1915–1916	Wild v. Hohenborn
1916–1918	v. Stein
ab 9. 10. 1918	v. Scheüch.

Von ihnen waren die Generale v. Einem und v. Heeringen im Ersten Weltkrieg Armeeführer, General v. Falkenhayn von 1914–1916 Generalstabschef der Armee und anschließend Armeeführer.

Unter die Zuständigkeit des Kriegsministers fielen Organisation, Ausrüstung, Bewaffnung, Unterhalt und alle damit verknüpften Angelegenheiten des Heeres sowie das Festlegen der Ausbildungsgrundsätze für Mannschaften und Unteroffiziere. Naturgemäß geschah dies in Zusammenarbeit mit dem Generalstab, den Waffeninspektionen und Prüfungskommissionen. Die hierin von ihm selbständig oder in wichtigeren Fällen mit Genehmigung des Kaisers erlassenen Anordnungen und Vorschriften waren für alle Führungsstellen bindend.

Die Grundstruktur des Kriegsministeriums änderte sich gegen früher wenig. Es erfolgte lediglich im Zuge der Heeresentwicklung eine Anpassung an die neuen Verhältnisse und Größenordnungen. Bei Kriegsbeginn hatte es einen Personalbestand von 600 bis 700 Offizieren und Beamten erreicht. Folgende Übersicht zeigt den Organisationsplan von 1913/14. Es sind darin nur die Hauptabteilungen ohne die Unterabteilungen aufgeführt.

Geschäftseinteilung des preußischen Kriegsministeriums von 1914

Zentral-Departement (ZD)	mit
	Ministerial-Abteilung (Z 1)
	Etats-Abteilung (Z 2)
	außerdem
	Archiv-Verwaltung (Av)
	Bücherei-Verwaltung (Bv)
	Druckschriften-Verwaltung (Dv)
Allgemeines Kriegs-Departement (AD)	mit
	Armee-Abteilung (A 1)
	Infanterie-Abteilung (A 2)
	Kavallerie-Abteilung (A 3)
	Feldartillerie-Abteilung (A 4)
	Fußartillerie-Abteilung (A 5)
	Ingenieur- und Pionier-Abteilung (A 6)
	Verkehrs-Abteilung (A 7 V)
	Luftfahrt-Abteilung (A 7 L)
	außerdem
	Geheime Kriegskanzlei (GKK)
Armee-Verwaltungs-Departement (BD)	mit
	Kriegsverpflegungs-Abteilung (B 1)
	Friedensverpflegungs-Abteilung (B 2)
	Bekleidungs-Abteilung (B 3)
	Kassen-Abteilung (B 4)
	Fabriken-Abteilung (B 5)
Unterkunfts-Departement (UD)	mit
	Unterkunfts-Abteilung Ost (U 1)
	Unterkunfts-Abteilung West (U 2)
	Übungsplatz-Abteilung (U 3)
	Bau-Abteilung (U 4)
	Provisorische Bau-Abteilung (U 5)

Ersatz-, Versorgungs- und Justizdepartement (CD)	mit Ersatzwesen-Abteilung (C 1) Pensions-Abteilung (C 2) Versorgungs-Abteilung (C 3) Justiz-Abteilung (C 4) mit den Justitiaren des Kriegsministeriums außerdem Remonte-Inspektion (RI) Medizinal-Abteilung (MA) Kollegium zur Entscheidung von Pensionierungsfragen

(Ehrenrangliste des ehemaligen deutschen Heeres, Berlin 1926)

Der Kriegsminister hatte ferner den Militäretat aufzustellen, ihn vor dem Parlament zu vertreten und zu verwalten. Die einzelnen Führungsstellen meldeten ihre Wünsche und Forderungen bei ihm an. Er traf letzten Endes die Entscheidung, was zur Wahrung eines hohen Leistungs- und Rüstungsstandes der Armee notwendig war und Vorrang verdiente. Diese Befugnis gab seiner Stellung trotz des Ausschlusses von der Kommandogewalt starkes Gewicht, zumal in einer Periode laufender Heeresvermehrungen, schneller Forschritte in der Waffentechnik und daraus resultierender Umbewaffnungen und Neubewaffnungen. Sein Votum gab hierbei zumeist den Ausschlag, denn er mußte mit den vom Parlament bewilligten Mitteln wirtschaften. Es fehlte dabei nicht an häufigen Kontroversen und Zusammenstößen mit anderen Führungsstellen, namentlich mit dem Generalstab und dem Militärkabinett. An seinen Kompetenzen für die auf diese Art und Weise in alle Gebiete des Heerwesens mit Ausnahme der Truppenführung und -verwendung sowie der Offizierstellenbesetzung eingreifende Wirksamkeit hat der Kriegsminister nicht rütteln lassen.

In einer Erwiderung des Kriegsministers, General v. Heeringen, am 16. April 1912 zu Anträgen des Generalstabschefs, General v. Moltke, auf Verbesserungen der Heeresausrüstung wird dieser Standpunkt mit folgenden Worten klar formuliert:
„Vorausschicken möchte ich, daß selbstverständlich das Kriegsministerium dankbar sein muß, wenn ihm Anregungen und Wünsche des Chefs des Generalstabs der Armee für die Gestaltung der Organisation, Bewaffnung, Ausrüstung und Ausbildung des Heeres mitgeteilt werden. Ohne solche fortgesetzte, die Selbständigkeit des Kriegsministeriums unterstützende Mitwirkung des Generalstabs wäre es unmöglich, die wirklichen Bedürfnisse der Armee zu erkennen und zu befriedigen. Andererseits ist der Kriegsminister Seiner Majestät, dem Kaiser, und dem Land in den bezeichneten Angelegenheiten allein verantwortlich. Er hat also die Pflicht und das Recht, die sie betreffenden Anträge zu prüfen und kann nur diejenigen Maßnahmen zur Durchführung bringen, die er nach eigener Überzeugung als zweckmäßig und notwendig ansieht. Sie müssen auch in Einklang gesetzt werden mit den allgemeinen, namentlich den finanziellen Verhältnissen des Heeres und mit Bedürfnissen des Heerwesens, die sich mehr oder minder der Kenntnis des Chefs des Generalstabs entziehen." (Kriegsrüstung und Kriegswirtschaft, Bd 1, S. 193 f.)

In seiner Rüstungspolitik hatte der Kriegsminister vornehmlich die innenpolitischen Verhältnisse zu berücksichtigen und war für die Reichsleitung die maßgebende Instanz in diesen Fragen, wie der Generalstab für die Beurteilung der Militärpolitik in außenpolitischer Hinsicht. Dabei handelte es sich vor allem um die Maßnahmen des Kriegsministers zur Eindämmung der Opposition (s. S. 113 ff.). Zu den Aufgaben des Kriegsministers gehörte weiter die jährliche Aufstellung des Mobilmachungsplans unter Mitarbeit des Generalstabes und der zivilen Behörden.

Vor der Krone und vor dem Parlament trug der preußische Kriegsminister die Verantwortung für die Schlagkraft der Armee. Aus der Verschränkung der preußischen mit der deutschen Heeresverfassung ergab sich für ihn eine eigenartige und prekäre staatsrechtliche Stellung. Da ein Reichskriegsministerium nicht bestand, war er an und für sich nur Kriegsminister der Hegemoniemacht Preußen und der ihr angeschlossenen Kontingente, nicht aber von Bayern, Sachsen und Württemberg, deren Kriegsminister ihm gleichgestellt waren und ebenfalls aus Reichsmitteln besoldet wurden. Dank guter Zusammenarbeit zwischen ihnen und aufgrund der abgeschlossenen Verträge und Konventionen erwuchsen hieraus keine Nachteile für die Einheitlichkeit des deutschen Heeres. Der preußische Kriegsminister vertrat jedoch als Bundesratsbevollmächtigter und Vorsitzender des Bundesratsausschusses für das Landheer und die Festungen an Stelle und zur Unterstützung des Reichskanzlers die Belange des Gesamtheeres (mit Ausnahme Bayerns) vor dem Reichstag und war diesem zwar nicht formal aber de facto für den guten Zustand der Armee verantwortlich, abgesehen von seiner Verantwortlichkeit den beiden Kammern Preußens gegenüber.

Seine Position war dadurch schwierig, daß er als General dem königlichen und kaiserlichen Oberbefehlshaber durch seinen Treueid zu unbedingtem Gehorsam verpflichtet war, aber als Minister nach der preußischen wie nach der Reichsverfassung Anordnungen und Befehle nicht ausführen durfte, die er als nicht vereinbar mit den Gesetzen und der Verfassung ansah. In solchen Fällen blieb ihm nur die Möglichkeit des Rücktritts. Konflikte dieser Art kamen für keine andere militärische Führungsstelle infrage, da der Kriegsminister verfassungsmäßig der einzige staatsrechtlich verantwortliche Ratgeber der Krone in Militärangelegenheiten und Vertreter des Heeres im Reichstag war.

Zusammenfassend läßt sich sagen, daß den Kriegsministern im Frieden ungeachtet der eingeschränkten Befugnisse durch den Umfang ihres Geschäftsbereiches eine Einwirkung auf das Heer zustand, wie sie keiner anderen Stelle, auch dem Generalstab nicht, gegeben war. Vorzüge und Mängel des deutschen Heeres in Stärke, Organisation, Ausrüstung und Bewaffnung, am Anfang des Krieges, waren vornehmlich ihrem Wirken zuzuschreiben. Im Laufe des Krieges trat das Kriegsministerium an Bedeutung hinter die Führungsinstitution, den Generalstab, zurück.

c. *Das Militärkabinett*

Durch eine Kabinettsorder Kaiser Wilhelm I. vom 8. März 1883 war das aus der Generaladjutantur der altpreußischen Zeit hervorgegangene Militärkabinett zu einer Immediatstelle erhoben worden unter gleichzeitiger Aufhebung des seit längerer Zeit nur noch mehr formal bestehenden Unterordnungsverhältnisses unter den Kriegsminister. Es setzte sich aus der ehemaligen „Abteilung für persönliche Angelegenheiten" und der „Geheimen Kriegskanzlei" zusammen. In einer kurzen Definition ausgedrückt, war das Militärkabinett seitdem eine unmittelbar unter dem Kaiser und König stehende Dienststelle zur Bearbeitung der Offizierpersonalien des preußischen Heeres und der ihm angeschlossenen Kontingente sowie von Angelegenheiten des Reichsheeres, die der Kommandogewalt des Monarchen unterlagen. Diese Funktion hat es bis Ende Oktober 1918 ausgeübt. Im einzelnen schloß diese Tätigkeit ein: Die Vorbereitung und Ausführung der Befehle des Herrschers, die Anstellung, Beförderung, Kommandierung, Belohnung, Bestrafung, Begnadigung und Verabschiedung aller Offiziere und Portepeefähnriche betrafen, die Bearbeitung von Gesuchen an den Monarchen, Unterstützungs-, Ordensangelegenheiten und Ehrengerichtssachen. In den Königreichen Bayern, Sachsen und Württemberg wurden diese Angelegenheiten von den Kriegsministerien mit erledigt, wie das einst auch in Preußen geschah.

Der Personalbestand der Dienststelle war sehr gering und erreichte bis 1914 höchstens zehn Offiziere und etwa die gleiche Anzahl von Beamten, so daß an die Arbeitskraft jedes einzelnen bei der Größe der Armee hohe Anforderungen gestellt wurden. Zu dem Militärkabinett wurden nicht nur preußische, sondern auch württembergische und badische Offiziere kommandiert. Der Chef des Militärkabinetts war zugleich vortragender Generaladjutant. Er gehörte zum militärischen Gefolge des Kaisers, begleitete ihn auf den häufigen Reisen und wohnte den militärischen Immediatvorträgen bei.

Diese ungemein wichtige und einflußreiche Stelle wurde mit höheren Offizieren im Range eines Generalleutnants oder Generalmajors besetzt, die im besonderen die Sympathie und das Vertrauen des Kaisers besaßen. Es waren dies:

1888–1901	v. Hahnke, der später noch bis zum Feldmarschall avancierte
1901–1908	Graf von Hülsen-Haeseler
1908–1918	Freiherr von Lyncker, nach seinem Abgang Präsident des Reichsmilitärgerichts
seit 27. 7. 1918	Freiherr von Marschall, gen. Greiff, ein badischer Offizier.

Im Unterschied zu allen anderen militärischen Institutionen fand in dieser Dienststellung ein auffallend seltener Wechsel statt. Mit Ausnahme Marschalls, der schon lange Zeit im Militärkabinett Dienst tat, hatten alle Chefs vor ihrer Berufung eine vieljährige Erfahrung im Truppen- und Generalstabsdienst. Nach ihrer Entscheidung oder ihrem Vorschlag erfolgten in der Regel die Besetzung aller Offizierstellen, aber auch die Verabschiedungen, und gingen die Befehle, Bestimmungen und Kabinettsorders in Offizierangelegenheiten jeder Art heraus. Inwieweit sie Entschließungen oder Willensäußerungen des oft eigenwilligen Herrschers veranlaßten oder beeinflußten, läßt sich nicht erkennen. Es liegen keine Anhaltspunkte vor, daß hierbei nicht grundsätzlich im ganzen nach sachlichen Gesichtspunkten zum Besten der Armee verfahren wurde, mögen auch manche Maßnahmen, aus späterer Sicht bewertet, als verfehlt erscheinen. Schließlich hatten sie als Soldaten auch bei anderer Meinung zu gehorchen, wenn sie mit ihren Argumenten beim Kaiser nicht durchkamen. Das Verhältnis zu den anderen Führungsstellen war nicht frei von Reibungen und Spannungen, besonders wegen Ressortüberschreitungen, die indessen nicht das übliche Maß sprengten und wesentlich von den persönlichen Beziehungen der Chefs zueinander abhingen.

In der Handhabung des Beförderungswesens stützte sich das Militärkabinett auf die ihm nach Vorschrift regelmäßig durch die Kommandierenden Generale und die Kommandeure der hohen Dienststellen zugehenden Personal- und Qualifikationsberichte, die Urteile sämtlicher Vorgesetzten enthielten und 1902 durch Listenvorschläge ergänzt wurden. In diesen waren die durch hervorragende Leistungen auffallenden Offiziere vermerkt, die Förderung verdienten, wie solche, die nicht das verlangte Niveau erreichten, und ferner diejenigen, die besondere Eignung für spezielle Aufgaben zeigten. Auf diese Weise wurde das im allgemeinen gültige Anciennitätsprinzip etwas mit dem Leistungsprinzip gekoppelt. Das Verfahren diente sowohl der Auslese wie der Aussiebung. Ernennung, Beförderung und Verabschiedung waren an keine ministerielle Gegenzeichnung gebunden. Im Kriege hielt das Militärkabinett im wesentlichen an der bisherigen Beförderungspraxis – namentlich für Leutnants – fest, was die Kritik mancher Heerführer hervorrief. Hier bewegte sich das Militärkabinett noch in überlebten Anschauungen und blieb im Schematismus stecken.

Bei der Besetzung hoher und wichtiger Führungsstellen folgte der Kaiser nicht immer den gemachten Vorschlägen. Der gravierendste Fall war die Ernennung des Generals v. Moltke 1906 zum Nachfolger Schlieffens als Generalstabschef der Armee gegen den Rat des Kabinettschefs, Graf von Hülsen-Haeseler, der sogar durch den Kriegsminister, General v. Einem, und den Reichskanzler, Fürst Bülow, den Monarchen von diesem Vorhaben abzubringen suchte. General v. Lyncker war schon Anfang des Krieges der Überzeugung, daß Moltke seiner Aufgabe nicht gewachsen wäre, und hielt den Kriegsminister, General v. Falkenhayn, in Bereitschaft, von dessen Fähigkeiten er viel hielt. Nach dem Verlust der Marne-Schlacht im September 1914 konnte er beim Kaiser die Ernennung Falkenhayns zum neuen Generalstabschef erreichen. An Falkenhayn hielt Lyncker gegen das Drängen führender Generale wie Hindenburg und namentlich des Reichskanzlers Bethmann Hollweg bis zum Sommer 1916 fest, die dessen Ablösung aus Zweifel an seiner Eignung für die operative Gesamtleitung betrieben. Auch der Kaiser ließ sich bis dahin an Falkenhayn nicht irremachen, zumal ihn dieser gut zu nehmen verstand.

Gegen das Militärkabinett ist von den liberalen und sozialistischen Kräften und Parteien im Parlament und in der Presse seit Jahrzehnten Sturm gelaufen worden. Manche Kreise hielten es sogar für eine verfassungswidrige Einrichtung, da es sich der Kontrolle durch das Parlament entzog. Andere bezeichneten es als unverantwortliche Nebenregierung und machtvollste militärische Institution, nach deren Willen die Armee geführt werde. Das war gewiß eine Übertreibung, wenn auch die Behauptung von der staatsrechtlichen Unverantwortlichkeit des Chefs des Militärkabinetts zu Recht bestand. Die gleichen Bedenken konnten aber auch gegen den Chef des Generalstabes der Armee erhoben werden. Hauptursache des Anstoßes war vor allem, daß die Offizierpersonalien ohne Gegenzeichnung eines verantwortlichen Ministers erledigt wurden. Die Rechtsauslegung, nach der die Offizierpersonalien zur Kommandogewalt rechneten, wurde als irrig erklärt. Dieser Fragenkomplex berührte indessen überhaupt die Kronrechte des Kaisers und konnte nur durch eine grundlegende Verfassungsreform geändert werden. Sie kam Ende Oktober 1918 mit der Einführung des parlamentarischen Systems, wurde aber durch den Zusammenbruch und die Revolution nicht mehr wirksam.

d. Der Generalstab

Wenige Wochen nach dem Regierungsantritt Kaiser Wilhelms II. 1888 wurde Generalfeldmarschall Graf von Moltke auf seine Bitte wegen seines hohen Alters (88 Jahre) von der Stellung des Chefs des Generalstabes des Heeres entbunden, dessen Ruhm er durch seine Feldherrnleistungen in zwei siegreichen Kriegen begründet hatte. Die erst durch Kabinettsorder vom 24. Mai 1883 verfügte Immediatstellung des Generalstabschefs hatte faktisch für ihn persönlich schon seit den Einigungskriegen bestanden. Jetzt erfolgte nur die offizielle Bestätigung und Ausdehnung auf seine Nachfolger. Der Generalstab wurde selbständig und dem Monarchen unmittelbar unterstellt, die formal noch bestehende Abhängigkeit vom Kriegsministerium aufgehoben. Vielfach überschnitten sich die beiderseitigen Ressorts stark und ließen sich nicht genau voneinander trennen, was auch bei guter Zusammenarbeit gelegentlich zu Kompetenzkonflikten zwischen den rangmäßig gleichstehenden Partnern führte. Trotz des hohen Ansehens, das der Generalstab seit Moltke überall genoß, war die Stellung des Chefs dieser Institution innerhalb der militärischen Hierarchie nicht dominierend und mit relativ bescheidenen Befugnissen ausgestattet. Es fiel jedoch ins Gewicht, daß er nach bewährtem Vorbild für die Leitung der Operationen des Heeres im Kriegsfall bestimmt war.

Der Generalstab der preußischen Armee war das wichtigste Führungsorgan der Reichsverteidigung. Ihm gehörten auch bayerische, sächsische und württembergische Offiziere an. Er gliederte sich in den „Großen Generalstab", der Führungszentrale des ganzen Reichsheeres und Arbeitsstab des Chefs war, und den „Truppengeneralstab“, der sich auf die Divisionen, Armeekorps, Armeeinspektionen, Gouvernements und Festungen verteilte. Die noch vorhandenen Generalstäbe in Bayern, Sachsen und Württemberg, gleich oder ähnlich organisiert wie in Preußen und mit der Zentrale in enger Verbindung stehend, kann man nach ihren Aufgaben dem Truppengeneralstab zurechnen.

Die Organisation des Großen Generalstabes änderte sich im Laufe der 25 Friedensjahre nicht grundsätzlich, sondern wurde nur den wachsenden Größenverhältnissen angepaßt, da der Umfang der Generalstabsaufgaben seit langem feststand.

Nachfolgende Übersicht gibt die Gliederung vor Ausbruch des Ersten Weltkrieges wieder:

Der Chef des Großen Generalstabes

Oberquartiermeister I
2. (deutsche) Abteilung – Aufmarsch- und Operationsabteilung
Eisenbahnabteilung
4. Abteilung (fremde Festungen)
Sektion Ia (zur Neubearbeitung der Militär-Transportordnung)

Oberquartiermeister II
3. Abteilung (Frankreich mit Marokko, England mit Ägypten, Afghanistan)
9. Abteilung (Italien, Belgien, Schweiz, Holland, Spanien, Portugal, Amerika, deutsche Kolonien)

Oberquartiermeister III
5. Abteilung (Operationsstudien)
8. Abteilung (Kriegsakademie und Generalstabsdienst)

Oberquartiermeister IV
1. Abteilung (Rußland, Nordische Staaten, Ostasien, Persien, Türkei)
10. Abteilung (Österreich-Ungarn und Balkanstaaten)

Oberquartiermeister V
Kriegsgeschichtliche Abteilung I (neuere Kriege)
Kriegsarchiv
Kartenarchiv

Chef der Landesaufnahme und Oberquartiermeister
Trigonometrische Abteilung
Topographische Abteilung
Kartographische Abteilung
Photogrammetrische Abteilung
Kolonialsektion

Dem Chef des Großen Generalstabes unmittelbar unterstellt:
Zentralabteilung (Personalwesen des Generalstabes, Organisations- und Verwaltungsangelegenheiten) mit Sektion IIIb (Nachrichtenwesen)
6. Abteilung (Manöver)
Kriegsgeschichtliche Abteilung II (ältere Kriegsgeschichte)

Großer Generalstab und Truppengeneralstab stellten innerhalb des Offizierkorps eine in sich geschlossene Elitegruppe dar mit besonderen Abzeichen an ihrer Uniform. Im Jahre 1888 betrug ihre Zahl zusammen etwa 350 (einschließlich der Eisenbahnlinienkommissare, der zugeteilten und zu Dienstleistungen kommandierten Offiziere). Das Friedensheer von 1914 mit einer Gesamtstärke von rund 800 000 Mann zählte etwa 650 Generalstabsoffiziere. Der Generalstab ergänzte sich fast ausschließlich aus den besten Absolventen eines dreijährigen Kriegsakademielehrgangs mit anschließender Probedienstzeit von ein bis zwei Jahren. Die Meldung hierzu war freiwillig. Generalstabsoffiziere wurden im Avancement bevorzugt. Es war Regel, daß Generalstabsoffiziere abwechselnd in die Truppe zurückversetzt wurden, um nicht „frontfremd" zu werden. Abgesehen von Fürstlichkeiten gab es im deutschen Heer der Vorkriegszeit wenig hohe Truppenbefehlshaber oder Kommandeure wichtiger Dienststellen und Behörden, die nicht während ihrer Laufbahn kürzere oder längere Zeit Generalstabsdienst getan hatten.

Der Chef des Generalstabes der preußischen Armee leitete die operativen und strategischen Kriegsvorbereitungen der Landstreitkräfte einschließlich Truppenführung, Truppenverwendung, Nachschub, Transport sowie die Ausbildung der Generalstabsoffiziere. Gipfelpunkt seiner Maßnahmen und Planungen waren die Festlegung des Aufmarsches und das Entwerfen von Operationsplänen aufgrund der außenpolitischen Gegebenheiten. Er hatte im Frieden praktisch keine Befehlsgewalt – die Verkehrstruppen standen als einziger Verband nur bis 1899 unter seinem Kommando – und besaß kein Inspektionsrecht, sondern war lediglich Chef und Disziplinarvorgesetzter des Großen Generalstabes, dessen reguläre Stärke ohne die vorübergehend zugeteilten und zur Dienstleistung kommandierten Offiziere vor Kriegsausbruch etwa 120 betrug. Weiter blieb er, allerdings nur in fachlicher Hinsicht, Vorgesetzter der Truppengeneralstabsoffiziere (mit Ausnahme der bayerischen), die im übrigen ihren Kommandeuren unterstellt waren. Mit der Truppe kam er nur bei gelegentlichen Sonderübungen und bei den jährlich stattfindenden Kaisermanövern, deren Anlage und Leitung ihm übertragen waren, in direkte Fühlung. Staatsrechtlich trug er für seine Tätigkeit keine Verantwortung, da er nur der erste Ratgeber des kaiserlichen Oberbefehlshabers auf dem ihm zugewiesenen Aufgabengebiet war.

Sein Einfluß auf Stärke, Organisation, Ausbildung, Ausrüstung und Bewaffnung des Heeres war begrenzt und hing im wesentlichen von der Stellungnahme des Kriegsministers zu seinen Vorschlägen ab. Das gleiche galt für etwaige Wünsche in der Offizierstellenbesetzung, über die der Chef des Militärkabinetts entschied. Sein uneingeschränkt selbständiger Wirkungskreis erstreckte sich auf die vorhin genannten Gebiete, soweit nicht der Kaiser eingriff. Durch die Generalstabsoffiziere bei den höheren Befehlshabern hatte er eine gewisse Gewähr, daß in der Armee taktisch und operativ nach den von ihm aufgestellten Richtlinien geführt wurde.

Mit der Reichsleitung bestand ein gegenseitiger, wenn auch lockerer, Informationsaustausch über wichtige militärpolitische Vorgänge bei den Verbündeten und den mutmaßlichen Gegnern. Es war nicht nur das legitime Recht, sondern die Pflicht des Generalstabschefs, Bedenken und Vorstellungen zu erheben, wenn sich die Lage für Deutschland in militärischer Sicht ungünstiger gestaltete. Diese Grenzen wurden zwischen 1890 und 1914 nicht überschritten und keine Versuche unternommen, sich in die Außenpolitik des Reiches einzumischen. Die Generalstabschefs dieser Epoche waren:

1888–1891	Graf Waldersee, später noch Generalfeldmarschall und Führer des Expeditionskorps gegen China 1901 (s. S. 209 ff.)
1891–1906	Graf Schlieffen, ebenfalls später Generalfeldmarschall
1906–1914	v. Moltke

Schlieffens Name bleibt in der militärischen Fachwelt für immer verbunden mit seiner berühmten Operationsstudie (s. S. 78 ff.). Er formte in fünfzehnjährigem Wirken durch unablässige Schulung das operative Denken und Können der Generalstabsoffiziere in entscheidender Weise, wie der Krieg später beweisen sollte. Ihm war auch vornehmlich die Einführung der leichten Feldhaubitze und die Schaffung einer schweren beweglichen Artillerie des Feldheeres aus der Fußartillerie zu verdanken, einer Waffe, der alle Gegner Deutschlands zu Beginn des Krieges nichts Gleichwertiges entgegenzustellen hatten. Die Ernennung Moltkes zu seinem Nachfolger durch den Kaiser, wie schon erwähnt, gegen den Rat des Chefs des Militärkabinetts, des Kriegsministers und des Reichskanzlers erwies sich bei Kriegsbeginn als unglücklich. Der Krieg hob die Stellung des Generalstabschefs über alle anderen hinaus. Nach den Mobilmachungsbestimmungen war ihm die Befugnis eingeräumt, im Namen des Kaisers operative Befehle zu erteilen. Anstelle des immer mehr zurücktretenden und sich selbst ausschaltenden Kaisers verkörperte sich in der Person des Generalstabschefs die Oberste Heeresleitung, die unter Hindenburg-Ludendorff schließlich nicht nur die Landkriegführung bestimmte, sondern auch in der Politik den Ausschlag gab.

e. Kommandierende Generale

Das Generalkommando mit einem Kommandierenden General an der Spitze war in der preußischen Armee im Frieden die höchste Kommandobehörde unter dem Kaiser. In der Korpsführung und allen Kommandosachen unterstand der Kommandierende General direkt dem Monarchen, in Verwaltungsangelegenheiten war er vom Kriegsminister abhängig. Zum Unterschied dagegen waren in der bayerischen Armee die Kommandierenden Generale auch in Kommandosachen dem Kriegsminister unterstellt. In seiner Provinz oder dem zugewiesenen Territorialbereich nahm der Kommandierende General bei öffentlichen Anlässen die höchste Stellung vor dem Oberpräsidenten ein. Mit Erklärung des Belagerungszustandes und im Kriegsfall ging die vollziehende Gewalt auf ihn über. Die zivilen Behörden hatten dann nach seinen Weisungen zu arbeiten. Zudem war er Gerichtsherr höherer Instanz.

Für den Leistungsstand seines Korps war er nur dem Kaiser verantwortlich. Er bestimmte die Truppenausbildung, den Gefechtsdienst, die Handhabung der Disziplin und Verwaltungsführung. Wohl gab es dafür Reglements und Vorschriften, aber sie ließen doch für individuelle Gestaltung manchen Spielraum. Selbstbewußte und eigenwillige Persönlichkeiten konnten durchaus ihren Korps einen eigenen Stempel aufdrücken, vor allem in der Gefechtsausbildung.

Bekannt in der ganzen Armee hierfür war der spätere Generalfeldmarschall Graf Haeseler, der von 1890 bis 1903 das neugebildete XVI. Armeekorps in Metz befehligte. Haeseler legte großen Wert auf die Selbständigkeit jedes Mannes, bildete sein Korps nur für den Krieg aus, hielt nichts vom Paradedrill und verlangte große Marschleistungen. In ähnlicher Weise betrieb Generalfeldmarschall von der Goltz die Ausbildung des I. Korps in Ostpreußen von 1902 bis 1907 für den Gefechtsdienst unter Zugrundelegung kriegsbedingter Verhältnisse.

Durch die Hand der Kommandierenden Generale gingen die Qualifikationsberichte aller Offiziere ihres Korps und wurden mit ihrem Schlußurteil versehen, das für das Militärkabinett natürlich gewichtig war.

Der Stab des Kommandierenden Generals gliederte sich in mehrere Abteilungen oder Sektionen, darunter die Generalstabsabteilung, Adjutantur, Intendantur, das Sanitätsamt, den Korpsveterinär, die Kriegsgerichtsräte und Militärgeistliche. Der gesamte Stab wurde verantwortlich geleitet vom Chef des Generalstabes des Korps, der als erster Berater seinen Befehlshaber mit Ausnahme von Disziplinar- und Ehrengerichtssachen bei vorübergehender Abwesenheit vertrat.

f. Die übrigen Immediatstellen

Als weitere Immediatstellen hatten die Generalinspektionen, die zur Überwachung der fachtechnischen Ausbildung und Weiterentwicklung eingesetzt waren, eine gewisse Bedeutung. Damit wurden hohe Generale beauftragt, die auf Antrag oder Aufforderung dem Kaiser Vortrag hielten und Vorschläge unterbreiteten. Mit ihrer Stellung war generell keine Kommandogewalt verbunden. Ihnen unterstanden die Bildungsanstalten und Inspektionen ihres Fachgebietes. Es gab bis 1914 fünf Generalinspektionen. Auch die Zahl der Armeeinspektionen erhöhte sich zwischen 1890 bis 1914 von fünf auf acht. Auf Befehl des Kaisers hatten die Inspekteure ihre Korps in der Regel alljährlich zu besichtigen und darüber zu berichten. Gegenüber den Kommandierenden Generalen, deren unabhängige Stellung nicht angetastet wurde, besaßen sie jedoch keine Befehlsgewalt.

Schließlich sind als Immediatstellen noch die 1898 eingerichtete Feldzeugmeisterei (Beschaffung und Verwaltung von Kriegsgerät seit 1898) in Personalfragen und der Präsident des 1900 errichteten Reichsmilitärgerichts zu erwähnen.

3. Das Verhältnis zwischen Zivilgewalt und Militärgewalt

a. Der Dualismus von Zivil- und Militärgewalt

Bei seinem Sturz hinterließ Bismarck seinen Nachfolgern ein zu einer machtvollen politischen Spitze ausgestaltetes Kanzleramt, dessen Inhaber nach der Verfassung die alleinige, wenn auch nicht näher bestimmte Verantwortung für alle nicht in das Gebiet der militärischen Kommandogewalt fallenden Regierungsakte trug.

Da er der einzige Reichsminister war und blieb, selbst wenn zu seiner Unterstützung den ihm unterstellten Staatssekretären, den Chefs der Reichsbehörden, auf seinen Antrag durch den Kaiser Gegenzeichnung und Verantwortlichkeit für ihr Ressort übertragen wurden, verkörperte sich in seiner Person gleichsam die gesamte Reichsregierung. Der Kaiser konnte bei aller Machtfülle nur mit der durch Gegenzeichnung bekundeten Zustimmung des Kanzlers in Regierungsangelegenheiten handeln. Die Stärke der militärischen Rüstung gehörte nicht nur wegen ihrer hochpolitischen Bedeutung, sondern auch wegen der finanziellen Auswirkungen mit zur Zuständigkeit des Kanzlers, der an das Budgetrecht der gesetzgebenden Körperschaften, Bundesrat und Reichstag, gebunden war und Rechnung über die Reichsausgaben und Reichseinnahmen einschließlich des Militäretats zu legen hatte. Bundesrat und Reichstag erteilten die Entlastung. Infolgedessen war die Militärverwaltung letzten Endes von dem Kanzler abhängig. Darüber hinaus hatte Bismarck mit Rücksicht auf die föderalistische Struktur des Reiches und zur Festigung seiner Position das Amt des nicht vorhandenen Reichskriegsministers für sich in Anspruch genommen – der ihm zwar nicht untergeordnete, jedoch auf ihn angewiesene preußische Kriegsminister fungierte in seiner Vertretung gewissermaßen als zweiter Reichskriegsminister – und bis in Fragen der Bewaffnung ausgeübt. Auf der anderen Seite hatte er die fast absolute Kommandogewalt des Herrschers frei von jedem parlamentarischen Einfluß gehalten. Versuche militärischer Führungsstellen, vor allem des Generalstabes, über den Monarchen auf die Politik Einfluß zu nehmen, hatte er sehr entschieden in Krieg und Frieden zurückgewiesen. Durch einen Mißtrauensantrag des Parlaments konnte der Kanzler nicht zum Rücktritt gezwungen werden, aber seiner starken Machtstellung waren dadurch Grenzen gesetzt, daß die Krone die Prärogative besaß, alle Beamten, Offiziere und auch den leitenden Minister nach eigenem Ermessen zu ernennen und zu entlassen. Bismarck kam zu Fall, weil ihm der Monarch das für die Führung der Reichsgeschäfte unbedingt notwendige Vertrauen entzog.

Dieser für das deutsche konstitutionelle System typische Dualismus der beiden nebeneinander bestehenden Gewalten, der sozusagen vom Kanzler repräsentierten und unter der Kontrolle von Bundesrat und Reichstag stehenden Zivilgewalt sowie der nur dem König und Kaiser untergeordneten und vom Parlament unabhängigen Militärgewalt, herrschte bis zum Ende des Kaiserreiches und barg Konfliktmöglichkeiten. Im Frieden ergaben sich nur vereinzelte

Anlässe hierzu, da alles in normalen vorgeschriebenen Bahnen lief und sich die Zusammenarbeit an den Nahtstellen zwischen beiden Bereichen unter gegenseitiger Achtung im allgemeinen reibungslos gestaltete. Das relativ gute Zusammenspiel ist darauf zurückzuführen, daß sich nach Ablösung des Grafen Waldersee als Generalstabschef die Führungsstellen des Heeres der Einmischung in die Politik enthielten und die alleinige Zuständigkeit des Kanzlers oder seiner Vertreter in allen Fragen respektierten, die über das rein Militärische hinausgingen. Zum anderen folgte der in den ersten 20 Regierungsjahren zu unüberlegten Handlungen und Eigenmächtigkeiten neigende Kaiser schließlich doch zumeist den Ratschlägen seiner verantwortlichen Minister, wenn er ihnen auch manche Schwierigkeiten bereitete und von dem Urteil seiner höfisch-militärischen Umgebung oft mehr hielt als von dem ziviler Politiker.

Ernsthafter Verfassungsverletzung hat sich der Monarch aber nie schuldig gemacht. So war es dem diplomatischen Geschick des Fürsten Hohenlohe zu verdanken, daß nach jahrelangem Ringen endlich 1900 eine dem modernen Rechtsempfinden gemäße neue Militär-Strafgerichtsordnung in Kraft treten konnte, gegen die sich der Kaiser, wie schon sein Großvater und der Großteil der hohen Generalität, immer gewehrt hatten, weil dadurch die Sonderstellung der bewaffneten Macht im Gerichtswesen erheblich beschnitten wurde. In dieser Sache haben alle Kriegsminister den Kanzler unterstützt, vor allem General Walter Bronsart v. Schellendorf, der sich dadurch die Ungnade des Kaisers zuzog und zurücktreten mußte.

Für die militärische Rüstung traf letzthin den Kanzler die historisch-politische Verantwortung, denn er hatte sie mit der von ihm eingeschätzten außenpolitischen Lage abzustimmen und mußte dementsprechend Mittel und Wege suchen, sie auf einen angemessenen Stand zu bringen. Der Anstoß zu Rüstungsverstärkungen ging in der Regel von den zuständigen Führungsstellen der Streitkräfte aus, beim Heer vom Kriegsminister, bei der Marine vom Staatssekretär des Reichsmarineamtes, die nach kaiserlicher Zustimmung entsprechende Anträge beim Kanzler unter eingehender Begründung einbrachten. Den Nachfolgern des Reichsgründers war nicht die Souveränität zu eigen, mit der jener auch diese Fragen an sich gezogen und gelenkt hatte. Caprivi machte in dieser Beziehung eine Ausnahme. Die große Heeresverstärkung von 1893 war sein persönliches Werk. Dem widerstrebenden Kaiser rang er die damit gekoppelte zweijährige Dienstzeit für die Fußtruppen ab, wobei allerdings in Rechnung zu stellen ist, daß der ehemalige General als militärischer Fachmann sprechen konnte.

Die Verschiebung der wehrpolitischen Proportionen durch den starken Flottenausbau, einen Lieblingsplan des Kaisers, zugunsten des Heeres in den Jahren von 1900 bis 1912 geschah mit Billigung der Kanzler Bülow und Bethmann Hollweg. Von der Heeresführung wurden ebenfalls keine Einwendungen dagegen erhoben. Als 1912 auf Wunsch des Kaisers neben einer Heeresvorlage gleichzeitig eine neue Marinevorlage angekündigt wurde, gab Bethmann Hollweg seine anfänglich ablehnende Haltung auf, während der für die Finanzen des Reiches sich verantwortlich fühlende Staatssekretär des Reichsschatzamtes, Wermuth, sich dagegen aussprach. Letzterer war der Überzeugung, daß alle vorhandenen Mittel für den Heeresbedarf verwandt werden müßten, nicht aber noch zum Teil für die Marine, und motivierte das nicht nur mit der fehlenden Deckung für diese Ausgaben angesichts der Finanzlage, sondern auch mit politischen Überlegungen. Er ließ sich auch durch den Kaiser nicht von seinem Standpunkt abbringen und trat schließlich zurück. Zur gleichen Zeit fanden in Berlin Verhandlungen mit dem englischen Kriegsminister Lord Haldane über eine Begrenzung der Seerüstungen statt, an der Bethmann Hollweg viel gelegen war, um das durch den deutschen Flottenbau belastete deutsch-englische Verhältnis zu entspannen. Die Bemühungen scheiterten.

Formal wurde die Stellung des Reichskanzlers nach dem Abgang Bismarcks noch stärker, da er nächst dem Kaiser das Kommando über die von den neunziger Jahren an aufgestellten Schutztruppen in den Kolonien Deutsch-Ostafrika, Deutsch-Südwestafrika und Kamerun führte. Mit dem Kanzleramt waren jetzt offiziell für einen Bereich militärische Kommandobefugnisse verbunden, die wohl praktisch nicht viel zu bedeuten hatten, aber doch bemerkenswert sind. Ein kleiner militärischer Stab mit einem Chef des Stabes war ihm zu diesem Zweck beigegeben. Unter dem Kanzler übten der Staatssekretär des 1906 eingerichteten Reichskolonialamtes und die Gouverneure die oberste Militärgewalt aus.

Allgemein wurde es vom Offizierkorps als Prinzip angesehen, daß Offiziere nicht Zivilisten unterstellt werden konnten, obwohl das früher auch nicht in jedem Falle zutraf. Ein Beispiel hierfür waren die den Botschaften und Gesandtschaften zugeteilten Militär- und Marineattachés, die hinsichtlich ihrer Tätigkeit, nicht aber disziplinarisch, ihren Missionschefs unterstellt waren. Ihr Dienstverhältnis wurde durch eine von Bismarck vorbereitete, von Caprivi ausgearbeitete und von Bülow erneuerte Instruktion geregelt. Damit sollten Versuche einer zweigleisigen Diplomatie verhindert werden, wie sie der politisch ehrgeizige Generalstabschef, Graf Waldersee, unternommen hatte. Dieser ließ sich Informationsberichte politisch-militärischen Inhalts direkt unter Umgehung der Missionschefs und des Reichskanzlers durch einige Militärattachés zugehen, die durchweg Generalstabsoffiziere waren.

Daß trotz der formalen, oberflächlichen Übereinstimmung zwischen den zivilen und militärischen Autoritäten erhebliche Spannungen bestanden, bewies ein Vorfall im Spätherbst 1913, der als die Zaberner Affäre in die Geschichte eingegangen und wohl als der eklatanteste Zusammenstoß zwischen Militär- und Zivilgewalt anzusehen ist. Ein zwanzigjähriger Leutnant des in Zabern (Elsaß) stationierten Infanterieregiments 99 gebrauchte in der Instruktionsstunde eine schnoddrige, dienstlich untersagte Redewendung, die in die Presse kam und vom elsässischen Volk als Beleidigung empfunden wurde. In Verkennung der Situation und ohne Verständnis für die besondere Empfindlichkeit und Reizbarkeit der erst seit 1871 zu Deutschland gehörenden Bevölkerung unterließ die Militärbehörde eine wirklich befriedigende Bereinigung des Falles, der nunmehr weitere

Kreise zog. Durch törichtes Benehmen und Maßnahmen des Militärs steigerte sich die Erregung in der Bevölkerung bis zu Tumulten, Demonstrationen und Anpöbeleien jüngerer Offiziere. Der Regimentskommandeur verlor den Kopf und schritt zur Selbsthilfe, indem er Truppen gegen die Bevölkerung aufbot und sogar Verhaftungen vornehmen ließ, weil die angeforderte Polizei seiner Meinung nach die Lage nicht mehr meistern konnte. Zu seinem Vorgehen glaubte er durch eine in die Dienstvorschriften von 1899 aufgenommene preußische Kabinettsorder aus dem Jahre 1820 berechtigt zu sein, die unter bestimmten Voraussetzungen ein selbständiges Eingreifen des Militärbefehlshabers in die Befugnisse der Zivilgewalt zuließ. Die Order war bisher nie zur Anwendung gekommen. Von den ersten Zwischenfällen an war der Kommandierende General des XV. Armeekorps in Straßburg, v. Deimling, informiert worden. Er hatte jedoch nichts zu einer vernünftigen Beilegung unternommen, sondern vielmehr einem forschen und schneidigen Durchgreifen das Wort geredet. Ein Zurückweichen der Armee vor Zivilisten, die noch nicht einmal als zuverlässige Deutsche galten, gab es für ihn nicht.

Durch Verkettung von Prestigekomplexen der Offiziere mit militärischem Glacisdenken und Grenzlandproblemen hatte sich der Vorgang zu einer Staatsaktion ausgeweitet, die im In- und Ausland großes Aufsehen hervorrief. Der Reichstag nahm sich der Sache an und verurteilte mit fünfsechstel Mehrheit scharf die eigenmächtigen Maßnahmen des Militärs. Als der Kanzler sie zu decken versuchte, erhielt er von der gleichen Majorität ein Mißtrauensvotum. Dabei war er sich über die Unhaltbarkeit der militärischen Aktion nicht im Zweifel, wie auch der nur dem Kaiser unterstellte Statthalter der Reichslande, Graf Wedel, ein früherer Offizier und Diplomat. Beide hatten an einer Befriedungs- und Versöhnungspolitik gegenüber Elsaß-Lothringen gearbeitet, die nunmehr als gescheitert angesehen werden konnte. Nachdem der Fall aber ein solches Ausmaß angenommen hatte, stellte sich der Kanzler zur Verhütung einer innenpolitischen Krise vor die Armee. Bei dem Kaiser liefen Militär- und Zivilgewalt zusammen, so daß es ihm zukam, die verfahrene und peinliche Angelegenheit durch kluge Entscheidungen einigermaßen in Ordnung zu bringen. Er zeigte sich jedoch wenig einsichtsvoll und sympathisierte mit dem militärischen Vorgehen. Nur nach dringenden Vorstellungen des Kanzlers verstand er sich zu einigen Gesten, die eine Entschärfung bewirkten, ohne in der Sache selbst etwas zu ändern. Der Kanzler brachte es aber fertig, eine Änderung der Vorschriften für den Waffengebrauch des Militärs durchzusetzen (19. März 1914), die solche Überschreitung der militärischen Gewalt ausschaltete. Gegen die Offiziere wurde eine kriegsgerichtliche Untersuchung eingeleitet, die mit einem Freispruch des Regimentskommandeurs wegen mangelnden Bewußtseins der Rechtswidrigkeit seines Verhaltens endete, ebenso wurden zwei jüngere Offiziere freigesprochen. Die Öffentlichkeit schloß daraus, daß sich die Zivilgewalt gegen die Militärgewalt nicht durchgesetzt hatte. Der angerichtete Schaden war groß und gab vor allem der französischen Propaganda im Elsaß viele Ansatzpunkte.

Wenige Monate später brach der Erste Weltkrieg aus. Gesetzlich ging mit der Erklärung des Kriegszustandes die Gewalt der Zivilbehörden in der Heimat auf die Militärbefehlshaber über, die unmittelbar dem Kaiser unterstellt und verantwortlich waren. Die Zivilbehörden wurden ausführende Organe der Militärgewalt. Die vielen Unzuträglichkeiten dieses Ausnahmezustandes hingen vornehmlich mit den Kriegsverhältnissen zusammen, weniger mit dem überlieferten Antagonismus, der nun aufgehoben war.

b. Der Schlieffen-Plan

Die nachbismarckische Staatsführung ist durch den Vorrang des militärischen Aspekts, den der Kaiser auch 1914/18 nicht beseitigte, gekennzeichnet. Wie sich diese Unausgewogenheit, die für das Schicksal des Reiches bestimmend wurde, in den geistigen Vorstellungen der Führungsschicht entwickelte, ist an der Entstehung und zwangsläufigen Anwendung des Schlieffen-Planes, der strategischen Konzeption, mit der Deutschland in den Ersten Weltkrieg hineinging, abzulesen. Königgrätz war „die letzte wirklich entscheidende militärische Operation, die einen unwiderruflich politischen Zustand schuf" (Schüßler). Trotzdem klammerte man sich an die eingefahrene Meinung, der Schlachterfolg vermöchte politische Probleme zu lösen, und diese vordergründige Überlegung hat stärker gewirkt als die Einsicht, daß die Entscheidungen von 1866 und 1871 durch politisches Denken, dem sich das militärische unterordnete, gefallen waren. Mit dem Verlust der Sicherungen, die Bismarck seinem auf Defensive abgestellten Bündnissystem eingebaut hatte, gingen Beweglichkeit und Einordnung der moltkeschen militärischen Planungen verloren. Es blieb jedoch bei der Auffassung, Operationen der Streitkräfte seien etwas Unteilbares und Selbständiges, und der Staatsmann habe auf sie während ihres Ablaufs nicht Einfluß zu nehmen. Dies sind wohl die wesentlichen Voraussetzungen für eine strategische Idee, die die schnelle Vernichtung des Feindes in offener Feldschlacht als überzeugende militärische und zugleich politische Lösung anstrebte.

Die Aufmarschplanungen zielten 1871 auf einen kombinierten West-Ost-Aufmarsch. In den Jahren 1874/75 und 1877 ging man zu einer offensiven West-, 1879 zur offensiven Ostlösung über. Nach Abschluß des Zweibundes wurde zunächst diese Konzeption bei starkem Aufmarsch zur Defensive im Westen bevorzugt. Bestimmend für sie war vorerst der Wunsch, durch eine solche Initiative einer Abhängigkeit von Österreich-Ungarn auszuweichen, später die Überzeugung, daß eine schnelle Kriegsentscheidung gegen einen von zwei Gegnern nicht mehr möglich sei, jedoch die Stärke der Weststellung bei einem vermuteten russischen Aufmarsch westlich des Narew und der Weichsel günstige Aussichten eröffnete, diesen Feind durch begrenzte Offensivoperationen empfindlich zu treffen und ihn zumindest zurückzuschlagen.

Dann hatte 1887 Bismarck das Drängen des Generalstabschefs auf einen Präventivkrieg mit Rußland unnachsichtig als unzulässigen Einfluß auf seine Entschlußfassung zurückgewiesen und zum besseren Verständnis seiner Haltung Moltke Einblick in den geheimen Rückversicherungsvertrag mit Rußland gestattet. Während der Diskussion in der britischen Presse über die Neutralität Belgiens plädierten maßgebende Blätter dafür, Deutschland ein bloßes Durchmarschrecht unter bestimmten Garantien zu gewähren, um England aus einem Kriege herauszuhalten. Da konnte der Reichskanzler aus der Stärke seiner Position heraus allen Spekulationen ein Ende machen, indem er erklären ließ, daß Deutschland weder einen Präventivkrieg führen noch jemals einen Krieg mit der Verletzung eines europäischen Vertrages beginnen würde. Die Kombinationen des Generalstabs wären keineswegs erschöpft, wenn die deutsch-französische Grenze durch Frankreichs Verteidigungsanlagen unzugänglich geworden wäre. Auch wäre die Annahme irrig, daß die Leitung der deutschen Politik den Gesichtspunkten des Generalstabs unterworfen wäre (Der geistige Kampf um die Verletzung der belgischen Neutralität, S. 75 f.). Das bedeutete auch die Bindung des Moltke-Nachfolgers, Graf Waldersee, in der Aufmarschplanung.

Ab 1890 trat mit der Nichterneuerung des Rückversicherungsvertrages für die militärstrategische Planung die Gefahr eines Zweifrontenkrieges in dem Augenblick in den Vordergrund, als der Übergang Deutschlands zum Weltmachtstreben die Gleichgewichtsverhältnisse der europäischen Großmächte von Grund auf zu verändern begann. Zugleich wurde die Entwicklung des Totalsieggedankens schon im August 1892 bei Graf Schlieffen, der 1891 Waldersee ablöste, sichtbar. Damit setzte zwangsläufig bei nun fehlender politischer Handlungsfreiheit und zugleich zunehmender militärischer Unterlegenheit angesichts einer schwankenden Reichspolitik eine 22 Jahre dauernde Umorientierung ein. Zunächst behielt der Generalstabschef die Ostoffensive bei, faßte dabei die Kombination deutsch-österreichischer Operationen ins Auge (1893–1895). Im August 1897 jedoch schwenkte er auf eine eindeutige Entscheidungssuche im Westen ein, die dann ganz andere Elemente als die für das moltkesche Führungsdenken typischen ins Spiel brachte. In der veränderten Lage war die russische Armee in den Weiten des Ostens nicht zur Schlacht zu zwingen, während die deutschen Kräfte im Westen den Druck der zahlenmäßig überlegenen französischen Armee aushielten. Materiell und personell unterlegen und so auf der „inneren Linie" zum Risiko und zur raschen Aktion gezwungen, plante Schlieffen unter Geheimhaltung des deutschen Schwerpunktes vor dem Bundesgenossen eine riesenhafte Umfassungsoperation mit Drehpunkt Metz-Diedenhofen, die für den immer weiter nach Norden verlängerten und verstärkten Heeresflügel den Durchmarsch durch Luxemburg, Belgien und Südholland erforderlich machte.

Von diesem Vorhaben mit den vorgesehenen Neutralitätsverletzungen wurden Geheimrat v. Holstein im Auswärtigen Amt und der Reichskanzler, Fürst Hohenlohe, im Jahre 1900 unterrichtet und um Stellungnahme gebeten. Beide erhoben keinen Einspruch. Nach den Erinnerungen des vertrauten Ratgebers Hohenlohes, des Grafen Hutten-Czapski, soll sogar Holstein, bei dem sich Schlieffen über die außenpolitische Lage zu informieren pflegte, erklärt haben, daß es Pflicht der Diplomatie sei, sich darauf einzustellen, wenn eine strategische

Autorität wie dieser eine solche Maßnahme für unumgänglich halte (Graf Hutten-Czapski, Bd I, S. 371 ff.). Da Bülow wie auch später Bethmann Hollweg sich nicht gegen eine solche Zielsetzung verwahrte, bleibt als historisches Faktum festzuhalten, daß die Reichsleitung damit auf den Primat der Politik verzichtete und sich einordnete. Sie erkannte die Gefahr des russischen Imperialismus und die damit verbundene zersetzende Auswirkung auf die Donau-Monarchie nicht in voller Schärfe und sah – wie die militärische Führung – in erster Linie in Frankreich den zu schlagenden Feind.

Im Dezember 1905 hinterließ Schlieffen seinem Nachfolger, General v. Moltke, die Denkschrift „Krieg gegen Frankreich". Ihr war bis März 1905 die ergebnislose Suche nach einer besseren Ostlösung, bis Juli die Prüfung eines französischen Generalangriffs im Westen und bis November das Durchspielen einer Ostoffensive mit Belgien als Bündnispartner gegen Frankreich und England vorausgegangen. Der Denkschrift lag die seit 1904 geänderte außenpolitische Konstellation zugrunde. In einem Zusatzmemorandum vom Februar 1906 hatte Schlieffen auch das Eingreifen eines englischen Expeditionsheeres berücksichtigt. Mit Belgiens Widerstand rechnete er, nahm dagegen an, daß sich mit den Niederlanden ein Abkommen erzielen lassen werde. Die Verteidigungskräfte im Osten hatte er auf ein gerade noch vertretbares Minimum zugunsten des Westheeres reduziert. Für das Durchschlagen der Entscheidungsschlacht im Westen setzte er das Kräfteverhältnis zwischen dem rechten Umfassungsflügel und dem linken Defensivflügel auf 7 : 1 fest. Alles in allem war es ein kontinentaler, nur mit Landstreitkräften operierender Kriegsplan, der außer acht ließ, daß England vorrangig überlegene See- und Wirtschaftsmacht war und sich mit diesen Potenzen auf andere Weise wirkungsvoll gegen Deutschland zur Geltung bringen konnte. Für komplexe Überlegungen einer Gesamtkriegführung war der Generalstabschef nicht zuständig; sie wurden jedoch auch von niemand anderem getroffen. Die Notwendigkeit, ein dem Zeitbedürfnis entsprechendes Kriegsbild zu erarbeiten, wurde ebenso übersehen wie der Übergang zu einer Wehrmachtführung mit gemischten Stäben, auf deren zweckmäßige Bildung zum Beispiel vom Chef des Stabes IX. AK schon 1909 aufmerksam gemacht wurde, nachdem für die Hauptentscheidung gesonderte Zielsetzungen bei Heer und Flotte nicht mehr in Frage kämen.

General v. Moltke übernahm 1906 die Idee Schlieffens im Prinzip, änderte sie aber in wesentlichen Punkten ab. Mit der Interessenabgrenzung zwischen England und Rußland 1907 und den französisch-russischen und französisch-britischen Militärkonventionen oder -vereinbarungen 1911/12 verschlechterte sich die außenpolitische Lage Deutschlands weiter, so daß der Generalstab von einer Gegnerschaft Englands in einem Kriege überzeugt blieb. Moltke kamen dabei Bedenken wegen der Neutralitätsverletzungen, er fand aber keine andere Lösung mit gleichen Aussichten für einen Sieg im Westen. Den Durchmarsch durch Südholland ließ er jedoch aus wirtschaftlichen Gründen fallen, damit dieses Land als „Luftröhre" für Einfuhren dienen konnte.

Alles war auf Schnelligkeit abgestellt, um einen Raumverlust bis zum taktischen Nachteil auszuschließen und Zeit für weitere Entschlüsse zu gewinnen. Man wußte, daß Frankreich im Ablauf von Mobilmachung und Aufmarsch nicht hinter Deutschland zurückstand, und war sicher, daß es die Neutralität Belgiens nicht achten würde. In Erwartung einer starken französischen Offensive in Lothringen schwächte Moltke den rechten Flügel und bemaß das Kräfteverhältnis zum linken auf 3 : 1. Dabei befand er sich in Übereinstimmung mit Graf Schlieffen, der – was meist übersehen wird – in seiner Denkschrift vom 28. Dezember 1912 zu dem gleichen Ergebnis kam, weshalb der Grund für das Scheitern der Westoffensive 1914 in anderer Richtung als der eines nüchternen Zahlenvergleichs zu suchen ist.

Eine Neuerung war die von ihm und dem späteren General Ludendorff, dem damaligen Leiter der Aufmarschabteilung des Großen Generalstabs und engen Mitarbeiter des Generalstabschefs, entworfene und vorbereitete Besetzung von Lüttich durch einen Handstreich am dritten Mobilmachungstag, um den Zugang nach Belgien und die wichtige Maastal-Bahn in die Hand zu bekommen. Nach Gerhard Ritter wurde diese Absicht vor der Reichsleitung und selbst vor dem Kaiser geheimgehalten.

Im Osten beließ Moltke weiterhin nur schwache Abwehrkräfte. Die auch von Schlieffen fortgeführte Bearbeitung des Ostaufmarsches für einen Krieg allein mit Rußland stellte er 1913 ein. Dem österreich-ungarischen Generalstabschef, Conrad v. Hötzendorf, hatte er die Überführung starker deutscher Verbände aus dem Westen etwa am 40. Mobilmachungstag für eine gemeinsame Offensive gegen Rußland unter Vorbehalt zugesagt. Dieser Kriegsplan, der nicht mehr wie 1906 den Charakter einer Studie hatte, war ebenfalls kontinentaler Denkweise verhaftet, wenn auch Ansätze zu einer weiteren Sicht zu erkennen sind. Eine Einbeziehung oder Mitwirkung der Flotte war, ebenso wie bei Schlieffen, nicht vorgesehen. Moltke teilte die Ansicht von der kurzen Dauer moderner Kriege nicht und beantragte schon 1907 beim Kriegsminister die Prüfung der bei einem Mehrfrontenkrieg auftretenden wirtschaftlichen Probleme. Erst nach mehrmaligen Vorstößen des letzteren beim Reichskanzler wurde 1912 unter Vorsitz der hierfür verantwortlichen Zivilbehörde eine Kommission gebildet, die sich mit diesen Fragen beschäftigte, allerdings ohne praktische Ergebnisse zu erzielen.

Die Ereignisse im Spätsommer 1914 sind kein Kriterium für den Wert der Planung, bei der Moltke und der verabschiedete Schlieffen unabhängig voneinander zu Modifizierungen gekommen waren. Wenn Moltke auch nicht der Mann war, den vorbedachten Feldzug zu meistern, so liegen die Gründe für sein Scheitern in tieferen Schichten: in der Schulung der vorgesehenen Befehlshaber vornehmlich in taktischen Aufgaben ohne Berücksichtigung des strategischen Bereiches und gerade deshalb im Glauben an die „Allmacht der Operation“.

Angesichts dieser Gegebenheiten wird man sich nach Eberhard Kaulbach davor hüten müssen, in der Person des Grafen Schlieffen den Strategen mit dem Taktiker, der sich für seine Idee das Führungsinstrument schaffen mußte und hierbei dem Generalstab den Grundsatz „Sieg durch Vernichtung“ einhämmerte, zu identifizieren. Geistige Beweglichkeit in Krisenlagen, Führungstechnik zur Beherrschung des generalstäblerischen Wirkungsfeldes, Führung nicht im Sinne von Ausführung erteilter Weisungen, sondern im Antworten auf Aktionen durch Gegenaktionen, Übertragen der strategischen Idee zum Zweck der für sie notwendigen Taktik, das heißt Aufsuchen von Flanke und Rücken des Gegners, höchste Leistung also war das Ziel; es wurde nicht voll erreicht (Kaulbach). Denn nur in wenigen Armee-Oberkommandos war 1914 dieses Denken ungeteilter geistiger Besitz. So wurde Masse gebildet und frontal angegriffen, und selbst die Oberste Heeresleitung wehrte dem nicht. Die irreparablen Folgen der Schlacht an Sambre und Maas zeigen das Ausmaß der Sünde wider den Geist: das Bedrängen eines nicht unter dem Gesetz des Handelns stehenden Gegners im ordinären „Drauf und Dran" und das Hineinstolpern in die unlösbar werdende operative und strategische Krise, die Marneschlacht.

Das Ergebnis der 50jährigen Entwicklung ist darin zu sehen, daß die Sterilität einer ihrer Handlungsfreiheit beraubten Politik bindend auf das militärische Führungsdenken wirkte, wie umgekehrt dieses dann der Diplomatie nur noch wenig Spielraum ließ. Am schwerwiegendsten scheint dabei zu sein, daß eine derartige Zuordnung von Staatskunst und Kriegshandwerk oder von Kriegskunst und Staatshandwerk die Grundlage für den Fortbestand des Reiches zerstört hat, die nach Bismarck darin zu sehen war, daß der „casus foederis" sich niemals aus egoistischen Interessen eines der im Zweibund zusammengeschlossenen Staaten ergeben dürfe: „Für uns können Balkanfragen in keinem Fall einen Kriegsgrund darstellen." (Zit. nach Craig, S. 318.) Schon 1909 aber hat Moltke dem österreichischen Generalstabschef versichert, daß das Eingreifen Rußlands bei einer möglichen provokatorischen Besetzung Serbiens den Bündnisfall zur Folge hätte. Damit war der Defensivcharakter des Zweibundes für den militärischen Bereich eigenwillig in einen Offensivcharakter geändert. Als sich 1914 der Fall wiederholte und nun auch von der Reichsleitung am 6. Juli Österreich-Ungarn die „Blankovollmacht" zum Handeln erteilt wurde, da war es der deutsche Generalstabschef, der – ohne den Kanzler zu informieren – mit seiner am 30. Juli durch den österreichischen Militärattaché telegrafierten Zusage, Deutschland gehe unbedingt mit, dem österreichischen Bundesgenossen die Initiative überließ. Aus pragmatischem Denken, das im Sicherheitsstreben den Schlachterfolg als politische Lösung ansah, wurde der Reichskanzler „an die Hand genommen", der seinerseits glaubte, England werde wegen der „balance of power" bei erster Gelegenheit – etwa bei einem Cannä in Frankreich – ausgleichen wollen, weshalb das Risiko eines Krieges bei Nichtauskämpfen eines Waffengangs mit Frankreich akzeptabel sei. Die Haltung Großbritanniens, das dann auf der Räumung Belgiens als unabdingbarer Forderung bestand, verstellte der Diplomatie 1914 jeglichen Ausweg und legte den weiteren Ablauf der Ereignisse fest. Mit Einrichtung des Duumvirats Hindenburg-Ludendorff 1916 war dann wirklich kein taugliches Mittel für die Wiedergewinnung der diplomatischen Handlungsfreiheit und des Primats der Politik gefunden.

D. Der Soldat in der Sozialordnung und im politischen Leben

1. Das Militär in seiner personellen Struktur und seiner Stellung im Volk

Das deutsche Heer bestand aus Personen des Soldatenstandes und Militärbeamten, die zusammen unter den Oberbegriff „Militärpersonen" fielen. Die begriffliche Trennung in diese beiden Kategorien gründete sich auf die verschiedene Rechtsstellung und Gehorsamspflicht. Erstere unterlagen der militärischen Kommandogewalt und der Militärgerichtsbarkeit, während für die Militärbeamten im Frieden auch bei voller Unterstellung unter einen militärischen Befehlshaber ein anderes Dienst- und Rechtsverhältnis auf der Basis eines Reichs- oder Landesbeamten maßgebend war.

Zu den Personen des Soldatenstandes rechneten vor allem die den Waffendienst leistenden Offiziere, Unteroffiziere und Mannschaften sowie die Angehörigen des Beurlaubtenstandes (Reserve und Landwehr) für die Dauer ihrer Einberufung zum Militär, aber auch das Sanitäts- und das Veterinärpersonal. Der viel kleinere Personenkreis der Militärbeamten nahm nicht nur anteilmäßig mit den Heeresvermehrungen, sondern auch als Folge des immer komplizierter werdenden Heeresorganismus durch die notwendige Anpassung an die technischen und wirtschaftlichen Erfordernisse zu. Die Militärbeamten fanden hauptsächlich Verwendung in den mannigfachen Zweigen der Heeresverwaltung, ferner in der Militärjustiz und der Militärgeistlichkeit. Die sich aus Soldaten und Beamten zusammensetzende Schutztruppe in den afrikanischen Kolonien bildete einen selbständigen Bestandteil der bewaffneten Macht.

Für Personen des Soldatenstandes – nicht jedoch für die Militärbeamten – ruhte das aktive Wahlrecht, solange sie sich bei den Fahnen befanden. Die Teilnahme an politischen Vereinen oder Versammlungen war Soldaten untersagt, um den unpolitischen Charakter des Heeres zu wahren.

Eine Mischform zwischen Beamten und Soldaten stellte die in den meisten Bundesstaaten vorhandene Landgendarmerie dar, die zum Unterschied gegen die Staats- und Kommunalpolizei in den Städten, Ordnungs- und Sicherheitsaufgaben in den Landbezirken ausübte (s. S. 189).

Seit den Einigungskriegen stand die Armee bei dem größten Teil des Volkes in hohem Ansehen und war der Stolz der Nation. Die Wertschätzung übertrug sich mehr oder minder auch auf jeden Angehörigen des Heeres und verschaffte ihm innerhalb seiner sozialen Schicht und in den Augen der Umwelt eine gehobene Reputation, die abgestuft war nach Dienstgrad, Dienststellung, Waffengattung und Regiment. Ganz allgemein bedeutete es für den sozialen Status eine gewisse Empfehlung, Soldat zu sein oder gedient zu haben.

Wehrdienst war Ehrendienst und setzte Waffenwürdigkeit voraus. Aus diesem Grunde waren Militärpflichtige mit längeren Freiheitsstrafen für Delikte, die den Verlust der bürgerlichen Ehrenrechte für eine bestimmte Zeit mit sich brachten, vom

Wehrdienst mit der Waffe ausgeschlossen und wurden Arbeiterabteilungen zugeteilt. In der preußischen Armee gab es vier Arbeiterabteilungen, in der bayerischen, sächsischen und württembergischen je eine. Entfernung aus dem Heer oder der Marine war eine schwere militärische Ehren- und Nebenstrafe mit diskriminierenden Folgen für das bürgerliche Dasein.

Zur Beliebtheit des Wehrdienstes trug die besondere Geltung der Armee im Staate bei. Da die Wehrpflicht nur in eingeschränktem Maße zur Durchführung kam, machten von der Möglichkeit einer freiwilligen Meldung, die schon nach Vollendung des 17. Lebensjahres bei körperlicher Tauglichkeit gegeben war, sehr viele Gebrauch. Im Jahre 1912 waren es 64 000 Mann. Um Waffen und Uniform lag ein romantischer und idealisierender Glanz, der durch Presse und Literatur verbreitet und verstärkt wurde. Zu Paraden und Manövern strömten aus allen Kreisen der Bevölkerung immer begeisterte Zuschauermassen, die sich an diesen militärischen Schauspielen erfreuten. Zweifellos repräsentierte sich hier ein Grad äußerer Militarisierung, der in dieser intensiven Form nur in Deutschland zuhause war. Der Philosoph Max Scheler hat in einer psychologischen Studie über den Militarismus die Unterscheidung zwischen Gesinnungs- und Zweckmilitarismus gemacht und darin den auf ethischer Grundlage beruhenden Gesinnungsmilitarismus Deutschland zugeschrieben und den Zweckmilitarismus den Gegnern. Es steckt wohl ein Stück Wahrheit in dieser Feststellung, wenn sie auch nicht den ganzen Kern trifft, ganz abgesehen davon, daß die Studie, im Kriege verfaßt, eine Rechtfertigungsschrift darstellt.

2. Die Berufssoldaten

a. Allgemeiner Überblick

Der Anteil der Berufssoldaten, Offiziere und Unteroffiziere zusammen, betrug in der Friedensarmee zwischen 16 bis 18 % (1893: rund 22 500 Offiziere, 70 000 Unteroffiziere, 488 000 Mannschaften einschließlich der Einjährig-Freiwilligen, und 1913/14: rund 29 000 Offiziere, 106 000 Unteroffiziere, 616 000 Mannschaften unter Einschluß der Einjährig-Freiwilligen). In Wirklichkeit war der Prozentsatz etwas höher, da man bei den Offizieren noch die bereits zum Leutnant gewählten Fähnriche und bei den Unteroffizieren die Kapitulanten hinzurechnen muß, deren Zahl nicht genau feststellbar ist. Davon entfiel eine Quote von etwa 3,8 % auf die Offiziere, die annähernd konstant blieb, während sich der Anteil der Unteroffiziere in dieser Zeit von etwa 12 auf gut 14,5 % erhöhte. Die Verschiebung in den Proportionen bei diesen beiden Säulen des Wehrpflichtheeres war darauf zurückzuführen, daß die Deckung des Offizierbedarfs für die immer größer werdende Armee zunehmend Schwierigkeiten bereitete. Es war nicht immer möglich, alle Stellen zu besetzen. Das lag zum Teil daran, daß durch den mächtigen Aufschwung der deutschen Wirtschaft und den starken

Ausbau der Flotte geeigneter Nachwuchs abgezogen wurde. Die Hauptursache war jedoch, daß die Offizierlaufbahn im allgemeinen nur den Söhnen gehobener Gesellschaftsschichten vorbehalten blieb, die nach Herkunft, Gesinnung und Bildung die Voraussetzungen mitbrachten, die innere Geschlossenheit und den aristokratischen Charakter des ersten Berufsstandes in der sozialen Rangordnung nicht zu gefährden. Eine Ergänzung aus den Reihen der Unteroffiziere kam aus diesem Grunde, von Ausnahmen und den technischen Sonderzweigen der Festungsbau-, Feuerwerker- und Zeugoffiziere abgesehen, nicht in Betracht. Der Unteroffizierersatz konnte dagegen aus einem viel breiteren Reservoir, praktisch allen anderen Schichten, gewonnen werden. Doch machte zeitweise die Ergänzung auch Mühe, und es erwies sich als nötig, durch Hebung der Gebührnisse, Erweiterung der Fürsorgeeinrichtungen und Verbesserung der späteren Versorgung die Laufbahn anziehender zu machen, damit sich immer genügend Anwärter meldeten.

Streng genommen kann nur der Offizier als Berufssoldat angesehen werden, der im Normalfall erst bei Verwendungsunfähigkeit den Militärdienst aufgeben mußte. Die weit überwiegende Mehrheit der Unteroffiziere schied dagegen nach Ablauf von zwölf Dienstjahren aus und wurde aufgrund der Versorgungsgesetze nach Möglichkeit in den Staats- oder Kommunaldienst als subalterne Beamte übernommen.

b. Das Offizierkorps

Kaiser Wilhelm II. hat bei seinem Regierungsantritt in einem Tagesbefehl seine enge Verbundenheit mit der Armee besonders betont und in den Friedensjahren bei jeder Gelegenheit in Wort und Tat nach dem Vorbild seiner meisten Vorfahren bekundet. Das preußische Offizierkorps nahm in Staat und Gesellschaft traditionell den ihm von seinen Königen schon im 18. Jahrhundert zugewiesenen obersten Rang ein und behielt ihn bis zum Ende der Monarchie. Die Bedeutung des Offizierkorps für den Staat und die Monarchie hat Bismarck bei dem letzten Besuch Kaiser Wilhelms II. in Friedrichsruh 1897 treffend mit den Worten ausgedrückt: „Majestät, solange Sie dieses Offizierkorps haben, können Sie sich freilich alles erlauben; sollte das nicht mehr der Fall sein, so ist es ganz anders." (Bismarck, Die gesammelten Werke, Bd 9, S. 489)

Zum Unterschied gegen die süddeutschen Staaten stammte in Preußen das Offizierkorps der Armee noch bis nach der Reichsgründung vorwiegend aus dem Adel. Mit den Heeresvermehrungen setzte auch im preußischen Offizierkorps eine schnell fortschreitende Verbürgerlichung ein, da der Adel zahlenmäßig nicht mehr in der Lage war, den Hauptbestandteil zu stellen. Kaiser Wilhelm II. verfügte in einer Kabinettsorder vom 29. März 1890, daß der Offiziernachwuchs auch weiteren Berufs- und Gesellschaftsschichten entnommen werden dürfte. Neben den Söhnen des Adels, von Offizieren und Beamten sollte künftig der Offizierberuf hiernach auch den Söhnen solcher ehrenwerten bürgerlichen Familien offenstehen, denen Liebe für König und Vaterland, ein warmes Herz für den Soldatenstand, christliche Gesittung und Adel der Gesinnung anerzogen seien. Durch diesen bemerkenswerten Schritt konnte der Mangel an Offizieren im wesentlichen, wenn auch nicht ganz, behoben werden. Wenn später dem Monarchen und seinen Ratgebern öfter Bedenken über den neu hereinströmenden Offiziersersatz aus anderen als den bisher üblichen Kreisen kamen, so sprachen hierbei nicht allein Befürchtungen über ein Absinken der fachlich militärischen Qualität mit, sondern auch Sorgen, daß liberaldemokratische Auffassungen und eine andere Geisteshaltung mit eindringen konnten. Das Hereintragen dieses innenpolitischen Gesichtspunktes hing mit dem Anwachsen der demokratischen und sozialistischen Bewegung zusammen. Man hätte sich lieber mit einem kleinen Offizierkorps alter Art begnügt, eine Auffassung, die auf der gleichen Linie lag wie das Eintreten der Kriegsminister im ersten Jahrzehnt des neuen Jahrhunderts für eine Armee, die sich mehr durch Qualität als durch Quantität auszeichnete. Aber das war angesichts der durch die außenpolitische Entwicklung bedingten Heeresverstärkungen nicht möglich. Man mußte den eingeschlagenen Weg weitergehen mit dem Ergebnis, daß bis 1913 bereits 70 % des preußischen Offizierkorps bürgerlicher Abstammung waren und selbst in den oberen Rängen (Obersten und Generale) der Anteil 48 % betrug. In den obersten Führungsstellen dominierte weiterhin der Adel.

Unter dem Offiziersersatz standen um diese Zeit die Söhne von Akademikerfamilien an erster Stelle mit erheblichem Abstand vor den Abkömmlingen aus Offizierfamilien. Der Zugang aus wohlhabenden Wirtschaftskreisen war erheblich. Es wurden aber auch Söhne von unteren Beamten und Unteroffizieren, wenn auch in sehr beschränkter Zahl, zugelassen. Dadurch verlor das Offizierkorps zweifellos etwas von seiner feudalistischen Tradition, der feudale Charakter hielt sich allerdings in den Garderegimentern und bevorzugten Linienregimentern, vor allem in der Kavallerie. Die Zusammensetzung reichte von Angehörigen des Adels bis zum mittleren Bürgertum und entsprach einem Wandel, der sich fast überall vollzog.

Die unter Kaiser Wilhelm stark fortschreitende Verbürgerlichung des Offizierkorps, im gewissen Sinne ein beschränkter Demokratisierungsvorgang, bewirkte soziologisch und politisch eine viel breitere Verankerung des Offiziers im Volke als ehedem. An seiner bevorzugten Stellung nahmen nunmehr immer weitere Kreise des Besitz- und Bildungsbürgertums bis hin zum Mittelstand gewissermaßen mit teil. Die einflußreichen Wirtschaftskreise sahen in dem Offizier einen willkommenen Bundesgenossen gegen das Vordringen der Sozialdemokratie, so daß von dieser Seite das Wort von dem Bündnis zwischen Militarismus und Kapitalismus fiel. Der Offizier wurde das Leitbild, nach dem man sich ausrichtete. Dabei fehlte es nicht an lächerlichen Übertreibungen und an Servilität, namentlich im Kleinbürgertum. Der Respekt vor der Offiziersuniform trieb seltsame Blüten, unter denen der Gaunerstreich des Schusters Voigt mit seiner Köpenickiade 1906 eine erheiternde, aber zugleich charakteristische Note hatte. Den Reichskanzlern wurden ebenso wie den Fürsten und Standesherren höhere militärische Dienstgrade mit der Berechtigung des Tragens der Uniform des Regiments, in dem sie zumeist ihrer Wehrpflicht genügt hatten, ehrenhalber verliehen, um ihre Verbindung mit der Armee herauszustellen. Bismarck pflegte gewöhnlich in Uniform im Reichstag zu erscheinen. Bei seinem ersten Auftreten als Kanzler im Reichstag 1909 trug Bethmann Hollweg Majorsuniform, 1914 wurde er als Generalleutnant à la suite der Armee in der Rangliste geführt.

Trotz seines Rückganges behielt der Adel eigentlich noch immer die formbildende Kraft, seine Elitevorstellungen, die innere und äußere Haltung, seine Ehrbegriffe und das Berufsethos mit allen Vorzügen, aber auch Schwächen, dem ganzen, sozial nicht mehr homogenen Berufsstand aufzuprägen. Die von jeher bewußt herausgehobene Stellung des preußischen Offiziers in Staat und Gesellschaft – sie traf für die Offiziere der süddeutschen Bundesstaaten nicht im gleichen Maße zu – wirkte als starker Ansporn für die Söhne des Bürgertums, den Offizierberuf zu ergreifen.

In dieser Hinsicht mag aufschlußreich sein, daß schon jeder jüngste Leutnant der preußischen Armee hoffähig war, während der preußische Beamte erst vom Rat 2. Klasse an, einer Rangstufe, die etwa der eines Obersten entsprach, in diesen Status aufrückte (Rudolf Morsey, S. 273, Anm. 3). Die Hoffähigkeit darf indessen in ihrer praktischen Bedeutung nicht überschätzt werden, wenn sie auch symptomatisch ist. In Bayern begann sie für den Offizier erst vom Stabsoffizier an. Der auffallende Vorrang des preußischen Offiziers vor dem Beamten, der neben diesem die unentbehrliche Stütze des Obrigkeitsstaates war, führte seltener zu ernsthaften Konflikten zwischen ihnen, als man vermuten könnte, denn diese Ordnung war geschichtlich sanktioniert und wurde anerkannt. Im übrigen entstammten Offiziere und Beamte denselben Schichten, und letztere waren in der Regel Reserveoffiziere. In alten Offizier- und Beamtenfamilien kam es oft vor, daß ein Sohn Offizier wurde und ein anderer dem Staat als Beamter diente. Die bevorzugte Stellung des Offiziers wurde noch dadurch unterstrichen, daß seine Unterordnung unter einen Beamten bis auf ganz wenige Ausnahmen so gut wie undenkbar war. Er nahm Befehle nur von seinen militärischen Vorgesetzten entgegen, deren oberster der König und Kaiser war.

Mit dem schnellen Wandel der politischen und sozialen Verhältnisse wurde jedoch zunehmend von den wachsenden demokratischen Kräften an der privilegierten Stellung des Offiziers Anstoß genommen, die den Zeittendenzen widersprach. Im linksliberalen Lager beschränkte man sich mehr auf eine scharfe Verurteilung überholter Einrichtungen und Zustände, kritisierte den Kastengeist mit den daraus entspringenden Verirrungen und Mißgriffen, brachte aber dem Offizier an sich Verständnis und Achtung entgegen und war von dessen Fachtüchtigkeit überzeugt. Dagegen mußte die sozialdemokratische Anhängerschaft aus ihrer politischen und sozialen Zielsetzung heraus den monarchischen Offiziertyp in der Synthese von Adel und Bürgertum ablehnen und bekämpfen. Konträre politische Einstellung brauchte aber nicht menschliche Bindungen und

Gemeinsamkeiten im sachlichen Dienst auszuschließen, was mit zahlreichen Beispielen belegt werden kann.

Die bevorzugte Stellung bot ein Äquivalent für die sehr mäßige Bezahlung und die ungünstigen Beförderungsverhältnisse. Das Gehalt des Subalternoffiziers lag nach dem letzten Reichsbesoldungsgesetz von 1909, das namentlich für die unteren Dienstgrade Verbesserungen brachte, zwischen 125,– bis 200,– Mark. Mit dem dazu gewährten Wohnungsgeld konnte der junge Offizier nicht auskommen, so daß er jahrelang einen Zuschuß brauchte, zu dem sich Eltern oder Verwandte verpflichten mußten.

Die Ergänzung des aktiven Offizierkorps im Frieden geschah durch Zöglinge des Kadettenkorps (in Preußen acht Kadettenhäuser als Vorbereitungsschulen für die Hauptkadettenanstalt in Berlin-Lichterfelde, in Bayern und Sachsen je eine Kadettenanstalt s. S. 198 f.) oder durch Eintritt von Anwärtern als Fahnenjunker bei einem Truppenteil. Über die Annahme eines Fahnenjunkers entschied der Regimentskommandeur. Dabei spielte neben den selbstverständlichen Voraussetzungen, wie Herkunft, Bildungsgrad und sonstiger Eignung, auch die Zugehörigkeit zu einer der anerkannten christlichen Religionsgemeinschaften, der evangelischen oder katholischen Kirche, eine wichtige Rolle. Das jüdische Glaubensbekenntnis, nicht eigentlich die Rasse, war ein Haupthindernis. In der preußischen und sächsischen Armee konnten Juden aus wohlhabenden und gebildeten Kreisen im allgemeinen weder aktiver Offizier noch sogar Reserveoffizier werden. Das verstieß an und für sich gegen die Verfassung und auch gegen allerhöchste Intentionen, wie von den Kriegsministern v. Einem und v. Heeringen bei Parlamentsdebatten über diese Frage offen zugegeben wurde, doch konnten sie keinen Zwang auf die Regimentskommandeure ausüben. Nur in der bayerischen Armee gab es wenige jüdische aktive und Reserveoffiziere, die es auch früher in Preußen gegeben hatte.

Die Wahl eines Fähnrichs zum Offizier blieb weiterhin das Vorrecht des Offizierkorps des Regiments, erst dann folgte die Beförderung durch den Souverän. In Bayern wurde die Universitätsreife für den Offizierberuf gefordert. In Preußen genügte die Prima-Reife, und selbst diese wurde anfangs auf dem Gnadenweg Söhnen alter Offizierfamilien noch oft erlassen. Das bewußte Hintenanstellen des Bildungsprinzips wurde vom preußischen Militärkabinett nicht nur mit dem Mangel an geeignetem Nachwuchs, sondern auch mit dem Hinweis begründet, daß der Offizierberuf neben praktischen Fähigkeiten vor allem Willenskraft und Verantwortungsfreudigkeit erfordere, Charaktereigenschaften, die nicht mit einer höheren Allgemeinbildung zu erlangen seien, so wünschenswert diese an und für sich auch sein möge. Patentierungsvorteile für Abiturienten bewirkten in den letzten Vorkriegsjahren ein Ansteigen des allgemeinen Bildungsniveaus. Von den Offizieranwärtern besaßen kurz vor dem Kriege zwei Drittel das Reifezeugnis.

Der Dienstgrad eines Hauptmanns oder Rittmeisters wurde im Durchschnitt nach fünfzehnjähriger Leutnants- und Oberleutnantsdienstzeit erreicht. Dann folgten zehn Jahre Hauptmannsdienst bis zur Beförderung zum Major. Auf bevorzugte Beförderungen konnten zuletzt fast nur noch Offiziere mit Generalstabsausbildung rechnen. Wer die Anforderungen nicht erfüllte, kam in der Laufbahn nicht weit. Ein sehr hoher Prozentsatz scheiterte an der Majorsecke. Damit erledigte sich zum Teil auch der vom Bürgertum oft bemängelte Bildungsstand des preußischen Durchschnittsoffiziers. In die höheren Dienststellen gelangten im allgemeinen nur die nach der Beurteilung ihrer Vorgesetzten (Personal- und Qualifikationsberichte) geeigneten Offiziere.

In den bestehenden Rangklassen der Offiziere änderte sich nichts. Nur wurden durch eine Kabinettsorder von 1899 folgende Bezeichnungen verdeutscht:

Offizier-Aspirant	=	Fahnenjunker
Portepee-Fähnrich	=	Fähnrich
Sekondelieutenant	=	Leutnant
Premierlieutenant	=	Oberleutnant
Oberstlieutenant	=	Oberstleutnant
Generallieutenant	=	Generalleutnant
Charge	=	Dienstgrad
Funktion	=	Dienststellung
Avancement	=	Beförderung
Anciennität	=	Dienstalter

Der äußere Glanz der wilhelminischen Friedensära färbte zwar auch etwas durch aufwendigen Lebensstil und gelegentliche Überbetonung von Standesmerkmalen auf das Offizierkorps ab, ohne indessen Geist, Gesinnung und inneren Wesenskern nachhaltig zu beeinflussen. Im Mittelpunkt stand die enge Bindung an den Monarchen, die als persönliches Treueverhältnis aufgefaßt wurde. Durch diese Beziehung unterschied sich die Stellung des Offiziers von der des Beamten und gab ihr einen besonderen Status, der begrifflich nicht in das normativ-positivistische Schema des liberalen Rechtsstaates hineinpaßte. Es war eine natürliche Reaktion des Offizierkorps, daß es sich unter dem kräftigen Anwachsen der demokratischen und sozialistischen Bewegung noch fester zusammenschloß und eine scharfe Abwehrstellung dagegen einnahm.

Im ganzen wurden an den Offizier höhere Anforderungen als Erzieher und Führer gestellt als in der früheren Zeit. Schon wegen der Herabsetzung der Dienstzeit von drei auf zwei Jahre war der Dienstbetrieb seit 1893 angespannter. In den Industriezentren und in den Großstädten hatte er, zumal unter der Arbeiterschaft, mit einem selbstbewußteren und aufgeweckteren Menschentyp zu tun, der die Staatsautorität nicht mehr vorbehaltlos anerkannte und in anderen Vorstellungen lebte und dachte als die noch zum großen Teil in patriarchalischen Verhältnissen aufwachsende Landbevölkerung.

Hinzu kam der starke Einbruch der Technik in das Militärwesen mit den in immer kürzeren Fristen notwendig werdenden Umbewaffnungen und der Einführung von Maschinenwaffen, neuen Kampf-, Nachrichten- und Verkehrsmitteln, die ein Verharren im bequemen Schematismus verhinderten. Anhand der dadurch bedingten neuen Reglements und Vorschriften für die Ausbildung an

Waffen und Gerät, im Felddienst und in der Taktik mußte der Offizier immer wieder umlernen. Der Zug zum reinen Militärtechniker in dem immer komplizierter und größer werdenden Heeresapparat verstärkte sich. Begünstigt wurde diese Entwicklung durch die sich teilweise aus der Berufssphäre und zum anderen aus der sozialen Vorzugsstellung ergebende, aber auch gewollte Abgeschlossenheit des Offizierkorps von den anderen Schichten der Bevölkerung, wenngleich sie durch die zunehmende Verbürgerlichung und den Reserveoffizier nicht mehr so starr war wie ehedem. Hierdurch wurde allerdings die Konzentration auf die militärischen Berufsaufgaben gefördert, aber auch der Blick für die politischen und sozialen Probleme der Zeit verstellt, denen der Offizier zumeist verständnislos gegenüberstand. Aus der starken Traditionsverhaftung rührte bei sehr vielen Offizieren auch eine mangelnde Aufgeschlossenheit für die Technik her. Ihnen galten die technischen Formationen als zweitrangig neben den alten, klassischen Waffengattungen. An und für sich gehörte es durchaus zu den Eigenschaften des preußisch-deutschen Offiziers, technische Fortschritte ins Militärwesen einzubauen und zu einem Höchstmaß von Wirksamkeit zu bringen. Wenn in diesem oder jenem Zweig nur zögernd an die Ausnützung technischer Errungenschaften gegangen wurde, lag das jedoch mehr an den entscheidenden Führungsstellen der Armee, die ihre Bedeutung zu spät erkannten. Einem Zurückbleiben auf diesem Gebiet stand ein Voranschreiten auf anderem gegenüber, was sich später im Kriege zeigen sollte. Das Offizierkorps war von einem starken Selbstbewußtsein beseelt und überzeugt, daß es mit seinen Ausbildungsmethoden eine jeder anderen Großmacht qualitativ überlegene Armee geschaffen habe.

Wie das ganze Staatsgefüge in den letzten 25 Jahren vor dem Ersten Weltkrieg in einer langsamen Wandlung begriffen und den reaktionären Charakter mehr und mehr abzustreifen genötigt war, so traf das, wenn auch weniger sichtbar und sicher eingeschränkter, im großen und ganzen auch für das Offizierkorps zu. Nach außen wirkte es mit seinem ausgeprägten Standesbewußtsein und der bei dem preußischen Offizier mitschwingenden Herrentumskomponente als reine Verkörperung des Autoritäts- und Klassenstaates. Aber darin war eingeschlossen eine soziale Fürsorgepflicht für die Mannschaften, die ein unbedingtes Gebot war. Der Offizier sollte auch in dieser Beziehung Vorbild sein. Sie schuf ein Band der Zusammengehörigkeit zwischen Offizier und Mann, trotz des betonten Abstandes und der strengen Disziplin, der letzten Endes beide unterworfen waren. Die menschliche Würde jedes Soldaten zu achten, gehörte zu den Leitsätzen der Offizierausbildung.

Bei Kriegsbeginn 1914 traten zu den 29 000 aktiven Offizieren des Friedensheeres die früher ausgeschiedenen Offiziere und die Offiziere des Beurlaubtenstandes hinzu. Mit diesen zusammen wies das Offizierkorps des Kriegsheeres (Feld- und Besatzungsheer) eine Stärke von 120 000 auf.

In der preußischen Armee, die allein etwa dreiviertel der Gesamtstärke des deutschen Heeres ausmachte, betrug die Zahl der aktiven Offiziere anfangs rund 22 000 und die der Reserve- und Landwehroffiziere rund 29 000. Im Kriege mußte das aktive Offizierkorps infolge sehr hoher Verluste (rund 25 %) immer wieder aufgefüllt werden und erreichte unter Einschluß der über 11 000 Gefallenen einen Gesamtbestand von annähernd 46 000 Offizieren.

Bei dem dringenden Bedarf wurden die Friedensmaßstäbe für den Offiziernachwuchs zwar gesenkt, aber prinzipiell doch nicht aufgehoben. An gutbürgerlicher Herkunft und einer gewissen höheren Schulbildung wurde im allgemeinen festgehalten. Entgegen den Anträgen einiger Armeeführer scheute sich das für diese Fragen zuständige Militärkabinett im Hinblick auf die spätere Friedenszeit, eine größere Anzahl tüchtiger aktiver Unteroffiziere zu Offizieren zu befördern.

Nach den starken Ausfällen des aktiven Offizierkorps mußten von der zweiten Kriegshälfte ab vorwiegend Reserveoffiziere die unteren Führerstellen, namentlich als Kompanie- und Batterieführer, an den Fronten übernehmen. Wesentliche Unterschiede in den Bedingungen für die Auswahl zum Reserveoffizier gegenüber den aktiven Offizieren bestanden nicht. Das deutsche Heer hatte von Anfang bis Ende des Weltkrieges insgesamt etwas über 226 000 Offiziere des Beurlaubtenstandes, von denen rund 35 000 gefallen sind.

Schon im Frieden war im Mobilmachungsfall bei Offiziermangel für Vizefeldwebel, die dauernd Offizierdienste leisten mußten, der Dienstgrad eines Offizierstellvertreters vorgesehen. Für Leutnantsstellen bei Ersatztruppen, Landwehr- und Garnisonbataillonen waren erfahrene und gut beurteilte ehemalige Portepeeunteroffiziere in geordneten bürgerlichen Verhältnissen als Feldwebelleutnants in Aussicht genommen, ein Dienstgrad, den es früher nur bei der Schloßgardekompanie der preußischen Könige gegeben hatte. Von beiden Möglichkeiten wurde viel Gebrauch gemacht. Diese Ersatzlösungen sind später auch von höheren Truppenführern als psychologisch ungeschickt kritisiert worden, da sie den so Beförderten die volle Anerkennung doch vorenthielten. Mit den Feldwebelleutnants wurde ein Offiziertyp zweiten Grades geschaffen. Sie waren zu Offizierwahlen und zu Offizierehrengerichten nicht zugelassen und rangierten hinter dem jüngsten Reserveleutnant.

c. Die Unteroffiziere

Stellung und Aufgaben in der Armee

Die Unteroffiziere bildeten die erste Stufe der Hierarchie. Kraft ihres Ranges waren sie Vorgesetzte sämtlicher Mannschaften. In ihren Händen lag zu einem wesentlichen Teil die Aufsicht und Ausbildung der zum Waffendienst einberufenen Wehrpflichtigen aller Schichten der Bevölkerung. Anerkanntermaßen waren sie das Rückgrat der Armee. Ihre Stellung im Heer sicherte ihnen auch in der bürgerlichen Welt einen achtbaren Platz, zumal bei der zentralen Bedeutung der Armee in Volk und Staat und der Hochschätzung eines militärischen

Ranges. Sie galten gewissermaßen schon als Respektspersonen der Staatsgewalt auf der untersten Ebene, wenn sie naturgemäß auch nicht so sehr die Blicke der Öffentlichkeit auf sich zogen wie die Offiziere. Von dem Licht, das auf diese fiel, bekamen sie nur einen Abglanz zu spüren, waren dafür auch weniger angefochten.

Zwischen Mannschaften und Unteroffizieren bestand ein fließender Übergang, zwischen Unteroffizieren und Offizieren dagegen eine Grenze, deren Überschreitung im Frieden kaum möglich war, sieht man von den technischen Laufbahnen ab. Es fehlten dafür gesellschaftlich wie bildungsmäßig die geforderten Voraussetzungen. Vorwiegend kamen die Unteroffiziere aus kleinbäuerlichen und kleinbürgerlichen Schichten und hatten nur Volksschulbildung. Ihre Mittelstellung im Heeresgefüge war schwierig, da sie sich nach unten nicht so fest abgrenzen ließ. Wegen fehlender Aufstiegsmöglichkeiten zogen es die meisten Unteroffiziere vor, nach zwölfjähriger Dienstzeit in einen zivilen Beruf überzuwechseln, in dem begabte und strebsame Männer bis in mittlere Beamtenstellen vorrückten. Der langdienende Unteroffizier verschwand allmählich aus der Armee.

Über die wachsende Bedeutung der Unterführer für die Ausbildung und die Schlagkraft der Armee war sich die Führung klar. Mit der sich immer mehr auflösenden Gefechtsordnung bei der Einführung der Schnellfeuerwaffen, der zunehmenden Technisierung des Heeresapparates und dem Bestreben, jeden Mann zu einem selbständig handelnden Soldaten zu erziehen, wuchsen ihre Aufgaben über die Rolle bloßer Drill- und Exerziermeister hinaus.

Schon die Unteroffizieranwärter wurden einer besonderen Behandlung und Schulung unterworfen, die ihre spätere Sonderstellung in den Einheiten unterstrich. Die dienstliche Unterweisung lag in den Händen der Offiziere und älterer Unteroffiziere, während die außerdienstliche Betreuung der Kapitulanten durch den Kompaniefeldwebel und durch die älteren Unteroffiziere erfolgte. Der hierdurch hergestellte nahe Kontakt bewirkte im allgemeinen, daß der künftige Unteroffizier mit „der besonderen Geistesverfassung seines Berufsstandes vertraut“ (Lahne) wurde. Es bildete sich so etwas wie ein eigener Korpsgeist der Unteroffiziere aus, der noch gestärkt wurde durch wiederkehrende Versammlungen und dienstliche Besprechungen des Unteroffizierkorps in den Einheiten. Dieser Korpsgeist förderte die Distanz zu den Mannschaften. Vor allem der junge Unteroffizier mag in dieser standesmäßigen Verankerung einen starken Halt gefunden haben, denn in der Armee trat häufig an Stelle der überzeugenden Unterweisung die Erzwingung eines bestimmten Verhaltens der Soldaten durch den Einsatz bloß äußerer Autorität. Gerade der Unteroffizier hatte es im täglichen Umgang mit den Soldaten am schwersten, die dienstlichen Anforderungen ohne Zuhilfenahme von Zwangsmitteln durchzusetzen. Er wußte, daß man darauf sah, ob er sich gehörigen Respekt zu verschaffen wußte. Ein rauher Ton wurde gang und gäbe. Ausschreitungen waren keine Seltenheit.

Vor allem aber ging es der Armeeführung um ein gesinnungstüchtiges, das heißt gegen sozialdemokratische Einwirkungen immunes Unteroffizierkorps. Die Personalauslese war eindeutig von dieser Maxime bestimmt. Man legte zum Beispiel den Unteroffizieren nahe, nicht Töchter von Sozialdemokraten zu heiraten. Soweit es irgend ging, wurde versucht, der ideologischen Ansteckung entgegenzuwirken. Man hatte dabei noch ein anderes Ziel im Auge: Der Unteroffizier war jene Instanz im Aufbau der militärischen Hierarchie, die den unmittelbarsten Kontakt mit der Mannschaft hatte, er konnte mithin auch in der täglichen Einwirkung den nachhaltigsten Einfluß auf seine Männer ausüben. Dieser Sachverhalt mußte Anknüpfungspunkt für alle Überlegungen zur Hebung der Krisenfestigkeit der Armee in besonderen Lagen (etwa bei Straßenkämpfen) sein. Sehr viel Phantasie wurde allerdings zur Stärkung der „Gesinnungstüchtigkeit" der Unteroffiziere nicht aufgewendet. Das hing einmal damit zusammen, daß alle Stellen und Offiziere, die sich mit diesem Problemkreis befaßten, ganz selbstverständlich davon ausgingen, daß es sich bei der preußischen Monarchie um eine ideale Verkörperung des Staates handele, daß es also nur gelte, die Erkenntnis davon zu beleben und abweichende Ordnungsvorstellungen möglichst als „unehrenhaft" abzutun. Nach den Erfolgen der Sozialdemokraten in den Reichstagswahlen 1890 schien Kaiser Wilhelm II. entschlossen, es auf eine gewaltsame Auseinandersetzung ankommen zu lassen. Doch die Einstellung zur „sozialdemokratischen Gefahr" im Heere wurde sichtlich von Nervosität und Mißtrauen in die Erziehungsmöglichkeit der Armee beeinflußt, wie an einem in diese Richtung weisenden Erlaß an mehrere Generalkommandos zu sehen ist.

Reichskanzler Caprivi suchte in dieser Lage das Unteroffizierkorps durch die Aussicht auf eine Prämie von 1 000.– Mark nach Ablauf der zwölfjährigen Dienstzeit an den Staat zu binden. Die 1893 eingeführte Dienstprämie wurde 1914 auf 1 500.– Mark erhöht. Er wollte einen Unteroffiziertyp schaffen, der die Soldaten dazu bringen konnte, „besinnungslos zu sterben, wenn der Vorgesetzte es verlangt" (nach Höhn). Diese „Schießprämie" oder „Gesinnungsprämie", wie sie in der Linkspresse genannt wurde, belegt einen gewissen Vertrauensschwund der militärischen Führung in ihr Unteroffizierkorps. Der Kriegsminister Bronsart von Schellendorff war schon nicht mehr, wie noch der ältere Moltke, überzeugt von der Wirkung der bloßen Disziplin, er räumte ein, daß die von der Sozialdemokratie vorgeformten Soldaten nur noch unvollkommen von den herkömmlichen Erziehungsmitteln erreicht werden konnten.

Daß der Unteroffizier noch weniger in der Lage war, sich auf eine geistige Auseinandersetzung mit den Sozialdemokraten im Heere einzulassen, als der Offizier, daran zweifelte niemand. Für ihn konnte daher eine theoretische, schulische Einflußnahme auf den Soldaten nicht infrage kommen. Offiziere, die sich mit dem drängenden Problem befaßten, sahen den Hauptwert des Unteroffiziers auf diesem Gebiet in seiner Eignung für eine „indirekte Beeinflussung" (Höhn) der Mannschaft durch ihr Auftreten, ihr Beispiel, durch die Demonstration all jener Eigenschaften, die die Armee den Soldaten anerziehen wollte: Ordnung, Sauberkeit, Pflichtbewußtsein, Vaterlandsliebe und Loyalität gegenüber dem Kriegsherrn. Diese Vorstellungen konnten aber in vielen Fällen nicht realisiert werden. Es kam nicht selten vor, daß Unteroffiziere später als Reservisten selbst zur Sozialdemokratie übertraten.

Aber im großen und ganzen hat der Unteroffizier die an ihn gestellten Erwartungen erfüllt, wenn nicht übertroffen. Hierbei hat das sich entwickelnde Standesgefühl eine nicht geringe Rolle gespielt. Es trifft zu, daß die preußisch-deutsche Armee über ein vergleichsweise ausgezeichnetes Unteroffizierkorps verfügte, dem bei vielen und ernsten Pflichten recht bescheidene Ansprüche und Lebenserwartungen und – zumal im Verhältnis zur Stellung des Offizierkorps – geradezu Entsagung zugemutet worden ist. Der Unteroffizier war die dem Wesen der preußisch-deutschen Militärmonarchie entsprechende personifizierte Subalternität. Die Armee sah vor allem die geistige Subalternität offenbar nicht ungern, da sie als Grundlage einer simplifizierten politischen Grundhaltung erwünscht und nützlich war. Daß selbst der Inspekteur der Unteroffizierschulen um 1890 die Meinung vertrat, das Wissen der Unteroffiziere sei zu hoch geworden, gibt zu denken. Die Armeeführung suchte sich im Unteroffizierkorps ein arcanum imperii heranzubilden, das zwar in überschaubaren militärischen Bereichen zu selbständigem Handeln befähigt sein, darüber hinaus aber wenig Neigung zu kritischer Betrachtung der Dinge entwickeln sollte.

Auf dem staatstreuen und qualifizierten Unterführerkorps beruhte zu einem wesentlichen Teil die Leistung des deutschen Heeres im Ersten Weltkrieg. Über 300 000 Unteroffiziere (aktive und Unteroffiziere des Beurlaubtenstandes) sind im Kriege gefallen oder vermißt.

Das von König Wilhelm I. 1864 gestiftete preußische Goldene Militär-Verdienstkreuz, der Pour le mérite für Mannschaften und Unteroffiziere, wurde an 1 771 Unteroffiziere verliehen. Der besondere Wert dieser höchsten Auszeichnung bestand darin, daß hierfür nur Soldaten infrage kamen, die bereits mit dem Eisernen Kreuz beider Klassen dekoriert und wegen Tapferkeit vor dem Feinde schon einmal befördert waren. In Bayern war es die Goldene Tapferkeitsmedaille, die an 966 Soldaten, darunter 623 Unteroffiziere, verliehen wurde. Vor Trägern des Goldenen Verdienstkreuzes hatten die Posten Ehrenbezeigungen zu erweisen. Sachsen hat die Goldene Militär-St.-Heinrichs-Medaille an 150 Soldaten, weitaus in der Mehrzahl Unteroffiziere, Württemberg die Goldene Verdienstmedaille an 1 876 Soldaten verliehen.

Soziale Struktur

Die Unteroffiziere ergänzten sich aus den Unteroffizierschulen und der Truppe. Preußen hatte 1824 mit der Einrichtung von Unteroffizierschulen begonnen und vermehrte diese bis zur Jahrhundertwende auf sieben. Die sächsische Armee hatte eine eigene Unteroffizierschule, desgleichen Bayern seit 1894. Als Vorbereitungsanstalten waren besondere Unteroffiziervorschulen errichtet. Von Ausnahmen abgesehen, bezog nur die Infanterie von diesen Schulen Unteroffizieranwärter, deren Zahl indessen zur Deckung des Bedarfs bei weitem nicht ausreichte. Das Hauptkontingent mußten sich die Regimenter und selbständigen Bataillone selbst aus brauchbaren Freiwilligen und eingezogenen Mannschaften heranbilden, die sich verpflichteten, länger zu dienen. Ebenso zogen die anderen Waffengattungen ihren Unteroffizierbedarf aus der Truppe. Diese sogenannten Kapitulanten erhielten bei der ersten Verlängerung der normalen Dienstzeit um zwei Jahre ein einmaliges Handgeld von 100,– Mark und neben sonstigen Vergünstigungen ab 1900 eine Löhnungszulage.

Seit 1893 unterlagen die Unteroffizierstellen, wie schon von Anfang an die der Offiziere, Militärärzte und Militärbeamten, der jährlichen Feststellung durch den Reichshaushaltsetat, der vom Parlament genehmigt werden mußte. Es wurden die beiden großen Rangklassen der Unteroffiziere mit Portepee und der Unteroffiziere ohne Portepee, jede wieder mit einzelnen Rangstufen, unterschieden. Zur ersten rechneten die Feldwebel, Wachtmeister, Vizefeldwebel und Vizewachtmeister der verschiedenen Waffengattungen und Laufbahnen, Oberfeuerwerker, Wallmeister, Stabshoboisten, -hornisten, -trompeter, Schreiber bei höheren Stäben sowie für die Dauer der Ausbildung Unterärzte, Unterveterinäre, Fähnriche, Unterzahlmeister (bis 1906 als Zahlmeisteraspiranten bezeichnet) und andere in gleicher Weise etatisierte Stellen. Zu den Unteroffizieren ohne Portepee gehörten Unteroffiziere, Sergeanten, Feuerwerker, Hoboisten, Hornisten, Trompeter, Oberhandwerker und alle ihnen dienstgradmäßig gleichgestellten Unterführer.

Man konnte sich indessen nicht entschließen, neue Aufstiegsmöglichkeiten der Unteroffiziere für die Offizierlaufbahn zu schaffen. Die Sorge vor einer Schwächung der Homogenität des Offizierkorps, die ja infolge der Öffnung für breitere soziale Schichten auch nur noch der Idee nach vorhanden war, war zu groß. Überdies stellte das Standesbewußtsein des Offizierkorps ein kaum zu überwindendes Hindernis dar. Auch im Kriege besserten sich die Aufstiegsmöglichkeiten kaum. Im Gegensatz zu der Handhabung in früheren Kriegen sind verhältnismäßig wenig Unteroffiziere zu Offizieren befördert worden. Dadurch wurde manche Unzufriedenheit ausgelöst. Das Militärkabinett erwies sich in dieser Beziehung auch nach der Ansicht einiger hoher Kommandeure als zu engherzig und unelastisch. Dadurch war es unvermeidbar, daß des öfteren blutjunge Leutnants nach kurzer Ausbildung und mit wenig Front- und Menschenerfahrung, nur aufgrund einer besseren Schulbildung und der gehobeneren Herkunft als Vorgesetzte vor bewährten und kampferprobten Unteroffizieren standen.

Eine Sonderstellung nahmen unter den Portepeeunteroffizieren die Oberfeuerwerker, Zeugfeldwebel (beides Artillerieunteroffiziere) und Oberwallmeister (Pionierunteroffiziere) ein. Nach erfolgreichem Abschluß der ersten Klasse der Oberfeuerwerkerschule beziehungsweise der Festungsbauschule und einer besonderen Prüfung konnten sie als einzige Unteroffiziere im Frieden Offizier werden und bis zum Feuerwerks-, Zeug- oder Festungsbauhauptmann aufsteigen. Sie bildeten ein besonderes Offizierkorps, dessen Mitglieder keinem Regimentsverband angehörten. Feuerwerksoffiziere waren auch im Truppendienst den Feldartilleriebrigaden und den Fußartillerieregimentern als Fachoffiziere für das Munitionswesen zugeteilt.

Die Zeit seit 1890 bis zum Weltkrieg sah eine spürbare Verbesserung der wirtschaftlichen Situation der Unteroffiziere. Der Grund hierfür ist nicht nur in der allgemeinen Hebung des Lebensstandards und in dem sich später durchsetzenden Versorgungsdenken der Zeit zu erblicken, sondern auch in dem Bestreben, einen Anreiz für den Eintritt in die Unteroffizierlaufbahn zu schaffen. Dabei dachte man nicht allein an die Erhaltung eines fachlich tüchtigen Unteroffizierkorps und an eine stärkere Bindung der Unteroffiziere an „den Staat". Hinzu kam, daß mit dem wirtschaftlichen Aufschwung in der Gründerzeit sich eine Reihe guter Arbeitsmöglichkeiten in Wirtschaft und Industrie gerade für jene jungen Männer anbot, aus denen sich im allgemeinen das Unteroffizierkorps rekrutierte. Zum erstenmal spürte die Armee eine Art Konkurrenz des Arbeitsmarktes. Durch Maßnahmen der verschiedensten Art, die nicht allein finanzieller Natur waren, bemühte sich die Heeresführung, die Position der Unteroffiziere zu festigen und zu heben. Wichtige Verbesserungen brachten die Bestimmungen über die Beförderung der Unteroffiziere im Frieden vom 1. Oktober 1906: Alle Unteroffiziere erhielten nach fünfeinhalbjähriger Dienstzeit die Löhnung der Sergeanten; das bedeutete eine monatliche Zulage von 10,50 Mark. Nach neunjähriger Dienstzeit erreichten sie das Gehalt der Vizefeldwebel mit einer weiteren Zulage von 9,– Mark monatlich. Am 15. Juli 1909 erging ein neues Besoldungsgesetz mit einigen Verbesserungen der Unteroffizierbesoldung. Am 28. August 1909 folgten neue Bestimmungen über die Beförderung der Unteroffiziere im Frieden. Es gab nun zwei Gruppen von Unteroffizieren: Gehaltsempfänger und Löhnungsempfänger. Zur ersteren gehörten die oberen Chargen der Feuerwerker, Musikmeister, Kompanieverwalter bei den Kadettenkorps und der Wallmeister. Sie stiegen alle drei Jahre im Gehalt. Unteroffiziere als Löhnungsempfänger erhielten mit weniger als 5½ Dienstjahren monatlich zuletzt 25,20 Mark, Unteroffiziere und Sergeanten mit mehr als 5½ Dienstjahren 39,60 Mark, Feldwebel und Wachtmeister 62,10 Mark. Die Bezahlung war im Vergleich zu entsprechenden Stellungen in der Industrie nicht hoch, schloß aber Verpflegung, Bekleidung und Unterkunft mit ein. Die Verpflichtung des Staates, für die ausscheidenden Berufssoldaten zu sorgen, bot darüber hinaus einen gewissen Ausgleich.

Die Frage der Statusverbesserung hatte noch ihren innenpolitischen Aspekt. Die sehr intensive Propaganda der Sozialdemokratie mit der Forderung der unbeschränkten Aufstiegsmöglichkeiten für alle tüchtigen Leute konnte leicht in den Reihen der Unteroffiziere Unruhe stiften. Die Zuverlässigkeit der Armee für den Fall innerer Auseinandersetzungen stand und fiel mit der Ergebenheit des Unteroffizierkorps. In ihrer Haltung zu dem Unterführerkorps befand sich die Sozialdemokratie allerdings in einem Dilemma. Auf der einen Seite konnte sie nach ihrem Programm die Bemühungen des Kriegsministeriums, die allgemeine Lage und die Versorgung der Unteroffiziere zu verbessern, nicht gut ablehnen. Auf der anderen Seite stärkte sie damit eine Stütze des von ihr bekämpften Systems. Nennenswerten Erfolg erzielte sie mit ihrer Propaganda nicht.

Mindestens so wichtig wie diese materiellen Verbesserungen wurden die Maßnahmen, die das Ansehen des Standes der Unteroffiziere im dienstlichen Bereich zu heben geeignet waren. Erst mit einer solchen Verbindung von materieller, sozialer und militärdienstlicher Förderungspolitik konnte die erhoffte stärkere Bindung der Unteroffiziere an die Monarchie angestrebt und ihrer Mittlerrolle im Verhältnis zu den Mannschaften bei der „indirekten Beeinflussung" gegen den Zeitgeist eine stärkere Wirkung verliehen werden. Neue Vorschriften über Unteroffizier-Speisezimmer führten im Ergebnis die sogenannten Unteroffizier-Kasinos ein. Die Krankenversorgung der Familienmitglieder wurde verbessert.

Von beträchtlicher Bedeutung für die Hebung des Selbstbewußtseins der Unteroffiziere wurde die Allerhöchste Kabinettsorder vom 23. Februar 1910. Sie gewährte den Portepeeunteroffizieren generell Nachturlaub und gestattete allen übrigen Unteroffizieren, bis um Mitternacht auszubleiben; sie befreite ferner die Unteroffiziere davon, auf Märschen und bei Friedensübungen Gepäck zu tragen. Diese Vergünstigungen erhöhten den Anreiz des Unteroffizierdienstes erheblich, wenn sie auch bis zum Beginn des Weltkrieges mit patriarchalischer Herablassung und nicht immer mit dem Ziel der Schaffung von Rechtsansprüchen gewährt wurden. Immerhin konnte auf diese Weise gegen Ende des 19. Jahrhunderts der Fehlbedarf an Unteroffizieren gedeckt werden. Der Zustrom der Bewerber wuchs an. Im Jahre 1901 besaß die preußische Armee 1 200 überetatmäßige Unteroffiziere. Die Zahl der eintretenden Kapitulanten, die im wesentlichen die Unteroffiziere später stellten, stieg ebenfalls beträchtlich: 1909 = 8 434; 1911 = 8 457; 1912 = 8 930; 1913 = 9 536. Im Jahre 1904 wurden 719 neue Unteroffizierstellen geschaffen, um Ersatz zu bekommen für die vielen Abkommandierungen in Schreiberstellungen bei den Stäben, für die man besonders aufgeschlossene Männer benötigte.

Zivilversorgung

Die Aussicht auf eine spätere Zivilanstellung spielte bei der sozialen Fürsorge eine erhebliche Rolle. Die Lösung dieses Problems mußte nicht nur den Nachwuchsbedarf der Armee decken helfen, sondern überhaupt eine stabilisierende soziale Wirkung haben. Die 1882 angenommenen „Grundsätze für die Besetzung der Subaltern- und Unterbeamtenstellen bei den Reichs- und Staatsbehörden mit Militäranwärtern" hatten in der Praxis noch manche Wünsche offengelassen. So mußte das Kriegsministerium 1892 bekanntgeben, „daß die Staatsregierung sich in einer Notlage befinde, da im Durchschnitt der letzten vier Jahre jährlich 5 000 Zivilversorgungsscheine ausgegeben sind, während nur 1 700 Anwärter zur Anstellung gelangt seien". Ein neuer preußischer Gesetzentwurf zielte daher auf die Öffnung des Kommunaldienstes für die Militäranwärter. Er wurde 1892 als „Gesetz, betreffend Besetzung der Subaltern- und Unterbeamtenstellen in der Verwaltung der Kommunalverbände mit Militäranwärtern" erlassen. Damit war noch keine reichseinheitliche Regelung durchgesetzt, wie etwa mit dem Artikel 12 des „Gesetzes betreffend einige Abänderungen und Ergänzungen der Militärpensionsgesetze" vom 22. Mai 1893, wo es hieß:

„Die Subaltern- und Unterbeamtenstellen bei den Reichs-, Staats- und Kommunalbehörden, bei den Invaliditäts- und Altersversicherungsanstalten sowie bei ständischen oder solchen Instituten, welche ganz oder zum Teil aus Mitteln des Reiches, Staates oder der Gemeinden unterhalten werden, jedoch ausschließlich des Forstdienstes, werden nach Maßgabe der darüber von dem Bundesrat festzustellenden allgemeinen Grundsätze vorzugsweise mit Inhabern des Zivilversorgungsscheines (Militäranwärtern) besetzt."

Auf dieser Grundlage, die eine erhebliche Erweiterung der Anstellungsmöglichkeiten auf Reichsebene brachte, ging die Entwicklung weiter. Eine Initiative des Reichskanzlers mit neuen Vorschlägen an die Bundesregierungen im Jahre 1896 führte zu dem Entwurf der „Grundsätze, betreffend die Besetzung der Subaltern- und Unterbeamtenstellen bei den Kommunalbehörden, bei den Invaliditäts- und Altersversicherungsanstalten sowie bei ständischen usw. Instituten mit Militäranwärtern", der am 1. April 1900 in Kraft trat. Diese neuen Grundsätze berücksichtigten auf Reichsebene die in Preußen seit 1892 gemachten Erfahrungen, wenn sie auch das preußische System nicht in toto übernahmen. Man wollte „die nötigen Beschränkungen in der kommunalen Verwaltung mit schonender Hand und unter tunlichster Berücksichtigung der Wünsche und Anschauungen der beteiligten Kreise ..." einführen. Günstigere Regelungen in den Einzelstaaten blieben weiterhin zulässig, was vor allem für Preußen wichtig war. Mit diesem Instrument wurde die dringend nötige Vereinheitlichung des Zivilversorgungswesens vornehmlich für die Unteroffiziere erreicht. Seit 1900 besaßen die Militäranwärter im ganzen Reich die Anwartschaft auf Stellen im öffentlichen Dienst des Reiches, der Bundesstaaten und der Kommunen. Ausgenommen waren lediglich die kleineren Gemeinden (im Reich unter 3 000, in Preußen unter 2 000 Einwohner).

Dieses ausbalancierte System mußte im Falle eines Krieges mit erheblichen Störungen rechnen, wenn nicht gar völlig funktionsunfähig werden, da ja die Zivilversorgung auch eine Form der Invalidenfürsorge darstellte. Nach dem Militärpensionsgesetz von 1871 erhielt jeder als dauernd versorgungsberechtigt anerkannte Militärinvalide den Zivilversorgungsschein. Im Ergebnis waren dadurch die Aussichten der zwölf Jahre dienenden Unteroffiziere für den Fall eines Krieges erheblich geschmälert. Das sogenannte Mannschaftsversorgungsgesetz vom 31. Mai 1906 sorgte deshalb dafür, daß nur noch Kapitulanten den Zivilversorgungsschein bekamen, „wenn sie zum Beamten würdig und brauchbar" erschienen. Den Nichtkapitulanten, auch den zu ihnen gehörenden Unteroffizieren, konnte auf Antrag neben der Rente ein Anstellungsschein für den Unterbeamtendienst zuerkannt werden, aber ebenfalls nur dann, wenn sie für den Beamtendienst für würdig und brauchbar befunden wurden. Ein Rechtsanspruch auf Zivilversorgung war solchen Antragstellern also nicht eingeräumt. Spätere Einschränkungen führten dahin, daß derartige Antragsteller nur Berücksichtigung finden durften, wenn es an geeigneten eigentlichen Militäranwärtern (zu denen nur noch die Kapitulanten gerechnet wurden) fehlen sollte.

Es entwickelte sich bald um die Stellen der mittleren Beamten eine starke Konkurrenz zwischen den Militäranwärtern und den sogenannten Zivilsupernumeraren, die auch in der Presse ihren Niederschlag fand. Die Gemeinden vermochten lange ihren eigenen Zivilnachwuchs gegen die als Eindringlinge betrachteten Militäranwärter zu schützen. Beide Interessengruppen schlossen sich zu Verbänden zusammen, die Militäranwärter in ihrem „Bund Deutscher Militäranwärter". In der Praxis sahen die Dinge also erheblich komplizierter aus, als es die gesetzlichen Regelungen erkennen lassen.

In den Auseinandersetzungen ging es auch um die Frage der für die Beamtenstellen erforderlichen Vorbildung der Bewerber. Hier mußten sich die Militäranwärter immer wieder die Kritik der zivilen Bewerber gefallen lassen. Das führte zu Bestrebungen, den Unterricht und die Ausbildung der Militäranwärter zu verbessern. Das Kriegsministerium zeigte sich in dieser Frage allerdings sehr zurückhaltend. So blieb es mit einigen Modifizierungen bis in den Weltkrieg hinein im wesentlichen bei dem alten Unterrichtssystem. Zu beachten ist aber, daß ein großer Teil des Unteroffizierkorps über dem Bildungsniveau der Volksschüler stand, da mancher Einjährig-Freiwillige kapitulierte, um Fachunteroffizier (Feuerwerker, Zahlmeister u. a.) zu werden. Ein erheblicher Teil des Unteroffiziersersatzes ging überdies aus den Unteroffizierschulen hervor, die ihrerseits wieder von den nach 1900 besonders geförderten Unteroffiziervorschulen her ergänzt wurden, wo die Zöglinge eine im allgemeinen gute Ausbildung erhielten, die über die Bildungsziele der Volksschule hinausging. Seit 1909 gab es ferner einen besonderen Militäranwärterunterricht für Unteroffiziere vom zehnten Dienstjahr an, der der Vorbereitung auf den Zivildienst gewidmet war. Bedeutung hatten in diesem Zusammenhang auch die Fachschulen, wie etwa die Oberfeuerwerkerschule und die Festungsbauschule. Als weiteres Mittel der Berufsförderung kam die Probedienstleistung und die informatorische Beschäftigung der Militäranwärter bei den Anstellungsbehörden hinzu.

Nach dem Inkrafttreten der Anstellungsgrundsätze von 1907 wurde die Praxis der Anstellung der Militäranwärter anhand der vorgeschriebenen Stellenverzeichnisse zentral überprüft, nämlich durch das preußische Kriegsministerium. Im großen und ganzen strebten die Militäranwärter mit wachsendem Erfolg die Stellen des mittleren Dienstes an, wie folgende Übersicht zeigt:

	mittl. Dienst	Kanzlei-Dienst	Zusammen	unterer Dienst
1910	42,7 %	17,1 %	59,8 %	40,2 %
1911	50,5 %	13,5 %	64,0 %	36,0 %
1912	54,8 %	13,3 %	68,1 %	31,9 %
1913	62,1 %	8,3 %	70,4 %	29,6 %

3. Die Mannschaften

In der Zusammensetzung der Mannschaften des Heeres änderte sich nach 1870, soweit die Staaten des Norddeutschen Bundes in Betracht kommen, im wesentlichen nichts. Die Ausdehnung des preußischen Wehrwesens auf die süddeutschen Staaten nach 1867 brachte hier allerdings mit der Einführung der Allgemeinen Wehrpflicht erhebliche Verbesserungen der soziologischen Struktur der Armee. Im ganzen Deutschen Reich war die Armee ein Spiegelbild der soziologischen, sozialen, geistigen und politischen Gegebenheiten der Zeit. Es war selbstverständlich, daß Geist und Zusammensetzung der Truppe in den großstädtischen Garnisonen des Westens und in Sachsen anders aussahen als in den kleinstädtischen Garnisonen im Osten oder in Bayern.

Unter diesen Umständen mußte die Armee bestrebt sein, eine möglichst weitgehende Einheitlichkeit der inneren Ausrichtung der Soldaten zu erreichen. Es ist bekannt, daß das starre Festhalten des Prinzregenten und späteren Königs und Kaisers Wilhelm I. an der dreijährigen Dienstzeit gerade in psychologischen Überlegungen dieser Art seinen Grund hatte. In drei Jahren, so meinte er, könne dem Soldaten erst der wahre militärische Geist anerzogen werden. Vom Standpunkt der Monarchie und der auf die Monarchie verpflichteten Armee mußte dieser Gedanke mit dem Aufkommen der Sozialdemokratie besondere Bedeutung erhalten.

Im allgemeinen hat die Armee es verstanden, den Wehrpflichtigen, auch den sozialdemokratischen Wehrpflichtigen, zum Soldaten zu machen, der später als Reservist die Armee sehr häufig mit anderen Augen ansah als bei seinem Eintritt. Zu einem Teil beruhte das darauf, daß die Armee nicht „politische Schulung" im engeren Sinne betrieb, daß sie sich vielmehr als ein übergeordnetes Institut gab, das die Macht des Reiches und den monarchischen Gedanken in einer den politischen Meinungsverschiedenheiten entrückten Form repräsentierte. Dieses Selbstverständnis der Armee war ja durchaus nicht unpolitisch, aber es war für den einfachen Soldaten als eminent innenpolitische Haltung nicht ohne weiteres erkennbar. Nur indirekt, in der Personalpolitik, und zwar schon in der dem Unteroffizierkorps gewidmeten Personalpolitik, wurde der akute politische Kern des Selbstverständnisses der Armee sichtbar. Aber auch hierdurch wurde der einzelne Soldat nicht übermäßig berührt.

Der Soldat ging durch einen auf peinlicher Ordnung beruhenden Organismus, der ihn in strenge Disziplin nahm. Er konnte, von Ausnahmen abgesehen, das Gefühl haben, gerecht behandelt zu werden, wenn auch nicht immer und überall zweckmäßig. Wiederholte Warnungen vor Untergebenenmißhandlungen, selbst durch Allerhöchste Kabinettsorders, zeigen zwar, daß es immer wieder zu Übergriffen und Ausnutzungen des Vorgesetztenverhältnisses kam, sie beweisen aber auch, daß die militärische Führung hier scharf durchzugreifen entschlossen war.

Kaiser Wilhelm II. hat seinen dahingehenden Willen wiederholt unterstrichen, am deutlichsten wohl in einer Order vom 17. September 1892, in der es unter anderem heißt: „Ich gebe Mich der Erwartung hin, daß es gelingen wird, die Zahl der Mißhandlungen Untergebener weiter herabzumindern. Es ist Pflicht der Vorgesetzten aller Grade, in erster Reihe durch Beispiel und Erziehung auf dieses Ziel hinzuwirken. Reichen diese Mittel nicht aus, so sind die Schuldigen zur Verantwortung zu ziehen und darüber nicht im Zweifel zu lassen, daß Ich bei Bestrafung wegen Mißhandlung Untergebener keine Nachsicht walten lassen will." Dieser Befehl war wohl nicht nur auf die ständige Kritik der Sozialdemokratie zurückzuführen, die einzelne Vorfälle im Reichstag aufzugreifen pflegte, er entsprach vielmehr ganz den Ordnungsvorstellungen der militärischen Führung.

Die Erziehung des Offizierkorps suchte ihrerseits zwar die unabdingbaren Vorgesetzteneigenschaften schon dem jüngsten Leutnant beizubringen, sie wollte aber eine vernünftige, auf Leistung beruhende Autorität in der Armee lebendig halten. Im großen und ganzen ist das gelungen, dem Soldaten wurden auf diese Weise wie keinem anderen Staatsbürger die monarchischen Grundlagen des Staates vor Augen geführt, und das war der eigentliche Sinn und Zweck aller über die Erlernung des reinen Waffenhandwerks hinausgehenden „Erziehung" des Soldaten.

Interessant ist dabei, daß man nicht an eine spezifisch politische Unterweisung und Unterrichtung der Soldaten dachte. Erst im Weltkrieg versuchte man Derartiges mit dem sogenannten vaterländischen Unterricht. Die Armee vertraute vielmehr auf die Wirkung ihrer disziplinären Erziehungsmittel, auf ihre Fürsorge und auf die Fortentwicklung des Gemeinschaftserlebnisses in der „Schule der Nation"! Diese immanenten Erziehungsmittel, immer mehr unterstützt durch eine als wichtig empfundene soziale Fürsorge für die Soldaten und Soldatenfamilien, waren in der Tat für viele aus kleinsten Verhältnissen stammende Männer ein Erlebnis. Die preußisch-deutsche Heeresverwaltung hat auf dem Gebiet der inneren Ordnung und Versorgung Vorbildliches geleistet.

Im Vordergrund stand vom Blickwinkel des Soldaten her die Verpflegung und Besoldung. Die Verpflegung wurde im Laufe des 19. Jahrhunderts in kleinen Schritten ständig verbessert, wobei die Heeresverwaltung darauf hin arbeitete, die Selbstbeköstigung der Soldaten möglichst durch feste Portionssätze abzulösen, um auf diese Weise eine bessere und auch regelmäßigere Kost sicherzustellen. Damit wurde schließlich 1898 die Voraussetzung dafür geschaffen, daß die Naturalverpflegung unabhängig vom Wehrsold geleistet werden konnte, das heißt die Höhe der ausbezahlten Löhnung war nicht mehr unmittelbar abhängig von den Lebensmittelpreisen. Die Brotrationen wurden bei steigender Qualitätsverbesserung bis 1898 auf täglich 750 Gramm gebracht. Die Militärverwaltung suchte „zur Erzielung einer besseren Kost" gemeinschaftliche „Speiseanstalten" für die Truppe einzurichten. Aus den hierzu errichteten „Menagefonds" sollten die Ausgaben für eine angemessene Verpflegung, „womöglich bestehend aus Frühstücks-, Mittags- und Abendkost", bestritten werden. Besondere Instruktionen regelten den Küchenbetrieb, ja erteilten selbst bis ins einzelne gehende Ratschläge für die Speisezubereitung.

Allmählich setzte sich immer mehr der Gedanke der gemeinsamen, auf eine brauchbare Qualität hin überprüften Beköstigung der Soldaten durch, was natürlich einen erheblichen Verwaltungsaufwand erforderte. Das Jahr 1898 brachte auch hier die entscheidende Wende, die sich in der „Verpflegungsvorschrift für das Preußische Heer im Frieden" vom 3. April 1902 niederschlug. Diese Vorschrift brach mit dem bisherigen Grundsatz, wonach die Mittel für die Verpflegung aus der Löhnung des Soldaten entnommen worden waren. Statt dessen wurde die Löhnung generell pro Tag und Kopf um 13 Pfennig gekürzt. An die Stelle des bisherigen Verpflegungsgeldes trat ein „Beköstigungsgeld", das sich aus einem Fixbetrag für Lebensmittel (Brot, Gemüse usw.) und einem variablen Satz für Fleisch zusammensetzte. Die täglichen Portionen wurden erhöht in Anpassung an die Erhöhung des allgemeinen Lebensstandards, aber auch, um den mit der zweijährigen Dienstpflicht verbundenen erhöhten Anforderungen an die körperliche Leistungsfähigkeit der Soldaten gerecht zu werden. Das ist nicht völlig gelungen. So waren zum Beispiel in den Nachbarstaaten (Rußland, England und Frankreich) die Fleischportionen der Soldaten beträchtlich höher.

Der Soldat erhielt nunmehr täglich 180 Gramm Frischfleisch und 40 Gramm Fett. Die Gemüserationen wurden verbessert. Für das Frühstück stand allerdings nur ein Satz von drei Pfennig zur Verfügung. Im allgemeinen konnte den Soldaten jetzt regelmäßig eine Abendkost verabfolgt werden. Das Lieferungsgeschäft, besonders die Fleischauslieferung, wurde durch Veterinäre überwacht, es wurden Garnison-Wurstküchen errichtet, Garnison-Bäckereien und Armee-Konservenfabriken. In das Verpflegungswesen kam größere Einheitlichkeit, Ordnung und Sauberkeit.

Die bis dahin eng mit der Beköstigung zusammenhängende Löhnung konnte, jetzt von den Verpflegungssätzen unabhängig, kurz vor dem Kriege auf einen Nenner gebracht werden. Seit dem 1. Oktober 1912 fielen die Unterschiede zwischen den Löhnungssätzen der einzelnen Waffengattungen weg, eine Staffelung gab es nur noch unter den Dienstgraden. Der Gemeine erhielt monatlich 9,– Mark, der Gefreite 10,50 Mark, der Kapitulant 15,– Mark, Berittene oder Fahrer jeweils 1,50 Mark mehr.

Mit diesen Sätzen stand die deutsche Armee mit weitem Abstand an der Spitze aller Wehrpflichtheere. Die Monatslöhnung für den Soldaten betrug umgerechnet in Mark zum Beispiel in Österreich-Ungarn 4,05, in Italien 2,40, in Frankreich 1,20, in Rußland 1,08. Erheblich höher lag allerdings die Besoldung der Berufssoldaten in England (30,– Mark) und in den USA (63,– Mark).

Das im Verhältnis zu früheren Jahrzehnten verstärkte Gefühl einer Fürsorgepflicht gegenüber den Soldaten machte sich naturgemäß auch in der Kranken- und Invalidenversorgung bemerkbar. Die „Friedens-Sanitätsordnung" von 1891 führte die Lazarettbibliotheken und Tagesräume für Genesende ein, legte sogar den Chefärzten ans Herz, enge Fühlung mit den Angehörigen der Soldaten zu halten. Der Bau verbesserter Krankenhäuser – zwischen 1890 und 1900 stieg zum Beispiel die Zahl der Lazarette um 29, darunter sechs für Truppenübungs-

und Schießplätze –, die neuen „Vorschriften über Badekuren und sonstige außergewöhnliche Heilverfahren für Militärpersonen“ vom 10. Mai 1905 oder über die Einrichtung von Genesungsheimen bei den Armeekorps, alles zeigte ein Bemühen um die Verbesserung der sozialen Einrichtungen.

Das „Gesetz, betreffend Versorgung der Kriegsinvaliden und Kriegshinterbliebenen“ vom 31. Mai 1901 brachte eine erhebliche Verbesserung des Versorgungswesens. Erhöht wurden die Kriegszulagen für kriegsinvalide Unteroffiziere und Gemeine. Neben den Zulagen für Ganzinvalide und Verstümmelte wurde neu eine Halbinvalidenzulage eingeführt. Außerdem verbesserte man die Hinterbliebenenversorgung.

Das Militärpensionswesen wurde bald darauf auf eine neue Grundlage gestellt, einmal durch das „Mannschaftsversorgungsgesetz“ vom 31. Mai 1906, zum anderen durch das „Militärhinterbliebenengesetz“ vom 17. Mai 1907. Die Höhe der Versorgungsrente war nun nicht mehr abhängig vom Grad der Dienstunfähigkeit, sondern vom Maß der Erwerbsunfähigkeit, orientierte sich also an den Fortkommensmöglichkeiten im Zivilleben, was eine durchgreifende Modernisierung des Rentenwesens bedeutete. Nunmehr erhielten bei völliger Erwerbsunfähigkeit als jährliche Vollrente

Feldwebel	900,– Mark
Sergeanten	720,– Mark
Unteroffiziere	600,– Mark
Gemeine	540,– Mark

Diese Vorschriften übertrugen die sozialen Grundsätze der Unfallfürsorge, wie sie durch die Bismarck'sche Gesetzgebung für Arbeitnehmer längst bestanden, auf die Armee und konnten so, viel stärker als es eine bestimmte Ideologie versuchte, den Gedanken des „Volksheeres“ beleben.

4. Die Soldaten des Beurlaubtenstandes

Entsprechend der Einteilung der nicht aktiven Mannschaften und Unteroffiziere war durch die Wehrordnung vom 4. Juli 1868 auch die Untergliederung der Offiziere in Reserve- und Landwehroffiziere vorgenommen, die mit dem Gesamtbegriff „Offiziere des Beurlaubtenstandes“ bezeichnet wurden. Die starke Vermehrung ihres Bestandes setzte in den neunziger Jahren mit den allgemeinen Rüstungssteigerungen ein, da im Falle eines Krieges das aktive Offizierkorps nicht ausreichte, die unteren Führungsstellen bei den Reserve- und Landwehrformationen auch nur annähernd zu besetzen. Für die Ausbildung zum Offizier des Beurlaubtenstandes kamen nur die aufgrund des Bildungsprivilegs einjährig-freiwillig Dienenden infrage, die außer der militärischen Eignung auch die gesellschaftlichen und sonstigen Voraussetzungen besaßen, die von jedem aktiven Offizieranwärter gefordert wurden. Durch die bewußt vorgenommene Beschränkung der Auswahl auf die gleichen Schichten gelang es dem aktiven Offizierkorps, ein an Geist, Gesinnung, Ehr- und Pflichtauffassung und, nicht zu vergessen, politischer Zuverlässigkeit in hohem Maß gleichgeartetes Offizierkorps des Beurlaubtenstandes heranzubilden, das zahlenmäßig bei Kriegsausbruch erheblich stärker als das aktive war. Der damalige Bestand mußte angesichts der hohen Offizierverluste während des über vierjährigen Ringens, rechnet man die Gefallenen hinzu, etwa um das Neunfache vermehrt werden. Das weit bevölkerungsschwächere, aber rüstungsmäßig viel härter angespannte Frankreich legte an seinen Offiziersersatz keinen so strengen Maßstab und konnte in den Krieg mit einem größeren aktiven und einem größeren Reserveoffizierkorps als Deutschland eintreten.

In einer sich vornehmlich an Rang, Titel und Orden orientierenden und differenzierenden Gesellschaft mit dem Offizierkorps an der Spitze bedeutete ein Offiziergrad des Beurlaubtenstandes – er reichte nur bis zum Hauptmann, der Major war eine Seltenheit – für die Angehörigen des Besitz- und Bildungsbürgertums mit den erforderlichen Qualifikationen eine hochbewertete soziale Prestigeerhöhung und wurde daher sehr erstrebt. Er eröffnete den Zugang zu den ersten Kreisen und brachte zum Teil auch berufliche Vorteile. Bei der höheren Beamtenschaft, namentlich den Juristen, galt es nahezu als nationale Pflicht, Offizier des Beurlaubtenstandes zu sein. Der Weg zu diesem Ziel war nicht bequem. Der aus dem aktiven Dienst mit dem Befähigungszeugnis als Offizieraspirant entlassene Einjährig-Freiwillige mußte mehrere Beförderungsübungen absolvieren und sich vor seiner Wahl zum Offizier durch das Offizierkorps des zuständigen Landwehrbezirks zu weiteren Übungen verpflichten. Im übrigen galten für seine private Lebensführung die gleichen bindenden Vorschriften wie für den aktiven Offizier, und er unterstand immer den Offizierehrengerichten.

Von dem Ausbau des Offizierkorps des Beurlaubtenstandes ging eine doppelte Wirkung aus. Militärisch lag sie klar auf der Hand. Innenpolitisch wurden durch die starke Einbeziehung des höheren Bürgertums in diese Institution die Fundamente des konstitutionellen Systems erweitert und gefestigt. Durch die normalen Reserve- und Landwehrübungen ergänzte und setzte sich diese Richtung nach unten fort. Die Heeresführung legte Wert darauf, daß die Einjährig-Freiwilligen, die nicht Offizier des Beurlaubtenstandes werden konnten, hierbei wenigstens einen Unteroffiziergrad erlangten. Für die Reserve- und Landwehrleute mit normaler Dienstzeit bestand bei Bewährung dieselbe Aussicht.

Die Unteroffiziere und Mannschaften des Beurlaubtenstandes waren bei weitem soziologisch nicht so abgegrenzt und herausgehoben wie die Offiziere. Gerade deshalb bildeten sie das eigentliche Bindeglied zwischen Volk und Armee. Für die meisten von ihnen blieben die zwei aktiven Jahre eine nicht nur in der Erinnerung unbeschwerte Zeit, die sie mit einer anderen Welt in Berührung gebracht hatte. Und diese neue Welt mit ihrer einfachen und klaren Gesetzmäßigkeit, der sie auch ihre Vorgesetzten unterworfen sahen, hatte sie nachhaltig beeindruckt und geformt. Anderen war diese harte Schule nicht leichtgefallen, aber zurückblickend gestanden sie sich doch zumeist ihren Wert ein. Das Erinnerungsbild an die Soldatenzeit hing sehr häufig in den Wohnungen an sichtbarer Stelle, oft mit einem patriotischen Spruch geschmückt. Das allgemein doch wohlwollende Interesse der Bevölkerung an der Armee und ihren Demonstrationen – Manöver, Paraden und ähnliches – bewies eine enge Verbundenheit. Das galt für die bäuerliche und einen großen Teil der bürgerlichen Bevölkerung.

5. Die Militärbeamten

Im Heer wie in der Marine wurden nach Dienststellung und Dienstverhältnis obere Militärbeamte im Offizierrang und untere Militärbeamte im Rang vom Feldwebel abwärts sowie Zivilbeamte der Militärverwaltung unterschieden. Letztere waren nur nach ihrem Beamtenrang eingestuft, aber alle trugen Uniform, die ihre Zugehörigkeit zum Heer erkennen ließ. Die ihnen verantwortlich übertragene Verwaltung des Heeres hinsichtlich des Unterhalts und der Versorgung erfolgte in enger Zusammenarbeit mit der Truppe, deren Kommandobehörden und den Zentralbehörden, den vier Kriegsministern in Preußen, Bayern, Sachsen und Württemberg, die als oberste Instanzen die Richtlinien festsetzten. Dementsprechend waren sie verteilt, angefangen vom Zahlmeister bei den selbständigen Truppenteilen, dem Verwaltungs- und Aufsichtspersonal in den militärischen Anstalten, Instituten, Depots und Werkstätten über die Divisions- und Korpsintendanturen bis zu den maßgebenden Abteilungen und Departements der Kriegsministerien. Ähnliches galt für die zum Bereich der Heeresverwaltung rechnende Militärjustiz und Militärseelsorge. Die unteren und mittleren Stellen waren mit ehemaligen Soldaten der unteren Dienstgrade besetzt, die oberen mit für diesen Zweck besonders ausgebildeten Offizieren und Juristen. Letztere waren durchweg Offiziere des Beurlaubtenstandes. Oberster Verwaltungschef war der Kriegsminister.

Der militärische Dienstbetrieb erforderte zwar eine gewisse Unterstellung unter die militärischen Befehlshaber, die aber doch in manchen Zweigen, wie der Militärjustiz und der Militärseelsorge, nur einen mehr disziplinarischen und formalen Charakter hatte. Grundsätzlich bestand kein militärisches Über- und Unterordnungsverhältnis zwischen Soldaten und Beamten. In der Ausübung ihrer Tätigkeit waren die Beamten allein an die Vorschriften und gesetzlichen Bestimmungen gemäß ihrem Beamteneid gebunden, zum Unterschied gegen die Soldaten, die der Fahneneid zu unbedingtem Gehorsam ohne Prüfung der Rechtmäßigkeit eines Befehls verpflichtete. Der Status des Beamten sollte ihre Unabhängigkeit und Selbständigkeit gegenüber militärischen Ansprüchen und Forderungen sichern. Die höheren Intendanturbeamten waren aufgrund ihrer wichtigen Funktion in die vorbereitenden Maßnahmen der Kriegsbereitschaft und Mobilmachung eingeschaltet und wurden seit den achtziger Jahren auch öfter zu Korps-, Generalstabsreisen und Kriegsspielen mit herangezogen. Anfang des

Jahrhunderts führte Graf Schlieffen die Intendanturübungsreisen, später Verwaltungs-Generalstabsreisen genannt, in den Ausbildungsplan des Großen Generalstabes ein.

Dennoch fand der Dienstzweig der Heeresverwaltung, vor allem im Offizierkorps, nicht die ihm zukommende rechte Würdigung. Hier waren keine Lorbeeren zu pflücken. Daß auf der guten Verwaltungsarbeit des verhältnismäßig sehr kleinen Beamtenkörpers in hohem Grade die Leistungsfähigkeit der Truppe beruhte, wurde von den wenigsten erkannt. Zu einem guten Teil war es auch das Verdienst der Beamten, daß die Armee sich im kleinen wie im großen strenger Sparsamkeit und einer sehr pfleglichen Behandlung aller ihr ausgelieferten Gegenstände vom Uniformknopf bis zum kompliziertesten und teuersten Gerät befleißigen mußte. In der Öffentlichkeit stand der Militärbeamte im allgemeinen in höherem Ansehen als im Heer selbst.

E. Das Heer in der Politik

1. Der politische Standort des Heeres

a. Der monarchisch-konservative Grundcharakter

Die monarchische Prägung war das Grundelement des bei der Reichsgründung geschaffenen einheitlichen Heeres, in dem die militärischen und monarchischen Traditionen der größeren Bundesstaaten, mehr oder weniger selbständig, unter dem übergreifenden Oberbefehl des Königs von Preußen als Bundesfeldherrn und Deutschen Kaisers weitergeführt wurden. Demzufolge leisteten die Soldaten den Fahneneid auf die Person ihres Landesherrn und schworen zugleich dem Kaiser Gehorsam, soweit sie nichtpreußischen Kontingenten angehörten. Für die bayerische Armee trat der kaiserliche Oberbefehl erst mit der Mobilmachung in Kraft, doch hatte der Kaiser im Frieden das Inspektionsrecht. In der kurzen Zeit hatte das Kaisertum als Symbol der Einigkeit und Macht eine Stellung errungen, der selbst die überspannten imperialen Gesten und Auslassungen Kaiser Wilhelms II. dem monarchischen Gedanken keinen wesentlichen Abbruch taten, wenn sie auch mit Kritik und Sorge sogar von konservativer Seite begleitet wurden.

Für das Reichsheer oder, wie man mit einiger Berechtigung auch sagen kann, das kaiserliche Heer traf trotz der ihm eingeräumten Vorzugsstellung das Schlagwort vom Staat im Staate nur sehr bedingt zu, aber die Armee bildete doch, von den zunehmenden innenpolitischen Spannungen im wesentlichen unberührt, eine in sich geschlossene Welt, allerdings mit vielen Ausstrahlungslinien in alle Schichten des Volkes und die staatlichen Bereiche, und war das stärkste Bollwerk der Krone. Es ist schwer vorstellbar, daß eine die Macht der Krone mindernde Verfassungsreform gegen den Willen der Armee hätte erfolgen können, von der auch deren Stellung im Staate betroffen worden wäre. Die Verbindung von König und Vaterland, Kaiser und Reich, Thron und Altar, gefördert durch Kirche, Schule und Wehrdienst, galt durchaus als legitime Ordnung. Erst mußten vier Kriegsjahre vergehen, die Niederlage von der militärischen Führung zugegeben werden und sich die Unzulänglichkeit des konstitutionellen Systems, aber auch die des Trägers der Kaiserkrone so offenkundig erwiesen haben, daß sich im Oktober 1918 das schon in Ansätzen vorhandene und von Mehrheitsparteien vertretene parlamentarische Regierungssystem voll und ganz durchsetzen konnte.

Ausschlaggebend für die monarchische Grundhaltung war das Treueverhältnis des Offizierkorps zur Krone. Der Offizier fühlte sich aufgrund der Tradition seines Berufstandes vorerst dem Monarchen persönlich verpflichtet und nicht dem Staate. Diese aus der vorkonstitutionellen Zeit stammende Haltung, die namentlich im preußischen Offizierkorps anzutreffen war, führte nicht zu Komplikationen, solange Krone und Staat nicht auseinanderfielen. Soziologisch und gesinnungsmäßig bestand im übrigen kein Unterschied zu dem höheren Beamtentum, das in der Regel die Regierung stellte. Die gleichen Auswahlkriterien kamen auch hier zur Anwendung, an erster Stelle konservative Gesinnung, die gleichbedeutend mit monarchischer Einstellung war. Die Homogenität der Führungsschichten in Militär, Politik und Verwaltung verlieh dem monarchischen Staat eine ungemein starke Stabilität und Ausstrahlungskraft. Aber auch für die weit überwiegende Mehrheit des Volkes bildeten Staat und Krone eine Einheit und gehörten zusammen.

Das Heer war seiner Bestimmung nach staatserhaltend und in diesem Sinne eine konservative Macht. Daß auch reaktionäre und fortschrittsfeindliche Verhaltensweisen aus unechtem Traditionsgefühl und egoistischen Motiven wirksam waren, lag bei der Herkunft vieler Offiziere aus parteipolitisch konservativen Kreisen und der Struktur des Staates nahe, wenn auch eine politische oder gar eine parteipolitische Betätigung des aktiven Offiziers untersagt war.

Seit den neunziger Jahren hatte sich die Armee mit den immer stärker anschwellenden demokratischen Strömungen auseinanderzusetzen, die auf eine gerechtere Staats- und Gesellschaftsordnung hindrängten. Es war unmöglich, sie gänzlich zu negieren, wenn die Armee ihre Aufgabe der Reichsverteidigung mit allen Volkskräften auf wirksamste Weise durchführen wollte. Daraus erklären sich die verschiedenen Maßnahmen der Heeresführung gegen die Ansteckung der Truppe mit sozialdemokratischen Ideen, die nicht nur präventiver Natur waren, sondern versuchten, in den Soldaten, auch den angeblich irregeleiteten, staatstreue Gesinnung zu erwecken und zu festigen. Bewußter als bisher zeigten sich Bemühungen, das Verhältnis zwischen Vorgesetzten und Untergebenen nicht allein auf Autorität und Disziplin zu gründen, sondern mit unter die menschliche Bindung des Vertrauens und der Kameradschaft zu stellen, was sich in Erlassen und Ausbildungsvorschriften widerspiegelte. Die Notwendigkeit einer steten Heeresvergrößerung aus außenpolitischen Gründen verstärkte solche Maßnahmen, die ohne diese Begleitumstände nicht so bald verwirklicht worden wären. In diesem Zusammenhang muß auch die Zulassung weiterer Gesellschaftskreise für den Offiziernachwuchs im Jahre 1890, die Einführung der zweijährigen Dienstzeit für die Fußtruppen 1893 und die 1900 nach langem Widerstand endlich eingeführte moderne Militär-Strafgerichtsordnung gesehen werden.

Neben den gesellschaftlichen und politischen Bewegungen wiesen auch die nahezu stürmischen Fortschritte in der Entwicklung des Waffen- und Munitionswesens, der Verkehrs- und Nachrichtenmittel, deren Verwertung und Vervollkommnung die Armee zu Beweglichkeit und Elastizität nötigte, in die gleiche Richtung. Die aufgelöste Gefechtsordnung verlangte nicht nur von dem Unterführer, sondern selbst von jedem einfachen Soldaten mehr Selbständigkeit und Verantwortung.

Unter lebhaften internen Auseinandersetzungen löste man sich zögernd von manchen starr gewordenen Formen und Denkweisen, machte hier und da Zugeständnisse, zog jedoch nicht überall die Folgerungen aus den Forderungen der

Zeit in bezug auf Menschenführung und Aneignung der technischen Neuerungen, die durch Konservatismus und mangelnde Aufgeschlossenheit der Führung zum Teil nicht die ihr gebührende Bedeutung erlangten.

b. Die nationale Komponente

Für das deutsche Bürgertum trug die Einheit von Kaiser, Reich und Armee – die keineswegs geleugnet oder angezweifelt wurde – einen anderen Akzent. Die Armee war nicht allein der Bewahrer einer überlieferten Ordnung, sondern mehr noch der Hüter der nationalen Einheit. Sie war das Symbol, die greifbare Verkörperung des vaterländischen Denkens, das seinerseits in deutlicher Frontstellung gegen die Sozialdemokratie wiederum Halt am Konservatismus suchte.

Ausdruck fand diese national-militärfreundliche Haltung vor allem in einem ausgeprägten Vereins- und Verbandsleben. Von den vielen Verbänden und Vereinigungen, die neben den politischen Parteien oder über diese mit ihren besonderen Bestrebungen und Interessen politische Ziele allgemeiner Art verfolgten, sollen diejenigen kurz skizziert werden, die zum Teil mit der bewaffneten Macht in loser oder engerer Verbindung standen und durch ihr Eintreten für eine starke Wehrmacht, für den monarchischen Staatsgedanken, nationale und nationalistische Belange einen bedeutenden Einfluß ausübten.

Preußen hatte als erster Staat die sich nach den Freiheitskriegen bildenden Krieger- und Veteranenvereine durch eine Kabinettsorder vom 22. Februar 1842 unter seinen obrigkeitlichen Schutz genommen und für ihre Formierung einheitliche Richtlinien herausgegeben, die auch durch spätere Ergänzungen und das Reichsvereinsgesetz von 1908 nicht aufgehoben wurden. Nach den Einigungskriegen erwachten diese Verbände zu neuem Leben. Zunächst in viele miteinander konkurrierende Vereine zersplittert, schloß sich die überwiegende Mehrheit 1900 unter dem Symbol des von ihnen zu Ehren Kaiser Wilhelms I. erbauten Kyffhäuserdenkmals zum Kyffhäuserbund der deutschen Landeskriegerverbände als Dachorganisation zusammen. Die Mitgliederzahl betrug 1900 etwa 1 840 000 und 1912 nahezu 2 800 000. Dabei ist zu bedenken, daß zahlreiche Vereinigungen gleicher Art außerhalb dieses Dachverbandes blieben. Entscheidend für die Lebensfähigkeit dieser Kriegerbünde war, daß sie nicht mehr wie anfangs die mit der Zeit hinsterbenden Teilnehmer der Kriege aufnahmen, sondern auch Soldaten aller Waffengattungen, die ihrer Wehrpflicht genügt hatten. Den zur Entlassung kommenden Soldaten wurde mit dem Militärpaß ein gedruckter Hinweis über das Wesen und die Bedeutung der Kriegervereine ausgehändigt, um sie für den Eintritt in diese zu gewinnen.

Zu ihrer Bildung benötigten die Kriegervereine die Genehmigung des Kriegsministers und des Ministers des Inneren, die auf ihre Statuten Einfluß nahmen und die Bezirkskommandos hierüber informierten. Die Aufgaben waren nationaler und sozialer Art. Bei seinem Eintritt mußte jeder geloben, die im Fahneneid übernommenen Verpflichtungen auch im bürgerlichen Leben weiterzuhalten und immer für Kaiser und Reich einzutreten. Hiernach konnten Anhänger der Sozialdemokratie, ebenso Polen und Welfen nicht aufgenommen werden. Der Kampf gegen die Sozialdemokratie wurde also auch auf dieser Ebene nicht ohne Wirkung geführt.

Die Kriegervereine bemühten sich vor allem um die Erfassung der ehemaligen Soldaten in den unteren Volksschichten. So sind die hohen Mitgliedszahlen zu erklären. Auf dem Land und in kleineren Städten waren sie der Mittelpunkt patriotischer Feiern und Gedenktage. Durch ihre rührige Presse schlugen sie ihren Mitgliedern bei Landtags- oder Reichstagswahlen nationale Kandidaten zur Wahl vor. Im übrigen waren sie parteipolitisch und konfessionell neutral. Sie hatten das Recht, sich militärisch zu organisieren, bei manchen Gelegenheiten militärische Uniformen mit besonderen Abzeichen zu tragen und vorgeschriebene Fahnen zu führen. Auf sozialem Gebiet entfalteten sie eine rege Fürsorgetätigkeit, unterhielten fünf Kriegerwaisenhäuser und mehrere Stiftungen. Ihre Mitglieder waren der zuverlässigste Teil der Sanitätskolonnen des Roten Kreuzes.

Neben den ausgesprochenen Militärvereinen entstanden gerade in diesen Jahrzehnten eine Reihe von Verbänden, deren Mitglieder vorwiegend aus dem Bürgertum kamen und die, in erster Linie national ausgerichtet, auch den Wehrgedanken pflegten und förderten. Zu ihnen gehörte der „Alldeutsche Verband“, der als die politisch einflußreichste bürgerliche Vereinigung in seinem Wirken schon im Zusammenhang mit dem deutschen Nationalismus charakterisiert wurde (s. S. 25 ff.).

Parteipolitisch neutral war auch die schon in den achtziger Jahren gegründete „Deutsche Kolonialgesellschaft“, die sich der Pflege und Förderung des Kolonialgedankens im Volke widmete und praktische Arbeit für die Erschließung der Kolonien leistete. Der Verband zählte etwa 40 000 Mitglieder.

Von großer Bedeutung wurde der Ende des vergangenen Jahrhunderts ins Leben gerufene „Flottenverein“, der durch seine hervorragende Organisation und Agitation dem Gedanken einer starken deutschen Seemacht Resonanz und Geltung im Bürgertum verschaffte.

Nach dem Muster dieses Vereins wurde 1912 zur Stärkung des Wehrgedankens der „Deutsche Wehrverein“ gegründet. Der Initiator, General Keim, ein 1898 verabschiedeter Offizier, hatte sich schon in der Leitung des Flottenvereins bewährt und verstand es, in sehr kurzer Zeit den Wehrverein auf über 100 000 Mitglieder aus dem Besitz- und Bildungsbürgertum zu bringen und damit wirkungsvoll für eine Erhöhung der Heeresrüstung zu arbeiten.

Im Jahre 1911 erfolgte auch der Zusammenschluß der namhaften nichtsozialistischen Jugend- und Sportverbände zum „Jungdeutschlandbund“. Vorsitzender war Generalfeldmarschall Freiherr von der Goltz, dem es vor allem darauf ankam, die Jugend zu körperlicher Ertüchtigung, Sauberkeit und Vaterlandsliebe anzuhalten. Der Bund genoß wie andere Fortbildungsanstalten der Jugend staatliche Unterstützung, denn die Regierung beobachtete mit Sorge das Vordringen der sozialistischen Jugendverbände. Der Jungdeutschlandbund zählte bis Kriegsbeginn etwa 750 000 Mitglieder.

Die Tätigkeit dieser Verbände ist von den Staats- und Militärbehörden gern gesehen und zum Teil auch finanziell gefördert worden, solange sie nicht mit der amtlichen Politik kollidierte. Reichskanzler Fürst Bülow verteidigte 1907 den Flottenverein im Reichstag gegen Angriffe von links wegen seiner nationalen Bestrebungen. Wichen aber Verbände von diesem Kurs ab, entzog ihnen die Regierung Wohlwollen und Unterstützung. Der Alldeutsche Verband bekam das schon vor dem Kriege zu spüren. Der preußische Kriegsminister erwog 1913, auch den Flottenverein und den Wehrverein wegen ihrer im Widerspruch zu der amtlichen Rüstungspolitik betriebenen Propaganda als politische Vereine deklarieren zu lassen. Damit wäre ein Beitritt aktiver Offiziere unmöglich geworden und die Vereine hätten polizeilicher Aufsicht unterstellt werden können.

2. Sozialdemokratie und Heer

a. Das sozialdemokratische Wehrprogramm

Für den demokratisch-sozialistischen Zukunftsstaat ihrer Vorstellung hatte die Sozialdemokratie 1868 ein Wehrprogramm aufgestellt, das ihr mit unwesentlichen Modifizierungen bis zum Ersten Weltkrieg als Richtschnur gedient hat. Die Grundideen dieses Programms waren dem Gedankengut des Frühliberalismus aus dessen Auseinandersetzungen mit dem Staate über das Stehende Heer entnommen. Das Bürgertum hatte unter dem Eindruck der militärischen Triumphe in den Einigungskriegen seine Auffassungen inzwischen revidiert. Es war in den bestehenden Staat hineingewachsen, trug ihn mit und bejahte infolgedessen auch das Wehrsystem, ohne dabei auf Beanstandungen, Kritik und Forderungen im einzelnen zu verzichten. Maßgebenden Kreisen des Bürgertums galt das Stehende Heer als das sicherste Bollwerk gegen eine Diktatur des Proletariats.

Die Nachfolge des Liberalismus im Ringen um eine Demokratisierung des Staates auch auf dem Gebiete des Heerwesens übernahm der Sozialismus. Er führte den Kampf nur kompromißloser und radikaler und griff dabei auch das in seinen Augen umgefallene und nunmehr mit dem Staat verbündete Bürgertum an. Der Sonderstatus der bewaffneten Macht im Staate, repräsentiert in der Kommandogewalt des Monarchen, in der privilegierten Stellung des exklusiven Offizierkorps, in der Militärgerichtsbarkeit und der soweit wie möglich durchgeführten Scheidung des militärischen von dem zivilen Leben, war nach seinen Anschauungen mit einem Volksheer unvereinbar. Das Stehende Heer bot in dieser Erscheinungsform geradezu das Abbild des Klassenstaates und wurde um so mehr verworfen, weil das nur auf den Monarchen verpflichtete Heer notfalls auch gegen die Sozialdemokratie eingesetzt werden konnte.

Die Sozialdemokratie forderte daher im Einklang mit ihren allgemeinen sozialen und politischen Zielen die Abschaffung des Stehenden Heeres. An dessen

Stelle sollte eine Volkswehr in Milizform nach Schweizer Muster treten, die unter dem Motto „Jeder Bürger Soldat, jeder Soldat Bürger“ die gesamte wehrfähige Bevölkerung umfaßte, wobei sogar eine militärische Vorbereitung der Jugend für die kurze Militärdienstzeit vorgesehen war. Diese Wehrverfassung garantierte nach ihrer Ansicht eine stärkere und zugleich billigere Verteidigungsmacht als das Stehende Heer der Allgemeinen Wehrpflicht, die infolge der hohen Kosten nicht einmal vollständig durchgeführt werden konnte.

Die Volkswehr sollte kein besonderer Stand sein, sondern eine vom Geist der Freiheit und Humanität durchzogene Einrichtung, in der jeder Staatsbürger mit Lust und Liebe diene. Kadavergehorsam, Militarismus und sonstige für das Stehende Heer typische Mißstände könnten unter solchen Bedingungen nicht aufkommen. Da jeder wisse, wofür er im Ernstfall zu kämpfen habe, würde dieses Bewußtsein der Volkswehr eine seelische Kraft verleihen, die sie jedem militärischen Angreifer überlegen machte. Aus diesem Grunde sei sie zugleich das beste Mittel zur Verhinderung von Kriegen, denn sie komme nur zur Verteidigung infrage, da eine Volkswehr nicht zu Angriffs- und Eroberungskriegen zu verwenden sei oder sich dazu mißbrauchen lasse. Mit der Abschaffung des Stehenden Heeres höre auch das allgemeine Wettrüsten auf. Deutschland sollte darin vorangehen und sich von einem Militärstaat zu einem vorbildlich sozialen Staat und damit zum ersten Kulturstaat der Welt entwickeln.

In dieser Wehrkonzeption lag manches Bestechende und Zukunftweisende, wie die Gleichschaltung von Sozial- und Wehrverfassung und die allgemeine Volksbewaffnung, die auch ein Anliegen mancher hohen Offiziere war, aber auch viel Wirklichkeitsfremdes und Irrtümliches, das von Unkenntnis der Bedingungen und Erfordernisse des Militärwesens zeugte. Für das Sicherheitsbedürfnis Deutschlands war angesichts der hoch gerüsteten Nachbarmächte, seiner geopolitischen Lage und dem außenpolitischen Spannungsfeld jedes Milizsystem ungenügend, oder Deutschland verzichtete auf seine Rolle als Großmacht. Überhaupt ist die Negierung außenpolitischer Gesichtspunkte bezeichnend für die sozialistische Wehrvorstellung. Das ganze Problem wurde nur unter dem Aspekt der Innen- oder Parteipolitik betrachtet und behandelt.

Wenn sich die Sozialdemokratie zur Begründung ihres Programms auf Scharnhorst und die anderen preußischen Heeresreformer berief, so stieß sie damit auf völliges Unverständnis bei der Heeresführung. Dennoch war gerade dieses Argument nicht leicht zu entkräften. Damals hatte der Staat zur Befreiung vom französischen Joch an den Wehrwillen seiner Bürger und Bauern appelliert. Eine Industriearbeiterschaft gab es noch nicht. Jetzt bekannten sich die Arbeitervertreter ohne eine solche gegenwärtige Notlage freiwillig zur Wehrbereitschaft, aber unter der Voraussetzung einer Umwandlung der Staats- und Gesellschaftsordnung in ihrem Sinne.

Für die Armee war das Programm wegen seiner revolutionären Ziele und internationalen Ausrichtung indiskutabel. Man sah darin nur einen Angriff auf die Monarchie und die Armee, die das Volk in Waffen darstellte, und glaubte vor allem nicht an das Bekenntnis zur Vaterlandsverteidigung. Umsonst betonten die Sozialdemokraten bei Auseinandersetzungen über diese Fragen wiederholt, am markantesten ihr bedeutender Führer August Bebel, daß sie in der Stunde der Gefahr bei einem Verteidigungskrieg das Vaterland nicht im

Stich lassen würden. Die von ihnen betriebene systematische Herabsetzung preußischer Monarchen, ihre scharfe Polemik gegen das Offizierkorps und die dem Heer teuren Traditionselemente, ob berechtigt oder nicht, machten jedes Verstehen und jede Annäherung unmöglich. Wilhelm II. war so unklug, in dieser gespannten Situation öfter eindeutig Stellung gegen die Sozialdemokratie zu beziehen, statt sich über den Parteien zu halten. Seine unkontrollierten Reden, in denen er die Sozialdemokraten als vaterlandslose Gesellen bezeichnete, haben den Gegensatz unnötig verschärft. In Erinnerung blieben vor allem seine unglückseligen Worte bei einer Rekrutenvereidigung in Potsdam 1891 „... Bei den gegenwärtigen sozialistischen Umtrieben kann es geschehen, daß ich Euch befehle, auf Eure Brüder und Schwestern, ja auf Eure Väter und Mütter zu schießen. Auch dann müßt Ihr Mir gehorchen, ohne zu zögern" (Schulthess, 1891, S. 141).

b. Maßnahmen der Heeresführung gegen die Sozialdemokraten

Die Sozialdemokraten wußten, daß ihnen nie die Staatsmacht zufallen würde, solange die Armee, das Rückgrat des monarchischen Staates, intakt war. Friedrich Engels äußerte 1891 zuversichtlich, daß die Armee schon gegen 1900 in ihrer Mehrheit sozialistisch sein werde und daher schließlich der Berliner Regierung entschlüpfen würde (Heidegger, S. 95). Aber Engels irrte, die Sozialisierung der Armee glückte nicht. Ob dies allerdings auf die Gegenmaßnahmen der Regierung und der Armeeführung – seien sie disziplinar-strafrechtlichen oder politisch-ideologischen Charakters – zurückzuführen ist, bleibt mehr als zweifelhaft.

Das preußische Kriegsministerium als die für den innenpolitischen Bereich zuständige Führungsinstanz war sich über die Anziehungskraft der sozialdemokratischen Propaganda für Rekruten und Reservisten völlig im klaren und traf Abwehrmaßnahmen. Nach der Aufhebung des Sozialistengesetzes im Jahre 1890 mußte es sich jedoch mit den Bestimmungen des Militär-Strafgesetzbuches begnügen, die gewisse Möglichkeiten boten, einzuschreiten. Die Verbreitung von revolutionärer oder sozialdemokratischer Gesinnung innerhalb der Truppe stand als Zuwiderhandlung gegen Befehle in Dienstsachen unter Strafe.

Die ständig wachsende Zahl sozialistischer Rekruten und Reservisten wurde jedoch als so drohend empfunden, daß der preußische Kriegsminister, General v. Einem, unterstützt vom Chef des Reichsmarineamtes, Admiral v. Tirpitz, 1906 beim Preußischen Staatsministerium unter Hinweis auf die Gefährdung der Schlagkraft der Armee ein spezielles Gesetz zur Bekämpfung der sozialdemokratischen Verhetzung beantragte. Präzise Angaben über den Erfolg dieser Agitation konnte er jedoch nicht vorbringen. Der maßgebende Staatssekretär des Reichsamtes des Inneren, Graf von Posadowsky-Wehner, lehnte die Vorlage eines solch einseitigen Sondergesetzes mit der Begründung ab, daß an den Zersetzungserscheinungen nicht allein die Sozialdemokratie, sondern im gleichen

Maße ein Teil des Bürgertums und der bürgerlichen Presse schuld wäre (Born, S. 199).

Die Heeresführung rechnete immer mit der Möglichkeit eines Umsturzversuches oder eines gewaltsamen Widerstandes gegen staatliche Anordnungen seitens der Sozialdemokratie und hatte für diesen Fall Vorbereitungen getroffen. Zu diesen gehörte unter anderem der Befehl des Kommandierenden Generals des VII. Armeekorps, v. Bissing, für seinen Korpsbereich, die sozialdemokratischen Führer und Redakteure bei einer Mobilmachung zu verhaften. Durch einen Vertrauensbruch wurde dieser Befehl 1910 der Öffentlichkeit bekannt und löste im Reichstag eine stürmische Auseinandersetzung aus. Auf den scharfen Protest des sozialdemokratischen Parteiführers Bebel wurde er aufgehoben.

Überdies wurde die Truppe mit allen zu Gebote stehenden Mitteln gegen die sozialistische Propaganda abgeschirmt. Heeresangehörige durften sozialdemokratischen Vereinen, gleich welcher Art, so auch humanitärer Betätigung, nicht beitreten. Durch Kontrollisten von Polizei- und Verwaltungsstellen informierten sich die Militärbehörden über die politische Zugehörigkeit der Militärpflichtigen. Die Sozialdemokraten waren darin nach ihrer Bedeutung klassifiziert und konnten hinsichtlich ihres Verhaltens von den Offizieren und Unteroffizieren beobachtet werden. Für Beförderungen kamen natürlich einwandfrei als Sozialdemokraten Deklarierte nicht infrage, selbst wenn sie nach dem Urteil des Vorgesetzten ausgezeichnete Soldaten waren. Bebel gab deshalb seinen Parteigenossen den Rat: „Solange Du in des Königs Rock steckst, halte Deinen Mund und laß Dir nicht merken, daß Du ein Sozialdemokrat bist" (zit. nach Wehler, S. 197).

Präventivmaßnahmen dieser Art konnten ihren Zweck kaum erfüllen. Für die echte politische Diskussion, die Erziehung zum Staatsbürger der Monarchie, fehlten jedoch mannigfache Voraussetzungen. Mit dieser Aufgabe wurden sowohl die Militärgeistlichen beauftragt, die auf die Soldaten mehr von der sittlichen und religiösen Seite her Einfluß zu nehmen versuchten, als auch die Kompanieoffiziere, die in den Instruktionsstunden durch Unterweisung in vaterländischer Geschichte Hingabe und Begeisterung für König und Vaterland erwecken sollten. Aber Belehrungen und Gespräche über die großen Taten der Vergangenheit, Ehre, Treue, Tapferkeit und die Verbundenheit mit dem Herrscherhaus konnten auf sozialistisch gesinnte und geschulte Mannschaften kaum Eindruck machen. Eine wirkliche geistige Auseinandersetzung mit den Thesen des Sozialismus unterblieb. Hierfür fehlten vor allem den jungen, aus einer anderen Lebenssphäre kommenden Rekrutenoffizieren auch Erfahrung, Kenntnis und Wissen und damit jede Eignung. Infolgedessen blieb diesen Bemühungen der Erfolg versagt.

Einige Offiziere sprachen unumwunden die Meinung aus, daß die bisherigen Methoden zur Bekämpfung der Sozialdemokratie und zur Gewinnung der Arbeiter untauglich wären, da sie den Forderungen der Zeit nicht mehr entsprachen, denen sich der Offizier unter den geänderten Verhältnissen gegenübersah. Aus der gleichen Einsicht entschloß sich der Kommandierende General des XVIII. Armeekorps, v. Eichhorn, 1905, selbständig in dem Dienstunterricht seines Korps auch sozialpolitische Fragen durch ältere Offiziere behandeln zu lassen, die sich zuvor mit diesem Thema vertraut gemacht hatten. In der Armee und im Kriegsministerium erhoben sich jedoch starke Bedenken gegen die Ausweitung des Dienstunterrichts auf dieses heikle Gebiet. Der Kaiser verbot daraufhin 1910 die Erörterung sozialpolitischer Themen im Unterricht (Höhn, Erziehungsschule, S. 412 ff.; Demeter, S. 168 und 310–313). Damit wurde die Armee von einer Aufgabe befreit, der sie nicht gewachsen war.

Tatsächlich ist jedoch die Zuverlässigkeit der Armee durch das immer stärkere Hineinströmen sozialistischer Rekruten und Reservisten nicht beeinträchtigt worden. Die Sozialdemokratie nahm ihr mehrfach abgegebenes Bekenntnis zur Verteidigungsbereitschaft durchaus ernst, wenngleich die Partei sie in einer anderen Form verwirklicht sehen wollte und grundsätzlich jeden Militäretat ablehnte. Diese trotz allem positive Einstellung der Parteiführer zum Wehrgedanken mußte für die sozialistisch beeinflußten Wehrpflichtigen verbindlich sein und verhinderte jede Obstruktion. Außerdem wären sie damit der Partei in den Rücken gefallen, die an dem Legalitätsprinzip festhielt. Es war also mehr die Loyalität der Sozialdemokratie dem Staate gegenüber, als die Wachsamkeit des Staates gegenüber den Sozialdemokraten, der die Armee die Erhaltung ihrer Einsatzbereitschaft verdankte.

Als Beweis kann der gelegentlich und ohne Schwierigkeiten durchgeführte Einsatz von Truppen bei großen Streiks zur Verhinderung von Ausschreitungen und zum Schutz von Arbeitswilligen gelten. Bei dem letzten großen Streik im Ruhrgebiet vor dem Kriege im März 1912 war es zu blutigen Zusammenstößen zwischen Polizei und Streikenden gekommen. Daraufhin wurde Militär aus der Umgegend, allerdings vorsichtshalber nicht das im Streikgebiet stationierte Infanterieregiment, zur Sicherung der Ordnung aufgeboten. Die streikenden Bergarbeiter wie auch die Soldaten verhielten sich so diszipliniert und besonnen, daß auf beiden Seiten Gewaltanwendung unterblieb. Es wäre falsch, dieses Verhalten etwa mit Untertanengeist erklären zu wollen, der sicher bei Bergarbeitern mit am wenigsten anzutreffen war. Eher wird man darin eine typische Eigenschaft deutscher Mentalität erblicken, die sich zum Beispiel von der französischen wesentlich unterscheidet. Die Disziplin der Arbeiterschaft bei Streiks und Umzügen war schon Graf Waldersee während seiner Dienststellung als Kommandierender General des IX. Armeekorps in den neunziger Jahren aufgefallen. Er hatte darin eine große Gefahr gesehen, da sie keine gesetzliche Handhabe zum Einschreiten bot.

Meutereien, wie sie sich 1907 bei den blutigen Winzerunruhen in Südfrankreich abspielten, als sechs Kompanien des aufgebotenen 17. Infanterrieregiments zu den Demonstranten übergingen, kennt die deutsche Armee nicht. Zweifellos übte der Wehrdienst in sozialpsychologischer Hinsicht eine starke integrierende Wirkung auch auf den jungen Sozialisten aus. Die andere Umwelt in der traditionsreichen Armee mit ihrer Eigengesetzlichkeit und ihrem Ansehen in Volk und Staat, der strenge Dienst im Waffenhandwerk, dem sich jeder, ob arm oder reich, in gleicher Weise unterziehen mußte, hinterließ im allgemeinen auch bei ihm einen nachhaltigen Eindruck und fügte seiner politischen Orientierung und internationalen Ausrichtung eine nationale Komponente hinzu, deren er sich kaum bewußt war.

3. Parlament und Heer

a. Der Einfluß des Reichstages auf die Heeresvermehrungen

An der Mitbestimmung über das Heer war der Reichstag nur durch das ihm uneingeschränkt zustehende Budgetrecht beteiligt, das er zusammen mit dem Bundesrat ausübte. Die Reichsverfassung (Artikel 60 und 62) schrieb die Feststellung der Friedenspräsenzstärke des Heeres und der Ausgaben für dessen Unterhalt durch Gesetze vor, deren Annahme die Zustimmung der Mehrheit dieser beiden gesetzgebenden Körperschaften erforderte. Da der Bundesrat nach Bestimmung und Zusammensetzung keine parlamentarische Kammer war, in diesen Fragen im Einvernehmen mit der Reichsregierung handelte und im übrigen als erster alle Gesetzesentwürfe zu beraten und darüber zu beschließen hatte, war die Stellungnahme der Volksvertretung ausschlaggebend. Mit dem Budgetrecht besaß sie eine politische Machtstellung, die ihr manche Einflußmöglichkeiten auf die Armee in großen und kleinen Dingen verschaffte, auch wenn sie durch die kaiserliche Kommandogewalt von einer unmittelbaren Einwirkung auf Organisation, Ausbildung, Disziplinarwesen, Stellenbesetzung und Verwendung der Truppe ausgeschlossen war. Für die meisten Heeresangelegenheiten spielte die Finanzierung das Hauptproblem. Ein widerspenstiger Reichstag konnte der Regierung schwere Ungelegenheiten bereiten, indem er beantragte Mittel für diese oder jene Zwecke verweigerte oder erheblich kürzte, weil er von ihrer Notwendigkeit nicht überzeugt war. Ebenso hatte er die Möglichkeit und nutzte sie aus, seine Bewilligung von Zugeständnissen der Regierung auf anderen Sachgebieten abhängig zu machen.

Zur Verhinderung einer starken Einflußnahme des Parlaments auf die Gestaltung des Heeres und der Beschneidung der Kommandorechte der Krone, aber auch zur Sicherung der Stetigkeit der Heeresorganisation hatte Bismarck sich mit dem Reichstag 1874 dahingehend geeinigt, daß die Heeresstärke alle sieben Jahre (Septenat) neu festgestellt werden sollte. Noch vor Ablauf des zweiten Septenats sah er sich 1886 wegen der Boulanger-Krise genötigt, eine Erhöhung der Heeresstärke um 42 000 Mann für weitere sieben Jahre vorzulegen. Der Reichstag wollte seine Zustimmung jedoch nur für drei Jahre geben. Bismarck antwortete mit der einzigen Waffe der Regierung für diesen Fall, mit der Reichstagsauflösung. Der neugewählte Reichstag nahm die Regierungsvorlage an.

Kompromisse und Reichstagsauflösungen waren auch Begleiterscheinungen der Auseinandersetzungen zwischen Regierung und Parlament um Heeresvorlagen während der Jahre 1890 bis 1914, in denen das Gewicht des Reichstages im politischen Kräftespiel ständig zunahm. Die Regierung gab das Septenatssystem, das von ihr ohnehin nicht eingehalten wurde, 1892/93 preis. Um den Reichstag für die angesichts der russischen und französischen Rüstungsanstrengungen für nötig gehaltene Heeresverstärkung um rund 86 000 Mann zu gewinnen, kam sie ihm dadurch entgegen, daß sie die Dienstzeit bei den Fußtruppen von drei auf zwei Jahre herabsetzte. Doch halfen diese Zugeständnisse nicht weiter, so daß es die Regierung wiederum auf die Kraftprobe einer Reichstagsauflösung ankommen ließ, die ihr eine knappe Mehrheit brachte. Trotzdem verstand sie sich zu einer Reduzierung ihres Antrags um 14 000 Mann. Neben den Offizieren und Beamten wurden nun auch die Unteroffiziere in den jährlich vorzulegenden Militäretat übernommen und zählten in der Präsenzstärke nicht mehr mit, deren Gültigkeit auf fünf Jahre herabgesetzt wurde. Diese Frist wurde von den Kriegsministern sogar noch um ein Jahr erhöht, so daß die nächsten sehr bescheidenen Heeresvermehrungen in den Jahren 1899, 1905 und 1911 stattfanden. Bei der Wehrvorlage von 1899 nahm die Regierung überdies an ihrem schon herabgesetzten Antrag eine Streichung um weitere 7 000 Mann vor, um die Annahme nicht zu gefährden. Das Quinquenatssystem fand praktisch ein Ende durch die darauf folgenden Heeresvermehrungen von 1912 und 1913, die ohne wesentliche Abstriche vom Parlament angenommen wurden.

In der Zwischenzeit, im Jahre 1906, benutzte die Regierung nochmals die Reichstagsauflösung als Mittel, ihren Willen durchzusetzen. Der äußere Anlaß war die Verweigerung eines Nachtragsetats zur Deckung der Kosten für die endgültige Niederwerfung des Eingeborenenaufstandes in Südwestafrika. In Wirklichkeit ging es weniger um dieses militärische Problem als um einen internen Machtkampf zwischen der Regierung und der Zentrumspartei. Wenn die Regierung auch in diesen drei Fällen der Reichstagsauflösung mit dem Appell an die Wählermassen erfolgreich war, zog sie im allgemeinen eine Verständigung mit dem Parlament vor, gab nach und nahm selbst Etatniederlagen in Kauf.

b. Die Handhabung des Budgetrechts

Um die Heeresvermehrungen wurde zumeist in leidenschaftlichen Debatten gerungen. Der Reichskanzler begründete ihre Notwendigkeit unter eingehender Darlegung der allgemeinen Lage, der Kriegsminister gab hierzu die nötigen fachlichen Erläuterungen. Bei den Rechtsparteien konnte die Regierung fast immer auf Zustimmung rechnen. Von den Mittelparteien wurden öfter Änderungen und Reduzierungen der ursprünglichen Vorlagen durchgesetzt. Die Sozialdemokratie lehnte gemäß ihrer oppositionellen Einstellung und ihrer anderen Wehrkonzeption grundsätzlich jede Heeresverstärkung ab. Sie unterstützte jedoch alle Anträge, die sich mit der Besserung der sozialen Einrichtungen und Verhältnisse der Unteroffiziere und Mannschaften befaßten. Auch gab sie ihre Zustimmung zu dem „Wehrbeitrag“, der zur Deckung der außerordentlichen Kosten für die große Heeresvermehrung von 1913 den wohlhabenderen Schichten aufgebürdet wurde.

Bei den Beratungen über den jährlich vorzulegenden Militäretat fand das gleiche Verfahren statt. In beiden Fällen wurde jedoch die Hauptarbeit für die Gesetzesreife der Vorlagen in den Verhandlungen zwischen Kriegsminister und der Haushaltskommission des Reichstages geleistet, der Vertreter aller großen Parteien, auch der Sozialdemokratie, angehörten. Unter ihnen befanden sich hervorragende und gefürchtete Kenner dieser Materie, bei denen Verschleierungsversuche kaum möglich waren. Wieweit es dem Kriegsminister gelang, mit seinen Anträgen durchzukommen, hing von seinem Verhandlungsgeschick und der Beweiskraft seiner Argumente ab. Den Ausschußmitgliedern gab er, wenn es erforderlich war, vertrauliche Informationen zur Begründung der Höhe mancher Positionen. Diese Vertraulichkeit ist immer gewahrt worden. Offiziere seines Ministeriums und auch des Generalstabes unterstützten den Kriegsminister bei den Beratungen. War eine Einigung über die Voranschläge des Militäretats und des Etats der anderen Reichsbehörden zustande gekommen, verkündete der Kaiser das ordnungsgemäß beschlossene Etatgesetz.

Nach Ablauf der einjährigen Rechnungsperiode erfolgte eine Kontrolle durch den Rechnungshof des deutschen Reiches. Dieser hatte zu prüfen, ob und inwieweit bei den Einnahmen und Ausgaben nach den gesetzlichen Vorschriften und im Staatsinteresse verfahren worden war. Die Prüfungsbemerkungen gingen den Abgeordneten zur Kenntnisnahme zu. Es gab im Militäretat nur einen Geheimfonds für den Kriegsminister, der in seiner Verwendung keiner Kontrolle des Parlaments und des Rechnungshofes unterlag. Er war sehr klein und betrug im Jahre 1900 nur 34 500,– Mark.

c. Rüstungsbedarf und Rüstungskosten

Die Deckung des Rüstungsbedarfs lag bei den staatlichen Rüstungsbetrieben und bei der Privatindustrie. In Preußen gab es siebzehn staatliche Betriebe unter der Bezeichnung „Heereswerkstätten", in Bayern vier und in Sachsen zwei. Die Größe der staatlichen Betriebe war so bemessen, daß sie nach Möglichkeit den normalen laufenden Friedensbedarf decken sollten. Sie waren zu dem Zweck geschaffen, unabhängig von Wirtschaftsschwankungen und Streiks die notwendigste Ausrüstung herzustellen, der Heeresverwaltung durch die eigene Produktion Einfluß auf die Preisgestaltung einzuräumen, fachkundiges technisches Personal für die Prüfung und Abnahme heranzubilden und in Zusammenarbeit mit der Artillerie- und Gewehrprüfungskommission des preußischen Kriegsministeriums sowie mit der Privatwirtschaft die besten Typen zu entwickeln. In den preußischen Heereswerkstätten allein waren vor dem Kriege 16 000 Mann beschäftigt.

Der größte Teil der Rüstungsaufträge fiel jedoch der Privatwirtschaft zu. Annähernd 1 000 Firmen erhielten allein von der Heeresverwaltung Rüstungsaufträge. Kriegsmaterial im engeren Sinne, wie Waffen, Munition, Panzerplatten und dergleichen, wurden zum größten Teil von der privaten Rüstungsindustrie hergestellt. Für die Jahre 1905 bis 1912 wurde ihr Anteil an der Bewaffnung der Feld- und Fußartillerie auf 72 % geschätzt, bei der Kriegsmarine betrug er sogar 96 %.

In der privaten Rüstungsindustrie hatte die Friedrich-Krupp-Aktiengesellschaft in Essen seit der ersten Geschützlieferung von 1859 an den preußischen Staat eine Vorzugsstellung. Mit der ihr durch interne Abmachungen verbundenen Dillinger-Hütte des Stumm-Konzerns nahm sie in der Panzerplattenherstellung eine Monopolstellung ein. Versuche des preußischen Kriegsministeriums und des Staatssekretariats des Reichsmarineamtes, diese Monopolstellung zu brechen, wie es durch Heranziehung der „Rheinischen Metallwaren- und Maschinenfabrik" (Ehrhardt) für die Geschützproduktion gelungen war, schlugen fehl.

Eine Reihe anderer Industriezweige, wie die Textil-, Leder-, elektrochemische und optische Industrie, ferner auch die Landwirtschaft und der Handel, waren gleichfalls an der Ausstattung und dem Unterhalt der Streitkräfte beteiligt.

Die gesamte Landesverteidigung verschlang von 1872 bis 1914 32 507,01 Millionen Mark, von denen auf das Heer ungefähr 25 918 Millionen entfielen, auf die Marine 6 589 Millionen. Während sich die Jahresdurchschnittskosten der Landesverteidigung in der Periode von 1872 bis 1888 auf etwa 330 Millionen stellten, betrugen sie für die Zeit von 1907 bis 1914 ungefähr 948 Millionen. Der Militäretat war wie auch die übrigen Etats bis ins einzelne aufgegliedert. Die Ausgaben für die Bewaffnung nahmen darin einen erheblichen Anteil ein. In den Militäretat von 1914 waren die Kosten für Artillerie- und Waffenwesen auf zusammen rund 110 Millionen Mark veranschlagt. Die Ausgaben für Naturalverpflegung, für Geldverpflegung und Pferdebeschaffung betrugen insgesamt 425 Millionen Mark.

Von der Haushaltskommission wurden diese Zahlen jeweils sehr scharf unter die Lupe genommen und auf ihre Berechtigung hin geprüft. Dazu ging es um Erhöhung der Stellen für Offiziere, Unteroffiziere und Beamte, für deren Notwendigkeit der Kriegsminister einleuchtende Begründungen abgeben mußte, ferner um Befestigungsanlagen, Kasernenbauten, Brücken, neue Truppenübungsplätze, kurz alles, was den Etat berührte, und das war das meiste. Weil aber dem Reichstag ein Mitspracherecht in dem Bereich der Kommandogewalt verwehrt war, nahm er sich um so intensiver aller Fragen an, in denen seine Stellungnahme den Ausschlag gab. Angeblich überhöhte Preise für Panzerplatten bei der Beratung des Etats für 1901 führten zu Erwägungen über die Frage einer Verstaatlichung der gesamten Rüstungsindustrie, die noch mehrmals aufgeworfen wurde. Einen besonderen Anlaß hierzu bildete 1913 eine Bestechungsaffäre beim Kriegsministerium, die durch den sozialdemokratischen Abgeordneten Liebknecht ans Licht gebracht worden war. Der Kriegsminister griff energisch durch. Mehrere Beamte sowie zwei Krupp-Angestellte wurden gerichtlich bestraft. Auf Antrag des Reichstages wurde daraufhin eine Kommission eingesetzt, deren Tätigkeit durch den Krieg unterbrochen wurde.

d. Die parlamentarische Kritik in Heeresangelegenheiten

Grundzüge der Kritik

Die Budgetgewalt des Reichstages ließ sich nicht in den Grenzen der Mitbestimmung nur bei der Heeresstärke und der Bewilligung der Mittel für den Unterhalt und Ausbau festhalten. Ihre praktische Handhabung gab der Volksvertretung einen gewissermaßen legitimen Anspruch auf die Mitsprache in allen Heeresangelegenheiten, der stattgegeben werden mußte, soweit nicht die Verfassung entgegenstand. Von diesem Recht machte sie ausgiebig und mit Erfolg Gebrauch. Beinahe unmerkbar verengte sich dadurch der Spielraum des Sonderdaseins der Armee. Durch die Presse wurden selbst Vorkommnisse von geringfügiger Bedeutung in irgendeinem Regiment bekannt, konnten nicht totgeschwiegen werden und hatten ein parlamentarisches Nachspiel. Gewiß war die Heeresführung auch ohne diese Publizität in Presse und Parlament aus eigenem Interesse immer um Abstellung von Unzuträglichkeiten und Mißständen bemüht und reagierte vor allem scharf auf Soldatenmißhandlungen. Viele Maßnahmen zur Verbesserung nicht mehr haltbarer Zustände und zur Ausmerzung von Mißbräuchen standen nicht in nachweisbarem Zusammenhang mit Vorstellungen des Parlaments, so die 1894 eingeführte neue Beschwerdeordnung für Unteroffiziere und Mannschaften und entsprachen einfach den Forderungen der Zeit. In der sozialen Fürsorge zeigte sich die Armee immer fortschrittlich.

Indes findet sich in einem nicht veröffentlichten Entwurf des preußischen Kriegsministeriums von 1910 die Bemerkung „daß die Erörterungen beigetragen haben, daß auch auf diesem Gebiet (Exklusivitätstendenzen rein adliger Offizierkorps mancher Regimenter) Mißstände erkannt wurden, die drohten sich festzusetzen, und zwar nicht zu Nutz und Frommen der Gesamtheit der Armee" (zit. nach Demeter, S. 32). Diese recht vorsichtige Formulierung und das Wörtchen „auch" besagt sehr viel über den Einfluß des Parlaments, der in diesem Fall sich sogar auf die Kommandostruktur auswirkte, denn vom Militärkabinett wurde in den letzten Vorkriegsjahren den Garderegimentern auch bürgerlicher Offiziersersatz zugewiesen. Bis 1914 wurde hauptsächlich auf Betreiben des Parlaments eine Reihe von Paragraphen des Militär-Strafgesetzbuches im Sinne einer modernen und humanen Rechtsauffassung abgeändert. Alles in allem war der Einfluß des Parlaments auf das Heer fruchtbar und bedeutender als es den Anschein hat. Seiner Kritik und Wachsamkeit waren viele Besserungen zu verdanken. Es versagte sich auch nicht, als 1912 und 1913 Versäumnisse der Heeresrüstung seit der Jahrhundertwende nachzuholen waren, die in erster Linie zu Lasten der Reichsleitung und des Kriegsministeriums gingen.

Die Verhandlungen im Plenum gaben den Parteien willkommene Gelegenheit, sich mit den Zuständen in der Armee insgesamt zu befassen, Beanstandungen vorzubringen und über Vorfälle, die in der Öffentlichkeit Aufsehen erregt hatten, Aufklärung vom Kriegsminister zu verlangen. Vor allem spielten Soldatenmißhandlungen, Selbstmorde, Duellaffären, Standesdünkel und überhebliches Auftreten von Offizieren, parlamentsfeindliche und politische Auslassungen von dieser Seite sowie Urteile der Militärjustiz eine Rolle. Aber auch die häufigen Uniformänderungen, der Paradedrill, die angebliche Bevorzugung des Adels im Avancement, die Luxuswirtschaft der Garderegimenter, Preise von Rüstungsgütern und anderes mehr kamen zur Sprache.

Es war verständlich, daß die Sozialdemokratie sich bei der Anprangerung von Mißständen besonders hervortat. Sie sammelte Belastungsmaterial und verstand es, aus manchen auch der Heeresführung peinlichen Vorkommnissen, die gelegentlich bewußt propagandistisch übertrieben wurden, politisches Kapital zu schlagen. Doch wurden auch von den Mittelparteien Auswüchse und Mißbräuche scharf kritisiert. Die Linksliberalen bekannten sich von jeher zum Parlamentarismus und wollten alle Heeresangelegenheiten unter die Kontrolle des Reichstages bringen, traten aber für das bestehende Wehrsystem ein und distanzierten sich in Grundsatzfragen von den Forderungen der SPD.

Unverhüllter meldeten die im Zuge der gesellschaftlichen Umschichtung anwachsenden demokratischen Kräfte ihre Ansprüche auf Mitbestimmung auch in der Kommandogewalt an. Eine einige und geschlossene Opposition hätte die Regierung in schwierige Lagen manövrieren können, aber die Kluft zwischen der Sozialdemokratie und den Mittelparteien blieb bis 1914 noch zu groß. Infolgedessen behaupteten die Gegenkräfte die Mehrheit und wiesen alle offenen und versteckten Angriffe gegen die Kommandogewalt des Kaisers ab. In Erwiderung auf solche Bestrebungen fiel in der Reichstagssitzung vom 29. Januar 1910 der schnell berühmt gewordene Ausspruch des erzkonservativen Abgeordneten v. Oldenburg-Januschau „... Der König von Preußen und der Deutsche Kaiser muß jeden Moment imstande sein, zu einem Leutnant zu sagen: Nehmen Sie zehn Mann, und schließen Sie den Reichstag“ (Oldenburg-Januschau, S. 110). Es gab Tumultszenen im Reichstag. So wie dieser ostpreußische Gutsbesitzer und ehemalige Garde-Ulanenoffizier dachten die meisten der konservativen Abgeordneten, von denen die Mehrzahl früher als aktive Offiziere gedient hatte. Sie fanden Bundesgenossen in der neuen Finanz- und Industriearistokratie und in dem konservativ gesinnten Bürgertum. An ihrem Widerstand scheiterten vornehmlich bis zuletzt wichtige Reformpläne der Regierung in Preußen und im Reich.

Die gleiche Gesinnung beseelte auch den weitaus größten Teil des Offizierkorps, doch mag dies zum Teil aus der betont unpolitischen Haltung zu erklären sein. Es beschäftigte sich kaum mit Politik, zumal nicht mit innenpolitischen Problemen, die es höchstens unter dem Gesichtspunkt beurteilte, wie sie sich auf die Schlagkraft und die Zuverlässigkeit der Truppe auswirkten. Darüber hinaus machten sich die wenigsten Gedanken. In die monarchisch-konservative Vorstellungswelt des Offiziers paßte das Parlament schlecht hinein, war mehr ein notwendiges Übel. Ihm gegenüber herrschte Gleichgültigkeit, wenn nicht Animosität und Voreingenommenheit, die sich sofort regten, wenn der Reichstag interne Vorgänge öffentlich behandelte und verurteilte.

Für den Kriegsminister und seine Offiziere stellte sich die Sachlage anders. Sie hatten sich mit dem Parlament auseinanderzusetzen und mußten versuchen, im Interesse der Armee alles herauszuholen. Für sie war es notwendig, mit dem Parlament ein möglichst gutes Verhältnis zu unterhalten. Hin und wieder wurden die Mitglieder der Haushaltskommission zur Besichtigung militärischer Einrichtungen und Vorführungen eingeladen. Der Kriegsminister konnte an den vorgebrachten Beanstandungen und Beschwerden nicht vorbeigehen, sondern mußte hierzu fundierte Begründungen und Erläuterungen abgeben, die das Parlament zufriedenstellten. Dagegen waren ihm die Hände gebunden, wenn er auf Interpellationen über Angelegenheiten antworten sollte, die in den Bereich der kaiserlichen Kommandogewalt fielen. Daran durfte er auf keinen Fall rühren lassen und mußte jeden Versuch einer Einmischung zurückweisen.

F. Der Erste Weltkrieg

1. Der politische Rahmen

a. Auslösung des Ersten Weltkrieges

Die Untersuchung des Attentats von Sarajewo ergab, daß die Täter mit Hilfe nationalistischer serbischer Kreise, wenn auch ohne Wissen der Regierung, gehandelt hatten. Erst später stellte sich heraus, daß der Mord von einer Geheimgesellschaft „Schwarze Hand" angestiftet worden war, die von einem serbischen Generalstabsoberst geleitet wurde. Sofort unternommene durchgreifende Vergeltungsmaßnahmen Österreichs wären wohl von der empörten Weltöffentlichkeit als recht und billig gutgeheißen worden. Aber die Donau-Monarchie brauchte viel Zeit zu einem Entschluß. Diese Verzögerung hat sich zweifellos ungünstig ausgewirkt. Zunächst wandte sich Kaiser Franz Joseph am 5. Juli an seinen deutschen Bundesgenossen, um sich über dessen Haltung zu vergewissern. Kaiser Wilhelm und sein Kanzler sicherten unbedingte Bündnistreue zu und stellten es Österreich-Ungarn frei, nach eigenem Ermessen zu handeln. Gestützt auf diese Rückendeckung faßte Österreich-Ungarn nach nahezu dreiwöchigen Beratungen den Entschluß, den serbischen Gefahrenherd ein für allemal auszuschalten, und nahm dabei bewußt das Risiko einer russischen Einmischung in Kauf. Ein in diesem Sinne gehaltenes und auf 48 Stunden befristetes Ultimatum ließ Serbien nur die Wahl zwischen vollständiger Annahme oder Krieg. Über den Wortlaut des Ultimatums wurde Deutschland erst in letzter Minute informiert. Da die sehr entgegenkommende Antwort Serbiens diesen Forderungen nicht ganz entsprach, brach Österreich die Beziehungen ab und erklärte am 28. Juli den Krieg.

Inzwischen hatten sich die anderen Großmächte, vor allem England, eingeschaltet. Der englische Außenminister Grey bemühte sich sehr um eine Konferenz der nicht beteiligten Mächte England, Deutschland, Frankreich und Italien, die zunächst von Bethmann Hollweg abgelehnt wurde. Als jedoch Mobilmachungsvorbereitungen Rußlands bekannt wurden, drängte die Reichsleitung energisch in Wien auf ein Einlenken. Vorsichtshalber traf die englische Flottenführung bereits vom 26. Juli an Vorbereitungsmaßnahmen für den Ernstfall. Kaiser Wilhelm vermochte am 29. Juli den Zaren zur Zurücknahme einer Teilmobilmachung zu bewegen. Am 30. Juli verfügte aber Nikolaus auf Vorstellungen seiner politischen und militärischen Berater nach ergebnislosen Verhandlungen mit dem österreichischen Botschafter die Gesamtmobilmachung. Trotz aller Bedenken ordnete Kaiser Wilhelm daraufhin nur den Zustand drohender Kriegsgefahr für das Reich an. Zugleich richtete er nochmals eine dringende Aufforderung an den Zaren, bestimmte Erklärungen über die Einstellung aller Kriegsmaßnahmen gegen Deutschland und Österreich-Ungarn innerhalb von zwölf Stunden abzugeben, da sonst die deutsche Mobilmachung unvermeidlich sei. Eine befriedigende Antwort darauf ging nicht ein.

Der Mechanismus der Bündnisse und der militärischen Apparatur griff nun verhängnisvoll ineinander. Der deutsche Generalstabschef hatte am 30. Juli eigenmächtig, um nicht noch mehr in Zeitnot zu geraten, seinen österreichischen Kollegen telegraphisch aufgefordert, wegen des nicht mehr vermeidbaren Zweifrontenkrieges die Gesamtmobilmachung der österreich-ungarischen Wehrmacht durchzusetzen, da bisher nur die gegen Serbien bestimmten Streitkräfte mobilisiert waren. Dieser Vorgang hatte praktisch keine besondere Bedeutung und weist nur auf die eigentümlichen deutschen Verhältnisse der fehlenden Unterordnung der militärischen unter die politische Führung hin. Deutschland sah sich nach dem russischen Schritt am 1. August abends zur Mobilmachung genötigt und erklärte Rußland den Krieg. Für den oberflächlichen Beobachter lud Deutschland damit die Schuld an der Kriegserklärung auf sich und gab Frankreich formalrechtlich die Begründung für seine Beistandspflicht. Wenn auch kein Zweifel über Frankreichs Haltung bestand, so ließ die Reichsregierung doch am 31. Juli in Paris anfragen, wie sich die Republik im Falle eines deutsch-russischen Krieges verhalten würde. Die ausweichende Antwort veranlaßte Deutschland, auch Frankreich den Krieg zu erklären. Die Abhängigkeit vom Schlieffen-Plan (s. S. 78 ff.) gab hierbei den Ausschlag und zog auch Belgien mit hinein, das die deutsche Sommation, den Durchmarsch unter Versicherung der Integrität des Landes und der Leistung vollen Schadenersatzes zu gestatten, mit dem Hinweis auf die international garantierte Neutralität ablehnte. In dieser Notlage erzwang sich Deutschland den Einmarsch und lieferte damit England den triftigen Grund für den Kriegseintritt. Dieser Ablauf trug auch wesentlich dazu bei, daß Italien und Rumänien, die Bundesgenossen der Mittelmächte, neutral blieben.

Die Kriegsschuldfrage ist von der Forschung bisher nicht restlos geklärt. Zu komplex war das Geschehen, zu schicksalhaft die Verstrickung, als daß einer Macht allein die Hauptverantwortung zugemessen werden könnte. Über den Schuldanteil der für ihre Völker handelnden Monarchen, Staatsmänner und Soldaten sind die Auffassungen nicht einheitlich. Dagegen besteht im wesentlichen darüber Einmütigkeit, daß keiner von ihnen den allgemeinen Krieg gewollt oder darauf hingearbeitet hat, wenn auch ein Kriegsrisiko nicht gescheut wurde. Aus späterer Sicht lassen sich Fehleinschätzung, Kurzsichtigkeit, auch Fahrlässigkeit und Fatalismus bei manchen der verantwortlichen Persönlichkeiten nachweisen. Dabei darf nicht übersehen werden, daß es nicht mehr um bloße Interessen, sondern um Lebensgrundlagen der Staaten ging, für die der Kampf gewagt wurde. Österreichs Existenz als Großmacht war in Frage gestellt, wenn es seine Balkanstellung nicht mit letztem Einsatz verteidigte. Rußland glaubte, ohne die Gefahr einer erneuten revolutionären Erschütterung nicht mehr ein zweites Mal zurückweichen zu können. Durch ihre Bündnisverpflichtungen wurden Deutschland und Frankreich zwangsläufig mit hineingezogen. Deutschland war zu stark geworden und dazu des Hegemoniestrebens verdächtig, was England keine freie Wahl mehr ließ, wenn es nicht seine Weltstellung und seinen politischen Kredit aufs Spiel setzen wollte.

b. Die deutsche Innenpolitik während des Krieges

Die politischen Gruppen

Mit den Ereignissen des 4. August 1914, der Erklärung des Kaisers: „... Ich kenne keine Parteien mehr, ich kenne nur Deutsche! ..." und der Bewilligung der Kriegskredite durch die sozialdemokratische Reichstagsfraktion schien sich eine innenpolitische Wende in Deutschland anzubahnen. Unter der von den Parteien willig akzeptierten Parole des „Burgfriedens" schien sich die Möglichkeit einer Überbrückung der tiefen Kluft zwischen der Sozialdemokratie und der etablierten Gesellschaft und deren politischen Gruppierung zu ergeben. Der institutionelle Rahmen, in dem sich die Gestaltung deutscher Innenpolitik vollzog, war jedoch wenig geeignet, ein Reformprogramm dieses Ausmaßes gestaltend in die Wege zu leiten. Reichskanzler und Staatssekretär, bundesstaatliche Ministerien mit dem preußischen Staatsministerium an der Spitze, Reichstag und bundesstaatliche Parlamente hatten sich seit 1890 zu einem wohlausgewogenen Gewebe von Abhängigkeiten herangebildet, das einer klaren Staatsführung wenig Raum ließ. Hinzu kam die während des Krieges zwangsläufig wachsende Macht des Militärs, die aber selbst in der Zeit der 3. OHL im innenpolitischen Bereich die führende Position nicht einnahm, die ihr von verschiedenen Seiten angetragen wurde. Die dem Militär mit der Unterstellung der gesamten staatlichen Exekutive durch die Verhängung des Kriegszustandes übertragene Machtfülle verteilte sich durch die Bestimmungen des preußischen Gesetzes über den Belagerungszustand vom 4. Juni 1851 auf eine Vielzahl von immediaten Militärbefehlshabern in den Armeekorps- und Festungsbereichen und trug dazu bei, den Aufbau des staatlichen Apparates noch unübersichtlicher zu machen.

Aber auch in sachlicher Hinsicht brachen die alten Fronten in veränderter Gestalt von neuem auf. Die Zustimmung zur Kriegskreditbewilligung innerhalb der sozialdemokratischen Reichstagsfraktion war gegen eine Minderheit erfolgt, die in der Folge an Stärke zunahm und nicht gewillt war, den revisionistischen Bestrebungen der Mehrheit nachzugeben. Diese Situation verlieh der allgemeinen Ansicht der sozialdemokratischen Mehrheit, die auch von bürgerlichen Kreisen geteilt wurde, besonderen Nachdruck, daß nämlich nur durch eine Reform bestimmter Reichs- und bundesstaatlicher Gesetze eine tragfähige Basis für eine Weiterführung der Politik des 4. August 1914 geschaffen werden konnte. Sowohl der Reichskanzler als auch der Staatssekretär des Inneren verschlossen sich derartigen Gedankengängen nicht, glaubten aber die notwendigen Reformen auf die Zeit nach dem Kriege verschieben zu sollen, und gaben sich zunächst mit der

Andeutung einer allgemeinen „Neuorientierung" für jene Zeit zufrieden. Allein dieser Hinweis genügte, um die alldeutsch-konservativen Kreise zu scharfer Opposition zu veranlassen. Der mit allen Mitteln geführte Kampf dieser Kreise gegen den Reichskanzler in der Frage der Kriegsziele in den Jahren 1914 bis 1916 muß auch unter diesem innenpolitischen Aspekt gesehen werden. War der „Burgfriede" schon durch diese, nicht immer an die Öffentlichkeit dringenden Auseinandersetzungen sowie durch die Kontroverse zwischen Mehrheit und Minderheit der sozialdemokratischen Partei innerlich ausgehöhlt, so wurde er vollends durchbrochen durch die sich in den Wintern 1915/16 und 1916/17 verschärfende Situation auf dem Gebiet der Lebensmittelversorgung einerseits und die Rückwirkungen der russischen Februar-Revolution andererseits. Beide Faktoren unterstützten und kräftigten die auf eine allgemeine Demokratisierung des politischen und staatlichen Lebens hinarbeitenden Kräfte, die sich im Reichstag im Frühjahr 1917 zu einer neuen Mehrheitsgruppierung zusammenfanden und damit den langsamen Aufstieg des Reichstages zur entscheidenden politischen Institution – über den Verfassungsausschuß, die Friedensresolution, den Sturz des Reichskanzlers Michaelis, die Einflußnahme auf das Regierungsprogramm des Reichskanzlers Graf Hertling bis hin zur Übernahme von Regierungsverantwortung im Kabinett des Prinzen Max von Baden – einleiteten. Die konservativen Gegenkräfte bereiteten dagegen den Boden für den durch die 3. OHL bewirkten Sturz des Reichskanzlers Bethmann Hollweg und schufen sich in der im September 1917 gegründeten Deutschen Vaterlandspartei eine Massenbewegung, die jedoch gerade wegen der ungelösten innenpolitischen Kontroversen sehr bald wieder zerfiel. Die Auseinandersetzungen zwischen beiden Tendenzen konkretisierten sich in der Frage der Reform des preußischen Dreiklassen-Wahlrechts.

Seit Beginn des Krieges war von sozialdemokratischen und fortschrittlichen Politikern diese Forderung immer wieder erhoben worden und der Reichskanzler als preußischer Ministerpräsident hatte in verschiedenen Etappen dem Kaiser und dem preußischen Staatsministerium die Billigung einer am Reichstagswahlrecht orientierten Reform abgerungen (11. Juli 1917). Jedoch der im November 1917 eingebrachte Gesetzentwurf scheiterte an dem Widerstand der konservativen und eines Teiles der nationalliberalen Fraktion des preußischen Abgeordnetenhauses, die in ihrem Vorgehen bestärkt wurden durch die sehr aktive Unterstützung der OHL. Erst unter dem Eindruck des militärischen Zusammenbruchs schwand dieser Widerstand, zu einer Verabschiedung des Gesetzes kam es nicht mehr. Die restaurative Politik, die unter anderem auch bei den Verhandlungen um den Frieden von Brest-Litowsk zum Ausdruck kam, hat jedoch nicht unwesentlich zu dem Erstarken der radikalen Elemente innerhalb der Unabhängigen Sozialdemokratischen Partei, die sich im April 1917 von der Sozialdemokratischen Partei getrennt hatte, beigetragen. Zu einer Demonstration dieser wachsenden Stärke wurde der Januar-Streik des Jahres 1918, der zwar durch Maßnahmen der Militärbefehlshaber nach dem Belagerungszustandsgesetz in kurzer Zeit zusammenbrach, der aber doch durch seine Ausdehnung verdeutlichte, wie weit die Kriegsverdrossenheit um sich gegriffen hatte und wie relativ leicht sie zu politisch wirksamer Aktion gebracht werden konnte. Trotz der militärischen Siege im Frühjahr 1918 änderte sich an dieser Situation nichts. Sie führte vielmehr nach der militärischen Niederlage, die den bisher politisch führenden Schichten die Orientierung nahm, zum Zusammenbruch des Kaiserreiches.

Militär und Innenpolitik

Das Verhältnis des Militärs insgesamt zur Innenpolitik konzentrierte sich zu Kriegsbeginn auf die Frage, wie sich die sozialdemokratische Arbeiterschaft verhalten werde. Seit der Zaberner Affäre hatte sich das gegenseitige Verhältnis eher verschlechtert als gebessert. Allerdings war man sich im preußischen Kriegsministerium schon in den Jahren unmittelbar vor dem Kriege darüber im klaren, daß die von den Generalkommandos längst bis ins einzelne ausgearbeiteten Maßnahmen bei Verhängung des Belagerungszustandes, der vornehmlich als Kampfmittel bei innenpolitischen Auseinandersetzungen angesehen wurde, beim Ausbruch eines Krieges nicht durchführbar waren. So wurden die vorbereiteten Verhaftungslisten in ihrem Umfange stark reduziert. Aufgrund vorausgegangener Besprechungen empfahl das preußische Kriegsministerium den Generalkommandos am 25. Juli 1914 eine Reihe von Maßnahmen für den Fall der Verhängung des Kriegszustandes, die auf eine sehr zurückhaltende Handhabung der den Militärbefehlshabern nach dem preußischen Gesetz über den Belagerungszustand zustehenden Rechte hinausliefen. Als sich dann gegen Ende des Monats herausstellte, daß weder von der sozialdemokratischen Partei noch von den Gewerkschaften kriegsfeindliche Aktionen zu erwarten waren und diese Tatsache den Generalkommandos mitgeteilt wurde, war die Gefahr eines Zusammenstoßes zunächst ausgeschaltet.

Die weitere Entwicklung wurde gekennzeichnet durch das selbständige Handeln der nur dem Kaiser verantwortlichen Militärbefehlshaber, denen das Gesetz die Befugnis gab, tief in das öffentliche, politische Leben ihrer Provinzen und Bezirke einzugreifen, es zu reglementieren oder gar ganz zu unterbinden. Je nach der persönlichen Einstellung der Militärbefehlshaber, meist zur Disposition gestellter Generale, und ihrer Berater, vornehmlich Reserveoffiziere, zu den innenpolitischen Fragen wandelte sich das Bild von einem Armeekorpsbereich zum anderen. Eine Folge war zum Beispiel, daß die Genehmigung von Gewerkschaftsversammlungen an sehr verschiedenartige Bedingungen geknüpft wurde, die wiederum zu Anfragen im Reichstag führten. Auch in organisatorischer Hinsicht herrschten sehr unterschiedliche Verhältnisse; manche Militärbefehlshaber hatten die Handhabung der Zensur und die Überwachung der Versammlungen im wesentlichen den Zivilbehörden belassen, andere behielten sich alle Entscheidungen vor oder hatten sie an örtliche, militärische Behörden delegiert. Wenn der Chef des Generalstabes des Feldheeres Mitte August 1914 erklärt hatte, daß es darauf ankomme, die einheitliche, geschlossene Haltung der Nation unter allen Umständen aufrechtzuerhalten, so mußte das System der Militärbefehlshaber auf die Dauer das Gegenteil bewirken. Es ist charakteristisch, daß das Reichsamt des Inneren und das preußische Kriegsministerium erst Mitte Dezember 1914 sich ein ausgesprochen lückenhaftes, zudem einem beständigen Wandel unterworfenes Bild von der Form machen konnten, in der in den einzelnen Militärbefehlshaberbereichen der Belagerungszustand gehandhabt wurde (einfacher Belagerungszustand, verschärfter Belagerungszustand zum Teil unter Außerkraftsetzung einzelner Verfassungsartikel). Im Laufe des Krieges machte sich zwar der vereinheitlichende Einfluß des preußischen Kriegsministeriums, der Oberzensurstelle und auch der OHL geltend, zu einer grundlegenden Reform kam es jedoch erst durch den Kaiserlichen Erlaß vom 15. Oktober 1918. Das Haupthindernis einer Reform in organisatorischer Hinsicht war die den Militärbefehlshabern eingeräumte Immediatstellung. Der Kaiser hat im Laufe des Krieges die Kompetenzen der Militärbefehlshaber in mehrfacher Hinsicht zugunsten des preußischen Kriegsministers beschränkt, ihnen jedoch die Befugnis zur Aufrechterhaltung der öffentlichen Sicherheit und Ordnung, die eigentlich politische Kompetenz, bis zum Oktober 1918 belassen. Vom Reichstag ausgehende, grundsätzliche Reformversuche scheiterten am Widerstand des preußischen Kriegsministers, der sich jedem von dieser Seite kommenden Eingriff in die kaiserliche Kommandogewalt widersetzen mußte. So war es nur natürlich, daß einzelne Militärbefehlshaber, zum Beispiel jene im Bereich der Stellvertretenden Generalkommandos II., VI. und VII. Armeekorps, politische Maßnahmen ergriffen und durchsetzten, die den politischen Intentionen selbst der zentralen militärischen Stellen widersprachen.

Versuche zur Neuorientierung

Die Reaktion maßgeblicher Militärs auf das bald nach Kriegsbeginn auftauchende politische Schlagwort der nach dem Kriege zu verwirklichenden „Neuorientierung", das sich mit der Zeit zu einem Programm konkreter Reformen gestaltete, die zum Teil noch während der Kriegsjahre verwirklicht wurden, war überwiegend negativ. In der Sicht des Reichskanzlers war die „Neuorientierung" die notwendige Konsequenz der seit dem 4. August 1914 immer deutlicher werdenden innenpolitischen Entwicklung, die durch die Wendung der Mehrheit der Sozialdemokratie zum bestehenden Staat gekennzeichnet war. Eine für die Gesamtheit verantwortliche Staatsführung mußte es für ihre Pflicht ansehen, diese Tendenz durch Reformen zu fördern. In konservativen und militärischen Kreisen war dagegen die Ansicht weit verbreitet, daß die Sozialdemokratie damit für selbstverständliche Pflichten hoch belohnt würde. Die Ansicht verband sich häufig mit der Ablehnung jeder stärkeren Einflußnahme der politischen Parteien überhaupt und steigerte sich bei einer kleinen Gruppe zur Aktion gegen jede Art sogenannter demokratischer Reformen. Auf der anderen Seite wuchs gerade im Offizierkorps aus dem Erleben des Krieges die Erkenntnis, daß die Masse des Volkes zu einem wesentlichen Faktor der nationalen Politik geworden war, der künftighin nicht mehr übergangen werden konnte. Die Verhandlungen zwischen dem Chef des Kriegsamtes und den Gewerkschaften vor der Verabschiedung des Hilfsdienstgesetzes und bei dessen Durchführung hatten diese Zusammenhänge sehr deutlich werden lassen. Preußisches Kriegsministerium und Kriegsamt handelten entsprechend.

Die Rolle der 3. Obersten Heeresleitung (3. OHL)

Diese Entwicklung wurde gestört durch die Eingriffe der OHL unter Hindenburg und Ludendorff. Generaloberst v. Moltke hatte sich in der kurzen Zeit seines Wirkens als Chef des Generalstabes des Feldheeres und in verstärktem Maße als Chef des Stellvertretenden Generalstabes darum bemüht, durch praktische Maßnahmen, vor allem auf dem Gebiet der Zensur, die Erhaltung des „Burgfriedens" zu sichern und zu fördern. Er vermied es, direkt in die beginnende innenpolitische Auseinandersetzung einzugreifen, und machte sich im Januar 1915 verdient um die Regelung der Ernährungsfrage. Seine Überzeugung von der Notwendigkeit weitgreifender Reformen im Innern fand ihren Ausdruck in der Gründung der „Deutschen Gesellschaft 1914", die den Intentionen des Reichskanzlers nahestand. Sein Nachfolger Generalleutnant v. Falkenhayn enthielt sich jeder Einflußnahme auf das Gebiet der inneren Politik, unterstützte den Kanzler vielmehr in seinem Bestreben, eine öffentliche Kriegszieldiskussion zu vermeiden, doch kam es zu keiner Zusammenarbeit zwischen Kanzler und Generalstabschef.

Mit der Übernahme der OHL durch Hindenburg und Ludendorff änderten sich die Verhältnisse grundlegend. Die Unterordnung aller politischen Erwägungen unter ein starr festgehaltenes militärisches Ziel wurde, vor allem auf innenpolitischem Gebiet, von nun an zur Regel. Ohne klare Vorstellungen über die politischen, wirtschaftlichen und finanziellen Konsequenzen, ohne detaillierte Pläne und Untersuchungen über die Möglichkeiten der Verwirklichung entschied sich die OHL für die Durchsetzung von Hindenburg-Programm und Hilfsdienstgesetz. Der Mobilisierung aller materiellen und personellen Kriegsmittel entsprach auf der anderen Seite die von der OHL betriebene und zur gleichen Zeit, am 28. November 1916, durchgesetzte Aufhebung des Verbotes der öffentlichen Erörterung der Kriegsziele. Es war das ausgesprochene Ziel der OHL, die verbreitete Kriegsmüdigkeit durch die Begeisterung für weitgesteckte Ziele zu verdrängen. Dieser Versuch mißlang ebenso wie der seit dem Sommer 1917 aufgebaute „Vaterländische Unterricht".

Im Herbst 1916 hatte sich der Gegensatz zwischen dem Reichskanzler Bethmann Hollweg und der 3. OHL auf innenpolitischem Gebiet schon angedeutet, in der ersten Hälfte des Jahres 1917 führte er zum offenen Bruch. Die Jahreswende 1916 brachte die gegen seine innere Überzeugung abgegebene Zustimmung Bethmann Hollwegs zur Eröffnung des unbeschränkten U-Boot-Krieges, durch die der Reichskanzler die seiner Person geltende Achtung von Hindenburg und Ludendorff verlor. Die im Gefolge der russischen Februar-Revolution vom Reichskanzler beim Kaiser durchgesetzte Osterbotschaft vom 7. April 1917, die für eine künftige Reform des preußischen Wahlrechts die geheime und unmittelbare Wahl versprach, fand nicht die Billigung der OHL. Im übrigen verschärften die im April ausgebrochenen Streiks und die nach Meinung Ludendorffs dabei zu nachgiebige Haltung der Reichsleitung ihnen gegenüber die Spannung. Die Beschlüsse des Verfassungsausschusses des Reichstages im Mai, die unter anderem eine Einschränkung der kaiserlichen Kommandogewalt (Verantwortlichkeit der bundesstaatlichen Kriegsminister – mit Ausnahme des bayerischen – für die Offizierernennungen) vorsahen, waren in gewisser Weise eine Herausforderung der OHL. Es begann nun ein Zusammenspiel zwischen einzelnen Abgeordneten des Reichstages und dem Verbindungsmann Ludendorffs, Oberst Max Bauer, das von den Partnern mit unterschiedlicher Zielsetzung zum Erfolg geführt wurde. Bauer ging es in erster Linie um die Beseitigung des Reichskanzlers, Erzberger und Stresemann um eine Stärkung des Reichstages, Erzberger dazu um die Festlegung einer Mehrheit des Reichstages auf das Programm eines annexionslosen Verständigungsfriedens – Ziele, die den Überzeugungen der OHL strikt zuwiderliefen. Bethmann Hollweg versuchte die durch die Rede Erzbergers im Hauptausschuß des Reichstages am 6. Juli 1917 entstandene Situation zu entschärfen, indem er dem Kaiser und dem preußischen Staatsministerium die Zusage des gleichen Wahlrechts abrang. Hindenburg und Ludendorff stellten daraufhin als preußische Offiziere ihren obersten Kriegsherrn vor die Alternative, indem sie ihre Abschiedsgesuche einreichten.

Dieser beispiellose Vorgang zeigt zugleich die völlig veränderte Stellung des Kaisers im Verhältnis zu den obersten Repräsentanten der Armee. Zwischen Ludendorff und dem Kaiser bestand von Anfang an ein gespanntes Verhältnis. Ludendorff empfand sich nicht als Diener seines Herrn, wie Hindenburg es Zeit seines Lebens blieb; es ist daher auch kein Zufall, daß Oberst Bauer im Dezember 1916 mit Gedanken spielte, die auf eine völlige Entmachtung des Kaisers hinausliefen. Die Abschiedsgesuche Hindenburgs und Ludendorffs im Juli 1917 machten deutlich, daß die Armee sich auch gegenüber dem Kaiser zu seinem selbständigen politischen Machtfaktor im Staate entwickelt hatte.

Der durch die OHL wesentlich herbeigeführte Sturz Bethmann Hollwegs wird oft als die letzte Station des Weges betrachtet, der zur Aufrichtung der Diktatur der OHL in allen Bereichen des politischen Lebens geführt habe. Für den Bereich der Innenpolitik trifft dies nicht zu. Die OHL hat weder bei der Ernennung von Michaelis noch bei der des Grafen Hertling zum Reichskanzler entscheidend mitgewirkt. Ihr dennoch starker Einfluß auf wichtige innenpolitische Entscheidungen äußerte sich meist indirekt, erschöpfte sich im Negativen und wirkte gerade darum so verheerend, da die OHL im Bewußtsein der Öffentlichkeit als die alles entscheidende Institution galt. Ludendorff trat in politischer Hinsicht nie wirklich führend in Erscheinung, dafür handelte jedoch Oberst Bauer im Hintergrund und bestärkte die Nationalliberalen und Konservativen im preußischen Abgeordnetenhaus in ihrem hinhaltenden Widerstand gegen den Gesetzentwurf der preußischen Regierung für eine Reform des Dreiklassenwahlrechts.

c. Der Zusammenbruch

Für den weiteren Gang der Ereignisse war entscheidend, daß die deutschen Frühjahrsoffensiven im Westen vom März bis Mai 1918 nicht die erhofften Erfolge brachten. Unter den ab Juli einsetzenden feindlichen Gegenschlägen mußte die Armee ständig zurückgehen und nicht mehr ersetzbare Verluste hinnehmen, wenn sie auch ein Zerreißen der Front verhindern konnte. Im September stürzten die Nebenfronten auf dem Balkan und der Türkei ein, Österreich-Ungarn war am Ende seiner Kraft.

Ende September beurteilte die Oberste Heeresleitung die militärische Lage so aussichtslos, daß sie die Reichsregierung zur Abgabe eines sofortigen Waffenstillstandsangebotes drängte. Der neue Kanzler, Prinz Max von Baden, sträubte sich gegen ein zu überstürztes Ersuchen um Waffenstillstand, das einem offenen Eingeständnis der militärischen Niederlage glich und die Position Deutschlands bei den Verhandlungen außerordentlich schwächen mußte. Die Oberste Heeresleitung bestand jedoch darauf. Am 4. Oktober 1918 ging das Gesuch an den Präsidenten der Vereinigten Staaten, Wilson, unter Annahme der von ihm Anfang des Jahres 1918 verkündeten 14 Programm-Punkte ab. Der sich anschließende Notenwechsel ließ keinen Zweifel, daß die Gegner nicht an Verhandlungen, sondern an kapitulationsähnliche Vorbedingungen dachten, die Deutschland der Gnade oder Ungnade der Sieger auslieferten. Als daraufhin die Oberste Heeresleitung in einem Armeebefehl zum äußersten Widerstand aufrief, wurde Ludendorff wegen Kompetenzüberschreitung auf Verlangen des Kanzlers vom Kaiser verabschiedet, zumal er wegen seiner früheren politischen Übergriffe und der letzten militärischen Mißerfolge für die neue Regierung nicht mehr tragbar war. An seine Stelle trat General Groener als Erster Generalquartiermeister. In der Heimat mehrten sich indessen die Stimmen, selbst im nationalen Bürgertum, die auf einen freiwilligen Thronverzicht des Kaisers zur Entspannung der inneren Lage und zum Erhalt besserer Friedensbedingungen drängten. Gleichzeitig mit dem Waffenstillstandsangebot wurde im Großen Hauptquartier auf Initiative des Staatssekretärs des Auswärtigen Amtes, v. Hintze, und mit Unterstützung der OHL die Reform der Staatsverfassung in die Wege geleitet. In dem

Kaiserlichen Erlaß vom 30. September 1918 an den zurückgetretenen Reichskanzler Grafen Hertling wurde zum Ausdruck gebracht, daß von nun an die politischen Repräsentanten des Volkes, die Reichstagsabgeordneten, „in weitem Umfang" an der Regierungverantwortung beteiligt werden sollten. An der neuen parlamentarischen Regierung beteiligten sich auch die Sozialdemokraten mit zwei Staatssekretären, da sie es in ihrer Mehrheit auch jetzt als höhere Aufgabe ansahen, sich einer Mitarbeit im Interesse des Volkes nicht zu entziehen.

Bei der um sich greifenden Verwirrung hatten daher revolutionäre Elemente leichtes Spiel, kräftige Zersetzungskeime in Flotte, Heer und Heimat einzustreuen. Das Vorspiel der Revolution begann Ende Oktober mit Gehorsamsverweigerungen in der Flotte, die einen geplanten Einsatz der Seestreitkräfte unmöglich machten. Auf Schiffen der Flotte in Kiel brach am 3. November 1918 die eigentliche Revolution aus, die sich in wenigen Tagen über ganz Deutschland verbreitete. Den meuternden Matrosen und den sich anschließenden Soldaten des Heeres in der Heimat und in der Etappe war es im Grunde nur darum zu tun, nicht weiterzukämpfen, sondern nach Hause zu gehen. Ein politisches Ziel hatten sie nicht, trotz der jetzt weit um sich greifenden Agitation der revolutionären Elemente innerhalb der Unabhängigen Sozialdemokratischen Partei. In den großen Städten erhoben sich jetzt auch die Arbeiter. Die Bewegung war nicht mehr in gesetzliche Bahnen zu lenken. Kampflos kapitulierten die alten Gewalten vor diesen Kräften. In München wurde bereits am 7. November 1918 die Republik ausgerufen.

Von seiner nächsten Umgebung schlecht beraten, verweigerte der Kaiser die mehrfach nahegelegte freiwillige Abdankung, da er auf die Ergebenheit der Armee baute. Er hatte noch am 8. November den wirklichkeitsfremden Gedanken, an der Spitze von Fronttruppen die Revolution niederzuschlagen, bis ihm am 9. November früh Hindenburg und Groener die Unausführbarkeit dieser Absicht angesichts der revolutionären Entwicklung in Heimat und Etappe und der aufs äußerste angespannten Frontlage darlegten. Eine gleichzeitig stattfindende Befragung von 39 höheren Frontoffizieren über die Zuverlässigkeit der Truppen für diesen Einsatz ergab, daß die Truppe auch unter dem Kaiser nicht gegen die Heimat kämpfen wollte und allein Ruhe und Frieden wünschte.

Der in Berlin weilende Kanzler wartete vergeblich auf die nicht mehr vermeidbare Abdankungserklärung. Unter dem wachsenden Druck der Straße sah er schließlich keinen anderen Ausweg mehr, als eigenmächtig die Abdankung des Kaisers und den Thronverzicht des Kronprinzen bekanntzugeben. Bis zuletzt hatte der Kanzler sich darum bemüht, durch einen rechtzeitigen Thronverzicht die Monarchie als Institution in einer zeitgemäßen Form zu erhalten, was auch Ebert, der Führer der sozialdemokratischen Fraktion, aus Furcht vor einem bolschewistischen Umsturz für eine vernünftige Lösung hielt. Durch das zu lange Zögern des schwankenden Kaisers unter dem Einfluß höfischer und militärischer Berater wurde diese Möglichkeit verbaut. Jetzt fügte sich der Monarch in sein Schicksal und ging auf Befürwortung von Hindenburg in das

Exil nach Holland. Den Oberbefehl über das Feldheer übertrug er dem alten Generalfeldmarschall, der sich auf Rat von General Groener der neuen republikanischen Volksregierung zur Verfügung stellte.

Die kaiserliche Regierung hatte noch die Waffenstillstandsverhandlungen eingeleitet, da am 6. November die endgültige Antwort der amerikanischen Regierung auf das deutsche Gesuch eingetroffen war. Die Alliierten und assoziierten Mächte nahmen hiernach die 14 Punkte Präsident Wilsons mit Ausnahme der Bestimmungen über die Freiheit der Meere und die Schadensersatzleistungen als Grundlage des zukünftigen Friedens an. Beglaubigte Vertreter der deutschen Regierung sollten die Bedingungen vom Marschall Foch, dem Oberbefehlshaber der alliierten Streitkräfte, in Empfang nehmen. Für den anfangs als Delegationsführer vorgesehenen General v. Gündell wurde von Prinz Max von Baden Staatssekretär Erzberger beauftragt. Es gelang diesem, einige Erleichterungen der schweren Bedingungen zu erreichen. Nach Zustimmung der Obersten Heeresleitung konnte Erzberger mit Genehmigung der inzwischen neugebildeten republikanischen Reichsregierung am 11. November 1918 im Walde von Compiègne den Waffenstillstand abschließen. Am gleichen Tage ruhten die Waffen. Nach den Aussagen von General Groener in seinen Lebenserinnerungen trachtete die OHL bewußt danach, die Verantwortung für den Waffenstillstand und alle späteren Schritte von sich zu weisen, um die Waffe blank und den Generalstab unbelastet zu erhalten. Über die Fragwürdigkeit dieser Auffassung war sie sich im klaren. Sie argumentierte aber, daß der OHL nach den Ereignissen in der Heimat die Möglichkeit genommen war, die Waffenstillstandsforderungen abzulehnen oder bessere Bedingungen zu erlangen. Dieser innere Vorbehalt wirkte sich in vielfacher Weise auf das künftige Verhältnis Heer – Republik aus.

Unter dem unmittelbaren Eindruck der Geschehnisse fanden hier und dort von Soldaten und Zivilisten spontan geäußerte Urteile und Wertungen über die Ursachen der Katastrophe, wie die vom „Dolchstoß von hinten“ oder vom „Verrat der Heimat“, die dem kämpfenden Heer in den Rücken gefallen sei, Anklang und Verbreitung. Gelegentlich wurden auch von ausländischer und sogar gegnerischer Seite ähnliche Aussagen gemacht. Das Bild war einprägsam und wurde in dieser Situation von einem großen Teil der Bevölkerung kritiklos und in gutem Glauben aufgenommen. General Ludendorff und fast alle militärischen Kreise übernahmen die These vom Dolchstoß als Hauptbegründung für den Zusammenbruch. Doch ist die deutsche Niederlage keineswegs durch revolutionäre Elemente in der Truppe verursacht worden. Dem steht das Gewicht unwiderlegbarer Fakten gegenüber, die sich aus einem Vergleich der militärischen Stärkeverhältnisse und der daraus resultierenden Lageentwicklung ergeben. Für jeden objektiven Beobachter und erst recht für den Feind war deutlich erkennbar, daß sich die militärische Waage spätestens seit dem Frühsommer 1918 mit jedem Tage mehr zuungunsten Deutschlands senkte. Gegen die wachsende personelle und materielle Überlegenheit der laufend durch amerikanische Divisionen verstärkten Gegner konnte Deutschland keine genügenden Kräfte mehr aufbieten. Die militärische Entscheidung war schon Monate vor dem Umsturz gefallen. Die letzte Möglichkeit eines erträglichen Ausgangs war mit dem Kriegseintritt der Vereinigten Staaten entfallen. In diese Schwächesituation stießen die Revolutionäre hinein. Sie schufen damit ein Chaos, das die deutschen Unterhändler jeden Rückhaltes beraubte und ihnen eine theoretisch vorhandene Möglichkeit des Aushandelns besserer Bedingungen nahm.

2. Besonderheiten der Kriegführung

a. Globale Ausdehnung der Massenheere

Der Erste Weltkrieg ist den Zeitgenossen als ein einmaliges Ereignis, als ein totaler Krieg erschienen. Zweifellos trug er, auch nach heutigen Vorstellungen, bestimmte totalitäre Züge. Die Grenzen zwischen der kriegführenden, bewaffneten Macht, dem Militär, und der zivilen Bevölkerung waren schon stark verwischt. Alle Arbeitsfähigen, Männer wie Frauen, waren mittelbar oder unmittelbar in den Kriegsdienst einbezogen und mußten ihr Dasein allein nach den Aufgaben und Bedingungen des Krieges ausrichten. Jedermann war den direkten Kriegseinwirkungen ausgesetzt, nicht nur dem Hunger als Folge der englischen Blockade, sondern auch den Bomben. Es war kein Kabinettskrieg mehr, kein Krieg zwischen Staaten, sondern zwischen Völkern, mit Verbitterung und Haß geführt und oft genug ohne Rücksicht auf die in den Genfer und Haager Konventionen getroffenen Vereinbarungen zur Humanisierung des Krieges. Beide Seiten haben sich der Übertretung von Völkerrechtsbestimmungen schuldig gemacht.

Dem heutigen Blick, der für die Kennzeichnung des totalen Krieges andere Maßstäbe gewonnen hat, zeigt sich als Charakteristikum des Ersten Weltkrieges eine im Vergleich zum vorhergehenden Jahrhundert unerhörte Übersteigerung auf allen Gebieten der Kriegführung – der globalen Ausdehnung, der Massenheere, der steigenden Bedeutung des Rüstungspotentials, der wirtschaftlichen Ausweitung und der Propaganda in der psychologischen Kriegführung.

An dem Anfang August 1914 ausbrechenden und bis zum Herbst 1918 andauernden Kampf beteiligten sich auf der einen Seite die Mittelmächte, Deutschland und Österreich-Ungarn, mit ihren späteren Bundesgenossen Türkei und Bulgarien, auf der anderen Seite die Entente-Mächte, England, Frankreich, Rußland, sowie Belgien, Serbien, Montenegro, zu denen im Laufe des Krieges eine Vielzahl von Staaten stieß, darunter durch ihren Kräfteeinsatz herausragend Italien, Rumänien und schließlich ausschlaggebend die USA. Mit Ausnahme der drei nordischen Königreiche, der Niederlande, Spanien und der Schweiz wurde ganz Europa in den Krieg hineingezogen. Daß sich zuletzt auch die meisten mittel- und südamerikanischen Staaten, mehrfach unter angelsächsischem Druck, auf die Seite der Entente schlugen, desgleichen China, sei nur am Rande vermerkt, da von ihnen keine Truppenkontingente gestellt wurden.

In seiner Ausdehnung übertraf übrigens der Erste Weltkrieg rein räumlich gesehen keineswegs die kriegerische Auseinandersetzung zwischen England und

Frankreich um die Mitte des 18. Jahrhunderts, die sich in vier Erdteilen abspielte. Europa figurierte damals weltgeschichtlich, ungeachtet des Siebenjährigen Krieges, den Friedrich der Große als Verbündeter Englands gegen eine überlegene Feindkoalition führte, als Nebenkriegsschauplatz. Zum Unterschied hiergegen war diesmal Europa, noch in jeder Beziehung das Zentrum der Welt, der Hauptkriegsschauplatz, auf dem die Entscheidung fiel, wenn auch Kämpfe in anderen Erdteilen stattfanden.

In Kleinasien kämpften die Türken mit deutscher Unterstützung an der Nordostgrenze ihres Reiches gegen Russen, an den Dardanellen und auf der Gallipoli-Halbinsel gegen englisch-französische Kräfte, in Mesopotamien und Palästina gegen Engländer und arabische Stämme. Ferner griffen die Feindmächte entgegen der Kongoakte von 1885, nach der ein europäischer Krieg nicht in die afrikanischen Besitzungen getragen werden sollte, sofort die deutschen Kolonien an (s. S. 273 ff.). Togo besaß nur eine Polizeitruppe und wurde schon im August 1914 besetzt. Die deutsche Schutztruppe in Südwestafrika unterlag im Sommer 1915 vielfacher Übermacht der Südafrikanischen Union. Kamerun behauptete sich bis Anfang 1916, dann trat die Schutztruppe auf spanisches Gebiet über. In der größten Kolonie Deutsch-Ostafrika konnte sich General v. Lettow-Vorbeck mit seiner Schutztruppe gegen drückende Übermacht durch bewegliche und glänzende Kampfführung bis zum Ende des Krieges in einem Rest des Schutzgebietes halten. Japan schloß sich Ende August 1914 der Entente an und belagerte mit Unterstützung englischer Seestreitkräfte Tsingtau, die Hafen- und Hauptstadt des deutschen Pachtgebietes Kiautschou an der chinesischen Küste, die nach über zweimonatiger Belagerung fiel. Japanische und australische Truppen nahmen auch die nicht verteidigten deutschen Südseeinseln in Besitz. An dem aktiven Kampf gegen die Mittelmächte beteiligte sich jedoch Japan daraufhin nicht weiter, sondern baute seine Stellung in Ostasien aus.

Schon Ende 1914 waren Landkämpfe von Bedeutung in den außereuropäischen Gebieten bis auf den kleinasiatischen Raum abgeschlossen. Das gleiche traf im großen und ganzen auch für den Seekrieg zu.

In der deutschen Geschichtsschreibung ist der Krieg frühzeitig als Weltkrieg klassifiziert worden. Dagegen haben ihn die englischen, französischen und Historiker anderer Staaten im allgemeinen, besonders auch in den amtlichen Darstellungen, nur als großen Krieg bezeichnet. Erst nach dem über die Bühne der Weltgeschichte gegangenen Krieg von 1939 bis 1945 mit ähnlichen Größenordnungen und Ausmaßen, in dessen Mittelpunkt wiederum Deutschland stand, hat sich überall auch für den Krieg von 1914 bis 1918 die Bezeichnung „Weltkrieg“ durchgesetzt.

Was aber über die räumliche Ausdehnung hinaus vor allem diesem Krieg den Charakter einer weltweiten Auseinandersetzung verlieh und ihn unterschied von den früheren großen Koalitionskriegen, war der Einsatz aller verfügbaren Kräfte und Mittel. Die Zahl der für den Kriegsdienst mobilisierten Männer der kriegführenden Staaten wird mit über 71 Millionen angenommen. Schon bei Kriegsbeginn war das zahlenmäßige Kräfteverhältnis für die beiden Mittelmächte, nachdem sich ihre bisherigen Bündnispartner Italien und Rumänien zur Neutralität bekannt hatten, denkbar ungünstig. Ihren Feldheeren von zusammen

3,8 Millionen Mann standen um insgesamt 2 Millionen stärkere Feldheere der Russen, Franzosen, Briten, Serben, Belgier und Montenegriner gegenüber. Als Höchststand hatte Deutschland 13,25 Millionen unter Waffen und Österreich-Ungarn 9 Millionen. Auf der Ententeseite war Rußland mit über 15 Millionen, Frankreich ohne seine Eingeborenentruppen mit annähernd 8 Millionen, England, das Anfang 1916 notgedrungen die Allgemeine Wehrpflicht einführte, mit 5,7 Millionen, ohne die ihm von den Dominions gestellten Streitkräfte und indischen Truppen, Italien mit 5,6 Millionen und die Vereinigten Staaten mit 4,3 Millionen beteiligt, um nur die großen Mächte zu nennen. Diese erhebliche Übermacht konnte wohl zu einem großen Teil aufgewogen werden, wenn sich die deutsche Kriegführung und der deutsche Soldat den Gegnern überlegen erwiesen. In dieser Hinsicht hatte der deutsche Generalstab die russische Armee richtig eingeschätzt, dagegen das französische Heer eher unterbewertet. Dieses Kräfteverhältnis verschob sich im Verlauf des Ringens durch den Hinzutritt von Bundesgenossen auf beiden Seiten noch mehr zum Nachteil der Mittelmächte.

b. Rüstung

Dem personellen Einsatz entsprach der materielle Aufwand. Der ganze Produktionsapparat der großen europäischen Industrienationen arbeitete in erster Linie für den kolossalen Kriegsbedarf. Technik und Wissenschaft stellten sich in den Dienst der Kriegführung, um immer bessere Waffen und Kriegsmittel zu ersinnen. Ein guter Ausgang für die Mittelmächte war bei längerer Dauer des Krieges nur zu erreichen, wenn sie ihn sowohl militärisch erfolgreich zu gestalten wie zugleich wirtschaftlich durchzuhalten vermochten. Beides hing eng miteinander zusammen, da das Nähren eines Krieges von diesem Ausmaß infolge des ständig anschwellenden Bedarfs an Kriegsmaterial höchste Anforderungen an das Rüstungspotential und damit im weiteren Sinne an die Wirtschaft stellte.

Auf dieser wirtschaftlichen Ebene befanden sich aber die Mittelmächte in starkem Nachteil gegenüber der Entente, seitdem England eine immer dichter werdende Blockade um sie verhängt hatte. Der oft verwandte Vergleich mit einer eingeschlossenen Festung bezeichnet die Lage der Mittelmächte treffend. Den Westgegnern standen alle überseeischen Rohstoffquellen und die industrielle Unterstützung der Vereinigten Staaten von Amerika zur Verfügung. Deutschland war militärisch und wirtschaftlich der Riese unter den Mittelmächten und gehörte zu den drei führenden Industriestaaten der Welt. Es verfügte über einen hohen Bestand qualifizierter Arbeits- und Führungskräfte, Techniker und Wissenschaftler in der Industrie. Seine industrielle Kapazität war bedeutend, aber die eigene Rohstoffbasis beschränkt. Deutschland war einfuhrabhängig. Nur Kohle war in unerschöpflicher Menge vorhanden, ebenso Kali, und die heimischen Eisenerze wurden durch schwedische Zufuhr ergänzt, die während des Krieges durch die deutsche Flotte gesichert blieb. Dazu traten wichtige Kohlen-

und Eisenreviere im Westen, die durch die Offensive der ersten Wochen in deutschen Besitz gekommen waren. Kohle und Eisen bildeten die Grundlage der Rüstungsproduktion. Es fehlte dafür gänzlich oder zum Teil an Stahlveredelungs-, Bunt- und Leichtmetallen, an Baumwolle, Kautschuk, Öl, Salpeter und anderen wichtigen Stoffen, die durch die englische Sperre nicht mehr hereinkamen, abgesehen von Ernährungsgütern. Diese Lage konnte mit der Zeit zu Engpässen führen, die sich nachteilig auf den Waffenkrieg auswirken mußten.

Auf dieses wichtige Problem machte der Großindustrielle Walter Rathenau bei Kriegsbeginn das preußische Kriegsministerium aufmerksam, das hierauf eine Kriegsrohstoff-Abteilung einrichtete, deren Leitung anfangs Rathenau selbst hatte. Die Bewirtschaftung wurde nach und nach auf alle Metalle und schließlich sogar auf Kohle ausgedehnt. Dank der Erfindungsgabe bedeutender Techniker und Wissenschaftler konnten hochwertige Metalle und Stoffe zum Teil durch Ersatzmetalle und -stoffe ersetzt, andere auf künstlichem Wege hergestellt werden. Unter diesen war von größter Bedeutung für die Munitionserzeugung die Gewinnung von synthetischem Stickstoff aus der Luft durch Geheimrat Haber an Stelle von Salpeter. Der berühmte Gelehrte wurde Leiter der neueingerichteten chemischen Abteilung im preußischen Kriegsministerium.

Aus diesen Angaben ergibt sich die Bedeutung, die das preußische Kriegsministerium während des Kriegsverlaufs gewinnen mußte. Durch die ihm übertragene Verantwortung für die zweckentsprechende Disposition über die personellen und materiellen Kriegsmittel gewann das Ministerium eine Schlüsselstellung für die gesamte Kriegführung, der jedoch seine staatsrechtliche Stellung innerhalb der Reichsbehörden, gegenüber den Bundesstaaten, den militärischen Immediatbehörden und nicht zuletzt gegenüber der Vielzahl der durch die Verhängung des Kriegszustandes geschaffenen Militärbefehlshaber nicht entsprach. Der bestimmende Einfluß auf die Kriegswirtschaft brachte zudem einen wachsenden Zwang zu politischen Entscheidungen mit sich, die in ihrer Wirkung weit über die politische Verantwortlichkeit des Ministeriums hinausgingen. Die chaotischen Verhältnisse im militärischen Beschaffungswesen im ersten Stadium des Krieges, die einzelnen Produzenten und Händlern hohe Gewinne einbrachten, lösten Maßnahmen aus, die zwangsläufig zu Konflikten mit industriellen Kreisen führen mußten. Die Auseinandersetzungen um die vom Ministerium verlangte Offenlegung der Selbstkosten und um die Höhe der zuzubilligenden Gewinnspannen ist nie völlig ausgetragen worden, zumal im Ministerium selbst unterschiedliche Tendenzen vorhanden waren, und weil es die Industrie verstand, andere militärische Institutionen für ihre Ansichten zu gewinnen, so zum Beispiel die 3. OHL. Der während der gesamten Kriegsdauer anhaltende Spannungszustand zwischen dem preußischen Kriegsministerium und der Industrie hatte jedoch seinen tiefsten Grund in der sich ständig steigernden Einflußnahme des Ministeriums auf den Arbeiterbestand der Industrie durch Einberufungen und Reklamationen großen Stils, die sich zwangsläufig aus den personellen Anforderungen der Kriegführung ergaben. Arbeiterfragen dieses

Ausmaßes zwangen zur Zusammenarbeit mit den Gewerkschaften, die ihrerseits sozialpolitische Forderungen und Ziele mit ins Spiel brachten. Trotz aller innerer Hemmungen und über manche scharfen Auseinandersetzungen hinweg ist das preußische Kriegsministerium den Weg des Einvernehmens mit den Gewerkschaften gegangen und hat sich oft genug ursprünglich gewerkschaftliche Forderungen zu eigen gemacht und sie gegenüber den Arbeitgebern mit Nachdruck vertreten.

Mit der Übernahme der Obersten Heeresleitung durch Hindenburg und Ludendorff entfaltete diese Institution, vor allem in Gestalt des für Material- und Ersatzfragen zuständigen Offiziers, des Obersten Max Bauer, eine zeitweise hektische und vor allem mit dem Kriegsministerium nicht koordinierte Aktivität, die sich in der Folge im sogenannten Hindenburg-Programm und dem Hilfsdienstgesetz konkretisierte. Die im Hindenburg-Programm projektierte enorme Steigerung der industriellen Produktion von Rüstungsgütern war eine mit Unterstützung maßgebender Industrieller an das Kriegsministerium gerichtete Forderung der OHL, für deren wichtigste Voraussetzung, der Dispositionsmöglichkeit über eine entsprechende Zahl von Arbeitskräften, sie Vorstellungen entwickelte, die weder vom Kriegsministerium noch von den zuständigen Reichsbehörden gebilligt werden konnten. Die Ausdehnung der Wehrpflicht (vom 17. bis zum 60. Lebensjahr) sollte die zwangsweise Mobilisierung aller Arbeitskräfte und ihren Einsatz an bestimmten Schwerpunkten der industriellen Fertigung ermöglichen, das heißt die Freizügigkeit sollte aufgehoben werden. Angesichts der parlamentarischen Verhältnisse im Reichstag war ein solches Programm nicht zu verwirklichen.

Generalleutnant Wilhelm Groener, der von der OHL zum Aufbau des neu zu bildenden Kriegsamtes ausersehen war, erkannte, daß das Ziel nur in enger Zusammenarbeit mit den Gewerkschaften, das heißt unter Ablehnung des Gedankens einer vollständigen Militarisierung des Wirtschaftslebens, zu erreichen war. Das Hilfsdienstgesetz vom 5. Dezember 1916 entsprach den gewerkschaftlichen Forderungen weitgehend und beteiligte ihre Organisationen an einer Vielzahl von Instanzen, die zur Durchführung des Gesetzes errichtet wurden. Groener, an der Spitze des mit Vollmachten gegenüber den Stellvertretenden Kommandierenden Generalen ausgestatteten Kriegsamtes innerhalb des preußischen Kriegsministeriums, war entschlossen, den Boden des Gesetzes nicht zu verlassen, den Zwang nur als ultima ratio zu benützen und die Freizügigkeit nur für die Gruppe der aus der Armee Reklamierten zu beschränken. Dieser Kurs und die zum Beispiel von Staatssekretär Helfferich vorausgesehene relative Ineffektivität des ganzen Unternehmens sowie die unverhältnismäßig große Schwerfälligkeit des aufgeblähten bürokratischen Apparates brachten Groener schon zu Beginn des Jahres 1917 in heftigen Gegensatz zur Industrie sowie zur OHL. Sein Sturz war besiegelt, als er sich Ende Juli 1917 ein Memorandum eines seiner Mitarbeiter zu eigen machte und dem Reichskanzler vorlegte, das nichts weniger forderte als die staatliche Kontrolle der industriellen Preisbildung, um einer von der OHL und der Industrie gewünschten Reform des Hilfsdienstgesetzes in Richtung auf eine Beschränkung der Freizügigkeit und eine damit gekoppelte Unterbindung gewerkschaftlicher Lohnforderungen mit Aussicht auf Erfolg nähertreten zu können. Sein Nachfolger, Generalmajor Scheüch, hielt sich von Reformen in dieser oder jener Richtung fern und versuchte, zusammen mit dem preußischen Kriegsminister, der darauf bedacht war, das Kriegsamt wieder völlig dem Kriegsministerium zu inkorporieren, eine gewisse ausgleichende Stetigkeit und Zurückhaltung in den Maßnahmen des Kriegsamtes zu üben. Die am 15. November 1918 von den Vertretern der Gewerkschaften und der Arbeitgeberverbände gegründete Zentralarbeitsgemeinschaft, in der die Hauptforderungen der Gewerkschaften (Kollektive Arbeitsverträge, Achtstundentag) nun auch von den Arbeitgebern anerkannt wurden, ist nicht denkbar ohne die vom preußischen Kriegsministerium und vom Kriegsamt geleistete Vorarbeit.

Trotz solch erschwerender Umstände konnte die Industrie die immer höheren militärischen Rüstungsprogramme wenigstens einigermaßen erfüllen, wobei zu vermerken ist, daß sie auch für die Verbündeten mitzuarbeiten hatte. Bei der Frühjahrsoffensive von 1918 machte sich jedoch ein fühlbarer Mangel an Gummi, Treibstoff und Transportmitteln bemerkbar. Zu spät wurde die Bedeutung des Kampfwagens von der Obersten Heeresleitung erkannt. Seine Produktion konnte infolge Überbeanspruchung der Industrie mit anderen dringenden Rüstungsaufträgen erst zu spät aufgenommen werden. Die Versorgung mit Waffen und Munition blieb 1918 noch einigermaßen zufriedenstellend.

c. Wirtschaftskrieg

Die Verbindung von militärischer mit wirtschaftlicher Kriegführung lag in der angelsächsischen Tradition. Seestrategisch war die Verhängung der englischen Fernblockade im November 1914 ein meisterhafter Zug, der alle Berechnungen der deutschen Seekriegsleitung über den Haufen warf und die Hochseeflotte für aussichtsreiche Operationsmöglichkeiten gegen die doppelt so starke englische Seemacht ziemlich lahm legte. Wirtschaftlich traf sie Deutschland unvorbereitet, das auf die Einfuhr von Rohstoffen und Nahrungsmitteln angewiesen war. Entscheidend war dabei, daß sich England in der Art und Weise der Blockadedurchführung über die geltenden Anschauungen des Völkerrechts hinwegsetzte. Es intensivierte den Wirtschaftskrieg mit allen Mitteln, dehnte den festgelegten Konterbandebegriff nach und nach auf alle Waren und sogar die Lebensmittel aus, mißachtete Eigentums-, Patent- und Urheberrechte und kontrollierte und verhinderte durch ein ausgeklügeltes System selbst den Handel der neutralen Nachbarn Deutschlands, das von 1916 an nahezu ganz abgeschnürt war. Zu dem gleichen Vorgehen bewog England auch seine Alliierten und ließ sich trotz Protesten neutraler Staaten, darunter auch der USA, die in ihren Handelsbeziehungen dadurch in Mitleidenschaft gezogen wurden, nicht beirren.

Deutschland schlug als Gegenmaßnahme im Februar 1915 mit der Erklärung des Handelskrieges gegen England durch U-Boote zurück, den es ebenfalls unter Außerachtlassen der Völkerrechtsbestimmungen führte. Proteste der USA veranlaßten die Reichsregierung zur Einstellung des verschärften U-Boot-Krieges, um einen Bruch mit den USA zu vermeiden. Am 9. Januar 1917 ließ sich jedoch der Kaiser unter dem Druck der 3. OHL zur Aufnahme des uneingeschränkten U-Boot-Krieges bestimmen. Es war die folgenschwerste Entscheidung des Krieges, getroffen nach einem ungewissen militärischen Kalkül und in vollkommener Fehleinschätzung der unbegrenzten Machtmittel der USA, die daraufhin in den Krieg eintraten.

Die englische Wirtschaftsblockade hat ihre stärkste Wirkung nicht auf die industrielle Produktion der Rüstungsgüter, sondern auf die Ernährungslage ausgeübt. Trotz Kontingentierung aller Lebensmittel konnte die nach Arbeitsart gestaffelte Zuteilung für Normalverbraucher infolge schlechterer Ernten, die zum Teil durch Mangel an Arbeitskräften und Kunstdünger verursacht wurden, zeitweise noch nicht einmal den für das Existenzminimum nötigen Bedarf dekken. In den Kriegsjahren starben in Deutschland mehr als eine dreiviertel Million an Entkräftung und Hunger. Auch die Verpflegung der Truppe war recht dürftig. Die ab 1917 sich bemerkbar machende seelische Zermürbung der Heimat ist zu einem großen Teil auf diesen Notstand zurückzuführen.

d. Psychologischer Krieg

Das Ringen der in den Krieg verwickelten Völker griff von Beginn an auch auf das geistige Gebiet über durch eine systematisch betriebene und sich ständig steigernde Propaganda, die auf dem hohen Entwicklungsstand des modernen Nachrichten- und Pressewesens beruhte und nun zum erstenmal als wirkungsvolle Waffe auftrat. Es ging darum, den Kriegswillen und die seelische Widerstandskraft des eigenen Volkes aufzustacheln und wachzuhalten und zugleich die Moral der Gegner zu lähmen und zu zermürben.

Deutschland war auch auf diesem Feld seinen westlichen Feinden unterlegen, da die militärische und politische Führung Wesen und Bedeutung dieses Kampfmittels anfangs nicht erkannten und später in der Handhabung dieser Waffe wenig psychologisches Einfühlungsvermögen bewiesen, so daß der Vorsprung der Gegner allein in dieser Beziehung nicht mehr aufzuholen war. Im Gegensatz zu Frankreich und England hatte Deutschland vor dem Kriege keine regelrechte Kulturpropaganda im Ausland betrieben. Belastend kam hinzu die Zersplitterung des amtlichen Presse- und Propagandadienstes, die noch aus der Friedenszeit stammte und damals trotz mehrfacher Versuche nicht beseitigt werden konnte. Das Auswärtige Amt besaß für seine Aufgaben ein Pressereferat, dessen sich der Reichskanzler zumeist auch für innenpolitische Angelegenheiten zu bedienen pflegte. Die hohen Reichsämter sowie das preußische Innenministerium verfügten über eigene Pressedezernate zur Information der Öffentlichkeit über ihre Gebiete. Diese arbeiteten jedoch ohne Zusammenhang und Abstimmung miteinander, jede für sich. Von den militärischen Führungsstellen hatte nur das Reichsmarineamt eine Nachrichtenabteilung. Dem preußischen Kriegsministerium war eine beantragte Presseabteilung kurz vor dem Kriege vom Reichstag nicht bewilligt worden, so daß es sich bei Bedarf mit einem auch für Presseangelegenheiten zuständigen Offizier begnügen mußte. Ebensowenig verfügte der Große Generalstab über eine solche Stelle.

Mit der Erklärung des Kriegszustandes durch den Kaiser am 31. Juli 1914 komplizierte sich die Situation noch durch die Bestimmungen des nunmehr in Kraft tretenden preußischen Gesetzes über den Belagerungszustand vom 4. Juni 1851. Das Gesetz übertrug die gesamte vollziehende Gewalt dem örtlich zuständigen Militärbefehlshaber, das heißt den Stellvertretenden Kommandierenden Generalen in den Armeekorpsbereichen, den Gouverneuren größerer und den Kommandanten der kleineren Festungen (insgesamt 54 – mit Ausnahme Bayerns), die alle für ihre Handlungen allein dem Kaiser verantwortlich waren. Darüber hinaus besaßen diese Militärbefehlshaber das Recht, selbständig den verschärften Belagerungszustand zu verhängen und damit die verfassungsmäßig garantierten Grundrechte aufzuheben; ganz abgesehen von der sich herausbildenden und von der Rechtsprechung sanktionierten Praxis, durch Verbote im Interesse der öffentlichen Sicherheit tief in den bestehenden Rechtszustand einzugreifen. In den ersten Monaten des Krieges leisteten zudem die vor dem Kriege ergangenen Erlasse des preußischen Kriegsministeriums, in denen die Verhängung des Belagerungszustandes vornehmlich als innenpolitisches Kampfmittel erläutert und den Truppenbefehlshabern sowie den Kommandanten weitgehend Selbständigkeit zugebilligt worden war, der Zersplitterung der Verantwortlichkeit noch Vorschub, so daß es vorkommen konnte, daß einzelne Garnisonkommandeure aus eigener Verantwortung den verschärften Belagerungszustand verhängten.

In diesem Rahmen vollzog sich die im Laufe des Krieges immer wichtiger werdende Beeinflussung der öffentlichen Meinung durch Zensur und Propaganda. In Berlin ergab sich für den Stellvertretenden Generalstab, das Reichsmarineamt, das Oberkommando in den Marken sowie das Auswärtige Amt schon in den ersten Augusttagen 1914 die Notwendigkeit, mit den dortigen Pressevertretern Informationen auszutauschen und allgemeine Direktiven zu geben. Daraus entwickelte sich die im weiteren Verlauf des Krieges mehr und mehr Bedeutung gewinnende, mehrmals wöchentlich stattfindende Pressekonferenz, die spätere Reichspressekonferenz. In der Provinz jedoch war die Presse den divergierenden Bestimmungen der einzelnen Militärbefehlshaber unterworfen, die zudem in organisatorischer Hinsicht die Zensurausübung ganz unterschiedlich geregelt hatten. So waren die unteren Polizeiorgane, Bürgermeister, Stadtverwaltung einerseits, Bezirks- und Garnisonkommandos andererseits örtlich für die Zensurhandhabung verantwortlich. Eine nach einheitlichen Grundsätzen handelnde, zentral gesteuerte Zensur kam während des Krieges über Ansätze nicht hinaus. Die im Oktober 1914 geschaffene Oberzensurstelle innerhalb des Stellvertretenden Generalstabes blieb zunächst ganz auf eine gutachtende Tätigkeit gegenüber den Presseabteilungen der Stellvertretenden Generalkommandos beschränkt, trug damit aber im Laufe der Zeit zu einer Vereinheitlichung der Zensurpraxis bei. Auf der anderen Seite wurde der Apparat der Oberzensurstelle von den Berliner Zentralstellen benützt, um in Empfehlungen an die örtlichen Zensurstellen ihre politischen Maßnahmen zu stützen. So war auch die Oberzensurstelle zum Teil sehr konträren Einflüssen ausgesetzt, bis auch sie im April 1917 zum alleinigen Instrument der 3. OHL wurde.

Diese Form der von ihrer Organisation her fragwürdigen, von partikularen Gewalten beherrschten Zensurausübung wurde von Beginn des Jahres 1915 an von allen Parteien des Reichstages mit Hartnäckigkeit bekämpft und auch von den zentralen Reichs- und Landesbehörden heftig kritisiert, denn auch ihnen – selbst dem Reichskanzler – war eine bestimmende Einflußnahme verwehrt. Es kann jedoch als symptomatisch gelten, daß weder von ziviler noch von militärischer Seite ein mit Energie und Zielstrebigkeit unternommener Versuch gemacht wurde, hier grundsätzlich Wandel zu schaffen. Erst durch den Kaiserlichen Erlaß vom 15. Oktober 1918 wurde der Obermilitärbefehlshaber, der seit Dezember 1916 eine durch Gesetz begründete, beschränkte Aufsichts- und Beschwerdefunktion wahrnahm, mit der Weisungsbefugnis gegenüber den Militärbefehlshabern auch hinsichtlich der Handhabung des Kriegszustandes ausgestattet.

Das System der weitgehend unabhängigen Militärbefehlshaber wirkte sich auf dem Gebiet der Inlandspropaganda weniger negativ aus. Die Notwendigkeit einer positiven Beeinflussung der öffentlichen Meinung stellte sich zu Anfang des Jahres 1916 heraus, als die Lebensmittelversorgung für die breite Masse der Bevölkerung schwieriger wurde und die Erwartung eines baldigen Kriegsendes dahinschwand. Noch vor der entscheidenden psychologischen Wende des Krieges, der Schlacht von Verdun, erkannte daher das bayerische Kriegsministerium Anfang Februar 1916 die Dringlichkeit einer mit den Zivilbehörden zu gestaltenden und durch diese durchzuführenden Propaganda unter der Parole des „Durchhaltens". Das preußische Kriegsministerium wandte sich mit ähnlichen Vorschlägen Anfang März des Jahres an die preußischen Ministerien. Eine entsprechende Organisation kam jedoch über erste Ansätze nicht hinaus. Mit der Übernahme der OHL durch Hindenburg und Ludendorff trat auch hier ein merkbarer Wandel ein. Zunächst wurde in Verhandlungen mit den beteiligten Reichsbehörden erreicht, daß die Erörterung der Kriegsziele Ende November 1916 für die öffentliche Diskussion freigegeben wurde, eine Maßnahme, die dem bisherigen Konzept des Reichskanzlers nicht entsprach und vor allem den lautstarken, annexionistischen Kreisen zugute kommen sollte. Auf der anderen Seite wurde die Arbeit des im Oktober 1915 gegründeten Kriegspresseamtes durch die Angliederung einer besonderen Propagandaabteilung aktiviert und die Einwirkung auf die öffentliche Meinung durch verschiedene, seit langem vorbereitete Zeitungskorrespondenzen sowie sonstigen Veröffentlichungen jeder Art in breiter Front intensiviert. Im Frühjahr 1917 schließlich wurde auch die

Organisation der Inlandspropaganda den Stellvertretenden Generalkommandos überantwortet, die nun eine politisch sehr unterschiedlich gefärbte Propaganda betrieben.

Von einigen Stellen war frühzeitig erkannt worden, daß auch das Feldheer nach den Schlachten von Verdun und an der Somme einer derartigen Betreuung bedurfte. Unter dem Eindruck der russischen Februar-Revolution entschloß sich die OHL im Juli 1917 zur Einrichtung des „vaterländischen Unterrichts" bei allen Truppeneinheiten. Mit großem Aufwand betrieben, angefeindet von den Linksparteien des Reichstages, scheiterten beide Aktionen vor allem an der geistigen Ausrichtung der Propaganda, die von dem herrschenden bürgerlichen, national-konservativen Geschichtsbild bestimmt war und daher die Kreise, auf die es im Zeichen des totalen Krieges ankam, nicht erreichte. Wie wenig man sich darüber Rechenschaft gab, zeigte sich vor allem an der militärischen Nachrichtengebung nach Beginn der Offensive im Westen. Nach den ersten Enttäuschungen im April und Mai 1918, als der große, entscheidende Erfolg ausgeblieben war, erreichte die in Meldung und Kommentar weiterhin Siegeszuversicht ausstrahlende Informationspolitik des Kriegspresseamtes nur noch die bürgerlichen Kreise des Volkes, deren seelischer Zusammenbruch im Oktober 1918 die aus der militärischen Niederlage entstandene Krise wesentlich verschärfte.

Bemühungen zur einheitlichen Steuerung der deutschen Propaganda im In- und Ausland gingen von verschiedenen Seiten, darunter auch schon von der 2. OHL unter General v. Falkenhayn aus, in dessen Amtszeit die „Militärische Stelle des Auswärtigen Amtes" am 1. Juli 1916 unter Oberst v. Haeften eingerichtet wurde, um in Zusammenarbeit mit diesem Amt und dem Reichskanzler die Auslandspropaganda zu intensivieren und der schon spürbaren feindlichen Propaganda bei den Neutralen entgegenzuwirken. Diese militärische Stelle war der Obersten Heeresleitung unterstellt, aber dem Auswärtigen Amt angegliedert, das für diese Tätigkeit zuständig blieb. Energisch drängte die 3. OHL bei Reichskanzler v. Bethmann Hollweg und dessen Nachfolgern auf die Schaffung einer autoritativen Führungszentrale für den geistigen Kampf. Sie wies auf das englische Vorbild hin, nämlich die Errichtung eines besonderen Informationsministeriums, womit dem bekannten Zeitungsmagnaten Lord Northcliffe die Leitung der gesamten Auslandspropaganda übertragen wurde.

General Ludendorff war sich der Wichtigkeit der psychologischen Kriegführung durchaus bewußt. Er benutzte das Kriegspresseamt zu einer aktiveren geistigen Einwirkung auf Front und Heimat, das mit gängigen Mitteln, wie Flugblättern, Bezirkspressebesprechungen, Vorträgen, Filmen, Plakaten arbeitete. Aber die Bestrebungen nach einheitlicher und zielbewußter Leitung des Propagandakrieges scheiterten letzthin vor allem an den starken Gegensätzen zwischen der militärischen und politischen Führung, die in der immer schwierigeren innenpolitischen Problematik mit den gewandelten Mehrheitsverhältnissen im Reichstag begründet waren. Hierauf hatte der Reichskanzler Rücksicht zu nehmen, während die OHL hierfür kein Verständnis aufbrachte und natürlich auf den maßgebenden Einfluß auch auf diesem Gebiet nicht verzichten wollte.

Der Krieg ist vor allem von der englischen Regierung sogleich als Kampf demokratischer und fortschrittlicher Mächte im Dienst der Kultur und Humanität gegen ein autokratisches System und den preußischen Militarismus proklamiert worden, die sich anschickten, Europa zu unterjochen. Die unglücklichen deutschen Kriegserklärungen an Frankreich und Rußland, die Verletzung der belgischen Neutralität und manches andere mußten dazu herhalten, das Reich als Angreifer abzustempeln und in diesem Sinne alle neutralen Staaten gegen Deutschland mittels des weltumspannenden englischen Nachrichtendienstes einzunehmen, was aber nicht überall gelang. Die alldeutschen Kriegsziele lieferten natürlich dieser Propaganda eine willkommene Bestätigung, desgleichen der Frieden von Brest-Litowsk mit Rußland. Die französische Propaganda verwandte vor allem sehr geschickt Hetzschriften deutscher Emigranten. Präsident Wilson, ein Moralist aus innerer Überzeugung, hat das amerikanische Volk durch einen großen Werbefeldzug zum Kampf für seine Ideale gegen die rückschrittlichen Mächte in eine Art Kreuzzugstimmung hineinreißen können. Deutschland konnte solchen zugkräftigen Parolen nichts Gleichwertiges entgegensetzen. Nur an der russischen Front erzielte die deutsche Propaganda 1917 gute Erfolge. Die feindliche Propaganda begann aber erst stärker auf einen Teil des Volkes zu wirken, als im Sommer 1918 alle Aussichten geschwunden waren, den militärischen Sieg über die Gegner zu erringen.

3. Probleme der Obersten Kriegsleitung

a. Militärpolitischer Dualismus und Antagonismus in Deutschland

In seinem Werk „Vom Kriege" hat Clausewitz den Grundsatz vom absoluten Vorrang der Politik in der Kriegführung mit geradezu klassischen Formulierungen, unterbaut durch eine logisch-schlüssige Beweiskette, aufgestellt. Während aber seine Lehren auf dem spezifisch militärischen Gebiet von den Führungs- und Generalstabskreisen der preußisch-deutschen Armee gründlich studiert und zum großen Teil übernommen wurden, fand seine Maxime über das Verhältnis von Politik und Kriegführung nicht die ihr zukommende Würdigung und wurde in ihren Konsequenzen bis 1914 nicht weiter durchdacht und geklärt.

Schon Generalfeldmarschall Graf von Moltke war in dieser Beziehung von dem sonst hochgeschätzten Kriegsphilosophen abgewichen und hatte in dem Deutsch-Französischen Krieg von 1870/71 mit seinen Generalstabsoffizieren die Auffassung vertreten, daß die Politik in den militärischen Ablauf eines Feldzuges nicht einzugreifen und erst bei Beendigung desselben wieder in Aktion zu treten habe. Daraus entwickelten sich bekanntlich heftige Kontroversen mit der politischen Leitung. Der übermächtigen Autorität Bismarcks und der Einsicht König Wilhelms I. war es zu danken, daß der Feldherr sich beschieden hatte. Es war ungewiß, wie sich das Verhältnis zwischen Staatsmann und Feldherrn in einem kommenden großen Krieg gestalten würde in Anbetracht der nur dem Kaiser, aber nicht dem für die Politik allein verantwortlichen Reichskanzler unterstellten bewaffneten Macht.

Die Gesamtkriegsleitung lag nach dem Modell von 1870/71 bei dem Kaiser, dem Reichskanzler, dem Chef des Generalstabes des Feldheeres und der bis zum 1. August 1918 noch aufgesplitterten Marineführung. Der preußische Kriegsminister als verantwortliche Instanz für die personelle Ergänzung und materielle Rüstung des Heeres rechnete nicht unmittelbar dazu, trotz seiner selbständigen Stellung und der enormen Ausweitung seines Zuständigkeitsbereiches durch hochwichtige kriegswirtschaftliche Aufgaben. In diesem Gremium war der Monarch mit seinen großen Vollmachten die einzige nicht auswechselbare Größe. Wenn Kaiser Wilhelm II. auch die ihm zufallende Schlüsselstellung nicht auszufüllen vermochte, so konnten die wichtigsten Entscheidungen politischer und militärischer Art doch nur mit seiner Zustimmung getroffen werden, um die bei gegensätzlicher Auffassung seiner Berater oft hart gerungen wurde. In der Landkriegführung enthielt er sich einer Einmischung und ließ seinen Generalstabschefs freie Hand in der Durchführung der Operationen nach Entgegennahme ihrer Vorträge. Maßgebend wirkte er dagegen auf die Seekriegführung ein.

Auf Vorschlag seines Militärkabinetts ernannte er an Stelle des nach dem Verlust der Marne-Schlacht zusammengebrochenen Generalobersten v. Moltke Mitte September 1914 den bisherigen Kriegsminister, General v. Falkenhayn, zum neuen Chef des Generalstabes des Feldheeres, was nach Lage der Dinge gleichbedeutend war mit der Obersten Heeresleitung. Nach seiner Ernennung zum Generalstabschef behielt Falkenhayn das Amt des Kriegsministers zur Vermeidung von Differenzen zunächst bei, bis der Kanzler am 20. Januar 1915 dessen Abgabe erreichte, sowohl aus verfassungsrechtlichen Gründen wie aus dem Bestreben, dem führenden Soldaten nicht zu viel Macht einzuräumen. Der Kaiser deckte ihn mit seiner Autorität gegen bald einsetzende Angriffe hoher und höchster politischer und militärischer Stellen, so des Reichskanzlers v. Bethmann Hollweg, des Kronprinzen Ruprecht von Bayern, von Mitgliedern der eigenen Familie und vor allem der neuen militärischen Sterne Hindenburg und Ludendorff, die mit allen Mitteln Falkenhayns Abberufung wegen fehlender Qualifikation betrieben.

Der 1861 geborene Falkenhayn hatte eine glänzende militärische Karriere im Front- und Generalstabsdienst gemacht. Einer sechsjährigen Tätigkeit in Ostasien von 1896 an, die ersten drei Jahre als Lehrer an einer chinesischen Militärschule und anschließend als Generalstabsoffizier im Boxerfeldzug und in der Ostasiatischen Brigade im neuerworbenen Pachtgebiet Kiautschou, verdankte er wohl einen weiten Gesichtskreis und das Vertrautsein mit militärpolitischen Angelegenheiten im Verkehr mit anderen Mächten. Früh muß er die Aufmerksamkeit höchster Stellen erregt haben. Mit 52 Jahren wurde er 1913 Kriegsminister und verteidigte die Armee energisch in der Zabern-Affäre. Falkenhayn war eine blendende Offiziererscheinung von weltmännischer Haltung, sehr selbstbewußt, nervenstark und souverän, aber verschlossen, begabt mit einem scharfen Verstand. In der Behandlung des Kaisers verriet Falkenhayn psychologisches Feingefühl. Er trat immer hinter ihn zurück, um dessen Würde zu wahren, und verschmähte ein persönliches Hervortreten. Dienstjünger als jeder Kommandierende General, geschweige denn ein nichtfürstlicher Armeeführer, war seine Stellung schwierig.

Seine strategischen Fähigkeiten sind umstritten. Das kritische Urteil über ihn in dem amtlichen Reichsarchivwerk wird seinen Leistungen nicht gerecht. Der große militärische Führer war er nicht, dessen Deutschland bedurft hätte. Die Ypern-Schlacht im Herbst 1914 und die Verdun-Offensive 1916 waren Fehlschläge, die Zurückwerfung Rußlands und die Ausschaltung Serbiens 1915 Erfolge. Nach seiner Ablösung als

Generalstabschef bewährte er sich als Armeeführer im Rumänien-Feldzug. An politischem Weitblick übertraf er seine schärfsten Widersacher und Nachfolger Hindenburg und Ludendorff.

Falkenhayn sah die Lage nach der gescheiterten Westoffensive 1914 illusionslos, wollte auch die Öffentlichkeit über den Ernst der Lage aufklären, was der Kanzler nicht zuließ. Er bewog diesen, mit Rußland Sondierungen über einen Sonderfrieden zu günstigen Bedingungen aufzunehmen, die ergebnislos waren. An den Versuchen, Italien neutral zu halten, war er auch mit Geschick beteiligt. Maßgebenden Anteil hatte er an der Gewinnung Bulgariens als Bundesgenossen. Den Kanzler unterstützte er bei der Ablehnung der ersten Versuche der Marine im Jahre 1915, einen möglichst unbeschränkten U-Boot-Krieg zu führen. Ein Jahr später wechselte er in Verbindung mit der von ihm geplanten Verdun-Offensive seinen Standpunkt und trat dafür ein, mußte aber erleben, daß sich der Kanzler beim Kaiser gegen Heeres- und Marineleitung durchsetzte. Den extremen Kriegszielen stand er mit seinem nüchternen Sinn für Möglichkeiten fern, in innenpolitische Angelegenheiten mischte er sich nicht ein.

Endlich in kritischer militärischer Lage am 29. August 1916 berief Wilhelm II. die 3. OHL mit Generalfeldmarschall v. Hindenburg als Chef des Generalstabes des Feldheeres und General Ludendorff als Erstem Generalquartiermeister. Dieser neue Titel sollte die besondere Stellung des Generals gegenüber dem nur mit der Versorgung des Feldheeres beauftragten Generalquartiermeister bei der OHL hervorheben. Ludendorff hatte sich außerdem als weiteres Novum in der Geschichte des Generalstabes die volle Mitverantwortung für die Entschließungen der OHL ausbedungen. Die neue Spitze erfreute sich beim Heer und in der Heimat eines fast schon legendären Rufes und Ruhmes. Gestützt auf dieses Vertrauen, begegnete sie auf keiner Seite in der Durchführung der von ihr für notwendig gehaltenen militärischen Maßnahmen Schwierigkeiten in der Landkriegführung.

Für die Übernahme der Obersten Heeresleitung durch Hindenburg und Ludendorff hatte sich der Kanzler eingesetzt, weil er von ihren überragenden militärischen Führerqualitäten nach ihren großen Waffenerfolgen im Osten überzeugt war. Ihm schien auch ihre Berufung im Hinblick auf das große Vertrauen und die Verehrung, die beide im Heer und in der Heimat genossen, einfach psychologisch zur Stärkung der Zuversicht und des Willens zum Durchhalten erforderlich. Darin täuschte er sich nicht, jedoch trog seine Hoffnung, an ihnen eine Stütze für seine außenpolitischen Bestrebungen nach einem bescheidenen Frieden gegen die ausschweifenden Annexionsforderungen maßgebender Kreise und für nicht aufschiebbare innenpolitische Reformen gegen seine politischen Gegner von rechts zu finden.

Hindenburg, 1847 geboren und Zögling des Kadettenkorps, nahm an den Kriegen von 1866 und 1870/71 teil und absolvierte mit einem vorzüglichen Zeugnis die Kriegsakademie. In schnellem Vorrücken durchlief er die Stufen der militärischen Hierarchie mit dem üblichen Wechsel von Front- und Generalstabsdienst (darin eingeschlossen eine vierjährige Tätigkeit als Abteilungsleiter im preußischen Kriegsministerium) und erreichte 1903 den Rang eines Kommandierenden Generals. Die Qualifikationsberichte des älteren Moltke, Waldersees und Schlieffens sprachen ihm die Befähigung zu den höchsten Führerstellen der Armee zu. Er rechnete zu den Kandidaten für die Nachfolge Schlieffens als Chef des Generalstabes der Armee. Im Jahre 1911 erhielt er den Abschied. Bei Kriegsausbruch stellte er sich zur Verfügung und wurde am 22. August 1914 zum Oberbefehlshaber der 8. Armee in Ostpreußen ernannt. Als Chef seines Generalstabes war der ihm bisher unbekannte Generalmajor Ludendorff ausersehen. Von diesem, nicht von dem 67jährigen neuen Oberbefehlshaber, erhoffte man sich in der Obersten Heeresleitung eine Wendung zum Besseren, die eintrat und den Namen Hindenburg seit der Vernichtungsschlacht von Tannenberg Ende August 1914 und weiteren großen Siegen zum Symbol der Hoffnung des Volkes auf einen guten Ausgang werden ließ. Am 27. November 1914 erfolgte seine Ernennung zum Generalfeldmarschall. Nach seinem Werdegang im Frieden und den Leistungen im Kriege stand Hindenburgs militärische Befähigung außer Frage. Seinem 18 Jahre jüngeren Stabschef und späteren Ersten Generalquartiermeister ließ er weitgehende Handlungsfreiheit. An der unerschütterlichen Gelassenheit und Erfahrung dieser in sich ruhenden Persönlichkeit mit der wuchtigen Erscheinung fand selbst ein Ludendorff zuweilen Halt. Beide ergänzten sich vorzüglich und arbeiteten bis zu Ludendorffs Entlassung am 26. Oktober 1918 einmütig zusammen. Hindenburg war an und für sich keine politische Natur, nur Soldat, der in den monarchisch-konservativen Anschauungen des preußischen Offiziers wurzelte. Den an ihn herangetragenen außen- und innenpolitischen Problemen stand er mit seiner soldatischen Sinnesart im Grunde ohne tiefere Einsicht in die verwickelten Zusammenhänge gegenüber. Aufgrund seiner militärischen Verantwortlichkeit billigte er angesichts der Kriegslage das Übergreifen der Heeresleitung auf das politische Gebiet und unterstützte es mit dem Gewicht seines Namens. Als der Kaiser nach dem Zusammenbruch in das Exil ging und ihm das Kommando über das Feldheer übertrug, stellte er sich der provisorischen Regierung zur Verfügung. Sein ungebrochenes Ansehen verhinderte zu einem guten Teil eine chaotische Auflösung des Heeres und ermöglichte die Zurückführung der noch weit außerhalb der Reichsgrenzen stehenden Streitkräfte innerhalb der von den Siegermächten gestellten knappen Frist.

Ludendorff, 1865 geboren, im Kadettenkorps erzogen, gehörte nach Absolvierung der Kriegsakademie die meiste Zeit bis 1914 dem Generalstab an, doch sind ein mehrjähriges Kommando bei der Marineinfanterie mit Bordkommandos und ein vierteljähriger Studienaufenthalt in Rußland erwähnenswert. Besondere Bedeutung hatte seine Tätigkeit von 1904 bis 1913 in der berühmten 2. (deutschen) Abteilung des Großen Generalstabes – der Aufmarsch- und Operationsabteilung –, deren Chef er von 1908 an war. Generaloberst v. Moltke schätzte ihn sehr hoch. Bei der in dieser Zeit erfolgten Änderung des Schlieffen-Plans war Ludendorff beteiligt. Seine Rolle bei der großen Heeresvermehrung 1913 war maßgebend. Vor dem Kriege war er zuletzt Kommandeur einer Infanterie-Brigade. Bei Kriegsbeginn, zunächst Oberquartiermeister der 2. Armee, zeichnete er sich durch kaltblütige Entschlossenheit bei der Eroberung Lüttichs aus. Am 22. August 1914 wurde er zum Generalstabschef der 8. Armee in Ostpreußen ernannt. Moltke wußte nach seinen eigenen Worten keinen besseren Mann als ihn, um dort die Lage zu retten.

Ludendorffs große militärische Könnerschaft erwies sich in den Feldzügen gegen Rußland bis 1916, wo er schon den eigentlichen Mittelpunkt der Kriegführung innerhalb des wachsenden Befehlsbereichs Hindenburgs bildete. Das galt erst recht, als er mit diesem seit dem 29. August 1916 die gesamten Landkriegsoperationen mitverantwortlich zu leiten hatte. Es gab nichts im Heer, worum sich diese willensstarke und aktive Persönlichkeit neben der Bearbeitung der Operationen nicht gekümmert hätte, selbst um Ausbildungs-, Rüstungs-, Sozial- oder Wirtschaftsfragen, die zum Ressort des

Kriegsministers gehörten. Seine Arbeitskraft war erstaunlich, sein Organisationstalent groß.

In gleicher Weise schaltete er sich in die Politik ein und setzte auch auf diesem Gebiet den beherrschenden Einfluß der Obersten Heeresleitung durch. Das politische Denken dieses großen Soldaten war aber entsprechend seiner Veranlagung und Wesensart ganz einseitig militärisch bestimmt, kannte nur ein Entweder-Oder und wurde der Lage nicht gerecht, sowohl außen- wie innenpolitisch. Überzeugt von dem Vernichtungswillen der Gegner, glaubte er bis zum Sommer 1918 daran, eine Entscheidung zugunsten Deutschlands allein durch harte militärische Schläge herbeiführen zu können, ehe amerikanische Divisionen eingreifen konnten.

Der Kanzler geriet bald mit der neuen Heeresleitung in heftige Konflikte. Er beging den Fehler, nicht zurückzutreten, als sich der Kaiser am 9. Januar 1917 unter dem massiven Druck der Heeres- und Marineführung gegen seinen Rat für den uneingeschränkten U-Boot-Krieg entschied, womit der Kriegseintritt der USA in Kauf genommen wurde. Die Oberste Heeresleitung, das heißt Ludendorff, bekämpfte ihn wegen seines angeblichen Versagens in der notwendigen Zusammenfassung aller Volkskräfte, wegen seiner mangelnden Eignung zur kraftvollen Führung der Nation und zur Verwirklichung der Kriegsziele und nicht zuletzt wegen seiner geplanten innenpolitischen Reformen. Deshalb nötigte er schließlich den Monarchen Mitte Juli 1917 unter der Drohung zurückzutreten zur Entlassung Bethmann Hollwegs. Über die Rückwirkung dieses Schrittes auf die innenpolitischen Verhältnisse – Bethmann Hollweg arbeitete im Interesse der Einheit gut mit der größten Partei, der Sozialdemokratie, zusammen – ist sich Hindenburg nach seinem späteren Eingeständnis nicht klar gewesen. Durch den Sieg der Heerführer schien eine einheitliche Oberste Kriegsleitung gesichert, die allerdings entgegen Clausewitz bei der militärischen Führung lag. Kompetenzstreitigkeiten zwischen beiden Gewalten hörten bei den Nachfolgern Bethmanns zwar nicht auf, doch setzte die Heeresleitung bei Meinungsverschiedenheiten von Bedeutung wie im Frieden von Brest-Litowsk immer ihren Willen durch. Notfalls stellte sie den Kaiser vor die Alternative ihres Rücktritts. Das Heer war stärker als die Krone geworden. Erst als jede militärische Aussicht auf einen günstigen Ausgang geschwunden war, gab die Heeresleitung wieder das Heft an die politische Führung ab und beschränkte sich auf ihr eigenes Gebiet.

Staats- und Gesellschaftsstruktur boten die Voraussetzungen für die Vorherrschaft der militärischen Führung, zumal unter den Kriegsumständen. Politische und militärische Denkweise widerstritten einander und fanden zu keiner den Erfordernissen der Lage vernünftigen Lösung zusammen. Es fehlte Deutschland der Staatsmann von Format oder ein überragender militärischer Führer mit politischer Klugheit und Sinn für das Mögliche.

b. Oberste Kriegsleitung bei den Mittelmächten

Seit 1882 bestanden zwischen dem deutschen und österreichischen Generalstab mit Genehmigung der beiderseitigen Regierungen militärische Vereinbarungen über das erste Zusammenwirken ihrer Streitkräfte im Kriegsfall, an die bis zum Frühjahr 1914 auch die späteren Gegner Italien und Rumänien angeschlossen waren. Einen gemeinsamen Oberbefehl hatte man hierbei nicht in Erwägung gezogen. Die letzten Abmachungen zwischen den beiden Heeresleitungen von 1913/14 bestimmten die erste Phase des Krieges bis etwa Mitte September 1914. Sie ist gekennzeichnet durch das Mißglücken der deutschen Westoffensive und das Scheitern der österreich-ungarischen Offensiven gegen Rußland und Serbien unter schweren Verlusten. Erfolgreich schnitt nur die 8. deutsche Armee in Ostpreußen ab, die zwei überlegene russische Armeen vernichtend schlug. Eine Folge dieser Ereignisse war deutscherseits die Ablösung Moltkes durch Falkenhayn als Chef des Generalstabes des Feldheeres.

Im weiteren Verlauf blieb die Landkriegführung auf dem westlichen Kriegsschauplatz nach wie vor allein der deutschen Obersten Heeresleitung vorbehalten. Als Italien am 23. Mai 1915 in den Krieg eintrat und zwar zunächst lediglich gegen die Donau-Monarchie – zwischen Deutschland und Italien herrschte bis August 1916 aus wirtschaftlichen Gründen kein offizieller Kriegszustand – lag die Kriegführung dort ausschließlich bei dem der deutschen Heeresleitung entsprechenden österreich-ungarischen Armeeoberkommando. Dagegen waren beide Heeresleitungen für die Operationen an der Ost- und vom Herbst 1915 an auch an der Südostfront auf enge Zusammenarbeit angewiesen, da hier deutsche, österreich-ungarische und später auch bulgarische und türkische Truppen gemeinsam und zum Teil in gemischten Verbänden kämpften. Gemeinsames Planen und Handeln führte im Mai 1915 zu dem Durchbruch bei Tarnow – Gorlice, der in seiner Ausweitung die russische Heeresmacht weit zurückwarf, und im Herbst gleichen Jahres im Verein mit Bulgarien zur Niederwerfung Serbiens. Daneben gab es freilich viele Reibungen und Unzuträglichkeiten, die sich vor allem an Unterstellungsfragen entzündeten und mit Prestigekomplexen belastet waren. Zudem verstanden sich Falkenhayn und der militärisch hochbegabte österreich-ungarische Generalstabschef, General, später Feldmarschall Conrad v. Hötzendorf, wenig. Es war für Conrad bitter, oft den deutschen Bundesgenossen um Waffenhilfe zur Stützung der österreichischen Front angehen zu müssen.

Die nach dem mißlungenen Verdun-Unternehmen Falkenhayns und der fehlgeschlagenen Offensive Conrads gegen Italien gespannte Lage durch die Somme-Schlacht im Westen und die Brussilow-Offensive im Osten erforderte dringend eine einheitliche und übergreifende Änderung der Befehlsverhältnisse, die sich nicht nur auf die Ostfront erstreckte, sondern alle Kriegsschauplätze einbezog. Unter den gegebenen Umständen konnte nur ein deutscher Oberbefehl in Frage kommen, für den sich Bulgarien und die Türkei energisch verwandten und auch hohe österreichische Stellen unter gewissen Bedingungen eintraten. Am heftigsten widerstrebte Conrad dieser Lösung, in der er eine Beeinträchtigung der Großmachtstellung Österreich-Ungarns erblickte. Nach langen, schon von Falkenhayn eingeleiteten Verhandlungen wurde am 6. September 1916 eine „Oberste Kriegsleitung" geschaffen.

Aufgrund der von Hindenburg und Conrad unterzeichneten Bestimmungen, denen sich die Türkei und Bulgarien anschlossen, übernahm der deutsche Kaiser zur Sicherstellung einer einheitlichen Operationsführung der Zentralmächte und ihrer Verbündeten die Oberste Kriegsleitung, durch die jedoch Hoheitsrechte nicht berührt werden sollten. Ihm standen hierzu die Armeeoberbefehlshaber und deren Generalstabschefs zur Verfügung, die vor jeder wichtigen Entscheidung gehört werden mußten. Die dann getroffenen Entschließungen waren bindend und ergingen durch den deutschen Generalstabschef unter: „Für die Oberste Kriegsleitung". Ein geheimer Zusatzartikel nur für Österreich-Ungarn war beigefügt, in dem sich der Deutsche Kaiser verpflichtete, den Schutz und die Integrität der Gebiete der österreich-ungarischen Monarchie jener des deutschen Reiches gleichzuachten.

Gewiß brachte die Einrichtung dieser zentralen Führungsstelle eine Ausdehnung der Machtbefugnisse der OHL, die aber nicht überschätzt werden darf. In allen Fragen von Bedeutung war sie auf den Verhandlungsweg angewiesen, denn auf die Empfindlichkeit der Bundesgenossen mußte weitgehend Rücksicht genommen werden. Praktisch konnte die Oberste Heeresleitung weder exzentrische Operationen der Türkei verhindern noch allein anordnen, daß einige österreich-ungarische Divisionen aus der italienischen Front herausgezogen und an einer anderen Stelle eingesetzt wurden. Ihre eigentliche Bedeutung lag mehr darin, daß die Bundesgenossen noch mehr als früher in personeller und materieller Hinsicht von der deutschen Obersten Heeresleitung abhängig waren, die dadurch ihren Einfluß geltend machen konnte. Die gemeinsame österreich-ungarisch-deutsche Offensive im Herbst 1917 gegen Italien war von dem Nachfolger Conrads als Generalstabschef, General Arz v. Straußenburg, in Vorschlag gebracht worden. Für die deutsche Frühjahrsoffensive 1918 konnte Arz nur 46 schwere Batterien zur Verfügung stellen, da sein Monarch, der junge Kaiser Karl, aus politischen Gründen den Einsatz östereich-ungarischer Divisionen an der Westfront nicht wünschte. Erst im Sommer 1918 wurden vier österreich-ungarische Divisionen für die Westfront freigegeben. Eine rückblickende Betrachtung kommt zu dem Schluß, daß die Zentralmächte nach mancherlei für Koalitionskriege typischen Interessen- und Souveränitätskonflikten im dritten Kriegsjahre wohl zu einer beschränkten Oberkriegsleitung gelangten, die sich aber nur auf das rein militärische Gebiet erstreckte. Eine wirkliche politische Einheitlichkeit oder Gemeinsamkeit konnte nie herbeigeführt werden.

c. Die Führungsfragen bei den Alliierten

Im Unterschied zu den Mittelmächten unterlagen die militärischen Abmachungen der Entente gemäß ihrer staatlichen Struktur sowohl in der Vorkriegszeit wie während des Krieges den Direktiven ihrer politischen Führungen. In ihren Vereinbarungen vor dem Kriege war ebenfalls kein gemeinsamer Oberbefehl vorgesehen. Grundgedanke ihrer Kriegsplanung war der konzentrische Angriff auf die Mittelmächte. Zwischen England und Frankreich bestanden präzise Festlegungen über den Aufmarsch und die Versammlungsorte des englischen Expeditionsheeres, das am Nordflügel selbständig, aber im Einvernehmen mit dem französischen Oberbefehlshaber, General Joffre, zu operieren hatte. Rußland sollte eigentlich mit seiner Hauptmacht Deutschland angreifen, entschloß sich jedoch, sie gegen Österreich-Ungarn einzusetzen, da es mit diesem schwächeren Gegner schneller fertig zu werden hoffte und Serbien unterstützen wollte. Die englisch-französische Zusammenarbeit wurde anfangs durch den anscheinend unaufhaltsamen deutschen Vormarsch bis zur Marne einer harten Belastung ausgesetzt. General French, der englische Armeeführer, wollte schon hinter die Seine zurückgehen, als der englische Kriegsminister, Feldmarschall Kitchener, eingriff.

Durch den enttäuschenden Kriegsverlauf im Westen, Osten, Südosten und bei den Dardanellen im Jahre 1915 sahen sich die Alliierten zu einer besseren Koordinierung ihrer Maßnahmen und zu einer ersten Straffung in der Führung veranlaßt. Auf interalliierten Konferenzen wurde zunächst eine große, gemeinsame französisch-englische Offensive an der Somme für 1916 festgesetzt, die begleitet werden sollte durch Paralleloffensiven der Russen und Italiener, um ein Verschieben der deutschen Kräfte von einer Front zur anderen zu verhindern. Als auch diese Offensiven erfolglos waren, berief Frankreich General Joffre ab und ernannte General Nivelle zum neuen französischen Oberbefehlshaber. Für 1917 wurde ebenfalls ein strategischer Gesamtplan aufgestellt. Der neue englische Premierminister, Lloyd George, schaltete sich von nun an stärker in die Planungen ein. Er schlug einen interalliierten Generalstab vor und regte die Unterstellung englischer Truppen unter französisches Kommando zur Unterstützung der geplanten Offensive an, stieß aber damit auf die leidenschaftliche Ablehnung der englischen Generale. Durch das vollkommene Scheitern der Nivelle-Offensive mit den anschließenden Meutereien entstand eine schwere Krise, die durch die monatelange englische Flandern-Offensive aufgefangen wurde. Aber auch diese war unter schwersten Opfern erfolglos. Dazu kam die russische Revolution und die katastrophale Niederlage der Italiener im Herbst 1917, die das Eingreifen englischer und französischer Divisionen unter Marschall Foch zur Wiederherstellung der dortigen Lage nötig machte.

Frankreich drängte nun immer stärker auf Ernennung eines Generalissimus. Vorerst wurde ein „Interalliierter Oberster Kriegsrat“ eingerichtet, mit dem der Primat der Politik sichergestellt war. Es gab jedoch weiter starke Spannungen und Unstimmigkeiten innerhalb der politischen und militärischen Führungsstellen, so daß es zu durchgreifenden Entschlüssen noch nicht kam. Die englische Armee wollte sich einem französischen Oberkommando nicht unterstellen. Da brachte die deutsche März-Offensive von 1918 mit ihren großen Anfangserfolgen alle Kontroversen und Widerstände zum Verstummen. Es war vor allem der französische Ministerpräsident Clemenceau, der auf eine stärkere zentrale Führung drängte. In mehreren Konferenzen ab 26. März 1918 wurde Foch erst zum Oberbefehlshaber der ganzen Westfront ernannt, dem sich auch General Pershing mit den amerikanischen Truppen unterstellte. Es fehlte noch seine Ernennung zum Général en Chef, um die noch gerungen wurde. Die Erstürmung des Kemmel durch die deutschen Truppen und der Verlust des Chemin des Dames räumte die letzten Hindernisse beiseite.

Beim Vergleich mit den Mittelmächten fällt die dominierende Rolle der politischen Führung auf, der es letzten Endes zuzuschreiben ist, daß militärische Krisen überwunden wurden.

4. Strukturwandlungen im Waffenkrieg

Gesteigerter Angriffswille auf beiden Seiten kennzeichnete das Kriegsgeschehen der ersten Wochen. Keine Armee war so intensiv, aber im gewissen Sinne auch so einseitig für den Angriff und den Bewegungskrieg geschult wie die deutsche. Der Grundgedanke des letzten Exerzierreglements von 1906, anzugreifen, koste es, was es wolle, riß Offizier und Mann zu stürmischem Vorgehen fort, oft sogar ohne genügende Artillerieunterstützung. Vielen Kommandeuren galt der Gebrauch des Spatens zum Eingraben anfangs beinahe als verpönt. Durch den mächtigen Angriffsschwung wurde der Gegner im Westen von dem verstärkten rechten Flügel überall geworfen, Belgien und ein Teil von Nordfrankreich besetzt, freilich unter schweren Blutopfern. Die deutschen Kräfte reichten jedoch nicht aus, die beabsichtigte Entscheidung zu erzwingen, und mußten sich darauf einrichten, das erwähnte Gebiet in einer Verteidigungsstellung zu behaupten, die sich vom Meer bis an die Schweizer Grenze hinzog. Ein vierjähriger Stellungskrieg löste im Westen den Bewegungskrieg ab, doch hatte sich auch dieser schon in etwas anderer Weise als früher abgespielt, weil bei gleichbleibendem Raum sich die Stärke der Heere hüben wie drüben vervielfacht hatte. Im Grunde bildeten die im Westen aufmarschierten sieben deutschen Armeen eine zusammenhängende Frontlinie, ebenso natürlich die feindlichen Streitkräfte. Operationen im Sinne des älteren Moltke waren nicht mehr durchführbar, da sie freie Räume voraussetzten. Schon in den letzten Monaten des Russisch-Japanischen Krieges von 1904/05 hatte sich ein moderner Stellungskrieg entwickelt, ohne daß indessen hieraus Lehren von Freund und Feind gezogen worden waren.

Es spricht für die Qualität des deutschen Soldaten, daß er sich schnell umstellen konnte und nun in der Verteidigung ein guter Abwehrkämpfer wurde.

Die These von Clausewitz, daß die Verteidigung an und für sich die stärkere Form des Kriegführens sei, fand unter den ungleichen Kräfteverhältnissen eine eindrucksvolle Bestätigung. Aus der anfänglich einfachen Feldbefestigungslinie entstand allmählich eine kilometertiefe Verteidigungszone, deren kompliziertes Grabensystem mit gewaltigen Mengen von Hölzern aller Art, Beton, Stacheldraht, Wellblech und sonstigem Material ausgebaut und in die Erde getrieben war. Die Gegner verfuhren nicht anders. Sie waren jedoch zahlenmäßig weit überlegen und versuchten daher, in immer neuen Anläufen mit einem sich von Jahr zu Jahr steigernden Aufwand an Menschen und Material die deutsche Front zu durchstoßen. Trotz noch so starker Unterstützung durch die Zusammenballung der Feuerkraft von Tausenden von Geschützen kleinsten bis größten Kalibers gelang in der Regel bestenfalls ein Geländegewinn von mehreren Kilometern, erkauft unter schwersten Verlusten. Auch der einzige deutsche Versuch bis Frühjahr 1918, der Verdun-Angriff im Februar 1916, scheiterte.

Speziell die Kämpfe um Verdun hatten eigentlich kein operatives Ziel, sondern sollten die französische Armee vor allem durch die Wirkung der schweren Artillerie zum Ausbluten bringen. Diese sogenannten Materialschlachten, die letzte war die große Flandern-Offensive der Engländer im zweiten Halbjahr 1917, dauerten beinahe pausenlos monatelang. Die Abwehr triumphierte scheinbar über den Angriff, wurde unter der 3. OHL elastisch geführt und hielt bis zu sechsfacher Übermacht stand. Doch verlangten diese Abwehrkämpfe von den Verteidigern eine unerhörte seelische Widerstandskraft und fügten schließlich auch ihnen Verluste zu, die bei den begrenzten Reserven Deutschlands schwer ins Gewicht fielen. Nur dadurch war es aber möglich, daß Deutschland ab Frühjahr 1915 Truppen zur Wiederaufnahme der Offensive im Osten freimachen konnte.

Im Osten verlief das Kriegsgeschehen anfangs ähnlich wie im Westen, doch waren die Räume hier ungleich größer und gestatteten mehr Bewegungsfreiheit in den Operationen. Als im Herbst 1914 die österreich-ungarischen Armeen, von der russischen Übermacht schwer angeschlagen, zurückgehen mußten, konnten sie im Stellungskampf die Front notdürftig halten, bis deutsche Unterstützung Entlastung brachte. Mehr oder weniger isolierte Schlachten, wie die bei Tannenberg und den Masurischen Seen, konnten später nicht mehr geschlagen werden, da sich ebenfalls eine nahezu geschlossene Frontlinie herausbildete. In frontalen Durchbrüchen mit dem Ziel operativer Ausweitung versuchten Freund wie Feind abwechselnd, dem Gegner vernichtende Schläge beizubringen. Die qualitative Überlegenheit der deutschen Führung und des deutschen Soldaten erwies sich hierbei ausschlaggebender als die russische Überzahl. In immer wieder neu durchgeführten Offensivstößen, unterbrochen durch Stellungskrieg, wurden die russischen Armeen von 1915 bis 1917 von den deutschen und österreich-ungarischen Streitkräften weit zurückgeworfen und erlitten hierbei starke Personal- und Materialverluste. Letztere wogen bei der rückständigen russischen Rüstungsindustrie besonders schwer. Die russische Oktober-Revolution 1917, der Waffenstillstand und der Friede von Brest-Litowsk machten dem Kriege im Osten ein Ende.

Die Verteidigung als stärkere Kampfform bewährte sich auch an der italienischen Front. In elf Isonzo-Schlachten wehrten österreich-ungarische Truppen bis zum Herbst 1917 unter harten klimatischen Bedingungen in Stellungskämpfen bis zu 3 000 Meter Höhe die mit starker Übermacht vorgetragenen italienischen Angriffe unter bescheidenen Geländeverlusten ab. Die anschließende deutsch-österreich-ungarische Gegenoffensive zwischen Flitsch und Tolmein durchstieß die italienische Front und weitete sich zu einem überraschend großen operativen Erfolg aus. Englisch-französische Divisionen mußten eingreifen, um die Lage zu retten.

Defensive Kriegführung kann sich nur positiv auswirken, wenn der Angreifer von der Unüberwindbarkeit der Widerstandskraft seines Gegners überzeugt ist oder sich das Volk weitere Opfer für einen Siegfrieden nicht mehr gefallen läßt. Für die Ententemächte lag trotz der bitteren Erfahrungen mit ihren Offensiven und des Ausfalls von Rußland Ende 1917 keine Veranlassung vor, sich solche Ansichten zu eigen zu machen. An Stelle Rußlands waren die Vereinigten Staaten von Amerika mit ihrem gewaltigen Potential an Menschen und Material getreten. Es war lediglich eine Frage der Zeit, wann amerikanische Divisionen in großer Anzahl auf dem Kriegsschauplatz erschienen. Diese Aussicht bestimmte ihre strategische Konzeption für 1918, die im Gegensatz zu 1917 darin bestand, in der Defensive dem zu erwartenden deutschen Großangriff standzuhalten.

Umgekehrt stellte sich die Lage für Deutschland, nachdem die Karte des uneingeschränkten U-Boot-Krieges, der England auf die Knie zwingen sollte, nicht gestochen hatte. Zum erstenmal hatte es den Rücken im Osten frei, konnte fast alle kampffähigen Divisionen von dort nach dem Westen zur Entscheidung werfen. Freilich bot sich auch die Möglichkeit an, in verstärkter Abwehr den Gegner anrennen zu lassen und ihm dabei so starke blutige Verluste zuzufügen, daß er den Versuch einer Waffenentscheidung aufgab. Deutschland wählte den Angriff, suchte die militärische Entscheidung, bevor amerikanische Streitkräfte eingreifen konnten.

In rein militärischer Sicht war diese Wahl durchaus gerechtfertigt, aber überkommene, militärische Denkkategorien waren nicht allein maßgebend. Für den Angriff sprach allerdings auch die Rücksicht auf die Stimmung in der Heimat und die prekäre Lage der Bundesgenossen, vor allem Österreich-Ungarns. In der 3. OHL konnte man sich dazu nicht von dem Gedanken des Siegfriedens lösen; der nur auf diese Weise erreichbar war, wobei man dem Gegner dieselbe Denkweise unterstellte. Es gaben also nicht primär militärische, sondern politische Gesichtspunkte den Ausschlag. War aber das längst zum Volksheer gewordene unübertroffene Machtinstrument noch in der Lage, nach den großartigen Bewährungsproben auf allen Kriegsschauplätzen in fast vier Jahren auch diese schwerste noch zu bestehen? In der Ausrüstung machten sich Mangelerscheinungen an Gummi, Treibstoff und Bespannung bemerkbar. Zum Bau von Tanks, der neuen Offensivwaffe, hatte man sich aus Fehleinschätzung ihrer Bedeutung zu spät entschlossen und konnte den Vorsprung der Gegner nicht mehr aufholen. Die personelle Ersatzlage war ernst, wenn man nicht die Rüstungsproduktion drosseln wollte. Unter diesen Bedingungen sind die deutschen Offensiven vom 21. März 1918 an erfolgt. Die 3. OHL wagte nicht das Risiko eines mit allen Kräften geführten einmaligen großen Schlages zum befreienden Durchstoß, sondern stellte sich auf mehrere Zermürbungsschläge ein. Die ersten führten bis Anfang Mai weiter als jemals eine feindliche Offensive, doch blieb ihnen der Enderfolg versagt. Damit war die Kraft des deutschen Heeres erschöpft, das Gesetz des Handelns ging an den Feind über.

Organisationsgeschichte des Heeres 1890-1918

von

Edgar Graf von Matuschka

A. Organisation des deutschen Reichsheeres bis 1914

1. Spitzengliederung

Unter Wilhelm II. blieb die bisherige Spitzengliederung des deutschen Heeres erhalten. Der Kaiser war Chef der Königlich Preußischen Armee und gleichzeitig Oberster Kriegsherr des Deutschen Heeres. Über die Königlich Bayerischen Truppen stand ihm im Frieden nur das Inspektionsrecht zu. Die Könige von Bayern, Sachsen und Württemberg hatten die in den Militärkonventionen festgelegten Rechte auf eine mehr oder weniger große Selbständigkeit und eigene Kriegsministerien. Die übrigen deutschen Kontingente bildeten die Preußische Armee, zu der auch die „selbständigen" Kontingente der Großherzogtümer Hessen, Mecklenburg-Schwerin und Mecklenburg-Strelitz zählten.

Dem Kaiser standen mit dem Recht auf Immediatvortrag zur Seite: der „Vortragende Generaladjutant" als Chef des Militär-Kabinetts, der „Diensttuende Generaladjutant" als Kommandant des Hauptquartiers und Chef des Reitenden Feldjägerkorps, der „preußische Kriegsminister", der „Chef des Generalstabes der Armee", die „Kommandierenden Generale", der „Oberbefehlshaber in den Marken", die „Armee-Inspekteure", die „General-Inspekteure der verschiedenen Waffengattungen", der „Feldzeugmeister" und der „Präsident des Reichsmilitärgerichts" (s. S. 61 ff.).

An Armee-Inspektionen waren 1907 die 6., 1912 die 7. und 1913 die 8. Inspektion errichtet worden. Die acht General-Inspekteure waren für die Führung der im Kriegsfall aufzustellenden Armeen vorgesehen. Sie hatten im Frieden zwar keine Befehlsgewalt über die Kommandierenden Generale und daher auch keine Stäbe, wohl aber das Inspektionsrecht und damit die Möglichkeit, sich über die ihnen im Mobilmachungsfall unterstellten Truppen und Führer frühzeitig ins Bild zu setzen.

Bei Kriegsausbruch im Jahre 1914 umfaßten die Armee-Inspektionen 25 Armeekorps.

Die 1. Armee-Insp. in Danzig (General-Inspekteur: Generalobert v. Prittwitz) das I., XVII. und XX. AK,
die 2. Armee-Insp. in Berlin (Generaloberst v. Heeringen) das Garde- und die beiden sächs. AK (XII. und XIX.),
die 3. Armee-Insp. in Hannover (Generaloberst v. Bülow) das VII., IX. und X. AK,
die 4. Armee-Insp. in München (Generaloberst Kronprinz Ruprecht von Bayern) das III. preuß. und das I., II. und III. bayer. AK,
die 5. Armee-Insp. in Karlsruhe (Generaloberst, mit dem Rang als General-Feldmarschall, Friedrich II., Großherzog von Baden) das VIII., XIV. und XV. AK,
die 6. Armee-Insp. in Stuttgart (der Kgl. Württemb. Generaloberst Herzog Albrecht von Württemberg) das IV., XI. und XIII. (Kgl. Württemb.) AK,
die 7. Armee-Insp. in Saarbrücken (Generaloberst v. Eichhorn) das XVI., XVIII. und XXI. AK und
die 8. Armee-Insp. in Berlin (Generaloberst v. Kluck) das II., V. und VI. AK.

Der General-Inspektion der Kavallerie, erst 1898 errichtet, unterstanden vier Inspektionen, von denen die 1. und 2. bereits 1890, die 3. und 4. zusammen mit der General-Inspektion gegründet worden waren. Der letzte General-Inspekteur vor Kriegsausbruch, Generalleutnant v. d. Marwitz, war als Kommandierender General für ein im Mobilmachungsfall aufzustellendes Kavalleriekorps vorgesehen, die vier Inspekteure sollten Kavallerie-Divisionen befehligen. Auch hier bestanden außer bei der General-Inspektion keine friedensmäßigen Stäbe.

Die 1889 eingerichtete Inspektion der Feldartillerie war eine rein technische Waffenbehörde, der nur die Feldartillerie-Schießschule unterstand. Dagegen war die 1887 geschaffene General-Inspektion der Fußartillerie eine Kommandobehörde mit zugeteiltem Generalstab und seit 1895 zwei, seit 1913 vier unterstellten Inspektionen, die wiederum je zwei Brigaden vorgesetzt waren.

Die General-Inspektion des Ingenieur- und Pionierkorps und der Festungen erhielt 1893 eine 3. und 1912 eine 4. Pionier-Inspektion. Diese waren Kommandobehörden, vergleichbar den Brigadestäben.

Im Jahre 1911 wurde eine General-Inspektion des Militär-Verkehrswesens errichtet, der die Inspektion der Eisenbahntruppen (1899 als Inspektion der Verkehrstruppen beim Gardekorps gegründet), die (seit 1877 bestehende) gleiche Institution für die Feldtelegraphie und die zusammen mit der General-Inspektion eingerichtete Inspektion des Militär-Luft- und Kraft-Fahrwesens unterstellt wurden.

Im Jahre 1898 entstand die Feldzeugmeisterei, welche die Inspektion der technischen Institute der Infanterie (errichtet 1856) und die zusammen mit der Feldzeugmeisterei geschaffene Inspektion der technischen Institute der Artillerie unter sich hatte.

Der 1. Oktober 1900 war der Stiftungstag für das Reichsmilitärgericht, welches das Königlich Preußische General-Auditoriat ablöste. Gleichzeitig trat die Militär-Strafgerichtsordnung vom 1. Dezember 1898 in Kraft (s. S. 200 f.).

Unter Kaiser Wilhelm II. wurden folgende Generalkommandos errichtet:

1890	das XVI. Armeekorps in Metz und das XVII. Armeekorps in Danzig
1899	das XVIII. Armeekorps in Frankfurt/Main und das XIX. (2. Kgl. Sächs.) Armeekorps in Leipzig
1900	das Kgl. Bayer. III. Armeekorps in Nürnberg
1912	das XX. Armeekorps in Allenstein und das XXI. Armeekorps in Saarbrücken.

Die Zahl der Divisionen des deutschen Heeres vergrößerte sich entsprechend der allgemeinen Heeresvermehrungen zwischen 1888 und 1914 von 40 Divisionen, darunter 4 bayerische, 3 sächsische, 2 württembergische und 1 hessische Division, auf 50, darunter 6 bayerische, 4 sächsische, 2 württembergische und 1 hessische. Die Kampfkraft einer Division wuchs erheblich durch die Einführung der Maschinengewehr-Kompanien bei den Infanterie-Regimentern und die Verstärkung der Feldartillerie, die Kampfkraft der Armeekorps durch die Zuteilung eines Bataillons schwerer Feldhaubitzen von der schweren Artillerie des Feldheeres.

2. Waffengattungen

a. Infanterie, Jäger und Schützen, Maschinengewehr-Abteilungen

Infanterie

Die Infanterie galt seit dem Deutsch-Französischen Krieg als die schlachtentscheidende Waffe. Das Exerzier-Reglement für die Infanterie vom 29. Mai 1906 brachte dies mit folgenden Worten zum Ausdruck:

> „Die Infanterie ist die Hauptwaffe. Im Verein mit der Artillerie kämpft sie durch ihr Feuer den Gegner nieder. Sie allein bricht seinen letzten Widerstand. Sie trägt die Hauptlast des Kampfes und bringt die größten Opfer. Dafür winkt ihr auch der größte Ruhm. Den ihr innewohnenden Trieb zum angriffsweisen Vorgehen muß die Infanterie pflegen; ihre Handlungen müssen von dem einen Gedanken beherrscht sein: Vorwärts auf den Feind, koste es, was es wolle!" (§§ 264, 265)

Durch die allgemeine Heeresvermehrung wuchs die Zahl der Infanterie-Regimenter von 170 im Jahre 1890 (darunter 20 bayerische, 12 sächsische und 8 württembergische) bis zum Jahre 1914 auf 217 (24 bayerische, 17 sächsische, 10 württembergische). Doch blieben die Gliederung und auch die Stärken im allgemeinen konstant. Jedes Armeekorps hatte 2 Divisionen, jede Division 2 (einige 3) Infanterie-Brigaden, jede Brigade 2 (einige 3) Infanterie-Regimenter. Das Regiment gliederte sich in 3 Bataillone (einige neu errichtete Regimenter hatten vorübergehend nur 2 Bataillone), das Bataillon in 4 Kompanien, die Kompanie in 3 Züge. Die ab 1906 beginnende Zuteilung einer Maschinengewehr-Kompanie als 13. Kompanie war 1913 im ganzen Reichsheer mit Ausnahme der Reserve- und Landwehrformationen durchgeführt. Die Friedensstärke eines Bataillons betrug 20 Offiziere und Beamte und etwa 600 Mann. Im Jahre 1914 waren als Kriegsstärke 26 Offiziere und Beamte und 1 054 Unteroffiziere und Mannschaften vorgesehen.

Entscheidend für die Kampfkraft der Infanterie war die um die Jahrhundertwende durchgeführte Umbewaffnung. Im Kriege von 1870/71 war die französische Infanterie der deutschen waffentechnisch überlegen gewesen, und 1886 führte Frankreich mit dem 8 mm Lebel-Gewehr eine Waffe ein, die rauchschwaches Pulver verwendete. Damit war auch feuernde Infanterie nicht mehr auf größere Entfernung zu erkennen und wirkungsvoll zu bekämpfen. Sie konnte in fast jedem Gelände Deckung gegen Sicht finden, wenn sie die entsprechende Gefechtsform wählte. Die Folge war eine grundlegende Veränderung ihrer Kampfweise.

Für das deutsche Heer wurde, als die Überlegenheit der französischen Infanteriebewaffnung erkannt war, das „Gewehr 88“ entwickelt und eingeführt.

Das Gewehr 88 war ein Mehrlader mit Kastenmagazin, Kaliber 7,9 mm, Schußweite 2 050 m. Ihm lagen mehrere Konstruktionsideen zugrunde, vornehmlich aber die Pläne des Österreichers v. Mannlicher. Durch die Kaliberverkleinerung von 11 auf 7,9 mm wurde das Geschoß 88 so leicht, daß die Taschenmunition des Schützen auf 120 Patronen erhöht werden konnte. Dieses aus militärpolitischen Gründen sehr schnell eingeführte Gewehr – Bismarck hatte sich persönlich für eine rasche Durchführung der Umbewaffnung eingesetzt – zeigte jedoch viele Mängel und galt bei der Truppe nicht als eine voll kriegstaugliche Waffe.

Die dringend erforderlichen Verbesserungen führten zum „Gewehr 98“. Es ging aus der Zusammenarbeit zwischen der Firma Mauser und der Gewehr-Prüfungskommission hervor und sollte für fast 50 Jahre die Standardwaffe der deutschen Infanterie werden. Wenn auch seine ballistische Leistung nicht die des Gewehrs 88 übertraf, so waren doch eine Reihe technischer Mängel beseitigt, und der Soldat hatte eine Waffe, auf die er sich verlassen konnte. Im Jahre 1914 war die Bewaffnung mit dem Gewehr 98 für das aktive Heer und die Reserveformationen durchgeführt. Landwehr und Landsturm mußten freilich vielfach noch mit den Gewehren 88 und 88/05 ausgerüstet werden.

Als neue Munition wurde 1903 das S(Spitz)-Geschoß eingeführt, das eine gestrecktere Flugbahn und damit auf den wichtigsten Gefechtsentfernungen eine größere Treffgenauigkeit besaß. Die weitere Verringerung des Geschoßgewichts erlaubte, die Taschenmunition auf 150 Schuß zu erhöhen.

Das 1870 geführte Gewehr M 41 hatte eine Visierschußweite bis 500 Schritt, also rund 375 m. Bei dem gleich nach dem Kriege eingeführten Gewehr 71 konnte man bereits das Visier auf 1 600 m, beim Gewehr 88 auf 2 050 m einstellen. Die waffentechnischen Verbesserungen wirkten sich auf die Gefechtsführung aus. Während man 1870/71 die Truppe im feindlichen Infanteriefeuer bis auf 400 m an den Gegner heranführen mußte, ohne selbst zurückschießen zu können, ließ sich jetzt die eigene Waffe schon auf wesentlich weitere Entfernung einsetzen. Das neue Gewehr forderte aber auch eine entsprechende Ausbildung. Die alten Schießstände und Schießplätze genügten nicht mehr, und die Ausbildung mußte ins Gelände verlegt werden. Es wurden daher „Truppenübungsplätze" von einer Größe angekauft, wie man sie bisher nur für das Artilleriescharfschießen kannte. Man benötigte mindestens einen derartigen Übungsplatz bei jedem Armeekorps (1902 Errichtung einer Übungsplatz-Abteilung im Armee-Verwaltungs-Departement des Kriegsministeriums).

Im engen Zusammenhang mit den neuen Waffen und einer neuen Infanterietaktik steht auch die Einführung einer „Felduniform". Zunächst wurden 1892 schilfgraue Helmüberzüge ausgegeben, da Infanteristen auch in „voller Deckung" weithin zu erkennen waren, wenn die Sonne sich auf der blanken Helmzier spiegelte. Im Jahre 1901 wurde in einem ersten großen Truppenversuch für die gesamte ostasiatische Besatzungs-Brigade eine völlig graue Uniform mit naturfarbenem Lederzeug und mattierten Metallteilen eingeführt. Nach weiteren Erprobungen, wobei man insbesondere auch die Erfahrungen der Engländer und der deutschen Schutztruppen in den Kolonialkämpfen auswertete, wurden 1907 feldgraue und graugrüne Uniformen für die Mannschaften des deutschen Heeres genehmigt, 1910 auch die entsprechenden Offizieruniformen. Ab 1910 sollte die neue Felduniform auch im Frieden „bei allen Gefechtsübungen gegen einen nicht nur markierten Gegner" getragen werden.

Nicht nur die Bekleidung wurde dem modernen Kriegsbild angepaßt; auch die Ausrüstung des Infanteristen erfuhr verschiedene Änderungen. So sollte ein leichteres Gepäck die Marschleistungen heben. Eine tragbare Zeltausrüstung, 1892 eingeführt, diente nicht nur zum Schutz gegen Witterungsunbilden im Biwak, sondern ließ sich auch als Regenumhang verwenden. (Vor 1892 gab es Zelte nur für Offiziere, Sanitätseinrichtungen usw.). Das vom Mann getragene kleine Schanzzeug (1874 eingeführt) wurde mehrmals verbessert, um einen schnellen Gebrauch im Gefecht mit einer möglichst bequemen Tragweise auf dem Marsch zu verbinden. Dasselbe gilt für die Patronentaschen, die entsprechend der mitzuführenden Munitionsmenge (Taschenmunition) 1889, 1895 und 1909 geändert wurden. Alle diese großen und kleinen Verbesserungen, so unwesentlich sie dem Laien erscheinen mögen, hoben die Kampfkraft der Infanterie erheblich.

Von Bedeutung war die Einführung fahrbarer Feldküchen für die Infanterie im Jahre 1908. Durch die Möglichkeit, während des Marsches warmes Essen und Kaffee für die Truppe zu kochen, konnten die Rasten abgekürzt und daher wesentlich höhere Marschleistungen erreicht werden. Zwar erhöhte sich durch die Küchen die Zahl der Troßfahrzeuge und damit die Marschlänge, doch wurde dieser Nachteil gern in Kauf genommen. 1914 hatte ein mobiles Infanterie-Regiment 72 Fahrzeuge und 233 Reit- und Zugpferde gegen 46 Fahrzeuge im Feldzug 1870.

Die Modernisierung von Bewaffnung und Ausrüstung zwang auch zu einer Neubearbeitung der Ausbildungsvorschriften, die für die Infanterie seit Scharnhorst's Zeit nicht mehr neu erarbeitet worden waren. Das Exerzier-Reglement von 1812 war nur jeweils auf den neuesten Stand der Waffentechnik gebracht worden, und erst mit dem Reglement von 1888 entstand eine völlig neue, der modernen Waffenwirkung entsprechende Vorschrift.

Alle Übungen sollten „auf den Krieg berechnet sein", und Ziel der Ausbildung war eine Steigerung in der Wirkung des eigenen Feuers und die Hebung des Angriffsgeistes.

Im Reglement von 1888 heißt es:
„Das Infanterie-Gefecht wird der Regel nach durch die Feuerwirkung entschieden ..." (S. 93)
Nur unaufhaltsames Streben nach vorwärts, verbunden mit wohlüberlegter Vorbereitung durch Feuer, verbürgt den Erfolg. Zurückgehen ist gleichbedeutend mit der eigenen Vernichtung (S. 103).

Sehr viel Wert wurde auf die Erziehung der unteren Führer zur Selbständigkeit („Initiative") gelegt, die als „Grundlage der großen Erfolge im Kriege" galt. Die Grundsätze des Gefechtsteiles des Reglements wurden von Generalleutnant v. Schlichting verfaßt, dem späteren Kommandierenden General des XIV. Armeekorps in Karlsruhe.

Die Auswertung der Erfahrungen der Kolonialkriege, insbesondere des Buren-Krieges, machte sich in einer Verkleinerung der Ziele auf dem Gefechtsfeld bemerkbar. Alle in den Bereich des feindlichen Infanteriefeuers tretenden Abteilungen wurden nunmehr in dünne Linien oder Schützenschwärme aufgelöst. Die Unterführer mußten mehr und mehr lernen, im Gefecht selbständig zu handeln.

Das Exerzier-Reglement von 1906 – die maßgebende Vorschrift bis 1914 – beruhte in seinen Grundgedanken auf der Vorschrift von 1888, förderte aber das Vorwärtsstürmen um jeden Preis und warnte vor dem Anlegen von Dekkungen während des Angriffs, was leicht zu einer Lähmung des offensiven Geistes führen würde. Neu war die Betonung der Zusammenarbeit mit den anderen Waffengattungen und der Wert, der auf die Schulung für den Kampf in der Dunkelheit gelegt wurde.

Die nach diesen Grundsätzen ausgebildete deutsche Infanterie (auch die bayerischen Vorschriften übernahmen die in Preußen entwickelten Gedanken) bewies 1914 einen Kampfgeist und Siegeswillen, dem große Anfangserfolge zu verdanken waren. Jedoch verlor sie auch aus diesem Grunde bereits in den ersten Gefechten einen unverhältnismäßig hohen Prozentsatz ihrer aktiven Offiziere und Unteroffiziere.

Mit der Gefechtsausbildung eng verbunden war die Schießausbildung, die 1914 einen hohen Stand erreicht hatte. Die von Wilhelm II. gestifteten an der Uniform zu tragenden Schießauszeichnungen, Schützenschnüre (1894) für hervorragende Einzelleistungen und die Kaiserabzeichen (1895) für die im Gefechtsschießen beste Kompanie eines jeden Armeekorps (in Bayern, Sachsen und Württemberg entsprechende Königsabzeichen), ferner die Kaiserschnüre für die besten Kompanien der Regimenter aller Reichskontingente, bei denen der Kaiser Chef war (1901), erwiesen sich als Ansporn für wirkliche Höchstleistungen.

Einheitliche, für das ganze Reichsheer verbindliche Schießvorschriften, die in ihren verschiedenen Ausgaben stets dem neuesten Stand der Waffentechnik angepaßt waren, sorgten für eine gleichmäßige Ausbildung bei allen Regimentern.

Nach Ausbildung, Ausrüstung und Bewaffnung gab es seit 1889 in Deutschland nur noch eine „Einheitsinfanterie". Die Bezeichnungen als Grenadier-, Musketier- und Füsilier-Bataillone waren nur noch durch die Tradition bedingt, betonten das Elitebewußtsein und wirkten sich im Andrang der Offizierbewerber und Einjährig-Freiwilligen, im Prozentsatz der freiwilligen Rekruten und in der Zahl der Kapitulanten bei den einzelnen Bataillonen aus. Es gab Regimenter, zum Beispiel bei der Garde, die sich fast ausschließlich aus Freiwilligen ergänzten.

Es war Aufgabe der 1872 errichteten „Inspektion der Infanterieschulen", die Ausbildung der Infanterie, der „Hauptwaffe", mit allen Mitteln zu fördern. Auf eine eigene General-Inspektion, wie sie fast alle anderen Waffengattungen besaßen, wurde dagegen bewußt verzichtet. Die Aufsicht über die Truppe führten die Kommandierenden Generale der 25 Armeekorps. Für die Infanterie-Schießschule (1854 als Militär-Schießschule entstanden) mit Stamm-Bataillon und Lehr-Maschinengewehr-Kompanie, die 1847 eingerichtete Militär-Turnanstalt und die 1860 bzw. 1880 gegründeten Unteroffizierschulen und -vorschulen war die „Inspektion der Infanterieschulen" zuständig. Das ermöglichte eine einheitliche Ausbildung des Schießlehrernachwuchses im gesamten Reichsgebiet – sieht man von Bayern ab, das seit 1872 eine eigene Militär-Schießschule hatte – und führte zu gleich hohen Schießleistungen bei allen Armeekorps und der Marine-Infanterie. Den Exerzierdienst wollten die an der Militär-Turnanstalt ausgebildeten Offiziere und Unteroffiziere durch Ausgleichssport ergänzen. Sie stießen zunächst aber vielfach noch auf Widerstand.

Zunehmende Bedeutung bekamen die Unteroffizierschulen und -vorschulen. Da die Industrie gutbezahlte Stellen bot, ging die Zahl der Kapitulanten bei der Infanterie zurück. Bewerber für die Unteroffizierlaufbahn mußten für jedes Jahr, das sie in einer dieser Schulen zugebracht hatten, eine zweijährige, über die gesetzliche Dienstpflicht hinausgehende Dienstzeit ableisten. Durch insgesamt zwölf Jahre Dienstzeit erwarb der Kapitulant einen Anspruch auf den Zivilanstellungsschein und eine Dienstprämie, die 1914 auf 1 500,– Mark erhöht worden war. Die Zahl der Unteroffizierschulen stieg dann zwischen 1890 und Kriegsbeginn von acht auf neun – neben der sächsischen gab es jetzt auch eine bayerische Anstalt. Im gleichen Zeitraum wurden fünf neue Unteroffiziervorschulen eingerichtet, so daß jetzt auch hier insgesamt neun zur Verfügung standen, davon je eine in Bayern und Sachsen.

Die Zöglinge der Vorschulen waren im Gegensatz zu den Unteroffizierschülern keine Soldaten im Sinne der Wehrgesetze. Im Hinblick auf ihren späteren Beruf wurden sie jedoch ähnlich wie die Kadetten militärisch erzogen. Wer nicht Berufssoldat wurde, hatte die Kosten der Ausbildung zurückzuerstatten, es sei denn er mußte wegen Krankheit ausscheiden. Während die berittenen und technischen Truppen vor 1914 im allgemeinen ihren Bedarf an Unteroffizieren noch aus Kapitulanten decken konnten, war die Infanterie, zumal in den Industriegebieten, weitgehend auf die Absolventen ihrer Unteroffizierschulen angewiesen. Was einst als Fürsorgemaßnahme gedacht war – die Unteroffizierschulen dienten ursprünglich der Erziehung von Söhnen mittelloser verdienter Soldaten und von Kriegswaisen –, wurde jetzt ein Hilfsmittel zur Sicherstellung des so wichtigen Unteroffiziernachwuchses.

Jäger und Schützen

Die 18 Jäger- und Schützen-Bataillone (je zwei gehörten zu den bayerischen und sächsischen Kontingenten) hatten stets ein gewisses Eigenleben innerhalb der Fußtruppen geführt. Ursprünglich rekrutierten sie sich nur aus gelernten Jägern, und selbst noch 1914 unterschieden sie sich durch ihren ausgesucht guten Ersatz von der allgemeinen Infanterie. Die Sonderstellung dieser Bataillone kam durch eine direkte Unterstellung unter die Generalkommandos, ohne Einschaltung von Divisions-, Brigade- oder Regimentsstäben, der Beibehaltung einer eigenen Inspektion (seit 1808) und nicht zuletzt durch eine eigene Uniform zum Ausdruck. Auch bei der Einführung der Felduniform im Jahre 1910 erhielten die Jäger und Schützen, mit Ausnahme der bayerischen Bataillone, nicht das übliche „Feldgrau“, sondern eine Uniform in graugrünem Farbton.

Um die Schießleistungen dieser Bataillone innerhalb der Armee hervorzuheben, erhielten sie eine größere Menge Übungsmunition zugeteilt. Bei gleicher Ausrüstung und Bewaffnung mit dem Gewehr 98 wurde den Jäger-Bataillonen (ausgenommen die beiden bayerischen) zur Erhöhung ihrer Feuerkraft in der Zeit von 1906 bis 1913 noch eine Maschinengewehr-Kompanie zu sechs Gewehren als 5. Kompanie zugeteilt, wie sie bei der Infanterie nur das Regiment als 13. Kompanie besaß. Ferner wurde 1913 die Verwendungsmöglichkeit dieser Bataillone noch durch eine auf Fahrrädern beweglich gemachte 6. Kompanie erhöht.

Es fehlte jedoch in der Zeit vor dem Ersten Weltkrieg an einer klaren Vorstellung, wie diese Elitetruppe ihrer Eigenart gemäß zu verwenden war. Für die ursprünglich bei der Errichtung der Jäger-Truppen vorgesehenen Aufgaben, „Aufklärung und Sicherung der Linien-Infanterie“, benötigte man seit Einführung einer Einheitsinfanterie keine Spezialtruppen mehr. So war lediglich an eine Verwendung als Reserve des Kommandierenden Generals gedacht, oder man teilte die Bataillone der Kavallerie zu, damit sie deren Feuerkraft verstärkten. Da die Jäger- und Schützen-Bataillone, abgesehen von den Radfahr-Kompanien, aber zu Fuß marschieren mußten, waren die ihr in Verbindung mit der Kavallerie gestellten Gefechtsaufgaben nicht zu lösen, und die auf diese Weise eingesetzten Bataillone erlitten 1914 auch starke Verluste. Erwogen wurde eine Beweglichmachung der Jäger auf Kraftfahrzeugen, sogenannten

„Jäger-Kraftwagen-Kolonnen", was sich jedoch bis Kriegsbeginn nicht verwirklichen ließ. So konnten nur die Radfahr-Kompanien der Kavallerie folgen, waren allerdings von Straßen und guten Wegen abhängig.

Das Fahrrad war Ende der neunziger Jahre in der deutschen Armee eingeführt und anders als in Frankreich, England, Österreich und Italien, zunächst nur im Melde- und Nachrichtenwesen verwendet worden. Die Ausstattung von Kampftruppen mit Fahrrädern galt als nicht sehr sinnvoll, da es die Einheit von der Straße abhängig machte und die Räder einer zum Angriff abgesessenen Kompanie nur schwer nachzuführen waren. Die wiederholte Forderung nach einer Verstärkung der Feuerkraft der Kavallerie-Divisionen und die günstigen Erfahrungen mit einer versuchsweise zusammengestellten Radfahr-Truppe im Kaisermanöver 1912 führten dann aber doch zur Aufstellung von 18 Radfahr-Kompanien, die 1913 den Jäger-Bataillonen zugeteilt wurden.
Das deutsche „Armeefahrrad" (mit starrem Rahmen) war ein solides, widerstandsfähiges Gerät, jedoch, zumal bepackt, ziemlich schwer, und es konnte nicht wie die leichten französischen Klappräder, die auch in Österreich und Italien eingeführt waren, in schwierigem Gelände vom Schützen auf dem Rücken getragen werden.

Das deutsche Heer sah davon ab, die Jäger-Bataillone oder auch nur einen Teil von ihnen nach französischem, österreichischem oder italienischem Beispiel für den Gebirgskrieg auszurüsten und auszubilden. Nur Versuche mehr sportlicher Art wurden bei den in den Vogesen stationierten Bataillonen Nr. 8 und 14 durchgeführt. Während Frankreich die als Elitetruppen angesehenen Alpenjäger-Bataillone und die Gebirgsbatterien vermehrte, hielt die deutsche Führung einen Gebirgskrieg für unwahrscheinlich. Jedenfalls wurde diese Kampfart in den Ausbildungsvorschriften jener Zeit nicht erwähnt, und nach der Meinung damaliger militärischer Fachleute in Deutschland fiel die Entscheidung in der Ebene, nicht im Gebirge.

Maschinengewehr-Abteilungen und -Kompanien

Dem amerikanischen Techniker Hiram Maxim wurde 1883 ein Patent für die Erfindung einer neuen Waffe zuerkannt. Er hatte ein einläufiges Maschinengewehr entwickelt, bei dem der beim Abschuß entstehende Rückstoß das Auswerfen der Patronenhülse, das Wiederladen und erneute Abfeuern des Gewehrs selbsttätig besorgte. Diese Erfindung fand auch in Deutschland Beachtung, doch sah man in ihr eher eine für den Festungskrieg geeignete Waffe. Dem persönlichen Interesse des Kaisers ist es zu verdanken, daß immer neue Versuche gemacht wurden. Endlich im Jahre 1889, als England und Rußland das Maschinengewehr längst bei ihren Armeen eingeführt hatten und die ersten deutschen Truppenversuche (beim I./I.R. 146 in Königsberg) zur Zufriedenheit ausgefallen waren, stimmte das Preußische Kriegsministerium der Anschaffung eines Maschinengewehrs (Kaliber 8 mm) zu. Im Jahre 1901 wurden die ersten 5 Maschinengewehr-Abteilungen in Preußen aufgestellt, 1904 waren es bereits 16 (darunter

1 bayerische und 2 sächsische). Diese Abteilungen hatten je 6 vierspännig gefahrene Maschinengewehr- und 3 Munitionswagen. Die Bedienung war auf den Fahrzeugen aufgesessen, so daß diese einzelnen Jäger- oder Infanterie-Bataillonen zugeordneten Abteilungen auch mit der Kavallerie zusammenwirken konnten. Im Jahre 1906 erfolgten die ersten Truppenversuche mit zweispännigen Maschinengewehr-Fahrzeugen, bei denen die Bedienung zu Fuß marschierte.

Ein verbessertes Gerät wurde 1908 unter der Bezeichnung „MG 08" eingeführt. Es war um die Hälfte leichter als das alte Maxim-Gewehr und erreichte bei einer Schußweite von 4 000 Metern eine Feuergeschwindigkeit von 400 bis 500 Schuß in der Minute. Im selben Jahr wurde für Lehr- und Versuchszwecke eine „Lehr-Maschinengewehr-Kompanie" bei der Infanterie-Schießschule errichtet.

Jede Infanterie-Brigade hatte 1911 bereits eine Maschinengewehr-Kompanie zu sechs Gewehren (zweispännig gefahren), 1913 jedes Infanterie-Regiment und jedes Jäger-Bataillon (insgesamt 233 Kompanien). Von den ursprünglich 16 (vierspännig gefahrenen) Abteilungen wurden 5 in Maschinengewehr-Kompanien umgewandelt. Die restlichen 11 (darunter 1 bayerische und 1 sächsische) waren für die im Kriegsfall vorgesehenen 11 Kavallerie-Divisionen bestimmt. Sie hatten 1912 ein leichteres Gefechtsfahrzeug bekommen und waren damit imstande, der Kavallerie durch jedes Gelände zu folgen, wurden jedoch nicht, wie in anderen Armeen (z. B. Österreich, Frankreich oder Rußland), bereits friedensmäßig der Kavallerie eingegliedert, sondern blieben Infanterie- und Jäger-Bataillonen unterstellt. Die Kavallerie konnte sich also bei der Gefechtsausbildung nicht auf die neue Waffe einstellen, da sie, abgesehen von den kurzen Herbstmanövern, nie die Zusammenarbeit mit den Maschinengewehr-Abteilungen übte. Zu den in Festungen liegenden Infanterie-Regimentern traten als 14. Kompanie 15 Festungsmaschinengewehr-Abteilungen, die 1913 aufgestellt wurden.

Ein besonderes Exerzierreglement und auch eine Schießvorschrift für Maschinengewehr-Abteilungen erschienen 1904. Danach war beabsichtigt, Maschinengewehr-Abteilungen und -Kompanien nicht dauernd einem Truppenteil im Gefecht zuzuteilen, sondern sie als „bewegliche Feuerreserve" der Führung zu verwenden. Auch sollten Maschinengewehre nach Möglichkeit zumindest zugweise gegen Massierungen des Feindes, insbesondere Artillerielinien und anreitende Kavallerie, eingesetzt werden, da sich eine Bekämpfung von Einzelzielen wegen des hohen Munitionsverbrauchs nicht lohnte.

Die verhältnismäßig geringe Bedeutung, die dem Maschinengewehr zugemessen wurde, erklärt sich aus seinen damaligen technischen Mängeln. Die Erfüllung eines Kampfauftrages sollte nicht vom Zufall eines Versagens bei Einsatz von nur einem Gerät abhängen.

Versuche, ein leichteres Maschinengewehr einzuführen, waren bis Kriegsbeginn an der Kostenfrage gescheitert. Das MG 08 erwies sich jedoch als ein den entsprechenden Waffen der Gegner durchaus gleichwertiges, wenn nicht sogar überlegenes Gerät.

b. Kavallerie

Die Einführung der neuen, schneller und weiter schießenden Waffen wirkte sich auch auf die Organisation der Kavallerie aus. Diese war seit 1807 in Preußen organisatorisch vernachlässigt, häufig nur infanteristisch geschulten höheren Truppenführern unterstellt und vielfach nicht ihrer Eigenart entsprechend verwendet worden. Daher wurde 1898 die preußische „General-Inspektion der Kavallerie“ errichtet, um ihr eine in Organisations- und Ausbildungsfragen zentrale Spitze zu geben.

Die wichtigste Aufgabe der General-Inspektion bestand darin, eine neue Verwendungsmöglichkeit zu finden.

Wie in früheren Zeiten durch den Angriff großer Reitermassen, ehe der Gegner neu laden und feuern konnte, den Kampf mit der blanken Waffe zu entscheiden, schien durch die moderne Infanteriebewaffnung mit mehrschüssigen Hinterladern, durch die Schnellfeuergeschütze der Feldartillerie und durch die Erfindung der Maschinenwaffen hinfällig geworden zu sein. Es hatte sich schon 1870 gezeigt, daß alle Attacken gegen Infanterie und Artillerie, selbst die erfolgreichen, zu derartig hohen Verlusten führten, daß ein Reiterverband nach einem Angriff auf lange Zeit für eine weitere Verwendung ausfiel. Denn Kavalleristen ließen sich nicht ohne weiteres durch „kurz ausgebildete“ Rekruten ersetzen, und ausgebildete Kavalleriepferde waren ebenfalls nur schwer zu beschaffen.

Die Kavallerieverbände der „Heereskavallerie“ sollten nun bei Beginn eines Krieges den feindlichen Aufmarsch aufklären, der feindlichen Aufklärung den Einblick in die eigenen Verhältnisse verwehren und den Aufmarschraum der eigenen Armeen freikämpfen. Diese Aufgaben würden nicht nur zum Zusammenstoß mit feindlichen Sicherungskräften, sondern vor allem mit der feindlichen Heereskavallerie führen. In der Schlacht sollte die Kavallerie die feindlichen Flügel umfassen und gegen den Rücken des Gegners operieren sowie dem geschlagenen Feind nachsetzen; ja man rechnete sogar damit, daß die schnell schießenden modernen Waffen die Infanterie und Artillerie häufig dazu verleiten würden, sich zu „verschießen“, und daß dann die Attacke mit der blanken Waffe den Kampf entscheiden könnte.

Zur Durchführung dieser Aufgaben wurden elf Kavallerie-Divisionen (zu je sechs Regimentern) als Heereskavallerie beibehalten. Je eine Division zählte zum bayerischen und sächsischen Kontingent. Die übrigen Regimenter waren als „Divisions-Kavallerie“ vorgesehen, während von der Heereskavallerie je zwei bis drei Divisionen zu insgesamt vier Kavallerie-Korps zusammengefaßt werden sollten, die im Kriegsfall zuerst am Feind zu sein hatten. Für das Friedensheer wurde aber nur der Garde-Kavallerie-Division der notwendige Führungsstab bewilligt. Die Brigadestäbe (mit je zwei unterstellten Regimentern) blieben also die höchsten kavalleristischen Führungsstellen. Sie wurden den Divisionen und Armeekorps, deren Führer meistens Infanteristen waren, untergeordnet. Nur zu den großen Herbstmanövern wurden größere Kavallerieverbände zusammengestellt. Sonst begnügte man sich, um die zur Führung größerer Kavallerieverbände vorgesehenen Offiziere mit ihren Aufgaben vertraut zu machen, schon zur Kostenersparnis, mit Planspielen und Übungsreisen, zum Teil unter der persönlichen Leitung des General-Inspekteurs.

Eine kriegsmäßig zusammengesetzte Kavallerie-Division sollte 1914 folgende Gliederung haben:

6 Kavallerie-Regimenter zu je 4 Eskadrons
1 Reitende Abteilung Feldartillerie zu 3 Batterien und 1 leichten Munitionskolonne (insgesamt 12 Feldkanonen)
1 Maschinengewehr-Abteilung (6 Maschinengewehre)
1 Pionier-Abteilung (in Zugstärke auf Kavallerie-Pionierwagen beweglich gemacht)
1 Nachrichten-Abteilung (in Zugstärke mit 1 schweren und 2 leichten Funkstellen)
1 Kavallerie-Kraftwagen-Kolonne.

Ferner bestand die Absicht, den Kavallerie-Divisionen bzw. -Korps 1 bis 2 Jäger-Bataillone zuzuweisen, deren teilweise Beweglichmachung durch Kraftwagen aber lediglich geplant war.

Die Vermehrung der Infanterie zwischen 1890 und 1914 hätte eigentlich auch neue Kavallerie-Regimenter erfordert, wenn die Heereskavallerie in Stärke von elf Divisionen beibehalten und jeder Infanterie-Division zu Aufklärungszwecken ein Regiment zu vier Eskadrons zugeteilt werden sollte. Bereits 1890 fehlten neun Regimenter. Man behalf sich mit Reserve-Kavallerie-Regimentern, sah dann aber ein, daß dadurch die an sich schon schwächer ausgestatteten Reserve-Divisionen in der Masse ohne Aufklärungskavallerie sein würden. Ab 1900 wurden für die Zwecke der Infanterie-Divisionen sogenannte „Jäger-Detachements zu Pferde" aufgestellt. Aus diesen wurden „Eskadrons Jäger zu Pferde", später Regimenter gebildet. Im Jahre 1913 waren 17 neue Kavallerie-Regimenter aufgestellt (darunter 2 bayerische und 2 sächsische), doch fehlten damit immer noch sechs Regimenter, wenn die Zahl der aktiven Infanterie-Divisionen erreicht werden sollte. Als Ersatzlösung wurde geplant, einige Regimenter zu sechs statt zu vier Eskadrons mobil zu machen und Halbregimenter zu drei Eskadrons als Divisions-Kavallerie aufzustellen.

Um eine schnelle Mobilmachung zu gewährleisten, wurde bei der Masse der Kavallerie-Regimenter die Friedensstärke angeglichen an die Kriegsstärke (36 Offiziere und Beamte, 688 Unteroffiziere und Mannschaften). Die im Frieden vorhandenen fünften Eskadrons wurden Ersatz-Eskadrons und sollten nicht ausrücken. Nach Abgabe der Remonten an die zurückbleibenden Einheiten und nach Austausch einiger Mannschaften und Pferde konnten die für die Heereskavallerie vorgesehenen Regimenter in wenigen Stunden kriegsmäßig verladen werden.

In dieser Organisation war die Kavallerie aller europäischen Heere ziemlich einheitlich gestaltet. Überall rechnete man, daß ein künftiger Krieg mit dem Kampf größerer Kavallerie-Verbände beginnen würde, und dem wurde dadurch Rechnung getragen, daß die dreijährige Dienstzeit für Kavalleristen bestehen blieb.

Die gesamte Kavallerie wurde 1890 mit der Lanze ausgerüstet. Mit dieser Waffe war der zur „Attackenfreudigkeit" erzogene deutsche Reiter dem französischen Kavalleristen im Reitergefecht überlegen, dem russischen gleichwertig. Von Nachteil war, daß die Lanzen beim „Gefecht zu Fuß" die Beweglichkeit der Handpferde behinderten, so daß in der Regel nur die Hälfte einer Eskadron (etwa 60 bis 80 Schützen) zum Fußgefecht absaß.

Die Ausrüstung der Kavallerie mit einem dem Gewehr 98 entsprechenden Karabiner stieß auf Schwierigkeiten, da die starke Pulverladung der S-Patronen eine Waffe mit einem längeren Lauf erforderte, als das bisher für Karabiner üblich war. Der längere Karabiner erforderte eine andere Tragevorrichtung am Sattelzeug. Ein brauchbares Modell war zu Kriegsbeginn noch im Truppenversuch, und der Karabiner mußte deshalb im allgemeinen auf dem Rücken getragen werden. Für die in Zukunft mitzuführende dreifache Menge an Munition wurde ein neues Patronentaschenmodell notwendig. Der ab 1909 eingeführte Karabiner 98 auf den man auch ein Seitengewehr aufpflanzen konnte, war den Schußwaffen der Kavallerie anderer Staaten überlegen oder zumindest gleichwertig.

Weitere Verbesserungen und Modernisierungen der Bewaffnung und Ausrüstung wurden bei der Kavallerie nicht vorgenommen. So gab es bei den deutschen Regimentern im Gegensatz zu den österreichischen, französischen und russischen keine Maschinengewehre. Nur den Kavallerie-Divisionen wurde je eine Abteilung zu sechs Gewehren zugeteilt.

Eine Seitenwaffe, die im Fußgefecht mitgeführt und auf den Karabiner aufgepflanzt werden konnte, wurde bis Kriegsbeginn nicht eingeführt, obwohl Pallasch und Kavalleriedegen nach dem Exerzier-Reglement beim Absitzen zum Gefecht zu Fuß am Sattel bleiben sollten. Gleichfalls wurde auf eine Ausstattung mit Schanzzeug und auf eine entsprechende Ausbildung verzichtet, und auch bei der Zuteilung von fahrbaren Feldküchen wurden die Kavallerie-Regimenter nicht berücksichtigt. Sie erhielten auch weder eine Zeltausrüstung noch Brotbeutel und Feldflasche.

Großer Wert wurde auf die Ausbildung im Fernmeldedienst gelegt (damals Telegraphendienst genannt). Seit 1899 gab es in Preußen, seit 1901 auch in Bayern, eine Kavallerie-Telegraphenschule, wo Unteroffiziere im Fernsprech- und Telegraphendienst ausgebildet wurden. Ein besonderes Abzeichen für „geprüfte Kavallerie-Telegraphisten" sollte die Leistungen in diesem Dienstzweig würdigen und anspornend wirken. Im Jahre 1908 erhielten alle Kavallerie-Regimenter je einen Telegraphenwagen mit Fernsprechgerät. Geeignete Funkgeräte waren technisch noch nicht frontreif entwickelt. Von der Zuteilung optischer Signalgeräte (Blinklampen und Hohlspiegel), die sich bei den Kämpfen in Deutsch-Südwestafrika bewährt hatten und auch bei der Kavallerie anderer Staaten, zum Beispiel in Österreich-Ungarn, in Gebrauch waren, wurde 1912 wieder abgesehen. Diese Geräte erwiesen sich für den Aufklärungs- und Meldedienst auf einem europäischen Kriegsschauplatz mit seiner andersartigen Bodenbewachsung als ungeeignet.

Ebenfalls 1908 wurden Kavallerie-Brückenwagen eingeführt, auf denen für jedes Regiment zwei Stahlblechboote für Flußübergänge mitgeführt werden konnten. Mit Hilfe dieser Boote konnten eine Behelfsfähre gebaut und bei Flußübergängen auch die Gefechtsfahrzeuge der Kavallerie ohne Hilfe von Pionieren übergesetzt werden.

Die bedeutendste Leistung der „General-Inspektion der Kavallerie“ war die Erarbeitung einer neuen Ausbildungsvorschrift. Das „Exerzier-Reglement für die Kavallerie vom 3. April 1909“ schlug neue Wege ein, ohne mit dem alten Reitergeist zu brechen. Man verzichtete auf das Exerzieren mit großen Verbänden, die nicht länger durch Kommandos und Signale, sondern nur noch durch „Kampfaufträge“ geführt werden sollten. Das Exerzieren wurde vereinfacht und mehr nach den Notwendigkeiten des Gefechts ausgerichtet.

Erhöhte Bedeutung wurde dem „Gefecht zu Fuß“ zugemessen, und es sollte nicht nur in der Eskadron, sondern „auch in größeren Verbänden“ geübt werden. Völlig neu für ein Kavallerie-Reglement waren die Auslassungen über die Führung eines „Angriffs zu Fuß“. Hervorgehoben wurde ebenfalls der Wert der Führerpersönlichkeit bei einer schnell beweglichen Truppe und die Erziehung zur Entschlußfreudigkeit. Wie in den Vorschriften der anderen Waffengattungen war aber der Offensivgedanke auch hier der beherrschende: „Die Kavallerie soll ihre Aufgaben stets offensiv zu lösen versuchen. Nur wo die Lanze nicht am Platz ist, greift sie zum Karabiner.“

Die große Vergangenheit als schlachtentscheidende Waffe, deren Tradition bewußt gepflegt wurde, besonders farbenprächtige Uniformen, die auch nach der Einführung der grauen Felduniform durch ihre besonderen traditionellen Schnitte (Kürassier- und Dragonerwaffenrock, Attila oder Ulanka) die Kavalleristen von dem sonst einheitlichen Heere unterschieden, führten der Kavallerie stets genügend Freiwillige zu. Die längere Dienstzeit schreckte den meist aus der Landwirtschaft kommenden Ersatz weniger als den Großstädter und Fabrikarbeiter. Es gab noch 1914 viele Kavallerie-Regimenter, die sich nur aus Freiwilligen ergänzten. Ein Unteroffiziernachwuchsproblem wie bei den anderen Waffengattungen kannte die Kavallerie nicht. Daher war auch die Einrichtung besonderer Schulen für den Unterführernachwuchs nicht erforderlich.

Es gab jedoch Schulen für die Ausbildung von Offizieren und Unteroffizieren zu Reitlehrern, so in Preußen das 1816 errichtete „Militär-Reit-Institut“ (seit 1866 in Hannover) mit den unterstellten Offizier-Reitschulen in Paderborn und Soltau, in Bayern die „Militär-Reitschule“ in München und in Sachsen die „Militärreitanstalt“ in Dresden. Diese Schulen, vor allem das Militär-Reit-Institut, übten eine starke Wirkung auf die Vereinheitlichung der Reitausbildung im ganzen Reichsgebiet aus. Auch Offiziere anderer Waffen, insbesondere der Feldartillerie, wurden zu ihren Kursen kommandiert. Die „Reitvorschrift“ von 1912 wurde das bindende Reglement für die Ausbildung von Pferd und Reiter bei allen Waffengattungen, und jede Abweichung von den darin festgelegten Bestimmungen und reiterlichen Grundsätzen war untersagt.

Die deutsche Kavallerie von 1914 war der ihrer voraussichtlichen Gegner gleichwertig, wenn nicht gar überlegen. Daß man sie aber mit Hilfe der Technik zu einer auch im modernen Krieg kampfkräftigeren Waffe hätte weiterentwickeln können, war nicht erkannt worden. Die Gründe hierfür lagen im traditionell gebundenen Denken der militärischen Führung, für die der technische Materialkrieg noch Neuland war. Die Kampfkraft, die in den 110 Kavallerie-Regimentern gebunden war, hätte im Weltkrieg bei anderer Planung wirksamer eingesetzt werden können. Die deutsche Kavallerie sollte sich aber in dem kommenden Kriege auch außerhalb der ursprünglich gestellten Aufgaben bewähren.

c. Artillerie

Feldartillerie

Die bereits 1872 eingeleitete Trennung der Feldartillerie von der Festungsartillerie und der Ausbau der ersteren zu einer eigenen „Waffengattung", die vollberechtigt neben Infanterie und Kavallerie bestehen konnte, trat 1889 ins entscheidende Stadium. In diesem Jahre traten die Feldartillerie-Brigaden unter den unmittelbaren Befehl der Armeekorps, 1899 unter den der Divisionen. Die bisherige General-Inspektion wurde in eine technische Waffenbehörde für Geschützmaterial und Schießwesen umgewandelt.

Diese Maßnahmen sollten nicht nur die Zusammenarbeit zwischen Feldartillerie auf der einen Seite, Infanterie und Kavallerie auf der anderen Seite fördern, sondern auch die höheren Truppenführer, die im allgemeinen aus anderen Waffengattungen hervorgegangen waren und sich bisher nur wenig mit der Artillerie befaßt hatten, mit deren Einsatz und Führung vertraut machen. Äußeres Kennzeichen dieser Organisationsänderung war die Einführung farbiger Schulterklappen in den Farben der Armeekorps, während die Fußartillerie analog zu den anderen Hilfswaffengattungen einheitlich gefärbte Schulterklappen behielt.

Stärkemäßig wuchs die Feldartillerie zwischen 1890 und 1914 von 37 Regimentern mit 434 Batterien auf 100 Regimenter mit 633 Batterien (darunter 12 bayerische, 8 sächsische und 4 württembergische Regimenter). In dieser Zahl ist das 1912 aufgestellte Lehrregiment der Feldartillerie-Schießschule (errichtet 1867) nicht einbegriffen. Eine Feldartillerie-Brigade gliederte sich 1890 im allgemeinen in zwei Regimenter, das Regiment in drei Abteilungen mit je drei „fahrenden" Batterien. Jeweils ein Regiment in jeder Brigade hatte noch zusätzlich eine reitende Abteilung zu zwei Batterien. Im Jahre 1893 wurde anläßlich der Einführung der zweijährigen Dienstzeit für die fahrenden Batterien (bei der reitenden Artillerie betrug die Ausbildungszeit wie bei der Kavallerie drei Jahre) die Zahl der Batterien auf 494 erhöht. Die meisten Regimenter besaßen jetzt vier Abteilungen, so daß 1899 eine Teilung und die Aufstellung neuer Brigadestäbe erfolgte. Da jetzt jeder Division eine Feldartillerie-Brigade zur Verfügung gestellt werden konnte, wurde die Feldartillerie organisatorisch den Divisionskommandeuren unterstellt. Die Aufgaben der dadurch wegfallenden Korpsartillerie sollten von der Fußartillerie übernommen werden (s. S. 175 ff).

Von der reitenden Artillerie waren elf Abteilungen zu je zwei Batterien für die elf Kavallerie-Divisionen vorgesehen, die als jeweils III. Abteilung einzelnen Regimentern angegliedert waren. Außerdem waren bei sechs Feldartillerie-Regimentern die II. Abteilungen nicht als fahrende, sondern als reitende Abteilungen (zu drei Batterien) organisiert, und Baden und Hessen behielten aus Traditionsgründen je eine reitende Batterie. Im Jahre 1913 wurden die für die Heereskavallerie bestimmten elf reitenden Abteilungen umgegliedert (in Abteilungen zu drei Batterien mit vier Geschützen), und die anderen reitenden Abteilungen und Batterien wurden in fahrende umgewandelt. Bei Kriegsausbruch setzten sich die Feldartillerie-Brigaden durchgehend aus 2 Regimentern zu je 2 Abteilungen zu 3 Batterien mit je 4 Geschützen zusammen; elf Regimenter hatten zusätzlich eine reitende (III.) Abteilung.

Die Feldartillerie war 1890 mit einem Einheitsgeschütz für alle Batterien, der Feldkanone C 73/88 mit einem Kaliber von 8,8 cm, ausgestattet worden. Dieses Geschütz war aber zu dieser Zeit technisch ebenso überholt wie das damalige Infanteriegewehr. In allen Ländern Europas arbeiteten die Konstrukteure an neuen Feldgeschützen, und die politische Lage zwang Deutschland zur voreiligen Einführung der Feldkanone C 96 (Kaliber 7,7 cm). Sie hatte mit 7 800 Metern eine zu geringe Schußweite, eine nur primitive Rücklaufhemmung durch Sporn und Seilbremse und war dem französischen Geschütz FK. M 97 mit seiner hydropneumatischen Rücklaufbremse und seinen Stahlschutzschilden unterlegen. Fieberhaft wurde an Verbesserungen gearbeitet, und ab 1905 konnte die Truppe mit der „FK 96 n. A.“ (neuer Art) ausgerüstet werden. Dieses Geschütz, mit dem die deutsche Feldartillerie in den Krieg zog, hatte eine Rohrrücklaufbremse und einen Schutzschild und wurde später noch mit dem Rundblickfernrohr ausgestattet, das ein indirektes Richten ermöglichte. Die größte Schußweite lag bei 8 400 Metern. Es war der französischen FK. M 97 (Kaliber 7,5 cm) in der ballistischen Leistung etwa gleichwertig, in den Richtmitteln überlegen.

Im ganzen gesehen erreichte die deutsche Feldartillerie 1914 eine Überlegenheit über die französische durch die Ausstattung des vierten Teiles aller Brigaden mit leichten Feldhaubitzen. Ihre Einführung verstieß gegen den Grundsatz, die Feldartillerie mit einem Einheitsgeschütz auszurüsten, entsprach aber den Erfahrungen aus dem Russisch-Türkischen Krieg von 1878, wo es sich gezeigt hatte, daß die russischen Feldkanonen auch mit Granaten kaum eine Wirkung gegen die türkischen Feldbefestigungen gehabt hatten. Ab 1899 war in jedem Armeekorps, nach und nach in jeder Division, eine Abteilung mit der leichten Feldhaubitze 98 ausgestattet worden. Mit diesen Geschützen (Kaliber 10,5 cm, größte Schußweite 6 300 m) sollten besonders die Feldbefestigungen des Gegners zerschlagen werden. Sie besaßen Schutzschilde, Rohrrücklaufbremse und Rundblickfernrohr und bewährten sich später als „L. F. H. 98/09“ besonders im Stellungskrieg.

Das gebräuchlichste Geschoß der Feldartillerie war das Schrapnell, für Sonderzwecke gegen widerstandsfähige Ziele die Granate. Bei den Haubitzbatterien gab es auch Granaten mit Verzögerungszündern, die gegen massive Deckungen, Unterstände und Stollen verschossen wurden. Im Jahre 1905 wurde ein Einheitsgeschoß für die leichte Feldhaubitze eingeführt, das sowohl als Schrapnell mit Brennzünder, Granate mit Aufschlagzünder, Granate mit Brennzünder und Granate mit Verzögerungszünder verwendet werden konnte. Im Jahre 1911 war die Konstruktion einer entsprechenden Granate auch für die Feldkanonen abgeschlossen. Bei Kriegsbeginn waren die leichten Feldhaubitzbatterien fast ausschließlich mit dem „Geschoß 05" ausgestattet, während die Kanonenbatterien noch mit drei verschiedenen Geschoßarten ins Feld rückten.

Der gesteigerte Wert, den man nach den Erfahrungen von 1870/71 auf die Unterstützung der Infanterie durch Artilleriefeuer legte, und die Einführung von schneller schießenden Geschützen hatten einen größeren Munitionsbedarf zur Folge. War man 1870 im allgemeinen noch mit der in den Protzkästen mitgeführten Munition an einem Kampftag ausgekommen, so wurde bereits in den neunziger Jahren ein Mehrfaches dieser Menge angesetzt. Für jede Batterie von sechs Geschützen waren anfangs neun Munitionsfahrzeuge vorgesehen, ab 1899 jedoch nur ein Fahrzeug pro Geschütz. Dafür erhielt jedes Regiment eine „leichte Munitionskolonne", ebenso die für die Heereskavallerie vorgesehenen reitenden Abteilungen, und eine zweite Kolonne für die entsprechende Munition hatte jene Regimenter zu versorgen, zu denen eine Abteilung leichter Feldhaubitzen gehörte. Das Armeekorps verfügte noch über zwei Munitionskolonnen-Abteilungen, die jeweils aus zwei Infanterie- und vier Artillerie-Munitionskolonnen bestehen sollten. Von den letzteren mußten je eine und seit 1912 je drei leichte Feldhaubitzmunition (Feldhaubitzgeschoß 09) laden. Alle Kolonnen waren jedoch nicht friedensmäßig etatisiert und wurden erst im Kriegsfall aufgestellt, so etwa für das Ostasiatische Expeditionskorps im Jahre 1900.

Zwischen 1905 und 1908 waren die neuzeitlichen Richtgeräte (Rundblickfernrohr) eingeführt worden, mit deren Hilfe auch Feldgeschütze aus „verdeckter Feuerstellung" indirekt gerichtet werden konnten. Für dieses Verfahren wurden die Batterien auch mit Fernsprechgeräten zur Verbindung zwischen Beobachtungs- und Feuerstellung sowie der Beobachtungsstellen untereinander ausgerüstet. Die Geschützstaffel jeder Batterie erhielt einen Beobachtungswagen zur Aufnahme der Beobachtungs- und Fernmeldegeräte. Im Jahre 1914 waren alle Geschützstaffeln der Feldartillerie und zum Teil auch die Beobachtungs- und Munitionswagen bereits friedensmäßig bespannt.

Keine Änderungen ergaben sich bei der Ausstattung der Feldartillerie mit Handfeuerwaffen. Eine Ausgabe von Karabinern an Kanoniere für die Nahverteidigung wurde nach dem nicht nur in Deutschland gültigen Grundsatz abgelehnt, daß sich der Artillerist mit Hilfe seines Geschützes zu verteidigen hätte. Man begann lediglich, die Revolver 1879 und 1883 durch die Repetierpistole 08 zu ersetzen, doch rückte 1914 noch die Mehrzahl der Batterien mit den alten Revolvern ins Feld. Sonst besaßen die Kanoniere ein faschinenmesserartiges Seitengewehr, das sich aber nicht aufpflanzen ließ, und, soweit sie beritten waren, den Artilleriesäbel. Da überdies nicht einmal die Fahrer und Fernsprecher mit dem Karabiner ausgerüstet waren, verursachte im Kriege das Fehlen geeigneter Nahverteidigungswaffen verschiedentlich schwere Verluste, vor allem bei Angriffen russischer Kavallerie.

Nach den Lehren, die sich aus dem Russisch-Japanischen Krieg von 1904/05 ziehen ließen, war Schanzzeug für das Eingraben der Geschütze an die Feldartillerie ausgegeben worden. Ab 1911 war ihr bei allen großen Truppenübungen das Tragen der neuen feldgrauen Uniform vorgeschrieben. Dagegen unterblieb die Zuteilung von Feldküchen, wie sie die Infanterie erhalten hatte.

Die Gefechtsausbildung nahm in dem 1907 erlassenen Exerzier-Reglement einen großen Raum ein. Als Hauptaufgabe wurde die „wirksamste Unterstützung der Infanterie" bezeichnet, denn die Gefechtstätigkeit der Feldartillerie war „zeitlich und räumlich nicht von der Infanterie zu trennen". Anders als 1870/71 war nicht mehr das Niederkämpfen der feindlichen Artillerie die erste Aufgabe, sondern die Bekämpfung von Zielen, die für die Infanterie am gefährlichsten schienen.

Wenn auch nach dieser Vorschrift die „verdeckte Feuerstellung" die Regel sein sollte, so wurde doch gefordert, daß die Feldartillerie, „um die Entscheidung im Infanteriekampf herbeizuführen..., unter Verzicht auf die Vorteile verdeckter Aufstellung, ihr Feuer meist aus offener Stellung abgeben muß". **Dieser auch noch durch Sperrdruck** hervorgehobene Satz mußte freilich oft als Entschuldigung herhalten, wenn der Erkundung geeigneter verdeckter Feuerstellungen wenig Wert beigemessen wurde. Das indirekte Richtverfahren, das längere Zeit bis zur Feuereröffnung in Anspruch nahm, war bei den in den alten Ausbildungsgrundsätzen groß gewordenen älteren Artillerieoffizieren wenig beliebt. Die großen Verluste, die gerade die Feldartillerie im ersten Kriegsjahr erleiden sollte, haben hier oft ihre Ursache. Neu war der in dieser Vorschrift niedergelegte Grundsatz, daß die Artillerie ihre Stellung bei Gefährdung durch feindliche Infanterie oder Kavallerie nicht verlassen durfte. „Im entscheidenden Augenblick darf die Artillerie auch das schwerste Infanteriefeuer nicht scheuen." Selbst „eine Batterie, die sich verschossen hat, geht nicht zurück. Sie wartet in der Feuerstellung die Heranführung von Munition ab." Dieser Grundsatz, den die österreichische Artillerie bereits 1866 bei Königsgrätz praktiziert hatte, beruhte auf der Ansicht, daß die Feldartillerie das „Gerippe" der gesamten Stellung ihrer Division sein sollte. Man befürchtete wohl auch eine demoralisierende Wirkung auf die anderen Truppen, wenn die Artillerie rückwärtige Bewegungen ohne höheren Befehl ausführen würde. Der in früheren Zeiten so stark ins Gewicht fallende Materialwert der Geschütze war im Zeitalter maschineller Fabrikfertigung nicht mehr so wichtig, daß die Geschütze auf jeden Fall gerettet werden mußten.

Im übrigen behandelte die Vorschrift weniger taktische als waffen- und gefechtstechnische Fragen. So wurden Erdarbeiten zum Schutz gegen feindliches Feuer auch beim Angriffsgefecht empfohlen, und auch alle Möglichkeiten, die die im Vergleich zu 1870/71 schnellfeuernden Geschütze und die technischen Feuerleitungsmittel einräumten – Schwenken mit dem Feuer, Feuerzusammenfassen und „Überraschendes Massenfeuer mit gesteigerter Feuergeschwindigkeit" (Feuerüberfall) –, waren bereits berücksichtigt. Die Vorschrift wies ebenfalls auf die Gefahr hin, daß die modernen Geschütze vorzeitig die gesamte Munition verschießen könnten, doch hatte die Feldartillerie bis 1914 gerade auf diesem wichtigen Gebiet wenig Erfahrung gesammelt, da die meisten Friedensübungen aus Kostengründen stets zeitlich so begrenzt waren, daß das Munitionsproblem selten sichtbar zutage trat.

Um die Schießausbildung zu verbessern, wurden 1894 auch für die Feldartillerie Schießauszeichnungen in Form von Schützenschnüren eingeführt und wie bei der Infanterie für die besten Schießleistungen im Gefechtsschießen das Kaiserabzeichen. Dieses erhielten jeweils für ein Jahr die sechs besten Batterien der preußischen Armee, während der besten bayerischen, sächsischen und württembergischen Batterie ein Königszeichen verliehen wurde.

Die 1867 errichtete Artillerie-Schießschule wurde 1890 in die Feldartillerie- und die Fußartillerie-Schießschule aufgeteilt. Die Feldartillerie-Schießschule erhielt 1890 eine 2. und 3. Lehrbatterie, 1893 eine II., 1900 eine III. Lehrabteilung. Der Wirkungsbereich der Schule wuchs erheblich, da ab 1890 für die Leutnants der Feldartillerie der Besuch der Vereinigten Artillerie- und Ingenieur-Schule fortfiel und durch ein Kommando zur Feldartillerie-Schießschule ersetzt wurde. Trotzdem lag die Ausbildung, insbesondere die der Reserveoffiziere, hinter derjenigen anderer Waffengattungen zurück, obwohl der organisatorische Aufbau der Feldartillerie bei Kriegsausbruch abgeschlossen war.

Fußartillerie

In Preußen hatte sich die Artillerie 1872 in Feld- und Fußartillerie geteilt. Dabei wurde für die erstere eine Beweglichkeit gefordert, die man bei der für den Festungskrieg bestimmten Fußartillerie nach den Erfahrungen von 1870/71 nicht für notwendig hielt. Aber auch außerhalb des eigentlichen Festungskrieges führte die Entwicklung schneller und stärker wirkender Waffen bei allen europäischen Heeren zu einer vermehrten Anlage von Feldstellungen, was nun wiederum die Feldartillerie vor Aufgaben stellte, die sie mit der Feldkanone C 73 schwerlich lösen konnte.

Die Fußartillerie war seit 1872 von allen anderen Truppen völlig getrennt. Sie galt als eine unbewegliche Hilfswaffe, die sich nur mit den Problemen des Festungskrieges beschäftigte, und sie nahm daher auch an den gemeinsamen Truppenübungen und Manövern nicht teil. Gegliedert war sie in zwei Inspektionen, denen je zwei Brigaden mit mehreren Regimentern unterstellt waren (12 preußische, 2 bayerische, 1 sächsisches Regiment und 1 württembergisches Bataillon). Oberste Spitze war die General-Inspektion der Fußartillerie in Berlin.

Die Forderungen des Generalstabes, die Fußartillerie auch im Bewegungskrieg einsetzen zu können, waren nicht leicht zu erfüllen. Einerseits war es eine Kostenfrage, denn es mußten die Bespannungen für die Batterien und Munitionskolonnen aufgestellt sowie für den Bewegungskrieg geeignete Geschütze konstruiert und in der erforderlichen Menge angeschafft werden. Andererseits war auch ein Widerstand bei vielen älteren Truppenführern zu überwinden, die eine Verlängerung der Marschkolonnen, zeitraubende Aufmärsche und Bereitstellungen und ein völliges Verstopfen aller Marschstraßen befürchteten, deren

Unterbau zudem der Beanspruchung durch die schweren Fahrzeuge bei ungünstiger Witterung nicht gewachsen sein würde. Nachteilig wirkte sich auch die vollkommene organisatorische Trennung von Fuß- und Feldartillerie aus, denn eine gemeinsame artilleristische Führung hätte den Aufbau der „schweren Artillerie des Feldheeres" in vielem erleichtern können.

Trotz aller Schwierigkeiten finanzieller und organisatorischer Art wuchs die Stärke der Fußartillerie bis zum Jahre 1914 auf drei preußische Fußartillerie-Inspektionen mit sechs Brigaden und einer bayerischen Fußartillerie-Brigade. Die sächsischen Regimenter wurden preußischen Brigaden inkorporiert. Im Jahre 1914 gab es insgesamt 19 preußische, 3 bayerische und 2 sächsische Fußartillerie-Regimenter, während aus dem württembergischen Bataillon ein preußisches Regiment geworden war. Dazu kam noch das 1912 errichtete Lehrregiment der Fußartillerie-Schießschule, und bis auf die für den Küstenschutz bestimmten Regimenter Nr. 2 und 17 hatten alle Regimenter eine, neun von ihnen sogar zwei Bespannungsabteilungen, so daß von den 50 Bataillonen 32 als schwere Artillerie dem Feldheer in den Bewegungskrieg folgen konnten.

Für den Mobilmachungsfall waren an Stelle der friedensmäßigen Organisation neue Unterstellungsverhältnisse vorgesehen. Zu jedem Armeekorps sollte ein schweres Feldhaubitz-Bataillon mit vier Batterien treten, und die übrigen bespannten Bataillone waren als Armeeartillerie vorgesehen. Die Fußartillerie-Inspektionen und die Brigade- und Regimentsstäbe sollten als höhere Artilleriestäbe für Sonderaufgaben den Armeen und Festungen zugeteilt werden, die restlichen unbespannten Bataillone wurden zur Verteidigung der Festungen und zum Küstenschutz bestimmt.

Seit 1891 erhielt die Fußartillerie laufend technisch verbesserte Geschütze. Zuerst wurde die 15-cm-Ringkanone durch die lange 15-cm-Kanone ersetzt, die eine größere Schußweite hatte und zum Zerstören von gepanzerten Dekkungen bestimmt war. Als Ersatz für die veralteten Steilfeuergeschütze (kurze 15-cm-Kanone und 15-cm-Mörser) entwickelten die Artillerie-Prüfungs-Kommission und die Firma Krupp gemeinsam die „schwere Feldhaubitze" (15 cm), die ein verhältnismäßig geringes Gewicht besaß, so daß sie im Gelände beweglich war und der bespannten Fußartillerie zugeteilt wurde. Ihre Schußweite betrug 6050 Meter. In Gebrauch blieben daneben zunächst noch die 21-cm-Mörser aus den siebziger Jahren und in den Festungen verschiedene ältere Geschütze, die wegen des zu weichen Materials der Rohre und der geringen Schußweite bereits veraltet waren.

Die Konstruktion eines neuen schweren Geschützes fand 1901 ihren Abschluß. Es wurde 1903 als „schwere Feldhaubitze 02" (15 cm) eingeführt, hatte Rohrrücklauf und eine Höchstschußweite von 7450 Metern. Das neue Geschütz ging an die bespannten Bataillone, welche ihre bisherigen Haubitzen an die Festungsbataillone abtraten. Diese wurden erst nach und nach mit Rohrrücklaufgeschützen ausgerüstet.

Ein weiteres schwereres Geschütz entstand noch kurz vor Ausbruch des Krieges

Die „schwere Feldhaubitze 13" hatte eine verbesserte Richteinrichtung, eine Schußweite von über 8 000 Metern, größere Standfestigkeit beim Schuß und einen Schutzschild wie die Geschütze der Feldartillerie. Bei Kriegsbeginn waren aber erst wenige Bataillone mit dieser Haubitze ausgestattet.

Gleichzeitig wurde eine Modernisierung der Artilleriemunition betrieben. Bis 1893 waren die für das Feldheer bestimmten Bataillone mit Brisanzgranaten 88 (mit rauchschwachem Pulver) versehen, und die veraltete Munition ging an die Festungsartillerie. Eine stärkere Sprengladung als die Granate 88 besaß ein 1896 eingeführtes Geschoß, und als dessen Splitterwirkung gegen lebende Ziele nicht den gewünschten Anforderungen entsprach, wurde die Granate 04 mit einem Gewicht von 40,5 kg für die schweren Feldhaubitzen entwickelt. Mit Aufschlagzünder hatte die Granate 04 eine Sprengwirkung bis zu 40 m nach allen Seiten und durchschlug feldmäßige Eindeckungen von einer Stärke bis zu 50 cm, starkes Mauerwerk, Panzerbleche und Betonstirnmauern bis zu 1 m Stärke. Mit Verzögerungszünder zeigte sie gute Wirkung gegen feldmäßige Eindeckungen bis zu 2 m Dicke, versagte jedoch gegen Beton und Vollpanzer. Die Granate 12 mit einer noch größeren Splitterwirkung war bei Kriegsausbruch noch im Versuchsstadium.

Auf einem Munitionswagen konnten 36 Granaten 04 befördert werden. Die Gefechtsstaffel einer Batterie zu vier Geschützen führte 144 Schuß mit sich, und die gleiche Menge transportierte die Munitionsstaffel, so daß die leichte Munitionskolonne eines Bataillons auf ihren 24 Fahrzeugen insgesamt 864 Granaten mitführte. Die Gesamtmunitionsausstattung eines Bataillons zu vier Batterien betrug 2 016 Schuß. Weitere 4 896 Granaten sollte die Munitionskolonnen-Abteilung (Stärke acht Kolonnen) des Armeekorps nachführen.

Der Generalstab forderte auch die Einführung eines beweglicheren Mörsers und veranlaßte die Konstruktion eines Geschützes (Kaliber 21 cm), das eine Weite von 9 400 Metern erreichte. Es war mit modernen Richtmitteln und Rohrrücklauf ausgestattet und schoß im Gegensatz zu den veralteten Typen, ohne daß erst eine Bettung gebaut werden mußte, auf stählernen Marschrädern, die zur Verbreiterung der Auflageflächen mit einem Radgürtel versehen wurden. Dieser 1910 eingeführte Mörser übertraf an Leistungsfähigkeit sämtliche gleichwertigen Geschütze aller europäischen Heere. Der Mörser wurde durch Pferdezug bewegt und in drei Lasten (Rohrwagen, Lafettenwagen, Gürtelwagen) gefahren. Die damit ausgerüsteten Bataillone gehörten mit zur schweren Artillerie des Feldheeres und sollten den Armeen zugeteilt werden.

Ein Mörserbataillon hatte im Gegensatz zu einem Bataillon schwerer Feldhaubitzen nicht vier, sondern nur zwei Batterien, die Batterie zu vier Geschützen. Bei Kriegsausbruch waren 256 Mörser vorhanden. Von diesen waren 112 für die schwere Artillerie des Feldheeres bestimmt, 32 gehörten zur Festungsausrüstung, die restlichen 112 waren Reserve ohne Bespannung.

Die deutschen Mörserbataillone hatten 1914 die Granate 96, die ein Gewicht von 120 kg besaß. Sie zeigte gute Wirkung gegen jede Art feldmäßiger Eindeckungen und zerschlug auch Gewölbe älterer Bauart. Bei Betonbauten waren mehrere Treffer an derselben Stelle notwendig, und gegen moderne Panzerdecken war die Wirkung gering. Man erhoffte sich aber, durch klemmende Sprengstücke und Betontrümmer, eine Störung der Dreh- und Hebevorrichtungen des beschossenen Panzerturmes, sowie eine demoralisierende Wirkung auf die Besatzung des Panzerwerkes.

Für den Einsatz gegen moderne Festungswerke war ein 1898 eingeführtes Steilfeuergeschütz gedacht, der 30,5-cm-Mörser (beta-Gerät), aus Tarnungsgründen „schwerer Küsten-Mörser“ genannt. Es feuerte über eine Distanz von 8 700 Meter Geschosse von 330 kg Gewicht, bei 40 kg Sprengladung. Ein verbessertes Modell von 1909 (beta 09) hatte eine Schußweite bis zu 11 900 Metern. Bei Kriegsbeginn waren vier schwere Küsten-Mörser-Batterien und eine schwere Küsten-Mörser-Batterie 09 (insgesamt zwölf Geschütze) vorhanden. Davon waren die Batterien 09 und eine der älteren Küsten-Mörser-Batterien durch Kraftzug beweglich gemacht, die anderen drei konnten nur auf Eisenbahnschienen (Vollspur) bewegt werden.

Zur wirksamen Bekämpfung der mit den modernsten Mitteln der Festungsbaukunst errichteten französischen Ostbefestigungen forderte der Generalstab einen Mörser mit noch stärkerer Zerstörungskraft. Die Firma Krupp konstruierte ein schweres Geschütz mit einem Kaliber von 42 cm und einer Schußweite von 14 000 Metern, das wieder aus Tarnungsgründen „kurze Marine-Kanone (gamma-Geschütz)“ genannt wurde. Eine Beförderung war nur auf Eisenbahnschienen möglich, und das Instellunggehen dauerte 36 Stunden. Da der Generalstab jedoch ein Modell für erforderlich hielt, das vom Eisenbahnnetz unabhängig und schneller feuerbereit war, entstand die „kurze Marine-Kanone (M-Geschütz)“. Sie hatte zwar nur 9 300 Meter Schußweite, konnte aber durch mechanischen Zug befördert und in vier Stunden in Stellung gebracht werden. Das Geschoß des gamma-Geschützes wog 920 kg, davon 100 kg Sprengladung, das Geschoß des M-Geschützes 800 kg, bei 140 kg Sprengladung. Bei Kriegsbeginn waren drei gamma-Batterien und eine M-Batterie vorhanden, insgesamt sieben Geschütze. Dazu kam noch eine 28-cm-Haubitze mit Räderlafette, die 1910 zu Versuchszwecken von der Firma Krupp gebaut worden war. Die Existenz dieser schwersten deutschen Steilfeuergeschütze wurde streng geheimgehalten. Selbst in der geheimen Vorschrift „Taschenbuch des Generalstabsoffiziers“, Ausgabe 1914, findet man keine Angaben.

Die Fußartillerie hatte auch die Küsten-Batterien bei Swinemünde, auf Borkum, bei Danzig-Neufahrwasser und bei Pillau zu besetzen. Verwendung fanden dabei Batterien mit verschiedenen Typen älterer und modernerer Geschütze.

Die Küsten-Artillerie stand seit der Jahrhundertwende entwicklungsmäßig im Wettkampf mit der Schiffsartillerie und dem Kriegsschiffbau. Da man sich bei Schiffszielen eine besondere Wirkung durch Steilfeuer gegen die weniger stark gepanzerten Decks versprach, waren die Küsten-Batterien zunächst hauptsächlich mit dem 21-cm-Küsten-Mörser ausgerüstet. Im Jahre 1907 wurden der Küsten-Artillerie 28-cm-Haubitzen mit einer größeren Reichweite, eine 10-cm-Kanone sowie eine 15-cm-Kanone für schweres Flachfeuer zugeführt. Mit diesen modernen Geschützen waren aber bei Kriegsbeginn nur die Batterien auf Barkum und bei Neufahrwasser ausgestattet. Swinemünde und Pillau waren 1914 noch mit veralteten Geschützen bestückt. Die Feuerleitung gegen Schiffsziele wurde durch Einführung des elektrischen „Kommandogerätes“ wesentlich verbessert. Überhaupt herrschte in allen Fragen der Küstenverteidigung eine gute Zusammenarbeit mit der Kaiserlichen Marine, welche die Küsten-Batterien auf Helgoland, bei Wilhelmshaven, Bremerhaven, Cuxhaven und Kiel besetzt hatte.

Die schnelle Weiterentwicklung der Schiffsartillerie und ihre immer größer werdenden Kaliber und Schußweiten veranlaßten die General-Inspektion der Fußartillerie, auch für die Küsten-Artillerie weittragende panzerbrechende Geschütze zu fordern. Der Stand der Entwicklung war 1914 nämlich so weit gediehen, daß feindliche Großkampfschiffe die Küstenbefestigungen aus Entfernungen unter Feuer nehmen konnten, die außerhalb der deutschen Schußweiten lagen.

Die Ausbildung der Fußartillerie befaßte sich vor 1888 nur mit dem Festungskrieg, ohne daß dabei die Zusammenarbeit mit den anderen Waffengattungen berücksichtigt wurde. In den Jahren 1889 und 1890 beteiligten sich erstmalig auch schwere Batterien an gemeinsamen Übungen, wobei die Geschütze durch den Train oder ermietete zivile Bespannung beweglich gemacht wurden. Nach der Aufstellung von zunächst einzelnen Bespannungsabteilungen beim Train konnten auch bei der Fußartillerie Marschübungen durchgeführt und Truppe wie Führer im Gefecht verbundener Waffen geschult werden. Die ersten acht bisher von den Train-Bataillonen zugeteilten Bespannungsabteilungen traten 1903 zur Fußartillerie über, und 1904 nahm erstmalig ein Fußartillerie-Bataillon am Kaisermanöver teil. Auch die Beteiligung anderer Waffen am Scharfschießen der Fußartillerie kam langsam in Übung. Der Teil III A des Exerzier-Reglements für die Fußartillerie „Die schwere Artillerie des Feldheeres“, genehmigt 1896, behandelte unter anderem ihre Verwendung im Bewegungskrieg. Er sollte auch die Führer der anderen Waffengattungen über die Fußartillerie ins Bild setzen und wohl auch von der Notwendigkeit gemeinsamer Übungen überzeugen.

Auch im Festungskrieg setzte sich die Auffassung durch, daß für eine gute Verteidigung eine bewegliche Fußartillerie-Reserve notwendig war, die rasch an bedrohten Stellen eingesetzt werden konnte. Ebenso wurde eine im Gegensatz zu 1870/71 „bewegliche“ Angriffsartillerie gefordert, um schnell artilleristische Schwerpunkte bilden zu können. Aus dem Teil III B des Exerzier-Reglements „Die Fußartillerie beim Angriff und Verteidigung der Festungen“ war zu ersehen, daß der Kampf um Festungen sich vom Bewegungskrieg nur durch die Anwendung schwererer und wirkungsvollerer Kampfmittel unterschied. Mit der Vorschrift wurden bedeutend vereinfachte Befehlsverhältnisse eingeführt, denn die schwere Artillerie sollte nicht mehr einem besonderen Kommandeur der Belagerungs- beziehungsweise Verteidigungsartillerie unterstehen, sondern, um ein besseres Zusammenwirken der verschiedenen Waffen zu gewährleisten, dem gemeinsamen Abschnittskommandeur.

Die für den Kriegsfall vorgesehene Vermehrung der Fußartillerie durch Reserve- und Landwehrformationen erforderte eine sorgfältige Ausbildung aller

Offiziere und Reserveoffiziere. Jeder Offizier sollte das Feuer einer Batterie selbständig leiten können, was zu einer Erweiterung der Lehrgänge bei der 1890 aus der Artillerie-Schießschule hervorgegangenen Fußartillerie-Schießschule zwang. Auch für Generale und Generalstabsoffiziere wurden Informationskurse an der Schießschule eingerichtet, denn bei den Führern der anderen Waffengattungen, auch bei denen der Feldartillerie, war man noch nicht in jedem Fall von der Notwendigkeit des Einsatzes schwerer Artillerie im Bewegungskriege überzeugt. In der Felddienstordnung von 1908 wurde verfügt, daß die Gefechtsbatterien der Fußartillerie in den Marschkolonnen so weit vorn eingegliedert werden sollten, daß ihr rechtzeitiger Eintritt ins Gefecht gewährleistet war. Ihre Beobachtungswagen konnten selbst bis zur Vorhut vorgezogen werden.

Die bisherige Ausbildung des Offiziernachwuchses nach absolvierter Kriegsschule durch eine neunmonatige Schulung an der Miltärtechnischen Akademie und einen einmonatigen Lehrgang an der Fußartillerie-Schießschule wurde geändert, da hier zugunsten der Theorie zu wenig Praxis betrieben wurde. Ab 1908 blieben die jungen Offiziere nur noch drei Monate auf der Militärtechnischen Akademie, erhielten dafür aber auf der Schießschule eine waffentechnische Spezialausbildung von vier Monaten. Unter General der Artillerie v. Lauter als General-Inspekteur der Fußartillerie (1911 – 1914) wurden dann die Ausbildungszeiten auf sechseinhalb Monate Militärtechnische Akademie und drei Monate Fußartillerie-Schießschule festgesetzt.

Im Jahre 1909 fanden zum erstenmal Übungen und Scharfschießen von Feldartillerie-Brigaden statt, die durch ein Bataillon schwerer Feldhaubitzen verstärkt waren, um auch die Brigadeführer der Feldartillerie in der Feuerleitung beider Waffen zu schulen. Ferner wurde 1909 erreicht, daß die schweren Feldhaubitz-Bataillone zu allen Korpsübungen herangezogen werden mußten. Auch an Divisionsmanövern sollten sie grundsätzlich beteiligt werden. Mit der schweren Artillerie war die Möglichkeit gegeben, die feindliche Feldartillerie trotz Schutzschild und Erdbefestigungen erfolgreich zu bekämpfen und die eigene im Gegensatz zu 1870/71 vermehrt gegen die Infanterie des Gegners einzusetzen.

Da die Feuerbeobachtung gegen die in verdeckter Stellung stehende feindliche Artillerie große Schwierigkeiten machte, wurde schon 1912 beim Kriegsministerium die Zuweisung von Fliegern an die Fußartillerie beantragt. Doch konnte wegen der damals noch zu geringen Anzahl von Flugzeugen und Piloten diesem Antrag nicht stattgegeben werden.

General v. Lauter, der sich vor allem bemühte, die artilleristische Ausbildung zu vervollkommnen, ist es zu verdanken, daß die deutsche schwere Artillerie des Feldheeres zu Beginn des Krieges der alliierten Artillerie offensichtlich überlegen war. Daß die für einen modernen Krieg notwendige Munition nicht schon im Frieden in genügenden Mengen bereitstand, um wenigstens die Zeit bis zur Umstellung der Industrie auf die Kriegswirtschaft überbrücken zu können, lag an dem knappen Zuschnitt des Heeresetats, dessen Erhöhung das Kriegsministerium nur teilweise durchsetzen konnte.

d. Übrige Waffengattungen

Ingenieur- und Pionierkorps

Unter der General-Inspektion des Ingenieur- und Pionierkorps und der Festungen und zwei Pionier-Inspektionen in Berlin und Mainz entsprach die Zahl der Pionier-Bataillone bis 1890 der Anzahl der Armeekorps (20 Bataillone, davon 2 bayerische, 1 sächsisches und 1 württembergisches). Bis 1914 erhöhte sich diese Zahl auf 35 Bataillone (davon 4 bayerische, 2 sächsische, 1 württembergisches).

Nach dem Deutsch-Französischen Krieg war der Festungs-Pionierdienst, vor allem die Ausbildung zum Mineur, bewußt vernachlässigt worden, da man den Typ des „Einheitspioniers“ anstrebte und die zweijährige Dienstzeit im allgemeinen auch keine gründliche Spezialausbildung auf allen pioniertechnischen Gebieten zuließ. Nach Auffassung verschiedener General-Inspekteure sollten die Pioniere nicht zu „militärischen Technikern“ werden, sondern zu den Kampftruppen gehören. Ausbildung und Ausrüstung (mit dem Infanteriegewehr 88 bzw. 98) waren darauf ausgerichtet. Erst als die erhöhte Durchschlagskraft der neuen Artilleriegeschosse zu bedeutenden Veränderungen im Festungsbau führte, wurde auch wieder der Wert einer auf den Kampf um Festungen spezialisierten Truppe erkannt. Im Jahre 1893 entstanden drei, bis 1914 insgesamt neun Festungs-Pionier-Bataillone mit den dazugehörigen Parks, und da jedes Bataillon (darunter ein bayerisches) zu einem Regiment verstärkt werden sollte, wurden auch die entsprechenden Stäbe aufgestellt. Gleichzeitig hatte sich die Anzahl der Inspektionen für die waffentechnische Ausbildung der Pionier-Bataillone auf vier erhöht. Der Plan des Generals v. Beseler, General-Inspekteur 1904–1911, jeder Division ein Pionier-Bataillon zuzuteilen und nach dem Beispiel der Feldartillerie ausbildungsmäßig den Divisionskommandeuren zu unterstellen, ließ sich aus finanziellen Gründen nicht durchführen. Auch eine 1906 gegründete „Pionier-Versuchs-Kompanie“, die dem 1868 errichteten Ingenieur-Komitee zugeteilt war, wurde erst 1912 etatisiert. Das Komitee sollte alle Fortschritte in der Kriegstechnik verfolgen und für das Heer nutzbar machen. (Zu den Ingenieur-Inspektionen s. S. 212 f. unter „Festungen“). General v. Mudra, General-Inspekteur 1911–1913, griff eine Anregung des früheren General-Inspekteurs General Freiherr von der Goltz (1898–1902) auf, eine Spezialpioniertruppe für gemeinsame Landungsunternehmen mit der Kriegsmarine zu schaffen. Die Truppe sollte 1916 etatisiert werden, doch der Ausbruch des Weltkrieges verhinderte dieses Vorhaben.

Das Ziel der Pionierausbildung war in den letzten Jahrzehnten vor 1914 die „Schaffung einer modernen technischen Kampftruppe“, die vom Angriffsgeist beseelt war wie die Infanterie. Der Entwurf zum „Feldpionierdienst aller Waffen“ (1911) forderte zur Bewältigung schwieriger Aufgaben im Kampf um

Flüsse, befestigte Stellungen und Festungen das taktische und technische Zusammenwirken aller Waffengattungen, von denen einige bis 1914 die Bedeutung des Pionierkorps noch nicht im rechten Maße zu würdigen wußten. Das hatte nicht zuletzt darin seinen Grund, daß die Pioniere bei den großen Übungen kaum hervortraten. Aus Gründen der Zeit- und Kostenersparnis wurden Brückenbau und Brückensprengung nur angedeutet (wenn auch technisch genau berechnet), Feldbefestigungen wegen des entsprechenden Flurschadens nur abgesteckt und durch Flaggen dargestellt.

Die pioniertechnische Ausstattung entsprach der Aufgabenstellung. Es wurden moderne Einheitsgerätewagen zum Transport von Schanz- und Sprengmitteln eingeführt. Die Brückentrains (bei den Korps-Pionier-Bataillonen) wurden beweglicher durch Einführung der „Halbpontons". Das Material eines Korps-Brückentrains erlaubte zusammen mit dem zweier Divisionen den Bau einer Kolonnenbrücke von 200 Metern oder einer schweren Brücke von 120 Metern Länge. Für breitere Flüsse mußten die Brückentrains mehrerer Armeekorps zusammengezogen werden. Alle Bataillone erhielten 1912 Scheinwerferzüge mit fahr- und tragbarem Gerät. Vorher hatte es nur ortsfeste Scheinwerferanlagen in den Festungen gegeben. Die Festungspioniere bekamen im selben Jahr schwere Minenwerfer zugeteilt. Bei einer Schußweite von 450 Metern zerstörten die 50 kg schweren Minen im Umkreis von 12 Metern alle Drahthindernisse damaliger Bauart. Zur Bekämpfung (zum „Ausräuchern") betonierter Kampfstände wurden „Brandröhren" eingeführt, die Vorläufer der späteren Flammenwerfer. Die Handgranate befand sich 1914 noch in der Entwicklung, und als Behelf diente die Kavalleriesprengbüchse. Die sonstige Ausrüstung entsprach, abgesehen von dem tragbaren Schanzzeug, derjenigen der Infanterie.

Verkehrstruppen

Da man die wachsende Bedeutung der Technik erkannt hatte und auch sehr wohl wußte, daß technische Truppen nicht erst im Kriegsfall aufgestellt werden konnten, wurde am 1. April 1899 die (preußische) „Inspektion der Verkehrstruppen" errichtet. Sie erweiterte sich 1911 zur „General-Inspektion des Militär-Verkehrswesens" und leitete die Ausbildung aller bisher den Pionieren angegliederten technischen Truppen mit Ausnahme des bayerischen Kontingents, also der Eisenbahn-, Telegraphen-, Luftschiffer-, Flieger- und Kraftfahrtruppen. Die Verkehrstruppen erhielten 1911 als gemeinsames Kennzeichen Schulterklappen von hellgrauer Farbe, was sie von den Pionieren unterschied, deren Uniform sie sonst mit geringfügigen Abweichungen trugen. Bayern gründete gleichzeitig je eine Inspektion „des Eisenbahn- und Telegraphenwesens" und „des Militär-, Luft- und Kraftfahrwesens", die der „Inspektion des Ingenieur-Korps" unterstanden.

Die Eisenbahntruppen, deren Notwendigkeit sich 1870/71 erwiesen hatte, zählten 1890 erst 4 Bataillone und wuchsen bis 1914 auf 3 Regimenter und 2 Bataillone (davon 1 bayerisches) an, insgesamt 31 Kompanien (darunter 2 sächsische und 1 württembergische) sowie 3 Kompanien Betriebsabteilung der „Militär-Eisenbahn". Sie unterstanden 2 Brigadestäben. Die „Militär-Eisenbahn", 1874 von Berlin nach den Truppenübungsplätzen Zossen und Kummersdorf gebaut und dann bis Jüterborg weitergeführt, war eine Vollspurbahn und diente dazu, Angehörige der Eisenbahntruppen im Betriebsdienst auszubilden, während bei den Eisenbahn-Regimentern und -Bataillonen Streckenbau und Instandsetzungen, zum Beispiel Brückenbau, Ausbildungsziele waren.

Besonderen Wert maß man der Unterführerausbildung zu, da die Absicht bestand, im Kriegsfall Arbeiterbataillone (notfalls auch aus zwangsverpflichteten Kräften der besetzten feindlichen Gebiete) zum Eisenbahnbau einzusetzen, für die die Eisenbahntruppe Vorarbeiter und Aufsichtspersonal stellen sollte. Die Eisenbahntruppen verfügten über Kriegsbrückenmaterial (Konstruktion Schultz und Lübbecke), das Überbrückungen von Spannweiten bis zu 60 Metern ermöglichte und freitragend ohne Unterstützungen eingebaut werden konnte. Der rasche Bau von längeren Betrieb gewährleistenden „Feldbahnen" (Spurweite 60 cm) erforderte große technische und militärische Kenntnisse, die durch Spezialkurse an der „Militärtechnischen Akademie (Abteilung V)" vermittelt wurden.

Vorbereitungen der Mobilmachung und Fragen des Heeresaufmarsches bearbeitete die Eisenbahn-Abteilung des Großen Generalstabes, der auch die Linien-Kommandanten bei den Reichsbahndirektionen unterstanden. Der Eisenbahntruppe fiel dagegen die Leitung des „Feldeisenbahndienstes" in den Operationsgebieten zu. Berücksichtigt man den Umfang der Aufgaben, die in einem Zweifrontenkrieg von den Eisenbahntruppen bewältigt werden sollten, so war die Zahl ihrer Friedensverbände und insbesondere der Stäbe sehr klein. Das galt auch für die Zahl der Reserveoffiziere, die im Kriegsfall mit selbständigen Aufgaben betraut werden konnten.

Die Telegraphentruppen hatten ihre Daseinsberechtigung bereits in den Kriegen von 1866 und 1870/71 bewiesen. Im Jahre 1899 wurden die Telegraphenabteilungen als selbständige Truppenteile von den Pionieren abgetrennt, zu 3 Bataillonen mit je 3 Kompanien (darunter 1 sächsische Kompanie und 1 württembergisches Detachement) formiert, unter einer „Inspektion der Telegraphentruppe" zusammengefaßt und der „Inspektion der Verkehrstruppen" unterstellt. Die seit 1887 bestehende Militär-Telegraphenschule diente nunmehr der Kavallerie für die Ausbildung von Unteroffizieren im Telegraphendienst. Bayern besaß seit 1888 eine Militär-Telegraphenschule und stellte 1901 eine eigene Kompanie auf. Um Erfahrungen im praktischen Einsatz zu sammeln, wurde auch dem Ostasiatischen Expeditionskorps (1900–1901) eine Korps-Telegraphenabteilung mitgegeben.

Nach den ersten erfolgreichen Versuchen, die drahtlose Funkentelegraphie auch für die Armee nutzbar zu machen (1900 erstmalige Verwendung zweier Funkstellen im Kaisermanöver), wurde 1905 eine bespannte Funken-Telegraphenabteilung aufgestellt, nachdem die Geräte beim Luftschiffer-Bataillon erprobt worden waren. Im Jahre 1901 gab es bereits ortsfeste Funkstellen in Danzig und Dirschau.

Drei Jahre später, 1905, wurde das Fernsprechgerät eingeführt und im Kaisermanöver erprobt.

Von Jahr zu Jahr wurde die Telegraphentruppe weiter ausgebaut und mit modernem Gerät versehen. Der „Inspektion der Feldtelegraphie" unterstanden 1914 schon 3 preußische Inspektionen der Telegraphentruppen mit 7 Bataillonen (davon 1 sächsisches und 1 württembergische Kompanie) sowie 8 Festungs-Fernsprech-Kompanien (1 sächsische). Zu ihnen gehörten auch das Personal der Funken-Telegraphen-Großstationen Metz, Straßburg, Köln und Königsberg, die Kriegstelegraphenschule mit eingegliederter Funkerschule und Kavallerie-Telegraphenschule, die bayerische Inspektion des Eisenbahn- und Telegraphenwesens mit 2 Bataillonen und 1 Kavallerie-Telegraphenschule. Die preußischen und sächsischen Bataillone umfaßten 3 Telegraphen- (bzw. Fernsprech-) und 2 Funker-Kompanien, wobei die Bataillone Nr. 6 und 7 lediglich 1 Funker-Kompanie besaßen, und das erste bayerische Bataillon bestand aus den Telegraphen-, das zweite aus den Funker-Kompanien. Alle Telegraphen-Bataillone waren pferdebespannt, die zur Verwendung bei der Kavallerie vorgesehenen leichten Funkstellen sechsspännig. Die Festungs-Fernsprech-Kompanien hatten ortsfestes Gerät.

Zahlenmäßig war 1914 die für die höhere Führung so wichtige Telegraphentruppe, 9 Bataillone für 25 aktive und 14 Reservekorps, noch sehr klein. Dementsprechend gering war auch das für den Mobilmachungsfall eingelagerte Material. Die höheren und mittleren Truppenführer waren in der Ausnutzung der Fernmeldetechnik bei Kriegsbeginn noch wenig geschult, Ordonnanzoffiziere und Meldereiter waren noch meist die einzigen Führungsmittel.

Die Kraftfahrtruppe (zur Entwicklung der Luftschiffer- und Fliegertruppe s. S. 283 ff.) war die jüngste Waffengattung des Heeres. Sie befand sich 1914, obwohl drei Jahre früher bereits ein Kraftfahr-Bataillon (mit je einem sächsischen und württembergischen Detachement) und eine bayerische Kraftfahr-Kompanie errichtet worden waren, noch im Stadium einer Versuchstruppe.

Benzinmotoren der Firma Daimler & Benz waren 1892 bei der Eisenbahn-Brigade erprobt worden. Im Jahre 1899 fanden erstmalig Personenkraftwagen und Krafträder im Kaisermanöver für die Nachrichtenübermittlung Verwendung, und zugleich wurde der Deutsche Automobil-Club (ab 1905 Kaiserlicher Automobil-Club) gegründet. Er organisierte auf Anregung des Kaisers ein „Freiwilliges Automobil-Corps" nach englischem Muster, dessen Mitglieder das Kriegsministerium verpflichtete und mit Uniformen ausstattete. Eine Kraftfahrabteilung in Kompaniestärke bei der Versuchsabteilung der Verkehrstruppen wurde 1907 errichtet, die, 1911 zu einem Bataillon erweitert, vor allem Lastkraftwagen für den Truppentransport erprobte, denn man hatte erkannt, daß deren Verwendung die Versorgung der kämpfenden Truppe besser gewährleistete als pferdebespannte Kolonnen, auf die man sich bisher allein verlassen hatte.

Für den Train, der im Kriegsfall die Versorgung der kämpfenden Truppen zu gewährleisten hatte, ergaben sich 1890 bedeutende organisatorische Veränderungen. Die 20 Train-Bataillone (entsprechend der Zahl der Armeekorps) wurden ausschließlich den Generalkommandos und unter diesen den Feldartillerie-Brigaden unterstellt. An die Stelle der Train-Inspektion trat eine Traindepot-Inspektion für die Verwaltung des Geräts. Sie gehörte seit 1898 zu der neu errichteten Feldzeugmeisterei, und gleichzeitig entstanden vier Traindepot-Direktionen, denen die Traindepots mit allem Gerät für die Übungen der Bataillone und für den Kriegsfall unterstellt waren.

Diese Organisationsform hatte bis 1899 Bestand. Dann ging, außer in Württemberg und Bayern, die Kontrolle der Bataillone von den Feldartillerie-Brigaden auf die Traindepot-Inspektionen und den Traindepot-Inspekteur als selbständige Inspektionsbehörde über. Seit 1902 wurde die alte Bezeichnung „Train-Inspektion“ wieder eingeführt, die Traindepot-Direktoren in „Traindirektoren“ umbenannt und 1912 die Train-Direktionen zu insgesamt sieben „Kommandos des Trains“ umgebildet. Es waren Obersten-Stellen (sechs in Preußen und eine in Sachsen), die jeweils zwei bis vier Train-Bataillonen übergeordnet waren. Die Depots wurden wiederum von den Bataillonen getrennt und neuen Traindepot-Direktionen der Feldzeugmeisterei unterstellt.

Die scharfe Trennung von Truppe und Gerät war nunmehr von Dauer. Im Jahre 1914 wurden lediglich die inzwischen der Anzahl der Armeekorps entsprechend vermehrten 25 Bataillone in „Train-Abteilungen“ umbenannt und die Kompanien in „Train-Eskadrons“, von denen je vier eine Abteilung bildeten, die aber nur als Ausbildungskader für die im Kriegsfall aufzustellenden Formationen dienten.

In den häufigen organisatorischen Veränderungen drückte sich die Bedeutung aus, die nunmehr dem lange Zeit als weniger wichtig angesehenen Train zugemessen wurde. Die „Trainsoldaten“, die bisher nur ein halbes Jahr zu dienen hatten, wurden ab 1898 erst nach zwölf Monaten aktiver Dienstzeit zur Reserve entlassen, und die Zahl der „Traingemeinen“ (mit zweijähriger Dienstzeit) nahm ständig zu. Diese Bezeichnungen entfielen 1914, und die Mannschaftsdienstgrade hießen nunmehr „Trainreiter“ und „Trainfahrer“.

Die Train-Bataillone erhielten 1893 den Karabiner M/88, einen Mehrlader, 1911 den Karabiner 98. Gleichzeitig wurden die Anforderungen im Schulschießen erhöht, das Gefechtsschießen eingeführt und ein Anreiz für gute Leistungen durch Schützenschnüre und Ehrenpreise geschaffen.

Durch die allgemeine Durchführung der Remontierung besserte sich allmählich auch der Pferdebestand, der beim Train zunächst nur aus den ausgemusterten Tieren der Kavallerie und Feldartillerie ergänzt worden war. Ab 1913 erhielt jedes Train-Bataillon 18 bis 19 Remonten. Offiziere und Unteroffiziere wurden zur Ausbildung als Remonte-Reitlehrer und -Reiter zur Reitschule nach Hannover kommandiert.

Da im Mobilmachungsfall die Train-Bataillone für die Kriegsformationen eine große Anzahl von Unterführern zu stellen hatten, gewann deren Ausbildung mehr und mehr an Bedeutung. Jeder Traingemeine beziehungsweise Trainreiter sollte als Unteroffizieraspirant zur Reserve entlassen werden, was sich um so leichter durchführen ließ, als sich beim Train alljährlich eine so große Anzahl Freiwilliger meldete, daß bereits bei der Annahme eine Auswahl getroffen werden konnte. Die kriegsmäßigen Übungen umfaßten Probemobilmachungen einzelner Formationen, Kriegsmärsche mit Gefechtseinlagen, Be- und Verladeübungen, Einrichtungen von Ausgabestellen, Sanitätsübungen. An den Herbstmanövern nahmen die Train-Bataillone beziehungsweise -Abteilungen gewöhnlich in voller Stärke allein schon deshalb teil, weil sie die Bespannung für die schwere Artillerie und andere Formationen stellten. Aus ihren Reihen wurde außerdem das Aufsichtspersonal für Zivilkolonnen entnommen, welche die Heeresverwaltung bei den Manövern aufstellte.

3. Militärbehörden, Institute und Einrichtungen

a. Feldzeugmeisterei

Um den verschiedenen Waffen-, Materialbeschaffungs- und Instandsetzungsinstitutionen sowie der Depotorganisation eine zusammenfassende Spitze zu geben, wurde 1898 die preußische „Feldzeugmeisterei" mit dem Sitz in Berlin errichtet. Ihre Leitung hatte ein General (mit dem Rang eines Generalleutnants), der als Feldzeugmeister das Recht zum Immediatvortrag besaß und lediglich in bezug auf Verwaltungsangelegenheiten beim Kriegsministerium (Allgemeines Kriegs-Departement) ressortierte. Der Feldzeugmeisterei unterstanden:

1. Die unter der „Inspektion der technischen Institute der Infanterie" (1856 als Inspektion der Gewehrfabriken errichtet und 1891 zur Inspektion der Gewehr- und Munitionsfabriken erweitert) zusammengefaßten staatlichen Einrichtungen, die sich mit der Infanteriebewaffnung befaßten: die Munitionsfabrik und das Infanterie-Konstruktionsbüro in Spandau, die Gewehrfabriken in Danzig, Spandau und Erfurt.

2. Die gleichzeitig mit der Feldzeugmeisterei aufgestellte „Inspektion der technischen Institute der Artillerie", welche die Aufsicht führte über das 1894 geschaffene Artillerie-Konstruktionsbüro und die Geschützgießerei in Spandau, die Artilleriewerkstätten in Danzig (ursprünglich in Königsberg), Spandau, Lippstadt und Straßburg, die Geschoßfabriken und Feuerwerklaboratorien in Spandau und Siegburg sowie die staatlichen Pulverfabriken in Hanau und Spandau. Die 1871 von Frankreich übernommene Pulverfabrik in Metz wurde 1887 aufgelöst.

3. Die 1898 errichtete „Artilleriedepot-Inspektion", unter der vier Artilleriedepot-Direktionen in Spandau, Stettin, Kassel und Darmstadt (1880 als

1. bis 4. Artilleriedepot-Inspektion entstanden) die im Bereich der einzelnen Generalkommandos gelegenen Artilleriedepots kontrollierten. Die von Zeugoffizieren geleiteten Depots lagerten und verwalteten die Waffen und das Gerät für die im Mobilmachungsfall aufzustellenden Kriegsformationen.

4. Die 1860 eingerichtete „Traindepot-Inspektion" mit Direktionen in Berlin und Kassel. Jedes Armeekorps hatte ein mit mehreren Truppenoffizieren besetztes Traindepot, in dem das Gerät, insbesondere die Fahrzeuge und die Beschirrung für die im Mobilmachungsfall aufzustellenden Kolonnen, gelagert wurde.

5. Das von einem Zivilbeamten geleitete „Militärversuchsamt" in Berlin, das 1890 als Versuchsstelle für Sprengstoffe entstanden war.

Die einheitliche Ausrüstung des gesamten deutschen Heeres mit Waffen und und Gerät garantierten die zwischen Preußen und den einzelnen Bundesstaaten abgeschlossenen Militärkonventionen.

In Bayern und Sachsen wurden nach preußischem Vorbild Feldzeugmeistereien errichtet. In München gab es unter einem Feldzeugmeister im Rang eines Generalleutnants seit 1898 eine „Inspektion der Technischen Institute" für die Gewehrfabrik in Amberg, die Artilleriewerkstätten in München, sowie die Geschützgießerei, die Geschoßfabrik, das Hauptlaboratorium und die Pulverfabrik in Ingolstadt. Alle entsprechenden Depots wurden 1900 unter der „Artillerie- und Train-Depot-Direktion" in München zusammengefaßt, die ihrerseits der Feldzeugmeisterei untergeordnet war.

Sachsen hatte 1914 einen Feldzeugmeister im Oberstenrang, dem die Artillerie- und Traindepots und als technische Institute die Munitionsfabrik und die Artilleriewerkstatt in Dresden sowie die Pulverfabrik in Gnaschwitz bei Bautzen direkt unterstanden.

Württemberg besaß keine eigenen technischen Institute. Das Artilleriedepot in Ulm wurde von der preußischen 4. Artilleriedepot-Direktion in Darmstadt, das Traindepot in Ludwigsburg von der Abteilung für Waffen und Gerät im württembergischen Kriegsministerium betreut.

b. Weitere Versorgungs- und Verwaltungsstellen

Die Schwierigkeiten und Engpässe, in die das preußische Heer während der Kriege von 1866 und 1870/71 bei der Beschaffung der notwendigen Bekleidung geraten war, legten eine Änderung des bisherigen Systems der Selbstbewirtschaftung nahe. Nach mehreren Versuchen organisatorischer Art wurden 1888 14 Korps-Bekleidungs-Ämter errichtet, zu denen 1892 noch zwei weitere für das XVI. und XVII. Korps kamen. Seit 1895 trugen sie die Bezeichnung „Bekleidungsamt des ... Armeekorps", und sie waren, anders als die früheren großen Depots in den süddeutschen Staaten, staatliche Fabrikationsbetriebe, in denen Uniformen und Schuhwerk hergestellt, Rohmaterial geprüft und angekauft und die Fertigwaren abgenommen wurden. In acht Bekleidungsämtern, den sogenannten „erweiterten Ämtern", wurden auch wie in der freien Wirtschaft zivile Kräfte beschäftigt, während die acht übrigen sogenannten „kleinen Ämter", deren Erweiterung allerdings 1914 vorgesehen war, nur mit Ökonomiehandwerkern (uniformierten Heeresangehörigen) arbeiteten.

Die Leitung eines Bekleidungsamtes lag in den Händen aktiver Offiziere. Vorstand war ein Oberst mit dem Rang eines Regimentskommandeurs. Die Kapazität der Ämter konnte 1913 einen wesentlichen Teil allen Heeresbedarfs decken und die für die Infanterie so wichtige Fußbekleidung wurde ausschließlich von ihnen hergestellt. Im Jahre 1913 erreichten alle 16 Bekleidungsämter eine Tagesproduktion von 3 000 Paar Stiefeln, und im Kriegsfall sollte ihre Leistung um ein Vielfaches gesteigert werden. Bei Bekleidung wurden Lieferaufträge an andere Anfertigungsstellen vergeben, und man war bestrebt, von der Privatindustrie und damit auch von Streiks unabhängig zu sein.

Bayern, Sachsen und Württemberg wandelten nach preußischem Vorbild ihre bisherigen Montur-Depots in Bekleidungsämter um, deren Zahl sich 1914 in ganz Deutschland auf 21 belief, davon je zwei in Bayern und Sachsen und ein Amt in Württemberg.

Keine Änderungen ergaben sich für die jeweils von Beamten geleiteten „Proviantämter und Armee-Konservenfabriken“ der Korpsintendanturen und die den Intendanturen der Generalkommandos unterstehenden „Garnisonverwaltungen“. Lediglich ihre Zahl wuchs im Zuge der Heeresvermehrung.

„Für den Entwurf und die Ausführung aller militärischen Bauten, welche nicht fortifikatorischer Art waren“, gab es in Preußen seit 1877 im Bereich der Intendanturen der Armeekorps sogenannte „Militär-Bauämter“. Württemberg folgte 1879, Bayern 1886 und Sachsen 1892 dem preußischen Beispiel.

c. *Fürsorgeeinrichtungen*

Die Aufgeschlossenheit des deutschen Heeres gegenüber seinen sozialen Verpflichtungen zeigte sich nicht nur darin, daß es den eigenen Betrieben eine in der privaten Wirtschaft noch kaum gekannte Personalvertretung zugestand, sondern auch in der Fürsorge, die es den im Dienst erkrankten oder versehrten Soldaten angedeihen ließ. Im Jahre 1895 wurde als erstes Genesungsheim für Soldaten das Schloß Lettenbach bei Alberschweiler mit 97 Betten auf Initiative des Grafen Haeseler, damals Kommandierender General des XVI. Armeekorps in Metz, angekauft. Günstige Erfahrungen mit dieser Einrichtung führten zur Gründung weiterer Heime, so daß bald jedes Armeekorps über ein eigenes Haus verfügte. Im Jahre 1914 gab es 21 Genesungsheime, davon zwei sächsische und ein württembergisches, und in Bayern wurde 1902 in dem Gebäude des ehemaligen Invalidenhauses zu Benediktbeuren eine Genesungsanstalt eingerichtet. Militärkurhäuser bestanden in Wiesbaden und Bad Landeck. Durch Schenkung kam ein Genesungsheim für lungenkranke Offiziere in Arco (Südtirol) hinzu.

Die Kaiser-Wilhelm-Stiftung für deutsche Invaliden schuf 1899 ein Heim für 32 alleinstehende, durch den Krieg erwerbsunfähig gewordene alte Soldaten.

Außerdem gab es noch die Invalidenhäuser in Berlin (seit 1748) und Stolp (1811). Das ehemalige kurhessische Haus in Carlshafen wurde 1888 als nunmehr preußisches Heim wiedereröffnet. Sonst unterhielt nur noch Mecklenburg-Schwerin 1914 eine Invalidenabteilung in Schwerin, während Bayern sein Invalidenhaus in Benediktbeuern 1900 geschlossen hatte. Das Große Militär-Waisenhaus zu Potsdam (für Knaben) und Schloß Pretzsch (für Mädchen) sorgte für die Kinder im Dienst verstorbener Soldaten bis zu ihrer Konfirmation.

d. Landgendarmerie

Die preußische Landgendarmerie rekrutierte sich, wie 1809 bei ihrem Entstehen bestimmt worden war, aus „vorwurfsfrei gedienten Unteroffizieren". Sie hatte 1891 eine Stärke von zwölf Brigaden zu je 300 Mann. Die 1872 gegründete Kaiserliche Gendarmerie-Brigade in Elsaß-Lothringen wurde 1902 aus ihrem bisherigen Verhältnis zur preußischen Landgendarmerie herausgelöst und erhielt eine selbständige Stellung.

Chef der Landgendarmerie war stets ein aktiver General, das Offizierkorps bildeten zur Disposition gestellte Heeresoffiziere, die jedoch wie die Bezirksoffiziere weiterhin in den Ranglisten geführt wurden. Die Landgendarmerie unterstand disziplinarisch und organisatorisch dem Kriegsministerium, fachlich aber dem preußischen Innenministerum und den zivilen Verwaltungsbehörden (Oberpräsident, Regierungspräsident, Landrat). Im Mobilmachungsfall sollte sie die Stämme für die Feldgendarmerie-Abteilungen stellen, und schon im Frieden standen alle Landgendarme zu den Mannschaften des Heeres in einem Vorgesetztenverhältnis.

In Bayern war das Gendarmerie-Korps, wie in Preußen, personell und disziplinarisch dem Kriegsministerium unterstellt, in fachlicher und wirtschaftlicher Beziehung dem Staatsministerium des Inneren. Die Gendarmerie-Kompanie der Haupt- und Residenzstadt München wurde 1898 in eine zivile Schutzmannschaft umgewandelt.

Nach preußischem Muster war auch das Königlich Württembergische Landjägerkorps organisiert. Die Gendarmerie-Korps in Baden, Hessen, Mecklenburg-Schwerin, Oldenburg, Braunschweig, Waldeck und Schaumburg-Lippe ergänzten sich auch aus ehemaligen Unteroffizieren, unterstanden aber nicht dem preußischen Kriegsministerium. Die sächsischen Gendarme hatten dagegen keinen militärischen Status.

e. Militär- und Zivilbeamte

In der Militärverwaltung dienten vor dem Ersten Weltkrieg Militär- und Zivilbeamte, wobei die ersteren neben ihrem Beamtenrang noch einen militärischen Rang besaßen. Die Oberen Beamten trugen eine Uniform im Offizierschnitt, Obere Militärbeamte standen im Offizierrang. Untere Militärbeamte, die rangmäßig bis zum Feldwebel aufsteigen konnten, hatten eine Uniform, die jener von Angehörigen der Invalidenhäuser ähnelte. Untere Zivilbeamte trugen nur eine Dienstmütze.

Die Oberen Militärbeamten (Militär- wie Zivilbeamte) gliederten sich in die „Höheren Militärbeamten", deren Laufbahn ein abgeschlossenes akademisches Studium erforderte, und in die „Mittleren oder subalternen Beamten".

Nach der Art ihrer Verwendung unterschied man die Beamten des Kriegsministeriums, der Militär-Intendanturen, der Technischen Institute, der Militär-Justizverwaltung, die Militär-Baubeamten, die Armee-Musikinspizienten, Proviantamtsbeamte, die Militär-Apotheker, die Beamten beim Großen Generalstab, der Lazarett- und Garnisonverwaltung, der Bekleidungsämter, die Zahlmeister, den Telegraphenbauwart beim Militärtelegraphen in Berlin, die technischen Beamten der Verkehrstruppen, die Waffenmeister und Zeughauswaffenmeister sowie die Futtermeister bei den Remontedepots, während die frühere Beamtengruppe der Roßärzte 1910 als „Veterinäroffizierkorps" den Status von Soldaten erhalten hatte. Zu den Höheren Militärbeamten zählten auch die Militär-Geistlichen, die jedoch nur im Kriegsfall Uniform trugen.

Nach den Rangklassen unterschieden sich die Höheren Beamten in
die „Wirklichen Geheimen Kriegsräte" mit dem Rang der Räte 1. Klasse,
die Beamten mit dem Rang der Räte 2. bis 4. Klasse (Militär-Intendanten, Militär-Oberintendanturräte, Oberkriegsgerichtsräte, Direktoren, Betriebsdirektoren, Chefkonstrukteure, Bauräte, Oberstabs- und Korpsstabsapotheker) und
die Beamten mit dem Rang der Räte 5. Klasse (Militär-Intendanturassessoren, Kriegsgerichtsräte und Stabsapotheker).

Von diesen Gruppen trugen die Räte 1. Klasse eine der Generalsuniform, die Räte 2. bis 4. Klasse eine der Stabsoffizieruniform und die Räte der 5. Klasse eine der Hauptmannsuniform in den äußeren Rangabzeichen angeglichene Beamtenuniform

Zu den Mittleren (subalternen) Beamten gehörten die Rechnungsräte, die Ober-Militär-Intendantursekretäre und -Registratoren, die Militär-Intendantursekretäre, -Registratoren und -Diätare, Kriegs- und Oberkriegsgerichtssekretäre, Militärgerichtsassistenten, Konstrukteure, Betriebsleiter und Betriebsassistenten, der Oberingenieur beim Kriegsministerium, die beiden Armee-Musikinspektoren, der Bürovorsteher beim Großen Generalstab, die Eisenbahnsekretäre des Generalstabes, die Oberapotheker des Beurlaubtenstandes, die Verwaltungsinspektoren, Oberinspektoren und Inspektoren bei den Lazarettverwaltungen, Proviantämtern und Garnisonverwaltungen, die Bekleidungsamtsrendanten, die Zahlmeister und Oberzahlmeister, der Telegraphenbauwart beim Militärtelegraphen Berlin sowie die Werkstättenvorsteher bei den Verkehrstruppen, die Materialienverwalter und Luftschiffshallen-Inspektoren.

Unterzahlmeister, Unterapotheker und Einjährig-Freiwilligen-Apotheker hatten keinen Beamtenstatus, sondern waren Soldaten im Range der Portepeeunteroffiziere.

Die Gruppe der Unteren Beamten umfaßte die Militär-Gerichtsboten, Waffenmeister, Futtermeister, Sattler, Militärküster, Büro-, Kanzlei- und Kassendiener, Boten, Drucker, Pförtner, Kasernenwärter, Nachtwächter, Packmeister, Zivilkrankenwärter, Totengräber, Maschinisten und Heizer.

Von diesen Höheren, Mittleren und Unteren Beamten waren Militärbeamte die Militär-Geistlichkeit, die Intendantur- und Militär-Gerichtsbeamten, die Militär-Apotheker, die Zahlmeister, die Höheren Beamten der Technischen Institute, die Armee-Musikinspizienten, der Bürovorsteher des Großen Generalstabes, die Waffen- und Zeughauswaffenmeister sowie der Telegraphenbauwart beim Militärtelegraphen Berlin.

Die Büro- und Kanzleibeamten des Kriegsministeriums, die Beamten der General-Militärkasse und beim Großen Generalstab (außer dem Bürovorsteher), die Garnisonverwaltungs-, Bau-, Lazarett- und Proviantamtsbeamten, die zivilen Lehrkräfte beim Militär-Erziehungs- und Bildungswesen, die Beamten der Bekleidungsämter und bei den Remontedepots sowie die erst kurz vor dem Weltkrieg eingeführten technischen Beamten bei den Verkehrstruppen besaßen den zivilen Status.

Eine Sondergruppe bildeten die im Militär-Medizinalwesen beschäftigten weiblichen Beamten. Im Jahre 1913 sah der Heeresetat 2 Hausdamen für Genesungsheime, 95 Armeeschwestern, 87 sonstige Krankenpflegerinnen und 347 Köchinnen vor.

Die meisten der unteren und auch viele mittlere Beamtenstellen der Militärverwaltung wurden später in Angestellten- beziehungsweise Lohnempfängerstellen umgewandelt. Anfang des 20. Jahrhunderts, als es noch keine Altersversorgung für Angestellte und Arbeiter im öffentlichen Dienst gab, spielte die Aussicht auf einen noch so kleinen Beamtenposten mit der damit verbundenen Pensionsberechtigung eine gewichtige Rolle bei der Berufswahl. Da die Militärverwaltung fast ausschließlich alte Soldaten (sogenannte „Militäranwärter") für diese Posten einstellte und auch ein großer Teil der unteren und mittleren Beamtenstellen bei der Reichspost, Reichsbahn, Polizei, Finanzverwaltung und anderen Dienststellen der öffentlichen Hand für Militäranwärter offengehalten werden mußten, entschieden sich damals viele fähige junge Leute für die Unteroffizierlaufbahn, obwohl die aufblühende Industrie bereits mit ihren hohen Löhnen lockte. In der österreich-ungarischen Wehrmacht, die das System der Militäranwärter nicht kannte, war es bedeutend schwieriger, qualifizierte Unteroffiziere zu bekommen und für eine längere Zeit bei der Truppe zu halten.

f. Sanitätswesen

Ein preußisches Sanitätsoffizierkorps bestand seit 1873 und erfuhr besonders durch den Kaiser ständige Förderung. Bei allen Divisionen gab es seit 1896 Planstellen für Divisionsärzte, die den Rang eines Oberstleutnants und 1898 die Amtsbezeichnung „Generaloberarzt" erhielten. Die eigentlichen Generalärzte wurden im selben Jahr je nach Generalmajors- oder Oberstenrang in zwei Klassen unterschieden, wie sich auch die bisherige Gruppe der Assistenzärzte in Assistenzärzte mit Leutnantsrang und Oberärzte mit dem Dienstgrad eines Oberleutnants teilte. Die Rangbezeichnungen von Sanitätsoffizieren entsprachen schließlich denen der Truppenoffiziere, angefangen vom Generalleutnant – Generalstabsarzt bis zum Leutnant – Assistenzarzt.

An der Spitze des preußischen Sanitätsoffizierkorps stand 1914 der Generalstabsarzt der Armee, zugleich Chef der Medizinalabteilung des Kriegsministeriums, Direktor der Kaiser-Wilhelm-Akademie für das militärärztliche Bildungswesen und Vorsitzender des wissenschaftlichen Senats an dieser Akademie. Außerdem unterrichtete er stets als ordentlicher Professor an der Berliner Universität und war Mitglied verschiedener wissenschaftlicher Gremien, was ihn befähigte, alle Fortschritte der Medizin dem Militärsanitätswesen nutzbar zu machen.

Die Verbindung vom Generalstabsarzt zu den Sanitätsämtern der Armeekorps hielten seit 1906 vier Sanitäts-Inspektionen in Posen, Berlin, Kassel und

Straßburg, zu denen 1912 noch eine Inspektion in Danzig kam. Unter Obergeneralärzten (Generalmajorsrang) als Sanitäts-Inspekteuren umfaßten sie als oberste Aufsichtsbehörden das Gebiet mehrerer Armeekorps, denen je ein Sanitätsamt unter einem Korpsarzt, im allgemeinen einem Generalarzt (Oberstenrang), zugeteilt war. Darunter gab es einen Generaloberarzt bei den Divisionen und einen Stabs- oder Oberstabsarzt bei jedem Bataillon und jeder Artillerieabteilung. Regimentsärzte gab es bei der Kavallerie, während sonst der jeweilige dienstälteste Bataillonsarzt diesen Posten ausfüllte. Den Bataillonen, Artillerieabteilungen und Kavallerie-Regimentern stand außerdem noch ein Assistenz- oder Oberarzt zu. Diese Planstellen waren jedoch im Frieden nicht einmal zur Hälfte besetzt. Die Aufgaben wurden von Unterärzten und Einjährig-Freiwilligenärzten wahrgenommen.

Sanitätsoffiziere betreuten gleichfalls die Militärschulen und Kadettenhäuser oder waren als Garnisonärzte an größere Standorte kommandiert. Kleinere Garnisonen hatten Verträge mit Zivilärzten und Krankenhäusern abgeschlossen, und erst an den wichtigeren Standorten gab es Lazarette zu 30 bis 300 Betten, die seit 1873 von Sanitätsoffizieren als Chefarzt, seit 1896 zumeist von Generaloberärzten, geleitet wurden. Die Ausstattung der Lazarette mit allen modernen medizinischen Einrichtungen scheiterte oft an der Kostenfrage, doch gab es in jedem Korpsbereich zumindest eine Sonderstation für Augen-, Nasen-, Ohren-, Haut- und Geschlechtskrankheiten, desgleichen für Geistes- und Nervenkranke, und jedes Lazarett besaß eine Sonderabteilung für ansteckende Krankheiten und eine Desinfektionsanlage.

Außerdem zählten Sanitätsunteroffiziere und -mannschaften (bis 1899 Lazarettgehilfen genannt), Militärkrankenwärter und Militärapotheker zum Sanitätskorps. Krankenträgerkompanien waren nur für den Mobilmachungsfall bei den Train-Abteilungen vorgesehen. Die Sanitätsunteroffiziere und -mannschaften wurden teils in den Lazaretten, teils bei der Truppe verwendet, die Militärkrankenwärter nur in den Lazaretten. Die Militärapotheker waren Militärbeamte und bei den Lazaretten und Sanitätsbehörden tätig. Die ersten 44 Armeeschwesternstellen wurden 1907 für die großen Lazarette genehmigt.

Die Ausbildung der aktiven Sanitätsoffiziere erfolgte in Preußen im allgemeinen an dem Medizinisch-Chirurgischen Friedrich-Wilhelm-Institut in Berlin (errichtet 1795 als Pepinière), das 1895 in die „Kaiser-Wilhelm-Akademie für das militärärztliche Bildungswesen" umgewandelt wurde.

Zum Studium waren nur Abiturienten eines humanistischen Gymnasiums zugelassen, seit 1907 auch von anderen reifeprüfungsberechtigten Anstalten und der Hauptkadettenanstalt. Vor Beginn des Studiums mußte eine halbjährige Dienstzeit bei der Truppe abgeleistet werden, die den zukünftigen Sanitätsoffizier mit den Nöten und Problemen des Soldaten vertraut machte. Die 1883 auf neun Semester festgesetzte Studienzeit wurde 1901 auf zehn erhöht.

Das Lehrpersonal der Akademie setzte sich aus Sanitätsoffizieren sowie ordentlichen und außerordentlichen Professoren der medizinischen Fakultät der Universität Berlin zusammen, dazu traten seit 1896 Fachlehrer für Fremdsprachen, Geschichte, Kunstgeschichte und Philosophie, sowie Generalstabsoffiziere für den Unterricht in Heerwesen und Kartographie (seit 1907). Die Studierenden wohnten im Gebäude der Akademie, wo auch der nicht rein medizinische Unterricht erfolgte, während die allgemeinen medizinischen Vorlesungen und die klinische Ausbildung gemeinsam mit allen Berliner Medizinstudenten an der Universität stattfand. Die Akademie legte besonderen Wert auf die praktische Ausbildung durch Sonderkurse in Einzelfächern, wie Augen, Ohren, pathologischer Anatomie, Operationskurse in Chirurgie und Geburtshilfe. Das medizinisch-praktische Jahr wurde nach dem Staatsexamen als Unterarzt in dem Berliner „Charité-Krankenhaus" abgeleistet, ehe die Versetzung zu einem Truppenteil ausgesprochen wurde.

Die Offizierwahl führten die Sanitätsoffiziere des Divisionsverbandes durch, und die weitere Beförderung erfolgte bis zum Oberstabsarzt nach der Anciennität, zu den höheren Dienstgraden nach der Befähigung.

Für die medizinische Weiterbildung der Sanitätsoffiziere gab es mehrjährige Kommandos zur Kaiser-Wilhelm-Akademie, zur Charité, zum Reichsgesundheitsamt, zu den Instituten für Infektionskrankheiten und für Zahnkrankheiten, zu Universitätskliniken und größeren Krankenhäusern. Außerhalb der Kaiser-Wilhelm-Akademie standen 1913 rund 100 Studienstellen für fachärztliche Ausbildung an Universitäten zur Verfügung. Am Feldzug in Ostasien 1900, an den Kämpfen in Deutsch-Südwestafrika 1903 bis 1906, aber auch am Griechisch-Türkischen Krieg 1897, am Spanisch-Amerikanischen Krieg 1898, am Burenkrieg 1899 und am Russisch-Japanischen Krieg von 1904 nahmen deutsche Sanitätsoffiziere teil, um Erfahrungen in der Kriegschirurgie und im Sanitätsdienst zu sammeln.

Im Jahre 1901 trat erstmalig der „wissenschaftliche Senat" bei der Kaiser-Wilhelm-Akademie zusammen. In ihn wurden neben einer Anzahl höherer Sanitätsoffiziere mehrere ordentliche Professoren berufen, welche in den für den Sanitätsdienst in Betracht kommenden Disziplinen unterrichteten. In seinen Sitzungen beriet der Senat über den Lehrplan für die Studierenden und über alle Neuerungen auf dem Gebiet der Medizin, die für das Sanitätswesen von Bedeutung sein konnten. Gleichfalls besprach man die Auswahl der für den Kriegsfall bereitzustellenden ärztlichen Instrumente und Ausrüstungen, die gesamte Arznei- und Verbandsmittelversorgung des Feldheeres, Trinkwasserbereitung im Kriege, Desinfektionsverfahren und -einrichtungen, Schutzimpfungen, fahrbare Feldröntgenwagen und auch das Sauerstoffatmungsgerät, das später im Kriege bei der Gasvergiftungsbehandlung eine große Rolle spielen sollte.

Eine Sanitäts- und eine Krankenträgerordnung erschienen 1907, und 1909 folgte die Feld-Röntgenwagenvorschrift. Beabsichtigt war die Einführung von Krankenkraftwagen für das Feldheer, doch ließen sich aus finanziellen Gründen bis 1914 die Pläne nicht verwirklichen.

Künftige Sanitätsoffiziere des Beurlaubtenstandes dienten wie die aktiven Ärzte zuerst ein halbes Jahr bei der Truppe, erhielten dann Urlaub für das Studium und kehrten als approbierte Ärzte für ein weiteres halbes Jahr zur Truppe zurück, um ihre Dienstzeit als „Einjährig-Freiwilligenärzte", meistens schon auf einer Assistenzarztstelle, zu beenden, bevor sie zu Assistenzärzten der Reserve ernannt wurden.

Von den anderen Bundesstaaten hatte Bayern einen eigenen Generalstabsarzt der Armee, der gleichfalls die Medizinalabteilung des Kriegsministeriums in München leitete. Dort gab es auch seit 1907 eine Sanitäts-Inspektion, und der Inspekteur, ein Obergeneralarzt, war zugleich Vorstand der Münchener Militärärztlichen Akademie, die 1910 aus dem Operationskursus für Militärärzte entstanden war und im Gegensatz zur preußischen Kaiser-Wilhelm-Akademie nur der wissenschaftlichen Fortbildung der Sanitätsoffiziere und nicht der Heranbildung des Nachwuchses diente. Die Sanitätsämter der Armeekorps und die Stellen der Divisions-, Regiments- und Bataillonsärzte entsprachen dem preußischen Muster. Für den bayerischen Sanitätsoffiziernachwuchs war der Ausbildungsgang der Einjährig-Freiwilligenärzte vorgesehen, die an einer beliebigen Universität studieren konnten. Nach Abschluß ihrer Ausbildung hatten sie die Entscheidung, ob sie in den aktiven Militärdienst treten oder der Reserve angehören wollten.

In Sachsen wurde das Sanitätswesen durch den Chef der Medizinalabteilung im Kriegsministerium, einen Obergeneralarzt, geleitet. Diesem unterstanden die Sanitätsämter der beiden Armeekorps. Im übrigen glich die Organisation der preußischen, es gab jedoch keine eigene militärärztliche Akademie. Das galt auch für Württemberg, wo der Chef der Medizinalabteilung des Kriegsministeriums gleichzeitig als Korpsarzt und Leiter des Sanitätsamtes des XIII. (K. W.) Armeekorps fungierte. Die übrigen deutschen Bundesstaaten waren in bezug auf das Sanitätswesen der preußischen Armee integriert.

g. *Veterinärwesen*

In Preußen traten um die Jahrhundertwende auf dem Gebiet des Veterinärwesens grundsätzliche Änderungen auf. Seit 1892 waren die Inhaber einer Planstelle als Roßarzt Militärbeamte mit Offizierrang. Daneben gab es Planstellen für Roßärzte, die als Nichtbeamte den Wachtmeisterrang und die Bezeichnung „Unterroßarzt" erhielten. Da die wissenschaftlichen Anforderungen an die Tierärzte aber ständig zunahmen, war seit 1902 das Abitur Voraussetzung für die Laufbahn des Roßarztes, der jetzt in „Veterinär" (der Unterroßarzt in „Unterveterinär") umbenannt wurde, mit den Rangstufen Korpsstabs-, Stabs- und Oberveterinär.

Eine neue Veterinärordnung erging 1906, und 1910 erfolgte die Bildung eines eigenen Offizierkorps mit den Dienstgraden Generalveterinär (Oberstenrang), Korpsstabsveterinär (Oberstleutnant), Oberstabsveterinär (Major), Stabsveterinär (Hauptmann), Oberveterinär (Oberleutnant) und Veterinär (Leutnant). An der Spitze des gesamten Veterinärwesens stand die 1873 errichtete Militär-Veterinär-Inspektion, die beim Kriegsministerium ressortierte und der General-Inspektion der Kavallerie unterstellt wurde. Inspekteur war stets ein Kavallerieoberst. Der Militär-Veterinär-Inspektion unterstanden die Militär-Lehrschmieden in Berlin, Breslau, Hannover, Karlsruhe und Königsberg, zu denen 1891 noch eine sechste in Frankfurt a. M. kam. Diese Lehrschmieden dienten der Heranbildung der Fahnenschmiede für die Truppe (Meisterschulen). Vorstand war stets ein Truppenoffizier, dem als technischer Vorstand ein Veterinäroffizier zur Seite stand.

Die Ausbildung des Nachwuchses besorgte die 1790 errichtete Militär-Roßarztschule, die 1903 zur Militär-Veterinär-Akademie erweitert wurde. Direktor und zugleich ordentliches Mitglied des Landes-Veterinär-Amtes war ein Generalveterinär. Der Ausbildungsgang der Offiziere war ähnlich dem der Sanitätsoffiziere. Auf eine halbjährige Grundausbildung bei einer berittenen Truppe folgte ein Lehrgang von sechs Monaten an der Berliner Lehrschmiede, der die Möglichkeit bot, ungeeignete Bewerber auszumerzen, und der mit dem Zeugnis der Befähigung zum Beschlagschmied abschloß. Während des anschließenden achtsemestrigen Studiums an der Akademie nahmen die Studierenden an allen Vorlesungen und Übungen an der Tierärztlichen Hochschule in Berlin teil und erhielten an der Akademie zusätzlichen Ergänzungsunterricht in allen Fragen des veterinären Truppendienstes. Nach bestandener Fachprüfung wurden sie zu Unterveterinären befördert, und gegen Ende einer weiteren sechsmonatigen Ausbildung an der Akademie, der Lehrschmiede Berlin und deren Klinik konnten sie zur Offizierwahl (durch die in Berlin ansässigen Veterinäroffiziere) gestellt werden.

Planstellen für je einen Stabs- oder Oberstabsveterinär und einen Veterinär oder Oberveterinär hatten jedes Kavallerie-Regiment, jede Artillerieabteilung, jede Fußartillerie-Bespannungsabteilung, alle Telegraphen-Bataillone, die Bespannungsabteilung des Luftschiffer-Bataillons Nr. 1 und alle Train-Abteilungen. Sie fehlten dagegen bei Brigade- und Divisionsstäben, überhaupt bei den Fußtruppen, obwohl 1914 zu einer Infanterie-Brigade immerhin 480 Pferde gehörten. Korpsveterinär mit dem Dienstgrad Korpsstabsveterinär (Oberstleutnant) war, sieht man vom Direktor der Militär-Veterinär-Akademie ab, die höchste Stelle, die ein Veterinäroffizier erreichen konnte.

Der Werdegang der Offiziere des Beurlaubtenstandes unterschied sich kaum von dem der entsprechenden Sanitätsoffiziere. Nach einem halben Jahr Truppendienst erfolgte die Beurlaubung zum Studium. Von den fertigen Tierärzten wurde das zweite Halbjahr des Einjährigenjahres als „Einjährig-Freiwilliger Veterinär“ gedient, ehe die Ernennung zum Veterinär der Reserve möglich war.

In Bayern waren die Korpsveterinäre die höchsten Dienstgrade des Veterinärwesens. Der Einjährig-Freiwillige Veterinär konnte sich entscheiden, ob er in das aktive oder ins Reserveverhältnis übernommen werden wollte. Für die Ausbildung der Fahnenschmiede stand eine Militär-Lehrschmiede in München zur Verfügung. In Sachsen gab es die Militär-Abteilung bei der Tierärztlichen Hochschule und die Lehrschmiede zu Dresden, die dem Kriegsministerium unterstellt war. Württemberg und die kleineren deutschen Staaten benutzten die preußischen Ausbildungseinrichtungen.

Aufgabe der Veterinäroffiziere war die Behandlung erkrankter Pferde, die Leitung des Hufbeschlages, Untersuchung der Futtermittel, Maßnahmen zur Seuchenverhütung und die Fleischbeschau bei der Truppenverpflegung. Angesichts der geringen Zahl von Kraftfahrzeugen, die es 1914 beim Heer gab, und der Auswirkungen der damals häufigen Pferdeseuchen wie Druse und Rotz auf die Schlagkraft einer Truppe kam dem Veterinärwesen eine überaus große Bedeutung zu.

h. Militär-Seelsorge

In Preußen wurde 1889 die evangelische und 1903 die katholische Feldprobstei zur selbständigen Dienststelle erhoben. Beide Feldprobsteien hatten ihren Sitz in Berlin, ressortierten beim Kriegsministerum (Versorgungs- und Justiz-Departement) und nahmen auch die Seelsorge bei der Marine und den Kaiserlichen Schutztruppen wahr.

Dem evangelischen Feldprobst unterstanden 19 Militär-Oberpfarrer, 84 Divisions- und 10 Anstaltspfarrer an den Kadettenhäusern, dem katholischen 9 Militär-Oberpfarrer, 49 Divisions- und 1 Anstaltspfarrer an der Hauptkadettenanstalt. Die Militär-Oberpfarrer waren den Generalkommandos zugeteilt, wobei einige katholische Geistliche zwei oder drei Korpsbezirke zu betreuen hatten. Divisionspfarrer befanden sich an den größeren Standorten, während für die kleinen Garnisonen Zivilgeistliche nebenamtlich mit der Militär-Seelsorge beauftragt wurden.
Im Kriegsfall sollte jede Division einen evangelischen und einen katholischen Pfarrer erhalten. Das Garde- und das XVIII. Armeekorps haben ihre Divisionspfarrer auch an Manövern teilnehmen lassen, jedoch weniger wegen der Seelsorge als wegen der Reitausbildung, denn 1914 waren die Militär-Geistlichen im Felde noch beritten.

Im Frieden übten die Pfarrer den Dienst in ihrer gewöhnlichen Amtstracht aus. Für den Krieg war eine feldgraue Uniform für sie vorgesehen, jedoch in einem anderen Schnitt und ohne Schulterstücke. Damit sollte deutlich gemacht werden, daß die Militär-Geistlichen außerhalb der militärischen Hierarchie standen.

Im Kriegsfall richteten sich die anderen Kontingente des Reichsheeres nach dem preußischen Vorbild. In Bayern und Württemberg waren Stadtpfarrer beider Konfessionen nur nebenamtlich in der Militär-Seelsorge tätig, und eine Einberufung von Divisionsgeistlichen wurde erst für die Mobilmachung geplant. In Württemberg gab es einen evangelischen Feldprobst beim Kriegsministerium und in Sachsen einen geistlichen Kommissar für die evangelische Militär-Seelsorge. Bei den beiden sächsischen Generalkommandos taten je ein evangelischer Militär-Oberpfarrer sowie fünf evangelische und ein katholischer Divisionspfarrer Dienst.

4. Erziehung und Bildung

a. Kriegsakademie

Mit den Heeresvermehrungen nach 1890 wandelte sich die preußische Kriegsakademie, ursprünglich für die wissenschaftliche Fortbildung junger Offiziere gedacht, immer mehr zu einer Generalstabsakademie. Sie hatte anfangs der General-Inspektion für das Militär-Erziehungs- und Bildungswesen unterstanden, war dann aber 1872 in wissenschaftlicher Hinsicht dem Chef des Generalstabes der Armee, wirtschaftlich und disziplinarisch dem Kriegsministerium unterstellt worden.

Eine neue Lehrordnung von 1888 erfuhr 1912 eine Überarbeitung.

Die Zahl der Unterrichtsfächer wurde eingeschränkt. Jeder zur Akademie kommandierte Offizier mußte an allen Vorträgen seines Lehrgangs teilnehmen. Er hatte lediglich die Wahl zwischen einem technischen Zweig – Mathematik, Physik, Chemie, physikalische Geographie und Geodäsie – und einem sprachlichen Zweig, Französisch, Englisch, Russisch oder Japanisch. Die für alle Lehrgangsteilnehmer verbindlichen Pflichtfächer waren Taktik, Kriegsgeschichte, Geschichte des älteren Heerwesens, Waffenlehre, Befestigungslehre, Festungskrieg, militärisches Aufnehmen, Generalstabsdienst und Übungsreise, Verkehrsmittel, Militärgeographie, Staatsverwaltung, Staats- und Völkerrecht, Militärgesundheitspflege, Militärrecht, allgemeine Geschichte und allgemeine Geographie. Dem Taktikunterricht wurde die meiste Zeit gewidmet und bei den Prüfungen die größte Bedeutung zugemessen. In diesem Fach wurde nicht nur Befehlstechnik geübt, sondern die Offiziere lernten auch die neuesten deutschen und ausländischen Vorschriften kennen. Nach Taktik und Generalstabsdienst war Kriegsgeschichte das wichtigste Unterrichtsfach. Kriegsgeschichtliche Vorträge galten als eine Methode, „im Frieden den Krieg zu lehren, ... die unveränderlichen Grundbedingungen der Heerführung in ihrem Verhältnis zu den wechselnden taktischen Folgen zu erkennen und den Einfluß hervorragender Persönlichkeiten auf den Gang der Begebenheiten und das Gewicht der seelischen Kräfte in das rechte Licht zu setzen".

In Preußen war – anders als in Bayern – der Besuch der Kriegsakademie bis 1914 nicht Voraussetzung für eine Berufung in den Generalstab. Auch konnte nicht jeder Offizier, der die Kriegsakademie mit Erfolg absolviert hatte, mit einer Kommandierung zum Generalstab rechnen. Die Abschlußbeurteilung sprach sich jedoch darüber aus, ob sich der betreffende Offizier für eine Verwendung im Generalstab, für die höhere Adjutantur oder für eine Lehrtätigkeit qualifiziert hatte. Während des Krieges wurde eine größere Anzahl von Absolventen in Generalstabsstellungen verwendet.

Die Zahl der Schülerstellen, die 1890 noch 300 betragen hatte, wurde 1895 auf 400 und 1909 auf 480 erhöht. Das entsprach bei einer dreijährigen Lehrgangsdauer einer jährlichen Aufnahmequote von 160 Offizieren. Die Münchener Kriegsakademie hatte bei Ausbruch des Krieges 48 Planstellen, konnte also jährlich 16 Bewerber annehmen.

In Preußen stieg die Zahl der Bewerber derartig an – schließlich waren es weit über 1 000 in jedem Jahr –, daß eine scharfe Auslese vorgenommen werden konnte. Es durften sich nur Offiziere melden, die bereits fünf Jahre, seit 1894 drei Jahre Offizierdienste getan hatten und vor Ablauf von fünf Jahren nicht zur Beförderung zum Hauptmann oder Rittmeister heranstanden. Bei der Aufnahmeprüfung, jeweils am Sitz eines Generalkommandos, waren Klausurarbeiten zu schreiben, die ohne Namensnennung, nur mit einer Kennziffer versehen, dem Direktor der Kriegsakademie eingereicht wurden.

Die Akademie erhielt 1907 eine Reitanstalt mit 60 Pferden. Dadurch wurde erreicht, daß die Offiziere der Fußtruppen reiten lernten. Außerdem erhielten die Lehroffiziere so die Möglichkeit, ihre Schüler schon vor der Übungsreise am Schluß des dritten Jahres auf taktischen Übungsritten in der Praxis der Generalstabsdienste kennenzulernen.

b. Militär-Erziehungs- und Bildungswesen

Der durch die Vergrößerung des Heeres ausgelöste Mehrbedarf an Offizieren und die höheren Anforderungen, die angesichts der ständigen Fortschritte in der Waffentechnik und im Verkehrswesen an ihre Allgemeinbildung gestellt werden mußten, blieben nicht ohne Auswirkungen auf die Organisation des militärischen Erziehungs- und Bildungswesens.

In Preußen unterstanden der 1819 gegründeten General-Inspektion des Militär-Erziehungs- und Bildungswesens die „Inspektion der Kriegsschulen" und das „Kommando des Kadettenkorps" zur Aufsicht über die zehn Kriegsschulen, die Hauptkadettenanstalt und die acht Kadettenhäuser (Vorbereitungsanstalten). Der General-Inspektion direkt unterstellt war die „Militärtechnische Akademie". Die 1855 vor allem zur Koordinierung der Lehrpläne errichtete „Ober-Militär-Studien-Kommission" wurde 1907 aufgelöst.

In Preußen, Sachsen und Württemberg hing die Zulassung zur Offizierlaufbahn von dem Bestehen der „Fähnrichprüfung" ab. Die Verordnung „über die Ergänzung der Offiziere des Friedensstandes" vom 11. März 1880 setzte bei jedem Bewerber die „Primareife" eines humanistischen Gymnasiums voraus, seit 1903 genügte auch die Primareife eines Realgymnasiums oder einer Oberrealschule. Allein Bayern forderte von seinen Offizierbewerbern die Universitätsreife.

Zu den bereits bestehenden preußischen Kriegsschulen, an denen alle Bundesstaaten außer Bayern teilhatten, das in München eine eigene Anstalt besaß, kamen 1891 die in Hersfeld und 1893 die in Danzig hinzu, während die für 1914 vorgesehene Schule in Bromberg nicht mehr eingerichtet wurde. Eine Kriegsschule konnte im Durchschnitt 100 Schüler aufnehmen, die in Metz hatte sogar 120 Plätze. Ein Offizierbewerber durfte erst dann zur Schule abkommandiert werden, wenn er sechs Monate gedient hatte. Seit 1893 dauerte ein Lehrgang 35 Wochen, so daß innerhalb von drei Jahren vier Kurse abgehalten werden konnten. Erst 1913 machte der große Bedarf an Offizieren eine Herabsetzung der Lehrgangsdauer auf sieben Monate notwendig. Mehrjähriges Universitätsstudium befreite vom Besuch der Kriegsschule.

Die Plätze im preußischen Kadettenkorps wurden ebenfalls vermehrt. Die Hauptkadettenanstalt in Berlin-Lichterfelde bekam 1891 eine 9. und 10. Kompanie und damit Planstellen für 1 000 Kadetten. Auch die Kapazität der Voranstalten wurde vergrößert. Mit der Verlegung der Voranstalt Culm nach Köslin war eine Erweiterung um 40 Plätze verbunden; je ein zusätzliches Kadettenhaus entstand 1892 in Karlsruhe und 1900 in Naumburg a. S. Bei Kriegsbeginn gab es 1 690 Plätze in acht Voranstalten, deren vorgesehene Vermehrung dann nicht mehr durchgeführt werden konnte. Alljährlich traten etwa 240 Kadetten in das preußische Heer einschließlich des XIII. (K. W.) Armeekorps über, davon 60 als Offiziere und die anderen als Fähnriche. Aus Anlaß der Heeresvermehrung 1913 wurden zwei weitere „Sonderklassen für kriegsschulmäßige Ausbildung" an der Hauptkadettenanstalt eingerichtet.

Gemäß einer Verfügung vom 13. April 1900 waren diejenigen Abiturienten des Kadettenkorps, die sich dienstlich bewährten, bei der Verleihung der Offizierpatente ihren Altersgenossen aus der Selekta (Kriegsschulklasse) gleichzustellen, die als Leutnants zur Truppe kamen. Eine Vorpatentierung war auch bei Abiturienten möglich, die nicht aus Kadettenanstalten hervorgegangen waren. Als Fähnrich mußten sie sich jedoch als „tüchtig im Dienst" erwiesen und das Offizierexamen mit „gut" bestanden haben.

Auch in Sachsen wurde die Vorpatentierung der Abiturienten und beim Dresdener Kadettenkorps, wo die „Primen" bisher gefehlt hatten, die beiden obersten Klassen eingeführt. Eine Selekta gab es dagegen nicht. Jährlich kamen etwa 24 Kadetten als Fähnriche zur Armee.

Der Lehrplan des bayerischen Kadettenkorps war dem eines Realgymnasiums gleichgestellt. Alle Kadetten, die in das Heer übertreten wollten – jährlich waren etwa 24 Fähnriche zu erwarten –, mußten die „Absolutorialprüfung" ablegen.

Zur Vervollständigung ihrer Fachausbildung wurden seit 1892 in Preußen nur noch die jungen Offiziere der Fußartillerie und des Ingenieurkorps zur „Artillerie- und Ingenieur-Schule" abkommandiert. Für Feldartilleristen entfiel die Berufsprüfung und die damit verbundene Ernennung zum „Artillerieoffizier".

In Bayern hatten die Offiziere der Feldartillerie auch weiterhin die „Artillerie- und Ingenieur-Schule" zu besuchen, und für Offiziere des Ingenieurkorps blieb es bei einem zweijährigen Kursus. Einige von ihnen gingen anschließend für ein Jahr an die Militärtechnische Akademie in Berlin.

Das „Hauptmannsexamen" als letzte Etappe der Berufsausbildung entfiel 1889 bei der Feldartillerie, 1892 bei den Ingenieuren und 1895 bei der Fußartillerie. Offiziere der Eisenbahntruppen erhielten ihre Fachausbildung in staatlichen Eisenbahnwerkstätten und an der Technischen Hochschule.

Die „Artillerie- und Ingenieur-Schule" ging 1907 in der Militärtechnischen Akademie auf. Gleichzeitig wurde ihr Besuch auch bayerischen Offizieren gestattet, die davon aber wenig Gebrauch machten, da die bayerische Artillerie- und Ingenieur-Schule in München bestehen blieb.

Zu der bayerischen Artillerie- und Ingenieur-Schule wurden die jungen Artillerie- und Pionieroffiziere nicht gleich nach absolvierter Kriegsschule, sondern erst nach einer zweijährigen Dienstzeit bei der Truppe kommandiert. Der Lehrgang dauerte zwei Jahre, und der Unterricht entsprach der I. und II. Lehrstufe an der Militärtechnischen Akademie.

Mit der Aufstellung technischer Truppen wuchs das Bedürfnis nach einer besonderen Akademie für militärtechnische Fächer. Ihre Errichtung wurde am 30. Mai 1901 angeordnet, doch konnte sie, da die erforderlichen Mittel fehlten, erst 1903 eröffnet werden. Diese „Militärtechnische Akademie" mit einem General als Direktor wurde im Gebäude der „Artillerie- und Ingenieur-Schule" untergebracht. Die Lehrgänge dauerten drei Jahre, und sie erfuhren kurze Unterbrechungen, in denen die Teilnehmer – 50 Offiziere einschließlich Sachsen und Württemberger – zu anderen Waffengattungen oder technischen Anstalten abkommandiert wurden. Die Fächer waren in der I. und II. Lehrstufe Waffen-,

Ingenieur- und Verkehrswesen, in der III. Stufe Konstruktionslehre, Ballistik, Ingenieur- und Verkehrswesen.

Der Lehrplan der Militärtechnischen Akademie erfuhr 1909 eine grundlegende Änderung, und zwar eine Aufgliederung in die Abteilungen Waffen- (W), Ingenieur- (I) und Verkehrswesen (V). Der Unterricht in jeder Abteilung erfolgte in vier Lehrstufen, die hintereinander zu durchlaufen waren. Nur von Ingenieuren wurde zwischen der II. und III. Lehrstufe eine mehrjährige Dienstzeit in einer Festung verlangt. Die Abteilungen W und V waren Offizieren aller Waffengattungen zugänglich, soweit die General-Inspektion des Militär-Verkehrswesens nicht die Plätze der Abteilung V in Anspruch nahm. Für alle neuernannten Offiziere der Fußartillerie und des Ingenieurkorps waren die I. und II. Lehrstufe obligatorisch, deren Lehrpläne auch in etwa denen der früheren Artillerie- und Ingenieur-Schule entsprachen.

Die Militärtechnische Akademie besuchten am 1. Oktober 1909 insgesamt 286 Offiziere, darunter 17 sächsische, 13 württembergische und 5 bayerische. Davon entstammten 60 der Infanterie, 3 der Kavallerie, 54 der Feld- und 53 der Fußartillerie, 85 dem Ingenieurkorps, 29 den Verkehrstruppen und 2 dem Train.

5. Reichsmilitärgericht, Reichstruppen, Festungen

Nach der Reichsverfassung von 1871 setzte sich das Deutsche Heer aus den Kontingenten der einzelnen Bundesstaaten zusammen, und nur die Marine sollte gemäß Artikel 53 „eine einheitliche unter dem Oberbefehl des Kaisers sein". Trotzdem entstanden bis 1914 noch weitere Reichstruppen und -dienststellen, die in der Rangliste der Königlich Preußischen Armee als Anhang aufgeführt wurden: das Reichsmilitärgericht, die Marine-Infanterie, die Kaiserlichen Schutztruppen, die Gendarmerie-Brigade in Elsaß-Lothringen und von 1900 bis 1906 das Ostasiatische Expeditionskorps, beziehungsweise die Ostasiatische Besatzungs-Brigade.

Die deutschen Festungen standen unter preußischem, bayerischem oder sächsischem Befehl. Aufgrund ihrer Bedeutung für die Reichsverteidigung – mehrere Festungen waren überdies von preußischen, bayerischen, sächsischen und württembergischen Truppen gemeinsam besetzt – sollen die Festungen im Anschluß an die Reichstruppen und -behörden dargestellt werden.

a. Reichsmilitärgericht

Das Reichsmilitärgericht in Berlin wurde am 1. Oktober 1900 errichtet. Als oberste deutsche Militärgerichtsbehörde für alle Kontingente des Heeres, die Kaiserliche Marine und die Kaiserlichen Schutztruppen trat es an die Stelle des bisherigen Königlich Preußischen General-Auditoriats. Präsident des Reichsmilitärgerichts war ein General (im Rang eines Kommandierenden Generals), und als Offiziere standen er, seine Adjutanten und die „außeretatsmäßigen militärischen Mitglieder“ à la suite der Armee. Aus diesem Grund trugen sie im allgemeinen die Uniform ihrer letzten Dienststelle beim Heer, bei der Marine oder bei den Schutztruppen. Die richterlichen Angehörigen des Reichsmilitärgerichts verteilten sich auf drei Senate und die Militäranwaltschaft. Sie waren obere Militärbeamte und trugen, einschließlich des dritten (Bayerischen) Senats, der sich nur aus Bayern zusammensetzte, keine Kontingentsabzeichen, sondern nur die Reichskokarde und den Reichsadler als Helmzier. Ebenso hatten die Militärgerichtsschreiber und -boten als mittlere und untere Beamte eine Uniform mit den Abzeichen der Reichsbeamten.

Gleichfalls am 1. Oktober 1900 trat die Militär-Strafgerichtsordnung vom 1. Dezember 1898 in Kraft, durch die das deutsche Militärgerichtswesen vereinheitlicht wurde. Vorher hatte in Bayern, Sachsen und Württemberg eine eigene Militär-Strafgerichtsordnung bestanden, wobei allerdings die sächsische der preußischen angeglichen war. Die neuen Bestimmungen von 1898 berücksichtigten das moderne Strafprozeßrecht und sahen öffentliche Hauptverhandlungen vor. In Zivilsachen waren für Soldaten die bürgerlichen Gerichte zuständig.

Die Strafgerichtsbarkeit oblag den Gerichtsherren und den erkennenden Gerichten. Diese teilten sich in niedere und höhere Militärgerichte, nämlich einerseits in die „Standgerichte“ bei allen selbständigen Truppenteilen und andererseits in die „Kriegsgerichte“ bei den Divisionen, die „Oberkriegsgerichte“ bei den Korps und das „Reichsmilitärgericht“. Gerichtsherren für die Standgerichte waren die Regiments- beziehungsweise die selbständigen Kommandeure, und für jeweils ein Jahr wurden mit den entsprechenden Vertretern ein Stabsoffizier als Vorsitzender, ein Hauptmann und ein Leutnant als Beisitzer ernannt. Die Untersuchungen führte als Gerichtsoffizier ein Leutnant oder Oberleutnant, bei der höheren Gerichtsbarkeit waren Kriegs- oder Oberkriegsgerichtsräte damit beauftragt. Gerichtsherren für die höheren Militärgerichte waren Divisionskommandeure und Kommandierende Generale. Als Richter fungierten Kriegs- beziehungsweise Oberkriegsgerichtsräte sowie Offiziere, die alle zwei Jahre neu dazu bestimmt wurden. Für das Reichsmilitärgericht ernannte der Kaiser die Richter und Reichs-Militäranwälte.

b. Marine-Infanterie

Wie bei den See- und Kolonialmächten England und Frankreich galt auch in Deutschland die Marine-Infanterie als ausgesprochene Elitetruppe, zumal sie sich fast ausschließlich aus Freiwilligen ergänzte und mit den modernsten Waffen und Führungsmitteln ausgerüstet war. Sie war in Preußen und später im Deutschen Reich das traditionelle Bindeglied zwischen Armee und Marine. Ihr Offizierkorps ergänzte sich seit 1866 ausschließlich aus Heeresoffizieren, die für zwei Jahre zum Seebataillon übertraten und dann zur Armee zurückkehrten. Aus diesem Bataillon gingen 1889 das I. und II. Seebataillon hervor, für die im selben Jahr eine „Inspektion der Marine-Infanterie“ errichtet wurde. Inspekteur war gewöhnlich ein Oberst der Marine-Infanterie oder ein General, der dann zu seiner preußischen Generalsuniform die schwarz-weiß-rote Schärpe der Marine-Infanterieoffiziere und den Marinesäbel anlegte. Am Helm trug er den preußischen Gardeadler, aber nur die Reichskokarde. Die Marine-Infanterie war dem Reichskanzler (Reichs-Marine-Amt) unterstellt, dem die Befugnisse eines Kommandierenden Generals übertragen waren.

Seesoldaten-Detachements wurden seit 1895 nicht mehr auf Kriegsschiffe abkommandiert, gleichfalls erlernten sie nicht mehr die Bedienung von Schiffsgeschützen. Dafür erhielten beide Seebataillone ab 1896 eine Ausbildung für den Dienst in den Kolonien, nachdem schon 1894 eine Marine-Infanteriekompanie in Kamerun gegen die meuternden Dahomey-Soldaten der Polizeitruppe eingesetzt worden war. Als Besatzung für das von China auf 99 Jahre gepachtete Schutzgebiet Kiautschou wurde 1897 ein III. Seebataillon errichtet. Es erweiterte sich noch mit der Zeit um eine berittene Kompanie, eine Feldbatterie, eine Pionierkompanie und zwei Maschinengewehrzüge, so daß es eine für jeden Verwendungszweck geeignete Truppe wurde. Als 1900 in China die Lage für die Europäer und für das Schutzgebiet bedrohlich wurde, mußte die gesamte Marine-Infanterie mobilisiert und als „Marine-Expeditionskorps“ nach Ostasien entsandt werden. Marine-Infanterie in Bataillonsstärke ging 1904 zur Unterstützung der Schutztruppe nach Deutsch-Südwestafrika, eine Kompanie 1905 nach Deutsch-Ostafrika.

Die Marine-Infanterie übernahm 1909 auch etatmäßig die Gesandtschaftswache in Peking, ein Überbleibsel aus dem Chinafeldzug, und löste damit die Reste der noch in Tientsin stationierten Ostasiatischen Besatzungs-Brigade ab. Diese 1912 als „Ostasiatisches-Marine-Detachement“ etatisierte Truppe umfaßte 1914 drei Kompanien (davon eine in Peking), einen berittenen Zug, zwei Maschinengewehrzüge (einer in Peking) und je einen Zug Feldkanonen und schwere Feldhaubitzen in Peking. Zur Wahrung der deutschen Interessen in Albanien verstärkte 1913 eine aus Angehörigen des I. und II. Seebataillons gebildete Kompanie als „Marine-Detachement“ die internationale Besatzung von Skutari.

Da die in Übersee eingesetzten Teile der Marine-Infanterie als mobile Truppen galten, bei denen eine Rekrutenausbildung nicht stattfinden konnte, war 1905 in Cuxhaven das III. Stamm-Seebataillon mit zwei Stamm-Kompanien und einer Stamm-Batterie errichtet worden. Die hier ausgebildeten Seesoldaten kamen in ihrem zweiten Dienstjahr nach China. Für die Besetzung der Offizierstellen sorgte das Heer durch befristete Versetzungen, während sich die Mannschaft durch Freiwillige aus dem ganzen Reich und durch Wehrpflichtige der sogenannten „seemännischen Bevölkerung“ ergänzte. Fahnenjunker wurden nicht eingestellt, jedoch Einjährig-Freiwillige, so daß die Marine-Infanterie im Laufe der Zeit ein eigenes Reserveoffizierkorps erhielt.

Die Marine-Infanterie hatte zwar für den Einsatz in den Kolonien seit 1897 eine khakifarbene Tropenuniform erhalten, nicht aber die feldgraue Uniform M 10. Bei Kriegsausbruch mußten die Seebataillone daher in ihren blauen Friedensuniformen ins Feld rücken, und das III. Bataillon in Tsingtau wurde mit grauen Litewken als Feldanzug ausgestattet.

c. Die Kaiserlichen Schutztruppen

Das Gesetz über die Errichtung einer Schutztruppe für Deutsch-Ostafrika erging am 22. März 1891. Sie sollte sich aus Angehörigen des Heeres und der Kaiserlichen Marine, die sich freiwillig meldeten, und aus angeworbenen Farbigen zusammensetzen. Zur Schutztruppe übertretende Soldaten und Beamte waren nicht länger beim Heer oder bei der Marine etatisiert, sondern galten als „außer dem Etat stehende, zeitweise abkommandierte Angehörige der Kaiserlichen Marine". Die zugeteilten Zivilbeamten der Militär- oder Marineverwaltung bekamen den Status von Militärbeamten. Die Versorgung der Angehörigen der Schutztruppe wurde ebenfalls durch das Gesetz vom 22. März 1891 geklärt, und zwar in Angleichung an die bestehenden Bestimmungen über die Versorgung der Marineangehörigen. Eine Kabinettsorder vom 9. April 1891 unterstellte die Schutztruppe dem Reichskanzler (Reichs-Marine-Amt). Seit 1896 ressortierte sie bei der Kolonialabteilung des Auswärtigen Amtes und schließlich ab 1907 beim Reichs-Kolonialamt. Ihre organisatorische Spitze war das am 31. August 1897 gegründete Oberkommando der Schutztruppe (ab 1907 Kommando der Schutztruppe im Reichs-Kolonialamt) mit einem Obersten oder General als Kommandeur.

Am 25. Juli 1898 wurden „die organisatorischen Bestimmungen für die Kaiserlichen Schutztruppen in Afrika" (Schutztruppenordnung) erlassen. Danach sollten die Schutztruppen der Aufrechterhaltung der öffentlichen Ordnung und Sicherheit dienen. Oberster Kriegsherr war der Kaiser, nach ihm unterstanden die Schutztruppen dem Reichskanzler (Staatssekretär des Reichs-Kolonialamtes). Den Gouverneuren der drei Schutzgebiete sollte die oberste militärische Gewalt zustehen, während die Kommandeure für die Leistungsfähigkeit, Disziplin, Ausbildung der Truppe, für den inneren Dienst und die Truppenverwaltung zu sorgen hatten. Übernahmen Offiziere neben ihren militärischen Pflichten auch noch Aufgaben der zivilen Verwaltung, so waren sie, etwa als Bezirkshauptleute, in diesen Angelegenheiten gegenüber den zivilen Behörden verantwortlich.

Während die Schutztruppe für Deutsch-Südwestafrika sich nur aus „Europäern" ergänzte, und zwar aus Freiwilligen aller deutschen Kontingente und aus den im Schutzgebiet selbst ansässigen Wehrpflichtigen, waren die Einheiten in den tropischen Bereichen Deutsch-Ostafrika und Kamerun aus Weißen und Farbigen zusammengesetzt. Die Dienstpflicht der Europäer betrug für Kamerun zwei, für Deutsch-Ostafrika zweieinhalb, für Deutsch-Südwestafrika dreieinhalb Jahre einschließlich eines viermonatigen Heimaturlaubs.

Den Stamm für die „Kaiserliche Schutztruppe für Deutsch-Ostafrika“ bildete die sogenannte „Wissmann-Truppe“, die der Major à la suite der Armee, Hermann v. Wissmann, 1889 in seiner Eigenschaft als Reichskommissar aus freiwilligen deutschen Offizieren und Unteroffizieren, aus angeworbenen Sudanesen und Zulus sowie aus Askaris aufgestellt hatte. Die Wissmann-Truppe war auf rein privater Basis gegründet, nur auf die Person des Kommandeurs verpflichtet und ohne gesetzlich geregelte Versorgung bei Invalidität oder Todesfall. Sie bestand anfangs aus 88 Weißen (davon 25 Offiziere) und 850 Farbigen und gliederte sich in 6 Infanterie-Kompanien und 1 Artillerie-Abteilung, alles Sudanesen, die bei aufgelösten ägyptischen Truppen angeworben worden waren, sowie in 1 Kompanie Zulus aus Portugiesisch-Ostafrika. Von der Deutsch-Ostafrikanischen Gesellschaft übernahm Wissmann etwa 80 einheimische Askaris und schlug mit diesen weitgehend landfremden Söldnern 1889 den Araberaufstand nieder. Aber auch nach der Gefangennahme und Hinrichtung des Rebellenführers Buschiri war das Land noch nicht befriedet, und die Kämpfe setzten sich mit wechselseitigem Erfolg bis 1898 fort.

Die Schutztruppe in Deutsch-Ostafrika war nach und nach auf eine Stärke von 1 700 Mann gebracht worden und mußte in einem 995 000 qkm großen Gebiet, bei rund sieben Millionen Einwohnern, Ruhe und Ordnung aufrechterhalten. Sie bildete zwölf Kompanien, die auf die wichtigsten Orte des Schutzgebietes verteilt waren. Völlig unerwartet brachen 1905 neue Unruhen aus, der sogenannte „Majy-Aufstand“, der mit einer erneut verstärkten Schutztruppe erst nach zwei Jahren langwieriger und blutiger Kämpfe niedergeworfen werden konnte. Dabei fielen 18 Offiziere, 17 Unteroffiziere und 700 farbige Soldaten, 144 Weiße erlagen dem Klima.

Seit 1908 herrschte wieder Ruhe im Lande. Die Schutztruppe konnte sich jetzt neben ihrer Ausbildung auch anderen Aufgaben widmen, so der Landesvermessung, dem Straßen- und Eisenbahnbau und der Anlage von Telegraphen- und Heliographenlinien. Der Etat für 1913/14 sah einschließlich Rekruten und Signalschülern an Weißen 68 Offiziere, 52 Sanitätsoffiziere, 12 Militärbeamte und 138 Unteroffiziere vor, an Farbigen 2 Offiziere, 148 Unteroffiziere und 2 286 Mannschaften. Die Truppe war über 20 Standorte verstreut. Die Kompanieführer fungierten im Bereich ihres Standortes zumeist auch als Bezirkshauptleute, das heißt als Vermessungsbeamte und Richter. Die farbigen Offiziere (Dienstgrad Effendi) waren Vorgesetzte aller Unteroffiziere (mit Ausnahme der weißen) und aller Mannschaften. Sie trugen aber nicht die Dienstgradabzeichen der deutschen Offiziere und das Portepee, sondern ägyptische Rangabzeichen in Erinnerung an die Wissmann-Zeit.

Die farbigen Soldaten rekrutierten sich zunehmend aus der eingeborenen Bevölkerung des Schutzgebietes. Nur etwa 27,5 % waren 1914 noch Angehörige landfremder Negerstämme. Eine Meuterei der Soldaten galt als unwahrscheinlich, solange sie in vernünftiger Weise eingesetzt und ordnungsgemäß entlohnt wurden. Der Askari verpflichtete sich zu einer Dienstzeit von fünf Jahren, die sich, wenn es zu keiner Kündigung des Dienstverhältnisses kam, um jeweils ein Jahr verlängerte. Entlassene Askaris hatten die Verpflichtung, sich im Kriegsfall unverzüglich bei der nächsten militärischen Dienststelle zu melden.

Die Schutztruppe in Deutsch-Ostafrika war als Infanterie mit der Jägerbüchse 71, zu der noch Patronen mit rauchstarkem Pulver gehörten, und dem dazugehörigen Seitengewehr 71/84 ausgestattet. Jede Kompanie besaß drei Maschinengewehre 02. An Artillerie standen nur ein paar veraltete Salutgeschütze in Daressalam zur Verfügung. Eine Ausrüstung mit tragbarem Schanzzeug und Feldküchen war nicht vorgesehen, und der Transport von Gepäck und Verpflegung fiel angeworbenen Trägerkolonnen zu. Die Dienstkleidung der Schutztruppe bestand in einer khakifarbenen Tropenuniform, und die Europäer hatten außerdem noch eine graue Heimat- und eine weiße Gesellschaftsuniform für die Tropen.

Für die Ausbildung war die „Exerziervorschrift für die Kaiserliche Schutztruppe für Deutsch-Ostafrika" maßgebend, eine Abwandlung der entsprechenden deutschen Reglements für den Kampf im afrikanischen Busch. Als normaler Gefechtsverband galt die Kompanie, und mit der Kompaniebesichtigung fand die Ausbildung auch ihren Abschluß.

Deutsch-Südwestafrika

Der Reichskommissar für Deutsch-Südwestafrika, Hauptmann v. François, hatte sich am 16. April 1889 eine Freiwilligentruppe von 21 Mann geschaffen. Von ihnen gehörten 8 dem aktiven Heer an, 13 dem Beurlaubtenstand, und sie hatten sich in einem Privatvertrag mit dem Reichskommissar zu einer dreijährigen Dienstzeit verpflichtet. Die Truppe des Reichskommissars war nicht für kriegerische Unternehmungen bestimmt, sondern sollte lediglich für Frieden zwischen den verschiedenen Eingeborenenstämmen sorgen. Ihre Zahl stand jedoch in einem schlechten Verhältnis zu der Größe des Landes und war kaum geeignet, die Macht des Reiches eindrucksvoll zu demonstrieren. Sie wurde im Januar 1890 auf 50 Mann verstärkt. Zwei befestigte Stationen, die „Wilhelmsfeste" bei Tsaobis und eine Feste in der Landeshauptstadt Windhuk, waren die ersten Garnisonen. Die Angehörigen der Freiwilligentruppe erhielten den Soldatenstatus, als diese am 3. Mai 1894 zur „Kaiserlichen Schutztruppe" wurde.

Das drohende Verhalten der Eingeborenenstämme zwang 1893 zu einer weiteren Verstärkung der Truppe auf 250 Mann. Ein Jahr später kam es zu der ersten blutigen Auseinandersetzung mit den Hottentotten unter Hendrik Witboi. Er wurde bei Naukluft geschlagen und zur Anerkennung der deutschen Schutzherrschaft gezwungen. Die Errichtung der „Kaiserlichen Schutztruppe für Deutsch-Südwestafrika" im Jahre 1894 bedeutete eine erneute Verstärkung der militärischen Kräfte in der Kolonie. Sie umfaßten nunmehr 15 Offiziere und 500 Mann, gegliedert in vier Kompanien, und 1896 kamen noch eine Feldbatterie und ein Kommando der Eisenbahntruppe hinzu. Ein Netz von mehr oder weniger großen Militärstationen überzog das Land, zwischen denen ein regelmäßiger Patrouillendienst stattfand. Die Schutztruppe war als berittene Infanterie gedacht, Pferde wurden aus Argentinien und Australien eingeführt. Ihre Bewaffnung war die der deutschen Infanterie und Feldartillerie.

Als die Schutztruppe 1904 zur Niederwerfung von Unruhen bei den Bondelzwarts im Süden des Landes zusammengezogen war, brach im Innern der Kolonie der große Hereroaufstand aus. Insgesamt 162 Siedler und Soldaten kamen ums Leben, und nur die größeren Stationen, in deren Schutz sich die Zivilbevölkerung geflüchtet hatte, konnten sich behaupten.

Das Gouvernement in Windhuk wie die Reichsregierung unterschätzten anfangs die Tragweite des Aufstandes. Auch nachdem die Schutztruppe auf eine Stärke von sieben berittenen Kompanien, drei Feldbatterien und einem (unberittenen) Bataillon Marine-Infanterie gebracht worden war, vermochte sie nicht der Lage Herr zu werden. Da aber schließlich nicht nur große materielle Werte, sondern auch das Ansehen der Reichsgewalt und des weißen Mannes auf dem Spiel standen, entschloß sich die Reichsregierung zum Einsatz wirksamerer militärischer Mittel. Ein Kommandostab unter Generalleutnant v. Trotha wurde beauftragt, die Operationen im Schutzgebiet nach den Weisungen des Königlich Preußischen Großen Generalstabes zu leiten.

An Truppen unterstanden ihm:

- 2 Feldregimenter zu je 10 Kompanien berittener Infanterie
- 2 Feldartillerie-Abteilungen zu je 4 Batterien
- 2 Maschinengewehr-Abteilungen
- 1 Feldsignal-(Heliograph-), 1 Feldtelegraphen- und 1 Funker-Abteilung
- 1 Bataillon Marine-Infanterie mit Maschinengewehr-Sektion,
  Nachschub-, Sanitäts- und Etappendienste.

Trotha konnte den Aufstand unterdrücken, doch während die Schutztruppe noch im Norden des Landes kämpfte, erhoben sich im Süden erneut die Hottentotten unter Witboi. Die deutschen Kräfte mußten noch einmal verstärkt werden und erreichten im August 1905 mit 1 020 Offizieren und Sanitätsoffizieren, 286 Militärbeamten und rund 19 600 Unteroffizieren und Mannschaften ihren höchsten Stand. Die Zahl der Kompanien war auf 23, die der Batterien auf 9 angestiegen. Erst 1907 konnte der Kriegszustand aufgehoben und die Schutztruppe auf Friedensstand reduziert werden. Von 1904 bis 1906 waren 70 Offiziere, Sanitätsoffiziere und Beamte sowie 732 Unteroffiziere und Mannschaften gefallen. Seuchen, vor allem dem Typhus, erlagen 26 Offiziere und Beamte sowie 633 Unteroffiziere und Mannschaften.

Die Erfahrungen, die man bei diesen Kämpfen mit neuen Waffen gemacht hatte, blieben nicht ohne Auswirkung auf das Heimatheer. So wurde die Ausstattung der Kavallerie und Infanterie mit Maschinengewehren beschlossen. Dagegen unterblieb die Einführung von Infanteriegeschützen. Auch das Gebirgsgeschütz, das sich in Deutsch-Südwestafrika bewährt hatte, fand im Heimatheer keine Verwendung. Die Schutztruppenoffiziere konnten sich mit ihren Ansichten in Deutschland nicht durchsetzen. Ihre Erfahrungen wurden allzu häufig als koloniale Abenteuer gegen einen minderwertigen, mit einer europäischen Truppe nicht vergleichbaren Gegner abgetan. Gerade ein großer Teil der hochdekorierten Offiziere konnte sich auch in die kleinlichen Verhältnisse des Heimatheeres nicht wieder einleben, nahm den Abschied oder ging nach

Afrika zurück. Nur auf dem Gebiet des Wehrmedizinalwesens wurden Neuerungen eingeführt, insbesondere der Impfzwang zur Krankheitsverhütung.

Für die Schutztruppe in Deutsch-Südwestafrika waren im Etat 1913/14 vorgesehen:

90	Offiziere
20	Sanitätsoffiziere
9	Veterinäroffiziere
35	Militärbeamte
1 813	Unteroffiziere und Mannschaften.

Da die deutschen Ansiedler ihrer Wehrpflicht bei der Schutztruppe nachkommen durften, war auch das Einjährig-Freiwilligen-System eingeführt worden. Das Bezirkskommando in Windhuk und neun Meldeämter betreuten die Wehrpflichtigen und die Angehörigen des Beurlaubtenstandes.

Die Schutztruppe umfaßte je ein Kommando des Nord- und Südbezirks mit insgesamt 6 berittenen Infanterie-Kompanien, 2 Maschinengewehr-Kompanien, 2 Feldbatterien, 1 Gebirgsbatterie, 2 Verkehrszügen für die Instandhaltung der Eisenbahnlinien sowie 1 Kamelreiter- und Maschinengewehr-Kompanie für die Überwachung der Wüste Kalahari. Die Bewaffnung bestand unter anderem aus dem Gewehr und dem Karabiner 98, Maschinengewehren 02 und 08, Feldkanonen 96 neuer Art und leichten Gebirgsschützen vom Kaliber 7,5 cm. Ein tragbares Schanzzeug und Feldküchen gab es nicht. Die graue Uniform, die bereits von der Truppe des Reichskommissars getragen worden war, hatte sich in den Feldzügen 1904 bis 1907 bewährt, so daß sie beibehalten wurde. Die guten Erfahrungen mit der neuen Tarnfarbe hatten sicherlich auch einen Einfluß auf die Einführung grauer Uniformen beim Heimatheer.

Die Vielseitigkeit des Dienstes stellte naturgemäß hohe Anforderungen an die Ausbildung eines jeden Schutztruppenangehörigen. Es wurde daher eine zumindest dreijährige Dienstzeit von den Wehrpflichtigen beziehungsweise eine dreieinhalbjährige Verpflichtung von den Freiwilligen verlangt. Die Vorschriften der Heimat galten auch für Deutsch-Südwestafrika, sie wurden jedoch entsprechend den afrikanischen Verhältnissen abgewandelt. Die noch frischen Kriegserfahrungen ließen die Ausbildung im Felddienst in den Vordergrund rücken. Die Erziehung eines jeden Reiters zur Selbständigkeit war oberstes Gebot.

Kamerun

Schon bald nach der Besitzergreifung Kameruns im Jahre 1884 wurde eine bewaffnete Truppe erforderlich, um den Anordnungen des Gouvernements den nötigen Nachdruck zu verleihen. Die Kostenfrage veranlaßte aber die Reichsregierung, alle entsprechenden Gesuche abzulehnen. Erst als durch die Vernichtung der Expedition des Dr. Zintgraff im Nordwesten des Schutzgebietes das deutsche Ansehen einen schweren Schlag erfahren hatte und unruhige Eingeborene den Regierungssitz Duala selbst bedrohten, wurde dem Gouverneur die Erlaubnis zur Aufstellung einer farbigen Polizeitruppe von 5 Gefreiten und 51 Mann erteilt. Diese Truppe hatte 1893 bereits eine Stärke von 2 Weißen und 140 Farbigen, als am 15. Dezember eine Meuterei ausbrach. Der Grund war die Unzufriedenheit der farbigen Polizeisoldaten mit ihrem Sold und die Erregung über die Verhängung von Prügelstrafen gegen ihre Frauen. Mit Hilfe der Marine konnte der Aufstand nach heftigen Kämpfen durch die vereinten Anstrengungen aller in Duala befindlichen Europäer niedergeschlagen werden.

An die Stelle der Dahomey-Soldaten traten jetzt, wie in Deutsch-Ostafrika, Söldner aus dem Sudan, und die bisherige Polizeitruppe wurde 1894 in die „Kaiserliche Schutztruppe für Kamerun" umgewandelt. Die Sudanesen zeigten sich aber bei aller militärischen Tüchtigkeit dem Klima nicht gewachsen. Sie mußten nach und nach durch angeworbene Negersoldaten aus den kriegerischen Stämmen der afrikanischen Westküste ersetzt werden, vor allem durch Weyjungen, Sierra-Leone-Leute und Haussa. Erst später, mit der weiteren Erschließung Kameruns, fanden auch einheimische Söldner Verwendung.

Die Schutztruppe war bis in das Jahr 1907 in Kämpfe mit Eingeborenen verwickelt. Ihre Stärke war von einer Kompanie (1894) auf 6 Feldkompanien, 1 Stammkompanie und 1 Artillerie-Detachement im Jahre 1900 angewachsen. In der Zeit von 1905 bis 1907 wurden noch 3 weitere Kompanien aufgestellt, um die Ruhe im Lande wieder herzustellen. Als sich durch den Marokkovertrag 1912 die Kolonie erheblich vergrößerte, erwuchsen auch der Schutztruppe neue Aufgaben, die sie ohne zusätzliche Kräfte nicht bewältigen konnte.

So sah der Etat von 1913/14 eine Stärke von 57 Offizieren, 16 Sanitätsoffizieren, 11 Militärbeamten, 103 weißen Unteroffizieren und 1550 farbigen Unteroffizieren und Mannschaften vor. Gegliedert war die Schutztruppe vor Ausbruch des Weltkrieges in 12 Kompanien und 1 Artillerie-Detachement. Die Bewaffnung bestand vorwiegend in der Jägerbüchse 71, nur die Kompanien in den Islam-Gebieten im Nordosten des Landes führten bereits das Gewehr 98 s. Jeder Kompanie waren drei bis vier Maschinengewehre zugeteilt, drei Kompanien je ein 3,7-cm- und der 8. Kompanie ein 6-cm-Geschütz. Die 7. Kompanie besaß zwei 6-cm-Geschütze. Die Artillerie-Abteilung war mit vier veralteten 9-cm-Feldkanonen M 73/91 ausgestattet. Tragbares Schanzzeug und Feldküchen fehlten völlig, ebenso moderne Nachrichtengeräte mit ausgebildetem Personal. Bei den Kompanien in Nordkamerun gab es auch einzelne berittene Züge, die mit Karabinern und Lanzen bewaffnet waren. Die Ausbildung erfolgte allgemein nach den Vorschriften für das Heimatheer, die den Verhältnissen bei einer farbigen Söldnertruppe ebenso angepaßt waren wie etwa die Bestimmungen für die Rechtspflege.

Kiautschou unterstand der Kaiserlichen Marine, die auch die Besatzungstruppen stellte. Im Schutzgebiet Togo, auf Neuguinea, auf Samoa und den anderen Südseeinseln gab es nur Polizeiformationen. Offiziere des Heeres oder der Marine wurden zeitweise zu ihnen abkommandiert, als Führer von Einsätzen gegen aufständische Eingeborene oder als Ausbilder.

Die Schutztruppen in allen deutschen Kolonien waren für die Aufrechterhaltung von Ruhe und Ordnung bestimmt. Für einen Kampf gegen Europäer oder gegen nach europäischen Maßstäben geschulte Verbände eigneten sie sich nicht. Auch war die zivile Wirtschaft in den deutschen Schutzgebieten auf die Möglichkeit eines Krieges und die Umstellung auf eine Kriegswirtschaft nicht vorbereitet. Einer der Gründe für dieses Versäumnis war die Kongoakte, nach der die zentralafrikanischen Kolonien bei kriegerischen Auseinandersetzungen zwischen europäischen Staaten neutral bleiben sollten.

d. Das Ostasiatische Expeditionskorps und die Ostasiatische Besatzungs-Brigade

Zu den Reichstruppen zählten auch das Ostasiatische Expeditionskorps und die daraus hervorgegangene Ostasiatische Besatzungs-Brigade. Das Korps entstand im Sommer 1900, als in China die Lage nach dem Rückzug des internationalen Marine-Expeditionskorps Seymour so kritisch wurde, daß den Großmächten nicht nur eine Verstärkung ihrer dort befindlichen Sicherungstruppen, sondern ein gemeinsames Vorgehen gegen das chinesische Kaiserreich geboten schien.

Deutschland bildete am 25. Juni 1900 aus Angehörigen der Marine-Infanterie ein Marine-Expeditionskorps in einer Stärke von 2 528 Mann. Das Kommando hatte Generalmajor v. Höpfner. Zusätzlich wurde am 3. Juli die Aufstellung eines Expeditionskorps aus Freiwilligen des Heeres angeordnet, dessen Führung der bisherige Kommandeur der 28. Division, Generalleutnant v. Lessel, übernahm. Sein Stabschef war Oberstleutnant Gündell vom Großen Generalstab. Zum Oberbefehlshaber über die nach China entsandten amerikanischen, deutschen, englischen, französischen, italienischen, japanischen und russischen Truppen wurde am 12. August 1900 Generalfeldmarschall Graf Waldersee ernannt. Seine internationale Armee sollte 64 000 Mann umfassen.

Inzwischen war das deutsche Expeditionskorps auf die Stärke einer mobilen Infanterie-Division gebracht worden. Deutschland stellte somit fast ein Drittel der internationalen Armee, und 18 Dampfer der Hamburg-Amerika-Linie und des Norddeutschen Lloyd übernahmen den Transport von 769 Offizieren und Beamten, 18 324 Unteroffizieren und Mannschaften, 861 Geschützen und Fahrzeugen sowie 30 412 cbm Kriegsmaterial. Reit- und Zugpferde wurden in Australien oder in China selbst angekauft.

Das Ostasiatische Expeditionskorps gliederte sich schließlich in:

3 Infanterie-Brigaden zu 2 Infanterie-Regimentern mit je 9 Kompanien
1 Jäger-Kompanie
1 Reiter-Regiment zu 4 Eskadrons
1 Feldartillerie-Regiment zu 3 Abteilungen mit insgesamt 8 Batterien, dabei 2 Batterien leichte Feldhaubitzen und 2 Gebirgsbatterien
2 leichte Munitionskolonnen
1 Bataillon schwere Feldhaubitzen mit 2 Batterien
1 Pionier-Bataillon zu 3 Kompanien
1 Eisenbahn-Bataillon zu 3 Kompanien
1 Korps-Telegraphen-Abteilung
1 Sanitäts-Kompanie
1 Munitionskolonnen-Abteilung mit 7 Munitionskolonnen
1 Kommando des Trains mit 3 Proviantkolonnen
1 Feldbäckereikolonne
6 Feldlazaretten
1 Etappenkommando
1 Pferde-Depot
1 Lazarett-Depot
1 Etappen-Munitionskolonne
Personal für 3 Kriegslazarette und 1 Lazarettschiff,
dazu die notwendigen Versorgungsstellen.

Als das Expeditionskorps in China eintraf, waren die in Peking belagerten Gesandtschaften schon entsetzt worden. Der internationalen Armee fiel die Befriedung des Landes zu, und auch das deutsche Korps machte zahlreiche Vorstöße in das Landesinnere. Die Aufgabe war im wesentlichen erfüllt, als ein kaiserlicher Befehl vom 17. Mai 1901 neben dem Armee-Oberkommando auch das Ostasiatische Expeditionskorps auflöste. An seine Stelle trat eine Besatzungs-Brigade, die am 1. Mai und 11. Dezember 1902 weiter verringert und umgegliedert wurde.

Sie umfaßte schließlich:

1 Kommandostab mit Verwaltungsbehörden
2 Infanterie-Regimenter zu je 6 Kompanien, davon 1 Kompanie beritten
1 Eskadron Jäger zu Pferde
1 Feldbatterie
1 Pionier-Kompanie mit Telegraphen-Detachement
1 Feldlazarett.

Die Ostasiatische Besatzungs-Brigade wurde am 6. März 1906 zu einem Detachement in Bataillonsstärke verkleinert und auf Befehl des Kriegsministeriums vom 5. April 1909 durch die Marine-Infanterie abgelöst. Übergabekommandos des Heeres blieben noch bis 1910 in China.

Mit dem Ostasiatischen Expeditionskorps wurden zum erstenmal in größerem Umfang deutsche Truppen in Übersee eingesetzt. Auch wenn es kaum zu größeren Kriegshandlungen kam, konnten der Große Generalstab und das Kriegsministerium doch wertvolle Erfahrungen auf verschiedenen Gebieten sammeln.

Die Infanterie hatte das neue Gewehr 98 erhalten. Diese Waffe war für die Truppe anfangs noch ungewohnt. Sie erwies sich aber später als so gut, daß sie bis 1945 im deutschen Heer benutzt wurde. Die Artillerie verfügte über alle Geschütztypen, die für das Heimatheer eingeführt worden waren. Außerdem kam in China ein eigens für den Gebirgskrieg konstruiertes Geschütz zum Einsatz. Zum erstenmal wurde die schwere Artillerie des Feldheeres im scharfen Schuß erprobt und erfüllte alle in sie gesetzten Erwartungen. Als sehr nützlich erwies sich die Zuteilung technischer Truppen, die dem anfangs von Admiral Seymour zusammengestellten Korps besonders gefehlt hatten.

Die als Felduniform zunächst ausgegebenen blauen Litewken (Feldblusen) waren unpraktisch. Sie verschmutzten schnell, wurden unansehnlich und gaben eine schlechte Tarnung ab. Dagegen bewährten sich die grauen Litewken des Ostasiatischen Reiter-Regiments. Daher erhielt das gesamte Expeditionskorps am 9. Februar 1901 feldgraue Uniformen, zu denen naturfarbenes Lederzeug getragen werden sollte. Alle blanken Teile der Ausrüstung waren mattiert. Auf den feldgrau überzogenen Helmen war als Zierat der Reichsadler angebracht, und die Feldmützen hatten nur noch die Reichskokarde. Alle bisher noch beim Expeditionskorps getragenen Kontingentsabzeichen sollten fortfallen. Als Sommeruniform erhielt das Korps nicht das bewährte Khaki der Marine-Infanterie, sondern eine feldgraue Anfertigung von ausgesprochen schlechter Qualität. Das in Ostasien erstmalig in größerem Rahmen erprobte Feldgrau wurde zehn Jahre später für das ganze Heer eingeführt. Doch wählte man 1910 nicht den bequemen Blusenschnitt des Expeditionskorps, sondern blieb bei der traditionellen Form der alten Waffenröcke, Attilas und Ulankas.

Auch andere Neuerungen, die in China von Nutzen gewesen waren, ließen sich für das Heimatheer nicht durchsetzen, so die Gebirgsartillerie und die berittene Infanterie. Auch konnte man sich nicht entschließen, Offiziere und Feldwebel, wie in den Kolonien und in China, mit Karabinern an Stelle der Degen auszurüsten. Dagegen nahm man die Bestimmung in die Bekleidungs-Vorschrift auf, daß Offizieruniformen nicht in einer anderen Farbe gehalten, insbesondere nicht aus einem helleren Stoff gefertigt sein durften.

In China – wie später auch in Deutsch-Südwestafrika – waren die Ausfälle durch Krankheit erheblich größer als die Verluste durch Waffeneinwirkung. Es bot sich daher den Sanitätsoffizieren beim Expeditionskorps Gelegenheit, alle die Seuchen zu erforschen (insbesondere den Typhus), die bei der Anhäufung vieler Menschen in schlechten Quartieren, bei unzureichender Wasserversorgung und mangelhaften Küchenverhältnissen häufig auftreten. Hier wurden die Grundlagen für Seuchenverhütungsmaßnahmen geschaffen, die im Weltkriege eine kaum zu unterschätzende Bedeutung gewannen.

e. Die Gendarmerie-Brigade in Elsaß-Lothringen

In Elsaß-Lothringen gab es seit 1872 eine Gendarmerie-Brigade, die 30 Jahre lang à la suite der preußischen Landgendarmerie geführt wurde. Seit dem 16. Dezember 1902 selbständige Behörde, blieb sie auch weiterhin disziplinarisch und organisatorisch dem preußischen Kriegsminister unterstellt, da dieser zugleich als Reichskriegsminister fungierte. Fachlich unterstand die Brigade jedoch dem Reichsstatthalter und den zivilen Behörden der Reichslande.

Als äußere Kennzeichen trugen die Offiziere und Gendarme ab 1902 den Reichsadler am Helm sowie gegebenenfalls Portepee und Offizierschärpe in den Reichsfarben.

Auch das Koppelschloß der Fußgendarme zeigte statt der Königs- die Kaiserkrone, und die Faustriemen hatten einen schwarz-weiß-roten Quast.

War die Gendarmerie-Brigade in Elsaß-Lothringen stärkemäßig auch unbedeutend, so stellte sie doch die erste im Reichsgebiet stationierte Truppe dar, die, wenn man von der Marine und dem Kommando der Schutztruppen absieht, als reine Reichstruppe keinem Landeskontingent angehörte.

f. Festungen

Die 1890 vorhandenen deutschen Festungen mußten in ihrer Anlage und bautechnischen Ausführung angesichts der Fortschritte der Kriegs- und Waffentechnik als veraltet angesehen werden. Die neue Brisanzmunition machte widerstandsfähigere Deckungen erforderlich, und die Schußweite der modernen Artillerie verlangte die Anlage von Werken, die vom Festungskern weiter entfernt lagen. Für eine Modernisierung der Westbefestigungen, vor allem in Metz, sorgte der General-Inspekteur des Ingenieur- und Pionierkorps und der Festungen, General der Infanterie v. Beseler, während sein Nachfolger, General der Infanterie v. Mudra, die Befestigungen im Osten, insbesondere in Posen und Graudenz, verbessern ließ. Dagegen wurden veraltete Umwallungen in Festungen, wie Koblenz, Mainz, Köln, Danzig, Posen und Königsberg, geschleift, und andere Festungen, darunter Memel, Kolberg, Stralsund, Magdeburg, Torgau, Rastatt und Saarlouis, sogar völlig aufgegeben. Neu entstanden die Oberrheinbefestigungen (Istein) und die Feste Kaiser Wilhelm II. bei Molsheim in den Vogesen.

Im Jahre 1914 stützte sich die Reichsverteidigung auf folgende Festungen:
Im Westen: Oberrheinbefestigungen, Neubreisach, Feste Kaiser Wilhelm II., Straßburg, Bitsch, Germersheim (bayerische Festung), Metz, Diedenhofen, Mainz, Koblenz, Köln und Wesel;
im Osten: Königsberg, Feste Boyen (bei Lötzen), Danzig, Marienburg, Graudenz, Culm, Thorn, Posen, Küstrin, Glogau, Breslau, Neiße und Glatz;
an der Nordseeküste: Borkum, Wilhelmshaven, Geestemünde (bei Bremerhaven), Cuxhaven und Helgoland;
an der Ostsee: Friedrichsort (bei Kiel), Swinemünde und Pillau.
Die Festungen Wilhelmshaven, Geestemünde, Cuxhaven, Helgoland und Friedrichsort unterstanden zwar in Fragen der Fortifikation der 2. Festungsinspektion der Königlich Preußischen Armee, wurden aber von der Kaiserlichen Marine verwaltet, die auch die Besatzungen stellte.

Im Innern des Reiches lag die preußische Festung Spandau, das bayerische Ingolstadt, der sächsische Königstein und die Reichsfestung Ulm (mit preußischer, bayerischer und württembergischer Besatzung). Das deutsche Schutzgebiet Kiautschou (Ostasien) besaß die Seefestung Tsingtau, die der Kaiserlichen Marine unterstand.

Im Festungsbau wurden natürlich auch alle Fortschritte der zivilen Bauindustrie ausgewertet, so zum Beispiel die größere Druck- und Zugfestigkeit des

Eisenbetons, die eine einfache Bauweise mit glatten Decken statt der bisher üblichen Gewölbe erlaubte.

Grundsätzlich galt für die Anlage von Festungen, daß die Zahl der Bauwerke klein zu halten war. Die Bauten sollten unter die Ende kommen oder wenigstens durch Ausnutzung des Geländes, von Sträuchern und Bäumen gegen Erd- und Lufterkundung geschützt sein. Empfohlen wurden Feldbefestigungen in großer Zahl sowie Schützengräben mit Drahthindernissen. Die schwere Artillerie der Festungen mußte vorgeschobene Beobachter verwenden und beweglich gehalten werden können, so daß ihr Einbau unter feste Panzerkuppeln nach Möglichkeit unterbleiben sollte. Vorrang aber hatte der Ausbau des Verkehrsnetzes sowie der Fernmelde- und Beleuchtungseinrichtungen.

Die Leitung aller Fortifikationsarbeiten und die Verwaltung der Festungsanlagen oblagen den Offizieren der Ingenieur- und Festungsbauinspektionen (9 preußische, 1 bayerische) und dem Festungsbaukorps. Die Korpsangehörigen waren zunächst Beamte (Bauwarte und Oberbauwarte) gewesen, 1902 wurden sie Soldaten (Festungsbauoffiziere, -feldwebel, Wallmeister und Oberwallmeister). Das gesamte Festungsbaukorps (also auch die Offiziere) ergänzten sich aus besonders qualifizierten Pionierunteroffizieren. Für die Ausbildung sorgten seit 1895 eine Festungsbauschule in Berlin, seit 1907 eine Wallmeisterschule in Straßburg. Als grundlegende Ausbildungsvorschrift erschien 1910 die „Festungsbauordnung“. Für die Fortbildung der Offiziere des Ingenieur- und Pionierkorps dienten Kurse an der 1903 in Berlin eröffneten Militärtechnischen Akademie, zu der auch Offiziere aus anderen Bundesstaaten kommandiert werden konnten.

6. Die Heere der Verbündeten und der Gegner im Urteil des Großen Generalstabes

Es ist in diesem Zusammenhang aufschlußreich, welche Vorstellungen der Große Generalstab von den Stärken und Schwächen der verbündeten und gegnerischen Heere bei Ausbruch des Krieges besaß. Vergleicht man die Stärke der Heere, so ergibt sich nach den damaligen Informationen ein für Deutschland wenig günstiges Bild. Der Friedensstand der französischen Armee betrug 794 000 Mann – ausschließlich 86 000 farbiger Soldaten –, der des russischen Heeres 1 445 000 Mann (1 845 000 im Winterhalbjahr). Bei einer Friedensstärke von 798 000 Soldaten in Deutschland und von 478 000 in Österreich-Ungarn ergab sich somit ein Verhältnis von 1 : 2.

Im Vertrauen auf eine schnelle Mobilmachung rechnete sich der deutsche Generalstab eine zahlenmäßige Überlegenheit der Mittelmächte für die ersten Kriegswochen aus, wenn zwölf Reservekorps mit 24 Divisionen sogleich das Feldheer im Westen verstärkten. Den Schutz im Osten sollten die 8. Armee (drei Armee-, ein Reservekorps) in Ostpreußen und das k. u. k. Heer übernehmen.

Das österreich-ungarische Heer hatte nach deutschen Schätzungen eine Kriegsstärke von 1 100 000 Angehörigen der Feldtruppen, 350 000 Mann Ersatztruppen und 500 000 Mann Landsturm. Es war im Frieden wie im Kriege in 44 Infanterie- und 11 Kavallerietruppendivisionen gegliedert.

Von diesen gehörten 33 Infanterie- und 9 Kavallerietruppendivisionen dem k. u. k. Heer, 8 Infanteriedivisionen der k. k. Landwehr, 9 Infanterie- und 2 Kavallerietruppendivisionen der k. ung. Landwehr an. Die österreichisch-ungarischen Landwehrtruppen waren im Gegensatz zur deutschen Landwehr aktive Soldaten. Nur unterstanden sie nicht dem k. u. k. Kriegsministerium, sondern dem k. k. Ministerium für Landesverteidigung beziehungsweise dem k. ung. Landesverteidigungsministerium (M. kir. honvédelmi ministerium) als Zentralbehörden. Im Kriegsfall sollten jedem Armeekorps mit Ausnahme der beiden in Bosnien und der Herzegowina stationierten Korps (XV. und XVI.) je eine oder zwei Landwehr-Infanterietruppendivisionen zugeteilt werden. Eine Aufstellung von Reservekorps und -divisionen war nicht beabsichtigt.

Die Ausrüstung und Bewaffnung der österreich-ungarischen Armee war verhältnismäßig modern. Die Infanterie führte das „Mannlicher"-Gewehr M 95, Kaliber 8 mm mit Mehrladeeinrichtung sowie das auf Tragtieren verlastete „Schwarzlose"-Maschinengewehr M 07 mit einer Schußfolge von 375 Schuß in der Minute. Jeder Soldat war mit tragbarem Schanzzeug, jede Kompanie mit einer Fahrküche ausgestattet.

Die Feldartillerie hatte in der Feldkanone M 05/08, Kaliber 8 cm, ein modernes Geschütz mit Rohrrücklauf und einer Schußweite von 7 km. Zu jeder Division gehörte ein Feldkanonen-Regiment mit 5 Batterien zu je 6 Geschützen und eine Feldhaubitz-Division mit 2 Batterien zu je 6 Geschützen (die deutsche Infanteriedivision hatte 9 Feldkanonen- und 3 leichte Feldhaubitz-Batterien). Die österreichische 10-cm-Feldhaubitze M 99 war ein veralteter Geschütztyp mit Bronzerohren und starrer Lafette (ohne Rohrrücklauf, Schußweite 6 km), zeichnete sich jedoch durch große Treffsicherheit aus. Die Artillerie der Landwehr-Infanterietruppendivisionen befand sich noch im Aufbau. Jeder Division der k. k. Landwehr konnten nur 2 Feldkanonen- und 2 Feldhaubitz-Batterien, jeder Honved-Division 4 Feldkanonen-Batterien zugewiesen werden.

An schwerer Artillerie gab es bei jedem Armeekorps mit Ausnahme des XV. und XVI. je eine bespannte schwere Haubitzdivision zu 2 Batterien mit je 4 15-cm-Haubitzen M 99/04. Diese schweren Haubitzen hatten ebenfalls noch Bronzerohre, starre Lafetten mit Federsporn und eine Höchstschußweite von 5 600 m. Die Hälfte der Bataillone bei der Festungsartillerie war durch Pferde oder Kraftzug beweglich, die anderen kamen bei der Bedienung der ortsfesten Festungsgeschütze zum Einsatz. Die bewegliche schwere Artillerie führte die 12-cm-Belagerungskanone M 80 (Schußweite 8 000 m), die 15-cm-Feldhaubitze M 99/04 (5 600 m), den 24-cm-Mörser M 98 (6 000 m) und den 30,5-cm-Mörser M 11 von Skoda (9 600 m). Dieser Mörser war das technisch am weitesten entwickelte Geschütz aller europäischen Heere, das schon im Frieden serienmäßig hergestellt wurde. Insgesamt verfügte Österreich-Ungarn über

12 Batterien 30,5-cm-Mörser, vollmotorisiert,
zusammen 24 Geschütze
12 Batterien 24-cm-Mörser, davon 10 motorisiert,
zusammen 48 Geschütze
32 Batterien 15-cm schwere Feldhaubitzen, pferdebespannt,
insgesamt 128 Geschütze
20 Batterien 12-cm-Kanonen, pferdebespannt,
insgesamt 80 Geschütze.

Bei der Kavallerie bestanden die 11 Divisionen aus jeweils 4 Regimentern zu je 6 Eskadrons. Zu jeder Division gehörten eine oder zwei Kavallerie-Maschinengewehr-Abteilungen (zu je 4 Gewehren) und eine Reitende Artilleriedivision zu 3 Batterien mit je 4 Feldkanonen M 05.

Eine Besonderheit der österreich-ungarischen Armee waren die 14 Gebirgsbrigaden, die dem XV. und XVI. Armeekorps in Bosnien und der Herzegowina sowie dem XIV. Armeekorps in Innsbruck angehörten. Die Gebirgsbrigaden waren selbständige Kampfverbände mit zugeteilter Artillerie und eigenen Versorgungstruppen. Ihre Infanterie bestand im allgemeinen aus 5 selbständigen Bataillonen mit je einer Maschinengewehr-Abteilung, die Artillerie aus 2 bis 3 Gebirgskanonenbatterien. Munition und Nachschubgüter wurden auf Gebirgskarren oder Tragtieren verlastet. Die österreichischen Gebirgskanonen M 08 und M 09 konnten zerlegt und auf Tragtieren transportiert werden. Es waren moderne Geschütze vom Kaliber 7,25 cm mit Rohrrücklauf und Schutzschilden. Die der Divisions- und Korpsartillerie der Gebirgstruppen zugeteilten 10-cm-Gebirgshaubitzen M 08 und M 10 konnten zwar nicht auf Tragtiere verlastet werden, waren aber für geteilten Transport im Tandemzug eingerichtet und konnten bei einer Spurbreite von nur 90 cm auch auf schmalen Saumwegen transportiert werden. Auch diese Geschütze hatten Rohrrücklauf und abnehmbare Schutzschilde. Im Jahre 1914 gab es 10 Gebirgsartillerieregimenter zu je 4 Gebirgskanonen- und 2 Gebirgshaubitzbatterien, eine Dalmatiner Gebirgskanonendivision zu 2 Batterien und 1 Gebirgshaubitzdivision beim Feldhaubitzregiment 14 zu 2 Batterien. Jede Gebirgsbatterie hatte 4 Geschütze.

Die drei Tiroler Landesschützenregimenter sowie die Landwehrinfanterieregimenter Klagenfurt Nr. 4 und Laibach Nr. 27 waren auf Anregung des Chefs des Generalstabes, General der Infanterie Freiherr Conrad von Hötzendorf, für den Krieg im Hochgebirge besonders organisiert, ausgerüstet und ausgebildet worden. Sie führten auch die Bezeichnung „Landwehrgebirgstruppen". Die Landwehrinfanterieregimenter Zara Nr. 23 und Gravosa Nr. 37 waren ähnlich bewaffnet (Repetierstutzen statt Infanteriegewehre, besondere Maschinengewehrlafetten), besaßen einen Tragtiertrain und, wie alle Gebirgstruppen, Kochkisten statt Fahrküchen.

Die Schwäche des österreich-ungarischen Heeres lag in seiner Zusammensetzung aus verschiedenen Volkstums- und Sprachgruppen. Oft konnten sich Offiziere und Mannschaften nur durch einen Dolmetscher verständigen. Die Kommandosprache war im k. u. k. Heer und in der k. k. Landwehr Deutsch, in der k. ung. Landwehr (Honved) Ungarisch. Da dem Heer nicht ausreichende Geldmittel zur Verfügung standen, waren das Geschützmaterial zum großen Teil veraltet, der Ausbau und die Einrichtungen der Festungen im Rückstand. Ebenso fehlten größere Munitionsvorräte für den Krieg und ausreichende Übungsmunition für die Friedensausbildung des Heeres.

Der deutsche Generalstab kannte diese Mängel, hielt die österreich-ungarische Wehrmacht aber für stark genug, den russischen Gegner so lange aufhalten zu können, bis nach der Entscheidung im Westen mit größeren deutschen Kräften der Krieg im Osten gewonnen werden konnte. Deutschland wußte, daß es im Kriegsfall die Hauptlast zu tragen hatte und daß die Gegner bei einer längeren Kriegsdauer über das größere Wehrpotential verfügten. Man erhoffte sich jedoch einen schnellen Sieg im Westen und setzte auf die Überlegenheit der deutschen Führung, die Kampfkraft und Opferbereitschaft des Heeres sowie auf die physische und moralische Wirkung der schweren Artillerie.

Das russische Heer besaß eine zahlenmäßig sehr starke Infanterie. Die Divisionen hatten in der Regel 16 Infanterie-Bataillone, in Deutschland nur 12. Dafür war die russische Feldartillerie mit 6 Batterien je Division um die Hälfte schwächer, wobei eine russische Batterie allerdings aus 8 Kanonen, eine deutsche dagegen aus 6 Geschützen (Kanonen und Haubitzen) bestand. Die russische Armee verfügte auch über eine starke schwere Artillerie des Feldheeres. Zu jedem Korps gehörte eine Feldhaubitz-Abteilung zu 2 Batterien (12-cm-Feldhaubitzen Fabrikat Krupp), jede Batterie zu 6 Geschützen. Eine zusätzliche schwere Artillerie-Abteilung für jedes Armeekorps mit 2 Batterien 15-cm-Haubitzen (das französische Modell Schneider) und einer 10,7-cm-Kanonenbatterie war 1914 in der Einführung. Nach dem geheimen deutschen „Taschenbuch des Generalstabsoffiziers", Ausgabe von 1914, sollten eine 10,7-cm-Kanone (Modell Schneider), eine Belagerungskanone Kaliber 15 cm, eine 15-cm-Belagerungshaubitze und ein 28-cm-Belagerungsmörser im russischen Heer Verwendung finden. In Deutschland wußte man aber nicht, wie weit die Ausstattung mit diesen Waffen schon fortgeschritten war. In den russischen Festungen standen noch viele schwere Geschütze der Fertigungsmodelle 1877 bis 1904.

Die Gesamtstärke der mobilen russischen Feldtruppen schätzte man auf 2712000 Mann, aufgeteilt in 59 Infanterie-, 35½ Kavallerie- und Kasakendivisionen, 12 Schützenbrigaden und 35 Reservedivisionen. Hinzu kamen noch etwa 573000 Mann Besatzungstruppen. Man glaubte aber in Deutschland, daß diese zahlenmäßige Überlegenheit – beliebt war das Bild von der „Dampfwalze" – dem Heer des östlichen Gegners auch einige Schwerfälligkeit verlieh. Es wurde mit einer Dauer der russischen Mobilmachung und des Aufmarsches gerechnet, die dem deutschen Generalstab Zeit gab, zunächst den Gegner im Westen schlagen und dann alle Kräfte nach Osten werfen zu können. Auch glaubte sich die deutsche Führung der russischen überlegen, und das Taschenbuch des Generalstabsoffiziers enthielt folgende Bewertung des Gegners:

„Heeresbewegungen vollziehen sich langsam und schwerfällig. Schnelle Ausnutzung einer günstigen operativen Lage ist von den Russen nicht zu erwarten. Dagegen werden deutsche Führer beim Zusammenstoß mit ihnen Bewegungen wagen können, die sie sich einem gleichwertigen Gegner gegenüber nicht erlauben dürften. Bei der Neigung, stehenzubleiben und abzuwarten, werden Stellungskriege bevorzugt. Die Gewandtheit im

Begegnungsgefecht ist gering; überraschender, energischer Angriff drängt die Russen leicht in die Verteidigung. Stehen sie aber in vorbereiteter Stellung, so ist Vorsicht geboten“ (S. 116).

Frankreich konnte nach deutschen Unterlagen ein Feldheer von 2150000 Mann aufbieten, einschließlich der Kolonialtruppen, die sich auf dem europäischen Kriegsschauplatz einsetzen ließen. Die französische Armee gliederte sich nach deutschen Schätzungen in 46 Infanterie-, 10 Kavallerie- und 20 Reservedivisionen, 510000 Mann Besatzungstruppen, die nicht in den Kolonien gebunden waren, 690000 Mann Ersatztruppen und 760000 Angehörige des Landsturms.

Die französische Feldartillerie war zahlenmäßig stärker als die deutsche und besaß mit dem 7,5-cm-Schnellfeuergeschütz M 97 (System Depart) eine vorzügliche Waffe. Sie hatte aber keine leichten Feldhaubitzen. Die schwere Artillerie gliederte sich in neun Regimenter, war jedoch den Armeekorps nicht fest zugeteilt, sondern diente meistens als Verteidigungsartillerie der Festungen. Einige Fußartillerie-Regimenter verfügten bereits 1914 über Bespannungs-Abteilungen für die schweren Haubitzen. Die französische schwere Artillerie führte Kanonen vom Kaliber 9,5 cm, 12 cm, 15,5 cm und 22 cm mit Schußweiten bis zu 10000 m, außerdem 15,5-cm-Haubitzen und 22-cm-Mörser, die sich aber nur auf Schienengleisen bewegen ließen, sowie eine geringe Anzahl 27-cm-Mörser mit einer Schußweite von 8000 m. Die Einführung eines 28-cm-Belagerungsmörsers war nach den deutschen Unterlagen erst geplant.

Die deutsche Führung glaubte, nach dem Taschenbuch des Generalstabsoffiziers, auch den Franzosen überlegen zu sein.

„Sie vermeiden vor allem frühzeitige Entschlußfassung und Entfaltung, gliedern sich dagegen sehr stark nach der Tiefe. Hinter einem breiten Schleier von Vortruppen lauern die massierten Hauptkräfte auf die Gelegenheit zum überraschenden, entscheidenden Gegenangriff.“

„Entschlossenes, geschicktes Zugreifen bietet dieser Taktik gegenüber nach wie vor die besten Aussichten auf Erfolg“ (S. 93).

Auch rechnete die deutsche Führung gegenüber Frankreich mit einem Zeitvorsprung bei Mobilmachung und Aufmarsch. Sie hoffte, durch den Weg über Belgien die französische Festungssperre umgehen und die französische Armee noch im Aufmarsch fassen und entscheidend schlagen zu können.

Es galt dabei nicht als sicher, ob sich Belgien dem Durchmarsch widersetzen würde. Nach deutschen Schätzungen konnte dieses Land 150000 Mann mobile Feldtruppen, 130000 Mann Festungs- und 60000 Mann Ersatztruppen aufbieten. Von diesen Kräften wurde nur ein schwacher Widerstand erwartet. Man war in Deutschland über die belgischen Grenzfestungen genau unterrichtet und glaubte, daß sie dem Beschuß mit dem 42-cm-Mörser schnell erliegen würden.

B. Organisation des deutschen Reichsheeres während des Weltkrieges 1914 bis 1918

1. Spitzengliederung

a. Die Oberste Heeresleitung

Die Oberste Kommandogewalt lag verfassungsgemäß in den Händen des Kaisers. Am 1. August 1914 unterschrieb Kaiser Wilhelm II. den Befehl für die allgemeine Mobilmachung in Deutschland, in dem als erster Mobilmachungstag der 2. August 1914 bestimmt wurde. Mit dieser Mobilmachungsorder begann die vorbereitete Umstellung vom Friedensheer zum Kriegsheer abzurollen. Insgesamt wurden in Deutschland für das Heer 3 820 000 Mann mobil gemacht, wovon 2 086 000 beim Feldheer, 1 736 000 bei den Besatzungs- und Ersatztruppen eingeteilt waren.

Am 3. August wurde das „Große Hauptquartier Seiner Majestät des Kaisers und Königs" mobil gemacht, dem unter anderem angehörten: an militärischen Dienststellen der Chef des preußischen Militär-Kabinetts, der Chef des Marine-Kabinetts, der preußische Kriegsminister (der ja die Stellung eines Reichskriegsministers wahrnahm), ein Vertreter des Staatssekretärs des Reichs-Marine-Amtes, der Chef des Generalstabes des Feldheeres, der Chef des Admiralstabes der Marine, die Militärbevollmächtigten Bayerns, Sachsens und Württembergs; an Behörden der Reichskanzler, der Chef des Geheimen Zivil-Kabinetts und ein Vertreter des Auswärtigen Amtes.

Diese Zusammensetzung blieb im allgemeinen bestehen. Der Reichskanzler konnte sich jedoch nicht dauernd im Großen Hauptquartier aufhalten, da seine Anwesenheit auch in Berlin erforderlich war. Desgleichen ging der Kriegsminister ab 1916 an seinen alten Arbeitsplatz zurück.

Außerdem schlossen sich dem Großen Hauptquartier ein „Bevollmächtigter General" des österreich-ungarischen Bundesgenossen und später auch Militärbevollmächtigte der Türkei und Bulgariens an.

Dafür trat ein deutscher Militärbevollmächtigter zum k. u. k. Hauptquartier. In der Türkei blieb die schon bestehende deutsche Militärmission, ihr Führer, General der Kavallerie Liman v. Sanders, übernahm eine türkische Armee. Auch zum Chef des türkischen Generalstabes wurde ein deutscher General ernannt. Der deutsche Militärattaché in Bulgarien erhielt die Stellung eines Militärbevollmächtigten.

Der Chef des preußischen Generalstabes der Armee wurde „Chef des Generalstabes des Feldheeres". Ihm war nach den Mobilmachungsbestimmungen das Recht verliehen, im Namen des Kaisers operative Befehle zu geben. Somit blieb zwar die höchste Kommandogewalt beim Obersten Kriegsherrn, die eigentliche Führung jedoch lag in den Händen des für sie allein verantwortlichen Chefs des

Generalstabes. Dieser mußte die kaiserliche Zustimmung nur dann erbitten, wenn es sich um entscheidende Entschließungen handelte.

Die Chefs des Generalstabes des Feldheeres waren: vom 2. August bis 14. September 1914 Generaloberst v. Moltke, vom 14. September 1914 bis 29. August 1916 Generalleutnant (ab 20. Januar 1915 General der Infanterie) v. Falkenhayn, ab 29. August 1916 Generalfeldmarschall v. Hindenburg, dem sein bisheriger Generalstabschef Ludendorff unter gleichzeitiger Beförderung zum General der Infanterie als „Erster Generalquartiermeister" bei voller Mitverantwortlichkeit beigegeben war.

Der Generalstab des Feldheeres setzte sich aus folgenden Abteilungen zusammen: der „Zentral-Abteilung", der „Operations-Abteilung", der „Nachrichten-Abteilung" (am 20. Mai 1917 in „Abteilung Fremde Heere" umbenannt), der „Abteilung III B", die den eigentlichen Spionage- und Spionageabwehrdienst sowie ab Juli 1917 auch den „vaterländischen Unterricht" bearbeitete, und der „Politischen Abteilung" (seit 10. Februar 1916 „Militärpolitische Abteilung"), zu deren Ressort die militärpolitischen Angelegenheiten der Verbündeten, des neutralen Auslandes, aber auch der Feindmächte gehörten.

Zur Entlastung des Chefs des Generalstabes des Feldheeres wurde die Dienststelle des „Generalquartiermeisters" eingerichtet, dessen Dienstbereich alles umfaßte, was sich nicht unmittelbar auf die Operationen bezog, also Nachschub-, Etappen-, Verkehrswesen, Feldpost, Rechtspflege, Sanitäts- und Veterinärwesen. Dem Generalquartiermeister war ein Chef des Generalstabes beigegeben, nachgeordnet waren ihm: der „Generalintendant des Feldheeres", der „Chef des Feldmunitionswesens", der „Chef der Feldtelegraphie" und der „Chef des Feldeisenbahnwesens", ab März 1915 der „Chef des Feldflugwesens" und der „Inspekteur der Ballonabwehrkanonen", ferner der „Chef des Feldsanitätswesens", der „Feldoberpostmeister", die „Geheime Feldpolizei", der am 15. Dezember 1916 etatisierte „Chef des Feldkraftfahrwesens", der am 21. Februar 1918 eingerichtete „Beauftragte des Generalquartiermeisters in Pferdeangelegenheiten" und ab 1. Juni 1918 der „Beauftragte des Generalquartiermeisters für das Beute- und Sammelwesen". Am 10. August 1918 entstand außerdem unter dem Generalquartiermeister die Stelle des „Generals der Munitionskolonnen und Trains im Großen Hauptquartier".

An obersten Waffenbehörden traten als Berater des Chefs des Generalstabes des Feldheeres zum Großen Hauptquartier der „General der Fußartillerie im Großen Hauptquartier" (ab 16. Februar 1917 „General von der Artillerie Nr. 1", ab 28. März 1917 „Generalinspekteur der Artillerieschießschulen") sowie der „General vom Ingenieur- und Pionierkorps im Großen Hauptquartier" (seit 21. August 1918 „General der Pioniere beim Chef des Generalstabes des Feldheeres"). Der zu Beginn des Krieges dem Generalquartiermeister unterstellte „Chef des Feldmunitionswesens" wurde am 10. Mai 1915 dem Chef des Generalstabes direkt unterstellt, am 23. September 1916 wurde diese Stelle aufgelöst und ihre Aufgaben gingen auf die „Operations-Abteilung" über. Auch der „Chef der

Feldtelegraphie" wurde am 12. September 1917 als „Chef des Nachrichtenwesens" dem Chef des Generalstabes direkt unterstellt, ebenso bereits am 30. September 1916 der „Chef des Feldeisenbahnwesens".

Mit der Mobilmachung wurde der Einfluß der deutschen Fürsten auf die Truppen ihrer Staaten noch weiter eingeschränkt, als das schon im Frieden der Fall gewesen war. Alle Befehlsgewalt ging vertragsgemäß auf den Kaiser als Bundesfeldherrn über. Von einzelnen Frontbesuchen abgesehen blieben die deutschen Fürsten auch während des Krieges an ihren Regierungssitzen.

Ins Große Hauptquartier hatten nur die drei Länder mit eigenen Kriegsministerien – Bayern, Sachsen und Württemberg – Bevollmächtigte entsandt. Sie hatten die Wünsche der OHL in Personalfragen und andere Forderungen an ihre Regierungen zu übermitteln und konnten ihren Souveränen über die Kriegslage unmittelbar Bericht erstatten. Das Personalwesen und damit die Beförderung der Offiziere blieb auch im Kriege Kontingentsrecht.

Bayern mußte zugunsten einer größeren Übersichtlichkeit seit 1915 auf sein Recht verzichten, seine Truppen gesondert zu numerieren und zu bezeichnen. Preußische, bayerische, sächsische und württembergische Formationen konnten nun zu gemeinsamen Truppenteilen zusammengefaßt werden. Die bisherigen Hoheitsabzeichen der einzelnen Kontingente blieben erhalten, auch als am 21. September 1915 die neue Uniform M 15 für das gesamte Reichsheer eingeführt wurde, die das äußere Bild der deutschen Truppen noch weiter vereinheitlichte. Nur Bayern war zugestanden worden, daß seine Soldaten eine Borte mit blau-weißem Rautenmuster als besonderes Kontingentsabzeichen um den Kragenrand tragen durften.

Von dem Recht, Orden und Ehrenzeichen zu stiften und zu verleihen, machten sowohl die Bundesfürsten wie die Senate der Freien Reichsstädte eifrig Gebrauch. Anders als im Kriege 1870/71 konnte das preußische Eiserne Kreuz, das am 5. August 1914 erneuert worden war, gleichmäßig an die Soldaten aller Kontingente verliehen werden. Das am 3. März 1918 vom Kaiser gestiftete Verwundetenabzeichen war keine preußische, sondern eine Reichsauszeichnung.

b. Das preußische Kriegsministerium

Da der preußische Kriegsminister, Generalleutnant v. Falkenhayn, am 2. August 1914 mit einem mobilen Arbeitsstab zum Großen Hauptquartier getreten war, leitete die Geschäfte des Ministeriums der zum „Stellvertretenden Kriegsminister" ernannte bisherige Gouverneur von Köln, Generalleutnant v. Wandel. Als Falkenhayn am 14. September 1914 mit der Wahrnehmung der Geschäfte des Chefs des Generalstabes des Feldheeres beauftragt und am 3. November 1914 auch definitiv ernannt wurde, behielt er das Amt des Kriegsministers noch bis zum 20. Januar 1915. Nach ihm folgten als Kriegsminister der bisherige Generalquartiermeister, Generalleutnant Wild v. Hohenborn, ab 29. Oktober 1916 General der Artillerie v. Stein und ab 9. Oktober 1918 Generalleutnant v. Scheüch.

Unter der 3. OHL kehrte der Kriegsminister nach Berlin zurück und wurde am 8. Dezember 1916 zum „Oberbefehlshaber in Berlin“ ernannt und damit vorgesetzte Aufsichts- und Beschwerdeinstanz gegenüber den als Militärbefehlshaber in den preußischen Provinzen eingesetzten Stellvertretenden Kommandierenden Generalen. In Bayern hatte diese Regelung schon im Frieden bestanden.

Am 28. Oktober 1918 wurde, gleichfalls dem bayerischen Beispiel folgend, auch das Militär-Kabinett, das bisher Immediatstelle war, dem Kriegsminister unterstellt.

Durch die Mobilmachung wurde auch die bisherige Organisation des Kriegsministeriums betroffen. Dieses gliederte sich hinfort in:

1. das „Zentral-Departement“
   mit der Ministerial-Abteilung, der Etats-Abteilung und dem Zentralnachweise-Büro für den Nachweis der Kriegsverluste;
2. die „Armee-Abteilung“
   mit der Abteilung für Ersatzwesen;
3. das „Allgemeine Kriegs-Departement“
   mit der Infanterie-, der Kavallerie-, der Feldartillerie-, der Fußartillerie-, der Ingenieur und Pionier-, der Verkehrs-, der Luftfahrt- und der Fabriken-Abteilung;
4. die „Kriegsverpflegungs-Abteilung“;
5. die „Friedensverpflegungs-Abteilung“;
6. das „Unterkunfts-Departement“
   mit den Unterkunftsabteilungen Ost und West, der Übungsplatz-Abteilung, der Bau-Abteilung, der Bekleidungs-Abteilung und der Kassen-Abteilung;
7. das „Versorgungs- und Justiz-Departement“
   mit der Pensions-, Versorgungs- und Justiz-Abteilung;
8. die „Remonte-Inspektion“;
9. die „Medizinal-Abteilung“.

Da für Deutschland die Gefahr bestand, daß Rohstoffmangel den Krieg entscheidend zu seinen Ungunsten beeinflussen könnte, wurde bereits am 13. August 1914 eine „Kriegsrohstoff-Abteilung“ im Kriegsministerium eingerichtet. Auch die Wiedererrichtung des bei der Mobilmachung aufgelösten „Verwaltungs-Departements“ (am 24. Februar 1915) erwies sich als nötig.

Die Feldzeugmeisterei wurde am 16. September 1916 in das „Waffen- und Munitions-Beschaffungs-Amt“ (Wumba) umgewandelt, dem die Beschaffung des gesamten Kriegsmaterials mit Ausnahme des Pionier- und Flugzeugmaterials oblag. Es hatte anfangs noch die Immediatstellung der alten Feldzeugmeisterei inne, wurde dann aber am 1. November 1916 dem mit dem gleichen Datum beim Kriegsministerium geschaffenen „Kriegsamt“ unterstellt, an dessen Spitze Generalleutnant Groener trat.

Um die Schwierigkeiten auf dem Personalsektor zu beheben, die durch die gesteigerten Anforderungen der durch das Kriegsamt angekurbelten Kriegswirtschaft einerseits und durch den ständig wachsenden Bedarf der Truppe andererseits entstanden waren, wurde am 5. Dezember 1916 das „Hilfsdienstgesetz“ verabschiedet. Es erstreckte sich jedoch nur auf männliche Personen im Alter von 17 bis 60 Jahren. Der Hilfsdienst unterstand dem Kriegsamt. Die

Hilfsdienstpflichtigen wurden nicht wie Soldaten besoldet, sondern bezogen weiter ihre hohen Industrielöhne, so daß die finanzielle Besserstellung der „Hilfsdienstpflichtigen" die Stimmung der zum „Waffendienst" Eingezogenen bald äußerst ungünstig beeinflußte. Mit Wirkung vom 21. Dezember 1917 wurde die Löhnung der Unteroffiziere und Mannschaften allerdings um etwa 35 % aufgebessert. Doch blieb auch danach noch der gewaltige Unterschied zu den von der Industrie gezahlten Löhnen bestehen.

Erneutes Anwachsen einzelner Abteilungen veranlaßte noch mehrmals eine Umorganisation des Kriegsministeriums. Bei Kriegsende hatte es folgende Gliederung:

1. „Zentral-Departement"
   mit Ministerial-, Etats- und Nachrichten-Abteilung, Abteilung für Lieferungs-Statistik mit Vertragsprüfung und Patentreferat, Heeresgeschichtlicher Abteilung, Zentralnachweise-Büro und Ausgleichsstelle der Bundesstaaten für Heereslieferungen;
2. „Allgemeines und Kriegsdepartement"
   mit Armee-Abteilung, Mobilmachungs-Abteilung, Offiziers- und Unteroffiziers-Ergänzungs-Abteilung, Infanterie-, Kavallerie-, Eisenbahn-Abteilung, Abteilung für Nachrichtenmittel, Luftfahrt-Abteilung, Abteilung für verbündete Heere;
3. „Truppen-Departement"
   mit Feldartillerie-, Fußartillerie-, Ingenieur- und Pionier-, Verkehrs- und chemischer Abteilung;
4. „Armee-Verwaltungs-Departement"
   mit Kriegs- und Friedensverpflegungs-Abteilung, Bekleidungs-, Kassen- und Besoldungs-Abteilung, Zentralstelle für Kriegsbeute und Zentralstelle für reichseigene Rohstoffe;
5. „Unterkunfts-Departement"
   mit Unterkunfts-Abteilungen Ost und West, Übungsplatz-, Bau-Abteilung, Abteilung für Kriegsgefangenenschutz und Völkerrechtsverletzungen, Abteilung für Gefangenen-Ernährung, Unterkunfts-Kriegs-Abteilung und Fürsorge-Abteilung für zurückgekehrte Kriegsgefangene;
6. „Versorgungs- und Justiz-Departement"
   mit Pensions-, Renten-, Fürsorge-Abteilung für Offiziere und Beamte, Versorgungs-Abteilung für Hinterbliebene und Justiz-Abteilung;
7. „Remonte-Inspektion";
8. „Sanitäts-Departement"
   mit Organisation des Sanitätskorps, Sanitätspersonal-Abteilung, Medizinal-Abteilung, Sanitätsfürsorge-Abteilung, Zentralstelle für Nachlaßsachen und Hauptkrankenbuchlager;
9. „Kriegsamt"
   mit Kriegsersatz- und Arbeits-Departement, Waffen- und Munitions-Beschaffungs-Amt, Kriegs-Rohstoff-Abteilung, Abteilung für Ein- und Ausfuhr.

c. Die hohen Kommandobehörden

Heeresgruppen und Armeen

Die Mobilmachungspläne sahen eine Einteilung des deutschen Feldheeres in neun „Armeen" vor, von denen sieben an der deutschen Westgrenze, die achte in Ostpreußen aufmarschierten. Den Schutz der Provinzen Schlesien und Posen sollten Landwehrtruppen und österreich-ungarische Bundesgenossen übernehmen, der Schutz Schleswig-Holsteins und des Kaiser-Wilhelm-Kanals wurde der aus dem IX. Reservekorps und vier Landwehrbrigaden bestehenden „Nordarmee" übertragen.

Die Oberste Heeresleitung (OHL) führte die Armeen durch unmittelbare Weisungen an sämtliche Armee-Oberkommandos (AOK) und mußte dabei die Erfahrung machen, daß durch das Anwachsen der Truppenmassen die Führung von einer Stelle mit den damals noch primitiven Fernmeldemitteln die Kräfte des sich verantwortlich fühlenden Generalstabschefs überstieg.

General v. Kuhl schreibt dazu in seinem Buch „Der Marnefeldzug 1914": „So sorgfältig der Generalstab sich auf den Krieg vorbereitet hatte, in der Technik der Leitung eines Millionenheeres waren wir 1914 nicht zu einer ausreichenden Organisation gelangt. Solche Massen können nicht von einer Stelle aus mit so knappen Befehlen bewegt werden, wie es dem älteren Moltke 1866 und 1870/71 möglich war" (S. 27).

Die OHL unterstellte anfangs für kurze Zeit die nördliche und die südliche Flügelarmee des Westheeres den Oberkommandos der Nachbararmeen und teilte dann am 25. November 1914 das Westheer in drei größere Gruppen unter den jeweils dienstältesten Armeeführern. Am 6. September 1916 wurde das „Heeresgruppenkommando" Kronprinz von Bayern als erstes etatisiert und von der gleichzeitigen Führung einer Armee entbunden. Für die große Frühjahrsschlacht 1918 war das deutsche Westheer in vier Heeresgruppen: „Kronprinz von Bayern", „Deutscher Kronprinz", „Gallwitz" und „Herzog Albrecht", gegliedert. Nach vorübergehender Verstärkung auf fünf Heeresgruppen (12. August bis 8. Oktober 1918) trat diese Gliederung wieder ein und blieb bis zum Waffenstillstand.

Im Osten beauftragte die OHL den Generalobersten v. Hindenburg am 18. September 1914 mit der Leitung der gesamten Operationen, ab 1. November 1914 als „Oberbefehlshaber Ost" (OB Ost). Die schon am 24. September 1914 errichtete 9. Armee übernahm am 2. November 1914 der General der Kavallerie v. Mackensen. Die ernste Lage beim österreich-ungarischen Bundesgenossen war Anlaß, im Januar 1915 beschleunigt eine weitere Armee im Osten aufzustellen und sie als „Südarmee" am 23. Januar 1915 der k. u. k. Heeresleitung zur Verfügung zu stellen. Eine ab 28. Januar 1915 bereitstehende 10. Armee wurde dem OB Ost unterstellt. Für die Frühjahrsoffensive 1915 wurde eine (vom OB Ost unabhängige) Armee in Galizien aufgestellt, die zusammen mit der k. u. k. 4. Armee die „Heeresgruppe Mackensen" bildete.

Als dann im Sommer 1916 russische Einbrüche an der österreich-ungarischen Front eine schwere Krise hervorriefen, gab die OHL den Vorstellungen des OB Ost nach und stellte, „um eine einheitliche Führung der Operationen zu gewährleisten", dessen frühere Machtvollkommenheit wieder her. Zur „Heeresfront Oberbefehlshaber Ost" gehörten nunmehr drei deutsche Heeresgruppen mit ihnen unterstellten vier deutschen und einer k. u. k. Armee sowie vier deutschen Armeeabteilungen, ferner eine selbständige k. u. k. Armee, der die deutsche Armeegruppe Eben unterstellt wurde. OB Ost war seit dem 29. August 1916 Prinz Leopold von Bayern. Sein Befehlsbereich erstreckte sich von der Ostsee bis südlich Brody. Den Anschluß nach Süden hatte die österreich-ungarische Heeresfront Erzherzog Carl, der die deutsche Heeresgruppe Mackensen unterstellt war.

Am 5. Januar 1917 waren die Befehlsverhältnisse an der Ostfront in folgender Weise geregelt: im Norden Heeresfront des OB Ost mit drei deutschen und einer österreichischen Heeresgruppe, im Süden Heeresfront Erzherzog Joseph mit zwei k. u. k. Armeen und der aus je einer deutschen und bulgarischen Armee zusammengesetzten Heeresgruppe Mackensen.

Als während des Waffenstillstandes und nach dem Friedensschluß von Brest-Litowsk größere Verbände aus der Ostfront herausgezogen worden waren, erfolgte die letzte Neugliederung. Im Norden stand OB Ost mit zwei Armeen und der Heeresgruppe „Kiew" (letztere ohne Armeeverbände), in der Mitte die k. u. k. Ostarmee, im Süden die Heeresgruppe Mackensen mit 9. deutscher und 3. bulgarischer Armee (das AOK 9 wurde am 18. Juni 1918 an die Westfront verlegt, die 3. bulgarische Armee schied durch den bulgarischen Sonderwaffenstillstand am 30. September 1918 aus).

An der italienischen Front waren deutsche Truppen in Divisionsstärke in die österreich-ungarische Abwehrfront vom 28. Mai bis 12. Oktober 1915 eingegliedert und in die Kampfhandlungen in Tirol verwickelt, obwohl erst am 28. August 1916 Kriegszustand zwischen Deutschland und Italien bestand. Für die Herbstoffensive 1917 wurde die deutsche 14. Armee dem k. u. k. Südwestfrontkommando Erzherzog Eugen unterstellt. Sie blieb jedoch selbständiger Verband zwischen zwei k. u. k. Heeresgruppen. Nach der Offensive wurde die 14. Armee wieder herausgezogen und als nunmehr 17. Armee der Westfront zugeführt.

Auf dem Balkan wurde am 30. September 1915 die Heeresgruppe Mackensen für die Offensive gegen Serbien aufgestellt, bestehend aus der deutschen 11. Armee, der k. u. k. 3. Armee und der k. u. k. Armeegruppe Fülöpp. Nach der Niederwerfung Serbiens wurde am 30. Juli 1916 die Heeresgruppe, zu der im Laufe des Feldzuges auch bulgarische Verbände getreten waren, aufgelöst. Generalfeldmarschall v. Mackensen übernahm die Vorbereitungen des Feldzugs gegen Rumänien. Die deutschen Truppen traten, soweit sie nicht auf andere Kriegsschauplätze abtransportiert wurden, unter den Befehl der bulgarischen Obersten Heeresleitung.

In der Türkei und auf dem asiatischen Kriegsschauplatz wurden die deutschen Truppen, die zur Unterstützung der Türken dorthin gesandt waren, mit Ausnahme der Kaukasus-Expedition 1918, nie geschlossen verwendet. Die OHL hatte, obwohl eine Reihe hoher deutscher Offiziere führende Stellungen in der osmanischen Armee innehatten, keinen Einfluß auf die dortige Kriegführung.

Alle hohen Kommandobehörden zwischen der OHL und den Generalkommandos wurden erst mit Kriegsbeginn beziehungsweise im Laufe des Krieges aufgestellt. Ebenso sämtliche Generalkommandos der Reservekorps und das Landwehrkorps. Während die Heeresgruppen und Heeresfronten nur ausgesprochene Zwischeninstanzen der höheren Führung waren, verbanden die „Armee-Oberkommandos" als Kommandobehörden die Gefechtsführung mit Verwaltungsaufgaben. Das Armeegebiet wurde in das „Operationsgebiet" und die „Etappe" eingeteilt, in der die Versorgungseinrichtungen der Armee stationiert waren.

Jeder „Armee" unterstanden drei bis sechs Armee- beziehungsweise Reservekorps, gegebenenfalls auch Kavallerie-Divisionen oder Landwehr-Brigaden. Die Zuteilung von Armeetruppen (schwere Artillerie, Pioniere, Verkehrstruppen und Luftstreitkräfte) richtete sich nach den von der OHL gesetzten operativen Zielen. Etwa gleichmäßig verfügte jede Armee im Jahre 1914 über 1 Flieger-Abteilung (zu 6 Flugzeugen), 1 Feldluftschiffer-Abteilung (1 Fesselballon), 1 Telegraphen-Abteilung und 1 Funkerkommando mit 2 schweren Funkstationen. Abgesehen von geschlossenen Divisionen wurden auch einzelne Formationen aller Waffen als „Armeereserve" zur Verfügung zurückgehalten. So vor allem schwere und schwerste Artillerie, Sturmbataillone, Maschinengewehr-Scharfschützenabteilungen, Gastruppen, Minen- und Flammenwerfer.

„Armeeabteilungen" waren improvisierte selbständige Verbände, aus Abgaben, und zwar häufig aus Landwehrverbänden zusammengestellt. Sie wurden nach dem Namen ihrer Oberbefehlshaber, zum Beispiel „Armeegruppe Woyrsch", oder mit Buchstaben, „Armeegruppe A – D", bezeichnet. Ihre Kampfkraft war meist nur schwach, da den Armeeabteilungen kaum oder nur wenig schwere Artillerie zugeteilt wurde.

„Armeegruppen" bildeten im allgemeinen besondere Teile innerhalb einer Armee, die für bestimmte Zeit und bestimmte Aufgaben zusammengestellt wurden. Sie blieben weiterhin den Armee-Oberkommandos unterstellt. Jedoch waren die am 9. Februar 1915 aufgestellte „Armeegruppe Gallwitz" sowie die zur Belagerung von Antwerpen vom 27. September bis 10. Oktober 1914 und die zur Belagerung von Nowogeorgiewsk vom 21. Juli bis 24. August 1915 aufgestellten „Armeegruppen Beseler" unmittelbar der OHL beziehungsweise dem OB Ost unterstellt.

Generalkommandos

Die „Armeekorps" gliederten sich zu Kriegsbeginn in je 2 Infanterie-Divisionen, die „Reserve-Korps" in 2 Reserve-Divisionen, das „Landwehr-Korps" in 2 Landwehr-Divisionen. An Korpstruppen hatten die 25 aktiven Armeekorps je 1 Bataillon schwere Feldhaubitzen (16 Geschütze), 1 Feldflieger-Abteilung (6 Flugzeuge), 1 Fernsprech-Abteilung, 1 Korps-Brückentrain, 1 Scheinwerferzug, 2 Munitions-Kolonnen-Abteilungen, 1 Fußartillerie-Munitions-Kolonnen-Abteilung, 2 Train-Abteilungen. Den 14 Reserve-Korps fehlten im allgemeinen die schwere Artillerie- und die Flieger-Abteilung. Die Korpstruppen des Landwehr-Korps bestanden nur aus Kolonnen. Im Laufe der Zeit wurden die zunächst geringer ausgestatteten Korps den aktiven angeglichen. Für besondere Aufgaben wurden weitere Artillerie- und Spezialformationen aus den Armeereserven den Korps zeitlich begrenzt zugeführt.

Durch Neuaufstellungen vermehrte sich die Zahl von 40 Generalkommandos im Laufe des Krieges auf 66, wobei das am 20. November 1914 errichtete „Marine-Korps" mitgezählt ist.

Die oben genannte Einteilung ließ sich, als der Bewegungskrieg in den Stellungskrieg überging, nicht aufrechterhalten. Oft erforderte die Lage, daß einem Generalkommando mehr Divisionen zugeteilt werden mußten, die bei anderen abgezogen wurden. Man ging auch vielfach dazu über, die Generalkommandos in dem Frontabschnitt, in dem sie sich eingelebt hatten, zu belassen, während die Divisionen, die vor allem in den sogenannten „Großkampftagen" schnell ausgebrannt waren, abgelöst und zur Wiederauffrischung ins rückwärtige Armeegebiet oder an ruhigere Frontabschnitte verlegt wurden. Hierdurch wurden bald alle ursprünglichen Korpsverbände aufgelöst. Ab 1916 wandelten sich die Generalkommandos zu ausgesprochenen „Kampfgruppenleitungen" und an Stelle der ursprünglichen Korpsbezeichnung trat häufig der Ausdruck „Gruppe" in Verbindung mit dem Namen des Kommandierenden Generals oder einer Ortsbezeichnung. Am 23. September 1916 wurden ihnen die Munitions-Kolonnen und Trains entzogen und zu Armeetruppen gemacht.

Die Gliederung der Stäbe war überall die gleiche: dem Oberbefehlshaber oder dem Kommandierenden General zur Seite stand ein Chef des Generalstabes als mitverantwortlicher Berater und Vorgesetzter aller Organe des Stabes. Dieser gliederte sich in Generalstabsabteilung I (I a Führung, I b rückwärtige Dienste, I c Feindlage), Adjutantur II (II a Offizierpersonalien, II b persönlicher Dienst beim General, II c Mannschaftsersatz und Pferdeangelegenheiten), Feldjustiz III, Intendantur- und Kassenwesen IV a, Sanitätswesen IV b, Veterinärwesen IV c, Militärseelsorge IV d, Feldpost, Kommandant des Haupt- (bzw. Stabs-) quartiers mit Stabswachen, Feldgendamerie und Bagagen.

Zu den Generalstabsabteilungen gehörten im allgemeinen mehrere Ordonnanzoffiziere, von denen mindestens einer zugleich Dolmetscher sein mußte, außerdem noch Spezialisten für Sonderdienste, wie Maschinengewehr-, Artillerie-, Pionier-, Nachrichten-, Verkehrswesen, Luftstreitkräfte und Gastruppen.

Heeresgruppen- und Armeeoberkommandos hatten noch einen weiteren Generalstabsoffizier als Oberquartiermeister, der zugleich Vertreter des Chefs des Generalstabes war. Wie der Generalquartiermeister der OHL bearbeitete der Oberquartiermeister alles, was sich nicht unmittelbar mit der operativen Führung befaßte.

Die „Infanterie-Division“ (Reserve-, Landwehr-, Ersatz-, Marine- oder Jäger-Division) war die unterste Kommandobehörde, die über einen Stab nach dem oben angeführten Schema verfügte. Jedoch war der Divisionsstab personell geringer ausgestattet als die Stäbe der höheren Kommandobehörden. Dem Divisionskommandeur stand zunächst nur 1 Generalstabsoffizier zur Verfügung. Dazu kamen 2 Adjutanten, 1 Ordonnanzoffizier, 2 Feldjustizbeamte, 1 Divisionsintendant mit 5 Intendantur- und 7 Proviantamts-Beamten, 2 Sanitätsoffiziere, 2 Feldgeistliche, 5 Feldpostbeamte, 1 Kommandant des Stabsquartiers, 1 Führer der großen Bagage sowie etwa 80 Unteroffiziere, Mannschaften und untere Militärbeamte.

Da der Generalstabsoffizier der Division außer der gesamten Generalstabsarbeit auch noch die verantwortliche Führung des Stabes hatte und von der Fülle dieser Arbeit in vielen Fällen überlastet war, wurde schon bald nach Kriegsbeginn ein zweiter Generalstabsoffizier den Divisionsstäben zugeteilt, der das Aufgabengebiet I b (Quartiermeisterwesen) übernehmen sollte. Auch die Zahl der Ordonnanzoffiziere wurde auf drei verstärkt (je einer bei I a für Kriegstagebuch und Meldewesen, bei I b für Kolonnen- und Pressedienst, bei II für Ersatz und Verluste). Ferner wurde den Divisionsstäben ein Nachrichtenoffizier (I c) und ein Veterinäroffizier (IV c) zugewiesen. Im Juli 1915 trat eine Divisions-Kartenstelle hinzu, im Januar 1917 der Kommandeur des inzwischen etatisierten Pionier-Bataillons, im September der Divisions-Nachrichten-Kommandeur sowie ein Gasschutz-, Unterrichts- und Sammeloffizier.

Gegliedert war die „Infanterie-Division“ zu Kriegsbeginn in 2 Infanterie-Brigaden (12 Bataillone), 1 Kavallerie- oder Kavallerie-Halb-Regiment, 1 Feldartillerie-Brigade (12 Batterien, 72 Geschütze), 1 bis 2 Pionier-Kompanien, 1 Divisions-Brückentrain, 1 bis 2 Sanitäts-Kompanien. Einige Divisionen hatten noch zusätzlich 1 Jäger-Bataillon, jedoch waren die meisten Jäger-Bataillone 1914 den Kavallerie-Divisionen zugeteilt.

Die „Reserve-Division“ war schwächer ausgerüstet. Nicht alle Infanterie-Regimenter hatten eine Maschinengewehr-Kompanie, und statt 1 Artillerie-Brigade stand nur 1 Artillerie-Regiment (6 Batterien, also 36 Geschütze) zur Verfügung. Die „Landwehr-Division“ (1914 als „höherer Landwehr-Kommandeur“ bezeichnet) hatte keine Maschinengewehre und nur 2 Batterien Feldartillerie (12 Geschütze). Die „Ersatz-Division“ (aus Ersatztruppenteilen aufgestellt und im Grenzschutz verwendet) war 1914 in 3 gemischte Ersatz-Brigaden gegliedert mit einer Gesamtstärke von 13 bis 15 Infanterie-Bataillonen, 6 Maschinengewehrzügen, 3 halben Eskadrons, 12 Batterien und 2 Pionierkompanien.

Insgesamt wurden mobil gemacht 51 Infanterie-, 31 Reserve-, 4 Landwehr- und 6 Ersatzdivisionen, zusammen 92.

Die „Marine-Divisionen“ waren im Herbst 1914 aus überzähligen Reservisten der Marine und aus der Marine-Infanterie gebildet und dem Heer zur Verfügung gestellt worden. Die fehlenden Teile, zum Beispiel die Divisions-Kavallerie, wurden vom Heer zugeführt.

Die vier „Jäger-Divisionen" (das am 21. Mai 1915 zur Unterstützung der Österreicher in Tirol errichtete „Alpenkorps", die am 4. August 1916 errichtete „195.", die am 6. August 1916 errichtete „200. Infanterie-Division" und die am 14. Oktober 1917 errichtete „Deutsche Jäger-Division") waren für Spezialaufgaben, insbesondere den Kampf im Gebirge, besonders zusammengestellt und ausgerüstet.

Noch im Herbst 1914 konnten aus den bei Kriegsbeginn in großer Zahl herbeiströmenden Kriegsfreiwilligen und den im Frieden nicht ausgebildeten Dienstpflichtigen 13, um die Jahreswende 9 weitere Reserve-Divisionen aufgestellt und dem Feldheer zugeführt werden. Mehr Aufstellungen waren nicht möglich, da man der Kriegswirtschaft die Arbeitskräfte nicht entziehen wollte.

Einen Ausweg, der Forderung der OHL nach weiteren Divisionen nachzukommen, bot der Vorschlag des Obersten v. Wrisberg, der damals Direktor des „Allgemeinen Kriegs-Departements" im Kriegsministerium war, die Stärken der Divisionen um 25 % zu vermindern. Dadurch erhielten die neuen Divisionen ausgebildete, mit kampferprobten Führern versehene Verbände, und die bitteren Erfahrungen, die mit den in die Flandernschlacht 1914 hineingeworfenen Rekrutendivisionen (43. bis 54. Reserve-Division) gemacht worden waren, deren vaterländische Begeisterung die fehlende Ausbildung und Kriegserfahrung nicht hatte ersetzen können, wurden in Zukunft vermieden. Die neuen Divisionen wurden von Anfang an mit allen Waffen und allem technischen Material ausgerüstet und grundsätzlich als „Infanterie-Divisionen" bezeichnet. Den bei Kriegsbeginn schlechter ausgerüsteten Reserve-Divisionen wurden die fehlenden schweren Waffen gleichzeitig nachgeliefert.

Die im März 1915 aufgestellten Divisionen behielten nur 1 Infanterie-Brigade mit dafür 3 Regimentern. Die Feldartillerie wurde umgegliedert in Batterien zu 4, statt bisher 6 Geschützen. Dafür erhielt jede Division 1 Fußartillerie-Bataillon zu 2 Batterien.

Zu Beginn der Frühjahrsoffensive 1918 gliederte sich die deutsche Infanterie-Division im allgemeinen folgendermaßen:

Infanterie-Brigade
mit 3 Regimentern (jedes Bataillon 4 Infanterie-Kompanien, 1 Maschinengewehr-Kompanie zu 12 Maschinengewehren und 6 Minenwerfern);

Artillerie-Kommandeur
mit 1 Feldartillerie-Regiment zu 3 Abteilungen (jede Abteilung 12 Geschütze, 6 Maschinengewehre), 1 Fußartillerie-Bataillon mit 2 schweren Feldhaubitzbatterien (8 Geschütze), 1 10-cm-Kanonenbatterie (4 Geschütze);

Pionier-Bataillon
mit 2 Pionier- und 1 Minenwerfer-Kompanie;

Divisions-Nachrichten-Abteilung;

Rückwärtige Dienste
(Sanitäts-Kompanie, 2 Feldlazarette, Pferdelazarett, Feldrekruten-Depot, Divisions-Kraftwagen-Kolonne, Staffelstab mit 3 Munitions-Kolonnen, Feldbäckerei-Kolonne, Feldschlächterei-Kolonne).

Zu diesem Zeitpunkt erreichte das deutsche Heer mit 241 Infanterie-Divisionen seine größte Stärke. Im Laufe des Jahres 1918 mußten wegen der schwierigen Ersatzlage 29 Divisionen aufgelöst werden, so daß bei Kriegsende noch 212 Infanterie-Divisionen bestanden. Die Stäbe von neun aufgelösten Divisionen fanden als „Oberbaustäbe" beim Ausbau rückwärtiger Stellungen, zum Beispiel der „Hermann-", „Hunding-", „Brunhild-" und „Kriemhild-Stellung" neue Verwendung.

Höhere Kavallerieverbände

Bei der Mobilmachung wurden elf „Kavallerie-Divisionen" aufgestellt. Zwei bis drei Kavallerie-Divisionen wurden unter einem „Höheren Kavallerie-Kommandeur" (HKK) zusammengefaßt. Diese Kavalleriekorps besaßen weder Generalkommandos noch Korpstruppen und wurden daher im Anfang des Krieges nicht als Korps, sondern als „HKK Nr. 1 bis 4" oder mit dem Namen des Führers bezeichnet. (Der Höhere Kavallerie-Kommandeur war nicht „Kommandierender General".) Die Stäbe der HKK waren bewußt klein gehalten, da die Kavallerie-Divisionen in bezug auf Verwaltung und Nachschub selbständig waren. Die HKK hatten nur einen Generalstabsoffizier, zwei Adjutanten, einen Kommandanten des Hauptquartiers. Als die HKK im Stellungskrieg später Frontabschnitte übernehmen mußten, erhielten ihre Stäbe den Etat von Generalkommandos.

Am 18. August 1915 wurden für die Offensive in Russisch-Polen noch die HKK Nr. 5 und 6 errichtet. Für den Feldzug in Rumänien wurde am 2. November 1916 vorübergehend (bis Januar 1917) ein „Kavallerie-Korps" unter dem Generalleutnant Graf v. Schmettow zusammengestellt, das über einen vollständigen Korpsstab verfügte. Dieser Stab wurde am 18. Januar 1917 in Generalkommando z. b. V. 65 umbenannt.

Von allen Kavallerie-Divisionen hatte nur die der Garde-Kavallerie-Division bereits einen friedensmäßigen Stab besessen. Für die übrigen Divisionen wurden die Stäbe der Kavallerie-Inspektionen und aufgelösten Kavallerie-Brigaden herangezogen.

Die Kavallerie-Divisionsstäbe waren nach dem üblichen Schema gegliedert, erhielten jedoch gleich bei der Aufstellung 2 Generalstabsoffiziere und 1 Divisionsveterinär zugeteilt. Die Truppe gliederte sich in 3 Kavallerie-Brigaden (24 Eskadrons), 1 Maschinengewehr-Abteilung (6 Maschinengewehre), 1 Reitende Abteilung Feldartillerie (12 Geschütze), 1 Pionier-Abteilung (Zugstärke) 1 Nachrichten-Abteilung (Zugstärke) mit 1 schweren und 2 leichten Funkstationen, sowie 1 Kavallerie-Lastwagen-Kolonne.

Da der Stellungskrieg für die Masse der Kavallerie nur wenig Möglichkeit zu einem berittenen Einsatz bot, mußten vier Kavallerie-Divisionen im Oktober 1916 ihre Pferde an die Artillerie und die Nachschubdienste abgeben. Die abgesessenen Kavallerie-Regimenter wurden wie Infanterie-Bataillone im Grabenkampf eingesetzt. Im November 1917 saßen zwei weitere Kavallerie-Divisionen, im März 1918 auch die Garde-Kavallerie-Division ab. Bei Kriegsende bestanden als berittene Kavallerie-Verbände nur noch die 1., 2. und 4. sowie die bayerische Kavallerie-Division.

Aus abgesessenen Kavallerie-Regimentern wurden 1918 drei „Kavallerie-Schützen-Divisionen“ gebildet. Sie gliederten sich in 3 Kavallerie-Schützen-Kommandos (jedes aus 3 alten Kavallerie-Regimentern formiert), 1 berittene Eskadron, 1 Feldartillerie-Regiment zu 3 Abteilungen, 1 Pionier-Bataillon und 1 Nachrichten-Abteilung (die 7. Kavallerie-Schützen-Division hatte auch 1 Fußartillerie-Bataillon). Da die Kavallerie-Regimenter auch im letzten Kriegsjahr noch einen sehr hohen Prozentsatz aktiver Offiziere und Mannschaften hatten, galten die Kavallerie-Schützen-Divisionen als ausgesprochene Eliteverbände und wurden hauptsächlich in Krisenlagen eingesetzt.

2. Hauptwaffengattungen des Heeres

a. Infanterie

Gliederung

Die Infanterie, die nach dem Wortlaut des Reglements von 1906 als Hauptwaffe des Heeres angesehen wurde, die die Hauptlast des Kampfes zu tragen und den Widerstand des Feindes zu brechen hatte, mußte sich mit ihrer Organisation ebenfalls auf die jeweiligen Gegebenheiten ein- und umstellen.

Bei Kriegsbeginn wurden 406 Infanterie-Regimenter mobil gemacht, und zwar 218 Infanterie-, 113 Reserve-Infanterie-Regimenter und 75 Landwehr-Infanterie-Regimenter. Dazu kamen aus den Truppen des Ersatzheeres 36 Brigade-Ersatz-Bataillone, die später in 29 mobile Ersatz-Infanterie-Regimenter zusammengefaßt wurden. Von den planmäßig aufgestellten 334 Landsturm-Bataillonen wurden bis Ende August 1914 bereits 42 Bataillone mobil gemacht.

Der Landsturm, der Wehrpflichtige über 45 Jahre erfaßte, war ursprünglich nur für Wachaufgaben in der Heimat und im besetzten Gebiet vorgesehen. Man setzte ihn aber von Anfang an besonders im Osten auch zum Grenzschutz ein. An verhältnismäßig ruhigen Abschnitten der Westfront standen ebenfalls Landsturmformationen. Einige Bataillone wurden zu mobilen Landsturm-Infanterie-Regimentern zusammengezogen, von denen im Frühjahr 1918 insgesamt 27 vorhanden waren. Mehrere zunächst als Landsturm aufgestellte Bataillone gingen später in Infanterie-Regimenter über. Bezeichnet wurden die Landsturm-Bataillone nach dem Aufstellungsort, so zum Beispiel „Kgl. Sächs. Landsturm-Infanterie-Bataillon Wurzen“. Da für den Landsturm nicht genügend feldgraue Bekleidung in den Depots eingelagert war, rückten verschiedene Formationen in der blauen Friedensuniform ins Feld. Nachdem die ersten Verluste wegen Verwechslungen mit französischen Soldaten eingetreten waren, wurde auch der Landsturm feldgrau eingekleidet.

Das Infanterie-Regiment zu 3 Bataillonen und 1 Maschinengewehr-Kompanie hatte einen Etat von 86 Offizieren, Sanitätsoffizieren und Beamten, 3 304 Unteroffizieren und Mannschaften, 233 Pferden und 72 Fahrzeugen, und damit eine Marschlänge von fast 2 km Länge mit, etwa 1,5 km Länge ohne große Bagage. Diese Zahlen galten in etwa auch für die Reserve- und Landwehr-Infanterie-Regimenter. Jedoch hatten 10 Reserve- und 1 Landwehr-Infanterie-Regiment nur 2 Bataillone. Bei 21 Reserve- sowie bei allen Landwehr-Infanterie-Regimentern fehlten die Maschinengewehr-Kompanien und im allgemeinen auch die Feldküchen. Die bei der Mobilmachung fehlenden Waffen, Geräte und Küchen wurden später nachgeliefert.

Der Etat eines mobilen Infanterie-Bataillons oder Ersatz-Bataillons umfaßte 23 Offiziere, 2 Sanitätsoffiziere, 1 Zahlmeister, 1 054 Unteroffiziere und Mannschaften, 58 Pferde und 19 Fahrzeuge. Von diesen gehörten 4 Patronenwagen, die 4 Feldküchen und der Sanitätswagen zur Gefechts-, die 5 Pack- und die 5 Lebensmittelwagen zur großen Bagage (Marschlänge 540 m mit, 440 m ohne große Bagage).

Bis Ende 1916 blieben die Etatstärken maßgebend, wenn sie auch infolge eingetretener Verluste zeitweilig erheblich herabsanken. Am 28. Februar 1917 wurde die Gefechtsstärke eines Bataillons (man unterschied zwischen Gefechts- und Verpflegungsstärke) von 919 auf 650 Mann herabgesetzt. Die Stärkenachweisungen wurden aber nicht geändert, da trotz der geringen Istzahlen die Anzahl der Beförderungsstellen nicht vermindert werden sollte. Man glaubte, die Verringerung der Kopfstärke in Kauf nehmen zu können, da durch die Vermehrung der Maschinengewehre die Kampfkraft der Infanterie inzwischen erheblich gestiegen war. Am 18. August 1918 wurde von der OHL angeordnet, daß diejenigen Bataillone, deren durchschnittliche Gefechtsstärke weniger als 650 Mann betrug, nur noch drei Kompanien statt wie bisher vier formieren sollten. Diese Maßnahme mußte bei den meisten Regimentern des Westheeres durchgeführt werden.

Gegen Kriegsende hatte ein Infanterie-Regiment folgende Gliederung:

Regimentsstab mit Nachrichtenzug
3 Bataillonsstäbe mit je 1 Nachrichtenzug
9 Kompanien mit je 6 leichten Maschinengewehren und 2 Granatwerfern
3 Maschinengewehr-Kompanien mit je 12 schweren Maschinengewehren
1 Minenwerfer-Kompanie mit 3 mittleren und 9 leichten Minenwerfern.

Bis zum März 1918, als die deutsche Rüstung ihren Höchststand erreicht hatte, war die Anzahl der mobilen Infanterie-Regimenter von 406 auf 700 gestiegen, dazu kamen noch 16 aus Jäger-Bataillonen zusammengestellte Jäger-Regimenter und 27 Landsturm-Infanterie-Regimenter. Wegen der schlechten Ersatzlage mußten von diesen 700 Regimentern noch im Laufe des Jahres 1918 allerdings wieder 58 Infanterie-Regimenter aufgelöst werden.

Bewaffnet war die Infanterie bei Kriegsbeginn mit dem Infanteriegewehr 98. Portepee-Unteroffiziere trugen die Pistole 08, Offiziere eine Pistole oder einen Revolver nach eigener Wahl. Ihr Infanteriedegen wurde 1915 durch ein kurzes Seitengewehr ersetzt. An die Landwehr mußten noch Gewehre vom Muster 88/S und 88/05 ausgegeben werden, bis sie 1916 auch das Gewehr 98 erhielt. Der mobile Landsturm wurde mit den Gewehren 88/05 und 98 ausgestattet, während der in der Heimat verwendete Landsturm das Gewehr 71 führte. Vielfach erhielt die Truppe aber auch Beutewaffen. So mußten 1915 an der Ostfront selbst aktive Truppenteile ihre Gewehre 98 gegen russische Waffen eintauschen.

Gleichfalls im Kriegsjahr 1915 bekamen die Kompanien einige Zielfernrohrbüchsen für die Scharfschützen sowie Vorrichtungen zum Verschießen von Gewehrgranaten. Handgranaten, die lange Zeit als Pionierwaffe gegolten hatten, waren Ende 1914 erstmals an die Infanterie ausgegeben worden. Ein Jahr später wurden Gasmasken ausgeteilt.

Jede Maschinengewehr-Kompanie verfügte über 6 Maschinengewehre 08, die Maschinengewehr-Schützen trugen die Pistole 08. Die Maschinengewehr-Kompanien der Regimenter wurden erheblich verstärkt und dann am 29. September 1916 auf die Bataillone verteilt. Jedes Bataillon erhielt etatmäßig eine Kompanie mit 6, bald darauf 12 Gewehren. Schutzschilde für die Maschinengewehre wurden 1915 ausgegeben, nachdem sie im ersten Kriegsjahr bereits bei einigen Formationen erprobt worden waren.

Im Sommer 1917 kamen leichte Maschinengewehre Muster 08/15 an die Front, von denen jede Infanterie-Kompanie zunächst 2, später 4 erhielt. Ihre Zahl erhöhte man Anfang 1918 auf 6, und für die Beförderung der Maschinengewehre und der dazugehörigen Munition wurden jeweils zwei Feldwagen etatisiert.

Anfang 1917 erhielt die Infanterie Minenwerfer, auch eine bisher den Pionieren vorbehaltene Waffe. Jedem Bataillon wurde ein Zug mit vier leichten Werfern zugeteilt. Gleichzeitig erhielt es einen Zug mit acht Granatwerfern (sogenannten „Priesterwerfern"), welche die Gewehrgranaten ersetzten. Die Granatwerferzüge entfielen aber bereits wieder im August 1917. Jede Kompanie erhielt zwei Granatwerfer. Im September 1918 wurden die Minenwerfer-Züge der Bataillone zu einer Kompanie beim Regiment zusammengefaßt.

Ende 1917 wurden bei den Regimentsstäben Nachrichten-Abteilungen aufgestellt. Sie teilten sich nach wenigen Monaten in vier Züge, die den Regiments- und Bataillonsstäben zugewiesen wurden.

In bezug auf die Uniformierung des deutschen Soldaten wurden durch das Kriegsministerium verschiedene aus den Erfahrungen notwendig gewordene Änderungen verfügt. Die 1915 eingeführte Feld- und Friedensuniform brachte für den Feldanzug eine feldgraue Bluse mit verdeckter Knopfleiste sowie eine in einem steingrauen Farbton gehaltene Hose. Auch die Mäntel wurden vereinfacht, und alle auffallenden Abzeichen verschwanden. Die Friedensuniform M 15 sollte ebenfalls feldgrau sein, jedoch wurden der Schnitt des alten Waffenrocks und die gewohnten bunten Kragen und Ärmelaufschläge beibehalten.

Der Stahlhelm wurde 1916 eingeführt. Zunächst erhielten ihn nur die Grabenbesatzungen als „bodenständiges Gerät", das bei jeder Ablösung den Besitzer wechselte. Bald trug aber das gesamte Feldheer den Stahlhelm. Der traditionelle Lederhelm, dessen Spitze man an der Front abzuschrauben pflegte, war nur noch in der Heimat und in den rückwärtigen Armeegebieten in Gebrauch.

Ausbildung

Für die Ausbildung des Ersatzes waren anfangs die Ersatztruppenteile in der Heimat zuständig. Da der Ausbildungsstand der an die Front geschickten Rekruten aber zusehends schlechter wurde, weil es beim Ersatzheer an geeignetem Ausbildungspersonal fehlte, griff die Front zur Selbsthilfe und richtete an mehreren Stellen zunächst improvisierte „Feldrekruten-Depots" ein. In diesen Depots erhielten die Rekruten eine feldmäßige Nachausbildung, und sie wurden vor allem mit dem Wesen des Stellungskrieges vertraut gemacht, der in der Heimat aus „Flurschadengründen" nur unvollkommen gelehrt werden konnte. Das Kriegsministerium billigte und empfahl diese Kurse. Als sie sich bewährt hatten, wurden die Feldrekruten-Depots in die Kriegsgliederung der Divisionen aufgenommen. Den großen Wert, den auch die OHL auf diese Ausbildung legte, beweist die am 25. März 1918 etatisierte Beauftragung eines Generals zum „Inspekteur der Feldrekruten-Depots".

Ab 1916 begann die OHL in Zusammenarbeit mit dem Kriegsministerium auch eine Reihe neuer Ausbildungsvorschriften herauszugeben.

Für die Infanterie am wichtigsten waren das mit dem Heft „Minenkrieg" am 19. April 1916 begonnene Sammelwerk „Vorschriften über den Stellungskrieg aller Waffen", ferner die am 1. Dezember 1916 herausgegebenen und am 1. März und am 1. September 1917 noch einmal ergänzten „Grundsätze für die Führung der Abwehrschlacht im Stellungskampf", die am 1. Januar 1918 für die kommende große Offensive erlassene Vorschrift „Der Angriff im Stellungskrieg", verschiedene Waffen- und Gerätevorschriften und die zunächst vom Armeeoberkommando 1 aufgestellte, dann aber für das ganze Heer im Januar 1918 als verbindlich erklärte „Ausbildungsvorschrift für die Fußtruppen im Kriege".

In diesen Vorschriften waren die gewonnenen Erfahrungen im Stellungskrieg ausgewertet worden. Die starren Verteidigungslinien des ersten Kriegsjahres wichen jetzt tief gegliederten, in lockeren Formen gehaltenen Abwehrstellungen. Die Bedeutung der Infanteriegruppe und damit der Stellung des Unteroffiziers wurde hervorgehoben. Die Infanterie war nicht mehr, wie zu Beginn des Krieges, an eine bestimmte Linie gebunden, wo sie stehen und gegebenenfalls fallen mußte, sondern durfte starkem feindlichem Feuer in allerdings beschränktem Umfange ausweichen, wenn ihr dadurch Verluste erspart werden konnten. Die durch das Ausweichen verlorene Linie war im „Gegenstoß“ zurückzugewinnen. Die Vorschrift über den Angriff im Stellungskrieg bezeichnete die mit leichten Maschinengewehren ausgerüstete Infanteriegruppe als Hauptträgerin des Angriffs und wies den schweren Maschinengewehren, leichten Minenwerfern, Flammenwerfern und Begleitbatterien die Aufgabe zu, den Angriff vorzubereiten, ihn während des Vorgehens zu unterstützen und nach den Flanken abzuschirmen sowie immer wieder „vorwärtszuschießen“. Auch das Verhalten bei Gegenangriffen des Feindes und in einem etwa möglich werdenden „Bewegungskrieg“ wurde erläutert.

b. Sonderformationen der Infanterie

Jäger-, Radfahr- und Gebirgsformationen

Bei der Mobilmachung wurden neben den 18 aktiven Jäger- und Schützen-Bataillonen (das Kgl.Sächs.Schützen(Füsilier)-Regiment Prinz Georg Nr. 108 wird als Infanterie-Regiment gezählt) noch 18 Reserve-Jäger-Bataillone errichtet.

Der Etat eines Jäger-Bataillons entsprach dem eines Infanterie-Bataillons, doch hatten die Jäger nicht 4, sondern 8 Patronenwagen und 1 Radfahr-Kompanie zu 3 Offizieren, 124 Unteroffizieren und Mannschaften, 15 Pferde und 4 Fahrzeuge (ab 1915 auch 2 Radfahr-Kompanien). Mit Ausnahme der beiden bayerischen hatte jedes Bataillon zusätzlich 1 Maschinengewehr-Kompanie mit 6 Maschinengewehren und 1 Jäger-Kraftwagen-Kolonne zu 10 Lastkraftwagen, auf der eine Kompanie verlastet werden konnte. Im August 1916 erhielten alle Jäger-Bataillone eine 2. Maschinengewehr-Kompanie und eine Minenwerfer-Kompanie mit 8 leichten Minenwerfern.

Bei den Reservebataillonen fehlten zunächst die Maschinengewehre, die Radfahr-Kompanie und die Lastkraftwagen-Kolonne. Die Maschinengewehr-Kompanien wurden später aufgestellt und nachgeführt. Radfahrer und Lastkraftwagen erhielten diese Bataillone jedoch nicht. Landwehr-, mobile Ersatz- und Landsturmformationen der Jägerwaffe hat es nicht gegeben.

Wegen ihrer Beweglichkeit und hohen Feuerkraft wurde die Masse der aktiven Bataillone zu Kriegsbeginn den Höheren Kavallerie-Kommandeuren zugeteilt. Bei den Kämpfen in Flandern im Herbst 1914 wurden bei den Infanterie-Divisionen 43 bis 54 kurzfristig aufgestellte Jäger-Bataillone eingesetzt.

Aus der „Ausbildungstruppe Lockstedt“, die bereits 1915 zur militärischen Ausbildung der nach politischer Unabhängigkeit von Rußland strebenden Finnen aufgestellt worden war, entstand am 1. Mai 1916 das „Kgl. Preuß. Jäger-Bataillon Nr. 27“. Das um eine Pionier-Kompanie und einen Zug Feldhaubitzen verstärkte Bataillon hatte, als es am 31. Mai 1916 an die kurländische Front verladen wurde, eine Stärke von 1 400 Mann einschließlich des etwa 200 Mann starken deutschen Rahmenpersonals. Das Bataillon kämpfte noch bis zum 14. Februar 1918 im Verband des deutschen Heeres und wurde anschließend die Keimzelle der neu aufgestellten finnischen Wehrmacht.

In der Zeit von 1916 bis 1918 wurden aus 21 Jäger-Radfahr-Kompanien und aus Radfahr-Einheiten der Infanterie die „Radfahr-Bataillone Nr. 1 bis 8“ aufgestellt. Die Bataillone Nr. 1 bis 5 formierten ab 19. September 1916 die „2. Radfahr-Brigade“. Jedes Radfahr-Bataillon hatte 6 Radfahr- und 1 Maschinengewehr-Kompanie. Die Radfahr-Verbände wurden hauptsächlich im Osten eingesetzt.

Im Winter 1914/15 erwies es sich als notwendig, gegen die französischen Alpenjäger an der Vogesenfront deutsche Schneeschuhformationen einzusetzen. Sie wurden aus Freiwilligen improvisiert zusammengestellt, und zwar stellten Bayern und Preußen je 2 Bataillone, Württemberg 1 Schneeschuh-Kompanie auf. Teilweise waren Freiwillige nur „für die Schneedauer“ eingestellt worden und schieden nach der Schneeschmelze, soweit sie nicht inzwischen wehrpflichtig geworden waren, wieder aus.

Aus der am 25. November 1914 errichteten württembergischen Schneeschuh-Kompanie wurde am 1. Mai 1915 eine Gebirgs-Kompanie, am 1. Oktober 1915 das Württembergische Gebirgs-Bataillon, am 3. Mai 1918 das Württembergische Gebirgs-Regiment errichtet.

Das im Mai 1915 zur Unterstützung der österreich-ungarischen Wehrmacht in Tirol zusammengestellte deutsche „Alpenkorps“ (in Divisionsstärke) erhielt als Infanterie zwei Jäger-Brigaden. Die 1. Brigade wurde aus bayerischen Jäger-Bataillonen und dem Infanterie-Leib-Regiment, die 2. Brigade aus preußischen (Goslarer Jäger), mecklenburgischen (Colmarer Jäger) und aus den vier Schneeschuh-Bataillonen aufgestellt.

Insgesamt wurden 16 Jäger-Regimenter zusammengestellt, wobei die Bataillone ihre selbständige Verwaltung behielten. Als Regiments-Stäbe wurden meist die Stäbe von aufgeteilten Kavallerie-Regimentern eingesetzt. Heereskundlich interessant ist, daß die bayerischen Jäger-Regimenter nicht mehr für sich numerierten und daß sowohl das bayerische Jäger-Regiment Nr. 3 wie das bayerische Infanterie(Jäger)-Regiment Nr. 29 je zwei preußische Bataillone hatten. An größeren Jäger-Verbänden wurden außer dem Alpenkorps im August 1916 noch die 195. und 200. Infanterie-Division sowie im September 1917 die deutsche Jäger-Division zusammengestellt.

Sturmbataillone

Der Kampf um befestigte Feldstellungen forderte von den in dieser Kampfart wenig ausgebildeten deutschen Truppen anfangs große Opfer, und auch gut vorbereitete Angriffe scheiterten häufig am Feuer aus rückwärtigen oder flankierenden Stellungen. Ein im Frühjahr 1915 von zwei Pionier-Kompanien unternommener Angriff mit tragbaren Schutzschildern aus Panzerstahl und mit Unterstützung zahlreicher 3,7-cm-Kanonen schlug völlig fehl. Am 15. Juni 1915 wurde diese Abteilung an der Vimy-Höhe zusammengeschossen.

Hauptmann Rohr vom Garde-Schützen-Bataillon unternahm erneut den Versuch, aus Resten dieser Truppe bei der Armee-Abteilung Gaede eine besondere Sturm-Abteilung aufzubauen. Er übte sie vor allem im Handgranatenkampf und in der Zusammenarbeit mit Maschinengewehren und Artillerie. Die Wiedereroberung des Hartmannsweiler Kopfes am 22. und 23. Dezember 1915 wurde eine glänzende Bewährungsprobe für das Sturmbataillon Rohr und gab den Anstoß zur Aufstellung solcher Bataillone auch an anderen Frontabschnitten. Die Sturmbataillone galten allgemein als eine besonders zuverlässige Elitetruppe. Das Sturmbataillon Nr. 5 (Rohr) wurde daher auch im Oktober 1918 mit der Sicherung des Großen Hauptquartiers in Spa beauftragt.

Zunächst hatte man Jäger-Bataillone für im Sturmangriff zu lösende Aufgaben vorgesehen, doch wurde nur das Jäger-Bataillon Nr. 3 am 8. Juli 1916 in ein Sturmbataillon umgegliedert. Andere Sturmbataillone wurden aus besonders ausgesuchten, größtenteils freiwilligen Unteroffizieren und Mannschaften der Infanterie zusammengestellt, das Sturmbataillon Nr. 5 (Rohr) bestand aus Pionieren. Am 7. Juli 1917 verfügte das Kriegsministerium, daß die Angehörigen der Sturmbataillone die Bezeichnung „Grenadiere" zu führen hätten. Dem Sturmbataillon Nr. 3 blieb jedoch die Bezeichnung „Jäger", dem Sturmbataillon Nr. 5 die Bezeichnung „Pioniere".

Insgesamt wurden 16 Sturmbataillone und mehrere Sturmkompanien, die letzteren häufig außeretatmäßig improvisiert, aufgestellt. Die Sturmbataillone gliederten sich im allgemeinen in 2 bis 3 Sturmkompanien, 1 Maschinengewehr-, 1 Minenwerfer-Kompanie und 1 Flammenwerfertrupp. Dem Sturmbataillon Rohr war auch 1 Batterie leichter Feldhaubitzen eingegliedert, die erste „Infanterie-Begleitbatterie".

Maschinengewehr-Formationen

Bereits im Frieden war die Bedeutung der Maschinengewehrwaffe erkannt und gewürdigt worden. Jedes Infanterie-Regiment und jedes Jäger-Bataillon, mit Ausnahme der beiden bayerischen, war mit einer Maschinengewehr-Kompanie (zu sechs Gewehren) ausgestattet. Insgesamt elf Maschinengewehr-Abteilungen (in Kompaniestärke) standen für die im Mobilmachungsfall aufzustellenden elf Kavallerie-Divisionen zur Verfügung. Für die Reserve-Infanterie-Regimenter konnten bei der Mobilmachung 88 Maschinengewehr-Kompanien aufgestellt werden. Den mobilen Ersatz-Bataillonen wurden 43 Maschinengewehr-Züge (zu je zwei Maschinengewehren) mitgegeben.

Der mobile Etat einer Maschinengewehr-Kompanie umfaßte 4 Offiziere, 93 Unteroffiziere und Mannschaften, 43 Pferde, 13 Fahrzeuge (davon waren 6 Maschinengewehr- und 3 Munitionswagen Gefechtsfahrzeuge, 1 Feldküche und 1 Vorratswagen gehörten zur Gefechtsbagage, 1 Packwagen und 1 Futterwagen zur großen Bagage). Die Maschinengewehr-Abteilungen hatten einen Etat von 4 Offizieren, 112 Unteroffizieren und Mannschaften, 83 Pferden und 14 Fahrzeugen (sie hatten noch zusätzlich

1 Lebensmittelwagen bei der großen Bagage). Die Marschlängen betrugen 190 beziehungsweise 240 m mit, 150 beziehungsweise 200 m ohne große Bagage.

Trotzdem machte sich bereits am Anfang des Krieges das Fehlen von Maschinengewehren empfindlich bemerkbar. Das Kriegsministerium stellte darauf in den ersten zwölf Monaten die selbständigen „Feld-Maschinengewehr-Züge Nr. 1 bis 530“ sowie 38 bayerische Feld-Maschinengewehr-Züge auf. Bis September 1916 folgten die zur Eingliederung in bereits bestehende Maschinengewehr-Formationen bestimmten „Maschinengewehr-Ergänzungs-Züge Nr. 531 bis 878“ und die bayerischen Nr. 1 bis 6. Hierbei wurden insbesondere die zur Verteidigung der deutschen Festungen nicht mehr benötigten Festungs-Maschinengewehr-Formationen dem Feldheer zugeführt. Daneben war aber auch bis zu diesem Zeitpunkt die Zahl der Maschinengewehre bei den Maschinengewehr-Kompanien auf zwölf und mehr vermehrt worden.

Die selbständigen Züge sollten eine bewegliche Reserve in der Hand der Divisions-Kommandeure bilden. Jedoch erschwerten die vielen kleinen Maschinengewehr-Formationen die Verwaltung, Ausbildung und den taktischen Einsatz, so daß sich die OHL zu einer Neugliederung entschloß. Jedem Infanterie-Bataillon wurde eine etatsmäßige Maschinengewehr-Kompanie zugewiesen, Jäger- und andere selbständige Bataillone sollten zwei Maschinengewehr-Kompanien bekommen (25. August 1916).

Aber auch die Armee-Oberkommandos wollten über Maschinengewehr-Formationen aus besonders tüchtigen Leuten als Armeetruppen verfügen können, um für Krisenlagen und besondere Aufgaben eine Reserve zu haben. Zwischen Mitte Februar und Mitte Mai 1916 entstanden daher 200 „Maschinengewehr-Scharfschützen-Trupps“ (einschließlich Bayern). Mit Verfügung vom 25. August 1916 wurden jeweils drei solcher Trupps als Kompanien zu „Maschinengewehr-Scharfschützen-Abteilungen“ zusammengezogen. Insgesamt wurden 83 Maschinengewehr-Scharfschützen-Abteilungen aufgestellt, deren Verwendung sich die OHL vorbehielt, einzelne Abteilungen blieben jedoch auch weiterhin mehrere Monate derselben Division zugeteilt.

Die zur Unterstützung des Alpenkorps im Mai 1915 (in Kompaniestärke) aufgestellten zehn „Gebirgs-Maschinengewehr-Abteilungen“, bei denen nach österreichischem Vorbild Maschinengewehre und Munition auf Tragtieren verlastet waren, wurden aufgrund der guten Erfahrungen bald auf 43 Abteilungen vermehrt. Doch wie die Maschinengewehr-Scharfschützen-Trupps zog man auch die Gebirgs-Maschinengewehr-Abteilungen gegen Kriegsende zu größeren Verbänden zusammen. Zu Kompanien umbenannt, bildeten 18 von ihnen die „Gebirgs-Maschinengewehr-Abteilungen Nr. 260 bis 265“.

Am 16. November 1916 wurde die „Panzer-Kraftwagen-Maschinengewehr-Abteilung Nr. 1“ errichtet. Die Fahrzeuge dieser Abteilung waren zwar nicht geländegängig, doch hatte die Abteilung gute Erfolge bei der Bandenbekämpfung in der Ukraine und beim Vorstoß in den Kaukasus. In den Jahren 1917 und 1918 entstanden noch weitere zehn Züge aus je zwei Straßen-Panzerwagen, die auch bereits mit Funkgeräten ausgerüstet waren.

Zum Schutz von Bahnhöfen, Brücken und anderen fliegergefährdeten Anlagen wurden an der Westfront am 1. August 1917 eigens 25 „Flugabwehr-Maschinengewehr-Abteilungen“ zu je drei Kompanien aufgestellt (36 Maschinengewehre), neben denen jedoch noch 103 selbständige Flugabwehr-Maschinengewehr-Züge vorhanden waren.

Von den zu Beginn des Krieges den Kavallerie-Divisionen zugeteilten elf vierspännigen „Maschinengewehr-Abteilungen“ bestanden bei Kriegsende noch vier. Die anderen waren beim „Absitzen“ ihrer Divisionen zu Maschinengewehr-Kompanien umgewandelt worden. Jedoch erhielt seit Oktober 1916 jedes Kavallerie-Regiment eine Maschinengewehr-Eskadron zu sechs Maschinengewehren, die bei den berittenen Regimentern sechsspännig, sonst zweispännig gefahren wurden.

Am 10. August 1915 wurden im Rahmen der Maschinengewehr-Formationen der Infanterie die „Musketen-Bataillone Nr. 1 und 2“ mit insgesamt 5 (3 und 2) Musketen-Kompanien errichtet. Die mit dem Tarnnamen „Muskete“ bezeichnete Waffe war eine Konstruktion der dänischen Firma Madsen, eine Art leichtes Maschinengewehr mit einem Gewicht von nur etwa 7 kg. Das Kriegsministerium hatte im Jahre 1915 eine größere Anzahl dieser Madsen-Gewehre in Dänemark gekauft und in der Gewehrfabrik Spandau für deutsche Munition umarbeiten lassen. Man versprach sich mit dieser Waffe vor allem gute Erfolge bei der Sturmabwehr. Da der erforderliche Nachschub dieser dänischen Waffe ausblieb, wurden die beiden Bataillone am 20. April 1918 in Maschinengewehr-Scharfschützen-Abteilungen umgewandelt, doch wurde die Bezeichnung „Musketen-Bataillon Nr. 1 und 2“ beibehalten.

Zur Hebung des Ausbildungsstandes wurde am 31. Oktober 1916 das „Maschinengewehr-Scharfschützen-Kommando West“ in Rozoy (später in Tongern) errichtet und am 12. November 1917 bei jedem Armee-Oberkommando eine Maschinengewehr-Schule etatisiert.

Ein anschauliches Bild von der Bedeutung der Maschinengewehre gibt ein Vergleich der Zahlen zu Beginn und Ende des Krieges. Den im Jahre 1914 mobilisierten 323 Maschinengewehr-Kompanien zu 6 Maschinengewehren standen etwa 2 500 Maschinengewehr-Kompanien des Jahres 1918 mit je 12 Maschinengewehren gegenüber.

c. *Kavallerie*

Bei der Mobilmachung wurde die Kavallerie in „Heeres-“ und „Divisions-Kavallerie“ neugegliedert. Im einzelnen wurden außer den 110 aktiven Kavallerie-Regimentern 33 Reserve-, 2 Landwehr- und 1 mobiles Ersatz-Kavallerie-Regiment sowie 38 selbständige Landwehr-Eskadrons und 19 mobile Kavallerie-Ersatz-Abteilungen (etwa halbe Eskadronstärke) mobil gemacht. Davon wurden 66 aktive Kavallerie-Regimenter in 11 Kavallerie-Divisionen zu je 3 Kavallerie-Brigaden bei der Heereskavallerie eingeteilt. Der Rest diente als Divisions-Kavallerie für die taktische Aufklärung.

Die Regimenter der Heeres-Kavallerie hatten je 4 Eskadrons, die der Divisions-Kavallerie 4 oder 3 Eskadrons. Auch die selbständigen Eskadrons waren am Anfang größtenteils in Formationen zu jeweils 3 Eskadrons zusammengezogen.

Der Etat einer mobilen Eskadron umfaßte 5 Offiziere, 1 Veterinäroffizier, 163 Unteroffiziere und Mannschaften, 178 Pferde, 3 Fahrzeuge (1 Packwagen, 1 Lebensmittel- und 1 Futterwagen, alle bei der großen Bagage). Die Kavallerie rückte 1914 ohne Feldküchen aus. Das Kavallerie-Regiment zu 4 Eskadrons hatte eine Stärke von 36 Offizieren, Sanitätsoffizieren, Veterinäroffizieren und Beamten, 688 Unteroffizieren und Mannschaften, 769 Pferden, 19 Fahrzeugen (davon bei der Gefechtsbagage: 1 Fernsprech- und 2 Brückenwagen, bei der großen Bagage: je 5 Pack-, Lebensmittel- und Futterwagen). Das Reserve-Kavallerie-Regiment hatte nur 3 Eskadrons und insgesamt 27 Offiziere, Sanitätsoffiziere, Veterinäroffiziere und Beamte, 511 Unteroffiziere und Mannschaften, 568 Pferde, 12 Fahrzeuge (nur die große Bagage). Die Marschlänge einer Eskadron betrug 120 m, eines Regiments zu 4 Eskadrons 550 m. Für die stets getrennt marschierende große Bagage wurden bei 4 Eskadrons 200 m gerechnet.

Die bei jeder Kavallerie-Division aus Abgaben der Regimenter formierte Nachrichten-Abteilung hatte einen Etat von 8 Offizieren und Beamten, 88 Unteroffizieren und Mannschaften, 98 Pferden, 6 pferdebespannten Fernsprechwagen, 4 Kleinautos und 1 Lastkraftwagen mit Leitungs- und Baugerät. Dazu traten die von der Telegraphen-Truppe gestellten Funkstellen (1 schwere, 2 leichte) mit zusammen 4 Offizieren, 57 Unteroffizieren und Mannschaften, 61 Pferden, 3 Stations-, 1 Mast- und 3 Gerätewagen sowie 1 Kraftfahrzeug.

Bei der Neuverteilung der Kavallerie Anfang 1916 wurde jeder Infanterie-Division oder selbständigen Brigade nur noch eine Eskadron zugewiesen. Eine Reihe Landwehrformationen und die mobilen Ersatz-Abteilungen wurden aufgelöst.

Die bisher bei der Divisions-Kavallerie eingesetzten Regimentsstäbe wurden entweder in Regimentsstäbe von Infanterie- oder Jäger-Regimentern umgewandelt oder als „Pferdeinspizienten“ bei den Armee-Oberkommandos verwandt. Als solche hatten sie die Aufsicht über das gesamte für die Beweglichkeit des Heeres so wichtige Pferdematerial im Armeegebiet zu führen und auch für den Ausgleich bei eintretenden Verlusten zu sorgen.

Am 2. Oktober 1916 wurde bei der Heereskavallerie der Etat von 769 Pferden für das Regiment auf 675 gesetzt und die überzähligen Pferde der Artillerie zugeführt. Darüber hinaus mußten ab Oktober 1916 Teile der Heereskavallerie die Pferde abgeben. Die unberittenen Regimenter wurden im Grabenkampf eingesetzt. Als es im Herbst 1917 zu übersehen war, daß, um die Artillerie beweglich zu halten, sogar noch weitere Kavallerie-Divisionen absitzen mußten, wurden diese zu „Kavallerie-Schützen-Divisionen“ umformiert. Bis zum Frühjahr 1918 mußten 51 Kavallerie-Regimenter absitzen.

Das unberittene Kavallerie-Regiment sowie das Kavallerie-Schützen-Regiment entsprach in seiner Kampfkraft etwa einem Infanterie-Bataillon, die Eskadron einer Kompanie. Je 3 Kavallerie-Schützen-Regimenter wurden zu 1 Kavallerie-Schützen-Kommando zusammengestellt, 3 dieser Kommandos bildeten 1 Kavallerie-Schützen-Division. Obgleich der Etat einer Schützen-Eskadron mit 4 Offizieren und 109 Unteroffizieren und Mannschaften unter dem einer Infanterie-Kompanie blieb, war die Kampfkraft der Kavallerie-Schützen-Verbände in der Regel stärker, da sie im Vergleich zur Infanterie geringere Verluste an friedensmäßig ausgebildeten Mannschaften gehabt hatten und auch ihr Kampfgeist noch nicht in den Materialschlachten gelitten hatte. Jede Schützen-Eskadron erhielt 6 leichte Maschinengewehre, das Kavallerie-Schützen-Regiment 1 Maschinengewehr-Eskadron mit allerdings nur 6 schweren Maschinengewehren und 4 leichten Minenwerfern.

Bei den berittenen Kavallerie-Formationen erhielt jede Eskadron 3 auf Tragtiere verlastete leichte Maschinengewehre, jedes Regiment 1 Maschinengewehr-Eskadron zu 6 sechsspännig gefahrenen schweren Maschinengewehren. Der im August 1915 bei drei Kavallerie-Regimentern gemachte Versuch mit den „Musketen" genannten dänischen Madsen-Gewehren wurde nach kurzer Zeit mit negativen Ergebnissen abgebrochen.

Wie bei der Infanterie wurde auch bei der Kavallerie 1916 der Stahlhelm eingeführt, und die alten Waffenröcke, Attilas und Ulankas wichen der schmucklosen Feldbluse. Aufpflanzbares Seitengewehr, Brotbeutel, Feldflasche, Zeltbahn, kurzer Spaten und Gasmaske vervollständigten die Ausrüstung des Kavalleristen. Die abgesessenen Regimenter wechselten auch die schweren Reiterstiefel mit den im Schützengraben bequemeren Schnürschuhen und Wickelgamaschen. Der Kavallerie-Schütze trug auf dem Rücken das gleiche Sturmgepäck wie der Grenadier. Auch fahrbare Feldküchen wurden der Kavallerie zugeteilt.

Im Dezember 1916 waren auch für die Kavallerie bei jeder Armee „Feldrekruten-Depots" eingerichtet, jedoch in den Jahren 1917 und 1918 den Depots der Infanterie angegliedert worden.

Die großen Verluste des Jahres 1918 zwangen dazu, 19 unberittene beziehungsweise Kavallerie-Schützen-Regimenter und auch eine Reihe Eskadrons der Divisions-Kavallerie aufzulösen. Bei Kriegsende bestanden noch 22 berittene aktive Kavallerie-Regimenter, etwa 260 berittene Eskadrons als Divisions-Kavallerie sowie 27 aktive und 5 im Kriege aufgestellte unberittene beziehungsweise Kavallerie-Schützen-Regimenter.

d. Feldartillerie

Gliederung

Bei der Mobilmachung 1914 wurden 102 Feldartillerie-Regimenter, 11 reitende Abteilungen, 29 Reserve-Feldartillerie-Regimenter, 3 Landwehr- und

40 mobile Feldartillerie-Ersatz-Abteilungen, 5 selbständige Landwehr- und 22 Landsturm-Batterien aufgestellt (aus dem Lehrregiment der Feldartillerie-Schießschule wurde das 5. und 6. Garde-Feldartillerie-Regiment formiert). Die Feldartillerie- und Reserve-Feldartillerie-Regimenter hatten 2 Abteilungen mit je 3 Batterien, insgesamt 36 Geschützen; 3 Reserve-Feldartillerie-Regimenter hatten sogar 3 Abteilungen mit 54 Geschützen. Die Landwehr-Feldartillerie-Abteilungen und die mobilen Feldartillerie-Ersatz-Abteilungen hatten nur 2 Batterien, also 12 Geschütze. Die den Kavallerie-Divisionen zugeteilten reitenden Abteilungen hatten je 3 Batterien, jedoch nicht 6, sondern nur 4 Geschütze (insgesamt 12 Geschütze). Zu jeder Abteilung, mit Ausnahme der Landwehr- und Ersatz-Abteilungen, trat mit der Mobilmachung 1 leichte Munitions-Kolonne.

Der Etat einer Batterie umfaßte 5 Offiziere, 148 Unteroffiziere und Mannschaften, 139 Pferde, 17 Fahrzeuge. Von letzteren gehörten zu der Gefechtsbatterie 6 Geschütze, 6 Munitionswagen und 1 Beobachtungswagen, zur Gefechtsbagage 1 Vorratswagen und zur großen Bagage 1 Vorrats-, 1 Lebensmittel- und 1 Futterwagen. Die Marschlänge einer Batterie betrug 330 m mit, 280 m ohne große Bagage. Feldküchen waren 1914 nicht im Etat vorgesehen und wurden erst im Laufe des Krieges wie bei der Kavallerie nachgeschoben.

Die leichte Munitions-Kolonne hatte einen Etat von 4 Offizieren, 188 Unteroffizieren und Mannschaften, 196 Pferden, 27 Fahrzeugen. Von diesen waren 24 Munitionsfahrzeuge, die restlichen 3 je 1 Vorrats-, Lebensmittel- und Futterwagen bei der großen Bagage.

Die Feldartillerie-Abteilung mit 26 Offizieren, Sanitätsoffizieren, Veterinäroffizieren und Beamten, 659 Unteroffizieren und Mannschaften, 642 Pferden und 81 Fahrzeugen hatte eine Marschlänge von 1 550 m mit, 1 310 m ohne große Bagage. Die Etatstärken der Reserve- und Landwehrformationen waren die gleichen.

Die reitende Abteilung hatte ohne die leichte Munitions-Kolonne eine Stärke von 20 Offizieren, Sanitätsoffizieren, Veterinäroffizieren und Beamten, 429 Unteroffizieren und Mannschaften, 578 Pferden, 42 Fahrzeugen und eine Marschlänge von 1 000 m mit und 830 m ohne große Bagage.

Die leichte Munitions-Kolonne bei einer Kavallerie-Division hatte eine Stärke von 4 Offizieren, 147 Unteroffizieren und Mannschaften, 208 Pferden und 26 Fahrzeugen mit einer Marschlänge von 490 m mit und 430 m ohne große Bagage. Ihre Fahrzeuge bestanden aus 14 Munitionswagen mit Artilleriemunition, 7 Infanterie-Patronenwagen, 1 Maschinengewehr-Protzfahrzeug mit 1 Reservemaschinengewehr und bei der großen Bagage aus 1 Vorrats-, 1 Lebensmittel- und 2 Futterwagen.

Bereits im Frieden hatte zur Diskussion gestanden, ob man nicht die Zahl der Geschütze in der Batterie verringern solle, da die Rohrrücklaufgeschütze eine schnellere Schußfolge zuließen und die französische Artillerie bereits zu der Batterie zu vier Geschützen übergegangen war. Der Zwang, den neuaufgestellten Divisionen ebenfalls Artillerieformationen zuteilen zu müssen, führte dazu, ab Herbst 1914 die neuaufgestellten Batterien, im März 1915 die gesamten Batterien der Feldartillerie auf vier Geschütze umzustellen. Die Umgliederung ergab etwa 300 neue Batterien. Ebenso begann man, die Infanterie-Divisionen nicht mehr mit einer Feldartillerie-Brigade, sondern nur noch mit einem Feldartillerie-Regiment zu drei Abteilungen, davon eine leichte Feldhaubitzen-Abteilung, auszustatten.

Im Oktober 1916 beschloß die OHL die Formierung einer starken Heeres-Feldartillerie, die es bis dahin nicht gegeben hatte. Sie entzog dazu den Divisionen nach und nach die zweiten Feldartillerie-Regimenter, soweit die verbliebenen Divisions-Feldartillerie-Regimenter durch Neuaufstellungen auf drei Abteilungen gebracht waren. Im Frühjahr 1917 war die Umstellung abgeschlossen, im Herbst 1917 wurden auch die Regimenter der Heeresartillerie auf diesen Stand gebracht. Die Heeresartillerie wurde bedarfsweise den Heeresgruppen und Armeen und von diesen den Schwerpunktdivisionen zur Verfügung gestellt.

Für die Ausbildung der Feldartillerie wurde eine Anzahl besonderer Übungs- und Schießplätze hinter der Front eingerichtet. Eine jede Armee und Armee-Abteilung bekam ein Feldartillerie-Feldrekruten-Depot.

Bewaffnung

Bewaffnet war die Feldartillerie mit der 7,7-cm-Feldkanone 96 n. A. und der 10,5 cm leichten Feldhaubitze 98/09. Die deutsche Feldkanone war der französischen in Feuergeschwindigkeit, Tragweite und Wirkung unterlegen, weshalb sich die OHL zu einer Neukonstruktion entschloß. Die Feldkanone 16 hatte bei einem Kaliber von 7,7 cm eine Schußweite von 10 700 m (Feldkanone 96 n. A. = 7 800 m, französische Feldkanone 97 = 8 500 m). Die Auslieferung begann im Winter 1916, bei Kriegsende waren 755 Batterien mit der Feldkanone 16, 936 noch mit der Feldkanone 96 n. A. bewaffnet. Bei der Munition gelang es, eine Verbesserung der Zünder zu erreichen.

Auch die deutsche leichte Feldhaubitze 98/09 (Schußweite 6 300 m), der zu Beginn des Kriegs keine der Feindmächte ein gleichwertiges Geschütz entgegenstellen konnte, wurde weiter verbessert. Ab 1916 wurden die leichte Feldhaubitze 16, Schußweite 9 700 m, und die leichte Feldhaubitze Krupp, Schußweite 10 200 m, an die Truppe ausgeliefert. Bei Kriegsende hatten 751 Batterien die leichte Feldhaubitze 16, 66 die leichte Feldhaubitze Krupp, 286 die leichte Feldhaubitze 98/09. Die veralteten Geschütztypen der Landwehr- und Landsturm-Batterien wurden ebenfalls durch moderne Geschütze ersetzt.

Das Verhältnis zwischen Feldkanonen und leichten Feldhaubitzen, im Frieden etwa 3 : 1, verschob sich bei der Mobilmachung auf 5 : 1, veränderte sich dann aber zugunsten der bewährten Feldhaubitzen auf 1,5 : 1. Einem Mobilmachungsbestand von 782 Feldkanonen- und 159 leichten Feldhaubitz-Batterien standen 1918 schließlich 1 691 Feldkanonen- und 1 103 leichte Feldhaubitz-Batterien gegenüber.

Bei der Munition war man im Laufe des Krieges von der Einheitsmunition, die für den Bewegungskrieg gedacht war, aufgrund der Erfordernisse des Stellungskrieges wieder zu getrennten Munitionsarten zurückgekehrt. Der Stellungskrieg forderte vor allem als Hauptmunitionsart die Granate. Aber auch das Schrapnell fand noch Verwendung und sogar die Kartätsche für die Nahverteidigung. Zur Tankabwehr wurden Panzergranaten benötigt, für die Nacht Leuchtgeschosse eingeführt und seit 1916 auch Gasgranaten.

Zur Kennzeichnung der verschiedenen Kampfgasarten waren die Gasgranaten mit bunten Kreuzen versehen. Ein blaues Kreuz bedeutete: Arsingase, z. B. Diphenylchlorarsin, ein grünes Kreuz: erstickende Gase, z. B. Chlor und Phosgen, ein gelbes Kreuz: Senfgase wie Lost und Yperit.

Am 20. Januar 1917 wurden die leichten Munitions-Kolonnen zu Armeetruppen und von ihren Abteilungen getrennt, um auch die Munition schwerpunktmäßig zuführen zu können. In dem am 21. März 1918 im Westen wieder einsetzenden Bewegungskrieg erhielt aber die Feldartillerie erneut leichte Munitions-Kolonnen. Nach dem Festlaufen der Angriffsbewegung entfiel diese Maßnahme wieder.

Am 15. Mai 1918 wurden sechs Feldartillerie-Regimenter behelfsmäßig motorisiert, und zwar wurden die Geschütze auf Lastkraftwagen verladen und die Protzen an diese angehängt. Zur Fliegerabwehr und zu Zwecken der Nahverteidigung waren 1918 auch Maschinengewehre an die Feldartillerie ausgegeben worden. Der Etat für jede Batterie und leichte Munitions-Kolonnen war auf zwei leichte Maschinengewehre festgesetzt.

Sonderformationen

Eine Sondertruppe im Rahmen der Feldartillerie war die „Gebirgsartillerie". Die Notwendigkeit einer Aufstellung dieser Truppe hatte sich in den Vogesenkämpfen im Winter 1914/15 erwiesen, wo die französische Artillerie der deutschen weit überlegen gewesen war. Im Frühjahr 1915 waren die ersten deutschen Gebirgsbatterien einsatzbereit. Sie wurden zunächst mit der 7,5-cm-Gebirgskanone Ehrhardt 07 ausgerüstet, die ursprünglich für die Kaiserliche Schutztruppe für Deutsch-Südwestafrika bestimmt war. Die später aufgestellten Batterien erhielten die 7,5-cm-Gebirgskanone L 14 beziehungsweise die 10,5-cm-Gebirgshaubitze L 12, beides Konstruktionen der Firma Krupp. Im Sommer 1917 wurden auch österreichische Geschütze der Firma Skoda, und zwar die 7,5-cm-Gebirgskanone und die 10,5-cm-Gebirgshaubitze M 15 eingeführt. Insgesamt wurden bis 1918 sieben Gebirgs-Artillerie-Abteilungen (dabei eine bayerische und eine württembergische) mit zusammen 22 Gebirgs-Batterien aufgestellt. Jeder Abteilung war eine Gebirgs-Haubitzen-Batterie zugeteilt. Die Geschütze konnten zerlegt und mit Tragtieren auch im schwierigsten Gelände transportiert werden. Jedoch waren die Haubitzen-Traglasten selbst für starke Tiere sehr schwer. Die österreichische Gebirgshaubitze war nicht zerlegbar.

Die Infanterie benötigte, wie sich im Laufe des Krieges herausstellte, dringend ein Geschütz, das ihr unmittelbar zur Verfügung stand und plötzlich erkannte Ziele schnell und erfolgreich bekämpfen konnte. Bei den Franzosen tauchte Anfang des Jahres 1916 ein sogenanntes „Infanterie-Geschütz“ auf (canon d'infanterie Modèle 16), das bei einem Kaliber von 3,7 cm und einem Gewicht von nur 157,5 kg pfundschwere Granaten verschoß. Es wurde bald zu einer gefürchteten Waffe, da bei der hohen Anfangsgeschwindigkeit seiner Geschosse Abschuß und Einschlag dicht aufeinander folgten. Ein deutscher Versuch mit einer Infanterie-Begleit-Batterie von 3,7-cm-Geschützen im Mai 1916 befriedigte nicht. Nach weiteren vergeblichen Versuchen mit Gebirgsgeschützen zeigte ein erbeutetes russisches 7,5-cm-Flankierungsgeschütz bessere Ergebnisse, doch waren die russischen Rohre von schlechter Qualität und schnell ausgeschossen. Im November 1917 konnte eine große Zahl österreichischer Skoda-Gebirgs-Kanonen (Kaliber 7,5 cm) erworben werden, die nicht nur an die Gebirgsartillerie, sondern auch an verschiedene Infanterie-Begleit-Batterien verteilt wurden. Dieses Geschütz war für den Infanteriekampf recht brauchbar.

Als 1917 die alliierten Tankgeschwader auftraten, wurden für die Infanterie-Geschütze auch eine hohe Auftreffgeschwindigkeit und Eindringefähigkeit (Zünder mit Verzögerung) gefordert. Ferner mußten die Feuergeschwindigkeit und seitliche Schwenkbarkeit erheblich gesteigert werden. Die Firma Krupp entwickelte das Infanterie-Geschütz 18, ein Rohrrücklaufgeschütz mit Kaliber 7,7 cm, größter Schußweite 5 000 m, guter Treffähigkeit ab 3 000 m und einem Gewicht von 650 kg. Es wurde vierspännig gefahren, konnte aber auch von zwei Pferden oder durch Menschenkraft bewegt werden. Im Protzkasten wurden 21, im Munitionswagen 48 Schuß mitgeführt. Dieses Geschütz kam jedoch zu spät an die Front, um noch eine entscheidende Rolle zu spielen. Im ganzen sind 53 Infanterie-Begleit-Batterien aufgestellt worden.

Bei Kriegsende bestanden 297 Feldartillerie-Regimenter, 6 selbständige Abteilungen, 3 reitende Abteilungen (die übrigen 8 waren in fahrende umgewandelt worden), 7 Gebirgs-Artillerie-Abteilungen, 15 Batterien der Stamm-Abteilungen hinter der Front, 6 einzelne Batterien, 50 Infanterie-Geschütz-Batterien und 3 Infanterie-Geschütz-Züge. Die Zahl der leichten Munitions-Kolonnen war auf 785 angestiegen.

e. Schwere Artillerie

Gliederung

Mit der Mobilmachung hörte die bisherige Organisation der Fußartillerie auf. Die Regimentsverbände wurden aufgelöst. Von der aktiven Fußartillerie rückten 26 schwere Feldhaubitz-Bataillone (Kaliber 15 cm) mit den 25 aktiven Armeekorps und den Garde-Reservekorps ins Feld. Als Belagerungsartillerie wurden den im Westen aufmarschierten Armeen 14 Mörser-Bataillone (21 cm) zugeteilt. Ein Bataillon 10-cm-Kanonen (vom bisherigen Lehrregiment der Fuß-

Artillerieschießschule) wurde der „Nordarmee", das heißt dem verstärkten IX. Reservekorps zugeteilt. Die schweren Feldhaubitz- und 10-cm-Kanonen-Bataillone hatten je 4 Batterien (16 Geschütze), die Mörser-Bataillone 2 Batterien (8 Geschütze). Zu jedem Fußartillerie-Bataillon trat 1 leichte Munitions-Kolonne und 1 Fußartillerie-Kolonnen-Abteilung zu 8 Kolonnen.

Für schwerstes Steilfeuer standen der OHL zur Verfügung 5 Batterien schwere Küstenmörser (30,5 cm) zu je 2 Geschützen. Von ihnen waren 3 Batterien schienengebunden, 2 für mechanischen Zug eingerichtet und durch Dampfflug-Lokomotiven bewegt. Ferner verfügte die OHL über 3 Batterien kurze Marine-Kanonen (42 cm), davon waren 2 Batterien schienengebunden. Die restlichen 15½ aktiven Bataillone waren unbespannt und blieben zur Verteidigung der deutschen Festungen und Küstenwerke zurück. Von den 50 aufgestellten Reserve-Bataillonen rückten 1 Bataillon 10-cm-Kanonen mit der 2. Armee ins Feld, 49 Bataillone blieben in den Festungen. Sie hatten zum Teil keine Bespannungs-Abteilungen und keine Kolonnen.

Mit Erlaß vom 16. Februar 1917 wurde die höhere Artillerieführung umorganisiert. Die bisherigen Feldartillerie-Brigadenkommandos und die Stellen der Generale der Fußartillerie bei den Armee-Oberkommandos fielen weg, dafür wurde bei jeder Division ein „Artillerie-Kommandeur (Arko)" als Befehlshaber der gesamten einer Division zugehörenden und zugeteilten leichten und schweren Artillerie etatisiert. Die Stellen der „Generale von der Artillerie Nr. 1 bis 13" standen zur Verfügung der OHL und wurden bedarfsweise den Armeen zugeteilt. Von diesen Generalen war „Nr. 1" der Generalinspekteur der Artillerie-Schießschulen beim Chef des Generalstabes des Feldheeres.

Eine „Heeres-Schießschule" entstand am 2. Oktober 1917 aus der am 20. Januar 1917 in Guise errichteten Fußartillerie-Schießschule, die am 21. März des gleichen Jahres nach dem neu errichteten Fußartillerie-Übungsplatz Maubeuge verlegt wurde. Sie sollte mit den zur gleichen Zeit errichteten Schießschulen in Bitsch und Mouzon der gemeinsamen Ausbildung und dem einheitlichen Zusammenwirken der Feld- und der schweren Artillerie dienen.

Am 13. August 1917 wurden neue Stärken für die Batterien festgesetzt. Danach sollten die schweren Feldhaubitz- und die 10-cm-Kanonen-Batterien je 4 Geschütze, die 21-cm-Mörser- und die 13-cm-Kanonen-Batterien je 3 Geschütze, die 15-cm- und die 17-cm-Kanonen-Batterien sowie die 30,5-cm-Mörser- und die 42 cm kurzen Marine-Kanonen-Batterien je 2 Geschütze haben. Mit diesen Geschützen sind jedoch nur die wichtigsten Arten genannt. Insgesamt hat es im Weltkrieg bei der deutschen schweren Artillerie 73 Geschützmodelle gegeben, von denen 57 aus der Kriegsbeute stammten.

Die Munitions-Kolonnen wurden noch unter der 2. OHL neu verteilt und zwar erhielt jede Batterie eine Kolonne. Alle übrigen wurden zu Armeekolonnen und gemäß Verfügung vom 9. Juli 1915 in der ganzen Armee durchnumeriert. Für die zahlreichen unbespannten Batterien wurde 1915 bei jeder Armee ein

Fußartillerie-Kraftfahrzeug-Park errichtet und die Geschütze mit Hilfe von Zugmaschinen, Schleppern oder Kraftprotzen bewegt.

Der Etat einer schweren Feldhaubitz-Batterie umfaßte 5 Offiziere, 1 Veterinäroffizier, 224 Unteroffiziere und Mannschaften, 122 Pferde, 18 Fahrzeuge. Von diesen waren bei der Gefechtsbatterie 4 Geschütze, 4 Munitions- und 1 Beobachtungswagen, bei der Munitionsstaffel 4 Munitionswagen, bei der Gefechtsbagage 1 Vorratswagen, bei der großen Bagage 1 Feldschmiede und je 1 Pack-, Lebensmittel- und Futterwagen. Die für die Fußartillerie geplante Einführung von Feldküchen war 1914 noch nicht durchgeführt, wurde aber bald nachgeholt. Die Marschlänge einer schweren Feldhaubitz-Batterie betrug 320 m mit, 270 m ohne große Bagage.

Die 10-cm-Kanonen-Batterien hatten 1 Offizier und 26 Mann mehr im Etat. Die Mörser-Batterien hatten 6 Offiziere, 249 Unteroffiziere und Mannschaften, 148 Pferde, 22 Fahrzeuge. Von diesen waren bei der Gefechtsbatterie 4 Rohr-, 4 Lafetten-, 4 Gürtel-, 4 Munitions- und 1 Beobachtungswagen. Eine Munitionsstaffel war nicht vorgesehen. Gefechts- und große Bagage wie oben, Marschlänge 410 m mit, 360 m ohne große Bagage. Zur leichten Munitions-Kolonne gehörten 5 Offiziere, 261 Unteroffiziere und Mannschaften, 193 Pferde, 29 Fahrzeuge, davon 24 Munitionswagen, 1 Vorratswagen, 1 Feldschmiede, 1 Lebensmittel- und 2 Futterwagen, Marschlänge 550 m mit, 500 m ohne große Bagage. Der Etat eines Bataillons schwerer Feldhaubitzen mit leichter Munitions-Kolonne umfaßte 37 Offiziere, Sanitätsoffiziere, Veterinäroffiziere und Beamte, 1178 Unteroffiziere und Mannschaften, 707 Pferde, 105 Fahrzeuge. Das Bataillon hatte eine Marschlänge von 1900 m mit und 1600 m ohne große Bagage. Zu jeder Fußartillerie-Munitions-Kolonne gehörten 2 Offiziere, 103 Unteroffiziere und Mannschaften, 101 Pferde, 20 Fahrzeuge, davon 17 Munitionswagen, 1 Vorratswagen, 1 Feldschmiede, 1 Futterwagen. Marschlänge 320 m. Die Fußartillerie-Munitions-Kolonnen-Abteilung eines schweren Feldhaubitz-Bataillons mit einer Marschlänge von 1600 m wurde von 8 Kolonnen, die eines Mörser-Bataillons mit einer Marschlänge von 1300 m von 4 Kolonnen gebildet. Die (unbespannte) Küstenmörser-Batterie zu 2 Geschützen hatte 6 Offiziere, 129 Unteroffiziere und Mannschaften, 16 Pferde und 3 Fahrzeuge (1 Beobachtungs-, 1 Pack- und 1 Lebensmittelwagen). Die kurze Marine-Kanonen-Abteilung zu 2 Geschützen hatte 6 Offiziere, 234 Unteroffiziere und Mannschaften, 16 Pferde und 3 Fahrzeuge. Ein Dampfflug-Lokomotiven-Park umfaßte 2 Offiziere, 70 Unteroffiziere und Mannschaften, 25 Lokomotiven, 3 große, 12 kleine Tender und 3 Kleinautos. An Landwehr-Fußartillerie-Bataillonen wurden bei der Mobilmachung 25, an mobilem Landsturm 22 und an mobilen Fußartillerie-Ersatz-Bataillonen 5 aufgestellt. Die letzteren gingen in später errichteten Neuformationen auf.

Das Fehlen schwerer Artillerie bei den Reserve- und Landwehrkorps machte sich schon in den ersten Schlachten bemerkbar. Als der Bewegungskrieg der ersten Kriegswochen an allen Fronten in den Stellungskrieg mit seinen dem Kampf um Festungen ähnlichen Bedingungen überging, wurde der Bedarf an schwerer Artillerie immer stärker, so daß die OHL an eine Vermehrung dieser Waffe herangehen mußte. Da für die meisten deutschen Festungen schon bald keine direkte Bedrohung mehr bestand, konnte dort Fußartillerie abgezogen werden. Auch Ersatz-Formationen wurden dem Feldheer zugeführt. Die Marine gab Geschütze von außer Dienst gestellten Kriegsschiffen ab. Doch erwiesen sich die Marinegeschütze mit einem Kaliber über 17 cm für Räderlafetten als nicht geeignet. Verringerungen der Bataillone auf 3 oder sogar 2 Batterien, Ausstattung mit Geschützen älterer Konstruktion und mit Beutegeschützen aus den eroberten belgischen, französischen und russischen Festungen ermöglichten es bis zum Herbst 1917, jeder Division 1 Bataillon schwere Artillerie zuzuweisen, in der Regel 2 Batterien schwere Feldhaubitzen und 1 Batterie 10-cm-Kanonen. Den der Heeresartillerie verbliebenen Mörser-Bataillonen wurde meist eine 15-cm-Kanonen-Batterie angegliedert. Die kriegsgliederungsmäßig den Divisionen zugeteilte schwere Artillerie mußte jedoch oft abgezogen werden, wenn an anderen Stellen der Front artilleristische Schwerpunkte gebildet werden sollten.

Bewaffnung und technische Ausrüstung

Die deutschen Steilfeuergeschütze (s. S. 178) waren den feindlichen überlegen, sie wurden im Laufe des Krieges verbessert, aber nicht wesentlich weiterentwickelt. Im schweren Flachfeuer dagegen erwarb der Gegner im Westen mit dem Einsatz schwerer Schiffsgeschütze bald eine spürbare Überlegenheit. Dieser Vorsprung mußte aufgeholt werden, denn gerade der Stellungskrieg forderte eine Artillerie, die weit ins feindliche Hinterland hineinreichte.

Auch auf deutscher Seite sollten Marinegeschütze für diese Aufgaben eingesetzt werden. Da aber die Marinelafetten nicht zu verwenden waren und die gebräuchlichen Räderlafetten sich für diese Geschütze als zu schwach erwiesen, mußten erst geeignete Schießgerüste konstruiert und erprobt werden. Ab 1915 kamen Marinegeschütze der Kaliber 17 cm bis 38 cm zunächst als ortsfeste Artillerie an die Front. Sie schoß aus zerlegbaren Eisen- und festen Betonbettungen und erreichte mit dem 21-cm-Geschütz Entfernungen bis zu 26,4 km, mit dem 35,5-cm-Geschütz sogar bis zu 62,2 km. Das Instellunggehen dauerte allerdings bei den kleinen Kalibern vier bis sechs Tage, bei den größeren bis zu sechs Wochen. Der feindlichen Luftbildaufklärung konnte der Stellungsbau schwer verborgen werden, außerdem waren die Feuer- und Rauchentwicklung und der über 10 km weit hörbare Knall beim Abschuß leicht anzuschneiden.

Ab 1916 kamen Eisenbahn-Geschütze vom Kaliber 24 cm an die Front. Sie waren beweglich und konnten in zehn Minuten feuerbereit sein. Wegen des geringen Schwenkungsbereichs von nur 1 bis 2 ° mußte aber aus einer Gleiskurve geschossen werden. Waren geeignete Kurven nicht vorhanden, dann mußten sogenannte „Eisenbahnklauen" gebaut werden, die im Luftbild leicht zu erkennen waren. Ende 1917 wurden Schwenkbahnbettungen, die den Drehscheiben der Lokomotiven ähnlich waren, zugeführt. Sie konnten bei geeignetem Untergrund an einem Tage eingebaut werden und gewährten einen unbegrenzten Schwenkungsbereich. Ab Sommer 1917 wurden dann die ersten „Eisenbahnbettungs-Geschütze" eingesetzt, die je nach Bedarf vom Eisenbahnwagen oder aus ortsfesten Bettungen feuern konnten und zum Beziehen oder Verlassen einer Bettung nur zwei bis drei Stunden brauchten.

Die wichtigsten Geschützarten für „schwerstes Flachfeuer“ waren:
die 17-cm-Schnelladekanone mit Rad- oder Eisenbahnlafette, 24 km Schußweite, Schußfolge 1 Schuß je Minute, je Batterie 2 Geschütze;
die 21-cm-Schnelladekanone, Bettungsgeschütz, Schußweite bis zu 26 km, Feuergeschwindigkeit 1½ Minute, in jeder Batterie nur 1 Geschütz;
die 24-cm-Schnelladekanone, Bettungs-, Eisenbahn- oder Eisenbahnbettungs-Geschütz, Schußweite bis zu 26,6 km, Feuergeschwindigkeit 2 Minuten, 1 oder 2 Geschütze in jeder Batterie;
die 28-cm-Schnelladekanone, Eisenbahnbettungs-Geschütz, Schußweite bis 27,75 km, Feuergeschwindigkeit 2 Minuten, 1 oder 2 Geschütze in jeder Batterie;
die 30,5-cm-Schnelladekanone, Bettungsgeschütz, Schußweite bis 62,2 km, Feuergeschwindigkeit 3 Minuten, Einzelgeschütz;
die 38-cm-Schnelladekanone, Bettungs- und Eisenbahnbettungs-Geschütz, Schußweite 47,5 km, Feuergeschwindigkeit 3 Minuten, Einzelgeschütz.

Besonders konstruierte „Paris-Geschütze“, die zwischen dem 23. März und 29. August 1918 Paris beschossen, erreichten Schußweiten von 130 km. Das Paris-Geschütz war eine 38-cm-Marine-Kanone, die Major Professor Rausenberger bei der Firma Krupp in Verbindung mit dem Waffendepartement des Reichs-Marine-Amtes umkonstruiert hatte.

In das 38-cm-Rohr war ein 21-cm-Rohr eingezogen. Das Geschütz schoß von Bettungen und hatte ein Gewicht von 140 t. Die einzelne Granate wog 150 kg, die Kartuschladung 300 kg. Bei einer Erhöhung auf 55° und einer Anfangsgeschwindigkeit von 1600 m und 3000 Atmosphären Gasdruck wurde die angeführte Schußweite von 130 km erzielt. Das Geschoß erreichte eine Flughöhe von 40 km und legte den größten Teil der Strecke im luftleeren Raum zurück. Im ganzen waren sieben solcher Geschütze vorhanden. Sie wurden von Matrosenartilleristen bedient, die aus Tarnungsgründen die Uniform des Oldenburgischen Infanterie-Regiments Nr. 91 trugen.

Auch für Teile der schweren Artillerie wurde eine besondere „Gebirgsausrüstung“ eingeführt, zwar nicht durch Sondergeschütze, sondern in Form besonderer Transportmittel. Mit Hilfe von schmalspurigen Gebirgskarren gelang es, schwere Feldhaubitzen und 10-cm-Kanonen in zerlegtem Zustand auf Gebirgswegen zu transportieren. Bei Kriegsende bestanden noch 14 solcher Gebirgsstaffeln.

Eine Sondergruppe der schweren Artillerie bildeten die „Meßtrupps“. Sie waren Armeetruppen und wurden den Artillerie-Kommandeuren der in vorderer Linie eingesetzten Divisionen zur Verfügung gestellt. Ihre Bedeutung wurde höheren Orts auch dadurch herausgestellt, daß am 30. August 1916 dem General der Fußartillerie im Großen Hauptquartier ein „Inspekteur des Artillerie-Meßwesens“ beigegeben wurde und auch beim Oberbefehlshaber Ost eine solche Stelle etatisiert wurde. Am 31. Oktober 1916 wurde auf dem Artillerie-Schießplatz Wahn bei Köln die „Artillerie-Meßschule“ für die Ausbildung eines geeigneten Ersatzes errichtet.

Zu Beginn des Krieges war die schwere Artillerie, abgesehen von den mit Fernsprechgeräten ausgerüsteten „vorgeschobenen Beobachtern“, nur auf die „Ballonbeobachtung“ angewiesen.

Bei jeder Armee befand sich 1914 eine Luftschiffer-Abteilung, mit einem Etat von 5 Offizieren, 177 Unteroffizieren und Mannschaften. Außerdem existierten einige „Mastfernrohre", mit einem Fahrzeug fest verbundene, auseinanderziehbare Stahlrohre, die nach dem Prinzip eines Periskops arbeiteten und bis zu einer Höhe von 25 m hochgekurbelt werden konnten. Im Jahre 1915 wurden diese Mastfernrohr-Trupps etatisiert und auf 17 vermehrt. Insgesamt wurden 224 solcher Trupps errichtet. Gleichzeitig trat auch das Flugzeug in den Dienst der Artillerieaufklärung (s. S. 296 und 303).

Für den Stellungskrieg wurden, ähnlich dem Festungskrieg, „Batterie-Pläne" erarbeitet und für größere Artillerie-Gruppen zunächst provisorisch sogenannte „Meßplan-Abteilungen" eingerichtet. Ab 1915 bildete sich bei der Artillerieaufklärung das „Lichtmeßverfahren" aus, das die Licht- und Raucherscheinungen beim Abschuß anschnitt und kartenmäßig festlegte. Auch die eigenen Einschläge konnte man durch das Lichtmeßverfahren korrigieren.

Am 29. September 1915 wurden 101 „Lichtmeß-Trupps" aus den bisherigen Meßplan-Abteilungen aufgestellt. Ein Trupp umfaßte eine Meßplanstelle und 5 bis 6 Meßstellen. Als Stärke war vorgesehen: 2 Offiziere, 27 Unteroffiziere und Mannschaften für die Meßplanstelle, die die Auswertung der Meßergebnisse vornahm, und 11 Unteroffiziere und Mannschaften für jede Meßstelle.

Zur gleichen Zeit liefen Versuche an, auch mit Hilfe von Schallmessungen Ortsbestimmungen vorzunehmen, wichtig bei unsichtigem Wetter und im Hochgebirge. Jedoch bewährte sich das Schallmessen nicht bei Trommelfeuer und konnte durch Geräuschtarnung, indem mehrere Batterien gleichzeitig abfeuerten, empfindlich gestört werden.

Am 25. Januar 1916 wurden 51 „Schallmeß-Trupps" aufgestellt und der Etat auf 2 Offiziere, 14 Unteroffiziere und Mannschaften bei der Meßplanstelle, 11 Unteroffiziere und Mannschaften für jede Meßstelle festgesetzt. Am 15. Mai 1918 wurden 3 Licht- und 5 Schallmeß-Trupps aufgelöst und aus ihnen 3 „Richtungshörer-Züge" gebildet, die nach einem kombinierten Licht-Schallmeß-Verfahren arbeiteten. Im August 1918 aufgestellte „Erdmeß-Trupps" konnten sich nicht mehr auswirken.

Bedingung für das Arbeiten aller dieser Meßtrupps war das Vorhandensein genauer Karten, die von den „Vermessungs-Abteilungen" hergestellt wurden. Um die für die Schußleistungen der schweren Artillerie, insbesondere für das „schwerste Flachfeuer", so wichtige Berücksichtigung der Witterungseinflüsse vornehmen zu können, wurden am 26. August 1917 insgesamt 31 „Artillerie-Berichtigungs-Trupps" errichtet, die mit den Wetterwarten der Luftstreitkräfte zusammenarbeiteten, im Mai 1918 aber wieder aufgelöst wurden.

Durch Meßverfahren und Wetterberechnung konnte ein artilleristischer Angriff unauffällig vorbereitet und das Überraschungsmoment gewahrt werden. Erst in der Nacht vor einer Offensive trafen meist die Geschütze in den vorher vermessenen und ausgepflockten Stellungen ein.

Die Bedeutung der schweren Artillerie ist daran abzulesen, daß sich ihre Zahl im Laufe des Krieges verzehnfacht hat. Im Jahre 1914 wurden 148 schwere Batterien mobil gemacht, gegen Ende des Krieges bestand die schwere Artillerie trotz ihrer empfindlichen Verluste im Jahre 1918 aus 1 566 Batterien.

3. Die übrigen Waffengattungen des Heeres

a. Pioniere

Gliederung

Bei der Mobilmachung hatte jedes der 34 Pionier-Bataillone des Friedensheeres zwei Feldbataillone aufgestellt, die mit der unglücklich gewählten Bezeichnung I. und II. Bataillon des Pionier-Bataillons Nr. ... benannt wurden. Die aktive 1. bis 3. Kompanie bildeten das I. Bataillon, das im allgemeinen den aktiven Armeekorps zugeteilt wurde, die aktive 4. und die 1. und 2. Reserve-Kompanie bildeten das II. Bataillon, das zu einem Reservekorps oder zu einer Festungsbesatzung trat. Die Feld-Pionier-Bataillone blieben jedoch nicht geschlossen, sondern wurden auf die Divisionen verteilt, wobei die Hälfte aller Divisionen des Feldheeres nur eine Pionier-Kompanie erhielt. Stab und Scheinwerferzug wurden Korpstruppen. Der Bataillons-Kommandeur trat als pioniertechnischer Fachberater zum Generalkommando.

Jede Division erhielt zusätzlich einen Divisions-Brückentrain. Zu den Korpstruppen trat ein Korps-Brückentrain mit einem Pionier-Begleitkommando. Jede Kavallerie-Division erhielt eine Kavallerie-Pionier-Abteilung. Neun Friedensbataillone wurden nicht aufgeteilt, sondern bildeten aus ihren beiden Feldbataillonen Pionier-Regimenter, die als Armeetruppen für den Festungskrieg bestimmt waren und anstatt des Brücken- einen Belagerungstrain mit sich führten.

Außerdem wurden noch 2 Landwehr-, 2 Landsturm- und 14 mobile Ersatz-Pionier-Kompanien aufgestellt, deren Etat dem einer aktiven Pionier-Kompanie entsprach.

Der Etat einer Pionier-Kompanie umfaßte 5 Offiziere, 1 Sanitätsoffizier, 264 Unteroffiziere und Mannschaften, 22 Pferde, 7 Fahrzeuge. Der Scheinwerferzug hatte 2 Offiziere, 39 Unteroffiziere und Mannschaften, 28 Pferde, 5 Fahrzeuge. Zu einem Divisions-Brückentrain gehörten 2 Offiziere, 59 Unteroffiziere und Mannschaften, 98 Pferde, 21 Fahrzeuge. Der Korps-Brückentrain mit zugeteiltem Pionier-Begleitkommando hatte 8 Offiziere, Sanitätsoffiziere, Veterinäroffiziere und Beamte, 200 Unteroffiziere und Mannschaften, 237 Pferde, 38 Fahrzeuge.

Mit dem Material eines Divisions-Brückentrains konnten 60 m Laufbrücke, 35 m Kolonnenbrücke oder 20 m schwere Kolonnenbrücke hergestellt werden, mit dem eines Korps-Brückentrains 170 m Laufbrücke, 130 m Kolonnenbrücke oder 75 m schwere Kolonnenbrücke. Mit dem gesamten Brückenmaterial eines Armeekorps ließ sich eine Kolonnenbrücke von 200 m bauen, über die alle Truppenteile mit Ausnahme der schweren Belagerungsgeschütze vom 21-cm-Mörser an aufwärts marschieren konnten. Den Reserve- und dem Landwehr-Korps fehlte der Korps-Brückentrain. Sie verfügten nur über die Brückentrains der Divisionen.

Die Pionier-Abteilung einer Kavallerie-Division bestand aus 2 Offizieren, 46 Unteroffizieren und Mannschaften und war so beweglich gemacht, daß sie der Kavallerie in beschleunigter Gangart zu folgen vermochte. Mit Hilfe der bei jedem Kavallerie-Regiment auf den Brückenwagen transportierten Boote konnte sie 6 Fähren bauen, die jedes Fahrzeug und Geschütz der Division trugen.

Zum Pionier-Belagerungstrain gehörten 10 Offiziere, Sanitätsoffiziere, Veterinäroffiziere und Beamte, 298 Unteroffiziere und Mannschaften. Außer Schanzzeug, Sandsäcken, Stacheldraht, Sturmgerät, Sprengmunition, Beleuchtungsmitteln, Fernsprechgeräten und Grabenpumpen führte er auch 18 km Förderbahngerät sowie 10 schwere und 30 leichte Minenwerfer und 35 Gestelle zum Abschuß von Gewehrgranaten einschließlich einer Erstausstattung an Munition mit.

Die für den Bewegungskrieg geplante Ausstattung einer Division mit Pionieren reichte für den Stellungskrieg nicht aus. Es mußten beschleunigt weitere Kompanien aufgestellt – davon 109 bereits im Jahre 1914 – und sogar die als Heerestruppen eingeteilten Pionier-Regimenter herangezogen werden. Bis Ende 1916 war die Zahl der Feldpionier-Kompanien von 218 auf 592 gestiegen. Die meisten Divisionen hatten jetzt zwei Kompanien. Um die Pioniertruppe von den Arbeiten im Stellungsbau zu entlasten und die im Frieden vielfach vernachlässigte Pionierausbildung der Infanterie nachzuholen, wurden im Jahre 1915 bei jeder Division „Pionier-Ausbildungs-Lehrgänge für die Infanterie“ eingerichtet.

Eine Sonderaufgabe für die Pioniere entstand jedoch im „Minenkrieg“ und im „Mineurdienst“. Der Stellungskrieg hatte diese alte Kampfart früherer Jahrhunderte wieder aufleben lassen. Die Arbeit unter Tage erforderte technische Spezialkenntnisse und besondere fachliche Anleitung. Im Rahmen der Armeetruppen wurden mit Verfügung vom 7. April 1916 die ersten „Pionier-Mineur-Kompanien“ aufgestellt, die den Divisionen von Fall zu Fall zugeteilt wurden. Insgesamt sind 46 derartige Kompanien errichtet worden.

Auf Anordnung des Chefs des Generalstabes des Feldheeres vom 6. Januar 1917 wurde die Pioniertruppe neu gegliedert. Jede Division erhielt ein Pionier-Bataillon mit mindestens zwei Pionier-Kompanien, eine Minenwerfer-Kompanie und einen Scheinwerferzug. Die Pionier-Regimenter wurden aufgelöst und alle bisherigen II. Bataillone erhielten neue fortlaufende Nummern. Zu den Armeetruppen sollten die Spezialformationen der Pioniere sowie alle Landwehr- und Landsturm-Kompanien treten, soweit sie nicht kriegsgliederungsmäßig bestimmten Divisionen angehörten. Im August 1918 wurden die Minenwerfer-Kompanien der Pionier-Bataillone aufgelöst und zur Bildung der Minenwerfer-Kompanie bei der Infanterie verwandt. Dafür erhielt im September 1918 jede Pionier-Kompanie sechs tragbare Flammenwerfer. Die Gesamtzahl der Feldpionier-Kompanien vermehrte sich bis zum Kriegsende auf 649, das heißt auf das dreifache des Standes von 1914.

Spezialformationen

Bei Kriegsbeginn führte die deutsche Armee als einzige den „Minenwerfer" mit ins Feld. Diese Waffe war bis Kriegsbeginn streng geheimgehalten worden, und weder Führung noch Truppe hatten klare Vorstellungen über ihren Einsatz und ihre Wirkungsmöglichkeit. Mit dem Minenwerfer war bei der Truppe noch nie scharf geschossen worden. Bei den Kämpfen um die belgischen Festungen war er wenig zur Geltung gekommen. Der Stellungskrieg machte ihn aber bald zu einem der wichtigsten Kampfmittel, denn das Artilleriefeuer konnte wegen Gefährdung der eigenen Truppe manche dicht vor der eigenen Stellung liegenden Ziele nicht fassen. Der Minenwerfer mit seinem Bogenschuß und seiner geringen Streuung war dagegen für solche Ziele die geeignete Waffe. Die schweren Minen hatten außer ihrer fast jede Deckung durchschlagenden Sprengkraft noch zusätzlich eine außerordentliche Wirkung auf die Moral des beschossenen Gegners.

Es gab drei Werfertypen. Die Firmen Krupp und Ehrhardt hatten einen 25-cm-Werfer konstruiert, dessen Reichweite bei Minen von 100 kg 420 m betrug. Von diesen schweren Werfern waren im August 1914 die ersten 70 Stück fertiggestellt. Bereits 1912 war ein ebenfalls von Krupp stammender 17-cm-Werfer für 50-kg-Minen eingeführt worden. Er wurde anfangs als schwerer, während des Krieges als mittlerer Werfer bezeichnet. Der leichte Minenwerfer, der sich bei der Mobilmachung teilweise noch in der Auslieferung befand, feuerte Wurfminen von 1 kg Sprengstoff auf 100 bis 350 m. Die Werfer wurden bald technisch weiterentwickelt. Der mittlere Minenwerfer erreichte Weiten bis 800 m, der inzwischen eingeführte leichte Minenwerfer, Kaliber 7,6 cm, Geschoßgewicht 4,75 kg, bis 1 050 m.

In der Somme-Schlacht 1916 waren auf alliierter Seite schwere Minenwerfer aufgetreten, die „Flügelminen" verschossen. Durch die Flügel gesteuert und gegen Überschlagen gesichert, traf die Flügelmine regelmäßig mit der Spitze auf, drang, wenn mit verzögerter Zündung verschossen, tief in den Erdboden und drückte die Unterstände ein. Die Deutschen bauten diese Waffe sofort nach und erreichten mit ihr Entfernungen bis zu 3 500 m.

Da die Minenwerfer wegen ihrer kurzen Reichweite in den ersten Kriegsjahren ihre Feuerstellungen in den vorderen Linien haben mußten und vom Gegner am Mündungsfeuer, -rauch und Abschußknall verhältnismäßig leicht auszumachen und niederzukämpfen waren, versuchte man 1915 als Treibmittel an Stelle von Schießpulver Preßluft zu verwenden. Es wurde ein 10,5-cm-, ein 15-cm- und beim Marine-Korps ein

26-cm-Preßluft-Minenwerfer entwickelt. Seine Vorteile waren: kein Mündungsfeuer, keine Raucherscheinung, kein Abschußknall, eine hohe Treffgenauigkeit und keine wechselnden Rohrerhöhungen, da die verschiedenen Schußweiten durch Einstellen des Gasdrucks erreicht wurden. Seine Mängel – schwierige Heranbeförderung der Preßluftflaschen, eine große Rohrlänge und sehr empfindliche Ventile – waren jedoch so überwiegend, daß man die Preßluft-Minenwerfer wieder aufgab.

Im Dezember 1914 zog die OHL alle schweren und mittleren Minenwerfer zusammen, errichtete die „schweren Minenwerfer-Abteilungen Nr. 1 bis 7" und hielt die auf Lastkraftwagen beweglich gemachten Abteilungen zur eigenen Verfügung.

Sie wurden im April 1915 um 1 Bataillon vermehrt, das aus 5 Abteilungen zu je 4 mittleren und 2 leichten Werfern bestand. Diesem Bataillon wurden 1 Meß- und 1 Wetter-Trupp sowie 1 Nachrichten-Abteilung angegliedert und der Auftrag erteilt, die Grundlagen für ein Schießen mit Gasminen zu erarbeiten. Das Gasschießen mit dem Minenwerfer erwies sich jedoch als unwirksam, da die von der Munitionsmenge abhängige Dichte fehlte und die Abhängigkeit von der Windrichtung keine rechte Einsatzplanung erlaubte.

Am 5. Februar 1915 setzte die OHL fest, daß jedes Armee- und Reservekorps 2 schwere Minenwerfer-Abteilungen zu je 2 und 1 mittlere Minenwerfer-Abteilung zu 6 Werfern erhalten solle. Jede Pionier-Kompanie bekam 6 leichte Werfer.

Mit Verfügung vom 2. September 1915 wurden die zahlreichen improvisiert aufgestellten Minenwerfer-Trupps und -züge in Kompanien zusammengezogen und etatisiert. Die Minenwerfer-Kompanie einer Division sollte in 3 Züge gegliedert sein, von denen der erste 2 schwere, der zweite 2 mittlere, der dritte 6 leichte Werfer haben sollte. Am 24. Dezember 1915 wurde ein besonderer „Inspizient der Minenwerfer" beim General der Pioniere im Großen Hauptquartier bestellt. Ende 1916 bestanden 7 Bataillone und 217 Minenwerfer-Kompanien, von denen jede Kompanie 3 schwere, 6 mittlere und 12 leichte Werfer haben sollte. Eine Gebirgsausrüstung mit Maultieren und Karren hatten 6, ab 1917 insgesamt 7 Kompanien.

Unter der 3. OHL wurde auch die Minenwerfer-Waffe neu gegliedert. Die Minenwerfer-Kompanie erhielt 4 schwere und 8 mittlere Werfer. 4 Minenwerfer-Kompanien bildeten ein Bataillon. Insgesamt wurden 23 Minenwerfer-Bataillone formiert. Die Divisions-Minenwerfer-Kompanien wurden im Jahre 1918 bis auf 16 aufgelöst. Die leichten und mittleren Werfer erhielt die Infanterie.

Bei großen Angriffsunternehmungen wurden die Minenwerfer dem Führer der Angriffsartillerie unterstellt. Auch die leichten Werfer der Infanterie konnten zur Feuervorbereitung vorübergehend der Artillerie angegliedert werden. Um die Kommandeure beim Einsatz der Minenwerfer zu beraten, erhielt 1916 jedes Infanterie-Regiment einen Minenwerfer-Offizier. Hinter der Front wurden Armee-Minenwerfer-Schulen eingerichtet (insgesamt 26). Da der Geschäftsbereich des Inspizienten stark angewachsen war, teilte die OHL am 7. Januar 1917 drei, am 8. Juli 1917 sogar vier Inspizienten ein. Am 24. Februar 1918 wurden diese vier Inspizienten zu „Stabsoffizieren für Minenwerfer-Wesen", erhielten Regimentskommandeursrang und wurden gegebenenfalls mit der Führung mehrerer bei Großkämpfen zusammengezogener Minenwerfer-Bataillone beauftragt. Am selben Tage wurden die „Inspizienten des Minenwerfer-Gerätes Nr 1 und 2" aufgestellt, denen die Materialaufsicht zufiel.

Als neues Kampfmittel sollte das Kampfgas den Stellungskrieg wieder in Bewegung bringen. Die OHL griff eine Anregung auf, die vom französischen Gegner ausgegangen war, und beauftragte durch das Kriegsministerium den Geheimrat Dr. Haber mit der Prüfung, ob sich „Giftgas als Kampfmittel" verwenden ließe.

Haber brachte Chlorgas in Vorschlag, das aus eisernen Flaschen bei günstigem Wind gegen die feindlichen Stellungen abgeblasen werden könnte. Chlorgas wäre reichlich vorhanden, hielte wegen seiner Schwere am Boden und dränge in jede anderen Kampfmitteln nicht zugängliche Deckung ein. Da eine Nachwirkung im freien Gelände fehlte, könnte die eigene Sturm-Infanterie unmittelbar hinter der Chlorwolke vorgehen. Nachteilig wäre die Abhängigkeit vom Wind und die Gefährdung der eigenen Truppe bei Volltreffern auf die bereitgestellten oder eingebauten Gasflaschen.

Im Januar 1915 wurden die ersten zwei Pionier-Kompanien auf dem Schießplatz Wahn von Assistenten Habers im Gebrauch des Kampfgases ausgebildet. Aus Tarnungsgründen bezeichnete man sie als „Desinfektionstruppe". Zwei Monate später wurde das erste Gas-Regiment mit 2 Bataillonen zu je 3 Kompanien als Pionier-Regiment Nr. 35 aufgestellt. Am 22. April 1915 wurde der erste deutsche Gasangriff bei der 4. Armee in der Gegend nördlich Ypern durchgeführt. Bereits nach 35 Minuten waren 4 km Gelände fast kampflos gewonnen, 5 000 Gefangene gemacht und 60 Geschütze erobert. Die feindliche Front war kilometerweise aufgerissen, der Gegner verwirrt. Leider fehlten die deutschen Reserven, um diesen Erfolg in vollem Umfang auszunützen.

Im Mai 1915 entstand das Pionier-Regiment Nr. 36 als 2. Gas-Regiment. Am 10. Dezember 1916 wurde ein „Inspekteur der Gas-Regimenter" beim General der Pioniere im Großen Hauptquartier bestellt. Am 23. August 1917 löste man die Regimentsverbände auf. Die vier Bataillone wurden selbständig, der bisherige Inspekteur zum „Kommandeur der Gastruppen" ernannt.

Ebenfalls im August 1917 wurde ein neues Angriffsverfahren eingeführt. Das bisherige Abblasverfahren war vom Wetter zu sehr abhängig und der Wind stand an der Westfront meist ungünstig. Der Truppenführer konnte bei diesem Kampfmittel nicht vorausplanen. Nun aber wertete man das englische Gaswerferverfahren und die eigenen Erfahrungen mit den Gasminen aus und anstatt das Gas abzublasen, schleuderte man es in Wurfflaschen aus einfachen Werfervorrichtungen. Man vergaste nicht mehr kilometerbreite Frontabschnitte, sondern nur noch wichtige Punktziele. Durch eine genügende Anzahl von Rohren wurde eine wirksame Gasdichte erreicht. Jedes Gas-Bataillon erhielt 1 000 Rohre zugewiesen. Die Schußweite betrug 1 600 m. Der erste Einsatz mit dem neuen Verfahren am 24. Oktober 1917 in der Isonzo-Schlacht war wieder ein voller Erfolg.

Die OHL vermehrte die Gastruppen im Februar 1918 noch um das Pionier-Bataillon Nr. 39 und am 22. Juni 1918 um 3 weitere Bataillone (Nr. 94 bis 96). Bei Kriegsende gab es 8 Bataillone.

Eine weitere neue Pionierwaffe war der „Flammenwerfer". Der Diplom-Ingenieur Dr. Reddemann, Führer einer Landwehr-Pionier-Kompanie, und der Ingenieur Fiedler hatten in Erinnerung an die Verwendung brennender Flüssigkeit durch die Japaner im Kriege 1904/05 einen Apparat konstruiert, der leicht brennbares „Flammöl" verspritzte. Die OHL machte sich diese Erfindung zunutze und ließ zwei Typen herstellen: einen großen Flammenwerfer, der zwar schwer zu transportieren war und von mehreren Mann bedient werden mußte, und einen kleinen, der wie ein Tornister auf dem Rücken getragen werden konnte und den Träger kaum in seinen Bewegungen hinderte.

Im Januar 1915 wurde aus 48 ausgesuchten Pionieren, meist alten Feuerwehrmännern, mit 12 großen Flammenwerfern die „Flammenwerfer-Abteilung Reddemann" aufgestellt. Ihr erster Einsatz am 26. Februar 1915 im Wald von Malancourt erfüllte alle Erwartungen und entschied die Frage eines weiteren Ausbaues dieser neuen Waffe. Im März 1915 wurde das III. Bataillon des Garde-Pionier-Bataillons als Flammenwerfer-Bataillon aufgestellt und im April 1916 aus diesem das „Garde-Reserve-Pionier-Regiment" mit 12 Kompanien errichtet, dessen Führung dem Major der Landwehr Reddemann übertragen wurde. Jede Kompanie erhielt 12 bis 15 große und 30 bis 40 kleine Flammenwerfer. Die OHL unterstellte sich das Regiment unmittelbar und stellte gegebenenfalls den Armeen Bataillone oder auch einzelne Kompanien zur Verfügung. Der Einsatz der Flammenwerfer richtete sich insbesondere gegen Maschinengewehrnester und sonstige Stützpunkte. Auch beim Aufrollen von Gräben war es ein beliebtes Kampfmittel. Der Kaiser ehrte den Mut und den Einsatz der Flammenwerferbedienungen, indem er am 28. Juli 1916 dem Garde-Reserve-Pionier-Regiment ein am linken Ärmel zu tragendes Totenkopfabzeichen verlieh.

Eine besondere Bedeutung durch ihre Verwendung bei der Flugabwehr erhielten die „Scheinwerferzüge". Sie waren jedoch auch im Stellungskrieg sehr brauchbar. Ihre Zahl wurde daher laufend vermehrt. Im August 1914 standen 26 Scheinwerferzüge zur Verfügung. Trotz der Übernahme von 50 Zügen 1917 auf den Etat der Luftstreitkräfte waren bei Kriegsende noch 241 Scheinwerferzüge vorhanden. Die technische Verbesserung des tragbaren Glühlicht-Scheinwerfers und die reichliche Anlieferung dieser Geräte an die Truppe gestattete es der OHL, die fahrbaren Scheinwerfer im Januar 1918 in die Heeresreserve zurückzuziehen, um sie schwerpunktmäßig bei Großkämpfen einsetzen zu können.

An sonstigen Sonderformationen der Pioniere wäre noch die „Pionier-Landungs-Kompanie" zu nennen. Die im Frieden bereits beim Pionier-Bataillon Nr. 9 in Harburg errichtete Kompanie war als Feldpionier-Kompanie an der Westfront eingesetzt worden. An ihrer Stelle wurde am 21. April 1915 eine neue Landungs-Kompanie errichtet, die bei den Donau-Übergängen in den Feldzügen gegen Serbien und Rumänien sowie bei der Eroberung der baltischen Inseln Verwendung fand. Ferner gab es seit dem 8. November 1915 die „Pionier-Fähr-Kompanie 275" und vom 12. April 1916 bis Juni 1918 die „Pionier-Wasserbetriebs-Kompanie 310".

Als Spezialtruppen für Stollenbau wurden am 1. Februar 1918 die „Pionier-Bohrmaschinen-Kompanie 421" und am 16. April 1918 die „Pionier-Flüssigluft-Kompanie 422" errichtet. Ab Sommer 1918 kamen für den Stellungsbau im Westen Bagger zum Einsatz. Die Bedienungsmannschaften bekamen am 19. Juli 1918 als „Pionier-Schützengrabenbagger-Kompanie 423" einen Etat.

Die anläßlich der Mobilmachung bei den Pionier-Regimentern aufgestellten Pionier-Belagerungs-Trains erhielten im Stellungskrieg neue Aufgaben. Die in diesen Trains eingegliederten Park-Kompanien übernahmen die Versorgung der Front mit Pionier-Material. Sie verteilten dabei nicht nur den Nachschub aus der Heimat, sondern errichteten eigene Produktionsstätten, wie Schmieden, Schlossereien, Gießereien, Sägewerke, Schreinereien, Montagewerke und Fabrikationen für Leuchtmunition. Zu ihrer Unterstützung wurden Landsturm-Pionier-Park-Kompanien und Zivilarbeiter herangezogen.

Die Brückentrains konnten im Stellungskrieg nicht ihrer Bestimmung nach verwendet werden. Am 27. März 1917 machte die OHL alle Brückentrains zu Armeetruppen und verringerte ihren Etat an Personal und Pferden. Am 14. August 1917 wurden 7 Korps- und 24 Divisions-Brückentrains aufgelöst. Weitere Auflösungen erfolgten 1918, so daß bei Kriegsende noch etwa die Hälfte des Bestandes von 1915 vorhanden war.

Für die Ausbildung der Pioniere wurden wie bei den anderen Waffengattungen Feldrekruten-Depots bei jeder Armee eingerichtet, sowie sechs zusätzliche Depots für die Minenwerfer-Waffe. Am 6. Dezember 1916 wurde der Pionier-Übungsplatz Jeumont durch die OHL geschaffen, dessen Einrichtung im August 1918 nach Huy verlegt wurde. Die im Mai 1917 errichtete Pionier-Schule 1 zur Fortbildung von Pionier-Offizieren und -Unteroffizieren lag ebenfalls in Jeumont, später in Andenne. Die Pionierschule 2 in Kowno, die zur gleichen Zeit entstanden war, wurde im März 1918 wieder aufgelöst.

Von seiten der OHL wurde auch eine Reihe neuer Vorschriften, zum Beispiel „Die Minenwerfer" (15. November 1916), herausgegeben und dadurch eine einheitliche Ausbildung im ganzen Heer ermöglicht.

b. Nachrichtentruppen

Aus den im Friedensheer zu den Verkehrstruppen zählenden 9 Telegraphen-Bataillonen und den 8 Festungs-Fernsprech-Kompanien, die zusammen eine Stärke von 550 Offizieren und 5 800 Unteroffizieren und Mannschaften hatten, wurden bei der Mobilmachung aufgestellt

beim Großen Hauptquartier:
der Chef der Feldtelegraphie als Leiter des gesamten Nachrichtendienstes im Felde, 1 Kraftwagen-Fernsprech-Abteilung und 1 schwere Kraftwagen-Funken-Station. Der Chef der Feldtelegraphie war dem Generalquartiermeister unterstellt;
bei jedem der 8 Armee-Oberkommandos (ohne Nordarmee):
der Stab des Stabsoffiziers der Telegraphen-Truppe (Stotel) als Leiter des Nachrichtendienstes im Armeegebiet, 1 Armee-Telegraphen-Abteilung, 1 Funker-Kommando und 2 schwere Funkerstellen;
bei jedem Armee-Korps:
1 Korps-Fernsprech-Abteilung;
bei jedem Reserve-Korps:
1 Reserve-Fernsprech-Abteilung;
beim Landwehr-Korps:
2 mobile Ersatz-Fernsprech-Züge;
bei jeder Kavallerie-Division:
1 Kavallerie-Nachrichten-Abteilung mit 1 schweren und 2 leichten Funkstellen.

Insgesamt umfaßte die Telegraphentruppe etwa 800 Offiziere und 25 000 Unteroffiziere und Mannschaften.

Der Etat einer Armee-Telegraphen-Abteilung umfaßte 10 Offiziere und Beamte, 279 Unteroffiziere und Mannschaften, 94 Pferde, 18 Fahrzeuge, 7 Kraftwagen. Mitgeführt wurden 50 km Feldkabel und 102 km blanker Draht. Eine Korps-Telegraphen-Abteilung hatte 8 Offiziere und Beamte, 117 Unteroffiziere und Mannschaften, 125 Pferde, 21 Fahrzeuge und 2 Kraftwagen. Mitgeführt wurden 86 km Feldkabel, 4 km blanker Draht, 40 km Armeekabel. Die Reserve-Fernsprech-Abteilung war erheblich schwächer: 3 Offiziere, 94 Unteroffiziere und Mannschaften, 66 Pferde, 11 Fahrzeuge, 3 Kraftwagen. Mitgeführt wurden 44 km Feldkabel, 2 km blanker Draht, 20 km Armeekabel. Das Armeekabel war wegen seiner schlechten Isolierung wenig leistungsfähig und sollte nicht für längere Zeit eingebaut werden.

Bei den Funkern hieß die Einheit „Station“. Die schwere Station hatte einen Etat von 2 Offizieren, 34 Unteroffizieren und Mannschaften, 30 Pferden, 3 Fahrzeugen, 1 Kraftwagen. Die leichte Station hatte 2 Offiziere, 23 Unteroffiziere und Mannschaften, 31 Pferde, 2 Fahrzeuge. Die Mannschaften der leichten Stationen waren beritten. Die Reichweite der Funkgeräte schwankte zwischen 100 und 250 km.

Die Vermehrung der höheren Stäbe zwang auch zur Vermehrung der Telegraphentruppe. Der Stellungskrieg mit seinen unbeweglichen Fronten machte dazu eine Umorganisation notwendig. Die Armee-Fernsprech-Abteilungen – ab 1915 hießen die Telegraphen-Abteilungen Fernsprech-Abteilungen – wurden in Betriebsabteilungen für den bestehenden Fernsprechbetrieb und in Bauabteilungen für den Instandsetzungsdienst und Neubau von Verbindungen gegliedert. Beim Großen Hauptquartier entstand am 4. August 1915 eine eigene „Telegraphen-Direktion", die ihr Personal von 400 Beamten von der Reichs-Telegraphen-Verwaltung erhielt.

Als im Trommelfeuer der Materialschlachten die Drahtverbindungen an der Front versagten, gab man der Infanterie tragbare kleine Funkgeräte. Mehrere dieser Kleingeräte wurden in „Funker-Kleinabteilungen" vereinigt. Gleichzeitig wurde die Signallampe, die sich bereits in den Kolonialkriegen bewährt hatte, wieder eingeführt. Es wurden besondere „Lichtsignal-Abteilungen" gebildet und den Korps-Fernsprech-Abteilungen angegliedert. Das Gerät hatte eine Reichweite bis zu 6 km, war jedoch vom Gelände, Nebel, Rauch und Sonnenlicht abhängig. Auch bestand die Gefahr, daß der Feind die Signalsprüche mitlas.

Da Kleinfunk- und Lichtsignalgerät nicht ausreichten, holte man aus den Festungen auch die Brieftauben an die Front. Fahrbare Brieftaubenschläge kamen als bodenständige Einrichtungen Ende 1916 an die Standorte der Divisions-Stäbe. Die Tauben bildeten im Trommelfeuer häufig das einzige Mittel, Meldungen aus der vordersten Linie an die Führung gelangen zu lassen. Außerdem wurden im August 1917 „Meldehundeschulen" eingerichtet und den Divisionen Meldehundetrupps zu je 5 Führern und etwa 20 Meldehunden zugeteilt. Ferner wurden alle möglichen Leuchtmittel, Sichtzeichen und Nachrichtengeschosse eingeführt. Für den Gebirgskrieg waren schon im Juni 1915 einige Gebirgs-Funkertrupps aufgestellt worden, aus denen sich im Oktober 1916 neun „Gebirgs-Funker-Abteilungen" bildeten.

Im Jahre 1916 wurde auch der bereits 1915 erprobte Erdtelegraph zum Abhören des feindlichen und zum Überwachen des eigenen Fernsprechverkehrs in größeren Mengen eingesetzt. Die „Richtempfängertrupps" lieferten schnell Ergebnisse, und das Arendt-Gerät wurde ein wertvolles Aufklärungsmittel. Funkaufklärung selbst war schon seit Beginn des Krieges betrieben worden. So hatten zum Beispiel die Funkstellen der Festungen Graudenz, Thorn und Posen den russischen Funkverkehr während der Schlacht bei Tannenberg mitgehört, der noch dazu leichtfertig in Klartext gesendet worden war. Später wurde die Erfassung des feindlichen Funkverkehrs und dessen Dechiffrierung organisiert und die Ergebnisse über eine Zentralstelle an die OHL weitergeleitet. Auch „Störfunk" wurde eingesetzt, so vor allem gegen den Funkverkehr der alliierten Artillerieflieger.

Unter der 3. OHL wurden am 14. Dezember 1916 die Funker von den Fernsprechern organisatorisch getrennt. Die Dienststellen der Stabsoffiziere der Telegraphen-Truppen bei den Armee-Oberkommandos wurden zu „Armee-Fernsprech-Kommandeuren" und für die Funker am 13. März 1917 „Armee-Funker-Kommandeure" bestellt. Ebenso erhielt jedes Generalkommando einen Kommandeur der Fernsprech- und einen der Funkertruppe, die im März 1917 in Gruppenkommandeure der Fernsprechtruppen (Grukofern) beziehungsweise der Funkertruppen (Grukofunk) umbenannt wurden. Die Korpsfernsprech-Abteilungen wurden zu Gruppen-Fernsprech-Abteilungen. Jede Division erhielt eine Divisions-Fernsprech-Abteilung. Auch für die Heeresgruppen-Kommandos wurden besondere Fernsprechformationen aufgestellt (Heeresgruppen-Fernsprech-Abteilungen Nr. 200 bis 204).

Die bisherigen Lichtsignaltrupps erhielten die Bezeichnung „Blinkertrupps". Sie wurden in die Divisions-Fernsprech-Abteilungen eingegliedert, beziehungsweise zu je 4 Trupps in 72 Blinker-Züge zusammengefaßt, die der OHL direkt unterstellt waren. Die einzelnen Funker-Stationen wurden zu 25 „Armee-Funker-Abteilungen" zusammengezogen.

Die Trennung von Fernsprech- und Funkerformationen stellte sich jedoch als unzweckmäßig heraus. Mit der Umorganisation vom 12. September 1917 wurde deshalb die bisherige Telegraphentruppe als „Nachrichtentruppe" eine selbständige Waffengattung außerhalb des Rahmens der Verkehrstruppen. Der Chef der Feldtelegraphie im Großen Hauptquartier wurde „Chef des Nachrichtenwesens" und dem Chef des Generalstabes des Feldheeres unmittelbar unterstellt. Im Kriegsministerium löste sich eine selbständige „Abteilung für Nachrichtenmittel (ANch)" aus der Verkehrstruppen-Abteilung (A 7 V) heraus. Die Stäbe der Armee-Fernsprech- und Armee-Funker-Kommandeure wurden als „Armee-Nachrichten-Kommandeure (Akonach)" vereinigt. Desgleichen wurden Grukofern und Grukofunk zu „Gruppen-Nachrichten-Kommandeur" zusammengelegt. Bei den Divisionen wurden die Stäbe der „Divisions-Nachrichten-Kommandeure" neu gebildet und ihnen die bisher bestehenden Divisions-Fernsprech-Abteilungen und die neuerrichteten Divisions-Funker-Abteilungen unterstellt.

Gegen Ende des Krieges standen zur Verfügung der OHL:
- 96 Kraftwagen-Fernsprech-Bauzüge
- 30 bespannte Fernsprech-Bauzüge
- 97 Fernsprech-Betriebszüge
- 20 Fernsprech-Stationszüge
- 72 Blinkerzüge
- 1 Heeres-Nachrichtenschule in Namur
- 1 Heeres-Nachrichten-Park;

bei den Heeresgruppen:
- 5 Heeresgruppen-Fernsprech-Abteilungen;

bei den Armee-Oberkommandos:
- 47 Armee-Fernsprech-Abteilungen
- 23 Armee-Funker-Abteilungen
- 20 Armee-Nachrichten-Parks
- 17 Meldehunde-Staffeln;

bei den Generalkommandos:
- 71 Gruppen-Fernsprech-Abteilungen
- 63 Gruppen-Funker-Abteilungen;

bei den Divisionen:
- 242 Divisions-Fernsprech-Abteilungen
- 193 Divisions-Funker-Abteilungen
- 292 Abhörstationen
- 617 Brieftauben-Schläge.

Der Personalbestand war auf 4381 Offiziere und 185 000 Unteroffiziere und Mannschaften angewachsen.

Bei diesen Zahlen sind nicht eingerechnet die Angehörigen des „Weiblichen Nachrichtenkorps", das am 3. Oktober 1918 errichtet wurde, um Soldaten der Nachrichtentruppe in der Heimat, in den Generalgouvernements, im Gebiet des OB Ost und in der Etappe abzulösen und der Front zuzuführen. Dieses Korps bestand jedoch zu kurze Zeit, als daß es sich hätte auswirken können.

c. Feldeisenbahnwesen

Eine Verschiebung der Massenheere war nur mit Hilfe der Eisenbahn möglich, deshalb gewann die im Frieden nur mit einem Stabsoffiziere besetzte Stelle des Chefs der Eisenbahn-Abteilung des Großen Generalstabes eine erhebliche Bedeutung. Der nunmehrige „Chef des Feldeisenbahnwesens" (Fech), Oberstleutnant Groener, gehörte zum Stab des Generalquartiermeisters im Großen Hauptquartier. Ihm unterstanden nicht nur die im Operationsgebiet mit Militärbetrieb laufenden Eisenbahnen, sondern er hatte auch weitgehende Anordnungsbefugnisse gegenüber den in Kriegsbetrieb überführten Eisenbahnen der Heimat. Die Unterstellung der gesamten Eisenbahn unter eine zentrale mit weitgehendster Machtbefugnis ausgestattete militärische Dienststelle ermöglichte eine einheitliche und erfolgreiche Ausnützung. Mit der Ausweitung des Krieges vergrößerte sich auch das Arbeitsgebiet des Chefs des Feldeisenbahnwesens. Von 5 Abteilungen im Jahre 1914 wuchs die Behörde auf 13 Arbeitsgruppen im Jahre 1918.

Als Organe für die Transportleitung standen zur Verfügung: 3 Eisenbahn-Transportabteilungen, Bahnbeauftragte bei den Armee-Oberkommandos und Etappeninspektionen, Bevollmächtigte Generalstabsoffiziere bei den Heeresgruppenkommandos, eine kriegswirtschaftliche Abteilung in Berlin und 29 Linienkommandanturen. Für die Betriebsführung waren unterstellt: 3 betriebsführende Linienkommandanturen und 11 Militär-Eisenbahn-Direktionen. Für Eisenbahnbau und -betrieb wurden aus den im Frieden bestehenden 31 Kompanien der Eisenbahn-Regimenter und -Bataillone aufgestellt: 30 Eisenbahn-Baukompanien, 26 Reserve-Eisenbahn-Baukompanien, 11 Festungs-Eisenbahn-Baukompanien, 7 Landwehr-Eisenbahn-Baukompanien und 4 Eisenbahn-Arbeiter-Bataillone zu je 4 Kompanien; an Betriebstruppen: 6 Militär-Eisenbahn-Betriebsabteilungen, 2 Festungs-Eisenbahn-Betriebsabteilungen, 21 Eisenbahn-Betriebskompanien, 1 Festungs-Eisenbahn-Betriebskompanie, 15 Magazinarbeiter-Kompanien Die bisherige Friedensgliederung in Bataillone und Regimenter entfiel.

Der Etat einer Eisenbahn-Baukompanie umfaßte 11 Offiziere und Beamte, 275 Unteroffiziere und Mannschaften, der einer Eisenbahn-Betriebskompanie 7 Offiziere und Beamte, 208 Unteroffiziere und Mannschaften. Zu einem Eisenbahn-Arbeiter-Bataillon mit 4 Kompanien gehörten 26 Offiziere und Beamte, 1 148 Unteroffiziere und Mannschaften, zu einer Eisenbahn-Magazinarbeiter-Kompanie 2 Offiziere, 203 Unteroffiziere und Mannschaften. Diese Kompanien waren für Güterbodenarbeiten vorgesehen, während die Eisenbahn-Arbeiter-Baubataillone zur Unterstützung der Eisenbahn-Baukompanien bestimmt waren.

Im Laufe des Krieges vergrößerte sich die Zahl der Eisenbahn-Baukompanien auf 121, die der Eisenbahn-Betriebskompanien auf 127. Die 4 Eisenbahn-Arbeiter-Bataillone wurden 1916 auf 9 vermehrt und in Eisenbahn-Hilfsbataillone umbenannt. Am 4. Mai 1918 wurden sie in 36 selbständige Eisenbahn-Hilfskompanien aufgeteilt. Die von 15 auf 29 vermehrten Magazinarbeiter-Kompanien erhielten 1916 die Bezeichnung Etappen-Hilfskompanien.

An neuen Formationen stellten am 16. August 1915 die Eisenbahntruppen 6 Feldbahn-Betriebskompanien auf, die später auf 28 vermehrt wurden, und am 28. Februar 1917 noch 43 Feldbahn-Betriebsabteilungen. Am 25. August 1915 wurden 13 Seilbahn-Betriebstrupps errichtet, die bei Kriegsende die Zahl von 92 erreichten. Im März 1916 wurden 5 Seilbahn-Abteilungen aufgestellt. Ferner gab es 7 Unterwasser-Schneideabteilungen, die mit Taucherausrüstung ausgestattet waren, 2 Bergbau-Kompanien, 7 Holzfäller-Kompanien, 3 Eisenbahn-Wirtschafts-Kompanien, 18 Brunnenbohrtrupps, 8 Zivilarbeiter-Bataillone und 80 Kriegsgefangenen-Kompanien für Arbeiten in der Etappe.

In den Festungen waren 13 Panzerzüge mobil gemacht worden, die mit leichten Geschützen und Maschinengewehren bewaffnet waren. Wegen Mangel an Verwendungsmöglichkeiten infolge der starr gewordenen Fronten wurden am 8. April 1917 sechs dieser Panzerzüge aufgelöst.

Neben den reinen Eisenbahn-Dienststellen wurde dem Chef des Feldeisenbahnwesens am 8. Februar 1916 auch die Bearbeitung des Verkehrs auf den Wasserstraßen übertragen. Die entsprechenden Behörden, wie Kanalbetriebsämter und Hafenämter, mußten errichtet und auch 6 Wasser-Betriebskompanien aufgestellt werden.

Der Mangel an militärischen Kräften zwang schon frühzeitig dazu, die deutsche Privatindustrie zu den Wiederherstellungsarbeiten bei zerstörten Brücken und Tunnels heranzuziehen. Erhebliche Kräfte erforderte auch das Umnageln der russischen Bahnen auf Normalspur. Allein im Sommerfeldzug 1915 mußten 7500 km Gleis umgenagelt werden. Als ab Sommer 1915 die Russen bei ihren Rückzügen besondere Gleiszerstörer einsetzten, kam die Wiederherstellung zerstörter Strecken im allgemeinen einem Neubau gleich. Bei der Rückverlegung der deutschen Front in die Siegfriedstellung 1917 mußten aber auch andererseits in dem geräumten Gebiet alle Bahnanlagen der Benutzung des Feindes entzogen werden. Weit über 1000 km Voll- und Kleinbahn wurden damals abgebaut und zurückgeführt.

Bei Kriegsende ergänzten sich Eisenbahn- und Wasserstraßen auf allen von den deutschen Eisenbahntruppen versorgten Kriegsschauplätzen und ermöglichten die Bewältigung jeder Aufgabe, die die OHL an das Heerestransportwesen stellte.

In den Friedensetats der höheren Stäbe befanden sich im Jahre 1914 keine Kraftwagen. Für Manöver wurden Fahrzeuge vom Kaiserlichen Freiwilligen Automobilkorps mit Fahrer verpflichtet. Für den Mobilmachungsfall waren mit dem Automobilkorps Verträge abgeschlossen, die dessen Mitglieder verpflichteten, sich mit ihren Privatwagen zur Verfügung zu stellen. Der Kaiser verlieh am 10. August 1914 für die Dauer des mobilen Zustandes allen Mitgliedern des Freiwilligen Automobilkorps, die nicht Reserveoffiziere waren, wenn sie vertragliche Verwendung fanden oder dienstverpflichtet wurden, den Offizierrang. Die mitgenommenen Mechaniker erhielten den Unteroffizierrang. Am 30. Mai 1915 wurden die Mitglieder des Automobilkorps und ihre Mechaniker in die Kriegsranglisten beziehungsweise Stammrollen aufgenommen. Nach dem für den Kriegsfall aufgestellten Etat sollte jedes Armee-Oberkommando über 8, jedes Generalkommando über 4, jeder Divisionsstab über 2 Kraftwagen verfügen.

Für den Schutz der Wasserstraßen war am 30. September 1914 ein „Freiwilliges Motorboot-Korps“ aus Mitgliedern des Motorbootklubs aufgestellt worden. Wie mit dem Freiwilligen Automobilklub wurden auch hier Verträge abgeschlossen, nach denen die Klubmitglieder sich selbst mit ihrem Boot, gegebenenfalls auch mit Steuermann und Maschinist, für die Dauer des Krieges zur Verfügung stellten. Sie trugen ihre blauen Klubuniformen mit einer zusätzlichen schwarz-weiß-roten Armbinde und erhielten, falls sie keinen entsprechenden militärischen Rang hatten, wie die Mitglieder des Automobilklubs den Offizierrang, die Steuerleute und Maschinisten den Unteroffizierrang. Mit dem 30. Dezember 1916 wurde das dem Kriegsministerium unterstellte Korps in „Kaiserliches Motorboot-Korps“ umbenannt, am 6. September 1918 in „Kaiserliches Kraftboot-Korps“, und im Rahmen des Heeres-Kraftbootwesens dem Chef des Feldkraftfahrwesens unterstellt.

Das Lastkraftwesen dagegen war militärisch organisiert. Die OHL und die Etappen-Inspektionen der Armeen hatten je 1 Kraftwagen-Park mit einer allerdings verschieden großen Anzahl von Kraftwagen-Kolonnen (bei der 1. und 2. Armee waren je 18, bei der 3. Armee 9, bei der 4. und 5. Armee je 5, bei der 6. Armee 8, bei der 7. Armee 3, bei der 8. Armee jedoch keine Kolonne zugeteilt).

Der Etat einer Etappen-Kraftwagen-Kolonne umfaßte 2 Offiziere, 62 Unteroffiziere und Mannschaften, 3 Personenkraftwagen, 2 Kleinautos, 1 Kraftomnibus, 2 Lastkraftwagen, von denen einer als leichte Werkstätte eingerichtet war, und 9 Armeelastzüge aus je einem Kraftwagen für 4 t Nutzlast und einem 2-t-Anhänger.

Den 11 Kavallerie-Divisionen war je eine Kavallerie-Kraftwagen-Kolonne beigegeben mit 2 Offizieren, 55 Unteroffizieren und Mannschaften, 4 Personenkraftwagen, 2 Kleinautos, 12 Kavallerie-Lastkraftwagen für 3 t Nutzlast, 2 Lastkraftwagen für Betriebsstoff und 1 fahrbare leichte Werkstatt. Den 16 aktiven Jäger- und Schützen-Bataillonen (ohne Bayern) war je eine Jäger-Kraftwagen-Kolonne zugeteilt mit einem Etat von 20 Unteroffizieren und Mannschaften und 10 Lastkraftwagen, auf denen etwa 280 Mann befördert werden konnten.

Für die Küstenmörser-Batterien standen 2 Dampfflug-Lokomotiven-Parks (s. S. 245) und 2 Benzoltraktoren-Kolonnen zur Verfügung.

Aus den beim Vormarsch durch Belgien und Nordfrankreich erbeuteten Kraftfahrzeugen konnten mehrere Kolonnen für den Abtransport von Verwundeten aufgestellt werden. Außerdem erhielt bereits am 3. September 1914 jedes Armeekorps eine Fleisch-Kraftwagen-Kolonne. Im November begann man auch bei einzelnen Armeen Post-Kraftwagen-Parks für den Transport der Feldpost zusammenzustellen.

In einer Verfügung des Generalquartiermeisters vom 10. März 1915 wurden für das Kraftfahrwesen entscheidende organisatorische Maßnahmen ausgesprochen. So wurde bei jeder Armee einem Kommandeur der Kraftfahrtruppen die Verantwortung über das gesamte Kraftfahrwesen übertragen, der seinerseits der Armee-Etappen-Inspektion unterstellt war. Alle Personen- und Lastkraftwagen, die nicht einem Truppenteil oder Stab etatmäßig zustanden, waren an die Etappen-Kraftwagen-Parks abzugeben. Auch die Jäger- und Kavallerie-Kraftwagen-Kolonnen wurden diesen Parks unterstellt. Alle im Sanitätsdienst stehenden Kraftfahrzeuge waren in Etappen-Sanitäts-Kraftfahrzeug-Abteilungen zusammenzufassen, über deren Einsatz der Etappenarzt verfügen durfte. Die Reservekorps erhielten wie die aktiven Armeekorps je 1 Fleisch-Kraftwagen-Kolonne. Die Post-Kraftwagen-Parks wurden mit je 8 Kraftwagen etatisiert. In jedem Armeebereich waren Kraftwagen-Überwachungsstellen einzurichten, die vor allem das unbefugte Fahren unterbinden sollten.

Am 7. Oktober 1915 wurden die Fleisch-Kraftwagen-Kolonnen aufgelöst, doch erhielten die Korps dafür eine für Transporte jeder Art geeignete Korps-Kraftwagen-Kolonne, die selbständigen Divisionen eine Divisions-Kraftwagen-Kolonne. Am 3. Februar 1916 erhielt jede Armee 1 Fußartillerie-Kraftzug-Park aus je 9 Lastkraftwagen mit Anhängern und am 12. April 1916 noch 1 Fußartillerie-Munitions-Kraftwagen-Kolonne.

Die 3. OHL plante, das Schwergewicht des Kraftfahrwesens, das bisher in den Etappen gelegen hatte, in die Operationsgebiete zu verlegen. Am 15. Dezember 1916 wurde der dem Generalquartiermeister unterstellte „Feldkraftfahrchef" mit der obersten Leitung des Kraftfahrwesens im Felde und in der Heimat beauftragt. Die Kommandeure der Kraftfahrtruppen wurden als „Akokraft" den Armee-Oberkommandos unmittelbar unterstellt. Die Kraftfahr-Kolonnen und -Parks wurden Armeetruppen, die Post-Kraftwagen-Parks büßten ihre bisherige Selbständigkeit ein. Die bestehenden 58 Korps-Kraftwagen-Kolonnen wurden aufgelöst, dagegen erhielten noch im Dezember 1916 nunmehr alle Divisionen eine Divisions-Kraftwagen-Kolonne, insgesamt 236. Am 19. November 1917 zog die OHL eine größere Anzahl von Kolonnen aus den Armeen heraus, um sie bei Großkämpfen als Transportreserve für den dann gesteigerten Munitionsbedarf und zum schnellen Verschieben von Truppenteilen einsetzen zu können.

Die Entwicklung des Kraftfahrzeugs als Kampfwagen kam in Deutschland nur langsam voran. Zwar hatte der Chef des Feldkraftfahrwesens den Auftrag, auch die Tankkonstruktion zu betreiben. Doch entsprach das Tankmodell, das im Frühjahr 1917 der OHL vorgeführt wurde, nicht den gestellten Anforderungen. Bei der Kraftfahrzeugindustrie in der Heimat mangelte es auch bereits an den erforderlichen Arbeitskräften. Ludendorff schreibt in seinen Kriegserinnerungen (S. 462 f.): „Möglich, daß ich schärferen Druck hätte ausüben müssen, möglich, daß wir dann zur Entscheidung 1918 einige Tanks mehr gehabt hätten. Ich weiß aber nicht, welchen Heeresbedarf wir dafür hätten zurückstellen sollen ... Zum Masseneinsatz von Tanks wären wir 1918 nie gekommen, und nur in der Masse hat der Tank seine Bedeutung."

Im Herbst 1917 kam dann doch noch ein kriegsbrauchbares deutsches Modell heraus, der „A.7.V.-Wagen" mit je einem 5,7-cm-Schnellfeuergeschütz und fünf Maschinengewehren. An der Frühjahrsoffensive 1918 konnten bereits fünf „Sturm-Panzerkraftwagen-Abteilungen" teilnehmen, von denen die ersten drei je 5 A.7.V.-Wagen hatten, die beiden anderen erbeutete englische Kampfwagen. Im April, Mai und August 1918 wurde nochmals je eine Abteilung mit Beutewagen aufgestellt. Insgesamt haben acht Abteilungen bestanden. Am 22. September 1918 wurden diese Abteilungen in „Schwere Kampfwagen-Abteilungen Nr. 1 bis 3 und 11 bis 15" umbenannt.

Der „leichte Kampfwagen" ist über das Stadium der Entwicklung nicht herausgekommen.

e. Munitions-Kolonnen und Trains

Die 25 Train-Abteilungen des Friedensheeres wurden bei der Mobilmachung aufgelöst und für die aufzustellenden mobilen und Ersatzformationen des Trains verwendet. In Anbetracht der großen Zahl dieser neuen Formationen konnten diese nur wenig aktive Unteroffiziere und Mannschaften und auch nur einige Dienstpferde erhalten. Die meisten bekamen auch keine aktiven Offiziere. Die Infanterie- und Artillerie-Munitions-Kolonnen wurden von der Feldartillerie aufgestellt, die Kolonnen der schweren Artillerie von der Fußartillerie. Auch diese Kolonnen ergänzten sich fast ausschließlich aus Offizieren, Unteroffizieren und Mannschaften des Beurlaubtenstandes und verfügten nur über ausgehobene Mobilmachungspferde. Das größtenteils den älteren Jahrgängen angehörende Personal hatte vielfach weder beim Train noch bei der Artillerie gedient und war daher mit dem Kolonnendienst wenig vertraut. Die Zugpferde waren an das Fahren vom Sattel und an die Militärbeschirrung nicht gewöhnt.

Die Versorgungstruppen waren bei Kriegsbeginn Korpstruppen und unter Kommandeuren der Munitions-Kolonnen und Kommandeuren der Trains zusammengefaßt. Die Reserve- und das Landwehrkorps hatten nur einen Kommandeur für beide Gruppen der Versorgungstruppen.

Bei jedem Armeekorps befanden sich:
4 Infanterie-Munitions-Kolonnen
mit je 3 Offizieren, 183 Unteroffizieren und Mannschaften, 196 Pferden, 23 sechs-

spännig gefahrenen Patronenwagen, 2 Vorratswagen, 1 Lebensmittelwagen, 1 Futterwagen und 1 Feldschmiede oder 3 Offizieren, 197 Unteroffizieren und Mannschaften, 198 Pferden, 34 vierspännig gefahrenen Patronenwagen, 2 Vorrats-, 1 Lebensmittel-, 1 Futterwagen, 1 Feldschmiede;

9 Artillerie-Munitions-Kolonnen
mit je 3 Offizieren, 179 Unteroffizieren und Mannschaften, 186 Pferden, 21 sechsspännig gefahrenen Munitionswagen, 2 Vorratslafetten, 2 Vorrats-, 1 Lebensmittel-, 1 Futterwagen;

1 Fußartillerie-Kolonnen-Abteilung
mit 8 Fußartillerie-Munitions-Kolonnen (s. S. 245 f.);

12 Feldlazarette
mit einem jeweiligen Etat von 6 Sanitätsoffizieren, 1 Apotheker, 2 Verwaltungsbeamten, 51 Unteroffizieren und Mannschaften, 29 Pferden, 2 Sanitäts-, 1 Kranken-, 4 Geräte-, 1 Pack- und 1 Beamtenwagen;

6 vierspännig gefahrene Proviant-Kolonnen
mit je 4 Offizieren und Beamten, 99 Unteroffizieren und Mannschaften, 141 Pferden, 27 Wagen für je 1 t Nutzlast, 2 Gerätewagen oder 4 Offizieren und Beamten, 125 Unteroffizieren und Mannschaften, 183 Pferden, 36 Wagen für je 0,75 t Nutzlast und 2 Gerätewagen;

7 zweispännig gefahrene Fuhrpark-Kolonnen
mit je 5 Offizieren und Beamten, 97 Unteroffizieren und Mannschaften, 139 Pferden, 48 Wagen für 1,2 t Nutzlast, 2 Vorratswagen;

2 Pferdedepots
mit 3 Offizieren, 63 Unteroffizieren und Mannschaften, 107 Pferden, 1 Vorrats- und 1 Futterwagen;

2 Feldbäckerei-Kolonnen
mit 5 Offizieren und Beamten, 188 Unteroffizieren und Mannschaften, 103 Pferden, 12 Backöfen-, 12 Geräte-, 1 Vorrats- und 1 Registrierwagen. (Eine Feldbäckerei-Kolonne konnte bei 24stündigem Betrieb 23 000 Brotportionen backen, das heißt knapp den Bedarf für 1 Division. Auf dem Marsch konnte nicht gebacken werden.)

Die Reservekorps (ebenso das Landwehrkorps) hatten nur einen Kommandeur für Munitions-Kolonnen und Trains, statt 9 nur 5 Artillerie-Kolonnen, nur 4 Feldlazarette, keine Proviant-, sondern nur 7 Fuhrpark-Kolonnen und keine Pferdedepots. Das Landwehrkorps hatte 2 Infanterie- und 2 Artillerie-Munitions-Kolonnen, 4 Fuhrpark-Kolonnen, 2 Bäckerei-Kolonnen, 2 Magazin-Fuhrpark-Parks mit je 60 handelsüblichen Fahrzeugen für etwa 1 t Nutzlast und 2 Kraftwagen-Kolonnen mit je 9 Lastzügen für jeweils 6 t Nutzlast. Am 1. Mai 1915 wurde die Organisation vereinheitlicht, indem jedes Generalkommando nur 1 Kommandeur der Munitions-Kolonnen und Trains (Komut) erhielt.

Der Bedarf an Pferden, auch für die notwendigen Neuaufstellungen, überstieg bald alle Ersatzmöglichkeiten. Personal und Bespannung der aufgelösten Brückentrains (s. S. 256) wurden den Munitions-Kolonnen und Trains zugeführt, ebenso die Bespannung eines Teils der Bäckerei-Kolonnen, deren Backofenwagen bei einem Stellungswechsel durch Kraftfahrzeuge bewegt werden sollten.

Ab 1915 mußten die bisher sechsspännig gefahrenen Munitions-Kolonnen vierspännig, die Proviant-Kolonnen zweispännig bewegt werden. Da aber auch die Qualität des Pferdematerials nachließ und die schweren Zugpferde von den Kolonnen zugunsten der Fußartillerie abgezogen wurden, mußten leichtere

Fahrzeuge eingeführt werden, die notwendigerweise weniger Fassungsvermögen hatten.

Die 2. OHL entschloß sich, sämtliche Proviant- und Fuhrpark-Kolonnen einheitlich mit dem Feldwagen 95 auszurüsten und die Kolonnenstärke jeweils auf 48 Wagen festzusetzen. Auch die Munitions-Kolonnen wurden, gleich ob sie für Infanterie- oder Artillerie-Munition bestimmt waren, am 22. September 1916 einheitlich zu „Munitions-Kolonnen neuer Art" umgewandelt.

Unter der 3. OHL wurde auch die Organisation der Munitions-Kolonnen und Trains den Erfordernissen des Stellungskrieges angepaßt. Sämtliche Kolonnen wurden Armeetruppen. Jedes Armee-Oberkommando bekam einen „Kommandeur der Munitions-Kolonnen und Trains der Armee (Akomut)". Die Komut bei den Generalkommandos fielen weg. Doch wurden am 24. Februar 1918 an den Hauptkampffronten sogenannte „Gruppen-Staffelstäbe" als Zwischeninstanzen den Generalkommandos zugewiesen. Am 10. August 1918 wurde als oberste Spitze der „General der Munitions-Kolonnen und Trains im Großen Hauptquartier" eingesetzt. Im August 1918 erhielten alle Kolonnen zwei Maschinengewehre zur Fliegerabwehr.

Von den Feldlazaretten der Korps wurden am 23. Dezember 1916 jeder Division 2 Feldlazarette zugeteilt. Alle übrigen wurden den Armeen überwiesen, um an der Stelle des größten Bedarfs eingesetzt zu werden.

Auch die Pferdedepots traten am 1. Februar 1917 zu den Armeetruppen. Neu entstanden zu dieser Zeit 5 Heeres-Pferdedepots. Eine Neuerrichtung waren auch die mit Verfügung vom 2. Mai 1915 bei den Korps, den Kavallerie- und den selbständigen Divisionen aufgestellten „Pferde-Lazarette" und „Pferde-Sammelstellen". Die Pferde-Sammelstellen wurden später auch zu Pferde-Lazaretten umgewandelt. Am 1. Februar 1917 bekam jede Division ein Pferdelazarett in ihre Kriegsgliederung. Die restlichen 28 Pferde-Lazarette wurden den Armeetruppen zugewiesen, dazu 6 Räude-Lazarette.

Der Stellungskrieg forderte auch eine einheitliche Organisation des Schlächterei-Betriebes. Dieser war planmäßig nur für die Etappe vorgesehen. Die Fronttruppe konnte schlachten, sofern sie Vieh beizutreiben vermochte. Diese für den Bewegungskrieg gedachte Regelung erwies sich im Stellungskrieg als untragbar. In der Bemühung um eine gerechte Fleischversorgung entstanden improvisierte Korps- und Divisionsschlächtereien. Am 10. Mai 1917 etatisierte die OHL 239 Feldschlächterei-Abteilungen bei den Armeetruppen. Jeder im Armeebereich sich aufhaltenden Division sollte eine solche Abteilung zugewiesen werden.

Am 3. April 1917 wurden die Feldbäckerei-Kolonnen Armeetruppen.

Insgesamt gab es 1918 etatisiert 507 Munitions-Kolonnen für Infanterie und Feldartillerie, 758 leichte Munitions-Kolonnen der Feldartillerie (1917 in die Armeetruppen übernommen, s. S. 243), 11 Armee-Fußartillerie-Munitions-Kolonnen, 592 Feldlazarette, 180 Proviant-, 444 Fuhrpark-, 19 Tragtier-Kolonnen für den Gebirgskrieg, 5 Heeres-Pferdedepots, 48 Armee-Pferdedepots, 10 Kavallerie-Pferdedepots, 288 Pferdelazarette, 148 Feldbäckerei-Kolonnen, 287 Feldschlächterei-Abteilungen. Die vorübergehend meist improvisiert aufgestellten Behelfs-Kolonnen und die zahlreichen „Panje-Kolonnen" in Rußland sind in diesen Zahlen nicht enthalten. Wie für die fechtende Truppe wurden auch für den Bedarf an Train-Mannschaften Feldrekruten-Depots errichtet. Ein Erlaß vom 6. August 1918 etatisierte bei jeder Heeresgruppe ein Train-Feldrekruten-Depot sowie die Feldtrainschule in Gent.

Im allgemeinen hat der Nachschub auch unter den schwierigsten Verhältnissen während des ganzen Krieges seine Aufgaben erfüllt. Unregelmäßigkeiten in der Versorgung waren nicht zu vermeiden, weil der Nachschub des riesenhaften Bedarfs an Munition und Gütern aller Art Führung und Truppe vor bisher nicht abzuschätzende Aufgaben stellte. An einem einzigen Großkampftag wurde oft das Mehrfache der während des ganzen Feldzuges von 1870/71 verschossenen Munitionsmenge verbraucht.

f. Sanitätswesen

Die Leitung des gesamten Sanitätsdienstes beim Feldheer lag in der Hand des „Chefs des Feldsanitätswesens", der dem Generalquartiermeister im Großen Hauptquartier unterstellt war. Generalstabsarzt der Armee, Professor Dr. v. Schjerning, stand schon seit 1905 an der Spitze des Militär-Sanitätswesens und hatte einen verdienstvollen Anteil am Aufbau des Sanitätskorps. Die räumliche Trennung des Kriegsschauplatzes im Osten machte es erforderlich, beim OB Ost einen besonderen Feldsanitätschef einzurichten, der jedoch dem Feldsanitätschef im Großen Hauptquartier unterstellt war.

Zur Verfügung der OHL standen 11 Lazarett- und 7 Hilfslazarettzüge, bei jedem Armee-Oberkommando der Armeearzt mit Beratendem Chirurgen und Beratendem Hygieniker, bei jeder Etappen-Inspektion der Etappenarzt mit Beratendem Hygieniker, Krankentransport-Abteilung, Etappen-Sanitätsdepot und mehrere Kriegslazarett-Abteilungen, bei jedem Generalkommando der Korpsarzt und 12 Feldlazarette, bei den Reservekorps 4 Feldlazarette, bei jeder Division der Divisionsarzt und 1 oder 2 Sanitäts-Kompanien, bei der Truppe Sanitätsoffiziere, Sanitätsunteroffiziere und -mannschaften sowie Hilfskrankenträger.

Der Etat einer Sanitäts-Kompanie umfaßte 3 Offiziere, 10 Sanitätsoffiziere, dabei 1 Chefarzt (Oberstabsarzt), 1 Apotheker, 297 Unteroffiziere und Mannschaften, 53 Pferde, 8 Kranken-, 2 Sanitäts-, 2 Pack- und 1 Lebensmittelwagen, 1 Feldküche. Die Sanitäts-Kompanien richteten die „Hauptverbandsplätze" ein, die Sanitätsdienste der Truppe (Regiments- beziehungsweise Bataillonsarzt) die „Truppenverbandsplätze".

Durch die 3. OHL erhielt im Dezember 1916 jede Division in ihre Kriegsgliederung nur 1 Sanitäts-Kompanie und 2 Feldlazarette. Die zweiten Sanitäts-Kompanien wie die restlichen Feldlazarette wurden den Armeetruppen zugewiesen. Auch die aus erbeuteten Kraftfahrzeugen im April 1915 formierten „Etappen-Sanitäts-Kraftwagen-Abteilungen" traten im Januar 1917 als „Sanitäts-Kraftwagen-Abteilungen (Sanka)" zu den Armeetruppen.

Zu einer Sanka gehörten etatmäßig 10 Krankenkraftwagen und 5 Lastkraftwagen mit Krankenwagenanhängern sowie eine Reserve von je 10 Krankenkraftwagen für jede im Armeebereich eingesetzte Division. Das Hauptaufgabengebiet dieser Sanka lag im Verwundetenabschub und im Transport von Sanitätsgerät.

In den Etappengebieten wurden je nach Bedarf „Kriegslazarette" durch die Kriegslazarett-Abteilungen der Etappen-Inspektionen eingerichtet. Durch diese Kriegslazarette konnte man Feldlazarette ablösen und freimachen. Sie wurden nicht mehr in Zelten, sondern in festen Gebäuden untergebracht und im Laufe des Stellungskrieges bodenständige Einrichtungen. Man unterschied: Etappenlazarette, Seuchenlazarette, Leichtkrankenabteilungen, Genesendenabteilungen und Genesungsheime. Diese Einrichtungen erlaubten, verwundete und erkrankte Soldaten auf den Kriegsschauplätzen selbst gesundzupflegen und damit Transportraum zu sparen. Im allgemeinen wurden jedoch transportfähige Verwundete mit Hilfe der Krankentransport-Abteilungen in Lazarettzügen in die „Reservelazarette" der Heimat geschickt.

Der Endbestand der Sanitätseinrichtungen des Feldheeres umfaßte im Jahre 1918 insgesamt 314 Sanitäts-Kompanien, 592 Feldlazarette, 72 Kriegslazarett-Abteilungen, 22 Krankentransport-Abteilungen, 62 Lazarettzüge, 100 Leichtkrankenzüge, 85 Vereins-Lazarettzüge, die von privater Seite oder von Kommunen ausgerüstet und unterhalten wurden, und 23 Etappen-Sanitätsdepots.

Nach dem Heeres-Sanitätsbericht sind im Weltkrieg 4 215 662 Verwundungen registriert worden. Von je 100 Verwundeten seien 94 dem Leben erhalten geblieben.

Ein großer Verdienst an dieser überaus günstigen Statistik gebührt der „Freiwilligen Krankenpflege", die den Heeres-Sanitätsdienst sowohl in der eigentlichen Krankenpflege als auch in der Krankenbeförderung und in der Depotverwaltung (Liebesgaben) unterstützte. Außer den Christlichen Ritterorden waren es vor allem die Vereinsorganisationen des Roten Kreuzes, die sich in den schwierigsten Lagen durch persönlichen Einsatz wie durch finanzielle Spenden, zum Beispiel für die Einrichtung und Unterhaltung ganzer Lazarettzüge, Lazarette, Genesungsheime und Pflegestätten, bewährt haben. Von rund 202 000 Angehörigen der Freiwilligen Krankenpflege waren 66 000 im Kriegsgebiet selbst tätig, darunter 19 000 Frauen. Für das männliche Personal war dabei Bedingung, daß es weder dem aktiven Militärdienststand noch dem Beurlaubtenstand angehören durfte.

Auch vom neutralen Ausland wurde die „Freiwillige Krankenpflege" unterstützt. So wirkte eine amerikanische Ambulanz mit 1 Delegierten, 3 Ärzten und 14 Krankenschwestern vom 24. Oktober 1914 bis zum 23. September 1915 im Reservelazarett Gleiwitz und stiftete, als sie aus politischen Gründen Abschied nehmen mußte, das von ihr beschaffte Röntgengerät der Lazarettverwaltung. Ebenso war eine niederländische Ambulanz aus 6 Ärzten, darunter bekannten Chirurgen, 1 Schatzmeister und 26 Schwestern längere Zeit in Gleiwitz und später in Celle tätig.

Die Leitung der gesamten Freiwilligen Krankenpflege lag in den Händen des „Kaiserlichen Kommissars und Militärinspekteurs der Freiwilligen Krankenpflege", Fürst Friedrich zu Solms-Baruth, der sich im Großen Hauptquartier befand und vom Chef des Feldsanitätswesens die leitenden Gedanken für den Einsatz und die Betätigung der Freiwilligen Krankenpflege erhielt.

g. Feldgendarmerie

Die Aufgaben der Heerespolizei wurden von der erst bei der Mobilmachung aufgestellten „Feldgendarmerie" wahrgenommen. Sie setzte sich zusammen aus den dienstpflichtigen Angehörigen der Landgendarmerie (ein Drittel) und aus zu Feldgendarmen ernannten Kavallerie-Unteroffizieren und -Gefreiten, die auch die Uniform der Feldgendarmen, und zwar die bunte Friedensuniform anlegen mußten. Gegliedert war die Feldgendarmerie in Abteilungen mit einer Etatstärke von 21 berittenen Unteroffizieren und Mannschaften, doch kamen auch stärkere Abteilungen vor, die von Feldgendarmerie-Offizieren geführt wurden. Unterstellt war die Feldgendarmerie den Generalkommandos der aktiven Armeekorps und den Etappen-Inspektionen, auch beim Großen Hauptquartier befand sich ein Trupp von sechs Obergendarmen.

Die Zahl von anfänglich nur 33 Abteilungen stieg im Laufe des Krieges auf 115. Größere Verbände bestanden zunächst nur im Osten, im Generalgouvernement Warschau seit dem 1. März 1915 eine Feldgendarmerie-Brigade und beim OB Ost am 19. Januar 1916 eine Gendarmerie-Inspektion. Im Westen wurde erst in der zweiten Hälfte des Jahres 1918, als die Disziplin im Etappengebiet sich immer mehr lockerte, am 4. Oktober 1918 ein Feldgendarmerie-Korps zur besonderen Verwendung aufgestellt, das am 5. November 1918 in Gendarmerie-Regiment Nr. 9 umbenannt wurde.

h. Armierungstruppen und sonstige Sonderformationen

Um bei einer Mobilmachung die Festungen in Kriegszustand zu setzen, waren zahlreiche Erd- und sonstige Arbeiten erforderlich, die in den Mobilmachungsplänen vorbereitet waren. Für die hierzu erforderlichen Arbeitstruppen sollten gediente und ungediente Landsturmpflichtige herangezogen werden. Bei der Mobilmachung wurden diese Arbeitstruppen als „Armierungs-Bataillone" in den Festungen aufgestellt und militärisch organisiert. Da der Krieg sich fast ausschließlich auf feindlichem Territorium abspielte, wurden die Armierungs-Bataillone wie der mobile Landsturm entgegen allen Friedensplanungen auch außerhalb des Heimatgebietes verwendet. Aufgrund eines Erlasses vom 13. Februar 1915 erhielten auch die Armierungssoldaten Kombattantenstand, Uniformen und Erkennungsmarken, zunächst zwar nur Litewken alter Art und

Drillichzeug, im Oktober 1915 jedoch feldgraue Uniformstücke. Im ganzen wurden 217 Armierungs-Bataillone aufgestellt, die zu den Armeetruppen zählten und in der Etappe, aber auch an der Front, zu Schanz- und Bauarbeiten eingesetzt wurden.

Für den so wichtigen Instandhaltungsdienst und auch für den Neubau von Straßen und die damit zusammenhängende Erstellung von Bauten aller Art war jeder Etappen-Inspektion eine „Baudirektion“ zugewiesen. Der Etat betrug 6 Offiziere und Beamte, 8 Unteroffiziere und Mannschaften, 10 Pferde, 3 Fahrzeuge. Der Chef einer solchen Baudirektion war ein meist aus der Pionierwaffe stammender Stabsoffizier, dem je ein höherer Beamter aus dem Straßen- und aus dem Wasserbaufach beigegeben war. Die Zahl der Baudirektionen vermehrte sich entsprechend der Zahl der Etappen-Inspektionen von 8 auf 19. Als Truppe standen 76 Straßenbau-Kompanien zur Verfügung, aber auch Zivilarbeiter, Kriegs- und Zivilgefangene wurden herangezogen.

Zur Bedienung der im Laufe des Stellungskrieges geschaffenen elektrischen Anlagen für Beleuchtungszwecke, zur Erzeugung von Kraftstrom, aber auch zum Laden von Drahthindernissen, waren eine größere Anzahl improvisierter Formationen gebildet worden. Diese wurden am 16. März 1917 etatisiert und in 41 Kompanien und 76 einzelne Züge gegliedert, die dann den bei den Armeen gebildeten „Starkstrom-Abteilungen“ unterstellt wurden. Die Kommandeure dieser Starkstrom-Abteilungen waren verantwortlich für Anlage und Unterhaltung aller Starkstromanlagen, Schaltstationen und Zentralen ihres Armeebereiches sowie für den Nachschub an Maschinen und Material.

Die Rohstofflage verlangte nicht nur größte Sparsamkeit beim Verbrauch von Munition und Material, sondern auch, daß alles noch irgendwie Verwendbare der Produktion wieder zugeführt wurde. Die Truppe wurde daher angewiesen, Waffen und Waffenteile sowie Patronenhülsen zu sammeln und mit den leeren Verpflegungsfahrzeugen zurückzuschicken. Bereits am 24. Oktober 1914 wurde ein „Waffensammel-Offizier“ bei jedem Armee-Oberkommando etatisiert und später entstanden sogar „Sammelkompanien“, allerdings nur vorübergehend. Insgesamt hat es 39 solcher Sammelkompanien gegeben. Beim Generalquartiermeister wurde am 4. August 1918 ein „Beauftragter für das Beute- und Sammelwesen“ ernannt. Doch trotz all dieser Maßnahmen hat das Sammelwesen nie die erhofften Erfolge gehabt.

Der Mangel an Arbeitskräften und die Notwendigkeit, bei der langen Dauer des Krieges die Kriegsgefangenen einer nutzbringenden Beschäftigung zuzuführen, veranlaßte die OHL zu der Errichtung von „Kriegsgefangenen-Arbeiter-Bataillonen“. Seit dem 10. September 1915 wurden insgesamt 151 Kriegsgefangenen-Arbeiter-Bataillone aufgestellt, 57 Franzosen-Kommandos seit dem 16. März 1916, 26 Engländer-Kommandos seit dem 1. Mai 1916, 38 Rumänen-Kommandos seit dem 7. Oktober 1916, 22 Italiener-Kommandos seit dem 12. November 1917, 7 Russen-Abteilungen seit dem 8. Februar 1918 und 2 Portugiesen-Abteilungen seit dem 27. Juni 1918. Aber auch Teile der Zivilbevölkerung wurden in den besetzten Gebieten erfaßt und seit dem 14. Oktober 1916 zu insgesamt 34 Zivil-Arbeiter-Bataillonen und 10 Zivil-Arbeiter-Kolonnen zusammengezogen. Schließlich wurden die mit Gefängnisstrafen bestraften Angehörigen des eigenen Heeres seit dem 3. Oktober 1917 in „Militär-Gefangenen-Kompanien“ zusammengefaßt, von denen insgesamt 78 aufgestellt wurden, was ein Schlaglicht auf die gegen Kriegsende herabsinkende Moral wirft. Dabei ist jedoch zu berücksichtigen, daß die genannte Zahl die Kriminalität in der Armee nur sehr unvollkommen widerspiegelt, da die Militärgerichte von den Möglichkeiten des Strafaufschubs und von Amnestien reichlich Gebrauch machten und ein Großteil der Fahnenflüchtigen gegen Kriegsende überhaupt nicht gefaßt und abgeurteilt wurde. Als Bewacher für all diese genannten Formationen wurden Landsturminfanteristen eingesetzt.

4. Reichstruppen

a. Marine-Landformationen

Auf Initiative des Großadmirals v. Tirpitz stellte die Marine am 29. August 1914 eine Division für den Landkrieg auf, die unter den Oberbefehl des Heeres treten sollte. Das Kommando übernahm Admiral v. Schröder.

Die Division sollte sich aus 1 Marine-Infanterie- und 1 Matrosen-Artillerie-Brigade zu je 2 Regimentern zusammensetzen. Die beiden Marine-Infanterie-Regimenter wurden aus den 2 Seebataillonen in Kiel und Wilhelmshaven aufgestellt, in einer Stärke von jeweils 3 Bataillonen, 1 Maschinengewehr-Kompanie, 1 Radfahr-Kompanie und 1 Telegraphenzug aus eingezogenen Reservisten und Seewehrleuten. Das III. Stamm-Seebataillon in Cuxhaven bildete ein weiteres Bataillon, das dem Marine-Infanterie-Regiment Nr. 2 zugeteilt wurde.

Die Seebataillone waren wie schon im Kriege 1870/71 nur als Besatzung der Reichskriegshäfen Kiel und Wilhelmshaven vorgesehen gewesen und nicht auf einen Bewegungskrieg vorbereitet. So verfügte die Marineverwaltung weder über feldgraue Uniformen noch über die erforderlichen Fahrzeuge, vor allem Feldküchen. Die Seebataillone mußten in ihren blauen Friedensröcken ins Feld rücken, und die feldgraue Bekleidung konnte erst im Dezember nachgeliefert werden.

Die Matrosen-Artillerie-Regimenter Nr. 1 und 2 waren von der XV., XVI. und XVII. Matrosen-Artillerie-Abteilung aufgestellt worden. Als Küstenartillerie zählten diese Regimenter zur Landtruppe, und ihre Mannschaften hatten wie die der Fußartillerie eine infanteristische Ausbildung erhalten. Beide Regimenter wurden zunächst auch nur rein infanteristisch verwendet. Das Heer verstärkte die Marine-Division noch durch 2 Landwehr-Eskadrons, 1 Landwehr-Feldartillerie-Abteilung und 1 Kommando Landwehr-Pioniere.

Während die Marine-Division vor Antwerpen zu einem ersten Einsatz kam, wurden aus weiteren Reservisten der Marine und Angehörigen der Seewehr fünf Matrosen-Regimenter aufgestellt. Im Oktober 1914 rückte das erste Matrosen-Regiment ins Feld, im November die Regimenter Nr. 2 bis 5. Zu jedem Regiment gehörte eine Maschinengewehr- und eine Radfahr-Kompanie sowie eine 6-cm-Bootskanonen-Batterie.

Die Matrosen-Regimenter setzten sich fast ausschließlich aus älteren Leuten zusammen, die während ihrer aktiven Dienstzeit nur eine sehr knapp bemessene infanteristische Ausbildung erhalten hatten. Besonders machte es sich bemerkbar, daß die Unteroffiziere zwar Seeleute, aber keine Infanteristen waren. Die Kleidung bestand wie bei den Matrosen-Artilleristen aus blauen Marine-Uniformstücken, über die feldgrau gefärbtes Arbeitszeug getragen wurde. Seit 1915 erhielten die Matrosen-Regimenter die feldgraue Uniform.

Am 8. November 1914 wurde die 2. Marine-Division formiert, und seit dem 15. November bildeten beide Divisionen das Marinekorps unter Admiral v. Schröder. Divisionskommandeure waren die Konteradmirale Schultz und Jasper. Zugleich entstand ein drittes Marine-Infanterie-Regiment, zu dem das aus dem III. Stamm-Seebataillon hervorgegangene VII. Seebataillon und die Mannschaft des deutschen Skutari-Detachements traten, das im August 1914 als 5. Kompanie im IV. Bataillon des k. u. k. Infanterie-Regiments Nr. 87 in österreichischen Uniformen in Bosnien gekämpft hatte. Ebenso wurden im November zwei bespannte Feldbatterien und zwei Marine-Pionier-Kompanien aufgestellt.

Ende November hatten beide Divisionen ihre volle Stärke:

Die 1. Marine-Division
- Marine-Infanterie-Brigade mit Marine-Infanterie-Regiment Nr. 1 und 2;
- die 1. Marine-Brigade mit Matrosen-Regiment Nr. 1 und Matrosen-Artillerie-Regiment Nr. 1;
- die 2. Marine-Brigade mit Matrosen-Regiment Nr. 2 und Matrosen-Artillerie-Regiment Nr. 2;
- 1. Landwehr-Eskadron des X. Armeekorps;
- I. Landwehr-Feldartillerie-Abteilung des X. Armeekorps;
- 2. Marine-Pionier-Kompanie;

die 2. Marine-Division
- 3. Marine-Brigade mit Marine-Infanterie-Regiment Nr. 3 und Matrosen-Regiment Nr. 3;
- 4. Marine-Brigade mit Matrosen-Regiment Nr. 4 und 5;
- 3. Landwehr-Eskadron des IX. Armeekorps;
- 1. und 2. Marine-Feldbatterie;
- 3. Marine-Pionier-Kompanie.

Am 3. Juni 1915 wurden die beiden Marine-Feldbatterien zu Abteilungen. Die Matrosen-Artillerie-Regimenter wurden ihrer eigentlichen Aufgabe als Küstenartillerie wieder zugeführt und besetzten die zur Sicherung der Küste Flanderns errichteten Batterien.

Da die OHL die gut ausgebildeten Marine-Infanterie-Regimenter nicht dauernd in den ruhigen Stellungen an der flandrischen Küste belassen wollte, wurde am 1. Juni 1917 aus den drei Marine-Infanterie-Regimentern, einer Eskadron des Husaren-Regiments Nr. 7, dem Feldartillerie-Regiment Nr. 5 und dem Pionier-Bataillon 115 die 3. Marine-Division formiert, deren Verwendung sich die OHL vorbehielt.

Das aktive III. Seebataillon, das zusammen mit einer Matrosen-Artillerie-

Abteilung als Besatzung der Festung Tsingtau im Schutzgebiet Kiautschou lag, sah sich bei der Kriegserklärung Japans auf verlorenem Posten. Dem Kommandanten, Kapitän zur See Meyer-Waldeck, gelang es noch, zur Verstärkung der Festungsbesatzung das Ostasiatische Marine-Detachement in Stärke von 500 Mann aus Peking und Tientsin heranzuziehen und durch etwa 1 500 Reservisten und Landwehrleute die Friedensbesatzung von 2400 Mann auf Kriegsstärke zu bringen. Auch die Besatzungen und die Geschütze der in China stationierten deutschen Kanonenboote wurden in die Festungsverteidigung eingegliedert, ebenso der vom Kriegsausbruch in Ostasien überraschte kleine Kreuzer „Kaiserin Elisabeth" der k. u. k. Kriegsmarine. Die 4 500 deutschen Soldaten standen mit 94 Geschützen der gesamten japanischen Flotte und einer Belagerungsarmee von 60 000 Mann gegenüber. Die deutschen Geschütze waren größtenteils veraltet, die an der Seefront eingesetzten waren mit geringer Ausnahme im Jahre 1900 den Chinesen anläßlich des Boxeraufstandes abgenommen worden. Die Japaner konnten mit ihren 30,5-cm- und 25-cm-Schiffsgeschützen die Festung aus einer Entfernung bekämpfen, die außerhalb der Reichweite der deutschen Artillerie lag. Am 7. November 1914, als alle Munition verschossen und die Infanteriestellungen vom Feinde durchbrochen waren, mußte Meyer-Waldeck kapitulieren.

Zur Verteidigung der türkischen Meerengen wurde der türkischen Armee im August 1914 ein Sonderkommando von 27 Offizieren sowie 521 Unteroffizieren und Mannschaften unter Admiral v. Usedom zur Verfügung gestellt. Dieses „Sonderkommando Türkei" enthielt vor allem Spezialpersonal für die Küstenverteidigung und wurde, soweit es sich nicht um Ergänzungsmannschaften für die Flotte handelte, der schweren türkischen Artillerie als „freiwillig im türkischen Heer dienendes deutsches Marinepersonal" zugeteilt. Admiral v. Usedom erhielt den Titel eines türkischen Generals der Artillerie und Inspekteurs der Küstenbefestigungen und des Minenwesens, später eines Oberbefehlshabers der Meerengen. Die deutschen Offiziere und Mannschaften traten als Ausbilder zu türkischen Batterien oder bildeten „Lehrbatterien", welche die strategisch wichtigsten Punkte mit den besten Geschützen besetzten. Unterstützt wurde Admiral v. Usedom durch die Offiziere der deutschen Militär-Mission, unter denen sich insbesondere Major Wehrle als Führer des 8. türkischen schweren Artillerie-Regiments hervortat. Er hatte einen entscheidenden Anteil an der erfolgreichen Verteidigung der Dardanellen. General der Kavallerie Liman v. Sanders leitete als türkischer Marschall und Befehlshaber der 5. Osmanischen Armee die Verteidigung der Halbinsel Gallipoli.

b. Die Kaiserlichen Schutztruppen

Als entgegen den Grundsätzen der Kongoakte vom 26. Februar 1885 der Krieg auch in den Kolonien ausbrach, standen die dortigen deutschen Befehlshaber vor kaum lösbaren Problemen. Die Schutz- und Polizeitruppen waren von dem personellen und materiellen Nachschub aus der Heimat abgeschnitten, und aus den wenigen weißen Siedlern und Beamten konnte die Truppe nicht wesentlich verstärkt werden. Unter den Eingeborenen standen nur die ehemaligen, im Verlauf der letzten Jahre verabschiedeten Soldaten zur Verfügung. Eine Waffen-, Munitions- oder Gerätereserve war nirgends vorhanden.

Die Schutztruppe für Deutsch-Ostafrika unter Oberstleutnant v. Lettow-Vorbeck konnte die Zahl ihrer Feldkompanien von 14 auf 28 erhöhen. Ihre Ausrüstung ließ sich teilweise erst mit den in der Schlacht bei Tanga vom 3. bis 5. November 1914 erbeuteten englischen Waffen durchführen. Aus weißen Siedlern bildeten sich neun, darunter zwei berittene Schützen-Kompanien und mehrere Landsturm-Abteilungen. Im folgenden Jahr wurden auch die Besatzungen der Vermessungsschiffe „Möwe“ und „Planet“ sowie des am 11. Juni 1915 versenkten kleinen Kreuzers „Königsberg“ in die Schutztruppe eingereiht.

Mit einer Ladung wertvollen Kriegsmaterials hatte der deutsche Dampfer „Marie“ die englische Blockade durchbrochen. Er brachte unter anderem vier 10,5 cm leichte Feldhaubitzen, zwei 7,5-cm-Gebirgsgeschütze und etwa 1 000 Schuß Munition für die 10,5-cm-Schnelladekanonen der „Königsberg“. Aus dem versenkten Kreuzer konnten zehn 10,5-cm-Kanonen geborgen und behelfsmäßig instand gesetzt werden, so daß jetzt auch moderne Artillerie zur Verfügung stand. Auf Behelfslafetten wurden die Schiffsgeschütze beweglich gemacht und, als die Ochsenbespannung versagte, von je 300 bis 400 Eingeborenen durch Urwaldsümpfe und Steppen gezogen.

Die größte Stärke erreichte die Schutztruppe im März 1916 mit 60 Kompanien (darunter 2 berittene), 96 schweren Maschinengewehren – davon 17 englische und 2 belgische – und 49 Geschützen, von denen 2 englischer Herkunft waren. Die Gesamtstärke der Truppe betrug etwa 1 200 Europäer, 6 200 Askaris, 45 000 Träger und 5 000 Boys. Als die Schutztruppe am 14. November 1918 die Waffen niederlegte, zählte sie noch 30 Offiziere, Sanitätsoffiziere und Beamte, 122 weiße Unteroffiziere und Mannschaften, 1 168 Askaris, 2 269 Träger und 674 Boys.

Die Kaiserliche Schutztruppe für Deutsch-Südwestafrika konnte mit den Reservisten und Kriegsfreiwilligen gerade ihren Friedensetat auffüllen und einige Etappenformationen aufstellen. Ein Freikorps aus Buren, die mit den südafrikanischen Verhältnissen unzufrieden waren, hatte nur einen geringen Kampfwert. Der Gegner war indessen mit einem gewaltigen Troß ausgestattet und verfügte über vorzügliche Truppen und ein ausgezeichnetes Pferdematerial. Er war auch bereits weitgehend motorisiert und konnte die deutschen Stellungen ausmarschieren. Als die Schutztruppe am 9. Juli 1915 bei Khorab zur Kapitulation gezwungen wurde, hatten, abgesehen von ersten Grenzgefechten, keine größeren Kampfhandlungen stattgefunden.

In Kamerun wurde im August 1914 die in zwölf Kompanien gegliederte Schutztruppe um drei Reserve-Kompanien verstärkt. Einige kleinere Abteilungen konnten aus dienstpflichtigen und freiwilligen Europäern gebildet werden. Gegen die von allen Seiten in das Schutzgebiet eindringenden englischen und französischen Streitkräfte standen die deutschen Verteidiger von Anfang an auf verlorenem Posten. Dennoch hielten sie die befestigten Stationen, bis Munition und Vorräte verbraucht oder die Schutztruppen von der überlegenen feindlichen Artillerie niedergekämpft waren. In den ersten Februartagen des Jahres 1916 gelang es dem Kommandeur, Oberstleutnant Zimmermann, mit der Masse der Soldaten in das neutrale Spanisch-Guinea durchzubrechen. Am 17. Februar 1916 kapitulierte Hauptmann v. Raben mit den Resten seiner Kompanie auf dem letzten deutschen Stützpunkt, der Bergfestung Mora im Norden des Landes.

In Togo, das von allen Schutzgebieten die geringsten Möglichkeiten für eine aussichtsreiche Verteidigung bot, wurde aus den wehrfähigen Deutschen eine Kompanie gebildet und diese zusammen mit der Polizeitruppe zur Verteidigung der Funkenstation Kamina eingesetzt. Der Stellvertretende Gouverneur, Major a. D. v. Doering, übernahm persönlich das Kommando. Doch bereits am 22. August 1914 mußte die von allen Seiten angegriffene Funkenstation, die bisher die einzige Verbindung zwischen der Großstation Nauen und den südlich von Togo gelegenen Schutzgebieten gewesen war, nach Erschöpfung der Munitionsvorräte gesprengt werden. Die Truppe geriet in Gefangenschaft.

Auch die deutschen Schutzgebiete in der Südsee waren für einen Widerstand nicht gerüstet. Zu Kriegshandlungen kam es jedoch nur auf Neu-Pommern, wo die wehrfähigen Deutschen, insgesamt etwa 30 Mann, und die eingeborene Polizei sich entschlossen hatten, die Funkenstation bei Rabaul zu verteidigen. Am 10. September 1914 landete der Gegner eine australische Brigade und zwang die kleine Schar am 21. September zur Kapitulation.

5. Stäbe und Militärbehörden in der Etappe, im rückwärtigen Gebiet und in der Heimat

a. Etappe

Nach der Kriegsetappenordnung vom 12. März 1914 diente die Etappe „der Heeresversorgung durch Zuführung von Streitkräften und Heeresbedürfnissen, durch Ausnutzung der Hilfsmittel und Vorräte des Kriegsschauplatzes und durch Übernahme und Ableitung von allem, was das Feldheer in seiner Verwendungsfähigkeit behindern kann".

An der Spitze der Etappenorganisation stand der Generalquartiermeister im Großen Hauptquartier, der den jeweiligen Umfang von Operations- und Etappengebiet sowie die Trennungslinien zwischen den Etappengebieten der einzelnen Armeen festlegte. Die Etappe grenzte rückwärts an die Heimat oder an ein unter deutscher Verwaltung stehendes Generalgouvernement.

Zu jeder Armee gehörte eine Etappen-Inspektion, zu selbständigen Korps, zum Beispiel zum Karpaten-Korps, ein Etappen-Kommando. Der Etappen-Inspekteur stand im Rang eines Divisions-Kommandeurs.

Seinem Chef des Generalstabes unterstanden nach der Geschäftseinteilung des Jahres 1918 die

Abteilung I a	für Nachschub, Etappen-Kommandanturen, Truppenverschiebungen und Ausbildung;
Abteilung I b	für Verwendung der Etappen-Truppen, Kriegsgefangene, Nachrichtenwesen, Spionageabwehr, Flugwesen und Sammelwesen;
Abteilung I c	Verkehrswesen;
Abteilung II a	Personalien der Offiziere;
Abteilung II b	Personalien der Mannschaften, Liebesgabenwesen, Feldbuchhandlung;
Abteilung II c	Registratur und Kanzlei;
Abteilung II d	Zentralarbeitsamt für die Heranziehung der Zivilbevölkerung zur Arbeit;
Abteilung III	Etappen-Kriegsgericht;
Abteilung IV	Etappen-Intendantur;
Abteilung V	Etappen-Arzt;
Abteilung VI	Etappen-Veterinär;
Abteilung VII	Seelsorge;

Stabsoffizier des Ingenieur- und Pionier-Korps;
Munitions- und Geräteverwaltung;
Kommandeur der Etappen-Munitions-Kolonnen und Trains;
Feldgendarmerie;
Gasschutzoffizier;
Gräberverwaltung;
Zivilverwaltung für die allgemeine Landesverwaltung, Gerichtswesen, Finanzen, Kirchen, Schulen, Geld- und Bankwesen, Geldauflagen, Kontributionen und Steuern, Reiseverkehr der Einwohner, Paßamt, Abschub der Bevölkerung, Brief- und Warenverkehr, Pressezensur, Postüberwachung, Kunst- und Baudenkmalschutz;
Landwirtschafts-Abteilung für die Nutzbarmachung der Erzeugnisse des Ackerbaus und der Viehzucht, für Einrichtung und Inbetriebsetzung landwirtschaftlicher Fabriken (Zucker-, Spiritus-, Marmeladefabriken, Brauereien, Molkereien) sowie landwirtschaftlicher Werkstätten;
Industrie-Abteilung für die Aufsicht über sämtliche industriellen Privatbetriebe, Einrichtung und Leitung industrieller Betriebe, deren Erzeugnisse dem Heer dienen (Zement- und Steinbruchbetriebe, Gießereien, Maschinenfabriken, Tischlereien, Wagenfabriken, Instandsetzungs-Werkstätten), für die Heranziehung der Privatindustrie zu Heereslieferungen, Kesselprüfungen, Kohlenschlackenverteilung, für Rückführungen mit Ausnahme von Metallen, Maschinen, landwirtschaftlichen Erzeugnissen und Hölzern;
Armeepostdirektor;
Etappen-Delegierter der Freiwilligen-Krankenpflege;
Kassenverwaltung.

Das ganze Etappengebiet gliederte sich in Etappen-Kommandanturen, deren Kommandanten je ein Adjutant und ein Militärjustizbeamter zur Verfügung standen. Im Bedarfsfall konnten auch ein Sanitätsoffizier, Militärgeistliche und weitere Verwaltungsbeamte zugewiesen werden. Der Aufgabenkreis der Etappen-Kommandanturen entsprach dem der Inspektionen, richtete sich jedoch nach den engeren Verhältnissen im Kommandanturbereich. Insgesamt waren bei der Mobilmachung 165 Etappen-Kommandanturen aufgestellt worden, und bis

Kriegsende stieg ihre Zahl auf 354 an. Sie wurden unter der 3. OHL im ganzen Heer einheitlich durchnumeriert.

Die den Etappen-Inspektionen unterstellten Formationen umfaßten:
1 Landwehr-Brigade zu 6 Bataillonen, 1 Eskadron und 1 Batterie für Verwaltungs- und Sicherheitsaufgaben (diese Truppen wurden schon bald an der Front eingesetzt und durch Landsturmformationen, in der Regel 3 bis 4 Bataillone, ersetzt);
1 Feldgendarmerie-Abteilung für den Heerespolizeidienst;
die Etappen-Munitions-Kolonnen, deren Zahl während des Krieges von 57 auf insgesamt 90 stieg;
die Etappen-Fuhrpark-Kolonnen (88, dann 331);
die Etappen-Magazin-Fuhrpark-Kolonnen (142, dann 292);
die Etappen-Bäckerei-Kolonnen (9, später 27);
die Etappen-Hilfsbäckerei-Kolonnen (31, dann 48);
die Etappen-Pferdedepots (14, schließlich 47).
Am 18. 2. 1915 wurden dazu noch 74 Pferde-Lazarette etatisiert,
am 28. 2. 1915 47 Etappen-Hilfskompanien,
am 10. 4. 1915 18 Bluntersuchungsstellen,
am 23. 4. 1915 8 Etappen-Hilfsbataillone,
am 23. 6. 1917 die Tierseuchen-Erforschungsanstalt Ost,
am 28. 9. 1917 die Tierseuchen-Erforschungsanstalt West,
am 24. 4. 1918 21 Etappen-Ochsenfuhrpark-Kolonnen.

Im Etappengebiet befanden sich auch die Umschlageplätze für den Nachschub, so etwa große Munitionslager, Gerätedepots, Etappen-Magazine und -Hauptmagazine, Armeebekleidungsdepots und Bekleidungsausgabestellen, Etappen-Hauptsanitätsdepots und Sanitätsspeicher.

Da die OHL das Bestreben hatte, alle Hilfsmittel der besetzten Gebiete für das deutsche Heer nutzbar zu machen und Instandsetzungsarbeiten an Waffen und Gerät möglichst im Kriegsgebiet selbst ausführen zu lassen, wurden auch zahlreiche Heeresbetriebe industrieller Art eingerichtet. Ihr Personal wurde seit dem 22. April 1916 in 344 Wirtschafts-Kompanien zusammengefaßt.

Ein höherer Zivilbeamter bei den Etappen-Inspektionen war für Angelegenheiten der Zivilverwaltung in seinem Gebiet zuständig. Sie kontrollierte die landeseigenen Polizei- und Gemeindebehörden, zensierte die einheimische Presse, die Bücher, Theater und Kinos und richtete später auch Paßämter und Postüberwachungsstellen ein. Im Osten mußten auch Steuern erhoben werden, während in Frankreich das benötigte Geld durch Zwangsauflagen von den Gemeinden selbst aufgebracht wurde.

In den letzten Kriegsjahren ergaben sich für die Etappe beträchtliche personelle Schwierigkeiten. Die tauglichen Offiziere und Mannschaften mußten an die Front abgegeben werden. Der Ersatz war körperlich und geistig häufig nicht imstande, den gestellten Anforderungen zu genügen. Darunter hatte die Front zu leiden, und die Folge waren Spannungen und Mißtrauen. Insgesamt aber hat die Etappe ihre Aufgaben erfüllt und die deutschen Kriegsanstrengungen wirksam unterstützt.

Die Teile eines besetzten Landes, die zwischen der Etappe und den Grenzen des Deutschen Reiches lagen, konnten zu einem Generalgouvernement zusammengefaßt werden. An seiner Spitze stand ein Generalgouverneur, der dem Kaiser unmittelbar unterstellt war und seine Weisungen vornehmlich vom Reichskanzler erhielt.

Im Westen wurde am 23. August 1914 das „Generalgouvernement Belgien" unter Generalfeldmarschall Freiherr von der Goltz eingerichtet. Auf ihn folgte im November 1914 General der Kavallerie v. Bissing und nach dessen Tod im April 1917 Generaloberst Freiherr v. Falkenhausen.

Der Generalgouverneur in Brüssel war für die innere Sicherheit und die Zivilverwaltung in seinem Befehlsbereich verantwortlich. Für diese Aufgaben standen ihm ein militärischer Stab unter einem Chef des Generalstabes und ein ziviler Stab unter einem Chef der Zivilverwaltung zur Seite.

Dem militärischen Stab, der etwa dem eines Armee-Oberkommandos entsprach, war der „Stabsoffizier der Pioniere Nr. 164" angegliedert, dessen Zuständigkeit sich auch auf die Lieferung von Heeresbedürfnissen aus dem Lande selbst erstreckte. Ihm unterstanden für diesen Zweck 20 Militärforstämter, 12 Sägewerke, 3 Holzwollwerke, 4 Stahlwerke, 8 Walzwerke, 4 Drahtwerke, 2 Blech-, Preß- und Schmiedewerke, 3 Gießereien und Schmiedewerke, 1 Schraubenfabrik, 6 Zementfabriken, 3 Faßfabriken, 2 Glashütten, 1 Zementrohrfabrik, 5 Materialbeschaffungsstellen, 1 Pionierpark, 2 Elektrikertrupps und 2 Militär-Schreinereien.

Das Generalgouvernement in Brüssel umfaßte ganz Belgien und Luxemburg. Flandern gehörte dagegen zur Etappe. Für die Provinzen Antwerpen, Brabant, Hennegau, Limburg, Lüttich, Luxemburg und Namur waren Militärgouverneure eingesetzt, die ihrerseits dem Generalgouverneur unterstanden. Die Präsidenten der Zivilverwaltung in den Provinzen waren sowohl dem Chef der Zivilverwaltung in Brüssel als auch dem Militärgouverneur unterstellt. Die Zivilverwaltung gliederte sich in die Abteilungen Verwaltungschef, Finanzen, Handel und Gewerbe, Politik und Banken. Hinzu kamen noch die Zentralernte-Kommission, die Ernährungs-Kommission sowie die Kommissare des Reichskolonialamtes und des Rechnungshofes des Deutschen Reiches.

Die durch die deutsche Offensive des Jahres 1915 eroberten Teile Russisch-Polens wurden am 24. August 1915 dem General der Infanterie v. Beseler als „Generalgouvernement Warschau" unterstellt. Sein Befehlsbereich umfaßte die polnischen Kreise längs der schlesischen Grenze und das Land nördlich der Piliza. Die Gebiete südlich der Piliza kamen unter österreich-ungarische Verwaltung. Die Organisation entsprach der des Generalgouvernements Belgien. Militärgouverneure wurden in Czenstochau, Grodzisk, Kalisch, Lodz, Lomza, Lukow, Mlawa, Plock, Siedlce, Wloclawek und in Warschau eingesetzt.

Die nicht zum Generalgouvernement Warschau gehörenden Teile des eroberten Rußlands, so die Verwaltungsbezirke Kurland, Litauen, Suwalki, Wilna, Grodno und Bialystok, die zu den Etappen-Gebieten zählten, wurden auf Anordnung der OHL unter dem OB Ost zusammengefaßt. Am 1. Juli 1916 übernahm der Generalquartiermeister des OB Ost die Leitung der Militärverwaltung, hatte aber keine Immediatrechte.

Als 1916 die Heeresgruppe Mackensen Rumänien eroberte, wurde dort kein Generalgouvernement, sondern am 23. November 1916 ebenfalls eine Militärverwaltung eingerichtet. Das Gebiet der „Militärverwaltung Rumänien" umfaßte das besetzte rumänische Staatsgebiet mit Ausnahme der Dobrudscha, die seit dem 24. Oktober 1916 von der deutschen „Etappen-Verwaltung Dobrudscha" als Treuhänder für türkische und bulgarische Ansprüche verwaltet wurde. Am 1. Juli 1918 wurden sowohl das Heereskommando Mackensen als auch die Militärverwaltung Rumänien aufgelöst. An ihre Stelle trat das „Oberkommando des Besatzungsheeres in Rumänien" unter Generalfeldmarschall v. Mackensen.

c. Stäbe, Truppen und Militärbehörden in der Heimat

Den Chef des Generalstabes des Feldheeres vertrat in der Heimat der „Chef des Stellvertretenden Generalstabes der Armee", dem jedoch keine Immediatstellung zugestanden worden war. Einen „Stellvertretenden Kriegsminister" gab es seit der Mobilmachung, doch entfiel diese Stelle, als der Kriegsminister unter der 3. OHL vom Großen Hauptquartier in die Reichshauptstadt zurückkehrte und am 8. Dezember 1916 zum „Oberbefehlshaber in Berlin" ernannt wurde.

Die militärische Einteilung des Heimatgebietes in Korpsbezirke blieb bestehen. In die Generalkommandos zogen die „Stellvertretenden Kommandierenden Generale" mit allen Rechten und Pflichten ihrer Vorgänger ein. Aufgrund des Belagerungsgesetzes wurde ihnen noch zusätzlich die Verantwortung für die Aufrechterhaltung von Ruhe, Ordnung und allgemeiner Stimmung übertragen, Aufgaben, für die bisher zivile Stellen zuständig gewesen waren. Ihre Immediatstellung verloren die Stellvertretenden Kommandierenden Generale erst am 8. Dezember 1916 mit ihrer Unterordnung unter den Kriegsminister. Die Generalkommandos des XVI. und XXI. Armeekorps wurden, da Metz im Operationsgebiet lag, zum Stellvertretenden Generalkommando XVI/XXI mit Sitz in Saarbrücken zusammengezogen.

Die Stäbe der Infanterie-Divisionen sowie der Kavallerie- und Feldartillerie-Brigaden hinterließen keine Stellvertretungen. Die für die Ausbildung des Ersatzheeres verantwortlichen „Stellvertretenden Infanterie-Brigaden" und die „Landwehrinspektionen" unterstanden direkt den Stellvertretenden Generalkommandos. Ihre Kommandeure wurden Gerichtsherren mit den Rechten eines Divisions-Kommandeurs. Bei der Kavallerie und Feldartillerie übernahmen bei den Stellvertretenden Generalkommandos neuernannte „Inspekteure der Ersatz-

Eskadrons“ und „Inspekteure der Ersatz-Abteilungen der Feldartillerie“ die Ausbildung des Ersatzes.

Für die Ausbildung des Ersatzes hatte jedes Infanterie-Regiment, einschließlich Reserve und Landwehr, ein Ersatz-Bataillon zu vier Kompanien aufgestellt, jedes aktive Jäger-Bataillon eine Ersatz-Abteilung zu zwei Kompanien. Insgesamt waren es 406 Infanterie-Ersatz-Bataillone und 18 Jäger-Ersatz-Abteilungen. Da die zahlreichen neuaufgestellten Formationen des Feldheeres auf dieselben Ersatz-Bataillone angewiesen waren, deren Zahl sich zudem noch durch die Abgabe geschlossener Ersatztruppenteile für eine mobile Verwendung verringert hatte, wurde am 28. Januar 1915 eine Verdoppelung sämtlicher Ersatztruppenteile der aktiven Infanterie-Regimenter und Jäger-Bataillone angeordnet. Die schwierige Ersatzlage in den letzten Kriegsjahren führte aber dazu, daß ein großer Teil dieser II. Bataillone wieder aufgelöst werden mußte.

Für den Ersatz an Maschinengewehr-Schützen errichtete jedes Stellvertretende Generalkommando 1 bis 2 Ersatz-Maschinengewehr-Kompanien. Später wurde diese Zahl einheitlich auf 4 Kompanien heraufgesetzt. 3 Ersatz-Abteilungen im Bereich des III. preußischen, XIX. sächsischen und II. bayerischen Armeekorps bildeten Rekruten für die Maschinengewehr-Abteilungen der Kavallerie-Divisionen aus. 6 Ersatz-Abteilungen für Gebirgs-Maschinengewehr-Abteilungen entstanden im Jahre 1915. Die bei der Mobilmachung aufgelöste Inspektion des Maschinengewehrwesens wurde am 14. November 1915 neu errichtet.

In Berlin und Straßburg stellte man für Bewachungszwecke je ein Garnison-Regiment auf. Außerdem wurden 35 Garnison-Bataillone und eine Anzahl Garnison- oder Bewachungs-Kompanien gebildet.

Von den 110 aktiven Kavallerie-Regimentern blieben 101 Eskadrons als Ersatz-Eskadrons zurück, und die restlichen neun entstanden noch im Jahre 1914 aus zurückgelassenen Depots. Die 20 neuaufgestellten Reserve-Ersatz-Eskadrons für die 33 Reserve-Kavallerie-Regimenter mußten mit der Verminderung der Kavallerie 1916 wieder aufgelöst werden. Die Landwehr-Kavallerie hatte ohnehin keine Ersatzformationen.

Die Feldartillerie errichtete 100 Ersatz-Abteilungen zu 2 Batterien und die Ersatz-Abteilung der Feldartillerie-Schießschule zu 3 Batterien. Auf diese Abteilungen waren auch die Reserve-, Landwehr- und Landsturmformationen der Feldartillerie angewiesen. Für die Gebirgsartillerie bestanden 3 Gebirgs-Ersatz-Abteilungen.

Von den 25 Fußartillerie-Regimentern wurde je ein Ersatz-Bataillon zu 6, in Bayern zu 4 Kompanien und je eine Bespannungs-Abteilung errichtet. Die Artillerie-Prüfungs-Kommission, welche die 5 Batterien 30,5-cm-Küstenmörser und die 3 Batterien kurze Marine-Kanonen (42 cm) mobil gemacht hatte, stellte für diese auch ein Ersatz-Bataillon zu 2 Batterien auf. Der Ausbau der Fußartillerie führte auch zu einer Vermehrung der Ersatz-Batterien und zur Neuaufstellung von 8 weiteren Ersatz-Bataillonen, von denen eines allerdings bald zum Feldheer übertrat. Seit Ende 1915 wurden bei den einzelnen Fußartillerie-

Ersatz-Bataillonen auch Fußartillerie-Garnison-Batterien aufgestellt, die in Jüterbog, Wahn, Thorn und Straßburg sogar Bataillonsstärke erreichten. Pillau, Swinemünde, Saßnitz und Borkum erhielten Küsten-Garnison-Batterien.

Die Pionierwaffe stellte bei der Mobilmachung bei den 35 aktiven Pionier-Bataillonen je ein Ersatz-Bataillon zu drei Kompanien auf. Am 4. November 1914 entstanden die Pionier-Heeresparks in Berlin (später Danzig), Mainz und Köln als Sammelzentren für den ungeheuren Materialbedarf der Front, in Bayern das Park-Bataillon in Mühldorf.

Für den Ersatz der Scheinwerfer-Züge wurde am 16. Oktober 1914 eine Scheinwerfer-Ersatz-Abteilung in Spandau und am 19. Juli 1915 eine weitere in München aufgestellt. Die preußische Abteilung erweiterte sich am 16. Juli 1916 zu einem Scheinwerfer-Ersatz-Bataillon.

Besondere Ersatzformationen mußten auch für die Minenwerfer gebildet werden. Die erste Ersatz-Abteilung erstand am 25. Februar 1915 und wurde bereits am 3. März zum Minenwerfer-Ersatz-Bataillon Nr. 1 mit angegliederter Minenwerfer-Schule ausgebaut. Insgesamt gab es 11 Minenwerfer-Ersatz-Bataillone.

Die Gastruppe fand ihren Ersatz seit dem 5. Mai 1915 beim Ersatz-Bataillon der Pionier-Regimenter 35 und 36, das am 23. September 1915 die Bezeichnung Pionier-Ersatz-Bataillon Nr. 36 erhielt. Am 7. Oktober 1916 wurde die Heeresgasschule in Berlin errichtet und am 13. November 1916 der Inspekteur des Gasschutzdienstes für das Heimatgebiet ernannt.

Das als Flammenwerfer-Regiment ausgerüstete Garde-Reserve-Pionier-Regiment bekam seinen Ersatz vom Garde-Pionier-Ersatz-Bataillon.

Die Ausbildung der Ersatz-Kompanien für die 10 Telegraphen-Bataillone übernahm die Inspektion der Ersatz-Kompanien der Telegraphentruppe, die bei der Mobilmachung an die Stelle der Inspektion der Telegraphentruppe getreten war. Am 6. Mai 1915 entstanden aus diesen 10 Kompanien 10 Fernsprech- und 5 Funker-Ersatz-Abteilungen, und die Inspektion nahm ihre alte Bezeichnung wieder an. Am 16. Juli 1915 wurde die im Vormonat eingerichtete Funkengroßstation Königswusterhausen der Funker-Ersatz-Abteilung Nr. 2 angegliedert. Durch einen täglichen Funkverkehr von sieben Stunden mit Konstantinopel entlastete sie erheblich die bisher einzige Funkengroßstation Nauen. Eine dritte Station in Eilwese nahm im Herbst 1915 den Betrieb auf.

Bei der Umorganisation des Nachrichtenwesens teilte sich die Inspektion der Telegraphentruppe am 14. Dezember 1916 in jeweils eine Inspektion der Fernsprech- und der Funkertruppe. Die Inspektion der Fernsprechtruppe wurde am 21. Mai 1917 zur Inspektion der Nachrichtentruppe, der die Inspektionen der Nachrichten-Ersatz-Abteilungen Nr. 1 und 2 für die östliche und die westliche Reichshälfte unterstanden. Die Zahl der Nachrichten-Ersatz-Abteilungen vermehrte sich auf 22. Für die Ausbildung des am 3. Oktober 1918 angeordneten „Weiblichen Nachrichtenkorps" richtete jedes Stellvertretende Generalkommando eine Nachrichtenschule für je 400 Anwärterinnen ein.

Die Inspektion der Eisenbahntruppe blieb bestehen. Bei der Mobilmachung wurden vier preußische Ersatz-Bataillone und am 27. August 1917 weitere vier aufgestellt. Ein bayerisches Ersatz-Bataillon erstand am 8. Dezember 1914. Ein der Inspektion der Eisenbahntruppen unterstelltes Schiffer-Ersatz-Bataillon wurde am 5. März 1917 errichtet. Zwei Kompanien lagen in Berlin, die anderen zwei verteilten sich auf Köln und Königsberg.

Im Jahre 1914 entstanden in Preußen und Bayern je eine Kraftfahr-Ersatz-Abteilung. Da der Ersatz für den steigenden Bedarf nicht ausreichte, wurde noch im ersten Kriegsjahr die Zahl der Abteilungen auf 8, bis 1918 auf 18 erhöht. Seit September 1918 besaß jedes Korps etatmäßig eine Kraftfahr-Ersatz-Abteilung. Für die in der Türkei eingesetzten Kraftfahrformationen bestand seit dem 5. Oktober 1917 eine besondere „Kraftfahr-Ersatz-Abteilung F".

Die Trains erhielten ihren Ersatz von den in jedem Korpsbezirk aufgestellten Train-Ersatz-Abteilungen, die jeweils drei Eskadrons umfaßten. Beim III. bayerischen Armeekorps wurde am 21. April 1915 noch eine zweite Train-Ersatz-Abteilung aufgestellt.

Den Stellvertretenden Kommandierenden Generalen unterstanden auch die Festungen. Wurden sie, wie 1914 in Ostpreußen, in das Kampfgebiet einbezogen, so ging die Befehlsbefugnis auf das entsprechende Armee-Oberkommando über. Nach dem raschen Vordringen des deutschen Heeres an allen Fronten wurden die meisten Festungen aber bald wieder für immobil erklärt, mit Ausnahme von Metz und der Küsten- und Inselbefestigungen. Die Festung Straßburg befand sich anfangs im Operations-, später im Etappen-Gebiet.

Die Sanitätseinrichtungen der Heimat blieben bei der Mobilmachung bestehen. Die Garnison-Lazarette wurden Reserve-Lazarette. Daneben entstanden weitere Reserve-Lazarette, Vereins-Lazarette, Kriegsgefangenen-Lazarette, Pflegeanstalten, Heilstätten und Genesungsheime. Die Aufsicht über alle Sanitätseinrichtungen hatten die Stellvertretenden Sanitätsämter bei den Stellvertretenden Generalkommandos.

Organisationsgeschichte der Luftwaffe von den Anfängen bis 1918

Unter der Bezeichnung „Luftstreitkräfte“ sollen jene Truppen verstanden werden, die vor dem Ersten Weltkrieg unter der Generalinspektion des Militärverkehrswesens mit der Erprobung und Handhabung von Luftschiffen, Ballonen und Flugzeugen betraut waren. Der Gedanke, daß den Flugzeugen auch eine militärische Bedeutung zukommen könnte, ging auf das Jahr 1909 zurück, als Blériot den Kanal überquerte. Die Folgerungen, die sich daraus für Englands strategische Lage ergaben, wurden gerade in Großbritannien erkannt, wo 1909 die erste Studie über eine Luftkriegführung erschien.

Die Luftfahrt erlebte seit ihrem Bestehen eine ungemein rasche Fortentwicklung. Von großer Bedeutung für eine Luftkriegführung, wie überhaupt für jede militärische Verwendung des Flugzeuges, war der jeweilige Stand der Technik, welche für die Luftstreitkräfte eine noch größere Rolle spielte als für Heer und Marine. Die technische Entwicklung der Luftfahrt muß also im Vordergrund einer Darstellung stehen, neben der Organisation der neuen Truppe, die entsprechend den sich bietenden Verwendungsmöglichkeiten von Anfang an ständigen Veränderungen unterworfen war.

Die Luftstreitkräfte waren als Teile der Armee und der Marine aufgestellt und organisatorisch auch nach dem Muster dieser Waffengattungen ausgerichtet worden. Ihre zunehmende Verstärkung und das allmähliche Hervortreten ihrer Eigenart führten zu einer Lockerung dieser Bindungen, bis die Forderung nach einer Vereinigung der gesamten Luftstreitkräfte zu einem dritten Wehrmachtteil, zu einer Luftwaffe, erhoben wurde.

Neben Technik und Organisation müssen, soweit eine derartige Trennung möglich ist, auch die Einsatzprinzipien der neuen Truppe untersucht werden. Die Luftstreitkräfte gewannen wider Erwarten während des Ersten Weltkrieges eine entscheidende Bedeutung, wobei die Besonderheiten des Luftkrieges, vor allem die völlig andersartige räumliche Dimension, ein neues operatives Denken erforderten. Voraussetzung dazu waren jedoch die Erfahrungen, die erst allmählich gesammelt werden mußten. Es wurde wohl keine Truppengattung so stark durch den Krieg geformt und so ausschließlich auf ihn ausgerichtet wie die Luftstreitkräfte.

A. Luftstreitkräfte bis August 1914

1. Technische Entwicklung

a. Freiballone und Luftschiffe

Während der Belagerung von Paris im Deutsch-Französischen Kriege hatten die Franzosen erfolgreich Freiballone eingesetzt und damit eine Verbindung zwischen der eingeschlossenen Stadt und den unbesetzten Landesteilen hergestellt. In Preußen nahm 1884 eine Versuchsstation des Ballondetachements ihre Tätigkeit auf. Zu Beobachtungszwecken ließ sie einen Ballon an einem Seil aufsteigen und schuf somit den sogenannten Kugelfesselballon. Eine Verbesserung bedeutete der 1894 erstmals im Kaisermanöver vorgeführte Drachenfesselballon (System Parseval-Sigsfeld). Er besaß eine aerodynamisch günstigere Form und pendelte nicht so stark im Wind wie ein gefesselter Kugelballon.

Technisch unvollkommen war noch der Freiballon (rund 2 000 cbm Gasfüllung). Da er vom Wind getrieben wurde, konnte er nur seine Höhe, nicht aber die Seitenrichtung ändern. Er gewann erst mit der Einführung des Verbrennungsmotors als Luftschiff einen größeren militärischen Wert. Die Betriebssicherheit stieg, als man die Zahl der mit Gas gefüllten Tragkörper vermehrte, so daß das Leerlaufen einer Zelle nicht unbedingt zum Absturz des Flugkörpers führen mußte. Graf Zeppelin machte sich dieses Prinzip zu eigen, und mit einer Fahrt seines Luftschiffes über den Bodensee war der Nachweis für eine militärische Verwendung erbracht. So konnte das Luftschiff schon etwa fünf Jahre vor dem Flugzeug brauchbare Leistungen vorweisen. Es hatte sich aus dem schon seit langem erprobten Ballon entwickelt, und für seinen Einsatz stand bereits eine eigens geschulte Truppe zur Verfügung.

Ein Ausschuß aus Offizieren des Preußischen Kriegsministeriums, des Großen Generalstabes, des Luftschiffer-Bataillons sowie der Inspektion und der Versuchsabteilung der Verkehrstruppen schlug 1906 den Bau eines halbstarren Luftschiffes vor. Außerdem wurde ein unstarres Modell des Majors von Parseval erprobt und die Entwicklung der Zeppelin-Luftschiffe gefördert. Die Versuche dauerten bis 1912/13, erfüllten aber nicht die Hoffnungen, die man in die halb- und unstarren Systeme gesetzt hatte. Man war von dem Gedanken ausgegangen, daß die Truppe beim Vormarsch die Luftschiffe mitzuführen hätte, die erst bei einem Einsatz gefüllt und aufgerüstet zu werden brauchten. Graf Zeppelin hielt dagegen an der Aufteilung des Flugkörpers in mehrere Gaszellen fest und benötigte für den Zusammenhalt eine starre untransportable Hülle. Das hatte zur Folge, daß seine „Zeppeline" von Luftschiffhäfen weit im Hinterland starten und dort auch wieder landen mußten.

Der Bau von kleinen halb- und unstarren Luftschiffen wurde 1912 eingestellt, da inzwischen Flugzeuge die taktische Aufklärung übernehmen konnten. Die Größe der starren Luftschiffe wuchs bis auf 20 000 cbm für den Gasinhalt an, während ein normaler Freiballon zum Vergleich einen Gasinhalt von 2 000 cbm umfaßte.

b. Flugzeuge

Die General-Inspektion des Militär-Verkehrswesens beantragte im April 1911 die Einführung von Flugzeugen beim Heer. Das Kriegsministerium bewilligte 110 000 Mark und legte damit den Grundstein für eine deutsche Fliegertruppe. Gleichzeitig begann ein erster Ausbildungslehrgang auf dem Truppenübungsplatz Döberitz.

Als Schulmaschinen standen in Döberitz für den ersten Flugzeugführer- und Beobachterlehrgang 3 Farman-Doppeldecker, 2 Albatros-Farman-Doppeldecker und 1 Sommer-Doppeldecker, alle mit 50-PS-Gnôme-Motoren, 1 Aviatik-Farman-Doppeldecker mit einem 55-PS-Argus-Motor und 1 Etrich-Rumpler-Taube mit einem 50-PS-Austro-Daimler-Motor zur Verfügung. Diese Flugzeuge ließen sich zwar als Schulmaschinen verwenden, erfüllten aber nicht die Anforderungen, die der Große Generalstab an militärtaugliche Flugzeuge stellte. Er verlangte, daß die Flugzeuge einen mehrstündigen Dauerflug auch bei mittlerem Wind ausführen konnten, die Betriebssicherheit durch einen zuverlässigen Motor gewährleistet wurde und eine Tragfähigkeit von mindestens 350 kg für Besatzung, Treibstoff, Bewaffnung und Gerät gegeben war. Der Beobachter sollte eine gute Sicht nach vorn, nach unten und nach den Seiten haben. Die Fertigung der Maschine und aller Einzelteile mußte in Deutschland erfolgen.

Im Sommer 1911 standen den rund 100 französischen Heeresflugzeugen erst 19 Maschinen der deutschen Heeresfliegerei gegenüber. Von diesen nahmen acht am Kaisermanöver im September 1911 teil. Nach Meinung der Fliegeroffiziere hatte sich bei dieser Gelegenheit die gute Verwendungsmöglichkeit von Motorflugzeugen bei der taktischen Aufklärung erwiesen. Der am 1. April 1911 ernannte Inspekteur des Militär-, Luft- und Kraftfahrwesens stellte dagegen in seiner Manöverkritik fest, daß das Flugzeug noch kein wirklich brauchbares Nachrichten- und Erkundungsmittel wäre. Auch nach Ansicht des Generalstabes eigneten sich nur die Luftschiffe für die strategische Aufklärung, da ihre Reichweite zu diesem Zeitpunkt wesentlich größer als die der Flugzeuge war.

Alle Flugzeuge der Vorkriegszeit waren nach Material und Konstruktion noch reichlich gebrechlich, wodurch ihr Einsatz für militärische Zwecke immer wieder beeinträchtigt wurde. Sie besaßen seit 1911 im allgemeinen eine Höhen-, Seiten- und Schrägsteuerung und waren mit Höhenmesser, Kompaß, Uhr und Barograph ausgestattet.

Der damalige Stand der technischen Entwicklung ergibt sich aus den fliegerischen Höchstleistungen des Jahres 1911: Längster Alleinflug ohne Zwischenlandung 11 Stunden und 1 Minute; längste Flugstrecke ohne Zwischenlandung 740 km; größte Flughöhe 3 910 m.

Zu den besten Modellen gehörte 1911 die Etrich-Rumpler-Taube, die vor allem von Oktober 1910 bis Dezember 1912 ausgeliefert wurde. Sie besaß eine Durchschnittsgeschwindigkeit von 80 km/h, hatte eine verhältnismäßig große Flugsicherheit und ein gutes Schwebevermögen. Trotz ihrer geringen Wendigkeit galt sie als eine hervorragende Schulmaschine.

Eine zentral gelenkte Forschung begann mit der Gründung der „Wissenschaftlichen Gesellschaft für Flugtechnik" am 3. April und der „Deutschen Versuchsanstalt für Luftfahrt" am 20. April 1912. Am Kaisermanöver desselben Jahres nahmen je 2 Fliegerabteilungen mit 12 Doppeldeckern und 12 Eindeckern teil. Mit einer allgemeinen Stundengeschwindigkeit von 80 – 90 km und einem Aktionsradius von 300 – 350 km hatte die Heeresfliegerei schon beachtliche Fortschritte gemacht. Ungeklärt war noch, ob dem Eindecker oder dem Doppeldecker der Vorzug zu geben war. Beim letzteren hatte sich der Rumpfdoppeldecker mit vorn liegendem Motor, beim Eindecker die Taubenform durchgesetzt.

Bei der Marine-Fliegerei gab es zur gleichen Zeit Zweischwimmer-Doppeldecker und Flugboote, wobei den Schwimmerflugzeugen eine größere Brauchbarkeit zugeschrieben wurde.

c. Ballon-Abwehrkanonen

Die Entwicklung von Ballon-Abwehrkanonen war lange Zeit vernachlässigt worden.

Im Deutsch-Französischen Krieg hatte Krupp für die Bekämpfung der Pariser Freiballone eine 3,7-cm-Abwehrkanone konstruiert. Fünf dieser Kanonen kamen zum Einsatz, und im November 1870 gelang es auch, einen langsam und in geringer Höhe treibenden Ballon abzuschießen.

Die Bekämpfung von Luftzielen beschäftigte die deutsche Heeresverwaltung erst wieder nach 1900, als die Abwehr feindlicher Luftschiffe durch Geschütze der Feld- oder Fußartillerie in Erwägung gezogen werden mußte. Die Geschützfrage hatte dabei den Vorrang vor der Aufstellung von Sondereinheiten und der Erörterung ihres taktischen Einsatzes.

Es war vor allem die Entwicklung von Militärflugzeugen in Frankreich, die den deutschen Generalstab zu seiner Forderung nach einem Sondergeschütz veranlaßte. Die Artillerie-Prüfungskommission bestellte Ende 1910 die ersten Versuchskraftwagengeschütze bei Krupp und bei der Rheinischen Metallwaren- und Maschinenfabrik (Rheinmetall). Im April 1914 konnte ein erprobtes Kraftwagengeschütz zur Luftzielbekämpfung, Kaliber 7,7 cm, für das Heer angeschafft werden. Es war mit besonderen Zusatzgeräten versehen, dazu als Neuheit mit einem Kraftwagen als Geschützträger. Das deutsche Heer war das einzige, das 1914 mit einem durchkonstruierten Kraftwagengeschütz zur Luftzielbekämpfung ins Feld zog.

Ein ausgereiftes pferdebespanntes Geschütz gab es bei Kriegsbeginn noch nicht. Man hatte sich nämlich zu lange Zeit bemüht, die Konstruktion eines Sondergeschützes mit Sockel zu umgehen, um die vorhandenen Feldkanonen auch für die Luftzielbekämpfung zu verwenden und die Schaffung von Spezialformationen zu vermeiden. Als die Versuche bis 1912 zu keinem befriedigenden Ergebnis führten, wurden die ersten Sockelgeschütze in Auftrag gegeben. Ihre Ausführung und Leistung entsprachen aber bis Kriegsbeginn noch nicht den gestellten Anforderungen.

Mängel zeigten sich auch beim Erproben der Sondermunition und der Entfernungsmesser. Das bei der Feldartillerie gebräuchliche Gabelverfahren war nicht anwendbar, es mußte also ein neues Verfahren entwickelt werden. Auch kam für die Bedienung der Abwehrkanonen eine Hilfsbeobachtung (etwa von der Seite) nicht in Frage, da die Zeit für die Auswertung fehlte. So erwies sich die Eigenart der Flugabwehrwaffe schon vor Ausbruch des Krieges und hatte schließlich ihre Trennung von der Feldartillerie zur Folge.

2. Organisatorische Entwicklung

a. Heeres-Luftstreitkräfte

Das preußische „Ballon-Detachement", am 1. Juni 1884 errichtet, wurde am 1. April 1887 in eine etatisierte „Luftschiffer-Abteilung" umgewandelt, am 30. März 1895 als selbständiger Truppenteil der Eisenbahnbrigade unterstellt und 1901 zu einem „Luftschiffer-Bataillon" erweitert. Die Abteilung unterstand seit 1899 der neugegründeten „Inspektion der Verkehrstruppen", die am 1. April 1911 zur „General-Inspektion des Militär-Verkehrswesens" umgebildet wurde. Unter ihr entstand die „Inspektion des Militär-Luft- und Kraftfahr-Wesens" (Iluk).

Die am 1. Oktober 1911 neu aufgestellten Luftschiffer-Bataillone 2 und 3 waren mit der Bedienung von Luftschiffen, das Bataillon 1 und die bayerische Luftschiffer-Abteilung mit dem Einsatz von Fesselballonen betraut. Ein bayerisches Luft- und Kraftfahr-Bataillon bestand seit dem 1. Oktober 1911. Am 1. Oktober 1913 wurden die Luftschiffer-Bataillone 4 und 5 ebenfalls zur Bedienung der neuen Lenkluftschiffe aufgestellt. Die Aufsicht über alle Einheiten, mit Ausnahme der bayerischen, führte die neu geschaffene „Inspektion der Luftschiffertruppen" (Iluft).

Im Großen Generalstab wurde Anfang 1908 eine besondere „Technische Sektion" eingerichtet und am 1. Oktober desselben Jahres der 2. Abteilung angegliedert. Die Technische Sektion hatte die Aufgabe, vor allem die Fortschritte auf dem Gebiet des Luftschiff-, Flug- und Kraftfahrwesens und der Funkentelegraphie zu verfolgen, was bisher durch die 4. Abteilung des Generalstabes (Ingenieurwesen und Festungskrieg) geschehen war.

Aus Offizieren, die sich freiwillig gemeldet hatten, war 1910 das „Flieger-Kommando Döberitz" entstanden, das auch die Bezeichnung „Provisorische Fliegerschule" trug. Als vorerst nicht etatmäßige „Lehr- und Versuchsanstalt für das Militärflugwesen" wurde das Kommando am 1. April 1911 von der Versuchsabteilung der Verkehrstruppen abgetrennt und dem Inspekteur des Militär-

Luft- und Kraftfahrwesens unterstellt. Noch im selben Jahr begannen für Offiziere die zwei ersten Flugzeugführerlehrgänge. Am 1. Oktober 1912 wurde die Anstalt wieder aufgelöst und dafür eine „Fliegertruppe“ des Gardekorps errichtet, deren Kommando in Döberitz verblieb und die außerdem noch über Fliegerstationen in Straßburg, Metz und Darmstadt verfügte. Eine „Inspektion der Fliegertruppen“ nahm am 1. Oktober 1913 ihre Tätigkeit auf. Ihr unterstanden 4 preußische Flieger-Bataillone mit je 3 Kompanien: Fl.Batl. 1 mit Stab und 2 Kompanien in Döberitz, 1 Kompanie in Großenhain; Fl.Batl. 2 in Posen (Stab), Graudenz und Königsberg; Fl.Batl. 3 in Köln (Stab), Hannover und Darmstadt; Fl.Batl. 4 in Straßburg (Stab), Metz und Freiburg. Gleichzeitig wurde ein bayerisches Flieger-Bataillon in Groß-Schleißheim stationiert.

b. Marinefliegerei

Das Reichsmarineamt hatte am 12. Oktober 1912 ein Dezernat „Luftschiff- und Fliegerwesen“ unter Freg.Kpt. Lübbert eingerichtet, der im Werft-Departement schon seit 1910 Fragen der Luftfahrt bearbeitete. Aus dem Dezernat entstand am 1. April 1913 die „Sektion für Luftfahrwesen“ mit den Arbeitsgebieten „Militärisches Luftfahrwesen“ und „Technisches Luftfahrwesen“.

Als erstes Luftschiff der Marine war „L 1“ im Oktober 1912 von Friedrichshafen nach Johannisthal bei Berlin überführt worden. Das dortige „Marine-Luftschiff-Detachement“ wurde am 1. Juni 1913 in eine „Marine-Luftschiff-Abteilung“ umgewandelt. Ihr Luftschiff „L 1“ zerschellte im Kaisermanöver 1913 auf stürmischer See. „L 2“ ging während der Abnahmefahrt verloren, wobei die Besatzung den Tod fand. Im Dezember 1913 wurde die Abteilung nach Fuhlsbüttel bei Hamburg und im September 1914 mit „L 3“ nach Nordholz verlegt, wo eine Doppel-Drehhalle fertiggestellt worden war.

Die Marine erhielt am 1. Juli 1913 die erste „Marine-Flieger-Abteilung“ mit dem Sitz in Putzig bei Danzig, nachdem bereits 1910/11 eine „Flug-Versuchsstation“ eingerichtet worden war. Außenstationen entstanden in Kiel-Holtenau, Wilhelmshaven und auf Helgoland, waren aber nicht ständig besetzt. Die Marine-Luftschiff- und die Marine-Flieger-Abteilung unterstanden nur in Ausbildungsfragen und technischen Angelegenheiten unmittelbar dem Reichsmarineamt, sonst der Inspektion der Küstenartillerie und des Minenwesens und damit der Marinestation der Nordsee.

Ende Juni 1914 wurde die Flieger-Abteilung von Putzig nach Kiel-Holtenau verlegt. Sie verfügte bei Kriegsausbruch über 6 Schwimmerflugzeuge in Helgoland, 4 in Holtenau und 2 in Putzig. Bei Kriegsausbruch befand sich die Marinefliegerei damit erst am Anfang ihrer Entwicklung. Sie war noch nicht einmal in die planmäßige Kriegsgliederung aufgenommen.

B. Luftstreitkräfte August 1914 bis November 1918

1. Technische Entwicklung

a. Fesselballone und Luftschiffe

Bei Kriegsausbruch rückten die Feldluftschiffer-Abteilungen mit Drachenfesselballonen ins Feld. Die Ballone waren noch weitgehend wetterabhängig, hatten einen Rauminhalt von 600 cbm (1915 auch 800 und 1 000 cbm) und erreichten Höhen bis zu 800 m (1915 bis über 1 000 m). Ein verbesserter Typ wurde 1916 nach einem erbeuteten englischen Ballon konstruiert. Die Handwinde wurde 1915 durch eine Motorwinde ersetzt, was ein schnelles Einholen des Ballons bei Gefahr oder bei einem Witterungsumschwung ermöglichte. Seit 1915 gab es auch Fallschirme, ein Korbfallschirm wurde erst 1918 konstruiert.

Die Luftschiffe hatten bis zu 70 000 cbm Rauminhalt und erhielten stärkere Motoren. Die dadurch erreichte größere Flughöhe verlieh ihnen eine gewisse Sicherheit, da sie selbst bei ihren ausschließlich in mondlosen Nächten durchgeführten Angriffsfahrten sehr gefährdet waren. Als im Oktober 1917 ein Luftschiff von einem Jagdflieger verfolgt wurde, erzielte es, als es durch weiteres Aufsteigen sich der Gefahr entzog, mit 7 600 m einen neuen Höhenrekord. Die Luftschiffe wurden 1915 mit herablaßbaren Spähkörben versehen, was ihnen auch dann Erkundungen ermöglichte, wenn sie über den Wolken fuhren. Die Unterseite der Luftschiffe wurde schwarz angestrichen, um die Scheinwerferwirkung zu mindern.

b. Flugzeuge

Die Fliegertruppe war noch zum großen Teil mit Eindeckern, auch „Tauben“ oder A-Flugzeuge genannt, ausgestattet. Diese hatten einen 100-PS-Motor, Betriebsstoff für vier bis fünf Stunden, ein Steigvermögen bis zu 1 500 m und eine Höchstgeschwindigkeit von 100 km/h. Damit entsprachen sie zwar den vom Generalstab für Aufklärungsflugzeuge aufgestellten Bedingungen, in Steigfähigkeit und Geschwindigkeit aber nicht den Erfordernissen des Krieges. Bessere Leistungen wies ein Doppeldecker (B-Flugzeug) auf, der seit Herbst 1914 an der Westfront das A-Flugzeug ersetzte. Der Doppeldecker war für den Bewegungskrieg geeignet, jedoch ohne Bewaffnung und Funkeinrichtung.

Als mit Beginn des Stellungskrieges die Luftverteidigungseinrichtungen auf beiden Seiten verbessert wurden, mußten die Flugzeugführer auf Höhen bis zu 2 000 und 3 000 m aufsteigen. Voraussetzung dafür waren stärkere Motoren, und es gelang der Industrie bereits im Winter 1914/15, die PS-Zahl auf 200 und 220 zu steigern.

Bei zunehmender Flughöhe war eine Augenaufklärung nur noch in beschränktem Maße möglich. An ihre Stelle mußte die Aufnahme von Luftbildern treten.

Die A-Flugzeuge waren bis Ende 1914 von der Front abgezogen worden. Im Verlauf des folgenden Jahres wurden auch die B-Flugzeuge weitgehend durch einen neuen Typ ersetzt. Dieses C-Flugzeug wurde das Ausgangsmodell für alle späteren Flugzeugarten, die nun speziell für ihre besondere Verwendung als Aufklärungs-, Schlacht-, Jagd- und Bombenflugzeuge konstruiert wurden.

Die Nahbildaufklärung und die Artilleriebeobachtung übernahmen seit dem Frühjahr 1915 C-Flugzeuge mit Motoren von 120 bis 160 PS, die mit einem beweglichen Maschinengewehr (MG) ausgestattet waren. Für die Fernaufklärung kam 1917 ein weiterentwickelter Typ mit der Bezeichnung „C L" zum Einsatz. Mit seinem 260-PS-Motor erreichte er Höhen von 6000 bis 7000 m.

Das Infanterieflugzeug diente der Gefechtsaufklärung und sollte die schnelle Verlegung des Artilleriefeuers ermöglichen. Es war ebenfalls ein C-Modell, dessen Motor, Tank und Sitze durch Panzerung geschützt waren. Aus diesem niedrig fliegenden Typ entwickelte sich das Sturm- oder Schlachtflugzeug, das direkt in den Erdkampf eingriff. Es war ein zweisitziger gepanzerter Doppeldecker, mit MG, Wurfgranaten und Bomben ausgerüstet. Trotz der Panzerung verursachte der Erdbeschuß aber verhältnismäßig hohe Verluste, da die Verspannungsdrähte und die Zelle leicht zu beschädigen waren. Diese Mängel wies der Junkers-Fokker GLI nicht mehr auf, der in seiner Konstruktion schon dem Ganzmetallflugzeug nahe kam. Das Flugzeug – ein aus Duraluminium gebauter, freitragender Eindecker – verband hohe Geschwindigkeit mit großer Wendigkeit und bot der Besatzung ein ausgezeichnetes Blick- und Schußfeld. Trotz fehlender Panzerung war die Sicherheit größer, da der Aluminiumflächenbelag bei Treffern nicht noch weiter einriß wie die bisherige Bespannung aus imprägniertem Stoff.

Frankreich konnte nicht nur Ende 1914 Bomberflugzeuge einsetzen, für deren Abwehr in Deutschland keine geeigneten Maschinen vorhanden waren, es verfügte auch schon 1914/15 mit den Typen „Morane-Saulnier-Parasol" und „Nieuport-Bébé" über hervorragende Jagdflugzeuge („Kampfeinsitzer"), die der deutschen Aufklärung empfindliche Verluste zufügten. Diese Krise der deutschen Militärfliegerei konnte erst im Verlauf des Jahres 1915 durch die Einführung des C-Flugzeuges behoben werden. Es wurde mit einem Schnellfeuergewehr ausgerüstet, das auf einen Drehkranz montiert war. Damit konnte es sich während der Aufklärung verteidigen. Für die Abwehr feindlicher Bombenflugzeuge und die Bekämpfung von Jagdmaschinen eignete sich dieses Modell noch nicht. Das C-Flugzeug mußte vielmehr zu einem einsitzigen Jagdflugzeug des Typs E (Eindecker) für die Zeit 1915/16, D (Doppeldecker) im Jahre 1916 und Dr (Dreidecker), seit 1917, weiterentwickelt werden.

Die französischen Jagdflugzeuge besaßen seit Anfang 1915 ein starr eingebautes, parallel zur Rumpfachse feuerndes MG. Damit waren sie den deutschen C-Flugzeugen mit ihrem Schnellfeuergewehr weit überlegen. Dieser Rückstand zwang die deutsche

Industrie nicht nur zum Bau eines gleichwertigen Flugzeuges, sondern auch zur Konstruktion einer besseren Waffe, des mit dem Motor fest verbundenen und durch den Propellerkreis feuernden Maschinengewehrs.

Das erste frontreife Jagdflugzeug dieser Art wurde von dem in Deutschland arbeitenden Niederländer Fokker fertiggestellt. Mit Maschinen dieses Typs errangen die Jagdflieger Immelmann und Boelcke ihre ersten Abschüsse, während Richthofen meistens den Dreidecker benutzte.

Zum Bombenwurf wurde ebenfalls ein C-Flugzeug verwendet. Seine Tragkraft war aber so gering, daß es nur mit wenigen kleinen Bomben ausgerüstet werden konnte. Eine größere Reichweite und Tragfähigkeit war jedoch von einer Steigerung der Motorenleistung abhängig, die man durch eine Verdoppelung der Motoren zu erreichen suchte. So entstand der zweimotorige Bomber, das G-Flugzeug (Großflugzeug). Die Bewaffnung dieser im allgemeinen als Doppeldecker gebauten Maschine bestand aus vier Maschinengewehren, so daß jetzt zwei Fliegerschützen mit dem Flugzeugführer und dem Beobachter die Besatzung bildeten. Jedes G-Flugzeug hatte eine Funktelegraphie (FT)-Station (durchschnittliche Reichweite 300 km). Einige Maschinen vermochten, abgesehen von den inzwischen entwickelten 50-, 100- und 300-kg-Bomben, auch eine einzelne 1 000-kg-Bombe ins Ziel zu bringen.

Ein Sondermodell war das leichtere GL-Flugzeug, das ab 1917 zur Fernaufklärung eingesetzt wurde.

Eine weitere Steigerung von Reichweite und Tragfähigkeit sollte der Bau mehrmotoriger Maschinen erbringen. Im Sommer 1916 waren die ersten R (Riesen)-Flugzeuge mit drei bis sechs Motoren einsatzbereit. Ihre Nutzlast betrug 3 000 bis 4 200 kg, und ihre Konstruktion konnte auch für die spätere Zivilluftfahrt verwertet werden.

Eine Zwischenstufe zwischen dem C- und dem G-Typ stellte der Nachtbomber (N-Flugzeug) dar. Er entstand 1917 für den Bombenwurf nahe der feindlichen Front.

Bei der Marinefliegerei verlief die Entwicklung ähnlich. Auf den Seeaufklärer mit 100 PS zu Kriegsbeginn folgte eine Maschine mit einem 160-PS-Mercedes-Motor und schließlich ein 200 PS starkes Aufklärungsflugzeug, das allen Forderungen der Marine genügte. Es war mit einer FT-Anlage versehen, flog 130 Seemeilen ohne Zwischenlandung und konnte zur U-Boot-Bekämpfung eingesetzt werden.

Ein „Seekampfeinsitzer" wurde eingeführt, als sich für die Marinefliegerei die Gefahr von Luftkämpfen mit feindlichen Jagdflugzeugen über See ergab. Wegen seines Schwimmerpaares war er jedoch den Landflugzeugen seiner Klasse unterlegen. Zur Abwehr von Landmaschinen entwarf die Luftfahrtindustrie einen zweisitzigen Marinejäger mit Aufklärereigenschaften. Er hatte zwei starre und ein bewegliches MG, und ein 180-PS-Motor verlieh ihm eine Geschwindigkeit von 170 km/h.

Der Fernaufklärung sollten Flugboote dienen, die sich in ihrer Konstruktion an die G- und R-Reihe der Heeresflugzeuge anlehnten. Zur Wasserung waren sie mit einem Bootskörper versehen, der sich für mehrmotorige Maschinen besser eignete als Schwimmer. Dieser Flugzeugtyp kam aber bis Kriegsende nicht mehr zum Einsatz. Als erfolglos erwies sich der Bau zweimotoriger Schwimmerflugzeuge, die als Torpedoträger gedacht waren.

Die Zusammenarbeit zwischen der Luftrüstungsindustrie und den militärischen Dienststellen verlief reibungslos. Als die Luftwaffe 1917 aufgrund des „Amerika-Programms" ihre Aufträge wesentlich erhöhte, mußte die Industrie vergrößert und durch die Zuweisung von Rohstoffen, Fertigfabrikaten und Facharbeitern unterstützt werden. So konnte sie zwar nicht die Produktion verdoppeln und die von ihr geforderten 2 000 Flugzeuge und 2 500 Motoren monatlich ausliefern; es gelang ihr aber, die Fertigung erheblich zu steigern.

Das Bindeglied zwischen der Führung der Luftstreitkräfte und der Industrie war die Flugzeugmeisterei, eine technische Militärbehörde unter dem Kommando eines Generals. In ihrem Aufbau ähnlich einem Industriebetrieb, überwachte und lenkte sie die Prüfanstalten, Werften sowie die Materialbeschaffungs- und Nachschubeinrichtungen der Luftwaffe.

Der Umfang der deutschen Flugzeugproduktion war bemerkenswert. Von August 1914 bis Ende 1918 nahmen die militärischen Bauaufsichten von insgesamt 35 Firmen 47 637 Flugzeuge (rund 150 verschiedene Typen) ab.

c. *Flugabwehrkanonen*

Bei Ausbruch des Krieges gab es in Deutschland sechs brauchbare Kraftwagengeschütze und zwölf ältere ortsfeste Flugabwehrkanonen (Flak). Das Heer erhielt zunächst 100 Kraftwagenflak, und als nach dem Übergang zum Stellungskrieg die Flugabwehr an Bedeutung gewann, wurden seit Oktober 1914 aus den umfangreichen Beutebeständen französische und russische Feldartilleriegeschütze zu Flugabwehrkanonen umgebaut. Die Beuteflak – etwa 900 brauchbare Geschütze während des Krieges – kam ortsfest im Heimatgebiet, durch Pferdezug beweglich gemacht, an der Front zum Einsatz. Aus Beständen der Marine wurde ein 3,7-cm-Geschütz zum Schutz der Fesselballons und später zur Bekämpfung feindlicher Tiefflieger eingeführt. In Deutschland fand ein altes 9-cm-Geschütz auf Sockeln verschiedener Art als ständige Behelfsflak Verwendung.

Entsprechend den Flugleistungen der Fliegertruppe erhöhte man im Verlauf des Krieges die Wirkung der Flak durch Verlängerung der Rohre und Vergrößerung des Kalibers. Hauptwaffe der Flugabwehr wurde die 8,8 cm schwere Kraftwagenflak auf Geschützwagen mit Kraftzugmaschinen neben einer Anzahl anderer Sondergeschütze größeren Kalibers. Deutschland verfügte während der zweiten Kriegshälfte über insgesamt 2 576 Flugabwehrkanonen, von denen etwa 1 000 in Deutschland standen. Rund die Hälfte des ganzen Bestandes 1 300 Geschütze – war Behelfsflak. Die Zahl der stärkeren Sondergeschütze sowie der 8,8-cm-Flak belief sich nur auf 328. Im Jahre 1918 entsprach also nur etwa ein Achtel der Geschützausstattung den Anforderungen des Krieges.

Die Flakartillerie gliederte sich in leichte (3,7 cm), mittlere (7,62 und 7,7 cm) und schwere (8,0, 8,8, 9,0 und 10,5 cm Kaliber). Von jedem Kaliber gab es eine ortsfeste Ausführung, der größte Teil war auch beweglich durch Pferdebespannung, Kraftzug, auf Kraft- oder Eisenbahnwagen. Im Herbst 1918 waren 21 verschiedene Flaksondergeschütztypen vorhanden. Es fehlte aber bis Kriegsende eine brauchbare kleinkalibrige Flak gegen tieffliegende Flugzeuge.

Lange Zeit schoß die Flakartillerie nach Tabellen. Die Schießleistungen besserten sich später durch die Erforschung der ballistischen Verhältnisse beim Steilschuß und durch die Einführung verschiedener Meßinstrumente. Der ursprünglich nur zur Erdzielbekämpfung gedachte Entfernungsmesser wurde als Flakgerät mit größerer Basis umgebaut. Ein praktischer und einfacher Entfernungsmesser entstand 1915, und gegen Ende des Krieges konnte ein Kommandogerät konstruiert werden, welches das unmittelbare Ablesen der Größen gestattete. Es wurde von nur vier Mann bedient und gab fortlaufend die Kommandowerte für indirektes Richten. Zur Unterstützung der Flugabwehr gab es Flakscheinwerfer bis zu einem Durchmesser von 200 cm.

2. Organisatorische Entwicklung

a. Heeres-Luftstreitkräfte

Schon bald nach Kriegsbeginn wurde von verschiedenen Seiten eine zentrale Dienststelle gefordert, die allein die Bedürfnisse der Front mit der Leistungsfähigkeit der Heimat in Übereinstimmung bringen sollte. Außerdem hatten mit dem Stellungskrieg die Aufgabengebiete der Militärfliegerei und -luftschiffahrt einen Umfang angenommen, der eine Neuordnung des Luftfahrwesens unumgänglich machte.

Am 11. März 1915 wurde ein „Chef des Feldflugwesens" (FeldFlugchef) ernannt. Er hatte seinen Sitz im Großen Hauptquartier und sollte die Oberste Heeresleitung und das Preußische Kriegsministerium in allen Fragen der Luftkriegführung und Luftrüstung verantwortlich beraten. Ihm unterstanden waffentechnisch die Luftschiffe sowie die Feldluftschiffer- und Fliegerverbände an der Front (einschließlich der bayerischen Einheiten). Im Reich waren ihm die entsprechenden Nachschubstellen, die Inspektion der Luftschiffertruppen und die Inspektion der Fliegertruppen unterstellt, nicht jedoch die bayerische Inspektion des Luft- und Kraftfahrwesens. Die Kommandogewalt über die Verbände verblieb wie bisher beim Chef des Generalstabes des Feldheeres, bei den Armee-Oberkommandos und Generalkommandos.

Chef des Feldflugwesens – seine Dienststelle bestand bis Oktober 1916 – wurde Major Thomsen, sein Stellvertreter als Stabsoffizier der Flieger Major Siegert. Damit waren an die Spitze der Heeresluftfahrt zwei Männer getreten, die schon seit langem maßgeblichen Einfluß auf die Entwicklung der Militärfliegerei ausgeübt hatten.

Am 8. Oktober 1916 wurde die Gründung der Dienststelle eines „Kommandierenden Generals der Luftstreitkräfte“ (Kogenluft) angeordnet, der dem Chef des Generalstabes des Feldheeres unmittelbar unterstand. Mit der Wahrnehmung der Geschäfte wurde Generalleutnant v. Hoeppner beauftragt, die Leitung seines Stabes übernahm Oberstleutnant Thomsen.

Der Befehlsbereich des Kommandierenden Generals der Luftstreitkräfte erstreckte sich auf die Flieger- und Luftschifferverbände, die Flak, den Wetterdienst und den Heimatluftschutz.

Somit unterstanden ihm

a) sämtliche Fliegertruppen des Feldheeres, die Inspektion der Fliegertruppen sowie alle Schulen und Ersatzabteilungen in der Heimat;
b) alle Luftschifferabteilungen und Heeresluftschiffe an der Front sowie die Inspektion der Luftschiffertruppen mit allen Schulen und Ersatzabteilungen im Reich;
c) die Flak an der Front und die Schulen und Ersatzabteilungen in Deutschland;
d) alle Wetterstationen an der Front, in der Heimat und in den besetzten und verbündeten Ländern, soweit sie mit deutschen Kommandos besetzt waren;
e) der Heimatluftschutz mit den Truppen des Flugmeldedienstes, der Flak sowie den Fliegern und Luftschiffern, die zur Abwehr feindlicher Luftangriffe im Reichsgebiet und auf den Anflugwegen eingesetzt waren;
f) sämtliche deutsche Behörden, die für den passiven Luftschutz der Bevölkerung zuständig waren.

Damit waren der Ausbau, die Bereitstellung und der Einsatz aller Luftkampf- und Luftabwehrmittel des Heeres sowie die Beschaffung und Weiterentwicklung von Waffen und Gerät in einer Hand vereinigt.

Mit der Ernennnung des Kommandierenden Generals der Luftstreitkräfte war die organisatorische Entwicklung der deutschen Luftwaffe während des Ersten Weltkrieges abgeschlossen. Von dieser Zusammenfassung der Zuständigkeiten blieben nur die Marinefliegerei und die Marineluftschiffahrt ausgeschlossen, außerdem die Inspektion des Luft- und Kraftfahrwesens in Bayern, die bis Kriegsende der bayerischen Inspektion des Ingenieurkorps unter dem Kriegsministerium in München unterstand.

Der Plan, bereits 1916 die Luftstreitkräfte des Heeres und der Marine zu einem selbständigen Wehrmachtsteil zu vereinen, war an dem Einspruch der Marine sowie der preußischen und bayerischen Kriegsminister gescheitert.

Entsprechend der Mobilmachungsorder bildete das deutsche Heer im August 1914

- 33 Feld-Flieger-Abteilungen (F.Fl.Abt.) zu je 6 Flugzeugen,
- 10 Festungs-Flieger-Abteilungen (Fst.Fl.Abt.) zu je 4 Flugzeugen,
- 8 Etappen-Flugzeugparks (E.F.P.),
- 5 Flieger-Ersatzabteilungen (Fl.Ers.Abt.).

Die preußische Inspektion der Fliegertruppen und die bayerische Inspektion des Luft- und Kraftfahrwesens blieben bestehen.

Die Oberste Heeresleitung hatte sich direkt keine Fliegertruppen unterstellt. Jedes der acht Armee-Oberkommandos und der 25 aktiven Generalkommandos erhielt eine Feld-Flieger-Abteilung, für die Kavallerie- und Reservekorps waren dagegen keine Fliegereinheiten mehr vorhanden.

Diese Unterstellungen führten allerdings dazu, daß einzelne Fliegeroffiziere innerhalb des Korpsbereichs versetzt und mit anderen Aufgaben betraut wurden, vor allem als in den Grenzkämpfen und während der Marne-Schlacht viele Truppenführer gefallen waren. Andererseits setzte man Offiziere ohne fliegerische Erfahrung und Ausbildung als Abteilungsführer ein. Um dem dringenden Bedürfnis nach Vermehrung der Fliegerkräfte abzuhelfen, teilten die Generalkommandos einzelne Feld-Flieger-Abteilungen, ohne auch nur die Inspektion der Fliegertruppen zu benachrichtigen.

Der Nachschub an Maschinen und Gerät wurde oft in der Weise beschafft, daß Fliegeroffiziere im Kraftwagen zu den deutschen Fabriken fuhren und dort das Nötige beschlagnahmten. Die Kommandeure der Etappen-Flugzeugparks unterstanden den jeweiligen Etappen-Inspektionen, nicht den Armeen, und besaßen somit keine Möglichkeit, auf die Feld-Flieger-Abteilungen einzuwirken.

Zur Versorgung der mobilen Verbände mit Personal und Material waren die Flieger-Ersatzabteilungen bestimmt. Die ersten vier unterstanden der preußischen Inspektion der Fliegertruppen, die bayerische der Inspektion des Luft- und Kraftfahrwesens in München. Die Unterstellung des Inspekteurs der Fliegertruppen unter den Inspekteur des Luft- und Kraftfahrwesens und dessen Unterordnung unter den Stellvertretenden General-Inspekteur des Militär-Verkehrswesens hatte in Preußen am 27. August 1914 ein Ende, fortan unterstand die für die Versorgung der Frontverbände maßgebende Dienststelle unmittelbar dem Kriegsminister.

Als Berater für den Einsatz der fliegenden Verbände bei der Obersten Heeresleitung wurde Major Siegert am 24. Oktober 1914 ins Große Hauptquartier berufen. Er schlug die Aufstellung einer Spezialabteilung für den Bombenwurf vor, deren Einsatz der Obersten Heeresleitung vorbehalten bleiben sollte. Sie entstand unter der Tarnbezeichnung „Brieftauben-Abteilung Ostende" (BAO).

Die uneinheitliche Organisation hatte 1914/15 zur Folge, daß der Einsatz der Flieger ernstlich gefährdet wurde. Die Einrichtung einer Stelle bei jeder Armee, welche die Erfahrungen der Feld-Flieger-Abteilungen und deren organisatorische, technische und taktische Wünsche zusammenfaßte, war unumgänglich. So wurde gleichzeitig mit dem Feldflugchef im Frühjahr 1915 bei allen Armeen ein „Stabsoffizier der Flieger" (Stofl) ernannt und etatisiert, der provisorisch bei einigen Oberkommandos schon vorher bestanden hatte. Der Stabsoffizier sollte die Armeeführung in allen fliegerischen Fragen beraten. Befehlsbefugnisse taktischer Art standen ihm nicht zu, denn der Einsatz der Feld-Flieger-Abteilungen wurde auch weiterhin von den Armee-Oberkommandos und Generalkommandos angeordnet und ausgewertet. Der Stabsoffizier der Flieger war jedoch allein befugt, den Nachschub an Personal und Material für die Feld-Flieger-Abteilungen seiner Armee zu regeln.

Ende 1915 gab es 80 Feld-Flieger-Abteilungen. Nach dem Muster der Brieftauben-Abteilung Ostende waren weitere Bombenfliegerstaffeln aufgestellt, alle

Abteilungen neu gegliedert und in „Kampfgeschwader der Obersten Heeresleitung" (Kagohl) umbenannt worden. Der Zielbeobachtung für die Artillerie dienten besondere Artillerie-Flieger-Abteilungen (A.Fl.Abt.) zu je vier Flugzeugen. Die Etappen-Flugzeugparks – drei waren neu aufgestellt worden – erhielten die Bezeichnung „Armee-Flugparks" (AFP). Außerdem entstanden neun weitere Flieger-Ersatzabteilungen, und die Zahl der Schulen wurde auf 20 erhöht.

Im Jahre 1916 stellte die Oberste Heeresleitung neue Kampfstaffeln (Kasta) auf, so daß jetzt siebeen Kampfgeschwader eingerichtet werden konnten, vermehrte die Zahl der Feld-Flieger- und der Artillerie-Flieger-Abteilungen und bildete erste, lose zusammengefügte Jagdstaffeln (Jasta).

Mit der Ernennnung des Kommandierenden Generals der Luftstreitkräfte erfolgte eine Neugliederung der Fliegertruppe: 48 Feld-Flieger-Abteilungen wurden in „Flieger-Abteilungen" (Fl.Abt.) umbenannt, die übrigen in „Flieger-Abteilungen (A)" (Artillerie) umgewandelt. Fast alle Abteilungen – insgesamt 93 einschließlich der Neuaufstellungen – verloren ihre alten, zum Teil schon traditionsreichen Nummern. Die Kampfgeschwader der Obersten Heeresleitung wurden auf drei vermindert, ausschließlich mit Großflugzeugen ausgerüstet und für den Bombenwurf vorgesehen. Die freigewordenen Kampfstaffeln verstärkten als insgesamt 30 „Schutzstaffeln" (Schusta) die Flieger-Abteilungen an wichtigen Frontabschnitten.

Diese Umgliederung sollte bis zum Frühjahr 1917, zusammen mit der Aufstellung von 30 Jagdstaffeln, abgeschlossen sein. Die Jagdstaffeln erreichten nur in Ausnahmefällen den Sollbestand von 16 Flugzeugen, trotzdem wurde ihre Zahl bis zum Sommer 1917 auf 58 erhöht. Vier von ihnen, die Staffeln 4, 6, 10 und 11, wurden im Juni 1917 zu einem Jagdgeschwader unter dem Rittmeister Manfred Freiherr von Richthofen als Kommandeur zusammengefaßt.

Zur gleichen Zeit wurden die Stabsoffiziere der Flieger bei den Armeen in „Kommandeure der Flieger" (Kofl) umbenannt. Der Kommandeur schlug dem Oberkommando die Verteilung der ihm unterstellten Verbände vor und leitete verantwortlich ihren Kampfeinsatz sowie die Fernaufklärung, die einheitliche Luftbildaufnahmen feindlicher Stellungen einschließlich der Auswertung und die Durchführung der Bombenangriffe.

Der Feldflugchef beziehungsweise der Kommandierende General der Luftstreitkräfte hatte die Möglichkeit, die Truppen von den weniger wichtigen Kriegsschauplätzen zu den Hauptkampffronten zu verlegen. Die Oberste Heeresleitung wies die Flieger-, Luftschiffer- und Flakverbände den einzelnen Heeresgruppen und Armeen zu. Doch in deren Frontabschnitten wechselten die Schwerpunkte des Kampfes so häufig, daß man die Truppen nicht länger aufgrund der Kriegsgliederung langfristig in einer Unterstellung belassen wollte. Denn nur die oberen Heeresdienststellen waren durch ihre Kenntnis der Lage imstande, die Luftstreitkräfte wirkungsvoll einzusetzen.

Grundsätzlich unterstanden die Fliegerverbände taktisch derjenigen Kommandobehörde, der sie jeweils zugeteilt waren. An den Hauptkampffronten waren oft so viele Fliegerverbände eingesetzt, daß sich ihre weitere Unterteilung empfahl. So erhielten die Generalkommandos einen „Gruppenführer der Flieger" (Grufl), entsprechend den Kommandeuren der Flieger bei den Armeen.

Im Laufe des Jahres 1917 wurden die Schutzstaffeln aus ihrer Verbindung mit den Flieger-Abteilungen (A) gelöst und selbständig als Schlachtflieger eingesetzt (anfangs unter der Bezeichnung „Sturmflieger"). Bei der Obersten Heeresleitung gab es im Herbst 1917 bereits wieder sechs Kampfgeschwader zu drei Staffeln und das Kampfgeschwader 3 mit sechs Staffeln. Sie wurden 1918 in „Bombengeschwader der Obersten Heeresleitung" (Bogohl) umbenannt und um das Geschwader 8 vermehrt. Die Zahl der Schutzstaffeln, nunmehr „Schlachtstaffeln" (Schlasta) genannt, erhöhte sich durch die Umbildung einiger Flieger-Abteilungen. Mit je vier Staffeln wurden am 1. Februar 1918 die Jagdgeschwader 2 und 3 etatisiert, und in gleicher Stärke entstand am 14. Oktober 1918 das bayerische Jagdgeschwader 4.

Bei Kriegsende verfügte Deutschland insgesamt über
145 Flieger-Abteilungen und Flieger-Abteilungen (A)
8 Bombengeschwader mit zusammen 27 Bombenstaffeln
2 Riesenflugzeug-Abteilungen
65 Jagdstaffeln
30 Schlachtstaffeln.
Die Gesamtstärke der Feldverbände betrug 6 100 Offiziere und 55 000 Unteroffiziere und Mannschaften mit 4 800 Flugzeugen.

Auch der Luftschiff-Park war bei Ausbruch des Krieges relativ klein. Von den vorhandenen Luftschiffen wurde eins der 8. Armee in Ostpreußen zugeteilt, ein anderes der österreich-ungarischen Heeresleitung zugewiesen, und die übrigen unterstellte sich die Oberste Heeresleitung unmittelbar. Luf

Der Einsatz der Heeres- und Marineluftschiffe gegen England war nicht aufeinander abgestimmt. Heer und Marine teilten nur im voraus ihre jeweiligen Absichten mit und gaben die erfolgten Starts bekannt. Heeresluftschiffe durften wegen der starken feindlichen Luftabwehr seit Mitte 1916 die Front nicht mehr überfliegen, und im Juni 1917, nach 232 Kriegsfahrten zur Aufklärung oder zum Bombenabwurf, wurde die Heeresluftschiffahrt eingestellt. Die Ergebnisse rechtfertigten nicht den Aufwand und die Gefahren für die Besatzungen.

Die Festungsluftschiffer-Trupps verteilten sich auf die verschiedenen Festungen, jede der acht Armeen erhielt eine Feldluftschiffer-Abteilung.

Im August 1914 bestanden
8 Feldluftschiffer-Abteilungen mit 8 Gaskolonnen und je 1 Fesselballon
15 Festungsluftschiffer-Trupps
18 Luftschiffer-Trupps für die Luftschiffhäfen
12 Luftschiffkommandos als Besatzungen für die Luftschiffe
6 Luftschiffer-Ersatzabteilungen zur Versorgung der mobilen Verbände. Sie waren aus den 6 Luftschiffer-Bataillonen hervorgegangen und unterstanden der Inspektion der Luftschiffertruppen, beziehungsweise die bayerische Ersatzabteilung der Inspektion des Luft- und Kraftfahrwesens in München.

Die Zahl der Feldluftschiffer-Abteilungen wuchs 1915 auf 40 und 1916 auf 53 an. Gegen Ende des Jahres vollzog sich die Umgliederung der 53 Abteilungen in 128 „Ballonzüge“ mit je einem Fesselballon und einer Aufstiegstelle. Seit August 1916 bestand bei jedem Armee-Oberkommando die Stelle eines „Stabsoffiziers der Luftschiffer-Truppen“ (Stoluft), der über einen „Feldluftschiffer-Park“ zur Ergänzung des Geräts verfügte.

An die Stelle des Stabsoffiziers der Luftschiffer-Truppen trat 1917 zu jeder Armee ein „Kommandeur der Luftschiffer“ (Koluft). Er war Vorgesetzter aller Luftschiffer-Truppen der Armee, beriet das Oberkommando in Fachfragen, regelte die Unterstellung der Ballonzüge unter die Abteilungsstäbe, überwachte ihre Tätigkeit und sorgte dafür, daß Lichtbildaufnahmen des eigenen und feindlichen Geländes planmäßig angefertigt wurden. Außerdem war er der Leiter der Ballonzentrale, wo die Meldungen aller Ballonzüge der Armee zusammenkamen und gesichtet wurden. Wichtige Meldungen gingen über ihn an die betreffende Kommandostelle, und er vermittelte auch Nachrichten zwischen den Ballonen und Kommandostellen, wenn die Fernsprechverbindung an der Front ausgefallen war.

An den Hauptkampffronten war jedem Generalkommando beziehungsweise Kampfgruppen-Kommando im allgemeinen ein Kommandeur einer Feldluftschiffer-Abteilung mit Stab zugeteilt. Er hatte für die dauernde Gefechtsbereitschaft der unterstellten Ballonzüge zu sorgen und die Lösung der Erkundungs- und Schießaufgaben zu überwachen. Wurden einem Generalkommando mehrere Feldluftschiffer-Abteilungen zugewiesen, so konnten sie zu einer „Ballongruppe“ zusammengefaßt und einem der Abteilungskommandeure als „Ballon-Gruppenführer“ unterstellt werden.

Im Jahre 1918 wurde die Luftschiffertruppe noch einmal beträchtlich verstärkt, so daß schließlich bei Kriegsende 56 Feldluftschiffer-Abteilungsstäbe mit 186 Ballonzügen vorhanden waren, die in 13 Ballonzentralen zusammengefaßt wurden.

Zur strafferen Führung der Flugabwehr schuf das Preußische Kriegsministerium Mitte 1915 die Dienststelle eines Inspekteurs der Flak im Operationsgebiet (Iflakop) bei der Obersten Heeresleitung. Zugleich wurden den einzelnen Armee-Oberkommandos Stabsoffiziere der Flak (Stoflak) als Berater beigegeben. Der Inspekteur und die Stabsoffiziere sollten die taktische und schießtechnische Verwendung der gesamten Flak und die Ausbildung der Truppe überwachen sowie enge Verbindung zu den Kommandostellen der Flieger halten. Bald darauf wurden auch die Flakzüge und Batterien im Reich einem Inspekteur der Flak in der Heimat (Iflakheim) unterstellt.

Im Februar 1916 ordnete der Chef des Generalstabes des Feldheeres an, daß der einer Division zugeteilte Flakzug auch dem Befehl dieser Division zu unterstellen und einem Feldartillerieregiment anzugliedern war. Das machte aber den Einsatz der Flak von dem der Division, also von der Erdlage abhängig, obwohl für die Verwendung der Flak die Luftlage maßgebend sein sollte. Dem wurde im Herbst 1916 Rechnung getragen, als sich die Erkenntnis durchgesetzt hatte, daß nicht die Geschütz- und Munitionsausstattung, sondern die Kampfaufgaben die Eingliederung der Truppe bestimmen sollten.

Im Herbst 1916 wurde die gesamte Flak dem Kommandierenden General der Luftstreitkräfte unterstellt und neu gegliedert. Die Oberste Heeresleitung verteilte je nach Lage die Flakverbände auf die einzelnen Armeen. Diese erhielten statt des bisherigen Stabsoffiziers einen „Kommandeur der Flak“ (Koflak), der den Befehl über alle Flakkommandeure bei der Armee führte. Er bildete Flakgruppen aus den ihm zugewiesenen Verbänden und regelte und überwachte ihren Einsatz. Die Gruppen unter einem Flakgruppenkommandeur (Flagruko) setzten sich aus Flak- und Scheinwerferbatterien zusammen, die sich nach Zahl und Kaliber voneinander unterschieden. An der Front wurde jedem Generalkommando eine Flakgruppe zugewiesen. Ihr Kommandeur befahl den Einsatz, er war der eigentliche taktische Führer der Flak, hatte den Austausch und Ersatz innerhalb seiner Gruppe zu bestimmen und den Flugmeldedienst in seinem Bereich einzurichten. Zahl und Kaliber der zugeteilten Flakverbände richteten sich nach dem Kampfauftrag der Armee oder des Korps, nach der feindlichen Fliegertätigkeit, der Länge der Front, der Tiefe des Operations- und Etappengebietes, der Zahl und Art der Anlagen. Während der Flandernschlacht 1917 gab es bei der 4. Armee Flakuntergruppen.

Bei der Neuorganisation der Luftstreitkräfte im Herbst 1916 wurden auch die Scheinwerfer in die Flakartillerie eingegliedert, Batterien zu vier oder Züge zu zwei Scheinwerfern waren den Gruppenkommandeuren unterstellt.

Im Januar 1916 befahl der Generalquartiermeister im Großen Hauptquartier den Aufbau eines Flugmeldedienstes hinter der Westfront. Die Armee-Oberkommandos richteten ein Netz von Flugwachen im Operationsgebiet ein. Alle Meldungen wurden von den „Meldesammelstellen“ (auch „Luftschutzzentralen“ oder „Fliegernachrichtenstellen“ genannt) ausgewertet und gegebenenfalls weitergeleitet. Diese Zentralen waren dem Stabsoffizier der Flak unterstellt und verfügten über ein besonderes Fernsprechnetz. Sie benachrichtigten die Fliegertruppen und die taktischen Dienststellen, so daß die eigenen Luftstreitkräfte rechtzeitig in entsprechender Stärke und in der vorbestimmten Flughöhe den feindlichen Fliegern begegnen konnten. Die taktischen Dienststellen erhielten laufend ein Bild von der feindlichen Fliegertätigkeit.

Dem Kommandeur des Heimatluftschutzes unterstanden außer Flak und Scheinwerfern auch der Flugmeldedienst, der Warndienst der Zivilbevölkerung, der Wetterdienst, die Ballon- und Drachensperren und Kampfeinsitzerstaffeln zum Abfangen der feindlichen Flugzeuge. Ihm war die Durchführung des Werkluftschutzes der Industrie und der Selbstschutzmaßnahmen der Bevölkerung übertragen. Im Jahre 1918 waren 718 Scheinwerfer mit Horchgeräten hauptsächlich zum Heimatschutz eingesetzt.

Die Armeen verfügten seit Oktober 1914 über bewegliche Feldwetterstationen. Feste Stationen gab es in Brüssel, Lüttich und Namur. Der Wetterdienst unterstand anfangs der Inspektion des Militär-Luft- und Kraftfahrwesens, dann dem Chef des Feldflugwesens. Im Herbst 1915 wurden die besetzten Gebiete in mehrere Bezirke mit je einer Zentrale eingeteilt, die sich im Westen in Brüssel, im Osten in Lodz (später Warschau) und im Südosten in Temesvar (später Sofia) befand. Auf dem Balkan gab es außerdem die Einrichtungen des österreichischen Wetterdienstes. In der Türkei wurde mit deutschem Personal ein besonderer Feldwetterdienst mit der Zentrale in Konstantinopel unterhalten.

Die Hauptaufgabe des Feldwetterdienstes waren Wettervoraussagen für die Luftstreitkräfte. Nach einiger Zeit wurden auch die Sondertruppen für den Gaskrieg sowie die Kommandanten der Luftschiffe und Riesenflugzeuge beraten. Auch den Flugabwehrverbänden und dem Heimatluftschutz leistete der Heereswetterdienst wertvolle Dienste.

Am Ende des Krieges umfaßte der mobile Heereswetterdienst 303 Formationen. Der immobile Wetterdienst bestand aus dem Kommando der Heimatwetterwarten, zugleich die Ersatzabteilung für den gesamten Heereswetterdienst, und aus 48 Einheiten. Im gesamten Heereswetterdienst standen etwa 3 000 Offiziere und Mannschaften.

b. Marine-Luftstreitkräfte

Die Marine faßte bei Kriegsbeginn ihr gesamtes Luftfahrwesen einheitlich zusammen. Dem „Befehlshaber der Marine-Luftfahr-Abteilungen" (B.d.L.) unterstanden die Luftschiffer und die Flieger-Abteilung, über deren Einsatz diejenige Marinedienststelle entschied, der sie auf Befehl der Seekriegsleitung zugeteilt wurde.

Anfang 1916 trat an die Stelle des Befehlshabers der Marine-Luftfahr-Abteilungen ein „Befehlshaber der Marine-Flieger-Abteilungen" (B.d.Flieg.). Das Kommando über die Luftschiffe übernahm der „Führer der Marine-Luftschiffe" (F.d.L.), der als Verbandschef dem Kommando der Hochseestreitkräfte unterstand. Im Reichsmarineamt wurde eine selbständige Abteilung Luftfahrwesen (Ab.Lu) gegründet.

Ein „Detachement der Marineflieger-Abteilung" gab es seit August 1914. Es wurde dem Befehlshaber der Marine-Luftfahr-Abteilungen unterstellt und im Oktober 1914 von Johannisthal nach Putzig verlegt. Das Detachement hatte die Aufgabe, Flugzeugführer, Beobachter und Monteure für Wasser- und Landflugzeuge auszubilden.

Eine II. Marine-Flieger-Abteilung hatte seit September 1914 ihren Sitz in Wilhelmshaven. Ihr unterstanden alle Flugstationen an der Nordseeküste, der I. Abteilung in Kiel-Holtenau die entsprechenden Einrichtungen an der Ostsee. Noch im ersten Kriegsjahr wurde eine I. Marine-Feldflieger-Abteilung (Marine-F.Fl.Abt.) gegründet, die für das Marinekorps in Flandern bestimmt und mit Landflugzeugen ausgestattet war. An Wasserflugzeugen standen bei Kriegsausbruch 50 Maschinen zur Verfügung.

Im Herbst 1915 wurde das Detachement der Marineflieger-Abteilung aufgelöst und dafür eine „Marine-Landflieger-Abteilung" geschaffen. Sie hatte das Personal für die inzwischen auf zwei Abteilungen angewachsenen Feldflieger bereitzustellen. Gleichzeitig wurden die beiden Marineflieger-Abteilungen in „Seeflieger-Abteilungen" (Seefl.Abt.) umbenannt, und an die Stelle des Befehlshabers der Marineflieger-Abteilungen trat Ende Juni 1917 der „Marineflugchef". Den Einsatz der Flieger befahl der Chef des Admiralstabes, gegen Kriegsende in Verbindung mit dem Stab der Seekriegsleitung. Die taktische Leitung der Marineflugstation ging von den Seeflieger-Abteilungen auf besondere „Kommandeure der Flieger" (Marinekofl) über, die den jeweiligen See- oder Landbefehlshabern unmittelbar unterstanden. Eine Verstärkung erfuhr das Seeflugwesen 1918 durch den Umbau der beiden kleinen Kreuzer „Stuttgart" und „Stettin" zu Flugzeugträgerschiffen.

Zur Unterstützung ihres Korps in Flandern setzte die Marine die auch vom Heer benutzten Flugzeugtypen ein, und sie gliederte diese Luftstreitkräfte gleichfalls in Artillerieflieger-, Schutz- und Jagdstaffeln. Am 11. November 1918 umfaßte die gesamte Marinefliegerei 16 122 Mann; davon rechneten 2 116 zum fliegenden Personal. Die Marine verfügte über 32 Seeflugstationen an der Nord- und Ostsee, am Schwarzen- und am Mittelmeer, über 17 Landflugplätze sowie 1 478 See- und Landflugzeuge.

Die Marine-Luftschiff-Abteilung in Nordholz besaß bei Kriegsausbruch nur das Luftschiff „L 3". Es wurden 9 Luftschiffe bis Ende 1914, 16 im Jahre 1915, 18 im Jahre 1916 und 23 im Jahre 1917 in Dienst gestellt. Vom Heer übernahm die Marine 3 Luftschiffe, und 1918 wurden noch 8 Luftschiffe der Marine zugeführt. Die Verluste waren erheblich. Ende 1915 verfügte sie nur noch über 12 Luftschiffe, 1916 fielen 16 und 15 im Jahre 1917 aus. Im letzten Kriegsjahr waren die Verluste so hoch, daß die Angriffsfahrten gegen England eingestellt werden mußten. Zum Schluß besaß die Marine nur noch 16 Luftschiffe.

Das Personal der Marine-Luftschiff-Abteilung wuchs während des Krieges von 273 auf etwa 6 000 Mann. Mit 64 Zeppelin-, 9 Schütte-Lanz-, 3 Parseval-Luftschiffen und 1 M-Luftschiff waren insgesamt 1 148 Aufklärungs- und 200 Angriffsfahrten ausgeführt worden.

3. Entwicklung der Einsatzprinzipien

a. Flieger

Das Vorhaben der Obersten Heeresleitung, während des Vormarsches zur Marne und während des Bewegungskrieges im Osten die Heeres-Luftschiffe mit der Fernaufklärung zu beauftragen, hatte nicht den gewünschten Erfolg gebracht. Für den Einsatz der Feldflieger-Abteilungen gab es nur geringe praktische Erfahrungen aus den Manövern, und eine geheime Vorschrift aus dem

Jahre 1913 hatte kaum Beachtung erfahren. Überhaupt waren sich die Armeen und Korps bei ihrem Vormarsch im Westen über die Verwendung von Flugzeugen nicht im klaren. Erst als die Flieger mit unerwartet umfangreichen und genauen Beobachtungsergebnissen aufwarten konnten, wurde man auf den Wert dieses Führungsmittels aufmerksam. Seine systematische Weiterentwicklung unterblieb, aber die Feldflieger-Abteilungen wurden jetzt mit der operativen Fernaufklärung beim weiteren Vormarsch und mit der Naherkundung über dem Gefechtsfeld während der Grenzschlachten beauftragt. Eine Abteilung konnte die Erkundungsflüge ihrer Flugzeuge räumlich und zeitlich so aufeinander abstimmen, daß die Truppenführer laufend ein klares und zuverlässiges Bild von der Feindlage erhielten. Der gegnerische Rückzug konnte in seiner Ausdehnung, Richtung und zeitlichen Abfolge mühelos verfolgt, eine neue Widerstandslinie rechtzeitig erkannt werden.

Die Luftaufklärung hätte während des Marne-Feldzuges noch größere Bedeutung für die deutsche Führung gewinnen können, wenn der Einsatz der Flieger und die Auswertung der Beobachtungen einheitlich gehandhabt worden wären. Die Oberste Heeresleitung hatte sich die Verwendung der Feld-Flieger-Abteilungen nicht vorbehalten, sondern sie schematisch auf die Großverbände des Heeres verteilt, so daß eine Bildung von Aufklärungsschwerpunkten nicht möglich war. So unterblieb während der entscheidenden Tage die Luftaufklärung am wichtigsten Frontabschnitt, an der äußersten rechten Flanke, weil dort zufällig ein Reservekorps ohne eigene Fliegerverbände vorrückte.

Beobachtungsergebnisse wurden auf dem schnellsten Wege dem Stab des betreffenden Armee-Oberkommandos oder Generalkommandos mitgeteilt. Diese waren nicht zur Weitergabe der Meldungen verpflichtet und werteten oft nur Nachrichten aus, die für sie selbst von Bedeutung waren. Beobachtungen, die für die Nachbartruppenteile von Wert sein konnten, fanden meistens nicht die nötige Beachtung. Es gab zahlreiche Nachrichten, welche die Verlegung alliierter Truppen von anderen Fronten nach Paris und von dort in die rechte Flanke der deutschen 1. Armee zum Inhalt hatten. Weder die 1. Armee noch das IV. Reservekorps auf ihrer rechten Flanke wurden davon benachrichtigt.

Während des Bewegungskrieges im Westen richtete sich die Aufklärung weniger nach festen Einsatzprinzipien, sondern wurde mehr improvisiert. Aber die technischen Voraussetzungen waren vorhanden, die Aufklärung wurde von den Kommandostellen in dem Maße in Anspruch genommen, wie es gerade zweckmäßig erschien. Viel hing jedoch von der Initiative der Abteilungsführer ab, die sich häufig die Aufträge selbst beschaffen mußten.

Die Luftstreitkräfte suchten sich die Start- und Landeplätze nahe bei den Standorten der Armee-Oberkommandos und Generalkommandos. Diese erwarteten nach anfänglicher Gleichgültigkeit entweder zu viel von den Fliegern, die nachts, bei Regen oder tiefhängenden Wolken nicht zu starten vermochten, oder sie standen der ihnen ungewohnten Luftaufklärung mißtrauisch gegenüber. Sie benutzten sehr oft nicht die Fliegermeldungen als Grundlage der Lagebeurteilung – soweit sie überhaupt von ihnen Kenntnis nahmen –, sondern Gefechtsberichte der Erdtruppen und andere Meldungen, deren Auswertung ihnen von der Ausbildung her geläufig war. Man vertraute mehr der eigenen Kombinationsgabe als der „technischen Spielerei", als die die Militärfliegerei mitunter noch abgetan wurde.

Der Marne-Feldzug im Jahre 1914 stellte die deutsche militärische Führung vor die

– nicht gelöste – Aufgabe, plötzlich eine technische Neuerung in ihre Pläne einbeziehen zu müssen, ohne daß sie darauf vorbereitet war.

Mit dem Stellungskrieg erwuchsen auch den Fliegern neue Aufgaben. Die Spezialisierung nahm zu, aber von gleichbleibender Bedeutung war die Aufklärung. Die immer enger werdende Zusammenarbeit der Flieger mit der Artillerie und der Infanterie war der Grund dafür, daß in der zweiten Kriegshälfte der größte Teil der Flieger-Abteilungen den Generalkommandos und auch Divisionen taktisch unterstellt wurde.

Im allgemeinen verfügte aber das Armee-Oberkommando noch über eine Abteilung für die Fernaufklärung. Die Erkundung wurde innerhalb bestimmter und genau abgegrenzter Aufklärungsstreifen bis in eine solche Tiefe durchgeführt, daß eine planmäßige Überwachung der feindlichen Tätigkeit hinter der Frontlinie garantiert war. Besonders wichtig war die Bilderkundung von Eisenbahnen und Straßen, Bahnhöfen und Häfen, Ortschaften, Lagern, von der Anlage rückwärtiger Stellungen und vor allem von Flugplätzen. Im Kampfgebiet konnten die Armeen einen Reihenbildzug einsetzen. Da größere Truppenverschiebungen später oft nur noch während der Dunkelheit vorgenommen wurden, mußte die Aufklärung über Straßen und Eisenbahnlinien des Hinterlandes auch des Nachts fortgesetzt werden.

Die Nahaufklärung war Aufgabe der den Korps und Divisionen zugewiesenen Flieger-Abteilungen. Sie wurden in einem schmalen Frontabschnitt bis in eine Tiefe angesetzt, die der jeweiligen Kampflage entsprach, und stellten Lichtbildaufnahmen von feindlichen Infanterie- und Artilleriestellungen, von den Unterkünften und vom Feldeisenbahnnetz her.

Die Flieger-Abteilungen der Divisionen hielten enge Verbindung mit der Infanterie und Artillerie. Die Maschine des Infanteriefliegers war durch Wimpel an den Tragflächen gekennzeichnet. Bei größeren Kampfhandlungen mußte er die eigene vorderste Linie feststellen und den Kontakt mit der Infanterie aufrechterhalten, die ihre Wünsche durch das Auslegen bestimmter Tücher anzeigte. Er unterstützte die Artillerie, indem er während einer Abwehrschlacht das Feuer auf Bereitstellungen des Gegners lenkte oder bei einem eigenen Angriff feindliche Reserven anzeigte. Da das Schlachtfeld ständig überwacht werden mußte, wurden im letzten Kriegsjahr die Infanterieflugzeuge bereits in Wellen zur Nahaufklärung ausgesandt.

Der Artillerieflieger hatte Ziele für die Artillerie zu erkunden, eine genaue Schußbeobachtung durchzuführen und die Wirkung des eigenen Feuers zu kontrollieren. Zur Bekämpfung von Augenblickszielen standen besondere Überwachungsbatterien bereit, denen die Beobachtungsergebnisse auf schnellstem Wege übermittelt wurden. Infanterie- und Artillerieflieger ergänzten sich gegenseitig. Beide besaßen genaue Kenntnis des Geländes und waren über den Verlauf der Erdkampfhandlungen und über die Gliederung und die Gefechtsaufgaben der Artillerie informiert.

Sofern die Oberste Heeresleitung nicht selbst die Bombengeschwader zu einem geschlossenen Angriff auf ein ausgesuchtes Ziel zusammenfaßte, befahlen jeweils die Armee-Oberkommandos die Einsätze. Die Geschwader wurden nach genauer Vorbereitung durch Lichtbilderkundung und planmäßige Zielauswahl so angesetzt, daß die Angriffe in kurzen Abständen wiederholt werden konnten und somit eine nachhaltige Wirkung hatten. Von besonderem Interesse waren Ausladebahnhöfe, Eisenbahnknotenpunkte im Hinterland, Truppenansammlungen, Hauptquartiere, Munitionslager, Flugplätze, Häfen und kriegswichtige Industrieanlagen. Bei Abwehrschlachten galt es, feindliche Truppenverschiebungen zu erschweren und den Angriff zu verzögern oder zu stören. Vor und bei einem Angriff der eigenen Truppen waren die Kampfflieger auf die Flugplätze des Gegners angesetzt, um das Eingreifen feindlicher Flugzeuge zu erschweren.

Mit ausgesuchten Flugzeugbesatzungen war im Spätherbst 1914 eine Spezialabteilung für den Bombenwurf auf Eisenbahnknotenpunkte und Häfen aufgestellt worden, die sogenannte „Brieftauben-Abteilung Ostende“ (B.A.O.). Die Bombennutzlast der damaligen Flugzeuge war aber so gering, daß ein nennenswerter Erfolg ausblieb. Die Brieftauben-Abteilung wurde nach einigen Einsätzen, unter anderem gegen die Hafenanlagen von Dünkirchen, nach dem Osten verlegt, wo die feindliche Abwehr geringer war. Ein neuer Versuch mit einer „Brieftauben-Abteilung Metz“ (B.A.M.), brachte auch nicht den erhofften Erfolg. Beide Abteilungen wurden 1916 bei Verdun eingesetzt, aber nicht zum Bombenwurf, sondern zum Schutz der Aufklärungsflugzeuge. In der Folgezeit wurden die Kampffliegerverbände mehrfach umgegliedert, in „Kampfgeschwader der Obersten Heeresleitung“ und 1918 in „Bombengeschwader der OHL“ umbenannt, mit leistungsfähigen G-Flugzeugen ausgerüstet und ihrer eigentlichen Aufgabe wieder zugeführt. Zu ihrer Unterstützung dienten die beiden Riesen-Flugzeug-Abteilungen.

Von dem Grundsatz, daß die Ziele der Kampfgeschwader außerhalb der Reichweite feindlicher Artillerie liegen sollten, mußte oft in bedrohlichen Situationen abgegangen werden. In den letzten Kriegsjahren fanden die Bombenwurfunternehmungen nur noch nachts statt.

Die Mängel der Flugabwehr machten es aber bald notwendig, den Luftstreitkräften des Gegners die eigenen Flieger entgegenzustellen. Die Bewaffnung bestand anfangs in einem Karabiner oder der Dienstpistole des Beobachters, dann auch in einem nur provisorisch eingebauten Maschinengewehr.

Nach Einführung des deutschen C-Flugzeuges im Jahre 1915 spielte sich ein Luftkampf folgendermaßen ab: Der Beobachter, der hinter dem Flugzeugführer saß, konnte nicht nach vorn, sondern nur schräg nach hinten schießen. Bei einem Angriff mußte der Flugzeugführer scharf an die feindliche Maschine heranfliegen, wenden und den Abstand wieder vergrößern, damit der Beobachter das Feuer eröffnen konnte. Die Abschußquote blieb auf diese Weise sehr niedrig.

Die Franzosen konnten ein eigens für den Luftkampf konstruiertes Flugzeug bereits im Spätherbst 1914 einsetzen. Es war ein Jagdeinsitzer, der an Flugeigenschaften, Bewaffnung usw. schon alle jene Merkmale besaß, die, in verbesserter Form, den späteren Jäger auszeichneten. Das Maschinengewehr war parallel zur Flugzeugachse starr eingebaut und schoß am Propeller vorbei. Gezielt wurde mit dem ganzen Flugzeug. Damit sicherten sich die Franzosen für Monate die Luftherrschaft, während die deutsche Fliegertruppe sehr schwere Verluste erlitt. Die Anfangserfolge der Alliierten bei den Offensiven im Frühjahr 1915 erklärten sich teilweise aus dem Umstand, daß die geschwächte deutsche Luftaufklärung die Angriffsvorbereitungen des Gegners nur mangelhaft erkennen konnte. Die Krise in der deutschen Militärfliegerei hatte deutlich gemacht, wie weit die Luftüberlegenheit die Operationen der Erdtruppen zu beeinflussen vermochte. Zum erstenmal in der Kriegsgeschichte hatte sich die Luftlage auf die Erdlage ausgewirkt.

Deutschland konnte im Sommer 1915 die feindliche Luftüberlegenheit mit einem Fokker-Typ brechen, bei dem das Maschinengewehr mit dem Propeller synchronisiert war. Mit diesem Flugzeug errangen Immelmann und Boelcke ihre Erfolge. In der Folgezeit verbesserten beide Seiten laufend ihre Flugzeuge, und der jeweilige Stand der technischen Entwicklung hatte seine Auswirkungen auf die Luft- und Erdlage.

Deutschland suchte 1916 bei Verdun die Kriegsentscheidung zu erzwingen. Die deutsche Führung hatte vor Beginn der Offensive eine ungewöhnlich große Anzahl von Flieger-Abteilungen zusammengezogen, um der Luftaufklärung des Gegners den Einblick in den Aufmarschraum zu verwehren. Bei Angriffsbeginn war die deutsche Luftüberlegenheit gesichert. Obwohl die Flieger noch nicht im Verband starteten und es jedem überlassen war, wann er aufstieg, wurden doch durch die große Zahl der einzeln kämpfenden Jäger die alliierten Flugzeuge vertrieben. Die Artillerieflieger waren ungestört und daher erheblich an den Anfangserfolgen der Infanterie beteiligt.

Während 1915 den Franzosen die Luftherrschaft dank der technisch besseren Flugzeuge zugefallen war, wurde sie bei Verdun von der deutschen Führung planmäßig herbeigeführt. Damit war zum erstenmal dem Luftkrieg ein fester Platz innerhalb der Landkriegführung zugewiesen worden.

Die Franzosen zogen zur Abwehr des unerwarteten Angriffs ebenfalls zahlreiche Jagdflugzeuge bei Verdun zusammen, beließen sie jedoch nicht den Flieger-Abteilungen, sondern bildeten eine besondere Formation. Deren einzige Aufgabe bestand darin, die deutsche Luftüberlegenheit zu brechen. Eine taktische Neuerung war dabei der geschlossene Flug in einer Kette und später in einer ganzen Staffel. In der Folge führten alle Luftstreitkräfte Jagdstaffeln und schließlich Jagdgeschwader ein.

Das Jagdgeschwader war ein in sich geschlossener Verband unter einem ständigen Kommandeur. Nicht alle Jagdstaffeln waren zu Geschwadern zusammengefaßt worden. Bei den Armeen gab es außerdem noch eine größere Zahl von Staffeln, von denen den Generalkommandos je ein bis zwei unterstellt, die übrigen aber zu Jagdgruppen vereinigt wurden, welche an den Brennpunkten der Kämpfe eingesetzt werden konnten. An der ruhigeren Front befanden sich oft nur einzelne Staffeln, die zu Jagdgruppen zusammengelegt und den Armee-Oberkommandos unmittelbar unterstellt waren. Insgesamt gab es zuletzt zwölf „Führer der Jagdgruppe“ (Gruja). Die Jagdgruppe war kein fester Verband. Die Zahl ihrer Staffeln wurde den Erfordernissen des jeweiligen Frontabschnittes angepaßt.

Der Führer einer Jagdgruppe regelte den Einsatz der einzelnen Staffeln im allgemeinen von der Erde aus. Der Kommandeur eines Jagdgeschwaders war dagegen auch in der Luft Führer seines Verbandes, den er jedoch noch staffelweise einsetzte, da sich 40 bis 50 Flugzeuge, zumal bei Luftkämpfen, nicht überblicken ließen. Er mußte seine Kräfte aber so einsetzen, daß das Ziel des Unternehmens, die Erringung der Luftherrschaft, auch erreicht wurde. Darin bestand die wichtigste Aufgabe der Geschwader, die außerdem zur Vernichtung der feindlichen Flieger und zur Unterbindung einer Luftaufklärung des Gegners die eigenen Gruppenjagdkräfte an den Brennpunkten der Luftschlacht verstärkten. Aber auch an ruhigeren Fronten wurden die verfügbaren Jagdstaffeln nicht gleichmäßig verteilt, sondern schwerpunktmäßig eingesetzt. So konnte eine Zersplitterung der Kräfte vermieden und eine planmäßige Schonung in den Kampfpausen erreicht werden.

Vor einem eigenen Angriff kam es darauf an, den Flugzeugen des Gegners die Einsichtnahme in die Stellungen zu verwehren. Dazu wurden schwache Ketten von Jagdflugzeugen im Rücken und an den Flügeln des betreffenden Abschnitts in großer Höhe oder in zwei Höhenlagen angesetzt, ohne daß daraus eine schematische Sperre entstehen durfte. Auch während der Artillerievorbereitung mußte eine feindliche Aufklärung unterbunden werden, und stärkere Verbände griffen in Abständen die Jagdkräfte des Gegners jenseits der Frontlinie an. Während des Angriffs hatten die Jagdflieger die feindlichen Luftstreitkräfte in ihrem Bereich niederzukämpfen und jede Erkundung der Hauptstoßrichtung zu verhindern. Gleichzeitig mußten noch genügend frische Staffeln bereitstehen, um die errungene Luftherrschaft zu sichern, da der Gegner in kurzer Zeit alle verfügbaren Kräfte an die bedrohte Stelle zu werfen pflegte.

In einer Abwehrschlacht wurden durch das Armee-Oberkommando alle verfügbaren Jagdstaffeln-, -gruppen und -geschwader an der entscheidenden Stelle konzentriert und ruhige Abschnitte entblößt, um den feindlichen Fliegern das Eingreifen in die Erdkämpfe und die Luftbeobachtung zu erschweren.

Vor dem Angriff auf Verdun war eine „Luftsperre“ eingerichtet worden. Eine Rotte (zwei Maschinen) sollte einen bestimmten Abschnitt über der Front kontrollieren, an den sich nach beiden Seiten weitere Abschnitte mit je zwei patrouillierenden Flugzeugen anschlossen. Zum Einsatz kamen Beobachtungsflugzeuge, die dann aber während der Schlacht für ihre eigentliche Aufgabe freigegeben und durch Bombenflugzeuge der Brieftauben-Abteilungen Ostende und Metz ersetzt werden mußten.

Die Sperren bewirkten aber weder einen Schutz gegen die Luftbeobachtung des Gegners, noch konnten seine Artillerieflieger behindert werden. Verluste unter den Schutzflugzeugen waren auch nicht zu vermeiden. Als die Alliierten bei der Somme-Offensive binnen kurzem die Luftherrschaft errungen hatten, errichtete die deutsche Führung wiederum eine Luftsperre und ließ die Aufklärungsflieger durch Bombenflugzeuge schützen. So konnte wenigstens noch zeitweise eine Artilleriebeobachtung durchgeführt werden.

Nicht zu übersehen war die psychologische Wirkung, die sich aus dem Einsatz von Schutzflugzeugen ergab. Sie verliehen der bedrängten Infanterie ein Gefühl erhöhter Sicherheit. Die Forderung der Erdtruppen nach Schutzfliegern hatte aber den Nachteil, daß jede Kommandostelle nur wenige Flugzeuge erhielt, die gegen die massierten Luftstreitkräfte des Gegners machtlos waren. Die Folge war eine Zersplitterung der Flieger-Abteilungen, während nur der Einsatz großer Verbände eine Wirkung gehabt hätte. Die Rücksichtnahme auf die Wünsche der Erdtruppe erwies sich als verfehlt, und der Einsatz von Schutzflugzeugen wurde schließlich ganz eingestellt.

Im März 1918 wurden die Schutzflieger, nachdem sie schon längst mit einer neuen Aufgabe betraut worden waren, treffend in „Schlachtflieger" umbenannt. Schlachtstaffeln, die im Tiefflug mit Maschinengewehren, Bomben und Handgranaten in den Erdkampf eingriffen, wurden vor allem bei den Abwehrschlachten des Jahres 1918 zu einer wirkungsvollen Waffe der deutschen Führung, welche die Staffeln in den Abschnitten einsetzte, wo eine Entscheidung fallen sollte. Drei Stäbe für Schlachtstaffelgruppen wurden im Mai 1918 aufgestellt, denen an besonderen Kampffronten in der Regel vier Staffeln unterstellt wurden.

Bei einem eigenen Angriff hatte die Masse der Schlachtstaffeln auf die feindliche Infanterie in den vorderen Linien einzuwirken. Sie sollte die wenigen Augenblicke zwischen dem Vorverlegen der Feuerglocke vom ersten auf den zweiten feindlichen Graben und dem Vorstürmen der Infanterie zum ersten Grabensystem überbrücken, indem sie den Gegner in Deckung zwang. Außerdem mußten die Schlachtflieger die feindliche Sperrfeuerartillerie niederhalten und die Reserven bekämpfen. Bei Abwehrkämpfen galt es, die bereitstehende Infanterie des Gegners zu erfassen und so den Angriff zu verzögern oder gänzlich zu verhindern.

Der Führer einer Schlachtstaffel oder Schlachtstaffelgruppe erhielt seine Befehle im allgemeinen vom General- oder Gruppenkommando, da eine Aufteilung auf die Divisionen zu einer Zersplitterung der Kräfte geführt hätte. Nur in besonderen Fällen, wenn ihr Eingreifen bei einem Angriffsunternehmen auf die Minute genau erfolgen mußte oder wenn es einen Gegenangriff zu unterstützen galt, wurden die Staffeln auch einer Division unterstellt.

War in den ersten Kriegswochen die Übermittlung der Erkundungsergebnisse und deren Auswertung völlig willkürlich durchgeführt worden, so hatte sich im Laufe der Jahre ein Fliegernachrichtennetz gebildet, das immer weiter ausgebaut und vervollkommnet wurde. Beim Vorrücken mußte es erweitert, nach Abwehrkämpfen häufig wiederhergestellt werden. In der letzten Phase des Krieges besaß im allgemeinen jeder Verband eine Fernsprechleitung zu der Kommandobehörde, die seinen Einsatz bestimmte.

So entstand ein eigenes Netz, das die Flieger-Abteilungen mit ihrem Gruppenführer, die Artilleriesflieger-Abteilungen mit den Artilleriekommandeuren, die Jagdflieger untereinander, mit dem Flaknetz und mit ihren Kommandeuren der Flieger verband. Fernsprechverbindungen bestanden zwischen den Schlachtstaffeln und ihrem Generalkommando zwischen den Gruppenführern und dem Kommandeur der Flieger bei der Armee sowie den Fliegereinheiten, die dem

Armee-Oberkommando unmittelbar unterstellt waren. Alle Leitungen liefen in einer Fliegervermittlung zusammen, die sich im allgemeinen bei dem Kommandeur der Flieger einer Armee oder bei einem Gruppenführer befand. Angeschlossen an das Fliegernachrichtennetz war das Netz des Flugmeldedienstes und das Ballonfernsprechnetz. Alle drei Sondernetze sowie das Infanterie- und das Artillerienetz waren derart untereinander und mit den Nachbarabschnitten verbunden, daß Beobachtungsergebnisse, Nachrichten oder Befehle schnell an jede Stelle der Front weitergegeben werden konnten.

War das Fernsprechnetz durch die Kampfhandlungen unterbrochen, so blieb noch die Funkentelegraphie für eine Nachrichtenübermittlung. Die Überwachungs-, Infanterie- und Artillerieflugzeuge waren mit FT-Bordstationen ausgestattet, deren Meldungen von Erdstationen beim Artilleriekommandeur oder bei der Infanteriefliegerstation einer Division aufgefangen wurden. Eigens dafür abgestellte Offiziere leiteten die Meldungen an die Kommandobehörde weiter. War der Funkverkehr von der Erde zum Flugzeug nicht möglich oder gestört, so wurden Leuchtsignale abgeschossen oder Sichtzeichen ausgelegt. Umgekehrt konnten die Infanterieflieger an bestimmten Stellen Meldungen abwerfen oder durch Rauchmeldepatronen abschießen. Im Großkampf ergänzten Blinkgeräte und Läufer den Funkverkehr.

b. Luftschiffer

Die Oberste Heeresleitung hatte sich für Aufklärungszwecke zu Beginn des Krieges allein den Einsatz der Heeresluftschiffe vorbehalten. Diese sollten wegen ihres großen Aktionsradius die weitreichende Fernaufklärung übernehmen. Die Wetterlage vom August 1914 verhinderte aber häufig durch zahlreiche gewittrige Störungen den Start, und das Vertrauen zu den Luftschiffen sank nach dem Absturz von Z 6 bei Bonn, als es bei einem Bombenangriff auf Lüttich einige Beschädigungen davongetragen hatte. Noch im August 1914 gingen drei weitere Luftschiffe durch Infanteriefeuer verloren. Steig- und Fahrtgeschwindigkeit, auch die Fahrthöhe, erwiesen sich als zu gering, als daß ein weiterer Einsatz der Luftschiffe bei Tage vertretbar gewesen wäre. Die Oberste Heeresleitung verfügte somit während des Marne-Feldzuges über keine eigene Luftaufklärung.

Seit Herbst 1914 wurden die Heeresluftschiffe im wesentlichen nur noch als Bombenträger verwendet, bald ausschließlich in mondlosen Nächten. Die Verluste waren jedoch zu hoch. Die Luftschiffe boten infolge ihres Umfanges und ihrer geringen Geschwindigkeit ein allzu gutes Ziel, und ihre Gasfüllung entzündete sich so leicht, daß bereits eine einzige Brandgranate das Luftschiff zum Absturz bringen konnte.

In der Folge wurden die Heeresluftschiffe vornehmlich im Osten und Südosten eingesetzt, wo die Flugabwehr des Gegners weniger stark war. Im Westen suchten sie bei Angriffen auf England und die französischen Kanalhäfen die Front zu meiden und auf das Meer auszuweichen. Schon im Juni 1917 wurden die Luftschiffe aus dem Einsatz zurückgezogen, drei von ihnen übernahm die Marine.

Die Marineluftschiffe waren bei ihren Fahrten über See nicht so großen Gefahren ausgesetzt. Ihre Aufgabe bestand vor allem in der Überwachung der Anmarschwege feindlicher Marinestreitkräfte, in der Erkundung von Minenfeldern und in der Bekämpfung von U-Booten. Später bombardierten sie die englische und russische Küste und führten seit 1915 auch Geschwaderangriffe auf Ziele in England durch. Die Angriffsfahrten wurden im Winter 1916/17 eingestellt, bis im März 1917 größere und schnellere Luftschiffe in Dienst gestellt werden konnten.

Zeitweise wurden die Marineluftschiffe auch zum Handelskrieg benutzt. Sie gingen auf das Wasser nieder, kontrollierten die Schiffspapiere und setzten gegebenenfalls ein Prisenkommando an Bord. Derartige Unternehmungen wurden den Luftschiffen wegen der damit verbundenen Gefahr aber bald wieder verboten.

Außergewöhnlich war die Fahrt des Luftschiffes L 59, das auf einem Flug nach Afrika den Nachweis erbrachte, daß Luftschiffe sich auch für einen interkontinentalen Verkehr eigneten. Es sollte Ausrüstungs- und Sanitätsmaterial zur Schutztruppe in Deutsch-Ostafrika bringen, wurde aber über Funk von Oberägypten zurückgerufen, nachdem es in 95 Stunden 6757 km zurückgelegt hatte.

Bis zum August 1918 wurden noch Angriffsfahrten gegen England durchgeführt. Bei dem letzten Unternehmen fand der „Führer der Luftschiffe", Fregattenkapitän Strasser, den Tod, als sein Luftschiff an der englischen Küste abgeschossen wurde. Damit hatten die Angriffsfahrten ein Ende. Luftschiffe dienten bis Kriegsende nur noch zur Aufklärung über See.

Die Feldluftschiffer-Abteilungen waren während des Bewegungskrieges kaum in Erscheinung getreten und gewannen mit ihren Drachenfesselballonen erst während des Stellungskrieges an Bedeutung. Der Ballonbeobachter hatte eine Fernsprechverbindung zu den Artilleriekommandeuren und konnte die Ergebnisse der Schußbeobachtung unmittelbar durchgeben. Die Ballone selbst und die Aufstiegstellen mußten bereits 1915 durch Flakgeschütze gesichert und durch ständige Verlegung der feindlichen Kontrolle entzogen werden.

Bei Verdun waren 14 Fesselballonbeobachter durch eine besondere Fernsprechzentrale untereinander und mit den Stäben der Fußartillerie verbunden. Sie erkundeten die verdeckte Artillerie des Gegners und leiteten das Feuer gegen Batteriestellungen, Kunstbauten, Lager, Parks und Munitionsdepots. Als die Franzosen am 22. Juni 1916 zum Gegenstoß gegen das Fort Douaumont ansetzten, griff ein Jagdverband überraschend in steilem Gleitflug von rückwärts die deutschen Ballone an, von denen fünf mit elektrisch gezündeten Brandraketen abgeschossen wurden. Seitdem waren beide Seiten bestrebt, vor einem größeren Angriff der Erdtruppen die Ballone des Gegners zu vernichten.

An der Somme konnte der Kampf gegen die feindliche Artillerie durch eine systematische Nutzung aller Möglichkeiten der Schußbeobachtung einheitlich geführt werden. Die Ballone erkundeten außerdem zusammen mit den Fliegern die feindlichen Infanterie- und Artilleriestellungen und hielten die Verbindung zwischen der vorderen

Linie und der Führung. Den Alliierten waren die deutschen Luftschiffer aber in dieser Hinsicht unterlegen.

Bei den Abwehrkämpfen des Jahres 1917 war ein schnelles zumeist seitliches Verlegen der Aufstiegstellen vorbereitet, damit die Ballonzüge dem feindlichen Artilleriefeuer ausweichen konnten. In Erwartung eines neuen Bewegungskrieges erhielten sie 1918 einen zweiten Ballon und einen Gasvorrat für eine Woche. Sie rückten mit der Infanterie vor, leiteten das Artilleriefeuer und informierten die Führung über die Fortschritte beim Angriff.

Der Ballonzug war die Gefechtsformation der Feldluftschiffertruppe. An den Kampffronten erhielt jede Division bis zu zwei Ballonzüge, die im allgemeinen der Artillerie zugeteilt wurden (Artillerieballone). Der Ballon eignete sich für eine längere Beobachtung besser als das Flugzeug, da er seine Stellung kaum veränderte und ständig mit dem Boden verbunden war. Der Artillerie lieferte er nicht nur die Ergebnisse der Augenbeobachtung, sondern auch Rundbilder und Schrägaufnahmen zur Ergänzung der Schießunterlagen.

Überwachungsballone waren mit besonderen Batterien verbunden, die Augenblicksziele außerhalb der Reichweite der leichten Artillerie bekämpfen sollten. Infanterieballone stellten in besonderen Fällen auch die Verbindung zwischen der Division und der Fußtruppe her.

Zum Schutz gegen Feindflieger waren die Ballonzüge mit Maschinengewehren ausgerüstet. Häufig besaßen sie auch 3,7-cm-Maschinenflak und Sockelgeschütze.

Ausschlaggebend für einen erfolgreichen Einsatz der Feldluftschifferverbände waren gute Nachrichtenverbindungen. Bei Schäden am Fernsprechnetz sollte ein Blinkverkehr die Verständigung ermöglichen. Außerdem standen Meldegänger, Reiter, Radfahrer oder Kraftwagen, auch Brieftauben, für die Nachrichtenübermittlung zur Verfügung.

c. *Flak*

Auch die Flak gewann erst mit dem Stellungskrieg an Bedeutung. Die Anforderungen, die an sie gestellt wurden, nahmen ständig zu. Sie sollte für eine lückenlose Luftabwehrlinie an der Front sorgen und so feindliche Luftaufklärung, die Artilleriebeobachtung und den Bombenwurf auf wichtige Ortschaften verhindern. Auch die Fliegerverbände wünschten sich eine Unterstützung bei ihren Einsätzen.

Damit war die Flak überfordert. Sie konnte lediglich Schwerpunkte bilden und in besonderen Fällen durch ihr bewegliches leichtes Kraftwagengeschütz die ortsfeste Luftabwehr verstärken. Von ruhigeren Frontabschnitten mußte die Flak dagegen abgezogen werden. So wurden bei der Somme-Schlacht drei Viertel der gesamten leichten Kraftwagen-Flak zusammengefaßt, was die deutsche Führung in die Lage versetzte, eine zweite Luftabwehrlinie zu bilden, in der die Geschütze im Verhältnis zur ersten Linie auf Luke standen.

Da die Erdtruppen sich immer wieder beklagten, nicht ausreichend gegen feindliche Flieger geschützt zu sein, wurde die Flak zeitweilig zersplittert, um die gesamte Front wenigstens mit schwachen Flakkräften auszustatten. Eine erfolgreiche Bekämpfung von Luftzielen war auf diese Weise nicht zu erreichen, da nur das zusammengefaßte Feuer mehrerer Geschütze, wenn nicht mehrerer Batterien, die gewünschte Wirkung hatte.

Für den Einsatz der Flakverbände im Stellungskrieg gab es kein festes Schema. Im allgemeinen wurden drei Flakzonen unterschieden: die Flakzone I zwischen der vorderen Linie und der Artillerieschutzstellung, die Zone II bei der Masse der Artillerie und die Zone III hinter der Artillerie und im rückwärtigen Gebiet. In einer Angriffsschlacht wurde die Flak der Zone I weit nach vorn gezogen, damit sie einen möglichst großen Teil des feindlichen Luftraums erfaßte. Zur engeren Verbindung mit der Infanterie konnte sie in mehreren Untergruppen entsprechend der Zahl der Kampfdivisionen gegliedert werden. Bei einem Gefecht hatte die Flak die Aufgabe, die Artillerie- und Schlachtflieger des Gegners zu bekämpfen und der Infanterie den nötigen Schutz, notfalls auch im Erdkampf, zu gewähren.

Einrichtungen des Flugmeldedienstes entstanden unabhängig voneinander im Operationsgebiet, in der Etappe, im besetzten Gebiet und in der Heimat. Seit 1916 wurde er vereinheitlicht, und schließlich stand ein regelrechter Flugüberwachungsdienst zur Verfügung, der erst einen rechtzeitigen Einsatz der Jagdflieger, die Alarmierung der Flak und die Warnung in den bedrohten Objekten erlaubte. Er vermittelte außerdem ein fortlaufendes Bild von der feindlichen Fliegertätigkeit, aus dem sich Rückschlüsse auf die Absichten der Gegenseite ziehen ließen.

Die schnellste Weitergabe der Meldungen wurde durch ein Fernsprechnetz gewährleistet, welches das ganze Operationsgebiet überzog. Es führte von den Flak- und Scheinwerfereinheiten zu den Flakgruppenkommandeuren, verband diese untereinander sowie mit dem Kommandeur der Flak und war an die Jagdverbände, an den Kommandeur der Flieger und an die Ballonzentrale der Armee angeschlossen. Zur Flugmeldezentrale beim Kommandeur der Flak gelangten die Berichte der Flugwachen im rückwärtigen Armeegebiet. Alle Meldungen wurden schnell gesichtet und ausgewertet, um die Voraussetzungen für einen raschen Einsatz aller Flugabwehrmittel zu schaffen.

Scheinwerfer – sie wurden 1917 in Batterien zusammengefaßt – waren seit 1916 den Flaktruppen zugeteilt worden. Sie ermöglichten der Flak nachts ein gezieltes Feuer, waren aber nur dann von wirklichem Nutzen, wenn sie in größerer Zahl eingesetzt wurden. Die meisten dienten dem Schutz von Eisenbahnknotenpunkten, Depots und Stabsquartieren hinter der Front, während vorgeschobene Scheinwerfer beim Vorrücken der Truppe die Wirkungsmöglichkeit der Maschinengewehre und der leichten Flak gegen feindliche Tiefflieger bei Nacht verbesserten. Den Schutz der Scheinwerfer- und Flakstellungen übernahmen MG-Abteilungen.

Die Flak sah ihre Aufgabe als erfüllt an, wenn sie die feindliche Aufklärung unterbinden oder erschweren und die Bombenflieger am gezielten Wurf hindern konnte.

Bibliographie

V

Von der Entlassung Bismarcks bis zum Ende des Ersten Weltkrieges

(1890–1918)

A. Die Epoche

1. Politische Entwicklung bis 1914

Außenpolitik

Zur Unterrichtung über den Gang der allgemeinen Geschichte von 1890 bis zum Ausbruch des Ersten Weltkrieges bieten sich die bekannten und bewährten Handbücher mit ihren Literaturangaben an: Karl Dietrich ERDMANN, *Die Zeit der Weltkriege, in: Gebhardt, Bd 4, Stuttgart* ^{8}*1960*, und Werner FRAUENDIENST, *Das Deutsche Reich von 1890 bis 1914, in: Just, Bd 4, Abschn. 1* (bisher erschienen T. I u. II). Von Wert sind ebenfalls einzelne Kapitel in *HistM, Bd 10, Das 19. und 20. Jahrhundert, Bern 1961*. Die *Neue deutsche Biographie, hrsg. von der Historischen Kommission der Bayerischen Akademie der Wissenschaften, Berlin 1953–1964*, enthält in den bereits vorliegenden sechs Bänden nützliche Charakteristiken verschiedener Staatsmänner. Breiter angelegt ist das dreibändige Standardwerk von Jean Rudolf SALIS, *Weltgeschichte der neuesten Zeit, Zürich 1951–1960 (Bd 1* ^{2}*1961)*, von dem die ersten zwei Bände für unseren Zeitraum in besonderem Maße herangezogen worden sind. In knapper und klarer Form bringt Fritz HARTUNG, *Deutsche Geschichte 1871–1919, Stuttgart* ^{6}*1952*, eine Übersicht über die außen- und innenpolitischen Probleme Deutschlands. Die wohlabgewogenen Darstellungen von Hans HERZFELD, *Die moderne Welt, 1789–1945, T. 2, Weltmächte und Weltkriege, Die Geschichte unserer Epoche 1890–1945, Braunschweig* ^{3}*1960 = Gesch. d. Neuzeit, Bd 3*, sowie Werner CONZE, *Die Zeit Wilhelms II. und die Weimarer Republik, Deutsche Geschichte 1890–1933, Tübingen 1964*, verweisen auch auf weitere Literatur. Mitunter einseitig, aus einer konservativen Grundhaltung heraus, urteilt Adalbert WAHL, *Deutsche Geschichte, Von der Reichsgründung bis zum Ausbruch des Weltkrieges (1871–1914), 4 Bde, Stuttgart 1926–1936*, während Golo MANN, *Deutsche Geschichte des 19. und 20. Jahrhunderts, Frankfurt/M. 1959*, gelegentlich zu sehr scharfer Kritik neigt. Zu nennen ist noch Ludwig DEHIO, *Deutschland und die Weltpolitik im 20. Jahrhundert, München 1955*, mit den ersten drei Aufsätzen dieser Sammlung. Eine recht gute Darstellung der allgemeinen politischen Zusammenhänge, vornehmlich unter dem Aspekt der deutschen Seerüstung, findet sich in *Weltmachtstreben und Flottenbau, hrsg. von Wilhelm Schüssler, Witten/Ruhr 1956 = Glaube und Forschung, 12*. Die neuerdings erschienene Arbeit von Carl Hans HERMANN, *Deutsche Militärgeschichte, Eine Einführung, hrsg. im Auftrage des Arbeitskreises für Wehrforschung, Frankfurt/M. 1966*, behandelt bereits die eigentliche Thematik des Handbuches.

Einen guten Überblick über die bis 1914 tätigen Militärmissionen vermittelt Georg v. ALTEN, *Handbuch für Heer und Flotte, Enzyklopädie der Kriegswissenschaften und verwandter Gebiete, Bd 6, Berlin 1914,* unter dem Stichwort „Militarismus". Colmar Frhr. v. d. GOLTZ, *Denkwürdigkeiten, bearb. und hrsg. von Friedrich von der Goltz und Wolfgang Foerster, Berlin 1929,* geht bei der Schilderung seiner Soldatenlaufbahn auch auf die Tätigkeit bei der deutschen Militärmission in der Türkei ein, deren letzter Leiter, Otto LIMAN v. SANDERS, *Fünf Jahre Türkei, Berlin ²1920,* gleichfalls über seine Arbeit berichtet hat. Die politischen Spannungen, die sich aus seiner Berufung ergaben, sind aus den amtlichen Dokumenten *Die Große Politik der europäischen Kabinette 1871–1914, Sammlung der diplomatischen Akten des Auswärtigen Amtes, Bd 38, Neue Gefahrenzonen im Orient, 1913–1914, Berlin ²1927,* zu ersehen.

Der Demokratisierungsprozeß in der Innenpolitik

Zu der inneren Entwicklung der europäischen Mächte liegen neben den bereits aufgeführten allgemeinen Darstellungen einige eingehendere Untersuchungen vor, insbesondere zu den sozialen Problemen. Nach Theodor SCHIEDER, *Das Deutsche Kaiserreich von 1871 als Nationalstaat, Köln 1961 = Wiss. Abh. d. Arbeitsgemeinschaft f. Forschung d. Landes Nordrhein-Westfalen, Bd 20,* wurde der deutsche Staat zwar durch die nationale Idee zusammengehalten, doch gelang es nicht, dem wachsenden Gegensatz zwischen gesellschaftlicher und politischer Verfassung zu begegnen. Den Einfluß der Nationalstaatsidee auf das Programm der sozialdemokratischen Partei beschreibt Hans-Ulrich WEHLER, *Sozialdemokratie und Nationalstaat, Die deutsche Sozialdemokratie und die Nationalitätenfrage in Deutschland von Karl Marx bis zum Ausbruch des Ersten Weltkrieges, Würzburg 1962 = Marburger Ostforschungen im Auftrage des Johann Gottfried Herder-Forschungsrates e. V., Bd 18,* und von Nutzen ist auch, trotz einiger Vorbehalte gegenüber seinen Beurteilungen, Arthur ROSENBERG, *Entstehung und Geschichte der Weimarer Republik, hrsg. von Kurt Kersten, Frankfurt/M. 1955.* Über das Wesen und Wirken der politischen Vereinigungen allgemein informiert Thomas NIPPERDEY, *Die Organisation der deutschen Parteien vor 1918, Düsseldorf 1961 = Beiträge z. Gesch. d. Parlamentarismus u. d. politischen Parteien, Bd 18.* Zur Geschichte der Arbeiterbewegung sind mehrere Untersuchungen zu nennen: Heinz Josef VARAIN, *Die deutschen Gewerkschaften in ihrem politisch-sozialen Wirken zum Ausgang des 19. Jahrhunderts, in: GWU, 5. Jg, 1954, S. 544–558,* mit einer knappen und guten Übersicht über die Rolle der Gewerkschaften seit ihrem Entstehen, Gerhard A. RITTER, *Die politische Arbeiterbewegung Deutschlands 1863–1914, in: Aus Politik und Zeitgeschichte, Beil. zur Wochenzeitung „Das Parlament", 13. Jg, 1963,*

B 21, S. 3–26, der in einer kurzen und gelungenen Darstellung sehr viel Literatur verarbeitet hat und von Ernst SCHRAEPLER, *Die deutsche politische Arbeiterbewegung von 1914 bis 1948, in: Aus Politik und Zeitgeschichte, 13. Jg, 1963, B 21, S. 27–51*, weitergeführt wird. Helga GREBING, *Geschichte der deutschen Arbeiterbewegung, München 1966*, bietet einen umfassenden Überblick über die politische Haltung der Arbeiterschaft. Von dem Versuch des höheren Beamtentums, durch eine fortschrittliche Sozialpolitik die Spannungen zwischen Arbeiter und Staat wenigstens zeitweise zu mildern, handelt Karl Erich BORN, *Staat und Sozialpolitik seit Bismarcks Sturz, Ein Beitrag zur Geschichte des Deutschen Reiches 1890–1914, Wiesbaden 1957 = Hist. Forschungen, Bd 1*. Hans MOMMSEN, *Die Sozialdemokratie und die Nationalitätenfrage im habsburgischen Vielvölkerstaat, Wien 1963 = Veröff. d. Arbeitsgemeinschaft d. Gesch. d. Arbeiterbewegung in Österreich, Bd 1*, beschäftigt sich mit der Entstehung der österreichischen Sozialdemokratie und ihrem Beitrag zur Erhaltung der Donau-Monarchie. Ludwig JEDLICKA, *Ein Heer im Schatten der Parteien, Die militärpolitische Lage Österreichs 1918–1938, Graz 1955*, hebt die bedeutende Rolle des Heeres für den Vielvölkerstaat hervor, worauf Erich ZÖLLNER, *Geschichte Österreichs, Von den Anfängen bis zur Gegenwart, München* [3]*1966*, nur ungenügend eingegangen ist. Einige schon traditionelle Vorstellungen von der Brüchigkeit der österreichischen Monarchie berichtigt Zbynek A. ZEMAN, *Der Zusammenbruch des Habsburgerreiches 1914–1918, München 1963*, und er betont, daß trotz der bestehenden Spannungen die radikalen Kräfte, die auf eine Auflösung des Reiches zielten, sich erst in der zweiten Kriegshälfte durchsetzen konnten. Bei der Darstellung der innenpolitischen Probleme Rußlands stützt sich das Handbuch auf Valentin GITTERMANN, *Geschichte Rußlands, Bd 3, Hamburg 1949*. Wichtig für die Beurteilung der Stellung des französischen Offiziers in Staat und Gesellschaft ist Siegfried THALHEIMER, *Macht und Gerechtigkeit, Ein Beitrag zur Geschichte des Falles Dreyfus, München 1958*, doch sollte auch die kritische Stellungnahme von Gilbert ZIEBURA, *Die Dreyfus-Affäre und das Regierungssystem der Dritten Republik, in: HZ, Bd 191, 1960, S. 548 bis 561*, beachtet werden. Interessant sind die vom französischen Sozialisten Jean JAURES, *Die neue Armee, Jena 1913*, geäußerten Vorschläge für eine grundlegende Heeresreform. Für die Verhältnisse in England empfiehlt sich die großartige Darstellung von George Macaulay TREVELYAN, *Der Aufstieg des britischen Weltreichs im XIX. und XX. Jahrhundert, Politik – Wirtschaft – Kultur, 1782–1919, Mit einem Überblick über die Ereignisse von 1919–1937, Brünn 1938*, und auch das Werk von Wilhelm DIBELIUS, *England, Stuttgart 1923*, enthält noch immer nützliches Material zur inneren Entwicklung Großbritanniens.

2. Die geistigen Strömungen und Mächte

Nationalismus und Imperialismus

Nationalismus, Imperialismus und Militarismus als Schlagworte für die ideengeschichtliche Einordnung der Jahre 1890 bis 1918 sind zum Thema zahlreicher Einzeluntersuchungen geworden. Hans KOHN, *Die Idee des Nationalismus, Ursprung und Geschichte bis zur französischen Revolution, Frankfurt/M. 1962*, verfolgt die Geschichte des Begriffs vom Altertum bis zum Ende des 18. Jahrhunderts, gibt jedoch in seinem Nachwort einen Ausblick bis auf die neueste Zeit. Eugen LEMBERG, *Geschichte des Nationalismus in Europa, Stuttgart 1950*, geht der Bedeutung des Nationalismus für die Entwicklung der einzelnen europäischen Staaten nach, dessen spezifisch französische Ausprägung Ernst Robert CURTIUS, *Maurice Barrès und die geistigen Grundlagen des französischen Nationalismus, Bonn 1921*, sowie Gilbert ZIEBURA, *Die deutsche Frage in der öffentlichen Meinung Frankreichs von 1911–1914, Berlin-Dahlem 1955 = Studien zur europäischen Gesch. aus dem Friedrich-Meinecke-Inst. d. Freien Universität Berlin, Bd 1*, beschäftigt hat. Alfred KRUCK, *Geschichte des Alldeutschen Verbandes 1890–1939, Wiesbaden 1954 = Veröff. d. Inst. für europäische Gesch., Mainz, Bd 3*, befaßt sich mit nationalistischen und imperialistischen Bestrebungen in Deutschland, als deren Begleiterscheinung, und zwar auch in anderen europäischen Ländern, Friedrich HERTZ, *Staatstradition und Nationalismus, Zürich 1937 = Nationalgeist und Politik, Beiträge zur Erforschung der tieferen Ursachen des Weltkrieges, Bd 1*, den Militarismus ansieht. Von den imperialistischen Tendenzen in der Politik der Großmächte hat Ludwig ZIMMERMANN, *Der Imperialismus, seine geistigen, wirtschaftlichen und politischen Zielsetzungen, Stuttgart 1955 = Quellen und Arbeitshefte für den Geschichtsunterricht*, eine knappe und gehaltvolle Analsye vorgelegt, während das auf einer Fülle von Material beruhende Werk von Georg W. F. HALLGARTEN, *Imperialismus vor 1914, Die soziologischen Grundlagen der Außenpolitik europäischer Großmächte vor dem Ersten Weltkrieg, 2 Bde, München* [2]*1963*, mitunter einseitig und unbefriedigend ist.

Militarismus

Die Entstehung des Begriffes in den innenpolitischen Auseinandersetzungen seit der Mitte des vorigen Jahrhunderts hat Erhard ASSMUS, *Die publizistische Diskussion um den Militarismus, Unter besonderer Berücksichtigung der Geschichte des Begriffes in Deutschland und seiner Beziehung zu den politischen Ideen zwischen 1850 und 1950, Erlangen, Phil. Diss. (masch.) 1951*, erforscht. Wertvoll ist die Betrachtung von Werner PICHT, *Der Begriff „Militarismus", in: GWU, 5 Jg, 1954, S. 455–469*, auch Alfred VAGTS, *A history of militarism,*

Romance and realities of a profession, New York 1937, während man Gerhard RITTER, *Das Problem des Militarismus in Deutschland, in: HZ, Bd 177, 1954, S. 21–48*, bei seiner Definition und seiner Vernachlässigung des Verhältnisses von Militarismus und Innenpolitik nur mit Vorbehalt wird folgen können. Interessant, aber von zeitbedingter Subjektivität ist die Unterscheidung, die Max SCHELER, *Krieg und Aufbau, Leipzig 1916*, auf den Seiten 167 bis 195 mit seiner Betrachtung „Über Gesinnungs- und Zweckmilitarismus" macht. Dem Gesinnungsmilitarismus ohne Eroberungsdrang in Deutschland stellt er den Zweckmilitarismus der anderen Mächte gegenüber. Eckart KEHR, *Zur Genesis des Königlich Preußischen Reserveoffiziers, in: Der Primat der Innenpolitik, Gesammelte Aufsätze zur preußisch-deutschen Sozialgeschichte im 19. und 20. Jahrhundert, Berlin 1965, S. 53–63 = Veröff. d. Hist. Kommission zu Berlin beim Friedrich-Meinecke-Inst. d. Freien Universität Berlin, Bd 19*, versucht, die militaristischen Vorstellungen in der deutschen Gesellschaft am Beispiel des Reserveoffiziers aufzuzeigen.

3. Die wirtschaftlichen Antriebskräfte

Eine hervorragende Einführung in die engen Beziehungen zwischen Politik und Wirtschaft vermittelt Otto HINTZE, *Wirtschaft und Politik im Zeitalter des modernen Kapitalismus, in: ZgeStWss, 87. Jg, 1929, S. 1–28*. Außerdem muß auf seinen Artikel *Der moderne Kapitalismus als historisches Individuum, in: HZ, Bd 139, 1929, S. 457–509*, hingewiesen werden, während Rudolf IBBEKEN, *Das außenpolitische Problem Staat und Wirtschaft in der deutschen Reichspolitik 1880–1914, Untersuchungen über: Kolonialpolitik, internationale Finanzpolitik, Handelsverträge und die Bagdadbahn, Schleswig 1928*, zum Teil schon überholt ist. Allgemein informieren über die wirtschaftliche Entwicklung Deutschlands Friedrich LÜTGE, *Deutsche Sozial- und Wirtschaftsgeschichte, Ein Überblick, Berlin* [3]*1966;* Heinrich BECHTEL, *Wirtschaftsgeschichte Deutschlands im 19. und 20. Jahrhundert, München 1956;* Kurt WIEDENFELD, *Die Weltmarkt-Wirtschaft, in PropW, Bd 10, Das Zeitalter des Imperialismus 1890–1933, Berlin 1933, S. 45–130*. Für den engen, von uns hier zu behandelnden Zeitraum ist die bewährte Darstellung von Carl BRINKMANN, *Wirtschafts- und Sozialgeschichte, Göttingen* [2]*1953 = Grundriß der Sozialwissenschaft, Bd 18*, von geringem Nutzen.

4. Rüstung und Abrüstungskonferenzen

Neben den bereits unter 1. aufgeführten allgemeinen Arbeiten zur deutschen Geschichte dienten als Grundlage für die Ausführungen: *Der Weltkrieg 1914 bis 1918, bearb. vom Reichsarchiv, Kriegsrüstung und Kriegswirtschaft, Bd 1,*

Die militärische, wirtschaftliche und finanzielle Rüstung Deutschlands von der Reichsgründung bis zum Ausbruch des Weltkrieges, mit Anlage-Bd, Berlin 1930, eine umfassende und mit einer umfangreichen Dokumentation versehene Geschichte der deutschen Heeresrüstung in materieller wie in militärpolitischer Hinsicht. Die unzulängliche Einstellung auf die wirtschaftlichen Notwendigkeiten und Folgen eines Krieges hat Lothar BURCHARDT, *Deutschlands kriegswirtschaftliche Vorbereitungsarbeit vor 1914, Eine Untersuchung zur Vorgeschichte des ersten Weltkriegs, Heidelberg, Phil. Diss. 1966*, aufgezeigt. *Die Vorgeschichte des Weltkrieges, Bd 5, Deutschland auf den Haager Friedenskonferenzen, Berlin 1929 = Das Werk des Untersuchungsausschusses der Verfassunggebenden Deutschen Nationalversammlung und des Deutschen Reichstages 1919–1930, R. 1, Bd 5*, ist eine wohlfundierte und abgewogene Darstellung, die auch mit Kritik an der wenig glücklichen Rolle Deutschlands auf diesen Konferenzen nicht zurückhält.

B. Die Wehrverfassungen und Heeresergänzungen der Großmächte

1. Die Wehrpflichtsysteme der Kontinentalstaaten

Über die militärpolitischen Verhältnisse in Deutschland und auch in den Nachbarländern informiert vorzüglich das Werk von Gerhard RITTER, *Staatskunst und Kriegshandwerk, Das Problem des „Militarismus" in Deutschland, Bd 2, Die Hauptmächte Europas und das wilhelminische Reich (1890–1914), München 1960,* (mit der Rezension von Ludwig DEHIO, *in: HZ, Bd 194, 1962,* S. 130–138), das den Kapiteln B. und C. des Handbuchabschnittes zugrunde liegt. Nähere Einzelheiten über die Entwicklung der Streitkräfte aller Mächte bringen die seit 1874 von H. v. LÖBELL herausgegebenen *Jahresberichte über die Veränderungen und Fortschritte im Militairwesen,* seit 1892 *v. Löbell's Jahresberichte ...,* und schließlich seit 1906 *v. Löbell's Jahresberichte über das Heer- und Kriegswesen,* die für die Jahre 1890–1913 (Ende der Reihe) ausgewertet worden sind. Noch ausführlicher ist die Sammlung *Die Heere und Flotten der Gegenwart, begründet von J. v. Pflugk-Harttung und hrsg. von C. v. Zepelin, Berlin 1896 ff.* Benutzt wurden vor allem *Bd 5, Frankreich, Das Heer am Ende des 19. Jahrhunderts, von Hepke, Berlin 1900; Bd 7, Italien, Die Flotte, von C. Paschen, Berlin 1902; Bd 8, R. v. Mach, Die Wehrmacht der Türkei und Bulgariens, Berlin 1905.* Ein empfehlenswertes, wenn auch unvollständiges Nachschlagewerk ist Georg v. ALTEN, *Handbuch für Heer und Flotte, Enzyklopädie der Kriegswissenschaften und verwandter Gebiete, 6 Bde, Berlin 1909–1914,* und aufschlußreich ist gleichfalls Paul HERRE, *Die kleinen Staaten Europas und die Entstehung des Weltkrieges, München 1937.* Ein Gegenstück zu der 1903 auf Veranlassung des 2. Büros des französischen Generalstabes erstellten Studie „L'armée allemande, Étude d'organisation" ist das bis in die Einzelheiten gehende Werk *Die französische Armee, Berlin 1909 (²1913).* Neuerdings liegt eine gutfundierte Untersuchung von Raoul GIRARDET, *La société militaire dans la France contemporaine 1815–1939, Paris 1953,* vor. Über das Wehrsystem Rußlands und die Einschätzung der Kampfkraft seines Heeres gibt es die ursprünglich geheime Studie *Die russische Armee, bearb. vom Großen Generalstab, Berlin 1912,* welche die interessante Arbeit von A. v. DRYGALSKI, *Die Organisation der Russischen Armee in ihrer Eigenart und unter Vergleich mit den Streitkräften Frankreichs, Österreich-Ungarns und Deutschlands, Leipzig 1902,* ergänzte. Weitere Aufschlüsse geben die Memoiren des ehemaligen russischen Kriegsministers Wladimir Aleksandrowič SUCHOMLINOV, *Erinnerungen, Berlin 1924,* und des zeitweiligen russischen Generalquartiermeisters Jurij DANILOFF, *Rußland im Weltkriege 1914–1915, Jena 1925.* Den Ausbau des österreichischen Heeres angesichts beträchtlicher innenpolitischer Schwierigkeiten schildern Moritz Ritter v. AUFFENBERG-KOMARÓW, *Aus Österreich-*

Ungarns Teilnahme am Weltkriege, Berlin 1920, der von 1911–1912 Kriegsminister war und während des Krieges eine Armee führte, sowie der langjährige österreichische Generalstabschef Franz CONRAD v. HÖTZENDORF, *Aus meiner Dienstzeit 1906–1918, 5 Bde, Wien 1921–1925*. Der erste Band des umfangreichen Werkes *Österreich-Ungarns letzter Krieg, 1914–1918, hrsg. vom Österreichischen Bundesministerium für Heerwesen und vom Kriegsarchiv, 7 Doppelbde, Wien 1930–1938*, behandelt ebenfalls den Aufbau der habsburgischen Streitmacht.

2. England und die Vereinigten Staaten von Amerika

Als das grundlegende Werk über das englische Militärwesen kann Paul KLUKE, *Heeresaufbau und Heerespolitik Englands vom Burenkrieg bis zum Weltkrieg, München 1932*, angesehen werden. Es wurde zusätzlich eine Akte des Großen Generalstabes aus dem Jahre 1909 herangezogen, MGFA/DZ I H 85: *Das englische Heer der Gegenwart in Organisation, taktischen Anschauungen, Kriegsgliederung und Verteidigungsanlagen nach der Haldane'schen Reform.* Einen guten Überblick über die Entwicklung der Streitkräfte in den Vereinigten Staaten bietet Walter MILLIS, *Amerikanische Militärgeschichte in ihren politischen, wirtschaftlichen und sozialen Zusammenhängen, Köln 1958*, (ungekürzte amerikanische Ausgabe: Arms and Men, A Study of American Military History, New York 1956). Ernst FRAENKEL, *Das Verhältnis der zivilen und militärischen Gewalt in USA, in: Schicksalsfragen der Gegenwart, Bd 3, S. 139–173*, betont die Unterordnung der Armee unter zivile Organe und das Interesse der öffentlichen Meinung an der Beibehaltung dieser Ordnung.

3. Allgemeine Wehrpflicht und kaiserliches Heer

Eine kommentierte Zusammenfassung aller Gesetze, Erlasse und Vorschriften zur Durchführung der Wehrpflicht, mit den vorgenommenen Änderungen, enthält *Die deutsche Wehrordnung nach dem Stande vom 1. Januar 1915, Unter Berücksichtigung der geltenden Wehrerlasse von Preußen, Sachsen, Baden und unter Benutzung der Kommentare von Min.-Rat Schlusser bearb., erl. und hrsg. von H. Mahn, K. Reichelt und F. J. Roth, Stuttgart 1915*. Die wichtigsten Bestimmungen bringt auch die im Gegensatz zum Titel tatsächlich bis 1914 reichende Arbeit von Eugen v. FRAUENHOLZ, *Das Heerwesen des 19. Jahrhunderts, München 1941 = Entwicklungsgesch. d. dt. Heeres, Bd 5*. Hinzuweisen ist gleichfalls auf das bereits genannte Werk *Der Weltkrieg 1914 bis 1918, bearb. vom Reichsarchiv, Kriegsrüstung und Kriegswirtschaft, Bd 1, m. Anlagebd, Berlin 1930*, sowie auf die mit sehr viel Material erarbeitete und immer noch nützliche Studie von Ottomar Frhr. v. d. OSTEN-SACKEN u. v. RHEIN, *Preu-*

ßens Heer von seinen Anfängen bis zur Gegenwart, Bd 3, Das preußisch-deutsche Heer, Bis zur Gegenwart, Berlin 1914. Als zuverlässig und gut, wenigstens in Fragen der Organisation und Ausrüstung, ist Curt JANY, *Geschichte der Königlich Preußischen Armee, Bd 4, Die Königlich Preußische Armee und das Deutsche Reichsheer von 1807–1914, Berlin 1933,* zu bezeichnen, und die Beziehungen zwischen Wehrpflicht und Volkswirtschaft nebst den Auswirkungen des Wehrdienstes auf die Mentalität der Mannschaften hat Clemens Frhr. von WREDE, *Zusammenhänge von Allgemeiner Wehrpflicht und Volkswirtschaft als Grundlage zur Beurteilung deutscher Wehrpolitik, Mit einem Anhang: Die deutschen Rüstungen von 1871–1914, (Einzelheiten über die vorgenommenen Verstärkungen der Wehrmacht und ihre militär-politische Begründung), Köln 1932, Wirtsch.- u. Sozialwiss. Diss. 1928,* in guter Weise erhellt. Auch Ludwig Frhr. v. SECKENDORFF, *Die allgemeine Wehrpflicht und ihr sozialer Wirkungsbereich in den Jahren 1888–1914, Neustadt a. d. Aisch 1934, Heidelberg, Phil. Diss. 1933,* erörtert gründlich Wesen und Folgen der Wehrpflicht, schildert die Einstellung der Sozialdemokratie zum Stehenden Heer und erwähnt die Großzügigkeit des Einberufungssystems, das unter Umgehung des Gleichheitsgrundsatzes in gewissen Fällen beträchtliche Erleichterungen vorsah. Eugen v. FRAUENHOLZ, *Die Königlich Bayerische Armee von 1867 bis 1914, München 1931 = Gesch. d. Bayerischen Heeres, Bd 8,* kommt angesichts der Sonderstellung der bayerischen Streitkräfte besondere Bedeutung zu, zumal Frauenholz auch auf allgemeinere Zusammenhänge, die Verknüpfung mit der preußischen Armee und ihre Verwurzelung in Volk und Staat, zu sprechen kommt. Die Ausführungen des Handbuches stützen sich außerdem auf die aufschlußreiche Arbeit von Reinhard HÖHN, *Sozialismus und Heer, Bd 2, Die Auseinandersetzung der Sozialdemokratie mit dem Moltkeschen Heer, Bad Homburg v. d. H. 1959.*

C. Reichsleitung und Heer

1. Kaiser Wilhelm II. als Oberster Kriegsherr

Das Unvermögen Wilhelms II., den ihm als militärischem Oberbefehlshaber traditionsgemäß und nach der Verfassung zufallenden Aufgaben nachzukommen, betont Friedrich HOSSBACH, *Die Entwicklung des Oberbefehls über das Heer in Brandenburg, Preußen und im Deutschen Reich von 1655–1945, Ein kurzer Überblick, in: Jahrbuch der Albertus-Universität zu Königsberg/Pr., Bd VII, 1957, S. 169–239, und Bd VIII, 1958, S. 194–280*, der seinen Ausführungen wertvolle Literaturangaben beigefügt hat. Auch Fritz HARTUNG, *Das persönliche Regiment Kaiser Wilhelms II., in: Staatsbildende Kräfte der Neuzeit, Gesammelte Aufsätze, Berlin 1961, S. 393–413*, (zuerst abgedruckt in den Sitzungsberichten der Deutschen Akademie der Wissenschaften zu Berlin, Klasse für Gesellschaftswissenschaften, Jg 1952, Nr. 3) vertritt die Auffassung, daß Wilhelm II. weder im Frieden noch im Kriege die ihm zugewiesene Stellung eines Führers der Nation auszufüllen vermochte. Hinzuweisen ist außerdem auf die gelungene Schrift von Wilhelm SCHÜSSLER, *Kaiser Wilhelm II., Schicksal und Schuld, Göttingen 1962 = Persönlichkeit und Geschichte, Bd 26/27*, und auf die kritische Bibliographie von Peter G. THIELEN, *Die Außenpolitik des deutschen Reiches 1890–1914, Literatur- und Forschungsbericht für die Jahre 1945 bis 1960, in: WaG, 22. Jg, 1962, S. 27–48.*

2. Das militärische Immediatsystem

Gliederung der militärischen Führung

Über die Dienstverhältnisse in der kaiserlichen Armee unterrichten die unter B. 3. der Bibliographie genannten Werke von Eugen v. FRAUENHOLZ (Die Königlich Bayerische Armee) und Ottomar Frhr. v. d. OSTEN-SACKEN u. v. RHEIN. Auch Georg v. ALTEN (s. S. 321) gibt präzise Angaben unter dem jeweiligen Stichwort über die Befugnisse der einzelnen Immediatstellen. Wichtig ist die Untersuchung von Fritz Frhr. MARSCHALL v. BIEBERSTEIN, *Verantwortlichkeit und Gegenzeichnung bei Anordnungen des Obersten Kriegsherrn, Studie zum deutschen Staatsrecht, Berlin 1911*, und weitere Aufschlüsse vermitteln die Memoiren einiger beteiligter Persönlichkeiten: Franz v. LENSKI, *Lern- und Lehrjahre in Front und Generalstab, Berlin 1939*, des zeitweiligen Kriegsministers und Kommandierenden Generals Karl v. EINEM gen. v. Rothmaler, *Erinnerungen eines Soldaten 1853–1933*, des Generalstabsoffiziers Hugo Frhr. v. FREYTAG-LORINGHOVEN, *Menschen und Dinge, wie ich sie in meinem Leben sah, Berlin 1923*, und von Colmar Frhr. v. d. GOLTZ, *Denk-*

würdigkeiten, bearb. und hrsg. von Friedrich Frhr. v. d. Goltz und Wolfgang Foerster, Berlin 1929.

Kriegsministerium und Militärkabinett

Der staatsrechtlichen Stellung des preußischen Kriegsministers und seinem Verhältnis zu anderen hohen Immediatstellen ist Heinrich Otto MEISNER, *Der Kriegsminister 1814 – 1914, Ein Beitrag zur militärischen Verfassungsgeschichte, Berlin 1940*, nachgegangen. Über die Tätigkeit des Kriegsministeriums informiert auch das reichhaltige Werk *Kriegsrüstung und Kriegswirtschaft, Bd I*, (vgl. S. 319 f.). Unkritisch und weniger ergiebig ist dagegen der Jubiläumsband *Das Königl. Preußische Kriegsministerium 1809 bis 1. März 1909, hrsg. und bearb. vom Kriegsministerium, Berlin 1909*, im Gegensatz zu der grundlegenden Erörterung der Bedeutung des umstrittenen Militärkabinetts und seines Verhältnisses zum Kriegsministerium von Rudolf SCHMIDT-BÜCKEBURG, *Das Militärkabinett der preußischen Könige und deutschen Kaiser, Seine geschichtliche Entwicklung und staatsrechtliche Stellung 1787–1918, Berlin 1933.*

Der Generalstab

Durch seine mannigfaltigen militärtechnischen und militärpolitischen Aufgaben hat sich der deutsche Generalstab das besondere Interesse der Forschung zugezogen. Von der umfangreichen Literatur wurden für die Ausführungen des Handbuches verwertet: das wohl noch immer maßgebliche Werk von Paul BRONSART v. SCHELLENDORFF, *Der Dienst des Generalstabes, Berlin* ^{4}*1905 = Handbibliothek des Offiziers*, die für die Ressortverhältnisse von Generalstab und Kriegsministerium sehr aufschlußreiche Schrift von Hans v. ZWEHL, *Generalstabsdienst im Frieden und im Kriege, MWBl*^{B} *1, 1923*, die für die Feststellung der Tatsachen wertvollen Aufzeichnungen von Erich LUDENDORFF, *Mein militärischer Werdegang, Blätter der Erinnerung an unser stolzes Heer, München 1933*, und die teilweise allerdings schon überholte Studie von Günther WOHLERS, *Die staatsrechtliche Stellung des Generalstabes in Preußen und dem deutschen Reich, Geschichtliche Entwicklung bis zum Versailler Frieden, Bonn 1921.* Von neueren Arbeiten sind Walter GÖRLITZ, *Der deutsche Generalstab, Geschichte und Gestalt, 1657–1945, Frankfurt/M. 1950*, (^{2}1953, gekürzt), sowie Wiegand SCHMIDT-RICHBERG, *Die Generalstäbe in Deutschland 1871–1945, Aufgaben in der Armee und Stellung im Staate, in: BMilG, Bd 3, Stuttgart 1962, S. 11–120*, zu nennen. Die Gliederung des Generalstabes vor Ausbruch des Krieges wurde der Akte *MGFA/DZ I H 73/1–3: Der Große Generalstab*, entnommen.

3. Das Verhältnis zwischen Zivil- und Militärgewalt

Der Dualismus von Zivil- und Militärgewalt

Unerläßlich für die Erforschung der Beziehungen zwischen Heer und Staat ist Ernst Rudolf HUBER, *Deutsche Verfassungsgeschichte seit 1789, Bd 3, Bismarck und das Reich, Stuttgart 1963*, sowie *Dokumente zur deutschen Verfassungsgeschichte, Bd 2, Deutsche Verfassungsdokumente 1851–1918, Stuttgart ²1964*. Im dritten Band seiner Darstellung korrigiert Huber in einigen Punkten seine für unser Thema grundlegende Schrift *Heer und Staat in der deutschen Geschichte, Hamburg 1938*. Von der Bedeutung der militärischen Führungsstellen für die letzte Zeit der Monarchie handelt Fritz HARTUNG, *Verantwortliche Regierung, Kabinette und Nebenregierungen im konstitutionellen Preußen 1848 bis 1918, in: Volk und Staat in der deutschen Geschichte, Gesammelte Abhandlungen, Leipzig 1940, S. 230–338*, wobei er allerdings die Mitverantwortung des Kaisers für eine unzulängliche militärische Führerauswahl nicht stark genug herausstellt. Von großem Nutzen ist eine soziologische Untersuchung zu der Besetzung leitender Stellen in Heer, Politik und Verwaltung von Nikolaus v. PRERADOVICH, *Die Führungsschichten in Österreich und Preussen (1804 bis 1918), Mit einem Ausblick bis zum Jahre 1945, Wiesbaden 1955 = Veröff. d. Inst. für Europäische Gesch., Mainz, Bd 11*. Hiermit wird ein Thema weitergeführt, das teilweise bereits im Handbuch, Abschn. III (Jürg Zimmermann, Militärverwaltung und Heeresaufbringung in Österreich bis 1806), kurz behandelt worden ist. Verdienstvoll ist das Buch von Gordon A. CRAIG, *Die preußisch-deutsche Armee 1640–1945, Staat im Staate, Düsseldorf 1960* (Originalausg. The Politics of the Prussian Army 1640–1945, Oxford 1955), auch wenn man Craigs Wertungen nicht immer zustimmen kann. Der anfechtbare deutsche Untertitel ist in der englischen Fassung lediglich die Überschrift eines Kapitels. Rudolf MORSEY, *Die oberste Reichsverwaltung unter Bismarck 1867–1890, Münster/Westf. 1957 = Neue münstersche Beiträge z. Geschichtsforschung, Bd 3*, kommt mit seiner wichtigen Arbeit auch für unsere Zeit noch in Betracht. Sein Thema wird bis zu einem gewissen Grade fortgeführt von Hans-Günter ZMARZLIK, *Bethmann-Hollweg als Reichskanzler 1909–1914, Studien zu Möglichkeiten und Grenzen seiner innerpolitischen Machtstellung, Düsseldorf 1957 = Beiträge z. Gesch. d. Parlamentarismus u. d. politischen Parteien, Bd 11*. Zmarzlik untersucht Eigenständigkeit und Abhängigkeit des Kanzlers sowie das delikate Verhältnis von Militär- und Zivilgewalt, wozu ihm die Zwischenfälle in Elsaß-Lothringen als Beispiel dienen. Für Einzelheiten muß auf Erwin SCHENK, *Der Fall Zabern, Stuttgart 1927 = Beiträge z. Gesch. der nachbismarckischen Zeit u. d. Weltkriegs, H. 2*, verwiesen werden. Einen Einblick in den Gang der Verwaltung, mit kurzen Hinweisen auf die Zusammenarbeit der hohen Reichsbehörden mit den militärischen Stellen, bietet Adolf WERMUTH, *Ein Beamtenleben, Erinnerungen, Berlin 1922*, wie auch die Aufzeichnungen des polnischen Magnaten preußischer Nationalität Bogdan Graf v. HUTTEN-CZAPSKI, *Sechzig Jahre Politik und Gesellschaft, 2 Bde, Berlin 1936*, höchst wichtiges Material über das wilhelminische Kaiserreich enthalten, da Hutten-Czapski mit bedeutenden militärpolitischen Aufgaben betraut worden war. Sehr nützlich für die Betrachtung des Dualismus von Zivil- und Militärgewalt ist die Studie von Hans HERZFELD, *Staats-, Gesellschafts- und Heeresverfassung, in: Schicksalsfragen der Gegenwart, Bd 3, 1958, S. 9–26*, bemerkenswerte Anregungen enthält die Aufsatzsammlung von Eckart KEHR, *Der Primat der Innenpolitik, Gesammelte Aufsätze zur preussisch-deutschen Sozialgeschichte im 19. und 20. Jahrhundert, hrsg. und eingel. von Hans-Ulrich Wehler, Berlin 1965 = Veröff. der Hist. Kommission zu Berlin beim Friedrich-Meinecke-Inst. d. Freien Universität Berlin, Bd 19*. Die Arbeit von Wolfgang RUNGE, *Politik und Beamtentum im Parteienstaat, Die Demokratisierung der politischen Beamten in Preußen zwischen 1918 und 1933, Stuttgart 1965 = Industrielle Welt, Schriftenreihe des Arbeitskreises für moderne Sozialgeschichte, Bd 5*, stellt interessante Vergleiche zu den Zuständen im monarchischen Preußen an. Das umstrittene Verhältnis der deutschen Militärattachés zu ihrem jeweiligen Missionschef ist Gegenstand einer Betrachtung von Heinrich Otto MEISNER, *Militärattachés und Militärbevollmächtigte in Preußen und im Deutschen Reich, Ein Beitrag zur Geschichte der Militärdiplomatie, Berlin 1957 = Neue Beiträge zur Geschichtswissenschaft, Nr. 2*, dessen Darlegungen von Gerhard RITTER, *Die deutschen Militär-Attachés und das Auswärtige Amt, Aus den verbrannten Akten des Großen Generalstabs, Heidelberg 1959 = Sitzungberichte der Heidelberger Akademie der Wissenschaften, Phil.-hist. Klasse, Jg 1959, Abh. 1*, noch ergänzt und in einigen Punkten berichtigt werden.

Der Schlieffen-Plan

Die besten Zeugnisse für das Denken und die Haltung des bedeutenden deutschen Generalstabschefs sind in Alfred Graf v. SCHLIEFFEN, *Dienstvorschriften des Chefs des Generalstabes der Armee, Generalfeldmarschalls Graf v. Schlieffen, hrsg. vom Generalstab des Heeres, 7. (Kriegswiss.) Abt., 2 Bde, Berlin 1937–1938*, enthalten. Unentbehrlich für eine Beurteilung der Folgen des Schlieffen-Plans ist die Kenntnis der veröffentlichten deutschen und belgischen Dokumente: *Der geistige Kampf um die Verletzung der belgischen Neutralität, Berlin ²1925, 2. Kommentarbd zu: Amtliche Aktenstücke zur Geschichte der europäischen Politik 1885–1914, (Die belgischen Dokumente zur Vorgeschichte des Weltkrieges), Vollständige Ausgabe der vom Deutschen Auswärtigen Amt hrsg. Diplomatischen Urkunden aus den belgischen Staatsarchiven, hrsg. von Bernhard Schwertfeger, 5 Bde, 2 Erg.-Bde und 2 Kommentarbde*. Der Schlußfolgerung im Kommentar des Herausgebers, daß Deutschland nach der Lage der Dinge nicht anders handeln konnte, wird man nicht zustimmen können, wie auch die teilweise schon überholte völkerrechtliche Betrachtung von Joh. Viktor BREDT, *Die belgische Neutralität und der Schlieffensche Feldzugsplan, Berlin 1929*, obwohl noch immer brauchbar, mitunter zum Widerspruch herausfordert. Einen Einblick in das strategische Denken auf deutscher wie auf gegnerischer Seite gewährt Wolfgang FOERSTER, *Aus der Gedankenwerkstatt des Deutschen Generalstabs, Berlin 1931*, und um den Schlieffen-Plan bewegen sich in starkem Maße auch die tiefgehenden Betrachtungen von Ludwig BECK, *Studien, hrsg. und eingel. von Hans Speidel, Stuttgart 1955*. Mit Gerhard RITTER, *Der Schlieffenplan, Kritik eines Mythos, München 1956* (vgl. auch G. Ritter, Staatskunst und Kriegshandwerk, Das Problem des „Militarismus" in Deutschland, Bd 2, Die Hauptmächte Europas und das wilhelminische Reich [1890–1914], München 1960), erübrigt sich ein Teil der bis dahin erschienenen Literatur. Ritter bringt die berühmte Denkschrift aus dem Jahre 1905, „Krieg gegen Frankreich", im vollen Wortlaut und entwickelt Schlieffens Konzeption aus rein militärischen Überlegungen. Einen Versuch, das Schlieffenbild abzurunden und Ritters Behauptung von der Einseitigkeit des Generalstabschefs zu entkräften, bedeutet die Ausgabe von Generalfeldmarschall Graf Alfred v. SCHLIEFFEN, *Briefe, hrsg. und eingel. von Eberhard Kessel, Göttingen 1958*. Als neueste Studie über die Anfänge und die Wirkungsbereiche des Schlieffenschen Führungsdenkens ist der Aufsatz von Eberhard KAULBACH, *Schlieffen, Zur Frage der Bedeutung und Wirkung seiner Arbeit, in: WWR, 1963, S. 137–149*, zu nennen. Benutzt wurden ferner die Erinnerungen von HUTTEN-CZAPSKI (vgl. S. 327) sowie die Untersuchungen von CRAIG (s. S. 326) und Wilhelm SCHÜSSLER, *Königgrätz 1866, Bismarcks tragische Trennung von Österreich, München 1958 = Janus-Bücher, Berichte zur Weltgeschichte, Bd 12.*

D. Der Soldat in der Sozialordnung und im politischen Leben

1. Das Militär in seiner personellen Struktur und seiner Stellung im Volk

Allgemeinere Hinweise für die personelle Zusammensetzung des Militärs und seiner sozialen Rolle im Staat geben die bereits mehrfach angeführten Untersuchungen von Eugen v. FRAUENHOLZ, *Die Königlich Bayerische Armee von 1867 bis 1914, München 1931 = Gesch. d. Bayerischen Heeres, Bd 8,* Ottomar Frhr. v. d. OSTEN-SACKEN u. v. RHEIN, *Preußens Heer von seinen Anfängen bis zur Gegenwart, Bd 3, Das preußisch-deutsche Heer, Bis zur Gegenwart, Berlin 1914,* und Gerhard RITTER, *Staatskunst und Kriegshandwerk, Das Problem des „Militarismus" in Deutschland, Bd 2, Die Hauptmächte Europas und das wilhelminische Reich (1890–1914), München 1960.*

2. Die Berufssoldaten

Otto-Heinrich v. d. GABLENTZ, *Das preußisch-deutsche Offizierkorps, in: Schicksalsfragen der Gegenwart, Bd 3, 1958, S. 47–71,* hat in einem sehr durchdachten Beitrag zur Geschichte des Offiziers vier zeitlich aufeinanderfolgende Typen herausgestellt: den Edelmann, den Berufsoffizier, den gebildeten Offizier und den reinen Techniker. Als Beispiel für die letzte Ausprägung sieht er Ludendorff an. Nach Karl DEMETER, *Das deutsche Offizierkorps in Gesellschaft und Staat 1650–1945, Frankfurt/M. ⁴1965,* hat der deutsche Offizier in der Monarchie trotz einiger Wandlungen und der Aufnahme vieler Bürgerlicher in das Offizierkorps einen aristokratischen Grundcharakter bewahrt. Erst durch die Einführung der Republik hat das Offizierkorps an Sicherheit verloren, so daß es zur Zeit des Nationalsozialismus nicht mehr genügend Widerstandskraft besaß. Zu dem Schluß, daß die soziale Umschichtung unter den Offizieren auf ihren Geist und ihre politische Haltung kaum einen Einfluß hatte, kommen auch die *Untersuchungen zur Geschichte des Offizierkorps, Anciennität und Beförderung nach Leistung = BMilG, Bd 4, Stuttgart 1962,* und Ethos und Erziehung des Offizierkorps sind Gegenstand einer weiteren Veröffentlichung des Militärgeschichtlichen Forschungsamtes: *Offiziere im Bild von Dokumenten aus drei Jahrhunderten = BMilG, Bd 6, Stuttgart 1964.* Herangezogen wurde neben R. MORSEY (vgl. S. 326) auch Otto v. BISMARCK, *Die gesammelten Werke, Bd 9, Gespräche, hrsg. u. bearb. v. Willy Andreas. 3. Von der Entlassung bis zum Tode Bismarcks, Berlin ²1926.* Sehr unterschiedlich sind die Ergebnisse, zu denen nach dem Ersten Weltkrieg einige vom Reichstag bestellte Gutachter in *Die Ursachen des deutschen Zusammenbruches im Jahre 1918, Im Auftrage des 4. Unterausschusses ... hrsg. von A. Philipp, Berlin 1929 = Das Werk des Untersuchungsausschusses der Verfassunggebenden Deutschen Nationalversammlung und des Deutschen Reichstages 1919–1928, R. 4 Bd 11 (2 Halbbde)* kommen. Prof. M. Hobohm, „Soziale Heeresmißstände als Teilursache des deutschen Zusammenbruchs von 1918“, macht hauptsächlich das Versagen der Offiziere für das Nachlassen der deutschen Kampfkraft in der zweiten Kriegshälfte verantwortlich. Nach seiner Auffassung war das Heer mit seiner strengen Abgrenzung des Offiziers vom einfachen Soldaten schon seit der Vorkriegszeit ein Abbild des Klassenstaates. Als zweiter Gutachter nimmt Reichsarchivrat Volkmann die Offiziere in Schutz, die immerhin ein Heer von allgemein anerkannter Schlagkraft geschaffen hätten. Er bestreitet nicht die Mißstände in den letzten Kriegsjahren, weist aber auf die schweren Verluste des aktiven Offizierkorps hin, welche nicht zuletzt auch ein Führungsproblem entstehen ließen.

Die Unteroffiziere

Geschichte und Bedeutung des Unteroffizierkorps hat Werner LAHNE, *Unteroffiziere – Werden, Wesen und Wirken eines Berufsstandes, München 1965*, vorzüglich dargestellt. Die Ausführungen und Angaben im Handbuch beruhen außerdem auf der vielbändigen Sammlung von Karl v. HELLDORF, *Dienst-Vorschriften der Königlich Preußischen Armee, Berlin ³1873 ff.*, mit ihrem reichhaltigen und für unser Thema unentbehrlichen Material. Politisch relevant war die Auswahl der Unteroffiziere. Eine amtliche Erhebung, *Die Herkunft der deutschen Unteroffiziere und Soldaten am 1. Dezember 1906, Im amtlichen Auftrage bearb. von G. Evert = Verhandlungen der XXXVIII. Plenarversammlung des Deutschen Landwirtschaftsrats, 1910 (Aus der Zeitschrift des Königlichen Preußischen Statistischen Landesamtes, o. O., o. J., S. 617–679)*, betont, daß die Bevorzugung der Landbevölkerung nicht aus politischen Gründen, sondern wegen ihrer größeren Tauglichkeit erfolgte. Ein ehemaliger Unteroffizier, Adolf STREIT, *Das Unteroffizierkorps des Deutschen Heeres, Hagen 1905*, kritisiert das Fehlen von Aufstiegsmöglichkeiten in der deutschen Armee – im Gegensatz zur französischen – und die mangelhaften Bemühungen zur Hebung des Niveaus und der gesellschaftlichen Stellung des Unteroffiziers, während dem Einjährigen beträchtliche Vergünstigungen eingeräumt wurden. Nach Erscheinen dieser Schrift hat sich die Heeresführung zu einigen Verbesserungen in der Unteroffizierlaufbahn entschlossen. Die Haltung der Sozialdemokratie in dieser Frage und die Unzulänglichkeiten bei der schließlich vorgesehenen Zivilversorgung hat Kurt BAYER, *Grundlagen und Probleme der preussisch-deutschen Berufssoldatenversorgung des 19. Jahrhunderts, Potsdam 1938*, gründlich untersucht. *Die Geschichte des deutschen Unteroffiziers, hrsg. vom Reichstreubund ehemaliger Berufssoldaten, bearb. von Frhr. Ferdinand v. Ledebur, Berlin 1939*, ist brauchbar wegen der Fülle des verarbeiteten Materials. Sie übt gleichfalls Kritik an den fehlenden Aufstiegsmöglichkeiten, die sich dann im Ersten Weltkrieg ungünstig ausgewirkt haben.

Eckart KEHR (s. S. 327) kommt in seinen Studien allgemein auf die Soldaten des Beurlaubtenstandes zu sprechen. Zu ihnen gehörten in den letzten Jahrzehnten der preußischen Monarchie auch die Militärbeamten, deren zumeist wenig bekannten Tätigkeit Hans HELFRITZ, *Geschichte der preussischen Heeresverwaltung, Berlin 1938*, nachgegangen ist. Die gesetzlichen Bestimmungen für ihre Verwendung sind von Heinrich DIETZ, *Handwörterbuch des Militärrechts, Rastatt 1912*, zusammengetragen worden, und auch Georg v. ALTEN (s. S. 321) macht im 2. Band unter dem Stichwort „Beamte" sehr nützliche Angaben über ihre Einteilung und Stellung.

E. Das Heer in der Politik

1. Der politische Standort des Heeres

Der monarchisch-konservative Grundcharakter

Eine Bestimmung der geistigen Haltung der deutschen Armee hat mit seiner psychologischen Studie Friedrich ALTRICHTER, *Die seelischen Kräfte des Deutschen Heeres im Frieden und im Weltkriege, Berlin 1933*, mit Erfolg versucht. Ebenfalls von Wert ist die Arbeit von Emil OBERMANN, *Soldaten, Bürger, Militaristen – Militär und Demokratie in Deutschland, Stuttgart 1958*, trotz einiger Vorbehalte gegenüber manchen Beurteilungen und einiger Irrtümer.

Die nationale Komponente

Der starke Rückhalt, den das Heer im Volke besaß, äußerte sich vornehmlich in einer lebhaften Vereins- und Verbandstätigkeit. Eine Entwicklungsgeschichte der Kriegervereine hat Georg von ALTEN in sein bereits häufig genanntes Handbuch, Bd 5, aufgenommen. Gustav ROLOFF, *Die Deutschen Kriegervereine, in: PreußJbb, 85. Jg, Juli–September 1896, S. 124–134*, schildert den Zustand kurz vor dem Zusammenschluß zum Kyffhäuserbund, dessen Hauptinitiator Westphal, mit seiner Broschüre „Das deutsche Kriegervereinswesen“ in *Die Politik des Deutschen Reiches in Einzeldarstellungen, Bd 5, Max Hübner, Militärpolitik, Leipzig 1908, S. 168 ff.* ausführlich zitiert, als wesentliche Aufgabe der Vereine den Kampf gegen die Sozialdemokratie ansieht. Weitere Nachrichten über die Tätigkeit von Flotten- und Wehrverein sind endlich von August KEIM, *Erlebtes und Erstrebtes, Lebenserinnerungen, Hannover 1925*, zu beziehen.

2. Sozialdemokratie und Heer

Als wohl einer der besten Kenner des sozialdemokratischen Wehrprogramms hat Reinhard HÖHN, *Sozialismus und Heer, Bd 2, Die Auseinandersetzung der Sozialdemokratie mit dem Moltkeschen Heer, Bad Homburg v. d. H. 1959*, die grundlegende Studie zu dieser Frage vorgelegt. In Fortführung des Themas untersucht Reinhard HÖHN, *Die Armee als Erziehungsschule der Nation, Das Ende einer Idee, Bad Harzburg 1963*, die Auswirkungen der Wehrpflicht auf Rekruten und Reservisten. Weiterhin ist als wichtiges Werk Hermann HEIDEGGER, *Die deutsche Sozialdemokratie und der nationale Staat 1870–1920, Unter besonderer Berücksichtigung der Kriegs- und Revolutionsjahre, Göttingen 1956*

= *Göttinger Bausteine zur Geschichtswissenschaft, Bd 25,* zu nennen, auch die brauchbare Dissertation von Albrecht LOTHOLZ, *Die Haltung der Sozialdemokratie in den Heeres-, Flotten- und Weltmachtsfragen (1890–1914), Freiburg Phil. Diss. (masch.) 1955,* während Erich Otto VOLKMANN, *Der Marxismus und das deutsche Heer im Weltkriege, Unter Benutzung amtlicher Quellen dargestellt, Mit einem Urkundenanhang, Berlin 1925,* nur noch von geringem Wert ist. Unentbehrliches Material hat Karl DROTT, *Sozialdemokratie und Wehrfrage, Dokumente aus einem Jahrhundert Wehrdebatten, Berlin-Hannover 1956,* zusammengestellt, und ebenfalls nicht unbeachtet sollte der aufschlußreiche Beitrag von Gustav Adolf CASPAR, *Die sozialdemokratische Partei und das deutsche Wehrproblem in den Jahren der Weimarer Republik, WWR^{B} Nr. 11, Berlin-Frankfurt/M. 1959,* bleiben. Die Darstellung beruht außerdem auf den Arbeiten von K. E. BORN (s. S. 317), H.-U. WEHLER (s. S. 316) und K. DEMETER (vgl. S. 329).

3. Parlament und Heer

Die Bedeutung des Parlaments und seine Funktionen im Kaiserreich sind Gegenstand der ersten fünf Beiträge in dem Sammelwerk *Der Reichstag – Aufsätze, Protokolle und Darstellungen der Geschichte der parlamentarischen Vertretung des deutschen Volkes, 1871–1933, hrsg. von Ernst Deuerlein, Bonn 1963 = Schriftenreihe der Bundeszentrale für Heimatdienst, H. 58,* (zuerst veröffentlicht in: Das Parlament, Jg 10, 1960). Auf die Einwirkungen des Reichstages auf das Heer ist Wiegand SCHMIDT-RICHBERG, *Die Generalstäbe in Deutschland 1871–1945 = BMilG, Bd 3, Stuttgart 1962, S. 100–108,* kurz eingegangen, während die wichtige Arbeit von Ludwig BERGSTRÄSSER, *Geschichte der politischen Parteien in Deutschland, München* ^{10}*1960 = Deutsches Handbuch der Politik, Bd 2,* das Thema, vor allem für die Vorkriegszeit, nur am Rande behandelt. Der wachsende Einfluß des Reichstages auf das Wehrprogramm läßt sich auch für unseren Zeitraum aus den Protokollen *Stenographische Berichte über die Verhandlungen des (deutschen) Reichstages, Berlin 1867 ff.,* seit 1907 *Verhandlungen des (deutschen) Reichstages, Stenographische Berichte und Anlagen . . .,* ersehen, und Auszüge aus wichtigen Parlamentsdebatten über Heeresfragen sind auch in *Schulthess' Europäischer Geschichtskalender, hrsg. von H. Delbrück, G. Roloff, L. Riess, W. Stahl und U. Thürauf, Bd 30–54, München 1890–1914,* abgedruckt. Über die Kosten der deutschen Rüstung stammt von einem der Parlamentsexperten in Fragen des Militäretats eine sachliche und aufschlußreiche Schrift: Matthias ERZBERGER, *Die Rüstungsausgaben des Deutschen Reiches = Finanzwirtschaftliche Zeitfragen, H. 14, Stuttgart 1914;* einem besonderen und wichtigen Zweig der Rüstungswirtschaft hat August GENTH, *Die preussischen Heereswerkstätten, ihre Entwicklung, allgemeine wirtschaftliche Bedeutung und ihr Übergang in privatwirtschaftliche Betriebe, Potsdam o. J.,*

Berlin Phil. Diss. 1926, eine Untersuchung gewidmet, und interessant sind auch die Aufzeichnungen des erzkonservativen Abgeordneten Elard v. OLDENBURG-JANUSCHAU, *Erinnerungen, Leipzig 1936*, wie die Ausführungen von K. DEMETER (s. S. 329). Das Wirken der Sozialisten im Parlament wird neuerdings durch eine wertvolle Dokumentensammlung erhellt: *Die Sozialdemokratie im Deutschen Reichstag (Kassette), darin: 1. Die Sozialdemokratie im Deutschen Reichstag, Tätigkeitsberichte und Wahlaufrufe aus den Jahren 1871–1893, Berlin 1909, (Faksimilenachdruck) Berlin 1966; 2. Gustav Seeber, Die deutsche Sozialdemokratie und die Entwicklung ihrer revolutionären Parlamentstaktik von 1867–1893, Berlin 1966.*

F. Der Erste Weltkrieg

1. Der politische Rahmen

Auslösung des Ersten Weltkrieges

Die deutsche Führung, die Differenzen zwischen Reichskanzlei und Heeresleitung sowie die Kriegsziele sind das Thema des großartigen, auf ein umfangreiches Quellenmaterial gestützten Werkes von Gerhard RITTER, *Staatskunst und Kriegshandwerk, Das Problem des „Militarismus" in Deutschland, Bd 3, Die Tragödie der Staatskunst, Bethmann Hollweg als Kriegskanzler (1914 bis 1917), München 1964.* Mit seinen Ausführungen greift Ritter erneut in eine wissenschaftliche Diskussion ein, die durch Fritz FISCHER, *Deutsche Kriegsziele – Revolutionierung und Separatfrieden im Osten 1914–1918, in: HZ, Bd 188, 1959, S. 249–310,* und *Griff nach der Weltmacht, Die Kriegszielpolitik des kaiserlichen Deutschland 1914/18, Düsseldorf* [3]*1964,* ausgelöst worden ist. In der mit Leidenschaft geführten Auseinandersetzung haben sich inzwischen nur einigermaßen feste Fronten gebildet, ohne daß sich eine Übereinstimmung der Auffassungen und ein Ende der Kontroverse abzeichnet. Einen ersten Überblick über die im einzelnen vertretenen Meinungen enthält das Taschenbuch *Deutsche Kriegsziele 1914–1918, Eine Diskussion, hrsg. von Ernst W. Graf Lynar, Frankfurt/M.-Berlin 1964 = Ullstein Buch Nr. 616,* und von den seither erschienenen Studien ist der Aufsatz von Egmont ZECHLIN, *Probleme des Kriegskalküls und der Kriegsbeendigung im Ersten Weltkrieg, in: GWU, 16. Jg, 1965, S. 69–83,* zu nennen, in dem er sich mit den Entschlüssen der Reichsleitung bei Kriegsausbruch und mit den Plänen zu einer Beendigung des Krieges beschäftigt. Teilweise wird das Thema in einem neuen Beitrag von Egmont ZECHLIN, *Bethmann Hollweg, Kriegsrisiko und SPD 1914, in: Der Monat, H. 208, Januar 1966, S. 17–31,* wieder aufgegriffen, und auch Fritz FISCHER, *Weltpolitik, Weltmachtstreben und deutsche Kriegsziele, in: HZ, Bd 199, 1964, S. 265–346,* und *Weltmacht oder Niedergang, Deutschland im Ersten Weltkrieg, Frankfurt/M. 1965 = Hamburger Studien z. neueren Gesch., Bd 1* (vgl. die Rezension von W. Bussmann, in HZ, Bd 202, 1966, S. 653–656), hat seine Thesen bekräftigt und mit weiterem Material belegt. Sehr interessant sind französische Stellungnahmen zu dem strittigen Thema: Pierre RENOUVIN, *Die Kriegsziele der französischen Regierung 1914–1918, in: GWU, 17. Jg, 1966, H. 3, S. 129–158; Jacques DROZ, Die politischen Kräfte in Frankreich während des Ersten Weltkrieges, in: GWU, 17. Jg, 1966, H. 3, S. 159–168;* Joachim ROHLFES, *Französische und deutsche Historiker über die Kriegsziele, Ein Tagungsbericht, in: GWU, 17. Jg, 1966, H. 3, S. 168–175.* Eindeutig in der weltanschaulichen Ausrichtung, aber von dokumentarischem Wert ist Joachim PETZOLD, *Zu den Kriegszielen der deutschen Monopolkapitalisten im ersten Weltkrieg, (Dokumentation), in: ZGWiss, 8. Jg, 1960, S. 1396–1415.*

Die deutsche Innenpolitik während des Krieges

Für das innenpolitische Klima im deutschen Reich war die Haltung der Sozialdemokratie von entscheidender Bedeutung. Erich MATTHIAS, *Die deutsche Sozialdemokratie und der Osten 1914–1945, Eine Übersicht, Tübingen 1954 = Arbeitsgemeinschaft für Osteuropaforschung, Forschungsberichte und Untersuchungen z. Zeitgesch., Nr. 11,* hat einen wichtigen Beitrag zur Geschichte der sozialdemokratischen Ostpolitik verfaßt. Eines der großen innenpolitischen Probleme erläutert Reinhard PATEMANN, *Der Kampf um die preußische Wahlreform im Ersten Weltkrieg, Düsseldorf 1964 = Beiträge z. Gesch. d. Parlamentarismus u. d. politischen Parteien, Bd 26.*

Der Zusammenbruch

Das reichhaltige Sammelwerk *Die Ursachen des Deutschen Zusammenbruches im Jahre 1918, Im Auftrage des 4. Untersuchungsausschusses ... hrsg. von A. Philipp, Berlin 1925–1929 = Das Werk des Untersuchungsausschusses der Verfassunggebenden Deutschen Nationalversammlung und des Deutschen Reichstages 1919–1928, R. 4, Bd 1–12,* ist wichtig für die Behandlung unseres Themas, wurde aber im allgemeinen von der Forschung noch nicht genügend beachtet. Die Betrachtung von Bernhard SCHWERTFEGER, *Das Weltkriegsende, Gedanken über die deutsche Kriegführung 1918, Potsdam 1937,* gefällt durch die Weite ihres Gesichtskreises, ist aber zu unkritisch. *Weltwende 1917 – Monarchie, Weltrevolution, Demokratie – Für die Ranke-Gesellschaft, Vereinigung f. Gesch. im Öffentlichen Leben hrsg. von H. Rössler, Göttingen 1965,* schildert die militärischen und politischen Ereignisse des letzten Kriegsjahres, vor allem, als Ergebnis der militärischen Niederlagen, den Wandel der Staatsform in den Kaiserreichen. Das Geschehen des Jahres 1918 ergründet Siegfried A. KAEHLER, *Vier quellenkritische Untersuchungen zum Kriegsende 1918, in: Studien zur deutschen Geschichte des 19. und 20. Jahrhunderts, Aufsätze und Vorträge, hrsg. und mit einem Nachwort versehen von W. Bussmann, Göttingen 1961, S. 259–305,* und eines seiner Themen, Ludendorffs Waffenstillstandsforderung vom 29. 9. 1918, ist, aus anderer Sicht, von Joachim PETZOLD, *Die Entscheidung vom 29. September 1918, in: ZMG, 4. Jg, 1965, H. 5, S. 517–534,* aufgegriffen worden. Eine genaue Rekonstruktion der Vorgänge im deutschen Hauptquartier hat der konservative Politiker Kuno Graf v. WESTARP, *Das Ende der Monarchie am 9. November 1918, Abschließender Bericht nach den Aussagen der Beteiligten, Stollhamm 1952,* vorgenommen, und seine Ausführungen finden durch Wilhelm GROENER, *Lebenserinnerungen – Jugend, Generalstab, Weltkrieg, hrsg. von Friedrich Frhr. Hiller v. Gaertringen, Göttingen 1957 = Deutsche Geschichtsquellen des 19. und 20. Jahrhunderts, Bd 41,* eine gute Ergänzung. *Die Quellen zur Geschichte des Parlamentarismus und der politischen Parteien, Im*

Auftrage der Kommission für Geschichte des Parlamentarismus und der Politischen Parteien hrsg. von W. Conze, E. Matthias, G. Winter, R. 1, Von der konstitutionellen Monarchie zur parlamentarischen Republik, Bd 1, Der Interfraktionelle Ausschuß 1917/18 (2 Tle), Düsseldorf 1959, Bd 2, Die Regierung des Prinzen Max von Baden, Düsseldorf 1962, bringen unentbehrliche Dokumente und eine zusammenfassende Darstellung vom letzten Jahr der deutschen Monarchie. Vom Niedergang des Kaisertums geben auch die Aufzeichnungen des zeitweiligen stellvertretenden Reichskanzlers Friedrich PAYER, *Von Bethmann Hollweg bis Ebert, Erinnerungen und Bilder, Frankfurt/M. 1923,* Zeugnis. Fritz HARTUNG, *Staatsgefüge und Zusammenbruch des Zweiten Reiches, in: Staatsbildende Kräfte der Neuzeit, Gesammelte Aufsätze, Berlin 1961, S. 376–392,* erinnert daran, daß der Zusammenbruch nicht eine Folge der inneren Spannungen, sondern der militärischen Rückschläge und schließlich der Niederlage gewesen ist. Eine der Hauptquellen für das Geschehen vom Oktober 1918 bis zum Sturz der Monarchie ist die Stellungnahme des ehemaligen Reichskanzlers MAX Prinz von Baden, *Erinnerungen und Dokumente, Stuttgart 1927,* (diese Ausgabe ist der 2. Aufl. von 1928 vorzuziehen), für die Schritte zur Einstellung der Kampfhandlungen das nützliche Werk *Der Waffenstillstand 1918–1919, Das Dokumenten-Material der Waffenstillstands-Verhandlungen von Compiègne, Spa, Trier und Brüssel – Notenwechsel, Verhandlungsprotokolle, Verträge, Gesamttätigkeitsberichte, In Verbindung mit Hans Frhr. v. Hammerstein und Otto Frhr. v. Stein hrsg. von Edmund Marhefka, 3 Bde, Berlin 1928,* wozu Matthias ERZBERGER, *Erlebnisse im Weltkrieg, Stuttgart 1920,* noch einige aufschlußreiche Details beisteuert. Im 6. Band der oben zitierten Reihe *Die Ursachen des Deutschen Zusammenbruches im Jahre 1918* sind Gutachten von mehreren Sachverständigen zum Problem des „Dolchstoßes" enthalten, und mit Entstehung und Geschichte dieser unseligen Legende befassen sich Fritz ERNST, *Zum Ende des ersten Weltkrieges, in: WaG, 17. Jg, 1957, S. 55–67,* sowie Friedrich Frhr. HILLER v. GAERTRINGEN, *„Dolchstoß"-Diskussion und „Dolchstoßlegende" im Wandel von vier Jahrzehnten, in: Geschichte und Gegenwartsbewusstsein, Historische Betrachtungen und Untersuchungen, Festschrift für Hans Rothfels zum 70. Geburtstag ..., Göttingen 1963, S. 122–160.*

2. Besonderheiten der Kriegführung

Rüstung und Wirtschaftskrieg

Der Einfluß der materiellen Rüstung auf das Kriegsgeschehen wird in dem umfangreichen Sammelwerk *Der Weltkrieg 1914 bis 1918, bearb. im Reichsarchiv (im Auftrage des Kriegsministeriums bzw. des Oberkommandos des Heeres bearb. und hrsg. von der Kriegsgeschichtlichen Forschungsanstalt des Heeres), 14 Bde, 2 Sonder-Bde, (nebst) Anlagen, Berlin 1925–1944,* meistens nur kurz gestreift. Näher gehen Kapitel V des 9. Bandes, „Die Bedeutung der Kriegswirtschaft und Kriegsrüstung im Rahmen der Gesamtkriegführung", S. 338–458, sowie der Sonderband *Kriegsrüstung und Kriegswirtschaft, Bd 1, Die militärische, wirtschaftliche und finanzielle Rüstung Deutschlands von der Reichsgründung bis zum Ausbruch des Weltkrieges, (nebst) Anlagen, Berlin 1930*, auf das Thema ein. Wichtige Angaben über den Aus- und Umbau des Heeres sowie über die Steigerung der Waffenfertigung macht Ernst v. WRISBERG, *Erinnerungen an die Kriegsjahre im Königlich Preußischen Kriegsministerium, 3 Bde*, vor allem in *Bd 2, Heer und Heimat 1914–1918, Leipzig 1921*, und *Bd 3, Wehr und Waffen 1914–1918, Leipzig 1922*, und er übt einige Kritik an verfehlten Maßnahmen der 3. Obersten Heeresleitung. Neuerdings hat sich Gerald D. FELDMAN, *Army Industry and Labor in Germany 1914–1918, Princeton 1966*, in einer verdienstvollen Arbeit mit dem Thema befaßt. Eine grundlegende Studie zur deutschen Kriegswirtschaft ist Otto GOEBEL, *Deutsche Rohstoffwirtschaft im Weltkrieg, einschließlich des Hindenburg-Programms, Stuttgart 1930 = Wirtschafts- und Sozialgesch. d. Weltkrieges, Deutsche Serie = Veröff. d. Carnegie-Stiftung f. internationalen Frieden, Abt. für Volkswirtschaft und Gesch.* Nach Meinung des Verfassers konnte angesichts der schwierigen Verhältnisse lediglich kraft der Autorität des Kriegsministeriums noch eine recht gute Arbeit geleistet werden, und Kurt WIEDENFELD, *Die Organisation der Kriegsrohstoff-Bewirtschaftung im Weltkrieg, Hamburg 1936 = Schriften zur kriegswirtschaftlichen Forschung und Schulung*, beschreibt ebenfalls die Übertragung der Rohstoffbeschaffung und -verteilung von dem ursprünglich zuständigen Reichsamt des Inneren auf das Kriegsministerium. Clemens v. DELBRÜCK, *Die wirtschaftliche Mobilmachung in Deutschland 1914, Aus dem Nachlaß hrsg., eingel. und ergänzt von J. v. Delbrück, München 1924*, bezeugt den unzureichenden Stand der wirtschaftlichen Kriegsvorbereitungen, da Reichskanzler und Reichsschatzamt die Lage falsch eingeschätzt hatten (vgl. auch BURCHARDT, S. 320 der Bibliographie). Wilhelm DIECKMANN, *Die Behördenorganisation in der deutschen Kriegswirtschaft 1914–1918, Hamburg 1937 = Schriften zur kriegswirtschaftlichen Forschung und Schulung*, schildert, wie aus der Not des Augenblicks allmählich eine Kriegswirtschaftsorganisation entstand, welche die Versorgung einigermaßen gewährleistete. Probleme des Wirtschaftskrieges und der Kriegswirtschaft nehmen auch in den Erinnerungen des ehemaligen Staatssekretärs Karl HELFFERICH, *Der Weltkrieg, 3 Bde, Berlin 1919*, einen breiten Raum ein, während Richard SICHLER und Joachim TIBURTIUS, *Die Arbeiterfrage eine Kernfrage des Weltkrieges, Ein Beitrag zur Erklärung des Kriegs-Ausganges, Berlin 1925*, auf eine von den militärischen Führungsstellen weitgehend übersehene Schwierigkeit hinweisen. Die Lage bei Ausbruch des Krieges ist von Egmont ZECHLIN, *Deutschland zwischen Kabinettskrieg und Wirtschaftskrieg, Politik und Kriegführung in den ersten Monaten des Weltkrieges 1914, in: HZ, Bd 199, 1964, S. 347–458*, untersucht worden. Eine völkerrechtliche Betrachtung über den Wirtschaftskrieg unternimmt die Darstellung

Völkerrecht im Weltkrieg, Im Auftrage des 3. Untersuchungsausschusses ... hrsg. von J. Bell, Der Gaskrieg – Der Luftkrieg – Der Unterseebootkrieg – Der Wirtschaftskrieg, Berlin 1927 = Das Werk des Untersuchungsausschusses der Deutschen Verfassunggebenden Nationalversammlung und des Deutschen Reichstages 1919 bis 1928, R. 3, Bd 4.

Psychologischer Krieg

Hermann WANDERSCHECK, *Weltkrieg und Propaganda, Berlin ²1939,* hat vor allem das Wesen der englischen Propaganda herausgearbeitet, welche im allgemeinen auch vor zweifelhaften Mitteln nicht zurückschreckte. Sehr gut ist die Darstellung von Hans THIMME, *Weltkrieg ohne Waffen, Die Propaganda der Westmächte gegen Deutschland, ihre Wirkung und ihre Abwehr, Stuttgart 1932,* über den Einsatz der gegnerischen Propaganda und die versuchten Gegenmaßnahmen auf deutscher Seite, und dazu ergänzend die Studie von Walter VOGEL, *Die Organisation der amtlichen Presse- und Propagandapolitik des Deutschen Reiches von den Anfängen unter Bismarck bis zum Beginn des Jahres 1933 = Zeitungswissenschaften, 16. Jg, 1941, H. 8/9.* Sehr viel Wissenswertes berichtet Walter NICOLAI, *Nachrichtendienst, Presse und Volksstimmung im Weltkrieg, Berlin 1920,* sowie *Geheime Mächte, Internationale Spionage und ihre Bekämpfung im Weltkrieg und heute, Leipzig ²1924,* und *Einblicke in den Nachrichtendienst während des Weltkrieges, in: Was wir vom Weltkrieg nicht wissen, Leipzig ²1938, S. 103–117.*

3. Probleme der Obersten Kriegsleitung

Militärpolitischer Dualismus und Antagonismus in Deutschland

Dem Gegensatz zwischen ziviler und militärischer Gewalt bei den kriegführenden Mächten ist Otto v. MOSER, *Die obersten Gewalten im Weltkrieg, Das Werk der Staatsmänner, Heerführer, Parlaments-, Presse- und Volksführer bei der Entente und bei den Mittelmächten, Stuttgart 1931,* nachgegangen. Einige Vorbehalte gegenüber manchen Urteilen sind jedoch am Platz, was auch für Erwin DIRENBERGER, *Oberste Heeresleitung und Reichsleitung 1914–1918, Berlin 1939, Würzburg, Phil. Diss. 1934,* gilt. Der erste deutsche Kriegskanzler, Theobald v. BETHMANN HOLLWEG, *Betrachtungen zum Weltkriege, 2 Bde, Berlin 1919–1921,* äußert sich sehr zurückhaltend und verurteilt nur allgemein den Absolutheitsanspruch der 3. OHL. Als deren bekanntester Repräsentant hat sich der ehemalige Erste Generalquartiermeister Erich LUDENDORFF, *Kriegführung und Politik, Berlin 1922,* mit der zivilen Gewalt sehr kritisch auseinandergesetzt. Für ihn ist Politik lediglich ein Mittel zur Unterstützung der

Kriegführung, und von dieser Auffassung ausgehend sucht er auch in seinen Memoiren, Erich LUDENDORFF, *Meine Kriegserinnerungen 1914–1918, Berlin* [8]*1922*, sein Handeln zu rechtfertigen. Wie der Erste Generalquartiermeister in den letzten Kriegsmonaten von seiner näheren Umgebung beurteilt wurde, hat Wolfgang FOERSTER, Der *Feldherr Ludendorff im Unglück, Eine Studie über seine seelische Haltung in der Endphase des ersten Weltkrieges, Wiesbaden 1952*, zusammengetragen. Ebenfalls aus eigenem Erleben schildert Wilhelm BREUCKER, *Die Tragik Ludendorffs, Eine kritische Studie auf Grund persönlicher Erinnerungen an den General und seine Zeit, Stollhamm 1953*, seinen ehemaligen Vorgesetzten, ohne dessen Fehler und Schwächen zu übergehen. Die Unsicherheit der Reichsleitung und die Kurzsichtigkeit der 3. OHL betont Eugen FISCHER-BALLING, *Politische und militärische Führung des ersten Weltkrieges in Deutschland, in: Schicksalsfragen der Gegenwart, Bd 3, 1958, S. 72–94*, und als neueste Untersuchung über das Verhältnis von Politik und Kriegführung in der ersten Hälfte des Weltkrieges ist Egmont ZECHLIN, *Friedensbestrebungen und Revolutionierungsversuche, Deutsche Bemühungen zur Ausschaltung Rußlands im Ersten Weltkrieg, in: Aus Politik und Zeitgeschichte, Beilage zur Wochenzeitung „Das Parlament“, 11. Jg, 1961, B 20 S. 269–288, B 24, S. 325–340, B 25 S. 341–367, 13. Jg, 1963, B 20 S. 3–54, B 22, S. 3–47*, anzuführen.

Oberste Kriegsleitung bei den Mittelmächten und bei den Alliierten

Um eine gerechte Beurteilung des zweiten deutschen Generalstabschefs im Weltkriege ist Hans v. Zwehl, *Erich v. Falkenhayn, General der Infanterie, Eine biographische Studie, Berlin 1926*, bestrebt, während Hermann ZIESE-BERINGER, *Der einsame Feldherr, Die Wahrheit über Verdun, 2 Bde, Berlin 1934*, die Gründe für den Angriff bei Verdun erforscht hat. Die um Objektivität bemühte Untersuchung von Heinz KRAFT, *Das Problem Falkenhayn, Eine Würdigung der Kriegführung des Generalstabschefs, in: WaG, 22. Jg, 1962, S. 49–78*, zieht einen interessanten Vergleich zwischen Ludendorff und Falkenhayn, über den auch der italienische General Adriano ALBERTI, *General Falkenhayn, Die Beziehungen zwischen den Generalstabschefs des Dreibundes, Berlin 1924*, ein sehr günstiges Urteil abgegeben hat. Erich v. FALKENHAYN, *Die Oberste Heeresleitung 1914–1916 in ihren wichtigsten Entschließungen, Berlin 1920*, stellt eine Art Rechtfertigungsbericht dar, allerdings fast ausschließlich in militärischen Fragen; dagegen stellt Erich LUDENDORFF, *Urkunden der Obersten Heeresleitung über ihre Tätigkeit 1916/18, Berlin* [4]*1922*, bei einseitiger Auswahl der Dokumente, nichtmilitärische Probleme in den Vordergrund. Sehr persönlich sind die Erinnerungen des Generalfeldmarschalls Paul v. HINDENBURG, *Aus meinem Leben, Leipzig 1927*, ausgefallen, und sie geben nur bedingt Auskunft über die Tätigkeit der OHL. Mit der Rolle eines Nebenkriegsschauplatzes, auf dem

1914 der Konflikt ausgelöst wurde und wo sich im September 1918 der Zusammenbruch der Mittelmächte ankündigte, hat sich Carl MÜHLMANN, *Oberste Heeresleitung und Balkan im Weltkrieg 1914–1918, Berlin 1942*, eingehend beschäftigt. Die unzureichende Koordinierung bei den Entscheidungen der Mittelmächte ist Gegenstand einer Untersuchung des ehemaligen Chefs der Operationsabteilung unter Ludendorff, Georg WETZELL, *Der Bündniskrieg, Eine militärpolitische operative Studie des Weltkrieges, Berlin 1937, Aus: Militär-Wochenblatt, Jg 122*. Grundsätzliche Ausführungen zu diesem Thema verdanken wir Walther HUBATSCH, *Koalitionskriegführung in neuester Zeit, historisch-politisch betrachtet, in: Schicksalsfragen der Gegenwart, Bd 1, 1957, S. 245–270*, wie auch die sehr nützlichen Arbeiten von Curt LIEBMANN, *Die Entwicklung der Frage des einheitlichen Oberbefehls im Weltkriege, in: WuW, 8. Jg, 1927, S. 1–36 und S. 65–100*, und Gisbert BEYERHAUS, *Einheitlicher Oberbefehl, Ein Problem des Weltkrieges, München 1938*, das Versagen der Mittelmächte bei der Absprache ihrer Kriegshandlungen betonen. Zu dem gleichen Ergebnis kommen aufgrund eigener Erlebnisse und gründlichen Aktenstudiums August v. CRAMON und Paul FLECK, *Deutschlands Schicksalsbund mit Österreich-Ungarn, Von Conrad von Hötzendorf zu Kaiser Karl, Berlin 1932*. Cramon war der bevollmächtigte General der OHL beim österreichungarischen Armee-Oberkommando, Generaladjutant des deutschen Kaisers und Franz Joseph sowie Karl I. zugeteilt. Wertvolle Ergänzungen zur Frage der Koalitionskriegführung bieten Oskar REGELE, *Feldmarschall Conrad, Auftrag und Erfüllung, 1906–1918, Wien 1955*, und, für die Verhältnisse bei der Entente, die Memoiren des alliierten Oberbefehlshabers Ferdinand FOCH, *Erinnerungen von der Marneschlacht bis zur Ruhr, Dresden 1929*.

4. Strukturwandlungen im Waffenkrieg

Organisatorische Veränderungen im Aufbau der deutschen Streitkräfte sind von Hermann CRON, *Geschichte des Deutschen Heeres im Weltkrieg 1914 bis 1918, Berlin 1937 = Curt Jany, Geschichte der Königlich Preußischen Armee und des Deutschen Reichsheeres, Bd 5*, aufgezeichnet worden. Die Untersuchung ist eine Erweiterung seiner Schrift *„Die Organisation des deutschen Heeres im Weltkriege"*, *Berlin 1923 = Forschungen und Darstellungen aus dem Reichsarchiv, H. 5*. Auch das Sammelwerk *Der Weltkrieg 1914 bis 1918, Die militärischen Operationen zu Lande, bearb. im Reichsarchiv (im Auftrage des Kriegsministeriums bzw. des Oberkommandos des Heeres bearb. und hrsg. von der Kriegsgeschichtlichen Forschungsanstalt des Heeres), 14 Bde, Berlin 1925–1944*, enthält an vielen Stellen äußerst nützliche Angaben über den Strukturwandel im deutschen Heer, neben Ernst v. WRISBERG, *Erinnerungen an die Kriegsjahre im Königlich Preußischen Kriegsministerium, 3 Bde, Leipzig 1921–1922*, der als ehemaliger Direktor des Allgemeinen Kriegsdepartements im Kriegsministerium im 2. und 3. Band seiner Aufzeichnungen wertvolle Hinweise auf die Waffenausstattung und auf Organisationsveränderungen zu geben vermag. Eine kritische Betrachtung vom militärtechnischen Standpunkt aus hat Karl JUSTROW, *Feldherr und Kriegstechnik, Studien über den Operationsplan des Grafen Schlieffen und Lehren für unseren Wehraufbau und unsere Landesverteidigung, Oldenburg i. O. 1933*, vorgelegt. Von einer geglückten Zusammenarbeit zwischen Technik und Militär – der Verfasser war der Erfinder eines neuen Artilleriemeßverfahrens – berichtet Otto SCHWAB, *Ingenieur und Soldat, Erfahrungen aus dem Weltkrieg und wehrtechnische Ausblicke, Beitrag zur Frage der Wehrführerausbildung auf wissenschaftlich-technischer Grundlage, Nidda 1928*. Als ein sehr nützlicher geschichtlicher Überblick über die Rolle der Technik im deutschen Heer, beginnend mit der Vorkriegszeit und mit interessanten Parallelen zu den Leistungen der damaligen Gegner, ist *Kriegstechnik der Gegenwart, hrsg. von Max Schwarte, Berlin 1927*, zu erwähnen. Die Folgen, die sich aus den Erfahrungen im Stellungskrieg für die Taktik und die Bewaffnung ergeben, hat Friedrich SEESSELBERG, *Der Stellungskrieg 1914–1918 auf Grund amtlicher Quellen und unter Mitwirkung namhafter Fachmänner technisch, taktisch und staatswissenschaftlich dargestellt, Berlin 1926*, herausgearbeitet. *Der chemische Krieg, Bd 1, Militärischer Teil, hrsg. von Rudolf Hanslian, Berlin [3]1937*, enthält eine kritische Würdigung des Einsatzes der chemischen Waffen durch alle am Weltkrieg beteiligten Mächte.

A. Organisationsgeschichte des Heeres 1890 bis 1918

Allgemeine Literatur – Spitzengliederung

Friedrich STUHLMANN, *Deutsche Wehrmacht, Berlin 1933,* hat seinem der Reichswehr gewidmeten Werk eine lange Einleitung vorangestellt, in der er eine Übersicht über Organisation und Ausrüstung des deutschen Heeres vor dem Ersten Weltkrieg gibt. Zuverlässig ist die volkstümlich gehaltene Arbeit von Herrmann VOGT, *Das Buch vom deutschen Heere, bearb. durch H. v. Zobeltitz, Bielefeld ²1891.* Eine knappe Darstellung von der Entwicklung des deutschen Heeres seit 1870 enthält *Das deutsche Wehrwesen in Vergangenheit und Gegenwart, hrsg. Otto Bleck, Stuttgart 1936.* Fragen der Ausrüstung sind in *Das deutsche Soldatenbuch, Deutschlands Wehr und Waffen im Wandel der Zeiten von den Germanen bis zur Neuzeit, Ein Ehrenbuch zur Erinnerung an Deutschlands Wehrhaftigkeit, hrsg. von F. W. Deiß, 2 Bde, Leipzig 1926–1927,* besonders hervorgehoben. Wertvolle Aufschlüsse über das deutsche Heerwesen vor Ausbruch des Weltkrieges geben die nicht in den Buchhandel gekommenen *Anhaltspunkte für den Generalstabsdienst, Berlin 1914,* mit Anhang: *Taschenbuch des Generalstabsoffiziers, Berlin 1914.* Teil I (nur für den Dienstgebrauch) behandelt Angelegenheiten des Dienstbetriebes, der Ausrüstung usw., soweit sie nicht in die Felddienstordnung aufgenommen worden waren. Teil II (geheim) enthält die als wichtig erachteten Angaben über die Streitkräfte der mutmaßlichen Gegner und Verbündeten. Als Standardwerk für die Geschichte der preußischen Armee, vornehmlich für seine organisatorische Entwicklung, ist Ottomar Frhr. v. d. OSTEN-SACKEN u. v. RHEIN, *Preußens Heer von seinen Anfängen bis zur Gegenwart, 3 Bde, Berlin 1911–1914,* zu bezeichnen, neben der grundlegenden Untersuchung von Curt JANY, *Geschichte der Königlich Preußischen Armee, Bd 4, Die Königlich Preußische Armee und das Deutsche Reichsheer 1807–1914, Berlin 1933.* Herangezogen wurden ferner v. VOSS, *Das preußisch-deutsche Heer, in: Deutschlands Wehrmacht, S. 1–9,* und Karl STAUDINGER, *Das königlich bayerische Heer seit 1808, in: Deutschlands Wehrmacht, S. 10–22.* Wertvolle Quellen- und Literaturangaben enthält die vorzügliche Arbeit von Eugen v. FRAUENHOLZ, *Die Königlich Bayerische Armee von 1867 bis 1914, München 1931 = Gesch. d. Bayerischen Heeres, Bd 8.* Den anderen selbständigen Kontingenten des deutschen Reichsheeres sind die Aufsätze von LÖFFLER, *Die königlich sächsische Armee, in: Deutschlands Wehrmacht, S. 23–28,* und von M. v. DUVERNOY, *Die königlich württembergischen Truppen seit 1808, in: Deutschlands Wehrmacht, S. 29–34,* gewidmet. Einen zuverlässigen Überblick über das Wehrwesen der europäischen Mächte bietet das von Fachleuten zusammengestellte Handbuch *Die Heere und Flotten der Gegenwart, begründet von J. v. Pflugk-Hartung und hrsg. von C. v. Zepelin, 8 Bde, Berlin 1896–1905.* Die Angaben über die deutschen Streitkräfte beruhen weiterhin auf

BREDOW-WEDEL, *Historische Rang- und Stammliste des deutschen Heeres, bearb. von Claus v. Bredow, Berlin 1905*, ein für alle organisatorischen Fragen unerläßliches Nachschlagewerk. An ein breiteres Publikum wendet sich die Darstellung der Heeresvermehrung im Jahre 1913 von Walter v. BREMEN, *Das deutsche Heer nach der Neuordnung von 1913, Bielefeld 1913 = Velhagen und Klasing's Volksbücher Nr. 90*, und vom selben Verfasser stammt eine Studie über einige organisatorische Aspekte der militärischen Führung und über Einrichtungen des Heeres, *Einteilung und Gliederung des deutschen Heeres – Kriegsministerium, Generalstab, Militär-Erziehungs- und Bildungswesen, in: Deutschlands Wehrmacht, S. 35–63*. Eine nützliche Ergänzung bedeuten die Aufsätze einiger Offiziere, die durch ihre Dienststellung einen Einblick in die Zusammenhänge hatten: der Direktor des Allgemeinen Kriegsdepartements im preußischen Kriegsministerium, v. WRISBERG, *Organisation der Armee*, sowie *Kommandogewalt*, und *Kriegsministerium, in: Ehrendenkmal, S. 38–42, 43–46, 47–51*; der General der Infanterie v. KUHL, *Generalstab, in: Ehrendenkmal, S. 67–84*, und v. RODENBERG, *Militär-Kabinett, in: Ehrendenkmal, S. 52–66*, der als Major dem Militärkabinett angehört hatte. Das Handbuch stützt sich schließlich auf das wichtige amtliche Werk *Der Weltkrieg 1914 bis 1918, bearb. im Reichsarchiv, Kriegsrüstung und Kriegswirtschaft, Bd 1, (nebst) Anlagen, Berlin 1930*, und auf die *Ehren-Rangliste des ehemaligen deutschen Heeres auf Grund der Ranglisten von 1914 mit den inzwischen eingetretenen Veränderungen, hrsg. vom Deutschen Offizier-Bund, Berlin 1926*.

Infanterie, Jäger und Schützen, MG-Abteilungen

Gleichzeitig mit der Einführung des Karabiners 88 erging am 1. September 1888 das neue *Exerzir-Reglement für die Infanterie, Berlin 1889*. Die grundlegende Ausbildungsvorschrift vor dem Weltkrieg war das *Exerzier-Reglement für die Infanterie vom 29. Mai 1906 (D. V. E. Nr. 130), Berlin o. J.* Auf Grund eines Entwurfs aus dem Jahre 1902 entstand das *Exerzier-Reglement für Maschinengewehr-Abteilungen vom 1. September 1904 (D. V. E. Nr. 44), Berlin 1904*, und als maßgebende Vorschrift für die Ausbildung im Felddienst wurde die *Felddienst-Ordnung (F. O.), (D. V. E. Nr. 267), Berlin 1908*, benutzt. Zu erwähnen sind weiterhin die Aufsätze von Ernst v. EISENHART-ROTHE, *Die Infanterie, in: Ehrendenkmal, S. 85–95*, v. DITFURTH, *Infanterie, Jäger, Maschinengewehr- und Radfahrtruppen, in: Deutschlands Wehrmacht, S. 64–85*, und des letzten Inspekteurs der preußischen Jäger und Schützen, Graf FINCK v. FINCKENSTEIN, *Die Jägerwaffe, in: Ehrendenkmal, S. 96–103*. Von Wert ist auch das Erinnerungsbuch *Deutsche Infanterie, Das Ehrenmal der vordersten Front, bearb. und hrsg. von Ernst v. Eisenhart-Rothe und anderen, Zeulenroda 1933*, während Werner ECKARDT und Otto MORAWIETZ, *Die Handwaffen des brandenburgisch-preussisch-deutschen Heeres 1640–1945, Hamburg 1957*, die Entwicklung der infanteristischen Bewaffnung ausführlich untersucht haben.

Kavallerie

Als grundlegende Arbeit über die Geschichte der deutschen Kavallerie bis zum Beginn des 20. Jahrhunderts kann noch immer G. v. PELET-NARBONNE, *Geschichte der Brandenburgisch-Preußischen Reiterei von den Zeiten des Großen Kurfürsten bis zur Gegenwart, Berlin 1905*, gelten. Die maßgebliche Ausbildungsvorschrift vor Ausbruch des Weltkrieges war das *Exerzier-Reglement für die Kavallerie vom 3. April 1909 (D. V. E. Nr. 299), Berlin 1909*. Äußerst aufschlußreich ist die Aufsatzsammlung *Die deutsche Kavallerie in Krieg und Frieden, hrsg. von Egan-Krieger, Berlin 1928*, darin die Beiträge von Eugen v. FRAUENHOLZ, *Die Entwicklung der deutschen Kavallerie bis zum Weltkrieg, S. 12–22*, und Kurt v. UNGER, *Die Ausbildung der Kavallerie vor dem Weltkriege, S. 23–31*. Als nützliche Ergänzung ist v. POSECK, *Die Kavallerie, in: Ehrendenkmal, S. 104–122*, heranzuziehen. Über Fragen des Ersatzes und der Ausbildung von Pferden sowie des Veterinärwesens unterrichtet v. HEYDEBRECK, *Der beste Kamerad, das Pferd, in: Ehrendenkmal, S. 243–254*.

Artillerie

Die Ausbildung der Feldartillerie richtete sich vor dem Weltkrieg nach dem *Exerzier-Reglement für die Feldartillerie vom 26. März 1907 (D. V. E. Nr. 414), Berlin 1907*, das ständig durch Zusätze dem Stand der Entwicklung angepaßt wurde. Max KÖHLER, *Der Aufstieg der Artillerie bis zum Grossen Kriege in Umrissen mit Zeittafeln, München 1938*, hat eine zweckmäßig gegliederte Geschichte dieser Waffengattung vorgelegt. *Das Ehrenbuch der Deutschen Schweren Artillerie, hrsg. vom Waffenring der ehemaligen Deutschen Schweren Artillerie und bearb. von F. N. Kaiser, 2 Bde, Berlin 1931–1934*, enthält vorzügliches Bildmaterial und wichtige Aufsätze zur Entwicklungsgeschichte der Fußartillerie. Hervorzuheben ist der Beitrag des letzten Generalinspekteurs v. LAUTER, *Die Entwicklung der Schweren Artillerie bis zum Weltkrieg, I, S. 3–37;* der Bericht von JUSTROW, *Die Bedeutung der Munition für die Entwicklung und Verwendung der Schweren Artillerie, II, S. 493–515*, der schon vor dem Krieg der Artillerieprüfungskommission angehört hatte; die Ausführungen von MUTHS in: *Wie die Schwere Artillerie beweglich wurde, II, S. 413–430;* der Aufsatz des langjährigen Referenten der Abteilung Fußartillerie im preußischen Kriegsministerium SCHACHT, *Organisation der Schweren Artillerie 1914, Mobilmachung, I, S. 38–48;* die Mitteilungen von SCHIRMER, *Die Technik im Dienste der Schweren Artillerie vor und im Weltkriege, II, S. 465–489*, der lange Zeit Mitglied der Artillerieprüfungskommission gewesen war; SONNENBERG, *Die Küstenartillerie, Entwicklung bis zum Weltkriege, II, S. 241–249*, befaßt sich mit der Küstenverteidigung, die in das Aufgabengebiet der Fußartillerie wie auch der Kaiserlichen Marine fiel. SCHOENFELDER, *Reitende Artillerie, in: Das*

Ehrenbuch der Deutschen Feldartillerie, Berlin o. J., S. 57–69, schildert die Geschichte dieser Truppe von 1759 bis zur Reichswehr. Von Wert sind auch die Darstellungen von Frhr. v. d. OSTEN-SACKEN u. v. RHEIN, *Feld- und Fußartillerie, in: Deutschlands Wehrmacht, S. 104–123,* des späteren Generals der Artillerie MARX, *Die Feldartillerie, in: Ehrendenkmal, S. 123–137* und von ZIETHEN, *Die Fußartillerie, in: Ehrendenkmal, S. 138–156,* der während des Krieges als General der Artillerie im Großen Hauptquartier Dienst tat.

Übrige Waffengattungen

Eine Geschichte der Pionierwaffe ist zusammen mit zahlreichen Erlebnisberichten in *Das Ehrenbuch der deutschen Pioniere, hrsg. von Paul Heinrici, Berlin 1932,* enthalten. Die auch für andere Waffengattungen geltenden Vorschriften von 1899, 1906 und 1907 wurden durch das Reglement *Feld-Pionierdienst aller Waffen, Entwurf vom 12. Dezember 1911 (D. V. E. Nr. 275), Berlin 1911,* außer Kraft gesetzt. Zusätzliche Informationen über Gliederung, Aufgaben oder Tätigkeit der Pioniertruppen sind GUNDELACH, *Pioniere und Festungswesen, in: Deutschlands Wehrmacht, S. 124–136,* und Hans v. DONAT, *Eisenbahn-Pioniere, in: Deutsches Soldatenjahrbuch, 1965, S. 134–153,* zu entnehmen. Für den Stand der Motorisierung im deutschen Heer sind die Vorschriften *Bestimmungen für die Aushebung von Kraftfahrzeugen vom 1. Februar 1912 (D. V. E. Nr. 427), Berlin 1912,* und *Der Personenkraftwagen der Heeresverwaltung, vom 18. Mai 1912 (D. V. E. Nr. 428), Berlin 1912,* sehr aufschlußreich. Eine kurze Betrachtung über die erst wenige Jahre vor Kriegsausbruch von den Pionieren abgetrennten technischen Einheiten ist v. NIEBER, *Die Verkehrstruppen, in: Deutschlands Wehrmacht, S. 137–150,* zu verdanken. Das Erinnerungswerk *Zur Geschichte der Nachrichten-Truppe 1899–1924, hrsg. von Fritz Thiele, Bd 1, Berlin 1925,* ist bedauerlicherweise nicht weitergeführt worden. Es umfaßt neben Erlebnisberichten eine Anzahl von Beiträgen zur Entwicklung dieser Truppe. Als ehemaliger Nachrichtenkommandeur bei mehreren Armeen hat SCHOTT, *Die Nachrichtenmittel, in: Ehrendenkmal, S. 157–165,* die technische Ausrüstung seiner Waffengattung beschrieben. Die grundlegende Untersuchung von KIESLING, *Geschichte der Organisation und Bekleidung des Trains der königlich preussischen Armee, 1740 bis 1888, Berlin 1889,* ist noch nicht überholt. Eine ergänzende Schilderung stammt von FOEST, *Der Train, in: Ehrendenkmal, S. 166–174.*

3. Militärbehörden, Institute und Einrichtungen

Für die Vielzahl der bisher noch nicht berücksichtigten Formationen, Kommandos, Dienststellen und Einrichtungen muß auf die allgemeine Literatur über das deutsche Heerwesen verwiesen werden. Einige Abhandlungen in *Deutschlands Wehrmacht* vermitteln noch interessante Einzelheiten: SPOHN, *Bezirkskommandos, S. 181–198;* DENNECKE, *Artillerie-Prüfungskommission, Zeug- und Feuerwerkspersonal, S. 167–176;* VINCKE, *Bekleidungsämter, S. 177–180.* Über die Landgendarmerie unterrichtet Werner BLANKENSTEIN, *Die preussische Landjägerei im Wandel der Zeiten, Erfurt 1931,* während für Hessen eine Studie des zeitweiligen Gendarmeriekommandeurs Fritz BECK, *Geschichte des Grossherzoglich Hessischen Gendarmeriekorps 1763–1905, Darmstadt 1905,* in Betracht kommt, die auf umfangreichem Quellenmaterial beruht. Hans HELFRITZ, *Geschichte der preussischen Heeresverwaltung, Berlin 1938,* kann als Standardwerk in Angelegenheiten der Militärverwaltung sowie der Militär- und Zivilbeamten der Armee gelten. Einen Einblick in den Aufbau und den Arbeitsgang eines wichtigen Zweiges der Heeresverwaltung vermittelt LAU, *Die Intendantur, in: Ehrendenkmal, S. 190–198.* In Fragen der fachlichen Ausbildung der Sanitätsoffiziere und Veterinäre, der Stellenbesetzung usw. folgt die Darstellung den fachkundigen Ausführungen von PAALZOW, *Der Sanitätsdienst, in: Ehrendenkmal, S. 175–189,* von KÖRTING, *Militär-Sanitätswesen, in: Deutschlands Wehrmacht, S. 214–221,* und, neben v. HEYDEBRECK (vgl. S. 345), von GOLDBECK, *Militär-Veterinärwesen, in: Deutschlands Wehrmacht, S. 222–225.*

4. Erziehung und Bildung

Bernhard SCHWERTFEGER, *Die großen Erzieher des deutschen Heeres, Aus der Geschichte der Kriegsakademie, Potsdam 1936,* hat die Entwicklung der preußischen Kriegsakademie von 1810 bis 1914 aufgezeichnet. Die Ausbildung von Offizieren der technischen Truppen an einer besonderen Akademie erfuhr mit der *Lehrordnung der Militärtechnischen Akademie vom 23. 6. 1909 (D. V. E. Nr. 382), Berlin 1909,* und der *Dienstordnung der Militärtechnischen Akademie vom 23. 6. 1909 (D. V. E. Nr. 381), Berlin 1909,* eine grundlegende Änderung. Über die Ausbildung der Kadetten unterrichten die nützlichen Darstellungen von German BÜLLE, *Das Königlich Preußische Kadettenkorps, in: Deutscher Soldatenkalender, 1962, S. 209–218,* und von Lorenz KUCHTNER, *Das Kgl. Bayer. Kadettenkorps, Ein Beitrag zur Geschichte des deutschen Militärbildungswesen, in: Deutsches Soldatenjahrbuch, 1966, S. 65–78.*

5. Reichsmilitärgericht, Reichstruppen, Festungen

Das Militärstrafrecht ist Gegenstand der gehaltvollen Aufsätze von ROMEN, *Die Disziplin im Heere – Militärstrafrecht, Disziplinar- und Beschwerderecht, in: Deutschlands Wehrmacht, S. 199–213,* und von FUHSE, *Die Militärgerichtsbarkeit, in: Ehrendenkmal, S. 199–211.* Eberhard HETTLER, *Marineinfanterie und Schutztruppen, Friedensuniformen bei Ausbruch des Weltkrieges, in: Das Deutsche Heer, 1937–1938, Bd 4, T. 2, S. 323–359,* behandelt die Organisation und Uniformierung dieser Truppen. Einen Überblick über das Zustandekommen eines deutschen Kolonialreiches vermittelt der letzte Gouverneur von Deutsch-Ostafrika SCHNEE, *Entwicklungsgeschichte der deutschen Kolonien, in: Ehrendenkmal, S. 621–636.* Nützliche Literaturangaben enthält das Erinnerungswerk *Unsere Kolonien und Schutztruppen, Das Ehrenbuch der Überseekämpfer, hrsg. und bearb. von W. Beckmann, Berlin 1935,* neben wertvollen Hinweisen und Daten zur Organisationsgeschichte. Es ergänzt den Aufsatz von BENDER, *Die Schutztruppen – Einteilung und Gliederung, in: Deutschlands Wehrmacht, S. 311 bis 313,* und die verdienstvolle Arbeit von Kurd SCHWABE, *Dienst und Kriegführung in den Kolonien und auf überseeischen Expeditionen, Berlin 1903.* Aufgrund eigener Erfahrungen in China und Deutsch-Südwestafrika setzt sich Schwabe kritisch mit den damaligen Dienstvorschriften auseinander, macht Vorschläge für die Uniformierung, Ausrüstung und Ausbildung und beschäftigt sich mit logistischen Problemen. Die kurzen Ausführungen von BOCK v. WÜLFINGEN, *Deutsch-Ostafrika, in: Deutschlands Wehrmacht, S. 313–319,* behandeln die Verhältnisse in dieser deutschen Kolonie. Umfangreich ist die Literatur über Deutsch-Südwestafrika. Auf reichem Quellenmaterial beruht das amtliche Werk *Die Kämpfe der deutschen Truppen in Südwestafrika, bearb. von der Kriegsgeschichtlichen Abteilung I des Großen Generalstabes, Bd. 1, Der Feldzug gegen die Hereros, Berlin 1906, Bd 2, Der Hottentottenkrieg, Berlin 1907.* Das spätere Geschehen in der Kolonie ist von LUTTER, *Südwestafrika, in: Deutschlands Wehrmacht, S. 319–325,* und H. D. POHLMANN, *Die Kaiserliche Schutztruppe für Deutsch-Südwestafrika = Feldgrau, 1955, Sonderh. 5,* berücksichtigt. Eine wertvolle Ergänzung bedeuten die Augenzeugenberichte *Deutsche Reiter in Südwest, Selbsterlebnisse aus den Kämpfen in Deutsch-Südwestafrika, bearb. von F. Frhr. v. Dincklage-Campe, Berlin und Leipzig o. J.,* und M. BAYER, *Mit dem Hauptquartier in Südwestafrika, Berlin 1909,* sowie der Beitrag von STRÜMPEL, *Kamerun, in: Deutschlands Wehrmacht, S. 326–330.* Stärke, Ausrüstung und Uniformierung der nach China entsandten deutschen Truppen beschreibt Hans JÜRGENS, *Das Ostasiatische Expeditions-Korps 1900–1901, in: Feldgrau, 3. Jg, 1955, H. 4 und 5, S. 87–91, 115–121.* Die Operationen in Ostasien schildern der Kriegsberichterstatter E. Baron BINDER-KRIEGLSTEIN, *Die Kämpfe des deutschen Expeditionskorps in China und ihre militärischen Lehren, Berlin 1902,* und der Frontoffizier Georg FRIEDRICH, *Berittene Infanterie in China und andere Feldzugs-Erinnerungen, Berlin 1904.*

Festungen

Die Veränderungen im Festungsbau und die sich daraus ergebenden Folgen für Bewaffnung und Taktik sind aus *Das Ehrenbuch der Pioniere* und GUNDE-

LACH (vgl. S. 346) sowie aus der *Anleitung für den Kampf um Festungen vom 13. August 1910 (D. V. E. Dr. 250), Berlin 1910*, zu ersehen.

6. Die Heere der Verbündeten und der Gegner im Urteil des Großen Generalstabes

Über die Vorstellungen, die sich die deutsche militärische Führung in den ersten Jahrzehnten dieses Jahrhunderts von einem Krieg zwischen den europäischen Staaten machte, gibt Hermann v. KUHL, *Der deutsche Generalstab in Vorbereitung und Durchführung des Weltkrieges, Berlin 1920*, Aufschluß. Erich LUDENDORFF, *Kriegführung und Politik, Berlin 1922*, ist um eine Rechtfertigung der von der 3. Obersten Heeresleitung betriebenen Politik bemüht. Von unterschiedlichem Wert sind die Arbeiten von Kurt HESSE, *Kleine Heeresgeschichte, Im Banne des Soldatentums, Frankfurt/M. ²1938*, der hier nur noch wegen seines guten Literaturverzeichnisses angeführt wird, und von Hans MEIER-WELCKER, *Deutsches Heerwesen im Wandel der Zeit, Ein Überblick über die Entwicklung vom Aufkommen des stehenden Heeres bis zur Wehrfrage der Gegenwart, Frankfurt/M. 1956*, mit seiner kurzen und übersichtlichen Einführung in die deutsche Heeresgeschichte. Sehr aufschlußreich für die deutsche militärische Stärke vor Kriegsausbruch ist die Aufschlüsselung des Heeresetats im *Führer durch Heer und Flotte, hrsg. von B. Friedag, 11. Jg, 1914, Berlin 1913*. Über die Verhältnisse in Österreich-Ungarn unterrichtet eine Reihe von Werken: das Lehrbuch von Hugo SCHMID, *Heerwesen – Lehr- und Lernbehelf für Militär-Erziehungs- und Bildungsanstalten sowie Reserveoffizierschulen, 2 Tle, Wien ³1915;* die volkstümlich gehaltene Darstellung von Alfons DANZER, *Unter den Fahnen, Die Völker Österreich-Ungarns in Waffen, Wien 1889;* die aufwendige amtliche Geschichte *Sechzig Jahre Wehrmacht, 1848–1908, bearb. im k. u. k. Kriegsarchiv, Wien 1908;* hauptsächlich für den Weltkrieg das *Ehrenbuch unserer Artillerie, hrsg. vom Reichsbunde der Artillerievereinigung Österreichs, 2 Bde, Wien 1935*. Im Auftrag des Generalkommandos XVIII. A. K. entstand die Kulturgeschichte von Ulf SEIDL, *Wehrraum Alpenland, Das Gelände des deutschen Alpenraumes und die Geschichte seiner Kriege und Fehden, Innsbruck 1943*, die mit einigem Vorbehalt aufzunehmen ist.

B. Organisation des deutschen Reichsheeres während des Weltkrieges 1914 bis 1918

1. Spitzengliederung — Allgemeine Literatur

Grundlegend für die Ausführungen im Handbuch sind die auf den Akten des Reichsarchivs beruhenden Arbeiten von Hermann CRON (s. S. 341), denen einige organisationsgeschichtliche Partien entnommen worden sind. Reiches Material enthält die amtliche deutsche Darstellung *Der Weltkrieg 1914 bis 1918* (s. S. 337). Eine wichtige Quelle für die kriegsmäßige Gliederung des deutschen Heeres sind die geheimen *Stärkenachweisungen der Behörden und Truppen in der Kriegsformation (Beiheft zum Mobilmachungsplan vom 9. Oktober 1913; D. V. E. Nr. 219 a), Berlin 1911, mit Deckblättern bis 1913*, aufschlußreich für die Zusammensetzung des Divisionsverbandes die kurzen Ausführungen des Generals v. TSCHISCHWITZ, *Die dreigliedrige Division als taktischer Körper, in: Deutsche Infanterie, Das Ehrenmal der vordersten Front, Zeulenroda 1933, S. 200–201*. Wertvolle Angaben lassen sich der Aufsatzsammlung *Ehrendenkmal der Deutschen Armee und Marine 1871–1918* entnehmen. Die Ansichten der obersten militärischen Führung gehen aus einigen Erinnerungsschriften hervor, die, auch wenn sie teilweise der eigenen Rechtfertigung dienten, für unser Thema von großem Interesse sind: Der Bericht des Generalstabschefs der 1. Armee Hermann v. KUHL, *Der Marnefeldzug 1914, Berlin 1921;* für die 2. OHL Erich v. FALKENHAYN, *Die oberste Heeresleitung 1914–1916 in ihren wichtigsten Entschließungen, Berlin 1920;* für die 3. OHL Erich LUDENDORFF, *Meine Kriegserinnerungen 1914–1918, Berlin 1919*. Stammlisten, Gefechtskalender, Truppenregister und Schilderungen bedeutender Kampfhandlungen bietet das Werk *Ruhmeshalle unserer alten Armee, hrsg. auf Grund amtlichen Materials mit freundlicher Unterstützung des Reichsarchivs in Potsdam und unter Mitarbeit bekannter Persönlichkeiten des Generalstabes, des Reichsarchivs und anderer leitender Ämter, Berlin 1927*. Es ergänzt die bereits genannten Aufsatzsammlungen *Das deutsche Wehrwesen in Vergangenheit und Gegenwart* (s. S. 343) und *Das deutsche Soldatenbuch* (vgl. S. 343). Herangezogen wurden ferner für Fragen der Heeresorganisation das *Armee-Verordnungsblatt, 48.–52. Jg, 1914 bis 1918, die Ehren-Rangliste des ehemaligen deutschen Heeres* (s. S. 344) und dazu der Aufsatz von Hans KLING, *Die letzten Ranglisten der alten Armee 1914, in: ZfHU, 25. Jg, 1961, S. 82–88*. Eine Übersicht über die in Deutschland verliehenen Orden gibt Kurt-Gerhard KLIETMANN, *Deutsche Auszeichnungen, Eine Geschichte der Ehrenzeichen und Medaillen, Erinnerungs- und Verdienstabzeichen des Deutschen Reiches, der deutschen Staaten sowie staatlicher Dienststellen, Organisationen, Verbände usw. vom 18.–20. Jahrhundert, Berlin 1957*, wie auch *Für Tapferkeit und Verdienst, Ein Almanach der von Deutschland und seinen Verbündeten im ersten und zweiten Weltkrieg verliehenen Orden und Ehrenzeichen, München o. J.*

2. Hauptwaffengattungen des Heeres

Infanterie – Sonderformationen der Infanterie

Maßgebend für die Ausbildung des Ersatzes im letzten Kriegsjahr war die *Ausbildungsvorschrift für die Fußtruppen (A. V. F.), Berlin 1918*, die das Exerzier-Reglement für die Infanterie ergänzte und teilweise auch ersetzte. Otto MÜLLER, *Kampfmittel und Taktik der deutschen Infanterie im Weltkriege, in: Deutsche Infanterie, Das Ehrenmal der vordersten Front, Zeulenroda 1933, S. 201–216*, behandelt Fragen der infanteristischen Kampfweise und der Bewaffnung, wobei zum letzteren auch auf die für den Unterricht bestimmte Arbeit von Friedrich Wilhelm DEUTSCH, *Waffenlehre, Kurzgefaßtes Lehr- und Nachschlagebuch der neuzeitlichen Bewaffnung, Berlin* [3]*1935*, verwiesen werden kann. Technische und taktische Probleme des gesamten Feldheeres stehen im Mittelpunkt der bereits aufgeführten Studie von Friedrich SEESSELBERG (s. S. 342). Vornehmlich mit der Infanterie befassen sich eine Reihe Aufsätze von Hans KLING: *Die Mobilmachung 1914 bei der Truppe, in: Feldgrau, 12. Jg, 1964, H. 1 und 3, S. 1–4, 65–73; Die Organisation der deutschen Infanterie im Weltkriege, in: Deutsche Infanterie, Das Ehrenmal der vordersten Front, Zeulenroda 1933, S. 196–200; Die Truppenteile der deutschen Infanterie im ersten Weltkrieg, in: Feldgrau, 4. Jg, 1956, H. 1–3, S. 5–7, 34–37, 78*, und *Die jungen Regimenter, in: ZfHU, 27. Jg, 1963, S. 90–97*. Ergänzend ist auch die Untersuchung von Hans KLING und Hans Rudolf v. Stein, *Die deutschen Infanterie-Regimenter im Weltkrieg 1914–1918, in: ZfHU, 28. Jg, 1964, S. 60–77*, zu nennen. In gleicher Weise sind die Sonderformationen der Infanterie in einer Anzahl heereskundlicher Studien behandelt: Hans KLING, *Die Jäger und Schützen (einschließlich Bayern) und das württembergische Gebirgs-Regiment, in: ZfHU, 26. Jg, 1962, H. 1/2, S. 13–22;* F. Th. SCHMITT, *Die Württembergischen Gebirgsschützen, in: Feldgrau, 2. Jg, 1954, H. 3–4, S. 45–49, 74–77; Die Geschichte der Württembergischen Gebirgsschützen – Württ. Schneeschuh-Kompagnie Nr. 1, Württ. Gebirgs-Kompagnie Nr. 1, Württ. Gebirgs-Bataillon, Württ. Gebirgs-Regiment, bearb. von Theodor Sproesser, Stuttgart 1933 = Die württembergischen Regimenter im Weltkrieg, Bd 49;* Hubert LANZ, *Die Württ. Gebirgs- und Sturmtruppen im Weltkrieg 1914–1918, Stuttgart 1929 = Württembergs Heer im Weltkrieg, H. 17;* Hans KLING und Hans Rudolf v. Stein, *Die Radfahrer 1914–1918, in: ZfHU, 27. Jg, 1963, S. 14–16, 25–28;* der bekannte Waffenspezialist W. ECKARDT, *Deutsche Musketen-Truppenteile im Weltkriege, in: ZfH, 1932, S. 355–361, 400–403, 436–437*, der Material der Gewehr-Prüfungs-Kommission benutzen konnte; Hans Rudolf v. STEIN, *Die deutschen Sturm-Bataillone im Weltkrieg 1914/18, in: ZfH, 29. Jg, 1965, S. 119–122;* Graf v. SCHWERIN, *Das Sturmbataillon Rohr, in: Das Ehrenbuch der deutschen Pioniere, Berlin 1932, S. 558–562;* Hans Rudolf v. STEIN, *Die MG-Abteilungen im 1. Weltkrieg, in: Feldgrau: 11. Jg, 1963, H. 5, S. 147–148*, und Kurt-Gerhard

KLIETMANN, *Die Maschinengewehr-Scharfschützen-Abteilungen des deutschen Heeres im Weltkrieg 1916–1918, in: Feldgrau, 7. Jg, 1959, H. 1, S. 18–21.*

Kavallerie

Die Darstellung der organisatorischen Weiterentwicklung der deutschen Kavallerie in den Jahren 1914 bis 1918 beruht auf dem schon erwähnten Sammelwerk *Die deutsche Kavallerie im Krieg und Frieden* (s. S. 345) und auf zahlreichen Zeitschriftenaufsätzen: Hans Rudolf v. STEIN, *Die Organisation der deutschen Kavallerie 1914–1918, in: Feldgrau, 7.–8. Jg, 1959–1960, H. 1–5, H. 1–4, 6,* und *Truppenteile von deutschen Kavallerieverbänden im ersten Weltkrieg, in: Feldgrau, 11. Jg, 1963, H. 3, S. 69–71;* Hans KLING, *Die Neuformationen der Kavallerie 1914/18, in: Feldgrau, 3. Jg, 1955, H. 1–2, S. 6–10, 34–38;* Kurt-Gerhard KLIETMANN, *Die Anfänge der Kavallerie-Maschinengewehr-Züge des Deutschen Heeres im Weltkrieg 1914/15, in: Feldgrau, 6. Jg, 1958, H. 6, S. 190 bis 191;* Hans Rudolf v. STEIN, *Landwehr- und Landsturmeskadronen 1914 bis 1918, in: Feldgrau, 9. Jg, 1961, H. 4–6, S. 105–113, 157–161, 179–182; Reserve-Kavallerie-Regimenter, Reserve-Kavallerie-Abteilungen und weitere Kriegsformationen 1914–18, Feldgrau, Sonderh. 17, und in: Feldgrau, 10. Jg, 1962, H. 4–6, S. 101–105, 157–161, 181–187.* Wichtige Angaben lassen sich aus der nützlichen Regimentsgeschichte von Georg BAHLS, *Das 3. badische Dragoner-Regiment Prinz Karl Nr. 22, Berlin 1934 = Deutsche Tat im Weltkrieg 1914/1918, Bd 16,* beziehen.

Feldartillerie

Eine Geschichte dieser Waffengattung findet sich in den verschiedenen Beiträgen des umfangreichen Sammelwerkes *Das Ehrenbuch der Deutschen Feldartillerie, hrsg. vom Waffenring der ehemaligen Deutschen Feldartillerie, bearb. von Alfred Benary, Berlin 1930.* Von besonderem Interesse sind darin die Mitteilungen des ehemaligen Chefs der Feldartillerie-Abteilung und Direktors des Truppen-Departements im Preußischen Kriegsministerium Alfred MUTHER, *Organisation, Bewaffnung, Munition und Munitionsverbrauch der deutschen Feldartillerie im Weltkrieg, S. 35–56,* des bayerischen Generals und Kommandeurs des deutschen Alpenkorps KRAFFT v. DELLMENSINGEN, *Feldartillerie im Gebirgskrieg – Gebirgsartillerie, S. 70–78,* sowie von Friedrich-Franz FEESER *Infanteriegeschütze, Tankabwehrgeschütze und Begleitbatterien, S. 79 bis 86.* An neuen Untersuchungen sind Hans Rudolf v. STEIN, *Die reitenden Abteilungen der Feldartillerieregimenter 1914–1918, in: Feldgrau, 11. Jg, 1963, H. 1, S. 25–26,* und Hans KLING, *Formationen der Feldartillerie 1914/18, in: Feldgrau, 5. Jg, 1957, H. 1, S. 7–9,* zu nennen.

Einen guten geschichtlichen Überblick vermittelt *Das Ehrenbuch der Deutschen Schweren Artillerie, hrsg. vom Waffenring der ehemaligen Deutschen Schweren Artillerie und bearb. von F. N. Kaiser, 2 Bde, Berlin 1931–1934.* Herangezogen wurden neben den schon genannten Aufsätzen von JUSTROW, SCHACHT und SCHIRMER (s. S. 345) aus dem umfangreichen Artikel *Die Entwicklung der Schweren Artillerie im Weltkriege* die Beiträge von SCHIRMER, CRELL, MUTHS und REIMER, *Gerät und Munition, I, S. 74–99,* des zuständigen Abteilungschefs bei der OHL, FRAHNERT, *Die Truppe, I, S. 49–57,* des ehemaligen Inspekteurs der Fußartillerie-Schießschulen BANSI, *Ersatz, I, S. 100 bis 102,* sowie von SCHWAB und BOELCKE, *Artillerie-Erkundung und Artillerie-Beobachtung, I, S. 65–73.* Weitere wichtige Hinweise geben LEYH, *Die Schwere Artillerie im Stellungskriege, II, S. 95–100,* Fritz HEREUS, *Die Schwere Artillerie im Gebirgskrieg, II, S. 191–198,* H. PETZOLD, *Die Küstenartillerie des Heeres an den heimatlichen Küsten während des Weltkrieges, II, S. 249–255,* der General der Fußartillerie im Großen Hauptquartier und Generalinspekteur der Artillerie-Schießschulen ZIETHEN, *Die Artillerie-Führung, I, S. 58–64,* und Otto SCHWAB, *Die Entwicklung des Schießverfahrens der Schweren Artillerie während des Weltkrieges, II, S. 342–359.* Eine interessante Ergänzung bedeutet die Darstellung von Richard LANDAUER, *Württembergs Fußartillerie, Stuttgart 1930 = Württembergs Heer im Weltkrieg, H. 16 b.*

3. Die übrigen Waffengattungen des Heeres

Eine Geschichte der Pionierwaffe von den Anfängen bis zum Ende des Weltkrieges ergibt sich aus dem hauptsächlich auf Kriegserlebnissen beruhenden Erinnerungswerk *Das Ehrenbuch der deutschen Pioniere, hrsg. von Paul Heinrici, Berlin 1932.* Hervorzuheben sind die Beiträge von DÜRING, *Die Kriegsformationen der Pionierwaffe, S. 61–64,* statistische Angaben über die Entwicklung dieser Waffengattung, von REDDEMANN, *Die Totenkopf-Pioniere, S. 516–524,* der maßgeblich an der Entwicklung des Flammenwerfers beteiligt war, von PETERSON, *Die Pioniergaswaffe und der Gaskampf im Abblase- und Werferverfahren, S. 563–565,* von BIERMANN, *Die Entwicklung der deutschen Minenwerfer-Waffe, S. 482–492,* und von THORNER, *Minenwerfer (4./Pi. 24) im Anfang des Weltkrieges 1914, S. 473–482.* Für das württembergische Truppenkontingent liegt eine Darstellung von Willy DEYHLE und Ludwig Knies, *Württembergische Pioniere, Stuttgart 1932 = Württembergs Heer im Weltkrieg, H. 16 a,* vor. Hans Rudolf v. STEIN, *Die Minenwerfer-Formationen 1914–1918, in: ZfHU, 1959–1960, S. 90–96, 114–120 und 7–12, 20–23,* hat alle deutschen Minenwerfereinheiten für die Zeit des Ersten Weltkrieges zusammengestellt.

Für das Nachrichtenwesen ist erneut auf das leider nicht vollständige Werk *Zur*

Geschichte der Nachrichten-Truppe 1899–1924 (s. S. 346) hinzuweisen, vor allem auf die Ausführungen von RANDEWIG, *Organisatorische Entwicklung der Nachrichtentruppe im Weltkriege, S. 94–124*. Weitere Arbeiten zu diesem Thema stammen von SCHOTT, *Die Nachrichtentruppe im Weltkriege, in: Ehrendenkmal, S. 355–362*, der während des Krieges als Nachrichtenkommandeur bei mehreren Armeen Dienst getan hatte, von Kurt-Gerhard KLIETMANN, *Das weibliche Nachrichtenkorps, in: ZfHU, 25. Jg, 1961, S. 52–53*, und von Heinrich NÖRR, *Die württembergischen Nachrichtentruppen im Weltkrieg 1914–18, Stuttgart 1926 = Württembergs Heer im Weltkrieg, H. 15*. Für die restlichen Waffengattungen läßt sich vornehmlich eine Reihe von Darstellungen aufführen, die sich zumeist auf die eigenen Erfahrungen der Verfasser gründen: KRETZSCHMANN, *Die Eisenbahnen im Weltkriege, in: Ehrendenkmal, S. 343–354*, der während des Krieges dem Generalstab des Chefs des Feldeisenbahnwesens angehört hatte; Hans v. DONAT (s. S. 346) und FOEST, *Der Train im Weltkriege, in: Ehrendenkmal, S. 390–402*, im Kriege Kommandeur der Munitionskolonnen und Trains verschiedener Armeen und schließlich im Großen Hauptquartier; die Dienstvorschrift *Kraftfahrtruppen im Felde, vom 27. März 1913 (D.V.E. Nr. 435, Berlin 1913*; der ehemalige Armeearzt PAALZOW, *Der Sanitätsdienst im Weltkriege, in: Ehrendenkmal, S. 403–421; Sanitätsbericht über das Deutsche Heer (Deutsches Feld- und Besatzungsheer) im Weltkriege 1914/1918, bearb. in der Heeres-Sanitätsinspektion des Reichswehrministeriums, Bd 1, Gliederung des Heeressanitätswesens im Weltkriege 1914/1918, Berlin 1935*; Hermann KOETZLE, *Das Sanitätswesen im Weltkriege 1914–18, Mit 1 Skizze, Kriegsrangliste, Verlustliste des württembergischen Sanitäts-Offizierkorps und 14 Auszügen aus Feldpostbriefen, Stuttgart 1924 = Württembergs Heer im Weltkrieg, H. 18*. Für die Feldgendarmerie ist auf die Arbeit von Werner BLANKENSTEIN (s. S. 347) zu verweisen.

4. Reichstruppen

Eine Sammlung ausgesuchter Aufsätze in dem Werk *Unsere Marine im Weltkrieg 1914–1918, hrsg. von E. v. Mantey, Berlin 1927*, unterrichtet allgemein über die Marine im Ersten Weltkrieg. Organisation und Einsatz der Infanterie schildern die darin enthaltenen Beiträge, die v. GOETZE, *Marineinfanterie, S. 425–438*, und Erich Edgar SCHULZE, *Das Marinekorps in Flandern 1914/18, S. 255–274*, auf Grund eigenen Erlebens verfaßt haben. Weitere Aufschlüsse geben die Arbeiten von Hans KLING, *Die Marineinfanterie und die Matrosen-Regimenter im Weltkrieg 1914/18, in: Feldgrau, 8. Jg, 1960, H. 5, S. 129–134*, und Peter WACKER, *Die deutschen Seebataillone im Rahmen des deutschen Marinekorps in Flandern von 1914–1918, in: Feldgrau, 1. Jg, 1953, H. 5–6/7, S. 65–67, 87–91*. Die Tätigkeit der deutschen Marineangehörigen in der Türkei behandelt, im Rahmen des amtlichen deutschen Seekriegswerkes, Hermann

LOREY, *Der Krieg in den türkischen Gewässern, Bd 2, Der Kampf um die Meerengen, Berlin 1938 = Der Krieg zur See 1914–1918;* ferner v. JANSON, *Die Verteidigung der türkischen Meerengen, in: Unsere Marine im Weltkrieg 1914–1918, Berlin 1927, S. 241–254,* und Carl MÜHLMANN, *Der Kampf um die Dardanellen 1915, Oldenburg 1927 = Schlachten des Weltkrieges, Bd 16.* Den Ereignissen in den Kolonialgebieten ist ein Band des amtlichen Seekriegswerkes gewidmet: *Die Kämpfe der Kaiserlichen Marine in den Deutschen Kolonien, 1. Tsingtau, 2. Deutsch-Ostafrika, Berlin 1935 = Der Krieg zur See 1914–1918.* Eine nützliche Ergänzung bilden die Berichte des ehemaligen Gouverneurs MEYER-WALDECK, *Das Schutzgebiet Kiautschou und sein Ende, in: Ehrendenkmal, S. 606–617,* und des damaligen Kommandeurs der Matrosenartillerie-Abteilung HASS, *Die Belagerung von Tsingtau, in: Unsere Marine im Weltkrieg 1914–1918, Berlin 1927, S. 439–454.* Gliederung, Ausrüstung und Uniformierung sind Gegenstand der Untersuchung von Friedrich SCHIRMER und Gerhard Tobinnus, *Die Kaiserliche Schutztruppe für Kamerun 1914–1918, in: Feldgrau, 10. Jg, 1962, H. 3–4, S. 87–89, 105–107.* Hans v. OELHAFEN, *Der Feldzug in Südwest 1914/15, hrsg. von der Gesellschaft für kolonialen Fortschritt e. V., Berlin 1923,* und Ludwig BOELL, *Die Operationen in Ostafrika, Weltkrieg 1914 bis 1918, Hamburg 1951,* schildern die Kämpfe in den zwei größten deutschen Kolonien Afrikas.

5. Stäbe und Militärbehörden in der Etappe, im rückwärtigen Gebiet und in der Heimat

Maßgebend für die Verhältnisse in der Etappe war die *Kriegs-Etappen-Ordnung vom 12. März 1914 (D. V. E. Nr. 90), Berlin 1914.* Grundlegend für die Ausführungen des Handbuches sind der Aufsatz von SCHROEDER, *Die Etappe im Weltkriege, in: Ehrendenkmal, S. 441–458,* und die Schrift von Artur v. HALDENWANG, *Feldverwaltung, Etappe und Ersatzformationen im Weltkrieg 1914–18, Stuttgart 1925 = Württembergs Heer im Weltkrieg, H. 19.*

I. Luftstreitkräfte

Bibliographien – Allgemeine Darstellungen

Die *Bibliographie zur Luftkriegsgeschichte, bearb. im Militärgeschichtlichen Forschungsamt von Karl Köhler, Frankfurt/M. 1966 = Schriften der Bibliothek für Zeitgeschichte, H. 5*, ist mit ihrer umfassenden Zusammenstellung von Literatur zur Geschichte von Luftwaffe und Luftkrieg ein unentbehrliches Hilfsmittel. Erfaßt sind auch angrenzende Gebiete, wie Luft- und Raumfahrt, Luftfahrttechnik, Luftkriegstheorien und Luftkriegsrecht. Die Angaben unter dem Stichwort „Schrifttum über die militärische Luftfahrt" im *Handbuch der neuzeitlichen Wehrwissenschaften, hrsg. von Hermann Franke, Bd III, 2, Die Luftwaffe, Berlin 1939, S. 370–386*, enthalten, nach dem Erscheinungsjahr geordnet, die wichtigsten Publikationen zur Militärluftfahrt und geben einen Überblick über die Zeitschriftenliteratur. Georg Werner FEUCHTER, *Geschichte des Luftkriegs, Entwicklung und Zukunft, Bonn 1954*, (unter dem Titel *Der Luftkrieg, Frankfurt/M. – Bonn ³1964)* ist die bekannteste Gesamtdarstellung, behandelt die Luftkriegsgeschichte bis 1918 aber nur sehr kurz. Umfangreicher und für die Anfänge der Luftfahrt auch ergiebiger ist die Arbeit von Peter SUPF, *Das Buch der deutschen Fluggeschichte, 2 Bde, Stuttgart ²1956–1958*, und die noch nicht abgeschlossene Untersuchung von Heinz Joachim NOWARRA, *50 Jahre Deutsche Luftwaffe, 1910–1960; Bd 1, 1910–1915, Berlin 1961; Bd 2, 1916–1917, Genua – Los Angeles 1964*, beruht auf sehr viel Material, das in übersichtlicher Form zusammengestellt ist und durch zahlreiche Bilder ergänzt wird. Die Ausführungen im Handbuch fußen teilweise auf einer eingehenden, 1962 im MGFA angefertigten Studie von Karl-Heinz VÖLKER, *Die Rolle der Technik in der Entwicklung der militärischen Luftfahrt in Deutschland von den Anfängen bis 1945.*

1. Luftstreitkräfte bis August 1914

Leider nicht zu Ende geführt ist das mehrbändige amtliche Werk, das seit 1936 von der Kriegswissenschaftlichen Abteilung der Luftwaffe erarbeitet wurde: *Die deutschen Luftstreitkräfte von ihrer Entstehung bis zum Ende des Weltkrieges, bearb. vom Reichsluftfahrtministerium, Kriegswissenschaftliche Abteilung der Luftwaffe, Berlin 1941 ff.* Diesem Werk kommt besondere Bedeutung zu, weil das umfangreiche benutzte Material teilweise verlorengegangen ist. Abgeschlossen wurde noch vor Beendigung des Zweiten Weltkrieges die Bearbeitung des Zeitraums bis 1914: *Die Militärluftfahrt bis zum Beginn des Weltkrieges 1914, mit Anlage-Bd, Berlin 1941*, und als technischer Sonderband *Die Entwicklung der Heeres- und Marineflugzeuge bis zum Ausbruch des Weltkrieges 1914, Berlin 1942.* Alle drei Bände sind in 2. überarbeiteter Auflage, Frankfurt/M. 1965–1966, vom Militärgeschichtlichen Forschungsamt neu herausgegeben worden. (Der technische Band unter dem Titel „Die Entwicklung der Heeres- und Marineflugzeuge".)

2. Luftstreitkräfte August 1914 bis November 1918

Einen kurzen aber umfassenden Überblick über die Entwicklung der deutschen Militärluftfahrt bis zum Ende des Weltkrieges findet man unter dem Stichwort „Geschichte der deutschen Luftwaffe bis zum Versailler Diktat" im *Handbuch der neuzeitlichen Wehrwissenschaften, hrsg. von Hermann Franke, Bd III, 2, Die Luftwaffe, Berlin 1939.* Der Beitrag wurde von Angehörigen der Kriegswissenschaftlichen Abteilung der Luftwaffe erstellt. Als amtliche Arbeit entstand *Mobilmachung, Aufmarsch und erster Einsatz der deutschen Luftstreitkräfte im August 1914, Berlin 1939 = Kriegsgeschichtliche Einzelschriften, hrsg. von der Kriegswissenschaftlichen Abteilung der Luftwaffe, Bd 3.* Zu nennen sind weiterhin die knappen Abhandlungen im Reichsarchivwerk: *Die Entwicklung der Luftstreitkräfte bis Ende 1915, in: Der Weltkrieg 1914 bis 1918, Bd 9, S. 396 bis 424,* und *Der Krieg zur Luft, in: Bd 10, S. 621–625, Bd 11, S. 424–428, Bd 12, S. 529–536, Bd 13, S. 309–313, Bd 14, S. 720–724.* Als nach Ausbruch des Zweiten Weltkrieges offenbar wurde, daß die geplante Reihe „Die deutschen Luftstreitkräfte von ihrer Entstehung bis zum Ende des Weltkrieges" nicht mehr herausgebracht werden konnte, suchte die Kriegswissenschaftliche Abteilung der Luftwaffe den Einsatz der Luftstreitkräfte während der letzten Kriegsmonate an einem besonders geeigneten Beispiel aufzuzeigen. Das Ergebnis war die Untersuchung *Die Luftstreitkräfte in der Abwehrschlacht zwischen Somme und Oise vom 8. bis 12. August 1918 und Rückblicke auf ihre vorangegangene Entwicklung, Berlin 1942.* Wertvoll durch das herangezogene Material ist die Übersicht von Georg Paul NEUMANN, *Die deutschen Luftstreitkräfte im Weltkriege, Unter Mitwirkung von 29 Offizieren und Beamten der Heeres- und Marine-Luftfahrt nach amtlichen Quellen hrsg., Berlin 1920.* Dabei verdienen die Ausführungen Siegerts besonders hervorgehoben zu werden, der auf die Militärfliegerei vor und in dem Kriege bedeutenden Einfluß hatte. Von Nutzen ist auch die Darstellung, die, in Zusammenarbeit mit Angehörigen des Reichsarchivs, Ernst v. HOEPPNER, *Deutschlands Krieg in der Luft, Ein Rückblick auf die Entwicklung und die Leistungen unserer Heeres-Luftstreitkräfte im Weltkriege, Leipzig 1921 = Deutsche Denkwürdigkeiten,* gegeben hat. Hoeppner war im Kriege mit der Führung der Geschäfte des Kommandierenden Generals der Luftstreitkräfte beauftragt. Als einer der Fachleute für die Militärluftfahrt im Reichsarchiv ist Hans ARNDT, *Der Luftkrieg, in: Der Weltkampf um Ehre und Recht, hrsg. von Max Schwarte, Bd 4, Leipzig 1922, S. 529–651,* zu nennen. Fragen der Organisation behandelt Hermann CRON, *Die Luftstreitkräfte, in: Geschichte des Deutschen Heeres im Weltkriege 1914–1918, Berlin 1937, S. 193 bis 219 = Curt Jany, Geschichte der Kgl. Preußischen Armee und des Reichsheeres, Bd 5*, mit der technischen Seite beschäftigt sich Heinz NOWARRA, *Die Entwicklung der Flugzeuge 1914–1918, München 1959*. Als erfolgreichster deutscher Jagdflieger ist die Person Richthofens von Interesse. Ein gutes Bild von seiner Persönlichkeit gibt eine volkstümliche Darstellung: Manfred Frhr. v. RICHTHOFEN, *Der rote Kampfflieger, Berlin 1917 = Ullstein-Kriegsbücher 30*. Seine Erfahrungen aus dem Weltkrieg wurden in einer amtlichen Publikation, *Rittmeister Manfred Freiherr von Richthofen, Sein militärisches Vermächtnis, hrsg. von der Kriegswissenschaftlichen Abteilung der Luftwaffe, Berlin 1938*, nutzbar gemacht. Zu erwähnen sind noch zwei Sonderbände aus der Reihe „Die deutschen Luftstreitkräfte von ihrer Entstehung bis zum Ende des Weltkrieges": *Die technische Entwicklung der Flakwaffe bis zum Ende des Weltkrieges, Berlin 1942*, und *Der militärische Heimatluftschutz im Weltkriege 1914 bis 1918, Berlin 1943*.

Abkürzungen

Abh.	Abhandlungen
Abschn.	Abschnitt
Abt.	Abteilung
Aufl.	Auflage
bearb.	bearbeitet
Bd, Bde	Band, Bände
Beil.	Beilage
Diss.	Dissertation
dt.	deutsch
DZ	Dokumentenzentrale
eingel.	eingeleitet
erl.	erläutert
Frhr.	Freiherr
Gesch.	Geschichte
H.	Heft
hist.	historisch
hrsg.	herausgegeben
Inst.	Institut
Jg	Jahrgang
masch.	maschinengeschrieben
MG FA	Militärgeschichtliches Forschungsamt
OHL	Oberste Heeresleitung
phil.	philosophisch
R.	Reihe
T.	Teil
Veröff.	Veröffentlichungen
wirtsch.	wirtschaftlich
wiss.	wissenschaftlich

Sigelverzeichnis

BMilG	Beiträge zur Militär- und Kriegsgeschichte
Deutschlands Wehrmacht	Deutschlands Wehrmacht, hrsg. vom Kaiser-Wilhelm Dank, Verein für Soldatenfreunde, Berlin 1913
Ehrendenkmal	Ehrendenkmal der Deutschen Armee und Marine 1871–1918, hrsg. von General d. Infanterie v. Eisenhart-Rothe, Berlin 1926
Gebhardt	Bruno Gebhardt, Handbuch der Deutschen Geschichte, 8. Aufl., hrsg. von Herbert Grundmann
GWU	Geschichte in Wissenschaft und Unterricht
HistM	Historia Mundi, ein Handbuch der Weltgeschichte
HZ	Historische Zeitschrift
Just	Handbuch der Deutschen Geschichte, neu hrsg. von Leo Just
MWBl^{B}	Beihefte zum Militär-Wochenblatt
PreußJbb	Preußische Jahrbücher
PropW	Propyläen Weltgeschichte, eine Universalgeschichte, hrsg. von Golo Mann
Schulthess	Schulthess' Europäischer Geschichtskalender
WaG	Die Welt als Geschichte
WuW	Wissen und Wehr
WWR^{B}	Beihefte zur Wehrwissenschaftlichen Rundschau
ZfH	Zeitschrift für Heereskunde
ZfHU	Zeitschrift für Heeres- und Uniformkunde
ZgeStWss	Zeitschrift für die gesamte Staatswissenschaft
ZGWiss	Zeitschrift für Geschichtswissenschaft
ZMG	Zeitschrift für Militärgeschichte

VI

Reichswehr und Republik

(1918-1933)

Heer und Republik

Von Rainer Wohlfeil

Inhalt

Organisation des Reichsheeres

Von Edgar Graf von Matuschka

Heer und Republik

von

Rainer Wohlfeil

A. Zur Geschichte der Republik

1. Vom Kaiserreich zur Weimarer Republik

Die erste deutsche Republik ging nicht aus einer einheitlich gesteuerten oder gar vom Ausland bewirkten Revolution hervor. Sie entstand vielmehr, als die Monarchie trotz des Übergangs zum parlamentarischen Regierungssystem infolge des verlorenen Krieges widerstandslos zusammenbrach. Ihr Sturz am 9. November 1918 ließ auch nicht die Kräfte, die Staat und Gesellschaft von Grund auf neu aufbauen wollten, zum Durchbruch gelangen. Auffallend ist im Gegenteil das sogleich einsetzende Bemühen um „Ruhe und Ordnung“, das einerseits die überraschend schnelle Wiedereinschaltung der staatstragenden Schichten des monarchischen Systems in die politische Führung vorantrieb, andererseits gerade dadurch eine revolutionäre Gegenaktion hervorrief. Dieser Antagonismus wurde aber erst 1919 wirklich relevant; Ende 1918 mußte sich die neue Staatsführung zunächst mit den Ansprüchen der Arbeiter- und Soldatenräte auseinandersetzen.

Die Arbeiter- und Soldatenräte waren nach dem Kieler Vorbild vom 5. November entstanden, gewählt und gebildet aus Soldaten und Arbeitern, die den Krieg endlich beendet sehen und an der weiteren politischen Entwicklung beteiligt sein wollten. Sie vertraten keineswegs eine einheitlich revolutionäre Idee im Sinne des Bolschewismus, ihre differenzierten Staatsvorstellungen reichten vielmehr von der parlamentarischen Demokratie bis zur Rätediktatur. Hinter die Verfechter eines radikalen Rätesystems trat – allerdings nur aus taktischen Gründen – die kleine, vorwiegend von Intellektuellen gebildete Minderheit des Spartakusbundes, die den Rätestaat als „trojanisches Pferd“ für ihr Ziel einer bolschewistischen Revolution benutzen wollte. Die Spartakisten scheiterten jedoch, weil der Kommunismus im Volk auf starken Widerstand stieß, und weil ein Führer von der Entschlußkraft Lenins fehlte. Der überwiegenden Mehrzahl der Zeitgenossen sind diese Unzulänglichkeiten und Mängel verborgen geblieben, zumal in der politischen Auseinandersetzung unter die Parole „Kampf gegen Spartakus“ alle Anhänger des Rätesystems subsumiert wurden, auch wenn sie in der russischen Oktoberrevolution nicht ihr Leitbild sahen. Deutschland glaubte sich vor die Alternative Rätestaat oder parlamentarische Demokratie gestellt, und vermeinte für seine Zukunft nur einen möglichen Weg zu sehen, entweder Bindung an die westeuropäische Staatsform oder an die revolutionäre Sowjetunion. Unter diesem Aspekt schien die Entscheidung zu lauten: Rätesystem oder Verfassunggebende Nationalversammlung.

Nach dem Zweiten Weltkrieg sind einige Historiker der These entgegengetreten, daß es nicht den Ausweg eines Zugeständnisses an die Verfechter der entgegengesetzten Auffassung oder gar einen Mittelweg gegeben habe, sondern nur die Entscheidung zwischen Verbleiben in den Bahnen überlieferter politischer, sozialer und wirtschaftlicher Entwicklung oder radikalem Bruch mit der Vergangenheit. Insbesondere wandten sie sich dagegen, daß die Situation nach 1918 als Entscheidung zwischen Freiheit oder Totalitarismus interpretiert und heute noch gedeutet wird. Die Diskussion ist bisher nicht abgeschlossen, aber sie hat erreicht, daß die Arbeiter- und Soldatenräte von dem Verruf befreit wurden, der ihnen jahrzehntelang generell anhaftete.

a. Der Kampf um die innere Ordnung

Als am 9. November 1918 Philipp Scheidemann, Mitglied des Parteivorstandes der Sozialdemokratischen Partei Deutschlands (SPD) und Staatssekretär in der bisherigen ersten parlamentarischen Regierung unter Reichskanzler Prinz Max von Baden, vom Reichstagsgebäude aus die Republik ausrief, handelte er entgegen der Absicht Friedrich Eberts, des Führers der Mehrheitssozialdemokraten, der eine Nationalversammlung über die Staatsform entscheiden lassen wollte.

Friedrich Ebert (4. Februar 1871 – 28. Februar 1925) erlernte als Sohn eines Schneidermeisters das Sattlerhandwerk. In jungen Jahren trat er in die sozialdemokratische Gewerkschaftsbewegung ein. Nach mehrjähriger Tätigkeit als Zeitungsredakteur in Bremen wurde er 1905 als Sekretär in den sozialdemokratischen Parteivorstand gewählt, an dessen Spitze ihn die SPD 1913 als Nachfolger Bebels stellte. Seit 1912 Mitglied des Reichstages, wurde ihm 1916 neben Scheidemann auch die Führung der Reichstagsfraktion anvertraut. Er war während des Weltkriegs eine der sozialdemokratischen Persönlichkeiten, deren Staatstreue die Arbeiterschaft maßgeblich beeinflußte. Schon während dieser Jahre erwies er sich als der Staatsmann, der befähigt war, am 9. November 1918 das Geschick Deutschlands in seine Hände zu nehmen. Viele Deutsche haben ihm seine stete Sorge für Volk und Vaterland nicht gedankt, ihn vielmehr mit Haß verfolgt und ihm seine letzten Lebensmonate bitter vergällt.

Scheidemann hatte die Initiative ergriffen, um spartakistischen Machenschaften zuvorzukommen. Dennoch verkündete Karl Liebknecht, der mit Rosa Luxemburg an der Spitze der noch nicht eindeutig abgegrenzten Linksextremisten stand, zwei Stunden später vom Balkon des Berliner Schlosses die Errichtung einer „freien sozialistischen Republik“.

Widerstandslos war die Monarchie gestürzt, dagegen nicht entschieden, welches Regierungssystem sich im Rahmen der republikanischen Staatsform durchsetzen würde. Noch am 9. November formierte sich in Berlin ein Vorläufiger Arbeiter- und Soldatenrat, der beanspruchte, die höchste gesetzgebende, vollziehende und richterliche Gewalt in Deutschland zu verkörpern. Hinter ihm stand vor allem der linke Flügel der Unabhängigen Sozialdemokratischen Partei (USPD), der eine Räteherrschaft anstrebte. Der Parteivorstand der Unabhängigen dagegen entschloß sich unter Hugo Haase, die von der SPD angebotene Zusammenarbeit anzunehmen. Die beiden sozialistischen Arbeiterparteien bildeten den Rat der Volksbeauftragten. Dem Gremium von sechs Männern gehörten neben Ebert und Haase als den Vorsitzenden aus der SPD Scheidemann und Landsberg, von seiten der USPD Dittmann und Barth an. Emil Barth, ein Führer der Revolutionären Obleute, stand in diesem Kreise am weitesten links und spielte fortan eine zwiegesichtige Rolle (s. S. 49).

Am Nachmittag des 10. November trat die neue Regierung vor die Vollversammlung der am Vormittag in den Betrieben und Kasernen gewählten Großberliner Arbeiter- und Soldatenräte. Dieses Gremium zu bilden, war am Abend des 9. November vom Vorläufigen Arbeiter- und Soldatenrat unter Leitung von Barth beschlossen worden, wobei der Gedanke mitgewirkt hatte, die Mehrheitssozialisten zu überspielen. Allerdings scheiterte die Absicht, den Vollzugsrat des Großberliner Arbeiter- und Soldatenrats ausschließlich mit Anhängern der USPD und Spartakisten zu besetzen, am Widerspruch der Soldatenräte. Die Radikalen mußten einen Vollzugsrat hinnehmen, dem je 14 Arbeiter und 14 Soldaten angehörten, an dem vor allem aber auch die Mehrheitssozialisten zur Hälfte beteiligt waren. Die Versammlung bestätigte den Rat der Volksbeauftragten und dokumentierte damit den Anspruch des Vollzugsrats auf die oberste Gewalt in Deutschland. Dementsprechend bezeichnete ein Aufruf des Vollzugsrats am 10. November die Arbeiter- und Soldatenräte als Träger der politischen Macht. Da er zugleich verkündete, daß Deutschland eine „Sozialistische Republik" sei, schien die Frage nach der künftigen Staatsform entschieden zu sein. In Wirklichkeit erlitten die Radikalen ihre erste Niederlage, denn die USPD, in deren Gefolge sie ihre Ziele zu verwirklichen hofften, mußte die Macht mit der SPD teilen. Eine Niederlage erlitt aber auch die gemäßigte Rätebewegung, denn die Führung der Mehrheitssozialisten zeigte sich unter dem Eindruck der noch keineswegs beseitigten Gefahr von links bereit, sich an Kräfte anzulehnen, die außerhalb des sozialistischen Lagers standen, jedoch Anschluß suchten. Eines der Gegengewichte wurde die bewaffnete Macht des Kaiserreichs, und zwar nicht nur in Form der meist gemäßigten Soldatenräte, sondern vor allem über ihre Führung, die Oberste Heeresleitung (OHL). Noch am Abend des 10. November kam es zum sogenannten „Bündnis" Ebert – Groener (s. S. 42 ff.).

Das Angebot, mit der OHL zusammenzuarbeiten, wurde von Groener an Ebert herangetragen. Der Initiative Eberts war es dagegen zuzuschreiben, daß sich der Rat der Volksbeauftragten der Unterstützung durch die Beamtenschaft versicherte, indem er die überwiegende Mehrheit der Ministerial- und Verwaltungsbürokratie im Amt beließ und selbst nur die Oberaufsicht über die bisherigen Reichsämter einschließlich der Staatssekretäre ausübte. Unter den wenigen Neubesetzungen ist als eine der wichtigsten die Übernahme des Reichsamtes des Inneren durch den Berliner Staatsrechtslehrer Professor Hugo Preuß hervorzuheben. Ähnlich verlief die Entwicklung in den Ländern. Daß diese Fachleute bis hinein in die höchsten Spitzen der Verwaltung beibehalten wurden, geschah nicht zuletzt im Interesse der Wiederherstellung geordneter Zustände und des künftigen Wiederaufbaus, es bedeutete jedoch auch, daß in einem der wichtigsten Bereiche der jungen Republik die Kontinuität zum Kaiserreich gewahrt blieb. Die monarchische Beamtenschaft als ein an die Überlieferung der Vergangenheit gebundenes und traditionsbewußtes Element wurde ein die Zukunft entscheidend mitbestimmender Faktor, der „in seiner Loyalität gegen das Neue stets von Skepsis angekränkelt, wenn nicht im Kern abweichend" (Herzfeld) verblieb.

Entscheidend für die Arbeit des Rates der Volksbeauftragten war die Frage, ob es ihm gelingen würde, Arbeitsfreiheit zu gewinnen, das heißt die Kontrollbefugnisse des Vollzugsrats der Großberliner Arbeiter- und Soldatenräte einzudämmen oder gar zu beseitigen. Dessen radikalem Flügel sagten die Volksbeauftragten bereits am 12. November Fehde an, wenn auch indirekt. Sie stellten in ihrem Regierungsprogramm nicht nur die demokratischen Grundrechte sicher und versprachen sozialpolitische Gesetze, sondern verkündeten auch, daß eine „konstituierende Versammlung" berufen werden sollte. Der Rat erließ mit Zustimmung der Länderregierungen am 30. November ein Wahlgesetz, demzufolge am 16. Februar 1919 eine Verfassunggebende Nationalversammlung gewählt werden sollte. Die radikale Rätebewegung erhoffte sich dagegen von einem Reichskongreß der Arbeiter- und Soldatenräte den politischen Durchbruch – obgleich die Berliner Soldatenräte im Gegensatz zu den Arbeiterräten für die Nationalversammlung eintraten.

Unter der geringen staatlichen Autorität drohte sich ein allgemeines Chaos auszubreiten. Ein Ausdruck der sich zuspitzenden innenpolitischen Lage war der erfolglose Putschversuch vom 6. Dezember 1918, in dessen Verlauf Soldaten Ebert als Reichspräsidenten ausriefen. Die Rückkehr der Fronttruppen verschärfte noch die Spannung in Berlin (s. S. 50 ff.). Auf diesem Hintergrund begann am 16. Dezember der erste Reichskongreß der Arbeiter- und Soldatenräte Deutschlands.

Der Reichskongreß setzte sich aus 488 Abgesandten zusammen, von denen sich 289 zur SPD und 90 zur USPD bekannten; die restlichen gehörten anderen Parteien an, waren parteilos oder gebärdeten sich ausgesprochen radikal. Die Zusammensetzung offenbarte, daß eine große Mehrheit unter der Wählerschaft vor allem die Rückkehr zu normalen Verhältnissen und daher die Einberufung einer Nationalversammlung wünschte. So schnell gab sich jedoch die radikale Rätebewegung nicht geschlagen. Der Kongreß stand sofort im Zeichen des Gegensatzes zwischen dem Vollzugsrat und dem Rat der Volksbeauftragten, dem nicht zu Unrecht unterschoben wurde, daß er den Vollzugsrat beseitigen wollte. Spannungen ergaben sich auch zwischen den beiden sozialistischen Parteien. Vertreter der USPD warfen den Mehrheitssozialisten unter anderem vor, daß die Zusammenarbeit des Rates der Volksbeauftragten mit der Obersten Heeresleitung einen Verrat an den sozialistischen Zielen bedeutete und zusammen mit der Forderung nach einer Nationalversammlung einer Gegenrevolution gleichkäme. Noch einmal entbrannte eine heiße Diskussion um die Entscheidung, ob Deutschland als parlamentarische Demokratie oder Rätediktatur neu entstehen sollte. Als wesentliches Ergebnis des Reichskongresses beschloß eine starke Mehrheit, daß die Nationalversammlung bereits am 19. Januar 1919 und damit zum technisch frühestmöglichen Termin gewählt werden solle. Bis dahin lag die gesetzgebende und vollziehende Gewalt beim Rat der Volksbeauftragten.

Damit hatten sich nicht nur die gemäßigten Kräfte gegen die radikale Linke durchgesetzt, sondern auch die Volksbeauftragten gegen den Vollzugsrat. An seine Stelle trat ein Zentralrat der Arbeiter- und Soldatenräte, der anstatt eines Parlaments Reichs- und Preußische Regierung zu überwachen hatte. Er setzte sich nur aus Vertrauensleuten der Mehrheitssozialisten zusammen, weil sich die USPD nicht an der Wahl zum Zentralrat beteiligt hatte. Mit dem Ende des Reichskongresses am 20. Dezember schien der Kampf um die parlamentarische Demokratie entschieden zu sein. In Wirklichkeit schwelte die innere Krise des aus dem Umsturz vom 9. November hervorgegangenen Regierungssystems weiter, um wieder in offenes Feuer auszubrechen.

Der Rat der Volksbeauftragten wurde am 24. Dezember in eine bewaffnete Auseinandersetzung verwickelt (s. S. 54 f.), die eine Regierungskrise auslöste. Als der Zentralrat die Rechtfertigung der mehrheitssozialistischen Volksbeauftragten annahm, zwang der linke Flügel der USPD die drei Unabhängigen unter den Volksbeauftragten, am 27. Dezember aus dem Rat auszuscheiden. An ihre Stelle wurden Noske und Wissell berufen. Loebe, der spätere Reichstagspräsident, hatte abgelehnt. Auf den neuen Rat der Volksbeauftragten, der sich also aus fünf Sozialdemokraten zusammensetzte, kam die Aufgabe zu, sich mit dem aus Erbitterung über den Einsatz „kaiserlicher“ Truppen anwachsenden Linksradikalismus auseinanderzusetzen. Die drohenden revolutionären Ausbrüche zeigten sich bereits dadurch an, daß sich der Spartakusbund unter Anwesenheit einer bolschewistischen Abordnung am 30./31. Dezember 1918 zur Kommunistischen Partei Deutschlands (KPD) umbildete. Zugunsten der Regierung wirkte sich zunächst nur aus, daß die USPD auch in Preußen und später ebenfalls in anderen Ländern ihre Vertreter aus den Landesregierungen und politischen Beamtenstellungen zurückzog. Der Berliner Polizeipräsident Eichhorn weigerte sich jedoch, sein Amt niederzulegen. Als er vom preußischen Innenminister abgesetzt wurde, hielten Spartakisten, Revolutionäre Obleute und Anhänger der USPD die Stunde für gekommen, die versäumte Revolution nachzuholen. Am 5. Januar errichteten sie einen Revolutionsausschuß, der den Rat der Volksbeauftragten für abgesetzt erklärte, jedoch selbst nicht handelte, sondern diskutierte. Die Regierung gewann Zeit, militärische Gegenmaßnahmen zu treffen, und konnte den sogenannten Spartakusaufstand vom 5. bis 12. Januar 1919 niederschlagen.

Aber die öffentliche Ruhe erwies sich bald als nur äußerlich wiederhergestellt, da die radikale Rätebewegung keineswegs beseitigt war. Sie gewann vielmehr neue Anhänger, weil die Empörung über die Verbindung der sozialdemokratischen Führer mit „kaiserlichen“ Soldaten und über das harte Vorgehen des Militärs wuchs. Besonders verschärft wurde die anhaltende Krise dadurch, daß Karl Liebknecht und Rosa Luxemburg am 15. Januar 1919 nach ihrer Gefangennahme von Freikorpsleuten umgebracht wurden. Ihre Ermordung löste nicht nur vereinzelte Gewalttaten, sondern zahlreiche Aufstände in Nord- und Mitteldeutschland aus, die vielfach unter der Losung „Erhaltung der Räte“ standen. Die revolutionäre Welle ebbte erst im Frühjahr ab, nachdem es im März noch einmal in Berlin zu sehr schweren Kämpfen gekommen war. Nach Auffassung der inzwischen neu gebildeten Reichsregierung hatte sich die Rätebewegung mit diesen Ausschreitungen selbst diskreditiert. Ihre Entmachtung wurde offensichtlich, als im April 1919 der zweite Reichskongreß der Arbeiter-, Bauern- und Soldatenräte stattfand. Seine Beschlüsse wurden von der in Weimar tagenden Verfassunggebenden Nationalversammlung weitgehend nur zur Kenntnis genommen.

Die Verfassunggebende Nationalversammlung war am 19. Januar 1919 gewählt worden. Das Wahlergebnis bedeutete eine klare Absage an radikale Bestrebungen, denn 82 % aller gültigen Stimmen wurden für Parteien abgegeben, die sich eindeutig zur Republik bekannten. Die beiden sozialistischen Parteien errangen jedoch nicht die absolute Mehrheit. Bevor die „Verfassunggebende Versammlung der deutschen Nation“ (Ebert) am 6. Februar 1919 mit einer würdevollen Rede Eberts eröffnet wurde, hatte der Zentralrat die ihm vom Reichskongreß der Arbeiter- und Soldatenräte übertragene Gewalt mit einer Erklärung vom 4. Februar in die Hände der Nationalversammlung gelegt. Sie beschloß am 10. Februar das Gesetz über die vorläufige Reichsgewalt. Es knüpfte an das Modell der Verfassung des Kaiserreiches vom 28. Oktober 1918 an, nur trat an die Stelle des Monarchen der Reichspräsident. Er berief für die Führung der Reichsregierung ein Reichsministerium, dessen Minister zu ihrer Amtsführung des Vertrauens der Nationalversammlung bedurften. Außerdem blieb der Bundesrat der monarchischen Verfassung als Staatenausschuß bestehen.

Nachdem Ebert am 11. Februar zum vorläufigen Reichspräsidenten gewählt worden war, beauftragte er Scheidemann mit der Regierungsbildung. Die SPD, die sich vergeblich bemüht hatte, die USPD für eine Zusammenarbeit zu gewinnen, schloß mit dem Zentrum und der neugegründeten linksliberalen Deutschen Demokratischen Partei (DDP) die sogenannte Weimarer Koalition. Die Mehrheitssozialisten benannten mit Gustav Noske den ersten Reichswehrminister. Das Zentrum stellte als wichtigste Persönlichkeit, obgleich nur Minister ohne Geschäftsbereich, Matthias Erzberger (1875–1921), den tatkräftigsten Vertreter seines linken Flügels, der 1917 als einer der stärksten Verfechter eines Verständigungsfriedens hervorgetreten war und später als Staatssekretär die Waffenstillstandskommission geführt hatte. Der parteilose Graf von Brockdorff-Rantzau leitete bereits seit dem 20. Dezember 1918 das Auswärtige Amt. Reichsministerpräsident Scheidemann verkündete am 13. Februar vor der Nationalversammlung das außenpolitische Programm eines raschen und dauerhaften Rechtsfriedens auf der Grundlage der „Vierzehn Punkte“ Wilsons. Innenpolitisch forderte er politische und wirtschaftliche Gleichberechtigung für alle, geistige Freiheit und die „Schaffung eines auf demokratischen Grundlagen aufgebauten Volksheeres“.

Nationalversammlung und drei Kabinette auf der Grundlage der Weimarer Koalition (Philipp Scheidemann: 13. Februar 1919 – 20. Juni 1919; Gustav Bauer: 21. Juni 1919 – 26. März 1920; Hermann Müller: 27. März 1920 bis 8. Juni 1920) haben bis zur Wahl des ersten Reichstags (6. Juni 1920) bedeutsame Entscheidungen für die Republik getroffen. Hierbei verfügten sie jedoch nicht über die volle Handlungsfreiheit, sondern mußten sich in wichtigen Fragen den Forderungen der Siegermächte beugen, die sogar Änderungen der Reichsverfassung erzwangen.

Die Beratungen über die Reichsverfassung (RV) hatte die Nationalversammlung am 24. Februar 1919 auf der Grundlage der dritten Fassung eines Entwurfs von Preuß aufgenommen. Er hatte als Unitarier Deutschland in einen dezentralisierten Einheitsstaat umgestalten wollen, scheiterte jedoch am Widerstand der Länder. Die Reichsverfassung, die am 31. Juli mit 262 gegen 75 Stimmen angenommen und am 11. August vom Reichspräsidenten vollzogen wurde, trat am 14. August 1919 in Kraft. Der 11. August wurde alljährlich als „Verfassungstag" feierlich begangen, fand jedoch niemals richtigen Widerhall.

Gemäß der Reichsverfassung bildete Deutschland, genannt „Das Deutsche Reich", staatsrechtlich eine Republik, in der die Staatsgewalt vom Volke ausging (Art. 1). Es setzte sich aus „Ländern" mit gleichfalls republikanischer Verfassung zusammen. Alle Deutschen besaßen gleiche politische Rechte. Sie übten ihre demokratische Selbstregierung durch Vertreter aus, die sie als Abgeordnete mittels allgemeiner, gleicher, geheimer und unmittelbarer Wahl in den Reichstag entsandten. Diese Vertreterdemokratie war gekoppelt mit dem parlamentarischen Regierungssystem, indem die Reichsregierung – Reichskanzler und Reichsminister – des Vertrauens des Reichstages bedurften. Das Reich besaß gegenüber den Ländern die Militär-, Justiz-, Finanz- und Verkehrshoheit und darüber hinaus die sogenannte Kompetenz-Kompetenz, das heißt das Recht, seine Zuständigkeiten selbst zu erweitern. Ausdrücklich bestimmte Art. 13: „Reichsrecht bricht Landesrecht". Den Ländern oblag nur noch die Justizverwaltung, die Polizei-, die Kultur- und die Kultushoheit mit einigen bedeutsamen Ausnahmen. An der Gesetzgebung und Verwaltung des Reiches waren sie durch den Reichsrat beteiligt, eine Vertretungskörperschaft aus Mitgliedern der Länderregierungen.

Während der Reichsrat als beratendes und zu unterrichtendes Organ fungierte, das nur ein suspensives Vetorecht besaß, verfügte der Reichstag über das unbeschränkte Budgetrecht, das dem Reich zustehende Gesetzgebungsrecht und das Initiativrecht. In den Bereich der Reichsgesetzgebung gehörten außerdem Kriegserklärung und Friedensschluß sowie Zustimmung zu Bündnissen und Verträgen mit fremden Staaten. Darüber hinaus ließ die Verfassung zu, daß aus dem Volk ein Gesetz gewünscht oder gegen die Aussetzung der Verkündung eines Gesetzes Stellung bezogen wurde (Volksbegehren und Volksentscheid).

Der Reichstag wurde nach den Grundsätzen der Verhältniswahl für die Dauer von vier Jahren gewählt. Er konnte vom Reichpräsidenten vorzeitig aufgelöst werden, jedoch nur einmal aus dem gleichen Anlaß. Die Verfassung bestimmte, daß die Abgeordneten als Vertreter des ganzen Volkes nur ihrem Gewissen unterworfen und an keine Aufträge gebunden seien. Sie nahm also nicht zur Kenntnis, daß es Parteien gab. Mit dieser Fiktion und dem Verhältniswahlsystem waren zwei Faktoren geschaffen, die sich später zum Nachteil der Republik auswirken sollten.

Das souveräne Volk wählte unmittelbar den Reichspräsidenten für eine Amtsdauer von sieben Jahren. Abgesetzt werden konnte er nur über eine Volksabstimmung, die der Reichstag mit Zweidrittelmehrheit beschließen mußte. Außerdem bestand die Möglichkeit, den Reichspräsidenten vor dem Staatsgerichtshof anzuklagen. Beide Akte waren schwer einzuleiten, so daß der Reichspräsident von vornherein eine starke Stellung besaß. Zu seinen Rechten gehörte vor allem die völkerrechtliche Vertretung der Republik, Ernennung und Entlassung des Reichskanzlers und der Reichsminister, aller Reichsbeamten und Offiziere sowie der Oberbefehl über die bewaffnete Macht. Außerdem verfügte er über ein beschränktes Einspruchsrecht gegen Gesetze und Beschlüsse des Reichstags. Wenn seiner Meinung nach ein Gesetz nicht dem Volkswillen entsprach oder der Reichsrat Einspruch erhoben hatte, konnte er es vor seiner Verkündung zum Volksentscheid bringen. Als wichtigstes Machtmittel des Reichspräsidenten erwies sich Artikel 48.

Er lautete:

„Wenn ein Land die ihm nach der Reichsverfassung oder den Reichsgesetzen obliegenden Pflichten nicht erfüllt, kann der Reichspräsident es dazu mit Hilfe der bewaffneten Macht anhalten. Der Reichspräsident kann, wenn im Deutschen Reiche die öffentliche Sicherheit und Ordnung erheblich gestört und gefährdet wird, die zur Wiederherstellung der öffentlichen Sicherheit und Ordnung nötigen Maßnahmen treffen, erforderlichenfalls mit Hilfe der bewaffneten Macht einschreiten. Zu diesem Zweck darf er vorübergehend die in den Artikeln 114, 115, 117, 118, 123, 124 und 153 festgesetzten Grundrechte ganz oder zum Teil außer Kraft setzen.

Von allen gemäß Abs. 1 oder Abs. 2 dieses Artikels getroffenen Maßnahmen hat der Reichspräsident unverzüglich dem Reichstag Kenntnis zu geben. Die Maßnahmen sind auf Verlangen des Reichstags außer Kraft zu setzen . . .“

Überblickt man das gesamte Verfassungswerk, so darf man sich wohl dem Urteil von Herzfeld anschließen, daß „sich der Mehrheit der Nationalversammlung der beste Wille und eine erhebliche Leistung bei der Umformung zu einer nach den Maßstäben der Zeit modernen Demokratie nicht absprechen [lassen]. Die Weimarer Verfassung mit ihrer Zielsetzung einer zugleich liberal-freiheitlichen und sozialen Demokratie, ihren vielleicht zu sehr ins einzelne gehenden, im Prinzip mustergültigen Grundrechten kann den Anspruch erheben, eines der bedeutendsten Verfassungswerke der modernen Geschichte gewesen zu sein.“ Dennoch ist ihr harte Kritik oder gar eindeutige Ablehnung nicht erspart geblieben.

b. Vom Waffenstillstand zum Friedensvertrag von Versailles

Am 11. November 1918 hatte die deutsche Waffenstillstandsdelegation, die noch von der Regierung des Prinzen Max von Baden berufen worden war und mit Zustimmung der OHL von Staatssekretär Erzberger geleitet wurde, in Compiègne das auf eine Laufzeit von nur 36 Tagen befristete Waffenstillstandsabkommen (s. Abschnitt V, S. 133) unterzeichnet. Dementsprechend mußte der Vertrag dreimal verlängert werden, wodurch sich für die Feindmächte die Gelegenheit ergab, Deutschland weitere Verpflichtungen aufzuerlegen. Erzberger war es zwar gelungen, einige Verbesserungen gegenüber der ursprünglichen Fassung des Abkommens zu erreichen, aber insgesamt setzten die Alliierten durch, daß Deutschland die Wiederaufnahme des Kampfes unmöglich gemacht war.

Das deutsche Kriegspotential wurde entscheidend geschwächt, darüber hinaus mußten die deutschen Vertreter in politische Bestimmungen einwilligen, die bereits Verpflichtungen für die Zukunft bedeuteten.

Zu den wichtigsten militärischen Bestimmungen zählte, daß die deutschen Truppen sämtliche besetzten Gebiete sowie Elsaß-Lothringen innerhalb von 15 Tagen verlassen und im gleichen Zeitraum die evakuierte Bevölkerung zurückführen mußten. Binnen weiterer 31 Tage hatten sie das linke Rheinufer militärisch zu räumen und eine zehn Kilometer tiefe neutrale Zone auf dem rechten Rheinufer herzustellen. Deutschland mußte nicht nur einen großen Teil seines Kriegsmaterials (unter anderem 1 500 Flugzeuge, 5 000 schwere Geschütze), seine Untersee- und Minenlegboote ausliefern, sondern auch fast die gesamte Hochseeflotte in Scapa Flow internieren lassen.

Im politischen Bereich verzichtete Deutschland auf die Friedensverträge von Brest-Litowsk und Bukarest und erkannte die Alliierten als neue Ordnungsmacht in Osteuropa an.

Die deutsche Waffenstillstandsdelegation war infolge des Umsturzes vom 9. November gezwungen, ohne Rückfrage bei der Reichsregierung zu handeln. Nur zur OHL konnte sie Verbindung aufnehmen. Hindenburg erklärte es für notwendig, den Waffenstillstandsvertrag zu unterzeichnen. Dennoch nahm später die sogenannte nationale Opposition einschließlich ehemaliger Offiziere die Tatsache, daß nicht ein militärischer Vertreter die Delegation geleitet und den Vertrag unterschrieben hatte, zum Anlaß, die Verantwortung für das Kriegsende mit verhängnisvollen Folgen zu verschleiern oder gar zu verschieben. So konnte die weitverbreitete Ansicht entstehen, daß in Erzberger einer der Hauptschuldigen zu sehen war. Er wurde zu einem der meistgehaßten Männer aus der Führungsschicht der jungen Republik und bezahlte sein politisches Engagement mit dem Leben: am 26. August 1921 wurde Erzberger von zwei ehemaligen Offizieren ermordet.

Für die Bedingungen des zukünftigen Friedensvertrages setzte man in Deutschland seine Hoffnungen auf Hilfestellung der Vereinigten Staaten von Amerika. Die „Vierzehn Punkte" Wilsons und der deutsch-amerikanische Notenwechsel vor dem Abschluß des Waffenstillstandsabkommens wurden vielfach als ein bindender Vorvertrag interpretiert. Dabei wurde aber übersehen, daß der Präsident der USA keinesfalls als einziger legitimierter Vertreter der Kriegsgegner auftreten konnte. Als die Delegierten von 27 alliierten und assoziierten Mächten ohne Anwesenheit deutscher Vertreter am 18. Januar 1919 die Friedenskonferenz eröffneten, erwies sich außerdem sofort, daß die Voraussetzungen für den Abschluß eines Friedensvertrages viel differenzierter waren als Wilson angenommen hatte und die Deutschen ahnten. Nach einem Vorschlag des amerikanischen Präsidenten, dessen Teilnahme am Friedenskongreß einen Entschluß von weittragender Bedeutung darstellte, sollte im übrigen Deutschland zu den Verhandlungen hinzugezogen werden, wenn sich die Alliierten über ihre Bedingungen geeinigt hätten. Da sie aber zu keiner grundlegenden Übereinstimmung gelangten, durfte die erst Ende April nach Versailles gerufene deutsche Delegation nur das fertige Vertragswerk am 7. Mai 1919 entgegennehmen. Dieser Tatsache ist es zuzuschreiben, daß der Friedensvertrag für fast alle Deutschen den Charakter eines Diktates gewann. Daran änderte auch die Tatsache nichts, daß den deutschen Vertretern nach der Übergabe gestattet wurde, Einwände schriftlich zu unterbreiten, die im Verlaufe eines zähen Notenwechsels um einzelne Änderungsvorschläge auch Verbesserungen eintrugen.

Als die Vertragsbedingungen in Deutschland bekannt wurden, war die erste Reaktion ein fast einmütiger Protest. Aus deutscher Sicht wurde die sogenannte Kriegsschuldfrage zu einem Kernproblem. Auch Politiker, die nach dem Abklingen der emotionalen Ablehnung das Vertragswerk nüchtern zu beurteilen suchten, hielten es für ausgeschlossen, diesen Vorwurf auf Deutschland sitzen zu lassen. Zu der Anklage, es handele sich um einen Diktatfrieden, trat das Odium der Schmach, das sogar Männer, wie Ebert oder Groener, den Blick zu trüben drohte, die einsichtig genug waren, die deutsche Lage klar zu analysieren und die Erhaltung der Einheit Deutschlands als die wichtigste politische Aufgabe zu erkennen. Noch als sich die Nationalversammlung unter dem Druck eines alliierten Ultimatums vom 16. Juni am 22. Juni mit einer Mehrheit von 60 % zur Annahme des Friedensvertrages entschloß, vollzog sie diesen Schritt mit der Einschränkung, daß er nicht die Anerkennung der alleinigen Kriegsschuld Deutschlands und die Auslieferung der sogenannten Kriegsverbrecher einschließe. Die Alliierten ließen diesen Vorbehalt nicht zu, so daß die Unterzeichnung des Vertragswerkes am 28. Juni 1919 auch die Unterwerfung unter die „Schmachparagraphen“ einschloß.

Der Versailler Friedensvertrag trat am 10. Januar 1920 in Kraft.

Aufgrund des Vertrages, dessen Text sich in 15 Teile mit insgesamt 440 Artikeln aufgliederte und der auch die Völkerbundsatzung enthielt, verlor das Deutsche Reich – überwiegend ohne Berücksichtigung des Selbstbestimmungsrechts und ohne Volksabstimmung – mehr als ein Achtel seines europäischen Gebietsstandes zu Beginn des Ersten Weltkrieges und mit knapp 6,5 Millionen Menschen etwa ein Zehntel seiner Bevölkerung sowie alle seine überseeischen Besitzungen. Daraus ergaben sich wirtschaftliche Gesamtverluste, die drei Viertel seiner Zink- und Eisenförderung, mehr als die Hälfte seiner Bleierzvorkommen, etwa ein Drittel seiner Produktion an Roheisen und je ein Viertel seiner Erzeugung an Stahl und Steinkohlenförderung umfaßten. Die Landwirtschaft büßte nicht nur etwa 20 % ihres Anbauareals ein, sondern mußte auch einen beträchtlichen Teil ihrer Viehbestände abliefern. Hierbei handelte es sich um Wiedergutmachungsleistungen, die wie die Ablieferungen von ungefähr neun Zehntel der Handels- sowie anderen Wirtschaftsgütern starke Einbußen an Nationalvermögen und wirtschaftlicher Kapazität bedeuteten. Sie waren außerhalb der finanziellen Reparationen zu leisten, über deren Ausmaß sich die Alliierten nicht hatten einigen können, die Deutschland aber bereits uneingeschränkt anerkennen mußte. Die Summe wurde 1921 auf 132 Milliarden Goldmark festgesetzt, ein für damalige Vorstellungen astronomischer Betrag.

Dem Deutschen Reich wurden eine Reihe von Hoheitsbeschränkungen auferlegt, wie die Internationalisierung seiner großen Flüsse. Als Sicherung dafür, daß Deutschland die Vertragsbestimmungen durchführte, konnten die Alliierten für eine Dauer von 15, 10 und 5 Jahren das in drei Zonen aufgeteilte linksrheinische Gebiet einschließlich drei rechtsrheinischer Brückenköpfe besetzt halten. Ergänzt wurden diese Sicherheitsmaßnahmen durch die Möglichkeit, im Falle deutscher Vertragsverletzungen Sanktionen einzuleiten.

Besondere Bedeutung maßen alle Vertragspartner einschließlich Deutschlands den Bestimmungen bei, durch die das Reich mittels der Auslieferung bzw. Vernichtung des gesamten deutschen Kriegsmaterials und seiner Produktionsmittel entwaffnet wurde. Durch eine bis ins kleinste Detail vorgeschriebene Beschränkung seiner zukünftigen Streitkräfte sollte verhindert werden, daß es als militärische Macht wiedererstand (s. S. 91 ff.). Den Alliierten mußte das Recht eingeräumt werden, die Durchführung der Entwaffnung auf deutschem Gebiet zu kontrollieren – eine Aufgabe, die vornehmlich von der Interalliierten Militär-Kontroll-Kommission (IMKK, s. S. 188 ff.) wahrgenommen wurde. Infolgedessen entwickelten sich besonders die militärischen Bestimmungen zu einem weiteren Stein des Anstoßes. Sie galten – ähnlich den sogenannten Schmachparagraphen – vielen Deutschen als ein Fundamentieren der Erniedrigung und nationalen Schande, die, wenn sie schon nicht zu beseitigen waren, ohne moralische Bedenken umgangen werden konnten. Hier sind die Gründe zu suchen für das Verhalten und Handeln außerhalb der Legalität, das für die spätere Zeit so charakteristisch wurde, und dem sich sogar Politiker nicht entzogen, die fest auf dem Boden der parlamentarisch-demokratischen Republik standen. Jedes illegale Verhalten aber brachte mit sich, daß die öffentliche Moral des Staates von Weimar geschwächt wurde.

2. Das Jahrfünft der Krisen

Der Friedensvertrag erwies sich für die junge Republik von Anfang an als eine drückende Hypothek. Zunächst und unmittelbar wirkte er sich zu Lasten der regierenden Weimarer Koalition aus. Die tragenden Parteien hatten nach Ansicht zahlreicher Wähler nicht die in sie gesetzte Hoffnung erfüllt, denn die Spekulation, daß eine demokratisch-parlamentarische Republik günstigere Friedensbedingungen zugestanden erhalten werde als die Monarchie, war nicht aufgegangen. Friedensvertrag und „Dolchstoßlegende" (s. S. 164 f.) dienten der Restauration als zugkräftiges Propagandamaterial, um gegen den neuen Staat die „Welle von rechts" (Ernst Troeltsch) anbranden zu lassen. Während aber der von der Deutschnationalen Volkspartei (DNVP) und der Deutschen Volkspartei (DVP) unter dem Schlagwort „Kampf gegen das System" geführte Kampf um die Mehrheit im ersten Reichstag noch mit legalen Mitteln geführt wurde, formierte sich eine extreme Gruppe, die gewaltsam die Regierung stürzen und über eine Diktatur zur Änderung der Verfassung gelangen wollte.

a. Der Kapp-Lüttwitz-Putsch

Als Zentrale des geplanten Gewaltaktes bildete sich Ende Oktober 1919 die sogenannte Nationale Vereinigung, die alle betont „nationalen" Gruppen und Kreise zusammenfassen sollte. An ihrer Spitze standen General Erich Ludendorff und der ostpreußische Generallandschaftsdirektor Dr. Wolfgang Kapp. Der ehemalige Erste Generalquartiermeister der OHL unter Hindenburg hielt sich einstweilen aus taktischen Erwägungen von öffentlicher politischer Tätigkeit fern, im Falle eines gelungenen Staatsstreichs wäre er aber wohl in eine führende Stellung eingerückt. Kapp galt in Verschwörerkreisen bereits im Sommer 1919 als zukünftiger Reichskanzler. Zusammen mit Gesinnungsgenossen, wie den ehemaligen Offizieren Oberst a. D. Max Bauer und Hauptmann a. D. Waldemar Pabst (s. S. 243 f.), bemühten sie sich, die bewaffnete Macht und insbesondere ihre Führung für eine gegenrevolutionäre Militärdiktatur zu gewinnen. Ihre Bestrebungen konzentrierten sich auf den Oberbefehlshaber des Reichswehr-Gruppenkommandos I, General Freiherr von Lüttwitz (s. S. 242 f.).

Die politischen und militärischen Vorbereitungen des Putsches blieben wegen des Zwanges zur Geheimhaltung nicht nur oberflächlich, sondern wurden auch sehr unterschiedlich betrieben, schon weil über die politischen Ziele innerhalb der „Nationalen Vereinigung“ Uneinigkeit herrschte. Kapp, nach dessen Auffassung die parlamentarische Demokratie „abgewirtschaftet“ hatte, verließ sich bei der Planung darauf, daß die Befehlsgewalt des Generals Freiherr von Lüttwitz den Putschisten die Unterstützung durch die Reichswehr und die Beamtenschaft sichern werde. Daß diese Voraussetzung hinsichtlich der staatlichen Bürokratie nicht zutraf und auch im Bereich der bewaffneten Macht nur bedingt galt, entschied wesentlich über das Schicksal des Staatsstreichversuches vom 13. März 1920. Sie zeigte aber zugleich die Bedeutung, die dem Oberbefehlshaber des Reichswehr-Gruppenkommandos 1 zugemessen wurde, so daß Erger zu Recht vom Kapp-Lüttwitz-Putsch spricht.

Ausgelöst wurde der Umsturzversuch unabhängig von den Planungen der „Nationalen Vereinigung“ durch Lüttwitz. Der General, der sich lange unentschlossen gezeigt hatte, handelte zu einem Zeitpunkt, da das Unternehmen keineswegs ausreichend vorbereitet war, und wurde damit zur eigentlichen Zentralfigur. Während des Putsches zeigte es sich außerdem, daß nicht einmal Lüttwitz und Kapp in ihren politischen Zielen übereinstimmten. Es kam hinzu, daß die rechtsoppositionellen Parteien wenig geneigt waren, sich spontan oder eindeutig hinter die Putschisten zu stellen. So scheiterten diese mehr infolge falscher Beurteilung der innenpolitischen Lage, eigener Unentschlossenheit und Uneinigkeit als infolge von Gegenmaßnahmen. Die von vornherein vorhandene Schwäche und Aussichtslosigkeit des Unternehmens wurde jedoch aus einem bestimmten Anlaß nicht allseits offenbar. Durch den gleichzeitig ausgerufenen Generalstreik schien den bürgerlichen Vertretern der Republik die Gefahr einer radikalen „Welle von links“ beschworen. Unter dem Druck der doppelten Bedrohung brachen sie nicht mit den Teilen der Reichswehr, die sich Lüttwitz angeschlossen hatten, sondern ebneten ihnen den Weg zurück in die Legalität, als sich die Sinnlosigkeit des Unternehmens ankündigte. Der Umsturzversuch brauchte also gar nicht erst niedergeschlagen zu werden.

Aus dem Kapp-Lüttwitz-Putsch ging die republikanische Staatsgewalt zunächst als Sieger hervor. Sie konnte auch die linksradikalen Aufruhrbewegungen bändigen, die sich aus dem Generalstreik anläßlich des Umsturzversuches entwickelt und vor allem im Ruhrgebiet ausgebreitet hatten. Da sich die Reichsregierung hierbei auf die bewaffnete Macht angewiesen sah, verbot es sich gewissermaßen von selbst, die Reichswehr wegen ihres Verhaltens während der Märzereignisse in staatspolitisch relevantem Maße zur Verantwortung zu ziehen. Die legale Staatsgewalt war also zu schwach und nicht in der Lage, ihren Erfolg zugunsten der parlamentarischen Demokratie zu nutzen. Die Wahlen zum ersten Reichstag offenbarten vielmehr am 6. Juni 1920, daß die Mehrheit des Volkes nicht hinter dem Werk der am 21. Mai 1920 aufgelösten Verfassunggebenden Nationalversammlung stand. Im parteipolitischen Bereich wirkte sich die Entscheidung der Wähler dahingehend aus, daß der Stimmenanteil der Weimarer Koalition von 76,2 % auf 43,6 % sank, während DNVP, DVP und USPD starke Gewinne verbuchen konnten. Die Niederlage bedeutete für die Sozialdemokraten, daß sie mit dem Kabinett Fehrenbach (25. Juni 1920 – 4. Mai 1921) erstmals von der politischen Leitung der Republik ausgeschlossen blieben. Danach gelang es noch einmal, zwei Kabinette auf der Grundlage der Weimarer Koalition zu bilden (Wirth I: 10. Mai – 22. Oktober 1921; Wirth II: 26. Oktober 1921 bis 14. November 1922).

Alle drei Kabinette sahen sich innenpolitisch Aufständen von links und zunehmendem Terror von rechts gegenüber – Zeichen der Spannung und Zerrissenheit dieser Zeit. Die kommunistischen Unruhen im Frühjahr 1921 in Mitteldeutschland und in Hamburg waren ein Ausdruck der Unzufriedenheit der radikalen Linken mit dem bestehenden Staatswesen, die Kette von Attentaten, denen unter anderen Erzberger und Reichsaußenminister Rathenau (24. Juni 1922) zum Opfer fielen, Protestaktionen der Opposition von rechts. Gerade der letzte Mord erregte die Öffentlichkeit besonders. Die Verordnungen des Reichspräsidenten zum Schutz der Republik vom 29. August bzw. 28. September 1921 genügten also nicht, um der politischen und moralischen Verwilderung zu begegnen. An ihre Stelle trat nun das vom Reichstag mit verfassungsändernder Mehrheit angenommene Gesetz zum Schutz der Republik vom 21. Juli 1922.

Das Gesetz zum Schutz der Republik galt für die Dauer von fünf Jahren, es wurde am 2. Juni 1927 um zwei Jahre verlängert. An seine Stelle trat am 25. März 1930 das wesentlich abgemilderte zweite Republikschutzgesetz, das durch eine Verordnung des Reichspräsidenten mit Wirkung vom 20. Dezember 1932 außer Kraft gesetzt wurde. Das Gesetz vom 21. Juli 1922 sah unter anderem Todesstrafe oder Zuchthaus für Personen vor, die ein Attentat auf ein Regierungsmitglied beabsichtigten oder durchführten. Bezeichnenderweise wurde es in den Verhandlungen des Reichstags besonders von Deutschnationalen und Kommunisten bekämpft, führte aber auch einen Verfassungskonflikt mit Bayern herauf. Zum Vollzug des Gesetzes wurde ein Staatsgerichtshof zum Schutze der Republik berufen.

Endlich hatte die Reichsregierung mit harten Maßnahmen reagiert, verstand es jedoch wiederum nicht, die öffentliche Erregung zugunsten der Republik auszuwerten. Erschwerend kam allerdings hinzu, daß sie durch außenpolitische Fragen zunehmend belastet wurde, vor allem durch das Problem der Reparationen und die Auseinandersetzungen um die „Erfüllungspolitik".

Die Alliierte Reparationskommission hatte am 27. April 1921 verkündet, daß Deutschland eine Endsumme von 132 Milliarden Goldmark zu leisten habe. Die Anerkenntnis dieser Reparationsschuld wurde durch das Londoner Ultimatum vom 5. Mai 1921 erzwungen. Der Reichstag nahm es an, weil befürchtet wurde, daß im Falle der Ablehnung nicht nur das Ruhrgebiet besetzt, sondern auch trotz des Abstimmungsergebnisses vom 20. März 1921 ganz Oberschlesien den Polen zugesprochen werden würde. Unter Reichskanzler Wirth begann damit die sogenannte Erfüllungspolitik.

Die „Erfüllungspolitik" beruhte auf dem Gedanken, Deutschlands guten Willen zum vertragsgerechten Handeln zu beweisen und dadurch seine außenpolitische Stellung zu verbessern. Diese Konzeption ist hart umstritten worden und hat dazu beigetragen, die innenpolitischen Gegensätze zu verschärfen. Die Gegner der „Erfüllungspolitik", die Widerstand um jeden Preis gegen die Forderungen der Urheber des „Versailler Diktats" verlangten, sahen in einem Manne wie Wirth nur einen Verräter am Volksganzen. Seine „eigentümliche Doppelrolle als Erfüllungspolitiker nach dem Westen und Revisionspolitiker gegen Polen im Osten" (Schieder) war damals allerdings noch nicht zu erkennen, hätte ihn aber wohl auch dann nicht vor der Verdammung seitens der sogenannten nationalen Opposition geschützt.

Unter Wirths Verantwortung begann die streng geheime militärische Zusammenarbeit des Reichsheeres mit der Roten Armee der UdSSR (s. S. 235 ff.). Auch näherten sich Deutschland und die Sowjetunion einander diplomatisch und wirtschaftspolitisch. Der Rapallo-Vertrag vom 16. April 1922 war nicht mehr als ein „aus unmittelbaren wirtschaftlichen und politischen Bedürfnissen herausgewachsener Normalisierungs- und Liquidationsvertrag, eine Art ‚nachgeholter Friedensvertrag'" (Schieder), aber er traf die westlichen Mächte wie ein unerwarteter Blitz. Sie wollten es nicht glauben, daß die beiden immer noch verfemten Staaten nur übereingekommen waren, gegenseitig auf alle sich aus dem Weltkrieg ergebenden Forderungen zu verzichten, und sich darüber hinaus entschlossen hatten, ihr gegenseitiges Verhältnis im politischen und wirtschaftlichen Bereich zu verbessern. Trotzdem blieb auch das politische Verhältnis zwischen Deutschland und der UdSSR in den folgenden Jahren nicht ungetrübt. Die Locarno-Politik Stresemanns setzte es sogar starken Spannungen aus, die erst mit dem Berliner Vertrag vom 24. April 1926 beigelegt wurden. Aber im allgemeinen trug die in Rapallo geschaffene Atmosphäre und die vermuteten Geheimabsprachen gegen Polen bis 1933 wesentlich zur Beruhigung im östlichen Mitteleuropa bei.

Die Auffassung, aufgrund des Rapallo-Vertrages seien die östlichen Nachbarn

Deutschlands in der Krise von 1923 davon abgehalten worden, sich aktiv an die Seite Frankreichs und Belgiens zu stellen, besitzt einen hohen Wahrscheinlichkeitsgehalt. In diese Krise geriet das Deutsche Reich zunächst wegen der Reparationen.

c. Das Krisenjahr 1923

Die Erfüllungspolitik war von vornherein dadurch belastet, daß die Reparationsmächte drohten, das Ruhrgebiet zu besetzen, wenn Deutschland seinen harten Verpflichtungen nicht pünktlich nachkam. Besonders Frankreich forderte „produktive Pfänder", nicht nur um die Zahlungen und Sachlieferungen zu erzwingen, sondern auch im Interesse der eigenen Schwerindustrie und des militärischen Sicherheitsbedürfnisses. Die starre Haltung der beunruhigten französischen Politiker ist nicht zuletzt daraus zu erklären, daß die USA und Großbritannien die Versailler Beistandsverträge vom 28. Juni 1919 nicht ratifiziert hatten. Es gelang Frankreich, Rückstände in den Sachlieferungen Deutschlands als eine vorsätzliche Verletzung seiner Verpflichtungen anzulasten und daraus das Recht abzuleiten, am 9. Januar 1923 eine Ingenieurkommission ins Ruhrgebiet zu entsenden. Sie wurde durch französische und belgische Truppen „geschützt", deren Stärke auf dem Höhepunkt des sogenannten Ruhrkampfes etwa 100 000 Mann betrug.

Die gewaltsame Invasion veranlaßte Reichspräsidenten und Reichsregierung (Dr. Cuno: 22. November 1922 – 12. August 1923), das deutsche Volk am 11. Januar 1923 zum „passiven Widerstand" aufzurufen, zugleich aber vor Gewalt und unüberlegten Aktionen zu warnen. Die Bevölkerung stellte sich in beeindruckendem Abwehrwillen fast geschlossen hinter die politische Führung. Die folgenden Monate zeigten jedoch, daß das Reich – nicht zuletzt infolge der harten Gegenmaßnahmen der Franzosen und Belgier – der Belastung im wirtschaftlichen und vor allem finanziellen Bereich nicht gewachsen war. Im Januar 1923 begann der katastrophale Zusammenbruch der bereits von einer Inflation ergriffenen deutschen Währung.

Den Anstoß zur Inflation hatte ein Überhang an Kaufkraft infolge der Vermehrung von Krediten und Zahlungsmitteln durch die Reichsbank gegeben. Wenn für den Januar 1913 der Index des Dollarkurses der Mark mit 1 angesetzt wird, dann stand er im Januar 1923 „noch" auf 4 279, stieg bis zum Juli 1923 auf 84 150, erreichte im Oktober 6 014 300 000, bis er im Augenblick der Stabilisierung der Währung auf 4,2 Billionen fixiert wurde. Eine Folge dieser Entwertung war, daß eine breite Schicht der Bevölkerung – vornehmlich der kleinbürgerliche Mittelstand – nicht nur in ihrem Vermögensstand geschädigt oder gar ihrer Existenzgrundlage beraubt, sondern auch der Republik zumindest entfremdet wurde. Sie wurde in Verwechslung von Ursache und Wirkung mit der Verantwortung für die Katastrophe belastet.

Während das Ruhrgebiet im passiven Widerstand verharrte und einzelne Sabotageakte die Spannung erhöhten, und während nationalistische Kreise sogar den Übergang zur aktiven Abwehr des „Ruhreinbruchs" forderten, suchte die Reichsregierung seit dem späteren Frühjahr nach Mitteln und Wegen, die Krise zu überwinden. Eine Aufgabe des passiven Widerstandes als notwendige Voraussetzung glaubte sie jedoch nicht verantworten zu können. Diesen Schritt wagte erst Stresemann.

Dr. Gustav Stresemann (10. Mai 1878 – 3. Oktober 1929), seit 1917 Vorsitzender der Reichstagsfraktion der Nationalliberalen Partei, unterhielt während des Ersten Weltkriegs enge Beziehungen zur dritten OHL und verfocht als leidenschaftlicher Alldeutscher annexionistische Forderungen. Er lehnte nicht nur 1917 die Friedensresolution ab, sondern gehörte noch nach dem Sturz der Monarchie als Mitbegründer der Deutschen Volkspartei zu den Gegnern der Republik. Dann aber war es sein Verdienst, daß er diese Partei aus der Opposition heraus und an die parlamentarische Demokratie heranführte. Stresemann darf heute als der bedeutendste Politiker der Republik bezeichnet werden, auch wenn seine Persönlichkeit historisch bisher noch nicht befriedigend erfaßt worden ist.

Stresemann bildete am 13. August 1923 eine Regierung auf der Grundlage einer großen Koalition von SPD bis DVP (Dr. Stresemann I: 13. August bis 4. Oktober 1923; Dr. Stresemann II: 6. Oktober – 23. November 1923). Als er am 23. November 1923 zurücktreten mußte, war diese Große Koalition bereits mit dem Ausscheiden der sozialdemokratischen Kabinettsmitglieder am 3. November gescheitert. Bevor sie zerbrach, hatte sie jedoch aus staatspolitischem Verantwortungsbewußtsein den Ruhrkampf abgebrochen. Stresemann vollzog diesen Schritt am 26. September, obgleich er trotz der vorangegangenen Bemühungen einer bedingungslosen Kapitulation gleichkam. Es gab keine andere Lösung, zumal die Einmütigkeit von Parteien und Bevölkerung, die den Beginn des passiven Widerstandes auszeichnete, schon lange geschwunden war. Seine wirtschaftlichen Auswirkungen bedeuteten eine auf die Dauer gesehen untragbare Belastung. Außerdem gab es politische Kräfte, die nicht davor zurückscheuten, die Ruhrkrise unter dem Aspekt parteipolitischer Ziele auszunutzen. Sie fanden ihren Rückhalt vornehmlich in Bayern.

Bayern beobachtete in seinem Verhältnis zur Reichsregierung bereits während des Weltkriegs ein politisches Mißtrauen, das durch die Nachkriegsereignisse nicht abgebaut, sondern verstärkt wurde. Seit dem Kapp-Lüttwitz-Putsch amtierten in München „sozialistenreine" Regierungen, die sich in einen ständig wachsenden Gegensatz zum „roten" Berlin hineinsteigerten. Im Mittelpunkt der bayerischen Politik stand Gustav Ritter von Kahr (1862–1934), ein guter Verwaltungsfachmann ohne eigentliche politische Fähigkeiten. Er wollte von der „Ordnungszelle Bayern" aus die sogenannte nationale Wiedergeburt der deutschen Nation einleiten. Alle Gruppen und Vereinigungen, die sich ebenfalls diesem Ziel verschrieben hatten, waren ihm als Mitkämpfer gegen Berlin willkommen – also nicht nur die „Vaterländischen Verbände", sondern auch die Nationalsozialistische Deutsche Arbeiterpartei (NSDAP).

Zur Geschichte der NSDAP und zur Persönlichkeit ihres „Führers" Adolf Hitler (1889–1945) vgl. Abschnitt VII. Der Bayerischen Staatsregierung bereitete diese Partei, deren Mitgliederzahl insbesondere 1932 infolge der wirtschaftlichen Not und der politischen Wirren stark anstieg, bereits seit dem Herbst 1922 Sorgen, weil befürchtet wurde, daß Mussolinis Marsch auf Rom (28. Oktober 1922) vorbildhaft wirken könnte. Sie begegnete dieser Gefahr aber nur mit einer Politik des Lavierens. Hitler, der am 11. Januar 1923 in einer Massenversammlung erklärt hatte, „Nicht nieder mit Frankreich, sondern nieder mit den Novemberverbrechern", war später skrupellos genug, der Regierung Stresemann vorzuwerfen, sie habe den nationalen Widerstand gegen Frankreich verraten; er war offenbar nicht gewillt, sich den restaurativen Zielen Kahrs dauerhaft unterzuordnen.

Ritter von Kahr wurde von der Bayerischen Staatsregierung am 26. September 1923 im Zusammenhang mit der Verhängung des Ausnahmezustandes über Bayern zum Generalstaatskommissar berufen. Mit diesen Akten protestierte München gegen die Liquidation des passiven Widerstandes seitens der Reichsregierung – ein Vorgang, der den nunmehr dritten Konflikt zwischen Bayern und Reich in der Republik einleitete. Die Reichsregierung beantwortete nämlich die bayerische Notverordnung mit einer Verordnung des Reichspräsidenten vom gleichen Tage, die über das gesamte Reichsgebiet den Ausnahmezustand verhängte. Das Nebeneinander zweier Ausnahmezustände ergab von vornherein nicht nur eine staats- und verfassungsrechtlich ungeklärte, sondern auch eine streitgeladene politische Situation. Der Konflikt entzündete sich an der Frage des Verbots des „Völkischen Beobachters" (s. S. 269) und gewann sofort grundsätzliche Bedeutung. In Bayern erkannte man, daß sich mit dem Abbruch des Ruhrkampfes die Möglichkeit einer Verbesserung der wirtschaftlichen Verhältnisse anbahnte – eine Entwicklung, die den politischen Absichten den Rückhalt in der Bevölkerung entziehen konnte. Es entstand ein Zwang zum Handeln, besonders für die rechtsextremistischen Kräfte. Von ihrer Seite ging denn auch der zündende Funke aus, der zu dem Putschversuch vom 8./9. November 1923 führte.

Hitler, der – wie Kapp im Jahr 1920 – General Ludendorff auf seiner Seite wußte, war bereits seit etwa Ende September/Anfang Oktober 1923 entschlossen, auch ohne seine bisherigen Verbündeten mit dem Ziele der Errichtung einer „nationalen Diktatur" loszuschlagen. Seine Gegnerschaft zu Kahr blieb nicht verborgen, auch konnte der Generalstaatskommissar die NSDAP nicht unter Kontrolle bringen. Die Initiative war an Hitler verlorengegangen. Als sich Kahr und seine bayerischen Bundesgenossen von dem inzwischen sehr weit vorangetriebenen Plan eines Marsches auf Berlin abzuwenden begannen, überspielte sie Hitler am Abend des 8. November und konnte so zunächst den Eindruck erwecken, es handle sich um einen gemeinsamen Putsch. Während die Reichsregierung als Gegenmaßnahme noch in der Nacht mit einer Verordnung des Reichspräsidenten die Vollziehende Gewalt auf den Chef der Heeresleitung übertrug, distanzierten sich Kahr und sein Kreis von Hitler und Ludendorff. Im Feuer bayerischer Polizei brach am 9. November vor der Feldherrnhalle der

Versuch der Putschisten zusammen, das bereits gescheiterte Unternehmen doch noch zu retten.

Die Reichsregierung hatte sich bemüht, einen Bruch mit Bayern zu vermeiden. Nicht den gleichen Langmut hatte sie gegenüber den Ländern Sachsen und Thüringen bewiesen, wo nun nicht außerparlamentarische rechtsextremistische Kräfte, sondern sozialistische Koalitionsregierungen aus Sozialdemokraten und Kommunisten auf der Grundlage parlamentarischer Mehrheiten das politische Leben zu bestimmen begonnen hatten. Stresemann setzte Ende Oktober die Reichsexekution gegenüber Sachsen durch und ließ Anfang November auch in Thüringen Verbände des Reichsheeres intervenieren. Keine Möglichkeit einzuschreiten besaß die Reichsregierung im Rheinland und in der Pfalz, als nach der Liquidation des Ruhrkampfes Separatisten die Macht an sich brachten. Sie scheiterten jedoch trotz ihres Rückhalts bei den französischen Behörden am Widerstand der Bevölkerung – eine Entwicklung, die sich bereits abzeichnete, als Stresemann zurücktrat. In den hundert Tagen seiner Kanzlerschaft hatte er Deutschland den Weg gewiesen, die schwere Bedrohung seiner Existenz zu überwinden, und Entscheidungen gefällt, die Weichenstellungen für die kommenden Jahre bedeuteten. Mit dem Mut zu unpopulären Maßnahmen zeigte er sein staatsmännisches Können, das er hinfort bis zu seinem Tode in allen Reichskabinetten als Reichsaußenminister beweisen sollte.

3. Das Jahrfünft äußerer Entspannung

a. Die Ära der Verständigungspolitik

Mit dem Namen Stresemann verbindet sich für die Jahre von 1924–1929 das deutsche Bemühen, das Verhältnis zwischen Frankreich und Deutschland durch Verzicht auf die überlieferten Mittel einer kompromißlosen Machtpolitik zu entspannen und durch Verhandlungen zu verbessern, um dadurch zugleich die Republik in das fortbestehende System souveräner Nationalstaaten als gleichberechtigtes Mitglied zurückzuführen und dem Deutschen Reich auf diesem Wege durch Revision der Versailler Bestimmungen wieder eine geachtete und selbständige Position im Sinne nationaler Machtstellung zu gewinnen. Beim Versuch, sich mit dem westlichen Nachbarn zu verständigen, fand der deutsche Außenminister seit 1925 in dem französischen Staatsmann Aristide Briand einen Partner, der bereit war, auch für sein Land den Kurs der „Verständigungspolitik" einzuschlagen.

Die Verständigungspolitik wurde mit der Annahme des Reparationsplanes der Dawes-Kommission auf der Londoner Konferenz vom Juli/August 1924 eingeleitet. Der Dawes-Plan entpolitisierte nicht nur das leidige Problem der Wiedergutmachung, indem er die Reparationsverpflichtung aus ihrer bisherigen Verquickung mit Gewaltmaßnahmen löste, sondern schuf auch die Grundlagen dafür, daß ausländische Finanzkreise, insbesondere aus den USA, dem kapitalschwachen Deutschland Kredite gewährten und damit eine wesentliche Voraussetzung für den wirtschaftlichen Wiederaufschwung schufen. Im Rahmen der Londoner Konferenz erreichte Stresemann außerdem, daß das Ruhrgebiet bis Juli 1925 geräumt wurde. Noch ließ es jedoch das französische Sicherheitsverlangen nicht zu, daß die erste Zone des besetzten Rheinlandes zum 10. Januar 1925 freigegeben wurde. Frankreich verweigerte die Räumung und berief sich hierbei auf Beanstandungen der IMKK. Ohne die seiner Auffassung nach lebenswichtigen Belange der Landesverteidigung preiszugeben, verstand es Stresemann, die französischen Besorgnisse nach und nach abzubauen.

Nachdem ein englisch-französischer Versuch, kollektive Sicherheit durch ein allgemeines Schiedsgerichtssystem im Rahmen des Völkerbundes zu gewinnen, am Widerstand der britischen Dominien gegen das Genfer Protokoll vom 2. Oktober 1924 gescheitert war, schlug Stresemann am 9. Februar 1925 vor, den Status quo der deutschen Westgrenze allgemein zu garantieren. Seine Anregung führte zu den Locarno-Verträgen vom 15. Oktober 1925, die am 1. Dezember 1925 in London unterzeichnet wurden. Die französischen Bestrebungen, ein gleichartiges Vertragswerk für die deutsche Ostgrenze abzuschließen, wurden von Stresemann überspielt. Der Außenminister, der als den Sinn der Locarno-Politik „die Erhaltung der Rheinlande und die Möglichkeit der Wiedergewinnung deutschen Landes im Osten“ ansah, fand sich jedoch bereit, nicht nur mit Frankreich und Belgien, sondern auch mit Polen und der Tschechoslowakei Schiedsverträge abzuschließen.

Im Garantiepakt von Locarno erklärten das Deutsche Reich einerseits, Frankreich und Belgien andererseits, daß sie auf eine gewaltsame Veränderung der deutschen Westgrenze verzichteten; ihre Unantastbarkeit wurde außerdem von England und Italien garantiert. Frankreich gewann dadurch verstärkte Sicherheit gegenüber der Gefahr eines Angriffs seitens seines östlichen Nachbarn. Deutschland verbuchte einmal als Erfolg, daß die Möglichkeit eines militärischen französisch-polnischen Zusammenwirkens nur noch im Falle einer eindeutigen deutschen Aggression gegeben war, zum anderen aber vor allem, daß sich die deutsch-französischen Beziehungen zu entkrampfen begannen.

Eine Voraussetzung für die Gültigkeit der Locarno-Verträge war, daß Deutschland in den Völkerbund eintrat. Im Rahmen der Beitrittsverhandlungen gelang es Stresemann zu verhindern, daß Deutschland die Sanktionsverpflichtungen des Paragraphen 16 aus dem Völkerbundsvertrag voll auf sich nehmen mußte, denn das Reich hätte durch seine Zustimmung gegen den Rapallo-Vertrag verstoßen und das Verhältnis zur UdSSR schwer belastet. Im übrigen wurde der Beitritt erst am 10. September 1926 vollzogen, weil der Anspruch auf einen ständigen Sitz im Völkerbundrat Schwierigkeiten bereitete. Nachdem er durchgesetzt war, bot er Stresemann in den folgenden Jahren einen günstigen Ansatzpunkt für seine Außenpolitik. Noch 1925 hatte er erreicht, daß die erste Rheinlandzone geräumt wurde. Auch die Zurückziehung der IMKK zum 31. Januar 1927 war sein Verdienst.

Im Mittelpunkt der deutsch-französischen Verständigungspolitik stand für Frankreich weiterhin das Sicherheitsbedürfnis gegenüber dem industriell und wirtschaftlich wiedererstarkenden östlichen Nachbarn, für Deutschland die – möglichst vorzeitige – Räumung der zweiten und dritten Zone des Rheinlandes von den ehemaligen Feindmächten. Mit der Verwirklichung dieses Zieles hoffte Stresemann diejenigen Gruppen zu überzeugen und für sich zu gewinnen, die seine Außenpolitik nicht grundsätzlich ablehnten, sei es aus chauvinistischen Motiven oder aus Aversion gegenüber demokratischer Politik allgemein. Getragen wurde sein Programm von den Parteien, die sich zur parlamentarischen Republik bekannten, SPD bis DVP; zeitweise tolerierte es auch die DNVP. Es war die Tragik dieser Verständigungspolitik, daß ihre Verfechter zwischen der Ungeduld der Deutschen und der zaudernden Zurückhaltung der französischen Politiker wie zwischen zwei Mühlsteinen zerrieben wurden (Lipgens). Daß Deutschland bereit war, alle Mittel friedlichen Ausgleichs zwischen den Völkern anzuerkennen, bewies die Reichsregierung auch dadurch, daß sie zum Kreise der Staaten gehörte, die als erste das Kriegsächtungsabkommen vom 27. August 1928 unterzeichneten. Dieser Briand-Kellog-Pakt, der den Krieg zu einem illegitimen Mittel der Politik und für rechtlos erklärte, wurde jedoch keinesfalls von allen Deutschen begrüßt.

Die Räumung des Rheinlandes hing eng mit der endgültigen Regelung des Reparationsproblems zusammen. Das Dawes-Abkommen erwies sich als revisionsbedürftig. Eine Sachverständigenkommission legte im Sommer 1929 mit dem Young-Plan eine neue Lösung vor. Bis sie nach zwei Konferenzen in Den Haag mit Unterzeichnung des Schlußprotokolls vom 17. Mai 1930 in Kraft trat, wurde sie in Deutschland leidenschaftlich umkämpft. Ihre Zweckmäßigkeit war auch in Frankreich umstritten. Der Young-Plan war die letzte Frucht der Verständigungspolitik Stresemanns. Er trug Deutschland die vorfristige Freigabe der beiden Besatzungszonen in Rheinland ein – ein Erfolg, den der Außenminister nicht mehr erlebte. Sein Nachfolger, Dr. Julius Curtius (4. Oktober 1929 – 7. Oktober 1931), wich bereits im Verlauf der ersten Monate des Kabinetts Brüning von den Bahnen der Verständigungspolitik ab. Der Kurswechsel wurde offenkundig, als die Reichsregierung dem Europa-Plan Briands eine Absage erteilte, ohne ihn mit seinem Initiator im Sinne der diplomatischen Übung unter Stresemann zu diskutieren und die beiderseitige Interessenlage abzuwägen, wie es zur Zeit der Verständigungspolitik üblich gewesen war. Innenpolitische Motive begannen die Außenpolitik zu bestimmen.

b. Innenpolitische Probleme in der Ära Stresemann

Stresemann war von 1924 bis 1929 auch im Bereich der Innenpolitik eine zentrale Figur, und sei es nur dadurch, daß in seiner Person die DVP an die demokratisch-parlamentarische Republik gebunden wurde und er bei allen

Kabinettsbildungen eine Schlüsselstellung gewann. An Kabinettswechseln waren die Jahre nämlich reich. Nach Stresemanns Sturz als Reichskanzler bildeten der Zentrumsführer Wilhelm Marx und der spätere Reichsbankpräsident Hans Luther nacheinander sechs Kabinette (Dr. Marx I: 30. November 1923 – 26. Mai 1924; Dr. Marx II: 3. Juni 1924 – 15. Dezember 1924; Dr. Luther I: 15. Januar 1925 – 5. Dezember 1925; Dr. Luther II: 20. Januar 1926 – 12. Mai 1926; Dr. Marx III: 16. Mai 1926 – 17. Dezember 1926; Dr. Marx IV: 29. Januar 1927 bis 12. Juni 1928), an denen keine Sozialdemokraten, dagegen zweimal Deutschnationale beteiligt waren (Luther I, Marx IV). Bei den vier Koalitionsregierungen der bürgerlichen Mittelparteien handelte es sich um Kabinette ohne parlamentarische Mehrheit. Sie waren bei außenpolitischen Entscheidungen auf die Unterstützung durch die SPD angewiesen, die sich aus Verpflichtung gegenüber der Republik dieser Hilfestellung nicht entzog, dadurch aber nicht die Rolle einer eindeutigen parlamentarischen Opposition spielte. In die politische Verantwortung traten die Sozialdemokraten erst wieder 1928 ein.

Die schwierigen Koalitionsbedingungen, die dazu führten, daß entweder schwache Minderheitsregierungen zustande kamen oder Kabinette, die nicht das gebotene Mindestmaß an Übereinstimmung besaßen, waren Ausdruck der zu differenzierten Wählerentscheidungen auf der Grundlage einer Verfassung, die jeder Stimme ihren Anteil an der Willensbildung zukommen lassen wollte. Die extremistischen Parteien von links und rechts, die das parlamentarische Regierungssystem grundsätzlich verneinten, stellten aber im Rahmen der Volksvertretung keine demokratische Opposition dar, sondern trugen nur dazu bei, daß Ansehen und vor allem Einfluß und Macht des Reichstags schwanden. Allerdings verloren die Radikalen, die in den Reichstagswahlen vom 4. Mai 1924 der SPD schwere und den liberalen Mittelparteien drückende Verluste zufügten, in den Reichstagswahlen vom 7. Dezember 1924 und vom 20. Mai 1928 an Anhängerschaft. Bei oberflächlicher Betrachtung konnten diese Wahlergebnisse ebenso wie die Annäherung der DNVP an die Republik, die sich in ihrer Beteiligung an der Reichsregierung ausdrückte, als eine Konsolidierung und innenpolitische Verfestigung des parlamentarischen Systems beurteilt werden. Es läßt sich jedoch nicht übersehen, daß die Idee des parlamentarischen Regierungssystems zu schwinden begann und die Verfassungsnormalität der parlamentarischen Demokratie bereits gestört war (Conze). Diese Tatsache drückte sich beispielsweise in Überlegungen aus, die an die Stelle der Regierungsbildung auf koalitionsgebundener Grundlage im Sinne einer parteistaatlichen Struktur ein „Kabinett der Persönlichkeiten“ setzen wollten. Daß die Bedeutung des Reichstages gesunken war, erwies sich außerdem dadurch, daß außerparlamentarische Kräfte und Gruppen im politischen Bereich tätig werden konnten (Stürmer), wie etwa Reichslandbund und Reichsverband der deutschen Industrie. Die ab 1929 so vielberufene Krise des Parlamentarismus schwelte also bereits, und sie bedurfte nur eines Anstoßes, um politisch relevant zu werden. Ihre Wurzeln lagen auch nicht in der Republik, sondern lassen sich bis tief in das 19. Jahrhundert zurückverfolgen. Außerdem war das parlamentarische System von vornherein durch die Umstände belastet, die ihm in Deutschland zum Durchbruch verhalfen.

Allerdings trug es paradoxerweise zunächst zur Festigung des jungen Staates bei, daß nach dem Tode Eberts bei der Neuwahl des Reichspräsidenten 48,5 % der zur Wahl gegangenen stimmberechtigten Deutschen sich am 26. April 1925 für Generalfeldmarschall Paul v. Hindenburg, den letzten Chef des Generalstabs des Feldheeres im Weltkrieg, entschieden (zur Biographie s. Abschn. V, S. 146 f.). Für Marx als Kandidaten der Parteien der „Weimarer Koalition" votierten 45,2 %, die restlichen 6,3 % der Stimmen wurden für den Führer der KPD abgegeben. Indem sich Hindenburg, der Kandidat der Rechtsparteien, der Republik verpflichtete, führte er auch einen Teil aus dem Kreis seiner Wähler, der bisher der politischen Neugestaltung Deutschlands seine Anerkennung versagt hatte, an sie heran. Ihre Loyalität und Bindung war jedoch nicht groß. Als die Republik Anfang der dreißiger Jahre in ihre schwere Krise eintrat, versagten sich ihr die meisten wieder, während sich der greise Reichspräsident der politischen Situation nicht mehr gewachsen zeigte.

4. Der Niedergang der parlamentarischen Demokratie

a. Die Krise des Parlamentarismus

Bestrebungen, im Jahre 1926 eine Reichsregierung auf der Basis einer Koalition von SPD bis DVP zustande zu bringen, schienen von vornherein wegen der unüberbrückbaren innen-, vor allem sozialpolitischen Differenzen zwischen den beiden Flügelparteien kaum realisierbar zu sein. Die letzten Möglichkeiten einer Zusammenarbeit wurden dann durch eine Reichstagsrede Scheidemanns vom 16. Dezember so torpediert (s. S. 285 f.), daß Kräfte hinter den Kulissen bereits Chancen witterten, auf die Entscheidungen des Reichspräsidenten im Sinne einer präsidialen Regierungsweise einwirken zu können (s. S. 287). Später stellten die Sozialdemokraten nach ihrem Erfolg bei den Reichstagswahlen vom 20. Mai 1928 mit Hermann Müller noch einmal den Reichskanzler. Seine Regierung der Großen Koalition (28. Juni 1928 – 27. März 1930) litt von Anfang an unter ihrer heterogenen Zusammensetzung. Welche grotesken Formen die Bindung der Kabinettsmitglieder an ihre Parteien annehmen konnte, zeigte sich daran, daß die sozialdemokratischen Minister in einer Sitzung der Regierung dem Bau des Panzerkreuzers A zustimmten, sich dann aber einem Fraktionsbeschluß beugten und sich in der Reichstagsabstimmung vom 16. November 1928 selbst desavouierten, indem sie gegen ihre eigene Entscheidung votierten (s. Abschnitt VII).

Unter derartigen Voraussetzungen und Arbeitsbedingungen sah sich das Kabinett Müller seit 1929 einer Wirtschafts- und Finanzkrise gegenüber, die während des strengen Winters 1928/29 begann, also bereits vor dem Börsenkrach des „Schwarzen Freitag" vom 24. Oktober 1929. Es waren vor allem drei

Problemkreise, die sich wegen ihres engen inneren Zusammenhanges nicht isoliert behandeln ließen und allein mit den Mitteln des parlamentarischen Systems gar nicht zu lösen waren: das Ansteigen der Zahl von Erwerbslosen mit seinen Folgen für die Haushaltslage der erst 1927 errichteten Reichsanstalt für Arbeitslosenversicherung, zweitens die Verschlechterung der Reichsfinanzen infolge der Schuldenlast und der defizitären Unausgeglichenheit des Etats und drittens die „endgültige" Regelung der Reparationen auf der Grundlage des Young-Planes. Diese Koppelung von Schwierigkeiten ließ die latent vorhandene Krise des Parlamentarismus oder des Parteienstaates offenkundig werden. Als sich dann seit Ende 1929 mit der Weltwirtschaftskrise die Situation noch weiter verkomplizierte, zeigte sich die Regierung der Großen Koalition der Lage kaum noch gewachsen, zumal die Regierungsparteien die Verantwortung scheuten und wenig kompromißbereit waren.

Die Reichstagswahlen vom 20. Mai 1928 hatten insofern einen Sieg für die Republik bedeutet, als die verfassungsfeindlichen Parteien einschließlich der DNVP nur 28 % der Wählerstimmen erhalten hatten. Ihr Stimmenanteil verringerte sich sogar noch beim Volksentscheid vom 22. Dezember 1929 über das am 11. September 1929 von einem von DNVP, NSDAP und Stahlhelm getragenen „Reichsausschuß" eingebrachte Volksbegehren gegen den Young-Plan. Nur 13,8 % der Stimmberechtigten sprachen sich für die Annahme des „Gesetzes gegen die Versklavung des deutschen Volkes" aus. Dennoch ließ sich schon 1929 der durch die wirtschaftliche Stagnation und die zunehmende Arbeitslosigkeit ausgelöste Rutsch nach rechts nicht übersehen. Bei Kommunal- und Länderwahlen errang die NSDAP so beachtliche Erfolge, daß es die DVP und sogar das Zentrum für notwendig erachteten, den rechten Flügeln ihrer Parteien nachzugeben. Die DNVP hatte sich bereits nach der Reichstagswahl von 1928 unter der neuen Führung von Alfred Hugenberg (1865–1951) eindeutig von der Republik distanziert. Ihr Parteivorsitzender begann mit Hitler zusammenzuarbeiten und vermittelte dadurch den Nationalsozialisten die Möglichkeit, in soziale Schichten und soziologische Gruppen einzubrechen, die ihnen bisher verschlossen waren oder sie politisch nicht ernst genommen hatten. Hugenberg und Hitler verlegten den Kampf um die Macht und zugleich um die Existenz der parlamentarischen Demokratie weitgehend auf die Straße und griffen in ihrer Propaganda zu demagogischen Mitteln, die vor keiner Schranke haltmachten. Daß sich die DNVP über die hemmungslose Agitation gegen den Young-Plan spaltete, bedeutete kaum einen Gewinn für die Republik. Die im Januar 1930 gegründete Volkskonservative Vereinigung fand außerdem bei der Wählerschaft keinen Widerhall, wie die Reichstagswahlen vom 14. September 1930 erweisen sollten.

Der Kreis der Kräfte, die das parlamentarische System bejahten, begann also zu schrumpfen, und die Parteien, die den demokratischen Staat trugen, erwiesen sich aus mancherlei Gründen, wie Angst vor dem Wähler, Bindung an Interessengruppen und Mißbrauch ihrer wirklichen oder vermeintlichen Schlüsselstellung in der Großen Koalition, der Notlage nicht gewachsen. Infolgedessen löste sich die bei einer breiteren Bevölkerungsschicht noch nicht enge und vielfach nur vernunftbedingte Bindung an die Weimarer Republik und machte einer gleichgültigen oder gar republikfeindlichen Einstellung Platz. Hierbei war die Strömung nach rechts erheblich stärker als zugunsten der radikalen Linken. Insofern kann das Jahr 1929 als ein Wendepunkt in der Geschichte der Republik angesehen werden (Conze).

b. Der Übergang zum Präsidialregime

Das Kabinett Müller hatte bereits im Februar und Dezember 1929 schwere Koalitionskrisen durchstehen müssen und war nach dem knappen Abstimmungsergebnis über das Finanz- und Sparprogramm vom 12. Dezember 1929 vornehmlich nur wegen der für Januar 1930 anberaumten anschließenden zweiten Haager Konferenz über den Young-Plan im Amt geblieben. Am 27. März 1930 scheiterte die mühsam gewahrte Einheit der Großen Koalition endgültig an der Frage, wie die steigenden Mittel für die Arbeitslosenversicherung gedeckt werden sollten. Für die Nutzung dieses Zeitpunktes hatten Kräfte außerhalb der Koalition unter aktiver Anteilnahme des Reichspräsidenten bereits hinter den Kulissen vorgearbeitet. Hindenburg wünschte, daß zukünftig ohne sozialdemokratische Kabinettsbeteiligung regiert werde. Da bekannt war, daß die DNVP es sogar ablehnte, eine bürgerliche Minderheitsregierung zu tolerieren, ließ sich allerdings voraussagen, daß jede Form einer kleinen Koalition vor der Schwierigkeit stand, im Reichstag Mehrheiten zu erlangen. In Erkenntnis dieser Lage hatte man schon an der Jahreswende 1929/30 nicht nur in der Umgebung des Reichspräsidenten, sondern auch in anderen Kreisen, vor allem im Reichswehrministerium, den Plan diskutiert, wie in den Anfangsjahren der Republik mit Hilfe des Artikels 48 der Reichsverfassung zu regieren. Ein „Hindenburg-Kabinett", das sich auf die Autorität des Reichspräsidenten stützte, konnte die parlamentarische Hürde durch Notverordnungen überspringen und den Reichstag auflösen lassen, wenn er Schwierigkeiten bereitete. Daß wider den ursprünglichen Sinn des Artikels 48 gehandelt wurde, wenn das präsidiale Notverordnungsrecht als Tätigkeitsbasis einer Reichsregierung diente, scheint schon deshalb wenig rechtliche Bedenken ausgelöst zu haben, weil auch unter Ebert so verfahren worden war. Es ist jedoch zu bezweifeln, daß diese Lösung jetzt ebenfalls nur der Beseitigung einer akuten Krise dienen sollte. Sie dürfte vielmehr bereits als Überleitung zu einer dauerhaften faktischen oder gar rechtlichen Verfassungsänderung geplant gewesen sein. Daß sich dieser Plan zunächst nicht verwirklichte, war das Verdienst eines auf dem Boden des parlamentarischen Systems stehenden integren Politikers, des Fraktionsvorsitzenden des Zentrums, Heinrich Brüning, den der Reichspräsident als Reichskanzler berief.

Dr. Heinrich Brüning (geb. 26. November 1885), als Reserveoffizier Teilnehmer am Ersten Weltkrieg, trat nach dem Studium von Philosophie und Volkswirtschaft zunächst in den Dienst der christlichen Gewerkschaften. Seit 1924 Reichstagsabgeordneter des

Zentrums, betätigte er sich vor allem im Bereich der Finanzpolitik. Im Jahre 1929 zum Fraktionsvorsitzenden gewählt, bemühte er sich stark, einen Bruch der Großen Koalition zu verhindern. In diesem Sinne scheint er nicht auf den Sturz seines Vorgängers Müller hingearbeitet, sondern ihn bis zum 27. März 1930 loyal unterstützt zu haben.

Als Reichskanzler an der Spitze eines „Hindenburg-Kabinetts" (Dr. Brüning I: 30. März 1930 – 7. Oktober 1931; Dr. Brüning II: 9. Oktober 1931 – 30. Mai 1932) ließ sich Brüning allerdings anläßlich seiner Beauftragung vom Reichspräsidenten darauf festlegen, daß er sein Kabinett ohne koalitionsmäßige Bindung zusammenstelle und einen Kurs „rechts von der SPD" steuere, dafür aber auf die unbedingte Unterstützung seitens des Reichspräsidenten mit Hilfe der Mittel des Artikels 48 rechnen könne – auch gegen den Reichstag. Brüning verpflichtete sich also, einen Weg zu beschreiten, an dessen Ende eine Verfassungsänderung stehen konnte, der aber noch keine Einbahnstraße bedeutete und vom Reichskanzler wahrscheinlich auch nicht einmal mit dem Gedanken an einen faktischen Verfassungswandel betreten wurde. Brüning scheint seine Aufgabe darin gesehen zu haben, mit außerordentlichen, der Notlage angepaßten Mitteln die Krise des Parlamentarismus zu meistern, um danach zum parlamentarischen System zurückzukehren. Er paktierte jedoch mit Kräften, die bereits das Ziel ansteuerten, den Parteienstaat zugunsten einer starken Exekutive zurückzudrängen oder zu beseitigen. Er sah sich außerdem auf das Vertrauen Hindenburgs angewiesen, das allerdings an zwei Bedingungen geknüpft war, an die Ausschaltung der Sozialdemokraten und an die Stützung der ostdeutschen Landwirtschaft mittels eines sogenannten Osthilfeprogramms. Insgesamt bedeuteten die Entscheidungen vom 27./28. März ein einschneidendes Ereignis für die Republik, jedoch nicht eine unwiderrufliche Entscheidung gegen die parlamentarisch-demokratische Staatsordnung.

Es gelang dem neuen Kanzler, den Konflikt mit dem Reichstag hinauszuschieben. Er entzündete sich erst am 16. Juli 1930 über die Deckungsvorlagen für den Reichshaushalt und führte zur Auflösung des Parlaments am 18. Juli. Für Brüning ergab sich unter den Bedingungen, die er eingegangen war, wohl keine andere Lösung. Schuldig wurden im übrigen auch die verfassungstreuen Parteien, die ihn in einer „wahrhaft ungünstigen Stunde" zwangen, zur Notverordnung zu greifen. Die Auflösung des Reichstags stellte die zweite jener Entscheidungen dar, die aus der steigenden Wirtschaftskrise eine akute Staatskrise hervorgehen ließen (Conze).

Hoffnungen, daß die Neuwahlen den Parteien der „rechten Mitte" Gewinne eintragen würden, erfüllten sich nicht. Als unerwarteter Sieger aus der Reichstagswahl vom 14. September 1930 ging die NSDAP hervor, deren Stimmenanteil von 2,6 % im vierten Reichstag auf 18,3 % emporschnellte. Gewinne erzielte außerdem die KPD, für die sich 13,1 % der Wahlbeteiligten aussprachen. Zu den Verlierern zählten nicht nur die staatstragenden Parteien, sondern auch die DNVP, die von 14,2 auf 7,0 % des Stimmenanteils zurückging. Mehr als ein Drittel der Wähler hatte sich für ausgesprochen republikfeindliche Parteien entschieden. Daß Brüning dennoch weitere eineinhalb Jahre amtieren konnte, verdankte er neben der Autorität und präsidialen Gewalt Hindenburgs paradoxerweise vornehmlich den Sozialdemokraten, die auf der Basis einer „Großen Tolerierung-Koalition“ (Conze) aus Verantwortungsbewußtsein die Notverordnungen stets nachträglich billigten.

Brünings Kanzlerschaft war seit den Septemberwahlen von 1930 dadurch gekennzeichnet, daß er die andrängenden innenpolitischen Probleme zurückstellte in der Absicht, dem Radikalismus durch Überwindung der Finanz- und Wirtschaftskrise sowie vor allem durch außenpolitische Erfolge das Wasser abzugraben. Seine einschneidenden finanz- und wirtschaftspolitischen Maßnahmen waren dementsprechend wesentlich von außenpolitischen Motiven bestimmt. Brüning setzte bei der Reparationsfrage an und wollte den Gläubigermächten den Nachweis dafür liefern, daß Deutschland den Verpflichtungen aus dem Young-Plan nicht nachkommen könne. Nachdem der Schock, den das Wahlergebnis vom 14. September 1930 im Ausland ebenfalls hervorgerufen hatte, abgeklungen war und sich die Aufregung gelegt hatte, die der von Curtius ungeschickt eingeleitete Plan einer deutsch-österreichischen Zollunion bewirkt hatte, veranlaßte der Höhepunkt der Weltwirtschaftskrise den Präsidenten der Vereinigten Staaten von Nordamerika, ein internationales Moratorium für die Dauer eines Jahres herbeizuführen. Brüning baute diesen Ansatz dahingehend weiter aus, daß die Reparationen völlig beseitigt werden sollten. Zu seinem Nachteil wurde die für Januar 1932 anberaumte Reparationskonferenz verschoben. Die Früchte seiner Arbeit erntete sein Nachfolger Papen auf der Konferenz von Lausanne im Abkommen vom 9. Juli 1932.

Seit dem 9. Oktober 1931 leitete Brüning auch das Auswärtige Amt, behandelte also im Sinne seiner Konsolidierungsthese die innenpolitischen Probleme nur beiläufig. Seine Zielsetzung hatte zunächst die Männer, die neben ihm zu Schlüsselfiguren des Geschehens aufgerückt waren – Reichswehrminister Groener und der Chef des Ministeramtes im Reichswehrministerium, General Schleicher, (s. S. 119 ff.) – überzeugt und auf der Grundlage des ihnen von Hindenburg gewährten Vertrauens zu enger Zusammenarbeit geführt. Das Verhältnis begann aber schon im Frühjahr 1931 brüchig zu werden, zumal der Reichskanzler nicht die Erwartungen des Reichspräsidenten erfüllte und daher bei ihm an Rückhalt verlor. Insbesondere bei Schleicher wuchsen angesichts der zu bürgerkriegsähnlichen Zuständen ausartenden innenpolitischen Spannungen die Bedenken gegen Brünings Konzept. In Übereinstimmung mit dem Reichspräsidenten und mit Wissen des Reichskanzlers bemühte er sich um einen kompromißloseren Anschluß an die Rechte. Als Preis forderten die angestrebten Partner, die sich demonstrativ in der „Harzburger Front“ zusammengeschlossen hatten, die Entlassung Brünings.

Am 11. Oktober 1931 versammelten sich DNVP, NSDAP, Stahlhelm, Alldeutscher Verband, Landbund und „Vaterländische Verbände“ in Bad Harzburg zu einer Kundgebung gegen die Politik der Reichsregierung und gegen die Republik. An ihr nahmen nicht nur pensionierte Offiziere des „kaiserlichen“ Heeres, wie General Graf von der Goltz und Mitglieder der vormals regierenden Fürstenhäuser, sondern auch ehemalige Angehörige der Reichswehr, wie Generaloberst a. D. v. Seeckt, sowie Wirtschaftsführer und Industriekapitäne teil. Als äußeres Ergebnis des Treffens wurde die „Harzburger Front“ gebildet. Im Gegenzug formierten sich am 16. Dezember 1931 die Gruppen und Kräfte, die sich die Verteidigung der parlamentarischen Demokratie zu ihrer Sache machen wollten, zur „Eisernen Front“.

Daß Brüning von der „Nationalen Opposition“ als Gegner eingestuft wurde, erwies sich anläßlich seiner Bemühungen um die parlamentarische Verlängerung der Amtszeit des Reichspräsidenten. Sie verhinderte nicht nur diesen Versuch, der dem innenpolitisch aufgewühlten Volke einen Wahlkampf ersparen sollte, sondern widersetzte sich sogar einer Kandidatur Hindenburgs und stellte eigene Kandidaten auf, darunter Hitler. Der Feldmarschall wurde erst im zweiten Wahlgang am 10. April 1932 gewählt. Er verdankte den größten Teil seines Stimmenanteils von 53 % gerade Wählern, die auf dem Boden der Republik standen, während die Mehrheit der Stimmberechtigten, die sich 1925 für ihn entschieden hatte, für Hitler votierte (36,8 %). Am 30. Mai 1932 trat die Reichsregierung zurück, weil sie nicht mehr Hindenburgs Vertrauen besaß.

Der Sturz Brünings und die ihm vorangegangenen Ereignisse waren das Ergebnis sehr verschiedenartiger Einwirkungen auf den Reichspräsidenten. Wesentlichen, ja wohl sogar den verantwortlichen Anteil daran hatte General v. Schleicher. In Übereinstimmung mit Hindenburg hielt er den Zeitpunkt für gekommen, in der Führung des Reiches jetzt einen entschiedenen Rechtskurs einzuschlagen. Am 30. Mai 1932 wurde das parlamentarische System „faktisch endgültig außer Kraft gesetzt“ (Conze). Unter dem neuen Kanzler Papen wurde die Einbahnstraße beschritten, an deren Ende die sogenannte Machtübernahme Hitlers stand. Damit aber war Brünings Sturz „ein noch schwerer wiegendes politisches Entscheidungsereignis“ (Conze) als die Ablösung der Regierung der Großen Koalition durch das Kabinett Brüning.

c. Deutschland unter Präsidialregierungen

Mit dem Sturz Brünings endete der Zeitabschnitt, in dem sich eine Minderheitsregierung auf die präsidiale Gewalt gestützt hatte und zugleich von einer Parlamentsmehrheit toleriert worden war. Franz v. Papen (geb. 1879) konnte im Reichstag nur bei der DNVP auf vorbehaltlose Zustimmung rechnen, bei der DVP auf eine gewisse Unterstützung. Aber auch außerhalb des Parlaments fand sein von den Parteien unabhängiges, reines Präsidial-Kabinett (1. Juni 1932 bis 17. November 1932) – es nannte sich ein „Kabinett der nationalen Konzentration“ – starke Feindschaft oder zumindest Ablehnung und dürfte höchstens bei einem Zehntel der Wahlberechtigten auf Sympathien gestoßen sein. Diese kleine Gruppe begrüßte allerdings emphatisch den konservativen Kurs, der nun im Reich gesteuert wurde.

Zu welchem Ufer die Fahrt führen konnte, deutete sich an, als Papen am 20. Juli 1932 den Dualismus zwischen Reich und Preußen durch einen Staatsstreich fast widerstandslos löste. Das geschäftsführende preußische Staatsministerium wurde für abgesetzt erklärt und die Staatsgewalt auf den Reichskanzler als Reichskommissar für Preußen übertragen.

In Preußen amtierte seit April 1925 trotz mancher Umbildungen und Spannungen ein Kabinett unter Leitung des Sozialdemokraten Otto Braun. Er hatte dieses Amt, abgesehen von kurzen Unterbrechungen, bereits seit 1920 inne und wurde von den Parteien der Weimarer Koalition getragen. Diese Grundlage ging in den Landtagswahlen vom 24. April 1932 verloren. Mit 36,3 Prozent Stimmenanteil wurde die NSDAP auch in der „Hochburg der Republik" der Sieger. Da sich eine Regierungsbildung auf parlamentarischer Basis als unmöglich erwies, führte das „abgewählte" Koalitionskabinett die Geschäfte, bis es durch Papen beseitigt wurde.

Um das Wohlverhalten der NSDAP zu gewinnen, hatte die Reichsregierung den Reichstag schon am 4. Juni 1932 auflösen lassen. Das Ergebnis der Reichstagswahlen vom 31. Juli bedeutete einen Sieg der Extremisten von rechts und links. Die NSDAP mit 37,4 % und die KPD mit 14,6 % Stimmenanteil verfügten zusammen über die absolute Mehrheit, so daß die Volksvertretung arbeitsunfähig war. Sie war allerdings fähig, dem Kabinett am 12. September mit 512 gegen 42 Stimmen bei 5 Enthaltungen das Mißtrauen auszusprechen. Hinter Papen stand jedoch der Reichspräsident. Erneut wurde das Parlament aufgelöst. Aber die Reichstagswahlen vom 6. November verbesserten die Funktionsfähigkeit der Volksvertretung kaum. Die NSDAP, die einen Stimmenverlust von 4,3 % erlitt, hatte die Vorleistungen des Kabinetts Papen schon vor den Juliwahlen kaum honoriert und war, nachdem am 13. August Hitlers Drang zur Macht am Widerstand Hindenburgs gescheitert war, zu wilder Feindschaft gegen die Reichsregierung übergegangen. Papen war wohl bereit gewesen, die NSDAP in ein Koalitionskabinett aufzunehmen, konnte jedoch bei seinen Verhandlungen darauf bauen, daß der Reichspräsident es ablehnte, Hitler das Kanzleramt anzuvertrauen. Nach der Entscheidung gegen Hitler verfestigte sich bei Papen die Idee, unter Bruch der Verfassung den Staat im restaurativen Sinne umzubauen.

Der konservativ-restaurative Kurs des Kabinetts widersprach nun aber den Vorstellungen des neuen Reichswehrministers Schleicher. Er hatte Papen als Reichskanzler vorgeschlagen, weil er annahm, in ihm ein willfähriges ausführendes Organ seiner eigenen politischen Absichten gefunden zu haben. Seine Pläne zielten jedoch nicht auf eine restaurative Reichsreform gegen den Willen der Mehrheit des Volkes, es sollten vielmehr möglichst viele Deutsche für das Ziel eines innen- und außenpolitisch starken nationalen Staates gewonnen werden. Papen war dabei nur eine Zwischen- oder Übergangsrolle zugedacht. Dementsprechend ließ Schleicher auch nach dem 13. August seine Verbindungen zu den Nationalsozialisten nicht abreißen, obgleich die quasimilitärischen „Gliederungen" der NSDAP die Straßen zu Schauplätzen bürgerkriegsähnlicher Ausschreitungen werden ließen. Zugleich bemühte er sich sorgfältig, die Reichswehr nicht dadurch in einen Gegensatz zur Bevölkerung zu bringen, daß sie als Hausmacht der unpopulären Regierung oder gar für die Stützung einer Diktatur Papens eingesetzt wurde. In konsequenter Verfolgung dieser Politik wandte er sich nach den Novemberwahlen von Papen ab, obgleich offenkundig war, daß der amtierende Reichskanzler das volle Vertrauen Hindenburgs genoß. Während Papen am 1. Dezember vorschlug, mit Hilfe der Machtmittel des Reiches zum autoritären konservativen Regime überzugehen, vermeinte Schleicher, eine Regierung ohne parlamentarische Bindung bilden zu können, die im Reichstag dennoch eine Vertrauensbasis und bei außerparlamentarischen Kräften breiten Rückhalt fände. Er wurde daraufhin vom Reichspräsidenten am 2. Dezember 1932 mit dem Kanzleramt betraut. Hindenburg scheute vor einem Verfassungsbruch zurück.

Das Kabinett Schleicher (3. Dezember 1932 – 28. Januar 1933) scheiterte, weil es dem Reichskanzler nicht gelang, die einkalkulierten parlamentarischen Möglichkeiten zu verwirklichen; sie erwiesen sich als Illusionen. Er konnte auch nicht die politische Isolierung durchbrechen, in der sich seine nur auf die bewaffnete Macht gestützte Regierung gestellt sah. Außerdem besaß Schleicher bereits nicht mehr das uneingeschränkte Vertrauen des Reichspräsidenten. Er zog sich sogar Hindenburgs Mißtrauen zu, als er Pläne zur Überwindung der akuten Wirtschafts- und Staatskrise entwickelte, die „sozialistischer" Tendenzen verdächtigt wurden. Nicht zuletzt aber war der greise Reichspräsident dem dauernden Einfluß von Männern wie Papen ausgesetzt, die Schleicher zu Fall bringen wollten. Unter ihrem Einfluß und entsprechend der „situationsgerechten Logik des geschichtlichen Verhängnisses" (Conze) verweigerte Hindenburg dem Reichskanzler die Reichstagsauflösung, als Schleicher nur noch in einer, wenn auch befristeten Diktatur eine Möglichkeit sah, den Staat vor Hitlers „Machtergreifung" zu retten. Der Reichspräsident verharrte auf formaler Verfassungsloyalität und handelte buchstabengetreu, als er Hitler am 30. Januar 1933 mit der Kanzlerschaft einer „nationalsozialistisch-konservativen Scheinkoalition" beauftragte. Es gehört zur Tragik Schleichers, daß er in den letzten Januartagen Hitler als die geringere Gefahr gegenüber einer Neuauflage der konservativen Präsidialregierung Papen ansah und zugleich seine eigene Rolle überschätzte. Deutschland geriet damit in die Gewalt des Nationalsozialismus, dessen Gefährlichkeit von fast allen verantwortlichen Politikern unterschätzt oder gar verharmlost worden war.

B. Von der alten Armee zur Vorläufigen Reichswehr

1. Das Ende des „kaiserlichen" Heeres

Seit der Bekanntgabe des deutschen Waffenstillstandsangebotes am 5. Oktober war dem deutschen Volk die militärische Niederlage des Kaiserreiches offenkundig geworden. Vergeblich versuchte die Oberste Heeresleitung (OHL), die sich rasch ausbreitende Depression abzufangen, um Deutschland wegen der harten Bedingungen seiner Gegner auf eine eventuelle Fortsetzung des Kampfes und sogar auf einen Widerstand bis zum Letzten vorzubereiten. Ihre Bemühungen förderten noch die Kriegsmüdigkeit, die das Verhalten der Heimat, des Ersatz- und Ostheeres sowie rückwärtiger Teile des Feldheeres im Westen, aber auch schon Verbände unter seinen Fronttruppen zu bestimmen begann. Das Ausmaß des Verlangens nach Frieden wurde schlagartig sichtbar, als die Seekriegsleitung mit den Vorbereitungen zu einem, mit der politischen Reichsleitung nicht abgesprochenen Flottenvorstoß am 29. Oktober die Gehorsamsverweigerungen auf der Hochseeflotte auslöste. Der Sinn dieses Vorstoßes war nicht in erster Linie die Entlastung des Westheeres, sondern – wie die meuternden Matrosen richtig ahnten – die Wahrung des Prestiges der Marine. Die Flotte sollte den Krieg mit einem ehrenvollen Schlußkampf abschließen, aus dem gemäß den Überlegungen des Chefs des Stabes des Hochseekommandos vom 6. Oktober „eine neue deutsche Zukunfts-Flotte hervorwachsen" werde – „auch wenn er ein Todeskampf wird".

Das unentschiedene Auftreten von Marinedienststellen bei der Bekämpfung der ursprünglich begrenzten und in ihrer Gefährlichkeit zunächst nicht klar erkannten Meuterei trug dazu bei, daß die Revolte nicht nur die kaiserliche Marine kampfunfähig werden ließ, sondern sich darüber hinaus auf das Heimatheer ausdehnte. Aufruhr, Befehlsverweigerung und Auflösung von militärischer Disziplin offenbarten Anfang November die Zerrüttung der öffentlichen Ordnung in zahlreichen Gebieten des Reiches und griffen auch auf Verbände im Versorgungsgebiet des Feldheeres im Westen über. Der unübersehbare allgemeine Zusammenbruch der Kräfte und der Moral ließ die meuternden Soldaten nur selten auf Widerstand stoßen. Die an der Westfront kämpfenden Truppen erfüllten zwar in ihrer Masse bis zum Waffenstillstand ihre Pflicht und marschierten dann geordnet nach Deutschland zurück, aber auch die Mehrheit dieser Soldaten war nach dem 11. November nur noch von dem Wunsch beseelt, in die Heimat zu Familie und Beruf zurückzukehren.

Als eine besondere und wichtige Erscheinungsform des militärischen Zusammenbruchs sind die Soldatenräte anzusehen. Sie bildeten sich zunächst in der Marine und im Ersatzheer, sind aber spätestens nach dem Bekanntwerden der Abdankung des Kaisers auch im Feldheer zu finden.

Aller Wahrscheinlichkeit nach bildeten sich die Soldatenräte, und zwar vornehmlich Matrosenräte, am 1./2. November 1918. Sie wurden ursprünglich nicht als Organe aktiver politischer Willensbildung begründet, sondern entstanden in der Absicht, die unmittelbaren Sorgen und Probleme der Matrosen zu vertreten und mitzuregeln. Aus Furcht davor, daß ihre Selbsthilfeorganisation isoliert und sie wegen Meuterei bekämpft werden könnten, sorgten die Räte dafür, daß ihre Aktionen bekannt und ihr Beispiel nachgeahmt wurde. Indem sie sich vielfach mit den sich ebenfalls formierenden Arbeiterräten verbanden, entwickelten sie sich zu politischen Institutionen. Sie gewannen jedoch infolge ihrer improvisierten Entstehung keinen einheitlichen Charakter.

Es gab Soldatenräte – vornehmlich im Reichsgebiet –, die als Inhaber der obersten Gewalt auftraten. Sie gestanden den Offizieren nur noch die Rolle von Beratern oder ausführenden Organen, vereinzelt sogar keine Beteiligung zu. Die Mehrheit der Soldatenräte gab sich für die Alltagsarbeit mit dem Recht zur Mitsprache zufrieden und beanspruchte darüber hinaus die Funktion einer Kontrollinstanz. Dementsprechend beließ sie den überlieferten militärischen Behörden die Kommandogewalt, solange sich diese nicht gegen die aus dem Umsturz hervorgegangene Staatsordnung wandten. Ihr Verhältnis zu den Offizieren beruhte jedoch weniger auf Sympathien für die bisherige Führungsschicht als auf der Einsicht, daß sie aus funktional-organisatorischen Notwendigkeiten gebraucht wurde. Daß Soldatenräte Offiziere vor Ausschreitungen schützten, resultierte aber nicht nur aus derartig zweckgebundenen Motiven, sondern war nicht selten betonter Ausdruck humanitärer und demokratischer Gesinnung. Im Verhältnis zwischen Soldatenräten und Offizieren ergab sich jedoch keine Harmonie, sondern bestenfalls eine sachlich bedingte befriedigende Zusammenarbeit. Dem Offizierkorps gestatteten persönliches Bewußtsein des einzelnen und seine Bindung an die gesellschaftliche Überlieferung, vor allem aber die Verhaftung in der militärischen Tradition nicht, in den Soldatenräten selbst dort mehr als eine negative, revolutionäre Erscheinung unter dem Vorzeichen von Niedergang und Zerstörung zu sehen, wo sie sich den andrängenden Aufgaben gewachsen zeigten – sei es infolge bedeutender Persönlichkeiten, sei es aufgrund einer durchdachten Organisation.

Hinsichtlich ihrer Struktur wiesen die Soldatenräte ebenfalls große Unterschiede auf. Diese reichten von der Art ihrer Bestallung und ihrem Verhältnis zu den Einheiten, Verbänden oder Kommandobehörden, die sie vertraten, bis zu ihrem Aufbau und ihrer Tätigkeit. Nicht selten erstickten Soldatenräte in fruchtlosen Debatten, viele aber überwanden die Stufe von Diskutierklubs und entwickelten sich zu straff organisierten Gebilden. Beispielhaft sei der Soldatenrat der vierten Armee angeführt, in dem unter einem Aktionsausschuß horizontal nach Fachgebieten gegliederte Abteilungen arbeiteten. Ähnlicher Aufbau läßt sich bei den Soldatenräten in Mitau oder in Münster nachweisen. Sie beschäftigten sich unter anderem mit Fragen der Wahrung von Sicherheit und Ordnung, der Demobilmachung, der Ernährung, Versorgung und des Verkehrs, des Disziplinar- und Militärjustizwesens ebenso, wie sie Kriegsgefangene betreuten und Auskünfte erteilten. Für die Bedeutung der Propaganda besaßen sie alle ein besonderes Gespür. Obgleich sich bei diesem Arbeitsanfall Schriftverkehr nicht umgehen ließ, erstarrten sie nicht in bürokratischem Verfahren. Wenn Soldatenräte außerdem eine vertikale Gliederung mit einem Dienstweg anstrebten, bewiesen sie Verständnis für das Wesen des militärischen Apparates.

Auch über die Funktion der Soldatenräte führt jede pauschale Aussage in die Irre. Positive Wirksamkeit entfalteten sie vor allem dort, wo die überlieferten Autoritäten versagten. So haben sie im militärischen Bereich vielfach zumindest dazu beigetragen, daß die gestörte Ordnung nicht in Chaos überging, ebenso aber führten sie nicht selten anarchische Zustände herauf.

Die Soldatenratsfrage entwickelte sich zu einem Kernproblem in der Auseinandersetzung zwischen den neuen Gewalten und dem überlieferten militärischen Apparat. Aus der alten Armee, die sich im Verlauf des Krieges von einem monarchischen Instrument zu einem Volksheer gewandelt hatte, gingen nämlich nicht nur die Kräfte hervor, die zu Trägern des Umsturzes wurden oder infolge ihres Verlangens nach Frieden zum Erfolg der sogenannten Revolution beitrugen. Ebenso kamen aus ihren Reihen auch die Gruppen, die der Entwicklung der politischen Ereignisse zu einer Revolution Schranken setzen und sie einzudämmen halfen, zunächst Teile des Offizierkorps unter Führung der OHL, danach die Freikorps. Ihr Handeln fand seine politische und zugleich rechtliche Grundlage im sogenannten „Bündnis" Ebert – Groener vom 10. November 1918.

a. Das „Bündnis" Ebert – Groener

Der Chef des Generalstabes des Feldheeres, Generalfeldmarschall v. Hindenburg, hatte aufgrund einer der letzten mündlichen Weisungen Kaiser Wilhelms II. am 9. November 1918 den Oberbefehl über das Feldheer übernommen und konnte dadurch als Inhaber der obersten militärischen Gewalt auftreten. Noch am gleichen Tage sprach er in seinem Befehl an das Feldheer die Erwartung aus, „daß alle Kommandobehörden und Offiziere, Unteroffiziere und Mannschaften auch weiterhin ihre Pflicht tun". Seine Kommandobehörde, die Oberste Heeresleitung, stand bereits am 10. November vor einer sehr schweren Aufgabe. Einlaufende Meldungen ließen erkennen, daß unter den Fronttruppen in steigendem Maße Auflösungserscheinungen auftraten und revolutionäre Soldatenräte der Heimat und in der Etappe des Feldheeres Einfluß auf die weitere Entwicklung zu gewinnen suchten. Mit Gewalt ließ sich die Rätebewegung nicht mehr beseitigen, es war vielmehr zu befürchten, daß die Kommandogewalt bestritten und damit die Autorität der Offiziere in Frage gestellt werden würde. Hindenburg hatte deshalb noch am 9. November in dem Befehl, in dem die OHL das Westheer von der „Umwälzung der politischen Zustände" unterrichtete und als Grundlage für die Rückführung des Heeres die Wahrung von „Ruhe und Ordnung" forderte, die Kommandeure angewiesen, „mit sich bildenden Arbeiter- und Soldatenräten ... auf gütlichem Wege Einvernehmen zu erzielen".

Der Erste Generalquartiermeister, Generalleutnant Groener (s. S. 117 f.), hatte unterdessen in einem Telegramm an den „Reichskanzler und die neue Regierung" die Erwartung auf Unterstützung durch die politische Reichsführung ausgesprochen. Darüber hinaus hatte er betont, Hindenburg lege „Wert darauf, Vertreter der neuen Regierung baldigst im Großen Hauptquartier zu empfangen ...". Ebert, der das Telegramm am Mittag des 10. November erhielt, dankte am gleichen Tage für das Angebot zur Zusammenarbeit, bat die OHL, zu seiner Verfügung zu stehen, teilte jedoch nicht mit, ob er Vertreter nach Spa entsenden werde. Im Heimatheer, das er aufrief, einen Bürgerkrieg zu vermeiden, wurde an diesem Tage die Bildung von Soldatenräten und ihre Beteiligung an der Abwicklung des Dienstes legalisiert.

Inzwischen hatte sich die Stellung der OHL weiter verschlechtert. Sie sah sich veranlaßt, in der Verfügung I/S. Nr. 1 vom 10. November die Einrichtung von „Vertrauensräten" – die Übernahme des revolutionären Begriffes „Soldatenräte" auf eine von seiten der überlieferten Kommandobehörden zugestandene Institution lehnte sie also von Anfang an ab – zu befehlen und ihnen Befugnisse einzuräumen, die auf eine Teilung der Kommandogewalt hinauslaufen konnten. In dieser Lage bedurfte die OHL dringend der politischen Unterstützung und rechtlichen Legitimation seitens der neuen Machthaber. In der Erkenntnis, daß jede Verzögerung bei der weiteren Verbindungsaufnahme zu Ebert eine Verschlechterung der Verhandlungsgrundlagen der OHL zur Folge haben könnte, wandte sich der Erste Generalquartiermeister ohne vorherige Absprache mit Hindenburg am Abend des 10. November über die geheime Fernsprechverbindung zwischen OHL und Reichskanzlei direkt an Ebert. Damit vollzog er einen weiteren Schritt auf dem Wege zur Zusammenarbeit zwischen überlieferter militärischer und neuer politischer Gewalt, der durch sein Telegramm gebahnt worden war.

Ebert als einer der einflußreichsten Führer der SPD hatte zu dieser Stunde die Koalitionsverhandlungen mit der USPD erfolgreich beendet, den Rat der Volksbeauftragten gebildet und für dieses Regierungsgremium die Zustimmung der vereinigten Berliner Arbeiter- und Soldatenräte gefunden. Er befand sich also in einer verhältnismäßig günstigen Verhandlungsposition, wenn er auch „seine Lage subjektiv ungünstiger einschätzte, als sie objektiv war" (Sauer). Persönlich war er außerdem grundsätzlich zu einer Zusammenarbeit mit der OHL bereit und rechnete hierbei mit einer eingeschränkten Zustimmung seiner Partei. Die SPD war nämlich daran interessiert, nicht allein die Verantwortung für das Kriegsende und den zukünftigen Friedensvertrag übernehmen zu müssen. Außerdem gehörte eine Revolution nicht zu den politischen Zielen der Mehrheitssozialisten, und ihre Führer wünschten erst recht keine Umwälzung aller bestehenden Ordnung. Sie vermeinten daher, auf die Mitarbeit unentbehrlicher Fachleute, besonders der Beamten und Offiziere, nicht verzichten zu können. Indem die neuen Machthaber die bisherige Beamtenschaft im Amt beließen und sogar den höchsten Spitzen der monarchischen Verwaltung die Möglichkeit gewährten, die politische Entwicklung zu beeinflussen, trugen sie entscheidend dazu bei, daß die Kontinuität gewahrt blieb (Elben). Allerdings hatte die Beamtenschaft ebenso wie das Bürgertum in den zurückliegenden revolutionären Tagen offenbart, daß sie in der gegenwärtigen kritischen Situation keine „operationsfähige Gruppe" (Sauer) darstellte. Auf sie konnte sich die neue Regierung zunächst nur in eingeschränktem Maße stützen.

Dagegen schien das Offizierkorps als Verkörperung und Träger der bewaffneten Macht noch eine Kraft darzustellen, die fähig war, zur Wiederherstellung von „Ruhe und Ordnung" im Staate beizutragen. Ihr Sprecher war in diesen Tagen Generalfeldmarschall v. Hindenburg und durch ihn die OHL. Ihre Stellung beruhte seit dem Amtsantritt der dritten OHL nicht nur auf der militärischen Macht, über die sie verfügte, sondern auch auf dem politischen Gewicht, das Ludendorff ihr verschafft hatte. Beide Faktoren kaschierten in diesen Tagen die Unsicherheit im Großen Hauptquartier und dessen geschwächte Position, sie wirkten aber vor allem auch noch längere Zeit nach. Die Rückkehr des Frontheeres wurde von den neuen Gewalten mit Beklemmung oder gar Furcht, von den überrumpelten Anhängern des gestürzten Regimes mit bangender Hoffnung erwartet.

Einer ähnlichen Täuschung über die Möglichkeiten des zukünftigen Bündnispartners scheint auch Groener nicht entgangen zu sein. Wenn Ebert allem Anschein nach die Machtstellung von OHL und Offizierkorps zu hoch veranschlagte, weil er das Feldheer noch völlig intakt und die Kommandogewalt der Offiziere unangefochten wähnte, dann dürfte auch dem Ersten Generalquartiermeister die Vorstellung von einer Parteiorganisation vorgeschwebt haben, wie er sie als Chef des Kriegsamtes kennengelernt hatte. Die Folgerungen, die sich für die SPD aus der Abspaltung der mit ihrer Kriegspolitik nicht einverstandenen Gruppen und deren Zusammenschluß in der sehr heterogenen USPD ergeben hatten, waren Groener am Abend des 10. November wahrscheinlich ebensowenig offenkundig wie vor allem die Schwierigkeiten und Gefahren, die die Mehrheitssozialisten in den vorangegangenen Tagen hatten durchstehen müssen. Auch ahnte er wohl nichts von ihrer Sorge über Einbußen an Ansehen und Vertrauen in der Arbeiterschaft, die sie infolge des ersten Abfangens der Revolution in Form eines Abrutschens der Revolution nach links hinnehmen zu müssen befürchteten. Außerdem ist nicht anzunehmen, daß der General in diesen Stunden klar und entschlossen das in späteren Darstellungen schon für diesen Zeitpunkt behauptete, in Wirklichkeit erst retrospektiv hineingelegte Ziel verfolgte, nicht nur den Bolschewismus, sondern auch die Arbeiter- und Soldatenratbewegung zu bekämpfen, nicht nur die Einheit des Deutschen Reiches zu erhalten, sondern auch dem Offizierkorps ein Mitwirkungsrecht beim staatlichen Neubau Deutschlands zu sichern. Ebenso fraglich ist, wieweit sein sogenanntes Bündnisangebot an Ebert schon hintergründig beabsichtigte, die Bildung einer Einheitsfront der Arbeiterschaft auf der Grundlage der sich abzeichnenden Zusammenarbeit von SPD und USPD zu verhindern. Wahrscheinlich wurde der Anruf des Ersten Generalquartiermeisters nur von dem Bemühen bestimmt, der OHL und den Offizieren des Feldheeres in kritischer Lage und zugleich unter dem Eindruck der ständig wachsenden eigenen Schwäche die Hilfe der neuen Männer zu sichern, in deren Hände die Regierungsgewalt hinübergeglitten war. Beide Seiten überschätzten also bei diesem „Sicheinanderfinden“ die Macht und die Möglichkeiten des Partners.

Das Ergebnis ihrer Unterredung faßte Groener in seiner Tagebucheintragung vom 10. November 1918 in dem Satz zusammen: „OHL stellt sich der Regierung zur Verfügung.“ Dieser Akt beinhaltete, daß der Erste Generalquartiermeister seinem Gesprächspartner die Loyalität der OHL zusicherte und zugleich den Verzicht des Offizierkorps auf gegenrevolutionäre Ziele erklärte. Als Gegenleistung des Rates der Volksbeauftragten forderte Groener die Bestätigung der Kommandogewalt der Offiziere durch die neue Regierung und ihre Bereitschaft, den „Bolschewismus“ zu bekämpfen und der Ausdehnung der Rätebewegung Einhalt zu gebieten. Unter dem Begriff „Bolschewismus“ scheint der General – zumindest nach außen hin – zunächst nur die Spartakisten, dagegen noch nicht die USPD und ihre Vertreter unter den Volksbeauftragten subsumiert zu haben. Seine Ausweitung auf die Unabhängigen Sozialisten zeigte sich erst während der Verhandlungen im Dezember 1918 (s. S. 53 f.). Das Räteproblem wünschte der Erste Generalquartiermeister wahrscheinlich durch eine Beschränkung der Bildung und des Einflusses von Soldatenräten im Feldheer zu regeln.

Die Loyalitätserklärung der OHL, die ebenso für das Offizierkorps galt, nahm Ebert zugleich im Namen des Rates der Volksbeauftragten entgegen. Ebert verband sich jedoch nicht „auf Gedeih und Verderben“ mit OHL und Offizierkorps und schloß auch kein innenpolitisches Offensivbündnis mit Groener. Es ist sogar höchst unwahrscheinlich, daß der fernmündlichen Unterredung von vornherein überhaupt von einer Seite der Charakter eines politischen Bündnisses zugemessen wurde. Dazu kam es erst im weiteren Verlauf der Entwicklung.

Eher läßt sich vermuten, daß Ebert nicht zu Unrecht den Ausführungen des Ersten Generalquartiermeisters die Bitte der OHL nach politischer Rückendeckung entnahm und daher Groener, dem er aufgrund ihrer bisherigen Begegnungen vertrauen zu dürfen glaubte, „mit einer Offenherzigkeit und Konzilianz begegnete, die in der Heeresleitung leicht falsch verstanden werden konnten" (Sauer). Ebert und Groener fanden sich unter dem Druck der außen- und innenpolitischen Not in dem ehrlichen Willen zur Zusammenarbeit, einmal in der Sorge um die Erhaltung Deutschlands und um die Sicherung der Einheit des Reiches gegenüber den Feindmächten, und zum zweiten in der Sorge vor einer Weiterentwicklung des Umsturzes zu einer Revolution nach sowjetrussischem Vorbild. Ihre Motive konnten sich dagegen kaum decken, wenn der General über das sogenannte Bündnis hinaus von vornherein zielbewußt beabsichtigt haben sollte, das Offizierkorps vor dem Untergang zu retten und ihm darüber hinaus sogar einen entscheidenden Platz in der Republik zu verschaffen. Ebert gewährte der bewaffneten Macht am 10. November 1918 nur eine „bedingte Übernahme ... in die Dienste des neuen Staates; ein politisches Bündnis mit dem Anspruch konstitutiver Bedeutung für den Staat ist daraus erst später entstanden" (Sauer). Die OHL gab allerdings noch am 10. November dem Feldheer bekannt, sie wolle mit Ebert zusammengehen, „um die Ausbreitung des terroristischen Bolschewismus in Deutschland zu verhindern". Ebert veranlaßte die hinsichtlich ihres Textes von der OHL entworfenen Telegramme des Rates der Volksbeauftragten vom 11. und 12. November 1918 an Hindenburg und an die OHL, in denen das Vorgesetztenverhältnis der Offiziere im Hinblick auf die Rückführung des Feldheeres bestätigt, der Wirkungsbereich der Soldatenräte beschränkt und die Entsendung von Bevollmächtigten zum Großen Hauptquartier angekündigt wurde.

Die OHL war also offiziell vom Rat der Volksbeauftragten anerkannt und mit der Führung der Streitkräfte des Feldheeres beauftragt. Zugleich hatte die „revolutionäre Reichsregierung" damit zugestanden, daß sie die militärischen Fachleute bis zum Abschluß der Demobilisierung für unentbehrlich hielt. Ähnliche Unterstützung wurde dem Staatssekretär des Reichsmarineamtes am 12. November 1918 zuteil. Von den zunächst vorgesehenen vier Beigeordneten des Rates der Volksbeauftragten bei der OHL verblieb der SPD-Reichstagsabgeordnete Carl Giebel als ständiger Vertreter der Reichsregierung bis Mitte Januar 1919 im Hauptquartier. Seine Vorbildung befähigte ihn nicht in ausreichendem Maße, die Tätigkeit der OHL zu kontrollieren. Die persönlich zufriedenstellende Zusammenarbeit wurde aber von Groener als politisch wirksamer Schutzschild benutzt, der es ihm, ebenso wie die geschickte Behandlung des Soldatenrates im Großen Hauptquartier, ermöglichte, der OHL die Bewegungsfreiheit zu erhalten.

Der Oberbefehlshaber Ost, Generalfeldmarschall Prinz Leopold von Bayern, stellte sich der neuen Regierung am 11. November 1918 „in gleicher Weise wie oberste Heeresleitung zur Verfügung".

Analog zum Bündnis Ebert – Groener wurde dann Mitte Dezember 1918 auch in München ein „Abkommen auf gegenseitige Toleranz zum Zwecke der Aufrechterhaltung der Ordnung“ zwischen dem Kommandeur des heimgekehrten Infanterie-Leib-Regiments, dem späteren Freikorpsführer und schließlich hohen nationalsozialistischen Funktionär Oberst Ritter von Epp, und dem mehrheitssozialdemokratischen Stadtkommandanten abgeschlossen. Der Pakt bestand allerdings nicht lange, weil der militärische Partner infolge der Auflösung des königlich-bayerischen Heeres als Machtfaktor ausfiel.

b. Die politischen Auseinandersetzungen um die bewaffnete Macht

Die Absprache zwischen Ebert und Groener vom 10. November 1918 schuf die Grundlage der Zusammenarbeit, zu der sich der Rat der Volksbeauftragten und die OHL unter dem Zwang zur Erfüllung der Waffenstillstandsbedingungen und unter innenpolitischem Druck zusammenfanden. Dabei scheinen die USPD-Volksbeauftragten von der Vorstellung ausgegangen zu sein, daß die OHL nur bis zur Beendigung der Rückführung des Frontheeres weiteramtieren solle. Sie überschätzten jedoch die Kraft der revolutionären Bewegung. Sehr bald sollte sich offenbaren, daß die demokratischen Kräfte unter Führung der SPD und das „kaiserliche“ Offizierkorps den Wiederaufbau von Staat und Armee ohne Mithilfe anderer politischer Gruppen beginnen und durchführen mußten und dadurch von der Gewalt der Tatsachen zusammengezwungen wurden. Diese Macht der Umstände überspielte die extremen Kräfte auf beiden Seiten, also die USPD-Volksbeauftragten ebenso wie diejenigen Offiziere, die der angebahnten Zusammenarbeit widerstrebten. Die USPD wurde unter Ausnutzung der Spannungen zwischen den beiden sozialistischen Parteien von Groener und später auch von Ebert taktisch so geschickt behandelt, daß sie sich selbst um den Einfluß auf die Reichsregierung und damit auf die Gestaltung des Verhältnisses zur bewaffneten Macht brachte. Die Gegner im Offizierkorps wurden durch die Autorität Hindenburgs gebändigt, dessen „außerordentliche Bedeutung ... in dieser Zeit nicht etwa in seiner Tätigkeit, sondern in dem bloßen Ausharren auf seinem Posten und seinem festen Vertrauen zu Groener [lag]; denn dadurch machte er Groeners wirksame Tätigkeit erst möglich“ (Elben).

Militärische Aufgaben, wie die Rückführung der Heere in West und Ost oder der Schutz der deutschen Grenzgebiete gegen polnische Ansprüche und Übergriffe, wurden also im Zeichen der Legitimierung der militärischen Kommandobehörden durch die Erlasse des Rates der Volksbeauftragten vom 11. und 12. November 1918 durchgeführt, womit jedem Soldaten offenstand, ob er die Befehle aufgrund der Bindung an die hergebrachte militärische Ordnung oder der Verpflichtung durch die neue politische Gewalt ausführte. Deshalb kam es in den ersten Wochen der Zusammenarbeit nur selten zu Friktionen. Diese Legitimation verhinderte aber nicht, daß bald Diskussionen und Kämpfe um das Wesen der künftigen Streitkräfte einsetzten. Der militärpolitischen Konzeption Eberts und der Mehrheit der Führer der SPD, die entsprechend den sozialdemokratischen Milizvorstellungen vorsah, das überlieferte „kaiserliche" Heer durch eine „Volkswehr" zu ersetzen, stand das Bestreben Groeners und der nicht einer Untergangsstimmung verfallenen Offiziere entgegen, den Neubau der bewaffneten Macht im wesentlichen auf den „bewährten" Grundlagen der alten Armee durchzuführen. Hierbei gewannen die Vertreter des „kaiserlichen" Offizierkorps die Vorhand, als sie über die Demobilmachung hinaus von der nur noch mehrheitssozialdemokratisch bestimmten Reichsregierung als unentbehrliche Fachleute benötigt wurden.

Der Streit um die Kommandogewalt

Als unmittelbare Gegner traten der OHL und dem Offizierkorps zunächst die revolutionären Soldatenräte mit ihrem Anspruch auf Anteil an der Kommandogewalt entgegen. Sie stellten eine politische Kraft dar, der nicht nur mit militärischen Mitteln begegnet werden konnte.

Die OHL versuchte zunächst, die Macht der Soldatenräte einzuschränken. Während Groener sich in der Nacht vom 10./11. November 1918 erneut in einem Telegramm an Ebert mit der Bitte wandte, „einen Appell an die bereits bestehenden Soldatenräte in der Heimat zu richten, innerhalb ihres Machtbereichs für unbedingte Ordnung zu sorgen", hob Hindenburg zur gleichen Zeit die einige Stunden früher ergangene Verfügung auf, in der die OHL die Einführung von Vertrauensräten befohlen hatte. Der neue Befehl vom 10. November ging davon aus, daß zwar die Bildung von Soldatenräten im Feldheer durch Widerstand nicht mehr aufgehalten werden könne, daß sie aber nicht offiziell gefördert werden solle. Allerdings schien bis auf weiteres eine Zusammenarbeit mit den Räten unumgänglich, wenn im Heer Ordnung und Disziplin aufrechterhalten werden sollten. Die OHL bemühte sich jedoch darum, die Rätebewegung in die Hand der Offiziere überzuleiten und durch die programmatische Umformung der Soldatenräte in „Vertrauensräte" zu verharmlosen. Dementsprechend erteilte Hindenburg den Befehl, darauf hinzuwirken, daß diese Vertrauensräte von Offizieren und Mannschaften frei gewählt wurden. Die so gewählten Vertrauensräte seien „in allen wirtschaftlichen und sozialen Fragen zur engsten Mitarbeit" heranzuziehen. Die Führung der Truppe müsse dagegen fest in der Hand der Kommandobehörden verbleiben.

Es erwies sich, daß die größte Gefahr für die OHL weiterhin von den Arbeiter- und Soldatenräten ausging. Ihr Groß-Berliner Vollzugsausschuß bestimmte durch einen Erlaß vom 16. November 1918, daß zur Neuordnung der Kommandoverhältnisse die Stellvertretenden Generalkommandos, der Generalstab und die Oberste Heeresleitung ab sofort dem Preußischen Kriegsministerium unterstellt seien, das wie auch alle Reichsbehörden der Kontrolle des Vollzugsrates unterstehe. Die betroffenen militärischen Kommandostellen sahen den Erlaß jedoch nicht als rechtsverbindlich an. Speziell die OHL berief sich auf die Absprache Ebert – Groener und erkannte nur den Rat der Volksbeauftragten als Reichsregierung und legalen Inhaber der politischen Gewalt in Deutschland an. Außerdem versuchte sie mit den innerdienstlichen „Richtlinien für die Einwirkung auf die Truppe“ vom 16. November, die Soldatenräte des Feldheeres als „Schutzimpfung“ gegen die revolutionäre Zersetzung der Verbände und Einheiten zu verwenden. Dafür konnte sogar die Unterstützung des Soldatenrats bei der OHL gewonnen werden, der sich von dem Zwang zu einer geordneten Rückführung der Truppen überzeugen ließ und sich in diesem Sinne mit Aufrufen vom 19. November 1918 an das Feldheer, dessen Soldatenräte und an die Arbeiter- und Soldatenräte der Heimat wandte. Diese für die OHL wertvolle Zusammenarbeit fand ein Ende, als der „Soldatenrat des Gr. H.-Qu.“ Ende Dezember 1918 beanspruchte, durch Gegenzeichnung auch an der Kommandogewalt teilzunehmen. Das Recht wurde ihm mit dem Hinweis verweigert, daß die OHL nur der Reichsregierung verantwortlich sei. Er fand auch weder beim Rat der Volksbeauftragten noch beim Arbeiter- und Soldatenrat von Kassel (s. unten) Unterstützung, erlitt also eine entscheidende Niederlage.

Das Streben der OHL nach politischer Mitsprache

Mit ihrem taktischen Verhalten verfolgte die OHL gegenüber den Soldatenräten des Feldheeres von vornherein auch Ziele, die sie nicht offen aussprach und selbst den Kommandeuren gegenüber nur andeutete. Die Rückgewinnung und Stabilisierung der Befehlsgewalt der Offiziere und damit die Funktionsfähigkeit der Truppe benötigte Groener nämlich als unerläßliche Voraussetzung seiner Politik. Erst auf dieser Grundlage konnte er sein Programm entwickeln: Rettung Deutschlands und des Offizierkorps durch Spaltung des Rates der Volksbeauftragten zum Zwecke der politischen Ausschaltung von USPD und Spartakusbund und zweitens Wiederaufrichtung einer „festen Reichsgewalt“ durch Beseitigung der Arbeiter- und Soldatenräte und durch Einberufung einer Nationalversammlung. Dementsprechend sah die OHL in den Vertrauensräten nicht allein ein Mittel, den Einfluß der Arbeiter- und Soldatenräte der Heimat auszuschalten, sondern auch die Vertrauenskrise zwischen Offizier und Mannschaften zu überwinden und darüber hinaus die Truppen propagandistisch für Groeners politisches Programm zu gewinnen. Indem aber Groener um der Selbsterhaltung willen aktiv bemüht war, die Truppe politisch wieder in den Griff zu bekommen, brach er in gewisser Weise mit der Tradition und politisierte die bewaffnete Macht. Er verspürte beim Betreten dieses Weges keinen Skrupel, weil er die Interessen der OHL und des Offizierkorps „naiv, aber aufrichtig“ (Sauer) mit denen des deutschen Volkes identifizierte.

Die Generalstabsarbeit der OHL und das Zusammenwirken von Offizieren und Soldaten- bzw. Vertrauensräten in der Truppe erreichten, daß dem Feldheer innerhalb der vom Waffenstillstandsvertrag gesetzten kurzen Fristen der Rückzug in die Heimat gelang – eine Leistung, die zu Recht das angeschlagene Selbstvertrauen des Offizierkorps wieder stärkte. Im Verlauf des Rückmarsches verlegte die OHL ihr Hauptquartier am 14. November von Spa nach Wilhelmshöhe bei Kassel. Die offensichtlichen Erfolge seiner Politik ermutigten Groener zu weiteren Schritten. Er wies die Kommandobehörden mehrfach an, nur mit den überlieferten staatlichen und militärischen Dienststellen zu verhandeln, also nicht mit Arbeiter- und Soldatenräten. Am 16. November beauftragte er dann einzelne Offiziere, auf die Soldaten politisch im Sinne der OHL einzuwirken, und verbot am gleichen Tage das Führen roter Fahnen und Abzeichen im Feldheer. Darüber hinaus stimmte Groener einem Treffen von Delegierten aller Soldaten- bzw. Vertrauensräte des Feldheeres zu. Auf dieser Tagung, die aus dem Feldheer heraus gewünscht und vom Soldatenrat bei der OHL einberufen wurde, sollten nach den Wünschen der OHL allerdings nur die Aufgaben der Räte nach abgeschlossener Rückführung der Truppen in ihre Standorte besprochen und zugleich die Delegierten politisch für Ebert gegen den Vollzugsrat des Groß-Berliner Arbeiter- und Soldatenrates eingenommen werden. Insgeheim verfolgte die OHL außerdem die Absicht, eine Frontstellung zwischen den Soldaten- bzw. Vertrauensräten des Feldheeres und den Arbeiter- und Soldatenräten der Heimat aufzubauen, um die Rätebewegung insgesamt zu schädigen und das eigene politische Gewicht für die zukünftige Neuordung zu erhöhen. Sie erlebte jedoch sehr bald, daß sich die Dinge keineswegs zu ihren Gunsten entwickelten. So sah sich die OHL beispielsweise gezwungen, am 28. November das Verbot roter Symbole zurückzunehmen.

Die Versammlung der 326 Delegierten der Soldatenräte des Feldheeres am 1. Dezember 1918 in Bad Ems verlief zunächst in den gewünschten Bahnen, bis sich Emil Barth (USPD), ein Mitglied des Rates der Volksbeauftragten, einschaltete. Er sprach nicht im Auftrage der Volksbeauftragten, aber er erweckte den Anschein. So konnte er mit der Behauptung, die Soldatenräte des Feldheeres seien falsch unterrichtet worden, denn zwischen dem Rat und dem Vollzugsausschuß bestünde volles Einvernehmen, die Delegierten zu Beschlüssen über neue, wenn auch unverbindliche Richtlinien über Stellung und Befugnisse, Organisation und Tätigkeit der Soldatenräte (Aufhebung der Grußpflicht außerhalb des Dienstes, Beteiligung der Soldatenräte an der Diensteinteilung, Abschaffung der Offizierkasinos usw.) mitreißen. Die OHL befahl im Gegenzug am 8. Dezember unter Berufung auf die Verordnung des Rates der Volksbeauftragten vom 12. November, daß die Emser Richtlinien für das Feldheer keine Gültigkeit besäßen. Da der Soldatenrat bei der OHL dem Befehl seine Anerkennung verweigerte, war der Versuch Groeners, die Soldaten- bzw. Vertrauensräte des Feldheeres für seine politischen Absichten einzusetzen, gescheitert.

Die OHL, die sich also nicht durchgesetzt hatte, geriet statt dessen in einen noch stärkeren Gegensatz zu den Arbeiter- und Soldatenräten der Heimat, die ihren Einfluß auch auf die zurückgekehrten Verbände des Feldheeres auszudehnen vermochten. Die Masse der Soldaten entglitt bemerkenswert schnell den Händen der Führung; die Truppen lösten sich in den Garnisonen auf, wobei vielfach nicht einmal die angeordnete Demobilisierung abgewartet wurde. Eine bewaffnete

Macht, die unter Führung ihrer Offiziere der politischen Reichsleitung oder gar der OHL als Instrument der Politik zur Verfügung gestanden hätte, stellte das Feldheer am Ende des Jahres 1918 nicht mehr dar.

Die Rückkehr der Berliner Truppen

Anfang Dezember 1918 vertraute der Erste Generalquartiermeister jedoch noch darauf, daß zumindest ausgewählte Verbände des Feldheeres der OHL als Machtmittel verbleiben würden. Unmittelbar nach Abschluß des Waffenstillstandes hatte er befohlen, daß 16 ausgesuchte Divisionen nicht zu demobilisieren, sondern für Aufgaben im Heimat- und Grenzschutz aufzufüllen und bereit zu halten seien. Den Verbänden war die Aufgabe zugedacht, „Ruhe und Ordnung" in der Heimat wiederherzustellen. Als ersten Einsatzort sah man in Wilhelmshöhe die Reichshauptstadt vor. Die OHL stellte Ende November in Berlin ein Generalkommando unter Generalleutnant Lequis auf, dem neun Divisionen mit dem Auftrag unterstellt wurden, so um die Reichshauptstadt Stellung zu beziehen, daß die Verbände von Osten, Süden und Westen in Berlin demonstrativ einmarschieren und die „Ordnungsaufgaben" durchführen konnten.

Groener versuchte, dafür das Einverständnis Eberts zu erhalten, stieß aber auf spürbare Zurückhaltung. Für Ebert deuteten Anzeichen darauf hin, daß die Anziehungskraft des extrem linksgerichteten Radikalismus abzuflauen begann. Außerdem glaubte er daran, daß sich ein Kompromiß zwischen den Forderungen der Arbeiterschaft und der OHL, damit aber auch des Offizierkorps, werde finden lassen. Seine Ablehnung verstärkte sich, als Groener auf den abnehmenden Kampfwert der Verbände hinweisen ließ. Außerdem hatte ihn schon ein wahrscheinlich von Kreisen aus dem Auswärtigen Amt angeregter Putschversuch vom 6. Dezember dem Verdacht ausgesetzt, an gegenrevolutionären Machenschaften beteiligt zu sein.

Um Ebert umzustimmen, veranlaßte Groener am 8. Dezember 1918 Hindenburg zu einem persönlichen Schreiben. Der Generalfeldmarschall ging darin von dem Anspruch aus, Träger einer gleichberechtigten Gewalt neben Ebert zu sein, die sich mit ihm zur Rettung des deutschen Volkes vor dem drohenden Zusammenbruch verbündet habe. Aus einer solchen Stellung leitete er einmal das Recht ab, Forderungen für den militärischen Bereich zu erheben, nämlich einen Erlaß der Regierung, der eindeutig die militärische Kommandogewalt als alleinige Aufgabe der Kommandobehörden erklärte, das überlieferte Vorgesetztenverhältnis der Offiziere wiederherstellte und die Beseitigung der Soldatenräte verfügte – „lediglich Vertrauensräte können bestehen bleiben" –, zum zweiten aber auch die Verpflichtung, politische Ratschläge zu erteilen. Neben der umgehenden Einberufung einer Nationalversammlung und einer Ablehnung der Nebenregierung der Arbeiterräte, ja der Rätebewegung überhaupt, forderte Hindenburg hier noch einmal die „Sicherung der Anordnungen der Regierung durch eine zuverlässige Polizeitruppe, bzw. nach Wiederherstellung der Disziplin durch das Heer". Damit meldete die bewaffnete Macht in ihrer überlieferten Form nicht nur ein Mitsprache-, sondern auch ein Mitwirkungsrecht im neuen Staate an. Wenn der Chef des Generalstabes des Feldheeres als der höchste aktive ehemalig königlich-preußische Offizier und Inhaber der ihm von Wilhelm II. übertragenen obersten militärischen Kommandogewalt abschließend Ebert „Kraft zu entschlußfreudigem Handeln" wünschte, war die Zielrichtung dieses Wunsches eindeutig: Ebert sollte die Ansprüche und Forderungen der OHL und damit des Offizierkorps erfüllen. Sie erstreckten sich außerdem bereits nicht mehr auf den militärischen Bereich allein, sondern auch auf die Innenpolitik.

Hindenburgs Schreiben war durch den Ablauf der Geschehnisse bereits überholt. Auf die Kunde vom Anrücken der Truppen verwahrte sich der Vollzugsrat der Groß-Berliner Arbeiter- und Soldatenräte zunächst gegen den Einzug in Berlin, gestand dann aber gemeinsam mit dem Rat der Volksbeauftragten im Kabinettsbeschluß vom 8. Dezember den Einmarsch unter einschränkenden Bedingungen zu. Es wurden nur Berliner Verbände mit einem beschränkten Quantum an scharfer Munition genehmigt. Dem Vollzugsrat sollte zuvor eine Aufklärungsaktion unter den Soldaten gestattet sein, und die Truppen mußten beim Einzug von Arbeiterabordnungen begleitet werden. Trotzdem ließ die OHL von dem einmal gefaßten Plan nicht ab, weil Groener damit seine Vorstellungen von der Rettung Deutschlands und des Offizierkorps hätte preisgeben müssen. Zugleich erwies es sich als notwendig, die Richtigkeit des politischen Kurses der OHL durch zumindest einen Erfolg zu beweisen, denn zahlreiche Offiziere begannen bereits an ihrer obersten Führung zu zweifeln. Darüber hinaus betrachtete man in Wilhelmshöhe diesen ersten größeren Konflikt mit dem Rat der Volksbeauftragten als Präzedenzfall in der Frage, ob der bewaffneten Macht zukünftig ein politisches Mitspracherecht eingeräumt werde. Dementsprechend wurde das Generalkommando Lequis angewiesen, „im Sinne des Generalfeldmarschalls selbständig zu handeln, nötigenfalls alle entgegenstehenden Anweisungen von Regierungsorganen oder militärischen Stellen, auch des Kriegsministers (s. S. 59 f.), abzulehnen".

Am 10. Dezember 1918 begann der Einmarsch. Der erste Tag verlief noch einigermaßen nach den Wünschen der OHL. Bald aber wurde deutlich, daß sie nicht die Mentalität der Soldaten einberechnet hatte. Wie die anderen Verbände des Feldheeres waren die Truppen zum Einsatz gegen die sogenannte Revolution ungeeignet. Die überwiegende Mehrheit der kriegsmüden Mannschaften war nicht bereit, sich aktiv im revolutionären Sinne zu engagieren oder gar für gegenrevolutionäre Machenschaften mißbrauchen zu lassen. Sie kannte kaum ein anderes Ziel als die Rückkehr zu ihren Angehörigen. Hierin wurde sie von den Arbeiter- und Soldatenräten bestärkt. General Lequis mußte das eingeleitete Aktionsprogramm zur „Befriedung" Berlins abbrechen, weil seine neun Divisionen wie Schnee in der Sonne dahinschmolzen. Das Generalkommando verfügte am 24. Dezember nur noch über etwa 1 200 Mann.

Diese Niederlage der OHL wurde jedoch durch einen politischen Erfolg wieder ausgeglichen. In einer neuen Kabinettsitzung hatte Major v. Schleicher (s. S. 119 f.) als Vertreter der OHL eine Verbesserung der Einmarschbedingungen vom 8. Dezember erreicht. Sie konnte zwar den Mißerfolg der Aktion des Generals Lequis nicht aufhalten, verhalf Groener aber zu einer verbesserten politischen Stellung gegenüber dem Rat der Volksbeauftragten. Ebert sah sich nämlich infolge des durch den Einzug der Fronttruppen und anderer Ereignisse (Putschversuch 6. Dezember usw.) wieder aufflammenden, von linksradikalen Agitatoren geschickt geschürten revolutionären Feuers sehr bald gezwungen, stärker als bisher Rückhalt bei den militärischen Verbänden zu suchen, die ihm die OHL zur Verfügung stellte.

Die „Hamburger Punkte"

Zuvor aber hatte die OHL eine ihrer kritischsten Situationen zu überwinden. Vom 16. bis 20. (21.) Dezember tagte in Berlin der Reichskongreß der Arbeiter- und Soldatenräte. Die Versammlung verlief zunächst nach den Wünschen Eberts, aber es gelang ihm nicht, militärpolitische Debatten zu vermeiden. Die Ereignisse in Berlin boten den Vertretern der radikalen Linken Gelegenheit, insbesondere die Offiziere gegenrevolutionärer Absichten anzuklagen und den Rat der Volksbeauftragten der Nachlässigkeit, ja, sogar der geheimen Zusammenarbeit mit den Militärs zu bezichtigen. Wiederum war es Barth, der den gefährlichsten Angriff vortrug. Das Ergebnis der Diskussion um die Stellung der bewaffneten Macht waren die sogenannten „Hamburger Punkte" vom 18. Dezember 1918. Sie beruhten auf einem Entwurf des mehrheitssozialistischen Hamburger Delegierten Lampl und wurden wahrscheinlich in der Absicht eingebracht, radikale Anträge zu überspielen.

Angenommen wurden folgende sieben Punkte:

„1. Die Kommandogewalt über Heer und Marine üben die Volksbeauftragten unter Kontrolle des Vollzugsrats aus. In den Garnisonen wird die militärische Kommandogewalt im ständigen Einvernehmen mit der obersten Kommandogewalt von den örtlichen Arbeiter- und Soldatenräten ausgeübt. Militärische Angelegenheiten, die allen Garnisonen gemeinsam sind, werden von den Trägern der obersten Kommandogewalt im Verein mit einem Delegiertenrat der Garnisonen erledigt.

2. Als Symbol der Zertrümmerung des Militarismus und der Abschaffung des Kadavergehorsams werden die Entfernung aller Rangabzeichen angeordnet und das außerdienstliche Waffentragen verboten.

3. Für die Zuverlässigkeit der Truppenteile und die Aufrechterhaltung der Disziplin sind die Soldatenräte verantwortlich. Der Kongreß der Arbeiter- und Soldatenräte ist der Überzeugung, daß die unterstellten Truppen den selbstgewählten Soldatenräten und Führern im Dienst den zur Durchführung der Ziele der sozialistischen Revolution unbedingt erforderlichen Gehorsam erweisen. Vorgesetzte außer Dienst gibt es nicht mehr.

4. Entfernung der bisherigen Achselstücke, Unteroffiziertressen usw., Kokarden, Achselklappen und Seitengewehre ist ausschließlich Angelegenheit der Soldatenräte und nicht einzelner Personen. Ausschreitungen schädigen das Ansehen der Revolution und sind zur Zeit der Heimkehr unserer Truppen unangebracht. Der Kongreß verlangt Abschaffung aller Orden und Ehrenzeichen und des Adels.

5. Die Soldaten wählen ihre Führer selbst. Frühere Offiziere, die das Vertrauen der Mehrheit ihres Truppenteils genießen, dürfen wieder gewählt werden.

6. Offiziere der militärischen Verwaltungsbehörden und Beamte im Offiziersrang können im Interesse der Demobilisation in ihren Stellungen belassen werden, wenn sie erklären, nichts gegen die Revolution zu unternehmen.

7. Die Abschaffung des stehenden Heeres und die Errichtung der Volkswehr sind zu beschleunigen."

Ein achter Punkt, der die vorangehenden Bestimmungen nur als „Richtlinien" deklarierte, während die endgültigen Ausführungsbestimmungen vom Rat der Volksbeauftragten „unter Kontrolle des Vollzugsrats und im Einvernehmen mit den Soldatenräten von Heer und Marine" festgelegt werden sollten, wurde vor der Abstimmung zurückgezogen. Damit kam den Hamburger Punkten nach dem Willen des Reichskongresses der Arbeiter- und Soldatenräte Deutschlands unmittelbare Rechtswirkung zu.

Die Annahme der „Hamburger Punkte" – „das militärische Programm der deutschen Rätebewegung" (Sauer) – bedeutete zunächst eine Schlappe des Rates der Volksbeauftragten. Ebert scheint jedoch bald erkannt zu haben, daß in ihnen „kein sinnvolles und sorgfältig durchdachtes Militärprogramm, sondern ein verzweifelter Rettungsversuch für die Soldatenräte, geboren aus deren Wunsch zu überleben und aus dem totalen Mißtrauen der Arbeiterschaft gegen die Offiziere" (Sauer) vorlag. Widersprüche, Schwächen und Unklarheiten in den einzelnen Bestimmungen (vgl. z. B. Punkt 1) waren so eklatant, daß die Zeit zugunsten einer vernünftigeren Militärpolitik arbeiten mußte. Mit dieser Aussicht gab sich jedoch nicht die OHL zufrieden.

Nach dem offensichtlichen Fehlschlag der Berliner Aktion und dem Verlust, der neun Divisionen – des einzigen und letzten militärischen Machtinstrumentes in der Heimat – machte sich unter den höheren Offizieren eine ausgesprochene Untergangsstimmung breit, wie sie sich beispielsweise in Offizierbesprechungen über politische Probleme am 16. und 20. Dezember im Gebäude des Großen Generalstabs zu Berlin nachweisen läßt. Bestimmte Offiziere dagegen, wie Generalmajor v. Seeckt (s. S. 124 ff.), waren nicht zur Kapitulation bereit, fühlten sich sogar berechtigt, politisch tätig zu werden – ein für die weitere deutsche Geschichte folgenreiches Ereignis. Auch in Wilhelmshöhe drohte man mit einem Offizierstreik, als die Diskussion der „Hamburger Punkte" bekannt wurde. Auf den Kongreßbeschluß reagierten die Offiziere der OHL mit einem Protestschreiben an den Rat der Volksbeauftragten vom 19. Dezember. Als Sprecher des gesamten Offizierkorps erklärten sie sich für „nicht mehr im Stande", der Reichsregierung loyal zur Verfügung zu stehen, wenn die „Hamburger Punkte" Rechtskraft erhielten. Zugleich lehnten sie „ausdrücklich die Verantwortung für die daraus entstehenden schwerwiegenden Folgen ab". Ebenso erklärte Hindenburg in einem Telegramm vom 19. Dezember an die Armeeoberkommandos, daß er die „Resolution" nicht anerkenne. Er vertrete die „Auffassung, daß eine solche tief in das Leben der Nation und des Heeres einschneidende Veränderung nicht von einer einseitigen Ständevertretung, sondern nur von der durch das ganze Volk berufenen Nationalversammlung getroffen werden" könne. Im übrigen aber stehe das Heer weiterhin hinter der Regierung Ebert, von der es die

Berücksichtigung seiner Belange erwarte. Groener dagegen äußerte sich Ebert gegenüber in viel schärferer Sprache, indem er zum Beispiel mit Hindenburgs und seinem Rücktritt und mit der Auflösung des Bündnisses drohte – eine erstaunliche Folgerung, wenn berücksichtigt wird, daß die OHL nur noch im Osten über einsatzfähige Truppen verfügte. Parallel liefen Proteste des Preußischen Kriegsministers und des Staatssekretärs im Reichsmarineamt. Der Rücktritt der Offiziere in allen oberen Kommandobehörden hätte zu chaotischen Zuständen im militärischen Bereich führen und die Demobilmachung sowie die Abwicklung der Waffenstillstandsbedingungen aufs höchste gefährden können.

Die Krise wurde am 20. Dezember während einer Besprechung in Berlin entschärft, zu der Ebert den Ersten Generalquartiermeister eingeladen hatte. In Gegenwart der Volksbeauftragten und des Zentralrates der Arbeiter- und Soldatenräte Deutschlands erhielt Groener von Ebert die Zusicherung, daß für das „Feldheer und die Marine ... die Durchführung des Beschlusses nach allseitiger Auffassung nicht in Frage" käme. Einen Ausweg aus dem Dilemma fand man dadurch, daß Ausführungbestimmungen für unerläßlich erklärt wurden. Bis dahin sollte alles beim alten bleiben. Dieses Nachgeben gegenüber dem scharfen Druck des Militärs bewies abermals, daß es der neuen Regierung an einer eigenen militärpolitischen Konzeption mangelte. Wenn Groener versicherte, daß auch er eine Reform des Militärwesens für notwendig erachtete, nur sei dafür zur Stunde der Zeitpunkt noch nicht gekommen, dann bedeutete sein Hinweis nur ein Trostpflaster, dem kein realer Wert zugemessen werden durfte. Er erreichte vielmehr, daß sich Ebert mit dieser Entscheidung stärker als bisher in eine Abhängigkeit vom alten Offizierkorps begab.

Die Endphase der alten Armee

Die bewaffnete Macht des kaiserlichen Deutschlands wurde im Reichsgebiet fast nur noch von Offizieren ohne Truppen als realem Kampfmittel repräsentiert. Sie sahen sich mit einer gesteigerten feindseligen Propaganda von seiten der Soldatenräte konfrontiert, wobei die Feindseligkeit nicht nur auf ideologischen, sondern sehr stark auch auf opportunistischen Motiven und dem Streben nach Selbsterhaltung beruhte. Hierauf dürfte vornehmlich der bewaffnete Zusammenstoß zurückzuführen sein, der am 24. Dezember zur Niederlage der OHL und zum Verlust der letzten „kaiserlichen" Truppen in Berlin im Kampf gegen die Volksmarine-Division um Schloß und Marstall führte.

Die Volksmarine-Division gehörte zu den aus dem Umsturz hervorgegangenen Formationen mit nicht eindeutig bestimmbarem Charakter (s. S. 57). Sie war von einem besonders revolutionären Nimbus umgeben und deshalb für die OHL einer der größten Steine des Anstoßes. Ein erster Versuch des Generals Lequis, die Volksmarine-Division im Zusammenhang mit seiner „Berliner Aktion" zu beseitigen, war gescheitert. Wenig später forderte der Rat der Volksbeauftragten sie auf, das besetzt gehaltene Schloß freizugeben und ihre Mannschaftsstärke herabzusetzen. Die Verhandlungen, bei denen es sich im Kern um materielle und nicht um politische Gründe handelte, führten zur Krise, als Matrosen am 23. Dezember die Reichskanzlei besetzten. Ebert sah sich gezwungen, die OHL über die geheime Fernsprechverbindung um Hilfe anzugehen. In Wilhelmshöhe war man befriedigt, daß sich „endlich" eine Gelegenheit anbot, legal gegen die Volksmarine-Division vorzugehen, und beauftragte das Generalkommando Lequis mit der Durchführung des Unternehmens. Doch noch einmal verhinderte Ebert am Abend einen bewaffneten Zusammenstoß, weil die Matrosen inzwischen die Reichskanzlei freigegeben hatten. Groener reagierte mit Empörung, forderte von Ebert ultimativ Handlungsfreiheit gegenüber der Volksmarine-Division und drohte anderenfalls mit der Auflösung des Bündnisses. Ebert erteilte den Kampfauftrag nur schweren Herzens und erst nach einer Beratung mit dem amtierenden Kriegsminister unter Teilnahme der mehrheitssozialistischen Volksbeauftragten. Zu diesem Zeitpunkt hatte allerdings das Generalkommando Lequis auf Weisung der OHL schon von sich aus die entscheidenden Befehle ausgegeben. Die militärische Gewalt hatte sich der Unterordnung unter die politische Gewalt entzogen und hätte damit Ebert auch dann in ihre Niederlage hineingezogen, wenn er sich nicht dem Kampfeswillen der Militärs gebeugt hätte. Der Angriff gegen die Volksmarine-Division schlug nämlich fehl, weil die Kräfte in Stärke von 800 Mann zu schwach waren und die Bevölkerung gegen die Truppen Stellung bezog. Nur das Eingreifen des Rates der Volksbeauftragten verhinderte eine Katastrophe für das Militär und damit auch für die Politik Eberts. Das „kaiserliche" Heer trat am 24. Dezember 1918 zum letztenmal als innenpolitisches Machtmittel auf, aber es war der Bürgerkriegssituation nicht mehr gewachsen und verlor das Gefecht.

OHL und Ebert erlebten am 24. Dezember durch beiderseitige Schuld eine empfindliche militärische und politische Minderung ihrer Autorität. Die Ursachen hierfür sahen die Offiziere in Wilhelmshöhe einmal im zögernden Verhalten Eberts und seiner SPD-Kollegen, vornehmlich aber im Preußischen Kriegsministerium. Scheüch (s. S. 59 f.) und seinem Nachfolger Reinhardt (s. S. 61) wurde variantenreich vorgeworfen, daß sie zu nachgiebig gegenüber den revolutionären Kräften aufträten. Sich selbst hielt man für schuldlos an der Situation, in der sich OHL und Rat der Volksbeauftragten nach dem 24. Dezember befanden. Beide Gremien verfügten in den anschließenden Wochen über keine Machtmittel. Daß ihre Politik in dieser „Periode äußerster Schwäche und Hilflosigkeit" nicht in eine linksradikale Revolution einmündete, lag in dem politischen Versagen der spartakistischen Führer und ihrer Gesinnungsgenossen begründet. Eine der Ursachen dieses Versagens ist darin zu suchen, daß die heimgekehrten Soldaten des Feldheeres nicht bereit waren, sich ihnen als revolutionäre Kämpfer zur Verfügung zu stellen. Während die USPD-Mitglieder am 27. Dezember aus dem Rat der Volksbeauftragten austraten – ein Ereignis, das Groener im Sinne seiner politischen Vorstellungen als Erfolg beurteilen konnte – und durch zwei Mehrheitssozialisten, darunter Gustav Noske, ersetzt wurden, löste die OHL das Generalkommando Lequis auf. In Wilhelmshöhe rief die Nachricht von den Berliner Ereignissen „tiefste Niedergeschlagenheit und Mutlosigkeit" hervor. Es kam der Gedanke auf, die OHL aufzulösen und damit der weiteren Entwicklung freie Bahn zu geben. Männern wie Schleicher und Groener gelang es, diese moralische Krise zu meistern, aber auch dann blieb die OHL noch zur Ohnmacht verurteilt, bis ihr mit den ersten Freiwilligenverbänden neue und zugleich wieder operationsfähige Machtmittel an die Hand gegeben wurden. Groener vertraute schon in der Stunde der größten Schwäche darauf, daß Ebert die Hilfe der OHL und der Offiziere in Zukunft stärker als bisher benötigen werde. Der Rat der Volksbeauftragten hatte sich nämlich in eine Lage gebracht, in der er auf die Unterstützung durch Streitkräfte kaum verzichten konnte.

c. *Revolutionäre Soldatenverbände und demokratische Sicherheitswehren*

Der Ausgang des Jahres 1918 stand für den nunmehr mehrheitssozialistischen Rat der Volksbeauftragten innenpolitisch wesentlich mit unter der Fragestellung, wie er sich gegenüber dem seit der zweiten Dezemberhälfte und insbesondere nach den Ereignissen des 24. Dezember und nach dem Austritt der USPD-Mitglieder aus der Regierung anwachsenden Linksradikalismus behaupten konnte. Die Umwandlung des Spartakusbundes auf seinem Parteitag am 30./31. Dezember 1918 in die kommunistische Partei Deutschlands konnte als Hinweis auf neue revolutionäre Ereignisse gedeutet werden. Eine Bestandsaufnahme ihrer Machtmittel war für die Regierung wenig befriedigend.

Der Rat der Volksbeauftragten hatte sofort nach der Übernahme der Regierungsgeschäfte die vollständige Demobilisierung des „kaiserlichen" Heeres angeordnet. Bei diesem Entschluß hatte er – abgesehen davon, daß die Überführung des Kriegsheeres in den Friedenszustand eine unumgängliche Folge des militärischen Zusammenbruchs war – sich wohl vornehmlich von zwei Überlegungen leiten lassen. Einmal sollte den als reaktionär verschrieenen Offizieren die Grundlage ihrer Macht und erst recht gegenrevolutionären Kräften ein Putschinstrument entzogen werden, zweitens wollte man dadurch von vornherein Gefahren begegnen, die von einer disziplinlosen Soldateska, die sich weiterhin im Besitz von Waffen befand, ausgehen konnten.

Vorstellungen darüber, in welcher Form die bewaffnete Macht später neu entstehen sollte, bestanden zu diesem Zeitpunkt höchstens als unklare Ideen mit verschwommenen Begriffen, wie es sich überhaupt als eine der Hauptschwächen der demokratischen Kräfte erweisen sollte, daß sie ohne klare militärpolitische Konzeption waren. Dieser Mangel bewirkte später, daß Mitglieder des alten Offizierkorps wohl stärker als ursprünglich beabsichtigt Einfluß auf den Aufbau der Wehrmacht der jungen Republik gewannen, denn sie allein besaßen im Gegensatz zu den maßgeblichen Politikern feste Vorstellungen vom Wesen und der Struktur eines militärischen Apparates. Ebert scheint zunächst die Auffassung vertreten zu haben, daß die Aufgabe, das Wesen einer zukünftigen Streitmacht zu bestimmen und ihren Aufbau in die Wege zu leiten, erst von der Nationalversammlung aufgegriffen werden solle, deren Entschlüsse er wahrscheinlich im Sinne der überlieferten Volkswehridee der Sozialdemokraten zu lenken hoffte. Ebert unterschätzte also in seiner ideologischen Verhaftung den Willen der OHL und eines großen Teiles der Offiziere, ihre Führerstellung in der künftigen Wehrmacht zu behaupten.

Es zeigte sich bald, daß die politische Macht in der Zeit bis zur Eröffnung der Nationalversammlung nicht ohne ein bewaffnetes Instrument bestehen konnte. Infolgedessen entstanden überall in Deutschland in Einzelfällen von staatlichen Organen ins Leben gerufene, in der Mehrheit aber wohl im Verlaufe des revolutionären Geschehens aus wilder Wurzel hervorgehende paramilitärische und militärische Verbände, von denen manche später sogar beanspruchten, beim Aufbau der zukünftigen Streitkräfte berücksichtigt zu werden. Zunächst aber trugen sie nur zur Verschärfung der politischen Lage bei, nicht zuletzt wegen der Rivalitäten untereinander. Sie unterschieden sich von den Freikorps (s. S. 66 ff.) durch ihr ideologisches Bekenntnis zur sogenannten Novemberrevolution mit einer mehr oder minder starken Bindung an sozialistische Staatsvorstellungen, die allerdings politischen Opportunismus keineswegs ausschlossen, und in ihrer weitgehenden Unabhängigkeit vom Offizierskorps und der OHL. Von einigen rühmlichen Ausnahmen abgesehen, erwiesen sie sich im Gegensatz zu den Freikorps als Verbände mit geringem Kampfwert, teilweise sogar als unzuverlässige Haufen, die an der Wiederherstellung oder gar Aufrechterhaltung der staatlichen Gewalt und bürgerlichen Ordnung nicht interessiert waren. Nicht wenige dieser revolutionären Wehren schlugen sich bei bewaffneten Auseinandersetzungen auf die Seite der regierungsfeindlichen linksradikalen Kräfte.

Folgenschwer hätte für die junge Republik die Errichtung einer „Roten Armee" oder „Roten Garde" als bewaffnetem Organ des Linksradikalismus werden können. Es hat nicht an Versuchen gemangelt, ein revolutionäres Instrument dieser Art zu schmieden. Ein Aufruf des Vollzugsrats vom 12. November stieß auf Widerspruch einer Vollversammlung der Berliner Soldatenräte am 13. November 1918. Neue Anläufe führten zu keinem Ergebnis, weil Initiatoren wie Emil Barth nicht die Männer fanden, die als Organisatoren und Führer die Aufgabe hätten anpacken können, und weil sich die ehemaligen Frontsoldaten kaum zum Eintritt bereit fanden. Andere spartakistisch beeinflußte Organisationen, wie der „Reichsbund der Urlauber und Deserteure" und der „Rote Soldatenbund", besaßen von vornherein keinen Kampfwert.

Unter dem Einfluß der USPD entstand in Berlin auch die „Sicherheitswehr", die der neue Polizeipräsident Emil Eichhorn als Ersatz für die nach den November-Ereignissen zum Teil nicht mehr einsatzfähige Polizei ins Leben rief und auf eine Stärke von 3 600 Mann zu bringen hoffte. Sie versagte nicht nur als staatliche Institution, sondern erwies sich infolge ihrer Zusammensetzung und inneren Organisation auch als unzuverlässiges, ja ungeeignetes Kampfmittel. Die Sicherheitswehr war schlechthin eine „Räuberbande", die ihre polizeilichen Funktionen zu dunklen Zwecken mißbrauchte. In den Berliner „Märztagen" stellte sich eine ihrer Einheiten auf die Seite der Regierungsfeinde. Sie wurde daher zunächst reduziert und später ganz aufgelöst.

Aus einer während der ersten Revolutionstage von Matrosen formierten, zunächst verhältnismäßig zuverlässigen Wache für die Reichskanzlei entstand der bekannteste paramilitärische Verband revolutionärer Prägung, die „Volksmarine-Division". Sie wuchs bis zu einer Stärke von etwa 2 – 3 000 Mann an und stellte unter Führern zwielichtiger Vergangenheit ein Element gefahrenträchtiger Unruhe dar – weniger wegen ihres betont revolutionären Gebarens als wegen ihrer opportunistisch bedingten unklaren politischen Haltung und disziplinlosen Verwilderung. Die Volksmarine-Division kämpfte während der Berliner „Märztage" gegen die Freikorps und wurde deshalb anschließend ebenfalls aufgelöst.

Zu den größeren quasimilitärisch organisierten Verbänden in Berlin gehörte die „Republikanische Soldatenwehr". Sie wurde am 17. November 1918 vom Stadtkommandanten Otto Wels – dem späteren Parteivorsitzenden der SPD – gegründet. Als Sicherheitsorgan mit polizeilichen und militärischen Aufgaben geplant, sollte sie 10 000 Mann umfassen, überschritt diese Stärke jedoch zeitweise infolge der großen Zahl an Freiwilligenmeldungen erheblich. Allerdings basierte der Zustrom weniger auf dem Wunsch, die Republik zu schützen, als auf der Erwartung einer hohen Besoldung. Eine einsatzfähige Truppe ließ sich aus der Republikanischen Soldatenwehr nicht formen, da sie keine militärisch geeignete Führungsschicht bilden konnte. Führerwahl und Soldatenratsystem boten dafür auch keine günstige Voraussetzung. In den Augen der Öffentlichkeit galt die Soldatenwehr bald wegen ihres Gegensatzes zur Sicherheitswehr als „Haustruppe" der Mehrheitssozialdemokraten. Sie rechtfertigte nicht einmal diese Erwartungen, war ohne wirklichen Kampfwert und neigte aus Sorgen um die eigene Existenz dazu, sich der jeweils stärkeren Partei anzuschließen.

Als letzter erwähnenswerter Verband bildete sich Anfang 1919 aus Anhängern der SPD die „Republikanische Schutztruppe", gegliedert in zwei Regimenter. Das „Regiment Liebe" gewann keinen militärischen Wert. Das „Regiment Reichstag" entwickelte sich zu einer zuverlässigen Formation, die später in die Vorläufige Reichswehr übernommen wurde.

Die paramilitärischen Verbände beschränkten sich jedoch nicht nur auf die Reichshauptstadt. Der Berliner Sicherheitswehr entsprach weitgehend eine gleichnamige Schöpfung in München, gegründet am 18. November. In der bayerischen Hauptstadt bildeten sich außerdem Matrosenkompanien und eine „Republikanische Schutztruppe", die am 22. November als Regierungsstreitkraft anerkannt wurde. All diesen Verbänden kam kein militärischer Wert zu, wie die weitere politische Entwicklung offenbarte. Als einzige Ausnahme baute in Württemberg Paul Hahn, ein ehemaliger Leutnant der Landwehr, mit Unterstützung des mehrheitssozialdemokratischen Ministerpräsidenten die sogenannten „Sicherheitskompanien" auf, die politisch zuverlässige und militärisch einsatzfähige Formationen darstellten. Auch er ging von paramilitärischen Haufen aus, die sich in Württemberg wie überall zusammengefunden hatten, aber er schied die unbrauchbaren Elemente aus und gewann andere Offiziere zur Mitarbeit. Die Sicherheitskompanien wurden später aber nicht in die bewaffnete Macht der Republik – die Reichswehr – übernommen, sondern in die württembergische Staatspolizei überführt.

Nur an einer weiteren Stelle wurde innerhalb des Reichsgebietes noch ein Verband errichtet, dem militärischer Charakter zugesprochen werden kann: in Kiel. Am Herd der sogenannten Novemberrevolution begründete Gustav Noske die „Eiserne Brigade" in einer Stärke von 1 200 Mann. Sie setzte sich vornehmlich aus sorgfältig ausgesuchten Berufssoldaten der Marine zusammen, war nach überliefertem militärischem Schema organisiert, erhielt gewählte Vertrauens-, anstelle von Soldatenräten und wurde von einem höheren Marineoffizier geführt. Die Eiserne Brigade, später „Marinebrigade von Roden" genannt und bis zu einer Stärke von 1 550 Mann erhöht, bildete ein zuverlässiges militärisches Instrument in der Hand Noskes und damit der Reichsregierung.

Der Rat der Volksbeauftragten selbst versuchte auf Anregung Eberts, der Regierung eine staatliche Sicherheitstruppe als loyales Machtmittel zur „Aufrechterhaltung der Sicherheit und Ordnung" zu schaffen. Am 12. Dezember 1918 wurde das Gesetz zur Bildung einer freiwilligen Volkswehr verkündet. Die Volkswehrmänner, gegliedert in Hundertschaften und Abteilungen, mit Führerwahl und Vertrauens-, also nicht Soldatenräten mit beratender Funktion, sollten auf die „sozialistisch-demokratische Republik durch Handschlag" verpflichtet werden und ausschließlich dem Rat der Volksbeauftragten unterstehen. Das Gesetz betonte nachdrücklich, daß es sich bei der Volkswehr um keine Formation im „Rahmen des Heeres" handle. Schon aus diesem Grund reagierte die OHL auf das Gesetz nicht mit der Heftigkeit wie wenige Tage später auf die „Hamburger Punkte". Die Ausführungsbestimmungen zum Volkswehrgesetz wurden sogar vom Preußischen Kriegsministerium erlassen und von der OHL befürwortet weitergegeben. Allerdings darf nicht außer acht gelassen werden, daß zu dieser Zeit die ersten Vorbereitungen zur Aufstellung von Freikorpsverbänden anliefen.

Der Aufbau der Volkswehr ist über Ansätze nicht hinausgelangt. Sie fand keinen Widerhall in den Volksschichten, die der Gesetzgeber anzusprechen hoffte. Der deutsche Arbeiter war wehrmüde, soldatische Naturen fanden sich außerdem kaum bereit, in einer milizähnlichen Organisation zu dienen, in der sich die politischen Gegensätze innerhalb der Arbeiterparteien auswirken mußten. Ihren Vorstellungen von militärischen Ordnungskräften entsprach mehr das wenig später erblühende Freikorpssystem. Die Volkswehr wurde völlig vernachlässigt, als sich Ebert infolge der Vorgänge in der zweiten Dezemberhälfte gezwungen sah, stärker als ursprünglich vorgesehen, Rückhalt an der OHL zu suchen. Etwa zur gleichen Zeit fand im Preußischen Kriegsministerium ein Ministerwechsel statt, in dem der neue militärpolitische Kurs des Rates der Volksbeauftragten seinen stärksten Ausdruck fand. Ebert übertrug die bisher von ihm selbst wahrgenommenen militärischen Aufgaben auf Noske.

In München wurde die Übernahme des Volkswehrgesetzes abgelehnt. Die bayerische Regierung beschloß im Gegenzug, die „Republikanische Schutztruppe" im Sinne der Volkswehr auszubauen.

d. Die Neuorientierung unter Noske und Reinhardt Anfang 1919

Ursprünglich hatte Ebert im Rat der Volksbeauftragten neben dem gemeinsamen Vorsitz mit Haase (USPD) und dem innenpolitischen Ressort auch die Betreuung der militärpolitischen und militärischen Angelegenheiten übernommen. Da eine solche Aufgabenstellung seine Arbeitsfähigkeit überforderte und er sich bewußt war, wie geringe Kenntnisse er vom militärischen Bereich besaß, verließ er sich weitgehend auf die loyale Mitarbeit des Preußischen Kriegsministers Generalleutnant Scheüch. Scheüch war zugleich seit dem 9. November das einzige Bindeglied zwischen dem Rat der Volksbeauftragten als Reichsregierung und der Preußischen Regierung, ebenfalls einer Koalition von SPD und USPD.

Heinrich Scheüch (1864–1946), ein gebürtiger Elsässer, übernahm in der Regierung des Prinzen Max von Baden am 9. Oktober 1918 als Preußischer Staats- und Kriegsminister das Preußische Kriegsministerium. Zuvor war er als Nachfolger Groeners seit 1917 Chef des Kriegsamtes gewesen. Entgegen Vorstellungen Scheidemanns, der das

Amt einem SPD-Angehörigen übertragen wollte, sich aber davon überzeugen ließ, daß an die Spitze des Kriegsministeriums ebenso ein Fachmann gehöre wie in die Leitung der OHL, verblieb Scheüch nach dem 9. November auf seinem Posten, um die Versorgung des Feldheeres und die Demobilmachung sachgemäß weiterzuführen. Darüber hinaus sah er es als eine Aufgabe an, „die besonnenen Elemente der neuen Regierung zu stützen, um eine Auslieferung der Macht an die radikalere Richtung zu verhindern, also zu retten, was zu retten war". In dieser fachlichen und politischen Absicht rief er am 10. November alle Offiziere auf, „auch unter den jetzigen Verhältnissen" ihre Dienstgeschäfte „nach besten Kräften" weiterzuversehen. Da er sich aber bald den Aufgaben nicht gewachsen fühlte und das Mißtrauen der OHL gegen seine Amtsführung erkannte, reichte er am 15. Dezember 1918 sein Abschiedsgesuch ein, erklärte sich aber bereit, die Geschäfte bis zur Ernennung eines Nachfolgers weiterzuführen. Sein Ausscheiden begründete er mit dem Mißtrauen und Haß, der dem Offizierkorps entgegengebracht werde. Sein loyales Verhalten gegenüber dem Rat der Volksbeauftragten trug Scheüch später ein Ehrengerichtsverfahren ein.

Die politische Vernunft gebot den neuen Gewalten, militärische Schlüsselinstitutionen wie das Preußische Kriegsministerium unter politische Kontrolle zu stellen. Diese Aufgabe wurde sogenannten Beigeordneten übertragen. Aber nur die SPD entsandte einen in das Kriegsministerium, ihren Reichstagsabgeordneten Paul Göhre – einen früheren Pfarrer, der im Kriege Leutnant war. Er trat seine Tätigkeit bereits am 9. November an, sah sich jedoch zunächst der „Konkurrenz" durch einen Delegierten des Groß-Berliner Vollzugsausschusses ausgesetzt. Dieser „Kontrolleur des Kriegsministers", Oberleutnant Walz, wurde am 27. November abberufen, als Scheüch seinen Forderungen mit Rücktrittsandrohungen begegnete. Göhre, dessen Position Anfang 1919 in das Amt eines Unterstaatssekretärs umgewandelt wurde, erwies sich als weitgehend amtsfremd und war starker Kritik ausgesetzt, auch seitens der Soldatenräte. Er bereitete dem Preußischen Kriegsminister keine größeren Schwierigkeiten. Sie hätten von dem USPD-Mitglied Ernst Däumig ausgehen können, der sich früher intensiv mit militärischen Problemen beschäftigt hatte. Er entzog sich jedoch den Aufforderungen seiner Partei, zum „deutschen Trotzky" zu werden, war übrigens auch später, nach Scheüchs Rücktritt, nicht bereit, für das Amt des Kriegsministers zu kandidieren. Daher sah sich die USPD nicht in der Lage, den ihr zustehenden Posten des anderen Beigeordneten zu besetzen.

Die neuen Männer

Scheüch, der keine starke Persönlichkeit war und sich daher nicht die Bewegungsfreiheit zu erringen verstand wie Hindenburg und Groener, gelang es nicht, die in diesen Wochen unbedingt notwendige Zusammenarbeit mit der OHL herzustellen. Sein Auftreten vermittelte den Eindruck der Ratlosigkeit, sein Verhalten gegenüber den politischen Institutionen war nach Auffassung Groeners zu anpassungsbereit und kraftlos. In Wilhelmshöhe begrüßte man daher sein Ausscheiden. Der Ernennung des Departementsdirektors im Preußischen Kriegsministerium, Oberst Walther Reinhardt, zum Nachfolger stimmte die OHL zu.

Walther Reinhardt (1872–1930), Sohn eines württembergischen Offiziers, 1892 zum Leutnant ernannt, wurde 1904 Hauptmann im Generalstab. Ihm gehörte er seither an, abgesehen von einem zweijährigen Dienst als Kompaniechef in Ludwigsburg. Er erlebte den Weltkrieg in mehreren Generalstabsstellungen, zuletzt seit Februar 1917 als Chef des Generalstabes der 7. Armee. Hier bewährte er sich in außerordentlicher Weise während der großen Abwehr- und Angriffskämpfe von 1917 und 1918. Am 4. November 1918 wurde der württembergische Oberst wegen seiner bekannten bedeutenden organisatorischen Fähigkeiten in das Preußische Kriegsministerium als Departementsdirektor für die Demobilmachung mit dem Rang eines Divisonskommandeurs versetzt. Vom 3. Januar 1919 bis zum September 1919 amtierte Reinhardt als letzter Preußischer Kriegsminister, im Oktober 1919 wurde er noch als Oberst erster Chef der Heeresleitung des Reichsheeres. Nach dem Kapp-Lüttwitz-Putsch schloß sich der Generalmajor dem Rücktritt des Reichswehrministers Noske an, blieb aber im Dienst und führte zunächst als Inspekteur eine Übungsbrigade. Am 16. Mai 1920 wurde Reinhardt zum Befehlshaber im Wehrkreiskommando V (Stuttgart) ernannt, übernahm als Generalleutnant am 1. Oktober 1920 diese Stellung und damit den Befehl über die 5. Division. Am 1. Januar 1925 wurde er Oberbefehlshaber des Reichswehr-Gruppenkommandos 2 in Kassel. Beim Abgang seines Nachfolgers als Chef der Heeresleitung, Generaloberst v. Seeckt, im Jahre 1926 (s. S. 283 f.) wurde der General der Infanterie bei der Neubesetzung der Stellung übergangen. Reinhardt verzichtete aus Loyalität zur Reichswehr, sofort um seinen Abschied einzukommen, und verblieb noch ein Jahr im Dienst. Zum 31. Dezember 1927 schied er aus dem aktiven Dienst aus.

Das Reichsheer verlor mit ihm einen seiner besten Offiziere, dessen militärische Vielseitigkeit und geistige Spannweite auch von seinen Gegnern anerkannt werden mußte. Als Initiator der „Reinhardt-Kurse“ (s. S. 176 f.) blieb er jedoch weiterhin der Reichswehr verbunden. Er schaltete sich als aktiver Offizier in die politischen Auseinandersetzungen um den Heeresersatz ein (s. S. 183 f.), scheute aber auch nicht das politische Engagement zugunsten der Republik. Reinhardt war kein Demokrat, stand allerdings der Republik aufgeschlossener gegenüber als die Mehrheit seiner Kameraden.

Der neue Preußische Kriegsminister war bereit, sich auf den Boden der unumgänglichen Tatsachen zu stellen, erklärte es aber für ausgeschlossen, eine Wehrmacht auf der Grundlage der „Hamburger Punkte“ zu erhalten oder gar in neuer Form aufzubauen. Er verwarf jedoch nicht kompromißlos alle Forderungen des Reichskongresses der Arbeiter- und Soldatenräte, sondern benannte nur die Anerkennung der Kommandogewalt der Offiziere und ihre Kennzeichnung durch Gradabzeichen als unabdingbare Voraussetzungen seiner Mitarbeit; über andere Streitpunkte war er zu verhandeln bereit. Diesen Grundsätzen stimmte der Rat der Volksbeauftragten zu.

Reinhardts politischer Partner im Rat der Volksbeauftragten war vornehmlich Noske, der in diesen Kreis am 29. Dezember 1918 berufen worden war.

Gustav Noske (1868–1946), Sohn eines Webers, arbeitete sich als Autodidakt vom Holzarbeiter und Korbmacher zum Schriftleiter in der sozialdemokratischen Presse empor. Seit 1906 war er Reichstagsabgeordneter der SPD, in deren Fraktion er dem rechten Flügel zugeordnet werden kann. Noske, Unteroffizier der Landwehr, befaßte sich im Reichstag besonders mit Problemen der bewaffneten Macht. Am 4. November 1918 beauftragte ihn die Reichsregierung, die meuternden Matrosen in Kiel zu beruhigen.

Kurze Zeit später wurde er zum Gouverneur des Kriegshafens ernannt. Seinem klugen Verhalten und energischen Auftreten – als Machtmittel schuf er die „Eiserne Brigade" – gelang es, sich das Vertrauen der Matrosen zu erwerben und die Revolution zu bändigen. Dieser Erfolg trug dazu bei, daß der Beigeordnete der SPD im Reichsmarineamt als einer der Nachfolger für die am 27. Dezember 1918 aus dem Rat der Volksbeauftragten ausscheidenden USPD-Angehörigen in die Reichsregierung aufgenommen wurde. Ebert übertrug ihm die Leitung der militärischen Angelegenheiten, die er zuletzt als erster Reichswehrminister der Republik wahrnahm. Infolge des Kapp-Lüttwitz-Putsches ließ ihn seine eigene Partei fallen. Von 1920 bis 1933 war Noske Oberpräsident in Hannover. Die Jahre der nationalsozialistischen Herrschaft verbrachte er zurückgezogen in Deutschland.

Noske war eine kraftvolle Persönlichkeit, die es verstand, sich Autorität und Vertrauen zu erwerben. Die Mehrheit der Offiziere ordnete sich 1919 willig seiner ministeriellen Leitung unter und arbeitete mit ihm weitgehend reibungslos zusammen. Sie war in den Krisenlagen dieses Jahres sogar geneigt, den ersten Minister des Militärressorts, der nicht Offizier war, zum Diktator zu erheben. Noske vertrat die Forderungen der Soldaten im Kabinett mit derselben Eindeutigkeit, mit der er sich für die militärischen Belange in der Öffentlichkeit einsetzte. Auch gegenüber seiner eigenen Partei bewies er Mut, wenn er die Truppe und ihre „kaiserlichen" Offiziere gegen Vorwürfe und Anklagen verteidigte. Nach der Annahme des Versailler Friedensvertrages mehrten sich jedoch die Anzeichen dafür, daß seitens der Vorläufigen Reichswehr das in ihn gesetzte Vertrauen und damit die Grundlage der bisherigen Zusammenarbeit zu schwinden begann. Noske scheint diesen Wandel nicht erkannt zu haben. Ebensowenig war er sich darüber klar, daß unter seiner Abschirmung republikfeindliche Elemente tätig wurden. Vor allem aber erwies er sich zum Nachteil der jungen parlamentarischen Demokratie in militärischen Fachfragen als zu abhängig von seinen Ratgebern aus dem Offizierkorps. Er glaubte an die Bereitschaft der aktiven Offiziere des Kaiserreiches, sich loyal gegenüber seiner politischen Führung zu verhalten und die ideologische Bindung an die Vergangenheit als eine rein persönliche Angelegenheit der gemeinsamen Aufgabe unterzuordnen. Seine Anlehnung an das alte Offizierkorps verführte ihn sogar dazu, Offiziere, die der neuen Staatsform aufgeschlossen begegneten, und Organisationen wie den „Republikanischen Führerbund" (s. S. 169) negativ zu beurteilen. Auch das Verhalten des ersten und einzigen sozialdemokratischen Ministers für die bewaffnete Macht belegt also, daß es der deutschen Arbeiterpartei nicht gelang, eine eigene, brauchbare Wehrkonzeption zu entwickeln.

Die Verordnungen vom 19. Januar 1919 und ihre Wirkung auf OHL und Offizierkorps

Mit Noske und Reinhardt waren zum Jahreswechsel 1918/19 zwei Männer auf verantwortungsvolle Positionen gestellt, die für das Wesen der zukünftigen bewaffneten Macht von entscheidender Bedeutung wurden. Der mehrheitssozialdemokratische Politiker und der württembergische Generalstabsoffizier fanden sich über den gemeinsamen Aufgaben sehr bald zu fruchtbarer Zusammenarbeit. Ihr enges und vertrauensvolles Verhältnis blieb nicht frei von sachlichen Differenzen, es gelang ihnen jedoch immer wieder, einen Ausgleich herbeizuführen. Unter gegenseitiger Achtung der Persönlichkeit und der politischen Bindung des anderen schufen sie die Grundlagen der Reichswehr. Es war nicht zum Vorteil der Republik, daß diese Tätigkeit durch den Kapp-Lüttwitz-Putsch jäh beendet wurde.

Bereits wenige Tage nach der Amtsübernahme sahen sich Noske und Reinhardt vor äußerst schwierige Aufgaben gestellt. Die Lösung der sich drängenden Probleme wurde allerdings dadurch erleichtert, daß die Unabhängigen Sozialisten die Ernennung Reinhardts als Grund benutzten, am 3. Januar 1919 auch aus der Preußischen Regierung auszuscheiden. Die Gefahr, die dann von der gewaltigen Protestdemonstration gegen die Absetzung des Polizeipräsidenten Eichhorn ausging, veranlaßte Ebert am 6. Januar, Noske zum „Oberbefehlshaber in den Marken" zu ernennen und ihm mit Zustimmung des Zentralrates der Arbeiter- und Soldatenräte nach den Bestimmungen des preußischen Belagerungszustandsgesetzes vom 4. Juni 1851 die Vollziehende Gewalt zum Zwecke der Wiederherstellung geordneter Verhältnisse in und um Berlin zu übertragen. Der alte Arbeiterführer nahm den undankbaren Auftrag mit den Worten an: „Meinetwegen! Einer muß der Bluthund werden, ich scheue die Verantwortung nicht!"

Während Noske also bis auf weiteres vornehmlich mit der obersten Führung aller Regierungsstreitkräfte im Kampf gegen den unterdessen vom linksradikalen Revolutionsausschuß entzündeten Aufstand befaßt war und die Verantwortung für alle Maßnahmen des Generalkommandos Lüttwitz (s. S. 242 ff.) trug, ging Reinhardt daran, die Frage nach dem Inhaber der obersten Kommandogewalt im Sinne der Interessen des Offizierkorps zu lösen, damit zugleich aber die Befehlsgewalt im Heer wieder eindeutig in die Hand der Offiziere zu bringen, ihre Autorität wieder herzustellen und die Institution der Soldatenräte zu beseitigen. Das letzte Ziel ließ sich allerdings nicht direkt ansteuern, sondern nur auf dem Umweg über Zugeständnisse in Fragen von zweitrangiger Bedeutung.

Der Preußische Kriegsminister beschritt diesen Weg mit der bekannten Verordnung vom 19. Januar 1919 über die „Vorläufige Regelung der Kommandogewalt und Stellung der Soldatenräte im Friedensheer". Deren Kompromißcharakter tritt allein schon dadurch hervor, daß sie gemeinsam von Reichsregierung (Ebert, Noske), Preußischem Kriegsministerium (Reinhardt, Göhre) und Zentralrat der Arbeiter- und Soldatenräte der deutschen sozialistischen Republik (Cohen, Müller) unterzeichnet war.

Diese Verordnung und zwei weitere, die vorläufige Bestimmungen über Bekleidung und Anzug sowie den militärischen Gruß im Friedensheer enthielten, wurden mit einem Aufruf des Kriegsministers an die „Offiziere, Unteroffiziere und alle ihnen gleichgestellten Angehörigen des Heeres" eingeleitet. Reinhardt benannte die Einigkeit als die wichtigste Aufgabe, um die Not zu meistern. Ihr hätten sich die „besten Männer aller Parteien" untergeordnet, ihretwegen hätten sich auch die „Offiziere und Unteroffiziere den neuen Staatsgewalten zur Verfügung" gestellt. So sei der „große Riß" vermieden worden, aber noch blieben „viele Hemmungen auf dem Wege zum Aufbau eines neuen Vertrauens zwischen Führern und Soldaten zu beseitigen". Jede Übergangszeit berge Schwierigkeiten in sich, sie würden dadurch verstärkt, daß „der denkbar härteste Druck von außen keine ruhige Entwicklungsfrist" zulasse. Es bleibe daher nur die Möglichkeit, den Wiederaufbau schrittweise mit „Befehlsmaßnahmen" einzuleiten. Als Schritte auf diesem Wege bezeichnete der Kriegsminister die drei Verordnungen.

Er hoffte dabei auf das Verständnis seiner Kameraden, mußte aber bald erkennen, daß er ihre Fähigkeiten und ihren Willen, die militärpolitische Lage und seine Situation zu erkennen, überschätzt hatte. Die Mehrheit der Offiziere lehnte die Verordnungen ab – eine Einstellung, die noch bis in die Literatur der Gegenwart nachhallt. Die Verordnungen vom 19. Januar entzogen dem neuen Preußischen Kriegsminister das Vertrauen eines Teiles seiner Kameraden, es fehlten sogar nicht die Stimmen, die in ihm nur noch einen „Revolutionsgewinnler" (Groener) und Verräter am Offizierkorps sahen. Die OHL, die wesentlich dazu beigetragen hatte, die politische Stellung des Preußischen Kriegsministers zu schwächen, lehnte die Verordnungen eindeutig ab. Groener war nicht bereit zuzugestehen, daß Reinhardt und sein Ministerium unter wesentlich schwierigeren politischen Bedingungen arbeiten mußten als die dem revolutionären Alltagsleben viel weniger ausgesetzte OHL. Er nutzte seine überlegene Stellung zu mancher ungerechtfertigten Handlung aus, zum Beispiel in einer rücksichtslosen Kritik am Preußischen Kriegsminister. Reinhardt ließ sich dadurch nicht von der eingeschlagenen Bahn ablenken, menschlich hat er jedoch unter dieser Enttäuschung gelitten.

Die Verordnung der Reichsregierung bestimmte, daß die oberste Kommandogewalt beim Rat der Volksbeauftragten liege. Dieser übertrug ihre Ausübung dem Preußischen Kriegsminister, behielt sich allerdings das Recht zu unmittelbarer Befehlserteilung vor. Der Kriegsminister, der für seine Kommandoführung dem Rat der Volksbeauftragten verantwortlich war und dem seinerseits alle militärischen Dienststellen in Preußen und die gemeinsamen des Reiches unterstellt wurden, benötigte für die Gültigkeit seiner Verfügungen und Anordnungen der Gegenzeichnung des Unterstaatssekretärs. Sie waren für alle Angehörigen des preußischen Heeres einschließlich der Soldatenräte verbindlich, für die bayerischen, württembergischen und sächsischen Truppen gemäß den Bestimmungen der Reichsverfassung von 1871. Der Preußische Kriegsminister blieb damit formell eine preußische Dienststelle, übte aber wie bisher die Aufgaben eines Reichsamtes aus. Darüber hinaus aber wurde das Kriegsministerium wieder eine Kommandobehörde (vgl. Abschnitt IV).

Die Befehlsgewalt in der Truppe wurde durch die Verordnung eindeutig den militärischen Führern zugewiesen und jeder Angehörige der Streitkräfte „während seiner Dienstzeit der Regierung der Republik zu unbedingtem Gehorsam verpflichtet". Die Führer trugen gemäß den „Vorläufigen Bestimmungen über Bekleidung und Anzug im Friedensheer" Dienstgradabzeichen, jedoch nicht in der Form der überlieferten Achselstücke. An ihre Stelle traten Ärmelstreifen als „behelfsmäßige Abzeichen". Daß Reinhardt darin nur ein zeitbedingtes Nachgeben sah, von dem schon ein Jahr später wieder abgerückt werden konnte, erfaßten viele Offiziere nicht. Sie sahen in dieser Verordnung ebenso wie in den „Vorläufigen Bestimmungen über den militärischen Gruß im Friedensheer", die nur den gegenseitigen Gruß kannten, „wobei der Jüngere und im Dienstgrad Niedere dem Älteren zuvorkommen muß", vornehmlich eine Aushöhlung ihrer Autorität. Ebensowenig begriffen sie den verborgenen Sinn der Bestimmungen über die Soldatenräte.

Die Verordnung beschäftigte sich ausführlich mit den Soldatenräten bzw. Vertrauensleuten bei den „kleineren Einheiten": „Die Soldatenräte und Vertrauensleute haben ernste Aufgaben, politisch hinsichtlich der Überwachung der Befehlsführung im Sinne der Regierung, militärisch hinsichtlich der Aufrechterhaltung des Vertrauens und der Kameradschaft im republikanischen Heer." Ausdrücklich hieß es aber auch: „Sie sind in ihrer Tätigkeit an die Gesetze, Verordnungen und Dienstvorschriften gebunden" und „nicht befugt, sich in Angelegenheiten zu mischen, die anderen militärischen Dienststellen oder der Zivilverwaltung obliegen, sowie im Namen ihrer militärischen Dienststelle selbständig und allein Schriftwechsel zu führen". Die Soldatenräte wurden also institutionell bestätigt und ihnen sogar das Recht eingeräumt, „die Tätigkeit der Führer" im Hinblick darauf zu überwachen, daß die Offiziere „ihre Dienstgewalt nicht zu Handlungen gegen die bestehende Regierung mißbrauchen". Sie erhielten ein Mitwirkungsrecht im Bereich der Fürsorge für die Truppe und anderer Fragen der „Inneren Führung", wobei sie verantwortlich mitzeichneten; ihnen wurden aber auch eindeutig ihre Grenzen gezogen: Ausbildung, Führung und Verwendung der Truppe unterlagen allein der Befehlsgewalt der Offiziere. Ebenso wurde die Stellenbesetzung als „Sache des Kriegsministeriums" herausgestellt und den Soldatenräten die Befugnis abgesprochen, „Führer selbst abzusetzen oder auszuschalten"; sie erhielten allerdings das Recht, gegen Offiziere und Unterführer Einspruch zu erheben oder gar ihre Absetzung zu beantragen, wenn die Soldaten zu ihnen kein Vertrauen besaßen oder ihre Eignung angezweifelt wurde. Die Entscheidung über solche Anträge lag wiederum ausschließlich bei den militärischen Dienststellen. Selbstverständlich konnten die Soldatenräte und Vertrauensleute Klagen und Beschwerden einreichen, es wurde für sie jedoch kein eigener Dienstweg zugelassen. Damit war der entscheidende Schritt auf dem Wege zur Beseitigung des revolutionären Soldatenratssystems eingeleitet. Der Sinn eines solchen geschickten Schachzuges blieb vielen Offizieren bis hinein in den Kreis der OHL mit Einschluß Groeners verborgen, die in diesen „entehrenden Bestimmungen" wiederum nur die Institutionalisierung der gehaßten revolutionären Erscheinung erkennen wollten. Reinhardt war in ihren Augen zu nachgiebig, und der Erste Generalquartiermeister der OHL leitete daraus die Berechtigung ab, die Militärpolitik seines Landsmannes fortan als schädlich zu bekämpfen. Unter seiner Führung nahm die OHL noch mehrfach in scharfer Form gegen die Soldatenräte Stellung und versuchte, die Anwendung harter Maßnahmen durchzusetzen. Allerdings wurde sie wohl stärker als Reinhardt täglich mit den Forderungen der Soldatenräte in den noch im Osten und an der Ostgrenze stehenden Verbänden des „kaiserlichen" Heeres und seinen Kommandobehörden konfrontiert.

Die Verordnungen vom 19. Januar 1919 blieben von seiten der Soldatenräte und der hinter ihnen stehenden politischen Kräfte bis weit hinein in die SPD ebenfalls nicht unangefochten. Hier erkannte man die Gefahr der Ausschaltung der Soldatenräte und protestierte darüber hinaus gegen die Übertragung der Kommandogewalt auf den Preußischen Kriegsminister. Ein Delegiertentag der Korps-Soldatenräte – „Reichskonferenz der Soldatenräte Deutschlands" –

beanspruchte in seinem Beschluß vom 6. Februar 1919 Teilnahme an der Kommandogewalt und eigenen Instanzenzug. Aber seine Erklärung, daß die Verordnung vom 19. Januar auf „rechtsungültiger und revolutionsverfassungswidriger Grundlage“ beruhe, beunruhigte den Kriegsminister kaum mehr. Unterstaatssekretär Göhre trat zwar noch am 19. März der Mißstimmung in linksgerichteten Kreisen der Öffentlichkeit mit der Behauptung entgegen, es werde nicht daran gedacht, „die Einrichtung der Soldatenräte wieder aus der Welt zu schaffen“. Das Gesetz über die Bildung einer Vorläufigen Reichswehr vom 6. März 1919 (s. S. 84 ff.) und vor allem die entsprechenden Ausführungsbestimmungen vom 31. März 1919 (s. S. 85 f.) ließen jedoch erkennen, daß im Kampf um die Institution der Soldatenräte revolutionärer Prägung der Preußische Kriegsminister mit politischer Rückendeckung durch Ebert und Noske gesiegt hatte. Forderungen nach Ausführung der „Hamburger Punkte“, wie sie beispielsweise eine Vollversammlung der Soldatenräte Groß-Berlins erneut am 4. April 1919 erhob, besaßen nur noch deklamatorische Bedeutung. Wesentlich stärkere Sorgen bereitete Reinhardt zu dieser Zeit das Problem der Freikorps.

2. Die Freikorps

a. Entstehung – Wesen – Geist

Es läßt sich nicht eindeutig ermitteln, wer zuerst den Gedanken entwickelt hat, zuverlässige neue Streitkräfte aus Freiwilligen aufzustellen. Die geistige Vaterschaft für diese Idee haben mehrere Offiziere für sich in Anspruch genommen. Als sicheres Faktum darf dagegen angesehen werden, daß vor dem 9. November 1918 die Notwendigkeit erkannt wurde, nach Abschluß des Waffenstillstandes Freiwilligenverbände zu formieren. In der OHL setzte sich dieser Gedanke jedoch erst durch, als die „kaiserliche“ Armee nicht mehr zu erhalten war und sich die Verwendungsfähigkeit der Verbände des Feldheeres für einen Einsatz in der Heimat als illusorisch erwies. Für den Bereich des Oberbefehlshabers Ost wurde zwar bereits am 16. November die Bildung von Formationen aus Freiwilligen offiziell zugestanden, im Reich glaubte aber die OHL, die Lage mit Frontverbänden des Westheeres meistern zu können. Jedoch mußte Groener seinen Plan, 16 Divisionen von der Demobilmachung auszuschließen, spätestens Mitte Dezember als gescheitert ansehen und ebenso die Unzweckmäßigkeit der Demobilmachungs-Verordnung vom 1. Dezember zugestehen, in der für die Jahrgänge 1898 und 1899 das Verbleiben im aktiven Dienst befohlen worden war. Diese fachlichen Gesichtspunkte wurden durch politische Erwägungen bestätigt, denn die neuen politischen Gewalten einschließlich Ebert ließen eine unüberwindbar scheinende Abneigung gegen die „kaiserliche“ Armee erkennen. So kam Groener am 14. Dezember 1918 in einem Bericht an den Rat der

Volksbeauftragten zu dem Schluß: „Wenn ein Heer auf alter Grundlage aus innerpolitischen Gründen unmöglich ist, dann muß eine Armee aus Freiwilligen geschaffen werden."

Zunächst hatte die OHL die Bildung von Freiwilligenformationen nur geduldet und höchstens im stillen gefördert. Anfang Dezember regte dann der Chef der Operationsabteilung, Oberst Heye (s. S. 127 f.) die Heeresgruppenkommandos an, Truppenteile aus Freiwilligen aufzustellen. Dementsprechend wurden in nicht seltenen Fällen Verbände des Heeres zu Freikorps umgebildet.

Alle Freikorps standen von vornherein außerhalb des Rahmens der Armee. Ihre organisatorischen Grundlagen regelte das Preußische Kriegsministerium in einer Verfügung vom 16. Dezember 1918. Einen Tag später gab es das Muster einer vorläufigen Treueverpflichtung heraus. Die Freikorps waren sowohl zum Grenzschutz als auch zum Einsatz im Reichsgebiet „gegen Spartakus" vorgesehen. Beide Aufgabenbereiche wurden oft in schlagwortartiger Vereinfachung zum Zwecke politischer Propaganda unter der Forderung „Kampf gegen den Bolschewismus" zusammengefaßt, obgleich es sich um zwei scharf zu trennende Beweggründe handelte, nämlich um die Sicherstellung der Landesverteidigung gegenüber drohenden polnischen und russischen Übergriffen und um die Übernahme polizeilicher Aufgaben im Reichsgebiet zum Schutze einer zumindest ungeliebten, durch den Zusammenbruch des Kaiserreiches an die Macht gelangten Regierung.

Einen der ersten und zugleich besten Freiwilligenverbände, das „Freiwillige Landesjägerkorps", schuf Generalmajor Maercker.

Generalmajor Georg Maercker (1865–1924), zuletzt Kommandeur der 214. Infanterie-Division, unterbreitete am 12. Dezember 1918 dem Kommandierenden General des XIV. Reservekorps in einer Denkschrift seine Vorstellungen über die Bildung freiwilliger Truppen. Sie haben im „Grundlegenden Befehl Nr. 1 für das Freiwillige Landesjägerkorps (F. L. K.)" vom 14. Dezember 1918 ihren öffentlichen Niederschlag gefunden. Maercker stellte als obersten Grundsatz die Aufrechterhaltung der Manneszucht heraus, erkannte jedoch an, daß die Autorität der Führer nicht allein auf ihrer Vorgesetztenstellung beruhen dürfe, sondern auch auf dem unbedingten Vertrauen zwischen Offizier und Mann. Diese Beziehung sollte durch die Einrichtung von „Vertrauensleuten" erreicht werden. Der grundlegende Befehl entwickelte ein wohldurchdachtes und arbeitsfähiges System von Vertrauensräten. Als „Bindeglied" zwischen Vorgesetzten und Untergebenen wurden den bei jeder Einheit gewählten Vertrauensleuten grundsätzlich vermittelnde Aufgaben zugewiesen, besonders aber Beteiligung bei der Verwaltung des Truppeneigentums, Mitsprache in allen Fragen der Verpflegung und Truppenwohlfahrt sowie die Urlaubsregelung, Unterstützung der Soldaten bei Beschwerden auf der Basis einer Neuregelung der Beschwerdeordnung und Teilnahme als Richterpersonal an Standgerichten. Als Grundlage disziplinarer Strafen sollte gelten, daß das Ehrgefühl nicht verletzt werde. Die Vertrauensleute besaßen keine Befugnisse in Kommandoangelegenheiten.

Das Freiwillige Landesjägerkorps wuchs bis zur Stärke einer Brigade (vgl. S. 305 f.) an, Es erwarb sich als loyales Machtmittel der Reichsregierung, als dessen Aufgabe die „Aufrechterhaltung von Ruhe und Ordnung im Inneren und die Sicherung der Reichsgrenzen" bezeichnet worden war, große Verdienste in der Bürgerkriegssituation während der ersten

Monate des Jahres 1919 und stellte unter anderem die Truppe, die in Weimar der Deutschen Nationalversammlung als Schutz diente. Der Verband wurde dann am 3. Mai 1919 als Kader der Reichswehrbrigade 16 in die Vorläufige Reichswehr übernommen und diente mit seinem sich vorzüglich bewährenden Vertrauensratsystem als Beispiel für die Institution der Vertrauensleute in der neuen bewaffneten Macht. Ihr Begründer Maercker, der von manchen Offizieren als „roter General" angesehen wurde, übernahm am 1. November 1919 das Amt des Befehlshabers im Wehrkreis IV (Dresden). Sein Verhalten während des Kapp-Lüttwitz-Putsches führte dazu, daß er am 8. April 1920 seinen Abschied nehmen mußte.

Wie General Maercker organisierten tatkräftige Führer aller Dienstgrade mit oder ohne Unterstützung der alten Kommandobehörden und in einigen Fällen sogar auf Anregung oder in Zusammenarbeit mit Soldatenräten während der nächsten Monate – vereinzelt sogar schon früher – Freiwilligenverbände verschiedener Größenordnung. Ihre Gesamtzahl wird sich wohl niemals genau ermitteln lassen, wie die Zusammenstellung von Gordon und die Forschungen von Schulze ergeben. Auch ist es schwierig, Wesen und Geist der Freikorps allgemein zu charakterisieren. Gängige Formulierungen, wie Freikorpssystem und Freikorpsbewegung deuten schon in ihrer Widersprüchlichkeit an, daß sie nur begrenzt geeignet sind, die Erscheinung zu erfassen.

Ein systematischer Aufbau von Freikorps wurde weder von der Reichsregierung noch vom Preußischen Kriegsministerium betrieben. Die Reichsregierung erließ zwar am 9. Januar 1919 einen Aufruf zur Gestellung von Freiwilligen für den Grenzschutz, weil sich auch die Reste des Ostheeres als nicht mehr einsatzfähig erwiesen; in ihrer Proklamation sprach sie aber nicht vom Eintritt in die bereits überall aus dem Boden schießenden Freikorps, sondern von Meldungen als „republikanische Wehrmänner" bei den Bezirkskommandos. Sie nahm notgedrungen mit zwiespältigen Empfindungen die Unterstützung durch die Freikorps an. Dabei war sie sich wohl ihrer Zwangslage bewußt, daß sie gar nicht ein System von militärischen Verbänden aufbauen durfte, die in ihrer Mehrzahl ihrer politischen Einstellung nach offensichtlich der jungen Republik reserviert oder gar feindlich gegenübertraten. Ebensowenig konnte sich das Preußische Kriegsministerium, in dem spätestens im Februar 1919 die Voraussetzungen für die Errichtung der Vorläufigen Reichswehr erarbeitet wurden (s. S. 83 f.), für ein Freikorpssystem erwärmen, dessen Ausbau die Durchführung der eigenen Pläne nur erschweren mußte.

Als planmäßiger Schöpfer von Freikorps hätte die OHL in Erscheinung treten können, zumal sich ihr Aufgabenbereich nach dem Fehlschlag ihrer Politik in Berlin und der Verordnung vom 19. Januar 1919 auf die Rückführung der Verbände des Ostheeres und den Grenzschutz für die deutschen Ostgebiete einschränkte. Aber auch sie hat nicht einen systematischen Aufbau der von ihr angeregten Freiwilligenverbände außerhalb der gesetzmäßigen bewaffneten Macht betrieben. So ist ihr beispielsweise von General Maercker unter Hinweis auf ihre Unterlassungen hinsichtlich Vereinheitlichung, Führerauswahl und organisatorischer Richtlinien vorgeworfen worden, sie habe „bei der Aufstellung des freiwilligen Heeres versagt". Für dieses „Versagen" lassen sich wohl mehrere Ursachen ermitteln. Wesentliche Gründe waren vor allem: die OHL sah in den Freikorps von vornherein nur eine Übergangslösung auf dem Wege zur Schaffung einer neuen bewaffneten Macht; das sehr rasch erstarkende Selbstbewußtsein der Freikorps – das den Führungsanspruch der Kommandobehörden bald in Frage stellte – dazu ihre eigenwilligen politischen Zielsetzungen erschreckten die Offiziere, die sich als einzige legitime Autorität des Heeres betrachteten. Die OHL war daher nicht an einem planmäßigen Ausbau der Freikorps interessiert, und ein eigentliches Freikorpssystem hat niemals bestanden.

Eher kann von einer Freikorpsbewegung gesprochen werden. Zahlreiche, vornehmlich jüngere Offiziere, Unteroffiziere und Mannschaften des „kaiserlichen" Heeres, dazu auch militärisch nicht ausgebildete Studenten und Schüler, Angehörige der Bauernschaft und des Kleinbürgertums sowie Arbeitslose folgten dem Ruf, in militärisch organisierte Verbände einzutreten und sich den Grundsätzen der überlieferten soldatischen Ordnung – Befehl und Gehorsam, Disziplin und Autorität, Anerkennung der reinen Vorgesetztenstellung der Führer – unterzuordnen. Die sozialistisch orientierte Arbeiterschaft stellte naturgemäß nur wenige Freiwillige.

Die Motive für den Eintritt sprachen allerdings nicht für eine einheitliche Bewegung. Zweifellos war die überwiegende Mehrzahl von dem Wunsch beseelt, zur Wiederherstellung der innenpolitischen Ordnung gegen den Linksradikalismus oder zum Schutze der deutschen Gebiete im Osten des Reiches gegen Polen und Russen zu kämpfen. Dazu bekannten sich viele der Offiziere, die einen so hohen Prozentsatz unter den Freiwilligen stellten, daß sie nicht alle mit Führeraufgaben betraut werden konnten und daher als Mannschaften dienten. Aus ihnen waren die sogenannten Sturmkompanien formiert, die sich durch vorbildhafte Tapferkeit, aber auch durch rücksichtslose Härte und brutale Grausamkeiten auszeichneten. Doch trotz dieses einheitlichen Willens differierten die Vorstellungen über den Sinn des eigentlichen Einsatzes und über die Zukunft erheblich. Eine Minderheit setzte sich aus Männern zusammen, die durch den Krieg dem bürgerlichen Leben entfremdet oder gar für ein Bestehen im Alltag einer vom Frieden bestimmten Gesellschaft untauglich geworden waren und sich durch die Folgen der militärischen Niederlage und des politischen Umsturzes auf die Straße geworfen sahen. Sie suchten ein Unterkommen, das ihnen die Möglichkeit bot, die Existenz eines Kämpfers weiterzuführen. Unter ihnen waren nicht wenige Berufssoldaten. Ein anderer Teil bestand aus Arbeits- und Heimatlosen, die von der Aussicht auf den zumindest anfänglich beachtlichen Sold oder auf materielle Versorgung in einer unfreundlichen Jahreszeit angelockt wurden und daher bereit waren, sich militärischen Lebensbedingungen zu unterwerfen. Wesentlich andere Ziele verfolgten die von besonderen Interessen geprägten „Baltikumer" (s. S. 77ff.). Daneben gab es die verschiedensten Existenzen, beispielsweise Kriminelle, die einen Unterschlupf suchten oder sich gerade als Freikorpskämpfer ein reiches Betätigungsfeld erhofften. Es ist daher nur sehr bedingt möglich, so heterogene Gruppen ohne Einschränkung dem Begriff Freikorpsbewegung zu subsumieren, und, wie es Maercker unternahm, die These aufzustellen, in den Freikorps sei „der alte Geist des preußisch-deutschen Heeres wieder lebendig“ geworden, „der Geist der Unterordnung des einzelnen unter das Gesamtwohl“.

Der Geist der Freikorps war ein ganz anderer. Er wurde geprägt vom „Fronterlebnis“ und von der Verzweiflung über den Ausgang des Krieges; er resultierte aus einer Kampfstellung gegen den marxistischen Sozialismus und gegen die Bourgeoisie, die in eine Verachtung der jungen parlamentarischen Demokratie und ihrer Träger mündete; er war negativ gekennzeichnet durch nihilistische Züge und positiv durch Träumereien von einem nationalen Sozialismus, die sich bis zu nationalbolschewistischen Ideen steigern konnten. Ausdruck des Freikorpsgeistes war vor allem auch der Führergedanke, zumal die Freikorps in ihrem Dasein und Sosein wesentlich von ihren Führern bestimmt wurden.

Unter den Freikorpsführern gab es jedoch nur wenige, die dem neuen Staat aus Überzeugung loyal dienen wollten, wie der Major Meyn und der Leutnant und spätere Reichstagsabgeordnete der SPD Julius Leber.

Das republikanische Freischützenkorps Berlin, das Meyn aufstellte, bildete eine Keimzelle der preußischen Sicherheitspolizei, und sein Schöpfer trat ebenfalls in die Polizei ein. Leber wurde zunächst in die Vorläufige Reichswehr übernommen, schied aber wie einige andere republikanisch-demokratisch gesinnte Offiziere nach dem Kapp-Lüttwitz-Putsch aus (s. S. 252 f.).

Größer war der Kreis der Führer, die sich als Monarchisten der Republik gegenüber aus Vernunft loyal verhielten. Es handelte sich meist um ältere Offiziere, wie General Maercker. Ihre Freikorps machten die Mehrzahl aller Freiwilligenverbände aus. Sie dienten der Republik „mehr aus Haß gegen ihre Feinde als aus Liebe und Loyalität“ (Gordon) und bildeten 1919 den stärksten Ordnungsfaktor der Regierung. Diese Führer waren sich meist der Tatsache bewußt, daß die Verbände als Aushilfsmittel in einer Übergangszeit angesehen wurden. Selbstverständlich bemühten sie sich darum, ihre Männer nach der Durchführung der Befriedungsaufgaben zu versorgen, und scheuten dabei nicht vor Druckmaßnahmen zurück, sie strebten jedoch nicht eine gewaltsame Lösung ihrer Probleme an. In ihrer Mehrheit waren sie und ihre Männer keine „politischen Soldaten und nationalen Revolutionäre“, wie Schüddekopf die letzte der drei Gruppen genannt hat. Das Beispiel des Führers des Freiwilligen Landesjägerkorps zeigte aber bereits, daß auch sie den überlieferten Kommandobehörden kritisch gegenübertraten.

Diese kritische Haltung verstärkte sich bei jüngeren Freikorpsführern zu einem Gegensatz, der nicht selten bis zur Verweigerung der Gehorsamspflicht gegenüber vorgesetzten Dienststellen und zur eindeutigen Rebellion gegen politische Entscheidungen führte. Ähnlich war die Einstellung der Männer, auf die sich die Offiziere berufen konnten, und die sich als gewissermaßen „verschworene

Haufen“ um den Führer zusammengeschlossen hatten, dem sie das Bestehen ihres Freikorps verdankten und dem sie blindlings vertrauen zu dürfen glaubten. Als Repräsentanten dieser dritten Gruppe von Freikorpsführern können Leutnant Roßbach und Kapitän Ehrhardt (s. Abschnitt VII) angesehen werden.

Gerhard Roßbach (geb. 1893), seit 1913 Königlich Preußischer Leutnant, zeichnete sich im Ersten Weltkrieg durch Tapferkeit aus. Die Selbstaufgabe der Monarchie mit dem Übertritt Kaiser Wilhelms II. nach Holland zerstörte für ihn „die Vorstellung einer Autorität“ und ließ in ihm eine „bis dahin unerschütterliche Welt“ zusammenbrechen. Nach seinen eigenen Worten war er damals bereit, „am Aufbau eines neuen, sozialen Staates mitzuwirken“. Als ihn der Arbeiter- und Soldatenrat der Festung Graudenz noch im gleichen Monat aufforderte, Grenzsicherungsaufgaben gegenüber Polen zu übernehmen, stellte er sich mit einer Freiwilligen-Maschinengewehr-Kompanie zur Verfügung. Im Januar 1919 wurde Roßbach ermächtigt, im Rahmen des Grenzschutzes Ost ein Freikorps aufzubauen. Diese „Sturmabteilung Roßbach“, die einen gemischten Verband aus den wichtigsten Waffengattungen des Heeres darstellte, der bis zu einer Stärke von knapp 1 000 Mann anwuchs und als Jägerbataillon 37 in die Vorläufige Reichswehr übernommen wurde, schloß sich im Herbst 1919 den zu diesem Zeitpunkt bereits gegen die Anordnungen aller vorgesetzten Behörden rebellierenden Freikorps im Baltikum an und erhöhte dadurch noch die Schwierigkeiten der Reichsregierung. Roßbach handelte im Bewußtsein eindeutiger Gehorsamsverweigerung, weil er es als „menschliche und kameradschaftliche Pflicht“ ansah, den hart bedrängten „Baltikumern“ zu helfen. Sein Entschluß bedeutete den geistigen Bruch mit allen Kräften, die den neuen Staat trugen, und rückte das aus der Vorläufigen Reichswehr wegen Meuterei ausgestoßene Freikorps in den Mittelpunkt der öffentlichen Diskussion.

Die Sturmabteilung Roßbach mußte Anfang 1920 offiziell aufgelöst werden, im Zusammenhang mit dem Kapp-Lüttwitz-Putsch und dem Bürgerkrieg an der Ruhr formierte sich jedoch sofort ein neuer Verband. Er wurde wieder als Jägerbataillon 37 bezeichnet. Dann bildeten der damalige Oberleutnant und seine Männer die „Arbeitsgemeinschaft Roßbach“, die in den Kämpfen um Oberschlesien das „Freiwillige Regiment Schlesien“ darstellte, danach formell wieder aufgelöst wurde und sogleich als „Verein für die Wahrung der Interessen deutscher Grenzmärker“ erneut auferstand. Der Staatsführung war dieser verschworene Haufen schon lange und zu Recht suspekt, denn die nationalistische Grundhaltung und der scharfe politische Gegensatz Roßbachs und seiner Männer zur demokratisch-parlamentarischen Republik trat offen zutage. Politische Abwehrmaßnahmen – Verbot des Grenzmärkervereins, Verhaftung Roßbachs aufgrund des Gesetzes zum Schutze der Republik – vermochten die innenpolitische Gefahr, die von Männern seines Schlages ausging, nicht zu beseitigen. Roßbach wurde 1923 zu gleicher Zeit von Reichswehrstellen umworben und von der Polizei bekämpft. Auch der Chef der Heeresleitung sah in ihm eine Gefahr für die Einheit der bewaffneten Macht und setzte daher die Entlassung von zwei Offizieren und einigen Mannschaften durch, die an einer Veranstaltung Roßbachs teilgenommen hatten. Seine Gefährlichkeit wurde offenbar, als er im November 1923 als Verbündeter Hitlers die Infanterie-Schule in München dazu überredete, sich an die Putschisten anzuschließen.

Der ehemalige aktive Offizier kannte also keine Bedenken, den Führernachwuchs der bewaffneten Macht zum Ungehorsam zu verleiten. Sein Nationalismus und sein Mißtrauen, ja seine Verachtung gegenüber der Reichswehrführung ließen ihn Wege beschreiten, die mit den überlieferten soldatischen Maßstäben nicht mehr vereinbar waren. Roßbach bewies damit offenkundig, daß er nicht als Offizier dachte und handelte, sondern sich zum Revolutionär entwickelt hatte. Der Mißerfolg zwang ihn ins Exil nach Österreich. Er wandte sich hier von Hitler ab und zog eine Wehrjugendbewegung auf. Die Gefolgsleute der vergangenen Jahre trennten sich allmählich von ihm, sei es, daß sie ihn nicht mehr verstanden und wie der später hohe SA-Führer Heines Anhänger Hitlers wurden, sei es, daß sie verbürgerlichten. Die allmähliche Auflösung des Freikorps, das viele Jahre lang gerufen und zugleich bekämpft worden war und dessen Angehörige sich in einem Geist verbunden hatten, der zur Revolution bereit war und nicht vor Gewalttaten zurückschreckte, befreite die Republik von einer Gefahr, die sie mit verursacht hatte. Roßbach zeigte sich wohl ursprünglich zur Mitarbeit an einem neuen Staat bereit, er fand aber nicht den Weg, versackte vielmehr in einem staatsgefährdenden Nationalismus und sammelte um sich Gleichgesinnte, die durch seine Person jahrelang zu einem Gleichklang verbunden waren. Dieser verstummte, als der Führer ausfiel. Die späteren Jahre sahen die Roßbacher auf mancherlei politische Parteien und Gruppen verstreut. Eine besonders starke Affinität bestand zum Nationalsozialismus, allerdings nicht für Gerhard Roßbach selbst.

Das Verhalten der Freikorpsführer Roßbach und Ehrhardt und ihrer Verbände zeigt, daß im Offizierkorps durch den Zusammenbruch des Kaiserreiches politische Kräfte entbunden worden waren, die nicht nur für die junge Republik, sondern auch für die bewaffnete Macht gefährlich werden konnten. Im Kriege bewährte Soldaten erhoben den Anspruch, nicht allein als Befehlsempfänger und dienende Organe verwendet zu werden, sondern auch bestimmenden Einfluß auf die politische Entwicklung auszuüben. Sie erkannten für sich, ihre militärische und politische Existenz, die Autorität der hohen Kommandobehörden, wie OHL, Kriegs- und Reichswehrminister oder Chef der Heeresleitung, nicht mehr an. Diese Freikorpsführer entwickelten eigene politische Vorstellungen und gefielen sich darin, wahres Soldatentum und nationalbewußtes Deutschtum nur in ihrer Person und in ihren Ideen verkörpert zu sehen. Viel schärfer als die Vernunftrepublikaner unter den höheren Offizieren hatten sie sich von dem Gedanken an eine Restauration der zusammengebrochenen Gesellschaftsordnung abgewandt. Sie wollten einen neuen Staat auf sozialen und zugleich nationalen Grundlagen errichten. Mit dem Ungestüm kämpferischer Naturen waren sie bereit, zur Verwirklichung ihrer Ziele revolutionäre Bahnen zu beschreiten. Indem sie zugleich den Generalen, Kommandeuren und Stabsoffizieren in den vorgesetzten Dienststellen vorwarfen, reaktionär oder zu anpassungsbereit gegenüber den politischen Machthabern zu sein, zerrissen diese Freikorpsführer und ihre Gefolgsleute die Bande, die noch zwischen ihnen und den Kameraden aus dem kaiserlichen Offizierkorps bestanden. Ihr Geist widersprach den Vorstellungen der Offiziere, denen der Aufbau der bewaffneten Macht übertragen wurde. Heeresleitung und Freikorpsführer begegneten sich mit Mißtrauen oder sogar Verachtung, die Austragung dieses Gegensatzes blieb der Reichswehr nicht erspart.

Für die parlamentarische Demokratie barg der radikale Freikorpsgeist noch größere Gefahren in sich. An seinem Aufkommen waren die staatstragenden Gruppen der jungen Republik, besonders die SPD und ihre Führer nicht schuldlos. In der Stunde der Not griffen Männer wie Ebert und Noske nach den Freikorps als dem ihrer Auffassung nach letzten Rettungsmittel und schoben aufkeimende Zweifel beiseite. Sicherlich bestand in den ersten Wochen nach dem Zusammenbruch des Kaiserreiches die Chance einer dauerhaften Zusammenarbeit zwischen aufgeschlossenen sozialdemokratischen Funktionären und Offizieren, die aus dem Fronterlebnis und dem Schock der Selbstaufgabe der Monarchie die Folgerung eines sozialen Neubaus des deutschen Reiches zu ziehen bereit waren. Die Arbeiterführer ließen jedoch nicht nur die Möglichkeit, geeignete Freikorpskämpfer an den demokratischen Staat zu binden, ungenützt vorübergehen, sondern versäumten es auch, die eigenen organisierten demokratischen Kräfte zum Eintritt in die Freiwilligenverbände aufzurufen. Als Noske es versuchte, verweigerten ihm seine Kollegen die Gefolgschaft, und die Presseorgane der SPD druckten seine Werbeaufrufe nicht ab. Dieses Versäumnis läßt sich nicht mit der Feststellung beschönigen, daß die Arbeiterschaft dem Waffendienst abgeneigt war und daher auch im Falle einer breiten Propaganda den Aufforderungen ihrer Führer kaum nachgekommen wäre. Ihre ideologische Bindung verführte die SPD nicht nur zu staatspolitisch falscher Zurückhaltung, sondern trieb sie sogar in eine Frontstellung gegen die Freikorps, die zunächst keineswegs berechtigt war.

Die Freikorpsleute fühlten sich zum patriotischen Einsatz für Deutschland gerufen und sahen sich statt dessen verfemt, sie glaubten Dank beanspruchen zu können und stießen nur auf Mißtrauen, sie wollten einen neuen Staat aufbauen helfen und wurden als Reaktionäre verschrieen. Mußten sie unter diesen Voraussetzungen nicht trotz ihres möglichen ehrlichen Willens zur Mitarbeit in die Opposition zur Regierung getrieben werden? Der politischen Linken war andererseits dieser Bundesgenosse zu suspekt und sie stützte sich trotz des Mißtrauens gegen die Generalität des Kaiserreiches doch lieber auf die Kräfte, die hinter dem Bündnis Ebert-Groener standen. Mit ihnen traf sie sich in der Furcht vor Wesen und Geist der Freikorps, die wie meist in solchen Fällen von der öffentlichen Meinung nach dem Verhalten der radikalen Führer und Verbände beurteilt wurden. Die Regierung ließ zu schnell der Vergessenheit anheimfallen, was sie den Freikorps verdankte und welche Verdienste sie sich bei der Wiederherstellung von Ruhe und Ordnung erworben hatten.

Die Freikorpsleute waren Söldner, aber sie wollten nicht als Söldner eingestuft, sondern als Soldaten behandelt werden, die dem Vaterlande in schwerer Notzeit halfen und die auch politisch einen Anspruch auf Vertrauen hatten. Da dies nicht geschah, kehrte die Mehrheit derjenigen, die nicht in die spätere Reichswehr übernommen wurden, in das bürgerliche Leben als Feinde der Republik zurück. Die Ablehnung des neuen Staates bedeutete aber nicht, daß sie dadurch schon zu direkten Wegbereitern der Diktatur Hitlers wurden. Auch fand sich nur eine Minderzahl – vornehmlich die Freikorps der radikal ausgerichteten Gruppe – bereit, die Waffen gegen ihren bisherigen Zahlherrn, die demokratisch-parlamentarische Regierung, zu erheben. Wenn von Freikorps als Vorläufern und direkten Förderern des Nationalsozialismus gesprochen werden kann, dann handelt es sich vornehmlich um diejenigen, die als politische paramilitärische Organisationen ihr Leben zu verlängern suchten. Aber auch hier zeigten die Beispiele Roßbachs und Ehrhardts, daß die Sehnsucht nach einem neuen Reich nicht unbedingt zur Bindung an Hitler führen mußte.

Die militärpolitische Bedeutung der Freikorps läßt sich nicht ohne einen kurzen Überblick über den Einsatz dieser Freiwilligenverbände im Kampf gegen „Spartakus“ und Linksradikalismus im Jahre 1919 verstehen. Ihre Tätigkeit im Rahmen des „Grenzschutz Ost“ und ihre Verwendung im Kampf um Oberschlesien (s. S. 257 f.) gehören nicht zu diesem Komplex der innenpolitischen Auseinandersetzungen und werden daher am Rande behandelt. Dagegen hatte das Verhalten der sogenannten „Baltikumer“ erhebliche Rückwirkungen auf die Politik der Reichsregierung, auf die Diskussion über die zukünftige bewaffnete Macht wie auf die öffentliche Meinung überhaupt und muß daher etwas breiter ausgeführt werden.

Die innenpolitische Befriedung im Jahre 1919

Die linksradikalen Unruhen und Aufstände nach dem Zusammenbruch der alten Herrschaftsordnung konnten teilweise von Freiwilligenverbänden und Einwohnerwehren (s. S. 218 ff.), also mit lokalen Kräften, unterdrückt werden, so beispielsweise in Südwestdeutschland, im rheinisch-westfälischen Raum und in Ostpreußen. Zur Beseitigung größerer revolutionärer Erscheinungen mußten dagegen Reichs- und Landesregierungen auf die überregional organisierten Freikorps zurückgreifen. Ihr erster größerer Einsatz fand in Berlin statt.

Auf der Grundlage seiner Vollmachten vom 6. Januar 1919 organisierte Noske die Niederschlagung der von einem linksradikalen Revolutionsausschuß in Berlin seit dem 5. Januar mit dem Ziel des Sturzes der Reichsregierung inszenierten Unruhen. Die Führung der Verbände übernahm Generalleutnant Freiherr von Lüttwitz, einer der militärischen Hauptakteure in der innenpolitischen Auseinandersetzung bis hin zum Kapp-Lüttwitz-Putsch (s. S. 242 ff.). Noske ließ sich trotz der sehr gefährdeten Lage der Reichsregierung nicht zu unüberlegten, das heißt mit zu geringen Kräften und daher vorzeitig eingeleiteten Handlungen hinreißen, sondern wartete ab, bis die Einsatzbereitschaft der Truppen und ihre zahlenmäßige Überlegenheit gewährleistet waren. Die Rückeroberung Berlins begann am 8. Januar, sie war bis zum 19. Januar, dem Tage der Wahlen zur Deutschen Nationalversammlung, abgeschlossen. Doch war die Reichshauptstadt damit noch nicht befriedet. Die regierungstreuen Truppen, insbesondere die aus verschiedenen Freikorps zusammengesetzte Garde-Kavallerie-Schützen-Division, hatten Gewalttaten, wie die Ermordung der Kommunistenführer Karl Liebknecht und Rosa Luxemburg, nicht gescheut und den Haß gegen sich, gegen Noske und auch gegen die Reichsregierung noch verschärft. Er entlud sich in den sogenannten „Märztagen“, die mit einem Generalstreik am 3. März begannen. Nach Erklärung des Belagerungszustandes mußte Noske unter Einsatz von etwa 42 000 Mann der Freikorps und anderer regierungstreuer Verbände Berlin zwischen dem 4. bis 16. März erneut erobern. Sein Befehl, „jede Person, die mit den Waffen in der Hand gegen Regierungstruppen kämpfend angetroffen wird, ist sofort zu erschießen", ließ die Härte der Kämpfe, die jedem Bürgerkrieg schon von vornherein eigen ist, einen Grad erreichen, auf dem beide Seiten vor Grausamkeiten und Greueln nicht zurückschreckten. Der Sieg der Freikorps war zu keinem Zeitpunkt in Frage gestellt. Es war daher bedauerlich, daß ihre Führer und die politischen Gewalten den Leidenschaften nicht Einhalt zu gebieten verstanden haben, weil das zukünftige Verhältnis zwischen bewaffneter Macht und Arbeiterschaft durch Willkürakte noch stärker zuungunsten der neuen Wehrmacht belastet wurde.

Zwischen ihren beiden Großeinsätzen in Berlin hatten Freikorps Anfang Februar die Gewaltherrschaft einer linksradikalen Minderheit in Bremen gebrochen und Mitte Februar in Oldenburg die öffentliche Ordnung wieder hergestellt. Im Mai mußte Stettin befriedet werden. In Hamburg schwelte die revolutionäre Krise bis in den Sommer hinein. Der Senat stimmte dem Eingreifen von Regierungsverbänden aber erst zu, als sich am 24. Juni ein Aufruhr wegen der Lebensmittellage zu einem linksradikalen Aufstand ausweitete. Die Truppen stellten die äußere Ruhe schnell wieder her.

Ein Krisenherd besonderer Art bildete sich im Frühjahr im Raum von Braunschweig, weil die Arbeiter- und Soldatenräte mit Unterstützung der örtlichen SPD einen lebenswichtigen Verkehrsknotenpunkt des Reiches beherrschten. Hier griffen im April 1919 Freikorps unter der Führung von General Maercker ein, dessen Freiwilliges Landesjägerkorps neben dem Schutz der Deutschen Nationalversammlung in Weimar auch die Hauptlast bei der Beseitigung zahlreicher Unruheherde in Mitteldeutschland (Halle, Magdeburg, Gotha, Meinigen, Dresden, Leipzig, Eisenach, Erfurt) und der Sicherung der wiederhergestellten öffentlichen Ruhe trug.

Die stärkste Gefahr seit der Niederkämpfung der Aufstände in der Reichshauptstadt entstand für die Reichsregierung im Frühjahr 1919 in München. Nach der Ermordung des ersten republikanischen bayerischen Regierungschefs Kurt Eisner, des örtlichen Führers der USPD, am 21. Februar 1919, gelang es der neuen Regierung nicht, den Sturz in die Anarchie abzufangen. Sie verzichtete allerdings bewußt darauf, die Errichtung von Freikorps zuzulassen. Am 7. April riefen Vertreter des Linksradikalismus die Räterepublik aus. Das nach Bamberg ausgewichene Kabinett des Ministerpräsidenten Hoffmann (SPD) wandte sich erst Mitte April, als sich alle eigenen Maßnahmen zur Niederschlagung des Münchener Aufstandes als untauglich erwiesen hatten, an die Reichsregierung um militärische Unterstützung.

Noske hatte als Reichswehrminister bereits den Einsatz der Machtmittel des Reiches vorbereiten lassen. Am 29. April schlossen die angesetzten Verbände München ein. Unter ihnen befand sich auch das seit Ende Februar außerhalb Bayerns gegen das Verbot der Landesregierung mit Mitteln des Reiches aus Bayern aufgestellte Freikorps des Obersten Ritter von Epp. In der Stadt herrschte unter der „Roten Armee" das Chaos. Die Ermordung von zehn Geiseln rief am

1. Mai Aufstände innerhalb Münchens gegen die revolutionären Machthaber hervor und gab den letzten Anstoß zum Gegenterror mit zahlreichen blutigen Exzessen – ihnen fielen auch mehr als 30 unschuldige Männer zum Opfer – von seiten der die Landeshauptstadt in den ersten Maitagen erobernden Regierungsverbände. Stärker als die Ausschreitungen erschreckte die Führung, daß einzelne Freikorps, wie die 2. Marine-Brigade Ehrhardt, sich nicht nach den Operationsplänen und -befehlen des Oberbefehlshabers gerichtet, sondern nach eigenem Dafürhalten den Angriff eingeleitet hatten. Der Kampf um München bewies damit, daß die Freikorps kein zuverlässiges Machtmittel in der Hand der Kommandobehörden waren. Daß die Freikorps darüber hinaus noch größere Gefahren in sich bargen, zeigte sich im Rahmen des „Grenzschutz Ost“ anläßlich der Putschabsichten des Generals v. Below und besonders im Baltikum.

Der „Grenzschutz Ost“

Die Freiwilligenverbände des „Grenzschutz Ost“ entstanden zur Sicherung der Provinz Ostpreußen gegen die bolschewistische Bedrohung und der Provinzen Westpreußen, Posen und Oberschlesien gegen polnische Übergriffe. Er stand seit dem 3. Februar 1919 offiziell unter dem Oberbefehl der OHL, drohte jedoch nach Bekanntwerden der Friedensbedingungen ihrem Führungsanspruch zu entgleiten.

Ansprüche auf Ostgebiete des Reiches oder Teile von ihnen waren polnischerseits noch vor dem Sturz der Monarchie angemeldet worden. Dennoch hatten die Behörden keine Abwehrvorbereitungen eingeleitet. Infolgedessen gingen nach dem am 27. Dezember 1918 in Posen ausgelösten polnischen Aufstand große Teile der Provinz verloren, bis es Mitte Januar 1919 gelang, aus Freiwilligenverbänden eine geschlossene Abwehrfront aufzubauen. Die Kämpfe sollten mit dem von den Alliierten erzwungenen, von den Grenzschutztruppen aber als Verrat ausgelegten deutsch-polnischen Abkommen vom 16. Februar 1919 beendet werden, klangen jedoch noch lange nicht ab.

Der Gedanke, die Ostprovinzen im Falle der Annahme der Versailler Bedingungen vom Reich zu trennen und einen Oststaat auszurufen, kam früh auf (s. S. 88 ff.). Er wurde zusammen mit dem Plan, Polen anzugreifen, um die verlorenen Gebiete zurückzuerobern, von Offizieren, Freikorpsführern und Politikern diskutiert und sogar intensiv vorbereitet. Im Mittelpunkt der militärischen Maßnahmen stand der Kommandierende General des XVII. Armeekorps (Danzig), v. Below. Er war bereit, diesen Weg auch gegen die OHL zu beschreiten, wurde jedoch im letzten Moment durch Hindenburg gehindert, die Erhebung auszurufen und die Offensive auszulösen. Die enttäuschten Freiwilligen unterschoben aber die Schuld am Scheitern ihrer Hoffnungen den politischen Gewalten. Sie bereiteten große Schwierigkeiten, bis die vom Friedensvertrag geforderte Räumung der abzutretenden Gebiete vollzogen war.

Die Freikorps im Baltikum

Für die junge Republik gefährlich erwiesen sich die deutschen Freikorps im Baltikum. Sie entstanden als Folge der chaotischen Zustände, die sich aus dem Zusammenbruch der deutschen Stellung in Osteuropa seit den Novemberereignissen von 1918 entwickelten. Dieser Gefahr, insbesondere aber auch einem Vordringen bolschewistischer Truppen, hofften die Alliierten Mächte durch den Artikel XII des Waffenstillstandsvertrages zu begegnen. Deutschland wurde verpflichtet, seine Truppen aus den ehemaligen russischen Territorien erst zurückzuziehen, „sobald die Alliierten, unter Berücksichtigung der inneren Lage dieser Gebiete, den Augenblick für gekommen erachteten". Die OHL begrüßte diese Bestimmung und wies den Oberbefehlshaber Ost am 16.(?) November 1918 darauf hin, „daß eine schnelle Räumung des ganzen Ober-Ostgebietes, vornehmlich der Ukraine und der baltischen Gebiete, keinesfalls im nationalen und wirtschaftlichen Interesse Deutschlands liegt". Im Einvernehmen mit der Reichsregierung beabsichtigte sie also, der alliierten Waffenstillstandsvertragsbestimmung nachzukommen und die Rückführung entweder auszusetzen oder doch zumindest wesentlich zu verlangsamen. Es erwies sich aber bald, daß die OHL, die nach der Auflösung der Dienststelle des Oberbefehlshabers Ost den Oberbefehl im Osten übernommen hatte, nicht in der Lage war, das eigenmächtige Rückfluten der Verbände des Ostheeres aufzuhalten. Auch die im Baltikum stehende 8. Armee wurde von der allgemeinen Auflösung erfaßt.

In den bis zum Frieden von Brest-Litowsk zu Rußland gehörenden baltischen Provinzen Estland und Lettland hatten sich provisorische Regierungen gebildet, die von Großbritannien am 11. November 1918 „de facto" anerkannt wurden. Das Schwergewicht der weiteren Entwicklung lag in Lettland, wo am 18. November von Karl Ulmanis die Selbständigkeit ausgerufen wurde. Die junge, von Deutschland am 20. November „de facto" anerkannte Republik sah sich nämlich sehr schnell von der Roten Armee bedroht, da es das AOK 8 für unmöglich erklärte, das Baltikum zu schützen, und die Rückführung der Truppen einleitete. Es entstanden zwar im Einvernehmen mit den deutschen Dienststellen eigene baltische Schutzorganisationen, wie die aus Deutschen und Letten gebildete „Baltische Landeswehr". Sie vermochten aber nicht das bolschewistische Vordringen aufzuhalten, zumal Teile der Bevölkerung mit dem Kommunismus sympathisierten. Die Alliierten, die bereits ihre antibolschewistische Intervention eingeleitet hatten, gewährten den Letten wegen ihrer Verpflichtungen gegenüber dem weißrussischen Admiral Koltschak keine materielle Unterstützung. In dieser Notlage schloß Ulmanis, der sich gegenüber deutschen Vorschlägen nach enger Zusammenarbeit zunächst zurückhaltend und mißtrauisch gezeigt hatte, am 29. Dezember 1918 mit dem Generalbevollmächtigten des Deutschen Reiches für die baltischen Lande, dem bisherigen sozialdemokratischen Gewerkschaftsführer August Winnig, einen Vertrag, der ihm die Unterstützung der Republik Lettland durch deutsche Freikorps anstelle der zurückgeführten Verbände der 8. Armee eintragen sollte. Das Abkommen fand die Zustimmung des englischen

Admirals, der als Vertreter einer alliierten Militärmission ein britisches Kriegsschiffgeschwader kommandierte, das seit der zweiten Dezemberhälfte in Riga lag.

Der Einsatz deutscher Freikorps in Lettland vollzog sich also auf rechtlich unanfechtbarer Grundlage. Er basierte auf dem Vertrag vom 29. Dezember 1918, der seine Rechtfertigung in Artikel XII des Waffenstillstandsvertrages hatte und die alliierte, zumindest aber britische Zustimmung fand. Somit waren letztlich die Alliierten mehr als der dem Abkommen zustimmende Rat der Volksbeauftragten für den Einsatz von deutschen Freikorps im Baltikum verantwortlich. Daneben gab es nationalistische Kreise, die das Baltikumunternehmen als eine Art Revanche für den verlorenen Krieg ansahen und sich im Gegensatz zur Mehrheit des deutschen Volkes, die den Einsatz deutscher Truppen von Anfang an entschieden ablehnte, stark engagierten.

Die Schwierigkeiten, die sich aus der Durchführung des Abkommens zwischen Ulmanis und Winnig für alle Seiten später ergaben, beruhten vornehmlich auf drei Hauptursachen: erstens vertraten die Alliierten keine klare und folgerichtige Politik im Baltikum; zweitens verhielt sich die Reichsregierung gegenüber der seit Mai 1919 vorgetragenen Forderung der alliierten Mächte auf Abzug der deutschen Verbände zunächst zweideutig – zumal sie den Schutz Ostpreußens nicht unberücksichtigt lassen durfte – und verfügte später nicht über die Macht, die Freikorps zurückzuholen; der dritte und wohl wichtigste Grund lag jedoch in dem Wesen der Freiwilligen und ihrer Verbände – er ist hier vornehmlich von Interesse.

Charakter und soziologische Zusammensetzung der Freikorps im Baltikum wurden in erheblichem Ausmaße durch die Bestimmung des Vertrages vom 29. Dezember geprägt, derzufolge die Provisorische Lettische Regierung sich bereit erklärte, „allen fremdstaatlichen Heeresangehörigen, die mindestens vier Wochen in Verbänden der Freiwilligenformationen beim Kampf für die Befreiung des Gebietes des lettländischen Staates von den Bolschewiki tätig gewesen sind, auf ihren Antrag das volle Staatsbürgerrecht des lettländischen Staates zu gewähren“. Viele aus dem Kriege heimgekehrte Soldaten, die infolge der Demobilisierung arbeitslos geworden und nicht selten ohne einen bürgerlichen Beruf waren, lasen aus dem Abkommen heraus, daß ihnen im Baltikum Siedlungsmöglichkeiten, ja sogar kostenlose Zuweisung von Land zugesagt wurde. Sie befreundeten sich mit einer Vorstellung, die in den Werbebedingungen der „Anwerbungsstelle Baltenland“, der offiziellen Werbestelle des Generalbevollmächtigten des Deutschen Reiches für die baltischen Lande, in der Formulierung bestätigt zu sein schien: „Nach Abschluß der Kämpfe ist für die bis zum Ende an den Kämpfen teilnehmenden Militärpersonen günstige Ansiedlungsmöglichkeit im Baltenlande gegeben.“ Solche Auslegung, die doch nur bei leichtfertig großzügiger Interpretation der allerdings nicht eindeutig abgefaßten Vertragsbestimmung entnommen werden konnte, wurde darüber hinaus von mancher Werbestelle als direktes Versprechen hingestellt. Dieser Anreiz wirkte nicht zuletzt deshalb so verlockend, weil jener Generation landwirtschaftlich nutzbarer

Grundbesitz und der Beruf des Bauern als eine erstrebenswerte und des rechten Mannes geziemende Lebensgrundlage galt. Um so mehr fühlten sich Freiwillige aus dem gewissermaßen landhungrigen Kreis der „Baltikumer" durch die spätere Entwicklung betrogen. Die Ursache ihrer Enttäuschung ist jedoch nicht so sehr bei den Alliierten oder bei der lettischen Regierung zu suchen, die bei ihrer wenig deutschfreundlichen Haltung unter Bezugnahme auf Artikel 292 des Versailler Vertrages das Abkommen vom 29. Dezember 1918 nicht mehr anerkannte, und auch nicht bei der Reichsregierung unter Gustav Bauer. Die Schuld traf vielmehr neben den Werbestellen, die bei ihren Bemühungen wohl wider besseres Wissen mündlich über die Bedingungen hinausgehende Versprechungen leisteten, führende Politiker wie Winnig, die sich zu Anfang des Jahres 1919 nicht für verpflichtet hielten, falschen Auslegungen des Abkommens entgegenzutreten. Winnig beispielsweise wollte nicht die Werbung für das Unternehmen gefährden und nicht versäumen, die seiner Auffassung nach „vielleicht letzte Gelegenheit zur Erhaltung und Stärkung des Deutschtums in Lettland zu nützen". In ähnlich nationalen Gedankenkreisen lebten andere maßgebliche Männer.

Der andere Kreis der Freikorpsangehörigen setzte sich aus Berufssoldaten und Landsknechtsnaturen zusammen. Die Motive, die sie zum Eintritt bewogen, waren vielfältiger Art. Es gab unter ihnen nicht wenige, die über eine Ansiedlung im Baltikum endlich ein Lebensziel zu finden hofften; es fehlten in diesem Kreis aber auch nicht Abenteurer und für jedes Leben in einer Friedensordnung untaugliche Entwurzelte. Fast alle waren sie in überspannten nationalistischen Ideen befangen, wie sie sich auch gerade in der Persönlichkeit ihres Kommandierenden Generals, des Generalmajors Graf von der Goltz, nachweisen lassen.

Rüdiger Graf von der Goltz (1865–1946), der seine militärische Laufbahn im 1. Garderegiment zu Fuß begann, wurde einer breiteren Öffentlichkeit zuerst am Ende des Weltkrieges als „Deutscher General in Finnland" bekannt. Von Februar bis Oktober 1919 führte er als Kommandierender General des VI. Reservekorps die Freikorpsverbände im Baltikum, wobei seine militärischen Maßnahmen keineswegs immer im Einvernehmen mit der Reichsregierung erfolgten. Die Alliierten forderten seit Mai 1919 seine Abberufung. Goltz, der den Gedanken eines antibolschewistischen Feldzuges mit dem Endziel einer Partnerschaft zwischen Deutschland und Rußland verfolgte, nahm im Oktober 1919 seinen Abschied. Infolge seiner nationalistischen Haltung trat er der Weimarer Republik als entschiedener, persönlicher Feind entgegen, beispielsweise seit 1924 als erster Vorsitzender der Vereinigten Vaterländischen Verbände. Als Führer des Reichsverbandes Deutscher Offiziere stellte sich Goltz 1934 Hitler zur Verfügung, gewann jedoch keine nennenswerte politische Bedeutung.

Der Vertrag vom 29. Dezember 1918 hatte die Einnahme Rigas durch die Bolschewisten nicht verhindern können. Erst Ende Februar begann die von der OHL stillschweigend zugelassene offensive Befreiung Lettlands, die in der von den Alliierten verbotenen und von der Reichsregierung „verweigerten" Zurückeroberung von Riga (22. Mai 1919) ihren Höhepunkt fand. Die deutschen Erfolge und ihre politische Nutzung, beispielsweise durch den gewaltsamen Sturz Ulmanis, lenkten nachdrücklich die Aufmerksamkeit der Alliierten auf das Baltikum. In Versailles beurteilte man den Einsatz deutscher Truppen als eine politische Gefahr, als das Wiedererwachen des deutschen Imperialismus in Osteuropa, und unterschob die Verantwortung dafür entgegen dem tatsächlichen Ablauf der Entwicklung der Reichsregierung. Nach mehrmonatigen Auseinandersetzungen erteilte Berlin den Rückberufungsbefehl für die Freikorps. Daß dieser Akt so lange hinausgeschoben wurde, lag nicht allein an der zunächst unentschiedenen Haltung der Reichsleitung, die nur wirkungslose Maßnahmen wie die Schließung der offiziellen Werbestellen anordnete. Die Verzögerung beruhte vielmehr ebenso, wenn nicht stärker auf den divergierenden politischen Vorstellungen der Alliierten gegenüber dem baltischen Problem, das sich im Frühjahr 1919 zu der Alternative deutsche oder bolschewistische Machtergreifung zugespitzt zu haben schien. Als sich die Alliierten geeinigt hatten – sie hielten die Bedrohung durch die Rote Armee für die geringere Gefahr – und ihre Forderungen von der Reichsregierung angenommen werden mußten, verweigerten die Freikorps den Gehorsam gegenüber politischer Reichsführung und militärischen Institutionen, wie dem Reichswehrminister und dem Kommandierenden General des VI. Reservekorps, dem Nachfolger des Generals Graf von der Goltz. Unterdessen waren die Freikorps auch mit nationalen, der Anwesenheit deutscher Truppen in ihren Republiken überdrüssig gewordenen estnischen und lettischen Verbänden in Kampf geraten, sahen sich völlig auf sich selbst gestellt, fühlten sich aber durchaus als Herren der Lage und nicht mehr gegenüber der Regierung der deutschen Republik verpflichtet. Der Heimat warfen sie mangelnde Unterstützung, ja Behinderung der Verwirklichung ihrer Ansiedlungshoffnungen und nach der Unterzeichnung des Versailler Vertrages sogar Verrat vor, der sie der Verantwortung gegenüber dem Reich entbinde. Ihre Befehlsverweigerung bemäntelten sie mit ihrer Verbindung zur sogenannten westrussischen Regierung. Die deutschen Behörden sahen sich zu außerordentlich scharfen Maßnahmen gezwungen. Erst nach der Sperrung von Löhnung und Nachschub, der Schließung der ostpreußischen Grenze, der Androhung strafrechtlicher Verfolgung und sogar der staatsrechtlichen Preisgabe gaben die letzten Freiwilligenverbände, wie die besonders intransigente „Eiserne Division" nach.

Erst am 16. Dezember 1919 war die Räumung des Baltikums abgeschlossen. Die in ihren Hoffnungen enttäuschten, tief verbitterten Freikorpskämpfer sahen sich einer deutschen Öffentlichkeit gegenüber, die für ihre Belange nur Gleichgültigkeit, wenn nicht Unverständnis und Ablehnung zeigte. So blieb es den nationalistischen Kreisen und Vereinigungen vorbehalten, den passiven Widerstand und die anschließende Befehlsverweigerung der „Baltikumer" als nationale Tat zu beurteilen und Freikorpsführer wie den Kommandeur der „Eisernen Division", Major Josef Bischoff, als Helden zu feiern. In Wirklichkeit aber wurden diese entwurzelten Offiziere, erinnert sei an den Oberleutnant Gerhard Roßbach, mit ihren auf sie eingeschworenen, dem neuen deutschen Staat voll Haß begegnenden Männern zu einer Gefahr, zumindest aber zu einer Belastung für die ihrer Rückkehr mit Besorgnis entgegensehende Republik. Der Reichsregierung war bekannt, daß die Mehrheit der baltischen Freikorpsleute einen Umsturz der politischen Ordnung in Deutschland herbeizuführen anstrebte. Gelegenheit, ihr Unwesen zu treiben, sollten die „Baltikumer" sehr bald finden.

c. Freikorps und Reichswehr

Als die letzten „Baltikumer" nach Deutschland heimkehrten, war die Blütezeit der Freikorps vorüber. Die Reichsregierung hatte sich mit dem Gesetz vom 6. März 1919 über die Bildung einer Vorläufigen Reichswehr (s. S. 84 ff.) ihre bisherigen militärpolitischen Maßnahmen bestätigen lassen, vor allem aber die rechtlichen Grundlagen für den Aufbau einer bewaffneten Macht erhalten. Die neue, zunächst noch provisorische Wehrmacht wurde allerdings in erster Linie durch Zusammenfassung der damit reichsrechtlich legitimierten Freiwilligenverbände gebildet. Freiwilligenverbände, Volks- und Sicherheitswehren, deren Anoder Eingliederung in die Reichswehr nicht beabsichtigt war, sollten auf Grund eines Erlasses vom 27. Mai 1919 aufgelöst werden.

Die Freikorps hatten der Reichsregierung und den Regierungen der Länder geholfen, die politische und administrative Bewegungs- und Handlungsfreiheit zurückzugewinnen. Dieser Einsatz verdiente nicht nur Anerkennung und Dank, sondern gab den Freiwilligen auch gewissermaßen ein Anrecht darauf, bevorzugt bei der Aufstellung der zukünftigen bewaffneten Macht berücksichtigt zu werden. Das war ein Anspruch, der nicht übergangen werden konnte, obgleich den verantwortlichen Politikern die Einstellung der Mehrheit der Freiwilligen zur Republik bekannt gewesen sein dürfte. Man hätte schon deshalb erkennen müssen, daß damit die Forderung nach einer Wehrmacht auf demokratischer Grundlage von vornherein nicht erfüllt werden konnte. Noch nachteiliger mußte sich zuungunsten der Integrität der bewaffneten Macht und ihrer Zuverlässigkeit als Instrument der parlamentarischen Reichsregierung auswirken, daß die Freiwilligen nicht grundsätzlich nur als einzelne Soldaten übernommen werden durften. Die Not der Stunde scheint die verantwortlichen Männer veranlaßt zu haben, auch von dieser politischen Vorsichtsmaßnahme Abstand zu nehmen. Die Bestimmung, daß die teilweise zu verschworenen Gemeinschaften zusammengewachsenen Freikorps mit ihrem Eintritt als Ganzes in die Vorläufige Reichswehr überführt werden konnten, wurde in ihrer schwerwiegenden Bedeutung nur dadurch abgeschwächt, daß der Reichswehrminister ein Auswahlrecht im Hinblick auf die Übernahme solcher geschlossenen Verbände, wie auch einzelner Personen, eingeräumt erhielt. In seine Hand und zugleich damit auch in die Hand des Preußischen Kriegsministers war also die Aufgabe gelegt, die Freikorps als militärische und damit politische Kraft auszuschalten, sei es durch Überführung, sei es durch Auflösung.

Die Schöpfer der Vorläufigen Reichswehr haben diese Aufgabe vornehmlich dadurch gelöst, daß sie bei der Übernahme der zahlreichen Freikorps und einzelner ihrer Mitglieder grundsätzlich jeden geschlossenen Verband oder Truppenteil ausschlossen, der sich irgendwann einmal geweigert hatte, Befehle höherer Kommandobehörden zu befolgen. In die neue Wehrmacht wurden außerdem noch bestehende einzelne Teile des „kaiserlichen" Heeres und Freiwillige verschiedener Herkunft, die keiner der genannten militärischen oder quasimilitärischen Formationen angehörten, sowie – jedoch wohl nur vereinzelt – Männer aufgenommen, die sich in republikanischen Sicherheits- und Einwohnerwehren betätigt hatten. Bei dieser Fülle an Auswahlmöglichkeiten wird sich daher wahrscheinlich niemals genau ermitteln lassen, welchen Prozentsatz die Freikorpsleute in der Vorläufigen Reichswehr und dann im Hunderttausend-Mann-Heer gebildet haben. Aller Wahrscheinlichkeit nach war der Anteil recht hoch.

Als Beispiel für die Übernahme eines geschlossenen Freikorpsverbandes wurde bereits das Freiwillige Landesjägerkorps angeführt, das die neue Truppenbezeichnung 16. Reichswehr-Brigade erhielt. Eingegliedert wurde zunächst auch die „Sturmabteilung Roßbach" als Reichwehr-Jägerbataillon 37. Sie verlor den Charakter eines Verbandes der Vorläufigen Reichswehr, als Roßbach seine Männer wider die Anordnungen der Kommandobehörden ins Baltikum führte. Ebenso erging es mehreren anderen baltischen Freikorps, die den Befehl, nach Deutschland zurückzukehren, nicht befolgt hatten. Auch die drei Marine-Freikorps – die 1. Marine-Brigade v. Roden, die 2. Marine-Brigade Ehrhardt und die 3. Marine-Brigade Loewenfeld – wurden nicht in die Vorläufige Reichswehr und damit in das Reichsheer oder die Reichsmarine übernommen, sondern aufgelöst. Ein großer Teil ihrer Angehörigen trat aber in die Reichsmarine ein.

Zweifellos bildete die Auflösung der nicht zur Übernahme vorgesehenen Freikorps eines der auslösenden Momente für den Kapp-Lüttwitz-Putsch. Danach wurde sie aber so beschleunigt abgewickelt, daß bereits im Juli 1920 bei den Alliierten der Eindruck vorherrschte, es beständen keine derartigen Verbände mehr. Auch Reichsregierung und Reichswehrministerium sahen sich endlich von einer politischen unmittelbaren Belastung für die Republik und von einer quasimilitärischen Konkurrenz befreit. Allerdings waren sie ein knappes Jahr später gezwungen, anläßlich der Krise um Oberschlesien wieder auf Verbände von Freiwilligen zurückzugreifen (s. S. 257 f.).

Dadurch aber, daß zahlreichen Angehörigen der Freikorps die Übernahme im geschlossenen Verband oder einzeln verweigert oder daß bereits überführte Verbände, wie im Falle einiger Truppen im Baltikum, wegen Meuterei aus der Vorläufigen Reichswehr ausgestoßen wurden, erfuhren die schon bestehenden Ressentiments gegen die demokratische Regierung eine scheinbare Begründung. Aus den abgelehnten Freikorpskämpfern erwuchs der Republik ein Reservoir unversöhnlicher Feinde. Darüber hinaus bildete sich in weiten sogenannten nationalen Kreisen auch ein waches Mißtrauen gegen die Reichswehrführung. Mit diesem Erbe mußte sie sich während des ganzen nachfolgenden Jahrzehnts beschäftigen, zumal nicht wenige der übernommenen Männer aus den Freikorps den nationalistischen Losungen ihrer früheren Kameraden mehr Gehör schenkten als den im Bewußtsein ihrer Verantwortung abgefaßten Verlautbarungen der höheren Vorgesetzten. Ungeachtet dieser Erschwernisse sah sich die Reichswehrführung vor die Aufgabe gestellt, eine einheitlich organisierte, disziplinierte, zuverlässige und unbedingt gehorsame bewaffnete Macht zu schaffen, die alle infolge des verlorenen Krieges im „kaiserlichen" Heer und in den Freikorps aufgetretenen Unarten, Fehler und Widersprüche gegen den überlieferten militärischen Geist abstreifen sollte. Ansätze dazu boten das Gesetz vom 6. März 1919 und seine Ausführungsbestimmungen.

3. Die Vorläufige Reichswehr und der Friedensvertrag von Versailles

a. Begründung und gesetzliche Grundlagen der Vorläufigen Reichswehr

Mit den Verordnungen vom 19. Januar 1919 hatte der Preußische Kriegsminister, Oberst Walther Reinhardt, gemäß seinen Worten „eine Art von gegenseitigem Friedensschluß zugunsten der Wehrsache" erreicht. Damit war eine wichtige Grundlage für die Umbildung der militärischen Kräfte – den noch vorhandenen Resten des „kaiserlichen" Heeres und der sich ständig vermehrenden Freikorps – gewonnen. Sie mußten als bewaffnete Macht legalisiert werden, denn an die Neubildung einer Wehrmacht ließ sich zunächst nicht denken. Regierung und Militärbehörden konnten in den innenpolitisch kampfreichen Tagen der Nachkriegsmonate und angesichts der gefährlichen Lage an der östlichen Reichsgrenze nicht auf eine militärische Stütze verzichten, auch wenn ihnen dieses System der Aushilfen gar nicht behagte. Die Politiker wußten, daß die überwiegende Mehrheit der Freikorps ihnen nur diente, weil sie in den Parteien der Weimarer Koalition das kleinere Übel sahen. Den Militärs waren sie ebenfalls suspekt, weil sie ihren klaren organisatorischen Vorstellungen widersprachen und sich vielfach der Kontrolle durch die höheren Kommandobehörden zu entziehen trachteten. Der Aufbau einer neuen, von bestehenden Formationen unabhängigen, bewaffneten Macht konnte auch gar nicht eingeleitet werden, weil damit zu rechnen war, daß die Alliierten im ausstehenden Friedensvertrag militärische Beschränkungen auferlegen würden, über deren Ausmaß die Vorstellungen erheblich voneinander abwichen. Daher liefen die unmittelbaren Bestrebungen Reinhardts darauf hinaus, die bestehenden Verbände umzubilden, wobei ungeeignete Kräfte möglichst ausgeschieden werden sollten. In seinen Planungen ging er jedoch schon einen Schritt weiter.

Der Preußische Kriegsminister beauftragte eine Kommission, die als „Reichswehrausschuß" „aufgrund aller Kriegserfahrungen, aber auch in Ansehung der Forderungen der nunmehr zur Regierung gekommenen Schichten, die grundlegenden Verordnungen für die neue Wehrmacht vorschlagsweise zu bearbeiten" hatte. Ihr Name wurde von Reinhardt ebenso geprägt wie der Titel „Reichswehrminister", den Noske vor der Verkündung des Gesetzes über die Vorläufige Reichswehr und mehr als ein halbes Jahr vor der Errichtung des Reichswehrministeriums erhielt. Nach eigener Auslegung wählte der Preußische Kriegsminister diese Bezeichnungen, weil ihm „der Gedanke eines Reichsheeres als Form der Zukunft" vorschwebte und er außerdem „bewußt das Wort ‚Wehr' stärker betont [zu sehen wünschte] als den Begriff ‚Krieg', weil . . . [ihm] von vornherein klar war, daß sich Deutschland für lange Zeit nur mit Verteidigungsfragen zu befassen haben würde". Unter den Begriff „Verteidigung" subsumierte er später „freilich auch die Wiedergutmachung des Versailler Unrechts".

Als Reichswehr im Sinne des Gesetzes vom 6. März 1919 über die Bildung einer Vorläufigen Reichswehr galten zunächst nur die Landstreitkräfte. Neben sie trat daher mit Gesetz vom 16. April 1919 die Vorläufige Reichsmarine. Reichswehr und Reichsmarine wurden unter dem Oberbegriff „Wehrmacht" zusammengefaßt, der jedoch nicht eindeutig bestimmt war. Noch im Laufe des Jahres 1919 kam aber auch die Bezeichnung „Reichsheer", die bereits in der Verfassung des Deutschen Reichs vom 16. April 1871 verwendet worden war (Art. 59), sich aber im Kaiserreich nicht durchgesetzt hatte und den Soldaten gar nicht bekannt oder zumindest nicht geläufig gewesen zu sein scheint, in den Sprachgebrauch, ohne daß damit die amtliche Verwendung des Ausdrucks Reichswehr für die Landstreitkräfte aufgegeben wurde. Für sie setzte sich der Begriff Reichsheer erst 1920 durch. Diese Sprachregelung fand ihren amtlichen Niederschlag im Wehrgesetz vom 23. März 1921: Die Reichswehr als die Wehrmacht der Deutschen Republik wurde gebildet aus dem Reichsheer und der Reichsmarine. Die Umgangssprache behielt jedoch vielfach die Gleichsetzung der Begriffe Reichswehr und Reichsheer bei.

Auf der Grundlage eines Entwurfs, an dessen Bearbeitung neben Reinhardt und dem Reichswehrausschuß auch der Reichswehrminister Noske maßgeblich beteiligt war, befaßte sich die Verfassunggebende Deutsche Nationalversammlung mit der „Legalisierung der Freiwilligenformationen". Der Gesetzesantrag wurde von den Koalitionsparteien vorgelegt und vor allem von dem Mehrheitssozialdemokraten Schöpflin gegen die Kritik der Rechtsopposition und die Angriffe von seiten der USPD vertreten. In ihm bekannte sich die Regierung und damit auch die SPD zur Notwendigkeit einer tüchtigen und zuverlässigen bewaffneten Macht, die ohne Offiziere und Kommandogewalt nicht leistungsfähig ist. Schöpflin scheute sich aber nicht, die Gefahren zu benennen, die in einer Söldnertruppe unter der Führung „reaktionärer Offiziere" verborgen lagen, und Mittel und Wege zu weisen, diese in dem endgültigen Reichswehrgesetz zu bannen. Seine Ausführungen schufen eine Basis, auf der sich eine fruchtbare Zusammenarbeit zwischen den Regierungsparteien und der Reichswehr anbahnen ließ.

Am 6. März 1919 wurde das Gesetz über die Bildung einer Vorläufigen Reichswehr verkündet. Es trat am 12. März 1919 in Kraft und galt auch für Bayern, Sachsen und Württemberg. Seinen provisorischen Charakter erhellt die Bestimmung, daß seine Gültigkeit bis zum 31. März 1920 befristet war. Da es aber zu diesem Zeitpunkt wegen der Erregung der Öffentlichkeit über den Kapp-Lüttwitz-Putsch politisch nicht zweckmäßig erschien, das vorbereitete endgültige Wehrgesetz zu verabschieden, verlängerte die Nationalversammlung mit Verkündung vom 31. März 1920 die Rechtskraft des Gesetzes vom 6. März 1919 ebenso wie die des Gesetzes über die Bildung einer Vorläufigen Reichsmarine vom 16. April 1919 (s. Abschnitt VII) bis zur Verkündung des Reichswehrgesetzes (s. S. 106 ff.). Das bisherige Heer wurde auf der Grundlage eines Befehls des Preußischen Kriegsministeriums vom 3. April 1919 de jure aufgelöst. In Ergänzung des Gesetzes vom 6. März 1919 erließ der Reichspräsident am 21. Januar 1920 eine Verordnung, durch die alle nicht mehr im Dienst befindlichen Angehörigen des Beurlaubtenstandes aus jedem Militärverhältnis entlassen wurden. Gleichzeitig wurde die Errichtung des Beurlaubtenstandes und damit das Reservesystem der bewaffneten Macht aufgehoben.

Das Gesetz vom 6. März 1919 brachte in erster Linie eine Bestätigung des Gesetzgebers für die Maßnahmen, die Regierung und Militärbehörden eingeleitet hatten. Der Reichspräsident wurde ermächtigt, das bestehende „kaiserliche" Heer bis auf die Teile aufzulösen, die erforderlich waren, die Abwicklung der Demobilisierung zu gewährleisten und die Ergänzung der Vorläufigen Reichswehr an Personal und Material sicherzustellen, sowie die Vorläufige Reichswehr zu errichten. Ihr wurde die Aufgabe gestellt, „bis zur Schaffung der neuen reichsgesetzlich zu ordnenden Wehrmacht" den Schutz der Reichsgrenzen zu übernehmen, den Anordnungen der Regierung Geltung zu verschaffen und im Innern für Ruhe und Ordnung zu sorgen.

Ausdrücklich setzte das Gesetz fest, daß die Reichswehr „auf demokratischer Grundlage" aufzubauen sei – eine Bestimmung, die sofort durch den Nachsatz abgeschwächt wurde, daß bestehende Freiwilligenverbände, also in erster Linie die Freikorps, zur Bildung der Reichswehr zusammengefaßt werden sollten. Außerdem durften Freiwillige angeworben werden, ohne daß näher vorgeschrieben war, in welcher Weise hierbei die Forderung nach „demokratischer Grundlage" berücksichtigt werden sollte. Bereits vorhandene Volkswehren und ähnliche Formationen konnten der Vorläufigen Reichswehr angegliedert werden – allerdings mußten sie „geeignet" sein, wie die Ausführungsbestimmungen vom 31. März 1919 vieldeutig und ohne Erläuterung dieser Einschränkung erklärten.

Die Entscheidung darüber, welche Verbände als geschlossene Truppe in die Vorläufige Reichswehr übernommen wurden, traf der Reichswehrminister. Übernommen werden durften auch Offiziere, Unteroffiziere jeden Ranges und Beamte des „kaiserlichen" Heeres, die im Falle ihres Eintritts in die Reichswehr nicht nur ihre bisherigen Rechte behielten, sondern auch bei der Übernahme „in die künftige Wehrmacht" in erster Linie berücksichtigt werden sollten. Die Institutionen des alten Heeres konnten ebenfalls in die Vorläufige Reichswehr überführt werden. Nur in der Bestimmung, daß bewährten Unteroffizieren und Mannschaften die Offizierlaufbahn zu eröffnen sei, wurde noch einmal, in allerdings wenig durchdachter Weise, der Gedanke aufgegriffen, die bewaffnete Macht auf demokratischer Grundlage zu errichten.

Die Entwicklung erwies, daß der Forderung nach demokratischer Grundlage vornehmlich deklamatorischer Charakter zukam. In der Theorie wäre vielleicht noch ein Bruch mit der Tradition möglich gewesen, zumal aus einzelnen Formulierungen des Gesetzes deutlich hervorging, daß der Gesetzgeber die Vorläufige Reichswehr nicht als unmittelbaren Vorläufer der zu errichtenden Wehrmacht des Deutschen Reiches ansah. Die Entscheidungsfreiheit, die bewaffnete Macht nach ihren Vorstellungen, soweit sie überhaupt vorhanden waren, aufzubauen, besaß die Regierung jedoch nicht. Damit erhielt das Gesetz vom 6. März 1919 und insbesondere seine Ausführungsverordnung vom gleichen Tage eine programmatische Bedeutung auch für die künftige Reichswehr.

Die Vorläufige Reichswehr stand unter dem Oberbefehl des Reichspräsidenten. Er übertrug gewöhnlich die Befehlsgewalt auf den Reichswehrminister und – innerhalb seines Kontingents – auf den Preußischen Kriegsminister. Bei den höheren Kommandobehörden, bei den Truppen und den sonstigen Dienststellen übten die Führer die Befehlsgewalt aus. Damit war die Befehls- und Kommandogewalt der Offiziere endgültig gesichert. Der Reichspräsident erhielt jedoch das Recht, jeder Kommandostelle einen Beauftragten der Regierung mit der Befugnis zuzuteilen, bei der „Lösung besonderer militär-politischer Aufgaben" mitzuwirken. An die Stelle der Soldatenräte traten Vertrauensleute, deren Form, Wahl und Aufgabenbereich in den Ausführungsbestimmungen vom 31. März 1919 geregelt wurden. Als „Bindeglied zwischen Führer und Truppe" sollten sie „ein festes Band des Vertrauens und der Kameradschaft um Führer und Untergebene schlingen". Ihre Tätigkeit war auf Mitarbeit bei der Fürsorge für die Truppe, bei der Urlaubsregelung und in Beschwerdeangelegenheiten beschränkt. Für die Bearbeitung des Personalwesens der Offiziere blieben die überlieferten Institutionen zuständig, die Generalstellen besetzte der Reichspräsident auf Vorschlag der noch bestehenden Kriegsministerien bzw. später des Reichswehrministeriums. Die Mannschaften sollten einstweilen von den Generalkommandos der alten Armee angeworben werden. Die Soldaten mußten sich zunächst auf sechs oder drei Monate verpflichten, danach verlängerte sich die Dienstzeit automatisch jeweils um drei Monate; die Kündigungsfrist betrug einen Monat. Für die Dauer ihrer Zugehörigkeit zur Vorläufigen Reichswehr galten sie als Heeresangehörige im Sinne der reichsgesetzlichen Vorschriften, insbesondere auch der Versorgungsgesetze. Sie wurden durch ein Gelöbnis mit folgendem Wortlaut verpflichtet: „Ich gelobe, daß ich mich als tapferer und ehrliebender Soldat verhalten, der Verteidigung des Deutschen Reiches und meines Heimatstaats zu jeder Zeit und an jedem Orte meine ganze Kraft widmen, die vom Volk eingesetzte Regierung schützen und meinen Vorgesetzten Gehorsam leisten will."

Gliederung, Organisation und Stellenbesetzung der Vorläufigen Reichswehr (vgl. S. 307 ff.) regelten die Ausführungsbestimmungen vom 31. März 1919, deren Anlagen unter anderem neben der Wahlordnung und der Dienstanweisung für Vertrauensleute und einer Beschwerdeordnung Ergänzungsbestimmungen zur Disziplinarstrafordnung und Ausführungen über das Vorgesetztenverhältnis enthielten.

Der Aufbau der neuen bewaffneten Macht des Reiches wurde unter spannungsreichen politischen Verhältnissen eingeleitet, die eine zielstrebige Arbeit außerordentlich erschwerten. Weit einschneidender auf Planung, Organisation und Struktur wirkten sich aber das Bekanntwerden der alliierten Friedensbedingungen und die Bestimmungen des Vertrages von Versailles aus, insbesondere seine militärischen Beschränkungen.

b. Die Diskussion um die militärischen Forderungen der Alliierten

Noch am 22. April hatte der Leiter der militärischen Vertretung der deutschen Friedensdelegation, Generalmajor v. Seeckt, die Auffassung vertreten, Deutschland müsse auf einer Heeresstärke von mindestens 300 000 Mann und auf der Beibehaltung des Wehrpflichtsystems bestehen, weil ein „Söldnerheer zu teuer“ sei. Als weitere Verhandlungsgrundlage benannte er unter anderem das Recht Deutschlands, Organisation, Aufbau und Ausbildung seiner Truppen frei zu bestimmen, und Kontrollen durch die Siegermächte abzulehnen. Die Vorläufige Reichswehr zählte zu dieser Zeit etwa 400 000 Angehörige. Sie wurden schon durch die ersten Nachrichten über die am 7. Mai 1919 überreichten Friedensbedingungen der Siegermächte sehr beunruhigt. Neben den sogenannten Schmachparagraphen (Anerkenntnis der Kriegsschuld, Auslieferung des Kaisers und anderer „Kriegsverbrecher“) erregte vor allem die Bestimmung, daß die Iststärke der Landstreitkräfte höchstens 100 000 Mann betragen dürfe, alle Soldaten, weil sie die Sorge jedes einzelnen um das eigene Schicksal wachrief. Militärische Führung und Reichsregierung stimmten zunächst in dem Urteil überein, daß ein Hunderttausend-Mann-Heer nicht in der Lage sei, den Anforderungen zu entsprechen, die an die bewaffnete Macht gestellt werden mußten. Als es sich jedoch sehr bald erwies, daß die deutschen Vertreter in Versailles keine Möglichkeit besaßen, die militärischen Vertragsbestimmungen zu verbessern, versuchten sie im Einvernehmen mit der Reichsregierung, aber ohne vorangegangene Diskussion mit der militärischen Vertretung der deutschen Friedensgesandtschaft, durch Annahme der Rüstungsbeschränkung Zugeständnisse der Siegermächte auf anderen Gebieten zu erreichen.

Deutschland erklärte in der Mantelnote vom 29. Mai 1919, es „weiß, daß es Opfer bringen muß, um zum Frieden zu kommen“ und es sei bereit, „an die äußerste Grenze dessen [zu] gehen, was ihm möglich ist“. Es bot daher an, „mit der eigenen Entwaffnung allen anderen Völkern voranzugehen, um zu zeigen, daß es helfen will, das neue Zeitalter des Rechtsfriedens herbeizuführen. Es gibt die allgemeine Wehrpflicht auf und verringert, von Übergangsbestimmungen abgesehen, sein Heer auf 100 000 Mann. Es verzichtet sogar auf die Schlachtschiffe, die ihm seine Feinde noch lassen wollen. Aber es setzt voraus, daß es sofort als gleichberechtigter Staat in den Völkerbund aufgenommen wird. Es setzt voraus, daß ein echter Völkerbund entsteht, der alle Nationen einschließt, die guten Willens sind, auch die Feinde von heute.“ Dieser Grundsatzerklärung entsprach der in den „Bemerkungen der Deutschen Delegation zu den Friedensbedingungen“ als Regelung unterbreitete Vorschlag, die deutschen Landstreitkräfte dürften eine Gesamtzahl von 100 000 Mann nicht überschreiten, Deutschland behalte jedoch während einer Übergangszeit „die Befugnis zur Aufrechterhaltung derjenigen Truppenstärke, die zum Schutze der gegenwärtig stark erschütterten inneren Ordnung erforderlich“ sei. Die Dauer der Übergangszeit sowie die Truppenstärke sollten besonders vereinbart, Organisation und Bewaffnung seiner Streitmacht Deutschland selbst überlassen werden.

In ihrer Antwortnote vom 16. Juni gestanden die Alliierten und assoziierten Mächte keine grundsätzliche Abänderung der militär-politischen Bestimmungen zu. Deutschland müsse seine Abrüstung bedingungslos hinnehmen, auch werde den bewilligten Streitkräften eine genau festgelegte Organisation und der Rüstungsmaßstab vorgeschrieben werden. Die Sieger ermächtigten jedoch Deutschland, die Verminderung seines Heeres langsamer auszuführen als ursprünglich vorgesehen war. Im Zeitraum von drei Monaten sollten die Landstreitkräfte auf höchstens 200 000 Mann herabgesetzt und danach die Stärke des Heeres für die jeweils nächsten drei Monate festgelegt werden, jedoch so, daß es bis zum 30. März 1920 auf die im Vertrage vorgesehenen 100 000 Mann verkleinert sein werde. Zur sofortigen Aufnahme in den Völkerbund sei Deutschland einstweilen infolge der „Ereignisse der letzten fünf Jahre nicht geeignet".

Ihre Verhandlungsführung trug der deutschen Friedensdelegation nicht den Erfolg ein, der ihr Verfahren nach Auffassung der Militärs gerechtfertigt hätte. Ihrem Leiter, dem Außenminister Graf Brockdorff-Rantzau, warf Seeckt noch vor Übergabe der deutschen Mantelnote vor, er gebe die Belange der Landesverteidigung ganz preis – ein Vorwurf, der in dem Satz gipfelte, „daß Deutschland durch diese aus politischen Überlegungen des Tages entsprungene freiwillig übernommene Wehrlosmachung das letzte und höchste Gut, seine nationale Ehre opfert". Er postulierte damit einen Gegensatz, der sein Verhältnis zu Brockdorff-Rantzau in den Nachkriegsjahren schwer belastete. Hinter Seeckt stellten sich die OHL durch Groener und der Preußische Kriegsminister. Reinhardt, dessen Arbeitskraft im Mai und Juni fast ausschließlich von den Diskussionen und Verhandlungen um Ablehnung oder Annahme des in Versailles überreichten Vertrages beansprucht wurde, vertrat am 26. Mai im Reichskabinett die Ansicht, „die Zurückführung der Truppenstärke auf nur 100 000 Mann [werde] niemals möglich sein". Bei anderer Gelegenheit sagte er Schwierigkeiten bei der Reichswehr voraus, wenn der Friedensvertrag angenommen werde. Diese Äußerungen müssen allerdings im Zusammenhang mit seiner Meinung gesehen werden, daß die Friedensbedingungen abgelehnt werden sollten. Daran hat er bis zur Entscheidung der Nationalversammlung festgehalten und sich auch publizistisch in diesem Sinne eingesetzt.

Nach dem ersten allgemeinen Aufbegehren gegen die Forderungen der Siegermächte kam es unter dem Zwang der Entscheidung, das Vertragswerk anzunehmen – und zwar ohne wesentliche Änderungen – oder abzulehnen, innerhalb der militärischen Führung zu scharfen Auseinandersetzungen über den einzuschlagenden Weg. Als Exponenten der beiden entgegengesetzten Auffassungen können Reinhardt und Groener bezeichnet werden. Der Erste Generalquartiermeister der OHL, die nach der Rückführung des Feldheeres im Westen den Befehl über den Grenzschutz Ost übernommen hatte und in diesem Zusammenhang am 12. Februar 1919 von Kassel nach Kolberg verlegt worden war, hatte sich ursprünglich dagegen ausgesprochen, daß der Vertrag unterschrieben werde, weil er „begründete Hoffnung" besaß, daß sich die Bedingungen verbessern ließen. Als er seinen Irrtum erkannte, entschied er sich für die Unterzeichnung, allerdings nur unter der Voraussetzung, daß die Alliierten auf die „Schmachparagraphen" verzichteten. In seinem Entschluß wurde Groener wesentlich durch Erwägungen des Preußischen Kriegsministers bestimmt, die darauf hinausliefen, erneut den Kampf gegen die Feindmächte einschließlich Polen aufzunehmen, wobei Reinhardt gute Aussichten für einen Feldzug gegen den östlichen Feind sah. Schon diese Absicht beurteilte der Erste Generalquartiermeister als „Wahnsinn". Seinen ganzen Widerstand rief aber der Plan Reinhardts hervor, den Westen und Süden des Reichsgebietes zeitweilig preiszugeben, weil auch er nicht an die Möglichkeit glaubte, westlich der Elbe den alliierten Truppen erfolgreich Widerstand leisten zu können.

Der Gedanke Reinhardts, des gebürtigen Württembergers, „die deutsche Einheit vorübergehend aufzugeben, um vom selbständigen Osten her den Widerstand gegen den Feind aufzunehmen", scheint in diesen Wochen zahlreiche Offiziere erfaßt und ihr militärisches Denken verwirrt zu haben. Nicht selten wurde die Erinnerung an das Zeitalter der Deutschen Erhebung und die Bedeutung Preußens für die Freiheitskriege gegen Napoleon beschworen – ein Beleg für die politische Gefährlichkeit, die falscher Analogismus in sich birgt. Die Verwirrung ging so weit, daß Hindenburg erklären konnte, er halte bei Wiederaufnahme der Feindseligkeiten einen günstigen Ausgang der Gesamtoperation für fraglich, müsse aber „als Soldat den ehrenvollen Untergang einem schmählichen Frieden vorziehen". Damit drohten Belange des Offizierkorps, wie die Forderung nach Wahrung des soldatischen Gefühls- und Ehrenstandpunktes, den Lebensinteressen des Volkes übergeordnet zu werden.

Eine so einseitige Berücksichtigung soldatischer Begriffe hätte nicht nur die militärische Niederlage ins Maßlose gesteigert, sondern bedeutete auch eine ernsthafte Gefahr für die Einheit des deutschen Reiches. Sie fand nämlich einen sich verstärkenden Widerhall in bestimmten, keineswegs vereinzelten Äußerungen, aus denen hervorgeht, daß in jenen Tagen ein geeintes Deutschland durchaus nicht zu den selbstverständlichen politischen Vorstellungen gehörte. So schrieb z. B. Groener dem Preußischen Kriegsminister die Meinung zu, daß „die westliche und südliche Flaumacherei das nationale Empfinden des nationaldenkenden Ostens" verderbe und daher eine Auflösung der staatlichen deutschen Einheit sogar erwünscht erscheine, um im Osten Deutschlands ein neues starkes Reich mit seinem Kern in den alten preußischen Ländern zu schaffen. Partikularistische oder gar separatistische Äußerungen wurden auch aus anderen deutschen Gegenden bekannt. Beispielsweise stellte ein bayerischer General der Vorläufigen Reichswehr fest, Bayern werde sich gezwungen sehen, mit der Entente einen Sonderfrieden abzuschließen, falls Süddeutschland im Falle der Ablehnung des Friedensvertrages von Truppen der Entente besetzt werden würde.

Groener hat diese Gefahren erkannt und bekämpft. Für ihn war die Erhaltung der deutschen Einheit oberstes politisches Gebot, dem sich auch die bewaffnete Macht unterzuordnen habe.

Der Preußische Kriegsminister, Oberst Reinhardt, sprach sich aus den geschilderten Motiven und aus der Überzeugung von der „inneren Unsittlichkeit und Unerfüllbarkeit" des Friedensvertragswerkes heraus in dem „militärisch unnötigen, ja gefährlichen Kriegsrat, der politisch zur größten Katastrophe für Deutschland führen konnte" (Groener), am 19. Juni 1919 in Weimar anläßlich der ultimativen Forderung der Alliierten und assoziierten Mächte vom 16./17. Juni nach kurzfristiger deutscher Entscheidung über Annahme oder Ablehnung der Friedensbedingungen gegen den Vertrag aus. Er begründete seine Stellungnahme vor den Befehlshabern und anderen führenden Offizieren der Vorläufigen Reichswehr und der Vorläufigen Reichsmarine sowie Vertretern der OHL mit der Auffassung, „das Ja-Sagen würde zu viel sittliche Werte zerstören" und „erhebliche Elemente der Armee" absplittern oder gar in die Reihen der Spartakisten führen. Als in diesem Sinne besonders gefährlich bezeichnete er eine Anerkennung der „Schmachparagraphen". Groener trat ihm mit der „ziemlich temperamentvoll" vorgetragenen Ansicht entgegen, die wichtigste Aufgabe sei es, den Zerfall des deutschen Reiches zu verhindern, denn in der Rettung der Einheit des Volkes lägen die wahren sittlichen Werte. Die Forderung nach Auslieferung der „Kriegsverbrecher" und nach Anerkenntnis der deutschen Schuld am Kriege lehnte er wie Reinhardt ab, obgleich sich schon durch das Ultimatum der Siegermächte erwiesen hatte, daß der Friedensvertrag einschließlich dieser Bedingungen angenommen werden mußte. Auch er wußte also keinen Weg, wie die sogenannten „Schmachparagraphen" umgangen oder sogar beseitigt werden konnten.

Groener fand mit seinem Versuch, die militärischen Widerstandschancen nüchtern und unter Berücksichtigung der Lage im großen, überzuordnenden Rahmen staatsmännischer Verantwortung für das Schicksal des ganzen Volkes zu sehen, die Zustimmung des Reichswehrministers. Noske befürchtete ebenfalls Auflösungbestrebungen zentrifugaler Kräfte und warnte vor einer Überbewertung der ursprünglich aufgeloderten allgemeinen Stimmung für Ablehnung des Friedensvertrages. Im Gegensatz zum Ersten Generalquartiermeister der OHL genoß der Reichswehrminister zu dieser Zeit noch das Vertrauen der meisten Offiziere, so auch der Befehlshaber der Verbände in den Ostprovinzen, die sich eindeutig für die Wiederaufnahme des Kampfes aussprachen. Sein Bestreben lief darauf hinaus, das Offizierkorps als Einheit und hinter seiner Person stehenden staatserhaltenden Machtfaktor zu bewahren. Die Offiziere stellten sich auch hinter ihn, denn in ihm sahen sie „die einzige Rettung Deutschlands", gaben aber deutlich zu verstehen, daß Teile der bewaffneten Macht der politischen Reichsführung die Gefolgschaft verweigern würden, wenn mit dem Friedensvertrag die „Schmachparagraphen" angenommen werden sollten.

In diesen kritischen Tagen wurden Pläne erwogen, den Reichswehrminister zum nationalen Diktator zu erheben. Damit wäre die bewaffnete Macht, gleichgültig ob gewollt oder nicht, noch stärker in das politische Leben eingeschaltet worden. Selbst Groener trat am 23. Juni 1919, als er dem Reichspräsidenten „nicht als Erster Generalquartiermeister, sondern als Deutscher, der die Gesamtlage klar übersieht", das oft angeführte Urteil abgab, daß die Wiederaufnahme des Kampfes nach vorübergehenden Erfolgen im Osten im Enderfolg aussichtslos sei und daher der Friedensvertrag unter den vom Feinde gestellten Bedingungen unterzeichnet werden müsse, dafür ein, „daß der Reichswehrminister Noske die Führung des Volkes und die Verantwortung für den Friedensschluß übernimmt". Er glaubte, nur auf diesem Wege das Militär als Instrument der Reichsregierung erhalten zu können. Noske versagte den Plänen seine Zustimmung, wenngleich er nicht immer alle an ihn herangetragenen Vorschläge dieser Art sofort eindeutig abgewiesen zu haben scheint. Seine, von Reichspräsident Ebert wesentlich mitbestimmte Entscheidung erwies sich zumindest zunächst als richtig. Die bewaffnete Macht unterwarf sich auch ohne Errichtung einer diktatorischen Regierung dem Mehrheitsbeschluß von Nationalversammlung und Reichsregierung, dem Verlangen der Alliierten und Assoziierten Mächte vom 23. Juni nach sofortiger und vorbehaltloser Unterzeichnung des Friedensvertrages nachzukommen – aber es geschah nicht ohne neue Aufstellung politischer Forderungen und vor allem ohne eine reservatio mentalis im Hinblick auf die „Schmachparagraphen" und die militärischen Bestimmungen.

Daß sich auch die überwiegende Mehrheit der Politiker nur dem Druck der Feindmächte beugte und Handeln aus politischer Einsicht keine Anerkennung der Forderungen als rechtmäßig und sittlich gerechtfertigt bedeutete, blieb der Masse der Soldaten verschlossen. Undankbarkeit war noch einer der leichteren Vorwürfe, die gegen die Träger des neuen demokratisch-parlamentarischen Staates erhoben wurden. Die Politiker aber erwiesen sich zum Schaden der Republik nicht in der Lage, die Angehörigen der Reichswehr über die Motive ihres Handelns zu unterrichten oder gar davon zu überzeugen, daß das Wohl Deutschlands keine andere Entscheidung zugelassen habe.

c. Die militärpolitischen und militärischen Bedingungen des Friedensvertrages

Die militärischen Bestimmungen des Friedensvertrages von Versailles waren ein Ergebnis der Auseinandersetzungen im Kreise der großen Ententemächte (USA, Großbritannien, Frankreich) um die Verwirklichung ihrer Kriegsziele, deren wesensmäßige Verschiedenartigkeit bereits die internen Verhandlungen der Alliierten über die Waffenstillstandsbedingungen für das Deutsche Reich bestimmt hatte.

Die angelsächsischen Mächte forderten aufgrund ihrer Kampfstellung gegen den sogenannten preußisch-deutschen Militarismus und Imperialismus, die Mittelmächte zur Sicherung des Friedens zu entwaffnen und sie zukünftig abgerüstet zu lassen. Für England bedeutete die Internierung des größten Teiles der deutschen Hochseeflotte infolge des Waffenstillstandsabkommens und ihre spätere Ausschaltung im Rahmen der Friedensvertragsbedingungen einen entscheidenden Schritt auf diesem Wege. Den zweiten sah es in der Abschaffung des „Übels der allgemeinen Wehrpflicht". Frankreich stellte dagegen den Gedanken seiner strategischen Sicherung gegen künftige deutsche Angriffe an seiner Ostgrenze mit Hilfe einer politischen Untermauerung des schwer errungenen militärischen Erfolges in den Mittelpunkt seiner Ziele. Einflußreiche Politiker sahen die angestrebte Sicherheit nur gewährleistet, wenn die Rheinlande von Deutschland abgetrennt würden. Ihr schon früh unter der Losung „Sécurité" vorgetragenes

Kriegsziel der militärpolitischen Rheingrenze glaubten die Franzosen der Verwirklichung zumindest angenähert zu haben, als nicht nur die Räumung der linksrheinischen Lande durch das deutsche Heer, sondern auch die Besetzung des Reichsgebietes auf dem linken Rheinufer einschließlich rechtsrheinischer Brückenköpfe für die drei wichtigsten Rheinübergänge unter die Waffenstillstandsbedingungen aufgenommen wurden. Frankreich konnte seine Positionen am Rhein sogar noch in den Verlängerungsabkommen des Waffenstillstandsvertrages ausbauen – der entscheidende Schritt zur Verwirklichung seiner „Sécurité"-Gesamtkonzeption gelang jedoch nicht. Die angelsächsischen Mächte zeigten sich im Interesse der eigenen Demobilisierung nicht einmal zu einer längeren militärischen Besetzung deutscher Gebiete bereit. Sie forderten nach wie vor die bloße Abrüstung des Deutschen Reiches und zwangen letztlich Frankreich, auf diesem Wege zu folgen. Nun aber wirkte sich das französische Streben nach Sicherheit zur Verschärfung der Forderungen nach Entwaffnung und dauerhaften Beschränkung der Wehrkraft Deutschlands aus.

Im Februar und März 1919 beschäftigten sich mehrere Kommissionen mit den militärischen Friedensvertragsbestimmungen, die dem Ziel dienen sollten, neben der Abrüstung des bestehenden Kriegspotentials besonders auch der zukünftigen bewaffneten Macht des Deutschen Reiches durch Herabsetzung der Mannschaftsstärke, Begrenzung des Kriegsmaterials und wesentliche Veränderung des inneren Gefüges ihre Gefährlichkeit als Instrument des „preußischen Militarismus" zu nehmen. Auch hier stießen zunächst sich widersprechende Auffassungen aufeinander. Die Mehrheit der militärtechnischen Einzelheiten konnte von den Mitgliedern des Militärkomitees unter dem Vorsitz von Foch festgelegt werden, die Grundsatzentscheidung zum Problem der Militärverfassung (Aufbringung) wurde von den Politikern getroffen. Lloyd George sah in der allgemeinen Wehrpflicht die Wurzel alles Übels und beharrte auf ihrer Abschaffung. Marschall Foch und seine Offiziere vertraten dagegen die Ansicht, eine Truppe aus Berufssoldaten sei militärisch viel gefährlicher als ein Heer aus kurzdienenden Wehrpflichtigen. Clemenceau folgte ihnen aber nicht, sondern schloß sich der britischen Auffassung an, um Foch zu demonstrieren, daß die Regelung der deutschen Heeresaufbringung eine politische Entscheidung sei. So trug der persönliche Gegensatz innerhalb der obersten französischen Führung zu dem schwerwiegenden Entschluß bei, Deutschland wider eigenen Willen zum Aufbau eines Berufsheeres zu veranlassen. Allerdings brachte das Ringen um eine Kompromißlösung auch mit sich, daß die Einschränkungen, denen die deutsche bewaffnete Macht unterworfen werden sollte, mehrfach verschärft wurden. Im Hinblick auf ihre Stärke hatte beispielsweise einer der ersten Vorschläge ein Heer von 200 000 Mann vorgesehen, das auf einjähriger Dienstpflicht aufbauen sollte. Frankreich setzte dann als Gegenleistung für den Verzicht auf die einjährige Wehrpflicht, von der es sich eine mangelhafte Ausbildung des deutschen Heeres versprach, die Herabsetzung der Höchststärke der Berufstruppe auf 100 000 Mann und weitere, ursprünglich nicht vorgesehene Beschränkungen des Rüstungsmaterials durch. Das Ergebnis des Kompromisses unter den Alliierten bildete den Teil V des Friedensvertrages, die „Bestimmungen über Landheer, Seemacht und Luftfahrt".

Die bewaffnete Macht des Deutschen Reiches wurde auf eine Gesamtstärke von 100 000 Mann einschließlich höchstens 4 000 Offiziere für das Heer (Art. 160) und 15 000 Mann einschließlich höchstens 1 500 Offiziere und Deckoffiziere für die Kriegsmarine (Art. 183) begrenzt. Luftstreitkräfte durfte Deutschland gar nicht unterhalten (Art. 198). Dem Heer wurden außerdem mit der Vorschrift, es sei „nur für die Erhaltung der Ordnung innerhalb des deutschen Gebietes und zur Grenzpolizei bestimmt", seine begrenzten Aufgaben zugeschrieben. Für die Kriegsmarine fehlte eine analoge Bestimmung.

Die amtliche deutsche Übersetzung folgte bei der Wiedergabe der Vorschrift über die Aufgabenstellung des Heeres dem französischen Text: «... et sera exclusivement destinée au maintien de l'ordre sur le territoire et *à la police des frontières*». Von dieser Version wich der englische Text "The Army shall be devoted exclusively to the maintenance of order within the territory and *to the control of the frontiers*" in einer Weise ab, die es später dem Chef der Heeresleitung im innerpolitischen Streit um das Wesen des Reichsheeres ermöglichte, unter Berufung auf die englische Fassung des Art. 160 Abs. 1, die Beschränkung des Heeres auf grenzpolizeiliche Aufgaben abzulehnen. Als während des Frühjahrs 1923 über die Frage diskutiert wurde, inwieweit Deutschland berechtigt sei, Maßnahmen zur Landesverteidigung zu treffen, leitete Seeckt in einer Denkschrift vom 16. April 1923 aus der englischen Fassung sogar hierfür die Berechtigung ab.

Aufstellung und Ergänzung der bewaffneten Macht mußten auf der Grundlage freiwilliger Verpflichtung erfolgen, die allgemeine Wehrpflicht wurde ausdrücklich verboten (Art. 173). In diesem Heer aus Berufssoldaten hatten sich Unteroffiziere und Mannschaften für eine ununterbrochene Dienstzeit von zwölf Jahren zu verpflichten (Art. 174), aus der alten Armee übernommene Offiziere waren gebunden, wenigstens bis zum Alter von 45 Jahren zu dienen, und Offiziere, die neu ernannt wurden, mußten mindestens 25 Jahre hintereinander wirklich Dienst tun (Art. 175). Vor Ablauf der Verpflichtungszeit durften jährlich nicht mehr als fünf von Hundert der gesamten Iststärke an Offizieren und Mannschaften entlassen werden – eine Bestimmung, durch die Umgehungen des Vertrages nach der Art des Krümpersystems unter Scharnhorst (s. Abschnitt II, S. 122 f.) verhindert werden sollten. Reserveübungen bereits ausgeschiedener Offiziere waren verboten, ebenso die Einbeziehung dieser Offiziere in ein andersgeartetes militärisches Dienstverhältnis. Ähnliche Vorschriften wurden für die Kriegsmarine in den „Bestimmungen über die Seemacht" (Art. 181–197) erlassen (s. Abschnitt VII).

Ebenso einschneidend wie Bestimmungen über die Gesamtstärke und die Ergänzung wirkten sich die Eingriffe auf die Heeresstruktur (Art. 160) aus. Es wurde nicht nur bindend festgesetzt, daß die Landstreitkräfte sieben Infanterie- und drei Kavallerie-Divisionen umfassen mußten – die Inf.-Div. zu 410 Offizieren und 10 830 Unteroffizieren und Mannschaften, die Kav.-Div. zu 275 Offizieren und 5 250 Mann Truppe –, sondern auch Zusammensetzung und Stärke der Verbände und sogar der Einheiten bestimmt und jede Abweichung von dieser Gliederung verboten (vgl. dazu S. 191 f., S. 255 f. und S. 316 ff.). Die Divisionen durften nur unter zwei Generalkommandos zusammengefaßt werden, die Unterhaltung oder Bildung anderer Kommandobehörden oder von Dienststellen, die sich mit Kriegsvorbereitungen beschäftigten, waren untersagt. Der Große Generalstab und alle anderen ähnlichen Formationen mußten aufgelöst werden, ihre Wiedererrichtung in anderer Gestalt war verboten. Für die zugelassenen Stäbe und die obersten Verwaltungsbehörden wurden Höchststärken bei der Besetzung mit Offizieren und ihnen gleichgestellten Personen vorgeschrieben, beispielsweise 300 für das Kriegsministerium. Zugleich sollten die Verminderung der Beamten und Angestellten in den Verwaltungsbehörden des Heeres auf ein Zehntel der durch den Heereshaushalt von 1913 festgesetzten Kopfstärke, das Verbot, die Zahl der Beamten und Angestellten im Zollwächterdienst, im Forst- und Küstenschutz über den Bestand vom Jahre 1913 hinaus zu erhöhen, und die Bestimmung, daß die Polizei nur im Verhältnis zur eingetretenen Bevölkerungsvermehrung vergrößert werden dürfe, eine Verstärkung des Wehrpotentials auf illegalem Wege verhindern. Nachdrücklich wurde verboten, Beamte und Angestellte zu militärischen Übungen heranzuziehen.

Auch die Ausbildung wurde durch Vorschriften begrenzt. An militärischen Schulen blieb nur eine Offizierschule je Waffengattung zugelassen, alle anderen mußten einschließlich der Kriegsakademie aufgehoben werden (Art. 176). Um militärische Übungen außerhalb der zugelassenen Streitkräfte zu unterbinden, wurde allen Unterrichtsanstalten, Hochschulen, Krieger-, Schützen-, Sport- und Wandervereinen sowie allen anderen Vereinigungen verboten, sich mit militärischen Dingen zu befassen, namentlich mit Waffenausbildung. Keine Institutionen und Organisationen durften Verbindungen zu militärischen Behörden unterhalten (Art. 177).

Wichtiger als dieser Versuch, das öffentliche Leben zu „entmilitarisieren", war die Bestimmung, die alle Mobilmachungsmaßnahmen und -vorbereitungen verbot und keine Stämme für Ersatzformationen zuließ (Art. 178). Sie wurde ergänzt durch die einschneidenden Vorschriften über Bewaffnung, Munition und Material.

Für alle Waffen, die das Heer führen durfte, wurden Höchstbestände festgesetzt. Zugelassen waren 84 000 Gewehre und 18 000 Karabiner, 792 schwere und 1 134 leichte Maschinengewehre, 63 mittlere und 189 leichte Minenwerfer sowie 204 Kanonen (Kaliber 7,7 cm) und 84 Haubitzen (Kaliber 10,5 cm) für die Feldartillerie. Als Ersatz für Ausfälle wurde ein freigestellter Zuschlag von höchstens einem Fünfundzwanzigstel an Handfeuerwaffen und einem Fünfzigstel an Geschützen erlaubt. Für die Infanteriewaffen wurde diese Quote durch das Protokoll von Spa vom 9. Juli 1920 (s. S. 255 f.) ein wenig erhöht. Ähnlichen Beschränkungen unterlag die Ausrüstung mit Munition und Material. Die Herstellung der zugelassenen Waffen und Munition sowie Kriegsgerät anderer Art durfte nur in Fabriken stattfinden, die von den Alliierten genehmigt waren. Alle weiteren Bestände an Kriegsmaterial mußten vernichtet, die Produktions- und Lagerungsstätten geschlossen, die Arbeitswerkzeuge und Maschinen unbrauchbar gemacht werden. Die Einfuhr von Waffen, Munition und Kriegsgerät jeder Art war untersagt, ebenso ihre Herstellung für andere Länder. Ausdrücklich verboten wurde die Produktion und der Besitz von Kampfgas, Panzerkampfwagen und Unterwasserfahrzeugen. Von anderen Waffen, beispielsweise von Flugabwehrgeräten, mußte der gesamte Bestand zerstört werden, da sie nicht zugelassen waren. An schwerer Artillerie durfte Deutschland nur eine Anzahl von Geschützen in den Festungen besitzen, die an der Süd- und Ostgrenze im gegenwärtigen Zustand beibehalten werden konnten (Art. 164–172, Art. 180, Art. 196). Einige dieser Bestimmungen wurden später durch Sonderabmachungen (s. S 193 f.) noch in verschiedenen Punkten ergänzt.

Abgerüstet und geschleift werden mußten dagegen alle befestigten Anlagen, Festungen und festen Plätze, die westlich einer Linie in 50 km Abstand östlich des Rheins lagen. Neue Befestigungen zu errichten, war verboten (Art. 180). In den Bestimmungen über das linke Rheinufer (Art. 42–44) wurde Deutschland außerdem untersagt, innerhalb dieser links- und rechtsrheinischen Zone ständig oder zeitweise Truppen zu unterhalten oder zu versammeln.

Auch außerhalb des eigentlichen militärischen Teils findet sich noch eine Reihe militärpolitisch einschlägiger Vorschriften. In Helgoland waren alle militärischen Anlagen zu zerstören, neue durften nicht erbaut werden (Art. 115). Die Bestimmungen über „Luftfahrt" (Art. 313–320) und über „Häfen, Wasserstraßen und Eisenbahnen" (Art. 321–375), enthielten schwerwiegende Einschränkungen für die Belange der Landesverteidigung, so etwa die Bestimmungen über die Internationalisierung der Binnenwasserstraßen. Daß die territorialen, finanziellen und wirtschaftlichen Abmachungen die Landesverteidigung ganz allgemein und die Grundlagen der bewaffneten Macht auch über die Abrüstung hinaus beeinflußten, war von vornherein offensichtlich.

d. Die Vorläufige Reichswehr

Soziologische und ideologische Struktur

Die Ratifikation des Versailler Vertrages verpflichtete die Reichsregierung, Stärke und Rüstung der Vorläufigen Reichswehr innerhalb der gesetzten Fristen bis auf das Deutschland zugestandene Ausmaß zu vermindern. Ursprünglich sollte das Heer bis zum 31. März 1920 auf die Friedensstärke von 100 000 Mann gebracht sein. Die Reichswehrführung hoffte jedoch noch im Frühjahr 1920, die Alliierten unter Hinweis auf politische Gründe, wie die Bekämpfung innenpolitischer Unruhen und des Bolschewismus, und auch aus militärtechnischen Motiven für die Bewilligung von Landstreitkräften in Höhe von 200 000 Mann gewinnen zu können. Diese Stärke besaß im Sommer 1920 das sogenannte, bereits um etwa die Hälfte des Bestandes vom Frühjahr 1919 reduzierte Übergangsheer von 20 Reichswehrbrigaden, an dessen Spitze nach dem Kapp-Lüttwitz-Putsch der Generalmajor v. Seeckt als Chef der Heeresleitung trat. Er versuchte auf der Konferenz von Spa (s. S. 254 ff.) vergeblich, die 200 000-Mann-Forderung durchzusetzen. Die Alliierten beharrten auf der Bestimmung des Versailler Vertrages und gestanden nur eine Verlängerung der Fristen zu: Bis zum 1. Oktober mußte das Heer auf 150 000 Mann, am 1. Januar 1921 auf seine vertragliche Friedensstärke verringert sein.

Daraus entstanden eine Reihe von Problemen nicht nur militärtechnischer, sondern auch soziologischer und sozialpolitischer Art, die, wenn eine normalisierende Regelung auf sich warten ließ, zur gewaltsamen Lösung drängten. Der Kapp-Lüttwitz-Putsch war nicht zuletzt der handgreifliche Ausdruck aller jener Affekte, die durch die Furcht vor der Entlassung und durch den Heeresabbau wachgerufen wurden – vor allem bei den Soldaten, die wider ihren Willen aus der Vorläufigen Reichswehr ausscheiden sollten. Die Mehrheit dieser Offiziere, Unteroffiziere und Mannschaften hatte der jungen Republik von vornherein nicht Wohlgesonnenheit entgegengebracht, doch hinderte sie ihre Einstellung nicht, den Streitkräften des neuen Staates in der überlieferten Ordnung dienen zu wollen. Die Entlassung erfüllte sie mit Erbitterung über die „Ungerechtigkeit“ und den „Verrat“ der Reichsregierung im Hinblick auf ihre Verdienste im Kriege und in den Nachkriegswirren. Unkompliziert und ohne Gefühl für politische Zusammenhänge beurteilten sie die Auswirkungen des verlorenen Krieges und des Friedensvertrages auf ihr eigenes Schicksal weniger als Ausfluß eines sehr konkreten alliierten Zwanges, sondern als Undankbarkeit und Schikane deutscher Stellen. Für viele brachte die Entlassung ins bürgerliche Leben zu einem Zeitpunkt, da der Arbeitsmarkt bereits gesättigt war, große Sorgen mit sich, zumal ehemaligen Soldaten, vor allem Freikorpsangehörigen, infolge eines gegen sie von linksgerichteten Organisationen ausgerufenen Boykotts das Finden eines neuen Arbeitsverhältnisses besonders erschwert wurde.

Unter diesen Umständen ist es auch verständlich, daß die Heeresverminderung nicht nur eine schwierige und langwierige, sondern auch eine gefahrvolle Angelegenheit war. Die Reichswehrführung verstand mit großem Geschick, bei der Auflösung geschlossener Verbände, besonders so gefährlicher Freikorps wie der Marinebrigaden, bewaffnete Auseinandersetzungen weitgehend zu vermeiden. Die Unruhe übertrug sich aber auch auf Soldaten oder Einheiten, die aufgrund der Auswahlbestimmungen in das Hunderttausend-Mann-Heer übernommen wurden. Das Heerespersonalamt und die in seinem Auftrag tätig werdenden Dienststellen entschieden im Hinblick auf die fachliche Qualifikation sicher so gerecht, wie es irgend möglich war, und ließen sich kaum von der Flut an Eingaben um persönliche Berücksichtigung und Protestschreiben beeinflussen, die bis an den Reichswehrminister und an den Chef der Heeresleitung gelangte. Im Hinblick auf die Forderung nach einer der Republik unbedingt loyal ergebenen bewaffneten Macht war die Auswahl jedoch keineswegs immer glücklich und konsequent. Besonders exponierte Feinde der parlamentarischen Demokratie wurden zwar entlassen, aber nicht wenige der im aktiven Dienst verbleibenden Soldaten nahmen die gleiche Grundhaltung ein wie ihre ausgeschiedenen, ressentimenterfüllten Kameraden.

Über die Auswahlrichtlinien für Offiziere entbrannte bereits im Frühjahr 1919 ein Streit zwischen der OHL und dem Personalamt im Preußischen Kriegsministerium, als dessen Leiter, der badische Generalmajor v. Braun, die Kommandeure aufforderte, sich mit dem Problem zu befassen, welche Offiziere zum Ausscheiden zu veranlassen seien. Diese vorbereitenden Überlegungen waren gerechtfertigt, wie sich aus der Tatsache ergibt, daß das Offizierkorps bei Kriegsende 227 081 Mann umfaßte, davon 38 118 aktive Offiziere, von denen ca. 23 000 (= 60 %) ihr Patent vor Kriegsausbruch und 15 000 während des Krieges erhalten hatten. Am 1. August 1919, als schon der Zwang zur Verminderung des Offizierkorps auf 4 000 Offiziere bekannt war, befanden sich noch ungefähr 2 800 Stabsoffiziere und 5 800 Hauptleute und Rittmeister sowie eine um ein Vielfaches größere Zahl von Subalternoffizieren einschließlich der großen Gruppe von Kriegs- und jenen Reserveoffizieren, die Soldat zu bleiben wünschten, und der 1919 zu Offizieren beförderten Unteroffiziere im Dienst. In dieser Situation fühlte sich der am 3. Juli 1919 bis zur Auflösung des Großen Generalstabes zum Chef des Generalstabes der Armee berufene Generalmajor v. Seeckt verpflichtet, am 29. August 1919 vom Preußischen Kriegsminister zu fordern, daß bei der Übernahme die Generalstabsoffiziere in höherem Maße als die Truppenoffiziere berücksichtigt werden müßten. Er vertrat in seinem an Vorwürfen gegen das Personalamt nicht sparenden Schreiben nicht nur die Auffassung, „der Generalstabsoffizier ist Frontoffizier, und zwar hervorgegangen durch Auswahl unter den besten Frontoffizieren", sondern fällte mit bemerkenswerter Schroffheit auch das Urteil, daß „der Wiederaufbau des Heeres, die Bildung der Freiwilligenformationen und der Reichswehr . . . in allererster Linie das Verdienst des Generalstabes" sei, und zwar „in einer Zeit, als ein großer Teil der Truppenoffiziere sich dem Dienst am Vaterlande fernhielt, unauffindbar, beurlaubt, verschwunden war, und wo die Grenzschutzformationen vergebens nach Offizieren riefen. Rühmliche Ausnahmen unter den Frontoffizieren... [seien ihm] natürlich bekannt." Seiner Ansicht, daß auf die Leistungen der Generalstabsoffiziere bei der Auswahl gebührend Rücksicht zu nehmen sei, stimmten nicht nur Groener, sondern auch Reinhardt und Braun bei. Hierbei spielte für Seeckt nicht nur die Wahrung ihrer Interessen eine Rolle, sondern auch der Gedanke, daß der Generalstab als „Idee und Institution" unbedingt erhalten werden müsse.

Die Generalstabsoffiziere wurden in höherem Prozentsatz übernommen als die sogenannten Frontoffiziere. Deren Verbitterung über derartige Bevorzugung war groß. Sie wäre wohl erheblich schärfer gewesen, wenn Seeckts Urteil über sie bekanntgeworden wäre. Es war zumindest deshalb ungerecht, weil es darüber hinwegging, daß sich Zusammenbruch und Umsturz in den Stäben vielfach anders ausgewirkt hatten als bei der Truppe. Dem Chef des Personalamtes blieb es vorbehalten, in seiner Antwort zu betonen, „zur Wahrung der Ehre unseres Offizierkorps" müsse „die Bemerkung zurückgewiesen werden, daß auch ‚rühmliche Ausnahmen' bekannt seien. Als ob Fernhalten und Unauffindbarkeit unter den Frontoffizieren die Regel gewesen sei". Das Urteil Seeckts wurde also nicht zurückgewiesen, sondern nur eingeschränkt. Der Auswahl wurden dann Richtlinien zugrunde gelegt, nach denen in erster Linie die bestqualifizierten aktiven Offiziere jeden Dienstgrades und aller Waffengattungen zu übernehmen waren. Tüchtigkeit und Fähigkeit waren zusammen mit Berücksichtigung der sozialen Situation der grundsätzliche Maßstab.

Die Auswahl der Unteroffiziere und Mannschaften fand nicht zentralisiert, sondern durch die örtlichen Befehlshaber statt. Auch hier waren Tüchtigkeit und Berücksichtigung der sozialen Verhältnisse neben der bisher geleisteten Dienstzeit das wichtigste Kriterium.

Hohe Moral und Kampfkraft waren von der Vorläufigen Reichswehr nicht zu erwarten. Die anhaltenden Entlassungen und die damit verbundene ständige Personalveränderung infolge der Auflösung bestehender und Errichtung neuer Einheiten und Verbände schafften eine dauernde Unruhe. Aus der bedrängten sozialen und wirtschaftlichen Situation der Soldaten, ihrer Anfeindung durch breite Schichten der Öffentlichkeit in Rede und Presse und dem mangelhaften politischen Verständnis staatlicher Stellen für den Wunsch der Truppe nach Schutz vor derartigen Angriffen erwuchs eine erhebliche Unzufriedenheit. Hinzu kam, daß die Annahme des „Schandvertrages" von Versailles mit seiner Kriegsschuldanerkenntnis und der Forderung nach Auslieferung der sogenannten Kriegsverbrecher nicht nur Empörung auslöste, sondern auch der neuaufgestellten Truppe gewissermaßen ihr moralisches Fundament zu entziehen schien. Sie bewährte sich zwar in den inneren Unruhen und war danach allein durch ihre Existenz für Deutschland ein friedenssichernder Faktor gegenüber Putsch- und Umsturzideen, aber sie versah ihre Aufgaben nur lustlos und verlor das anfänglich noch bestehende Vertrauen zu ihrem Minister. Selbst innerhalb des Offizierkorps bestand nicht mehr das notwendige Verhältnis von Vertrauen und Gehorsam als Grundlage der Führung, sondern eine das übliche Maß überschreitende Spannung zwischen der jüngeren und der älteren Generation. Hier allerdings wirkte der Kapp-Lüttwitz-Putsch als ein klärendes Moment. Er beendete die Auseinandersetzungen um die Kommandogewalt, die einen zentral gesteuerten Aufbau des Reichsheeres behindert hatten.

Spitzengliederung

Der unter der Oberfläche schwelende Kampf um die Spitzengliederung des Reichsheeres setzte schon kurz nach der Ernennung Reinhardts zum Preußischen Kriegsminister ein. Er basierte anfänglich auf sachlich begründeten Auseinandersetzungen zwischen dem Preußischen Kriegsministerium und der OHL, lief dann aber auf einen sich bald zuspitzenden persönlichen Gegensatz zwischen den beiden Württembergern Reinhardt und Groener hinaus. Der letzte Erste Generalquartiermeister gewann dabei im Sommer 1919 die Unterstützung des letzten Chefs des Generalstabes der Armee und ersten Chefs des Truppenamtes, des Generalmajors v. Seeckt. Die Befehlsbefugnisse und Unterstellungsverhältnisse waren zunächst durch Erlasse vom 9. März und 28. April provisorisch in Anpassung an die gegebenen Verhältnisse geregelt worden und liefen auf eine Zersplitterung der Kompetenzen hinaus. Mit der Annahme des Friedensvertrages wurde es notwendig, eine dauerhafte Lösung zu finden. Nachdem Hindenburg am 24. Juni 1919 den Oberbefehl niedergelegt hatte, fand die Tätigkeit der OHL am 3. Juli 1919 offiziell ihr Ende. In umgewandelter Form arbeitete sie aber als „Befehlsstelle Kolberg" weiter. Diese Kommandobehörde wurde am 20. September aufgelöst; bis dahin führte Groener ihre Dienstgeschäfte (Grenzschutz Ost, Rückführung Ostheer, Baltikum) einschließlich der unterstellten Oberkommandos Nord und Süd und schied dann am 30. September 1919 aus dem aktiven Dienst aus. Inzwischen erarbeitete eine Kommission für die Organisation des Reichswehrministeriums die Grundlagen der neuen Spitzengliederung. Gegen den Widerstand Groeners und Seeckts schuf Reinhardt mit Unterstützung des Reichswehrministers die Stellung des Chefs der Heeresleitung.

Reichspräsident Ebert hatte nach dem Inkrafttreten der Verfassung des Deutschen Reiches vom 11. August 1919 den ihm gemäß Artikel 47 RV zustehenden Oberbefehl über die gesamte Wehrmacht des Reiches am 20. August dem Reichswehrminister zur Ausübung übertragen, soweit er nicht selbst unmittelbare Befehle erteilte. Gleichzeitig endeten die Verwaltungsbefugnisse und Kommandogewalt der Kriegsminister und Heeresverwaltungen der Länder Preußen, Bayern, Sachsen und Württemberg. Die einzelstaatlichen militärischen Zentralbehörden wurden für die Übergangszeit bis zur Errichtung eines Reichswehrministeriums in „Reichswehrbefehlsstellen“ umgewandelt, an deren Spitze für Preußen Reinhardt trat. Er erhielt außerdem am 26. August einige für das gesamte Heer geltende Befugnisse übertragen.

Inzwischen war die Diskussion um die Organisation der Spitzengliederung in vollem Gange. Seeckt strebte als Vorsitzender des Ausschusses für die Organisation des Reichswehrministeriums zunächst eine Lösung an, die unter dem Reichswehrminister ein Kollegium der Amtschefs vorsah, von denen der Chef des Truppenamtes als Stellvertreter des Ministers tätig werden und Träger der Kommandogewalt sein sollte. Ihm wurden auch in neuen, abgeänderten Entwürfen neben den Oberbefehlshabern der zwei Gruppenkommandos eine starke Stellung eingeräumt. Seeckt wünschte also nicht einen „Chef des Heeres“. Die Forderung nach Errichtung einer militärischen Spitze verfocht dagegen Reinhardt. Bei der Diskussion dieser entgegengesetzten Positionen verquickten sich sachliche Gesichtspunkte mit persönlichen Motiven. Seeckt rechnete damit, zum Chef des Truppenamtes bestellt zu werden, und wollte über sich keine militärische Spitze haben. Seiner Auffassung schloß sich Groener an. Beide arbeiteten nämlich darauf hin, dem Truppenamt als getarnter Nachfolgeinstitution des Großen Generalstabes den größtmöglichen Einfluß zu sichern. Eine Erkrankung Seeckts ermöglichte es Reinhardt jedoch, seine Konzeption durchzusetzen. Er schrieb daher später mit vollem Recht: „Daß das Heer einen militärischen Chef hat, dessen Dienstgewalt sich gleichmäßig auf alle Heeresgebiete erstreckt, und die Leitung nicht in Truppenführung, Verwaltung, Personalia, Generalstab zerfällt, wie früher, dafür darf ich und muß ich persönlich verantwortlich zeichnen. Das ist 1919 geschaffen worden zum Mißvergnügen der Erpresser von Versailles und auch keineswegs ohne geistige Widerstände von namhaften Männern aus den eigenen Reihen. Die Stellung des Chefs der Heeresleitung habe ich aus tiefster, in Krieg und Frieden gewonnener Überzeugung geformt, und General v. Seeckt, der sie, ebenso wie General Groener, stark angefochten hatte, ließ mir nachher durch seine glänzende Wahrnehmung dieses Platzes praktisch die beste Genugtuung zuteil werden.“

Der Reichswehrminister verfügte am 20. September 1919 mit der „Vorläufigen Regelung der Befehlsbefugnisse und Arbeitsgebiete der obersten Kommandostellen in der Reichswehr“ die Spitzengliederung der bewaffneten Macht. Zum 1. Oktober wurde das Reichswehrministerium formal eingerichtet und die Stellen des Chefs der Heeresleitung und der Admiralität – ab 1920 dann Chef der Marineleitung – geschaffen. Das Amt des Chefs der Heeresleitung wurde mit Reinhardt besetzt. Er und Vizeadmiral von Trotha als Chef der Admiralität waren unmittelbar dem Reichswehrminister unterstellt. Die Stelle eines Unterstaatssekretärs, die im Preußischen Kriegsministerium eingerichtet und zuletzt seit dem 16. Juni 1919 mit Albert Grzesinski (SPD) besetzt war, gab es im Reichswehrministerium nicht mehr.

Seeckt trat an die Spitze des Allgemeinen Truppenamtes. Er erhob bis in das Jahr 1920 hinein gegen die Organisation des Reichswehrministeriums Bedenken, weil sie sich seiner Meinung nach nicht bewährt hatte, und schlug vor, unter dem Minister drei gleichgeordnete Stellen einzurichten, nämlich einen Kommandierenden General des Heeres, einen Unterstaatssekretär (gemeint war Staatssekretär) des Heeres und einen Chef der Admiralität. Aber „Seeckt trat nicht nur für eine andere Spitzengliederung ein, sondern erstrebte zweifellos für sich die militärische Spitzenstellung“ (Meier-Welcker). Einstweilen erschwerte sein Widerstand die einheitliche Führung des Reichsheeres durch Reinhardt.

Widerstand gegen die Befehlsgewalt des Chefs der Heeresleitung, dessen Funktion allerdings nicht eindeutig festgelegt war, ging auch von einer anderen Stelle aus. Der Oberbefehlshaber des Reichswehr-Gruppenkommandos 1, General Freiherr von Lüttwitz, sah sich als oberster militärischer Führer der Vorläufigen Reichswehr an, zumal ihm zum Zwecke der Abstimmung des Einsatzes der Truppen in den innerdeutschen bewaffneten Auseinandersetzungen die Verbände des Gruppenkommandos 2 operativ unterstellt worden waren. Außerdem erfreute er sich auch des besonderen Vertrauens der noch bestehenden, die Auflösung ablehnenden Freikorps.

Die Einheitlichkeit der Befehlsgewalt wurde erst nach dem Kapp-Lüttwitz-Putsch durch Seeckt und Geßler geregelt. Sie schufen noch im Übergangsheer die Spitzengliederung der Reichswehr.

C. Rechtliche Grundlagen, politische und soziologische Struktur der Reichswehr

1. Wehrgesetz und Berufspflichten

a. Die wehrrechtlichen Bestimmungen der Reichsverfassung und des Wehrgesetzes

Staatsrechtliche Stellung und Militärverfassung der Reichswehr beruhten auf der Verfassung des Deutschen Reiches vom 11. August 1919 (RV) und auf den Gesetzen über die Aufhebung der Militärgerichtsbarkeit vom 17. August 1920, über die Abschaffung der allgemeinen Wehrpflicht und die Regelung der Dauer der Dienstverpflichtung vom 21. August 1920 sowie auf dem Wehrgesetz vom 23. März 1921 (WG). Materiell und strukturell waren diese Grundlagen weitgehend durch die einschlägigen Bestimmungen des Friedensvertrages vom 28. Juni 1919 bestimmt und durch das Gesetz über die Bildung einer Vorläufigen Reichswehr vom 6. März 1919 mit seinen ergänzenden Verordnungen im voraus geprägt. Als politische Willenserklärung muß die Wehrgesetzgebung auf dem Hintergrund der Zeitumstände und der Verhaftung ihrer „Väter" in ihren überkommenen Bindungen und Ideologien gesehen werden.

Von den 181 Artikeln der Verfassung des Deutschen Reichs vom 11. August 1919 bezogen sich besonders die Artikel 6 Ziffer 4, 39, 45–48, 50, 79, 96, 105, 106, 133, 140 und 141 auf die bewaffnete Macht. Grundlegende Bedeutung besaß der Artikel 6 RV, der in Ziffer 4 dem Reich die ausschließliche Gesetzgebung über die Wehrverfassung zuwies. Folgerichtig setzte Artikel 79 RV fest, daß die Landesverteidigung zu den Aufgaben des Reiches gehöre und dementsprechend die Wehrverfassung durch ein Reichsgesetz einheitlich, allerdings „unter Berücksichtigung der besonderen landsmannschaftlichen Eigenarten" geregelt werden solle. Dieser Passus war das Ergebnis der „Weimarer Vereinbarung", in der die Länder Preußen, Bayern, Sachsen, Württemberg und Baden nach vorangegangenen harten Verhandlungen auf ihre militärischen Reservatrechte verzichteten. Die Reichsregierung stimmte ihr am 17. Juni 1919 zu, die reichsrechtliche Regelung geschah durch das Wehrgesetz vom 23. März 1921 (s. S. 106 ff.). Die Militärhoheit lag also beim Reich, und ihre Träger waren Reichsorgane. Damit besaß Deutschland erstmals in seiner Geschichte nicht nur faktisch, wie bereits im Ersten Weltkrieg, sondern auch rechtlich eine einheitliche bewaffnete Macht. Zum Zwecke der Landesverteidigung waren die Reichsbehörden berechtigt, über alle Eisenbahnen zu verfügen (Art. 96 RV).

Das Recht zu Kriegserklärung und Friedensschluß stand dem Reichstag zu (Art. 45 RV). Der Reichspräsident übte den Oberbefehl über die gesamte Wehrmacht des Reiches aus (Art. 47 RV). Damit war er Träger der militärischen Kommandogewalt. Außerdem ernannte und entließ er die Offiziere (Art 46 RV). Durch Art. 48 RV war dem Reichspräsidenten in seiner Eigenschaft als Staatsoberhaupt – also nicht als Oberbefehlshaber der Reichswehr – das Recht eingeräumt, mit Hilfe der bewaffneten Macht öffentliche Sicherheit und Ordnung wiederherzustellen (s. S. 264 ff.). Im Vergleich zum Belagerungszustandsgesetz vom 4. Juni 1851, das bis zur Verkündung der Verfassung galt, bedeutete diese Regelung eine Verbesserung der Stellung der Streikräfte im Falle des Ausnahmezustandes und wurde auch in diesem Sinne von der Reichswehrführung interpretiert.

Die Kommandogewalt und das militärische Verordnungsrecht des Reichspräsidenten (s. S. 112 f.) waren dadurch eingeschränkt, daß seine Anordnungen und Verfügungen auf dem Gebiet der Wehrmacht nur Gültigkeit erlangten, wenn sie vom Reichswehrminister oder Reichskanzler gegengezeichnet waren (Art. 50 RV), wobei in Angelegenheiten der Kommandogewalt und Befehlsführung das Gegenzeichnungsrecht anscheinend nur beim Reichswehrminister lag. Außerdem besaß der Reichspräsident keine materiellen Mittel, seine Befugnisse als Oberbefehlshaber direkt auszuüben. Die entsprechenden Dienststellen befanden sich im Reichswehrministerium, dessen verantwortlicher Chef der Reichswehrminister war. Er stellte das Bindeglied zwischen dem parlamentarisch nicht verantwortlichen Oberbefehlshaber der bewaffneten Macht und dem Reichstag dar (s. S. 114 f.). Die Legislative verfügte über ein direktes Aufsichtsrecht durch Art. 34 RV, der dem Reichstag das Recht einräumte, Untersuchungsausschüsse einzusetzen.

Während die Vorschrift des Art. 48 RV, daß seine grundsätzlichen Regelungen durch ein Reichsgesetz näher bestimmt werden sollten, niemals erfüllt wurde, fanden die Art. 106 RV und 133 RV eine gesetzliche Ergänzung. Art 106 RV hatte festgesetzt, daß die Militärgerichtsbarkeit bis auf ausdrücklich genannte Ausnahmen aufzuheben sei. Dementsprechend bestimmte das unter leidenschaftlichem Widerspruch der Rechtsparteien und auch entgegen den Vorstellungen der Reichswehr verabschiedete Gesetz vom 17. August 1920, daß die allgemein gültigen Vorschriften über die Zuständigkeit der Gerichte und das Strafverfahren auf alle bisher der Militärgerichtsbarkeit unterworfenen Personen anzuwenden seien, ausgenommen die Strafverfahren in Kriegszeiten und gegen die an Bord von in Dienst gestellten Kriegsschiffen eingeschifften Angehörigen der Reichsmarine. Grundlage der Strafverfahren gegen Soldaten blieb jedoch trotz ihrer Unterstellung unter die ordentlichen Gerichte das Militärstrafgesetzbuch, zunächst in der Fassung vom 20. Juni 1872, dann in der Neufassung vom 16. Mai 1926. Auf dieser Basis wurden beispielsweise die mit Arrest bedrohten strafbaren Handlungen den Schöffengerichten zugewiesen.

Der Verfassungsartikel 106 und das Gesetz vom 17. August 1920 waren weniger sachbedingte, als politische Entscheidungen. Der Preußische Kriegsminister und andere Regierungsorgane hatten versucht, durch Abänderungen und Neufassung der Militärstrafgerichtsordnung vom 1. Dezember 1898 die Aufhebung der Militärgerichtsbarkeit zu verhindern. Die Mehrheit der Nationalversammlung schritt über diese Bemühungen ebenso hinweg wie über die wachsende Unruhe, die bereits der Verfassungsartikel in der bewaffneten Macht ausgelöst hatte. Sie verhinderte sogar die „Sicherungen“, um die sich die Reichswehrführung gemäß einem Erlaß vom 16. Januar 1920 mit dem Ziel bemühte, „die Aufhebung der Militärgerichtsbarkeit erträglicher [zu] machen". Die Beseitigung der Militärjustiz galt als ein Mittel, Eigengesetzlichkeit und Einfluß der bewaffneten Macht zu schwächen.

Diese Bestrebungen werden noch deutlicher, wenn der vorangehende Art. 105 RV mit herangezogen wird. Im Rahmen der Grundsatzbestimmung, daß Ausnahmegerichte unstatthaft sind, wurden ausdrücklich die militärischen Ehrengerichte für aufgehoben, dagegen die gesetzlichen Bestimmungen über Kriegs- und Standgerichte des Ausnahmezustandes als hiervon nicht berührt erklärt. Mit den militärischen Ehrengerichten beseitigte die Mehrheit in der Nationalversammlung eine Institution, die im Rahmen der Heeresreform nach 1806/07 in Preußen zur Erneuerung und sittlich-moralischen Bewahrung des Offizierkorps geschaffen worden war, sich in ihrem Charakter aber zu einem Mittel für dessen Reinerhaltung vom Zeitgeist gewandelt hatte (vgl. Abschnitt II, S. 140 f.). Vergeblich bemühten sich konservative Abgeordnete, die Ehrengerichtsbarkeit zu erhalten, indem sie ihr den gleichen Sinn zu unterlegen versuchten wie den Berufskammern der Ärzte und Rechtsanwälte. Diese Auseinandersetzungen offenbaren, daß beide Artikel zugleich auch den Zweck verfolgen sollten, die Bindungen der bewaffneten Macht an überlebte Vorstellungen der Vergangenheit aufzuheben.

In der Praxis scheint sich die Unterordnung der Reichswehrangehörigen unter die ordentliche Gerichtsbarkeit nicht zufriedenstellend ausgewirkt zu haben, zumal die Gerichte überlastet waren und oft für die Eigenart mancher Straftat im militärischen Bereich nicht ausreichendes Verständnis aufbrachten. Von seiten der Reichswehrführung beantwortete der Heeresanwalt 1924 die Frage, ob sich die Aufhebung der Militärgerichtsbarkeit bewährt habe, eindeutig verneinend. Wiederholt auftauchende Schwierigkeiten in der Rechtsprechung veranlaßten den Reichstag, die Gerichtsbarkeit über Militärpersonen durch Gesetze vom 22. Februar und 30. April 1926 zu ändern und zu ergänzen bzw. zu vereinfachen. Dadurch sollten die ordentlichen Gerichte entlastet und Strafsachen rein disziplinarrechtlichen Charakters beschleunigt behandelt werden.

Über diesen sachlichen Argumenten darf nicht übersehen werden, daß die Reichswehrführung auf der anderen Seite auch aus ideologischen Motiven an bestimmten Änderungen interessiert war, um die antirestaurativen Bestrebungen des Gesetzgebers möglichst „unschädlich" zu machen. So konnte sie beispielsweise erreichen, daß für das Reichsheer an die Stelle der abgeschafften Ehrengerichte auf der Grundlage eines Erlasses vom 30. April 1924 über die „Wahrung der Ehrenhaftigkeit in der Armee" gewählte Ehrenräte traten. Die Unterstellung der Soldaten und Militärbeamten unter die öffentliche Gerichtsbarkeit wurde von Seeckt dadurch eingeschränkt, daß mittels der Disziplinarstrafordnungen für das Heer vom 11. Dezember 1921 und vom 18. Mai 1926 – auf der Grundlage des Gesetzes zur Vereinfachung des Militärstrafrechts vom 30. April 1926 – mit Änderungen der letzteren vom 3. Mai 1928 der Kreis der Handlungen und

Unterlassungen, die im Rahmen der Disziplinarstrafgewalt von den militärischen Vorgesetzten geahndet werden konnten, ausgeweitet wurde.

Die Disziplinarstrafordnung vom 11. Dezember 1921 unterschied zu diesem Zwecke zwischen Disziplinarübertretungen – Handlungen und Unterlassungen gegen die militärische Zucht und Ordnung, die von keinem Strafgesetz erfaßt wurden – und Disziplinarvergehen – gewisse, vom Militärstrafgesetzbuch erfaßte Straftaten, die in leichteren Fällen auf disziplinarem Weg erledigt werden konnten. Mit dem Gesetz zur Vereinfachung des Militärstrafrechts vom 30. April 1926 wurde eine klare Trennung erreicht, indem es für das Disziplinarrecht fortan nur noch die Disziplinarübertretungen als Verstöße gegen die militärische Zucht und Ordnung gab, die von keinem Strafgesetzbuch erfaßt wurden. Eine Reihe von Tatbeständen im Militärstrafgesetzbuch wurde ganz gestrichen und in den Katalog der disziplinarisch ahndbaren Übertretungen eingereiht, so etwa Selbstbefreiung als Gefangener, Belügen eines Vorgesetzten auf Befragen in dienstlichen Angelegenheiten und vorschriftswidrige Behandlung eines Untergebenen. Für andere Tatbestände blieb das Militärstrafgesetzbuch nur noch in stark eingeschränktem Maße zuständig, beispielsweise bei eigenmächtiger Entfernung oder Überschreitung des Urlaubs, Achtungsverletzung, Beleidigung eines Vorgesetzten oder eines Untergebenen und Ungehorsam, ausdrücklicher Gehorsamsverweigerung und Beharren im Ungehorsam. Dieser umfangreichen Aufzählung standen einige wenige Tatbestände entgegen, die nur noch gerichtlich erledigt werden durften, wie Anmaßung einer Befehlsbefugnis oder Strafgewalt. Damit waren also die Zahl und Bedeutung der Verfehlungen, die ausschließlich der Beurteilung und Disziplinarstrafgewalt des Disziplinarvorgesetzten unterlagen, erheblich erweitert worden – besonders im Vergleich zur Zeit vor der Aufhebung der Militärgerichtsbarkeit. Hatte gemäß der vor 1921 geltenden Disziplinarstrafordnung für das Heer vom 31. Oktober 1872 der Kommandierende General als höchster Disziplinarvorgesetzter Offiziere seines Befehlsbereiches mit Stubenarrest bis zu 14 Tagen bestrafen können, so durfte jetzt ein Divisionskommandeur Stubenarrest bis zu vier Wochen verhängen. Der Kompaniechef, der früher Unteroffiziere ohne Portepee bis zu fünf Tagen mit mittlerem Arrest bestrafen durfte, besaß jetzt die Befugnis, für den gleichen Dienstrang geschärften Arrest bis zu zehn Tagen zu erteilen.

Die Neuregelung von 1926 begründete der Chef der Heeresleitung in seinem Erlaß vom 10. Juli 1926 mit der Absicht, „daß im Heere künftig die Einwirkung der Persönlichkeit des Vorgesetzten in den Vordergrund treten und sich frei entfalten soll“, wobei sich der Offizier in erster Linie als Erzieher zu bewähren habe. Unausgesprochen ließ Seeckt den verborgenen Sinn, daß die Autonomie des Reichsheeres durch eine solche Auslegung der Bestimmungen des Verfassungsgesetzgebers ohne Zweifel gestärkt wurde. Aufgrund der Disziplinarstrafordnung von 1926 konnten zahlreiche innendienstliche Vorgänge strafbaren Charakters vor den kritischen Augen der Öffentlichkeit verborgen werden. Auf der gleichen Linie lag es auch, daß er die Einrichtung von Disziplinarkammern zu verhindern wußte. Bei der Beurteilung der Intentionen Seeckts muß allerdings das Maß an Verantwortung einbezogen werden, das der Reichswehrminister durch die Vorlage der Disziplinarordnungen für Heer und Marine (vgl. Abschnitt VII) trug und das vor allem eine Reichstagsmehrheit durch ihre Verabschiedung derartiger Gesetze auf sich nahm.

Anders lagen die Voraussetzungen im Falle des Art. 133 RV, der alle Staatsbürger verpflichtete, nach Maßgabe der Gesetze persönliche Dienste für den Staat und die Gemeinde zu leisten. Darunter war auch die Wehrpflicht subsumiert, deren Gestaltung jedoch dem Reichswehrgesetz überlassen wurde. In dieser unklaren Formulierung kam der von den Mehrheitssozialdemokraten bis zu den konservativen Parteien reichende, wenn auch unterschiedlichen Motiven entspringende Protest der Nationalversammlung gegen die von den Alliierten aufgezwungene Grundsatzentscheidung zur Militärverfassung zum Ausdruck. Unter dem Druck der Vertragspartner von Versailles mußte jedoch in dem Gesetz vom 21. August 1920 dem Wehrgesetz vorgegriffen und die allgemeine Wehrpflicht ausdrücklich für abgeschafft erklärt sowie der Militärdienst auf der Grundlage des Friedensvertrages geregelt werden. Zu dieser Entscheidung konnte das Wehrgesetz keine Änderung bringen. Durch den letzten Satz des Art. 133 RV war dem Gesetzgeber jedoch zu bestimmen aufgetragen worden, „wieweit für Angehörige der Wehrmacht zur Erfüllung ihrer Aufgaben und zur Erhaltung der Manneszucht einzelne Grundrechte einzuschränken sind". Die Vorschrift wirkte sich zu Lasten des Art. 39 RV aus, der festlegte, daß Angehörige der Wehrmacht wie die Beamten keinen Urlaub benötigten, um ein Mandat als Reichs- oder Landtagsabgeordneter auszuüben. Seine Gültigkeit wurde in Durchführung des Art. 133 RV durch § 36 WG aufgehoben (s. S. 108 f.).

Zwei weitere Artikel, die in das Militärwesen eingriffen, betrafen Fragen der Religion und der sogenannten Religionsgesellschaften. Den Angehörigen der Streitkräfte wurden Religionsfreiheit, ausreichende Zeit zur Erfüllung religiöser Pflichten und die Zulassung der Militärseelsorge gewährt (Art. 140, 141 RV).

Die letzte der für die bewaffnete Macht relevanten Verfassungsbestimmungen ist Art. 176 RV. Er schrieb die Vereidigung aller Angehörigen der Wehrmacht wie aller öffentlichen Beamten überhaupt auf die Verfassung vor.

Für die Reichswehr lautete die feierliche Verpflichtung in der Fassung vom 14. August 1919: „Ich schwöre Treue der Reichsverfassung und gelobe, daß ich als tapferer Soldat das Deutsche Reich und seine gesetzmäßigen Einrichtungen jederzeit schützen, dem Reichspräsidenten und meinen Vorgesetzten Gehorsam leisten will." Aufgrund der Homburger Vereinbarung (s. S. 277) sollte sie ab 1924 folgende Neufassung erhalten: „Ich schwöre Treue der Verfassung des Deutschen Reiches und meines Heimatstaates und gelobe, als tapferer Soldat mein Vaterland und seine gesetzmäßigen Einrichtungen jederzeit zu schützen und dem Reichspräsidenten und meinen Vorgesetzten Gehorsam zu leisten." Diese Verpflichtungsformel wurde und wird teilweise noch von der Staatsrechtsliteratur so behandelt, als ob sie Gültigkeit erlangt habe. Hierfür findet sich jedoch innerhalb des militärischen Bereichs kein Nachweis.

Die Reichsverfassung hatte für die bewaffnete Macht eine Grundlage geschaffen, von der aus unter den gegebenen Umständen ihre Interessen befriedigt werden konnten. Ihre militärischen Bestimmungen spiegelten den Wunsch der Mehrheit in der Nationalversammlung wider, ein Instrument zu schaffen und der Reichsleitung zur Verfügung zu stellen, durch dessen Existenz eine Wiederholung der revolutionären Nachkriegswirren von vornherein verhindert werden sollte. Nur die USPD hatte ihre Absicht nicht verhehlt, den Aufbau einer disziplinierten, schlagkräftigen und vor allem zuverlässigen Wehrmacht zu verhindern oder zumindest durch Propaganda Keime zu einer erneuten Zersetzung in sie hineinzutragen.

Aber auch Bestrebungen der konservativen Minderheit, möglichst alle Einrichtungen der bewaffneten Macht der Monarchie beizubehalten, mußten von den Parteien der Weimarer Koalition und der Reichsregierung abgewehrt werden. Hierbei vertraten die demokratischen Kräfte eine beachtenswerte Kompromißbereitschaft, die es den Vertretern der Rechten ermöglichte, mehrfach mit ihren Forderungen zum Zuge zu kommen. Die Diskussionen um die Verfassungsbestimmungen, die sich auf das Militärwesen bezogen, erwiesen also erneut, daß es den staatstragenden demokratisch-republikanischen Parteien in Legislative und Exekutive an klaren militärpolitischen Vorstellungen mangelte. Sie bemühten sich nicht um eine neue Form der Wehrmacht, sondern versuchten nur, offensichtliche Mißbräuche oder ihnen besonders verhaßte Institutionen abzuschaffen, wie die Offizierehrengerichte und die Militärgerichtsbarkeit. Diese Konzeptionslosigkeit ist ein wesentlicher Grund dafür, daß die Militärverfassung ebenso wie die Spitzengliederung nicht den Charakter eindeutig politischer Entscheidungen zugunsten der jungen parlamentarischen Republik erhielten.

Militärverfassung und Spitzengliederung der Reichswehr wurden entsprechend Art. 79 Satz 2 RV und Art. 133 II RV durch das Wehrgesetz vom 23. März 1921 geregelt, das mit Wirkung vom 1. Januar 1921 in Kraft trat und die seit 1867 erlassenen Militärgesetze aufhob oder deren Bestimmungen, wie die Abschaffung der allgemeinen Wehrpflicht, in sich einschloß (§ 48 Ziff. 21 WG). Geringfügige Abänderungen erfuhr es infolge des Londoner Ultimatums vom 5. Mai 1921 durch das Gesetz zur Änderung des Wehrgesetzes vom 18. Juni 1921.

Das Wehrgesetz war das Ergebnis von parlamentarischen Diskussionen und Verhandlungen der zurückliegenden zwei Jahre, stand in seinen Grundzügen aber bereits im März 1920 fest. Seine parlamentarische Behandlung wurde 1920 wegen des Kapp-Lüttwitz-Putsches und seiner Folgen aufgeschoben. Der aus den Wahlen vom 6. Juni 1920 hervorgegangene erste Reichstag zog aus den Märzereignissen keine schwerwiegenderen Folgerungen für die Militärverfassung. Die Verschiebung wirkte sich vielmehr letztlich zugunsten der Vorstellungen der Reichswehrführung aus, da die Mehrheitssozialisten, die im Gegensatz zu USPD und KPD die Reichswehr als Institution bejahten, nicht mehr in der Regierungsverantwortung standen und ihre Reformbestrebungen nicht mehr aus dieser Position heraus vertreten konnten. Wieweit sich allerdings die Haltung der SPD bereits verhärtet hatte, zeigt das bekannte Wort Scheidemanns vom 28. Oktober 1920 „Bis hierher und nicht weiter! Wir haben keinerlei Vertrauen weder in die Verfassungstreue noch in den Verfassungswillen des Herrn von Seeckt.“ Der Kommission, die den Gesetzentwurf erarbeitete, gehörte jedoch außer Offizieren und Wehrmachtsbeamten nur ein Abgeordneter der DNVP an, und der beste Vertreter der Interessen der Reichswehr war dann bei den Verhandlungen im Reichstag ihr neuer, redegewandter Minister Dr. Geßler (s. S. 115 ff.). Er stellte es als Ziel der Militärverfassung hin, „dem deutschen Volke die zu seinem Schutze im Inneren und an den Grenzen nötige Wehrmacht zu geben", wobei er von der These ausging, „nur wenn Heer und Staat eins sind und eins werden, wird es auch möglich sein, die verfassungsmäßigen Zustände und die verfassungsmäßige Entwicklung unseres Volkes sicherzustellen".

Die am 19. Januar 1921 von der Reichsregierung im Reichstag eingebrachte Gesetzesvorlage fand stärker die Zustimmung der rechtsgerichteten als der demokratischen Parteien. Einen Schwerpunkt der Diskussion bildeten die Bestimmungen zur Entpolitisierung der Wehrmacht, als deren Befürworter die Vertreter der Rechten auftraten, vor deren einseitiger Durchführung die Demokraten warnten, weil sie sich zu Lasten der demokratischen Kräfte auswirken würden, und gegen die von den Mehrheitssozialdemokraten beachtenswerte Einwände vorgetragen wurden. Von seiten der SPD erhob der Abgeordnete Schöpflin dagegen Einspruch, daß der Entwurf zu sehr der Tradition der Monarchie verhaftet sei. Seine Bedenken und die Mehrheit seiner Reformwünsche fanden jedoch keineswegs insgesamt die Zustimmung des Reichstages. Bezeichnend für Geist und Gehalt des Wehrgesetzentwurfes war es auch, daß erst der zuständige 25. Reichstagsausschuß in die Vorlage Bestimmungen über die Vertrauensleute, über die verfassungsrechtliche Stellung der Heeres- und Marinekammern, über den staatsbürgerlichen und völkerrechtlichen Unterricht, die Erlaubnis zum Halten von Zeitungen und zum Eintritt in nichtpolitische Vereine oder zu Versammlungen von Soldaten einfügte. Die demokratischen Parteien zeigten sich mit dem Ergebnis der Beratungen keineswegs zufrieden, gaben aber dennoch dem unter dem Beifall allein der rechtsgerichteten Parteien verabschiedeten Gesetz ihre Zustimmung.

Das Wehrgesetz war in vier Abschnitte untergliedert: I. Gliederung und Befehlsverhältnisse (§§ 1–11), II. Landsmannschaft (§§ 12–17), III. Pflichten und Rechte der Angehörigen der Wehrmacht (§§ 18–40) und IV. Übergangs- und Schlußbestimmungen (§§ 41–48). Seine wichtigsten Vorschriften waren:

Die Reichswehr als „die Wehrmacht der Deutschen Republik" bestand aus dem Reichsheer und der Reichsmarine und wurde aus freiwilligen Berufssoldaten und nicht im Waffendienste tätigen Militärbeamten gebildet und ergänzt. Als Soldaten galten die Offiziere aller Waffengattungen, die Deckoffiziere, Unteroffiziere und Mannschaften. Alle Angehörigen der Wehrmacht mußten die deutsche Staatsangehörigkeit besitzen. Gemäß den Beschränkungen des Friedensvertrages wurde die Höchststärke des Reichsheeres auf 100 000 Soldaten und Militärbeamte sowie 300 Sanitäts- und 200 Veterinäroffiziere, die der Reichsmarine (vgl. Abschnitt VII) auf 15 000 Soldaten und Militärbeamte begrenzt. Das Reichsheer bestand aus sieben Infanterie- und drei Kavallerie-Divisionen unter zwei Gruppenkommandos (zur Organisation s. S. 316 ff.). Die Befehlsführung lag „ausschließlich" in der Hand der Vorgesetzten, an deren Spitze der Reichspräsident als oberster Befehlshaber der gesamten Wehrmacht stand. Er war ermächtigt, für die bewaffnete Macht Rechtsverordnungen zu erlassen, verfügte also über ein Recht, das normalerweise nur der Reichsregierung zukam. Unter ihm übte der Reichswehrminister die Befehlsgewalt aus. Damit war die bisher nur auf der Verordnung vom 20. August 1919 beruhende Ausübung der Befugnisse des Reichspräsidenten durch den Reichswehrminister auch gesetzlich verankert. An der Spitze des Reichsheeres stand ein General als Chef der Heeresleitung, bei der Reichsmarine war es ein Admiral als Chef der Marineleitung. Für alle Kommandobehörden und Truppeneinheiten sollten „Vertrauensleute" gewählt, außerdem je eine aus geheimer Wahl hervorgehende, dem Reichswehrminister unmittelbar unterstellte Heeres- und Marinekammer als beratende und begutachtende Körperschaften beim Reichswehrministerium gebildet werden. Ihre Verfassung und Zuständigkeit sollte ein Reichsgesetz regeln, das niemals erging.

Die Bestimmungen des Abschnitts „II. Landsmannschaft“ enthielten als Zugeständnis an die Länder die Einrichtung des „Landeskommandanten“ als Mittler zwischen den Interessen eines Landes und der Reichswehr. Er wurde auf Verlangen und Vorschlag der Landesregierung vom Reichspräsidenten ernannt und unterstand unmittelbar dem Reichswehrminister. In erster Linie war er militärischer Befehlshaber, wie denn auch die Kommandogewalt von Reichspräsident und Reichswehrminister durch seine Kompetenz nicht berührt wurde, da er Offizier war. Der bayerische Landeskommandant mußte normalerweise zugleich Befehlshaber der 7. (Bayerischen) Division sein, die „einen in sich geschlossenen Verband des Reichsheeres unter einheitlicher Führung“ bildete (s. S. 267 ff.). Die landsmannschaftliche Zusammengehörigkeit sollte auch in den anderen Ländern betont werden, zumindest bei der Zusammenstellung der Einheiten und ebenso bei der Auswahl des dauernden Standortes einer Truppe (vgl. dazu S. 318 f.). Die Länderregierungen erhielten darüber hinaus nicht nur einen Anspruch, in einer Reihe weiterer Fragen gehört zu werden (z. B. im Bau-, Beschaffungs- und Lieferungswesen), sondern auf der Grundlage des Art. 48 RV auch das Recht, im Falle eines Notstandes oder einer Bedrohung der öffentlichen Ordnung in Ausübung der einzelstaatlichen Polizeigewalt Unterstützung von seiten der Wehrmacht anzufordern. Dadurch wurden den Ländern jedoch keine Kommandorechte zugesprochen. Die Reichswehr durfte von sich aus ebenfalls eingreifen, allerdings nur, wenn eine Landesbehörde verhindert war, ein Hilfeersuchen zu stellen, oder wenn die Truppe Angriffe gegen sich abzuweisen gezwungen wurde.

Der Abschnitt III regelte einleitend die zwölfjährige Dienstverpflichtung für Unteroffiziere und Mannschaften einschließlich der Möglichkeit, „in besonders begründeten Fällen“ das Vertragsverhältnis zu lösen. Jedem Angehörigen der Wehrmacht wurde außerdem der Aufstieg zu den höchsten Stellen „nach Maßgabe seiner Fähigkeiten und Leistungen“ freigegeben. Im Offizierberuf sollte der Soldat einen Lebensberuf sehen, der ihn „zu einer ununterbrochenen Dienstzeit als Offizier von zunächst 25 Jahren“ verpflichtete. Ein vorzeitiges Ausscheiden war nur in besonders benannten Fällen möglich. Als Ersatz durften jährlich höchstens fünf vom Hundert der Höchststärken eingestellt werden.

Die Vorschriften zur Länge der Dienstzeit waren durch den Friedensvertrag bedingt. Die Beschränkung der persönlichen Freiheiten des Soldaten, wie sie die anschließenden Bestimmungen brachten, entsprach dagegen vornehmlich den Intentionen der Reichswehrführung. Am folgenreichsten wirkte sich die Vorschrift aus, daß der Soldat sich nicht politisch betätigen, keinem politischen Verein angehören und an keiner politischen Versammlung teilnehmen durfte. Damit wurde nicht nur Art. 39 RV über parlamentarische Tätigkeit aufgehoben, sondern auch der letzte Satz von Art. 133 RV, der eine Handhabe zur Einschränkung der Grundrechte gab, in extremer Weise befolgt.

Der Reichswehrminister erläuterte in der parlamentarischen Beratung des Wehrgesetzes die Vorschrift dahingehend, daß die politische Gesinnung frei und es daher jedem unbenommen sei, eine Veränderung der Staatsform auf verfassungmäßigem Wege zu wünschen. Er erklärte, daß er loyalen Dienst in der Reichswehr für vereinbar mit monarchischer Gesinnung ansehe, und berief sich darauf, daß auch in der Monarchie Sozialdemokraten trotz ihrer republikanischen Gesinnung gute Soldaten hätten sein können. Die Reichswehrführung wollte den Grundsatz befolgen, politische Betätigung nur dann als unzulässig anzusehen, wenn sie das Ziel verfolge, Kameraden im Sinne einer bestimmten politischen Auffassung zu beeinflussen. Sie verhehlte nicht einmal, daß sie es nicht für unvereinbar mit der Zugehörigkeit zur Reichswehr erachte, wenn ein Soldat sich innerlich nicht zur Verfassung bekenne, denn wesentlich sei, daß er seinen Dienst loyal erfülle. Welcher Wert konnte in diesem Zusammenhang der vorangestellten Vorschrift (§ 35 WG), daß sich die Ausbildung der Soldaten auch auf ihre „staatsbürgerlichen Verpflichtungen" erstrecken solle, beigemessen werden?

Dem Militärbeamten war nur die politische Betätigung innerhalb des Dienstbereiches untersagt. Für den Soldaten ruhte außerdem das aktive und passive Wahl- sowie das Abstimmungsrecht. Ihm wurde zwar gestattet, „nach freier Wahl Zeitungen zu halten", der Reichswehrminister konnte aber diese Möglichkeit zur Information durch Verbot der Presseorgane, deren „Inhalt die militärische Zucht und Ordnung oder die Aufrechterhaltung der Verfassung gefährdet", beschneiden. Ebenso konnten die grundsätzlich genehmigte Zugehörigkeit zu nichtpolitischen Vereinen und Versammlungen sowie zu Soldatenvereinigungen, die in jedem Falle meldepflichtig waren, aus dehnbar formulierten Gründen verboten werden.

Genehmigungspflichtig war weiterhin die gewerbliche Tätigkeit oder mit einer Vergütung verbundene Nebenbeschäftigung sowie die Annahme einer Vormundschaft oder eines Ehrenamtes im öffentlichen Dienst für alle Angehörigen der Wehrmacht. Sie bedurften aber auch der Genehmigung ihrer Vorgesetzten zur Verheiratung, die in der Regel nicht vor Vollendung des 27. Lebensjahres erteilt werden sollte.

b. Die Berufspflichten des deutschen Soldaten

Das Wehrgesetz griff also in erheblichem Ausmaße in den persönlichen Lebensbereich der Reichswehrangehörigen ein, jedoch darf nicht übersehen werden, daß manche Vorschrift aus der Tradition übernommen wurde oder zumindest geistig aus ihr abgeleitet werden kann. Mit der Übernahme solcher Überlieferungen aus der monarchischen Zeit verfestigte sich von vornherein der ideologische Gegensatz zur liberalen und freiheitlich bestimmten Grundordnung des neuen demokratischen Staates. Wer sich aber für den Beruf des Soldaten entschied, hatte sich freiwillig dem in der Wehrmacht herrschenden Geist zu unterwerfen, wenn er die lange Dienstzeit überstehen wollte. Aus der Wurzel der Überlieferung also entstand eine sehr spürbare Polarität zwischen Wehrmachtsgeist und Wehrverfassung. So nimmt es nicht wunder, daß die Reichswehr vornehmlich solche Männer anzog, für die soldatische Haltung mit konservativen Vorstellungen unmittelbar verknüpft war. Ihnen fiel es schon von Einstellung und Veranlagung her nicht so schwer, Beschränkungen der persönlichen Freiheitssphäre hinzunehmen, zumal wenn es sich darum handelte, die Befehlsgewalt und Autorität der Vorgesetzten sowie strenge Disziplin und Ordnung als Voraussetzungen für eine schlagkräftige Streitmacht zu sichern. Sie wollten gute Soldaten in der bestmöglichen Wehrmacht sein und sahen dieses Ziel einzig in einer „unpolitischen" Reichswehr verwirklicht. Es war für den Soldaten selbstverständlich, daß die bewaffnete Macht in der für ihn dubiosen Republik sich in erster Linie aus dem politischen Spiel heraushalten müsse und nur dadurch ein unbedingt zuverlässiges Instrument in der Hand ihrer Führer werden könne. Diese soldatischen Naturen sahen in der Politik eine Tätigkeit, von der sich ein anständiger Mensch möglichst fernhielt. Sie konnten daher kaum erkennen, daß der Soldat, der auf politische Betätigung in dem jungen Staat mit seiner demokratisch-parlamentarischen Verfassung und damit auf ein Grundrecht jedes Deutschen verzichtete, sich in die Gefahr begab, wieder zum Söldner abzusinken. Die letztere Gefahr blieb aber keineswegs verkannt, weder inner- noch außerhalb der Reichswehr, und man hat sich gegen die Entwicklung zum Söldnertum zu wehren gesucht – die Soldaten und die sogenannten „nationalen" Kreise vornehmlich wegen der mit dem Begriff verbundenen abwertenden Charakterisierung, die staatstragenden Kräfte wegen der in einer solchen Erscheinung verborgenen politischen Konsequenzen.

Nicht zuletzt aus diesen Motiven war die durch den Friedensvertrag aufgezwungene Berufswehrmacht zunächst insbesondere den Politikern suspekt. Tatsächlich hat es dann die Reichswehrführung verstanden, aus dem unumgänglichen Zwang mit der Forderung nach der unpolitischen Wehrmacht einen Vorteil für sich abzuleiten. Gordon stellt daher zu Recht fest: „Die Ironie will es, daß die Alliierten mit ihrem Versuch, das deutsche Militärsystem zu vernichten, nur dazu beitrugen, es vor seinen Feinden im Innern zu schützen und ihm relative Bewegungsfreiheit zu verschaffen."

So lebte der Soldat unter Bedingungen, die ihn deutlich von seiner Umwelt schieden und abhoben. Sein ganzes Leben und Sein empfing seinen Gehalt aus bestimmten festgesetzten Ideen und Vorstellungen, die sich wohl am deutlichsten aus den „Berufspflichten des deutschen Soldaten" interpretieren lassen. Dabei ist der Unterschied, der zwischen den Fassungen vom 2. März 1922 und vom 9. Mai 1930 besteht, zu beachten und außerdem zu berücksichtigen, daß auch ihre Aufnahme und ihr Widerhall in der Reichswehr verschieden waren.

Die „Berufspflichten" waren unter Gegenzeichnung der Reichswehrminister – Geßler für die erste, Groener für die zweite Fassung – vom jeweiligen Reichspräsidenten erlassen. Die zweite Fassung war kürzer und mit größerer Prägnanz abgefaßt. Die erste stand noch stärker in der Tradition, in manchen Formulierungen lehnte sie sich sogar wörtlich an die Kriegsartikel vom 22. September 1902 an. Beide Fassungen stellten die sogenannten soldatischen Tugenden und Güter, Werte und Pflichten in den Mittelpunkt: Treue und Ehre, Mut und Tapferkeit, Gehorsam und Kameradschaft – ethische und moralische Forderungen, die wohl der militärischen Überlieferung entstammten, aber keine politische Relevanz besaßen. Nur aus bestimmten Formulierungen und Weglassungen ist die eigentümliche Staatsvorstellung zu ersehen, die hinter diesem Ehrenkodex stand: zum Beispiel erwähnte die Fassung von 1922 mit keinem Wort, daß Deutschland eine Republik war, deren politische Führung über die Wehrmacht verfügte. Die Bindung der Reichswehr an den bestehenden Staat klang nur in der Wendung durch, daß es der „hohe Beruf" des Soldaten sei, „das Vaterland und seine Verfassung zu schützen". Das Vaterland, dem der Reichswehrangehörige Treue gelobt hatte (Art. 3 der Berufspflichten) und von dem es jede Gefahr abzuwehren galt, war ein staatsrechtlich zumindest verschwommener Begriff. Gerade deshalb wurde er gewählt. Das Staatsbild, auf das sich die bewaffnete Macht festlegte, deckte sich also nicht mit den gegebenen politischen Verhältnissen, sondern gewährte dem Soldaten die Möglichkeit, einem Bekenntnis zur parlamentarisch-demokratischen Republik auszuweichen. Dieses Faktum wurde dadurch, daß sich die Berufspflichten von 1922 auch auf die „Verfassung des Deutschen Reiches" beriefen, nicht abgeschwächt, sondern nur überdeckt.

Es war besonders die Berufung auf die Verfassung, die viele Soldaten veranlaßte, die Berufspflichten von 1922 als ein zu weitgehendes Zugeständnis an die Republik anzusehen. Symptomatisch dafür ist die Stellungnahme des ersten Seeckt-Biographen, General v. Rabenau: „Hierbei lief im Artikel 1 eine Fassung unter, die man wohl, ohne Unrecht zu tun, geschmacklos nennen darf. Es hieß in dem alten Kriegsartikel: ‚Eingedenk seines hohen Berufes, Thron und Vaterland zu schützen . . .' Die Berufspflichten von 1922 begannen: ‚Eingedenk seines hohen Berufes, das Vaterland und seine Verfassung zu schützen . . .' Das Vaterland und die Verfassung ist eine sinnlose Zusammenstellung." Bezeichnend ist außerdem, daß Rabenau, der weiterhin davon spricht, daß in diesen Berufspflichten „leider auch recht viel Überflüssiges" enthalten war, die republikfreundliche Neufassung von 1930 nicht zur Kenntnis nahm, sondern behauptete, sie seien erst durch den Erlaß vom 25. Mai 1934 ersetzt worden.

Die Berufspflichten vom 9. Mai 1922 fanden trotz ihrer so vorsichtigen Formulierungen nicht die ungeteilte Zustimmung der Soldaten. So verwundert es nicht, daß ihre Neufassung mit dem offenen Bekenntnis zur Republik noch auf viel stärkere Ablehnung in der Wehrmacht stieß. Hier wurde die Reichswehr als Machtmittel der gesetzmäßigen Reichsgewalt und die Republik als Staatsform des Deutschen Reiches bezeichnet, deren Verfassung der Soldat die Treue schwöre (Art. 1). Aber auch damit war noch keine uneingeschränkte Anerkennung der bestehenden parlamentarischen Demokratie verbunden, wie sich aus der Grundsatzerklärung „Die Reichswehr dient dem Staat, nicht den Parteien" ablesen läßt (Art. 2). Ihre Auslegung durch die Reichswehrführung wird an anderer Stelle behandelt (s. S. 134 ff.).

Dem Soldaten blieb also eine politische Betätigung weiterhin untersagt, jedoch wurde von vielen Reichswehrangehörigen das Verhältnis zum bestehenden Staat als eine Frage des persönlichen Engagements angesehen und behandelt. In der überwiegenden Mehrheit fühlten sie sich durch das Verbot politischer Betätigung im Sinne einer aus dem Wesen der Demokratie abzuleitenden Mitverantwortlichkeit am Gemeininteresse und dementsprechender Teilnahme an der politischen Willensbildung in ihrer Haltung bestätigt. Abstinenz von der Politik im Sinne ernsthafter Auseinandersetzung mit politischen Problemen lag in der Tradition der bewaffneten Macht begründet – und der Tradition und ihrer Wahrung wurden in der Reichswehr hohe Bedeutung zugemessen (s. S. 156 ff.).

2. Die politische Führungsstruktur der Reichswehr und des Reichsheeres

a. Der Reichspräsident als Oberbefehlshaber

Die Reichswehr stand unter dem Oberbefehl des Reichspräsidenten, dessen Befugnisse durch Verfassung und Wehrgesetz geregelt waren. Das war eine staatsrechtliche Lösung, die weitgehend an dem Leitbild der monarchischen Institution des obersten Kriegsherrn orientiert war. In diesem Sinne wurde die Betrauung des republikanischen Staatsoberhauptes mit der obersten Kommandogewalt auch besonders von den konservativ-restaurativen Kräften und ebenso von der militärischen Führung interpretiert. Allerdings bejahten uneingeschränkt allein die Abgeordneten der Rechten den Reichspräsidenten als Träger der Militärhoheit. Die staatstragenden Parteien stimmten der Regelung nur unter Bedenken zu. Daß sie trotzdem ebenfalls noch stark überlieferten Vorstellungen verhaftet waren, zeigte sich beispielsweise darin, daß sie Groeners Vorschlag aus dem Frühjahr 1919, die oberste Kommandogewalt dem parlamentarisch verantwortlichen politischen Reichswehrminister zu übertragen, nicht aufgriffen. Ihre Vertreter konnten anfangs vorgetragene Einwände mit dem Argument übergehen, daß auch in anderen parlamentarischen Demokratien dem Staatsoberhaupt der Oberbefehl über die bewaffnete Macht anvertraut war – zumindest nominell. Außerdem nahmen sie wie der Verfassungsgesetzgeber an, daß die Pflicht zur Gegenzeichnung aller Akte des Reichspräsidenten als Oberbefehlshaber der Wehrmacht eine wirksame Kontrolle darstelle.

Die demokratischen Parteien überspielten ihre eigenen Bedenken wohl auch in der Meinung, daß das Amt des Reichspräsidenten stets in den Händen eines nicht nur verfassungstreuen, sondern auch überzeugten Vertreters der demokratisch-parlamentarischen Staatsform liegen werde. Ebert überließ auch tatsächlich die Ausübung der ihm aus dem Oberbefehl zukommenden umfassenden Befugnisse, über die bewaffnete Macht politisch und militärisch-technisch zu verfügen, fast ausschließlich dem gemäß § 8 WG hinsichtlich der Kommandogewalt u n t e r ihm stehenden Reichswehrminister – verzichtete also von vornherein darauf, von der bewaffneten Macht als Autorität anerkannt zu werden. Im Reichswehrminister – dem einzigen Mitglied der Regierung, das außer dem Reichskanzler in einem unmittelbaren Verhältnis zum Reichspräsidenten stand – sah Ebert genau wie in dem Chef der Heeres- und der Marineleitung nicht in erster Linie seine militärischen Berater, sondern die maßgeblichen und verantwortlichen Männer der Reichswehrführung. Diese Auffassung und das sich aus dem präsidialen Oberbefehl ergebende enge Verhältnis des Staatsoberhauptes zum Chef der Heeresleitung und zum Chef der Marineleitung führten zum unmittelbaren Vortragsrecht der höchsten Militärs beim Reichspräsidenten. Die Möglichkeit des Immediatvortrags wirkte sich zu Lasten des Reichswehrministers aus – eine Entwicklung, die vom Gesetzgeber ebenfalls nicht genügend erkannt worden war. Der erste Reichspräsident fand sich andererseits damit ab, daß Seeckt nicht nur sein Recht auf die oberste Führung der Truppen offen als Fiktion behandelte, sondern ihn auch bewußt von der Ausübung seiner organisatorischen Befugnisse, wie dem Inspektionsrecht, fernhielt und darüber hinaus keinen Wert darauf legte, daß Ebert die Republik gegenüber den Truppen repräsentierte, etwa durch die Abnahme von Paraden oder durch seine Anwesenheit bei Manövern. Man geht wohl nicht fehl in der Annahme, daß diese Zurückhaltung des Oberbefehlshabers der bewaffneten Macht letztlich dem Staate schadete, indem sie unbewußt die Bestrebungen des zweiten Chefs der Heeresleitung, das Reichsheer nicht voll in die Republik zu integrieren, förderte.

Daß die den parlamentarisch-demokratischen Staat tragenden Parteien politisch nicht weitsichtig genug gedacht und gehandelt hatten, erwies sich unter der Reichspräsidentschaft Hindenburgs. Der letzte Oberbefehlshaber des „kaiserlichen" Heeres nahm als Staatsoberhaupt der Republik das ihm aus dem Oberbefehl über die bewaffnete Macht zustehende Recht wahr, als höchster militärischer Vorgesetzter der Reichswehr aufzutreten. Als Soldat kannte er gar keine Alternative. Hindenburg hielt sich zwar im gesamten Schriftverkehr formal streng an die reichsgesetzlichen Vorschriften über Gegenzeichnung und Ministerverantwortlichkeit und teilte im rechtlichen Sinne seine Kommandogewalt mit dem Reichswehrminister, aber er sah in ihm letztlich doch nur einen seiner militärischen Berater und Untergebenen. Dementsprechend machte er nicht selten von seinen Befugnissen auf dem Wege über mündlich erteilte Befehle Gebrauch und durchbrach so die politische Kontrolle durch den Reichswehrminister. Er behandelte den Minister vor allem bei den Tätigkeiten als Untergebenen, die dieser nicht als parlamentarisch verantwortliches Mitglied der Reichsregierung, sondern als militärischer Befehlshaber wahrzunehmen hatte. Für Hindenburg war sein Offizierernennungs- und Entlassungsrecht kein formaler Akt, sondern ein Vorgang, bei dem er vielfach entscheidend mitwirkte. Auch hielt er an seinem unmittelbaren Befehlsverhältnis zur Truppe fest und ließ keinen Zweifel an den organisatorischen Befugnissen und Ehrenrechten des Reichspräsidenten aufkommen. Dem Verhalten kam entgegen, daß ihn die bewaffnete Macht uneingeschränkt als ihren Oberbefehlshaber anerkannte. Infolgedessen verlor das Amt des Chefs der Heeresleitung in der Truppe an Ansehen, wobei es zugleich auch gegenüber dem Reichswehrminister an Bedeutung zurücktrat. Hindenburgs Autorität war bis zu seinem Tode unangefochten und ließ kein Handeln der Reichswehr ohne seine ausdrückliche Billigung oder gar gegen seinen Willen zu.

Hindenburg war sich des Vertrauens und Gehorsams der Soldaten bewußt und verließ sich jederzeit darauf, daß ihm die Reichswehr als Instrument unbedingt zur Verfügung stand. Dieser unbestreitbare Anspruch des Reichspräsidenten und Oberbefehlshabers auf die Loyalität der bewaffneten Macht wirkte sich zunächst zugunsten der Republik aus, indem durch seine Person die Wehrmacht stärker als unter Ebert an den bestehenden Staat und die von ihm beschworene Verfassung herangeführt wurde. Es erwies sich letztlich jedoch politisch als gefährlich, als auf den alten Herrn, der persönlich seinen Eid auf die Verfassung als unleugbare Verpflichtung ansah, in zunehmendem Maße Männer und Verhältnisse Einfluß gewannen, die auf die Beseitigung der parlamentarischen Demokratie abzielten. Auf der Grundlage des Art. 48 RV gewann der Oberbefehl über die Wehrmacht infolge der von der Reichsverfassung nicht vorgesehenen engen persönlichen Verbundenheit zwischen dem Generalfeldmarschall und der Reichswehr hohe politische Relevanz. Die damit verbundene Gefahr fand in der Institution des Reichswehrministers als dem eigentlichen Bindeglied zwischen politischer und militärischer Führung keine wesentliche Eindämmung.

b. Der Reichswehrminister

Der Reichswehrminister nahm innerhalb der Mitglieder der Reichsregierung eine Sonderstellung ein. Als parlamentarisch verantwortliches Kabinettsmitglied stand er einem Reichsministerium vor, das nicht nur als Verwaltungs-, sondern auch als Kommandobehörde fungierte. Als Ressortchef der obersten Verwaltungsdienststelle der bewaffneten Macht unterlag er der Richtlinienkompetenz des Reichskanzlers und war höchster Vorgesetzter der Beamten in seinem Geschäftsbereich. Im Bereich der militärischen Kommandogewalt nahm er infolge der ihm übertragenen Befehlsgewalt als militärischer Vorgesetzter aller Soldaten eine Position zwischen dem Reichspräsidenten und den militärischen Institutionen wahr. Zum Reichspräsidenten stand er in einem doppelten und damit zwiespältigen Verhältnis, denn der höchste Repräsentant des Staates war für ihn zugleich Staatsoberhaupt und Oberbefehlshaber. Einerseits hatte er aufgrund seines ministeriellen Gegenzeichnungsrechtes die Pflicht, alle Akte des Reichspräsidenten auf militärischem Gebiet zu prüfen. Andererseits konnte der Präsident als Oberbefehlshaber ihm als dem untergeordneten Reichswehrminister – ohne daß dadurch ein militärisches Gehorsamsverhältnis begründet wurde – in Kommandoangelegenheiten Einzelweisungen erteilen. Wenn der Reichswehrminister ihnen zustimmte, hatte er ihnen nachzukommen. Auch die militärische Kommandogewalt unterlag nämlich der parlamentarischen Kontrolle. Damit war der Reichswehrminister in eine Zwitterstellung gedrängt, der er nur schwer gerecht werden konnte.

Das Amt des Reichswehrministers versahen von 1919 bis zur Machtergreifung Hitlers Gustav Noske (13. Februar 1919 – 22./26. März 1920), Dr. Otto Geßler (27. März 1920 – 14./19. Januar 1928), Wilhelm Groener (19. Januar 1928 bis 12./30. Mai 1932) und Kurt v. Schleicher (2. Juni 1932 – 28./29. Januar 1933).

Noske und Geßler

Noske als einziger sozialdemokratischer Minister im Wehrressort hatte bereits vor dem Kapp-Lüttwitz-Putsch in seiner Partei erheblich an Rückhalt verloren. Infolge der Märzereignisse ließ ihn die SPD ganz fallen, er trat daher entgegen dem Wunsch Eberts zurück. Mit ihm verlor die Republik einen Reichswehrminister, der seinen politischen Führungsanspruch gegenüber der bewaffneten Macht vertreten und durchgesetzt hatte. Da die Sozialdemokraten nach dem Verzicht von Otto Wels (s. S. 251) keinen weiteren Kandidaten benannten, berief der Reichspräsident den süddeutschen Demokraten Dr. Geßler – als Reichsminister für Wiederaufbau ein Kollege Noskes im Kabinett Bauer – in das Amt.

Dr. Otto Geßler (6. Februar 1875–24. März 1955), Sohn eines württembergischen Berufsunteroffiziers und späteren Gutsverwalters, wandte sich nach dem Studium der Rechtswissenschaften und einigen Jahren im Staatsdienst der kommunalen Verwaltung zu. Von 1913–1919 war er Oberbürgermeister von Nürnberg. Als Mitglied der Deutschen Demokratischen Partei wurde er 1919 Wiederaufbauminister, 1920 Reichswehrminister, trat aber 1927 aus der Partei aus. Von 1928–1933 genoß Geßler in breiten Kreisen hohes Ansehen und nahm zahlreiche Ämter wahr, darunter den Vorsitz des Bundes für die Erneuerung des Reiches. Die nationalsozialistische Herrschaft zwang ihn, sich aus dem öffentlichen Leben völlig zurückzuziehen. Nach dem 20. Juli 1944 mußte er Monate der Haft im KZ Ravensbrück über sich ergehen lassen. Nach 1945 stellte er sich wieder zur Verfügung und war vor allem im Deutschen Roten Kreuz tätig, darunter mehrere Jahre als Präsident.

Geßler genoß als Reichswehrminister das volle Vertrauen beider Reichspräsidenten. Zur Zeit Hindenburgs wirkte sich dies sogar zugunsten einer Verstärkung der militärpolitischen Stellung Geßlers gegenüber dem Chef der Heeresleitung aus. Obwohl er durch die lange Dienstzeit verbraucht, zugleich durch persönliche Schicksalsschläge getroffen und wegen der steten, keineswegs immer gerechtfertigten Angriffe gegen seine Geschäftsführung dienstmüde war, wurde er von Hindenburg im Amt gehalten. Daher nutzte er die Enthüllungen der Presse über die finanziellen Operationen eines hohen Offiziers der Reichsmarine, den sogenannten Phoebus-Skandal (vgl. Abschnitt VII) dazu, um von seinem Amt zurückzutreten und erwies dadurch der Reichswehr einen letzten Dienst. Er hatte es als eine seiner vornehmsten Aufgaben angesehen, sich als politischer und parlamentarischer Schild vor die bewaffnete Macht zu stellen, hinter dem sie zu einem militärtechnisch möglichst vollkommenen Instrument entwickelt werden konnte. In diesem Zusammenhang löste Geßler das Ressort des Reichswehrministers aus dem Kreis der politischen Ministerposten, indem er seine Anerkennung als sogenannter Fachminister durchsetzte. Das Wehrressort blieb infolgedessen während zwölf Kabinettwechseln ununterbrochen in seiner Hand. Sein „Kleben am Amt“ und seine stete Vermittlertätigkeit trugen ihm bittere Beurteilungen ein. Die persönliche Integrität des aufrechten Mannes Geßler wurde dabei nicht angefochten, umstritten ist bis heute sein Wirken als verantwortlicher Minister der bewaffneten Macht.

Der von „tiefem konservativem Respekt für die Tradition“ (Herzfeld) geprägte „Vernunftrepublikaner“ Geßler ging gemäß eigener, allerdings erst nach dem Zweiten Weltkrieg abgefaßter Niederschrift während seiner achtjährigen Tätigkeit von der Vorstellung aus, „daß die Befehlsgewalt des Reichswehrministers zu den Fiktionen der Weimarer Verfassung gehörte“. Deshalb habe er sich „von Anfang an sorgsam gehütet, eine militärische Rolle spielen zu wollen“, seine eigentliche Aufgabe vielmehr darin erblickt, den „ehrlichen Makler zwischen der sich neu bildenden Staatsgewalt und der Wehrmacht“ abzugeben. Seine Tätigkeit sei zunächst von drei Hauptproblemen geprägt worden, nämlich vom Abbau des noch die Versailler Bestimmungen übersteigenden Ausmaßes der bewaffneten Macht, von der damit zusammenhängenden Sorge um den militärischen Charakter der Reichswehr und von der Auseinandersetzung um ihr politisches Gepräge. Für Geßler, der wenige Tage nach seiner Amtsübernahme im Reichstag die Ansicht vorgetragen hatte, „Wir werden unverzüglich darangehen müssen, die Reichswehr auf demokratischer Grundlage wieder aufzubauen ... Ich muß verlangen, daß sich alle Mitglieder der Reichswehr auch als Anhänger der Republik bekennen und betätigen ... Ich werde dafür sorgen, daß der Ersatz der Führer in erster Linie aus den Kreisen genommen wird, die für Republik und Demokratie eingetreten sind, wenn sie sonst den dienstlichen Anforderungen genügen ...“, drängte sich in der Rückschau seiner Lebenserinnerungen der dritte Punkt zu der schlagwortartigen Alternative „Parteitruppe oder Staatsinstrument, das war die Frage“ zusammen. Seiner These nach hieß „Republikanische“ Reichswehr in der Praxis eine bewaffnete Macht, „die gesinnungsmäßig der bestehenden Republik, d. h. den sie tragenden Volkskräften, d. h. den unter sich zerklüfteten Parteien der ‚Weimarer Koalition‘ verbunden war“; im „Staatsinstrument“ sah er dagegen „eine schlechthin staatstreue, dem Parteigeist entzogene und daher vom Wechsel regierender Koalitionen unabhängige Wehrmacht“. Als „Mann der Realpolitik“, wie er sich selbst bezeichnete, war sein Leitgedanke der Aufbau eines Staatsinstrumentes. Von ihm mußte in erster Linie Staatstreue gefordert werden. Daher war es Geßlers Absicht und sein Ziel, „die Reichswehr zur Staatstreue zu erziehen, sie aus dem Gefühl für Ehre und Pflicht gegenüber dem Vaterland heraus zu einem staatstreuen Organ zu machen“. Dabei kam es ihm „allein auf die Haltung an“. Als ein utopisches, nur von Doktrinären erdachtes, also ungeeignetes und daher nicht benutztes Mittel beurteilte er den Gedanken, „mit mehr oder minder Druck von oben aus den Offizieren Demokraten und Republikaner zu machen". Als notwendig erachtete er dagegen, „die Reichswehr und ihr Offizierkorps aus dem Hader des Parteienstaates herauszuhalten", und zugleich „zu verhindern, daß sie aus Unverstand der ordnungsmäßigen innerpolitischen Entwicklung Schwierigkeiten bereite".

Vergleicht man die Grundsätze Geßlers mit seinem Handeln, dann ergibt sich meist Übereinstimmung, es finden sich aber auch Fälle, in denen er sich zum Schaden seiner Vorstellungen von Seeckt überspielen ließ oder sich zu nachgiebig zeigte. Es ist nicht zu übersehen, daß der Minister sechs Jahre lang mit einem Chef der Heeresleitung zusammenarbeitete, der eine stärkere Persönlichkeit war als er selbst. Das Zurückstellen seiner Person und seiner Befugnisse als militärischer Vorgesetzter hinter Seeckt, vor allem aber sein stetes Eintreten für die bewaffnete Macht trugen Geßler die Achtung der Reichswehr ein. Fast alle Soldaten, die dienstlich jemals mit ihm in Berührung kamen, haben ihm Anerkennung oder sogar Lob gezollt. Für die Verankerung der parlamentarischen Demokratie in Deutschland aber wurde schon sein Verzicht, die Autorität des Reichswehrministers bis in die Truppe hinein durchzusetzen, gefährlich. Noch folgenschwerer war, daß sich die Reichswehrführung unter diesem Minister nicht im gebotenen Maße bemühte, Wehrmacht und Republik aneinanderzuführen und auszusöhnen. Ihre Forderung nach Entpolitisierung und Überparteilichkeit führte zur Distanzierung von der Republik. Als Geßlers Nachfolger eine stärkere Integration und Annäherung einzuleiten versuchte, war es bereits zu spät.

Groener

Für die Nachfolge Geßlers wurden mehrere Kandidaten benannt. Die Wahl von Reichspräsident und Reichsregierung fiel auf den Generalleutnant a. D. Wilhelm Groener.

Wilhelm Groener (22. November 1867–3. Mai 1939), Sohn eines württembergischen Militärbeamten, trat 1884 in die Armee seines Heimatlandes ein und wurde 1886 zum Leutnant ernannt. In den Großen Generalstab wurde er 1897 zunächst als Oberleutnant kommandiert, dann 1899 als Hauptmann versetzt und der Eisenbahnabteilung zugewiesen. Nach verschiedenen Truppenkommandos von 1902–1911 kehrte Groener wieder in den Großen Generalstab zurück. Ab 1912 führte er als Oberstleutnant die Eisenbahnabteilung und bewährte sich während der ersten zwei Kriegsjahre außerordentlich als Chef des Feldeisenbahnwesens. Nachdem er bereits seit dem 26. Mai 1916 als Vertreter der OHL und Vorstandsmitglied im Führungsausschuß des neuerrichteten Kriegsernährungsamtes mitgearbeitet hatte, wurde er am 1. November 1916 zum Generalleutnant und ersten Chef des Kriegsamtes ernannt. In dieser Tätigkeit wurde er mit den Folgen bekannt, die aus der Entwicklung Deutschlands zum Industriestaat unumgänglich erwuchsen und die gerade in der Kriegszeit notwendige Konsequenzen erforderten. Zugleich bekam er Kontakt zur Arbeiterschaft, insbesondere zu Führern der SPD. Seine arbeiterfreundliche Haltung brachte Groener aber in Gegensatz zur Großindustrie, seine Zweifel an einem Siegfrieden entzogen ihm das Vertrauen Ludendorffs. Am 16. August 1917 wurde er abberufen und mit mehreren Frontstellungen betraut, zuletzt ab 28. März 1918 als Chef des Stabes der Heeresgruppe Eichhorn in der Ukraine. Hier erhielt Groener am 26. Oktober 1918 seine Berufung zum Ersten Generalquartiermeister als Nachfolger Ludendorffs. Schon wenige Tage nach der Übernahme der neuen Aufgabe spielte er eine entscheidende Rolle bei den Vorgängen am 9. November 1918, die zur Abdankung Kaiser Wilhelms II. führten. Sein Verhalten trug ihm später ein Ehrengerichtsverfahren ein.

Nach seinem Ausscheiden aus dem aktiven Dienst am 30. September 1919 wurde Groener 1920 als anerkannter Eisenbahnfachmann zum Verkehrsminister in der Reichsregierung unter Fehrenbach ernannt – ein Amt, das er in vier Kabinetten vom 25. Juli 1920 bis zum 12. August 1923 als parteiloser Fachminister versah. In den folgenden Jahren trat Groener nur anläßlich des Dolchstoßprozesses von 1925 politisch stärker in die Öffentlichkeit, beschäftigte sich wissenschaftlich und literarisch mit kriegsgeschichtlichen, vornehmlich operativen Arbeiten. Als Kandidat für das Amt des Reichswehrministers stand der letzte Erste Generalquartiermeister schon längere Zeit vor dem Rücktritt Geßlers in der Diskussion. Der letzte Chef des Generalstabes des Feldheeres stimmte als Reichspräsident der Ernennung Groeners erst zu, nachdem der abgedankte Kaiser im holländischen Exil keinen Einspruch erhoben hatte.

Nach seinem Ausscheiden aus der Reichsregierung mit dem Sturz des letzten Kabinetts Brüning lebte Groener nach der Machtergreifung Hitlers bis zum Tode zurückgezogen, vom NS-Regime nicht einmal mehr in seinen militärischen Verdiensten anerkannt.

In der ersten Hälfte seiner Tätigkeit als Reichswehrminister arbeitete Groener auf der Grundlage eines Vertrauensverhältnisses zu Hindenburg, das sich zwischen den beiden Männern bereits in der OHL gebildet hatte. Ihre Beziehungen verschlechterten sich ab Ende 1930, wobei zunächst nicht politische Differenzen eine Rolle spielten, sondern Umstände, die sich im Zusammenhang mit einer zweiten Ehe des Ministers ergaben. Zunächst aber war das Vertrauen des Reichspräsidenten eine große Hilfe in dem Bemühen, die Zurückhaltung zu durchbrechen, die Groener auch aus der Reichswehr wegen seines Verhaltens als Erster Generalquartiermeister der OHL, vornehmlich im November 1918 und im Juni 1919, entgegengebracht wurde. Darüber hinaus war Groener vor allem ehemaligen Offizieren und breiten Gruppen in den sogenannten nationalen Kreisen wegen seiner sozialpolitischen Aufgeschlossenheit suspekt.

Seine Unvoreingenommenheit gegenüber der jungen Republik und sein Eintreten für die neue Ordnung stempelten ihn zu seiner Zeit als Demokraten ab – eine Einstufung, die sogar noch in der Gegenwart vertreten wird, jetzt allerdings im Sinne positiver Bewertung. Groener war jedoch weder Anhänger demokratischer Ideen noch Freund des Parteienstaates und des Parlamentarismus, sondern wie Reinhardt und Geßler Vernunftrepublikaner. Allerdings waren sie alle drei Württemberger, also Kinder eines Landes, in dem eine besondere Aufgeschlossenheit für politische Fragen die Menschen prägt. Groener wußte, daß eine Rückkehr zur Monarchie schon deswegen ausgeschlossen war, weil es keinen diskutablen Prätendenten gab. Außerdem lehnte er als Anhänger eines deutschen Einheitsstaates eine Restauration der bundesfürstlichen Verfassung ab. So entschied er sich für die Anerkennung der Republik und der Verfassung und war bereit, zu ihrer Festigung mit allen national eingestellten, die Notwendigkeit einer Wehrmacht anerkennenden republikanischen Kräften zusammenzuarbeiten. Seine spezielle Aufgabe sah er darin, das Verhältnis zwischen der Republik und ihrer bewaffneten Macht zu differenzieren und die Reichswehr unter Beibehaltung der unbedingten Überparteilichkeit – nur „den Gesetzen und der verfassungsmäßigen Regierung gehorchend“ – in Aussöhnung mit der Verfassung – unbeschadet der Notwendigkeit ihrer Verbesserung – stärker als bisher an den bestehenden Staat heranzuführen. Wenn er in diesem Zusammenhang von einem „gesunden Pazifismus“ sprach, meinte er damit, daß sich das Militär von einer illusionären Betrachtung der Zukunft Deutschlands weg- und einer realistischen Beurteilung der Situation des Reiches zuwenden solle.

Als Voraussetzung für die Erreichung seines Zieles erachtete er die innere Geschlossenheit und Festigkeit der Reichswehr. Der bewaffneten Macht der nationalen Republik stand seiner Auffassung nach als Träger der sie und das Volk umschließenden gemeinsamen Staatsidee eine entscheidende Stellung im Staate zu, nicht aber das Recht, sich auf ein Eigenleben zurückzuziehen und einen Staat im Staate zu bilden. Die Wehrmacht sollte im politischen Leben der Nation ihren festen Platz einnehmen, Reichswehr und Volk eine Einheit sein. Eine ihrer innenpolitischen Hauptaufgaben sah er darin, die bürgerkriegsähnlichen Zustände von 1918/19 für die Zukunft zu verhindern. Dieser Gedanke gipfelte in dem im Herbst 1930 vorgetragenen Anspruch, „im politischen Geschehen Deutschlands darf kein Baustein mehr bewegt werden, ohne daß das Wort der Reichswehr ausschlaggebend in die Waagschale geworfen wird“. Er führte dann allerdings dazu, daß sich die Reichswehrführung tatsächlich aktiv in das politische Geschehen einmischte und in verhängnisvoller Weise mithalf, mit den Präsidialkabinetten ein neues Regierungssystem heraufzuführen.

Schleicher

Groener hat sein spezielles Ziel, ein „auf gegenseitigem Verständnis und auf Achtung voreinander beruhendes Verhältnis von Staat und Wehrmacht zu schaffen“ (Schüddekopf), nicht erreicht. Bei seinen Bemühungen stützte er sich weitgehend auf seinen „Cardinal in politicis“ Kurt v. Schleicher, der Anfang Juni 1932 sein Nachfolger wurde.

Kurt v. Schleicher (7. April 1882–30. Juni 1934), Sohn eines preußischen Offiziers, wurde in der Kadettenanstalt Plön erzogen, im Jahre 1900 zum Leutnant ernannt. Zu seinen Regimentskameraden im 3. Garde-Regiment zu Fuß gehörten Kurt v. Hammerstein-Equord (s. S. 128 ff.) und Oskar v. Hindenburg, der Sohn des Generalfeldmarschalls und unheilvoll einflußreiche Adjutant seines Vaters während dessen letzten Jahren als Reichspräsident. Schleicher wurde 1913 zur Dienstleistung beim Großen Generalstab kommandiert und als Hauptmann auf eigenen Wunsch der Eisenbahnabteilung zugewiesen. Er gewann bald ein Vertrauensverhältnis zu ihrem Chef Groener, der dafür sorgte, daß er mit Kriegsbeginn zum Generalstab versetzt und im Stab des Generalquartiermeisters als Büroffizier verwandt wurde. Seine Aufgaben brachten ihn vornehmlich mit wirtschaftlichen, organisatorischen und politischen Problemen in Berührung. Diese Tätigkeit wurde 1917 durch ein mehrmonatiges Frontkommando als Erster Generalstabsoffizier (Ia) bei einer Infanterie-Division an der Ostfront beendet. Nach seiner Rückversetzung ins Große Hauptquartier übernahm Schleicher eine Generalstabsoffizierstelle beim Generalquartiermeister II. Anläßlich einer Umorganisation der OHL nach

Abschluß des Waffenstillstandes betraute Groener den Major mit der Leitung der Operationsabteilung II, der die politischen Aufgaben zugewiesen wurden. Damit übernahm Schleicher den Arbeitsbereich, der auch den wesentlichen Inhalt seiner Tätigkeit in der bewaffneten Macht der Republik bildete. Hier bewährte er sich außerordentlich und machte sich durch seine Kontaktfähigkeit zu Politikern und anderen Führungskräften dieser Jahre sowie ein entsprechendes Verhandlungsgeschick für seine Vorgesetzten unentbehrlich, auch für Seeckt. Sie entfremdeten sich jedoch in den letzten Jahren der Amtszeit des zweiten Chefs der Heeresleitung. Schleicher verstand es, die Versetzung zur Truppe zu umgehen und seine Gruppe für militärpolitische Angelegenheiten (T 1 III) Anfang 1926 zur Wehrmachtabteilung umwandeln zu lassen. Damit war der Oberst dem Reichswehrminister direkt unterstellt und zugleich der Einfluß des Chefs der Heeresleitung auf allgemeinpolitische und Wehrmachtsfragen stark eingedämmt. In Geßler hatte Schleicher schon vorher seinen „Lehrmeister auf dem politischen Parkett" gefunden. Dessen Nachfolger Groener vertraute ihm uneingeschränkt und überließ seinem „Wahlsohn" in zunehmendem Maße die Führung der Geschäfte im Reichswehrministerium. Die Vorgänge um das SA-Verbot von 1932 und der von Schleicher inszenierte Sturz seines „väterlichen Freundes" führten zu einer tiefen Verstimmung zwischen beiden Männern, die jedoch nach Schleichers Sturz als Reichskanzler und Reichswehrminister beigelegt wurde. Der verabschiedete General der Infanterie wurde zusammen mit seiner Frau am 30. Juni 1934 vom nationalsozialistischen Regime ermordet, da in ihm ein potentiell gefährlicher Gegner gesehen wurde. Die neue Reichswehrführung gab sich dazu her, diese Tat ebenso wie die gleichzeitige Ermordung des Generalmajors v. Bredow (s. S. 124) zu decken und damit ungeklärt und ungesühnt zu lassen. Sie konnte sich dabei auf das Gesetz vom 3. Juli 1934 berufen, demzufolge das Verbrechen aus Gründen der Staatsnotwehr wegen Hoch- und Landesverrat der Generale zu Recht erfolgt war.

Schleicher ist eine der am stärksten umstrittenen Persönlichkeiten der Reichswehr und der Führungsschicht in den Jahren der Republik überhaupt. Seine Beurteilung differiert noch in der Gegenwart. Allgemein anerkannt sind seine Klugheit und Bildung, seine Intelligenz und seine Leistungsfähigkeit, sein Können und seine Begabung, Menschen zu behandeln und zu gewinnen, sowie sein anziehendes, zugleich aber bei aller Gewandtheit auch manchmal anmaßendes Auftreten. Im Gegensatz zur überwiegenden Mehrheit seiner Kameraden trat Schleicher dem neuen Staat und seinen politischen Repräsentanten mit einer gewiß nicht unbegrenzten, jedoch spürbaren Aufgeschlossenheit und Vorurteilslosigkeit entgegen. Fast immer gelang es ihm, seine unmittelbaren Mitarbeiter von der Richtigkeit seiner politischen Vorstellungen zu überzeugen, dagegen fand er bei den Offizieren in der Truppe keinen positiven Widerhall.

Schleichers Bemühen, die Reichswehr an die Republik heranzuführen und dabei zugleich auch die bestehende Staatsform den Interessen der Wehrmacht entsprechend umzuorientieren, fand bei der Masse der Offiziere kaum Rückhalt, sondern eher Ablehnung. Sie sah in ihm vor allem in der letzten Zeit der Republik einen „frontfremden" Bürogeneral, der das Reichsheer in die Innenpolitik zu verstricken und als Instrument der Reichsregierung für ein ungeachtetes Staatsgebilde einzusetzen drohte. Die Ziele seiner Politik, wie die „Zähmung" der Nationalsozialisten, blieben den meisten Offizieren verborgen oder wurden wegen seiner wechselnden Taktik nicht verstanden. Erfolge, wie er sie im Bereich der

Verhandlungen um die militärische Gleichberechtigung Deutschlands errang, wurden ebenfalls nicht erkannt oder kaum gewürdigt, weil sie der aufbrandenden nationalen Stimmung nicht mehr genügten. Das Reichsheer gehorchte zwar, aber es trennte sich ohne Bedauern oder gar Einwände von dem Kameraden und Minister, als er mit seinem Amt den Charakter eines militärischen Vorgesetzten verlor. Schleicher blieb also in der Wehrmacht ein Einzelgänger – „untypisch für seinen Stand", der „im Grunde [auch] vielen maßgeblichen Politikern der Zeit als wesensfremd erschien und, von außen gesehen, eine schwer zu berechnende Größe war" (Vogelsang). Seine Tätigkeit, die bis in die Tage seiner Reichskanzlerschaft hinein vom Vertrauen des „Hauses Hindenburg" getragen wurde, galt aber vornehmlich und zunächst immer der Reichswehr. Über diesen Aufgaben wurde der Offizier Schleicher, seiner Veranlagung folgend, zum politischen General. Als solcher entwickelte er schon unter Groener eigene Vorstellungen, wobei er uneigennützig im Interesse der bewaffneten Macht, insbesondere zur Kräftigung und Erhöhung ihrer Stellung in einem zugleich durch seine Mitarbeit zu wandelnden Staat zu handeln meinte. Seine Ambitionen waren jedoch größer als seine Möglichkeiten und überstiegen wohl auch seine Fähigkeiten. Er wurde von seinen sich findenden Gegnern überspielt, als ihm Hindenburg die eigentliche Basis seiner Macht, das Vertrauen des Reichspräsidenten und Oberbefehlshabers der Wehrmacht, entzog.

Die Reichswehr fühlte sich infolge der Politik Schleichers in die Rolle einer Hausmacht des Reichswehrministers versetzt und in der Annahme der grundsätzlichen Änderung des Verhältnisses von Wehrmacht und Staat in den innenpolitischen Tageskampf hinabgezogen. Das waren Fragen, die zur Diskussion oder gar zur Stellungnahme herausforderten. Die bewaffnete Macht wurde nicht nur politisch engagiert, sondern auch gegen den Willen Schleichers politisiert. Sein Sturz brachte daher im Gegenzug mit dem Generalleutnant Freiherr von Blomberg als Reichswehrminister und dem Oberst v. Reichenau, Blombergs bisherigen Chef des Stabes im Wehrkreis I, als Chef des Ministeramtes zwei Männer an die Spitze der Reichswehr, die durchaus zur Zusammenarbeit mit Hitler bereit waren. Sie distanzierten sich eindeutig von der bisherigen Form der Reichswehrführung mit der Erklärung, „daß die Entpolitisierung der Reichswehr von Grund auf geschehen müsse".

Die Stellung Schleichers vor seiner Tätigkeit als Reichswehrminister beruhte vornehmlich auf dem Vertrauen Groeners und Hindenburgs. Mit der Errichtung des Ministeramtes wurde sie jedoch auch institutionell verankert. Dieses Amt, letztlich anstelle eines Staatssekretariats im Reichswehrministerium eingerichtet, wurde für Schleicher der Ausgangspunkt seiner politischen Karriere.

Das Ministeramt

Bei der Errichtung des Reichswehrministeriums hatte sich Noske nicht bereit gefunden, zwischen sich und die Chefs der Heeres- und Marineleitung einen politischen oder parlamentarischen Staatssekretär einzuschieben, weil er darin eine Beschneidung seiner ministeriellen Aufgaben und Zuständigkeiten sah. Sein Nachfolger Geßler mußte der Forderung einer Reichstagsmehrheit, daß seine Stellvertretung nicht von einem Militär wahrgenommen werden solle, durch Besetzung der im Haushaltsplan ausgeworfenen Stelle des parlamentarischen Staatssekretärs zunächst nachkommen. Der Mehrheitssozialdemokrat Christian Stock wurde als politischer Staatssekretär in das Reichswehrministerium berufen, trat aber nach Abschluß der Arbeiten des Untersuchungsausschusses für die Vorgänge beim Kapp-Lüttwitz-Putsch bereits am 1. September 1920 wegen der Widerstände gegen sein Amt zurück. Gleichzeitig war die Stelle eines Unterstaatssekretärs im Reichswehrministerium geschaffen und mit Bernhard Rausch besetzt worden, der bereits Ende Mai 1920 wieder zurücktrat. Einen Teil der Aufgaben übernahm der Generalmajor Hans v. Feldmann, zunächst als Generalquartiermeister. Durch Beschluß des Reichskabinetts vom 22. Oktober 1920 zum Staatssekretär ernannt, führte er ab 11. Dezember 1920 die Amtsbezeichnung „Chef der Heeresverwaltung“ – wobei ausdrücklich festgesetzt wurde, daß der Inhaber dieser Dienststelle Staatssekretär sei. Als Feldmann, der bereits am 30. April 1922 aus dem aktiven Dienst ausgeschieden war und seither als „ziviler“ Staatssekretär amtierte, am 30. September 1922 wegen Differenzen mit Seeckt und auch Geßler seinen Tätigkeitsbereich im Reichswehrministerium ganz aufgab, wurde das Heeresverwaltungsamt dem Chef der Heeresleitung wieder unterstellt. Während der haushaltsmäßig weiterhin vorgesehene Posten eines Staatssekretärs unbesetzt blieb, verfügte der Reichswehrminister, daß dessen Amtsgeschäfte vom 1. Oktober 1922 ab vom Chef der Heeresleitung wahrgenommen werden sollten. Geßler und Seeckt fanden sich in der Auffassung, daß die Reichswehrführung zumindest einstweilen keines zweiten politischen oder parlamentarischen Amtes bedürfe. Daran scheiterte auch der Vorschlag der Mehrheitssozialdemokraten von 1921, wenigstens die Chefs der Heeres- und Marineleitung in den Kreis der parlamentarisch verantwortlichen Stellen einzubeziehen. Die Planstelle eines Staatssekretärs, über deren Besetzung mit einem Offizier im Juli 1923 im Reichswehrministerium diskutiert worden war, wurde 1926 aus dem Haushaltsplan gestrichen. Diese Streichung bedeutete allerdings nicht, daß damit die Forderungen nach Verstärkung der politischen Kontrolle über die bewaffnete Macht erloschen. Besonders den Sozialdemokraten behagte ein politisch-parlamentarisch unverantwortlicher General als Stellvertreter des Reichswehrministers keineswegs. Ein Mittel, diesen Forderungen zu begegnen, sollte die Errichtung des Ministeramtes am 1. März 1929 erbringen.

Die Keimzelle des Ministeramtes im Reichswehrministerium, das am 1. Februar 1934 in Wehrmachtamt umbenannt wurde und aus dem dann im Februar 1938 das Oberkommando der Wehrmacht (OKW) hervorging, war das Referat für militärpolitische Angelegenheiten im Truppenamt (T 1 III). Es wurde im April 1922 aus der Abteilung Landesverteidigung (T 1 = 1. Abteilung des Truppenamtes) ausgegliedert und als selbständige Gruppe III dem Chef des Truppenamtes unmittelbar unterstellt. Bei ihr, die aus wenigen Mitarbeitern, meist Hauptleuten, bestand, lagen während des Ausnahmezustandes im Winter 1923/1924 (s. S. 277 ff.) wesentliche Aufgaben. Schleicher fand als ihr Leiter nicht nur Zugang zum Chef der Heeresleitung, sondern auch zum Reichswehrminister. Geßler löste am 1. Februar 1926 die Gruppe aus dem Truppenamt und damit zugleich aus dem Dienstbereich des Chefs der Heeresleitung heraus, legte sie mit der bereits dem Minister direkt unterstehenden Nachrichtenstelle des Reichswehrministeriums zusammen und unterstellte sie sich als „Wehrmacht-Abteilung (W)" unmittelbar. Zu ihr traten außerdem die entsprechenden Sachbearbeiter aus der Marineleitung, so daß sie für Heer und Marine zuständig werden konnte. Die Wehrmacht-Abteilung erhielt zu ihren bisherigen Arbeitsbereichen den Auftrag, alle politisch-parlamentarischen Angelegenheiten und alle politischen Fragen zu bearbeiten, die in das Tätigkeitsgebiet des Ministers als Mitglied der Reichsregierung fielen. Außerdem wurde sie die bearbeitende und mitprüfende Stelle der Chefs der Heeres- und der Marineleitung für alle das Heer oder die Marine betreffenden Angelegenheiten.

Welche Absichten der Reichswehrminister mit der Bildung der Wehrmacht-Abteilung verfolgte, ist nicht bekannt. Wahrscheinlich war sie ein Zug in dem Spiel, das mit der Entfremdung zwischen Geßler und Schleicher einerseits und Seeckt andererseits begann. Der neue Chef W dürfte sicher am Zustandekommen dieser Entscheidung, die sich gegen den bisherigen Einfluß des Chefs der Heeresleitung auf politische und vor allem auf sogenannte Wehrmachtfragen auswirken mußte, beteiligt gewesen sein. Schleicher baute die Position unter Groener weiter aus, konnte ihn auch für die Errichtung des Ministeramtes gewinnen, in dem Adjutantur, Rechts- und Wehrmacht-Abteilung zusammengefaßt wurden.

Für die Bildung des Ministeramtes gab es mehrere Motive. Neben der Entlastung des Reichswehrministers und der Koordinierung der Tätigkeit der ihm unmittelbar unterstellten Abteilungen sowie dem Bestreben Groeners, seinem politischen Berater eine herausgehobene Stelle im Reichswehrministerium zu verschaffen, war ein wesentlicher Beweggrund das Staatssekretärproblem. Schleicher sollte als Chef des Ministeramtes an die Stelle eines parlamentarischen Staatssekretärs treten. Daß er ein solches Amt anstrebe, war ihm schon 1926 im Zusammenhang mit Seeckts Sturz unterstellt worden. Schleicher fand auch 1929 keineswegs die Zustimmung von General Heye als Chef der Heeresleitung, der zu Recht eine Minderung seiner Stellung befürchtete. Heye nahm vielmehr Ende 1929, als Schleichers Machtzunahme auf Kosten der Stellung des Chefs der Heeresleitung offenbar wurde, erneute Forderungen der Sozialdemokraten nach einem Staatssekretär im Reichswehrministerium zum Anlaß, dieses Amt für den ältesten Offizier der gesamten Wehrmacht zu beanspruchen. Es blieb jedoch bei der mit der Errichtung des Ministeramtes getroffenen Lösung, denn Groener und Schleicher fanden sich nicht bereit, den politischen Parteien oder dem Chef der Heeresleitung nachzugeben. Faktisch war Schleicher Staatssekretär und wurde auch als solcher von weiten Kreisen der Öffentlichkeit betrachtet. Ihm oblag „die grundsätzliche Vertretung des Reichswehrministers im Reichskabinett und im Parlament" in allen Angelegenheiten, die nicht durch die Chefs der Heeresleitung und Marineleitung wahrgenommen wurden.

Chef des Ministeramtes war Schleicher vom 1. März 1929 bis zu seiner Ernennung zum Reichswehrminister am 1. Juni 1932. Eine Zeitlang behielt er auch noch die Leitung der Wehrmacht-Abteilung bei und blieb mit seinen Nachfolgern, Fregattenkapitän Götting (1929–1932) und Oberstleutnant Ott (1932–1933) in persönlicher Verbindung. Die Stelle des Chefs des Ministeramtes nahm vom 4. Juni 1932 bis zum 31. Januar 1933 der bisherige Leiter der Abteilung „Abwehr", Oberst v. Bredow, wahr. Sein Nachfolger wurde Oberst v. Reichenau.

c. Chef der Heeresleitung

Seeckt

Um die Stellung des Chefs der Heeresleitung war im Zusammenhang mit der Organisation des Reichswehrministeriums hart gerungen worden, insbesondere hatte Generalmajor v. Seeckt als Chef des Truppenamtes Befehlsgewalt und Befugnisse des ersten Inhabers dieses Amtes, des Generalmajors Reinhardt (1. Oktober 1919 – 26. März 1920) einzuschränken versucht. Er änderte sofort seine Auffassung, als er nach dem Kapp-Lüttwitz-Putsch mit dem Rücktritt Reinhardts in die Stelle einrückte.

Hans v. Seeckt (22. April 1866 – 27. Dezember 1936), Sohn eines preußischen Offiziers, bestand 1885 in Straßburg die Reifeprüfung, trat danach in das Kaiser Alexander Garde-Grenadier-Regiment Nr. 1 ein und wurde 1886 zum Leutnant ernannt. Seit 1897 zum Großen Generalstab kommandiert und der 2. Abteilung zugeteilt, wurde er noch als Oberleutnant 1899 in das Generalstabskorps versetzt. Den Generalstabsdienst unterbrach 1902–1904 eine Tätigkeit als Kompaniechef. Mehrere Auslandsreisen, darunter 1907/08 nach Indien, zeugen für seine Weltaufgeschlossenheit. Nach einjähriger Dienstleistung als Bataillonskommandeur (1912/13) ging der Oberstleutnant als Chef des Stabes des III. Armeekorps in den Ersten Weltkrieg. Im März 1915 wurde Oberst v. Seeckt Chef des Generalstabes des neuaufgestellten AOK 11. Der Sieg in der Durchbruchsschlacht von Gorlice-Tarnow begründete seinen Ruhm als Generalstabsoffizier, was jedoch nicht bedeutete, daß er weiteren Kreisen der Öffentlichkeit bekannt wurde. Der Generalmajor blieb in den nächsten Jahren weiter an der Südostfront, 1915 als Chef des Stabes der Heeresgruppe Mackensen im Feldzug gegen Serbien, 1916 als Obergeneralstabschef der 7. und 12. k. u. k. Armee sowie der Heeresgruppe Erzherzog Karl, seit Ende 1916 der Heeresfront Erzherzog Josef. Die Meisterung der schwierigen Lage bei der Brussilow-Offensive und nach dem Kriegseintritt Rumäniens im Jahre 1916 sowie während der Kerenski-Offensive von 1917 war zu einem guten Teil sein Werk. Ende 1917 übernahm der Generalmajor als türkischer Generalleutnant die Stellung des Chefs des Generalstabes der türkischen Armee.

Nach dem Zusammenbruch der Türkei traf Seeckt am 13. November 1918 im revolutionären Berlin ein. So stark ihn auch die Selbstaufgabe der Monarchie und die Niederlage trafen, vertrat er doch bereits im Dezember bei Offizierbesprechungen die Auffassung, Deutschland müsse vordringlich ein neues militärisches Instrument aufbauen, um wieder bündnisfähig zu werden. Zunächst fand der Generalmajor jedoch keine Basis, von der aus er hätte versuchen können, seine Vorstellungen zu verwirklichen. Anfang 1919 übernahm er die Verbindungsstelle Königsberg, um als Beauftragter der OHL das Ostheer zurückzuführen, dazu die Pflichten des Chefs des Stabes beim Oberkommando Grenzschutz Nord. Am 26. April wurde er zum Leiter der militärischen Vertretung bei der deutschen Friedensgesandtschaft ernannt. Er geriet damit in schwere und nachwirkende Kontroversen mit Graf Brockdorff-Rantzau, dem Seeckt Schädigung der militärischen Belange vorwerfen zu müssen meinte. Sein Abschiedsgesuch vom

25. Juni wurde nicht angenommen, Seeckt vielmehr am 3. Juli 1919 beauftragt, „die im Frieden dem Chef des Generalstabes der Armee obliegenden Geschäfte . . . bis zu der nach dem Friedensvertrag erfolgenden Auflösung dieser Dienststelle" zu übernehmen. Außerdem wurde er am 5. Juli zum Vorsitzenden der Vorkommission für die Organisation des Friedensheeres, später auch zum Vorsitzenden des am 19. Juli eingerichteten Ausschusses für die Organisation des Reichswehrministeriums ernannt. Eine schwere Erkrankung hinderte ihn allerdings daran, unmittelbaren Einfluß zu nehmen. Dennoch begann der Streit um die Spitzengliederung, den Seeckt nicht aufgab, bis er selbst das von ihm bekämpfte Amt des Chefs der Heeresleitung nach dem Kapp-Lüttwitz-Putsch antrat. Bis zu diesem Zeitpunkt war er mit rückwirkender Ernennung vom 24. November 1919 Chef des Allgemeinen Truppenamtes im Reichswehrministerium.

Der zweite Chef der Heeresleitung (2. April/5. Juni 1920 – 6./8.Oktober 1926) arbeitete vom Tage seiner Geschäftsaufnahme ab darauf hin, sein Amt zur höchsten militärischen Dienst- und Kommandostelle des Heeres unter dem Reichswehrminister auszubauen. Materiellrechtlich gingen die späteren juristischen Diskussionen über dieses Amt von der Unterscheidung zwischen Befehlsgewalt und Kommandogewalt aus. Die Befehlsgewalt, die sich im wesentlichen auf die Wehrmachtsverwaltung beschränkte, wurde dabei dem Reichswehrminister zugeordnet. Die Kommandogewalt sollte dagegen dem Chef der Heeresleitung zustehen. Das Ergebnis von Seeckts Bemühungen war die Verordnung vom 11. August 1920 über die „Regelung der Befehlsbefugnisse im Reichsheer", mit der ein Vorschlag des Generals vom Januar 1920 weitgehend realisiert wurde: Der Chef der Heeresleitung und der auf Seeckts Vorschlag neu eingesetzte Generalquartiermeister waren als verantwortliche Ratgeber auf allen Gebieten ihres Geschäftsbereiches unmittelbar dem Reichswehrminister untergeordnet. Dem Chef der Heeresleitung, der den Reichswehrminister in der Ausübung der Kommandogewalt vertrat, unterstanden im Reichswehrministerium das Personalamt, das Truppenamt, das Wehramt (s. S. 315), die Waffeninspektionen und die Inspektion des Erziehungs- und Bildungswesens. Außerdem waren ihm die Oberbefehlshaber der zwei Reichswehr-Gruppenkommandos und die zehn Divisionskommandeure unterstellt (s. S. 316 ff.). Nach dem Rücktritt des Chefs der Heeresverwaltung (zuvor Generalquartiermeister) wurde am 1. Oktober 1922 auch ein Teil der seinem Geschäftsbereich angehörigen Behörden dem Chef der Heeresleitung unterstellt, nämlich das Verwaltungsamt, das Waffenamt und die Sanitäts- und die Veterinärinspektion. Anlaß zu dieser Machtkonzentration in der Hand Seeckts entgegen seiner ursprünglichen Auffassung waren vornehmlich personelle und sachliche Beweggründe. Eine Unterstellung der Reichsmarine unter den Chef der Heeresleitung lehnte Seeckt ab. Sein Vorschlag über Heer und Marine, ein „Reichswehramt" zum Zwecke der Koordinierung zu errichten, wurde nicht verwirklicht. Neben dem Chef der Heeresleitung stand gleichberechtigt der Chef der Marineleitung.

Die Heeresleitung war also Kommando- und Verwaltungsbehörde im Reichswehrministerium. Die Stellung ihres Chefs wurde durch das Wehrgesetz nicht weiter geregelt. Die in § 8 Abs. 2 Satz 3 WG enthaltene Formulierung wurde jedoch in Übereinstimmung mit der Verordnung des Reichspräsidenten zur „Regelung der Befehlsbefugnisse im Reichsheer“ vom 11. August 1920 mit einer Verfügung vom 26. Juni 1923 noch einmal in dem Sinne ausgelegt, daß der unmittelbar dem Reichswehrminister unterstellte Chef der Heeresleitung als dessen verantwortlicher Ratgeber auf allen Gebieten seines Geschäftsbereiches den Minister in Ausübung der Kommandogewalt vertrete, ihm also das Recht zustehe, die Truppe zu führen und an sie im Rahmen der vom Reichspräsidenten als Oberbefehlshaber erteilten Befugnisse Befehle zu richten, denen die dem Chef der Heeresleitung ausdrücklich unterstellten Befehlshaber der Gruppenkommandos und der Divisionen zu folgen hatten. De facto besaß damit Seeckt die Stellung eines Generalissimus. Sein militärischer Rang begründete darüber hinaus seine Vorgesetzteneigenschaft gegenüber allen im Range nachstehenden Soldaten. Auf dieses Ordnungsprinzip griffen Reichspräsident und Reichsregierung 1926 zurück, als es sich darum handelte, alliierten Forderungen nach Abschaffung von Titel und Dienststellung des Chefs der Heeresleitung nachzukommen – Forderungen, die vor allem darauf abzielten, die Einheit der Kommandoführung im Reichsheer zu zerstören.

Den ehemaligen Feindmächten unter Federführung Frankreichs war es nicht verborgen geblieben, daß Seeckt der tatsächliche Befehlshaber des Reichsheeres war und er darüber hinaus stärker als der Reichswehrminister die einheitliche Führung der bewaffneten Macht bestimmte und gewährleistete. Seit 1922 (IMKK-Note vom 30. Juni 1922) vertraten sie daher die Auffassung, das Amt des Chefs der Heeresleitung verstoße gegen die militärischen Bestimmungen des Friedensvertrages. Seine Kommandogewalt sollte gemäß den Friedensvertragsbestimmungen den Oberbefehlshabern der Reichswehr-Gruppenkommandos zustehen. Gegen die Befugnisse des Chefs der Marineleitung wurden dagegen keine Bedenken erhoben. Der deutsche Einwand, daß General Nollet als Leiter der IMKK (s. S. 188 ff.) mit der Billigung des Wehrgesetzes und ohne Einspruch gegen die Verordnung vom 11. August 1920 der Errichtung dieser Institution zugestimmt habe, stieß auf Ablehnung. In der am 4. Juni 1925 übergebenen Entwaffnungsnote vom 30. Mai 1925 (s. S. 192 f.) wurde die Aufhebung der Verordnung gefordert und darüber hinaus verlangt, daß der Erlaß vom 20. September 1919 wieder in Kraft gesetzt werde. Nach langwierigen Verhandlungen fand sich die Reichsregierung Ende 1925 im Zusammenhang mit ihrer Locarno-Politik bereit, den Alliierten entgegenzukommen.

Mit Verordnung des Reichspräsidenten vom 28. Januar 1926 über „Befehlsbefugnisse im Reichsheer“ wurden dem Reichswehrminister auch die Oberbefehlshaber der Gruppen und die Divisionskommandeure, soweit sie nicht den Gruppenkommandos nachgeordnet waren, sowie die Landeskommandanten hinsichtlich ihrer besonderen Obliegenheiten unmittelbar unterstellt (Art. II), also dem unmittelbaren Geschäftsbereich des Chefs der Heeresleitung entzogen. Dieser gehörte als militärischer Berater des Reichswehrministers und als sein Vertreter in den militärischen Angelegenheiten des Heeres dem Reichswehrministerium an. Seine Stellung als gesetzmäßiger Vorgesetzter im Sinne vom § 8 Abs. 1 des Wehrgesetzes blieb jedoch bestehen und begründete sein Recht auf Gehorsamsleistung aller ihm im Range nachstehenden Soldaten. Zu ihnen zählten auch die Oberbefehlshaber der Gruppen, nachdem Seeckt vor Verkündung der neuen Befehlsbefugnisse mit Wirkung vom 1. Januar 1926 zum Generaloberst befördert worden war. Die Befehlsgewalt des Chefs der Heeresleitung blieb also trotz der Schwächung seiner gesetzlichen Stellung erhalten. Seeckts Autorität gegenüber der Truppe wurde bis zu seinem Sturz nicht beeinträchtigt. Wenn das Amt unter seinen Nachfolgern Einbußen an Ansehen und Geltung erlitt, so war dies vornehmlich nicht in der Institution, sondern in der Person des Inhabers begründet. Allerdings darf nicht übersehen werden, daß die überragende Bedeutung des Chefs der Heeresleitung bereits von dem Zeitpunkt ab mehr und mehr verloren ging als Hindenburg Reichpräsident und damit Oberbefehlshaber der Reichswehr wurde. Seeckt hat diesen Schwund nicht aufhalten können.

Seeckt ließ sich in den Diskussionen um die Spitzengliederung vornehmlich von militärischen Beweggründen leiten. Die machtpolitische Bedeutung der Stellung des Chefs der Heeresleitung offenbarte sich ihm wohl erst, als er selbst in das Amt eingerückt war und erkannte, welche Möglichkeiten es ihm unter einem Reichswehrminister wie Geßler bot. Er hat sie schnell aufgegriffen. Allerdings muß bedacht werden, daß „eine so zentralisierte militärische Spitzengliederung ... in der Republik überhaupt nur möglich [war] bei einer so kleinen Wehrmacht, wie die Reichswehr sie bildete“ (Meier-Welcker). Es kam hinzu, daß das offensichtliche Bemühen der Siegermächte des Ersten Weltkrieges, eine zentrale militärische Führung in der neuen deutschen bewaffneten Macht zu verhindern, Opposition herausfordern mußte. So fanden sich gerade in dieser Frage Soldaten und Politiker zusammen, um der Gefahr neuer Führungszersplitterung zu begegnen. Daß es dennoch den Primat des Politischen geben konnte, bewies die Ablösung Seeckts (s. S. 283 ff). Der Generaloberst schied am 8. Oktober 1926 aus dem Dienst.

Nach seiner Entlassung wandte sich Seeckt schriftstellerischer Tätigkeit zu, war von 1930–1932 Reichstagsabgeordneter der Deutschen Volkspartei und reiste zweimal nach China, zum zweitenmal in den Jahren 1934/1935 als offizieller Generalberater des Marschalls Tschiang-Kai-schek. Anläßlich seines 70. Geburtstages ernannte ihn Hitler 1936 zum Chef des Infanterie-Regimentes 67, des Traditionsträgers seines alten Alexander-Regimentes. Das nationalsozialistische Regime, dessen Vorkämpfer in den Jahren der Tätigkeit Seeckts als Chef der Heeresleitung nicht davor zurückgescheut hatten, ihn zu bekämpfen, zu verleumden und sogar zu beleidigen, ordnete nach seinem Tode ein Staatsbegräbnis für ihn an.

Heye

Nachfolger Seeckts als Chef der Heeresleitung wurde nicht einer der beiden Gruppenoberbefehlshaber und damit rangältesten Offiziere, also weder General Reinhardt noch General v. Loßberg, sondern wohl in Übereinstimmung mit Empfehlungen des ausscheidenden Generalobersten der Befehlshaber im Wehrkreis I (Königsberg), Generalleutnant Heye (8. Oktober 1926 – 31. Oktober 1930).

Wilhelm Heye (31. Januar 1869 – 6. März 1947), wurde 1888 zum Leutnant ernannt und nahm 1906 als Hauptmann an den Kämpfen in Deutsch-Südwestafrika teil. Im Ersten Weltkrieg war er Chef des Stabes des Landwehrkorps, dann der Armee-Abteilung und späteren Heeresgruppe Woyrsch sowie der Heeresgruppe Herzog Albrecht von Württemberg. Im September 1918 übernahm er die Stellung des Chefs der Operationsabteilung in der OHL. Jeweils als Nachfolger Seeckts wurde er 1919 Chef des Stabes beim AOK Nord und dann nach seiner Tätigkeit als Chef des Stabes beim Chef des Truppenamtes selbst Chef des Truppenamtes (28. März 1920 – 31. März 1922). Nach einer kürzeren Verwendung als Chef des Heerespersonalamtes (1923) wurde der Generalleutnant Befehlshaber im Wehrkreis I, bis er als General der Infanterie die Stelle des Chefs der Heeresleitung übernahm. Als Generaloberst trat Heye am 31. Oktober 1930 zurück.

Heye war keine so bedeutende und zugleich starke Persönlichkeit wie sein Vorgänger. In Charakter und Verhalten anders geartet, gelang es ihm auch nicht, die Autorität zu erlangen, die der gestürzte Generaloberst besessen hatte. Dennoch schloß er sich nicht einfach der politischen Linie seines Vorgängers an, sondern bemühte sich von vornherein um ein besseres Verhältnis zur politischen Führung in Reich und Ländern. Er war jedoch nicht in der Lage, das Reichsheer auf diesen Weg einzustellen, weckte aber das Mißtrauen der Rechten. Sein Bemühen, für die Truppen Verbesserungen zu schaffen, fand ebenfalls keine volle Anerkennung. Nach dem Ministerwechsel gewährte ihm Groener, sein ehemaliger Vorgesetzter aus der OHL, nicht den Rückhalt, dessen er gegenüber einem Offizierkorps bedurfte, das seine Haltung nach wie vor am Vorbilde Seeckts maß und kein Vertrauen zu ihm gewann. Heye galt als weich. Auch wurde ihm vorgeworfen, er biedere sich bei der Truppe an. Seine Nachgiebigkeit trat offen zutage, als er die Errichtung des Ministeramtes, das offenkundig zu einer weiteren Schwächung des Chefs der Heeresleitung führen mußte, nicht zu verhindern oder zumindest die Kompetenzen der neuen, neben den Chefs der Heeres- und Marineleitung stehenden dritten Kraft im Reichswehrministerium zu begrenzen verstand. Seine Einwände trugen zu weiterer Entfremdung mit Groener bei, so daß ihm der Minister Anfang 1930 den Rücktritt nahelegte. Als sich die Vertrauenskrise auch in der Kritik an dem politischen Kurs der Reichswehrführung äußerte, zog Heye die Konsequenzen und schied zum 31. Oktober 1930 aus dem Dienst aus.

Hammerstein-Equord

Für Heyes Nachfolge stand zunächst Joachim v. Stülpnagel zur Diskussion, der seit Anfang 1927 Chef des Heerespersonalamtes gewesen und am 1. Oktober 1929 als verhältnismäßig junger, vorzeitig beförderter Generalleutnant Befehlshaber im Wehrkreis III (Berlin) geworden war. Er gehörte wie Schleicher zum Kreis der Mitarbeiter Groeners in der OHL und galt als eine befähigte Persönlichkeit. Der Chef des Ministeramtes verstand es jedoch, seine Ernennung zu verhindern und unter Einschaltung Brünings an die Stelle des Chefs der Heeresleitung den Generalmajor v. Hammerstein-Equord zu bringen.

Kurt Freiherr v. Hammerstein-Equord (26. September 1878 – 24. April 1943), Sohn eines Forstmeisters, 1898 Leutnant im 3. Garde-Regiment zu Fuß und seit dieser Zeit befreundet mit Schleicher, war Schwiegersohn des Generals v. Lüttwitz. Am Ersten Weltkrieg nahm er vornehmlich als Generstabsoffizier teil und fand dann im Reichsheer Verwendung in höheren Kommandobehörden, so als Chef des Stabes beim Wehrkreiskommando III (1924–1929) und im Gruppenkommando I (1929). Am 1. Oktober 1929 löste der Generalmajor den bisherigen Chef des Truppenamtes Blomberg ab und versah diese Stelle, bis er am 1. November 1930 unter Beförderung zum General der Infanterie die Nachfolge Heyes antrat. Nach der „Machtübernahme" Hitlers begann Hammerstein zu resignieren und ersuchte Ende 1933 um seinen Abschied. Der Generaloberst blieb ein Gegner des nationalsozialistischen Regimes. Beim Kriegsausbruch von 1939 wurde er für kurze Zeit reaktiviert und als Befehlshaber der Armee-Abteilung A eingesetzt.

Der neue Chef der Heeresleitung (1. November 1930 – 31. Januar 1934) galt als ein hoch begabter und kluger Militär, der ein waches Interesse für politische Probleme besaß und besonders der innerpolitischen Entwicklung mit kritischem Blick begegnete. Hammerstein diente der Republik als ein loyaler Soldat und war ein Gegner aller radikalen Bestrebungen; dadurch wurde er zu einem Feind der Nationalsozialisten. Der Ruf „republikanischer Standfestigkeit" spielte bei seiner Ernennung eine wesentliche Rolle. Seinen Anlagen entsprach jedoch nicht der Wille, sie zur Wirkung kommen zu lassen. Die Bequemlichkeit des neuen Chefs der Heeresleitung war bekannt. Wohl auch aus diesem Motiv erschien Hammerstein seinem Freund Schleicher als der geeignete „Partner" bei der Durchsetzung seiner Reichswehrpolitik. Der zweite Nachfolger Seeckts überließ sich der Führung durch den Chef des Ministeramtes und bemühte sich, das Reichsheer für dessen Kurs zu gewinnen. Dieses Ziel erreichte auch er nicht, seine Haltung trug vielmehr dazu bei, daß er ebenfalls in eine isolierte Stellung geriet. So waren seine Tage an der Spitze des Reichsheeres von vornherein gezählt, als mit der Machtergreifung Hitlers die Stelle des Reichswehrministers von Schleicher auf Blomberg überging und Reichenau aus seiner Position als Chef des Ministeramtes eine Politik einleitete, die das bisherige ablehnende Verhalten des Chefs der Heeresleitung gegenüber dem Nationalsozialismus nicht mehr gebrauchen konnte. Hammersteins Entlassung wurde von der bewaffneten Macht ohne Zeichen des Bedauerns aufgenommen.

Mit Hammerstein schied der letzte der höheren Offiziere aus dem Reichsheer aus, die aus den eigenen Reihen ebenso wie aus weiten Kreisen der Öffentlichkeit als „Bürogenerale" bezeichnet worden waren. Sie waren lange Zeit hindurch ein bevorzugtes Ziel der nationalsozialistischen Angriffspropaganda gewesen, die den Graben zwischen ihnen und der Truppe zu vertiefen suchte. Differenzen und Gegensätzlichkeiten zwischen einer obersten Militärbehörde wie dem Reichswehrministerium und der Truppe sowie Klagen des Soldaten über die Bürokratie und das Unverständnis der höchsten Kommando- und Verwaltungsbehörde für seine Anliegen sind unvermeidlich und stellen keine Gefahr dar, solange sie sich in Grenzen halten, die das gegenseitige Vertrauensverhältnis nicht grundsätzlich stören. In der Ära Groener-Schleicher-Hammerstein hatte sich jedoch schon eine gefahrenträchtige Vertrauenskrise zwischen Führung und Truppe angebahnt. Die Reichswehr gehorchte, aber sie befand sich nicht mehr eindeutig hinter ihren Führern im Reichswehrministerium. Im übrigen stand sie mit ihren Vorbehalten nicht allein. Auch die Öffentlichkeit war kritisch eingestellt, brachte allerdings andere Argumente vor.

Zur Organisation von Reichswehrministerium und Heeresleitung

Die öffentliche Kritik an der obersten Kommando- und Verwaltungsbehörde wurde im Rahmen der staatstragenden Parteien und Kräfte vor allem von der SPD vorgetragen. Einen sehr guten Ansatzpunkt boten hierzu immer wieder die Haushaltsdebatten. Dabei stand nicht nur das politische Verhalten der Reichswehrführung, sondern vornehmlich auch ihr technischer Verwaltungsapparat zur Diskussion. Das Reichswehrministerium wurde bereits 1921 bei einer planstellenmäßigen Besetzung mit 215 Offizieren und 352 Beamten als in der Entwicklung zu einem „bürokratischen Wasserkopf" begriffen bezeichnet, und noch oft hatte sich der Reichswehrminister mit dem Vorwurf auseinanderzusetzen, seine Dienststelle sei personell überbesetzt. Geßler entgegnete solchen Forderungen mit der Feststellung, im Reichswehrministerium seien viele frühere militärische Zentralbehörden zusammengefaßt; außerdem diene es wegen des Verbots der Kriegsakademie der weiteren Offizierausbildung. Grundsätzlich war die oberste Kommando- und Verwaltungsbehörde der bewaffneten Macht in ihrem Aufbau an die Bestimmung des Artikels 160 VV gebunden, demzufolge in den Kriegsministerien der deutschen Einzelstaaten und in den ihnen angegliederten Behörden – an deren Stelle das Reichswehrministerium getreten war – nicht mehr als 300 Offiziere und ihnen Gleichgestellte beschäftigt sein durften.

Die Mehrzahl der Planstellen beanspruchte die Heeresleitung mit ihren zahlreichen Ämtern und Inspektionen (vgl. S. 313 ff.). Unter ihnen stieß das Truppenamt auf besonderes Interesse, denn es hatte die Aufgaben des früheren Generalstabs übernommen. Seine Chefs waren nacheinander die Generale v. Seeckt (1. Oktober 1919 – 26. März 1920), Heye (28. März 1920 – 31. März 1922), O. Hasse (1. April 1922 – 31. Januar 1926), Wetzell (1. Februar 1926 – 31. Dezember 1926), v. Blomberg (1. Januar 1927 – 30. September 1929), v. Hammerstein (1. Oktober 1929 – 31. Oktober 1930), Adam (1. November 1930 – 30. September 1933) und Beck (1. Oktober 1933 – 31. Mai 1935). Mit Wirkung vom 1. Juni 1935 wurde die Stelle wieder Chef des Generalstabes des Heeres benannt (Gliederung s. S. 314 f.).

Einige Institutionen des Großen Generalstabes waren infolge der Bestimmungen des Friedensvertrages aus dem Dienstbereich des Reichswehrministers herausgenommen, ohne daß dadurch ihre Tätigkeit für die Belange der Landesverteidigung und ihre notwendige Zusammenarbeit mit dem Reichsheer unterbrochen wurde. So nahm das neugegründete Reichsarchiv (vgl. S. 165 ff.) die Aufgaben der Kriegsgeschichtlichen Abteilungen des Großen Generalstabs wahr. Seine leitenden Beamten und ein bedeutender Teil der Mitarbeiter entstammten den früheren Kriegsgeschichtlichen Abteilungen, wodurch sogar eine unmittelbare Kontinuität erhalten wurde. Ebenso blieb die Landesaufnahme als Nachfolgerin der topographischen und kartographischen Abteilung unter dem Einfluß der bewaffneten Macht.

Die Spitzengliederung der Reichswehr war vornehmlich ein Ergebnis politischer Entscheidungen. Die entsprechenden Gesetze kamen bei den wechselnden Reichstagsmehrheiten meist durch Kompromisse zustande und wurden dann von der militärischen Führung in ihrem Sinn in die Praxis umgesetzt. Sie waren außerdem, was nicht vergessen werden darf, durch die Bedingungen des Friedensvertrages in mehr oder minder starkem Ausmaße vorgegeben. Noch stärker wirkte sich der Wille der Alliierten in der militärischen Kommandostruktur unterhalb des Reichswehrministeriums sowie in Organisation und Ausrüstung von Reichsheer und Reichsmarine aus. Auch diese Beschränkungen haben die politische Diskussion um die Reichswehr erheblich beeinflußt. Der Spielraum von Reichswehrführung und Heeresleitung innerhalb der verschiedenartigen Grenzen für den Aufbau des Hunderttausend-Mann-Heeres der Gegenwart, zugleich aber auch für den Ausbau dieses Reichsheeres zu einer Kaderarmee als Grundstück und Kern für die bewaffnete Macht der Zukunft, war nicht allein von den Haushaltsmitteln und den materiellen Beschränkungen abhängig. Eine nicht zu unterschätzende Rolle spielte auch die Stellung der Reichswehr in der Öffentlichkeit und in ihrem Verhältnis zu den parlamentarischen und außerparlamentarischen politischen Kräften der Republik.

3. Reichswehr und Republik

a. Die rechtliche Position der Reichswehr

Kontrollrecht von Reichsregierung und Reichstag

Die Reichswehr war das einzige Exekutivorgan der Reichsregierung, denn die Polizei unterstand den Ländern. Ihre Unterordnung unter die politische Reichsführung war durch den Einbau des Reichspräsidenten und des Reichwehrministers in die Spitzengliederung auf der Grundlage von Reichsverfassung und Reichsgesetzen geregelt. Der Reichswehrminister war bei der Führung seiner Geschäfte als Mitglied des Reichskabinetts an die Kompetenz des Reichskanzlers für die Bestimmung der Richtlinien der Politik gebunden. Dem Kanzler stand damit das Recht zu, die Tätigkeit des Reichswehrministers daraufhin zu prüfen, ob sie mit den Richtlinien übereinstimmte. Strittig war, ob sich das Prüfungsrecht auch auf Vorgänge erstreckte, in denen der Reichswehrminister nicht als Leiter seines Ministeriums, sondern als militärischer Befehlshaber im Auftrage des Reichspräsidenten handelte (Blenk). Innerhalb der Richtlinien leitete der Reichswehrminister sein Ressort selbständig und unter eigener Verantwortung gegenüber dem Reichstag (Art. 56 RV). Unter Umständen mußte er dabei Vorgänge parlamentarisch vertreten, die seiner Kontrolle wegen des Dualismus in der Spitzengliederung und seiner daraus sich ergebenden zwiespältigen Stellung entzogen waren. Er konnte zum Beispiel weder auf die Immediatvorträge der Chefs der Heeres- und Marineleitung beim präsidialen Oberbefehlshaber Einfluß nehmen, noch auf die mündlichen Befehle des Präsidenten, für die es keine Form der Gegenzeichnung gab.

Aufgrund des Kontrollrechts des Reichstags über die Amtsführung des Reichspräsidenten und des Reichsministers sowie besonders auch seines Rechtes, parlamentarische Untersuchungsausschüsse einzusetzen (Art. 34 RV), war die bewaffnete Macht außerdem der Aufsicht durch die Volksvertretung unterworfen. Der Reichstag besaß darüber hinaus durch das Haushaltsbewilligungsrecht ein Mittel, alljährlich auf die Entwicklung der Reichswehr einzuwirken. Es waren also in ausreichendem Maße Rechtsmittel vorhanden, die eine parlamentarische Überwachung der Reichswehr möglich machten und ihre Unterordnung unter die Institutionen der demokratisch-parlamentarischen Republik dokumentierten. Von all diesen Möglichkeiten hat die Volksvertretung nicht den Gebrauch gemacht, den ihre Kontrollfunktion erfordert hätte. Aus Unsicherheit und falscher Rücksichtnahme ist hier viel versäumt worden. Zweifellos war es ein Zeichen nicht nur von Gleichgültigkeit, sondern auch von Schwäche, wenn die Volksvertretung die Weigerung des zweiten Chefs der Heeresleitung, vor dem Reichstag zu erscheinen, hinnahm.

Von der Möglichkeit, einen Untersuchungsausschuß einzusetzen, machte der Reichstag 1920 nach dem Kapp-Lüttwitz-Putsch Gebrauch, um Haltung und Verhalten der Reichswehr bei den Märzereignissen zu überprüfen. Er konnte seiner Aufgabe nur unter Bewältigung großer Widerstände nachkommen, und die Folgerungen, die aus seinem Bericht gezogen wurden, entsprachen nur wenig den Intentionen des Reichstages.

Im Zusammenhang mit der die Öffentlichkeit stark erregenden Ermordung des Reichsaußenministers Rathenau (24. Juni 1922) wurden auch gegen die Streitkräfte Beschuldigungen erhoben, insbesondere gegen rechtsradikale Bestrebungen in ihren Reihen. Daher regte im Juli 1922 der Reichswehrminister im Einvernehmen mit den Parteien der Weimarer Koalition an, einen neuen parlamentarischen Untersuchungsausschuß einzusetzen. Er trat als 40. Ausschuß des Reichstages erstmals am 11. September 1922 zusammen und kam in seinem Bericht vom 15./19. Februar 1923 zu dem Ergebnis, daß es im Reichsheer keine Beanstandungen gäbe, die eine Plenarsitzung des Reichstages rechtfertigten. Die Reichsmarine wurde allerdings nicht so günstig beurteilt (vgl. Abschnitt VII). Im Gegensatz zu 1920 hatte sich diesmal in der Frage des parlamentarischen Untersuchungsausschusses eine positive Zusammenarbeit zwischen Reichstag und Reichswehr, zwischen Parteivertretern und Soldaten ergeben, doch wurden diese Ansätze nicht weiterverfolgt.

Haushaltsbewilligung als Kontrollmaßnahme

Die Haushaltsverhandlungen nahm vor allem die SPD zum Anlaß, die Reichswehr kritisch zu betrachten. Aber auch sie verhielt sich gerade in den ersten, für die Grundlagen entscheidenden Jahren von 1919–1921 in den Debatten zurückhaltend. Einerseits mögen die noch bescheidenen Etatforderungen des Reichswehrministers keinen Ansatz geboten haben, andererseits wollte sie wohl auch nicht in einen ideologischen Gegensatz zur jungen bewaffneten Macht der Republik treten. Als sie dann ab 1924 zu schärferer Kritik überging und sogar dem Reichswehrminister das Mißtrauen der Partei aussprach, betonte der SPD-Abgeordnete Schöpflin 1925 ausdrücklich, daß sich ihre Ablehnung nicht gegen die Reichswehr als solche richte; auch die SPD wisse, „daß jeder Staat ein Machtinstrument braucht". Dennoch zielten die Angriffe nicht so sehr auf die steigenden finanziellen Forderungen infolge „großzügiger Personalpolitik und aufwendiger Rüstungsmaßnahmen", sondern gegen die politische Haltung und gewisse Erscheinungen innerhalb der Reichswehr. Sie blieben ohne Wirkung, weil sie keine kraftvolle Unterstützung bei den anderen Parteien fanden. Als die SPD 1927 erstmals den gesamten Reichshaushaltsplan ablehnte, begründeten ihre Sprecher diesen Entschluß vornehmlich damit, daß die Partei mit der Entwicklung der Reichswehr unzufrieden sei. Zugleich betonte man aber ausdrücklich, daß es sich dabei um eine „Demonstration für die Einordnung der Reichswehr in die Republik" und nicht um ihre grundsätzliche Ablehnung handele.

Die SPD als stärkste der staatstragenden Parteien, deren Führung es infolge einer ungeklärten eigenen Wehrkonzeption immer wieder für notwendig befand, sich als nicht grundsätzlich reichswehrfeindlich zu erklären, erlangte weder mit ihrer allgemeinen Kritik an dem ihrer Auffassung nach zu hohen Wehretat und an der Haushaltsgestaltung des Reichswehrministeriums noch mit ihrer Prüfung und Beanstandung von Einzelpositionen Einfluß auf die Gestaltung der bewaffneten Macht. Selbst tatsächlich schwere Verstöße gegen das Bewilligungsrecht der Volksvertretung, wie nachgewiesene Ausgabenverschleierungen, etatrechtlich unzulässige Übertragungen und das Vorhandensein schwarzer Kassen und geheimer Konten, konnten keine Reichtstagsmehrheit zustande bringen, die daraus politische Folgerungen gezogen hätte.

Unter Hinweis auf die durch die Versailler Bestimmungen bedingte besondere Lage und den Zwang zur Geheimhaltung konnte die Reichswehrführung immer wieder verhindern, daß Kritik, auch wenn sie sachlich gerechtfertigt war, zu Eingriffen in ihre eigenständigen Belange führte. Nicht selten und manchmal recht leichtfertig wurden kritische Äußerungen als Beweise mangelnden Patriotismus' oder sogar verräterischer Absichten ausgelegt oder gar angeprangert – ein Vorwurf, dem sich keine der staatsbejahenden Parteien aussetzen wollte. Infolgedessen entwickelte sich mit der Reichswehr „eine der Demokratie wesensfremde, nach monarchischen Prinzipien aufgebaute, weitgehend autonome Militärmacht, die unter dem Schutz der Abwehr der von ihr zum Schutz des Vaterlandes geschaffene Illegalität sich demokratischer Kontrolle entzog" (Eschenburg).

Einfluß der Länder(regierungen)

Die Länderregierungen waren erst recht nicht in der Lage, die bewaffnete Macht an die demokratisch-parlamentarische Staatsordnung heranzuführen. Das Verhältnis zwischen der preußischen Regierung und der Reichswehrführung war gespannt, und der Alleingang des Freistaates Bayern 1923 bedeutete sogar eine starke Belastungsprobe für die Einheit des Reichsheeres. Auch die Institution des Landeskommandanten konnte in diesem Fall nicht die Rolle eines Mittlers spielen. Landeskommandanten wurden auf Wunsch und Vorschlag der Landesregierungen für Bayern, Sachsen, Württemberg, Baden und Hessen bestellt, dagegen nicht für Preußen.

Das Amt eines Landeskommandanten war außer in Bayern, wo Landeskommandant und Kommandeur der 7. (Bayerischen) Division identisch waren, nicht an eine einmal festgelegte militärische Funktion gebunden, sondern wurde Offizieren übertragen, die meist infolge herkunftsmäßiger Bindung an das entsprechende Land von der jeweiligen Landesregierung als Vertrauensleute anerkannt wurden. Die preußische Regierung betraute eine eigene Behörde, die „Landesdienststelle beim Preußischen Staatsministerium", mit dessen Aufgaben. Die Landeskommandanten errangen keine bedeutende Stellung, da die Landesbehörden auch unmittelbar mit den Dienststellen des Reiches verhandeln konnten und außerdem sich die Landesgrenzen nicht mit den Grenzen der Wehrkreise deckten.

Das mangelnde Vertrauensverhältnis zu den republikanischen Institutionen der „improvisierten Demokratie" (Eschenburg) drückte sich schon äußerlich darin aus, daß sich die Reichswehr mehrfach lange dagegen sträubte, Beschlüsse von Nationalversammlung und Reichstagen zu befolgen, und dann dem unumgänglichen Zwang zur Annahme nur unter Vorbehalten nachkam. So sind es auch nicht sachliche Argumente, die diese Haltung rechtfertigen. Viel mehr hat die der Reichswehr eigentümliche, egozentrische, man könnte fast sagen ideologische Ausrichtung auf ein anderes Deutschland das ihre dazu beigetragen, daß die Spannungen bis in die dreißiger Jahre erhalten blieben.

b. Die geistig-politische Position der Reichswehr

Der Geist Seeckts

Das Verhältnis zwischen Reichswehr und Republik ist nur zu erklären, wenn die überragende und lange nachwirkende Bedeutung Seeckts in richtigem Maße einbezogen wird. Der Einfluß des zweiten Chefs der Heeresleitung ist auf die einfache Tatsache zurückzuführen, daß er seine Konzeption des Reichsheeres kompromißlos verwirklichen konnte, weil er wohl als einziger Offizier im Dienst der Republik eine solche aufzuweisen hatte oder ihm zumindest im militärischen Bereich keine andere entgegengestellt wurde. Sie beruhte auf keiner eigentlich schöpferischen Leistung, wie etwa das Werk Scharnhorsts, denn Seeckt griff fast ausschließlich auf die Vergangenheit zurück; es läßt sich aber nicht bestreiten, daß er auf dieser Grundlage eine bewaffnete Macht schuf, die – als militärisches Ergebnis – ein in sich geschlossenes, ausgeprägtes Werk darstellte. Sie hat der Republik als Staatsinstrument gedient, und insofern wirkte auch der zweite Chef der Heeresleitung aktiv am Aufbau und an der Festigung des Staates mit. Seeckt selbst war sogar bereit, die Republik als Botschafter zu vertreten oder Ämter zu übernehmen, wie die des Reichswehrministers, des Reichskanzlers oder gar des Reichspräsidenten, aber er stand doch nicht uneingeschränkt hinter dieser Republik, sondern sah sie unter dem verschwommenen Gedanken der Weiterentwicklung nach vorn als ein Zwischenstadium auf dem Wege zu etwas Besserem an. Eine Restauration der gestürzten Monarchie entsprach nicht seinen Vorstellungen. Ebensowenig wünschte er aber eine dauerhafte Verfestigung der parlamentarischen Demokratie, deren Prinzip er wohl gar nicht verstanden hat.

Von einem grundsätzlichen Gegensatz des zweiten Chefs der Heeresleitung zur Staatsform der Republik kann also nicht gesprochen werden. Festgestellt werden muß dagegen, daß er gegenüber ihrer Weimarer „Spielart“ starke Vorbehalte hegte. Er begegnete nicht nur den meisten Parlamentariern und Politikern überhaupt – auch den konservativ eingestellten – ablehnend oder gar mit Verachtung, weil sie seiner Meinung nach nicht die Voraussetzungen für die übernommenen politischen Aufgaben besaßen, sondern nahm auch eine zunehmend kritischer werdende Haltung gegenüber den Institutionen des jungen Staates und damit zur gegebenen Republik selbst ein. Die Tätigkeit und das oftmals taktisch bedingte Verhalten der Parteien im fortwährenden Kampf um die Macht im Rahmen eines parlamentarisch-demokratischen Staates mißbilligte und mißachtete er und bemühte sich vielfach erst gar nicht, ihr Handeln zu verstehen. In diesem Zusammenhang beurteilte Seeckt sogar die Verfassung als Ausfluß ihres eigensüchtigen „Getriebes“. In ihren Institutionen, wie dem Reichstag, sah er „den Krebsschaden unserer Zeit“ und gegen das parlamentarische System hegte er eine ausgesprochene Antipathie. Seeckt hat der Verfassung formal die Treue gehalten, was ihn aber nicht von dem Anfang November 1923 geäußerten Bekenntnis abhielt: „Die Weimarer Verfassung ist für mich kein noli me tangere; ich habe sie nicht mit gemacht, und sie widerspricht in den grundlegenden Prinzipien meinem politischen Denken.“ Der Chef der Heeresleitung wies wohl mehrfach das Reichsheer darauf hin, daß es zu seiner Verpflichtung auf die Verfassung zu stehen habe, aber er interpretierte den Geist dieser Verfassung zumindest sehr eigenwillig, wenn er es für richtig hielt, die Belange des Reichsheeres gleichzusetzen mit den Interessen des deutschen Volkes und in diesem Sinne politisch tätig zu werden. Hierbei ist zu unterscheiden zwischen seiner mannigfachen Mitarbeit in der Reichsregierung, zu der er vom Kabinett herangezogen wurde und die deshalb keinesfalls unerwünscht gewesen sein kann, und ungebetenen Interventionen – wie im Falle der Besetzung des Botschafterpostens in Moskau (s. S. 259) – oder gar eigenen politischen Agierens unter Ausschaltung seiner militärischen Vorgesetzten wie in der Rußlandpolitik (s. S. 235).

Seeckt hat es besonders zu verantworten, daß das Reichsheer politisch nicht mit der verfassungsmäßigen Staatsordnung übereinstimmte, sondern ein wesensmäßig der überkommenen eigenen Vergangenheit verbundenes und auf die Zukunft ausgerichtetes Eigenleben in der demokratisch-parlamentarischen Republik führte. Im Bemühen um dieses Ziel verabscheute er es im übrigen trotz seiner Ablehnung des Parlamentarismus nicht, mit den Parteien Verbindung zu halten oder sich gar selbst an ihrem „Getriebe“ zu beteiligen, obgleich er kein Typ des Kämpfers im politischen Leben war. Daß er hierbei zu Erfolgen kam, verdankte er nicht zuletzt „der Schwäche und Unfähigkeit der wechselnden Regierungen und ... der politischen Unerfahrenheit der Führer der gemäßigten Parteien“ (Carsten).

Die Institutionen der Republik einschließlich des Reichswehrministers nahmen es also ohne besonderen Widerspruch hin, daß der zweite Chef der Heeresleitung das Reichsheer nicht in die parlamentarisch-demokratische Republik integrierte. Nicht wenige Politiker werden hierbei von der Entwicklung in Österreich abgeschreckt worden sein, die wenig nachahmenswert erschien. Seeckt führte das Reichsheer in eine Sonderstellung hinein, indem er die bewaffnete Macht mit dem Staat identifizierte. „Nicht zum Staat im Staat soll das Heer werden, sondern im Staat dienend aufgehen und selbst zum reinsten Abbild des Staates werden“, sagte er am 15. Januar 1927 anläßlich der Abschiedsfeier vor den Offizieren des Reichswehrministeriums. Diese Auffassung findet sich ebenfalls in seinen „Gedanken eines Soldaten“ von 1929. Dort bekannte er sich auch zu der Ansicht: „Das Heer dient dem Staat, nur dem Staat; denn es ist der Staat.“ Es handelte sich hierbei nicht um Thesen, die ein verabschiedeter, also von Verantwortung entbundener, aus Verärgerung über seinen Sturz zum Gegner eines Regimes gewordener General verkündete, sondern um die Fixierung einer Vorstellung gegenüber der Öffentlichkeit, nach der Seeckt als Chef der Heeresleitung gehandelt hatte. Er erzog das Reichsheer nicht zum Dienst für die bestehende parlamentarische Republik und die sie verkörpernden Einrichtungen wie die Reichsregierung. Sie wurden, obgleich von der im Auftrag der Mehrheit des deutschen Volkes handelnden Verfassunggebenden Nationalversammlung als staatliche Grundordnung geschaffen, als eine Art Übergangserscheinung behandelt, der sich die bewaffnete Macht dieses Staates nicht mehr als unumgänglich verpflichten dürfe. Der Soldat „fühlte sich nicht an die Demokratie gebunden, sondern an das Vaterland oder an den Staat als Idee, den er nicht mit der Demokratie zu identifizieren brauchte“ (Papke). Er glaubte an für ihn unvergängliche Werte, an die zeitlose „Idee des Staates“ – die niemals näher bestimmt wurde – an die Nation und an das „Reich“, „ein mythischer Begriff, der alles das umschloß, was man auch ‚das ewige Deutschland‘ genannt hat“ (Manstein). Es waren Fiktionen, die von einer reservatio mentalis gegenüber dem sogenannten Weimarer System geprägt und getragen wurden, die es aber gerade deswegen Führung und Soldaten ermöglichten, einer Klärung ihres Verhältnisses zur bestehenden demokratisch-parlamentarischen Republik, ihrer Verfassung und ihren verfassungsmäßigen Institutionen und Instituten auszuweichen. Allerdings darf man nicht übersehen, daß gerade eine solche Klärung wohl letztlich die endgültige Verwirrung und Ratlosigkeit mit sich gebracht hätte. Insofern bedeutete aus der Sicht der Soldaten die Eigenständigkeit des Reichsheeres als einer geschlossenen, aus vordemokratischer Substanz lebenden Institution nicht nur Schutz und Stärke, sie war zugleich eine conditio sine qua non.

Die Distanzierung von der bestehenden Regierungsform überdauerte die Ära Seeckt. Seine Nachfolger und die neue Reichswehrführung bemühten sich in den ersten Jahren wohl, die bewaffnete Macht an die Republik heranzuführen, nicht aber an ihre gegenwärtige Erscheinungsform. Auch lehnten sie das parlamentarische System Deutschlands grundsätzlich ab, da es ihrer These nach „eine effektive Kräftekonzentration des Staates weder im Frieden noch im Kriege gewährleiste" – ein Irrtum, der „weitgehend auf der althergebrachten, aus der monarchischen Vorstellungswelt abgeleiteten Identifikation von ‚starkem Staat' und straffem Befehlssystem" beruhte (Sauer).

So bestimmte denn einerseits die Hoffnung auf einen starken und wehrfreudigen Staat die Zukunft, andererseits die Furcht vor einem Übergreifen der politischen Zerrissenheit des deutschen Volkes auf die bewaffnete Macht Verhältnis und Verhalten der Reichswehr zur Republik. Die Soldaten waren sich dessen bewußt, daß die Mehrheit des Volkes ihre Auffassung von der Notwendigkeit einer achtunggebietenden Wehrmacht nicht teilte. Es blieb ihnen aber unverständlich, daß viele Deutsche bereit waren, sich mit dem Vorhandensein des kleinen Hunderttausend-Mann-Heeres abzufinden und es nicht als ein als von außen aufgezwungenes Zwischenstadium ansahen, das so schnell wie möglich durch einen „Normalzustand" abgelöst werden müsse. Diese Diskrepanz sollte bei Deutung und Beurteilung des Verhältnisses zwischen Reichswehr und Weimarer Republik nicht unberücksichtigt bleiben.

Die Einheit der in einer wehrwilligen Nation verankerten Wehrmacht auf der Grundlage einer eigenständigen inneren Struktur war das oberste Ziel der Reichswehrführung. Sie sollte niemals wieder der Gefahr ausgesetzt werden, polizeimäßige Aufgaben durchführen zu müssen, etwa gar in einer innerpolitischen Auseinandersetzung gegen die Mehrheit des Volkes. Diese Grundhaltung läßt sich durch alle militärpolitischen Ereignisse der Jahre von 1919–1933 verfolgen. Dabei erwies sich die Reichswehr nicht als „ein Instrument in der Hand der Gegenrevolutionäre schlechthin, aber sie war keine unbedingt zuverlässige republikanische Institution. Sie übte einfach durch ihre Existenz, dank der konservativen Haltung ihrer Führung, Schutzfunktionen über aus der Monarchie überkommene, der Demokratie wesensfremde Institutionen aus. Sie suchte sich auf diese Weise einen Schutzbereich zur Wahrung ihres Eigenlebens zu schaffen" (Eschenburg). Diesen Schutzbereich verstand sie auch in ihrem äußeren Verhalten zu sichern und gegen die Ansprüche der demokratischen Republik abzustecken.

Der Protest gegen die Republik von Weimar (Verfassungstag, Flaggenstreit)

Von den Beispielen, aus denen sich die Form belegen läßt, in der die Reichswehr ihre Bindung an das Alte und ihren Protest gegen das Neue der Öffentlichkeit zur Kenntnis gab, ohne dabei eindeutig gegen die Republik zu demonstrieren, seien zwei erwähnt. Sie hielt sich einmal von den alljährlichen Veranstaltungen am Verfassungstag (11. August) nach Möglichkeit fern. Das Vorbild bot auch in diesem Fall Seeckt; die hinter seiner Haltung stehende grundsätzliche Einstellung läßt sich jedoch bei anderen Offizieren ebenfalls finden, wenn auch in differenzierter Form. Der zweite Chef der Heeresleitung verstand es gemäß der Interpretation seines ersten Biographen Rabenau, sein Programm fast in jedem Jahr so einzurichten, daß er am Verfassungstage infolge einer unaufschiebbaren Dienstreise verhindert war, an der Berliner Veranstaltung teilzunehmen. Diese Interpretation entspricht wohl nicht den Tatsachen. Eine Deutung von Seeckts Verhalten muß davon ausgehen, daß die Sommermonate die von der Sache her bedingte große dienstliche Reisezeit des Chefs der Heeresleitung waren. Diese günstige Gelegenheit nutzte er allerdings, um sich der Verfassungsfeier zu entziehen. Der Reichswehr und ihrem Verhältnis zur Republik diente seine zwiespältige Haltung sicher nicht zum Nutzen. Es kann nicht übersehen werden, daß es der höchste Offizier des Reichsheeres als seine Pflicht hätte ansehen müssen, bei der Feierstunde im Reichstag anwesend zu sein. Seeckts negative Entscheidung läßt sich teilweise damit begründen, daß er nicht nur infolge „seiner inneren Distanzierung von der Weimarer Republik, die seinem ‚Staatsbegriff' nicht entsprach, ... die persönliche Identifizierung mit der parlamentarischen Demokratie" (Meier-Welcker) zu vermeiden bestrebt, sondern auch dem Volksfestcharakter dieses Tages abgeneigt gewesen sei. Gerechtfertigt ist sie dadurch ebensowenig wie durch die Tatsache, daß Schleicher in ähnlicher Motivierung 1929 Verfassungsfeiern ablehnte, „die lediglich zum Ruhm und im Sinne des Reichsbanners aufgezogen werden". Der Chef des Ministeramtes trug ebenfalls nicht zur Integration der bewaffneten Macht in den Staat bei, wenn er den Verfassungstag unter jene Veranstaltungen subsumierte, bei denen er jede Mitwirkung von Angehörigen der Reichswehr verweigerte, weil sie „unter dem Vorwand, die Festigung der Republik bzw. allgemeine staatliche Zwecke zu verfolgen, in Wirklichkeit rein parteipolitische Veranstaltungen darstellen". Diese Beweggründe spielten sicher eine Rolle, wenn Seeckt und Schleicher die Teilnahme an den Verfassungsfeiern ablehnten, aber sie konnten wohl nur deshalb die Entschlüsse der maßgeblichen Vertreter der Reichswehrführung mitbestimmen, weil sie kein wirklich positives Verhältnis zu den Institutionen und Instituten der demokratisch-parlamentarischen Republik besaßen.

Wie stark sich ideologische Vorstellungen in diese Auseinandersetzungen verwoben, zeigt als zweites Beispiel der Streit um die Reichsfarben. Gemäß Art. 3 RV waren die Reichsfarben schwarz-rot-gold; nur die Handelsflagge sollte die Farben schwarz-weiß-rot beibehalten, in der oberen inneren Ecke jedoch eine Gösch mit den neuen Nationalfarben tragen. Die Reichswehr, d. h. hier neben den Offizieren auch wohl die Mehrheit der Unteroffiziere und Mannschaften, empfand die Abschaffung der alten Reichsfarben – wie es einer ihrer Repräsentanten ausdrückte – als einen „unglücklichen, dem Volksempfinden zu wenig Rechnung tragenden Beschluß" – einen Beschluß, der „einen Mangel an nationalem Taktgefühl, um nicht zu sagen an Nationalgefühl überhaupt, bekundet". Sie erreichte durch ihren Widerstand, daß auch für die Reichskriegsflagge mit der Verordnung vom 11. April 1921 die Farben schwarz-weiß-rot mit einer schwarz-rot-goldenen Gösch und Eisernem Kreuz zugestanden wurden. Mit diesem Erfolg gaben sich Reichswehrangehörige jedoch keineswegs zufrieden. Sie lehnten ebenso wie die Bevölkerungskreise, die hinter den Rechtsparteien standen, weiterhin die Reichsfarben ab und zeigten bei gegebenen Anlässen schwarz-weiß-rote Fahnen. Manche Soldaten gingen sogar so weit, die Reichsfarben in dienstlichen Schreiben als „schwarz-rot-gelb" zu bezeichnen – in Offizierkasinos wurden sie darüber hinaus als „schwarzrotsenf" verunglimpft (V. Müller) – und von dem neuen Reichswappen – schwarzer Adler mit rotem Schnabel und Krallen auf goldenem Grund – vom „Pleitegeier" zu sprechen. Darüber hinaus wurde die Auffassung vertreten, nur wer die neuen Reichsfarben ablehne, könne als nationalgesinnter Deutscher gelten.

Es muß allerdings betont werden, daß auch andere Institutionen, wie Gemeinden und Körperschaften des öffentlichen Rechts, sich weigerten, die neue Reichsfahne zu setzen, was zu einem sich verschärfenden sogenannten Flaggenstreit führte, der erst 1929 gesetzlich beendet werden konnte. Die von Reichswehrangehörigen deutlich offenbarte Abneigung gegen die Reichsfarben und ihr offener Protest gegen die Symbole der Republik überhaupt zwangen den Reichswehrminister zu einer Regelung. Mit Erlaß vom 17. August 1927 verbot Geßler den Wehrmachtsangehörigen, um sie „vor Gewissenskonflikten zu bewahren und ihnen in dieser Frage die Verantwortung abzunehmen", das Zeigen der schwarz-weiß-roten Farben bei der Beflaggung ihrer Privatwohnung oder der Auswahl von Kranzschleifen, wenn nicht gleichzeitig die Reichsfarben berücksichtigt würden, und gab zugleich detaillierte Anordnungen für das Setzen von Reichskriegs- und Nationalflagge.

Seinen „Flaggenerlaß" begründete der Reichswehrminister mit „unliebsamen Erörterungen" in der Öffentlichkeit und der Bemerkung: „Wie die Rechtsverhältnisse in Deutschland liegen, bedeutet die Verwendung der schwarz-weiß-roten Farben ohne gleichzeitige Berücksichtigung der Nationalfarben Schwarz-Rot-Gold eine politische Stellungnahme und Betätigung und ist daher gemäß § 36 des Wehrgesetzes verboten. Darüber hinaus ist ein solcher Vorfall aber geeignet, meinen Kampf um die überparteiliche, nur dem Staatswohl dienende Stellung der Reichswehr zu erschweren und den Gegnern der Wehrmacht Waffen in die Hand zu geben. Mit allen Mitteln suchen diese Kreise den Nachweis zu führen, daß die Wehrmacht ganz einseitig eingestellt sei, und ihre ‚unpolitische' Einstellung in Wahrheit nur ein Deckmantel für ihre Rechtsorientierung darstelle. Gerade in der Flaggenfrage, die im Vordergrunde des politischen Kampfes steht, ist deshalb äußerste Zurückhaltung am Platze. Ich bin mir nicht im unklaren darüber, daß eine solche Haltung der Wehrmacht von einem Teil der Bevölkerung verübelt wird und daß gerade für den Soldaten, der unter den Farben Schwarz-Weiß-Rot gekämpft und geblutet hat, ein großes Maß an Selbstüberwindung und Zivilcourage dazu gehört, um diesen Standpunkt in aller Öffentlichkeit zu vertreten. Derartige Gefühle und Empfindungen, für die ich das vollste Verständnis habe, müssen aber unterdrückt werden, wenn es die große Aufgabe der Einigung unseres Vaterlandes verlangt. Denn die Wehrmacht ist durch ihren Werdegang und die jetzigen Aufgaben in erster Linie berufen, die Achtung vor der großen Vergangenheit mit dem treuen Dienst am heutigen Staate zu verbinden. Ich betrachte sie daher als wohlbefähigt, im Flaggenstreit des deutschen Volkes durch ihr Beispiel die Gegensätze zu entspannen."

Ähnliche Schwierigkeiten ergaben sich bei der Einführung der neuen, das Reichswappen zeigenden Kokarde anstelle der schwarzweißroten.

c. Die Reichswehr und die Parteien

Mit dem Übergang zur parlamentarischen Regierungsform erhielt das Verhältnis zwischen der bewaffneten Macht und den Parteien nicht nur hohe politische Relevanz, sondern es wurde auch gleichzeitig durch eine überhöhte, kaum zu überbrückende Spannung belastet. Gerade die staatstragenden Parteien der jungen Republik wurden in der Meinung des Militärs wegen ihrer politischen und ideologischen Entwicklung in der Monarchie und ihres Verhaltens in den Tagen der militärischen Niederlage, des politischen Zusammenbruchs, der sogenannten Novemberrevolution von 1918 und der durch sie ausgelösten Wirren nicht als die Vertretung der Staatsinteressen anerkannt. Zur Tragik des jungen Staates gehörte es nämlich, daß viele Angehörige seiner neuen Wehrmacht ihre Mitschuld und ihr Versagen beim Sturz der Monarchie zu kompensieren suchten durch ein offensichtliches Abrücken von den Kräften, die dieses Ereignis ebensowenig erstrebt, dann aber die der bisherigen Herrschaftsschicht entglittene Zügelführung aufgenommen und Deutschland vor einer Katastrophe bewahrt hatten. An Gerechtigkeit gegenüber dem politischen Gegner ermangelte es in jenen Jahren allen Schichten und politischen Kreisen sehr stark; die Bereitschaft, Haltung und Verhalten in den Krisentagen des deutschen Zusammenbruchs mit zweierlei Maß zu messen, zeigte sich aber besonders in den sogenannten nationalen Kreisen, denen auch die militärische Führungsschicht zuzurechnen ist.

Für die demokratischen Parteien wurde die Verantwortung für das weitere Schicksal Deutschlands bald zu einer schweren Bürde. Als es galt, die junge parlamentarische Republik aus den revolutionären Wirren herauszuführen und ihre Feinde, zunächst die radikale Linke, unschädlich zu machen, versagten sich ihnen zum großen Teil gerade die Volksschichten, mit deren Unterstützung sie gerechnet hatten. So waren die Parteien auf die Mithilfe des noch intakten Militärapparates und seiner Führung angewiesen. Dabei erwies es sich als erschwerendes Moment, daß sie keine Militärkonzeption besaßen und zu einer sofortigen und grundlegenden Regelung des gegenseitigen Verhältnisses gar nicht befähigt waren. Das Fehlen von eindeutigen Vorstellungen über Aussehen und Stellung der zukünftigen bewaffneten Macht und die mangelnde Bereitschaft der Parteianhänger als Verteidiger des neuen Staates aufzutreten, zeitigten dann bald ihre Nachteile. Sie ermöglichten es den zukünftigen Führern und Angehörigen der Reichswehr, in das Vakuum vorzustoßen, sich unentbehrlich zu machen und eine Streitmacht aufzubauen, die weitgehend von überlieferten Vorstellungen geprägt war. Über ihre Existenz konnten Nationalversammlung und Reichstag bei der gesetzlichen Regelung der Militärverfassung nicht mehr hinwegsehen. Dieses selbst verschuldete Fait accompli belastete besonders die größte der staatstragenden Parteien, die SPD, und erklärt zu einem Teil ihre zwiespältige Haltung gegenüber der Reichswehr.

Eine unveränderte, von vornherein festgelegte und politisch durchgehaltene Linie im Verhalten läßt sich weder von seiten der bewaffneten Macht gegenüber den Parteien noch umgekehrt feststellen. Die Parteien zeigten wenig staatspolitisches Verantwortungsgefühl, wenn sie nicht selten ihr Verhältnis zur Reichswehr stärker von Eigeninteressen als von den Erfordernissen des Staates bestimmt sein ließen. Bei beiden „Partnern" ist außerdem zwischen der Führung und dem zugleich differenzierten Kreis der Angehörigen zu unterscheiden, darüber hinaus vornehmlich bei den Parteien aber auch zwischen ihren öffentlichen Kundgebungen und der sachlich gegebenen Zusammenarbeit (Reichstagsplenum – Reichstagsausschüsse).

Der Reichswehr war politische Betätigung verboten. Die Verpflichtung zu überparteilicher Haltung konnte Führung und auch Soldaten nicht davon abhalten, die Parteien zu „beurteilen" und zu ihrem Verhalten und Wirken in privaten Äußerungen Stellung zu nehmen. Dagegen wären rechtlich wohl keine Einwände zu erheben, wenn nicht der Reichswehrangehörige seine Ansichten gleichbedeutend mit überparteiisch oder unpolitisch überhaupt aufgefaßt hätte und sich sogar der naiven Vorstellung hingab, es entspreche den Vorschriften des Wehrgesetzes, wenn er die Mehrheit der Parteien und ebenso das eng mit ihnen verbundene parlamentarische System verachtete oder wenigstens ablehnte. Ein Ausdruck dieser fragwürdigen Auslegung war die Feststellung eines Offiziers aus dem Jahre 1926, die neue Heeresleitung wolle die Soldaten „nun endlich und ganz energisch zur Republik bekehren ... [Er nehme aber an], so schnell geht es nicht, denn vorläufig sind wir mittleren und der Nachwuchs noch so deutsch erzogen, daß wir uns nicht um Parteien kümmern". Sie war schon deswegen fragwürdig, weil die Soldaten mit den sich betont national aufspielenden Parteien der politischen Rechten und den sogenannten vaterländischen Verbänden, deren Gedanken und Zielen sie in ihrer Mehrheit zustimmten, durchaus einverstanden waren. Das Verhalten des einzelnen Reichswehrangehörigen war Ausdruck einer bewußt politischen Haltung, die von dem Leitbild einer „wahrhaft nationalen Gesinnung" bestimmt wurde. Diese pseudo-überparteiische Einstellung bildete das Kriterium für die Beurteilung der politischen Umwelt und diente auch zur Einstufung der Parteien. Enthielt ein Parteiprogramm pazifistische oder internationale Ideen, dann durften die Anhänger schon a priori nicht damit rechnen, Verständnis für ihre Politik zu finden. Die Reichswehr, die als die zentrale Aufgabe deutscher Politik die Revision des Versailler Vertrages und die Wiederherstellung der Wehrhoheit des Reiches ansah, ging sogar Parteien aus dem Wege, in denen nur kleinere Gruppen oder einzelne Persönlichkeiten derartiges Gedankengut vertraten. Stellvertretend für diese weitverbreitete Einstellung können private Ausführungen des damaligen Oberleutnants und späteren ObdH Freiherr von Fritsch aus dem Jahre 1924 angesehen werden: „Denn letzten Endes sind Ebert, Pazifisten, Juden, Demokraten, Schwarzrotgold u. Franzosen alles das Gleiche, nämlich die Leute, die die Vernichtung Deutschlands wollen. Kleine Unterschiede mögen sein, im Enderfolg kommt es aber auf das Gleiche hinaus ..."

Reichswehr und radikale Linke

Derartig unverblümte Ansichten hatte die Reichswehrführung nur in bezug auf die Parteien der radikalen Linken vertreten können, also gegenüber den Kommunisten und den Unabhängigen Sozialdemokraten. Konsequente politische Feindschaft, ja Haß beruhten auf Gegenseitigkeit. Die Linksradikalen lehnten die bestehende bewaffnete Macht als ein Ordnungselement der bestehenden und zu überwindenden Staatsordnung ab. Beide Parteien unterschieden sich in ihrem Verhältnis zur Reichswehr in einem Punkte. Die Kommunisten vertraten keine pazifistischen Ideen, sondern wollten nach einer Beseitigung der bestehenden parlamentarischen Republik und ihrer Wehrmacht an den Aufbau einer eigenen Streitmacht nach dem Vorbild der Roten Armee des bolschewistischen Rußlands herangehen. Die Unabhängigen Sozialdemokraten besaßen dagegen kein klares Programm zur Wehrfrage; es überwogen wohl pazifistische Ideen einschließlich der Vorstellungen von einem Staat ohne Soldaten. Das Verhältnis beider Parteien zur Reichswehr war in seiner ideologisch bedingten wechselseitigen Ablehnung aber nicht allein auf hemmungs- und verantwortungslose Kritik beschränkt, sondern äußerte sich auch in Agitation und Tätlichkeiten. Versuche, die Truppe zu zersetzen, erwiesen sich als erfolglos. Stärkere Unannehmlichkeiten bereiteten Kommunisten und Unabhängige Sozialdemokraten der Reichswehrführung durch ihre zahlreichen „Enthüllungen" in Volksvertretung und Presse, obgleich diese oft als Lügen entlarvt werden konnten. Die Kommunistische Partei behielt ihre auch gegenüber der Wehrmacht letztlich nur von dem Ziel einer Unterhöhlung der Republik getragene Einstellung bis 1933 bei. Sie verhehlte gar nicht, daß es ihr niemals um sachlich begründete Argumentation, sondern nur um die Schädigung der Reichswehr ging. Ihre Intransigenz wurde dabei im Verlaufe des Anwachsens ihrer Wählerschicht vielleicht noch schärfer. Zu dieser Verschärfung konnten die Mitglieder der USPD, die nach 1920 oder im Zusammenhang mit der Wiedervereinigung der Unabhängigen mit den Mehrheitssozialdemokraten zur KPD stießen, nicht mehr viel beitragen. Dagegen wurden die Genossen, die im Herbst 1922 zur SPD zurückkehrten, für die Partei zu einer Last, die das Verhältnis der bisherigen Mehrheitssozialdemokraten zur Reichswehr zusätzlich beschwerte.

Reichswehr und SPD

Die Sozialdemokratische Partei war militärpolitisch, also in ihrer Stellung zum Problem der Landesverteidigung und besonders der bestehenden bewaffneten Macht tief gespalten, und es ist ihr bis 1933 nicht gelungen, eine einheitliche Auffassung zu erzielen. Wie breit die Kluft innerhalb der Partei war, wurde offenkundig, wenn Sozialdemokraten in der Reichsregierung oder in anderen Aufgabenbereichen verantwortlich mitarbeiteten und ihre dabei gefaßten Entschlüsse von der Partei desavouiert wurden, wie im Falle des Panzerschiffes A (s. S. 288, vor allem aber Abschnitt VII).

Die Spannweite der Ansichten reichte von ausgesprochen wehrfeindlicher Einstellung, der eindeutigen Ablehnung der Reichswehr als Klassenfeind und der Forderung nach ihrer Auflösung oder zumindest grundlegenden Reform bis zur Bereitschaft zur Zusammenarbeit. Aber letztere bedeutete meist ebenfalls nur ein bedingtes Bekenntnis zu den Forderungen der Reichswehrführung nach Wehrhaftmachung des Volkes und führte selten zu einer Bejahung des Wehrwillens.

Eine betont positive Haltung vertrat der Preußische Ministerpräsident Otto Braun, der im März 1929 Überlegungen zur „Wehrhaftmachung des deutschen Volkes“ vorlegte. Allem Anschein nach verschwand allerdings sein bemerkenswerter Entwurf im Parteiarchiv. Sein Pragmatismus konnte sich nicht durchsetzen.

In der sozialdemokratischen Vorstellung eines deutschen Kultur- und Wirtschaftsstaates kam der bewaffneten Macht nur eine zweitrangige Rolle zu, vornehmlich Ordnungs- und Sicherheitsfunktionen. Dennoch traten im Herbst 1932 namhafte Vertreter der SPD für die Forderungen des Reichswehrministers nach einem „Umbau“ der bewaffneten Macht ein und stellten sogar fest, Deutschland müsse im Falle der Ablehnung seiner Forderung nach Gleichberechtigung für sich beanspruchen, über Wesen, Ausmaß und Form seiner bewaffneten Macht selbst entscheiden zu können.

Die Masse der Mitglieder und die Wählerschaft der SPD standen der bewaffneten Macht wegen des aus der Monarchie überlieferten Gegensatzes und des harten Durchgreifens der Soldaten in den Wirren von 1919 und 1920 mißtrauisch und zumindest in zurückhaltender, meist aber ablehnender Haltung gegenüber. Die Militärfeindlichkeit ist nicht zuletzt auf die Wortkraft der radikalen Literatur der sogenannten ungebundenen literarischen Linken zurückzuführen. Infolge des Kapp-Lüttwitz-Putsches verlor die Partei mit dem aus ihren Reihen stammenden Reichswehrminister Noske einen Mann, der trotz allem vielleicht in der Lage gewesen wäre, die Spannungen zu mildern. Aber die offizielle Haltung der Partei wurde einige Zeit gerade davon bestimmt, daß die SPD-Führung aus Furcht vor der Anziehungskraft der extremen Linken – zunächst USPD, später KPD – ständig bestrebt war, auf die „antimilitärischen“ Gefühle ihrer Wähler und in Erinnerung an die Spaltung während des Weltkrieges auf die Erhaltung der einheitlichen Parteiorganisation Rücksicht zu nehmen. Insgesamt bewirkten diese Faktoren, daß die sozialdemokratische Politik gegenüber der Reichswehr trotz der Anerkennung der Notwendigkeit einer bewaffneten Macht ein Verhalten zeigte, das von der Wehrmacht als feindselig gedeutet werden mußte. Dazu trug außerdem bei, daß die Sozialdemokraten sich nur selten bereit fanden,

Leistungen der Wehrmacht anzuerkennen, jedoch sehr schnell bei der Hand waren, ihr bei jeder Gelegenheit antirepublikanische Gesinnung vorzuwerfen. Damit stieß sie auch die zu echter Loyalität bereiten Soldaten ab.

Es gelang der SPD also nicht, in ihre Wehrpolitik eine einheitliche Linie zu bringen. Auf den Parteitagen fanden sich jeweils Gruppierungen, die eine positive Haltung des Parteivorstandes zur Reichswehr verurteilten und seine Stellungnahme zum Problem der Landesverteidigung bekämpften. Aus diesen Kreisen wurde jedesmal an die Reichstagsfraktion die Forderung gestellt, zumindest grundsätzlich den Reichswehretat abzulehnen oder sogar für die Abschaffung der bestehenden Wehrmacht einzutreten. Diesem linken Flügel stand ein rechter gegenüber, dessen Vertreter für eine Zusammenarbeit mit der Reichswehr unter der Zielsetzung ihrer Reform zu einem Parlamentsheer eintraten. Er stellte vornehmlich die Männer, deren sachliche Mitarbeit in Ausschüssen des Parlaments auch bei anderen Gelegenheiten von der Reichswehr anerkannt werden mußte. Die Parteiführung nahm jedoch erst die Debatte um das Panzerschiff A zum Anlaß, die Wehrfrage für die SPD zu klären und auf diesem Wege in ein besseres Verhältnis zur bewaffneten Macht zu gelangen. Der Versuch wurde 1929 auf dem Parteitag zu Magdeburg (26. – 31. Mai) unternommen. Ihm gingen Diskussionen in örtlichen Mitgliederversammlungen und in den parteieigenen Organen voran, denen ein vom Parteivorstand veranlaßter Programmentwurf als Grundlage diente. Er fand zahlreiche Kritiker, so daß ihn die Parteileitung in Magdeburg nur noch als „Richtlinien zur Wehrpolitik“ vorlegte. Hier bekämpfte ihn neben den unbedingten Pazifisten, die jeden Krieg – also auch einen Verteidigungskrieg – ablehnten und daher die Notwendigkeit einer Wehrmacht verneinten, vor allem der linke Parteiflügel. Seine Vertreter wandten sich gegen die staatsverantwortliche Einstellung der Partei, weil es sich im Deutschen Reich um keinen Staat der Arbeiterschaft handele. Die bestehende bürgerliche demokratische Republik werde durch die Reichswehr gestützt. Sie müsse daher beseitigt werden, damit das Proletariat auf revolutionärem Wege die bestehende Gesellschaftsordnung beseitigen und an die Macht gelangen könne. Danach werde es zur Verteidigung des Sozialismus seine eigene Wehrinstitution schaffen. Der linke Flügel setzte sich mit seinen radikalen Programmformulierungen nicht durch, jedoch wurden die „Richtlinien“ nur mit einem Verhältnis von 242 gegen 147 Stimmen angenommen, wobei über 70 Stimmen der Mehrheit auf Mitglieder der Parteiführung und der Reichstagsfraktion entfielen. Sie sahen als wesentliche Aufgabe die Erhaltung der äußerlichen Geschlossenheit der SPD an und verfolgten daher eine politische Mittellinie, die auch den extremen Kräften auf der Linken entgegenzukommen bemüht war. Der Magdeburger Parteitag erbrachte also keine eindeutige Klärung des Verhältnisses der SPD zum Wehrproblem und speziell zur Reichswehr, jedoch den Ansatz eines konkreten Bekenntnisses der Partei und nicht nur einzelner Sprecher zur bestehenden Wehrmacht. Es ist dokumentiert in den folgenden zehn Forderungen der „Richtlinien“ nach ihrer Einordnung „als dienendes Glied in die demokratische Republik“:

„1. Kontrolle des Reichstages über alle Angelegenheiten der Reichswehr und über alle Verträge und Abmachungen der Heeresverwaltung.

2. Keine Subvention an Privatfirmen, die mittelbar oder unmittelbar illegalen Rüstungen dient.

3. Verbot der Bestrafung von Veröffentlichungen über illegale Rüstungen.

4. Gesetzliche Bestimmungen zur Sicherung einer unparteilichen Rekrutierung.

5. Beseitigung des Bildungsprivilegs für das Offizierkorps und gesetzliche Festlegung eines Mindestkontingents für den aus dem Mannschaftsstand zu entnehmenden Offizierersatz.

6. Sicherung der staatsbürgerlichen Rechte der Soldaten.

7. Schutz der Rechte der Soldaten durch eine von ihnen gewählte Personalvertretung.

8. Demokratisierung des Disziplinarrechts und des Militärstrafrechts.
9. Republikanische Lehrkräfte und Lehrbücher beim Unterricht.
10. Verbot der Verwendung militärischer Kräfte bei Konflikten zwischen Kapital und Arbeit."

Für diese Forderungen konnte die SPD bei der überwiegenden Mehrheit der Soldaten auf keine Zustimmung hoffen. Seitens des Reichswehrministeriums erklärte sich Schleicher mit dem Programm „im großen und ganzen" zufrieden, erachtete es aber für notwendig abzuwarten, „wie die SPD das Bekenntnis zur Reichswehr vertrete".

Naturgemäß hatte die Reichswehr ihrerseits gegenüber der Sozialdemokratie ebenso starke Vorbehalte. Die Gebundenheit der SPD an den Marxismus, ihr Glauben an die Möglichkeit internationaler Solidarität und die Verhaftung zahlreicher Sozialdemokraten im Pazifismus machten die Partei für die Reichswehr zumindest suspekt. Solche Bindungen und Bekenntnisse wurden von der Wehrmacht oft schnell und geradezu leichtfertig mit Mangel an Patriotismus und mit undeutscher Gesinnung gleichgesetzt und es wurde vergessen, daß Sozialdemokraten im Kriege als Soldaten gedient und ihre Pflichten treu erfüllt hatten. Viele Soldaten hielten unter dem Einfluß von Dolchstoßlegende und nationalistischer Propaganda Sozialdemokraten für vaterlandslose Gesellen oder gar Verräter. Die SPD erschien außerdem durch ihre politische Vergangenheit belastet und damit automatisch als Feind einer bewaffneten Macht, die gewillt war, sich außer in den unumgänglichen Haushaltsfragen möglichst weitgehend einer Kontrolle durch Institutionen wie den Reichstag zu entziehen. Der Einfluß demokratischer Parteien auf Probleme der inneren Struktur, wie ihn die zehn Punkte forderten, war schon gar nicht erwünscht. Auch widersprach es ihrer Vorstellung von Landesverteidigung, wenn Sprecher der SPD im Aufbau eines militärischen Schutzes Ambitionen auf einen Revanchekrieg vermuteten. Die Reichswehr sah sich als Kader und damit als Grundlage für eine zukünftige militärische Macht. Sie mußte also der Auffassung entgegentreten, daß die Streitkräfte in erster Linie eine Schutztruppe der Republik gegen ihre inneren Feinde, also vornehmlich ein innerpolitisches Instrument seien. Auch konnte sie kaum Verständnis dafür aufbringen, daß sogar Sozialdemokraten, die sich einerseits für eine Zusammenarbeit mit der bestehenden bewaffneten Macht einsetzten, andererseits für die Idee allseitiger Abrüstung und friedlicher Lösung aller internationalen Konflikte durch obligatorische Schiedsgerichte eintraten.

Die Basis für eine Verständigung und daraus erwachsende Zusammenarbeit war also von vornherein sehr schmal, und anfänglich wohl bestehende Möglichkeiten wurden spätestens mit der Ablösung von Noske und Reinhardt vertan. Dazu trug nicht wenig die sozialdemokratische Presse mit ihren Angriffen gegen die Truppen bei, die doch im Auftrage der Reichsregierung – also auch der SPD-Abgeordneten – ihren Dienst versahen. Dieser im Rahmen einer demokratischen Ordnung mögliche Zwiespalt zwischen den in staatlicher Verantwortung handelnden Vertretern und Funktionären bzw. Organen einer Partei war dem soldatischen Denken unvorstellbar und wurde daher leicht als Doppelzüngigkeit oder gar verräterisches Spiel aufgefaßt. Die Reichswehr nahm mit Erbitterung zur Kenntnis, daß sich die Sozialdemokraten bereits im November 1920 für eine Kürzung des Wehretats einsetzten und über die Gewährung der Haushaltmittel zugleich eine vollkommene Kontrolle der bewaffneten Macht durch den Reichstag anstrebten. In dieser Koppelung wurde eine bewußte Fortsetzung der militärfeindlichen Haltung der Vergangenheit gesehen.

Seeckt, der 1919 zunächst mit einer im Vergleich zu anderen Offizieren relativ positiven Haltung den Sozialdemokraten entgegengetreten war und sich dann von ihnen enttäuscht fühlte, begegnete ebenso wie Geßler der SPD mit Geringschätzung und Argwohn. Er bemühte sich in seinen letzten Amtsjahren kaum noch, seine Einstellung zu verheimlichen, wobei er bezeichnenderweise gegenüber wenigen Einzelpersönlichkeiten, wie Ebert und Auer, eine betonte Ausnahmehaltung zeigte. Diese Einstellung teilten letztlich sogar Offiziere wie Schleicher, die aus taktischen Gründen, also zum Nutzen der bewaffneten Macht und darüber hinaus der Republik, für eine Politik möglichst weitgehender Übereinstimmung mit den Sozialdemokraten eintraten. Ansatzmöglichkeiten für einen solchen Kurs, die sich nach Seeckts Sturz unter Heye boten, wurden von Scheidemann verspielt. Die Gegensätze fanden im Tagesgeschehen und im politischen Leben, besonders in Parlamentsreden und Zeitungsartikeln ihren Ausdruck, wobei sie manchmal gerade von seiten der SPD übermäßig betont wurden. Berechtigte Kritik gewann dadurch gelegentlich eine Schärfe, die der Sache nichts nutzte, von der Reichswehr jedoch als reine Propaganda oder gar Demagogie angesehen werden konnte. Derartige Vorfälle trugen wiederum dazu bei, daß sich die Masse der Soldaten ebenso wie die der Mitglieder und Wähler der SPD in ihrer Voreingenommenheit und wechselseitigen Ablehnung bestätigt und zugleich berechtigt fühlten, jeden Versuch einer Annäherung oder gar Aussöhnung als Verrat an der eigenen Sache aufzufassen und eventuell im Keime zu ersticken. Aus beiderseitiger, allerdings aus der geschichtlichen Entwicklung erklärbarer Schuld steigerte sich die aus unvereinbaren Grundsätzen erwachsene Spannung zwischen der stärksten staatstragenden Partei und der bewaffneten Macht zum Hauptproblem im Verhältnis zwischen der Reichswehr und den Parteien und damit zu einer schweren Belastung für die Innenpolitik der demokratisch-parlamentarischen Republik.

Reichswehr und Mittelparteien

Ein derartiger gefahrvoller Gegensatz belastete nicht das Verhältnis zu den sogenannten Mittelparteien, für die Demokraten und Zentrum angeführt werden sollen. Die Deutsche Demokratische Partei, ab 1930 Deutsche Staatspartei, trat der Reichswehr ohne Ressentiments und mit dem offiziellen Bekenntnis zur Wehrhaftigkeit entgegen, bemühte sich aber, die neue Wehrmacht durch Reformen für die Republik zu gewinnen. Ein Militärprogramm lag in den Monaten des Aufbaues ebenfalls nicht vor, sondern entwickelte sich erst aus der Beschäftigung mit der Reichswehr. Es sah die Sicherstellung der Landesverteidigung als die eigentliche Aufgabe der Wehrmacht, die daher ein schlagkräftiges Instrument auf der Basis soldatischer Überlieferung darstellen mußte, für das eine überparteiliche Haltung selbstverständlich war. Die monarchistische Einstellung der dem „kaiserlichen" Heer entstammenden Soldaten nahmen die Demokraten als gegebene Tatsache, die in einer Demokratie verantwortet werden könne, wenn der einzelne seine Pflichten gegenüber der Republik auf der Grundlage der Verfassung erfüllte. Bei der Auswahl zukünftiger Soldaten wollten die Demokraten allerdings Vorsorge dafür getragen wissen, daß der Ersatz an Offiziernachwuchs und Mannschaften aus republikanisch gesinnten Bewerbern ausgewählt werde. In dieser einen entscheidenden Frage also wich das Programm der Deutschen Demokratischen Partei von der geübten Praxis der Reichswehr ab. In fast allen anderen Bereichen der Militärpolitik unterstützte ihre Reichstagsfraktion die Wehrbelange, obgleich sie gelegentlich aus dem Motiv allgemeiner Sparsamkeit im Haushalt des Reiches für Einschränkungen im Reichswehretat eintrat. In ihrem Bestreben, die Republik und ihre Wehrmacht aneinanderzuführen, wehrten die Demokraten auch ungerechtfertigte Angriffe gegen das Militär ab. Sie verzichteten aber nicht auf das Recht, Mißständen nachzugehen und sie in begründeten Fällen aufzuzeigen, Verbindungen zu paramilitärischen Organisationen und anderen rechtsgerichteten Gruppen zu bekämpfen sowie Reformen vorzuschlagen, die der Reichswehr suspekt erschienen und ihren Argwohn hervorriefen. Ein Gegensatz war darüber hinaus dadurch latent angelegt, daß der Partei einige ausgeprägte Pazifisten angehörten und mehrere Zeitungen demokratischer Prägung aus ihrer pazifistischen Einstellung und einer mißtrauischen Grundhaltung zur Reichswehr keinen Hehl machten. Sie erlangten auf die Militärpolitik der Partei kaum Einfluß, die Soldaten differenzierten jedoch nicht immer klar. Eine Partei, die in ihren Reihen Pazifisten duldete, war und blieb ihnen von vornherein dubios.

Dem positiven Verhältnis der Deutschen Demokratischen Partei zur bestehenden Wehrmacht und ihrem Interesse zu gegenseitiger verständnisvoller Zusammenarbeit entsprach also nicht ein reziprokes Verhalten. Zwar war hier die Abneigung nicht so eindeutig wie gegenüber den Sozialdemokraten, aber die überwiegend konservative Einstellung der Soldaten schlug sich doch in einer recht reservierten Haltung nieder. Seeckts Vorbild wirkte sich aus, obgleich nicht einfach zu übergehen war, daß die Demokraten als Partei des zweiten Reichswehrministers über einen gewissen Einfluß verfügten. Geßler, der allerdings sehr früh nicht mehr als Vertreter seiner Partei, sondern als Fachminister gegolten hatte, trennte sich 1927 von der DDP, als die Parteiführung aus koalitionstechnischen Gründen etwas von der bewaffneten Macht abrückte. Sie war im Gegensatz zum Reichswehrminister nicht bereit, die aufgedeckten Verstöße der bewaffneten Macht voll zu decken. Diese Vorgänge, die zu ausgedehnten Diskussionen in demokratischen Kreisen und in ihrer Presse führten, waren wiederum nicht geeignet, die Reichswehr für eine Partei zu gewinnnen, deren politische

Wirksamkeit im übrigen bereits zurückging. So hatte es keine wesentliche Bedeutung, daß die Nachfolger Seeckts und auch Groener sich wieder zu engerer Zusammenarbeit geneigt zeigten.

Ebenso wie die Deutsche Demokratische Partei bewies das Zentrum den Willen zur positiven Zusammenarbeit mit der Wehrmacht der Republik. Als Voraussetzung dafür war es grundsätzlich bereit, die Loyalität der Reichswehr als Instrument – unbeschadet der Verfehlungen einzelner und auftretender „Schönheitsfehler" – anzuerkennen. Zum Schaden der Republik sahen Demokraten und Zentrum „zu sehr das loyale Gesicht der Reichswehr und zu wenig das im anderen Rhythmus schlagende Herz" (Rehm), auch in Situationen, die eine kritische Haltung erfordert hätten. Reichswehrführung und Truppe nahmen die wohlwollende Einstellung als Selbstverständlichkeit hin, entrüsteten sich aber bereits über kleine Reformansätze, für die sich 1926 die Parteien der Weimarer Koalition zusammenzufinden schienen. Aus dem Kreis der Weimarer Koalitionspartner war das Zentrum der Wehrmacht bis zum Untergang der parlamentarischen Demokratie wohl am besten gesonnen. Der 1919 abgesplitterte ehemalige bayerische Teil des Zentrums, die Bayerische Volkspartei, zeigte auch in der Militärpolitik konservative Auffassungen. Dementsprechend stimmte sie, abgesehen von ihrer bis 1923/24 nachdrücklich vorgetragenen Forderung nach stärkerer Autonomie der 7. (Bayerischen) Division, in militärischen Fragen meist mit den Deutschnationalen, zumindest aber mit der Deutschen Volkspartei überein.

Reichswehr und Rechtsparteien

Die unter der Führung Stresemanns stärker liberal als gemäßigt konservativ ausgerichtete bürgerlich-nationale Deutsche Volkspartei verfolgte kein eigenes Militärprogramm, unterstützte vielmehr mit vollem Einsatz die Forderungen der Reichswehr und setzte sich jederzeit für ihre Belange ein. Zur Zeit des zweiten Chefs der Heeresleitung stand sie wohl von allen politischen Gruppierungen der Heeresleitung am nächsten, was jedoch nicht darüber hinwegtäuschen darf, daß auch sie letztlich nur als Ausfluß des verachteten Parteienstaates angesehen wurde. Seeckt übte wegen seiner engen Verbindung mit einigen ihrer Führer auf die Volkspartei beträchtlichen Einfluß aus und bemühte sich, sie regierungs- und koalitionsfähig zu machen, zumal ein Teil der Offiziere mit ihren politischen Vorstellungen sympathisierte. Der andere und wohl größere Teil jedoch, dem die Deutsche Volkspartei nicht konservativ oder gar national genug war, sah seine Interessen in den Zielen und Auffassungen der Deutschnationalen Volkspartei verwirklicht.

Die Deutschnationale Volkspartei befand sich infolge der stark voneinander abweichenden politischen Vorstellungen ihrer Flügel in einer der Lage der SPD analogen schwierigen Position. Dieser Zustand wirkte sich allerdings nur wenig auf die Militärpolitik der Partei aus. Die Mehrheit der Offiziere entstammte der sozialen Schicht und darüber hinaus sogar vielfach den Familien, die auch die DNVP trugen. Selbst die Masse der Unteroffiziere und Mannschaften kam aus Kreisen, die konservativ gesinnt waren und deutschnational wählten. Die Partei war sich daher bei der engen gesellschaftlichen, politischen und geistigen Verwandtschaft der weitgehenden Übereinstimmung ihrer Auffassungen in allen Lebensbereichen mit denen der Soldaten bewußt. Sie unterstützte auf der Basis betont nationaler Pinzipien und der Forderung nach Wehrfreiheit alle Forderungen der bewaffneten Macht, stellte sich bei Angriffen gegen die Reichswehr oder einzelne ihrer Angehörigen grundsätzlich vor sie und fühlte sich sogar berechtigt, als politischer Sprecher der Wehrmacht aufzutreten. Hierüber entstanden oft Meinungsverschiedenheiten mit der Reichswehrführung, die nicht bereit war, sich vorbehaltlos mit der Politik der DNVP identifizieren zu lassen und sich dadurch gegenüber den staatstragenden Parteien zu kompromittieren. Sie war daher bemüht, auch gegenüber den Deutschnationalen das von der Partei ebenfalls anerkannte Prinzip der Überparteilichkeit der Reichswehr zu wahren. Dies geschah allerdings nur im offiziellen Bereich, private Sympathien und Bindungen der Soldaten wurden von der Heeres- und Marineleitung nicht gestört.

Institutionelle Beziehungen zur DNVP wußten Seeckt und seine Nachfolger zu unterbinden. Damit nahmen sie nicht nur Rücksicht auf die mißtrauische republikanisch-demokratische Öffentlichkeit, sie waren vielmehr grundsätzlich nicht bereit, sich vor den Wagen irgendeiner Partei spannen zu lassen, auch nicht vor den der DNVP. Bei aller Zusammenarbeit und weitgehender Übereinstimmung in militärpolitischen Fragen wiesen sie jeden Versuch zurück, die Wehrmacht im Sinne deutschnationaler Parteipolitik zu beeinflussen oder sie ihr dienstbar zu machen. Es lag außerdem offen auf der Hand, daß die Deutschnationalen aus parteitaktischen Erwägungen oft genug eigene Wege gingen und Entscheidungen fällten, die mehr dem eigenen Nutzen als dem Wohl Deutschlands dienten, und die von der Reichswehrführung als unverantwortlich empfunden wurden. Als besonders fahrlässiges Verhalten mußte sie es beurteilen, daß die DNVP die Mitarbeit an der Regierungspolitik auch entgegen ihren Wünschen verweigerte und viele Jahre lang nur negative Kritik übte – in ihrer Presse sogar an der „sklavischen Ergebenheit" der Heeresleitung gegenüber der Reichsregierung –, keine gangbaren Wege zeigte und die Übernahme von Verantwortung verweigerte. Es gab also zahlreiche Reibungspunkte, so daß das Verhältnis zwischen den militärischen Führern und der Parteileitung der DNVP nicht frei von gelegentlich sogar scharfen Spannungen war. Die Differenzen wurden allerdings unter Ausschluß der Öffentlichkeit ausgetragen. Die Mehrheit der Soldaten aber betrachtete das Verhalten der Deutschnationalen keineswegs so kritisch und stimmte ihm – wie aus privaten Äußerungen hervorgeht – ohne stärkere Vorbehalte zu. Die Bindungen und Beziehungen wurden besonders bei den Älteren sogar noch intensiver als die extrem rechtsgesinnten Gruppierungen und Parteien um die Gunst der Soldaten zu werben begannen.

Das Verhältnis der Reichswehr zur Nationalsozialistischen Deutschen Arbeiterpartei – in der Endphase der Republik ein schicksalsschweres Problem – war zunächst durch keine besondere Dramatik gekennzeichnet. Im Jahrzehnt nach dem Ersten Weltkrieg war die NSDAP für die Reichswehrführung von untergeordneter Bedeutung; 1923 spielte wohl Hitler als ihr Exponent neben anderen politischen Extremisten eine wichtige Rolle, ihrer Organisation und ihren Gliederungen wurde aber außerhalb Bayerns kein stärkeres Gewicht eingeräumt als anderen sogenannten völkischen Gruppierungen, wie der Deutschvölkischen Freiheitspartei, der Volksnationalen Reichsvereinigung, der Konservativen Volkspartei und der Deutschhannoverschen Partei. Alle bemühten sich um die Reichswehr und traten für ihre militärischen Belange und Forderungen ein, versuchten aber zugleich, die Soldaten zu ihren von äußerstem Chauvinismus durchzogenen Ideologien zu bekehren. Zunächst stießen sie auf eine gewisse Aufgeschlossenheit, vor allem bei ehemaligen Freikorpsangehörigen, aber auch innerhalb der 7. (Bayerischen) Division. Doch spätestens nach den Ereignissen von 1923 entließ die Heeresleitung prononcierte Anhänger der NSDAP, weil sie störende Elemente ausschalten wollte. Diese Rechtsradikalen betonten weiterhin die Notwendigkeit einer starken Wehrmacht, griffen aber zugleich die Reichswehrführung an und scheuten dabei nicht vor Verleumdungen zurück. Vertrauensvolle Beziehungen und positive Zusammenarbeit gab es auf der obersten Führungsebene wahrscheinlich zu keiner Zeit. Dagegen scheinen in der Truppe – besonders auch unter den Mannschaften – Verbindungen zu den „Völkischen" und nach 1923 noch Sympathien für sie bestanden zu haben. Die Heeresleitung griff wohl deshalb nicht schärfer durch, weil sie mit einem Abflauen des radikalen Nationalismus rechnete, vor allem aber weil sie nicht die Gefahr erkannte, die von einer dieser Parteien ausgehen sollte.

Die Beziehungen zwischen Hitler und Reichsheerdienststellen in München bis zum 8./9. November 1923 gehören in den Kreis der von der Heeresleitung untersagten Verbindungen der Truppe zur extremen Rechten. Nur in dem zwielichtigen Klima der damaligen Verhältnisse war es möglich, daß sich eine Partei wie die NSDAP ausgesprochen zwiespältig verhalten konnte. Einerseits bekämpfte und verleumdete sie die Reichswehrführung, dessenungeachtet unterhielt sie andererseits zur gleichen Zeit freundschaftlich-politische Verbindungen zu bayerischen Organen des Heeres.

Seit dem zweiten aktiven Auftreten der NSDAP im öffentlichen politischen Kampf, also etwa ab 1925, stand diese Partei dann jahrelang in einer „wilden Opposition" (Vogelsang) zur Wehrmacht. Ihre Haltung war jedoch nicht wie bei der KPD durch eindeutige Ablehnung der bestehenden bewaffneten Macht gekennzeichnet, sondern durch eine offenkundig nicht nur ideologisch, sondern auch taktisch bedingte Zweigleisigkeit. Einerseits betonte sie bei jeder Gelegenheit die Notwendigkeit der Wiederherstellung der nationalen Militärhoheit und des Bekenntnisses aller Deutschen zur Wehrbarkeit und Wehrhaftigkeit, andererseits verurteilte sie die Reichswehr als Handlanger des verhaßten Weimarer Parteienstaates und griff vor allem ihre Führung an. Besonders verächtlich erschien den Wortführern der NSDAP die unpolitische und überparteiliche Haltung der Soldaten, der sie die Forderung nach politischem Engagement, nach der Bindung an die bewußt nationalen, also nationalistischen Kräfte – wie etwa die Nationalsozialisten – gegenüberstellten. Nationale Einstellung und ausgesprochene Wehrfreundlichkeit waren nicht nur programmatische Ideen der NSDAP, sondern erschienen ihr auch als das geeignete Mittel, „die Anziehungskraft der Partei in einem Maße zu verstärken, daß es der Wehrmacht des Staates eines Tages nicht mehr schwerfallen dürfte, von sich aus die Brücke zur NSDAP als einer ‚Sammlungsbewegung' zu schlagen oder gar sich voll zu deren Zielen zu bekennen" (Vogelsang). Die oppositionelle Einstellung steigerte sich noch, als Groener das Amt des Reichswehrministers übernahm und sich die neue Reichswehrführung unter maßgeblicher Mitwirkung Schleichers um eine bessere Zusammenarbeit mit der SPD bemühte. Hitler reagierte heftig auf die hinter diesem „Linkskurs" stehenden Bestrebungen, die Wehrmacht enger an die Republik heranzuführen (s. S. 286 ff.), und verstieg sich am 15. März 1929 anläßlich einer Rede in München zu dem Ansinnen an die Soldaten, die Spitze der sogenannten nationalen Bewegung zu übernehmen – letztlich also eine Aufforderung zum Hochverrat, obgleich der „Führer" der NSDAP unterstrich, daß er nur mit „legalen Mitteln" seine politischen Ziele anzustreben suche.

Spätestens diese Vorgänge erregten in der bewaffneten Macht Aufsehen und alarmierten ihre Führung. Sie reagierte gegenüber der Truppe mit dem Bestreben, der Verwirrung der Begriffe und dem Eindringen nationalsozialistischen Ideengutes in die Wehrmacht Einhalt zu gebieten, und antwortete auf die Herausforderung Hitlers mit Maßnahmen wie der Entlassung nationalsozialistisch organisierter Arbeiter. Dadurch wurden jedoch nur noch heftigere Angriffe gegen die „schlappe" Reichswehrführung und ihre „Bürogenerale" heraufbeschworen, und die NSDAP verschärfte ihre Bemühungen, Führung und Truppe zu entfremden. Es gelang ihr tatsächlich, in manchem Soldaten Zweifel zu erregen; mancher fragte sich, ob die staatspolitische Stellung der Wehrmacht in und zum Staate richtig sei und ihre Führung im Sinne des nationalen Wohles handele. Der Einbruch derartiger Gedanken in die bewaffnete Macht und die Sympathie junger Offiziere für das Programm der NSDAP sowie erste Verbindungsaufnahmen von Soldaten zur Partei Hitlers wurden offensichtlich, als sich drei junge Offiziere aus dem Standort Ulm wegen ihrer hochverräterischen Betätigung im Herbst 1930 vor dem Reichsgericht in Leipzig verantworten mußten.

Anfang Dezember 1929 wurde der Reichswehrführung gemeldet, daß jüngere Offiziere der II. Abteilung des Artillerie-Regimentes 5 in Ulm ihre Unzufriedenheit mit der politischen Stellung der Reichswehr und der „linksgerichteten Erfüllungspolitik" von Reichsregierung und Reichswehrführung (Bucher) bekundeten sowie versuchten, Kameraden für die Forderung zu gewinnen, die Wehrmacht müsse sich einer „nationalen Volkserhebung" anschließen und dadurch aktiv zur Einleitung der „Wiedergeburt des

Reiches“ beitragen. Flugblätter mit der Überschrift „Der Geist der Reichswehr ist tot“ und persönliche Verbindungsaufnahme dienten dazu, ihre Ideen in anderen Standorten zu verbreiten. Die Heeresleitung beabsichtigte zunächst, diesem verantwortungslosen Treiben mit Disziplinarmaßnahmen zu begegnen. Als jedoch neue Meldungen einliefen, in denen besonders auf die Verbindungsaufnahme der Offiziere zur Reichsleitung der NSDAP hingewiesen wurde, schaltete Groener den Oberreichsanwalt ein. In einem Hochverratsprozeß wurden die Leutnante Scheringer und Ludin sowie der Oberleutnant a. D. Wendt zu je eineinhalb Jahren Festungshaft verurteilt.

Der Prozeß vor dem Reichsgericht erwies, daß die Ulmer Offiziere keineswegs bedingungslose Verfechter des „spezifisch nationalsozialistischen Gedankengutes“ waren (Bucher). Ihr Verhalten offenbarte vielmehr eine weitgehende Unkenntnis des Wesens, der Ideen und der politischen Ziele der Nationalsozialisten. Die drei Offiziere hatten Verbindung zur NSDAP gesucht, weil ihrer Meinung nach auch diese Partei im Falle eines nationalen Befreiungskampfes gebraucht wurde. Ihm galt ihre Aktivität; daß er nicht genügend vorbereitet wurde, war der Vorwurf, den sie gegen Reichsregierung und Reichswehrführung erhoben. Ihrer aktivistisch-nationalistischen Grundstimmung gegen die ihrer Auffassung nach „linksgerichtete Erfüllungspolitik“ der obersten Reichsorgane stimmten große Teile des Offizierkorps zu, doch lehnten sie die Verbindungsaufnahme ihrer Ulmer Kameraden zur NSDAP eindeutig ab. Der „Reichswehrprozeß“ erwies also, daß die innere Struktur des Offizierkorps noch intakt war. Er offenbart heute außerdem, wie groß die Unkenntnis über Hitlers Ziele war und in wie hohem Maße das nationalsozialistische Ideengut falsch interpretiert wurde.

Wichtiger als die Verurteilung der Offiziere war also die politische Relevanz des Hochverratsprozesses. Die Reichswehrführung hatte nach dem Eingang der ersten Nachrichten von den Ulmer Vorgängen erkennen lassen, daß sie nicht gewillt war, die politische Integrität der bewaffneten Macht durch die Nationalsozialisten in Frage stellen zu lassen. Ihre Maßnahmen, darunter der Mißgriff des sogenannten „Uhrenerlasses“ – jeder Soldat, der mithalf, Zersetzungsversuche abzuwehren, sollte eine mit Gravierung versehene Uhr oder entsprechende Belohnung erhalten – forderten zunächst die NSDAP zu weiteren scharfen Angriffen heraus. In Leipzig nahm Hitler nach dem überraschenden Erfolg seiner Partei in den Reichstagswahlen vom 14. September 1930 dann die Gelegenheit seines Auftretens als Zeuge vor dem Reichsgericht wahr, der Reichswehrführung die Grundlagen für die Haltung gegenüber der NSDAP zu entziehen. Er erklärte unter Eid, daß seine Partei keinen Umsturz beabsichtige, sondern anstrebe, die Regierung auf legalem Wege zu übernehmen. Ähnliche Verlautbarungen waren schon vorher gefallen, erst jetzt fanden sie nachhaltigen Widerhall und wirkten sich zum Nachteil der Republik aus. Speziell der Reichswehrführung wurde von den Verteidigern und vor allem von dem Parteiführer, der offenkundig als Lehre aus den Ereignissen von 1923 die Folgerung gezogen hatte, daß er sich nicht wieder in den damaligen Grad der Gegnerschaft zur Reichswehr hineinmanövrieren dürfe, bekundet, daß die NSDAP ihre politische Stellung anerkenne. Damit bahnte er eine Änderung des Verhältnisses an. Zwar glaubte die Reichswehrführung keineswegs bedingungslos Hitlers Worten und blieb wachsam, aber sie begann 1931, ein neues Konzept für die Behandlung der Nationalsozialisten zu suchen. Dabei scheint sie sich nicht in genügendem Maße klargeworden zu sein, welche zentrale Stellung der Führer der NSDAP in dieser Partei und ihren „Gliederungen" besaß. Sein Mitte 1930 proklamierter Anspruch auf politische Unfehlbarkeit in der Führung des Nationalsozialismus fand ebensowenig ernste Berücksichtigung wie seine programmatischen Äußerungen in seinem Buch „Mein Kampf".

Angesichts der immer stärker aufbrandenden nationalen Welle und im wachsenden Glauben an die Loyalität Hitlers strebte die Reichswehrführung mit Zustimmung Brünings seit 1931 an, die NSDAP für den Staat zu gewinnen, damit regierungsfähig zu machen und unter Aufsicht an der Reichsregierung zu beteiligen, also die Konzeption einer „Zähmung" und späteren Abnützung der Partei in der Regierungsverantwortung. Ihre Verwirklichung übernahm der Chef des Ministeramtes, Schleicher. Er ließ sich hierbei in erheblichem Maße von den Interessen der bewaffneten Macht bestimmen und wollte das „wertvolle Material" der Gliederungen der NSDAP für die Aufgaben der Landesverteidigung gewinnen. Für seinen Plan hoffte er sich die Gegensätze zunutze machen zu können, die offensichtlich zwischen der politischen Organisation der Partei unter Gregor Strasser und der SA bestanden. Zunächst wurde der am 5. Januar 1931 ernannte Stabschef der SA, Hauptmann a. D. Ernst Röhm, Schleichers Hauptgesprächspartner.

Die Führer der Wehrmacht rückten mit dieser Politik spürbar von der demokratisch-parlamentarischen Republik ab, ohne daß die Nationalsozialisten sich geneigt zeigten, das Einschwenken zu honorieren. Während Schleicher seinem Zähmungsplan für die NSDAP auf allen ihm möglich erscheinenden Wegen nachging, ließ sich Hitler nicht verbindlich festlegen. Der Parteiführer agierte geschickter als der General und verstand es, dessen zwiespältige Stellungnahme zu seiner Partei taktisch auszunutzen. Er erreichte es, daß das Verhältnis der Reichswehrführung zur NSDAP und ihrem „Führer" zur Jahreswende 1931/32 durch „blindes Vertrauen" (Vogelsang) in ihre gesetzestreue Gesinnung und Ehrlichkeit ausgezeichnet war. Es basierte vornehmlich auf der Zusicherung Hitlers, daß er die unpolitische und überparteiliche Haltung der bewaffneten Macht für ein unantastbares Gut halte – eine Versicherung, die er anläßlich einer Unterredung mit Schleicher am 22. Oktober 1931 abgab. Die Reichswehrführung glaubte, daß sie mit der NSDAP voll übereinstimme, und ließ sich durch deren demonstrative Wehrfreundlichkeit „in eine oftmals heikle Situation gegenüber Parlament und Öffentlichkeit" (Vogelsang) bringen. Hierzu gehörte ein Erlaß des Reichswehrministers vom 29. Januar 1932, der in seiner Auswirkung auch Nationalsozialisten die Möglichkeit eröffnete, in die Reichswehr einzutreten.

Die mit einer solchen Haltung verbundene Toleranz brachte Groener in seiner Eigenschaft als Reichsinnenminister Anfang 1932 wegen der ansteigenden Zahl von Zusammenstößen zwischen den Nationalsozialisten und ihren Gegnern in Gegensatz zu den Länderregierungen, die der NSDAP weiterhin ablehnend begegneten. Darüber hinaus wurde im Zusammenhang mit der Reichspräsidentenwahl deutlich, daß sich Hitler nicht einfangen ließ. Dennoch verfolgte die Reichswehrführung noch zur Monatswende März/April 1932 ihre Politik der Duldsamkeit weiter: sie war zwar bereit, im Falle revolutionärer Übergriffe von nationalsozialistischer Seite mit Waffengewalt einzugreifen, zeigte sich aber nicht geneigt, einem Verbot der weitgehend die Straße beherrschenden Gliederungen der NSDAP das Wort zu reden. Groener wandte sich erst unter dem massiven, zuletzt ultimativen Druck der Länder Anfang April von der bisherigen Politik der Beschwichtigung ab. Schleicher dagegen bekannte sich trotz seiner wieder kritischer werdenden Einstellung gegenüber den Nationalsozialisten nicht zu der eigenen Fehlkalkulation, verfolgte vielmehr seine Pläne weiter und stellte sich sogar gegen den eigenen Minister. Sein Verhalten resultierte weniger aus innen- oder gar machtpolitischen Zielen, sondern aus seiner sehr gewagten und jetzt gefährdeten militärpolitischen Konzeption. Er wollte nämlich die nationalsozialistischen „Gliederungen" als Reservoir für das Reichsheer in Form einer Miliz gewinnen, und verfolgte damit zugleich den Zweck, die Kraft der NSDAP als innenpolitischen Faktor zu schwächen.

Als durch Schleichers Eingreifen zunächst Groener über das SA-Verbot und dann das Kabinett Brüning stürzte, war damit den Belangen der bewaffneten Macht der Vorrang vor dem Nutzen des Staates gegeben worden. Der neue Reichswehrminister hielt eine positive Einstellung der Nationalsozialisten zur Landesverteidigung unter Führung der Wehrmacht für wichtiger als die Eindämmung der innerpolitischen und allgemeinen Gefahr, die zweifellos von Hitler und seinen Anhängern ausging. Das Verhältnis der Reichswehrführung zur NSDAP wurde nicht mehr vom Prinzip der unpolitischen Haltung bestimmt, sondern von der Orientierung an militärpolitischen Interessen. Das besagte nicht, daß Schleicher von seiner grundsätzlichen Abneigung gegenüber den Nationalsozialisten als Partei abrückte oder gar geneigt war, ihnen irgendwelchen Einfluß auf die Streitkräfte einzuräumen. Er optierte innenpolitisch nur insofern für sie, als er sie zur Verwirklichung seiner Umrüstungspläne für einen sehr wichtigen Faktor hielt. Zugleich hoffte er allerdings, „der Bewegung die revolutionäre Spitze abzubrechen". Der Reichswehrführung unterlief jedoch der schwerwiegende Fehler, daß sie das Machtstreben Hitlers unterschätzte. Der Parteiführer verstand es geschickt, die Konkurrenzsorgen der militärischen Führer in ihrem Anspruch, der alleinige Waffenträger im Staat zu sein, zu besänftigen – beispielsweise am 28. Juni 1932 während einer Führertagung, auf der Hitler die Aufgaben der SA von denen der Reichswehr trennte.

Schleicher mußte im Sommer 1932 erleben, daß sich die NSDAP nicht an den Staat heranführen ließ und Hitler die von ihm angeregten Vorleistungen, wie die Auflösung des Reichstages und die Aufhebung des Verbots ihrer uniformierten Gliederungen, nicht honorierte. Nach dem Fehlschlag der Verhandlungen vom

August 1932 über eine Neubildung der Reichsregierung unter Hereinnahme von Nationalsozialisten, die Schleicher mit dem taktischen Ziel anregte, die Geschlossenheit der Nationalsozialisten durch einen Interessenkonflikt zwischen ihrer politischen Organisation und ihren Gliederungen aufzusprengen, verfiel die Partei wieder in „wilde oppositionelle Haltung". Der Reichswehrminister, der sich vor dem 13. August sogar für eine Kanzlerschaft Hitlers eingesetzt hatte, gewann wieder eine nüchternere Einstellung. Jedoch bot die NSDAP keinen Anlaß, der es der Reichswehrführung erlaubt hätte, die bewaffnete Macht legal gegen sie einzusetzen. Hierzu scheint sie jetzt, nachdem sich Schleichers Taktik als verfehlt erwiesen hatte, bereit gewesen zu sein. Ebensowenig gelang es Schleicher, die NSDAP dadurch in ihren politischen Entscheidungen zu beeinflussen oder gar ihr institutionelles Gefüge aufzuspalten, daß er jetzt anstelle von Röhm mit ihrem Organisationsleiter Strasser verhandelte und für sich gewann. Noch nach der Übernahme des Reichskanzleramtes irrte sich Schleicher, als er am 7. Dezember 1932 die Auffassung vertrat, die Nationalsozialisten seien bereit, seine Regierung zu tolerieren. Hitler erwies sich dem aus dem aktiven Dienst geschiedenen General überlegen. Er konnte seine Partei fest am Zügel halten und wurde sogar durch den früheren Kanzler Franz v. Papen in das politische Spiel gebracht. Es trug ihm am 30. Januar 1933 die Reichskanzlerschaft ein. Die von Hitlers Partei lange bekämpften und nur aus taktischen Gründen zeitweise tolerierten „Bürogenerale" hatten ausgespielt. Schleichers Warnung, das Reichswehrministerium einem „Parteigänger Hitlers" zu übertragen, weil ein derartiger Akt „die Reichswehr in große Gefahr bringen" werde, wurde in den Wind geschlagen. Es gelangten sogar Offiziere in die obersten Führungsgremien, die davon überzeugt waren, daß zwischen Wehrmacht und NSDAP ein anderes Verhältnis als bisher angebracht sei. Ihre Kursänderung wurde amtlich dahingehend formuliert, „daß die Entpolitisierung der Reichswehr von Grund auf geschehen müsse".

Die Reichswehr blieb bis zum 30. Januar 1933 unabhängig von einer Partei, der Gesinnung nach stand sie allerdings in den letzten Jahren der Republik eindeutig „rechts". Geistig hatte das Reichsheer diesen Standort spätestens unter Seeckt eingenommen, sich jedoch davor gescheut, ihn offenkundig zu vertreten. Erst unter dem Druck der „nationalen Welle", insbesondere der spürbaren Unzufriedenheit jüngerer Offiziere mit der politischen Linie des Reichswehrministeriums, bekundete die oberste Führung ihre Einstellung. Sie beinhaltete nicht Sympathien für den Rechtsradikalismus. Die Reichswehrführer konnten aber infolge mangelnder eigener Überzeugungskraft nicht verhindern, daß der Nationalsozialismus in der bewaffneten Macht Zuneigung und sogar Anhänger fand. Dennoch blieb die Reichswehr bis zum 30. Januar 1933 ein Instrument der Staatsgewalt, das auf Befehl des Reichspräsidenten zur Sicherung oder gar Wiederherstellung der Ordnung gegen jeden Ruhestörer hätte eingesetzt werden können – auch gegen Hitler und seine Partei.

Schon der Überblick über das Verhältnis zu den Parteien und politischen Richtungen läßt deutlich werden, daß die Reichswehr während der gesamten Zeit ihres Bestehens in einer gewissen Isolierung blieb, die ihr nicht allein zur Last gelegt werden darf. Insbesondere waren die Beziehungen zu den demokratischen Parteien alles andere als befriedigend. Die Soldaten stießen sich immer wieder vornehmlich daran, daß in den Parteien der Weimarer Koalition pazifistischen Ideen Raum und Wirkungsmöglichkeit gewährt wurden. Hierfür brachten sie kein Verständnis auf – eine Tatsache, die nicht oft genug hervorgehoben werden kann. Sie träumten daher von „gesünderen" Verhältnissen, so daß sich aus ihrer Sicht die Frage stellte, wo die Reichswehr eigentlich hingehöre, wenn ihr in dem gegebenen Staate ihre Existenzberechtigung bestritten werde. Ein Anschluß an die radikale Linke stand für sie außerhalb der Diskussion. Die lockende Zusammenarbeit mit der nationalistischen Rechten belastete wiederum das Verhältnis zu den der Wehrmacht positiv begegnenden Trägern der parlamentarischen Republik, die in einer engeren Bindung an die mehr oder minder republikfeindlichen sogenannten vaterländischen Verbände zu Recht eine Gefahr sahen.

Was lag jetzt näher, als daß sich die Reichswehr – auch von diesem Zusammenhang her gesehen – auf ihre eigenen ideologischen Grundlagen zurückzog und Anschluß an „die große soldatische Vergangenheit" suchte. Dabei ist der ganze Komplex der Tradition von den Reichswehrangehörigen selbst wohl kaum als ein Politicum, nicht einmal als Ersatz für fehlende politische Bindungen begrüßt worden. Im Gegenteil, mit der Berufung auf die Traditionswerte sollte unter betonter Abkehr von dem schwer durchschaubaren politischen Getriebe der Parteien der Weg zu dem ethischen Fundament des Soldatentums wiedergefunden werden. Daß aber gerade die so gesehene soldatische Tradition bei den labilen Verhältnissen der Weimarer Republik eine weitwirkende politische Potenz in sich barg, ist vielleicht gefühlt aber nicht bewußt erkannt worden. So ist es zu erklären, daß die Traditionspflege innerhalb der Reichswehr hier und dort auf eine gewisse Indifferenz, aber nirgends auf Ablehnung stieß und die Sonderstellung des Soldaten im Staate weiter untermauerte.

Dem Reichsheer hat vor allem Seeckt als zweiter Chef der Heeresleitung klare Richtlinien gesetzt. Er wies nicht nur in seinem berühmten Erlaß vom 1. Januar 1921 den Kommandeuren die Aufgabe zu, „den Grundstein für neue Tradition und Geschichte" ihres Verbandes zu legen, sondern gab auch grundlegende Anordnungen zur Pflege der Überlieferungen des alten Heeres heraus. Hierbei fand er die freudige Zustimmung der Offiziere, die Tradition „als dringendes Erfordernis" bezeichneten, da ihnen „nur noch der Gedanke an die ruhmvolle Vergangenheit die Mittel" böte, sich vor dem Absinken auf den Status eines Söldners zu bewahren. In dieser Beziehung diente die Tradition in erster Linie der Wahrung der soldatischen Tugenden und Werte, deren Bedeutung auch in den „Berufspflichten" und in vielen Erlassen des Chefs der Heeresleitung immer wieder betont wurde. Durch die Pflege der Tradition wurde außerdem die Verbindung zu den ehemaligen Soldaten hergestellt, die nach Seeckts Auffassung „von großem, fast entscheidendem Wert“ war. Es geschah einmal auf dem Wege des unmittelbaren Kontakts zu den Veteranen sowie zweitens durch das System der Traditionseinheiten.

Die Truppenteile des Reichsheeres übernahmen die Pflege der Überlieferung je eines Verbandes der „kaiserlichen“ Armee, indem meist eine Kompanie usw. Traditionsträger eines der bis 1918/19 bestehenden Regimenter oder anderer Truppenteile war. Die Kontinuität wurde nicht nur durch die Bewahrung der Symbole und Gepflogenheiten und durch die Teilnahme von Abordnungen des Reichsheeres an Gedenkfeiern, Soldatentreffen und ähnlichen Veranstaltungen früherer Verbände, sondern möglichst auch im personellen Aufbau der Traditionsträger berücksichtigt.

Bestimmte Formen der Traditionspflege werden auch rein aus dem soldatischen Denken verständlich. So wurde es als Auszeichnung empfunden und diente der Festigung des Selbstbewußtseins, wenn einige Truppenteile die Erlaubnis erhielten, besondere Erinnerungsabzeichen zu tragen. Die 9. und die 12. Kompanie des 9. (Preußischen) Infanterie-Regiments erhielten Säbeltroddeln aus rotem Juchtenleder, die einst der 7. und 8. Kompanie des Kaiser Alexander Garde-Grenadier-Regiments Nr. 1 in Erinnerung an die Schlacht bei Cassano (1805) verliehen worden waren. Die 1. und die 4. Kompanie des 17. Infanterie-Regiments und die 4. Eskadron des 13. Reiter-Regiments trugen den Braunschweigischen Totenkopf der „Schwarzen Schar“ von 1809 an der Dienstmütze. Die 1. und 2. Eskadron des 5. (Preußischen) Reiter-Regiments als Traditionstruppenteile der ehemaligen Leibhusaren-Regimenter durften den Totenkopf der Schwarzen Husaren Friedrichs des Großen und die 2. und 4. Eskadron des 6. (Preußischen) Reiter-Regiments den Schwedter Dragoneradler (ohne Krone und Band) an der Dienstmütze tragen. Ihren Offizieren und Wachtmeistern war das Tragen des seit den Befreiungskriegen den Schwedter Dragonern verliehenen (ehemals französischen) Säbels mit dem Greifenkopf gestattet.

In manchen Kasernen entstanden richtige kleine Regimentsmuseen. Auch die einzelnen Truppenteilen der alten Armee verliehenen Kesselpauken mit den wertvollen gestickten Behängen und die Schellenbäume der Infanterie-Regimenter wurden, und zwar mit den Original-Emblemen, bei Reichswehrparaden mitgeführt. Hierher gehört auch der Paukenhund des A-Bataillons des 1. (Preußischen) Infanterie-Regiments in Königsberg.

Die Traditionspflege brachte die bewaffnete Macht der Republik in enge Beziehungen zu den zahlreichen Traditionsverbänden der Regimenter usw., deren Überlieferung einerseits bewahrt werden sollte, deren Angehörige andererseits vielfach der Reichswehr als einer Institution der Republik mißtrauisch entgegentraten. General a. D. Graf v. d. Goltz scheute sich nicht einmal, die Reichswehr anläßlich eines Frontkämpfertages zu Berlin am 25. August 1921 in aller Öffentlichkeit heftig anzugreifen. Die Vorsitzenden dieser Vereine waren meist ehemalige Offiziere des jeweiligen Truppenteils, oft ihr letzter Kommandeur. Sie standen in ihrer Mehrheit dem neuen Staat wenig freundlich oder gar feindlich gegenüber, wodurch zahlreiche Treffen nicht selten zu politischen Manifestationen gegen die Republik ausarteten. Dennoch galten diese Vereine – wie ihr Dachverband, der Deutsche Kriegerbund „Kyffhäuser“ – als unpolitisch im Sinne von § 36 WG. Wenn Angehörige der bewaffneten Macht an den Veranstaltungen teilnahmen, bemühte sich die Reichswehrführung, derartigen „Entgleisungen" vorzubeugen. Seeckt wies auch auf die außenpolitischen Folgen hin, die von stark in Erscheinung tretenden militärischen Erinnerungsfesten ausgehen konnten, aber letztlich war die Reichswehrführung nicht bereit anzuerkennen, daß es sich bei fast allen Zusammenkünften der Traditionsvereine um Kundgebungen mit politischem Charakter handelte. Dieses Zugeständnis hätte sie mit § 36 WG in Konflikt gebracht und gezwungen, entsprechende Folgerungen für die Reichswehr zu ziehen.

Außerdem erhielt die Traditionspflege dadurch eine politische Bedeutung besonderer Art, daß sie nicht nur „das Erbe der alten Armee" zu erhalten suchte, sondern auch als ideeller Brückenschlag in eine „bessere" Zukunft der Reichswehr helfen sollte, das Stadium des aufgezwungenen Berufs- und Hunderttausend-Mann-Heeres ohne Schaden zu überstehen. Dieses legitime Anliegen gewann politische Relevanz, weil die Soldaten von dem bestehenden Staat keine Änderung der Militärverfassung erwarteten und deshalb ihre Blicke auf einen imaginären Staat der Zukunft richteten. Über seine Beschaffenheit dachten die wenigsten nach, sie hofften jedoch auf seine Verwirklichung und waren nicht bereit, mehr als unumgänglich notwendig für die parlamentarische Demokratie einzutreten. Auch so gesehen wurde die Traditionspflege zu einem Faktor, der die Integration der Reichswehr in die Republik zumindest erschwerte.

d. Reichswehr und Öffentlichkeit

Die Presse

Träger, Mittler und Instrument der öffentlichen Meinungsbildung war im wesentlichen noch die Presse. Der Rundfunk gewann erst in den letzten Jahren der Republik stärkere Bedeutung, Groener und Schleicher wußten sich seiner bereits zu bedienen. Die eigentlichen Diskussionen um das Wesen der Reichswehr jedoch wurden von den Zeitungen und einigen Zeitschriften geführt. Naturgemäß hing die Haltung einzelner Presseorgane von Faktoren ab, die nicht immer einzukalkulieren waren. Über mehrere Jahre hin konnte sich beispielsweise die Reichswehrführung auf die „Berliner Börsenzeitung" stützen. Dies änderte sich, als sich Schleicher im Zusammenhang mit der Nachfolge des dritten Chefs der Heeresleitung mit General Joachim v. Stülpnagel überwarf, dessen Familie das Blatt kontrollierte. Ausschlaggebend waren also besonders der finanzielle Träger des Blattes – so für einen Teil der sogenannten Rechtspresse dessen Zugehörigkeit zum Hugenberg-Konzern – und die Bindung des Organs oder nur der zuständigen Redakteure an eine der Parteien. Bei den für die Formung der öffentlichen Meinung einflußreichen Lokalzeitungen spielte oft das örtliche Verhältnis zwischen Bevölkerung und Truppe eine maßgebliche Rolle. Insgesamt ist dieser Fragenkomplex bisher noch nicht eingehend erforscht. Nur über einige größere Zeitungen liegt eine Untersuchung vor.

Kennzeichnend für die Auseinandersetzungen in den großen, überregionalen

Blättern, wie den „Münchener Neuesten Nachrichten", der „Frankfurter Zeitung" und dem „Vorwärts" war, daß sie zumeist nicht durch das notwendige Maß an Sachlichkeit, sondern durch leidenschaftliche Stellungnahmen in Ablehnung und Zustimmung geprägt waren. Einseitige, wenig fördernde Kritik oder über das Ziel hinausschießende Bejahung charakterisieren die Behandlung des Kapp-Lüttwitz-Putsches und der Zusammenarbeit des Reichsheeres mit der Roten Armee, des Ergänzungswesens oder Groeners Erlaß vom 29. Januar 1932, um einige Mittel- und Höhepunkte der Erörterungen zu nennen. Besonders nachhaltig und unsachlich wurde von den die Wehrmacht mißtrauisch beobachtenden Zeitungen die Thematik „Schwarze Reichswehr" behandelt. Insgesamt trugen diese Organe der öffentlichen Meinung in ihrer Art der Auseinandersetzung kaum dazu bei, die Grundprobleme der bewaffneten Macht klären und lösen zu helfen. Daher ist wohl mit Recht festgestellt worden, daß ihre auf breitem Raum ausgetragenen Diskussionen „die Kluft zwischen Heer und Republik eher vertieft, als daß sie sie überbrückt" haben (Trampe).

Die „Münchener Neuesten Nachrichten" bejahten aus politischen und militärischen Motiven eine schlagkräftige deutsche bewaffnete Macht. In ihr sahen sie außerdem mehr als nur ein Instrument des Staates, und sie verstiegen sich zu der bekannten These, daß die Armee eine „Schule der Nation" sein müsse. Die seit 1920 deutschnationalen Kreisen nahestehende Zeitung behandelte alle Angelegenheiten der Wehrmacht „mit dem größten Wohlwollen" und setzte sich unermüdlich dafür ein, daß das Deutsche Reich wieder in den Besitz seiner unbeschränkten Wehrhoheit gelangte. Vorbehaltlos trat das Blatt für fast alle Ansprüche und Forderungen der Reichswehr ein, auch für die „Schwarze Reichswehr" und andere als geheime Rüstungsmaßnahmen bekanntgewordenen Verstöße gegen den Friedensvertrag und gegen Reichsgesetze. An den Soldaten der Reichswehr und ihren obersten Führern übte es nicht nur keine Kritik, sondern überschritt hier in Anerkennung und Lob das gesunde Maß. Die Reichswehrminister Noske und Geßler wurden von den „Münchener Neuesten Nachrichten" voll unterstützt, Groener begegneten sie dagegen in Übereinstimmung mit den ihr nahestehenden politischen Schichten ablehnend, Schleicher stieß ebenfalls auf Zurückhaltung.

Die „Frankfurter Zeitung" – ein Organ bürgerlich-demokratischer Richtung – stand der Reichswehr zwar mißtrauisch gegenüber, zeigte aber trotz ihrer sehr kritischen Einstellung das Bemühen, Probleme wie den Gesamtbereich der Militärpolitik sachlich zu behandeln. Geßler bemühte sie mehrfach, um der Öffentlichkeit die Ansichten des Reichswehrministers nahezubringen. Die Zeitung stellte sich jedoch nach 1924 in Opposition zu ihm, weil sie seine anfänglich klare Haltung in militärpolitischen Fragen vermißte, und forderte nachdrücklich seinen Rücktritt. Dagegen entsprach Groener ihren Vorstellungen von einem Reichswehrminister der Republik. Den „politisierenden" General Schleicher wiederum lehnte sie zunächst eindeutig ab. Ihre Einstellung wandelte sich, als ihr die bewaffnete Macht mit ihm als Reichskanzler und Reichswehrminister „die einzige politische Alternative zum Nationalsozialismus" zu sein schien. Das Blatt, das um 1926 von der Forderung nach einer entpolitisierten Wehrmacht abgerückt war und sich für die Republikanisierung eingesetzt hatte, trat seit dem Heraufziehen der nationalsozialistischen Bedrohung der Republik wieder für die Entpolitisierung ein, weil es hierin die einzige Chance sah, Hitlers Enflußnahme auf die Wehrmacht abwehren zu können. Deutlich erkennen läßt sich in dieser letzten Phase der Republik auch das Bestreben der Redaktion, das Verhältnis zur bewaffneten Macht zu verbessern und damit auf militärische Kreise Einfluß zu gewinnen. Dazu war es jedoch zu spät.

Ausgesprochen skeptisch, von schier unüberwindbarem Mißtrauen erfüllt und fast immer zu eindeutig polemischer Stellungnahme bereit, trat der „Vorwärts", das Zentralorgan der SPD, der Reichswehr entgegen. Er vertrat unentwegt die Forderung, die bewaffnete Macht müsse ohne Einschränkungen in den parlamentarisch-demokratischen Staat integriert und von überzeugten Republikanern geführt werden, und lehnte daher folgerichtig und beharrlich die Entpolitisierung der Wehrmacht ab. Das Blatt scheute nicht davor zurück, einerseits reichswehrfreundliche Parteiangehörige wie Noske scharf anzugreifen und andererseits die Reichstagsrede Scheidemanns vom 16. Dezember 1926 ohne Einschränkungen zu unterstützen, obgleich sie keinesfalls einhellig von der Partei gebilligt wurde. Besonders scharf polemisierte der „Vorwärts" gegen das Offizierkorps und den zweiten Chef der Heeresleitung. Geßler wurde ebenfalls fortwährend bekämpft, Groener fand dagegen bedingtes Verständnis. Auf die Reichswehr selbst konnte das sozialdemokratische Zentralorgan mit seiner reichswehrfeindlichen Grundhaltung keinen Einfluß ausüben.

Es ist verständlich, daß Presseorgane wie der „Vorwärts", gelegentlich auch die „Frankfurter Zeitung" wegen ihrer oftmals einseitigen und übertriebenen, nicht einmal den berechtigten Interessen der Wehrmacht gerechtwerdenden Kritik und Polemik von den Soldaten scharf abgelehnt wurden. Die Reichswehrführung empörte sich nicht nur über die Angriffe, sondern vor allem auch über die „Enthüllungen" – Nachrichten und Veröffentlichungen über illegale und geheime Rüstungsmaßnahmen, also Verstöße gegen den Versailler Vertrag zugunsten der Landesverteidigung – und über die möglichen Auswirkungen der pazifistischen Grundhaltung dieser meinungsbildenden Organe.

Pazifismus und Landesverratsprozesse

Eine besonders unerquickliche Form der Diskussion, die wesentlich zur Vergiftung der politischen Atmosphäre in der Republik beitrug, entbrannte zwischen der Reichswehr und Vertretern des Pazifismus.

Der Pazifismus hatte die bewaffnete Macht noch bis zum Ersten Weltkrieg vor keine schwerwiegenden Probleme gestellt. Seine Vertreter, ihre Organisationen und Veröffentlichungen waren beobachtet worden, aber man hatte es für überflüssig erachtet, sich eingehend mit ihnen zu beschäftigen. Dieser Zustand wandelte sich in der Weimarer Republik. Neben die seit 1892 bestehende, jetzt größte Vereinigung der deutschen Pazifisten, die „Deutsche Friedensgesellschaft", traten weitere, teilweise schon während des Weltkrieges ins Leben gerufene pazifistische Organisationen, deren bedeutendste die 1919 aus dem „Bund Neues Vaterland" hervorgegangene „Deutsche Liga für Menschenrechte" war. Sie schlossen sich von 1921 bis 1929 im „Deutschen Friedenskartell" als Dachverband zusammen, ohne daß es gelang, Richtungskämpfe zu verhindern. Ihre Forderungen vertraten die Pazifisten in Kundgebungen und Veröffentlichungen jeder Art, vornehmlich aber in Zeitschriften, wie „Die Menschheit", „Das Andere Deutschland", hinter der die Deutsche Friedensgesellschaft stand, und „Die Menschenrechte". Die bedeutendste Zeitschrift im pazifistischen Bereich war „Die Weltbühne", in der Kurt Tucholsky schrieb und deren Herausgeber seit 1927 Carl v. Ossietzky war. Der Vielfalt der Bünde und Publikationsorgane entsprach die heterogene Zusammensetzung der Publizisten. Unter ihnen waren als führende Männer zu finden Professoren, wie der Pädagoge Friedrich Wilhelm Foerster und der Historiker Ludwig Quidde, ehemalige Offiziere des Heeres und der Marine, wie die Generale Paul Freiherr von Schoenaich und Berthold von Deimling, und der Kapitän zur See Lothar Persius, sowie Politiker, Schriftsteller und Journalisten, wie Hellmut v. Gerlach, Fritz Küster und Otto Lehmann-Rußbüldt.

Das Verhältnis der Reichswehr zur Friedensbewegung war dadurch gekennzeichnet, daß sie schlechthin von „landesverräterischem Pazifismus" sprach. Die Soldaten sahen im Pazifisten durchweg den Verräter an der Nation, der den Willen eines Volkes zur Landesverteidigung untergrabe, und stellten ihn auf eine Ebene mit dem Spitzel im Auftrage und Solde der ehemaligen Feindmächte. Im übrigen beschäftigte der Pazifismus die Reichswehrführung auch deshalb besonders, weil ihrer Ansicht nach seine Verfechter in den staatstragenden Parteien großen Einfluß besaßen. Seeckt soll im pazifistischen Gedankengut eine größere Gefahr gesehen haben als im Kommunismus. Nicht zuletzt mag dabei das Bewußtsein mitgespielt haben, daß der Pazifist nicht nur der politische oder ideologische Gegner war, sondern der Verneiner des militärischen Daseins überhaupt.

Die Pazifisten stellten die Behauptung auf, daß sie die einzigen seien, die wirklich für das „Wohl des Reiches" eintreten würden. Sie fühlten sich „berufen, darüber zu wachen, daß die internationalen Verträge, also auch der Versailler Vertrag, von Deutschland nach Treu und Glauben gehalten werden . . . [und waren] der Ansicht, daß nach dem Eintritt Deutschlands in den Völkerbund, nach Abschluß des Locarno-Vertrages und des Kellog-Paktes das Reich ,nunmehr völkerrechtlich verpflichtet sei, von Kriegsmaßnahmen entweder gänzlich abzusehen oder vor ihrer Ergreifung gewisse vorbeugende Maßnahmen einzuschlagen'. Und auf diesen politischen Erwägungen bauten sie die These auf, daß fast alle Maßnahmen der deutschen Regierung auf dem Gebiet der Landesverteidigung eine Verletzung der übernommenen (und aufgezwungenen) völkerrechtlichen Verpflichtungen sei. Dem ,Wohl des Reichs' könne aber nicht besser gedient werden als durch öffentliche Anprangerung aller solcher Verfehlungen – damit der deutsche Wähler vor der gefährlichen Regierung gewarnt werde." Also selbst dann, so argumentierten die Pazifisten gemäß der Darstellung ihrer Auffassung von der Rechtslage durch Dr. Adolf v. Carlowitz, einem Juristen in der Wehrmachtabteilung des Reichswehrministeriums, „wenn gegenüber dem Ausland gewisse Geheimhaltungsinteressen begründet wären, begehe der Pazifist doch keinen Landesverrat, denn er wende sich ja nicht an die ausländischen Regierungen, sondern an das deutsche Volk, dem man die Wahrheit vorenthalte."

Daß die Veröffentlichungen der Pazifisten „der Bekämpfung des Militarismus dienten und letzten Endes dem Deutschen Reich den Frieden erhalten sollten", mußte die Reichswehrführung als eine Ansicht ablehnen, gegen die es sich erübrigte, politische Argumente ins Feld zu führen. Für sie genügte es, daß die pazifistische Propaganda wesentliche Voraussetzungen des Strafrechtstatbestandes des Landesverrats erfülle, auch wenn es sich in der Mehrzahl der Fälle gar nicht um eine „Preisgabe einzelner wahrer Tatsachen, sondern um Verleumdungen" handelte. Diese seien jedoch in ihrer Wirkung „in manchen Fällen noch unheilvoller als der gewöhnliche Verrat einzelner Geheimnisse". Außerdem, argumentierte die Reichswehrführung, bestände die Gefahr, daß die Veröffentlichungen von den ehemaligen Alliierten aufgegriffen und zu neuen Eingriffen in die Militärhoheit des Reiches führen könnten. Allerdings gingen die Meinungen im Reichswehrministerium darüber zunächst auseinander, ob es richtig wäre, den Enthüllungen mit Landesverratsprozessen zu begegnen. Der Abschreckungstheorie stand die Auffassung entgegen, Prozesse könnten als Beweis dafür ausgelegt werden, daß hinter den Nachrichten und Veröffentlichungen Tatsachen ständen. Trotzdem griff die Reichswehrführung zum Mittel der Verfahren wegen Landesverrat.

In ihrem Kampf gegen die Pazifisten fand die Reichswehrführung in vielen Fällen die offensichtliche politische Unterstützung der Gerichte. Die gemeinsame Grundlage bildete eine einseitige und daher recht problematische Auffassung dessen, was mit dem Begriff Patriotismus umschrieben wurde. Die Rechtsprechung entwickelte außerdem den neuen Begriff des Landesverrats, begangen durch die Presse. Seine Auslegung war nicht selten das Ergebnis politischer Justiz und mußte sich ausgesprochen ungünstig auf den Geist der Republik auswirken. Zu ihrer rechtlichen „Sicherung" fanden sich gerade die Personen, die ihr wenig freundlich gesinnt waren. Diese Auffassung von Landesverrat wurde nicht nur auf Veröffentlichungen aus pazifistischen Kreisen, insbesondere auf die „Enthüllungen" angewandt, sondern auch auf andere Informationen, die für die Öffentlichkeit bestimmt, der Reichswehr aber unangenehm waren. So sollen in den Jahren 1924 – 1927 über 10 000 Anzeigen wegen Hoch- und Landesverrats erstattet und im Rahmen von Verfahren 1 071 Personen verurteilt worden sein.

Die Landesverratsprozesse, von den nur die wichtigsten vor dem Reichsgericht geführt wurden, waren in den Verfahren problematisch, in denen die Angeklagten nicht im Auftrage einer fremden Macht oder aus niederen Beweggründen, sondern als staatsbejahende oder gar staatstragende Elemente aus pazifistischen oder innenpolitischen Motiven gehandelt hatten. Beispielsweise sahen sozialdemokratische Redakteure in der Existenz geheimer Waffenlager eine Gefahr für die Republik, weil sie befürchteten, daß diese Bestände von den sogenannten vaterländischen Verbänden und paramilitärischen Organisationen in ihrem Kampf gegen den Staat mißbraucht werden könnten. Da sich immer wieder herausstellte, daß das Reichsheer Verbindungen mannigfaltiger Art zu den Wehrverbänden besaß, wurden auch seine Maßnahmen, wie die Zeitfreiwilligeneinstellung, die geheime Ausbildung, der Grenzschutz und andere Verstöße gegen den Friedensvertrag, in den Bereich innenpolitischer Gefahren einbezogen und deshalb der Öffentlichkeit unterbreitet. Vielfach handelte es sich dabei um Vorgänge, die den Vertretern der Kriegsgegner – bis 1927 vor allem der IMKK – schon bekannt waren, so daß die Veröffentlichungen nicht einmal Geheimnisverrat mit sich brachten. Rechtlich kam hinzu, daß der Angeklagte, wenn seine Information den Tatsachen entsprach, im Sinne der Bestimmungen des Friedensvertrages gehandelt hatte, dessen Inhalt durch Reichsgesetz vom 16. Juli 1919 zum innerstaatlich bindenden Recht erklärt und dem darüber hinaus durch Artikel 178 der Weimarer Verfassung „eine besondere privilegierte Stellung" verliehen worden war, „indem er ihm in der Rangordnung der positiven Rechtsquellen sogar den Platz vor den Verfassungsgesetzen einräumte" (Schwarz). Diese Rechtslage war auch im Reichswehrministerium bekannt (s. S. 202 f.), wurde aber zunächst bewußt unberücksichtigt gelassen, später zugunsten der Interessen der Landesverteidigung interpretiert. War die Meldung dagegen unwahr, so fiel sie nicht unter die für eine Bestrafung erforderlichen Tatbestandsvoraussetzungen des Landesverrats. Die Reichswehrführung begründete deshalb zahlreiche Landesverratsverfahren mit dem Vorwurf der landesverräterischen Propaganda und bemühte sich, damit einen neuen Strafrechtstatbestand zu schaffen.

Das Reichswehrministerium begründete die Verfolgung der seiner Auffassung nach landesverräterischen Handlungen mit dem Argument, daß die Veröffentlichungen der „Links"-Presse und der Pazifisten nicht dem Frieden dienten, sondern der deutschfeindlichen Propaganda des Auslandes Material zuführten. Vertrauen, Ansehen und die auf Verständigung ausgerichtete Außenpolitik Deutschlands würden geschädigt, denn, so erklärte Reichswehrminister Geßler 1925 im Reichstag, „einem souveränen Staat gegenüber sind derartige Dinge unwesentlich. Aber ein Staat, der bestimmte völkerrechtliche Verpflichtungen hat und der sie halten will, kann nicht fortwährend von der eigenen Presse und von den Leuten des eigenen Volkes des Vertragsbruches beschuldigt werden ..." Er fand damit natürlich nicht die Zustimmung der SPD, die schon 1924 die Einstellung der Landesverratsprozesse forderte. Ihr Reichstagsabgeordneter Georg Schöpflin erklärte als einer ihrer Sprecher zu militärischen Fragen, daß militärische Geheimnisse gar nicht verraten, sondern nur unstatthafte Vorgänge der Öffentlichkeit durch die Presse mitgeteilt würden. Insbesondere der These Geßlers stellte er entgegen, daß alle Informationen, die bisher verbreitet worden seien, keineswegs in dem Ausmaße den Verdacht des Auslandes geweckt und das Mißtrauen gegenüber Deutschland gestärkt hätten wie die Landesverratsprozesse, die angekündigt und angestrengt worden seien. Das Reichswehrministerium sah sich wohl infolge solcher Argumentation im Zusammenhang mit den Abrüstungsverhandlungen von 1932 veranlaßt, zu dem Problem der Landesverratsprozesse in aller Öffentlichkeit Stellung zu nehmen. Carlowitz vertrat hierbei die Auffassung, es sei „ein grundlegender Irrtum, wenn aus der Anwendung der Strafbestimmungen gegen Landesverrat ... geschlossen wird, daß tatsächlich geheime Rüstungen vorhanden seien, deren Verrat mit strafrechtlichen Maßnahmen verfolgt wird". Solche Erklärungen erschöpften die Problematik keineswegs befriedigend, zumal die Stellungnahme offenkundig nicht der Wahrheit entsprach. Eine gemeinsame Basis für alle politischen oder zumindest regierungstreuen Kräfte zum Zwecke einer geordneten Landesverteidigung war auf diese Weise nicht zu schaffen. Die Landesverratsprozesse haben jedenfalls kaum etwas zur Klärung und Säuberung der Begriffe beigetragen, sondern lediglich die Kluft, die sich zwischen der bewaffneten Macht und Teilen des deutschen Volkes aufgetan hatte, offenbar werden lassen und möglicherweise noch erweitert.

Wehrerziehung und Dolchstoßlegende

Aber es waren nicht nur Abwehrreaktionen, mit denen die Reichswehr in der Öffentlichkeit von sich reden machte. Sie ergriff auch von sich aus die Initiative, um die pazifistische Bewegung und ihre Auswirkungen nicht nur rechtlich, sondern auch geistig zu bekämpfen und die im Volk als Folge des verlorenen Krieges verbreitete Sehnsucht nach ewigem Frieden zu neutralisieren. Eine der Hauptaufgaben ihrer Öffenlichkeitsarbeit sah sie darin, die sogenannte Wehrgesinnung zu erhalten und möglichst große Teile der Bevölkerung von der

Notwendigkeit jeder Form von Vorbereitung der Landesverteidigung zu überzeugen, also die aufgerissene Kluft zu schließen oder zumindest zu überbrücken. Zur Propagierung dieser Idee und zugleich zur Beeinflussung der Öffentlichkeit zugunsten der Wehrmacht griff sie auf viele Mittel zurück. Beispielsweise subventionierte sie Zeitschriften wie „Wissen und Wehr“ und die „Marine-Rundschau“, die keinesfalls nur die Reichswehr und ehemalige Soldaten ansprechen sollten wie das „Militär-Wochenblatt“, und andere Veröffentlichungen in Broschüren- und Buchform. In ihrem Sinne handelte auch Kapitän Lohmann (vgl. Abschnitt VII), wenn er aus seinen geheimen Geldmitteln die „Phöbus-Film-Gesellschaft“ in der Absicht unterstützte, „durch geeignete Filme das Interesse der deutschen Öffentlichkeit auf die Fragen der Landesverteidigung und der Seegeltung“ zu lenken.

Darüber hinaus bemühte sich das Reichswehrministerium, das Vertrauen der Öffentlichkeit in die militärischen Fähigkeiten der Wehrmacht und insbesondere ihrer Führer wiederzugewinnen. Es ließ sich nämlich nicht übersehen, daß die Niederlage im Ersten Weltkrieg zu einer Minderung ihres Ansehens geführt hatte. In diesem Zusammenhang verhinderten die verantwortlichen Stellen wider besseres Wissen nicht, daß sich die Vorstellung, der Krieg sei durch Verrat verlorengegangen – die sogenannte Dolchstoßlegende – zu einem unheilvollen Schlagwort verdichtete.

Die Dolchstoßlegende und die mit ihr verbundene „Dolchstoß“-Diskussion können in ihrer Entstehung bis in die letzten Tage des Ersten Weltkrieges zurückverfolgt werden. Ihr lagen drei ursprünglich gesondert aufgekommene Vorstellungen zugrunde, deren wichtigste das „Dolchstoß“-Erlebnis war. Die Frontsoldaten und weite Kreise des Volkes wurden vom unglücklichen Ausgang des Krieges so unvorbereitet getroffen, daß sie die revolutionären Geschehnisse in Deutschland in ihrer Auswirkung auf die Fronttruppen als einen „Dolchstoß von hinten“ als ein „In-den-Rücken-Fallen“ empfanden. In dieser subjektiv zu begreifenden Auffassung sahen sie sich bestärkt durch die angebliche Äußerung des englischen Generals Maurice, die deutsche Armee „wurde von der Zivilbevölkerung von hinten erdolcht“. Das „Dolchstoß“-Bild wurde durch das Schlagwort „Im Felde unbesiegt“ ergänzt. Sogar Vertreter der neuen Ordnung lieferten dazu ihren Anteil, indem sie den heimkehrenden Truppen zuriefen, sie hätten die harten Waffenstillstandsbedingungen nicht verschuldet und kämen „nicht besiegt und geschlagen“ zurück (Badische vorläufige Volksregierung, 16. November 1918), oder sie mit den Worten begrüßten: „Kein Feind hat Euch überwunden“ (Friedrich Ebert, 10. Dezember 1918). Zum „Dolchstoß“-Erlebnis und der mit dem Schlagwort „Im Felde unbesiegt“ verbundenen Deutung des Kriegsverlaufs gesellte sich drittens der Grundgedanke, die Heimat habe versagt. Dieses zunächst allgemein gehaltene Urteil wurde sehr bald mit dem Vorwurf des Vaterlandsverrats belastet, mit dem die sogenannten nationalen Kreise ihre Feinde, besonders die Sozialdemokratische Partei, in Verruf zu bringen suchten.

Aus der Verschmelzung der angeführten drei Vorstellungen entstand die Version der Dolchstoßlegende, wie sie etwa ein Jahr nach Kriegsende allgemein verbreitet war. Sie besagte, das im Felde unbesiegte deutsche Heere wäre seit langem durch eine revolutionäre Agitation unterwühlt, durch Streiks in der Heimat und Vorgänge wie die Friedensresolution von 1917 demoralisiert und dann durch die Revolution wehrlos gemacht worden. So wurde es ihm unmöglich, für erträgliche Waffenstillstands- und Friedensbedingungen weiterzukämpfen. In dieser Form wurde die Dolchstoßlegende zur Waffe im politischen Tageskampf – nicht zuletzt dadurch, daß Generalfeldmarschall v. Hindenburg sie am 18. November 1919 vor dem Untersuchungsausschuß der Nationalversammlung vertrat. Die Oberste Heeresleitung hat die Dolchstoßlegende also nicht ins Leben gerufen, viele Militärs einschließlich Hindenburgs und Ludendorffs bedienten sich jedoch gern dieses Mittels, um ihren Anteil am Verlust des Krieges zu verschleiern. Breitenwirkung konnte sie aber letztlich wohl nur erzielen, weil es zahlreiche Deutsche gab, „die den November 1918 in einer Weise erlebt hatten, daß ihnen die Charakterisierung als ‚Dolchstoß' ‚aus der Seele gesprochen' war; mit solchem Erlebnis verbunden, konnten viele die ‚Dolchstoß-These' guten Glaubens vertreten und übernehmen" (Hiller von Gaertringen). Diese Empfänglichkeit verführte die propagandistischen Wortführer der Dolchstoßlegende dazu, in den Wahlkämpfen von 1920 und 1924 den Kreis der angeblichen Täter bis auf die Parteien der Weimarer Koalition zu erweitern. Ihre Methode löste eine kritische Auseinandersetzung aus, die zuerst im vierten Unterausschuß des Untersuchungsausschusses des Reichtags und dann vor der breiten Öffentlichkeit durch die zwei sogenannten „Dolchstoß"-Nummern der Süddeutschen Monatshefte vom April und Mai 1924 und im Münchener „Dolchstoß"-Prozeß von 1925 durchgefochten wurde. Im Ergebnis mußte die „Dolchstoß"-These von ihren Verfechtern auf die USPD eingeschränkt werden. Außerdem mußten sie einräumen, daß in den mit ihr bezeichneten Vorgängen nur *eine* von mehreren Ursachen des Zusammenbruchs von 1918 angesprochen wurde. Daher ließ das Interesse der Öffentlichkeit an der Dolchstoßlegende später nach.

Von der nationalsozialistischen Propaganda wurde schon zu dieser Zeit eine andere, gewissermaßen übersteigerte Version der Dolchstoßlegende vorgetragen, deren Ursprünge sich ebenfalls bis in die ersten Monate nach Kriegsende zurückverfolgen lassen: Deutschland wäre im November 1918 der „Sieg zum Greifen nahe" gewesen, jedoch wäre diese Chance infolge der Schwäche der kaiserlichen Regierung und der revolutionären Agitation und Tätigkeit der „Novemberverbrecher" vergeben worden. Aus rein propagandistischen Zwecken wurde übrigens der Schwerpunkt der Anklage nach den politischen Erfordernissen verlegt. Bis 1933 lag er in der Verurteilung der „Novemberverbrecher" – ein vieldeutiges Schlagwort –, nach 1933 wurde betont, daß der Zusammenbruch von 1918 wegen des Versagens der führenden Männer nicht unverdient eingetreten sei.

Die Dolchstoßlegende und ihr propagandistischer Mißbrauch trugen nicht nur stark dazu bei, daß sich sehr viele Deutsche einer Täuschung über die historischen Vorgänge hingaben, die zur Niederlage im Ersten Weltkrieg geführt hatten, sondern verhinderten auch die Erkenntnis, daß Deutschland mit dem verlorenen Krieg zu einem zweitrangigen Staat abgesunken war. Sie wirkten sich zweifellos zuungunsten der staatstragenden Kräfte der demokratischen Republik aus und belasteten von vornherein zusätzlich das Verhältnis der Reichswehr zur stärksten Partei, der SPD. Kaum ein Schlagwort der Nachkriegszeit hat soviel Unsegen gestiftet wie die These, daß Deutschland nicht militärisch, sondern politisch versagt habe.

Das Reichsarchiv und seine Publikationen

Als ein weiteres, und zwar sehr umkämpftes Mittel der Öffentlichkeitsarbeit erwiesen sich auch die Publikationen des Reichsarchivs, obgleich sie nicht unmittelbar für diesen Zweck gedacht waren. Bis 1918 lag die Darstellung der

Kriegsereignisse in der Form einer „amtlichen Kriegsgeschichtsschreibung", die nicht nur Kriegserfahrungen vermitteln, sondern auch eine breitere Öffentlichkeit ansprechen sollte, in den Händen der Kriegsgeschichtlichen Abteilungen des Großen Generalstabes unter dem Oberquartiermeister für Kriegsgeschichte Oberst Merz von Quirnheim. Im Herbst 1919 wurden die umfangreichen Heeresakten weitgehend in das neugegründete Reichsarchiv, eine dem Innnenministerium nachgeordnete Behörde (vgl. S. 130), überführt. Die als Beamte übernommenen Offiziere, wie auch Merz von Quirnheim als erster Präsident dieser Institution, standen damit vor ungewohnten Problemen. Das Reichsarchiv wollte einerseits an der Tradition der amtlichen Kriegsgeschichtsschreibung anknüpfen, durfte andererseits aber nach dem Willen der Reichsregierung keine Fortsetzung der alten Generalstabsabteilungen sein. Die Bearbeitung einer amtlichen Geschichte des Weltkriegs war auch aus diesem Grunde schon 1919 vom Reichskabinett abgelehnt worden.

Das Reichsarchiv in Potsdam begnügte sich jedoch von Anfang an nicht mit einer archivalischen Tätigkeit. Es übernahm zwar die Akten einiger Reichsbehörden – eine Eingliederung des Marinearchivs scheiterte dagegen am Widerstand der Marineleitung – und mußte 1920 ein Drittel seiner höheren Beamtenstellen mit „zivilen" Fachleuten besetzen. Es unterstützte aber auch die Abfassung der zahlreichen „Erinnerungsblätter deutscher Regimenter", leitete die Bearbeitung einer Reihe „Schlachten des Weltkrieges" und beschäftigte sich mit der Herausgabe eines umfangreichen Werkes über den Weltkrieg.

Mit diesem Vorhaben wurde das Reichsarchiv allerdings zum Gegenstand einer massiven Kritik verschiedener Behörden und Parteien. Das Auswärtige Amt verwahrte sich gegen eine Einbeziehung der politischen Geschichte des Krieges, das Preußische Geheime Staatsarchiv und das Politische Archiv des Auswärtigen Amtes wandten sich überhaupt gegen das Bestehen einer Forschungsabteilung im Reichsarchiv, und aus politisch linksgerichteten Kreisen wurden Bedenken gegen die ehmaligen Offiziere laut, die sich kaum für die erforderliche kritische Auseinandersetzung mit den Entschlüssen der militärischen und politischen Führung während des Krieges eignen würden. Mitglieder der „Historischen Kommission für das Reichsarchiv", die 1920 vom Innenministerium ins Leben gerufen worden war und während ihres Bestehens unter Vorsitz von Staatssekretär Lewald unter anderen Außenpolitiker (Bethmann Hollweg, Brockdorff-Rantzau), Generale (Borries, Freytag-Loringhoven, Kuhl, Groener) und vor allem Universitätsprofessoren (so Delbrück, Meinecke, Oncken, Schulte, Marcks, Rothfels) umfaßte, lehnten ein Werk mit amtlichem Charakter grundsätzlich ab. Für das Reichsarchiv hatte dieser Meinungsstreit zur Folge, daß ihm das Innenministerium 1922 alle Arbeiten von innen- und außenpolitischer Bedeutung verbot und der Reichspräsident zum 1. März 1923 die umstrittene Abteilung A auflöste. Das Personal dieser für „Politik und Kolonialgeschichte" zuständigen Abteilung wurde auf die anderen Arbeitsgruppen verteilt, denen, soweit sie mit Kriegsgeschichte befaßt waren, auf Weisung des Innenministeriums „auch republikanisch gesinnte“ Beamte angehören sollten. Als mit der Inflation auch für den Etat des Reichsarchivs Einsparungen notwendig wurden, betraf der Personalabbau vornehmlich die ehemaligen Offiziere. Die eigentliche Arbeit an der Geschichte des Weltkrieges begann somit erst in der zweiten Hälfte des Jahres 1923, nach einer Umorganisation des Archivs.

Entsprechend seinem ursprünglichen Arbeitsvorhaben gliederte sich das Reichsarchiv am 1. Januar 1921 in die Abteilungen A: Politik und Kolonialgeschichte (Herre), B 1: Großer Krieg unter Moltke und Falkenhayn (Haeften), B 2: Großer Krieg unter Hindenburg und Ludendorff (Jochim), B 3: Großer Krieg im Orient (Solger), C: Volkswirtschaft und Kultur (Rauers), D: Technik und Verkehr (Kretzschmann), E: Archiv-Abteilung (Müsebeck), F: Bücherei und Ausgleichsstelle (Maas), G: Volkstümliche Schriften und Schriftleitung der Erinnerungsblätter deutscher Regimenter (Soldan), Zentralabteilung, Auskunftsabteilung.

Der Personalabbau im Jahre 1923 bedingte dann eine Straffung in der Organisation, die sich für die spätere Arbeit nicht einmal nachteilig auswirken sollte. Am 30. Januar 1924 umfaßte das Archiv folgende Abteilungen und Referate: A – Archiv-Abteilung (Müsebeck), B – Kriegsgeschichtliche Abteilung (Haeften) mit den Referaten West I (Foerster), West II (Obkircher), Ost (Schäfer), Südost (Mühlmann), Süd (Fehr), Feldeisenbahn (Kretzschmann), Luftstreitkräfte (Arndt), Kriegswirtschaft (Rauers), Politik (L. Bergsträßer), Volkstümliche Schriften (Soldan).

Das Reichsarchiv, das seit 1922 mit einer von der Historischen Kommission angeregten Reihe „Forschungen und Darstellungen aus dem Reichsarchiv“ hervorgetreten war, konnte 1924 die ersten beiden Bände seines Weltkriegswerkes fertigstellen und im folgenden Jahr veröffentlichen. Bis 1933 erschienen neun Bände, zwei Sonderbände und ein Anlagenband. Jeder Band wurde von zwei Mitgliedern der Historischen Kommission begutachtet, wobei die Beurteilung stets positiv ausfiel. Die Aufnahme durch die Öffentlichkeit war dagegen unterschiedlich, doch konnten Angriffe in der linksgerichteten Presse den Gang und die Ausrichtung der Arbeiten nicht weiter beeinflussen. Das Reichsarchiv fand zunehmend Rückhalt beim Reichswehrministerium, mit dem sich eine immer intensivere Zusammenarbeit entwickelte. Auf diese Weise wurde, wie es in einer Ausarbeitung der späteren Kriegsgeschichtlichen Forschungsanstalt des Heeres heißt, „die allmähliche Ausschaltung des überragenden Einflusses linksdemokratischer, pazifistischer Parteien und Regierungsstellen wenigstens angebahnt.“

4. Soziologische Struktur des Reichsheeres

a. Das Offizierkorps

Wiederherstellung der Homogenität

Das Offizierkorps des Reichsheeres entstand unter Voraussetzungen und Bedingungen, für die es nicht nur allein die Verantwortung trug. Die militärische Niederlage und der damit verbundene Verlust an Ansehen, der Zusammenbruch, der Sturz der Monarchie und die daraus sich ergebende Einbuße an gesellschaftlicher und politischer Bedeutung und an materiellen Werten weckten Ressentiments. Die besonderen Umstände bei der Entstehung der ersten parlamentarisch-demokratischen Republik in Deutschland bestimmten auch das daraus erwachsende „Anrecht" auf Mitarbeit, das sich noch aus dem Bündnis Ebert – Groener und der Übernahme staatserhaltender Aufgaben während der Notzeiten des jungen Staates ableiten ließ, begünstigten seine Isolierung mehr als seine Eingliederung. Entscheidende Bedeutung gewannen die einschneidenden militärischen Bestimmungen des Versailler Vertrages. Nicht zuletzt war es außerdem der Einfluß bestimmter, durch Tradition und Werdegang bereits weitgehend festgelegter Persönlichkeiten, die Form, Haltung und Selbstverständnis des Offiziers prägten. Das Offizierkorps des Reichsheeres stellte auch nicht von vornherein jene militärische Elite dar, als die es später angesehen wurde und in die Militärgeschichte eingegangen ist. Dazu waren Jahre nötig. Erst unter dem zweiten Chef der Heeresleitung – also nach dem Kapp-Lüttwitz-Putsch und nach dem Abschluß der Heeresverminderung zum 1. Januar 1921 – begann der eigentliche Aufbau.

Die Amtsübernahme Seeckts bedeutete, daß das der Vergangenheit und damit vordemokratischen Werten verhaftete Offizierkorps sein eigenständiges Leben auf der Grundlage innerer Geschlossenheit beibehielt bzw. wiedergewann. Es wurde nicht zum Verständnis der parlamentarischen Demokratie, sondern zum Dienst an der Idee des Staates erzogen. Unter diesem Leitsatz erfüllte es seine Pflichten in der Republik. Allerdings war die Chance, eine engagierte, die Staats- und Gesellschaftsidee der parlamentarisch-demokratischen Republik bejahende militärische Führerschaft zu formieren, vor der Weichenstellung durch den zweiten Chef der Heeresleitung schon dadurch vertan worden, daß die maßgeblichen Politiker der Sozialdemokratischen Partei in den Bürgerkriegswirren von 1918/19 auf die „kaiserlichen" Offiziere zurückgegriffen hatten. Noch 1918 waren sozialistische Ansätze zu neuen Formen einer bewaffneten Macht als möglich gesehen worden. Sie scheiterten, und weitere Versuche wurden erst gar nicht unternommen. Die schüchternen Bemühungen schlugen nicht zuletzt deshalb fehl, weil die demokratisch gesonnene Führungsschicht keine durchdachten militärpolitischen Vorstellungen besaß. Dieser Mangel schloß jedoch nicht automatisch aus, daß zumindest die Reduzierung des Offizierkorps auf die vertraglich zugestandene Stärke von 4 000 Mann zu dem Zweck genutzt wurde, alle republikfeindlichen Elemente rücksichtslos auszuscheiden und nur Offiziere in den Dienst des Staates zu übernehmen, die wie Groener und Reinhardt bereit waren, sich auf den Boden der Tatsachen zu stellen. Auch sie waren nur Vernunftrepublikaner, das heißt ihnen war bewußt, daß Verneinung oder gar Haß gegenüber der von der Mehrheit des Volkes bejahten neuen Staats- und Gesellschaftsform dem Vaterland schaden werde und daß man auch als Offizier der Republik ehrenvoll dienen konnte.

Wenn eine Möglichkeit, auf diesem Wege eine Reform der bewaffneten Macht einzuleiten, bestanden haben sollte, so wurde sie nicht genutzt. Die Gründe hierfür waren mannigfaltiger Natur. Schon der Widerstand, der allen Reorganisationsbestrebungen und daher erst recht derartigen Reformansätzen aus der Vorläufigen Reichswehr entgegengesetzt worden wäre, hätte sich kaum überwinden lassen. Ausschlaggebend war aber wohl die Konzeptionslosigkeit und politische Blindheit des Reichswehrministers. Noske vertraute nicht nur fast uneingeschränkt seinen auf den festgelegten alten Bahnen eingefahrenen militärischen Beratern, sondern wandte sich sogar ausdrücklich gegen die Soldaten, die sich im Republikanischen Führerbund zusammengeschlossen hatten, also eindeutig zum neuen Staat bekannten.

Der Republikanische Führerbund entstand 1919 als Vereinigung von vornehmlich Reserveoffizieren und Unteroffizieren, die wohl in der Mehrzahl der SPD angehörten oder ihr nahestanden. Über seine Organisation, seinen Umfang und seine Wirksamkeit ist bisher wenig bekannt. Aus seinen Proklamationen und anderen Veröffentlichungen läßt sich erkennen, daß er die Reichswehr mit republikanischem und demokratischem Geiste erfüllen und ein gutes Verhältnis zwischen der Bevölkerung und der Wehrmacht herbeiführen wollte. Seine Mitglieder stellten sich vorbehaltlos auf den Boden der Reichsverfassung vom 11. August 1919 und forderten als Ziel, daß die bewaffnete Macht von Offizieren geführt werde, die überzeugte Republikaner waren. Der Republikanische Führerbund bekannte sich im übrigen zu der Auffassung, daß die Disziplin die „notwendige Grundlage jeder Wehrmacht" sei, „gegen die Menschenwürde verstoßende Auswüchse" wollte er jedoch bekämpfen. Insgesamt sollte seine Tätigkeit dem deutschen Volke „Gewähr dafür schaffen, daß die Wehrmacht sich zu einer zuverlässigen Stütze der Republik entwickelt und jeden Mißbrauch aus sich selbst heraus ablehnt".

Von seiten des Republikanischen Führerbundes begegnete man der Militärpolitik des Reichswehrministers mit kritischen Bedenken. Eine solche Grundhaltung war nicht geeignet, die Vorbehalte auszuräumen, mit denen Noske der Vereinigung entgegentrat. Er fühlte sich bestätigt durch die scharfen Stellungnahmen führender Militärs. Ob Lüttwitz, Groener oder Seeckt, sie waren sich einig, daß es erforderlich sei, „solchen Gebilden" weder Mitspracherecht noch überhaupt Platz in der bewaffneten Macht einzuräumen. „Alle Offiziere, die rötlich schillern, müßten weg", denn „es ist von größter Wichtigkeit, daß möglichst allein das alte Offizierkorps, ganz erfüllt vom vaterländischen Geist, die Führung der Armee in der Hand behält" (Thaer). Der Reichswehrminister begründete seine Ablehnung des Republikanischen Führerbundes später mit der Behauptung, er habe ihm bei der Stellenbesetzung keine Hilfe geleistet, weil „keine brauchbaren Offiziere" der Vereinigung angehört hätten. Der Wahrheitsgehalt dieser These läßt sich nicht ermitteln, unangefochten blieb sie jedenfalls nicht.

Gewann schon der Republikanische Führerbund keinen Einfluß, so gewährte darüber hinaus die Reduzierung der Vorläufigen Reichswehr auf das Hunderttausend-Mann-Heer ausreichende Möglichkeiten, republikanisch gesinnte Offiziere zu eliminieren. Eine ganze Reihe zog von sich aus die Konsequenzen und nahm Abschied, so die Leutnante Paul Hahn (s. S. 58), Julius Leber (s. S. 70) und Alfred Vagts, heute ein bekannter Militärhistoriker. Die Auswahlrichtlinien des Reichswehrministeriums schrieben vor, daß in erster Linie Fähigkeit und Tüchtigkeit für die Übernahme in das Reichsheer maßgeblich sein sollten. Im übrigen aber überließ das Personalamt die im allgemeinen verbindliche Vorentscheidung den Kommandeuren der Regimenter und selbständigen Bataillone. Damit war gewährleistet, daß das Offizierkorps des Reichsheeres politische Homogenität im Sinne eines Bekenntnisses zu vorrepublikanischen, obrigkeitsstaatlich und undemokratisch strukturierten Staats- und Gesellschaftsideen bewahrte. Die Traditionsgebundenheit für die Zukunft suchte man dadurch zu sichern, daß die Kommandeure außerdem das Recht behielten, über die Einstellung des Offiziernachwuchses für ihren Verband zu entscheiden.

Mit der politischen Homogenität, insbesondere der Haltung zur Republik, war jedoch keine Gleichartigkeit in der Auffassung über Wesen und militärische Aufgabe des Offiziers gegeben. In den Anfangsjahren des Reichsheeres standen sich zwei Typen gegenüber, deren einer in der Persönlichkeit des zweiten Chefs der Heeresleitung repräsentiert war. Seeckt hatte seine volle fachlich wie geistig eindeutig ausgerichtete Ausbildung vor dem Ersten Weltkrieg erfahren. Seine Berufsauffassung wurzelte infolge seiner Erziehung im Geiste ständischer Gliederung der Gesellschaft trotz frühzeitiger kritischer Haltung gegenüber dem eigenen sozialen Bereich in dem Bewußtsein, daß dem Offizierstand eine Vorzugsstellung im Staate zukomme. Diese prononcierte Selbsteinschätzung fehlte dem anderen Typ – dem sogenannten Kriegsoffizier. Seine im Vergleich kurze Ausbildungszeit war durch die führungsmäßigen und personellen Forderungen des Krieges bestimmt. Im Mittelpunkt der Berufsauffassung des Kriegsoffiziers – und zwar des aktiven wie des Reserveoffiziers – stand die militärische Aufgabe. Seine Bewährung an der Front erfüllte ihn mit starkem Selbstbewußtsein, sein Verhältnis zu Unteroffizieren und Mannschaften war entscheidend durch das Erlebnis der Frontkameradschaft geprägt. Es gewährt wenig Raum für ein Leben in ständischen Vorstellungen, auch bot die Kriegszeit kaum Möglichkeiten zu einer Erziehung im Sinne sozialer Normen der Friedensjahre vor 1914. Es war also nicht nur ein Generationsunterschied, sondern ein wesensmäßiger Gegensatz, der das Offizierkorps des Reichsheeres in seiner Aufbauzeit spaltete. Er enthielt für die Reichswehrführung die Chance, Stellung und Berufsbewußtsein des Offiziers an die im Weltkriege erwachsenen Vorstellungen anzugleichen und zu modernisieren. Seeckt war nicht der Mann, eine derartige Umgestaltung auch nur zu wünschen. Er suchte im Gegenteil die alte Homogenität wieder herzustellen, indem er die Offiziere zu jenem Standesbewußtsein erzog, durch das er selbst geprägt worden war. Damit war der Weg zu einer in die Zukunft weisenden Reform des Offizierkorps versperrt.

Die anfänglichen Gegensätze schlugen sich vornehmlich im innerdienstlichen Bereich nieder, sie wurden jedoch auch vor der Öffentlichkeit ausgetragen. Einerseits resultierten sie aus der teilweise starken Abneigung der Kriegsoffiziere gegen unzeitgemäße Gebräuche und Kasinobetrieb. Andererseits erwuchsen sie aus der natürlichen Abwehr gegen eine schulmäßige Umerziehung und die Wiedereinführung einer strengen hierarchischen Rangordnung, besonders im Verhältnis zum Untergebenen. Vielfach gingen die jungen Offiziere, die im Weltkrieg zumeist schon eine Kompanie geführt hatten und auf ihre Kampferfahrung stolz waren, nur widerwillig zu den mehrmonatigen Lehrgängen, die ihrer weiteren, aber im Sinne des neuen Reichsheeres erst eigentlichen Ausbildung dienen sollten, und wo sie wie Offizierschüler behandelt wurden. Sie begegneten hier älteren Lehroffizieren, die ihre Kriegserfahrungen als eine einseitige und daher falsche Grundlage des Offizierdaseins abwerteten. Der Forderung, daß Disziplin klare Abgrenzungen verlange, wie sie vor dem Weltkrieg zwischen dem Offizier und Unteroffizieren sowie Mannschaften bestanden hatte, war mit der erlebten und vor allem praktisch erprobten Frontkameradschaft nicht zu vereinigen. Sie mußten sich auch in dieser Frage den Forderungen des Chefs der Heeresleitung beugen. Seeckt wünschte nicht einmal Erörterungen darüber, ob ein Wandel in der Berufsauffassung des Offiziers angebracht sei. Dementsprechend groß war seine Empörung, als der Oberleutnant Kurt Hesse die innerhalb der bewaffneten Macht bereits abgeklungene Diskussion in zwei Veröffentlichungen aufgriff und damit gewissermaßen aus der Reichswehr hinaus auf eine andere Ebene trug. Die Schriften „Der Feldherr Psychologos, Ein Suchen nach dem Führer der deutschen Zukunft" (1922) und „Von der nahen Ära der ‚Jungen Armee'" (1925) ließ er durch den Major – seinen nachmaligen ersten Biographen – Friedrich von Rabenau mit einer Gegenbroschüre „Die alte Armee und die junge Generation" (1925) beantworten.

Geistige Struktur: Ehre, Staatsidee, politische Haltung

Diese Gleichartigkeit und innere geistige Geschlossenheit auf der Grundlage der gesellschaftlichen Überlieferung des Standes erreichte der Chef der Heeresleitung vornehmlich dadurch, daß er immer wieder auf den Wert von Standespflichten und Standesbewußtsein, auf die Bedeutung von dienstlicher und außerdienstlicher Haltung und Verhalten, und auf die „Wahrung der Ehre der Gesamtheit und des Einzelnen" im Sinne des überkommenen unabänderlichen Begriffes hinwies. Der Sicherung der Ehrenhaftigkeit dienten die Ehrenräte, die Seeckt den Kommandeuren anstelle der aufgehobenen Ehrengerichte als beratende Organe beigab.

Am 30. April 1924 wies der Chef der Heeresleitung in einem Erlaß nachdrücklich darauf hin, daß im Reichsheer die Ehrengrundsätze des alten Heeres volle Gültigkeit besäßen und lebendig bleiben müßten. Es gäbe zwar keine Sonderehre des Soldaten, an seine Ehrauffassung seien aber besonders hohe Ansprüche gestellt. Zur Wahrung der Ehrenhaftigkeit wurden in unmittelbarem Rückgriff und Anschluß an das vor 1919 geltende Recht in Ehrensachen, insbesondere die Order vom 1. Januar 1897, gewählte Ehrenräte eingerichtet. Sie dienten neben dem Kommandeur als „Wächter des Korpsgeistes". Es gab gesonderte Ehrenräte für Subalternoffiziere und Hauptleute einerseits und für Stabsoffiziere andererseits. Bei der Beurteilung eines Generals wurde der Ehrenrat vom Chef der Heeresleitung zusammengestellt. Aufgabe der Ehrenräte waren Untersuchungen und Gutachten in Ehrenangelegenheiten auf Befehl des Kommandeurs, Meldungen an den Kommandeur über Verstöße oder Beeinträchtigungen der Ehre eines Offiziers und Beratungen von Offizieren in Ehrenfragen. Der Schutz der Ehre blieb jedoch wie bisher in erster Linie und vornehmlich Sache des einzelnen. Im übrigen war es für Seeckt eine Selbstverständlichkeit, daß diese Standes- und Ehrengrundsätze auch die Wahl der Ehegefährtin des Offiziers zu bestimmen hatten (Erlaß vom 30. August 1924), zumal der Soldat für die Handlungsweise seiner Frau einzustehen habe. Dementsprechend durften sich Offiziere und Militärbeamte nicht ohne vorherige Zustimmung des zuständigen Vorgesetzten öffentlich verloben.

Das Weiterbildungssystem Seeckts bildete eine wesentliche Grundlage für die Entstehung eines Offizierkorps im Reichsheer, das den Mangel an Ausrüstung mit modernen Kampfmitteln durch qualifizierte Ausbildung in allen zugänglichen Bereichen auszugleichen suchte und vor allem darauf vorbereitet wurde, in einer vergrößerten bewaffneten Macht als Kader zu dienen und alle in ihr anfallenden Aufgaben zu meistern. Dieser Leistung ist zu Recht Lob gezollt worden. Kritisch wurde und wird dagegen das Erziehungssystem bewertet. Die berechtigten Einwände richten sich nicht gegen die Sorge um die Kameradschaft, gegen die Hinweise für die Lebensführung und Verkehrssitten im sittlichen und wirtschaftlichen Bereich oder gegen die Bestrebungen, eine übereinstimmende Ehrauffassung zu erzielen, sondern gegen die Bindung der Erziehung an Wertvorstellungen, die nicht im Einklang standen mit der demokratischen Lebens-, Gesellschafts- und Staatsform. Seeckts Bild von Persönlichkeit und gutem Charakter formten den Geist des Offizierkorps zu einem geschlossenen Ganzen, dessen Grundvorstellungen nicht mit den Idealen einer Republik übereinstimmten und das sich erst recht ihrer politischen Realität entzog. Die Auswirkungen dieses Erziehungssystems im politischen Bereich waren sogar bedenklich.

Das Offizierkorps des Reichsheeres wurde von Seeckt zur Loyalität gegenüber der militärischen Führung erzogen. Auf dem Wege über dieses Medium dienten die Offiziere ohne innere Bindung und neuen Wesensbezug der parlamentarischen Republik und erfüllten die ihnen im Staat und für die Republik gestellten Aufgaben auf der Grundlage eines formalen Ordnungsdenkens: sie fühlten sich als Hüter des Reiches. Die Bindung an die militärische Führung vermittelte den Offizieren den Übergang vom königlichen Dienst zum Dienst am Staat. Der abstrakte Staatsbegriff war zunächst ein Surrogat für die verlorene Monarchie und wurde dann unter Seeckt in seiner Koppelung mit der Idee des Reiches und der Vorstellung vom „ewigen Deutschland" zu einer Art von Zauberformel, die es dem Offizier ermöglichte, sich einem Bekenntnis zur ihm „wesensfremden" Republik und ihrer Verfassung zu entziehen. Formal wurde er zwar auf die Verfassung vereidigt, aber daneben bildete sich ein Treueverhältnis zum Chef der Heeresleitung heraus, „das neben dem Eid auf die Verfassung herlief und ihn vielleicht an Intensität übertraf" (Kehr). Die überwiegende Mehrheit der Offiziere entwickelte kein positives Verhältnis zum neuen Staat.

Indem das Offizierkorps aber dazu beitrug, die Autorität des Staates zu sichern, stärkte es auch die Staatsform. Seit 1925 kam hinzu, daß die Republik für viele Offiziere dadurch gewissermaßen legalisiert wurde, daß Generalfeldmarschall v. Hindenburg das Reichspräsidentenamt übernahm. Hatte bisher Seeckt die Rolle eines „Ersatz-Monarchen" gespielt, so verkörperte jetzt der neue Oberbefehlshaber der Wehrmacht den Staat und die Staatsform. Ihrer Anerkennung konnte die bewaffnete Macht nach dem widerstandslos hingenommenen

Sturz Seeckts nicht mehr ausweichen, und so fanden sich die Offiziere – wenn auch nicht widerspruchslos – damit ab, daß die Reichswehrführung unter Groener diesen Schritt vollzog (s. S. 286 ff.). Freudiges Bekenntnis zur Republik konnte sich allerdings wohl deshalb nicht einstellen, weil sie zunehmend in Schwierigkeiten geriet. Um sich außerdem nicht noch der parlamentarischen Demokratie verpflichten zu müssen, verdichtete sich die Vorstellung, daß es über den wechselnden Gestaltungsformen staatlichen Lebens die ewige Idee des Staates gebe. Ihr diente die bewaffnete Macht als „ein Ordnungsfaktor, aber nicht ein integrierter Verfassungsfaktor mit dem Glauben an die neue politische Ordnung" (Messerschmidt) und ohne sich Rechenschaft über den Inhalt des Begriffes abzulegen. Vornehmlich wurde er im Sinne des überlieferten, mit autoritären Zügen ausgestatteten Machtstaates verstanden, doch überwogen hierbei gegenüber klareren Konzeptionen nebulöse Hoffnungen auf etwas Besseres als es die staatliche Übergangserscheinung der Gegenwart zu bieten schien. Wohl völlige Übereinstimmung bestand nur darin, daß in ihm das Parteienwesen keinen Platz finden dürfte.

Die Forderung nach Überparteilichkeit und die Maxime unpolitischer Haltung waren die Losungen, die Seeckt halfen, das Reichsheer bei äußerlich korrektem Verhalten von der parlamentarischen Demokratie zu distanzieren. Wesen und funktionelle Bedeutung staatstragender Parteien waren und blieben dem Offizierkorps verschlossen. Auch in ihnen sahen die Offiziere vornehmlich Vereinigungen von Vertretern egoistischen Gruppennutzens, während sie für sich selbst beanspruchten, dem Staat interessenfrei zu dienen. Diese Identifikation der Belange der bewaffneten Macht und speziell des Offizierkorps mit dem Gemeinwohl der Nation und der Mangel an Erkenntnis, wie stark man eigenen Interessen allgemeine Werthaftigkeit zusprach, waren ausdruckskräftige Kennzeichen des naiven, unreflektierten Selbstverständnisses einer Gruppe, die von starkem Elitebewußtsein und überliefertem Esprit de corps erfüllt war. Sie lassen verständlich werden, daß die Offiziere die Forderung nach Republikanisierung der militärischen Führerschaft und ihrem Bekenntnis zur Demokratie mit der Vorstellung verbanden, die bewaffnete Macht solle zu einem Machtmittel der Parteien umgebaut werden – eine Vorstellung, die im übrigen auch außerhalb der Reichswehr vertreten wurde. Einer derartigen Gefahr meinten sie dadurch sich am besten zu entziehen, daß sie in einhelliger Übereinstimmung mit der Reichswehrführung den Parteien Einfluß auf die Gestaltung der bewaffneten Macht verwehrten und ihnen darüber hinaus die Anerkennung als politischer Repräsentant des Gemeinwohls verweigerten. Nach dieser Auffassung mußte die Reichswehr nicht nur um des Staates, sondern auch um ihrer selbst willen neben den „Parteienstaat" treten und eine „überparteiliche" Sonderrolle beanspruchen.

In dem Maße, wie sich der Offizier vom Parteienstaat und der parlamentarischen Diskussion als Ausdrucksmittel der Politik distanziert hielt, wertete er das gesamte politische Leben, das die parlamentarische Demokratie auszeichnet, rigoros ab. Die Politik schlechthin war für ihn Parteiengeschwätz, eine Tätigkeit, von der sich ein pflicht- und dienstbewußter Soldat als einem seinen Ehrengrundsätzen wenig entsprechenden „Geschäft“ fernhielt. Aus einer solchen Einstellung heraus bejahten sie in ihrer überwiegenden Mehrheit die Bestrebungen Seeckts, jede aktive Anteilnahme von Angehörigen des Reichsheeres am politischen Tagesgeschehen oder gar ihr politisches Engagement zu unterbinden. Ihr Verzicht auf politische Betätigung schloß allerdings nicht Interesse am politischen Geschehen aus. Es wurde sogar durch die sogenannten Belehrungen in Tagesfragen zu lenken versucht. Aber daneben war auch die objektive Information zu finden: in der Infanterieschule lagen beispielsweise Tageszeitungen fast aller Schattierungen aus. Im allgemeinen jedoch beurteilte das Offizierkorps die Bestimmungen des Wehrgesetzes von 1921 als eine Anerkennung seiner besonderen Stellung im Staat und nicht als eine Minderung seiner Rechte oder gar als Diffamierung.

Die mangelhafte Bindung an die demokratische Grundordnung stand im Wechselverhältnis zur bewußten Verhaftung in einem Standesgeist, dessen Normen der Zeit vor 1914 entstammten. Sie entsprach schon deshalb keinesfalls dem Grundgedanken einer unpolitischen Haltung, weil es kaum möglich war, den einzelnen Offizier zu hindern, sich eine persönliche Meinung zu politischen Fragen zu bilden und sie zumindest im privaten Bereich zu vertreten. Probleme blieben daher nicht aus, wie die Verbindungen zu rechtsradikalen Gruppen, die Münchener Ereignisse von 1923, der Hochverrat der Ulmer Reichswehroffiziere von 1929/30 und die immer wieder monierten Beziehungen zu Parteien wie der DNVP und Vereinigungen wie dem Stahlhelm beweisen. Die Reichswehrführung gab daher unter Groener die unter dem zweiten Chef der Heeresleitung geübte Haltung auf und bemühte sich, im Sinne einer Neuorientierung der Wehrmacht das Interesse des Offiziers am politischen Geschehen zu fördern. Allerdings fand sie einen Widerhall, mit dem sie kaum gerechnet haben dürfte: die Offiziere wünschten sich in ihrer überwiegenden Mehrheit eine „nationalere Regierung“ als jene, der Groener angehörte. Ihrem weiterhin aufrechterhaltenen politischen Führungsanspruch beugte sich das Offizierkorps keineswegs vorbehaltlos, sondern begann abweichende Vorstellungen erkennen zu lassen. Einig blieb es bei konservativer Grundhaltung und Betonung seiner nationalen Einstellung nur in der Ablehnung des sogenannten Parteienstreites.

Eine Folge des Abrückens von der betont unpolitischen Haltung der Offiziere war, daß der Reichswehrführung die Möglichkeit eines Einsatzes der bewaffneten Macht im Innern während der Endphase der Republik große Sorgen bereitete. Die Verwendung des Reichsheeres als Ordnungskraft innerhalb des Reichsgebietes hatte schon in den Anfangsjahren der Republik bei den Offizieren Unbehagen hervorgerufen, obgleich es sich damals fast ausschließlich um Einsätze gegen Kräfte handelte, denen die Vorläufige Reichswehr keinerlei Sympathie entgegengebracht hatte. Das Offizierkorps, das im Sinne Seeckts nicht nur zum „Hort der Ordnung“, sondern auch zu einer „nie versiegenden Quelle nationalen Denkens, nationaler Kraft“ erzogen worden war und sich dementsprechend als Lehrer und Erzieher des Volkes für die „innere Wehrhaftmachung der Nation“ betrachtete, wollte sich aber vor allem nicht in einen Gegensatz zu den Bevölkerungsgruppen drängen lassen, die ebenfalls die Beseitigung des Versailler „Unrechts“ anstrebten und als wertvolles militärisches Menschenpotential angesehen wurden. Bei einer Deutung und Beurteilung von Haltung und Verhalten des Offiziers im Reichsheer darf seine Vorstellung, er habe einen volkserzieherischen Auftrag zu erfüllen, nicht unbeachtet gelassen werden.

In diesem Zusammenhang sei noch auf eine Komponente hingewiesen, die das politische Denken maßgeblich beeinflußt hat. Aus der Zeit der Freikorpskämpfe und der Aufstände im östlichen Grenzgebiet hatte sich, genährt von dem dauernden deutsch-polnischen Spannungsverhältnis, die Vorstellung erhalten, daß Deutschland von einer polnischen Agression bedroht sei. Damit schob sich in die Gedankenwelt der Offiziere eine alle anderen Probleme überschattende zentrale Aufgabe der Reichswehr in den Vordergrund: der Schutz des Reichsbodens vor dem Nachbarn im Osten. Die innen- und vor allem parteipolitischen Differenzen wurden als fremd, störend und der Aufgabe abträglich empfunden, der Versailler Vertrag als ein Hindernis, das nicht überwunden, aber umgangen werden konnte. Selbst die Beziehungen zwischen Reichswehrführung und Roter Armee gewannen in diesem Rahmen eine allen Offizieren verständliche Rechtfertigung. Die Relevanz des ganzen Problems ist darin zu sehen, daß mit der Sicherung der Ostgrenze, das heißt der Sicherung des Staates die entscheidende militärische Aufgabe gefunden war, vor der die politische Auseinandersetzung mit der Staatsform als eine zweitrangige Frage zurücktreten konnte. Einer der stärksten Vorbehalte gegen die Republik resultierte aus dem Vorwurf, daß die politische Führung die militärpolitischen Belange unzureichend berücksichtige. Nicht zuletzt aus diesem Motiv versuchte die Reichswehrführung unter Groener und dem maßgeblichen Einfluß von Schleicher, das Offizierkorps trotz der Beibehaltung des Prinzips der Überparteilichkeit aus seinem Sonderleben herauszuführen. Gelang die Aussöhnung mit der Verfassung – unbeschadet der Forderung nach ihrer Verbesserung – und damit die zumindest moralische Anerkennung der Republik, dann ergaben sich auch Möglichkeiten, die Staatsführung durch aktive Mitarbeit im Interesse der bewaffneten Macht zu beeinflussen und den Staat in ihrem Sinne umzugestalten. Die Offiziere beharrten jedoch zu einem wesentlichen Teil in ihrer Ablehnung, zumindest aber inneren Fremdheit gegenüber der politischen Umwelt oder suchten nach neuen Verhaltensformen. Infolgedessen begann sich die innere Geschlossenheit des Offizierkorps, die noch 1930 bestanden hatte, in den letzten Jahren der Republik aufzulösen. Die Aufspaltung und erneute Uneinheitlichkeit des Offizierkorps zeigte sich darin, daß eine Gruppe – in der Mehrzahl ältere Stabsoffiziere – die Konzeption Seeckts verteidigte und damit das Sonderleben der bewaffneten Macht aufrechterhalten wollte, während eine andere – vornehmlich jüngere Offiziere – die Forderung nach lebendiger Stellungnahme der Soldaten zu den politischen Grundfragen vertrat. Mit der politischen Haltung der Reichswehrführung war nicht einmal die Mehrheit der Offiziere einverstanden, die sich als „reine Militärs“ fühlten.

Noch als Chef des Truppenamtes hatte Seeckt nicht nur durchgesetzt, daß ein verhältnismäßig hoher Prozentsatz an Generalstabsoffizieren in das Reichsheer übernommen wurde, sondern auch für die weitere Schulung und Erziehung aller Offiziere gesorgt.

Die Aus- und Weiterbildung der Offiziere lag für die „Führerstabsoffiziere", wie die Tarnbezeichnung für die Angehörigen der Nachfolgeinstitution des infolge der militärischen Bestimmungen des Versailler Vertrages aufgelösten und verbotenen Großen Generalstabs lautete, nach einer Verfügung vom 9. November 1919 beim Chef des Truppenamtes. Für die Auswahl und den nach dem Verbot der Kriegsakademie dezentralisierten Werdegang zum Generalstabsoffizier lag die Verantwortung bei der Heeresausbildungsabteilung (T 4). Über sie wurden alle Offiziere erfaßt und gewissermaßen kontrolliert, denn den in einer Verfügung vom 26. November 1919 erstmals als Grundlage zur Auswahl für die Generalstabsausbildung angekündigten und 1921 eingeführten Wehrkreisprüfungen mußte sich jeder unterziehen, und zwar im allgemeinen als älterer Oberleutnant oder jüngerer Hauptmann. Die Offiziere erhielten zuvor Gelegenheit, sich mittels eines Fernkurses vorzubereiten. Die Prüfungen fanden innerhalb der einzelnen Wehrkreise statt, jedoch wurden die Aufgaben zentral von der T 4 gestellt und im Reichswehrministerium ausgewertet. Sie bezogen sich nicht nur auf militärische Fächer, sondern auch auf Geschichte, staats-, rechts- und wirtschaftswissenschaftliche Kenntnisse sowie auf eine Fremdsprache und sportliche Leistungsfähigkeit. Bei der Beurteilung wurden hohe Maßstäbe angelegt. So sollen 1926 zur Wehrkreisprüfung 340 Offiziere gemeldet worden sein, von denen 30 bestanden und nach drei Lehrgängen 8 in den Führerstabsoffizierdienst übernommen wurden. Dieses Prüfungs- und Auswahlverfahren beeinträchtigte prinzipiell nicht die Kameradschaft innerhalb des Korps, wie von vielen ehemaligen Offizieren des Reichsheeres bestätigt wird.

Die Offiziere, die aus den Wehrkreisprüfungen als Beste hervorgingen, absolvierten einen ersten Führergehilfenlehrgang, der noch in den Wehrkreisen durchgeführt wurde. Ein zweiter Lehrgang und eine „Auswahlreise", zu dem wiederum nur die besten Teilnehmer ausgewählt wurden, führte bereits die T 4 durch. Wer sich qualifizierte, nahm an einem dritten Lehrgang im Reichswehrministerium teil und wurde anschließend, wenn er ihn erfolgreich bestand, in den Generalstabsdienst übernommen. Auf den Lehrgängen erhielten die Offiziere eine Ausbildung vermittelt, wie sie früher der Kriegsakademie obgelegen hatte. Die weitere Schulung der Führerstabsoffiziere unterstand dem Chef des Truppenamtes, der alljährlich im Sommer eine Generalstabsreise und im Winter ein Planspiel leitete. Der Chef der Heeresleitung selbst nahm sich der Generalität an und veranstaltete ab 1921 die vom ihm geleiteten „Führerreisen" – eine bisher unbekannte Einrichtung. Nach Seeckts Auffassung durfte die Forderung nach Weiterbildung die höheren Kommandeure und Befehlshaber nicht ausschließen.

Eine besondere Form der wissenschaftlichen Bildung stellten die sogenannten Reinhardt-Kurse dar. Diese Hochschulkurse, die General Reinhardt nach seinem Ausscheiden aus dem aktvien Dienst nicht nur angeregt und zunächst geleitet hatte, sondern an denen er sich auch persönlich durch Vorträge beteiligte, kamen jeweils einer Gruppe von zwölf ausgewählen Offizieren, und zwar zehn des Reichsheeres und zwei der Reichsmarine, zugute. Sie wurden in Berlin durchgeführt und bestanden bis 1932/33. Den Schwerpunkt bildeten Vorlesungen an der Universität und an der Hochschule für Politik.

Die Durchführung der Erziehungsaufgaben überließ Seeckt in erster Linie den Kommandeuren. Ausdrücklich sprach er in seinem Erlaß vom 1. Januar 1921 davon, daß den Regimentskommandeuren „ihre historisch gewordene und bewährte Stellung und Verantwortung voll erhalten" bleibe. Da die Regimenter verstreut in kleineren Garnisonen untergebracht waren, sollten außerdem die Stabsoffiziere „mehr als früher" die jüngeren Offiziere unter ihre Obhut nehmen. Erziehungsaufgaben wurden auch den Waffenschulen übertragen. Richtung und Ziel aller dieser Tätigkeit legte Seeckt in zahlreichen Erlassen und Richtlinien fest. Sie vermittelten die Grundlagen der Homogenität.

Ergänzung des Offizierkorps

Der Chef der Heeresleitung konnte auch deshalb das Offizierkorps des Reichsheeres auf das Bekenntnis zu den überlieferten Werten zurückführen und von dieser Grundlage aus seine Geschlossenheit wiederherstellen, weil die zuständigen republikanischen Institutionen weitgehend auf die Möglichkeit verzichteten, auf die innere Struktur der bewaffneten Macht Einfluß zu nehmen, und der Wehrmacht das von Seeckt eifersüchtig verteidigte Eigenleben gestatteten. Hinsichtlich der Personalpolitik begaben sie sich, besonders der Reichstag, in politisch bedenklichem Maße der Ausübung ihres parlamentarischen bzw. gesetzmäßigen Rechts. Sie begnügten sich mit den Verordnungen vom 4. Juni 1921 und vom 9. Dezember 1927, die das Ersatzwesen des Reichsheeres formal regelten. Diese Heeresergänzungsbestimmungen erfaßten auch den Offiziernachwuchs. Im Rahmen der allgemeinen Ergänzung (s. S. 182 ff.) sollte die Auswahl des Offiziersersatzes erst während der Dienstzeit erfolgen und hierbei eine gute abgeschlossene höhere Schulbildung „günstige Unterlagen" schaffen. In Wirklichkeit fiel die wesentliche Vorentscheidung bereits im Rahmen der Bewerbung und wurde vom Kommandeur, im Falle eines Anwärters auf die Sanitätsoffizierlaufbahn vom rangältesten Sanitätsoffizier der Division getroffen, der über die Annahme eines Freiwilligen entscheiden und ihn ohne Angabe von Gründen abweisen konnte.

Wie aller Ersatz wurden die Bewerber für die Offizierlaufbahn alljährlich zum 1. April und 1. Oktober eingestellt. In den Aufbaujahren deckte die Zahl der Interessenten nicht den Bedarf. Im August 1921 wurden beispielsweise 250 Offizieranwärter benötigt, es meldeten sich jedoch nur etwa 100 Bewerber, so daß befähigte Angehörige aus dem Mannschaftsstande auf Offizieranwärterkurse geschickt wurden. Vornehmlich in der ersten Zeit waren außerdem einige Hundert Berufsunteroffiziere des ehemaligen „kaiserlichen Heeres" zu Offizieren ernannt worden. Als oftmals schwächste und bei der Truppe wenig beliebte Führer schieden sie allerdings zu einem großen Teil bald aus. Im Jahre 1928 sollen immerhin 25 ehemalige Unteroffiziere den Rang eines Hauptmanns erreicht haben. Nach 1923 nahm der Andrang zur Offizierlaufbahn ständig zu, so daß eine scharfe Auswahl geübt werden konnte. Im Jahre 1929 standen 196 Planstellen für Offizieranwärter 1 600 Bewerbungen gegenüber – ein Zeichen dafür, daß der Offizierberuf im Vergleich zu den Aufbaujahren wieder eine gesicherte Lebensstellung zu versprechen schien und außerdem die alte Achtung zurückgewonnen hatte.

Wesentliche, allerdings nicht unumgängliche Voraussetzung für die Annahme zum Offizierbewerber war die Reifeprüfung einer höheren Lehranstalt. Befähigte Soldaten ohne Abitur konnten jedoch über ein System von Prüfungen im Rahmen des Reichsheeres ebenfalls an der Offizieranwärterprüfung teilnehmen, zu der ein Bewerber mit Abitur nach durchschnittlich 15 bis 18 Monaten Dienst bei seinem Stammtruppenteil zugelassen wurde. Seine weitere Ausbildung fand auf der jeweiligen Waffenschule statt, wobei nach einem Jahr die Fähnrichprüfung und nach einem weiteren Jahr die Offizierprüfung abzulegen war. Als Oberfähnrich kehrte er zu seinem Stammtruppenteil zurück, in dem er mindestens zwei Monate Dienst leisten mußte, bevor er von allen Angehörigen des Offizierkorps dieses Verbandes zum Offizier gewählt und vom Kommandeur zur Ernennung zum Leutnant vorgeschlagen wurde. Sie sprach nach Zustimmung durch den Chef der Heeresleitung der Reichswehrminister aus. Zu diesem Zeitpunkt hatte der junge Offizier eine durchschnittliche Dienstzeit von vier Jahren hinter sich gebracht.

Vornehmlich die Auswahl des zukünftigen Offizieranwärters aus der großen Zahl von Bewerbern durch die Kommandeure und die formalen Bildungsvoraussetzungen waren die Punkte innerhalb der Regelung des Offizierersatzes, gegen die von den demokratischen Parteien und insbesondere von den Sozialdemokraten opponiert wurde. Am überlieferten Auswahlprinzip ließ die Reichswehrführung nicht rütteln, weil es eine entscheidende Voraussetzung dafür bot, daß die wiederhergestellte Homogenität gesichert blieb. Die Kommandeure wählten auch ohne Weisungen und Richtlinien sehr betont Offizierbewerber aus, deren Familien gesellschaftlich und politisch vom Offizierkorps als standeswürdig anerkannt wurden und in ihrer Mehrheit seit langem Offiziere gestellt hatten. Die meisten Offizieranwärter entstammten Offizierfamilien, so 1926 über 44 % und 1927 über 49 %. Die nächst größere Gruppe waren mit über 41 bzw. 34 % Söhne von höheren Beamten, Professoren, Geistlichen und Angehörigen der akademischen Ober- oder Mittelschicht. Aus dem Wirtschaftsleben kamen nur 6 bzw. 7 %, etwa 5 % waren Söhne von Gutsbesitzern. Der Rest wurde von allen anderen Berufsparten gestellt, darunter in erster Linie Kinder von Subalternbeamten und Unteroffizieren. Dem Kleinbürgertum war der Zugang zur Offizierlaufbahn fast ebenso verschlossen wie den Arbeitern. Somit änderte sich an der sozialen Herkunft der Offiziere kaum etwas gegenüber der vergangenen Epoche.

Angriffspunkte bot außerdem die Tatsache, daß Träger adliger Namen etwas mehr als ein Fünftel aller Offizierstellen und damit weiterhin eine im Vergleich zum Anteil des Adels an der Bevölkerung Deutschlands unverhältnismäßig starke Stellung einnahmen. Der Prozentsatz erhöhte sich später noch, und zwar vor allem bei den Leutnants. Im Jahre 1932 gehörten 35,9 % der neu ernannten Offiziere zum Adel. Allerdings waren seine Angehörigen nicht gleichmäßig auf die Waffengattungen verteilt. Bevorzugt war die Kavallerie, in der 1926 sein Anteil am Offizierkorps 45 % ausmachte, bei den Pionieren dagegen nur 4 %. Jedoch lassen diese Zahlen nicht zu, von einer Vorherrschaft adligen „Junkertums“ im Reichsheer zu sprechen. Aus detaillierten Forschungen von Preradovich über die Reichswehrgeneralität nach dem Stande vom 1. Mai 1930 geht hervor, daß von 42 Generalen 23 (= 55 %) bürgerliche Namen trugen.

Von jenen 19 Generalen aber, die irgendwelche Adelstitel führten, entstammten nur elf altadligen Familien, während die anderen Abkömmlinge geadelter Bürgerlicher waren oder erst selbst den persönlichen Ritterstand erlangt hatten. Damit waren 31 Generale (= 74 %) bürgerlich-neuadliger Herkunft. Selbst aus der Gruppe der Vertreter altadliger Geschlechter gehörten jedoch nur fünf zu jenen Familien, deren Angehörige als Junker bezeichnet werden sollten. Unter diesen Aspekten erscheint es geboten, allen generellen Aussagen über den Anteil des Adels im Reichsheer mit Vorsicht zu begegnen. Auch läßt sich nicht nachweisen, daß Träger adliger Namen in ihrer weiteren Laufbahn fühlbar begünstigt worden wären. Bei ihrer Einstellung dürfte aber wie bei dem genannten Auswahlverfahren ein gewisser Nepotismus mitgespielt haben.

Dem häufig vorgetragenen Vorwurf, daß die Forderung nach dem Reifezeugnis nur eine formale Voraussetzung sei, um breiten Bevölkerungsschichten und den aktiven Unteroffizieren den Zugang zum Offizierberuf möglichst stark zu erschweren, begegnete Reichswehrminister Geßler 1927 mit dem Einwand, der bewaffneten Macht könne nicht die Verantwortung für das Nachholen versäumter Schulbildung und die Art des Schulwesens aufgebürdet werden. Mit derartiger Argumentation fiel es der Reichswehrführung nicht schwer, die Bildungsvoraussetzungen aufrechtzuerhalten, zugleich aber unter Groener ein gewisses Entgegenkommen gegenüber den Wünschen politischer Kräfte zu zeigen.

Laufbahn und Aufstieg

Die Laufbahn des Berufsoffiziers bot im Reichsheer kaum Chancen zu glänzender Karriere. Grundlage des Aufstiegs blieb weiterhin die Anciennität, denn Korpsdenken und Elitevorstellungen ließen eine andere Regelung der Beförderung gar nicht zu. Allerdings galt die Anciennität nur noch als formales Prinzip. Es legte fest, welcher Offizier zum Avancement heranstand. Ob er befördert wurde, hing davon ab, ob er sich in Konkurrenz zu den gleichfalls zum Aufstieg in den nächsthöheren Rang befindlichen Kameraden qualifizierte. Die Anciennität legte also nur fest, wer seine Eignung für seine Beförderung nachzuweisen hatte. Erbrachte er diese Qualifikation, wurde er innerhalb der Anciennität befördert, anderenfalls schied er nach der gesetzlichen Mindestdienstzeit von 25 Jahren und unter Umständen sogar schon früher aus. Es wurde also vom Offizier der Nachweis gefordert, daß er für den nächsten Rang geeigneter war als die Kameraden, die mit ihm im Anciennitätsverband zur Beförderung heranstanden. In seinem neuen Dienstgrad rangierte der Aufgestiegene wieder nach dem Dienstalter.

Die durchschnittlichen Laufzeiten des Offiziers im Reichsheer betrugen zwischen 1928 und 1932 bis zur Beförderung zum Hauptmann 16, zum Major 22, zum Oberst 31 und zum Generalmajor 35 Dienstjahre als Offizier.

Die Beförderungspraxis im Reichsheer zeigte demnach eine enge Verbindung des Anciennitäts- mit dem Leistungsprinzip. Letzteres beruhte jedoch nicht mehr auf dem ausgesprochen fachlichen Leistungsbegriff des 19. Jahrhunderts, der bis zur Auflösung des „kaiserlichen“ Heeres gegolten hatte. Der Offizier des Reichsheeres durfte sich nicht mit dem Stand an Allgemeinbildung und Wissensgut begnügen, der ihm durch das Reifezeugnis bescheinigt worden war. Er sollte auf der Grundlage eigener Initiative an seiner Bildung arbeiten, sich also fortbilden. Der Nachweis allgemeiner Bildung stellte einen Beurteilungspunkt für seine Qualifikation zum Aufstieg dar, aber eben nur einen. Neben ihn trat die Eignung – ein Begriff, unter den militärische Kenntnisse und Fähigkeiten, körperliche Qualifikation, charakterliche Werte und die Fähigkeit, Menschen zu führen, subsumiert waren.

Als dritter Punkt wurde die Leistung im eigentlichen, engeren Sinne berücksichtigt, worunter Bewährung im Weltkrieg, erfolgreiche Tätigkeit als Ausbilder, Erzieher, Lehrer und Führer sowie Prüfungen gezählt wurden. Mittels dieses Bildung, Eignung und Leistung umfassenden Leistungsprinzips sollte der richtige Mann an die richtige Stelle gebracht werden. Dieses Ziel hat das Reichsheer im militärisch-technischen Bereich in hohem Maße erreicht – vornehmlich ein Verdienst des zweiten Chefs der Heeresleitung. Vorgeworfen wurde Seeckt dagegen, daß er zu wenig für die Verjüngung des Offizierkorps getan, keine „Persönlichkeiten“ neben sich und einen „unerfreulichen Byzantinismus um sich“ geduldet habe – besonders in seinen letzten Dienstjahren – und außerdem für neue militärische Gedanken im Sinne einer Weiterentwicklung des Reichsheeres kaum aufgeschlossen gewesen sei.

Besoldung und Versorgung

Die Soldaten wurden analog zu den Reichsbeamten nach den Vorschriften der Besoldungsgesetze abgefunden. Dementsprechend setzte sich die Besoldung aus dem Grundgehalt, dem Wohnungsgeldzuschuß, dem Kinderzuschlag oder Kinderbeihilfen und einem örtlichen Sonderzuschlag sowie gegebenenfalls aus den im Besoldungsgesetz vorgesehenen Zulagen zusammen. Nach dem Reichsbesoldungsgesetz vom 16. Dezember 1927, Besoldungsordnung C (Soldaten der Wehrmacht) gab es 22 Besoldungsgruppen. In der Besoldungsgruppe 22 befanden sich die Schützen und Matrosen mit einem Jahresgehalt von 1 080 RM. Leutnante und Oberleutnante waren in der Besoldungsgruppe 8 zusammengefaßt und erhielten 2 400 – 4 200 RM jährlich. Die Stabsoffiziere nahmen die Besoldungsgruppen 6 – 4 mit einem Jahresgehalt von 7 700 – 12 600 RM ein; zur Besoldungsgruppe 1 gehörten der Chef der Heeresleitung und der Chef der Marineleitung sowie die Generale und Admirale mit einem jährlichen Gehalt von 24 000 RM.

Die angeführten Gehälter wurden, wie in allen Sparten des öffentlichen Dienstes, aufgrund der Verordnungen des Reichspräsidenten vom 1. Dezember 1930 um 6 % und vom 5. Juni 1931 nochmals um 4–7 % gekürzt.

Der Wohnungsgeldzuschuß war in sieben Tarif- und fünf Ortsklassen abgestuft und erstreckte sich von 156 – 2 520 RM.

Da für den Offizier die Offizierlaufbahn gemäß § 25 WG Lebensberuf war, erhielt er wie der Beamte ein lebenslängliches Ruhegehalt, wenn er nach einer Gesamtdienstzeit von zehn Jahren infolge Dienstunfähigkeit oder Ungeeignetheit entlassen wurde. Schied er vor Ablauf einer zehnjährigen, aber nach mindestens vierjähriger Dienstzeit aus, erhielt er Übergangsgebührnisse. Das Ruhegehalt konnte der ausgeschiedene Offizier zum Erwerb oder zur wirtschaftlichen Stärkung eigenen Grundbesitzes bzw. zur Erleichterung des Berufswechsels kapitalisieren lassen. Ansprüche, die sich aus einer Dienstbeschädigung für den Offizier oder seine Hinterbliebenen ableiten ließen, regelten sich nach dem Reichsversorgungsgesetz vom 20. Mai 1920 bzw. dessen Neufassung vom 22. Dezember 1927. Im übrigen bestanden für einen ausscheidenden Offizier unter bestimmten Voraussetzungen auch Möglichkeiten, in eine Beamtenstelle übernommen zu werden.

b. Unteroffiziere und Mannschaften

Im Hunderttausend-Mann-Heer bildete sich nach Abschluß der Aufbaujahre ein positives, in der Rückschau sogar von manchem Soldaten im Vergleich zu Heeren anderer Länder als ideal empfundenes menschliches Verhältnis aller Angehörigen untereinander heraus. Es besaß seine wesentliche Ursache darin, daß jeder Offizieranwärter die ersten fünfzehn Monate seiner Dienstzeit unter den Mannschaften verbrachte – ein Ausbildungsgang, den es in dieser Intensität vor dem Reichsheer nicht gegeben hatte und der in der Wehrmacht des „Dritten Reiches“ wieder abgebaut wurde. Ihm darf im Hinblick auf das menschlich-kameradschaftliche Verständnis des zukünftigen Offiziers für seine Untergebenen hohe Bedeutung zugemessen werden. In dieser Zeitspanne hatte er sich vor den kritischen Augen seiner späteren Untergebenen zu bewähren und erwarb Grundkenntnisse der Mentalität von Mannschaften und Unteroffizieren, die ihm während seiner weiteren Dienstzeit zugute kommen mußten. Das gute Verhältnis wurde von manchem jungen Offizier bewußt gepflegt, wozu sich mannigfache Gelegenheiten boten, wie das Manöverleben mit gleicher Verpflegung aus der Feldküche, die sogenannten Wanderpatrouillen – mehrtägige Ausflüge von jungen Offizieren mit jüngeren Mannschaften, die gemeinsames Wandern, Baden, Besichtigungen und andere Abwechslungen brachten und manchmal sogar „jugendbewegte“ Züge annahmen – oder die gemeinsame Zugehörigkeit zu Sportmannschaften, in denen nicht der Dienstgrad, sondern sportlicher Geist und Leistung den Wert bestimmten. Es kam hinzu, daß die Schicht der Kompanie- usw. Chefs und der jüngeren Stabsoffiziere durch das Fronterlebnis des Weltkrieges geprägt war, das die Distanz, die im „kaiserlichen“ Heer bewußt gewahrt worden war, gemindert hatte.

Unbeschadet des positiven zwischenmenschlichen Verhältnisses wurde im Reichsheer jedoch darauf geachtet, daß die dienstlich begründete und dem Standesdenken verhaftete Unterscheidung zwischen dem Offizierkorps einerseits und den Unteroffizieren sowie Mannschaften andererseits gewahrt blieb. Es spielte sich sogar innerhalb der Unteroffiziergrade erneut eine klare Unterscheidung zwischen Unteroffizieren mit Portepee und Unteroffizieren ohne Portepee ein; die scharfe Trennung vom Mannschaftsstand war selbstverständlich.

Der Aufstieg zum Unteroffizier stand jedem Soldaten nach einer Mindestdienstzeit von vier Jahren offen, wenn er sich im Vergleich zu seinen Kameraden qualifizierte, eine Unteroffizieranwärterprüfung bestanden hatte und ihm eine Planstelle zugewiesen werden konnte. Auswahl, Ausbildung und Erziehung der Unteroffiziere waren im wesentlichen Aufgabe der Einheitsführer. Die Kompanien, Eskadronen und Batterien wurden darüber hinaus zu regelrechten Unteroffizierschulen, denn die Befähigung zum Unteroffizier sollten nach dem Kaderheer-Prinzip auch die Soldaten erhalten, die wegen Mangel an Aufstiegsmöglichkeiten im Mannschaftsstande verblieben. Dieses System entwickelte sich allerdings erst im Laufe der Jahre, weil in die Vorläufige Reichswehr ein höherer Prozentsatz an Unteroffizieren aus dem „kaiserlichen" Heer übernommen worden zu sein scheint als Planstellen bestanden. Es ist dem Reichsheer gelungen, der bewaffneten Macht eine qualitativ hochwertige Unterführerschicht zu verschaffen. Eine wesentliche Grundlage hierfür bildete das Rekrutierungssystem. Es blieb wegen seiner Auswirkungen auf die politische Ausrichtung des Reichsheeres nicht unangefochten.

Nach dem zweiten Dienstjahr wurde der Freiwillige vom Schützen zum Oberschützen, nach dem vierten Dienstjahr zum Gefreiten, nach dem sechsten zum Obergefreiten und nach acht Dienstjahren bei Freisein einer Planstelle zum Stabsgefreiten befördert. Ab drittem Dienstjahr hatte er bei Eignung die Möglichkeit, zur Unteroffizier-Anwärterprüfung zugelassen zu werden. Geprüfte Unteroffizieranwärter konnten bereits im vierten Dienstjahr Gefreite und im fünften nach Maßgabe des Stellenplanes Unteroffizier werden. Nach zwei Unteroffizier-Dienstjahren wurde die Beförderung zum Unterfeldwebel (früher Sergeant) ausgesprochen, nach insgesamt drei Unteroffizier-Dienstjahren war eine Beförderung zum Feldwebel (früher Vizefeldwebel) möglich. Die Zahl der Portepee-Unteroffiziere war jedoch begrenzt, wenn sie auch im Vergleich zur Zeit vor dem Weltkrieg vermehrt war. Die Beförderung zum Oberfeldwebel war wieder vom Ablegen einer Prüfung und natürlich auch einer freien Planstelle abhängig. Für Sonderlaufbahnen galten in der Regel die gleichen Bedingungen. Ein Fahnenschmied (= Unteroffizier) z. B. wurde nach zwei Jahren Oberfahnenschmied und konnte nach drei Jahren zum Beschlagmeister (= Feldwebel), nach vier Jahren zum Oberbeschlagmeister befördert werden.

Das Ergänzungswesen beruhte auf Verordnungen des Reichspräsidenten vom 4. Juni 1921 bzw. vom 9. Dezember 1927, wobei die zweite Verordnung als eine Folge der etwa Anfang 1926 lautstark einsetzenden Kritik der Sozialdemokraten am bisherigen Ersatzwesen angesehen werden darf. Sie standen hierbei nicht allein, denn auch Parteien wie die DDP und das Zentrum waren mit den Auswahlmethoden des Reichsheeres nicht völlig einverstanden. Die Kritiker beanstandeten vor allem, daß die Auswahl der Freiwilligen von den Chefs der Kompanien, Eskadronen und Batterien vorgenommen wurde, die hierbei vielfach eng mit republikfeindlichen Vertrauensleuten außerhalb der Wehrmacht zusammenarbeiteten. In der Vorläufigen Reichswehr hatte es noch Unteroffiziere und Mannschaften gegeben, die mit der SPD sympathisierten und für die vornehmlich der Reichswehrminister „ein Abgott" war (Thaer). Noske hatte sich sogar bemüht, die Anhänger seiner Partei und die Arbeiterschaft allgemein für den Eintritt in die bewaffnete Macht zu gewinnen. Sein Aufruf war ergebnislos verhallt, zumal sich zahlreiche sozialdemokratische Zeitungen geweigert hatten, ihn abzudrucken. Mißtrauen und Abneigung der größten staatstragenden Partei einschließlich ihrer Wählerschaft gegenüber dem Militärwesen ließen sich nicht durch einen Reichswehrminister aus den eigenen Reihen beseitigen. Noske konnte nicht verhindern, daß aus sozialdemokratischen Kreisen die neue Wehrmacht angegriffen wurde, besonders nach dem Kapp-Lüttwitz-Putsch. Außerdem scheint die Parteiführung nicht die Gefahr erkannt zu haben, zu der ein Söldnerheer ohne Beteiligung aus der Arbeiterschaft werden konnte. Darüber hinaus hatten die Sozialdemokraten jahrelang dem Problem des Offizierersatzes und der Möglichkeit eines Aufstiegs vom Unteroffizier zum Offizier größere Beachtung geschenkt als dem Ergänzungswesen für Unteroffiziere und Mannschaften. Für sie trat die SPD allerdings fortwährend zugunsten rechtlicher und wirtschaftlicher Verbesserungen ein, doch konnten solche Bemühungen nicht verhindern, daß sich das Reichsheer aus Unteroffizieren und Mannschaften zusammensetzte, die mitunter rechtsradikaler und republikfeindlicher waren als ihre Offiziere.

Der stärkste Vorstoß, das Ergänzungswesen zu ändern, ging vom Reichstagspräsidenten aus. Paul Loebe forderte am 21. Oktober 1926 in einem Artikel über „Heeresersatz der Reichswehr" die gesetzliche Regelung, daß die Bewerber nach der Reihenfolge ihrer Anmeldungen eingestellt werden sollten, sofern sie die Vorbedingungen für den Beruf des Soldaten erfüllten. Zur Überwachung dieser Bestimmung schlug der Reichstagspräsident vor, jeder Werbestelle zwei Parlamentskommissare beizuordnen. Er begründete seinen Vorschlag damit, daß Verbände wie „Stahlhelm" und „Wehrwolf" entscheidenden Einfluß auf den Ersatz der bewaffneten Macht ausübten, und folgerte: „Dieser Zustand ist unhaltbar, wenn sich die Republik nicht von ihrer eigenen Reichswehr auf der Nase herumtanzen lassen will."

Der Vorschlag des Reichstagspräsidenten stieß im Reichswehrministerium ebenso wie in der Truppe auf wenig Gegenliebe. Nur einzelne Offiziere, wie die Generale Reinhardt, Otto Hasse und Freiherr Kreß von Kressenstein, waren bereit zu diskutieren, ob die bewaffnete Macht „zum jetzigen Staate und den ihn tragenden Parteien eine auf die Dauer zweckmäßige und haltbare Stellung einnimmt". Die überwiegende Mehrheit der Befehlshaber und Kommandeure lehnte die Ideen Loebes schlankweg ab, und Reichswehrminister Geßler verteidigte das Ergänzungssystem als „völlig unpolitisch". Als er die Vorschläge des Reichstagspräsidenten und die an sie anschließenden Forderungen der SPD zurückwies, handelte er mit Billigung der Reichsregierung. Sie stellte sich außerdem am 29. November 1926 hinter die Bitte des Chefs der Heeresleitung, „an der zur

Zeit geübten Regelung des Ersatzwesens nichts zu ändern", womit ihrer nach außen hin vorgetragenen Bereitschaft zur Diskussion der Vorschläge bereits der Boden entzogen war. Somit kam auch der Zusage des Reichskanzlers nach der Reichstagsrede Scheidemanns vom 16. Dezember 1926, die Bestimmungen über die Heeresergänzung prüfen zu lassen, nur deklamatorischer Charakter zu. Eine grundsätzliche Neuregelung erreichten die Sozialdemokraten nicht. Allerdings mußte die Reichswehrführung zulassen, daß mit der Verordnung vom 9. Dezember 1927 einige Bestimmungen geändert und Ergänzungen hinzugefügt wurden.

Die Leitung der Heeresergänzung blieb den Wehrkreiskommandos überlassen. Als eigentliche Werbestellen dienten die Truppenteile. Das Werben selbst war weiterhin in erster Linie Sache der Kompanie-, Batterie- und Eskadronchefs. Ihre Tätigkeit wurde nicht unter die Kontrolle parlamentarischer Kommissare gestellt, statt dessen den Kommandeuren der Infanteriebataillone, Reiterregimenter und Artillerieabteilungen die Verantwortung für die Annahme von Bewerbern übertragen. Die Werbung spielte sich in der Regel innerhalb des Wehrkreises ab, wobei das Prinzip der Landsmannschaft gewahrt werden sollte. Die Kompanie- usw. Chefs hatten für einen „körperlich, geistig und sittlich hochwertigen und staatstreuen" Ersatz zu sorgen. Die körperliche und geistige Qualifikation wurde durch ärztliche Untersuchung und Prüfungen ermittelt. Zur Feststellung der sittlichen Eignung und der staatstreuen Einstellung sollten neben einem polizeilichen Führungszeugnis nur noch staatliche Behörden und die von den Bewerbern benannnten Gewährsleute herangezogen werden. Darüber hinaus wurde mit dem Passus, „Das Einziehen von Erkundigungen bei Personen, die in politischen Vereinen führend tätig sind oder staatsfeindlichen Parteien angehören, ist zu unterlassen" (§ 11, Punkt 4, Absatz 2), den vom Reichstagspräsidenten erhobenen Vorwürfen und anderen Angriffen begegnet. Die eigentlichen Auswahlmotive der Chefs wurden von derartigen Bestimmungen also nicht weiter betroffen.

In den Aufbaujahren hatte das Reichsheer zwar nicht vor Ersatzschwierigkeiten gestanden, aber auch keine großen Auswahlmöglichkeiten besessen. Mit der Konsolidierung der bewaffneten Macht einerseits und der zunehmenden Arbeitslosigkeit andererseits stieg die Zahl der Anmeldungen in einem Maße an, daß gemäß einer Erklärung des Wehramtes vom März 1928 Bewerber und angenommene Freiwillige im Verhältnis 15:1 standen. Bei so hohem Überangebot konnten die Chefs jeden abweisen, von dem sie auf kaum nachweisbaren Wegen über ehemalige Offiziere und andere politische „Freunde" erfuhren, daß es ihm an sogenannter nationaler Einstellung mangele, oder der ihnen aus anderen Gründen nicht paßte. Die Qualität des Ersatzes litt hierunter nicht. So blieb also trotz der neuen Bestimmungen gewährleistet, daß sich das Reichsheer aus Unteroffizieren und Mannschaften konservativer, nicht selten sogar extrem rechtsgesinnter politischer Einstellung zusammensetzte. Nationalsozialisten wurde jedoch bis 1932 die Aufnahme verwehrt, und unter Groener betonte die Reichswehrführung außerdem den Grundsatz, Angehörige anderer verfassungsfeindlicher Vereinigungen nicht in die bewaffnete Macht aufzunehmen.

Unteroffiziere und Mannschaften des Reichsheeres rekrutierten sich zu einem hohen Prozentsatz aus Söhnen von Bauern, Handwerkern, mittleren und unteren Beamten sowie Soldaten. Im Jahre 1927 entstammten von den angenommenen Freiwilligen 53 % aus ländlichen Gebieten und 47 % aus Städten, während das Land nur 35 % der Gesamtbevölkerung stellte und 58 % der Bewerber städtischer Herkunft waren. Allerdings wird die offensichtliche Bevorzugung von Bewerbern aus den ländlichen Gebieten nicht allein auf ihre durchschnittlich stärker konservative Haltung, sondern auch auf ihre besseren gesundheitlich-körperlichen Voraussetzungen begründet gewesen sein. Hinzu kam, daß im Reichsheer das Pferd und die Pferdepflege eine wichtige Rolle spielten. Von einem Bauernjungen durfte erwartet werden, daß bei ihm das wertvolle Pferdematerial in guten Händen war.

Der Republik gelang es also in keinem Bereich des Heeresersatzes, Staats- und Militärverfassung zum Ausgleich oder gar in Übereinstimmung zu bringen. Sie vermochte nicht einmal, den Aufbau von Institutionen durchzusetzen, deren Errichtung der Reichstag beschlossen hatte. Das Wehrgesetz verankerte zwar die Heereskammer, die der erste Chef der Heeresleitung geschaffen hatte, institutionell im Reichsheer. Als begutachtendes und beratendes Organ sollte sie aus geheimen Wahlen innerhalb der bewaffneten Macht hervorgehen, zunächst aber ihre Verfassung und ihre Kompetenzen durch Reichsgesetz geregelt werden. Es ist niemals ergangen. Der Reichstag ließ sich auch hierin von der Reichswehrführung überspielen: Seeckt lehnte Zugeständnisse an den Parlamentarismus ab. An die Stelle der Heereskammer wollte er zunächst eine Art von „Personalrat“ setzen, der sich aus hohen Offizieren zusammensetzen sollte. Er trat nicht ins Leben, und die Heereskammer verkümmerte bald. So blieben nur die ebenfalls im Wehrgesetz bestimmten Vertrauensleute bestehen, die halbjährlich gewählt wurden. Ihre Bedeutung war unterschiedlich. Während sie in einer Einheit eine lebendige Funktion ausübten, führten sie in einer anderen ein schattenhaftes Dasein. Daß trotz Distanz zwischen Unteroffizieren und Mannschaften einerseits und Offizieren andererseits im Reichsheer keine unüberbrückbare Kluft und menschliche Fremdheit bestanden, wird auch dadurch belegt, daß nicht selten junge Offiziere als Vertrauensleute gewählt wurden. Allerdings bemühten sich Heeresleitung und Kommandeure intensiv, trotz weiterhin scharfer Handhabung der Disziplin Mißbrauch der Dienstgewalt und Untergebenenmißhandlungen zu verhindern. Meutereien, wie sie im Juli 1922 in den Garnisonen Lötzen und Berlin-Lankwitz ausbrachen, gaben Seeckt konkreten Anlaß, in einem Erlaß vom 7. August 1922 zu Problemen der inneren Struktur Stellung zu nehmen und die Offiziere nachdrücklich auf ihre menschlichen Verpflichtungen gegenüber ihren Untergebenen und auf die in einem Söldnerheer ganz besonders gegebene Notwendigkeit eines guten Vertrauensverhältnisses zwischen Offizier und Mann hinzuweisen. Der Soldat sollte im Offizier seinen geistigen Führer und Berater sehen könnten.

Im Vergleich zum Soldaten im „kaiserlichen“ Heer genossen im Reichsheer die Mannschaften größere Rechte und Freiheiten und wurden – wie auch die Unteroffiziere – wesentlich besser besoldet als früher. Das Besoldungssystem wurde für alle Angehörigen der bewaffneten Macht weitgehend der Ordnung im öffentlichen Dienst angeglichen. Die Verbesserungen sind nicht nur darauf zurückzuführen, daß es sich bei den Mannschaften um keine Wehrpflichtigen, sondern um Berufssoldaten mit der Verpflichtung zu zwölfjähriger Dienstzeit handelte; sie resultierten außerdem aus einer stärkeren Fürsorge als vor 1914. So wurde der Soldat während seiner letzten Dienstjahre auf Heeresfachschulen und anderen Ausbildungsstätten für den Übergang in das Berufsleben außerhalb des Militärs vorbereitet und erhielt bei seiner Entlassung entweder wie früher schon den sogenannten Zivildienstschein, der eine Anwartschaft auf Übernahme in den öffentlichen Dienst gab, oder eine besondere finanzielle Abfindung. Damit wurde das Ende der Dienstzeit keine so starke Belastung für den Berufssoldaten, daß sie seine und damit die Moral und Schlagkraft der Truppe beeinträchtigt hätte. Nachteilig wirkte sich dagegen nicht selten die Bestimmung aus, die eine Eheschließung vor dem vollendeten 27. Lebensjahr fast unmöglich machte, zugleich aber dem Soldaten aus der Vaterschaft an einem außerehelichen Kind keine entscheidenden Nachteile entstehen ließ. Derartige Bestimmungen konnten die Folge zeitigen, daß der Staat im Falle des Infanterieregimentes 19 für fast ebenso viele uneheliche Kinder aufzukommen hatte wie dessen Mannschaftsbestand betrug.

Belastet war das Reichsheer außerdem durch einen im Vergleich zum „kaiserlichen" Heer verhältnismäßig hohen Prozentsatz an Selbstmordfällen. Sie führten zu zahlreichen Diskussionen in der bewaffneten Macht ebenso wie in der Öffentlichkeit. In einigen Fällen gelangten Untersuchungen zu dem Ergebnis, daß die Verpflichtung zu zwölfjähriger Militärdienstzeit, Soldaten zu einem derartigen Akt der Verzweiflung schreiten ließ. Es war nicht immer möglich, Soldaten, die in den ersten Dienstjahren erkannten, daß sie für den militärischen Beruf nicht geeignet waren, aus ihrer durch den Friedensvertrag gesetzten Verpflichtung zu entlassen. Wenn allerdings der Chef der Heeresleitung am 29. November 1926 im Reichskabinett erklärte, „Selbstmorde, soweit sie vorkämen, seien meist auf die allgemeine nach dem Kriege in Deutschland entstandene Gemütsstimmung unserer Jugend zurückzuführen, Abhilfe schaffen würde eine bessere Versorgung der Truppe mit Seelsorgern und Ärzten", wurde er dem Problem sicher nicht gerecht. Im übrigen erkannten Reichswehrführung und Heeresleitung die Problematik der zwölfjährigen Dienstzeit sowohl für den einzelnen Soldaten als auch für das innere Gefüge der bewaffneten Macht und haben sich ernsthaft bemüht, sie zu lösen (vgl. u. a. S. 342 f.).

c. Beamte

Zum Dienstbereich des Reichswehrministers gehörten außer den Soldaten auch Beamte, Angestellte und Arbeiter. Die überlieferte Unterscheidung zwischen Militär- oder Heeresbeamten und Beamten mit normalem öffentlich-rechtlichem

Status – im militärischen Sprachgebrauch als „Zivilbeamte" angesprochen – gewann infolge der militärischen Bestimmungen des Versailler Vertrages erhöhte Bedeutung. Durch Verordnungen des Reichspräsidenten vom 19. Februar 1921 bzw. vom 21. Dezember 1921 wurde festgelegt, welche Angehörigen des Personals der Verwaltungsbehörden des Reichsheeres zur Kategorie der Militärbeamten des Friedensstandes mit Offizierrang gezählt wurden. Es handelte sich um Beamte des höheren und des gehobenen mittleren Dienstes. Die gesamten übrigen Angehörigen des Verwaltungsdienstes galten als Zivilpersonal. Sie besaßen keinen militärischen Rang und unterlagen nur den für alle Reichsbeamten und Beschäftigten im öffentlichen Dienst gegebenen gesetzlichen Bestimmungen (vgl. dazu S. 340 f.).

D. Die Reichswehr als Instrument der Landesverteidigung

1. Die vertraglichen Kontrollen und Beschränkungen des Wehrpotentials

a. Die Interalliierte Militär-Kontroll-Kommission

Im Artikel 8 der in den Versailler Vertrag aufgenommenen Völkerbundsatzung hatten die Mitglieder des Bundes anerkannt, „daß die Aufrechterhaltung des Friedens es nötig macht, die nationalen Rüstungen auf das Mindestmaß herabzusetzen, das mit der nationalen Sicherheit und mit der Durchführung der durch ein gemeinsames Handeln auferlegten internationalen Verpflichtungen vereinbar ist". Dementsprechend mußte sich Deutschland in der Präambel zu Teil V des Friedensvertrages, den Bestimmungen über die Land-, See- und Luftstreitkräfte, verpflichten, als erster Staat abzurüsten, „um den Anfang einer allgemeinen Beschränkung der Rüstung aller Nationen zu ermöglichen". Mit der Überwachung, nicht aber mit der Durchführung seiner Entwaffnung, sollten interalliierte Kontroll-Kommissionen beauftragt werden.

Aufgaben und Gliederung der IMKK

Die Aufgaben und Rechte der vorgesehenen interalliierten Kontroll-Kommissionen waren im Friedensvertrag festgelegt und durch eine Zusammenstellung ihrer Organisation und Grundsätze (Entwurf vom 9. Juli 1919) geregelt. Sie wurden von der Interalliierten Militär-Kontroll-Kommission (IMKK), der Interalliierten Marine-Kontroll-Kommission (NIACC = Naval Interallied Commission of Control) [vgl. Abschnitt VII] und der Interalliierten Luftfahrt-Überwachungs-Kommission (ILÜK) wahrgenommen. Ihre Vorkommission traf am 15. September 1919 in Berlin, ihrem zukünftigen Hauptsitz, ein.

Die Regelungen über die interalliierten Kontroll-Kommissionen bildeten mit den Artikeln 203 bis 211 den vierten Abschnitt der Bestimmungen über die Land-, See- und Luftstreitkräfte, an die der Artikel 203 mit der Vorschrift anschloß, daß alle im Friedensvertrag enthaltenen Bestimmungen über Deutschlands bewaffnete Macht, für deren Ausführung Fristen angesetzt seien, unter der Kontrolle interalliierter Kommissionen befolgt werden sollten. Ihre Tätigkeit galt also ursprünglich als zeitlich begrenzt, jedoch setzte sich Marschall Foch bei der Einrichtung der Kontrollorgane über diese Befristung hinweg, indem er im Organisationsstatut bestimmte, daß Deutschland bis zur vollständigen Durchführung (complete execution) kontrolliert werde. Reichsregierung und IMKK gingen daher in ihren voneinander abweichenden Auslegungen über die Dauer der Kontrolle von zwei verschiedenen Regelungen aus.

Die Interalliierte Militär-Kontroll-Kommission war eines der Organe, welche die alliierten und assoziierten Hauptmächte der deutschen Reichsregierung gegenüber in allen Fragen der Ausführung der militärischen Friedensvertragsbestimmungen vertraten. Ihr übergeordnet und zugleich direkt mit ihr verbunden war der Alliierte Militärausschuß (Comité Militaire Interallié de Versailles) unter dem Vorsitz des französischen Marschall Foch, das sogenannte „Versailler Komitee". Als höchstes politisches Organ der ehemaligen Feindmächte amtierte die Botschafterkonferenz zu Paris, der Jules Cambon vorstand. Wenn demnach die IMKK auch nicht vom politischen Willen eines Staates bestimmt war, so prägte doch in den ersten Jahren Frankreich entscheidend ihren Charakter. Die Republik stellte den Präsidenten der IMKK und drei weitere Mitglieder ihrer neunköpfigen Spitze, des interalliierten „Rates der Kommission".

Erster Präsident der IMKK war der Divisions-General Nollet – ein Offizier, der seine Aufgabe ernst nahm und sich auf sein Amt sorgfältig vorbereitet hatte, um – wie er später schrieb – die Fehler Napoleons gegenüber Preußen nach 1806 zu vermeiden. Als er 1924 als Kriegsminister in das Kabinett Herriot berufen wurde, übernahm sein bisheriger Stabschef, General Walch, die Leitung. Von den restlichen zwei Franzosen hatte General Barthélemy zuvor während mehrerer Jahre das Deuxième Bureau, die Spionageabteilung des französischen Generalstabs, geleitet. Die fünf anderen Mitglieder setzten sich aus zwei englischen und je einem belgischen, italienischen und japanischen Offizier zusammen. Dieses Gremium faßte seine Beschlüsse zunächst mit Mehrheitsentscheid, wodurch Frankreich seinen Willen leichter durchbringen konnte; im November 1923 wurde unter nicht gerade begeisterter Zustimmung Frankreichs und Belgiens einstimmige Beschlußfassung vorgeschrieben. Dem interalliierten „Rat der Kommission" nachgeordnet waren drei Unterkommissionen, je eine zur Kontrolle der materiellen Rüstung, dann der Stärke, Rekrutierung und Ausbildung des Heeres und endlich der Befestigungen. Die ausführenden Organe der IMKK waren die Distriktskommissionen, die über Deutschland verteilt waren und deren Anzahl und Standorte sich fortwährend veränderten. Auch die Gesamtstärke des Personals der IMKK, die 291 Offiziere, 88 Dolmetscher im Offizierrang und 654 Unteroffiziere und Mannschaften betragen sollte, wechselte häufig. Die Haltung der Mitglieder variierte von loyaler Pflichterfüllung bis zu gehässiger Schikane.

Die Interalliierte Marine-Kontroll-Kommission und die Interalliierte Luftfahrt-Überwachungs-Kommission besaßen kleineres Ausmaß als die IMKK, waren aber analog aufgebaut. Ihre Tätigkeit glich der Arbeit der IMKK, erreichte jedoch bei weitem nicht deren Umfang (vgl. Abschnitt VII).

Deutschland mußte den Unterhalt der IMKK, der NIACC und der ILÜK sowie alle Kosten tragen, die aus ihrer Tätigkeit entstanden. Bis zum Inkrafttreten des Dawes-Abkommens sollen sie sich auf 38 713 976 Goldmark belaufen haben, danach wurden sie auf die Annuitäten des Dawes-Plans angerechnet. Darüber hinaus war es verpflichtet, Hilfsmittel an Personal und Material zur Durchführung aller Abrüstungsmaßnahmen zu stellen und alle Möglichkeiten und erforderlichen Erleichterungen zu gewähren, die sich aus den Rechten und Pflichten der Kommission ergaben. Der IMKK, deren Vertreter berechtigt waren, ganz Deutschland zu bereisen und Inspektionen vorzunehmen, wo auch immer und so oft sie es für erwünscht hielt, mußten beglaubigte deutsche Vertreter beigegeben werden, um die Mitteilungen in Empfang zu nehmen, die die Kommission der Reichsregierung übergeben wollte, und um ihr alle Auskünfte und

Angaben zu erteilen oder Unterlagen herbeizuschaffen, die verlangt wurden. Diese Bestimmungen bedingten einerseits den Aufbau einer besonderen Organisation der „Heeres-Friedenskommission" als deutscher Verbindungsstelle zur IMKK und boten aber auch andererseits die Möglichkeit, die Tätigkeit der „Kontrolloffiziere" innerhalb der vertraglichen Grenzen zu halten, dabei sie über die „Verbindungsoffiziere" zu überwachen und das Reichsheer und andere Stellen möglichst weitgehend vor unangemeldeten Kontrollen zu schützen. Federführende Behörde gegenüber der IMKK war jedoch die „Friedensabteilung" im Auswärtigen Amt, zumal sich General Nollet 1921 weigerte, direkt mit der Heeresfriedenskommission zu verkehren. Das Verhältnis zwischen Auswärtigem Amt und Reichswehrführung blieb auch in diesem Zusammenhang nicht frei von Spannungen. Es gelang dem Außenministerium, seine Richtlinienkompetenz in der Abrüstungs- und Kontrollpolitik durchzusetzen.

Die Heeresfriedenskommission wurde analog zur IMKK mit Sitz in Berlin aufgebaut. Sie unterstand zunächst unmittelbar dem Reichswehrminister, später war sie dem Truppenamt angegliedert. Ihr oberstes Organ, die Hauptverbindungsstelle, war in drei Abteilungen gegliedert, denen analog zu den Distriktskommissionen Verbindungsstellen untergeordnet waren. An der Spitze der Heeresfriedenskommission standen nacheinander die Generale v. Cramon, Strempel, v. Pawelsz und Oberst Michelis. Die Tätigkeit ihrer Mitglieder stieß bei der Truppe und in der Öffentlichkeit vielfach auf Unverständnis, wurde mißdeutet und sogar hart verurteilt, sie fand jedoch die volle Anerkennung der Reichswehrführung.

Analog zur Heeresfriedenskommission wurden je eine Marine- und Luftfriedenskommission gebildet.

Überwachung der Abrüstung

Die Tätigkeit der IMKK läßt sich in mindestens drei Abschnitte untergliedern. Der erste endete mit der Erfüllung des Londoner Ultimatums vom 5. Mai 1921. Bis zu diesem Zeitpunkt hatte sich die Entwaffnung Deutschlands weitgehend vollzogen, nachdem sie zunächst infolge der späten Ratifikation des Friedensvertrages, der außen- und innenpolitischen Lage und deutscher Hoffnungen, doch Erleichterungen zu erlangen, verzögert worden war. Sieht man von den Auseinandersetzungen über die Beaufsichtigung der neu entstehenden bewaffneten Macht ab, dann hatten vornehmlich die Zerstörung der Waffen- und Materialbestände und der Fertigungsstätten für militärische Bedarfsgüter, die bewaffneten Organisationen wie die Einwohnerwehren und die Polizei im Mittelpunkt der Kontrolle der IMKK gestanden.

Bei der Vernichtung des deutschen Wehrpotentials bildete eine wesentliche Streitfrage, was unter den Begriffen „Kriegsmaterial" bzw. „Kriegsgerät" zu verstehen sei. So fand das vom Versailler Vertrag geforderte und vom Reichstag am 18. Dezember 1920 beschlossene Gesetz über das Verbot der Ein- und Ausfuhr von Kriegsmaterial nicht die Billigung der IMKK. Es wurde am 26. Juni 1921 infolge des Londoner Ultimatums geändert, aber wieder stimmte die IMKK nicht zu. Erst am 21. Januar 1927 konnte eine Kompromißlösung erzielt werden. Von der Zerstörung der Rüstungswerke und besonders ihres Maschinenparks wurde neben der Schwer- vor allem die Chemische Industrie betroffen. Die Auseinandersetzungen um die industrielle Abrüstung zogen sich bis in die Verhandlungen über das Genfer Protokoll von 1926 (s. S. 193) hin. Zur Verwertung des verbotenen Materials wurde deutscherseits das Reichsverwertungsamt geschaffen. Insgesamt wurden unter anderem rund sechs Millionen Handfeuerwaffen, 105 000 Maschinengewehre, 28 470 Minenwerfer und 54 887 Geschütze einschließlich Rohre, 38 750 000 Geschosse und 490 Millionen Patronen Handwaffenmunition, 14 014 Flugzeuge und 27 757 Flugzeugmotoren, 31 Panzerzüge und 59 Panzerkampfwagen zerstört. Damit hatte die IMKK die überwiegende Masse der Weltkriegsbestände erfaßt. Es blieben geheime Waffen- und Munitionslager bestehen, die in zahlreichen Fällen bis zur Einstellung der Kontrolltätigkeit aufgedeckt wurden. In der Mehrheit der Funde entsprach ihr militärischer Wert nicht dem Schaden, den sie der Glaubwürdigkeit Deutschlands hinsichtlich seines amtlich bekundeten Willens zur loyalen Entwaffnung und Vertragserfüllung zufügten. Abgesehen davon lieferten sie der IMKK Handhaben, ihr Verbleiben zu begründen.

Ein langwieriger Streit entbrannte um die Fabriken, die zur Fertigung militärischer Bedarfsgüter zugelassen wurden. Zuletzt einigte man sich auf 33 Werke, von denen elf allein für die Kriegsmarine arbeiten durften. Für jede Materialgruppe wurden nur zwei Werke genehmigt, wobei die IMKK keineswegs die Betriebe auswählte, die dazu am besten eingerichtet waren. Alle zugelassenen Produktionsstätten standen unter ihrer dauernden Kontrolle und gaben ebenfalls mehrfach zu Einsprüchen Anlaß.

In Preußen war im Sommer 1919 mit der Sicherheitspolizei (Sipo) eine Einrichtung entstanden, die dem Innenministerium kasernierte, militärisch ausgestattete Ordnungskräfte stellte. Sie sollte auf alle Länder ausgedehnt werden. Gegen diese Institution erhoben die Alliierten erstmals am 1. Dezember 1919 unter Berufung auf Art. 162 VV Einspruch. Gegen die Absichten Severings, der im Frühjahr 1920 forderte, Deutschland solle von seiner Forderung nach einer Heeresstärke von 200 000 Mann abgehen, sich auf das vertraglich vorgeschriebene 100 000-Mann-Heer beschränken und statt dessen auf einer angemessenen Sicherheitspolizei bestehen, gelang es der Reichswehrführung, die Priorität des Reichsheeres insofern durchzusetzen, als dessen zugelassene Stärke nicht durch die Sicherheitspolizei in Frage gestellt werden durfte. Die Reichsregierung mußte den Beschlüssen von Boulogne und Spa nachkommen und die Sicherheitspolizei auflösen. Zugelassen wurde nur eine dezentralisierte Ordnungspolizei, die spätere Schutzpolizei (Schupo) in Stärke von 150 000 Mann und 17 000 Angehörige der Gendarmerie. Die Neuordnung der Polizei blieb jedoch ein Streitpunkt, weil die IMKK gemäß deutscher Auffassung die „völlige Auflösung der Polizei in eine undisziplinierte, für jede irgendwie größere Unternehmung untaugliche, jeder Schlagfertigkeit entbehrende, nur noch für den Straßendienst in ruhigen Zeiten verwendbare Einzelschutzmannschaft“ anstrebte (Salewski). Noch anläßlich der Generalinspektion von 1924/25 begegnete die IMKK der Polizei mit so großem Mißtrauen, daß sie in ihrem Bereich die höchste Zahl von Kontrollen durchführte und im Kontrollbericht ausführlich darauf einging. Ihre Kasernierung und gemeinschaftliche Ausbildung blieben eine Quelle immer neuer Differenzen, die erst im Geist der Versöhnung von 1926 durch einen Kompromiß beigelegt wurden.

Überwachung der Reichswehr

Für die Reichswehr entwickelte sich die im Versailler Vertrag nicht ausdrücklich festgesetzte Überwachung durch die IMKK zu einem Kernproblem, hinter dem die Fragen der Entwaffnung und Abrüstung zurücktraten. Man sprach der Kommission das Recht ab, Aufbau, Organisation und Struktur der neuen bewaffneten Macht zu überwachen, und strebte mit allen Mitteln die Beseitigung der Kontrolle an. Aber alle seit etwa Sommer 1921 eingeleiteten Bemühungen, den Abzug der IMKK und vor allem das Ende der Kontrollen zu bewirken, scheiterten. Noch vor Ablauf des Jahres 1922 sah die Heeresleitung eine Gelegenheit, in die Auseinandersetzungen ein neues Moment einzuführen. Sie ging mit Ausbruch der Ruhrkrise dazu über, den Forderungen der IMKK Widerstand entgegenzusetzen. Damit leitete sie den zweiten Abschnitt in der Arbeit der IMKK ein.

Während der Ruhrkrise blieb die Tätigkeit der IMKK weitgehend lahmgelegt. Nach dem Abbruch des passiven Widerstandes weigerte sich die Reichswehrführung unter dem Einfluß Seeckts lange, der Wiederaufnahme der Inspektionen zuzustimmen, mußte sich aber der außenpolitischen Konzeption Stresemanns beugen. Der Außenminister ging davon aus, daß Deutschland abgerüstet sei, gab auch am 8. Juli 1924 der Forderung nach einer Generalinspektion nach, um für die Londoner Konferenz und seine weitergehenden außenpolitischen Ziele ein günstiges Klima zu schaffen. Die Generalinspektion begann am 8. September 1924 in versöhnlichem Geiste, doch bald traten Schwierigkeiten ein, die sich bis zu einer Krise steigerten. Am 25. Januar 1925 war die Generalinspektion abgeschlossen, ohne daß damit die Kontrollbesuche ganz eingestellt wurden. Der Kontrollbericht vom 15. Februar 1925, der Deutschland offiziell in Form der Entwaffnungsnote vom 30. Mai 1925 am 4. Juni 1925 mitgeteilt wurde, entsprach keinesfalls Stresemanns Vorstellungen und schien den Soldaten recht zu geben, die vor jeder Wiederzulassung der IMKK-Inspektionen gewarnt hatten.

Der Kontrollbericht vom 15. Februar 1925 ging davon aus, daß die Reichswehrdienststellen absichtlich den Rüstungsstand zu verheimlichen gesucht hätten. Aus den festgestellten Unregelmäßigkeiten und Verletzungen des Versailler Vertrages wurde gefolgert, daß diese symptomatisch seien und daher noch weitere, nur nicht entdeckte Vertragswidrigkeiten beständen. Im Hinblick auf das Reichsheer wurde behauptet, es sei eine Kaderarmee, die sich gemäß ihrer Instruktionen auf einen Krieg vorbereitete. Beanstandet wurden unter anderem die Stellung des Chefs der Heeresleitung (s. S. 126), die Höhe einiger Posten im Haushalt des Reichswehrministeriums, das Weiterbestehen des Großen Generalstabs, die militärische Organisation des Eisenbahnnetzes, die Abweichungen der Ist-Stärken an Personal und Waffen vom Friedensvertrag, die Existenz von Zeitfreiwilligen und die Bildung von Reservekadern sowie die Verbindung der bewaffneten Macht zu paramilitärischen Organisationen. Insgesamt gesehen habe – so urteilte die IMKK – im Vergleich zum Jahre 1922 die Abrüstung im industriellen Sektor nur sehr geringe Fortschritte zu verzeichnen, auf dem Gebiet des Kriegsmaterials sei nichts weiter geschehen, die bewaffnete Macht sei dagegen im personellen, materiellen und auch ausbildungsmäßigen Bereich verstärkt worden. Unter diesen Umständen hielt sich die IMKK nicht zu der Feststellung berechtigt, daß Deutschland die militärischen Bedingungen des Versailler Vertrages erfüllt habe.

Die Verhandlungen um die Durchführung der Entwaffnungsnote wurden unabhängig von den Ressentiments, die sie ausgelöst hatte, im Zeichen der Verhandlungen um Sicherheits- und Garantiepakte, die Locarnoverträge, „in einem sachlichen Ton geführt und waren vom beiderseitigen Willen geprägt, sich denkbar weit entgegenzukommen, um das von allen ersehnte Ziel, den endgültigen Abschluß der Militärkontrolle, zu erreichen. Da die Entwaffnungsfrage auch zu einer Prestigeangelegenheit geworden war, wurden Deutsche und Alliierte zur Wahrung ihres Gesichts gezwungen. Intern fielen deswegen oft andere Entscheidungen, die offiziell verlautbart wurde. Offiziell hielten die Alliierten ihre Forderungen aufrecht, offiziell wurden sie von Deutschland „erfüllt". In der Praxis ließen die Verbündeten sich in vielen untergeordneten Problemen zum Einlenken bewegen, ohne daß die Zugeständnisse der Öffentlichkeit bekannt wurden" (Salewski).

Dieser dritte Abschnitt führte vom Pariser Abkommen vom 16. November 1925 über verschiedene Phasen, die abermals nicht frei von Schwierigkeiten blieben, zum Genfer Protokoll vom 12. Dezember 1926 mit dem Beschluß der Außenminister der ehemaligen Feindmächte, daß die inzwischen personell zusammengeschmolzene IMKK nach einer Tätigkeit von 39½ Monaten mit insgesamt 33 381 Kontrollen und nach Abstellung ihrer letzten Beschwerdepunkte am 31. Januar 1927 ihre Arbeit einstellte. In diesem Abschnitt lag das Schwergewicht und die Führung der Verhandlungen bei den versöhnungswilligen Politikern. Die IMKK spielte nur noch eine untergeordnete Rolle, und ihr beim Völkerbund hinterlegter und zugleich von Resignation bestimmter Schlußbericht interessierte nicht mehr. Die alliierten Offiziere hatten sich nicht täuschen lassen, sondern stellten fest, daß weiterhin Vertragsverletzungen vorlagen, wobei sie als besonders schwerwiegende Phänomene die Grenzschutzarbeiten, die Wehrverbände und das Scheitern der geistigen Abrüstung ansahen.

Zu den Punkten, die bis zuletzt im Mittelpunkt der Auseinandersetzungen standen, gehörten die Kriegsmaterial-, Ausbildungs- und Festungsfrage.

Schon 1921/22 hatte die IMKK gegen die mit Erlaß vom 1. September 1921 ausgegebene Vorschrift „Führung im Gefecht der verbundenen Waffen" (die spätere HDV 487) und gegen die Ausbildungsvorschrift für die Artillerie (A.V.A.) vom 9. Januar 1922 Einspruch erhoben. Sie sah in dem Hinweis, daß der Angriffsgeist besonderer Pflege bedürfe, ebenso wie in Seeckts Tagesbefehl vom 1. Januar 1921 einen zumindest geistigen Verstoß gegen den Friedensvertrag, darüber hinaus sogar Vorbereitungen für einen Krieg. Änderungsforderungen, wie sie beispielsweise in einer Note vom 27. Februar 1922 erhoben wurden, wies jedoch die Reichsregierung zurück. Ab 1924 gab dann die Ausbildung an verbotenen Waffen Anlaß zu Beschwerden, denen Deutschland entgegenkam.

Die deutschen Festungen erregten Anstoß, weil das Reichsheer das System der befestigten Werke an der Ost- und Südgrenze im Laufe der Jahre verstärkt hatte. Erst am 31. Januar 1927 konnte man sich einigen. Deutschland erklärte sich bereit, die Verteidigungsanlagen in dem Maße zu erhalten, wie sie 1920 von der IMKK aufgenommen worden waren: vorhandene Feldbefestigungen durften zwar durch Mauerwerk- oder Betonanlagen ersetzt, aber neue Festungswerke nicht errichtet werden. Von den seit 1920 neu gebauten 88 Unterständen mußten 34 bis zum 15. Juni 1927 zerstört werden.

Übernahme des Kontrollrechts durch den Völkerbund

Als Marschall Foch am 16. Februar 1927 im Namen des Versailler Komitees bekanntgab, daß Deutschland abgerüstet habe, die Entwaffnung einer Nation von 65 Millionen Menschen jedoch nicht dauerhaft zu sein brauche, so daß weiterhin Vorsicht gegenüber dem östlichen Nachbarn angebracht sei, und als am 28. Februar 1927 die letzten Mitglieder der IMKK Deutschland verließen, war unterdessen in Genf die erste Runde der Abrüstungskonferenzen, die Deutschland angestrebt hatte, eröffnet worden. Die politische Entscheidung, durch die die Abrüstung Deutschlands für vollzogen erklärt wurde, bedeutete aber nicht, daß dieser Beschluß von weiten Kreisen der öffentlichen Meinung in den ehemaligen Feindstaaten, insbesondere Frankreichs, als den Tatsachen entsprechend anerkannt wurde. Im übrigen war das Kontrollrecht nicht völlig erloschen, sondern auf den Völkerbund übergegangen. Außerdem mußte Deutschland bis 1930 zulassen, daß technische Sachverständige, die sogenannten „Experten", den Botschaften der interessierten Mächte beigeordnet wurden, um die Abstellung der letzten Beanstandungen zu überwachen.

b. Völkerbund und Abrüstungskonferenzen

Mit dem Genfer Protokoll vom 12. Dezember 1926 hatte Stresemann nicht nur den Abzug der IMKK erreicht, sondern auch ein Argument erhalten, das Deutschland bei den Diskussionen um eine internationale Abrüstung diplomatisch und vor allem propagandistisch vorbringen konnte. Reichsregierung und öffentliche Meinung beriefen sich zukünftig darauf, daß Deutschland anerkanntermaßen die militärischen Bestimmungen des Versailler Vertrages erfüllt habe und damit jetzt berechtigt sei, von den anderen Staaten ein entsprechendes Handeln zu verlangen. Sie waren nach deutscher Auffassung verpflichtet, die Verbindlichkeiten einzulösen, die sich für sie aus Art. 8 der Völkerbundsatzung sowie aus der Präambel des Teiles V des Friedensinstrumentes und aus der Mantelnote der Alliierten und Assoziierten Mächte vom 16. Juni 1919 ergaben. Aus diesem Abrüstungsversprechen der ehemaligen Feindmächte wurde von der Öffentlichkeit aber nicht nur ein deutscher Rechtsanspruch auf die Abrüstung der anderen Staaten nach dem vom Reich gelieferten Vorbild abgeleitet, sondern später auch die These, daß Deutschland auf dem Wege einer Revision der militärischen Bestimmungen die unbeschränkte Militärhoheit zurückgegeben werden müsse, wenn die Bemühungen um eine allgemeine Abrüstung scheitern sollten. Darüber hinaus forderten Vertreter der Rechtsparteien sogar, daß das Reich das „Selbsterhaltungsrecht der deutschen Rüstungsfreiheit" erklärte (Hugenberg), ganz zu schweigen von der Propaganda der Nationalsozialisten. Mit seinem zuerst verwandten Argument fand Deutschland auch in der öffentlichen Meinung anderer Staaten positiven Widerhall, es erwies sich jedoch nicht als die starke Waffe, die Stresemann geschmiedet zu haben hoffte. Bis zu den Verhandlungen der Genfer Konferenz für die Begrenzung und die Herabsetzung der Rüstungen von 1932 trug sie der deutschen Politik keine nennenswerten diplomatischen Erfolge ein, wie Art. 53 des Konventionsentwurfes vom 9. Dezember 1930 beweist, der eine Diskussion oder gar Revision des Versailler Vertrages von vornherein ausschließen sollte.

Am 25. September 1925, also wenige Tage vor der Unterzeichnung des Locarno-Vertrages, hatte die Vollversammlung des Völkerbundes den Völkerbundsrat aufgefordert, mit den Vorbereitungen für eine Abrüstungskonferenz zu beginnen. Die hierfür bestellte Kommission trat im Mai 1926 zu ihrer ersten Sitzung zusammen. Das Ergebnis ihrer sieben Tagungen, an denen auch Deutschland teilnahm, war der Konventionsentwurf vom 9. Dezember 1930. Der deutschen Delegation, die eine moralische und materielle Gleichberechtigung des Reiches unter Ausgleich der Rüstungen zur paritätischen Sicherheit angestrebt hatte, war es nicht gelungen, die Aufnahme des Art. 53 zu verhindern. In ihm wurde festgesetzt, daß Staaten, deren Rüstung bereits vertraglich beschränkt war, an die Verpflichtungen gebunden bleiben sollten.

Die allgemeine Abrüstungskonferenz zu Genf, beschickt von 64 Staaten, begann ihre Tätigkeit am 2. Februar 1932. Ihre Eröffnung bedeutete einen Erfolg der öffentlichen Meinung in aller Welt, denn die Konferenz war „für die Sieger des Weltkrieges zu einem Ärgernis geworden, dem nicht mehr ausgewichen werden konnte" (Deist). Diesem Zwang entsprach jedoch nicht die politische Vorbereitung, die einen Erfolg von vornherein sichergestellt hätte. Die Vereinigten Staaten von Nordamerika und Großbritannien fühlten sich nicht in der Weise engagiert wie Frankreich und Deutschland, weil in Genf vornehmlich über die Rüstungsbeschränkung von Kontinentalstaaten verhandelt wurde. Als Seemächte hatten sie ihre Interessen bereits durch die Vereinbarungen der Konferenzen von Washington (1922) und London (1930) zu wahren gesucht (vgl. Abschnitt VII). Die Ergebnisse beider Konferenzen beeinflußten jedoch „die Entwicklung der Sicherheits- und Abrüstungspolitik der kontinentaleuropäischen Staaten nicht unwesentlich" (Deist).

Frankreich, das seit 1919 umfassende Sicherheitsgarantien angestrebt, doch nicht erreicht hatte, und sich in seinem Bemühen um internationale Beistandsverpflichtungen trotz „kleiner Entente" und Locarno-Verträgen gegen die Gefahr von jenseits des Rheins isoliert glaubte, sah sich auch deshalb in einer militärpolitisch ungünstigen Lage, weil seine Kriegsmacht bei weitem nicht modernen Erfordernissen entsprach und das Befestigungssystem der Maginot-Linie noch nicht voll ausgebaut war (Bauzeit: 1929 bis Ende 1934). Ihm trat Deutschland entgegen, das in Genf durch Brünings Rede vom 9. Februar und die Vorschläge seiner Delegation vom 18. Februar 1932 seinen moralischen und rechtlichen Anspruch auf die Abrüstung seiner Versailler Vertragspartner erhob und damit eine Gegenleistung für die vollzogene Entwaffnung forderte. Allerdings verlangte Deutschland nicht ausdrücklich, daß die anderen Staaten in gleicher Weise wie das Reich abgerüstet werden müßten; es strebte vielmehr seine Anerkennung als gleichberechtigter Verhandlungspartner an. Dabei ging es eben um die Streichung von Art. 53 des Konventionsentwurfes und damit um die Ablösung der militärischen Bestimmungen des Friedensvertrages durch freiwillig übernommene

Verpflichtungen innerhalb eines allgemeinen Abrüstungsabkommens. Über diese theoretische Gleichberechtigung hinaus wünschte es nur einige geringfügige Änderungen zu seinen Gunsten, beispielsweise für die eigenen Streitkräfte die Herabsetzung der zwölfjährigen Dienstzeit für einen Teil der Soldaten auf sechs bis acht Jahre, dazu französische Abrüstungsmaßnahmen, um das militärische Kräfteverhältnis etwas mehr auszugleichen.

Deutschland erzielte zunächst den Erfolg, daß Art. 53 des Konventionsentwurfes fallengelassen wurde. Brüning konnte sogar in Bessinge (Ende April 1932) eine gewisse Übereinstimmung mit den USA und Großbritannien erreichen, dennoch kamen die Abrüstungsgespräche nicht voran. Der Sturz Brünings trug Deutschland eine Verschlechterung seiner Lage ein, denn Papens außenpolitischer Kurswechsel mit dem Versuch, in Lausanne durch Direktverhandlungen mit Frankreich zum Ziel zu gelangen, schlug fehl. Er führte eine Annäherung Englands an Frankreich herbei und löste diesen Staat aus seiner Isolierung. In der Resolution vom 23. Juli 1932 wurde Deutschlands Anspruch auf grundsätzliche Gleichberechtigung abgelehnt. Die Reichsregierung weigerte sich daraufhin, an den Abrüstungsgesprächen weiter teilzunehmen, solange nicht das Problem der Gleichberechtigung befriedigend gelöst sei, zuletzt mit der Erklärung Neuraths vom 14. September 1932. Sie regte dadurch einen lebhaften Notenwechsel und die englischen Initiativen vom Oktober und November 1932 an, die zu neuen Verhandlungen im Dezember führten. Das Ergebnis war eine Fünfmächte-Erklärung vom 11. Dezember 1932, in der Deutschland als grundsätzlich gleichberechtigter Partner in Abrüstungsfragen anerkannt wurde. Es kehrte daraufhin wieder an den Konferenztisch zurück (vgl. Abschnitt VII). Günstig hatte sich dabei ausgewirkt, daß sich die Reichsregierung diesmal gemäßigter gezeigt hatte als Papen auf der Reparationskonferenz zu Lausanne. Deutschland hatte auch aus dem gescheiterten Versuch vom August/September 1932, mit Frankreich die Gleichberechtigungsfrage unmittelbar zu regeln, Entscheidendes gelernt.

Im Zusammenhang damit erhebt sich die Frage, welche Stellung die Reichswehrführung zur Abrüstungsproblematik einnahm, und welchen Einfluß ihre Haltung auf die deutsche Politik nehmen konnte. In den Monaten der fast völligen politischen Übereinstimmung zwischen Brüning, Groener und Schleicher hatte die Reichswehrführung die Forderung der Reichsregierung nach moralischer und materieller Gleichberechtigung Deutschlands auf dem Boden einer allgemeinen Abrüstung eindeutig unterstützt. Die Unterstützung schloß nicht aus, daß im stillen die seit langem gehegten Hoffnungen, über ein Scheitern der internationalen Abrüstungsgespräche die eigene Handlungsfreiheit wiederzuerlangen, weiter genährt wurden. Noch im August 1931 war im Reichswehrministerium die Auffassung zu hören, es sei wegen der außen- und innenpolitischen Auswirkungen sehr gefährlich, mit einer deutschen Aufrüstung zu drohen, falls die anderen Mächte nicht abrüsten würden. Schon im Spätherbst vollzog sich jedoch ein Wandel der Ansichten. Ende Dezember wurde dann als Voraussetzung für einen deutschen Beitritt zu einem Rüstungsabkommen unter anderem gefordert, daß „die Konvention die Möglichkeit bietet, in ihrem Rahmen die von Deutschland angestrebte Wehrorganisation zu verwirklichen“, daß „das Verhältnis der ... Deutschland und seinen Nachbarstaaten zugebilligten Rüstungszahlen der deutschen Sicherheit entspricht“, und schließlich, daß die einseitige Belastung Deutschlands durch entmilitarisierte Zonen gleichzeitig beseitigt werde.

Dieser Kurswechsel ist aller Wahrscheinlichkeit nach vornehmlich darauf zurückzuführen, daß sich in der Reichswehrführung die Vorstellung durchsetzte, der infolge der Weltwirtschaftskrise verstärkte allgemeine Wunsch nach internationaler Abrüstung müsse von Deutschland zielstrebig politisch genutzt werden. Auf die Notlage des Reiches selbst glaubte man wohl keine Rücksicht nehmen zu brauchen. Unter derartigen Voraussetzungen entschloß sich die Heeresleitung, das sogenannte zweite Rüstungsprogramm (s. S. 228) in die Wege zu leiten. Es wurde im Januar 1932 von Hammerstein genehmigt. Wenig später arbeitete die Reichswehrführung in enger Zusammenarbeit mit dem Reichskanzler neue Pläne aus, die über die Forderungen hinausgingen, die Brüning in Bessinge vortrug. Allerdings hingen die Vorstellungen Groeners über die Errichtung einer Miliz von mindestens 100 000 Mann und die Ausstattung von Reichsheer und Miliz mit schweren Waffen eng mit innenpolitischen Überlegungen zusammen. Als Reichsinnenminister hoffte Groener, mit einem derartigen Zugeständnis der Genfer Konferenz im Hintergrund den Druck der sogenannten nationalen Opposition abmildern zu können. Es war nämlich abzusehen, daß selbst eine Erfüllung der bescheidenen Vorschläge Deutschlands vom 9./18. Februar 1932 bereits hinter den Forderungen der Kritiker von rechts und den Erwartungen der Militärs zurückbleiben würde. So zeichnete sich eine Spaltung der bisherigen Übereinstimmung von Reichsregierung und Reichswehrführung bereits Anfang 1932 in der Formulierung und Vertretung der deutschen Abrüstungspolitik ab. Diese Kluft wurde offensichtlich, als der neue Reichswehrminister Schleicher der Absicht des Auswärtigen Amtes, die Genfer Verhandlungen im wesentlichen auf der Grundlage der Konzeption Brünings fortzuführen, entgegentrat.

Schleicher ließ bereits in seinem ersten Aufruf an die Reichswehr vom 3. Juni 1932 mit den Worten, er werde „dafür sorgen, daß diejenigen geistigen und physischen Kräfte unseres Volkes gestärkt werden, welche die unentbehrliche Grundlage der Landesverteidigung bilden“, anklingen, welche militärpolitischen Ziele er verfolgte. Entsprechend seiner öffentlichen Ankündigung erhob er sogleich Einspruch gegen die „Richtlinien“ für die deutsche Delegation in Genf und erklärte am 14. Juni als das „interne deutsche Ziel auf der Abrüstungskonferenz“, daß die militärischen Bestimmungen des Versailler Vertrages beseitigt werden müßten. Dabei strebte er nicht eine rechtliche Gleichstellung mit den Alliierten an, die ihren Ausdruck in einzelnen Verbesserungen für die Reichswehr finden konnte, sondern sah die möglichst freie Entscheidung über eine deutsche militärische Umrüstung als das wesentliche Moment an. Deutschland sollte als Voraussetzung seines Beitritts zu einer Konvention, deren Laufzeit auf wenige Jahre begrenzt sein müsse, die Verfügung über alle Waffenarten zugestanden werden, die nicht in den Abrüstungskonventionen allgemein verboten wären. Außerdem müßte es einen rechtlichen Anspruch auf eine rüstungsmäßige Parität mit Frankreich oder mit Polen und der Tschechoslowakei zusammen erhalten. Weitere Bedingungen dafür, daß Deutschland im übrigen freiwillige Beschränkungen auf sich nehme, seien die Abstufung der Dienstzeit auf eine Spanne zwischen zwölf bis drei Jahren, die zahlenmäßige Auffüllung bestimmter Verbände und die Ausrüstung mit einigen bisher verbotenen Waffen (Fliegerstaffeln, Flaktruppe, schwere Artillerie, Panzerkampfwagen), sowie die Errichtung einer Miliz. Schleicher schloß seine Denkschrift: „Wird vorstehender Mindestforderung Deutschlands nicht entsprochen, dann fordert das Interesse der Wehrmacht einen Abbruch der Verhandlungen, der dann zwangsläufig zu einem Ausbau der Wehrmacht im Sinne vorstehender Forderungen führen muß."

Die Reichswehrführung forderte also die Durchsetzung eines Programmes, das Deutschland gestatten sollte, unter politischer Absicherung seine bewaffnete Macht umzugestalten. Es war ein Programm, das eine Änderung der bisherigen Abrüstungspolitik bedeutete und dementsprechend außenpolitische Rückwirkungen zeitigen mußte, wenn es tatsächlich eingeleitet wurde. Schleicher fand zwar eine günstige Aufnahme seiner Forderungen beim Reichskanzler, stieß aber auf den hartnäckigen Widerstand des Auswärtigen Amtes. Er konnte sich zwar nicht vollends durchsetzen, doch die außenpolitischen Verhandlungen so weit beeinflussen, daß Deutschland die Resolution vom 23. Juli nicht nur ablehnte, sondern darüber hinaus sogar drohte, seine weitere Mitarbeit zu versagen, wenn ihm nicht die volle Gleichberechtigung zugestanden werde. Die Reichswehrführung hatte also mit einigem Erfolg in Fragen der Außenpolitik interveniert, auch wenn sie sich mit diesem Ergebnis bereits nicht mehr zufrieden zeigte. Anlaß ihres Einspruches war ein inzwischen eingeleitetes Wehrprogramm, das eindeutig die militärischen Bestimmungen des Versailler Vertrages verletzte und im Gegensatz zu den bisherigen kleineren und verständlichen Verstößen gegen das Friedensinstrument kaum durchführbar war, ohne daß der Bruch mit der Vergangenheit offenkundig wurde. Schleicher scheute dementsprechend nicht davor zurück, ohne Absprache mit dem Reichsaußenminister in seiner Rundfunkansprache vom 26. Juli im Hinblick auf Genf von einem „katastrophalen Mißerfolg" zu sprechen und anzukündigen, daß Deutschland seine bewaffnete Macht umbauen werde, wenn ihm nicht die volle Gleichberechtigung zugestanden werde. Die Reichsregierung folgte auf diesem Wege, als sie Schleicher durch einen Kabinettsbeschluß vom 14. Oktober 1932 „die Verantwortung für die Reichsverteidigung" übertrug und alle Reichs- und Landesbehörden verpflichtete, ihn bei der Durchführung seiner Aufgaben zu unterstützen. Zu diesem Zeitpunkt war nämlich noch keineswegs abzusehen, welches Ergebnis die angelaufenen Verhandlungen um die Rückkehr Deutschlands an den Genfer Konferenztisch zeitigen würden. Aber auch mit dieser Entscheidung war noch nicht die politische Problematik befriedigend gelöst, die mit der Landesverteidigung insgesamt gegeben war.

2. Die Landesverteidigung als politisches Problem

Möglichkeiten und Grenzen der Landesverteidigung

Deutschland sah sich von drei Nachbarstaaten umgeben, die hochgerüstet waren: Frankreich, die Tschechoslowakei und Polen. Den Streitkräften jeder dieser Mächte war das Reichsheer stärkemäßig unterlegen, war also schon in Gefahr, wenn es nur mit einem der Staaten eine militärische Auseinandersetzung führen mußte. Die Unterlegenheit betraf alle Kriegsmittel, also Truppenzahl, Bewaffnung, Transportmittel (Bewegungsfähigkeit), Ausrüstung und Ausstattung mit Munition sowie ebenfalls die Kapazität der Rüstungsindustrie, ganz abgesehen von dem Mangel an kriegswichtigen Rohstoffen. Im Kriegsfalle hätten die vertraglich zugelassenen Bestände nur den Bedarf weniger Kampftage gedeckt. Diese Frist reichte nicht aus, die deutsche Industrie auf Rüstungsproduktion umzustellen. Die Kapazität der zugestandenen eigentlichen Waffen- und Munitionsfabriken ließ sich nicht beliebig und in kürzester Zeit ausweiten, weil sie einstweilen durch strenge Vorschriften eingeschränkt war und von den Vertragspartnern unter Kontrolle gehalten wurde. Für die Umstellung der gesamten deutschen Industrie auf Kriegswirtschaft hielten alliierte Fachleute einen Zeitraum von etwa einem Jahr für notwendig. Erst danach hätte sie wieder die Höchstproduktion des Jahres 1918 erreichen können, wobei die Berechnung davon ausging, daß sich Deutschland zuvor nicht strikt an die Vorschriften des Friedensvertrages gehalten habe. Als weitere Erschwerung für die Landesverteidigung kam hinzu, daß Deutschland neben der entmilitarisierten Zone im Westen auch im Osten und Süden des Reiches einen breiteren entfestigten Grenzstreifen hatte zugestehen müssen. Dennoch zeigte sich die Heeresleitung fest entschlossen, jedem Angriff kämpfend entgegenzutreten.

Während der Ruhrkrise hatte Seeckt im Einvernehmen mit der Reichsregierung wohl militärische Maßnahmen vorbereitet, um den französischen und belgischen Truppen Widerstand zu leisten, wenn er aus moralischen oder anderen Notwendigkeiten unumgänglich werden sollte. Einen tatsächlichen Krieg mit Frankreich sah er im übrigen als ein von vornherein hoffnungsloses Unterfangen an, das er erst gar nicht in vorbereitende Überlegungen einbezog. Die Tschechoslowakei galt nicht als unmittelbar drohender Agressor und wurde deshalb hinter Polen eingestuft. Reichswehrführung und Heeresleitung bereiteten sich also bewußt nur auf die Abwehr eines polnischen Angriffs vor, der vornehmlich in Form eines schlagartigen Überfalles zur Besetzung wichtiger Reichsteile, wie Oberschlesien oder Ostpreußen, befürchtet wurde. Die Hoffnung, im Falle eines Krieges mit Polen unter Aussicht auf Erfolg zu kämpfen, basierte seit der Aufnahme Deutschlands in den Völkerbund auf der Erwartung, daß sich diese internationale Institution zugunsten des Reiches werde einschalten lassen. Unter solchen Umständen schien es wichtig, den feindlichen Einmarsch so lange mit militärischen Mitteln aufzuhalten, bis sich die Genfer Versammlung satzungsgemäß einschalten konnte. Als sich 1931 im Verlaufe der japanisch-chinesischen

Auseinandersetzungen in der Mandschurei erwies, daß derartige Hoffnungen trügerisch sein konnten, und zugleich die inneren Schwierigkeiten in Deutschland zunahmen, zeigte sich erneut, daß die militärische Lage des Reiches im Falle eines Krieges zu allergrößten Besorgnissen Anlaß gab.

Für den Kriegsfall sah die Heeresleitung davon ab, einen „Aufmarschplan" vorzubereiten. Statt dessen bestand im Truppenamt (T 1) die Absicht, zu Beginn eines militärischen Konfliktes aufgrund der akuten Situation und der Entwicklung der Feindlage über den Einsatz der Hauptstreitkräfte des Reichsheeres zu entscheiden. Der hohe Ausbildungsstand der Truppe und die Kapazität des Eisenbahn- und Straßennetzes ließen eine derartige Schwerpunktbildung in kürzester Zeit als möglich erscheinen. Mit der Konzeption einer strategischen Defensive wurde zugleich als Ziel verfolgt, Zeit zu gewinnen, um einerseits zusätzliche Verbände aufstellen und vor allem andererseits den Völkerbund anrufen oder andere Staaten um Hilfe bitten zu können. Im Sinne eines hinhaltenden Widerstandes dieser Art wurden Befestigungssysteme, wie in Ostpreußen das „Heilberger Dreieck", errichtet. Im übrigen plante die Heeresleitung jedoch grundsätzlich nicht, einen Angriff aus einem vorbereiteten Stellungssystem heraus abzuwehren. Gemäß der Vorstellung Seeckts, daß die strategische Defensive als bewegliche Kriegführung zu handhaben sei, weil „weniger denn je das Ziel des Schwächeren in starrer Verteidigung [gesehen werden dürfe], sondern im beweglichen Angriff liegt" (1921), hielt sie es 1924 sogar für möglich, während einer zweiten Kriegsphase zu offensiven Operationen überzugehen.

In dem Verzicht auf die Ausarbeitung eines „Aufmarschplanes" oder griffbereiter Operationspläne schlug sich die Erkenntnis nieder, daß es mit den vorhandenen militärischen Mitteln kaum möglich sein werde, die Aufgaben der Reichsverteidigung im herkömmlichen Sinne erfolgreich durchzuführen. Damit ist zumindest auch indirekt bewiesen, daß die deutsche militärische Führung den illegalen Verteidigungseinrichtungen und im Widerspruch zum Friedensvertrag stehenden geheimen Mobilmachungsarbeiten keinen entscheidenden Wert zumaß. Wenn sie sich dennoch mit ihnen befaßte, so unter dem Gesichtspunkt der Verpflichtung, alle das Kampfpotential erweiternden Maßnahmen für die Landesverteidigung ergreifen zu müssen. Die Frage, wie weit und ob überhaupt hierbei Rücksicht auf bestehende Verträge zu nehmen war, erhielt in den Augen der Heeresleitung – das heißt militärisch gesehen – sekundären Charakter und wurde den Politikern überlassen.

Problematik der militärischen Friedensvertragsverletzungen

Jede Verletzung der militärischen Bestimmungen des Friedensvertrages warf vornehmlich zwei Probleme auf: außenpolitisch die Unterminierung der deutschen Glaubwürdigkeit und innenpolitisch das Fehlen einer Rechtsgrundlage für derartige Maßnahmen. Außenpolitisch mußten die verfassungsmäßigen Organe der Republik für vertragswidrige Handlungen einstehen, weil der Friedensvertrag von Versailles ein das Deutsche Reich völkerrechtlich bindender Vertrag war. Nach Auffassung des Reichswehrministeriums – wie sie aus einem Rechtsgutachten von dessen Justitiar vom 7. Januar 1927 hervorging – setzte diese Verantwortung allerdings voraus, daß eine solche Verletzung den Institutionen, die Deutschland völkerrechtlich vertraten – also der Reichsregierung und dem Reichspräsidenten – zur Last gelegt werden konnten. In derartigen Überlegungen kann es jedoch kaum begründet gewesen sein, daß sich die Heeresleitung unter Seeckt streng bemühte, ihre illegalen Planungen und Aktionen bestimmten Trägern der politischen Verantwortung vorzuenthalten, denn die Reichskanzler, die das Vertrauen des Chefs der Heeresleitung genossen, wie Wirth und Cuno, sind unterrichtet worden.

Wegen der mangelnden Bereitschaft zur Zusammenarbeit mit außermilitärischen Institutionen – vor allem getragen durch mißtrauische Verachtung gegenüber den verantwortlichen Politikern – wurden Ansatzpunkte zu einer gemeinsamen Politik hinsichtlich der Abrüstungsbestimmungen nicht genutzt. Das Deutsche Reich mußte sich zum gegebenen Zeitpunkt – das war jedem Einsichtigen klar – von den militärischen Klauseln des Friedensinstrumentes, die wegen der einseitigen Abrüstung Deutschlands die nationale Verteidigungskraft auf die Dauer in zunehmendem Maße gefährdeten, befreien. Es lag also auf der Hand, daß sich die Reichswehrführung mit den jeweiligen Regierungen und der überwiegenden Mehrheit der Parteien und Politiker einigen konnte, wenn sie nur wollte. Das beste Beispiel bietet das Verständnis Stresemanns und Hermann Müllers für die Belange der Reichsverteidigung. Aber gerade für Stresemann bedeutete die grundsätzliche Möglichkeit einer Übereinstimmung nicht, daß er bereit gewesen wäre, seine aktuellen außenpolitischen Ziele den militärischen Vorstellungen unterzuordnen. Seine Bedenken und Einsprüche wurden von den Militärs falsch ausgelegt. Weil er die Heeresleitung in mancher illegalen Maßnahme und bei ihrer Aufrüstungsplanung bremste, sah sie in ihm mehr den Gegner als einen Partner im Hinblick auf das letztlich gemeinsame Ziel – die Beseitigung des Versailler Vertrages. Dabei waren die deutschen Revisionsabsichten ein so verständliches Bestreben, daß es sogar die ehemaligen Feindmächte in ihren politischen Überlegungen berücksichtigten. Doch das Mißtrauen zwischen Politikern und Militärs machte nicht selten so blind, daß es eine von Reichsregierung und Reichswehrführung in vertrauensvoller Zusammenarbeit getragenen Militärpolitik immer wieder in Frage stellte.

Die Verhältnisse änderten sich nach dem Amtsantritt Heyes unter dem Einfluß Schleichers insofern, als die Heeresleitung versuchte, doch mit der Reichsregierung im Hinblick auf eine Aufrüstung zusammenzuarbeiten. Der These, daß das Rüstungsproblem seit etwa 1927/28 „zum eigentlichen Motor der Reichswehrpolitik" (Sauer) wurde, läßt sich zustimmen. Die Heeresleitung belastete nun auch andere Institutionen mit der Verantwortung, scheute darüber hinaus aber nicht davor zurück, erneut eigene Wege zu beschreiten, wenn ihre Pläne keine Zustimmung bei den Politikern fanden. Es scheint allerdings die führenden

Militärs weiterhin wenig beeindruckt zu haben, daß jedes Bekanntwerden deutscher Vertragsverletzungen das Mißtrauen gegenüber Deutschland neu weckte oder gar verstärkte und die Außenpolitik Stresemanns belastete. Unter diesen Umständen erscheint es fraglich, ob die geheimen Maßnahmen der Wehrmacht, mit denen sie den Anschluß an die rüstungstechnische Weiterentwicklung behalten wollte, und besonders die verbotenen Mobilmachungsarbeiten in ihrer militärischen Unzulänglichkeit in einem solchen Maße zu einer Kräftigung des Kampfpotentials der Reichswehr beitrugen, daß dadurch eine Schwächung der Glaubwürdigkeit und politischen Stellung Deutschlands in der Welt ausgeglichen wurde. Im Falle der militärischen Verbindungen zur UdSSR (s. S. 233 ff.) waren es z. B. nicht die militärischen und rüstungstechnischen Ergebnisse dieser Zusammenarbeit, die zur Stärkung der deutschen Position gegenüber den östlichen Nachbarn beitrugen, sondern die hinter ihnen zu Unrecht vermuteten Geheimabsprachen gegen Polen.

Der Friedensvertrag von Versailles war infolge des Reichsgesetzes vom 16. Juli 1919 außerdem innerstaatliches Recht, das alle Deutschen band. Gemäß Art. 178 RV besaßen seine Bestimmungen sogar privilegierten Vorrang vor der Verfassung. Dementsprechend hatten alle Mobilmachungsvorarbeiten und andere Maßnahmen, die auf die Verstärkung der Reichswehr und anderer Mittel der Landesverteidigung über die vertragsmäßig festgelegte bewaffnete Macht hinausliefen, „in keiner Beziehung irgendeine Rechtsgrundlage" – wie ein Memorandum der Organisationsabteilung des Truppenamtes im Reichswehrministerium (T 2) am 18. Januar 1927 feststellte. In diesem Sinne wurde im übrigen die Rechtslage bereits beurteilt, als die Heeresleitung die ersten Mobilmachungsvorarbeiten einleitete.

Die Heeresleitung erhielt im Winter 1920/21 von den „zuständigen Rechtssachverständigen" den „dringenden Rat", die vorbereitenden Maßnahmen für eine Mobilmachung als „reine Privatarbeiten" durchzuführen. „Bewußt und planmäßig" beschritt man daher zunächst den Weg „einer vom vaterländischen Standpunkt aus notwendigen, aber gesetzwidrigen Arbeit", an der sich nur einige Offiziere auf freiwilliger Grundlage beteiligten, die militärischen Dienststellen als solche aber ausgeschaltet blieben. Das Memorandum von 1927 stellte hierzu eindeutig fest: „Im rechtlichen Sinne handelte es sich um einen Zusammenschluß von Personen zum Zwecke einer gemeinsamen Gesetzesverletzung." Dieses Arbeitsverfahren wurde im Verlaufe der Jahre sachlich verbessert und dabei unter bewußter Nichtbeachtung der rechtlichen Situation alle Mobilmachungsvorarbeiten „auf rein dienstliche Grundlage gestellt, und zwar bis herunter zu den Verwaltungsbestimmungen". Die gesetzwidrigen Maßnahmen unterschieden sich im Laufe der Jahre von zulässigen Aufgaben nur noch durch ihre strikte Geheimhaltung. Aber auch der „hiermit erreichte Grad der Mobilmachungsbereitschaft entsprach . . . dem Aufwand an Zeit und Kraft nicht".

In der Reichswehr wurde vermieden, über die Ungesetzlichkeit der Mobilmachungsvorarbeiten und andere gesetzwidrige Maßnahmen offen zu sprechen. Man wurde wohl nicht gerne daran erinnert, daß man seine Dienst- und Amtspflichten und darüber hinaus sogar seinen Eid verletzte, in dem der Soldat gelobt hatte, „die gesetzmäßigen Einrichtungen zu schützen". Befehle, die auf ein ungesetzliches Tun abzielten, waren nicht nur rechtsunverbindlich, sondern stellten auch einen Mißbrauch der Dienstgewalt dar. Dieser Rechtskonflikt war die eine Seite des Problems. Sie wirkte sich nicht nur innerhalb der Reichswehr, sondern auch auf den Komplex des Landesverrates aus. Die andere Seite betraf den sittlichen Bereich. Das illegale Handeln verwirrte die Rechts- und Moralvorstellungen. Für nicht wenige Angehörige der Reichswehr verschoben sich die Wertmaßstäbe bei der Beurteilung von sittlichen und rechtlichen Begriffen, die sie selbst durch ihr Handeln dauernd in Frage zu stellen gezwungen waren. Was einstweilen in dem Glauben geschah, eine im vaterländischen Interesse gebotene Pflicht zu erfüllen, konnte zu einer Minderung oder gar zu einem Verlust des Rechtsempfindens führen. Natürlich gab es Soldaten, die hiergegen immun waren, aber nach 1933 sollte sich zeigen, daß diese Verwirrung schwerwiegende und zugleich ausfächernde Folgen zeitigte (vgl. Abschnitt VII).

Diese Problematik ist durchaus erkannt worden, sie wurde aber zurückgesetzt hinter die allen Soldaten gemeinsame und zu keiner Zeit zur Diskussion gestellte Forderung, daß der Versailler Friedensvertrag und insbesondere seine militärischen Bestimmungen beseitigt und Deutschland mit der vollen Wehrhoheit die Möglichkeiten erhalten müsse, seine Landesverteidigung nach eigenem Ermessen zu regeln. Kein Soldat erkannte den ehemaligen Feindmächten das Recht zu, die Wehrkraft des Deutschen Reiches zu beschränken. Daher sah es jeder als seine „nationale Pflicht" an, daran mitzuhelfen, daß die Folgen des „Versailler Unrechts" bekämpft wurden – auch mit völkerrechtlich und reichsrechtlich gesetzwidrigen, illegalen Mitteln.

Zu diesem Komplex gehörte allerdings nicht der Nachrichtendienst, der die militärische Entwicklung in anderen Staaten verfolgte, um der Reichswehrführung und damit auch der politischen Reichsleitung Unterlagen für die Beurteilung der militärischen und militärpolitischen Situation zu vermitteln. Als völkerrechtlich legitime Institution dienten hierzu die Militär- und Marineattachés. Der militärische Attachédienst war durch Beschluß der Reichsregierung vom 6. Februar 1920 entgegen den Vorstellungen des Reichswehrministeriums und seiner Berater aufgelöst worden. Hierfür waren vornehmlich wohl finanzielle Gründe maßgebend, denn der Versailler Vertrag hatte diese Materie nicht eindeutig behandelt (vgl. § 179 VV). Den bald einsetzenden Bestrebungen zu seiner Wiedereinführung, die sich darauf berufen konnten, daß Deutschland fremde Militärattachés empfing, widersetzte sich vornehmlich das Auswärtige Amt.

Die Erwägungen im Reichaußenministerium waren wohl nicht nur von sachlichen Motiven und außenpolitischen Argumenten, sondern auch von der Erinnerung an die Konflikte vor 1914 sowie durch persönliche Ressentiments bestimmt. Behelfsmaßnahmen, wie verkappte Militärattachés und sogenannte „fliegende Legationsräte" sowie die Betreuung jeweils eines Angehörigen der diplomatischen Missionen mit der Berichterstattung über militärische Angelegenheiten unter Geßler an die T 3 erwiesen sich als ebenso verfehlt wie die Kommandierungen von Offizieren zur bewaffneten Macht eines anderen Staates unter Groener. Sie schufen vielfach eine zwielichtige Lage, ohne daß der Erfolg das angewandte Mittel gerechtfertigt hätte. Erst Schleicher gelang es 1932, die außen- und innenpolitischen Bedenken zu überwinden. Die grundlegenden Maßnahmen zur Wiedereinrichtung des militärischen Attachédienstes wurden also noch vor der „Machtübernahme" Hitlers getroffen.

Die im Sinne des Versailler Vertrages illegalen Bemühungen, das deutsche Verteidigungspotential zu verstärken, betrafen – von Ausnahmen abgesehen – nicht den Aufbau und die Organisation der zugelassenen Streitkräfte direkt, sondern standen nur in einem losen und sehr bedingten Verhältnis zu ihnen. Da die Reichswehr viel zu sehr im Lichte der Öffentlichkeit und unter der Beobachtung der Kontrollorgane stand, konnte sie nur getarnt oder indirekt darauf Einfluß nehmen. Bestimmte Sonderentwicklungen hat sie auch nur geduldet, stand ihnen sogar gleichgültig oder ablehnend gegenüber, da sie sich ihrer Befehlsgewalt entzogen und kaum von effektivem Nutzen waren.

Es lassen sich in dem Bestreben, die Wehrkraft zu erhöhen, grob gesehen zwei Richtungen erkennen: erstens die Erfassung und Ausbildung von wehrfähigen und wehrwilligen Deutschen in bestimmten Formationen, wie der Schwarzen Reichswehr, dem Grenz- und Landesschutz oder auch in paramilitärischen Organisationen; zweitens die Sicherstellung und Erprobung von verbotenem Kriegsmaterial, also geheime Aufrüstung.

3. Die Erweiterung des personellen Wehrpotentials

a. Die „Schwarze Reichswehr"

Der Völkerbund und die Abrüstungsbestrebungen fanden in Deutschland besonders starken Widerhall in der pazifistischen Bewegung. Im Rahmen ihrer Bemühungen um ein der Machtpolitik entsagendes, demokratisches Deutschland veröffentlichten sie zahlreiches Material über angebliche oder tatsächliche Verletzungen der militärischen Bestimmungen des Versailler Vertrages. Hierbei griffen sie auch das Schlagwort „Schwarze Reichswehr" auf. Ein „Weißbuch über die Schwarze Reichswehr", das 1925 von der „Deutschen Liga für Menschenrechte" herausgegeben wurde, vertrat die These, die Einrichtung sei etwa 1922/23 entstanden und reiche „vom äußerlich harmlosen Wehr- und Sportverein, vom Verein der Kleinkaliber-Schützen, vom streng militärisch formierten Geheimbund ... bis zu den Verbänden, bei denen es unmöglich ist, sie noch von der legalen Reichswehr zu unterscheiden". Dieser umfassenden und breiten Deutung des Begriffes trat Geßler schon als Reichswehrminister entgegen. In seinen Memoiren bezeichnete er ihn dann als ein „Schreckgespenst und Agitationsschlager", das „auf Jahre, ja Jahrzehnte hinaus lebendig geblieben" sei. Eine derartige Geheimarmee habe es schon deshalb nicht gegeben, weil er und General

v. Seeckt „mit genau der gleichen Schärfe ... [es] aufs entschiedenste abgelehnt" hätten, illegale militärische Verbände im Rahmen der Reichswehr aufzustellen. Geßler legte also als Reichswehrminister wie später das Schlagwort im Sinne „geheimer Truppenteile" aus und brachte es vornehmlich in Beziehung zu den sogenannten Arbeitskommandos im Wehrkreis III. Außerdem seien die sogenannten Zeitfreiwilligen „später der Einfachheit halber ebenfalls in den Sammelbegriff ‚Schwarze Reichswehr' einbezogen worden", was Geßler für unzutreffend erachtete. Nach seiner Darstellung waren die Zeitfreiwilligen eine berechtigte Maßnahme des Jahres 1923, weil während der Ruhrkrise die Sollstärke des Reichsheeres anders nicht erreicht werden konnte, da es an Rekruten mit der Bereitschaft zu zwölfjähriger Dienstverpflichtung mangelte. Im übrigen sei das Zeitfreiwilligensystem mit Ablauf des Krisenjahres aufgehoben worden; Geßler räumte jedoch ein, daß es trotz strikten Verbotes vereinzelt weitergeführt worden sein könne.

Die Anfänge der vom Reichsheer unterhaltenen Arbeitskommandos oder Erfassungsabteilungen im Wehrkreis III – jener Einrichtung, mit der in erster Linie der Ausdruck „Schwarze Reichswehr" in Verbindung gebracht wurde – lagen im Jahre 1921. Sie waren von militärischen Kommandobehörden in der Absicht geschaffen worden, die Sicherung der Ostgrenze und die Betreuung illegaler Waffenbestände zu verbinden. Als Einrichtung waren sie dem preußischen Innenministerium grundsätzlich bekannt, was nicht dessen scharfes Mißtrauen ihnen gegenüber ausschloß. Die Freiwilligen setzten sich nämlich weitgehend aus ehemaligen Freikorpsangehörigen, wie den „Roßbachern", und Mitgliedern anderer republikfeindlicher Verbände zusammen. Auch war ihr Leiter, der aus dem Reichsheer ausgeschiedene, durch Privatdienstvertrag beim Wehrkreiskommando angestellte Major a. D. Ernst Buchrucker, ein entschiedener Gegner des demokratisch-parlamentarischen Staates. Seine militärischen Vorgesetzten zogen daraus keine Folgerungen, ließen es vielmehr zu, daß er aus den Arbeitskommandos nicht nur vier Grenzschutzbataillone, sondern auch Stämme für vier Regimenter und einige Sonderformationen aufstellte. Im Sommer 1923 gebot er über etwa 18 000 bis 20 000 Mann. Buchrucker verfolgte außerdem nicht allein die Absicht, eine Heeresvermehrung einzuleiten, ihm schwebten auch politische Ziele vor. Das Wehrkreiskommando rückte von ihm erst ab, als er nach Abbruch des Ruhrkampfes auf einen militärischen Staatsstreich hinarbeitete, der den Weg zu einer „nationalen Diktatur" bahnen sollte. Sein kopfloser, dilettantischer Putschversuch vom 1. Oktober 1923 scheiterte jedoch: nicht zuletzt brach er infolge scharfer Gegenmaßnahmen des Chefs der Heeresleitung schnell zusammen. Die Arbeitskommandos wurden aufgelöst, manche Untat aber, die in ihren Reihen begangen wurde, trat noch später zutage, vor allem in den sogenannten Femeprozessen.

Mit dem Ausdruck „Feme" wird für den Zeitraum der Weimarer Republik eine Form von verfahrensloser Eigenjustiz bezeichnet, die zuerst während der Oberschlesienkrise in den Freikorps und Selbstschutzorganisationen – eine besonders unrühmliche

Rolle spielte die OC (= Organisation Consul), die allem Anschein nach auch Kontakte zu Reichswehrdienststellen besaß – und danach bei den Arbeitskommandos gegenüber Personen geübt wurde, die als Verräter galten oder sich gar nur mißliebig gemacht hatten. Sie brachte zahlreiche gemeine Morde mit sich, die etwa ab 1924 nach und nach bekannt wurden und zu aufsehenerregenden Prozessen führten. Auf Antrag der SPD setzte der Reichstag 1927 zur Klärung des Feme-Unwesens einen Untersuchungsausschuß ein, dessen Tätigkeit aber keine befriedigende Aufhellung erbrachte, da Reichswehrführung und Heeresleitung nur unwillig mitarbeiteten. Im Reichswehrministerium war sogar dafür plädiert worden, die Prozesse zu unterdrücken, da sie wegen ihrer materiellen Enthüllungen zu außenpolitischen Schwierigkeiten führen könnten. Die militärischen Vertreter versuchten dann in den Verfahren den Eindruck zu erwecken, daß die „Schwarze Reichswehr" ohne Wissen der Führung der bewaffneten Macht bestanden habe. Besonders erschreckend war es, daß sich nicht wenige Stimmen erhoben, die in den Mördern Nationalhelden sahen oder zumindest die Begnadigung der Verurteilten forderten.

Die Angehörigen der Arbeitskommandos fühlten sich subjektiv zu Recht als Soldaten, da sie ihre Institution zumindest finanziell unterstützt und materiell von der bewaffneten Macht getragen wußten. Diese Eigenschaft wurde ihnen aber von der militärischen Führung nicht zuerkannt. Im Gegensatz dazu besaßen die Zeitfreiwilligen militärischen Status.

Das militärische Zeitfreiwilligensystem wurde nicht erst 1923 entwickelt, sondern entstand etwa zur gleichen Zeit wie die bürgerlichen Einwohnerwehren, also kurz nach dem Novemberumsturz von 1918. Offiziell begründet wurde die Einrichtung allerdings erst am 11. September 1919, als es darum ging, sie gegen Einsprüche der IMKK zu sichern. Bis zu diesem Zeitpunkt waren die Zeitfreiwilligen nicht klar von den Einwohnerwehren unterschieden worden, durften ihnen aber zukünftig nicht mehr angehören. Sie wurden von den militärischen Kommandobehörden den lokalen Notwehrorganisationen vorgezogen, weil sie ihnen für die Dauer ihrer Verpflichtung in Ausbildung, Ausrüstung und Führung unmittelbar unterstanden und infolgedessen stärkeren Kampfwert besaßen. Bei den Zeitfreiwilligen handelte es sich in der Mehrzahl um Oberschüler und Studenten, die sich bereit fanden, die bestehenden Stammtruppenteile auf Anforderung aufzufüllen oder die militärischen Verbände überhaupt zu verstärken und sich innerhalb des Reichsgebietes überall einsetzen zu lassen. Vereinzelt scheint es außerdem geschlossene Zeitfreiwilligenformationen gegeben zu haben. Außerhalb des eigentlichen Truppenbereiches wurde das System von denselben „Kreisräten" betreut, die auch als militärische Berater der Einwohnerwehren fungierten. Nicht zuletzt aber waren mit den Zeitfreiwilligen Ansätze zu einer Ersatzorganisation für die bewaffnete Macht gelegt worden. Sie konnten nicht weiterverfolgt werden, weil das System 1920 auf Forderung der IMKK beseitigt werden mußte. Auch schlug der Versuch fehl, die Zeitfreiwilligen nun in die Einwohnerwehren zu überführen und so indirekt zur Verfügung zu behalten.

Spätestens mit dem offenen Ausbruch der Ruhrkrise von 1923 griff das Reichsheer wieder auf das Zeitfreiwilligensystem zurück, wobei es diesmal hauptsächlich Angehörige rechtsgerichteter Organisationen verpflichtete. Die Freiwilligen dienten keineswegs mehr, wie Geßler behauptet hatte, als Soldaten mit kurzer Dienstzeit zur Auffüllung leerer Planstellen des Hunderttausend-Mann-Heeres, sie wurden vielmehr zur personellen Verstärkung der bewaffneten Macht für den Mobilmachungs- oder Kriegsfall verwandt. Zeitfreiwillige wurden sogar nicht nur im Rahmen des Reichsheeres verwendet, sondern auch von Buchrucker für seine Arbeitskommandos geworben. Das Reichsheer betrieb die Einstellung zunächst ohne besondere Tarnung, versuchte später aber, die Fortdauer des Systems streng geheimzuhalten. Es wurde nämlich über die Ruhrkrise und die Zeit des Ausnahmezustandes hinaus mindestens bis in den August 1924 beibehalten und zwar entgegen der Weisung des Reichswehrministers, aber mit Wissen des Chefs der Heeresleitung. Wenn im August 1924 das Zeitfreiwilligensystem abgebaut wurde, dann geschah es in der Form, daß die Erlaubnis „zur Auffüllung der Kasernen" zurückgenommen wurde – wie Seeckt die Maßnahme gegenüber Reichskanzler Luther am 20. Januar 1925 auslegte. Sie bedeutete jedoch nicht, daß das Reichsheer auch auf die kurzfristige militärische Ausbildung einzelner Wehrwilliger verzichtete. Ihre Bereitschaft mußte die Heeresleitung nun schon im Hinblick auf ihre Pläne für ein Mobilmachungsheer von 21 Divisionen (s. S. 208) berücksichtigen.

Im Zusammenhang mit dem Begriff „Schwarze Reichswehr" bleibt aber zunächst nur festzuhalten, daß Reichswehrführung und Heeresleitung mit den Zeitfreiwilligen stärker als mit den Arbeitskommandos den Aufbau von Einrichtungen betrieben, die eine vertragswidrige, unter dem Gesichtspunkt ihrer Vorsorge für die Landesverteidigung jedoch begreifliche Verstärkung der bewaffneten Macht bedeuteten.

b. Die Anfänge der geheimen personellen Aufrüstung im Rahmen des Reichsheeres

Die ersten Mobilmachungsvorarbeiten im Sinne einer „geistigen Aufrüstung" (Salewski) wurden Anfang 1921 aufgenommen. General v. Seeckt entwickelte in diesem Zusammenhang „Grundlegende Gedanken für den Wiederaufbau unserer Wehrmacht", niedergeschrieben am 14. Januar 1921. In seinen Überlegungen, die sowohl die Möglichkeit einer Revision des Friedensvertrages mit politischen, das heißt legalen Mitteln, als auch dessen einseitige Verletzung durch Deutschland berücksichtigten, klang bereits die Idee an, das Reichsheer zu einer Führertruppe für eine zukünftige größere Wehrmacht auszubilden. Seeckt verwandte hierbei erstmals den Begriff „Führerheer" für das Programm, das bereits in seinem Erlaß vom 1. Januar 1921 angeklungen war. Sein Schlußsatz lautet: „So werden wir das Ziel erreichen, aus jedem Glied des Heeres nach Charakter, Können und Wissen einen Soldaten zu machen, der selbständig und selbstbewußt, hingebend und verantwortungsfreudig ein Mann und ein Führer ist." Allerdings wurde die Idee nicht sofort in die Tat umgesetzt, zumal das vertraglich zugelassene Hunderttausend-Mann-Heer erst aufgebaut werden mußte. Wichtig bleibt jedoch, daß der Entschluß, die militärischen Bestimmungen des Versailler Vertrages zu umgehen, schon in der Anfangsphase des Reichsheeres gefaßt wurde. Zielstrebig aufgegriffen wurde Seeckts Gedanke erst im letzten Abschnitt seiner Tätigkeit als Chef der Heeresleitung, um dann von seinen Nachfolgern bewußt durchgeführt zu werden. Er beruhte auf der Überlegung, daß im Falle einer planmäßigen oder improvisierten Erweiterung der bewaffneten Macht jeder Soldat des Reichsheeres infolge einer durchdachten Ausbildung und Schulung in der Lage sein sollte, eine Führer- oder Spezialistenstelle auszufüllen. Der Schütze besaß also die Befähigung zum Unteroffizier oder der Kompaniechef konnte ein Bataillon führen. Gleichzeitig sollte das Reichsheer eine Kadertruppe darstellen, die in Stämme für Neuaufstellungen zerlegt werden konnte und so eine Vervielfachung der bewaffneten Macht ermöglichte. Reichswehrminister Geßler vertrat am 29. November 1926 vor dem Kabinett die Auffassung, es sei eine Aufgabe des Reichsheeres, „daß es stets in der Lage sein müsse, den Kern, gewissermaßen das Lehrbataillon, eines modernen Heeres abzugeben". Im übrigen war diese Zielsetzung auch der Reichsregierung bekannt und wurde von ihr anerkannt, denn sie nahm widerspruchslos davon Kenntnis.

Von diesen Vorstellungen ging die Heeresleitung aus, als sie, aller Wahrscheinlichkeit nach seit 1925, Pläne für eine Verstärkung des Reichsheeres im Mobilmachungsfall erarbeitete. Sie sahen – basierend auf Seeckts „Grundlegenden Gedanken" – vor allem vor, aus den sieben Infanterie-Divisionen 21, also das Dreifache, und aus den drei Kavallerie-Divisionen fünf aufzustellen. Außerdem wurde die Errichtung von 39 Grenzschutzdivisionen und Luftstreitkräften vorgesehen sowie der Aufbau eines Reichsluftschutzsystems entworfen. Für die Infanterie-Divisionen waren im Aufstellungsfalle unter der Annahme, daß sie im Zeitpunkt der Mobilmachung binnen weniger Tage an der Reichsgrenze verwendungsfähig bereitgestellt sein müßten, drei Wellen von Felddivisionen vorgesehen. Die erste Welle sollte die aktiven Divisionen des Reichsheeres, aber nur etwa 50 % der Berufssoldaten umfassen. Für die Divisionen der zweiten Welle waren etwa 30 %, für die der dritten Welle etwa 10% der aktiven Soldaten vorgesehen. Die restlichen 10 % waren für die Heeres- und Ersatztruppen, für Schulen und Kurse eingeplant. Den weitaus größeren Teil des Mannschaftsbestandes, besonders der zweiten und dritten Welle, wollte die Heeresleitung durch den Landesschutz erfassen und ausbilden lassen. Jedoch zeigten sich hier schon wesentliche Schwierigkeiten. Es lag noch im Bereich des Durchführbaren, Reserveoffiziere auszubilden. Aber die ärztliche Untersuchung der „Reservisten" und damit der großen Masse der Mannschaften ließ sich kaum vor einer Mobilmachungsanordnung durchführen, weil eine solche Musterung nicht geheimgehalten werden konnte. Bei der personellen Planung scheint es sogar schon Probleme aufgeworfen zu haben, in welcher Form man in möglichst hohem Maße auf die verwendungsfähigen Soldaten zurückgreifen konnte, die aus dem Reichsheer nach Ablauf ihrer Verpflichtungszeit ausgeschieden oder vorzeitig entlassen worden waren.

Bereits diese Beispiele zeigen, daß der Spielraum für eine geheime Verstärkung der Wehrmacht sehr eingeengt war. Er ließ sich unter den argwöhnischen Augen der ausländischen Beobachter und der inländischen Gegner jeder „Remilitarisierung" auch kaum erweitern. Es bleibt daher bemerkenswert, was insgeheim dennoch vorbereitet wurde oder bis zur Änderung der politischen Konstellation Deutschlands infolge der Machtübernahme durch Hitler angelaufen war. Vielfach werden allerdings Wert und Ausmaß der Anfänge einer Wiederaufrüstung Deutschlands in der Literatur überschätzt. Zwischen den Maßnahmen der Reichswehrführung vor 1933 und sogar ihrer Planung bis 1938 einerseits und der Wiederbewaffnung unter Hitler andererseits bestand nicht nur ein quantitativer, sondern auch ein grundsätzlicher Unterschied im Hinblick auf die Zielsetzung: hier Landesverteidigung, dort aggressive Wehrpolitik.

Die Geheimhaltung der Mobilmachungsvorarbeiten vor 1933 gelang keineswegs vollkommen, wie „Enthüllungen" in Deutschland zeigten. Auch ist unumstritten, daß das Deuxième Bureau des französischen Generalstabs eine bemerkenswerte Kenntnis der personellen und materiellen Grundlagen der Reichswehr, der Möglichkeiten und Grenzen der deutschen Wirtschaftskapazität und der technischen Voraussetzungen der potentiellen Rüstungsindustrie besaß.

Zunächst waren die Verstöße gegen den Versailler Vertrag, von der rechtlichen Seite einmal abgesehen, unerheblich. Die Maßnahmen, die im Zusammenhang mit der Ruhrkrise 1923 – also in einer Ausnahmelage und gar nicht im Zeichen strengster Geheimhaltung – ergriffen wurden, können hierbei unberücksichtigt bleiben, zumal sie sich als politisch und technisch höchst unbefriedigend erwiesen und dieser Weg auch nicht weiterverfolgt wurde. Es kann auch kaum als geheime Aufrüstung bezeichnet werden, wenn einige Reiterschwadronen zu Nachrichteneinheiten umgebildet wurden, um den Kommandostellen der Kavallerie-Divisionen endlich Möglichkeiten zur Führung ihrer Verbände an die Hand zu geben. Beispiele dieser Art ließen sich mehr anführen. Schwerwiegenderen Charakter besaßen allerdings Maßnahmen, die sich aus der Zusammenarbeit mit der Roten Armee ergaben (s. S. 233 ff.).

Alle Phasen der deutschen Rüstungsanstrengungen einschließlich der Beschleunigung, die der Ausbau der Wehrmacht unter Hitler erhielt, wurden in Paris, dem Mittelpunkt des stärksten Widerstandes gegen eine Entlassung Deutschlands aus seinen Verpflichtungen, ohne wesentliche Fehleinschätzungen erkannt und als Vorbereitung auf eine Wiederbewaffnung beurteilt. Doch fühlte sich Frankreich dadurch zunächst nicht bedroht. Noch Ende 1930 war das Reichsheer selbst aus der kritischen Sicht des französischen Generalstabs nur eine „Armée d'attente", die sich gewissermaßen innerhalb der Klauseln des Friedensvertrages hielt. Die französischen Militärs vertraten die Auffassung, Frankreichs Sicherheit und militärische Überlegenheit werde „erst dann ernsthaft, dann aber auch sofort und sehr ernsthaft bedroht" sein, wenn Deutschland die allgemeine Wehrpflicht einführe. In den Kriegsteilnehmern des Ersten Weltkrieges sahen sie keine Gefahr, weil diese Männer allmählich älter wurden und die Zahl ihrer Kriegsverwendungsfähigen jährlich um etwa 200 000 Mann abnahm. Stärker beunruhigte in Paris, daß seit 1933 dem Reichsheer aus der SA Reserven entstanden zu sein schienen. Bekannt war außerdem die Zusammenarbeit zwischen Reichsheer und Roter Armee.

Daraus wurden aber keinesfalls besondere Gefahren für Frankreich abgeleitet. Ebenso unterschätzte man später die Intensität der Motorisierung des Heeres und den Aufbau der Luftwaffe eher, als daß man beide Vorgänge überbewertete. Der französische Generalstab scheint also stark unter dem Eindruck des Sieges im Ersten Weltkrieg gestanden und sich einer illusionären Selbsttäuschung hingegeben zu haben, die in einer militärischen Stärkung Deutschlands und in den Ansätzen zur geheimen Aufrüstung keine direkte Bedrohung vermuten ließ.

Vorarbeiten für eine personelle Vergrößerung des Reichsheeres im Frieden und für die Bereitstellung ausgebildeter Männer zur Erweiterung dieser Verbände im Mobilmachungsfall zum sogenannten „A-Heer" gab es mannigfaltiger Art. Die 21 Infanterie-Divisionen wurden seit 1925 erörtert und vorbereitet, der Aufstellungsplan („A-Plan") galt erstmals seit dem 1. April 1930 als verbindlich und wurde als sogenanntes Rüstungsprogramm vom Chef der Heeresleitung im Januar 1932 mit Laufbeginn ab 1. April 1933 genehmigt. Um das Programm durchführen zu können, durfte die geheime Ausbildung auf der Grundlage des Zeitfreiwilligensystems nicht völlig beseitigt und mußte die Landesschutzorganisation aufgebaut werden. Der Kreis der auf diese Weise gewonnenen voll einsatzfähigen „Reservisten" scheint aber nicht erheblich gewesen zu sein, wie sich aus einer Denkschrift des Chefs des Truppenamtes vom März 1933 entnehmen läßt. Darüber hinaus beabsichtigte die Heeresleitung, im Mobilmachungsfall die Wehrfähigen zum freiwilligen Waffendienst aufzurufen. Organisatorisch konnte hierfür nicht viel mehr vorbereitet werden als die Verteilung der aktiven Truppen auf die dann zu bildenden Verbände. Im Ernstfalle hing die Durchführung des A-Planes außerdem weitgehend davon ab, ob die dienstfähigen Männer überhaupt einsatzwillig waren. Daher gehörte die Aufrechterhaltung der Verteidigungsbereitschaft im geistigen und körperlichen Sinne mit zu den vorbereitenden Maßnahmen für eine Verstärkung des Reichsheeres und damit ebenfalls zur Aufrüstung.

Gemäß den Bestimmungen des Friedensvertrages war jede Beschäftigung mit militärischen Dingen außerhalb der zugestandenen Streitkräfte verboten. Ebenso waren Verbindungen zwischen der bewaffneten Macht und Vereinen zur körperlichen Ertüchtigung untersagt. Die Reichswehrführung konnte daher in diesem Bereich nur im geheimen arbeiten und mußte sich Mittelsmänner und äußerlich unabhängiger Institutionen bedienen. Beispiele für das Bemühen um die Förderung des Wehrgedankens waren die „Wehrwissenschaftliche Arbeitsgemeinschaft" als geistig-politische Institution und das „Reichskuratorium für Jugendertüchtigung", das die sogenannte Wehrsportausbildung der Jugend wesentlich förderte. Zur Gründung eines geplanten „Reichssportamtes" kam es aus politischen Gründen nicht.

Die „Wehrwissenschaftliche Arbeitsgemeinschaft" wurde 1929 gegründet. Ihre Mitglieder gehörten den verschiedensten Berufen an, auch dem militärischen. Zu den Zielen der Vereinigung gehörte es, die sogenannten Wehrwissenschaften volkstümlich und zugleich hochschulfähig zu machen. Als Wehrwissenschaften entstand ein Konglomerat so verschiedener Disziplinen, wie Kriegsphilosophie, Wehrethik, Wehrpsychologie, Wehrmedizin, Wehrphysik, Wehrtechnik, Wehrgeographie, Wehrmeteorologie, Wehrrecht, Wehrpolitik, Wehrgeschichte, Strategie, Taktik und anderen. Die Arbeitsgemeinschaft wandelte sich 1933 in die „Deutsche Gesellschaft für Wehrpolitik und Wehrwissenschaften" um.

Als bestes Mittel zur Wehrhaftmachung und Wehrertüchtigung des Volkes und zugleich zur Ausbildung Freiwilliger für die Zwecke des Grenz- und Landesschutzes erachtete die Reichswehrführung die körperliche Ertüchtigung der Jugend, möglichst auf überparteilicher Grundlage. Das Truppenamt arbeitete entsprechende Pläne aus, die nach 1924 teilweise verwirklicht werden konnten. Im Mittelpunkt der Ausbildung auf den fast in allen Wehrkreisen errichteten Sportschulen standen die als „Volkssport" bezeichneten Leibesübungen, doch wurden auch die wehrsportlichen Fächer gepflegt. Teilnehmer der Kurse waren Jugendliche, die freiwillig aus allen Schichten der Bevölkerung kamen. Die Reichswehrführung war bestrebt, möglichst breite Kreise anzusprechen. Daher unterstützte sie außerdem die ländlichen Sport-, Turn- und Reitervereine und vermittelte ehemalige Offiziere und Unteroffiziere als Lehrer oder Sportwarte. Sie wurden auf den Sportschulen ausgebildet, auf denen im übrigen auch Grenzschutzkurse abgehalten wurden. Als Zentralstelle für die von der Reichswehr finanziell geförderte und geistig gelenkte Organisation sollte ein „Reichssportamt" geschaffen werden. Diese Behörde, die letztlich eine getarnte Einrichtung der bewaffneten Macht gewesen wäre, entstand jedoch nicht. Die Reichswehrführung legte vielmehr 1927 die Regie der körperlichen Ertüchtigung der Jugend nieder und ließ die Organisation der Sportausbildung in andere Hände übergehen. Ein Motiv für ihren Entschluß dürfte darin gelegen haben, daß sich die überparteiliche Linie und die Trennung von den paramilitärischen Organisationen nicht hatte einhalten lassen. Der neue Chef der Heeresleitung wünschte aber im Einvernehmen mit seinem Minister, das Reichsheer vor engeren Verbindungen zu den Wehrverbänden zurückzuhalten.

Die Zurückhaltung ließ nach einigen Jahren wieder nach. Das Reichswehrministerium vermittelte über den Chef des Ministeramtes den Vereinigungen, wie der „Arbeitsgemeinschaft Braunau", die unter Leitung eines ehemaligen Generalleutnants 13 „Volkssportschulen" betreute, oder der von einem ehemaligen Generalmajor geführten „Geländesport-Verbände-Arbeitsgemeinschaft", und Wehrverbänden wie dem „Jungstahlhelm", von privater Seite gespendetes Geld oder unterstützte sie aus öffentlichen Mitteln. Nachdem der Reichswehrminister Groener im Oktober 1931 die Leitung des Reichsinnenministeriums übernommen hatte, sah Schleicher den Zeitpunkt gekommen, einen seit längerem gehegten Plan zu verwirklichen, nämlich „als Grundlage für den weiteren Ausbau des Grenzschutzes und die Schaffung von Milizkadern von Reichs wegen eine Dachorganisation ins Leben zu rufen, die dem Innenminister unterstehen und durch ausreichende Mittel in die Lage gesetzt werden sollte, Breitenarbeit zu leisten, wie mittelbar zur Entschärfung innenpolitischer Gegensätze beizutragen" (Vogelsang). Es dauerte allerdings viele Monate, bis unter der Regierung Papen diese Dachorganisation als „Reichskuratorium für Jugendertüchtigung" auf der Grundlage eines Erlasses des Reichspräsidenten vom 13. September 1932 gegründet wurde. Im Reichskuratorium, dessen Vorsitz der Reichsinnenminister innehatte und als dessen geschäftsführender Präsident der Ende 1931 aus dem Reichsheer ausgeschiedene General der Infanterie a. D. Edwin v. Stülpnagel amtierte, besaß das Reichswehrministerium „ein starkes Mitspracherecht". Stülpnagel baute die Organisation, deren praktische Arbeit sehr schnell anlief, vornehmlich mit Hilfe von Offizieren auf. Das Reichskuratorium sollte bei einem Etat von 1,5 Millionen Reichsmark (15. Juli 1932 – 31. März 1933) an 18 Schulen oder Ausbildungsstätten je vier Lehrgänge abhalten. Die körperliche und wehrsportliche Jugendertüchtigung, die großen Zuspruch fand und in starkem Maße auch von Angehörigen der Gliederungen der NSDAP besucht wurde, galt als „für die Landesverteidigung von größter Bedeutung".

Neben dem Grenzschutz waren vermutlich im Zusammenhang mit der Ruhrkrise innerhalb des Landesschutzes die sogenannten Feldjäger eingerichtet worden. Die Angehörigen dieser Institution sollten im Kriegsfall einzeln oder in kleinen Gruppen hinter dem Rücken des einmarschierenden Feindes vornehmlich bei Sabotageakten durch Spreng- und Sperreinsätze tätig werden. Trotz mehrfachen Einspruchs der preußischen Regierungen bestand diese Organisation in den folgenden Jahren weiter, bis ihre Übungen bekannt und sie 1929 für aufgelöst erklärt wurde. In Ostpreußen soll sie unter anderer Bezeichnung weitergeführt worden sein.

Alle diese Maßnahmen gehörten in den Bereich der Mobilmachungsvorarbeiten und widersprachen damit den militärischen Bestimmungen des Friedensvertrages.

c. Der Heimat-, Grenz- und Landesschutz

Der Grenz- und Landesschutz war eine der Maßnahmen, die von seiten der Reichswehrführung, insbesondere der Heeresleitung, unter Umgehung der Bestimmungen des Versailler Friedensvertrages über das Verbot jedweder Mobilmachungsvorarbeiten (Teil 5, Kap. 3) eingeleitet wurden. Die Notwendigkeit, Vorkehrungen für den Heimat- und Grenzschutz in den Ostprovinzen außerhalb des Reichsheeres zu treffen, ergab sich schon in den ersten Tagen der Republik. Die Wichtigkeit vorbeugender Maßnahmen betonten nicht nur die militärischen Dienststellen, sondern erkannten – zumindest grundsätzlich – auch fast alle Träger politischer Verantwortung an. Der Heimat- und Grenzschutz fand außerdem Zustimmung und Beteiligung eines großen Teiles der Bevölkerung. Seine Formationen sollten bei einem feindlichen Übergriff oder Angriff eine erste Widerstandslinie bilden und den Gegner so lange aufhalten, bis die über das Reichsgebiet zerstreuten Verbände des Reichsheeres eingesetzt werden konnten. Hohe militärische Bedeutung wurde dem Grenzschutz nicht zuerkannt, eher moralische Wirkung auf die beunruhigte Grenzbevölkerung.

Aufbau und Tätigkeit des Heimat- und Grenz- sowie besonders dann später des Landesschutzes sind als „d a s Lehrbeispiel des Verhältnisses zwischen Staat und Reichswehr“ (Vogelsang) bezeichnet worden. Grundsätzlich muß, so fließend auch manchmal die Grenzen waren, zwischen dem (Heimat- bzw.) Grenzschutz und dem Landesschutz unterschieden werden. Der Grenzschutz war eine vornehmlich örtlich gebundene Einrichtung, der Landesschutz diente als Institution besonders zur Vorbereitung einer Mobilmachung und der damit verbundenen geplanten Vergrößerung des Reichsheeres von 7 auf 21 Infanteriedivisionen (s. S. 208).

Schwierigkeiten ergaben sich in erster Linie daraus, daß in Preußen Regierung und Verwaltungsbehörden Aufbau, Organisation, Ausbildung und Führung der quasimilitärischen Grenzschutzformationen zunächst Männern überlassen mußten, die wohl militärische Fachkräfte, aber kaum als politisch zuverlässige Republikaner anzusprechen waren. Die Befürchtung, der antidemokratischen Bewegung Macht- und Kampfmittel in die Hand zu geben, beherrschte aber auch später das Verhältnis zu den mit der Landesverteidigung betrauten Institutionen. Hinzu kam, daß eine Reihe von Politikern, nicht nur aus der SPD, sich verpflichtet fühlten, jede militärische Maßnahme an der Reichsverfassung oder gar am Friedensvertrag zu prüfen und daß sie vielfach illoyalen Handlungen nur mit zwiespältigem Herzen zustimmten oder sie gar ablehnten. Diese Haltung fand wiederum auf der anderen Seite kaum Verständnis, so daß sich die Ursachen des gegenseitigen Mißtrauens vermehrten. Hierdurch wurde besonders der Aufbau des Landesschutzes erschwert. Übersehen werden darf aber nicht die Belastung durch die „Hypothek des Zwanges zur Geheimhaltung", aus der mannigfache Mißstände und Unzuträglichkeiten resultierten.

Unbedingte Geheimhaltung war zunächst keine Voraussetzung des Heimat- und Grenzschutzes. Er beruhte ursprünglich auch nicht auf einer durchdachten militärischen Planung, sondern entstand unter dem Druck mehrerer Umstände, vornehmlich der anhaltenden polnischen Gefahr. Erst die militärischen Bestimmungen des Friedensvertrages zwangen dazu, ein System zu entwickeln, das zunächst dem Grenzschutz der östlichen preußischen Provinzen, dann einem Landesschutz für das ganze Reichsgebiet als Grundlage diente.

Bereits am 15. November 1918 rief ein Erlaß des Preußischen Kriegsministers ein AOK „Heimatschutz-Ost" – wenig später in „Zentralstelle Grenzschutz Ost (Zegrost)" umbenannt – ins Leben, das die Aufgabe erhielt, Schutzmaßnahmen für die östlichen Provinzen „gegen die aus den Gebieten östlich der Reichsgrenze drohenden Gefahren" einzuleiten. Es konnte sich jedoch nicht gegen den Führungsanspruch der OHL durchsetzen, die neben der Rückführung des Ostheeres auch den Schutz der Grenzen als Aufgabe an sich zog. Ihre nachgeordneten Organe für diesen Bereich waren die neuerrichteten AOK Nord in Bartenstein und AOK Süd in Breslau. Im Bereich des AOK Nord baute Mitte Januar 1919 Generalmajor v. Seeckt als Chef des Stabes ein System sogenannter mobiler Kreiskommissare aus aktiven Offizieren auf, deren Aufgabe es war, zur Unterstützung der militärischen Verbände (Reste des „kaiserlichen" Heeres, Freikorps) die Bevölkerung für den Heimatschutz zu gewinnen. In ähnlicher Weise wurden von der OHL militärische Beratungsstellen aufgezogen. Ein Ergebnis der Tätigkeit dieser verschiedenen Einrichtungen waren die Einwohnerwehren und das Zeitfreiwilligensystem. Die Kreiskommissare oder Kreisräte dienten außerdem als Vorbild für die Institution, in deren Hände zunächst der Grenz- und später der Landesschutz gelegt wurde, als nach dem Inkrafttreten des Friedensvertrages alle militärischen Dienststellen und Verbände außerhalb des Hunderttausend-Mann-Heeres einschließlich der paramilitärischen Formationen aufgelöst werden mußten.

Das ausgebildete Grenz- und Landesschutzsystem beruhte in seinen Grundlagen einerseits auf Vorschlägen Seeckts und Groeners, entlassene Offiziere als sogenannte „Kreisräte" oder „Kreiskommissare" in enger Anlehnung an die Verwaltungsorganisation mit Einrichtung und Führung einer milizartigen Heimatverteidigungsinstitution zu betrauen. Andererseits lagen ihm Selbstschutzeinrichtungen zugrunde, die unabhängig von staatlichen Maßnahmen aus „privater" Initiative in den Ostprovinzen entstanden waren. Vornehmlich nach der Auflösung der Einwohnerwehren waren im Verlaufe der Jahre 1919 und 1920 deren Personalbestände einfach übernommen worden. Politisch und vor allem auch finanziell wurden sie meist von konservativ ausgerichteten Vereinigungen getragen, hauptsächlich den Land- und Heimatbünden als Zusammenschlüssen von Großgrundbesitzern und Bauern. Diese pflogen örtlich unterschiedliche, mehr oder minder lose Verbindungen zu Reichsheerdienststellen, waren aber häufig nachdrücklich darauf bedacht, ihre Eigenständigkeit zu wahren.

In den ersten, besonders krisenreichen Jahren scheuten die Initiatoren des Grenzschutzes nicht davor zurück, eindeutig republikfeindliche Organisationen als „Söldner" in ihren Dienst zu nehmen, wie beispielsweise in Hinterpommern die „Arbeitsgemeinschaften" des ehemaligen Freikorps Roßbach. Gerade derartige Maßnahmen ließen das latent vorhandene Mißtrauen der politischen Instanzen hell aufflammen und riefen bei den Behörden nachhaltige Befürchtungen über die Ziele des Heimat- und Grenzschutzes hervor, die auch nicht mehr ausgeräumt werden konnten, als der Grenzschutz nur noch aus der ansässigen Bevölkerung gebildet wurde.

Seine Erscheinungsformen waren so vielfältig, daß sich von ihnen hier kein allgemeines Bild wiedergeben läßt. Am geradlinigsten scheint sich der Grenzschutz in Ostpreußen entwickelt und durch Jahre hindurch gehalten zu haben. Er beruhte auf der positiven Zusammenarbeit aller beteiligten Stellen einschließlich der staatlichen Behörden bis hinauf zum Oberpräsidenten. Seine militärpolitische Bedeutung lag, abgesehen von seiner Tätigkeit während des russisch-polnischen Krieges, vor allem darin, daß er angesichts der Befürchtungen vor polnischen Übergriffen zur Beruhigung der Bevölkerung beitrug. Eine militärische Bewährungsprobe blieb dem ostpreußischen Grenzschutz erspart. In größerem Ausmaße wurden dagegen Heimat- und Grenzschutzformationen in Oberschlesien eingesetzt.

In Oberschlesien mußten ab Januar 1920 die deutschen Truppen abgezogen werden. Die Sicherung der Grenze übernahmen zunächst die örtlichen Selbstschutzverbände. Während des dritten polnischen Aufstandes im Frühjahr 1921 konnten sie die Lage allein nicht meistern, so daß zur Unterstützung der bodenständigen Formationen noch einmal Freikorps herangezogen wurden, die vornehmlich aus rechtsradikalen, nicht in das Reichsheer übernommenen alten Freikorpskämpfern bestanden. Sie alle erhielten mit Einverständnis der Regierungen des Reiches und des Landes Preußen materielle und anderweitige Unterstützung durch das Reichsheer, das selbst nicht eingreifen durfte (s. S. 257 f.).

Spätestens nach dem Abschluß der Kämpfe in Oberschlesien zeigten sich politische Führung und Heeresleitung in dem Bestreben einig, den paramilitärischen Institutionen und dem illegalen Besitz an Waffen ein Ende zu setzen. Allerdings stießen sie hierbei nicht nur auf Widerstand bei den Resten des Heimatschutzes, der Freikorps und anderer „nationaler" Organisationen, sondern offenbarten auch eine unterschiedliche Auffassung über Sinn und Zweck der Aktion. Die staatlichen Behörden, besonders die preußische Regierung, waren bemüht, der IMKK jeden Anlaß zu Beanstandungen zu entziehen, beargwöhnten aber auch alle Institutionen, die keine gesetzmäßige Grundlage besaßen und sich daher der parlamentarisch-demokratischen Kontrolle entzogen. Die Heeresleitung wollte dagegen keineswegs auf diese personellen und materiellen Rüstungsreserven prinzipiell verzichten, sondern war bestrebt, bei grundsätzlicher Ablehnung jedweder Form von konkurrierenden selbständigen bewaffneten Verbänden oder Gruppen außerhalb der bewaffneten Macht und der staatlichen Sicherheitsorgane, vornehmlich der Polizei, die Verfügungsgewalt über alle Mittel zur Landesverteidigung zu erlangen. Es war ihr also daran gelegen, den Ausbau des Grenzschutzes stärker als bisher in eigene Regie zu nehmen. Noch deutlicher wurde dieses Ziel, als die Heeresleitung während der Ruhrkrise im Zusammenhang mit ihren organisatorischen Vorbereitungen für den Fall eines aktiven Widerstandes daran ging, über den Grenzschutz hinaus, der sich weitgehend auf die Ostprovinzen beschränkte, ein Landesschutzsystem aufzubauen, das sich über das gesamte Reichsgebiet erstrecken sollte.

Durch diese Absichten und Maßnahmen wurde allerdings die preußische Regierung noch keineswegs der Befürchtung enthoben, daß der Besitz von Waffen republikfeindliche Elemente zu gegenrevolutionären Unternehmungen anreizen könne. Das Beispiel der sogenannten Arbeitskommandos bewies, welche Gefahrenquelle selbst dort bestand, wo die bewaffnete Macht Kontrollfunktionen ausübte. Es blieb das Dilemma, daß das Reichsheer gerade bei den ideologischen Gegnern der Weimarer Republik auf volle Bereitschaft stieß, sich aktiv an der Vorbereitung von Landesverteidigungsmaßnahmen zu beteiligen. Allerdings scheint sich die Heeresleitung nur unzureichend bemüht zu haben, auch andere Bevölkerungsteile anzusprechen. Auf der unteren Ebene wurden derartige Möglichkeiten sogar nicht selten bewußt ausgeschlossen, – eine Tatsache, die durch Ausnahmen nicht widerlegt wird. Im Bereich der örtlichen Begegnung scheiterten auch später vielfach die Ansätze der Heeresleitung unter Heye, die personelle Basis von Grenz- und Landesschutz zu verbreitern.

Der Eigenständigkeit des Grenz- und Landesschutzes gegenüber konnte sich die Heeresleitung allmählich durchsetzen. Etwa seit 1924 ging die Führung beider bisher völlig dezentralisierter Institutionen auf militärische Dienststellen über. Die zentrale Steuerung oblag der Gruppe III in der Abteilung T 2, der Heeres-Organisationsabteilung der Heeresleitung; ihre organisatorischen Richtlinien ließen jedoch den höheren Kommandobehörden und örtlichen Befehlshabern ausreichenden Spielraum zum Handeln in eigener Verantwortung nach den jeweiligen Gegebenheiten. Diesen oblag es auch, die Organe der zivilen Verwaltung, vor allem die Oberpräsidenten der preußischen Provinzen und die Regierungen anderer Länder, für die Mitarbeit zu gewinnen. Als Kommunikationsmittel diente der persönliche mündliche Verkehr – eine Verfahrensweise, die zu unterschiedlichen Ergebnissen in der Zusammenarbeit führte. Sie besserte sich allgemein, als unter dem dritten Chef der Heeresleitung, General Heye, die Grenzschutzarbeiten die volle Billigung der Reichsregierung fanden und der preußischen Regierung auch nicht verheimlicht wurden. Sie stimmte 1927 trotz anhaltender Vorbehalte zu. Für das Landesschutzprojekt konnte sie dagegen nicht gewonnen werden. Es wurde von der Heeresleitung dennoch vorangetrieben, blieb aber nicht verborgen und führte 1928 zu Aufdeckungen, die nicht nur die Ablösung des Chefs des Truppenamtes (Blomberg) zur Folge hatten, sondern erneut die Vertrauensgrundlage störten.

Zu dieser Zeit war es bereits möglich geworden, den Grenz- und Landesschutz in hohem Maße aus Reichsmitteln (= Heeresetat) zu finanzieren und die Verwaltung der Umlagen und Spenden aus dem Lande den Händen politischer Interessenvertreter zu entwinden, wodurch der Einfluß der Heimatbünde zurückgedrängt wurde. Hierzu hatte ferner beigetragen, daß die militärischen Kreisleiter als sogenannte „L-Angestellte" in den Dienst der Reichswehr übernommen worden waren und, da sie ehemalige Offiziere waren, auch vom Offizierkorps als „vollwertige Kameraden" angesehen wurden. Zumindest in höherer Instanz empfingen sie ihre Weisungen von den zuständigen Kommandostellen des Reichsheeres. Damit konnte etwa seit 1926 der Aufbau des Grenzschutzes als Teil der Landesverteidigung der Ostprovinzen für abgeschlossen gelten. Er blieb seiner Herkunft aus verschiedenartigen Wurzeln verhaftet und wies daher in seinen örtlichen und provinziellen Einrichtungen mannigfache Unterschiede auf. Auf der Grundlage des Grenzschutzes entstand unterdessen der auf andere Reichsteile ebenfalls ausgedehnte Landesschutz und damit ein System, aus dem 1935 die Wehrersatzinspektionen, Wehrbezirkskommandos usw. hervorgingen (vgl. Abschnitt VII). Zu dem Aufgabenbereich der L-Angestellten gehörten nämlich neben den Arbeiten an Grenzschutz einschließlich der Ausbildung und der Betreuung sowie Überwachung geheimer Waffenbestände auch Maßnahmen wie die Erfassung der wehrfähigen Bevölkerung. Der Landesschutz diente schon jetzt letztlich dem Ziel, dem Reichsheer für den Mobilmachungsfall die personellen Ergänzungen für das geplante Kriegsheer von 21 Divisionen organisatorisch zu erschließen.

Seit der Unterstellung des Grenzschutzes unter Dienststellen der bewaffneten Macht achtete die Heeresleitung darauf, daß seine militärischen Führer keinen politischen Ambitionen nachgingen. Mit der preußischen Regierung hatte Heye ausdrücklich vereinbart, daß die L-Angestellten und andere Grenzschutzführer keiner sogenannten politischen Vereinigung angehören durften. Formal scheint dieser Abmachung weitgehend entsprochen worden zu sein, die geistig-politische Haltung konnte dagegen kaum durch Verordnungen und Richtlinien beeinflußt werden. Vorbehalte und Mißtrauen oder gar böswillige Vereitelung der Zusammenarbeit mit den staatlichen Behörden, die ihrerseits vielfach ein ähnliches Verhalten an den Tag legten, blieben gerade in jenem unteren Bereich bestehen, in dem die praktischen Aufgaben zu bewältigen waren. Es ließ sich auch nicht ausschließen, daß die Zusammenarbeit mit republikanisch gesinnten Kräften wie dem „Reichsbanner Schwarz-Rot-Gold" verweigert wurde, die verbotenen Verbindungen zu „vaterländischen" Organisationen und „nationalen" Verbänden im örtlichen Bereich jedoch weiterbestanden. Sie beruhten allerdings nicht immer auf politischen Motiven, sondern ergaben sich aus der soziologisch bedingten Verflechtung der Offiziere und L-Angestellten mit den Bevölkerungsgruppen, die sich zur Mitarbeit bereit fanden. Es waren jetzt weniger die Vereinigungen aus den ersten Jahren der Republik, deren Beziehungen zum Grenz- und Landesschutz der preußischen Regierung suspekt waren, sondern die Wehrverbände, vornehmlich „Stahlhelm“ und „Jungstahlhelm“.

Noch beunruhigender war es für Preußen, daß sich seit 1928/29 die Gefahr abzuzeichnen begann, es könnten Angehörige der NSDAP und ihrer Gliederungen durch Dienstleistung im Grenzschutz nicht nur im Waffengebrauch ausgebildet werden, sondern auch in den Besitz von Waffen gelangen. Tatsächlich bestand diese Gefahr bis 1931 nicht, weil Hitler in seinem Kampf gegen die parlamentarisch-demokratische Republik nicht davor zurückschreckte, Maßnahmen der Landesverteidigung durch das Verbot der Teilnahme seiner Anhänger an Grenz- und Landesschutz vom 3. Dezember 1928 offen zu sabotieren. Die Heeresleitung ließ sich durch die Befürchtungen der preußischen Regierung allerdings nicht davon abhalten, auf die Mitarbeit der Nationalsozialisten hinzuarbeiten. Sie ging, ohne sich eindeutig gebunden zu fühlen, von den Richtlinien der Reichsregierung über den Grenz- und Landesschutz vom 26. April 1929 aus, denen Ende 1930 auch das Land Preußen zustimmte. Dabei wurden von der Wehrmacht nicht nur die Bestimmungen übergangen, daß sich der Grenzschutz auf die preußischen Provinzen östlich der Oder beschränken sollte, sondern auch niemals eine eindeutige Trennung von den sogenannten nationalen, also republikfeindlichen Kräften vollzogen. Tatsächlich konnten etwa seit der Übernahme der SA-Führung durch den Hauptmann a. D. Ernst Röhm und einer sich damit anbahnenden Änderung der bisherigen Einstellung der NSDAP zum Problem der Beteiligung an vorbereitenden Maßnahmen der Landesverteidigung Nationalsozialisten als Einzelpersonen in die Grenzschutzverbände eintreten. Allerdings blieb die Beteiligung der Anhänger Hitlers sehr unterschiedlich, teilweise sabotierten sie weiterhin den Grenz- und Landesschutz. Es war aber gerade zu einem wesentlichen Teil das Interesse von Reichswehrführung und Heeresleitung an der Heranziehung dieses wehrwilligen „Menschenpotentials“, das ihr Verhältnis zu Hitler und der NSDAP so verhängnisvoll bestimmte. Ihre Bemühungen um die Nationalsozialisten verhinderten zugleich alle Ansätze einer Verbesserung des Verhältnisses zur preußischen Regierung und den republikanischen Kräften, soweit diese mit dauerhaften Absichten betrieben wurden. Es blieb der Mißstand, daß auch das Land Preußen die Notwendigkeit des Grenzschutzes anerkannte und durch zahlreiche Behörden an seiner Durchführung mitarbeitete, die verantwortlichen Politiker jedoch – allein schon aus einem berechtigten Selbsterhaltungstrieb heraus – nicht zulassen konnten, daß mit den Wehrverbänden, vornehmlich mit dem „Stahlhelm“, aber auch mit anderen „vaterländischen“ Organisationen sowie besonders mit der NSDAP erbitterte Feinde der parlamentarisch-demokratischen Republik militärisch ausgebildet und bewaffnet wurden. Sie vermochten allerdings keine alternative Lösung anzubieten, denn die republikanischen Kräfte allein hätten der bewaffneten Macht selbst bei einer bewußten und positiven Zusammenarbeit kein ausreichendes Potential an Wehrwilligen zur Verfügung stellen können.

Auf der anderen Seite war sich die Heeresleitung dessen bewußt, daß dem Grenz- und Landesschutz nur sehr begrenzter militärischer Wert zukam. Wenn sie aus Rücksicht auf diese Institution auf einen Ausgleich mit dem Lande Preußen verzichtete, dann lagen ihrer Haltung also weniger militärische als militärpolitische Erwägungen zugrunde. Sicher sah sie es als ihre Pflicht an, alle nur möglichen Mittel zur Landesverteidigung auszunutzen. Stärker aber durfte sie die Absicht bewogen haben, den Verteidigungswillen zu stärken, und sei es nur dadurch, daß sie der Jugend die Gelegenheit gewährte, sich im Waffengebrauch zu üben.

Die Stärke des Grenzschutzes läßt sich nur anhaltsweise und für einzelne Gebiete angeben. In Ostpreußen war im Rahmen des ausgebauten Systems für den Ernstfall der Einsatz von sechs Grenzschutzverbänden in Stärke von jeweils mindestens einem Regiment mit Artillerie und Pioniertruppen sowie vier Festungsregimentern vorgesehen. In Schlesien bestanden zu dieser Zeit zehn und in Sachsen, zum Schutz gegenüber der Tschechoslowakei, fünf Grenzschutzverbände. Die Arbeiten auf dem Gebiet des Landesschutzes schlugen sich noch viel weniger in Zahlen nieder. Sie bestanden zu einem wesentlichen Teil in personellen Vorbereitungen für die Durchführung einer zukünftigen Aufrüstung. Ebensowenig läßt sich etwas über den Ausbildungs- und Ausrüstungsstand der Freiwilligen aussagen. Die Ausbildung fand im stillen und meist an bestimmten Wochentagen in den Abendstunden statt, sie litt unter dem Mangel an Waffen und Munition. Die Kampfkraft der Grenzschutzverbände dürfte daher im Vergleich zur aktiven Truppe gering gewesen sein.

d. Einwohnerwehren und Wehrverbände

Die Einwohnerwehren

Die parlamentarischen Organisationen und vaterländischen Verbände hatten sich aus mehreren Wurzeln entwickelt. Das entscheidende Ereignis für ihre Entstehung war die Auflösung der Freikorps und der Notwehrorganisationen der ersten Nachkriegszeit, wodurch eine Art Vakuum entstanden war.

Der Gedanke, bewaffnete Selbstschutzformationen aufzustellen, wurde noch vor dem 9. November 1918 entwickelt. Zu seinen Befürwortern zählte der Staatssekretär des Reichsmarineamtes, Vizeadmiral Ernst Ritter von Mann (vgl. Abschnitt VII). Nach dem Zusammenbruch der Monarchie wurde die Idee sehr schnell von verschiedenen Stellen aufgegriffen. In Preußen wies beispielsweise die Landesregierung am 15. November die Behörden an, lokal gebundene Einwohnerwehren mit der Aufgabe zu betrauen, „nicht ordnungsgemäß entlassene von der Front zurückkehrende Soldaten" zu entwaffnen. Diese vornehmlich bürgerlich geprägten Notwehrorganisationen, deren Errichtung in städtischen und ländlichen Gemeinden generell am 15. Dezember 1918 genehmigt wurde, nahmen sehr bald nicht nur polizeiliche Funktionen wahr, sondern wurden auch in den bürgerkriegsähnlichen Geschehnissen des Winters 1918/19 verwendet. Ihre eigentliche Bedeutung erlangten sie jedoch erst 1919, und zwar seit den Berliner Märzkämpfen. Sie dienten nicht allein der örtlichen Kontrolle und Aufrechterhaltung von Ruhe und Ordnung, sondern wurden auch zur Unterstützung der Freikorps und der Vorläufigen Reichswehr bei der Bekämpfung linksradikaler Aufstände im Bereich ihrer engeren Heimat sowie in den grenznahen Räumen der Ostprovinzen zu Grenzschutzaufgaben herangezogen. Die Einwohnerwehren waren demnach eine staatlich legitimierte Institution, die die Machtmittel und die politische Stellung der legalen Behörden verstärkte. Sie wurden von den bürgerlichen Parteien und ausdrücklich auch von der SPD unterstützt. Im übrigen mußten die Führer der Einwohnerwehren von den staatlichen Behörden bestätigt werden. Bis zum 1. Oktober 1919 sollen sich in Preußen insgesamt 626 764 Freiwillige zum Eintritt gemeldet haben. Bereits innerhalb Preußens boten jedoch die Einwohner-, Bürger- oder auch Sicherheitswehren nach Entstehung, Struktur, Einsatz und Selbstverständnis kein einheitliches Bild. Dieser Eindruck differenziert sich noch erheblich, wenn der Blick das gesamte Reichsgebiet umschließt. Die Spannweite der Selbstschutzformationen erstreckte sich von lokalen Bürgervereinigungen, die sich zum Schutz von Besitz und Eigentum ihrer Angehörigen zusammengeschlossen hatten und es daher ablehnten, über den Bereich der Gemeinde hinaus tätig zu werden – etwa in der Form von Kreiswehren, wie sie sich sogar in der weiteren Nachbarschaft gebildet haben konnten – bis zu paramilitärischen Formationen. Wenn beispielsweise die geforderte schriftliche Verpflichtung zum Schutz der demokratischen Republik verweigert wurde, bedeutete dies nicht grundsätzlich Feindschaft gegenüber dem neuen Staat, sondern es konnte damit auch lediglich zum Ausdruck gebracht werden, daß man sich nur zur Wahrung eigener Interessen vereinigt hatte. Dementsprechend unterschiedlich waren auch die Verbindungen zur bewaffneten Macht. Im allgemeinen spielte sich aber auf allen Ebenen eine klare Abgrenzung und Einhaltung der Kompetenzen von Vorläufiger Reichswehr und Einwohnerwehren ein.

Die teilweise sogar mit schweren Infanterie-Waffen ausgerüsteten Einwohnerwehren nahmen also neben polizeilichen auch militärische Aufgaben wahr. Als der preußische Innenminister am 18. März 1919 ihre Aufstellung aus „zuverlässigen Mitgliedern" der Bevölkerung regelrecht verfügte, stimmte der Reichswehrminister ihrer Einrichtung nicht nur zu, wies vielmehr am 22. März die Generalkommandos an, die Organisation dieser Formationen zu unterstützen. Am 25. April gab er „Richtlinien für die Aufstellung einer Einwohnerwehr" heraus. Offiziere, die als Kreiskommissare, Kreisräte oder unter anderer Bezeichnung den staatlichen und örtlichen Behörden zugeteilt wurden, übernahmen die Betreuung. Es wurde sogar eine Zentralstelle für Einwohnerwehren beim Reichswehrminister geschaffen, die allerdings mit ähnlichen Instanzen bei den Ländern und vor allem im Reichsinnenministerium konkurrierte. Sie übernahmen die Funktion verantwortlicher oberster Dienststellen aber erst, als sich die bewaffnete Macht im Herbst 1919 infolge der militärischen Bestimmungen des Friedensvertrages, insbesondere der Art. 162, 177 und 178 VV, öffentlich von jeder Beteiligung an den Einwohnerwehren distanzieren mußte, und ihr damit den quasimilitärischen Charakter zumindest formal nahm. An ihrer militärisch organisierten Struktur änderte sich jedoch nichts. Fortan galten sie als Einrichtungen, die ausschließlich zum Bereich der inneren Verwaltung gehörten. Inoffiziell hielt die Einflußnahme militärischer Organe an, zumindest im lokalen Bereich, während andererseits die zuständigen Behörden des Reiches und der Länder Aufbau und Charakter der Selbstschutzorganisationen vielfach unzulänglich kontrollierten, so daß sie nicht selten unter den Einfluß republikfeindlicher Elemente gerieten. Diese konnten linksradikal ausgerichtet sein, in der Hauptsache aber waren sie nationalistisch gesonnen.

Ein Beispiel für die Vorherrschaft gegenrevolutionärer Tendenzen in den Einwohnerwehren bot Bayern. Hier verfolgte man im Gegensatz zu Preußen und anderen Ländern, in denen sich die Errichtung von Selbstschutzformationen weitgehend auf den lokalen Bereich beschränkte, von vornherein die Absicht, die sehr starken Einwohnerwehren auf Landesbasis zusammenzuschließen. Wenn auch ein sozialdemokratischer Innenminister ihren Aufbau zunächst ausdrücklich begünstigte so geriet die Institution doch bald unter den Einfluß des Forstrates Dr. Georg Escherich. Sein Ziel war der Aufbau einer unabhängigen national ausgerichteten Wehrorganisation, wobei er sich des am 23. Oktober 1919 gegründeten Landesverbandes bediente. Er wurde von der Regierung Ritter von Kahr, zu deren Amtsübernahme im Zusammenhang mit dem Kapp-Lüttwitz-Putsch er maßgeblich beigetragen hatte, und durch militärische Dienststellen unterstützt. Die am 11. August 1920 gegründete „Organisation Escherich“ (Orgesch) trug bis zu ihrem Verbot am 28. Juni 1921 stark zur Beunruhigung der innenpolitischen Lage bei, obwohl sie als Verband auf Reichsebene in Preußen umgehend verboten und in anderen Ländern zumindest nicht anerkannt wurde. Auch der Chef der Heeresleitung lehnte es ab, mit ihr zusammenzuarbeiten oder sie gar zu bewaffnen. Dennoch konnte sie ihre Rolle spielen, weil von der Regierung Kahr die stärksten Widerstände ausgingen, als die Reichsregierung im Frühjahr 1920 die Auflösung der Einwohnerwehren für unumgänglich hielt.

Infolge ihrer politischen Einstellung erwiesen sich die Einwohnerwehren während des Kapp-Lüttwitz-Putsches als unzuverlässig, wenn sie sich nicht sogar auf die Seite der Aufständischen stellten. Unter diesem Eindruck kam die Reichsregierung dem erstmals am 1. Dezember 1919 gestellten, am 12. März 1920 erneut geforderten und bis zum 10. April 1920 befristeten Verlangen der IMKK, die Einwohnerwehren ebenso wie die Zeitfreiwilligen aufzulösen, mit einer Verordnung vom 8. April 1920 nach. Dem Einspruch mehrerer süd- und mitteldeutscher Länder unter Führung von Bayern und Württemberg gegen eine derartige „Erfüllungspolitik“ begegnete der Reichsinnenminister dadurch, daß er die Zentralstelle bei seinem Ministerium aufhob, damit den Ländern die volle Verantwortung für die Einwohnerwehren zuspielte und ihnen die Entscheidung über das Verlangen der Alliierten anheimstellte. Ihre restlose Auflösung war eine Folge des Londoner Ultimatums vom 5. Mai 1921 und einer Note vom 12. Mai 1921, der selbst Bayern und die ostpreußischen Grenzwehren sich nicht zu widersetzen wagten. Obwohl die Einwohnerwehren in bürgerlichen Kreisen noch Sympathien besaßen, mußten sie dem Druck der Reichsregierung auch deshalb nachkommen, weil der neue Chef der Heeresleitung kein Interesse an ihrem Weiterbestehen zeigte.

Die Einwohnerwehren und die von ihnen zu trennenden Zeitfreiwilligen waren vor Bekanntwerden der militärischen Bestimmungen des Friedensvertrages durch legale Akte ins Leben gerufen worden. Die Führung der bewaffneten Macht hatte versucht, diese Einrichtungen zu erhalten, und dabei Wege beschritten, die eine Umgehung des Versailler Vertrages bedeuteten. Hierbei handelte sie aber im Einvernehmen mit den Trägern der politischen Verantwortung in Reich und Ländern. Sie beugte sich, als die politische Entscheidung gegen das Weiterbestehen der Einwohnerwehren gefällt wurde. Allerdings war es kein Entschluß, der nur widerwillig gefaßt wurde. Seeckt löste sich von einer Einrichtung halbmilitärischen Charakters wie den Einwohnerwehren, weil er das Reichsheer aus dem politischen Leben herausführen und zunächst zu einem schlagkräftigen Instrument im Rahmen der Möglichkeiten formen wollte, die ihm der Friedensvertrag zugestand. Hinter dieses Ziel setzte er bis auf weiteres alle anderen Pläne zurück. Als er dann an die Vorbereitungen für eine zukünftige Mobilmachung heranging, trat ihm in den Wehrverbänden eine andersgeartete Gruppe paramilitärischer Organisationen mit dem Anspruch entgegen, als die wahren Träger und Hüter der militärischen Tradition seine Partner zu werden.

Die Wehrverbände

Unter dem Zwang der Auflösung ihrer staatlich legitimierten und bisher geförderten Einrichtungen bildete sich manche Bürgerwehr in eine Organisation auf privater Grundlage um, die für sich die Aufgabe des Heimatschutzes beanspruchte. Sie beschritt also den gleichen Weg wie manche der Freikorps, die wegen ihrer rechtsradikalen Einstellung nicht in die Reichswehr übernommen oder gar verboten wurden. Zahlreiche Angehörige der Bürgerwehren strömten außerdem Verbänden zu, die bereits bestanden oder neu erstanden und vielfach für sich den Anspruch erhoben, die sozialen Unterschiede durch die Bindung des sogenannten Fronterlebnisses zu überbrücken. Indem diese verschiedenen Kräfte gleichzeitig Waffen der staatlichen Kontrolle in bewußter Umgehung des Gesetzes vom 7. August 1920 über die Entwaffnung der Bevölkerung entzogen, schufen sie die Grundlagen für militärähnliche Vereinigungen, die sogenannten Wehrverbände. Sie entwickelten sich auf privater Grundlage in ihrer Mehrheit zu Organisationen, die im Widerspruch zu den Art. 177 und 178 VV standen. Dennoch wandten Reichs- und Länderregierungen das Gesetz vom 22. März 1921 zur Durchführung dieser Friedensvertragsbestimmungen und auch die Verordnung des Reichspräsidenten vom 24. Mai 1921 über das Verbot militärähnlicher Verbände nur in extrem gelagerten Fällen an, beispielsweise zur Auflösung der „Roßbacher“ und ähnlicher rechtsradikaler Gebilde. Man scheute sich schon deshalb, gesetzliche Maßnahmen anzuwenden, weil damit das amtliche Eingeständnis verbunden war, daß in Deutschland Vertragsverletzungen vorkamen. In ihrer aus demokratischer Grundhaltung bedingten toleranten Einstellung heraus und in dem Wissen, daß die überwiegende Mehrheit der öffentlichen Meinung die Gesetze ablehnte, die sich aus den Bestimmungen des Versailler Vertrages ableiteten und die die „nationalen" Belange schädigten, ließen die Träger der politischen Gewalt demnach paramilitärische Vereinigungen zu, auch wenn diese über den Widerspruch zum Friedensvertrag hinaus offener und eindeutiger als die konservativen Parteien für die Beseitigung der bestehenden Staatsform eintraten. Derartige militante Kräfte mit politischer Zielsetzung und Aktivität konnten vor allem dann zu einer akuten Gefahr werden, wenn sie in enge Beziehungen zur bewaffneten Macht der Republik traten. Unter dieser Problematik sind die Beziehungen der Reichswehr zu den sogenannten nationalen oder vaterländischen Verbänden zu sehen. Die ebenfalls bestehenden linksradikalen, also kommunistischen Kampforganisationen brauchen hier nicht berücksichtigt zu werden, weil zwischen ihnen und der Reichswehr ausgesprochene Feindschaft bestand.

Das Verhältnis zwischen der bewaffneten Macht und den rechtsgerichteten Organisationen und Verbänden war formal durch § 36 des Wehrgesetzes bestimmt, demzufolge Reichswehrangehörige keinem politischen Verein angehören durften. Die Entscheidung, ob eine der zahlreichen „völkischen" Gruppen und „nationalen" oder „vaterländischen" Verbände als politisch anzusehen war, oblag dem Reichskommissar für Überwachung der öffentlichen Ordnung; das Reichsheer hielt zu dieser Dienststelle Verbindung, vornehmlich über Schleicher. Er war auch der „stille" Protektor der Vereinigten Vaterländischen Verbände Deutschlands (VVVD), einer 1924 gegründeten Dachorganisation der vornehmlich gemäßigten Kräfte, deren Vorsitz 1925 General a. D. Graf von der Goltz übernahm. Aus dem Kreise der für politisch erklärten Organisationen und Wehrverbände ragten infolge ihrer Mitgliederstärke und ihrer engen Verbindung zu den Schichten, aus denen sich die Angehörigen der Reichswehr vornehmlich rekrutierten, oder infolge anderer Formen der Einflußnahme auf die bewaffnete Macht besonders der „Stahlhelm", der „Jungdeutsche Orden", der „Wehrwolf", der „Bund Wiking", der „Nationalverband Deutscher Offiziere" und der „Deutsche Offiziersbund" hervor. Vor allem die Mitglieder der beiden Offiziervereinigungen gehörten vielfach außerdem einem der anderen Verbände an; weitere gegenseitige Verbindungen ergaben sich über die intensiv von dem Reichsheer über die Traditionstruppenteile betreuten Traditionsvereine der ehemaligen Armee und eine Organisation wie den „Deutschen Reichskriegerbund Kyffhäuser", die als unpolitische Zusammenschlüsse galten. Sehr zurückhaltend verhielt sich die Reichswehr dagegen zum „Reichsbanner Schwarz-Rot Gold", demjenigen Wehrverband, der als einziger seiner Art fest auf dem Boden der parlamentarisch-demokratischen Republik stand und sich zur Verteidigung ihrer Verfassung entschlossen zeigte.

Der „Stahlhelm, Bund der Frontsoldaten“ wurde im Dezember 1918 von dem Unternehmer und Hauptmann d. R. Franz Seldte (1882–1947) in Magdeburg als örtliche kleine Vereinigung ins Leben gerufen. Er breitete sich bald über ganz Deutschland aus und zählte um 1925 etwa 300 000 Mitglieder. Hierzu traten die Angehörigen des „Jungstahlhelm“, der 1923 gegründeten Jugendorganisation, und des „Landsturm – Der Stahlhelm“, der 1924 für Nichtkriegsteilnehmer, die für den „Jungstahlhelm“ zu alt waren, eingerichtet wurde. Die Gesamtzahl der Stahlhelmangehörigen dürfte 1930 etwa 400 000 bis 500 000 Männer betragen haben. Darüber hinaus bestanden seit 1923 auch Stahlhelm-Frauenbünde, deren bedeutendster der „Bund Königin Luise“ war. Als Erster Bundesführer amtierte bis zur Auflösung des Stahlhelm im Jahre 1935 Seldte, Ehrenvorsitzender wurde 1924 Generalfeldmarschall v. Hindenburg. Er erwirkte 1930 als Reichspräsident, daß die am 8. Oktober 1929 unter Bezugnahme auf das Gesetz vom 22. März 1921 ergangene Verfügung des preußischen Innenministers über die Auflösung des Stahlhelm in der Rheinprovinz und in der Provinz Westfalen aufgehoben wurde, indem er drohte, nicht an den Feiern anläßlich der Räumung der Rheinlande teilzunehmen. Dennoch trat der Stahlhelm auch gegen Hindenburg auf und scheute 1932 nicht davor zurück, seinen zweiten Bundesführer Duesterberg als Kandidaten zur Reichspräsidentenwahl aufzustellen. In Preußen war der monarchistisch eingestellte Stahlhelm, von dessen Seite zumindest die Bundesführung eine im großen und ganzen eindeutige, nur in den Jahren 1924 bis 1926 etwas abgeschwächte, als „Legalitätskurs“ (Berghahn) charakterisierte, republikfeindliche Haltung bewies, schon einmal 1922 verboten worden. Dieses Verbot hob jedoch der Staatsgerichtshof Anfang 1923 auf. Die demokratisch-parlamentarischen Politiker beargwöhnten jedoch weiterhin mit vollem Recht die politische Loyalität des Stahlhelm.

Der „Jungdeutsche Orden“ (Jungdo) war der zweitgrößte Wehrverband. Er ging 1920 aus einem 1919 in Kassel gegründeten Freikorps hervor. Sein Gründer und Führer Artur Mahraun (1890–1950), ein ehemaliger aktiver Offizier, nannte sich Hochmeister, da er als Vorbild für die Bundesorganisation den Deutschen Ritterorden erkoren hatte. Der Jungdo dürfte um 1924 etwa 150 000 bis 200 000 Mitglieder gezählt haben. Auch er verhielt sich bei ausgesprochen militärischer Haltung zunächst entschieden antirepublikanisch, was ihm 1922 ebenfalls ein 1923 wieder aufgehobenes Verbot eintrug. Nach 1924 entstanden zwischen Jungdo und Stahlhelm scharfe Spannungen. Mahraun scherte aus der Opposition der Wehrverbände gegen den Parlamentarismus aus und rückte somit allmählich von der feindlichen Haltung gegenüber dem bestehenden Staat ab. Darüber verlor der Jungdeutsche Orden, der sich im Flaggenstreit für einen Kompromiß einsetzte, an politischer Bedeutung. Er schloß sich 1930 mit den Resten der demokratischen Partei zur Staatspartei zusammen, bildete zuletzt aber als „Volksnationale Reichsvereinigung“ wieder eine eigene Reichstagsgruppe. Dem Versuch, den Jungdeutschen Orden nach dem Zweiten Weltkrieg zu restaurieren, war kein dauerhafter Erfolg beschieden.

Der „Wehrwolf – Bund deutscher Männer und Frontkrieger“ entstand 1923 in Halle als Zweigorganisation des Stahlhelm zur Betreuung der Jugend, trennte sich jedoch 1924 unter seinem Führer Fritz Kloppe, Studienrat und Hauptmann d. R., vom Stahlhelm. Seine Jugendorganisation nannte sich „Jungwolf“. Der Wehrwolf dürfte auf seinem Höhepunkt 30 000 bis 40 000 Angehörige gehabt haben. Seine politische Einstellung wurde von unentwegter Feindschaft gegen die parlamentarische Demokratie geprägt. Er gebärdete sich nationalistischer als die NSDAP, der er sich später näherte.

Der „Bund Wiking“ ging 1923 aus der „Organisation Consul“ (OC) hervor, die sich ihrerseits aus Angehörigen der 2. Marine-Brigade Ehrhardt gebildet hatte; die OC war wegen ihrer radikalen Gesinnung, die vor Terror und Mord nicht zurückgescheut hatte, verrufen gewesen und wurde im Zusammenhang mit dem Rathenau-Mord verboten. Führer des Bundes, der 1923/24 etwa 10 000 Mitglieder gezählt haben dürfte, war erneut

Korvettenkapitän a. D. Ehrhardt. Die politische Bedeutung des Wiking sank seit 1924 ab; es gelang dem Bund jedoch, eine Anzahl Mitglieder bei der Reichsmarine als Zivilangestellte einzuschleusen. Als diese Verbindung 1928 bekannt wurde, ordnete Reichswehrminister Groener ihre Entlassung an.

Der „Nationalverband Deutscher Offiziere" (NDO), noch 1918 gegründet, war eine Vereinigung ehemaliger Offiziere zur Vertretung ihrer „Standesinteressen". Er gehörte der VVVD an. Vorsitzender war Admiral a. D. Ludwig v. Schröder (1854–1933), der im Weltkrieg das Marinekorps in Flandern geführt hatte. Der Verband, der aus etwa 3 000 Mitgliedern in allen Gegenden Deutschlands bestanden haben soll, vertrat eine betont nationale, also republikfeindliche Haltung und stand politisch der DNVP nahe. Seine Angehörigen fühlten sich als eine Elite innerhalb der vaterländischen Vereinigungen. In der Verbandszeitschrift „Deutsche Treue" wurden nicht nur Forderungen wie die Verweigerung der Erfüllung von Bestimmungen des Friedensvertrages und Kampf gegen Marxismus und Internationalismus vertreten, sondern auch die Einwanderung „fremdrassiger Elemente" nach Deutschland bekämpft. Selbstverständlich war für ihn das Verlangen nach Wiederherstellung der vollen Wehrhoheit als Grundlage eines neuen deutschen Machtstaates.

Der „Deutsche Offizierbund" (DOB) entstand ebenfalls nach dem Ersten Weltkrieg als Verband zur Vertretung der sozialen und wirtschaftlichen Belange ehemaliger Offiziere. Er besaß einen größeren Mitgliederbestand als der NDO und unterhielt enge Beziehungen zum Stahlhelm.

Der „Deutsche Reichskriegerbund Kyffhäuser" bildete sich 1921 aus dem Zusammenschluß des bereits seit 1873 bestehenden „Deutschen Kriegerbundes" und dem vor dem Ersten Weltkrieg gegründeten „Kyffhäuserbund" als Spitzenorganisation in ihm korporativ zusammengeschlossener Krieger- und Traditionsvereine. Er galt als unpolitischer Verein im Sinne von § 36 WG, so daß ihm Reichswehrangehörige über die ebenfalls als unpolitisch angesprochenen Traditionsvereine beitreten konnten. Zu seinen Ehrenvorsitzenden zählte Generalfeldmarschall v. Hindenburg. Gemäß den Statuten pflegte der Bund, der etwa drei Millionen Mitglieder zählte, das Zusammengehörigkeitsgefühl und die Kameradschaft ehemaliger Soldaten aller Dienstgrade ohne parteipolitische und bekenntnismäßige Bindungen und befaßte sich mit Wohlfahrtsmaßnahmen und Fürsorgeaufgaben. Der Kyffhäuserbund bemühte sich daher, eine unpolitische Haltung zu wahren, stand aber schon allein durch seine Führer „nationalen" Verbänden und Vereinigungen nahe.

Das „Reichsbanner Schwarz-Rot-Gold" wurde als „Bund deutscher Kriegsteilnehmer und Republikaner" 1924 mit Sitz in Magdeburg von dem sozialdemokratischen Politiker Otto Hörsing gegründet. Hörsing wurde als Erster Vorsitzender 1932 durch Karl Höltermann abgelöst. Dieser bemühte sich um bessere Beziehungen zum Reichswehrministerium, nachdem er Wortführer der pazifistischen Richtung aus dem Verbande mit etwa 3,5 Millionen Mitgliedern im Jahre 1932 entfernt hatte. Schleicher wies die Annäherungsbestrebungen jedoch ab, weil er die Parteien und Verbände der Rechten, besonders aber die NSDAP, im Rahmen seiner Zähmungskonzeption nicht verärgern wollte. Die Reichswehr lehnte also die Zusammenarbeit mit einem Bund ab, dessen Mitglieder sich politisch nicht nur zur SPD, sondern auch zum Zentrum oder zur DDP bekannten. Die Zurückhaltung der obersten Führung scheint allerdings nicht ausgeschlossen zu haben, daß auf der unteren Ebene vereinzelt doch bessere Beziehungen bestanden, z. B. in Ostpreußen.

Es ist nicht zu bestreiten, „daß Geßler, Seeckt und deren Mitarbeiter im Ministerium über die Geschäftigkeit der nationalen, zum großen Teile republikfeindlichen Verbände keine Freude empfunden haben – sowohl aus politischen wie aus rein militärischen Erwägungen heraus" (Vogelsang). Ebenso sicher ist aber auch, daß zumindest der Chef der Heeresleitung die Beziehungen zu den Wehrverbänden nicht löste, sondern die bereits frühzeitig angeknüpften Verbindungen auf der unteren Ebene bestehen ließ. Deutlich wird dieses zwielichtige Verhalten im Falle des sogenannten „Seeckt-Severing-Abkommens".

Während die Reichsregierung unter Cuno infolge der Ruhrkrise die den Friedensvertrag verletzenden Maßnahmen der Reichswehrführung zur Verstärkung des Potentials der Landesverteidigung förderte, sich gegenüber den paramilitärischen Organisationen dennoch politisch zurückhaltend zeigte, blieb der preußischen Regierung die Verbindung der bewaffneten Macht zu den „nationalen" Wehrverbänden und anderen „vaterländischen" Vereinigungen suspekt. Sie hielt sich weiterhin für verpflichtet, Kräfte und Elemente mit gegenrevolutionären Tendenzen zu bekämpfen und bestritt, daß die Kampforganisationen des Rechtsradikalismus für die Vorbereitung der Landesverteidigung notwendig seien. Ihre Bemühungen, das Reichsheer aus seinen Beziehungen zu den antirepublikanischen Kreisen zu lösen, führte zum Abkommen zwischen Geßler – also nicht Seeckt – und Severing vom 7. Februar 1923. Der Reichswehrminister verpflichtete sich angesichts der grundsätzlichen Aufgeschlossenheit des preußischen Innenministers für die Notwendigkeit eines Grenzschutzes, bis zum 31. März die Beziehungen der Reichswehr zu den nationalistischen Kampforganisationen abbrechen zu lassen. Diese Vereinbarung, die bald ruchbar wurde und bei den betroffenen Verbänden lodernde Empörung hervorrief, zeitigte schon deshalb keinen Erfolg, weil sie von den nachgeordneten militärischen Kommandobehörden und örtlichen Dienststellen unterschiedlich ausgelegt und in dem Glauben, damit der nationalen Sache einen Dienst zu leisten, sogar bewußt übergangen wurde. Die Heeresleitung setzte sich wegen ihrer Rüstungsbemühungen während der anhaltenden Ruhrkrise außerdem gar nicht nachdrücklich für die Durchführung des Ministererlasses vom 22. Februar 1923 ein, durch den der Truppe die Verbindungen zu den Wehrverbänden untersagt worden war. Ebenso drängten sich die nationalistischen Vereinigungen trotz Kenntnis des „Seeckt-Severing-Abkommens" weiterhin zur „Mitarbeit", zeigten jedoch nur in vereinzelten Fällen die Bereitschaft, sich für den Fall eines militärischen Einsatzes den Kommandobehörden des Reichsheeres bedingungslos unterzuordnen. Es war ein zwielichtiges Verhältnis, zumal Seeckt und seinen Mitarbeitern nicht unbekannt blieb, daß ihre „Helfer" republikfeindliche Gesinnungen hegten und hochverräterische politische Ziele anstrebten. Diese Situation klärte auch eine neue „Vereinbarung" nicht, die Geßler und Severing am 30. Juni 1923 trafen. Seeckt distanzierte sich politisch von solchen Bundesgenossen erst, als ihm der Buchrucker-Putsch, die Vorgänge in Bayern und seine Erfahrungen als Inhaber der Vollziehenden Gewalt zeigten, welche Gefahr in jeder Form der Zusammenarbeit, insbesondere aber der politischen, mit den vaterländischen Organisationen und den sie an dauerhafter Bedeutung allmählich überflügelnden Wehrverbänden lag.

Allerdings führte die neue Vereinbarung nicht dazu, daß die Reichswehr alle Beziehungen zu den Wehrverbänden abbrach. Zumindest im Bereich der personellen Ausstattung des Grenz- und Landesschutzes blieben Verbindungen örtlicher Militärbehörden zu ihnen bestehen. Seitens der Heeresleitung regte Schleicher an, daß die Wehrverbände das „Soldatenspielen" unterlassen und sich auf die Pflege des Wehrgedankens und der körperlichen Ertüchtigung beschränken sollten. Tatsächlich stellten Organisationen wie der Jungstahlhelm und der Jungwolf nunmehr die wehrsportliche Ausbildung ihrer Mitglieder in den Vordergrund ihrer Tätigkeit.

Der Begriff „Wehrsport" umfaßte im allgemeinen eine waffenlose militärische Grundausbildung in Ordnungsübungen, Hindernis- und Geländelauf, Gepäckmarsch, Karten- und Geländekunde mit praktischen Übungen in sogenannten Geländespielen. Diese Ausbildung wurde ergänzt durch Sportarten wie Schießen mit Kleinkaliberwaffen und Keulenweitwurf. Darüber hinaus mag es in Einzelfällen zur Unterweisung in anderen militärischen Fächern gekommen sein. Später wurde z. B. im Stahlhelm die spezielle Ausbildung zu Kraftfahrern, Segelfliegern und für technische Sonderaufgaben betrieben.

Auch die Reichswehr begann ab 1924, die Wehrsportausbildung von Jugendlichen auf überparteilicher Basis zu fördern. Zahlreiche Sportschulen wurden eingerichtet, in denen ehemalige Offiziere und Unteroffiziere als Lehrer eingesetzt waren. Ebenso wurden die ländlichen Turn-, Sport- und Reitervereine unterstützt. Es gelang jedoch nicht, hierbei Abstand von den Wehrverbänden zu gewinnen. Das Problem der personellen Verzahnung blieb bestehen, und nach einigen Jahren häuften sich erneut die Klagen, daß die bewaffnete Macht der Republik mit den republikfeindlichen Vereinigungen zusammenarbeite. Vor allem im Bereich des Grenzschutzes ergaben sich immer wieder Vorfälle – nicht zuletzt gemeinsame Übungen von Reichsheer und Stahlhelm – die eine enge Verbindung bewiesen. Gerade dieser Wehrverband stellte sich als eine „fast ideale Organisation" dar, da die „Mehrzahl der Mitglieder weiterhin aus konservativ-nationalen Männern" bestand und die Ortsgruppenführer „in vielen Fällen pensionierte Offiziere" waren (Berghahn). Auf der örtlichen Ebene handelte es sich also meist um keinen ausgesprochen radikalen Partner, sondern um Angehörige einer Schicht, die den Soldaten politisch und weltanschaulich wohl am nächsten stand. Die preußische Regierung vermutete jedoch nicht ohne Grund, daß sich hinter diesen Beziehungen mehr als nur ein Zusammengehen für die Zwecke des von ihr zugestandenen Grenzschutzes verbarg, nämlich die Absicht, auf der Basis des sogenannten Zeitfreiwilligensystems Grundlagen für geheime Heeresreserven, also letztlich Mobilmachungsvorbereitungen zu schaffen. Derartige Maßnahmen lehnte der preußische Ministerpräsident Braun 1927 ab, als sich der neue Chef der Heeresleitung mit ihm zu arrangieren suchte. Erneut kam man überein, daß auch die „Hilfskräfte" des Grenzschutzes keiner Partei und keinem Wehrverband angehören sollten – ohne daß sich in der Praxis viel änderte. Der Stahlhelm fühlte sich weiterhin sogar vielfach als eigentlicher Träger des Grenz- und Landesschutzes.

Viele Jahre hindurch stand dementsprechend der Stahlhelm im Mittelpunkt der Befürchtungen und Beschwerden über die anhaltenden Verbindungen des Reichsheeres zu den Wehrverbänden. Sie bezogen sich nicht nur auf den Grenz- und Landesschutz, sondern betrafen auch die finanziellen Zuwendungen, die Zusammenarbeit bei der Auswahl von Bewerbern für die Reichswehr und andere Verstöße gegen § 36 des Wehrgesetzes und die einschlägigen Erlasse des Reichswehrministers. Beschwerden liefen im übrigen nicht nur von deutscher Seite ein, sondern wurden auch von den Alliierten des Weltkrieges vorgetragen, wobei es sich vielfach nicht nur um den Stahlhelm, sondern um die Gesamtheit der paramilitärischen Organisationen handelte. Sie bereiteten vor allem Reichsaußenminister Stresemann manchen Ärger, beispielsweise 1925/26 bei den Verhandlungen über den Abzug der IMKK. Eine Änderung des Verhältnisses zwischen Reichswehr und Wehrverbänden erbrachten die Beschwerden nicht, vielmehr wurden die Verbindungen grundsätzlich dementiert oder in unleugbaren Fällen als Übertretungen untergeordneter Organe abgetan.

Eine neue, noch bedrohlichere Gefahr für die parlamentarisch-demokratische Republik trat seit etwa 1930 mit einer „Gliederung" der NSDAP, den „Sturmabteilungen" (SA) auf, deren oberster Führung bis 1934 auch die „Schutzstaffeln" (SS) unterstellt waren. Die SA war kein Wehrverband, sondern eine militärisch organisierte Kampforganisation einer politischen Partei, deren „Führer" das Verhältnis jedes einzelnen Partei- oder Gliederungsangehörigen zur Wehrmacht und dem Problem der Landesverteidigung bestimmte. Hitlers Parteibefehl vom 3. Dezember 1928, der jedem Nationalsozialisten verbot, an militärischen Übungen teilzunehmen, ließ darüber keinen Zweifel. Das Verbot verlor zwar nach der Loyalitätserklärung Hitlers im Zusammenhang mit seinem Auftreten im Hochverratsprozeß gegen die Ulmer Offiziere seine Verbindlichkeit, die bewaffnete Macht arbeitete aber niemals mit der SA in der Form zusammen wie mit dem Stahlhelm. Die NSDAP und ihre Gliederung blieben der überwiegenden Mehrheit der Soldaten suspekt. Unter dem Gesichtspunkt einer geheimen Verbindung bestand deshalb keine reale Gefahr. Die Haltung der Reichswehrführung zur Republik wurde jedoch in entscheidendem Maße davon bestimmt, daß Schleicher seit etwa 1931 grundsätzlich anstrebte, über die „wertvolle Jugend" in den Gliederungen der NSDAP für die Landesverteidigung im Rahmen der Wiederaufrüstungspläne verfügen zu können. Diese vornehmlich militärischen Beweggründe veranlaßten den Chef des Ministeramtes im Frühjahr 1932 zu der folgenreichen Abwendung von der Politik Groeners. Sie trug der Reichswehr keinen Vorteil ein, wirkte sich aber zum Nachteil der Republik aus. Die SA wurde kein Partner des Reichsheeres, wie der Stahlhelm oder andere Wehrverbände, sondern entpuppte sich als das „Trojanische Pferd" der NSDAP. Diese Erkenntnis kam aber ebenso zu spät wie die Einsicht, daß die SA gar keine paramilitärische Organisation zur Förderung des Wehrgedankens auf der Grundlage eines Nationalismus konservativer Vorstellungen sein konnte, sondern die Wehrmacht, das „Volksheer", des nationalsozialistischen „Dritten Reiches" werden wollte. Diese Kampfansage nahm das Reichsheer 1933 unter Bedingungen an, die zwar noch den Pyrrhussieg vom 30. Juni 1934 zuließen, es aber nicht mehr ermöglichten, die Stellung des überlegenen und umworbenen Seniorpartners gegenüber den politischen und paramilitärischen Kräften im Staat aufrechtzuerhalten.

4. Rüstungswirtschaft und Aufrüstung

a. Rüstungsbestand und Rüstungsprogramm des Reichsheeres

Die Durchbrechung völkerrechtlicher und reichsgesetzlicher Bindungen auf dem personellen Sektor ließ sich jedoch nur vertreten, wenn gleichzeitig eine materielle Aufrüstung eingeleitet wurde. Es wäre unverantwortlich gewesen, im Kriegsfalle Freiwillige einzusetzen, die ungenügend bewaffnet und nicht ausreichend ausgestattet gewesen wären. Diese Seite der Verstärkung der deutschen Landesverteidigung bereitete der Reichswehrführung wohl noch größere Sorgen als die Personalfrage.

Die bewaffnete Macht verfügte von Anfang an über geheime Waffenbestände, und ebenso waren Vorräte an Bekleidung, Ausrüstung und fahrendem Material vorhanden (über den erlaubten Bestand an Waffen und Gerät vgl. S. 98 f.). Sie deckten allerdings keinesfalls den Bedarf eines A-Heeres und stammten hinsichtlich der Waffen in ihrer Mehrheit aus dem Weltkrieg. Nach Angaben des dritten Chefs der Heeresleitung vom 26. Februar 1927 handelte es sich um „etwa 350 000 Gewehre, 12 000 leichte und schwere Maschinengewehre, 400 Minenwerfer, 600 leichte und 75 schwere Geschütze" sowie „geheime Bestände an Fahrzeugen und Kleidung". Als eigentlicher Engpaß jeder Verstärkung des Reichsheeres erwies sich die Ausstattung mit Munition. Im gleichen Zusammenhang stellte General Heye fest, sie „sei zur Zeit schwach und reiche etwa für einen Schlachttag". Im Jahre 1930 hatten sich die Verhältnisse nicht wesentlich verbessert. Die Bestände deckten nur die erste Ausstattung von etwa 65 % des A-Heeres; Nachschubvorräte waren praktisch nicht vorhanden. Erst im Rahmen des „2. Rüstungsprogramms" sollten während des Zeitraumes vom 1. April 1933 bis zum 31. März 1938 der Bedarf des A-Heeres beschafft werden. Dieses Umrüstungs-Programm, das sich im Vergleich zu der nach der Machtergreifung durch Hitler einsetzenden Aufrüstung in „bescheidenem Umfang" hielt – Erhöhung der aktiven Heeresstärke bis zu höchstens 160 000 Mann; Verstärkung der Feuerkraft der Infanterie-Divisionen und der Artillerie durch Panzerabwehrgeschütze, schwere Artillerie und Flakbatterien; Aufstellung einer Panzerabteilung von 55 leichten Panzerkampfwagen; Aufbau einer Fliegertruppe mit 150 Flugzeugen –, sollte größtenteils durch Einsparungen im laufenden Heeresetat finanziert werden. Es zeugt im übrigen dafür, daß die offenkundige Verletzung des Friedensvertrages nur dem Zwecke der Landesverteidigung dienen sollte – eine Maßnahme, für die die Reichswehrführung anscheinend sogar anläßlich der Genfer Konferenzen von 1932 die Zustimmung der ehemaligen Feindmächte zu erlangen hoffte. Zunächst aber entbehrten diese Verstärkung des Reichsheeres und die Mobilmachungsvorarbeiten weiterhin der Rechtsgrundlage.

Zum Kreis der Maßnahmen, die sich mit den militärischen Bestimmungen des Friedensvertrages nur schwer vereinbaren ließen, müssen einige Institutionen gerechnet werden, die zumindest indirekt für die Landesverteidigung notwendig und für eine

Wiederaufrüstung unumgänglich waren. Hierzu zählte die Landesaufnahme. Sie übernahm die Aufgaben der topographischen und kartographischen Abteilung des Großen Generalstabs und wurde von der Reichswehrführung kontrolliert. Hierzu gehörten außerdem die Forschungsstellen für Ballistik und Munition, die als Institute der Technische Hochschule in Berlin getarnt wurden, aber unter Anteilnahme des späteren Generals der Artillerie Prof. Dr. Ing. Karl Becker (1879–1940) experimentelle Forschung auf militärtechnischem Gebiet betrieben.

b. Reichswehr und Rüstungswirtschaft

Eine vernünftige Mobilmachungsplanung setzte voraus, daß sich die Industrie zur Mitarbeit bereit fand. Einige Unternehmen hatten schon recht früh ihre Zustimmung gezeigt, wie die Zusammenarbeit des Reichsheeres mit der Roten Armee beweist. Es war nämlich eine große Sorge der Rüstungsfachleute, daß die Kenntnisse in der Herstellung und erst recht bei der Konstruktion von Kriegsgerät aller Art mehr und mehr schwinden könnten. Die gegenüber den Wünschen der Heeresleitung bewiesene Bereitschaft entsprach allerdings nicht allein dem Gefühl nationaler Verpflichtung, hinter ihr verbargen sich auch handfeste finanzielle Interessen. Beide Motive verzahnten sich sehr eng bei den führenden Männern der deutschen Industrie, die mit Seeckt auch politisch in näherer Verbindung standen – allen voran bei Hugo Stinnes (1870–1924).

Zumindest ein Teil der Industriellen, und zwar gerade ihre tonangebenden Vertreter, waren also geneigt, Aufgaben bei der Vorbereitung von Technik und Wirtschaft für Rüstungszwecke zu übernehmen und haben mit dem Heereswaffenamt zusammengearbeitet. Um so stärker verwundert es zunächst, daß der mit der deutschen Aufrüstung eng verbundene Organisator des „Wehrwirtschafts- und Waffenwesens“ der Wehrmacht, General der Infanterie Georg Thomas (1890–1946; zur Person vgl. Abschnitt VII) 1943 feststellte, „noch im Jahre 1927 lehnte ein großer Teil der führenden industriellen Persönlichkeiten jede aktive Mitarbeit an Landesverteidigungsfragen ab“. Diese Einstellung führte er zurück auf die Tätigkeit der IMKK, auf die „Verschlechterung der Beschäftigungslage in den Nachkriegsjahren“ und insbesondere auf die „völlig ablehnende Haltung der Regierung der Systemzeit in allen Landesverteidigungsmaßnahmen“. Gerade die Regierung trug seiner Meinung nach durch die schwere Besteuerung der Wirtschaft die Schuld daran, „daß die Industrie Werksanlagen, die dem Zugriff der Entente entzogen waren, selbst zerstörte, um der steuerlichen Belastung und damit dem wirtschaftlichen Zusammenbruch zu entgehen“. Sein Urteil ist – ganz abgesehen von der subjektiven, die zeitgebundene Verstrickung und die eigene Interessenwahrung verratende Sicht – nur zu verstehen, wenn es nicht im Hinblick auf die Rüstungswirtschaft, sondern vom Begriff „Wehrwirtschaft“ her gesehen wird.

Der Begriff „Wehrwirtschaft“ ist nicht etwa als eine akademische oder verwaltungstechnische Disziplin aufzufassen. Er entstand vielmehr als eine Forderung oder ein Programm, das sich aus der Diskussion um die Erfahrungen des Ersten Weltkrieges ergab. Gemäß Thomas' Definition umfaßt die Wehrwirtschaft „einmal die technisch-wirtschaftlichen Vorbereitungsmaßnahmen der Wirtschaft für einen Krieg und als Vorbereitung hierzu die Beeinflussung der Friedenswirtschaft im wehrhaften Sinne durch die Träger der Landesverteidigung". Der Begriff beinhaltet „außerdem die Lehre von der wirtschaftlichen Wehrkraft des eigenen Landes und der anderen Staaten sowie die Lehre von den Zusammenhängen, die zwischen Wirtschaft und militärischer Wehrkraft sowohl in materieller als auch in ideeller Hinsicht bestehen".

Die Tätigkeit der zugelassenen 33 Fertigungsstätten für Rüstungsmaterial und die illegale Herstellung von Waffen und anderen militärischen Bedarfsgütern, also die Aufrüstung im engeren Sinne, sind begrifflich zu unterscheiden von der Vorbereitung der gesamten Industrie auf eine mögliche Umstellung ihrer Produktion auf Kriegsgerät aller Art, der sogenannten wehrwirtschaftlichen Mobilmachung. Für eine geheime und also vertragswidrige Erzeugung von Rüstungsartikeln boten sich von ihren wirtschaftlichen und technischen Voraussetzungen her in erster Linie die Fabriken an, die von den ehemaligen Feindmächten als Monopolbetriebe für den mengenmäßig vorgeschriebenen Bedarf der Reichswehr und Polizei an Waffen und Gerät zugestanden waren. Gerade sie durften jedoch nur eine eingeschränkte, vorgeschriebene Kapazität besitzen und konnten, da jede Ausfuhr von Kriegsmaterial verboten war, nicht einmal am Wettbewerb auf dem internationalen Waffenmarkt teilnehmen. Außerdem standen sie zunächst unter strenger Kontrolle durch die IMKK. Alle Maßnahmen der Alliierten haben jedoch nicht verhindert, daß erlaubte Waffentypen über die zugelassene Jahresfertigungsmenge hinaus hergestellt wurden; die „Überproduktion" hielt sich jedoch in begrenztem Umfange. Unternehmen wie Rheinmetall und Krupp entwickelten darüber hinaus in Zusammenarbeit oder im Auftrag des Reichswehrministeriums Waffen, wie das Flugabwehr- und später auch das Panzerabwehrgeschütz und Ausrüstungsgegenstände wie Nachrichtengeräte, technisch weiter oder konstruierten und bauten ausdrücklich verbotene Waffen. So hat Krupp einen leichten Panzerkampfwagen gefertigt, dessen Prototyp 1930 vorgeführt wurde. In die Rüstungsproduktion schalteten sich außerdem Firmen wie Daimler ein, die neben Rheinmetall und Krupp einen mittleren Panzerkampfwagen herstellten. Zu den Unternehmungen, die nicht als Rüstungswerkstätten galten, dennoch verbotene Waffen entwickelten und erzeugten, gehörten vor allem aber die Werke der Luftfahrtindustrie (vgl. Abschnitt VII). Für die Belange der Kriegsmarine wurden darüber hinaus Verbindungen zu Werften im Ausland aufgenommen (vgl. Abschnitt VII).

Über den Umfang der geheimen Fertigung von militärischen Bedarfsgütern liegen bisher keine Angaben vor. Er kann nicht groß gewesen sein, wie sich aus den Beständen für die Ausstattung des A-Heeres im Jahre 1930 und der Planung für das 2. Rüstungsprogramm von 1932 ergibt. Unbefriedigend scheint besonders die Munitionsfabrikation geblieben zu sein; der Grund lag wohl hauptsächlich darin, daß hierfür ein besonderer Industriezweig notwendig war, der sich bis 1927 von der IMKK kontrollieren und danach von aus- und inländischen

Spionage- und Nachrichtenorganen leichter beobachten ließ als andere Fabriken. Wegen dieser Schwierigkeiten bemühte sich das Reichswehrministerium, Patronen und Granaten aus dem Ausland einzuführen, wobei nicht nur die UdSSR als Hersteller gewonnen wurde, sondern auch Lieferanten aus anderen Staaten, wie Schweden und Österreich. Nach 1928 gelang es außerdem, die Kapazität der Pulver- und Sprengstoffbetriebe heimlich zu erweitern und sogar neue Munitionsfabriken getarnt aufzubauen. Aber alle diese Maßnahmen blieben bescheiden im Vergleich zu der späteren, unter Hitler in großem Maße betriebenen Aufrüstung. Die dann in Erstaunen versetzende Fähigkeit der Industrie, gewissermaßen schlagartig Rüstungsmaterialien modernster Art herzustellen, war ein Ergebnis der streng geheim betriebenen sogenannten wehrwirtschaftlichen Vorarbeiten im Heereswaffenamt (HWA).

Die Chefs des Heereswaffenamtes – Generalleutnant Ludwig Wurtzbacher (1920–1925), General der Artillerie Max Ludwig (1926–1929) und General der Artillerie Alfred v. Vollard-Bockelberg (1929–1933) – schufen im Nachschubstab, der ab 1929 dann Wirtschaftsstab hieß, die Keimzelle der späteren Wehrwirtschaftsorganisation der Wehrmacht. Seine Tätigkeit war einer Reihe von Bedingungen und Voraussetzungen unterworfen, deren Bedeutung im Hinblick auf die späteren Erfolge nicht übersehen werden darf. Dazu gehörte einmal der bei allen illegalen Maßnahmen der Reichswehr vorhandene Zwang zu strikter Geheimhaltung, der sich als besonders störend auswirkte, weil rüstungswirtschaftliche Anstrengungen nicht auf den Bereich der bewaffneten Macht im engeren Sinne beschränkt blieben. Hinzu kam zweitens die Abhängigkeit der Wirtschaft auf dem Rohstoffsektor vom Weltmarkt. Deutschland hatte infolge des Versailler Friedensvertrages einen hohen Prozentsatz seiner Eisenerz-, Zinkerz- und Steinkohlenlager verloren, seinen Bedarf an Chrom, Nickel, Kupfer und Zinn sowie an Betriebsstoffen und Ölen konnte es ohnehin nicht aus einheimischen Vorkommen decken. Die eigenen Rohstoffquellen befanden sich außerdem in ihrer Mehrheit ebenso wie zahlreiche wichtige Unternehmen der potentiellen Rüstungsindustrie in Grenznähe (Westdeutschland, Oberschlesien) und konnten daher gemäß den Verteidigungsvorstellungen des Truppenamtes kaum vor einem schnellen Zugriff des Feindes geschützt werden. Als letztes Moment sei aus dem Bereich der Schwierigkeiten angeführt, daß selbst theoretische Vorarbeiten und erst recht technische Vorbereitungen einer Aufrüstung und wirtschaftlich-industriellen Mobilmachung die freiwillige Mitarbeit der Unternehmer erforderten.

Nachdem zunächst die sogenannte Wirtschaftsgruppe im HWA begonnen hatte, die wehrwirtschaftlichen Erfahrungen des Ersten Weltkrieges auszuwerten, erweiterten sich etwa 1924/25 die planmäßigen Vorarbeiten um die Aufgabe, die Wirtschaft und besonders die für Rüstungszwecke verwendbaren Betriebe unter dem wehrwirtschaftlichen Gesichtspunkt zu erfassen und auf ihre rüstungswirtschaftlichen Leistungsmöglichkeiten zu überprüfen. Hierzu wurde Anfang 1926 die „Statistische Gesellschaft“ gegründet und wenig später eine eigene Organisation des HWA, die der Wirtschaftsoffiziere, aufgebaut.

„Statistische Gesellschaft" („Stega") war die Tarnbezeichnung für eine Vereinigung von Industriellen, die mit dem Nachschubstab zusammenarbeiteten. Sie stand unter dem Vorsitz von Dr. v. Borsig von den Berliner Borsig-Werken und setzte sich aus einer „Hauptkommission", die in Berlin zusammentrat, und aus „Regionalkommissaren" zusammen. Letztere waren vornehmlich dort tätig, wo das jeweilige Wehrkreiskommando seinen Sitz hatte. Die Stega und ihre Regionalkommissare hatten in erster Linie dem Nachschubstab die erforderlichen Unterlagen zu besorgen, so daß sich dessen Angehörige weitgehend im Hintergrund halten konnten.

Die Wirtschaftsoffiziere waren in ihrer Mehrheit ehemalige aktive Offiziere mit wirtschaftlichen und technischen Erfahrungen, die als „dezentrale" Außenorgane des Nachschubstabes mit den Regionalkommissaren zusammenarbeiteten. Ihre Aufgabe war, „durch fachlich einwandfreie Erkundungen zu ermitteln, zu welchen Wehrmachtsfertigungen und in welchem Ausmaß die Betriebe ihres Bereiches geeignet waren oder geeignet gemacht werden konnten" (Wittekind). Ihre Tätigkeit war selbst innerhalb des Wehrkreiskommandos nur ganz wenigen Offizieren bekannt. Ihre Erkundungsergebnisse legten die Wirtschaftsoffiziere in den „WO-Berichten" nieder, die als Grundlage der rüstungswirtschaftlichen Vorbereitungen dienten.

Die „Statistische Gesellschaft" trug bis etwa Anfang 1929 mit Unterstützung der Wirtschaftsoffiziere die theoretischen Vorarbeiten, wobei das Material über ihre Zentrale an den Nachschubstab gelangte. Die Schwierigkeit ihrer Aufgabe wird auch darin sichtbar, daß in manchem Falle die erwünschten Unterlagen über ein Unternehmen nicht von dessen Leiter geliefert, sondern über ein anderes Betriebsmitglied besorgt werden mußten. Dieser zeit- und kraftraubende Zwang zur Einzelerkundung mit vielfältigen Mitteln unter steter Beachtung der Geheimhaltung bewirkte, daß sich „Schwergewicht und Initiative" auf die Wirtschaftsoffiziere verlagerten. Aus ihnen entwickelten sich später die Wehrwirtschafts- oder Rüstungsinspektionen.

Das Material wurde zunächst bei den Wirtschaftsoffizieren und dann zentral im Nachschubstab in Zentral-, Firmen-, Branchen-, Orts-, Rohstoff-, Maschinen- und Facharbeiterkarteien zusammengefaßt. Auf dieser Grundlage begann das Heereswaffenamt etwa 1928/29, die Industriebetriebe für die Rüstungsproduktion einzuplanen. Neben den überwiegend theoretischen Vorarbeiten auf dem wehrwirtschaftlichen Sektor für den Mobilmachungsfall und je einem der unmittelbaren Praxis dienenden Fabrikationsprogramm für den unmittelbaren Bedarf und für den Nachschub wurden Fünfjahrespläne zur Ausstattung des A-Heeres erarbeitet. Ein erster sollte bis 1933 den Bedarf von 16 Divisionen sicherstellen, ein zweiter bis 1938 alle 21 Divisionen ausrüsten. Bei den verschiedenen Programmen wurde anfänglich nach Möglichkeit die Gefahrenlage der Industrie in den grenznahen Gebieten insofern berücksichtigt, als der Schwerpunkt der Vorbereitungen auf dem innerdeutschen Raum zwischen Weser und Oder und nördlich der Linie Ulm-Würzburg-Kassel lag. Im übrigen gingen aber alle Planungen von der Annahme aus, daß Deutschland keinen langfristigen Krieg führen könne und daher „eine raschestmögliche Anlieferung von Kriegsgerät in größtmöglichstem Ausmaße wichtiger als der Schutz der Produktion vor Kriegseinwirkungen auf lange Sicht" sei (Thomas).

Seit etwa 1928 liefen also die ersten praktischen Vorbereitungen zur materiellen Aufrüstung an. Was zuvor auf diesem Gebiet getan worden war, stellte wohl Verletzungen des Friedensvertrages dar, entsprach aber nur dem berühmten Tropfen auf den heißen Stein und entsprang wohl auch nicht einem generalstabsmäßig über längeren Zeitraum hinweg vorausdenkenden Plan. Bis zu diesem Zeitpunkt wäre es für die Mehrheit der Industriellen kaum möglich gewesen, aktiv an Landesverteidigungsfragen mitzuarbeiten. Der Vorwurf von Thomas übersieht außerdem, daß die Mehrzahl der Betriebe zwar während des Ersten Weltkrieges in die Produktion militärischer Bedarfsgüter eingeschaltet worden war, aber vorher andere industrielle Erzeugnisse hergestellt hatte und nach Kriegsende wieder auf die ursprünglichen Fertigungszwecke zurückgriff. Die Auswirkungen des verlorenen Krieges auf die Unternehmen – man denke nur an die Zerstörung der Maschinen, mit denen Waffen produziert worden waren – und der Zwang, sich dem Existenzkampf innerhalb einer Friedenswirtschaft zu stellen, ließen kaum Zeit, sich mit fernliegenden Problemen wie einer Aufrüstung zu beschäftigen. Ein gebranntes Kind scheut das Feuer. Hieraus einen nationalen Vorwurf für bestimmte Industrielle abzuleiten, erscheint nicht gerechtfertigt – zumal sie reichsgesetzlich richtig handelten.

Ende der zwanziger Jahre änderte sich dann die Einstellung der Industrie zur Rüstungsproduktion allmählich. Allerdings darf ihr Verhalten nicht allein auf rechtlichen Erwägungen begründet, sondern muß in erster Linie als durch die wirtschaftlichen Faktoren bedingt gesehen werden. Unter den Auswirkungen der Weltwirtschaftskrise zeigte sich nämlich mancher Unternehmer bereit, auch ohne Rücksicht auf die Rechtsgrundlage mit der bewaffneten Macht zusammenzuarbeiten. Einzelne Industrielle sahen in der Übernahme von militärischen Aufträgen die Rettung vor wirtschaftlichem Zusammenbruch. So entpuppte sich die dann etwa 1932 beginnende stärkere Beteiligung der Industrie an der Aufrüstung vornehmlich als ein Ergebnis nüchterner Kalkulation.

5. Die Zusammenarbeit mit der Roten Armee

Politische Grundlagen

In den Bereich des geheimen Ausbaus des Reichsheeres gehörte auch seine Zusammenarbeit mit der bewaffneten Macht der UdSSR. Von sowjetrussischer Seite waren bereits unmittelbar nach Entstehung der Republik entsprechende Vorschläge an den Rat der Volksbeauftragten herangetragen, von diesem jedoch zurückgewiesen worden. Aber schon 1919 wurde der Gedanke an eine Verständigung mit Rußland zum Zwecke einer Durchbrechung des Friedensvertrages auch deutscherseits zur Diskussion gestellt. Generalmajor a. D. Graf von der Goltz ging bei seinen Erwägungen von der im Baltikum verfolgten politischen Linie aus und forderte im Sinne einer „Wiederaufnahme des alten Bismarck'schen Gedankens“ eine Politik deutsch-russischer Freundschaft durch Anschluß an die sogenannten weißrussischen Kräfte. Deutsche Unterstützung sollte ihnen zum

Siege über das bolschewistische Regime verhelfen und sie dadurch Deutschland verpflichten und zum Freunde gewinnen.

Mit dem Verhältnis zu Rußland befaßte sich ebenfalls sehr früh General v. Seeckt. Schon als Chef des Truppenamtes stellte er als „unverrückbares Ziel" deutscher Politik die Forderung auf, mit der östlichen Macht zu einer politischen und wirtschaftlichen Einigung zu gelangen. Seiner Meinung nach besaß Deutschland „nur im festen Anschluß an ein Groß-Rußland" die Möglichkeit, die Stellung einer Weltmacht wiederzuerlangen. Als diesen zukünftigen Partner sah er aber entgegen den Vorstellungen des Grafen von der Goltz und der Mehrheit unter den Offizieren des Reichsheeres die UdSSR. Die weltanschaulichen Gegensätze zwischen den beiden Staaten bedeuteten für ihn kein Hindernis, wenn sich die Regierungen gegenseitig zu innenpolitischer Nichteinmischung verpflichteten. Auch als die Sowjetunion diese Bedingung mehrfach verletzte, hielt Seeckt unbeirrt an der einmal eingeschlagenen Linie fest. Sie war zunächst außenpolitisch bedingt: von einem abstrakten Machtkalkül ausgehend galt ihm die UdSSR als der natürliche Verbündete Deutschlands im Staatenverhältnis, besonders gegenüber Polen. Der polnische Staat war für den Chef der Heeresleitung wie für die Mehrheit aller Deutschen eine „Schöpfung der Entente". Seeckt bezeichnete ihn sogar als den „eigenen Todfeind", demgegenüber er nicht nur im russisch-polnischen Krieg von 1920 jede Unterstützung, sondern auch später jeden Ausgleich ablehnte. Die Wiederherstellung der Grenze von 1914 sah er als ein gemeinsames Interesse der Sowjetunion und Deutschlands an.

Die beiden verfemten Mächte konnten aus ihrem gespannten, wenn nicht feindlichen Verhältnis zu den westlichen Staaten nur die Folgerung ziehen, sich zu verständigen und außenpolitisch aneinanderzurücken, wenn sie wieder eine Rolle in Europa spielen wollten. Außerdem konnte sich daraus eine militärische Zusammenarbeit ergeben, die es ermöglichte, wichtige Bestimmungen des Versailler Friedensvertrages – wie das Verbot von Flugzeugen, Panzerwagen, Gaskampfstoffen – zu kompensieren. Sie lief in erster Linie darauf hinaus, „die Kampfkraft der wenigen verfügbaren Verbände, soweit es unter den gegebenen Verhältnissen möglich war, zu steigern und mit der Entwicklung der Waffentechnik einigermaßen Schritt zu halten" (Meinck). Dahinter verbargen sich aber auch bereits auf lange Frist geplante Vorbereitungen für eine regelrechte illegale Aufrüstung Deutschlands.

Erst lose Verbindungen zwischen Angehörigen der bewaffneten Macht der deutschen Republik und Vertretern des bolschewistischen Regimes waren bereits im Frühjahr 1919 geknüpft und im November dieses Jahres weitergesponnen worden. Sie führten ebensowenig zu greifbaren Ergebnissen wie die losen Kontakte, die 1920 zustande kamen und in die sich sogar der ehemalige türkische Oberbefehlshaber und Kriegsminister Enver Pascha einschaltete. Seeckt nahm zunächst nur zögernd die Fühlung auf. Als er erstmals am 8. Dezember 1921 den Russen begegnete, handelte er gemäß seiner Absprache mit dem Reichskanzler nicht als Chef der Heeresleitung. Sehr bald wurde er aber zum Träger der militärischen Beziehungen.

Der Chef der Heeresleitung unterrichtete zunächst nur den Reichskanzler. Wirth übernahm die politische Verantwortung und verschaffte Haushaltsmittel. Er erachtete es jedoch für richtig, die anlaufenden Bestrebungen, Rußland als Faktor für eine geheime Aufrüstung der Reichswehr zu gewinnen, nicht nur dem Reichskabinett einschließlich des einer Rußlandpolitik allerdings widerstrebenden Außenminister Rosen, sondern auch dem Reichspräsidenten zu verschweigen. Sein eigentlicher Vertrauensmann bei den Bemühungen, das wirtschaftliche und politische Verhältnis zur UdSSR zu verbessern, war der Leiter der Ostabteilung im Auswärtigen Amt, Freiherr von Maltzan. Wieweit dieser über die Kontaktaufnahme von Offizieren zu sowjetrussischen Vertretern in Kenntnis gesetzt wurde, läßt sich nicht klar ermitteln. Insbesondere ist ungeklärt, ob die militärischen und politisch-diplomatischen Fühlungsmaßnahmen aufeinander abgestimmt waren. Wenn es eine Unterrichtung gegeben haben sollte, dann fand sie wohl nur auf dem Wege über den Reichskanzler statt. Bei den Berliner Verhandlungen zwischen Maltzan und Radek von Anfang 1922, die zur grundlegenden ersten Phase für den Rapallo-Vertrag wurden, kamen die militärischen Verbindungen nicht zur Sprache. Auch war der Chef der Heeresleitung, der am 10. Februar den russischen Unterhändler empfing, nicht am Zustandekommen des Rapallo-Vertrages beteiligt. Dieser aus „unmittelbaren wirtschaftlichen und politischen Bedürfnissen herausgewachsene Normalisierungs- und Liquidationsvertrag“ (Schieder) begünstigte jedoch Seeckts Bestrebungen „zweifellos außerordentlich“.

Ebensowenig wie Wirth hielt es der Chef der Heeresleitung für angebracht, den Reichspräsidenten als Oberbefehlshaber der Wehrmacht zu informieren. Trotz des positiven Verhältnisses, das zwischen Seeckt und Ebert bestand, erfuhr der Reichspräsident erst spät von der militärischen Zusammenarbeit mit der Sowjetunion. Hierfür dürfte ausschlaggebend gewesen sein, daß Ebert schon der diplomatischen Rußlandpolitik Wirths mit starker Zurückhaltung begegnete. Gegen die Möglichkeit militärischer Beziehungen wandte er sich noch im Herbst 1922 mit scharfen Worten. Wann sie ihm offenbart wurden und wie er auf diese Eröffnung reagierte, ist nicht bekannt. Bekannt ist dagegen, daß auch der Reichswehrminister vom Chef der Heeresleitung erst unterrichtet wurde, als sich wegen der Beziehungen zur Roten Armee Differenzen mit dem Botschafter in Moskau, Graf Brockdorff-Rantzau, ergaben. Frühestens in der zweiten Hälfte des Jahres 1922 erfuhr also Geßler von Vorgängen, die er als Minister zu verantworten hatte. Er zog daraus keine Konsequenzen, ließ vielmehr den Chef der Heeresleitung die Verbindungen ausbauen, obgleich er seinen Lebenserinnerungen zufolge gegenüber dem „möglichen Nutzeffekt in militärischer Hinsicht viel zu skeptisch [blieb], um etwa mit vollen Segeln mitzugehen“. Im Interesse des Reichsheeres mag sein Verhalten folgerichtig gewesen sein, dem Amt des Reichswehrministers und dem Primat des Trägers der politischen Verantwortung für die Reichswehr in der Republik dürfte es geschadet haben. Haltung und Verhalten des doch sonst so betont korrekten Chefs der Heeresleitung gegenüber seinen militärischen Vorgesetzten, Reichspräsident und Reichswehrminister, waren zweifellos nicht einwandfrei. Diese Tatsache läßt sich nicht übersehen.

Aber es kann im Rahmen der deutsch-russischen Beziehungen auch nicht von einer unverantwortlichen Geheimpolitik Seeckts im militärischen Bereich gesprochen werden. Im übrigen wurden seither mit dem jeweiligen Reichskanzler auch die Außenminister über die Grundzüge der militärischen Zusammenarbeit zwischen Reichsheer und Roter Armee unterrichtet. Sie entwickelte sich zu einem „beständigen Faktor der deutsch-russischen Beziehungen während der ganzen Weimarer Zeit, hat aber niemals die politischen Entscheidungen deutscher Staatsmänner wesentlich oder gar entscheidend beeinflussen können“ (Helbig).

Militärische Beziehungen

Der eigentliche Anknüpfungspunkt für die deutsch-russischen Militärbeziehungen, die allem Anschein nach von Lenin persönlich angeregt und gefördert worden sind, ergab sich als Folge des Ende 1920 oder Anfang 1921 in Berlin vorgetragenen russischen Interesses an einer Beteiligung deutscher Industrieunternehmen beim Aufbau der Rüstungsindustrie der UdSSR. Die Gesprächspartner der Russen waren im März 1921 Offiziere der Heeresleitung, in der ersten Phase vornehmlich Hauptmann Ritter v. Niedermayer, später Major Schleicher und Oberst Hasse. Niedermayer weilte erstmals im Frühsommer als Leiter einer „Sachverständigen“-Gruppe in der Sowjetunion. Diese Offiziere führten auch die Verhandlungen mit den Werken, insbesondere der Luftfahrtindustrie. Ende 1921 reiste zum zweitenmal eine deutsche Kommission nach Moskau und verhandelte mit dem Volkskommissar für Verteidigung, Leo Trotzki, und dem Generalstabschef Lebedew. Für die Bearbeitung der Beziehungen zur Roten Armee richtete Seeckt im Truppenamt die „Sondergruppe R“ unter Major Fischer ein. Gegenüber weitergehenden militärischen Wünschen der Russen zeigte sich der Chef der Heeresleitung einstweilen noch zurückhaltend, vom Reichskanzler verlangte er jedoch schon im Zusammenhang mit dem von ihm begrüßten Rapallo-Vertrag „auch eine militärische Annäherung an Rußland“.

Als Seeckt im Spätsommer sein Ziel der militärischen Zusammenarbeit mit der Roten Armee durch die beabsichtigte Entsendung des Grafen Brockdorff-Rantzau als Botschafter nach Moskau gefährdet sah, intervenierte er. Seeckt mißtraute dem ersten Außenminister der Republik seit Versailles, zumal dieser jetzt verlangte, daß „das Verhältnis von Politik und Heeresleitung eindeutig abgestimmt“ werden müsse. Brockdorff-Rantzau lehnte militärische Bindungen gegenüber der UdSSR und insbesondere die unmittelbaren Beziehungen zwischen der Heeresleitung und der Roten Armee ab. Im Laufe seiner Moskauer Tätigkeit gewann er später jedoch in zunehmendem Maße Verständnis für diese Form der Zusammenarbeit mit Rußland. Seeckts Intervention war kein Erfolg beschieden. Nachdem Brockdorff-Rantzau zum Botschafter ernannt war, erklärte Seeckt, daß er seiner Tätigkeit keinerlei Schwierigkeiten bereiten und ihn unterstützen werde, „solange er eine Politik betreibt oder vertritt, die mir für das Reich nützlich erscheint". Ungeachtet seiner Erklärung blieb der Chef der Heeresleitung bemüht, dem Auswärtigen Amt möglichst wenig Einblicke in die militärischen Beziehungen zur Roten Armee zu gewähren.

Unabhängig von den Auseinandersetzungen zwischen Seeckt und Graf Brockdorff-Rantzau verstärkte sich die Zusammenarbeit im Laufe des Jahres. Der neue Botschafter wurde zunächst nur unzureichend über die Tätigkeit der Moskauer Verbindungsstelle des Reichswehrministeriums, der erst nach seiner Amtsaufnahme eingerichteten „Zentrale Moskau" (= Z. Mo.), unterrichtet. Sogar ihr Postverkehr lief zunächst nicht über die Botschaft, sondern wurde von Kurieren des Volkskommissariats des Auswärtigen der UdSSR besorgt. Er hatte also mancherlei Anlaß zur Klage. Später entschärfte sich der Gegensatz zwischen Botschaft und Heeresleitung. Einerseits verstand es der Leiter der Z.Mo., Oberst a. D. von der Lieth-Thomsen, ein vertrauensvolleres Verhältnis zu Graf Brockdorff-Rantzau herzustellen, andererseits spielte sich eine Übereinstimmung zwischen dem Botschafter und dem Chef der Heeresleitung in den Grundfragen deutscher Außenpolitik ein. Beide Männer lehnten beispielsweise einen Eintritt Deutschlands in den Völkerbund ab. Im übrigen behielt Seeckt seinen Kurs bei, die Verbindungen zur Roten Armee möglichst selbständig auszubauen. Als Stresemann nach Übernahme des Reichskanzleramtes und danach des Auswärtigen Amtes in Übereinstimmung mit dem Reichspräsidenten die Beziehungen des Reichsheeres zur Sowjetunion einzuschränken gedachte und dementsprechend neue Verhandlungen mit der Roten Armee ablehnte, setzte der Chef der Heeresleitung die Zusammenarbeit mit den sowjetrussischen Militärs unbeirrt und „ohne irgendwelche politischen Sicherungen" in der Erkenntnis fort, daß diese „im Rahmen der gegenseitigen Beziehungen zwischen den beiden Ländern so an Bedeutung gewonnen [hatte], daß sie von den Politikern nicht mehr hätte unterbunden werden können, ohne ernsthafte Rückschläge in den Beziehungen befürchten zu müssen" (Helbig).

Im Vordergrund der Verhandlungen in den Jahren 1921 bis 1923 stand also die Beteiligung deutscher Unternehmen am Ausbau der russischen Rüstungsindustrie. Sie bedeutete nicht nur eine Unterstützung der UdSSR, sondern auch der eigenen Wirtschaft im Hinblick auf Ausfuhrmöglichkeiten. Sie gewährte außerdem die Möglichkeit, rüstungstechnisch weiterzuarbeiten. Die eigentliche militärwirtschaftliche Zusammenarbeit scheint erst nach weiteren Verhandlungen angelaufen zu sein, die im Juli 1923 unter Anteilnahme von Reichskanzler Cuno zu Berlin geführt wurden. Sie ergab die Produktion von Flugzeugen in Fili bei Moskau durch die Junkerswerke, die Herstellung von Granaten in Munitionsfabriken zu Petrograd und anderen Städten und die Erzeugung von Giftgas durch die deutsch-russische Aktiengesellschaft Bersol in Trotzk bei Samara. Zur Betreuung dieser Unternehmen und vor allem zu ihrer finanziellen Sicherstellung mit Hilfe der besonders vom Reich, aber wohl auch von der Industrie aufgebrachten Geldmittel diente als Dachorganisation die „Gesellschaft zur Förderung gewerblicher Unternehmungen“ (= Gefu) mit Sitz in Berlin und Moskau. Sie arbeitete mit starken Verlusten, insbesondere bei der Flugzeugproduktion, und wurde 1926 im Rahmen einer Umorganisation, durch die der Chef des Truppenamtes den entscheidenden Einfluß auf die deutsch-russische Zusammenarbeit erhielt, aufgelöst und durch die „Wirtschaftskontor GmbH“ ersetzt. Schon Anfang 1926 war die eigentlich nie recht zustande gekommene Erzeugung von Giftgas eingestellt worden. Die Lieferung von 3 000 Tonnen Artilleriemunition für die Reichswehr führte Ende 1926 zum Bekanntwerden eines Teiles der deutsch-russischen Beziehungen infolge eines Artikels im „Manchester Guardian“ und der Reichstagsrede Scheidemanns vom 16. Dezember und damit zu einer Belastung der unterdessen aufgenommenen militärischen Zusammenarbeit. Sie war für die Heeresleitung wichtiger als die rüstungswirtschaftliche Verbindung. Die Marineleitung zeigte sich hingegen an einer Verbindung zur Roten Flotte desinteressiert (vgl. Abschnitt VII).

Es läßt sich nicht ermitteln, wann erstmals deutsche Offiziere als Instrukteure für die Rote Armee, aber auch zur Ausbildung nach Rußland geschickt worden sind. Im Jahre 1924 begann jedenfalls der Aufbau des Flugplatzes Lipezk bei Woronesch, der für die zukünftige Luftwaffe zu einer wichtigen Ausbildungsstätte wurde (vgl. Abschnitt VII). Zwei Jahre später, am 9. Dezember 1926, wurde in Moskau der Vertrag über die Errichtung einer Schule für Panzerkampfwagen in Kama bei Kasan abgeschlossen, jedoch konnte der Übungsbetrieb erst 1929 aufgenommen werden. Außerdem fanden Schulungen in Gaskampftechnik und Gasversuche bei Saratow statt. Nebenher lief ein Austausch von Offizieren des Reichsheeres und der Roten Armee zur Teilnahme an Manövern und Übungsreisen, wobei russische Offiziere auch dem Reichswehrministerium zugeteilt wurden. Die Verbindungen zwischen der bewaffneten Macht Deutschlands und der Roten Armee der Sowjetunion bestanden bis 1933, sie wurden deutscherseits nach der Machtübernahme Hitlers aus politischen Gründen abgebrochen. Im ganzen gesehen erwies sich die etwa zehnjährige Zusammenarbeit für das Heer und die spätere Luftwaffe der Wehrmacht als wertvoll.

Trotz strengster Maßnahmen zu ihrer Geheimhaltung war es im übrigen nicht gelungen, die militärische Zusammenarbeit zwischen Reichsheer und Roter Armee den westlichen Feindmächten des Ersten Weltkrieges zu verschleiern. Am besten scheint das Deuxième Bureau des französischen Generalstabs unterrichtet gewesen zu sein. Unbefriedigend wurde aber bisher die Frage beantwortet, warum Frankreich oder andere Mächte diese Vorgänge nicht politisch verwertet haben. Vielleicht war ihnen die Kenntnis und die damit gewissermaßen gegebene Kontrolle der deutsch-sowjetischen Beziehungen im militärischen Bereich wertvoller und damit ungleich wichtiger als die Verwendung ihrer Spionageergebnisse zu politischen Zwecken.

Im Hinblick auf die Geheimhaltung erforderte neben dem personellen Sektor die Finanzierung große Anstrengungen. Die notwendigen Geldmittel mußten in getarnter Form im Gesamthaushalt des Reichswehrministeriums untergebracht werden. Ihre Aufstellung erfolgte im sogenannten „blauen Haushalt“, der zum Zwecke der Kontrolle bei der Vorlage im Reichstag mit fingierten zulässigen Ausgaben begründet wurde. Der „blaue Haushalt“, der auch die Mittel für die anderen „schwarzen“ oder illegalen Vorhaben enthielt, wurde nach Genehmigung des Gesamthaushalts seiner eigentlichen Bestimmung zugeführt. Das Verfahren scheint in den ersten Jahren nur dem Reichsfinanzminister bekannt gewesen zu sein, spätestens nach dem Abgang Seeckts wurden auch die wichtigsten Persönlichkeiten des Haushaltsausschusses im Reichstag und des Rechnungshofes unterrichtet.

Nach Seeckts Sturz bemühte sich das Auswärtige Amt, einen besseren Einblick in die bisher nur bruchstückhaft zur Kenntnis gelangte militärische Zusammenarbeit zu erhalten. General Heye kam ihm mehr entgegen als sein Vorgänger, auf der anderen Seite zeigte auch Stresemann – entgegen „banger Sorge“ mancher Militärs, „denn es fehlt das Vertrauen zu unserer politischen Führung ...“ – Verständnis für die Belange der Landesverteidigung. Allerdings war er „kein Freund und Förderer dieser militärischen Beihilfen um ihrer selbst willen“, sondern ließ sich nur von kühlen außenpolitischen Erwägungen leiten (Helbig). Stresemann ging sogar auf den russischen Wunsch ein, sein Einverständnis zur Errichtung der Kampfwagenschule zu erklären, und stützte auch weiterhin die Beziehungen der Heeresleitung zur Roten Armee. Dadurch gelang es dem Reichsaußenminister, diesen Komplex in einem höheren Maße als bisher unter seine Kontrolle zu bringen. Im Zeichen der neuen politischen Absicherung konnte die Heeresleitung ihre Zusammenarbeit mit der Roten Armee noch verstärken. Als Folge dessen kam es zum Besuch des Chefs des Truppenamtes, Generalmajor v. Blomberg, während des Herbstes 1928 in der UdSSR, der von seinen Nachfolgern Hammerstein-Equord und Adam wiederholt wurde.

Blomberg faßte sein Urteil über die militärischen Beziehungen zur Roten Armee in die Worte: „Unsere Unternehmungen in Rußland (Fliegerschule, Tankschule, Gasversuche) stehen auf durchaus gesunder Grundlage. Die Möglichkeit, diese für unsere Rüstung lebenswichtigen Einrichtungen weiter zu betreiben, muß erhalten bleiben . . . Die Rote Armee legt größten Wert auf die Zusammenarbeit mit der Reichswehr. Die Einweisung russischer Kommandeure in unsere Ausbildungsmethoden ist eine berechtigte Gegengabe für die Betätigungsmöglichkeiten, die uns von den Russen für unsere Schulen pp. gegeben werden. Die damit verbundene Erstarkung der Roten Armee liegt im deutschen Interesse . . . Die Zusammenarbeit der beiden Armeen ist daher auch weiterhin notwendig. Sie wird ein für beide Teile günstiges Ergebnis haben, wenn es, wie bisher, gelingt, die in den verschiedenartigen Staatssystemen begründet liegenden innerpolitischen Gegensätze aus der gemeinsamen Arbeit auszuschalten.“

Ein „hochpolitisches“ Motiv dieser guten militärischen Beziehungen zwischen beiden Staaten war und blieb die „polnische Frage“. Mehrfach bemühten sich die Russen, ihre deutschen Verhandlungspartner über die gegebene politische Frontstellung gegen Polen hinaus zu Hilfeversprechen oder gar militärischen Absprachen für den Fall eines Krieges zu bewegen. Die Reichsleitung verhielt sich stets äußerst zurückhaltend und ließ sich 1925 nicht einmal auf Verhandlungen ein, als von seiten der UdSSR ein Militärbündnis angeregt wurde. Der Berliner Vertrag von 1926 enthielt ebenso wie schon vier Jahre zuvor der Rapallo-Vertrag keine militärischen Klauseln. Aber auch die deutschen Militärs erwiesen sich solchen Vorschlägen gegenüber trotz ihrer Sorgen vor einem polnischen Angriff im Falle innerer Unruhen in Deutschland und ihrer Wunschvorstellung nach einer Restauration der Ostgrenze von 1914 zurückhaltend. Militärische Verbündete waren Deutschland und die Sowjetunion nicht. Die Vermutung einer derartigen Allianz oder zumindest von Absprachen für den Fall eines Konfliktes zwischen Polen und einem dieser beiden Nachbarstaaten trug jedoch zur Beruhigung der Gemüter in Ost- und Mitteleuropa bei.

E. Die politische Geschichte der Reichswehr

Im Mittelpunkt der Diskussionen um die bewaffnete Macht der Republik steht die Frage nach ihrer Rolle in der politischen Entwicklung, nach ihrer Bedeutung und Verantwortlichkeit für diese Epoche deutscher Geschichte.

In die wissenschaftliche Erörterung des während der ganzen Zeit unausgeglichenen Verhältnisses zwischen der Republik und der Reichswehr hat die deutsche Geschichtswissenschaft – sieht man einmal von der Quellensammlung durch Schüddekopf ab – erst verhältnismäßig spät eingegriffen. Ausgelöst wurde die Diskussion von ausländischen Autoren, die von den Fragen nach Ursprung und Wesen des Militarismus und nach den Ursachen der Katastrophen zweier Weltkriege ausgingen. Die ersten Darstellungen waren stark vom Emotionellen bestimmt, so das Buch von Morgan (1945), das wegen seiner Anklagen und groben Verfälschungen kaum wissenschaftlichen Wert besitzt. Es folgten Werke, die dann auch auf sachlichere Fragen eingingen, wie etwa die deutsche Wiederaufrüstung. Ihnen gemeinsam ist die These von der Verantwortlichkeit des Militärs für die politische Entwicklung in Deutschland. Wheeler-Bennett beurteilte 1953 seinen Einfluß als verhängnisvoll ausschlaggebend; Craig sah es 1955 als seine Aufgabe an, die Legende von der „unpolitischen Armee" zu zerstören und betonte dementsprechend ihre Machtstellung; in dieser Reihe bildet Carsten den Abschluß, der 1964 seine These von der überwiegend negativen Haltung der Reichswehr gegenüber der Republik als durchlaufendes Kontinuum vortrug. Eine entgegengesetzte Position bezog schon 1957 Gordon mit der Auffassung, die bewaffnete Macht sei unpolitisch gewesen und habe stets dem Staat loyal gegenübergestanden.

In der deutschen Forschung reicht die Skala der Arbeiten von der geistsprühenden, aber mit einigen Hypothesen zum Widerspruche herausfordernden Abhandlung von Sauer bis zur nüchternen, an Fakten überreichen Darstellung von Vogelsang. Untersuchungen, die zur letzteren Kategorie zählen, wollen keine eigentliche These zum Verhältnis zwischen Republik und Reichswehr belegen, um so stärker wirken sie in ihrer sachlichen Schilderung der von beiden Seiten mit hohen Hypotheken belasteten Beziehungen.

Die Grundlagen des Verhältnisses zwischen dem demokratisch-parlamentarischen Staat und seiner bewaffneten Macht reichen als Folgen des Bündnisses Ebert-Groener vom 10. November 1918 bis in die Geburtswehen der Republik zurück. Die Notlage der Reichsregierung in den Bürgerkriegswirren mit ihrer daraus sich ergebenden Abhängigkeit von den Militärs, der Friedensvertrag von Versailles und das Unvermögen der verantwortlichen Männer der staatlichen und der militärischen Gewalt, sich mit ihm abzufinden, alle diese Umstände bestimmten einerseits die Einstellung der Politiker zum Problem der bewaffneten Macht und zu seiner Bewältigung, andererseits die Haltung der Reichswehr zum bestehenden Staate und seinen Vertretern. Darüber hinaus gab es eine Fülle außen- und innenpolitischer, sozialer und wirtschaftlicher sowie struktureller und ideologischer Probleme, die der jungen und schwachen Republik entstanden waren – einer Demokratie, der durch Einwirkung von außen eine Diskrepanz von Staats- und Militärverfassung aufgezwungen wurde, die sie nicht zu beseitigen verstand. Erster Ausdruck dieses unausgeglichenen und spannungsfördernden Zustandes war der Kapp-Lüttwitz-Putsch, der nicht nur eine Staatskrise herbeiführte, sondern auch Ausdruck einer Vertrauenskrise zwischen politischer Gewalt und bewaffneter Macht war.

1. Der Kapp-Lüttwitz-Putsch und seine Folgen

Vorgeschichte des Putsches

Die Annahme des Friedensvertrages von Versailles wurde zu der Wegscheide, an der sich die geistigen und politischen Vorstellungen der hinter den Bündnispartnern vom 10. November 1918 stehenden Kräfte sichtbar zu trennen begannen. Die anhebende Welle der Proteste richtete sich nicht nur gegen den Beschluß der Nationalversammlung vom 23. Juni 1919 und gegen besonders mißliebige Politiker wie Matthias Erzberger, sondern auch gegen Groener, den Ersten Generalquartiermeister. Sie dokumentierten, wie zerspalten die militärische Führerschaft war und daß Groeners Zusammenarbeit mit den politischen Machthabern von der Mehrheit seiner Kameraden mißverstanden oder gar verworfen wurde. Soweit es sich hierbei um schriftliche Verwahrungen höherer Offiziere oder einzelner Offiziersgruppen gegen Groeners Votum oder gegen den Versailler Vertrag handelte, hätte der Reichswehrminister darüber vor der Öffentlichkeit zur Tagesordnung übergehen können. Im innerdienstlichen Bereich wären jedoch schärfere Reaktionen auf die nicht selten beleidigenden Äußerungen und Belehrungen im Falle von Unwissenheit oder gar offenkundiger Verfälschung von Tatsachen angebracht gewesen. Doch die Reichswehrführung sah darin nur „Äußerungen, die einem vaterländischen Gefühl entspringen" und daher „nicht auf die Goldwaage gelegt werden" dürfen. Sie ließ aber auch eine ernsthaftere Beachtung der Tatsache vermissen, daß sich jetzt die Mehrheit der Unteroffiziere und Mannschaften ebenfalls von der politischen Führung abzuwenden und gegen die Republik zu stellen begann. Diese Haltung wurde offensichtlich, als sich nach der Verabschiedung der Reichsverfassung nicht nur ein großer Teil der Offiziere, sondern auch ganze Truppenteile weigerten, die neuen Reichsfarben anzuerkennen und anstelle der alten Fahnen, Kokarden und anderen Abzeichen zu übernehmen sowie ihre Vereidigung auf die Verfassung von bestimmten Bedingungen abhängig machten. Die Reichswehrführung trat solchen Alarmzeichen genausowenig klar entgegen wie den ersten Andeutungen von Verschwörungen gegen die von der Mehrheit des Volkes getragene Reichsregierung. Im militärischen Bereich fand die Opposition ihren Kristallisationspunkt im Oberbefehlshaber des Reichswehrgruppenkommandos 1, Generalleutnant Freiherr von Lüttwitz.

Walther Freiherr von Lüttwitz (1859–1942), seit 1878 Offizier, zeichnete sich im Ersten Weltkrieg in wichtigen Kommandobehörden aus. So war er nacheinander Chef des Generalstabes der 4. Armee, Kommandeur der 33. und der 2. Garde-Division, Kommandierender General des X. Armeekorps. Chef des Generalstabes der Heeresgruppe Deutscher Kronprinz und zuletzt Kommandierender General des III. Armeekorps. In dieser Eigenschaft kehrte er in den Friedensstandort Berlin zurück und wurde nach dem Fehlschlag der Aktion des Generalkommandos Lequis beauftragt, in der Reichshauptstadt mit Freikorpsverbänden Ruhe und Ordnung wiederherzustellen. Das Generalkommando Lüttwitz wurde im März 1919 in die Vorläufige Reichswehr übernommen und in Reichswehr-Gruppenkommando 1 umbenannt. Seit dem Ausscheiden Hindenburgs und Groeners war Lüttwitz der ranghöchste Offizier im aktiven Dienst.

Nach dem Urteil Gordons war Generalleutnant Freiherr von Lüttwitz „ein streng aristokratischer Edelmann, der in den Traditionen des preußischen Offizierkorps lebte. Er war ein guter Soldat, mutig, befähigt und erfahren. Aber er war auch ein verbitterter Mann, der sich seinen Gefühlen hingab. Obwohl seine Popularität bei der Truppe auf seiner Sorge um ihre Wohlfahrt beruhte, ließ ihn seine Gefühlsbestimmtheit oft zum leichten Opfer der Selbsttäuschung in militärischen und politischen Angelegenheiten werden. Mit der politischen Praxis wenig vertraut, starrköpfig und mit Vorurteilen belastet, konnte es ihm wohl geschehen, daß er sich zu unehrenhaften und unehrlichen Praktiken hergab, ohne das zu erkennen. Er war ein Mann mit engem Horizont und maßloser Selbstgerechtigkeit, eher töricht und naiv denn bösartig . . .“

Die Schwierigkeiten, die Noske und der Reichsregierung aus der Haltung von Lüttwitz und einem Teil seiner Kommandeure erwachsen konnten, zeichneten sich bereits einen Tag nach der Annahme des Friedensvertrages ab. Als sich der Reichswehrminister am 24. Juni 1919 bemühte, den Befehlshabern die Gründe für die Unterzeichnung zu erklären, stieß er nicht nur auf Unverständnis oder gar offenkundige Feindseligkeit, sondern wurde auch mit politischen Forderungen konfrontiert. Lüttwitz erklärte, die amtierende Regierung besäße nicht mehr das Vertrauen der Offiziere, und vertrat die Auffassung, der Reichswehrminister hätte „als Repräsentant der Armee“ zurücktreten müssen, weil sich die Reichsregierung „in Widerspruch zur Armee gesetzt“ habe. Im übrigen forderten außer Lüttwitz der überwiegende Teil der Militärs nicht nur, daß es keine Auslieferung des Kaisers und der sogenannten Kriegsverbrecher geben dürfe, sondern auch die Entlassung des Reichsfinanzministers Erzberger. Außerdem sollte bei inneren Unruhen zukünftig nicht mehr verhandelt, sondern schärfer durchgegriffen und die „Hetze“ von Presse und Parteien gegen die bewaffnete Macht unterbunden werden. Mit diesen Forderungen meldeten sie ihren Anspruch an, stärker als bisher bei der politischen Gestaltung Deutschlands mitwirken zu können – einen Anspruch, den sie auf ihre bisherige Mitarbeit begründeten. Eine Einmischung in die Politik wies Noske, von Reinhardt loyal unterstützt, zurück. Fortan war jedoch das bisherige Vertrauensverhältnis gestört. Die Geister begannen, sich in eine Minderheit zu ehrlicher Zusammenarbeit bereiter Männer, die sich zu einem hohen Prozentsatz aus jüngeren Stabsoffizieren des Generalstabsdienstes zusammensetzte, in einen Kreis unentschlossener Offiziere, zu dem zahlreiche Kommandeure und Generale gezählt werden können, und in eine Gruppe unversöhnlicher Feinde des neuen Staates zu scheiden. Als Prototyp der kompromißlosen Gegner versuchte der Hauptmann Waldemar Pabst, der Erste Generalstabsoffizier des Garde-Kavallerie-Schützen-Korps, am 21. Juli 1919 einen Putsch, der im Keime erstickt werden konnte.

Das Garde-Kavallerie-Schützen-Korps (s. S. 306) gehörte zu den Verbänden, auf die sich General von Lüttwitz unbedingt verlassen konnte. Als der Reichswehrminister davon Kenntnis erhielt, daß im Korpsstab Umsturzpläne erwogen wurden, ordnete er die Aufteilung des Korps und die Verlegung seiner Truppenteile auf verstreute Garnisonen an. Pabst, der diesen bereits seit längerer Zeit erwogenen Befehl selbst dadurch ausgelöst hatte, daß er sich am 5. Juli bemühte, Noske für eine Regierungsübernahme zu gewinnen und ihn damit auf den Weg zu einer Militärdiktatur zu drängen, versuchte in den folgenden Tagen, seine spätestens schon seit dem Frühjahr entwickelten gegenrevolutionären Umsturzpläne zu verwirklichen. Entsprechende Sondierungen fanden die Zustimmung vereinzelter Generale, stießen aber auf entschiedene Ablehnung bei maßgeblichen Offizieren, wie dem Chef des Generalstabs, Generalmajor von Seeckt, und dem Chef des Stabes im Reichswehr-Gruppenkommando 1, Major von Stockhausen. Als dennoch Pabst am 21. Juli zum Staatsstreich ansetzte und Truppenteile gegen Berlin marschieren ließ, scheiterte er vornehmlich am entschlossenen loyalen Verhalten Stockhausens. Der Putschversuch wurde also intern vereitelt. Pabst schied aus dem aktiven Militärdienst aus und schloß sich dem Kreis der Verschwörer an, die ihren Mittelpunkt in Kapp und Ludendorff fanden. Das Korps wurde befehlsgemäß verteilt.

Für die Meuterei vom 21. Juli 1919 war der Oberbefehlshaber des Reichswehr-Gruppenkommandos 1, Lüttwitz, nicht unmittelbar verantwortlich. Ihre Liquidation fand sogar in seinem Namen, wenn auch entgegen seinen politischen Vorstellungen und im Widerspruch zu seinen eigenen Putschplänen statt. Zu dieser Zeit spielte er nämlich bereits mit dem Gedanken, der Reichsregierung nicht mehr nur mit Forderungen, sondern auch mit militärischen Gewaltmitteln entgegenzutreten. Für seine Zielsetzung, den Wiederaufstieg Deutschlands auf dem Wege über eine militärische Diktatur einzuleiten, fand er jedoch nicht die uneingeschränkte Gefolgschaft seiner Kommandeure und Stabsoffiziere, wie eine Befehlshaberbesprechung des Reichswehr-Gruppenkommandos 1 am 26. Juli 1919 zeigte. Einige Generale, sein Chef des Stabes sowie auch sein Erster Generalstabsoffizier und Schwiegersohn, Major Freiherr von Hammerstein-Equord, verhinderten Beschlüsse, die auf die Vorbereitung eines Staatsstreiches hinausliefen. Eine gemeinsame Grundlage ergab sich nur hinsichtlich der Voraussetzungen, die für eine weitere Zusammenarbeit mit der politischen Reichsführung gefordert werden sollten. Als unumstößliche Bedingungen, die das Interesse der bewaffneten Macht und die „Ehre des Vaterlandes" berührten und daher von der Regierung zu berücksichtigen wären, wurde verlangt, daß die sogenannten Kriegsverbrecher nicht ausgeliefert, das Reichsheer vor endgültiger Beseitigung der Revolutionsgefahr nicht unter 200 000 Mann verringert und keine USPD-Mitglieder in die Regierung aufgenommen würden. Es gelang jedoch keine Einigung für den Fall, daß die Forderungen unerfüllt blieben oder die Einheit des Reiches gefährdet sein würde. Man wünschte, die Geschlossenheit des Offizierkorps zu bewahren, und wollte gegebenenfalls auf die Träger der politischen Verantwortung einwirken, aber man fand keine gemeinsame Antwort auf die Frage, ob unter einer Intervention der bewaffneten Macht nur moralische Mittel oder auch militärische Maßnahmen zu verstehen seien. Es deutete sich also schon an, daß ein gegenrevolutionärer Putsch die äußerlich gewahrte Einheit des Offizierkorps im höchsten Maße gefährden, wenn nicht gar aufsprengen würde.

Lüttwitz, der zu diesem Zeitpunkt bereits von den Machenschaften der Gruppe der Verschwörer um den ostpreußischen Generallandschaftsdirektor Dr. Kapp und General Ludendorff wußte, ließ sich weder durch den Widerspruch eines Teiles seiner Offiziere noch durch die zurückhaltende oder ablehnende Aufnahme seiner Pläne seitens anderer Befehlshaber beirren. Er scheute jedoch vor übereiltem Handeln zurück und beschränkte sich bis auf weiteres darauf, Gefolgsleute zu gewinnen und zugleich politische Forderungen gegenüber Reichspräsident, Reichskanzler und Reichswehrminister vorzutragen. Die Politiker wiesen ihn in seine Schranken zurück, zogen jedoch keine weiteren Konsequenzen, obgleich ihnen die hochverräterischen Ideen des Oberbefehlshabers des Reichswehr-Gruppenkommandos 1 nicht verborgen blieben. Als Noske dann doch den General verabschieden wollte, trat Reinhardt für ihn ein. Engeren Anschluß an die „Nationale Vereinigung" (s. S. 21 f.) scheint Lüttwitz allerdings erst Anfang 1920 gesucht zu haben.

Die zweite Hälfte des Jahres 1919 und die ersten Wochen des Jahres 1920 waren nicht zuletzt dadurch gekennzeichnet, daß sich einerseits Offiziere im Reichswehrministerium und im Reichswehr-Gruppenkommando 1 bemühten, die Staatsstreichpläne des Generals Freiherr von Lüttwitz zu durchkreuzen, indem sie sowohl ihn als auch den Reichswehrminister warnten, und daß andererseits die Vorbereitungen auf der Seite der „Nationalen Vereinigung", unterstützt durch eine stark in die Reichswehr hineinwirkende nationale Propaganda, anliefen. Der Reichswehrminister gab zwar zu erkennen, daß er von den Putscherörterungen Kenntnis erhalten habe und erwähnte sie am 29. Oktober 1919 in der Nationalversammlung. Er sorgte auch dafür, daß vereinzelt Offiziere, die ihre Feindschaft gegenüber der Republik demonstrativ unter Beweis stellten, aus der Vorläufigen Reichswehr entlassen wurden, aber er nahm die Gerüchte und die Hinweise des Chefs des Truppenamtes und anderer militärischer Dienststellen auf eine sich zuspitzende Gefahr nicht so ernst, wie es geboten gewesen wäre. Außerdem scheint er nicht klar erkannt zu haben, daß sich das Verhältnis des Militärs zur Exekutive und anderen Institutionen, ja sogar zur Republik verschlechterte. Auf der anderen Seite hielt es Lüttwitz noch für möglich, Noske und Ebert zugunsten seiner Ziele gewinnen zu können. Die Fronten klärten sich eindeutig erst nach dem 29. Februar 1920.

Ablauf des Umsturzversuches

Die Reichsregierung war aufgrund des Friedensvertrages verpflichtet, das Reichsheer, das Anfang 1920 etwa 250 000 Mann einschließlich der noch bestehenden Freikorps umfaßte, auf die Friedensstärke von 100 000 Mann herabzusetzen. Unter dem Druck der ehemaligen Feindmächte sah sie sich daher zu Beginn des Jahres gezwungen, die Truppenstärke zu vermindern. Dieses Vorhaben gewann sofort hochpolitischen Charakter, da sich General Freiherr von Lüttwitz einmal aus Sorge vor der Gefahr, die der sich abzeichnende Angriff sowjetrussischer Truppen auf Polen für Deutschland mit sich bringen konnte, und zweitens wegen der mit der Truppenreduzierung verbundenen Auflösung der Freikorps als seiner eigentlichen „Hausmacht“ weigerte, entsprechende Befehle zu befolgen. Im Gegenzug versuchte die Reichswehrführung, die sich offenbarende, akute innenpolitische Krise dadurch zu entschärfen, daß Noske am 29. Februar 1920 anordnete, zunächst die 2. und die 3. Marinebrigade bis zum 10. März aufzulösen. Sie traf diesen Entschluß vornehmlich deshalb, weil die auf dem Truppenübungsplatz Döberitz bei Berlin untergebrachte 2. Marinebrigade unter Führung von Korvettenkapitän Ehrhardt als eindeutig regierungsfeindlich eingestellter Verband die stärkste militärische Stütze des Oberbefehlshabers des Reichswehr-Gruppenkommandos 1 darstellte. Motivieren ließ sich im übrigen dieser Befehl damit, daß die IMKK beide Brigaden auf die vertraglich zugestandenen 15 000 Mann der Reichsmarine anrechnen wollte. Am 6. März erging außerdem der Befehl, das Reichsheer bis zum 1. April auf 200 000 Mann zu vermindern. Inzwischen hatte aber Lüttwitz bereits am 1. März reagiert, indem er anläßlich des ersten Jahrestages der Gründung der Brigade Ehrhardt vor ihren Angehörigen erklärte, er lasse es nicht zu, daß der Verband aufgelöst werde.

Der Auflösungsbefehl vom 29. Februar scheint das auslösende Moment für den überstürzten Umsturzversuch gewesen zu sein, der wahrscheinlich erst für frühestens Ende März vorgesehen war. Aber zunächst bemühten sich noch der Chef des Truppenamtes ebenso wie Angehörige des Reichswehr-Gruppenkommandos 1, den General zum Einlenken zu bewegen bzw. von Gewaltmaßnahmen abzubringen. Da diese Versuche keinen greifbaren Erfolg zeitigten, wurde die 2. Marinebrigade am 10. März der Kommandogewalt von Lüttwitz entzogen und dem Chef der Admiralität unterstellt. Am gleichen Abend verlangte der General vom Reichspräsidenten ultimativ, daß Reinhardt als Chef der Heeresleitung abgelöst, von der Heeresverminderung Abstand genommen und die politischen Forderungen der Rechtsparteien (sofortige Auflösung der Nationalversammlung, Neuwahl des Reichstages, Fachminister) erfüllt würden. Im Vergleich zu den gegenrevolutionären Zielen Kapps waren seine Forderungen gemäßigt, scheinen aber seinen tatsächlichen Vorstellungen entsprochen zu haben. Es zeigt sich also hier ein offenbarer Gegensatz zu den Absichten Kapps.

Ebert und der Reichswehrminister lehnten das Ansinnen Lüttwitz' ab und erwarteten, daß er um seinen Abschied einkommen werde. Mit aktivem Widerstand scheinen die Politiker nicht gerechnet zu haben, zumindest ordneten sie keine Gegenmaßnahmen an. Lüttwitz wurde jedoch, als am 11. März kein Abschiedsgesuch einging, vom Reichswehrminister seines Kommandos enthoben, allerdings nicht in aller Öffentlichkeit entlassen, sondern nur vorläufig beurlaubt. Diese Unklarheit kam dem General zustatten, obgleich sich der Chef des Stabes im Reichswehr-Gruppenkommando 1, Generalmajor Freiherr von Oldershausen, und andere Offiziere bemühten, ihn zu isolieren. In diesen Zusammenhang gehört auch der Versuch Seeckts, die Häupter der Verschwörung verhaften zu lassen. In ihrer Mehrheit wurden sie aus dem Polizeipräsidium gewarnt. Lüttwitz übergab inzwischen sein Kommando nicht, sondern löste den Umsturzversuch aus. Er beabsichtigte allerdings durch seine Maßnahmen nur, der Reichsregierung seinen Willen im Sinne seiner Forderungen vom 10. März aufzuzwingen. Aber zum Schaden seines Planes und der gesamten Verschwörung brach die Brigade Ehrhardt in einer Stärke von etwa 5 000 Mann erst am Abend des 12. März nach Berlin auf.

Die Vorbereitungen der 2. Marinebrigade waren dem Reichswehrminister keineswegs völlig verborgen geblieben. Noske unterrichtete nicht nur das Kabinett, sondern leitete auch Gegenmaßnahmen ein, die von seinem unerschütterten Vertrauen in die Loyalität der Reichswehr zeugten. In seinem Auftrag fuhr am 12. März, wenn auch widerstrebend, zunächst der Chef der Admiralität nach Döberitz. Aber Vizeadmiral von Trotha wollte dort keine gefahrdrohenden Anzeichen wahrnehmen. Dennoch befahl der Reichswehrminister, alle Vorbereitungen zu treffen, um der Brigade Ehrhardt mit militärischen Mitteln entgegenzutreten. Als ihr Abmarsch aus Döberitz im Reichswehr-Gruppenkommando bekannt wurde, versuchten der mit der Vertretung des beurlaubten Oberbefehlshabers beauftragte Befehlshaber im Wehrkreis III, Generalleutnant von Oven, und General von Oldershausen, wie schon zuvor andere Offiziere, noch einmal, Ehrhardt von seinem Unternehmen abzuhalten. Sie mußten sich mit der Entgegennahme ultimativer Forderungen begnügen. Der Reichswehrminister selbst lehnte es außerdem ab, mit Aufständischen zu verhandeln, und war sich mit dem Chef der Heeresleitung darin einig, daß der Gewalt mit Gewalt begegnet werden müsse. Auf einer Besprechung beim Reichswehrminister stellten sich allerdings nur Reinhardt und Noskes Adjutant auf seine Seite. Der Chef der Heeresleitung trat auch noch in der Ministerratssitzung während der frühen Morgenstunden des 13. März 1920 für Widerstand ein, während vom Chef des Truppenamtes ein Kampf als „zweckloses Blutvergießen" beurteilt wurde. Das Kabinett beschloß unter diesen Umständen, auf den Einsatz militärischer Kräfte zu verzichten und hob die Verteidigungsanordnungen auf. Seine Entscheidung wurde maßgeblich durch die Überlegung bestimmt, daß der Reichswehr eine Konfliktsituation erspart und die Einheit der bewaffneten Macht erhalten werden solle. Mit anderen Worten, man nahm es dem Reichswehrminister nicht ab, daß die Reichswehr ohne Bedenken als loyales Instrument der legalen Staatsgewalt in der parlamentarischen Demokratie eingesetzt werden könne.

Die Beratung führender Offiziere mit ihrem Minister in der Nacht vom 12. auf 13. März 1920 war eines der Ereignisse, das schlagartig das Verhältnis der Vorläufigen Reichswehr zur Republik offenbarte. Von den hohen Befehlshabern trat nur der Chef der Heeresleitung dafür ein, die verfassungsmäßigen Institutionen zu verteidigen. Die anderen Teilnehmer an der Lagebesprechung umgingen dieses Bekenntnis, indem sie Sachfragen in den Vordergrund stellten. Gemeinsam mit anderen Offizieren erachtete der Chef des Truppenamtes die Belange der bewaffneten Macht und die Forderung nach Erhaltung ihrer Einheit für so wichtig, daß er sich gegen militärischen Widerstand aussprach. Auch wenn es sich der Form nach um eine militärische Lagebeurteilung handelte, darf bei der Interpretation ihrer Ratschläge nicht übersehen werden, daß damit die Interessen der Reichswehr über die der von der Mehrheit des Volkes gewählten staatlichen Ordnung, die Idee des Reiches über die Erhaltung der legalen Staatsgewalt gesetzt wurde. Diese Feststellung erhält ihre politische Relevanz dadurch, daß Seeckt als ein Repräsentant des Reichsheeres angesehen werden muß, denn seine Haltung fand in den folgenden Tagen die Zustimmung der Mehrheit der Offiziere im Reichswehrministerium. Er rückte auch nach dem Fehlschlag des Putsches in das Amt des Chefs der Heeresleitung auf. Hiervon zu trennen ist die Bedeutung seiner Stellungnahme für die Entscheidung in der Nacht vom 12./13. März, die in der Literatur vielfach überbewertet wird.

Den Voten der Befehlshaber der Truppen im Berliner Raum muß zumindest gleichrangiges Gewicht zuerkannt werden. Sie schützten einmal die Sorge vor einem neuen linksradikalen Aufstand vor, ihr Hauptargument war aber, daß die Truppe nicht auf die Meuterer schießen würde. Dafür brauchten sie den Beweis jedoch nicht anzutreten. Erst der Befehl zum Widerstand hätte auch diese Offiziere in den Konflikt zwischen militärischem Gehorsam und Befehlsverweigerung gestellt und damit zu einer klareren Entscheidung gezwungen als die, zu der sie eigennützig rieten. Der Kabinettsbeschluß mag Deutschland einen Bürgerkrieg erspart und sogar zum politischen Sieg über die Rebellen beigetragen haben, er minderte jedoch die Glaubwürdigkeit der bewaffneten Macht, indem er berechtigte Zweifel an ihrem Willen aufkommen ließ, die Republik gegen jeden Feind von links und rechts zu verteidigen. Vor allem aber schwächte der Verzicht auf eine Kraftprobe die politische Stellung des Reichswehrministers in der Republik und erwies sich für diese Institution als ein folgenschwerer Fehler.

Kapp und die „Nationale Vereinigung" waren von dem überstürzten Vorgehen des Generals Freiherr von Lüttwitz so überrascht, daß sie noch in letzter Minute vor einem übereilten Militärputsch warnten. Es sollte sich allerdings auch sehr schnell offenbaren, daß sie ein anderes Ziel verfolgten. Der General hatte nicht damit gerechnet, daß sich der Reichspräsident und die meisten Mitglieder der Reichsregierung – wenn auch widerstrebend – aus Berlin entfernten. Erst nachdem sich ihm die legalen Verhandlungspartner entzogen hatten, beauftragte Lüttwitz den Generallandschaftsdirektor, eine provisorische Regierung zu bilden. Dabei versuchten die Putschisten, ihre Autorität vor allem im militärischen Bereich zu festigen. Lüttwitz amtierte als Reichswehrminister. Er besetzte die Schlüsselstellungen in der Heeresleitung und im Reichswehr-Gruppenkommando 1 neu und bemühte sich, die anderen Offiziere zur Mitarbeit zu gewinnen. Ein kleiner Teil der Offiziere und Beamten im Reichswehrministerium mit Reinhardt an der Spitze stand den Putschisten eindeutig feindlich gegenüber. Andere lehnten es ab, mit den Anhängern von Lüttwitz zusammenzuarbeiten, betrachteten sich aber als im Dienst befindlich und sahen bald ihre Aufgabe darin, die Maßnahmen der Putschisten zu durchkreuzen. Ihr Führer war Seeckt, der sich in seine Wohnung zurückzog und dem in der Reichshauptstadt verbliebenen Vizekanzler Schiffer noch am 13. März seine Loyalität versicherte. Die Mehrheit versah dagegen weiterhin ihre Dienstgeschäfte, ohne sich zur legalen Reichsregierung zu bekennen oder eindeutig der Gruppe um Lüttwitz anzuschließen. In einer zweideutigen Resolution vom 15. März erklärten sie, daß sie Verhandlungen zwischen Stuttgart und Berlin erwarteten, die zur Bildung einer neuen

Regierung, „die von dem Vertrauen der Mehrheit des Volks getragen ist", führen würden, wobei „Rücksichten auf die Person der zur Zeit an der Macht befindlichen Persönlichkeiten zurückgestellt werden" müßten. Dagegen stellten sich der Chef der Admiralität und seine Offiziere den Putschisten zur Verfügung.

General Lüttwitz war es also nicht gelungen, das Reichswehrministerium für sich zu gewinnen. Ähnliche Ergebnisse rief der Putsch im Bereich der gesamten bewaffneten Macht hervor. Im Berliner Raum traten neben den stationierten Truppen auch die Sicherheitspolizei hinter ihn, ebenso erklärten sich die Befehlshaber in den Wehrkreisen I (Königsberg) und II (Stettin) sowie weitere Generale und Kommandeure im ost-, nordost-, nord- und auch mitteldeutschen Raum für Kapp und Lüttwitz. Eine vermittelnde und damit nicht eindeutig loyale Haltung gegenüber der Reichsregierung nahm Generalmajor Maercker, der Befehlshaber im Wehrkreis IV (Dresden), ein. Neutral verhielten sich bis zum 14. März der Oberbefehlshaber des Reichswehr-Gruppenkommandos 2 und sein Chef des Generalstabes, dann stellten sie sich aber hinter die Reichsregierung. Die Befehlshaber in den Wehrkreisen VI (Münster) und VII (München) warteten erst einmal vorsichtig die weitere Entwicklung ab. Eindeutig für die verfassungsmäßigen Institutionen der demokratisch-parlamentarischen Republik sprachen sich von Anfang an der Befehlshaber im Wehrkreis V (Stuttgart), Generalleutnant von Bergmann, und einige Kommandeure im südwestdeutschen Raum aus. In analoger Weise scheint das von den Ereignissen völlig überraschte Offizierkorps gespalten gewesen zu sein. Die Zahl derjenigen, die eine abwartende Haltung mit wohlwollender Neutralität gegenüber den Putschisten einnahmen, war wohl größer als die der entschiedenen Parteigänger, die sich also entweder hinter Kapp und Lüttwitz stellten oder eindeutig zur legalen Reichsregierung bekannten. Einig war man sich in der Ablehnung des Generalstreiks. Als sich abzeichnete, daß der Umsturzversuch fehlschlagen würde, und zugleich die Gefahr linksradikaler-kommunistischer Aufstände heraufzog, rückte das Reichsheer wieder an die legale Staatsgewalt heran.

In der Truppe scheinen die Soldaten, die loyal zur Republik hielten, in der Mehrheit gewesen zu sein. Es kam häufiger vor, daß Unteroffiziere und Mannschaften ihren Offizieren den Gehorsam verweigerten, wenn diese Befehle der Putschisten befolgten. Putschfreundliche Soldaten, die sich gegen eine abwartende oder loyale Führung wandten, gab es wenige. Da sich während der ersten Stunden des Putsches oftmals in den Garnisonen schwer beurteilen ließ, welche Rechtskraft den Befehlen Lüttwitz' zukam, schieden sich die Geister vielfach erst nach einiger Zeit. Hierbei blieben bewaffnete Zusammenstöße zwischen Arbeitern sowie regierungstreuen Soldaten und Putschanhängern nicht aus. Auf die Seite der letzteren stellten sich häufig neben den in Auflösung begriffenen Freikorpsverbänden auch örtliche Selbstschutzverbände, Einwohnerwehren und die Polizei. Im groben Überblick läßt sich feststellen, daß der Nord- und Südwesten Deutschlands zur legalen Reichsregierung hielten, im Norden und Osten dagegen relativ hohe Zuneigung zu den Putschisten bestand, während Bayern eine Sonderstellung zwischen den Fronten bezog. Ein offener Bürgerkrieg, der auf beiden Seiten Verbände der bewaffneten Macht gesehen hätte, blieb dem Reichsheer erspart. Die Reichsmarine mußte dagegen erleben, daß sich besonders in Kiel und Wilhelmshaven die Deckoffiziere, aber auch Unteroffiziere und Mannschaften nicht der Entscheidung des Chefs der Admiralität anschlossen, sondern die Republik mit der Waffe verteidigten und sich ihrer putschfreundlichen Offiziere entledigten.

Als sich abzuzeichnen begann, daß dem Kapp-Lüttwitz-Putsch alle Voraussetzungen für einen Erfolg fehlten, trat die Sorge um die Einheit und Geschlossenheit der bewaffneten Macht in den Vordergrund. Die Gefahr, daß sich der Generalstreik zu einer „Revolution von links" entwickeln könne, zwang die Vertreter der Mehrheitsparteien und auch den Vizekanzler, die zumindest zweideutige Haltung von großen Teilen des Reichsheeres zu übergehen und ihr Angebot auf Unterstützung der legalen Gewalten anzunehmen. Im Rahmen dieser Entscheidungen wurde am 17. März 1920 Generalmajor v. Seeckt durch Vizekanzler Schiffer mit dem Oberbefehl über das Reichswehr-Gruppenkommando 1 und nach dem Rücktritt Reinhardts am 2. April 1920 vom neuen Reichswehrminister mit der Wahrnehmung der Geschäfte des Chefs der Heeresleitung betraut. Endgültig wurde Seeckt zum Chef der Heeresleitung allerdings erst am 5. Juni 1920 ernannt.

Das Verhalten des Chefs des Truppenamtes während des Kapp-Lüttwitz-Putsches, insbesondere seine Rolle in der Besprechung beim Reichswehrminister während der Nacht vom 12./13. März, und die Umstände, die zu seiner Befehlsübernahme am 17. März führten, bildeten den Gegenstand einer ganzen Reihe von politischen und wissenschaftlichen Erörterungen und Kontroversen; manche Darstellung entbehrte sogar nicht legendärer Züge. Nach den Forschungen von Carsten, Erger und Meier-Welcker darf als gesichert angesehen werden, daß es nicht allein die Meinung Seeckts war, die in jener Sitzung vom 12./13. März die Entscheidung herbeiführte, die Reichshauptstadt kampflos den Putschisten zu überlassen. Der General rechnete aber damit, daß seine militärische Laufbahn beendet sei und reichte den neuen Machthabern noch am 13. März sein Abschiedsgesuch ein. Er verhandelte nicht mit dem Reichswehrminister der „Regierung Kapp", sondern verlegte sich auf Abwarten, sah aber zugleich den Rücktritt der Putschisten von ihren usurpierten Ämtern als Voraussetzung für eine Bereinigung der politischen Lage an. Während er sich unter diesem Aspekt im Hintergrund hielt, wurde ihm aus dem Kreise seiner Mitarbeiter das Verdienst zugesprochen, daß er einen Kampf um Berlin verhindert habe. Diese Offiziere, für die mit Seeckts Einverständnis sein Chef des Stabes, Oberst Heye, sprach, forderten Lüttwitz zum Rücktritt auf und schlugen Seeckt als seinen Nachfolger vor. Unabhängig von diesen Vorgängen erhielt Vizekanzler Schiffer von der Reichsregierung die Vollmacht, das Amt des Oberbefehlshabers im Reichswehr-Gruppenkommando 1 nach seiner Wahl entweder mit Reinhardt, Seeckt oder Oven zu besetzen. An die Stelle von Lüttwitz trat am 17. März Seeckt, für den sich Schiffer wahrscheinlich aufgrund ihrer Besprechungen während der Putschtage entschied. Ungeklärt war außerdem, wer Chef der Heeresleitung werden sollte, weil Reinhardt sich im Anschluß an die Ministerratsitzung in der Nacht vom 12./13. März von seinen Dienstgeschäften hatte entbinden lassen. Diese Frage blieb einstweilen offen.

Während Seeckt sofort begann, das Reichsheer von Offizieren zu reinigen, die sich anläßlich des Kapp-Lüttwitz-Putsches eindeutig kompromittiert hatten, begann der politische Kampf um den Reichswehrminister. Jetzt erwies sich, wie schwach die Stellung war, die Noske in seiner Partei einnahm. Die Angriffe aus ihren Reihen waren es, die den ersten Reichswehrminister zum Rücktritt veranlaßten. Am 22. März genehmigte der Reichspräsident das Gesuch, obgleich er sich darüber klar war, daß Noske zu Unrecht mit der politischen Verantwortung für das Zustandekommen des Putsches und seiner bürgerkriegsähnlichen Folgen belastet wurde. Aber nicht nur Ebert trat vorbehaltlos für den bisherigen Reichswehrminister ein, sondern zunächst hatte ihm auch die eigene Reichstagsfraktion das Vertrauen ausgesprochen. Sie gab dann den oppositionellen Kräften nach, die einen ihrer Exponenten in Scheidemann fand. Zur politischen Opposition scheinen sich auch militärische Stimmen gesellt zu haben, die Noske vorwarfen, daß er für die Ausrufung des Generalstreiks mit verantwortlich sei. Reinhardt und Seeckt traten allerdings für den Minister ein. Reinhardt zog aus Noskes Sturz die Konsequenz und bat am 25. März um seinen Abschied. Der Reichspräsident entband ihn nur vom Amt des Chefs der Heeresleitung.

Mit dem Rücktritt Noskes verloren die Sozialdemokraten nicht nur endgültig die Kontrolle über die bewaffnete Macht, sondern auch eine politische Schlüsselstellung innerhalb der Republik. Otto Wels, der Fraktionsvorsitzende der SPD im Reichstag und spätere Parteivorsitzende, glaubte sich nicht in der Lage, das Reichswehrministerium zu übernehmen. Infolge dieses Entschlusses entpuppte sich Noskes Sturz sehr schnell als ein Sieg der Kräfte innerhalb der SPD, die sich von Anfang an einer positiven Wehrpolitik entgegengestemmt hatten. Sie veranlaßten ihre Partei zum eigenen wie zum Schaden der Republik zu der folgenschweren Entscheidung, auf eine aktive Militärpolitik zu verzichten. „In der Geschichte der Sozialdemokratie der Weimarer Zeit ging somit der Abdankung von der politischen Macht die von der militärischen Macht voraus“ (Gordon). Zum neuen Reichswehrminister ernannte der Reichspräsident den Demokraten Dr. Geßler.

Geßler und Seeckt, der von vornherein eine stärkere Stellung einnahm als Reinhardt, sahen sich vordringlich zwei Aufgaben gegenüber, die noch in unmittelbarem Zusammenhang mit dem Kapp-Lüttwitz-Putsch standen. Die erste, die Beseitigung der Gefahr einer Revolution von links, war eine Folge des Generalstreiks. Es kam in verschiedenen Reichsgebieten zu Unruhen, im Ruhrgebiet („Rote Armee“), in Thüringen und im Vogtland (Max Hölz) zu Aufständen und schweren Unruhen linksradikaler und kommunistischer Kräfte. Sie wurden von der Reichswehrführung niedergeschlagen, allerdings in starkem Maße mit Hilfe der Freikorps, die auf der Seite der Putschisten gestanden hatten, wie die 2. Marinebrigade oder das Jägerbataillon 37 (vgl. S. 71). In ihrer Notlage sah sich die Reichsregierung also gezwungen, die Republik mit Hilfe eines Instrumentes zu verteidigen, daß sich soeben noch als höchst unzuverlässig erwiesen hatte, jetzt aber aus seinem Einsatz in den blutigen Kämpfen erneut Ansprüche auf die Zukunft herleiten konnte. Andererseits trugen die Bürgerkriegskämpfe wesentlich dazu bei, daß die bewaffnete Macht ihr Selbstbewußtsein wiedererlangte und sich eine politische Stellung zurückgewann, aus der sie später gegen ihren Willen nicht mehr so leicht verdrängt werden konnte. Nach Abschluß der Wirren war eine demokratische Reform der bewaffneten Macht weitgehend erschwert. Es ist auch zu bezweifeln, ob sie überhaupt ernsthaft versucht wurde. Der neue Chef der Heeresleitung verstand es, eine politische Modernisierung zu verhindern.

Nach der Bereinigung der Bürgerkriegssituation griff Seeckt die zweite Aufgabe an, die Liquidation des Kapp-Lüttwitz-Putsches innerhalb des Reichsheeres. Zunächst wurden die Freikorpsverbände aufgelöst. Die Reichsmarine übernahm allerdings zahlreiche Angehörige der Marinebrigaden. Über die schnelle Beseitigung dieser unzuverlässigen Verbände entstanden zwischen Seeckt und den politischen Institutionen kaum Differenzen. Gegensätzliche Auffassungen gab es nur in der Frage, welche Maßnahmen innerhalb der Reichswehr angebracht wären. Die Regierungsparteien und vor allem auch die Gewerkschaften forderten, daß das Verhalten des Militärs streng untersucht und alle Schuldigen unnachsichtig bestraft würden. Der Reichstag setzte einen Untersuchungsausschuß ein. Neben dem Reichskanzler erklärte der neue Reichswehrminister Geßler, daß die bewaffnete Macht von allen unzuverlässigen Elementen gereinigt, auf demokratischen Grundlagen reorganisiert und unter die Führung hochqualifizierter, politisch integerer Persönlichkeiten gestellt werden sollte. Aber er konnte sich nicht durchsetzen. Der Chef der Heeresleitung sorgte in Übereinstimmung mit einem Kabinettsbeschluß vom 17. März dafür, daß aus dem Reichsheer nur Elemente entfernt wurden, die sich als Führer des Putsches exponiert hatten. Wer lediglich einen Befehl ausgeführt hatte, brauchte sich im allgemeinen nicht zu verantworten, auch wenn er dabei gegen die Verfassung gehandelt hatte. Dagegen wurden Soldaten, denen Ausschreitungen und grobe Verstöße gegen die Disziplin oder gar gegen den militärischen Gehorsam zur Last gelegt wurden, unnachsichtig entlassen. Dieser Beurteilungsmaßstab wirkte sich dahingehend aus, daß nicht nur 172 Offiziere, die aktiv am Putsch teilgenommen hatten, sondern auch Soldaten aller Dienstgrade, die sich während der Ereignisse zugunsten der legitimen Ordnung eingesetzt, aber damit ihre Gehorsamspflicht verletzt hatten, wie Leutnant Julius Leber, verabschiedet wurden. Außerdem gab es 63 Strafversetzungen und einige „Maßregelungen". Freiheitsstrafen erhielt kein Angehöriger des Reichsheeres. Im übrigen gewährte die Heeresverminderung Seeckt eine gute Handhabe, alle unerwünschten Elemente zu eliminieren. Der Chef der Heeresleitung war also bemüht, die Folgerungen aus dem Kapp-Lüttwitz-Putsch als eine innerdienstliche Reichswehrangelegenheit hinzustellen, die durch einen Akt der Selbstreinigung, wie nach 1806, geregelt werden müsse. Für diese Auffassung hatte er den Reichspräsidenten als Oberbefehlshaber der Wehrmacht gewinnen können. So war es ihm auch möglich, dem Untersuchungsausschuß und den parlamentarischen Staats- bzw. Unterstaatssekretären Stock und Rausch als wesensfremden Instanzen Schwierigkeiten zu bereiten, wo es nur anging. Der Untersuchungsausschuß stellte im September 1920 seine Arbeit ein.

Unter den verabschiedeten Offizieren des Reichsheeres befanden sich die Generale Freiherr von Lüttwitz, von Lettow-Vorbeck und Maercker sowie der Major Buchrucker. Eine Strafversetzung mußte Hauptmann Röhm hinnehmen, weil er mit anderen Offizieren versucht hatte, seinen Befehlshaber zum Anschluß an Lüttwitz zu bewegen. Zum Vorteil scheint sich dagegen der Umsturzversuch für Pabst ausgewirkt zu haben. Er wurde am ersten Putschtag von Lüttwitz zum Major ernannt – eine Beförderung, die ihm später vom zweiten Reichspräsidenten bestätigt wurde. Hindenburg hatte allem Anschein nach – wie in diesem Zusammenhang erwähnt werden muß – während des Putsches den Verschwörern seine Glückwünsche zukommen lassen.

Bei der Reichsmarine wurde gegen 279 Offiziere ein Untersuchungsverfahren eingeleitet, dieses jedoch in 171 Fällen eingestellt. Verabschiedet wurden vier Offiziere, darunter Vizeadmiral von Trotha, die anderen in milderer Form bestraft. Für den Führer der 3. Marinebrigade, Fregattenkapitän von Loewenfeld, wirkte sich sein ausgesprochen zwiespältiges Verhalten nicht nachteilig aus, denn er wurde noch 1920 in die Reichsmarine übernommen.

Den Aspekt, unter dem Seeckt den Kapp-Lüttwitz-Putsch sah, und das Ziel, das er bei seiner Liquidation verfolgte, offenbarte er in einem Erlaß vom 18. April 1920: das Reichsheer muß nicht nur zu einem streng disziplinierten Instrument in der Hand seiner Führer, sondern auch Herr im eigenen Hause werden, innerhalb von dessen Mauern jede politische Betätigung verbannt sein soll, auf dessen Bau und Hausordnung aber auch von außerhalb niemand einwirken oder Einfluß ausüben darf. Schon Groener hatte am 9. Juli 1919 in seinem Tagebuch vermerkt: „Die Offiziere müssen wieder gehorchen lernen und von der verflixten Politik die Finger lassen; Politik dürfen nur wenige treiben und diese zäh und verschwiegen – ..." Bezieht man die Worte auf die Geschichte des Reichsheeres seit dem Amtsantritt des zweiten Chefs der Heeresleitung und dessen sich noch oft wiederholende Forderung nach der unpolitischen Armee, so scheinen sie einer Stammbucheintragung zu gleichen, die sich Seeckt zur Leitlinie seiner Amtsführung nahm. Für Seeckt war sie jedoch mehr als das, nämlich ein Bekenntnis zur politischen Eigenständigkeit der bewaffneten Macht. Für deren Verwirklichung bot sich nach einer Überbrückungszeit, in der sich die Reichswehr in die Verteidigung gedrängt sah und in der der neue Chef der Heeresleitung seine eigene Stellung erst einmal festigen mußte, eine Situation, die er entschlossen zu nutzen wußte. Bei seinen Bestrebungen konnte Seeckt innenpolitisch davon ausgehen, daß sich seit dem Kapp-Lüttwitz-Putsch und dessen nachfolgender Behandlung durch die Reichswehrführung das Mißtrauen von Parlament und demokratischen Parteien sowie Organisationen gegen die Soldaten verstärkt hatte. Seine Haltung und Amtsführung in den folgenden Jahren bewiesen, daß er die Kluft zwischen der parlamentarisch-demokratischen Republik und der bewaffneten Macht, die sich infolge des Putsches erheblich vertieft hatte, kaum zu überbrücken suchte. Die Kluft war jedoch ebensowenig einseitig von den Militärs verschuldet, wie die Märzereignisse einseitig das Werk der gesamten Reichswehr oder gar nur der Soldaten gewesen waren. Auch den republikanischen Politikern, Parteien und anderen Einrichtungen ermangelte es an Differenzierungsvermögen und ernsthaftem Willen, die Reichswehr an die bestehende staatliche Ordnung heranzuführen. Sie überließen die geistige Auseinandersetzung mit der Reichswehr zu sehr ihren grundsätzlichen Gegnern und verhalfen dadurch den Tendenzen Seeckts, die bewaffnete Macht zum Nachteil der Republik vom politischen Leben des Volkes abzukapseln, ungewollt zum Siege. Die Entfremdung dieser Institution von dem Gemeinwesen, zu dessen Stütze sie geschaffen war, gehörte also zu den nachhaltigsten Folgen des Kapp-Lüttwitz-Putsches und seiner unzulänglichen Liquidation. „Während der folgenden dreizehn Jahre lebten beide nebeneinander, aber nicht miteinander" (Carsten).

Einem Umbau der bewaffneten Macht im Sinne von Geßlers ersten Ausführungen gegenüber dem Reichstag hätten allerdings auch die militärischen Bestimmungen des Friedensvertrages entgegengestanden. Mit ihnen und weiteren Forderungen der Vertragspartner mußte sich Seeckt in den ersten Monaten seiner Amtsführung auseinandersetzen.

2. Von der Konferenz zu Spa zur Ruhrbesetzung

Die Konferenz von Spa und das Londoner Ultimatum

Schon bestimmte Vorgänge während der Ruhrwirren hätten Reichsregierung und Reichswehrführung erkennen lassen müssen, daß ihre Hoffnungen, die militärischen Bestimmungen des Versailler Vertrages doch noch verbessern zu können, wenig berechtigt waren.

Das Ruhrgebiet gehörte zur entmilitarisierten Zone. Da die Polizei der Unruhen nicht Herr zu werden schien, ersuchte die Reichsregierung die Westmächte um die Zustimmung, die Ordnungskräfte durch Truppen zu verstärken. Um die Bedingungen für das alliierte Einverständnis wurde noch verhandelt, als das Kabinett Müller aus innenpolitischen Gründen Militär einsetzte. Nachdem schon zuvor die IMKK den Einmarsch von Soldaten als „unnötig und gefährlich" beurteilt hatte, erklärte die französische Regierung, daß durch die deutschen Maßnahmen Art. 44 VV gebrochen worden sei. Sie ließ am 6. April als Garantie dafür, daß die neutrale Zone wieder vollständig von deutschem Militär geräumt werde, Darmstadt, Frankfurt am Main, Homburg, Hanau und Dieburg von eigenen Truppen besetzen. Das Reichswehrministerium hielt es später für notwendig, sich in einer umfangreichen Denkschrift gegen den Vorwurf zu wenden, die militärische Intervention sei unnötig gewesen.

Dennoch nahm der Chef der Heeresleitung den Kapp-Lüttwitz-Putsch und den Aufstand von links zum Anlaß, die am 6. März angeordnete Heeresverminderung zunächst zu stoppen, so daß das Vorläufige Reichsheer am 10. April immer noch etwa 230 000 Mann zählte. Erst am 15. Mai war es auf 200 000 Mann reduziert. Diese Stärke hoffte die Heeresleitung beibehalten zu dürfen. In Denkschriften aus dem Reichswehrministerium vom 12. und 23. April entwickelte sie ihre Vorstellungen: vier Generalkommandos mit zwölf Infanterie- und drei Kavalleriedivisionen sowie kleineren Verbänden einschließlich schwerer Artillerie und Fliegerabteilungen, insgesamt 8 000 Offiziere und 192 000 Mann. Da es notwendig sei, die Ordnung aufrechtzuerhalten, wenn Deutschland seinen wirtschaftlichen Friedensvertragsverpflichtungen nachkommen wolle, wurden die Alliierten am 20. April ersucht, einem Zweihunderttausend-Mann-Heer zuzustimmen. Die IMKK beharrte jedoch mit einer Note Nollets vom 7. Mai auf der Verminderung des Heeres auf 100 000 Mann. Die Westmächte beschlossen zwar auf ihrer Konferenz von San Remo (18. – 26. April 1920), mit Deutschland nicht nur über das Reparationsproblem, sondern auch über Fragen der Abrüstung mündlich zu verhandeln, drangen aber zugleich unter Androhung von Sanktionen darauf, daß die eigentlichen Friedensvertragsbestimmungen unverzüglich erfüllt würden. Sie lehnten es eindeutig ab, den deutschen Vorschlag eines Heeres von 200 000 Mann überhaupt zu prüfen, solange Deutschland nicht den wichtigsten Verpflichtungen nachkomme. In diesem Sinne waren auch die in ultimativem Ton abgefaßten alliierten Noten aus Boulogne vom 22. Juni 1920 gehalten. Wie auf ihren anderen vorbereitenden Konferenzen von Hythe waren sich die Vertragspartner in Boulogne einig, daß sie zu keiner Diskussion über die Heeresstärke bereit waren. Trotzdem verharrten Geßler und Seeckt bei der innerdeutschen Diskussion auf ihrer Forderung nach dem Zweihunderttausend-Mann-Heer. Auch die Reichsregierung wollte versuchen, die Alliierten zum Einlenken zu bewegen. Sie fürchtete nicht ohne Grund, daß bei einer weiteren Reduzierung der Streitkräfte die Zahl der rechtsradikalen Feinde der Republik erneut ansteigen würde, denn es mußte schwierig sein, die Entlassenen zufriedenstellend in das Wirtschaftsleben einzugliedern.

Auf der Tagesordnung der Konferenz von Spa im Juli 1920 stand die Entwaffnung Deutschlands an erster Stelle, denn erst nach ihrer befriedigenden Regelung sollte die Reparationsfrage als Hauptproblem behandelt werden. Die Verhandlungen ergaben am 6. Juli, daß die deutsche Delegation von vornherein keine Chance besaß, die militärischen Friedensvertragsbestimmungen zu verbessern. Der englische Premierminister Lloyd George beschuldigte die Reichsregierung, die Erfüllung der militärischen Verpflichtungen unter dem Einfluß der Reichswehrführung zu sabotieren. Die deutschen Argumente, daß man infolge der innenpolitischen Zwangslage und der Gefährdung der Ostgrenze nicht anders habe handeln können, wurden nicht anerkannt, die erneut vorgetragene Bitte nach einem Zweihunderttausend-Mann-Heer abgelehnt. Reichswehrminister und Chef der Heeresleitung mußten sich sehr bald damit begnügen, Vorschläge zur vertragsgemäßen Entwaffnung zu unterbreiten, die in geheimen Sonderberatungen ohne deutsche Beteiligung erörtert wurden. Hier fielen die Entscheidungen, die Deutschland im Schlußprotokoll vom 9. Juli annehmen mußte: Verminderung des Heeres bis zum 1. Oktober 1920 auf 150 000 Soldaten und bis zum 1. Januar

1921 auf die vertraglich festgesetzte Friedensstärke von 100 000 Mann. Außerdem wurden Deutschland einige kleine Änderungen zugestanden: die Sanitäts- und Veterinäroffiziere sollten nicht auf die Höchstzahl von 4 000 Offizieren angerechnet werden, es wurden mehr Heeresbeamtenstellen als bisher genehmigt und eine geringfügige Vermehrung an Maschinengewehren, Gewehren und Infanteriemunition erlaubt. Im Sinne der Alliierten handelte es sich hierbei um wirkliche Zugeständnisse, weil sie von den ursprünglichen Bestimmungen des Versailler Vertrages ausgingen. Die Deutschen kehrten mit dem „Eindruck einer nahezu totalen Niederlage" (Salewski) heim, weil sie nicht allein keine größeren Verbesserungen durchgesetzt hatten, sondern sogar weitere Einschränkungen akzeptieren mußten. Neuentstandene Einrichtungen wie die Sicherheitspolizei und die Einwohnerwehren waren aufzulösen sowie die Bevölkerung insgesamt zu entwaffnen. Für das Reichsheer sollten die Organisationsvorschriften des Friedensvertrages streng verbindlich bleiben. Diskriminierend wirkte, daß die Alliierten sogar Strafmaßnahmen androhten. Die Konferenz von Spa wurde von deutscher Seite nicht als erste internationale Konferenz mit eigener gleichberechtigter Beteiligung und damit als ein Beitrag zur Entspannung angesehen. Geßler stufte sie in der Rückschau als „Komödie" ein.

Das Ergebnis der Konferenz von Spa versetzte die Reichswehrführung in eine unangenehme Lage. In Verlautbarungen und Ansprachen hatten Geßler und auch Seeckt während der vorangegangenen Wochen vielfach den Eindruck erweckt, daß sich eine weitere Verminderung der bewaffneten Macht werde verhindern lassen. Viele dieser Hoffnungen waren jetzt zerstört, aber der Chef der Heeresleitung bekannte sich in seinem Erlaß vom 10. Juli voll zu seiner Verantwortlichkeit und führte dann auf der Grundlage eines Befehls über die Verminderung des Heeres vom 31. Juli und den Ausführungsbestimmungen vom 21. August die Herabsetzung der Kopfstärke des Reichsheeres auf den zugelassenen Stand fristgemäß durch. Damit verbunden war ein organischer Umbau. Doch sein berühmt gewordener Erlaß vom 1. Januar 1921, der mit den Worten begann: „Das Reichsheer ist fertig gebildet. Ein neuer Abschnitt deutscher Heeresgeschichte beginnt", bedeutete noch nicht den Abschluß der Auseinandersetzungen mit den Alliierten über Struktur und Aufbau des Hunderttausend-Mann-Heeres. Erst das Londoner Ultimatum vom 5. Mai 1921, dessen Ausführungsbestimmungen die IMKK in ihrer Note vom 12. Mai festsetzte, ist als endgültige Regelung anzusehen.

Das Ultimatum und seine Ausführungsbestimmungen enthielten in erster Linie Forderungen und Fristen hinsichtlich der Entwaffnung, befaßten sich jedoch außerdem mit der Reichswehr. Die IMKK verlangte nicht nur, daß in das Wehrgesetz vom 23. März 1921 bis zum 16. Juni Ergänzungen eingefügt würden, sondern bestand auch auf Abänderungen der Organisation des Reichsheeres. Dieses sogenannte Nollet-Soll brachte mit neuen Soll-Stärken für Einheiten, Verbände und Dienststellen, besonders für das Reichswehrministerium, Personalverminderungen mit sich. Außerdem mußten die Bestände an Waffen, Gerät und Fahrzeugen herabgesetzt werden, was dazu führte, daß die Beweglichkeit der Truppe teilweise erheblich gemindert wurde (vgl. S. 330 ff.). Es gab für Reichswehrführung und Reichsregierung keine Alternative zur Annahme des Ultimatums. Noch einmal erfaßte Unruhe und Sorge um die Entlassung jeden Soldaten. Danach konnte endgültig der Aufbau des Reichsheeres weitergeführt werden, zumal die ruhigeren innenpolitischen Zustände kaum noch einen Einsatz von Truppen erwarten ließen.

Für die Reichswehrführung ergab sich dennoch keine ruhige Geschäftsführung. Einmal suchte sie mit allen Mitteln zu erreichen, daß die IMKK ihre Tätigkeit einstellte, und trat in die Jahre zähen „Kleinkrieges" gegen die Kontrollen ein. Daneben liefen streng geheime Unternehmungen an, wie sie sich aus einer sinnvollen Landesverteidigung ergaben, darunter auch die Beziehungen zur Roten Armee. Hierbei entfaltete der Chef der Heeresleitung vielfach eine Tätigkeit, die ihn über die Grenzen seines Amtsbereiches hinausführte und die Bahnen eigener Politik beschreiten ließ. Sie war gekennzeichnet durch eine aufgeschlossene, wenn auch von traditionellen und gefühlsmäßig bedingten Vorstellungen bestimmte Haltung in außenpolitischen Fragen, innenpolitisch dagegen verhaftet dem konservativen Geist bei vernunftsbedingter Anerkennung der republikanischen Staatsform, aber ausgesprochener Ablehnung der parlamentarischen Demokratie mit ihrem Parteiwesen. Es war symptomatisch, daß in Seeckts Erlaß vom 1. Januar 1921 die Begriffe Republik und Verfassung nicht erschienen, dafür aber von Reich und Vaterland, vom alten Ehrgefühl und dem Vermächtnis einer großen Vergangenheit gesprochen wurde. Der Chef der Heeresleitung trat jedoch nationalistischen oder gar chauvinistischem Treiben im Reichsheer entgegen, was sicher nicht leicht war, als die nationale Erregung durch die Krise in Oberschlesien neu entfacht wurde.

Die Krise in Oberschlesien

In Oberschlesien war es schon 1919 zu Kämpfen von Selbstschutzverbänden mit polnischen Freischaren gekommen. Gemäß dem Friedensvertrag sollte eine Volksabstimmung über die Zugehörigkeit des Gebietes entscheiden. Zu ihrer Sicherung besetzten im Februar 1920 alliierte Truppen unter französischem Oberbefehl das Land. Am 20. März 1921 sprachen sich 60 % der Bevölkerung dafür aus, bei Deutschland zu verbleiben. Polnische Insurgenten unter Führung von Korfanty beantworteten das Abstimmungsergebnis am 3. Mai mit dem sogenannten dritten polnischen Aufstand. Die Reichsregierung konnte ihnen nicht mit offiziell genehmigten Truppenverbänden entgegentreten, da die Alliierten hierin eine Vertragsverletzung sehen wollten und drohten, als Sanktion das Ruhrgebiet zu besetzen. In dieser Lage sahen sich Reichsregierung und preußische Regierung mit Zustimmung von fast allen Parteien gezwungen, den Polen außer den landeseigenen Selbstschutzorganisationen auch weitere Freiwilligenverbände entgegenzustellen. Der Chef der Heeresleitung, der dem oberschlesischen Selbstschutz schon während des vorangegangenen Aufstandes Generalstabsoffiziere als Berater sowie Waffen und Munition zur Verfügung gestellt hatte, widersetzte sich dem Einsatz anderer als Selbstschutzverbände. Entgegen seinen Vorstellungen entstanden dennoch wieder Freikorps. Sie suchten sich vielfach dem Einfluß und der Aufsicht durch Dienststellen des Reichsheeres zu entziehen, obgleich sie ihre Mittel, Material und Ausrüstung von ihm erhielten. Jedwede Unterstützung mußte außerdem unter strenger Geheimhaltung gewährt werden, so daß in der Öffentlichkeit und in der Truppe selbst der Eindruck entstehen konnte, das Reichsheer entziehe sich der Verteidigung deutschen Gebietes. Seeckt besaß kaum Möglichkeiten, diesem Urteil entgegenzuwirken, zumal er einen militärischen Zusammenstoß zwischen regulären deutschen und polnischen Truppen auf jeden Fall vermeiden wollte. Ein derartiger Vorfall hätte Frankreich zum Vorwand dienen können, den Polen durch Einmarsch ins Ruhrgebiet zu helfen. Um die Freikorps unter Kontrolle zu behalten, beschränkte er ihren Nachschub auf die Menge, die für den unmittelbaren Bedarf benötigt wurde. Er konnte dadurch nicht verhindern, daß die Führer der Freiwilligen nach der erfolgreichen Abwehr des polnischen Angriffs bereits mit der Eroberung des Annaberges eigene militärische und politische Ziele zu verfolgen begannen. Es gelang der militärischen und politischen Führung erst unter dem Einsatz scharfer Mittel, die Gefahr zu bannen.

Am 24. Mai untersagte eine vom Chef der Heeresleitung angeregte Verordnung des Reichspräsidenten, die allerdings im Zusammenhang mit dem Londoner Ultimatum gesehen werden muß, daß weiterhin für die Freikorps Freiwillige geworben wurden. Zugleich sperrte Seeckt den Nachschub. Da diese Maßnahmen von den Oberschlesienkämpfern nicht verstanden wurden, trugen sie zu neuer Verachtung der Reichsleitung und zur Vertiefung des Hasses gegen die Republik bei. Schweres Mißtrauen stellte sich auch gegenüber der Reichswehrführung ein, zumal der Chef der Heeresleitung sich ebenso wie die Politiker für die rasche Auflösung der Freikorps aussprach. In dem Verhalten Seeckts während der Krise um Oberschlesien lag mit ein Grund, daß er aus den Kreisen der radikalen Nationalisten immer wieder wegen seines loyalen Einsatzes für die Republik angegriffen wurde.

Einschaltung in die Politik

Nach der Durchführung des Londoner Ultimatums und besonders im Jahr 1922 gewann das Reichsheer Zeit für die stille Entwicklung zu einem schlagkräftigen Instrument in der Hand der Führung, zumal es auch von der so ungern übernommenen Aufgabe entlastet war, als Ordnungskraft bei inneren Unruhen verwendet zu werden. In dieser Zeit begann der Chef der Heeresleitung sich auf der Grundlage seines guten Verhältnisses zu Reichskanzler Wirth in Fragen der Außen- und Innenpolitik einzuschalten. So versuchte er zu hintertreiben, daß Walther Rathenau zum Außenminister ernannt wurde. Von ihm befürchtete Seeckt wohl Schwierigkeiten in seiner Rußlandpolitik. Mit Einverständnis von Wirth hatte er Beziehungen zur Roten Armee der UdSSR eingeleitet, ohne hiervon zunächst seine militärischen Vorgesetzten zu unterrichten (s. S. 235). Im Zuge dieser Rußlandpolitik der Heeresleitung bemühte sich Seeckt dann zu verhindern, daß Graf Brockdorff-Rantzau als Botschafter nach Moskau geschickt wurde. Hierbei ließ er sich vorwiegend von den schwerwiegenden Vorbehalten leiten, die er seit der gemeinsamen Tätigkeit in Versailles gegen den damaligen Außenminister hegte. Außerdem nahm er an, daß Graf-Brockdorff-Rantzau Pazifist sei. Die Tätigkeit der Pazifisten beunruhigte den Chef der Heeresleitung stark und beeindruckte ihn zugleich, wie denn überhaupt die Haltung der Reichswehr zur Republik und einzelnen Parteien dadurch mitbestimmt wurde, daß sie in ihnen einen Herd pazifistischer Ideen sehen wollten. Alle Angehörigen der bewaffneten Macht hielten sich für verpflichtet, den Pazifismus zu bekämpfen. Insbesondere aber wurde Seeckt dadurch alarmiert, daß ausgerechnet nach Moskau ein Botschafter gesandt werden sollte, der seiner Meinung nach pazifistischer Vorstellungen huldigte.

Innenpolitisch zeigte sich der Chef der Heeresleitung bestrebt, einer sogenannten Linksentwicklung entgegenzuwirken. Er erwies sich jetzt als Gegner der Sozialdemokraten. Den preußischen Ministern Braun und Severing warf er vor, sie wollten „das Reich nach Außen endgültig wehrlos“ machen und würden also gemeinsam mit Frankreich das gleiche Ziel verfolgen. Im Einvernehmen mit Geßler schaltete er sich beispielsweise Anfang und erneut Ende 1922 in das Spiel der Parteien ein, um die DVP zur Mitarbeit in der Reichsregierung zu gewinnen. Allerdings wurde Seeckt nicht immer persönlich tätig, sondern überließ oft die politische Kleinarbeit seinen Mitarbeitern, insbesondere Schleicher. Mit dem Reichswehrminister stimmte der Chef der Heeresleitung gerade in diesen Monaten vielfach überein, so daß er auf dieser Seite bei seiner Einschaltung in die Politik auf keine Schwierigkeiten stieß. Seeckt stellte sich seinerseits hinter Geßler, als der Reichswehrminister nach der Ermordung Rathenaus parlamentarisch gefährdet schien, weil Geßler von weiten Kreisen der empörten Öffentlichkeit als „Sündenbock“ dafür angesehen wurde, daß auch in der bewaffneten Macht rechtsradikale Tendenzen beständen. Kritisiert wurde diese Schützenhilfe – ein Erlaß, den Seeckt gemeinsam mit dem Chef der Marineleitung am 24. Juni herausgab – von Offizieren. Von politischer Seite wurde ihm diese Form der „Mitarbeit“ nicht verwehrt. Seine Teilnahme an vielen Sitzungen der Reichskabinette belegt, daß darüber hinaus seitens der Reichsregierungen sein politisches Tätigwerden nicht abgelehnt, sondern sogar gewünscht wurde. Seeckts Einschaltung in die Politik beruhte also, wie Carsten bereits feststellt, „auf der Schwäche und Unfähigkeit der wechselnden Regierungen und auf der politischen Unerfahrenheit der gemäßigten Parteien“.

Die Ruhrkrise

Für die Einschaltung des Chefs der Heeresleitung in die Politik sprach außerdem die Tatsache, daß die Republik gegen Ende 1922 mit der Ruhrkrise in die schwierigste Lage ihrer Geschichte geriet und daher eine enge Zusammenarbeit von Staatsführung und bewaffneter Macht unumgänglich wurde. Da Reichskanzler Cuno und seine Kabinettsmitglieder aus reichswehrfreundlichen Kreisen und Parteien stammten, ergaben sich auch kaum Meinungsdifferenzen.

Reichsregierung und Reichswehrführung stimmten hinsichtlich der Ruhrbesetzung in der Auffassung überein, daß militärischer Widerstand keinen Erfolg verspreche und daher nur der am 19. Januar 1923 anlaufende passive Widerstand zu verantworten sei. Darüber hinaus ließ der Chef der Heeresleitung im Einvernehmen mit der Reichsregierung zu, daß Mittel der bewaffneten Macht für Sabotageunternehmen im besetzten Ruhrgebiet zur Verfügung gestellt und die Aktionen nach Möglichkeit mit einem Offizier aus dem Truppenamt abgesprochen wurden. Daß diese Maßnahmen aber weniger Seeckts Willen als der Initiative des Reichskanzlers und des Reichswehrministers zu verdanken waren, erkannten bereits die Mitarbeiter des Generals. Sein Verhalten erschien ihnen nicht aktiv genug. Tatsächlich wollte Seeckt die Gefahr vermeiden, daß der passive Widerstand in offene kriegerische Auseinandersetzung überging, weil dadurch das Reichsheer in einen aussichtslosen Kampf hineingezogen worden wäre. Seine Zurückhaltung durfte nur nicht so weit gehen, daß die potentiellen Reserven der bewaffneten Macht ihm ihr Vertrauen völlig entzogen. Der Chef der Heeresleitung bereitete nämlich unabhängig von der Unterstützung des passiven Widerstandes Maßnahmen vor, durch die Deutschlands militärische Widerstandsmöglichkeiten verbessert werden sollten, und ließ Vorbereitungen für den Fall anlaufen, daß französische Truppen die Grenze des besetzten Raumes überschreiten und weiter nach Osten vorrücken sollten. Diese sich auf weitere Sicht erstreckenden militärischen Vorkehrungen umfaßten den materiellen, den personellen, den politischen und den operativen Bereich (zum letzteren vgl. S. 200).

Die materiellen Vorbereitungen beschränkten sich hauptsächlich auf den Einkauf von Waffen, vor allem Flugzeugen, im neutralen Ausland. So wurden für das Reichsheer 100 Fokker-Jagdflugzeuge aus Holland bestellt, mit denen später der erste Flugbetrieb in Lipezk durchgeführt wurde. Für die Reichsmarine stellten die Heinckelwerke in Warnemünde in Zusammenarbeit mit schwedischen Firmen zehn Seekampfflugzeuge her. Der Einkauf von Rüstungsmaterial erfolgte mit Billigung der Reichsregierung, die über die Reichsbank die finanziellen Mittel zur Verfügung stellte. Die Verwaltung dieses „Ruhrfonds“ führte bei der Reichsmarine zum sogenannten Lohmann-Skandal von 1927 (vgl. Abschnitt VII).

Das Kabinett Cuno billigte weiterhin vorbereitende Maßnahmen zur personellen Verstärkung der bewaffneten Macht für den Fall, daß Deutschland zum aktiven Widerstand übergehen sollte. Hierzu zählten die Einstellung von Zeitfreiwilligen in die aktiven Truppen und die Planung für neue Verbände. Hinsichtlich der Zeitfreiwilligen argumentierte der Chef der Heeresleitung in einer Denkschrift vom 16. April 1923, daß der Friedensvertrag nicht ausdrücklich „die freiwillige militärische Ausbildung des Einzelnen“ sowie „die militärische Ausbildung von Einzelpersonen“ verboten habe. Auch treffe das Verbot von Mobilmachungsvorbereitungen kaum zu, weil es solche im Sinne des Vertrages nur beim System der allgemeinen Wehrpflicht gäbe. Das war eine sehr spitzfindige Beweisführung, die letztlich nicht mehr besagte, als daß auch Seeckt im Zweifel war, ob die Maßnahmen zur Landesverteidigung mit den Bestimmungen des Friedensvertrages in Einklang zu bringen waren. Im Falle eines Krieges hätten sich diese Vorbereitungen als zumindest sehr unzulänglich erwiesen. Sie glichen also keineswegs die innenpolitischen Komplikationen aus, die sie – jedenfalls auf dem personellen Sektor – auslösten.

Planung und Aufstellung neuer militärischer Verbände für den Mobilmachungsfall bedurften der Mitarbeit jener Kräfte und Gruppen, von denen die zusätzlichen Soldaten gestellt werden konnten. Hierfür sah sich die Heeresleitung auf die paramilitärischen Organisationen und Wehrverbände konservativer und nationalistischer Einstellung angewiesen. Die SPD unterstützte zwar die Politik des passiven Widerstandes, weitergehende Absprachen wurden aber von ihr und den Gewerkschaften ebenso vermieden wie von der Reichswehrführung. Die Kluft war bereits zu tief. Wie stark verantwortliche sozialdemokratische Politiker den Maßnahmen der militärischen Führung mißtrauten, erwies sich, als die Zusammenarbeit des Reichsheeres mit den sogenannten vaterländischen Verbänden ruchbar wurde. Aber die Führer der rechtsgerichteten Organisationen bereiteten der Heeresleitung ebenfalls Ärger. In der Mehrheit waren sie nicht bereit, sich im Einsatzfalle bedingungslos der militärischen Führung zu unterstellen, weil sie ihre politische Einheit und Selbständigkeit gewahrt wissen wollten. Seeckt lehnte es jedoch eindeutig ab, daß militärische Verbände außerhalb der bewaffneten Macht aufgestellt oder von den paramilitärischen Organisationen militärische Maßnahmen unabhängig von den Kommandobehörden des Reichsheeres eingeleitet würden. Er verhandelte persönlich mit ihren Führern, darunter mit Ludendorff und Hitler, und sogar gerade zu einem Zeitpunkt, in dem das sogenannte „Seeckt-Severing-Abkommen“ den Verbindungen ein Ende setzen sollte. Auch mit diesem illegalen Alleingang gelang es ihm nicht, das Problem befriedigend zu klären. Besondere Schwierigkeiten bereiteten ihm die Rechtsradikalen wie Roßbach oder die NSDAP unter Hitler, und zwar nicht allein aus Mißtrauen. Es ist belegt, daß sie selbst in diesen außenpolitischen Krisenmonaten hochverräterische innenpolitische Ziele verfolgten. Daß derartige Pläne dem Reichsheer zumindest auf der Ebene mittlerer und unterer Instanzen bekannt waren, zeigt eine Besprechung in Norddeutschland: Am 6. April 1923 erfuhren die Vertreter des Reichsheeres, daß die Abmachungen auch im Falle sogenannter „innerer Unruhen“ Anwendung finden, das heißt, für einen Staatsstreich gelten sollten. Als die preußische Regierung hiergegen einschritt, beschwor sie einen ernsthaften Konflikt mit der Reichswehrführung herauf (s. S. 225).

3. Ausnahmezustand und Vollziehende Gewalt

a. Die Reichswehr als schlagkräftiges Instrument der Reichsgewalt

Die Monate ausgesprochen guter Zusammenarbeit im Zeichen gegenseitiger Übereinstimmung in politischen Fragen zwischen der Reichsregierung und dem Chef der Heeresleitung endeten am 12. August 1923 mit dem Rücktritt des Kabinetts Cuno. Am 13. August übernahm mit Stresemann wieder einer jener Politiker das Reichskanzleramt, denen Seeckt zumindest mit Vorbehalten begegnete. Es kam hinzu, daß der Führer der Deutschen Volkspartei in seine Regierung der „großen Koalition" Sozialdemokraten aufnahm – eine politische Entscheidung, die im Reichswehrministerium ungern gesehen wurde. Als Gewinn ließ sich hier nur verbuchen, daß der Reichspräsident eine Ablösung des Reichswehrministers Geßler verhinderte. Es half dem neuen Reichskanzler nichts, daß er dem Chef der Heeresleitung zusicherte, die Belange der bewaffneten Macht vorbehaltlos vertreten und ebenso die Beziehungen des Reichsheeres zur Roten Armee fördern zu wollen. Auch nachdem sich die Befürchtungen der Militärs, Stresemann werde Seeckt als Chef der Heeresleitung ablösen lassen, als gegenstandslos erwiesen, der Reichskanzler sich vielmehr bemüht hatte, durch demonstrative Gesten wie seinen Besuch am 7. September 1923 auf dem Truppenübungsplatz Döberitz das Vertrauen der Reichswehr zu gewinnen, blieb das Verhältnis kühl. Da sich Seeckt von Gegnern Stresemanns in seiner Haltung beeinflussen ließ, kam sogar eine sich aus persönlicher Antipathie ergebende Spannung auf, die auch die Jahre bestimmte, in denen der Führer der Deutschen Volkspartei nicht mehr als Reichskanzler, sondern als Reichsaußenminister amtierte.

Der Buchrucker-Putsch

Das Mißtrauen und die ablehnende Haltung des Chefs der Heeresleitung gegenüber dem Reichskanzler wäre schon in normalen Zeitläuften unerfreulich gewesen, sie gewannen staatsgefährdenden Charakter in einer Zeit, in der die Republik ihrer schwersten innenpolitischen Krise begegnen mußte. Seeckt wies das Reichsheer am 10. September 1923 darauf hin, daß es sich auf die Aufgabe vorbereiten müsse, die Staatsautorität zu erhalten. Ein ähnlicher Erlaß des Reichswehrministers erging am 14. September. Die angestauten innenpolitischen Spannungen entluden sich nacheinander, als die Reichsregierung am 26. September den unhaltbar gewordenen passiven Widerstand gegen Frankreich und Belgien wegen der Besetzung des Ruhrgebietes einstellte. Eine erste explosionsartige Entladung bedeutete der Buchrucker-Putsch vom 1. Oktober 1923.

Im Wehrkreis III waren im Verlauf der Ruhrkrise aus sogenannten Erfassungs-Abteilungen oder Arbeitskommandos geheime militärische Verbände aufgestellt worden, die auch als „Schwarze Reichswehr" bezeichnet wurden. Ihr Führer, Major a. D. Buchrucker, beantwortete den Beschluß vom 26. September mit dem ursprünglich wohl nicht als Einzelaktion geplanten, unter Zeitdruck jetzt aber unzureichend eingeleiteten, für politisches Unverständnis und Verzweiflung zeugenden Entschluß, unter Einsatz militärischer Mittel die Regierung zu stürzen und die parlamentarisch-demokratische Republik auf dem Wege über eine nationale Diktatur zu beseitigen. Hinter dem Putsch stand aber auch die Sorge um die Zukunft der Arbeitskommandos und damit um die wirtschaftliche Existenz der Angehörigen der Schwarzen Reichswehr. Ein erster Versuch, am 29. September das Regierungsviertel der Reichshauptstadt zu besetzen, scheiterte im Ansatz. Der eigentliche Putsch fand 1. Oktober statt. Buchrucker konnte sich jedoch nicht der Garnisonstadt Küstrin bemächtigen, sondern wurde vom örtlichen Befehlshaber des Reichsheeres verhaftet. In Spandau errangen die Verschwörer zunächst einen Erfolg, indem sie die Zitadelle und das Fort Hahnenberg in ihre Gewalt brachten. Aber auch sie mußten sehr bald vor Truppen, die aus dem Wehrkreis zusammengezogen waren, kapitulieren. Ihre Sühne fand diese unverantwortliche Tat noch im Oktober vor einem Sondergericht, das Buchrucker wegen Hochverrats zu einer Strafe von zehn Jahren Festungshaft verurteilte. Einige seiner Mitverschwörer wurden mit Gefängnis bestraft, die Masse der Putschisten ging straffrei aus. Inzwischen waren die Arbeitskommandos völlig aufgelöst worden. Buchrucker selbst wurde im Oktober 1927 amnestiert, blieb aber ein verbitterter Gegner Seeckts.

Auf den Buchrucker-Putsch reagierte der Chef der Heeresleitung schnell und hart, und kam damit seiner verfassungsmäßigen Pflicht nach. Für die Folgezeit sah er sich, nicht zuletzt infolge dieser rechtsradikalen Revolte, auch veranlaßt, seine Verbindungen zu den konservativen Gegnern der Reichsregierung einzuschränken. Gegenüber den Anträgen und Aufforderungen der Rechten hielt sich Seeckt im übrigen wohl nicht nur seit und infolge des Buchrucker-Putsches zurück; hierzu dürfte ihn vor der Verhängung des Ausnahmezustandes auch die Sorge bestimmt haben, daß sich die bewaffnete Macht bei einem innerpolitischen Konflikt gezwungen sehen könne, die ungeliebte Republik gegen politische Kräfte zu verteidigen, die der Reichswehr näherstanden als die Regierung Stresemann und die sie tragenden Parteien.

Im September hatte Seeckt „Besprechungen über Besprechungen mit den Rechtskreisen“ (Tagebuch Selchow) abgehalten, weil er hier auf Gesinnungsfreunde traf oder zu treffen hoffte. Insbesondere die Deutschnationale Volkspartei und der konservative Bund der Landwirte standen Stresemann nicht nur skeptisch gegenüber, sondern erwarteten auch oder hofften sogar, daß er scheitern werde. Dann sollte mit dem Notstandsparagraphen (Art. 48 RV) regiert oder gar zur diktatorischen Gewalt gegriffen werden. In Seeckt als dem Chef der Heeresleitung sahen diese Kreise, die von seiten der Wirtschaft und des Militärs, besonders innerhalb der Heeresleitung, auf Unterstützung rechnen konnten, bereits seit längerem die geeignete, über Machtmittel verfügende Persönlichkeit für eine Diktatur. Am 24. September baten ihn außerdem Vertreter der Christlichen Gewerkschaften, sich als Reichskanzler zur Verfügung zu stellen. Der General war allem Anschein nach bereit, sich einem „loyalen Angebot“ nicht zu versagen. Dementsprechend nahm er noch im September Kontakte zu Persönlichkeiten auf, mit denen er eine solche Aufgabe gemeinsam anzugehen beabsichtigte. Da der Gedanke an eine legale Diktatur außerdem vom Reichspräsidenten und der Reichsregierung erwogen wurde, war die Idee eines Direktoriums also eine von vielen Seiten diskutierte politische Lösung.

Als am 26. September 1923 Reichspräsident und Reichsregierung mit einer Proklamation den passiven Widerstand einstellten, verkündete die bayerische Staatsregierung den Ausnahmezustand. Der Reichspräsident beantwortete diesen Schritt damit, daß er als Sicherungsmaßnahme gegen Umsturzbewegungen über ganz Deutschland den Ausnahmezustand verhängte. Die Vollziehende Gewalt übergab Ebert dem Reichswehrminister, der sie auf die Militärbefehlshaber übertrug. Mit diesem im Truppenamt bereits vorbereiteten Akt ging die Verantwortung für die Wiederherstellung der öffentlichen Sicherheit und Ordnung auf die bewaffnete Macht über und lag hinsichtlich der praktischen Durchführung des Ausnahmezustandes in erster Linie bei den Wehrkreisbefehlshabern. Es erschien unvorstellbar, daß die Generale anderen Befehlen folgen könnten als denen ihrer Vorgesetzten. Im Falle der Reichsexekution gegen die Landesregierungen von Sachsen und Thüringen ergaben sich dementsprechend keine Schwierigkeiten.

Sachsen

In Sachsen war das Verhältnis zwischen Reichsheer und Landesregierung seit längerem dadurch belastet, daß sozialdemokratische Politiker des linken Flügels ihm vorwarfen, es unterhalte Beziehungen zu republikfeindlichen Organisationen und Verbänden und verfüge über geheime Waffen- und Munitionsbestände. Die gegenseitigen Vorbehalte wuchsen, als in dem seit dem 21. März 1923 regierenden sozialdemokratischen Kabinett Dr. Zeigner Kräfte dieser Richtung starken Einfluß gewannen. Besonders suspekt waren den Militärs die sogenannten Proletarischen Hundertschaften – eine quasimilitärische Organisation, die im Lande seit dem 17. März 1923 in Zusammenarbeit mit der Kommunistischen Partei aufgebaut wurde. Ihnen waren nicht nur an manchen Orten hilfspolizeiliche Aufgaben übertragen, sondern der Ministerpräsident bemühte sich auch, sie in den Grenzschutz einzugliedern. Diesen Vorschlag unterbreitete Zeigner im Frühjahr, als er während der Ruhrkrise mit Reichswehrdienststellen über Vorbereitungen für den Fall verhandelte, daß die Franzosen weiter in deutsches Gebiet vorrücken sollten. Sein Angebot stieß jedoch bei den Kommandobehörden in Sachsen ebenso wie im Reichswehrministerium auf Ablehnung. Der Ministerpräsident schlug daraufhin einen reichswehrfeindlichen Kurs ein. Seine zunehmend schärfer werdenden Beschuldigungen führten zu einer außerordentlich gespannten Lage. Als Zeigner die bewaffnete Macht am 7. August in öffentlicher Rede anklagte, zu rechtsradikalen Organisationen Verbindungen zu unterhalten, brach der Befehlshaber des Wehrkreises IV (Dresden), Generalleutnant Müller, die persönlichen Beziehungen zum Ministerpräsidenten ab.

Der Konflikt der sächsischen Landesregierung mit der bewaffneten Macht und der sich hinter sie stellenden Reichsregierung erreichte seinen Höhepunkt, nachdem Zeigner am 10. Oktober sein Kabinett auf der Grundlage einer Koalition zwischen SPD und KPD umgebildet hatte. Am 13. Oktober verbot General Müller als Inhaber der Vollziehenden Gewalt die Proletarischen Hundertschaften und ähnliche Organisationen mit der Begründung, „daß ein großer Teil der Bevölkerung, auch der Arbeiterschaft, stark unter dem Druck einer gewalttätigen Minderheit zu leiden hat.“ Sie wurden zügig und kompromißlos beseitigt. Als daraufhin der Finanzminister Böttcher, ein Kommunist, in einer Versammlung die Auflösungsorder angriff und im Gegenzug forderte, „das Proletariat muß sofort bewaffnet werden“, unterstellte der Wehrkreisbefehlshaber die sächsische Polizei am 16. Oktober seinem Befehl und ersuchte den Ministerpräsidenten am 17. Oktober in ultimativer Form, sich öffentlich und „unzweideutig auszusprechen, ob sich das Gesamtministerium dem Geiste und dem Wortlaut nach mit den Ausführungen des Ministers Böttcher einverstanden erklärt und in diesem Sinne die Regierung weiter führen will, oder ob es ... gewillt ist, nach meinen Weisungen zu handeln“. Da die sächsische Regierung nicht befriedigend antwortete, statt dessen Verhalten und Maßnahmen der Reichswehr zum Gegenstand einer Landtagsdebatte machte und den Reichswehrminister durch eine Resolution zum Rücktritt aufforderte, übernahm der General mit besonderen Vollmachten die Staatsgewalt. Er setzte am 21./22. Oktober seine Verbände ein, die durch Truppenteile der 2., 3., 5. und 6. Infanterie- und 2. Kavallerie-Division verstärkt wurden. Die Verwendung von Verbänden der 7. Division, die man in München anscheinend gerne gesehen und wohl auch angeboten hatte, war vom Reichspräsidenten abgelehnt worden mit dem Hinweis, daß die Reichsregierung nicht ein unbotmäßiges Land mit Hilfe eines anderen unbotmäßigen zur Befolgung seiner Pflichten anhalten könne. Es kam nur zu kleineren Zusammenstößen, weil das Militär sofort die Lage beherrschte. In der Polemik gegen das Eingreifen von Truppen wurden später nicht so sehr die wenigen Toten und Verwundeten hochgespielt, als vielmehr das hohe Maß an Verhaftungen und einige Vorfälle von Gefangenenmißhandlungen. Sie wurden allerdings vom Wehrkreisbefehlshaber ausdrücklich bedauert.

Neben dem Inhaber der Vollziehenden Gewalt amtierte nach dem 22. Oktober das Kabinett Zeigner einstweilen weiter. Es ließ nicht davon ab, die Reichsregierung, den Reichswehrminister und die Truppe anzugreifen. Infolgedessen wurde es am 27. Oktober vom Reichskanzler mit der Begründung, „die Propaganda der Kommunistischen Partei in Sachsen hat unter Führung der Ihrem [= Zeigner] Kabinett angehörenden kommunistischen Mitglieder Formen angenommen, die den gewaltsamen Sturz der Reichsverfassung und ihre Zertrümmerung zum Ziele haben und herbeiführen können“, zum Rücktritt aufgefordert. Als es diesem Ersuchen nicht folgte, wurde es am 29. Oktober unter Einsatz von Soldaten aus seinen Ämtern entfernt. Zugleich ernannte die Reichsregierung einen Reichskommissar für Sachsen. Unter der anschließenden, rein sozialdemokratischen Landesregierung Fellisch bahnte sich kein wesentlich besseres Verhältnis zur bewaffneten Macht an. Der Ausgang der Intervention befriedigte insgesamt wenig. General Müller, dessen Vollmachten theoretisch wieder eingeschränkt wurden, kontrollierte weiterhin Sachsen. Bessere Beziehungen zwischen Reichswehr und sächsischer Landesregierung wurden erst möglich, als am 15. Januar 1924 der rechte Sozialdemokrat Heldt mit bürgerlichen Parteien eine Koalitionsregierung bildete.

Thüringen und Hamburg

Eine Konfliktsituation mit der Reichsregierung ergab sich auch in Thüringen, wo am 16. Oktober 1923 eine sozialdemokratisch-kommunistische Koalitionsregierung zustande kam. Als hier ebenfalls Proletarische Hundertschaften aufgebaut wurden, drohte die Gefahr, daß bayerische nationalistische Verbände in das Land einfielen und einen Bürgerkrieg anzettelten. Mit Zustimmung des Reichspräsidenten forderte der Befehlshaber des Wehrkreises V, Generalleutnant Reinhardt, die Thüringische Staatsregierung zunächst auf, die Proletarischen Hundertschaften aufzulösen. Thüringen kam dem Ersuchen nur ungenügend nach. Daraufhin wurde am 5. November der Kommandeur der 3. Kavallerie-Division, Generalleutnant Hasse, beauftragt, die Hundertschaften zu beseitigen. Indem die bewaffnete Macht ab 6. November in Thüringen eingriff, sprengte sie das dortige Koalitionskabinett. Eine ernsthafte Gefährdung des Reiches hatte die Entwicklung in Thüringen nicht dargestellt. Daher beantwortete der Reichswehrminister eine Beschwerde des thüringischen Ministerpräsidenten mit dem Hinweis, die Truppen sollten Thüringen gegen bayerische Banden schützen; diese Aufgabe setze aber voraus, daß sie im Rücken gesichert seien. Eine gleichartige Erklärung wurde gegenüber dem Reichspräsidenten abgegeben, der nicht in Thüringen, sondern in Bayern eine besorgniserregende Gefahr gegeben sah. Rein militärisch gesehen wurde tatsächlich durch die Unterstellung des Landes unter die Kontrolle des Reichsheeres die Gefahr verringert, die von Bayern ausging.

Bei dem kommunistischen Aufstand vom 22. bis 24. Oktober 1923 in Hamburg wurden neben der Polizei nicht Verbände des Reichsheeres sondern Schiffsbesatzungen der Reichsmarine eingesetzt. Die blutigen Kämpfe in der Hansestadt werden jedoch insofern auch auf die Kommandobehörden des Reichsheeres zurückgewirkt haben, als sie das Militär in dem Entschluß bestärkten, durch vorbeugende Maßnahmen neue Aufstände im Reichsgebiet zu verhindern.

Reichsheer und Reichsmarine hatten sich in Sachsen, Thüringen und Hamburg als schlagkräftiges Instrument der Reichsgewalt erwiesen und dadurch eine geplante kommunistische Revolution im Keime erstickt. Moskau, das sie inauguriert hatte, erachtete es für zweckmäßig, sie abzublasen. Die Truppen hatten für die Republik und gegen ihre Feinde gekämpft, auch wenn sie den Einsatz bei innerpolitischen Auseinandersetzungen nicht liebten. Allerdings hatte es sich bei diesen Feinden um linksradikal gesinnte Teile der Bevölkerung gehandelt, die ihrerseits den Streitkräften mit unüberwindbarer Abneigung, wenn nicht gar haßerfüllt gegenüberstanden. Die Soldaten waren dementsprechend in ihren Mitteln wenig wählerisch als sie zu Ordnungsaufgaben herangezogen wurden; sie unterschieden innerhalb ihrer Gegner kaum zwischen pazifistischen Sozialdemokraten und den die bürgerliche Gesellschaftsordnung grundsätzlich bekämpfenden Kommunisten, die in der Reichswehr den stärksten Garanten der Weimarer Republik sahen. Befehlshaber und Truppe bestätigten also die Behauptung des Chefs der Heeresleitung, daß das Hunderttausend-Mann-Heer ihm gehorche, sie befolgten die Befehle aus Berlin widerspruchslos – solange sie gegen Feinde von links gerichtet waren.

b. Die bayerische Krise

Reichsheer und Rechtsextremismus

Eine differenziertere Lage ergab sich dagegen von vornherein in Bayern. Der erste Befehlshaber des Wehrkreises VII (München) und Landeskommandant von Bayern, General Ritter von Möhl, stimmte mit der bayerischen Staatsregierung in der Abneigung gegen Berlin überein. Sie war in gemeinsamer konservativer Ablehnung der Reichsregierung und föderalistischen, teilweise sogar partikularistischen Vorbehalten gegen den Berliner „Zentralismus" begründet. Um diesen Tendenzen innerhalb der bewaffneten Macht Einhalt zu gebieten, verfügte der Reichswehrminister zum Jahreswechsel 1922/23 personelle Umbesetzungen. Ritter von Möhl wurde zum Oberbefehlshaber des Reichswehr-Gruppenkommandos 2 (Kassel) ernannt, während Generalleutnant Otto Hermann v. Lossow den Wehrkreis VII übernahm. Gegen seine Ernennung erhob die bayerische Staatsregierung zunächst Einspruch, weil sie gemäß § 12 des Wehrgesetzes bei der Besetzung des Postens eines Landeskommandanten mitzuwirken habe. Sie erkannte Lossow dann jedoch an, weil er Bayer war und weil sich der Reichswehrminister wegen des Verfahrensfehlers entschuldigte. Der neue Wehrkreisbefehlshaber, der Seeckt aus ihrer gemeinsamen Zeit in der Türkei bekannt war, galt als Vertrauensmann des Chefs der Heeresleitung. Dementsprechend begegneten Lossow einige rechtsradikale bayerische Organisationen zunächst zurückhaltend, aber bald erkannten sie, daß auch dieser General konservativer Bayer war und im übrigen kaum eine andere Einstellung vertrat als sein Vorgänger.

Dem in Bayern viel engeren Kontakt des Reichsheeres zu den paramilitärischen Organisationen und anderen sogenannten vaterländischen Vereinigungen mit extrem nationalistisch-republikfeindlicher oder auch bayerisch-partikularistischer Haltung gebot Lossow ebensowenig Einhalt wie vorher Ritter von Möhl. Offiziell begründet wurden diese Verbindungen mit der Vorbereitung von Abwehrmaßnahmen gegenüber weiterem französischem Vordringen. Eine der Gruppen war die Nationalsozialistische Deutsche Arbeiter Partei (NSDAP), deren „Führer" Adolf Hitler bis zum 31. März 1920 der Vorläufigen Reichswehr angehört hatte. Die Partei genoß die offenen Sympathien vieler Offiziere, darunter des Infanterieführers VII, Generalmajor Ritter von Epp, des Obersten Hierl und des Hauptmanns Röhm, sowie zahlreicher Unteroffiziere und Mannschaften. An den Veranstaltungen der Nationalsozialisten ebenso wie an Kundgebungen anderer rechtsradikaler Bünde nahmen Soldaten entgegen den Bestimmungen des Wehrgesetzes über ihre politische Tätigkeit teil, ohne bestraft zu werden. Dazu gestatteten Reichsheerdienststellen, daß Mitglieder aller dieser Organisationen sich bei militärischen Übungen beteiligten. Die bayerische Regierung beurteilte die politische Einstellung der Truppen als stärker nationalsozialistisch denn bayerisch-restaurativ gesinnt.

Die bayerischen Verhältnisse verursachten dem Reichswehrministerium naturgemäß erhebliche Sorgen. Geßler und Seeckt hatten deshalb versucht, mit der Umbesetzung im Kommando des Befehlshabers im Wehrkreis VII nicht nur die 7. (Bayerische) Division als Machtmittel der Reichsgewalt enger als bisher an die Heeresleitung zu binden, sondern auch den offenkundig vorschriftswidrigen Beziehungen Schranken zu setzen. Ihren Bestrebungen war wenig Erfolg beschieden. Hitler konnte vielmehr General v. Lossow als seinen „Schutzherrn" (Deuerlein) ansehen, denn der Wehrkreisbefehlshaber intervenierte anläßlich des ersten „Reichsparteitages der NSDAP" (Ende Januar 1923) zu seinen Gunsten. Umsonst warnte der Chef der Heeresleitung nach einem Aufenthalt in München, bei dem er am 10. März 1923 auch mit Hitler zusammentraf, das Reichsheer in seinem Erlaß vom 23. März vor politischer Betätigung, insbesondere im Sinne des Nationalsozialismus. Seiner Sorge vor dem Eindringen extremer politischer Ansichten in das Reichsheer gab er erneut am 24. Juli 1923 Ausdruck. Im Reichswehrministerium konnte man sich nicht zu eindeutigen Weisungen oder sogar härteren Maßnahmen entschließen, sondern fand sich nach einer Besprechung des Generals Lossow mit dem Chef der Heeresleitung vom 7. April damit ab, „daß man in Bayern die zweifellos reichlich vielen vaterländischen Organisationen nicht entbehren könne, weil mindestens 51 Prozent der Waffen in ihren Händen wären" (Rabenau). Das unbehagliche Gefühl, wenn nicht schlechte Gewissen, versuchte man mit dem Vertrauen auf den Wehrkreisbefehlshaber zu kompensieren. Daß dieses wenig berechtigt war, erwiesen die weiteren bayerischen Mobilmachungsvorbereitungen. Staatsregierung und Landeskommandant verwarfen ohne Bedenken das sogenannte Seeckt-Severing-Abkommen (s. S. 225) und waren nach wie vor bestrebt, die 7. (Bayerische) Division dem Einfluß Berlins zu entziehen. Es kam zu sich steigernden Spannungen zwischen dem Reichswehrministerium und dem Wehrkreiskommando VII, die durch die besondere Art der Beziehungen zwischen dem Chef der Heeresleitung und dem Befehlshaber im Wehrkreis VII gekennzeichnet waren. Es war die „menschlich verständliche, aber in dieser Lage unglückliche Verbindung von persönlicher Rücksichtnahme und auch politischer Vorsicht mit sachlicher Schärfe im Dienst", die „das Verhältnis Seeckt-Lossow während des ganzen Jahres 1923" bestimmten und das „unter den außerordentlich schwierigen Verhältnissen zu der gefährlichen politischen Unklarheit beigetragen [hat], die zu noch schlimmeren Folgen hätte führen können, als sie der tatsächliche Verlauf im Herbst 1923 zeigte" (Meier-Welcker).

Als infolge der Verhängung des Ausnahmezustandes in Bayern und der Übertragung der Vollziehenden Gewalt im gesamten Reichsgebiet an den Reichswehrminister der Gegensatz zwischen Bayern und dem Reich in eine neue akute Krise mündete, sah sich allerdings die Reichswehrführung gezwungen, ihre Befehls- und Kommandogewalt gegenüber dem Befehlshaber des Wehrkreises VII eindeutig klarzustellen. Zu diesem Akt kam es jedoch erst, als sich eine scharfe Auseinandersetzung um die Verfügung über die 7. (Bayerische) Division anbahnte. Reichsregierung und Reichswehrführung suchten den reichsrechtlichen Ausnahmezustand gegenüber Bayern durchzusetzen, während die bayerische Staatsregierung und das Wehrkreiskommando VII sich der Vollziehenden Gewalt des Reichswehrministers nicht unterordnen wollten. Noch einmal hatte man zuvor in Berlin versucht, einen Zusammenstoß durch diplomatisches Lavieren zu vermeiden und Lossow angewiesen, einem Konflikt mit dem bayerischen Generalstaatskommissar Ritter von Kahr aus dem Wege zu gehen. Hierauf bezog sich dann der General, als die eigentliche Auseinandersetzung begann.

Der Konflikt um die 7. (Bayerische) Division

Der Konflikt um die bewaffnete Macht in Bayern wurde ausgelöst, als das Parteiorgan der NSDAP, der in München erscheinende „Völkische Beobachter“, am 27. September 1923 unter der Überschrift „Die Diktatoren Stresemann – Seeckt“ einen Artikel veröffentlichte, in dem der Chef der Heeresleitung politisch scharf angegriffen und persönlich verleumdet und beleidigt wurde. Da der bayerische Generalstaatskommissar sich nicht veranlaßt sah, gegen die Zeitung einzuschreiten, verbot der Reichswehrminister am 29. September bis auf weiteres Druck und Vertrieb des „Völkischen Beobachters“ und befahl dem Wehrkreiskommando VII, das Verbot der Redaktion mitzuteilen. General Lossow übermittelte jedoch die Weisung an Generalstaatskommissar Ritter von Kahr und ersuchte ihn, Weiteres zu veranlassen. Kahr war hierzu „im Interesse der Einigung aller vaterländischen und deutschdenkenden Kreise“ nicht bereit. Lossow seinerseits erhob in Berlin Gegenvorstellungen. Sein Einspruch wurde zurückgewiesen und am 1. Oktober mit dem Befehl beantwortet, das Verbot mittels Einsatz von Truppen zu vollziehen. Doch der Befehlshaber des Wehrkreises VII erklärte den damit aufrechterhaltenen Befehl noch am gleichen Tage für „unausführbar“, weil der von ihm in Kenntnis gesetzte Generalstaatskommissar „gegen bewaffnetes Einschreiten wegen schwerster Gefährdung der öffentlichen Sicherheit Einspruch erhoben“ habe und er – wie angewiesen – einen offenen Konflikt mit ihm „unter allen Umständen“ vermeiden werde. Damit machte er sich der militärischen Insubordination schuldig. Seinen Rechtfertigungsversuch vom 6. Oktober beantwortete der Chef der Heeresleitung mit einem außerordentlich scharfen Schreiben vom 9. Oktober, in dem er Lossows Befehlsverweigerung als „einen Verstoß gegen die militärische Unterordnung und einen bewußten Ungehorsam“ brandmarkte, „der in empfindlichster Weise das

Zutrauen in die Disziplin und die Einheitlichkeit der Reichswehr, des wichtigsten staatserhaltenden Machtfaktors des Reichs, erschüttern muß".

Seeckt hatte General von Lossow am 9. Oktober aufgefordert, um seinen Abschied einzukommen. Es geschah nicht. Der General zog sich vielmehr hinter die bayerische Staatsregierung zurück. Ihr Ministerpräsident v. Knilling stellte sich in einem Schreiben an den Reichswehrminister vom 10. Oktober und an den Reichskanzler vom 12. Oktober vor den Befehlshaber des Wehrkreises VII und interpretierte die Auseinandersetzung als eine politische Angelegenheit im Bereich polizeilicher Aufgaben, die vom Chef der Heeresleitung funktionswidrig „auf das Gebiet des militärischen Unterordnungsverhältnisses hinübergespielt wird" – eine Argumentation, der gemäß Meier-Welcker eine gewisse Berechtigung nicht abzusprechen ist. Der Reichswehrminister Geßler versuchte daraufhin durch persönliches Eingreifen Lossow zum freiwilligen Verzicht auf sein Amt zu veranlassen, und so den drohenden Konflikt zu vermeiden. Er traf am 18. Oktober in Augsburg als Vermittler den Seeckt nahestehenden Generalmajor Freiherrn Kreß von Kressenstein, Artillerieführer VII, zu einer „privaten" Unterredung und vertrat dabei die Auffassung des Chefs der Heeresleitung. Geßler erklärte, daß Bayern nicht mit einem anderen Maß gemessen werden dürfe als Sachsen. Der Reichskanzler stellte sich am 20. Oktober gegenüber dem bayerischen Ministerpräsidenten ebenfalls „unbedingt" hinter den Chef der Heeresleitung, hob aber zugleich hervor, daß es nicht in der Absicht der Reichsregierung liege, „gegen Bayern in schärfster Form vorzugehen".

Als Lossow nicht reagierte, wurde der Generalleutnant am 19./20. Oktober 1923 seiner Dienststellung enthoben und der Reichswehrminister leitete seine Verabschiedung ein. Mit der Wahrnehmung der Geschäfte des Wehrkreisbefehlshabers wurde Kreß von Kressenstein beauftragt und die bayerische Staatsregierung ersucht, einen neuen Landeskommandanten zu benennen. Generalstaatskommissar und bayerische Staatsregierung beantworteten den Akt am 20./21. Oktober mit öffentlichen scharfen Angriffen gegen die Reichsregierung wie der Behauptung, es gehe gar nicht um den Wehrkreisbefehlshaber und um die bewaffnete Macht, „sondern es handelt sich letzten Endes um den großen Kampf der marxistischen, internationalen und undeutschen Einstellung gegen die nationale und christliche Volksanschauung". Diese Auffassung, die Kahr bereits am 19. Oktober auf einer Versammlung der standortältesten Offiziere im Wehrkreiskommando VII vorgetragen hatte, fand sogar in Kreisen der politischen Rechten Norddeutschlands Zustimmung. Der dienstenthobene General wurde von der bayerischen Regierung als Landeskommandant eingesetzt, mit der Führung der Division betraut und beauftragt, „die bayerische Reichswehr feierlichst auf den bayerischen Staat zu verpflichten!" Die Inpflichtnahme der 7. Division und der bayerischen Soldaten an der Infanterie- und Pionierschule auf die bayerische Staatsregierung „als der Treuhänderin des deutschen Volkes" fand am 22. Oktober statt. Der Chef der Heeresleitung reagierte noch am gleichen Tage mit einem Befehl an das Reichsheer, in dem er die bayerischen Maßnahmen als einen gegen die Verfassung gerichteten „Eingriff in die militärische Kommandogewalt" bezeichnete. Wer sie befolge, „bricht seinen dem Reich geleisteten Eid und macht sich des militärischen Ungehorsams schuldig". Ebenso forderte Seeckt die 7. Division „feierlichst auf, ihrem dem Reich geleisteten Eid treu zu bleiben und sich dem Befehl ihres höchsten Militärbefehlshabers bedingungslos zu fügen". Lossow verhinderte jedoch die Weitergabe dieses Befehls und verwahrte sich gegen die Aufforderung, daß seinen Befehlen nicht Folge zu leisten sei. Auch der General Ritter von Möhl sympathisierte mit den Münchener Entscheidungen. Dagegen versicherten die Kommandeure aller anderen Infanterie- und Kavalleriedivisionen über den Oberbefehlshaber des Reichswehr-Gruppenkommandos 1 den Chef der Heeresleitung in einer Presseerklärung ihres Vertrauens und Gehorsams – „ein ganz ungewöhnlicher Vorgang in der deutschen Heeresgeschichte" (Meier-Welcker).

Nach dem 22. Oktober 1923 ließ sich die Tatsache nicht mehr übersehen, daß die Einheit des Reichsheeres ebenso bedenklich in Frage gestellt war wie die Einheit Deutschlands überhaupt. Während die Reichsregierung in ihrem Aufruf vom 23. Oktober die bayerische Staatsregierung anklagte, „einen offenen Verfassungsbruch und eine innere Krise im Reiche" über die Frage herbeigeführt zu haben, „ob die militärische Disziplin ... auch im heutigen Deutschland Geltung haben solle oder nicht" und sich entschieden gegen die ideologische Motivierung der bayerischen Maßnahmen verwahrte, erklärte Bayern am 24. Oktober, es habe in Übereinstimmung mit der Reichsverfassung gehandelt, als es die Dienstenthebung des Generals von Lossow außer Wirksamkeit setzte. Der Chef der Heeresleitung griff zu weiteren Maßnahmen und befahl, die Infanterieschule München vorübergehend aufzulösen, die bayerische Kompanie des Wachregimentes Berlin heimzuschicken und alle aus Bayern stammenden Offiziere in der Heeresleitung in ihre Heimat zu entlassen – wenn sie es wünschten. Die Ausführung der Befehle wurde jedoch von der Reichsregierung verhindert, weil sie eine bewaffnete Auseinandersetzung vermeiden wollte und weiterhin hoffte, mit politischen Mitteln zum Ziele zu gelangen. Noch am 24. Oktober stellten sich nämlich die Vertreter der Länderregierungen einmütig hinter sie. So konnte sie die bayerische Staatsregierung ersuchen, „die verfassungsmäßige Befehlsgewalt im bayerischen Teil der Reichswehr in kürzester Frist wiederherzustellen". Seeckt war empört und beugte sich dieser Weisung höchst widerwillig, weil er eine Einmischung der Reichsregierung oder gar der Länder in seine Befehle als Akt rein truppendienstlichen Charakters nicht zugestehen wollte; auch beinhalteten sie seiner Auffassung nach nicht die Gefahr eines bewaffneten Konfliktes, den er ebenfalls vermieden wissen wollte. Dennoch befand sich Deutschland am 31. Oktober, als eine ablehnende Antwort aus München eintraf, bereits am Rande eines Bürgerkrieges. Jetzt bemühte sich die Heeresleitung erst recht, kein Öl in das glimmende Feuer zu gießen. Außer einem Verbot an das Reichsheer, in irgendwelcher Form Verbindung mit der 7. Division aufzunehmen, erging nur noch die Weisung, keine Personalakten bayerischer Offiziere zu bearbeiten.

Dadurch, daß das Reichswehrministerium auch nicht die Haushaltsmittel sperrte, finanzierte es vielmehr zumindest indirekt die Maßnahmen Lossows zur Vorbereitung eines Kampfes gegen Berlin.

Seeckt zwischen bayerischen Putschplänen und eigenen Diktaturvorstellungen

Während im Rheinland und in der Pfalz separatistische Bewegungen ihre Ziele durchzusetzen suchten, während in Hamburg ein kommunistischer Aufstand niedergeschlagen wurde, während die Auseinandersetzungen Reich – Sachsen ihren Höhepunkt erreichten und sich in Thüringen ein neuer Konfliktherd bildete, bahnte sich auch von bayerischer Seite eine gewaltsame Lösung des politischen Gegensatzes zu Berlin an. Die rechtsradikalen Organisationen forderten ebenso wie die vaterländischen Verbände immer lautstärker den Marsch auf die Reichshauptstadt und die Errichtung einer nationalen Diktatur. Sie hofften nicht grundlos darauf, daß die Truppen des Wehrkreises VII gemeinsame Sache mit ihnen machen würden.

General v. Lossow stand bei seiner Auseinandersetzung mit der Reichswehrführung auch im militärischen Bereich nicht isoliert da. Fast alle Kommandeure des Wehrkreises VII hatten sich inzwischen seinem Befehl unterstellt, um auf diese Weise die Geschlossenheit der Division zu erhalten. Ihr Entschluß bedeutete allerdings nicht, daß sie die politischen Anschauungen und Ziele ihres Befehlshabers teilten. Lossow bereitete nämlich in Zusammenarbeit mit den Führern der vaterländischen Verbände und der Landespolizei einen Feldzug gegen Berlin mit dem Ziel vor, „Deutschland vom Marxismus zu befreien unter dem Banner der schwarz-weiß-roten Fahne“. Ideen eines bayerischen Föderalismus, wie sie im Kreise um Kahr vertreten wurden, lagen ihm fern. Aber wie im Frühjahr bei den Vorbereitungen für den Fall eines aktiven Widerstandes gegen Frankreich für die Heeresleitung, so erwies es sich jetzt für das Wehrkreiskommando als unmöglich, die paramilitärischen Organisationen dafür zu gewinnen, daß sie sich alle der militärischen Führung unterordneten. Lossow zweifelte jedoch nicht daran, daß ihm die Truppen der 7. Division folgen würden, zumal sich sogar die überwiegende Mehrheit des Lehrpersonals der Infanterieschule, ebenso wie der Waffenschüler aus allen Divisionen, also der zukünftigen Offiziere des Reichsheeres, hinter ihn und die Sache der bayerischen Staatsregierung zu stellen schienen. Die jungen Offiziere nahmen sogar mit Jubel eine Ansprache Hitlers auf, in der sie der Führer der NSDAP zum Eidbruch aufforderte. Darüber hinaus hoffte Lossow, daß sich ihm zumindest Teile des Reichsheeres außerhalb Bayerns anschließen würden. An jenem 31. Oktober, an dem die bayerische Staatsregierung das Ersuchen der Reichsregierung vom 24. Oktober negativ beantwortete, erklärte der Landeskommandant, „es sei jetzt eine Reichsdiktatur Lossow-Seißer-Hitler nötig, die sich in Bayern auf Kahr und Pöhner stütze“. Den Termin des Staatsstreiches machte er von der Entwicklung der Verhältnisse in Thüringen abhängig.

In München war man sich darüber klar, daß die Erfolgschancen eines Marsches auf Berlin nur gering sein würden, wenn die nichtbayerischen Divisionen dem Chef der Heeresleitung und damit der Reichsregierung weiterhin zur Verfügung standen. Es fehlte deshalb nicht an Versuchen, Seeckt für die eigenen Ziele zu gewinnen, zumal nicht verborgen blieb, daß der General geneigt war, an die Spitze einer „Diktatur" zu treten. Auch nach der Verhängung des Ausnahmezustandes beschäftigte sich der Chef der Heeresleitung bei äußerlicher Zurückhaltung weiter mit dem Gedanken, die politische Verantwortung zu übernehmen. Wie er diese Aufgabe zu lösen gedachte, bezeugen zwei Niederschriften, die gemäß der These Kessels auf den 25. September 1923 oder im Zusammenhang mit diesem Tage zu datieren sind. In ihnen vertrat Seeckt eine politische Konzeption, deren Hauptziel es war, die Autorität des Staates „zur Gesundung aus unerträglicher Erkrankung" zu stärken.

Die zwei eigenhändigen Niederschriften Seeckts sind von ihm als „Ein Regierungsprogramm" und „Entwürfe zur etwaigen Regierungsübernahme" gekennzeichnet. Die Aufzeichnungen verraten politische Vorstellungen, die den General sowohl mit den nationalen Kreisen als auch mit der Arbeiterschaft in Konflikt gebracht hätten. Außenpolitisch war Seeckt gewillt, sich sachlich auf den Boden des Versailler Vertrages zu stellen, wenn er auch seine Auffassung von dem erzwungenen Friedensinstrument nicht verhehlte und jede neue, über die ursprünglichen Bestimmungen hinausgehende Forderung ebenso wie einen Eintritt in den Völkerbund ablehnte. Damit entsprach er nicht den Vorstellungen jener Rechtsgruppen, die jede Form von Erfüllungspolitik ablehnten, und daher kaum einer Diktatur Seeckts zugebilligt hätten, was sie dem Programm Stresemanns vorwarfen. Seine wirtschafts- und sozialpolitischen Pläne, wie die Aufhebung der Tarifverträge und der Ersatz der Gewerkschaften durch Berufskammern, und innenpolitischen Ideen, wie die Heraufsetzung des Wahlalters auf 25 Jahre und die Einführung einer Reichsständekammer neben dem Reichstag, wären sicher auf Widerstand in breiten Kreisen der Arbeitnehmerschaft und bei der sozialdemokratischen Partei gestoßen. Außerdem waren seine Vorstellungen nicht frei von Widersprüchen, denn wie vertrug sich eine Änderung der Reichsverfassung im föderativen Sinn mit der Forderung, daß die Ämter des Reichskanzlers und des preußischen Ministerpräsidenten vereinigt werden sollten. Ähnliche unvereinbare Gegensätze barg sein Programm in außen- und wirtschaftspolitischer Hinsicht.

Ebensowenig wie Seeckt daran dachte, mit der Übernahme der politischen Verantwortung zum aktiven Widerstand gegen die Erfüllungsforderungen der Versailler Vertragspartner überzugehen, zielte er innenpolitisch auf eine Ein-Mann-Diktatur. Seine Pläne bewegten sich mehr im Rahmen der alten Vorstellungen von einem Direktorium. Schon Ende September hatte der General erwartet, daß Stresemann scheitern werde. Auch Anfang November sah er in der Person des Reichskanzlers ein entscheidendes Hindernis auf dem Weg, die innenpolitische Krise zu bereinigen, wie Äußerungen im Zusammenhang mit der bayerischen Krise belegen.

Seit dem Buchrucker-Putsch verlor Seeckt bei der Deutschnationalen Volkspartei, dem Landbund und anderen Kreisen der Rechten an Vertrauen. In der Heeresleitung wurde befürchtet, daß die bewaffnete Macht von einer „Rechtsrevolution“ überrollt werden könne, wenn sie sich zu eng an die bestehende Staatsform anschließe, vor allem, wenn sie Stresemann unterstütze. Diese Auffassung änderte sich nicht, als die sozialdemokratischen Reichsminister am 2. November wegen der Haltung der Reichsregierung gegenüber Sachsen und Thüringen einerseits und Bayern andererseits zurücktraten. Vielmehr scheinen bereits in der Heeresleitung Stimmen laut geworden zu sein, die Seeckt Entschlußlosigkeit vorwarfen, und das Spiel der Intrigen gegen ihn begünstigten. Nicht nur die politische Rechte, sondern auch seine militärische Umgebung hatte ihn während des Oktobers zum Handeln gedrängt. In dieser Situation kam am 3. November der Chef des Landespolizeiamtes im bayerischen Staatsministerium des Innern, Polizeioberst Ritter von Seißer, nach Berlin, um Seeckt als Mitspieler zu gewinnen. Er vernahm vom Chef der Heeresleitung, daß er nicht bereit wäre, die Autorität des Staates preiszugeben oder den legalen Weg zu verlassen. Seeckt lehnte also den gewaltsamen Staatsstreich als Eid- und Rechtsbruch grundsätzlich ab. Seißer hörte aber auch, daß sich ihre politischen Ziele deckten und daß der General nicht gewillt war, die Auseinandersetzungen zwischen dem Reich und Bayern durch Einsatz militärischer Mittel von Berlin aus zu bereinigen. In dem Bemühen, einen gewaltsamen Zusammenstoß zu vermeiden, verfaßte Seeckt seinen Aufruf vom 4. November an das Reichsheer.

Der Chef der Heeresleitung forderte in seinem Aufruf vom 4. November 1923 alle Angehörigen des Reichsheeres auf, ihre Ehre im Gehorsam zu sehen und dementsprechend sich von niemand beeinflussen und zu Zwietracht in den eigenen Reihen verleiten zu lassen. Er ersuchte alle Kommandeure, jeden Untergebenen, der sich politisch betätigte, unverzüglich aus der Truppe zu entfernen, denn eine „Reichswehr, in die der Spaltpilz der Politik eingedrungen ist, wird in der Stunde der Gefahr zerbrechen“. Als „unbedingt zuverlässiges Instrument in der Hand ihrer Führer“ sollte die bewaffnete Macht ihre Pflicht in der Aufgabe sehen, jeder neuen Revolution „– komme sie von links oder rechts –“ entgegenzutreten und einen Bürgerkrieg zu verhindern.

Wie die Mahnung an das Reichsheer, seine innere Einheit zu bewahren und fest auf dem Boden von Verfassung und Gesetz zu verbleiben, so sollte ein Schreiben vom 5. November an den bayerischen Generalstaatskommissar Kahr verhindern, daß die bewaffnete Macht zu einem Kampf nach zwei Seiten um die Erhaltung der Autorität des Staates gezwungen würde, in dem sie nach Auffassung des Chefs der Heeresleitung „zerbrechen“ müßte. Dieses Schreiben wird von den Historikern nicht übereinstimmend interpretiert. Gordon deutet den Privatbrief des Generals als Versuch, „den Eifer der Ultrakonservativen zu dämpfen“. Für Carsten war es Seeckts Hauptsorge, „einen militärischen Zusammenstoß zu vermeiden, in dem die Reichswehr gezwungen werden könnte, auf ihre ‚Gesinnungsgenossen‘ (oder auf bayerische Reichswehreinheiten) zu schießen und ‚eine ihr wesensfremde Regierung‘ zu verteidigen“. Kessel sieht das Motiv für den Brief in dem Bemühen des Generals, durch unmittelbare persönliche Einwirkung auf den Generalstaatskommissar zu erreichen, daß die bayerischen

„Streitkräfte, die sich an der Grenze sammelten, zurückgehalten wurden". Meier-Welcker interpretiert ihn als Ausdruck „der Sorge über die Vorgänge im nordbayerischen Grenzgebiet".

Das Schreiben an Kahr ist in zwei Fassungen überliefert, die unterschieden werden müssen: ein eigenhändiger Entwurf Seeckts vom 2. November und die überarbeitete Vorlage für die Ausfertigung vom 5. November. Der Vergleich läßt den Wandel in der Entwicklung erkennen, deren Hintergrund Seeckts Sorge vor einem rechtsgerichteten Umsturzversuch aus Bayern bildete. Das Konzept vom 2. November enthält jene für den Chef der Heeresleitung in einer Republik äußerst befremdenden Formulierungen, die vielfach zitiert werden: „Die Weimarer Verfassung ist für mich kein noli me tangere; ich habe sie nicht mit gemacht, und sie widerspricht in den grundlegenden Prinzipien meinem politischen Denken. Ich verstehe daher vollkommen, daß Sie ihr den Kampf angesagt haben . . ." oder „Was meine Einstellung der intern. Soz. Dem. gegenüber anbelangt, . . . sehe [ich] klar, daß ein Zusammengehen mit der soz. dem. Partei ausgeschlossen ist, weil sie sich dem Gedanken der Wehrhaftigkeit verschließt." Sie lassen sich auch nicht mit der Begründung rechtfertigen, daß Seeckt es für richtig erachtete, aus reinen Zweckmäßigkeitserwägungen bis zur äußersten Grenze dessen zu gehen, was sich an ideellen Gemeinsamkeiten mit den sogenannten nationalen Zielen der bayerischen Putschisten herausstreichen ließ, nur um die Umsetzung ihrer Pläne in die Tat zu verhindern. Hier war der Bereich des für einen im Dienst der Republik stehenden Generals selbst in einem Privatbrief Zulässigen überschritten, ganz zu schweigen von der These, daß Seeckt hier einmal seine wahre Einstellung preisgegeben hätte. In dieser Form wurde das Schreiben nicht abgeschickt, aber die Ausfertigung enthielt noch Wendungen, in denen der General das Prinzip der unpolitischen bewaffneten Macht preisgab. Es war politisch nicht vertretbar, daß unter den vorliegenden Umständen der Chef der Heeresleitung dem Generalstaatskommissar eines unbotmäßigen Landes schrieb, er „halte ein Kabinett Stresemann auch nach einer Umbildung nicht für lebensfähig", und daß er Kahr vom Inhalt einer Besprechung mit dem Reichspräsidenten und dem Reichskanzler unterrichtete, in der er erklärt hatte, daß er „nicht auf die Dauer für die Haltung der Reichswehr unter einer Regierung einstehen könnte, zu der sie kein Vertrauen habe".

Seeckts Privatbrief an Kahr wurde entworfen, bevor der General mit dem Befehlshaber der bayerischen Landespolizei zusammentraf. Durch Seißer wurde er dem Generalstaatskommissar angekündigt, die Abschwächungen in der Ausfertigung können eine Folge ihres Gespräches und der weiteren politischen Entwicklung gewesen sein.

Diese Zuspitzung der bayerischen Krise veranlaßte Seeckt, politisch unmittelbar tätig zu werden. In der Annahme, daß die weitere Führung der Reichsregierung durch Stresemann einen Marsch aus Bayern auf Berlin auslösen werde, ließ der General den Reichskanzler in der Nacht vom 4./5. November über dessen persönlichen Begleiter wissen, daß er „das Verbleiben des Kanzlers im Amte für unmöglich" halte. Stresemann führte am 5. November eine Aussprache mit Seeckt herbei, in der sich der Chef der Heeresleitung nochmals zu dieser Auffassung bekannte. Seeckt war bereit, die Führung der Regierungsgeschäfte an der Spitze eines Direktoriums zu übernehmen, doch der Reichspräsident hielt an Stresemann fest. Der Reichskanzler wurde erst am 23. November vom Reichstag gestürzt. Zu diesem Zeitpunkt amtierte Seeckt bereits zwei Wochen als Inhaber der Vollziehenden Gewalt, die ihm infolge des Hitler-Putsches zuteil geworden war. Seine Direktoriumspläne hatte der General allerdings auch nach dem 5. November noch nicht zu den Akten gelegt. Daß er sie nicht zu verwirklichen suchte, lag in den folgenden Wochen vornehmlich im Fehlen geeigneter Persönlichkeiten als „Mitspieler“ oder Träger begründet.

Der Hitlerputsch

Mit dem Eingreifen von Verbänden des Reichsheeres in Thüringen am 6. November 1923 war den paramilitärischen Organisationen und bewaffneten Gruppen Bayerns ein Vorwand entzogen, aus ihren nordbayerischen Sammelplätzen nach Norden vorzurücken. Kahr und wohl auch Lossow hatten sich bereits vom Plan einer gewaltsamen Aktion gegen die Reichsregierung abgewandt, obgleich der General noch am 6. November davon sprach, daß seine Division jede Rechtsdiktatur unterstützen werde, die Erfolgsaussichten besitze. Vorangetrieben wurde die Entwicklung durch den Hitlerputsch vom 8./9. November. Er war im Grunde bereits gescheitert, als der Reichspräsident noch in dieser Nacht mit Verordnung vom 8. November 1923 aufgrund des Artikels 48 RV dem Chef der Heeresleitung die Ausübung des Oberbefehls über die gesamte Wehrmacht übertrug und ihn anstelle des Reichswehrministers mit der Vollziehenden Gewalt und der Aufgabe betraute, alle zur Sicherung des Deutschen Reiches erforderlichen Maßnahmen zu treffen. Er war gescheitert, weil Kahr, Seißer und Lossow ihre Stellungnahme zugunsten Hitlers als mit Waffengewalt erpreßt für ungültig erklärt hatten und sich die bayerische Landespolizei sowie die 7. (Bayerische) Division gegen den Putsch entschieden.

Am 9. November, 2.55 Uhr morgens, sandte die Reichswehrfunkstelle München an alle deutschen Funkstationen einen Funkspruch mit der von Lossow gezeichneten Erklärung gegen den Hitler-Putsch. Die eindeutige Stellungnahme entsprach stärker dem Entschluß hoher Offiziere in München, wie des Generalmajors Freiherr Kreß von Kressenstein, als dem eindeutigen Willen des Landeskommandanten. Diese Offiziere bewahrten Deutschland vor einem Bürgerkrieg und verhinderten eine Spaltung des Reiches. Es gab nämlich innerhalb der 7. Division vereinzelt Schwierigkeiten und Widerstände, als die Befehle aus München die Truppe nicht für sondern gegen Hitler und Ludendorff alarmierten. Sie scheinen jedoch geklärt und bereinigt worden zu sein. Jedenfalls erwähnte der Chef der Heeresleitung später lobend die „einwandfreie Haltung“ der bayerischen Truppen, als er sich in scharfer Form gegen das Verhalten der Infanterieschule wandte.

Die Waffenschüler der Infanterieschule München erklärten sich am Abend des 8. November zu einem Sturmbataillon unter Führung von Roßbach, das sich zur Verfügung Ludendorffs stellte, und an einer Veranstaltung der Putschisten im Bürgerbräukeller teilnahm. Ihre Beteiligung wurde von Seeckt in mehreren Erlassen hart gerügt, noch schärfer tadelte er das Stammoffizierkorps, also das Lehrpersonal: „Wir haben noch nicht verstanden, unsere jungen Offiziere und unseren Offiziernachwuchs auch nur in den elementarsten Grundsätzen wahrer Disziplin zu unterweisen; aber auch in den älteren Offizieren ist das alte Gefühl der Pflicht wankend geworden. Widerstandslos folgt die Masse der Schüler einem Abenteurer [= Roßbach] und verläßt ihre Offiziere und fast ebenso widerstandslos lassen sich die Vorgesetzten das Kommando aus der

Hand nehmen ... Das Verhalten der Infanterie-Schule am 8./9. November 1923 ist ein Flecken auf der Ehre der jungen Armee." Rigoros wurden sofort die Lehrgänge unterbrochen und die Waffenschüler zu ihren Truppenteilen entlassen. Jeder Offizier des Lehrstabes wurde überprüft und je nach Untersuchungsergebnis aus dem Reichsheer verabschiedet – so auch der Kommandeur der Schule – oder anderweitig verwendet. Außerdem wurde die Infanterieschule am 16. November von München auf den Truppenübungsplatz Ohrdruf verlegt, bis sie 1926 in Dresden ihren endgültigen Standort fand.

c. Seeckt als Inhaber der Vollziehenden Gewalt

Seeckt übernahm also die Vollziehende Gewalt in der Überzeugung, daß Führung und Truppe einschließlich der 7. (Bayerischen) Division hinter ihm standen. Dieses Selbstgefühl sprach aus seinem Erlaß vom 9. November an die Reichswehr. Die gütliche Beilegung des Konfliktes zwischen dem Reich und Bayern benötigte jedoch noch einige Zeit. Erst nach langwierigen Verhandlungen hob die bayerische Staatsregierung am 17. Februar 1924 die Inpflichtnahme der 7. Division auf. Ebenso verblieb der seit dem 20. Oktober seiner Dienststellung enthobene Generalleutnant v. Lossow Landeskommandant. Obgleich der Chef der Heeresleitung es zunächst für „unmöglich" erklärt hatte, über den Fall Lossow „stillschweigend" hinwegzugehen, mußte er es hinnehmen, daß der General ebenfalls erst zum 17. Februar 1924 sein Abschiedsgesuch einreichte und die bayerische Landesregierung ihm in einer öffentlich verbreiteten Mitteilung zuerkannte, „daß er im Oktober nicht anders handeln konnte, als er gehandelt hat". Sein Nachfolger wurde mit Zustimmung der bayerischen Staatsregierung Generalleutnant Freiherr Kreß v. Kressenstein, „der damals schon vom Reichswehrminister mit der Führung der Division beauftragt wurde, ohne diese Funktion wahrnehmen zu können" (Mitteilung vom 18. Februar 1924). Außerdem handelte Bayern die sogenannte Homburger Vereinbarung vom 18. Februar 1924 ein.

Die „Homburger Vereinbarung" zwischen der Reichsregierung und der bayerischen Staatsregierung vom 18. Februar 1924 wurde nicht im Reichsgesetzblatt veröffentlicht. Sie besaß im ganzen den „Charakter einer verfassungsergänzenden Militärkonvention" und stellte eine „die Wehrhoheit des Reichs beeinträchtigende Regelung" dar, die mit der Reichsverfassung „schwerlich vereinbar" war (Huber). Als wichtigstes Zugeständnis an Bayern brachte sie „zur Vermeidung von Zweifeln" für die gesamte Wehrmacht eine neugefaßte Eidesformel. Außerdem sagte die Reichsregierung zu, künftighin bei der Abberufung des Landeskommandanten und bei der Verwendung bayerischer Truppen außerhalb des Landes die bayerischen Belange „möglichst" zu berücksichtigen.

Der Optimismus, den Seeckt am Vormittag des 9. November ausstrahlte, erwies sich als gerechtfertigt. Es blieb nicht nur im Konflikt mit Bayern die befürchtete militärische Auseinandersetzung aus, sondern kam zu keinem Nachspiel in Form eines Rechtsputsches in einem anderen Teile Deutschlands. Seeckt erreichte den Höhepunkt seiner Macht in der Republik. Die Reichswehr hatte den

Vertrauensbeweis, den der Reichspräsident dem Chef der Heeresleitung mit der Verordnung vom 8. November erwies, nicht mißbraucht – jedoch war es nicht eigentlich der Schutz der Verfassung, sondern die Erhaltung des Deutschen Reiches, was ihr am Herzen lag. In diesem Zusammenhang wird der Entschluß Eberts vom 8./9. November vielfach als ein geschickter Schachzug beurteilt, durch den Seeckt verantwortlich an die Reichsverfassung gebunden wurde. Eine derartige Vorstellung bezeichnet Meier-Welcker als „eine nachträglich raffinierte Überlegung". Ebert habe „in einer kritischen Stunde in wahrer Sorge [gehandelt] und so loyal ihm Seeckt gegenüberstand, so loyal war auch Eberts Einstellung gegenüber dem General". Wenn auch eine Loyalität bestand, so doch im wesentlichen nur im persönlichen Bereich. Ihr kann nur sekundäre Bedeutung zuerkannt werden, denn primären Charakter besaß die gesetzestreue Gesinnung gegenüber der Verfassung. Wieweit aber das loyale Verhalten Eberts und Seeckts gegenüber der Republik verglichen oder gar als gleichwertig angesehen werden kann, ist eine andere Frage.

Der Chef der Heeresleitung beanspruchte die Bestimmung der politischen Linie der Reichswehr allein für sich und wies die Wehrkreisbefehlshaber in diesem Sinne an, sich nicht als Politiker zu fühlen, sondern als vollziehendes Organ der Staatsgewalt. Nicht zuletzt mag aus dem Erlaß die Überzeugung gesprochen haben, daß die überwiegende Mehrheit der hohen Offiziere wenig Verständnis für politische Probleme besaß und in ihrer ideellen Bindung an einen starren Konservatismus die bewaffnete Macht in schwierige Lagen bringen konnte. Im übrigen sollten nicht nur die Befehlshaber die Zuständigkeiten der Länderregierungen sorgfältig berücksichtigen, sondern auch die Reichswehrführung den Primat der Reichsregierung. Gegen Stresemann blieb Seeckt allerdings voller Vorbehalte, und scharfe Auseinandersetzungen mit dem Reichspräsidenten blieben ebenfalls nicht aus.

Die Übertragung der Vollziehenden Gewalt auf Seeckt bedeutete, daß dem Chef der Heeresleitung ein Teil der Exekutive übergeben wurde. Sie führte zu keiner Militärdiktatur, sondern zu einer Art von Militärregierung neben den weiterhin amtierenden Reichskabinetten Stresemann und Marx. Seeckt erfüllte nicht die Hoffnungen der radikalen „nationalen" Kreise auf Ablösung der parlamentarischen Demokratie durch seine starke Hand. Außer zum Schutz von Ruhe und Ordnung wurden die Mittel und Möglichkeiten der bewaffneten Macht vielmehr vornehmlich im wirtschaftlichen und sozialen Bereich eingesetzt, so zu Maßnahmen, die mit zur Beendigung der Inflation beitrugen und zur Verbesserung der Lage der notleidenden Bevölkerung („Reichswehrweihnachten", Volksspeisungen aus Feldküchen, Brennstoffversorgung).

Die zentrale Steuerung und Bearbeitung der Aufgaben, die der Ausnahmezustand dem Chef der Heeresleitung aufbürdete, lag im Truppenamt bei T 1 III unter Schleicher. Hier landeten die Denkschriften, Schreiben und Eingaben, mit denen Seeckt vornehmlich im November und Dezember 1923 unerbetene Ratschläge und Programmentwürfe zum „rechten" Gebrauche seiner Macht erhielt.

Sie änderten zwar nicht Haltung und Verhalten des Generals, aber „innerhalb der Reichswehrführung spürte man, daß im Endeffekt der Ausnahmezustand gegen die Gesinnungsgenossen von rechts gerichtet war, und empfand daher wenig Freude an dem angesichts der realen Gesamtlage notgedrungenen Einsatz für die Republik" (Vogelsang). Es kam hinzu, daß sich zum Jahreswechsel 1923/24 die innenpolitische Lage beruhigte. Deutschland erholte sich auch langsam von den Inflationsfolgen. So wurden die Bemühungen der engeren Berater Seeckts verständlich, ihn zur Aufgabe seiner Vollmachten zu bewegen. Es scheint nicht leicht gewesen zu sein, den Chef der Heeresleitung zu diesem Entschluß zu bringen. Er fiel zu einem Zeitpunkt, als die Reichsregierung wegen ihrer dritten Steuernotverordnung einen „Kampf mit dem Reichstag" heraufziehen sah und deshalb „am militärischen Ausnahmezustand mit alle Mitteln festhalten" (Stürmer) wollte. Zu ihrer Überraschung wurde den Ministern am 12. Februar 1924 von Seeckt eröffnet, die Aufgabe seiner Vollmachten „sei im Interesse der Reichswehr erwünscht". Sie fand ihren dokumentarischen Niederschlag in dem Schreiben vom 13. Februar 1924 an den Reichspräsidenten, in dem Seeckt unter Hinweis auf die gefestigte Staatsautorität vorschlug, den Ausnahmezustand aufzuheben. Ebert, der dieses Ziel schon frühzeitig angestrebt, aber davon abgesehen hatte, den Chef der Heeresleitung ohne seine freiwillige Zustimmung von seinen Vollmachten zu entbinden und dementsprechend den Einwänden des Generals nachgegeben hatte, hob am 28. Februar 1924 die Verordnungen vom 26. September, 8. November und 23. Dezember 1923 mit Wirkung vom 1. März 1924 auf. Als Seeckts sich am 1. März bei den Angehörigen der bewaffneten Macht für ihre Tätigkeit während des militärischen Ausnahmezustandes bedankte, betonte er, daß der Reichswehr das „Herausnehmen aus der Politik und die ausschließliche Beschäftigung mit militärischen Aufgaben in der nächsten Zeit besonders gut tun" werde. Er hielt es aber außerdem für notwendig, die Abgabe seiner Vollmachten mit dem Hinweis zu begründen, daß „die scharfe Waffe des militärischen Ausnahmezustandes nicht stumpf werden" dürfe – konnte damit aber die scharfe Kritik von seiten der unangenehm überraschten Rechten nicht abbiegen. Hier warf man ihm vor, er habe den Forderungen der Sozialdemokraten nachgegeben, und verharrte nach den „Enttäuschungen" des Jahres 1923 und im Rückblick auf den „unausgenutzten" militärischen Ausnahmezustand weiterhin in betonter Distanz oder gar Feindschaft gegenüber dem Chef der Heeresleitung.

4. Von Seeckt zu Heye: Annäherung an die Republik

Die Militärpolitik Seeckts

Der militärische Ausnahmezustand vom 26. September 1923 bis einschließlich 28. Februar 1924 und besonders die Monate, in denen die Vollziehende Gewalt in den Händen des Chefs der Heeresleitung lag, bedeuteten nicht nur für Seeckt, sondern auch für zahlreiche Offiziere ein einschneidendes Erlebnis. Vor allem Schleicher und seine Mitarbeiter in der Gruppe T 1 III der Heeresleitung scheinen davon stark beeindruckt worden zu sein. Die Tatsache, daß aus der Reichswehr als einem Instrument der Reichsregierung die „handgreifliche Verkörperung des Staates und der Reichseinheit" (Vogelsang) geworden war, veranlaßte sie zu überlegen, wie eine derartige Entwicklung zukünftig vermieden werden könne. Das Ergebnis fand seinen Niederschlag in einer Denkschrift des Reichswehrministeriums vom 12. August 1924.

Die Denkschrift vom 12. August 1924, die wahrscheinlich in der T 1 III erarbeitet worden ist, ging in ihren Vorschlägen von der Feststellung aus, daß die unpolitische Haltung – sie wird als „politische Neutralität" bezeichnet – der bewaffneten Macht Schaden leide, wenn Stäbe und Truppen sich über längere Zeit hin mit politischen Problemen beschäftigen müßten. Dieser Gefahr gelte es im Interesse von Reich und Reichswehr für die Zukunft dadurch vorzubeugen, daß die Reichswehr aus ihrer Stellung als „einzige ‚Hausmacht' des Reiches" entlassen und damit zugleich eine „periodische Wiederkehr des militärischen Ausnahmezustandes", die unter den gegebenen verfassungspolitischen Verhältnissen „eine unabdingbare Notwendigkeit" sei, „nach Möglichkeit vermieden" werde. Vor allem aber dürfte es nicht mehr Sache der bewaffneten Macht sein, die Autorität des Reiches gegenüber den Ländern aufrechtzuerhalten. Daher müsse die Reichsverfassung „so umgestaltet werden, daß sie in Zukunft einen Konflikt zwischen dem Reich und den Ländern ausschließt". In diesem Sinne forderte die Denkschrift, „die Machtverhältnisse, die sich im Winter 1923/24 augenfällig ergeben haben, rechtlich und [mittels ‚einer neuen positiven Innenpolitik des Reiches'] für die Dauer festzuhalten". Das Reich solle sich durch Personalunion mit Preußen und durch Zusammenlegung aller in Frage kommenden Behörden die Macht eines Großstaates aneignen und sich die nord- und mitteldeutschen Länder unmittelbar anschließen.

Als Begründung für die „zwingende Notwendigkeit" zur „Schaffung eines geschlossenen Großstaates, einer festen Hausmacht des Reiches in Nord- und Mitteldeutschland" führte die Denkschrift das „Interesse der Überordnung der Regierungsgewalt über die militärische" und das „Interesse der Fernhaltung der Wehrmacht aus der Politik" an. Das bedeutete allerdings nicht, daß die Heeresleitung bereit gewesen wäre, ihre aus Artikel 48 RV ableitbare innenpolitische Schlüsselstellung aufzugeben. Nach Schulz ist der „Normenbestand der ersten Absätze des Artikels 48 ... von der Reichswehrführung stets wie ein Augapfel gehütet und als garantierte ultima ratio ihrer innenpolitischen Macht zum Ausgangspunkt ihrer politischen Prinzipien geworden". Auch behielt die Heeresleitung die innenpolitischen Verhältnisse ständig im Blick, zumal sie sich bewußt war, daß auf der einen Seite die Reichswehr, auf der anderen das Land Preußen die stärksten Gewalten der Republik verkörperten. Seeckt lobte wohl mehrfach voller Hochachtung die Haltung Preußens; dennoch bestand ein Antagonismus zwischen der Reichswehrführung und der preußischen Regierung, der das Verhältnis zwischen dem Reich und Preußen fühlbar beeinflußt hat. Vor unmittelbarer Einwirkung auf innenpolitische Probleme hielt sich die Reichswehrführung allerdings bis zum Ende des Jahrzehnts zurück. Diese grundsätzliche Haltung hinderte Seeckt nicht, selbst mehrfach politisch tätig zu werden.

In der Heeresleitung sah man es als „die Pflicht des Soldaten [an] als der Wächter des nationalen Gewissens dafür zu sorgen, daß eine unter dem Einfluß wirtschaftlicher und pazifistischer Ideen stehende Regierung [= erstes Kabinett Marx] die nationale Zukunft nicht um ein Linsengericht der physischen Saturierung des Volkes verrät“. Ebenso widerstrebte man dem Zusammenschluß der europäischen Staaten zu einer übernationalen Konföderation, denn „an jeder Stärkung der pazifistisch-demokratischen Ideologie muß Deutschland sterben!“ Solche Gedankengänge führten naturgemäß auch zu Stellungnahmen gegen einen Eintritt Deutschlands in den Völkerbund. Der Chef der Heeresleitung hatte darüber hinaus besondere Bedenken. Er glaubte im Völkerbund eine von Frankreich gelenkte Institution zu sehen, die anstelle der IMKK die bewaffnete Macht Deutschlands noch stärker als bisher kontrollieren werde. Wieweit seine ablehnende Haltung durch die Zusammenarbeit mit der Roten Armee bedingt war, ist nicht bekannt.

Innenpolitisch war Seeckt 1924 vornehmlich bemüht, die Deutschnationalen zur politischen Mitarbeit in einer Rechtskoalition zu gewinnen. Nachdem er bereits im Frühjahr versucht hatte, die Partei zum Eintritt in die Reichsregierung zu bestimmen, war es im August seinem Einfluß mit zu verdanken, daß die starre Haltung der deutschnationalen Fraktionsführung überspielt wurde. Fast die Hälfte der Reichstagsabgeordneten der DNVP stimmte am 29. August den Gesetzen zur Annahme des Dawesplans zu, für die von der Reichsregierung eine Zweidrittelmehrheit gefordert wurde. Nach den zweiten Reichstagswahlen dieses Jahres vom 7. Dezember zog ihn der Reichspräsident zu Aussprachen über die Regierungsbildung heran. Anschließend versuchte Seeckt wohl wieder, seinen Kontakt mit den Deutschnationalen zu verstärken. Ihre Führer entzogen sich zwar noch seinen Anstrengungen, zeigten sich aber bereit, für ihn einzutreten, als wieder einmal Gerüchte kolportiert wurden, daß er als Chef der Heeresleitung abgelöst werden sollte. Bei diesen Gelegenheiten erwies sich, daß das Reichsheer eindeutig hinter ihm stand. Der Befehlshaber im Wehrkreis VII schlug Seeckt sogar vor, Weisungen für Gegenmaßnahmen der bewaffneten Macht zu erlassen. Nach Auffassung des Generalleutnants Freiherr Kreß v. Kressenstein war nämlich im Falle einer Enthebung des Chefs der Heeresleitung von seinem Amt „der Fall gegeben, daß nichts anderes übrig bliebe, als zur Wahrung der Ehre und Würde des Vaterlandes und zum Schutze der in ihrer Existenz bedrohten Reichswehr die Militärdiktatur auszurufen“. Auch hohe Befehlshaber konnten sich also nicht damit abfinden, daß die bewaffnete Macht nur ein Instrument der Staatsgewalt war. Daß sich außerdem zu dieser Zeit Stimmen erhoben, die Seeckts Politik der Zusammenarbeit mit der Reichsregierung und vor allem auch mit dem Reichspräsidenten kritisierten, war ein gleichfalls bedenkliches Phänomen.

Es läßt sich nicht übersehen, daß Seeckt mit der Abgabe der Vollziehenden Gewalt den Höhepunkt seiner politischen Macht überschritten hatte. Schon die innenpolitische und wirtschaftliche Konsolidierung seit 1924 brachte ihm eine

Einbuße an politischer Bedeutung. Einen fühlbaren Rückgang seiner Einflußnahme auf allgemeine und besonders außenpolitische Entscheidungen der Reichsspitze erlebte der Chef der Heeresleitung, als Generalfeldmarschall v. Hindenburg im Mai 1925 das Amt des Reichspräsidenten übernahm. Der unerwartete Tod Eberts hatte die eigenen Pläne einer Kandidatur um die Reichspräsidentschaft zerschlagen. Welche Absichten der General hiermit verfolgt hatte, läßt sich nicht ermitteln. Der Tod des ersten Reichspräsidenten war zugleich „der Anfang vom Ende der Laufbahn Seeckts" (Meier-Welcker). Seeckt mußte sich mit Hindenburg arrangieren, der im Gegensatz zu seinem Vorgänger den General kaum noch, nicht einmal zur Besprechung militärischer Probleme, empfing. Allerdings behielt die Reichsregierung den bisher geübten Brauch bei, den Chef der Heeresleitung nach Bedarf zu Kabinettsitzungen hinzuzuziehen. In diesem Gremium erwies sich Seeckt nicht als ausgesprochen redefreudig, aber es diente ihm als Forum, vor dem er beispielsweise am 24. Juni 1925 seine Oposition gegen Stresemanns Locarno-Politik vertrat und sich für einen Ausbau der Beziehungen zur UdSSR einsetzte. Über den wirklichen Stand der militärischen Zusammenarbeit mit der Roten Armee wurden die Reichskabinette jedoch wohl niemals von ihm völlig unterrichtet. Im übrigen verhehlte Seeckt seine Gegnerschaft zu Stresemanns Bemühungen um eine Annäherung an den Westen nicht und sprach in diesem Zusammenhang von einem „ziemlich scharfen Kampf um die Grundlagen unserer Außenpolitik". Er hat ihn in Übereinstimmung und wahrscheinlich auch Absprache mit der DNVP geführt. Nach Seeckts Auffassung mußte deutsche Außenpolitik vorrangig nach dem Osten ausgerichtet sein.

Seeckt und die Deutschnationalen vermochten es nicht, Stresemanns Politik in ihrem Sinne zu beeinflussen. Der Chef der Heeresleitung mußte auch der Rückführung des Reichsheeres auf die vertraglich vorgeschriebene Höchststärke zustimmen – was nicht ausschloß, daß Grenz- und Landesschutz sowie die Beziehungen zur Roten Armee weiter ausgebaut und andere gegenüber den militärischen Bestimmungen des Versailler Vertrages illegale Maßnahmen zur Reichsverteidigung vorbereitet wurden. Im Zusammenhang mit der Aussöhnung mit den Westmächten mußte der General sogar Einbußen in seiner Stellung hinnehmen. Die IMKK beharrte nämlich immer nachdrücklicher auf ihrem erstmals am 30. Juni 1922 vorgetragenen Einwand gegen die Position des Chefs der Heeresleitung. Sie sah in der einmaligen Stellung, die er gemäß der Verordnung vom 11. August 1920 einnahm, eine Verletzung des Artikels 160 VV. Nach langwierigen Verhandlungen setzten die ehemaligen Feindmächte durch, daß Seeckt formal die Befehlsgewalt über das Reichsheer entzogen wurde. Zunächst hatte der General seinen Rücktritt angedroht, beugte sich jedoch dem Beschluß der Reichsregierung und verblieb darüber hinaus im Amt, bis er am 8. Oktober 1926 abgelöst wurde.

Der Sturz Seeckts

Die Beziehungen zwischen dem zweiten Reichswehrminister Geßler und dem zweiten Chef der Heeresleitung waren stets kühl. Daß ein menschlich begründetes Vertrauensverhältnis nicht zustande kam, war vornehmlich in Seeckts Haltung gegenüber Geßler begründet. Der General lehnte die Art, in der sich sein Minister zu geben pflegte, ab und ließ diese Einstellung nicht selten in verletzender Weise erkennen. Ihre Zusammenarbeit war jedoch in der ersten Zeit von gegenseitiger Loyalität bestimmt, zumal Geßler in Seeckt den geeigneten Mann sah, der das Reichsheer zu einer „geachteten Elitetruppe" aufzubauen vermochte. Der Minister bemühte sich daher, den „schwierigen Charakter" Seeckts im Interesse der gemeinsamen Aufgabe zu tolerieren. Im Laufe der Jahre sah sich Geßler allerdings gezwungen, aus dem illoyalen Verhalten des Chefs der Heeresleitung die Konsequenzen zu ziehen. Die Bemühungen Seeckts, den Reichswehrminister in seinem Ministerium ein- und von der bewaffneten Macht abzukapseln, wurden immer offenkundiger. Auch über die Einleitung der Beziehungen zur Roten Armee hatte er Geßler zunächst nicht unterrichtet. Der sich bei Geßler allmählich anspeichernde Groll führte zunächst nicht zu ernsten Konflikten oder zumindest fühlbaren Friktionen, sondern nur zu Vertrauensschwund und sachlicher Entfremdung. Als dann aber der Chef der Heeresleitung in eigener Verantwortung zuließ, daß der Kaiserenkel Prinz Wilhelm von Preußen Anfang September 1926 bei einer Übung des Infanterie-Regiments 9 auf dem Truppenübungsplatz Münsingen anwesend war, nahm Geßler die Empörung zahlreicher Presseorgane zum Anlaß, den Bruch herbeizuführen. Er erklärte die seitens des Generals gegenüber seinem Minister gebotene Loyalität für offenkundig verletzt und führte die Verabschiedung des Generalobersten v. Seeckt herbei.

Seeckt hatte im Sommer 1926 einen Vorschlag abgelehnt, den ältesten Sohn des Kronprinzen an einem Kraftwagenmarsch von Einheiten des Reichsheeres quer durch Deutschland teilnehmen zu lassen. Er genehmigte statt dessen seine Anwesenheit bei Übungen des Infanterie-Regiments 9, die in der Abgeschlossenheit des Truppenübungsplatzes Münsingen stattfanden. Der Prinz sollte sich allerdings nicht nur als Zuschauer beteiligen, sondern durfte auch als Ordonnanzoffizier im Regimentsstab verwendet werden. Von dieser Erlaubnis hatte Seeckt den Reichswehrminister nicht unterrichtet, weil er den Standpunkt vertrat, daß er als Chef der Heeresleitung und aufgrund seiner persönlichen Stellung „solche Anordnungen vertreten könne und daß sich anders denkende Kreise und Personen damit abzufinden hätten". Der Generaloberst scheint nicht klar erkannt zu haben, daß es sich jedoch um keine rein militärische Angelegenheit, sondern um einen Vorgang mit nicht nur innen-, sondern auch außenpolitischem Zündstoff handelte. Zumindest argumentierte Geßler dahingehend, daß die Bemühungen der Reichsregierung, in Verfolgung ihrer Locarno-Politik die Räumung der ersten Rheinlandzone und die Beendigung der Tätigkeit der IMKK zu erreichen, gefährdet worden seien. Die Übung des Prinzen konnte den ehemaligen Feindmächten außerdem eine Handhabe bieten, sie als ein Beispiel für die Einstellung sogenannter Zeitfreiwilliger und damit als einer Verletzung der Bestimmungen des Versailler Vertrages auszulegen. Geßler, der später bekannte, er habe „manchmal auch nach außen die Verantwortung für Dinge übernommen, die . . . [er] nicht genehmigt hatte, die aber aus höheren Rücksichten zu vertreten waren", erachtete es für „unmöglich, den General in der gegenwärtigen Situation zu verteidigen". Seinen Erinnerungen zufolge hielt er über die außenpolitischen Gefahren hinaus im Jahre 1926 das System der Zeitfreiwilligen für nicht mehr „zulässig und vertretbar" – und dies „auch dann nicht, wenn die reichswehruniformierten Zeitfreiwilligen als ‚Zuschauer' ausgegeben werden sollten". Allerdings trug Prinz Wilhelm gar nicht Reichsheeruniform, sondern die Felduniform eines Leutnants des ehemaligen 1. Garde-Regiments zu Fuß. Die Teilnahme des Hohenzollernprinzen wurde im übrigen gar nicht vertraulich behandelt, sondern vom Prinzen Oskar von Preußen sogar in einer öffentlichen Kundgebung erwähnt. Als aber seine Anwesenheit in Münsingen von der Presse aufgegriffen wurde, begründete der Reichswehrminister Seeckts Verabschiedung damit, daß er keine Möglichkeit sehe, ohne diesen Akt „mit dem Reichstag wie mit der Entente fertig zu werden". Im Einverständnis mit dem Reichspräsidenten forderte er den Chef der Heeresleitung am 5. Oktober 1926 schriftlich auf, seinen Abschied einzureichen. Seeckt legte am 6. Oktober 1926 sein Gesuch vor. Es wurde vom Reichspräsidenten, der sich nicht bereit fand, für den Generaloberst einzutreten, am 8. Oktober genehmigt. Hindenburg ernannte in Übereinstimmung mit einem Vorschlag Seeckts den Befehlshaber des Wehrkreises I (Königsberg), Generalleutnant Heye, zu seinem Nachfolger und überging damit die Oberbefehlshaber der beiden Gruppenkommandos, darunter mit General Reinhardt den ersten Chef der Heeresleitung.

Generaloberst v. Seeckt scheint nicht daran gedacht zu haben, um seine bereits geschwächte Stellung zu kämpfen. Auch gab es keine einflußreiche Persönlichkeit, die ihn hierbei hätte stützen können. Selbst innerhalb des Reichsheeres hatte er sich seit der Abgabe der Vollziehenden Gewalt in zunehmendem Maße isoliert. Daher war die Haltung des Offizierkorps zu seinem überraschenden Sturz nicht einheitlich. Es gab Offiziere, insbesondere im Reichswehrministerium und denen ihnen verbundenen Gruppen, die in Seeckts Entlassung einen Vorteil für die bewaffnete Macht sahen. Die Mehrheit hielt die Ablösung für das Ergebnis eines Konflikts mit dem Reichswehrminister oder gar einer politischen Intrige, mit der man sich abfinden mußte, weil sie von Hindenburg als Oberbefehlshaber der Reichswehr bestätigt worden war. Eine Alternative ergab sich nicht, denn der Generalfeldmarschall genoß bei den Soldaten höhere Autorität als der Generaloberst: Hindenburg hatte Seeckt aus der Stellung des „Ersatzmonarchen" verdrängt. Eine gewisse Unruhe läßt sich jedoch nicht übersehen – eine Unruhe, die noch durch Scheidemanns „Enthüllungen" vom 16. Dezember 1926 (s. u.) verstärkt wurde.

Sehr unterschiedlich nahm die Öffentlichkeit Seeckts Ausscheiden hin. Während die kommunistischen Zeitungen ebenso wie Blätter der extremen Rechten den General schmähten, bewerteten die konservativen Organe seine Verabschiedung als ein Zeichen des republikanischen Undanks, versuchten aber zugleich, den Anteil des Reichspräsidenten zu verharmlosen. Die Mehrheit der republikfreundlichen Blätter zeigte sich erstaunt über den Anlaß zu seinem Sturz. Es gab aber auch Stimmen, die sich mit dem Ausscheiden des Generalobersten nicht begnügten, sondern erneut ihre schon lange erhobene Forderung vortrugen, daß Geßler ebenfalls zurücktreten müsse. Wichtiger als die vielen Würdigungen Seeckts, als das Gezeter oder Triumphgeschrei der jeweiligen Presse – letzteres war übrigens viel größer in Frankreich als in Deutschland – erscheinen dem heutigen Betrachter Erörterungen wie jene auf die Zukunft gerichtete Überlegung in der „Berliner Volkszeitung“, es käme wohl nicht so sehr darauf an, „daß der Nachfolger Seeckts ein großer Stratege ist und diese oder jene Schlacht im Weltkriege gewonnen hat, sondern daß er ein absolut zuverlässiger Republikaner ist, der für die Republikanisierung der Reichswehr jede Gewähr bietet!“

Die Scheidemannrede

Tatsächlich erhielten mit dem dritten Chef der Heeresleitung und einigen seiner Mitarbeiter, die jetzt stärker zur Geltung kamen, Offiziere Einfluß auf die bewaffnete Macht, die bereit waren, die latenten Spannungen zwischen militärischer und politischer Gewalt zu mindern und Reichswehr und Republik einander anzunähern. Das zeigte sich einmal in der Bereitschaft, mit der preußischen Regierung über Probleme des Grenz- und Landesschutzes zu verhandeln. Der mögliche neue Kurs deutete sich aber auch an, als Vertreter der SPD bei der Reichsregierung unter Vorlage von Material über unzulässige Verbindungen und Tätigkeiten der bewaffneten Macht sowie über ihre Zusammenarbeit mit der Roten Armee in der Absicht intervenierten, den Wechsel an der Spitze der Heeresleitung zum Zwecke eines stärkeren Einbaues der Reichswehr in die Republik zu nutzen. Der Reichswehrminister, der sich gegenüber der Forderung des Reichstagspräsidenten vom 21. Oktober 1926 nach einer Reform des Ersatzwesens ablehnend verhalten hatte, erwies sich in ersterwähnten Fragen zu Verhandlungen bereit. In der Öffentlichkeit verstärkten sich zu dieser Zeit die Forderungen, die Reichswehr nach dem sich abzeichnenden Abzug der IMKK stärker als bisher von seiten des Reichstags, also parlamentarisch zu „kontrollieren“. Die Bedenken der Sozialdemokraten wurden von anderen Parteien wie Demokraten und Zentrum geteilt – wenn auch nicht so offen und eindeutig ausgesprochen. Diese Ansätze, die von der Auffassung getragen wurden, jetzt werde sich eine Änderung herbeiführen lassen, blieben jedoch trotz mehrerer Besprechungen zwischen der Reichswehrführung bzw. Vertretern der Reichsregierung mit sozialdemokratischen Führern ohne Folgen, bis die zur Diskussion stehenden Probleme am 16. Dezember 1926 durch die Reichstagsrede des SPD-Abgeordneten Scheidemann demonstrativ vor die Öffentlichkeit gebracht und dadurch die Verhandlungsgrundlage nach Ansicht der Reichsregierung, der sie unterstützenden Koalition und der Reichswehr zerschlagen wurde.

In dem Material, das die SPD dem Reichswehrminister am 6. Dezember zur Untersuchung ihrer Beschwerden übergab, befanden sich Unterlagen über die Verbindungen der Heeresleitung zur Roten Armee. Unter anderem war der SPD-Führung bekannt, daß die UdSSR im September 300 000 Granaten geliefert hatte; sie waren in Pillau und Stettin ausgeladen worden. Von dem Verstoß gegen den Versailler Vertrag hatte jedoch nicht allein die Sozialdemokratie erfahren. Am 3. Dezember berichtete der „Manchester Guardian“ unter der Überschrift "Cargoes of Munitions from Russia to Germany, Secret Plan between Reichswehr Officers and Soviet“ nicht nur über die gelieferte Munition, sondern auch über andere Einzelheiten der militärischen Zusammenarbeit. Eine Übersetzung des Artikels erschien am 5. Dezember im „Vorwärts" unter dem Titel „Sowjetgranaten für Reichswehrgeschütze". Damit war die Mehrheit des Materials bekannt, das Scheidemann am 16. Dezember 1926 vor dem Reichstag ausbreitete. Es geschah im Einvernehmen mit der Mehrheit der Reichstagsfraktion seiner Partei, die nicht mehr gewillt war, Probleme der Wehrmacht nur auf der obersten Führungsebene und damit geheim zu behandeln. Auch bezog er sich zu Beginn seiner Rede, die allerdings infolge ihrer Schärfe sogar innerhalb der SPD Unbehagen auslöste, ausdrücklich auf den englischen Bericht, aber er verwandte darüber hinaus wohl Unterlagen, die ihm als Abgeordneten vertraulich bekanntgeworden waren. Seine Rede entbehrte außerdem nicht äußerst kritischer Wendungen gegen die Reichswehr und Industriebetriebe, die in die Geschäfte verwickelt waren. Sie schloß mit der Forderung nach einer Reform der bewaffneten Macht „an Haupt und Gliedern", wozu Scheidemann insbesondere ein Verbot ihrer unzulässigen Beziehungen zu den sogenannten nationalen Verbänden, neue Wege bei der Auswahl des Ersatzes und eine Änderung der Haushaltsgebarung im Reichswehrministerium zählte. Scheidemann schloß seine Ausführungen mit der Erklärung, daß die SPD zur Mitarbeit in einer neuen Regierung bereit sei. Für ihn bedeutete das Reichswehrproblem also letztlich nur ein Mittel, die seit langem unbefriedigende innen- und koalitionspolitische Lage zu klären. Folgerichtig ist die SPD nach dem Sturz des dritten Kabinetts Marx infolge ihres Mißtrauensantrages vom 17. Dezember zu einer schärferen Opposition übergegangen.

Die Reichstagsrede Scheidemanns vom 16. Dezember 1926 löste nicht nur Proteste und den Vorwurf des Landesverrates aus, sie schien auch die allgemeine Feindschaft der Sozialdemokraten gegen die Reichswehr zu belegen und führte zur Bildung einer neuen Reichsregierung unter Teilnahme der DNVP. Scheidemann hatte sicherlich den falschen Weg eingeschlagen, wenn er beabsichtigt haben sollte, die parlamentarischen Kontrollrechte des Reichstages zur Geltung zu bringen. Sein Verhalten trug der Reichswehr eine Vertauenserklärung des Reichskabinettes ein und veranlaßte eine neue Periode scharfen Gegensatzes zwischen der bewaffneten Macht und den Sozialdemokraten. Die erneuten heftigen Angriffe gegen den Reichswehrminister, dessen Rücktritt jetzt nicht mehr nur die SPD, sondern auch große Teile der DDP – also der Partei, deren „Vertrauensmann" er bisher gewesen war – forderten, sowie die Auseinandersetzungen während der Haushaltsberatungen von 1927 waren ein Ausdruck dieser Situation. Die Rede hatte daneben wiederum offenbart, daß die Sozialdemokratische Partei auch weiterhin keine Wehrkonzeption besaß, die einen unter den gegebenen politischen Verhältnissen gangbaren Weg zur Integration der Reichswehr in die parlamentarische Demokratie zu weisen wußte. Sie erbrachte also keinen Ansatz zur Neuordnung des Verhältnisses, sondern bedeutete einen negativen Schock für alle zuvor zur Zusammenarbeit bereiten Kräfte – einschließlich einer Reihe von Offizieren.

Die Bemühungen um Zusammenarbeit

Im Reichswehrministerium verschloß man sich dennoch nicht der Erkenntnis, daß das Verhältnis einer Änderung bedürfe. Zu ändern war vor allem das Unverständnis vieler Offiziere, ihre Besorgnis, daß „man uns nun endlich und ganz energisch zur Republik bekehren will", wobei anzunehmen sei, „so schnell geht es nicht, denn vorläufig sind wir mittleren und der Nachwuchs noch so deutsch erzogen, daß wir uns nicht um Parteien kümmern" (Köstring an Seeckt). Hinzu kam auf der andern Seite der „Mangel an Bekennermut", wie Schleicher es formulierte, die Furcht vor gesellschaftlichem Boykott, die es nicht zuließ, für eine Anerkennung der Republik einzutreten. Um deutlich zu machen, daß die Reichswehr nichts gewinne, wenn sie den bestehenden Staat verneine, dagegen in ihrem eigenen Interesse handele, wenn sie unter aktiver, bejahender Mitarbeit Einfluß auf die Gestaltung der Republik nehme und sie nach ihren Wünschen ausbauen helfe, sprach der Leiter der Wehrmacht-Abteilung die bekanntgewordenen Worte, daß es „am Besten [sei], wenn der Regierungskurs nach rechts geht, nach dem alten guten Grundsatz, daß man im Gewinn am ehesten abgeben kann. Wie ich [= Schleicher] überhaupt auch [als] die beste Reichswehrpolitik ansehe, daß bei zu starkem Ausschlagen des Regierungspendels nach rechts oder links ganz unmerklich die entgegengesetzte Schulter belastet werden muß."

Vor der Bildung des vierten Kabinetts Marx (29. Januar 1927 – 12. Juni 1928) scheute sich Schleicher in Verfolgung der oben genannten Erwägungen nicht, sich in Überlegungen einzuschalten, ob und unter welchen Voraussetzungen eine Kabinettsbildung möglich sei, die zu einer rechtsorientierten Reichsregierung auf der Grundlage des Vertrauens von Hindenburg führe und dementsprechend „notfalls" von den Mitteln des Artikels 48 RV getragen werden müsse. Derartige Vorschläge wurden sogar an den Reichspräsidenten herangebracht, von ihm jedoch nicht verwertet, weil der gewünschte Rechtskurs mit anderen Möglichkeiten erreicht wurde, wobei auch hier Schleicher und mit ihm die Wehrmachtabteilung eine wesentliche Rolle spielten. Im vierten Kabinett Marx übernahm Geßler, der zu der DDP schon seit Ende 1924 in einem zeitweise reichlich gespannten Verhältnis gestanden und sie nunmehr verlassen hatte, als parteiloser Fachminister erneut das Reichswehrministerium, wobei er seine Rückkehr ins Amt dem von Schleicher von vornherein bedachten nachdrücklich vorgetragenen Verlangen Hindenburgs verdankte. Der Reichspräsident beanspruchte das Recht, als Reichswehrminister nur eine Person seines Vertrauens zu berufen. Verfassungsrechtlich war dieser Anspruch nicht begründet, er wurde aber von den regierungsbildenden Parteien anerkannt. Als Geßler am 14. Januar 1928 zurücktrat, löste ihn – wiederum unter entscheidender Mitsprache Hindenburgs – am 19. Januar 1928 Generalleutnant a. D. Wilhelm Groener ab. Wenn auch der zurückgetretene Reichswehrminister eine Politik der Annäherung zu betreiben suchte, indem er beispielsweise im Zusammenhang mit dem Flaggenstreit die Reichswehr am 15. August 1927 anwies, den Reichsfarben gebührende Achtung entgegenzubringen, so konnte er die Kritik an seiner Geschäftsführung doch nicht zum Verstummen bringen. Seinem Nachfolger begegneten die demokratischen Kräfte mit freundlicheren und vertrauensvollen Kommentaren. Zurückhaltung übten dagegen die Deutschnationalen. Ihre Reserve war nicht nur durch die Person Groeners begründet, sondern auch durch Maßnahmen von

Reichswehrministerium und Heeresleitung, denn es ließ sich nicht übersehen, daß man hier der Republik jetzt aufgeschlossener begegnete als unter Seeckt.

Der neue Reichswehrminister versprach in seiner ersten Rede vor dem Reichstag, die Angehörigen der bewaffneten Macht zum Staatsgedanken und rückhaltlosen Gehorsam gegenüber Verfassung und verfassungsmäßiger Regierung zu erziehen. Er setzte sich für die überparteiliche Stellung der Reichswehr ein, die in ihrer politischen Haltung jedoch mit dem bestehenden Staat verbunden sein müsse. Groener sprach zugleich von seinem Wunsch, mit Parlament und Presse „einmütig" zusammenwirken zu wollen. Die Treue zum neuen Staat betonte er bei weiteren Anlässen nachdrücklich und bekannte sich zugleich zur republikanischen Staatsform. Es trat also offensichtlich sein Bestreben zutage, das Mißtrauen abzubauen.

Unterdessen gewöhnte sich die Öffentlichkeit daran, daß nicht mehr der Chef der Heeresleitung für das Reichsheer sprach und es repräsentierte, wie zu Zeiten Seeckts, sondern der Reichswehrminister. Heye trat aber nicht nur hinter seinen Minister zurück, sondern er verlor auch im engeren militärischen Bereich an Einfluß. Daß innerhalb der Reichswehr eine neue politische Potenz aufstieg, wurde vor aller Augen offenkundig, als am 1. März 1929 neben die Chefs der Heeres- und Marineleitung der Chef des neu errichteten Ministeramtes trat. Mehr und mehr geriet Generalmajor v. Schleicher in das Rampenlicht des politischen Lebens, nachdem er schon bisher im Hintergrund die Politik der Reichswehrführung entscheidend mitgeprägt hatte. Nicht grundlos wurde er von den Zeitgenossen vielfach als Staatssekretär bezeichnet. Innerhalb der Reichswehr sah man in ihm nicht selten den bösen Geist innerhalb jener „Clique" aus der letzten OHL, die im Reichswehrministerium die Herrschaft an sich gebracht hätte.

Wohl zu Recht wird angenommen, daß gerade Schleicher wesentlich die politische Annäherung von Reichswehr und Republik angeregt und vorangetrieben hat. Er war sich in der Verfolgung dieses Zieles mit Groener einig, wobei die Kleinarbeit ganz und die Vorbereitung größerer Maßnahmen weitgehend in seinen Händen lag. Verantwortlich zeichnete jedoch der Minister, und erst Groeners Bereitschaft, den „Sprung nach links" (Carsten) zu wagen, brachte die Entscheidung. Sie wurde vor allem bedeutungsvoll, als im Juni 1928 das Kabinett Marx durch eine Reichsregierung der „Großen Koalition" unter dem Sozialdemokraten Müller-Franken abgelöst wurde. Wollten Groener und Schleicher auch ernsthaft mit der SPD zusammenarbeiten, so wurden ihnen doch große Hindernisse in den Weg gelegt, wie der Streit um den Panzerschiffbau im Herbst 1928 zeigte (vgl. Abschnitt VII). Gegen den Kabinettsbeschluß opponierten Vorstand und Reichstagsfraktion der Sozialdemokraten weniger aus sachlichen als aus parteitaktischen Motiven. Groener hielt es während der Auseinandersetzung für notwendig, mit seinem Rücktritt zu drohen. Das Kabinett blieb bei seiner Entscheidung zugunsten der Ersatzbauten für die Reichsmarine. Dem Reichskanzler gelang es darüber hinaus, sich nach und nach die unentbehrliche Handlungsfreiheit zu erkämpfen, was ihm die Anerkennung des Reichswehrministers und Schleichers eintrug. Die beiden Militärs wagten zu hoffen, daß sich innerhalb der SPD eine klarere Linie zugunsten einer aufgeschlosseneren Haltung gegenüber Problemen der Landesverteidigung durchsetzen werde; die Partei beauftragte nämlich eine Kommission, Richtlinien für ein Wehrprogramm auszuarbeiten. Das Ergebnis des Magdeburger Parteitages von 1929 war jedoch wiederum keine eindeutige Stellungnahme. Die Reichswehrführung verklausulierte ihre Enttäuschung hinter einer vielsagenden Erklärung des Chefs des Ministeramtes.

Innerhalb der Reichsregierung konnte eine gewisse Einigung in militärpolitischen Fragen bis in den Herbst 1929 hinein erzielt werden. Auch die sozialdemokratischen Minister stimmten der Zusammenarbeit des Reichsheeres mit der Roten Armee zu. Ernsthafte Schwierigkeiten entstanden erst, als der Haushaltsplan für 1930 verhandelt wurde. Der Reichswehrminister forderte eine Erhöhung seines Etats um 110 Millionen Reichsmark gegenüber dem Vorjahr. Als er hierbei auf Widerspruch stieß, zumal sich bereits die Wirtschaftskrise abzuzeichnen begann, ermäßigte er zwar seinen Voranschlag, blieb mit seiner Forderung nach 723 Millionen Reichsmark aber immer noch um 73 Millionen über dem Vorjahreshaushalt. In den neuen Etat war bereits die erste Rate des Panzerschiffes B aufgenommen. Der sozialdemokratische Reichsfinanzminister war angesichts der auf das Reich zukommenden Schwierigkeiten nicht geneigt, diese Mittel zu bewilligen. Groener nahm die Weigerung zum Anlaß, den Sozialdemokraten wehrfeindliche Haltung gegenüber den „bescheidenen Forderungen der Wehrmacht“ vorzuwerfen, und ging aus der Kabinettskrise als Sieger hervor.

Auch bei anderen Gelegenheiten wurde seit dem Sommer 1929 spürbar, daß die Reichswehrführung wieder ein zurückhaltenderes Verhältnis zur SPD bevorzugte. Groener protestierte gegen eine Artikelserie in der Bundeszeitschrift des „Reichsbanners“, die sich mit dem Offizierkorps befaßte, und gegen die Teilnahme hoher preußischer Beamter an einer pazifistischen Ausstellung. In diesem Zusammenhang erhob er 1930 sogar den Vorwurf, daß preußische Regierungsstellen dem „Kulturbolschewismus“ Vorschub leisten würden. Allerdings amtierte zu dieser Zeit bereits nicht mehr das Kabinett der „Großen Koalition“. Schleicher hatte die andere Schulter zu belasten begonnen. „Eigentlicher Motor“ (Sauer) der nun einsetzenden Phase aktiver Reichswehrpolitik scheinen dabei in steigendem Maße die militärpolitischen Überlegungen der Reichswehrführung gewesen zu sein.

5. Die bewaffnete Macht in den Jahren der Auflösung der Republik

Schleicher und Brüning

Bis tief in das Jahr 1929 hinein war also das Verhältnis der Reichswehrführung zur Reichsregierung der Großen Koalition unter dem sozialdemokratischen Kanzler Hermann Müller von beiderseitiger Zufriedenheit im Zeichen positiver

Zusammenarbeit bestimmt gewesen. Während der zweiten Hälfte des Jahres wurde die Reichswehrführung jedoch in zunehmendem Maße hellhörig, als unter den Stimmen, die nicht mehr nur von einer Krise des Parlamentarismus, sondern auch von einer Staatskrise sprachen, die Forderung durchklang, die Staatsautorität mit Hilfe des Artikels 48 RV zu sichern. Schleicher selbst, der ähnliche Ideen bereits um die Jahreswende 1926/27 entwickelt hatte, sah sich spätestens Ende Dezember mit der Tatsache konfrontiert, daß die Regierung der Großen Koalition in Schwierigkeiten geraten war, die sie auf die Dauer kaum noch würde bewältigen können. Als Anfang 1930 Diskussionen aufkamen, ob der Reichspräsident seine verfassungsmäßigen Rechte zugunsten des Kabinetts Müller einsetzen solle, hielt er die Stunde für gekommen, seitens der Reichswehrführung zu intervenieren. Er stimmte mit Groener in der Auffassung überein, daß mit der „verantwortungsmüden" SPD nicht auf der Basis von Notverordnungen regiert werden dürfe und eine Verlagerung des politischen Schwergewichts bei der Reichsleitung nach rechts wünschenswert sei. Hierfür hoffte der Chef des Ministeramtes einen Teil der DNVP von Hugenberg abziehen und als gemäßigt-konservative staatsbejahende Kraft zur Mitarbeit gewinnen zu können. In diesem Sinne hatte er sich bereits mit Einverständnis seines Ministers zu Ende des Jahres 1929 bei der Abspaltung der Gruppe um Treviranus von der DNVP indirekt betätigt. Groener selbst nahm politisch Stellung, indem er am 17. Dezember 1929 in Dresden vor den Fähnrichen der Infanterieschule die „Staatsidee" als den Felsen im Meer der politischen Erregung ansprach – eine Formulierung, die er Anfang 1930 in seinem sogenannten Hirtenbrief an die Kommandeure wiederholte.

Aus Überlegungen, wie nach dem Scheitern der Großen Koalition eine neue Reichsregierung zusammengesetzt werden solle, entwickelte der Chef des Ministeramtes spätestens um die Jahreswende 1929/30 den Plan eines sogenannten Hindenburg-Kabinetts als einer vom Reichstag möglichst unabhängigen Minderheitsregierung unter Ausschluß der SPD, die sich auf das Vertrauen und die Autorität und damit auf das Notverordnungsrecht des Reichspräsidenten stützte. Allerdings handelte es sich hierbei um Tendenzen, die nicht nur er vertrat, sondern auch in der Umgebung Hindenburgs erörtert wurden. Schleicher wußte, daß Hindenburg den Sozialdemokraten mißtraute und sie unter gleichzeitigem Ruck nach rechts von der Staatsführung auszuschließen wünschte. Als die geeignete Persönlichkeit für das Reichskanzleramt in einem „Hindenburg-Kabinett" sah er von vornherein Brüning an, den neuen Fraktionsvorsitzenden des Zentrums. Er fragte ihn erstmals am 26. Dezember 1929 anläßlich einer Abendgesellschaft, ob er dazu bereit sei. Brüning lehnte ab, wurde jedoch als Kandidat, dessen Namen bald auch gegenüber Hindenburg ins Gespräch gebracht worden sein dürfte, beibehalten. Spätestens nach dem 5. März, als in den Mittelparteien die Möglichkeit erwogen wurde, das Kabinett der Großen Koalition durch eine Regierung der Weimarer Koalition abzulösen, begann Schleicher aktiv beim Reichspräsidenten mit dem Ziele eines schnellen Sturzes des Reichskanzlers Müller und zugleich im Sinne der Bildung eines „Hindenburg-Kabinetts“ zu intervenieren. In diesem Zusammenhang riet er mit Kenntnis und wohl auch Zustimmung des Reichswehrministers dem Reichspräsidenten nachdrücklich davon ab, dem amtierenden Reichskanzler die Möglichkeit der Reichstagsauflösung oder die Mittel des Artikels 48 zu gewähren. Statt dessen schlug der Chef des Ministeramtes vor, durch Brüning oder notfalls durch den Fraktionsvorsitzenden der DVP eine Reichsregierung auf überparteilicher Basis bilden zu lassen. Schleicher versprach sich davon, daß sich Parteien und außerparlamentarische Kräfte, die rechts von der SPD standen und bis tief in die DNVP hineinreichten, zur politischen Zusammenarbeit mitreißen ließen. Als der Fraktionsvorsitzende des Zentrums am 28. März 1930 vom Reichspräsidenten mit der Regierungsbildung beauftragt wurde, geschah dies von seiten Hindenburgs und Schleichers also in der eindeutigen Vorstellung einer bewußten Schwenkung nach rechts unter dauerhafter Ausschaltung der SPD und wohl auch mit dem Fernziel, das parlamentarische System außer Kraft zu setzen. Die Annahme, daß nur eine Präsidialregierung fähig sei, Deutschlands Geschicke zum Guten zu wenden, wurde zum Leitsatz aller weiteren Politik des Generals.

Schleichers Intervention wurde schon damals von eingeweihten Politikern mit Skepsis zur Kenntnis genommen. Erst recht findet sie bei der überwiegenden Mehrheit der heutigen Historiker eine negative Beurteilung. Es gibt jedoch auch Stimmen wie die Vogelsangs, der eine solche „Anteilnahme“ als „ungewöhnlich, jedoch von einer machtbesessenen Anmaßung nicht zustehender Prärogative noch weit entfernt“ hält.

Sein Urteil über die Intervention der Reichswehrführung, denn der Chef des Ministeramtes handelte im Einverständnis mit dem Reichswehrminister, leitet Vogelsang aus folgender Feststellung ab: „Indem die Armee 1918/19 zusammen mit den Mehrheitsparteien des letzten Reichstages der Kaiserzeit durch ‚Aneigung‘ des Staates die Republik geradezu mitgeschaffen hatte und im Jahre 1923 zur Wahrung der Reichseinheit aufgeboten werden konnte, mochte für sie im Augenblick der Verantwortungsmüdigkeit eines bislang sehr wesentlichen Partners eine subjektive Legitimität gegeben sein, sich um eine Füllung der Lücken zu bemühen. Die Auffassungen darüber, was staatsrechtlich zulässig war, hatten sich seit langsam [sic!] geteilt; die Dynamik der Weimarer Geschichte war zudem keinesfalls nur im Rahmen der Verfassung in Erscheinung getreten. Es sind sicher nicht die Koalitionskabinette gewesen, die in einer elfjährigen republikanischen Entwicklung den ‚Staat‘ verkörpert haben. Man wird nachträglich vielmehr an eine ‚Überkoalition“ zu denken haben, gebildet von Kräften, welche für sich glaubwürdiger in Anspruch nehmen konnten, den Staat zu repräsentieren: die Weimarer Parteien (im engeren Sinne) und die Reichswehr, und zwar letzten Endes immer noch auf der Grundlage des Zweckbündnisses von 1918, von welchem die Geschichte Weimars ihren Ausgang genommen hatte.“

Während des ersten Amtsjahres Brünings hielt sich Schleicher von stärkerer Einwirkung auf die Politik der Reichsregierung zurück. Dennoch begann infolge der am 17. Juli 1930 anlaufenden Notverordnungspraxis die politische Bedeutung der bewaffneten Macht und insbesondere ihrer Führung zu steigen. Brüning trat dieser Entwicklung nicht entgegen, weil sich Reichsregierung und Reichswehrführung angesichts der möglichen Auswirkungen des Artikels 48 RV aufeinander angewiesen wußten. Die Übereinstimmung der politischen Auffassungen von Reichskanzler und Reichswehrministerium wurde ganz offensichtlich im letzten Viertel des Jahres 1930, also nach den Reichstagswahlen, die einen überraschenden Erfolg der NSDAP brachten. Brüning war sich „der Treue der Reichswehr vollkommen sicher" und zeigte seinerseits „außerordentlich viel Herz für alles Militärische". Mit den Reichstagswahlen von 1930 verflog allerdings endgültig der gemeinsame Traum von Reichskanzler und Reichswehrführung, eine arbeitsfähige Gruppierung bürgerlicher und gemäßigt-konservativer Parteien für eine bessere parlamentarische Fundierung der Regierung zu gewinnen. Während Schleicher diese Parteien unter der Parole „Gegen die Sozialdemokratie" zu einigen gehofft hatte und dementsprechend eine zunehmend reservierte Haltung gegenüber den wieder zur Übernahme von Verantwortung bereiten Kräften in der SPD zeigte, überrollte die aufbrandende nationale Welle sein ausgeklügeltes neues Ordnungssystem. Die Reichswehrführung sah sich gezwungen, sich jetzt ernsthaft mit den Nationalsozialisten zu beschäftigen.

Während Brüning es ablehnte, die NSDAP zur Mitverantwortung heranzuziehen und sich auf der Grundlage eines Stillhalteabkommens mit der sozialdemokratischen Führung innenpolitisch auf die „Große Tolerierungskoalition" (Conze) von der SPD bis zur DVP stützte, begann die Reichswehrführung unter maßgeblicher Anteilnahme Schleichers ihre Einstellung gegenüber den Nationalsozialisten zu revidieren. Erfreut über das Anwachsen der nationalen Gesinnung baute sie nach der Legalitätserklärung Hitlers im „Reichswehrprozeß" von 1930 ihre Kampfstellung gegen dessen Partei allmählich ab und zeigte sich nicht nur bereit, sie zu tolerieren, sofern sie nicht „revolutionär" handeln würde, sondern plante sie auch in ihre militärischen und politischen Überlegungen ein. Das Fernziel eines „starken nationalen" Kabinetts bestimmte auch Schleichers eindeutig ablehnende Haltung gegenüber Überlegungen aus dem Sommer 1931, der SPD wieder stärkeren Einfluß auf die Reichsregierung zu gewähren. Hierin wußte er sich in Übereinstimmung mit dem Reichspräsidenten, der ebenfalls eine stärkere Schwenkung nach rechts wünschte. Sie erwies sich als undurchführbar, so daß Hindenburg an Brüning festhielt. Immerhin betrachtete der Reichskanzler seine Stellung beim Reichspräsidenten als so geschwächt, daß er im Sommer 1931 Schleicher bat, bei Hindenburg zu vermitteln. Der Chef des Ministeramtes unterzog sich der Aufgabe und es gelang ihm, die Position des Reichskanzlers wieder zu festigen. Brüning sah sich jedoch weiterhin vom Reichspräsidenten gedrängt, mit Hugenberg und Hitler zu verhandeln, und mußte dessen Wunsch nach einer personellen Änderung des Kabinetts nachkommen. Die Reichsregierung trat am 7. Oktober 1931 zurück. Zu diesem Zeitpunkt gingen die Auffassungen der entscheidenden Persönlichkeiten an der Spitze der Staatsführung keineswegs mehr so konform wie ein Jahr zuvor. Vor allem die zwiespältige Haltung Schleichers gegenüber den Nationalsozialisten bedeutete einen Unsicherheitsfaktor. Wie weit der General bereits von den politischen Vorstellungen Brünings abgerückt war, hatte sich im Herbst erwiesen, als Schleicher dem Reichskanzler vorschlug, die Reichsregierung völlig unabhängig vom Reichstag zu machen, also zur Diktatur überzugehen. Nach der Wiederwahl Hindenburgs zum Reichspräsidenten sollte sie als Präsidialkabinett, gestützt auf die bewaffnete Macht, den Reichstag auflösen und Neuwahlen bis auf weiteres vertagen. Daß Brüning diesen Plan einer Militärdiktatur unter ziviler Leitung ablehnte, dürfte dazu beigetragen haben, Schleicher nach neuen Kräften und Wegen suchen zu lassen. Einstweilen wußte jedoch auch er keine Lösung ohne Brüning.

Daß am 9. Oktober 1931 die neue Reichsregierung abermals von Brüning gebildet wurde, war von Groener und Schleicher bewirkt worden. Dennoch distanzierte sich der Chef des Ministeramtes bereits vom Reichskanzler. Er befürchtete, daß Brünings Konzeption, die innenpolitische Krise durch außenpolitische Erfolge zu meistern, nicht zum Erfolg führen werde. Innenpolitisch verlief nämlich die Entwicklung nicht im Sinne der Intentionen, die den General im März 1930 veranlaßt hatten, zugunsten einer Ersetzung der Regierung der Großen Koalition durch ein „Hindenburg-Kabinett" zu intervenieren. Brüning hatte die Sozialdemokraten nicht völlig ausgeschaltet. Außerdem hatte sich aus der Krise des Parlamentarismus seiner Auffassung nach eine Staatskrise entwickelt, die bürgerkriegsähnliche Zustände befürchten ließ. Einer militärischen Auseinandersetzung der Reichswehr mit den von der Verantwortung bisher ausgeschlossenen Kräften von rechts wollte er aus dem Wege gehen, denn auf den Wehrwillen der Anhänger Hitlers glaubte Schleicher im Rahmen seiner militärischen Konzeption angewiesen zu sein. Sie und nicht gesamtpolitische Erwägungen bestimmten wohl vornehmlich seine Überlegungen. Außerdem konnte er – schon mit Rücksicht auf die Stellung der Reichswehrführung gegenüber dem Offizierkorps – nicht übergehen, daß die Mehrheit seiner Kameraden der „Harzburger Front" wesentlich stärkere Sympathien entgegenbrachte als den Vertretern der demokratischen Republik. Dementsprechend hielt es Schleicher für unumgänglich, die NSDAP an den Staat heranzuziehen und zur verantwortlichen Mitarbeit zu gewinnen. In diesem Zusammenhang traf er mehrfach zu ausführlichen Gesprächen mit Hitler zusammen. Zu einer Übereinstimmung gelangten der General und der Führer der NSDAP allerdings nicht, weil Hitler stets die „Schlüsselstellungen" in einem Kabinett forderte. Außerdem blieb Schleicher nicht unbeeinflußt davon, daß Hindenburg dem „böhmischen Gefreiten" persönlich abgeneigt war. Dennoch wurde die bisherige Einheit in der Spitze der Reichsführung durchlöchert. Die Divergenz wirkte sich besonders deshalb aus, weil der Chef des Ministeramtes infolge seiner engen persönlichen Verbindungen zum Reichspräsidentenpalais eine verfassungsmäßig nicht vorgesehene Beraterrolle des Staatsoberhauptes ausübte.

Wie stark Schleichers Einfluß bereits war, erhellt die Tatsache, daß von ihm allein die aus sachlichen Gründen und persönlichen Motiven ableitbare Anregung stammte, den Reichswehrminister unter Belassen in seinem bisherigen Amt auch mit der Wahrnehmung der Geschäfte des Reichsinnenministers zu beauftragen. Die Durchführung beider Aufgaben in Personalunion wurde allerdings sehr schnell dadurch erschwert, daß leitende Beamte des Reichsinnenministeriums und die maßgeblichen Offiziere im Reichswehrministerium einander kühl begegneten. Besonders die Wehrmachtabteilung trat der in ihrer Mehrheit republikanisch eingestellten Ministerialbürokratie mit wachsender Abneigung gegenüber. Zunächst übernahm aber das Reichsinnenministerium die Konzeption Schleichers, die NSDAP „einzufangen". Sie brachte Groener von Anfang an in Gegensatz zu den Innenministern der Länder. Aus dem Ministeramt des Reichswehrministeriums wurde außerdem die Idee, gegenüber allen Parteien und politischen Verbänden – abgesehen von den Kommunisten – eine überparteiische Haltung einzunehmen, auf die Innenpolitik des Reiches übertragen. Daher standen nun die „Gliederungen" der NSDAP gleichgeordnet neben einer republikanischen Organisation wie dem Reichsbanner. Zugleich wirkte Schleicher weiterhin unentwegt und in allen Formen im Sinne der Wünsche Hindenburgs, die Basis der Reichsregierung nach rechts zu erweitern – eine Absicht, der Brüning im übrigen ebenfalls zuneigte, allerdings nur als Fernziel.

Als ihre unmittelbare wichtigste Aufgabe betrachteten Reichskanzler, Reichswehr- und Innenminister sowie der Chef des Ministeramtes spätestens seit dem Herbst 1931 die schon geraume Zeit lang diskutierte Wiederwahl Hindenburgs zum Reichspräsidenten. Ihr von Groener als Reichsinnenminister unter zeitweiser Assistenz Schleichers eingeleiteter Versuch, Hindenburgs Amtszeit mittels eines auf Zweidrittelmehrheit beruhenden verfassungsändernden Gesetzes zu verlängern, scheiterte entgegen den Erwartungen Brünings und der Reichswehrführung im Januar 1932, weil es von den Führern der umworbenen DNVP und NSDAP abgelehnt wurde. Daß Brünings parlamentarisch tolerierte Präsidialregierung weiterhin im Amt bleibe, entsprach nicht ihrer politischen Zielsetzung. Hindenburg dagegen lehnte den Plan des Reichskanzlers ab, daß als politisches Ziel angesteuert werden solle, ihn zum Reichsverweser für einen zukünftigen Monarchen einzusetzen. In dieser Verwirrung trat daraufhin der Chef des Ministeramtes stärker als bisher in den Vordergrund und bemühte sich, die Alleinkandidatur des Generalfeldmarschalls zu sichern. Er konnte seine Absicht ebenfalls nicht verwirklichen, weil die Sprecher des Lagers der sogenannten nationalen Opposition als Voraussetzung forderten, daß sich der Reichspräsident von Brüning trenne. Diese Bedingung konnte Schleicher nicht annehmen. Sie beeinflußte ihn jedoch in dem Sinne, daß er sich noch mehr als bisher vom Reichskanzler trennte. Zudem war ihm wohl nicht verborgen geblieben, wie sehr sich das Verhältnis zwischen Hindenburg und „seinem" Kanzler seit dem Scheitern der Hoffnung, die Wiederwahl des Reichspräsidenten werde sich parlamentarisch lösen lassen, abzukühlen begonnen hatte. Brüning erschien dem General als Leiter der Außenpolitik noch unentbehrlich, ansonsten aber hielt er es für zweckmäßig, daß die Reichswehrführung ihre Bindung an den amtierenden Reichskanzler allmählich löste. Die Trennung und die daraus resultierende Stellung sollten als Voraussetzung dafür dienen, im gegebenen Zeitpunkt eine neue Phase innenpolitischer Entwicklung einleiten oder zumindest unterstützen zu können. In diesem Zusammenhang sondierte er nach Möglichkeiten, eine neue, durch die Rechtsparteien gestellte Reichsregierung zu bilden. Während Hitlers Kandidatur für das Reichspräsidentenamt von Schleicher eindeutig abgelehnt wurde, blieb eine indirekte oder gar unmittelbare Beteiligung der Nationalsozialisten an der staatlichen Mitverantwortung erwünscht – obgleich bereits zu spüren war, daß sich die NSDAP nicht „zähmen" ließ. Es war eine Situation, in der sich gemäß Conze der Reichspräsident „und, maßgebend hinter ihm, Schleicher ... politisch gelähmt [zeigten] und ... keinen Ausweg aus dem Zirkel [fanden], daß Brünings Regierung zwar eine immer schwächere Vertrauensbasis bei den Verbänden und Parteien besaß, trotzdem aber immer noch eine praktikable Möglichkeit darstellte, während ein erwünschtes Koalitionskabinett rechts von der Mitte eine stärkere Resonanz hätte haben können, aber nicht zu verwirklichen war, da Hitlers Forderungen für alle etwa möglichen Partner unannehmbar waren".

Das Problem, wie sich die Reichsregierung zur NSDAP, besonders zu ihren Gliederungen, verhalten sollte, führte Anfang April zum Bruch der bisherigen politischen Übereinstimmung und des Einvernehmens zwischen dem Chef des Ministeramtes und dem Reichswehrminister. Groener bewertete seine Aufgabe als Reichsinnenminister zu hoch, als daß er sie der Vorstellung Schleichers und anderer Offiziere vom militärischen Wert der Nationalsozialisten unterordnete. Er gab also den Forderungen der Länderinnenminister nach und erwirkte die Verordnung des Reichspräsidenten zur Sicherheit der Staatsautorität vom 13. April 1932, durch die sämtliche militärähnlichen Organisationen der NSDAP für aufgelöst erklärt wurden. Von dieser Absicht waren die Chefs der Heeres- und Marineleitung sowie des Ministeramtes am 8. April von Groener unterrichtet worden. Sie stimmten grundsätzlich zu, aber die einhellige Auffassung der Reichswehrführung hielt nur kurz an. Schon am 9. April trug Schleicher eine andere Beurteilung vor, die einseitig militärpolitische Belange, also nicht die tatsächliche innenpolitische Gefahr berücksichtigte. Er handelte wohl unter dem Eindruck, daß mit dem Verbot über das Schicksal einer zukünftigen Miliz und damit über ein wesentliches Problem der Landesverteidigung ohne Mitwirkung der militärischen Führer entschieden worden sei. Als Schleicher außerdem bekannt wurde, daß sich der Reichspräsident nur infolge des starken Drängens von Groener und Brüning mit der Verordnung einverstanden erklärt hatte, ließ er die Kommandobehörden unterrichten, daß „das Ministeramt scharf von dem Verbotserlaß abrücke" (Raeder), und demonstrierte nach allen Seiten deutlich, daß er mit dieser Politik nicht einverstanden sei. Vom Reichswehrministerium erhielt Hindenburg auch das Material, aufgrund dessen er verlangen konnte, daß zur Wahrung der gleichen Behandlung aller Organisationen das Reichsbanner verboten werde. Die eindeutige Distanzierung des Chefs des Ministeramtes von seinem Minister wurde offenkundig, als Schleicher sich nach den Erfolgen der NSDAP in den Landtagwahlen vom 24. April 1932 in Preußen, Württemberg, Hamburg und Anhalt im Anschluß an eine unglückliche Reichstagsrede Groeners auf die Seite seiner Gegner stellte und am 11. Mai drohte, er würde zusammen mit anderen Generalen um seine Verabschiedung nachsuchen, wenn der Reichswehrminister nicht zurücktrete. Groener erklärte daraufhin am 12. Mai seinen Rücktritt, wurde jedoch von Brüning entgegen den Vorstellungen des Reichspräsidenten an der Spitze des Reichsinnenministeriums belassen.

Schleicher und Papen

Am 11. Mai war also die Regierungskrise, die nicht zuletzt auf die Manipulationen des Chefs des Ministeramtes zurückzuführen war, in ihren ersten Auswirkungen sichtbar geworden. Sie erwies nicht nur, daß sich die Einheit der bisherigen Führungsspitze aufgelöst hatte, sondern auch, daß über das Schicksal der Regierung Brüning „jetzt allein das ‚Vertrauen' des Reichspräsidenten wie der Reichswehrführung" entschied (Vogelsang). Für die bewaffnete Macht sprach zugleich nicht mehr ihr politisch verantwortlicher Minister, sondern ein General, der sich der Übereinstimmung mit seinem Oberbefehlshaber bewußt war und es aus innen- und militärpolitischen Erwägungen für opportun hielt, dem bisherigen Minister zu erklären, er habe das Vertrauen der Reichswehr verloren. Schleicher hatte sogar in den zurückliegenden Tagen nicht davor zurückgescheut, mit Hitler über die Bedingungen zu verhandeln, unter denen die NSDAP bereit sein würde, ein umgebildetes Kabinett oder gar eine völlig neue Reichsregierung zu tolerieren. Er selbst entzog sich der Aufforderung Brünings vom 17. Mai, das Reichswehrministerium zu übernehmen. Die bestehende Regierung Brüning besaß, wie er wußte, nicht mehr das Vertrauen des Reichspräsidenten, und er war sich auch mit Hindenburg in der Frage einig, daß sie durch ein eindeutiges Rechtskabinett abgelöst werden müsse. Als der Reichskanzler, der sich des Druckes der Reichswehr unter Schleicher und des Mißtrauens seines Staatsoberhauptes bewußt war, zu dem auch die Einwirkungen des Reichslandbundes wegen der „Osthilfe" wesentlich beigetragen hatten, mit seinen Kabinettsmitgliedern am 30. Mai 1932 zurücktrat, hatte der Chef des Ministeramtes im Reichswehrministerium bereits so weit hinter den Kulissen gearbeitet, daß er dem Reichspräsidenten mit Papen einen eigenen Kandidaten für das Kanzleramt benennen und dessen Beauftragung, wenn auch nicht mühelos, erwirken konnte. Allerdings reagierte Brüning schneller als erwartet und zeigte sich entgegen Schleichers Hoffnungen außerdem nicht bereit, das Auswärtige Amt zu übernehmen.

Der Sturz des Kabinetts Brüning war nach Vogelsang das Ergebnis einer Handlungsweise, die er als „schlichte und alleinige ‚Reichswehrpolitik', welche die Interessen des Staates vernachlässigt, ja ihnen geschadet" hat, gekennzeichnet. War es aber wirklich Reichswehrpolitik im Sinne einer strengen Interpretation des Begriffes oder handelte es sich um eine vom Reichspräsidenten zu verantwortende, unter dem Primat der Innenpolitik stehende Reichspolitik mit Hilfe der maßgeblichen Führer des Reichsheeres? Die Ergebnisse neuester Forschung unterstützen wohl stärker die letztere These, denn „es ist für den nachträglichen Betrachter schwer verständlich, warum Schleicher und Hindenburg nicht Brünings wiederholter Mahnung stattgegeben haben, mit ihrer Absicht, die Regierung umzubilden, wenigstens bis zum Abschluß der Lausanner Reparationskonferenz (Juni/Juli) zu warten, um den Erfolg dieser Konferenz nicht aufs Spiel zu setzen. Offensichtlich entsprach Hindenburgs Rangordnung des politisch Vordringlichen nicht der Auffassung Brünings. Dem Reichspräsidenten kam es im Einklang mit Schleicher ... in erster Linie darauf an, im Reich und in Preußen gleichzeitig die SPD auszuschalten ..." (Conze). Zugleich versprach sich allerdings Schleicher von einer derartigen Reichspolitik eine nachhaltige Förderung seiner Reichswehrziele. Reichswehrpolitik und Reichspolitik mit Hilfe der Reichswehr verquickten sich im bisherigen Chef des Ministeramtes. Zur Durchsetzung dieser Politik schien ihm als geeigneter Reichskanzler der Zentrumsabgeordnete des Preußischen Landtags, Franz v. Papen.

Papen war Schleicher seit ihrer gemeinsamen Kriegsakademiezeit bekannt und wurde von ihm als eine schwache, leicht zu leitende Figur eingeschätzt, die im Kanzleramt einstweilen als Sprachrohr seiner Politik dienen sollte. Dagegen sah sich der aus dem aktiven Dienst ausgeschiedene General der Infanterie und neue Reichswehrminister Schleicher als die stärkste Kraft im Reichskabinett an, gedachte sich jedoch im Zeichen dieser Übergangsregierung Papens nicht weiter zu exponieren. Da er die Spitzen seines Ministeriums mit den eigenen Ideen in Übereinstimmung wußte und sich als legitimer Sprecher von Reichswehrführung und bewaffneter Macht insgesamt hielt, glaubte er mittels der „Regierung der nationalen Konzentration" dem Staatsschiff militär- und innenpolitisch neue Impulse bei der Fahrt auf überlieferten Kurs erteilen zu können. Doch bald erwies sich die Brüchigkeit seiner Vorstellungen. Papen war nicht geneigt, auf eigene Ziele zu verzichten, und vertrat zusammen mit dem Reichsinnenminister Freiherr von Gayl konservative Pläne. Vor allem aber zeigte sich, wie fragwürdig und unbegründet Schleichers Annahme war, die Nationalsozialisten würden das Kabinett Papen gewähren lassen. Den Vorleistungen der Reichsregierung, die vom Reichswehrminister angeregt und unter seiner maßgeblichen Beteiligung gegen den Widerstand einiger Länder mit unübersehbarem hartem Zwang durchgesetzt wurden, entsprach das Verhalten der NSDAP keinesfalls. Schleicher, der im übrigen keine neuen Kontakte mit Hitler und seinen Anhängern knüpfte, wollte diesen Fehlschlag nicht wahrhaben, weil er vornehmlich an die Verwirklichung seiner militärpolitischen Pläne dachte. Sie bestimmten sein Eingreifen in das Ressort der Außenpolitik. Im Hinblick auf die Verhandlungen der Genfer Abrüstungskonferenz setzte er sogar seine Ministerkollegen unter Druck, denn seiner Auffassung nach war es eine wesentliche Aufgabe der Außenpolitik, den militärpolitischen Vorstellungen der Reichswehrführung Hilfestellung zu leisten oder sich ihnen sogar unterzuordnen. Darüber hinaus forderte der Reichswehrminister, daß sich die deutsche Außenpolitik stark auf die innenpolitischen Erfordernisse auszurichten habe, und zwar mit der Maßgabe, daß alle ihre Schritte vom Volke als „national“ empfunden werden müßten. Schleicher glaubte, mittels seiner Umrüstungs- und vor allem seiner Milizpläne die Gefahr, die von seiten der Nationalsozialisten gegeben war, innenpolitisch entschärfen zu können. Gleichzeitig hoffte er, den nationalsozialistischen Führern begreiflich machen zu können, daß gegen den Willen der Reichswehr und des amtierenden Kabinetts ihr Drang an die Macht scheitern werde. Von diesem Standpunkt aus wies Oberst v. Bredow als Chef des Ministeramtes nationalsozialistische Anbiederungsversuche zurück und erklärte der Reichswehrminister am 25. Juli 1932 vor dem Überwachungsausschuß des Reichstages, daß die Reichswehr gegen jeden vorgehen werde, der sich mit Gewalt in den Besitz der Macht im Staate zu bringen versuche, auch gegen Hitler und seine Anhänger.

Erst nach den Reichstagswahlen vom 31. Juli traf Schleicher erneut mit Hitler zusammen. Hierbei gelangte er zu der Auffassung, daß der Zeitpunkt gekommen sei, die Nationalsozialisten in möglichst umfassender Form zur gouvernementalen Verantwortung zu führen, und fand sich sogar bereit, Hitlers Ambitionen auf die Kanzlerschaft zu unterstützen. Der Reichswehrminister verstand darunter allerdings nicht, daß die Ausübung der Staatsgewalt der NSDAP überlassen werden sollte, sondern daß einzelne Persönlichkeiten als Repräsentanten dieser Partei ein Staatsamt erhielten. Insbesondere eine staatlich legitimierte Machtenfaltung der nationalsozialistischen Gliederungen lehnte er ab; sie sollten ihrem Betätigungsdrang unter Aufsicht der Reichswehr auf dem militärischen Sektor nachgehen können. Schleicher traute sich also zu, die NSDAP so unter Aufsicht zur Mitverantwortung zu bringen, daß ihr das erstrebte Ziel, die alleinige Macht zu erlangen, verwehrt blieb. Aber das gewagte Spiel scheiterte schon an den Voraussetzungen, die Hitler forderte und die ihm vom Reichspräsidenten in der berühmten Unterredung vom 13. August 1932 mit der Begründung verwehrt wurden, er könne es „vor Gott, seinem Gewissen und dem Vaterlande nicht verantworten, einer Partei die gesamte Regierungsgewalt zu übertragen, noch dazu einer Partei, die einseitig gegen Andersdenkende eingestellt sei“.

Hitlers Aspirationen ernüchterten Schleicher, ohne daß er die seiner Auffassung nach große Konzeption einer möglichst breiten Abstützung der Reichsregierung nach rechts bis hin zur NSDAP und damit zugleich der „Zähmung“ dieser Partei aufgab. Ebensowenig ließ er seine Verbindungen zu den Nationalsozialisten abreißen, in deren Augen er als eine politische Kraft galt, die nicht mit dem Kabinett Papen gleichgesetzt werden durfte. Auch von anderen Seiten wurde Schleicher als eine Persönlichkeit gewertet, die über den Dingen stand. Sein Ansehen läßt sich daran ablesen, daß schon damals erörtert wurde, ob er nicht das Amt des Reichskanzlers übernehmen sollte. Der Reichswehrminister selbst war gleich nach dem 13. August in klarer Erkenntnis der Einstellung Hindenburgs zu Papen wieder an die Seite des Reichskanzlers getreten und spannte sein Ministerium in den nun einsetzenden Kampf des Kabinetts gegen die breite Front der parlamentarischen und außerparlamentarischen Gegner ein. Die Wehrmachtabteilung trat darüber hinaus in engen Kontakt zu Staatsrechtslehrern, die – wie Carl Schmitt – den politischen Vorstellungen der Reichswehrführung nahestanden.

Es gehört mit zur Tragik der Weimarer Republik, daß eine Anzahl von Hochschullehrern der Staatsrechtswissenschaften ihre akademische Freiheit nutzten, sich nicht mit dem durch die Verfassung von 1919 begründeten liberalen Rechtsstaat zum Zwecke seiner Verbesserung kritisch zu beschäftigen, sondern ihn in Wort und Schrift anzugreifen, um seine Grundlagen zu zerstören. Dabei konnte beispielsweise Otto Koellreutter auf die Zustimmung der Reichswehr rechnen, wenn er die liberale parlamentarische Demokatie als eine im Grunde internationale und pazifistische Staatsform ansprach, weil sich ihr Ideal nur in einer dauerhaften Friedensordnung verwirklichen ließe. Wenn Hans Gerber oder Carl Schmitt der Weimarer Republik vorwarfen, sie diene dem Interessenpluralismus, dann sahen die Soldaten ihre eigene Auffassung bestätigt. Durch Carl Schmitt hielt die Reichswehrführung aber vor allem ihr politisches Verhalten gerechtfertigt, denn dieser Staatsrechtslehrer rechnete es dem Reichspräsidenten und der bewaffneten Macht als Verdienst an, daß sie sich als parteipolitisch neutrale Gewalten etabliert hätten, wodurch Ansatzmöglichkeiten zu einer neuen Staatsordnung geschaffen würden.

Die Unterstützung, die seitens der Reichswehrführung dem Kabinett Papen zuteil wurde, bedeutete jedoch nicht, daß der Reichswehrminister bereit gewesen wäre, sich den politischen Vorstellungen des Reichskanzlers und des Reichsinnenministers unterzuordnen. Er verweigerte dem Vorschlag, über einen Verfassungsbruch zur Diktatur überzugehen, seine Zustimmung und zwang Papen, von solchen Plänen Abstand zu nehmen. Damit hatte die Reichswehrführung bewiesen, daß politische Entscheidungen letztlich von ihr abhängig waren. Nach den Reichstagswahlen vom 6. November hatten sich nämlich die Befürchtungen verstärkt, die Reichswehr könne genötigt werden, sich für eine Regierung einzusetzen, die von der überwiegenden Mehrheit des Volkes und sogar innerhalb der bewaffneten Macht als reaktionär abgelehnt wurde. Die Besorgnisse über eine derartige Entwicklung schlugen sich in einem Planspiel vom 25. und 26. November 1932 nieder, mit dem die Wehrmacht-Abteilung nicht auf Anregung, aber mit Billigung Schleichers zu klären suchte, welche Maßnahmen die Verhängung des Ausnahmezustandes für das gesamte Reich mit sich bringen werde, und welche Folgen dieser zeitigen könne.

Das Planspiel vom 25./26. November 1932 stand unter dem Eindruck des Berliner Verkehrsarbeiterstreiks von Anfang November, bei dem Nationalsozialisten und Kommunisten in gemeinsamer Front gestanden und schwere Ausschreitungen begangen hatten. An ihm nahmen die Chefs der Stäbe von fünf Divisionen, hohe Marineoffiziere, Vertreter der Preußischen Polizei, der Technischen Nothilfe und von Behörden teil. Sein Ergebnis ließ nach Auffassung des Leiters der Wehrmacht-Abteilung den Schluß zu, daß im Falle einer Bedrohung des Reichs von außen und innen die bewaffnete Macht sogar mit Unterstützung von Polizei und Technischer Nothilfe nicht in der Lage sein werde, die Aufrechterhaltung von Ordnung und Sicherheit zu gewährleisten. Allerdings wurde damit der wohl extremste Fall eines Ausnahmezustandes durchgespielt, nämlich das Zusammenspiel der Radikalen von rechts und links. Als symptomatisch für den Geist, aus dem heraus die Überlegungen angestellt wurden, darf außerdem angesehen werden, daß nicht danach gefragt worden zu sein scheint, ob die Republik im Falle eines Notstandes auf demokratische Kräfte und Organisationen außerhalb der berücksichtigten Institutionen hätte zurückgreifen können, beispielsweise auf das Reichsbanner und auf die Gewerkschaften. Insofern müssen die Ergebnisse des Planspiels als Schwarzmalerei eingestuft werden, wobei unbeantwortet bleibt, ob sie wider besseres Wissen erfolgte oder bereits ein unvermeidlicher Ausfluß der nationalistischen Psychose war. Die Möglichkeit, daß Kommunisten und Nationalsozialisten zur gleichen Zeit gegen eine Rechtsdiktatur unter Papen mit Methoden des Bürgerkrieges ankämpfen würden und die Staatsgewalt auch nicht von den demokratischen Kräften verteidigt werden würde, war allerdings nicht völlig abwegig. Insofern also gab das Planspiel der Reichswehrführung zumindest ein nützliches Mittel an die Hand, gegen reaktionäre Staatsstreichpläne Einspruch einzulegen.

Schleicher ging bei seinen Überlegungen davon aus, die Reichswehr nicht in den politischen Kampf hineinziehen zu lassen, ihr Gewicht aber auszunutzen, um den Staat zu stabilisieren. Da er erkannte, daß sich diese Aufgabe mit Papen nicht durchführen ließ, scheute er erneut nicht davor zurück, sich mit der Frage eines Kanzlerwechsels zu befassen. Er erörterte das Problem sogar intensiv im Kreise von Mitarbeitern aus dem Reichswehrministerium. Der Gedanke, selbst das Kanzleramt zu übernehmen, lag ihm zunächst fern, zumal er es als Reichswehrminister für wenig wünschenswert erachtete, die bewaffnete Macht in die vorderste Linie der Politik zu bringen. Ihm war aber bekannt, daß es zahlreiche Stimmen gab, die ihn schon wegen seiner Vertrauensstellung beim Reichspräsidenten für den geeignetsten Kanzlerkandidaten hielten. Er schien außerdem die richtige Persönlichkeit zu sein, Zentrum und NSDAP als Flügelkräfte für die Reichsregierung zu gewinnen. Schleicher hatte sich offenkundig so stark in das politische Geschehen eingemischt, daß er sich der Forderung, endlich die volle Verantwortung zu übernehmen, nicht völlig zu versagen wagte. So ließ er, wenn auch sehr zögernd, seine Bereitschaft durchblicken. Als Voraussetzungen für eine Amtsübernahme benannte er, daß er auch als Reichskanzler an der Spitze des Reichswehrministeriums verbleibe, und daß es ihm gelänge, die Nationalsozialisten zur Mitarbeit zu gewinnen. Die letztere Bedingung erwies, daß der nüchterne Taktiker Schleicher nicht frei war von „kaum noch vertretbaren Illusionen" (Vogelsang). Außerdem überrollten ihn bereits die Ereignisse. Die Verhandlungen mit der NSDAP, die er durch Mitarbeiter aus dem Reichswehrministerium führen ließ, zeitigten keine greifbaren Erfolge, sondern ließen nur die schon früher angeklungene Idee, die Partei Hitlers aufzuspalten, neue Kraft gewinnen. Schleicher sah dennoch sich in der entscheidenden Kabinettssitzung vom 2. Dezember 1932 gezwungen, gegen Papen und seine Diktaturpläne eindeutig Stellung zu beziehen. Hierbei verwertete er die Ergebnisse des Planspiels der Wehrmacht-Abteilung. Da sich die Mehrheit der bisherigen Minister hinter ihn stellte, zerstörte er Papens Hoffnungen auf ein Kampfkabinett und veranlaßte ihn zu demissionieren.

Am 2. Dezember 1932 beauftragte der Reichspräsident, „wenngleich innerlich widerstrebend", den bisherigen Reichswehrminister mit dem Amt des Reichskanzlers. Das Reichswehrministerium behielt Schleicher in Personalunion bei. Mitarbeiter des Ministeramtes wurden von ihm jetzt nicht nur auch im unmittelbaren Tätigkeitsbereich des Reichskanzleramtes eingesetzt, sondern sogar für Aufgaben, die über dessen eigentlichen Geschäftskreis hinausgingen und ebensowenig dem Bereich der bewaffneten Macht zugeordnet werden können, wie das Siedlungswesen oder Jugendfürsorge. Im Reichswehrministerium nahm man außerdem zu anderen, rein politischen Problemen Stellung, verwahrte sich beispielsweise ostentativ gegen das Bestreben des nationalsozialistischen Reichstagspräsidenten Göring, preußischer Ministerpräsident zu werden. Allerdings dachte man nicht in innenpolitischen Kategorien, sondern urteilte von militärpolitischen Gesichtspunkten aus. Selbst Schleicher blieb seinem bisherigen Denken verhaftet und benutzte jede Gelegenheit, seine Milizvorstellungen zu propagieren.

Als Reichskanzler besaß Schleicher von vornherein nicht mehr das uneingeschränkte Vertrauen des Reichspräsidenten. Hindenburg fand sich mit der Ablösung seines Lieblingskanzlers nicht ab und erteilte Papen nachträglich seine Zustimmung zu dessen Kölner Begegnung mit Hitler vom 4. Januar 1933. Damit war der Weg gebahnt, der zum Sturze Schleichers führte. Als in der zweiten Hälfte des Januar offenkundig zu werden begann, daß die Stunden der Regierung gezählt waren, sich jedoch noch nicht erkennen ließ, wer der neue Reichskanzler sein würde, glaubte der Chef der Heeresleitung berechtigt und in der Lage zu sein, bei Hindenburg zu intervenieren. Hammerstein benutzte dazu am 26. Januar 1933 einen Routinevortrag des Chefs des Heerespersonalamtes beim Reichspräsidenten. Allerdings wurde er bereits ungnädig empfangen – ein Anzeichen dafür, daß Hindenburg in seine Abneigung gegen Schleicher die Offiziere einbezog, die zum engeren Mitarbeiterkreis des Kanzlers und Wehrministers zählten. Im Anschluß an das Dienstgeschäft „bat Hammerstein, ‚außerhalb des Gegenstandes der Besprechung' darauf hinweisen zu dürfen, daß ein Sturz oder Rücktritt Schleichers und ein gegebenenfalls sich daraus ergebender Regierungswechsel ernste Auswirkungen auf die Reichswehr haben könnten. Er brachte starke Befürchtungen zum Ausdruck ‚die Truppe könne Einflüssen von seiten der NSDAP erliegen und so der Gehorsam in Mitleidenschaft gezogen werden, und meinte damit sicherlich Gefahren, die bei einem allgemeinen Widerstand gegen eine zweite, diktatorische Regierung Papen entstehen würden" (Vogelsang). Darüber hinaus scheint der Chef der Heeresleitung vor Hitler gewarnt zu haben. Seine Ausführungen wurden jedoch nicht günstig aufgenommen. Der Reichspräsident stellte fest, daß politische Aufgaben nicht zum Geschäftsbereich der Generale gehörten, und verwies damit den Chef der Heeresleitung in seine verfassungsmäßigen Schranken. Allerdings beendete Hindenburg die Unterredung mit dem Hinweis, man werde ihm doch wohl nicht zutrauen, daß er den „österreichischen Gefreiten zum Reichskanzler mache".

Es gehört zur Tragik Schleichers und der Reichswehrführung, daß die Gefährlichkeit Hitlers und der NSDAP noch zu dieser Zeit nicht klar erkannt wurde. Man fürchtete ihn nicht, sondern beurteilte ihn abschätzig und war nur mißtrauisch. Wie zwiespältig und wechselhaft die Meinungen waren, offenbart die Endphase der Reichskanzlerschaft Schleichers. Als sich die Möglichkeit abzuzeichnen begann, daß Hitler die Nachfolge des Generals antreten könne, erwogen Hammerstein und sein Kreis Gegenmaßnahmen gegen diese als gefährlich angesehene Regierungsbildung. Wenige Tage später schien der Führer der NSDAP als Reichskanzler im Vergleich zu einer Neuauflage der Regierung Papen das kleinere Übel zu sein. Schleicher und seine Mitarbeiter glaubten nämlich, daß der am 28. Januar 1933 zurückgetretene Reichskanzler in einem Kabinett Hitler die Leitung des Reichswehrministeriums behalten werde. Ihnen war nicht bekannt, daß der Führer der NSDAP inzwischen in Schleicher den Hintermann des politischen Intrigenspiels und die eigentliche Quelle seiner Schwierigkeiten während des Jahres 1932 sah, und daß vor allem Hindenburg unter dem Einfluß Papens den General in der gleichen Weise hatte fallenlassen wie zuvor Groener und Brüning. Während sich der Reichspräsident bereits entschlossen hatte, den Befehlshaber im Wehrkreis I, Generalleutnant Werner v. Blomberg (vgl. Abschnitt VII), mit dem Amt des Reichswehrministers zu betrauen, kreisten die Überlegungen der Mitarbeiter Schleichers in den letzten Stunden vor der sogenannten Machtübernahme Hitlers sogar vornehmlich um das Problem, wie ein zweites Kabinett Papen-Hugenberg und damit eine reaktionäre Regierung der DNVP – „der Albtraum der Reichswehrführung“ (Vogelsang) – verhindert werden könne.

In den letzten Tagen des Januar 1933 wurden in der engeren Umgebung des Reichswehrministers mancherlei Pläne erwogen, doch scheiterte ihre Verwirklichung schon daran, daß Schleicher sich weigerte, die Reichswehr gegen ihren Oberbefehlshaber einzusetzen. Zu ihnen gehörten der unglückselige Entschluß vom 29. Januar 1933, die Parteiführung der NSDAP durch einen Mittelsmann von der Absicht zu unterrichten, eine Reichskanzlerschaft Papens verhindern zu wollen, und die Verbindungsaufnahme des Chefs der Heeresleitung zum Führer der NSDAP. Man glaubte, Hitler bewegen zu können, daß er mit der Reichswehrführung zusammenarbeitete. Diese Interventionsangebote erwiesen, daß „die höchsten Militärs des Staates, der Wehrminister und sein Chef der Heeresleitung, nicht nur von der früher so ‚selbstverständlichen‘ Einflußnahme, sondern auch nachrichtenmäßig abgesperrt“ waren. „Und gerade diese ‚letzte‘, in ihrer jäh offensichtlich gewordenen Begrenztheit schon fast hilflos anmutende Aktivität ... hat, sehr entgegen der Absicht und den Hoffnungen der einstmals so einflußreichen Reichswehrführer, dazu beigetragen, daß bestimmte Sicherungen an den Schalttafeln des Reiches erheblich früher durchbrannten, als normalerweise erwartet werden konnte“ (Vogelsang). In ihrer Unkenntnis vom Stand der Verhandlungen über eine neue Reichsregierung gaben die Offiziere mit ihrer Aktivität zu Putschgerüchten Anlaß, die Hindenburg bestimmten, seinen Widerstand gegen die Kanzlerschaft Hitlers aufzugeben. In der Umgebung des Reichspräsidenten mißtraute man Schleicher so stark, daß der früher als das übrige Kabinett vereidigte neue Reichswehrminister Blomberg gewarnt wurde, sein Ministerium aufzusuchen, denn er laufe dort Gefahr, von Hammerstein verhaftet zu werden. Blomberg erhielt den Auftrag, „die Reichswehr ... jeder politischen Diskussion zu entziehen und Schluß mit der Methode Schleicher zu machen".

In den entscheidenden Tagen des Januars 1933 ist also von seiten der Reichswehrführung nicht ernsthaft geplant worden, politische Entscheidungen mit Hilfe der bewaffneten Macht herbeizuführen. Infolge dieser Tatsache bleiben alle Diskussionen darüber, ob die Truppe Befehle aus dem Reichswehrministerium zum Einsatz gegen rechtsradikale oder reaktionäre Kräfte befolgt hätte, im Bereich der Spekulation. Unter dieser Einschränkung läßt sich allerdings annehmen, daß das Reichsheer den Staat und damit sogar die ungeliebte Republik auch gegen einen Gewaltstreich seitens der extremen Rechten verteidigt hätte, wenn es von einer überzeugenden Führung dazu aufgerufen worden wäre. Noch war es so homogen, daß es sich bei aller Sympathie für die nationale Welle wohl doch nicht von einer rechtsradikalen Sturmflut hätte mitreißen lassen, sondern die Dämme vor dieser Gefahr zu schützen gesucht hätte. Soll man es bedauern, daß die Reichswehr den Beweis für diese These nicht antreten mußte?

Auch bei dieser Fragestellung zeigt sich im übrigen die Fülle an Problematik, die jede Darstellung aufwirft, die das Phänomen des Militärs zu isoliert behandelt. Sie kann zu irrigen oder gar falschen Schlüssen führen, wenn sie nicht erkennt, daß die bewaffnete Macht im Falle der Reichswehr nur eine der Institutionen war, die nicht im Einklang mit der parlamentarischen Demokratie standen. Der Republik gelang nicht ein Ausgleich von Staats- und Militärverfassung, aber dieser Mangel entpuppte sich eben nur als *ein* loser, wenn auch einer der tragenden Steine in ihrem Gebäude. Ihre Wehrmacht erlangte politisches Gewicht, das die militärische Führung nicht nur zu bewahren, sondern sogar zu verstärken bestrebt war. Insofern kam militärgeschichtlich besonders dem Anfang und dem Ende der Republik erhöhtes Interesse zu.

Organisation des Reichsheeres

von
Edgar Graf von Matuschka

1. Wehrorganisationen der Übergangszeit bis zum Inkrafttreten des Versailler Vertrages

a. Organisation der bekanntesten Freikorps

Die Zahl aller 1919 – 1920 errichteten, teilweise wieder aufgelösten und unter anderer Bezeichnung neu zusammengestellten Freiwilligentruppen wird sich wohl nie ganz sicher feststellen lassen. Jedenfalls war darüber sowohl das Preußische Kriegsministerium wie später das Reichswehrministerium in Unkenntnis. Heute sind insgesamt, ohne die Freiwilligenformationen des „Selbstschutzes Oberschlesien", des „Grenzschutzes", der „Einwohnerwehren" und der „Ruhrkampf- und Separatistenabwehr-Organisationen" rund 200 Freiwilligenformationen feststellbar. Die einzelnen Freiwilligen-Verbände und Freikorps waren außerordentlich verschieden strukturiert. Erreichten einige Formationen nur Kompaniestärke, so waren andere auf ganze Divisionen angewachsen und verfügten über schwere Artillerie und Flugzeuge. Im folgenden soll beispielhaft die Organisation einiger der bekanntgewordenen Freikorps skizziert werden, soweit die Unterlagen dies gestatten.

Das wohl zuverlässigste der größeren Freikorps war das vom Generalmajor Maercker geführte „Landesjägerkorps". Es gliederte sich in zwei Landesjäger-Brigaden zu je drei Abteilungen. Jede dieser Abteilungen bestand aus einem Infanterie-Bataillon zu drei mit schweren Maschinengewehren und teilweise auch Minenwerfern verstärkten Kompanien, einer Eskadron und einer Feldbatterie. Insgesamt waren es sechs als selbständige Kampfgruppen formierte Bataillone, zu denen als Korpstruppen noch ein Bataillon schwerer Feldhaubitzen, eine Fliegerabteilung mit 19 Flugzeugen sowie je eine Nachrichten-, Kraftwagen- und technische Abteilung traten. Auf dem Truppenübungsplatz Sennelager waren noch zusätzlich 13 Ausbildungskompanien stationiert, ebenfalls in Sennelager und in Apolda drei Ersatzkompanien, zwei Ersatzbatterien und eine Minenwerfer-Ersatzkompanie. Aus diesem Landesjägerkorps, dem nach seiner Bewährung in verschiedenen Einsätzen der Schutz der Weimarer Nationalversammlung anvertraut war, wurde später die Reichswehrbrigade 16 formiert. Eine Besonderheit war nicht nur seine zweckmäßige Gliederung, sondern auch seine Offizierstellenbesetzung. Im Gegensatz zu vielen anderen Freikorps verfügte es über keine Offizierkompanien, das heißt Einheiten, die nur aus Offizieren oder Offiziernachwuchs bestanden. Alle echten Offizierstellen, jedoch ebenfalls im Sonderfall, waren nach Friedensgrundsätzen besetzt, Hauptleute führten die Kompanien, Stabsoffiziere die Abteilungen.

Durch ihren Einsatz in Berlin wurde die „Garde-Kavallerie-Schützen-Division" bekannt, die im April 1919 zusammen mit der Marine-Division das „Garde-Kavallerie-Schützen-Korps" bildete. Ihr Führer war Generalleutnant v. Hofmann, erster Generalstabsoffizier Hauptmann Papst. Sie setzte sich hauptsächlich aus „Freiwilligen-Verbänden" ehemaliger Kavallerie-Regimenter zusammen. Es waren ihr aber auch reine „Freikorps" angeschlossen. Die ersteren waren aus den Reihen alter Truppenteile entstanden, die „Freikorps" durch freie Werbung aufgestellt und ergänzt.

Gegliedert war die Garde-Kavallerie-Schützen-Division in drei Kavallerie-Schützen-Kommandos, denen jeweils mehrere etwa bataillonsstarke Freiwilligen-Verbände unterstellt waren. Dem Kommando 11 unterstanden das Dragoner-Regiment 8, das Lehr-Infanterie-Regiment und das Freikorps Lützow (verstärktes Infanterie-Regiment), dem Kommando 14 die Husaren-Regimenter 8 und 11 und das Ulanen-Regiment 5, dem Kommando 38 das Kürassier-Regiment 4 und die Jäger-Regimenter zu Pferde 2 und 6. Als Divisionsartillerie fungierte das 3. Garde-Feldartillerie-Regiment mit drei leichten Abteilungen und einem schweren Feldhaubitzen-Bataillon. Die Divisionstruppen bestanden aus einer Radfahr-Kompanie, einem Pionier-Bataillon, einer Minenwerfer-Kompanie, einer Flieger-Abteilung, einer Flak-Batterie, je einer Fernsprech- und Funker-Abteilung, mehreren Fuhrpark- und Munitionskolonnen, Sanitäts-Kompanie, Lastkraftwagenkolonne und zwei Panzerautos. Der Division angegliedert war vom Freikorps Schleswig-Holstein das Regiment Seyfert zu vier Kompanien und die aus den etwa bataillonsstarken Freikorps Künzel, Gentner und Loeschebrand zusammengesetzte Brigade Taysen.

Die dem Garde-Kavallerie-Schützen-Korps unterstellte „Marine-Division", Führer Generalmajor v. Lettow-Vorbeck, setzte sich aus den drei Marine-Brigaden:

v. Roden (1. und 2. Marine-Regiment),
Ehrhardt (3. und 4. Marine-Regiment) und
v. Loewenfeld (5. und 6. Marine-Regiment)

sowie dem Schutztruppen-Regiment Nr. 1 als Infanterie, dem Feldartillerie-Regiment Osiander (drei leichte Abteilungen, ein schweres Feldhaubitzen-Bataillon) und Divisionstruppen (wie bei der Garde-Kavallerie-Schützen-Division) zusammen. Bei den Marine-Brigaden waren ganze Kompanien nur aus Seeoffizieren, Fähnrichen zur See und Seekadetten formiert.

Eine ähnliche Gliederung hatte die in Kurland eingesetzte *„Eiserne Division"* des Majors Bischoff, während das in Potsdam aufgestellte „Freikorps Eulenburg" nur zwei Infanterie-Bataillone, zwei Eskadronen und eine Batterie, das in Westfalen gebildete „Freikorps Lichtschlag" drei Infanterie-Bataillone und zwei Artillerie-Abteilungen und das aus Freiwilligen alter Schlesischer Regimenter formierte „Freikorps Aulock" nur zwei verstärkte Kompanien (acht Offiziere, 225 Mann) stark waren.

Der größte Teil dieser Freikorps und Freiwilligen-Verbände wurde in die „Vorläufige Reichswehr" eingegliedert. Selbst als der Einsatz einiger Freikorps zugunsten der Regierung Kapp die Auflösung dieser Truppen, zum Beispiel der Marine-Brigaden Ehrhard und Loewenfeld, erforderte, wurde versucht, diese gut ausgebildeten Offiziere und Mannschaften dem Heer oder der Marine zu erhalten. Eine Ausnahme wurde bei den „Baltikumern" gemacht, das heißt bei den Formationen, die sich den Anordnungen der Reichsregierung widersetzt hatten und in weißrussische Dienste getreten waren. Es waren dies:

die „Eiserne Division",
die in der Gruppe „Baltenland" zusammengeschlossenen Freikorps,
die Freikorps und Freiwilligen-Verbände der Gruppe „Plehwe",
die Fliegerstaffeln 34, 37, 38 und 101
und das Detachement „Rossbach".

b. Vorläufige Reichswehr

Gruppenkommandos und Wehrkreise

Die von dem „Reichswehrausschuß" (s. S. 83 f.) erarbeiteten Pläne sahen ein Heer von etwa 400 000 Mann vor. Unter vier „Gruppenkommandos" sollten im Bereich eines jeden Generalkommandos der alten Armee (24 ohne die Garde) je eine „große Reichswehrbrigade", mit drei Infanterie-Regimentern, und eine „kleine Reichswehrbrigade", mit zwei Infanterie-Regimentern, aufgestellt werden. Bei den „Gruppentruppen" zur Verfügung der Oberbefehlshaber waren auch schwere Artillerie, Flieger-, Flak- und Kampfwagenverbände vorgesehen. Da Elsaß und Lothringen voraussichtlich abgetreten würden, war geplant, die im Bereich der Generalkommandos XV und XVI aufzustellenden Brigaden nach Mitteldeutschland zu verlegen.

Mit der Annahme des Versailler Vertrages und seiner Veröffentlichung als „Reichsgesetz" am 16. Juli 1919 mußte von diesen Planungen Abstand genommen werden. Die bereits formierten 22 großen Reichswehrbrigaden wurden auf 14, die 18 kleinen auf 6 reduziert. Die Aufstellung der im Versailler Vertrag verbotenen Waffengattungen entfiel, bereits bestehende Formationen wurden aufgelöst. Trotzdem hatte dieses Heer, die „Vorläufige Reichswehr", zunächst noch eine Stärke von etwa 300 000 Mann.

Es war gegliedert in:

„Gruppenkommando I Berlin" mit den Reichswehrbrigaden 3 Potsdam, 4 Magdeburg, 5 Frankfurt/Oder, 6 Liegnitz, 8 Brieg (bzw. Oppeln), 12 Bautzen, 15 Berlin, 16 Weimar und 19 Chemnitz;

„Gruppenkommando II Kassel" mit den Reichswehrbrigaden 7 Münster, 10 Hannover, 11 Kassel und 13 Stuttgart;

„Gruppenkommando III Kolberg" mit den Reichswehrbrigaden 1 Königsberg, 2 Stettin, 9 Schwerin und 20 Allenstein;

„Gruppenkommando IV München" mit den Reichswehrbrigaden 21 München, 23 Würzburg und 24 Nürnberg.

Jedem „Gruppenkommando" war ein Führer der Pioniere, der Nachrichtentruppe, der Kraftfahrtruppe und der Trains beigegeben.

Am 29. September 1919 wurde eine neue Gliederung im Heeresverordnungsblatt in der Form einer Unterkunftsübersicht bekanntgegeben. Sie teilte das Reichsgebiet in sieben Wehrkreise auf, die dann für die spätere Reichswehr übernommen wurden.

Wehrkreis (WK)	I	für Ost- und Westpreußen (Kommando in Königsberg): Brigaden 1 und 20
Wehrkreis	II	für Pommern, Mecklenburg, Schleswig-Holstein (Kommando in Stettin): Brigaden 2 und 9
Wehrkreis	III	für Brandenburg und Schlesien (Kommando in Berlin): Brigaden 3, 5, 6, 8, 15
Wehrkreis	IV	für Sachsen (Land und Provinz) und Thüringen (Kommando in Dresden): Brigaden 4, 12, 16, 19
Wehrkreis	V	für Hessen, Württemberg, Baden (Kommando in Stuttgart): Brigaden 11 und 13
Wehrkreis	VI	für Westfalen, Hannover, Oldenburg (Kommando in Münster): Brigaden 7 und 10
Wehrkreis	VII	für Bayern (Kommando in München): Brigaden 21, 23, 24.

Zu Befehlshabern wurden im WK I der Kommandeur der Reichswehr-Brigade 1, im WK II der Brigade 2, im WK III der Brigade 15, im WK IV der Brigade 16, im WK VI der Brigade 7, im WK VII des Gruppenkommandos IV ernannt. Für den WK V wurde ein besonderer Kommandeur mit eigenem Stab ernannt.

Reichswehrbrigaden

Die Brigadenummern, mit Ausnahme der der bayerischen, waren nach den alten Korps durchnumeriert, wobei das ehemalige Garde- und III. Korps, II. und XVII., VIII. und XXI., XIII und XIV. Korps zusammengefaßt wurden. Brigaden aus der entmilitarisierten Zone und den abgetretenen Gebieten waren ins Reich verlegt worden, so Brigade 5 von Posen nach Frankfurt/Oder, 8 von Koblenz nach Brieg, 15 von Straßburg nach Berlin, 16 von Metz nach Weimar. Jedes Kommando einer „Reichswehrbrigade" verfügte über einen unterstellten Stab „Infanterieführer" und einen Stab „Artillerieführer".

Dem Infanterieführer unterstanden drei, bei den „kleinen Brigaden" 9, 12, 19, 21, 23 und 24 nur zwei Infanterie-Regimenter, dazu eine Radfahr-Kompanie. Insgesamt gab es 54 Infanterie-Regimenter. Gegliedert war das Regiment in Stab, Nachrichten-Kompanie, zwei bis sechs Bataillone zu je drei Schützen- und einer Maschinengewehr-Kompanie, eine Minenwerfer-Kompanie und eine

Infanteriegeschütz- oder Infanterie-Begleit-Batterie mit sechs Geschützen. Bei acht Regimentern fehlte die Infanteriegeschütz-Batterie, bei einem die Minenwerfer-Kompanie.

Die Sollstärke eines Infanterie-Bataillons betrug in der Regel 23 Offiziere, 886 Unteroffiziere und Mannschaften (23/886), 54 leichte und 9 schwere Maschinengewehre. Zwei Regimenter bestanden aus 2 Bataillonen, zwölf aus 3, 38 aus 4, je eines aus 5 bzw. 6 Bataillonen. Innerhalb der Infanterie gab es 15 Jäger-Bataillone, die zwölf sächsischen Bataillone nannten sich „Grenzjäger-Bataillone“. Sonst war neben der Bezeichnung „Infanterie“ auch „Schützen-Regiment“ und „Schützen-Bataillon“ gebräuchlich.

Der „Artillerieführer“ jeder Brigade befehligte ein leichtes Artillerie-Regiment zu je drei Abteilungen und einer Batterie mittlerer Minenwerfer. Die Abteilungen hatten in der Regel drei Batterien zu je vier Geschützen. Etwa ein Drittel aller Batterien war mit leichten Feldhaubitzen ausgerüstet, die restlichen mit Feldkanonen. Die Stärke einer Batterie betrug 6 Offiziere, 107 Unteroffiziere und Mannschaften, die der mittleren Minenwerfer-Batterie zu vier Werfern 3 Offiziere, 94 Unteroffiziere und Mannschaften. Leichte Munitionskolonnen waren nur bei einigen Regimentern vorhanden. Die begonnene Aufstellung der schweren Artillerie-Abteilungen zu je drei Batterien schwerer Feldhaubitzen (Stärke 6/178), Artillerie-Meßtrupp (3/105) und Munitionskolonne (2/72) mußte bereits 1919 abgebrochen werden.

Jeder Reichswehrbrigade direkt unterstanden: Ein Kavallerie-Regiment zu drei Eskadronen und einer Kavallerie-Maschinengewehr-Abteilung (Stärke 30/645, zwölf leichte, neun schwere Maschinengewehre); ein Pionier-Bataillon zu zwei Kompanien, Beleuchtungstrupp oder Scheinwerferzug und Brückentrain (Stärke 18/424, acht leichte, sechs schwere Maschinengewehre); eine Nachrichten-Abteilung mit Fernsprechabteilung, Horchabteilung (Funker), Brieftaubenschlag und Gerätekolonne (Stärke bei der großen Brigade 25/464, bei der kleinen Brigade 23/357); eine Kraftfahr-Abteilung mit Kraftfahrkompanie, zwei Kraftfahrkolonnen und einem Werkstattzug (Stärke 11/258); eine Sanitäts-Kompanie (Stärke 8/216); ein Brigade-Staffelstab (Stärke 6/15) und ein bis drei Feldkolonnen (insgesamt 71 Kolonnen, Stärke je 4/107).

Bekleidung und Rangabzeichen

Blieben Organisation und Bewaffnung noch weitgehend der alten Armee angeglichen, so zeichneten sich im äußeren Erscheinungsbild der Vorläufigen Reichswehr im Uniformschnitt und in den Abzeichen doch gewisse Änderungen ab. Durch eine Verordnung vom 5. Mai 1919 wurden grundlegende Bestimmungen über die Uniform der Reichswehr erlassen, die zum Teil bis 1945 Gültigkeit behalten sollten. Der Stahlhelm wurde beibehalten. Anstelle der bisherigen Feldmütze ohne Schirm, des reichlich unbeliebten „Krätzchen“, wurde eine weiche Feldmütze mit Schirm und Tuchkokarde eingeführt (das Krätzchen wurde aber noch fünf bis sechs Jahre lang aufgetragen). Weiterhin wurde eine sogenannte „Dienstmütze" eingeführt, die stets getragen werden sollte, wenn nicht Stahlhelm anläßlich einer Felddienstübung oder eines Einsatzes notwendig war. Sie war mit Reichs- und Landeskokarde geschmückt und die Reichskokarde (im Mai 1919 noch schwarz-weiß-rot) mit einem silbernen Eichenlaubkranz umgeben. Für die Kokarden war die Form der bisherigen Offizierkokarde vorgeschrieben.

Statt der Feldbluse M 15 wurde ein einreihiger feldgrauer „Feldrock" eingeführt. Ärmelaufschläge und der Stehumfallkragen sollten aus feldgrauem „Abzeichentuch" bestehen, das in der Farbe dunkler als das normale Feldgrau war, so daß man durch Aufsetzen neuer Kragen und Aufschläge alte Röcke ansehnlich machen konnte.

Da der Feldrock im Schnitt für alle Waffengattungen gleich sein sollte, wurden die Waffenfarben eingeführt, die an den Vorstößen der Dienstmütze, in den Spiegeln der auf dem Kragen angebrachten Doppellitzen (Form der alten Gardelitzen) und in den Ärmelabzeichen, die die Formationsnummer angaben, erkennbar waren.

Diese 1919 bestimmten Waffengattungen waren für:	Hauptfarbe	Nebenfarbe (nur an den Ärmelabzeichen)
Kriegsministerium und Generalstab	karmesinrot	
Infanterie	weiß	
Schützen	hellgrün	weiß
Jäger	hellgrün	dunkelgrün
Maschinengewehr-Abteilungen	hellgrün	goldgelb
Maschinengewehr-Scharfschützen-Abteilungen	hellgrün	hochrot
Gebirgs-Maschinengewehr-Abteilungen	hellgrün	hellblau
Kavallerie	goldgelb	
leichte Artillerie	hochrot	
schwere Artillerie	hochrot	goldgelb
Flak	hochrot	braun
Gebirgs-Artillerie	hochrot	hellblau
Minenwerfer	hochrot	schwarz
Artillerie-Meßtruppe	hochrot	hellgrün
Artillerie-Parks	hochrot	weiß
Train	hellblau	
Pioniere	schwarz	hochrot
Flieger	braun	weiß
Luftschiffer	braun	hochrot
Eisenbahntruppen	hellgrau	
Kampfwagentruppen	rosa	weiß
Kraftfahrtruppen	rosa	goldgelb
Nachrichtentruppen	karmesinrot	weiß
Vermessungsabteilungen	karmesinrot	goldgelb
Sanitätsformationen	kornblumenblau	
Veterinäre	goldgelb	schwarz
Bekleidungsämter	weiß	hochrot
Versorgungsämter	weiß	goldgelb
Landwehr-Inspektionen	weiß	hellblau

Ein großer Teil der hier angeführten Waffengattungen wurde durch den Versailler Vertrag verboten. Die Waffenfarben sind daher in der Vorläufigen Reichswehr sicherlich nicht alle getragen worden.

Die Truppenbezeichnungen und Regimentsnummern auf den Schulterklappen fielen weg. Die Nummern wurden in ovalen Schildern auf dem linken Oberarm angebracht.

Am 19. Januar 1919 hatte die Reichsregierung die alten Bestimmungen über die Rang- und Dienstgradabzeichen außer Kraft gesetzt und behelfsmäßige Abzeichen aus blauem Tuch eingeführt, die am linken Ärmel getragen werden sollten. Sie bewährten sich nicht, und es mußte zugestanden werden, daß im Einsatz, z. B. beim Grenzschutz, die alten Abzeichen „aufgetragen" werden durften.

Die neuen Dienstgradabzeichen bestanden aus Silbertressen. Bei den Offizieren waren es am Unterarm zu tragende Ärmelstreifen wie für Seeoffiziere, jedoch nicht der ehemals kaiserlich deutschen, sondern der k.u.k. österreich-ungarischen Kriegsmarine. Die Unteroffiziere waren durch nach oben offene Tressenwinkel gekennzeichnet, die am Oberarm unter dem Oval mit der Regimentsnummer getragen wurden. Die Zahl der Winkel richtete sich nach dem Rang, der einfache Unteroffizier erhielt einen Winkel, der Feldwebel vier, der Gefreite nur einen waagerechten Streifen. Die goldene, rot unterlegte Kragenstickerei für Generale blieb erhalten, ebenso die breiten roten bzw. karmesinroten Lampassen an den Hosen der Generale und Generalstabsoffiziere.
Die Bekleidungsverordnung, insbesondere die Einführung der neuen Rangabzeichen, zeigte eine so scharfe Distanzierung der Reichswehr von der alten Armee, daß sie nicht widerspruchslos aufgenommen wurde. Unter Begründungen, wie „Sparsamkeit" oder „Auftragen alter Stücke", wurden insbesondere die alten Offizierabzeichen bei vielen Formationen der Vorläufigen Reichswehr weitergetragen, ebenso die Freikorpsabzeichen. An die Bestimmung, daß von den Orden und Auszeichnungen der ehemaligen deutschen Fürstenhäuser nur noch die Kriegsauszeichnungen getragen werden dürften, hielten sich ebenfalls nur wenige.

2. Spitzengliederung der Reichswehr

a. Der Versailler Vertrag als Organisationsgrundlage

Obwohl das „Wehrgesetz" erst am 23. März 1921 erlassen wurde, kann der 1. Januar 1921 als der Beginn der „Reichswehrzeit" bezeichnet werden. Der in der letzten Nummer des Heeresverordnungsblattes 1920 veröffentlichte Neujahrserlaß des Chefs der Heeresleitung begann mit den Worten: „Das Reichsheer ist fertig gebildet. Ein neuer Abschnitt deutscher Heeresgeschichte beginnt."

Grundlage der neuen Organisation waren die Bestimmungen des Versailler Vertrages, wonach die gesamte Iststärke des Heeres sämtlicher deutscher Einzelstaaten nicht mehr als 100 000 Mann einschließlich der Offiziere und Depots betragen durfte. Auch die Gliederung in zwei Armeekorps, sieben Infanterie- und drei Kavallerie-Divisionen mit ihrer personellen und materiellen Zusammensetzung war genau vorgeschrieben. Bezüglich Waffen und Munition waren Höchstzahlen festgelegt. Die Art der zugestandenen Bewaffnung entsprach der einer Polizeitruppe. Die Heeresverwaltung hatte ihr ziviles Personal, das bei den 100 000 Mann nicht mit eingerechnet war, auf den zehnten Teil der im Heereshaushalt von 1913 festgelegten Stärke zu vermindern (vgl. zu den Bestimmungen im einzelnen S. 93 f.).

Manche der Bestimmungen mußten als unnötige Schikane aufgefaßt werden. So durften z. B. Gewehre nicht mehr in der Gewehrfabrik von Mauser angefertigt werden. Hierfür wurde eine Fabrik in Suhl bestimmt, die bisher vornehmlich Fahrräder und Kraftwagen hergestellt hatte. Nur während des Krieges waren dort Gewehrteile fabriziert worden. Maschinengewehre hatte diese Firma nie hergestellt. Nun sollten allein aus dieser Fabrik alle Infanteriegewehre und Maschinengewehre bezogen werden.
Die mit der Überwachung der im Versailler Vertrag festgesetzten Abrüstungsbestimmungen beauftragte „Interalliierte Militär-Kontroll-Kommission" (IMKK) erschwerte und störte die Aufbauarbeit der Reichswehr in besonders spürbarer Weise. So wurde z. B. verlangt, daß auf die Zahl von 300 Offizieren, die nach dem Vertrag für die militärische Zentralbehörde zuständig waren, nicht nur die Offiziere des Reichswehrministeriums, sondern die Offiziere aller Anstalten und Behörden angerechnet werden sollten, die nicht unter den Truppenteilen aufgeführt waren. Oder ein weiteres Beispiel: Deutschland konnte an Festungen Breslau, Glogau, Neisse, Glatz, Spandau, Königstein, Ingolstadt, Königsberg, Lötzen, Marienburg, Küstrin und Ulm behalten. Jedoch durften an dem derzeitigen Zustand keine Änderungen vorgenommen werden, obgleich diese Festungen mit wenigen Ausnahmen 1913 bereits für so veraltet galten, daß sie jetzt kaum noch als Verteidigungsanlagen anzusprechen waren. Die IMKK forderte darüber hinaus jedoch die Abrüstung von Küstrin und Lötzen, Auslieferung der schweren Artillerie von Königsberg und die Schließung der in den Festungen befindlichen Anlagen und Werkstätten zur Anfertigung von Kriegsmaterial.
Besondere Mißhelligkeiten bereitete die Frage der Zahl der Beamten. Die Kontrolle der Militärkommission erstreckte sich auch auf Gebiete, die im Vertrag gar nicht behandelt waren, so gestattete sie keine Vorratswirtschaft bei der Bekleidung, sie gestand dem Soldaten nur noch zwei statt vier Garnituren zu. Selbst die Vorräte an Medikamenten und die Menge des Verbandsmaterials der Lazarettverwaltungen wurden auf ein Mindestmaß beschränkt. Es ist daher nur zu verständlich, wenn sich Truppe und Dienststellen eifrig bemühten, die Kommission bei ihren Kontrollen zu täuschen.

b. Gliederung der obersten Zentralbehörde in der Übergangszeit

Am 12. November 1919 wurde eine Gliederung des Reichswehrministeriums vom 8. November 1919, soweit sie das Heer betraf, im Heeres-Verordnungsblatt bekanntgegeben. Danach waren dem „Reichswehrminister" ein persönlicher Stab und die Fürsorge-Abteilung (FA) unmittelbar unterstellt. Die Chefs der „Heeresleitung" (HL) und der „Admiralität" waren ihm nachgeordnet.

Die Heeresleitung war in sechs Ämter und eine Sanitätsabteilung (SA) unterteilt:

Das Zentralamt (ZA) war außer mit Rechts- und Haushaltsfragen mit den gesetzgeberischen und parlamentarischen Arbeiten und den internen Angelegenheiten der Heeresleitung innerhalb des Ministeriums betraut. Es verfügte über die Zentralabteilung (Z1), die Haushaltsabteilung (Z2) und die Rechtsabteilung (Z3).

Das Personalamt (PA) hatte die Personalangelegenheiten aller Offiziere zu bearbeiten, Beförderungen und Verabschiedungen, Pensionsfragen der Offiziere und Unteroffiziere, auch die Versorgung der Hinterbliebenen von Reichswehrsoldaten. Pension und Versorgung von Angehörigen der alten Armee wurden den Versorgungsämtern der Länder übertragen. Es bestand aus zwei Personalabteilungen (P1, P2) und der Pensionsabteilung (P3).

Das Allgemeine Truppenamt (TA) übernahm eine Reihe der Aufgaben des jetzt verbotenen Großen Generalstabes, so die Verwendung der Truppen, die Ausbildung der höheren Führer und Führergehilfen, die Landesverteidigung, die Organisation des Heeres, die Schulen des Heeres und die körperliche Ertüchtigung der Soldaten. Zu ihm gehörten die Heeresabteilung (T1), Organisationsabteilung (T2), Statistische Abteilung (T3), Lehrabteilung (T4), Wehrabteilung (T5), Inspektion des Bildungswesens (T6) und die dem Truppenamt angegliederte Heeres-Friedenskommission (H.Friko).

Das Waffenamt (WA) hatte Aufgaben des früheren Allgemeinen Kriegsdepartements im Kriegsministerium. Es war gegliedert in die Abteilungen für Ausbildung (W1), Infanterie (W2), Kavallerie (W3), Artillerie (W4), Pioniere (W5), Verkehrs-, Nachrichten- und Veterinärwesen (W6, W7, W8).

Das Heeres-Verwaltungsamt (VA) gliederte sich in Beamtenabteilung (V1), Nachschubabteilung (V2), Kassen- und Besoldungsabteilung (V3), Verpflegungsabteilung (V4), Bekleidungsabteilung (V5), Unterkunfts- und Übungsplatzabteilung (V6).

Das Feldzeugmeisteramt (zA) gliederte sich in Allgemeine Abteilung (Fz1), Waffen- und Munitionsabteilung (Fz2), Geräteabteilung (Fz3) und Zeugamtsabteilung (Fz4).

c. Reichswehrministerium und Heeresleitung

Unter dem Reichswehrminister Dr. Geßler erhielt das Ministerium 1920 eine neue und differenzierte Gliederung.

Dem Minister wurden unmittelbar unterstellt:

1. die Adjutantur des Reichswehrministers (Adj RwM)
2. die Zentralabteilung des Reichswehrministeriums (Z)
3. die Haushaltsabteilungen Heer (HA Heer) und Marine (HAM)
4. die Rechtsabteilung (RA)
5. die Justitiare (Just.)
6. die Nachrichtenstelle (N).

Dem Minister waren nachgeordnet:

der Chef der Heeresleitung (HL), General der Infanterie v. Seeckt

der Chef der Heeresverwaltung (HV), Staatssekretär Generalmajor v. Feldmann

der Chef der Marineleitung (ML), Admiral Behnke.

Dem Chef der Heeresleitung waren unterstellt:

1. das Personalamt (PA)
   mit den Personalabteilungen 1 und 2 (P1, P2)
   der Versorgungsabteilung (P3)
   der Personalabteilung H (P4) – zuständig für Generalstabsoffiziere
   der Personalgruppe (PR) – zuständig für Offiziere des Reichswehrministeriums
2. das Truppenamt (Chef Generalmajor Heye)
   mit der Heeresabteilung (T1)
   der Heeres-Organisationsabteilung (T2)
   der Heeres-Statistischen Abteilung (T3) mit Chiffrierstelle
   der Heeres-Transportabteilung (T7) mit Zentralstelle für Völkerrechtsverletzungen
3. die Heeres-Ausbildungsabteilung (T4)
4. die Sonderabteilungen:
   Heeres-Friedenskommission (HFriko)
   Luftfahrt-Friedenskommission (LFriko)
5. die Inspektionen:
   Inspektion des Erziehungs- und Bildungswesens (In 1)
   Inspektion der Infanterie (In 2)
   Inspektion der Kavallerie (In 3)
   Inspektion der Artillerie (In 4)
   Inspektion der Pioniere (In 5)
   Inspektion der Verkehrstruppen (In 6)
   mit Inspektion der Fahrtruppen (In 6 [F])
   und Inspektion der Kraftfahrtruppen (In 6 [K])
   Inspektion der Nachrichtentruppen (In 7)
   Inspektion für Waffen und Gerät

Dem Chef der Heeresverwaltung wurden unterstellt:

1. das Verwaltungsamt (VA)
   mit Beamtenabteilung (V1)
   Unterkunfts- und Übungsplatzabteilung (V2)
   Kassen- und Besoldungsabteilung (V3)
   Verpflegungsabteilung (V4)
   Bekleidungsabteilung (V5)
2. das Waffenamt (WaA)
   mit Waffen- und Munitionsabteilung (Wa2)
   Geräteabteilung (Wa3)
   Zeugamtsabteilung (Wa4)
3. die Sanitäts-Inspektion (SIn)
4. die Veterinär-Inspektion (VIn)

Dem Reichswehrministerium waren nachgeordnet:

1. die Wehrkreisverwaltungsämter (entstanden aus den bisherigen Wehrkreisintendanturen) in Königsberg (I), Stettin (II), Berlin (III), Dresden (IV), Stuttgart (V), Münster (VI) und München (VII); in Breslau entstand ein Verwaltungszweigamt unter dem Wehrkreisverwaltungsamt III
2. die Heeres-Unterkunftsämter in allen größeren Standorten
3. die Heeres-Verpflegungsämter (mehrere in jedem Wehrkreis)

4. die Heeres-Bekleidungsämter (in Königsberg, Berlin und München)
5. die Heeres-Lazarette (insgesamt 31)
6. die Remonteämter (11 in Preußen, 2 in Bayern, 1 in Sachsen)
7. die Zeugämter und Munitionsanstalten
   (2 Zeugämter, 1 Nebenzeugamt, 2 Zeugamtszweigstellen,
   7 Munitionsanstalten, 1 Pionierwerkstatt).

Als 1922 General v. Feldmann aus dem Dienst schied, wurde für ihn weder für den Posten als Staatssekretär noch als Chef der Heeresverwaltung ein Nachfolger ernannt. Die Ämter und Inspektionen der Heeresverwaltung unterstanden nunmehr ebenfalls dem Chef der Heeresleitung, der damit eine Fülle von Kompetenzen unter seiner Leitung vereinigte. Die Luftfahrt-Friedenskommission konnte aufgelöst werden, da man sie nicht mehr benötigte.

Mit dem Ausscheiden des Generals v. Seeckt im Jahre 1926 war wiederum eine wesentliche Umgliederung des Ministeriums verbunden.

Dem Minister direkt unterstanden jetzt:

die Adjutantur des Reichswehrministeriums (Adj RwM)
die Haushaltsabteilungen (HA Heer und HAM)
die Rechtsabteilung (RA)
die Wehrmachtsabteilung (W) – (aus der alten Zentralabteilung unter Oberst v. Schleicher neu errichtet)
die Abwehrabteilung (Abw) ab 1928.

Dem Chef der Heeresleitung (HL) unterstanden:

das Heeres-Personalamt (PA), umorganisiert und verkleinert, mit der Personalgruppe (Referat für Offiziere des Ministeriums) und den Heeres-Personalabteilungen 1 und 2;
das Truppenamt (TA), das die Transportabteilung abgab, aber um die Heeres-Ausbildungsabteilung (T4), deren bisherige unmittelbare Unterstellung unter HL aufhörte, und die neuerrichtete Heeres-Abwehrabteilung (Abw) vergrößert wurde. Die Abwehrabteilung trat 1928 unmittelbar unter den Minister;
das Heeres-Verwaltungsamt (VA) mit der alten Gliederung;
das Heeres-Waffenamt (WaA), das nicht mehr in Abteilungen gegliedert war und die Aufgaben der Inspektion für Waffen und Gerät mit übernahm;
das neuerrichtete „Wehramt" (WehrA) mit den Abteilungen Allgemeine Gruppe (AllgGr) und der bisher dem Personalamt unterstellten Heeres-Versorgungsabteilung (VsA), die 1928 zur Abteilung für Heeresfachschulen und Versorgungswesen (AHV) erweitert wurde;
die Gruppe Heer (VH) der Völkerbundsabteilung, die an die Stelle der 1927 aufgelösten Heeres-Friedenskommission trat.

Im Jahre 1929 wurden die dem Minister direkt unterstehenden Abteilungen (Adj RwM, W, Abw, R, HHeer-HM) unter dem Generalmajor v. Schleicher als Chef zum Ministeramt zusammengefaßt.

Die Völkerbundabteilung (Gruppe Heer) kam zum Truppenamt, das seine Statistische Abteilung 1931 in Abteilung Fremde Heere (T3) umbenannte.

Die Heeresverwaltung faßte die Beamten- und Kassenabteilung ebenso wie die Verpflegungs- und Bekleidungsabteilung zu je einer Abteilung (V1, V3) zusammen. Die neue Heeres-Bauverwaltungsabteilung erhielt die Bezeichnung V4.

Im gleichen Jahre wurde das Heeres-Waffenamt neugegliedert in:

die „Wirtschaftsgruppe“ (WaWi)
das „Prüfwesen“ (Wa Prw)
 mit der Ballistischen- und Munitionsabteilung (Wa Prw 1)
 der Infanterieabteilung (Wa Prw2)
 dem Chefkonstrukteur (Wa Prw 3)
 der Pionier- und Festungsabteilung (Wa Prw 5)
 der Kraftfahr- und Motorisierungsabteilung (Wa Prw 6)
 der Nachrichtenabteilung (Wa Prw 7)
 der Statistischen Gruppe (Wa Prw 8)
das „Beschaffungswesen“ (Wa B)
 mit der Heeres-Geräteabteilung (Wa B 1)
 der Heeres-Waffen- und Munitionsabteilung (Wa B 2)
 der Heeres-Nachschubabteilung (Wa N).

Die Inspektionen (In 2 bis In 7, S In und V In) wurden dem Wehramt eingegliedert, nur die Inspektion der Waffenschule (In 1) blieb dem Chef der Heeresleitung unmittelbar unterstellt.

d. Die Kommandobehörden

Die Gruppenkommandos

Die beiden im Versailler Vertrag Deutschland zugestandenen Korpsstäbe behielten die in der Vorläufigen Reichswehr bereits geführte Bezeichnung „Gruppenkommando“. Das Gruppenkommando 1, hervorgegangen aus dem Generalkommando Lüttwitz, hatte seinen Sitz in Berlin, das Gruppenkommando 2 in Kassel. Die Gruppenkommandos 3 und 4 wurden aufgelöst.

Die Gruppenkommandeure, ihrem Dienstgrad nach Generale der Infanterie oder Artillerie, führten jedoch nicht die früher für die Korpskommandeure übliche Bezeichnung „Kommandierender General“, sondern nannten sich „Oberbefehlshaber“. Ihnen zur Seite standen als „Chef des Stabes“ ein General oder Oberst sowie etwa 30 Offiziere, Sanitäts- und Veterinär-Offiziere und einige Beamte, die den „Generalstab“ und den „Stab des Gruppenkommandos“ bildeten. Die Gruppenärzte hatten im allgemeinen Generals-, die Gruppenveterinäre Oberstenrang, der Rang der Gruppenintendanten richtete sich nach der Dienstzeit der Beamten, bei mehr als 25 Jahren Gesamtdienstzeit entsprach er dem Rang eines Obersten, bei über 35 Jahren dem eines Generalmajors. Ein Vergleich der Personalstärke eines Gruppenkommandos mit der eines früheren Generalkommandos (allein zehn Generalstabsoffiziere gegenüber vier) wie auch des Aufgabenkatalogs läßt vermuten, daß die Gruppenkommandos nicht als Korps-, sondern als Armeestäbe gedacht waren, eine Meinung, die auch die Interalliierte Militär-Kontroll-Kommission vertrat.

Dem Gruppenkommando 1 unterstanden die 1. bis 4. Division und die 1. und 2. Kavallerie-Division, dem Gruppenkommando 2 die 5. bis 7. Division und die 3. Kavallerie-Division. Die Aufgabe der Oberbefehlshaber der Gruppen bestand in der Überwachung der Ausbildung der unterstellten Divisionen. Ferner waren sie verantwortlich für die Verwendung der Truppen, wenn Aufgaben zu lösen waren, die innerhalb eines Wehrkreises (Befehlsbereich des Divisionskommandeurs) nicht erledigt werden konnten, sowie für die Landesbefestigung und Landesverteidigung ihres Bezirks. In Angelegenheiten der Werbung, Fürsorge und Verwaltung hatten sie nicht in die hierin selbständigen Divisionen einzugreifen, sondern sich bei erkannten Übelständen auf die Berichterstattung zu beschränken. Sie besaßen auch nicht mehr die Immediatstellung der früheren Kommandierenden Generale. Der gesamte Schriftverkehr der Gruppenkommandos mit den obersten Reichsstellen lief ausschließlich über das Reichswehrministerium.

Die Divisionen

Den Oberbefehlshabern der Gruppen unterstellt waren die „Divisionskommandeure", die gleichzeitig „Befehlshaber" in den Wehrkreisen waren, und die „Kommandeure der Kavalleriedivisionen". Als Wehrkreisbefehlshaber waren die Divisionskommandeure Rechtsnachfolger der früheren Kommandierenden Generale. Sie wurden auch in der Regel, vor allem in den ersten Reichswehrjahren, als Befehlshaber bezeichnet, als Divisionskommandeure nur dann, wenn sie als taktische Führer ihrer Divisionen auftraten. Für die Führung der Verbände waren ihnen je ein „Infanterie-" und ein „Artillerieführer" unterstellt, beide mit Stäben.

Die den Divisionskommandeuren beigegebenen Stäbe glichen in ihrer Zusammensetzung mehr früheren Generalkommandos als Divisionsstäben. Unter einem „Chef des Stabes" standen in der Regel acht Generalstabs- und etwa elf weitere Offiziere, zwei Sanitäts- und zwei Veterinäroffiziere und einige Beamte. Der Stab des Infanterie- und der des Artillerieführers der Division, die entsprechend den früheren Brigadestäben den Divisionsstäben angegliedert waren, entsprachen einem Divisionsstab vor 1914, allerdings ohne Sanitätsoffiziere und Beamte.

Auch die Gliederung dieser Stäbe zeigt deutlich, daß die Reichswehr von Anfang an ein „Kaderheer" war. Die Umgliederung der Divisionsstäbe, die sich „Wehrkreiskommandos" nannten, in Generalkommandos und der Infanterie- und Artillerieführer-Stäbe in Divisionsstäbe bildete organisatorisch keine Schwierigkeiten.

Die Aufgaben der Divisionskommandeure und Wehrkreisbefehlshaber waren: Leitung der Ausbildung ihrer Division und Führung derselben bei kriegerischen Verwicklungen. Bei inneren Unruhen und Notstand hatten sie volle Verfügung über alle in ihrem Wehrkreis untergebrachten Truppen, auch über die Kavallerie-Regimenter, soweit in Einzelfällen nicht Sonderbefehle vorlagen. Ferner waren sie für den Zustand und die Verwaltung der Heeresausstattung verantwortlich, und ihnen unterstanden die in ihrem Bereich liegenden Festungen. Daneben zeichneten sie verantwortlich für die Werbung, die Fürsorge und alle Verwaltungsaufgaben, die nicht in die Zuständigkeit der „Wehrkreisverwaltungsämter" fielen, die selbständige Verwaltungsbehörden waren.

Die „Kommandeure der Kavallerie-Divisionen" hatten eine relativ schwierige Stellung, da ihnen in wichtigen Dingen der unmittelbare Einfluß entzogen war. Sie waren nur für die Ausbildung der ihnen unterstellten Regimenter und den Zustand der Heeresausstattung verantwortlich. In Verwaltungsangelegenheiten ihrer Regimenter wirkten sie nicht mit. Hierfür waren der Wehrkreisbefehlshaber bzw. das Wehrkreisverwaltungsamt zuständig, denn jede Kavallerie-Division verteilte sich auf zwei oder drei Wehrkreise. Nur die „Sorge" war ihnen geblieben. Sie durften erkannte Mißstände jedoch nicht abstellen, sondern nur prüfen und berichten. Der Stab einer Kavallerie-Division umfaßte vier Generalstabsoffiziere unter einem Chef des Stabes, sieben weitere Offiziere, zwei Sanitäts-, zwei Veterinäroffiziere und einige Beamte.

Weitere Kommandobehörden

Die „Landeskommandanten" waren ältere Offiziere, die aufgrund § 12 des Wehrgesetzes vom 23. März 1921 die Interessen der Länder zu vertreten hatten, ohne daß dadurch die Befehlsverhältnisse innerhalb der Reichswehr berührt werden durften. Sie wurden durch den Reichspräsidenten auf Vorschlag der betreffenden Landesregierung ernannt.

Bayerischer Landeskommandant war stets der Kommandeur der 7. (Bayerischen) Division und Befehlshaber im Wehrkreis VII, in Hessen stets der Kommandeur des I. (Hessischen) Bataillons des 15. Infanterie-Regiments. In den übrigen Ländern wechselten die Amtsinhaber sehr oft. Im Jahre 1921 waren Landeskommandanten in Sachsen der Kommandeur der 4. Division, in Württemberg der Kommandeur der 5. Division, in Baden der Artillerieführer V; im Jahre 1928 fungierte als Landeskommandant in Sachsen der Artillerieführer IV, in Württemberg der Kommandeur des Infanterie-Regiments 13, in Baden der Kommandeur des Infanterie-Regiments 14. Als der Kommandeur des Infanterie-Regiments 14 zum Chef des Stabes des Gruppenkommandos 2 und später zum Infanterieführer V ernannt wurde, behielt er das Amt des Landeskommandanten in Baden bei. In Preußen nahm diese Aufgabe das Staatsministerium (Landesdienststelle) wahr. Thüringen hatte nicht um die Bestellung eines Landeskommandanten ersucht.

Nach dem Wehrgesetz sollten die Landeskommandanten ihre Landesregierungen über alle wesentlichen Vorgänge ihres Geschäftsbereichs, soweit diese Landesinteressen berührten, unterrichten und innerhalb der Reichswehr die Belange des Landes vor allem bei der Besetzung der Führer- und Beamtenstellen sowie bei Fragen der Ergänzung des Reichsheeres vertreten. Die Reichswehrkontingente der einzelnen Länder sollten in sich geschlossene Verbände oder mindestens Einheiten bilden und nach Möglichkeit ihre Standorte auch in den Heimatländern erhalten. Vor Verlegung eines Truppenteils sollte die betreffende Landesregierung gehört werden. Im Wehrgesetz war die Bestimmung verankert, daß die Landeskommandanten dem Reich keine Kosten verursachen dürften.

Sie verhinderte, daß föderatives Denken die Einheitlichkeit der Reichswehr gefährdete.

Die „Waffeninspekteure“ unterstanden als Offiziere des Reichswehrministeriums dem Chef der Heeresleitung. Zum Stab einer Inspektion gehörten außer dem Inspekteur ein Chef des Stabes und zwei bis sechs Offiziere. Sie besaßen mit dem Inspektionsrecht wohl unmittelbaren Einfluß auf die Truppe, aber keine Befehlsgewalt, wie vor dem Kriege noch einige Generalinspekteure. Der „Waffendienstweg“ fiel in der Reichswehr weg. Nur der „Inspekteur des Erziehungs- und Bildungswesens“, der die Verantwortung für die allgemeine wissenschaftliche Ausbildung der Offiziere und Offizieranwärter an den Waffenschulen trug, war zugleich auch Truppenvorgesetzter dieser Schulen.

Für die Festungen und größeren Standorte wurden „Kommandanten“ ernannt, die den Befehlshabern der Wehrkreise unterstanden. Sie hatten nach den Bestimmungen der „Standortdienstvorschrift“ für Ordnung und Straßenzucht sowie für die Verwendung von Truppen des Standortes bei der Lösung militärpolizeilicher Aufgaben und bei öffentlichen Notständen zu sorgen. Insbesondere waren sie für die Verteidigungsfähigkeit und Bereitschaft der ihnen anvertrauten Werke verantwortlich. In kleineren Standorten oblagen diese Aufgaben dem jeweils dienstältesten Offizier als „Standortältestem“.

Die Kommandanten der Truppenübungsplätze (Altengrabow, Arys, Döberitz, Grafenwöhr, Hammerstein, Königsbrück, Münsingen, Munster, Neuhammer, Ohrdruf und Senne, sowie der Schießplätze Jüterbog und Kummersdorf und des Pionierübungsplatzes Klausdorf) hielten die Ordnung auf den Übungs- und Schießplätzen aufrecht. Sie führten ihre Dienstgeschäfte nach der „Truppen-Übungs-Platz-Vorschrift“ und hatten Rechte und Pflichten der Standortältesten.

e. Truppengliederungen

Eine Reichswehr-Division gliederte sich in

- Divisionsstab
- 3 Infanterie-Regimenter
- 1 Artillerie-Regiment
- 1 Pionier-Bataillon
- 1 Nachrichten-Abteilung
- 1 Kraftfahr-Abteilung
- 1 Fahr-Abteilung
- 1 Sanitäts-Abteilung.

Die drei Infanterie-Regimenter und bis 1930 auch das Pionier-Bataillon unterstanden dem Infanterieführer, das Artillerie-Regiment und die Fahr-Abteilung dem Artillerieführer, alle übrigen Abteilungen, ab 1931 auch das Pionier-Bataillon, der Division direkt.

Eine Kavallerie-Division bestand aus sechs Reiter-Regimentern. Das 17. (Bayerische) Reiter-Regiment trat erst 1928 zur 3. Kavallerie-Division, bis dahin unterstand es der 7. (Bayerischen) Division. Die im Kriegsfall zu den Divisionen tretenden Aufklärungs-Eskadronen blieben im Frieden bei ihren Regimentern, ebenso die für die Kavallerie-Divisionen bestimmten reitenden Artillerie-Abteilungen. Nur bei größeren Truppenübungen trat die Truppe in kriegsmäßiger Gliederung zusammen.

3. Hauptwaffengattungen

a. Infanterie

Die Infanterie jeder Division bestand aus drei Regimentern. Die Reichswehr verfügte also über 21 Infanterie-Regimenter. Das Regiment war untergliedert in drei (Feld-)Bataillone, eine Minenwerfer-Kompanie und ein Ausbildungs-Bataillon.

Die drei Feld-Bataillone gliederten sich in drei Schützen-Kompanien zu je drei Offizieren und 161 Unteroffizieren und Manschaften (3/161) und eine Maschinengewehr-Kompanie (Stärke 4/126). Jede Kompanie bestand aus vier Zügen, geführt von Offizieren oder Feldwebeln, jeder Zug aus vier Gruppen, geführt von Unteroffizieren. Auch die Maschinengewehr-Kompanie wies vier Züge zu je drei Gewehren auf. Ebenso gliederte sich die Minenwerfer-Kompanie des Regiments (Stärke 7/149) in vier Züge. Die Ausbildungs-Bataillone waren Kaderformationen. Jedes A-Bataillon hatte entsprechend den drei Bataillonen drei Kompanien. Etwa ab 1930 wurden nur zwei dieser A-Kompanien für die Rekrutenausbildung bestimmt, die dritte wurde Unteroffizieranwärter-Lehrkompanie. Insgesamt hatte ein Infanterie-Bataillon 18 Offiziere und Beamte (einschließlich Sanitätsoffiziere) und 658 Mann.

Ein Bataillon in jeder Division war Jäger-Bataillon und trug statt der sonst einheitlich weißen die grüne Waffenfarbe. Organisatorisch unterschieden sich die Jäger nicht von der Infanterie, selbst ihre Musik hatte Infanterie-Instrumentierung. Doch wurde zumal bei den in Gebirgs- und Mittelgebirgsgarnisonen stationierten Bataillonen besonderes Gewicht auf Gebirgs- und Skiausbildung gelegt. Das III. (Jäger-, – seit 1931 Gebirgsjäger-)Bataillon des 19. (Bayerischen) Infanterie-Regiments besaß als einziges eine etatsmäßige Gebirgsausrüstung.

Zur Infanterie der Reichswehr gehörte auch das „Wachregiment Berlin“, das sich aus sechs bis sieben Schützen-, Maschinengewehr- und Minenwerfer-Kompanien zusammensetzte. Diese Kompanien wurden aus allen Infanterie-Regimentern im Wechsel, jeweils für drei Monate, nach Berlin kommandiert. Das Regiment unterstand der Kommandantur Berlin, die zugleich den Stab des Wachregiments bildete.

Hauptwaffe des Infanteristen war noch immer das Gewehr 98, das sich im Weltkrieg glänzend bewährt hatte. Außerdem besaß die Schützen-Kompanie sechs leichte, die Maschinengewehr-Kompanie zwölf schwere Maschinengewehre, von denen ein Zug (drei MG) vierspännig, die drei anderen Züge zweispännig gefahren wurden.

Jeder Infanterist war außer am Gewehr auch am leichten Maschinengewehr 08/15, an der Pistole 08 sowie an der Handgranate ausgebildet. Die Munition für Gewehr, leichtes und schweres Maschinengewehr war das 1903 eingeführte Spitz-Geschoß (S.-Geschoß), das, 10 g schwer, bis 2 000 m eine gute Wirkung hatte. Daneben gab es aber auch insbesondere für die Maschinenwaffen ein 12,8 g schweres Spitz-Geschoß (s. S.-Geschoß), das trotz langsamerer Anfangsgeschwindigkeit gerade auf die weiten Entfernungen bessere Ergebnisse erzielte. Hier ging die Wirkungsweite bis 2 500 m. Für gepanzerte Ziele war im Kriege ein Geschoß mit Stahlkern (S.m.K.-Geschoß) entwickelt worden, das ebenfalls bis 2 500 m gute Wirkungen zeigte. Das mit Stahlkern und einem Leuchtsatz aus Phosphor versehene „S.m.K.-L'spur-Geschoß“, dessen Flugbahn sich mit bloßem Auge verfolgen ließ, hatte jedoch nur einen Wirkungsbereich bis 1 000 m.

Die Minenwerfer-Kompanie verfügte über zwei mittlere Werfer, die vierspännig, und sechs leichte Werfer, die zweispännig gefahren wurden. Die Schußweiten lagen beim 17 cm-mittleren Minenwerfer zwischen 180 und 1 040 m, beim 7,6 cm-leichten Werfer zwischen 325 und 1 500 m. Da der Reichswehr Panzerabwehrgeschütze verboten waren, führten die Minenwerfer-Kompanien außer Sprengminen auch leichte „Panzerminen“ mit, die für die Bekämpfung von Kampfwagen und Panzerschilden bestimmt waren.

Ab 1931 waren alle Kompanien mit neun leichten Maschinengewehren ausgerüstet. Die Kompanie gliederte sich nunmehr in drei Züge zu je drei „Einheitsgruppen“ mit einem Maschinengewehr. An die Minenwerfer-Kompanien wurde ab 1930 der leichte Minenwerfer 18 ausgegeben, ein Hinterlader mit Kaliber 7,5 cm, der das verbotene Infanteriegeschütz voll ersetzte. Die Einführung der 3,7-cm-Tankabwehrkanone („Tak“ genannt) begann ebenfalls 1930. Aus Tarnungsgründen wurde sie zunächst als „Holzgeschütz“ bezeichnet. Jede Maschinengewehr-Kompanie sollte einen „Holzgeschützzug“ zu zwei Kanonen erhalten. Am 5. September 1932 waren bereits insgesamt 130 leichte Minenwerfer 18 und 201 Tankabwehrkanonen bei der Truppe, einschließlich der den Reiter-Regimentern und Kraftfahr-Abteilungen zugeteilten Waffen.

Alle anderen während des Weltkrieges entwickelten Infanteriewaffen, wie Maschinenpistolen, Panzerabwehr- und Infanteriegeschütze, waren der Reichswehr verboten. Um die Unterführer und Soldaten mit ihrem Einsatz vertraut zu machen, behalf man sich bei der Ausbildung mit Attrappen.

Bei der Infanterieausbildung wurde auch dem Feldpionierdienst großer Wert zugemessen. Die Masse der Offiziere und anfangs auch der Unteroffiziere wußte aus den Erfahrungen des Krieges gute Pionierausbildung zu schätzen. Bei jeder Kompanie befanden sich einige pioniertechnisch vorgebildete Mannschaften, die im Bedarfsfall zu einem Pionierzug zusammengezogen wurden.

Für den Fernmeldedienst zur Verbindung der Gefechsstände waren den Regiments-

und Bataillonsstäben Nachrichtenstaffeln beigegeben. Jedes Bataillon verfügte über einen leichten Fernsprechwagen, der Regimentsstab über je einen leichten Fernsprech- und einen Fernsprechbauwagen.

Die Uniform der Reichswehr wurde durch eine am 22. Dezember 1920 vom Reichspräsidenten erlassene Verordnung, die am 1. Januar 1921 in Kraft trat, endgültig geregelt. Im allgemeinen glich sie der Bekleidung der Vorläufigen Reichswehr. Die Reichskokarde an der Dienstmütze bekam eine ovale Form und zeigte den schwarzen Reichsadler mit roter Wehr auf goldenem Grund. Über der Reichskokarde wurde die Landeskokarde getragen, und zwar in den Farben der in Truppenkontingenten in der Reichswehr vertretenen Länder Anhalt, Baden, Bayern, Braunschweig, Bremen, Hessen, Lippe, Lübeck, Mecklenburg, Oldenburg, Preußen, Sachsen, Schaumburg-Lippe, Thüringen und Württemberg. Ein kleines Schild, ebenfalls in den Länderfarben, schmückte die linke Seite des Stahlhelms. Die Reichsfarben wurden am Stahlhelm und an der Feldmütze nicht getragen.

Die in der Vorläufigen Reichswehr noch viel getragenen Wickelgamaschen wichen wieder dem altbewährten Schaftstiefel (genannt „Knobelbecher"). Überhaupt bekam die Uniform und damit das äußere Bild der Soldaten nach dem oft sehr legeren Aussehen der Revolutions- und Freikorpszeit einen strafferen Zug. Damit der Soldat auch außer Dienst repräsentativ auftreten könne, wurde ihm gestattet, sich, allerdings auf eigene Kosten, eine „Ausgehuniform" anfertigen zu lassen. Sie bestand aus besserem Stoff, hatte Vorstöße und Kragenpatten in der Waffenfarbe, silberne Knöpfe, Litzen und Tressen.

Der Rock und der Mantel erhielten wieder Schulterklappen, bei den Offizieren – in der gleichen Form wie in der alten Armee – Schulterstücke mit Dienstgradabzeichen und Regimentsnummer. Die Unteroffiziere trugen in der Reichswehr ihre Dienstgradabzeichen ebenfalls auf den Schulterklappen und dazu wieder den betreßten Rockkragen. Die truppendiensttuenden Oberfeldwebel (bisher als „etatsmäßige Feldwebel" bezeichnet) waren wie früher an den doppelten Ärmelstreifen zu erkennen.

Die Mannschaftsdienstgrade, entsprechend der längeren Dienstzeit in fünf Stufen gegliedert, waren durch Tressenwinkel auf dem linken Oberarm, deren Form den Unteroffizierabzeichen an den Tropenuniformen der Kaiserlichen Schutztruppen entsprachen, zu erkennen.

b. Kavallerie

Der Versailler Vertrag legte die Stärke der Kavallerie auf 18 Regimenter fest, gegliedert in drei Kavallerie-Divisionen, und sieben Divisions-Eskadronen bei den Infanterie-Divisionen. Die Gesamtstärke von 807 Offizieren und 15 600 Mann betrug 16,4 % des deutschen Heeres, während der Artillerie einschließlich der

Reitenden Batterien mit 655 Offizieren und 10 300 Mann nur 10,9 % zugestanden waren.

Das einzelne Reiter-Regiment gliederte sich in vier Eskadronen (Stärke 5/160) und eine Ausbildungs-Eskadron für die Rekruten-, Unteroffizieranwärter- und Remontenausbildung mit einem geringen Etat (Stärke 3/110). Die zur Infanterie gehörenden Divisions-Eskadrons waren sieben Reiter-Regimentern als sechste Eskadron zugeteilt. Genehmigt aber nicht etatisiert waren ein MG-Zug, ein Nachrichtenzug und Pioniere; das Personal, die Pferde und Fahrzeuge sollten im Bedarfsfalle aus den Eskadronen, Regiments- und Divisionsstäben herausgezogen werden. Hinzu kam 1927 ein Holzgeschützzug, der ebenfalls nicht etatisiert war. Als er 1931 die Bezeichnung „leichter Minenwerferzug" erhielt, wurde ein neuer „Holzgeschützzug" formiert, der 1933 mit der „Tak" (Tankabwehrkanone) ausgestattet wurde.

Aus diesen bisher aus Kommandierten bestehenden Zügen wurde 1923 eine „Eskadron mit Sonderetat" (S-Eskadron) gebildet. Anstelle einer dafür aufgelösten Feld-Eskadron mußte die Ausbildungs-Eskadron zur Feld-Eskadron (zunächst noch mit ihrem geringeren Etat) umorganisiert werden. Für die Rekruten- und die Unteroffizieranwärter-Ausbildung entstanden zusätzliche, an eine Eskadron angegliederte Ausbildungskommandos. Die „Jungen Remonten" wurden auf die Eskadronen verteilt. Bis 1931 behielten die A-Eskadronen aus Tarnungsgründen jedoch ihre bisherige Bezeichnung.

Von den bisherigen sechsten Eskadronen wurden 1929 drei als Nachrichten-Eskadronen für die drei Kavallerie-Divisionen umgewandelt. Die gleichfalls geplante Aufstellung von drei Kavalleriepionier-Eskadronen kam nicht zur Ausführung, wohl wurden aber ab 1933 bei jedem Regiment die ausgebildeten Kavalleriepioniere zu einem dem Regimentsstab angegliederten Pionierzug zusammengezogen. Die im gleichen Jahr beim Reiter-Regiment 4 gebildete „Geländewagen-Eskadron" trat später zur Kraftfahr-Kampftruppe.

Im Jahre 1934 gliederte sich das Reiter-Regiment in:

Regimentsstab mit Trompeterkorps
4 Feld-Schwadronen
1 S-Schwadron zu
- 1 Nachrichtenzug, 4 MG-Halbzügen mit je 2 s. MG,
- 1 Minenwerferzug mit zwei leichten MW 18 und
- 1 Tak-Zug mit 2 Tak.

Als Schußwaffe für die Kavallerie war der Karabiner 98b vorgesehen, der bei gleicher Lauflänge dieselben ballistischen Leistungen wie das Gewehr 98 hatte. Der noch lange im Gebrauch befindliche alte Karabiner 98, dessen langes Mündungsfeuer jede Feuerstellung leicht erkennbar machte, lief unter der Bezeichnung Karabiner 98a. Ab 1932 erhielt die Kavallerie in dem Karabiner 98k ein verbessertes Modell, das später die Standardwaffe der deutschen Wehrmacht werden sollte.

Ferner führten die Reiter (ab 1920) die Lanze, mit der auch die Kavallerie vieler anderer, insbesondere osteuropäischer Staaten noch ausgerüstet war, die jedoch 1927 mit Zustimmung fast aller Eskadronchefs abgeschafft wurde. Den unzweckmäßigen Kavalleriedegen 89 ersetzte der Artilleriesäbel, eine Waffe, die bereits in den Befreiungskriegen die preußische leichte Kavallerie geführt hatte. Offiziere, Portepeeunteroffiziere und Trompeter trugen Pistole und Säbel.

Laut Versailler Vertrag standen jeder Kavallerie-Division zwölf schwere Maschinengewehre zu, jedoch kein Etat für Bedienungsmannschaften. Da es der Reichsregierung gelang, Konzessionen zu erwirken, erhielt bereits 1923 jedes Regiment einen Maschinengewehrzug zu vier MG. Der Zug wurde 1933 auf acht MG verstärkt und in vier Halbzüge zu je zwei Gewehren formiert.

Erst 1931 erhielten die Eskadronen leichte Maschinengewehre. Bis dahin hatte man sich an die Bestimmung des Vertrages gehalten, der sie der Kavallerie nicht gestattete. Da sich das wassergekühlte MG 08/15 nicht bewährte, wurde an die Reiter-Regimenter das luftgekühlte, aber ziemlich schmutzempfindliche leichte Maschinengewehr 13 (Dreyse) ausgegeben. Die Reitergruppe setzte sich ab 1932 aus 16 Reitern zusammen. Sie war gegliedert in vier Abmärsche; Gruppenführerabmarsch, leMG-Abmarsch und zwei Schützenabmärsche. Beim „Absitzen zum Kampf" hielt jetzt immer ein Mann vier Pferde, trotzdem blieben die Handpferde beweglich, während früher bei „beweglichen Handpferden" ein Mann nur zwei Pferde führen konnte, da er ja auch noch zwei Lanzen tragen mußte.

Anzug und Ausrüstung, zu der jetzt auch Brotbeutel, Zeltbahn, Feldflasche, Seitengewehr, kurzer Spaten und Gasmaske gehörten, waren wie im ganzen Reichsheer einheitlich, alle Sonderschnitte, wie Ulanka, Attila und Koller entfielen, desgleichen die in der Vorläufigen Reichswehr teilweise noch gebrauchten Bezeichungen als Kürassiere, Dragoner, Husaren, Ulanen, Schwere Reiter oder Jäger zu Pferde. Die Mannschaften hießen jetzt „Reiter", Oberreiter, Gefreiter usw. Den Portepeeunteroffizieren blieb jedoch der Dienstgrad „Wachtmeister". Die Einheit wurde weiter als „Eskadron" bezeichnet (ab 1932 als „Schwadron") und auch der Dienstgrad „Rittmeister" blieb erhalten.

Das Pferdematerial kam nach der ersten Aufbauzeit, in der noch genügend Kriegspferde zur Verfügung standen, wieder größtenteils aus ostpreußischen Gestüten. Dort wurden die Remonten als Dreijährige angekauft, kamen ein Jahr in ein Depot und vierjährig zur Truppe, der die Ausbildung zu brauchbaren Truppenpferden oblag. Je ein Jahr Ausbildung als „junge" und „alte Remonte" war erforderlich, ehe das junge Pferd als vollverwendungsfähig anzusprechen war. Nur gut veranlagte Reiter und die besten Reitlehrer wurden zum Remontereiten herangezogen.

Die Ausbildung wollte erreichen, daß sich die Kavallerie in jedem Gelände zu bewegen und ihre Waffen möglichst gedeckt an den Feind heranzutragen vermochte. Der Angriff zu Pferde mit der blanken Waffe, die „Attacke", wurde wieder geübt, obwohl diese Angriffsform, wie der Krieg erwiesen hatte, längst überlebt war. Daneben galt aber die Ausbildung als Schütze für nicht minder wichtig. Sie richtete sich nach Grundsätzen der Ausbildungsvorschriften für die Infanterie, schränkte jedoch das reine Exerzieren erheblich ein und rückte die Gefechtsschule von Anfang an in den Vordergrund. Im Vergleich zur Vorkriegszeit wurden die Schulschießbedingungen erheblich verschärft. Vom Reiter wurden sowohl auf dem Schießstand wie beim Gefechtsschießen fast die gleichen Leistungen verlangt wie vom Infanteristen.

An den schweren Maschinengewehren, für die bei den Kavallerie-Divisionen kein Personal etatisiert war, wurde im turnusmäßigen Wechsel eine möglichst große Anzahl Reiter und Unterführer ausgebildet.

c. Artillerie

Artillerie des Heeres

Die Artillerie war von den Bestimmungen des Versailler Vertrages am schwersten getroffen. Zugestanden wurde jeder der sieben Divisionen ein Feldartillerie-Regiment mit 85 Offizieren und 1 300 Mann, gegliedert in drei Abteilungen zu je drei Batterien, jeder der drei Kavallerie-Divisionen eine reitende Abteilung zu drei Batterien mit 20 Offizieren und 400 Mann.

Aufgrund dieser Bestimmungen gliederte sich das Artillerie-Regiment in Regimentsstab mit Nachrichtenzug und Trompeterkorps und drei Abteilungen mit je drei Batterien. Dazu kam als 10. Batterie eine Ausbildungs-Batterie (A-Batterie). Das 3. Artillerie-Regiment hatte zusätzlich noch zwei reitende Abteilungen (IV. und V.) und das 6. eine als IV. Abteilung.

Die III. (Lehr-)Abteilung des 3. Artillerie-Regiments war ein selbständiger Truppenteil und stand außerhalb des Regimentsverbandes. Sie bestand aus einer Feldkanonen –, einer leichten Feldhaubitzen- sowie einer Kraftwagenbatterie und diente – wie in der alten Armee das Lehr-Regiment der Feldartillerie-Schießschule – als Lehrtruppe der „Artillerieschule“ in Jüterbog.

Die Stärke einer Batterie, auch der Gebirgs- oder Kraftwagenbatterie, betrug 6 Offiziere und 120 Mann. Nur die Reitenden Batterien hatten wegen der notwendigen Pferdehalter einen um sechs Mann höheren Etat, dafür eine Offizierstelle weniger. Die A-Batterien verfügten über einen etwas geringeren Etat (Stärke 4/116).

Im Jahre 1928 begannen auch bei der Artillerie „Umbaumaßnahmen“. Aus den Ausbildungs-Batterien wurden die „Sonderdienste der Artillerie“, wie Vermessungs-, Schallmeß-, Wetter- und Nachrichtendienste aufgebaut. Ab August 1929 war bereits bei jeder A-Batterie ein „Wetterzug“ und beim Stab jeder Reitenden Abteilung ein „Wettertrupp“ etatisiert. Auch Teile der Fahrtruppen, die gliederungsmäßig bereits den Artillerieführern der Divisionen unterstanden, erfuhren zur Verstärkung der Artillerie eine Umformierung (vgl. S. 332 ff.). So entstanden „Beobachtungs-Abteilungen“ zu je einer Vermessungs- und Schallmeßbatterie in München, Königsberg, Landsberg und Jüterbog. Jedes der sieben Artillerie-Regimenter erhielt eine „Nachrichtenbatterie“, die ab 1933 „Stabsbatterie“ hieß. Aus einer sächsischen Fahr-Eskadron wurde eine „Gas- und Nebelversuchsbatterie“ formiert und dem 4. Artillerie-Regiment in Dresden angegliedert, die Stammformation der späteren „Nebel-Truppe“. Je eine Kraftwagenversuchsbatterie entstand aus bisherigen Fahr-Eskadronen in Ulm (1930) und Königsberg (1932). Sie bildeten im Herbst 1934 die Stämme für die neue schwere motorisierte Artillerie.

Um den Bedarf an jüngeren Offizieren für alle diese Planungen zu decken, stellten die Artillerie-Regimenter 1932 etwa die dreifache Anzahl Offizieranwärter ein, während bei anderen Waffengattungen, für die auch eine Verstärkung geplant war, die Zahl der Fahnenjunker höchstens verdoppelt wurde.

Die Geschützausstattung war auf 204 Geschütze vom Kaliber 7,7 cm mit je 1 000 Schuß Munition und 84 Haubitzen (Kaliber 10,5 cm) mit je 800 Schuß begrenzt. Das Standardgeschütz der Reichswehr war die Feldkanone 16. Mit Sprenggranaten, der Hauptgeschoßart, erreichte sie eine schußtafelmäßige Höchstschußweite von 9 100 m. Von den 82 Batterien waren 35 mit diesem Geschütz ausgerüstet, darunter auch die neun Reitenden Batterien.

Mit der 346 kg leichteren Feldkanone 96/16, deren Höchstschußweite nur 7 800 m betrug, waren in jedem Regiment die 3. Batterien ausgerüstet, also insgesamt sieben, die für eine Verwendung als Infanterie-Begleitbatterien gedacht waren. Auch den Ausbildungs-Batterien war die Feldkanone 96/16 zugewiesen, und zwar Geschütze aus der „erlaubten“ Material-Reserve. Der Artikel 164 des Versailler Vertrages gestattete einen „Zuschlag von höchstens einem Fünfundzwanzigstel an Handfeuerwaffen und einem Fünfzigstel an Geschützen“. Damit waren an Feldkanonen vier Geschütze zusätzlich für das ganze Reichsheer erlaubt. Tatsächlich hatte jedes Regiment bei seiner A-Batterie vier Feldkanonen 96/16 im Bestand.

Die 4. und die 6. Batterie des 7. (Bayerischen) Artillerie-Regiments waren als Gebirgs-Batterien mit je vier Gebirgskanonen 15 (Kaliber 7,5 cm, Höchstschußweite 7 000 m) ausgerüstet, die auf Tragtiere verlastet wurden. Je Geschütz waren 400 Schuß Munition zugebilligt.

Zu den Feldkanonen zählte auch das 7,7-cm-Kraftwagengeschütz 14, mit dem in jedem Regiment eine Batterie ausgestattet war. Bei dieser Flugabwehrkanone (Flak) des Ersten Weltkrieges (Schußweite 7 800 m, Feuergeschwindigkeit 20 bis 25 Schuß in der Minute) mußte der Höhenrichtbereich von + 70° auf Anordnung der Kontrollkommission durch Absägen der Kreisbogen auf + 30° begrenzt werden. Außerdem wurde auch nur eine Munitionsmenge von 400 Schuß für jedes Geschütz erlaubt. Mit dem KW.-Geschütz 14 wurde in jedem Regiment eine Batterie, im allgemeinen die 9., ausgestattet.

Die Kraftwagen-Batterie (6.) des 1. Artillerie-Regiments erhielt 1929 zur Erprobung vier 7,5-cm-Flakgeschütze, denn diese Batterie war wohl als einzige bereits seit 1926 im Schießen auf Flugziele (Schleppscheiben) ausgebildet, da ihr die Königsberger Festungs-

Flak zur Verfügung stand. Das Geschütz wurde 1932 als 7,5-cm-Flak L/60 an alle sieben Kraftwagen-Batterien ausgegeben. Damit war der Stamm für die spätere Flak-Waffe geschaffen.

Als schwerstes Feldgeschütz durfte in jeder Abteilung, mit Ausnahme der Reitenden Artillerie, eine Batterie die leichte Feldhaubitze 16 führen. Dieses Geschütz hatte ein Kaliber von 10,5 cm, eine Höchstschußweite von 6 950 m. Für stärker ausgebaute feldmäßige Ziele reichte die Wirkung jedoch nicht aus. Bewegliche schwere Geschütze, wie sie die „Schwere Artillerie des deutschen Feldheeres“ geführt hatte, waren durch den Versailler Vertrag verboten.

Nur folgende in der Festung Königsberg ortsfest eingebauten Geschütze durften beibehalten werden:

6	10-cm-Kanonen 17,	Höchstschußweite	11 900 m
2	15-cm-Kanonen 16,	Höchstschußweite	22 000 m
12	lange schwere 15-cm-Feldhaubitzen 13,	Höchstschußweite	8 500 m
2	lange 21-cm-Mörser,	Höchstschußweite	10 200 m
12	8,8-cm-Flugabwehrkanonen,	Höchstschußweite	11 300 m
4	10,5-cm-Flugabwehrkanonen,	Höchstschußweite	13 900 m.

Zu jedem Geschütz gehörten 400 Schuß Munition, doch waren diese Batterien reine Geräteeinheiten, die der Festungskommandantur Königsberg unterstanden und zu deren Bedienung Mannschaften im Bedarfsfall kommandiert werden mußten.

Aufgrund der Erfahrungen des Weltkrieges waren alle Kanoniere und Fahrer mit dem Karabiner 98b mit aufpflanzbarem Seitengewehr bewaffnet, die Unteroffiziere mit der Pistole 08. Alle Berittenen trugen Säbel. Aus der Gerätereserve und der ab 1922 zugestandenen Erhöhung der Maschinenwaffen erhielten zunächst nur die beiden Gebirgs-Batterien, später alle Batterien, zwei leichte Maschinengewehre 08/15 zur Fliegerabwehr.

Marine-Artillerie

Die Marine-Artillerie gehörte, wie ihr Name besagt, nicht zum Heer, sondern zur Marine. Da sie als Landformation jedoch in Organisation, Ausbildung und Verwendung den entsprechenden Verbänden des Heeres angeglichen war, soll sie in diesem Rahmen behandelt werden.

Der Schutz der deutschen Küsten, mit dem bisher sowohl Teile des Heeres wie der Marine gemeinsam betraut waren, wurde 1921 der Reichsmarine übertragen, der dazu am 1. April 1921 auch die bisher vom Heer besetzten Festungswerke von Swinemünde und Pillau, einschließlich ihrer Armierung übergeben wurden. Jedoch sollten die Befestigungen von Pillau im Kriegsfall mit der Festung Königsberg ein einheitliches Ganzes unter dem Befehl des Kommandanten von Königsberg bilden. Die Reichsmarine formierte sechs Küstenwehr-Abteilungen, von denen die Abteilungen mit den ungeraden Nummern I in Swinemünde, III in Kiel und V in Pillau dem Befehlshaber der Landstreitkräfte der Ostsee in Stralsund, die Abteilungen mit den geraden Nummern II in Wilhelmshaven, IV in

Cuxhaven und VI in Borkum-Emden dem Befehlshaber der Landstreitkräfte der Nordsee in Wilhelmshaven unterstellt wurden. Jede Küstenwehr-Abteilung hatte Stärke und Gliederung eines Infanterie-Bataillons, drei Schützen- und eine Maschinengewehr-Kompanie.

Die Küstenwehr-Abteilungen hatten jedoch nicht nur die infanteristischen Aufgaben der früheren Seebataillone, sondern auch die der ehemaligen Matrosenartillerie-Abteilungen übernommen. Wenn auch die Festungswerke von Helgoland und beiderseits des Kaiser-Wilhelms-Kanals zerstört und ihre Geschütze entfernt werden mußten, so blieben doch an der Ost- und Nordseeküste sowie auf den Ostfriesischen Inseln die Befestigungen bestehen.

Der Artikel 196 des Friedensvertrages hatte zwar Deutschland diese Befestigungsanlagen und ihre Armierung im Zustand vom Zeitpunkt des Inkrafttretens des Friedensvertrages zugestanden, doch die Interalliierte Militär-Kontroll-Kommission verlangte die fast völlige Desarmierung, insbesondere der Nordseeküsten-Befestigungen. Nach längeren Verhandlungen genehmigte die Botschafter-Konferenz eine bestimmte Zahl schwerer Geschütze, die von der Küstenwehr zu bedienen waren.

An Armierung war gestattet für:

Borkum	12	15-cm-SLK (Schnelladekanonen)
	4	15-cm-TK (Torpedobootskanonen)
Juist	8	15-cm-UTK (U-Boots- und Torpedobootskanonen)
Norderney	8	15-cm-UTK
Wangerooge	8	15-cm-TK
Langeoog	6	15-cm-TK
	2	15-cm-UTK
Wilhelmshaven	8	28-cm-SLK
	4	24-cm-SLK
	7	8,8-cm-Flak (Flugabwehrkanonen)
Cuxhaven	4	15-cm-SKL
	8	15-cm-TK
	16	10,5-cm-UToFlak (U-Boots- und Torpedoboots-Flugabwehrkanonen)
Sylt	16	15-cm-UTK
Amrum	8	15-cm-UTK
Festung Swinemünde	6	21-cm-SKL
	4	15-cm-SKL
	4	10-cm-SKL
	6	21-cm-Mörser (Heeresgeschütze)
	8	15-cm-Kanonen 16
	2	10,5-cm-Flak
	2	8,8-cm-Flak
Festung Pillau	4	28-cm-Küstenhaubitzen
	4	10,5-cm-SKL
	6	21-cm-Mörser (Heeresgeschütze)
	12	15-cm-Kanonen 16 (Heeresgeschütze)
	4	10,5-cm-Flak
	4	8,8-cm-Flak
	2	7,62-cm-Flak.

Für Geschütze mit einem Kaliber von 10,5 cm und darunter wurden je 1 500, für Geschütze mit größerem Kaliber je 500 Schuß Munition bewilligt. Alle über dieses Soll noch vorhandenen Geschütze mußten bis zum 1. April 1921 an die Reichstreuhandgesellschaft zur Zerstörung abgegeben werden. Für die an sich beweglichen Heeresgeschütze ließ die Kontrollkommission nur so viel Beförderungsmittel (Protzen, Rohrwagen, Zugmaschinen) zu, daß notfalls die Beförderung eines ausbesserungsbedürftigen Geschützes in die Werkstatt möglich war, jedoch niemals ein Stellungswechsel im Gefecht.

Die wohl vordringlichere Verwendung der Küstenwehr als Artillerie machte bald eine Umgliederung notwendig. Im Jahre 1924 gliederten sich die Abteilungen in zwei Artillerie-, eine Sperr- und eine Maschinengewehr-Kompanie. Die Abteilungen V in Pillau und VI in Emden verloren die zweite Artillerie-Kompanie. Die Abteilung III in Kiel besetzte, da die Festung Friedrichsort desarmiert war, die Batterien auf Sylt. Die Artillerie-Kompanien wurden aber auch weiterhin infanteristisch ausgebildet, und zwar nicht nur im Standort, sondern auch auf Truppenübungsplätzen des Heeres, wo sie in Gefechtsübungen mit scharfer Munition besichtigt wurden.

Im Jahre 1926 wurden die Küstenwehr-Abteilungen in „Marine-Artillerie-Abteilungen (MAA)“ umbenannt.

Gleichzeitig wurden die Abteilungen wieder umgegliedert und verkleinert. MAA I (jetzt Kiel) bestand aus Artillerie-, Sperr- urnd Flak-Kompanie, II aus drei Flak-Kompanien, IV aus einer Artillerie- und zwei Flak-Kompanien, III (jetzt Swinemünde), V und VI aus Artillerie- und Flak-Kompanie. Die MAA I, zu zwei Flak-Kompanien formiert, verlor 1930 die Sperr-Kompanie, die MAA IV 1932 die zweite Flak-Kompanie. Bis auf MAA II in Wilhelmshaven, die drei Flak-Kompanien besaß, hatten alle Marine-Artillerie-Abteilungen nur noch zwei Kompanien.

Die Uniform der Marine-Artillerie glich in Farbe und Schnitt der des Heeres, jedoch mit mattgoldenen Knöpfen und Abzeichen im Unterschied zu den mattsilbernen des Heeres. Auf den Schulterklappen trugen Unteroffiziere und Mannschaften die gekreuzten Anker der früheren Seebataillone, darüber anstelle der Kaiserkrone die Abteilungsnummer in römischen Ziffern, während das Heer Unterscheidungsnummern in arabischen Ziffern hatte.

4. Die übrigen Waffengattungen

a. Pioniere

Jeder der sieben Reichswehr-Divisionen, jedoch nicht den Kavallerie-Divisionen, war ein Pionier-Bataillon zugeteilt. Laut Versailler Vertrag war für das Pionier-Bataillon eine Stärke von zwölf Offizieren und 400 Mann vorgeschrieben, einschließlich des Brückentrains und des zugestandenen Scheinwerferzuges. Aufgrund dieser Bestimmungen gliederten sich die Bataillone in einen Stab mit

Nachrichtengruppe und Musik, zwei Kompanien zu drei bis vier Offizieren und 147 Mann, eine Brückenkolonne zu einem Offizier und 47 Mann sowie in den von einem Feldwebel geführten Scheinwerferzug von 21 Mann. Brückenkolonne und Scheinwerferzug wurde 1932 zu Geräteeinheiten. Aus dem Personal entstand eine dritte (motorisierte) Pionier-Kompanie.

Mit dem Material einer Brückenkolonne konnten 150 m Laufbrücke, 120 m leichte Kolonnen- oder 70 m schwere Kolonnenbrücke geschlagen werden. Eine „verstärkte" leichte Kolonnenbrücke hatte eine Tragkraft von 3,5 t. Sie durfte von Lastkraftwagen oder Kraftwagengeschützen nicht benutzt werden. Es war mit dem Gerät nicht möglich, auch nur einen der größeren deutschen Flüsse zu überbrücken.

Der Scheinwerferzug war mit 15 im Jahre 1917 eingeführten tragbaren (33 cm) Glühlicht-Scheinwerfern auf sechs Handscheinwerfer-Wagen und zwei leichten 60-cm-Scheinwerfern je auf sechsspännig gefahrenen Wagen ausgestattet. Die Leuchtweite der Handscheinwerfer lag zwischen 600 und 1 000 m, die der beiden leichten Scheinwerfer, mit denen die deutschen Pioniere schon 1914 ins Feld gerückt werden, bei etwa 5 000 m. In den Jahren 1928 und 1929 wurden die Scheinwerferzüge modernisiert und erhielten vollmotorisierte Geräte mit einem Spiegeldurchmesser von 110 cm, die allerdings 1932 an die Artillerie zur Flugzeugabwehr weitergegeben werden mußten. Bei den Pionieren blieben nur die Handscheinwerfer.

Zur Pionier-Kompanie gehörten etatsmäßig neben den üblichen Troßfahrzeugen je vier Nahkampfmittelwagen und sieben Pioniergerätewagen. Eine Kompanie des Münchener Bataillons hatte für den Einsatz im Hochgebirge zusätzlich 17 Tragtiere zur Verfügung.

Die Bespannung für alle 56 Fahrzeuge eines Pionier-Bataillons wurde von der Brückenkolonne gestellt, der jedoch nur 52 Zugpferde zustanden. Da ein großer Teil der Pionierfahrzeuge vier- oder sechspännig gefahren werden mußte, war es den Bataillonen nicht möglich, ohne Inanspruchnahme der Fahr-Abteilung der Division feldmarschmäßig mit allen Fahrzeugen zu einer Übung auszurücken.

Um die Truppe beweglicher zu machen, begann man 1928 mit einer Teilmotorisierung. Bereits 1929 war die Brückenkolonne des 6. Pionier-Bataillons in Minden voll motorisiert, 1931 erfolgte die Motorisierung der Kolonnen der sechs anderen Bataillone. Zur selben Zeit erhielten auch die Pionier-Kompanien einen Kraftwagen, Krafträder und drei Lastwagen für den Munitions- und Maschinenpark. Die Gefechtsfahrzeuge der Züge blieben jedoch bespannt.

Der Pionier war mit dem Gewehr 98 oder der Pistole 08 bewaffnet (dazu verfügte die Kompanie über sechs leichte Maschinengewehre). Nach einer infanteristischen Grundausbildung als Rekrut bei dem A-Bataillon eines Infanterie-Regiments erlernte er alle Gebiete des Pionierdienstes, soweit die Bestimmungen des Versailler Vertrages es erlaubten: Bau und Zerstörung von Brücken aller Art, die Anlage von Feldbefestigungen, den Bau von Straßen und Lagern, Vermessungsdienst, Starkstromdienst und Maschinenkunde, Sperr-, Spreng- und Minendienst sowie die Bedienung der Scheinwerfer. Besonderer Wert lag auf der Ausbildung als „Sturmpionier". Keine Ausbildung erfolgte an den verbotenen schweren Minenwerfern, am Flammenwerfer, im Gaswerfen oder -Abblasen, sowie im Eisenbahn-Pionierdienst. Die lange Dienstzeit erlaubte, das vor 1914 aufgegebene Ideal des „Einheitspioniers" wieder anzustreben.

b. Nachrichtentruppe

An Nachrichtentruppen (heutige Bezeichnung: Fernmeldetruppen) waren jeder Division eine Abteilung Stärke 12/300) bewilligt, die sich aus einer Telefon-, einer Abhör- und einer Brieftauben-Abteilung zusammensetzen sollte.

Den Kavallerie-Divisionen und sogar Gruppenkommandos und der Heeresleitung waren keine entsprechenden Führungstruppen zugestanden worden. Man half sich, indem man das von der Entente den höheren Stäben ziemlich reichlich zugemessene Stabspersonal z. T. im Nachrichtendienst verwandte und z. B. für Schreibarbeiten zivile Angestellte einstellte. So wurde aus Soldaten des Reichswehrministeriums eine „Nachrichtenbetriebsleitung" zur Unterhaltung und zum Betrieb des Führungsnachrichtennetzes gebildet, die etwa Kompaniestärke hatte.

Die sieben bewilligten Nachrichten-Abteilungen gliederten sich in Stab mit Trompeterkorps und zwei Nachrichten-Kompanien. Dies war eine grundsätzliche Organisationsänderung gegenüber der alten Armee, in der es nur getrennte Fernsprecher- oder Funker-Kompanien gab. Die neue „Nachrichten-Kompanie" war mit allen Hauptnachrichtenmitteln ausgerüstet. Allerdings wurden die Abteilungen 1929 nach dem Muster der alten Armee umgegliedert in einen Abteilungsstab, eine Fernsprech- und eine Funk-Kompanie. Diese Maßnahme vereinfachte die Ausbildung im Hinblick auf eine etwaige Vergrößerung der Reichswehr.

Zur ersten Kompanie gehörten vier Fernsprechbauwagen, zwei leichte Fernsprechwagen, ein Fernsprechstationswagen, dazu an Fernsprechgerät 11 Klappenschränke, 38 Fernsprecher, 64 km schweres und 52 km leichtes Feldkabel, 5 km blanker Draht, ein Blinkwagen mit sechs großen und sechs mittleren Blinkgeräten, zwei Funk-, ein Funkgerätewagen und zwei Lastkraftwagen für eine mittlere und zwei Kleinfunkstellen. Außerdem war ihr ein Brieftaubenzug mit sechs fahrbaren Brieftaubenschlägen für 720 Brieftauben angeschlossen, der 1925 Geräteeinheit wurde. Die zweite Kompanie mit zusätzlichem Horchzug hatte dieselbe Fernsprechgeräteausstattung, eine pferdebespannte leichte Funkstelle, fünf Lastkraftwagen für eine schwere und zwei Kleinfunkstellen, zwei pferdebespannte Lauschgerätewagen.

Die Fernsprech-, Funk- und Blinkgeräte stammten noch aus Beständen der alten Armee. Die schweren Funkstellen hatten eine Reichweite bis 250, die mittleren bis 150, die leichten bis 100 km, die Kleinfunkstellen von 5 bis 20 km, mit Hochantenne bis 40 und 60 km. Ab 1925 besetzte man die mittleren Funkstellen mit modernen 20-Watt-Geräten. Im Jahre 1929 wurden neue 5-Watt-Geräte für Funkverbindungen innerhalb der Division und 100-Watt-Geräte (motorisiert) für operative Funkverbindungen eingeführt.

An Blinkgeräten wurde das im Kriege bewährte große Blinkgerät 16 mit Reichweiten von 8 bis 10 km sowie das mittlere Blinkgerät 16 mit einer Reichweite von 4 bis 5 km beibehalten. Als Lauschgerät zum Abhören des feindlichen und Überwachen des eigenen Fernsprechverkehrs diente das aus dem Kriege bekannte „Arendt-Gerät".

Der Etat einer Nachrichten-Kompanie sah nur 62 Zugpferde vor (für die beiden Kompanien in München zusätzlich 18 Tragtiere für den Gebirgsdienst), davon waren noch 12 Stellen aus Ersparnisgründen gesperrt.

Die zwölfjährige Dienstzeit hatte es ermöglicht, alle Angehörigen der Nachrichten-Kompanien im Laufe der Zeit auch an allen Geräten auszubilden. Doch mußte die Nachrichtentruppe, wahrscheinlich als einzige Waffengattung, trotz des großen Andrangs von Freiwilligen zur Reichswehr auf einen Mannschaftsersatz zurückgreifen, der für diesen Dienst wenig geeignet war.

c. Fahrtruppen

Kraftfahr-Abteilungen

Für die „Parks und Kolonnen" jeder Division, jedoch nicht für die Kavallerie-Divisionen, war eine Stärke von 14 Offizieren und 800 Mann erlaubt. Aus diesem Personal wurden eine Kraftfahr- und eine Fahr-Abteilung formiert. Die Kraftfahrtruppe der Reichswehr war, da Deutschland der Besitz von Kampfwagen verboten war, als eine reine Versorgungstruppe vorgesehen.

Eine Kraftfahr-Abteilung gliederte sich in den Abteilungsstab und drei Kompanien zu je zwei bis drei Offizieren und 112 Mann.

Die Fahrzeugausstattung einer Kraftfahr-Kompanie bestand aus 6 Personenkraftwagen, 11 Kleinkraftwagen, 4 Omnibussen, 23 Lastkraftwagen, 12 Krafträdern, 5 Beiwagenmaschinen, 2 Kraftzugmaschinen, 1 Werkstattkraftwagen, 1 Gerätekraftwagen, 6 Lastkraftwagen-Anhängern, 1 Beleuchtungsanhänger, 2 Feldküchenanhängern, 5 gepanzerten Mannschaftstransportwagen (MTW) mit je 2 schweren Maschinengewehren. (Diese gepanzerten Fahrzeuge (SdKfz 3) waren so wenig feldverwendungsfähig, daß das erlaubte Soll von 105 Fahrzeugen nie voll aufgestellt wurde.)

Außerdem wurde den Kraftfahr-Abteilungen das Kraftfahrpersonal der Sanitäts-Abteilungen in Stärke von je 4 Offizieren und 86 Mannschaften, mit 36 Krankenkraftwagen, 15 Anhängern, 3 Lastkraftwagen, 3 Kleinkraftwagen und 3 Krafträdern ausbildungstechnisch angegliedert.

Da sich in den Kraftfahr-Abteilungen im Frieden wenig Möglichkeiten für eine Verwendung als Versorgungstruppe boten, lag von vornherein der Gedanke nahe, sie zu einer motorisierten Kampftruppe umzuformieren. Schon der 1923 herausgegebene XIII. Abschnitt der Vorschrift „Führung und Gefecht der verbundenen Waffen (F. u. G.)" befaßte sich mit der Taktik von Kampfwagen (früher Tanks genannt), Straßenpanzerkraftwagen, gepanzerten Kraftwagen und Panzerzügen.

Die 2. Kompanie der 6. Kraftfahr-Abteilung in Hannover trieb seit 1924 Panzerausbildung mit auf Kleinkraftwagen (Hanomag) montierten Kampfwagenattrappen. Als die IMKK die motorisierte Behelfskonstruktion verbot, setzte man Pappe-Attrappen auf zusammengekoppelte Fahrräder, die von zwei Soldaten geschoben wurden. Die 1. und 3. Kompanie der Abteilung wurden als Kraftradschützen (Kradschützen) ausgebildet. Hier sind also die Anfänge der späteren Panzertruppe zu suchen.

Die Umorganisation zur Kraftwagenkampftruppe gewann erst in der Zeit von 1928–1932 langsam Gestalt. Einmal war sie von den Lieferungen der noch aufzubauenden Rüstungsindustrie abhängig, zum zweiten gab es auch jetzt noch erhebliche Kontroversen bei der Planung innerhalb der Inspektion der Verkehrstruppen (In 6). Das Gegenprojekt, die Kraftfahrtruppe zu einer Transporttruppe auszubauen, die größere Verbände schnell an gefährdete Frontabschnitte zuführen konnte, mußte fallengelassen werden, weil die Beförderung der Artillerie, insbesondere der vielen Pferde, einen zu großen Fahrzeugpark verlangte. Mit der Ernennung des bisherigen „Chefs des Stabes der Kraftfahrtruppen", Oberst Lutz, 1931 zum Inspekteur der Verkehrstruppen war die Entscheidung zugunsten des Aufbaus einer Kraftfahrkampftruppe gefallen. Als Chef seines Stabes erhielt Lutz 1932 den Kommandeur der 3. Kraftfahr-Abteilung, Oberstleutnant Guderian, der seit Jahren als Verfechter des Kampftruppengedankens bekannt war. Etwa gleichzeitig wurde aus der bisherigen Inspektion der Verkehrstruppen die „Inspektion der Kraftfahrtruppen (In 6)" gebildet.

Im Dezember 1928 war von der Heeresleitung beschlossen worden, die 2. Kompanie der 3. Kraftfahr-Abteilung für Lehr- und Versuchszwecke der Kraftfahrtruppe zu verwenden. Der Aufgabenkatalog für diese Kompanie sah vor:

a) Erprobung von Kraftfahrgerät im Truppengebrauch,
b) Gewinnung von Erfahrungen für Verwendung der Kraftfahr-Kampfverbände in organisatorischer und taktischer Beziehung,
c) Verwendung als Lehrtruppe bei Übungen und Lehrgängen.

(HLtg. III, Nr. 937/28 gKdos Wehr A In 6 [K] vom 2. Dezember 1928.)

Bei den Herbstübungen 1929 wurde eine provisorische motorisierte „Aufklärungs- und Sicherungsabteilung" zusammengestellt. Die 6. Kraftfahr-Abteilung stellte dazu den Stab, ferner ihre 1. Kompanie als „Kradschützen-Kompanie", die 2. Kompanie als „Kampfwagen-Nachbildungs-Kompanie", die 3. Kompanie als „Panzerkraftwagen-Nachbildungs-Kompanie". Verstärkt wurde diese Abteilung durch eine zusammengestellte „Geländewagen-Eskadron", eine „motorisierte verstärkte Schützen-Kompanie", eine „Batterie mit Schlepperzug" und „motorisierte Nachrichten-, Verkehrsregelungs-, Pionier-, Krankenkraftwagen- und Kraftfahrzeug-Werkstattzüge".

Die anlaufende Ausstattung der Kraftfahrtruppe mit Krafträdern, geländegängigen Personenkraftwagen (sogenannten „Kübelwagen"), zunächst noch behelfsmäßigen Panzerkraftwagen und Tankabwehrkanonen (Tak), auch sie zunächst nur als Holzgeschütze, erlaubte bereits 1932, aus jeder Kraftfahr-Abteilung eine motorisierte Aufklärungs-Abteilung zusammenzustellen. Die Kraftfahr-Abteilungen gliederten sich damals in eine Kradschützen-Kompanie, eine Panzerkampfwagen-Kompanie (in der Mehrzahl Attrappen), eine Kampfwagen-Nachbildungs-Kompanie und bei drei Abteilungen in eine Kampfwagenabwehr-Kompanie (Holzgeschütze).

Die Kampfwagen-Nachbildungs-Kompanien wurden bei größeren Übungen mit den entsprechenden Kompanien anderer Abteilungen zu „Kampfwagen-Nachbildungs-Bataillonen" zusammengestellt. Da die Kompanien auch zur Kampfwagenabwehr ausgebildet und entsprechend ausgerüstet wurden, sind sie als die Stammformationen der späteren Panzerabwehr-Abteilungen anzusehen.

Die drei reinen Kampfwagenabwehr-Kompanien der 3., 4. und 5. Kraftfahr-Abteilung waren für die drei Kavallerie-Divisionen vorgesehen.

Fahr-Abteilungen

Eine Fahr-Abteilung war gegliedert in den Stab mit Trompeterkorps und vier Eskadronen. Die 4. und die 7. Fahr-Abteilung hatten je eine Gebirgs-Eskadron.

Der Etat einer Fahrtruppen-Eskadron umfaßte 2 bis 3 Offiziere und 104 Mann, 20 bzw. 22 Reit-, 70 Zugpferde, von denen 10 Stellen aus Haushaltsgründen gesperrt wurden, und 4 Tragtiere. An Fahrzeugen 28 Feldwagen neben dem Kompanietroß. Der Etat einer Gebirgs-Eskadron hatte, bei gleicher Personalstärke, 35 Reitpferde, 24 Zugpferde und 94 Tragtiere (von letzteren 5 Stellen gesperrt), die gleiche Anzahl von Fahrzeugen.

Dazu kamen analog zu den Kraftfahrtruppen hier die pferdebespannten Teile der Sanitäts-Abteilungen, bei denen für jede Division eine Kompanie etatisiert war. Das Personal für eine Sanitäts-Kompanie zu 3 Zügen und 1 Feldlazarett belief sich auf insgesamt 5 Offiziere, 143 Mann, dazu kamen 18 Reit-, 65 Zugpferde. An Fahrzeugen verfügte sie über 25, das Feldlazarett über 18 Wagen, zu deren vorschriftsmäßiger Bespannung 105 Zugpferde nötig gewesen wären. Die Gebirgs-Sanitäts-Kompanie hatte bei gleicher Mannschafts- und Pferdestärke 48 Fahrzeuge, die jedoch in Bauart und Fassungsvermögen leichter waren.

Die Nutzlast einer Einheits-Fahrkolonne (für Munition, Verpflegung oder sonstige Heeresbedürfnisse) ist für 1924 mit 30 t angegeben. Hierzu wären jedoch 40 Feldwagen erforderlich gewesen, das heißt die Fahrzeugausstattung von fast zwei Eskadronen. Berücksichtigt man, daß die Fahr-Abteilung einer Division im Kriegsfall noch die Bäckereikolonne, die Schlächtereiabteilung, Munitionskolonnen und Pferdeparks zu bilden hatte, daß aber jede Mobilmachungsvorbereitung, also auch das Erfassen und Einziehen von Zugpferden, verboten war, dann wird deutlich, wie unzureichend und damit unbrauchbar dieser Fuhrpark für den kriegsmäßigen Einsatz war.

Als nach dem Abzug der IMKK bei allen Waffengattungen organisatorische Umbaumaßnahmen einsetzten, die jedoch die gesetzlich festgelegte Größe des Hunderttausend-Mann-Heeres bestehen ließen, entschloß sich die Heeresleitung, die Verbände der Fahrtruppe aufzulösen und die sieben Stäbe und 28 Eskadronen anderen Aufgaben zuzuführen. Das Gerät und die Fahrzeuge wanderten in die

Depots, die Pferde wurden an die Artillerie abgegeben. Ebenso erhielt die Artillerie die Masse der Fahr-Eskadronen, aber auch der Nachrichten-, der Kraftfahr- und dem Stamm der neuen Fliegertruppe wurden Einheiten zugeteilt. Aus Tarnungsgründen blieben jedoch die alten Truppenbezeichnungen weiter bestehen. Auch die Offizierstellenbesetzung wurde weiter unter „Fahrtruppen" in der Rangliste des deutschen Reichsheeres veröffentlicht.

Aus den einzelnen Fahr-Abteilungen entstanden zwischen 1929 und 1932 folgende Einheiten:

1. Fahr-Abteilung in Königsberg – der Stab einer Beobachtungs-Abteilung, eine Vermessungs- und eine Schallmeß-Batterie (alles vollmotorisiert), die Stabsbatterie (mot) des 1. Artillerie-Regiments und eine Batterie schwere motorisierte Artillerie;
2. Fahr-Abteilung in Rendsburg und Altdamm – der Stab und zwei Kompanien einer Flieger-Stamm-Abteilung, die Stabs-Batterie (mot) des 2. Artillerie-Regiments und eine Flak-Batterie;
3. Fahr-Abteilung in Berlin-Lankwitz und Küstrin – der Stab einer Flak-Abteilung, eine Flak- und eine Scheinwerfer-Batterie, die Stabs-Batterie (mot) des 3. Artillerie-Regiments und eine Kradschützen-Kompanie;
4. Fahr-Abteilung in Dresden und Landsberg a. L. – ein Kraftfahr-Lehrstab, die Stabs-Batterie (mot) des 4. Artillerie-Regiments, eine Schallmeß-Batterie, eine Kampfwagen-Abwehr-Kompanie und eine Nebel-Batterie (mot);
5. Fahr-Abteilung in Ludwigsburg und Ulm – der Stab einer Beobachtungs-Abteilung, ein Kraftwagen-Versuchsstab, die Stabs-Batterie (mot) des 5. Artillerie-Regiments, eine Flak- und eine schwere motorisierte Batterie sowie eine Kampfwagen-Abwehr-Kompanie;
6. Fahr-Abteilung in Hannover, Celle, Jüterbog und Osnabrück – der Stab des Fahrausbildungs-Kommandos, die Stabs-Batterie des 6. Artillerie-Regiments, eine motorisierte Funk-Kompanie, eine Flak- und eine Schallmeß-Batterie;
7. Fahr-Abteilung in München, Erlangen und Landsberg a. L. – der Stab einer Beobachtungs-Abteilung (mot), zwei Vermessungs- und eine Schallmeß-Batterie und die Stabs-Batterie des 7. Artillerie-Regiments.

d. Sanitäts- und Veterinärwesen

Sanitäts-Abteilungen und Sanitätsdienste

An der Spitze des gesamten Sanitätswesens stand der Heeres-Sanitätsinspekteur im Reichswehrministerium. Sowohl er als auch die übrigen Sanitätsoffiziere des Ministeriums, der Gruppenkommandos und der Divisionsstäbe einschließlich der Kavallerie-Division waren bei den Kommandobehörden etatisiert, nicht bei der Sanitätstruppe. Die Divisionsärzte waren gleichzeitig Kommandeure der Sanitäts-Abteilung ihrer Division (ohne auf deren Etat zu stehen).

Die Divisions-Sanitäts-Abteilung bestand aus 20 Offizieren und 400 Mann. Man unterschied Sanitätspersonal und Sanitätsfahrpersonal (für eine Sanitäts-Kompanie und ein Feldlazarett) bzw. Kraftfahrpersonal (für drei Krankenkraftwagenzüge), das ausbildungsmäßig zur Fahr-Abteilung bzw. Kraftfahr-Abteilung der Division gehörte (s. S. 334 f. und S. 332 ff.). Das Sanitätspersonal – Sanitätsoffiziere und -dienstgrade – gehörte im Gegensatz zu früher etatmäßig nicht mehr zu der Truppe, der es im Kriege zugeteilt wurde, sondern zur Sanitäts-Abteilung. Sanitäts-Kompanien waren nur für den Kriegsfall vorgesehen, die Sanitätsoffiziere und Dienstgrade waren daher standortweise in Sanitätsstaffeln unter dem Befehl von Standortärzten eingeteilt, die ihre Zuweisung zum Truppensanitätsdienst oder zur Dienstleistung bei Lazaretten, Depots usw. regelten.

Alle Lazarette des alten Heeres waren 1919 an das Reichsarbeitsministerium abgegeben worden, das für die Pflege lazarettkranker Reichswehrsoldaten verantwortlich war. Das Betätigungsfeld des Sanitätspersonals erlitt dadurch eine außerordentliche und nicht zu vertretende Einschränkung. Als daher 1921 das Abkommen von Spa erlaubte, eine größere Zahl von Beamten bei der Reichswehr einzustellen, wurden mehrere Lazarette wieder übernommen. Im Laufe der Zeit wuchs der Bestand beträchtlich an. Im Jahre 1921 waren es 21 Standort- und 10 Lagerlazarette, 1924 bereits 38 Standort-, 10 Lagerlazarette und 4 Lazarett-Abteilungen in zivilen Krankenhäusern, 1932 nach den ersten Organisationsänderungen 34 Standort-, 9 Lager-, 4 Kurlazarette und 1 Lazarett-Abteilung in einem zivilen Krankenhaus.

Die Leitung der Lazarette lag in den Händen von Sanitätsoffizieren als Chefärzten, die Verwaltung übernahmen Zivilbeamte der Heeresverwaltung. An die Stelle der früheren Militärkrankenwärter traten Sanitätsdienstgrade und zivile Krankenpfleger (im Arbeiterstatus). An allen Lazaretten waren im Gegensatz zur Zeit vor 1914 jetzt Schwestern für die Pflege der Schwerkranken tätig.

Für die Beschaffung und Lagerung des Sanitätsmaterials – Sanitätsausrüstung, Arznei- und Verbandsmittel – waren zwei Gruppensanitäts-Depots in Berlin und Kassel eingerichtet. Von dort aus bezogen die sieben Wehrkreisdepots ihren Bedarf und lieferten ihn an die Lazarette und Truppenärzte aus. Die Wehrkreisdepots waren einem größeren Lazarett angegliedert, verfügten auch über eine chemische Untersuchungsstelle und wurden von einem Apotheker geleitet.

Anfangs ergänzten sich die Sanitätsoffiziere, da eine besondere militärische Bildungsanstalt nicht erlaubt war, aus approbierten Zivilärzten, die höchstens 28 Jahre alt sein durften. Sie mußten ein halbes Jahr mit der Waffe dienen, ehe sie als Unterärzte in das Sanitätsoffizierkorps übernommen wurden. In späterer Zeit leisteten die Sanitätsoffizieranwärter erst ihren Truppendienst ab und wurden dann zum Studium beurlaubt. Während des Studiums unterstanden sie disziplinar dem Standortarzt des betreffenden Hochschulortes und hatten auch während der Semesterferien Truppendienste abzuleisten. Nach der Approbation erfolgte die Ernennung zum Unterarzt (Oberfähnrich). Damit glich der Ausbildungsgang ungefähr dem der Vorkriegszeit. Eine Reihe von Kursen sowie Kommandos zu Universitäten und zivilen Krankenanstalten sorgten für die ärztliche Fortbildung der Sanitätsoffiziere. Von den insgesamt 263 Stellen waren 36 für vorübergehende Abordnungen zu Universitäten oder Anstalten außerhalb der Heeresverwaltung vorgesehen (Maximalzahl).

Die Sanitätsmannschaften ergänzten sich, da die Sanitäts-Abteilungen keine Rekruten einstellten, aus Soldaten aller Waffengattungen, die im zweiten oder dritten Dienstjahr standen. Nach dem einjährigen Besuch einer den größeren Lazaretten angeschlossenen Sanitätsschule mußten sie in einer Abschlußprüfung umfangreiche Kenntnisse auf dem Gebiet des Sanitätsdienstes, aber auch die Befähigung zum Unteroffizieranwärter nachweisen, um zur Sanitäts-Abteilung versetzt zu werden. Die Beförderung zum Sanitätsunteroffizier war vom Stellenplan abhängig.

Krankenträger und Hilfskrankenträger, die früher als Kompanien innerhalb der Train-Bataillone und -Abteilungen zusammengeschlossen waren, gehörten in der Reichswehr etatsmäßig zu den Kompanien, Eskadronen und Batterien. Sie erhielten eine zusätzliche Spezialausbildung in „Erster Hilfe" und im sachgemäßen Transport Verwundeter durch die Truppenärzte.

Veterinärdienst

Der gesamte Veterinärdienst unterstand der Veterinär-Inspektion (V In) des Reichswehrministeriums. Der Veterinärinspekteur des Reichsheeres war nicht wie in der alten Armee ein Kavallerieoberst, sondern ein Veterinäroffizier im Generalsrang. Den Gruppenkommandos waren Generalveterinäre (Oberstenrang), den Divisionen Generaloberveterinäre (Oberstleutnantsrang) zugeteilt. Ferner befanden sich „Leitende Veterinäroffiziere" in Stabsoffizierstellung bei den Militär-Lehrschmieden in Berlin, Hannover und München, die vor dem Kriege auch von Kavallerie- oder Artillerieoffizieren geleitet wurden, beim Heeres-Veterinäruntersuchungsamt in Berlin und bei der dem Zeugamt Spandau angegliederten Veterinärmittelabteilung. Bei allen Kavallerie-, Artillerie- und jetzt auch bei den Infanterie-Regimentern waren Regimentsveterinäre etatisiert, denen je nach Stärke des Pferdebestandes entsprechend der Dislozierung der Truppe weitere Veterinäroffiziere zur Seite standen. Auch zivile Tierärzte konnten vertraglich verpflichtet werden. Außerdem gab es Veterinäroffiziere bei den Pionier-Bataillonen, Nachrichten- und Fahr-Abteilungen.

Da die Militär-Veterinär-Akademie nicht mehr bestand, ergänzte sich das Veterinäroffizierkorps analog zu den Sanitätsoffizieren aus jungen Ziviltierärzten. Der Grundausbildung bei einem berittenen Truppenteil folgte ein halbjähriges Kommando zur Militär-Lehrschmiede in Berlin. Nach der Beförderung zum Unterveterinär folgte wieder ein Truppenkommando von sechs Monaten als Probedienstzeit im Veterinärdienst. Dann erst konnte der Unterveterinär zur Offizierwahl vorgeschlagen und nach der Wahl zum Veterinär (Leutnantsgrad) befördert werden.

Hauptaufgabe der drei Militär-Lehrschmieden war jedoch die Aus- und Fortbildung des Beschlagpersonals. Als Beschlagschmiede dienten Soldaten, die das Schmiedehandwerk erlernt hatten. Sie konnten nach zweijähriger Dienstzeit zu einem sechsmonatigen Lehrgang an eine Militär-Lehrschmiede kommandiert werden und dort das Zeugnis zum „Betrieb des Hufbeschlaggewerbes" erwerben. Um „Fahnenschmied" (Unteroffizier) zu werden, mußten sie in einem zweiten Lehrgang von sechs Monaten an der Militär-Lehrschmiede in Berlin ihre Befähigung nachweisen; die Beförderung erfolgte jedoch nicht vor Beendigung des vierten Dienstjahres. Zu jeder Eskadron oder bespannten Batterie gehörten etatsmäßig ein Fahnenschmied und drei bis vier Beschlagschmiede, zu Einheiten mit kleinerem Pferdebestand eine geringere Anzahl.

5. Besondere Einrichtungen und Dienstverhältnisse

a. Waffenschulen

Artikel 176 des Versailler Vertrages erlaubte Deutschland nur die Anzahl von militärischen Schulen, die unumgänglich für die Ausbildung des Offizierersatzes nötig waren. Sie sollten ausschließlich für die Heranbildung der Offiziere der einzelnen Waffen bestimmt sein. Eine jede Waffengattung sollte eine eigene Schule haben. Ferner sollte die Zahl der Offizierschüler genau der Zahl der zu besetzenden freien Offizierstellen entsprechen. Offizierschüler und Stammpersonal der Schulen zählten auch bei der Berechnung der den einzelnen Waffengattungen zugebilligten Kopfstärken mit. Die alten deutschen Kriegsschulen ebenso wie die Akademien, Kadettenanstalten, Unteroffizier- und Unteroffiziervorschulen, die Militär-Knaben-Erziehungsanstalt und das Große Militär-Waisenhaus wurden aufgehoben.

Mit Gründungsdatum vom 27. Mai 1920 wurden den Vertragsbestimmungen entsprechend neu errichtet: eine Infanterieschule in München (ab 1924 in Ohrdruf, ab 1926 in Dresden), eine Kavallerieschule in Hannover, eine Artillerieschule in Jüterbog und eine Pionierschule in München. Die Fahnenjunker der Kraftfahrtruppe wurden der Infanterie, die der Nachrichten- und der Fahrtruppe der Artillerie zugeteilt, da die jährliche Quote von etwa je sieben Junkern eine eigene Schule nicht rechtfertigte. Die Sanitäts-Abteilungen stellten keine Fahnenjunker ein, sondern erhielten ihren Offizierersatz durch Versetzungen von anderen Formationen.

Verantwortlich für die Einheitlichkeit der Ausbildung war der dem Chef der Heeresleitung unmittelbar unterstellte Inspekteur des Erziehungs- und Bildungswesens (In 1 des Reichswehrministeriums), seine Inspektion erhielt 1928 die Bezeichnung „Inspektion der Waffenschulen" (In 1). Jede Waffenschule unterstand einem Kommandeur im Generals- oder Oberstenrang. An der Spitze der Lehrgänge standen ältere Stabsoffiziere als Lehrgangsleiter.

Die Pionierschule in München war wegen der geringen Zahl der Fahnenjunker und Lehroffiziere zunächst der Infanterieschule unterstellt und erhielt erst 1924 ihre Selbständigkeit. Bestimmte Lehrgänge für Offiziere, die den Kriegsleutnants das fehlende Kriegsschulwissen vermitteln sollten, mußten 1921 entfallen, da die früheren Feindmächte fürchteten, daß diese Waffenschule die Nachfolge der aufgelösten Militärtechnischen Akademie antrat. Nur die ab 1922 anlaufenden Festungsbaulehrgänge wurden gestattet, da in ihnen nicht Offiziere weitergebildet, sondern Pionierunteroffiziere zu Festungsbaubeamten (in der alten Armee: Festungsbauoffiziere) herangebildet wurden. Ab 1925 gab es jedoch bereits wieder Sonderlehrgänge für Offiziere und Festungsbaubeamte und 1928 entsprach der Lehrplan der Festungsbaulehrgänge dem einer höheren technischen Lehranstalt.

Auch andere Schulen erweiterten ihren Aufgabenbereich. Für die Fähnriche der Kraftfahr-Truppe wurde im Zuge der sich langsam abzeichnenden Heeresmotorisierung dem Offizierkorps der Infanterieschule ein Kraftfahrlehrstab angegliedert. Der Kavallerieschule Hannover gelang es, neben dem Fähnrichslehrgang eine im Versailler Vertrag nicht vorgesehene Abteilung aufzubauen, die sich der Ausbildung von Reitlehrern in Fortsetzung der Arbeit des aufgelösten Militär-Reit-Instituts Hannover und der Offizier-Reitschulen in Paderborn und Soltau widmete. Die Reitvorschrift von 1912 wurde überarbeitet und 1926 als verbindlich für die Reitausbildung im gesamten Reichsheer neu herausgegeben. In mühevoller Arbeit gelang es, einen Schulstall und später auch einen Spring- und einen Rennstall wiederaufzubauen. Den sportlichen Leistungen der in Hannover ausgebildeten deutschen Reiteroffiziere auf den internationalen Renn- und Turnierplätzen verdankte der deutsche Pferdesport über Jahre seinen ausgezeichneten Ruf.

An der Artillerieschule in Jüterbog fand auch die Ausbildung der Feuerwerker (Portepeeunteroffizier) statt und der sich aus diesen ergänzenden Offiziere (W), die in der alten Armee als Feuerwerks- bzw. als Zeugoffiziere bezeichnet wurden.

Die Organisation der Waffenschulen war dem Ausbildungsgang der Offizieranwärter angepaßt. Nach einer etwa eineinhalbjährigen Dienstzeit beim einstellenden Truppenteil nahmen alle Fahnenjunker an einem ersten Lehrgang an der Infanterieschule teil. Dieser Lehrgang vermittelte ihnen die Grundkenntnisse für den Offizierberuf, wie sie etwa früher auf den Kriegsschulen gelehrt worden waren, und schloß mit der Fähnrichprüfung ab. Den anschließenden zweiten Lehrgang von wieder zehn Monaten absolvierten die nunmehrigen Fähnriche an ihrer speziellen Waffenschule. Hier sollten sich die künftigen Offiziere neben allgemein kriegswissenschaftlichen Kenntnissen als Grundlage für späteres selbständiges Weiterarbeiten das für ihre Waffe besondere notwendige praktische Können und theoretisches Wissen erwerben.

Unter Mithilfe der Waffenschulen wurden die verschiedenen Ausbildungsvorschriften der alten Armee nach den Erfahrungen des Weltkrieges bearbeitet und neu herausgegeben. An die Stelle des Exerzier-Reglements für die Infanterie vom 29. Mai 1906 und die Ausbildungsvorschrift für die Fußtruppen im Kriege vom Januar 1918 trat die „Ausbildungsvorschrift für die Infanterie“ (A. V. I.) von 1922, nach der die Grundausbildung bei der gesamten Reichswehr betrieben wurde.

Die Felddienst-Ordnung von 1908 wurde ersetzt durch die Vorschrift „Führung und Gefecht der verbundenen Waffen“ (F. u. G.). Das neue an der F. u. G.

war nicht nur die Beschäftigung mit den vielen neu aufgetretenen Problemen der Kampfführung, sondern auch die starke Betonung des Zusammenwirkens der zu einem gemeinsam zu erreichenden Ziel miteinander verbundenen Waffengattungen. Daß sich diese Vorschrift auch mit den Aufgaben von Waffen- und Truppenteilen beschäftigte, die nicht erlaubt waren, lag an der eigentümlichen Situation der Reichswehr, die in sich als „Kaderheer" stets nur die Keimzelle für ein größeres, modern ausgerüstetes Heer sah.

Sie enthielt schon im ersten Teil vom 1. September 1921 eine Reihe neuer Kapitel, wie z. B.: Flieger und Heereskavallerie, Angriff und Verteidigung im Stellungskrieg, Gefecht bei Dunkelheit und Nebel, Gefecht um Engen und Flußübergänge, Gefecht im Gebirge und Minenkrieg. Der 1923 erschienene zweite Titel der „F. u. G." brachte Abhandlungen über Flieger, Ballone, Luftschutz, Kampfwagen, Straßenpanzerkraftwagen, gepanzerte Kraftwagen, Panzerzüge, Gaskampf, Einsatz und Verwendung der Nachrichtenverbände und -mittel, Eisenbahnen, Wasserstraßen, Fahr- und Kraftfahrwesen und einen längeren Absatz über Nachschub und Versorgung der kämpfenden Truppe.

b. Heeresbeamte und Zivilpersonal

Die Militärbeamten der Reichswehr mußten auf die Zahl der insgesamt genehmigten Offizierstellen angerechnet werden. Als Militärbeamte zählten nach der am 21. Dezember 1921 erlassenen Verordnung über die Rang- und Dienstverhältnisse der Reichsheeresbeamten nur noch der Staatssekretär im Reichswehrministerium – eine Planstelle, die seit dem Ausscheiden des Staatssekretärs v. Feldmann im Jahre 1928 unbesetzt blieb –, die Intendanturbeamten, die Stabs- und Oberstabsapotheker, die Festungsbaubeamten (früher Festungsbauoffiziere), die Zahlmeister und der Armee-Musikinspizient. Diese Beamten trugen im Dienst Uniform. Sie waren zwar nicht Vorgesetzte der Angehörigen des Soldatenstandes, doch waren alle Unteroffiziere und Mannschaften verpflichtet, ihren dienstlichen Anweisungen Folge zu leisten. Ebenso bestand Grußpflicht, und die Posten vor Gewehr hatten vor allen Militärbeamten die den Offizieren zustehenden Ehrenbezeigungen zu erweisen. Die in der alten Armee vorhanden gewesenen „Unteren Militärbeamten", die im Unteroffizierrang gestanden hatten, gab es in der Reichswehr nicht.

Zu den Zivilbeamten der Heeresverwaltung, deren Anzahl durch den Versailler Vertrag auf ein Zehntel der im Heereshaushalt für 1913 eingeplanten Stärke herabgesetzt war, zählten die Beamten des Reichswehrministeriums vom Ministerialdirektor bis zum Ministerialkanzleisekretär, die Beamten der Wehrkreisverwaltungsämter vom Oberregierungsrat bis zum Kanzleiassistenten, die jetzt als Heeres- und Oberheeresanwälte bezeichneten Militärjustizbeamten, die nicht im Truppen-, sondern im Heeresverwaltungsdienst beschäftigten Regierungsapotheker, alle Beamten der Heeres-Standortverwaltungen, Heeres-Verpflegungs- und -Bekleidungsämter, der Heeres-Bauverwaltungsämter, der Lazarettverwaltungen, der Heeres-Forstämter (auf den Truppenübungsplätzen), die Kartographen, Trigonometer, Waffen-, Sattler-, Werk-, Maschinen-, Back- und Mühlenmeister.

Alle diese genannten Zivilbeamten trugen für gewöhnlich bürgerliche Kleidung. Für besondere Fälle war auch eine Uniform wie für die Militärbeamten vorgesehen, doch sollten die Zivilbeamten auf den Schulterstücken ein verschlungenes HV (Heeresverwaltung) anbringen. Eine Grußpflicht der Soldaten gegenüber den Zivilbeamten der Heeresverwaltung bestand nicht, doch wurde der Gruß des jüngeren gegenüber dem älteren erwartet.

Besonders im Bereich der Tätigkeiten, die bisher von Beamten des mittleren einfachen Dienstes wahrgenommen worden waren, verzichtete das Reichswehrministerium auf Personal mit Beamtenstatus, um ihre Gesamtzahl innerhalb der vertraglich beschränkten Stärke zu halten. An ihre Stelle traten Angestellte. Angestellte und Arbeiter wurden außerhalb des Verwaltungsdienstes vornehmlich in den sogenannten Heeresbetrieben verwendet. Die Reichswehrführung strebte an, die Soldaten von möglichst vielen Verwaltungs- und Versorgungsaufgaben zu entlasten. Aus diesem Grunde besaß das Reichsheer im Verhältnis zur „kaiserlichen Armee" eine viel höhere Zahl an nichtmilitärischen Angehörigen.

Zu den vorübergehend mit Schreibarbeiten beschäftigten Angestelltten gehörte auch eine Anzahl ehemaliger Offiziere, denen man Aufgaben auf dem Gebiet des „Landesschutzes" anvertraute. Der von der Heeres-Organisations-Abteilung des Truppenamtes (T 2) bearbeitete Landesschutz umfaßte die durch den Versailler Vertrag eigentlich verbotene „Ersatzorganisation", ferner die gleichfalls untersagte „militärische Ausbildung außerhalb des Heeres" sowie die „Verwaltung der Bestände" der für eine Verstärkung der Reichswehr verborgen eingelagerten Waffen und Ausrüstungsstücke. Sowohl beim Reichswehrministerium, bei den Wehrkreiskommandos, den Festungskommandanturen als auch bei den Standortältesten wurden von diesen „Landesschutzangestellten" regelrechte Mobilmachungskalender angelegt und auf dem laufenden gehalten, ein allerdings nur wenig kampfkräftiger Grenzschutz organisiert und unter den Tarnbezeichnungen „Sportlager" und „Sportkursus" mit Hilfe der sogenannten Wehrverbände ein Unterführerkorps für die im Ernstfall aufzustellenden Formationen ausgebildet. Landesschutzangestellte übernahmen als „Kreisoffiziere" Arbeitsgebiete der ehemaligen Landwehr-Inspektionen und Bezirkskommandos und ermöglichten so, einen Überblick über die zur Disposition stehenden personellen und materiellen Reserven des Landes zu gewinnen. Diese Arbeiten unterlagen natürlich einer strengen Diskretion (s. auch S. 202 f.).

Im Gegensatz zur alten Armee war in der Reichswehr auch eine große Zahl von Arbeitern beschäftigt. Dazu rechneten die Pförtner, Heizer, Handwerker, Kasernen-, Krankenwärter usw., die vor dem Krieg im Status der „unteren Beamten" gestanden hatten und wegen der 10-%-Klausel als solche nicht übernommen werden konnten. Außerdem wurde eine Reihe von Tätigkeiten, mit denen im früheren Wehrpflichtheer Soldaten betraut waren, jetzt von zivilen Arbeitskräften wahrgenommen.

c. Heeresfachschulen

Neben dem Apparat der Beamten und Angestellten gab es Einrichtungen, die innerhalb der Reichswehr Dienste leisteten, ohne ihr anzugehören, wie die Heeresfachschulen oder auch die Militärseelsorge, die wiederum nur in ihrer Spitzenorganisation als Teil der Reichswehr anzusehen ist.

Der § 23 des Wehrgesetzes vom 23. März 1921 forderte, daß den Unteroffizieren und Mannschaften während ihrer Dienstzeit eine vorbereitende Ausbildung für den Übergang in den bürgerlichen Beruf gewährt werden solle. Diesem Zweck dienten die „Heeresfachschulen“ für Verwaltung und Wirtschaft, Gewerbe und Technik, Landwirtschaft, Forstwirtschaft und die Heereshandwerkerschulen. Diese Schulen waren rein zivile Institutionen, die keinen militärischen Zwecken dienten, es sei denn dem der Fürsorge oder dem der Freiwilligenwerbung. Sie fielen daher nicht unter die Bestimmungen des § 176 des Versailler Vertrages. Den Unterricht erteilten zivile Lehrkräfte, die weder auf die Zahl der Militärbeamten anzurechnen waren noch unter die Bestimmungen des § 161 über das Zivilpersonal der Verwaltungsbehörden fielen. Ihr dadurch bedingter schwieriger Rechtsstatus hat über Jahre hinweg immer wieder Unruhe ausgelöst. Die Heeresfachschulen wurden auch nicht als Reichswehr-Dienststellen in das Verzeichnis der amtlichen Ranglisten aufgenommen.

Grundsätzliche Fragen des gesamten Heeresfachschulwesens wurden ab 1. April 1928 im Reichswehrministerium bei der beim Wehramt eingerichteten Abteilung für Heeresfachschulen und Versorgungswesen (AHV) bearbeitet. Die Teilnahme am Heresfachschulunterricht war für alle Unteroffiziere und Mannschaften vom zweiten bis zum siebenten Dienstjahr (Unterstufe) Pflicht, vom achten bis zum zwölften Dienstjahr (Oberstufe) freiwillig. Der Unterricht fand in den ersten Dienstjahren in der Regel einmal wöchentlich statt. Im letzten Dienstjahr waren die Soldaten zugunsten des Fachschulunterrichts fast ganz vom Truppendienst befreit. Die Truppenkommandeure hatten dafür Sorge zu tragen, daß für den Besuch der Heeresfachschule die notwendige Zeit in die Dienstpläne eingebaut wurde. Auch aus dienstlichen Gründen durften die Kompaniechefs einen Soldaten nicht am Fachschulbesuch hindern.

Die Heeresfachschulen für Verwaltung und Wirtschaft waren in allen Standorten der Infanterie, Kavallerie, Artillerie und der Fahrtruppen eingerichtet und sollten die Soldaten auf einen Beamtenberuf vorbereiten. Wer den Anforderungen der Oberstufe genügte, konnte am Ende des zwölften Dienstjahres die Abschlußprüfung II ablegen, deren Bestehen zum Eintritt in die gehobene mittlere Beamtenlaufbahn berechtigte. Für die übrigen ermöglichte auch ein Wiederholungskursus in den letzten beiden Dienstjahren das Bestehen der Abschlußprüfung I und damit den Eintritt in den einfachen mittleren Dienst. Den Abschlußprüfungen wohnten Vertreter der Truppe und der kommunalen Behörden, der Post, Reichsbahn und Finanzverwaltung bei, da diese Behörden, auch wenn sie keine Planstellen mehr für „Militäranwärter“ freihalten mußten, gern ausgeschiedene Reichswehrsoldaten einstellten.

Die Heeresfachschulen für Gewerbe und Technik waren an den Standorten der Pionier-Bataillone, Nachrichten- und Kraftfahr-Abteilungen sowie der Kraftwagen-

Batterien eingerichtet und bildeten Techniker uand Handwerker aus. Nach der Unterstufe konnte im achten Dienstjahr die Gesellenprüfung als Schlosser, Elektriker, Mechaniker, Tischler oder Zimmermann abgelegt werden. Der freiwillige Besuch der Oberstufe vom neunten bis zwölften Dienstjahr berechtigte zur Ablegung der Meister- oder der Technikerprüfung. Angehörige der Pioniertruppen konnten sich als Techniker im Tiefbaufach, im Festungsbau oder im Maschinenbau ausbilden lassen. Die bestandene technische Prüfung II berechtigte zum Eintritt in die gehobene mittlere technische Beamtenlaufbahn.

Technisch begabte Soldaten der Infanterie, Kavallerie, Artillerie und der Fahrtruppen konnten an den Heereshandwerkerschulen im achten Jahr die Gesellenprüfung, nach dem freiwilligen Besuch der Oberstufe die Meisterprüfung ablegen.

Da ein großer Prozentsatz der Reichswehrangehörigen vom Lande stammte, waren Fachschulen für Landwirtschaft eingerichtet, die an die Unterstufe der Fachschule für Verwaltung und Wirtschaft anschlossen. Die erfolgreiche Abschlußprüfung bescheinigte dem Soldaten, die für einen Siedler und praktischen Landwirt notwendigen Kenntnisse, bot ihm auch die Möglichkeit, sich um Beamtenstellen zu bewerben, bei denen landwirtschaftliche Kenntnisse vorausgesetzt wurden. Die Schulen waren Bauernbetrieben angegliedert und veranstalteten auch Lehrgänge in Kleintierzucht, Gartenbau, Kochen, Backen, Nähen usw. für die Ehefrauen der Soldaten.

Für Besuch der Heeresfachschulen für Forstwirtschaft waren eine Lehrzeit als Forstschüler vor Eintritt in die Reichswehr und der Abschluß der Unterstufe Verwaltung und Wirtschaft Voraussetzung. Vom achten bis zwölften Dienstjahr wurde dann die praktische und theoretische forstliche Ausbildung fortgesetzt, die nach bestandener Abschlußprüfung die Berechtigung gab, sich um Stellen in staatlichen oder privaten Forstbetrieben zu bewerben.

d. Militärseelsorge

Als Spitze der militärischen Seelsorge blieb der Reichswehr die Evangelische und die Katholische Feldpropstei erhalten. Beide Feldpröpste hatten ihren Sitz in Berlin. Sie ressortierten jetzt aber nicht mehr wie in der alten Armee beim Versorgungs- und Justiz-Departement des Kriegsministeriums, sondern waren dem Reichswehrminister direkt unterstellt.

Außerdem waren, gewissermaßen als Nachfolger der Militäroberpfarrer der ehemaligen Generalkommandos, den Befehlshabern jedes Wehrkreises ein evangelischer und ein katholischer „Wehrkreispfarrer“ zugeordnet. Die Wehrkreispfarrer galten als „Reichsbeamte“ (nicht als Militärbeamte). Sie trugen nicht mehr wie im Kriege Uniform, sondern wieder die Amtstracht ihrer Glaubensgemeinschaft.

Die eigentliche Seelsorge bei der Truppe übten die Ortsgeistlichen als „Standortpfarrer“ aus, die ebenso wie das von ihnen zum Gottesdienst benötigte Kirchenpersonal für ihre Tätigkeit von der Reichswehrverwaltung eine Entschädigung erhielten.

Für die Soldaten war die Teilnahme am Gottesdienst freiwillig. Doch galt der allgemeine Grundsatz, nur derjenige habe das Recht, vom gemeinsamen Kirchgang fernzubleiben, der „ausdrücklich“ auf eine kirchliche Feier bei seiner Trauung, auf die Taufe seiner Kinder und auf ein kirchliches Begräbnis verzichte.

Bibliographie

VI

Die Reichswehr

(1918-1933)

A. Zur Geschichte der Republik

Vom *Handbuch der europäischen Geschichte, hrsg. von Theodor Schieder*, liegt bisher nur Bd 6, *Europa im Zeitalter der Nationalstaaten und europäische Weltpolitik bis zum Ersten Weltkrieg, Stuttgart 1968*, vor. Bis zum Erscheinen von Bd 7, *Europa im Zeitalter der Weltrevolution*, bleibt Hans HERZFELD, *Die moderne Welt, 1789–1945, T. 2, Weltmächte und Weltkriege, Die Geschichte unserer Epoche, 1890–1945, Braunschweig ³1960 = Gesch. d. Neuzeit, Bd 3*, die unersetzte deutschsprachige Darstellung der europäischen Geschichte zum Zeitraum. Beide Werke zeichnen sich außerdem durch reiche bibliographische Angaben aus. Unter besonderer Berücksichtigung des Aufstiegs und der Erscheinungsformen des Faschismus behandelt der englische Historiker R. A. C. PARKER, *Das Zwanzigste Jahrhundert I, 1918–1945, Frankfurt/M. 1967 = Fischer Weltgeschichte, Bd 34*, vor allem die Geschichte Mittel- und Westeuropas.

Quellen und Literatur zur deutschen Geschichte lassen sich am besten über den DAHLMANN-WAITZ, *Quellenkunde der deutschen Geschichte, Bibliographie der Quellen und Literatur zur deutschen Geschichte, 8. Buch: Die beiden Weltkriege, Republik und Diktatur, Stuttgart ¹⁰1965*, ermitteln. Nach Redaktionsschluß des DAHLMANN-WAITZ erschienene Titel finden sich in der *Bibliographie zur Zeitgeschichte, Beilage der Vierteljahrshefte für Zeitgeschichte, Stuttgart 1953 ff., zusammengestellt von Thilo Vogelsang.*

Die umfangreichste Quellensammlung zur Geschichte der Republik enthalten die Bde 2–8, erschlossen durch einen Registerband, der von Herbert MICHAELIS und Ernst SCHRAEPLER herausgegebenen Reihe *Ursachen und Folgen, Vom deutschen Zusammenbruch 1918 und 1945 bis zur staatlichen Neuordnung Deutschlands in der Gegenwart, Eine Urkunden- und Dokumentensammlung zur Zeitgeschichte, Berlin o. J.* [*1958 ff.*]; den einzelnen Quellengruppen ist jeweils eine Einleitung vorangestellt, die sich durch Sachlichkeit auszeichnet. Eine Zusammenstellung der wichtigsten Materialien bringt Ernst Rudolf HUBER, *Dokumente zur deutschen Verfassungsgeschichte, Bd 3, Dokumente der Novemberrevolution und der Weimarer Republik 1918–1933, Stuttgart 1966*, jedoch sind die einleitenden Texte nicht frei von Fehlern und erweisen sich einer kritischen Haltung gegenüber der Republik verhaftet. Mit den *Akten der Reichskanzlei, Weimarer Republik, hrsg. für die Historische Kommission bei der Bayerischen Akademie der Wissenschaften von Karl Dietrich Erdmann und für das Bundesarchiv von Wolfgang Mommsen unter Mitarbeit von Walter Vogel, Boppard/Rhein 1968 ff.*, beginnt eine auf etwa 20 Bände berechnete Fondsedition zu erscheinen (s. S. 353), die sich als vielseitige Quelle für die Geschichte der Weimarer Republik erweisen wird.

Zur Geschichte der Republik bot 1958 den ersten handbuchartigen, zugleich stoffreichen Überblick Albert SCHWARZ, *Die Weimarer Republik, in: Just, Bd 4, Abschn. 3,* – als Darstellung eine beachtenswerte Leistung, die außerdem eine sehr ausführliche Bibliographie brachte. Allerdings wird trotz eingehender Beschäftigung mit der innerdeutschen Entwicklung die Reichswehr nur knapp behandelt, auch haben sich Unrichtigkeiten eingeschlichen, und manche Einzelheiten sind durch Ergebnisse neuerer Forschungen überholt. Es darf erwartet werden, daß die angekündigte „ergänzte Neuausgabe" (Paperback-Studienausgabe, Frankfurt/Main 1969) entsprechende Korrekturen enthalten wird. Ebenfalls entspricht nicht mehr dem neuesten Stand historischer Erkenntnis der Abschnitt B, Die Weimarer Republik, in: Karl Dietrich ERDMANN, *Die Zeit der Weltkriege, Stuttgart* ^{8}*1960* (Verbesserter Nachdruck der Ausgabe von 1959) = *Gebhardt, Bd 4,* der seit 1967 im fünften Nachdruck vorliegt. Dennoch sind die beiden Handbuch-Abschnitte in Darstellung und Literaturnachweisen die besten Ausgangspunkte zur Unterrichtung über Geschichte und Geschehnisse des Zeitraumes.

Monographisch wurde die Weimarer Republik von zahlreichen Historikern behandelt. Die sehr kritische Darstellung von Arthur ROSENBERG, *Geschichte der Deutschen Republik, Karlsbad 1934,* in verkürzter Form neu herausgegeben von Kurt KERSTEN in: *Entstehung und Geschichte der Weimarer Republik, Frankfurt/M. 1955,* ist vor allem für die Zeit des Zusammenbruches und des Winters 1918/19 wichtig, weil sie auf teilweise verschollenem Material beruht, das Rosenberg als Vertreter der KPD im Untersuchungsausschuß des Reichstags für die Ursachen des Zusammenbruches zur Verfügung stand. Aus liberaler, mit Vorbehalten gemischter Sicht ist das breit angelegte Werk von Erich EYCK, *Geschichte der Weimarer Republik, 2 Bde, Erlenbach-Zürich 1956/57,* abgefaßt. Einen abgewogenen Abriß bietet Werner CONZE, *Die Zeit Wilhelms II. und die Weimarer Republik, Deutsche Geschichte 1890-1933, Tübingen 1964,* der einen Sonderdruck seiner beiden Kapitel im Handbuch *Deutsche Geschichte im Überblick, hrsg. von Peter Rassow, Stuttgart* ^{2}*1963,* darstellt und Hinweise auf weitere Literatur enthält. Das auf breitem Material aufgebaute und sehr stoffhaltige sowie faktenreiche Werk von Karl Dietrich BRACHER, *Die Auflösung der Weimarer Republik, Eine Studie zum Problem des Machtverfalls in der Demokratie, Villingen* ^{3}*1960,* läßt seine Fragestellung bereits aus dem Titel ablesen. Hierin ist der Reichswehr ein gesonderter Abschnitt von Wolfgang SAUER gewidmet (s. S. 357). Golo MANN, *Deutsche Geschichte des 19. und 20. Jahrhunderts, Frankfurt/M.* ^{2}*1966,* zeichnet ein lebensvolles Bild der Republik ohne ihre negativen Seiten zu übergehen. Die jüngsten, in Taschenbuchreihen erschienenen Darstellungen sind Hans HERZFELD, *Die Weimarer Republik, Frankfurt/M. 1966 = Deutsche Geschichte, Ereignisse und Probleme, Bd 6,* und Helmut HEIBER, *Die Republik von Weimar, München 1966 = dtv-Weltgeschichte des 20. Jahrhunderts, Bd 3.* Hingewiesen sei außerdem auf die zwei Aufsatzsammlungen von Theodor ESCHENBURG, *Die improvisierte Demokratie, Gesammelte Aufsätze zur Weimarer Republik, München 1963,* und von Karl Dietrich BRACHER, *Deutschland zwischen Demokratie und Diktatur, Bei-*

träge zur neueren Politik und Geschichte, Bern 1964. Einen Überblick über die Beurteilung des Zeitraumes aus kommunistischer Sicht gibt Reinhart BECK, *Die Geschichte der Weimarer Republik im Spiegel der sowjetzonalen Geschichtsschreibung, Bonn 1965 = Bonner Berichte aus Mittel- und Ostdeutschland, Bd 56.*

1. Vom Kaiserreich zur Weimarer Republik

Außer auf die grundlegende, in Abschnitt V, S. 336 f., angeführte Literatur kann für das Problem des Zusammenbruchs des Kaiserreichs noch auf den Aufsatz des mitteldeutschen Historikers Joachim PETZOLD, *Die Absetzung Wilhelms II., in: ZMG, 6. Jg, 1967, S. 298–311,* und auf die einschlägigen letzten Kapitel von Gerhard RITTER, *Staatskunst und Kriegshandwerk, Das Problem des ‚Militarismus' in Deutschland, Bd 4: Die Herrschaft des deutschen Militarismus und die Katastrophe von 1918, München 1968,* hingewiesen werden, obgleich beide Darstellungen infolge ihrer Verhaftung in kommunistischer Ideologie bzw. konservativer Vorstellungswelt nur bedingt zur vertieften Erkenntnis des Phänomens beitragen. Nicht ohne Widerspruch gegen einzelne Thesen geblieben ist der in der o. a. Aufsatzsammlung zuletzt abgedruckte, 1951 erstmals veröffentlichte Aufsatz von Theodor ESCHENBURG, *Die improvisierte Demokratie, Ein Beitrag zur Geschichte der Weimarer Republik, a. a. O., S. 11–60.* Die Diskussion um Wesen und Bedeutung der Rätebewegung wurde grundlegend eröffnet von Walter TORMIN, *Zwischen Rätediktatur und sozialer Demokratie, Die Geschichte der Rätebewegung in der deutschen Revolution 1918/19, Düsseldorf 1954 = Beiträge z. Gesch. d. Parlamentarismus u. d. politischen Parteien, Bd 4,* und auf seiten der Verfechter einer positiven Bewertung weitergeführt von Eberhard KOLB, *Die Arbeiterräte in der deutschen Innenpolitik 1918–1919, Düsseldorf 1962 = Beiträge z. Gesch. d. Parlamentarismus u. d. politischen Parteien, Bd 23,* und Peter von OERTZEN, *Betriebsräte in der Novemberrevolution, Eine politikwissenschaftliche Untersuchung über Ideengehalt und Struktur der betrieblichen und wirtschaftlichen Arbeiterräte in der deutschen Revolution 1918/19, Düsseldorf 1963 = Beiträge z. Gesch. d. Parlamentarismus u. d. politischen Parteien, Bd 25.* Als einen Ausdruck der Vorbehalte vgl. die Besprechung zur Arbeit von KOLB in der *HZ, Bd 200, 1965, S. 147 ff.* und die Ausführungen von HERZFELD (s. S. 348), S. 15–18. Zum Problem der Soldatenräte s. S. 358. Im übrigen ist die Frage, ob Deutschland 1918/19 eine echte Revolution erlebt hat, wieder in den Mittelpunkt wissenschaftlicher Diskussion gerückt worden. Die These von der Revolution vertritt unter anderem Reinhard RÜRUP, *Probleme der Revolution in Deutschland 1918/19, Wiesbaden 1968 = Institut für Europäische Geschichte Mainz, Vorträge Nr. 50,* jedoch können seine Ausführungen – sie leiden unter mangelnder Definition wichtiger Begriffe – nicht voll überzeugen.

Der Kampf um die innere Ordnung

Jede Beschäftigung mit der Geschichte der ersten Monate der Weimarer Republik wird zukünftig von den großen Quelleneditionen auszugehen haben, die anläßlich der Erinnerung an die Ausrufung der ersten deutschen Republik vor fünfzig Jahren veröffentlicht worden sind: *Die Regierung der Volksbeauftragten, bearbeitet von Erich Matthias und Susanne Miller, 2 Bde, Düsseldorf 1969 = Quellen z. Gesch. d. Parlamentarismus u. d. politischen Parteien, Reihe 1, Bd 6*, und *Der Zentralrat der Deutschen sozialistischen Republik 19. 12. 1918 – 8. 4. 1919 vom ersten zum zweiten Rätekongreß, bearbeitet von Eberhard Kolb unter Mitwirkung von Reinhard Rürup, Leiden 1968 = Quellen z. Gesch. d. Rätebewegung in Deutschland 1918/19, Bd 1* (ein zweiter Band ist angekündigt). Auch die Quellensammlung *Die deutsche Revolution 1918–1919 – Dokumente, hrsg. von Gerhard A. Ritter und Susanne Miller, Frankfurt/M. 1968 = Fischer Bücherei, Bücher des Wissens, Bd 879*, leistet nützliche Dienste. Eine befriedigende Monographie liegt dagegen noch nicht vor. Von der Biographie des ersten Reichspräsidenten von Georg KOTOWSKI, *Friedrich Ebert, Eine politische Biographie*, ist bisher nur *Bd 1, Der Aufstieg eines deutschen Arbeiterführers 1871 bis 1917, Wiesbaden 1963*, erschienen. Einen wertvollen biographischen Abriß legt Waldemar BESSON, *Friedrich Ebert, Verdienst und Grenze, Göttingen 1963 = Persönlichkeit und Geschichte, Bd 30*, vor. Die Berliner Bürgerkriegswirren wurden zuletzt in der auf Quellen beruhenden Darstellung von Karl-Heinz LUTHER, *Die nachrevolutionären Machtkämpfe in Berlin, November 1918 bis März 1919, in: Jahrbuch für die Geschichte Mittel- und Ostdeutschlands, Bd 8, 1959, S. 187 bis 221*, zusammenfassend behandelt. Einen Überblick zum neuesten Forschungsstand über die revolutionären Vorgänge in Bayern vermittelt der von Karl BOSL herausgegebene Sammelband *Bayern im Umbruch, Die Revolution von 1918, ihre Voraussetzungen, ihr Verlauf und ihre Folgen, München–Wien 1969*, dessen Einzelbeiträge allerdings von unterschiedlichem Wert sind. Weitere Literatur hierzu s. S. 360. Die heute noch wertvolle Studie von Sigmund NEUMANN, *Die politischen Parteien in Deutschland, Berlin 1932*, liegt, neu mit einer Einführung von Karl Dietrich Bracher herausgegeben und ergänzt durch eine Bibliographie der neueren Literatur zum Parteiwesen, unter dem Titel *Die Parteien der Weimarer Republik, Stuttgart 1965*, vor. Nützliche Dienste leistet außerdem das einschlägige Kapitel, besonders aber die ausgewählte Bibliographie des von Wilhelm MOMMSEN völlig überarbeiteten und herausgegebenen Standardwerkes von Ludwig BERGSTRÄSSER, *Geschichte der politischen Parteien in Deutschland, München ^{11}1965 = Deutsches Handbuch der Politik, Bd 2*. Als beste kommentierte Ausgabe der Reichsverfassung ist Gerhard ANSCHÜTZ, *Die Verfassung des Deutschen Reichs vom 11. August 1919, Berlin ^{14}1933, fotomechanischer Nachdruck Bad Homburg vor der Höhe 1960*, heranzuziehen. Wichtige Aspekte, die sich aus der Reichsverfassung ergaben, behandelt Gerhard SCHULZ, *Zwischen Demokratie und Diktatur, Verfassungspolitik und Reichsreform in der Weimarer Republik, Bd 1: Die Periode der Konsolidierung und der Revision des Bismarckschen Reichsaufbaus 1919–1930, Berlin 1963*. Die angeführten Urteile bei HERZFELD (s. S. 348), S. 16 und S. 26 f.

Vom Waffenstillstand zum Friedensvertrag von Versailles

Als Ergänzung zu den Literaturangaben über den Waffenstillstand in Abschnitt V, S. 337, ist auf Klaus EPSTEIN, *Matthias Erzberger und das Dilemma der deutschen Demokratie, Berlin 1962,* hinzuweisen – eine Monographie, die zugleich mit Nutzen für die Geschichte der politischen Entwicklung in der Republik heranzuziehen ist. Der vollständige, amtlich veröffentlichte Text des Friedensvertrages findet sich in: *Der Vertrag von Versailles, Der Friedensvertrag zwischen Deutschland und den Alliierten und Assoziierten Mächten nebst dem Schlußprotokoll und der Vereinbarung betr. die militärische Besetzung der Rheinlande, hrsg. im Auftrage des Auswärtigen Amtes, Berlin* [2]*1924.* Weitere Literaturhinweise zu Quelleneditionen, Dokumentensammlungen und Darstellungen vermittelt die neueste und zugleich beste deutschsprachige Behandlung des Gesamtkomplexes von Gerhard SCHULZ, *Revolutionen und Friedensschlüsse 1917–1920, München 1967 = dtv-Weltgeschichte des 20. Jahrhunderts, Bd 2.* In dem die gegenwärtige Beurteilung des Friedenswerkes widerspiegelnden Sammelband *Ideologie und Machtpolitik, Plan und Werk der Pariser Friedenskonferenzen 1919, hrsg. von Hellmuth Rößler, Göttingen 1966,* enthält der Beitrag des Herausgebers Formulierungen, die für seine Bindung an die Haltung der sogenannten nationalen Opposition in der Republik zeugen. Verwiesen sei an dieser Stelle bereits auch auf den zeitlich und thematisch anschließenden, ebenfalls von Hellmuth RÖSSLER herausgegebenen Sammelband *Die Folgen von Versailles 1919–1924, Göttingen 1968.*

2. Das Jahrfünft der Krisen

Der Kapp-Lüttwitz-Putsch

In die Gedankenwelt der „nationalen Opposition“ führt jetzt am besten Kurt SONTHEIMER, *Antidemokratisches Denken in der Weimarer Republik, Die politischen Ideen des deutschen Nationalismus zwischen 1918 und 1933, München 1962,* ein. Mit der grundlegenden Monographie von Johannes ERGER, *Der Kapp-Lüttwitz-Putsch, Ein Beitrag zur deutschen Innenpolitik 1919/20, Düsseldorf 1967 = Beiträge z. Gesch. d. Parlamentarismus u. d. politischen Parteien, Bd 35,* kann die frühere Literatur als weitgehend überholt angesehen werden.

Innen- und außenpolitische Probleme bis zum Krisenjahr 1923

Einem der wichtigsten Zusammenhänge und Gründe für die Zerrissenheit des deutschen Volkes in den ersten Nachkriegsjahren spürt Harold J. GORDON, *Politischer Terror und Versailler Abrüstungsklausel in der Weimarer Republik, in: WWR, Jg 16, 1966, S. 36–54,* nach. Die Bemühungen der Republik, sich gegen den Terror zu schützen, behandelt Gotthard JASPER, *Der Schutz der Republik,*

Studien zur staatlichen Sicherung der Demokratie in der Weimarer Republik 1922–1930, Tübingen 1963 = Tübinger Studien zur Geschichte und Politik, Nr. 16. Das besondere Interesse der Zeitgenossen und der Historiker findet bis zur Stunde der Rapallo-Vertrag und das Problem der deutsch-russischen Beziehungen. Die bisher unveröffentlichte Studie von Horst Günther LINKE, *Deutsche Rußlandpolitik in der Frühzeit der Weimarer Republik bis zum Abschluß des Rapallo-Vertrags, Phil. Dissertation, [Maschinenschrift], Bonn 1969,* bietet einen guten Einblick in den neuesten Forschungsstand über die Jahre 1918 bis 1922. Die besten Untersuchungen stammen von Theodor SCHIEDER, *Die Entstehungsgeschichte des Rapallo-Vertrags, in: HZ, Bd 204, 1967, S. 545–609,* hier Zitate S. 551 und S. 600; DERS, *Die Probleme des Rapallo-Vertrags, Eine Studie über die deutsch-russischen Beziehungen 1922–1926, Köln 1956 = Arbeitsgemeinschaft für Forschung des Landes Nordrhein-Westfalen, Geisteswissenschaften H. 43,* und von Herbert HELBIG, *Die Träger der Rapallo-Politik, Göttingen 1958 = Veröffentlichungen des Max-Planck-Instituts für Geschichte, Bd 3.* Diesen grundlegenden Arbeiten, durch die alle Untersuchungen ausländischer Autoren als überholt angesehen werden können, stehen aus mitteldeutscher Sicht die Studien von Günter ROSENFELD, *Sowjetrußland und Deutschland 1917 bis 1922, Berlin (Ost) 1960 = Deutsche Akademie der Wissenschaften zu Berlin, Schriften des Instituts für Geschichte, Reihe 1, Allgemeine und deutsche Geschichte, Bd 8,* und Alfred ANDERLE, *Die deutsche Rapallo-Politik, Deutsch-sowjetische Beziehungen 1922–1929, Berlin (Ost) 1962 = Veröffentlichungen des Instituts für Geschichte der Völker der UdSSR an der Martin-Luther-Universität Halle-Wittenberg, Reihe B: Abhandlungen, Bd 4,* gegenüber. Während die Serie A, November 1918 bis November 1925, der diplomatischen Akten der Weimarer Zeit aus dem Archiv des Auswärtigen Amts noch nicht vorliegt, ist mit der Herausgabe der Serie B, Dezember 1925 bis Januar 1933, begonnen worden. Sie setzt mit dem Tage der Unterzeichnung der Locarno-Verträge ein. In der Reihe B II werden Akten zur deutschen Ostpolitik ediert: *Deutschlands Beziehungen zur Sowjet-Union, zu Polen, Danzig und den Baltischen Staaten; Bd II, 1, Dezember 1925 bis Juni 1926, Göttingen 1967; Bd II, 2, Juni bis Dezember 1926, Göttingen 1967 = Akten zur deutschen Auswärtigen Politik 1918–1945, Serie B: 1925–1933.* Die Auswirkungen des Rapallo-Vertrags auf das Verhältnis zwischen Deutschland und dem Westen untersucht Karl Dietrich ERDMANN, *Deutschland, Rapallo und der Westen, in: VfZ, Jg 11, 1963, S. 105–165.* Den letzten Jahren der deutsch-russischen Beziehungen während der Republik ist die Dissertation von Karlheinz NICLAUSS, *Die Sowjetunion und Hitlers Machtergreifung, Eine Studie über die deutsch-russischen Beziehungen der Jahre 1929 bis 1935, Bonn 1966 = Bonner Historische Forschungen, Bd 29,* gewidmet.

Einen guten Einblick in die Gedankengänge und Entscheidungen der Reichsregierung bis zur Übernahme der Kanzlerschaft durch Stresemann vermittelt der Band *Das Kabinett Cuno, 22. November 1922 bis 12. August 1923, bearbeitet von Karl-Heinz Harbeck, Boppard/Rhein 1968,* veröffentlicht im Rahmen der Reihe *Akten der Reichskanzlei, Weimarer Republik* (s. S. 347). Seit 1923 wurde dann Dr. Gustav Stresemann zu einer zentralen Persönlichkeit der Republik. Nach der kritischen Darstellung von Anneliese THIMME, *Gustav Stresemann, Eine politische Biographie zur Geschichte der Weimarer Republik, Hannover 1957,* widmete Theodor ESCHENBURG, *Gustav Stresemann, in: Die improvisierte Demokratie (s. S. 348), S. 143–226,* dem Staatsmann einen ausgezeichneten Beitrag. Der jüngste biographische Abriß von Felix HIRSCH, *Gustav Stresemann, Patriot und Europäer, Göttingen 1964 = Persönlichkeit und Geschichte, Bd 36,* läßt bereits aus seinem Titel die Sichtweise des Verfassers erkennen. Seine Bedeutung für die Republik erhellt sehr gut Henry Ashby TURNER jr., *Stresemann, Republikaner aus Vernunft, Berlin 1968* (amerikanische Ausgabe unter dem Titel *Stresemann and the Politics of the Weimar Republic, Princeton, New Jersey 1963).* Literatur zu speziellen Fragen s. S. 373 f. Mit dem Jahr 1923 trat die NSDAP in das Rampenlicht des öffentlichen Interesses. Ihrer Anfangsjahre hat sich Werner MASER, *Die Frühgeschichte der NSDAP, Hitlers Weg bis 1924, Frankfurt/M. 1965,* angenommen, ohne daß auch seine faktenreiche Monographie als abschließendes oder gar das grundlegende Werk eingestuft werden kann. Einen kritischen Zugang zur früheren Literatur vermittelt Eberhard KESSEL, *Zur Geschichte und Deutung des Nationalsozialismus, Literaturbericht und Stellungnahme, in: Archiv für Kulturgeschichte, Bd 45, 1963, S. 357–394,* der sich S. 372 ff. auch mit Hanns Hubert HOFMANN, *Der Hitlerputsch, Krisenjahre deutscher Geschichte 1920–1924, München 1961,* auseinandersetzt. Die beste Grundlage für eine Beschäftigung mit dem Putschversuch bietet *Der Hitler-Putsch, Bayerische Dokumente zum 8./9. November 1923, hrsg. von Ernst Deuerlein, Stuttgart 1962 = Quellen und Darstellungen zur Zeitgeschichte, Bd 9.* Eine gute Einführung in die Probleme, die sich mit dem Linksextremismus stellten, gibt Werner T. ANGRESS, *Stillborn Revolution, The Communist bid for power in Germany, 1921–1923, Princeton, New Jersey 1963.*

3. Das Jahrfünft äußerer Entspannung

Die Ära der Verständigungspolitik

Mit den aus dem Archiv des Auswärtigen Amts herausgegebenen Bänden *Deutschlands Beziehungen zu Frankreich, Großbritannien, Belgien sowie deutsche Entwaffnung, Reparationen, Völkerbund und internationale Abrüstung, Bd I, 1, Dezember 1925 bis Juli 1926, Göttingen 1966; Bd I, 2, August bis Dezember 1926, Göttingen 1968 = Akten zur deutschen auswärtigen Politik 1918–1945,*

Serie B: 1925–1933, beginnt die Edition, die für jede weitere Arbeit über die Ära der Verständigungspolitik eine unumgängliche Grundlage bildet. Eine nützliche Studie zu ihrer Eröffnung legt Jürgen SPENZ, *Die diplomatische Vorgeschichte des Beitritts Deutschlands zum Völkerbund 1924–1926, Ein Beitrag zur Außenpolitik der Weimarer Republik, Göttingen 1966*, vor, während Walter LIPGENS, *Europäische Einigungsidee 1923–1930 und Briands Europaplan im Urteil der deutschen Akten, in: HZ, Bd 203, 1966, S. 46–89 und S. 316–363*, die nationalen Grenzen deutscher Außenpolitik erkennen läßt. Der Sammelband *Locarno und die Weltpolitik 1924–1932, hrsg. von Hellmuth Rößler unter Mitarbeit von Erwin Hölzle, Göttingen 1969*, enthält einige wertvolle Beiträge zur Geschichte dieses Zeitraumes.

Innenpolitische Probleme in der Ära Stresemann

Daß selbst die sogenannten Goldenen Jahre kein Zeitraum stabiler innenpolitischer Verhältnisse waren, weist Michael STÜRMER, *Koalition und Opposition in der Weimarer Republik 1924–1928, Düsseldorf 1967 = Beiträge z. Gesch. d. Parlamentarismus u. d. politischen Parteien, Bd 36*, nach. Eine historisch-kritische Biographie des zweiten Reichspräsidenten ist ein Desiderat. Die neueste und zugleich eine sehr umfangreiche Zusammenstellung der Literatur über Hindenburg enthält Andreas DORPALEN, *Hindenburg in der Geschichte der Weimarer Republik, Berlin 1966*, (amerikanische Fassung unter dem Titel *Hindenburg and the Weimar Republic, Princeton 1964*) als die gegenwärtig beste Monographie zu diesem Problem. Auf teilweise scharfe Kritik stieß dagegen Walther HUBATSCH, *Hindenburg und der Staat, Aus den Papieren des Generalfeldmarschalls und Reichspräsidenten von 1878 bis 1934, Göttingen 1966*, so zum Beispiel durch Josef BECKER, in: *HZ, Bd 205, 1967, S. 667–671*, und durch Rudolf MORSEY, in: *Historisches Jahrbuch, Jg 87, 1967, S. 191 f.* Mit Nutzen kann außerdem die Dissertation von Friedrich J. LUCAS, *Hindenburg als Reichspräsident, Bonn 1959 = Bonner Historische Forschungen, Bd 14*, herangezogen werden.

4. Der Niedergang der parlamentarischen Demokratie

Die Krise des Parlamentarismus

Eine wichtige Quelle für die Schlußphase der Republik ist Hermann PÜNDER, *Politik in der Reichskanzlei, Aufzeichnungen aus den Jahren 1929–1932, hrsg. von Thilo Vogelsang, Stuttgart 1961 = Schriftenreihe der VfZ, Bd 3*. Wertvolle Beiträge enthält der Sammelband *Die Staats- und Wirtschaftskrise des Deutschen Reichs 1929/33, hrsg. von Werner Conze und Hans Raupach, Stuttgart 1967 = Industrielle Welt, Bd 8*, unter denen als Niederschlag der Ergebnisse der neuesten Forschungen zur politischen Geschichte seit BRACHER (s. S. 348) vor allem Werner CONZE, *Die politischen Entscheidungen in Deutschland 1929 bis*

1933, a. a. O., S. 176–252, zu nennen ist. Mit der Krise der Parteien und dem Untergang des parlamentarischen Systems befassen sich die Studien des Sammelwerkes *Das Ende der Parteien, hrsg. von Erich Matthias und Rudolf Morsey, Düsseldorf 1960 = Veröffentlichungen der Kommission für Geschichte des Parlamentarismus und der politischen Parteien.*

Der Übergang zum Präsidialregime

Dr. Heinrich Brüning hat bisher keinen Biographen gefunden. Nützliche Dienste leistet außer den Arbeiten von CONZE die Studie von Theodor ESCHENBURG, *Die Rolle der Persönlichkeit in der Krise der Weimarer Republik, Hindenburg, Brüning, Groener, Schleicher, in: Die improvisierte Demokratie (s. S. 348), S. 235 bis 269, zuvor in: VfZ, Jg 9, 1961, S. 1–29.* Wertvolles Material zu einer Biographie des Reichskanzlers enthält auch Thilo VOGELSANG, *Reichswehr, Staat und NSDAP, Beiträge zur deutschen Geschichte 1930–1932, Stuttgart 1962 = Quellen und Darstellungen zur Zeitgeschichte, Bd 11*, dessen Darstellung aber vor allem eine wichtige Grundlage für jede Beschäftigung mit dem Ende der Republik bildet. Zum Verständnis der Politik Brünings notwendig ist außerdem die Untersuchung von Wolfgang J. HELBICH, *Die Reparationen in der Ära Brüning, Zur Bedeutung des Young-Plans für die deutsche Politik 1930–1932, Berlin 1962 = Studien zur europäischen Geschichte aus dem Friedrich-Meinecke-Institut der Freien Universität Berlin, Bd 5.* Wichtige Aufsätze enthält auch der Sammelband *Staat, Wirtschaft und Politik in der Weimarer Republik, Festschrift für Heinrich Brüning, hrsg. von Ferdinand A. Hermens und Theodor Schieder, Berlin 1967.* Der während der Drucklegung erschienene biographische Abriß von Eilert LOHE, *Heinrich Brüning, Offizier–Staatsmann–Gelehrter, Göttingen 1969 = Persönlichkeit und Geschichte, Bd 51*, gibt weitere Literaturhinweise zu Brüning.

Deutschland unter Präsidialregierungen

Durch die Breite des verarbeiteten Materials und die Zusammenschau der Endphase der Republik mit den Anfängen der nationalsozialistischen Herrschaft zeichnet sich das umfangreiche Sammelwerk von Karl Dietrich BRACHER, Wolfgang SAUER und Gerhard SCHULZ, *Die nationalsozialistische Machtergreifung, Studien zur Errichtung des totalitären Herrschaftssystems in Deutschland 1933/34, Köln 1960 = Schriften des Instituts für politische Wissenschaft, Bd 14*, aus. Zur Beurteilung Papens ist heranzuziehen Theodor ESCHENBURG, *Franz von Papen, in: Die improvisierte Demokratie (s. S. 348), S. 270–286, zuvor in: VfZ, Jg 1, 1953, S. 153–169.* Die Phil. Dissertation von Wolfgang KALISCHER, *Hindenburg und das Reichspräsidentenamt im „nationalen Umbruch" (1932–1934), Freie Universität Berlin 1957*, ist durch die Monographie von DORPALEN (s. S. 354) überholt.

B. Von der alten Armee zur Vorläufigen Reichswehr

Einen guten Überblick über den Forschungsstand und gegenwärtige Fragestellungen der Militärgeschichte der Weimarer Republik vermittelt Hans-Adolf JACOBSEN, *Zum Verhältnis von Heer und Staat in der Weimarer Republik, in: Aus Politik und Zeitgeschichte, Beilage zur Wochenzeitung „Das Parlament", B 41/66 vom 12. Oktober 1966, S. 23–31* sowie in: *Dokumente und Kommentare, S. 12–23 = Beilage zu H. 5/1968 „Information für die Truppe, Hefte für staatsbürgerliche Bildung und Innere Führung", hrsg. vom BMVtdg, Führungsstab der Streitkräfte.* Die erste Auflage der *Histoire de l'Armée allemande* des französischen Publizisten Jacques BENOIST-MÉCHIN, 2 Bde, Paris 1936/1938, deren erster Band unter dem Titel *Geschichte des deutschen Heeres seit dem Waffenstillstand 1918–1938, Bd 1: Vom Kaiserheer zur Reichswehr, Berlin* ²*1943,* auch in Deutschland erschien, war eine beachtenswerte, eindrucksvolle Leistung, zumal der Verfasser nicht eine vorgefaßte These belegte, sondern die bewaffnete Macht Deutschlands „sine ira et studio" darstellte. Für die auf zehn Bände projektierte Neuauflage unter dem Titel *Geschichte der deutschen Militärmacht 1918–1946, Oldenburg 1965 ff.*, von der die Bde 1–3, Oldenburg 1965, die Geschichte der Reichswehr behandeln, gilt diese Aussage nicht: sie entspricht nicht dem Stand der neueren Forschung und ist durch zahlreiche Fehler belastet, vor allem aber erweist sie sich der Bewunderung Hitlers und des Nationalsozialismus verhaftet. Einwände dieser Art lassen sich gegenüber drei weiteren Monographien ausländischer Autoren nicht erheben. Das Buch des Amerikaners Harold J. GORDON, *Die Reichswehr und die Weimarer Republik 1919–1926, Frankfurt/M. 1959,* eine deutsche Übersetzung und zugleich erweiterte Fassung seiner Dissertation *The Reichswehr and the German Republic 1919–1926, Princeton, New Jersey 1957,* wird von einer positiven Bewertung der bewaffneten Macht bestimmt. Im Mittelpunkt seiner eingehenden und sich liebevoll um die Problematik bemühenden Darstellung steht General v. Seeckt, den er so bewundert, daß er seine politische Zwielichtigkeit nicht erkennt. Auch vereinfacht GORDON die Komplexität des Verhältnisses von Reichswehr und Republik. In dem militärgeschichtlich und historiographisch verdienstvollen Werk von Gordon A. CRAIG, Die preußisch-deutsche Armee 1640–1945, Staat im Staate, Düsseldorf 1960, dessen amerikanische Ausgabe unter dem Titel *The Politics of the Prussian Army 1640–1945, Oxford/USA 1955,* erschien, wird der Reichswehr die Rolle einer ausschlaggebenden politischen Kraft zugeschrieben, womit aber ihre Stellung ebenso wohl zu hoch bewertet, wie ihre militärische Entwicklung überschätzt wird. Die bisher letzte Darstellung eines ausländischen Historikers ist Francis L. CARSTEN, *Reichswehr und Politik 1918–1933, Köln* ³*1966.* Sie dürfte für lange Zeit ein Standardwerk zur Geschichte der bewaffneten Macht von 1918 bis

1933 bleiben, wenn auch die grundlegende These von der überwiegend negativen Haltung der Reichswehr gegenüber der Republik, also von einer „unzuverlässigen Armee" (Scheurig) und ihrer autonomen Stellung im Staate nicht ohne Widerspruch geblieben ist. Ihren Wert behält auch die materialreiche und ausführlich kommentierte Quellensammlung von Otto-Ernst SCHÜDDEKOPF, *Das Heer und die Republik, Quellen zur Politik der Reichswehrführung 1918–1933, Hannover 1955,* obgleich sich die Mischung von Dokumenten und Erläuterungen als wenig übersichtlich erweist. Wolfgang SAUER, *Die Reichswehr, in: Bracher, Die Auflösung der Weimarer Republik (s. S. 348), S. 229–284,* fordert dagegen mit seiner auf umfangreichem Material beruhenden Darstellung infolge einiger eigenwilliger Thesen zu Diskussionen und Widerspruch heraus. Essayistischer Charakter mit pointierten Thesen zeichnet den Aufsatz von Karl Dietrich BRACHER, *Die deutsche Armee zwischen Republik und Diktatur, in: Deutschland zwischen Demokratie und Diktatur (s. S. 348 f.), S. 83–108,* aus – eine überarbeitete Fassung seines Beitrages *Die deutsche Armee zwischen Republik und Diktatur (1918–1945), in: Schicksalsfragen der Gegenwart, Bd 3, 1958, S. 95–120.* Durch solide Vermittlung von Fakten leistet Carl Hans HERMANN, *Deutsche Militärgeschichte, Eine Einführung, Frankfurt/M. ²1968,* nützliche Dienste. Dagegen beurteilt Waldemar ERFURTH, *Die Geschichte des deutschen Generalstabes von 1918 bis 1945, Göttingen ²1960 = Studien und Dokumente zur Geschichte des Zweiten Weltkrieges, Bd 1,* die Weimarer Republik vom Standpunkt des Reichswehrangehörigen, der dem politischen Geschehen ablehnend begegnete und diese Auffassung beibehalten hat. Abgesehen von derartigen negativen Wertungen ist die faktenreiche Darstellung außerdem nicht fehlerfrei. Beispielhaft für die Behandlung und Bewertung der Reichswehr von seiten kommunistischer Historiker ist die Gemeinschaftsarbeit von Gerhard FÖRSTER, Heinz HELMERT, Helmut OTTO und Helmut SCHNITTER, *Der preußisch-deutsche Generalstab 1640–1965, Zu seiner politischen Rolle in der Geschichte, Berlin (Ost) ²1966,* anzusehen. Daß in der DDR die Reichswehr als das wichtigste Instrument zur Sicherung der „imperialistischen" Herrschaft interpretiert wird, belegt anhand zahlreicher Beispiele BECK (s. S. 349), Abschnitt F, S. 277–293. Während der Drucklegung erschien der erste Band eines auf sechs Bände und einen Gesamt-Registerband projektierten Werkes, das für die Geschichte der bewaffneten Macht im „Dritten Reich" grundlegende Bedeutung erlangen dürfte, dessen vorliegender Band auch die Zeit der Reichswehr behandelt: Rudolf ABSOLON, *Die Wehrmacht im Dritten Reich, Bd I: 30. Januar 1933 bis 2. August 1934, Mit einem Rückblick auf das Militärwesen in Preußen, im Kaiserreich und in der Weimarer Republik, Boppard/Rhein 1969 = Schriften des Bundesarchivs, Bd 16/I.*

1. Das Ende des ‚kaiserlichen' Heeres

Das ‚Bündnis' Ebert – Groener

Eine neuerschlossene wichtige Quelle für die Beurteilung des Kriegsendes und der Jahreswende 1918/19 aus militärischer Sicht bringt Albrecht von THAER,

Generalstabsdienst an der Front und in der O. H. L., Aus Briefen und Tagebuchaufzeichnungen 1915–1919, Unter Mitarbeit von Helmuth K. G. Rönnefarth hrsg. von Siegfried A. Kaehler, Göttingen 1958 = Abhandlungen der Akademie der Wissenschaften in Göttingen, Philologisch-Historische Klasse, Dritte Folge, Nr. 40. Die Interpretation des geplanten Flottenvorstoßes entwickelt auf breiter Quellenbasis Wilhelm DEIST, *Die Politik der Seekriegsleitung und die Rebellion der Flotte Ende Oktober 1918, in: VfZ, Jg 14, 1966, S. 341–368.* Zum Problem der Soldatenräte liegt bisher keine befriedigende Untersuchung vor. Die auf S. 349 angeführten Studien enthalten nur einige Materialien, die zusammen mit Gerhard KALLER, *Die Revolution des Jahres 1918 in Baden und die Tätigkeit des Arbeiter- und Soldatenrats in Karlsruhe, in: Zeitschrift für die Geschichte des Oberrheins, Bd 114 (NF, Bd 75), 1966, S. 301–350,* und Wolfgang RUGE, *Neue Dokumente über den Soldatenrat bei der Obersten Heeresleitung, in: Zeitschrift für Geschichtswissenschaft, Jg 16, 1968, S. 1402–1421,* vor allem aber der ungedruckten Magisterarbeit von Hans Georg MERZ, *Die Soldatenräte in der deutschen Innenpolitik 1918/19 unter besonderer Berücksichtigung ihrer Entwicklung bis zum I. Rätekongreß, Freiburg i. Br. 1969,* die Grundlage der Darstellung bilden. Ulrich KLUGE wird im übrigen wohl demnächst eine von Gerhard A. Ritter angeregte Dissertation über die Soldatenräte vorlegen. Hingewiesen sei außerdem auf Kurt WROBEL, *Zur Rolle der zentralen Marinesoldatenräte in der Novemberrevolution, in: ZMG, Jg 8, 1969, S. 288–300.* Grundsätzliche Klärung bringt dagegen Wolfgang SAUER, *Das Bündnis Ebert–Groener, Eine Studie über Notwendigkeit und Grenzen der militärischen Macht, Phil. Dissertation [Maschinenschrift], Freie Universität Berlin 1957,* dessen verständnisvolle Beurteilung der SPD-Führer von Lothar BERTHOLD und Helmut NEEF, *Militarismus und Opportunismus gegen die Novemberrevolution, Das Bündnis der rechten SPD-Führung mit der Obersten Heeresleitung, November und Dezember 1918, Eine Dokumentation, Berlin (Ost) 1958,* verworfen wird. Letztere Veröffentlichung erhält ihre Bedeutung infolge ihrer Materialien. Die Zitate aus SAUER sind S. 82 entnommen.

Die politischen Auseinandersetzungen um die bewaffnete Macht

Bemerkenswerte Erwägungen und aufschlußreiche Hinweise zur Diskussion um die bewaffnete Macht enthalten die abschließenden Ausführungen in der Broschüre *Armee und Revolution, Entwicklung und Zusammenhänge, Von einem deutschen Generalstabsoffizier, Berlin 1919 = Militärisch-politische Zeit- und Streitfragen, H. 2.* Die Untersuchung von Wolfgang ELBEN, *Das Problem der Kontinuität in der deutschen Revolution, Die Politik der Staatssekretäre und der militärischen Führung vom November 1918 bis Februar 1919, Düsseldorf 1965 = Beiträge z. Gesch. d. Parlamentarismus u. d. politischen Parteien, Bd 31,* ist auch zum Problem der Militärpolitik mit Nutzen herangezogen worden; S. 131 das Zitat zur Bedeutung Hindenburgs. Grundlegend bleibt SAUER

(s. oben), dort S. 171 und S. 172 die übernommenen Formulierungen. Als Verrat an den Interessen der Arbeiterschaft wird dagegen die Zusammenarbeit der SPD-Führung mit den Militärs von Siegfried ITTERSHAGEN, *Zur Militärpolitik der rechten Führer der SPD in der revolutionären Nachkriegskrise (1919 bis 1923), in: ZMG, Jg 6, 1967, S. 645–659,* hingestellt. Interessante Materialien legt vor Erwin KÖNNEMANN, *Der Truppeneinmarsch am 10. Dezember 1918 in Berlin, Neue Dokumente zur Novemberrevolution, in: Zeitschrift für Geschichtswissenschaft, Jg 16, 1968, S. 1592–1609.*

Revolutionäre Soldatenverbände und demokratische Sicherheitswehren

Es gibt keine speziellen Untersuchungen zur Fragestellung. Der Beitrag von Heinz KÜSTER, *Zur Militärpolitik des Spartakusbundes in der Novemberrevolution, in: ZMG, Jg 5, 1966, S. 84–91,* trägt ebensowenig wie Heinz OECKEL, *Die deutsche Arbeiterklasse im Kampf um die demokratische Volkswehr 1918/19, Phil. Dissertation [Maschinenschrift], Leipzig 1967,* dazu bei, die Lücke befriedigend zu schließen. Die meisten Hinweise finden sich in den Arbeiten von SAUER (s. S. 357), GORDON (s. S. 356) und in den unter B 2 (s. S. 359 f.) angeführten Titeln.

Die Neuorientierung unter Noske und Reinhardt Anfang 1919

Nicht nur für die Person Reinhardts, sondern auch für die Geschichte der bewaffneten Macht bis einschließlich Kapp-Lüttwitz-Putsch ist die reichlich kommentierte Edition von Fritz ERNST, *Aus dem Nachlaß des Generals Walther Reinhardt, in: WaG, Jg 18, 1958, S. 39–65 und S. 67–121* sowie gesonderter Druck Stuttgart 1958, eine wichtige Quelle. Biographisch gewürdigt wurde der General ebenfalls von Fritz ERNST, *Walther Reinhardt (1872 bis 1930), in: Zeitschrift für Württembergische Landesgeschichte, Jg 16, 1958, S. 331–364.* Eine Biographie des ersten Reichswehrministers ist ein Desiderat. Seine Memoiren, Gustav NOSKE, *Von Kiel bis Kapp, Zur Geschichte der deutschen Revolution, Berlin 1920,* sind nicht frei von apologetischen Zügen, verlieren dadurch jedoch nicht ihren Aussagewert.

2. Die Freikorps

Entstehung – Wesen – Geist

Die zahlreichen, teilweise wenig befriedigenden Darstellungen zum Problemkreis „Freikorps" können infolge der zusammenfassenden Untersuchung von Hagen SCHULZE, *Freikorps und Republik 1918–1920, Boppard/Rhein 1968 = MilGeschStudien, Bd 8,* als „überholt" angesehen werden. Diese historiographische Bedeutung hatte Robert G. L. WAITE, *Vanguard of Nazism, The Free Corps*

Movement in Postwar Germany 1918–1923, Cambridge, Mass. 1952 = Harvard Historical Studies, Bd 60, schon wegen seiner fragwürdigen These, daß die Freikorps in direkte Beziehung zum Nationalsozialismus zu setzen seien, nicht gewinnen können. Aus dem Kreis der zahlreichen Memoiren von Freikorpskämpfern verdienen besondere Beachtung Ludwig MAERCKER, *Vom Kaiserheer zur Reichswehr, Ein Beitrag zur Geschichte der deutschen Revolution, Leipzig* [3]*1922,* und Gerhard ROSSBACH, *Mein Weg durch die Zeit, Erinnerungen und Bekenntnisse, Weilburg/Lahn 1950,* als Zeugnisse des Selbstverständnisses ihrer Führer. Weitere Literaturhinweise s. S. 375.

Einsatz. Freikorps und Reichswehr

Die *Darstellungen aus den Nachkriegskämpfen deutscher Truppen und Freikorps, Im Auftrage des Reichskriegsministeriums bearbeitet und hrsg. von der Forschungsanstalt für Kriegs- und Heeresgeschichte,* bzw Bd 3 *hrsg. von der Kriegsgeschichtlichen Forschungsanstalt des Heeres,* bzw. ab Bd 4 *Im Auftrage des Oberkommandos der Wehrmacht bearbeitet und hrsg. von der Kriegsgeschichtlichen Forschungsanstalt des Heeres, 8 Bde, Berlin 1936–1942,* behalten trotz vereinzelter zeitbedingter Wertungen ihre Bedeutung. Für die bayerischen Ereignisse ist ergänzend Allan MITCHELL, *Revolution in Bavaria, The Eisner Regime and the Soviet Republic, Princeton, New Jersey 1965,* deutsche Übersetzung unter dem Titel *Revolution in Bayern 1918/19, Die Eisner-Regierung und die Räterepublik, München 1967,* heranzuziehen. Der Aufsatz von Warren E. WILLIAMS, *Die Politik der Alliierten gegenüber den Freikorps im Baltikum 1918–1919, in: VfZ, Jg 12, 1964, S. 146–169,* bietet als neueste Zusammenfassung mit zahlreichen Literaturhinweisen einen guten Überblick zur baltischen Problematik. Zum Thema „Freikorps und Reichswehr“ liegt keine direkte Studie vor.

3. Die Vorläufige Reichswehr und der Friedensvertrag von Versailles

Begründung und gesetzliche Grundlagen der Vorläufigen Reichswehr

Außer den S. 356 f. angeführten Darstellungen und den Beiträgen von ERNST und NOSKE (s. S. 357) erbringt Karl NUSS, *Zur Entstehung und inneren Funktion der vorläufigen Reichswehr (1. Halbjahr 1919), in: ZMG, Jg 7, 1968, S. 216–234,* einige aufschlußreiche Dokumente. Das *Gesetz über die Bildung einer Vorläufigen Reichswehr* findet sich in: *Armee-Verordnungsblatt, hrsg. vom Kriegsministerium, Jg 53, 1919, Nr. 25 vom 25. März 1919, S. 215–217,* die *Ausführungsverordnungen vom 31. März 1919 mit ihren Anlagen 1–9 a. a.* O., *Nr. 30 vom 4. April 1919, S. 263–282.* An die Stelle des Armee-Verordnungsblattes trat mit Nr. 1 vom *27. August 1919 der Jg 1, 1919, des Heeres-Verordnungsblattes, hrsg. vom Reichswehrministerium* (= H. V. Bl.).

Die Diskussion um die militärischen Forderungen der Alliierten

Die sogenannten Schmachparagraphen, die im Mittelpunkt der Diskussionen unter den Militärs standen, kulminierten im Problem der Schuld am Kriege. Welche Bedeutung dieser Fragestellung im allgemeinen zugestanden wurde, untersucht überzeugend Fritz DICKMANN, *Die Kriegsschuldfrage auf der Friedenskonferenz von Paris 1919, in: HZ, Bd 197, 1963, S. 1–101.*

Die militärpolitischen und militärischen Bedingungen des Friedensvertrages

Wilhelm DEIST, *Die militärischen Bestimmungen der Pariser Vorortverträge, in: Ideologie und Machtpolitik 1919 (s. S. 351), S. 187–209,* führt in seiner speziellen Studie über die S. 348 ff. angeführten Werke hinaus in die Gesamtproblematik der militärischen Regelungen ein.

Die Vorläufige Reichswehr

Außer den auf S. 356 f. angeführten Arbeiten befassen sich besonders mit der Diskussion um die Spitzengliederung während des Jahres 1919 Dorothea GROENER-GEYER, *Groeners Entwurf „Zur Organisation der Obersten Militärbehörden", in: Die Gegenwart, Jg 9, 1954, S. 108–110,* die das angeführte Dokument veröffentlicht, und Hans MEIER-WELCKER, *Die Stellung des Chefs der Heeresleitung in den Anfängen der Republik, Zur Entstehungsgeschichte des Reichswehrministeriums, in: VfZ, Jg 4, 1956, S. 145–160.* Die These von MEIER-WELCKER, daß für die Bestrebungen Seeckts vorwiegend militärische Gründe maßgeblich waren, ist nicht ohne Widerspruch geblieben. Das hier angeführte Zitat findet sich in seiner Seeckt-Biographie (s. S. 364), S. 253.

C. Rechtliche Grundlagen, politische und soziologische Struktur der Reichswehr

1. Wehrgesetz und Berufspflichten

Als grundlegende Literatur sind die S. 356 f. angeführten Werke anzusehen. Einige Aspekte der Militärgerichtsbarkeit und des Disziplinarverfahrens verfolgt Hans-Dieter SCHWIND, *Umfang und Träger der Wehrstrafgerichtsbarkeit, Historische, rechtsvergleichende und rechtstatsächliche Untersuchungen, Jur. Dissertation Hamburg 1966.* Die sogenannten Homburger Vereinbarung, die lt. ANSCHÜTZ (s. S. 350), S. 760, im Reichsgesetzblatt nicht verkündet wurde, ist unter anderem abgedruckt bei Fritz FREIHERR MARSCHALL VON BIEBERSTEIN, *Verfassungsrechtliche Reichsgesetze und wichtige Verordnungen, Leipzig ²1929, S. 735 f. = Sammlung deutscher Gesetze, Bd 94,* bei Fritz POETZSCH-HEFFTER, *Vom Staatsleben unter der Weimarer Verfassung, in: Jahrbuch des öffentlichen Rechts der Gegenwart, Bd 13, 1925, S. 1–248, hier S. 96,* und zuletzt bei HUBER (s. S. 347), *S. 253.* Die *„Berufspflichten des deutschen Soldaten"* finden sich für die Fassung vom 2. März 1922 in: *Heeres-Verordnungsblatt, Jg 4, 1922, Nr. 16 vom 6. April 1922 S. 141 f.*, für die Fassung vom 9. Mai 1930 in: *Heeres-Verordnungsblatt, Jg 12, 1930, Nr. 12 vom 23. Mai 1930, S. 75.*

2. Die politische Führungsstruktur der Reichswehr und des Reichsheeres

Der Reichspräsident als Oberbefehlshaber

Die Mehrzahl der vorliegenden Untersuchungen ist von Juristen verfaßt, die der Problematik infolge ihrer zu stark formalistischen Betrachtungsweise nicht voll gerecht werden. Hierzu sind zu rechnen Karl Richard BLENK, *Die Kommandogewalt in der deutschen Reichswehr, Jur. Dissertation München, Murnau 1931,* Kurt SCHÖLLHAMMER, *Das Staatsoberhaupt als Oberbefehlshaber nach den Verfassungen des Deutschen Reiches von 1871 und 1919 sowie nach den Verfassungen der Vereinigten Staaten von Amerika, von England, Frankreich und der Schweiz, Jur. Dissertation [Maschinenschrift], Mainz 1957,* Udo TRAUT, *Die Spitzengliederung der deutschen Streitkräfte von 1921 bis 1964, Ein Beitrag zum Problem der Kollision von politisch-zivilem und militärischem Bereich, Jur. Dissertation Würzburg 1965,* und Eckart BUSCH, *Der Oberbefehl, Seine rechtliche Struktur in Preußen und Deutschland seit 1848, Boppard/Rhein 1967 = MilGeschStudien, Bd 5.* Aus der Sicht des Historikers gibt Wiegand SCHMIDT-RICHBERG, *Die Generalstäbe in Deutschland 1871–1945, Aufgaben in der Armee und Stellung im Staate, in: BMilG, Bd 3, Stuttgart 1962, S. 11–120, hier S. 55–72,* einen für die Gesamtproblematik kurzen, mit Nutzen verwendbaren Überblick. Weitere Literatur s. unter „Der Reichswehrminister".

Die gegenwärtig beste, zugleich aber sehr kritische Studie zur politischen und militärischen Führungsstruktur unter besonderer Berücksichtigung der Institution des Reichswehrministers stammt von Jürgen SCHMÄDEKE, *Militärische Kommandogewalt und parlamentarische Demokratie, Zum Problem der Verantwortlichkeit des Reichswehrministers in der Weimarer Republik, Lübeck 1966 = Historische Studien, H. 398.* Gegen einige Thesen wurden Vorbehalte unter anderem angemeldet von Hans MEIER-WELCKER, *in: MGM, Bd 1, 1967, S. 141 bis 151,* und von Eberhard BARTH, *in: MGM, Bd 2, 1967, S. 155–161.* Jede Beschäftigung mit dem zweiten Reichswehrminister sollte von seinen Memoiren, Otto GESSLER, *Reichswehrpolitik in der Weimarer Zeit, hrsg. von Kurt Sendtner, Stuttgart 1958,* als eine der wichtigsten Quellen zur Geschichte der Reichswehr ausgehen. Die von ihm gegebene Interpretation seiner Politik blieb nicht unwidersprochen, wie beispielhaft Fritz BEERMANN, *Reichswehrpolitik in der Weimarer Zeit, Einige nicht ganz unzeitgemäße Betrachtungen zu den Memoiren des früheren Reichswehrministers, in: Die Neue Gesellschaft, Jg 1959, S. 145 bis 152,* belegt. Thilo VOGELSANG, *Geßler, in: NDB, Bd 6, 1964, S. 350,* erweist sich als biographischer Abriß mit Literaturhinweisen nützlich. Die Memoiren seines Nachfolgers Wilhelm GROENER, *Lebenserinnerungen, Jugend-Generalstab-Weltkrieg, hrsg. von Friedrich Freiherr Hiller von Gaertringen, Göttingen 1957 = Deutsche Geschichtsquellen des 19. und 20. Jahrhunderts, Bd 41,* reichen nur bis 1919. Die Lebensbeschreibung von Dorothea GROENER-GEYER, *General Groener, Soldat und Staatsmann, Frankfurt/M. 1955,* ist mit Mängeln behaftet, so daß eine historisch-kritische Biographie ein Desiderat bleibt. Nützliche Dienste leistet die Quellenauswahl von Reginald H. PHELPS, *Aus den Groener-Dokumenten (I–VI), in: Deutsche Rundschau, Jg 76, 1950, S. 530 bis 541, S. 616–625, S. 735–744, S. 830–840, S. 915–922 und S. 1013–1022.* Zur ersten Unterrichtung über Groener wird auf den vorzüglichen Artikel von Friedrich FREIHERR HILLER VON GAERTRINGEN, *Groener, in: NDB, Bd 7, 1966, S. 111–114,* mit seinen Literaturangaben hingewiesen. Die übernommene Formulierung findet sich bei SCHÜDDEKOPF (s. S. 357). Nur noch als Ausdruck zeitbedingter Sicht ist Heinz BRAUWEILER, *Generäle in der Deutschen Republik: Groener, Schleicher, Seeckt, Berlin 1932,* – eine mit Unterstützung durch die Pressestelle des Reichswehrministeriums ohne Quellennachweise abgefaßte kurze Abhandlung zum Problem „Reichswehr und Politik“ – zu benutzen. Als „linksintellektuelles“ Gegenstück zu dieser Broschüre kann der interessante Versuch von Kurt CARO und Walter OEHME, *Schleichers Aufstieg, Ein Beitrag zur Geschichte der Gegenrevolution, Berlin 1933,* angesehen werden, in dem das Thema „Reichswehr, Schleicher und Republik“ ebenfalls ohne Quellennachweise, jedoch unter bemerkenswerter Sachkenntnis behandelt wird. Ohne Quellenangaben verfaßt und in mancher Formulierung kritisch zu benutzen ist auch die Schleicher-Biographie von Hans Rudolf BERNDORFF, *General zwischen Ost und West, Aus den Geheimnissen der Deutschen Republik, Hamburg*

1951. Dagegen beruht der den General sehr positiv zeichnende, empfehlenswerte biographische Abriß von Thilo VOGELSANG, *Kurt von Schleicher, Ein General als Politiker, Göttingen 1965 = Persönlichkeit und Geschichte, Bd 39,* hier Zitat S. 110, auf dem vom Verfasser in seinem Werk (s. S. 355) verarbeiteten umfangreichen Material. Interessante Hinweise zur Tätigkeit der Gruppe T 1 III, Wehrmacht-Abteilung und Ministeramt enthält Vincenz MÜLLER, *Ich fand das wahre Vaterland, hrsg. von Klaus Mammach, Berlin (Ost) 1963,* dessen Memoiren zur Reichswehrzeit im übrigen derselbe Quellenwert zugemessen werden kann wie anderen Lebenserinnerungen, während das Vorwort und die Kommentare des Herausgebers wegen ihrer ideologischen Verhaftung unbrauchbar sind.

Chef der Heeresleitung

Gegen die Darstellung von Friedrich von RABENAU, *Seeckt, Aus seinem Leben 1918–1936, Leipzig 1940* – eine Biographie, deren erster Teil unter dem Titel Hans von SEECKT, *Aus meinem Leben 1866–1917, hrsg. von Friedrich von Rabenau, Leipzig 1938,* erschien – wurden bald nach dem Zweiten Weltkrieg schwerwiegende Bedenken erhoben. Sie sind zusammengefaßt in der Einleitung, S. 10 f., von Hans MEIER-WELCKER, *Seeckt, Frankfurt/M. 1967.* Dieses Werk kann als grundlegende Lebensbeschreibung des zweiten Chefs der Heeresleitung bewertet werden, wenn auch von seiten einiger Rezensenten – vgl. Wolfgang SAUER, *in: Frankfurter Allgemeine, D-Ausgabe Nr. 82 vom 5. April 1968, S. 10,* Michael STÜRMER, *in: Neue Politische Literatur, Jg 13, 1968, S. 391 bis 396,* oder Reimer HANSEN, *in: HZ, Bd 208, 1969, S. 449–457* – kritische Bedenken und Einwände gegen einzelne Thesen erhoben wurden. Mit ihnen setzt sich MEIER-WELCKER, *Seeckt in der Kritik, in: WWR, Jg 19, 1969, S. 265 bis 284,* teilweise auseinander. MEIER-WELCKERS zitierte These findet sich bereits in seiner vorangegangenen Studie (s. S. 361), S. 160. Einige Materialien aus dem Seeckt-Nachlaß veröffentlichte zuvor Reginald H. PHELPS, *Aus den Seeckt-Dokumenten, in: Deutsche Rundschau, Jg 78, 1952, S. 881–891 und S. 1013 bis 1023.* Während Heye bisher keine biographische Würdigung erfahren hat, kann für den vierten Chef der Heeresleitung auf den Artikel von Thilo VOGELSANG, *v. Hammerstein-Equord, in: NDB, Bd 7, 1966, S. 596 f.,* verwiesen werden.

3. Reichswehr und Republik

Die rechtliche Position der Reichswehr. Die geistig-politische Position der Reichswehr

Emil OBERMANN, *Soldaten, Bürger, Militaristen – Militär und Demokratie in Deutschland, Stuttgart 1958,* behandelt einige der hier angeführten Fragen und entwickelt diskussionswürdige Gedanken, wird der Reichswehr jedoch nicht immer gerecht und ist auch nicht frei von Fehlern. Ernst DEUERLEIN, *Wehrordnung und Föderalismus in Deutschland, Teil II: 1919–1935, in: WWR, Jg 1956, S. 306–317,* befriedigt ebenfalls nicht völlig, läßt vielmehr wichtige Fragestellungen unbeantwortet. Die Zitate sind übernommen aus ESCHENBURG (s. S. 348), S. 49 und S. 50, CARSTEN (s. S. 356), S. 167 f, PAPKE s. S. 367), S. 201, SAUER (s. S. 357), S. 277, und MEIER-WELCKER (s. S. 364), S. 544.

Die Reichswehr und die Parteien

Eine gute Einführung bietet GORDON (s. S. 356), S. 351–405. Zur Ergänzung kann mit Nutzen Walter REHM, *Reichswehr und politische Parteien der Weimarer Republik, in: WWR, Jg 1958, S. 692–708,* die entnommene Formulierung, S. 703, herangezogen werden, zumal hier auch die bei GORDON nicht untersuchte Spätzeit der Republik behandelt wird, und zwar ebenfalls aus reichswehrfreundlicher Sicht. Das Fritsch-Zitat findet sich bei CARSTEN (s. S. 356), S. 223. Nach Hermann HEIDEGGER, *Die deutsche Sozialdemokratie und der nationale Staat 1870–1920, Unter besonderer Berücksichtigung der Kriegs- und Revolutionsjahre, Göttingen 1956 = Göttinger Bausteine zur Geschichtswissenschaft, Bd 25,* haben besonders die Studien von Gustav Adolf CASPAR, *Die deutsche Sozialdemokratie und die Entstehung der Reichswehr (1918/1921), in: WWR, Jg 1958, S. 194–207,* und *Die sozialdemokratische Partei und das deutsche Wehrproblem in den Jahren der Weimarer Republik, Berlin 1959 = Beihefte der WWR, H. 11,* zur Aufhellung der die Geschichte der Republik so unglücklich belastenden Beziehungen zwischen SPD und Reichswehr beigetragen. Die für militärgeschichtliche Probleme im allgemeinen wenig ergiebigen Memoiren von Otto BRAUN, *Von Weimar zu Hitler, New York ²1940,* und Carl SEVERING, *Mein Lebensweg, 2 Bde, Köln 1950,* enthalten Material über die Haltung der beiden bedeutenden Sozialdemokraten und der SPD zur Reichswehr. Neben der Arbeit von VOGELSANG (s. S. 355), für die Zitate hier S. 59, S. 142 und S. 401, ist zum Verhältnis zwischen Reichswehr und NSDAP Peter BUCHER, *Der Reichswehrprozeß, Der Hochverrat der Ulmer Reichswehroffiziere 1929/30, Boppard/Rhein 1967 = MilGeschStudien, Bd 4,* als wichtige Spezialstudie heranzuziehen.

Reichswehr und Öffentlichkeit

Zur Bedeutung des Rundfunks für das politische Leben wird auf Hans BAUSCH, *Der Rundfunk im politischen Kräftespiel der Weimarer Republik 1923–1933, Tübingen 1956 = Tübinger Studien zur Geschichte und Politik, Bd 6,* verwiesen. Nützliche Dienste leistet Gustav TRAMPE, *Reichswehr und Presse, Phil. Dissertation München 1962,* dort S. 167 das Zitat. Zur ersten Unterrichtung über den Pazifismus eignet sich Richard BARKELEY, *Die deutsche*

Friedensbewegung 1870–1933, Hamburg 1948. Einen interessanten Beleg zur Tätigkeit der Pazifisten, jedoch ohne größeren Quellenwert für die Reichswehr bietet das *Weißbuch über die Schwarze Reichswehr, hrsg. von der Deutschen Liga für Menschenrechte, Berlin 1925.* Aus der Sicht der Reichswehrführung und daher einseitig urteilend, zum Verständnis ihres Verhaltens gegenüber den Pazifisten aber wichtig, sind die Abhandlungen von Adolf von CARLOWITZ, *Pazifismus und Landesverrat, in: Wissen und Wehr, Jg 12, 1931, S. 194–215,* hier S. 211 die zitierte Stelle, und *Die deutsche „Geheimrüstung" und die deutschen Landesverratsprozesse, in: Zeitschrift für Politik, Jg 21, 1932, S. 927–932,* Zitat S. 931 f. Der hier vorgetragenen Interpretation widerspricht die von SCHWARZ (s. S. 348), S. 68, vorgenommene Bewertung der Rechtsgrundlage. Die gesamte Problematik bedarf einer eingehenden Untersuchung, denn Heinrich HANNOVER und Elisabeth HANNOVER-DRÜCK, *Politische Justiz 1918–1933, Frankfurt/M. 1966 = Fischer Bücherei, Bd 770,* können mit ihrem zu emotional engagierten Diskussionsbeitrag diese Lücke nicht schließen. Der gleiche Vorbehalt muß gegenüber Emil J. GUMBEL, *Vom Fememord zur Reichskanzlei, Heidelberg 1962,* angemeldet werden, dessen Darstellung des Zusammenspiels von Reichswehr und Justiz zum Nachteil der Republik zwar anregend und durch zahlreiche statistische Angaben sowie eine Auswahlbibliographie wichtig, aber wegen der spürbaren Tendenz nur mit Vorsicht zu benutzen ist. Uneingeschränkt wertvoll ist dagegen die Untersuchung von Friedrich FREIHERR HILLER VON GAERTRINGEN, *„Dolchstoß"-Diskussion und „Dolchstoßlegende" im Wandel von vier Jahrzehnten, in: Geschichte und Gegenwartsbewußtsein, Festschrift für Hans Rothfels zum 70. Geburtstag, Göttingen 1963, S. 122–160,* hier S. 139 Zitat. Wegen seines umfangreichen Literaturverzeichnisses kann auch Joachim PETZOLD, *Die Dolchstoßlegende, Eine Geschichtsfälschung im Dienst des deutschen Imperialismus und Militarismus, Berlin (Ost) ²1963 = Deutsche Akademie der Wissenschaften zu Berlin, Schriften des Instituts für Geschichte, Reihe 1, Allgemeine und deutsche Geschichte, Bd 18,* mit Nutzen herangezogen werden. Über das ‚Reichsarchiv' erschien während der Drucklegung Karl DEMETER, *Das Reichsarchiv, Tatsachen und Personen, Frankfurt/M., 1969.*

4. Soziologische Struktur des Reichsheeres

Das Offizierkorps

Grundlegend bleibt weiterhin das bahnbrechende Werk von Karl DEMETER, *Das Deutsche Offizierkorps in Gesellschaft und Staat 1650–1945, Frankfurt/M. ⁴1965.* Als wichtigste neueste Veröffentlichung ist außerdem die Quellensammlung *Offiziere im Bild von Dokumenten aus drei Jahrhunderten, hrsg. vom Militärgeschichtlichen Forschungsamt, Stuttgart 1964 = BMilG, Bd 6,* mit der Einführung von Manfred MESSERSCHMIDT, *Werden und Prägung des preußischen Offizierkorps – ein Überblick, a. a. O., S. 11–104,* Zitat hier S. 96, heranzuziehen. Die zeitgenössische Kritik seitens eines Historikers wurde vor allem von Eckart KEHR, *Zur Soziologie der Reichswehr, in: Neue Blätter für den Sozialismus, Jg 1930, S. 156–164,* vorgetragen, jetzt neu abgedruckt in: Eckart KEHR, *Der Primat der Innenpolitik, Gesammelte Aufsätze zur preußisch-deutschen Sozialgeschichte im 19. und 20. Jahrhundert, hrsg. und eingeleitet von Hans-Ulrich Wehler, Berlin 1965, S. 235–243 = Veröffentlichungen der Historischen Kommission zu Berlin beim Friedrich-Meinecke-Institut der Freien Universität Berlin, Bd 19,* dort S. 239 die übernommene These. Als interessante Quellen dürfen auch Hermann TESKE, *Analyse eines Reichswehr-Regiments, in: WWR, Jg 12, 1962, S. 252–269,* Hans MEIER-WELCKER, *Zur politischen Haltung des Reichswehr-Offizierkorps, in: WWR, Jg 12, 1962, S. 407–417,* und Dietrich von CHOLTITZ, *Soldat unter Soldaten, Konstanz 1951,* hier S. 11–30, angesehen werden, zumal beide letztere Autoren Einblicke in die unterschiedliche Denkweise des Offizierkorps, insbesondere seiner jüngeren Mitglieder, und dessen Haltung gegenüber der Republik vermitteln. Als anregende Untersuchung stand außerdem eine ungedruckte Hamburger Staatsexamensarbeit von Karl DÜMMLER, *Das politische Selbstverständnis und die innere Struktur des Offizierkorps der Reichswehr in der Weimarer Republik,* zur Verfügung. Nikolaus von PRERADOVICH, *Die soziale Herkunft der Reichswehr-Generalität 1930, in: Vierteljahrschrift für Sozial- und Wirtschaftsgeschichte, Bd 54, 1967, S. 481–486,* ergänzt die Aussagen bei DEMETER (s. o.) und SAUER (s. S. 357). Nützliche Angaben zur Offizierausbildung, besonders für den Generalstabsdienst, bietet außer ERFURTH (s. S. 357) und SCHMIDT-RICHBERG (s. S. 362) Walter GÖRLITZ, *Kleine Geschichte des deutschen Generalstabes, Berlin 1967,* dessen Darstellung erstmals unter dem Titel *Der deutsche Generalstab, Geschichte und Gestalt, 1657–1945, Frankfurt/M. 1950,* erschien. Heranzuziehen sind außerdem die *Untersuchungen zur Geschichte des Offizierkorps, Anciennität und Beförderung nach Leistung, hrsg. vom Militärgeschichtlichen Forschungsamt, Stuttgart 1962 = BMilG, Bd 4,* hier besonders der Beitrag von Gerhard PAPKE, *Offizierkorps und Anciennität, a.a. O., S. 199 ff.*

Unteroffiziere und Mannschaften. Beamte

Zum ersteren Problem finden sich vor allem bei GORDON (s. S. 356) und bei CARSTEN (s. S. 356) Hinweise, mit dem zweiteren hat sich die Geschichtswissenschaft bisher kaum beschäftigt.

D. Die Reichswehr als Instrument der Landesverteidigung

1. Die vertraglichen Kontrollen und Beschränkungen des Wehrpotentials

Die Interalliierte Militär-Kontroll-Kommission

Michael SALEWSKI, *Entwaffnung und Militärkontrolle in Deutschland 1919 bis 1927, München 1966 = Schriften des Forschungsinstituts der deutschen Gesellschaft für auswärtige Politik e. V., Bd 24,* läßt mit seiner beachtenswerten Untersuchung die gesamte ältere Literatur überflüssig erscheinen, wenn auch die Ausführungen von Beteiligten, wie beispielsweise Claude Marie NOLLET, *Une expérience de désarmement, Cinq ans de contrôle militaire en Allemagne, Paris 1932,* ihren Quellenwert behalten, zumal die französischen Akten noch nicht zugänglich sind. Die übernommenen Stellen aus SALEWSKI, S. 179 und S. 314. Britischerseits liegt neuerdings im Rahmen der Reihe *Documents on British Foreign Policy 1919–1939* von der Serie I A vor Bd 2, London 1968, der in seinem ersten Teil wichtige Dokumente über die Beendigung der Militärkontrolle enthält. Dieses Material berücksichtigt bereits John P. FOX, *Britain and the Inter-Allied Military Commission of Control 1925–1926, in: Journal of Contemporay History, Bd 4, Nr. 2, 1969, S. 143–164.*

Völkerbund und Abrüstungskonferenzen

Aus Anlaß der Genfer Abrüstungskonferenz von 1932 erschien H. 12 der *Zeitschrift für Politik, Bd 21, 1932, S. 753–951 (972),* als sogenannte Abrüstungsnummer mit Beiträgen von Reichsaußenminister Curtius, Reichswehrminister Groener und anderen Autoren, die den damaligen offiziellen deutschen Standpunkt widerspiegeln. In diesen Zusammenhang ist auch der Artikel des Justitiars im Reichswehrministerium Adolf von CARLOWITZ, *Die deutsche „Geheimrüstung" und die deutschen Landesverratsprozesse* (s. S. 366), als Beleg für die Politik der Reichswehrführung anläßlich der Abrüstungsverhandlungen einzuordnen. Einige interessante Fragen wirft George W. HALLGARTEN, *Zur Geschichte der Abrüstung im 20. Jahrhundert, in: Zeitschrift für Politik, Neue Folge, Bd 7, 1960, S. 93–109,* auf. Nach seinen früheren wichtigen Studien zur deutschen Haltung, *Brüning, Herriot und die Abrüstungsgespräche von Bessinge 1932, in: VfZ, Jg 5, 1957, S. 265–272,* und *Schleicher und die deutsche Abrüstungspolitik von Juni/Juli 1932, in: VfZ, Jg 7, 1959, S. 163–176,* erweitert Wilhelm DEIST, *Internationale und nationale Aspekte der Abrüstungsfrage 1924–1932, in: Locarno und die Weltpolitik 1924–1932, hrsg. von Hellmuth Rößler unter Mitarbeit von Erwin Hölzle, Göttingen 1969, S. 64–93,* die deutsche Problematik auf den europäischen Bereich.

2. Die Landesverteidigung als politisches Problem

Die Untersuchung von Georges CASTELLAN, *Le réarmement clandestin du Reich 1930–1935, Vu par le 2e Bureau de l'État-Major Français, Paris 1954*, die in den Kreis wichtiger Werke ausländischer Autoren zur Militärgeschichte der Weimarer Republik (s. S. 356) gehört, beruht auf Material, dessen Fülle und Vielgestaltigkeit erstaunlich ist. Sie bildet eine solide Grundlage für jedwede Beschäftigung mit dem Beginn der deutschen Wiederaufrüstung. Das Memorandum vom 18. Januar 1927 und das Rechtsgutachten sind als Anlagen zu SAUER (s. S. 357), dort auch Zitat S. 273, bei BRACHER (s. S. 348), S. 739–743, abgedruckt. Eine zuverlässige Darstellung bietet Manfred KEHRIG, *Die Wiedereinrichtung des deutschen militärischen Attachédienstes nach dem Ersten Weltkrieg (1919–1933), Boppard/Rhein 1966 = MilGeschStudien, Bd 2.*

3. Die Erweiterung des personellen Wehrpotentials

Die „Schwarze Reichswehr". Die Anfänge der geheimen personellen Aufrüstung im Rahmen des Reichsheeres. Der Heimat-, Grenz- und Landesschutz.

Neben dem *Weißbuch über die Schwarze Reichswehr* (s. S. 366), hier S. 29 die übernommene Stelle, kommt ebenso eingeschränkter Quellenwert Bruno Ernst BUCHRUCKER, *Im Schatten Seeckt's, Die Geschichter der „Schwarzen Reichswehr", Berlin 1928*, zu. Grundlegend für die Darstellung waren CARSTEN (s. S. 356) und vor allem VOGELSANG (s. S. 355), hier S. 231 und S. 16 die Zitate. Zur Feme-Problematik enthalten HANNOVER (s. S. 366) und GUMBEL (s. S. 366) zahlreiche Unterlagen. Auf die Verbindungen zwischen Reichswehr und OC weist Gotthard JASPER, *Aus den Akten der Prozesse gegen die Erzberger-Mörder, in: VfZ, Jg 10, 1962, S. 430–453*, hin – eine aufschlußreiche Dokumentation. Infolge des ausgebreiteten Materials kann mit Nutzen herangezogen werden Peter KOLMSEE, *Die Rolle und Funktion der Deutschen Gesellschaft für Wehrpolitik und Wehrwissenschaften bei der Vorbereitung des Zweiten Weltkrieges durch das faschistische Deutschland, Phil. Dissertation* [*Maschinenschrift*], *Leipzig 1966.*

Einwohnerwehren und Wehrverbände

Einen materialreichen Aufsatz mit ideologischen Wertungen legt Erwin KÖNNEMANN, *Die militärpolitische Bedeutung der Einwohnerwehren in den Jahren 1918–1920, in: ZMG, Jg 3, 1964, S. 30–42*, vor. Wichtige Hinweise finden sich außerdem bei SCHULZ (s. S. 350), S. 333–363. Für die Wehrverbände kann auf einige gute Untersuchungen zurückgegriffen werden: Volker R. BERGHAHN, *Der Stahlhelm, Bund der Frontsoldaten 1918–1935, Düsseldorf 1966 = Beiträge z. Gesch. d. Parlamentarismus u. d. politischen Parteien, Bd 33;* Alois

KLOTZBÜCHER, *Der politische Weg des Stahlhelm, Bund der Frontsoldaten, in der Weimarer Republik, Ein Beitrag zur Geschichte der „Nationalen Opposition" 1918–1933, Phil. Dissertation Erlangen–Nürnberg 1965;* Klaus HORNUNG, *Der Jungdeutsche Orden, Düsseldorf 1958 = Beiträge z. Gesch. d. Parlamentarismus u. d. politischen Parteien, Bd 14;* Karl ROHE, *Das Reichsbanner Schwarz Rot Gold, Ein Beitrag zur Geschichte und Struktur der politischen Kampfverbände zur Zeit der Weimarer Republik, Düsseldorf 1966 = Beiträge z. Gesch. d. Parlamentarismus u. d. politischen Parteien, Bd 34;* Andreas WERNER, *SA und NSDAP, SA: „Wehrverband", „Parteitruppe" oder „Revolutionsarmee"? Studien zur Geschichte der SA und der NSDAP 1920 bis 1933, Phil. Dissertation Erlangen–Nürnberg 1964.* Nützlich ist außerdem der materialreiche Aufsatz von Kurt FINKER, *Die militaristischen Wehrverbände in der Weimarer Republik, Ein Beitrag zur Strategie und Taktik der deutschen Großbourgeoisie, in: Zeitschrift für Geschichtswissenschaft, Jg 14, 1966, S. 357 bis 377,* dessen Tendenz bereits dem Titel zu entnehmen ist. Das Zitat aus VOGELSANG (s. S. 355), S. 31.

4. Rüstungswirtschaft und Aufrüstung

Rüstungsbestand und Rüstungsprogramm des Reichsheeres

Gerhard MEINCK, *Hitler und die deutsche Aufrüstung 1933–1937, Wiesbaden 1959 = Veröffentlichungen des Instituts für europäische Geschichte, Bd 19,* behandelt eingangs die Jahre vor 1933. Wichtig bleibt auch hier das Werk von CASTELLAN (s. S. 369).

Reichswehr und Rüstungswirtschaft

George W. HALLGARTEN, *Das Wettrüsten, Seine Geschichte bis zur Gegenwart, Frankfurt/M. 1967,* stellt in seinem 6. Kapitel, Der Ausbruch des Friedens (1919–1932), S. 131–155, die These von einer internationalen Zusammenarbeit der Rüstungsindustrien bei der Wiederaufrüstung Deutschlands auf (so bes. ab S. 147). Unbelegt, wie sie vorgetragen wird, scheint sie in dieser Form keinesfalls haltbar. Die Gegenposition bezog mit seiner angeführten Behauptung Georg THOMAS, *Geschichte der deutschen Wehr- und Rüstungswirtschaft (1918 bis 1943/45), hrsg. von Wolfgang Birkenfeld, Boppard/Rhein 1966 = Schriften des Bundesarchivs, Bd 14.* Zur Ergänzung seiner Darstellung kann mit Nutzen Kurt WITTEKIND, *Aus 20 Jahren deutscher Wehrwirtschaft – 1925–1945, in: Wehrkunde, Jg 6, 1957, S. 495–504,* herangezogen werden. Zahlreiche Hinweise finden sich auch bei CARSTEN (s. S. 356).

5. Die Zusammenarbeit mit der Roten Armee

Wie die politischen, so haben auch die militärischen Beziehungen zwischen Deutschland und der UdSSR die Historiker rege beschäftigt. Die S. 352 und S. 356 f. angeführten Arbeiten enthalten in ihrer Mehrheit auch Hinweise auf die Zusammenarbeit zwischen Reichsheer und Roter Armee, darunter besonders LINKE, HELBIG und – unter Zusammenfassung der bisherigen Erkenntnisse – CARSTEN. Die Reihe der Spezialuntersuchungen eröffneten Helm SPEIDEL, *Reichswehr und Rote Armee, in: VfZ, Jg 1, 1953, S. 8–45*, und Georges CASTELLAN, *Reichswehr et Armée Rouge 1920–1939, in: Les Relations Germano-Soviétiques de 1933 à 1939, hrsg. von Jean-Baptiste Duroselle, Paris 1954, S. 137–260 = Cahiers de la Fondation Nationale des Sciences Politiques, Bd 58.* Einen wichtigen Aufsatz legte dann Hans W. GATZKE, *Russo-German Military Collaboration during the Weimar Republic, in: The American Historical Review, Bd 63, 1958, S. 565–597*, vor, der nicht nur das Ausmaß der Zusammenarbeit, sondern auch die Einstellung des Auswärtigen Amtes zu den militärischen Absprachen behandelt. Francis L. CARSTEN gibt nicht nur den kurzen Abriß *The Reichswehr and the Red Army, 1920–1933, in: The Royal United Service Institution Journal, Jg 1963, S. 248–255*, sondern veröffentlichte auch die *Reports by two German Officers on the Red Army, in: The Slavonic and East European Review, Bd 41, 1962/63, S. 217–244.* Zur Bedeutung der Zusammenarbeit für die spätere Luftwaffe sei hier nur auf Karl Heinz VÖLKER, *Die Entwicklung der militärischen Luftfahrt in Deutschland 1920–1933, Planung und Maßnahmen zur Schaffung einer Fliegertruppe in der Reichswehr, in: BMilG, Bd 3, Stuttgart 1962, S. 121–292*, verwiesen. Weitere Literatur s. Abschnitt VII. Von russischer Seite liegen zur Problematik keine Veröffentlichungen vor. Einen nützlichen Überblick vermittelt John ERICKSON, *The Soviet High Command, A Military-Political History 1918–1941, London 1962.* Die Zitate sind entnommen aus MEINCK (s. S. 370), S. 4, SCHIEDER (s. S. 352), S. 599 f., und HELBIG (s. S. 352), S. 150, S. 159 und S. 201.

E. Die politische Geschichte der Reichswehr

John H. MORGAN, *Assize of Arms being the story of the Disarmament of Germany and her Rearmament (1919–1939), London 1945*, kann selbst als Quelle dort nur mit Vorbehalt benutzt werden, wo der Autor das Material aus seiner Tätigkeit in der IMKK schöpft. Erhebliche Einwände sind zu Recht auch gegen John W. WHEELER-BENNETT, *Die Nemesis der Macht, Die deutsche Armee in der Politik 1918–1945, Düsseldorf 1954* (englische Ausgabe unter dem Titel *The Nemesis of Power, The German Army in Politics 1918–1945, London 1953*) erhoben worden. Als wichtigste Auseinandersetzung mit WHEELER-BENNETT sei hingewiesen auf Hans HERZFELD, *Zur neueren Literatur über das Heeresproblem in der deutschen Geschichte, in: VfZ, Jg 4, 1956, S. 361–386*, und DERS., *Politik, Heer und Rüstung in der Zwischenkriegszeit, in: Ausgewählte Aufsätze, Berlin 1962, S. 255–277*. Wertvoll ist zur Gesamtproblematik auch Hans HERZFELD, *Das Problem des deutschen Heeres, 1919–1945, in: Ausgewählte Aufsätze, Berlin 1962, S. 231–254*. Der Titel von Thilo VOGELSANG, *Die Reichswehr und die Politik 1918–1934, o. O. 1959 = Schriftenreihe der Niedersächsischen Landeszentrale für Heimatdienst*, entspricht nicht dem Inhalt, weil der Verfasser für die Zeit vor 1928 nur einige, allerdings treffliche Formulierungen bietet, das Schwergewicht der Darstellung dagegen bei dem Verhältnis zwischen Reichswehrführung und NSDAP in den letzten Jahren der Republik liegt. Götz KAMPS, *Das Verhältnis von Reichsregierung und Reichswehrführung in den Jahren von 1920–1926 und seine Auswirkungen auf die deutsche Innenpolitik, Phil. Dissertation [Maschinenschrift], Münster i. W. 1957*, ist in seiner Materialgrundlage durch neuere Untersuchungen teilweise überholt. Für die weitere Literatur s. S. 356 f.

1. Der Kapp-Lüttwitz-Putsch und seine Folgen

Als grundlegende Studie ist auch hier ERGER (s. S. 351) zu benennen. Die Darstellungen von GORDON (s. S. 356) mit Zitaten von S. 97 und S. 130, CARSTEN (s. S. 356), dessen These S. 115 übernommen wurde, und MEIER-WELCKER (s. S. 364) bieten wichtige Ergänzungen. Die Untersuchung von Alma LUCKAU, *Kapp-Putsch, Success or Failure?, in: The Journal of Central European Affairs, Bd 7, 1947/48, S. 394–405*, sei als Beispiel für die in der dort vorgelegten Form nicht haltbare These, daß Seeckt sich gegenüber der Republik als Verräter verhalten habe, erwähnt, darüber hinaus behält sie wegen der abgedruckten Dokumente ihren Wert.

2. Von der Konferenz zu Spa zur Ruhrbesetzung

In knapper Form befaßt sich Werner T. ANGRESS, *Weimar Coalition and Ruhr Insurrection, March – April 1920: A Study of Government Policy, in: The Journal of Modern History, Jg 29, 1957, S. 1–20,* mit den Ruhrwirren als Folgen des Kapp-Lüttwitz-Putsches. Materialien über die Einsatzplanung für das Reichsheer im Falle von inneren Unruhen veröffentlicht Heinz SPERLING, *Bürgerkriegsplanung der Reichswehrführung nach dem Scheitern des Kapp-Lüttwitz-Putsches 1920, in: ZMG, Jg 8, 1969, S. 327–342.* Zum Entwaffnungsproblem ist vor allem SALEWSKI (s. S. 368), Zitat hier S. 137, heranzuziehen. Die Auseinandersetzungen um die Besetzung des Botschafterpostens in Moskau zeigt in einer ausführlichen Studie Herbert HELBIG, *Die Moskauer Mission des Grafen Brockdorff-Rantzau, in: Forschungen zur osteuropäischen Geschichte, Bd 2, 1955, S. 286–344,* auf, dessen auf S. 352 benanntes Werk ebenfalls auf den Konflikt eingeht. Als allgemeine Literatur sind vor allem GORDON (s. S. 356), CARSTEN (s. S. 356), dessen These von S. 167 f. übernommen wurde, und MEIER-WELCKER (s. S. 364) heranzuziehen.

3. Ausnahmezustand und Vollziehende Gewalt

Die Reichswehr als schlagkräftiges Instrument der Reichsgewalt. Die bayerische Krise. Seeckt als Inhaber der Vollziehenden Gewalt.

Außer der S. 353 angeführten allgemeinen Literatur und den bereits mehrfach angeführten Werken zur Geschichte der Reichswehr und zur Biographie Seeckts liegen vereinzelte kleinere Untersuchungen vor. Mit den sächsischen Vorgängen befaßt sich speziell Harold J. GORDON, *Die Reichswehr und Sachsen 1923, in: WWR, Jg 11, 1961, S. 677–692,* der sich auch hier der bewaffneten Macht wohlgesonnen erweist. Den Anfängen der Verbindungen zwischen Reichswehr und Hitler spürt Ernst DEUERLEIN, *Hitlers Eintritt in die Politik und die Reichswehr, in: VfZ, Jg 7, 1959, S. 177–227,* nach, während sich Thilo VOGELSANG, *Die Reichswehr in Bayern und der Münchener Putsch 1923, in: VfZ, Jg 5, 1957, S. 91–101,* mit dem Vorgang beschäftigt, der diesen Kontakten bis auf weiteres ein Ende setzte. Beide Arbeiten sind wegen ihrer Materialien wichtig. Stärker von Thesen geprägt, die wohl nicht alle akzeptiert werden können, ist George W. HALLGARTEN, *Hitler, Reichswehr und Industrie, Zur Geschichte der Jahre 1918–1933, Frankfurt/M. ³1962 = Res novae, Bd 13,* bei dessen erster Studie Ruhrkampf und Hitlerputsch im Mittelpunkt stehen, während sich die zweite dem Verhältnis zwischen Hitler und der Schwerindustrie zuwendet und die letzten Jahre der Republik vornehmlich betrifft. Einen Zentralpunkt aller Diskussionen um Seeckt bildete seit jeher sein Verhalten im Herbst 1923, dem Eberhard KESSEL, *Seeckts politisches Programm von 1923, in: Spiegel der Geschichte, Festgabe für Max Braubach zum 10. April 1964, Münster i. W. 1964,*

S. 887–914, eine spezielle Untersuchung widmet. Sie stellt die These heraus, „daß Seeckt dem Typ nach ein unpolitischer Offizier gewesen“ sei und dementsprechend „seine ‚Politik‘ [als] wesentlich eine negative“ gewertet werden müsse. Wie abweichend Handlungen des zweiten Chefs der Heeresleitung interpretiert werden, zeigen die aus GORDON (s. S. 356), S. 239, CARSTEN (s. S. 356), S. 201, KESSEL, S. 911, und MEIER-WELCKER (s. S. 364), S. 395, zitierten Deutungen zur Motivierung seines Schreibens vom 5. November 1923. Außerdem wurden wörtlich Stellen aus RABENAU (s. S. 364), S. 348, MEIER-WELCKER, S. 365, S. 386 und S. 415, HUBER (s. S. 347), S. 346, VOGELSANG (s. S. 355), S. 42, und STÜRMER (s. S. 354), S. 35, übernommen. Dem Schicksal eines der durch seine Verbindungen zur NSDAP belasteten Offiziere und zugleich damit der Behandlung personalpolitischer Probleme durch die Heeresleitung spürt mit interessanten Unterlagen Harold J. GORDON, *Ritter von Epp und Berlin 1919 bis 1923, in: WWR, Jg 9, 1959, S. 329–341*, nach.

4. Von Seeckt zu Heye: Annäherung an die Republik

Mit dem Verhältnis zwischen der Reichswehrführung und dem Land Preußen sowie den Verfassungsvorstellungen der Heeresleitung befaßt sich besonders SCHULZ (s. S. 350), dessen Zitat S. 467 entnommen ist. Der Haltung Stresemanns zu militärpolitischen Problemen ist die Studie von Hans W. GATZKE, *Stresemann and the Rearmament of Germany, Baltimore 1954*, gewidmet, die trotz einiger neuerer Untersuchungen wichtig bleibt zum Verständnis seiner Außenpolitik. Neues Material zur innenpolitischen Tätigkeit Seeckts bietet STÜRMER (s. S. 354), dessen Arbeit in ihrem Anhang VI außerdem bedeutende Unterlagen zu dem Fragenkreis enthält, der sich aus dem Vorschlag des Reichstagspräsidenten zur Neugestaltung des Ersatzwesens und im Zusammenhang mit den Vorgängen vor der Reichstagsrede Scheidemanns ergibt. Auf die Machenschaften Schleichers nach dieser Reichstagsrede geht Josef BECKER, *Zur Politik der Wehrmachtabteilung in der Regierungskrise 1926/27, in: VfZ, Jg 14, 1966, S. 69–78*, ein. Die Zitate sind aus VOGELSANG (s. S. 355), S. 42, MEIER-WELCKER (s. S. 364), S. 460, und SAUER (s. S. 357), S. 273, entnommen.

5. Die bewaffnete Macht in den Jahren der Auflösung der Republik

Für die letzten Jahre der Republik verdichtet sich wieder die Literatur, die sich mit ihrem Verhältnis zur bewaffneten Macht befaßt. Grundlegend bleibt neben CARSTEN (s. S. 356) das Werk von VOGELSANG (s. S. 355), dem Zitate aus S. 69, S. 184, S. 328, S. 378, S. 385, S. 389 und S. 396 sowie aus der Schleicher-Biographie (s. S. 364), S. 70, entnommen sind. Ergänzend und weiterführend wird CONZE (s. S. 354 f.) heranzuziehen sein, dessen zitierte Stellen S. 235 und S. 236 entstammen. Interessante Materialien zur Reichskanzlerschaft Schleichers enthalten die Berichte des Botschafters François-Poncet an seine Regierung, in: *Ministère des Affaires Étrangères, Commission de Publication des Documents relatifs aux Origines de la Guerre 1939–1945, Documents Diplomatiques Français 1932 bis 1939, I. Série (1932–1935), Bd 2 (15 novembre 1932 – 17 mars 1933), Paris 1966.* Als ein Musterbeispiel kommunistischer Geschichtsschreibung erweist sich dagegen Kurt SCHÜTZLE, *Reichswehr wider die Nation, Zur Rolle der Reichswehr bei der Vorbereitung und Errichtung der faschistischen Diktatur in Deutschland (1929–1933), Berlin (Ost) 1963.* Diese Darstellung – eine überarbeitete Dissertation, eingereicht beim Institut für Gesellschaftswissenschaften beim ZK der SED – besitzt selbst an den Stellen, wo sie Archivmaterial heranzieht, nur bedingten Wert. Fritz ARNDT, *Vorbereitungen der Reichswehr für den militärischen Ausnahmezustand, in: ZMG, Jg 4, 1965, S. 195–203,* der sich mit dem Planspiel vom November 1932 beschäftigt, enthält zumindest nützliche Dokumente über die Vorbereitung eines militärischen Ausnahmezustandes. Aber auch er vertritt die These, daß die Reichswehr „Diener und Instrument der schlimmsten Verderber und Unterdrücker der deutschen Nation [war]. In den für die Aufrechterhaltung der Herrschaft der Monopolbourgeoisie und Junker kritischen Wochen (Ende 1932/Anfang 1933) war sie ihnen die entscheidende Machtstütze. Die Reichswehr war auf die Sicherung der ökonomischen und politischen Macht der herrschenden Klassen selbst mittels nackter Gewalt vorbereitet und unterstützte den Übergang zur faschistischen Diktatur" (a.a. O., S. 198). Für die allgemeine Gültigkeit der These vom entscheidenden Anteil der Reichswehrgeneralität an der Machtübernahme Hitlers in der kommunistischen Historiographie zeugt auch FÖRSTER (s. S. 357), S. 214–220. In der westdeutschen Geschichtsschreibung trägt Wolfgang SAUER, *Die Mobilmachung der Gewalt, in: Die nationalsozialistische Machtergreifung, Studien zur Errichtung des totalitären Herrschaftssystems in Deutschland, (s. S. 355), S. 685–966,* eine eigenwillige Betrachtungsweise vor. Seine auf breiter Materialbasis beruhenden Ausführungen, die hier nur noch teilweise heranzuziehen sind, werden den historischen Vorgängen nicht immer völlig gerecht, regen jedoch zu Überlegungen an und führen gut in die Problematik der Reichswehr nach der Machtübernahme durch die Nationalsozialisten ein.

Organisation des Reichsheeres

Allgemeine Literatur

Zur Organisationsgeschichte des Reichsheeres sind nur wenige amtliche Unterlagen erhalten, zumal bestimmte Maßnahmen, wie zum Beispiel die geheime Aufrüstung aus verständlichen Gründen kaum einen Niederschlag in den offiziellen Akten fanden. Für diese Vorgänge sind wir fast nur auf Angaben angewiesen, die einzelne Zeitgenossen später aus der Erinnerung oder aufgrund mangelhafter Unterlagen niedergeschrieben haben. Das offiziöse und private Schrifttum ist relativ gering, aus der Zeit vor 1939 zudem im allgemeinen tendenziös gefärbt.

An amtlichen Veröffentlichungen ist zu erwähnen für die Zeit von Ende 1918 bis 21. August 1919 das *Armee-Verordnungsblatt* (s. S. 360), ab 27. August 1919 bis 1934 das *Heeres-Verordnungsblatt* (s. S. 360). Auskunft über Offizierstellenbesetzung, Gliederung und Standorte des Reichsheeres gibt die *Rangliste des Deutschen Reichsheeres, hrsg. vom Reichswehrministerium/Personalamt, Berlin 1923–1932;* für die Jahre 1920 und 1921, das heißt für die Übergangszeit, erschien die Rangliste unter den Titeln: *Stellenbesetzung im neuen Heer vom 16. Mai 1920 mit Gültigkeit für das Friedensverhältnis Heft I, Berlin 1920*, und die *Stellenbesetzung für das Reichsheer (100 000-Mann-Stärke) mit Wirkung vom 1. Oktober 1920, Berlin 1921*. Für die Reichsmarine liegt die *Rangliste der Deutschen Reichsmarine, hrsg. vom Reichswehrministerium/Marineleitung, Berlin 1924–1932* vor. Über Einzelfragen zur Organisation der Reichswehr unterrichtet das Nachschlagewerk *Handbuch der neuzeitlichen Wehrwissenschaften, hrsg.* von Hermann FRANKE, *Berlin–Leipzig 1936–1939*, vor allem Band I: Wehrpolitik und Kriegsführung, und Band II: Das Heer. Auch Rudolf ABSOLON, *Die Wehrmacht im Dritten Reich* (s. S. 357) kann noch mit Nutzen herangezogen werden. Dort ist außerdem weiterführende Literatur zu finden. Spezielle Fragen der Organisation und Truppenkunde behandelt die Zeitschrift *Feldgrau, Mitteilungsblätter einer Arbeitsgemeinschaft, Jg 1/1953 bis Jg 14/1966, Leitung Friedrich SCHIRMER und Fritz WIESNER;* ab Jg 15/1967 unter dem Titel *Feldgrau, Zeitschrift für neuzeitliche Wehrgeschichte, Organisation, Uniformierung, Bewaffnung und Ausrüstung, Redaktion Dr. KLIETMANN, Berlin.*

1. Wehrorganisation der Übergangszeit bis zum Inkrafttreten des Versailler Vertrages

Organisation der bekanntesten Freikorps

Für das Landesjägerkorps besitzen wir eine Geschichte, verfaßt von seinem Kommandeur, Ludwig MAERCKER (s. S. 360). Organisationsgeschichtlich wertvoll sind die im Anhang abgedruckten Gesetze, Erlasse, Befehle und Gliederungsbilder. Über die Marine-Brigade Erhardt und das Schutztruppenregiment 1 berichtet Kurt-Gerhard KLIETMANN, *2. Marine-Brigade Wilhelmshaven, Marine-Brigade Erhardt*, in: *Feldgrau, Jg 16/1968, H. 4, S. 78–84*, und *Schutztruppen-Regiment 1, Feldgrau, Jg 8/1960, H. 5, S. 144–146*. Weitere Einzelheiten über Freiwilligenformationen bringt derselbe Verfasser in *Feldgrau, Jg 15/1967, H. 3, S. 61–66*, und *H. 5, S. 107–111*. Die *Darstellungen aus den Nachkriegskämpfen deutscher Truppen und Freikorps* (s. S. 360) behandeln die Kampfhandlungen bis 1924, die Bände VII und VIII die Nachkriegskämpfe in Österreich. Angaben zur Geschichte der Freikorps sind ebenfalls zu entnehmen bei Friedrich-Wilhelm v. OERTZEN, *Die deutschen Freikorps 1918–1923, München 1936*. Das Buch gibt eine volkstümlich gehaltene Darstellung der Freikorpskämpfe mit zeitbedingter Hervorhebung der Taten späterer Nationalsozialisten. Besser wegen seines Anhanges mit einer Liste der Freikorps (zusammengestellt nach Unterlagen des Reichsarchivs) sowie Angaben über Gliederung, Stärken, Einsatz und gegebenenfalls Übernahme in die Reichswehr und einer Liste der Namen aller bis 1936 festgestellten Freiwilligenformationen ist das Buch von Edgar v. SCHMIDT-PAULY, *Geschichte der Freikorps 1918–1924, Stuttgart 1936*. Aufstellungs- und Auflösungsdaten, Gliederung, Stärken und Einsätze, soweit sie dem Verfasser bekannt wurden, und Illustrationen bringt Helmut REUTER, *Freikorps und Grenzschutzformationen 1918–1924*, in: *Feldgrau Jg 5/1957, H. 1–4, S. 13–20; 45–52; 77–84; 117/8* (Abzeichentafeln). Einzelheiten zum Grenzschutz sind bei Francis L. CARSTEN (s. S. 356) zu finden.

Vorläufige Reichswehr

Auskunft über die Organisation und die Uniform der Vorläufigen Reichswehr geben die Aufsätze von Hans-Albert KOCH, *Von der alten Armee zur Reichswehr, Ein Einblick über die Gliederung und Standorte der vorläufigen Reichswehr*, in: *Feldgrau, Jg 11/1963, H. 1–4, S. 2–6; 56–62; 91–96; 105–112*, und von Friedrich SCHIRMER, *Die Uniformen des 200 000-Mann-Heeres 1919/1920*, in: *Feldgrau, Jg 11/1963, H. 3–6, S. 82; 132–136; 141–177; 180–182*. Zahlreiche Illustrierungen machen diesen Beitrag besonders wertvoll. Daneben wird auch auf die oben (s. S. 376) genannten „Stellenbesetzungen" verwiesen.

2. Spitzengliederung der Reichswehr

Der Versailler Vertrag als Ordnungsgrundlage

Einen kurzen einführenden Überblick über die Entstehung der militärischen Bestimmungen des Versaillers Vertrages vermittelt Wilhelm DEIST (s. S. 361). Als Grundlage für die militärischen Bestimmungen muß immer der Vertragstext herangezogen werden. Die Arbeit der IMKK behandelt ausführlich und mit gutem wissenschaftlichen Apparat Michael SALEWSKI (s. S. 368). Die Heeres-Friedenskommission und die Verbindungsstellen zur IMKK, die mit deutschen Offizieren besetzt waren, erwähnt Horst-Adalbert KOCH, *Das Reichsheer 1921–1933*, in: *Feldgrau, Jg 12/1964, H. 5, S. 140*. Maßnahmen zur Umgehung der Bestimmungen des Versailler Vertrages schildert die von Kapitän z. S. SCHÜSSLER bearbeitete Denkschrift *Der Kampf der Marine gegen Versailles 1919–1935*, hrsg. vom O.K.M. 1937, abgedruckt als Dokument 156 C in: *Prozeß gegen die Hauptkriegsverbrecher vor dem Internationalen Militärgerichtshof, Bd 34, Nürnberg 1949*.

Reichswehrministerium und Heeresleitung

Neben den oben genannten Heeresverordnungsblättern und Ranglisten geben folgende Arbeiten weitere Auskünfte: Burkhart MUELLER-HILLEBRAND, *Das Heer 1933–1945, 2 Bände, Darmstadt 1954–1956*, behandelt im 1. Band die Entwicklung des Reichsheeres bis 1933. Max SCHWARTE, *Die deutsche Wehrmacht in Wort und Bild, Berlin–Charlottenburg 1924*, und Friedrich STUHLMANN, *Deutsche Wehrmacht, Berlin 1933*, sind wegen ihres statistischen Materials und ihrer organisatorischen Angaben immer noch wertvoll. Einen ausführlichen Überblick mit Zahlenangaben über Stärke und Bewaffnung in Gegenüberstellung zu den wesentlichen Paragraphen des Versailler Vertragstextes sowie über die Stationierung der Truppen vermittelt Horst-Adalbert KOCH, *Das Reichsheer 1921–1932, Organisation und Stationierung*, in: *Feldgrau, Jg 12/1964, H. 1–5, S. 25–30; 52–55; 93–95; 113–119; 133–140*, mit den Nachträgen und Ergänzungen in: *Feldgrau, Jg 13/1965, H. 1–5, S. 14–22; 38–44; 78–91; 104–106; 152–173; Jg. 14/1966, H. 1, S. 29–31; H. 2, S. 38–44* (Angaben zu Heeresstärken, Dienstgradbezeichnungen und Laufbahnverordnungen), *H. 5, S. 78–91* (erste Maßnahmen für die Umgliederungen und Umrüstung des Reichsheeres). Für die Waffen liegt das Standardwerk von Werner ECKARDT und Otto MORAWIETZ, *Die Handwaffen des brandenburgisch-preußisch – deutschen Heeres, 1640–1945, Hamburg 1957*, vor. Organisatorische Vorbereitungen und Maßnahmen der ersten Heeresvermehrungen ab 1928 behandelt Günther FISCHER, *Beiträge zur Formationsgeschichte des Reichsheeres. Umbaumaßnahmen in den Jahren 1928–1932*, in: *Feldgrau, Jg 14/1966, H.6, S.125–132; Jg 15/1967, H. 3, S. 53–58*, und vom gleichen Verfasser die *Beiträge zur Formationsgeschichte des Reichsheeres. Umbaumaßnahmen in den Jahren 1933–1934*, in: *Feldgrau, Jg 15/1967, H.4, S.86–88; H. 5, S.98–106* (Ausbildung von Zeitfreiwilligen und neue Heeresstärken); *Jg 16/1968, H. 3–5, S, 50–52; 74–77; Jg 17/1969, H. 2, S. 26–30*.

Die Kommandobehörden und Truppengliederungen

Einen Überblick über die Kommandobehörden und Waffengattungen vermitteln die *Zahlenangaben über Gliederung, Stärken, Bewaffnung und Ausrüstung von Truppen, hrsg. vom Reichswehrministerium (Heer), Heeresleitung, N.f.D., Berlin 1924*. Dieses Buch diente der Offizierausbildung bei Planspielen usw. und enthält auch Angaben über Truppen und Waffen, die dem Reichsheer fehlten. Organisatorische Einzelheiten über Kommandobehörden wie Gruppenkommandos und Divisionen gibt ebenfalls H.-A. KOCH, *Reichs-Heer (s. S. 378)*, über erste Planungen für eine Heeresvermehrung ab 1932 in: *Feldgrau, Jg 13/1965, H. 3, S. 83.*

3. — 5. Waffengattungen

Außer den erwähnten Arbeiten von H.-A. KOCH und Günther FISCHER (s. S. 376) sind für einzelne Waffengattungen noch zu nennen: Für die Infanterie Hans Valentin HUBE, *Der Infanterist, 4 Bände, Berlin ^{1}1925, ^{2}1928, ^{3}1932;* für die Kavallerie der sehr kurze Aufsatz von v. KAYSER, *Die Kavallerie des Reichsheeres,* in dem Sammelwerk *Die Deutsche Kavallerie in Krieg und Frieden,* hrsg. von Jenö v. EGAN-KRIEGER, *Karlsruhe und Dortmund 1928,* S. 471 bis 473; für die Artillerie GILBERT, *Der Artillerist, Berlin ^{1}1923/4, ^{2}1926, ^{3}1928;* für die Pioniere Dietrich PETTER, *Pioniere. Entwicklung einer deutschen Waffengattung, Darmstadt 1963;* für die Nachrichtentruppe die beiden Bücher Fritz THIELE, *Zur Geschichte der Nachrichten-Truppe 1899–1924, Berlin 1925,* und Albert PRAUN, *Soldat in der Telegraphie- und Nachrichten-Truppe, Würzburg 1965;* für die Fahrtruppe das Kapitel II des Buches von Heinz GUDERIAN, *Erinnerungen eines Soldaten, Heidelberg 1951;* für das Sanitätswesen der Artikel *Friedenssanitätswesen in: Handbuch der neuzeitlichen Wehrwissenschaften,* Band II von Anton WALDMANN; für die Schulen Friedrich v COCHENHAUSEN, *Der Weg zum Offizier im Reichsheer, Berlin-Charlottenburg 1923,* sowie der kurze Aufsatz von v. KAYSER, *Die Kavallerieschule in Hannover,* in: *Die Deutsche Kavallerie in Krieg und Frieden* und für die Heeresfachschulen der Artikel von Valentin BEYER, *Fachschulen,* in: *Handbuch der neuzeitlichen Wehrwissenschaften, Band II* (s. S. 376).

Sigeln

BMilG	Beiträge zur Militär- und Kriegsgeschichte
Gebhardt	Bruno Gebhardt, Handbuch der Deutschen Geschichte, 8. Auflage, hrsg. von Herbert Grundmann
HZ	Historische Zeitschrift
Just	Handbuch der Deutschen Geschichte, neu hrsg. von Leo Just
MGM	Militärgeschichtliche Mitteilungen
MilGeschStudien	Militärgeschichtliche Studien
NDB	Neue Deutsche Biographie
VfZ	Vierteljahrshefte für Zeitgeschichte
WaG	Die Welt als Geschichte
WWR	Wehrwissenschaftliche Rundschau
ZMG	Zeitschrift für Militärgeschichte

Militärgeschichtliches Forschungsamt (Hrsg.)

Deutsche Militärgeschichte in sechs Bänden 1648–1939

Begründet von Hans Meier-Welcker

Herausgegeben vom Militärgeschichtlichen Forschungsamt
durch Friedrich Forstmeier, Wolfgang von Groote, Othmar Hackl,
Hans Meier-Welcker und Manfred Messerschmidt

Projektleitung und Gesamtredaktion:
Gerhard Papke und **Wolfgang Petter**

1983 Lizenzausgabe für
Manfred Pawlak Verlagsgesellschaft mbH, Herrsching

Umschlag- und Kassettengestaltung: Bine Cordes, Weyarn
Abbildungen auf Umschlägen und Kassette:
Interfoto-Pressebild-Agentur, München
ISBN: 3-88199-112-3

Band 4

Abschnitt VII
Wehrmacht und Nationalsozialismus 1933-1939

Michael Salewski
Die bewaffnete Macht im Dritten Reich 1933-1939

Herbert Schottelius † und Gustav-Adolf Caspar
Die Organisation des Heeres 1933-1939

Rolf Güth u. a.
Die Organisation der Kriegsmarine bis 1939

Karl Köhler † und Karl-Heinz Hummel
Die Organisation der Luftwaffe 1933-1939

Gliederung der sechs Bände

VII

Wehrmacht und Nationalsozialismus 1933-1939

Inhalt

Die bewaffnete Macht im Dritten Reich 1933-1939

von Michael Salewski

Die Organisation des Heeres 1933-1939

von Herbert Schottelius † und Gustav-Adolf Caspar

Die Organisation der Kriegsmarine bis 1939

von Rolf Güth
unter Mitarbeit von Heinz Großkurth, Heinrich Horkisch, Paul Schmalenbach, Josef Zienert

Die Organisation der Luftwaffe 1933-1939

von Karl Köhler † und Karl-Heinz Hummel

Die bewaffnete Macht im Dritten Reich 1933-1939

von

Michael Salewski

A. Die Reichswehr und die Machtergreifung durch Hitler

1. Der 30. Januar 1933

a. Blombergs Ernennung

Wie für Deutschland, Europa und die Welt, bedeutete die sogenannte „Machtergreifung" durch Adolf Hitler am 30. Januar 1933 auch für die Wehrmacht des Deutschen Reiches einen entscheidenden Einschnitt in ihrer Geschichte, wenngleich diese Zäsur sich erst nach und nach in ihrer vollen Bedeutung enthüllte. Die führenden Persönlichkeiten in der Reichswehr wurden durch die Entwicklung der Tage vor dem 30. Januar 1933 nicht überrascht, und die Ernennung des Führers der stärksten Fraktion im Reichstag zum deutschen Reichskanzler erschien ihnen, wie der Mehrheit der Bevölkerung, als ein gleichsam wieder „normaler" Vorgang im Prozeß der politischen Willensbildung und Machtausübung, nachdem das System der Präsidialkabinette mehr und mehr als verfassungspolitischer Irrweg verstanden worden war, den Hitler alsbald zu verlassen versprach. Der pseudolegale und pseudorevolutionäre Charakter der Machtergreifung ist damals nur wenigen Zeitgenossen voll bewußt geworden, obwohl die Taktik der NSDAP und ihrer Untergliederungen, den Amtsantritt Hitlers als „Revolution" zu interpretieren, stutzig machen mußte. Schon der eindrucksvoll inszenierte nächtliche Fackelzug der braunen Kolonnen vor dem Reichspräsidentenpalais und der Reichskanzlei, jene symbolträchtige und zugleich gespenstische Szene, als Hindenburg die Ovationen, die nicht ihm galten, unsicher und schweigend hinnahm, während zu Hitler frenetisches „Sieg Heil"-Geschrei emporbrandete, wies auf die politischen Besonderheiten dieses „Reichskanzlerwechsels" hin. Dem äußeren Bild, das Berlin am Abend des 30. Januar 1933 bot, entsprach das Selbstverständnis der Propagandisten der NSDAP; Goebbels hat damals in aller Klarheit zum Ausdruck gebracht, daß mit der Ernennung Hitlers die Republik von Weimar und die Ära der „Novemberverbrecher" zusammengebrochen war.

Die pseudolegalen Attitüden der neuen Machthaber hatten alle Eventualpläne der bürgerlichen und linken Opposition gegen einen Staatsstreich von rechts entwertet. Anders als Hitler hatten die Führer der demokratischen Parteien und des Reichsbanners Schwarz-Rot-Gold niemals ernsthaft mit einem „legalen" Staatsumsturz gerechnet.

Obwohl an den politischen Ansichten und Absichten der Hitler-Partei am 30. Januar 1933 kein Zweifel sein konnte, sahen die politischen Gegner des neuen Reichskanzlers ihre Hände gebunden, da Hitler auf verfassungsmäßigem Wege zur Macht gelangt und vom obersten Garanten der Weimarer Verfassung, dem Reichspräsidenten Paul v. Hindenburg, der nicht „mit gebrochenem Wort vor seinen höchsten Richter treten" wollte, auf die Verfassung vereidigt worden war. Widerstand gegen Hitler hätte daher zunächst Bruch der gültigen Gesetze bedeutet; es lag auf der Hand, daß keine verfassungstreue Gruppierung das Odium des Verfassungsbruches mit der naheliegenden Folge des Bürgerkrieges auf sich laden konnte. Das galt auch und insbesondere für die Reichswehr. Sie hatte der Verfassung und dem Obersten Befehlshaber, Hindenburg, schweigend zu gehorchen, und sie gehorchte. Die Form, die Hitler wählte, um die Republik von Weimar aus den Angeln zu heben, erlaubte nur ohnmächtiges Zusehen. Selbst der ehemalige Reichswehrminister Kurt v. Schleicher, der am konsequentesten zum Widerstand gegen Hitler mit Hilfe der Reichswehr bereit gewesen war, resignierte; es blieb die vage Hoffnung, Hitler durch konservative Kabinettsmitglieder „einrahmen" zu können.

Die Treue zur Verfassung war jedoch nicht automatisch mit einer innerlichen Bejahung der am 30. Januar 1933 gewandelten Verhältnisse innerhalb der Reichswehr gleichzusetzen. Im politischen Verhalten der Armee kam zunächst nur parteipolitische Neutralität zum Ausdruck. Am Tage der Machtergreifung war keineswegs entschieden, ob und in welcher Weise der neue Reichskanzler sich auf das staatliche Machtinstrument verlassen konnte, wenn er sich anschicken sollte, seinem Programm gemäß die Staatsverfassung nach und nach außer Kraft zu setzen und das Staatsgebäude umzustürzen. Es kam Hitler daher in den ersten Tagen seiner Regierung darauf an, den verfassungspolitischen Standort der Reichswehr deutlich zu kennzeichnen, um politischen Unsicherheiten und „Mißverständnissen" innerhalb der Reichswehrführung vorzubeugen und zugleich Anstrengungen zu unternehmen, um das ihm, dem „böhmischen Gefreiten" gegenüber mögliche Mißtrauen der Reichswehr abzubauen oder zumindest solange zu begrenzen, bis seine Herrschaft die Phase der politischen Ungewißheit überwunden hatte.

Von diesem doppelten Aspekt her — der Zusicherung verfassungsmäßig-legalen Verhaltens und der Werbung für das eigene Programm — sind die ersten Maßnahmen und Äußerungen Hitlers im Hinblick auf die Reichswehr zu verstehen. Wie Hitler sein Verhältnis zur Reichswehr auch in der Öffentlichkeit gesehen haben wollte, zeigte bereits die Regierungserklärung vom 30. Januar, in der er von seiner „Liebe zu unserem Heer als Träger unserer Waffen und Symbol unserer großen Vergangenheit" sprach. Hitler ließ vom ersten Tage seiner Herrschaft an keinen Zweifel daran, daß er und seine Partei sich als die wahren Hüter der deutschen militärischen Traditionen und der militärischen Zukunftsentwicklung des Deutschen Reiches verstanden. Der geschickten nationalsozialistischen Propaganda war es seit dem Herbst 1930 weitgehend gelungen, auch in der breiten Öffentlichkeit das Empfinden zu wecken, als betrachte der Nationalsozialismus unabhängig von allen seinen politischen und weltanschaulichen Implikationen die deutsche Wehrmacht als das höchste Gut des Staates, und daß dessen Verteidigung, Bewahrung und Verbesserung eine unumstößliche Selbstverständlichkeit sei, die im Zentralpunkt allen politischen Denkens und Handelns stand. Diese schon lange vor 1933 sorgsam vorbereitete „Umarmung" der Reichswehr durch den Nationalsozialismus zog das Verhältnis zwischen diesem und der Reichswehr bewußt ins Rampenlicht der Öffentlichkeit. Die scheinbar völlige Identifikation Hitlers mit den Grundzielen und -ansichten der bewaffneten Macht bot dieser, aber auch dem Reichspräsidenten, eine starke „Beruhigung" hinsichtlich der zu erwartenden Hitlerschen Politik.

Dies zeigte sich bereits am 30. Januar 1933, als Hindenburg den General v. Blomberg zum Reichswehrminister ernannte.

v. Blomberg, Werner Eduard Fritz: geboren 2. 9. 1878 Stargard (Pommern). Nach Besuch der Hauptkadettenanstalt trat er 1897 in das Füsilierregiment 73 ein, besuchte von 1907—1910 die Kriegsakademie, wurde 1910 zum Großen Generalstab versetzt. Im Ersten Weltkrieg Generalstabstätigkeit bei einer Division und einer Heeresgruppe, seit 1921 Chef des Stabes im Wehrkreis V (Stuttgart), 1927 Chef der Heeresausbildungsabteilung, seit 1929 Befehlshaber im Wehrkreis I (Ostpreußen), zeitweilig Leiter der Militärdelegation bei der Abrüstungskonferenz in Genf. Vom 30. 1. 1933 bis 4. 2. 1938 Reichswehrminister und Oberbefehlshaber der Wehrmacht. Keine weitere Verwendung. Als Zeuge im Nürnberger Prozeß am 22. 3. 1946 in Nürnberg gestorben.

Die näheren Umstände, die zur Ernennung des Befehlshabers im ostpreußischen Wehrkreis (I) zum Reichswehrminister im Kabinett Hitler führten, sind nicht bekannt. Es ist wahrscheinlich, daß die Initiative hierzu von Hindenburg ausging, der Blomberg als befähigten General, zudem als Antagonisten Schleichers kannte und in seiner Ernennung eine jener Kautelen zu verwirklichen glaubte, die ihm die Berufung Hitlers zum Reichskanzler erleichterten. Wahrscheinlich hat aber auch der Chef des Stabes in Königsberg, Oberst v. Reichenau, Blomberg bei Hindenburg und Hitler empfohlen. Hitler kannte Blomberg nicht nur als den militärischen „Abrüstungsexperten" in Genf (s. u. S. 88 ff.), sondern auch daher, daß ihn der Wehrkreisbefehlshaber bei seinen ostpreußischen Wahlreisen zumindest unter der Hand durchaus unterstützt hatte.

Die Ernennung Blombergs erfolgte am 30. Januar überstürzt und ohne vorherige Absprache mit Schleicher und Hammerstein. Letzterer hat offensichtlich noch in letzter Stunde versucht, Hindenburg von Blomberg abzubringen, doch er scheiterte, weil Hindenburg allein von der Vorstellung beherrscht war, daß Blomberg wie kein anderer Reichswehrgeneral geeignet sei, Hitler politisch zu „kontrollieren" und gleichzeitig mit dem ihm verhaßten „System Schleicher" schlußzumachen. Ob sich Blomberg der Verpflichtung, die ihm Hindenburg, unterstützt durch seinen Sohn Oskar, aber auch als „Wächter" über die Reichswehr gegen die Partei auferlegte, bewußt geworden ist, bleibt fraglich. Tatsächlich handelte es sich bei der Aktion Hindenburgs nicht um eine Maßnahme, die gegen Hitlers Willen getroffen wurde: der neue Reichskanzler hätte einen ihm mißliebigen Reichswehrminister kaum hingenommen. In Wirklichkeit eignete sich Blomberg als Reichswehrminister eben auch deswegen so gut, weil er keinen Zweifel daran gelassen hatte, daß er der Hitlerschen Weltanschauung und Politik in weitgehendem Maße anhing. Hitler konnte durchaus zufrieden sein. Tatsächlich sollte Blomberg sich sehr rasch nicht als Bollwerk gegen die nationalsozialistische Infiltration der Reichswehr erweisen, sondern als eine jener Persönlichkeiten, die entscheidend zur Nazifizierung der Reichswehr beitrugen. Gleichwohl ist Blomberg nicht ohne weiteres als überzeugter Nationalsozialist abzustempeln. Gerade deswegen sollte sich das Verhältnis zwischen ihm und Fritsch zunächst durchaus vertrauensvoll gestalten. Sein Denken und Handeln war vielmehr durch die Überzeugung geprägt, daß Hitlers Bewegung am ehesten in der Lage war, jene alten Ziele zu verwirklichen, die zum gesicherten Weltanschauungsgut der Wehrmacht gehörten: Schaffung eines starken Staates, Lösung aus den Fesseln von Versailles, Wiedererringung der militärischen Gleichberechtung, Wiedereinführung der allgemeinen Wehrpflicht, die Verankerung des „Wehrwillens“ in einer „Volksgemeinschaft“, die Blomberg freilich nicht im nationalsozialistischen, sondern im deutsch-nationalen Sinn begriff. Die „Teilidentität“ der hergebrachten weltanschaulichen Ziele der Reichswehr mit Hitlers Vorstellungen ging im Verständnis des Reichswehrministers besonders weit. Aus diesem Grunde war eine kritische Distanz zum Nationalsozialismus gar nicht angelegt, und wenn Blomberg wünschte, die Reichswehr in den Dienst der „guten Sache“ zu stellen, so konnte dies nur eine immer enger werdende Verbindung mit dem Weltanschauungsgut des Nationalsozialismus bedeuten. Hinzu kam, daß Blomberg kein ausgeprägt starker Charakter war.

Hoßbach hat dies später folgendermaßen umschrieben: „Es gehört zur Tragik der jüngsten deutschen Geschichte, daß Blomberg weder als Soldat noch als Staatsmann eine kraftvolle, formende und richtungsweisende Führergestalt war. Seiner Intelligenz fehlte die Grundlage eines festen Charakters ... Die Jahre 1934 bis Anfang 1938 sind von einem steten Kampf der Heeresleitung gegen den Wehrminister und seine Ratgeber erfüllt gewesen.“

b. Die Bedeutung der Ernennungen von Blomberg und Reichenau

Die Kontinuität der militärpolitischen Führung der Reichswehr, wie sie seit dem Amtsantritt Seeckts bestand, und wie sie zuletzt der Reichswehrminister Kurt v. Schleicher in wenn auch abgewandelter Form fortgeführt hatte, wurde mit der Bestallung Blombergs zweifellos durchbrochen, auch wenn Blomberg selbst dies entschieden abstritt. Wie stark unter der Führung des neuen Reichswehrministers sich die innere politische Einstellung der Reichswehr wandeln sollte, war am 30. Januar 1933 freilich noch nicht abzusehen. Hitler hat es damals geschickt vermieden, durch zu weitgehende Personalveränderungen den Eindruck eines Bruchs zu erwecken. Kennzeichnend dafür war die Beibehaltung des bisherigen Chefs der Heeresleitung, des Generalobersten Freiherrn von Hammerstein-Equord, dessen Gegnerschaft zum Nationalsozialismus allgemein bekannt war. Auch der Chef des Truppenamts, General Adam, verblieb zunächst auf seinem politisch wichtigen Posten. Die anscheinende „Normalität" des Regierungswechsels wurde hierdurch zweifellos unterstrichen.

Demgegenüber war die Berufung des Chefs des Stabes von Blomberg zum Chef des Ministeramtes eine folgenschwere und zugleich bewußte politische Entscheidung. Oberst v. Reichenau, der Oberst v. Bredow ablöste, gehörte zu jenen „politischen Offizieren", die maßgebend bei der Ernennung Blombergs beteiligt waren. Man kann sagen, daß die historische Bewertung der Berufung Blombergs nur unter Einbeziehung der Rolle und der Persönlichkeit von Reichenau möglich ist; erst das Zusammenwirken beider Männer bot Hitler die Gewähr, daß ihm aus den Reihen der Reichswehrführung keine ernstzunehmende Gegnerschaft erwuchs, als mit der nationalsozialistischen Indoktrinierung der Streitkräfte begonnen wurde.

v. Reichenau, Walter: geboren 8. 10. 1884 in Karlsruhe. 1903 Eintritt in das 1. Garde-Feldart.-Regiment; nach Besuch der Kriegsakademie Verwendung als Generalstabsoffizier im Ersten Weltkrieg. 1929 Chef des Stabes der Nachrichteninspektion im Reichswehrministerium, 1930 Chef des Stabes im Wehrkreis I (Ostpreußen), vom 1. 2. 1933 bis 1. 10. 1935 Chef des Minister- bzw. Wehrmachtamts, vom 1. 10. 1935 bis 28. 2. 1938 Kommandierender General des VII. AK in München; anschließend Oberbefehlshaber der Heeresgruppe 4 (Leipzig). Im Polenfeldzug 1939 Oberbefehlshaber der 10., danach der 6. Armee; 19. 7. 1940 Generalfeldmarschall. Ab 3. 12. 1941 OB HGr. Süd nach Ablösung Rundstedts, durch Flugzeugunfall bei Lemberg gest. am 17. 1. 1942.

Von vielen Zeitgenossen und in der späteren Literatur wurde Reichenau als typischer Exponent des nationalsozialistischen Offiziers bezeichnet. Dies trifft jedoch nicht zu. Wie Klaus-Jürgen Müller und Harold Deutsch überzeugend nachgewiesen haben, hat Reichenau nur am konsequentesten versucht, die mit der Machtergreifung Hitlers sich bietenden Chancen für die Reichswehr auszunutzen. Wie kein anderer Offizier in führender Funktion begriff Reichenau den Nationalsozialismus instrumental und nicht weltanschaulich; nationalsozialistisches Gedankengut war ihm Vehikel zur Beförderung der Machtstellung der Reichswehr innerhalb von Staat und Gesellschaft – und seines eigenen Ehrgeizes. Vorurteilsfrei und Traditionen gegenüber skeptisch, gab Reichenau bewußt die von der Seeckt-Schule gepflegte Attitüde des politischen „Abwartens" auf und bemühte sich um die Integration der Reichswehr in die gewandelte politische und soziale Umwelt. Schon vor 1933 hatte er sich mit dem Nationalsozialismus auseinandergesetzt, nunmehr vertrat er die Auffassung, daß die Reichswehr sich dem Zug der Zeit anpassen müsse, wenn sie sich gegen die Konkurrenz der Partei durchsetzen wollte. Reichenau erkannte schon sehr frühzeitig, daß mit dem bald zu erwartenden Tod Hindenburgs die schirmende Hand von der Armee abgezogen sein würde.

Die von ihm betriebene „Anpassung“ der Reichswehr an das nationalsozialistische Regime darf nicht als Versuch der „Selbstgleichschaltung“ angesehen werden, sondern muß als taktisches Kalkül im Kampf um die wichtigen Positionen innerhalb des Staates verstanden werden. In ihrer inhaltlichen Bestimmung verfolgte nämlich auch Reichenau die traditionellen Vorstellungen von der notwendigen Wiederherstellung der militärischen Macht und Gleichberechtigung dem Ausland gegenüber und befand sich hier auf einer Ebene mit der Mehrzahl des Heeresoffizierskorps in der Reichswehr. Reichenaus Konzept, das man als das Konzept einer „umgekehrten Infiltrierung“ bezeichnen könnte, scheiterte schließlich am Mißverstehen der letzten Hitlerschen Ziele und an der Unterschätzung der parteipolitischen Dynamik und Durchschlagskraft, die Reichenau schließlich nicht zu einem aktiv die Dinge Forttreibenden, sondern zu einem vom Nationalsozialismus Getriebenen machten. Insofern ist das Urteil von Klaus-Jürgen Müller zutreffend, daß Reichenau einer der „Totengräber der Armee“ geworden ist.

Der Chef der Heeresleitung, General der Infanterie Kurt Freiherr von Hammerstein-Equord (vgl. Abschnitt VI, S. 128–130), verblieb nach der Machtergreifung Hitlers noch ein Jahr in seinem Amt. Er wurde am 1. Februar 1934 durch Generalleutnant Freiherrn von Fritsch abgelöst. Hammersteins dezidierte Ablehnung des Nationalsozialismus paarte sich mit wachsender Resignation und persönlicher Antriebslosigkeit. Im Gegensatz zu der zupackenden Art Reichenaus und der emotional-gläubigen Haltung Blombergs vermochte Hammerstein dem Reichsheer nach dem 30. Januar 1933 keinerlei neue Impulse zu vermitteln. Er ließ die Zügel schleifen, so daß Fritsch bei seinem Amtsantritt einen „Trümmerhaufen“ vorzufinden meinte. Auch die klugen Selbstinterpretationen Hammersteins können nicht darüber hinwegtäuschen, daß der Chef der Heeresleitung, der wohl nur auf persönlichen Wunsch Schleichers sein Amt beibehielt, vor der Aufgabe der praktischen Auseinandersetzung mit dem Nationalsozialismus verhängnisvoll versagt hat.

Allerdings hat nicht Hammersteins politische Passivität den Ausschlag für seine Ablösung als Chef der Heeresleitung gegeben, sondern eine Empfehlung des Chefs des Heerespersonalwesens, Generalmajors v. Schwedler, der seinerseits Generalleutnant Freiherr von dem Bussche-Ippenburg, einen Regimegegner, abgelöst hatte. Daß sich Hammerstein nicht mehr lange würde halten können, war schon seit langem bekannt, und Blomberg versuchte, Reichenau an die Stelle Hammersteins zu setzen. Er stieß hierbei jedoch auf den entschiedenen Widerstand Hindenburgs, der bei dieser Gelegenheit wohl zum letzten Mal energisch in die Personalpolitik der Reichswehr eingriff. Auch Hitler wich vor dem Wunsch des Reichspräsidenten zurück und stimmte, wenn auch widerwillig, dem Vorschlag des Chefs des Heerespersonalamtes zu, den Generalleutnant Werner Freiherr von Fritsch, den Befehlshaber im Wehrkreis III, zum Nachfolger Hammersteins zu bestimmen. Der Wechsel von Hammerstein zu Fritsch erfolgte am 1. Februar 1934. Als sich Fritsch bei Hitler meldete, erhielt er den Auftrag: „Schaffen Sie ein Heer in größtmöglicher Stärke und innerer Geschlossenheit und Einheitlichkeit auf dem denkbar besten Ausbildungsstand."

Freiherr von Fritsch, Werner: geboren 4. 8. 1880 in Benrath bei Düsseldorf. 1898 Eintritt in das Feld-Artl. Reg. 25, 1907–1910 Kriegsakademie, im Ersten Weltkrieg Verwendungen als Generalstabsoffizier. 1920–1928 Verwendung im Reichswehrministerium, Truppenkommando in Ulm, Chef des Stabes im Wehrkreis I (Ostpreußen). 1928 Leiter der Heeresabteilung im Truppenamt, 1929 Art. Führer 2 in Stettin, 1931 Kdr. der 3. Kav. Div. in Frankfurt/Oder, 1932 Kdr. der 3. Division und Befehlshaber im Wehrkreis III (Berlin). Vom 1. 2. 1934 – 4. 2. 1938 Chef der Heeresleitung bzw. Oberbefehlshaber des Heeres. Gefallen bei Warschau am 22. 9. 1939.

Hammersteins Einstellung zum Nationalsozialismus war skeptisch-ablehnend gewesen, die seines Nachfolgers kann man als „optimistisch-irrealistisch" (Manfred Messerschmidt) bezeichnen. Fritsch gehörte zu jener großen Gruppe von Reichswehroffizieren, die vor allem seit dem Ulmer Reichswehrprozeß in der Hoffnung lebten, die „wertvollen" Tendenzen des Nationalsozialismus in das traditionelle Weltbild der Reichswehr einbinden zu können. Anders als Reichenau, jedoch mit der gleichen Zielsetzung, hoffte Fritsch auf die langsame Integration der nationalsozialistischen Ideologie in die deutsch-nationalen Traditionen der Seecktschen und Hindenburgischen Reichswehr. Nicht frei von intellektueller Überheblichkeit, verkannte Fritsch lange Zeit die verbrecherischen Seiten Hitlers und seines Systems und hielt schließlich bis zur Absurdität und persönlichen Selbstaufgabe an dem Aberglauben fest, daß es gelte, den Nationalsozialismus von seinen „Schlacken" zu reinigen, um ihn als neues Ordnungsprinzip auch für die Wehrmacht anerkennen zu können. Fritschs sorgfältige Abschirmungsversuche der Reichswehr gegenüber der Partei, der SA, der SS und den Gauleitern hatten wenig mit einer prinzipiellen Ablehnung des in diesen Gliederungen vertretenen Gedankenguts zu tun, sondern resultierten vielmehr aus der überkommenen Vorstellung von der „politikfreien" Wehrmacht, die Fritsch während seiner gesamten Amtszeit als Ideal vorschwebte. Das hohe persönliche Ansehen, das Fritsch im gesamten Heeresoffizierskorps genoß, trug zweifellos dazu bei, daß Blomberg fortan nicht mehr ohne weiteres in die Belange des Heeres hineinzuregieren wagte. Da Fritsch jedoch gleichzeitig – auch für Blomberg und Hitler erkennbar – an seiner absoluten politischen Loyalität dem neuen Regime gegenüber keinerlei Zweifel ließ, konnte sich Hitler mit Fritsch lange Zeit ohne weiteres abfinden.

Rückblickend betrachtet muß es für den Diktator sogar als besonderer Glücksfall angesehen werden, daß er mit Fritsch über eine Persönlichkeit verfügte, die ihrer allseits anerkannten Integrität und ihres unbestrittenen Prestiges wegen jeden Versuch einer politischen Opposition und Fronde gegen den Nationalsozialismus in den Augen des Heeresoffizierskorps hoffnungslos machen mußte. Die kritische aber nicht prinzipielle Distanz Fritschs zum Nationalsozialismus ließ die Masse des Offizierskorps sich mit den „vollendeten Tatsachen" leichter abfinden, als es der Fall gewesen wäre, wenn Fritsch in offene Opposition gegangen wäre, oder sich, wie Blomberg, blindlings Hitler unterworfen hätte. Erst in dem Augenblick, in dem Fritsch aus seiner Ressortverantwortung heraus Hitler grundsätzlich widersprechen mußte – im Zusammenhang mit der „Hoßbach-Besprechung" (s. u. S. 183 ff.), – wurde es für Hitler Zeit, Fritsch auszuschalten. Die Ernennung Fritschs zum Chef der Heeresleitung hat sich daher für Blomberg und Reichenau nicht als Niederlage, sondern letztlich als Gewinn herausgestellt.

Anders sind die Persönlichkeit und das Wirken Becks zu bewerten, der am 1. Oktober 1933 General Adam, den Chef des Truppenamtes ablöste.

Beck, Ludwig: geb. 29. 6. 1880 in Biebrich/Rh. 1898 Eintritt in das Feld-Art. Reg. 15 (Straßburg), 1908–1911 Kriegsakademie Berlin, 1912 im Großen Generalstab. Im Ersten Weltkrieg Verwendungen als Generalstabsoffizier an der Westfront. In der Reichswehr Wechsel zwischen Truppen- und Generalstabskommandos. Am 1. 10. 1933 Chef des Truppenamtes, am 1. 7. 1935 Chef des Generalstabs. Am 27. 8. 1938 amtsenthoben, am 1. 10. 1938 als Generaloberst verabschiedet. Am 20. Juli 1944 ermordet.

Generalleutnant Adam war für Blomberg untragbar geworden, weil er als erklärter Gegner des Nationalsozialismus keine Basis der Zusammenarbeit mit ihm finden konnte. Beck hat damals dem Nationalsozialismus noch durchaus positiv gegenübergestanden; Hitler hat die Ernennung Becks, dessen Auftreten beim Ulmer Reichswehrprozeß ihn positiv beeindruckt hatte, begrüßt. Blomberg hoffte, in Beck einen willigen Gehilfen seiner Anpassungspolitik zu finden.

Mit Blomberg, Reichenau, Fritsch und Beck waren binnen Jahresfrist nach der Hitlerschen Machtergreifung die personalpolitischen Weichen in der Reichswehr grundsätzlich neu gestellt. Während Blomberg und Reichenau zu den Exponenten des „neuen Geistes" zählten, verkörperten Fritsch und Beck das Prinzip der loyalen Kontinuität. Neues und Traditionelles mischten sich in dieser Führungsgruppe ganz im Sinne der Hitlerschen Taktik, die das erste Jahr seines Regimes bestimmte. Die wohldosierte Mischung aus „Aufbruch" und „Bewahrung" trug entscheidend dazu bei, daß es Hitler gelang, die zunächst neutrale Haltung der Reichswehr ihm und seiner Weltanschauung gegenüber nach und nach in eine zunächst noch distanzierte, dann zunehmend unkritische Bejahung umzuwandeln.

2. Reichskanzler und Reichswehr

a. Die erste Kabinettsitzung

Mit der unverzüglichen Ernennung und Vereidigung Blombergs zum Reichswehrminister am 30. Januar 1933, die bereits bei einem ersten Zusammentreffen zwischen Hitler und Blomberg im Hotel „Kaiserhof" am Morgen jenes Tages vereinbart worden sein dürfte, verfügte Hitler vom ersten Tage seiner Reichskanzlerschaft an uneingeschränkt über den organisatorischen Apparat der Reichswehr. Ihr galten auch die ersten Verlautbarungen und Handlungen des neuen Kanzlers. Es kam ihm darauf an, die zukünftigen Aufgaben und die Stellung der Reichswehr innerhalb des Staates rasch, klar und konsequent festzulegen und eine mögliche Diskussion um den zukünftigen „Stellenwert" der Armee zu vermeiden. Hitlers Entscheidungen und Weichenstellungen vom 30. Januar bis zum 8. Februar 1933 sind daher nicht nur programmatisch, sondern auch taktisch zu verstehen; sie gehörten in das Konzept der Machtkonsolidierung und der Absicherung gegen eventuelle Oppositionsbestrebungen aus den Reihen von Reichswehr und SA.

Schon in der ersten Kabinettsitzung am 30. Januar 1933 postulierte Hitler, daß er „nach Möglichkeit", wie es im Hinblick auf einen eventuellen Generalstreik hieß, auf den Einsatz der Reichswehr im Inneren verzichten wolle. Blomberg stellte dazu fest, „daß der Soldat als einzig möglichen Gegner einen äußeren Feind anzusehen gewohnt sei" und dankte dem Kanzler ausdrücklich für diese Entscheidung, da sie, seiner Meinung nach, dem Selbstverständnis und dem Verständnis von den Aufgaben der bewaffneten Macht der Soldaten weitgehend entsprach.

Blomberg entging offensichtlich, daß sich Hitler mit dieser Formulierung über die Prärogative Hindenburgs hinwegsetzte und die in der Weimarer Reichsverfassung verankerten Rechte des Reichspräsidenten außer Kraft setzte. Hitler verzichtete damit formell auch auf den bis dahin in der Geschichte Preußen-Deutschlands immer vorhandenen und geforderten Schutz der bürgerlichen Gesellschaft durch die bewaffnete Macht im Inneren. Das militärische Eingreifen der Reichswehr gegen eventuelle Umsturzversuche von links oder rechts war seitdem nicht mehr möglich. Da aber angesichts der Zerrissenheit der innenpolitischen Landschaft im Deutschland des Jahres 1933 keine Rede von einer harmonischen Ausgeglichenheit der politischen und gesellschaftlichen Spannungen sein konnte, bedeutete die von Hitler der Reichswehr verordnete innenpolitische Abstinenz eben nicht eine Anerkennung der parteipolitischen „Neutralität" der Reichswehr, sondern die Verlagerung der innenpolitischen Machtbasis fort von der Armee und hin zu den Parteigliederungen, in erster Linie also der SA. Blomberg erkannte nicht, daß Hitler diese „Entlastung" der Reichswehr nur als erste Etappe auf dem Weg zur Entmachtung der Armee ansah, und er verkannte, daß er „damit selbst die Notstandsfunktion gemäß Artikel 48 der Weimarer Verfassung aus der Hand" gab (Messerschmidt). Hitler ging am 30. Januar 1933 davon aus, daß die inneren Aufgaben fortan von den Parteiarmeen übernommen werden konnten. Damit war eine Quasilegitimation für Gewaltakte von SA und SS im Inneren gegeben. Daß der Reichswehrminister in klarer Erkenntnis dieser Konsequenzen die innenpolitische Machtfunktion der Reichswehr abgegeben hätte, daß es sich bei seinem „Dank" an Hitler also um eine bewußte Zuwendung zu Hitler und seinem System gehandelt hätte, ist, wie

Wolfgang Sauer meint, jedoch nicht anzunehmen, da es nicht im Sinne der Reichswehr und Blombergs selbst liegen konnte, sich mit der SA ein „Konkurrenzunternehmen" heranzuzüchten.

Blombergs Leitlinie bestand vielmehr in der seiner Meinung nach unbedingt zu erhaltenden „Überparteilichkeit" der Armee. Dies kam schon in seinem ersten Aufruf an die Reichswehr vom 31. Januar zum Ausdruck. In ihm hieß es:

„Ich übernehme das Amt mit dem festen Willen, die Reichswehr nach dem Vermächtnis meines Amtsvorgängers als überparteiliches Machtmittel des Staates zu erhalten, sie durch Förderung aller auf die Wehrertüchtigung des Volkes hinzielenden Bestrebungen zu unterbauen und sie in absehbarer Zeit zum vollwertigen Bürgen der nationalen Sicherheit des Vaterlandes zu machen."

b. Blombergs und Hitlers Programm vom 3. Februar 1933

Blomberg hatte ein richtiges Gefühl dafür, daß weder seine Person noch seine neue Stellung in der Reichswehrführung unumstritten waren. Die Behauptung, daß er lediglich dem Wunsch des „verehrten Herrn Reichspräsidenten" gefolgt sei, genügte ebensowenig wie sein Aufruf an die Wehrmacht. Aus diesem Grunde ließ er am 3. Februar 1933 die Gruppen- und Wehrkreisbefehlshaber nach Berlin kommen, um ihnen die politische Entwicklung und seine eigene Position im neuen Kabinett zu erläutern. Wir sind durch die handschriftlichen Aufzeichnungen des Generalleutnants Liebmann über den Inhalt der Blombergschen Ansprache unterrichtet. Der Reichswehrminister unterstrich bei dieser Gelegenheit sehr stark den Gedanken der Kontinuität, wobei er geschickt an die Verdienste Schleichers anknüpfte, dem es gelungen sei, „in 14jähriger Arbeit" die Reichswehr aus der Politik herauszuhalten. Auch den jüngsten diplomatischen Erfolg in Genf mit der Fünf-Mächte-Erklärung über die prinzipielle Gleichberechtigung der deutschen Militärmacht (s. u. S. 90) interpretierte Blomberg als Merkmal der Kontinuität zwischen Schleicher und sich. Seine zukünftigen Aufgaben als Reichswehrminister umschrieb er folgendermaßen:

1. Erhaltung der Reichswehr als überparteiliches Machtmittel.
2. Untermauerung der Wehrmacht durch Wehrhaftmachung des breiten Volkes.
3. Ausbau der Wehrmacht zu einem brauchbaren Instrument zur Wahrung der nationalen Sicherheit.

Diese drei Aufgaben waren aufs engste miteinander verknüpft; ihre Kombination zu einer Art „Dreistufenplan" war in den Augen der Reichswehrbefehlshaber ausreichende Legitimation für den Reichswehrminister. Da die Ziele ad 2. und 3. nur auf der Basis der „Überparteilichkeit" erreichbar waren, wurde diese, trotz der schon damals von vielen erkannten Fragwürdigkeit des Begriffs, als unumstößliches Axiom hingenommen. Blombergs Hinweis auf Seldte, den Führer des Stahlhelms, sollte zum Ausdruck bringen, daß die „Wehrhaftmachung" in erster Linie in Zusammenarbeit mit diesem deutsch-nationalen Wehrverband angestrebt wurde; die viel wichtigere SA spielte in der Argumentation vor den Befehlshabern keine Rolle. Entscheidend wurde jedoch der dritte Punkt: Blomberg, der schon im Zusammenhang mit der Frage seiner Ernennung auf seinen Genfer „Erfolg" vom 11. Dezember 1932 hatte bauen können, vertrat die Ansicht, daß nunmehr „qualitativ" die Freiheit von Versailles erreicht sei. Hinsichtlich der „Quantität", d. h. der Heeresvermehrung, hing alles vom weiteren Fortgang der Genfer Verhandlungen – und von der Einstellung des neuen Reichskanzlers – ab. Blomberg empfahl sich auch hier als Vermittler zwischen der diplomatisch geführten Wehrpolitik der Ära Schleicher und dem Prinzip der „Wehrhaftmachung", für die das neue Kabinett sich stark machte. Bei der Beantwortung der Frage, wieso die Reichswehr einen Reichswehrminister Blomberg letztlich akzeptierte, darf daher nicht in erster Linie der innenpolitische Aspekt betrachtet werden, sondern es muß die Funktion Blombergs als Vertreter der Reichsregierung bei der Abrüstungskonferenz mitberücksichtigt werden. Das Problem der „Überparteilichkeit" und der „Loyalität" war in den Augen der Reichswehr zunächst nur ein funktionales. Erst im Verlaufe der weiteren Entwicklung des Verhältnisses zwischen Reichswehr und SA wurde die Tragweite des Stillhaltens vom 30. Januar 1933 deutlich. Da aber war es zu einer Umkehr bereits zu spät.

Hitler machte sich den Umstand, daß die Spitzen der Reichswehr am 3. Februar 1933 in Berlin anwesend waren, zunutze und erläuterte am Abend dieses Tages auf einer Veranstaltung im Hause Hammersteins seine politischen Ziele. Diese Aktion war offensichtlich vorher mit Blomberg und Reichenau abgesprochen worden. Hitler entwickelte in einer 2½stündigen Rede sein mittel- und langfristiges Programm zum ersten Mal. Die Anwesenheit des Reichsaußenministers von Neurath, der am Tage zuvor 60 Jahre alt geworden war, und dem zu Ehren Hammerstein die Einladung ausgesprochen hatte, verlieh Hitlers Ansprache einen allgemeingültigen, über das Reichswehrressort hinausgehenden Aspekt. Hitler enthüllte seine Ziele in bemerkenswerter Deutlichkeit: „Beseitigung des Krebsschadens der Demokratie", Ausrottung des Marxismus „mit Stumpf und Stil", „Eroberung neuen Lebensraums im Osten und dessen rücksichtslose Germanisierung". Hitler bezeichnete den Aufbau der Wehrmacht als die „wichtigste Voraussetzung für Erreichung des Ziels: Wiedererringung der politischen Macht". Er kündigte an, daß er die Allgemeine Wehrpflicht wieder einführen wolle und gab zu verstehen, daß die Reichswehr in Zukunft nicht mit der SA „verquickt" werden solle. Wenn Hitler am 30. Januar noch davon gesprochen hatte, er wolle die Reichswehr „nach Möglichkeit" nicht zu Kämpfen im Inneren einsetzen, so stellte er nunmehr fest, der Kampf im Inneren sei nicht ihre Sache, sondern die der Nazi-Organisationen.

Die Aufzeichnung über Hitlers Ansprache vom 3. Februar eröffnet die Reihe jener Schlüsseldokumente, die für die historische Beurteilung der Wehrmachtführung im Dritten Reich von zentraler Bedeutung sind. Wie auch bei den weiteren Gelegenheiten – 5. November 1937: Hoßbach-Besprechung (s. S. 183 ff.; 23. Mai 1939: Schmundt-Protokoll (s. S. 269 ff.); 22. August 1939: Obersalzberg-Besprechung (s. S. 278 ff.) – haben sich die Zuhörer nach Hitlers Ausführungen unterschiedlich, insgesamt aber eher abwiegelnd geäußert. Obwohl Hitler von Anfang an über seine Methoden und Ziele keine Unklarheiten ließ, haben die verantwortlichen Offiziere der Wehrmacht nicht oder nur zögernd an den Ernst der Hitlerschen Gedankengänge geglaubt. Das historische Problem besteht also nicht in der überholten Frage, ob die Reichswehr Hitlers Programm und seine verbrecherischen Ansinnen kannte, sondern in der Frage, warum die Politik Hitlers trotz ihrer Eindeutigkeit, mit der sie der Diktator bekannt gab, nicht so bewertet wurde, wie dies in Kenntnis der weiteren Ereignisse angemessen gewesen wäre. General Liebmann hat später mitgeteilt, „daß nach dem Weggang Hitlers in der allgemeinen Unterhaltung das Schiller-Wort fiel ‚Stets war die Rede kecker als die Tat'". Entscheidend aber war, daß Hitler mit seiner Ansprache vom 3. Februar 1933 das von Blomberg behauptete Prinzip der „Überparteilichkeit" bereits gebrochen hatte. Da die Spitzen der Wehrmacht keine grundsätzlichen Einwendungen erhoben, war von nun an davon auszugehen, daß sie Hitlers Programm prinzipiell billigten. Drei Tage hatten genügt, um die Reichswehr aus dem „apolitischen" Raum in das Vorfeld eines Bündnisses mit Hitlers System zu führen. Es blieb die Frage, ob dieser Annäherungsprozeß bis zur Komplizenschaft führen würde.

c. *Die Kabinettsitzung vom 8. Februar 1933*

Das Verhalten Blombergs und Reichenaus in den ersten Tagen der Regierung Hitler kann auch als das Bemühen angesehen werden, durch erhebliche Vorleistungen Hitlers Wohlwollen zu erringen. Vor allem Reichenau war davon überzeugt, daß nur auf diese Weise der Gefahr begegnet werden könne, trotz verbaler Beteuerungen Hitlers nach und nach in der „braunen Flut" der SA- und Parteigliederungen unterzugehen. Die Zahl von 100 000 Mann nahm sich im Vergleich zu dem Millionenheer von SA und Stahlhelm in der Tat außerordentlich klein aus.

Es lag auf der Hand, daß das bereits von Blomberg angesprochene Problem der „Quantität" nur zu lösen war, wenn die Reichswehr vom Reichskanzler nachdrücklich mit dem „Waffenträgermonopol" ausgerüstet und zugleich nach und nach zahlenmäßig vergrößert wurde. Das damit aufgeworfene Aufrüstungsproblem ist in anderem Zusammenhang zu erörtern; zunächst handelte es sich um eine innen- und parteipolitische Frage. Die grundsätzliche Weichenstellung erfolgte auf einer Kabinettsitzung am 8. Februar 1933. Im Rahmen der Arbeitsbeschaffungsmaßnahmen wurde dem Aufbau der Reichswehr nunmehr die erste Priorität eingeräumt. Innerhalb der nächsten fünf Jahre sollte der oberste Grundsatz lauten: „Alles für die Wehrmacht. Deutschlands Stellung in der Welt werde ausschlaggebend bedingt durch die deutsche Wehrmachtstellung. Davon hänge auch die Stellung der deutschen Wirtschaft in der Welt ab."

Diese Festlegung schuf für die weitere Tätigkeit der Reichswehr ein gesichertes politisches und finanzielles Fundament. Blomberg konnte das Ergebnis der Kabinettsitzung auch insofern als persönlichen Erfolg buchen, als es ausschlaggebend durch die jüngste Entwicklung der Abrüstungsfrage in Genf bestimmt wurde. Die theoretisch errungene Gleichberechtigung zog nicht nur in den Augen Hitlers, sondern der gesamten Reichswehr die Forderung nach der „Wiederwehrhaftmachung" des Deutschen Reiches gleichsam automatisch nach sich. Das Erbe Brünings und Schleichers wurde damit zur Grundlage der Zusammenarbeit zwischen Reichskanzler und Reichswehr.

Mit den Entscheidungen vom 8. Februar 1933 war der zukünftige Standort der Reichswehr innerhalb des nationalsozialistischen Systems ressortmäßig hinreichend klar umschrieben. Die scheinbar gesicherte materielle Zukunft der Armee öffnete diese gleichzeitig verstärkt den Bemühungen des Nationalsozialismus, die Wehrmacht im Sinne der nationalsozialistischen Ideologie „gleichzuschalten". Dies wurde von den führenden Persönlichkeiten der Reichswehr damals noch nicht voll erkannt.

B. Reichswehr und Nationalsozialismus

1. Nationalsozialismus und Wehrmacht vor 1933

a. Militarismus und Militanz in der Weimarer Republik

Jeder Versuch, das Verhältnis zwischen Reichswehr und Nationalsozialismus zu bestimmen und historisch zu bewerten, muß auf die Geschichte der deutschen Armee in der Weimarer Republik und auf die Geschichte der Entwicklung Hitlers und des Nationalsozialismus in den zwanziger Jahren zurückgreifen. Die in den vergangenen Jahren verstärkt diskutierte Frage nach Kontinuität oder Diskontinuität der deutschen Geschichte von 1870 bis 1945 spiegelt sich auch in der wissenschaftlichen Behandlung der deutschen Militärgeschichte. Trotz der lückenhaften Quellenlage für die Geschichte des Reichsheeres (nur die Akten der Marineleitung sind weitgehend erhalten geblieben) hat die jüngste Forschung inzwischen doch recht zuverlässige Ergebnisse vorgelegt, die das bis in die späten fünfziger und frühen sechziger Jahre vorherrschende Bild der Reichswehr und ihrer politischen Einstellung wesentlich differenziert haben.

Will man das politische Verhalten der Wehrmacht in der Zeit des Nationalsozialismus verstehen, ist zunächst die Frage nach dem Selbstverständnis der Armee zu stellen. Sie läßt sich nur in der Form einer genetischen Betrachtung, die bis in die Frühzeit der Weimarer Republik zurückgehen muß, beantworten.

Das Selbstverständnis des Reichsheeres wurde im wesentlichen durch die Erfahrungen des Ersten Weltkrieges und durch den Versailler Vertrag geprägt. Es wurde weiterhin akzentuiert durch die der Reichswehr übertragenen realen militärischen Aufgaben in den zwanziger Jahren und durch die Entwicklung eines idealtypischen Zukunftsbildes, an dem sich das Denken und Tun der Reichswehrführung ausrichtete. Die politische Einstellung der Reichswehr ergab sich aus der Summe dieser verschiedenen Faktoren.

Ausbruch, Verlauf und Ergebnis des Ersten Weltkrieges waren für die Führungsspitze der Reichswehr bis zum Beginn des Zweiten Weltkrieges entscheidende Schlüsselerlebnisse, die sich in den Bereichen der Menschenführung, der taktisch-operativen und strategischen Planung, sowie des politischen Verhaltens gegenüber der Reichsregierung besonders stark auswirkten. Die Reichswehrgeneralität ging größtenteils aus dem im Ersten Weltkrieg in den Ia- und Chefstellen verantwortlichen Generalstabsoffizierkorps hervor. Die Entwicklung des Kriegsbilds in den zwanziger und dreißiger Jahren orientierte sich bis etwa 1938 an den Weltkriegserfahrungen. Es war aufs engste mit einer spezifischen Interpretation der politischen Verhältnisse im Kaiserreich verknüpft. Die Erfahrung der „Totalität" des Krieges in den Jahren 1917 und 1918, die sich im Wirken der III. OHL besonders sinnfällig ausgedrückt hatte, wurde zu einem tragenden Pfeiler des militärischen Selbstverständnisses der Armee in den Jahren der Weimarer Republik. Die von Hindenburg und Ludendorff betriebene konsequente Militarisierung des gesamten staatlichen Lebens schwang deutlich über den Zusammenbruch des kaiserlichen Deutschlands hinweg und fand schließlich in der Person des Reichspräsidenten von Hindenburg ihr leicht faßliches und von der Reichswehr allgemein anerkanntes Symbol der Kontinuität.

Insgesamt jedoch schien die Kontinuität der deutschen Geschichte nach dem Zusammenbruch für die Mehrzahl der Offiziere in Frage gestellt. Den Beweis für den anscheinend totalen Zusammenbruch der deutschen Weltstellung lieferte der Versailler Vertrag, dessen Ungeheuerlichkeiten ihn in der allgemeinen Diktion der Zeit zum bloßen „Siegerdiktat" machten. Der Vertrag wurde als unmittelbare Folge der deutschen Ohnmacht, seine längere Gültigkeit als Resultat der fortgesetzten „Ohnmachtpolitik", wie sie vor allem von den Deutschnationalen angeprangert wurde, aufgefaßt. Er galt nicht als politischer Neuanfang nach der Beendigung des Krieges, sondern als Dokument der Kriegsfortsetzung „mit anderen Mitteln", wie man in Umkehrung des Clausewitzschen Gedankenganges sagen könnte. Er wurde von den Soldaten mehrheitlich als „Waffe" der Alliierten im fortgesetzten „Kampf" gegen das Deutsche Reich aufgefaßt. In erzwungener Erfüllung, Abwehr und Bekämpfung des Vertrages sah die Reichswehr nicht nur eine politische, sondern auch eine militärische Aufgabe. Der Versailler Vertrag verstärkte auf diese Weise den latent vorhandenen Zug zur Militarisierung des Denkens in Staat und Armee, zumal er als Reichsgesetz verfassungspolitisch bindende Bedeutung besaß.

Da eine innerliche Identifikation mit den Bestimmungen des Vertrages im allgemeinen, den militärischen Klauseln im besonderen für die Reichswehrführung nicht möglich war und von der Leitung der deutschen Politik in sämtlichen Kabinetten der Weimarer Republik auch nicht gefordert wurde, entwickelte sich der Vertrag zur lediglich negativen Folie des politischen und militärischen Selbstbewußtseins, das gleichwohl von ihm – zum Teil sogar traumatisch – geprägt wurde. Auf der Basis des Vertrages waren die aktuellen militärischen Aufgaben der Reichswehr gar nicht oder nur ansatzweise zu lösen. Nur die Aufrechterhaltung der inneren Sicherheit, das heißt der Einsatz der Reichswehr im Inneren, ließ sich unschwer in den Rahmen der durch Versailles gegebenen Möglichkeiten einordnen. Genau diese Aufgabe aber wurde von der Reichswehr als nicht erstrebenswert, als Notinstitut betrachtet. Die Gewährleistung der Sicherheit des Reiches nach außen hingegen wurde durch den Vertrag nahezu unmöglich gemacht, und damit war die Existenzberechtigung der Reichswehr insgesamt in Frage gestellt. So entfiel die „natürliche" Einbindung des militärischen Machtinstruments in den Umkreis staatlicher Verwirklichungsformen, die Folge davon mußte eine umso stärkere Betonung des militärischen Eigenwertes der Soldaten und ihrer Armee sein: das militante Denken wurde verstärkt.

Da die Realisierung militärischen Denkens und Handelns in den frühen Jahren der Republik nicht ohne weiteres möglich war, die reale Existenz der Reichswehr nach Verkündigung des Reichswehrgesetzes im Jahre 1921 aber nicht mehr zur Diskussion stand, kam es zur Ausbildung von Ersatzzielen, die sich zusammenfassend und verallgemeinernd mit dem Begriff „Zukunftssyndrom" umschreiben lassen. Dieses verknüpfte sich in einem dialektischen Prozeß mit dem Phänomen des „Weimarer Revisionismus“, auf den noch einzugehen ist.

Die zunehmende Fixierung des militärischen Denkens in der Reichswehr auf die Zukunft hin hatte sich aus der von Anfang an erkennbaren Aporie zwischen dem objektiven Wandel und Fortschritt des historischen Prozesses nach dem Ersten Weltkrieg und der anscheinend in Versailles festgeschriebenen Endgültigkeit der Weltkriegsresultate ergeben. Der Faktor Zeit arbeitete im Selbstverständnis der Armee gegen den Vertrag; je länger je grotesker klafften die Stipulationen von Versailles mit den objektiv zeitgerechten Erfordernissen auseinander. Eine Armee, die sich sklavisch an die zunehmend antiquiert wirkenden Vertragsbestimmungen hielt, verlor den Boden der Realität, schlimmer: sie ging ihrer Zukunft verlustig. Aus diesem Grunde wurde es zur vornehmsten Aufgabe der Chefs der Heeresleitung und der Reichswehrminister von Noske bis Schleicher, der Armee ein zukünftiges Ziel zu setzen. Diese Zukunft war aber nur ansatzweise mit den Realitäten der Gegenwart verknüpft; mit der fortschreitenden Erstarkung Deutschlands nach 1924 und dem immer stürmischer verlaufenden Technisierungsprozeß, der besonders sinnfällig in den Bereichen der Luft- und Panzerwaffe zum Ausdruck kam, entfernte sich die Zukunft immer weiter ins Reich der Theorie hinweg. In der Praxis des militärpolitischen Denkens bedeutete dies eine Abkehr von den politischen Gegenwartsbedingungen und eine weitere Extrapolation „reinen“ militärischen Denkens. Das militante Denken begann, sich in Glasperlenspielen zu ergehen.

Die politische Einstellung und damit das politische Selbstverständnis der Reichswehr resultierte aus der Ablehnung der gegenwärtigen Verhältnisse, die die eigene Existenz außerordentlich erschwerten und zudem als sinnwidrig und ungerecht erscheinen ließen, und einer zunehmend irreal werdenden Zukunftserwartung. Diese doppelte innerliche Loslösung von den Realitäten der Gegenwart führte zu dem Postulat von der Reichswehr als eines „Staates im Staate“. Die Vielgestaltigkeit dieses schillernden politischen Begriffs ist hier nicht zu erörtern (vgl. Abschnitt VI, S. 136). Für das Verhältnis zwischen Reichswehr und Nationalsozialismus ist es jedoch wichtig, darauf hinzuweisen, daß diese „Abkapselung“ nur insofern etwas mit der grundsätzlichen Ablehnung des „Systems“ von Weimar zu tun hatte, als dieses nicht in der Lage war, die Lebensbedingungen des Reiches und seiner Armee deren Selbstverständnis entsprechend anzugleichen. In dem Maße, in dem es der politischen Führung gelang, die außen- und militärpolitischen Verhältnisse zu bessern, die eigene Machtbasis zu verbreitern, die Diskriminierung durch den Versailler Vertrag abzubauen, die Geheimrüstungen von „Staats wegen“ zu sanktionieren, kam es zu einem Annäherungsprozeß zwischen Staat und Armee. Brüning, Groener und Schleicher sollten in den Schlußjahren der Republik die wichtigsten Repräsentanten für diesen sich abzeichnenden Kurswechsel werden.

Die Konzeption des Seecktschen „Staats im Staate“ aber wurde zu einer wichtigen Voraussetzung für das zu Beginn der Reichskanzlerschaft Hitlers postulierte Gebot der „Überparteilichkeit" der Reichswehr und weiterhin der sogenannten „Zwei Säulen Theorie". Sie wurde gefördert durch die unbedenkliche Übernahme des in der Reichswehr ausgebildeten militanten Denkstils durch Hitler. Es ist daher – im Gegensatz zu zahlreichen Hinweisen in der Literatur – keineswegs verwunderlich, daß die Spitzen der Wehrmacht auf Hitlers militant-aggressiven Stil bei seiner Ansprache am 3. Februar 1933 nicht negativ reagierten, denn dies entsprach den bisherigen sprachlichen und gedanklichen Gepflogenheiten, die der Reichswehrgeneralität geläufig waren. Hitler paßte sich in ihren Augen nur dem militanten Grundzug der Reichswehrideologie seit den Tagen Brünings an.

Im Bild des „Staats im Staate" lag jedoch eine weitere Bestimmung, die für die Interpretation des Phänomens Wehrmacht-Nationalsozialismus wichtig ist. Sie besagte, daß die Reichswehr in der augenblicklichen Form nur als Kader, als besonders zu schützender Keim für die projektierte große Zukunftsarmee angesehen werden dürfe. Die Schutzwürdigkeit und die Schutzbedürftigkeit der Reichswehr entzogen sie dem „Parteiengezänk". Wer die Reichswehr politisch verteidigte und ihren zukünftigen Ausbau forderte, entsprach daher ganz dem Selbstverständnis der Armee. Hitler hat diesen Zusammenhang schon lange vor 1933 erkannt und seine Reichswehrpropaganda dementsprechend aufgebaut. Sie ließ sich, vordergründig betrachtet, unschwer mit den politischen Zielsetzungen auch der Reichswehrminister Geßler, Groener und Schleicher vergleichen. Jeder Einsatz der Reichswehr im Inneren mußte demgegenüber als Störung des in sich geschlossenen, auf die Zukunft ausgerichteten, von militantem Geist beherrschten Systems empfunden werden. Schleicher ist nicht zuletzt an der Verletzung dieses Grundsatzes gescheitert, als er die parteipolitische Öffnung der Reichswehr betrieb, um sie für die politischen Alltagsbedürfnisse leichter handhabbar zu machen. Das Versprechen Hitlers, die Reichswehr „aus der Innenpolitik herauszuhalten", wurde daher von Blomberg um so dankbarer empfunden.

Die Weimarer Militanz ergab sich nicht nur aus der „militanten" Interpretation des Kriegsendes und des Versailler Vertrags, sondern war zugleich Reaktion auf den Machtverlust, den der Staat und insbesondere seine Armee erlitten hatten. Die Wiedergewinnung von Macht gehörte daher zu den Kernbedingungen des Weimarer Revisionismus. In der Reichswehr wurde im Rahmen der Beschäftigung mit dem Ersten Weltkrieg und der gegenwärtigen militärischen Ohnmacht eine neue Definition des Begriffs der Macht entwickelt, die ihren ausgeprägtesten Vertreter in der Persönlichkeit Joachim v. Stülpnagels fand. Danach war militärische Macht nicht das Resultat bloßer Personal- und Materialanhäufung, sondern darüber hinaus, ja in erster Linie, der Überwindung der „Materie" durch „geistige Qualitäten". Hieraus resultierte eine Abwertung des „Materials", die sich in der Metapher vom „toten Material" ausdrückte. So erfüllte die Durchtränkung des äußeren Erscheinungsbildes militärischer Macht mit einem aus der Idealphilosophie gewonnenen Machtbegriff das Denken und Handeln der Reichswehrführung in der Ära Seeckt mit einer militanten Tendenz.

Auf diese Weise wurde der Boden für die Forderung bereitet, den „nicht abrüstbaren“ Geist, wie ihn Seeckt betonte, rasch und konsequent auszubreiten, um die materiellen Unzulänglichkeiten der Gegenwart und der näheren Zukunft im Sinne der Hegelschen Dialektik „aufzuheben“. Als Hitler, wenngleich auf primitiver Stufe, die „Wehrhaftmachung“ forderte, konnte sich die Reichswehr auch auf diesem Felde leicht mit ihm identifizieren; ihr entging aber, daß Hitlers militärisches Denken dem Sozialdarwinismus entstammte und mit der Reichswehrideologie theoretisch gar nichts zu tun hatte.

Dem geistesgeschichtlichen Militanzbegriff gesellte sich in den letzten Jahren der Republik der äußere Anblick militarisierten Geistes in der Form der zahlreichen uniformierten Wehrverbände und Parteiarmeen hinzu. Im krassen Gegensatz zu der tatsächlichen militärischen Ohnmacht der Republik stand das Gehabe der nach Millionen zählenden Mitglieder von paramilitärischen Gruppen. Die in den Endjahren von Weimar ständig zunehmende Militarisierung des Denkens kam auch in einer Flut von Kriegsbüchern und Kriegsfilmen zum Ausdruck, die leidenschaftlich diskutiert wurden. Mit Beginn der Abrüstungskonferenz im Jahre 1932 und der hier offiziell erhobenen deutschen Forderung nach militärischer „Gleichberechtigung“ schlug das Phänomen des Weimarer Militarismus auch in den internationalen Bereich hinüber. Das immer noch und verstärkt seit 1930 spürbare Mißtrauen des Auslands allen militärischen Erscheinungen in Deutschland gegenüber trug ebenfalls dazu bei, Militarismus und Nationalismus enger aneinander zu koppeln. In dieser Atmosphäre drang das spezifische militaristische Gedankengut des Nationalsozialismus leichter als bisher auch in die Reichswehr ein.

b. Revisionismus und Reichswehr

Die Forderung nach Revision war seit dem Inkrafttreten des Versailler Vertrages ein Kontinuum der deutschen Außenpolitik. Sie konzentrierte sich insbesondere auf den Artikel 231, den sogenannten „Kriegsschuldartikel“, die Auslieferung der sogenannten Kriegsverbrecher (die tatsächlich nicht erfolgte), die territorialen Bestimmungen des Vertrages im Sinne einer vollen Wiederherstellung des Umfangs des Deutschen Reiches von 1914, die Reparationsleistungen mit dem Ziel ihrer ersatzlosen Streichung und der Wiederherstellung der militärischen Gleichberechtigung durch allgemeine Abrüstung oder deutsche Wiederbewaffnung.

Für die Reichswehr war Teil V des Versailler Vertrags besonders revisionsbedürftig. Dabei ging es nicht nur um eine Verbesserung der durch den Vertrag beschnittenen Verteidigungsmöglichkeiten, sondern auch um die Wiederherstellung der militärischen „Ehre“, die vor allem durch das Wirken der Interalliierten Militärkontrollkommission (IMKK) in Mitleidenschaft gezogen war. Es verknüpften sich in der Revisionsforderung materielle und ideologische Argumente.

Wichtiger war, daß im fortgesetzten äußeren und heimlichen Kampf gegen den Teil V des Versailler Vertrags sich die Begriffe von Recht und Gesetz verwischten. Seit 1923 und der Denkschrift Seeckts über die Notwendigkeit der Vertragsverletzung aus Gründen der Staatsräson (vgl. Abschnitt VI, S. 207 ff.) begannen sich in der Reichswehr – und zwar durchgängig auf allen Führungsebenen bis hinunter zur Kompanie – jene Gedanken breit zu machen, die späterhin im Werk eines Carl Schmitt ihre theoretische Rechtfertigung finden sollten. Vereinfacht gesagt, wurde der Umgang mit dem Versailler Vertrag nicht an den Normen des positiven Rechtes ausgerichtet, sondern an einer dem „Gesetz" übergeordneten Idee von der übergesetzlichen Verpflichtung der Armee ihrem Staat – nicht unbedingt der Republik – gegenüber. In der praktischen Tätigkeit der Reichswehr bedeutete dies die Legitimierung von Vertragsverletzungen und damit Gesetzesverstößen, solange in einem „höheren" Sinne damit dem „Vaterland" gedient wurde. Ihre letzte Ausprägung im Gefolge der innerlichen Nichtanerkennung des Versailler Vertrags fand diese Haltung in dem Ausspruch Seeckts, daß auch die Verfassung für ihn kein „noli me tangere" sei. Es wäre verkehrt, hieraus auf eine potentielle Bereitschaft des Chefs der Heeresleitung zum Verfassungsbruch im „klassischen" Sinne zu schließen; das Infragestellen der Grundlagen der Republik wurde nur möglich, weil diese Grundlagen in den Augen der Reichswehr allzu eng ebenfalls mit dem Versailler „Diktat" verknüpft waren. Dessen Nichtanerkennung relativierte auch den Bestand der gültigen Verfassung.

Von hierher wird die Tragweite des Weimarer Revisionismus besonders klar erkennbar. Der Kampf gegen Versailles wurde par la force des choses mit dem Kampf gegen die Republik verknüpft. Die angestrebte „Verbesserung" der politischen und militärischen Lage Deutschlands enthielt immer auch ein Element der Zerstörung der verfassungspolitischen Grundlagen der Republik. Dieser Automatismus ist damals von den führenden Persönlichkeiten in Staat und Gesellschaft zwar nicht erkannt worden, doch die Interpretation der erfolgreichen Revisionspolitik, wie sie etwa durch Stresemann, Brüning und Schleicher getrieben wurde, läßt diesen Zusammenhang deutlich werden. Selbst in den Fällen, in denen die Reichsregierung Vertragsbrüche der Armee deckte – so im Zusammenhang mit den Scheidemannschen Enthüllungen vom Herbst 1926 (s. Abschnitt VI, S. 285 f) oder der Lohmann-Affäre im Jahre 1928 (s. Abschnitt VIII, S. 425 ff) – ging ein Stück der verfassungspolitischen „Glaubwürdigkeit" der Republik verloren. Die beiden Chefs der Heeres- bzw. Marineleitung konnten zu der Überzeugung kommen – bei Raeder ist dies im einzelnen nachweisbar –, daß ihre militärische Verantwortung für das „Staatswohl" auf der Grundlage einer revisionistischen Machtpolitik ruhte, die nicht vom Weimarer „System", sondern von einzelnen, individuellen Repräsentanten des „Systems" getragen wurde. Die hiermit eingeleitete „Individualisierung" des Verantwortungsbereichs im politischen Umkreis der militärischen Revisionspolitik sollte es Hitler und Blomberg später erleichtern, miteinander auszukommen. Schon lange vor der Zerstörung der demokratischen Grundlagen der Republik hatten sich die Militärs daran gewöhnt, ihre Aufgaben jenseits „parlamentarischer" Gremien und positiver Gesetze zu verfolgen. Mit Hitlers Machtantritt vereinfachte sich das Verfahren insofern, als die Identität zwischen Staat und Staatsführer in der Person Hitlers wieder hergestellt wurde.

Hatte man sich in den letzten fünf Jahren der Weimarer Republik in der Armee daran gewöhnt, Verfassungsvorschriften und Reichsgesetze zu relativieren, wenn dies aus Gründen der „Staatsräson" notwendig erschien, so hatte die außenpolitische Entwicklung dazu geführt, daß der Begriff „Revisionismus" seine inhaltliche Umschreibung mit „Revision auf 1914" zu verlieren begann. Das bedeutete: Die letzten Ziele des Weimarer Revisionismus lagen nicht mehr in der bloßen Wiederherstellung eines Machtzustandes, wie er im Jahre 1914, also vor Ausbruch des Ersten Weltkrieges bestanden hatte, sondern in der Erreichung einer Machtbasis, die eine erneute deutsche Katastrophe, wie sie im Selbstverständnis der Zeitgenossen 1914 über das Reich hereingebrochen war, unmöglich machen sollte. In diesem Zusammenhang spielten für die Reichswehr das geostrategische und das bündnispolitische Moment eine entscheidende Rolle. Auf diese beiden Faktoren aber war im wesentlichen auch die Hitlersche Programmschrift „Mein Kampf" aufgebaut. Je stärker sich die Weimarer Außenpolitik von der ursprünglichen Revisionsforderung abwandte, um einen „besseren" Zustand anzustreben, desto bemerkenswerter mußten die mündlichen und schriftlichen Ausführungen des nationalsozialistischen Parteiführers werden. Hitlers Über-Revisionismus ließ sich unschwer mit den aus dem militärischen Ressort gewonnenen Zukunftserwartungen, von denen bereits die Rede war, verknüpfen.

Es lag auf der Hand, daß mit dem Fortschreiten dieses Revisionismus neuer Qualität ein Element der Unruhe in die deutsche und europäische Außenpolitik eindringen mußte. Schon der „klassische" Revisionismus eines Wirth und Cuno hatte für die Destabilisierung des europäischen Staatensystems gesorgt. Stresemann und vor allem Brüning haben dann mit ihren großen außenpolitischen Erfolgen, in deren Konsequenz auch die volle Wiederherstellung der militärischen Macht des Deutschen Reiches liegen mußte – hierauf wird in anderem Zusammenhang zurückzukommen sein – die Grundlagen des Versailler Systems so weit erschüttert, daß ein vollständiger Neuaufbau mit allen seinen Chancen und Gefahren notwendig wurde. Die Wehr- und Sicherheitspolitik war seitdem untrennbar mit der Außenpolitik verknüpft, und die Persönlichkeit Blombergs war in gewisser Weise das „Produkt" dieses aus dem Revisionismus hervorgewachsenen Zusammenhanges.

Der Weimarer Revisionismus gehörte zu den Grundlagen der militärpolitischen Planungen in der Reichswehr. Er war verknüpft mit den Auflösungserscheinungen im innen- und verfassungspolitischen Bereich und lieferte die wesentlichen Faktoren bei der Bestimmung des außen- und wehrpolitischen Zukunftsbildes. Indem Hitler und der Nationalsozialismus sich zunächst radikal revisionistisch gaben, vermochten sie das Denken der Armee zu durchsetzen. In Verbindung mit dem Weimarer Militarismus und der Militanz der führenden Persönlichkeiten in der Reichswehr wurden auf revisionistischer Grundlage jene Ausgangspositionen abgesteckt, die das Verhältnis zwischen Reichswehr und Nationalsozialismus in den ersten Jahren der Hitlerschen Herrschaft bestimmen sollten.

c. Der Nationalsozialismus als Problem der Reichswehr

Nach dem gescheiterten Putsch von 1923, der Verurteilung Hitlers und der Neugliederung der Partei spielte nationalsozialistischer Einfluß in der Reichswehr nahezu keine Rolle. Dies begann sich seit den Jahren 1928/29 zu ändern und führte im Ulmer Reichswehrprozeß von 1930 zu einem ersten Höhepunkt in der geistigen Auseinandersetzung zwischen Reichswehr und Nationalsozialismus. Hitler hatte keinen Zweifel daran gelassen, daß er die Reichswehr der Republik lediglich als „Polizeitruppe zur Aufrechterhaltung von Ruhe und Ordnung" oder gar als „Parlamentswache" ansah (Zitate aus Hitlers „Zweitem Buch"), und er verbot mit Befehl vom 5. Dezember 1928 allen Parteimitgliedern den Eintritt in die Reichswehr.

Demgegenüber haben Hitler und seine Mitarbeiter niemals ein Hehl aus ihren Wunschvorstellungen hinsichtlich der notwendigen Weiterentwicklung der Reichswehr gemacht. 1929 hat der Reichsorganisationsleiter II der NSDAP, Constantin Hierl, in einer – auch veröffentlichten – Rede das Ziel der nationalsozialistischen Wehrpolitik umschrieben mit der „Wehrhaftmachung" des gesamten Volkes, der Erziehung der Reichswehr zu einem „fanatischen Befreiungswillen", der Beseitigung des demokratisch-parlamentarischen Systems und der Gewinnung von „Lebensraum".

Die „Heranführung" größerer Teile der Bevölkerung an die Reichswehr stand seit 1929 auch auf dem Programm der Sozialdemokratie, deren gebrochenes Verhältnis zu Reichsheer und Reichsmarine seit den Tagen des Kapp-Lüttwitz-Putsches sich weiter verschlechtert hatte. Freilich wird man kaum von einem „Wettlauf" zwischen SPD und NSDAP um die Gunst der Reichswehr sprechen können (Peter Bucher), da die jeweiligen Zielsetzungen grundverschieden waren. Im Zuge seiner „Legalitätspolitik" kam es Hitler seit 1930, d. h. seit dem politischen Wiederaufstieg seiner „Bewegung" darauf an, das wichtigste Machtinstrument der Republik in sein Konzept der „legalen Machtergreifung" einzubinden und für seine Zwecke funktionstüchtig zu konservieren. Das bedeutete zunächst lediglich das Bemühen um Neutralität der Reichswehr im Falle innenpolitischer Auseinandersetzungen um die Zukunft des republikanisch-parlamentarischen Systems.

Das Verhältnis zwischen Reichswehr und NSDAP geriet mit dem Ulmer Reichswehrprozeß – dem Verfahren vor dem Leipziger Reichsgericht (23. 9. bis 4. 10. 1930) gegen die Leutnante Scheringer, Ludin und Wendt vom 5. Artillerieregiment in Ulm – zum ersten Mal in das Rampenlicht einer breiten Öffentlichkeit. Die Beeinflussung durch nationalsozialistisches Ideengut, die bei den Angeklagten zum Versuch einer „Zellenbildung" innerhalb der Reichswehr geführt hatte, konnte, wie der Prozeß selbst und wie die Reaktionen des Offizierkorps auf das Urteil gegen die Angeklagten erwiesen, nur als sehr partiell bezeichnet werden. Lediglich die Teile aus dem Programm der NSDAP, die auf die „allgemeine Wehrhaftmachung", auf die „Heranführung der Armee an das Volk" und auf die „Befreiung aus den Fesseln von Versailles" gerichtet waren, erwiesen sich für die Reichswehr als ansteckungsträchtig. Hingegen ist nicht nachzuweisen, daß die rassistische und die Lebensraumideologie des Nationalsozialismus schon damals Einfluß auf das politische Denken auch jener Offiziere gehabt haben, die Hitlers „Bewegung" mit Sympathie gegenüberstanden. Die während der Zeugenvernehmung von Hitler sehr stark betonte „Legalität" seiner Politik, die er sogar auf die Zeit vor 1923 bezogen wissen wollte, trug dazu bei, die Problematik der nationalsozialistischen Politik und Ideologie zu verharmlosen. Der kurz vor dem Prozeßbeginn am 14. September 1930 errungene große Wahlerfolg der NSDAP tat ein übriges, um die Hitler-Partei in den Augen auch kritischer Reichswehroffiziere (so Becks) mehr als bisher „salonfähig" zu machen. Der geschickten Propaganda von Hitler und Goebbels war es zuzuschreiben, daß sich das potentielle Interesse der Reichswehroffiziere am Nationalsozialismus stärker als bisher auf das Umfeld jener Gedankengänge richtete, die mit deutsch-national bis nationalrevolutionär zu umschreiben sind.

Dennoch blieb die Homogenität des Reichswehroffizierkorps durchaus erhalten, und die politischen Diskussionen innerhalb der Reichswehr gingen – nach den Untersuchungen von Peter Bucher – nicht über das schon bislang übliche Maß hinaus. Eine Infiltrierung größerer Teile des Offizierkorps mit echt nationalsozialistischem Gedankengut, gar eine „tiefe Spaltung" innerhalb der Armee, ist nicht feststellbar. Gewiß spielte das Generationenproblem eine Rolle, doch wäre es verfehlt, die Ulmer Reichswehroffiziere als typische Vertreter einer unzufriedenen jungen Leutnantsgeneration anzusehen. Die von allen Chefs der Heeresleitung und den Reichswehrministern Geßler, Groener und Schleicher angestrebte prinzipielle parteipolitische Neutralität auch dem Nationalsozialismus gegenüber blieb vor und nach dem Prozeß in Leipzig im wesentlichen gewahrt.

d. *„Teilidentität der Ziele"*

Wer die tragische Rolle der Reichswehr/Wehrmacht in der Ära der nationalsozialistischen Diktatur zu verstehen sucht, wird sich über die Gründe klarwerden müssen, die die deutschen Streitkräfte schließlich in die Hände eines Mannes fallen ließen, der Nation und Staat in eine historisch beispiellose Katastrophe und in einen Abgrund moralischer Schuld stürzen sollte. Die von Hermann Foertsch gebrauchte Formel „Schuld und Verhängnis" trifft insgesamt gesehen zu, jedoch wird eine historische Betrachtung differenzieren und die individuellen Aspekte der maßgeblich handelnden Persönlichkeiten deutlicher herausarbeiten müssen. Einer der wesentlichen Schlüssel zur Aufklärung des historischen Tatbestandes findet sich in dem Phänomen der „Teilidentität der Ziele" (Manfred Messerschmidt) von Reichswehr und Nationalsozialismus. Welche Gemeinsamkeiten gab es zwischen ihnen, wie sind sie entstanden, zu welchen Schlußfolgerungen führten sie? Neben diesen Fragen ist das Problem zu behandeln, wie weit die Teilidentität der Ziele jeweils reichte und inwiefern sie auf bewußten oder unbewußten Mißverständnissen sowie auf Verharmlosungsbemühungen beider Seiten beruhte.

Potentielle Gemeinsamkeiten zwischen Reichswehr und Nationalsozialismus lassen sich am leichtesten negativ formulieren: Die Ablehnung des demokratisch-parlamentarischen Systems gehörte sowohl zu den Traditionen der Reichswehr seit Beginn der Ära Seeckt als auch zum Grundbestand der Hitlerschen Bewegung seit 1919. Die reservatio mentalis der Weimarer Republik gegenüber ging jedoch nicht bis zur Infragestellung der prinzipiellen Loyalität Staat und Verfassung gegenüber, nachdem die Putschversuche von 1920 und 1923 die radikalen Elemente in der Reichswehr entlarvt und Seeckt dafür gesorgt hatte, daß sie entlassen wurden. Der von Hitler von Anfang an propagierte Radikalismus stand in krassem Gegensatz zur verfassungskonformen Haltung Seeckts und seiner Nachfolger und kennzeichnete daher exakt die Grenze der möglichen Identifizierung der Reichswehr mit dieser nationalsozialistischen Auffassung.

Gemeinsam war Reichswehr und Nationalsozialismus auch die prinzipielle Ablehnung des „Parteienstaats" Weimarer Prägung. Da die Parteien im Reichstag die Ressortinteressen der Armee oft nur unzureichend wahrgenommen, die Linksparteien sie gelegentlich sogar gröblich verletzt hatten, war im Selbstverständnis der Reichswehr die Ablehnung des ganzen „Systems" erklärlich. Die Forderung nach Überparteilichkeit, die sich etwa auch der Reichswehrminister Geßler zu eigen gemacht hat, und die – erstaunlicherweise – auch von der Mehrheit des Reichstages gewünscht wurde, was in der langen Amtszeit Geßlers zum Ausdruck kam, galt auch für die Beurteilung des Nationalsozialismus durch die Reichswehr. Solange die Hitler-Partei eine unter verschiedenen Parteien war, verfiel auch sie dem Überparteilichkeitspostulat der Reichswehr. Mit der Ausschaltung aller anderen Parteien nach 1933 entfiel dieses Problem; da es nur noch eine Partei gab, führte sich der Begriff selbst ad absurdum; die Forderung nach Überparteilichkeit konnte nunmehr als erfüllt angesehen werden.

Eine besondere Rolle spielte in den Jahren der Weimarer Republik der Kampf gegen alle politischen Auffassungen, die dem Selbstverständnis der Armee vom „wehrhaften Staat" entgegenliefen. Der Begriff „Pazifismus" wurde dabei außerordentlich strapaziert und unterschiedslos auf linke Parteien und alle politischen, gesellschaftlichen und kulturellen Programme und Persönlichkeiten angewendet, die die Ziele des Weimarer Revisionismus und die Restauration der deutschen Außenpolitik in Frage stellten. Auf diesem Gebiet lassen sich die Identitäten mit der Hitlerschen Programmatik und Propaganda – etwa des „Völkischen Beobachters" – besonders deutlich erkennen. Die gemeinsame Basis wurde von Hitler bewußt in den Begriffen vom „Frontsoldatentum" des Ersten Weltkrieges und dem Postulat von der „nationalistisch eingestellten Jugend" der Gegenwart gesucht. Das Phänomen der „Jugendlichkeit der NS-Bewegung" – es wird im Zusammenhang mit den Parteiorganisationen noch im einzelnen zu behandeln sein – mußte für die Reichswehr besonders attraktiv sein, solange ihr infolge der Wehrverfassung der Zugriff auf die Jugend weitgehend verwehrt war. Gleichzeitig sind hier aber auch die Wurzeln jenes Konkurrenzdenkens auszumachen, die die Geschichte der Wehrmacht und der Partei nach 1933 mitbestimmen sollten.

Die „Identifizierung der Interessen der Reichswehr mit denen der Nation" (Klaus-Jürgen Müller) gehörte zum selbstverständlichen Ideengut der Armee und war Folge und Ursache der Abkapselung der Reichswehr, die Seeckt in die Formel goß, das Heer sei „reinstes Abbild des Staates". Zwar haben auch andere Parteien der Weimarer Republik für sich in Anspruch genommen, einzig legitimierte Sachwalter der Volksinteressen zu sein, jedoch blieb es Hitler und seiner Partei vorbehalten, diese Behauptung in gewisser Weise zu monopolisieren, indem die Nationalsozialisten ihren Parteistatus nur als Hülle betrachteten, in Wahrheit jedoch vorgaben, jenseits aller Partei- und Gruppeninteressen allein zum Wohle des Ganzen, oder, wie sie es nannten, der „Volksgemeinschaft" wirken zu wollen.

Weitere Auffassungskorrespondenzen zwischen Reichswehr und Nationalsozialismus sind auch für das Begriffspaar „Staat" – „Republik" feststellbar. Dem negativen Begriff „Republik" wurde der positive Begriff „Staat" entgegengestellt, in dessen Diensten die Soldaten standen. Auch Hitler schien ja keineswegs den „Staat" abzulehnen, sondern nur die Staatsform; daß das demokratisch-parlamentarische System von einem totalitären und sozialdarwinistisch-rassistischen abgelöst werden sollte, wobei der „Staat" ebenso relativiert wurde wie die Begriffe „Recht" und „Gesetz", ist damals der Masse der Soldaten nicht deutlich geworden. Die Gemeinsamkeit bei der Ablehnung „der Republik" fand jedoch ihre Grenze in der verfassungspolitischen Loyalität der Reichswehr, die bis zu Hitlers Machtergreifung über jeden Zweifel erhaben war. In der Person Hindenburgs war der Gehorsam der Republik gegenüber verbürgt. Die von Hitler betonte „Legalität" seiner gegen den Bestand der Republik gerichteten Politik führte in den letzten Jahren von Weimar Teile der Reichswehr auch in dieser Frage wieder näher an die NSDAP heran.

Ein weit höherer Grad der Identität ergab sich jedoch bei der Betrachtung des Gegensatzpaares „Volksgemeinschaft" – „pluralistische Gesellschaft". Der im Nationalsozialismus gebrauchte Begriff der „Volksgemeinschaft" wurde von der Reichswehrführung im Sinne des Gemeinschaftserlebnisses des „Frontsoldatentums" übernommen und in die traditionelle Vorstellung von der „inneren Geschlossenheit" der Armee eingebettet. Nach dem 30. 1. 1933 ergaben sich hieraus allerdings viel weitergehende Implikationen, die in der Ära Schleicher/Hammerstein noch nicht angelegt waren. Die bisherige Interpretation der NS-„Volksgemeinschaft" stellte sich als falsch heraus. Allgemein in der Reichswehr verbreitet war aber die vehemente Ablehnung des „Pluralismus"; hier erfüllten die Schriften Carl Schmitts eine gewisse ideelle Leitfunktion. Gesellschaftlicher Pluralismus wurde in eine enge Verbindung mit den Negativbegriffen „Pazifismus", „Demokratismus", „Parteienwirtschaft" u. ä. gebracht. Er galt als größtes Hindernis für die sowohl von der Reichswehr als auch vom Nationalsozialismus klar angestrebte „Wehrhaftmachung des ganzen Volkes".

Der damit verknüpfte hohe moralische Anspruch korrespondierte mit der Interpretation des „Dienstes an Staat und Nation", wie sie der Reichswehr geläufig war. Von hierher konnte der Nationalsozialismus gerade wegen seiner „völkischen" Komponente, die als Gegensatz zum „parteipolitischen Egoismus" anderer Parteien begriffen wurde, als wertvoll bezeichnet werden. Es ist daher nicht verwunderlich, daß selbst nüchterne und kritische Offiziere seit 1930 sich darum bemühten, diese Gemeinsamkeit mit dem Nationalsozialismus fruchtbar zu machen. Oberst v. Bredow, der Nachfolger Schleichers im Ministeramt, der sehr deutlich die Gefahren einer Unterwanderung der Reichswehr durch den Nationalsozialismus erkannte – er dürfte nicht zuletzt deswegen am 1. 2. 1933 abgelöst worden sein – glaubte gleichwohl darauf hinweisen zu müssen, daß im Umgang mit der Nazi-Partei „alles vermieden" werden müsse,

„was als Abweisung oder Kränkung empfunden werden könnte. Die gebotene Zurückhaltung der Reichswehr darf nicht zu dem Eindruck führen, als stünde die Wehrmacht der vaterländischen und wehrfreudigen Gesinnung der nationalistischen Bewegung verständnislos gegenüber. Es hat sich auch gezeigt, daß die Führer der N.S.D.A.P. eine offene Aussprache mit der Reichswehr mit dem Ziele suchen, sich besonders dort, wo der Parteikampf das politische Urteil verzerrt hat, an der sachlichen und nüchternen Auffassung der überparteilichen Wehrmacht zu orientieren. Daraus kann der Reichswehr eine wertvolle Möglichkeit zur Befriedung der politischen Spannungen erwachsen." (Schreiben des Chefs des Ministeramts im Reichswehrministerium an alle Chefs der Stäbe usw. vom 5. 8. 1932.)

In diesem Punkt kann man von einer nahezu vollkommenen Identität zwischen Reichswehr und Nationalsozialismus sprechen. Die „Wehrhaftmachung des Volkes" war das unter Groener und Schleicher auch öffentlich verkündete Hauptziel der gesamten Wehrpolitik. Was im einzelnen unter Wehrhaftmachung überhaupt zu verstehen war, blieb weitgehend individueller Interpretation überlassen, wobei das Spektrum von der bloßen Milizidee (etwa Groeners) bis zur totalen Militarisierung im (angeblichen) Sinne Scharnhorsts (etwa bei Joachim v. Stülpnagel) reichte. Gerade der Programmpunkt „Wehrhaftmachung" hatte eine entscheidende Rolle im Fall Scheringer-Ludin gespielt. Die echten oder vorgeblichen Sympathien mit den nationalsozialistischen Ideen reduzierten sich, wie der Prozeß in Leipzig ergab, letztlich auf die Übereinstimmung in diesem Punkt und in der Forderung nach der „Befreiung des Landes von den Fesseln von Versailles". Die Identität der Zielsetzungen zwischen der Reichswehr und dem Reichswehrminister auf der einen Seite, Hitler und seiner Organisation auf der anderen, führte zu einer vollkommenen Verkennung des Nationalsozialismus und reduzierte die Reaktionen Groeners auf die Ulmer Vorgänge zu bloßen Problemen der Autorität und der Disziplin. Kennzeichnend hierfür ist eine Rede Groeners im Gefolge des Reichswehrprozesses vor den Wehrkreiskommandeuren am 25. 10. 1930, in der er ausführte:

„Ich bin empört, daß es Offiziere gibt, die meine nationale Gesinnung und meinen heißen Wehrwillen anzweifeln und mir vorzuwerfen gewagt haben, daß ich einen ‚Linkskurs' steuere ... Genau das Gegenteil dieser Vorwürfe ist richtig. Seit ich Reichsminister bin, ist mein ganzes Sinnen und Trachten nur auf ein Ziel, die Befreiung unseres Landes gerichtet ... Die ganze Wehrmacht müßte allmählich wissen, wie ich ... ihre Interessen gewahrt und frei von jeder politischen Beeinflussung, vor allem von linker Seite gehalten habe. Denn nur eine über allen Parteien stehende und in sich gefestigte Wehrmacht ist für den ihr zugedachten hohen Zweck zu gebrauchen. In sich gefestigt aber ist die Wehrmacht nur, wenn es in ihr nur eine Disziplin, nur einen Gehorsam, nur eine Autorität gibt und die muß vollkommen sein."

Die angestrebte Wehrhaftmachung des Volkes – nicht zuletzt Reaktion auf das von den Siegermächten abgeschaffte Institut der allgemeinen Wehrpflicht – warf gleichzeitig die Frage nach dem Stellenwert der Armee innerhalb von Staat und Volksgemeinschaft auf. Hitler hatte niemals ein Hehl daraus gemacht, daß dem Soldaten – freilich in der charakteristischen Umschreibung des „Frontsoldaten des Ersten Weltkrieges" – wie vor 1914 der erste Platz im Staate gebühre. Von dieser Grundidee aber war auch die Reichswehr niemals abgerückt. Hatten Seeckt, Heye und Hammerstein sich letztlich mit dem bloßen Anspruch auf diese Position zufrieden gegeben, ohne sie in der realen Wehrpolitik durchsetzen zu wollen, so gehörte die Statusverbesserung des Soldaten zu den erklärten Zielen des Nationalsozialismus. Auch insofern war Hitlers Programm attraktiv, denn nur wenige, zumeist ältere Offiziere erkannten vor 1933 deutlich genug die nivellierende, „proletenhafte" Basis der nationalsozialistischen „völkischen" Gemeinschaft, in die die Armee selbstverständlich eingegliedert werden mußte.

Schließlich gab es Teilidentitäten auch auf dem Felde des Machtbegriffs. Militärische Macht gehörte seit den Tagen Stresemanns und Seeckts zu den unverzichtbaren Voraussetzungen politischer Behauptung und diplomatischer Handlungsfähigkeit. Die Wiedergewinnung von Macht war eng mit der Forderung nach der Wehrhaftmachung verknüpft. Diese war nicht nur eine volkserzieherische Maßnahme, auch wenn in der offiziellen Reichswehrpolitik auf diesen Punkt aus taktischen Erwägungen das größte Gewicht gelegt wurde, sondern Bedingung für den militärisch-politischen Machtgewinn, der zur Realisierung der im Weimarer Revisionismus festgelegten Ziele notwendig erschien. Das Streben nach Machtgewinn und Machtausübung war die Triebfeder für die permanente Forderung nach militärischer Gleichberechtigung. Hier gab es einen breiten politischen Konsens, der von allen Parteien mit Ausnahme von SPD und KPD – die den Machtbegriff anders definierten – getragen wurde. Der

Nationalsozialismus unterschied sich in dieser Frage nur durch das Maß der Radikalität, mit dem die Forderung nach Macht erhoben wurde. Die Grenze der Übereinstimmung mit der Reichswehr ist ziemlich deutlich zu ziehen: sie verlief dort, wo „Macht" in „Gewalt", Machtausübung in Gewaltausübung umschlugen. Das galt sowohl für den innenpolitischen als auch in erhöhtem Maße für den außenpolitischen Bereich. Gerade an der Frage nach der notwendigen und möglichen Ausübung von Gewalt nach innen und außen sollten sich nach 1933 die fundamentalen Kontroversen zwischen Wehrmacht und Nationalsozialismus entzünden.

Die ideologischen Gemeinsamkeiten zwischen Reichswehr und Nationalsozialismus müssen auch vor dem Hintergrund des „Ressortegoismus" gesehen werden. Die Reichswehr hatte sich nolens volens im Verlaufe der letzten zehn Jahre daran gewöhnen müssen, ihre militärischen Forderungen gegen oft heftigen parlamentarischen Widerstand durchzudrücken. Zuletzt hatten die erbitterten Auseinandersetzungen um die Panzerschiffe A und B (vgl. Abschnitt VIII, S. 395 f und 434 f) deutlich gemacht, daß das Parlament keineswegs gewillt war, dem Verlangen der Reichswehr ohne weiteres nachzukommen. Das von den Reichswehrministern nach und nach perfektionierte Taktieren und Finassieren erstreckte sich auch auf die Partei Hitlers, wie die Aktionen Schleichers im Herbst und Winter 1932/33 zeigen (vgl. Abschnitt VI, S. 289–303). So wie Hitler die Reichswehr möglichst intakt und geschlossen übernehmen wollte, so bemühte sich Schleicher um eine Ausnutzung und damit zugleich Zähmung der Nationalsozialisten. Daß er damit vollkommen scheiterte und mit seinem Leben schließlich dafür büßen mußte, zeigt, wie sehr auch von klugen und nüchtern denkenden Persönlichkeiten das wahre Gesicht des Hitlerismus verkannt werden konnte.

Insgesamt kann man von einer Teilidentität der Ziele zwischen Reichswehr und Nazismus nur deswegen sprechen, weil die „Endziele" Hitlers den Führern der Reichswehr und der Masse des Offizierskorps nicht bekannt waren. Hitler hat zwar auch aus seinen langfristigen Absichten niemals ein Hehl gemacht, aber Erziehung, historische Erfahrung und politische Weltanschauung hinderten die Offiziere, das Phänomen Nationalsozialismus zu begreifen. Weder die Skrupellosigkeit noch die Maßlosigkeit, geschweige denn das Verbrecherische von Hitlers System waren für sie erkennbar, da ihnen der geistige Schlüssel zu dieser Erkenntnis fehlte. Die „Bewegung" wurde bis 1938 im wesentlichen nach den tradierten deutsch-nationalen Kategorien bemessen und gewertet: nur auf dieser Grundlage konnte es überhaupt zu Teilidentitäten kommen. Es gibt zahlreiche zeitgenössische und noch mehr nachträgliche Zeugnisse dafür, daß sich der Charakter des nazistischen Totalitarismus der Wehrmacht nicht enthüllte. Aus diesem Grunde kann man aber der Reichswehr auch nicht vorwerfen, daß sie „nicht die geringsten Anstalten zur Abwehr der nationalsozialistischen Ideologie" (Messerschmidt) getroffen hat. Die Wehrmacht kannte ihren Gegner, der sie zerstören sollte, gar nicht. Was sie zu sehen und zu erkennen meinte, war eine besondere, vielleicht besonders radikale Spielart des hergebrachten Nationalismus und Chauvinismus. Sie ging davon aus, sich nur gegen die Auswüchse und die in ihnen enthaltene Sprengkraft abschirmen und wehren zu müssen; sie sah nicht, daß der Nationalsozialismus selbst die Existenz von Volk, Staat und Wehrmacht radikal bedrohte und in Frage stellte. Widerstand gegen Hitler aus diesen prinzipiellen Erwägungen heraus wurde erst viel später wach.

Neben zahlreichen Übereinstimmungen zwischen Wehrmacht und Nationalsozialismus gab es jedoch auch grundsätzliche Widersprüche, auf die in anderem Zusammenhang noch näher einzugehen sein wird. Hier muß nur ein Phänomen gesondert betrachtet werden, da es eine gegenläufige Tendenz zu der Zielidentität darstellt: die Verachtung des Nationalsozialismus und Hitlers durch die Reichswehr und die Überheblichkeit der Offiziere den verschiedenen Parteiorganisationen gegenüber.

Am bekanntesten ist der Ausspruch Hindenburgs gegenüber Schleicher, er werde sich hüten, diesen „böhmischen Gefreiten" zum Reichskanzler zu machen. Hitler galt in seinen und in den Augen zahlreicher Reichswehroffiziere als „nicht gesellschaftsfähig". Zwar wurde dem Meldegänger aus dem Ersten Weltkrieg nicht persönlicher Mut abgesprochen, doch alle Versuche Hitlers, sich auf eine Stufe mit den Berufsoffizieren zu stellen, galten als Anmaßung. Das „proletenhafte" Benehmen der SA und zahlreicher höherer Parteiführer gehörte zu den ständigen Kasinogesprächen und rief angewiderte Ablehnung hervor. Die vor der Machtergreifung von der Reichswehr argwöhnisch beobachtete sozialistische Komponente der Partei galt als besonders suspekt und wurde sogar mit bolschewistischen Bestrebungen in Zusammenhang gebracht. Die Reichswehr fühlte sich dem nationalsozialistischen Gedankengut in jedem Punkte intellektuell überlegen. Dies trug zu dem verhängnisvollen Glauben bei, daß die besseren Argumente und die höhere Einsicht genügen würden, um den Radikalismus in der Partei zu brechen und die „wertvollen" Elemente den eigenen Zielen dienstbar zu machen.

2. Die „Zwei-Säulen-Theorie"

a. Die Standortbestimmung der Reichswehr nach der Hitlerschen Machtergreifung

Nach dem 30. Januar 1933 wurde das Verhältnis zwischen nationalsozialistischem Staat und Armee sehr oft mit dem Bild von den „zwei Säulen" umschrieben. Die NSDAP war die eine, die Reichswehr die andere Säule. Beide zusammen trugen den „neuen Staat". Am ersten Jahrestag der „Machtergreifung" umschrieb Hitler diesen Zusammenhang mit der Formulierung, daß die Staatsführung getragen werde

„von zwei Säulen ..., politisch von der in der nationalsozialistischen Bewegung organisierten Volksgemeinschaft, militärisch von der Wehrmacht. Es wird für alle Zukunft mein Streben sein, dem Grundsatz Geltung zu verschaffen, daß der alleinige politische Willensträger der Nation die nationalsozialistische Partei, der einzige Waffenträger des Reiches die Wehrmacht ist."

Schon am 9. November 1933 hat Hitler anläßlich einer Gedächtnisfeier und der Weihe eines Mahnmals für die Toten des Putsches von 1923 im gleichen Sinne ausgeführt, es sei für ihn

„das höchste Glück, ... daß wir nun zusammenstehen: Die Repräsentanten unseres Heeres und die Vertreter unseres Volkes, daß wir wieder eins geworden sind, und daß diese Einheit niemals mehr in Deutschland zerbrechen wird."

Tatsächlich konnte vom ersten Tag der Hitlerschen Herrschaft an jedoch nicht von einer Art Gleichberechtigung der Wehrmacht neben der Partei gesprochen werden. Daß die Zwei-Säulen-Theorie nur eine taktische Maßnahme im Rahmen der prinzipiellen Gleichschaltungsbemühungen war, wurde spätestens mit dem Sturz Fritschs deutlich. Doch schon vorher haben Blomberg und Reichenau die Metapher von den zwei Säulen nur vorsichtig verwendet und ihr eher eine Alibifunktion bei den zahlreichen Aktionen der Ausrichtung der Wehrmacht auf den Nationalsozialismus zugewiesen.

Nachdem Hitler „legal" an die Macht gekommen war, bemühten sich Blomberg und Reichenau, sich den gewandelten politischen Verhältnissen so rasch und konsequent wie möglich anzupassen. Dabei wirkte die Überzeugung von der grundsätzlichen Richtigkeit des Nationalsozialismus mit der begründeten Furcht zusammen, eine allzu matte Akklamation könnte die zukünftigen Existenzgrundlagen der Reichswehr gefährden. Umgekehrt hat sich auch Hitler anfangs darum bemüht, die Armee nicht durch zu weitgehende Änderungen ihres inneren und äußeren Gefüges zu verunsichern. Es kam infolgedessen unmittelbar nach dem 30. Januar 1933 zu einer ganzen Kette von prinzipiellen Verlautbarungen Hitlers, die sein Verhältnis zur Wehrmacht zum Inhalt hatten. Die „Umarmungstaktik" ging also von beiden Seiten aus. So potenzierten sich die auf „Annäherung" zwischen Armee und Partei gerichteten Kräfte. Aus den „Teilidentitäten" wurden zumindest im Selbstverständnis Blombergs und Reichenaus sehr rasch volle Identitäten. Der Weg dorthin war gekennzeichnet durch den Versuch einer neuen „Standortbestimmung" der Reichswehr im nationalsozialistischen Staat. Fritsch hat am 14. Juli 1933 als Kommandeur der 3. Reichswehrdivision in einer Verfügung hierzu einen typischen und insofern allgemeingültigen Versuch unternommen, als er zur Masse jener dem Nationalsozialismus zunächst distanziert gegenüberstehenden Offiziere gehörte, auf deren Gewinnung es Hitler in besonderem Maße ankommen mußte. Fritsch führte aus:

„Das wirklich wertvolle Geistesgut, das seine lebendige Kraft aus der ruhmreichen Vergangenheit unseres Volkes zieht, braucht und darf nicht verloren sein, es muß dem neuen Staat erhalten bleiben und wird durch seine traditionsgebundene Stärke eine wertvolle Stütze gerade dieses Staates sein. Auch wenn die Form sich wandelt, kann der

Inhalt bleiben. Hier liegt eine große Verantwortung bei all denen, die besonders eng mit der Vergangenheit verbunden, sich dem Sturmschritt neuen deutschen Geschehens noch nicht haben anpassen können und deren schönste Aufgabe es sein muß, die sittlichen Werte der Vergangenheit in den neuen Staat zu überführen."

Die nach dem 30. Januar 1933 erkennbare sehr viel positivere Bewertung des Nationalsozialismus ging auf die Tatsache der „legalen" Machtergreifung zurück sowie auf das Hitler durch Hindenburg verliehene Prestige, nicht zuletzt aber auch auf das scheinbare Wiederaufleben einer Politik der „Harzburger Front", als die man die Zusammensetzung des Kabinetts Hitler interpretierte. Der Geruch des Revoluzzerhaften, der Hitlers Bewegung bis dahin angehangen hatte, verflüchtigte sich, und man kann mit Manfred Messerschmidt in der Tat davon reden, daß die „nationalkonservative Grundhaltung des Vorkriegs-, Weltkriegs- und Reichswehroffiziers ... den Nationalsozialismus nach der ‚legalen Machtübernahme' als *den* Ausweg aus den Weimarer Kalamitäten" begrüßen konnte.

Dabei erschien der Totalitätsanspruch der Hitlerschen Bewegung nicht als Problem, da man sich auf einer weitgehend gleichen weltanschaulichen Basis zu befinden glaubte. Die Betonung des Überparteilichkeitsprinzips in den ersten Verlautbarungen Blombergs und Reichenaus zielte daher nicht auf das Recht, auch fernerhin prinzipiell den Nationalsozialismus ablehnen zu können, sondern lediglich auf eine Neutralität. Die Skala möglichen politischen Verhaltens dem Nationalsozialismus gegenüber wurde von Anfang an um ihren potentiell „negativen" Teil verkürzt. Demnach war Widerstand gegen die Grundlagen der NS-Ideologie und -Politik nicht möglich und hätte sich in den Augen Blombergs und Reichenaus sofort als Destruktion im Sinne des „berüchtigten" Weimarer Pluralismus ausgewiesen. Probleme mit den neuen politischen Gegebenheiten konnte es daher nur auf untergeordneter Basis und im formalen Bereich geben; Hitler als symbolhafte Verkörperung des „reinen" nationalsozialistischen Geistes und Wollens wurde jeder Kritik entrückt. Die Abgrenzungsbemühungen der Reichswehr den Ansprüchen der zweiten Säule gegenüber bezogen sich daher immer nur auf die Parteigliederungen und die Parteiorganisationen und ihre jeweiligen Führer. Erst im Zusammenhang mit der Blomberg-Fritsch-Krise (1938) geriet Hitler zum ersten Mal persönlich mit in den Kreis der von Wehrmachtoffizieren Kritisierten.

Dem Begriff der „Überparteilichkeit" entsprach das von Blomberg verkündete und von Hitler geforderte und gewünschte „Nichteinmischungsprinzip". Auf die politischen Realitäten in den ersten Monaten der Hitlerschen Herrschaft angewendet, bedeutet es nichts anderes, als das tatenlose Gewehr-bei-Fuß-Stehen der Armee während der ersten Säuberungs- und Terrorwelle im Vorfeld der Reichstagswahlen und des Ermächtigungsgesetzes. Reichenau ließ keinen Zweifel daran, in welchem Sinne er die von ihm geforderte „wohlwollende Neutralität" der Befehlshaber verstanden wissen wollte. Schon im Februar 1933 erklärte er in Abwesenheit Blombergs auf einer Befehlshaberbesprechung:

„Erkenntnis notwendig, daß wir in einer Revolution stehen. Morsches im Staat muß fallen, das kann nur mit Terror geschehen. Die Partei wird gegen Marxismus rücksichtslos vorgehen. Aufgabe der Wehrmacht, Gewehr bei Fuß. *Keine Unterstützung, falls Verfolgte Zuflucht bei der Truppe suchen.*"

Die Befehlshaber haben, mit Ausnahme des Leiters der Wehrmachtsabteilung im Reichswehrministerium, Oberstleutnant Ott, nach dessen Angabe zwar „betroffen", aber schweigend reagiert. Das lag in der Konsequenz der von Blomberg und Hitler am 3. Februar verkündeten Maximen. Zumindest Reichenaus Nichteinmischungspolitik war eine „bewußte Option für Hitler" (Müller).

Die weitere Entwicklung war mit dieser Interpretation der „Nichteinmischung" und der „Überparteilichkeit" im wesentlichen vorgezeichnet. Zug um Zug erfolgte auch die ideologische Anpassung; die anfangs getrennten beiden Säulen schlossen sich zusammen. Blomberg hat in seinen Erinnerungen dieses Bild aufgenommen, wenn er schrieb:

„Bisher hatten Wehrmacht und Partei als zwei Säulen des Staates gegeneinandergestanden. Nun sollten beide Teile zusammengebracht bis zum Verschmelzen werden. Die Folgerichtigkeit dieses Bestrebens war angesichts der Richtung auf Totalität unseres durch die Partei dargestellten Staates unverkennbar."

Für das Selbstverständnis der Wehrmacht wurde es kennzeichnend, daß der Prozeß der Angleichung nicht einseitig gesehen wurde. Die Reichswehr erschien in den weit verbreiteten Erziehungswerken von Siegfried Sorge, Hermann Foertsch und Edgar Röhricht vielmehr als der gebende Teil, als „Hüter der Macht", der erst die Voraussetzung zur Schaffung der Wehrmacht des Dritten Reiches geschaffen habe. Die teilweise Ablehnung des Nationalsozialismus in der Reichswehrzeit erschien nunmehr nur noch als „vordergründige", da die Zeit – ganz im Sinne der Hitlerschen Interpretation des Jahres 1923 – noch nicht „reif" gewesen sei.

b. Der „Loyalitätswettlauf"

Die bewaffnete Macht eines Staates wird landläufig mit seiner Wehrmacht gleichgesetzt. Zwar haben die alliierten Siegermächte nach dem Ersten Weltkrieg oftmals darauf hingewiesen, daß auch Teile der deutschen Polizei „an sich" zu den Streitkräften des Staates gezählt werden müßten, gerade diesen Umstand aber hatten die Festlegungen des Versailler Vertrages durch die Regionalisierung und Entkasernierung der Polizei ja vermeiden wollen. Tatsächlich blieben alle Bemühungen, das Wehrmachtpotential durch Polizeikräfte oder Wehrverbände, Selbstschutzorganisationen oder „Schwarze Reichswehr" zu verstärken, in den Anfängen stecken. Die Hundertfünfzehntausend Mann-Reichswehr war daher die alleinige bewaffnete Macht der Republik. Die Militärgeschichte der Weimarer Republik ist die Geschichte der Reichswehr und des sie unterstützenden Apparats.

Es mag demgegenüber eingewendet werden, daß die bis 1933 immer verschärfter auftretende „Verbändefrage" das Machtmonopol der Reichswehr und damit der bewaffneten Macht des Staates in Frage gestellt habe. Das SA-Verbot von 1932 kann als Indiz für das Bemühen der Republik genommen werden, mögliche Konkurrenz für die Wehrmacht auszuschalten. In Wirklichkeit aber handelte es sich bei den Kampfbünden und Parteiarmeen nur um die Träger außerstaatlicher Machtansprüche. Mit geringen Ausnahmen (etwa Reichsbanner) gehörten sie in den Bereich staatspolitischer Risiken, für deren Abwehr die Reichswehr und die Polizei zuständig waren. Die außerhalb der Reichswehr stehenden paramilitärischen Organisationen waren weder theoretisch noch praktisch zur Aufrechterhaltung der inneren und/oder äußeren Sicherheit legitimiert.

Diese Verhältnisse änderten sich mit der Machtübernahme durch Hitler grundlegend. Obwohl Hitler ein richtiges Gespür für die Besorgnisse der Armee vor den braunen Uniformen hatte und die Reichswehrführung mit der Garantie des Waffenmonopols und des alleinigen Einsatzes der Wehrmacht nach außen zu beruhigen suchte, war klar, daß mit der „legalen" Machtergreifung auch eine Quasi-Legalisierung der SA und der SS erfolgt war, die in Zukunft Kompetenzabgrenzungen unumgänglich machten, wenn es nicht doch zu einer längerfristig unerträglichen Konkurrenzsituation zwischen Reichswehr/Wehrmacht und Parteienarmeen kommen sollte. Die mögliche Konfrontation vor allem zwischen Heer und SA wurde durch die sich rasch vollziehende Auflösung aller nichtnationalsozialistischen Wehrverbände und Parteiarmeen bis hin zum „Stahlhelm", der von der zahlenmäßig viel kleineren SA aufgesogen wurde (s. u. S. 65) noch verschärft, da sich SA und SS nunmehr von lästiger Konkurrenz auf der Straße befreit sahen und sich neuen Aufgaben zuwenden konnten und zuwenden mußten, wenn sie das Problem ihrer Existenzberechtigung lösen wollten. Die Begeisterung, mit der SA und SS die „Machtergreifung", die Röhm betont im Gegensatz zu Hitler als „Revolution" bezeichnete, begrüßten, war mit Sorgen hinsichtlich der Zukunft der „Bewegung" gemischt. Die Erreichung des ersten Ziels rief die Frage nach den weiteren Zielen hervor. Hatte Hitler die SA-Horden bisher zur Durchsetzung seines Machtanspruchs und seiner Terrorpolitik benötigt, so war zu fragen, ob er sich fortan nicht auch der Polizei und der Armee bedienen konnte. Röhm hielt es daher für notwendig, ungeachtet aller ideologischer Meinungsverschiedenheiten, die schon im Winter 1932/33 unübersehbar geworden waren, sich Hitler als unentbehrlicher und loyaler Helfer bei der weiteren Verfolgung der nationalsozialistischen Politik anzubieten.

Ähnliche Überlegungen haben – nur mit umgekehrten Vorzeichen – auch Blomberg und Reichenau angestellt. Für sie kam es darauf an, sich Hitler als die „bessere" und „zuverlässigere" Alternative darzustellen, um der Gefahr zu begegnen, daß sich der neue Kanzler auch in Zukunft auf SA und SS verließ. Wie groß die Befürchtung vor einer möglichen „Abhalfterung" der Reichswehr bei Reichenau ausgeprägt war, läßt sich den glaubhaft überlieferten Äußerungen Röhrichts entnehmen. Reichenau meinte:

Der ganze Staat „befindet sich in fester Hand ... Und da sollen wir, mit unseren veralteten, über das ganze Land verstreuten sieben Divisionen als einzige eine Extratour tanzen? Das können sich nur Narren einbilden! Wir sind gewohnt, nüchtern mit Tatsachen zu rechnen ... Uns bleibt praktisch nur der Weg, aus den gegebenen Verhältnissen ... die Folgerungen zu ziehen."

Wie Röhm, so hat auch Reichenau Hitlers Machtergreifung letztlich wohl doch als Umsturz, als Revolution empfunden. Alle bisherigen Hierarchien und Positionen waren damit prinzipiell in Frage gestellt. SA und Reichswehr starteten zur gleichen Zeit zu einem Wettlauf um die Gunst Hitlers, da sie nur so „die uns gebührende Position", wie es Reichenau ausdrückte, erreichen und behaupten konnten. Die Ära des „Attentismus" Seecktscher Prägung war endgültig vorbei. Jetzt galt es im ureigensten Interesse „Farbe zu bekennen". Sie konnte, nach Lage der Dinge, nur braun – genauer: hitlerisch – sein.

Es wäre jedoch einseitig, die seit dem Februar 1933 massiv einsetzenden Bemühungen der Reichswehrführung um die loyale Haltung der Armee allein auf die drohende SA-Konkurrenz zurückzuführen. Dieses taktische Element ist nach dem Kriege in der Memoirenliteratur aus durchsichtigen Gründen überbetont worden. Tatsächlich waren Blomberg und Reichenau auch aus eigenem Antrieb heraus bereit, sich dem Nationalsozialismus anzupassen. Die Hoffnung, durch eine „Flucht nach vorn" vor einer „Revolutionierung" der Reichswehr im Sinne anderer staatlicher Institutionen – so Schulen und Universitäten – verschont zu bleiben, dürfte eine nur untergeordnete Rolle gespielt haben. Das Selbstbewußtsein des Offizierskorps reichte hin, um vor dieser Gefahr gefeit zu sein. Hitler hat verschiedentlich selbst auf den eigenständigen Charakter der Institution Wehrmacht hingewiesen und sich ausdrücklich für die „Hilfe" bedankt, ohne die er es nicht so weit gebracht hätte.

Wie weit Blomberg Hitler entgegenzukommen gedachte, wurde aus zwei Ansprachen deutlich. In der ersten, vom 1. Juni 1933 – also zu einem Zeitpunkt, als das Verhältnis Reichswehr–SA noch verhältnismäßig unbelastet war –, interpretierte er den Begriff „Unpolitischsein" in einer Befehlshaberbesprechung mit der Behauptung, dies bedeute nicht, „daß wir mit dem System der früheren Regierungen einverstanden waren". Jetzt sei das „Unpolitischsein" – also die verkappte Ablehnung des Weimarer „Systems" – nicht mehr nötig, „und es bleibt nur eins: der nationalsozialistischen Bewegung mit voller Hingabe zu dienen."

Anläßlich eines Truppenbesuchs am 5. und 6. September 1933 bei der 5. Division in Ulm ging Blomberg einen Schritt weiter und vollzog damit gleichsam die „Verschmelzung" der beiden Säulen: Die Wehrmacht habe Hitler alles zu verdanken; sie ihrerseits wolle ihm dafür danken durch

„unser vollstes Vertrauen, rückhaltlose Zuverlässigkeit, unerschütterliche Hingabe an unseren Beruf und den Entschluß, in diesem neuen, neugeformten und neudurchbluteten Reich zu leben, zu arbeiten und, wenn nötig, zu sterben."

Je schärfer der ideologische Gegensatz zwischen SA und Reichswehr seit dem Hochsommer 1933 wurde, desto hemmungsloser und offener betrieb Blomberg die Indoktrinierung der Reichswehr im Sinne einer Anpassung der nationalsozialistischen an die Reichswehrideologie. Dabei griff er über die „System"-Zeit hinaus und begann, die Gemeinsamkeiten zwischen Partei und Wehrmacht schon in der Zeit des Ersten Weltkriegs mit seinen „Frontkämpfern" zu suchen. Schließlich wurde die Reichswehr voll in die „Ahnenreihe" der „Bewegung" integriert, und die Reichswehrgeschichte der Weimarer Republik wurde zu einer Art „babylonischen Gefangenschaft" der Armee umfunktioniert, aus der sie der „Retter" Adolf Hitler herausgeführt habe.

c. Das „Waffenmonopol" und die äußere Anpassung

„Die Absicht, einer der ausschlaggebenden Faktoren im neuen Regime zu sein, sogar noch der Minimalanspruch, wenigstens nicht übergangen oder gar übersehen zu werden, verlangte als Voraussetzung den unangefochtenen Besitz der Waffenmacht des Reiches. Ihre Bewahrung war, viel mehr als alle Indoktrinierungsbestrebungen, als alle Öffnungs- und Umarmungstendenzen, wesentlicher Inhalt der Reichswehrpolitik. Jeder Angriff auf dieses Monopol, jede Konkurrenz, sogar schon jeder konkurrierende theoretische Anspruch mußte den Kerngehalt dieser Politik treffen." (Klaus-Jürgen Müller).

Hitler hat vom ersten Tag seiner Herrschaft an keinen Zweifel daran gelassen, daß er das Waffenmonopol der Wehrmacht aufrechterhalten wolle. Dennoch kam es von Anfang an zu Spannungen zwischen Reichswehr und SA, weil die auch von Blomberg unterstützte Forderung nach einer möglichen und raschen Verbreiterung des Wehrpotentials automatisch das Augenmerk auf die Hauptrepräsentanten dieser Potentiale lenkte, nämlich die millionenstarken Sturmabteilungen. Das schon in den frühen Jahren der Weimarer Republik zu beobachtende Dilemma zwischen einer numerisch zu kleinen Wehrmacht und numerisch zu großen Wehrverbänden setzte sich in den ersten Jahren des Dritten Reiches in den Organisationen der Partei und der Wehrmacht fort. Solange die Reichswehr nicht expandieren konnte, sah sie sich im Rahmen der Landesverteidigungspläne (s. u. S. 104) immer wieder auf das potentielle Reservoir von SA und später SS angewiesen, was umgekehrt diese Verbände zu Ansprüchen verführte, die aufs schärfste mit dem Monopolanspruch der Armee kontrastierten.

Blomberg sah sich veranlaßt, in einem besonderen Erlaß die Monopolstellung der Reichswehr herauszustellen. Zugleich wurde hiermit der „Vorsprung" im Loyalitätswettlauf mit der SA demonstriert. In dem Erlaß hieß es:

„Die Wehrmacht muß im öffentlichen Leben mehr als bisher in Erscheinung treten
– als *alleiniger* Waffenträger der Nation,
– als im Sinne der Regierung Hitler *absolut zuverlässig*,
– als im nationalsozialistischen Denken *planmäßig* erzogen."

Das Monopol-Problem wurde durch ein anderes überlagert, nämlich durch Hitlers Führungsprinzipien, die auf keinem Felde einen „Monopol"-Charakter zuließen. Die Methode des divide et impera widersprach ganz den Vorstellungen der Reichswehrführung, aber auch dem durch die Propaganda gefeierten scheinbar klar durchrationalisierten „Führerprinzip", das, eben weil es von Soldaten leicht mit den Grundsätzen der militärischen Hierarchie und des Begriffspaares Befehl und Gehorsam verwechselt werden konnte, zu den Attraktionen des Nationalsozialismus gehörte. Hitler hat diesen fundamentalen Irrtum bewußt aufrechtzuerhalten gesucht. Aus diesen und anderen opportunistisch-taktischen Gründen war er daher in den ersten Jahren seiner Herrschaft, d. h. in der Phase der Machtkonsolidierung, bereit, der Armee die Waffen-Monopol-Stellung zuzugestehen. Wie fragil und provisorisch diese „Garantie" war, sollte sich zum ersten Mal im Zusammenhang mit dem „Röhmputsch" zeigen. Obwohl – wie noch darzustellen sein wird – die Reichswehr scheinbar als „Sieger" aus der Auseinandersetzung hervorging, mußte sie ihren Anspruch, alleiniger Träger der bewaffneten Macht zu sein, aufgeben. Tatsächlich bestand fortan die „bewaffnete Macht" des Staates nicht mehr wie in der Republik allein aus der Reichswehr, sondern sie setzte sich aus der Reichswehr, der „reformierten" SA, der SS und ihren jeweiligen Untergliederungen zusammen. Fortan ging es nicht mehr um die grundsätzliche Frage des Waffenträgermonopols, sondern allein um die „Rangierung" der verschiedenen, aber gleichartig legitimierten Waffenträger. Diese gleichartige Legitimation war letztlich Folge des Umstands, daß das Hitlersche System die bisher gültigen „klassischen" Unterschiede zwischen Innen- und Außenpolitik ignorierte und damit die jeweils zuständigen Exekutivorgane (also Polizei, SS und SA für die inneren, die Wehrmacht für die äußeren Belange) zu einem einzigen Instrument zur Gewaltausübung nach innen und außen tendenziell verschmolz. Daß Hitler im Verlaufe dieses Umwandlungsprozesses, der alle bisher tradierten Begriffe auflöste, vorübergehend den Anschein zu erwecken trachtete, die Reichswehr bleibe jetzt und in Zukunft der alleinige Träger der bewaffneten Macht, beruhte nur auf taktischen und pragmatischen Überlegungen. Die Wehrmacht konnte ihren Monopolcharakter per definitionem des totalitären nationalsozialistischen Systems nicht bewahren. Durch die Ereignisse um den 30. Juni 1934, durch die Forcierung der aggressiven Außenpolitik, schließlich durch die bewußte Entfesselung des Krieges sah sich Hitler jedoch immer wieder genötigt, den „Programmpunkt" Umgestaltung der Gewalt-Exekutive aufzuschieben, da er ad hoc über ein schlagkräftiges und jederzeit einsatzbereites Machtmittel verfügen mußte. Je länger der Umwandlungsprozeß aber hinausgezögert wurde, desto heftiger wurden die Spannungen zwischen der Armee und ihrem Obersten Befehlshaber. Schließlich hat Hitler, wie auf anderen Feldern seiner „Politik" auch, mitten im Krieg doch noch mit der Realisierung dieses Programmpunktes begonnen und damit einen Prozeß in Gang gesetzt, dessen Ziel die geistige und praktische Auflösung der traditionsreichen deutschen Armee war.

Die Auseinandersetzung, besser: Anpassung an den Geist des Nationalsozialismus innerhalb der Reichswehr im ersten Jahr der Hitlerschen Herrschaft ging

Hand in Hand mit der äußeren Umgestaltung des bisherigen Bildes der Armee. Im Gegensatz zu der immer noch aufrechterhaltenen Fiktion, daß sich an der bisherigen „unpolitischen“ Haltung des Heeres nichts ändern werde und der Übergang in das „Dritte Reich“ sich in die Kontinuität der Entwicklung des letzten Jahrzehnts einordnen lasse, folgten 1933 und 1934 Schlag auf Schlag Maßnahmen, die diese Behauptung in zunehmendem Maße auch nach außen hin fragwürdig machten.

Die Technik der stufenweisen Anpassung an den Nationalsozialismus, die Blomberg und Reichenau sehr rasch ebenso wie Hitler und die NSDAP zu beherrschen wußten, läßt sich besonders deutlich in der Flaggenfrage erkennen, in der es sich anscheinend nur um Äußerlichkeiten, in Wirklichkeit jedoch um einen zutiefst symbolhaften Vorgang handelte. In einer Anordnung an die Partei zum Volkstrauertag (der von Hitler ab 1934 in „Heldengedenktag“ umgetauft wurde) vom 10. März hieß es:

> „Da die Soldaten der alten Armee einst unter der schwarz-weiß-roten Fahne des alten Deutschen Reiches gefallen sind, wollen wir, um sie zu ehren, an diesem Tage von allen öffentlichen Gebäuden des Reiches auch nur diese, ihre damalige Fahne, wehen lassen. Sie ist die Fahne der alten Armee und des Weltkrieges.
> Unser Hakenkreuzbanner ist die Fahne der nationalen Revolution und der nationalen Erhebung.“

Dieser Rückgriff auf den Ersten Weltkrieg verfehlte seine Berechnung auf den Reichspräsidenten nicht, und am 12. März wurde in einem Erlaß die Schwarz-Weiß-Rote Fahne zusammen mit der Hakenkreuzfahne zu den vorläufigen Reichsfarben erklärt. Auf dem Verordnungswege wurden die schwarz-weiß-rote Kriegsflagge und eine ebensolche Reichskokarde eingeführt, die Gösch in den Kriegsschiffsflaggen dementsprechend geändert. An die Stelle des bisherigen landsmannschaftlichen Abzeichens am Stahlhelm trat ein schwarz-weiß-rotes Wappenschild. Diese Flaggenregelung hielten damals zahlreiche Offiziere für einen Kompromiß, der aber auch ihre Unabhängigkeit von der nationalsozialistischen Ideologie symbolisieren sollte. Tatsächlich war es eine Übergangsstufe, und im Oktober 1935 paßte sich die Wehrmacht schließlich auch in der Flaggenfrage dem Hakenkreuz an.

Die Integration der Armee in das Bild der nationalsozialistischen Volksgemeinschaft erfolgte rasch und systematisch, wobei Blomberg allen Ansinnen der politischen Führung verzugslos nachkam. Seine Weisung vom 11. April 1933 verpflichtete die Wehrmacht, „durch ihr ganzes Verhalten in der Öffentlichkeit den nationalen Gedanken auf das Schärfste zu betonen“. Folgerichtig wurde nunmehr auch der 1. Mai für die Reichswehr „ein Tag der Feier und der Besinnung“.

An diesem Tage erging eine Ankündigung Blombergs über die Teilnahme der Reichswehr an Veranstaltungen außerhalb der Wehrmacht, in der die Stellung der Wehrmacht zum neuen Staat ganz im Sinne der „Gleichschaltung“ des Denkens und Handelns zwischen Staatsführung und Armee umschrieben wurde. Die

Reichswehr durfte nunmehr auch nach außen bei „nationalen“ Veranstaltungen als Institution in Erscheinung treten und bei Wohltätigkeits- und Trauerveranstaltungen sowie bei „nationalen Kundgebungen“ Musikkorps stellen.

Einschneidender war die Bestimmung vom 15. Mai 1933, nach der „die Reichswehr als Ausdruck kameradschaftlicher Verbundenheit mit den nationalen Verbänden nunmehr in ein gegenseitiges Grußverhältnis trete“. Am 11. 8. 1933 wurde der „Deutsche Gruß“ allen zivilen Wehrmachtangehörigen als Regelgruß befohlen. Selbstverständlich wurde allen Reichswehrangehörigen jeder politischer Kontakt zu den nunmehr als staatsfeindlich geltenden Parteien – also in erster Linie den „illegalen“ Parteien SPD und KPD – untersagt.

Empfohlen wurde hingegen der Eintritt von ausgedienten Wehrmachtangehörigen in die SA, desgleichen die Mitarbeit in den zahlreichen Untergliederungen der NSDAP, da diesen nach einem Befehl Blombergs vom 31. Oktober 1933 „nicht als Parteieinrichtungen gegenüber der Wehrmacht Zurückhaltung auferlegt war.“

Das galt auch für die NS-Presse: Mit Erlaß vom 16. Dezember 1933 wurden alle Dienststellen angewiesen, neben den üblichen örtlichen Zeitungen auch den „Völkischen Beobachter“ zu abonnieren. Schon am 21. August 1933 hatte Blomberg den Ankauf von Hitlers „Mein Kampf“ für alle Mannschaftsbüchereien befohlen und am 31. August den Beamten, Angestellten und Arbeitern in der Reichswehr das Tragen der Uniform der NS-Verbände erlaubt. In dieses allgemeine Bild paßte auch der Erlaß vom 23. September 1933, in dem der Reichswehrminister die Musikkapellen der Armee anwies, in Zukunft bei allen dienstlichen Anlässen nicht nur das Deutschlandlied, sondern im Anschluß daran auch das „Horst-Wessel-Lied“ zu spielen. Als Blomberg schließlich – aus Anlaß des 45. Geburtstages des „Führers“ – als erste Kaserne der Reichswehr die des I. Btl. Inf. Reg. 19 in München, dem Hitler als junger Kriegsfreiwilliger angehört hatte, in „Adolf-Hitler-Kaserne“ umzutaufen befahl und in den Unterkünften der Reichswehr „Führersprüche“ angebracht wurden, konnte der äußere Anpassungsprozeß der Armee an die nationalsozialistische Ideologie als weit fortgeschritten gelten.

3. Die Indoktrination der Reichswehr

a. Die Rolle des Reichspräsidenten und der Tag von Potsdam

Das Verhalten der Reichswehr und die Entscheidungen der Reichswehrführung, der „Machtergreifung“ tatenlos zuzusehen und Hitlers Diktatur in zunehmendem Maße zu unterstützen, gehen nicht zuletzt auf die Rolle zurück, die der Reichspräsident Paul v. Hindenburg in den Tagen um den 30. Januar 1933 spielte, sowie auf die weiteren Aktionen und Verhaltensweisen des Obersten Befehlshabers der Reichswehr in den Monaten vom Februar 1933 bis zu Hindenburgs Tod im August 1934. Für die deutsche Militärgeschichte ist hierbei nicht so sehr die Kenntnis der subjektiven Auffassungen Hindenburgs wichtig als vielmehr das Bild, das die Reichswehr insgesamt und die Spitze der Armee sich von Hindenburg, seiner Politik und seinen Motiven machten. Die prägende Kraft der Stellung und Persönlichkeit des Reichspräsidenten auf die Reichswehr trägt zur Erklärung ihrer Verhaltensweisen in der Frühphase des Nationalsozialismus bei.

Daß Hindenburg der nationalsozialistischen Bewegung skeptisch bis ablehnend gegenüberstand, war allgemein bekannt. Die Präsidialkanzler Papen und Schleicher hatten nicht zuletzt diesem Umstand ihre Ernennung durch den Reichspräsidenten zu verdanken gehabt. Gleichwohl sah Hindenburg vor allem Schleicher nur als ein politisches „Experiment" an und nicht als „Alternative" zur Reichskanzlerschaft Hitlers. Diese erhoffte sich Hindenburg vielmehr von Papen und Hugenberg, und deswegen erlag er so leicht der von Papen gegen Schleicher gesponnenen Intrige. Die Präsentation Hitlers als Kanzler eines Kabinetts der nationalen Konzentration erfolgte gleichsam durch die „Hintertür". Hindenburg hatte Schleicher gegenüber jenes oft zitierte Wort gebraucht, daß er nicht daran denke, den „böhmischen Gefreiten" zum Kanzler zu machen; die Ernennung Hitlers am 30. Januar konnte dennoch nicht als Wortbruch gedeutet werden, sondern als dira necessitas, als Akt der Staatsräson, der sich der Reichspräsident ebenso zu beugen hatte wie die Reichswehr. Blomberg hat in seiner Ansprache vom 3. Februar 1933 nachdrücklich darauf hingewiesen, daß die Entscheidung Hindenburgs für Hitler aus zwei Gründen gefallen sei: Zum einen habe Hitler Neuwahlen versprochen, zum anderen sei – in der Diktion der Liebmann-Notizen – „Eintritt der Nazi in Reg(ierung) . . . entschieden gewesen, als sich akt(iver) General zur Mitarbeit unter Hitler bereit fand." Der Konnex zwischen Reichspräsident, Hitler und Reichswehr wurde besonders durch die – negativ entschiedene – Alternative deutlich, die Blomberg mit den Sätzen andeutete:

„andere Lösung: Führender Nazi als R.W.Min. wohl für R. Präs. nicht annehmbar."

Für die weitere Entwicklung wurde es entscheidend, daß die Weichenstellungen im Sinne einer Indoktrinierung der Reichswehr zu einer Zeit vorgenommen wurden, als Hindenburg noch an der Spitze des Reiches und, auf Grund der nach wie vor gültigen Verfassungsgrundsätze, an der Spitze der Reichswehr stand. Solange von Seiten des Reichspräsidenten gegen die zahlreichen Maßnahmen Hitlers, der NSDAP und des Reichswehrministers als Kabinettsmitgliedes kein Einspruch erfolgte, stellte sich die Frage nach Zulässigkeit oder Unzulässigkeit, Recht oder Unrecht der Erlasse dem Reichswehroffizierkorps nicht. Das Schweigen des Reichspräsidenten wurde, wenn nicht als Zustimmung, so doch als Tolerierung im Sinne der Notwendigkeiten des 30. Januar 1933 begriffen. Die Indoktrination der Reichswehr erfolgte in den Augen des Offizierskorps mit der Billigung des Reichspräsidenten, sie entzog sich daher der Kritik.

Hitler hat die unumschränkte Stellung des Reichspräsidenten im hierarchischen Gefüge der Wehrmacht klar erkannt und zielstrebig für seine Zwecke ausgenutzt. Hindenburg wurde in zunehmendem Maße und vollends in den letzten Wochen vor seinem Tode zum bloßen Instrument der Herrschaftsausübung und -konsolidierung gegenüber der „neutralen" Reichswehr. Die Berufung auf Hindenburg gehörte bis zu dessen Tod zu den Ritualen der Hitlerschen Herrschaftstechnik. Das hierdurch erzeugte Bild einer innigen Gemeinsamkeit im Denken, Wollen und Handeln zwischen Reichspräsident und Reichskanzler verfehlte seinen Eindruck auf die Reichswehr nicht.

Insbesondere der Staatsakt von Potsdam sollte sich „unverlöschlich" (Goebbels) in die Erinnerung eingraben. Ihm kam eine wesentliche Bedeutung im Rahmen der nationalsozialistischen Bemühungen zu, noch vorhandenen Widerstand und Mißtrauen gegenüber Hitler und seiner „Bewegung" zu eliminieren. Dem Reichspräsidenten fiel dabei eine Schlüsselrolle zu.

Die Feier zur Eröffnung des am 5. März neu gewählten Reichstages war bewußt auf den 21. März 1933 gelegt worden. Dieser Tag erinnerte an die erste Eröffnung des Reichstages durch Bismarck im Jahre 1871. Der Rückgriff auf die Bismarcksche Tradition wurde mit stark symbolhaften Reminiszenzen an das Preußen Friedrich des Großen und den Ruhm der Einigungskriege versetzt, wobei der Reichspräsident von Hitler als die leibhaftige Verkörperung jener in der Garnisonskirche zu Potsdam beschworenen Traditionen präsentiert wurde. Hindenburg hat sich dieser geschickten Inszenierung gebeugt und durch sein Verhalten dazu beigetragen, daß Hitler in den Augen auch der skeptischen konservativ denkenden Soldaten aufgewertet wurde. Hitlers Wort von der „Vermählung ... zwischen den Symbolen der alten Größe und der jungen Kraft" die nur durch das „Verstehen" des Reichspräsidenten möglich geworden sei, konnte nur zu leicht als Schlüssel zur Anerkennung der gewandelten politischen Verhältnisse verstanden werden. Das starke Hervortreten des monarchistischen Elements, das äußerlich in der Anwesenheit des Kronprinzen Wilhelm und in dem leerstehenden Sessel Wilhelms II., den Hindenburg nicht zu grüßen unterließ, zum Ausdruck kam, lag ein zusätzliches Erklärungs- und Tolerierungsmoment für die Reichswehr. Schließlich haben der militärische Zuschnitt des Staatsaktes und die ungenierte und unbeanstandete Teilnahme von SA- und SS-Verbänden an der militärischen Parade in Potsdam die volle Integration der Armee in das neue System unter der Oberschirmherrschaft Hindenburgs nachdrücklich symbolisiert.

Hindenburg wurde als Hüter der Tradition und als Garant für die stetige Fortentwicklung der national-konservativen Interessen betrachtet. Nur wenigen Zeitgenossen, die damals das grandiose Schauspiel von Potsdam beobachtet haben, waren so klarsichtig wie der französische Botschafter François-Poncet, der mit Blick auf die Rolle und Persönlichkeit Hindenburgs und Hitlers schrieb:

„Wer möchte annehmen, daß dieser bleiche Mann mit den gewöhnlichen Gesichtszügen, der einen schlecht sitzenden Anzug trägt und so ehrerbietig und bescheiden aussieht, die stärkere dieser beiden Persönlichkeiten ist, der Mächtigere, der die Oberhand gewinnen wird? Wenn man sie im Augenblick so sieht, Seite an Seite, drängt sich auch dem Widerspenstigsten der Eindruck auf, daß eine loyale und enge Zusammenarbeit die gestrige und heutige Generation verbindet."

Die Masse der heute verfügbaren Zeugnisse zu den Wirkungen des Tages von Potsdam auf das Offizierkorps der Reichswehr läßt keinen Zweifel daran, daß es Goebbels mit Hindenburg als Galionsfigur gelungen war, die deutsche Armee tiefer in den Nationalsozialismus zu verstricken, als ihr damals selbst bewußt werden konnte.

b. Nationalpolitische und nationalsozialistische Schulung

Die Anpassung der Reichswehr an den Nationalsozialismus wurde von Blomberg mit besonderer Energie auch im Bereich des Erziehungswesens betrieben, ohne daß es hierzu einer unmittelbaren Einwirkung Hitlers oder eines von außen ausgeübten Zwanges auf den Reichswehrminister und das Ministeramt bedurft hätte. Alle Maßnahmen, die auf diesem Felde vom Januar 1933 bis zum Sommer 1934 getroffen wurden, gehörten mit in das bereits erörterte Phänomen des „Loyalitätswettlaufs", entbehrten jedoch nicht auch einer inheränten, eigenen Zielsetzung. Sie können also nicht nur als rein taktisch begriffen werden. Manfred Messerschmidt hat in seinem Buch „Die Wehrmacht im NS-Staat" die einzelnen Stufen im Prozeß der Nazifizierung und Indoktrinierung der Reichswehr ausführlich und zutreffend dargestellt.

Die ersten Ansätze zu einer „nationalpolitischen Schulung" in der Reichswehr, die die bisherigen traditionellen Bahnen des „Offizierunterrichts", wie er in der Weimarer Zeit gehandhabt wurde, ablöste, wurden im Winter 1933/34 sichtbar. Die Voraussetzung hierzu bestand in der „Übernahme der Richtlinie Hitlers, wonach die innere, geistige Revolution weiterzugehen habe, wenn auch äußerlich die Revolution abgeschlossen sei." Schon im September 1933 war das Unterrichtsprogramm für die Heeresfachschulen fertig. In Arbeitsgemeinschaften der in der Reichswehr tätigen Lehrer wurden die neuen Unterrichtsmaterialien erarbeitet und in der Publikationsreihe „Bausteine" der Truppe zur Verfügung gestellt. Ziel der Unterrichtsgestaltung war die geistige Ausrichtung der Reichswehr auf das Weltanschauungsgut des Nationalsozialismus, das nach Möglichkeit in den Traditionskreis der preußisch-deutschen Militärgeschichte eingeordnet wurde. Hierdurch ergab sich vielfach eine finalisierende und teleologische Auffassung vom Nationalsozialismus, die von Blomberg und Reichenau, ansatzweise aber auch von Fritsch und Raeder bewußt gefördert wurde.

Das Schulungsprogramm wurde nach Abschluß der Auseinandersetzungen mit dem Führungs- und Konkurrenzanspruch der SA seit dem Sommer 1934 systematisch weiterentwickelt. Waren die Richtlinien betreffend die Einstellung des Heeres zum Nationalsozialismus bisher recht allgemein gehalten, so setzten nunmehr verstärkte Bemühungen um eine auch in Einzelheiten gehende Anpassung an den nationalsozialistischen Geist ein. Die Ausbildungsrichtlinien wurden dementsprechend abgeändert. In einem Erlaß Blombergs vom 30. Januar 1936 wurde die einheitliche politische Erziehung und Unterrichtung der Offiziere aller Wehrmachtteile sichergestellt. Die Unterrichtspläne sahen die Behandlung der Problemkreise „Volk und Rasse", „Volk und Staat", „Volk und Wirtschaft" sowie „Politische Geschichte" vor. Besonderer Wert wurde auf die Vermittlung der nationalsozialistischen Rassenlehre gelegt. Schließlich trat noch die „Erbgesundheitslehre" als Unterrichtsstoff (von Truppen- bzw. Schiffsärzten zu erteilen) hinzu. Die nationalpolitische Ausrichtung der Offizier- und Unteroffizierausbildung wurde durch Vorträge von außerhalb der Wehrmacht stehenden Persönlichkeiten, meist hohen Parteiführern bis hinauf zu Goebbels, Heß und Himmler, ergänzt. Bei der Beurteilung der Themen- und Schulungsauswahl wird man allerdings auch berücksichtigen müssen, daß es „stillen Widerstand" gab, und daß manche „Nazigröße" bewitzelt und nicht ganz ernst genommen wurde.

Eine wesentliche Grundlage für alle erziehungspolitischen Maßnahmen wurde mit der Neuformulierung der „Berufspflichten des deutschen Soldaten" vom 9. Mai 1930 gelegt. Mit Erlaß vom 25. Mai 1934 hieß es nunmehr in den „Pflichten des deutschen Soldaten":

„Die Wehrmacht ist der Waffenträger des deutschen Volkes. Sie schützt das deutsche Reich und Vaterland, das im Nationalsozialismus geeinte Volk und seinen Lebensraum. Die Wurzeln ihrer Kraft liegen in einer ruhmreichen Vergangenheit, in deutschem Volkstum, deutscher Erde und deutscher Arbeit. Der Dienst in der Wehrmacht ist Ehrendienst am deutschen Volk."

Wichtiger wurde freilich die Neuformulierung des Eides. Er enthielt nicht mehr das Gelöbnis zur Verfassungstreue. Der Reichspräsident verordnete am 2. Dezember 1933 auf Grund des „Gesetzes über die Vereidigung der Beamten und der Soldaten der Wehrmacht" vom 1. Dezember 1933 folgende Eidesformel:

„Ich schwöre bei Gott diesen heiligen Eid, daß ich Volk und Vaterland allzeit treu und redlich dienen und als tapferer und gehorsamer Soldat bereit sein will, jederzeit für diesen Eid mein Leben einzusetzen."

Eine besondere Verpflichtung auf den Reichspräsidenten enthielt diese Formulierung nicht mehr. Sie war ein wichtiges Zwischenglied in der Entwicklung, die zur Vereidigung der Wehrmacht auf Hitler nach dem Tode Hindenburgs führte (s. u. S. 81 ff.).

Der systematischen Lösung der Reichswehr aus den verfassungspolitischen Bindungen, die die Republik der Armee auferlegt hatte, entsprach ein kontinuierlicher Annäherungsprozeß an die zahlreichen Organisationen und Untergliederungen der NSDAP. Das gespannte Verhältnis zur SA gehörte in einen besonderen Zusammenhang, der noch zu erörtern sein wird (s. S. 68 ff.).

Abgesehen von den besonders zu behandelnden Vereinbarungen mit der SA förderte das Reichswehrministerium die Kontakte zum „Volksbund für das

Deutschtum im Ausland" (VDA), wobei besonders die Marine hervortrat, die im Zeichen der nationalsozialistischen Politik ihre schon immer gepflegten Kontakte zum Auslandsdeutschtum von nun an erheblich intensivieren konnte. Zu engerer Zusammenarbeit kam es auch mit der NS-Organisation „Kraft durch Freude" (KdF) und der „Nationalsozialistischen Betriebszellenorganisation" (NSBO). In einem Erlaß vom 31. Oktober 1933 hieß es, die NSBO werde nicht als Parteieinrichtung im Sinne des alten Parteienstaats angesehen; zukünftig war die Tätigkeit dieser Organisation in den der Reichswehr unterstellten Betrieben nicht nur zugelassen, sondern erwünscht. Die NS-Organisationen konnten seit dem 21. Juli 1933 innerhalb der Reichswehrkasernen und -liegenschaften ungehindert ihre Publikationen und ihr Werbematerial auslegen und verbreiten. Den Arbeitern und Angestellten wurde am 30. 11. 1933 empfohlen, in die „Deutsche Arbeitsfront" (DAF) einzutreten.

Rascher und deutlicher als innerhalb der aktiven Truppe machte sich die Indoktrinierung auch in den verschiedenen Offiziervereinigungen bemerkbar, die in einen regelrechten Wettlauf um das Ziel der völligen Nazifizierung innerhalb kürzester Frist eintraten. Auch die Fachzeitschriften wurden in diesem Sinne neugestaltet, wobei das renommierte „Militär-Wochenblatt" schon 1933 die nationalsozialistische Weltanschauung kritiklos und vollständig übernahm.

Mit einem Erlaß Blombergs vom 24. Mai 1933, der ausgesprochenen Appellcharakter trug, wurden die praktischen Maßnahmen auf dem Gebiet der Indoktrinierung auch theoretisch-weltanschaulich begründet. Dieser Erlaß gehört zwar auch in den Rahmen des „Loyalitätswettlaufs" und ist von der Auseinandersetzung mit der SA geprägt, umschreibt jedoch zur gleichen Zeit umfassend den eigenen Standpunkt der Reichswehrführung. Zugleich wurde die Fortentwicklung des Begriffs „Volksgemeinschaft" deutlich gemacht (s. o. S. 36 f.). In dem Erlaß hieß es u. a.:

„Der Nationalsozialismus leitet das Gesetz seines Handelns aus den Lebensnotwendigkeiten des ganzen Volkes und aus der Pflicht zu gemeinsamer Arbeit für die Gesamtheit der Nation ab. Er beruht auf der Idee der Blut- und Schicksalsgemeinschaft aller deutschen Menschen. Daß dieses Gesetz auch die Grundlage der dienstlichen Arbeit des deutschen Soldaten ist und bleiben muß, ist unbestritten. Denn das Gedankengut unseres Soldatentums und des Nationalsozialismus entspringt dem gleichen Erleben des Großen Krieges."

Blomberg hat seitdem keinen Zweifel daran gelassen, daß unter „Volksgemeinschaft" auch die Überwindung der bisher noch weitgehend gültigen gesellschaftlichen und sozialen Schranken zu verstehen sei. Er betonte in dem Erlaß, daß es fortan Aufgabe des Offizierkorps sei, die bisherigen „Differenzierungen nach Herkunft und Bildung" zu unterlassen:

„Wer sich heute noch nicht den Gedanken der Volksgemeinschaft innerlich ganz zueigen gemacht hat, schaltet sich selber aus."

Diese Maxime erleichterte fortan den Kontakt zu Organisationen, die außerhalb der Wehrmacht standen, jedoch nationalsozialistisch ausgerichtet waren und nationalsozialistisches Gedankengut verbreiteten. Die Einflußnahme von der Parteiseite her wurde dadurch vergrößert. Die theoretisch geforderte strikte Abkehr von den bisherigen Formen gesellschaftlichen Zusammenlebens in der Reichswehr sollte nach dem Willen Hitlers und Blombergs auch die Einbindung der im Zuge der Aufrüstungspolitik vermehrt in die Wehrmacht strömenden neuen Offiziere erleichtern. Hitlers generelle Forderung, die Offizier-Auswahl und Beförderung nicht mehr nach Herkunft und Bildung, sondern nach Charakter und Leistung vorzunehmen, konnte sich allerdings erst dann durchsetzen, als der riesige Personalbedarf strengere Auswahlkriterien nicht mehr erlaubte. Die theoretischen Konzepte Blombergs sind bis 1938 jedoch in weiten Teilen des „alten" Reichswehroffizierkorps auf heftigen Widerstand gestoßen. Schließlich sollte der „Fall Blomberg" im Jahre 1938 deutlich machen, daß zumindest die Mehrheit der Generale und Befehlshaber in diesem Punkte der nationalsozialistischen Indoktrinierung nicht erlegen war.

In einem weiteren Erlaß Blombergs vom 29. Juni 1934 wurde die enge geistige Gemeinsamkeit mit den nationalsozialistischen Kulturorganisationen betont. Der Erfolg auch dieser Maßnahme blieb bescheiden. Zu einer wirklichen Zusammenarbeit zwischen Truppe und NS-Organisationen ist es auf diesem Feld nicht gekommen, es blieb meist bei Äußerlichkeiten und Lippenbekenntnissen.

Die von Blomberg – und anfangs auch von Fritsch und Beck – angestrebten harmonischen Beziehungen zu den nationalsozialistischen Organisationen wurden immer wieder durch persönliche und sachliche Differenzen zwischen den beteiligten Offizieren und Parteioberen gestört. Dabei ging es meistens um Fragen der organisatorischen Autonomie. Es kam zu zahlreichen Zwischenfällen mit Parteiorganisationen oder -angehörigen. Es bedurfte oft des Eingreifens höchster Partei- oder Wehrmachtführer, um zunächst bagatellartig wirkende Vorkommnisse (z. B. Nichtgrüßen einer SA-Fahne, Schlägereien zwischen Soldaten und SA-Leuten, vereinzelt sogar zwischen SA-Funktionären und in Zivil auftretenden Offizieren) aus der Welt zu schaffen. Während von der Partei in diesen Fällen regelmäßig der Verdacht geäußert wurde, es gebe im Heer immer noch „reaktionäres" Denken, betonte die Wehrmacht immer wieder vehement die Gleichartigkeit der weltanschaulichen Grundlagen in Partei und Armee. Insgesamt wird man sagen können, daß zumindest bis zum Abschluß der Ära Fritsch unmittelbare Eingriffe der Partei oder ihrer Gliederungen in interne Belange des Heeres nicht erfolgten bzw. erfolgreich abgewehrt wurden. Dies ist um so beachtenswerter, als seit Einführung der Allgemeinen Wehrpflicht Parteigenossen massenhaft in die Kasernen strömten und der Unteroffizier- und Offiziernachwuchs in zunehmendem Maße sich aus den weltanschaulich vorgeschulten Kadern der Hitler-Jugend rekrutierte.

c. *Judenpolitik und „Arierparagraph" (1933–1935)*

Es ist zu fragen, welche Rolle der entsetzlichste Teil der nationalsozialistischen Weltanschauung, das Programm der Ausrottung der Juden, in der Auseinandersetzung und im Zusammenwirken der deutschen Wehrmacht mit Hitler und seiner Partei gespielt hat. Diese Frage kann im Rahmen eines Handbuches nur pauschal und ansatzweise behandelt und beantwortet werden.

Die in der Weimarer Reichsverfassung niedergelegten Grundrechte und die Verfassung selbst hatten ein wie auch immer geartetes Antisemitismusproblem für die Reichswehr der Republik formal ausgeschaltet. Antisemitismus als unterschwelliges Denk- und Verhaltensmuster gab es in der Reichswehr nur insofern, als in der personellen Zusammensetzung der Armee der Anteil jüdischer Staatsbürger unterhalb des der Gesamtbevölkerung entsprechenden Prozentsatzes lag. Ferner sind die Aufstiegschancen in die hohen Offizierränge für jüdische Offiziere gering gewesen. Die prinzipielle Gleichberechtigung der Juden war in der Reichswehr jedoch gegeben. Im Zuge der „Nichteinmischungspolitik" hat sich die Reichswehrführung auch nicht in die Auseinandersetzung um die Rolle des jüdischen Elements in den Armeen des Ersten Weltkrieges eingeschaltet, schließlich aber doch Partei ergriffen: mit der Herausgabe des Gedenkbuchs des Reichsbundes jüdischer Frontsoldaten (Titel: „Die jüdischen Gefallenen des deutschen Heeres, der deutschen Marine und der deutschen Schutztruppen: Ein Gedenkbuch." Herausgegeben vom Reichsbund jüdischer Frontsoldaten, Berlin 1932) erreichte der verzweifelte Abwehrkampf des „Centralvereins deutscher Staatsbürger jüdischen Glaubens" (C. V.) gegen die steigende Flut der antijüdischen Hetze vor der Hitlerschen Machtergreifung seinen Höhepunkt. Das Buch enthielt die Namen von 10 623 jüdischen Kriegsgefallenen (bei insgesamt etwa 12 000 Kriegsopfern). Zu Hindenburgs 85. Geburtstag wurde das Werk dem Reichspräsidenten überreicht. Hindenburgs Antwort wurde vom C. V. als großer moralischer Sieg gewertet. Der Generalfeldmarschall sprach von der „ehrfurchtsvollen Erinnerung an die auch aus Ihren Reihen für das Vaterland gefallenen Kameraden" und ließ auch bei anderen Gelegenheiten erkennen, daß er die Ausschreitungen der SA gegen die Juden mißbilligte und für Abhilfe sorgen wollte. Der Leiter der Wehrmachtsabteilung im Ministeramt des Reichwehrministeriums, Oberstleutnant Eugen Ott, erklärte bei der Entgegennahme des Bandes,

> „daß wir dieses Gedenkbuch unserer jüdischen Kameraden, die im Weltkrieg gefallen sind, in hohen Ehren halten werden zum Gedächtnis dieser treuen und echten Söhne unseres deutschen Volkes."

Die Distanzierung Hindenburgs und des Ministeramts, damit der „offiziellen" Reichswehr von der Judenhetze in den letzten Jahren der Weimarer Republik ließ noch lange nach der Hitlerschen Machtergreifung viele Juden hoffen, in der Reichswehr Schutz oder zumindest Toleranz zu finden. In den politischen Erörterungen, die zur Reichskanzlerschaft Hitlers führten, sowie in den Unterredungen zwischen Hitler und Blomberg, Hitler und Hindenburg hat das Antisemitismusproblem, soweit bekannt ist, jedoch keine Rolle gespielt. Die Reichswehr sah sich daher sehr bald vor vollendete Tatsachen gestellt, und obwohl der Reichspräsident vorübergehend retardierend wirkte, wußte sich der Nationalsozialismus auch auf diesem Felde schließlich in der Wehrmacht durchzusetzen.

Schon von den ersten Verfolgungsmaßnahmen des Regimes gegen Juden wurde die Reichswehr betroffen. Das „Gesetz zur Wiederherstellung des Berufsbeamtentums" vom 7. April 1933 bestimmte in § 3, daß Beamte „nichtarischer" Abstammung in den Ruhestand zu versetzen seien. Dabei genügte es, wenn ein Großelternteil nichtarisch war. Das Gesetz sah gewisse Ausnahmen für solche Beamte vor, die bereits am 1. August 1914 Beamte gewesen waren „oder die im Weltkrieg an der Front für das Deutsche Reich oder seine Verbündeten gekämpft haben oder deren Väter oder Söhne im Weltkrieg gefallen sind."

Das Gesetz betraf zunächst nicht die Soldaten, sondern nur die in der Wehrmacht Dienst tuenden Zivilbeamten. Durch eine möglichst weitgehende Auslegung des Begriffs „Frontkämpfer" versuchten die ausführenden Reichswehrdienststellen die Zahl der zu Entlassenden so gering wie möglich zu halten. Das Reichswehrministerium unter Blomberg und Reichenau hingegen achtete darauf, daß der Begriff nicht überstrapaziert wurde. Blomberg war es auch, der schon im Juni 1933 bei einer Befehlshaberbesprechung betonte, „die im Beamtenrecht eingeführten Arier-Bestimmungen könnten von der Wehrmacht nicht übergangen werden".

Im Februar 1934 wurde die Entlassung bereits eingestellter jüdischer Offiziere verfügt und in einem Erlaß vom 28. Februar 1934 festgelegt, daß die Bestimmungen des Gesetzes zur Wiederherstellung des Berufsbeamtentums sinngemäß auf alle Offiziere, Unteroffiziere und Mannschaften anwendbar seien. Falls der geforderte Ariernachweis mangels dokumentarischer Unterlagen nicht vollständig erbracht werden konnte, behielt sich der Reichswehrminister für die Offiziere die entgültige Entscheidung vor. Bei Unteroffizieren und Mannschaften sollte die Entscheidung durch den jeweils nächsthöheren Disziplinarvorgesetzten, bei der Marine durch den Kommandeur der Schiffsstammdivision (II. Admiral der Ostsee) erfolgen. Reichswehrangehörige, die nach dieser Überprüfung den Bestimmungen von § 3 des Gesetzes vom 7. April 1933 nicht genügten, sollten entlassen werden. Die „Frontkämpferklausel" bot auch weiterhin die Möglichkeit, von Fall zu Fall von einer Entlassung abzusehen, doch Blomberg wandte sich gegen eine zu weitgehende Auslegung dieser Klausel. Bis zum 31. Mai 1934 sollten die Entlassungsmaßnahmen zum Abschluß gebracht werden.

Soweit wir wissen, und soweit es die Überprüfung der Memoirenliteratur zuläßt, ist dieser Erlaß in der Truppe mit äußerster Betroffenheit aufgenommen worden. Er stellte auch im Selbstverständnis des Offizierkorps den bisher schwerwiegendsten Eingriff in das innere und äußere Gefüge der Armee dar. Zu einer größeren oder organisierten Protest- und Abwehraktion ist es jedoch nicht gekommen. In den mündlichen Sprachregelungen des Ministeramtes hieß es, daß durch die Frontkämpferklausel den übelsten Folgen des Erlasses gewehrt werden könne. Eine strikte Verweigerung würde die Sache der jüdischen Soldaten nur verschlimmern. Die Wehrkreisbefehlshaber und die höheren Truppenführer haben sich schließlich zähneknirschend gefügt. Lediglich der Chef des Generalstabes des Wehrkreiskommandos III (3. Division), Oberst i. G. v. Manstein, hat in einer umfänglichen Denkschrift, die an Beck gerichtet war, die Einwendungen der Truppe formuliert und um Abänderung der Bestimmungen nachgesucht. Ohne die grundsätzlichen nationalsozialistischen Rassegedanken in Frage stellen zu wollen, erklärte Manstein:

„Ich glaube, daß wir die ganze Frage nicht nur von dem Standpunkt der Betroffenen ansehen dürfen, sondern vielmehr in erster Linie von dem Gesichtspunkt aus, ob es mit der Ehre der Armee vereinbar ist, Kameraden nicht die Treue zu halten, um politischen Schwierigkeiten aus dem Wege zu gehen. Ich glaube, daß wir ein Recht darauf haben, den Soldaten anders zu beurteilen als den Beamten, daß unsere Vergangenheit uns das Recht gibt, allein über Ehre und Ansehen des Heeres zu entscheiden, daß wir es nicht nötig haben, uns dem Spruch Außenstehender zu beugen. Man kann m. E. die ganze Frage nur vom Ehrenstandpunkt aus betrachten. Von diesem Standpunkt aus hat das Offizierkorps nach alter Überlieferung ein Recht mitzusprechen, sowohl zum Schutz der Ehre der Betroffenen wie vor allem zum Schutz seiner eigenen Ehre."

Die Eingabe von Mansteins umschrieb die allgemeine Auffassung der Reichswehr, aber sie blieb folgenlos. Auf der Grundlage der Verfügung vom 28. Februar 1934 wurden aus dem Reichsheer entlassen:

7 Offiziere, 7 Offizierantwärter, 13 Unteroffiziere, 28 Mann.

Aus der Reichsmarine wurden entlassen:

3 Offiziere, 4 Offizieranwärter, 3 Unteroffiziere, 4 Mann.

Diese Zahlen sagten nichts über den Anteil jüdischer Soldaten in der Reichswehr aus, da der Ariernachweis nur dann geführt werden mußte, wenn die Frontkämpferklausel keine Anwendung finden konnte.

Die Frontkämpferklausel wurde von der Truppe möglichst weitgehend ausgelegt; in diesem Punkt gab es eine stillschweigende Übereinstimmung in der Reichswehr. Seit dem Dezember 1935 wurde der hierdurch gewährte Schutz den jüdischen Reichswehrsoldaten entzogen. In einer Durchführungsverordnung zum Reichsbürgergesetz vom 14. November 1935 verfügte der Oberbefehlshaber des Heeres (Personalabteilung), daß alle Angehörigen des Heeres, die bisher unter dem Schutz der Frontkämpferklausel gestanden hatten, den Ariernachweis unverzüglich nachzuholen hätten. An die schon geführten Ariernachweise wurden schärfere Anforderungen gestellt: so mußte im Falle von Zweifeln an der Ariereigenschaft eines Großelternteils die Prüfung auf die Urgroßeltern ausgedehnt werden. Mit dem 31. Dezember 1935 traten die betroffenen Soldaten in den Ruhestand.

Die Entlassung der jüdischen Soldaten aus der Reichswehr erfolgte nicht auf ausdrücklichen Befehl Hitlers, sondern auf Grund eigenständiger Entscheidung Blombergs. Obgleich auch diese Maßnahme als Teil des „Loyalitätswettlaufes“ um die Gunst des Diktators angesehen werden kann, bleibt festzustellen, daß damit ein erster tiefer und grundsätzlicher Einbruch des nationalsozialistischen Rassismus in die Wehrmacht erfolgt war, der zugleich einen folgenschweren Bruch mit den bisher gültigen soldatischen Traditionen und Ehrauffassungen bedeutete. Manstein hat im Anschreiben zu seiner Denkschrift vom 21. April 1934 aus dem Brief eines betroffenen jüdischen Offiziers zitiert, der die Tragik des jüdischen Soldatentums im Dritten Reich zutreffend kennzeichnet:

„Ich wollte es Herrn Oberst damals gleich schreiben, es war aber alles so wirr in mir. Daß wir Deutschland nicht mehr dienen dürfen, empfinden wir am wehesten. Und obgleich das Leben nun nicht mehr wertvoll erscheint, nachdem man uns diese Berechtigung nahm, sind wir zu jung, zu sehr Offiziere und zu stolz, um zu zerbrechen. Vielleicht braucht uns Deutschland später doch einmal, dann sind wir da.“

C. Die SA und die Krise in der NS-Bewegung

1. SA, NSDAP und Wehrmacht

a. Röhms „Revolutionsarmee"

Mit dem Zusammenbruch des Hitlerputsches vom Jahre 1923 hatten auch die „Sturm-Abteilungen" der nationalsozialistischen Partei ihre politische Bedeutung verloren. Erst seit 1926 begann unter der Führung des ehemaligen Hauptmanns Franz Pfeffer v. Salomon der Wiederaufbau der SA als Parteigruppe. Jetzt verschmolzen die Erfahrungen der Jahre 1919 bis 1923, in denen sich die Sturmabteilungen als Rollkommandos verstanden hatten, mit jenen der Freikorpsbewegung radikaler Spielart zu einem von Hitler entworfenen neuen Konzept der terroristischen Massenbewegung, die ihm als angemessene Reaktion auf die „marxistische und anonyme Massenpolitik des Weimarer Systems" erschien. Bewußt lehnte Hitler die äußere und innere Anpassung der SA an die Reichswehr ab; die SA sollte nicht zum Surrogat der Armee, sondern zur revolutionären, schlagkräftigen und massenwirksamen Alternative des „klassischen" Heeres werden. In „Grundsätzlichen Anordnungen" und in zahlreichen „SA-Befehlen" wurde seit 1926 die Basis der Organisation und Taktik der SA festgelegt, ohne daß es Pfeffer oder Hitler gelungen wäre, den konzeptionellen Rahmen der SA-Organisation mit entsprechendem Inhalt zu füllen. Infolgedessen entwickelte sich die Ausübung von Gewalt und die Anwendung organisierten Terrors gegenüber Andersdenkenden zur wichtigsten raison d'être der SA. Die politische Zielsetzung der SA lag zunächst nicht in der Verstärkung der potentiellen Wehrkraft der Nation, wie es bei den Freikorps der Fall war, sondern in der gewaltsamen Ausschaltung innenpolitischer Gegner. Diese Eigenschaft war es, die es Hitler später erlaubte, die Reichswehr vom ersten Tage seiner Herrschaft an aus der innenpolitischen Verantwortung auszuklammern.

Eine regionalisierte, nach dem Freikorpsprinzip arbeitende Organisation, wirtschaftliche Unterstützung ihrer Mitglieder, Auffangbecken arbeitsloser Jugendlicher – das waren ebenso Kennzeichen der SA wie „wilde", undisziplinierte Terror-Haufen (so in Berlin), gescheiterte Existenzen (wie Horst Wessel) und selbstbewußte, arrogante Führernaturen, die auf eigene Faust SA-Politik zu treiben suchten. Die Abwehr von militärischen Formen und die Propagierung des „Kampfes ohne Waffen" ließen sich freilich auf die Dauer nicht durchhalten. Mit dem Anwachsen der SA von etwa 60 000 bis 75 000 Mann im Herbst 1930 auf mehr als 250 000 Mann Ende 1931 wurde eine straffere, zentralisierte Führung notwendig. Damit hielt das militärische Element erneut Einzug in die SA. Der Rücktritt Pfeffers Ende August 1930 im Zusammenhang mit dem „Stennes-Putsch" bedeutete daher eine wichtige Zäsur in der Geschichte der SA vor 1934.

Entscheidend war jedoch, daß Hitler in der Krise des Herbstes 1930 die SA-Führung persönlich übernahm. Diese Organisationsform wurde fortan beibehalten.

Im Rahmen der von Hitler seit 1930 verfolgten Legalitätspolitik konnten die Aufgaben der SA nicht mehr allein negativ, d. h. im Sinne terroristischer Gewaltausübung den innenpolitischen Gegnern gegenüber, definiert werden. Die SA schaltete sich selbständig in die Grenzschutzbemühungen der Republik, vor allem in Ostpreußen und in Schlesien, ein. Von der Reichswehr im Wehrkreis I zunehmend geduldet, entwickelten sich hier SA-Verbände zu „begeisterten und willigen Helfern des zahlenmäßig schwachen Heeres in den Fragen der Landesverteidigung" (Halder). Parallel dazu förderte die SA-Leitung nun auch militärische Übungen und Ausbildungsvorhaben. Die Schulungsarbeit wurde im Zeichen der sich verschärfenden Wirtschaftskrise, die den SA-„Stürmen" zahlreiche arbeitslose, teilweise entwurzelte Jugendliche zuführte, erleichtert. Die Einrichtung eines SA-Arbeitsdienstes (nicht zu verwechseln mit dem freiwilligen Arbeitsdienst) nahm bereits spätere Organisationsformen des nationalsozialistischen Staates vorweg, sie paßte jedoch auch zu den Planungen Brünings und Groeners, die dadurch des Arbeitslosenproblems Herr zu werden hofften.

Die notwendige Umgliederung der SA seit dem Rücktritt Pfeffers war das Werk Ernst Röhms, der am 5. Januar 1931 offiziell sein Amt als Stabschef der SA antrat, nachdem ihm Hitler gegen den z. T. erbitterten Widerstand vor allem norddeutscher SA-Führer den Weg zu dieser Position geebnet hatte. Röhm hing in viel stärkerem Maße als Pfeffer oder auch Hitler der Tradition des alten Heeres an, das er gleichwohl nicht einfach kopieren wollte. SA-„Standarten" (in Regimentsstärke) erhielten beispielsweise die Nummern ehemaliger Regimenter des Heeres. Röhm strukturierte die bisher eher amorphe Masse der SA nach militärischen Gesichtspunkten. Es gab z. B. eine „Reiter-SA", eine „Flieger-SA", eine „Marine-SA", eine „Motor-SA" sowie Nachrichten-, Pionier- und Sanitäts-Stürme (Kompanien). Ende 1932 bestand die SA aus 5 „Obergruppen" (Armeen) und 18 „Gruppen" (Armeekorps), zusammen rund 500 000 Mann. Da die SA-Männer seit der Pfeffer- und Stennes-Krise dem Prinzip des unbedingten Gehorsams unterworfen waren, und die SA dank ihrer Größe und wirtschaftlichen Macht über Lock- und Zwangsmittel in ausreichendem Maße verfügte, konnte diese Parteiarmee Ende 1932 in der Tat als eine Art „Revolutionsarmee" angesehen werden, deren Bedeutung alle anderen Parteiarmeen und Wehrverbände bei weitem übertraf.

Um so schärfer stellte sich seitdem die Frage nach den eigentlichen Zwecken und Zielen dieser paramilitärischen, pseudorevolutionären Massenbewegung. Die Ausübung blanken Terrors konnte nicht mehr die einzige innere Legitimation für den Aufbau eines derartig gewaltigen Apparates sein, zumal nach der Machtübernahme durch die NSDAP der Kampf gegen politische Gegner gewonnen sein würde. Während Hitler jedoch bis zum Januar 1933 an der Fiktion festhielt, die SA sei keine verkappte Armee, deren Ehrgeiz darauf hinziele, die

Reichswehr eines Tages abzulösen, vertrat Ernst Röhm in zunehmendem Maße die nun auch nach außen hin propagierte These:

„Wir SA- und SS-Führer haben keinen Ehrgeiz nach Parlamentssesseln, Ministerposten und einträglichen Staatspfründen. Wir haben den Ehrgeiz, die beste freiwillige und revolutionäre Truppe dem Führer, dem Volk und Vaterland zu schaffen."

Es lag auf der Hand, daß die Reichswehr in den Jahren 1931/32 von den Aktivitäten und der politischen Zielsetzung der SA-Führung mehr und mehr beunruhigt wurde. Sie befand sich jedoch in einem schwer lösbaren Dilemma: In dem Maße, in dem die SA schlagkräftiger, disziplinierter und größer wurde, wurde sie der 100 000 Mann-Armee potentiell gefährlich. Im gleichen Maße aber wuchs auch ihr Wert als Instrument zur Verstärkung der Landesverteidigung. Die tatsächlich gegebene Gefährdung der exponierten Provinzen des Reiches hätte einen prinzipiellen Verzicht auf mögliche SA-Unterstützung in der Bevölkerung, aber auch im Pflichtverständnis des Reichswehroffizierkorps schwer akzeptabel gemacht. Von daher ist das lange Schwanken in der Frage eines möglichen oder notwendigen SA-Verbotes zu deuten. Als sich die Reichsregierung schließlich durchsetzen konnte und die SA 1932 vorübergehend verboten wurde, glaubte die Reichswehr dieser Politik nur zustimmen zu können, wenn diesem Verbot auch das Verbot des Reichsbanners „Schwarz-Rot-Gold" folgte. Auch Hindenburg hat sich nur auf dieser Basis zu dem Verbotsschritt entschließen können, der auf Grund des gegen die SA vorliegenden Beweismaterials für umstürzlerische und kriminelle Akte schon aus rechtlichen Gründen an sich unvermeidlich gewesen wäre, nun jedoch politisch begründet und damit in der Praxis bereits entwertet wurde. Tatsächlich wurde das Verbot rasch wieder aufgehoben, und die SA war mächtiger denn je zuvor.

b. SA und die Auflösung der Wehrverbände

Die von Hitler nach der Machtergreifung verfolgte Politik der Auflösung aller Parteien des Weimarer „Systems" mit Ausnahme der NSDAP und ihrer Untergliederungen führte, gleichsam automatisch, nach und nach auch das Ende aller Parteiarmeen und Wehrverbände herbei. Diese Entwicklung konnte auch von politischen Gegnern Hitlers durchaus mit Wohlwollen angesehen werden, hatte das Verbändeunwesen doch zu den schwerwiegendsten Belastungen der Weimarer Demokratie, aber auch der Weimarer Außenpolitik gehört. Trotz zahlreicher Bemühungen und oft wiederholter innenpolitischer Anläufe hatten es die verschiedenen Reichsregierungen in den zwanziger Jahren niemals vermocht, in den schier undurchdringlichen Dschungel der Wehrverbände, Grenzschutzkommandos, Einwohnerwehren, Parteiarmeen usw. einzudringen und die Aktivitäten dieser Gruppen zu kontrollieren oder zu steuern.

Es hätte in der Konsequenz der Hitlerschen Programmatik gelegen, nunmehr auch „seine“ Parteiarmeen, d. h. SA und SS aufzulösen, nachdem der nationalsozialistische Staat mit der Reichswehr und den Länderpolizeien über die notwendigen Exekutivorgane verfügte. Tatsächlich ist die Geschichte der SA bis zum 30. Juni 1934 nicht zuletzt aus einer prinzipiellen Existenzangst der SA zu erklären. Indessen besteht wohl kein Zweifel daran, daß Hitler nicht an die Auflösung seiner militanten Terrorinstrumente denken konnte, eben weil sie auf Terror spezialisiert waren, den im Sinne der Hitlerschen Vorstellungen auszuüben weder die Polizeibeamten noch gar die Reichswehr in der Lage waren. Insoweit sich das Dritte Reich als Terror-Regime verstand, benötigte es weiterhin Terror-Instrumente. Das Prinzip der Gewaltausübung als Leitmotiv der Hitlerschen Gesamtpolitik erforderte eine wesentliche Umgestaltung der bisher existierenden „normalen“ Exekutive. SA und SS waren daher unentbehrlich; die entscheidende Frage aber lautete, ob sich Röhm mit der Rolle des ausführenden Terrororgans bescheiden würde, oder ob die schon vor 1933 deutlich sichtbar werdenden Ansprüche an militärischer Teilhabe oder gar militärischer Alleinvertretung des Staates weiter – und nun mit ungleich durchschlagskräftigeren Methoden – gestellt werden würden.

In den Tagen und Wochen, die der Machtergreifung folgten, stellte sich diese Grundsatzfrage der SA jedoch noch weniger drängend. Tatsächlich benötigte Hitler die SA gerade jetzt mehr denn je, um die Auflösung der anderen Parteiarmeen und Wehrverbände beschleunigen zu können. Gedeckt durch die Maßnahmen im Umkreis der „Reichstagsbrandverordnung“ konnte die SA nunmehr nach Belieben schalten und walten. Die gegen die Kommunisten und ihre Parteiarmee angewandte Gewalt war blanker Terror; mit dem Verbot der KPD war auch das Ende des seit 1929 in Preußen illegalen „Rotfrontkämpferbundes“ gekommen. Die illusionäre Taktik des Widerstandskampfes der Kommunisten erleichterte der SA ihre Aktionen außerordentlich: die kommunistischen Funktionäre fielen reihenweise in die Hände von SS, Gestapo und SA.

Nicht ganz so einfach war die Vernichtung eines der mächtigsten Instrumente der Weimarer Demokratie, des Reichsbanners „Schwarz-Rot-Gold“. Dieser Wehrverband, seit dem November 1931 in Reaktion auf die „Harzburger Front“ unter Einbeziehung aller demokratischen Gruppierungen als „Eiserne Front“ bezeichnet, hatte sich in den letzten Jahren der Republik zunehmend militarisiert und in Parallele zum „Stahlhelm“ und zur SA damit begonnen, seine Mitglieder auf bürgerkriegsähnliche militärische Auseinandersetzungen vorzubereiten. Die „legale“ Machtergreifung durch Hitler erschütterte den Verband in den Grundfesten. Obwohl die Bundesleitung seit 1931 erkannt hatte, daß der innenpolitische Hauptgegner fortan nicht mehr im „Stahlhelm“, sondern in der SA gesehen werden müsse, reagierte sie auf die Terrormethoden der SA nach dem Reichstagsbrand hilflos. Vorübergehend richteten sich die Hoffnungen des Reichsbanners auf die Reichswehr; der Bundesführer Höltermann erwog nach dem 5. März 1933 ein unbedingtes Zusammengehen mit der Reichswehr und die Aufnahme des Bürgerkrieges gegen die SA, um dadurch einer Reichswehrdiktatur den Weg zu ebnen. Nachdem die „Eiserne Front“ noch bei ihrer Bundesgeneralversammlung am 17. und 18. Februar 1933 in Berlin mit einem Massenaufmarsch im Tiergarten vermeintliche Stärke und Entschlossenheit demonstriert hatte, fiel sie nach dem 5. März 1933 den Verbotsanordnungen in den Ländern widerstandslos zum Opfer. Ein Zusammengehen mit dem ebenfalls in seiner Existenz gefährdeten „Stahlhelm“ in letzter Minute scheiterte an der Entschlußlosigkeit und Lageverkennung der Stahlhelm-Führung. Die Verbotswelle ergriff nach und nach alle Länder, und Anfang Mai 1933 ging Höltermann in die Emigration.

Hatte es die SA beim „Reichsbanner“ mit dem politischen Gegner zu tun, so mußten die Angehörigen des „Stahlhelm – Bund der Frontsoldaten“ zunächst prinzipiell als „Mitkämpfer“ angesehen werden. Ein einfaches Verbot kam daher ebensowenig in Frage wie die Ausübung offenen Terrors zum Zwecke der Vernichtung des Verbandes. Hinzu kam, daß der „Stahlhelm“ zwar schon seit 1931 an politischer Durchschlagskraft und paramilitärischer Bedeutung verloren hatte, jedoch dank seiner hohen Mitgliederzahl (auch im „Jung-Stahlhelm“) der SA numerisch weit überlegen war. Hatten seine Führer Seldte und zunächst auch Duesterberg in der SA eine willkommene Hilfstruppe („leichte Kavallerie“) gesehen, so drehten sich – schon vor dem Februar 1933 – die Verhältnisse um: es ging nun nicht mehr darum, ob und wie die SA in *den* großen nationalen Wehrverband – den „Stahlhelm“ – einzugliedern sei, sondern umgekehrt um die Frage, ob und gegebenenfalls wie das „wertvolle“ Potential des Bundes der Frontsoldaten der SA dienstbar gemacht werden konnte.

Die „Stahlhelm“-Führung hatte in den Januartagen 1933 entscheidend zur Kanzlerschaft Hitlers mitgeholfen. Franz Seldte, der 1. Bundesführer des Stahlhelm, wurde in das Kabinett Hitler aufgenommen. Das Bild einer Teilhabe an der Regierungsmacht, das dadurch nach außen hin gekennzeichnet wurde, täuschte allerdings. Hitler hat von Anfang an keinen Zweifel daran gelassen, daß auch der „Stahlhelm“ letztlich nicht mehr in die „neue Zeit“ paßte. Theodor Duesterberg, der 2. Bundesführer, hat schon wenige Tage nach dem 30. Januar die verhängnisvollen Konsequenzen der Entscheidung, das Kabinett Hitler zu unterstützen, gesehen. Mit der Gründung der „Kampffront Schwarz-Weiß-Rot“ wurde ein verzweifelter, letzter Versuch unternommen, das eigene Machtgewicht bei den Wahlen vom 5. März zu vergrößern. Der Erfolg blieb ebenso aus wie bei den analogen Bemühungen der SPD und der „Eisernen Front“. Nunmehr rechnete die „Stahlhelm“-Leitung sogar mit blutigen Auseinandersetzungen mit der SA, die nach Meinung Duesterbergs letztlich nur durch das umsichtige Verhalten des „Stahlhelms“ vermieden wurden.

Gleichwohl war der „Bund der Frontsoldaten“ Hitlers wertvollster Verbündeter in den Monaten der „Gleichschaltung“ nach der Machtergreifung. Duesterberg geriet in einen immer schärfer werdenden Gegensatz zu Seldte, da er den von diesem eingeschlagenen Weg der Anbiederung an den Nationalsozialismus nicht billigte. Mit Hilfe einer infamen Intrige gelang es Seldte, ihn am 26. April 1933 zu stürzen. Seldte erkaufte sich damit eine weitere Frist für seinen Wehrverband, der nunmehr eine „offiziell anerkannte Organisation“ (Volker Berghahn) wurde. Tatsächlich handelte es sich nur um eine weitere Stufe im Prozeß der Selbstausschaltung des „Stahlhelm“.

In der Folgezeit kam es an den verschiedensten Orten und aus den unterschiedlichsten Gründen zu Zusammenstößen mit der SA, die zu vorübergehenden Verboten einzelner Landesverbände des „Stahlhelm“ führten. Seldte mußte sich in einem Gespräch mit Hitler am 21. Juni 1933 dazu verstehen, die Führung der unter 35jährigen „Stahlhelm“-Angehörigen abzutreten. Damit waren dem Bund die Basis und die Zukunft entzogen. Wenig später kam es zu einer weiteren „Vereinbarung“ zwischen dem „Stahlhelm“ auf der einen, der SA und SS auf der anderen Seite: Hitler wurde nunmehr Führer des Bundes; die 18- bis 35jährigen Mitglieder erhielten die Bezeichnung „Wehrstahlhelm“ und wurden in die SA eingegliedert. Der „Stahlhelm“ war damit halbiert. Trotz des Protestes einiger „Stahlhelm“-Führer hielt Seldte auch weiterhin an seiner Taktik der „friedlichen“ Eingliederung von „Stahlhelm“-Teilen in die SA fest. Er hoffte immer noch, die SA auf diese Weise unterwandern zu können. Das Gegenteil war jedoch der Fall: trotz erheblicher organisatorischer und prinzipieller Schwierigkeiten wurde Röhm mit der Eingliederung von mehreren hunderttausend Mann fertig. Zu Beginn des Jahres 1934 erfolgte der zweite Schritt: Jetzt wurden die Altersgruppen zwischen 36 und 45 Jahren in die SA übernommen („SA-Reserve I“). Der verbliebene Rest des „Stahlhelms“ hatte bis zum 15. März 1934 einen besonderen Eid auf Hitler abzulegen und wurde in „Nationalsozialistischer Deutscher Frontkämpferbund“ (NSDFB) umbenannt.

Auch der NSDFB wurde Ziel nationalsozialistischer Angriffe und Denunziationen. Das Verhältnis zur SA verbesserte sich nicht. Seldte wandte sich nunmehr vergeblich an General v. Fritsch, um die Hilfe der Reichswehr zu erhalten. Nach der Einführung der allgemeinen Wehrpflicht hatte die Reichswehr kein Interesse mehr an den „Stahlhelmern“. Fritsch ließ Seldte am 30. Juli 1935 mitteilen:

> „An einer Beteiligung des Stahlhelms als einer Vertretung der Frontsoldaten der alten Armee ist das Heer heute nicht mehr interessiert ... Mit der Wiedereinführung der allgemeinen Wehrpflicht und dem vom Führer festgesetzten Aufbau des Heeres ist das erreicht, wofür auch der Stahlhelm in zäher, oft entsagungsvoller Arbeit in der Vergangenheit gekämpft hat. Den Endsieg hat der Nationalsozialismus gebracht“.

Seldte resignierte und schlug Hitler selbst die Auflösung des NSDFB in „anständiger Weise“ vor. Nachdem Blomberg Anfang September 1935 allen Wehrmachtsangehörigen die Mitgliedschaft im NSDFB verboten hatte, war es bis zur endgültigen Auflösung des Verbandes, die am 7. November erfolgte, nur noch ein Schritt. Von den verbliebenen rund 500 000 „Stahlhelm“-Mitgliedern wurden etwa 100 000 Parteimitglieder, 400 000 gingen als „SA-Reserve II" im „Kyffhäuserbund" auf.

Der „Stahlhelm" war in den Jahren von 1933 bis 1935 die einzige verbliebene Alternative und das einzig mögliche Gegengewicht zu SA und SS. Falsche Erwartenshaltungen seitens des 1. Bundesvorsitzenden Seldte, die unglücklichen Auseinandersetzungen zwischen diesem und dem 2. Bundesvorsitzenden Duesterberg, und das geschickte Taktieren Hitlers und Röhms führten dazu, daß der „Bund der Frontsoldaten" als größter gleichzuschaltender „Brocken" aus der Ära der Wehrverbände der Weimarer Republik verhältnismäßig problemlos vom Nationalsozialismus „geschluckt" werden konnte. Nach der politischen Entmachtung der SA am 30. Juni 1934 hatte auch die Reichswehr kein Interesse mehr an der Unterstützung des Bundes, den man zu den prominentesten und zugleich typischsten Opfern fehlgeleiteten politischen Verständnisses rechnen muß.

c. *Die Entwicklung bis zur Jahreswende 1933/34*

Die in Schüben erfolgende gewaltige numerische Vergrößerung der SA von etwa 300 000 Mann vor Hitlers „Machtergreifung" bis auf über 4 Millionen (die Masse in den SA-Reserven I und II) nach Abschluß der Gleichschaltungs- und Angliederungsphase sprengte das bisher gültige soziologische Bild der SA. Die SA setzte sich bis zu diesem Zeitpunkt im wesentlichen aus Männern zusammen, deren Durchschnittsalter unter dreißig Jahren lag. Die Mehrzahl der SA-Männer war zwischen 18 und 25 Jahre alt. Auch die SA-Führer hatten in der Regel das 30. Lebensjahr noch nicht überschritten. Man kann also von der SA als einer wahrhaftigen „Jugend-Bewegung" sprechen. Gerade diese Eigenschaft wurde für das Ringen zwischen Reichswehr und SA-Führung um den Einfluß auf die Ausbildung der SA-Männer ausschlaggebend.

Die SA setzte sich aus allen sozialen Schichten der Bevölkerung zusammen, jedoch war der untere Mittelstand über-, die Arbeiterschaft unterrepräsentiert. Im großen und ganzen entsprach die soziale Zusammensetzung der SA der der NSDAP. Stärker als die Parteimitglieder litten die SA-Männer unter der Arbeitslosigkeit. Die SA-Organisation bot diesen Jugendlichen neben einer gewissen materiellen Absicherung das Gefühl, sich irgendwie „nützlich" machen zu können und beutete den jugendlichen Betätigungsdrang, der oft ins Destruktive gewendet war, skrupellos aus. Frei verfügbare Zeit, die Illusion, zur politischen Speerspitze der nationalsozialistischen Bewegung zu gehören, jugendliche Aggressivität als Folge gesellschaftlicher und wirtschaftlicher Frustrationen, die Attraktion pseudomilitärischen Gehabes, das von zahlreichen SA-Jugendlichen als eine Art Ersatzwehrdienst angesehen wurde – all dieses bildete eine politisch brisante Mischung, die zu beherrschen, zu steuern, den eigenen Zwecken unterzuordnen, zu einem Kernproblem des Regimes, der Reichswehr und der SA-Führung unter Röhm selbst wurde.

Eigenständige politische Vorstellungen innerhalb der SA-Führung waren seit dem Sommer 1932 deutlicher in Erscheinung getreten. Sie hatten sich aus der Diskrepanz zwischen der von Hitler und der NSDAP verfolgten „Legalitätstaktik" und dem revolutionären Anspruch und Gehabe der SA-Führung ergeben. Hinzu kamen grundsätzliche Differenzen hinsichtlich des sozialistischen Charakters der NS-„Bewegung", die gerade für die SA-Mitglieder von nicht unerheblicher Bedeutung waren.

In den kritischen Tagen und Stunden der „Machtergreifung" hatte die SA Gewehr bei Fuß gestanden und sich Hitlers Anordnungen, auf unmittelbare Gewalt zu verzichten, widerwillig gebeugt. Die am 30. Januar 1933 ausgebliebene, von der SA sehnsüchtig erwartete „Nacht der langen Messer", führte zu Enttäuschung und verstärkter Aggressivität. Diese entluden sich in den Wochen vor dem 5. März 1933 in z. T. unkontrollierten Aktionen gegen die Gewerkschaftshäuser und in gesteuerten Terroraktionen gegen Kommunisten und „Marxisten" aller Couleur. Hitler gab die Parole „Vernichtung des Marxismus" aus und entfesselte damit eine heftige Terrorwelle, der schon in den ersten Wochen der nationalsozialistischen Herrschaft zahlreiche Menschen zum Opfer fielen. Diese Mobilisierung der Gewalt paßte durchaus in die Konzeption Hitlers, aber auch Göring hat in seiner Eigenschaft als preußischer Ministerpräsident und Polizeiminister die Gewaltausübung der SA nicht nur toleriert, sondern durch entsprechende Richtlinien und Befehle bewußt gefördert. In der SA war danach das Empfinden lebendig, daß die „Revolution" weitergehe, der 30. Januar 1933 nicht Abschluß, sondern Ausgangspunkt weiterer revolutionärer Um- und Neugestaltung sei.

Zu den Zwangsinstrumenten des Nationalsozialismus gehörte auch die Polizei, die in Preußen bereits seit dem 30. Januar, in den übrigen Ländern im Laufe des Februar und März 1933 auf der Grundlage der „Reichstagsbrandverordnung" in die Hände Görings bzw. Fricks geriet. Mit Hilfe einer scharfen Säuberung, der u. a. 22 der vorhandenen 32 preußischen Polizeiobersten zum Opfer fielen, durch die Besetzung zahlreicher Stellen mit Angehörigen der SA und der SS gelang es, die Polizei „gleichzuschalten". Göring verließ mit seinem berüchtigten „Schießerlaß", der der Polizeiwillkür praktisch Tür und Tor öffnete, den Boden der Rechtsstaatlichkeit und schuf sich mit einer am 22. Februar 1933 gegründeten „Hilfspolizei", die sich aus SA, SS und „Stahlhelm"-Mitgliedern zusammensetzte, ein besonders effektives Terrorinstrument, das bis zu seiner Auflösung im August 1933 den revolutionären Impetus des neuen Regimes symbolisierte. Die Einrichtung zahlreicher Konzentrationslager (das erste in Oranienburg) durch die SA machte den Umfang des von dieser Parteiarmee ausgeübten Terrors deutlich.

Trotz des großen Machtzuwachses, den die SA nach dem 30. Januar 1933 erfuhr, stieg die Unzufriedenheit mit den augenblicklichen Gegebenheiten innerhalb der Organisation an. Auf die Dauer genügte die rein negative Zielsetzung innenpolitischer Gewaltausübung dem Stabschef der SA, Ernst Röhm, keineswegs. Sein Ehrgeiz hatte sich erheblich höhere Ziele gesetzt. In einem Gespräch mit dem Danziger NSDAP-Führer Hermann Rauschning, das im Frühjahr 1933 stattfand, entwickelte Röhm sein Konzept von einem revolutionären Volksheer unter seiner Leitung. Er ging von der keineswegs unrichtigen Erfahrung aus, daß alle großen Revolutionen der Weltgeschichte auch ein Revolutionsheer hervorgebracht hätten. Die Reichswehr erschien ihm als Keimzelle eines solchen Massenheeres ungeeignet. Der „graue Fels“ müsse in der „braunen Flut“ untergehen, soll Röhm bei anderer Gelegenheit geäußert haben. Die „nationale Revolution“, die für ihn und seine SA keineswegs als abgeschlossen galt, mußte im SA-Volksheer sich artikulieren. Wenn Röhm seit dem 1. Juni 1933 die Parole ausgab, die SA müsse von nun an stärker militarisiert werden, eine enge Zusammenarbeit mit der Reichswehr sei anzustreben, so war dies auf der einen Seite nur Taktik, eine Tarnmaßnahme, auf der anderen entsprang sie aber auch der realistischen Erkenntnis, daß eine SA-Armee der Zukunft keineswegs auf das Erfahrungspotential und das militärische „know-how“ der Reichswehr verzichten konnte, wollte sie sich nicht selbst zu langandauernder militärischer Ohnmacht verdammen. Ob Röhm in der nun angestrebten engen und „vertrauensvollen“ Zusammenarbeit mit der Reichswehr die Einleitung eines „Aufsaugungsprozesses“ gesehen hat, wie er, zeitlich parallel, mit so großem Geschick und Erfolg auf den „Stahlhelm“ angewandt wurde, ist eine offene Frage. Das „Stahlhelm“-Beispiel zeigt aber ganz unabhängig davon, daß eine Umarmungstaktik seitens Röhms von der Reichswehr keineswegs auf die leichte Schulter genommen werden konnte, gleichgültig, wie stark sie den Hitlerschen Versicherungen hinsichtlich des „Waffenträgermonopols“ Glauben schenkte.

Man wird die Vorstellungen Röhms jedoch nicht nur unter dem innenpolitischen Aspekt zu beurteilen haben. Die völlige Beherrschung des öffentlichen politischen Lebens durch eine Milizarmee, die Übernahme der politischen „Verantwortung“ durch die Solidargemeinschaft der „Frontkämpfer“ und – allgemein – der „Soldaten“ sollte zur Basis eines internationalen Interessenausgleichs werden. Tatsächlich hätte die Lösung Röhms eine im wesentlichen defensiv eingestellte Volksarmee geschaffen, die zu militärischen Abenteuern nach außen kaum zu verwenden gewesen wäre. Konkret schwebte Röhm wohl ein Ausgleich mit Frankreich vor. Die sozialistische Komponente in der SA verschmolz hier mit den romantischen, aus den zwanziger Jahren bekannten Hoffnungen auf die friedliche Internationale der Soldaten. Diese Zielsetzung, so vage und dunkel sie in der konkreten Situation der Jahre 1933/34 auch sein mochte, hat gewiß auch zu der Entscheidung Hitlers beigetragen, das Problem „SA“ schließlich gewaltsam zu lösen.

War für die SA die Reichswehr ein zu überwindendes Problem, so galt dies umgekehrt in noch erhöhtem Maße. Die Reichswehr war wohl oder übel auf die Zusammenarbeit mit der SA angewiesen, wenn sie ihrem militärischen Auftrag gerecht werden, ihren Waffenmonopolanspruch behaupten und den Loyalitätswettlauf mit der SA gewinnen wollte. Infolgedessen hat sich Reichenau von Anfang an darum bemüht, durch geeignete Absprachen und Vereinbarungen die SA einerseits zu nutzen, andererseits zu zügeln und zu kontrollieren. Reichenau selbst war wohl die Gefährlichkeit dieses Unterfangens bewußt, das einem Ritt auf dem Tiger nicht unähnlich war.

Das Kernproblem bestand in der Frage der Verantwortlichkeit für die militärische Ausbildung der SA-Mitglieder und aller männlichen Jugendlichen, die der SA oder einer ihrer Nebengliederungen in der Folgezeit zuströmten. Die großen Erfolge Röhms gingen ja nicht zuletzt auf die fehlende Allgemeine Wehrpflicht zurück. Hier bot die SA eine Art Ersatz an. Die Reichswehr hatte natürlich das größte Interesse daran, die vormilitärische und milizähnliche Ausbildung der Jugendlichen nicht aus der Hand gleiten zu lassen. Sie war daher auf Vereinbarungen mit der SA angewiesen. Umgekehrt konnte die SA nicht auf die Mithilfe der Reichswehr bei der militärischen Ausbildung verzichten, da sie nicht über das geeignete Personal und Material verfügte. Beide Organisationen sahen sich daher in einer Zwangssituation, beide versuchten fortan, die Trümpfe des anderen durch die eigenen zu stechen.

Schon im März und April war es zu ersten Absprachen zwischen der SA-Führung und dem Reichswehrministerium hinsichtlich der künftigen Ausbildungsbelange der SA gekommen. Am 17. Mai 1933 führten diese Kontakte zu einer ersten umfassenden Vereinbarung zwischen der Reichswehr auf der einen, der SA und dem „Stahlhelm" auf der anderen Seite. Die Landesschutzaufgaben sollten fortan im Prinzip von der Reichswehr wahrgenommen, SA, SS und „Stahlhelm" in allen militärischen Fragen dem Reichswehrministerium unterstellt werden. Die Bewaffnung der SA sollte sich auf leichte Handfeuerwaffen beschränken und nur im Rahmen der Ausbildungserfordernisse und für innere Aufgaben erfolgen. Als Gegenleistung vereinbarten Reichenau und Röhm, daß die SA von nun an das alleinige Auffangbecken für alle Teile der „Wehrbewegung" sein sollte.

Vom 1. bis zum 3. Juli 1933 fand in Bad Reichenhall eine Führertagung der SA und der SS statt, an der auch Reichenau inoffiziell teilnahm. Offiziell ging es um die Unterstellung des „Stahlhelm" unter den Befehl Röhms, wichtiger war die Entscheidung, nunmehr alle Ausbildungsbelange einheitlich unter einem „Chef des Ausbildungswesens" (Chef AW) in der SA zusammenzufassen. Leiter dieser wichtigen Institution wurde der Obergruppenführer Friedrich-Wilhelm Krüger. Hitler persönlich beauftragte Krüger, der Reichswehr innerhalb eines Jahres eine jederzeit einsetzbare Personalreserve von 250 000 Mann zur Verfügung zu stellen. Die Reichswehr war im Zuge der seit dem 1. Juli von Hitler befohlenen Aufrüstungspolitik (s. u. S. 292 ff.) auf diese Unterstützung angewiesen. Der Einfluß der Reichswehr auf die SA wurde dadurch stärker als der der SA auf die Reichswehr.

Das zeigte sich, als es der Reichswehr gelang, maßgeblichen Einfluß auf die Ausbildungskader des Chefs AW zu erlangen. Reichenau veranlaßte, daß ein aktiver Reichswehroffizier „Stabschef" bei Krüger wurde und mischte sich erfolgreich in die Personalpolitik ein. Der Chef AW geriet bald in einen Interessenkonflikt zwischen SA und Reichswehr, da beide versuchten, das Ausbildungswesen in die eigene Hand zu bekommen. Obwohl die Reichswehr – schon auf Grund der noch gültigen Bestimmungen des Versailler Vertrags – letztlich nur unterschwellig und von Fall zu Fall ihren Einfluß ausüben konnte, trug die Durchsetzung der Organisation Chef AW mit zuverlässigen Reichswehroffizieren wesentlich zu der späteren Entwicklung in den Tagen der „Röhm-Krise" bei. Seit dem 1. Oktober 1933 begann die praktische Ausbildungsarbeit; als im Zusammenhang mit der Einführung der Allgemeinen Wehrpflicht der Chef AW aufgelöst wurde (6. März 1935) bestand diese Organisation immerhin noch aus 13 000 Instrukteuren.

Die permanenten unterschwelligen oder auch offenen Spannungen zwischen SA und Reichswehr führten im August 1933 zu einem erneuten Versuch des Interessenausgleichs. Obwohl Hitler persönlich nochmals die Reichswehr als alleinigen Waffenträger der Nation apostrophierte, wurden die Differenzen zwischen den SA-Führern und dem Reichswehrministerium nicht geringer. Die Ursachen lagen in den immer deutlicher in Erscheinung tretenden Bemühungen Röhms, die Selbständigkeit „seiner" SA auch institutionell abzusichern. Die personelle „Explosion" der SA, die inzwischen auf 1 Million Mann, mit Reserven sogar auf 4,5 Millionen Mann angewachsen war, verlieh dem Stabschef zweifellos größeres politisches Gewicht; da gleichzeitig aber die Homogenität der SA erschüttert wurde, kam es darauf an, die Infrastruktur dieser Massenorganisation in den Rahmen des nationalsozialistischen Staatsaufbaues einzubetten – oder aber gewaltsam sich den erstrebten Platz im Gefüge der Staatshierarchie zu verschaffen. Mit dem „Gesetz zur Sicherung der Einheit von Partei und Staat" vom 1. Dezember 1933 wurde eine besondere SA- und SS-Gerichtsbarkeit geschaffen, und Röhm selbst erhielt als Minister ohne Geschäftsbereich Kabinettsrang. Als es Röhm darüber hinaus gelang, mit der Schaffung von SA-Hochschulämtern über den Kopf des Chefs AW hinweg den maßgeblichen Einfluß auf die gesamte akademische Jugend zu gewinnen, stellte sich für Reichenau ernsthaft die Frage, ob seine Infiltrierungstaktik noch funktionierte. Zum Jahresende schien es, als wüchsen der Einfluß der SA und die politische Bedeutung Röhms, der sich wohl schon als neuen Scharnhorst sah, über den der Reichswehr hinaus. Der Wettlauf um die Gunst Hitlers war für die Armee noch keineswegs gewonnen, und die Spannungen zwischen der Reichswehr und der SA bauten sich weiter auf.

2. Der 30. Juni 1934

a. Die Entwicklung bis zum 28. Februar 1934

Das Spannungsverhältnis zwischen SA und Reichswehr wurde seit Beginn des Jahres 1934 zunehmend durch die innerparteilichen Spannungen zwischen Hitler und Röhm überlagert. Aus der Krise der SA wurde nach und nach eine

Krise des Regimes, ja des Staates selbst. Die vom Nationalsozialismus bewußt geschaffene „Automation der politischen Dynamik" (Wolfgang Sauer) forderte gebieterisch die Fortsetzung der „revolutionären" Bewegung. Die Notwendigkeit einer „Zweiten Revolution" stand daher nicht prinzipiell in Frage, auch wenn Hitler bei verschiedenen Gelegenheiten aus taktischen Gründen das „Ende der Revolution" behauptete, sondern es ging allein um das Problem, wer Träger der zweiten revolutionären Welle sein sollte, und wogegen sich die politische Dynamik der „Bewegung" zu richten hatte.

An diesem Punkt stießen die Interessen Hitlers und Röhms am heftigsten zusammen. Nach der gelungenen Machteroberung und der nahezu vollständigen Ausschaltung aller potentiellen politischen Gegner des Regimes drohte in der SA verhängnisvoller Leerlauf, und es machte sich bei den SA-Führern Ratlosigkeit breit. Die Versuche Röhms, durch großangelegte Paraden und „Kriegsspiele" seine Untergebenen zu beruhigen, fruchteten wenig, da die NSDAP und Hitler keine Anstalten machten, den sozialen, materiellen und politischen Grundsatzforderungen der Sturm-Abteilungen nachzukommen. Von daher war es nicht verwunderlich, daß Röhm in verstärktem Maße auf seinen vermeintlichen historischen Anspruch pochte, der SA den ihr gebührenden Platz im Dritten Reich zu verschaffen. Nach Lage der Dinge konnte dies nur auf Kosten der Reichswehr und auf Kosten der Hitlerschen Autorität gehen.

Hitler hat sich wahrscheinlich schon um die Jahreswende 1933/34 dazu entschlossen, diese „zweite Revolution" selbst in die Hand zu nehmen und von „oben" zu steuern. Der Zusammenstoß mit Röhm war seitdem programmiert, da der Stabschef der SA zunächst keinerlei Bereitschaft erkennen ließ, von seinen ehrgeizigen Plänen abzurücken. In den sich entspinnenden Machtkampf zwischen Hitler und Röhm, dem Kampf zweier Methoden um ein ähnliches Ziel, wurden die gesamte SA-Führung, die SS, die Polizei und nicht zuletzt die Reichswehr einbezogen. Die Zukunft der Reichswehr war das Objekt, um das es vordergründig ging. Ihre Existenz wurde durch Röhm im Januar und Februar 1934 in Frage gestellt. Seitdem konnte Hitler mit der Reichswehr als einem stillen, aber mächtigen Verbündeten rechnen. Die Entscheidung war schon vorab gegen Röhm und die SA gefallen, da diese trotz des imponierenden äußeren Rahmens nur ganz unzureichend bewaffnet war und energischer Gegenwehr der Reichswehr ohne weiteres zum Opfer fallen mußte.

Diese klare Frontstellung bildete sich jedoch erst nach und nach heraus. Zunächst schien es vielmehr, als setzte sich die SA gegen die Reichswehr durch. Auf die Anordnung Blombergs, der SA die Führerstellen im Grenzschutz und die Verfügung über die Waffenlager in den Grenzschutzbereichen vorzuenthalten, reagierte die SA mit Obstruktion. Die Spannungen zwischen Reichswehr und SA wurden unerträglich, als Röhm in einer Denkschrift vom 1. Februar 1934 das gesamte Gebiet der Landesverteidigung zur „Domäne der SA" erklärte und die Reichswehr zur bloßen Ausbildungsstätte für den militärischen Nachwuchs der SA degradieren wollte.

In Wirklichkeit handelte es sich bei diesem Vorstoß des Stabschef wohl eher um einen letzten verzweifelten Versuch der eigenen drohenden Entmachtung eine Alternative entgegenzusetzen, die weniger auf die Reichswehrführung als auf Hitler gemünzt war: Im Spätherbst 1933 nämlich hatte sich Hitler bereits definitiv dafür entschieden, die Wiedereinführung der Allgemeinen Wehrpflicht anzustreben, und in seiner großen programmatischen Reichstagsrede vom 30. Januar 1934 betonte der Reichskanzler die „herzliche Verbundenheit" mit der Reichswehr – eine deutliche Absage an die Milizpläne Röhms.

Das Memorandum Röhms kam Blomberg nicht ungelegen: Auf einer Befehlshaberbesprechung, die am Tage darauf stattfand, erklärte er, daß die Bemühungen um eine Zusammenarbeit mit der SA endgültig gescheitert seien. Die Position Röhms verschlechterte sich, und seine Versuche, über den französischen Botschafter François-Poncet, mit dem er am 21. Februar 1934 zusammentraf, Stimmung für seine Wehrverfassung zu machen, sollte mit zu den Gründen seiner Ermordung am 1. Juli zählen.

Blomberg und Reichenau nutzen die offensichtliche Niederlage Röhms im Wettrennen um die Gunst Hitlers sofort und rücksichtslos aus. In einem Papier vom 27. Februar 1934, das ohne Mitwirkung der SA-Führung entworfen worden war, wurde Röhm ein Vorschlag für die Zusammenarbeit mit der SA unterbreitet, der als Antwort auf die als „unverschämt" empfundene Denkschrift des Stabschefs vom 1. Februar gelten konnte und nunmehr die SA ihrerseits zum bloßen abhängigen und einflußlosen Erfüllungsgehilfen in Fragen der vor- und nachmilitärischen Ausbildung machen wollte. Jede Einflußnahme auf die Maßnahmen der Landesverteidigung wurde der SA entzogen, der Gesamttenor des „Vorschlags" fand sich in dem Satz: „Die Wehrmachtsbelange haben in jeder Beziehung den Vorrang."

Bei der daraufhin vom Reichswehrministerium einberufenen Besprechung der Reichswehrführung mit den SA- und SS-Führern, deren Bedeutung durch die persönliche Anwesenheit Hitlers unterstrichen wurde, ging es schon nicht mehr um einen fairen Interessenausgleich zwischen Reichswehr und SA, sondern nur noch um den modus procedendi der völligen Unterwerfung Röhms. Das Memorandum vom 27. Februar kam einer Kapitulationserklärung gleich. Röhm sah sich in die Enge getrieben, und nachdem Hitler in selten klarer und eindeutiger Form für die Wehrmacht und das Heer der Allgemeinen Wehrpflicht und gegen die SA mit ihren Milizplänen Stellung genommen hatte, sah er sich gezwungen, die Pläne des Ministeramts zu akzeptieren. In einer Vereinbarung, die in Wirklichkeit ein nur schlecht verhülltes Diktat darstellte, gab Röhm seine Pläne vom 1. Februar auf, nicht zuletzt wohl auch unter dem Eindruck des sichtbar die Fronten wechselnden SS-Führers Himmler, der seine Chance witterte.

Die Ereignisse vom 28. Februar 1934 bedeuteten den Wendepunkt in der Geschichte der SA. Von nun an stellte diese für die Reichswehr keine ernsthafte Konkurrenz mehr dar. Aber es lag in der Eigendynamik der nationalsozialistischen Bewegung, daß es bei einer bloß halbherzigen Entmachtung Röhms nicht bleiben konnte. Als der spätere Stabschef und Nachfolger Röhms, Victor Lutze, Hitler nach dem 28. Februar 1934 Unmutsäußerungen und Schmähungen Röhms gegen Hitlers Person hinterbrachte, war der Diktator innerlich bereits entschlossen, „reinen Tisch" zu machen. Lutze gegenüber äußerte er sich: „Wir müssen die Sache ausreifen lassen."

b. Die Entwicklung bis zum 30. Juni 1934

In den folgenden Monaten fand Röhm zu keinem klaren Konzept mehr. Einerseits erteilte er Anweisungen, die als Erfüllung der Reichswehrforderungen und als Zeichen der Unterwerfung gedeutet werden konnten, andererseits ging das Gerede von der „zweiten Revolution", die Sache der SA sei, weiter, und es scheint, als habe Röhm sogar den Versuch unternommen, seine Formationen nunmehr allgemein zu bewaffnen. Gerade dieser Umstand war für die Vertiefung des Mißtrauens der Reichswehr maßgebend. Nach dem 30. Juni stellte die Truppe 177 000 Gewehre, 651 schwere und 1250 leichte Maschinengewehre sicher. Dieses Bewaffnungspotential hätte, wenn es systematisch und rücksichtslos eingesetzt worden wäre, tatsächlich eine erhebliche Gefährdung dargestellt. Es reichte allemal aus, um einen Bürgerkrieg anzuzetteln und über längere Zeit hinweg zu nähren.

Die Krise der SA, wie sie sich nach dem 28. Februar 1934 allenthalben ausbreitete, fiel mit den ersten ernstzunehmenden Widerstandsregungen zusammen, die von konservativer und monarchistischer Seite getragen wurden. Zwar dürfen vor allem die Restaurationspläne, mit denen sich u. a. Papen beschäftigte, historisch nicht überbewertet werden, doch nachdem erkennbar wurde, daß Hitlers Herrschaft innerhalb seines eigenen Systems nicht mehr unbestritten und der Ausfall Hindenburgs nur noch eine Frage kurzer Zeit war, schienen sich zum ersten Mal nach der Machtergreifung Chancen zu einer grundsätzlichen Systemveränderung abzuzeichnen. Mit Recht wird in der Literatur darauf hingewiesen, daß die Röhmaffäre in diesen größeren Zusammenhang der Systemkrise einzubetten ist. Seit dem 28. Februar 1934 befand sich Hitler in Zugzwang, wollte er den sich zunächst nur vage abzeichnenden Gefahren rechtzeitig wehren.

Die Ereignisse bis zum Vorabend der „Liquidierung" Röhms und der SA-Führung vollzogen sich unter Zeitdruck. Entscheidend sollte es werden, daß Röhm offensichtlich die Zwangssituation, in die er Hitler selbst lanciert hatte, falsch auslegte. Während Röhms Position bis Ende Februar wenn nicht gleichwertig, so doch nicht chancenlos erschien, verschoben sich die Machtgewichte fortan immer rascher und deutlicher zugunsten der Verbündeten Hitler, SS und Reichswehr.

In der gespannten Situation des Frühjahrs 1934 hätte sich der Reichswehrführung zum ersten Mal die Frage stellen müssen, ob sie den Weg Hitlers weiter unterstützen oder ob sie sich an die Spitze der erwachenden Opposition stellen sollte. Tatsächlich spielten derartige Überlegungen keine Rolle. Blomberg, ganz von den politischen Meinungen und Aktivitäten Reichenaus abhängig, hat zu keinem Zeitpunkt Erwägungen in dieser Richtung angestellt, aber auch die Heeresleitung unter Fritsch und der neuernannte Generalstabschef Beck blieben auf die SA als dem gefährlichsten Gegner, und damit, gleichsam automatisch, auf Hitler als potentiellen Beschützer der Reichswehrbelange fixiert. Hitler hatte die Reichswehrführung im Frühjahr 1934 vor allem aus drei sachlichen Gründen für sich gewonnen: 1. durch seine Entscheidung, den Völkerbund und die Abrüstungskonferenz zu verlassen, 2. durch seine Absichtserklärung, die Allgemeine Wehrpflicht wieder einzuführen, 3. durch die Vorbereitung und den Abschluß des deutsch-polnischen Nichtangriffspaktes, der es der Reichswehrführung erlaubte, auf die zweifelhafte Mithilfe der SA in den Grenzschutzfragen (vor allem in Schlesien) zu verzichten, ohne die Sicherheit des Landes dadurch zu gefährden. Blomberg und Reichenau zeigten sich Hitler gegenüber erkenntlich, indem sie gleichzeitig und parallel zu diesen Entscheidungen die nationalsozialistische Indoktrinierung der Reichswehr vorantrieben und keine Gelegenheit ausließen, die unbedingte Loyalität der Armee unter Beweis zu stellen. In dieser Frage gab es auch keine unterschiedlichen Auffassungen zwischen der Reichswehrführung und der Heeresleitung: Fritsch hat unmittelbar nach seinem Dienstantritt unmißverständlich klar gemacht, daß das Heer die SA-Politik mißbillige; seine Anordnung, Material gegen die SA zu sammeln, läßt keine Zweifel an seiner grundsätzlich negativen Einstellung der SA gegenüber zu.

Demgegenüber ist es relativ unerheblich, ob die Heeresleitung unmittelbar in das Komplott zwischen Reichenau und Himmler eingeweiht war: Beide konnten auf die aktive Mithilfe der Truppe im Falle gewaltsamer Auseinandersetzungen mit der SA fest rechnen. Daß die Armee dann am 30. Juni nur geringfügige Handlangerdienste für SS und Gestapo leistete, kann sie von der politischen Mitverantwortung an den Morden vom 30. Juni bis 2. Juli nicht entlasten.

Seit Anfang Juni spitzte sich die Krise rasch zu. Die Erkrankung Hindenburgs und die Abreise des Reichspräsidenten nach Neudeck am 4. Juni 1934 bedeuteten de facto die Ausschaltung der einzigen politischen Instanz, die Hitlers Aktionen noch hätte Widerstand leisten können. Ein letztes langes Gespräch zwischen Hitler und Röhm, vermutlich am 4. oder 5. Juni, über das wir nicht informiert sind, wird die Unvereinbarkeit der beiderseitigen Standpunkte deutlich gemacht haben. Röhm kam es nun darauf an, seine und die Harmlosigkeit der SA unter Beweis zu stellen: Er selbst trat am 7. Juni einen mehrwöchigen Urlaub an, für den Monat Juli befahl er einen allgemeinen „Urlaub" für die SA. Daß diese Maßnahme propagandistisch nur als das Atemholen vor dem großen Sturm ausgegeben wurde, gehörte zu den Führungsprinzipien Röhms und konnte nicht darüber hinwegtäuschen, daß die SA zumindest in unmittelbarer Zukunft zu einer „revolutionären" gewaltsamen Aktion nicht fähig und bereit war.

Hitler kam es daher darauf an, in der Öffentlichkeit und in der Reichswehr den Anschein einer unmittelbar bevorstehenden Putschgefahr aufrechtzuerhalten. Die Propagandamaschinerie lief auf Hochtouren. Systematisch wurde die Stimmung angeheizt. Höhepunkt der propagandistischen Vorbereitung der Mordaktion war eine Rundfunkrede von Rudolf Heß am 25. Juni 1934, in der fast unverhüllt auf gewaltsame Aktionen hingewiesen wurde: „Wenn sich die NSDAP zum Kampf gegen Kritikaster und Nörgler entschlossen hat, dann führt sie den Kampf entsprechend dem nationalsozialistischen Grundsatz: Wenn du schlägst, dann schlage hart!"

Zur gleichen Zeit wurden die Vorbereitungen der Reichswehr abgeschlossen. Reichenau, Himmler und Heydrich haben die Grundzüge der geplanten Aktion miteinander abgesprochen. Das Reichswehrministerium wies die Truppe an, Abwehrmaßnahmen gegen einen unmittelbar drohenden Putsch der SA zu treffen. Über den genauen Zeitpunkt, zu dem die Aktion ausgelöst werden sollte, hat es jedoch keine Klarheit gegeben. Zumindest Fritsch und die Heeresleitung rechneten mit gewaltsamen Auseinandersetzungen für einen späteren Zeitpunkt. Von hierher hat man geschlossen, daß die Reichswehr nicht in die Einzelheiten der Maßnahmen eingeweiht gewesen sei. Tatsächlich gibt es keine konkreten Beweise dafür, daß die Reichswehrführung über die terroristische Art und Weise des geplanten Vorgehens informiert war. In den Stunden, die der Mordaktion in München unmittelbar vorausgingen, hat Hitler sorgenvoll den Wunsch geäußert, daß die Reichswehr in den Kasernen bliebe. Auch dies deutet darauf hin, daß die verbrecherische „Abwicklung" der „Röhm-Affäre" der Reichswehr nicht bekannt war.

Seit dem 24./25. Juni 1934 lief die geplante Aktion an. Aus der Fülle der organisatorischen, propagandistischen und politischen Vorbereitungen ist die Bewaffnung von SS-Einheiten aus Waffenbeständen der Reichswehr zu nennen (es handelte sich großteils um die der SA eifersüchtig vorenthaltenen Grenzschutzwaffen), eine Reihe von Befehlen an die Truppe, Sicherheitsmaßnahmen zu treffen und eventuelle Angriffe entschlossen abzuwehren, schließlich ein vielbeachteter Artikel Blombergs im „Völkischen Beobachter" vom 29. Juni 1934, in dem er nunmehr in aller Öffentlichkeit und mit stärksten Formulierungen die unbedingte Treue der Armee Hitler gegenüber zum Ausdruck brachte.

Für das praktische Funktionieren der Mordaktion sorgte Hitler persönlich, indem er am 28. Juni 1934 eine SA-Führertagung zum 30. Juni 1934 nach München bzw. Bad Wiessee, wo sich Röhm und zahlreiche SA-Führer aufhielten, einberief. Röhm hat diesen Schritt Hitlers als Anzeichen der Versöhnungsbereitschaft mißdeutet. Überhaupt war die SA gerade in diesen Tagen erstaunlich arglos. Weder in Schlesien, wo die Zusammenstöße zwischen Reichswehr und SA am heftigsten gewesen waren, noch in Berlin, der Machtzentrale auch der SA, waren irgendwelche Abwehrmaßnahmen, geschweige denn Putschabsichten zu erkennen. In München bedurfte es erst der kräftigen Provokation und einer SS-Intrige, um wenigstens so viele SA-Männer auf die Straße zu bringen, daß für die

Gegenaktion ein dürftiger Vorwand geliefert war. Es ist festzustellen, daß Röhm und die SA für die Tage um die Monatswende Juni/Juli eindeutig keinen Putsch geplant haben. Nach der Durchsuchung und Sicherstellung der SA-Akten haben sich auch nicht die geringsten Anhaltspunkte für eine Putschabsicht gefunden.

Die erstaunliche Arglosigkeit der SA erleichterte SS und Polizei die Aktionen vom 30. Juni 1934 außerordentlich, ja man wird sagen müssen, daß nur aus diesem Grunde der Mord an den SA-Führern und anderen Gegnern der SS letztlich eine Angelegenheit des nationalsozialistischen Systems blieb, in die sich die Reichswehr nicht einzumischen brauchte. Die Forschungen Klaus-Jürgen Müllers und anderer haben jedoch ergeben, daß die Mithilfe der Reichswehr weit über das bisher angenommene Maß hinaus vorbereitet war: Die Armee stellte nicht nur die Bewaffnung der SS-Horden sicher, sondern darüber hinaus den benötigten Transportraum und die Unterbringung; sie sicherte die Zufahrtswege und legte Truppenteile um Bad Wiessee in Alarmbereitschaft, mit deren Einsatz im Falle des Widerstandes seitens der SA mit Sicherheit zu rechnen gewesen wäre. Es handelte sich, alles in allem, um eine Art Teilmobilmachung. Dieser starke Rückhalt, den die Reichswehr Hitler und der SS gewährte, setzte diese in die Lage, aus dem Gefühl grenzenloser Macht und Überlegenheit heraus zu handeln und zu morden. Für die SS-Schergen war die Aktion risikolos, da die Reichswehr sozusagen auf Knopfdruck in das Massaker hätte eingeschaltet werden können.

c. Der 30. Juni 1934 und die Verantwortlichkeit der Wehrmacht

Die in Bad Wiessee versammelten SA-Führer wurden in den frühen Morgenstunden des 30. Juni 1934 aus den Betten geholt, nach München transportiert und dort ohne weiteres, Röhm einen Tag später, erschossen. Zu den prominentesten Opfern der im ganzen Reich durchgeführten Mordaktion gehörten Gustav Ritter von Kahr, Hitlers Widersacher von 1923, das Ehepaar v. Schleicher und Reichenaus Dienstpostenvorgänger, Generalmajor a. D. Ferdinand v. Bredow. Zumindest der Mord an Schleicher und Bredow überraschte die Reichswehr und hatte Folgen. Die Zahl der Ermordeten, zu denen auch der abtrünnige Links-Nazi Gregor Strasser gehörte, belief sich nach vorsichtigen Schätzungen auf rund 200 und betrug das Vielfache jener Zahl, die auf von der SS und der Gestapo angefertigten „Schwarzen Listen" erschien. Widerstand wurde an keiner Stelle geleistet, die SA war völlig überrumpelt worden.

Wie reagierte die Reichswehr auf die Vorkommnisse vom 30. Juni bis 2. Juli 1934?

Schon am 1. Juli 1934, also noch während des Mordens, erließ Blomberg einen Tagesbefehl an die Truppe, in dem er die Maßnahmen Hitlers rechtfertigte und die Treue der Reichswehr zum „Führer" unterstrich. Am 5. Juli erläuterte der Reichswehrminister auf einer Befehlshabertagung die einzelnen

Maßnahmen und stellte sie insgesamt als notwendig im Interesse der Staatsräson dar. Die Ausweitung der Aktion auf gänzlich unschuldige und unbeteiligte Opfer wurde von ihm bagatellisiert oder als dira necessitas hingestellt. Auch die Ermordung der beiden Reichswehrgenerale fand Blombergs Rechtfertigung, indem er auf angeblich landesverräterische Beziehungen Schleichers hinwies, die niemals bewiesen wurden. Es ist nicht mehr zu klären, in welchem Maße Blomberg und Reichenau als die beiden Spitzenverantwortlichen der Reichswehr für das Massaker vom 30. Juni tatsächlich mit den Morden einverstanden waren oder in welchem Umfang sie Einverständnis heuchelten, um die Einheit der Reichswehr zu sichern und die Früchte des Sieges über die SA zu bewahren. Beide schwenkten in ihren internen und offiziellen Verlautbarungen jedoch rückhaltlos und uneingeschränkt auf die Hitlerschen Argumentationen vom 3. Juli 1934 ein. Aus welchen Gründen auch immer – sie identifizierten sich mit allen getroffenen Maßnahmen, so daß sie für alle Vorkommnisse historisch mitverantwortlich sind.

Generaloberst v. Fritsch hat in seiner späteren Erklärung vom 1. Februar 1938 das brutale Vorgehen gegen die SA, vor allem aber die Ungesetzlichkeit der Exekutionen und die Ermordung der beiden Reichswehrgenerale scharf verurteilt. Sein Verhalten am 30. Juni und 1. Juli 1934 ist jedoch von großer Passivität gekennzeichnet. Trotz des Drängens verschiedener Wehrkreisbefehlshaber und Franz v. Papens, in der gegebenen Situation einzugreifen – was allerdings nur auf einen Generalsputsch gegen das Reichswehrministerium hinauslaufen konnte – glaubte Fritsch nicht handeln zu können und zu dürfen. Er verurteilte die Aktionen, aber er stellte sich ihnen nicht entgegen, und indem er das Morden – wenn auch voller Empörung – tolerierte, machte auch er sich mitschuldig.

Jede Beurteilung des Verhaltens der Kommandierenden Generale in den einzelnen Wehrkreisen wird von der Tatsache auszugehen haben, daß es Blomberg und Reichenau in den Tagen und Wochen vor dem 30. Juni 1934 hervorragend gelungen war, die eigentlichen Absichten der SS-Aktion zu verschleiern und gleichzeitig eine Atmosphäre nervöser Gereiztheit zu schaffen, in der die Entladung vom 30. Juni weitgehend als gerechtfertigte Abwehrmaßnahme gegen einen unmittelbar bevorstehenden Putschversuch der SA erscheinen konnte. Im Wehrkreis III (Berlin) haben sowohl v. Manstein als auch v. Witzleben ernsthaft mit einem Putsch gerechnet. Die SA-Führer, mit denen sie es zu tun hatten, hielten sie für skrupellos, hinterhältig und machtgierig. Die SA erschien ihnen als eine reale Gefahr nicht nur für die eigene Armee, sondern für den Staat schlechthin. Dazu trug die Einschätzung der Persönlichkeit Röhms bei, der, nach einem Wort Jodls, von der Generalität ernst genommen und nicht als „Gehrockputschist“ angesehen wurde. Die bloße Tatsache einer – wie man glaubte – Reaktion auf Machenschaften der SA am 30. Juni wurde, soweit die Quellen reichen, allgemein als unvermeidlich akzeptiert, teilweise begrüßt, aber die Geister schieden sich, als im Verlaufe dieses und der nachfolgenden Tage Umfang und Methoden des Vorgehens gegen die SA und andere Regimegegner bekannt wurden.

Hier sind vor allem die Wehrkreisbefehlshaber Adam (VII, München) und List (IV, Dresden) zu nennen, die sich nach Bekanntwerden der wilden Exekutionen unverzüglich protestierend an das Reichswehrministerium wandten, von hier jedoch natürlich keine Unterstützung erfuhren. Die meisten Generale und Admirale beruhigten sich letztlich mit dem Gedanken, daß es sich bei den Aktionen vom 30. Juni um eine „parteiinterne" Auseinandersetzung gehandelt habe, in die die Reichswehr sich nicht einmischen solle. Typischer Vertreter dieser Auffassung war der Chef der Marineleitung, Vizeadmiral Erich Raeder, dessen Reaktion in dem Bemühen bestand, seinen Wehrmachtteil fortan noch dichter gegen alles „Politische" abzuschirmen. Die Röhmkrise wurde ins Positive gewendet und als Abschluß eines notwendigen revolutionären Prozesses und – hier wurde die Pervertierung der Rechtsauffassungen besonders deutlich – Wiederherstellung „gesetzlicher" Zustände angesehen, die durch die Machenschaften der SA gefährdet gewesen seien. Manstein z. B. tröstete sich noch nach dem Kriege mit der „historischen" Erkenntnis, daß in der Geschichte aller Revolutionen solche Gewaltmaßnahmen vorgekommen seien und damit einer gewissen historischen Notwendigkeit gehorchten.

Diese „weltgeschichtliche" Sehweise wurde durch eine Tatsache jedoch erheblich gestört: Die Ermordung zweier Generale, die zu den Schlüsselfiguren der Reichswehrgeschichte gezählt hatten, berührte unmittelbar das empfindlichste Gut des gesamten Offizierskorps, nämlich sein Ehrempfinden. Waren Blomberg und Reichenau von solchen Skrupeln auch frei, so kam es im Offizierskorps doch zu beträchtlicher Unruhe. Schließlich versuchte der alte Generalfeldmarschall August v. Mackensen eine Rehabilitierung der beiden Generale, freilich nicht in ihrer Eigenschaft als Reichswehrangehörige, sondern als Mitglieder der angesehenen „Schlieffen-Gesellschaft", einer lockeren Vereinigung ehemaliger Generalstabsoffiziere. Gegen den Widerstand Blombergs und erst nach kleinlichen Abänderungen durch das Reichswehrministerium wurde folgende Erklärung im Namen der „Schlieffen-Gesellschaft" von Blomberg gebilligt:

> „Was den Tod der genannten Generale betrifft, so ist festgestellt, daß bei den rein politischen Machtkämpfen, um die es sich damals handelte, die persönliche Ehre der genannten Offiziere nicht berührt worden ist, daß sie aber Wege beschritten, die als regierungsfeindlich angesehen worden sind und daher zu den verhängnisvollen Folgen führten."

Eine weitere Diskussion des Todes der beiden Generale wurde von Blomberg verboten. Sie fand auch nicht mehr statt. Kein General reichte seinen Abschied ein.

Mit dem Abschluß der „Röhmkrise" war auch das Ende des „Loyalitätswettlaufs" zwischen Reichswehr und SA gekommen. Letztere spielte fortan keine politische Rolle mehr, die Reichswehr beherrschte allein das Feld, zumindest war sie in den Tagen nach dem „Putsch" davon überzeugt. In Wirklichkeit hatte sie durch ihr Verhalten, wobei besonders die Zusammenarbeit zwischen Reichenau auf der einen, Himmler und Heydrich auf der anderen Seite zu erwähnen ist, selbst tatkräftig dazu mitgeholfen, daß ihr fortan in der SS ein ungleich gefährlicherer Rivale erwachsen sollte. Zwar hat die SS schon von ihrer numerischen Größe her bis zu diesem Zeitpunkt keine besondere Rolle gespielt, die Entscheidung der Armee jedoch, Teile der SS zu bewaffnen, und die bald darauf folgende Anordnung Hitlers, diese Bewaffnung beizubehalten, ließ den „Erfolg" vom 30. Juni 1934 für die Wehrmacht rascher zerrinnen, als es alle Beteiligten damals angenommen haben. So wie es vor dem 30. Juni schon kein „Waffenmonopol" für das Heer gegeben hatte, so sollte es auch nach dem 30. Juni keines geben. Dieser Tag legte den Keim zur Entwicklung jenes SS-Imperiums, das einem Krebsgeschwür gleich nach und nach den Staat und die hergebrachte Armee durchseuchen sollte. Der Sieg der Reichswehr war nur ein Pyrrhussieg, den sie mit schweren sachlichen und moralischen Hypotheken erkauft hatte.

Für alle diejenigen, deren Rechtsempfinden noch nicht pervertiert war, stellte die nachträgliche Legalisierung der Morde vom 30. 6. bis zum 2. 7. 1934 durch ein vom Reichskabinett am 3. Juli d. J. angenommenes Gesetz eine Ungeheuerlichkeit dar. Der Versuch der nachträglichen Legalisierung vernichtete endgültig die Prinzipien der Rechtsstaatlichkeit. Hitler setzte sich über Recht und Gesetz in hohnsprechender Art und Weise hinweg. Wer ihm fernerhin anhing, hatte ebenfalls den Boden des Rechts verlassen. Indem die Reichswehr auch diesen Schritt des Reichskanzlers sanktionierte – was ihr deswegen besonders leicht fiel, weil auch Hindenburg, immer noch Leitfigur der Armee, Hitler beipflichtete – band sie sich endgültig an Hitler und den Nationalsozialismus. Die nun verstärkt propagandistisch in der Armee herausgehobene „Zwei-Säulen-Theorie" konnte angesichts dieser Vorgänge nur als allzu schwache Apologetik verstanden werden. Mit der Ermordung Schleichers und Bredows hatte Hitler die Reichswehr getestet: Von nun an konnte er sicher sein, von dieser Seite keine Widerstände zu erfahren, wenn er Ansinnen an die Armee richtete, die von dieser zu Zeiten Seeckts und Schleichers zweifellos verweigert worden wären. Eine neue Stufe in der Geschichte der deutschen Wehrmacht war erreicht, und die Traditionen der alten Armee verblaßten.

3. Die Verpflichtung auf Hitler

a. Der Tod Hindenburgs

Die Ereignisse des Juni und Juli 1934 hatten sich im Schatten der letzten Krankheit des Reichspräsidenten abgespielt; die gesundheitliche Verfassung Hindenburgs war von Hitler bewußt mit ins Kalkül gezogen worden. Noch einmal war es Hitler gelungen, den todkranken Feldmarschall vor den Wagen seiner Interessen zu spannen. Gleichzeitig aber mußte Hitler mit dem Problem der Nachfolge des Reichspräsidenten fertigwerden. Hier handelte es sich um ein Verfassungsproblem, das in besonderem Maße auch die Reichswehr anging, denn Hindenburg war noch immer der Oberste Befehlshaber der Armee, und selbst das Ermächtigungsgesetz vom 23. März 1933 hatte die Position des Reichspräsidenten formell unangetastet gelassen. Für die Geschicke der Armee war es von außerordentlicher Bedeutung, wer die militärischen Prärogativen des Reichspräsidentenamtes fortan ausüben würde: bisher war es – wenigstens theoretisch – der Reichswehrführung immer noch möglich gewesen, über den Kopf und über die Kompetenzen des Reichskanzlers hinweg in Fragen des militärischen Ressorts sich unmittelbar an Hindenburg zu wenden. Gerade diese Tatsache trug mit zu den ersten Spekulationen der konservativen Oppositionsbewegung bei. Blomberg hat hierin jedoch keine Chance, keine mögliche Alternative, sondern lediglich eine Gefahr für das Vertrauensverhältnis zwischen Hitler und dem Heer gesehen. Aus diesem Grunde war er von Anfang an nicht an einer Lösung interessiert, die diesen Doppelaspekt militärischen Gehorsams gegenüber Kanzler und Präsidenten oder Staatsoberhaupt berücksichtigte. Das Interesse Hitlers an einer „Gleichschaltung" der Armee korrespondierte mit dem Interesse Blombergs an einer noch festeren Bindung der Wehrmacht an Hitler. Der „Röhmputsch" hatte den Boden bereitet, die folgenden Ereignisse bis zum 2. August 1934 waren vorprogrammiert.

Als erkennbar wurde, daß Hindenburg im Sterben lag, zögerte Hitler nicht länger: Schon einen Tag, bevor der Tod des Generalfeldmarschalls eintrat, legte er dem Kabinett einen Gesetzentwurf vor, der die Vereinigung der Ämter des Reichspräsidenten mit denen des Reichskanzlers vorsah. Was am Tag von Potsdam nur rhetorisch beschworen worden war, sollte nunmehr realisiert werden: die Verschmelzung der alten Tradition mit der nationalsozialistischen „Bewegung" in der Person Hitlers. Dieser Akt entsprach ganz der Hitlerschen Herrschaftstechnik und ähnelte den Entscheidungen von 1930 (Übernahme der SA-Führung), 1938 (Übernahme der Wehrmachtführung) und 1941 (Übernahme der Heeresführung). Die Umformung des Staatswesens zu einer Art von „Personenverbandsstaat", die für die nationalsozialistische Bewegung charakteristisch war, machte in der Tat das Nebeneinander von Reichspräsidenten und „Führer" überflüssig. Hitlers Entscheidung vom 1. August lag in der Konsequenz der nationalsozialistischen Machtergreifung und kann daher nicht als „kalter Staatsstreich" bezeichnet werden.

Das Kabinett stimmte den Hitlerschen Vorschlägen einstimmig zu, Blomberg machte keine Ausnahme. Für die Öffentlichkeit, die die neue Verfassungsform in einer Volksabstimmung am 19. August mit der erwarteten überwältigenden Mehrheit billigte, war das geschickt gewählte Argument Hitlers bestimmt, er wolle in Zukunft nicht mit dem Titel „Reichspräsident" angeredet werden, denn:

> „Die Größe des Dahingeschiedenen hat dem Titel Reichspräsident eine einmalige Bedeutung gegeben. Er ist nach unser aller Empfinden in dem, was er uns sagte, unzertrennlich verbunden mit dem Namen des großen Toten."

Auf diese Weise konnte die Usurpation des Reichspräsidentenamtes durch Hitler nicht nur nicht als Anmaßung, sondern umgekehrt als Akt der Ehrfurcht gedeutet werden. Umso schwieriger mußte es politisch schlichter denkenden Gemütern fallen, das Gesetz vom 1. August 1934 als das zu sehen, was es war: eine weitere Dimension der Hitlerschen Diktatur.

Hindenburg verschied in den Vormittagsstunden des 2. August 1934. Über das ganze Land und für die gesamte Reichswehr wurde eine vierzehntägige Staatstrauer verhängt. Das Regime entfaltete bei den verschiedenen Trauerfeierlichkeiten, vor allem aber bei der Beisetzung Hindenburgs auf dem Ehrenmal in Tannenberg allen Pomp und allen Pathos, deren es fähig war. Unverkennbar war der militärische Charakter des gesamten Zeremoniells, das bewußt an die Tradition des Tages von Potsdam anknüpfte. Nach der Hektik des Juni und Juli 1934 konnte die Armee sich als nunmehr unbestritten ersten Stand im Staate Hitlers betrachten. Hitler tat alles, um das Prestige der Wehrmacht zu erhöhen. Er tat dies jedoch keineswegs uneigennützig; schon am 2. August wurde den deutschen Soldaten jene Rechnung präsentiert, die sich bis zum Untergang von Staat und Armee als schwerste Hypothek der kommenden 11 Jahre erweisen sollte: die Reichswehr wurde auf Hitler vereidigt.

b. Der Eid auf Hitler

Die Neuvereidigung der Reichswehr am 2. August 1934 war kein so ungewöhnlicher Vorgang, wie dies oft dargestellt wird. Wilhelm II. hatte, als er abdankte und ins Exil ging, die Kontingente der deutschen Bundesstaaten von ihrem Eid entbunden, in der Weimarer Republik leisteten die Soldaten einen Eid auf die Republik und ihre Verfassung. Wer sich der neu verfügten Eidesformel nicht unterwarf, wurde von Seeckt rücksichtslos aus der Reichswehr entfernt.

Eine wichtige Stufe auf dem Weg zum 2. August war die Abwandlung der Eidesformel, die der Reichspräsident auf Grund des Gesetzes über die Vereidigung der Beamten und der Soldaten vom 1. Dezember 1933 am 2. Dezember erlassen hatte (s. o. S. 53). Wichtig war, daß in dieser Eidesformel keine Verpflichtung auf den Staat, auf die Verfassung und auf den Reichspräsidenten mehr enthalten war. Damit wurde die Neuformulierung de facto zu einem neuen Eid. Zu diesem Zeitpunkt wurde hieran erstaunlicherweise keinerlei Kritik geübt; es ist nicht bekannt, daß ein Offizier der Reichswehr angesichts dieser grundsätzlichen Änderung Skrupel gezeigt hätte.

Die unmittelbar nach dem Tode Hindenburgs erfolgende Vereidigung der Reichswehr auf Hitler gehörte in das Konzept der Vereinigung der Ämter des Reichspräsidenten mit denen des Reichskanzlers und lag damit in der Konsequenz des Gesetzes vom 1. August 1934, das tags darauf mit dem Ableben Hindenburgs in Kraft trat. Insoweit kann man nicht sagen, daß Blomberg von sich aus und freiwillig die Vereidigung auf Hitler vorgeschlagen habe. Freilich hat er sich auch nicht dagegen gesträubt, sondern er hoffte, durch besonders rasches Handeln weiter in der Gunst Hitlers zu steigen. Die neue Eidesformel ging auf eine Version Reichenaus zurück, der seinerseits die Majore Foertsch und Röhricht mit der Ausarbeitung eines entsprechenden Vorschlages beauftragt, das Resultat dann jedoch verworfen und durch seine eigene Formulierung ersetzt hatte. Weder er noch Blomberg waren sich der staatsrechtlichen Konsequenzen des neuen Eides voll bewußt; der Umstand, daß das Kabinett überhaupt nicht eingeschaltet wurde und Blomberg lediglich auf dem ministeriellen Verordnungswege die neue Eidesformel befahl, scheint jedoch darauf hinzuweisen, daß dieser Eid in seiner politischen und ethischen Bedeutung verhältnismäßig gering eingeschätzt wurde. Das „Spielen mit dem Eid", wie es nun schon zum dritten Mal seit den Tagen des Umsturzes von 1918 erfolgte, mag den Ernst dieser Frage etwas in den Hintergrund gedrängt haben. Schließlich wird auch die Wirkung der ungeheueren Propaganda zu berücksichtigen sein, die, von Blomberg bewußt gefördert, seit eineinhalb Jahren auf die Reichswehr niedergegangen war. Ihre Grundaussage bestand in der unbedingten Hingabe an den „Führer", sie forderte unablässig blinden Gehorsam, sie deutete die raison d'être der Armee als obersten Garanten des nationalsozialistischen Staatsaufbaues. Die Eidesformel vom 2. August fügte sich ganz in das allgemeine Bild der Ideologie und Gleichschaltung ein, das man aus den vergangenen Monaten gewinnen kann. Sie lautete:

„Ich schwöre bei Gott diesen heiligen Eid, daß ich dem Führer des Deutschen Reiches und Volkes Adolf Hitler, dem Oberbefehlshaber der Wehrmacht, unbedingten Gehorsam leisten und als tapferer Soldat bereit sein will, jederzeit für diesen Eid mein Leben einzusetzen."

Die Tragweite des Eides für die Geschichte der deutschen Wehrmacht enthüllte sich ganz erst in den Jahren des Krieges, vor allem im Zusammenhang mit dem Umsturzversuch vom 20. Juli 1944. Die Eidesleistung auf Hitler war nach dem Zweiten Weltkrieg das wichtigste Argument zur Beantwortung der Frage, warum ein Teil des Offizierskorps Widerstand leistete, der andere Hitler bis zum Ende die Treue hielt. Alle nachträglichen Urteile über die Vereidigung sind daher mit größter Vorsicht zu bewerten. Die einschneidende Zäsur in der deutschen Militärgeschichte, die dem Eid vom 2. August 1934 nach dem Ende des Dritten Reiches beigemessen wurde, haben die Zeitgenossen von 1934 offensichtlich nicht empfunden. So überrascht es nicht, daß nur wenige Quellen aus dem Jahre 1934 zur Frage der Wirkung des Eides auf die Wehrmacht existieren. Was aber in den Memoiren der Generale nach 1945 zu dieser Frage ausgeführt wurde, ist historisch weitgehend wertlos.

In der Realität des 2. August haben mit einer bekanntgewordenen Ausnahme – des Wehrgaubefehlshabers Nürnberg, Generalmajor Konrad Stephanus – alle Generale und Admirale, vorweg die Oberbefehlshaber der Wehrmachtteile den Eid auf Hitler geleistet. Bedenken wurden gelegentlich formuliert, so sind etwa die vielzitierten Äußerungen des damaligen Hauptmanns Stieff zu nennen und

Becks spätere Bemerkung vom „schwärzesten Tag seines Lebens"; alles in allem aber wurde der Eid akzeptiert und lediglich die Hoffnung ausgesprochen, daß auch Hitler damit enger an die Reichswehr im Sinne eines gegenseitigen Treueverhältnisses, nicht unähnlich jenem, das zwischen Offizier und König vor 1918 bestanden hatte, gebunden würde.

Nach der erfolgreichen Bestätigung des Gesetzes vom 2. August durch die Volksabstimmung vom 19. August 1934, die gleichwohl mit „nur" 89,93 % der abgegebenen Stimmen (4,3 Millionen Stimmberechtigte stimmten dagegen) nicht als voller politischer Erfolg des Systems gewertet werden konnte, schien Hitler seine Eidesverpflichtung einzulösen. Er richtet ein Schreiben an Blomberg, in dem er seinen Dank für den ihm geleisteten „Treueid" zum Ausdruck brachte und gelobte, er werde es

> „jederzeit als meine höchste Pflicht ansehen, für den Bestand und die Unantastbarkeit der Wehrmacht einzutreten in Erfüllung des Testaments des verewigten Generalfeldmarschalls und getreu meinem eigenen Willen, die Armee als einzigen Waffenträger der Nation zu verankern."

Blomberg, Reichenau, Fritsch und Raeder haben zweifellos gehofft, daß fortan Einmischungen der Partei und des Nationalsozialismus in die Wehrmacht aufhören und eine Periode ruhiger Aufbauarbeit folgen würden. Hitler hingegen war sich nunmehr sicher, die Wehrmacht in der Hand zu haben und begann, sie als Instrument seiner aggressiven Außen- und Kriegsrisikopolitik einzusetzen.

4. Die bewaffnete SS und ihre Rolle im nationalsozialistischen System

Mit dem 30. Juni 1934 sah sich die Armee vom Albdruck eines mächtigen, ehrgeizigen und fanatisierten Konkurrenzunternehmens befreit. Sie blieb fortan in der Praxis der wichtigste Waffenträger der Nation und konnte bis zum Beginn des Zweiten Weltkrieges, teilweise darüber hinaus, diesen Anspruch aufrechterhalten. Tatsächlich sind weder die Existenz noch die Waffenpräponderanz der Wehrmacht seit dem Juli 1934 ernsthaft gefährdet worden, aber es zeigte sich im Verlaufe der Jahre 1934 bis 1938 und deutlicher in den Kriegsjahren, daß beide Begriffe, nämlich „Waffenmonopol" und „Nation" einer einheitlichen Interpretation entbehrten. Dies war Folge des nationalsozialistischen Selbst- und Staatsverständnisses, in dem der Wehr- und Kriegsgedanke weit über die bisher üblichen Traditionen hinaus zur Totalität entwickelt und der Unterschied zwischen „inneren" und „äußeren" Feinden zielstrebig nivelliert wurde. Die völlige Militarisierung des Gemeinwesens förderte gleichsam automatisch alle Bestrebungen außerhalb des Sozialkörpers „Wehrmacht", an der gewaltsamen Machteroberung, Machtbewahrung und Machtausweitung teilzuhaben. Das zeigte sich äußerlich in dem Versuch des Nationalsozialismus, die gesamte Bevölkerung lückenlos in ein quasi-militärisches Ordnungsschema einzufügen. Dieses wurde durch die

Institutionen der „Hitler-Jugend“, des „Reichsarbeitsdienstes“, der SA samt ihren Untergliederungen, der SS (Allgemeine SS, SS-Verfügungstruppe, SS-Totenkopfverbände, später „Waffen-SS“), schließlich der Wehrmacht mit der Institution der allgemeinen Wehrpflicht und des Reserveverhältnisses der Entlassenen gekennzeichnet. Zwar ist der Versuch, die gesamte Bevölkerung nach derartig militanten Ordnungsprinzipien zu erfassen, wesentlich durch die im totalitären Staat erforderliche Disziplinierung und Gleichschaltung bedingt gewesen, gleichzeitig sah das Regime hierin aber auch die optimale Methode zur Kraft- und Gewaltentfaltung, deren Potenzen den verschiedenen innen- und außenpolitischen Zwecken des NS-Staates dienstbar gemacht werden konnten.

Im Rahmen einer solchen Auffassung vom Wesen und den Aufgaben der „Nation“ konnte der militärische Ausschließlichkeitsanspruch der Wehrmacht per definitionem der nationalsozialistischen Staats- und Weltanschauung nicht aufrechterhalten werden. Die klassische Rollenverteilung zwischen Armee und Bürger war aufgehoben, die Wehrmacht war fortan nur noch für zwei spezifische Aufgaben zuständig: die Sicherung des Staates nach außen, und die Unterstützung der Ausbildung im Programm der „Wehrhaftmachung der Nation“.

In den Auseinandersetzungen zwischen der Reichswehr und der SA war es nicht zuletzt um die Frage des Ausbildungsmonopols gegangen; der von der Sache her gegebene Vorsprung der Armee auf diesem Feld konnte trotz beträchtlicher Anstrengungen Röhms nicht eingeholt werden. Auch in der Folgezeit blieben die beiden großen Parteiorganisationen SA und SS in diesem Punkt weitgehend vom Wohlwollen der Wehrmacht abhängig. Während nach der Röhm-Krise die SA ihren politisch-revolutionären Ehrgeiz begraben hatte und die Vision des nationalsozialistischen Volksheeres aufgeben mußte, schlug die SS einen anderen Weg ein, der dem nationalsozialistischen Weltanschauungsstaat tatsächlich sehr viel angemessener war als die sozialutopischen Vorstellungen Röhms. Die SS fand ihre Legitimation im Prinzip der permanenten und dynamischen „Revolution“, die ja nur dann zustandekommen und unaufhörlich fortgeführt werden konnte, wenn sie Gegner fand, deren Widerstand es immer wieder neu zu brechen galt. Hatte die SA schon seit dem Sommer 1933 darunter gelitten, daß das Terrorprinzip praktisch ins Leere stieß, weil die Gleichschaltung vollzogen, die Gegner Hitlers besiegt waren, so sollten es die SS-Führer mit Billigung Hitlers verstehen, immer wieder politische Gegner in ausreichendem Maße ausfindig zu machen. Die SS wurde mit ihren Polizei und Waffen-Gliederungen auf diese Weise nicht zu einer stehenden Eingreiftruppe für einen unbestimmten „Eventualfall“ innenpolitischen Aufbegehrens, sondern zu einer ständig aktiven Organisation, die in rigoroser Verwirklichung der Hitlerschen Weltanschauung in der Anwendung der Rassenprinzipien eine Unzahl von „Gegnern“ fand: Juden, „minderwertige“ Rassen, aber auch ganz gewöhnliche Kriminelle. Die Doppelkonstruktion der SS als Polizei- und Staatsschutzinstitution einerseits und als Speerspitze des sich realisierenden Rassestaats andererseits sicherte ihr unter allen gegebenen Umständen, d. h. unabhängig von der tatsächlichen innenpolitischen Lage, eine tragfähige Machtbasis. Von der Utopie des „rassisch einwandfreien", „neuen Menschen" ausgehend, mußte die Macht dieser Organisation in dem Maße zunehmen, in dem durch die Eroberungen des Nationalsozialismus Völkerscharen in das „Großgermanische Reich" einströmten, die dessen rassische Homogenität gefährdeten.

Heinrich Himmler hat bei verschiedenen Gelegenheiten diesen Zusammenhang deutlich gemacht und darauf hingewiesen, daß die eigentliche Aufgabe der SS (nach dem Hitlerschen Stufenplan) erst im Krieg gegen die europäischen Gegner und vor allem nach der siegreichen Beendigung dieses Krieges kommen werde. Die explosionsartige Vermehrung der Waffen-SS während des Zweiten Weltkrieges war logische Folge des schon lange vor seiner Entfesselung festgelegten Aufgabenfeldes der SS. Mit herkömmlichen Polizeiformationen und -methoden – hier hatte Himmler sicher recht – war die Unterjochung eines ganzen Erdteils mit mehreren hundert Millionen Einwohnern nicht auf die Dauer aufrechtzuerhalten. Die „klassische" Armee aber konnte schon deswegen nicht für diese Aufgaben herangezogen werden, weil sie mit der Machtsicherung nach außen und der weiteren Aufrüstung zum Zwecke eines dritten Weltkrieges vollauf beschäftigt gewesen wäre. Die SS hatte also den Auftrag, das Reich im Inneren zu sichern, und zwar – negativ definiert: – durch die Ausmerzung jeglicher Opposition, die dem Gebilde des NS-Reiches (das ja nicht mehr als „Staat" zu bezeichnen gewesen wäre) gefährlich werden konnte, und zugleich – positiv definiert: – durch die Realisierung des Rasseprinzips. Zur Erfüllung beider Aufgaben war die Anwendung nicht nur polizeilicher, sondern zweifellos auch militärischer Methoden erforderlich.

Während sich die SS mit Hilfe der Organisationen der Gestapo und des SD auf die erste Aufgabe ohne weiteres vorbereiten konnte – man fand noch genügend „Gegner" des Regimes – blieb die Vorbereitung des militärischen Einsatzes schwierig. Himmler hat aber von Anfang an mit unerhörter Zähigkeit versucht, auch die militärische Komponente seiner Organisation zu fördern. Das war keineswegs eine Marotte oder purer Ausdruck unbefriedigten persönlichen militärischen Ehrgeizes, sondern im Selbstverständnis der SS eine bittere Notwendigkeit. Hinzu kam, daß er – ebenfalls völlig logisch und konsequent – davon ausging, daß der Elitecharakter der SS im Kriegsfall nur dann zu bewahren war, wenn ihr Gelegenheit gegeben wurde, sich im Kampf gegen einen äußeren Feind auszuzeichnen. Zur Erhaltung der Machtbasis, des Prestiges und zur Erfüllung zukünftiger Aufgaben war für die SS der Aufbau einer militärischen Kampfformation notwendig.

Unter diesen Voraussetzungen müssen die Bemühungen Himmlers in den Jahren 1933 bis 1939 gesehen werden, eine „Waffen-SS" aufzustellen. Der Begriff „Waffen-SS" tauchte allerdings erst kurz nach Kriegsanfang auf. Bis zu diesem Zeitpunkt wurden die bewaffneten Verbände der SS – je nach Aufgabenstellung und Verwendung – als „SS-Verfügungstruppen" und „SS-Totenkopfverbände" bezeichnet (vgl. u. S. 360 ff.).

D. Das Scheitern der Abrüstungsidee

(Vgl. Abschnitt VI, S. 194–198)

1. Die Genfer Abrüstungskonferenz

a. Entstehung und Entwicklung der Abrüstungsidee bis Januar 1932

Entstehung, Entwicklung und Bedeutung des Abrüstungsgedankens in den zwanziger und dreißiger Jahren des zwanzigsten Jahrhunderts gehören auf den ersten Blick eher in den Rahmen der internationalen Diplomatie als in den der deutschen Militärgeschichte. Diese wurde jedoch wesentlich durch die Abrüstungspolitik mitbestimmt, denn die deutsche Armee war – sieht man von den kleinen Staaten Österreich, Bulgarien, Ungarn und (mit Einschränkung) Türkei ab – die einzige Militärmacht der Welt, die direkt und unmittelbar von den Ergebnissen der internationalen Abrüstungsbewegung betroffen wurde. Durch das Junktim zwischen den Bestimmungen des Versailler Vertrages (Präambel zu Teil V) und der Völkerbundssatzung, die die Einleitung von allgemeinen Abrüstungsmaßnahmen verbindlich festlegte, sah sich die deutsche Armee seit 1919 in das Spannungsfeld zwischen der Idee der kollektiven Sicherheit und der nationalen Sicherheitspolitik gestellt. Während die übrigen europäischen Großmächte den Abrüstungs- und Kollektivpaktexperimenten der zwanziger Jahre (Genfer Protokoll 1924, Briand-Kellogg-Pakt 1928) mehr oder weniger theoretisches Interesse entgegenbrachten, ohne die eigene Rüstungs- und Militärpolitik dadurch beeinflussen zu lassen, hing das Schicksal der deutschen Armee entscheidend vom Fortgang der Abrüstungsverhandlungen ab, da nur in deren Rahmen eine Veränderung der eigenen militärischen Situation möglich war, solange das Deutsche Reich den Bestimmungen des Versailler Vertrages unterlag und sich genötig sah, diesen Bestimmungen mehr oder weniger nachzukommen.

Da die alliierten Staaten und die übrigen Mächte in Europa der deutschen Entwaffnung, die 1927 offiziell als vollzogen anerkannt worden war, nicht ihre eigene Abrüstung folgen ließen, wie dies die Präambel zu Teil V des Versailler Vertrages vorsah, befand sich das Deutsche Reich fortan in der Rolle des militärischen Gläubigers. Darin unterschied sich die deutsche Verhandlungsposition während der Abrüstungsperiode von 1926 bis 1933 grundlegend von der aller anderer Staaten. Abrüstung hieß für Deutschland nichts anderes als die Forderung nach der Abrüstung der anderen Staaten. Erfolgte diese nicht, so ergab sich in deutschen Augen hieraus das unbezweifelbare Recht der eigenen Wiederaufrüstung, um dem durch die Völkerbundsatzung vorgeschriebenen Postulat von der militärischen Gleichberechtigung der Völkerbundsmitglieder in Fragen der Sicherheit Genüge zu tun. In jedem Falle – also unabhängig davon, ob die anderen Mächte abrüsteten oder Deutschland aufrüstete – hätte das Ergebnis einer Abrüstungskonferenz in einer Veränderung des militärischen Status quo in Europa zugunsten des Deutschen Reiches bestehen müssen. Deutschland hatte also auf einer Abrüstungskonferenz nichts zu verlieren, aber viel zu gewinnen. Wenn sich die anderen Staaten weigern sollten, der Abrüstungsforderung Genüge zu tun, so ergab sich daraus das deutsche Recht, auch gegen den Willen der alliierten Mächte das nachzuholen, was verbrieftes Recht auch des deutschen Volkes war: seine äußere Sicherheit durch Aufrüstungsmaßnahmen wiederherzustellen.

Dieser an sich logische Sachzusammenhang entpuppte sich in der politisch-diplomatischen Realität der zwanziger und frühen dreißiger Jahre jedoch als völlige Unmöglichkeit. Der Grund hierfür lag in dem Umstand, daß der Begriff „Sicherheit“ sich jeder verbindlichen Definition entzog und ohne weiteres als Argument für jede Sorte von Außenpolitik herhalten konnte. Während Frankreich – um den wichtigsten Kontrahenten Deutschlands in der „Sicherheits“-Frage zu nennen – auf dem Standpunkt verharrte, daß seine „sécurité“ gerade durch das Fortbestehen des rüstungsmäßigen Ungleichgewichts, d. h. die Aufrechterhaltung aller Versailler Klauseln notdürftig bewahrt werden könne, jede Abänderung des status quo ein Sicherheitsrisiko bedeute, vertrat Deutschland den Standpunkt, daß seine Sicherheit gerade dadurch gefährdet werde, eine Veränderung des status quo zu deutschen Gunsten also zu den Grundlagen der „echten“ deutschen Sicherheit zähle.

Der Begriff „Sicherheit“ war in der Praxis der Abrüstungspolitik unbrauchbar, aber er eignete sich hervorragend als Propagandamittel. Schon in der Ära Seeckt hatte auch die Reichswehr die in diesem Begriff liegenden propagandistischen Möglichkeiten erkannt; nach der Machtergreifung Hitlers gehörte er zu den Kernbegriffen auch des nationalsozialistischen diplomatischen Vokabulars.

Nun wäre es gleichwohl verkehrt, das gesamte „Abrüstungssyndrom“ der zwanziger und dreißiger Jahre als reine Propaganda und Heuchelei abzutun. Die Erfahrungen mit Abrüstungsbemühungen nach 1945 haben den Blick für die ungeheuere Komplexität des Vorganges geschärft. Auch wenn den Staatsmännern, die sich mit der Abrüstungsfrage – hauptsächlich in Genf – beschäftigten, schließlich kein Erfolg beschieden war, ja im Gegenteil die forcierte europäische Aufrüstungspolitik nach 1934 ihren Bemühungen Hohn zu sprechen schien, bleibt ihnen doch das Verdienst, auf die grundsätzliche Problematik aller Abrüstungsbemühungen aufmerksam gemacht und eine ganze Reihe von bemerkenswerten Modellen entworfen zu haben, auf deren Grundlagen nach 1945 weitergebaut werden konnte. Darüber hinaus ist ein weiterer Effekt wichtig: Nach und nach gewöhnten sich die Politiker und Militärs daran, im Rahmen der nationalen Sicherheitspolitik dem Element der Verteidigung mehr Platz einzuräumen, als dies vor 1914 der Fall gewesen war. Die in den verschiedensten Konventionsentwürfen immer wieder versuchte Denunziation des „Angreifers“, von „Angriffswaffen“ und „Offensiv- oder Stoßarmeen“ verfehlte zumindest in England, Frankreich, Belgien – und anfangs auch in Italien – nicht seine Wirkung. Das deutsche Heer war eo ipso nur zur Verteidigung fähig. Selbst als die Fesseln von Versailles fielen, bedurfte es erst des ganzen politischen Durchsetzungsvermögens Hitlers, um die schon fest verwurzelte Idee vom unbedingten Vorrang der Verteidigung aus dem Denken der deutschen Generäle und Generalstäbler zu eliminieren. Die Förderung des defensiven Denkens hat freilich Hitler später seine rücksichtslose Offensivpolitik und -kriegführung erleichtert, doch es wäre unbillig, das Versagen der 1939 bis 1941 angegriffenen Staaten einem Abrüstungsdestruktivismus anzulasten.

Die Einberufung einer allgemeinen Abrüstungskonferenz gehörte in das Programm des Völkerbundes seit seiner Gründung im Jahre 1919. Es dauerte jedoch 13 Jahre, bis diese Absicht verwirklicht werden konnte. Die am 2. Februar 1932 in Genf zusammentretende Konferenz war das Ergebnis eines langen und langwierigen Vorbereitungsprozesses. Wichtige diplomatisch-politische Voraussetzungen waren die Konventionsentwürfe von 1922, 1924, das „Genfer Protokoll", die Schiedsverträge im Umkreis des Locarno-Vertrages und der Briand-Kellogg-Pakt von 1928. Seit 1926 tagte eine vorbereitende Abrüstungskommission („Préparatoire"), die die Aufgabe hatte, Konventionsentwürfe auszuarbeiten, die der Vollkonferenz dann zur Beratung und Beschlußfassung vorgelegt werden sollten. Teilnehmer der Kommission waren die Mitgliedsstaaten des Völkerbundes, die Vereinigten Staaten und Deutschland. Die Sowjetunion lehnte anfangs eine Beteiligung ab. In den Monaten April bis Mai 1926 arbeitete die Kommission „Fragebogen" aus, von denen der der militärischen Unterkommission für Deutschland von besonderer Bedeutung war. Das Ergebnis war für das Deutsche Reich unbefriedigend, da der deutsche Standpunkt „Erst Abrüstung, dann Sicherheit" keine Anerkennung fand. Die deutsche Delegation beharrte darauf, daß die Gleichberechtigung Deutschlands nur gewährleistet sei, wenn die anderen Staaten einen ersten Abrüstungsschritt unternähmen. Seit 1928 pochte Deutschland auf seinem „Rechtstitel", der Forderung auf Abrüstung der anderen Staaten, und seitdem betonte die deutsche Diplomatie, daß als Alternative – die man angeblich nicht wünschte – nur die einseitige deutsche Aufrüstung auf das Niveau der Nachbarstaaten übrigbliebe.

In den der deutschen Delegation mitgegebenen „Richtlinien" zur Abrüstungskonferenz wurde als Nahziel die Annullierung von Teil V des Versailler Vertrages angegeben. Grundsätzlich sollten die deutschen Vertreter die „Gleichheit der Methode" fordern. Das bedeutete:

„Für Deutschland dürfen künftig nur militärische Bestimmungen gelten, die in derselben Art und mit derselben Zeitdauer auch für unsere Nachbarstaaten gültig sind."

Das „Endziel" bestand in der

„Wiederherstellung eines militärischen Kräfteverhältnisses, das die Verteidigungsfähigkeit des Deutschen Reiches gewährleistet (Gleichberechtigung in der Sicherheit)".

Die Abrüstungskonferenz trat am 2. Februar 1932 in Genf zusammen. Der bekannte deutsche Standpunkt wurde von den übrigen Staaten zwar nicht vollständig abgelehnt, jedoch setzte Frankreich durch, daß die Konferenz in einer Resolution vom 23. Juli 1932 ohne Einschränkung die volle Gültigkeit des Versailler Vertrages in seinem Teil V bestätigte. Daraufhin verließ Deutschland die Abrüstungskonferenz zum ersten Mal. Reichsaußenminister Neurath, unterstützt durch den deutschen Delegationsleiter Nadolny und den militärischen Experten Blomberg, erklärte, daß das Reich erst wieder an der Konferenz teilnehmen würde, wenn der deutsche Standpunkt der vollen prinzipiellen militärischen Gleichberechtigung anerkannt sei.

b. Die Entscheidung vom 11. Dezember 1932 und die neuen deutschen Richtlinien

Allen beteiligten Staaten war klar, daß mit dem Fernbleiben oder der Wiederteilnahme Deutschlands die gesamte Abrüstungskonferenz stehen oder fallen würde. Die deutsche Diplomatie, tatkräftig durch die Reichskanzler Brüning und Papen sowie Reichswehrminister Schleicher unterstützt, ließ keinen Zweifel daran, daß sie nicht mehr gewillt sei, sich einem neuen „Diktat" zu beugen. Tatsächlich begannen in den Sommermonaten 1932 die Vorbereitungen zur deutschen Wiederaufrüstung (s. u. S. 290 ff.). Schleicher gab sich gar keine Mühe mehr, diese Tatsache zu verschleiern, sie gehörte vielmehr zu den wirksamsten Druckmitteln der deutschen Diplomatie in Paris, London, Genf und Rom. Wie noch niemals zuvor geriet die Reichswehr in das Rampenlicht der internationalen Öffentlichkeit. Sie wurde zum Instrument der Diplomatie, der deutschen Außenpolitik, zur gleichen Zeit, als das innenpolitische Ringen nach der Entlassung Brünings seinem dramatischen Höhepunkt zusteuerte. Der Erfolg der Konferenz von Lausanne, der noch von Brüning vorbereitet und von Papen dann realisiert worden war, wirkte als mächtiger Antrieb auch auf dem Sektor der Rüstungsfrage. Das oft zitierte Brüning-Wort vom Sturz „hundert Meter vor dem Ziel" bezieht sich gerade auch auf den Zusammenhang zwischen Reparations- und Abrüstungsproblematik.

In einer vielbeachteten Rundfunkrede Schleichers vom 26. Juli 1932 wurde der deutsche Standpunkt der Öffentlichkeit erläutert und zum ersten Mal sprach der Reichswehrminister ganz offen seine Absicht aus, auch im Falle eines Scheiterns der eingeleiteten diplomatischen Schritte die Wehrmacht „umzubauen", d. h. die Armee aufzurüsten. Mit ihrem Memorandum vom 29. August 1932 wurde diese Absicht auch England und Frankreich offiziell notifiziert. Deutschland forderte jetzt alle Waffenkategorien, über die auch die anderen Mächte verfügten, und die Schaffung eines Wehrsystems, das sich an „den wirtschaftlichen und sozialen Eigenarten des Landes" orientieren müsse. Das war die verkappte Ankündigung der Wiedereinführung der allgemeinen Wehrpflicht im Falle des Scheiterns der Konferenz. Tatsächlich waren zur gleichen Zeit die Milizpläne (s. u. S. 104 ff.) schon im Stadium der Vorbereitung.

Die englische, vor allem aber die französische Antwort vom 11. September 1932 waren enttäuschend, und in einem Botschafterrunderlaß vom 12. September hieß es:

„Der sachliche Inhalt der Note ... trägt ... den deutschen Darlegungen in keinem Punkt Rechnung." Neurath verkündete, Deutschland denke unter diesen Umständen nicht daran, zur Konferenz zurückzukehren.

England und Frankreich bemühten sich in den folgenden Wochen um einen Kompromiß. Ihr Vorschlag, im Rahmen einer Viererkonferenz die schwierige Problematik weiter zu erörtern, wurde von Neurath abgelehnt. Diese Hartnäckigkeit blieb nicht ohne Erfolg: im November 1932 fanden sich England und Frankreich grundsätzlich zur Anerkennung der deutschen Gleichberechtigung bereit, Deutschland nahm daraufhin seinen Stuhl in Genf wieder ein, und am 11. Dezember 1932 kam es zu der bekannten Fünf-Mächte-Erklärung, in der die deutsche militärische Gleichberechtigung grundsätzlich anerkannt wurde. Die „Art und Weise der Anwendung dieser Gleichberechtigung" sollte auf der Abrüstungskonferenz ausgehandelt werden.

Der Reichsaußenminister, Freiherr von Neurath, und der Staatssekretär im Auswärtigen Amt, v. Bülow, sahen in dieser Erklärung einen bedeutenden Erfolg, jedoch keineswegs das Ende der deutschen Forderungen, die von nun an vielmehr in verstärktem Maße vorgebracht wurden. Immerhin handelte es sich um ein großes Zugeständnis vor allem Frankreichs, das durchaus in Parallele mit der Lausanner Regelung zu setzen ist: Nach dem praktischen Ende der Reparationen war seitdem völkerrechtlich auch der Teil V des Versailler Vertrags außer Kraft gesetzt. Von der Triade der deutschen Revisionsforderungen – Reparationen–Aufrüstung–Ostgrenzen – konnten nunmehr zwei Punkte als prinzipiell erfüllt angesehen werden. Konsequenterweise rückte im Augenblick der Erfüllung der Gleichberechtigungsforderung das Problem der Ostgrenzenregelung in den Vordergrund der deutschen Diplomatie.

Für die Reichswehr hatte der Genfer Erfolg keine unmittelbare Rückwirkungen, da die Modalitäten der „Gleichberechtigung" noch ausgehandelt werden, der Schleichersche „Umbauplan" aber unabhängig von der Fünf-Mächte-Erklärung ohnehin verwirklicht werden sollte. Dennoch konnte die Reichswehrführung ihre internationale Position als gestärkt betrachten; fortan stand nicht mehr das „Ob" der deutschen Wiederaufrüstung zur Debatte, sondern nur noch das „Wie".

Dem trugen die modifizierten „Richtlinien" für die deutsche Delegation in Genf vom 11. Januar 1933 Rechnung. In Zukunft sollte es das Hauptanliegen sein, der „theoretischen" Gleichberechtigung die „praktische" folgen zu lassen. Sollte die Konferenz scheitern, behielt sich Deutschland alle Schritte vor. Die übrigen Delegationen sollten jedoch im unklaren darüber gehalten werden, worin die deutschen Konsequenzen im einzelnen bestanden. Mit dieser bewußt herbeigeführten Unsicherheit hoffte die deutsche Regierung ihre Gegenspieler zu größeren Zugeständnissen bewegen zu können. Die deutsche Sprache in Genf wurde schärfer, der Machtanspruch des Reiches, dessen Verfassung und Gesellschaft sich zur gleichen Zeit in der Agonie befanden, löste, zunächst bei den kleinen Nachbarstaaten, dann auch bei den Großmächten, zunehmendes Unbehagen aus.

Dies war die Situation, als Hitler Reichskanzler wurde.

2. Das Ringen um die „praktische" Gleichberechtigung

a. Cot- und MacDonald-Plan

Hatten schon bis zu diesem Zeitpunkt Erwägungen, doch noch auf einen Erfolg der internationalen Abrüstungsbemühungen zu warten und infolgedessen die Reichswehr (noch) nicht aufzurüsten, nur eine ganz untergeordnete Rolle gespielt, so fiel diese mögliche Alternative nach der Machtergreifung ersatzlos fort. Hitler war vom ersten Tage seiner Herrschaft an fest dazu entschlossen, Deutschland aufzurüsten, gleichgültig, wie sich die Abrüstungsszene in Zukunft gestalten sollte. Die Genfer Abrüstungskonferenz betrachtete er daher – ebenso wie den Völkerbund insgesamt – lediglich als diplomatisches Instrument, das seine Nützlichkeit zu erweisen hatte oder auf das zu verzichten war. Das deutsche Interesse an der Abrüstung war seit dem 30. Januar 1933 gleich Null. Gleichwohl hat es Hitler zunächst vermieden, in Genf einen Eklat zu verursachen, ja er zeigte sich anscheinend kompromißbereiter als Neurath und Blomberg, deren Mißtrauen gegen alle möglichen Genfer Beschlüsse kontinuierlich über den 30. Januar 1933 hinausging.

Tatsächlich haben Frankreich und England in den Wochen nach dem 30. Januar 1933 zum ersten Mal ernsthaft versucht, die deutschen Forderungen in gewissem Maße zu befriedigen, ohne die Grundlagen des europäischen Gleichgewichtssystems, wie sie es verstanden, völlig preisgeben zu wollen. Die französische Diplomatie entwickelte ihre Initiative vom 14. November 1932 (Herriot-Plan), die wesentlich zur Lösung vom 11. Dezember 1932 beigetragen hatte, mit der Vorlage eines allgemeinen Standardisierungsprogramms fort, das am 17. Februar 1933 als „Cot-Plan" (nach dem französischen Verteidigungsminister) in Genf eingebracht wurde. Die Grundidee bestand darin, daß waffenmäßig standardisierte Heere, deren Wehrstruktur milizähnlich sein sollte, im wesentlichen defensiven Charakter hätten und daher geeignet seien, das gegenseitige Mißtrauen abzubauen.

Das Reichswehrministerium lehnte den Cot-Plan ab. Eine defensive Milizarmee vertrug sich nicht mit den grundsätzlichen Aufrüstungsplänen. Deutschland setzte sich mit der Ablehnung der in Genf zu dem französischen Plane getroffenen positiven Resolution in Gegensatz zu den wichtigsten anderen Mächten. Daß Deutschland überhaupt nicht mehr gewillt war, an irgendwelchen konkreten Abrüstungsmaßnahmen mitzuwirken, ergab sich eindeutiger noch im Falle der zweiten, der englischen Initiative.

Diese resultierte aus dem Wunsch des britischen Kabinetts, den Weg zu handelspolitischen Vereinbarungen, die ihm auf Grund der schwierigen wirtschaftlichen Lage Großbritanniens dringlich erforderlich erschienen, durch ein „Freiräumen" der Abrüstungsproblematik in Genf zu öffnen. Hinzu kamen erste Überlegungen, durch die Vorlage einer draft convention mit konkret festgelegten Rüstungszahlen zur Festigung des europäischen Friedens im Sinne der späteren Appeasement-Politik beizutragen.

Der wesentlich auf Vorschläge Anthony Edens zurückgehende Plan, der den Namen des britischen Premierministers Ramsay MacDonald erhielt, griff im ersten Teil auf den Briand-Kellogg-Pakt zurück und unterstrich die Kriegsverbotsklausel. Im zweiten, dem eigentlichen Abrüstungsteil wurden die Effektivstärken der europäischen Staaten festgelegt. England selbst betrachtete sich in dieser Frage als nicht zu Europa gehörig. Für die deutsche Seite waren 200 000 Mann insgesamt vorgesehen, Frankreich sollte ebenfalls über 200 000 Mann in der Heimat, und weitere 200 000 Mann in Übersee verfügen. Das Verhältnis zwischen Heimat- und Gesamtstreitkräften sollte für Belgien 60 000 zu 75 000, und Italien 100 000 zu 250 000 betragen, Polen wurden 200 000, der Tschechoslowakei 100 000 und Rußland 500 000 Mann zugestanden. Das zulässige Geschützkaliber sollte 105 mm nicht überschreiten, das Panzerhöchstgewicht wurde auf 16 Tonnen begrenzt. Hinsichtlich der Seerüstung blieben die Festlegungen der Verträge von Washington (1922) und London (1930) in Kraft, wobei eine endgültige Regelung auf der für 1936 vorgesehenen Londoner Flottenkonferenz zu treffen war. Der MacDonald-Plan postulierte zwar die völlige Abschaffung der Luftwaffen als wünschenswert, für eine noch zu vereinbarende Übergangszeit wurden für die einzelnen Staaten Höchstgrenzen an Flugzeugen festgelegt. Es lag in der Logik des Planes, daß Deutschland der Neuaufbau einer Luftwaffe nicht zugestanden wurde. Die Einhaltung der Bestimmungen sollte durch einen Investigationsausschuß, die Fortschreibung der Abrüstungsmaßnahmen durch einen „ständigen Abrüstungsausschuß" sichergestellt werden. Der gesamte Plan deckte fünf Jahre ab; 1938 sollte die Abrüstungskonferenz erneut zusammentreten und erst zu diesem Zeitpunkt endgültig die deutsche praktische Gleichberechtigung sanktioniert werden. Deutschland wurde also eine fünfjährige „Wartezeit" zugemutet.

Der MacDonald-Plan wurde der Abrüstungskonferenz am 16. März 1933 offiziell zugeleitet. Schon Wochen vorher hatte es z. T. erbitterte diplomatische Auseinandersetzungen zwischen England und Frankreich gegeben, das mit zunehmender Besorgnis vor der innenpolitischen Entwicklung in Deutschland nunmehr kategorisch jede weitere Konzession an das Reich abgelehnt hatte. Schon damals hat das britische Foreign Office in aller Klarheit die fatalen Folgen eines Scheiterns der Abrüstungskonferenz vorausgesehen und Frankreich gegenüber darauf hingewiesen, daß in diesem Falle Deutschland ungehemmt aufrüsten und in 4 bis 5 Jahren einen europäischen Konflikt heraufbeschwören werde.

Parallel zum MacDonald-Plan, aber völlig unabhängig davon, trat die italienische Regierung mit einem Viererpaktentwurf hervor, der auf eine Gesamtrevision (unter Einschluß der territorialen Bestimmungen der Friedensverträge) hinauslief. Die Tendenz von Mussolinis Vorschlägen richtete sich gegen die französische Hegemonie, ließ sich jedoch gegebenenfalls auch gegen deutsche Hegemonialbestrebungen anwenden. Der Vorschlag wurde allgemein kühl aufgenommen; weder Frankreich, das zu keinen Konzessionen bereit war, noch Deutschland, das an einer begrenzten Ost-Revision kein Interesse hatte und darüber hinaus im Augenblick zu Italien (wegen Österreich) in gespannten diplomatischen Beziehungen stand, griffen Mussolinis Initiative auf. Dennoch wurde später ein entsprechendes Abkommen paraphiert, jedoch nicht ratifiziert. Es blieb daher wirkungslos.

b. Die Maikrise 1933

Die folgenden Wochen bis zur Vertagung der Genfer Konferenz auf den Herbst 1933 wurden durch das diplomatische Ringen um den MacDonald-Plan bestimmt. Diese Auseinandersetzungen standen wesentlich unter dem Eindruck der sich in Deutschland vollziehenden innenpolitischen Entwicklung, wobei in dem Maße, in dem sich der Charakter der Hitlerschen Gewaltherrschaft enthüllte, eine Verhärtung der englischen und französischen Haltung festzustellen ist.

Hitler erweckte zunächst den Anschein, als lehne er den englischen Vorschlag nicht ab, obwohl das Auswärtige Amt schon vor dem 16. März unter der Hand zu verstehen gegeben hatte, daß sich das Reich mit dem Vorschlag MacDonalds wohl nicht werde einverstanden erklären können. Hitlers Ausführungen in seiner Regierungserklärung vom 23. März 1933 wirkten gemäßigt und erleichterten den deutschen Vertretern in Genf ihre Position; doch da das Reichswehrministerium und das Auswärtige Amt Nadolny nicht klar über die beabsichtigten deutschen Rüstungsmaßnahmen unterrichteten, blieb den deutschen Delegierten nur dilatorisches Verhandeln. Tatsächlich war die interne Diskussion um die Art und Weise der vorzunehmenden deutschen Aufrüstung zu diesem Zeitpunkt ebensowenig abgeschlossen wie der innenpolitische Machtkampf zwischen Reichswehr und SA. All dieses trug dazu bei, daß die Genfer Verhandlungen stockten. Schon jetzt wurden in Berlin und bei der deutschen Delegation erste Erwägungen hinsichtlich eines Austritts aus der Konferenz und dem Völkerbund laut.

Zwischen dem 27. März und dem 25. April gab es in Genf eine Verhandlungspause. Der deutsche Standpunkt wurde von Nadolny am 28. April 1933 folgendermaßen umrissen:

> Die praktische deutsche Gleichberechtigung sollte nicht erst nach fünf Jahren, sondern sofort verwirklicht werden. Die Effektivstärken müßten sich nach den Bedürfnissen der „nationalen Sicherheit" richten und dürften nicht schematisch gehandhabt werden. Dies bedeutete de fakto die vollständige Ablehnung des Kernpunktes des MacDonald-Plans. Schließlich beharrte Nadolny darauf, daß auch dem Reich – wenn auch in geringem Umfang – Zugang zu allen Waffen gestattet sein müsse. Dies bedeutete die Ablehnung des Verzichts auf die eigene Luftrüstung.

Mit diesen Forderungen isolierte sich Deutschland, denn die USA, England und Frankreich schienen bereit, den MacDonald-Plan im wesentlichen unverändert zu akzeptieren. Die deutschen Einwände erschienen als schlecht verhüllte Ankündigung einer ungehemmten deutschen Aufrüstung.

In den beiden ersten Maiwochen versuchte Eden in Gesprächen mit Nadolny, der von Blomberg nur unzureichend unterstützt wurde, weiterzukommen, um die sich anbahnende internationale Krise abzuwenden. Die deutschen Delegierten zeigten sich jedoch nur in nebensächlichen Fragen konzessionsbereit. Damit gehorchten sie Weisungen des Reichsaußenministers von Neurath und des Reichswehrministers von Blomberg, während Hitler sich geschickt im Hintergrund hielt. Immerhin wuchs das Mißtrauen gegenüber Deutschland Mitte Mai so stark an, daß das Kabinett am 12. Mai, nachdem am Tag zuvor in Genf SA, SS und „Stahlhelm" militärischer Charakter zugesprochen worden war, eine programmatische Rede Hitlers zum Stand der internationalen Abrüstungsdiskussion ankündigen mußte. Zum ersten Mal wurde der Mechanismus der von Hitler gehandhabten Herrschaftstechnik sichtbar, die in der Absicherung innen- und wehrpolitischer Aktionen durch vermeintlich großzügig staatsmännisches Handeln nach außen bestand. Worauf es Hitler und der Reichswehr aber in erster Linie ankam, war die Abschirmung der eigenen Aufrüstung und die Abwendung der Gefahren, die von Genf her den eigenen Plänen drohen konnten.

c. Hitlers Rede vom 17. Mai 1933

Hitlers bekannte „Friedensrede" vor dem Reichstag am 17. Mai 1933 (s. u.) wurde durch die Genfer Ereignisse notwendig, bezog sich jedoch keineswegs auf die Abrüstungsszene allein, sondern stellte die erste jener oft noch folgenden allgemeinen Verlautbarungen des Regimes dar, die darauf berechnet waren, die Opposition im Innern und die internationale Diplomatie zu beruhigen, zu verunsichern und zu betrügen. Dabei war es für dieses frühe Stadium der nationalsozialistischen Außenpolitik kennzeichnend, daß Hitler zurückhaltender und vorsichtiger operierte als die Fachleute des Auswärtigen Amts, die die diplomatische Bühne besser kannten und härter auftrumpfen zu können meinten. Auch Blomberg vertrat in der Abrüstungsfrage zu dieser Zeit einen schärferen Standpunkt als Hitler. Freilich wäre es verkehrt, hieraus auf grundsätzliche Mäßigung Hitlers zu schließen. Das Gegenteil war der Fall: Da Hitlers Ziele weit über jene Vorstellungen hinausgingen, die von den klassischen Ressorts (also Neurath und Blomberg) seit den Tagen Brünings verfolgt wurden, mußte die Basis seiner politisch-diplomatischen Operationen sorgfältiger sondiert und breiter angelegt werden. Die Rede vom 17. Mai gehört in diesen größeren Zusammenhang.

Diese eigentliche Zielsetzung enthüllte Hitler in der Kabinettsitzung vom 12. Mai 1933, deren Bedeutung für die Geschichte der Wehrmacht deswegen von so großer Bedeutung war, weil sich Hitler eindeutig gegen eine „Zerschlagung der Reichswehr", wie sie angeblich durch den MacDonald-Plan gefordert wurde, aussprach und damit die innenpolitische Diskussion zwischen SA und Reichswehr auf die außenpolitische Ebene hob. Blomberg begrüßte den Entschluß, in Zukunft in Genf nicht mehr zu verhandeln, sondern unbeirrt am deutschen Standpunkt festzuhalten. Allen Kabinettmitgliedern war klar, daß der Austritt aus Konferenz und Völkerbund als ultima ratio der deutschen „Abrüstungspolitik" mit ins politische Kalkül gezogen werden müßte.

In diesem Punkt ließ auch die großangelegte Rede Hitlers vor dem Reichstag am 17. Mai 1933 keine Zweifel. Dennoch schlug der Kanzler konziliante Töne an und versicherte zu wiederholten Malen, daß Deutschland mit allen Abrüstungsplänen einverstanden sei, falls diese von den anderen Nationen ebenso befolgt würden. Eine weitere „Diskriminierung" Deutschlands aber könne nicht mehr hingenommen werden. Wie von Hitler vorausgesehen, stimmte der Reichstag geschlossen – also einschließlich Sozialdemokraten und Zentrum – dieser Regierungserklärung zu, wodurch die innere und äußere Position Hitlers zweifellos erheblich gestärkt wurde. Später hat es in den beiden demokratischen Parteien bittere interne Auseinandersetzungen über diese Zustimmung gegeben.

Der vordergründige Zweck dieser „Friedensrede" wurde errreicht, die Reaktion des Auslandes und der unmittelbar betroffenen Staaten England und Frankreich war positiv, wenngleich man nicht verkannte, daß Deutschland in den zentralen Fragen von seinem Standpunkt nicht abgewichen, ja durch die breite Zustimmung des Reichstages bestärkt worden war. Da Hitler sich prinzipiell mit einer fünfjährigen Übergangsfrist, wie sie im MacDonald-Plan vorgesehen war, einverstanden erklärt hatte – ein Zugeständnis, dessen Substanzlosigkeit sich im Herbst 1933 erweisen sollte – gewannen die deutschen Unterhändler in Genf Zeit. Anfang Juni vertagte sich die Konferenz zunächst auf den Juli, dann auf den 16. Oktober 1933. Innerhalb dieses Zeitraumes fielen die wichtigen Grundentscheidungen hinsichtlich der zukünftigen deutschen Aufrüstung und Wehrverfassung. Die im April 1933 eingeleitete Aufrüstungspolitik konnte sich zunächst ungestört vollziehen, die Genfer Abrüstungskonferenz hatte für die Zielsetzungen der Armee und Hitlers ihre potentielle Gefährlichkeit verloren.

3. Deutschlands Austritt aus dem Völkerbund und der Abrüstungskonferenz

a. Internationale Erörterung des Abrüstungsproblems

Hitler hatte durch seine Rede vom 17. Mai 1933 Zeit gewonnen, aber die Zeit arbeitete gegen ihn. Aus diesem Grund hatte Nadolny der Vertagung der Konferenz auf den Oktober 1933 nicht zugestimmt, denn es war abzusehen, daß sich die Haltung der hauptbeteiligten Mächte in der Abrüstungsfrage Deutschland gegenüber in dem Maße versteifen würde, in dem erkennbar wurde, daß das

Reich ohnehin aufrüstete und im Innern eine Diktatur errichtete, von der die diplomatischen Beziehungen zu den übrigen Staaten negativ beeinflußt wurden. Der Völkerbund wandelte sich für Deutschland mehr und mehr von einem Forum eigener Propaganda zur Anklageinstitution; die Behandlung der Juden- und Minderheitenfragen durch die Regierung Hitler zeitigte hier wie in den Hauptstädten der Nachbarstaaten zunehmend negative Folgen. Da der Völkerbund die nützliche Funktion eines Sprachrohres für Deutschland verlor und eher zu einem Sprachrohr gegen Deutschland wurde, lag es für Hitler auf der Hand, dieses Gremium zu verlassen. Das japanische Beispiel hatte die praktische politische Ungefährlichkeit eines solchen Schrittes erwiesen, und die deutschen Generale sahen in der Abrüstungskonferenz wie im Völkerbund ohnehin nur eine lästige Fessel.

War der MacDonald-Plan für Deutschland in der vorliegenden Form nicht annehmbar, so galt dies seit Mai 1933 auch für Frankreich, freilich aus dem umgekehrten Grund: Geschürt durch alarmierende Berichte des französischen Geheimdienstes und der französischen Diplomatie aus Deutschland, gedrängt durch eine immer deutschfeindlicher sich gebärdende Presse, provoziert durch unbedachte SA-Aufmärsche an der französischen Grenze glaubte die Regierung in Paris dem MacDonald-Plan nur noch zustimmen zu können, wenn die abzuschließende Konvention sich 2–5 Jahre bewährte und das zu schaffende Kontrollsystem funktionierte. Im Falle von Verstößen sollte der Völkerbund wirkungsvolle Sanktionen verhängen und durchsetzen können. Erst nach Abschluß dieser „Probezeit“ wollte sich Frankreich selbst den Abrüstungsverpflichtungen unterziehen, bis dahin sollte es Deutschland untersagt sein, aufzurüsten und Waffen zu beschaffen.

In zum Teil heftig geführten diplomatischen Verhandlungen konnte Frankreich seine modifizierte Auffassung auch England gegenüber durchsetzen, das selbst kein Interesse daran hatte, mit in den Abrüstungskomplex einbezogen zu werden und das angesichts der sich versteifenden Haltung Deutschlands jedes Engagement zugunsten Frankreichs, das sich aus einer eventuellen französischen Hilfsbedürftigkeit im Falle einer vollzogenen französischen Abrüstung ergeben sollte, wohlweislich ablehnte. In zahlreichen Sondierungen auf diplomatischem Wege wurden keinerlei Fortschritte in der Abrüstungsfrage erzielt, auch die Rundreise des Vorsitzenden der Abrüstungskonferenz, Henderson, in die europäischen Hauptstädte, erbrachte nur eine Bestätigung der bisherigen unvereinbaren Standpunkte. Henderson, der sich am 17. Juli in Berlin aufhielt und hier mit Hitler zusammentraf, reiste unverrichteter Dinge wieder ab.

Die Verschlechterung der deutschen Position wurde in Berlin sorgfältig registriert. Parallel zu den Septemberverhandlungen zwischen England und Frankreich in Paris, die zur Modifizierung des MacDonald-Plans führten, entschied sich das deutsche Kabinett am 12. September 1933 prinzipiell dazu, Konferenz und Völkerbund zu verlassen, fall den deutschen Forderungen nicht entsprochen, die Modifikationen des MacDonald-Planes nicht zurückgenommen werden würden. Die deutschen Beobachter bei der am 22. September 1933 eröffneten Herbstsitzung des Völkerbundes bestätigten die nahezu vollständige Isolierung Deutschlands in diesem Gremium und erleichterten damit die Entschlüsse Hitlers.

Hatte die deutsche Diplomatie in Genf bisher auf dem Standpunkt gestanden, daß Deutschland zunächst nur „qualitative" Gleichberechtigung in den Waffenfragen beanspruche, so erhob der Reichswehrminister am 25. September dem Auswärtigen Amt und Hitler gegenüber die Forderung, nun auch die sofortige „quantitative" Gleichberechtigung zu verfechten. Dies lehnten Neurath und Hitler, der Blombergs Forderung zunächst zugestimmt hatte, aus verhandlungstaktischen Gründen jedoch entschieden ab. Tatsächlich ist die deutsche Delegation nurmehr mit der „Qualitätsforderung" hervorgetreten. Die Demarche des Reichswehrministeriums machte jedoch erneut deutlich, daß von dieser Seite ebenfalls kein Interesse mehr an einem Zustandekommen einer Abrüstungskonvention zu erwarten war.

Am 30. September 1933 berichteten Neurath und Goebbels, die an der Völkerbundstagung teilgenommen hatten, über ihre negativen Eindrücke in Genf. Selbst der Propagandakunst eines Goebbels war es nicht gelungen, das gegen Deutschland in Genf geschürte Mißtrauen zu beseitigen. Die Rassen- und Minderheitenfragen nahmen auch Staaten gegen das nationalsozialistische Regime ein, die sonst traditionell eher auf deutscher Seite gestanden hatten. Die Grundstimmung in Berlin, die Konferenz zu verlassen, verstärkte sich.

b. Die Entscheidungen vom 4.–14. Oktober 1933

Der äußere Anlaß für den Rückzug Deutschlands aus Genf fand sich in der Modifizierung des McDonald-Plans, die am 3. Oktober 1933 unter der Bezeichnung „Simon-Plan" (nach dem britischen Außenminister) in Genf vorgelegt wurde. Die Abrüstungsvereinbarung wurde in zwei vierjährige Zeiträume unterteilt. In der ersten Periode sollten die vorgesehenen Umstrukturierungen der Heere erfolgen und ein Rüstungsstop für diejenigen Waffen eintreten, die in der zweiten Phase abzuschaffen waren. Die stufenweise Abrüstung in der zweiten Phase sollte alle Waffen bis zum Kaliber von 155 mm erfassen. Deutschland sollte das Recht erhalten, das Hundertausend Mann-Heer, wie im MacDonald-Plan vorgesehen, zu verdoppeln, die Bewaffnung sollte dem entsprechend, aber nur quantitativ, erhöht werden. Im Falle von Vertragsverletzungen waren die Unterzeichnerstaaten zu Konsultationen verpflichtet, ein Kontrollmechanismus sollte darüber hinaus geschaffen werden.

Dieser Plan ging keineswegs über das hinaus, was schon in der Periode von Juni bis September 1933 vor allem zwischen Paris und London verhandelt worden war. Er stellte im Gegenteil in englischen Augen einen „Kompromiß" zwischen den an sich weitergehenden französischen Wünschen und den deutschen Forderungen dar. Dennoch lag es auf der Hand, daß das Reich den Simonplan in der vorliegenden Entwurfsfassung nicht annehmen konnte. Tatsächlich hat Simon mit seinem Plan auch das Ziel verfolgt, Deutschland überhaupt erst wieder zu neuen Verhandlungen zu nötigen.

In diesem Punkt jedoch hatte sich die englische Diplomatie entschieden verrechnet. Hitler wollte nicht mehr verhandeln, und die Verschärfung der Gegenforderungen, die mit dem Simon-Plan auch der Öffentlichkeit gegenüber ins Feld geführt werden konnte, lieferte den willkommenen Anlaß, die Genfer Tür endgültig zuzuschlagen. In einer Aufzeichnung des Staatssekretärs von Bülow hieß es, Hitler und Blomberg hielten es für an der Zeit, „zur ‚Urfrage' zurückzukehren, ultimativ die Abrüstung der anderen zu verlangen und Verlassen der Konferenz sowie Austritt aus dem Völkerbund zu erklären für den Fall, daß die anderen die Abrüstung ablehnten, wenn sie uns die Gleichberechtigung verweigerten oder wenn uns ein unannehmbarer Entwurf zur Debatte gestellt werde."

Nachdem die grundsätzliche Entscheidung, Konferenz und Völkerbund zu verlassen, am 4. Oktober 1933 getroffen worden war, folgte eine Woche hektischer diplomatischer Betriebsamkeit. Vorübergehend schien England einlenken zu wollen, letztlich hielt Simon jedoch an seinem – erneut leicht modifizierten – Entwurf fest und lieferte, als dieser Plan am 13. Oktober der Konferenz vorgetragen wurde, den letzten Anstoß zum Austritt Deutschlands aus beiden Gremien. Ein Vermittlungsvorschlag Mussolinis in letzter Minute, der auf eine Art Sicherheitsgarantie Italiens für Frankreich hinausgelaufen wäre, konnte an der französischen Haltung und der Berliner Entscheidung nichts mehr ändern. In zwei zum 13. und 14. Oktober einberufenen Kabinettsitzungen erläuterte Hitler seinen Entschluß und gab zugleich bekannt, daß er den Reichstag auflösen und die Neuwahl mit einer Volksbefragung zum deutschen Völkerbundaustritt verknüpfen wolle. Hitler ordnete an, daß zunächst alle Schritte vermieden werden sollten, die nach der Entscheidung vom 14. Oktober als Provokation in der Rüstungsfrage verstanden werden konnten und kündigte diplomatische Offensiven mit dem Ziel des Abschlusses bilateraler Nichtangriffspakte an.

Nur Botschafter Nadolny hat bis zum Schluß, teilweise uninformiert, versucht, die Konferenz doch noch zu retten. Er wurde von Hitler und Neurath jedoch angewiesen, Genf zu verlassen und seine Sondierungen einzustellen. Schon am 15. Oktober reiste die deutsche Delegation ab, nachdem Henderson am Tag zuvor offiziell über den deutschen Schritt unterrichtet worden war. In einer Pressekonferenz, die Goebbels einberief, und in einem Aufruf der Reichsregierung an das deutsche Volk wurde der deutsche Schritt der Öffentlichkeit gegenüber erläutert und gerechtfertigt. Eine ausführliche Rundfunkrede Hitlers bereitete den Boden für die Volksabstimmung vom 12. November 1933 vor, die Hitler ein überwältigendes Vertrauensvotum einbrachte.

Blomberg hatte zweifellos zu den treibenden Kräften im Kabinett gehört, was die Frage der Sprengung der Genfer Institutionen anbetraf. Nichtsdestoweniger hielt er es für angebracht, nach dem Coup vom 14. Oktober zunächst vorsichtig zu operieren. Generalleutnant Beck, seit 1. Oktober 1933 Chef des Truppenamtes, erhielt am 17. Oktober die Weisung „zur einheitlichen Vorbereitung auf einen zukünftigen Krieg“, und die Chefs der Wehrmachtteile wurden mit der Ausarbeitung von Gegenmaßnahmen im Falle möglicher Interventionen beauftragt. Das Ergebnis war deprimierend: Deutschland wäre im Falle eines gegnerischen Angriffs nicht in der Lage gewesen, erfolgreiche Abwehr zu leisten. Dennoch sollte gegebenenfalls militärischer Widerstand geleistet werden.

Es ist mit Recht darauf hingewiesen worden, daß der Austritt Deutschlands aus dem Völkerbund nicht zuletzt Folge der nahezu vollständigen außenpolitischen Isolierung war, in die Deutschland im Verlaufe des Sommers und Herbstes 1933 geraten war. Hitler selbst neigte dazu, die Mitglieder des Völkerbundsrates als eine Art Feindkoalition zu betrachten. Von hierher wird die folgende nationalsozialistische Außenpolitik als Versuch verständlich, im Rahmen bilateraler Abmachungen Gegenbündnisse zustandezubringen. Für die Reichswehr bedeutete die Entscheidung vom 14. Oktober zunächst keinen Vorteil, sondern brachte Zeitverzüge im geplanten Aufrüstungstempo mit sich. Gleichzeitig jedoch stieg der Wert der zukünftigen potentiellen deutschen Armee an: zwar hatte die deutsche Politik vom System der kollektiven Sicherheit schon seit jeher nicht besonders viel gehalten, doch bildeten Völkerbund, Locarnoabkommen und Kellogg-Pakt dennoch einen gewissen Schutzschleier vor dem abgerüsteten Deutschland. Nunmehr sah sich das Reich verteidigungsmäßig völlig auf sich gestellt. Außenpolitisch mußte es darauf ankommen, die Isolierung zu durchbrechen – was schließlich durch die Abkommen mit Polen, Italien und England teilweise gelang – verteidigungspolitisch mußte die Reichswehr die Schwächephase der Aufrüstung so rasch wie möglich zu durchlaufen suchen, um ihrem genuinen Auftrag, die Landesverteidigung zu garantieren, zu genügen. Mit der Form oder gar der Existenz der Armee zu spielen, hätte angesichts der internationalen diplomatischen Situation, in die sich Hitler manövriert hatte, Ende 1933 und im Jahre 1934 ein unverantwortliches Risiko dargestellt. Wie im innenpolitischen Bereich durch die Röhmkrise, so profitierte die Reichswehr im außenpolitischen durch den Austritt Deutschlands aus dem Völkerbund an Machtstellung und Prestige. Aus diesem Grunde auch hat Blomberg wohl von Anfang an auf diese außenpolitische Entscheidung hingearbeitet, wobei er durch Neurath unterstützt wurde, während Nadolny und von Rheinbaben in Genf eher die Risiken einer solchen Politik erkannten und bis zum Schluß bemüht blieben, die Abrüstungskonferenz zu retten.

Manstein gab wohl zutreffend die allgemeine Einstellung der Mehrheit des Offizierkorps wieder, wenn er schrieb:

„So waren wir Soldaten damit einverstanden, daß Deutschland die Konferenz verließ, um sich freie Hand zu sichern. Dagegen schien es zum mindesten denjenigen, die sich – wie ich seinerzeit in der Operationsabteilung des Generalstabes – eingehender mit den Problemen der Sicherheit des Reiches befassen mußten, fraglich, ob der weitergehende Schritt des Austritts aus dem Völkerbund notwendig und zweckmäßig war."

Nach dem Austritt Deutschlands aus der Konferenz siechte diese noch bis zum Sommer 1934 dahin. Sie endete völlig ergebnislos, und es begann die europäische Aufrüstung zum Krieg.

E. Reichswehr und Rüstung 1932-34

1. Aufrüstung in den letzten Jahren der Weimarer Republik

a. Wesen und Ziel der deutschen Rüstungspolitik

Schon unmittelbar nach dem Ende des Zweiten Weltkrieges haben die Siegermächte die Behauptung vertreten, daß die militärischen Erfolge Hitlers in der ersten Phase des Zweiten Weltkriegs nur auf der Basis einer langjährigen, systematischen und umfangreichen Aufrüstungspolitik möglich gewesen seien, die keineswegs erst nach 1933 eingesetzt habe, sondern in allen wesentlichen Merkmalen bereits in den Jahren der Weimarer Republik, genauer nach 1927, eingeleitet worden sei. Die Kontinuität der deutschen Rüstungspolitik gehörte zu den während der Nürnberger Prozesse von der Anklagebehörde vertretenen Grundthesen, die durch breite dokumentarische Beweise untermauert werden sollten. Demgegenüber haben die beschuldigten Militärs, aber auch die Fachhistoriker in Deutschland bis Mitte der sechziger Jahre darauf hingewiesen, daß von einer eigentlichen Aufrüstung vor Hitler nicht geredet werden könne, und die Entwicklung der Wehrmacht zu einem Macht- und Aggressionsinstrument erst seit Mitte der dreißiger Jahre in Angriff genommen worden sei. Tatsächlich konnten genügende Beweise auch dafür beigebracht werden, daß die deutsche Armee bis in die Jahre 1937/38 außerordentlich schwach war, so daß im Falle einer alliierten Intervention (etwa im Zusammenhang mit der Rheinlandbesetzung 1936) nur ein kläglicher Rückzug der deutschen Truppen übrig geblieben wäre.

Mit der Rückgabe des deutschen Aktenmaterials seit Beginn der sechziger Jahre begann eine Phase intensiverer wissenschaftlicher Erforschung der deutschen Rüstungspolitik. Hatten 1959/60 Karl Dietrich Bracher und Wolfgang Sauer bereits darauf hingewiesen, daß das Problem der deutschen Ab- und Aufrüstung vor 1933 komplexer sei, als bisher angenommen, so konnte seit Mitte der sechziger Jahre nach und nach der Beweis geführt werden, daß die Aufrüstungspolitik in den letzten Jahren der Weimarer Republik keineswegs nur im engen Rahmen der „illegalen" Rüstungsmaßnahmen und der ausländischen Engagements der Reichswehr (etwa in der Sowjetunion) zu sehen sei, sondern die Totalität all jener Maßnahmen miteinzubeziehen habe, die schon in den zwanziger Jahren in der französischen Propaganda mit dem Begriff des „poteniel de guerre" umschrieben worden waren. Im Zusammenhang mit der differenzierenden Betrachtung des Weimarer Revisionismus erscheint seitdem die Politik der Reichswehr nur noch als Teilstück eines allgemeinen, alle Ressorts und Regierungen, alle Gesellschafts- und Staatseinrichtungen umfassenden Militarisierungsprozesses, der keineswegs allein oder auch nur überwiegend von „den Militärs" geprägt wurde, sondern voll der Verantwortung *aller* politischen und staatlichen Einrichtungen und Persönlichkeiten unterlag. Der postulierten potentiellen „Totalität" einer in Zukunft eventuell notwendig werdenden „Landesverteidigung“ oder Kriegführung entsprach die Forderung nach einer „totalen“ Vorbereitung von Staat, Gesellschaft und Wirtschaft auf die militärischen Erfordernisse. Aufrüstungsbemühungen in der Weimarer Zeit umfaßten daher mannigfache militärische und zivile Bereiche, die auf den ersten Blick nichts oder kaum etwas mit den „klassischen“ Formen militärischer Aufrüstung zu tun hatten. Die Forschungen Michael Geyers haben erstmals die Struktur dieses komplizierten Zusammenhanges zwischen militärischer und „ziviler“ Rüstungs- und Verteidigungspolitik aufgezeigt, wohingegen die Interdependenzen zwischen der Außen- und „Sicherheits“-Politik schon früher bekannt und wissenschaftlich dargestellt worden sind. Die Schwächeperiode der deutschen Armee von 1927 bis 1937 ist also nicht als Beweis für Nichtrüstung und fehlende militärische Vorbereitung anzusehen, sondern war gleichsam natürliche Folge eines langfristig angelegten Rüstungsstrukturprozesses, der erst nach 1936/37 zu der erhofften und erwarteten prinzipiellen Machtvergrößerung führen konnte. Bei der Betrachtung der einzelnen Phasen der deutschen Rüstungspolitik seit 1927 müssen die gleichen wissenschaftlichen Methoden angewendet werden, die sich für die Erforschung der Marinegeschichte (vgl. Abschnitt VIII) bereits bewährt haben: Es muß zwischen kurz-, mittel- und langfristigen Planungen und Erwartungshorizonten unterschieden und bei der Beschreibung und Interpretation konkreter einzelner Rüstungsmaßnahmen die jeweilige zeitliche Bezugsebene miteinbezogen werden.

Die skizzierten Fortschritte bei der wissenschaftlichen Bewältigung eines Grundproblems der deutschen Militärgeschichte nötigen zur Definition der bisher benutzten Begriffe, mit denen das Rüstungssyndrom zeitgenössisch und in der wissenschaftlichen Literatur umschrieben wurde.

Der Gesamtkomplex wird mit den Begriffen „Wehrpolitik“, „Verteidigungspolitik“, „Rüstungspolitik“ und „Sicherheitspolitik“ benannt. Sie umfassen alle Überlegungen und Maßnahmen des Staates, der Gesellschaft, der Wirtschaft, die darauf gerichtet sind, die Verteidigungsfähigkeit des Staates insgesamt zu erhöhen. Während „Wehr“- und „Verteidigungs“politik den prinzipiell defensiven Charakter der getroffenen und zu treffenden Maßnahmen betonen, ist der Begriff „Rüstungspolitik“ neutral, der Begriff „Sicherheitspolitik“ eher im Sinne einer aktiven (nicht notwendigerweise aggressiven) Militärpolitik zu verstehen.

Der zeitgenössisch und in der Literatur am häufigsten gebrauchte Begriff für die Umschreibung des Rüstungsstandes der Reichswehr ist irreführend und sollte tunlichst vermieden werden: die Reichswehr war nicht „abgerüstet“, sondern „entwaffnet“. „Abrüstung“ hat es in der behandelten Zeit nicht gegeben, wenn man von Einzelmaßnahmen im Zusammenhang mit der Washingtoner Flottenkonferenz (1921/22) absieht. „Abrüstung“ ist nur zu verstehen „als im Hinblick auf eine mehrseitige Entwaffnung erfolgend vertraglich erkennbar gemacht“ (Ernst Kutscher). Deutschland wurde jedoch zwangsweise entwaffnet, die übrigen Staaten haben sich zu keinen freiwilligen, vertraglich geregelten Abrüstungsmaßnahmen verstanden.

Die Reichswehr befand sich dementsprechend von 1927 (offizielle Anerkennung des Abschlusses der deutschen Entwaffnung durch den Völkerbund) bis zum März 1935 (offizielle Lossagung Deutschlands von Teil V des Versailler Vertrages) im Zustand der „Entwaffnung".

Die Rückgängigmachung der „Entwaffnung" wurde als „Wiederbewaffnung" (nicht „Aufrüstung"!) gefordert. Das Recht zur Wiederbewaffnung wurde aus der Präambel zu Teil V des Versailler Vertrages abgeleitet. Der anzustrebende Zustand galt als „Herstellung der militärischen Gleichberechtigung". Er ergab sich aus den Notwendigkeiten der Wehr- und Verteidigungspolitik. Der Begriff „Gleichberechtigung" war der Oberbegriff für den Komplex „Aufrüstung", der durch diesen semantischen Trick seines moralisch pejorativen Charakters entkleidet wurde.

Soweit es sich um die Beschaffung oder Wiederbeschaffung von Waffensystemen handelte, die der Reichswehr im Versailler Vertrag zugestanden waren, rüstete die Reichswehr nicht auf, sondern entsprach Teil V des Versailler Vertrags. So galt z. B. der Bau der Panzerschiffe A und B nicht als Aufrüstungsmaßnahme. Von „Aufrüstung" ist nur in zweierlei Beziehung zu sprechen: 1. Illegale Aufrüstung, etwa durch gesetzwidrige Nichtentwaffnung, Munitions- und Waffenbevorratung, Waffenmusterherstellung (Geschütze, U-Boote, Panzerteile); 2. Rüstungsmaßnahmen im Ausland (z. B. in der Sowjetunion), die verbotene Waffen betrafen (Flugzeug-, U-Boot-, Panzerherstellung und -erprobung). Insoweit die Reichswehr im Zeichen des „Umbauplans" und des 1. Rüstungsprogramms – (s. u. S. 107) über die im Versailler Vertrag festgelegten Bestimmungen *und* die im Zuge der „Gleichberechtigung" geforderte „Wiederbewaffnung" hinausging, rüstete sie auf.

Wiederbewaffnung und Aufrüstung waren Teilaspekte der „Mobilmachungsvorbereitungen". Diese richteten sich auf die Organisierung und optimale militärische Nutzung des gesamtstrategischen Kriegspotentials, also der geographischen, demographischen, wirtschaftlichen, gesellschaftlichen, wissenschaftlich-technisch-technologischen und psychologischen Potenzen des Deutschen Reiches. Die bewaffnete Macht war lediglich der „Endverbraucher" der bereitgestellten Potentiale. Die Mobilmachungsvorbereitungen konnten lang-, mittel- oder kurzfristig angelegt sein. Eisenbahn-, Straßen-, Autobahnbau und der Erwerb ausländischer Stützpunkte gehörten beispielsweise in die langfristige Mobilmachungsperspektive, die Vorbereitung der Umrüstung metallverarbeitender Betriebe zur Panzerherstellung in den mittelfristigen Bereich, die Anlage von Munitions- und Waffenlagern oder die Personalbereitstellung für den „A-Fall" zählte zu den kurzfristigen Mobilmachungsvorbereitungen.

Der von Wolfgang Sauer geprägte Begriff „Mobilmachung der Gewalt" als Kennzeichen der nationalsozialistischen Aufrüstungspolitik umfaßt darüber hinaus das Element der bewußt vorbereiteten und gesuchten Gewaltanwendung nach innen und außen. In diesen Rahmen wird innenpolitisch der Komplex der „Gleichschaltung" und die Ausübung von Terror einzubeziehen sein, außenpolitisch handelt es sich bei dem Hitlerschen „Programm" bzw. „Stufenplan" (zur Definition s. u. S. 120 ff.) ebenfalls um mittel- bis langfristige Mobilmachungsvorbereitungen. „Sicherheitspolitik" im nationalsozialistischen Sinne war Aggressionsvorbereitung und -durchführung. Während in der Weimarer Zeit das politische Endziel in der „Revision" (s. o. S. 30 ff.) bestand, zielten die Mobilmachungsvorbereitungen des Dritten Reichs – zumindest im politischen Selbstverständnis Hitlers – letztlich auf die politische und militärische Beherrschung der Welt.

Schon von diesen verschiedenen Zielsetzungen her müssen die definierten Begriffe jeweils konkret der Weimarer Republik oder dem „Dritten Reich" zugeordnet werden. Nur auf diese Weise wird die Postulierung unzulässiger Kontinuitäten vermieden.

b. Wehrstruktur und Milizpläne

Die innenpolitische Entwicklung seit 1930 und die außenpolitischen Gegebenheiten im Rahmen der Abrüstungsdiskussion sowie der Weltwirtschaftskrise bildeten den Hintergrund und die Randbedingungen für die seit 1930 einsetzenden und über den 30. Januar 1933 hinausreichenden Erörterungen hinsichtlich der Zukunft der deutschen Wehrpolitik. Zwei Fragenkomplexe standen im Vordergrund: Zum einen ging es um die zukünftige Wehrstruktur, also um die Frage, inwieweit die Kaderarmee beibehalten oder durch ein Milizsystem abgelöst bzw. ergänzt werden sollte, zum anderen um die im Rahmen des 1. und 2. Rüstungsprogramms sowie des Umbauprogramms geplanten Rüstungsmaßnahmen, die ihrerseits vom Fortgang der innen-, wirtschafts- und außenpolitischen Entwicklung abhängig waren.

Die durch den Versailler Vertrag der Reichswehr aufgenötigte Wehrstruktur hat niemals die Billigung der Militärs und Politiker gefunden, wenngleich in der Ära Seeckt eine gewisse „Versöhnung" mit der Reichswehrverfassung stattfand. Ihr wichtigster Befürworter war der Chef der Heeresleitung, der während seiner Amtszeit, publizistisch seit 1929, den Standpunkt vertrat, daß die Reichswehr in der gegebenen Form grundsätzlich beibehalten werden müsse, die Idee des langdienenden Berufsheeres also richtig sei. Das „arcanum" der allgemeinen Wehrpflicht sollte seiner Meinung nach durch ein spezifisches Milizsystem substituiert werden.

Der Begriff „Miliz" war jedoch nicht klar definiert. Er stellte eine Sammelbezeichnung für vielfältige, z. T. auch gegensätzliche Auffassungen dar. Gemeinsam war allen Interpretationen die Absicht, mit Hilfe eines Milizsystems dem Hauptmangel der Reichswehrstruktur abzuhelfen: dem Fehlen ausgebildeter oder zumindest halbwegs militärisch vorgebildeter Reserven, die zur Aufstellung des seit 1928/29 ins Auge gefaßten 21 Divisionen-Heeres dringend benötigt wurden. Konnte die Reichswehr bis 1930/31 immer noch auf einen erheblichen

Prozentsatz der kriegsgedienten Jahrgänge als mögliche Reserve zurückgreifen, so sank die Zahl der Weltkriegsreservisten seitdem rasch ab. Das 100 000 Mann-Heer aber hatte praktisch keine Reserven hervorbringen können.

Die Milizpläne, die Wilhelm Groener seit seinem Antritt als Reichswehrminister erwog, verknüpften sich mit innen-, verfassungs- und außenpolitischen Erwägungen. Zusammenfassend und vereinfachend galt in den Augen Groeners ein Milizsystem als Möglichkeit, die Reichswehr aus der politischen Isolierung herauszuführen und enger mit den Weimarer staatstragenden Parteien (einschließlich SPD) zu verknüpfen. Das Truppenamt hat sich gegen eine derart weitgespannte liberalistische Milizauffassung entschieden gewandt, wohingegen das Ministeramt aus innenpolitischen Erwägungen eine möglichst umfassende Miliz, deren Mitglieder alle politischen Schichten des Volkes erfassen sollte, schon im Hinblick auf die angestrebte Reichsreform für notwendig gehalten hat.

Angesichts des heftigen Widerstandes aus dem Truppenamt versuchte Schleicher, die Milizidee Groeners stärker zu „militarisieren". Er war bereit, auf die Mithilfe der sozialdemokratischen Verbände (Reichsbanner) im wesentlichen zu verzichten, indem dem Truppenamt die Auswahl des Ergänzungsbedarfs in Milizform überlassen wurde. Gleichzeitig sollte die Miliz nach den Vorstellungen Schleichers ein fester Bestandteil des Reichsheeres werden. Die von Groener konzipierte „erweiterte Milizausbildung" sollte demgegenüber zurücktreten. Schleicher fügte seine Milizvorstellungen in das Gesamtkonzept des „Umbauplans" (s. u. S. 110 f. und 291 f.) und fand hierin die Billigung der maßgebenden Instanz, der Organisationsabteilung des Truppenamts (T 2).

Während Brüning als Reichskanzler und Groener als Reichswehrminister sich von einer alle politischen Parteien umfassenden Miliz ein Moment der Integration und der Heranführung der SPD an Reichswehr und Staat erhofften, gelang es Schleicher jedoch nicht, die im Sinne der Vorstellungen des Truppenamts modifizierten Pläne der SPD nahezubringen. Diese ging vielmehr auf Distanz und machte damit die Intentionen Brünings, Groeners und Schleichers selbst zunichte.

Milizpläne in der Schlußphase der Weimarer Republik gewannen ihre politische Attraktion jedoch wesentlich aus den außenpolitischen Gegebenheiten. Allgemein galt ein Milizsystem als „defensiv" und „friedlich"; eine deutsche Ankündigung, die Berufs-Reichswehr durch eine Miliz abzulösen, wäre vermutlich nicht auf die sofortige Ablehnung durch Frankreich gestoßen. Die im „Umbauplan" schließlich vorgesehene Mischform zwischen einer langdienenden Berufsarmee und einer ergänzenden kurzdienenden Miliz war für die anderen Staaten weniger attraktiv. Der deutschen Position kam zugute, daß – offenbar unabhängig voneinander – in dem sog. „Konstruktiven Plan" Herriots vom November 1932 (Herriot-Plan s. S. 90 f.) eine scheinbare gemeinsame Basis für die zukünftigen Abrüstungsgespräche in Genf gefunden wurde. Der Herriot-Plan schlug die allgemeine Einführung des Milizsystems vor.

Im Truppenamt galt dieser Vorschlag als französischer Versuch, die Reichswehr zu „zerschlagen". Ein reines Milizsystem wurde jetzt und in Zukunft kategorisch abgelehnt.

Die Milizpläne müssen jedoch auch im Rahmen der von der Regierung Brüning eingeleiteten, von den Kabinetten Papen und Schleicher fortgeführten und von Hitler schließlich vollendeten Bemühungen gesehen werden, die männlichen Jugendlichen „von der Straße" wegzubringen. Die Einrichtung einer Miliz paßte in das System der geplanten Arbeitsdienstpflicht und der zu organisierenden „Jugendertüchtigung". Diese Fragen waren aufs engste mit dem brisanten Problem der SA verknüpft, ja, sie können weitgehend als Alternativversuch zu den Erfolgen der SA und SS um die Gewinnung der Jugendlichen angesehen werden.

Schließlich galt die Miliz als möglicher Ersatz für die fehlende allgemeine Wehrpflicht. Nur in diesem Sinne wurde sie von den konservativen Offizieren des Truppenamts überhaupt toleriert. Als nach dem Scheitern der Abrüstungskonferenz im Herbst 1933 die grundsätzliche Entscheidung Hitlers fiel, zur allgemeinen Wehrpflicht zurückzukehren, erledigten sich alle Milizpläne von selbst. Noch einmal wurde deutlich, daß die Groenersche Vorstellung, mit Hilfe der Miliz, des „Volkes in Waffen", eine Heranführung der Bevölkerung an den Weimarer Staat zu versuchen, angesichts der allgemeinen Entwicklung zur Parteidiktatur Hitlers obsolet geworden war. Die Hitlersche Wehrpflicht aber hatte nichts mit der ursprünglichen Scharnhorstschen Idee mehr zu tun (s. u. S. 137 f.).

c. Rüstungsmanagement und 1. Rüstungsprogramm

Will man das Wesen und den Umfang der Hitlerschen Aufrüstungspolitik nach dem 1. April 1933 verstehen, ist ein Rückgriff bis in die Jahre 1928/29 unumgänglich.

Systematische Mobilmachungsvorbereitungen hatte es bis zum Ende der Ära Seeckt praktisch nicht gegeben. Unter den wachsamen Augen der interalliierten Kontrollkommissionen war es kaum möglich, illegale Rüstungen und Rüstungsvorbereitungen zu treffen. Die 1928 gezogene Bilanz der heimlichen Rüstung in den Jahren von 1919 bis 1927 fiel kläglich aus: das Heer hätte z. B. mit aller heimlich gehorteten Munition gerade einen Großkampftag bestehen können.

Entscheidend war jedoch nicht dies, sondern der Umstand, daß es bis etwa 1926/27 keine zentral gesteuerte, moderne Managementmethoden anwendende Gesamtplanung gegeben hat. Erst um die Jahreswende 1928/29, nachdem der Lohmann- und der Scheidemann-Eklat (s. Abschnitt VIII, S. 425 ff bzw. Abschnitt VI, S. 285 f) die bisherigen Verfahren als völlig ungeeignet erwiesen hatten, kam es zur Ausbildung eines bürokratisierten, zentralisierten Rüstungsmanagements, das für die Zukunft der Militärgeschichte prinzipiell beibehalten wurde. Die gesamte Rüstung wurde auf eine breite Basis gestellt, das Kabinett Müller hat 1928 zum ersten Mal die volle politische Verantwortung für sämtliche Rüstungsmaßnahmen der Gegenwart, Vergangenheit und Zukunft übernommen. Das wichtigste Kriterium zur Beurteilung aller Verteidigungs- und Rüstungsmaßnahmen findet sich in der seitdem eingeführten „Programmierung", die „einzelne Teilentscheidungen der Willkür der Ämter und der Heeresleitung [entzog] und ... sie systematisch in ein Mehrjahresprogramm [einordnete], das durch seine jährlichen Termine [1. 4. des laufenden bis 31. 3. des nächsten Jahres] und durch die Verteilung von Programmschwerpunkten Elemente der Flexibilität bewahrte" (Michael Geyer). Das weiteste zeitliche Programm umfaßte vier bis fünf Jahre. Das „1. Rüstungsprogramm" galt von 1930 bis 1933, das „2. Rüstungsprogramm" war für die Jahre 1933–1938 konzipiert. Für die historische Analyse ist es entscheidend, daß das 2. Rüstungsprogramm die „magische" Grenze des 30. Januar 1933 übersprang, die Entscheidungen Hitlers vom 1. April 1933 also im wahren Sinne des Wortes in den Jahren der Weimarer Republik „vorprogrammiert" waren.

Das 1. Rüstungsprogramm entstand 1926/27 und sah die 1. Ausstattung eines 16 Divisionen-Heeres sowie eine gewisse Notbevorratung vor. Als möglicher Kriegsfall wurde ein isolierter Konflikt mit Polen zugrunde gelegt. Ein Zweifrontenkrieg (also gegen Polen und Frankreich) konnte nicht geführt werden. Das 1. Rüstungsprogramm bezeichnet den Übergang von der bisherigen unsystematischen und zugleich militärisch engen Rüstungsplanung zur rüstungspolitischen Gesamtplanung, die mit einer Planstudienserie aus den Jahren 1928/29 begann.

Auf der Grundlage eines Organisationskriegsspiels und zweier Winterstudien (1927/28, 1928/29) wurde eine militärpolitische Studie erarbeitet, die ein 21-Divisionen-Kriegsheer mit Notausstattung und Notnachschub sowie die Vervollständigung der Landesschutz- und Grenzschutzarbeiten, vor allem in Ostpreußen, Pommern und Schlesien vorsah. Es handelte sich um das Minimalziel, das nur als Übergangsregelung akzeptiert wurde. Generell sollte die Planung in Zukunft auf den „ungünstigsten" Fall (also den Zwei- bzw. Dreifrontenkrieg) und nicht auf den gerade noch „Erfolg" versprechenden (Einfrontenkrieg)-Fall ausgerichtet werden. Das bedeutete de facto nahezu „grenzenlose" Forderungen, die jedoch allesamt in der Ära der Weimarer Republik unter dem Oberbegriff „Landesverteidigung" erhoben wurden.

Das 1. Rüstungsprogramm wurde unter Einbeziehung der militärpolitischen Forderungen aus den Jahren 1928/29 seinerseits zur Grundlage des 2. Rüstungsprogramms, das seit September 1930 geplant wurde und am 1. April 1933 schließlich anlief (s. u. S. 109 f.).

d. Wehrwirtschaftliche Vorbereitungen

Die militärische Wehrwirtschaftsorganisation entwickelte sich aus dem „Nachschubstab" des Heereswaffenamts und wurde seit 1929 als „Wirtschaftsstab" im

Heereswaffenamt bezeichnet. Ende 1924 hatte der Nachschubstab die Forderung aufgestellt,

> „die deutsche Wirtschaft – vornehmlich die für die Rüstung in Betracht kommende Industrie – wehrwirtschaftlich zu erfassen und sich ein Bild über die Möglichkeit ihrer Leistungen für eine künftige Aufrüstung zu verschaffen."

Erste Erkundungen erbrachten kein einheitliches Bild, zumal die alliierte Kontrolltätigkeit eine systematische wehrwirtschaftliche Vorbereitung unmöglich machte. Mit Hilfe einer auf Initiative des Heereswaffenamtes gegründeten „Statistischen Gesellschaft" (Abkürzung: Stega) sollten die benötigten wehrwirtschaftlichen Unterlagen beschafft werden, nachdem ein Versuch, das Aktenmaterial des ehemaligen Waffen- und Munitions-Beschaffungsamtes (Wumba) heranzuziehen, gescheitert war.

In enger Zusammenarbeit mit den Zivilfirmen beschafften die vom Reichswehrministerium benannten „Wirtschaftsoffiziere" (WO), deren Organisation getarnt blieb, die Unterlagen zur Erfassung der rüstungswirtschaftlichen Kapazitäten und leiteten sie in den „WO-Berichten" dem Heereswaffenamt zu. Nach und nach entstand auf diese Art und Weise eine Gesamtinventur der deutschen wehr- und rüstungswirtschaftlichen Kapazitäten. In einer „Firmenliste" wurden diejenigen Betriebe erfaßt, die zur Rüstungsgüterherstellung gegebenenfalls in Betracht kamen. Im Rahmen von Fünfjahresplänen wurden die wehrwirtschaftlichen Programme in die beiden Rüstungsprogramme und das Umbauprogramm eingegliedert.

Die organisatorischen Vorarbeiten zur Erfassung der wehr- und rüstungswirtschaftlichen Kapazitäten fußten auf entsprechenden Überlegungen des Heereswaffenamts und der Organisationsabteilung im Truppenamt (T 2). In einem „Organisationskriegsgspiel" vom November 1928 entwickelte der nachmalige General Georg Thomas erstmals „Zweck, Notwendigkeit und Umfang der wirtschaftlichen Aufstellungsvorarbeiten". Unter den verschiedenen aufgestellten Programmen waren die wichtigsten das B(eschaffungs)-Programm, das I(ndustrie)-Programm und das E(ntwicklungs)-Programm.

Die theoretische Erfassung und Ausnutzung aller wehrwirtschaftlichen Kapazitäten stieß in der Praxis auf mannigfache Widerstände, die erst nach und nach überwunden wurden. Die tatsächliche materielle Rüstungsverbesserung fiel bis 1933 kaum ins Gewicht, zumal unter Groener und Schleicher die kurz- und mittelfristigen Beschaffungsprogramme den Vorrang genossen (Notprogramme für den Fall eines kurzfristig ausbrechenden Konfliktes). Dennoch war diese „Operationalisierungsphase" (Geyer) entscheidend für die praktische Verwirklichung des 2. Rüstungsprogrammes seit dem 1. April 1933. Nur weil die notwendigen Planungen und Organisationsarbeiten abgeschlossen waren, konnte mit der Breitenrüstung nach 1933 verzugslos begonnen werden.

2. Das 2. Rüstungsprogramm und der Umbauplan

a. Vorbereitung des 2. Rüstungsprogramms

Die wichtigste Grundlage für die erste Phase der deutschen Aufrüstung in den Jahren 1933/34 bildete das 2. Rüstungsprogramm, das am 30. September 1930 entworfen wurde. Es baute auf dem 1. Rüstungsprogramm auf, ging jedoch in allen Belangen darüber hinaus. Parallel zum Rüstungsprogramm Heer wurden Programme für Marine und Luftwaffe konzipiert. Während das 1. Rüstungsprogramm in den Jahren 1930–1933 verwirklicht wurde, wurde das 2. Programm für den Zeitraum 1. April 1933 bis 31. März 1938 geplant.

Das 2. Rüstungsprogramm umfaßte alle materiellen Rüstungsmaßnahmen des Heeres, d. h. Waffen, Gerät und Ausstattung des Mannes. Es legte den grundsätzlichen Rahmen für die Friedensbevorratung und die Ausstattung der Kriegswehrmacht fest und befaßte sich mit den fabrikatorischen Vorbereitungen (I-Programm). Es umfaßte die Programme für Ausbildung, Entwicklung, Landesschutzorganisation, Landesbefestigung, Eisenbahn-, Nachrichten-, Vermessungswesen, das Motorisierungs- (und Panzer)-Programm und die Munitions- und Waffenbeschaffungsprogramme. Für das „A-Heer“ sah das 2. Rüstungsprogramm Notstärken und -ausrüstungen vor, die nach den Berechnungen rund 500 Millionen Mark kosten sollten. In einer Denkschrift des Rüstungsausschusses Heer vom 3. Dezember 1931 kam Generalleutnant Adam, der Chef des Truppenamts, zum Ergebnis, daß

> „bei gleichbleibender Haushaltsbewilligung und bei Vornahme einiger materieller Einschränkungen ... bis zum Jahre 1938 nur die Möglichkeit einer Kampfführung auf die Dauer von 6 Wochen sichergestellt werden“ kann.

Neben den innen- und außenpolitischen Bindungen, denen die Rüstungsanstrengungen des Staates unterlagen, wurden alle Vorhaben durch die sich seit 1929/30 rapid verschlechternde wirtschaftliche und finanzielle Lage im Gefolge der Weltwirtschaftskrise erschwert. Da zahlreiche Vorhaben in den zivilen Bereich übergriffen, stellte die Reichswehr die Forderung, diese in zivilen Etats unterzubringen. Dies stieß auf den zunehmend stärker werdenden Widerstand des Reichsfinanzministeriums, der schließlich nur durch eine Rücktrittsdrohung Groeners und Hindenburgs soweit überwunden werden konnte, daß es der Reichswehr gestattet wurde, die zugewiesenen Mittel nach eigenem Dafürhalten zu verteilen und zu verwalten. Dadurch wurde die finanzielle Beweglichkeit der Armee größer, gleichzeitig wuchs ihre politische Autonomie.

Die Reichswehrführung bemühte sich seit 1930, die finanziellen Engpässe durch Sonderfinanzierungen und die Bereitstellung von Mitteln aus den verschiedenen Arbeitsbeschaffungsprogrammen zu überwinden. Grundsätzlich lehnten Groener, Schleicher und Blomberg es aber ab, die „notwendigen“ Rüstungsmaßnahmen den finanziellen Gegebenheiten anzupassen. Vielmehr gingen die militärischen Planungen sehr bald über die 500 Millionen Reichsmark hinaus. Nächstes Etappenziel wurde das „Milliarde-Programm". Man hoffte, daß die Finanzierung mit dem Abflauen der Wirtschaftskrise, der staatlichen Ankurbelung der Wirtschaft, durch ein System des deficit spending ermöglicht werden könnte. Es bleibt in diesem Zusammenhang festzuhalten, daß die Finanzierungspolitik Schachts in ihren Erfolgen und Risiken ebenfalls schon vor 1933 theoretisch erörtert worden ist. Eine Preispolitik, die die Rüstungsfirmen vor überhöhter Monopolpreisgestaltung abschrecken sollte, führte hingegen nicht zum Erfolg. Die von der Reichswehr geforderte Bereitstellung von Rüstungskapazitäten, die (noch) nicht ausgefüllt werden konnten, verteuerten die Rüstungsgüter.

Von den für das 2. Rüstungsprogramm zunächst vorgesehenen Mitteln in Höhe von 484 Millionen Mark waren nach Berechnungen im Februar 1932 bereits 300 Millionen Reichsmark durch zwangsläufige Beschaffungen gebunden. Die verbleibenden Mittel reichten nicht aus, um die im 2. Rüstungsprogramm vorgesehene Notbeschaffung plan- und fristgerecht durchzuführen. Trotz verschiedener Versuche Groeners, durch staatliche Wirtschaftslenkung – die im Zeichen der Wirtschaftskrise nicht unbedingt aussichtslos schien – unmittelbaren Zugriff auf die Rüstungswirtschaft zu erhalten, fand sich bis zum Amtsantritt Hitlers keine befriedigende Lösung des Finanzproblems. Erst im Februar 1933 erfolgten die entscheidenden Weichenstellungen, die in der Konzeption eines „Sofortprogramms" vom 6. Februar 1933 gipfelten. Alle Arbeitsbeschaffungsmaßnahmen wurden mit rüstungspolitischen Erfordernissen verknüpft. Hitler hat an diesen Weichenstellungen noch keinen Anteil gehabt, aber er billigte sie. Für die nächsten vier Jahre stellte die Finanzierung der Rüstungsprogramme kein entscheidendes Hindernis mehr dar.

Grundlage der Rüstungs- und Beschaffungsmaßnahmen sowie der wehrwirtschaftlichen Vorbereitungen war die Konzeption des „A(ufstellungs)-Heers". Es sah die Verdreifachung der 7 (Infanterie-)Divisionen auf 21 vor, die zunächst den Versailler Bestimmungen entsprechend zu bewaffnen und auszurüsten waren. 96 schwere Geschütze (15,21 cm), 276 Flak (2–8,8 cm), 55 Panzer und 150 (mit Reserve 200) Flugzeuge stellten das zusätzliche Bewaffnungssoll aus dem 2. Rüstungsprogramm dar.

b. Der Umbauplan

Für die letzte Phase der Wehrpolitik in der Weimarer Republik war es kennzeichnend, daß sich die Planungen gleichzeitig auf verschiedenen alternativen Ebenen vollzogen. Die hierdurch gewährleistete hohe Flexibilität stand nicht im Widerspruch zu der 1928/29 eingeleiteten Rüstungsprogrammatik, sondern ergänzte und verfeinerte sie. Auf diese Weise wurde auf der einen Seite eine bestimmte rüstungs- und wehrpolitische Kontinuität gewahrt, auf der anderen war es der Reichsregierung möglich, sich gegebenenfalls rasch auf eventuelle Veränderungen, die im Zuge der Abrüstungskonferenz ja nicht auszuschließen waren, einzustellen. Der mit dem Namen Schleichers verknüpfte „Umbauplan" ist sehr stark unter abrüstungstaktischen Gesichtspunkten zu bewerten und muß von dem 21 Divisionen-Heer im Rahmen des 2. Rüstungsprogramms deutlich unterschieden werden.

Handelte es sich beim 21 Divisionen-Heer um das „Kriegsheer", das für 6 bis 8 Wochen den Erfordernissen der Kriegsführung gerecht werden sollte, bevor mit dem Anlaufen der allgemeinen Mobilisierung die Ausweitung der Wehrmacht im Kriegsfall in prinzipiell unbegrenztem Maße möglich wurde, so handelte es sich beim „Umbauplan" um ein „Neues Friedensheer", das durch die sog. „Umrüstung" des 100 000 Mann-Heeres in drei Abschnitten bis zum 31. März 1938 entstehen sollte.

Die schon in der Ära Brüning ausgearbeiteten Pläne wurden am 7. November 1932 mit Billigung des Kabinetts von Schleicher genehmigt. Die Einzelheiten des Planes unterlagen weiterer Geheimhaltung, die Tatsache als solche war jedoch bereits in der Rundfunkrede Schleichers vom 26. Juli 1932 auch der Öffentlichkeit angekündigt worden. Dies schien außenpolitisch deswegen tragbar, weil die „Umrüstung" zunächst tatsächlich kaum als „Aufrüstungs"maßnahme, sondern als – wie es Schleicher ausdrückte – „Umorganisierung" des schwerfälligen Versailler Heeres angesehen werden konnte (zum Neuen Friedensheer s. u. S. 291 f.).

Durch die Entscheidungen vom Dezember 1933 wurde der Umbauplan überholt. Tatsächlich kam es zu keiner allgemeinen Milizausbildung, sondern zu einer Kombination aus „Wehrertüchtigung" im Rahmen der HJ- und SA-Organisationen einerseits und zum Institut der allgemeinen Wehrpflicht andererseits. Hingegen hat der „Umbauplan" für die zukünftige Struktur und Entwicklung der Marine erhebliche Bedeutung gehabt. Er wurde zur Grundlage der Flottenbauplanungen und steht somit am Beginn einer kontinuierlichen Entwicklung, die schließlich im sog. „Z-Plan" vom Herbst 1938 münden sollte (s. Abschnitt VIII, S. 437 ff und 479 ff).

3. Heeresvermehrung und Aufrüstung 1933—1934

a. Abbruch der Ausbildungs- und Rüstungsvorhaben in der Sowjetunion

Der im Sommer 1933 erfolgende endgültige Abbruch der deutsch-sowjetischen Militärbeziehungen, die seit 1920 aufgebaut und in der Ära Seeckt/Heye/Hammerstein erweitert worden waren, läßt sich durchaus in die allgemeinen Bemühungen des Reichswehrministeriums um eine strengere Rationalisierung und Operationalisierung der deutschen Rüstung einordnen. Dennoch ist dieses Ereignis auch aus außenpolitischer Perspektive zu bewerten: Der Abschluß des deutsch-polnischen Nichtangriffspakts im Januar 1934 zerstörte eine der wesentlichen Grundlagen des deutsch-russischen Verhältnisses, nämlich den gemeinsamen Antagonismus gegenüber Polen, und mit der Anknüpfung zwischen der Sowjetunion und Frankreich entfiel eine weitere Voraussetzung zur Fortführung der beiderseitigen militärischen Beziehungen.

Das Ende der Zusammenarbeit mit der Roten Armee war bereits im Herbst 1932, also vor einer entsprechenden möglichen Einflußnahme durch Hitler, prinzipiell angesteuert worden. Die in den ersten Wochen und Monaten nach der Machtergreifung sichtbar werdende ideologische Verschärfung des Gegensatzes zwischen Nationalsozialismus und Kommunismus, der sowohl innen- wie außenpolitische Rückwirkungen zeitigte, erschütterte das notwendige Vertrauensverhältnis zwischen den beiden betroffenen Armeen (s. o. S. 63). Wie im Falle des Völkerbundes, war Hitler nicht willens, ein Instrument weiter zu tolerieren, das seinen mittel- und langfristigen Zielen entgegengesetzt war. Dennoch ist der Abbruch nicht wegen ideologischer Unüberbrückbarkeiten erfolgt, sondern aus rein pragmatischen Gründen. Hitler hat sich bekanntlich nicht gescheut, das Mittel des Opportunismus auch in seiner Rußlandpolitik bis zur Grenze der politischen Perversion einzusetzen.

Obwohl also außen- und innenpolitische Gründe sowie eine ideologische Voreingenommenheit zur schnellen Liquidierung der militärischen Kontakte zur Sowjetunion beigetragen haben, ging diese letztlich doch auf ressortbezogene, sachliche Gründe zurück. Die Grundentscheidungen sind nicht von Hitler getroffen worden, sondern fielen im Reichswehrministerium. Die Ausbildungs- und Entwicklungsvorhaben auf dem Flugzeug-, Panzer- und chemischen Gebiet gehörten in den mittlerweile anachronistisch gewordenen Umkreis der „heimlichen" Rüstungsmaßnahmen im Ausland, wie sie in den zwanziger Jahren unsystematisch und weitgehend auch uneffektiv betrieben und nach dem Lohmann-Skandal nach und nach abgebaut worden waren.

Die Bedeutung der chemischen Zusammenarbeit in Tomka war ohnehin gering, da das Verbot der Anwendung chemischer Waffen in Genf akzeptiert wurde, und die deutschen Entwicklungen auf dem chemischen Gebiet den russischen weit voraus waren, so daß das Interesse an der Aufrechterhaltung der Kontakte eher auf russischer Seite lag.

Die Panzerfertigung und -erprobung in Kasan hatte der Reichswehr bisher wertvolle Erkenntnisse geliefert, die sich in verschiedenen Dienstvorschriften später niederschlugen, doch auch auf diesem Gebiet war es nunmehr nötig, aus der bloßen Experimentierphase in eine Operations- und Breitenphase überzugehen. Dies konnte nicht in der Sowjetunion geschehen, zumal von nun an die Probleme der militärischen Geheimhaltung nicht mehr zu lösen waren. Die im Zuge des 2. Rüstungsprogramms vorgesehene Aufstellung eigener Panzerverbände hatte den Aufbau entsprechender rüstungs- und ausbildungsmäßiger Maßnahmen innerhalb des Reichsgebietes selbst zur Voraussetzung. Die Auflösung der Panzerstation Kasan gehörte in den Rahmen der notwendigen Rationalisierungsmaßnahmen. Das Moment der unbedingten Geheimhaltung hatte zudem an Bedeutung verloren; schon Schleicher war bereit, in dieser Frage die Konstatierung eines möglichen Vertragsbruches durch Deutschland politisch „abzureiten".

(Zu Lipezk, dem wichtigsten Unternehmen, s. u. S. 501, 503, 512 f.).

Die technische und ausbildungsmäßige Unterstützung durch die Rote Armee war eine unentbehrliche Voraussetzung zur Aufstellung der ersten Jagdfliegergeschwader geworden. Der Stamm reichte aus, um die 150 bzw. 200 Maschinen, die im 2. Rüstungsprogramm vorgesehen waren, zu bemannen. Es scheint, daß es gerade diese relativ großen Ausbildungserfolge gewesen sind, die die Verlegung der Ausbildung nach Deutschland nunmehr als möglich und notwendig erscheinen ließen.

Am 2. Januar 1933 teilte das Reichswehrministerium dem deutschen Militärattaché in Rußland, Oberst Köstring, den Entschluß mit, die Station aufzulösen. Als letzte wurde die Crew April 1933 ausgebildet. Die Abwicklung dauerte bis zum August 1933. Zu diesem Zeitpunkt waren auch die beiden anderen Stationen schon liquidiert. Am 15. September 1933 endete die über zehnjährige Zusammenarbeit. Die russischen Partner ließen keinen Zweifel daran, daß nicht sie, sondern die deutsche Regierung diese Entwicklung provoziert habe.

b. Die erste Rüstungsphase (bis Oktober 1933)

Die Weichen der ersten Rüstungsphase waren seit 1929 prinzipiell gestellt. Hitler und Blomberg konnten ohne Schwierigkeiten auf den bisher geleisteten Vorarbeiten aufbauen. Eine grundsätzliche Alternativlösung zu den im 2. Rüstungsprogramm und im Umbauplan vorgesehenen Maßnahmen wäre nur dann in Betracht gekommen, wenn die Abrüstungskonferenz zu einem konkreten Ergebnis geführt hätte. Nachdem sich Hitler jedoch entschlossen hatte, die Konferenz zu verlassen und aus der Reichswehr ein Angriffsinstrument zu machen – eine Grundsatzentscheidung, von der die hohen Militärs ja bereits am 3. Februar 1933 unterrichtet worden waren – hätte jede prinzipielle Abänderung der bisher eingeleiteten Maßnahmen Ziel und Zweck der Hitlerschen Revisions- und Aggressionspolitik nur geschadet. Die Aufrüstung wurde also nach dem 30. Januar 1933 fortgeführt, bald jedoch erheblich beschleunigt, planungsmäßig fortentwickelt und politisch neu begründet. Allein in diesen drei Umständen liegt der „Bruch“ in der deutschen Rüstungspolitik im Übergang von der Republik zur Diktatur.

Es ist öfters auf den scheinbar merkwürdigen Umstand hingewiesen worden, daß den verbalen Ankündigungen Hitlers vom 3. und 8. Februar keineswegs eine Phase gesteigerter Rüstungsanstrengungen folgte, sondern eher im Gegenteil ein Zeitabschnitt, innerhalb dessen die in den Rüstungs- und Umbauprogrammen festgelegten Ziele nicht mehr erreicht wurden. Diese Verzögerung stellt sich jedoch bei näherer Betrachtung als nur scheinbar heraus. Sie wurde wesentlich durch die nur längerfristig befriedigend lösbaren finanziellen und wirtschaftlichen Probleme bedingt. Da die Aufrüstung in den Doppelkomplex der „Wehrhaftmachung der Nation“ und des „Arbeitsbeschaffungsprogramms“ eingebunden werden mußte, galt es zunächst die Basis zu schaffen, auf der die tatsächlich vom ersten Tage der Hitlerschen Herrschaft an einsetzende Rüstungspolitik weitergeführt werden konnte. Im Gegensatz zu älteren Auffassungen (Wolfgang Sauer) handelte es sich bei den Rüstungsmaßnahmen seit 1933 keineswegs um „planlose“ Aktionen, sondern um ein kompliziertes, gleichvoll sinnvoll zusammengesetzes Puzzle.

Die erste konzeptionelle Phase der Aufrüstungspolitik reichte vom November 1932 bis zum Oktober 1933. Sie wurde traditionell außen- und sicherheitspolitisch im Rahmen der nach außen und innen wirkenden Propaganda sowie der deutschen Politik auf der Abrüstungskonferenz begründet, ressortspezifisch durch die im 2. Rüstungsprogramm und im Umbauplan festgelegte Mechanik zum Aufbau der künftigen deutschen Militärmacht, strategisch durch jene Erkenntnis, wie sie der Chef des Truppenamts im März 1933 formulierte: „Wir können zur Zeit keinen Krieg führen." Jede Aufmarsch- und Operationsplanung erschien solange sinnlos, als auch mit einer bloßen erfolgreichen Defensive nicht zu rechnen war. Die deutsche Wiederbewaffnung, wie sie vom Truppenamt konzipiert wurde, und die deutsche Aufrüstung, wie sie zu Hitlers Programm gehörte, mußten so rasch und konsequent wie möglich die Phase militärischer Ohnmacht und Gefährdung zu durchschreiten suchen.

Für die Rüstungsfinanzierung in den Jahren 1933 und 1934 war entscheidend, daß durch den Fortfall der in der Weimarer Verfassung eingebauten bürokratisch-administrativen Vorschriften hinsichtlich der Finanzgebarung des Reichs und der Reichsressorts sowie durch die Ausschaltung der Reichsbank, deren Präsident Hans Luther sich in Hitlers Augen als unfähig erwiesen hatte und daher am 17. März 1933 durch Hjalmar Schacht abgelöst wurde, eine „Globalfinanzierung" aller Aufrüstungsvorhaben durchführen ließ. Zwar wurden für die Reichswehr noch bis 1934 Haushaltspläne veröffentlicht, jedoch entwertete die „getarnte Finanzierung" in der Ära Schacht die Aussagekraft dieser Dokumente. Das 2. Rüstungsprogramm, das planmäßig am 1. April 1933 anlief, konnte deswegen auf Grund eines Kabinettsbeschlusses vom 4. April 1933 schon bis Mitte 1934 abgeschlossen werden. Am 1. bzw. 4. April fiel auch die Grundsatzentscheidung, das 2. Rüstungsprogramm und den Umbauplan parallel durchzuführen und gemeinschaftlich zu finanzieren.

Die Rüstungsfinanzierung basierte auf drei Faktoren: 1. erfolgte sie im Rahmen des „klassischen" Haushaltsplans, 2. im Rahmen der durch die Gesetze zur Arbeitsbeschaffung vom 1. Juni und 21. September 1933 ausgeworfenen Sondermittel, 3. durch die globale Bereitstellung eines Rüstungsfinanzrahmens in Höhe von 35 Milliarden Reichsmark in zwei Stufen bis 1938, der durch die Ziehung von Wechseln der Metallurgischen Forschungsgesellschaft (Mefo), einem eigens zu diesem Zweck begründeten Staatsbetrieb mit geringster Kapitalausstattung, nach Bedarf von der Wehrmacht ausgefüllt werden konnte. Die Grundidee, bereits im Rahmen der Finanz- und Wirtschaftspolitik der Regierung Brüning entwickelt, bestand darin, durch Maßnahmen des deficit spending eine „Initialzündung" auszulösen, durch die die Wirtschaft wieder angekurbelt wurde. Die eigentliche Rüstung sollte, da sie volkswirtschaftlich ja nur teilweise (nämlich über die Erhöhung der Kaufkraft aus den Löhnen) produktiv war, wesentlich aus der zu erhoffenden Ersparnisbildung finanziert werden. Indem Schacht die ursprünglich bis 1934 begrenzte Möglichkeit der Mefo-Wechselziehung aber weit über die für die „Initialzündung" hinausreichende Zeit ermöglichte, während die aus politischen Gründen erfolgende Tarnung der Finanzierungsmaßnahmen den volkswirtschaftlich notwendigen psychologischen Effekt einer Kreditfinanzierung des Staates nicht ausnutzbar machte, ist durchaus zu bezweifeln, ob die Rüstungsfinanzierung durch die Mefo-Wechsel nur ein – wenn auch gewünschtes – Nebenprodukt der Wirtschaftsankurbelung war. Tatsächlich handelte es sich um das Instrument zur Rüstungsfinanzierung, und volkswirtschaftliche Erwägungen hatten sich, wie auch die Krise von 1936 zeigte, den Rüstungserfordernissen unbedingt unterzuordnen.

Im Rahmen der Arbeitsbeschaffungsprogramme (Geyer-Reinhardt-Programm) gelang es dem Reichswehrministerium, alle geplanten zivilmilitärischen Projekte einzubringen (Straßen-, Befestigungs-, Kasernenbau usw.). Durch die hierdurch erfolgende erhebliche finanzielle Entlastung konnte das 2. Rüstungsprogramm „im allgemeinen" noch im Jahre 1934 erfüllt werden, wie es in einer Notiz des Reichswehrministeriums vom 22. Juli 1933 hieß. Die Beschleunigung des 2. Rüstungsprogrammes wurde ihrerseits zur Grundlage der zweiten Rüstungsphase, die im Oktober/Dezember 1933 anlief.

Die Interdependenzen zwischen rüstungspolitischen und außenpolitischen Entscheidungen, für die die Ereignisse im Zusammenhang mit der Rheinlandbesetzung (1936) oder der Kündigung des deutsch-englischen Flottenabkommens (April 1939) kennzeichnend sind, bestanden auch schon in dieser ersten Rüstungsphase, die (nach Geyer) mit einer „Rüstungskrise" endete: Gerade weil durch die sichergestellte Finanzierung das 2. Rüstungsprogramm und der Umbauplan früher als ursprünglich konzipiert abgeschlossen werden konnten, stellte sich „automatisch" die Frage nach den Folgeprogrammen. Man hatte 1934 bereits 4 Jahre gewonnen, die planungsmäßig neu in die Rüstungspolitik eingebunden werden mußten. Da zur gleichen Zeit aber mit der Vorlage des Simon-Plans ein von außen gesteuerter schwerwiegender Eingriff in das bisherige Rüstungskonzept drohte, sah sich Hitler vor die Alternative gestellt, die Aufrüstung wenigstens vorab zu stoppen, um sie den Ergebnissen möglicher Rüstungsvereinbarungen anpassen zu können, oder aber solche Vereinbarungen überhaupt zu verhindern. Er entschloß sich zu letzterem. Das damit eingegangene Risiko – in Blombergs Weisung zur „Rundumverteidigung" symbolisch zum Ausdruck gebracht – erschien aber nur tragbar, wenn es durch einen erneuten Beschleunigungsschub der Aufrüstungspolitik abgedeckt wurde. Hatte sich die Hitlersche Rüstungspolitik bisher im wesentlichen mit der Umorganisation und der administrativen Grundlegung beschäftigt, so setzte in der 2. Rüstungsphase seit dem Oktober 1933 nun die tatsächliche materielle Breiten-, später auch Tiefenrüstung ein.

c. Die zweite Rüstungsphase (Oktober 1933 – August 1934)

Die durch Hitlers Coup vom 14. Oktober 1933 gewonnene Optionsfreiheit hinsichtlich der Rüstungsfrage war zunächst nur potentieller Natur, denn es mußte dem Diktator und der Reichswehr darauf ankommen, alles zu vermeiden, was den vorgesehenen Gang der Aufrüstung, auch wenn er beschleunigt wurde, stören konnte. Es setzte in der nationalsozialistischen Außenpolitik nunmehr die Phase bilateraler Anknüpfungsversuche ein, die als Reaktion auf die gescheiterten kollektiven Regelungen anzusehen waren. In enger Zusammenarbeit mit Blomberg, den er gleichwohl nicht in seine eigentlichen politischen Absichten einweihte, bot Hitler Frankreich und England eine Rüstungsbegrenzung an, die auf der Annahme beruhte, daß eine faktische Abrüstung nicht mehr zu erzielen, ein realer Rüstungsstopp für die hochgerüsteten Staaten jedoch möglich sei und von Deutschland durch eine Rüstungsbegrenzung honoriert werden könne.

In einem Gespräch mit dem neuernannten englischen Botschafter in Berlin, Eric Phipps, vom 24. 10. 1933, machte Hitler das Angebot, die deutsche Aufrüstung auf ein Friedensheer von 300 000 Mann und die einjährige Dienstzeit zu begrenzen. Gleichlautende Vorschläge unterbreitete er am 24. November auch dem französischen Botschafter, François-Poncet. Die Vorschläge sollten einerseits deutlich machen, daß an der Tatsache einer deutschen Wiederbewaffnung nicht mehr zu rütteln war, andererseits jedoch signalisieren, daß der Austritt des Deutschen Reiches aus der Abrüstungskonferenz nicht der Startschuß zu einer ungehemmten deutschen Aufrüstung gewesen sei. Tatsächlich kam es von Februar bis April 1934 zu deutsch-französischen Rüstungsgesprächen, die jedoch ergebnislos verliefen. Obwohl England nach dem 14. Oktober vom Simon-Plan mehr und mehr abrückte und erneute Verhandlungsbereitschaft erkennen ließ, führten die deutsch-britischen Gespräche in der Abrüstungsfrage jedoch auch nicht weiter. Sie wurden durch einen neuen Verhandlungsstrang, bei dem es um ein Luftpakt- und ein Marineabkommen ging, schließlich abgelöst.

Hitlers Angebot eines 300 000 Mann-Friedensheeres war möglich geworden, weil die materielle Ausstattung des A-Heeres rascher als bisher vorgesehen verwirklicht werden konnte. Dennoch stellte dieses Angebot insofern einen wichtigen Einschnitt in der Hitlerschen Rüstungspolitik dar, als das A-Heer (also das Kriegsheer) nunmehr zum „Friedensheer“ umfunktioniert wurde. Hatten der MacDonald- und der Simon-Plan an eine deutsche Heeresstärke von 200 000 Mann gedacht, der Umbauplan 160 000 (einschließlich Fliegertruppe) vorgesehen, so war das 300 000 Mann-Heer eine glatte Verdoppelung des Umbauplans. Natürlich mußte jetzt auch das „Kriegsheer“ neu definiert werden. Es lag auf der Hand, daß es in entsprechende Relation zum Friedensheer gesetzt werden mußte.

Mit Fritsch als Chef der Heeresleitung, Beck als Chef des Truppenamts und Fromm als Chef des Allgemeinen Heeresamts glaubte Hitler Anfang 1934 über ein leistungsfähiges Führungstriumvirat zu verfügen, das die Phase der beschleunigten Aufrüstung bewältigen sollte. Als General v. Fritsch am 1. Februar 1934 seinen Dienst antrat, erhielt er von Hitler die Maxime: „Schaffen Sie ein Heer in größtmöglicher Stärke und innerer Geschlossenheit und Einheitlichkeit auf dem denkbar besten Ausbildungsstand.“ In der bereits erwähnten Ansprache

Hitlers vom 28. Februar 1934 (s. S. 72 und 132) wurde für den Aufbau des Verteidigungsheeres ein Zeitraum von 5 Jahren, für die Aufstellung einer Angriffsarmee eine Spanne von 8 Jahren festgelegt. In einer Befehlshaberbesprechung am 3. Februar 1934 hatte Blomberg die rüstungs- und außenpolitischen Ansichten Hitlers folgendermaßen erläutert:

„Gedanke des Reichskanzlers ist: Sicherung des Friedens für eine Reihe von Jahren, damit Umbau des Reiches, Umbau und Aufbau der Wehrmacht durchgeführt werden kann. Es besteht dann nicht etwa die Absicht, über irgend jemand herzufallen. Wohl aber soll das Reich dann befähigt sein, aktiv in die große Politik einzugreifen."

Das „Dementi" Blombergs war verräterisch und läßt nur den Schluß zu, daß die Hitlersche Außenpolitik in der Reichswehr zunehmend auf Bedenken stieß. Tatsächlich haben wenig später die Vorgänge in Österreich – wo die Nationalsozialisten putschten und Bundeskanzler Dollfuß ermordeten, schließlich aber aufgeben mußten – im Ausland den schlechtesten Eindruck gemacht und das geringe außenpolitische Prestige des Reiches weiter verringert.

Den Beweis dafür, daß das Vertrauen in die Friedfertigkeit der Hitlerschen Außenpolitik in der Wehrmacht bereits erschüttert war, lieferte die Stellungnahme des neuernannten Chefs des Truppenamts, General Becks, vom 20. Mai 1934. Vorausgegangen war der Plan des Allgemeinen Heeres-Amts (A.H.A.) die 300 000 Mann-Armee schon bis zum 1. Oktober 1934 fertig aufzustellen. Fromm, der diese rapide Beschleunigung der Heeresvermehrung befürwortete, argumentierte, daß nur auf diese Weise eine politische Desavouierung des Reichskanzlers vermieden werden könne, die unweigerlich einträte, wenn bekannt würde, daß Deutschland nur bluffe.

Die Bedenken des Truppenamts gegen die rasche Aufstellung des 300 000 Mann-Heeres hatten fachspezifische Gründe. Man befürchtete einen personellen und ausbildungsmäßigen Substanzverlust im Vergleich zum 100 000 Mann-Heer. Beck argumentierte jedoch politisch. Die überstürzte Vermehrung des Heeres, so hieß es in seinem Memorandum vom 20. Mai 1934

„fördert die Kriegsgefahr und ist außenpolitisch nur gerechtfertigt, wenn wir glauben, an einem bewaffneten Konflikt doch nicht vorbeizukommen."

Er hielt die Forderungen für eine durch nichts gerechtfertigte, zudem sachlich gefährliche Mobilmachung.

Doch Beck konnte sich nicht durchsetzen. Zwar bestand die Reichswehr am 1. Oktober 1934 noch nicht aus 300 000, sondern „nur" aus 250 000 Soldaten, doch die Weichen zur weiteren Expansion waren in den Monaten Juni bis Oktober 1934 systematisch gestellt worden. Vor allem der Aufbau der Wehrersatzorganisation und die seit dem Herbst 1934 nunmehr lückenlose Erfassung der Jugendlichen als potentielle Wehrpflichtige schufen die Voraussetzung für den Übergang zur allgemeinen Wehrpflicht. Nach Abschluß der innenpolitischen

Krise im Juni/Juli 1934 und nach Festigung der Hitlerschen Position durch die August-Entscheidungen war die Bahn zur dritten Aufrüstungsstufe frei. Die Rüstungsprogrammatik funktionierte und erwies sich als elastisch genug, um den erhöhten Rüstungsanforderungen weitgehend Genüge zu tun.

F. Die Wehrmacht und die Anfänge der Hitlerschen Außenpolitik

1. Wehrmacht und Außenpolitik in Hitlers System

a. Aufgabenstellung und wissenschaftliche Modelle

Ohne auf die komplexen und komplizierten Faschismustheorien einzugehen, in die der Nationalsozialismus als Sonderform eingebunden wird, läßt sich das Phänomen der nationalsozialistischen „Bewegung“ nur als politisch-gesellschaftliches Gesamtsystem begreifen, innerhalb dessen die „klassischen“ Verhaltens- und Artikulationsweisen eines Gemeinwesens in Form innenpolitischer Zustandsbeschreibung, außenpolitischer Wechselbeziehungen, wirtschaftspolitischer Strukturierung und Entwicklung, militärischer Verteidigungs- und Sicherheitspolitik, gesellschaftlicher und kultureller Selbstdarstellung charakteristisch abgeändert, pervertiert oder überhaupt aufgehoben wurden. Geht man von der Prämisse aus, daß der Nationalsozialismus als Weltanschauung die Begriffe Staat, Gesellschaft und Politik überwinden oder qualitativ grundlegend verändern wollte, stellt sich die Frage, ob die historische Analyse und Interpretation des „Dritten Reiches“ sich noch jenes Begriffsinstrumentariums bedienen darf, das gemeinhin die Außenpolitik eines Staates von seiner Innenpolitik scheidet, die Wehr- und Wirtschaftspolitik den „inneren“ und „äußeren“ Aktionsweisen des „Staates“ zuordnet, die Interdependenzen zwischen allen Bereichen zwar nicht leugnet oder übersieht, jedoch klare Abgrenzungen erkennt, die es erlauben, von „der“ Außenpolitik oder „der“ Wehrpolitik (oder Innen-, Wirtschafts-, Gesellschafts-, Sozial-, usw. -Politik) eines Staates zu sprechen und diese jeweils voneinander getrennt wissenschaftlich zu beschreiben.

Die mannigfaltigen möglichen und für zahlreiche Bereiche notwendigen Zuordnungen von Erscheinungen des militärischen Bereichs zu jenen der anderen Bereiche relativieren die „Eigenständigkeit“ einer militärgeschichtlichen Betrachtung der Jahre 1933 bis 1939. Es handelt sich nicht bloß um Wechselwirkungen, wie sie vor allem für die Komplexe Außen- und Wehrpolitik, Gesellschaftsordnung und Wehrverfassung, Wirtschafts- und Rüstungspolitik auch in den Epochen vor 1933 vielfach zu konstatieren sind, sondern um ein weit enger ineinander gefügtes, multidimensionales, dialektisches System. Indem die Militärgeschichte des Dritten Reichs gesondert behandelt wird, wird dieses System notwendig perspektivisch verändert und verfälscht. Lediglich das Bewußtsein vom So-Sein dieses Theorie-Modells verhindert die Ableitung unzutreffender, weil unzulässig rationalisierter und entdimensionalisierter Schlüsse. Eine objektive Beschreibung der Wehrmacht im Dritten Reich ist also vom theoretischen Ansatz her unmöglich, da jeder Versuch, eine Geschichte der bewaffneten Macht zu schreiben, gerade die Leugnung der objektiven Zusammenhänge impliziert.

Ohne dieser Aporie entgehen zu können, wird die Darstellung dennoch bemüht sein müssen, das nationalsozialistische Gesamtsystem soweit zu sezieren, daß die Betrachtung einiger wesentlicher Strukturen des dialektischen Beziehungsgeflechts möglich wird. In diesem Sinne müssen die hergebrachten Begriffe in katalysatorischer Absicht weiter verwendet werden. Hieraus ergibt sich, daß auch die teleologisch-finalisierende Einbeziehung wesentlicher Stadien und Entwicklungslinien der Hitlerschen „Außen"-, „Innen"-, „Wirtschafts"-, und „Gesellschaftspolitik" in die Militärgeschichte dieser Zeit zur Erhellung des Bedeutungszusammenhanges dieses Teilaspektes beitragen kann. Die Notwendigkeit, jene prinzipiell unendlichen Kombinationsmöglichkeiten zu systematisieren, ergibt sich aus den vorgegebenen Begrenzungen des Erkenntnisvermögens. Sie fordert jedoch zugleich die Postulierung einer neuen Theorie des Nationalsozialismus heraus. Auf dem Wege hierzu hat die Geschichtswissenschaft im Verlaufe der letzten zehn Jahre versucht, Hitler und den Nationalsozialismus in der Stufenfolge eines „Programms" zu sehen und zu begreifen.

Aufgrund der Quellenlage, des individuellen Forschungsinteresses und der vermuteten Bedeutungsschwere der Ergebnisse hat dabei das Subsystem „Wehr"- und Außenpolitik im Dritten Reich eine besonders hervorragende Rolle gespielt. Ohne Kenntnis der wichtigsten außenpolitischen Maximen Hitlers und ohne Berücksichtigung der einzelnen Stufen der „Verwirklichung" der außenpolitischen Zielsetzungen des Diktators ist die Militärgeschichte der Jahre 1933–1939 schlechterdings nicht zu verstehen. Das gilt sowohl für eine theoretische, von „außen" angelegte Untersuchung als auch und in verstärktem Maße für eine immanente Betrachtung. Denn im Selbstverständnis führender Persönlichkeiten der Reichswehr und Wehrmacht galt die „Wehr"politik Hitlers als bloße Funktion der außenpolitischen Entwicklungen. Dies umso mehr, als die Fiktion der „Nichteinmischung" in die innenpolitischen Verhältnisse den „Stellenwert" der Außenpolitik in der Sehweise der Militärs vergrößert hatte. Hinzu kommt, daß man mit Fug und Recht bezweifeln darf, daß auch Männer wie Fritsch, Beck, Witzleben oder Fromm die Auflösung der „klassischen" Außenpolitik im Hitlerschen Gesamtsystem begriffen. Die Argumentation auf zwei verschiedenen, nicht miteinander verbundenen Ebenen – etwa im Umkreis der Erörterungen über Hitlers Ausführungen vom 5. November 1937 (s. u. S. 183 ff.) – zeigt, daß das außenpolitische Kalkül der Militärs vom Ansatz her etwas völlig anderes war als jenes Hitlers.

In einem ersten Punkt wird also die Darstellung des Hitlerschen außenpolitischen Programms zu leisten sein, im zweiten muß die Rolle der Wehrmacht innerhalb dieses Programms umschrieben werden, schließlich ist der Frage nachzugehen, wie Hitler selbst seine Funktionen als Oberster Befehlshaber der Wehrmacht, als Feldherr und „Stratege" begriff.

b. Hitlers außenpolitisches Programm

Schon die nationalsozialistische Selbstdarstellung mit der Prognose eines „Tausendjährigen Reiches", der monumentalen Ausgestaltung der Reichshauptstadt, Speers Theorie vom „Ruinenwert" der nationalsozialistischen Baukörper wies darauf hin, daß der Nationalsozialismus sich als „Bewegung" zur Ewigkeit hin verstand. Die Erhebung des politischen Dynamismus zum Prinzip warf automatisch die Frage auf, wohin die Bewegung zielte, über welche „Stationen" sie verlaufen, in welchen Endzustand sie dereinst einmal übergehen sollte. Daß Hitler, als alleiniger Herr der Bewegung, über einen „Fahrplan", ein nach und nach zu verwirklichendes Programm verfügte, schien schon einsichtigen Zeitgenossen selbstverständlich. Andererseits hat die Masse der politisch Denkenden, und zu ihr gehörten die Militärs, in Hitler lange Zeit eher die skrupellose, hazardierende, opportunistische Spielerfigur gesehen, deren Einsätze oft unüberlegt und gewagt, keineswegs aber programmiert waren.

Beide Sehweisen sind nach 1945 auch von der wissenschaftlichen Forschung aufgegriffen und vertreten worden. Die großen außenpolitischen Erfolge Hitlers in den Jahren 1933 bis 1939, die militärischen Siege der Jahre 1939 bis 1941 erschienen für die Vertreter der „Opportunismusthese" als die Abfolge mehr oder weniger glücklicher Zufälle, die nicht zuletzt durch die falschen Reaktionen der betroffenen Staaten möglich wurde. Hitler habe diese Chancen skrupellos ausgenutzt, Widerstand hätte seine politische Zielrichtung wahrscheinlich entscheidend verändert. Die außenpolitischen Forderungen bauten aufeinander auf, waren jedoch nicht von vornherein angelegt. Dementsprechend galt auch die letzte große Entscheidung Hitlers, nämlich der Angriff auf die Sowjetunion im Jahre 1941, nur als Verlegenheitslösung, weil England nicht anders zu besiegen war.

Das wissenschaftliche Ungenügen an dieser These wurde schon in den frühen fünfziger Jahren, vor allem von amerikanischen und englischen Historikern formuliert. Herbert Rosinski, John Wheeler-Bennet, Gordon A. Craig, aber auch Hugh R. Trevor-Roper, William L. Shirer, Hans W. Gatzke und Gerhard L. Weinberg – um nur einige wichtige Namen zu nennen – wiesen darauf hin, daß der Verlauf der nationalsozialistischen Außenpolitik von 1933 bis 1941 in oft verblüffender Weise den Hitlerschen Theorien entsprochen habe, die in seinen Reden seit 1920, vor allem aber in seinen beiden Schriften „Mein Kampf" und dem „Zweiten Buch", das Weinberg 1962 erstmals veröffentlichte, entwickelt worden sind. Weinberg, Günther Moltmann und Trevor-Roper haben dann erstmals versucht, die Hitlersche „Weltanschauung" auf die Hitlersche Außenpolitik anzuwenden. Sie postulierten „Weltherrschaftsideen" Hitlers und wiesen darauf hin, daß das Streben nach „Weltherrschaft" nur sinnvoll gewesen sei, wenn Hitler willens gewesen wäre, hierfür die Voraussetzungen zu schaffen. Seitdem stellte sich die Frage, ob Hitler über ein langfristiges außenpolitisches Programm verfügte und ob dieses Programm in der nationalsozialistischen Außenpolitik verwirklicht wurde.

Es ist das Verdienst von Andreas Hillgruber, die bisher gemachten zahlreichen Einzelbeobachtungen und Indizien, die für die Existenz eines Programms sprachen, in seinem Werk über Hitlers Strategie 1965 zusammenzustellen, zu ordnen und insgesamt neu zu interpretieren. Der Hillgrubersche Ansatz wurde seitdem vielfach weiter entwickelt, verfeinert, in Einzelheiten modifiziert (auch durch ihn selbst) und hat sich insgesamt als das bisher brauchbarste Erklärungsmodell des Nationalsozialismus in seiner außen- und militärpolitischen Komponente herausgestellt.

Von „Außenpolitik" ist in Hitlers Programm nur im Sinne der rassenideologischen Vorstellungen des Diktators zu sprechen. Grundansatz aller „außenpolitischen" Verhaltensweisen war die Förderung der Rasse-Vorstellungen auf friedlichem, bei zu erwartendem Widerstand auf kriegerischem Weg. Die „germanische Rasse" rangierte in der Stufenfolge des nationalsozialistischen Rasse-Systems an der Spitze. Ziel der Innen- und Außenpolitik Hitlers war die Sicherung des vorhandenen Rasse-Bestandes, die Vergrößerung, die Ausbreitung, schließlich die Hegemonie der germanischen „Herrenrasse" über und in der ganzen Welt. Rasseideologische Prinzipien wurden von Hitler nur vorübergehend aus pragmatischen Gründen innerhalb seines außenpolitischen Systems vernachlässigt (so beim Abschluß des deutsch-japanischen Bündnisses); das außenpolitische Endziel stand unverrückbar fest und bedeutete die Unterjochung aller „niedrigeren" Rassen unter die „germanische" Rasse, sowie die physische Ausrottung aller „minderwertigen" Rassen, zu denen u. a. die Juden und Zigeuner zählten.

Die Förderung der germanischen und die Unterdrückung bzw. Liquidierung der anderen Rassen erfolgte auf der Grundlage eines primitiven sozialdarwinistischen Ansatzes, der den „höheren" Rassen größere und bessere „Lebensbedingungen" zusprach als den „niedrigeren" Rassen. Das bedeutete, daß die germanische Rasse berechtigt war, sich auf Kosten anderer Rassen auszudehnen, ihren „Lebensraum" zu erweitern. Nach Lage der Dinge kam hierfür nur der osteuropäische Raum in Frage. Infolgedessen bedeutete „Lebensraumgewinnung" Ausgriff des nationalsozialistischen Gewaltsystems nach Osten, also im wesentlichen in die Sowjetunion. Die hier vorliegende Kombination aus „Slawentum und Kommunismus" potenzierte die „Minderwertigkeit" der hier wohnenden Bevölkerung.

Die zahlen- und flächenmäßige Ausdehnung der „germanischen Rasse" wurde prinzipiell nur durch die Endlichkeit der Erde beschränkt, eben dies war die Konsequenz aus dem sozialdarwinistischen Dynamismusprinzip. Die nationalsozialistische Außenpolitik tendierte daher schon vom theoretischen Ansatz her notwendig zur „Weltherrschaft". Hillgruber hat nun nachgewiesen, daß das Ziel der Weltherrschaft aus der Rassen- und Lebensraumideologie und nicht etwa aus einer Fortschreibung klassisch imperialistischer Traditionen erwuchs. Da diese End-Herrschaft, deren chiliastischer Charakter vom Nationalsozialismus nicht geleugnet wurde, nicht in einem Sprung erreicht werden konnte – die Gründe lagen auf der Hand und brauchen hier nicht erörtert zu werden – mußte sich der Prozeß zur Weltherrschaft in einzelnen „Stufen" vollziehen.

Nach Hillgruber hat vor allem Klaus Hildebrand auf den Stufencharakter der NS-Außenpolitik hingewiesen. Ähnlich wie in der Rüstungspolitik zu beobachten, fügt sich auch in der nationalsozialistischen Außenpolitik das scheinbare Durcheinander der außenpolitischen und mit ihnen verknüpften wehrpolitischen Aktionen durchaus zu einem sinnvollen Zusammenhang, wenn der dialektische Charakter des Gesamtsystems berücksichtigt wird. Besonders deutlich treten die Interdependenzen zwischen Außen-, Innen- und Militärpolitik zutage, wenn man einzelne Stufen der Hitlerschen Programmatik zu analysieren sucht.

Eine verbindliche, wissenschaftlich allseits anerkannte Festlegung von Art, Umfang und Zeitraum der einzelnen Stufen gibt es nicht und ist auch nicht zu erwarten, da die jeweils zu berücksichtigenden Randbedingungen variabel interpretiert werden können. Grundsätzlich ist zu unterscheiden zwischen einer ersten Phase, die noch weitgehend im Zeichen des Revisionismus steht, und einer Folgestufe, die mit dem Ausgriff auf die Tschechoslowakei beginnt. Beide Stufen werden durch das Bemühen Hitlers verknüpft, die Basis für die Lebensraumgewinnung durch ein Übereinkommen mit England abzusichern.

Das Scheitern dieser Bemühungen im Frühjahr 1939 führt zum Versuch, die Absicherung des vorläufigen Endziels aus eigener Kraft, d. h. blitzartig, durch die Zerschlagung Frankreichs und Englands zu erreichen. Ungeachtet des nur halb befriedigenden Ergebnisses setzt mit dem Angriff auf die Sowjetunion die dritte Stufe ein, die der Realisierung des Lebensraumzieles dient. Nach dem Scheitern des „Weltblitzkrieges" verliert die Hitlersche Außenpolitik ihre Stringenz, doch auch in den Reaktionen des Dritten Reichs auf die Offensiven der Gegnermächte wird etwas vom Charakter des rassenideologischen Vernichtungskampfes sichtbar. Zuletzt wendet Hitler die Maximen seiner „Weltanschauung" gegen Deutschland selbst, doch sein Befehl vom März 1945, die Lebensgrundlagen des deutschen Volkes zu vernichten, da dieses sich als „schwächere" Rasse dem „Slawentum" gegenüber erwiesen habe, wird nicht mehr befolgt.

Der „unprogrammäßige" Verlauf des Ostfeldzugs trug dazu bei, daß die „Endziele" Hitlers auch in der Forschung nicht mehr so deutlich zu erkennen waren wie die „Zwischenziele". Gleichwohl läßt sich inzwischen mit hinreichender Sicherheit der Nachweis führen, daß nach dem Abschluß der Lebensraumgewinnung im Osten tatsächlich eine Schlußstufe geplant war, die in Auseinandersetzung mit der westlichen Hemisphäre und mit Japan zur germanischen Weltreichsbildung führen sollte.

Der Stufenplan gehorchte den Gesetzen einer extremen, radikalen Rasseideologie, zu verwirklichen war er – von der Anfangsphase der „Blumenkriege" (Österreich, Sudetenland) abgesehen – nur durch militärischen Einsatz. Die Wehrmacht wurde damit zum wichtigsten Instrument der Außen- und Rassenpolitik, besser, der Hitlerschen Strategie. Da alle außenpolitischen Aktionen bis zum Kriegsausbruch 1939 unschwer als Teilaspekte einer allgemeinen Mobilisierung interpretiert werden können, wurde die nationalsozialistische Außenpolitik zu einem der Schwerpunkte auch des fachmilitärischen Denkens, Planens und Handelns.

c. Die Rolle der Wehrmacht in Hitlers „Programm"

Im Zuge der Auflösung oder Umwertung hergebrachter Institutionen wurde auch die Armee im Hitlerschen Programm neu definiert. Die „Wehrmacht" des Dritten Reiches war nur ein Teilstück der „bewaffneten Macht". Zunächst war Hitler noch auf die traditionelle Armee angewiesen, doch seit dem 30. Juni 1934 wurde sie bereits mit der SS zusammengespannt. Zur Führung der Lebensraumkriege konnte Hitler auf die „alte" Armee noch nicht verzichten, zur endgültigen Sicherung der gewonnenen Territorien sowie für die End-Auseinandersetzung genügte sie nicht mehr. Im Programm war die Aufteilung der Aufgaben zwischen Armee und dem System der SS zweifellos vorgesehen (s. o. S. 85).

Auch das seit dem 17. Jahrhundert unbestrittene Privileg aller deutscher Heere, wichtigstes Verteidigungs- und Kriegsinstrument des Staates zu sein, entsprach nicht mehr der Hitlerschen Programmatik. Zwar genoß das Heer in der Phase der kontinentalen Eroberungen unbedingte Präponderanz, doch zum einen bemühte sich Göring um eine Aufwertung der Luftwaffe, zum anderen war schon seit 1939, vollends ab 1940, der Ausbau der Marine zum wichtigsten und mächtigsten Kriegsmittel geplant. Auch hier hat die „Unprogrammäßigkeit" des Kriegsverlaufs die Dinge nicht mehr zur Reife gebracht. In der Konzeptionsphase (Sommer 1940/1941) jedoch wurde das Landheer bereits auf die 3. Stufe in der Rangfolge der Wehrmachtteile gesetzt.

Die Rolle, die Hitler der Armee in der Praxis seit dem 8. Februar 1933 im Rahmen des „Stufenplans" zuwies, läßt sich klar umreißen: Unter der Voraussetzung prinzipiell schrankenloser Expansion und Aufrüstung hatte die Armee innerhalb von vier Jahren die „unbedingte" Verteidigung zu gewährleisten, nach 5–8 Jahren (die Zahlen schwankten) sollte sie „angriffsfähig" sein. Dementsprechend waren die wirtschaftlichen Mobilmachungsvorbereitungen, die Aufrüstungsvorhaben, die finanzielle und außenpolitische Absicherung auszugestalten. Da Hitler seine langfristigen Ziele, die die Existenz der Armee tangierten, verschleierte, und eine an sich mögliche Ableitung dieser Ziele aus der Weltanschauung und der mittelfristigen Programmatik von den Militärs nicht vorgenommen wurde, konnte das stufenweise Vorgehen Hitlers in der Außenpolitik mit den jeweiligen Folgerungen für die Militärpolitik und die Rüstung kaum verstanden werden. Hieraus resultierten die ersten grundlegenden Mißverständnisse und Zweifel innerhalb der Heeresführung an der Seriosität und sittlichen Rechtfertigung der Hitlerschen Politik. Tatsächlich hat die Armee Hitlers Ziele im Sinne eines „Überrevisionismus", der aus einer imperialistischen Tradition zu stammen schien, mißverstanden.

d. Hitler als „Stratege"

Hitler fühlte sich zeitlebens von „der Generalität" der Wehrmacht mißverstanden, hintergangen, ja bedroht. Er wußte, daß seine Endziele niemals die

Billigung der „konservativen, reaktionären" Generale gefunden hätten. Andererseits sah er sich immer wieder genötigt, der Armeeführung mehr von seinen Absichten zu entschleiern, als ihm lieb sein konnte, da die Effektivität der militärischen Planung und praktischen Kriegsvorbereitung davon abhing. Da Hitler das Empfinden hatte, mehr als seine Generale zu wissen, war es nur eine Frage der Zeit, bis er die Führung der Wehrmacht selbst in die Hand nahm. Hitlers „Strategie"-Begriff hatte nichts mit dem der Soldaten zu tun, denn er bezog die Totalität aller politisch-gesellschaftlichen Existenz- und Ausdrucksformen mit ein. Die Polarisierung seiner Weltanschauung auf den Kampf als alleinige Existenzform von Staaten und Rassen, die Aufhebung des Gegensatzpaares Krieg und Frieden waren der Reichswehr-/Wehrmachtführung zutiefst fremd. Das „kämpferische" Element als Selbstzweck im politischen Selbstverständnis des Nationalsozialismus, Kampf als Zweck und nicht mehr als „ultima ratio regum" – all dieses durchbrach den Erfahrungs- und Erwartungshorizont traditionellen militärischen Denkens. Die Diskrepanzen zwischen dem Hitlerschen Strategiebegriff und der herkömmlichen Vorstellung vom Wesen und Sinn der Strategie mußten notwendig im Fortgang des gestuften Hitlerschen Programms deutlicher in Erscheinung treten, und in dem Maße, in dem hieraus Mißverständnisse und zunehmend gegenseitiges Mißtrauen erwuchsen, spannte sich das Verhältnis zwischen Hitler und Wehrmacht an.

Seit dem 2. August 1934 Oberster Befehlshaber der Wehrmacht, seit dem 4. Februar 1938 auch in der Funktion des Reichskriegsministers, nach dem Rücktritt von Fritschs Nachfolger v. Brauchitsch am 19. Dezember 1941 wahrhafter Generalissimus des deutschen Heeres, gehörte die Person Hitlers automatisch in die Institution der Wehrmacht, gehörte sie zum Begriff „Armee". Ohne auf die hiermit zusammenhängenden und noch zu erörternden Probleme der Spitzengliederung einzugehen, war doch Hitlers militärisches Wissen, Denken und Handeln zunehmend konstitutiv für den Verlauf der deutschen Militärgeschichte. Hitlers Vorstellungen vom Wesen des Krieges, von den Aufgaben und Funktionen des militärischen Apparates, seine Begriffsbildungen im Rahmen strategischer, operativer und taktischer Komplexe gehören daher mit in den Rahmen der Militärgeschichte. Nicht das Gegensatzpaar Hitler/Armee gilt es zu begreifen, sondern die Verbindungen und Abhängigkeiten, d. h. Interdependenzen zwischen beiden. Schon aus fachspezifischen, militärischen Gründen kann Hitler nicht aus der Geschichte des militärischen „Ressorts" ausgeklammert werden, wie es in der Nachkriegsliteratur oftmals der Fall war.

Werden die operativen und taktischen Fragen hier auch ausgeklammert, da sie den zeitlichen Rahmen des Handbuchs sprengen (sie traten voll erst seit 1940/41 in Erscheinung) so bleibt der Begriff der Militärstrategie Hitlers doch näher zu erläutern.

„Militärstrategie" wird als Unterbegriff zu dem Begriff „Strategie Hitlers" im Sinne Hillgrubers verwendet, nicht in der angelsächsischen oder sowjetischen Definition.

Am bekanntesten ist der Begriff des „Blitzkrieges", der weitgehend als Errungenschaft Hitlers gilt. Tatsächlich kommt diesem jedoch nur das Verdienst zu, der Blitzkriegskonzeption des Generalstabs keinen Widerstand geleistet und durch vorbereitende politische und diplomatische Aktionen und Betrügereien seine Führung erleichtert zu haben. Indem Hitler aber die Blitzkriegsdoktrin, die ja prinzipiell negativ, nämlich aus der Erkenntnis der Unmöglichkeit, einen „langen" Krieg führen zu können, entstanden war, zu einer positiven politischen Doktrin umformte, die in dem grotesken Begriff des „Weltblitzkrieges" sich logisch selbst ad absurdum führte, zerstörte er die aus diesem militärischen Konzept erwachsenen militärischen Vorteile.

Die mit aller Strategie verbundene Vorstellung, Definition und Bewertung des Raums, wie sie im preußisch-deutschen Generalstab entwickelt worden waren, rezipierte Hitler nur in der ideologisch verzerrten Form einer rassistisch ausgerichteten „Geopolitik", die mit den Theorien Professor Karl Haushofers im Grunde nichts gemein hatte. Der Raum war ihm kein variables Element des strategischen Systems, sondern absolute Größe, an der sich Hitler zu berauschen vermochte. Der Raum wurde damit nicht zu einem unterstützenden Element eigenen strategischen Verhaltens, sondern selbst zum militärischen Schutzobjekt.

Hieraus ergab sich die überproportionale Bewertung des Festungsgedankens in Hitlers militärstrategischen Vorstellungen. Festungslinien- und Werken kam seiner Auffassung nach eine erstrangige Bedeutung zu; auch exponierteste geographische Plätze waren ihm „Bollwerke" in einem imaginären Festungssystem, das es prinzipiell in Rundumverteidigung zu halten galt. Hitler war weder in Friedens- noch in Kriegszeiten bereit, „Räume" aufzugeben. Dies führte im Krieg zu fatalen Folgen.

Von ähnlich überragender Bedeutung war für Hitler der Faktor Zeit. Er stand in unmittelbarem Zusammenhang mit der grundsätzlich dynamischen, sich permanent beschleunigenden politischen Gesamtentwicklung. Im militärischen Bereich wurde durch Tempovergrößerung der Nachteil nicht ausgereifter Entwicklungen seiner Meinung nach ausgeglichen. Das andauernde Drängen auf Beschleunigung der Rüstungsvorhaben und der Heeresvermehrung, durchaus in Parallele zu den Bestrebungen zu setzen, immer möglichst „frühzeitig" und „schnell" militärisch zu handeln, wurde ein Konstitutivum der Militärgeschichte im behandelten Zeitraum. Die Einsicht in die natürliche Endlichkeit und Unberechenbarkeit seiner Lebenserwartung ließ ihn in zunehmendem Maße den Versuch unternehmen, möglichst viele „Stufen" in seinem Programm, vielleicht sogar das Endziel, noch zu eigenen Lebzeiten zu erreichen. Dementsprechend mußten die einzelnen Phasen terminiert werden. Die Zielzeiträume wurden immer enger, darunter litt der gesamte militärische Apparat, der über ein gewisses Maß hinaus nicht ohne Substanzverlust zu beschleunigen war.

Zwar hatte Hitler durchaus Vorstellungen von Wesen und Bedeutung des „potentiel de guerre"; die in den ersten Stufenphasen jedoch ohnehin nicht wesentlich zu verbessernde wehrwirtschaftliche Grundlage seines Machtbereichs wurde für ihn zu einem negativen Kriterium seiner strategischen Entschlüsse. In Übereinstimmung mit dem Generalstab hielt er eine Kriegführung nur für begrenzte Zeit möglich, auch wenn er gelegentlich von einer 10–15jährigen Kriegsdauer schwadronierte; anders als die militärischen Führer maß Hitler jedoch den rein militärischen Kräften, also der Wehrmacht, eine größere Bedeutung zu. Durch die Kombination von Quantität und Qualität hoffte er nicht nur eine örtliche und temporäre militärische Überlegenheit zu gewinnen, sondern die Feindarmeen und -staaten grundsätzlich besiegen zu können. Der auch und gerade von Hitler gepflegte Mythos vom „unbesiegbaren" deutschen Soldaten trug im Zweiten Weltkrieg zu einer illusionären Lagebeurteilung durch Hitler bei. Spezifisch hitlerisch war der in diesem Zusammenhang zu nennende Appell an den „eisernen Willen", der ihm selbstverständlich war, der Armee und ihrer Führung verpflichtend sein sollte. Die Überbetonung „moralischer" und „sittlicher" Werte der (einfachen!) Soldaten durch Hitler hatte ebenfalls Anteil an einer falschen Kräftebewertung. Dies galt bereits für die kritischen Phasen vor Ausbruch des Zweiten Weltkrieges, in verstärktem Maße danach.

Irrationalen Erwartungen entsprach auch der Waffenfetischismus Hitlers. Die überragende Bedeutung des technischen, technologischen und wissenschaftlichen Fortschritts auf den Gebieten der Wehrtechnik war ihm nicht klar. Seine vielfach überlieferte Begeisterung für einzelne, teilweise skurrile und abwegige Waffenentwicklungen weist auf das mangelhafte naturwissenschaftlich-technische Denken Hitlers hin. Vom Wesen wehrwissenschaftlicher Operationalisierung und Breitenentwicklung verstand er nichts. Solange die militärischen und wissenschaftlichen Fachleute unter sich blieben, machte sich dieser Mangel nicht bemerkbar, als sich Hitler jedoch kraft seiner Ämter und Vollmachten in diese Bereiche einmischte, kam es zu schwerwiegenden Stockungen und Fehlentwicklungen. Das gilt weniger für den Bereich des Heeres, stärker für Luftwaffe und Marine.

Auf dem Gebiet der genuin militärstrategischen Planung und Führung hielt sich Hitler bis zum Kriegsausbruch auffallend zurück. Hier erkannte er zunächst die Fachkompetenz der Generale an und war sich seines „Gefreiten"-Status bewußt. Gleichwohl sind bereits ab 1936 (Rheinlandbesetzung) erste Anzeichen für eine Einmischung Hitlers zu bemerken. Noch verstanden sich die Militärs (sogar Blomberg) in diesen Fragen Hitler gegenüber durchzusetzen. Erst nach dem Frankreichfeldzug änderte sich das Verhalten Hitlers schlagartig, von nun an akzeptierte er das von Goebbels geprägte Wort vom „größten Feldherrn aller Zeiten".

Die psychologische Kampfführung wurde von Hitler und seinen Paladinen hervorragend beherrscht. Mit suggestiver Kraft verstand es der Oberste Befehlshaber, einfache Soldaten und hohe Generale zu beeinflussen; nur wenige vermochten sich Hitlers Charisma zu entziehen.

Der persönliche Einfluß, den Hitler ausübte, verband sich mit dem des Nationalsozialismus schlechthin. Die Art und die Formen der Indoktrinierung der

Wehrmacht sind bereits dargestellt worden. Insgesamt ging es um eine „Fanatisierung“ der Armee, um diese effektiver zu machen. Wie weit das Fanatische tatsächlich in das Heer eingedrungen ist, und zu welchen militärischen Resultaten die Fanatisierung führte, läßt sich nur schwer abschätzen. In den Jahren vor dem Kriege dürfte der Fanatismus nur eine geringe Rolle gespielt haben.

2. Revisionistische Außenpolitik und die Wehrmacht

a. Der Nichtangriffspakt mit Polen vom 26. 1. 1934

Die Anfänge der konkreten Hitlerschen Außenpolitik lassen sich nur undeutlich bestimmen, da sie in den ersten beiden Jahren untrennbar mit den älteren außenpolitischen Erwägungen und Entwicklungen verknüpft waren, aus denen sich der spezifisch neue Charakter der nationalsozialistischen Außenpolitik erst nach und nach herausschälte. Von einer wehr- und militärgeschichtlichen Betrachtungsweise her läßt sich die erste außenpolitische Phase bis zum Frühsommer 1935 in drei Komplexe einteilen:

1. Die Westpolitik im Hinblick auf Frankreich und England: Sie wurde wesentlich durch den Versuch bestimmt, außenpolitische Ergebnisse in Fortführung der Genfer Rüstungsproblematik nunmehr auf bilateralem Wege zu erzielen. Während der Versuch mit Frankreich am 17. April 1934 als gescheitert angesehen werden konnte, schienen die Verhandlungen mit England zum Erfolg zu führen. Der Abschluß des deutsch-englischen Flottenabkommens kennzeichnete den objektiven „Höhepunkt“ im deutsch-englischen Verhältnis.

2. Die Ostpolitik im Hinblick auf Polen und die Sowjetunion: Der Zusammenhang zwischen der West- und Ostpolitik ergab sich ebenfalls aus den Genfer Konfigurationen, jedoch wurzelte die deutsche Ostpolitik sehr viel tiefer und war schon seit den frühen zwanziger Jahren eng mit revisionistischen Forderungen und militärischen Problemen verknüpft. Die Problematik eines „Ost-Locarno“ schlug unmittelbar bis in den fachmilitärischen Bereich durch, und neben der aggressiven territorialen Revisionsforderung gab es eine defensive Schutzforderung gegen mögliche polnische Übergriffe. Beide Momente der deutschen Polenpolitik vor 1933 wurden von Hitler und dem Auswärtigen Amt weiter geführt; der deutsch-polnische Nichtangriffspakt bildete die erste wichtige Zäsur. Die prinzipielle Relativität aller deutsch-polnischen Beziehungen ergab sich aus dem unverrückbaren außenpolitischen Programm Hitlers, wurde von der amtlichen deutschen Außenpolitik anfangs jedoch noch nicht voll durchschaut.

3. Die deutsch-italienischen Beziehungen: Das von Hitler angestrebte gute Verhältnis zu Italien gehörte bereits zu den Axiomen der Weimarer Außenpolitik, vor allem seit dem Regierungsantritt Brünings. Hier konnte auf den seit 1930 gelegten Fundamenten weiter aufgebaut werden. Die Intensivierung des deutsch-italienischen Verhältnisses nach 1933 ging nicht zuletzt auf die Per-

sönlichkeiten Hitlers und Mussolinis zurück, deren gegenseitige Wertschätzung sich aus ähnlichen ideologischen Denk- und Verhaltensweisen ergab.

Die „wehrpolitischen“ Schlußfolgerungen aus den außenpolitischen Beziehungen der übrigen europäischen Staaten zu Deutschland ergaben sich zumeist als Funktion der großen Außenpolitik. Dies galt für die restlichen Staaten der sog. Kleinen Entente, für Österreich, die Niederlande und Belgien sowie für die skandinavischen Staaten. Eine Sonderrolle spielte Spanien, jedoch läßt sich das deutsch-italienische Eingreifen in den Bürgerkrieg ebenfalls als Resultat des Ganges der Außenpolitik zwischen den großen Mächten in Europa deuten.

Nach dem Austritt Deutschlands aus dem Völkerbund war der Abschluß des deutsch-polnischen Nichtangriffspaktes am 26. Januar 1934 der erste große spektakuläre außenpolitische Erfolg Hitlers, wenn man vom Abschluß des Reichskonkordats im Juli 1933 einmal absieht. Dieser Vertrag hatte für die Geschichte der deutschen Wehrmacht eine erhebliche Bedeutung, sein Zustandekommen bedarf daher näherer Erläuterung.

Die Veränderung des durch die Aufrichtung des polnischen Staates und die Bestimmungen des Versailler Vertrags geschaffenen territorialen status quo im Osten stand an der Spitze aller Revisionsforderungen in der Weimarer Republik. Die Reichswehr hatte schon in der Ära Seeckt unentwegt die Auffassung vertreten, daß die Existenz des polnischen Staates auf die Dauer unerträglich sei, und die Verbindungen zur Roten Armee basierten nicht zuletzt auf den gemeinsamen Interessen der beiden großen Nachbarn Polens an einer erneuten Aufteilung dieses Staates. Deutsche Polenpolitik war seit jeher auch Teil der deutschen Militärpolitik: allein ein Angriff auf Polen galt für die Reichswehr als in weiter Zukunft möglicherweise erfolgversprechend; zugleich handelte es sich um den wahrscheinlichsten Verteidigungsfall in jenen Jahren.

Solange Polen sich von beiden Seiten bedroht sah, verfügte es nur über eingeschränkte Aktionsmöglichkeiten. Als die Sowjetunion jedoch im Jahre 1931 auf Grund der sich in Ostasien entwickelnden Lage ihr Verhältnis zu Polen entspannte und am 25. Juli 1932 einen Nichtangriffspakt mit ihm schloß, nutzte der polnische Staatschef Marschall Pilsudski die gewonnene Rückendeckung und Bewegungsfreiheit sofort aus, um die in seinen Augen drohende Verständigung zwischen dem Reich und den Westmächten auf Kosten der polnischen Westgrenze zu hintertreiben. Das Vertrauen Polens zu Frankreich war seit dem Abschluß des Locarno-Vertrages, der Grenzen zweierlei Qualität geschaffen hatte, erschüttert; die seit dem Februar 1932 in Genf geführten Gespräche zwischen Deutschland und den Westmächten, in denen die Frage einer möglichen territorialen Revision ebenfalls anfangs aufgeworfen worden war, trugen zu der polnischen Unsicherheit bei.

Das Ergebnis war verschärfter diplomatischer und militärischer Druck auf das Deutsche Reich. Die polnische Regierung verlegte den Zerstörer „Wicher“ in den Hafen von Danzig ohne Genehmigung des Senats der Freien Stadt und provozierte damit am 15. Juni 1932 eine Krise, die erst behoben wurde, als die Papenschen Projekte eines kontinental-europäischen Blocks, die sich zweifellos gegen Polen gerichtet hätten, am französischen Widerstand scheiterten. Danzig blieb seitdem jedoch der neuralgische Punkt in den deutsch-polnischen Beziehungen, die Reichswehr zog hieraus ihre Konsequenzen in der sog. Fall-Studie „Ost", die bereits seit 1930 bearbeitet wurde.

Ungeachtet der sofortigen Verschlechterung der deutsch-sowjetischen Beziehungen nach Hitlers Regierungsantritt hielten die Spannungen zwischen Deutschland und Polen auch 1933 zunächst an. Die Provokationen gingen von beiden Seiten aus, doch Polen gebärdete sich heftiger. Gleichwohl begegnete die polnische Außenpolitik Hitler mit größeren Erwartungen als den „preußischen Junkern" im Auswärtigen Amt. Man hoffte, daß der „österreichische" Kanzler die antipolnische „preußische" Politik verlassen würde.

Pilsudski und Beck, der polnische Außenminister, waren freilich nicht gesonnen, auf deutsches Entgegenkommen einfach zu warten, sie wollten es vielmehr erzwingen. Eine Kette von politischen und diplomatischen Pressionen wurde von polnischer Seite bewußt ausgelöst, um die deutsche Regierung „verhandlungsreif" zu machen. Höhepunkt dieser Politik war die am 6. März 1933 durch die Vermehrung der zum Schutz eines polnischen Munitionslagers auf der Westerplatte stationierten Soldaten heraufbeschworenen Krise. Wie beim „Wicher"-Zwischenfall, so spielte Polen auch diesmal mit dem militärischen Instrument. Es wähnte sich zu diesem Zeitpunkt Deutschland militärisch deutlich überlegen.

Die Westerplatten-Krise wurde von der deutschen Außenpolitik und von Hitler abgewiegelt, sie ließen sich nicht provozieren. Der Grund lag auf der Hand: Eine vom Truppenamt unter Generalleutnant Adam weisungsgemäß ausgearbeitete Denkschrift kam zum Ergebnis, daß Deutschland zur Kriegführung auch gegen Polen absolut unfähig sei. Folgerichtig erging von Parteiseite Anweisung an die SA, alle Provokationen an der polnischen Grenze zu unterlassen und selbst nicht auf polnische Provokationen zu reagieren. Die „Wicher"- und „Westerplatten"-Krise wurde schließlich am 14. März im Rahmen des Völkerbundes beigelegt, Polen fand bei Frankreich und England keine Unterstützung, der Alleingang Pilsudskis war gescheitert.

Nichtsdestoweniger begann Polen im April 1933 mit den bisher heftigsten Attacken auf Deutschland. Jetzt sollte auf alle Fälle die deutsche Verhandlungsbereitschaft getestet werden. Systematisch wurde der Eindruck hervorgerufen, als bereite Polen einen Präventivkrieg gegen Deutschland vor. Es kam zu Warenboykotts, antideutschen Demonstrationen und Truppenkonzentrationen an der deutsch-polnischen Grenze.

Die Reaktionen der deutschen Politik waren ambivalent. Während Hitler zunehmend für Einlenken, ja für ein vorübergehendes Zusammengehen mit Polen war, wollten Reichsaußenminister v. Neurath und Staatssekretär v. Bülow die polnische Wunde offenhalten. In einer programmatischen Denkschrift, die Bülow am 3. März 1933 verfaßt hatte, und in den grundsätzlichen Äußerungen Neuraths vom 7. April 1933 kam zum Ausdruck:

„Eine Verständigung mit Polen ist weder möglich noch erwünscht. Die Spannung zu Polen muß schon aus dem Grunde erhalten bleiben, damit das Interesse der Welt an einer Revision der deutsch-polnischen Grenze nicht einschläft. Daß Polen mit dem Gedanken eines Präventivkriegs wegen unserer territorialer Forderungen spielt, ist bekannt. Unsere Politik muß daher mit großer Vorsicht operieren und Einzelaktionen vermeiden."

Tatsächlich hat Polen einen Präventivschlag wohl nicht ernstlich in Erwägung gezogen. Vorbereitende Maßnahmen im März/April 1933 scheiterten am französischen Widerspruch. Da jedoch Polen den Eindruck eines bevorstehenden Überfalls zu erwecken suchte, nimmt es nicht Wunder, daß in der späteren deutschen Propaganda hieraus Kapital geschlagen werden konnte. Auch die deutschen militärischen Planungen gegen Polen sind durch die Präventivkriegs-These zweifellos beflügelt worden.

Hitler bewertete die Situation aus der Sicht seines Gesamtplans. Ein vorzeitiger Zusammenstoß mit Polen mußte vermieden werden, es kam zunächst vielmehr darauf an, die polnisch-französischen Beziehungen zu zerstören und durch eine engere Anknüpfung an Polen den Druck auf die Sowjetunion zu vergrößern. Folgerichtig ging Hitler nicht nur bereitwillig auf die polnische Forderung nach Verhandlungen im Mai 1933 ein, sondern gestand der polnischen Seite zu ihrer eigenen Überraschung weit mehr zu, als diese zunächst gefordert hatte. Blomberg, erst ganz auf Seiten Neuraths und Bülows, erkannte rasch die Vorteile eines Ausgleichs mit Polen für das eigene Aufrüstungsprogramm; eine Entlastung an der deutsch-polnischen Grenze stärkte die Armee aber auch gegenüber den Wehrverbänden und der SA.

Auch Bülow ließ sich Ende April 1933 davon überzeugen, daß ein „Einfrieren" der deutsch-polnischen Spannungen nützlich sei, so daß die einheitliche außenpolitische Linie zwischen dem Auswärtigen Amt und Hitler nach und nach wieder hergestellt wurde. In einer Unterredung mit dem polnischen Gesandten Wysocki am 3. Mai sowie in seiner „Friedensrede" vom 17. Mai 1933 kam Hitler Polen weit entgegen und erklärte, er respektiere die Existenz und die derzeitigen Grenzen Polens. In weiteren deutsch-polnischen Verhandlungen kam es bis zum Herbst 1933 zum Abbau der Spannungen und zum Abschluß einer Reihe von Abmachungen, die das Verhältnis zu Danzig betrafen, die Minderheitenfragen regeln wollten, den deutsch-polnischen Zollkrieg beendeten.

Der Austritt Deutschlands aus dem Völkerbund lieferte den Anstoß zu einer weiteren deutsch-polnischen Annäherung. Die Reichsregierung stimmte der polnischen These zu, daß die durch den deutschen Völkerbundsaustritt verschlechterte Sicherheitslage Polens einer „Kompensation" bedürfe. Am 15. November 1933 kam es daraufhin zu einer deutsch-polnischen Gewaltverzichtserklärung. Konsequenterweise verzichtete die Reichswehrführung nunmehr auf die Einbeziehung Polens in den Katalog der bei „Rundumverteidigung" im Falle von Sanktionen zu treffenden Maßnahmen.

Das Gewaltverzichtsabkommen war eine Vorstufe des deutsch-polnischen

Nichtangriffspaktes, der am 26. Januar 1934 abgeschlossen wurde. Die Initiative hierzu ging von Deutschland aus, da man einem entsprechenden polnischen Vorschlag, der dem Muster des polnisch-russischen Vertrages vom 25. Juli 1932 entsprochen hätte, zuvorkommen wollte. Auch das Auswärtige Amt stimmte der von Hitler ausgegangenen Initiative zu, nachdem in dem Vertragstext sichergestellt war, daß eine Grenzrevision prinzipiell für die Zukunft nicht ausgeschlossen war. Polnisch-französische Sondierungen, die in den Monaten November und Dezember 1933 nochmals vorübergehend das Gespenst eines „Präventivschlages" von Ost und West her heraufbeschworen, waren seitens Polens wohl mehr taktisch gemeint und führten zu keinem Ergebnis, weil sich Frankreich zu dieser Zeit ja noch selbst um deutsch-französische Rüstungsvereinbarungen bemühte. Ob Pilsudski und Beck dem Vertragsabschluß mit Hitler auch deswegen zustimmten, weil sie im deutschen Reichskanzler ein Element der außenpolitischen Mäßigung Polen gegenüber sahen, oder ob die von Hitler betonte antisowjetische Spitze des Vertrages Einfluß gehabt hat, läßt sich nicht eindeutig klären. Mit der Verlängerung des polnisch-russischen Vertrages hoffte Pilsudski jedoch zweifellos eine Politik der freien Hand treiben zu können.

Wie Hitler den Vertrag langfristig gewertet sehen wollte, ergab sich aus seiner Ansprache vom 28. Februar 1934 vor den Spitzen der Reichswehr, SA und SS (s. o. S. 72 und 117). Wie am 3. Februar 1933, betonte Hitler auch hier die Notwendigkeit der Lebensraumgewinnung im Osten, die allerdings erst erfolgen könne, wenn die Westmächte zuvor in kurzen mächtigen Schlägen bezwungen wären. Der Polenvertrag erschien in den Augen der Generalität daher als Versuch Hitlers, die Basis für eine Ostexpansion durch Einbeziehung Polens in das antisowjetische Bündnis zu erweitern, oder aber als Maßnahme der Rückendeckung für den Fall des vorausgehenden Krieges gegen den Westen. Die antipolnischen Traditionen in der Reichswehr wurden zunächst jedenfalls abgelöst von dem Gefühl, daß Hitlers Politik „genial" sei, wie es der Chef der Marineleitung, Admiral Raeder, damals ausdrückte.

b. Deutsch-englische Verhandlungen

Die außenpolitischen Beziehungen des Deutschen Reiches zu Großbritannien berührten die Belange der Reichswehr von 1933 bis 1936 sowohl ressortspezifisch als auch grundsätzlich. Hitlers Bemühungen, mit England in ein Vertrags- und Bündnisverhältnis zu treten, bauten einerseits auf der Rüstungsproblematik, andererseits auf ideologischen Prämissen auf. Das politische Nahziel Hitlers bestand in der Isolierung Frankreichs durch deutsch-englisch-italienische Vereinbarungen, mittelfristig sah Hitler in England den erwünschten „Juniorpartner" bei der Realisierung seines „Programms", erst in langfristiger Perspektive zählte das Inselreich zu den potentiellen Gegnern im Endkampf um die Weltherrschaft.

Die Wehrmacht wurde im Rahmen der kurz- und mittelfristigen Planung zum wichtigsten Katalysator der Hitlerschen Englandpolitik. Dabei waren drei Entwicklungslinien zu unterscheiden: 1. Fortführung der Abrüstungsgespräche mit England auf der Grundlage des modifizierten Simonplans; 2. Anknüpfungsversuche durch das Aushandeln eines „Luftpakts“, 3. Aufnahme von deutsch-britischen Flottenverhandlungen. Die Erwägungen hinsichtlich eines „Ostpaktes“ („Ost-Locarno“) sowie die Finanzverhandlungen waren demgegenüber von untergeordneter Bedeutung.

Hitlers Angebote vom Herbst 1933, die auf eine vertraglich abgesicherte und begrenzte gemeinsame deutsch-englische Aufrüstung hinauslaufen sollten, wurden von England abgelehnt, da sie sich politisch eindeutig gegen Frankreich richteten. Dennoch war auch das Foreign Office an einer vertraglichen Fixierung der als unvermeidbar angesehenen deutschen Aufrüstung weiterhin interessiert. Nachdem die englischen Bemühungen um ein gemeinsames Vorgehen mit Frankreich an der starren Haltung der Pariser Politik praktisch gescheitert waren, trat England mit eigenen Vorschlägen an die Reichsregierung heran.

In einem Memorandum zur Abrüstungsfrage vom 29. Januar 1934 wurde Deutschland das Recht auf militärische Luftfahrt grundsätzlich zuerkannt, falls die Abrüstungskonferenz innerhalb von zwei Jahren zu keinem Ergebnis hinsichtlich der Abschaffung der Militärfliegerei kommen sollte. Hitler lehnte das Angebot mit der Begründung ab, daß Deutschland in diesem Falle vier Jahre (zwei Jahre Wartezeit plus zwei Jahre bis zum Vorhandensein entsprechender Luftstreitkräfte) wehrlos sein würde.

Der angesponnene Dialog wurde von Hitler jedoch fortgeführt. Anläßlich der Rundreise des britischen Ministers Eden durch die europäischen Hauptstädte kam es zu Gesprächen zwischen ihm und Hitler am 19. und 21. Februar 1934. Hitler unterbreitete nunmehr den Vorschlag, SA und SS einem Kontrollsystem zu unterwerfen und die Polizeistärke um 50 000 Mann zu verringern. Dafür forderte er die Anerkennung der 300 000 Mann-Reichswehr und eine deutsche Luftwaffe in Stärke von 30 % der Luftwaffe der deutschen Nachbarländer, die insgesamt jedoch nicht mehr als 50 % der französischen Luftstreitkräfte betragen sollte. Nach dem Scheitern des deutsch-französischen Rüstungsdialogs am 17. April 1934 schlug Hitler eine numerische Parität der englischen und französischen Luftflotten vor, Deutschland wolle sich hingegen mit 50 % begnügen.

Die deutsch-englischen Luftrüstungsgespräche wurden durch die Vorgänge vom 30. Juni 1934 und die österreichische Krise abrupt unterbrochen. In den Monaten Juli bis November 1934 geriet das Deutsche Reich in völlige Isolierung. Zum ersten Mal berichteten die deutschen Botschafter und Gesandten, daß man in Paris und London mit einem möglichen Krieg rechne. England begann seit dem Sommer 1934 sein Luftrüstungstempo erheblich zu forcieren, teilweise grotesk übertriebene Berichte über die angeblich schon vorhandenen deutschen Flugzeuge steigerten die allgemeine Hysterie. Das Reichswehrministerium sah sich veranlaßt, die ursprünglich zum 1. Oktober 1934 vorgesehene Enttarnung der heimlichen Luftrüstung zu verschieben.

In dem Maße, in dem erkennbar wurde, daß ein deutsch-englisches Luftfahrtabkommen nicht erreichbar war, setzten innerhalb der deutschen Englandpolitik Bemühungen ein, einen zweiten Strang des politischen Gesprächs mit England zu verfolgen. Seit März 1934 wurden erste Erwägungen hinsichtlich eines deutsch-englischen Flottenabkommens angestellt. Die technischen und internen Voraussetzungen wurden bis zum November 1934 im wesentlichen abgeschlossen. Federführend war die Marineleitung. Die einzelnen Stufen in der Verhandlungsführung, Inhalt und Bedeutung der schließlich am 18. Juni 1935 erzielten Abmachungen sind hier nicht darzustellen (s. Abschnitt VIII S. 454 ff.). Insgesamt gesehen gelang es Hitler mit dem Flottenvertrag, die bisherigen Bindungen durch die Marineklauseln des Versailler Vertrages mit englischer Billigung abzustreifen und die Marinerüstung für etwa fünf Jahre außenpolitisch abzusichern. Darüber hinaus sollte der Vertrag zum Ausgangspunkt eines von Hitler erstrebten allgemeinen deutsch-englischen Bündnisses werden. Die Erwartungen, die Hitler an den Vertrag knüpfte, sollten sich in dieser Hinsicht jedoch nicht erfüllen.

Der deutsch-englische Dialog, der seit November 1934 wiederaufgenommen wurde, geriet durch die Entscheidung vom 16. März 1935, offiziell die Allgemeine Wehrpflicht in Deutschland wiedereinzuführen, ins Stocken. Die Wehrpflichtfrage gehörte in den Bereich der Rüstungspolitik, sie war Teil eines innen- und sozialpolitischen Konzepts, sie berührte aber auch in starkem Maße außenpolitische Fragen.

3. Wiedereinführung der allgemeinen Wehrpflicht

a. Politische und praktische Vorbereitungen

Die Wiedereinführung der allgemeinen Wehrpflicht war seit Hitlers Machtergreifung keine Frage des „Ob“, sondern nur noch des „Wann“. Im wesentlichen waren es drei Faktoren, die für das Institut der allgemeinen Wehrpflicht sprachen: Erstens: Die Tradition der deutschen Wehrverfassung, im allgemeinen auf Scharnhorst zurückgeführt, sah in der Wehrpflicht einen ethischen Wert an sich, eine sittlich gebotene Form der Staatsbejahung und -verteidigung, die zum historisch-politischen Selbstverständnis gehörte und in der breiten Masse der Bevölkerung auf Zustimmung stieß. Zweitens genügte die allgemeine Wehrpflicht den ideologischen Erfordernissen des nationalsozialistischen Systems und versprach eine bessere Durchdringung der Wehrmacht mit dem nationalsozialistischen Gedankengut. Ziel war nicht eine „Volksarmee“ im Scharnhorstschen Sinne, sondern eine nationalsozialistische Armee. Der elitäre Charakter der kleinen Reichswehr wurde durch die Wehrpflicht aufgelöst. Die Truppenvermehrung seit dem Herbst 1934 diente ebenfalls der Zersetzung hergebrachter politisch-moralischer Verhaltensnormen im Offizierskorps. Drittens schließlich – dieser Grund war der zunächst in der Praxis ausschlaggebende – war die weitere Aufrüstung und Heeresvermehrung seit dem Oktober 1934 nicht mehr möglich ohne Heranziehung des Potentials der Wehrpflichtigen. Die Wehrpflicht ergab sich zwangsläufig aus der Aufrüstung, sie war sachimmanent und daher unvermeidlich.

Mit der Entscheidung, die allgemeine Wehrpflicht einzuführen, die im Dezember 1933 endgültig gefallen war, fanden alle bisherigen Milizpläne ihr „natürliches“ Ende. Auch die Frage der organisatorischen Unterstellung sowie der Ausbildungsverantwortlichkeit wurde hinfällig. Die Wehrpflichtarmee hing nicht mehr von paramilitärischen Organisationen wie der SA ab. Die Beziehungen zwischen Heer und SS vollzogen sich auf einer anderen Ebene.

In seiner Rede vom 28. Februar 1934 hatte Hitler die Wiedereinführung der allgemeinen Wehrpflicht der Reichswehrgeneralität grundsätzlich bekanntgegeben; seit dem Dezember 1933 waren erste entsprechende organisatorische Vorbereitungen im Rahmen der anlaufenden Wehrreform getroffen worden. Die außenpolitische Krise des Sommers und Herbstes 1934 ließ die Zeitplanung stocken; am 9. Oktober 1934 äußerte sich das Truppenamt besorgt darüber und schlug vor, das Wehrpflichtgesetz bis spätestens 1. Oktober 1935 zu erlassen. Tatsächlich gab Blomberg anläßlich einer Befehlshabertagung am 17. Oktober 1934 bekannt, die 18- bis 20jährigen vom Herbst 1935 an zu einem halbjährigen Arbeitsdienst durch die (getarnten) Ersatzorganisationen heranziehen zu wollen. Damit war die Einführung der Wehrpflicht sowohl sachlich wie zeitlich vorprogrammiert und wurde in die 21 Divisionen-Planung miteinbezogen.

Dieser Sachlogik entzogen sich das Truppenamt und das Allgemeine Heeresamt ebensowenig wie der Reichswehrminister. Wenn es in der Folgezeit dennoch zu Differenzen zwischen Reichswehrführung und Hitler in der Frage der allgemeinen Wehrpflicht kam, so gingen diese allein auf die unterschiedliche Beurteilung der internationalen Lage zurück.

In den kritischen Monaten, die dem gescheiterten Putsch der Nationalsozialisten in Österreich folgten, vertrat das Truppenamt die Auffassung, daß alles vermieden werden müsse, was die gespannte außenpolitische Situation verschärfen könnne. Insbesondere rieten Fritsch und Beck von einer weiteren und nicht mehr tarnbaren Aufrüstung zum gegebenen Zeitpunkt ab. Hitler, in dieser Frage offensichtlich durch den ehrgeizigen Göring bestärkt, hielt eine Politik des Imponiergehabes hingegen für angemessener. Er war nur mit einer Verschiebung der Ankündigung der deutschen „Wehrhoheit“ bis nach der wichtigen Saarabstimmung einverstanden. Das Abstimmungsergebnis vom 13. Januar 1935 stärkte das innenpolitische Prestige des Reichskanzlers.

Die außenpolitische Lage wurde jedoch vor allem durch die immer deutlicher in Erscheinung tretende deutsche Luftrüstung verschärft. Nach dem vorläufigen Scheitern der deutsch-englischen Luftpaktverhandlungen ließ Hitler keinen Zweifel daran, daß Deutschland im Begriff war, sich eine Luftwaffe zu schaffen. Die umfangreiche Bodenorganisation und die aufwendigen technischen und rüstungsmäßigen Vorarbeiten waren nicht mehr zu tarnen.

Von ihren Geheimdiensten alarmiert, ergriffen England, Frankreich und Italien erneut die Initiative, um Deutschland in ein neues kollektives Sicherheitssystem, dessen Schwerpunkt auf dem Sektor der Luftrüstung liegen sollte, einzubinden. Gleichzeitig begann aber auch die Luftaufrüstung in England und Frankreich. Auch die Sowjetunion wies auf ihr Friedensheer von 940 000 Mann hin. Das europäische Wettrüsten hatte begonnen, und Hitler sah die Gelegenheit gekommen, durch eine „Politik der vollendeten Tatsachen" alle Kollektivpaktvorschläge scheitern zu lassen.

In einem Kommuniqué vom 3. Februar 1935 schlugen England und Frankreich, unterstützt von Italien, erneute Verhandlungen über einen Ostpakt und die Rüstungsfrage vor. Hitler lehnte in seiner Antwort vom 14. Februar 1935 dieses Angebot ab und befürwortete stattdessen, wie schon früher, bilaterale deutsch-englische Verhandlungen. Tatsächlich erklärte sich der britische Außenminister Simon hierzu prinzipiell bereit. Es ging Hitler jedoch nicht um eine mögliche Aufschiebung der deutschen Aufrüstung bis zum Abschluß eines bilateralen oder kollektiven Luftrüstungsabkommens, sondern lediglich darum, den diplomatischen Faden mit England nicht abreißen zu lassen.

Unabhängig vom Verlauf der diplomatischen Sondierungen entstand mit Erlaß vom 26. Februar 1935 die Luftwaffe als dritter Wehrmachtteil. Blomberg ermächtigte Göring, die Enttarnung der Luftwaffe nach eigenem Dafürhalten vorzunehmen. Wenige Tage später wurde die Öffentlichkeit vom Vorhandensein einer deutschen Luftwaffe unterrichtet. Da das britische Unterhaus am 4. März 1935 in einem Weißbuch auf die deutsche Luftrüstung hingewiesen und sie als Begründung für die eigene verstärkte Luftrüstung angegeben hatte, konnte die Enttarnung der Luftwaffe, die am 9./11. März erfolgte, als „Reaktion" auf die englische Politik hingestellt werden. In Wirklichkeit hatte das Reichsluftfahrtministerium jedoch schon am 4. März völlig unabhängig von der Unterhausvorlage die Entscheidung hierzu getroffen.

England und Frankreich nahmen den einseitigen Akt der Reichsregierung ohne Protest zur Kenntnis, und dies bestärkte Hitler darin, die Erklärung der deutschen „Wehrhoheit" wenige Tage später folgen zu lassen.

b. Die Verkündung der Wehrhoheit und das Wehrgesetz

Hatte das englische Weißbuch vom 4. März 1935 den Vorwand für die Enttarnung der Luftwaffe geliefert, so benutzte Hitler die in der französischen Kammer beschlossene Heraufsetzung der Wehrdienstzeit von 1 auf 2 Jahre, um sich endgültig von den militärischen Klauseln des Teils V des Versailler Vertrages loszusagen. Reichswehrministerium, Heeresleitung und Truppenamt hatten diesen Schritt zwar prinzipiell gefordert und begrüßt, jedoch wurden sie von Hitlers Entscheidungen zum augenblicklichen Zeitpunkt überrascht und billigten ihn nicht.

Hitler, der sich nach Bekanntwerden des englischen Luftrüstungsprogramms diplomatisch „erkrankt" nach München zurückgezogen und den angekündigten Besuch Simons hatte verschieben lassen, bestellte am 13. März seinen Wehrmachtadjutanten, Oberst Hoßbach, zu sich und erklärte ihm seine Absicht, die allgemeine Wehrpflicht im Rahmen eines „Gesetzes über die Wiederherstellung der Wehrhoheit" einzuführen.

Am Abend des 14. März fuhr Hoßbach nach Berlin und unterrichtete am 15. März Blomberg von der Absicht Hitlers. Der Reichswehrminister war „entsetzt", da er, in Übereinstimmung mit Fritsch und Beck, in dem angekündigten Schritt Hitlers eine gefährliche außenpolitische Belastung sah, die er nicht mit verantworten wollte.

In einer am Abend des 15. März einberufenen Ministersitzung, an der neben Hitler und Blomberg auch Neurath, Göring, Schacht, Ribbentrop und Hoßbach teilnahmen, billigten die „Zivilminister" den Hitlerschen Entschluß, Blomberg blieb reserviert, paßte sich dem Votum der anderen Teilnehmer tags darauf jedoch ebenso wie Fritsch an. Allerdings betonten beide, daß die weitere Aufrüstung mit Rücksicht auf die außenpolitische Lage nur mit äußerster Vorsicht weitergeführt werden dürfe.

Unter Verwertung von Unterlagen, die im Reichswehrministerium zusammengestellt wurden, entstand in der Nacht zum 16. März 1935 das „Gesetz über den Aufbau der Wehrmacht". Es lautete:

> „Der Dienst in der Wehrmacht erfolgt auf der Grundlage der allgemeinen Wehrpflicht. Das deutsche Friedensheer einschließlich der überführten Truppenpolizeien gliedert sich in 12 Korpskommandos und 36 Divisionen.
>
> Die ergänzenden Gesetze über die Regelung der allgemeinen Wehrpflicht sind durch den Reichswehrminister dem Reichsministerium alsbald vorzulegen."

Am Mittag des 16. März 1935 wurde dieses Gesetz öffentlich proklamiert.

Fritsch und Beck hielten an ihren grundsätzlichen Bedenken im Gegensatz zu Blomberg fest. Sie sahen eine diplomatische Krise heraufziehen und fürchteten, daß der Heeresaufbau dadurch erheblich gestört werden könnte. Fritsch beurteilte die Lage so ernst, daß er sogar die Möglichkeit eines bewaffneten Konflikts nicht ausschließen wollte. Darüber hinaus jedoch ergaben sich Zweifel an der Richtigkeit des Hitlerschen Entschlusses, die aus fachspezifischen und ideologischen Gründen resultierten.

Die in den Augen der Heeresleitung überstürzte Heeresvermehrung gefährdete aber auch die innere Struktur der Armee.

Das Heer von 1935 unterschied sich bereits wesentlich von der 100 000 Mann-Armee der Weimarer Republik, es lebte jedoch immer noch weitgehend in den Traditionen dieser Armee. Mit der prinzipiellen Öffnung des Heeres, wie sie mit dem Gesetz vom 16. März vollzogen wurde, ging der soziologisch-psychologische Sondercharakter der Reichswehr endgültig verloren. So sehr vom Standpunkt der Landesverteidigung die Wiedereinführung der Wehrpflicht begrüßt wurde, so klar war erkennbar, daß von nun an die Geschlossenheit auch des Offizierkorps nicht mehr gegeben sein würde. Durch das Einströmen einer großen Zahl neuer und junger Offiziere, deren Weltbild in den Parteiorganisationen vorgeprägt worden war, wurde der einheitliche Korpscharakter des Heeres erschüttert. Dies war ganz im Interesse des Parteienstaates und Hitlers, doch darf auf der anderen Seite ebensowenig übersehen werden, daß auch seitens der Partei, vor allem der SA und der SS, Bedenken gegen die in der Reichswehr abzuleistende allgemeine Wehrpflicht bestanden. Die bisher lückenlose Erfassung der Wehrpflichtigen durch Hitlerjugend, Arbeitsdienst und SA wurde in einer entscheidenden Lebensphase unterbrochen. Wenn es der Armee gelang, ihre eigenen Traditionen und Verhaltensweisen während der Wehrpflichtzeit den jungen Soldaten nahezubringen, so entstand auch in den Augen der Partei die Gefahr einer Spaltung des „geschlossenen Volkskörpers". Die erst sehr viel später – in der Endphase des Zweiten Weltkriegs – eingerichteten NS-Führungsoffiziere waren der Versuch, die Soldaten gegen die „schädlichen" Einflüsse aus der Armee zu immunisieren. Das latente Mißtrauen, das die Partei dem Heer entgegenbrachte, äußerte sich in zahlreichen Versuchen, den Einfluß nationalsozialistischen Gedankenguts zu vergrößern. Schließlich war der seit dem 20. Juli 1934 erfolgende Aufbau der SS ebenfalls als eine Maßnahme anzusehen, die sich gegen das Heer der Allgemeinen Wehrpflicht richtete.

Die Einführung der Wehrpflicht bot der Armee also große Chancen, belastete sie aber auch mit schweren Gefahren. Es hing weitgehend vom Durchsetzungsvermögen der Wehrmachts- und Heeresführung ab, ob das deutsche Heer tatsächlich nationalsozialistisch werden oder aber seinen traditionell-konservativen Charakter würde bewahren können.

Blomberg hat diesen Zusammenhang unmittelbar erkannt. In einem Erlaß vom 16. April 1935 legte er die Grundsätze für die „Erziehung in der Wehrmacht" fest. Er proklamierte die Wehrmacht zur „großen Erziehungsschule der Nation", die mit den Organisationen der HJ und des Arbeitsdienstes nicht in Konkurrenz stehen, sondern deren Wirken krönen wolle. Unter Hinweis auf einschlägige Passagen aus Hitlers „Mein Kampf" wurde den militärischen Führern als Erziehungsziel

> „nicht nur der gründlich ausgebildete Kämpfer und der Herr der Waffe, sondern auch der seines Volkstums und seiner allgemeinen Staatspflicht bewußte Mann"

gesetzt. Der erneute Rückgriff auf die preußische Tradition, die in der Datierung des Wehrpflichtgesetzes und in der Anrede-Formel des Aufrufs vom 16. März 1935 „An das deutsche Volk!" zum Ausdruck kam, wurde von Blomberg durch den Hinweis auf das Werk Gneisenaus, Scharnhorsts und Boyens noch betont. Insgesamt konnte der Erlaß als Versuch des Reichswehrministers angesehen werden, eine Synthese aus der preußischen Militärgeschichte und der nationalsozialistischen „Revolution" zur Grundlage des weiteren inneren Heeresaufbaues zu machen.

Mit der Auflösung des „Wehrpolitischen Amtes der NSDAP“, die Hitler am 19. März mit der Begründung verfügte, diese Organisation sei mit Einführung der allgemeinen Wehrpflicht überflüssig geworden, wurde für die Wehrmacht ein Ärgernis ersten Ranges aus der Welt geschaffen. Freilich verkannten Blomberg und Fritsch, daß sich ein Teil der Aufgaben dieser Behörde zu SS-Untergliederungen hin verlagert hatte.

In Ausführung des Gesetzes vom 16. März 1935 wurde am 21. Mai 1935 das neue Wehrgesetz erlassen, das am 22. Mai in Kraft trat und die bisher gültigen Wehrgesetze ablöste. Freistellungen, Beurlaubungen vom „Ehrendienst am deutschen Volke“ waren nicht vorgesehen. Über das Institut der allgemeinen Wehrpflicht hinaus legte das Gesetz eine grundsätzliche „Dienstleistungspflicht“ für alle Staatsangehörigen beiderlei Geschlechts fest.

c. *Außenpolitische Reaktionen und das OKH*

Die Wiederherstellung der deutschen Wehrhoheit hatte den angesponnenen deutsch-englischen Dialog unterbrochen. England, Frankreich und Italien, denen sich die kleineren osteuropäischen Staaten angeschlossen hatten, sahen sich genötigt, zumindest formell gegen den Bruch des Versailler Vertrages durch Hitler zu protestieren. In entsprechenden Noten vom 18. bzw. 21. März 1935 wurde die einseitige deutsche Maßnahme verurteilt, zugleich aber deutlich gemacht, daß das europäische Gespräch über Rüstungsvereinbarungen, kollektive Sicherheit und Wiederbelebung des Völkerbundes durch deutschen Beitritt nicht einfach abgebrochen werden sollte.

Das wurde durch die Gespräche bestätigt, die am 25. und 26. März 1935 zwischen Hitler und den britischen Staatsmännern Eden und Simon stattfanden. Hitler betonte nachdrücklich seinen „Friedenswillen“ und kehrte insbesondere die kommunistische Gefahr heraus, die ihn zum einseitigen Handeln gezwungen habe. Sachlich gab Hitler jedoch in keinem Punkt nach, die 36 Divisionen-Armee stellte er vielmehr als das „Minimum“ der deutschen Bedürfnisse hin. Eden erklärte später im Unterhaus, daß er keine Basis für ein „general settlement“ mit Deutschland erkennen könne, und daß ein festes Auftreten Deutschland gegenüber am ehesten helfen würde, den Frieden zu bewahren. Nichtsdestoweniger gewann Hitler durch den bald darauf erfolgenden Abschluß des deutsch-englischen Flottenvertrages den Eindruck, als sei England nicht nur zu weiteren militärischen Zugeständnissen, sondern sogar zu einem Bündnis bereit.

Höhepunkt der antideutschen diplomatischen Kampagne nach der Wiedereinführung der allgemeinen Wehrpflicht war die Konferenz von Stresa. Italien, Frankreich und England erklärten in einer gemeinsamen Resolution vom 14. April 1935 ihr Bedauern über den einseitigen deutschen Schritt, luden das Deutsche Reich jedoch gleichzeitig erneut nach Genf zur Wiederaufnahme der Verhandlungen über einen Ostpakt, einen Donaupakt und ein Rüstungsabkommen ein. Die in Stresa sichtbar werdende Isolierung Deutschlands beunruhigte Hitler daher wenig; das Oberkommando des Heeres unter Fritsch sah die Lage hingegen als äußerst ernst an.

Papier blieb auch der Protest des Völkerbundrates vom 17. April 1935, der Hitler gleichwohl zu einem scharfen Protest bewog, in dem er sich die „Diskriminierung" des Reiches und die Einmischung des Völkerbundes in die inneren Angelegenheiten Deutschlands verbat.

Das einzige handgreifliche Ergebnis der verschiedenen Protestschritte der durch den Bruch des Versailler Vertrages betroffenen Staaten bestand im Abschluß des französisch-sowjetisch-tschechoslowakischen Beistandspaktes vom 2. Mai 1935, der sowohl als Gegengewicht zu dem deutsch-polnischen Nichtangriffspakt als auch als Reaktion auf die Kündigung des Versailler Vertrages gedacht war. Hitler war dieser Paktabschluß unangenehm, indessen sollte gerade er ein Jahr darauf den Vorwand für den Einmarsch deutscher Truppen in das entmilitarisierte Rheinland liefern.

Die Besorgnis des Truppenamts, die sich aus den verschiedenen politischen Reaktionen auf das Gesetz vom 16. März 1935 ergaben, veranlaßten den Chef der Abteilung T 3, Karl-Heinrich v. Stülpnagel, in „Notizen zur augenblicklichen militärischen Lage" vom 11. April darauf hinzuweisen, daß es unbedingt notwendig sei, weitere Provokationen zu vermeiden und alles – selbst unter Opfern – zu tun, um der drohenden Einkreisung Deutschlands vorzubeugen. Beck unterstützte diese Ansicht voll und glaubte, daß man sich „2–3 Jahre keine Extratouren" mehr leisten könne. Durch den französisch-russisch-tschechoslowakischen Pakt ergab sich jedoch gleichzeitig ein neues militärisches Unsicherheitsmoment, und der Generalstab des Heeres sah sich aus sachlichen Gründen genötigt, erste Überlegungen hinsichtlich eines „Süd-Ost-Falles" anzustellen. Die Spirale zwischen aggressiver Außenpolitik und notwendigen Sicherheitsmaßnahmen begann sich im Mai 1935 in Bewegung zu setzen, und die deutsche Armee stand von nun an immer wieder vor der Frage, wo die Grenze zwischen Krieg und Frieden zu ziehen sei, wieweit das Heer den Frieden bewahren, wie weit es den Krieg vorbereiten müsse.

G. Vierjahresplan und Aufrüstung

1. Die Wehrwirtschaftskrise

a. Wirtschaft und Rüstung in Hitlers System

Wie die Außenpolitik des Dritten Reiches, so muß auch die NS-Wirtschaftspolitik im Rahmen des Hitlerschen Gesamtsystems interpretiert werden. Gleichgültig, ob vom marxistischen oder vom bürgerlichen Wissenschaftsbegriff her gesehen, besteht Übereinstimmung darin, daß die nationalsozialistische Wirtschaftspolitik von Anfang an auf das alleinige Ziel der Aufrüstung, der Expansion, des Krieges ausgerichtet wurde. Der funktionale Charakter nationalsozialistischen Wirtschaftsdenkens und -handelns entspricht völlig der innen-, sozial- und außenpolitischen Zielsetzung des Regimes. Indem der Nationalsozialismus Wirtschaftsfragen lediglich unter dem Aspekt der Programmrealisierung, d. h. des unvermeidlichen, ja bewußt angestrebten Krieges sah, „militarisierte" er die gesamte Wirtschaft, so daß die Geschichte der Wirtschaft im Dritten Reich ebenfalls untrennbar in den Bereich der Militärgeschichte gehört. Nahezu alle Charakteristika und Interdependenzen, die im Zusammenhang mit den außenpolitischen Zielvorstellungen des Nationalsozialismus skizziert wurden, gelten auch für den wirtschaftlichen Bereich; wie dort, so unterscheiden sich die Forschungsergebnisse auch hier lediglich nach den jeweils angenommenen Prämissen und Zielen der nationalsozialistischen Gesamtpolitik. Stärker als bei der Erörterung der außenpolitischen Zielsetzungen wird jedoch vom jeweiligen ideologischen Ansatz her die Frage differenziert, in welcher Relation Nationalsozialismus und Wirtschaft vor Hitlers Machtergreifung zueinander standen; ob Hitler und seine Partei als letztlich „vorgeschobene Exponenten" und „Handlanger des aggressiven Monopolkapitalismus in seiner faschistischen Phase" angesehen werden müssen, oder ob sie umgekehrt die Wirtschaft ihren raum- und welterobernden Zielen dienstbar gemacht, die „Monopole" sich also unterworfen haben.

Zwar haben marxistische Wirtschaftshistoriker (Czichon, Eichholtz, Kuczynski u. a.) im Verlauf der letzten zehn Jahre beachtenswerte Analysen und Interpretationen sowie eine Fülle aus den DDR-Archiven erschlossenen Materials vorgelegt, an der marxistischen Faschismustheorie jedoch nur geringfügige Abstriche gemacht.

Demgegenüber hat sich in der bürgerlichen Geschichtsschreibung insofern ein Wandel vollzogen, als mit dem besseren Verständnis des Nationalsozialismus insgesamt auch eine Differenzierung in der Analyse der NS-Wirtschaftspolitik stattgefunden hat. So ist nicht mehr zu leugnen, daß einflußreiche Industrielle und Wirtschaftsgruppen schon vor 1933 sich Hitler zuwandten, und es wird deutlich, daß auch über den bekannten „Sonderfall" der IG-Farben hinaus nach 1933 intensive Anstrengungen seitens der Großindustrie unternommen worden sind, um die sich mit dem Nationalsozialismus bietenden Chancen der Profitmaximierung und Wirtschaftsexpansion nach innen und vor allem außen zu nutzen. Obwohl man von einem halbwegs geschlossenen theoretischen Wirtschaftssystem des Nationalsozialismus vor 1933 nicht sprechen kann, hatte die auch auf diesem Felde im Vordergrund stehende These von der notwendigen räumlichen Ausdehnung auf die Industrie ihre Attraktion nicht verloren, zumal die Vorstellung von der Bildung eines zentraleuropäischen Großwirtschaftsraumes bereits lange Traditionen besaß und sich unschwer mit der politischen Lebensraum-Konzeption in Hitlers Weltanschauung kombinieren ließ. Die Affinität zwischen Hitler und der Wirtschaft fand hier ihren gemeinsamen Bezugspunkt, von dem nach 1933, vor allem aber nach 1936 im Zeichen des Vierjahresplans und der beginnenden räumlichen Expansion ausgegangen werden konnte.

Wie zwischen Reichswehr und Nationalsozialismus, so wird auch zwischen diesem und der Großindustrie von einer Teilidentität der Ziele zu sprechen sein; aber weder die Reichswehr noch die Großindustrie haben Hitler in den Sattel gehoben. In erstaunlicher Parallele zur Entwicklung des Verhältnisses zwischen dem Heer und Hitler vollzog sich die zwischen der Partei und der Großindustrie; so scheint es nicht zu weit hergeholt, in den staatseigenen Unternehmungen (Hermann-Göring-Werke) jenes Prinzip wiederzufinden, das sich bei der Betrachtung der SS enthüllt.

Es ist davon auszugehen, daß Hitler die Nationalökonomie unter dem Aspekt der Wehrwirtschaft als Instrument seiner Programmverwirklichung ansah. Wirtschaftliches Wachstum, volkswirtschaftliche Theorien, soziale Symmetrie, ethisch-sittliche Rechtfertigungen wirtschaftlichen Handelns interessierten ihn lediglich unter diesem Gesichtspunkt. Wie die maßgebenden Vertreter der Großindustrie und der Großbanken – etwa Kirdorf, Thyssen, Krauch, Keppel – so stand auch Hitler unter dem Eindruck der Weltkriegserfahrungen. Die unzureichende ökonomische Basis, auf der der Krieg damals geführt werden mußte, gehörte zu den Schlüsselerfahrungen einer ganzen Generation von Wirtschaftsführern; die mangelhafte Vorbereitung der Wehrwirtschaft, die verzweifelten Versuche aus den Jahren 1917 und 1918, eine funktionelle Kriegswirtschaft aufzubauen, aber auch die verlockenden Chancen, die sich im Gefolge des gigantischen Rüstungsbedarfs des Staates für die Industrie ergeben hatten, prägten die Vorstellungen von der wünschbaren Rolle der Großindustrie in der Vorbereitung und während der Führung des als unvermeidlich angesehenen kommenden Krieges.

Eine radikale Gleichschaltung und eine rücksichtslose Ausbeutung der Produktivkräfte hätten demnach durchaus in das nationalsozialistische Grundkonzept der „Wehrhaftmachung“ gehört, doch schreckten die negativen Erfahrungen aus dem Jahre 1918, und es mußte eine Interessenabwägung zwischen den wehrwirtschaftlichen Erfordernissen und den sozialen Mindestbedürfnissen stattfinden, wollte man die vielbeschworene harmonische „Volksgemeinschaft“ nicht durch übermäßige ökonomische Eingriffe aufs Spiel setzen. Es ist charakteristisch, daß Hitler zur gleichen Zeit „Butter *und* Kanonen“ wollte. Erst in der Schlußphase des Krieges setzten sich die Prinzipien einer rigorosen Kriegswirtschaft ganz durch; zu diesem Zeitpunkt wogen die hieraus erwachsenden sozialpolitischen Spannungen weniger stark.

Dennoch ging das nationalsozialistische Wirtschaftssystem auch schon vor dem Kriege bis hart an den Rand des sozial gerade noch zu Vertretenden. Tim Mason hat zu Recht darauf hingewiesen, daß die Bedeutung der NS-Propaganda (etwa im Rahmen der Arbeitsbeschaffungspolitik) als Palliativ gegen soziale Unzufriedenheit bewußt eingesetzt worden ist. Sonderaktionen (z. B. „Kraft durch Freude", VW-, Eigenheimsparen, aber auch Autobahnbau, Sportförderung) halfen mit, den gefährlichen Engpaß im Wehrwirtschaftssystem, den sich im Lauf der Zeit einstellenden Arbeitermangel und die hieraus bedingte Überforderung der Arbeiter (bei nicht ausreichendem Lohnausgleich) bis zum Kriegsbeginn in Grenzen zu halten.

Das Bestreben der NS-Wirtschaftspolitik, rohstoffmäßig weitgehend autark zu werden, gehörte zu den politischen Grundmaximen, die auch für die Öffentlichkeit bestimmt waren. Die Einfuhrunabhängigkeit galt zwar als ideales Ziel, jedoch war sie in der Praxis zu keinem Zeitpunkt zu erreichen. Autarkiebestrebungen hatten militärische und finanzielle Gründe. Eine umfangreiche Vorratshaltung war strategisch und wehrwirtschaftlich gesehen erwünscht, ließ sich jedoch nur teilweise realisieren, da die benötigten Devisen zur Einfuhr von Rohstoffen im Frieden nicht ausreichten. Man muß den Begriff „Autarkie" jedoch in erster Linie unter dem Gesichtspunkt der wirtschaftlichen Großraumbildung betrachten; in der Realität der politischen Gesamtplanung brachte er nichts anderes zum Ausdruck als den Wunsch, durch entsprechende territoriale Expansionen (Südostraum, Balkan, Ukraine) einen weitgehend autarken großeuropäischen Binnen- und Absatzmarkt zu schaffen. Der Begriff der „Autarkie" berührte sich so mit der Forderung nach Gewinnung von „Lebensraum".

Die prinzipielle Ausrichtung der ökonomischen Erfordernisse auf den Krieg bestimmte auch die Prioritäten in der NS-Wirtschaftspolitik, die damit zu einer Wehrwirtschaftspolitik wurde. Der Ausbau der Schwerindustrie, die Förderung von Energieprogrammen, die Entwicklung der Großchemie, der Aufbau einer umfangreichen Ersatzstoffindustrie, Straßen- und Autobahnbau, die angestrebte Verlagerung wehrwirtschaftlich wichtiger Betriebe aus den gefährdeten Grenzbereichen: all dieses gehörte zu den unverzichtbaren Elementen der auf die Kriegsvorbereitung ausgerichteten Wirtschaftspolitik. Dabei ging es nicht so sehr um die Frage, inwieweit die Wehrmacht Einfluß auf die Wehrwirtschaft erhielt, sondern um die Verteilung der Ressourcen auf die verschiedenen Industrie- und Wirtschaftszweige sowie die Entwicklung eines wirtschaftlichen Interesses der Industrie an der Wehrwirtschafts- und Rüstungspolitik des Regimes.

Es stellte sich natürlich von Anfang an die Frage, ob alle Anstrengungen auf dem Wehrwirtschaftssektor ausreichen konnten, um einen Krieg zu führen. Allen Beteiligten war klar, daß ein erneuter Weltkrieg von dem Deutschland in den Grenzen von 1937 ebensowenig zu gewinnen war wie 1914. Auch Hitler und

Ley haben in vertrautem Kreis durchaus zugegeben, daß der Kriegsverlust 1918 auf die unzureichende ökonomische Basis und die Erschöpfung der wirtschaftlichen und personellen Kräfte letztlich zurückzuführen gewesen sei.

Aus dieser Erkenntnis ergaben sich zwei Schlußfolgerungen:

1. Die ökonomische Basis war wesentlich zu erweitern.
2. Ein langdauernder Wirtschafts- und Zermürbungskrieg mußte zumindest solange verhindert werden, wie die Forderung Nr. 1 nicht erfüllt war.

Hieraus erwuchs das Konzept des „Blitzkrieges", das ein Wehrwirtschaftskonzept war. Es besagte, daß alle Rüstungsanstrengungen auf die Führung eines kurzen, dafür aber um so mächtigeren militärischen Schlages ausgerichtet werden mußten. Im Wehrwirtschaftsstab sprach man von dem Unterschied zwischen „Breitenrüstung" und „Tiefenrüstung". Dem Blitzkriegskonzept wurde die Breitenrüstung zugeordnet, die Tiefenrüstung war zwar wünschenswert, rangierte jedoch zum Leidwesen von Thomas in zweiter Priorität.

Kraft der rein militärischen Überlegenheit der deutschen Armee sollte Zug um Zug die Voraussetzung zur Basisverbreiterung geschaffen werden. Erst nach voller Einbeziehung der durch die Blitzkriege gewonnenen Territorien konnte die gesamte Wehrwirtschaft mit Aussicht auf Erfolge gegen die Wehrwirtschaftskapazitäten der verbleibenden großen Gegnerstaaten (USA, UdSSR, Großbritannien) entwickelt werden.

Die einseitige Konzentration aller Anstrengungen auf die rein militärische Aufrüstung unter Vernachlässigung aller Gesichtspunkte, die ein solides, aber nur langfristig wirksam werdendes Wirtschaftswachstum ermöglicht hätten, versetzte das nationalsozialistische Regime in Zugzwang. Schon die Mefo-Wechsel-Finanzierung ließ sich nur rechtfertigen, wenn man den fehlenden Gewinn durch das erhoffte ökonomische Ergebnis eines Blitzkrieges nachholen konnte. Die Rüstungsgüterproduktion ohne Rücksicht auf volkswirtschaftliche Daten, das Leben aus der ökonomischen Substanz waren nur begrenzte Zeit möglich. Sollte es nicht zum wirtschaftlichen und damit gesellschaftlichen Kollaps kommen, dann sah sich das Regime genötigt, die Militärmaschine von einem bestimmten Zeitpunkt an einzusetzen. Die Wehrwirtschaftspolitik der Nationalsozialisten war also ein (noch) ungedeckter Wechsel auf eine kriegerische Zukunft.

Nun wäre es jedoch verkehrt, hieraus eine politische Zwangslage des Systems abzuleiten, die Kriegseröffnung 1939 also quasi zu „entschuldigen". Die skizzierte Entwicklung, die dem Verbrennen der Schiffe hinter sich ähnelte, wurde von Hitler und seinen Mitarbeitern bewußt so gewollt. Es kam hierin nur erneut die unheilvolle Konsequenz des Hitlerschen Programms zum Ausdruck. Vor der Alternative des „Alles oder Nichts" wurde die Frage des Widerstands gegen die Hitlersche Wirtschaftspolitik zu einer schwerwiegenden Gewissensentscheidung, der sich auch integre Persönlichkeiten lange zu entziehen suchten.

b. „Neuer Plan“ und Reichsverteidigungsgesetz

Die Neuorganisierung der Wehrwirtschaft war aufs engste mit den Bemühungen des nationalsozialistischen Regimes verknüpft, die Wirtschaftskrise zu überwinden und die Konjunktur für die Aufrüstungsvorhaben zu nutzen. Darüber hinaus setzten schon im Herbst 1933 Bemühungen ein, im Zuge der Gleichschaltungspolitik auch den Gesamtbereich der deutschen Wirtschaft neu zu ordnen. Ende November 1934 wurde mit der „Ersten Verordnung zur Durchführung des Gesetzes zur Vorbereitung des organischen Aufbaus der deutschen Wirtschaft“ die Voraussetzung zur Einführung des Systems der Reichsgruppen geschaffen. Diese Zwangsorganisation der Wirtschaft sicherte dem Reichswirtschaftsministerium über die Reichswirtschaftskammer maßgebenden Einfluß auf die Wirtschaft. Dabei wurde die Reichsgruppe Industrie am wichtigsten, ihr unterstanden 31 Wirtschaftsgruppen.

In der Praxis stellte sich bald heraus, daß dieses System weitgehend abhängig war von den persönlichen Einflüssen und Interessen maßgebender Wirtschaftsführer, vor allem aber von der staatlichen Auftragspolitik, der Rohstoff- und Devisenfrage sowie, in zunehmendem Maße, der Arbeiterbeschaffung. Die großen Konzerne verstanden es, ihre Eigeninteressen unmittelbar bei der Reichsregierung zur Geltung zu bringen; den IG-Farben gelang es beispielsweise nicht zuletzt dank der hervorragenden Managerqualitäten Carl Krauchs, nahezu die gesamte chemische Industrie zu monopolisieren und Einfluß auf die gesamtwirtschaftliche Entwicklung im Rahmen des Vierjahresplans zu nehmen.

Bereits in seiner Regierungserklärung vom 1. Februar 1933 hatte Hitler einen „Vierjahresplan“ für die wirtschaftliche Gesundung angekündigt. Praktisch beschränkten sich die staatlichen Eingriffe jedoch auf das Arbeitsbeschaffungsprogramm und auf erste Lenkungsmaßnahmen im Bereich der Landwirtschaft. Der starke wirtschaftliche Nachholbedarf und die hohe Aufnahmefähigkeit des Binnenmarktes sorgten auch ohne weitgehende staatliche Eingriffe für eine stetige wirtschaftliche Aufwärtsentwicklung, und die anlaufenden Rüstungsvorhaben konnten mit den vorhandenen und z. T. noch brachliegenden Rohstoff-, Fertigungs- und Arbeiterkapazitäten im großen und ganzen zeitgerecht erfüllt werden.

Doch schon seit Beginn des Jahres 1934 zeigte es sich, daß die Industrie in zunehmendem Maße auf Rohstoffeinfuhren gegen Devisen angewiesen war. Hinzu kam, daß dank der sich erhöhenden Kaufkraft auf dem Ernährungssektor hohe Einfuhren gegen Devisen notwendig wurden. Das Außenhandelsdefizit betrug 1934 284 Millionen Reichsmark. Die Industrieausfuhr aber war zu niedrig, die Wirtschaft hatte, dank der guten Binnenkonjunktur, kein Interesse an einer Exportsteigerung.

In dieser gefährlichen Situation entwickelte Schacht am 24. September 1934 seinen „Neuen Plan“. Der Außenhandel sollte angekurbelt, der Import gedrosselt und die Wirtschaftsströme von Westeuropa und Nordamerika auf Süd-

und Osteuropa umgeleitet werden. Der „Neue Plan" wurde damit zur ersten Stufe der gelenkten, nach Autarkie strebenden Außenwirtschaft, zugleich stellte er den ersten Versuch zur Entwicklung eines wirtschaftlichen Gesamtkonzepts dar. Dieses war umso dringender erforderlich, als die seit dem Herbst 1934 verstärkt einsetzende Rüstung nur dann durchgehalten werden konnte, wenn der langfristigen Rüstungsplanung eine entsprechende Wirtschaftsprogrammatik zur Seite gestellt wurde.

Die an sich schon angespannte Rüstungssituation wurde durch den nunmehr forciert eingeleiteten Aufbau der Luftwaffe als drittem Wehrmachtteil noch verschärft. Görings Ehrgeiz ging souverän über die im Heereswaffenamt versuchte Steuerung der Rüstungsbedürfnisse aller Wehrmachtteile hinaus. Es kam zu unmittelbaren wehrwirtschaftlichen Kontakten und isolierten Beschaffungsmaßnahmen zwischen dem Reichsluftfahrtministerium und der privaten Rüstungsindustrie. Als auch die Kriegsmarine auf eigene Faust ihre Rüstungsvorhaben unter Umgehung des Heereswaffenamts bei der Industrie unterzubringen suchte, sah der Chef des Stabes dieses Amtes, Oberst Thomas, eine schädliche Desorganisation des gesamten wehrwirtschaftlichen Komplexes voraus. Er bemühte sich seitdem um die Errichtung einer zentralen Wehrmachtinstitution, die für die Rüstungsbeschaffung aller Wehrmachtteile verantwortlich sein und allein mit der Rüstungs- und Wehrwirtschaftsindustrie verhandeln sollte. Blomberg unterstützte diesen Vorschlag nur halbherzig, weil er die Sonderrechte, die sich Göring genommen hatte, aus politischen Gründen nicht antasten wollte. So kam es nur zu einer „Notlösung" (Thomas), nämlich der Gründung der Dienststelle „Wehrwirtschafts- und Waffenwesen" am 1. November 1934. Leiter dieses zum Wehrmachtamt gehörenden Stabes wurde Thomas. Ende 1935 wurde diese Dienststelle in „Wehrwirtschaftsstab" umbenannt, am 1. August 1938 zur Amtsgruppe erhoben. (Vgl. u. S. 325 f.).

In Zukunft war der Wehrwirtschaftsstab der wichtigste militärische Partner im Dialog mit dem Beauftragten für den Vierjahresplan, die Reichsgruppe Industrie und dem „Generalbevollmächtigten für die Kriegswirtschaft". Zu einer einheitlichen Wehrwirtschaftsführung zwischen dem militärischen und zivilen Bereich kam es jedoch nicht: die Zweiteilung, von Thomas aufs äußerste bedauert, wurde erst im Jahre 1942 mit der Gründung des „Reichsministeriums für Bewaffnung und Kriegsproduktion" (Ministerium Speer) überwunden.

Zu den Bemühungen, ein einheitliches Konzept für die Wehrwirtschaft, die allgemeine Wirtschaft, die Aufrüstung und die Landesverteidigung zu entwickeln, zählte auch das Reichsverteidigungsgesetz vom 21. Mai 1935. Es basierte auf den verschiedenen Landesschutz- und Zivilverteidigungsanordnungen, die seit 1929/30 erlassen worden waren, aber wegen fehlender Gesetzeskraft nicht ausreichten. Das Reichsverteidigungsgesetz „regelte die Erfassung aller Kräfte und Mittel der Nation ... Mit der Erklärung des Verteidigungszustandes sollte die gesamte vollziehende Gewalt auf Hitler übergehen und der Reichskriegsminister sie in seinem Auftrag ausüben" (Rudolf Absolon). Theoretisch gab das Gesetz vom 21. Mai der Regierung alle Vollmachten in die Hand; in der Praxis wurde die Frage entscheidend, inwieweit sich aus den Absichten des Gesetzes Rechte des Kriegsministeriums Industrie, Wirtschaft und staatlichen Planungsbehörden gegenüber ergeben konnten. Zu einer einheitlichen Lösung kam es nicht, der permanente Kompetenzenstreit ging bis zum Kriegsausbruch und darüber hinaus weiter.

Mit der Einrichtung des „Generalbevollmächtigten für die Kriegswirtschaft" (GBW), die gleichzeitig mit dem Inkrafttreten des Reichsverteidigungsgesetzes erfolgte, sollte eine Stelle geschaffen werden, die die wirtschaftlichen Vorbereitungen für den Kriegsfall bereits im Frieden zu treffen hatte. Der GBW war dem Reichsverteidigungsrat verantwortlich, seine Möglichkeiten wurden jedoch durch die ungeschmälerten Zuständigkeiten der Rüstungsindustrie und des Reichskriegsministeriums (also des Wehrwirtschaftsstabes) eingegrenzt. Zu einer Kompetenzabsprache kam es auch hier nicht. Hitler ernannte Hjalmar Schacht zum GBW; nach dessen Rücktritt von den Ämtern des Reichswirtschafts- und preußischen Wirtschaftsministers am 26. November 1937 (zu den Hintergründen s. u. S. 184) wurde auf Vorschlag Blombergs der neue Wirtschaftsminister Walther Funk am 15. Januar 1938 auch zum GBW ernannt.

2. Der Vierjahresplan

a. Vorbereitungen und erste Ergebnisse

Der von Hitler auf dem Nürnberger Parteitag am 9. September 1936 offiziell verkündete „Vierjahresplan" stellte das wichtigste Instrument für die wehrwirtschaftlichen Kriegsvorbereitungen dar. Die Interdependenzen zwischen Wirtschaft und Rüstung wurden nirgendwo deutlicher greifbar als hier; Entstehung und Bedeutung dieses Plans sind daher von höchstem militärgeschichtlichen Interesse.

Der „Neue Plan" hatte die negative Entwicklung im Devisen- und Außenhandelsbereich nur vorübergehend aufhalten können. Schon ab Mitte 1935 machten sich erneut krisenhafte Erscheinungen bemerkbar; die rücksichtslos betriebene Aufrüstung und die uneinheitliche Ernährungspolitik rissen immer größer werdende Löcher in den Devisenbestand der Reichsbank. Seit Beginn des Jahres 1936 kam es darüber hinaus allenthalben zu sozialen Unruheerscheinungen infolge der sich verschlechternden Ernährungs- und Konsumgüterlage, so daß aus innenpolitischen Gründen immer höhere Devisenbeträge für die Lebensmitteleinfuhr bereitgestellt werden mußten. Die Situation lief Anfang 1936 auf die Alternative Aufrüstung oder Sicherstellung der Ernährung hinaus. Dies erschien allen Verantwortlichen natürlich als unerträglich. In dieser Lage mußte sich Schacht entschließen, die Bereitstellung weiterer Devisen für den Ernährungssektor zu verweigern. Der Reichsernährungsminister, Darré, in die Enge getrieben, verstand es, sich der Unterstützung Görings zu versichern, der ohne Rücksicht auf die Finanz- und Devisenlage des Reiches weitere Devisenzahlungen bei der Reichsbank durchsetzte. Auch Hitler schreckte vor den sozialpolitischen Konsequenzen einer weiteren Lebensmittelverknappung zurück und bewilligte im Frühjahr 1936 nochmals 60 Millionen Reichsmark, die über die Etatansätze des Ernährungsministeriums hinausgingen. Seitdem war jedoch klar, daß irgendetwas geschehen mußte: „Ich bin nämlich kein Dukatenmännchen" schrieb Schacht am 24. März an seinen Widersacher Darré.

Infolge Devisenmangels, mangelnder Investitionen, unzureichender Kapitalausstattung kam es gleichzeitig auch zu einer Rüstungsindustriekrise. Fehlende Rohstoffmengen (vor allem Blei und Kupfer) ließen die Rüstungsproduktion stocken. Das Aufrüstungstempo konnte nur dann beibehalten werden, wenn durch rigorose planwirtschaftliche Maßnahmen der Rohstoffbedarf sichergestellt wurde.

Der Hauptgrund für die angespannte Wirtschaftslage fand sich zweifellos in der Rüstungspolitik. Die Wehrmachtausgaben betrugen 1932 nur 4 % der Gesamtausgaben des Reiches; 1933 waren es 5 %, 1934 18 %, 1935 25 %. 1936 beliefen sich die Rüstungsausgaben schon auf 39 %. Bis 1938 steigerte sich dieser Anteil auf 50 %. In absoluten Zahlen ausgedrückt bedeutete dies einen Finanzbedarf von: 1933 1,5 Milliarden Reichsmark, 1934 2,8 Milliarden Reichsmark, 1935 5,5 Milliarden Reichsmark, 1936 11 Milliarden Reichsmark. Seit 1935 ging von der Rüstung auch keine volkswirtschaftliche Initialzündung mehr aus, die Rüstungsgüter waren totes Kapital.

Wie hoch die Rüstungsausgaben von 1933 bis 1939 insgesamt waren, läßt sich nicht genau sagen, da die Berechnungsgrundlagen unterschiedlich sind. Hitler bezifferte sie am 3. September 1939 mit 90 Milliarden Reichsmark. Zu einem ähnlichen Ergebnis kommt Dietrich Eichholtz, wohingegen den Angaben R. Erbes zufolge nur 44,5 Milliarden von 1933 bis 1938 ausgegeben worden sind. Die begründeten Schätzungen der nichtmarxistischen Literatur tendieren gegen 60–70 Milliarden Reichsmark.

Neben der sich allgemein laufend verstärkenden Tendenz des nationalsozialistischen Regimes, die Wirtschaftsentwicklung zu lenken, haben verschiedene individuelle Entscheidungen bei der Geburt des Vierteljahresplans Pate gestanden. Hier sind lediglich die vier wichtigsten Vorstufen zu nennen:

1. Die Rohstoffkommissare im Reichswirtschaftsministerium;
2. Die Vorstellungen von Thomas aus dem Winter 1933/34;
3. Die Entstehung und Bedeutung des „Benzinvertrages".
4. Die Auseinandersetzungen zwischen Schacht und Göring.

Die Bedeutung der an sich unbedeutenden Rohstoffkommissare ergab sich aus der autarkistischen Grundeinstellung des Rohstoffkommissariats sowie der Vorarbeiten auf dem Gebiet der Ersatzstoffe, vor allem bei Buna, minderwertigen Erzen, synthetischen Fasern und Fetten. Der Rohstoffkommissar Wilhelm Keppler, ein enger Vertrauter Hitlers, konnte sich Schacht gegenüber zwar nicht voll durchsetzen, dennoch bildete seine Dienststelle den „Kern für eine konkurrierende wirtschaftspolitische Instanz zur staatlichen Wirtschaftsverwaltung" (Dieter Petzina).

Zu den geistigen Vätern des Vierjahresplans gehörte vorrangig auch Oberst Georg Thomas, der sich schon seit dem Herbst 1933 darum bemühte, einen wehrwirtschaftlichen Fünfjahresplan durchzusetzen. Nach Thomas sollte dieser die „Durchführung der Beschaffungsvorhaben der drei Wehrmachtteile im Rahmen der Aufrüstung und ... einen planmäßigen Aufbau der Ernährungs- und Rohstoffwirtschaft als Grundlage für die Landesverteidigung" sicherstellen. Thomas erkannte, daß eine befriedigende Lösung nur dann zu erwarten war, wenn die Wehrwirtschaft in ihrer gesamtpolitischen- und wirtschaftlichen Bedeutung von der Industrie begriffen wurde. Er vertrat folgende, in seiner „Geschichte der Deutschen Wehr- und Rüstungswirtschaft" später formulierte Auffassung:

> „Es wurde der Wirtschaft zunächst klargemacht, daß die Wehrwirtschaft keine Rückkehr zur Kriegswirtschaft oder ein Hinsteuern auf eine Planwirtschaft bedeutet, sondern daß die Wehrwirtschaft eine Umstellung des wirtschaftlichen Denkens und Handelns auf den Gedanken der Landesverteidigung fordert und daß eine deutsche Wirtschaft nur blühen kann, wenn ihr Leben durch ein scharfes Schwert gesichert ist."

Die wichtigste materielle Vorstufe zum Vierjahresplan stellte der „Benzinvertrag" dar, der am 14. Dezember 1933 zwischen dem Vertreter des IG-Farben-Konzerns, Carl Krauch, und dem Reichsluftfahrtministerium geschlossen wurde. Dieser Vertrag ging auf eine Initiative der IG-Farben zurück, die schon vor 1933 große Summen in die Entwicklung von synthetischem Treibstoff investiert hatten. Krauch legte im Spätsommer 1933 dem Staatssekretär im Reichsluftfahrtministerium Milch einen – von ihm selbst so genannten „Vierjahresplan" vor, in dem ein umfassendes Produktionsprogramm für synthetische Treibstoffe angeregt wurde. Da die Luftwaffe einen ständig steigenden Bedarf an Flugbenzin anmeldete, der nur unzureichend befriedigt werden konnte, stieß die Anregung Krauchs bei Milch und Göring auf reges Interesse. Die Verhandlungen führten schließlich zu einem Vertrag, in dem der IG-Farben der Auf- und Ausbau von Hydrieranlagen (Leunawerke) übertragen wurde. Auch der Vorschlag Krauchs, einen „Treibstoffkommissar" einzurichten, wurde später im Rahmen des Vierjahresplans aufgenommen. Die gesetzliche Grundlage für den „Benzinvertrag" wurde mit dem „Gesetz über die Übernahme von Garantien zum Ausbau der Rohstoffwirtschaft" vom 13. Dezember 1933 geschaffen. Seither verfügten die IG-Farben über maßgeblichen Einfluß auf allen Bereichen der Rohstoffproduktion; die wehrwirtschaftlich entscheidend wichtige chemische Produktion kontrollierte der Konzern schließlich mit 72,7 % der Gesamtinvestitionen auf dem chemischen Sektor im Jahre 1936/37.

Die Bedeutung des Krauch-Milch-Abkommens ergibt sich institutionell aus dem Umstand, daß Göring als Oberbefehlshaber der Luftwaffe maßgeblichen Einfluß auf einem der wichtigsten wehrwirtschaftlichen Gebiete erhielt und sachlich aus dem Vorbildcharakter des „Benzinvertrages“. Dieser stellte damit die eigentliche Keimzelle des späteren Vierjahresplans dar.

Im Vorfeld des Vierjahresplans entwickelten sich heftige Kontroversen zwischen Schacht auf der einen und Darré, später Göring, auf der anderen Seite. Schon am 3. Mai 1935 hatte der Reichsbankpräsident in einer Denkschrift auf die ungelöste Rüstungsfinanzierung hingewiesen und die Einrichtung eines Gremiums verlangt, das zentral alle Einnahmequellen erfassen und in Relation zu den Rüstungsausgaben bringen sollte. Am 24. Dezember des gleichen Jahres machte Schacht Blomberg deutlich, daß auf Grund der trostlosen Devisenlage die gewünschten Rohstoffimporte für Aufrüstungszwecke nicht mehr möglich seien. Er propagierte eine energische Erweiterung des Außenhandels und warnte vor allen autarkistischen Maßnahmen, die ihm weder wirtschaftlich noch finanziell verantwortbar erschienen. Gegen den Rat Schachts setzte Göring sein Konzept im wesentlichen jedoch durch. In einer Ministerratsitzung vom 12. Mai 1936 prallten die Gegensätze voll aufeinander:

Schacht: „Es wird also ein Zeitpunkt eintreten, an dem wir Reserven weder an Rohstoffen noch an Devisen verfügbar haben werden.
Göring: Wenn wir morgen Krieg haben, müssen wir durch Ersatzstoffe uns helfen. Dann wird Geld keine Rolle spielen. Wenn das so ist, müssen wir auch bereit sein, im Frieden die Voraussetzungen dafür zu schaffen.“

Wenige Tage später gab Schacht seinen prinzipiellen Widerstand auf, hielt aber daran fest, daß eine Ersatzstoffindustrie sich an den Regeln der Weltwirtschaft ausrichten, also nicht fiskalisch, sondern wirtschaftlich arbeiten müsse. Göring, durch Blomberg unterstützt, empfahl eine „Bestandsaufnahme deutscher Rohstoffmöglichkeiten“.

Die von Göring beanspruchten Kompetenzen ergaben sich aus einer Führerweisung vom 4. April 1936, in der dieser „mit der Prüfung und Anordnung aller erforderlichen Maßnahmen zur Besserung der Rohstoff- und Devisenlage beauftragt“ wurde. Daraufhin bildete Göring Anfang Mai 1936 einen „Rohstoff- und Devisenstab“, dem Oberst Thomas und Oberstleutnant Loeb angehörten. Auf diese Weise war die Mitwirkung des Reichskriegsministeriums anfangs sichergestellt; wahrscheinlich hat Göring bei der Bildung des Stabes auf Anregungen Krauchs zurückgegriffen, dessen Einfluß auf Göring erheblich war. Die neue Instanz erhielt auch dem Reichswirtschaftsministerium gegenüber Weisungsbefugnisse. Das bedeutete einen schwerwiegenden Eingriff in die Prärogative Schachts.

b. Hitlers Initiative

Hitlers Denkschrift zum Vierjahresplan vom 26. August 1936 gilt zu Recht als eines der Schlüsseldokumente in der Geschichte des Dritten Reiches. In diesem Memorandum bündelten sich wie nie zuvor und nie wieder sämtliche Aspekte des Hitlerschen Gesamtsystems, seines politischen Programms. Die Denkschrift war zugleich aber auch die Grundlage der deutschen Militärpolitik im weitesten Sinne, ein wahrhaftes Grundgesetz für die bewaffnete Macht.

Die Querelen zwischen Göring, Schacht, Darré und ihren jeweiligen Klienteln hatten bis zum Sommer 1936 auf einen Punkt geführt, der den vollständigen Zusammenbruch der einheitlichen Wirtschafts- und Rüstungsplanung befürchten ließ. Ungeachtet der geschilderten verschiedenen Organisations- und Abhilfemaßnahmen war das Gegeneinander grundsätzlicher Meinungen – an sich ein von Hitler im Zeichen des „divide et impera“-Prinzips nicht ungern gesehener Zustand – nur noch durch einen „Machtspruch“ des obersten Führers, also Hitlers, aufzulösen. In Hitlers Denkschrift verwirklichte sich zum ersten Mal in reiner Form das Prinzip des „Führerstaats“.

Dennoch kam die Initiative Hitlers nicht aus heiterem Himmel. Zwar wurden die Machthaber im Dritten Reich mit Ausnahme Blombergs und Görings vom Gesamtinhalt der Denkschrift nicht informiert, doch Hitler seinerseits hatte Informationen eingezogen. Die wichtigsten stammten aus dem Stabe von Thomas (Oberst Loeb) und aus dem IG-Farben-Konzern, der über den beim Reichsluftfahrtministerium eingerichteten Stab „Forschung und Entwicklung“, also der Gruppe um Krauch, am 15. August eine Denkschrift an Hitler herangetragen hatte, in der Eingriffe in die Wirtschaft bei einzelnen Produktionszweigen vorgeschlagen wurden.

Nichtsdestoweniger trug die Denkschrift, die wahrscheinlich am 26. August 1936 verfaßt wurde (nach Schweitzer) die unverwechselbare Handschrift und Diktion des Diktators. Sie war nicht das Produkt einer „verschwörerischen Manipulation der Monopole“, wie die marxistische Geschichtsschreibung behauptet, und es gibt keinerlei Belege dafür, daß die Summe der Ziele, die Hitler in der Denkschrift aufstellte, auch nur einem Industriellen je bekannt geworden wäre. Die auch für nationalsozialistische Verhältnisse außergewöhnlich strenge Geheimhaltung, der das Dokument unterlag, macht es vielmehr wahrscheinlich, daß sich Hitler durchaus der Tatsache bewußt war, mit diesem Memorandum die Zukunft der gesamten Privatwirtschaft in Frage zu stellen.

Dies ergab sich aus dem Text der Denkschrift selbst, der mit einer Fülle von Anwürfen und Drohungen gegen die „Wirtschaftsführer“ und die „Privatindustrie“ durchsetzt war. Hitler ließ keinen Zweifel daran, daß der nationalsozialistische Staat willens war, zu einem vollständigen Staatskapitalismus überzugehen, wenn die Privatwirtschaft die an sie gestellten Forderungen nicht rückhaltlos erfüllen sollte.

Das von Hitler entworfene Wirtschaftsprogramm wurde in ein historisches und weltpolitisches Szenario eingebunden, das alle bekannten Versatzstücke der Hitlerschen Weltanschauung – Rassegedanken, Lebensraum, Sozialdarwinismus – enthielt. Wie im Jahr darauf während der „Hoßbach-Besprechung“ die Armee, so wurde in der Vierjahresplandenkschrift die gesamte Wirtschaft dem Endziel und -zweck des nationalsozialistischen Regimes unterworfen: der Eroberung von

Lebensraum und der Ausbreitung der germanischen Rasse mittels aggressiver Kriegführung.

Die wirtschaftspolitischen Richtlinien der Denkschrift waren von holzschnittartiger Einfachheit, auch dies weist auf mangelnde fachliche Beratung hin. Hitler ging von der These aus, daß eine Rohstoffbevorratung im Frieden nicht möglich und nicht nötig sei, da die sofortige Verarbeitung der Rohstoffe in Rüstungsgüter höhere militärische Effektivität verspräche. Die Rüstung habe sich nicht nach den Rohstoff- und Devisenbeständen zu richten, sondern diese müßten den Rüstungsbedürfnissen angepaßt werden. Hitler vertrat also einen Standpunkt, der dem von Schacht, der in der Denkschrift mit zahlreichen Seitenhieben bedacht wurde, diametral entgegenstand. Handels- und wirtschaftspolitische Rentabilitätsüberlegungen seien unangebracht, wenn als Alternative nur eine Verlangsamung der Rüstung in Frage käme. Hieraus folgerte Hitler, daß der Aufbau von Ersatzstoffindustrien konsequent vorangetrieben und das Schwergewicht auf den Treibstoff-, Buna- und Eisensektor gelegt werden müsse. In kürzester Frist (für Treibstoff innerhalb von 18 Monaten!) sollte auf allen Gebieten, die für eine einheimische Produktion in Frage kamen, eine möglichst hundertprozentige Autarkie erreicht werden. Die hierdurch eingesparten Devisen mußten für die Einfuhr lebenswichtiger Mangelrohstoffe verwendet werden; da Hitler auch den Wirtschafts- und Leistungsfaktor Mensch berücksichtigte, fielen hierunter konsequenterweise auch Lebensmitteleinfuhren, denn eine Steigerung der landwirtschaftlichen Erzeugung hielt Hitler für kaum noch möglich. Eine generelle Lösung aller Wirtschafts- und Aufrüstungsprobleme aber konnte nur die Gewinnung von „Lebensraum“ bringen: nirgendwo wurde die Blitzkriegsthese Hitlers deutlicher als in diesem Zusammenhang.

Die Denkschrift gipfelte in den Sätzen:

„I. Die deutsche Armee muß in vier Jahren einsatzfähig sein.
II. Die deutsche Wirtschaft muß in vier Jahren kriegsfähig sein.“

c. Die Aufstellung des Vierjahresplans

Auf dem Nürnberger Parteitag verkündete Hitler am 9. September 1936 das zukünftige Wirtschaftskonzept, das propagandistisch rein defensiv begründet wurde. Der Mobilisierungscharakter des Vierjahresplans wurde der Öffentlichkeit nicht bewußt. Wer Hitlers Denkschrift nicht kannte, mochte den Plan als Versuch deuten, der wirtschaftlichen Misere mit neuen Methoden abzuhelfen. Blomberg und Göring, das heißt Wehrmacht und Reichsluftfahrtministerium, wußten jedoch, daß sich die Streitkräfte des Reiches von nun an in der Phase unmittelbarer Aggressionsvorbereitung befanden. Erst ein Jahr später wurden auch die Oberbefehlshaber des Heeres und der Marine, Fritsch und Raeder, in diese Absicht eingeweiht.

Die Denkschrift Hitlers gab Göring nunmehr die erwünschten Kompetenzen. Am 4. September 1936 verlas er, preußischer Ministerpräsident, im Ministerrat Teile der Denkschrift, die zur verbindlichen Richtlinie der zukünftigen Wirtschafts- und Rüstungspolitk erhoben wurden. In einer „Verordnung zur Durchführung des Vierjahresplans" vom 18. Oktober wurde Göring die Durchführung des Vierjahresplans offiziell übertragen. Die Globalanweisung lautete:

„Ministerpräsident Generaloberst Göring trifft die zur Erfüllung der ihm gestellten Aufgaben erforderlichen Maßnahmen und hat soweit die Befugnis zum Erlaß von Rechtsverordnungen und allgemeinen Verwaltungsvorschriften. Er ist berechtigt, alle Behörden, einschließlich der obersten Reichsbehörden und alle Dienststellen der Partei, ihrer Gliederungen und der ihr angeschlossenen Verbände anzuhören und mit Weisungen zu versehen."

Der Vierjahresplan machte den Aufbau einer umfangreichen behördlichen Organisation erforderlich, die hier nicht im einzelnen darzustellen ist. Die Grundsatzentscheidungen sollten in einem „Ministerrat" getroffen werden, dessen faktische Bedeutung jedoch gering blieb. Wichtiger war der „Generalrat", der wöchentlich zusammentrat. Da Göring seine Interessen aber auch in diesem Gremium nicht ausreichend berücksichtigt glaubte, zog er nach und nach die Entscheidungsbefugnisse zu seiner Verwaltungszentrale, dem ehemaligen preußischen Staatsministerium. Darüber hinaus wurden die einzelnen Abteilungen des Vierjahresplanes (insgesamt sechs) oftmals unmittelbar auf Anweisung Görings tätig.

Die wichtigste Abteilung war das „Amt für Deutsche Roh- und Werkstoffe", die Nachfolgeeinrichtung des Rohstoff- und Devisenstabes. Es war zuständig „für die Produktion industrieller Rohstoffe, die Planung und Fabrikation deutscher Ersatzstoffe, die Koordination und Förderung der dafür notwendigen Forschungsaufgaben und den Ausbau der deutschen Mineralölwirtschaft einschließlich der Bewirtschaftung eingeführter und sonstiger, außerhalb des Vierjahresplans gefertigter Stoffe" (Petzina). Leiter des Amtes war Oberst Loeb, der aus dem Stabe von Thomas kam. Die Organisation des Amtes war institutionell und personell nach militärischen Gesichtspunkten ausgerichtet.

Im Gefolge der Wehrmachtkrise vom Februar 1938 (s. u. S. 193 ff.) wurde auch die Gesamtorganisation des Vierjahresplans umgestellt. Nachdem schon im Juli 1937 Oberst v. Hanneken vom Heereswaffenamt zum Generalbevollmächtigten für die Eisen- und Stahlwirtschaft ernannt und als solcher für eine bessere Kontingentierung für die Wehrmachtteile verantwortlich gemacht worden war, erfolgte die Neuorganisation mit Erlassen vom 4. und 5. Februar 1938. Ein Teil der Vierjahresplanbehörden wurde nunmehr in das Reichswirtschaftsministerium eingegliedert, das nach dem Rücktritt von Schacht völlig von Göring (über Funk) abhängig geworden war. Die Aufgaben des „Amtes für Deutsche Roh- und Werkstoffe" wurden zwischen dem Wirtschaftsministerium und einer neu gegründeten „Reichsstelle für Wirtschaftsausbau" geteilt. Die Reichsstelle plante die Rohstoffwirtschaft in eigener Verantwortung. Die Gesamtorganisation wurde stärker als bisher auf den „Generalbevollmächtigten für den Vierjahresplan“, also Göring, ausgerichtet; mit der Personalisierung der Behörde wurden die bürokratischen Strukturen nach und nach zerstört, der nationalsozialistische Führungsstil setzte sich auch im Vierjahresplan durch. Infolgedessen kam es zur Herausbildung einer Konkurrenzsituation zwischen den Vierjahresplanbehörden einerseits und den Wirtschaftsstäben von OKW und Heer andererseits. Bis zum Kriegsausbruch konnte man von einem „labilen Machtgleichgewicht“ (Petzina) sprechen. Während Heer und Luftwaffe ihre Einflüsse schon über die in den Vierjahresplanbehörden tätigen Offiziere geltend machen konnten, sah sich die Kriegsmarine nach und nach in die letzte Priorität versetzt. Das wiederum führte zu erheblichen Spannungen zwischen Marine und Heer sowie Marine und OKW. Schließlich bemühte sich ihr Oberbefehlshaber Generaladmiral Raeder, über den Kopf aller Ämter hinweg die benötigten Kompetenzen von Hitler unmittelbar zu erhalten. Hitlers Entscheidung vom Januar 1939, den Aufbau der Marine (Z-Plan) vorrangig zu fördern, widersprach den Interessen der anderen Wehrmachtteile. Die unglückliche Spitzengliederung ließ aber vernünftige Regelungen im Sinne einer Gesamtwehrmachtführung nicht zu. Das Ringen der Wehrmachtteile um Rohstoff- und Arbeiterzuweisungen wurde durch den Vierjahresplan nicht aufgehoben, sondern eher noch verstärkt.

d. Produktionsplanungen und -ergebnisse

Die Planungen wurden in drei nacheinander in Kraft tretenden Plänen festgeschrieben. Der Schwerpunkt der angestrebten Produktionssteigerungen und der erwünschten Autarkie lagen auf den Gebieten des Mineralöls (synthetischer Treibstoff), des Buna (synthetischer Gummi), des Wasserstraßen-, Hafen- und Schiffbaus, auf dem der unedlen Metalle sowie, immer wichtiger werdend, von Eisen und Stahl. Von großer Bedeutung waren ferner die Textilbranche, die Ernährung und der Energiesektor. Die Gesamtplanung war nicht von Wunschdenken frei, „da es nicht möglich war, in 2–3 Jahren Industrien aufzubauen, für die 1937 noch nicht einmal ein Unternehmen benannt war“ (Petzina). Trotz propagandistischer und verbaler Beteuerungen war auch auf den zentralen Produktionsgebieten eine vollständige Autarkie von Anfang an ausgeschlossen; die von Hitler in seiner Denkschrift vom 26. August 1936 vorgegebenen Zielzeiträume waren durchweg unrealistisch, auf dem Treibstoffsektor reine Utopie: 1938 betrug die Auslandsabhängigkeit bei Mineralöl noch immer 60 % des Gesamtverbrauchs. Auch die Bunaerzeugung erfüllte bei weitem nicht die in sie gesetzten Erwartungen, 1938 wurde erst 5 % des Verbrauchs künstlich erzeugt.

Wichtiger noch als Benzin und Gummi war die Produktion von Eisen und Stahl. Auf diesem Sektor schien nach den Voraussetzungen noch am ehesten eine Chance zur völligen Eigenversorgung gegeben. Tatsächlich ging es auf dem

Eisen- und Stahlsektor auch nicht so sehr um die Kapazitäten der deutschen Eisen- und Stahlindustrie (Salzgitter war eine im wesentlichen *politische* Entscheidung Görings) als um die Erzeinfuhr und -förderung. Die hohe Abhängigkeit vor allem von den schwedischen Eisenerzen führte schon frühzeitig zur Forderung Görings, den Erzhandel mit anderen strategisch weniger exponierten Staaten zu intensivieren, zumal die Kriegsmarine keinen Zweifel daran ließ, daß eine gesicherte Erzzufuhr im Kriege nicht garantiert, eine Eroberung Skandinaviens kaum möglich sein werde. In der Praxis vergrößerte sich die Abhängigkeit vom schwedischen Erz. Umso rigoroser bemühte sich das Regime um die Ausbeutung der minderwertigen deutschen Eisenerze. Gegen den erklärten Willen der deutschen Schwerindustrie verkündete daher Göring am 23. Juli 1937 den Industrievertretern die Gründung der „A. G. für Erzbergbau und Eisenhütten Hermann Göring". Damit wurde nun erstmals ernsthaft der Versuch unternommen – Hitler hatte ihn in seiner Denkschrift bereits anklingen lassen – rein staatswirtschaftliche Methoden der eigenen Aufrüstung dienstbar zu machen. Die Entstehungsgeschichte der Hermann Göring-Werke zeigte, daß das Regime sich durchaus nicht scheute, seine Interessen notfalls auch gegen die Interessen der Privatwirtschaft durchzusetzen.

Im Sommer 1938 erfolgte eine grundsätzliche Akzentverschiebung in der Vierjahresplanung. Von nun an wurde der Schwerpunkt eindeutig auf die unmittelbar rüstungs- und kriegswichtigen Bereiche konzentriert. Stark von Ideen Carl Krauchs beeinflußt, verfügte Göring am 12. Juli 1938 die Ablösung der bisher im „Amt für Deutsche Roh- und Werkstoffe" festgelegten Planziffern durch einen „Wehrwirtschaftlichen neuen Erzeugungsplan", nach dem Ort seiner Entstehung auch „Karinhallplan" genannt. Die Planziffern gingen bei zahlreichen Produkten erheblich über die bisher festgelegten hinaus; Schwerpunkte wurden der Ausbau der Produktion von Mineralöl, Buna und Leichtmetallen.

Pulver, Sprengstoffe und Kampfstoffe sollten auf der Grundlage eines „Schnellplans" vom 13. August 1938 in vermehrtem Maße produziert werden. In der Begründung für den Schnellplan hieß es:

> „Bis Ende 1939 wird nach dem Schnellplan die Kapazität so weit erhöht, daß auf allen Gebieten praktisch die größte im Weltkrieg noch erzielte deutsche Erzeugungsmöglichkeit erreicht wird."

Als „Generalbevollmächtigter Chemie" (Gebechem) erhielt Krauch alle notwendigen Vollmachten, um dieses Programm zu verwirklichen, wenig später erweiterte Göring die Kompetenzen Krauchs, so daß dieser nunmehr für die Gesamtplanung des Neuen Erzeugungsplans verantwortlich war.

Trotz erheblicher Anstrengungen und zum Teil beträchtlicher Erfolge auf einzelnen Gebieten gelang es auf den wichtigsten Sektoren, denen des Mineralöls, des Gummis und des Eisens jedoch bis Kriegsbeginn nicht, die Autarkie zu erreichen. Die wehrwirtschaftliche Erzeugung erlaubte in der Tat nur die Führung eines „Blitzkrieges". Wenn sich die Vorausberechnungen des militärischen Bedarfs im Kriegsfall nach dem September 1939 als zu pessimistisch herausstellten, so ging dies wesentlich auf den militärisch „glatten" Verlauf der ersten Feldzüge, vor allem aber auf die Tatsache zurück, daß es nicht zu einem Stellungskrieg kam. Dennoch trat im deutschen Heer schon nach dem Polenfeldzug Verknappung bei einigen Munitionsarten auf, und es bedurfte außerordentlicher Anstrengungen, um die Einsatzfähigkeit der Armee innerhalb der nächsten 6 Monate auf diesem Gebiet wieder herzustellen. Will man ein Gesamturteil über den Vierjahresplan und die sich aus ihm entwickelnden Produktionspläne abgeben, so wird ein gewisser Erfolg nicht zu leugnen sein. Dieser ging nicht zuletzt auf die Einbeziehung des österreichischen und tschechischen Wirtschafts-, Rüstungs- und Rohstoffpotentials zurück. Theoretisch gesehen war der Vierjahresplan zumindest ab Sommer 1938 der Versuch des nationalsozialistischen Regimes, eine totale wehrwirtschaftliche Mobilmachung durchzuführen. In der Praxis erfolgte diese jedoch nur unzureichend. Weder war das Deutsche Reich auf den Krieg von 1939 wirtschaftlich vollkommen vorbereitet, wie die marxistische Wirtschaftsgeschichtsschreibung behauptet, noch wurde es wehrwirtschaftlich „überrascht". Wie die Armee, so war auch die Wehrwirtschaft 1939 durchaus zur Führung eines Krieges als ultima ratio in der Lage, doch Mobilisierung und Aufrüstung hatten, als der Krieg ausbrach, noch keineswegs den angestrebten Stand erreicht.

Die Politik des Vierjahresplans war nicht bloße ruinöse Raubbauwirtschaft, wenngleich auf vielen Sektoren Wirtschaftlichkeitserwägungen zugunsten der Produktionssteigerung buchstäblich „um jeden Preis" zurückgestellt wurden. Nach den Berechnungen von Dieter Petzina war das Gesamtinvestitionsvolumen von 2 Milliarden Reichsmark für den Vierjahresplan der deutschen Privatwirtschaft durchaus zuzumuten. Der private Konsum stieg seit 1937 sogar leicht an. Die grundsätzlich unsolide Finanz- und Wirtschaftspolitik des Dritten Reiches konnte durch die Expansionspolitik seit dem Frühjahr 1938 weitgehend verschleiert werden. Dennoch wird Alan Milward darin zuzustimmen sein, daß schließlich nur noch der Krieg die ökonomische Endkatastrophe des Regimes verhindern konnte. Die Frage war nur, von welchem Zeitpunkt an nur noch der Krieg als Aushilfsmittel blieb. Sicher ist, daß der 1. September 1939 in dieser Hinsicht kein terminus post quem war.

H. Landesverteidigung und Aggressionsvorbereitung 1935—1937

1. Die Remilitarisierung des Rheinlandes

a. Operative und strategische Planung

Seit der Verkündung des Vierjahresplans war die Wirtschaft auf die Kriegsvorbereitung festgelegt, die nach dem Willen Hitlers innerhalb von vier Jahren abgeschlossen sein sollte. Der in Hitlers August-Denkschrift vorgegebene Zeitraum galt ausdrücklich auch für die Wehrmacht. Diese trat daher nunmehr ebenfalls in die Phase konkreter operativer, strategischer und organisatorischer Planungen ein, obwohl zahlreiche Voraussetzungen auf dem Sektor der Heeresvermehrung, der Waffenrüstung, neuer Kriegstechniken und -technologien noch nicht oder nicht ausreichend vorhanden waren. Aus der Diskrepanz zwischen dem politischen Wollen und Willen Hitlers und der nicht beliebig veränderbaren und zu beschleunigenden militärischen Vorbereitung ergaben sich jene Spannungen, die nach dem 5. November 1937 („Hoßbachbesprechung") offen ausbrechen und die Wehrmachtkrise vom Februar 1938 verursachen sollten. Bis zu diesem Termin konnte sich die Wehrmacht immer noch als Defensivarmee, also als bloßes Mittel der Landesverteidigung begreifen; seitdem mußte sie sich als Angriffs- und Eroberungsinstrument ansehen.

Dieser Übergang vollzog sich jedoch nicht so abrupt, wie man angesichts der Konsequenzen, die sich aus der Konferenz vom 5. November 1937 ergaben, annehmen könnte. Tatsächlich gab es bereits seit dem Frühsommer 1935 zahlreiche Hinweise darauf, daß Hitler und Blomberg die Aufrüstung nicht mehr als Wiederbewaffnung, sondern als Kriegsvorbereitung betrieben. Die Übergänge waren fließend und traten auf den einzelnen Arbeitsfeldern zu verschiedenen Zeitpunkten in Erscheinung; im Wehrmachtamt und im kleinen Ministerrat früher als im Generalstab des Heeres; bei den Gruppenkommandos und Divisionsstäben naturgemäß später als bei diesem. Zwischen den Polen Friedensbewahrung und Aggressionsvorbereitung vollzogen sich die Ereignisse im Rahmen der ersten Expansionsschritte Hitlers, so die militärische Wiederbesetzung des entmilitarisierten Rheinlandes und das Eingreifen in den Spanischen Bürgerkrieg. Im Binnenbereich fanden diese Maßnahmen ihre Entsprechung in der Auseinandersetzung um die Spitzenorganisation der Wehrmacht, den Direktiven des Wehrmachtamts betreffend die Vorbereitung von Operationen gegen die Tschechoslowakei und Österreich, schließlich in der Weisung für die Allgemeine Kriegsvorbereitung vom 24. Juni 1937.

In die gleiche zeitliche Phase fallen auch die ersten ernstzunehmenden Widerstandsregungen aus Kreisen des Heeresgeneralstabs. Die Zentralfigur Ludwig Beck tritt in den Vordergrund, die dramatischen Konflikte zwischen Pflicht und Gewissen kündigen sich an. Die Entscheidungen werden jedoch bis zum Herbst 1937 noch nicht zur Reife entwickelt; die Monate von der Wiedereinführung der allgemeinen Wehrpflicht bis zur Hoßbachbesprechung sind auf allen Sektoren und in allen Bereichen der Militärgeschichte eine Periode des Übergangs.

Der Abschluß des russisch-französischen Paktes am 2. Mai 1935, dem ein sowjetisch-tschechoslowakisches Abkommen angeschlossen wurde, sollte Ausgangspunkt weitreichender außen- und rüstungspolitischer Entscheidungen der deutschen Staats- und Militärführung werden. Zum ersten Mal wurden im Wehrmachtamt strategische Erwägungen mit dem Fernziel eines Aufmarschplanes angestellt. Die enge Verzahnung zwischen der deutschen Aufrüstung im Zeichen der nunmehr eingeführten allgemeinen Wehrpflicht, der Außenpolitik im Gefolge des Entstehens und Scheiterns der Stresa-Politik und der Umsteuerung der Militärpolitik von der Defensive zur Offensive wurde im Bruch des Locarnovertrages und im Einmarsch deutscher Truppen in das entmilitarisierte Rheinland zum ersten Mal deutlich. Dieses Ereignis hatte prinzipielle Bedeutung für den Fortgang der Hitlerschen Politik, es besaß modellartigen Charakter. Ursachen und Anlässe der März-Vorgänge sind zu unterscheiden; zu den Ursachen gehörte die Fortentwicklung des strategischen Denkens und der Aufrüstung.

In einem Memorandum vom 30. März 1935 stellte Reichenau Überlegungen für den Fall eines Krieges gegen die Tschechoslowakei und Frankreich an. Mit Weisung vom 2. Mai 1935 forderte Blomberg die Wehrmachtteile zur Ausarbeitung einer Studie unter dem Decknamen „Schulung" auf der Grundlage der Wehrmachtstudie auf, in der der Fall eines blitzartigen Überfalles auf die Tschechoslowakei bei gleichzeitiger defensiver Kriegführung gegen Frankreich angenommen war. Obwohl Blomberg versicherte, es handele sich um einen rein theoretischen Fall, der, wie der gewählte Deckname zum Ausdruck brachte, lediglich der „Schulung" der Oberkommandos dienen sollte, argwöhnte Beck hinter dieser Weisung eine doch reale Absicht der politischen Führung.

In einer schon tags darauf schriftlich abgegebenen Stellungnahme trat der Generalstabschef mit aller Entschiedenheit dem an ihn gestellten Ansinnen entgegen. Es handelte sich um die erste einer großen Zahl von Denkschriften und Memoranden Becks, die sich gegen die Methoden der militärischen Planung, gegen die seiner Auffassung nach verfehlte Spitzenorganisation der Wehrmacht, schließlich, in zunehmendem Maße, gegen die außenpolitische vabanque-Politik Hitlers, am Ende gegen Hitler und sein System selbst richteten.

Beck erklärte,

„daß, wenn das Schreiben des Herrn Ministers nicht lediglich den Gedanken operativer Studien im Auge hat, sondern mit ihm der Eintritt in praktische Kriegsvorbereitungen beabsichtigt ist, ich dann die gehorsamste Bitte aussprechen muß, mich von der Stelle des Chefs des Truppenamtes zu entheben, da ich mich der letzteren Aufgabe nicht gewachsen fühle."

Beck widerlegte in allen Einzelheiten die politischen, strategischen und operativen Prämissen der Wehrmachtstudie und wies nachdrücklich auf die eigene

Unterlegenheit und die französische Überlegenheit hin. Ein deutscher Überfall auf die Tschechoslowakei könne nur als „Verzweiflungshandlung" angesehen werden,

> „bei welcher sich das deutsche Heer unter Preisgabe des deutschen Bodens selbst für die unmittelbare Landesverteidigung ausschaltet, voraussichtlich in außerdeutschem Lande ein unrühmliches Ende findet, während daheim die Gegner die ihnen genehmen Bedingungen diktieren. Eine solche militärische Führung ... muß des härtesten Verdammungsurteils nicht nur der Zeitgenossen, sondern auch der Geschichte gewärtig sein."

Becks Intervention hatte zunächst Erfolg, eine operative Bearbeitung von „Schulung" erfolgte nicht. (Zu der mit der Denkschrift Becks ebenfalls und sogar hauptsächlich verfolgten Frage der zweckmäßigen Spitzengliederung s. u. S. 171 ff.). Die Bedeutung der Blombergschen Weisung und der Beckschen Replik lag in der klaren Erkenntnis, daß die von Hitler gewünschte Umstellung der militärstrategischen Planung von der Defensive zur Offensive solange völlig aussichtslos war, als das „Loch im Westen", das entmilitarisierte Rheinland, Frankreich jederzeit die Möglichkeit gab, mit einem raschen Zugriff auf das Zentrum der deutschen Rüstungsindustrie im Ruhrgebiet alle Angriffsanstrengungen zum Scheitern zu verurteilen. Sollte die Angriffsplanung überhaupt Sinn haben, so mußte vorerst das Problem der Rheinlandzone bereinigt sein.

Die Notwendigkeit, die Bestimmungen des Locarnovertrages hinsichtlich der entmilitarisierten Zone zu beseitigen, ergab sich aus sachlogischen, ressortspezifischen Gründen. Sie war weder bei den Politikern noch bei den Militärs jemals strittig. Schon 1926 hatte Joachim v. Stülpnagel in einer Denkschrift, die sich mit den militärischen Revisionswünschen beschäftigte, die Wiederbesetzung des Rheinlandes aufgeführt, und seit dem Herbst 1934 hielten das Reichswehrministerium und das Auswärtige Amt in dieser Frage Kontakt. Strittig war allein die Festlegung des „günstigsten" Zeitpunktes. In allen Erwägungen, die aus dem militärischen Bereich kamen, findet sich nicht die Spur einer Reflexion hinsichtlich der friedenssichernden Funktion des Locarnovertrages. Die Ideen Stresemanns und Briands waren völlig verschüttet; die entmilitarisierte Zone wurde allein unter revisionistischen Gesichtspunkten betrachtet; daß das Deutsche Reich mit seiner Entscheidung vom Oktober 1925 freiwillig einen wichtigen Beitrag zur gesamteuropäischen Friedensordnung geleistet hatte, war in Vergessenheit geraten.

Die rasche Vermehrung des Heeres und seine von Hitler und Blomberg beabsichtigte Umstellung auf ein Angriffsinstrument ließen die Entmilitarisierung der Rheinlandzone als völlig unerträglich erscheinen. Zum einen machte sich das Fehlen der Wehrpflichtigen der entmilitarisierten Rheinlandzone negativ bemerkbar, zum anderen blieben mindestens 8 Felddivisionen zum Grenzschutz im Westen gebunden. Das Heer konnte unter solchen Voraussetzungen niemals schwerpunktmäßig (also mit der Masse aller operativen Verbände) und schon gar nicht angriffsweise gegen einen „Südost-Staat" eingesetzt werden. Es blieb, solange der Entmilitarisierungszustand aufrecht erhalten war, in jedem Falle nur die Defensive. Eben dies war ja auch der eigentliche Sinn des Locarno-Abkommens gewesen. Umgekehrt: Wenn Deutschland in das Rheinland einmarschierte und mit Befestigungsbauten begann, war dies ein wesentliches Indiz für den Willen der Staatsführung, fortan nicht mehr militärisch defensiv, sondern offensiv vorzugehen.

b. Die außenpolitische Entwicklung und der Abessinienkonflikt

Es lag auf der Hand, daß ein einseitiger deutscher Bruch des Locarnovertrages weitreichende und ungemein gefährliche Konsequenzen haben mußte, wenn es nicht gelang, durch geeignete politisch-diplomatische Schritte das Terrain vorzubereiten.

Das Heer war 1936 in der Phase der Umstrukturierung zu einer Wehrpflichtarmee besonders schwach. Die von Blomberg und Fritsch vorgetragenen Bedenken gegen einen Vertragsbruch zu diesem Zeitpunkt beruhten allein auf der Erkenntnis der völligen militärischen Ohnmacht. Die deutsche Armee wäre, wie es Jodl später in Nürnberg ausdrückte, allein von der französischen „armée de couverture hinweggeblasen“ worden.

Unter dem Eindruck der unfreundlichen Reaktionen der übrigen europäischen Mächte auf die einseitige deutsche Kündigung des Teils V des Versailler Vertrages bemühte sich Hitler anläßlich der Verabschiedung des Wehrgesetzes in einer Reichstagsrede vom 21. Mai 1935, die Befürchtungen der Westmächte und Italiens vor einem möglichen deutschen Einmarsch in das entmilitarisierte Gebiet, der schon zu diesem Zeitpunkt von den übrigen Mächten als wahrscheinlich nächster Schritt Hitlers angesehen wurde, zu zerstreuen. Er versicherte, daß Deutschland den Locarnovertrag nicht brechen werde, fügte jedoch hinzu, daß Frankreichs Paktabschluß mit der Sowjetunion mit eben diesem Vertrag nicht vereinbar sei. In einem Memorandum vom 25. Mai wurde diese Auffassung den Signatarstaaten notifiziert. Aufmerksame diplomatische Beobachter wußten seitdem, daß Hitler willens war, den russisch-französischen Pakt als Hebel seiner Anti-Locarno-Politik zu benutzen.

Fritsch und Beck haben zu jeder Zeit darauf hingewiesen, daß die Rheinlandfrage nur aufgerollt werden dürfe, wenn es die internationale Lage erlaube. Solange die Stresa-Front Bestand hatte, mußte man sehr vorsichtig operieren. Durch den Abschluß des deutsch-englischen Flottenvertrages lockerte sich die antideutsche Front jedoch auf; entscheidend aber wurden die Ereignisse, die sich aus dem abessinischen Abenteuer Mussolinis ergaben.

Die deutsch-italienischen Beziehungen waren seit dem Regierungsantritt Hitlers einerseits durch ähnliche ideologische Vorstellungen der beiden Diktatoren, andererseits durch die sprunghafte Außenpolitik Italiens gekennzeichnet. In der Völkerbundkrise vom Herbst 1933 hatten sich erstmals Möglichkeiten einer engeren deutsch-italienischen Zusammenarbeit abgezeichnet; die aggressiv-törichte Österreichpolitik Hitlers im Jahre 1934 führte jedoch wieder zu einer Entfremdung zwischen Berlin und Rom. Nachdem Mussolini erkannt hatte, daß es seinen Ehrgeiz im Rahmen des Viererpaktplans und einer Belebung des Kollektivsystems nicht befriedigen konnte, nahm er die Aufkündigung der militärischen Klauseln des Versailler Vertrags durch Deutschland zum Anlaß, wieder enger an die beiden großen Westmächte heranzurücken. Stresa verdeckte jedoch nur für wenige Wochen, daß Italien mit seiner Entscheidung, ein Völkerbundsmitglied anzugreifen, unweigerlich auf den Widerstand Englands und Frankreichs stoßen mußte. Zwar gelang es Mussolini vorübergehend, Frankreich zum Stillhalten zu bewegen, doch die gemeinsame Interessenlage im Hinblick auf das durch Deutschland potentiell gefährdete Österreich erwies sich schließlich als allzu schmale Basis, und nachdem sich der Duce im Februar 1935 endgültig entschlossen hatte, in Abessinien auf Kolonialerwerb zu gehen, sah er sich dem geschlossenen Widerstand des Völkerbundes ausgesetzt.

Die militärischen Vorbereitungen Italiens in Afrika dauerten bis Anfang Oktober. Inzwischen versuchten die deutsche Außenpolitik und der Generalstab des Heeres, d. h. Beck, sich über die Möglichkeiten und Konsequenzen eines italienisch-abessinischen Konfliktes klar zu werden. Solange die militärische Schwäche Deutschlands anhielt, kam es nach Auffassung Becks darauf an,

„wenn irgend möglich jeden Konflikt zu vermeiden, keine Provokationen, vor allem nicht in Österreich und in der entmilitarisierten Zone; b) das Verhältnis zu Italien zu bessern suchen, überhaupt einer Einkreisung vorbeugen, selbst unter Opfern."

Das Auswärtige Amt und Hitler verfolgten eine durchaus ähnliche Taktik, die der deutsche Botschafter in Rom, Ulrich v. Hassell, später mit einer Politik des „toten Mannes" charakterisierte. Tatsächlich ließ sich im Verlaufe des Sommers und Herbstes 1935 absehen, daß die hektischen diplomatischen Friedensbemühungen Englands und Frankreichs erfolglos bleiben würden. Hitler tat alles, um Mussolini den Weg nach Abessinien freizuhalten, das heißt: er tat nichts. Er hoffte auf eine weitere Entfremdung zwischen Italien und den Westmächten und auf eine gleichzeitige Annäherung zwischen Italien und Deutschland. Die diplomatisch vorteilhafte Lage, in die sich das Reich versetzt sah, machte ein aktives Eingreifen zugunsten Italiens nicht notwendig; es genügte, daß sich Deutschland nicht an den Völkerbundsanktionen beteiligte, um in Rom Kredit zu gewinnen.

Der Grund lag auf der Hand, und Hitler verschwieg ihn nicht. Am 7. September 1935 erklärte er vor den Offizieren des VI. Armeekorps, „er werde keine Sanktionen gegen Italien mitmachen, im Gegenteil, er wünsche Mussolini vollen Erfolg." Nach den Aufzeichnungen Keitels deutete Hitler an, daß auch Deutschland in eine ähnliche Lage kommen könne „in der wir ein Eingreifen gegen uns in der Verwirklichung berechtigter Forderungen nicht anerkennen und hinnehmen wollten." Damit konnte nur der Einmarsch in das entmilitarisierte

Rheinland gemeint sein. Auch diplomatisch machte Hitler gar kein Hehl aus seinen Absichten, wie sich aus seinen Äußerungen dem britischen Botschafter Phipps gegenüber am 12. Dezember 1935 ergab.

Am 2. Oktober 1935 marschierten die italienischen Truppen in Abessinien ein. Das schlecht vorbereitete Unternehmen geriet jedoch sehr rasch in eine Krise und es dauerte länger als vorgesehen, das äthiopische Kaiserreich zu unterwerfen. Solange Italien hier engagiert war, bestand für die deutsche Politik keine Gefahr, im Falle der Rheinlandbesetzung von Italien ernsthaft konterkariert zu werden. Hieraus ergab sich für Hitler der terminus ante quem, denn wenn Italien in Afrika gesiegt hatte, würde es Mussolinis dringendstes Anliegen sein, die Beute zu konsolidieren. Eine erneute Annäherung an den Westen auf Kosten Deutschlands wäre dann wahrscheinlich gewesen.

c. Die diplomatisch-militärische Vorbereitung

Die Entscheidung reifte heran, als es den beiden Großmächten England und Frankreich nicht gelang, den abessinischen Krieg diplomatisch beizulegen. Ein von den Außenministern beider Staaten ausgearbeiteter Plan, der auf eine Teilung Abessiniens hinausgelaufen wäre, fiel der empörten öffentlichen Meinung in England zum Opfer; seitdem fand sich Mussolini, der den Hoare-Laval-Vorschlag ebenfalls ablehnte, völlig isoliert; im Dezember 1935 standen die Dinge für Italien auch in Afrika nicht gut.

Mussolini sah sich zu einer Annäherung an Deutschland genötigt. Am 7. Januar 1936 unterbreitete er ein für Hitler sehr vorteilhaftes Angebot in der strittigen Österreichfrage. Italien wollte sich damit einverstanden erklären, daß Österreich in eine Art Satellitenverhältnis zum Deutschen Reich trat. Hitler ergriff die Chance und gab mit seiner dem italienischen Botschafter Attolico gegenüber geäußerten Bemerkung, er würde den Sturz des italienischen Faschismus sehr bedauern, die von Mussolini erwünschte wohlwollende Neutralitätserklärung ab.

Um die Weihnachtszeit 1935 herum orientierte Hitler aller Wahrscheinlichkeit nach auch den Generalstab des Heeres von seiner Absicht, demnächst die Rheinlandfrage im Sinne einer Remilitarisierung zu lösen. Diese Ankündigung kam nicht überraschend. Schon seit Monaten hatten organisatorische Vorbereitungen stattgefunden, die sich auf die Militarisierung der Landespolizei im Rheinland und auf den Aufbau einer getarnten Wehrersatzorganisation bezogen. Dennoch warnte Fritsch vor einer baldigen Aktion, da die außenpolitische Lage nicht genügend abgesichert schien.

Aber Hitler war sich seit Januar 1936 seiner Sache sicher: Nach dem Scheitern des Hoare-Laval-Plans erwogen England und Frankreich eine Verschärfung der Sanktionen gegen Italien. In Abessinien bereitete der Oberbefehlshaber Badoglio gleichzeitig eine neue Offensive vor. Wenn sich die militärische Lage für Italien verbessern sollte – damit war nunmehr zu rechnen – so blieb keine

Zeit mehr zu verlieren. Hitler war willens, die erste günstige Gelegenheit zu ergreifen, nachdem ihm der deutsche Botschafter in Rom, Ulrich v. Hassell, am 17. Januar versichert hatte, Italien werde nicht mehr in die Stresafront zurückkehren.

Diese Gelegenheit ergab sich mit der Vorlage des sowjetisch-französischen Paktes in der französischen Abgeordnetenkammer am 11. Februar 1936. Das hiermit eingeleitete Ratifizierungsverfahren bot sich als Vorwand für den Bruch des Locarnovertrages an. Da gleichzeitig England und Frankreich sich auf diplomatischem Wege bemühten, auch Italien als Signatarstaat des Locarnoabkommens zu einer zusätzlichen Vereinbarung über den Locarnovertrag zu bewegen, mußte Hitler jetzt rasch handeln. Die Berichte aus Abessinien deuteten außerdem auf einen baldigen italienischen Erfolg hin.

Der endgültige Entschluß Hitlers, nunmehr so rasch wie möglich mit dem Einmarsch in das Rheinland ein fait accompli zu schaffen, fiel am 12. Februar 1936. Hitler informierte Blomberg und Fritsch von seiner Absicht, beide stimmten prinzipiell zu, ihre außenpolitischen Bedenken waren geringer als anläßlich der Verkündigung der Wehrhoheit. Tatsächlich schien die außenpolitische Lage günstig zu sein, auch Beck hat, soviel wir wissen, keine ernsthaften Einwände erhoben.

In einer Unterredung mit Botschafter Hassell am 14. Februar 1936 trug Hitler dem Diplomaten auf, Mussolini von der Absicht, den Locarnovertrag aufzukündigen, zu unterrichten. Der Duce habe erklärt, so notierte Hassell,

„falls wir irgendetwas unternähmen, so würden die Italiener am Fenster stehen und interessiert zusehen."

Daß Italien nicht eingreifen würde, stand fest; die Haltung Englands und Frankreichs blieb jedoch ungewiß. Viele Anzeichen deuteten zwar darauf hin, daß Frankreich letztlich nicht marschieren würde, da England seine militärische Unterstützung versagte, doch aus den in Berlin einlaufenden Berichten ergab sich kein eindeutiges Bild. Hitler war bereit, das Restrisiko einzugehen, die Wehrmacht- und Heeresführung ebenfalls.

Am 2. März 1936 erließ Blomberg an die Oberbefehlshaber der drei Wehrmachtteile die Einmarschweisung, für die der „Z-Tag" allerdings noch nicht festgelegt war. In dem Befehl hieß es:

„1. Der Führer und Reichskanzler hat folgendes entschieden: Durch den französisch-russischen Beistandspakt sind die von Deutschland im Locarno-Vertrag übernommenen Bindungen, soweit sie Artikel 42 und 43 des Vertrages von Versailles über die entmilitarisierte Zone betreffen, als hinfällig zu betrachten.

2. Teile des Heeres und der Luftwaffe werden daher überraschend und gleichzeitig in Standorte der entmilitarisierten Zone verlegt werden."

Der Einmarsch sollte mit Teilen des VI., IX. und V. Armeekorps erfolgen. Je ein Bataillon war nach Aachen, Trier und Saarbrücken zu verlegen. Die Landespolizeiinspektionen sollten in das Heer sofort eingegliedert werden. In Punkt 7 des Befehls hieß es:

„Sollten die übrigen Signatarmächte des Locarnopaktes mit militärischen Vorbereitungen auf die Verlegung deutscher Truppen in die entmilitarisierte Zone antworten, so bleibt jede militärische Gegenmaßnahme meiner Entscheidung vorbehalten. Im Falle feindlicher Grenzverletzungen in offensiver Absicht ist den Aufmarsch- und Kampfanweisungen entsprechend zu verfahren."

Am 5. März wurde der Beginn des Einmarsches auf Samstag den 7. März festgelegt. Man wollte die bei den Westmächten auch damals schon herabgesetzte Reaktionsfähigkeit während des Wochenendes ausnutzen. Am gleichen Tage sollte der deutsche Botschafter in Paris ein deutsches Memorandum überreichen. Der Reichstag wurde am 6. März zum nächsten Tage einberufen. Die vorgesehene Transportbewegung umfaßte 90 Züge.

d. Die Folgen des 7. März 1936

Der Einmarsch der deutschen Truppen vollzog sich seit dem Morgen des 7. März 1936 völlig reibungslos. Zur gleichen Zeit begann die deutsche diplomatische Beschwichtigungsoffensive. Hassell hatte erst wenige Stunden vor dem Einmarsch Kenntnis von den deutschen Absichten und die Erlaubnis erhalten, Mussolini zu unterrichten; nur mit Mühe gelang es dem Botschafter, den Unwillen des Duce über die seiner Meinung nach viel zu weit gehenden deutschen Kompensationsangebote an den Westen zu dämpfen. Insbesondere war Mussolini von dem deutschen Vorschlag entsetzt, im Rahmen eines diplomatischen settlements sogar wieder in den Völkerbund einzutreten.

Dieses deutsche Angebot war Teil des am 7. März in London und Paris überreichten deutschen Memorandums, in dem die Aktion vom 7. März als Reaktion auf den Bruch des Locarnovertrages durch Frankreich hingestellt, zugleich aber versichert wurde, daß Deutschland mit der Einrichtung einer entmilitarisierten Zone beiderseits der deutsch-französischen Grenze (was auf Grund der französischen Befestigungsanlagen für Frankreich unannehmbar war), dem Abschluß von Nichtangriffspakten und der Wiederaufnahme von Abrüstungsgesprächen einverstanden sei. In Hitlers Reichstagsrede vom gleichen Tag wurden die deutschen Maßnahmen propagandistisch verteidigt, die Angebote an die übrigen Mächte wiederholt.

Das deutsche Memorandum verfehlte seine palliative Wirkung auf England und Frankreich nicht. Zwar war sich das französische Kabinett darüber im klaren, daß es sich bei dem deutschen Einmarsch um einen unprovozierten Schritt handelte, der die Reaktion der Garantiemächte auf Grund des Locarnovertrages auslösen mußte, doch das Abseitsstehen Roms, das Zögern Londons und die Unsicherheit hinsichtlich der eigenen Aktionsmöglichkeiten führten eine vollständige Lähmung des politischen Willens in England und Frankreich herbei. Lediglich der französische Generalstabschef Gamelin und einige Kabinettmitglieder waren bereit, Deutschland gewaltsam entgegenzutreten, aber auch die französischen Militärs gingen von einer geradezu grotesken Überschätzung der deutschen Kräfte aus, so daß der Entschluß zur Reaktion in ihren Augen die Entscheidung zu einem allgemeinen deutsch-französischen Krieg gewesen wäre, den Frankreich ohne sichere Verbündete beginnen und zweifellos verlieren würde, wenn das deutsche, stets überlegene potentiel du guerre zum Tragen käme. Die von Gamelin angeregte Faustpfandpolitik war in den Augen der französischen Regierung mit einem unkalkulierbaren Risiko verknüpft.

Auch im englischen Unterhaus konnte die laut verkündete Empörung nicht darüber hinwegtäuschen, daß die Kriegsbereitschaft gering war. Dennoch gewannen die deutschen Militärattachés in London am 11. März 1936 den bestimmten Eindruck, als stehe der Frieden auf Messers Schneide.

In einer gemeinsam unterschriebenen Note an das Auswärtige Amt warnten die Militärattachés Geyr von Schweppenburg, Wassner und Wenniger vor den Folgen der deutschen Maßnahmen, die mit einer Wahrscheinlichkeit von 50 : 50 zum Krieg führen würden. Hitler und Blomberg reagierten auf den Kollektivschritt, der in der Geschichte des deutschen Militärattachéwesens einmalig war, mit nervöser Hektik und waren vorübergehend bereit, die in Saarbrücken, Trier und Aachen stationierten Bataillone zurückzunehmen. Lediglich dem Eingreifen Neuraths und der festen Haltung Fritschs war es zu verdanken, daß sich aus dieser Krisenlage keine Panik mit unabsehbaren Folgen ergab. Blomberg wies die Attachés in scharfer Form zurecht; tatsächlich war das Vorgehen Geyrs, von dem die Initiative ausgegangen war, mit den Vorschriften und Traditionen des militärischen Attachéwesens kaum vereinbar. In der kritischen Situation, in der sich die deutsche Politik jedoch befand, haben die Militärs in London von jenem Recht Gebrauch gemacht, das sich aus der militärischen Verantwortung für das „Wohl des Ganzen“ (Beck) ergab. Folgerichtig hat Beck die Rüge Blombergs, die er nicht verhindern konnte, in einem Privatschreiben an Geyr deutlich desavouiert.

Mit einer amtlichen deutschen Erklärung vom 12. März, einem Memorandum der Restlocarnomächte vom 19. März, einer Völkerbundresolution und dem daraufhin erfolgenden deutschen Protest, schließlich mit einem deutschen „Friedensplan“ vom 31. März, in dem die Angebote vom 7. März im wesentlichen wiederholt wurden, klang die Rheinlandkrise aus. Trotz z. T. markiger Worte seitens Englands und Frankreichs haben sich diese Mächte nicht zum Eingreifen entschließen können: Frankreich hielt sich isoliert für militärisch zu schwach, England sah sich dem Widerstand des Dominions und der eigenen Bevölkerung ausgesetzt, schließlich trug das Empfinden, Deutschland revidiere lediglich einen diskriminierenden Artikel des Versailler Vertrags dazu bei, Hitlers Coup vom 7. März hinzunehmen.

Die deutsche Wehrmacht stand nach der Rheinlandmilitarisierung fester denn je auf Seiten Hitlers. In geradezu hymnischen Worten dankte Blomberg in einer Rede zum Heldengedenktag am 8. März 1936 Hitler für alle Wohltaten, die er Staat, Volk und Wehrmacht erwiesen habe:

„Heute aber haben wir das doppelte Glück, nicht nur Geschichte zu gestalten, sondern auch diese Geschichte zu machen mit dem Vorbild eines Führers, dessen Wille, Glaube und Vertrauen die Grenzen menschlicher Schaffenskraft weit herausrückt in den Bereich überpersönlicher Wirkung. Und heute ist dieser Mann nicht nur unser Vorbild und Oberster Befehlshaber, sondern auch unser aller Kamerad, dem wir mit Leib und Seele gehören."

Die Ereignisse vom 7. März 1936 hatten für die deutsche Wehrmacht entscheidende Bedeutung: Der weitere Heeresaufbau konnte nunmehr unter Einbeziehung der entmilitarisierten Zone zügig weitergetrieben werden. Die Defensivaufgaben der Armee wurden wesentlich reduziert, die bisher zum Schutz der Grenze zum Rheinland festgelegten Divisionen wurden zu anderer Verwendung frei. Das hochempfindliche Rüstungszentrum Deutschlands war nicht mehr feindlichen Angriffen schutzlos preisgegeben. Zwar versicherte Hitler auf besorgte Anfragen der ausländischen Diplomaten, man denke noch gar nicht an ein Befestigungssystem, tatsächlich aber wurde sofort mit dem Ausbau von Feldstellungen begonnen. Wichtiger als die strategischen Folgen waren jedoch die politischen. Sie sind folgendermaßen zusammenzufassen:
1. Frankreich verlor für die ostmitteleuropäischen Staaten seine Bündnisfähigkeit, da es im Falle eines deutschen Angriffs im Osten nicht mehr ohne weiteres Deutschland in den Rücken fallen konnte.
2. Vor die Alternative gestellt, sich an die Sowjetunion oder an das deutsche Reich anzulehnen, wählten die meisten Staaten die Anlehnung an Deutschland.
3. Der deutsche Einfluß reichte damit weit in den südosteuropäischen Raum hinein, Österreich sah sich völlig vom deutschen Einfluß umgeben.
4. Die italienische Politik schwenkte nunmehr endgültig um. Die Rheinlandbesetzung wurde zum Ausgangspunkt des deutsch-italienischen Achsenbündnisses.
5. Das französisch-englische Verhältnis blieb getrübt, das französische Vertrauen in die Zuverlässigkeit Englands war gebrochen. Seitdem sank die Bedeutung Englands in Hitlers Augen herab; er glaubte, von nun an aggressivere Kontinentalpolitik treiben zu können. Frankreichs Führung aber erschien ihm als schwächlich.

2. Einheitliche Kriegsvorbereitung

a. Das Problem der Spitzengliederung 1933–1937

Die Spitzenorganisation der bewaffneten Macht gehört in den Umkreis der Verfassungsgeschichte, doch über die verfassungsrechtliche Interpretation der zu einem bestimmten Zeitpunkt getroffenen und rechtlich gültigen Lösung hinaus ist sie unter den Aspekten der fachmilitärischen, der hierarchischen, der politischen und nicht zuletzt der ethisch-sittlichen Verantwortung der Führungselite zu betrachten. Da die Wehrmacht eines Staates nicht im politisch-historisch-gesellschaftlich luftleeren Raum existiert, vermittelt die Analyse der Spitzenorganisation Einblick in die Interaktionsmuster zwischen politischer und militärischer Führung, umschreibt das Verhältnis zwischen Legislative und Exekutive des Staates und läßt die jeweiligen Abhängigkeiten des politischen bzw. militärischen Apparates von der Gesamtheit aller Ämter, Behörden und Bürokratien des Staatswesens erkennen. In der Spitzenorganisation der bewaffneten Macht spiegelt sich das politische Selbstverständnis des Staates und seiner höchsten Repräsentanten; Änderungen in der Spitzenorganisation sind daher niemals allein vom bürokratisch-organisatorischen Gesichtspunkt her zu bewerten, sondern müssen als Ausdruck eines politischen Entscheidungsprozesses angesehen werden.

Die Entwicklung der Spitzenorganisation im Dritten Reich vollzog sich in drei Stufen: 1. Von der Hitlerschen Machtergreifung am 30. Januar und der Ernennung Blombergs bis zum Tod Hindenburgs; 2. Von der Vereinigung der Ämter des Reichskanzlers und des Reichspräsidenten durch Hitler am 2. August 1934 bis zur Entlassung Blombergs. 3. Von der Übernahme des Oberbefehls durch Hitler am 4. Februar 1938 bis zum Ende des Dritten Reiches. Die Vereinigung der Ämter des Obersten Befehlshabers der Wehrmacht und des Oberbefehlshaber des Heeres am 19. Dezember 1941 in der Person Hitlers unterteilt die dritte Stufe.

Mit Annahme des Ermächtigungsgesetzes am 24. März 1933 begann die Aushöhlung der Rechte des Reichspräsidenten als Oberbefehlshaber, da die Reichsregierung nunmehr über die Befugnisse des Reichspräsidenten im Gesetzgebungsverfahren kraft ihrer eigenen, unbeschränkten Gesetzgebung hinweggehen konnte. Doch erst nach Hindenburgs Tod fiel der Oberbefehl über die Wehrmacht in der Person Adolf Hitlers den nationalsozialistischen Machthabern ganz anheim. Der Eid auf Hitler begründete darüber hinaus ein persönliches Treueverhältnis, das von der verfassungs -und staatsrechtlichen Konstruktion her keineswegs erforderlich gewesen wäre. Er war Ausdruck der von Hitler angestrebten Personalisierung der Staats- und Regierungsverantwortung.

Die wichtigste Grundlage für die Macht- und Rechtstellung Hitlers und des Reichskriegsministers fand sich in § 3 des Wehrgesetzes vom 21. März 1935. Er lautete:

„Oberster Befehlshaber der Wehrmacht ist der Führer und Reichskanzler. Unter ihm übt der Reichskriegsminister als Oberbefehlshaber der Wehrmacht Befehlsgewalt über die Wehrmacht aus."

Hitler standen hiermit die Rechte des Staatsoberhauptes über die Wehrmacht zu, Blomberg übte als „Oberbefehlshaber der Wehrmacht" die Befehlsgewalt aus. Der Reichskriegsminister unterstand jedoch voll dem „Obersten Befehlshaber"; seine Befugnisse ergaben sich lediglich aus dem Wehrgesetz. Eine Gleichberechtigung zwischen Oberstem Befehlshaber und Oberbefehlshaber bestand nicht, der Reichskriegsminister unterlag der Weisungsbefugnis des Obersten Befehlshabers.

Die Machtfülle des Reichskriegsministers Blomberg war dennoch größer als die des Reichswehrministers in der Weimarer Zeit, denn er war zugleich der ranghöchste aktive Soldat der Wehrmacht und übte neben der ministeriellen Weisungsbefugnis auch das militärische Kommando aus. Das Reichskriegsministerium war also zugleich oberste Kommando- und Verwaltungsbehörde.

Diese theoretische Machtfülle des Reichskriegsministers wurde jedoch durch die Mediatisierung der Ministerverantwortung (die Minister wurden verfassungsrechtlich als „Unterführer" angesehen) und den Wegfall der parlamentarischen oder verfassungsrechtlich festgelegten Kontrollbefugnisse dem Obersten Befehlshaber gegenüber entscheidend eingeengt. De facto verfügte allein Hitler über sämtliche Rechte im Hinblick auf die bewaffnete Macht. „Neben den eigentlichen militärischen Führungsrechten, wie dem Inspektions-, Dislokations- oder Formationsrecht, Präsenzstand, Ausrüstung und Bewaffnung zu bestimmen, hatte er das Ernennungs- und Entlassungsrecht über alle Soldaten und Beamten der Wehrmacht. Ferner war er oberster Gerichtsherr und höchste Instanz in allen Disziplinar- und Beschwerdeangelegenheiten" (Eckard Busch).

Die unbeschränkten und unkontrollierbaren Befehlsbefugnisse des Obersten Befehlshabers erhielten ihre eigentliche Bedeutung durch den Umstand, daß das Reichsverteidigungsgesetz vom 21. Mai 1935, das nicht veröffentlicht wurde, Hitler sämtliche Vollmachten im Hinblick auf die Erklärung des „Verteidigungszustandes" einräumte. Er allein hatte über das Eintreten des Verteidigungsfalles, die drohende Kriegsgefahr, damit aber auch über die Mechanik der militärischen und wirtschaftlichen Mobilmachung zu befinden. Im Verteidigungs- bzw. Spannungsfall wurde der Reichskriegsminister den anderen Ministern im Kabinett gegenüber weisungsberechtigt. Das hieß: Hitler übte den Obersten Befehl über die Wehrmacht allein über den Oberbefehlshaber der Wehrmacht aus, dem der gesamte zivile und militärische Staatsapparat unumschränkt zur Verfügung stand.

Es liegt auf der Hand, daß von dieser Konstruktion her die Machtfülle des Reichskriegsministeriums theoretisch außerordentlich groß war. Der Reichskriegsminister „vereinigte ... die Befugnisse des Reichswehrministers und des Chefs der Heeresleitung der Weimarer Republik." (Busch) Von daher waren seine Oberbefehlshaberbefugnisse den drei Wehrmachtteilen gegenüber durchaus zu rechtfertigen. Die mit dieser Funktion verbundene Aufgabenfülle war mit der herkömmlichen Organisation des Reichskriegsministeriums aber nicht zu bewältigen. Der Reichskriegsminister benötigte ein Organ, das ihm die Ausübung des militärischen Oberbefehls überhaupt erst ermöglichte. Dieses sollte sich aus dem „Ministeramt" entwickeln, das am 12. Februar 1934 in „Wehrmachtamt" umbenannt wurde. Es wurde zur Keimzelle des späteren „Oberkommandos der Wehrmacht".

Auf Grund des Reichswehrgesetzes wurden drei Wehrmachtteile gebildet. Die Chefs der Heeres- und der Marineleitung wurden zu „Oberbefehlshabern" ihrer jeweiligen Teilstreitkräfte. Die Oberbefehlshaber von Heer und Kriegsmarine unterstanden dem Oberbefehlshaber der Wehrmacht. Theoretisch galt dies auch für den Oberbefehlshaber der Luftwaffe, doch in der Praxis war Göring – dank seiner Funktionen als Reichsluftfahrtminister, Ministerpräsident von Preußen, Beauftragter für den Vierjahresplan und engster Berater Hitlers in der Partei – dem Reichskriegsminister zumindest gleichgeordnet. Die theoretische einheitliche Lösung war daher von Anfang an an einer wichtigen Stelle durchbrochen. Während die Oberbefehlshaber von Heer und Marine ihre Befehlsbefugnisse denen des Reichskriegsministers gegenüber verteidigen mußten, konnte Göring über Blomberg hinweg sich unmittelbar an den Obersten Befehlshaber wenden, nämlich an Hitler.

Die Oberbefehlshaber der Wehrmachtteile übten für ihren Wehrmachtteil die volle Kommando- und Verwaltungsgewalt aus. In der HDv 3/11 I vom 21. April 1936 wurde festgelegt:

„Der Oberbefehlshaber des Heeres führt den Oberbefehl über das Heer. Er ist die oberste Kommando- und Verwaltungsbehörde des Heeres. Er übt die Befehls- und Kommandogewalt über alle Angehörigen und Dienststellen des Heeres aus. Dem Oberbefehlshaber des Heeres unterstehen die Oberbefehlshaber der Gruppen und die Kommandierenden Generale unmittelbar."

Ein Einfluß des Oberbefehlshabers des Heeres auf die allgemeinen militärischen und strategischen Aufgaben war nicht vorgesehen; theoretisch standen Heer, Kriegsmarine und Luftwaffe auf einer gleichen Stufe, alle drei Wehrmachtteile verfügten über einen kompletten Kommando- und Verwaltungsapparat, waren jedoch in allen teilstreitkraftübergreifenden Fragen allein auf die Entscheidung des Reichskriegsministers bzw. dessen Arbeitsstabs, des Wehrmachtamts, angewiesen. Da dieses Wehrmachtamt jedoch keineswegs in der Lage war, die Funktionen eines Wehrmachtgeneralstabs auszuüben, blieb das Wehrmachtamt in allen Fragen auf die „freiwillige" Zuarbeit des Heeresgeneralstabs angewiesen. Hieraus ergaben sich Friktionen, die nicht gelöst werden konnten.

Das Truppenamt wurde in „Generalstab des Heeres" umbenannt. Dieser verfügte jedoch nicht über die Rechte des ehemaligen preußischen Großen Generalstabs; ein Immediatrecht beim Obersten Befehlshaber wurde ihm ebensowenig zugestanden wie die faktische Leitung aller Kriegsoperationen, die die Tätigkeit des Moltkeschen Generalstabs gekennzeichnet hatte.

Mit der Übernahme der Position des Reichskriegsministers durch Hitler am 4. Februar 1938 änderte sich die Spitzengliederung erneut (s. u. S. 204 ff. und 328 ff.).

b. Die Spitzengliederung in der praktischen Politik

Die seit dem 30. Januar 1933, vor allem aber seit dem 21. Mai 1935 gültige Spitzengliederung war Ausdruck der nationalsozialistischen Bemühungen, den

„grauen Fels“ in der „braunen Flut“ untergehen zu lassen. Durch die Eidesleistung vom 2. August 1934 und die Verkündung des Wehr- und Reichsverteidigungsgesetzes war der Zugriff Hitlers auf die Wehrmacht weitgehend sichergestellt. Die Spitzenorganisation war so ausgelegt, daß die absolute Verfügbarkeit und das absolute Treueverhältnis eines einzelnen Mannes genügten, um die Wehrmacht Hitler dienstbar zu machen: des Reichskriegsministers v. Blomberg. Dieser ist sich der außerordentlichen Bedeutung seiner Funktion im Prozeß der Unterwerfung der bewaffneten Macht unter Hitlers Diktatur offensichtlich niemals voll bewußt geworden. Das gilt in erhöhtem Maße aber von dem Chef des Wehrmachtamtes, Generalmajor Keitel, der Reichenau mit Wirkung vom 1. Oktober 1935 ablöste.

Keitel Wilhelm, geboren 22. 9. 1882 in Helmscherode bei Gandersheim. 1901 Eintritt in das Feldart.-Reg. 46 in Wolfenbüttel, 1908 Regimentsadjutant, 1915–1917 Generalstabsdienst, 1917 bis Kriegsende Ia im Gen.-Stab des Marinekorps Flandern. Nach verschiedenen Truppen- und Stabsverwendungen 1930 Abteilungschef im Truppenamt (T 2), 1933/34 Infanterie-, dann Artillerieführer in Potsdam und Bremen, am 1. 10. 1935 Chef des Wehrmachtamts, ab 4. 2. 1938 Chef des Oberkommandos der Wehrmacht. Am 19. 7. 1940 zum Generalfeldmarschall ernannt. In Nürnberg zum Tode verurteilt, am 16. 10. 1946 hingerichtet.

Reichenau hatte sich als Chef des Ministeramtes bemüht, seine Position nach und nach auszuweiten und aufzuwerten. Da ihm die prinzipielle Gegnerschaft der Heeresleitung bekannt war, ging er behutsam vor, wobei die Hoffnung, selbst in die Position des Chefs der Heeresleitung aufzusteigen, mitgespielt haben dürfte. Reichenau sah im Ministeramt jene entscheidende Schaltstelle, in der die Wehrmacht Einfluß auf die politische Führung ausüben konnte. Umgekehrt gehörte es aber zu den leitenden Motiven Reichenaus, die Unabhängigkeit der Reichswehr dem nationalsozialistischen Totalitätsanspruch gegenüber zu wahren.

Nur wenn man die Entwicklung des Wehrmachtamts unter diesem politischen Aspekt betrachtet, wird das Katastrophale im Wirken Keitels deutlich. Keitel verstand seine Aufgabe streng „sachlogisch“ in der Verfügbarmachung der gesamten Wehrmacht für den Reichskriegsminister und den Obersten Befehlshaber. Die von Reichenau geschaffenen Ansätze wurden in ihren Intentionen vollständig umgepolt. Getragen von einem naiv-unpolitischen Fanatismus setzte Keitel alles daran, um das Wehrmachtamt weiter zu einem Wehrmachtgeneralstab auszubauen. Noch in seinen Nürnberger Erinnerungen begründete er seine Tätigkeit:

„Für mich war es eine Frage des Prinzips, nicht etwa der Eitelkeit oder des persönlichen Geltungsbedürfnisses, Blombergs berechtigten Führungsansprüchen Geltung zu verschaffen.“

Das Dilemma, das sich aus Keitels Auffassung ergab, bestand darin, daß der Chef des Wehrmachtamts „theoretisch“ und auf Grund der gegebenen Rechtslage durchaus „recht“ hatte, die politischen Konsequenzen seines Tuns aber nicht durchschaute. Umgekehrt konnten die Wehrmachtteile, vor allem der Generalstab des Heeres, nicht prinzipiell gegen eine „Wehrmachtlösung" argumentieren, sondern vermochten dies immer nur aus bestimmten Anlässen im praktischen Bereich. Diese bestimmten Anlässe aber wurden durch die außenpolitische Entwicklung geliefert, und so verschärfte sich die Auseinandersetzung zwischen Wehrmacht und Heeresgeneralstab in dem Maße, in dem sich die außenpolitische Situation im Sinne der Erhöhung des Kriegsrisikos verschärfte. Becks Denkschriften zur Spitzengliederung können nur vor diesem Hintergrund gedeutet werden.

Keitel argumentierte auf zwei Ebenen: Zum einen war er ein überzeugter Vertreter des absoluten Führerprinzips, das er in der Wehrmacht eingeführt sehen wollte. Eine Führungsorganisation, die das gleichberechtigte und mitverantwortliche Zusammenwirken zweier Kommandoinstanzen vorsah, widersprach seinem Sinn für die notwendigen „Neuerungen". Er lehnte den von Beck betonten Traditionalismus im Rückgriff auf Moltke und Schlieffen als anachronistisch ab. Zum anderen war Keitel davon überzeugt, daß eine Kriegführung der Zukunft einer einheitlichen, nicht einseitig durch Heeresgesichtspunkte bestimmten Führungsorganisation bedurfte. Die hoch arbeitsteilige und sich ständig weiter technisierende Wehrmacht erforderte moderne Führungsmethoden. Nur ein Wehrmachtsgeneralstab konnte die Aufgabe bewältigen, die drei Wehrmachtteile in Planung und strategischer Führung zu koordinieren. Dieser Standpunkt war nicht ohne weiteres zu widerlegen. Er wurde dem rein kontinentalen Ansatz Becks entgegengestellt, der immer wieder die Auffassung vertrat, daß das Heer für das Schicksal Deutschlands ausschlaggebend sei, das Heer – und das war nach Lage der Dinge der Heeresgeneralstab – also für die Gesamtkriegführung verantwortlich zeichnen müsse. Keitels Tragik bestand darin, daß er in der angestrebten Überwindung des „kontinentalen" Denkens auch im Hinblick auf das Hitlersche Programm grundsätzlich recht hatte, von seiner Fixierung auf Hitler jedoch nicht loskam, und dem Diktator mit einer Wehrmachtlösung auch das letzte Bollwerk möglichen Widerstandes gegen die Verbrechen des NS-Systems, das Heer, auszuliefern trachtete. Da Keitel gleichzeitig aber dem Intellekt und der Fachkompetenz eines Becks und Halder weit unterlegen war, gelang es diesen, trotz aller Bemühungen Keitels, das spätere OKW praktisch funktionsuntüchtig zu machen, ohne daß an dessen Stelle eine bessere Lösung gesetzt werden konnte. Am Führungschaos des Zweiten Weltkrieges haben demnach nicht nur Hitler und sein Gehilfe Keitel schuld, sondern auch Beck und Halder, Fritsch und Brauchitsch, Raeder und Dönitz, ganz zu schweigen von Göring, der „seine" Luftwaffe ohnehin selbstherrlich und dilettantisch führte.

Während Keitel die politischen Implikationen der Spitzenorganisation nur unvollkommen und verzerrt erkannte, standen diese für Beck im Mittelpunkt seiner Betrachtungen. Aus ihnen ergab sich in einem langwierigen Prozeß seine grundsätzliche Ablehnung des nationalsozialistischen Systems, schließlich die Konsequenz zu Opposition, Widerstand, Staatsstreich und Tod.

Die Initiative zur Diskussion über die zweckmäßige Spitzengliederung ging nicht von Beck aus, sondern von der Organisationsabteilung des Truppenamtes (T 2), die am 7. Dezember 1933 Beck eine Denkschrift zur Regelung der „Befugnisse der obersten politischen und militärischen Führung in Krieg und Frieden" mit der Bitte um Stellungnahme zuleitete. Oberst v. Sodenstern, der Verfasser des Dokuments, ging von der Forderung aus, daß die Friedensorganisation der Kriegsgliederung angepaßt werden müsse. Der Chef des Truppenamtes sollte nach den Vorstellungen der Organisationsabteilung den maßgebenden Einfluß als „Chef des Wehrmachtsstabes" auf die Gesamtkriegführung ausüben können. Zusammen mit dem Reichsverteidigungsminister hätte er die oberste Führung der Wehrmacht gebildet.

Hatte sich Sodensterns Vorschlag implizit auch gegen den Chef der Heeresleitung gerichtet, der vom Chef des Truppenamtes gleichsam „mediatisiert" worden wäre, so ließ Fritsch als Nachfolger Hammersteins keinen Zweifel daran, daß er selbst entschlossen war, den maßgebenden Einfluß des Heeres in seiner Person beim Reichsverteidigungsminister zur Geltung zu bringen. Beck versuchte in einer Denkschrift vom 15. Januar 1934 durch konziliantere Formulierungen Fritsch entgegenzukommen, in der Sache hielt er jedoch an dem Konzept fest, dem Chef des Truppenamtes die erste Beraterrolle des Kriegsministers zuzuweisen. Die Begründung, die von nun an in jeder Denkschrift Becks auftauchte, lautete, „daß das Heer auch in Zukunft den bei weitem größten und den ausschlaggebenden Teil der Wehrmacht bilden" werde.

Die Januar-Denkschrift war noch ganz vom persönlichen Ehrgeiz Becks geprägt, sie richtete sich gegen das Ministeramt und gegen den Chef der Heeresleitung zugleich. Beck schwebte eine Lösung vor, wie sie 1916 bei der Einsetzung der 3. OHL gefunden worden war; sich selbst wollte er, da der „Chef"-Titel für Fritsch bereits „vergeben" war, als „Generalquartiermeister" bezeichnen.

Becks Vorstellungen vom Januar 1934 waren noch nicht von konkreten außenpolitischen Erfahrungen bestimmt, sie enthielten noch viel Idealtypisches. Gleichwohl weist der Rückgriff auf die Lösung von 1916 darauf hin, daß es dem Chef des Truppenamtes darum zu tun war, auch den allgemeinen politischen Einfluß des Heeresgeneralstabs zu vergrößern. Das war angesichts der Hitlerschen und Blombergschen Vorstellungen reine Utopie.

Mit seiner berühmten Denkschrift vom 9. Dezember 1935, die den Titel trug: „Der Oberbefehlshaber des Heeres und sein 1. Berater" setzte eine zweite Phase in der Spitzengliederungsdiskussion ein. Von nun an waren die außenpolitische Entwicklung und die zunehmende Sorge Becks vor einer unbedachten Politik Hitlers wesentliche Antriebskräfte. Hatte Beck schon auf die Studie „Schulung" scharf reagiert, weil er die ihr innewohnende politische Aggressionstendenz ablehnte, so bewies eine zweite Wehrmachtstudie vom Dezember 1935, daß das Wehrmachtamt – und damit Blomberg und Hitler – keineswegs gewillt waren, den Bedenken, die Beck am 2. Mai 1935 formuliert hatte, Rechnung zu tragen. Beck wurde schlagartig klar, daß Hitler tatsächlich entschlossen war, die

Wehrmacht gegen die Tschechoslowakei einzusetzen. Die gleichzeitig vehement beschleunigte Aufrüstung unterstrich den Ernst dieser Lageanalyse.

Becks Denkschrift vom 9. Dezember machte zweierlei deutlich: Erstens nutzte sie den Umstand, daß ein Krieg gegen die Tschechoslowakei und Frankreich ein im wesentlichen kontinentales militärisches Unternehmen sein würde, aus, um die unbedingte Präponderanz des Heeres bei der Planung und Führung des Krieges herauszustellen; zweitens opponierte Beck gegen die politischen Absichten des Regimes durch eine scheinbar rein sachlogische und zweckfreie Kritik an der Spitzengliederung. Dieses Argumentationsmuster sollte von nun an in allen Denkschriften verwendet werden. Im Text der Denkschrift hieß es:

„Für die Führung des Krieges gegen Frankreich und die Tschechoslowakei, der in erster Linie ein Landkrieg ist, liegt die Hauptverantwortung beim Heere. Es ist daher selbstverständlich, daß dem Oberbefehlshaber des Heeres das Maß an Einfluß auf die Kriegsführung zugebilligt werden muß, auf das er als Führer der Landstreitkräfte Anspruch hat, soll er nicht zu einer nur ausführenden Kommandobehörde herabgedrückt werden. Dieser Einfluß erstreckt sich in erster Linie auf die militärische Führung des Krieges, er erstreckt sich aber auch auf seine politischen Grundlagen."

Das Memorandum schloß mit vier konkreten Forderungen des Oberbefehlshabers des Heeres:

„a) Beteiligung bei allen wichtigen Fragen der Landesverteidigung bzw. Kriegsvorbereitung, auch im Kabinett bzw. beim Führer; b) Recht auf erste und einzige Beratung des Oberbefehlshabers der Wehrmacht in allen entscheidenden Fragen der Landkriegführung im Frieden und Krieg; c) Kommandogewalt in Krieg und Frieden über alle Teile des Heeres; d) volle Selbständigkeit in der Führung der Operationen des Heeres im Kriege im Rahmen der vom Reichskriegsminister für die gesamte Wehrmacht gegebenen Weisungen."

Die Forderungen Becks wurden nicht aufgegriffen. Keitel und Oberst Jodl, der die wichtige Abteilung „Landesverteidigung" im Wehrmachtamt übernommen hatte, bemühten sich vielmehr in verstärktem Maße um eine Ausgestaltung der eigenen Organisation. Die von der Abteilung L ausgearbeiteten Wehrmachtkriegsspiele von 1936 und 1937 bewiesen jedoch die Unzulänglichkeit des Führungsapparates, und Jodl war schließlich doch auf die Mit- und Zuarbeit des Heeresgeneralstabs angewiesen.

Bis zum Mai 1937 ruhte die Frage der Spitzengliederung. Das war Folge der verhältnismäßig stetigen außenpolitischen Entwicklung der Monate vom April 1936 bis zum Mai 1937. Hitlers Erfolg vom 7. März 1936 dämpfte auch im Heeresgeneralstab die Kritik; Blomberg und Fritsch wurden von Hitler befördert; mit dem „Friedensplan" vom 31. März 1936 schien Hitler der Beckschen Forderung, sich nunmehr außenpolitisch stärkstens zurückzuhalten, zu entsprechen. Die beiden schwelenden Probleme Österreich und Tschechoslowakei traten vorübergehend in den Hintergrund. Das Schwergewicht auch des militärischen Denkens und Handelns verlagerte sich auf das wehrwirtschaftliche Gebiet. Die zweite Hälfte des Jahres 1936 stand ganz im Zeichen des Vierjahresplans.

Mit dem zunehmendem Erstarken der deutschen Wehrmacht, das sich in der Heeresvermehrung, der Einführung der zweijährigen Wehrdienstzeit am 24. August 1936, schließlich im Eingreifen Deutschlands in den spanischen Bürgerkrieg ausdrückte (s. u. S. 178 ff.), wurde eine Überprüfung der bisher gültigen Aufmarschanweisungen notwendig. Nachdem das Wehrmachtamt schon im Juni 1936 eine erste allgemeine Weisung für die Vorbereitung der Kriegführung erlassen hatte, die wahrscheinlich den Fall eines Zweifrontenkrieges gegen Frankreich und die Tschechoslowakei zur Grundlage hatte und von der Annahme eines feindlichen Angriffes auf das Reich ausgegangen war, erließ Blomberg mit Datum vom 24. Juni 1937 eine „Weisung für die einheitliche Kriegsvorbereitung der Wehrmacht". An dieser Weisung entzündete sich der Kampf um die Spitzengliederung erneut.

Die Weisung ging davon aus, daß Deutschland zur Zeit nicht mit einem Angriff rechnen müsse; der mangelnde Kriegswille sowohl der Westmächte als auch der Tschechoslowakei und Rußlands ergab sich aus einer Analyse der inneren Zustände dieser Staaten sowie ihres außenpolitischen Verhaltens während des letzten Jahres. Auch Deutschland wolle keinen „europäischen Krieg ... entfesseln". Da die Gesamtlage jedoch als labil angesehen wurde – die Ereignisse in Spanien und die innenpolitischen Vorgänge in Rußland mit der Hinrichtung des Marschalls Tuchatschewski unterstrichen dies – müsse sich die Wehrmacht stets kriegsbereit halten

„a) um Angriffen jederzeit entgegentreten
b) und um etwa sich ergebende politisch günstige Gelegenheiten militärisch ausnutzen zu können."

Getarnte Mobilmachung, Vorbereitung eines blitzartigen Überfalls sollten als generelle Richtlinie verstanden werden; konkret sah die Weisung zwei Kriegsfälle und drei „Sonderfälle" vor. Die Kriegsfälle betrafen den Zweifrontenkrieg mit Schwerpunkt West, („Aufmarsch Rot") sowie den Zweitfrontenkrieg mit Schwerpunkt Südost („Aufmarsch Grün"); die „Sonderfälle" ergaben sich aus der aktuellen politischen Situation und spiegelten zweifellos den Einfluß Hitlers auf Blomberg. Es handelte sich I. um den „Sonderfall Otto", die bewaffnete deutsche Intervention im Falle einer Habsburgischen Restauration in Österreich, II. um den „Sonderfall Richard", den Einsatz der Kriegsmarine im Falle eines Krieges mit Rotspanien und III. den „Sonderfall Erweiterung Rot-Grün", der von der Annahme eines Krieges gegen Frankreich, England, Rußland, Polen und die Tschechoslowakei ausging.

Becks Einwände gegen die Weisung vom 24. Juni 1937 bezogen sich auf drei Punkte: Zum einen demonstrierte die Weisung das Unvermögen des Wehrmachtapparates, sich sach- und fachgerecht mit den Fragen der militärischen, strategischen und operativen Planung zu befassen. An diesem Punkt setzte die Spitzengliederungsdiskussion wieder ein. Zum anderen sah Beck in dem „Sonderfall Otto" ein unverantwortliches Hazardspiel der militärischen und politischen Führung, zum dritten war die „Erweiterung Rot-Grün" als Verzweiflungsmaßnahme in seinen Augen strikt abzulehnen.

Der „Sonderfall Otto" wurde im Mai 1937 im Wehrmachtamt zuerst erörtert. Man befürchtete, daß eine habsburgische Restauration die längerfristigen deutschen Annektionsabsichten durchkreuzen könnte. Die nationalsozialistische Infiltrierungspolitik wäre in diesem Falle zum Scheitern verurteilt gewesen. Die sich aus einer Restauration in Österreich ergebenden allgemeinen außenpolitischen Folgen im Hinblick auf Italien und alle Balkanstaaten sowie Frankreich und die Tschechoslowakei hätten in diametralem Gegensatz zu Hitlers außenpolitischem Programm gestanden und die bisherigen außenpolitischen Erfolge des Regimes weitgehend entwertet. Hitler und Blomberg, der die Sachlage ähnlich gesehen haben dürfte, waren daher entschlossen, einer Restauration durch bewaffnete Intervention in Österreich zuvorzukommen.

Auch Beck hat den „Anschluß" Österreichs immer für wünschenswert gehalten. In seinem Memorandum vom 20. Mai 1937 lehnte er eine Intervention nicht aus prinzipiellen oder gar ethischen, sondern aus rein sachlichen Gründen ab. Beck glaubte nicht an die Möglichkeit, einen deutsch-österreichischen Konflikt lokalisieren zu können. Er führte aus:

> „Die Gruppierung der Mächte in Europa ist heute so, daß man an einen Krieg nur zwischen zwei unter ihnen nicht denken kann. Soweit ich Österreich, insbesondere die österreichische Armee, kenne, halte ich es für geradezu gewiß, daß ein deutsches militärisches Eingreifen in Österreich gegen die Restauration der Habsburger den Kriegsfall zwischen Deutschland und Österreich bedeutet. Im Kriegsfall muß gerechnet werden mit Frankreich und der Tschechei als Feind Nr. 1, mit England, Belgien und Rußland als Feind Nr. 2, mit Polen und Litauen als Feind Nr. 3."

Beck kam zum Schluß:

> „Deutschland ist in Bezug auf sein Heer nicht in der Lage, das Risiko eines mitteleuropäischen Krieges herauszufordern. Materiell kann es zur Zeit und bis auf weiteres überhaupt keinen Krieg führen. Ich vertrete daher auf Grund meiner Einschätzung der militär-politischen und auch aller sonstigen Voraussetzungen eines militärischen Eingreifens in Österreich gegen eine Wiederherstellung der Habsburger die Auffassung, daß eine Weiterverfolgung dieses Gedankens seitens des Heeres nicht verantwortet werden kann."

Konsequenterweise lehnte Beck die operative Bearbeitung des „Sonderfalles Otto" ab. Diese bewußte Insubordination des Generalstabschefs, die Keitel durchaus bekannt war, deutet daraufhin, daß Beck zu diesem Zeitpunkt hoffte, durch Sachzwänge dem Oberbefehlshaber und dem Generalstabschef des Heeres jene mitverantwortliche und gleichberechtigte Position im politisch-militärischen Entscheidungsprozeß zu verschaffen, auf die alle seine Denkschriften zur Spitzengliederung theoretisch abhoben.

Es ergab sich von selbst, daß Becks Stellungnahme zum „Sonderfall Otto" zugleich eine Ablehnung des „Sonderfalles Erweiterung Rot-Grün" darstellte, denn dieser Fall umschrieb eben die von Beck skizzierten Folgen des deutschen militärischen Eingreifens in Österreich. Beck vertrat den Standpunkt, daß es nicht nur militärisch sinnlos sei, einen von vornherein aussichtslosen Kriegsfall zu planen, sondern daß diese Planung eine Perversion der vornehmsten Aufgabe des Soldaten darstelle, für das „Wohl des Ganzen", also die Behauptung und Verbesserung der nationalen Lage einzutreten. Da Beck mit Clausewitz der Ansicht war, der Soldat müsse Sorge dafür tragen, daß die politische Führung nicht „Dinge fordert, die gegen die Natur des Krieges sind", konnte sich hieraus nur die Weigerung ergeben, an der Vorbereitung eines für die Existenz und das Wohlergehen des Staates verderblichen Planes mitzuwirken. Mit der Stellungnahme vom 20. Mai überschritt Beck zum ersten Mal die Schwelle von der reinen Fachkritik zur prinzipiellen Opposition gegen Hitlers – und Blombergs – Politik.

Die pessimistische Beurteilung der politischen Verhaltensweisen Frankreichs, Englands, Rußlands und der kleineren Staaten, die Deutschlands Nachbarn waren, stützte sich auf mannigfache Informationen, die Beck über verschiedene Kanäle eingezogen hatte. Der Generalstabschef bemühte sich seit 1935 immer um ein eigenes außenpolitisches Urteil; offensichtlich begann er auch auf diesem Felde die theoretischen Forderungen für seine Person zu realisieren. In den Umkreis seiner Informationspolitik gehörte auch eine Reise nach Paris vom 16.–20. Juni 1937, die als „good-will-Tour" den deutschen Friedenswillen unterstreichen sollte. Obwohl Beck den Eindruck gewann, daß Frankreich im Augenblick nicht an ein aggressives Vorgehen gegen Deutschland dachte, hielt er den deutsch-französischen Antagonismus prinzipiell für nicht aufhebbar. „Europäische" Gedanken blieben Beck fremd.

Die eigentliche Auseinandersetzung des Heeres mit der Weisung vom 24. Juni 1937 erfolgte mit der vermutlich von Manstein entworfenen, von Beck gebilligten und von Fritsch unterschriebenen Denkschrift „Wehrmachtspitzengliederung und Führung der Wehrmacht im Kriege", die wahrscheinlich Ende August 1937 entstanden ist.

Die Denkschrift behauptete, daß das Wehrmachtamt mit der Aufgabe, in einem Kriege nicht nur die ministeriellen Funktionen, sondern auch die militärische Gesamtführung sowie die Organisation der ganzen Nation zu übernehmen, von seiner Struktur, seiner Zusammensetzung und den personellen Gegebenheiten her völlig überfordert sei. Wenn das Wehrmachtamt aber alle diese Funktionen wahrzunehmen suche, so würden die Oberbefehlshaber der Wehrmachtteile zu bloßen Inspekteuren herabgedrückt. Der Chef des Wehrmachtamtes – also Keitel – würde in die Rolle des alleinigen militärischen Beraters des Oberbefehlshabers der Wehrmacht einrücken. Ein solcher Wehrmachtsgeneralstabschef (der Keitel nach Lage der Dinge und nach Ausweis seiner begrenzten Fähigkeiten niemals sein konnte) widerspräche jedoch der unabweislichen Tatsache, daß das Schwergewicht der Kriegführung beim Heer, d. h. beim Heeresgeneralstab liegen müsse. Da aber die Funktion einer Wehrmachtlösung nicht grundsätzlich bestritten werden könne, müsse eben der Generalstab des Heeres diese Aufgabe übernehmen. Der ObdH könnte seine Auffassung auf diese Weise unmittelbar an den Reichskriegsminister und den Obersten Befehlshaber der Wehrmacht herantragen, eben dies sei den deutschen Verhältnissen angemessen.

Die Denkschrift richtete sich in ihren Intentionen gegen Keitel als Chef des Wehrmachtamtes, gegen Jodl als Chef der Abteilung Landesverteidigung, gleichzeitig jedoch auch gegen die beiden anderen Wehrmachtteile, Kriegsmarine und Luftwaffe. Eine Wehrmachtführung, die allein aus dem Heer hervorging, war unzeitgemäß und mußte auf den erbitterten Widerstand Görings und Raeders stoßen; mit dieser Denkschrift lenkte das Heer wieder zu den Gedanken zurück, die Sodenstern schon 1933 formuliert hatte. Wenn Fritsch und Beck jetzt die Wehrmachtlösung schärfer als zuvor ablehnten, so war dies Folge der immer deutlicher in Erscheinung tretenden Bemühungen Keitels, sich den Wünschen Hitlers anzupassen, die Wehrmacht dem Diktator in strikter Einhaltung des Führerprinzips vorbehaltlos auszuliefern. Die Weisung vom 24. Juni hatte Beck gezeigt, daß das Wehrmachtamt inzwischen durchaus in der Lage war, über den Kopf des Heeresgeneralstabs hinweg die Armee in Kriegsabenteuer à la Hitler zu stürzen; eine völlige Neuordnung der Spitzenorganisation konnte diese Gefahren vielleicht bannen; gelang dies nicht, so blieb nur militärischer Ungehorsam (siehe Nichtbearbeitung von „Fall Otto“) oder aktiver Widerstand, das hieß Putsch. Der vordergründige „Rückschritt“ der Denkschrift enthüllt sich unter diesem Gesichtspunkt als ein nahezu verzweifelter Versuch, eine politische Entwicklung aufzuhalten, die nach dem Dafürhalten Fritschs und Becks ins Unglück führen mußte. Demgegenüber wiegen die sachlich berechtigten Einwände, daß die „Wehrmachtsgeneralstab = Heeresgeneralstab-Lösung“ die Interessen von Kriegsmarine und Luftwaffe verletzte, also unzulässig „kontinental“ ausgerichtet gewesen sei, doch gering.

Keitel erkannte die Gefährlichkeit des Vorstoßes von Fritsch und reagierte mit verstärkten Bemühungen, das Wehrmachtamt auszubauen. Blomberg hingegen wurde nachdenklich. In einer Notiz zu der Denkschrift des Heeres bemerkte er, eine Änderung der Spitzenorganisation käme zwar nicht in Frage, er habe jedoch in einer Aussprache mit Fritsch am 1. September 1937 diesem versichert,

> „das Selbstverständliche zu tun: d. h. ihn, den ObdH, durch Aufträge an ihn, nicht über seinen Kopf hinweg, in meinen Führungs- und Arbeitsvorgang einzuschalten.“

Von hierher werden die Konsequenzen ersichtlich, die sich für Beck ergeben sollten, als Hitler Blomberg entließ und selbst das Amt des Reichskriegsministers übernahm.

3. Deutschland und der spanische Bürgerkrieg

a. Die Gründe für das deutsche Eingreifen

Am 17. Juli 1936 kam es in Spanisch-Marokko zu einer Militärrevolte, die sich bis zum 22. Juli zu einem Bürgerkrieg in Spanien ausweitete. Der Führer der Rebellenpartei, General Francisco Franco, trug an die deutsche Regierung die Bitte um Material- und Transportunterstützung heran. In einer ad hoc einberufenen Besprechung in der Nacht vom 25. zum 26. Juli 1936, die in Bayreuth stattfand, wo sich Hitler im Rahmen der Wagner-Festspiele aufhielt, entschloß sich der Diktator, der Bitte Francos nachzukommen. Das Auswärtige Amt war an dieser Entscheidung nicht beteiligt, der Interventionsentschluß vom 25./26. Juli wurde von Hitler, Göring und Blomberg allein und unabhängig getroffen.

Da es über die Bayreuther Besprechung keine Unterlagen gibt, ist man bei der Erörterung der Gründe, die Hitlers Entscheidung auslösten, auf Sekundärinformationen angewiesen. Es steht fest, daß nicht ein einzelner Gesichtspunkt den Ausschlag gegeben hat, sondern die Summe verschiedener Erwägungen.

Die politischen Sympathien Hitlerdeutschlands lagen von Anfang an auf Seiten der Rebellen. Die spanische Volksfrontregierung wurde vehement abgelehnt. Hitler sah in ihr den übermächtigen Einfluß der Kommunisten und befürchtete, daß ganz Spanien bolschewistisch werden und sich mit Frankreich zu einem antifaschistischen Block zusammenschließen würde. In seiner Denkschrift zum Vierjahresplan vom August 1936 hatte Hitler den Kampf gegen den Kommunismus und Bolschewismus an die Spitze seiner Ausführungen gestellt und die These vertreten, daß sich der Bekämpfung dieser Gefahr alle anderen Erwägungen bedingungslos unterzuordnen hätten.

Ein kommunistisches Spanien hätte darüber hinaus die Verwirklichung des Hitlerschen Lebensraumprogramms ernstlich gefährdet. Die Aussichten, Frankreich und England blitzartig auszuschalten, um sich dann nach Osten zu wenden, wurden geringer, wenn sich Spanien in den antifaschistischen Westblock einfügte. Das Eingreifen in Spanien ergab sich also als Konsequenz aus Hitlers Programm (Hans-Henning Abendroth).

Zweifellos haben auch wirtschaftliche Erwägungen eine wichtige Rolle gespielt. Die Entscheidung zur Intervention wurde zu einem Zeitpunkt getroffen, als die Rohstoff- und Devisenkrise ihren Höhepunkt erreichte. Das Vierjahresplanprogramm, das zur gleichen Zeit entworfen wurde, sah die Verstärkung wehrwirtschaftlicher Importe vor, wobei vor allem die Schwefelkies- und die Erzeinfuhr von zentraler Wichtigkeit war. Spanien war nach Schweden und Frankreich der wichtigste deutsche Erzlieferant. Da Erzeinfuhren aus einem „roten" Spanien kaum noch zu erwarten waren, im Kriegsfall ohnehin ausfielen, konnte eine Unterstützung Francos die Basis für deutsch-spanische Rohstoffabkommen abgeben. Die enge Verzahnung zwischen dem deutschen Spanienengagement und der Politik des Vierjahresplanes wird in der Person Görings sichtbar, der auf beiden Feldern die ausschlaggebende Figur werden sollte und mit Hilfe des eigens zum Zwecke der Rohstoffeinfuhr- und der Waffenausfuhr gegründeten HISMA-ROWAK-Konzerns Vierjahresplanpolitik treiben konnte. Die Einfuhr von Erz, Schwefelkies, Wolle, Fellen, Harz und pflanzlichen Ölen machte vor Beginn des Bürgerkrieges etwa 35 % der Importe aus Spanien aus, im Jahre 1937 aber rund 80 %.

Bei der Entscheidung vom 25./26. Juli haben strategische Erwägungen über die oben benannten hinaus keine Rolle gespielt. Rückblickend betrachtet war das wohlwollend neutrale Spanien während des Zweiten Weltkrieges für die deutsche Strategie natürlich von großer Bedeutung, doch jene in der marxistischen Literatur zum spanischen Bürgerkrieg oft anzutreffende These, daß es um Militärstützpunkte gegen Frankreich und Marinebasen gegen England gegangen sei, läßt sich durch nichts belegen. Spanien geriet erst nach dem Sommer 1940 in das strategische Kalkül der deutschen Seekriegsleitung.

Der Einsatz deutscher Seestreitkräfte im spanischen Bürgerkrieg (siehe Abschnitt VIII, S. 470 ff) kann auch nicht als Beweis für die „Test-Theorie“ dienen. Das gleiche gilt für Heer und Luftwaffe (zur Luftwaffe vgl. u. S. 555 ff.). Es läßt sich nachweisen, daß der Marineeinsatz sich aus der Verpflichtung zum Schutz deutscher Staatsbürger in Spanien ergab, also völlig unabhängig von einem aktiven Eingreifen Deutschlands zugunsten Francos notwendig wurde. Blomberg und Fritsch wandten sich anfangs und dann in zunehmendem Maße gegen die deutschen Waffen- und Materiallieferungen, weil dadurch die eigenen Aufrüstungsvorhaben z. T. erheblich verzögert wurden. Zu keinem Zeitpunkt hat die Wehrmacht den Export von Waffen und Material nach Spanien freiwillig gefördert. Die Luftwaffe machte eine gewisse Ausnahme. Zwar haben die Äußerungen Görings nach dem Kriege den Anschein erweckt, als habe er von Anfang an die Gelegenheit zur Erprobung der Luftwaffe in Spanien begrüßt, doch dieses Argument wurde erst im Verlaufe des Jahres 1937/38 relevant. Bei der Entscheidung vom 25./26. Juli ging auch Göring davon aus, daß es sich um einen relativ kurzen Bürgerkrieg handeln würde und daß die Rebellen nur deutschen Transportraum benötigten. Eine Erprobung der von Franco gewünschten Ju 52-Maschinen aber war nicht mehr nötig. Als mit dem Auftreten moderner Flugzeugmuster aus Frankreich und der Sowjetunion auch die Lieferung und der Einsatz moderner deutscher Jagd- und Bombenflugzeuge notwendig wurde, hat der Generalstab der Luftwaffe die sich hiermit bietenden Test- und Übungschancen natürlich ausgenutzt.

Dies galt auch für den Einsatz der „Freiwilligen-Verbände“ des Heeres. Der Umstand, daß die „Legion Condor“ nur über 5000 bis 5500 Mann verfügte, insgesamt aber rund 18 000 Mann in Spanien eingesetzt wurden, weist darauf hin, daß es der Wehrmacht darauf ankam, möglichst vielen Soldaten Gelegenheit zu geben, in Spanien Erfahrungen zu sammeln. Aber auch diese Entscheidung stand am 25./26. Juli noch nicht an, der Einsatz der „Legion Condor“ erfolgte erst viel später.

Im Ergebnis hat das deutsche Eingreifen in Spanien das Bündnis mit Italien begründen und festigen helfen. Die „Achsenpolitik" wuchs aus dem gemeinsamen deutsch-italienischen Spanienengagement hervor. Es bleibt aber festzuhalten, daß die deutsche Eingreifentscheidung völlig unabhängig und ohne Wissen um die italienischen Absichten erfolgte. Nachdem sich Hitler aber für die Spanieninitiative entschieden hatte, wollte und konnte er nicht mehr zurück; wie in der Rheinlandfrage, so war er auch beim Spanienunternehmen letztlich bereit, das Kriegsrisiko einzugehen. Sein Entschluß, schon zu einem frühen Zeitpunkt (18. November 1936) die Burgos-Regierung anzuerkennen, ist weniger auf die Hoffnung zurückzuführen, Franco werde mit der raschen Einnahme von Madrid den Krieg gewinnen, als auf die Überlegung, daß es zum Sieg des falangistischen Rebellen keine akzeptable Alternative gab, seitdem sich Rußland und Frankreich auf Seiten Rotspaniens engagiert hatten.

b. Folgen und Ergebnisse des deutschen Eingreifens

Der Einsatz der Spanienstreitkräfte wurde von einem Sonderstab (W) im Reichsluftfahrtministerium unter Leitung von Generalleutnant Helmuth Wilberg (Luftwaffe), ab 1. April 1938 durch den Generalleutnant Karl-Friedrich Schweickhardt (ebenfalls von der Luftwaffe) geleitet. Seit dem 10. Dezember 1936 arbeitete der Sonderstab W eng mit den Abteilungen L und Ausl. des Wehrmachtamtes zusammen. Als deutscher Beauftragter bei Franco wurde am 31. August 1936 Oberstleutnant i. G. Walter Warlimont, der Chef der Wehrwirtschaftlichen Abteilung im Wehrwirtschaftsstab, ernannt. Anfang November löste ihn der Kommandeur der „Legion Condor", dessen Stab nunmehr die Gesamtkoordination in Spanien oblag, ab. Die „Legion Condor" unterstand bis zum 31. Oktober 1937 dem Generalmajor Hugo Sperrle, vom 1. November 1937 bis zum 31. Oktober 1938 dem Generalmajor Hellmuth Volkmann; dieser wurde abgelöst durch den Generalmajor Wolfram Freiherr von Richthofen, der unter Sperrle Chef des Stabes gewesen war. Der Marineeinsatz wurde ausschließlich vom Oberkommando der Marine geführt.

Der Spanieneinsatz war im wesentlichen Sache des Wehrmachtamtes und der Luftwaffe. Die offensichtliche Ausschaltung des Generalstabs des Heeres entsprach der Keitelschen und Göringschen Auffassung von den Zuständigkeiten und der Spitzenorganisation. Diese Erfahrungen sind für die Haltung Becks und Fritschs in der Spitzengliederungsfrage wichtig geworden.

Am 24. August 1936 erging eine Weisung Hitlers, in der die grundsätzliche Bereitschaft Deutschlands, Franco zu unterstützen, festgelegt wurde. Vier Tage darauf genehmigte Hitler auch den Waffeneinsatz der deutschen „Freiwilligen" in Spanien. Zunächst ging es um Transportoperationen von Nordafrika nach Spanien. In zunehmendem Maße wurden Kriegsmaterialien, Brennstoff und Kohlen befördert, die der „Legion Condor" zugeführt oder auf Bitten Francos abgeschickt wurden. Nach Manfred Merkes wurden während des Bürgerkrieges von deutscher Seite 170 Fahrten durchgeführt. Dabei wurden ca. 16 700 Mann, rund 1000 Fahrzeuge und rund 124 750 Tonnen Material verschifft. Die Gesamtaufwendungen betrugen bis zum Dezember 1940 588,3 Millionen Reichsmark, die spanischen Schulden 400 Millionen Reichsmark (nach Merkes).

Deutsche Soldaten der Luftwaffe und des Heeres („Legion Condor") beteiligten sich von 1936 bis zum März 1939 an allen wichtigen Kampfhandlungen, u. a. an den Kämpfen von Badajoz und am mittleren Tajo, bei der Einnahme von Talavera de la Reina und Toledo, bei der Offensive gegen Madrid. Die Legion kämpfte bei der Las Rozas-Manzanares-Offensive und hatte Anteil an den Offensiven von Jarama, Guadalajara, Bilbao, Brunete, Santander. Sie beteiligte sich an den Kämpfen in Asturien, um Teruel und Aalfambara. Schließlich nahm sie 1938 und 1939 an der 1. Ebro-Offensive, dem Durchstoß zum Mittelmeer, der Katalonien- und Toledo-Offensive teil. Die Verluste betrugen rund 300 Mann (einschließlich der 31 Toten des Panzerschiffs „Deutschland").

Der deutsche militärische Einsatz in Spanien unterlag offizieller Geheimhaltung. Erst nach Rückkehr der „Legion Condor" im Mai 1939 erfuhr die Öffentlichkeit Genaueres über Umfang und Art des deutschen Engagements. Wie Deutschland, so hielten auch alle anderen Interventionsmächte die Fiktion der „Nichteinmischung" aufrecht. Die Nichteinmischungspolitik war eine bloße Farce, die jedoch entscheidend dazu beitrug, daß der Spanische Bürgerkrieg nicht zum Auslöser eines allgemeinen europäischen Krieges wurde.

Der von allen am spanischen Bürgerkrieg interessierten Staaten betriebene Propagandaaufwand war ungeheuer und trug zwischen 1936 und 1939, während des Zweiten Weltkrieges und z. T. bis zum heutigen Tag zu einer wuchernden Legendenbildung bei. Die Verzerrungen der Propaganda machen eine nüchterne Beurteilung des deutschen Einsatzes im Bürgerkrieg schwierig. Vor allem die Ereignisse von Almería (31. Mai 1937) und Guernica (26. April 1937) sind tief in das Bewußtsein der europäischen Öffentlichkeit gedrungen.

Die Beschießung der spanischen Hafenstadt Almería durch das deutsche Panzerschiff „Admiral Scheer" am 31. Mai 1937 war eine Repressalie gegen einen Angriff auf das Panzerschiff „Deutschland" vor Ibiza am 29. Mai 1937 und erfolgte auf ausdrücklichen Befehl Hitlers (vgl. Abschnitt VIII, S. 471 f).

Ob die baskische Stadt Guernica am 26. April 1937 in gezielter Absicht oder aufgrund widriger Umstände zerstört worden ist, hat sich bisher noch nicht einwandfrei klären lassen. Fest steht, daß die Bombardierung durch deutsche und italienische Kampfflugzeuge erfolgte. Fest steht ferner, daß sowohl die Führung der „Legion Condor" als auch der Franco-Truppen den ostwärtigen Vorbezirk der Stadt für ein strategisches Objekt von höchster Bedeutung für die laufende Operation hielten. (Details s. u. S. 556).

Die von Göring erhofften wehrwirtschaftlichen Vorteile, die sich aus dem deutschen Engagement ergeben sollten, wogen im Endeffekt geringer als erwartet. Zwar steigerten sich die Einfuhren wehrwirtschaftlich wichtiger Rohstoffe, doch der Versuch, durch die Übernahme von Bergwerksrechten und den Aufbau einer Explorationsgesellschaft (Montanus) die Erzproduktion steigern zu können, scheiterte und wurde zudem mit einer Verstimmung Francos erkauft.

Der deutsche Einsatz im spanischen Bürgerkrieg sowie die italienische Intervention haben den Sieg Francos erst ermöglicht, doch Franco wurde nie zum willenlosen Werkzeug Hitlers und Mussolinis und wußte seine politische Unabhängigkeit im wesentlichen zu wahren. Die Hoffnungen, die Hitler nach Ausbruch des Zweiten Weltkrieges auf Franco setzte, erfüllten sich nicht, aber es war wesentlich, daß sich Spanien nicht in die Reihe der deutschen Kriegsgegner einreihte.

Für die Geschichte der bewaffneten Macht im Dritten Reich bedeutete das deutsche Engagement in Spanien insofern eine wichtige Zäsur, als Hitler mit ihm zum ersten Mal die Wehrmacht militärisch nicht im Rahmen der Landesverteidigung, sondern der Aggressionsvorbereitung einsetzte. Blomberg und Göring waren damit letztlich einverstanden; Heeres- und Marineführung wurden nicht gefragt und gehorchten.

J. Hitlers Griff nach der Wehrmacht

1. Die Wende zur Aggression im Herbst 1937

a. Die Besprechung vom 5. November 1937

Nach der Remilitarisierung des Rheinlandes hatte sich die geostrategische Lage der Wehrmacht wesentlich verbessert, die Heeresvermehrung schritt zügig voran, doch die Rüstung ging immer stärker in die „Breite", immer weniger in die „Tiefe". Die Heeresführung, aber auch Oberst Thomas, befürworteten deswegen eine langsamere Aufrüstung. Das durch die Neuaufstellung von Divisionen zerrissene innere Gefüge der Armee lähmte die militärische Einsatzfähigkeit. Die Außenhandels-, Devisen- und Rohstoffkrise machte deutlich, daß es nicht genügte, an den Symptomen der unzureichenden Tiefenrüstung zu kurieren, und der Vierjahresplan war der Versuch, in das bröckelig gewordene Fundament der Wehrmacht Stützpfeiler einzuziehen. Deutschland war 1936/37 unter gar keinen Umständen in der Lage, auch nur einen kürzeren Krieg zu führen. Diese „Gefahrenzone" so rasch wie möglich zu durchschreiten, war Anliegen aller Verantwortlichen; doch die Schlüsse, die der Außenminister Freiherr von Neurath hieraus zog, waren andere als diejenigen Blombergs und Görings, verschieden von denen Raeders und Fritschs, nicht in Übereinstimmung zu bringen mit jenen Hitlers. Nicht das eigentliche Ziel der künftigen deutschen Militär- und Außenpolitik geriet in den Brennpunkt der schicksalhaften Entscheidungen vom November 1937 bis zum Februar 1938, sondern die Gegensätzlichkeiten in den Methoden – dies war ein Interessenkonflikt, wie ihn die deutsche Militärgeschichte schon oft erlebt hatte.

Die außenpolitische Situation gestaltete sich in den Monaten vor dem großen Revirement durchaus positiv im Sinne Hitlers. Mit England wurden erneute Marineverhandlungen vorbereitet, ein Besuch von Halifax verdeutlichte das prinzipielle englische Interesse an einem „settlement" mit dem nationalsozialistischen Deutschland. Frankreich, durch die englischen Aktionen zutiefst verunsichert, streckte ebenfalls diplomatische Fühler aus, die Hitler jedoch brüsk zurückwies. Die Sowjetunion schien in einen erneuten Strudel parteiinterner Auseinandersetzungen zu sinken und scherte vorübergehend aus dem europäischen Mächtedialog aus; Italien, durch die spanische Hilfe und die abessinischen Erfordernisse zugleich geschwächt und gestärkt, von England und Frankreich geschnitten, wandte sich immer heftiger Deutschland zu; die kleinen südosteuropäischen Staaten begannen sich nolens-volens nach Berlin zu orientieren, und die innenpolitische Entwicklung Österreichs und der Tschechoslowakei gab in Hitlers Augen zu den schönsten Hoffnungen Anlaß.

Der außenpolitische Prozeß im Sinne des Hitlerschen Programms vollzog sich 1937 deutlich rascher als die wirtschaftliche und militärische Mobilmachung im

Innern. Hitler kam zu der Überzeugung, daß die günstige außenpolitische Lage genutzt werden müsse, erkannte jedoch gleichzeitig, daß die notwendigen wehrwirtschaftlichen und militärischen Vorbereitungen hinterherhinkten. Der deutsche Waffeneinsatz im spanischen Bürgerkrieg aber war ihm Beweis für die Durchschlagskraft einer unter militärischem Druck und kriegerischem Risiko geführten Gesamtpolitik. Hitlers Ziel wurde es, Wirtschaft und Armee so rasch wie möglich mit der außenpolitischen Entwicklung zu synchronisieren. Auf dem ersteren Gebiet war der Anfang mit dem Vierjahresplan gemacht, auf dem letzteren war, nach Auffassung Hitlers, noch alles zu tun, und es mußte rasch getan werden.

Dabei ging es, wie er meinte, nicht in erster Linie um materielle Fragen. Wie auf dem Wirtschaftssektor, so standen diese auch im militärischen Bereich in engster Relation zu geistig-psychischen Faktoren, und ausschlaggebend war das ideologische Konzept der Kriegsbereitschaft und Kriegswilligkeit. Hitlers Vorstellung, der Krieg habe den Krieg zu ernähren, politische Expansions- und Angriffschancen müßten ausgenutzt werden und dürften nicht an „kleinlichen" wirtschaftlichen und finanziellen Unzulänglichkeiten scheitern, geriet in immer schärferen Gegensatz zu den politischen Denk- und Verhaltensmustern des Auswärtigen Amts unter Neurath, des Wirtschaftsministeriums unter Schacht und des Reichskriegsministeriums mit seinen oppositionellen Zellen in der Heeresführung und im Wehrmachtamt. Die personellen Entscheidungen, auf die noch einzugehen sein wird (s. u. S. 204 ff.), waren die logische Folge der Hitlerschen geistigen „Gleichschaltungsbemühungen", die zur Synchronisierung seiner Expansionspolitik in der Tat notwendig waren.

Die Ansprache Hitlers vom 5. November 1937 erwuchs folgerichtig aus der Beobachtung der allgemeinen politischen Entwicklung im Inneren und Äußeren, aus den Ergebnissen des engeren Zusammenrückens Deutschlands und Italiens, aus der Antikominternpolitik mit Japan und dem Verlauf des Spanischen Bürgerkrieges. Ob es einen besonderen Anlaß gegeben hat, der Hitler an dem bestimmten Datum 5. November handeln ließ, ist nicht bekannt. Sicher ist, daß sich Hitler in den voraufgegangenen Wochen intensiv mit italienischen und wirtschaftlichen Fragen beschäftigt hatte; seine Ausführungen auf dem „Reichsparteitag der Arbeit" (9.–13. September) standen im Mittelpunkt seiner politischen und geistigen Tätigkeit dieser Zeit. Hinzu kam eine starke innere Auseinandersetzung mit „dem Bolschewismus", die sich aus den spanischen Erfahrungsberichten und den innenpolitischen Ereignissen in Sowjetrußland nährte. Im September nahm Hitler an einem großen Wehrmachtmanöver teil, das ihm ein positives Bild von der militärischen Schlagkraft der Truppe vermittelte. Bei einem Besuch Aga Khans am 20. Oktober soll Hitler – dem Zeugnis von Chefdolmetscher Schmidt zufolge – auf die Notwendigkeit einer baldigen Bereinigung der Probleme Österreich und Sudetenland hingewiesen und erneut die These vertreten haben, daß England ihn auf dem Kontinent gewähren lassen solle, während er sich nicht in die englischen überseeischen Angelegenheiten einmischen wolle.

Ende Oktober hat Hitler zum ersten Mal vor den Propagandaleitern seine Absichten deutlicher enthüllt. Er ging von seiner begrenzten Lebenserwartung aus und zog hieraus die Konsequenz:

„Es sei daher notwendig, die Probleme, die gelöst werden müßten (Lebensraum!) möglichst bald zu lösen, damit dies noch zu seinen Lebzeiten geschehe. Spätere Generationen würden dies nicht mehr können. Nur seine Person sei dazu noch in der Lage." (Aufzeichnung von Max Domarus, 31. 10. 37)

Die sog. „Hoßbach-Besprechung" vom 5. November 1937 kam nicht aus „heiterem Himmel". Es ist jedoch wahrscheinlich, daß keiner der beteiligten Militärs (vielleicht mit Ausnahme Görings) vorher wußte, daß Hitler nicht, wie von Blomberg gewünscht, in den Mittelpunkt seiner Erörterungen Rohstoff- und Rüstungsfragen stellen, sondern ein außenpolitisches Handlungsprogramm entwerfen würde.

Über die Besprechung vom 5. November liegt lediglich die maschinenschriftliche Abschrift der Niederschrift von Oberst Friedrich Hoßbach vor. Dieser, Wehrmachtadjutant des „Führers und Reichskanzlers", hat diese Niederschrift auf Grund stichwortartiger Notizen am 10. November 1937 „aus dem Gedächtnis" angefertigt. Er ging davon aus, daß Hitler die Niederschrift prüfen und abzeichnen würde, da dieser seine Ausführungen als „testamentarische Hinterlassenschaft" bezeichnet hatte; doch Hitler zeigte später kein Interesse an dem Dokument, er hat es wahrscheinlich nicht zu Gesicht bekommen. Das handschriftliche Original verblieb im Reichskriegsministerium. Im Jahre 1943 wurde eine Abschrift angefertigt. Nur diese lag für den Nürnberger Prozeß vor, das Original hat sich bisher nicht wiederfinden lassen, wahrscheinlich ist es zusammen mit dem Heresarchiv 1945 untergegangen. Die Echtheit der Hoßbach-Niederschrift kann nicht ernsthaft bestritten werden. Alle Versuche, die Authentizität des Dokuments zu erschüttern, sind durch die umfangreichen quellenkritischen Untersuchungen von Walter Bußmann 1968 zurückgewiesen worden. Äußere und innere Stilmerkmale, vor allem aber die überlieferten Reaktionen Becks und die im Dezember 1937 erlassenen Ergänzungen zur Weisung vom 24. Juni 1937 (s. u. S. 191) lassen keinerlei Zweifel an der historischen Relevanz der Niederschrift.

An der Besprechung in der Reichskanzlei am 5. November 1937 von 16.15 bis 20.30 Uhr nahmen außer Hitler der Reichsaußenminister, Freiherr von Neurath, der Reichskriegsminister, Generalfeldmarschall v. Blomberg, der Oberbefehlshaber der Luftwaffe, Generaloberst Göring, der Oberbefehlshaber der Kriegsmarine, Generaladmiral Raeder, der Oberbefehlshaber des Heeres, Generaloberst Freiherr von Fritsch, sowie der Wehrmachtadjutant bei Hitler, Oberst Hoßbach, teil. Die Zusammensetzung des Zuhörerkreises spiegelte offensichtlich noch die ursprüngliche Zielsetzung der Konferenz, nämlich die Erörterung von Rüstungsfragen; es handelte sich weder um einen „Kriegsrat", noch um eine Art „Kriegskabinett". Hitler leitete seine inhaltlichen Ausführungen mit den Sätzen ein:

„Das Ziel der deutschen Politik sei die Sicherung und die Erhaltung der Volksmasse und deren Vermehrung. Somit handelt es sich um das Problem des Raumes."

Der deutsche „Rassekern" von 85 Millionen Menschen habe Anspruch auf einen entsprechenden „Lebensraum"; die augenblickliche politische Lage sei das Ergebnis einer jahrhundertelangen verfehlten Raumpolitik, die zu einer ethnischen Katastrophe führen müsse, wenn nicht eine durchgreifende neue Lösung zur Behebung der Raumnot gefunden werde. Dieses Problem müsse für die nächsten 1–3 Generationen gelöst werden. Alternativen zur räumlichen Expansion gäbe es nicht, die Autarkie sei auf dem Gebiet der Rohstoffe nur bedingt, auf dem der Ernährung überhaupt nicht zu erreichen, der deutsche Boden könne nicht mehr als bisher hergeben, im Gegenteil, die Ermüdungserscheinungen (infolge der Kunstdüngung) nähmen zu. Eine stärkere Verflechtung Deutschlands in die Weltwirtschaft müsse jedoch ebenfalls abgelehnt werden, da die politische Abhängigkeit des Staates vom Ausland unerträglich und gefährlich sei, „vor allem auch die vom Bolschewismus ausgehenden Wirtschaftszerstörungen im Wege stünden."

Es bleibe nur eine Möglichkeit:

„Die einzige, uns vielleicht traumhaft erscheinende Abhilfe läge in der Gewinnung eines größeren Lebensraumes, ein Streben, das zu allen Zeiten die Ursache der Staatenbildungen und Völkerbewegungen gewesen sei."

Dieser Lebensraum aber könne nicht durch Kolonialerwerb und überseeische Expansion geschaffen werden, denn es ginge nicht um die „Gewinnung von Menschen, sondern landwirtschaftlich nutzbarem Raum." Die Rohstoffabhängigkeit könne ebenfalls nur durch die Angliederung europäischer Gebiete mit entsprechenden Rohstoffvorkommen beseitigt werden. Die anzustrebende Erweiterung des Lebensraumes sei jedoch – das zeige die Geschichte – immer nur „durch Brechen von Widerstand und unter Risiko" möglich, da es keinen herrenlosen Raum gebe.

Hitler untersuchte nunmehr die Chancen und Risiken einer deutschen Raumpolitik:

„Für Deutschland laute die Frage, wo größter Gewinn unter geringstem Einsatz zu erreichen sei."

Man müsse davon ausgehen, daß England und Frankreich die „Haßgegner" des Deutschen Reiches blieben. Die Macht Englands sinke jedoch ständig ab, das Empire beginne zu zerfallen:

„In summa sei festzustellen, daß trotz aller ideellen Festigkeit das Empire machtpolitisch auf die Dauer nicht mit 45 Millionen Engländern zu halten sei. Das Verhältnis der Bevölkerungszahl des Empires zu der des Mutterlandes von 9 : 1 sei eine Warnung für uns, bei Raumerweiterungen nicht die in der eigenen Volkszahl liegende Plattform zu gering werden zu lassen."

Zwar sei die Lage Frankreichs günstiger, jedoch gehe dieses Land inneren Wirren entgegen, die es schwächten. Hitler kam zum Abschluß dieser allgemeinen Erörterungen zum Ergebnis:

„Zur Lösung der deutschen Frage könne es nur den Weg der Gewalt geben, dieser niemals risikolos sein ... Stelle man an die Spitze der nachfolgenden Ausführungen den Entschluß zur Anwendung von Gewalt unter Risiko, dann bleibe noch die Beantwortung der Fragen ‚wann' und ‚wie'".

Hitler unterschied drei Fälle. Im ersten Fall käme ein gewaltsames Vorgehen spätestens für die Jahre 1943–1945 in Betracht. Danach sinke die eigene Leistungsfähigkeit ab, die der potentiellen Gegner wachse, das Regime könne infolge unzureichender Devisen- und Ernährungslage in eine Krise geraten. Im zweiten Fall müsse früher losgeschlagen werden,

„Wenn die sozialen Spannungen in Frankreich sich zu einer derartigen innenpolitischen Krise auswachsen sollten, daß durch letztere die französische Armee absorbiert und für eine Kriegsverwendung gegen Deutschland ausgeschaltet würde".

Dann sei „der Zeitpunkt zum Handeln gegen die Tschechei gekommen."

Der von Hitler präsentierte Fall 3 war der aktuellste und zugleich derjenige, auf den es Hitler während der Besprechung eigentlich ankam. Der Diktator ging von der Annahme eines kurzfristig ausbrechenden Mittelmeerkonfliktes zwischen Italien einerseits, Frankreich und England andererseits aus. England sei in diesem Falle durch Italien gebunden, Frankreich könne nicht so rasch wie erwünscht gegen Deutschland antreten, wenn das Reich „blitzartig" gegen die Tschechei und Österreich vorgehe. Eine rasche Niederwerfung beider Staaten werde Polen von einem Eingreifen gegen Deutschland abhalten, „einem militärischen Eingreifen Rußlands müsse durch die Schnelligkeit unserer Operationen begegnet werden; ob ein solches überhaupt in Betracht kommen werde, sei angesichts der Haltung Japans mehr als fraglich." Es komme zunächst darauf an, die Spannung im Mittelmeer zu erhalten, ein rascher Sieg Francos sei daher nicht erwünscht.

Hitlers Ausführungen waren weder prinzipiell noch in den einzelnen Punkten durchaus neu. Neu war lediglich die Kombination der verschiedenen Gedankengänge und Erwägungen und ihre Einordnung in eine gegenwärtige gesamtaußenpolitische Situation. Obwohl Hitler einleitend mit der Bemerkung, er bitte seine Ausführungen für den Fall seines Ablebens als testamentarische Hinterlassenschaft zu betrachten, den Eindruck erwecken konnte, als handele es sich um ein mehr oder weniger nur theoretisches Szenario, ließen die Erörterungen der Einzelheiten zu Fall 3 keinen Zweifel daran, daß es sich hier um mehr als eine vage, nicht terminierte politische Grundsatzerklärung handelte. Die Zuhörer haben Hitlers Ausführungen – mit Ausnahme Raeders, der offensichtlich nichts begriff und sich von Göring leicht beruhigen ließ – durchaus in diesem Sinne verstanden. Fritsch erklärte, unter den obwaltenden Umständen müsse er seine zum 10. November geplante mehrwöchige Ägyptenreise absagen; Hitler lehnte dies jedoch mit der Bemerkung ab, „daß die Möglichkeit des Konfliktes noch nicht als so nahe bevorstehend anzusehen sei".

Die Reaktionen der Besprechungsteilnehmer sind nur sehr unvollkommen überliefert, dennoch machen die Hoßbachniederschrift und die Erklärung Hoßbachs vor dem Internationalen Militärgerichtshof in Nürnberg deutlich, daß nur Göring den Ausführungen Hitlers voll zustimmte. Blomberg erhob eine Reihe von fachlichen Einwendungen, ohne das Gesamtkonzept Hitlers in Frage zu stellen, Neurath und Fritsch hingegen gaben deutlich zu verstehen, daß sie die Grundannahmen Hitlers und die hieraus gezogenen Schlußfolgerungen bezweifelten. Die wichtigsten Einwände bezogen sich auf Hitlers Vermutung, Frankreich werde im Falle eines Krieges mit Italien nicht gegen Deutschland vorgehen können, die „Tschechei" könne „blitzartig" überrollt werden, der englisch-französisch-italienische Konflikt sei nahe bevorstehend, England werde nicht in den Krieg gegen Deutschland eintreten. Diese Bedenken hoben die gesamte Argumentation Hitlers aus den Angeln: Fritsch, Neurath und – mit Einschränkungen – Blomberg lehnten Hitlers Kriegsplan ab. Sie taten dies nicht aus prinzipiellen ethischen Gründen, sondern in Kenntnis ihrer Ressorts und der deutschen Machtmöglichkeiten. Ob die Ablehnung daher bereits als „Widerstand" gegen Hitler interpretiert werden kann, erscheint fraglich.

Mit Hitlers Ausführungen vom 5. November 1937 begann die Phase der unmittelbaren Kriegsvorbereitung, die sich schwerpunktmäßig gegen die Tschechoslowakei richtete, von den Intentionen her aber als Beginn der Programmrealisierung mit dem Ziel der „Lebensraumgewinnung" anzusehen ist. Hitler hatte bereits verschiedene Male – so am 3. Februar 1933 und am 28. Februar 1934 – auf die Notwendigkeit gewaltsamer Raumerweiterung hingewiesen. Jedoch erst jetzt enthüllte sich den verantwortlichen Militärs die Struktur seines gewalttätigen Denkens, und es wurden ihnen die Voraussetzungen und Möglichkeiten erläutert, die zur Verwirklichung des Aggressionsplans notwendig waren. Hatten bis zu diesem Zeitpunkt die militärpolitischen Vorstellungen sich immer noch im Umkreis von Revision und Defensive bewegt, so bedeutete der 5. November 1937 den endgültigen Durchbruch zur Aggressionsvorbereitung. Diese stand fortan in der ersten Priorität, die Revisions- und Defensivplanung in der zweiten. Die Verhältnisse kehrten sich mit dem 5. November 1937 also um. Alles, was seitdem geschah, gehorchte dem Gesetz der Gewaltanwendung; der „Anschluß" Österreichs ist daher nicht mehr als Glied in einer Kette – mehr oder weniger berechtigter – Revisionsforderungen anzusehen, sondern als Ausgangspunkt der Lebensraumrealisierung.

b. Generalstab, Wehrmachtamt und die Dezemberweisungen

Es ist zurecht darauf hingewiesen worden, daß die vorsichtig-skeptischen bis offen ablehnenden Reaktionen Neuraths, Blombergs und Fritschs wesentlich zu Hitlers Überzeugung beigetragen haben, den geplanten Krieg mit anderen Persönlichkeiten führen zu müssen. Die Besprechung löste in Hitler Enttäuschung aus, da es ihm nicht gelungen war, die für die Durchführung seiner Politik wichtigsten Männer von seinen Ansichten zu überzeugen. Blomberg und Fritsch, in diesem Punkt einig, wiesen auf den hohen Defensivwert der tschechoslowakischen Befestigungen und den geringen der eigenen im Westen hin. Ein Durchbruch durch die böhmischen Grenzstellungen schien nicht ohne weiteres möglich, erst recht stellte die Maginotlinie in den Augen der Militärs ein ernstzunehmendes Hindernis dar. Hitler reagierte auf diese Einwände nur mit einer stereotypen Wiederholung der Behauptung, England und Frankreich würden nicht zugunsten der „Tschechei" in den Konflikt eingreifen. Das war eine Bankrotterklärung seines Argumentationsvermögens. Seitdem stand für ihn fest, daß zumindest Neurath und Fritsch gehen mußten.

Das Verhalten Blombergs am 5. November hat verschiedene Deutungen erfahren. Die Auffassung Hoßbachs, nach der sich Blomberg am 5. November 1937 ebenso wie Fritsch „nicht als gefügiges Werkzeug, sondern als verantwortungsbewußter Ratgeber der Politik" erwiesen hätte, ist gewiß ebensowenig haltbar wie das Verdikt, Blomberg habe Hitlers Kriegskurs willig gefördert (Gackenholz). Tatsächlich hat Blomberg seine Bedenken vom 5. November insofern zurückgezogen, als er die Initiative Jodls zur Neufassung der Weisung für eine einheitliche Kriegsvorbereitung nicht nur geduldet, sondern die neue Weisung bei Hitler selbst vertreten hat, obwohl von diesem kein ausdrücklicher Auftrag zur Abänderung der Weisung vorlag.

In den Tagen vom 6.–10. November 1937 kam es ansatzweise zu einer „kollektiven" Opposition gegen Hitlers Kriegskurs. In einer Besprechung, an der Fritsch und Beck teilnahmen, erklärte Neurath, daß er Hitler aufsuchen und von seinem Kurs abzubringen versuchen wolle; Beck und Fritsch begrüßten diese Initiative. Tatsächlich äußerte Fritsch anläßlich der Abmeldung zu seiner Ägyptenreise seine Bedenken, verärgerte Hitler aber nur. Fritsch trat am 10. November seine Ägyptenreise an. In den folgenden Wochen lag die Verantwortung für die Politik des Oberkommandos des Heeres damit praktisch bei Beck.

Die von Neurath angekündigte Unterredung mit Hitler kam erst Mitte Januar 1938 zustande. Nachdem es dem Außenminister nicht gelungen war, Hitler von der Unzweckmäßigkeit eines kriegerischen Vorgehens zu überzeugen, bot er seinen Rücktritt an, den Hitler zunächst nicht annahm. Im Zuge des großen Personalrevirements wurde Neurath am 4. Februar 1938 dann aber durch Ribbentrop abgelöst.

Während der Besprechung vom 5. November wurden keine Entschlüsse gefaßt und kein Terminkalender festgelegt. Blomberg war dennoch davon überzeugt, daß nunmehr etwas veranlaßt werden mußte; auch Göring hat unmittelbar danach neue Weisungen als Oberbefehlshaber der Luftwaffe erteilt. Blomberg unterrichtete wahrscheinlich Keitel und Jodl von den Hitlerschen Ausführungen, Jodl entschloß sich, die bisher gültigen Aufmarschweisungen dementsprechend abzuändern. Ob Jodls Entschluß aus sachlichen Erwägungen oder aber aus Gründen der „Einheitlichkeit“ und der Spitzengliederung resultierte, ist nicht zu entscheiden; Görings Vorpreschen als Oberbefehlshaber eines Wehrmachtteils mag in der Tat Jodl veranlaßt haben, durch rasches Ansichziehen der Verantwortlichkeit die Spitzenstellung des Wehrmachtamts zu unterstreichen und einen Präzedenzfall zu schaffen, auf den sich die Abteilung L später berufen konnte. Die Abwesenheit Fritschs und das vielleicht allzu lange „Wägen“ Becks führten zu einer Ausschaltung des Heeresgeneralstabs, so daß der Nachtrag zur Weisung vom 24. Juni 1937 vom 7. Dezember 1937 in die Verantwortung des Wehrmachtamtes, Blombergs und Hitlers fiel.

Beck wurde von Hoßbach über den Inhalt der Besprechung vom 5. November mündlich informiert, zugleich legte der Adjutant seine Aufzeichnung vom 10. November 1937 Beck zur Kenntnisnahme vor. Beck reagierte mit einem Schriftsatz vom 12. November, den man geradezu als Gegenprogramm bezeichnen könnte: Der Generalstabschef ging Hoßbachs Niederschrift Punkt für Punkt durch und kam zu einem Gesamtergebnis, das er „niederschmetternd“ nannte. Dabei stellte Beck einige der Hitlerschen Grundaussagen durchaus nicht in Frage; wie Hitler war auch er davon überzeugt, daß es ein „Raumproblem“ gebe; wie der Oberste Befehlshaber meinte auch der Generalstabschef, daß es wünschenswert wäre, wenn die „tschechische Frage“ gelöst werden könnte. Die Schlußfolgerungen, die Beck hieraus zog, standen jedoch in diametralem Widerspruch zu denen Hitlers. Seine wichtigsten Einwände bezogen sich auf Hitlers sozialdarwinistische Annahme, daß der „Rassekern“ von 85 Millionen Menschen ein historisches Recht zur Ausdehnung in Anspruch nehmen könne. Tatsächlich, so schrieb Beck, habe sich die Bevölkerungslage

> „in Europa seit 1000 Jahren und länger so stabilisiert ..., daß weitgehende Änderungen ohne schwerste und in ihrer Dauer nicht abzusehende Erschütterungen kaum noch erreichbar erscheinen“ (zitiert nach Förster S. 80).

Beck ging von der Überzeugung aus, daß die Gegnerschaft Englands und Frankreichs keineswegs unabänderlich, gleichsam naturgegeben sei, es vielmehr darauf ankomme, alle Möglichkeiten eines friedlichen Nebeneinanders zu erschöpfen. Es sei auch falsch anzunehmen, daß die Macht Englands bereits verblichen sei; bis auf weiteres werde dieser Staat „nicht allein stehen, sondern stets Bundesgenossen haben“, wobei Beck konkret an die Vereinigten Staaten dachte. Becks Urteil über die von Hitler postulierten drei Fälle war von schneidender Härte:

> „Fall I: Die militärische Begründung ist nicht Sache des Staatsmannes und von Fachleuten nachzuprüfen bzw. zu geben. Die militärpolitischen, finanziellen, wirtschaftlichen und seelischen Grundlagen sind überhaupt nicht behandelt. Der Schluß: spätestens 1943/45 muß die deutsche Raumfrage daher gelöst werden, wirkt in seiner mangelnden Fundierung niederschmetternd.
>
> Fall II: wird nach wie vor für ganz unwahrscheinlich gehalten – W u n s c h g e d a n k e.
>
> Fall III: Frankreich wird immer genügende Kräfte gegen Deutschland zur Hand haben.“

Es ist darauf hingewiesen worden, daß dieses Papier Becks nicht so sehr einen prinzipiellen, sittlich begründeten Widerspruch gegen Hitlers Kriegspolitik zum Ausdruck brachte, als vielmehr Kritik am methodischen Vorgehen (Müller). Auch Beck lehnte den Krieg als ultima ratio regum im Sinne der Clausewitzschen Definition keineswegs grundsätzlich ab, sogar der konkrete „Fall Grün" berührte in seinen Augen keine moralischen Kategorien. Eine derartige Interpretation verkürzt Becks Gedankenführung jedoch, und die Niederschrift vom 12. November war mehr als ein Widerspruch in der Methode, mehr auch als die Formulierung politischer Opposition gegen den obersten Kriegsherrn. Durch Hitlers Geschichtsklitterungen vom 5. November herausgefordert, bettete Beck seine Kritik in ein weltgeschichtliches Szenario. Wenn es in dem Papier hieß, „Die gesamten historischen Parallelen sind anfechtbar", so bezog sich dies auf die naive Interpretation Hitlers vom Werden und Vergehen der Staaten, mit den Beispielen Friedrichs II. (Eroberung Schlesiens) und Bismarcks (Einigungskriege). Während Hitler historische Gesetze postulierte, die sein Handeln einer individuellen historischen Verantwortung gleichsam entzogen, betonte Beck die persönliche Verantwortung des Staatsmannes für das Gedeihen seines Volkes. Hitler behauptete einen prinzipiell dynamischen Fortschritt der Weltgeschichte, er glaubte an die weltbewegenden Prinzipien und knüpfte an jene geschichtsteleologischen Auffassungen an, die vor 1914 zu der verhängnisvollen Dynamisierung der europäischen Politik im Zeichen des Weltmachtstrebens geführt hatten, Beck hingegen hatte sich von diesen Vorstellungen gelöst, jene fatale Alternative „Weltmacht oder Niedergang", die Europa 1914 ins Unglück gestürzt hatte, war ihm zutiefst suspekt. Für Beck überwogen die statischen Elemente im Zusammenleben der Völker, man mußte miteinander auskommen, sich arrangieren. Die Konsequenz war der Verzicht auf „Weltreichsbildung", und zwar sowohl im Sinne des Hochimperialismus vor 1914, als und erst recht im Sinne der rassenideologischen Vorstellungen Hitlers. Becks Notizen vom 12. November waren kein vordergründiger Protest gegen aktuelle Pläne Hitlers, sie stellten Hitlers Geschichts- und Weltanschauung insgesamt in Frage. Eine geistige Vermittlung zwischen Hitler und Beck gab es seither nicht mehr.

Unterhalb dieser höchsten Ebene der geistigen Auseinandersetzung mit der Weltanschauung und Politik Hitlers vollzog sich die tägliche Arbeit des Generalstabs und des Wehrmachtamtes, und auf diesen Ebenen ging es in der Tat um die „Methoden des Vorgehens". Jodl hatte von Blomberg eine Weisung erwirkt, die ihm die Einarbeitung der Hitlerschen Gedankengänge in die gültigen Aufmarschanweisungen erlaubte. In einem „1. Nachtrag zur Weisung für die einheitliche Kriegsvorbereitung der Wehrmacht" vom 7. Dezember 1937 trug Jodl den geänderten Absichten und Verhältnissen Rechnung. Es hieß hier:

„Die politischen Voraussetzungen für die Auslösung des Falles Grün haben sich nach den Weisungen des Führers und Reichskanzlers geändert, die Ziele eines derartigen Krieges erweitert".

Die Weisung ging davon aus, daß der „Fall Rot“ (also der Defensivaufmarsch gegen Frankreich) nunmehr weniger wahrscheinlich sei als der „Fall Grün“ (das angriffsweise Vorgehen gegen die Tschechoslowakei). Blomberg kündigte an, daß der Schwerpunkt West im Mobilmachungsjahr 1937/38 wegfallen werde, falls sich die politische Lage „nicht grundlegend zu unseren Ungunsten“ veränderte.

Diese Gegebenheiten machten eine neue allgemeine Weisung notwendig. Blomberg legte Hitler am 13. Dezember 1937 einen dementsprechenden Entwurf vor, nicht ohne darauf hinzuweisen, daß das Heer lediglich über einen Sechs-Wochen-Vorrat an Munition verfüge. Dies war jedoch keineswegs ein versteckter Widerspruch gegen Hitlers Intentionen, wie gelegentlich behauptet wurde, denn nach den von Hitler genannten Voraussetzungen konnte es sich bei einem Überfall auf die Tschechoslowakei ohnehin nur um einen „Blitzkrieg“ handeln; die Marge von sechs Wochen genügte hierfür völlig.

Mit Datum vom 21. Dezember 1937 wurde die neue Weisung erlassen. Der Umschlag von der Defensive zur Offensive wurde deutlich sichtbar. Unter „Voraussetzungen“ hieß es nun:

> „Hat Deutschland seine volle Kriegsbereitschaft auf allen Gebieten erreicht, so wird die militärische Voraussetzung geschaffen sein, einen Angriffskrieg gegen die Tschechoslowakei und damit die Lösung des deutschen Raumproblems auch dann zu einem siegreichen Ende zu führen, wenn die eine oder andere Großmacht gegen uns eingreift.“

Ungeachtet der Einwände, die Fritsch am 5. November 1937 erhoben hatte, ging die Weisung davon aus, daß die eigenen Westbefestigungen so ausgebaut werden müßten, daß man sie „auch gegen eine vielfache Überlegenheit ... mit schwachen Kräften auf lange Zeit“ halten könne. Den Vorwurf, Deutschland in einen Zweifrontenkrieg zu verwickeln, zurückweisend, enthielt die Weisung den Satz:

> „Aber auch dann wird die Staatsführung das politisch Mögliche tun, um Deutschland das Risiko eines Zweifrontenkrieges zu ersparen und jede Lage zu vermeiden suchen, der Deutschland nach menschlichem Ermessen militärisch oder wirtschaftlich nicht gewachsen ist.“

In völliger Übereinstimmung mit den Ausführungen Hitlers legte die Weisung den Willen der politischen und militärischen Führung fest, im Falle des englisch-französisch-italienischen Mittelmeerkonfliktes auch schon vor Erreichung der vollen Kriegsbereitschaft loszuschlagen, wobei eine mögliche Gegnerschaft Rußlands in Kauf genommen werden sollte. Das hieß die verantwortungslose Hazard-Politik auf die Spitze treiben, aber in der Weisung wurden die operativen Richtlinien für den Fall Grün schon konkret festgelegt: Die Masse aller deutschen Kräfte sollte „mit stärkster Wucht“ in die Tschechoslowakei einbrechen, Reserve- und SS-Verbände zum gleichzeitigen Einmarsch in Österreich bereitstehen. Im Westen mußte mit einem „Mindestmaß an Kräften“ ausgekommen werden. Die Luftwaffe sollte nach Möglichkeit die feindliche Luftwaffe noch auf ihren Friedenshorsten zerstören und war daher unabhängig vom Angriffsbeginn des Heeres einzusetzen – ein Konzept, dessen operativer Sinn sich während des Polenfeldzuges und während des arabisch-israelischen Krieges von 1967 tatsächlich als wirksam erweisen sollte.

Das Heer erhielt darüber hinaus den Auftrag, Ostpreußen zu verteidigen, doch dies stand in der letzten Priorität. Entscheidend blieb der „planmäßig im Frieden vorbereitete strategische Überfall auf die Tschechoslowakei".

Die historische Bedeutung der Weisung vom 21. Dezember lag einmal in dem nun vollzogenen Übergang von der Defensive zur Aggression auch im Rahmen der militärfachlichen Planung, zum anderen in der Durchsetzung des Wehrmachtanspruches auf Gesamtleitung der militärischen Operationen aller drei Wehrmachtteile. Bevor es jedoch zur Formulierung eines Widerstandes seitens des OHK kommen konnte, führte Hitler seinen Streich gegen die Führung des Heeres, und mit seinem Zugriff auf das Amt des Reichskriegsministers trat die deutsche Militärgeschichte in eine neue Epoche ein.

2. Die Blomberg-Affaire und die Intrige gegen Fritsch

a. Blombergs Sturz

Die Heiratsaffaire des Reichskriegsministers und Generalfeldmarschalls von Blomberg, die zu dessen Sturz führte, und die Intrige gegen den Oberbefehlshaber des Heeres, Generaloberst Freiherr von Fritsch, die diesen hinwegfegte, können nur gemeinsam behandelt und zusammen historisch bewertet werden. Die Bezeichnung „Blomberg-Fritsch-Krise" ist jedoch irreführend. Man muß die einzelnen historischen Abläufe gesondert analysieren; das Ergebnis mag den Begriff „Krise" für die Persönlichkeit Blombergs rechtfertigen, der „Fall Fritsch" jedoch war das genaue Gegenteil einer Krise, nämlich: der triumphale Durchbruch eines verbrecherischen Regimes zur Gleichschaltung, Ausschaltung, Entehrung und Entwürdigung der Armee und ihrer höchsten Repräsentanten.

Eine Krise durchlief nur die Wehrmacht, aber diese Krise wurde gesteuert und gewollt: von Göring, der sich an die Spitze der bewaffneten Macht zu setzen hoffte, von Himmler und Heydrich, die SS und Gestapo endgültig über die „reaktionären" Generale siegen sehen wollten; vor allem aber von Hitler, der mit dem Coup vom 4. Februar 1938 den letzten und entscheidenden Akt auf dem Weg zur hemmungslosen Gewaltausübung nach innen und außen vollzog.

Die Blomberg-Fritsch-Intrige darf daher nicht allein unter dem Gesichtspunkt der Kriegsvorbereitung gesehen werden. Gewiß wird das Datum des 5. November 1937 als wichtiger Ausgangspunkt zu den Entscheidungen vom 4. Februar 1938 anzunehmen sein; in den Januarereignissen 1938 kulminierte aber auch eine innenpolitische Entwicklung, die sich seit dem 30. Juni 1934 angebahnt hatte; Hitler selbst hat in einer Bemerkung Keitel gegenüber diesen Zusammenhang deutlich gemacht:

„Er (Hitler – d. Vf.) sagt dabei“, notierte Jodl, „Am 30. Juni mußte sich die Partei vor der Wehrmacht schämen. Möge nie der Tag kommen, wo sich die Wehrmacht vor der Partei schämen muß. Das darf nicht eintreten.“

Die Parallelen zwischen der Fritsch-Intrige und der Röhm-Krise liegen auf der Hand: In beiden Fällen ging es um die Vernichtung von Organisationen und deren Führungsspitzen, weil diese der Weltanschauung und/oder politischen Zielsetzung Hitlers nicht oder nicht ausreichend entsprachen. In beiden Fällen war die SS Drahtzieher, Handlanger und Gewinner. In beiden Fällen ging Hitler gestärkt aus dem Kampf hervor, in beiden Fällen fanden die Betroffenen sich letztlich mit den Veränderungen ab, obwohl diese auf gewaltsame und zutiefst schmutzige Art und Weise herbeigezwungen worden waren. In beiden Fällen lud die Armee Schuld auf sich: Am 30. Juni, weil sie das Morden tolerierte, am 4. Februar 1938, weil sie Hitler das Instrument zur Durchführung seiner politischen Verbrechen widerstandslos auslieferte und sich weder zu einer Ehrenrettung ihres Oberbefehlshabers, noch zu einer Aktion gegen Gestapo und SS aufraffen konnte.

Es ist viel darüber gerätselt worden, ob Hitler neben Fritsch auch Blomberg „los sein“ wollte. Blombergs Widersprüche vom 5. November 1937 mögen den Kriegsminister in Hitlers Augen fragwürdig gemacht haben, doch die Weisung vom 21. Dezember war durchaus geeignet, Blomberg erneut als einen der treuesten und gewissenhaftesten Paladine Hitlers auszuweisen. Das Blombergsche Schwanken und Zweifeln in Entschluß und Aktion, wie es anläßlich der Wiedereinführung der Allgemeinen Wehrpflicht und, deutlicher noch, im Zusammenhang mit dem Einmarsch in das Rheinland zu beobachten war, entsprach aber gewiß nicht Hitlers Idealvorstellung von einem Oberbefehlshaber der Wehrmacht. Es war Keitel, der in zunehmendem Maße diesem Ideal nahekam. Dies aber schloß automatisch die wichtigste Qualifikation zu einem Oberbefehlshaber aus: die selbständige Verantwortlichkeit nicht nur dem Staatsmann, sondern auch – und in vielleicht höherem Maße – Staat und Nation gegenüber. Infolgedessen konnte es in Hitlers System keinen echten Oberbefehlshaber der Wehrmacht geben. Nur *eine* Persönlichkeit war in der Lage, den Erfordernissen des Regimes und seines politischen Programms der totalen Gewaltausübung gerecht zu werden: Hitler selbst. Daß dieser nach dem Sturz Blombergs das Amt des Reichskriegsministers übernahm, war weniger überraschend und zufällig als logisch und systemimmanent. Damit bleibt bei der historischen Bewertung des Falles Blomberg nur noch die Frage, ob Hitler den unvermeidlichen Sturz Blombergs bewußt gefördert, oder ob er, wie so oft in seiner politischen Laufbahn, die sich ihm bietende günstige Gelegenheit skrupellos ausgenutzt hat.

Der Knoten schürzte sich, als Blomberg am 22. Dezember 1937 anläßlich der Trauerfeierlichkeiten für den verstorbenen Ludendorff Hitler mitteilte, daß er wieder zu heiraten gedenke, und zwar ein Mädchen aus „einfachen Verhältnissen“. Hitler stimmte dem Heiratsersuchen des Kriegsministers zu, Standesfragen interessierten ihn nicht, und Blomberg meinte, mit seiner Heirat ein eher positives Zeichen im Sinne der „Volksgemeinschaft“ und der Auflösung der Klassenschranken setzen zu können. Von Göring und Heydrich initiiert, fand sich Hitler bereit, zusammen mit dem Oberbefehlshaber der Luftwaffe bei der am 12. Januar 1938 stattfindenden Hochzeit als Trauzeuge mitzuwirken. In einer Dreizeilenmeldung des Deutschen Nachrichtenbüros wurde die Öffentlichkeit über das Ereignis informiert.

Blomberg war über das Vorleben Eva Gruhns, seiner Frau, nur unzureichend informiert. Indessen scheint festzustehen, daß die Gestapo und das Hauptquartier der SS in Berlin, also Himmler und Heydrich, schon vor der Eheschließung Blombergs jenes kompromittierende Material in Händen hielten, mit dessen Hilfe der Sturz Blombergs ohne weiteres zu bewerkstelligen war. Göring und Himmler haben die baldige Eheschließung gefördert und alles vermieden, was es Blomberg ermöglicht hätte, sich der Verstrickung zu entziehen.

Unmittelbar nach der Heirat Blombergs tauchten „Gerüchte“ über das Vorleben der Eva Gruhn auf, die offensichtlich gezielt ausgestreut wurden und in erster Linie auf die Mentalität des Heeresoffizierkorps zugeschnitten waren. Blomberg, alarmiert und unzureichend unterrichtet, kehrte nach Berlin zurück und bat am 24. Januar 1938 Hitler um eine Unterredung in der Heiratsangelegenheit. Göring schaltete sich ein und klärte Hitler, noch bevor Blomberg seinen Fall vertreten konnte, in einem Gespräch unter vier Augen über den „Fall Blomberg-Gruhn“ auf. Hitler zeigte sich entsetzt und erweckte den Anschein völliger Überraschung; an seinen Adjutanten, Oberst Hoßbach, richtete er die Frage, wie das Heer den Skandal aufnehmen werde. Hoßbach erwiderte, daß das Heeresoffizierkorps sich seine Stellungnahme vorbehalten müsse, und Hitler konnte daraus schließen, daß der Sturz seines Kriegsministers auf keinen Widerstand im Heer stoßen würde.

Am 25. Januar kam es zu der entscheidenden Aussprache zwischen Hitler und Blomberg, der immer noch nicht voll über das Vorleben seiner Frau informiert zu sein schien, stellte er doch an Hitler das Ansinnen, die Angelegenheit „mit dem Mantel der Liebe zuzudecken“. Inzwischen handelte es sich jedoch nicht mehr allein um den Fall Blomberg, denn Hitler erklärte dem verdutzten und entsetzten Hoßbach, daß nicht nur der Kriegsminister, sondern auch der Oberbefehlshaber des Heeres, Freiherr von Fritsch „gehen müsse“, da belastendes Material nach § 175 StGB gegen ihn vorliege.

Blomberg war nicht mehr zu retten; Göring wurde von Hitler beauftragt, dem unglücklichen Minister „reinen Wein“ einzuschenken. Blomberg reichte seinen Abschied ein. Inzwischen wurde zwischen Hitler und Hoßbach bereits die Nachfolgefrage besprochen, wobei Hitler eine Nachfolge Görings entschieden ablehnte. Der bisherige Verlauf der Intrige hatte deutlich gemacht, daß es Görings offensichtliches Bestreben war, das Amt des Reichskriegsministers an sich zu ziehen.

Eine zutreffende Analyse des Falles Blomberg wird die eigentlich treibenden Kräfte in den Persönlichkeiten Himmlers, Heydrichs, vor allem aber Görings, sehen müssen. Sicher scheint, daß Blomberg unwissentlich in die Falle getappt ist; wahrscheinlich bleibt, daß Hitler von der Intrige gegen Blomberg, die von Gestapo und SS gesteuert wurde, bis zum 25. Januar nicht informiert war. Göring hatte das größte Interesse an einer „Erledigung" des Ministers, da er sich Chancen ausrechnete, dessen Nachfolge antreten zu können. Blombergs Verhalten am 5. November 1937 kann in dieser Hinsicht für Göring das auslösende Moment für den Griff nach der Wehrmachtspitze gewesen sein. Görings Anteil am Ablauf der Ereignisse vervollständigt und differenziert diese These: Von Hitler beauftragt, den unglückseligen Feldmarschall über seine Frau „aufzuklären", nutzte Göring die Gelegenheit, um bei Blomberg den Eindruck zu erwecken, als seien die angeblichen „Verfehlungen" seiner Frau nicht so gravierend, wie die Forderung nach einem sofortigen Rücktritt vom Ministerposten es nahelegten. Göring gab geschickt zu erkennen, daß es auch nicht Hitler oder die Parteiführung seien, die den Rücktritt forderten, sondern in erster Linie seine „Generalskollegen". Tatsächlich erwies der weitere Fortgang der Angelegenheit, daß das Offizierkorps wohl unter keinen Umständen bereit gewesen wäre, Blomberg zu tolerieren, und insofern war der Sturz Blombergs unvermeidlich, gleichgültig welche Ziele Göring und Hitler verfolgten.

Daß die Dinge aber auf diesen Punkt gekommen waren, ging auf die Machenschaften Himmlers und Görings zurück. Indem diese Blomberg nicht rechtzeitig vor seiner Heirat warnten, obwohl sie das kompromittierende Material gegen Eva Gruhn kannten, trieben sie den Feldmarschall bewußt ins Verderben.

Als Göring bei Blomberg die Armeeführung anschwärzte, rechnete er sich Chancen aus, selbst Nachfolger von Blomberg zu werden, Blomberg selbst wird die Dinge ähnlich gesehen haben: da Fritsch nicht mehr in Betracht kam, Blomberg sich von der Heeresgeneralität im Stich gelassen sah, blieb kein anderer Vorschlag übrig als der, den Blomberg Hitler selbst anläßlich seiner Verabschiedung am 27. Januar unterbreitete: Er, Hitler, solle das Amt des Reichskriegsministers selbst übernehmen. Hitler hörte sich Blombergs Vorschlag schweigend an, am 4. Februar 1938 folgte er ihm.

b. Die Intrige gegen Fritsch

Das unrühmliche Ausscheiden des ersten Generalfeldmarschalls des Dritten Reiches aus dem Amt des Reichskriegsministers berührte die Wehrmacht unmittelbar, doch sie zeigte sich vom Fall Blomberg verhältnismäßig unbeeindruckt: Blomberg galt als „politischer" Soldat, als Außenseiter; er genoß im Generalstab des Heeres keinerlei Sympathien, Fritsch und Beck lehnten Blombergs Führungsstil ebenso ab wie dessen willfährige Politik; schließlich empfanden die Generalstäbler Blombergs Stellung als Angriff auf die Unabhängigkeit des Heeres, und das Ringen um die Spitzengliederung war zugleich der Kampf gegen die institutionalisierte Prärogative des Oberbefehlshabers der Wehrmacht. Blombergs Sturz wurde nicht bedauert, und da dieser seiner zweiten Frau die Treue hielt, änderte sich an dem moralischen Verdikt des Heeresoffizierkorps nichts. Blomberg blieb einsam, galt fortan als einer der Verderber der Wehrmacht, als dunkler Punkt auf der Ehre der deutschen Armee. Noch in Nürnberg behandelten ihn die übrigen hohen Offiziere als outcast.

Völlig anders lagen die Dinge im sogenannten Fall Fritsch. Von seiner Persönlichkeit, seiner Herkunft, seinem militärischen Werdegang her galt der Generaloberst als Vorbild preußischer Soldatengesinnung, militärischer Tugenden. Untadelig im dienstlichen und privaten Leben, bescheiden im persönlichen Auftreten, sicher, gewandt in der militärischen Führung genoß Fritsch seit seinem Dienstantritt als Oberbefehlshaber des Heeres im Jahre 1934 zunehmend Achtung, Sympathie und Liebe bei Untergebenen und Gleichgestellten. In Fritsch verkörperten sich alle Hoffnungen auf die politische Unangreifbarkeit der Armee; Fritsch galt als Garant für die Überparteilichkeit, als Hüter der wahren Traditionen, als Wächter vor unerlaubten Ein- und Übergriffen von Seiten der Partei, der SA, der SS. Solange Fritsch an der Spitze des Heeres stand, fühlte sich das Offizierkorps sicher, und es bewunderte seine vornehme Gesinnung.

Der Schlag gegen den Oberbefehlshaber der Armee war von völlig anderer Qualität als jener gegen Blomberg. Fritsch beseitigen, das bedeutete auf Grund der vorliegenden Erfahrungen und der gegebenen Verhältnisse die Herausforderung der bewaffneten Macht schlechthin. Der Angriff auf Fritsch mußte das Heer bis in die Grundfesten erschüttern. Es bedurfte eines erstaunlichen Maßes an Skrupellosigkeit, aber auch politischen Mutes, die Symbolfigur der Armee auf die infamste Art und Weise zu stürzen. Das Regime nutzte seinen ganzen Macchiavellismus, um hier zu siegen.

Es kann kaum bezweifelt werden, daß Hitler über kurz oder lang Fritsch als Oberbefehlshaber des Heeres beseitigen wollte. Zwar war an der Loyalität des Generalobersten nicht zu deuteln, doch die andauernden Querelen zwischen Wehrmachtamt und OKH, die von Fritsch immer wieder erhobenen Einwendungen gegen das überstürzte Aufrüstungstempo, zuletzt die Opposition des Generalobersten am 5. November 1937, trugen zu einem sich ständig steigernden Unwillen Hitlers bei. Gegen Fritsch zu intrigieren erschien daher auch jenen Handlangern aus der Gestapo und der SD-Zentrale nützlich, die Fritsch während seines Ägyptenaufenthaltes beschattet und sich um die Zusammenstellung von belastendem Material gegen den Oberbefehlshaber des Heeres bemüht hatten.

Irgendwann im Verlaufe des Jahres 1936 ist Hitler von der Gestapo ein geheimes Dossier vorgelegt worden, in dem angebliche Verfehlungen Fritschs gegen den § 175 StGB dokumentiert waren. Ob Hitler die Wertlosigkeit des Materials gesehen, oder ob er die Möglichkeiten, die sich ihm politisch damit anboten, nicht oder noch nicht erkannt hat, läßt sich nicht klären. Er befahl jedenfalls die Vernichtung des Fritsch-Dossiers. Diese erfolgte jedoch nicht vollständig, in der Gestapobehörde wurde ein Durchschlag einiger Dokumente aufbewahrt, die Akte später rekonstruiert.

Der Fall Blomberg wurde zum Auslöser für die Intrige gegen Fritsch. Man kann davon ausgehen, daß Göring Hitler bereits am 24. Januar mit dem angeblichen „Fall Fritsch" konfrontiert hat. Das schlecht und flüchtig zurechtgemachte Belastungsmaterial enthielt die alten, schon 1936 Hitler bekanntgewordenen Aktenstücke. Göring muß gewußt haben, daß Hitler nunmehr Interesse an der Verfolgung Fritschs hatte, denn nur so wird die Unverfrorenheit erklärlich, mit der Göring das angeblich auf Hitlers Befehl vernichtete Dossier vorzulegen wagte.

Tatsächlich blieb Göring jedoch keine Wahl, wollte er seine Ansprüche auf das Amt des Reichskriegsministers nicht verloren geben: denn als möglicher Nachfolger Blombergs kam in erster Linie Fritsch in Frage. Dieser war praktisch nicht zu übergehen. Geschah dies dennoch, so durften nur persönliche, nicht aber politisch-sachliche Gründe ins Feld geführt werden. Indem Göring die Ehre Fritschs zu zerstören trachtete, glaubte er den wichtigsten Einwand gegen seine eigene Beförderung zum Oberbefehlshaber der Wehrmacht ausräumen zu können.

Auch Hitler war durchaus bewußt, daß eine einfache Ablösung Fritschs auf den geschlossenen Widerstand des Heeresoffizierkorps stoßen würde. Darüber hinaus war ihm jedoch von Anfang an klar, daß auch Göring nicht als Nachfolger in Betracht kam, denn Hitler wußte einerseits um die Opposition gegen Göring im Heer, andererseits vermochte er die sachlichen und fachlichen Qualitäten Görings durchaus richtig einzuschätzen: ein Reichskriegsminister Göring hätte die Schlagkraft der Armee genau in jenem Augenblick entscheidend geschwächt, in dem er sie zum ersten Mal erproben wollte.

Die von Göring eingefädelte Intrige machte Hitler die Entscheidung leicht, denn er brauchte die Dinge nur treiben zu lassen, konnte im Hintergrund verharren und damit den Anschein erwecken, selbst Getriebener zu sein, nicht mehr frei in seinen Entschlüssen. Sein eigentliches Ziel, Fritsch zu stürzen, verlor er jedoch keinen Moment aus den Augen, und ebensowenig verkannte Hitler die politische Brisanz des sich seit dem 24. Januar 1938 ankündigenden Dramas. Es sollte Hitler gelingen, die Fäden in der Hand zu behalten und am Ende siegreich aus dem Heereskonflikt hervorzugehen. Göring hingegen erreichte, außer einer weiteren, politisch wertlosen Beförderung nichts, seitdem sank sein Stern.

Am 25. Januar 1938, als die Entlassung Blombergs sich entschied, wurde die Intrige gegen Fritsch von Göring und Hitler inszeniert. Göring unterbreitete dem „Führer" das Belastungsmaterial, dieser gab vor, an die Unschuld Fritschs zu glauben; Göring, mit allen Anzeichen besorgter Geschäftigkeit, erklärte, er wolle selbst die Sache nachprüfen, kehrte alsbald in die Reichskanzlei zurück und versicherte Hitler erneut: „Fritsch ist schuldig!" Nunmehr ergingen sich beide, Hitler und Göring, in lautem Lamentieren, und der Reichskanzler spielte eine glänzende Szene getäuschter Hoffnungen, schmerzlicher Erfahrungen. Zweck dieses ganzen Spektakels war die Beeinflussung des einzig unverdächtigen und unbestechlichen Zeugen: des Wehrmachtadjutanten Hoßbach. Es kam zu der grotesken Situation, daß Hitler und Göring zehn Stunden lang mit nur kurzfristigen Unterbrechungen, in denen sich Göring aus dem SS-Hauptquartier anscheinend Rat und Unterstützung holte, mit einem Obersten der Wehrmacht um das Schicksal des Oberbefehlshabers des Heeres „rangen", ohne daß diesem Gelegenheit gegeben worden wäre, sich zu den ungeheuerlichen Anschuldigungen zu äußern. Hitler und Göring untersagten Hoßbach sogar eine Benachrichtigung Fritschs. Hoßbach weigerte sich, diesem Verlangen nachzukommen, er beging offenen Ungehorsam und informierte entgegen dem ausdrücklichen Befehl Hitlers den Oberbefehlshaber am späten Abend des 25. Januar 1938 im Reichskriegsministerium.

Fritsch, überrascht, entsetzt und völlig unschuldig, wies kategorisch alle gegen ihn erhobenen Anschuldigungen zurück, Hoßbach glaubte ihm uneingeschränkt. Beide wußten, daß das gegen den Oberbefehlshaber gerichtete Komplott von der SS ausging, sie wußten nicht, daß Hitler selbst seine Hände im Spiel hatte, was für Fritsch unvorstellbar war. Er erklärte Hoßbach: „Wenn er (Hitler – d. Vf.) mich los sein will, genügt ein Wort und ich werde meinen Abschied erbitten." Daß es Hitler gerade darauf ankam, Fritsch „unpolitisch" loszuwerden, begriff Fritsch nicht, er hielt an seiner Auffassung fest, daß Hitler von Heydrich und Himmler getäuscht worden sei; er hoffte, zuletzt verzweifelt, daß sich die „Unschuld" Hitlers erweisen werde. Als er über den ganzen Umfang der Infamie des Reichskanzlers nicht mehr hinwegsehen konnte, war es für eine angemessene Reaktion zu spät.

Als Hoßbach Hitler am Tage darauf mitteilte, Fritsch habe seine Unschuld beteuert, schien Hitler befriedigt und erklärte dem Adjutanten, der Generaloberst könne in diesem Falle ja die Nachfolge Blombergs antreten. Hoßbach erwiderte, daß Fritsch Oberbefehlshaber des Heeres bleiben wolle. Schien es vorübergehend, als fände die Intrige gegen Fritsch damit ein Ende, so stellte sich Hitler wenige Stunden später erneut auf den Standpunkt, daß „Homosexuelle notorische Lügner" seien. Er befahl den Reichsjustizminister Gürtner zu sich und veranlaßte diesen zur Durchsicht des Belastungsmaterials. Gürtner erkannte zwar den fragwürdigen Charakter des Dossiers, wagte jedoch nicht, den offensichtlichen Intentionen Hitlers zu widerstehen. Er gab eine schriftliche Erklärung ab, die in der Versicherung gipfelte, daß das vorgelegte Material die Staatsanwaltschaft zu einem Ermittlungsverfahren berechtigen würde. Nun beorderte Hitler Keitel zu sich und konfrontierte diesen mit Gürtners Erklärung, wobei er den Anschein erweckte, als handele es sich um eine schon zwei Jahre zurückliegende Stellungnahme des Justizministers, über die er, Hitler, nun aber nicht mehr hinweggehen könne, da Fritsch im Zusammenhang mit dem Rücktritt Blombergs ja als Nachfolger in Frage käme, die absolute Unschuld Fritschs daher bewiesen werden müsse. Hoßbach, der auch an diesem 26. Januar mit nur kurzen

Unterbrechungen zu den Erörterungen hinzugezogen wurde, schlug vor, Fritsch in die Reichskanzlei zu bestellen. Nach gespieltem Zögern stimmte Hitler zu: er wolle am nächsten Tag, dem 27. Januar, Fritsch mit dem Belastungsmaterial konfrontieren. Hoßbach setzte durch, daß Fritsch noch am Abend des 26. Januar in die Reichskanzlei kam. Als der Wehrmachtadjutant Fritsch mitteilte, man wolle ihn dem Belastungszeugen, einem Subjekt namens Schmidt, gegenüberstellen, erklärte der Generaloberst sich mit diesem so ungewöhnlichen wie würdelosen Vorgehen einverstanden, dabei äußerte er: „Das Schwein will ich unbedingt sehen!"

Die Gegenüberstellung erfolgte, Fritsch gab sein Ehrenwort, unschuldig zu sein, Hitler nahm dieses nicht an, Schmidt erklärte – offensichtlich unter massivem Druck der Gestapo – Fritsch wiedererkannt zu haben. Hitler und Göring legten daraufhin Fritsch nahe, ohne Aufhebens „aus gesundheitlichen Gründen" den Abschied zu nehmen. Fritsch lehnte dies empört ab und forderte ein Ehrengerichtsverfahren, das Hitler verweigerte.

Schon vor dieser peinlichen Szene hatte sich Hitler endgültig zur Ausschaltung des Oberbefehlshabers des Heeres entschlossen, denn er ließ durch Hoßbach mitteilen, daß Fritsch einstweilen seinen Dienst nicht mehr ausüben solle.

Hoßbach, der die Sache Fritschs immer noch nicht verlorengeben wollte, setzte bei Hitler, der nunmehr von der Schuld Fritschs völlig überzeugt zu sein vorgab, die Hinzuziehung Becks durch. Beck war völlig überrascht, ließ sich jedoch rasch davon überzeugen, daß Fritsch und damit dem ganzen Heer übel mitgespielt wurde, und er forderte bei Hitler ein militärgerichtliches Untersuchungsverfahren gegen Fritsch. Nach langem Zögern erklärte sich Hitler damit schließlich einverstanden.

Inzwischen hatte sich Fritsch aber bereits selbst aufgegeben, indem er zwischen dem 27. und 29. Januar zwei Verhöre der Gestapo über sich ergehen ließ, ohne gegen die Art und Weise, mit der Himmler, Heydrich und Göring samt ihren Kreaturen gegen ihn verfuhren, energisch Widerstand zu leisten. Becks Vorschlag, die Kommandierenden Generale nach Berlin zu rufen, um die Angelegenheit ihnen zu unterbreiten, lehnte Fritsch mit der Begründung ab, er habe keine Befehlsgewalt mehr und wolle Unruhe im Offizierskorps und den Anschein vermeiden, als bemühe er die Armee für sein persönliches Wohl. Trotz energischer Vorhaltungen konnte sich Fritsch nicht zu der Erkenntnis durchringen, daß die Intrige, deren Opfer er wurde, zugleich ein Streich gegen das gesamte Heer war. Er glaubte, sein persönliches Schicksal von dem des Oberbefehlshabers trennen zu können; er erkannte weder die Dimension der Infamie noch die politischen Konsequenzen für die Wehrmacht. Er blieb unentschlossen, ließ sich nicht helfen, fand zu keiner Aktion, er ergab sich dem Schicksal, und Hitler triumphierte.

Obwohl Fritschs Freunde (so vor allem Oster, Gisevius, Beck) in den Tagen nach dem 25. Januar 1938 den ObdH bestürmten, seinen „Fall" der Generalität vorzutragen, sich aktiv gegen die Intrige zu wehren, nicht von sich aus den Abschied einzureichen, verharrte Fritsch in seiner resignierten Stimmung. Er kam, ganz wie Hitler gewünscht hatte, selbst um seinen Abschied ein. Noch immer hielt Fritsch am Glauben fest, daß Hitler selbst Opfer der Machenschaften gegen ihn geworden sei; als er sich Hitlers Felonie ihm gegenüber nicht mehr verhehlen konnte, interpretierte er sie als „Ausnahme"!

Hitler hätte ein Gestapo-Verfahren gegen Fritsch vorgezogen, jedoch mußte er sich davon überzeugen lassen, daß nach der gegebenen Rechtslage ein politisches „Sondergericht" nicht in Frage kam, sondern nur ein Militärgericht. Dieses wurde am 30. Januar eingesetzt und bestand aus den drei Oberbefehlshabern der Wehrmachtteile und zwei Senatspräsidenten des Reichskriegsgerichts. Obwohl Göring sich nach außen hin den Anschein eines unverdächtigen, „anständigen" Sachwalters gab, bemühte er sich, mit Hilfe der Gestapobeamten und Himmlers, die Entlastungsdokumente zurückzuhalten, wobei die Befürchtung mitgespielt haben mag, daß eine volle Aufdeckung der Dokumentenfälschungen und Beweis-Unterdrückungen auf ihn selbst zurückgefallen wäre. Nur Dank des unerschrockenen und geschickten Einsatzes der Rechtsbeistände Fritschs sowie der in der Abwehrabteilung tätigen Mitarbeiter von Canaris konnte ein Freispruch mangels Beweise vermieden und ein Freispruch wegen erwiesener Unschuld durchgesetzt werden. Fritsch, der in einer vorübergehenden Aufwallung seiner Gefühle den in seinen Augen übelsten Drahtzieher, Himmler, zum Duell fordern wollte, half dieser Freispruch nichts, zumal es die Regie Hitlers und Görings geschickt verstanden hatte, die Aufmerksamkeit der Öffentlichkeit von dem Fritsch-Prozeß abzulenken. Schon am 31. Januar 1938 hatte Jodl in sein Tagebuch notiert:

„Führer will die Scheinwerfer von der Wehrmacht ablenken, Europa in Atem halten und durch Neubesetzung verschiedener Stellen nicht den Eindruck eines Schwächezustandes, sondern einer Kraftkonzentration erwecken. Schuschnigg soll nicht Mut fassen, sondern ‚zittern'".

Nachdem der österreichische „Anschluß" (s. u. S. 210 ff.) zu einem beispiellosen Triumph Hitlers und seines Regimes geworden war, verlosch für das Heer und für ihren unglücklichen ehemaligen Oberbefehlshaber jede Chance zu einer echten Wiedergutmachung. Es ging fortan nur noch um eine „Rehabilitierung" im moralischen Sinne, nicht jedoch um die Frage einer Wiedereinsetzung in den alten Stand: denn seit dem 3. Februar saß General v. Brauchitsch als Nachfolger Fritschs auf dem Stuhl des ObdH.

Fritsch hat nach und nach eingesehen, daß es bei der um seine Person ausgelösten „Krise" um mehr ging als den Austrag persönlicher Rachegefühle seitens der SS, um mehr als einen Personenwechsel. In einer Protokollnotiz vom 23. Februar 1938, die Fritsch nach dem 3. Gestapoverhör, in dem ihm auf die gemeinste Art und Weise mitgespielt wurde, niederlegte, hieß es:

„Eine so schmachvolle Behandlung hat zu keiner Zeit je ein Volk seinem Oberbefehlshaber des Heeres angedeihen lassen. Ich gebe das ausdrücklich zu Protokoll, damit die spätere Geschichtsschreibung weiß, wie im Jahre 1938 der Oberbefehlshaber des Heeres behandelt worden ist. Eine solche Behandlung ist nicht nur unwürdig für mich, sie ist zugleich entehrend für die ganze Armee.“

Angesichts dieser Verhältnisse ist die Frage erörtert worden, warum die Heeresgeneralität sich die Aktionen des Regimes widerstandslos hat gefallen lassen. Tatsächlich haben Halder, Oster, von Stülpnagel, Rundstedt und andere schon frühzeitig einen kollektiven Schritt der höheren Generalität gefordert, um Fritsch vor den gegen ihn gerichteten Angriffen zu schützen, die Ehre der Armee zu verteidigen, die Gegner in SS, SD und Gestapo gewaltsam auszuschalten. In der gegebenen Situation hätte ein „Streik der Generale“ – wie ihn Beck im Zusammenhang mit der Sudetenkrise später fordern sollte – durchaus als angemessene Reaktion erscheinen können; zu diesem Zeitpunkt lehnte Beck einen solchen, ihm von Halder nahegelegten Schritt mit dem Bemerken, dies sei Meuterei und Revolution, diese Worte gebe es nicht im Lexikon des deutschen Offiziers, entschieden ab. Daß es zu keiner Aktion kam, hatte aber noch andere Gründe: Erstens gelang es Hitler überraschend schnell, mit der Ernennung von Brauchitschs „vollendete Tatsachen“ zu schaffen. Brauchitsch war im Heer durchaus beliebt, so daß eine Aktion gegen Hitler den neuen ObdH in eine unmögliche Situation gebracht hätte. Man war froh, daß Hitler nicht Reichenau berufen hatte und deswegen kam es zu keiner Rebellion gegen die vorzeitige Ernennung Brauchitschs. Zweitens rief Hitler die Generalität und Admiralität am 4. Februar in Berlin zusammen und verstand es, den Eindruck zu erwecken, als sei er an der Entwicklung völlig unschuldig. Da die versammelten Offiziere im Falle Blomberg durchaus auf Seiten des Diktators standen, fiel es diesem leicht, auch den Fall Fritsch so darzustellen, als könne an der Schuld des ObdH leider nicht gezweifelt werden. Er, Hitler, sei daher zum Handeln gezwungen worden; die gerichtlichen Untersuchungen nähmen ihren vorgeschriebenen Verlauf, die Ernennung eines Nachfolgers für Fritsch habe keinen Aufschub geduldet. Es gelang Hitler in der Tat, seine Version glaubhaft zu machen: Widerstand gegen die Entscheidungen vom 4. Februar, gar ein kollektiver Rücktritt schien demnach ausgeschlossen.

Als nach dem 4. Februar Art und Umfang der Intrige gegen Fritsch und gegen das Heer bekannt wurden, mußte sich die Frage nach der angemessenen Reaktion erneut stellen. Es wäre nun jedoch um mehr als eine „Generalsrebellion“ gegangen, nämlich um die Frage, ob das Heer einen Bürgerkrieg riskieren konnte und durfte. Nach den großen außenpolitischen Erfolgen Hitlers war weniger denn je mit einer breiten Unterstützung seitens der Bevölkerung zu rechnen, und die Forderung, SS, SD und Gestapo „auszuräuchern“, wäre nicht ohne blutigen Widerstand der durch die Blomberg-Fritsch-Affäre gestärkten Parteiorganisationen abgegangen. Die Aussicht, auf diese Art und Weise einen Bürgerkrieg zu entfesseln, ließ die Generale vor diesem Wagnis zurückschrecken. Hinzu kam, daß trotz aller Erfahrungen im Offizierskorps noch die Überzeugung lebendig war, daß nicht Hitler selbst der Schurke war, den es zu beseitigen galt, sondern nur dessen Umgebung. Das Heer glaubte, Hitler die ihm geschworene Treue halten zu müssen; gerade wenn es zu einer Auseinandersetzung zwischen „Partei" und „Staat" kam, mußte die Armee auf Seiten des „Staates", d. h. Hitlers, stehen.

Auch die mögliche Alternative eines kollektiven Rücktritts der Generalität wurde nicht verwirklicht. Ob man jedoch spekulieren kann, daß ein solcher Schritt ohnehin erfolglos geblieben wäre, weil er Hitler nicht getroffen hätte, bleibt fraglich. Gewiß war das Ansehen Hitlers nach dem „Anschluß" gewachsen, doch ein Generalsrücktritt wäre als ein so ungewöhnliches Ereignis betrachtet worden, daß die „Ablenkung" Österreich wohl kaum ausgereicht hätte. Zudem scheint es keineswegs sicher, daß Hitler in der Lage gewesen wäre, nach dem Rücktritt der führenden Generale rasch personellen Ersatz zu finden, denn die Personalreserve an erfahrenen Generalstabsoffizieren war äußerst knapp. In jedem Falle hätte ein kollektiver Rücktritt die Schlagkraft der Armee wenigstens vorübergehend so drastisch verringert, daß Hitler vor der Alternative gestanden hätte, sein Programm vom 5. November 1937 auf unabsehbare Zeit zu verschieben, oder aber den Forderungen der Generalität nach Wiedereinsetzung Fritschs und Entmachtung der SS und der Gestapo nachzukommen. Aber die Chance zu so energischem Protest der Armee wurde vertan, selbst Beck fand sich bereit, alle seine militärfachlichen Fähigkeiten in den Dienst des „Ablenkungsmanövers" Österreich zu stellen. Tatsächlich konnte man im Februar 1938 nicht mehr von einem geschlossenen Generalskorps sprechen, und mit den zusätzlichen personellen Veränderungen vom 4. Februar gelang es Hitler, die führenden Positionen mehr und mehr mit jüngeren Personen zu besetzen, denen politisches Verantwortungsbewußtsein abging. Die Wehrmachtkrise war die Bankrotterklärung der Armee dem Hitlerschen System gegenüber; die Wehrmacht mußte sich in der Tat „schämen", wenn auch in einem gänzlich anderen Sinne als jenem, der Hitler in seinem Gespräch mit Jodl (s. o. S. 194) vorgeschwebt hatte.

c. Das Ringen um Fritschs Rehabilitation

Am 14. März 1938 wurde Fritsch freigesprochen. Unabhängig von den politischen Konsequenzen des „Falles Fritsch" stellte sich nunmehr die Frage, wie dem Generalobersten persönliche Genugtuung geleistet werden konnte. Der neuernannte Heeresadjutant bei Hitler, Hauptmann Engel, der 1. Generalstabsoffizier beim Oberbefehlshaber des Heeres, Major Siewert, die Gruppe in der Abwehr um Canaris und Oster bemühten sich in den folgenden Wochen, Brauchitsch zu einem energischen Vorstoß bei Hitler zugunsten Fritschs zu bewegen. Im Zusammenhang mit diesen Bemühungen hat sich zum ersten Mal eine Widerstandszelle organisiert, wurden erstmals Umsturzpläne erörtert. (s. u. S. 218 ff.).

Am 30. März 1938 teilte Hitler Fritsch in einem Handschreiben seine Befriedigung über den Freispruch mit, ohne jedoch ein Wort des Bedauerns oder gar der Entschuldigung zu finden. Hitler glaubte, den „Fall Fritsch“ damit abgeschlossen zu haben; es kam in der Folgezeit jedoch zu immer erneuten Versuchen der Freunde Fritschs, Hitler zu einer angemessenen Rehabilitation zu veranlassen. Fritsch selbst antwortete Hitler am 7. April 1938, wobei er zum Ausdruck brachte, daß die Angelegenheit für ihn noch nicht erledigt war:

„Das Kriegsgericht hat meine volle Unschuld festgestellt. Die Wiederherstellung meiner Ehre gegenüber der Armee und dem Volk bleibt der weisen Einsicht Ihrer Person, des Obersten Befehlshabers, vorbehalten.“

So unzureichend wie Hitlers Handschreiben vom 30. März waren die Bemühungen des Heeresoffizierkorps insgesamt, Fritschs Ehre wiederherzustellen. Zwar stellte Brauchitsch ihm ein Haus, Pferde und Ordonanzen zur Verfügung. Das Offizierkorps schenkte dem Generalobersten ein aus Spenden erbautes Haus, das den bezeichnenden Namen „Treue“ erhielt. Doch dabei blieb es. Die fortschwelende Unruhe innerhalb der Armee fand keinen angemessenen Ausdruck, aber sie beunruhigte Hitler, der aus diesem Grunde den gleichen Zuhörerkreis, dem er am 4. Februar 1938 die „Schuld“ Fritschs auseinandergesetzt hatte, zum 13. Juni auf den Fliegerhorst Barth zusammenrief. Hitler erklärte, der Fall Fritsch stelle sich nunmehr als wahrhafte Tragödie dar, die Unschuld des Generalobersten sei erwiesen, doch er, Hitler, habe sich nicht anders verhalten können, als es geschehen sei. Eine Wiedereinsetzung Fritschs in die Position des ObdH sei aus Staatsraison und auch deswegen nicht möglich, weil es Fritsch nicht zuzumuten sei, mit ihm, Hitler, wieder vertrauensvoll zusammenzuarbeiten. Er wolle Fritsch jedoch in einen neu zu bildenden Reichsverteidigungsrat berufen, ihm eine Position verschaffen, die vielleicht von größerer Bedeutung sei als die des ObdH. Schließlich appellierte Hitler an die versammelten Generale, ihn und „die Fahne“ nicht im Stich zu lassen. Bei seinen Ausführungen wurde Hitler des öfteren von Rührung übermannt; der erwünschte Eindruck blieb nicht aus, die Zuhörer waren tief bewegt und scharten sich, im Zeichen der scheinbar unmittelbar drohenden Krise mit der Tschechoslowakei, nur noch enger um ihren Obersten Befehlshaber.

Die Genugtuung, der Hitler schließlich zustimmte, war lächerlich, dennoch nahm Fritsch sie an: Er wurde am 11. August 1938 in feierlicher Form zum Chef des Artillerieregiments 12 ernannt. Mit diesem zog er am 1. September 1939 „als Scheibe“, wie er einem Vertrauten sagte, in den Polenfeldzug. Am 22. September 1939 fiel er vor Warschau im Gefühl, seine Ehre nur im Soldatentod wiederfinden zu können.

d. Das Revirement vom 4. Februar 1938

Über Schuld oder Unschuld, Recht oder Unrecht war noch nicht befunden, als die grundlegenden Personalentscheidungen von Hitler bereits getroffen wurden.

– ein weiteres Indiz für die bewußt gesteuerte „Krise“ der Wehrmacht. In der Frage der Nachfolge Blombergs war die allein logische Lösung umso rascher gegeben, als weder Blomberg noch Keitel, die Hitler um Rat anging, einen Heeresgeneral zum Nachfolger vorschlugen, sondern auf Göring verwiesen, der nicht in Frage kam. Anläßlich seiner Verabschiedung am 27. Januar 1938 trug Blomberg vor, Hitler solle das Amt selbst übernehmen. Was Blomberg zu diesem Vorschlag bewogen hat, läßt sich nicht mit Sicherheit sagen; es ist wahrscheinlich, daß dabei staatsrechtliche Argumente, Fragen der Spitzengliederung ebenso mitspielten wie der Wunsch, die Heeresgeneralität, die ihre Verachtung offen zur Schau trug, zu desavouieren. Abfällige Bemerkungen über Fritsch deuten hierauf hin, und die Hoffnung, von einem Reichskriegsminister Hitler am ehesten rehabilitiert werden zu können, mag zu Blombergs Anregung auch beigetragen haben.

Hitler wußte, daß er das Amt des Oberfehlshabers der Wehrmacht nur ausfüllen konnte, wenn er vom Wehrmachtsamt entsprechend unterstützt wurde. Damit geriet Blombergs „chef de bureau“, wie ihn der Kriegsminister Hitler gegenüber herablassend genannt hatte, plötzlich ins Rampenlicht des Hitlerschen Interesses. Er ließ Keitel zu sich bestellen und erklärte ihm:

„Ich verlasse mich auf Sie, Sie müssen bei mir aushalten. Sie sind mein Vertreter und einziger Berater in den Fragen der Wehrmacht. Die einheitliche und geschlossene Führung der Wehrmacht ist mir heilig und unantastbar, ich übernehme sie selbst mit Ihrer Hilfe.“

Keitel, der sich seiner persönlichen und militärischen Grenzen durchaus bewußt war, widerstrebte Hitlers Ansinnen nicht, zumal Hitler psychologisch geschickt vorging und dem Chef des Wehrmachtamtes mit dem Hinweis schmeichelte, er hätte ihn gerne zum Nachfolger Fritschs gemacht, benötige ihn jedoch in der nun wichtigeren Stellung eines Chefs des Stabes der Wehrmacht. Keitel erlag Hitlers Faszination und seiner eigenen Eitelkeit. Daß es Hitler mit seiner Absicht, Keitel zum alleinigen und vertrauten Berater in allen Dingen der Wehrmachtführung zu machen, ernst war, ließ schon die Erörterung zwischen beiden Männern über die Nachfolge Fritsch erkennen. Keitel schlug zunächst von Rundstedt vor, Hitler lehnte mit der Begründung ab, dieser sei zu alt und kein überzeugter Nationalsozialist. Hitler brachte nun Reichenau ins Spiel, doch jetzt lehnte Keitel ab: Reichenau sei zu sprunghaft, im Offizierkorps wenig beliebt, ehrgeizig und oberflächlich. In der Tat: ein ObdH Reichenau hätte – ob zum Guten oder Bösen sei dahingestellt – den Beginn einer völlig neuen Diskussionsrunde um die Spitzengliederung bedeutet, wobei Keitel und Jodl leicht zu Opfern, kaum zu Nutznießern hätten werden können. Keitel nannte nun zwei weitere Namen: General a. D. Graf von der Schulenburg und General der Artillerie von Brauchitsch. Keitel zog letzteren vor, da er „Nur-Soldat“ sei, ein „Könner in Organisation, Ausbildung und Führung, das Heer schätze ihn.“

Joachim von Stülpnagel und Leeb, die ebenfalls ins Gespräch kamen, erhielten von Hitler und Keitel das Etikett „nicht loyal". Brauchitsch schien allein übrigzubleiben, Hitler befahl ihn nach Berlin.

Zu den Opfern der Fritsch-Intrige gehörte auch Oberst Hoßbach, der für Hitler nicht mehr tolerierbar war, nachdem er sich über einen Befehl des Obersten Befehlshabers hinweggesetzt hatte. In schäbiger Form (der Entlassungsbefehl wurde Hoßbach telefonisch durch einen Untergebenen seiner eigenen Abteilung im Generalstab übermittelt) wurde Hoßbach daraufhin von Hitler entlassen. In einer Abschiedsunterredung hat der Oberst keinen Zweifel an seiner Auffassung gelassen; den Vorwurf des militärischen Ungehorsams formal anerkannt, jedoch unter Berufung auf das Militärstrafgesetzbuch (§ 47,2) (Gehorsamsverweigerung im Falle sittlicher Notwendigkeit gesetzlich gefordert) seine Haltung verteidigt. Hitler war durch die mutige Haltung Hoßbachs beeindruckt, negative Weiterungen haben sich für Hoßbach damals und später nicht ergeben. Nachfolger Hoßbachs wurde Major Schmundt, und da Beck nach den Organisations- und Personaländerungen vom 4. Februar 1938 nicht mehr damit rechnen konnte, die Heeresbelange allein durch einen Wehrmachtadjutanten bei Hitler wahren zu können, betrieb er die Einrichtung eines besonderen Heeresadjutanten. Zu diesem wurde Hauptmann Engel ernannt, eine aufrechte, dem Generalstab des Heeres ergebene, den Absichten der Oppositionsgruppe in der Abwehrabteilung aufgeschlossene Persönlichkeit.

Der maßgebliche Anteil an der Ernennung v. Brauchitsch kam Keitel zu, der einerseits eine Lösung Beck entschieden ablehnte, andererseits auch den von Hitler favorisierten Reichenau kaltstellte. Brauchitsch war der typische Kompromißkandidat: Keitel genehm, Hitler unbekannt aber nicht zuwider, der Heeresgeneralität willkommen. Für die endgültige Wahl dürfte aber auch das scharfe Urteil von Rundstedts über Reichenau verantwortlich gewesen sein, das er Hitler gegenüber in unverblümter Form am 31. Januar 1938 abgab. Gleichzeitig versuchte Rundstedt, der die Konsequenzen der neuen Wehrmachtorganisation sofort erkannte, Hitler darauf festzulegen, daß Keitel niemals Befehlsbefugnisse erhalten dürfe. In seinen späteren Aufzeichnungen schrieb Rundstedt:

> „Von der Marine verstehe er nichts, an die Göring-Luftwaffe traut er sich nicht heran; bleibt also nur das Heer übrig. Und das wollen wir nicht haben."

Hitler gab die erbetenen Zusicherungen, danach war die Bahn für Brauchitsch frei. Es war aber kennzeichnend für Keitel und Hitler, daß sie gleichsam im Gegenzuge Brauchitsch mit einer Art „Wahlkapitulation" konfrontierten, die auf nichts weniger als die kompromißlose Unterordnung des ObdH unter das Weisungsrecht des OKW und die nationalsozialistische Weltanschauung hinauslief, wobei Brauchitsch sich darüber hinaus dazu verpflichten mußte, das Heer näher an den Gedanken des Nationalsozialismus heranzuführen.

Die Vorgänge im Vorfeld der Ernennung von Brauchitschs, die am 3. Februar 1938 erfolgte und tags darauf bekannt gegeben wurde, machten deutlich, wie sehr es Hitler und Keitel darauf ankam, sich das Heer gefügig zu machen, und wie wenig unter diesen Umständen eine Wiedereinsetzung Fritschs oder eine Ernennung Becks zum ObdH infrage kommen konnte.

Brauchitsch hat alle an ihn gestellten Forderungen im wesentlichen widerspruchslos akzeptiert. Mit Recht ist ihm daher später der Vorwurf gemacht worden, die Armee Hitler ausgeliefert und das Führungskorps um Fritsch und Beck nicht gestützt zu haben. Daran änderte auch nichts die vorsichtige Personalpolitik, die Brauchitsch später in dem Bestreben betrieb, die Kontinuität möglichst zu wahren, das fachmilitärische Erbe Becks wenigstens ansatzweise fortzuführen.

Brauchitsch, Walther von: Geb. Berlin 4. 10. 1881, gest. Hamburg 18. 10. 1948. Im Ersten Weltkrieg Generalstabsdienst, Artillerieabteilungskommandeur und Chef des Wehrkreises VI; Leiter der Heeresausbildungsabteilung im Truppenamt, Herbst 1931 Ernennung zum Inspekteur der Artillerie. Nach Berufung Blombergs zum Reichswehrminister Befehlshaber im Wehrkreis I (Ostpreußen). 1937 Befehlshaber des Heeresgruppenkommandos in Leipzig. Februar 1938 bis Dezember 1941 Oberbefehlshaber des Heeres, ab 19. 7. 1940 Generalfeldmarschall.

Brauchitsch gehörte zu jenen Generalen, die den Umsturz von 1933 durchaus begrüßt hatten, sich in der Folgezeit jedoch energisch um die Eigenständigkeit des Heeres den Parteiansprüchen gegenüber bemühten. Das in Ostpreußen besonders enge Verhältnis zwischen Reichswehr und NSDAP, dem Blomberg nicht zuletzt seine Karriere verdankt hatte, wurde durch die brutale und machtgierige Parteipolitik des Gauleiters Koch nach 1933 erschüttert; Brauchitsch hat sich mit Erfolg gegen die andauernden Übergriffe Kochs zur Wehr gesetzt, und dadurch stieg er in der Achtung der Generalität. Persönlich eher zurückhaltend, im Umgang mit Untergebenen und Vorgesetzten von einer gewissen Kühle, fehlten ihm – in diesem Punkt ähnlich Fritsch – durchaus charismatische Führereigenschaften. Sein Wille war klar, aber er ließ sich oft von negativen Erlebnissen beeindrucken. In kritische Entscheidungssituationen gestellt, erlitt er oft Anwandlungen von Resignation.

Die Hypothek, mit der er sein Amt antrat, wurde durch eine Privatangelegenheit vergrößert. Alles spricht dafür, daß Hitler Brauchitsch mit dem aus seiner Schatulle zur Verfügung gestellten Betrag von 80 000 RM aus den Fesseln seiner gescheiterten Ehe loskaufte. Man kann wohl davon ausgehen, daß diese Vermischung politischer und privater Angelegenheiten ganz im Sinne der Hitlerschen Wunschvorstellungen lag, ja, angesichts der Affäre Blomberg und der Intrige gegen Fritsch konnte der Fall Brauchitsch geradezu als Fortsetzung der Bemühungen Hitlers gelten, die Wehrmacht nicht nur politisch, sondern auch moralisch zu erschüttern. Daß Brauchitsch, der doch wußte, auf welche Weise Blomberg und Fritsch zu Fall gebracht wurden, sich auf diesen „Handel“ (Wohlverhalten gegen 80.000 RM) einließ, unterstreicht die These vom 4. Februar als einem „umgekehrten“ 30. Juni.

Die beschlossenen Organisations- und Personalveränderungen wurden in verschiedenen Erlassen und Verlautbarungen vom 4. Februar 1938 der Öffentlichkeit und der Truppe, die bis zu diesem Zeitpunkt völlig uninformiert geblieben war, bekanntgegeben. Der Erlaß Hitlers über die Führung der Wehrmacht kann als das neue Grundgesetz der bewaffneten Macht angesehen werden. Er lautete:

„Die Befehlsgewalt über die gesamte Wehrmacht übe ich von jetzt an unmittelbar persönlich aus.

Das bisherige Wehrmachtamt im Reichskriegsministerium tritt mit seinen Aufgaben als ‚Oberkommando der Wehrmacht' und als mein militärischer Stab unmittelbar unter meinen Befehl. An der Spitze des Stabes des Oberkommandos der Wehrmacht steht der bisherige Chef des Wehrmachtamtes als ‚Chef des Oberkommandos der Wehrmacht'. Er ist im Range den Reichsministern gleichgestellt. Das Oberkommando der Wehrmacht nimmt zugleich die Geschäfte des Reichskriegsministeriums wahr, der Chef des Oberkommandos der Wehrmacht übt in meinem Auftrag die bisher dem Reichskriegsminister zustehenden Befugnisse aus.

Dem Oberkommando der Wehrmacht obliegt im Frieden nach meinen Weisungen die einheitliche Vorbereitung der Reichsverteidigung auf allen Gebieten."

Gleichzeitig wurden der Öffentlichkeit die Abschiedserlasse für Blomberg und Fritsch bekanntgegeben, wobei der Rücktritt beider mit „gesundheitlichen Gründen" motiviert wurde.

Wie wenig die Blomberg/Fritsch-Affäre eine „Krise" des Systems war, ergab sich aus den Kommentaren der offiziösen und gelenkten Presse, die die personellen und organisatorischen Veränderungen als „Kraftkonzentration", als weitere Stufe in der Vollendung der nationalsozialistischen Revolution, überschwänglich feierte. Die „Neubelebung der deutschen Armee mit dem Geiste der Partei", die endgültige Durchsetzung des Führerprinzips, die Ernennung Görings zum Generalfeldmarschall – all dieses, so hieß es in einem Artikel des „Völkischen Beobachters" vom 5. Februar 1938, sei Beweis für die „konzentrierte Anwendung des Machtgedankens".

Die völlige Identifizierung der Wehrmacht mit dem Nationalsozialismus kam auch in einer Reichstagsrede Hitlers vom 20. Februar 1938 zum Ausdruck, in der er die Vorgänge vom 4. Februar gleichsam „ex cathedra" interpretierte. Es gebe, so führte Hitler aus,

„kein Problem nationalsozialistischer Staat und nationalsozialistische Partei, und kein Problem nationalsozialistische Partei und nationalsozialistische Wehrmacht. In diesem Reiche ist jeder Nationalsozialist, der an irgendeiner verantwortlichen Stelle steht ... Und so wie die deutsche Wehrmacht diesem Staat des Nationalsozialismus in blinder Treue und blindem Gehorsam ergeben ist, so sind dieser nationalsozialistische Staat und seine führende Partei stolz und glücklich über unsere Wehrmacht."

Von Keitel, wahrscheinlich auch Göring, bestärkt, bettete Hitler die Veränderungen vom 4. Februar 1938 in ein größeres Personalrevirement ein. Gleichzeitig mit der Verabschiedung Blombergs und Fritschs erfolgte diejenige Neuraths und des Botschafters von Hassell; Brauchitsch hatte sich schon am 3. Februar mit der Ersetzung des Chefs des Heerespersonalamtes, von Schwedler, durch den Bruder Keitels, Bodwin Keitel, und der Versetzung der Obersten Kuntzen und Behlendorff, zwei Abteilungsleitern des HPA, einverstanden erklären müssen. Die Frage einer Neubesetzung der Generalstabschefstelle wurde auf Wunsch von Brauchitsch aufgeschoben, da er Becks Rat noch nicht entbehren zu können glaubte. Eine Anzahl höherer Truppenkommandeure, die kurz vor Erreichen der Dienstaltersgrenze standen, wurde ebenfalls verabschiedet; anstelle des ursprünglich zur Verabschiedung vorgesehenen von Rundstedt mußte Ritter von Leeb gehen. Von Schwedler abgesehen, dürften die Veränderungsvorschläge nicht der Eigeninitiative Hitlers entsprungen sein; vermutlich hat Keitel den entscheidenden Ausschlag gegeben.

K. Expansion, Aggression und Widerstand: Frühjahr und Sommer 1938

1. Der „Anschluß“ Österreichs

a. Das deutsch-österreichische Verhältnis 1933–1937

Der die Weltöffentlichkeit und die deutsche Bevölkerung überraschende Einmarsch deutscher Truppen nach Österreich am 13. März 1938 erfolgte zu einem Zeitpunkt, als das Interesse an den innenpolitischen Entwicklungen in Deutschland besonders deutlich in Erscheinung trat, so daß dieser dritte März-Coup Hitlers oft als geschicktes Ablenkungsmanöver betrachtet worden ist. Tatsächlich geht aus dem Tagebuch Jodls hervor, daß es Hitler, mehr aber noch Göring, darauf ankam, durch ein spektakuläres außenpolitisches Ereignis die am 4. Februar 1938 verkündete „Kraftkonzentration“ sichtbar unter Beweis zu stellen; wie von Göring gewünscht, trat mit dem „Anschluß“ Österreichs der zur gleichen Zeit anlaufende (und sogleich wieder unterbrochene) Fritsch-Prozeß in den Hintergrund. Diese nicht ungeschickte Regie ließ die von den Freunden Fritschs geplanten aufsehenerregenden Maßnahmen zur Rehabilitation des Oberbefehlshabers und zur Zerschlagung der „Tscheka“ in SS und SD praktisch gegenstandslos werden.

Gleichwohl wurde der „Anschluß“ nicht ad hoc geplant und inszeniert, und wenn der Zeitpunkt für die Interessen des Regimes überaus glücklich gewählt war, so handelte es sich doch auch hier, wie bei den vorangegangenen Aktionen, nur um die geschickte, rasche und konsequente Ausnutzung einer sich plötzlich ergebenden Gelegenheit, die im Falle Österreichs sich mit der Ankündigung des Bundeskanzlers Schuschnigg bot, zum 13. März 1938 eine Volksbefragung abzuhalten. Diese Maßnahme stand im Widerspruch zu den in Berchtesgaden (s. u. S. 216) getroffenen Vereinbarungen und bot die gesuchte Handhabe. Daß Hitler und Göring die Chance ohne Zögern ergriffen und, ähnlich wie bei der Rheinlandbesetzung, auf die Einwände der militärischen Fachleute nicht hörten, mag tatsächlich auf den Fall Fritsch zurückgeführt werden können, aber es steht außer Frage, daß das „Problem“ Österreich im Jahre 1938 durch den „Anschluß“ auf alle Fälle gelöst worden wäre, denn das Reich befand sich in unausweichlichem Zugzwang.

Die Forderung nach einem politischen „Anschluß“ Deutsch-Österreichs an das Deutsche Reich gehörte zu den ältesten Revisionswünschen der deutschen Politik. An der moralischen Berechtigung zweifelten sogar die alliierten Siegermächte nicht, und das Anschlußverbot aus dem Jahre 1919, das sich über den erklärten Volkswillen einer breiten Mehrheit in Österreich hinwegsetzte, wurde von Frankreich mit dem Hinweis auf das Wehrwirtschaftspotential Österreichs begründet. Die Einverleibung eines Staates mit einem Flächeninhalt von 83 868 km² und einer Sechs-Millionen-Bevölkerung hätte die in Versailles vorgenommenen territorialen Abtretungen bei weitem aufgehoben; es konnte nicht im Interesse Frankreichs liegen, den besiegten Nachbarn auf der einen Seite durch die territorialen, finanziellen und militärischen Klauseln möglichst zu schwächen, und auf der anderen tatenlos zuzusehen, wenn das Reich mit einem Federstrich das Verlorene ersetzte.

Die ökonomischen Erwägungen und die Furcht Frankreichs vor einem überproportionalen Ansteigen des potentiel de guerre eines „großdeutschen" Reiches verhinderten auch die Bemühungen der Weimarer Politiker, vor allem Müllers und Brünings, zu einem Zollzusammenschluß zu gelangen. Die deutsche Niederlage vor dem Haager Schiedsgericht im Jahre 1930 gehörte zu den empfindlichsten diplomatischen Schlappen der ausgehenden Weimarer Republik. Zur gleichen Zeit stieg jedoch das Interesse der österreichischen Bevölkerung und der österreichischen Parteien bis weit nach links an einem politischen Zusammenschluß mit Deutschland an.

Hatten schon Brüning, Papen und Schleicher den „Anschluß" auch nach 1930 als unverzichtbares Grundaxiom einer deutschen nationalen Politik angesehen, so lag es auf der Hand, daß sich Hitler diese Forderung wie selbstverständlich ebenfalls zu eigen machte. Wenn die Weimarer Politiker in den letzten Jahren vor Hitlers Machtergreifung aber die Österreichfrage nur mit äußerster Diskretion behandelt hatten, nicht zuletzt im Interesse eines deutsch-italienischen und eines deutsch-französischen Ausgleiches, so glaubte die starke nationalsozialistische Partei in Österreich nach dem 30. Januar 1933 nunmehr durch massiven Druck auf die österreichische Bundesregierung, durch Erzeugung von Unsicherheit, Unruhe und Terror der deutschen Machtergreifung bald einen österreichischen „30. Jänner" (Goebbels) folgen lassen zu können. Obwohl die Parteiführung der NSDAP die Umtriebe der österreichischen Nationalsozialisten kaum verhüllt unterstützte, stellte sich der erwünschte Erfolg nicht ein; im Gegenteil, durch die Ereignisse in Deutschland aufgeschreckt, die Terrorkampagnen der Heimwehr- und NS-Bewegung in Österreich beunruhigt, kam es zu einer gegenläufigen politischen Strömung in Österreich. Der „Anschluß" wurde seitdem auch für Österreich zu einem ernsthaften Problem.

Schon in den ersten Kabinettsitzungen der Regierung Hitler hatte der Reichsaußenminister von Neurath darauf hingewiesen, daß die außenpolitischen Konstellationen ein Aufrollen der Anschlußfrage augenblicklich inopportun machten. Die amtliche deutsche Außenpolitik hielt sich zurück, Hitler versicherte ausländischen Diplomaten und Journalisten gegenüber zu wiederholten Malen, daß eine erwünschte „Regelung" des deutsch-österreichischen Verhältnisses keineswegs auf einen „Anschluß" hinauslaufen solle. Die staatliche Unabhängigkeit des Nachbarlandes wurde von ihm nicht in Frage gestellt.

Nichtsdestoweniger wagten die Nationalsozialisten im Juli 1934 einen Aufstand, der jedoch am energischen Widerstand des österreichischen Bundesheeres und der festen Haltung des österreichischen Bundeskanzlers Dollfuß scheiterte.

Die Ermordung von Dollfuß paßte zweifellos nicht in das politische Beschwichtigungskonzept Hitlers; der drohende Aufmarsch italienischer Divisionen an der Brennergrenze machte deutlich, daß ein deutsches Eingreifen zugunsten der Putschisten unmöglich war. Die Folge des mißglückten Streiches war die Vertiefung der deutschen außenpolitischen Isolierung, die Anspannung des deutsch-italienischen Verhältnisses und die moralische Verurteilung der deutschen und österreichischen Nationalsozialisten. Dollfuß hingegen drohte, wie Papen ein Jahr nach dem Aufstandsversuch berichtete, zu einer Märtyrer- und damit Integrationsfigur der Anschlußgegner in Österreich zu werden.

Die Katastrophe der nationalsozialistischen Österreichpolitik erwies sich jedoch rasch als vorübergehend, denn im Kielwasser der starken „Nationalen Opposition", die unter Führung des Wiener Rechtsanwaltes Seyß-Inquart großdeutsche Ziele verfolgte, konnten sich die Nationalsozialisten erneut sammeln und ihr politisches Terrain in dem Maße vergrößern, in dem die Mißwirtschaft des autoritären Schuschnigg-Regimes ihnen auch gemäßigte Anhänger zuführte.

Die deutsche Österreichpolitik agierte seit dem Juli 1934 mit größter Vorsicht und verlagerte den Kampf gegen die österreichische Regierung auf den Wirtschaftssektor. Tatsächlich gelang es der deutschen Außenpolitik, die ohnehin prekäre wirtschaftliche Lage Österreichs zu verschlimmern, so daß sich Schuschnigg schließlich zum Nachgeben gezwungen sah. In einem Abkommen vom 11. Juli 1936 erkannten beide Staaten die gegenseitige Souveränität an, Deutschland hob die wirtschaftlichen Kampfmaßnahmen auf und stellte die Rundfunk- und Pressekampagne gegen Österreich ein; dagegen verpflichtete sich Schuschnigg, die österreichischen Nationalsozialisten zu amnestieren und der „Nationalen Opposition" politische Mitverantwortung einzuräumen. Mit diesem Abkommen verfolgte die deutsche Regierung eine Politik des „trojanischen Pferdes"; der eigentliche Zweck des Vertrags war die psychologische Kriegführung, mit der Österreich für den Anschluß „reif gemacht" werden sollte. Die einzelnen Vertragsartikel waren sehr stark auf wehrwirtschaftliche Erfordernisse zugeschnitten, und in aller Öffentlichkeit wurde festgestellt, daß das Abkommen „die Sicherung der deutschen Verteidigung in den Alpen" bezwecke sowie „den ersten Schritt zur Gründung eines Mittel- und Süd-Osteuropa umfassenden Wirtschaftsreiches." (Zitiert nach Schausberger)

Im Schatten des „gentlemen's agreement" vom 11. Juli 1936 versuchten sowohl Schuschnigg als auch Hitler ihre jeweiligen Positionen auszubauen. Während der österreichische Bundeskanzler in verstärktem Maße gegen die oppositionelle Heimwehr vorging, die er schließlich im Rahmen eines von den Nachbarn Österreichs bewilligten Aufrüstungsprogramms für das Bundesheer aufsaugen konnte, ging die untergründige Hetze der österreichischen Nationalsozialisten weiter, und im Verlaufe des Jahres 1937 wuchsen die deutsch-österreichischen Spannungen wieder an. Inzwischen hatte sich die außenpolitische Gesamtkonstellation durch den Abessinienkrieg und den Mussolinibesuch mit der Begründung der „Achsenpolitik" für Österreich aber drastisch verschlechtert.

b. Österreich in der wehrwirtschaftlichen und strategischen Planung der Wehrmacht

Wie die Wiederbesetzung des Rheinlandes im März 1936, so war auch die Einverleibung Österreichs in erster Linie Resultat militärischer, genauer: wehrwirtschaftlicher und strategischer Sachzwänge und gehörte damit zu den unabdingbaren Voraussetzungen der weiteren militärischen Aufrüstung und der territorialen „Lebensraumgewinnung". Im Vergleich dazu spielten die allgemein politischen, nationalen und ideologischen Erwägungen eine durchaus untergeordnete Rolle, und es ist bezeichnend, daß diese in dem internen Entscheidungsfindungsprozeß bei Hitler, Göring, im Auswärtigen Amt und in der Wehrmachtführung gar keine Rolle gespielt haben. Zwar hatte Hitler schon in „Mein Kampf" auf die Notwendigkeit des Zusammenschlusses aller Deutschen in einem Reiche hingewiesen, und aus Hitlers rassistischem Gesamtprogramm ergab sich der Anschluß schon aus demographischen Gründen schlüssig, doch es war schließlich nicht so sehr der Wunsch nach „Heimkehr" der Österreicher ins „Reich", als die Hoffnung, das österreichische Wirtschafts- und Menschenpotential den eigenen Aufrüstungszwecken dienstbar zu machen, die Hitlers und Görings Entscheidungen prägte. Tatsächlich hat Hitler durch den „freiwilligen" Verzicht auf den „Anschluß" Südtirols schon für aufmerksame Zeitgenossen sein Programm der völkischen Zusammenführung aller Deutschen durchlöchert.

Die strategische Bedeutung Österreichs lag auf der Hand: Eine erfolgversprechende militärische Zusammenarbeit mit dem „Achsen"-Partner Italien war nur möglich, wenn die deutsch-italienische Grenze am Brenner verlief. Wichtiger war Österreich jedoch im Hinblick auf die Tschechoslowakei, das nach dem Anschluß Österreich als nächstes Aggressionsopfer ausersehen war. Jodl umschrieb die durch den Anschluß veränderte strategische Ausgangslage für einen Krieg gegen die Tschechoslowakei später folgendermaßen:

> „Der Anschluß brachte sodann nicht nur die Erfüllung eines alten Zieles, sondern wirkte sich neben der Stärkung unserer Wehrkraft zugleich durch eine wesentliche Verbesserung unserer strategischen Lage aus. Während bisher der tschechoslowakische Raum in bedrohlichster Form nach Deutschland hineinragte (Wespentaille zu Frankreich hin und Luftbasis für die Alliierten, besonders Rußland), war nunmehr die Tschechei ihrerseits in die Zange genommen. Ihre eigene strategische Lage war jetzt so ungünstig geworden, daß sie einem energischen Angriff zum Opfer fallen mußte, bevor wirksame Hilfe vom Westen her zu erwarten war."

Tatsächlich hatte diese Veränderung der strategischen Ausgangssituation für die Planung des Falles „Grün" ausschlaggebende Bedeutung, vor allem aber warf sie auch die Becksche Konzeption des Widerstandes durch Kriegsverhütung völlig über den Haufen (s. u. S. 218 ff.).

Von alles überragender Bedeutung war jedoch der wehrwirtschaftliche Faktor, er gab schließlich den Ausschlag für die deutsche Aktion, ja, machte diese nachgerade unvermeidlich.

Die Gewinnung wehrwirtschaftlich wichtiger Gebiete im Anschluß an das Kerngebiet des deutschen Reiches gehörte zu Hitlers erklärten Zielen. Österreich und die Tschechoslowakei boten sich als erste Expansionsziele gleichsam von selbst an, und seit der „Hoßbach-Besprechung" war auch den Militärs klar, daß die Verbreiterung der Rohstoff-, Devisen- und Produktionsbasis auf Kosten dieser beiden Länder erfolgen sollte. Einwände prinzipieller Art erhoben sich hiergegen von keiner Seite und dies umso weniger, als General Thomas niemals einen Zweifel daran gelassen hatte,

„daß Deutschland auf eigener Rohstoffgrundlage keinen Krieg führen konnte, sondern daß es wichtig war, auch für den Krieg zumindest in dem gesicherten Mitteleuropa die fremden Rohstofflieferanten zu erhalten."

Die Politik des Vierjahresplans war nicht als Alternative zur wehrwirtschaftlichen Basisverbreiterung angelegt, sondern als notwendige Ergänzung, zudem als Übergangsform bis zur Realisierung des größeren „Lebensraumes". Wie eng die Vierjahresplanungen jedoch von Anfang an mit dem potentiellen territorialen Ausgriff auf die Tschechoslowakei und Österreich verknüpft waren, ergab sich aus dem Aufgabenbereich Wilhelm Kepplers, der in der Parteileitung für die Bearbeitung der österreichischen Fragen zuständig und im Vierjahresplan „Beauftragter des Führers und Reichskanzlers für Wirtschaftsfragen" war. Die enge Verknüpfung zwischen Vierjahresplan und Anschlußpolitik trat jedoch am auffälligsten in der Person Görings in Erscheinung. Dieser hatte das größte Interesse an einer baldigen und gründlichen Einbeziehung des österreichischen Wirtschaftspotentials in die Vierjahresplanung, Göring war es auch, der in den kritischen Tagen und Stunden des März 1938 zum Handeln drängte, so daß er später nicht ohne Stolz und mit einiger Berechtigung davon sprechen konnte, der Anschluß Österreichs sei sein Werk gewesen.

Das Drängen Hitlers und Görings auf eine baldige Entscheidung in der Österreichfrage ging parallel mit erneut einlaufenden wehrwirtschaftlichen Hiobsmeldungen. Trotz größter Anstrengungen gelang es nämlich seit dem Sommer 1937 nicht mehr, die Aufrüstung planmäßig fortzuführen. Die Industrie glaubte an ihren Produktionsgrenzen angelangt zu sein; das Fehl an qualifizierten Arbeitern war nicht mehr zu decken, am schwerwiegendsten aber war das Devisen- und Eisenproblem.

Während des Sommers und Herbstes 1937 verdichteten sich die verschiedenen Engpässe und Probleme zu einer regelrechten, nunmehr 3. Rüstungskrise. Bei einer Gesamtstahlproduktion von 1,8 Millionen Tonnen pro Monat (moto) erhielt die Wehrmacht 300 000 moto, meldete jedoch einen Bedarf von 750 000 moto. Thomas' Bemühungen, ein Dringlichkeiten- und Kontingentierungssystem aufzustellen, wurden von den konkurrierenden Bedarfsträgern torpediert, so daß es schließlich zu einem wüsten „catch as catch can" aller gegen alle kam. Nicht viel besser sah es auf dem Gebiet der Nichteisenmetalle aus, darunter litten vor allem die Munitionsfertigung und die Fernsprechkabelherstellung. Es blieb nichts übrig, als die knappen Devisen bis zum Anlaufen der Vierjahresplanproduktion für die Rohstoffeinfuhr in erhöhtem Maße zur Verfügung zu stellen. Das Ergebnis war, daß der deutsche Devisenbestand Ende 1937 auf 80 Millionen Mark abgesunken war; in der Praxis also nahezu auf Null. Gleichzeitig betrug die auf Grund der (zu deutschen Gunsten) abgeschlossenen Wirtschaftsabkommen mit Österreich Deutschland eingeräumte Clearingspitze 60 Millionen Reichsmark. Erschwerend kam hinzu, daß auch die Ernährungslage weiterhin angespannt blieb, die Gefahr sozialer Unruhen also noch nicht gebannt war.

Angesichts dieser prekären wehrwirtschaftlichen Lage mußte das österreichische und tschechoslowakische Wehrwirtschaftspotenial von besonderem Wert für die deutsche Aufrüstung sein. Zwar hatte die deutsche Wehrwirtschaft auch bisher schon erhebliche Vorteile aus den deutsch-österreichischen Handelsverträgen gezogen, aber alle mehr oder weniger freiwilligen Vereinbarungen (etwa zwischen der Alpine-Montan-Gesellschaft und der Vereinigten Stahlwerke AG in Düsseldorf) reichten keineswegs aus, um die krisenhafte Wehrwirtschaftslage des Deutschen Reiches nachhaltig zu entspannen.

Österreich war im Vergleich zu Deutschland kein besonders wichtiges Industrieland. Es verfügte aber mit seinen Eisenerz-, Magnesit-, Wasserkraft- und Holzvorräten über wichtige Mangelrohstoffe. Im Januar 1938 bezifferte der Wehrwirtschaftsstab den österreichischen Devisenbestand mit 471 Millionen Schilling (rund 240 Millionen RM). 401 000 Arbeitslose konnten in den Produktionsprozeß eingegliedert werden, darunter zahlreiche hochqualifizierte Facharbeiter, an denen in Deutschland der fühlbarste Mangel herrschte. Besonders wichtig waren aber auch die österreichischen Industriebetriebe, die großteils rasch in die Rüstungsgüterproduktion integriert werden konnten; eine Denkschrift des Wehrwirtschaftsstabes vom 3. Mai 1938 zählte 8 erstrangige und 4 zusätzliche Rüstungswerke auf. Eine systematische Ausbeutung des österreichischen Wehrwirtschaftspotentials konnte die akute Rüstungskrise zwar nicht gänzlich beheben, jedoch den Ende 1937 drohenden Rüstungskollaps solange herauszögern, bis dieser mit der Gewinnung der tschechischen Ressourcen gebannt war. Daß Hitler den militärischen Aspekt seines Österreichcoups niemals aus den Augen verlor, ergab sich aus seiner Äußerung am 5. November 1937, daß ein Anschluß Österreichs die Aufstellung von 12 weiteren Divisionen ermöglichen würde.

c. Planung und Durchführung des „Anschlusses"

Ende November 1937 häuften sich für aufmerksame Beobachter der diplomatischen und politischen Szene die Anzeichen für einen unmittelbar bevorstehenden deutschen Schlag gegen Österreich; Göring machte gar kein Hehl mehr daraus, daß die Entscheidung bis Mitte März fallen werde. Untrügliche Indizien für die hoffnungslose Lage der österreichischen Republik waren die Verweigerung ausländischer Kredite für das Land, zunehmende Kapitalflucht, Aufbruchs- und Emigrationsstimmung unter den Wiener Juden. Schuschnigg sah sich innenpolitisch bedrängt, außenpolitisch völlig im Stich gelassen. Aus diesen Gründen stimmte er einem Zusammentreffen mit Hitler in Berchtesgaden zu.

Auf die Umstände und den dramatischen Verlauf der Besprechungen vom 12. Februar in Berchtesgaden ist hier nicht einzugehen. Hitler setzte Schuschnigg unter massiven psychologischen Druck, drohte mit einem sofortigen militärischen Eingreifen und schüchterte den österreichischen Bundeskanzler durch sein martialisches Gehabe ein, wobei sich der neue Chef des OKW, General Keitel, zum ersten Mal als willige Marionette des Diktators erwies. Die „Vereinbarungen" von Berchtesgaden, ein kaum verhülltes Diktat Hitlers, liefen in der Praxis auf ein Satellitenverhältnis Österreichs zu Deutschland hinaus: Alle Nationalsozialisten mußten freigelassen werden, Seyß-Inquart wurde zum Innenminister und Chef der gesamten österreichischen Polizei ernannt, die Außenpolitik Österreichs hatte sich nach deutschen Wünschen zu richten.

Von nun an hatten die von Seyß-Inquart gedeckten und unterstützten österreichischen Nationalsozialisten praktisch freie Hand; der Auflösungsprozeß der Alpenrepublik begann. Nichtsdestoweniger drängte Göring aus wirtschaftlichen Gründen auf eine weitere Beschleunigung der deutschen Österreichpolitik. Ungewollt kam ihm Schuschnigg entgegen: Am 9. März kündigte der österreichische Bundeskanzler eine Volksabstimmung an, die sich eindeutig gegen die Berchtesgadener Vereinbarungen richtete und Schuschnigg Rückhalt in der Bevölkerung bei der weiteren Verfolgung seiner Unabhängigkeitspolitik verschaffen sollte. Da die Volksbefragung bereits auf den 13. März festgesetzt wurde, mußten Hitler und Göring sich nun rasch entscheiden: ein Gewährenlassen Schuschniggs hätte zu einem schwerwiegenden Rückschlag der deutschen Außenpolitik führen können. Hitler war sich nämlich keineswegs sicher, ob die Mehrheit der Bevölkerung tatsächlich für ihn und gegen Schuschnigg – darauf wäre die Abstimmung nämlich hinausgelaufen – votiert hätte.

Schon im Umfeld von Berchtesgaden waren auf Anordnung Hitlers von Keitel an der deutsch-österreichischen Grenze militärische Täuschungsmaßnahmen getroffen, jedoch kein echtes militärisches Eingreifen geplant worden. Obwohl Schuschnigg die Volksbefragung auf ultimativen deutschen Druck hin abgesagt hatte, erließ Hitler am 11. März 1938 über das OKW die Weisung zum Einrücken in Österreich. Der Aufmarsch dazu sollte bis zum 12. März, 12.00 Uhr abgeschlossen sein.

Diese Weisung war ohne Mitwirkung des OKH entstanden, sie stellte den ersten Versuch des OKW dar, eigenständige strategische und operative Planung zu betreiben. Keitel wurde jedoch rasch klar, daß die angeordnete Teilmobilmachung, die bisher überhaupt nicht geplant und nirgendwo vorgesehen war, zu einem gefährlichen Durcheinander führen mußte. Das OKW war, trotz des erfolgten Ausbaues, noch nicht in der Lage, die Aufgaben eines echten Wehrmachtgeneralstabes zu übernehmen. Deswegen blieb Keitel auf Beck angewiesen, der mit Hitlers und Keitels Forderung konfrontiert wurde, binnen weniger Stunden die notwendigen militärischen Anordnungen und Vorbereitungen zu treffen.

Im Generalstab des Heeres, aber auch in der neuen Amtsgruppe Führungsstab im OKW (Generalleutnant v. Viebahn) wurden starke Bedenken gegen die geplante Aktion laut. Keitel blockte jedoch alle an ihn herangetragenen Einwendungen Hitler gegenüber ab. Beck, der den auf Dienstreisen befindlichen ObdH vertrat, wurde zu Hitler befohlen, und dieser übertrug dem Generalstabschef den Auftrag zur Vorbereitung des Unternehmens. Beck war von Hitlers plötzlichem Entschluß überrascht, da es keinerlei militärische Planung für den „Sonderfall Otto" gab: Beck hatte sich 1937 mit Wissen Keitels geweigert, den Einmarsch in Österreich zu bearbeiten.

Binnen weniger Stunden holten Beck und sein engster Mitarbeiter, von Manstein, das Versäumte nach – ein glänzendes Zeugnis für die Reaktionsschnelligkeit des Generalstabs und das Können ihres Chefs, der für eine „kurze geschichtliche Minute" (Müller) in jene Position einrückte, die ihm als Ideal vorschwebte: nämlich die des ersten und unmittelbaren Beraters des Staatsführers. Beck leistete aber auch deswegen keinen Widerstand, weil er selbst von dem günstigen Moment für die deutsche Österreichaktion überzeugt war; tatsächlich hatten sich seine Einwendungen gegen die Weisung vom 24. Juni 1937 ja auch nicht prinzipiell gegen eine Lösung der Österreich- und Tschechoslowakeifrage gerichtet, sondern gegen die verfolgten Methoden und das außenpolitische Hazardspiel.

Der Einmarsch in Österreich sollte von Verbänden unter General v. Bock in friedensmäßiger Form durchgeführt werden. In der „Weisung Nr. 1" hieß es:

> „Das Verhalten der Truppe muß dem Gesichtspunkt Rechnung tragen, daß wir keinen Krieg gegen ein Brudervolk führen wollen. Es liegt in unserem Interesse, daß das ganze Unternehmen ohne Anwendung von Gewalt in Form eines von der Bevölkerung begrüßten friedlichen Einmarsches vor sich geht. Daher ist jede Provokation zu vermeiden. Sollte es aber zu Widerstand kommen, so ist er mit größter Rücksichtslosigkeit durch Waffengewalt zu brechen."

Nachdem Schuschnigg dem österreichischen Bundesheer den Befehl erteilt hatte, widerstandslos zurückzuweichen, war mit einem Blutvergießen tatsächlich nicht mehr zu rechnen.

Der Einmarsch erfolgte am Morgen des 13. März 1938, nachdem zwischen Göring und Seyß-Inquart das abgekartete Spiel eines österreichischen „Hilfeersuchens" und das italienische Stillhalten zwischen Mussolini und Hitler vereinbart worden waren. Die militärische Aktion war somit außenpolitisch hinreichend abgesichert, doch der überwältigende Erfolg des Unternehmens überraschte sogar Hitler: Die österreichische Bevölkerung bereitete den deutschen Truppen und den nationalsozialistischen Führern einen triumphalen Empfang, der alle bis dahin noch aufrechterhaltenen politischen und moralischen Einwendungen fortspülte. Im Begeisterungsjubel des 13. März 1938 gingen alle Bedenken unter; daß Himmlers SS sofort mit einer großangelegten Verhaftungswelle in Tätigkeit trat, Sozialisten, Kommunisten und Juden ihres Lebens nicht mehr sicher waren, die österreichische Wirtschaft sofort in Beschlag genommen, das österreichische Bundesheer deutscher Führung unterstellt wurde, nahm das Hitler zujubelnde Volk erst zur Kenntnis, als alle Entscheidungen schon gefallen waren.

Für die deutsche Wehrmacht stellte der Einmarsch in Österreich einen wertvollen „Test“ dar. Die angeordnete Teilmobilmachung hatte unter beträchtlichen Friktionen gelitten; die Versorgung der vorgehenden Truppen funktionierte mangelhaft, Panzer blieben wegen Benzinmangels oder Motorschadens liegen und mußten auf der Eisenbahn nach Wien gefahren werden. General Thomas forderte als Konsequenz gesetzliche Maßnahmen zur Sicherstellung der militärischen Versorgung, zur Organisierung der Kriegswirtschaft, zur Verbesserung der Mineralölversorgung. Insgesamt hatte das Österreich-Unternehmen eindrucksvoll bewiesen, daß die deutsche Wehrmacht zu diesem Zeitpunkt noch nicht in der Lage war, den von Hitler geforderten „Blitzkrieg“ gegen die Tschechoslowakei zu führen; innerhalb des nächsten halben Jahres wurden die Mobilmachungsarbeiten jedoch soweit beschleunigt und verbessert, daß das deutsche Heer im Herbst 1938 tatsächlich im großen und ganzen „blitzkriegfertig“ war.

Durch die Gewinnung des österreichischen Wehrwirtschaftspotentials und der österreichischen Devisen in Höhe von 420 Millionen Schilling wurde die deutsche Rüstungs- und Rohstoffwirtschaft wenigstens vorübergehend entlastet. Die österreichischen Kapazitäten reichten freilich bei weitem nicht aus, um die Heeresvergrößerung seit dem Herbst 1938 wehrwirtschaftlich abzudecken. Hinzu kam ein steiler, im März 1938 noch nicht vorherzusehender Anstieg der Rohstoffpreise, der durch den weltweiten Rüstungsboom ausgelöst wurde, so daß sich die Lage im Herbst 1938 erneut dramatisch verschlechtern sollte. Zunächst jedoch stellte General Thomas fest:

> „Als wertvollster Zuwachs an wehrwirtschaftlicher Kraft ist zu verzeichnen:
> a) an Zuschuß die Öffnung des Südostraumes für die deutsche Kriegsversorgung,
> b) an Schlagkraft die in hohem Maße verbesserten Möglichkeiten einer wirtschaftlichen Abwürgung der Tschechoslowakei im Bedarfsfalle.“

2. Die Genesis der Militäropposition und der „Fall Grün“

a. Oppositionsbestrebungen im Frühjahr 1938

Die historische Deutung der militärischen Opposition gegen Hitler und das Regime des Dritten Reiches in den Jahren 1938/39 gehört zu den zentralen Aufgaben jeder militärgeschichtlichen Darstellung. Eine auch nur knappe Skizzierung des Forschungsstandes würde den Rahmen eines Handbuches jedoch sprengen, denn man kann davon ausgehen, daß sich die internationale westliche Geschichtsschreibung mit der deutschen Militärgeschichte dieser Jahre – mit wenigen Ausnahmen – nur unter dem Gesichtspunkt des militärischen Widerstandes beschäftigt hat. Zahlreiche Werke, die eine Gesamtdarstellung der deutschen Wehrmachtgeschichte zu sein vorgeben, reduzieren sich auf die Schilderung des militärischen Widerstandes, so daß der Eindruck entstanden ist, als habe das Denken der führenden militärischen Persönlichkeiten seit dem Frühjahr 1938 schwerpunktmäßig um die Frage einer Systemsäuberung, Systemveränderung, schließlich das Problem eines Staatsstreiches gekreist.

Eine derartige Betrachtungsweise verkennt die organisatorische Struktur der bewaffneten Macht und mißt dem Einfluß einzelner, selbst hochgestellter Persönlichkeiten, eine Bedeutung bei, die in Wirklichkeit nicht vorhanden war. Die Masse des Offizierkorps, ganz zu schweigen von den Unteroffizieren und Mannschaften, hat auch 1938 und 1939 unbeirrt von oppositionellen Erwägungen nur ihrer soldatischen Berufspflicht genügt. Oppositionelle Bestrebungen blieben auf einzelne Persönlichkeiten und ganz wenige Ämter, Abteilungen und Stäbe begrenzt. Sie haben sich niemals auf die Rüstungs- und Einsatzaufgaben der Wehrmacht ausgewirkt; Armee, Marine und Luftwaffe blieben loyale und voll funktionstüchtige Exekutivinstrumente des politischen Willens Hitlers. Hinzu kommt, daß selbst in jenen wenigen Fällen, in denen es zu einer scheinbar breiter fundierten Oppositionshaltung kam (etwa am 4. August 1938, s. u. S. 238), es sich im Selbstverständnis der Masse der beteiligten Generale keineswegs um Opposition in hochverräterischem Sinne, sondern lediglich um Fachkritik handelte, die aus ressortspezifischer, nicht aber gesamtpolitischer Verantwortung erhoben wurde. In den Jahren von 1933 bis 1939 hat es nur einen ernstzunehmenden Versuch gegeben, das Regime zu stürzen, und zwar in der sog. „Septemberverschwörung" vom Herbst 1938 (s. u. S. 242 ff.).

Wie für den deutschen Widerstand gegen Hitler allgemein, so gilt auch und insbesondere für den militärischen Widerstand vor Ausbruch des Zweiten Weltkrieges, daß eine einheitliche politische Auffassung von Wesen und Ziel der Opposition nicht bestand. Es bedurfte eines langwierigen Denkprozesses, um die führenden Persönlichkeiten der militärischen Oppositionsbewegung vor Kriegsausbruch – unter ihnen sind in erster Linie zu nennen: Oster, Canaris, Beck, Halder, v. Witzleben, Thomas – zu einer wenigstens temporären innerlichen Übereinstimmung gelangen zu lassen. Diese ließ sich überhaupt nur erzielen, indem bestimmte Ereignisse zu gleichsam negativen Kristallisationskernen für das oppositionelle Verhalten wurden. Es waren immer bestimmte Anlässe, die den Kreis der Opponenten, Widerständer, schließlich Verschwörer zusammenbrachten, wobei die Integrationskraft der verbrecherischen Absichten des Regimes sehr unterschiedlich war. Für die hier zu behandelnde Zeit sind vor allem drei derartige Integrationsfaktoren zu erkennen: 1. Der Kampf gegen die „Tscheka" aus SS und Gestapo; 2. Der Wunsch nach einer Rehabilitierung des Generalobersten Freiherrn von Fritsch; 3. Der Kampf gegen Hitlers Angriffsplan gegen die Tschechoslowakei. Demgegenüber hat Hitler selbst erst sehr spät diese Funktion für den militärischen Widerstand gewonnen, ja man kann sagen, daß bis zum Sommer 1938 es eine Opposition gegen Hitler und den „Hitlerismus" nicht nur nicht gegeben hat, sondern daß die angestrebten Aktionen letztlich Hitler helfen sollten, sich aus den Machenschaften und Verstrickungen seiner „radikalen" Umgebung zu befreien. Jüngst hat Klaus-Jürgen Müller erneut darauf hingewiesen, daß vor allem der Generalstabschef Beck unter diesem Gesichtspunkt interpretiert werden muß. Erst im Verlaufe der sog. „Sudetenkrise" geriet auch Hitler selbst mit in die Kritik am Dritten Reich; seitdem erst kann man von einer „Opposition gegen Hitler" sprechen.

Eine isolierte Betrachtung des militärischen Widerstandes ist deswegen nicht möglich, weil es von Anfang an zu einer wechselseitigen Durchdringung der „zivilen" und der „militärischen" Opposition kam. So ist beispielsweise das Handeln Osters nicht ohne Berücksichtigung der Aktionen von Gisevius und der Brüder Kordt verständlich; der Widerstand General Thomas' nicht ohne das Wirken Schachts und Goerdelers; Halders Aktionen sind nur in Kenntnis der Tätigkeiten Helldorfs, Dohnanys, der Verschwörer aus dem Auswärtigen Amt erklärbar. Die starke Verflechtung zwischen militärischen und zivilen Widerstandsgruppen, die für die Jahre 1938 und 1939 kennzeichnend ist, ergab sich zum einen aus der in dieser Zeit noch verhältnismäßig intakten inneren Struktur des hohen militärischen Führungskorps, zum anderen aus der klaren Erkenntnis, daß im Staate Hitlers nur noch das Heer als Träger einer aussichtsvollen Opposition oder gar eines Staatsstreiches in Frage kam, so daß die Widerständler, etwa aus dem Auswärtigen Amt, nolens volens auf die Armee und ihre Führung angewiesen waren, wenn irgendetwas tatsächlich bewirkt werden sollte.

Nicht von ungefähr formierte sich eine erste Oppositionsbewegung gegen bestimmte Erscheinungen des Regimes, konkret: gegen die SS und die Gestapo im Zusammenhang mit dem Fall Fritsch. Dabei waren drei „oppositionelle Reifegrade" (Müller) zu unterscheiden: Der einen Gruppe ging es zunächst nur um eine angemessene Rehabilitierung des ObdH, der zweiten um eine Aufdeckung und Anprangerung der Methoden von SS und Gestapo, der dritten um die gewaltsame „Ausräucherung" dieser Organisationen. Dies wäre bereits einer Systemveränderung, vielleicht sogar einem Staatsstreich gleichgekommen, da sich Hitlers Macht im wesentlichen auf den Kontroll- und Spitzelapparat der SS gründete. An eine Ausschaltung Hitlers selbst dachte keine dieser Gruppen.

Am entschiedensten traten Oster, Gisevius, Beck und Hoßbach für den entehrten Fritsch ein. Ihre Aktionen wurden von Admiral Canaris, Osters Vorgesetztem in der Abwehr, zwar gedeckt, jedoch fand sich der Abwehrchef weder damals noch später zu einer aktiven Mitwirkung bereit; er war und blieb Nachrichten- und Relaisstation. In den Bemühungen, die kriminellen Machenschaften der Gestapo im Falle Fritsch aufzudecken, schaltete Oster den stellvertretenden Berliner Polizeipräsidenten und hohen SA-Führer Graf Helldorf, sowie den

Reichskriminaldirektor und SS-Führer Arthur Nebe ein; auch die mit der Aufklärung des Falles Fritsch betrauten Justizbeamten Dr. Carl Sack und v. Dohnany leisteten wertvolle Mithilfe bei der Aufhellung der Umstände in der Prozeßführung gegen Fritsch.

Solange es allein um die Verteidigung von Fritsch ging, half auch Beck uneingeschränkt mit, aber der Generalstabschef weigerte sich zu diesem Zeitpunkt entschieden, vor einem Verfahrensabschluß zu weiteren Aktionen mit dem Ziel einer Erschütterung der Machtstellung von SS und Gestapo, also Himmlers und Heydrichs, zu schreiten. Gisevius, der daraufhin mit dem Befehlshaber im Wehrkreis VI (Münster) in Kontakt trat, um die Bereitschaft des Generals zu einem energischen Vorgehen zu erkunden, mußte ebenso wie Goerdeler, der General List, den Wehrkreisbefehlshaber IV (Dresden), ansprach, feststellen, daß die Kommandierenden Generale weder ausreichend informiert noch willens waren, sich unter den gegebenen Umständen in eine gewaltsame Aktion gegen SS und Gestapo einzulassen. Schacht, der seit dem Rücktritt von seinen Ämtern zu den eifrigsten Oppositionellen zählte, fand bei General Thomas zwar wohlwollendes Verständnis, aber keine militärische Machtbasis; und sein Versuch, mit Raeder und Rundstedt in Kontakt zu treten, endete negativ; Rundstedt meinte, er wisse schon, was er tue, Raeder zog sich ängstlich auf sein ihm geheiligtes „Ressort" zurück. Schließlich war auch von Gürtner, der die Dossier-Komödie Hitlers mitgespielt hatte, keine Hilfe zu erwarten.

Nach dem erfolgten Freispruch Fritschs, der nicht zuletzt auf die hartnäckigen, geschickten und mutigen Schachzüge Osters, Becks, Gisevius', Helldorfs, Nebes, Sacks und Dohnanys zurückging, kam es den Oppositionellen darauf an, Beck und Brauchitsch endgültig für die geplanten Aktionen gegen die Gestapo zu gewinnen. Auf dieser zweiten Oppositionsstufe aber versagten sich beide, zumal Fritsch selbst ein Vorgehen gegen Hitler in seiner Sache abgelehnt hatte. Beck hielt ein gewaltsames Vorgehen gegen die Gestapozentrale für nicht vereinbar mit den Pflichten eines Generalstabsoffiziers, Brauchitsch – gebunden an seine Zusagen bei seiner Ernennung – hörte sich die Beschwörungen Osters, Gisevius', Helldorfs und Goerdelers zwar an, versprach in vager Form auch seine Mitarbeit, tat in der Folgezeit jedoch nichts, selbst als sich durch das verklausulierte Angebot des SA-Stabschefs Lutze, zusammen mit der Wehrmacht gegen die SS vorgehen zu wollen, eine breite Aktionsbasis abzuzeichnen schien. In zunehmendem Maße wurden das Problem Fritsch und die damit verknüpften Widerstandsregungen durch den drohend heraufziehenden Schatten der tschechoslowakischen Krise überdeckt; hatte schon das Unternehmen gegen Österreich die Macht Hitlers und der SS gestärkt, wobei die Armee indirekt mitgeholfen hatte, so wurde das oppositionelle Denken der Militärs seit Anfang Mai 1938 in die militärischen Notwendigkeiten integriert. Kennzeichnend für den Rückzug der Opposition auf die Fachkritik war das Verhalten Becks: dieser lehnte Aktionen, wie sie Oster und Halder vorgeschlagen hatten, ab und versuchte erneut über eine Diskussion der Spitzengliederung den maßgeblichen Einfluß des Heeres auf

Hitler zu gewinnen; daß damit die Einflüsterungen der „Radikalen“ gleichfalls gedämmt werden konnten, hätte sich bei einem Erfolg seiner Bemühungen von alleine ergeben. Beck war im Frühjahr 1938 nicht bereit, den institutionellen Weg der Kritik zugunsten „illegaler“ Aktionen aufzugeben; Fritschs Schicksal war besiegelt, Himmler und Heydrich standen triumphierend da: die erste „Schlacht“ endete mit einer Niederlage der Militäropposition.

b. Die Maikrise 1938

„Führer äußert nach Einverleibung Österreichs, daß ihm die Bereinigung der tschechischen Frage nicht eilt. Man muß erst Österreich verdauen. Trotzdem sollen Vorbereitungen Fall Grün energisch weitergetrieben werden, sie müssen auf Grund der veränderten strategischen Lage durch Eingliederung Österreichs neu bearbeitet werden.“ (Jodl-Tagebuch)

Anders als nach den Coups der Jahre 1935 und 1936 ließen die Reaktionen der Westmächte, aber auch der Sowjetunion auf den Anschluß Österreichs an das Deutsche Reich deutlich erkennen, daß man das Vorgehen Hitlers wenn nicht billigte, so doch tolerierte; Chamberlain verkündete am 24. März im Unterhaus, er könne der Tschechoslowakei keine Garantie geben, Frankreich, ohne Regierung, wagte keinen entscheidenden Protest, unmittelbar nach dem deutschen Einmarsch gab die Sowjetunion in Prag zu verstehen, daß sie ein Kriegsrisiko nicht eingehen wolle, und der deutsche Botschafter in Moskau, Graf Schulenburg, war sich mit dem OKW darin einig, daß die Russen für die Tschechoslowakei vorerst nicht marschieren, bestenfalls Rüstungs- und Luftwaffenhilfe leisten würden. Die günstige politische Konstellation, die die Einverleibung Österreichs Hitler gefahrlos erlaubt hatte, hielt also auch nach dem 13. März prinzipiell an, die deutsche strategische Ausgangslage im Falle eines deutsch-tschechischen Krieges aber war ungleich besser als vor dem Anschluß. Es lag in der Natur des politischen Denkens und Handelns Hitlers, die sich bietenden Chancen möglichst rasch zu nutzen. OKW, OKH und RLM mußten sich daher auch ohne ausdrückliche Weisung seitens Hitlers auf baldige erneute Aktionen in der tschechoslowakischen Frage einstellen.

Während die deutsche Propaganda und die Sudetendeutsche Partei unter ihrem aggressiven Führer Henlein auf Weisung aus Berlin die Spannung innerhalb der Tschechoslowakei systematisch anheizten, sah sich Hitler zu einem erneuten Eingreifen in den militärischen Entscheidungsfindungsprozeß veranlaßt. Ob Hitler bekannt war, daß der Generalstab gar nicht daran dachte, die Vorbereitungen für eine neue „Weisung Grün“ dem von Hitler gewünschten Tempo anzupassen, oder ob ihn am Tage seines Geburtstages wiederum die Angst übermannt hat, nur noch eine kurze Lebenszeit zur Realisierung seines Programms verfügbar zu haben, läßt sich nicht klären; auf alle Fälle bestellte er im Anschluß an die große Gratulationscour vom 20. April 1938, an der erstmals neben den drei Oberbefehlshabern der Wehrmachtteile auch General Keitel teilnahm, den Chef des OKW zu sich, um ihm seine politisch-militärischen Auffassungen hinsichtlich der Behandlung der tschechoslowakischen Frage auseinanderzusetzen. Zum ersten Mal wurde das Heer überhaupt nicht beteiligt; wahrscheinlich ist die Keitelsche Vermutung zutreffend, daß Hitler durch die voraufgegangene Auseinandersetzung mit Brauchitsch und Beck über die Spitzengliederungsfrage verstimmt war und sich nicht der Gefahr erneuten Widerspruchs seitens der Heeresführung aussetzen wollte.

Aus der überlieferten Aufzeichnung des Majors Schmundt – dem Nachfolger Hoßbachs – geht hervor, daß Hitler, offensichtlich durch wenig freundliche Äußerungen Mussolinis über die deutsche Expansionspolitik beunruhigt, zu diesem Zeitpunkt noch nicht an eine Politik des militärischen fait accompli gegen die Tschechoslowakei dachte. Ganz im Sinne der Ausführungen vom 5. November 1937 glaubte Hitler ein deutsches Eingreifen gegen die ČSR nur dann wagen zu können, wenn Mussolini seine imperiale Politik in Afrika fortführte und deswegen an einem Bündnis mit Deutschland auf Kosten der Tschechoslowakei interessiert war. Der Abschluß eines englisch-italienischen Abkommens am 16. April 1938, in dem Italien den Abbau seines Engagements in Spanien nach dem Ende des Bürgerkrieges, England die Anerkennung der abessinischen Eroberung versprach, deutete darauf hin, daß die noch am 5. November erhoffte Mittelmeerkonflagration ausbleiben würde. Hitler zog hieraus die Konsequenz, daß ein Krieg gegen die Tschechoslowakei nur mit einem verbündeten Italien geführt werden könne. Dem französisch-englischen Eingreifen gegen Deutschland im Westen maß er hingegen keine durchschlagende Bedeutung bei, weil ein deutscher Angriff gegen die ČSR erfolgreich beendet werden konnte, bevor die französischen Truppenüberführungen von Afrika an die Westfront – Hitler rechnete mit vier Wochen – wirksam, Frankreich also angriffsfähig sein konnte. England glaubte er deswegen außer Betracht lassen zu dürfen, weil dieses Land noch nicht kriegsbereit war. Das britische Marineprogramm konnte sich erst 1940 auswirken, die englische Luftwaffe hielt Hitler für veraltet.

Unter diesen Voraussetzungen stellte Hitler folgende politische Grundlagen für ein deutsches Vorgehen gegen die Tschechoslowakei auf:

„1. Strategischer Überfall aus heiterem Himmel ohne jeden Anlaß oder Rechtfertigungsmöglichkeit wird abgelehnt. Da Folge: feindliche Weltmeinung, die zu bedenklicher Lage führen kann.

Solche Maßnahme nur zu Beseitigung des letzten Gegners auf dem Festlande berechtigt.

2. Handeln nach einer Zeit diplomatischer Auseinandersetzungen, die sich allmählich zuspitzen und zum Kriege führen.

3. Blitzartiges Handeln auf Grund eines Zwischenfalls (z. B. Ermordung des deutschen Gesandten im Anschluß an eine deutschfeindliche Demonstration).“

Hitler war anscheinend bereit, einen solchen Zwischenfall notfalls selbst zu provozieren, darauf deutete seine heimtückische Bemerkung: „Der Krieg 1914 ist doch auch durch einen Mord in Sarajewo entstanden. Solche Zwischenfälle können doch passieren", woraufhin Keitel schwieg.

Aus den politischen Grundannahmen entwickelte Hitler seine militärischen Forderungen, mit denen er Keitel konfrontierte:

„Zu den politischen Möglichkeiten 2) und 3) sind die Vorbereitungen zu treffen. Fall 2) ist der unerwünschte, da ‚Grün' Sicherheitsmaßnahmen getroffen haben wird."

Der deutsche Überfall sollte „blitzartig" erfolgen und war auf Weisung Hitlers bis in letzte Einzelheiten der operativ-taktischen Planung vorzubereiten. Zum ersten Mal mischte sich Hitler in die genuinen Belange des Heeresgeneralstabs ein, indem er Keitel und Schmundt gegenüber seine Vorstellungen zu den erfolgversprechendsten taktischen Angriffsverfahren entwickelte. Kern der Hitlerschen Weisung waren die unter Punkt 4) von Schmundt protokollierten Sätze:

„4. Politisch sind die ersten vier Tage militärischen Handelns die entscheidenden. Bleiben durchschlagende militärische Erfolge aus, so tritt mit Sicherheit eine europäische Krise ein. Vollendete Tatsachen müssen von Aussichtslosigkeit fremden milit. Eingreifens überzeugen, Verbündete auf den Plan rufen (Teilung der Beute!), Grün demoralisieren."

Keitel, gewohnt zu gehorchen, war dennoch beunruhigt. Er und Jodl, den Keitel wie üblich sofort informiert hatte, beschlossen, die Sache „dilatorisch" zu behandeln. Zu irgendeinem substantiellen Widerspruch aber konnte sich das OKW nicht aufraffen: damit war der erste jener sich während des Zweiten Weltkrieges zahllos wiederholenden Fälle gegeben, in denen Keitel und Jodl auch gegen besseres Wissen sich Hitlers Weisungen wie Subalternbeamte beugten, ohne die ihnen doch selbst von Hitler eingeräumte Möglichkeit einer „Beratung" wahrzunehmen. In diesen Unterlassungen lag die historische – nicht eine moralische – Schuld der beiden Generale Hitlers.

Die bekannte Denkschrift des Generalstabschefs vom 5. Mai 1938 ist immer als inhaltliche „Antwort" des Heeres auf Hitlers Vorstellungen vom 21. April gewertet worden, obwohl Beck wahrscheinlich weder über die Tatsache geschweige denn den Inhalt der Hitlerschen Ausführungen informiert worden ist. Wenn die Denkschrift Becks dennoch wie eine wohlformulierte, logisch Hitlers Gedankengänge sezierende Alternative wirkt, so war dies Folge der unveränderten gegenteiligen Grundauffassungen beider Männer: In dieser Beziehung hatte sich seit dem 5./12. November 1937 nichts geändert. Daß der „Anschluß" Österreichs keine grundlegende Wende in der gesamtpolitisch-strategischen Auffassung Hitlers und Becks hervorgerufen hatte, war auffallend; zuletzt sollte Becks Widerspruch aber gerade an den Folgen des „Anschlusses" scheitern.

Beck führte aus, daß England und Frankreich zwar keinen großen europäischen Krieg wünschten, im Falle eines kriegerischen deutschen Vorgehens gegen die Tschechoslowakei letztlich jedoch eingreifen würden; England aus dem traditionellen Axiom der balance of power heraus, Frankreich auf Grund der geschlossenen Bündnisverpflichtungen, die unweigerlich auch Rußland in den Kreis der Gegner führen würden. Die Westmächte, des wehrwirtschaftlichen und rüstungsmäßigen Rückhaltes der USA sicher, würden vielleicht zunächst einen Landkrieg zu vermeiden, Deutschland durch den Luft- und Seekrieg aber zu blockieren und wirtschaftlich zu zerstören suchen. Deutschland hingegen sei von seinen wehrpolitischen Ressourcen, dem Umfang seines mitteleuropäischen Territoriums, Größe und Schlagkraft seiner Wehrmacht her gesehen nicht in der Lage, einen langen Wirtschafts- und Zermürbungskrieg zu bestehen. Hinzu komme, daß Italien an einer Unterstützung Deutschlands im Falle einer derartig ungünstigen Kräftekonstellation vermutlich kein Interesse haben würde, wobei nicht ideologische Gesichtspunkte, sondern allein Machtfragen den Ausschlag gäben.

Dieses politisch-strategische Panorama, in das Beck auch die Haltung der kleinen Staaten Polen, Rumänien, Jugoslawien, der Niederlande und Belgiens sinngemäß nach ihrer jeweiligen Interessenlage einfügte, war eine „grausige Prophetie des kommenden Unheils" (Foerster), die sich jedoch eben nicht auf den von Beck angenommenen „Fall Grün", sondern auf den „Fall Weiß", also den Angriff auf Polen, später den Fall „Barbarossa", den Überfall auf die Sowjetunion, beziehen sollte. Becks Argumente waren – sieht man von einer zu starken Einschätzung des britisch-französischen Widerstandswillens in militärischer Beziehung einmal ab – durchaus der gesamtpolitischen Situation des Frühjahrs 1938 angemessen; sie waren logisch. Es sollte Becks Tragik sein, daß Hitler gegen alle Logik sein Programm durchsetzte und als Sieger hervorging: im September 1938 in München, im März 1939 in Prag. Beck hatte kaum mit einer englisch-französisch-sowjetischen Politik rechnen müssen, wie sie sich seit dem Herbst 1938 abzeichnete. Da sowohl Hitler als auch seine potentiellen Gegner bis zum März 1939 wider die wohlverstandenen Interessen ihrer Staaten, wider die Prinzipien einer ethisch fundierten raison d'état handelten, mußte der Sachwalter politischer Verantwortlichkeit, politischer Logik und Vernunft schließlich scheitern.

Es gehörte wohl auch zum Widersinn des weltgeschichtlichen Fortgangs, daß der erste Staat in Europa, der mit der Mobilmachung zum Kriege begann, nicht Deutschland, sondern dessen auserkorenes Opfer war: die Tschechoslowakei. Alarmiert durch Meldungen über angebliche deutsche Truppenzusammenziehungen in Sachsen, die in Wirklichkeit nicht stattfanden, verführt von der Hoffnung, die eigene Armee und die politische Haltung der ihr verbündeten Mächte zu testen, getrieben wohl auch von einer Art leichtsinnigem Fatalismus, ordnete der tschechoslowakische Ministerpräsident Beneš am 21. Mai 1938 die tschechoslowakische Mobilmachung an. Im Falle eines Krieges (an den Beneš schon am 20. Mai aber nicht mehr glaubte!) rechnete Prag mit einem 14tägigen Widerstand – Zeit genug, um das Räderwerk eines Weltkrieges zugunsten der Tschechoslowakei in Gang zu setzen.

Hitler hat diesen „golden moment", der sich ihm plötzlich bot, nicht ergriffen; wahrscheinlich wäre der durch die überraschende Mobilmachung der Tschechoslowakei zugute gekommene zeitliche Vorsprung von der deutschen Armee, die ja noch nicht angriffs- und marschbereit war, nicht so rasch aufzuholen gewesen, wie es Hitlers Weisung an Keitel vom 21. April (vier Tage) forderte. Dies war eben der von Hitler als „unerwünscht" bezeichnete Fall 2). Der tschechische Schritt war aber dennoch für Hitler von großem Nutzen: seitdem verfügte er über ein auch den Generalstäblern gegenüber plausibles Argument für die rasche Beendigung der Vorbereitung des eigenen militärischen Aufmarsches zu „Fall Grün". Die von Jodl bezeugte Verärgerung Hitlers über den erlittenen „Prestigeverlust" war gewiß nur Vorwand; Hitlers Stillhalten mußte sein politisches Prestige dem Ausland gegenüber vielmehr stärken, und tatsächlich sollten die politischen Folgen für die Tschechoslowakei fatal, für Deutschland überaus günstig sein.

Noch vor der Maikrise hatte Brauchitsch am 7. Mai 1938 versucht, Hitler mit den Gedanken der Beckschen Denkschrift vertraut zu machen, doch Keitel überzeugte den ObdH, daß es untunlich sei, die politischen Erwägungen des Dokuments in Teil I Hitler vorzulegen. Wie von Brauchitsch, ohnehin nur von Beck gedrängt und halben Herzens handelnd, befürchtet, lehnte Hitler aber auch den militärischen Teil des Papiers mit Empörung ab; vor allem Becks Äußerungen zu der nicht hinreichenden eigenen und der überlegenen gegnerischen militärischen Stärke und Schlagkraft brachte den Diktator in Harnisch. Die latente Krise zwischen Hitler und Brauchitsch, die seit dem Scheitern des OKH-Vorstoßes in der Spitzengliederungsfrage (s. o. S. 176) schwelte, vertiefte sich.

Die plötzlich ausgebrochene Mai-Krise veranlaßte nun aber nicht den Generalstab des Heeres, sondern Keitel zu unverzüglichem Handeln. Noch am selben Tage, an dem die Meldungen über die tschechoslowakische Mobilmachung eingingen, unterbreitete er Hitler einen „Übergangs"-Entwurf für eine neue Weisung „Grün", in der den „neuerdings vermuteten Absichten des tschechoslowakischen Generalstabs" bereits Rechnung getragen wurde. Der Entwurf stammte von dem Ia der Abteilung L, Oberstleutnant Zeitzler, dem späteren Nachfolger Halders als Chef des Generalstabs des Heeres und lehnte sich eng an die Richtlinien Hitlers vom 21. April 1938 an. Unter „politische Voraussetzungen" hieß es:

„Es liegt nicht in meiner Absicht, die Tschechoslowakei ohne Herausforderung schon in nächster Zeit durch eine militärische Aktion zu zerschlagen, es sei denn, daß eine unabwendbare Entwicklung der politischen Verhältnisse innerhalb der Tschechoslowakei dazu zwingt, oder die politischen Ereignisse in Europa eine besonders günstige und vielleicht nie wiederkehrende Gelegenheit dazu schaffen."

Ein unmotivierter Überfall wurde also ausgeschlossen, die Weisung ging von einer „Spannungszeit" aus oder einem „ernsten Zwischenfall". In beiden Fällen sollte die deutsche Wehrmacht „blitzartig" vorgehen. Wie von Hitler verlangt, legte auch der Weisungsentwurf fest, daß die Entscheidung mit Rücksicht auf die „kriegslüsternen" Westmächte innerhalb von vier Tagen fallen müsse. Der Entwurf befaßte sich sodann mit den strategischen, operativen, logistischen, propagandistischen Vorbereitungen und Maßnahmen für alle drei Wehrmachtteile sowie die Wehrwirtschaft. Daß der Überfall auf die Tschechoslowakei gerade auch – wie im Falle Österreich – aus wehrwirtschaftlichen Gründen erfolgen sollte, war selbstverständlich und kam in dem Weisungsentwurf auch ganz unmißverständlich zum Ausdruck. Die Gewinnung des Rüstungspotentials der Tschechoslowakei, größer und wichtiger als das Österreichs, gehörte bekanntlich von Anfang an zu den primären Zielen der Hitlerschen Expansions- und Aggressionspolitik.

In dem deutlich erkennbaren Zusammenspiel zwischen Hitler und dem OKW lag der nächste Zug wieder bei dem Diktator. Die Maikrise und der Zeitzlersche Entwurf waren die Basis, auf der Hitler am 28. Mai vor den Spitzen der Wehrmacht und der Partei in der Reichskanzlei das Wort ergriff. Er entwickelte im großen und ganzen die gleichen Gedanken, die auch seine Ansprache vom 5. November 1937 gekennzeichnet hatten; nachdrücklicher als damals betonte er die deutsche Stärke, die tschechoslowakische Schwäche und die günstigen außenpolitischen Konstellationen, die zum baldigen Handeln zwängen. Später hat Hitler in aller Öffentlichkeit den 28. Mai als jenen Zeitpunkt dargestellt, zu dem er sich entschlossen habe, die Tschechoslowakei zu beseitigen und einen großen Krieg vorzubereiten. Die ihm bekannten Einwände des Generalstabs des Heeres aufnehmend, verkündete er den umfassenden, raschen und in seinen Dimensionen einmaligen Aufbau eines gigantischen Befestigungssystems im Westen, den sog. „Westwall". Jetzt erst wurde auch Brauchitsch von Hitlers „unabänderlichem Entschluß", die Tschechoslowakei anzugreifen, unterrichtet, ohne daß dem Generalstab noch eine Einwirkungsmöglichkeit auf die OKW-Weisung vom 30. Mai 1938 blieb.

Unter diesen Umständen war von vorneherein irgendein Einfluß der von Beck am Tage nach Hitlers Ansprache angefertigten Stellungnahme nicht zu erwarten; die Parallele zum Schicksal des Dokumentes vom 5. Mai 1938 drängt sich hier förmlich auf. Als Beck Brauchitsch am 30. Mai den Inhalt seiner Denkschrift vortrug, war die Entscheidung schon gefallen, denn die Weisung für „Fall Grün" wurde an demselben Tag den drei Oberbefehlshabern zugestellt. Damit lag eine res judicata vor.

Becks Stellungnahme unterschied sich nur geringfügig von jenen, die er schon bislang abgegeben hatte. Auffallend war jedoch, daß der Generalstabschef unmißverständlicher als je zuvor Hitlers These beipflichtete, Deutschland brauche einen größeren Lebensraum „sowohl in Europa wie auf kolonialem Gebiet" und mit Hitler auch in der Auffassung übereinstimmte, daß die Existenz der Tschechoslowakei „unerträglich", eine Änderung der bestehenden Verhältnisse durch Krieg prinzipiell nicht abzulehnen sei. Selbst Hitlers Behauptung vom Vortag, daß die augenblicklichen Konstellationen zur „Bereinigung" der „Tschechenfrage“ ausgesprochen günstig seien, mochte Beck nicht widersprechen. Wohl aber erhob er Einwände gegen Hitlers Lagebeurteilung im einzelnen, wobei er erneut auf die unzureichende geographische, materielle und wehrwirtschaftliche Basis des Deutschen Reiches und auf die von England und Frankreich drohende Gefahr hinwies. Becks Hauptargument aber war nun ein militärisches, offensichtliche Konsequenz aus Hitlers Reaktion auf Becks Stellungnahme vom 5. Mai. Der Generaloberst bestritt energisch die Möglichkeit, innerhalb von vier Tagen einen strategischen Erfolg gegen die Tschechoslowakei erringen zu können. Rannte sich der deutsche Angriff aber an den tschechischen Befestigungen auch nur vorübergehend fest, so stieg das Risiko einer französisch-englischen Intervention unerträglich an:

> „Der Kardinalpunkt wird bis auf weiteres stets der bleiben, ob es sich für Deutschland um einen Krieg nur gegen die Tschechei handelt oder auch gegen die sie zur Zeit unterstützenden Mächte. Im letzteren Falle kann der Feldzug gegen die Tschechei an sich erfolgreich verlaufen, den Krieg wird Deutschland verlieren.“

Beck entwickelte erneut seine bekannten Argumente über den Charakter eines eventuellen Weltkrieges als eines langandauernden Wirtschaftskrieges, in dem Deutschland mit an Sicherheit grenzender Wahrscheinlichkeit am Ende unterlegen sein werde. Wieder versuchte er den Nachweis zu führen, daß Hitler unzureichend militärisch beraten sei, die Frage der Spitzengliederung erneut aufgeworfen werden müsse; angesichts der bekannten Allergie Hitlers in diesem Punkt und der Haltung Keitels und Jodls blieb dieser Seitenhieb auf die bestehende Spitzenorganisation ebenso nutzlos wie ungeschickt. Beck weigerte sich nach wie vor, sich in das organisatorisch Unvermeidliche zu fügen, um das Beste daraus zu machen: das OKH überließ grollend, abseitsstehend, das Feld der großen militärisch-strategischen, ja auch zahlreicher operativ-taktischer Fragen dem in jeder Hinsicht unzulänglichen Apparat des OKW, ohne diesen doch ausschalten oder bei Hitler desavouieren zu können. Das hatte verhängnisvolle Folgen. In der gegebenen Lage genügte es sicherlich nicht, auf die Zustände der „Anarchie“ im Entscheidungsfindungsprozeß hinzuweisen, wie Beck es tat; es war nicht ausreichend, „das Schicksal Deutschlands in einem künftigen Kriege nur in den schwärzesten Farben“ zu malen (Denkschrift), wenn das OKH gleichzeitig Hitlers Weisung vom 30. Mai widerspruchslos zur Kenntnis und in die generalstabsmäßige Bearbeitung nahm, während Beck – am 3. Juni 1938 – eine weitere Denkschrift, diesmal gegen die Weisung „Fall Grün“ vom 30. Mai verfaßte.

Die „Weisung für Plan ‚Grün‘“ wurde am 30. Mai vom OKW den Oberbefehlshabern der drei Wehrmachtteile mit dem Bemerken übersandt, daß sie die Weisung für die allgemeine Kriegsvorbereitung vom 24. Juni 1937 sowie die ergangenen Nachträge ersetzen solle. Das Dokument fügte sich damit in den „normalen“ Rhythmus der jährlich in Zusammenhang mit den Mobilmachungsvorbereitungen anzupassenden Aufmarschanweisungen, erschien also nicht als ad hoc-Maßnahme, die durch die Maikrise erst ausgelöst worden wäre. Gleichwohl hatte das Dokument von seinen politisch-militärischen Intentionen her nichts mehr mit jener alten Weisung vom 24. Juni 1937 zu tun, sondern war vielmehr der in einer konkreten politischen Situation von der Staatsführung der Wehrmacht erteilte Befehl, einen Angriffskrieg gegen die Tschechoslowakei bis zum 1. Oktober 1938 abschließend vorzubereiten.

Die Weisung baute auf dem Entwurf vom 20. April 1938 auf. Der Fortgang der Hitlerschen Entschlußbildung wurde eindrucksvoll in der nun abgeänderten Einleitung zu dem Abschnitt „Politische Voraussetzungen" deutlich. Hier hieß es nun ganz im Gegensatz zu den Entwurfsformulierungen (s. o. S. 226):

„Es ist mein unabänderlicher Entschluß, die Tschechoslowakei in absehbarer Zeit durch eine militärische Aktion zu zerschlagen. Den politisch und militärisch geeigneten Zeitpunkt abzuwarten oder herbeizuführen ist Sache der politischen Führung."

Die Weisung übernahm die strategisch-operativen Grundzüge des Entwurfs vom 20. Mai, doch forderte Hitler jetzt die Entscheidung gegen die Tschechoslowakei nicht mehr in vier, sondern in „2–3 Tagen". Wie sich Hitler und das OKW diese ersten Operationen vorstellten, wurde aus dem Abschnitt „Aufgaben der Wehrmacht" deutlich. Hier handelte es sich um das Grundkonzept des „Blitzkrieges", der ersten Feldzüge im Zweiten Weltkrieg:

„a) Die Masse aller Kräfte muß gegen die Tschechoslowakei angesetzt werden.
b) Für den Westen ist ein Mindestmaß an Kräften als etwa notwendig werdende Rückendeckung vorzusehen; die übrigen Grenzen im Osten gegen Polen und Litauen sind nur zu sichern, im Süden zu beobachten.
c) Die beschleunigt verwendbaren Teile des Heeres müssen schnell und entschlossen die Grenzbefestigungen bezwingen und in der Gewißheit, daß die Masse des mobilen Heeres so rasch wie möglich nachgeführt wird, in die Tschechoslowakei mit größter Kühnheit einbrechen.
Die Vorbereitungen hierfür sind so zu treffen und zeitmäßig abzustimmen, daß die beschleunigt verwendbaren Teile des Heeres *gleichzeitig* mit dem Einflug der Luftwaffe die Grenze zu festgesetzter Stunde überschreiten, noch bevor unsere Mobilmachung vom Gegner erkannt sein kann."

Dem blitzartigen Vorstoß möglichst zahlreicher Angriffskolonnen des Heeres sollte, im Zusammenwirken mit der Luftwaffe, eine Entscheidungsschlacht gegen das tschechische Feldheer folgen, noch bevor dieses in die Slowakei ausweichen konnte. Im Westen waren nur Sicherungsmaßnahmen zu treffen; Hitler setzte alle seine Hoffnungen auf den gleichzeitig von ihm beschleunigten Westwallbau (s. u. S. 231).

Dieses Blitzkriegskonzept Hitlers und des OKW ging erheblich über die bisher vom Generalstab des Heeres getroffenen Vorbereitungen auf der Grundlage der Weisung vom 24. Juni 1937 hinaus; tatsächlich mußte der Heeresaufmarsch völlig neu geplant und berechnet werden, wobei nunmehr der Faktor Zeit überproportional in die Erwägungen einzufließen hatte. Das Dilemma, das sich hieraus ergab, haben Jodl und Beck deutlich gesehen. Der Chef der Abteilung Landesverteidigung notierte unter dem 30. Mai 1938:

„Noch einmal flammt der ganze Gegensatz auf der sich ergibt aus der Erkenntnis des Führers, wir müssen noch in diesem Jahre u(nd) der Auffassung des Heeres wir können noch nicht, da sicherlich die Westmächte eingreifen u(nd) wir ihnen noch nicht gewachsen sind."

In seiner Stellungnahme vom 3. Juni 1938 legte Beck das Schwergewicht seiner Argumentation jedoch nicht auf diesen Punkt, sondern erneut auf die Frage der Spitzengliederung. Schärfer als je zuvor attackierte er den Dilettantismus des OKW, das die jahrelangen gründlichen Vorarbeiten des Heeres für den Zweifrontenkrieg nicht zur Kenntnis genommen und das OKH an der Weisung vom 30. Mai nicht beteiligt habe. Schonungslos kritisierte Beck Punkt für Punkt den 2. Teil der Weisung, indem er eine exakte Aufgliederung der verfügbaren Heereskräfte für den Angriff gegen die Tschechoslowakei vornahm mit dem Ergebnis, daß die von Hitler gewünschte Beschleunigung der Vorarbeiten nicht mehr möglich sei. Besonders negativ wertete Beck den Versuch des OKW, jenen geheiligten Grundsatz Moltkes d. Ä., nachdem man den Krieg nur bis zum Beginn der Kampfhandlungen planen könne, durch die Postulierung einer Entscheidungsschlacht im Herzen der Tschechei außer Kraft zu setzen. Ging die Weisung von der Erwartung aus, nach der strategischen Entscheidung in Böhmen und Mähren ausreichende mobile Kräfte unverzüglich nach dem Westen werfen zu können, so betonte Beck, daß die Westfront auch im günstigsten Falle „etwa 2 Wochen lang die Offensive des französischen Heeres allein zu tragen habe, ehe die ersten Überführungen stärkerer Kräfte vom Süd-Ost- zum Westkriegsschauplatz eingeleitet werden können." (Zitiert nach Müller). Beck hielt die Möglichkeit eines „überraschenden Überfalls" auf die Tschechoslowakei für nicht gegeben, damit aber brach in seinen Augen das strategische Grundkonzept der Weisung vom 30. Mai 1938 in sich zusammen. Er schloß mit der Ankündigung, das Heer lehne die Verantwortung für eine militärische Aktion auf der Grundlage der unzureichenden Annahmen der Weisung vom 30. Mai 1938 ab.

c. Becks Kampf gegen die Planung „Grün" und die Juli-Denkschrift

Unter den verschiedenen sachlichen Argumenten des Generalstabschef gegen die Planung „Grün" wog der Hinweis auf die gefährdete und mit den verfügbaren Truppen auch nur wenige Wochen gegen einen konzentrierten französischen Angriff nicht zu haltende Westflanke des Reiches zweifellos am stärksten; selbst Hitler hat sich in diesem Fall den Beckschen Gedankengängen nicht völlig verschlossen, wenngleich die von ihm angestrebte Lösung letztlich nur wenig mit der Generalstabsplanung zu tun hatte. Die von Hitler am 28. Mai 1938 befohlene, wenig später auch in der Öffentlichkeit bekanntgegebene Verstärkung der Westbefestigungen sollte nicht nur auf Frankreich abschreckend wirken (was, wie sich später herausstellen sollte, in der Tat der Fall war), sondern richtete sich politisch auch gegen den Generalstab. Dies kam schon in dem heftigen Engagement Hitlers zum Ausdruck, der sich – wie später auch im Kriege – höchstpersönlich um die Befestigungsfragen kümmerte und mit seinen scharfen Ausfällen gegen den Chef des Pionierwesens einerseits, der Heranziehung der Organisation Todt andererseits, in die Prärogative des Heeres eingriff: die operativstrategische Planung des Generalstabs, noch präziser: Becks. Hitler hatte den schwachen Punkt der militärfachlichen Argumentation Becks instinktiv erfaßt; daß Keitel Hitlers Ambitionen, sich als Festungsfachmann auszuweisen, unterstützte, war selbstverständlich.

Trotz der erheblichen Anstrengungen, den Westwall in eine „Siegfriedlinie" so auszubauen, daß sich die Annahmen der Weisung vom 30. Mai realisieren ließen, waren die Befestigungsbauten weder im Herbst 1938 (München-Krise), noch im Frühjahr 1939 (Prag-Einmarsch) so weit fertig, daß sie im Falle eines energischen französischen Angriffes den notwendigen Zeitaufschub garantiert hätten. Dem Urteil Mansteins nach war der Westwall aber auch am 1. September 1939 noch keineswegs fertig, was nicht zuletzt daran lag, daß Todt und Hitler bei der Planung und dem Bau der Anlagen sich oft nicht nach den militärischen Wünschen des Generalstabs richteten, sondern ihre eigenen Ideen verfolgten.

Die Forcierung des Befestigungsbaus griff aber auch auf das Empfindlichste in die übrigen Aufrüstungsvorhaben ein; der Stahl- und Facharbeitermangel verschärfte sich in einem Maße, daß es zu heftigen Auseinandersetzungen zwischen den einzelnen Bedarfsträgern kam, die weder Göring im Rahmen des Vierjahresplans noch Thomas als Chef des Wehrwirtschaftsstabes beheben konnten. Da Hitler zum gleichen Zeitpunkt der Marinerüstung absolute Priorität einräumte – auch dies offensichtlich ein Versuch, Becks Warnungen vor einem englischen Eingreifen zu begegnen – verschlimmerte sich die Lage. Ohne auf Einzelheiten einzugehen, läßt sich feststellen, daß alle drei Wehrmachtteile mit großangelegten strategischen Denkschriften nunmehr den Nachweis zu führen suchten, daß der Einsatz ihrer Teilstreitkraft „kriegsentscheidend", daher rüstungsmäßig zu bevorzugen sei. Die Seekriegsleitung legte mit der sog. „Heye-Denkschrift" ein komplettes Großschiffprogramm mit der Begründung vor, daß dieses den Hitlerschen Forderungen vom 30. Mai und den strategischen Erwägungen hinsichtlich einer Gegnerschaft Englands entspreche; das Heer beharrte auf dem Standpunkt, daß der künftige Krieg ein Kontinentalkrieg und daher in erster Linie Sache des Heeres sein werde. Die im Staate Hitlers institutionalisierten Ämterrivalitäten erreichten somit in den Monaten vom Juni bis September 1938 im Bereich der Wehrmacht einen Höhepunkt. Man kann vorwegnehmen, daß das Heer „auf der Strecke" blieb, was sich im Rücktritt Becks auch personell bestätigen sollte.

Beck fand in seinem permanenten Kampf gegen Hitlers Kriegspläne hic et nunc nur wenig Unterstützung. So wird es erklärlich, daß er anstelle der sonst üblichen Generalstabsreise im Frühsommer 1938 eine schriftliche Ausarbeitung zum Thema einer Operationsführung gegen die Tschechoslowakei bei Annahme einer günstigen militärpolitischen Ausgangssituation einforderte, wobei der vom OKW vorgesehene Zeitfaktor mitberücksichtigt werden sollte.

Über das Ergebnis dieser Studie ist bisher wenig bekannt. In der von Beck geleiteten Schlußbesprechung, an der nur Offiziere des Heeres teilnahmen, während die OKW-Vertreter von Beck mit der Bemerkung „das geht das OKW nichts an" erst gar nicht eingeladen wurden, herrschte Übereinstimmung darin, daß Deutschland einen Krieg gegen die Tschechoslowakei gewinnen, die Ausweitung des Konfliktes zu einem Weltkrieg aber wahrscheinlich werde. Nach Klaus-Jürgen Müller ergab die Studie jedoch auch, daß es tatsächlich möglich sein würde, „bereits am fünften Tag die ersten kampfstarken Großverbände an die Westfront" zu verlegen. Das bedeutete nichts anderes als den Triumph des OKW und der Hitlerschen Weisung vom 30. Mai! Becks bisherige Argumentationsbasis lag damit in Trümmern: schon in der Denkschrift vom 5. Mai 1938 hatte Brauchitsch auf Anraten Keitels auf die Vorlage des „politischen" Teils verzichtet; Oberbefehlshaber und Generalstabschef hatten gehofft, daß die streng fachmilitärische Kritik Hitler zum Umdenken bewegen würde. Dies war jedoch nicht der Fall. Hitler hatte seinerseits mit den Anordnungen, die das Befestigungswesen und den Ausbau der Marine betrafen, ganz eindeutig Konsequenzen aus der von Beck beschworenen englischen und französischen Gefahr gezogen. Zwar ist nicht auszuschließen, daß Hitlers Mai-Entscheidungen bereits unter dem Gesichtspunkt der Einleitung zur Realisierung der „2. Phase" seines Programms gesehen werden müssen (Dülffer), gleichzeitig aber handelte es sich in der Tat um Reaktionen auf die Beckschen Vorwürfe. Da dieser aber in seiner Denkschrift vom 29. Mai die prinzipielle Notwendigkeit, das „Lebensraum"-Problem und die ČSR-Fragen zu „lösen" gar nicht geleugnet, diese vielmehr unterstrichen hatte, blieb Beck nunmehr in der Tat, wie Müller nachweist, kein sachliches, fachmilitärisches Argument mehr gegen den Krieg. In dem Maße, in dem sich aber Hitlers neue Anordnungen im Sinne einer englisch-französischen Abschreckung oder im Sinne vergrößerter Siegeschancen auch gegen die beiden Westmächte auswirkte, verlor auch Becks allgemeines Argument gegen den Krieg, nämlich die rüstungs- und wehrwirtschaftlich unzureichende Lage Deutschlands, zumindest in den Augen Hitlers und des OKW, darüber hinaus aber auch in denen Brauchitschs, seine zwingende Logik und Berechtigung. Der Zwiespalt, der sich hieraus für Beck ergab, kennzeichnete sein Verhalten bis zum Tage seines Rücktritts; er wurde bereits, nach dem Zeugnis Röhrichts, anläßlich der Schlußbesprechung sichtbar, als Beck mit beschwörenden Worten vor einem kommenden Krieg warnte, sich erneut in den heftigsten Ausfällen gegen das OKW erging (obwohl dieses doch „recht" behalten hatte), Brauchitsch aber nicht dazu veranlassen konnte, eindeutig seine Partei zu ergreifen, so daß die Zuhörer, die weder über die internen Auseinandersetzungen zwischen OKH und OKW, noch über das angespannte Verhältnis zwischen ObdH und Generalstabschef informiert waren, den Eindruck der Verwirrung, ja der Hilflosigkeit ihrer obersten Führung gewannen.

Beck, der seine Sache auch nach dem ihn ernüchternden Ergebnis der Generalstabsstudie noch nicht verloren geben wollte, sah sich zunehmend isoliert. Das zeigte sich zum ersten Mal ganz deutlich anläßlich der bereits erwähnten Besprechung auf dem Flugplatz Barth am 13. Juni, deren Anlaß Hitlers Stellungnahme zum Falle Fritsch (s. o. S. 204) war. Brauchitsch erklärte den versammelten Generalen, Hitler sei davon überzeugt, daß die „Tschecheifrage" binnen weniger Wochen nur noch militärisch gelöst werden könne. Der ObdH distanzierte sich von dieser Auffassung seines Obersten Befehlshabers aber keineswegs. Wahrscheinlich hat Hitler Brauchitsch gegenüber diesen Eindruck der Unausweichlichkeit des Krieges deswegen zu erwecken versucht, weil die Gefahr bestand, daß der ObdH als Konsequenz aus dem Fall Fritsch um seinen Abschied einkommen würde. Durch Hitlers Behauptungen vor die Alternative gestellt, dem Ruf der Ehre oder dem des in Gefahr befindlichen Vaterlandes zu folgen, wählte Brauchitsch, vermutlich mit Billigung Fritschs, die letztere. Er erkaufte diese Entscheidung mit einer Vertiefung seines Gegensatzes zu Beck, und von nun an zog Brauchitsch in immer stärkerem Maße den Generalquartiermeister I, Generalleutnant Franz Halder, als seinen nächsten Mitarbeiter heran.

Nach dem Abklingen der „Maikrise" erwies sich von Tag zu Tag deutlicher, daß die Westmächte auf eine politisch-diplomatische Lösung der Sudetenfrage hinarbeiteten. Im Auswärtigen Amt und in der Parteileitung konnte bald kein Zweifel mehr daran sein. Ganz im Gegensatz zu seinen Äußerungen vom 13. Juni stellte auch Hitler in einer weiteren ergänzenden Weisung vom 18. Juni 1938 nun plötzlich fest:

> „Ich werde mich aber zu einer Aktion gegen die Tschechei nur entschließen, wenn ich, wie bei der Besetzung der entmilitarisierten Zone und beim Einmarsch in Österreich, der festen Überzeugung bin, daß Frankreich nicht marschiert und damit auch England nicht angreift."

Die Chancen dafür standen umso besser, als sich nunmehr auch Ungarn und, in aller Vorsicht, Polen einem deutschen Vorgehen gegen die Tschechoslowakei mit der Hoffnung auf leichte territoriale Beute anzuschließen begannen. Keitel fuhr am 14. Juni nach Budapest, um den Besuch des ungarischen Staatsverwesers, Admiral Horthys, vorzubereiten.

Glaubte Hitler im Juni 1938 auf dem Wege der Entspannung seinem Ziel näherzukommen, so begann er seit dem Juli 1938 die politische Stimmung gegen die Tschechoslowakei wieder aufzuheizen. Die Gründe hierfür sind nicht darzustellen. François-Poncet meldete nach Paris, Deutschland erhalte „ein kriegerisches Aussehen". Um die Einführung der zivilen Dienstpflicht am 22. 6. 1938 und des Leistungsgesetzes für Wehrzwecke am 13. 7. 1938 (s. u. S. 389) der Bevölkerung plausibel machen zu können, begann ein erneuter Propagandafeldzug des Goebbelsschen Ministeriums. Tagtäglich war von „Mißhandlungen" der Sudetendeutschen in der Presse die Rede; die ČSR wurde als „Glacis für das Vordringen des Bolschewismus in Europa" bezeichnet; das sudetendeutsche Gebiet, so hieß es, solle planmäßig „verelendet" werden; schließlich wurden Tschechen des Mordes an Sudetendeutschen bezichtigt (Sywottek). Die vom OKW am 4. Juli angeordnete Aufstellung eines Mobilmachungskalenders, der den Abschluß der Angriffsvorbereitungen zum 28. September 1938 zum Ziel hatte, mußte unter solchen Umständen nicht unbedingt als Routineangelegenheit, sondern konnte als unmittelbare Aggressionsvorbereitung angesehen werden.

Aus dieser Stimmung der Besorgnis heraus sind wohl die beiden bekannten Denkschriften des Chefs des Stabes der Seekriegsleitung, Vizeadmiral Guses, und des Chefs des Generalstabes des Heeres, General der Artillerie Becks, zu interpretieren. Guses Denkschrift vom 17. Juli, die hier nicht zu erörtern ist (siehe Abschnitt VIII S. 481) enthielt im wesentlichen jene Argumente, die auch die früheren Denkschriften Becks bestimmt hatten. Beck kam bei Brauchitsch schließlich mit seinen Gedanken nicht „durch"; Guse erging es noch unglücklicher: Raeder weigerte sich, die ihm vorgetragenen Bedenken weiterzureichen, gar im Sinne des von den Marineoffizieren geforderten kollektiven Schrittes der drei Oberbefehlshaber tätig zu werden. Guse mußte seine Position zugunsten eines völlig apolitischen Seeoffiziers (Schniewinds) räumen. Seitdem konnten Beck, später Halder, mit der Marine nicht mehr rechnen.

Irgendeinen Einfluß im Sinne der Kriegsverhütung hatte auch eine Aufzeichnung des Staatssekretärs im Auswärtigen Amt, Ernst von Weizsäckers, nicht. Das um den 20. Juni 1938 entstandene Papier war inhaltlich mit Beck abgesprochen; weniger leidenschaftlich und düster in der Diktion, genauso klar in den Schlußfolgerungen wie Becks Denkschrift vom 15. Juli 1938.

Diese war wahrscheinlich nicht zur unmittelbaren Vorlage bei Hitler bestimmt, da auf Grund der bisherigen Erfahrungen nicht damit zu rechnen war, daß Hitler das Dokument annehmen, geschweige denn im Sinne eines Dialoges mit dem Generalstabschef lesen und beantworten würde. Beck richtete sie an Brauchitsch als Unterlage für einen Vortrag des ObdH bei Hitler.

Die Aufgabe, die sich Beck stellte, war umso schwieriger zu bewältigen, als Brauchitsch am 13. Juni sozusagen „offiziell" vor den Spitzen des Heeres Hitlers „Tschechei"-Planung akzeptiert und mit den entsprechenden Vorbereitungen begonnen hatte. Die sich mit dem am 4. Juli befohlenen Zeitplan gleichsam automatisch in Bewegung setzende Kriegsmaschinerie hat Beck, den historisch denkenden Generalstabsoffizier, offensichtlich erschreckt; die ja auch bei Hitler in jenen Monaten immer wieder anzutreffende Reminiszenz an „1914" bewog Beck, in der Denkschrift die sofortige Einstellung der angelaufenen Kriegsvorbereitungen zu fordern. Er begründete dies mit den bekannten Standardargumenten von dem unvermeidlichen französisch-englischen Eingreifen, belegte seine Meinung diesmal jedoch präziser, auch mit Zitaten des französischen

Ministerpräsidenten Daladier. Beck machte darauf aufmerksam, daß das Abstoppen der Mobilisierungsmaßnahmen sowie des Westwallbaues, zu dem ab 1. August 5 Divisionen herangezogen werden sollten, später zu einem Prestigeverlust führen könnte. Eine Überraschung des tschechischen Gegners sei aber gerade auf Grund der nicht mehr zu verheimlichenden Vorbereitungsmaßnahmen utopischer denn je. Beck verwies ganz allgemein auf das Ergebnis der Generalstabsstudie, hütete sich jedoch, dieses zu präzisieren. Ein deutscher Überfall auf die Tschechoslowakei führe unweigerlich zum Weltkrieg, den Deutschland verlieren müsse. Die Lösung der tschechoslowakischen Frage dürfe erst dann erfolgen, wenn die militärischen Aussichten erfolgversprechend seien.

Diesem Gesichtspunkt schloß Beck einen weiteren an, der neu war. Er wies darauf hin, daß die Stimmung im Volke sich eindeutig gegen einen Krieg richte,

„weil es ahnt, daß er nicht auf die Tschechoslowakei beschränkt bleiben wird".

Ähnliche Sorgen seien aber auch im Heer festzustellen – eben weil es sich um ein „Volksheer" handele. Die Verantwortung der militärischen Führung erstreckte sich Becks Auffassung nach über das „Volksheer" auf das „Volk" selbst; die Heerführer waren in diesem Sinne zugleich Volksführer, als solche aber Träger einer Verantwortung, die über die ressortspezifische hinausging. Beck schrieb:

„Volk und Heer, das heute wieder ein Volksheer ist, machen aber die militärischen Führer dafür verantwortlich, daß nichts militärisch unternommen wird, was nicht ein ausreichendes Maß an Aussicht auf Erfolg hat. Beide fühlen schon heute instinktmäßig, daß solche Aussichten nicht bestehen. Damit wird aber die Kriegsfrage Deutschland gegen Tschechoslowakei schon heute auch zu einer Vertrauensfrage des Volkes und des Heeres an die obersten Stellen des Heeres."

Im Entwurf seiner Aufzeichnung vom 15. Juli hatte Beck Brauchitsch gegenüber seinen Rücktritt angekündigt, „falls eine Sinnesänderung des Obersten Befehlshabers der Wehrmacht nicht zu erreichen ist"; in der Brauchitsch überreichten revidierten Fassung war diese Passage durch die Bitte ersetzt, der ObdH möge die Generalität zusammenrufen, sie über die Kriegsabsichten unterrichten, „Einwendungen entgegennehmen" und einen Meinungsaustausch zum Zwecke einer einheitlichen Meinungsbildung des Heeres herbeiführen, *bevor* es zu der von Hitler angekündigten Generalsbesprechung kam. Schließlich regte Beck an, „über den gesamten Fragenkomplex" mit den übrigen Oberbefehlshabern eine „einheitliche Auffassung" herbeizuführen.

Die Hinweise auf „das Volk", die Stimmung im Heer und eine Generalsversammlung, die leicht zu einer Generalsfronde werden konnte, zeigten, daß sich Beck nunmehr von der Basis strenger Fachkompetenz und -kritik zu lösen begann, wenngleich er in dem Papier selbst mit dem Hinweis auf seine „Dienstvorschrift" noch eine Art Alibi einfügte. Tatsächlich konnte sich kein Leser des Dokumentes verhehlen, daß Beck jetzt an die Grenzen des für einen Generalstabsoffizier preußischer Schule traditionell noch Möglichen stieß.

Völlig klar ging dies aus seiner Vortragsnotiz vom folgenden Tage hervor, in der Beck zu Formulierungen fand, die wohl zu den eindrucksvollsten Zeugnissen in der Geschichte des preußisch-deutschen Heeres zählen:

„Alle aufrechten und ernsten deutschen Männer in staatsverantwortlichen Stellungen müssen sich berufen und verpflichtet fühlen, alle erdenklichen Mittel und Wege bis zur letzten Konsequenz anzuwenden, um einen Krieg gegen die Tschechei abzuwenden, der in seinen Auswirkungen zu einem Weltkrieg führen muß, der das finis Germaniae bedeuten würde. Die höchsten Führer in der Wehrmacht sind hierzu in erster Linie berufen und befähigt, denn die Wehrmacht ist das ausübende Machtmittel des Staates in der Durchführung eines Krieges. Es stehen hier letzte Entscheidungen über den Bestand der Nation auf dem Spiele. Die Geschichte wird diese Führer mit einer Blutschuld belasten, wenn sie nicht nach ihrem fachlichen und staatspolitischen Wissen und Gewissen handeln. Der soldatische Gehorsam hat dort eine Grenze, wo ihr Wissen, ihr Gewissen und ihre Verantwortung die Ausführung eines Befehls verbietet. Finden ihre Ratschläge und Warnungen in solcher Lage kein Gehör, dann haben sie das Recht und die Pflicht vor dem Volk und vor der Geschichte, von ihren Ämtern abzutreten. Wenn sie alle in einem geschlossenen Willen handeln, ist die Durchführung einer kriegerischen Handlung unmöglich. Sie haben damit ihr Vaterland vor dem Schlimmsten, vor dem Untergange bewahrt."

3. Entscheidung im August: Becks Rücktritt

a. Streik der Generale?

Aus Becks Juli-Denkschriften sowie seinen weiteren Aufzeichnungen aus dem gleichen Monat ging hervor, daß eine bloße passive Haltung der Generalität oder „aller aufrechter und ernster Männer" zur Abwendung des Deutschland drohenden Unheils nicht ausreichte. Es lag in Becks Vorstellungen und in seinen Beschwörungen die Konsequenz, nicht nur die Symptome der nazistischen Kriegslüsternheit zu bekämpfen, sondern diejenigen, die das Regime und Hitler in das kriegerische Abenteuer zu treiben suchten.

Eben dies war Becks Überzeugung: Nicht Hitler war in seinen Augen das Problem, um das es ging, sondern seine unverantwortlichen Berater, vor allem die Kamarilla aus SS und SD, jene „Tscheka", die auszuräuchern Männer wie Oster und Halder schon im Zusammenhang mit der Fritsch-Intrige gefordert hatten. Beck schloß sich nunmehr nach und nach dieser Auffassung an, wobei er von der Annahme ausging, daß ein erfolgreicher Kollektivschritt der Heeresgeneralität die SS unweigerlich auf den Plan rufen würde. Eine „Säuberung" des Systems und die Beseitigung der SS-Umgebung Hitlers allein konnten einen Enderfolg der Antikriegspolitik des Heeres garantieren.

Becks Sinneswandel, nicht zuletzt durch dringliche Vorstellungen Halders, Karl-Heinrich von Stülpnagels und Osters bewirkt, ging jedoch auch jetzt noch nicht so weit, einen Staatsumsturz unter Einbeziehung der Person Hitlers zu bejahen. Ihm schwebte immer noch ein evolutionärer, wenngleich erheblich beschleunigter Prozeß vor; eine Art „Reform des ‚Dritten Reiches'" (Müller), ein Kampf „für den Führer". Dieser sollte aus den Fängen und Verstrickungen der „Bonzokratie", der „Tscheka" „befreit werden".

In einer weiteren Aufzeichnung vom 29. Juli 1938 schlug Beck vor, der ObdH solle so „eindrucksvoll, hart und brutal" wie nur möglich die bisher verfolgte Katastrophenpolitik des Regimes und die verbrecherischen Machenschaften der SS, des SD, der Gestapo, Görings, Himmlers und ihrer Konsorten anprangern. Was Beck vorschwebte, ergab sich aus jenen vielzitierten Parolen, die eventuelle innenpolitische Aktionen des Heeres der Bevölkerung erklären sollten. Sie lauteten:

„Für den Führer!
Gegen den Krieg!
Gegen die Bonzokratie!
Friede mit der Kirche!
Freie Meinungsäußerung!
Schluß mit den Tschekamethoden!
Wieder Recht im Reich!
Senkung aller Beiträge um die Hälfte!
Kein Bau von Palästen!
Wohnungsbau für Volksgenossen!
Preußische Einfachheit und Sauberkeit!"

Die politische Brauchbarkeit oder Unbrauchbarkeit solcher „Parolen" ist nicht zu erörtern; insgesamt stellten sie ein Programm der „Systemsäuberung", keineswegs der „Systemveränderung" dar, denn verfassungs- oder machtpolitische Forderungen wurden überhaupt nicht zum Ausdruck gebracht, und an der Spitze der Parolen stand „der Führer". Die von Beck ins Auge gefaßte Auseinandersetzung, die er auf Grund der Machtverhältnisse für unvermeidbar hielt, sollte im wesentlichen wohl nach dem Muster des 30. Juni 1934, diesmal aber gegen das SS-Reich Himmlers, ablaufen. Das Heer, so Becks Vorstellung, sollte dadurch den ihm angemessenen und traditionell angestammten Platz in der politisch-militärischen Beraterhierarchie des Staatsführers wiedergewinnen: Nachdem Hitler am 13. Juli endgültig gegen Becks Spitzengliederungsvorschläge Stellung genommen hatte, war eine Änderung der Spitzenorganisation auf „bürokratischem" Wege nicht mehr möglich: die Konsequenz hieß auch für Beck: politisches Handeln, das sich aus der Feststellung eines übergesetzlichen Notstandes, des „Vaterlandes in Gefahr" ableitete und sogar im Militärstrafgesetzbuch (§ 47) seine juristische Rechtfertigung finden konnte. An einen regelrechten Militärputsch, die Beseitigung oder Ausschaltung Hitlers, dachte Beck zu diesem Zeitpunkt höchstwahrscheinlich aber noch nicht; er ging vielmehr davon aus, daß das „gesäuberte“ Regime den von ihm grundsätzlich ja niemals abgelehnten „reinen“ Nationalsozialismus zur Geltung bringen würde. Die „Parolen“ erinnerten tatsächlich an jene der NSDAP aus den Wahlkämpfen von 1930 bis 1933.

Die eigentümliche Position eines Generalstabschefs erlaubte Beck niemals ein Handeln auf eigene Faust, in ausschließlich eigener Verantwortlichkeit. Er besaß keine Macht und keine Kommandogewalt. Er war immer auf die Mitarbeit und den guten Willen seines Vorgesetzten, des Oberbefehlshabers des Heeres, angewiesen: immer abhängig vom Handeln der Kommandierenden Generale.

Brauchitsch war, nach allem was bekannt ist, prinzipiell mit Becks politischen Vorstellungen einverstanden, aber er fand, weder damals noch später, den Mut, jenen letzten Schritt über den Rubikon zu tun. Im Zwiespalt zwischen Gewissen und militärischer Fachverantwortung machte er sich Becks Juli-Vorschläge nicht zu eigen, fand sich aber zur Einberufung der von Beck geforderten Generalsversammlung bereit. Beck stand vor der Frage, welchen Zweck diese Zusammenkunft noch haben sollte, nachdem der ObdH sich geweigert hatte, im Sinne der Beckschen Vorstellungen vom 15., 19. und 29. Juli zu handeln. Er entschied sich, den noch möglichen größten gemeinsamen Nenner zwischen Brauchitsch und ihm zur Grundlage des dem ObdH übergebenen Redeentwurfes zu machen: die Ablehnung des Krieges gegen die Tschechoslowakei, einen gemeinsamen Schritt der Generalität beim Obersten Befehlshaber mit dem Ziel, diesen von seinen Plänen abzubringen. Was geschehen sollte, wenn diese Kollektiv-Demarche ergebnislos verlaufen sollte, blieb offen. In dem Redeentwurf Becks war weder von innenpolitischen Auseinandersetzungen, noch von einem Kollektiv-Rücktritt oder einem „Streik der Generale“ mehr die Rede. Wollte Beck die Entscheidung der Gunst der Stunde überlassen, oder war, wie Müller meint, dieser Entwurf bereits Ausdruck der Resignation, die Beck schließlich zum Rücktritt bewog? Eine klare Antwort darauf läßt sich bisher nicht geben.

Am 4. August 1938 fand in Berlin die von Brauchitsch und Beck einberufene Versammlung der Gruppenbefehlshaber und Kommandierenden Generale statt. Einer Verlesung der Beckschen Denkschrift vom 15. Juli 1938 folgten ziemlich allgemein gehaltene Äußerungen des ObdH, in denen die Bedenken der Heeresführung hinsichtlich eines deutschen Angriffes auf die Tschechoslowakei nochmals geschildert wurden. Brauchitsch konnte sich weder zum Vortrag der Beckschen Notiz vom 29. Juli noch des Redeentwurfes entschließen. General Adam, als Oberbefehlshaber des Heeresgruppenkommandos 2 verantwortlich für die Westfront, gab auf Bitte Becks einen ungeschminkten Bericht über den Stand der Westbefestigungen, die er für völlig unzureichend hielt. Mit Ausnahme von Reichenau und von Bock stimmten alle Anwesenden Brauchitschs Meinung zu, daß das Heer nicht kriegsfertig sei, ein Krieg vermieden werden müsse, da ein neuer Weltkrieg das Ende der deutschen Kultur bedeuten würde. Es kam jedoch nicht zur Formulierung der aus dieser Lagebeurteilung zu ziehenden Konsequenzen; Brauchitsch erklärte, er wolle die Meinung der Generalität Hitler zur

Kenntnis bringen – in Wirklichkeit wagte er am Ende nur, Hitler Becks Denkschrift vom 15. Juli vorzulegen. Damit war die vielleicht größte Chance in der Geschichte des deutschen Heeres während des Dritten Reiches vergeben, das Schwert entschlossen in die Waagschale des Rechts und der staatspolitischen Gesamtverantwortung zu legen. Kleinmütigkeit hatte gesiegt, und es wird immer schwer erklärlich bleiben, wie die Generäle – mit Ausnahme Adams, der wenig später von seinem Amt zurücktrat – einerseits darin einig waren, daß ein neuer Krieg das „finis Germaniae" bedeuten würde, andererseits im Rahmen ihrer Dienststellungen mit vollem Einsatz eben diesen Krieg vorbereiteten.

b. Hitlers Reaktionen und Becks Sturz

Das zu Hitlers Ohren kommende Echo des 4. August war durchaus zwiespältig; von einer monolithischen Geschlossenheit des höheren Führungskorps konnte keine Rede sein, die von Reichenau, von Bock, ja auch von Manstein in die Debatte geworfenen Zweifel an Becks „politischen" Erwägungen griffen um sich, und in breiter Front war nach dem 4. August ein Rückzug der Generale auf die Linie der strengen Fachkompetenz zu beobachten. Dies war angesichts der sich abzeichnenden „diplomatischen" Lösung der Sudetenfrage und der erkennbar zögernden Haltung der Großmächte, Hitler nunmehr ernsthaft Paroli zu bieten, allzu leicht verständlich. Hitler hat das Ereignis vom 4. August 1938 dennoch ernst genommen, das ergab sich aus seinem ungewöhnlichen Schritt, die Chefs der Stäbe der Kommandierenden Generale, also die Gehilfen der Befehlshaber, zum 10. August auf den Berghof zu befehlen. Wie sehr sich inzwischen die Haltung der Heerführer geändert hatte, ergab sich aus der schweigenden Hinnahme dieses Affronts. Hitler setzte den „Jungen" in dreistündiger Rede seine politischen und militärischen Auffassungen auseinander, die nichts Neues enthielten. Dem Einwand, der Westwall könne nach den Ausführungen Adams höchstens drei Wochen gehalten werden, setzte Hitler die apodiktische Behauptung entgegen, dieser werde drei Jahre gehalten. Hatte Hitler gehofft, im jüngeren Generalkorps auf mehr Verständnis zu stoßen, so sah er sich jedoch getäuscht; Jodl, der der Zusammenkunft beiwohnte, sah die ganze Misere vom Generalstab des Heeres ausgehen, dem

„die Kraft des Gemüts fehlt, ... weil er letzten Endes an das Genie des Führers nicht glaubt. Man vergleicht ihn wohl mit Karl XII. Und da die Wasser von oben nach unten fließen, erwächst aus dieser Miesmacherei nicht nur unter Umständen ein ungeheuerlicher politischer Schaden — denn den Gegensatz zwischen der Auffassung der Generale u(nd) der des Führers pfeifen die Spatzen von den Dächern — sondern auch eine Gefahr für die Stimmung der Truppe."

Jodl schloß seinen Tagebucheintrag mit einer Formel des Glaubens:

„Ich habe aber keinen Zweifel, daß diese wie die Stimmung des Volkes der Führer in ungeahnter Weise zur rechten Zeit emporreißen wird."

Hitler sah die Gefahr einer Generalsfronde nach dem Ergebnis seiner Besprechungen vom 10. August wohl noch nicht ganz ausgeräumt. Zwar fehlt es nicht an Hinweisen darauf, daß der Diktator die Auffassung durchzusetzen suchte, das Heer habe sich allein auf sein Ressort zu beschränken und politische Fragen gingen es nichts an; er, Hitler, wisse selbst was er zu tun habe, doch es ist auffallend, daß er gleichzeitig erneut seinen Ehrgeiz darin sah, die zaudernde Generalität mit ihren eigenen Waffen zu schlagen, nämlich fachmilitärischen Argumenten. Nicht anders werden die Beschußversuche auf Betonstellungen auf dem Übungsplatz Jüterbog am 15. August verständlich, die Hitler persönlich anordnete, um die ihm bekannten Zweifel der Heeresgeneralität an der Möglichkeit der raschen Durchbrechung der tschechischen Befestigungen zu widerlegen. Der Erfolg war nur begrenzt, denn Hitlers Ausführungen blieben trotz seiner erstaunlichen Sachkenntnisse in Einzelheiten laienhaft; aber es war zweifellos geschickt, auf diese Art und Weise seine captatio benevolentiae zu unterstreichen. Beck spürte dies instinktiv, er war „außer sich".

Hitler hatte sein Spiel gewonnen: Im Anschluß an die Vorführungen legte er den Generalen noch einmal ausführlich seine politischen Vorstellungen und seinen Entschluß dar, das tschechische Problem im Herbst gewaltsam zu lösen. Ohne expressis verbis darauf Bezug zu nehmen, konnten seine Ausführungen doch als Antwort auf Becks Denkschrift vom 15. Juli verstanden werden, deren Behauptungen er allesamt in Zweifel zog und zu widerlegen trachtete. Beck versuchte auf der Stelle, Brauchitsch zu entsprechenden Gegenvorstellungen zu veranlassen, aber der ObdH entzog sich ihm. „Er hat mich sitzen gelassen", meinte Beck später bitter.

Das Verhalten des ObdH in Jüterbog hat von Beck, aber auch von späteren Historikern herbe Kritik erfahren. Tatsächlich war es nur die Konsequenz aus dem Dissens zwischen beiden Männern, der sich schon seit dem Mai 1938 abgezeichnet und am 4. August 1938 vertieft hatte. Weder am 10. noch am 15. August, als Hitler die Initiative an sich zog, war es zu einer einmütigen ablehnenden Haltung der Generalität gekommen; Bedenken und halbherzig formulierte Einwände reichten gewiß nicht aus, um Hitler von seinen Entschlüssen abzubringen. Nachdem die von Beck in seinen Aufzeichnungen vom 19. und 29. Juli erwogenen „politischen" Schritte vom ObdH abgelehnt worden waren, blieben allein die militärischen Zweifel an der Seriosität der operativ-strategischen Planung. Diese hatte Hitler mit seinen Entscheidungen vom 28. Mai, seinen Ausfällen gegen v. Wietersheim (der die Ansichten Adams referierte), und seiner Vorführung vom 15. August zwar nicht völlig ausräumen können, doch sie waren nicht mehr zwingend: Wenn ein so ausgesprochener Gegner aller militärischen Hazards wie Adam drei Wochen lang im Westen verteidigen zu können glaubte, so mochte dies in Hitlers Augen zwar ungenügend sein, für die Fachleute drängte sich aber der zwingende Schluß auf, daß unter diesen Umständen die Planung „Grün" militärisch tatsächlich zu vertreten war. Brauchitsch, der ein für allemal entschieden hatte, sich nicht auf das politische Feld zu begeben, hatte am 15. August keine reelle Chance, Hitler mit militärischen Argumente zu überzeugen. Das spürten auch die versammelten Generale, das wußte vor allem aber auch Beck: er stand nun nur noch vor der Wahl, sich in das Abenteuer eines Militärputsches mit allen seinen politischen Folgen zu stürzen, oder aber zu resignieren. Seit dem 4. August spätestens wußte er, daß Brauchitsch und die Generale beim Versuch einer „Systemsäuberung“ nicht mitmachen würden. Beck zog hieraus die Konsequenz, er reichte am 18. August seinen Rücktritt ein; Hitler genehmigte ihn am 21., und am 27. August übergab Beck die Geschäfte des Generalstabschefs an den Generalleutnant Franz Halder. Er kam Hitlers Forderung nach, den Rücktritt aus „außenpolitischen Gründen“ noch nicht bekanntzugeben und vergab damit die einzige ihm verbliebene Möglichkeit, Heer und Öffentlichkeit im In- und Ausland darauf aufmerksam zu machen, daß die deutsche Armee mit Hitlers Politik und Kriegsplanung nicht ohne weiteres einverstanden war. Beck beugte sich der Raison eines Staates, dessen verbrecherische Natur er immer noch nicht einzusehen vermochte, ja, dem er weiter zu dienen bereit war (was Hitler ablehnte). So entbehrte sein Rücktritt jener Attribute, die ihn zu einem historischen Markstein in der von „Schuld und Verhängnis“ geprägten Geschichte der deutschen Armee hätten machen können.

L. Die Septemberverschwörung und der Weg nach München

1. Vorbereitung des Militärputsches

a. Halder und der Generalstab des Heeres

Nach den Ereignissen des 20. Juli 1944 ist die sogenannte „Septemberverschwörung" von 1938 das wichtigste Faktum in der Geschichte der deutschen Militäropposition gegen den Nationalsozialismus, gegen Hitler und gegen den Krieg. Das Interesse an den teilweise außerordentlich verwickelten Vorgängen wurde schon frühzeitig nach dem Krieg durch die Darstellungen einiger Beteiligter (Kordt, Gisevius, v. Schlabrendorff), die Erörterungen während des Nürnberger OKW-Prozesses und durch die Standardwerke zum deutschen Widerstand von Rothfels, Ritter und Krausnick geweckt. Die Erforschung der deutschen Wehrmachtsgeschichte auf quellenmäßiger Grundlage stieß hingegen auf größte Schwierigkeiten, weil sowohl die Masse des amtlichen Aktenmaterials als auch Unterlagen aus dem Kreis der Verschwörer nur in ganz unzureichendem Maße verfügbar waren. Die von Foerster geretteten Aufzeichnungen Becks gaben nur ein unvollständiges Spiegelbild der Verschwörung; das Institut für Zeitgeschichte bemühte sich in den frühen fünfziger Jahren, durch systematische Befragungsaktionen die Quellengrundlage zu verbreitern. Das Ergebnis legte Krausnick in seinem Beitrag „Vorgeschichte und Beginn des militärischen Widerstandes gegen Hitler" 1956 vor, der für das Thema der Militäropposition Standardcharakter erhielt.

Mit der Publizierung der Engel- und Groscurth-Tagebücher wurden zwar einzelne Punkte weiter geklärt, insgesamt blieben diese Dokumentationen, wie auch die jüngste der Leeb-Aufzeichnungen, jedoch die Erwartungen schuldig. Das gilt, mit Einschränkung, auch für die Weizsäcker-Papiere. Die bisher nicht wieder aufgetauchten Tagebücher Halders aus den Jahren vor dem Kriege sowie ein angeblich noch existierendes Tagebuch von Canaris wären unter diesen Umständen für die Forschung von unschätzbarem Wert, das gilt insbesondere für die Persönlichkeit und das Wirken des Nachfolgers von Beck, des Generalleutnants Franz Halder.

Halder, Franz, geb. 30. 6. 1884 in Würzburg, 14. 7. 1902 Eintritt in das Kgl. Bayer. 3. Feldartillerieregiment Nr. 9 in München, 1911/14 Bayerische Kriegsakademie München, während des Ersten Weltkrieges Verwendungen in Generalstabsstellen; 1921–1923 Taktiklehrer im Wehrkreiskommando VII, 1923–25 Batteriechef, 1925–1927 Leiter der Führergehilfenausbildung beim Wehrkreiskommando VII, 1927–28 Ia dieses Kommandos, 1929–1931 Gruppenleiter im Reichswehrministerium (T 4), 1931–1934 Chef des Stabes im Wehrkreiskommando VI (Münster), 1934/35 Artillerie-Kommandeur 7 in München, anschließend Kommandeur der 7. Div. in München. 1937/38 Oberquartiermeister II im Generalstab des Heeres, vom 1. 4. 1938 bis 31. 8. 1938 Oberquartiermeister I, von 1. 9. 1938 bis 25. 9. 1942 Chef des Generalstabs des Heeres. Nach dem 20. Juli 1944 verhaftet, durch amerikanische Truppen befreit, von 1946 bis 1961 Leiter der Historical Division in Königstein/Taunus, gest. 2. 4. 1972 in Aschau/Chiemg.

Halder war als Oberquartiermeister I mit der operativen Planung des Falls „Grün" beauftragt, er kannte die von Beck vorgebrachten militärischen Einwände gegen die OKW-Rahmenweisung, er war darüber hinaus aber schon seit 1937 in die Überlegungen des Generalstabschefs und seiner Verbündeten hinsichtlich eines Widerstandes gegen die Kriegsabsichten des Regimes eingeweiht. Im Zusammenhang mit dem Fall Fritsch hatte Halder so heftig wie vergeblich Beck zur Aktion gedrängt; seitdem erhielt Beck in Halders Augen ein wenig den Charakter des cunctators. Im Verlaufe des Jahres 1938 entwickelten sich die Ansichten beider Männer über die zweckmäßige Form der Opposition weiter auseinander, ohne daß es zu Differenzen in den grundsätzlichen Überzeugungen gekommen wäre. Halder gab viel früher als Beck die Hoffnung auf eine evolutionäre Entwicklung auf, er sah eher als Beck die Nutzlosigkeit des Beckschen Denkschriften-Krieges und hielt auch Becks Bestrebungen zu einem „Generalsstreik" für ungeeignet. Wie in der späteren wissenschaftlichen Diskussion, so konnte auch schon bei den unmittelbar beteiligten Zeitgenossen keine Einigkeit in der Beurteilung der Wirkung eventueller Kollektivschritte der Truppenführer erzielt werden; Beck glaubte an eine Veränderung des Systems, Halder, von Manstein und andere fürchteten, daß Hitler ein solcher Schritt sogar gelegen kommen konnte, um alle wichtigen Schaltstellen der militärischen Macht mit Männern seines Vertrauens zu besetzen. Becks Nachfolger stellte sich jedenfalls mit Entschiedenheit auf den Standpunkt, daß Rücktritt nicht der geeignete Weg sei, um das Unheil abzuwenden. Halder hat daher Becks Schritt bedauert, ohne allerdings zu wissen, daß Beck bei Hitler so stark in Ungnade gefallen war, daß seine Ablösung bei erster „passender Gelegenheit" ohnehin erfolgt wäre.

Als dienstältester Offizier im Generalstab des Heeres war Halder der designierte Nachfolger Becks; Brauchitsch, der Halders politische Einstellung kannte, entschied sich mit Halder daher ebenfalls prinzipiell für den Weg der Opposition, und Hitler, der Halder – zu Recht – von Anfang an mißtrauisch gegenüberstand, wagte es nicht, einen eigenen Personalvorschlag zu unterbreiten und durchzusetzen. Dies wäre ohne eine weitere große Erschütterung des Heeres auch kaum möglich gewesen; angesichts der sich seit Ende August 1938 dramatisch zuspitzenden politischen Lage in Europa blieb ihm keine andere Wahl.

Halder übernahm von Beck eine undankbare, in gewisser Weise unlösbare Aufgabe: Einerseits sah sich der neue Generalstabschef mit der Tatsache konfrontiert, daß die militärischen Vorbereitungen nach dem festgelegten Zeitplan bei weitem nicht den erforderlichen Stand erreicht hatten, zum anderen hatte er sich verpflichtet, das Becksche Erbe in der Frage des Widerstandes anzutreten. Die außenpolitische Entwicklung seit Beginn des September ließ Halder jedoch nur noch kurze Zeit; auf den beiden gegensätzlichen Gebieten Kriegsvorbereitungen und Kriegsverhinderung, also auf der Ebene der Fachkompetenz und der Verschwörung, mußte Halder seine und die Arbeitsleistung des Generalstabes aufzuteilen versuchen. Es lag auf der Hand, daß eine weitere Vernachlässigung der generalstabsmäßigen Kriegsvorbereitungen unverantwortlich im Hinblick auf die kämpfende Truppe gewesen wäre; hieraus ergab sich mit Notwendigkeit der Zwang, die Vorbereitung des Militärputsches weitgehend Persönlichkeiten überlassen zu müssen, mit denen Halder nur in losem Kontakt stand, ja stehen durfte.

Im Generalstab selbst fand Halder bei der Vorbereitung des Putsches die tatkräftigste Unterstützung durch den Oberquartiermeister I, Karl Heinrich von Stülpnagel, und Oberst Wagner, dem späteren Generalquartiermeister. Von überragender Bedeutung für das geplante Unternehmen aber wurde wiederum Oster, den Beck Halder als Mittelsmann empfohlen hatte.

Die Verschwörung des September 1938 entwickelte sich zwar personell und technisch aus den Vorarbeiten und Kontakten, die bereits seit dem Frühjahr 1938 angelaufen und geknüpft worden waren; für die meisten Beteiligten trat Halder tatsächlich in die Fußstapfen Becks, doch in Wirklichkeit handelte es sich bei dem geplanten Putsch um ein von seinen politischen Intentionen her gesehen völlig eigenständiges Unternehmen, das in zweierlei Beziehung sich deutlich von Becks Erwägungen unterschied.

Zum einen verließ Halder seit seinem Dienstantritt als Generalstabschef entschlossen den bisher von Beck verfolgten Weg einer loyalen Opposition, und er ließ sich auch nicht mehr von der These Becks beeinflussen, nach der sich der Widerstand nicht gegen Hitler, sondern gegen die radikalen Elemente in der Partei richten müsse. Halder war davon überzeugt, daß Hitler selbst das radikalste Element war; gelegentlich soll er ihn schon damals als „Blutsäufer" bezeichnet haben. Hitler mußte also in personam ausgeschaltet werden. Freilich hat sich Halder mit einer Tötung Hitlers nicht einverstanden erklärt; in diesem Punkt waren sich die Offiziere des OKH sowie Witzleben als höchstverantwortlicher Truppenführer im Putschfalle einig. Es wurde lediglich die Frage diskutiert, ob Hitler vor ein Volksgericht gestellt oder aber als unzurechnungsfähig in eine Anstalt verbracht werden sollte.

Zum anderen ging es Halder und den Mitverschworenen nicht mehr allein, ja in erster Linie, um die Verhinderung eines Krieges. Im Gegenteil, der Befehl zum Angriff auf die Tschechoslowakei sollte gerade zum Auslöser des Putsches werden. Dies wiederum ermöglichte es den Verschwörern, den Plan „Grün" im Rahmen der üblichen Generalstabsarbeit rückhaltlos vorzubereiten; die Verhinderung des Krieges war nunmehr lediglich Mittel zum Zweck des Regimesturzes, nicht dessen bloßer Säuberung. Von daher wird auch die Katastrophe der Münchener Konferenz für die Verschwörung erklärlich.

Dieser in zweifacher Hinsicht veränderte Charakter der Verschwörung warf zwei schwerwiegende Probleme auf: Während in Becks Vorstellungen die Grundstruktur des Staates und seiner real gegebenen Verfassung erhalten bleiben sollte, hätte der Erfolg des Putsches einen vollständigen Umsturz der bisherigen

Staatsverfassung, nämlich des Führerstaates, zur Folge gehabt. Es war daher notwendig, an die Stelle des gestürzten Systems ein positives neues zu setzen, wenn der Putsch auch in den Augen der Öffentlichkeit eine innere Berechtigung haben sollte. In der den Verschwörern zur Verfügung stehenden Zeit (knapp vier Wochen) aber war nicht im Entferntesten mit der theoretischen Lösung dieses Problems zu rechnen; über erste vage, dilettantische, ja z. T. törichte Erwägungen kamen die Verschwörer nicht hinaus. Jenseits der zunächst einzurichtenden Militärdiktatur gab es keine konkreten und rasch zu verwirklichenden politischen Aktionsabsichten. Halders und Witzlebens Entschluß, nach einem Erfolg des Putsches ihre Ämter zur Verfügung zu stellen, weist auf dieses Dilemma deutlich hin und darf daher nicht als bloßer Ausdruck einer traditionell-ehrenhaften preußischen Offiziersgesinnung begriffen werden.

Das zweite Problem, um das es ging, war ungleich größer: Der Putsch konnte nur gelingen, wenn England, Frankreich und Hitler sich genau so verhielten, wie dies den politischen Wunschvorstellungen und den Prophezeiungen Becks in seinen Mai- und Juli-Denkschriften entsprach. Es zeigte sich, daß Becks politische Analysen des britisch-französischen Verhaltens von geradezu verhängnisvoller Auswirkung auf die Septemberverschwörung wurden. Halder, Oster, Witzleben blieben bis zum Schluß davon überzeugt, daß sich die Westmächte „rollengerecht" verhalten würden. Sie entwickelten daher auch nicht einmal ansatzweise einen Alternativplan zu einer Entwicklung, wie sie dann zwischen Berchtesgaden (15. 9.) und München (29. 9.) tatsächlich eintraf. Das „unprogrammäßige" Verhalten der britisch-englischen Diplomatie machte die Verschwörer völlig hilflos. Aber auch Hitler war von den Verschwörern falsch eingeschätzt worden; entgegen aller Erwartungen, entgegen auch dem schon stereotyp gewordenen Bild, das sich die Widerständler von Hitler machten, gab der Diktator nach, als der von den Verschwörern doch so heiß ersehnte Kriegswillen Frankreichs und Englands sich in letzter Stunde manifestierte. Der Einwand, daß Hitlers Zurückweichen nur Folge des ihm ohne Schwertstreich in den Schoß fallenden Sudetengebietes, damit aber doch Folge des englisch-französischen Appeasement gewesen sei, ist deswegen wenig stichhaltig, weil Hitler deutlich genug sein Ziel: nämlich die Zerschlagung der *gesamten* Tschechoslowakei – schon aus rüstungs- und wehrwirtschaftlichen Gründen – als „unabänderlich" hingestellt und der Generalstab des Heeres geglaubt hatte, Hitler wolle den Einsatz der Wehrmacht aus „Test"-zwecken, wie sich Hitler einmal äußerte, unbedingt erzwingen. Schließlich ist bekannt, daß Hitler München keineswegs als Triumph, sondern als prinzipielle Niederlage begriff, so daß er unmittelbar nach Abschluß des Münchener Abkommens die militärische Planung gegen die „Resttschechei" wieder aufnahm. Offensichtlich war im Kreise der Verschwörer niemand auf die Idee gekommen, sich die Frage vorzulegen, ob die Beschwörungen Becks nicht doch auf Hitler Eindruck gemacht hatten, obwohl zumindest seit dem 15. August 1938 klar erkennbar war, daß sich Hitler mit den militärischen Argumenten des Generalstabschefs auseinandergesetzt hatte. Es ist hier nicht zu erörtern, ob diese mangelhafte Lagebeurteilung über das Hitlersche Denken und das britisch-französische Handeln nicht in erster Linie auf Versäumnisse der Verschwörer im Auswärtigen Amt zurückgeht; sicher ist, daß die von Halder bemängelte unzureichende „generalstabsmäßige" Vorbereitung des eigentlichen Putsches auch und insbesondere für den politischen und psychologischen Bereich galt.

b. Die Strukturen der Verschwörung

Die Septemberverschwörung war durch das Miteinander, teilweise aber auch Gegeneinander dreier grundsätzlich verschiedener Widerstandskreise gekennzeichnet. Von der theoretischen Anlage der geplanten Operationen her kam es auf das engste Zusammenwirken zwischen dem Generalstab des Heeres und den Truppenführern einerseits, dem Auswärtigen Amt um Weizsäcker und die Gebrüder Kordt andererseits an, da das „Timing" vom Fortgang der außenpolitischen Entwicklung abhängig gemacht wurde. Dieser doppelpoligen Schaltzentrale des Umsturzes mußte eine Exekutivzentrale zur Seite gestellt werden, die mit den militärischen Vorbereitungen des Putschplans, dessen polizeilicher und politischer Absicherung zu beauftragen war. Standen im ersten und zweiten Bereich Weizsäcker und Halder im Mittelpunkt, so waren es im dritten von Witzleben, Goerdeler und Schacht.

Freilich ist es in der knappen zur Verfügung stehenden Zeit zu keiner derartig durchrationalisierten Organisation gekommen. In Wirklichkeit hing sehr vieles von den persönlich geknüpften Kontakten, vom Aktionswillen einzelner, aber auch vom Mißtrauen gegeneinander ab.

Halder war unbestritten das „Hirn" der Verschwörung; nur der Generalstabschef konnte die notwendige Koordination leisten. Das bedeutet freilich nicht, daß Halder auch die „Seele" des Widerstandes gewesen wäre. Einen „Halder-Kreis" hat es, auch dem eigenen Zeugnis des Generals zufolge, niemals gegeben. Die stark funktionale Auffassung seiner Tätigkeit führte Halder zu engen Verbindungen mit dem eigentlichen „Herz" der Septemberverschwörung, Oberst Oster. Goerdeler, den Beck Halder besonders empfohlen hatte, trat nur am Rande in den Gesichtskreis des Generalstabschefs. Wahrscheinlich durch Canaris und Oster vermittelt, nahm Halder auch Kontakt zu von Weizsäcker auf sowie der Gruppe um Gisevius, Nebe, Helldorf und von der Schulenberg, denen die polizeiliche Absicherung des Putsches übertragen wurde. Der genaue Anteil Halders an den Aufträgen für diesen Kreis ist kontrovers; es scheint sicher, daß die von Gisevius später behauptete enge Zusammenarbeit nicht stattfand. Die wichtigste Verbindung war die zwischen Halder und von Witzleben, dem Befehlshaber im Wehrkreis III (Berlin). Von Halder gedeckt, gelang es von Witzleben, den Kommandeur der 23. (Potsdamer) Division, von Brockdorff-Ahlefeldt, und den Kommandeur des Infanterieregiments 50 in Landsberg/Warthe, von Hase, zu gewinnen. Nachdem auch General Hoepner als Kommandeur der einzigen verfügbaren leichten Division (mot.) seine Teilnahme an dem Putsch Halder zugesagt hatte, schien die notwendige militärische Stärke zur Besetzung der Stadt Berlin, der wichtigsten Berliner Nachrichtenzentralen sowie der Reichskanzlei gewährleistet. Hoepner erhielt wahrscheinlich den Doppelauftrag, mit Hilfe seiner motorisierten und Panzertruppen die strategisch wichtigen Punkte in Berlin rasch abzuriegeln, gegebenenfalls aber gegen die über Thüringen anmarschierende SS-Verfügungstruppe vorzugehen. Die verfügbaren Kräfte hätten wahrscheinlich zur Erfüllung beider Aufgaben ausgereicht.

In der Persönlichkeit Osters war die Kontinuität der Widerstandspläne seit dem Frühjahr 1938 sichergestellt. Es ist nicht ganz geklärt, ob Oster absichtlich oder nur aus Mangel an Zeit und Gelegenheit Halder nicht über alle bisherigen Aktionen und die nächsten Absichten des „zweiten Kreises", also des diplomatischen Widerstandszentrums, unterrichtete. Auf Anregung Osters kam es im August 1938 zu der „Mission" des ehemaligen Majors Boehm-Tettelbach und v. Kleist-Schmenzins, die in London die Bereitschaft der englischen Politik sondieren sollten, mit den Verschwörern zusammenzuarbeiten (s. u. S. 248 f.).

Über Wagner nahm Halder auch Kontakt zu Schacht auf, der als formelles Mitglied des Reichskabinetts für die „zivile" Absicherung des geplanten Putsches von großer Wichtigkeit war. Schacht stellte sich in zwei Gesprächen mit Halder der Verschwörung nicht nur zur Verfügung, sondern gehörte fortan zu den treibenden Elementen. Zusammen mit Gisevius versuchte er von Witzleben zum Handeln auch für den Fall zu gewinnen, daß Halder schließlich „abspringen" würde – ein Zeichen des um sich greifenden Mißtrauens der „Zivilisten" den „Generalstäblern" gegenüber. Die Zweifel an der festen Haltung Halders waren jedoch unbegründet. Auch Brauchitsch, den Kordt Ende September 1938 über die diplomatisch-politische Situation unterrichtete, war nun bereit, den Putsch wenigstens unter der Hand zu fördern; es war Halder, der aus grundsätzlichen und praktischen Erwägungen heraus eine unmittelbare Einbeziehung des ObdH in den Verschwörungsplan ablehnte. Im Hinblick auf Halders und Witzlebens Absicht, nach dem Putsch zurückzutreten, kam es darauf an, das Heer nicht führerlos zu machen.

Die Vorbereitungen der Verschwörer mußten angesichts der sich zuspitzenden Lage zum großen Teil improvisiert werden, so daß ein eindeutiges Urteil über die möglichen Erfolgsaussichten nicht abgegeben werden kann. Insgesamt glaubte Halder, daß in einer Art Kettenreaktion auch mit Adam, Bock und Rundstedt im Falle des Losschlagens zu rechnen sei. Für Adam trifft dies zweifellos zu; inwieweit die beiden anderen Gruppenbefehlshaber sich einem Berliner Putsch angeschlossen hätten, läßt sich nicht entscheiden. Auf alle Fälle waren die Chancen zum Erfolg des Staatsstreichs größer, als sie es je vorher und nachher waren. Daß es schließlich nicht zur Auslösung des Putsches kam, war Folge der Bedingungen, von denen er abhängig gemacht worden war. Diese konnten die Verschwörer nicht steuern, sie wurden vielmehr ihr Opfer.

2. Die tschechische Krise

a. Die diplomatisch-militärische Vorbereitung bis zum 15. 9. 1938

Die Entwicklung der politischen Lage wurde seit August 1938 durch den zunehmenden deutschen Druck auf die Tschechoslowakei und das immer deutlicher werdende Zurückweichen Englands bestimmt. Der Führer der sudetendeutschen Minderheit in der ČSR, Konrad Henlein, wurde zum willigen Werkzeug der Hitlerschen Kriegspolitik, indem er auf Anweisung aus Berlin nach genau festgelegtem Plan die „Unruhe" unter der sudetendeutschen Bevölkerung schürte, der Regierung Beneš auf Geheiß Hitlers von Stufe zu Stufe härtere Forderungen auf Autonomie und Abtretung sudetendeutscher Gebiete stellte, schließlich, nachdem zur Überraschung Hitlers auch die schier unannehmbaren Forderungen Henleins in dem sog. „4. Plan" seitens Prag im wesentlichen konzediert worden waren, mit der Parole „Heim ins Reich!" endgültig den Boden möglicher deutsch-tschechischer Verhandlungen verließ. Obwohl Henlein bei einem letzten Zusammentreffen mit Hitler vor dem geplanten Angriffstermin einzulenken und Hitler davon zu überzeugen suchte, daß er auch ohne Krieg alles haben könne, was er fordere, zeigte sich Hitler entschlossen, den Krieg vom Zaune zu brechen, wobei er Henlein gegenüber geäußert haben soll, „er brauche eine Bewährungsprobe für seine junge Wehrmacht". Mit einer wüsten Pressehetze, künstlich erzeugten „Zwischenfällen" an der deutsch-tschechischen Grenze, schließlich durch die ganz auf einen bevorstehenden deutsch-tschechischen Krieg abgestellten Spektakel und Reden auf dem Nürnberger Reichsparteitag wurde der psychologische Boden für den Krieg bereitet.

Ausschlaggebend für den Verlauf der Sudetenkrise wurde das Verhalten Englands. Schon mit der Entsendung eines englischen Sonderbeauftragten, Lord Runcimans, in die Tschechoslowakei im Juni 1938 gab London zu verstehen, daß es an einer friedlichen Lösung auf tschechische Kosten interessiert war. Nachdem die Regierung Beneš das von Henlein weisungsgemäß verkündete „Karlsbader Programm" vom 24. April 1938 im wesentlichen angenommen und auch den weiteren Pressionen der SdP nachgegeben hatte, versuchte Runciman die Prager Regierung zu weiteren Zugeständnissen im Interesse der Friedensbewahrung und der Erhaltung der Tschechoslowakei zu bewegen. Verschiedene diplomatische Schritte Englands und Frankreichs in Berlin entbehrten jener eindeutigen Festigkeit, die Hitler und den besonders heftig sich gebärdenden Ribbentrop davon hätten abhalten können, ihre Kriegspolitik zu modifizieren.

Wie gering die Hoffnungen für die deutsche Opposition waren, England werde notfalls das Schwert in die Waage legen, ergab sich aus der Mission von Kleist-Schmenzin, der in einer ausführlichen Unterredung mit Vansittart am 18. August 1938 die Lage in Deutschland, die unmittelbar bevorstehende Kriegsgefahr, ja das vorgesehene Angriffsdatum nannte, beim Leiter der britischen Deutschlandabteilung zwar auf lebhaftes Interesse, jedoch auf kein Verständnis stieß. Weder Vansittart noch Chamberlain, den der Staatssekretär sofort unterrichtete, wollten Kleists Behauptungen Glauben schenken, daß es Hitler selbst sei, der zum Kriege dränge. Chamberlain gebrauchte in einem Schreiben an den Außenminister Halifax jene bekannte Formulierung, die bis zum Ende des zweiten Weltkrieges am treffendsten die englische Einstellung zu deutschen Widerständlern kennzeichnen sollte: Kleist, so schrieb er,

„erinnert mich an die Jacobiten am französischen Hof zur Zeit König Wilhelms (III. von Oranien). Ich glaube, wir müssen einen großen Teil von dem abziehen, was er sagt."

Die englische Diplomatie verfolgte zunächst weiterhin den Kurs des Ausgleichs, der Verhandlung; Grundlage ihrer Diplomatie wurden die Berichte und Vorschläge Lord Runcimans.

Die deutsche Opposition versuchte jedoch weiterhin, England vom Ernst der Lage und von der Notwendigkeit eines festen Auftretens Hitler gegenüber zu überzeugen; Theodor Kordt in London und Carl-Jakob Burckhardt, der Danziger Völkerbundkommissar, ließen über verschiedene Wege immer wieder Warnungen an die Londoner Adresse gelangen. Chamberlain, Halifax und Henderson konnten sich diesem Bombardement warnender Stimmen nicht ganz entziehen, aber außer einer verklausulierten Erklärung Chamberlains in der englischen Presse, die wohl als Warnung gedacht war, und einer halbherzigen „Mobilmachung" von 11 englischen Minenfahrzeugen geschah nichts. Hatten die deutschen Oppositionellen dringend darum gebeten, noch vor der mit Spannung und Furcht erwarteten Hitler-Rede in Nürnberg ein Zeichen des Widerstandes zu setzen, so sahen sie sich enttäuscht; eine in etwas härterem Ton abgefaßte englische Note wagte Halifax am Vorabend des Nürnberger Parteitags Hitler nicht zu überreichen.

Das Verhalten der englischen Politik und Diplomatie in den Wochen vor München galt als Höhepunkt der sog. britischen „Appeasement-Politik", die nach dem Zweiten Weltkrieg in der Öffentlichkeit und auch in der wissenschaftlichen Literatur nahezu einhellig verurteilt wurde. Inzwischen wird das englische Verhalten erheblich differenzierter gesehen. Das entscheidende Motiv für die Appeasement-Policy lag in dem Wunsch Chamberlains und der ihn tragenden Wählermassen, den Frieden um nahezu jeden Preis zu bewahren, jedoch nicht um jeden. Das hartnäckig verfolgte Konzept einer europäischen Friedenssicherung, Erbe der diplomatischen Bemühungen aus den frühen dreißiger Jahren, Frucht aus der Erkenntnis über die Ursachen des Ersten Weltkrieges, dira necessitas angesichts der unzureichenden englischen Rüstungsvorbereitungen, ordnete Hitler und dessen Politik in einen größeren weltpolitischen Zusammenhang ein. Dieser ergab sich aus den englischen Bindungen im Rahmen des Commonwealths einerseits und der antikommunistischen Einstellung des Foreign Office und des Premierministers andererseits. Letztere verhinderte auch alle sowjetischen Bemühungen, sich in die tschechoslowakische Frage einzumischen; so sehr russische Mithilfe bei der Bewahrung der tschechoslowakischen Eigenständigkeit und der

Erfüllung der von Frankreich eingegangenen Garantien in Paris und London an sich erwünscht gewesen wären, so sehr dominierte im Foreign Office doch Furcht vor einer sowjetischen Politik, die darauf ausgehen könnte, die „kapitalistischen" Staaten gegeneinander in den Krieg zu treiben. Hitler erschien in England als antisowjetischer Prellbock, das Deutsche Reich als Barriere vor der roten Flut; jede Schwächung oder gar Zerstörung des Dritten Reiches beschwor in englischen Augen die Gefahr eines bolschewistischen Dammbruchs in Europa herauf.

Weder der Generalstab noch die Mitarbeiter und Vertrauten von Weizsäckers haben damals erkannt, daß die von Hitler verfolgte Englandpolitik der Annäherung, des Ausgleichs, ja des Bündnisses unter Hinweis auf die notwendige „Arbeitsteilung" zwischen beiden Ländern bei der Bewältigung der bolschewistischen Gefahr und der Aufrechterhaltung der englischen See- und Weltsuprematie ihren Eindruck in London letztlich doch nicht verfehlt hatte. Eine genauere Analyse hätte die Parallelität der Hitlerschen und der englischen außenpolitischen Interessen in den Krisenmonaten des Jahres 1938 sicherlich aufdecken können, doch die Verantwortlichen blieben mit ihren traditionsreichen außenpolitischen Grundvorstellungen behaftet, hofften auf das Prinzip der „balance of power", das für die Regierung Chamberlain doch schon längst außer Kurs gesetzt war. Die englische Ankündigung, Chamberlain wolle selbst mit Hitler in Berchtesgaden verhandeln, wirkte unter diesen Umständen auf die deutsche Opposition wie ein Schock.

Zu diesem Zeitpunkt waren die operativen Planungen im wesentlichen abgeschlossen. Es war Halder gelungen, die Dislozierung der Panzerverbände so vorzunehmen, daß die Hoepnersche Division gegebenenfalls auf Berlin eindrehen konnte. Wohl absichtlich wurden der Armee Reichenaus vergleichsweise geringe Panzerkräfte zugewiesen; zum großen Mißvergnügen Hitlers, der sich in bisher ungeahnter Weise in die operative Aufmarschplanung einzumischen begann. Halder mußte in den ersten Septembertagen 1938 zum ersten Mal jene Erfahrungen machen, die ein Kennzeichen nahezu aller Feldzüge des Zweiten Weltkrieges werden sollten.

Die alles entscheidende Frage lautete, ob es gelingen würde, den Krieg zu lokalisieren, wie es Hitler immer noch hoffte, aber kaum glaubte. Die politische Ausgangslage, die er noch im Mai 1938 als stabil angenommen hatte, verschlechterte sich unter dem Eindruck der deutschen Angriffsvorbereitungen. Bei einem Besuch des ungarischen Reichsverwesers, Admiral Horthys, in Berlin (21.–26. 8. 1938) wurde deutlich, daß Ungarn zwar nach wie vor großes Interesse an einem Beuteanteil, jedoch keines an einer ernsthaften kriegerischen Verwicklung hatte, wie Keitel und Jodl zu ihrer großen Enttäuschung feststellten. Auch der italienische Generalstabschef Pariani gab bei einer Visite in Berlin deutlich genug zu verstehen, daß Italien über die Tschechoslowakei in keinen allgemeinen Krieg zu geraten wünschte. Polen hielt sich seit dem August 1938 in so auffallender Weise zurück, daß die Zweifel an der tatsächlichen polnischen Haltung für den Kriegsfall ebenfalls stiegen.

Unter solchen Umständen wurde den beteiligten und mitverantwortlichen Politikern und Militärs das ganze Ausmaß des Risikos, in das Deutschland gestürzt wurde, immer deutlicher bewußt, selbst Jodl kamen ernsteste Bedenken. Die „Erweiterung Fall Grün", also das Eingreifen der Westmächte in den Krieg, konnte nach Meinung von Weizsäckers nur mit einer deutschen Kapitulation enden. Dies war das Ergebnis einer Aufzeichnung vom 30. August, die für Ribbentrop bestimmt war. Im operativ-strategischen Bereich ging der Generalstab davon aus, daß es England und Frankreich auf einen langen Wirtschaftskrieg anlegen würden. Die militärischen Operationen würden zunächst von den See- und Luftstreitkräften getragen, während das französische Heer die Maginot-Linie besetzt halten würde. Danach mußte man sich fragen, welchen Sinn die deutschen Westbefestigungen überhaupt haben konnten.

Daß auch Hitler mit einem Eingreifen der Westmächte in den Krieg zu rechnen begann, zeigte sich u. a. an seinem ständig wachsenden Interesse am Fortgang der Stellungsbauten im Westen. Vom 26. bis zum 28. August unternahm Hitler in einem Sonderzug eine große Besichtigungsreise zu den Westwallbauten, wobei es wieder zu heftigen Zusammenstößen mit General Adam kam, der in ungeschminkter Weise den noch unfertigen Zustand der Werke und ihren zweifelhaften Abschreckungseffekt schilderte, was bei Hitler zu einem Wutausbruch führte. Jodl notierte sich:

„Der Führer sagt zum Schluß: Ein Hundsfott, wer diese Stellung nicht hält und zu General Adam: Ich bedauere nur, daß ich der Führer und Reichskanzler bin und nicht Oberbefehlshaber der Westfront sein kann."

Parallel zu den immer hektischer werdenden diplomatischen Aktionen wurden die militärischen Kriegsvorbereitungen vorangetrieben. Am 3. September 1938 fand eine Besprechung zwischen Hitler, Brauchitsch und Keitel statt, in der es um operative Einzelheiten des vorgesehenen Einsatzes der 2., 10., 12. und 14. Armee ging. Brauchitsch gab in allen Punkten nach und Hitler konnte seine Idee durchsetzen, mit der 10. und der nachgestaffelten 12. Armee, bei denen alle motorisierten und gepanzerten Verbände versammelt werden sollten, in das „Herz Böhmens" vorzustoßen, was die Entscheidung bringen werde.

Mit dem Erlaß des „Reichsverteidigungsgesetzes" am 4. September 1938 wurden die Mobilmachungsanordnungen im Inneren des Reiches, die bereits angelaufen waren, auf eine erweiterte gesetzliche Grundlage gestellt; wichtig war die Bestimmung, daß mit Erklärung des Verteidigungszustandes der „Generalbevollmächtigte für die Wirtschaft"

„alle wirtschaftlichen Kräfte in den Dienst der Reichsverteidigung zu stellen und das Leben des Deutschen Volkes wirtschaftlich zu sichern"

habe. Der GBW war ferner für die Finanzierung der Reichsverteidigung zuständig. Das Reichsverteidigungsgesetz regelte die Befugnisse der die vollziehende Gewalt im Operationsgebiet ausübenden Oberbefehlshaber der Wehrmachtteile, übertrug dem Stellvertreter des Führers „die politische Willensbildung des Volkes" und sah die Einberufung eines „Reichsverteidigungsrates" vor, dem unter ständigem Vorsitz Hitlers bzw. als Vertreter Görings, die Oberbefehlshaber der Wehrmachtteile, der Chef des OKW, der Stellvertreter des Führers, der Chef der Reichskanzlei, der Präsident des Geheimen Kabinettsrates, die Generalbevollmächtigten für die Reichsverwaltung und die Wirtschaft sowie die Minister des Äußeren, Inneren, der Finanzen, für Volksaufklärung und Propaganda sowie der Präsident des Reichsbankdirektoriums angehören sollten. Tatsächlich hat der Reichsverteidigungsrat während des Krieges keine Rolle gespielt.

In der Nacht vom 9. zum 10. September 1938 wurde in München der Aufmarschplan für „Grün" zwischen Hitler, von Brauchitsch, Halder, Keitel in Anwesenheit der Adjutanten Major Schmundt, Hauptmann Engel und Hauptmann von Below abschließend erörtert. „Es gab ein furchtbares Desaster", notierte Engel in sein Tagebuch. Wie schon am 3. September, beharrte Hitler auf einer Umverteilung der gepanzerten Kräfte, verbreitete sich über die Erfahrungen des Weltkrieges, beschwor den „Verdun-Komplex" herauf und setzte seinen Willen gegenüber Brauchitsch und Halder durch. „Ich war unglücklich", schrieb Engel, „daß sich Oberbefehlshaber und Chef so gar nicht wehrten". Keitel hingegen stimmte in allen Punkten Hitler zu und beklagte sich bitter über Brauchitsch, der eine einzige „Enttäuschung" sei. Wenige Tage später verkündete er, er werde im OKW keinen Offizier mehr dulden, „der sich in Kritik, Bedenken u(nd) Miesmachen ergeht" (Jodl-Tagebuch). Das Verhältnis zwischen Hitler und dem OKH war danach aufs äußerste gespannt; wahrscheinlich war das schweigende Nachgeben des Generalstabs des Heeres in Fragen, die seiner ausschließlichen Verantwortung unterlagen (Aufmarschplanung, Kräftezuweisung), Resultat der Überlegung, daß er es zu dem Hitlerschen Krieg nicht werde kommen lassen. Die Auseinandersetzungen zwischen dem Heer und Hitler in Nürnberg verdeutlichten, daß es keine gemeinsame Basis zwischen beiden mehr gab; Groscurth kommentierte damals:

„Erschütternder Bericht über die Vorgänge und den Wirrwarr in Nürnberg ... Man will den Krieg. Keiner findet sich, den Wahnsinn zu steuern";

Hitler bezichtigte die Heeresgeneralität der Feigheit; „Gauleitern möchte er am liebsten Armeen geben", (Engel-Tagebuch) und Jodl brachte die Vorgänge auf die Formel:

„So herrschte denn in Nürnberg eine kalte u(nd) frostige Atmosphäre u(nd) es ist tieftraurig, daß der Führer das ganze Volk hinter sich hat, nur nicht die führenden Generale des Heeres. Sie können m. E. nur mehr durch die Tat gutmachen, was sie durch mangelnde Seelenstärke, u(nd) durch Mangel an Gehorsam gesündigt haben."

Wie gebannt schaute alle Welt nach Nürnberg; was sich hinter den Kulissen abspielte, blieb verborgen; nach außen hin erweckten Hitler und sein Regime den Eindruck unbändiger Stärke, Geschlossenheit und Kampfesfreude. Dieser letzte Parteitag des Dritten Reiches sollte vor der Welt die Rechtfertigung für den deutschen Angriff auf die Tschechoslowakei liefern.

Am gleichen Tage brach Henlein weisungsgemäß die Verhandlungen mit Beneš ab und provozierte so heftige „Zwischenfälle", daß sich die tschechische Regierung gezwungen sah, das Standrecht zu verhängen, Reservisten einzuberufen, die Grenzbefestigungen zu besetzen. Damit schien der Krieg nur noch eine Frage weniger Tage. In dieser Lage entschloß sich Chamberlain zur Intervention: er kündigte seinen Besuch in Berchtesgaden an, Hitler kam nicht umhin, das Angebot anzunehmen, wenn er nicht sein Gesicht verlieren wollte.

b. Der Weg nach München und das Scheitern der Verschwörung

Als Hitler mit Chamberlain am 15. September 1938 in Berchtesgaden zusammentraf, war der Diktator offensichtlich noch immer zum Krieg entschlossen, obwohl er zunächst nur die Abtretung der sudetendeutschen Gebiete forderte, und Chamberlain sich hiermit prinzipiell einverstanden erklärte. England und Frankreich richteten daraufhin ein Ultimatum an die ČSR-Regierung, das diese notgedrungen annehmen mußte. Dafür erhielt Prag eine englisch-französische Garantie der neuen Staatsgrenzen. Bei der zweiten Zusammenkunft zwischen Hitler und Chamberlain in Bad Godesberg am 22. September schraubte Hitler jedoch seine Forderungen herauf, er verließ die Basis von Berchtesgaden, und Chamberlain gewann den Eindruck, daß Hitler den Krieg wolle. Am 1. Oktober, so erklärte Hitler, werde er marschieren, falls die deutschen Forderungen auf sofortige Besetzung des Sudetenlandes nicht angenommen, die deutschen Truppen nicht unverzüglich in die abzutretenden Gebiete einrücken könnten.

Angesichts dieser deutschen Haltung begann sich ein Meinungsumschwung bei den Westmächten zu vollziehen. Frankreich begann mit der Mobilisierung von Truppen, die englische Flotte wurde in Kriegsbereitschaft versetzt, das Foreign Office ließ verlauten, im Falle eines deutschen Angriffes auf die Tschechoslowakei werde England zu seinen Verpflichtungen stehen. Am 26. September erhielt Hitler eine Botschaft Chamberlains, die das englische militärische Eingreifen als unvermeidlich darstellte.

Auch Hitler zweifelte nunmehr nicht mehr am Kriegswillen seiner westlichen Gegner. Damit war jetzt doch noch, in letzter Stunde, jener Fall eingetreten, den Beck und der Generalstab des Heeres seit Jahren als den wahrscheinlichsten bezeichnet hatten. Die Militäropposition wartete fieberhaft auf den Angriffsbefehl. Es war Stülpnagel und Halder gelungen, eine 48stündige Vorwarnzeit beim OKW durchzusetzen; das bedeutete, daß man im Putschfall einen konkreten Beweis für Hitlers Angriffsabsicht in Händen gehalten hätte.

Obwohl Halder und seine Mitverschworenen dank der Mitteilungen aus dem Auswärtigen Amt über die politisch-diplomatische Entwicklung orientiert waren, glaubten sie nun nichts anderes tun zu können als abzuwarten. Hitler direkt oder indirekt zu einer harten Haltung und damit zur tatsächlichen Erteilung des Angriffsbefehls zu bewegen – dieser hätte spätestens am 28. September erteilt werden müssen – kam ihnen nicht in den Sinn; es scheint, daß nur Oster vorübergehend in dieser Richtung Erwägungen angestellt hat. Aber gerade dies wäre nach den Gesetzen, unter denen die Verschwörer angetreten waren, nunmehr notwendig gewesen. Freilich wäre es verfehlt, unbillig und überheblich, dem Heer hieraus einen Vorwurf zu machen: Die deutschen Offiziere waren es nicht gewohnt, sich mit den Prinzipien Machiavellis und der Interessenlehre des Absolutismus auseinanderzusetzen; sie blieben Gefangene ihres Ehren- und Moralbegriffs, sie waren der Situation, in die sie jetzt gestellt wurden, geistig und seelisch – hier sind diese Worte angebracht – nicht gewachsen. So wenig sie bereit und fähig waren, Hitler zu töten, so wenig waren sie in der Lage, Hitler nun zu jenem Schritt zu bewegen, der das Räderwerk des Putsches in Bewegung gesetzt hätte. Einen ganzen langen Tag schwankte Hitler (27. September), ob er den Angriffsbefehl erteilen oder abwarten solle; dann unterbreitete Mussolini auftragsgemäß den Vorschlag zu der Großmächtekonferenz und Hitler gab seinen Kriegsplan auf. Als Halder erfuhr, daß sich Hitler mit der Münchener Konferenz einverstanden erklärt hätte, fand Engel ihn „völlig zusammengebrochen", am Schreibtisch. Halder weinte und sagte dem Hauptmann, er halte alles für verloren. Engel ahnte nicht, worum es ging: „Ich beruhige und wiederhole, . . . daß F(ührer) vor allen Dingen nicht an Krieg mit England denke." Eben dies war die Katastrophe Halders, der Verschwörung, Deutschlands. Dem Staatsstreich war der Boden entzogen; entsetzt und machtlos mußten die Widerständler erkennen, daß dieser Mann Hitler tatsächlich das deutsche Schicksal war, wie es Fritsch prophezeit hatte. „Zu machen ist nichts", hatte der gedemütigte Oberbefehlshaber damals hinzugefügt, und das war auch das Ergebnis der Septemberverschwörung von 1938.

M. Die Vorbereitung und Entfesselung des Zweiten Weltkrieges

1. Vom Münchner Abkommen bis zur Zerschlagung der „Resttschechei"

a. Die Folgen von München

Wie in München vereinbart, besetzten deutsche Verbände in den Tagen vom 1. bis 10. Oktober die von der tschechoslowakischen Regierung abgetretenen Gebiete. Der Einmarsch der deutschen Truppen erfolgte friedensmäßig, die sudetendeutsche Bevölkerung begrüßte die deutschen Soldaten mit Begeisterung. Militärisch gesehen war vor allem der „Erwerb" der tschechischen Grenzbefestigungen von größter Bedeutung. Die Anlagen mußten völlig intakt übergeben werden. Strategisch und operativ gesehen lag die sog. „Resttschechei" seitdem wehr- und schutzlos jedem deutschen Angriff ausgeliefert. Infolgedessen verlor die bisherige Planung „Grün" ihre Bedeutung; als ernstzunehmender Kriegsgegner kam die ČSR nicht mehr in Betracht.

Während die offizielle Propaganda und die deutsche Presse den Erfolg der Münchener Konferenz zu einem persönlichen Triumph Hitlers ausgestalteten, die Öffentlichkeit in Hitler nunmehr tatsächlich den „Wundermann" des Jahrhunderts sah, empfand der Diktator selbst München als Rückschlag, ja als „Niederlage". Aus zahlreichen überlieferten Zeugnissen ergibt sich, daß die Verhandlungslösung Hitler unangenehm war; er kündigte unmittelbar nach München in vertrautem Kreise an, dies sei die letzte internationale Konferenz gewesen, er werde dafür sorgen, daß Chamberlain keine Gelegenheit mehr erhielte, nochmals als „Friedensbringer" aufzutreten; die Einverleibung des verbliebenen tschechischen Staates werde so rasch wie möglich nachgeholt. Hitler erging sich in Schmähungen gegen die „feigen Generäle" und schloß dabei auch Göring ein. Gleichzeitig verfestigte sich seine Auffassung, daß in naher Zukunft mit englischem Widerstand und Kriegswillen nicht zu rechnen sei. Hitler glaubte, in der Krise des Herbstes 1938 nicht hoch genug gepokert zu haben. Er war entschlossen, bei der nächsten Gelegenheit „durchzuhalten" und sich nicht mehr durch Erwägungen, wie sie am 27. September 1938 angestellt worden waren, „bluffen" zu lassen.

Die „Stimmungslage" Hitlers war durch München erheblich verändert: Von nun an war er nicht nur bereit, das Risiko eines Krieges mit dem Westen einzugehen, er forderte diesen vielmehr bewußt heraus. Er war davon überzeugt, notfalls auch einen „großen" Krieg gewinnen zu können. Nach „München" setzte daher die Phase der unmittelbaren Kriegsvorbereitung ein. Diese erfolgte auf politisch-diplomatischem Gebiet durch das Zusammenspiel mit Italien, Ungarn, der Slowakei, schließlich der Sowjetunion; auf militärisch-strategischem durch die Vorbereitung der Zerschlagung der „Resttschechei", die Planung für den „Fall Weiß", d. h. den militärischen Überfall auf Polen, die Vervollständigung der Planung „Rot" (gegen Frankreich) und die Aufnahme der Planung „Blau" (gegen England); auf wehrwirtschaftlichem Gebiet durch die Intensivierung und Akzentverlagerung der Rüstung in und außerhalb des Vierjahresplans, sowie durch die Einbeziehung des tschechoslowakischen Wehrwirtschaftspotentials; auf psychologischem durch die Umstellung der Propaganda von der „Friedensbewahrung" zur „Kriegsvorbereitung". Die nach München von England erhoffte „Entspannung" der weltpolitischen Lage erwies sich daher als nur scheinbar; das Spannungsfeld wurde vielmehr Zug um Zug von Hitler neu aufgebaut, und schon wenige Tage nach dem Münchner Abkommen mußten die Westmächte einsehen, daß ihre „Opfer" keineswegs zu einer Lagestabilisierung beigetragen, sondern die Ausgangsposition für den kommenden Krieg nur zu Deutschlands Gunsten verschoben hatten. Da Chamberlains „Erfolg" aber auch in England bestritten wurde, wo sich vor allem Churchill zum Wortführer der Opposition machte, verhärteten sich die europäischen Fronten, und Großbritannien forcierte seitdem seine Aufrüstung. Die Folge war, daß Hitler erneut in rüstungspolitischen Zugzwang geriet; eine Konsolidierung der desolaten Rüstungspolitik war nicht möglich, sollte der erreichte Vorsprung gehalten und womöglich ausgebaut werden.

Das Münchner Abkommen bedeutete für die deutsche Opposition gegen Hitler einen Schlag, von dem sie sich jahrelang nicht mehr erholen sollte. Mit der überraschenden Wende vom 29. September 1938 waren nicht nur die äußerlichen Voraussetzungen für den geplanten Staatsstreich entfallen, sondern auch ein großer Teil der innerlichen: Viele Sympathisanten der Widerständler wandten sich jetzt von der Opposition ab, deren Voraussagen so offensichtlich falsch gewesen waren. Überall kamen Zweifel an der Stichhaltigkeit der Beckschen Argumentation auf; entgegen aller Voraussagen gelang Hitler scheinbar alles. Halder hielt sich von nun an merklich zurück, und obwohl er seine Grundeinstellung nicht änderte, war er nicht mehr bereit, sich unter den gegebenen Umständen für einen kurzfristigen Staatsstreich bereitzuhalten. Er gab, auch ausländischen Beobachtern gegenüber, deutlich zu verstehen, daß die Armee zwar keinen Krieg wünsche, im gegebenen Falle aber mit höchster Wahrscheinlichkeit gehorchen und marschieren werde. Daß Brauchitsch von nun an allen Widerstandsbestrebungen ablehnend gegenüberstand, ergab sich von selbst. Hinzu kam, daß auch der Generalstab nicht mehr mit einem ernsthaften englisch-französischen Kriegswillen im Falle der Beseitigung des Münchener Abkommens rechnete und Hitlers Polen-Politik völlig anders bewertete als jene, die zur Planung des Falles „Grün" geführt hatte. Aber auch die organisatorischen und technischen Voraussetzungen zu einem Staatsstreich entfielen nach dem Oktober 1938: Witzleben wurde als Wehrkreisbefehlshaber III abgelöst (er übernahm anstelle Adams das Heeresgruppenkommando 2 im Westen), sein Nachfolger (Haase) galt als nicht „verschwörungsfähig", das Personalrevirement vom Herbst 1938, dem u. a. die Generale Adam, Geyer, Liebmann und Ulex zum Opfer fielen, entzog der Opposition wertvolle Kräfte.

Auf sich allein gestellt, vermochte auch die Widerstandszelle um Canaris, Oster und Goerdeler nichts. Ähnlich isoliert blieben die Bemühungen von Witzlebens und seines Chefs des Stabes, von Sodenstern, eine neue Oppositionsbewegung aufzubauen. Hierbei ging es den beiden Generalen nicht um kurzfristige Maßnahmen, sondern um die systematische Bildung oppositioneller „Kader" innerhalb der Truppen ihres Befehlsbereiches. Diese Planungen erfolgten jedoch nicht in Absprache mit dem Generalstab, also Halder, und wirkten sich bis zum Beginn des Krieges nicht aus.

Ganz im Gegensatz zu Hitler haben Keitel und Jodl das Münchener Abkommen nicht nur als Triumph Hitlers, sondern auch als den des OKW empfunden. Jodls Notiz vom 29. September 1938:

„Es bleibt zu hoffen, daß die Ungläubigen, Schwachen und Zweifelnden bekehrt sind und bekehrt bleiben"

war typisch für die nun massiv einsetzenden Bemühungen des OKW, das Heer in seine „Schranken zu verweisen", politisch noch stärker als bisher zu entmündigen. Jede „Einmischung" in „politische Dinge" war fortan untersagt; die unbedingte Präponderanz der „politischen Verantwortung" des Führers sollte fortan anerkannt, das Mitwirkungsrecht der Soldaten an den großen politischen Entscheidungen endgültig abgeschafft werden. „Glaube", „Gefolgschaftstreue", „blinder Gehorsam" und „felsenfestes Vertrauen" in die Entscheidungen der politischen Führung waren jene Tugenden, die in einem Erlaß-Entwurf aus dem Oktober 1938 in den Mittelpunkt der Forderungen an den militärischen Führer gestellt wurden. Gleichzeitig verloren die Chefs der Generalstäbe der Armeen und Korps das Recht, gegenteilige Auffassungen aktenkundig zu machen; sie waren nicht mehr gleichberechtigt am Entscheidungsfindungsprozeß beteiligt, sondern wurden, nach dem Führerprinzip, eindeutig zu bloßen „Gehilfen" der Oberbefehlshaber degradiert. Eine Mitverantwortlichkeit der Chefs der Generalstäbe war in der Neufassung des Handbuches für den Generalstabsdienst nicht mehr vorgesehen. Das Ansehen des Heeres sank nach München im OKW, bei Hitler und in der NS-Führung; die Folgen waren Entschlußlosigkeit, Lähmung aller Initiativen, Resignation und schweigendes Gehorchen. Umso energischer trat nun das OKW auf, auf das sich Hitler allein verlassen zu können glaubte.

b. Die Vorbereitung für die Zerschlagung der „Resttschechei"

Die Münchener Lösung war für Hitler kein Haltepunkt, sondern Ausgangspunkt zur Realisierung seiner weiteren aggressiven Absichten. Wenn er vorübergehend auch Heer und Kriegsmarine gegenüber den Anschein zu erwecken versuchte, als könne man nunmehr mit einer längeren Friedensperiode rechnen, so konnten die Weichenstellungen auf dem wehrwirtschaftlichen und Rüstungsgebiet keinen Zweifel daran aufkommen lassen, daß Hitler selbst nicht mit einer solchen Entwicklung rechnete.

Eine zutreffende Beurteilung der nach München eingeleiteten bzw. forcierten Rüstungs- und Wirtschaftsmaßnahmen ergibt sich nur, wenn die von nun an deutlich zu beobachtende „Doppelgleisigkeit“ der Hitlerschen politisch-militärischen Planung mitberücksichtigt wird. Auf der einen, der bisher verfolgten Ebene, kam es darauf an, die Wehrmacht so rasch wie möglich zur Führung eines „Blitzkriegs“ instand zu setzen, auf der zweiten mußte der große Krieg vorbereitet werden, dessen Auftakt schlimmstenfalls in der Ausschaltung Englands bestehen mußte. Im Rahmen dieses Konzepts gerieten die Luftwaffe, stärker noch die Kriegsmarine, nunmehr in den Mittelpunkt der Rüstungsanstrengungen. Das Heer hingegen hatte seine „Breiten“-Rüstung zu beschleunigen und mußte „angriffsfähig“ gemacht werden. Da die Rüstungs- und Wehrwirtschaftsforderungen, die sich aus den militärischen Aufträgen an das Heer ergaben, jedoch auf nahezu allen Feldern mit denen der beiden anderen Wehrmachtteile kollidierten, geriet das gesamte Rüstungs- und Wehrwirtschaftskonzept des Dritten Reiches nach dem Oktober 1938 in seine schwerste und prinzipiell unbehebbare Krise.

In einer Besprechung zwischen Göring und General Thomas am 14. Oktober 1938 versuchte der Beauftragte für den Vierjahresplan durch die Erteilung neuer Globalweisungen den beiden grundsätzlich unvereinbaren Forderungen an die zukünftige Aufrüstungspolitik gerecht zu werden. Hitler, so führte Göring aus, habe ihn angewiesen, „ein gigantisches Programm“ durchzuführen. Die Devisen- und Rohstofflage aber hatte sich in der Zwischenzeit nicht gebessert; die Vorbereitung des Falles „Grün“ die letzten Reserven gekostet, die Lage wurde im Herbst 1938 durch das starke Anziehen der Preise für wehrwirtschaftlich wichtige Importgüter im Gefolge des nach München sich verstärkenden internationalen Rüstungsbooms verschärft. Göring forderte, die Rüstung „abnorm“ zu steigern; allein die Luftwaffe sollte verfünffacht werden (s. u. S. 562 ff.). Das Heer, so lautete Hitlers Forderung, sollte vor allem die schwere Artillerie und mittlere Panzer, darüber hinaus alle „Angriffswaffen“, stark vermehren. Das wenig später vorgelegte Marine-Rüstungsprogramm ging weit über alle bisherigen Vorstellungen hinaus.

Göring forderte eine rigorose Umstellung der gesamten Wirtschaft auf die Rüstungserfordernisse; wieder drohte er mit der Einführung der Staatswirtschaft. Auf soziale Erfordernisse sollte fortan weniger Rücksicht genommen werden: Offensichtlich glaubte das Regime den Prestigegewinn des Herbstes 1938 in höhere Arbeitsnormen und in eine Verschlechterung der sozialen Lage der Bevölkerung umsetzen zu können.

Der akute Devisen- und Rohstoffmangel führte zu einer weiteren Eskalation der antijüdischen Politik. Göring kündigte am 14. Oktober 1938 die Heranziehung der jüdischen Vermögenswerte zur Rüstungsfinanzierung an; die Ausschreitungen vom 9. und 10. November (s. u. S. 261) bildeten den Auftakt zur rücksichtslosen Enteignung der noch vorhandenen jüdischen Kapitalien.

In Anwesenheit sämtlicher Reichsminister, der Oberbefehlshaber der Wehrmachtteile sowie ihrer Generalstabschefs und hoher Vertreter der Partei trug Göring am 19. November 1938 die Grundlagen der „neuen" Wehrwirtschaftspolitik vor, wie sie sich aus der von Hitler angestrebten Fortführung seiner Programmrealisierung ergab. In der Aufzeichnung hieß es:

„Die Aufgabe ist, das Rüstungsniveau von einem Stand von 100 auf einen Stand von 300 zu bringen.

Dem stehen fast unüberwindliche Hindernisse entgegen, da schon jetzt Mangel an Arbeitern besteht, da die Kapazitäten der Fabriken voll ausgenutzt ist, da durch die Aufgaben des letzten Sommers die Devisenreserven erschöpft sind und da die Finanzlage des Reiches ernst ist und schon jetzt ein Defizit aufweist. Trotzdem müsse die Aufgabe gelöst werden."

Görings Programm sah die „Sicherung der Ernährungsbasis", die „Steigerung der Rüstung" und die „Steigerung des Exports als Devisenbringer" vor. Eine totale Erfassung aller Menschen (auch der Frauen) in einer Reichsstatistik sollte zur Grundlage der besseren Ausnutzung des Arbeitspotentials dienen, sämtliche laufenden Programme überprüft und gegebenenfalls neu formuliert und ausgerichtet werden, eine Zerstörung von „Sachwerten", wie bei der „Reichskristallnacht", sollte fortan unterbleiben, dafür wurden den Juden „Sühneopfer" von 1 Milliarde Reichsmark auferlegt und weitere steuerliche bzw. quasi-steuerliche Maßnahmen angekündigt.

Die Doppelgleisigkeit der Hitlerschen Politik spiegelte sich auch in der OKW-Weisung vom 21. Oktober 1938. Sie betraf die kurzfristig der Wehrmacht gestellten Aufgaben im Rahmen einer allgemeinen Verteidigungskonzeption und behielt die „künftigen Aufgaben der Wehrmacht" ausdrücklich späterer Entscheidung Hitlers vor. Die Weisung forderte die Wehrmacht auf, „jederzeit" auf folgende Fälle vorbereitet zu sein.

„1. Sicherung der Grenzen des deutschen Reiches und Schutz gegen überraschende Luftangriffe,
2. Erledigung der Rest-Tschechei,
3. Inbesitznahme des Memellandes."

Im Rahmen der Grenzsicherung sollte der Westwall so ausgebaut werden, daß er mit den geringen verfügbaren Kräften gegen eine 3–4fache Überlegenheit gehalten werden konnte; im Osten waren die Grenzbefestigungen zu vervollständigen und mußten „südlich des Oder-Warthebogens von der Oder an die polnische Grenze vorgeschoben werden." Die „Rest-Tschechei" sollte „jederzeit" zerschlagen werden können, „wenn sie etwa eine deutsch-feindliche Politik betreiben würde." Dieser Angriff sollte „überfallartig" erfolgen. Der Schwerpunkt des Heeresaufmarsches war für diesen Fall nach dem Westen zu verlegen, da ein stärkerer Kräfteeinsatz gegen den Staat Háchas nicht mehr notwendig erschien. Die Besetzung des Memellandes war in der Weisung für den Fall einer günstigen außenpolitischen Konstellation vorgesehen.

Obwohl die Weisung keine Termine nannte, mußte mit einer raschen Verwirklichung gerechnet werden: schon aus wehrwirtschaftlichen Gründen duldete der Zugriff auf die Rüstungsindustrie der Tschechoslowakei keinen längeren Aufschub. Der Generalstab des Heeres nahm die Weisung zur Kenntnis; Erörterungen, wie sie sich im Anschluß an die Weisung zu Fall „Grün" vom 30. Mai 1938 ergeben hatten, sind nicht bekannt. Mit einer ernsthaften kriegerischen Auseinandersetzung im Falle eines deutschen Überfalles auf den tschechischen Rumpfstaat rechnete zu diesem Zeitpunkt niemand.

Dies war auch deswegen der Fall, weil Hitler in einer weiteren Weisung aus dem Dezember 1938 ausdrücklich betonte, militärische Spannungen seien auf absehbare Zeit unwahrscheinlich, das Heer habe sich in seinen Planungen daher bis auf das Jahr 1945 auszurichten. Es sollten weder Aufmärsche noch besondere Operationen vorbereitet werden. Der scheinbare Widerspruch, der sich aus den beiden Weisungen ergab, ist aus der kurz- bzw. langfristigen Programm-Perspektive Hitlers erklärbar: tatsächlich wurden zur gleichen Zeit jene entscheidenden Weichenstellungen vorgenommen, die der Kriegsmarine die Rüstungspriorität für einen Zeitraum von 8–10 Jahren einräumen sollten. Hitler war davon überzeugt, daß die Probleme „Rest-Tschechei", „Memel" und – wenig später – „Danzig" ohne internationale Komplikationen lösbar waren.

Die prinzipielle Umsteuerung der Rüstung und Politik auf die „2. Stufe" des Programms ließ sich deutlicher noch in der Hitlerschen Weisung vom 7. Dezember 1938 erkennen: zum ersten Mal seit 1936 wurde für Rüstungsvorhaben wieder ein finanzieller Rahmen festgelegt, der in der Praxis einer drastischen Verringerung der bisherigen Rüstungsausgaben für Heereszwecke gleichkam. Das Heer sollte vor allem seine Bewaffnung vervollständigen; die Munitionsbevorratung und der Festungsbau rückten in die zweite Priorität. Die Kriegsmarine hatte das Schiffbauprogramm zu forcieren. Insgesamt handelte es sich also nicht um eine Rüstungsreduzierung, sondern um eine Schwerpunktverlagerung; diese war Ausdruck der politischen Überzeugung Hitlers, daß es gelingen müsse, mit der erreichten Heeresstärke die kontinentalen Aufgaben im Vorfeld des Ausgriffs nach dem Osten zur endgültigen „Lebensraumgewinnung" zu lösen, während Luftwaffe und Kriegsmarine so rasch und konsequent wie möglich sich auf die im Gefolge des Angriffs auf die Sowjetunion zu erwartende Gegnerschaft Englands einrichten sollten. Welche genauen Zeitvorstellungen Hitler verfolgte, läßt sich annäherungsweise aus den Dezemberweisungen und aus dem „Z-Plan" der Kriegsmarine entnehmen; danach sollte die zweite Rüstungsstufe in den Jahren 1942–1945 erreicht werden.

Die im Generalstab des Heeres sowie allgemein im Offizierkorps beobachtete anscheinende längerfristige Planung ließ das Empfinden unmittelbar drohender Kriegsgefahr, wie es das ganze Jahr 1938 bestimmt hatte, zurücktreten. Daran änderte auch der „1. Nachtrag zur Weisung vom 21. 10. 1938" vom 24. November 1938 nichts, in dem außer den drei genannten Fällen, auf die die Wehrmacht sich „jederzeit" einzustellen hatte, nun noch eine handstreichartige Besetzung Danzigs hinzutrat, die jedoch ausdrücklich nicht als Auftakt zu einem Krieg mit Polen bezeichnet wurde. Das Unternehmen sollte von Ostpreußen aus, eventuell gleichzeitig mit der Besetzung des Memellandes, erfolgen.

Durchaus beruhigend wirkte auch der „2. Nachtrag" zu der Oktoberweisung, in der die „Erledigung der Resttschechei" nunmehr ausdrücklich nur noch als „Befriedungsaktion" vorgesehen war, für die keine Mobilmachungsvorbereitungen mehr getroffen werden sollten.

Das trügerische Bild außenpolitischer Konsolidierung und Friedensbewahrung wurde von Hitler jedoch keineswegs zweckfrei heraufbeschworen. In Wirklichkeit setzte seit dem Oktober 1938 eine neue Phase in der Aggressionsvorbereitung ein, deren Charakter zunächst noch verschleiert wurde. Es kam dem Regime darauf an, die Heeresopposition zum Schweigen zu bringen und die Masse der Bevölkerung „kriegsreif" zu machen. Das Abstoppen der seit Jahresfrist systematisch gezüchteten Haßpsychose gegen die Tschechoslowakei erlaubte nunmehr die Ablenkung der erzeugten Energien auf den innenpolitischen Bereich. Dies war umso notwendiger, als die bewußt einkalkulierte Verschlechterung der sozialen Lage einer „Erklärung" bedurfte. Das Regime fand den innenpolitischen Gegner wieder in „den Juden", auf die sich die Goebbelssche Haßpropaganda umstellte. Die „günstige" Gelegenheit der Ermordung des deutschen Gesandtschaftsrats vom Rath ausnutzend, inszenierte die SA weisungsgemäß jene Pogrome, die als „Reichskristallnacht" zu den besonders dunklen Kapiteln dieser Jahre zählen.

Die Ausschreitungen gegen die Juden kamen indirekt auch der Wehrmachtrüstung zugute, aber es ist nicht bekannt, daß die von Goebbels, Himmler und Lutze geplanten und später von Göring durchgeführten räuberischen Maßnahmen gegen das jüdische Vermögen mit Wehrmachtvertretern vorher abgesprochen worden wären. Die bekannten Zeugnisse stimmen vielmehr darin überein, daß die Ereignisse vom 9./10. November 1938 auf Empörung, Ablehnung, aber auch stille Resignation stießen. Wieder gelang es Hitler, bei den Soldaten den Eindruck zu erwecken, als sei nicht er der Urheber der Scheußlichkeiten, sondern untergeordnete Parteistellen. Als sich der ObdH auf Bitten zahlreicher untergebener Offiziere dazu entschlossen hatte, Hitler um eine „Erklärung" der Ereignisse vom 9./10. November zu bitten, erklärte der „Führer", die Gauleiter seien ihm „aus dem Ruder gelaufen"; und wenn der Generaloberst v. Bock während einer Befehlshabertagung die empörte Frage stellte, ob man denn Goebbels, „dieses Schwein", nicht aufhängen könne, so war die Reaktion hierauf betretenes Schweigen. Alle Voraussetzungen zur Formierung einer starken Opposition fehlten zu diesem Zeitpunkt. Unmittelbare Folgen des Pogroms gab es nicht – sieht man von der Abberufung des amerikanischen Botschafters in Berlin ab –, doch war allen Offizieren klar, daß dem deutschen Ansehen in der Weltöffentlichkeit dadurch irreparabler Schaden zugefügt worden war; selbst Göring soll die negativen außenpolitischen Folgen, besonders in England und Amerika, damals bedauert haben.

Hitler hat sich von den Bedenken, die an ihn herangetragen wurden, nicht im mindesten beeindrucken lassen. Der mit dem 9. und 10. November 1938 sichtbar einsetzenden Radikalisierung des NS-Systems ging die Konzeption der zukünftigen deutschen Hegemonialstellung parallel. In kurz aufeinanderfolgenden Ansprachen hat Hitler der Presse, Industriellen, SS, SA und Offizieren aller Dienstgrade hinab bis zum Leutnant, immer wieder sein politisches Ziel der Lebensraumgewinnung durch Krieg erläutert. Er ließ keinen Zweifel daran, daß dieses Ziel auch gegen englischen Widerstand verfolgt und realisiert würde. Die deutsche „Herrschaft in Europa", die „Weltvorherrschaft für Jahrhunderte" gehörten zum Inhalt seiner Ansprachen vom 25. Januar und 10. Februar 1939. Am 8. November 1938 erklärte er vor hohen SS-Chargen, er wolle mit dem „großgermanischen Reich" das größte Imperium schaffen „das die Erde je gesehen hat."

Eine einheitliche, gar insgesamt ablehnende Reaktion der führenden Offiziere der Wehrmacht auf diese unverhohlen ausgesprochenen Eroberungsabsichten gab es nicht. Canaris meinte achselzuckend, die Bevölkerung habe sich daran gewöhnt, in einem „napoleonischen Zeitalter" zu leben; Brauchitsch hörte sich Hitlers Rede vom 10. Februar, in der es an Seitenhieben auf die Heeresführung nicht mangelte, ohne Kommentar an; Reichenau war zu jener Zeit voller Bewunderung für den „Führer" und rechnete sich selbst Karrierechancen aus; die jüngeren Offiziere waren von Hitler zunehmend fasziniert und wurden z. B. im Rahmen der Kriegsakademieausbildung weiter indoktriniert (Messerschmidt). Gewiß, sowohl Halder als auch Beck verfolgten mit größter Besorgnis das offene Treiben zum großen Krieg; letzterer äußerte Groscurth gegenüber die Überzeugung, daß der Krieg oder die Herrschaft der Radikalen den deutschen Untergang herbeiführen und das Heer zugrunde richten würden (Groscurth), aber aus solchen pessimistischen Prophezeiungen bildete sich kein aktiver Widerstand. Ganz im Gegenteil: Noch einmal errang Hitler mit der „friedlichen" Beseitigung der „Rest-Tschechei" einen in den Augen der Soldaten beispiellosen politischen Erfolg; daß damit der Bogen endgültig überspannt wurde, erkannten sie nicht.

Die politisch-diplomatische Vorgeschichte des deutschen Einmarsches in Prag ist hier nicht darzustellen. Hitler nutzte die sich ihm bietenden Chancen im Zusammenwirken mit den slowakischen und ungarischen Nationalisten kaltblütig aus und lieferte einen für Chamberlain und Daladier ausreichenden Vorwand, um sich der Münchener Verpflichtungen entziehen zu können. Obwohl die tschechoslowakische Regierung sich seit München ausdauernd bemüht hatte, den deutschen Wünschen nachzukommen, gelang die innere Konsolidierung des schwer erschütterten Staatsgebildes nicht mehr. Der neue Staatspräsident Hácha hat schließlich vor der Drohung einer Bombardierung Prags dem Hitlerischen Ultimatum nachgegeben; am 15. März 1939 erfolgte der „friedliche" Einmarsch deutscher Truppen in die „Rest-Tschechei" unter dem Vorwand, der Staat befinde sich in Auflösung, in Böhmen und Mähren herrsche „unerträglicher Terror gegen deutsche Volksgenossen", die Wehrmacht habe Leben und Eigentum der

Bewohner des Landes „gleichmäßig sicherzustellen". (Befehl an die Wehrmacht vom 15. 3. 1939)

2. Diplomatie und Kriegsplanung im Frühjahr 1939

a. Die Entwicklung der außenpolitischen Lage

Die Errichtung des Protektorates „Böhmen und Mähren" erschien den führenden Militärs als logischer Schlußpunkt einer politisch-militärischen Entwicklung, die seit dem Herbst 1937 eingeleitet worden war. Trotz aller grundsätzlicher Bedenken, die in der Umgebung Halders über diesen kaum verhüllten Vertragsbruch Hitlers laut wurden, zweifelte niemand daran, daß dieser weitere März-Coup Hitlers (den Keitel aus den Erfahrungen der vorausgegangenen Jahre schon „prophezeit" hatte) zu keiner weiteren Erschütterung der internationalen Politik führen würde. Die Bewunderung Hitlers griff sogar auf sonst sehr skeptisch eingestellte Persönlichkeiten über; so meinte beispielsweise Oberst Wagner:

> „Der Gewinn dieser Aktion ist m. E. ein ungeheuerer, abgesehen vom rein militärischen und politischen Machtzuwachs größten Stils, die Ausschaltung Rußlands aus Europa. Man kann nur voller Bewunderung sein."

Dieser Machtzuwachs des Dritten Reiches spiegelte sich in der veränderten Geographie des „Großdeutschen Reiches", bezog sich auf den beträchtlichen Gewinn an Rüstungsgütern und wehrwirtschaftlich wichtigen Rohstoffen und ergab sich aus dem Verhalten der anderen Staaten: Schon wenige Tage später billigte Litauen in die vertragliche Abtretung Memels ein (22. März 1939), Rumänien schloß mit Deutschland einen Handelsvertrag, der praktisch den deutschen wirtschaftlichen Zugriff auf ganz Süd-Ost-Europa ermöglichte; am 27. März trat Spanien dem Anti-Kominternpakt bei, tags darauf zog Franco in Madrid ein und beendete den spanischen Bürgerkrieg. Das bisher schon enge Verhältnis zu Italien wurde durch den Abschluß des sog. „Stahlpaktes" am 22. Mai 1939 zu einem Offensivbündnis umgewandelt; zu diesem Zeitpunkt war noch nicht ersichtlich, daß Mussolini nicht gewillt war, sich an die Verpflichtungen im Kriegsfall zu halten.

Dennoch bezeichnete der 15. März 1939 jenes Datum, das zum Ausgangspunkt der deutschen Katastrophe werden sollte. Ganz im Gegensatz zu den hoffnungsvollen Erwartungen der Militärs setzten sich nunmehr in der englischen Politik jene Kräfte durch, die gewillt waren, Hitler notfalls mit kriegerischen Mitteln zu stoppen. Daran konnte sehr rasch kein Zweifel sein: die deutschen diplomatischen Vertreter in London und Paris wiesen nachdrücklich auf die außerordentlich negativen Folgen des deutschen Coups hin; hatte bis zu diesem Zeitpunkt im Foreign Office noch eine gewisse Bereitschaft bestanden, mit Hitler zu einem „general settlement" zu gelangen, so schoben sich nun die politischen Augenblicksbedürfnisse gebieterisch in den Vordergrund. Über den Stand der deutsch-polnischen Verhandlungen, die seit dem Oktober 1938 aufgenommen worden waren (s. u. S. 266 f.), informiert, kündigte England am 31. März 1939 eine umfassende Garantie für Polen an und verließ damit endgültig das Prinzip des „no commitment".

Der englischen Absichtserklärung, die Chamberlain am 31. März im Unterhaus abgab, folgte am 6. April ein offizielles Kommuniqué, in dem die Beistandsverpflichtungen Englands unterstrichen wurden. Frankreich schloß sich der englischen Garantieerklärung an.

Die Garantieerklärung vom 31. März 1939 war die unmittelbare politische Folge des deutschen Einmarsches in die Tschechoslowakei, darüber hinaus wurde sie zu einem wichtigen Katalysator der nationalsozialistischen Außenpolitik in den letzten Monaten vor Ausbruch des Zweiten Weltkrieges. Die bisher von Hitler verfolgte Politik gegenüber Polen erfuhr ihre entscheidende Wende, und die immer noch gehegten Hoffnungen, mit England zu einem Abkommen über die Aufteilung der Interessensphären in Europa und Übersee zu gelangen, zerstoben. Die englisch-französische Garantie wurde zum Ausgangspunkt der sich im Frühjahr 1939 bildenden außenpolitischen Bündniskonstellationen; sie zeichnete gleichzeitig den von Hitler nunmehr verfolgten Weg zur stufenweisen Realisierung seines „Lebensraum"-Programms vor. Die bis dahin von Hitler immer noch erwogene „große" Lösung, d. h. ein Zusammenwirken mit Polen bei der Auseinandersetzung mit der Sowjetunion bei gleichzeitiger Neutralität Englands, war nicht mehr zu verwirklichen. Jetzt mußte als „Zwischenstufe" die Beseitigung des polnischen Staates mit Hilfe des voll entwickelten Blitzkriegskonzeptes und die anschließende Niederwerfung der Hitlers Ostexpansion feindlich gesonnenen Westmächte folgen. Offen blieb bis zum 3. September 1939 jedoch immer noch die – letztlich entscheidende – Frage, ob es gelingen würde, durch eine Politik des fait accompli und durch die Errichtung einer temporären Verbindung zwischen Deutschland und der Sowjetunion für die Zeit der polnischen „Zwischenlösung" England zum Stillhalten zu bewegen. Hitler machte jedoch bereits in seinen unmittelbaren Reaktionen auf die britische Garantieankündigung kein Hehl daraus, daß er nicht gewillt war, sich englischen „Ultimaten" zu beugen; in seiner Wilhelmshavener Rede vom 1. April 1939 verkündete er seinen festen Willen, keinerlei englischen Pressionen nachzugeben, notfalls auf den deutsch-englischen Flottenvertrag zu verzichten.

Nachdem für Hitler bewiesen war, daß sich Polen mit der ihm zugedachten Rolle als abhängiger Juniorpartner bei der deutschen Expansion in den russischen Raum hinein nicht abfinden wollte, sondern zäh an seiner Politik der Gleichberechtigung und Selbständigkeit zwischen Deutschland und der Sowjetunion festzuhalten suchte, rückte die Sowjetunion als temporärer deutscher Bündnispartner für den konkreten Fall einer Zerschlagung des polnischen Staates in das

Blickfeld der nationalsozialistischen Außenpolitik. Schon im Vorfeld der März-Ereignisse hatte Stalin in einer Rede am 10. März verklausuliert seine Bereitschaft zu deutsch-russischen Kontakten zu verstehen gegeben; am 17. April ließ der russische Botschafter in einem Gespräch mit Weizsäcker erkennen, daß ideologische Meinungsverschiedenheiten kein Grund seien, nicht auf „normalem Fuße" miteinander zu verkehren. Er deutete die sowjetische Bereitschaft an, in „wachsend bessere" Beziehungen zum Deutschen Reich einzutreten.

Die politische Tragweite dieser – noch sehr vorsichtigen – Sondierungen ergab sich aus den gleichzeitig sich dramatisch verschlechternden deutsch-amerikanischen Beziehungen. Mit seiner Botschaft vom 14. April forderte Roosevelt Hitler auf, allen europäischen Staaten und darüber hinaus der Türkei, dem Irak, den arabischen Staaten, Syrien, Palästina, Ägypten und dem Iran Zusicherungen hinsichtlich ihrer Unverletzlichkeit zu geben – eine schallende diplomatische Ohrfeige, die Hitler aufs äußerste empörte. An einer antideutschen und proenglischen amerikanischen Politik konnte seitdem nicht der geringste Zweifel sein; trat England in den Krieg gegen Deutschland ein, so war über kurz oder lang auch mit der amerikanischen Intervention zu rechnen. Diese Perspektive hatte in sämtlichen Erörterungen während des Jahres 1938 keine Rolle gespielt. Die Einbeziehung sowohl der Sowjetunion als auch der Vereinigten Staaten in das europäische Spannungsgeflecht mußte die Lokalisierung eines europäischen Krieges immer unwahrscheinlicher machen.

Die britische Garantieerklärung für Polen und die „amerikanische Herausforderung" nahm Hitler zum Anlaß, um am 28. April 1939 im Rahmen einer Rede vor dem Reichstag den deutsch-polnischen Nichtangriffspakt vom 26. Januar 1934 und den deutsch-englischen Flottenvertrag vom 18. Juni 1935 zu kündigen. Hitler erklärte, die englische, französische, polnische und amerikanische Politik laufe auf eine „Einkreisung" des Deutschen Reiches hinaus, die Vertragsgrundlagen seien damit hinfällig geworden. Ergab sich die Kündigung des Polenvertrages aus der Sachlogik der deutsch-polnischen Verhandlungen (s. u. S. 267), so schien für die Kündigung des deutsch-englischen Flottenvertrages zunächst kein vernünftiger Grund vorzuliegen. Aber auch dieser Schritt Hitlers war Folge bestimmter Sachzwänge und wurde von der deutschen Marineführung gefordert. Hitler hat dem Drängen aus dem OKM deswegen nachgegeben, weil er davon überzeugt war, daß der Vertrag von 1935 sein Ziel verfehlt hatte. Die Kündigung stellte in seinen Augen keine weitere Beeinträchtigung des deutsch-englischen Verhältnisses dar, sondern war sowohl Konsequenz aus der nunmehr auf dem maritimen Gebiet in Anspruch genommenen völligen Gleichberechtigung als auch Signal für eine mögliche neue Verhandlungsaufnahme, allerdings unter völlig veränderten politischen Bedingungen. Die Kündigung des Vertrages war also kein diplomatischer „Fehler", sondern Resultat der bündnispolitischen Entwicklungen des Frühjahrs 1939. Die Seekriegsleitung begrüßte die Vertragskündigung aus aufrüstungstaktischen Gesichtspunkten. (Näheres siehe Abschnitt VIII S. 475–486)

Der deutsch-polnische Nichtangriffspakt vom 26. Juanuar 1934 war für die gesamte nationalsozialistische Außenpolitik der Jahre 1934 bis 1938 von zentraler Bedeutung, aber auch die Entwicklung der strategischen und rüstungspolitischen Planung wird nur unter Berücksichtigung des Umstandes verständlich, daß das „polnische Problem“ in diesen wichtigen Jahren der Machterweiterung- und Konsolidierung keine Rolle spielte. Polen hielt seinerseits strikt am Buchstaben des Vertrages fest, so daß die französischen Bemühungen, die Politik der kleinen Entente wiederzubeleben, scheiterten. Sowohl bei der Wiedereinführung der allgemeinen Wehrpflicht (1935) als auch bei der Besetzung des Rheinlandes (1936) verhielt sich Polen den deutschen Erwartungen entsprechend neutral; eine stärkere Einbeziehung des Landes in die Antikominternpolitik des Dritten Reiches gelang jedoch nicht, da Außenminister Beck an dem Axiom der polnischen Mittlerstellung zwischen seinen beiden großen Nachbarn festhielt. Dagegen war Polen mit der „Anschluß“-Politik Hitlers voll einverstanden, und auch die Wende gegen die Tschechoslowakei stieß in Warschau auf wohlwollendes Verständnis. Polen meldete Ansprüche auf das Gebiet um Teschen an, verlangte ein koordiniertes deutsch-polnisches Vorgehen, eine gemeinsame polnisch-ungarische Grenze auf Kosten der Slowakei und regte einen Ausbau des deutsch-polnischen Vertrages an. Göring, der bei den deutsch-polnischen Sondierungen während des Sommers 1938 die deutschen Interessen vertrat, sagte dieses alles global zu, ohne sich jedoch auf Termine oder Einzelheiten festzulegen. Es kam der deutschen Politik zu diesem Zeitpunkt darauf an, sich der polnischen Rückendeckung zu versichern, ohne bindende Zusagen einzugehen.

Die dem Münchener Abkommen folgende Entwicklung zerschlug jedoch alle Hoffnungen des polnischen Außenministers auf eine Politik des „Dritten Europa“; das sich in München abzeichnende „Viererdirektorium“ der Großmächte wurde zur unmittelbaren Gefahr für die polnischen Großmacht- und Hegemoniebestrebungen in Ostmitteleuropa. Hitler war nicht gewillt, mit Polen auf „gleichem Fuß“ zu verhandeln, so daß Beck schließlich nichts übrig blieb, als sich mit den geschaffenen Tatsachen abzufinden und mit einer kleinen „Kompensation“ (der Besetzung des Teschener Gebietes) vorliebzunehmen. Seit München waren die polnischen Illusionen erheblich gedämpft, Hitler hingegen setzte zu einer neuen Phase seiner Polenpolitik an; er war sicher, Polen nicht nur strategisch (durch die Verbesserung der militärischen geographischen Situation), sondern auch politisch durch das Versagen der englisch-französischen Politik in der tschechoslowakischen Krise in eine Position deutlicher Abhängigkeit manövriert zu haben. An eine gewaltsame Zerschlagung des polnischen Staates dachte Hitler hingegen zu diesem Zeitpunkt noch nicht.

Die von Göring großzügig angekündigte „Globallösung“ stellte sich für Polen nach dem Münchener Abkommen als deutscher Versuch heraus, Polen in ein Satellitenverhältnis zum Deutschen Reich zu bringen. In einem dreistündigen

Gespräch zwischen Ribbentrop und dem polnischen Botschafter in Berlin, Lipski, das am 24. Oktober 1938 stattfand, war zwar die Rede von der jetzt möglichen „Krönung des vom Marschall Pilsudski und dem Führer eingeleiteten Werkes“, aber die Forderungen, die Ribbentrop in einem Katalog zusammenstellte, sprachen allzu deutlich eine andere Sprache:

„1. Der Freistaat Danzig kehrt zum Deutschen Reich zurück.
2. Durch den Korridor würde eine exterritoriale, Deutschland gehörige Reichsautobahn und eine ebenso exterritoriale mehrgleise Eisenbahn gelegt ...
6. Der deutsch-polnische Vertrag wird um zehn bis fünfundzwanzig Jahre verlängert.
7. Polen tritt dem Antikominternvertrag bei.“

Demgegenüber sollte Polen eine exterritoriale Straße und Eisenbahn sowie eine Absatzgarantie für seine Waren im Danziger Gebiet erhalten, und beide Nationen sollten wechselseitig ihre Grenzen garantieren.

Die polnische Antwort vom 19. November 1938 leitete das Ende der deutsch-polnischen Zusammenarbeit ein: Beck lehnte die Eingliederung Danzigs in das Deutsche Reich ab und erhob Bedenken gegen die von Ribbentrop vorgeschlagene Korridor-Lösung. Sein Gegenangebot, über Danzig einen deutsch-polnischen Vertrag zu schließen, den Völkerrechtsstatus der Stadt aber prinzipiell beizubehalten, war für Ribbentrop nicht annehmbar. Weitere deutsch-polnische Gespräche im Januar 1939 führten nur zu einer Verhärtung der gegenseitigen Standpunkte.

Nach dem erfolgreichen Abschluß der tschechischen „Befriedungsaktion“ war die polnische Lage von Deutschland her gesehen hoffnungslos. Ribbentrop stellte daher am 21. März 1939 dem polnischen Botschafter ein noch unbefristetes Ultimatum und gab mit aller Deutlichkeit zu verstehen, daß Danzig „früher oder später“ doch deutsch werde.

Polen reagierte mit der vermehrten Einziehung von Reservisten; Lipski unterbreitete Ribbentrop am 26. März ein polnisches Memorandum, in dem die deutschen Vorschläge erneut abgelehnt wurden. Der deutsche Außenminister verschärfte seine Drohungen und empfahl Hitler, Polen klar zu machen, daß die „Entwicklung, falls sie so weiterginge, schlecht enden würde.“

In seinen Verhandlungen mit Lipski kam es Ribbentrop offensichtlich auf eine rasche Verschlechterung des deutsch-polnischen Verhältnisses an. Hitler hingegen erklärte am 25. März dem Oberbefehlshaber des Heeres, er wolle die Danziger Frage nicht gewaltsam lösen, um Polen nicht „in die Arme Englands zu treiben“. Hitler erteilte Brauchitsch die Weisung, die „polnische Frage“ von nun an militärisch zu bearbeiten, das sollte jedoch nicht bedeuten, daß mit einer baldigen militärischen Lösung zu rechnen sei. Diese käme nur in Betracht bei besonders günstigen politischen Voraussetzungen. Für diesen Fall entwickelte Hitler Brauchitsch gegenüber folgende Vorstellungen:

„Polen soll dann so niedergeschlagen werden, daß es in den nächsten Jahrzehnten als politischer Faktor nicht mehr in Rechnung gestellt zu werden brauchte. Der Führer denkt bei dieser Lösung an eine vom Ostrand Ostpreußens bis zur Ostspitze Schlesiens vorgeschobene Grenze. Aus- und Umsiedlung sind noch offenstehende Frage. In die Ukraine will der Führer nicht hinein. Evt. könne man einen ukrainischen Staat errichten. Aber auch diese Fragen ständen noch offen."

Auf Grund der bisherigen Erfahrungen konnte es auch für den Oberbefehlshaber des Heeres nicht zweifelhaft sein, daß mit dieser „Weisung" bereits die Szene für den nächsten Coup gerichtet wurde; darauf wies auch Hitlers Bemerkung, das Verhältnis zwischen England und Frankreich habe sich „leicht" abgekühlt. Anders aber als nach dem 28. Mai 1938, als die tschechoslowakische Frage „aufgerollt" worden war, sahen weder Brauchitsch noch Halder Veranlassung zu grundsätzlichen Erwägungen. Hitler trug zum Anschein einer eher normalen, erst längerfristig wirksam werdenden Entwicklung bei, indem er seine Absichten diesmal nicht in dramatischer Form (wie am 5. 11. 1937 oder 25. 5. 1938) zur Kenntnis brachte, sondern die Oberbefehlshaber getrennt informierte und bei jeder Gelegenheit versicherte, er wolle es weder zu einem deutsch-polnischen noch gar einem deutsch-englischen Krieg kommen lassen. Vor allem der Oberbefehlshaber der Marine baute fest auf diese Aussagen, und das OKM konzipierte sein Schiffbauprogramm auf der Grundlage der Hitlerschen Dezember-Richtlinien, nach denen mit einer Verwicklung nicht vor 1943–1945 zu rechnen sei.

Die englische Garantieerklärung änderte die Sachlage jedoch nur wenige Tage später schlagartig. Hitler reagierte sofort, indem er durch Keitel der routinemäßigen „Weisung für die einheitliche Kriegsvorbereitung der Wehrmacht für 1939/40" einen „Teil II ‚Fall Weiß'" anfügen ließ. Die Bearbeitung des damit gemeinten Aufmarsches gegen Polen sollte so erfolgen, daß die Durchführung ab 1. September 1939 „jederzeit möglich" war.

Die Weisung für „Fall Weiß" wurde von dem Nachfolger Jodls in der Abteilung Landesverteidigung des OKW, Oberst Walter Warlimont, entworfen. Warlimont bemühte sich, bei der Vorbereitung des „Falles Weiß" erneute Spannungen mit dem Heer zu vermeiden und informierte Brauchitsch schon vor Erlaß der Weisung. Die hierdurch erzielte reibungslose Zusammenarbeit zwischen OKH und OKW trug dazu bei, daß das Heer in der Weisung vom 3. April 1939 nicht das sah, was sie war: der Entschluß zum Krieg gegen Polen unter Inkaufnahme des Risikos eines englisch-französisch-amerikanischen Kriegseintritts auf Seiten der Gegner Deutschlands.

Der Eindruck relativer Harmlosigkeit wurde durch die vorsichtig-geschickten Formulierungen der Weisung selbst verstärkt. Einleitend hieß es in der Weisung:

„Die gegenwärtige Haltung Polens erfordert es, über die bearbeitete ‚Grenzsicherung Ost' hinaus die militärischen Vorbereitungen zu treffen, um nötigenfalls jede Bedrohung von dieser Seite für alle Zukunft auszuschließen."

Die Weisung ging jedoch nicht, wie seinerzeit Plan „Grün" von der prinziellen Unvermeidbarkeit der kriegerischen Auseinandersetzung aus, sondern sah diese nur als ultima ratio im Falle einer polnischen Aggressionsabsicht vor – was angesichts der realen Kräfteverhältnisse denkbar unwahrscheinlich war. Im Kriegsfall sollte es das Ziel der deutschen Wehrmacht sein,

„die polnische Wehrkraft zu zerschlagen und eine den Bedürfnissen der Landesverteidigung entsprechende Lage im Osten zu schaffen. Der Freistaat Danzig wird spätestens mit Beginn des Konfliktes als deutsches Reichsgebiet erklärt."

Es sei Absicht der politischen Führung, Polen „womöglich" zu isolieren und den Krieg auf Polen zu beschränken. Wie schon bei früheren Gelegenheiten, so wies Hitler auch jetzt auf die mögliche „krisenhafte" Zuspitzung der inneren Entwicklung Englands und Frankreichs hin, wodurch eine Bereinigung des polnischen Problems „in nicht zu ferner Zeit" möglich erschien.

Es war dies das bekannte Hitlersche Argumentationsmuster. Ihm entsprachen auch die „militärischen Folgerungen", die in der Weisung niedergelegt wurden. „Fall Weiß" sollte nämlich nur

„eine vorsorgliche Ergänzung der Vorbereitungen (sein) ..., aber keineswegs als die Vorbedingung einer militärischen Auseinandersetzung mit den Westgegnern"

angesehen werden. „Das große Ziel" des weiteren Wehrmachtaufbaus sollte auf die Gegnerschaft der westlichen Demokratien fixiert bleiben. Dementsprechend war gegen Polen überfall- und blitzartig vorzugehen; wie im „Fall Grün", so ging auch diese Weisung von der Erwartung aus, daß rasche militärische Entscheidungen die Westmächte von einem Eingreifen zugunsten Polens abhalten würden. Eine offizielle Mobilmachung sollte ebenso unterbleiben wie die Bereitstellung aller Verbände für die geplanten Operationen. Die Wehrmacht sollte in die Lage versetzt werden, „aus den Kasernen heraus" gegen Polen anzutreten. Im Westen waren lediglich Sicherungsaufgaben vorgesehen, die Marine sollte alle Zwischenfälle mit englischen Flotteneinheiten vermeiden.

c. Hitlers Ansprache vom 23. Mai 1939

Die Frage, um die alle Überlegungen des Generalstabs kreisten, lautete, ob ein Krieg gegen Polen tatsächlich isoliert werden konnte oder ob England nunmehr eingreifen würde. Aus verschiedensten diplomatischen Quellen erfuhr das OKH, daß anders als im Herbst 1938 mit ernsthaftem Widerstandswillen zu rechnen war. Die in Gang gekommenen Verhandlungen der Westmächte mit der Sowjetunion unterstrichen eine solche Analyse, boten der Goebbelsschen Propaganda jedoch willkommenen Vorwand, die Einkreisungspsychose bewußt anzuschüren.

Der Widerstand des OKH gegen einen Krieg mit Polen war aber in erster Linie deswegen gering, weil eine „Abrechnung" mit Polen zu den ältesten Wünschen des deutschen Revisionismus seit 1918 gehörte. Auch der Paktabschluß von 1934 hatte an der grundsätzlich polenfeindlichen Einstellung der Armee nichts geändert, und die in Versailles erzwungenen territorialen Einbußen sowie der als langfristig unerträglich angesehene Status von Danzig forderten eine „Revision" gleichsam von selbst heraus. In der Ära Seeckt hatte die völlige Zerschlagung und Aufteilung Polens als Wunschziel gegolten; Hitler wollte Polen zunächst erhalten, wenn es sich in die antisowjetische Front einspannen ließ und die deutsche Hegemonie anerkannte. Die von Hitler erhobenen Forderungen bezüglich Danzigs und des Korridors galten auch in den Augen gemäßigter, ja sogar antinazistisch eingestellter Politiker und Militärs als bescheiden. War Polen nicht bereit nachzugeben, so erhielten deutsche Zwangsmaßnahmen durchaus den Anschein politisch-moralischer Berechtigung.

Die psychologische Situation war zum Zeitpunkt der Aufrollung des Danzig- und Korridor-Problems für Hitlers Zwecke ausgesprochen günstig. Wenn es dem Diktator gelang, die Furcht vor einem Zwei- oder Mehrfrontenkrieg zu zerstreuen, etwa durch eine überwältigende Bündniskonstellation, so war mit einem breiten Konsens aller gesellschaftlicher Gruppen im Falle eines Polenkrieges zu rechnen.

Hitler nutzte den ersten großen Erfolg seiner offensiven Bündnispolitik, nämlich den Abschluß des „Stahlpaktes" mit Italien am 22. Mai 1939 aus, um vor den Spitzen der Wehrmacht die Grundlagen und Aussichten seiner weiteren Politik noch einmal zu entwickeln. Die Ansprache vom 23. Mai 1939 gehört in die Reihe jener Grundaussagen Hitlers, die durch die Daten des 5. November 1937, des 22. August und des 23. November 1939 gekennzeichnet sind.

Hitler leitete seine Ausführungen mit den bekannten Lebensraumthesen ein und stellte fest, daß die außenpolitische Entwicklung von 1933 bis 1939 planmäßig auf dieses Ziel ausgerichtet gewesen sei. Alle Erfolge, die ohne Blutvergießen zu erzielen waren, seien erreicht, die grundsätzliche Lage des deutschen Volkes habe sich dadurch aber nicht verbessert, die Raumfrage sei nach wie vor ungelöst. Die Nation stehe nur vor der Wahl, den Durchbruch gewaltsam zu erzwingen oder aber unterzugehen. Die weitere Expansion sei also lebensnotwendig, sie könne nicht mehr mit friedlichen Mitteln erfolgen, es werde Krieg geben.

Die Zukunft des Reiches werde durch die Führung und den Ausgang des Krieges bestimmt, und zwar durch die Gewinnung eines großen Siedlungsraumes im Osten. Im Rahmen dieser Konzeption sei Danzig nicht das Objekt, um das es gehe, und auch Polen sei von untergeordneter Bedeutung, müsse jedoch zerschlagen werden (bei erster passender Gelegenheit), da es immer auf Seiten der Gegner Deutschland treten werde und als Bollwerk gegen den Bolschewismus ungeeignet sei.

Die Auseinandersetzung mit Polen wurde in ihrem Stellenwert von Hitler bewußt herabgestuft; das Land zu isolieren sei Aufgabe „geschickter Politik". Sollten die Westmächte – was nicht zu erwarten sei – dennoch in den deutsch-polnischen Konflikt eingreifen, so müßten sie durch kurze vernichtende Schläge besiegt werden. Dabei werde es zwar zu einem Kampf auf „Leben und Tod" kommen, aber dieser liege in der Natur der Sache, und Deutschland könne ihm mit Gelassenheit entgegensehen, da es stärker sei als die westlichen Demokratien. Mit hypothetischen Beispielen aus dem Ersten Weltkrieg versuchte Hitler zu beweisen, daß auch damals ein Sieg gegen England im Bereich des Möglichen gelegen habe und nur an unzureichender maritimer Rüstung gescheitert sei. Die jetzt von ihm geschaffene militärische und wirtschaftliche Ausgangslage sei ungleich besser als 1914. Sollte es zum Krieg mit England kommen, so habe das Heer ohne Rücksicht auf Verträge Holland zu überrennen und Basen für den Kampf der Luftwaffe und Flotte gegen England zu schaffen. Die gesamte Rüstung könne sich dann auf den Luft- und Seekrieg konzentrieren und fließe nicht mehr in das „Danaidenfaß der Schlachten des Heeres".

Es war das erste Mal, daß Hitler ein nahezu vollständiges Szenarium eines zweiten Weltkrieges entwickelte, worin dem Heer nur Hilfsfunktionen, die Entscheidungen aber der Marine und – mit Einschränkungen – der Luftwaffe zugewiesen wurden. Da die Flotte sich jedoch noch im Anfangsstadium ihrer Aufrüstung befand, lag es auf der Hand, daß der skizzierte Seekrieg gegen England erst für einen späteren Zeitpunkt geplant sein konnte. Tatsächlich haben sich die anwesenden Oberbefehlshaber von dieser illusionären Erwägung weitgehend leiten lassen; Raeder ließ sich von Hitler im Anschluß an seine Ausführungen nochmals ausdrücklich bestätigen, daß das Schiffbauprogramm planmäßig fortgeführt werden sollte, mit einem Krieg gegen England also bis 1943/45 nicht zu rechnen wäre.

Die offensichtlichen logischen Widersprüche in der Argumentation Hitlers, die sich aus der Kopplung der kurzfristig zu erledigenden Polenfrage mit dem nicht hundertprozentig auszuschließenden Eingreifen Englands auf Grund der Garantieverpflichtungen ergaben, sind von den Zuhörern augenscheinlich nicht als solche empfunden worden. Die Verquickung des kurz- und mittelfristigen Programms Hitlers war jedoch evident: Auf der einen Seite ging er von der Hoffnung auf einen kurzen, durch wenige vernichtende Schläge zu entscheidenden Krieg aus, auf der anderen forderte er die Berücksichtigung auch einer 10–15jährigen Kriegsdauer. Da die Rüstungs- und Wirtschaftslage des Reiches aber zu diesem Zeitpunkt ausschließlich einen kurzen Blitzkrieg erlaubte, konnte sich der Hinweis auf den langen Krieg wiederum nur auf die in die Jahre 1943/45 zu verlegende globale deutsch-englische Auseinandersetzung beziehen.

Hitlers grobe Skizze der zukünftigen möglichen Verwicklungen sollte nach seinem Willen von einem „Studienstab", der beim OKW einzurichten war, im einzelnen bearbeitet werden. Tatsächlich ist es dazu nicht gekommen. Abschließend stellte Hitler Richtlinien zur Geheimhaltung auf, welche die Herausbildung einer Generalsfronde wie 1938 unterbinden sollten und befahl, die Rüstungsprogramme, wie bisher, auf 1943/44 auszurichten.

3. Letzte Verhandlungen und der Pakt mit Stalin

a. Vergebliche Warnungen

Hitlers Ansprache vom 23. Mai 1939 erzielte nicht überall die von ihm erwünschte Wirkung; die Sorgen vor einer baldigen kriegerischen Auseinandersetzung im Weltmaßstab wurden vielmehr größer, selbst Keitel versuchte nun Hitler vor einer allzu scharfen Kriegspolitik zu warnen. Als er mit seinen nur halbherzig vorgetragenen Argumenten bei Hitler auf Unwillen stieß, lenkte er jedoch sofort auf die Linie des unbedingten Gehorsams und der blinden Gefolgschaftstreue zurück und blockte in den folgenden Wochen alle Versuche aus Kreisen des OKW ab, Hitler auf die verhängnisvollen Konsequenzen seines Kriegskurses hinzuweisen.

Eine besondere Rolle kam in diesem Zusammenhang dem Leiter des Wehrwirtschaftsstabes zu. General Thomas hatte schon bisher immer wieder für eine Verlagerung der Rüstung von der „Breite" in die „Tiefe" plädiert, konnte sich jedoch nicht durchsetzen. Die 1938 besonders rasche Vermehrung der Heeresverbände, nicht zuletzt Folge des Zuwachses an Rüstungs- und Rohstoffpotential aus Österreich und der Tschechoslowakei, ließ das Verhältnis zwischen „Breite" und „Tiefe" immer ungünstiger werden. Infolgedessen war die Wehrmacht in zunehmendem Maße zwar in der Lage, auch einen „großen" Krieg zu beginnen und zu militärischen Anfangserfolgen zu kommen, jedoch nicht, einen solchen Konflikt über längere Zeit zu „nähren". Fiel die Kriegsentscheidung nicht binnen weniger Wochen, so mußte der Krieg nach Auffassung von Thomas verloren gehen. Nachdem Hitler am 23. Mai aber zu verstehen gegeben hatte, daß er notfalls auch „10–15 Jahre" kämpfen wolle, sah sich Thomas zu ernsten Gegenvorstellungen veranlaßt. In einer Keitel überreichten Denkschrift führte er den Nachweis, daß bei einem Eingreifen der Westmächte in einen Krieg – womit ja nun zu rechnen war – das bisher verfolgte Rüstungs- und Wehrwirtschaftskonzept ungenügend sei. Die sich hieraus ergebende Schlußfolgerung lag auf der Hand: das Kriegsrisiko mußte solange vermieden werden, bis der „Breite" der Rüstung ihre „Tiefe" entsprach. Auf Grund der bekannten ökonomischen Voraussetzungen und Daten konnte aber diese „Tiefe" niemals erreicht werden.

In einem Vortrag vor Vertretern des Auswärtigen Amtes setzte Thomas seine Gedankengänge ausführlich auseinander. Die Aufrüstung sei eine „einmalig in der Welt dastehende Leistung des deutschen Volkes", der gegenwärtige Rüstungsstand liege höher als der der potentiellen Gegnermächte. Es sei aber nicht zu verkennen, daß Deutschland mit einem Anteil von 23 % des Volkseinkommens für die Rüstung schon an die Grenzen seiner Leistungsfähigkeit gestoßen sei, während England, Frankreich und Amerika trotz der auch hier forcierten Aufrüstung nur 12 % bzw. 17 % und 2 % ausgäben. In 1 bis 1½ Jahren könne der Westen den deutschen Rüstungsvorsprung ausgleichen, und auf die Dauer sei die vereinigte Wirtschaftskraft dieser Staaten größer als die der Achsenmächte.

Gelänge es nicht, den Krieg „durch einen schnellen entscheidenden Schlag" zu gewinnen – und damit rechnete niemand – „so entscheidet die Tiefe der wehrwirtschaftlichen Kraft, d. h. die Durchhaltemöglichkeit". Thomas wies nach, daß der Rohstoff-, Arbeiter-, Mineralölmangel nicht behebbar war. Die Quintessenz seiner Ausführungen bestand in der Feststellung, daß Deutschland einen Weltkrieg aus wirtschaftlichen Gründen unbedingt vermeiden müsse, da es diesen Krieg notwendig verlieren würde.

Zu ganz ähnlichen Einsichten war auch Warlimont gelangt, der – vergeblich – Keitel vorschlug, Hitler durch die Vorlage entsprechenden Zahlenmaterials die Aussichtslosigkeit eines längeren Krieges gegen die Westmächte zu demonstrieren. Er regte die Durchführung eines Wehrmachtkriegsspiels an, in dem Hitler selbst die Führung übernehmen sollte. Auch hier hätte das Ergebnis schon festgestanden: die deutsche Katastrophe. Keitel lehnte auch dies ab.

Im Generalstab des Heeres fand man zu keiner gemeinsamen Aktion. Von Oster, Gisevius, Weizsäcker informiert, lehnte es Halder ab, konkrete Widerstandsmaßnahmen zu planen. Der ObdH aber begann, ebenso wie Raeder, sich in das scheinbar Unvermeidliche zu fügen. Bei verschiedenen Gelegenheiten griff nun auch er auf das Erklärungsmuster „1914" zurück, fügte sich damit in die von der Propaganda seit dem Frühjahr 1939 eingeleitete „Einkreisungspsychose". In einem Tagesbefehl anläßlich der 25jährigen Wiederkehr des Ausbruchs des Weltkrieges hieß es:

> „Wieder versuchen die gleichen Kräfte, die uns damals zum Verteidigungskampf gezwungen haben, Deutschland einzukreisen. Wir wollen den Frieden! Wenn uns aber ein neuer Kampf aufgezwungen werden sollte, wird das Heer mit derselben inneren Geschlossenheit, Einsatzbereitschaft und Tapferkeit wie 1914 um Deutschlands Lebensrechte kämpfen und die Überlegenheit des deutschen Soldaten erneut unter Beweis stellen."

Deutschland, so hieß es weiter, sei aber stärker als 1914, dies sei Folge der „Erfahrung" von 1918 und der klaren politischen Zielsetzung Hitlers.

Der Oberbefehlshaber wollte ebensowenig wie irgendein anderer hoher Offizier aus dem OKH den Krieg; tatsächlich hat Brauchitsch noch bei verschiedenen Gelegenheiten den – freilich schwächlichen – Versuch unternommen, Hitler umzustimmen, aber der in der Bevölkerung schon im Herbst 1938 zur Verblüffung und zum Ärger Hitlers zu beobachtende Fatalismus griff in immer stärkerem Maße auf die Wehrmacht über. Er wurde begleitet durch rasch wechselnde Hoffnungen und Befürchtungen, die sich aus der Entwicklung des deutsch-polnischen und des englisch-deutschen Verhältnisses in den letzten Wochen vor Kriegsausbruch ergaben. Das seit Anfang August 1939 sprunghaft zunehmende allgemeine politische und Führungschaos erschwerte zudem eine auch nur halbwegs klare Analyse der politischen Vorgänge. Die von vielen als intransigent empfundene Haltung Polens trug wesentlich dazu bei, daß auch im Heer eine Auseinandersetzung mit diesem Staat wenn nicht herbeigewünscht, so doch willig akzeptiert wurde; als der Angriffsbefehl am 26. August 1939 noch einmal zurückgenommen wurde, war bei den Frontkommandeuren durchaus Unwillen spürbar, und im Generalstab beklagte Oberst Wagner, daß er nicht an der Spitze seines Regiments stehen könne.

Inzwischen ging die generalstabsmäßige Vorbereitung des „Falls Weiß" weiter. Auch die Sicherungsaufmärsche „Rot" (gegen Frankreich) wurden vervollständigt. Die Westwallarbeiten wurden in fieberhafter Eile vorangetrieben. Es war keine Rede mehr davon, sie in die zweite Priorität zu rücken. In einer Zusatzweisung vom 14. Juni 1939 wurde der Rahmen des Ostaufmarsches gegen Polen erweitert und präzisiert. Polen hatte bereits mit Mobilmachungsvorbereitungen begonnen, so daß eine völlige Überraschung wenig wahrscheinlich war. Die Weisung legte den Ansatz zweier Heeresgruppen (Nord und Süd) aus Ostpreußen, Pommern und Schlesien fest. Ziel war es, mit der Masse der gepanzerten und motorisierten Verbände das polnische Feldheer in raumgreifenden Operationen in die Zange zu nehmen und zu vernichten.

b. Der Hitler-Stalinpakt vom 23. August 1939

Die entscheidende Entwicklung zum Krieg setzte ein, als es Hitler gelang, sich der wohlwollenden Neutralität, später der Mitwirkung Stalins bei der Zerschlagung und Zerstückelung Polens zu versichern. Der Abschluß des zwischen Ribbentrop und Molotow am 23. August unterschriebenen Abkommens zerstörte endgültig die Friedenshoffnungen. Auch die „Reaktion" der Westmächte vom 25. August (Abschluß des formellen Beistandsvertrages mit Polen) konnte das Rad der Geschichte nur noch vorübergehend aufhalten.

Die Bedeutung dieses Paktabschlusses ergab sich aus den Prämissen, unter denen Hitler zur Entfesselung des zweiten Weltkrieges bereit war. Schon seit 1937 hatten alle Vorstellungen der Armee und der ihr verbündeten Oppositionsgruppe im Auswärtigen Amt auf der Tatsache aufgebaut, daß Deutschland im Falle eines Angriffes im Osten (gegen die Tschechoslowakei, gegen Polen oder gegen die Sowjetunion) mit dem Eingreifen der Westmächte rechnen müsse. Für diesen Fall schien das „finis Germaniae", wie es Beck prophezeit und Thomas noch am 24. Mai 1939 eindringlich beschworen hatte, sicher. Einer Koalition aus England, Frankreich und der Sowjetunion war das Deutsche Reich, selbst im Rahmen des Achsenbündnisses und des Anti-Kominternpaktes, allem menschlichen Ermessen nach nicht gewachsen. Aus diesem Grunde hatte sich Hitler in den außenpolitischen Krisen der vergangenen Jahre in der Tat darum bemüht, das jeweilige Aggressionsopfer zu isolieren, und dies war ihm, zuletzt in wundersamer Weise, wie viele meinten, gelungen. Welche Gründe auch immer dafür verantwortlich waren: ausschlaggebend für die englisch-französische Politik des Appeasement war nicht zuletzt der Umstand, daß die Sowjetunion nicht in die eigenen politisch-militärischen Kombinationen eingebaut werden konnte.

Die seit 1919 in England axiomatisch gewordene Bolschewistenfurcht machte englisch-sowjetische Ausgleichsbemühungen illusorisch, und Frankreich gelang es trotz erheblicher diplomatischer Anstrengungen nicht, den Vertrag von 1935 zu einer echten Allianz gegen deutsche Expansionsbestrebungen auszubauen. Solange darüber hinaus Deutschland und Polen in einem erträglichen Verhältnis miteinander lebten, gab es für eine englisch-französische „Einkreisungspolitik" keinen Ansatz.

Auf dieser Tatsache konnte Hitler aufbauen, und in ihr lag auch einer der Hauptschwächepunkte der Anti-Kriegs-Politik des Generalstabs. Nach den Märzereignissen 1939 aber verschoben sich die bisher festen politischen Fronten. Hitler war es durchaus bewußt, daß der „Fall Weiß" nicht wie der „Fall Grün" beurteilt werden konnte; es steht auch außer Zweifel, daß er – zahlreichen abwiegelnden und beruhigenden Versicherungen (etwa Raeder gegenüber) zum Trotz – nunmehr ernsthaft mit einem englischen Eingreifen im Falle seines Angriffs auf Polen rechnete. Solange aber die bündnispolitischen Konstellationen unverändert blieben, drohten all jene Folgen einzutreten, vor denen der Diktator in den kritischen Septembertagen 1938 letztlich doch zurückgeschreckt war.

Hieraus ergab sich als zwingende Notwendigkeit sowohl für England und seine Verbündeten als auch für Hitler, den Faktor Sowjetunion den jeweils eigenen politischen Zwecken nutzbar zu machen. Ideologische Gesichtspunkte spielten jetzt, in der Phase der Kriegsreife, keine oder eine nur untergeordnete Rolle. Es ging allein um die Schaffung der für das Eingehen des Weltkriegsrisikos notwendigen Machtbasis. Nach Lage der Dinge mußte Hitler aus diesem Grund sogar vorübergehend auf die Realisierung seines Lebensraum-Konzeptes verzichten. Erst nach Abschluß der durch die Besiegung Polens erwarteten Basisverbesserung konnte es wieder aufgenommen werden. Gelang es, die Sowjetunion auf die eigene Seite zu ziehen, so schien Hitler aber auch das Risiko des englisch-französischen Kriegseintritts gering. Er hoffte, dieses Risiko zusätzlich durch eine ganze Reihe diplomatischer Schritte, Angebote, Verlockungen verringern zu können. Dabei sah er nüchtern, daß England unter Umständen dennoch gezwungen sein würde, offiziell in den Krieg einzutreten, aber er gab dem englischen Botschafter zu verstehen, daß er England einen „Scheinkrieg" gegen Deutschland nicht übelnehmen würde.

Auftakt, Verlauf und Ergebnis der seit dem Frühjahr 1939 intensivierten englisch-französisch-sowjetischen Bündnisverhandlungen sind hier nicht darzustellen. Der deutsche Botschafter in Moskau, Graf von der Schulenburg, und der deutsche Militärattaché, Köstring, verfolgten die Gespräche der Westmächte mit Molotow aufmerksam, so daß Hitler und Ribbentrop, aber auch Weizsäcker und die Gebrüder Kordt über den Fortgang der Sondierungen stets ausreichend unterrichtet waren. Für die alliierten Diplomaten ergaben sich zwei grundsätzliche Schwierigkeiten: Zum einen verlangten sie von Stalin eine ähnliche Garantieerklärung für Polen, wie sie England und Frankreich am 31. März 1939 abgegeben hatten, zum anderen mußten sie territoriale Kompensationswünsche

Stalins im wesentlichen verweigern. Hinzu kam, daß Polen, in krasser Verkennung der ihm von Deutschland tatsächlich drohenden Gefahren ebenfalls keineswegs an einem sowjetischen Durchmarschrecht in Polen interessiert war. Nur unter größten Mühen kam daher ein Vertragsentwurf am 24. Juli 1939 zustande, in dem die wechselseitige Beistandsverpflichtung auch für den Fall einer „direkten oder indirekten Aggression“ gegen eine der drei Mächte prinzipiell festgelegt wurde. In einem Geheimprotokoll wurde präzisiert, daß sich diese Beistandsverpflichtung auf Estland, Finnland, Lettland, Litauen, Polen, Rumänien, die Türkei, Griechenland und Belgien beziehen sollte. Das Abkommen sollte jedoch erst in Kraft treten, „sobald die Konvention über seine militärische Durchführung abgeschlossen sein wird.“

An dieser Bestimmung scheiterten die Verhandlungen, denn die Militärkommission nahm erst am 12. August ihre Arbeit auf, und es stellte sich heraus, daß in der Frage des Durchmarschrechtes der Roten Armee Polen zu keiner Konzession bereit war. Bevor die hierdurch ausgelöste Verhandlungskrise überwunden werden konnte, fielen die Würfel zugunsten Deutschlands, mit dem die Sowjetunion schon seit April 1939 Parallelverhandlungen geführt hatte.

Die deutsche Opposition im Auswärtigen Amt und auch Halder, Oster und Canaris nahmen an, daß vom Ergebnis der deutsch-sowjetischen Verhandlungen letztlich die Frage über Krieg und Frieden abhing, wie umgekehrt die alliierten Staatsmänner durchaus die Tragweite ihrer Verhandlungen mit Stalin einzuschätzen wußten. Wer den Krieg verhindern wollte, mußte daher den deutsch-russischen Pakt verhindern. Aus diesem Grunde haben von Weizsäcker und die Gebrüder Kordt seit Juni 1939 immer wieder Warnungen an die englische Adresse gelangen lassen. Es genügte nicht mehr, Hitler gegenüber fest aufzutreten, sondern die Westmächte mußten das deutsch-russische Spiel zerstören.

Die Vorstellungen nutzten nichts, das Verhängnis nahm seinen Lauf. Der englische Immobilismus war jedoch nicht Folge eines politischen Nicht-Wollens, sondern des politischen Nicht-Könnens. Stalins Ansprüche befriedigen hätte zu diesem Zeitpunkt nichts anderes bedeutet als jene Prinzipien preiszugeben, denen sich England mit seinen Garantieerklärungen verschrieben hatte und von denen es nicht mehr abrücken konnte. Der Verlauf der Verhandlungen in Moskau zeigte deutlich jene Grenze auf, bis zu der die westlichen Demokratien mit Hitlers verbrecherischer Politik „mithalten“ konnten. Der Entschluß zum Kriege seitens Englands und Frankreichs fiel nicht leichtfertig, sondern er war unvermeidbar, wenn die Friedensbewahrungspolitik der Jahre 1936 bis 1939 moralisch gerechtfertigt werden sollte. In den kritischen Tagen des August 1939 wurde die politische Moral zu einer schwerwiegenden Kategorie. Da Hitler diesen Zusammenhang nicht anerkannte, kam es zu den Fehlurteilen der letzten Tage und Stunden.

Die von Ribbentrop mit großer Energie und Beschleunigung geführten deutsch-sowjetischen Verhandlungen traten in das entscheidende Stadium, als Stalin, wahrscheinlich am 18. August, erkannte, daß Polen das Durchmarschrecht endgültig verweigern würde. Damit wurden die Verhandlungen mit den Westmächten praktisch hinfällig. Konsequent und skrupellos nutzten Stalin und Molotow die Gunst der Stunde, setzten am 19. August 1939 den Abschluß eines deutsch-russischen Handelsvertrages durch und unterbreiteten den Entwurf eines Nichtangriffspaktes, den Hitler in einem persönlichen Telegramm an Stalin vom 20. August 1939 in allen wesentlichen Punkten billigte. In dem Telegramm hieß es:

„Der Abschluß eines Nichtangriffspaktes mit der Sowjetunion bedeutet für mich eine Festlegung der deutschen Politik auf lange Sicht. Deutschland nimmt damit wieder eine politische Linie auf, die in Jahrhunderten der Vergangenheit für beide Staaten nutzbringend war. Die Reichsregierung ist daher in einem solchen Falle entschlossen, alle Konsequenzen aus einer so eingreifenden Umstellung zu ziehen."

In einer dramatischen diplomatischen Mission brachte Ribbentrop den Pakt schließlich unter Dach und Fach. Stalin erteilte am 22. August sein Einverständnis, Hitler hielt um 03.30 dieses Tages die positive sowjetische Antwort in Händen, der Rest war diplomatische Routine.

Der am 23. August 1939 in Moskau von Ribbentrop und Molotow unterschriebene Nichtangriffspakt ging formell vom Berliner Vertrag aus dem Jahre 1926 aus und legte in den Artikeln I und II die wechselseitige Nichtangriffsverpflichtung „sowohl einzeln als auch gemeinsam mit anderen Mächten" fest. Artikel IV lautete:

„Keiner der beiden vertragsschließenden Teile wird sich an irgendeiner Mächtegruppierung beteiligen, die sich mittelbar oder unmittelbar gegen den anderen Teil richtet."

Der Vertrag wurde auf die Dauer von 10 Jahren geschlossen, er sollte sich jeweils automatisch um fünf Jahre verlängern, falls er nicht ein Jahr vor Ablauf der Vertragsdauer gekündigt wurde.

Die Nichtangriffsverpflichtung, die Stalin einging, wurde mit den Festlegungen eines „geheimen Zusatzprotokolls" erkauft, das für das Schicksal Polens und Deutschlands von ausschlaggebender Bedeutung bis zur Gegenwart werden sollte. Es legte die gegenseitigen Interessensphären in Osteuropa fest. Die Bestimmungen lauteten:

„1. Für den Fall einer territorial-politischen Umgestaltung in den zu den baltischen Staaten (Finnland, Estland, Lettland, Litauen) gehörenden Gebieten bildet die nördliche Grenze Litauens zugleich die Grenze der Interessensphäre Deutschlands und der UdSSR. Hierbei wird das Interesse Litauens am Wilnaer Gebiet beiderseits anerkannt.
2. Für den Fall einer territorial-politischen Umgestaltung der zum polnischen Staat gehörenden Gebiete werden die Interessensphären Deutschlands und der UdSSR ungefähr durch die Linie der Flüsse Narew, Weichsel und San abgegrenzt.

Die Frage, ob die beiderseitigen Interessen die Erhaltung eines unabhängigen polnischen Staates erwünscht erscheinen lassen, und wie dieser Staat abzugrenzen wäre, kann endgültig erst im Laufe der weiteren politischen Entwicklung geklärt werden."

Das Protokoll legte weiterhin das Interesse der Sowjetunion und das Desinteresse des Deutschen Reiches an Bessarabien fest.

Die Existenz dieses Zusatzprotokolls blieb streng geheim. Erst während des Nürnberger Prozesses wurde der Text bekannt. In der geschichtswissenschaftlichen Literatur der Ostblockstaaten wird das Protokoll nach wie vor totgeschwiegen.

Bei der Beurteilung des deutsch-sowjetischen Nichtangriffspaktes durch die Zeitgenossen muß berücksichtigt werden, daß man vom Vorhandensein des geheimen Zusatzprotokolls nichts wußte. Hitler hingegen hat diesen Vertrag von Anfang an im Gegensatz zu seinen Beteuerungen Stalin gegenüber nicht als grundlegende politische Wende, sondern nur als taktisches Aushilfsmittel angesehen. Der vordergründige Zweck war die Ausschaltung der Sowjetunion für den Fall eines Eingreifens der Westmächte in den Krieg; der Vertrag aber sollte den Kriegseintritt Englands und Frankreichs nach Möglichkeit überhaupt verhindern. Kam es jedoch zum Krieg gegen den Westen, so sollte der Vertrag die Rückenfreiheit garantieren. Das sowjetische Stillhalten sollte durch die Bestimmungen des Zusatzprotokolls erkauft werden.

Der Paktabschluß wirkte auf die Öffentlichkeit, aber auch auf die anderen Mächte wie der Einschlag einer Bombe. Die Verstimmung Japans und Italiens war tiefgreifend, die Anti-Kominternpolitik war in Frage gestellt, das weltpolitische Dreieck Berlin–Rom–Tokio drohte zu zerbrechen. Die Nationalsozialisten, an ihrer Spitze Rosenberg, waren völlig konsterniert, die antisowjetische Propaganda mußte schlagartig umgestellt werden. Hitler sah sich gezwungen, anläßlich einer Zusammenkunft mit Reichstagsabgeordneten und hohen Parteifunktionären, an der kein Offizier teilnahm, seinen Schritt zu erklären. Oster erfuhr, daß Hitler dabei den Vertrag als „einen Pakt mit Satan, um Teufel auszutreiben“ bezeichnet hatte.

c. Hitlers Ansprachen vom 14. und 22. August 1939

Der Abschluß von Moskau bekräftigte Hitlers Entschluß, diesmal loszuschlagen und sich durch nichts und niemand davon abhalten zu lassen, aber schon in den Tagen vor dem 22. August gab er seiner militärischen und politischen Umgebung zu verstehen, daß es diesmal Ernst werden würde. Wie schon vor einem Jahr, so wurde Hitler in seiner Terminplanung von den in der Weisung „Fall Weiß“ angegebenen Aufmarsch- und Angriffsdaten beeinflußt; die dramatische Zuspitzung der diplomatischen Verhandlungen im Dreieck Polen–England–Deutschland war mit der militärischen Angriffsvorbereitung synchronisiert. Der enge Zusammenhang zwischen politischer und militärischer Kriegsvorbereitung spiegelte sich in Hitlers Ausführungen vom 14. August 1939, die in Halders Kriegstagebuch überliefert wurden.

Hitler erklärte den zusammengerufenen Generalstabschefs der Armeekorps, daß das Eingehen von politischen und militärischen Risiken unvermeidlich sei, wenn man zu Erfolgen kommen wolle. England hingegen habe aus den Erfahrungen des Ersten Weltkrieges die Lehre gezogen, daß es in einem langen Krieg nichts zu gewinnen habe und selbst im Falle des Sieges weiter Kraft verlieren werde. Durch Deutschland unmittelbar herausgefordert, werde England kämpfen; ein Kampf für Verbündete sei unwahrscheinlich, für Dritte – gemeint war Polen – auszuschließen. Hitler hielt aber auch ein Eingreifen Rußlands für unwahrscheinlich: Dieses Land „denkt nicht daran, Kastanien (für England) aus dem Feuer zu holen". Norwegen, Schweden, Dänemark, die Schweiz und Holland würden mit Sicherheit, Belgien wahrscheinlich neutral bleiben. Ungarn, Italien und Spanien aber standen – gleichgültig ob sie nun in den Krieg einträten oder nicht – auf Seiten Deutschlands. Hitler zog hieraus die Schlußfolgerung:

„England und Frankreich allein müssen die Last auf sich nehmen. Auch Balkanstaaten werden ihnen nichts helfen."

Wie schon am 23. Mai, so wies Hitler auch jetzt darauf hin, daß das englische Rüstungsprogramm sich noch nicht auswirken könne, zum Teil noch „in nebelhafter Ferne" liege. Ähnlich ungenügend sei die Lage des englischen Heeres und der englischen Luftwaffe. „Im ganzen also im Entwicklungsstadium (ähnlich wie bei uns 1934)".

Frankreich hingegen „gleicht einem Mann, der schwächlich ist und MG, Kanonen pp. trägt". Leistungsfähigkeit und Bewaffnung ließen zu wünschen übrig. Kurzum:

„Führer würde an Stelle der Gegner Verantwortung für einen Krieg nicht übernehmen. 125 Millionen stehen gegen 80 Millionen (Deutschlands)."

Hitler ging von den politischen zu militärsch-strategischen Gedankengängen über. Die Westmächte, so setzte er den Generalstabsoffizieren auseinander, könnten im Westen vorab nur wenig ausrichten, ein Angriff „auf Leben und Tod" sei unwahrscheinlich, es bestehe kein Zwang zum Kriege für England und Frankreich. „Die Köpfe von München werden das Risiko nicht auf sich nehmen." Hitler meinte in den diplomatisch-politischen Verhandlungen zwischen den Westmächten, Polen und der Sowjetunion deutliche Rückzugsgefechte zu erkennen; die Isolierung Polens verstärke sich von Tag zu Tag. Unter diesen Umständen habe er, der Führer, „Sorge, daß England ihm den endgültigen Abschluß im letzten Augenblick durch Angebote erschwert". Diese Bemerkung deckte sich mit Aussprüchen ähnlichen Inhalts, die nach dem 22. August 1939 bekannt wurden (so z. B. Engel-Tagebuch: „Einzige Angst, daß ein ‚blöder Gefühlsakrobat ihm mit windelweichen Vorschlägen' im letzten Augenblick noch das Konzept verderben könnte").

Wie schon in der Weisung für „Fall Weiß" niedergelegt, verlangte Hitler auch jetzt eine rasche Entscheidung. „In 8 bis 14 Tagen Empfindung, daß Polen (zusammen-)brechen wird". Eine deutlich demonstrierte deutsche Entschlossenheit, auch im Westen zu kämpfen, werde Frankreich und England abschrecken. Der Aufmarsch müsse also auch im Westen „restlos" vollzogen werden.

Hitler setzte seine weitschweifigen Ausführungen am Nachmittag des 14. August fort, wobei er auf militärische Einzelheiten zu sprechen kam. Hieraus ergab sich, daß an der Tatsache des deutschen Angriffes nicht mehr zu zweifeln war. Die Frage war nur, ob Hitlers politische Gesamtlagebeurteilung zutreffend war. Halder setzte sich mit Weizsäcker in Verbindung, der Hitlers Auffassung im wesentlichen bestätigte. Auch Brauchitsch zeigte sich optimistisch und erklärte, er werde notfalls eben auch einen Zweifrontenkrieg führen.

Es war Hitler gelungen, die Fachopposition gegen sein polnisches Abenteuer vorübergehend zum Schweigen zu bringen. Der Erfolg von Moskau bedeutete daher keine Wende in der Beurteilung der politisch-militärischen Lage, sondern schien diese nur noch zu bestätigen. Es gab nur noch ganz wenige Offiziere – unter ihnen Oster, Canaris, Thomas – die eine Katastrophe befürchteten. Zuversicht und Vertrauen in die politische Genialität des „Führers" erreichten zwischen dem 14. und 25. August 1939 ihren Höhepunkt.

Vor diesem Hintergrund muß Hitlers Ansprache vor den Spitzen der Wehrmacht am Nachmittag des 22. August 1939 bewertet werden. In zwei Ansprachen von insgesamt etwa 2 1/2stündiger Dauer begründete Hitler vor den Oberbefehlshabern und Chefs der vorgesehenen Heeresgruppen und Armeen sowie der entsprechenden Offiziere von Kriegsmarine und Luftwaffe (zusammen etwa 50 Personen) seinen Entschluß, Polen anzugreifen. Die weltpolitische Lage sei im Augenblick so günstig wie nie zuvor, England und Frankreich würden in den Krieg umso weniger eingreifen, als ihre Rüstung noch nicht fertig bzw. unzureichend und veraltet, ihre Führung entschlußlos sei. Der bevorstehende Paktabschluß mit Moskau habe die Lage zusätzlich und entscheidend zu deutschen Gunsten verändert, nun sei Polen in der Lage, in der er es haben wolle. Er hätte es zwar vorgezogen, zunächst gegen den Westen zu kämpfen und mit Polen ein tragbares Verhältnis herzustellen, doch seit dem Frühjahr 1939 habe er sich für die umgekehrte Reihenfolge des Angriffs entscheiden müssen, da das Verhältnis zu Polen untragbar geworden sei. Der Entschluß zum Angriff auf Polen werde auch durch seine und die Persönlichkeit Mussolinis bestimmt. Seine politischen Fähigkeiten und das Vertrauen der Bevölkerung in die Führung müßten ausgenutzt werden. Jederzeit könne sein Leben durch ein Attentat beendet werden. Deutschland sei im wesentlichen autark, man brauche also keine Furcht vor eine englischen Blockade zu haben, Rußland werde die benötigten Waren und Rohstoffe in ausreichendem Maße liefern. Er habe nur Angst, daß ihm im „letzten Moment irgendein Schweinhund einen Vermittlungsplan vorlegt". Der Krieg gegen Polen müsse rücksichts- und mitleidlos mit dem Ziel der Vernichtung der „lebendigen Kräfte Polens" geführt werden. Er werde einen geeigneten Anlaß für die Auslösung des Krieges liefern, dabei sei die Rechtfertigung gleichgültig, der Sieger werde danach nicht gefragt.

Im Anschluß an diese allgemeinen Ausführungen erörterte Hitler, wie schon am 14. August, militärische Einzelheiten. Ein Großteil der Zuhörer war sich dennoch nicht darüber im klaren, daß Hitler tatsächlich den Startschuß zum Kriege gegeben hatte. Zwar gab es wenige Stimmen der Begeisterung, eher „ernste Gesichter", aber die Mitteilung über den Abschluß des Nichtangriffspaktes mit Rußland dämpfte alle Ansätze zur Kritik. Typisch dafür dürfte das Urteil Rundstedts sein:

> „Dieses Abkommen mit Rußland hat uns Soldaten aus der alten Seeckt-Schule in hohem Grade befriedigt, ich möchte fast sagen, beglückt. Gute Beziehungen zu Rußland waren in der Reichswehr Tradition ... Dieser Pakt mit Rußland war nach unserer Ansicht für die Polen eine starke Bedrohung, so daß wir glaubten, es würde niemals wagen, nunmehr einen Krieg zu führen. Wir verließen den Berghof mit dem Gefühl, es werde ein Blumenkrieg, wie 1938 im Sudetenland."

Zu einer allgemeinen Aussprache im Anschluß an die Hitlerschen Darlegungen kam es nicht, auch Brauchitsch vermied es, sich an seine Heerführer zu wenden. Da der „Fall Weiß" am 26. August ausgelöst werden sollte, waren sämtliche Anwesenden in äußerstem Termindruck. Sie gingen auseinander, um die letzten Angriffsvorbereitungen zu treffen, aber es ist wahrscheinlich, daß die meisten von ihnen dem Urteil Rundstedts zustimmten und nicht an einen Krieg glaubten. Allgemein verbreitet war die Auffassung, daß England diesmal, um das Gesicht zu wahren, den Nervenkrieg länger als im Herbst 1938 durchhalten müsse, letztlich aber doch nicht kämpfen werde.

Hitler selbst war am Abend des 22. August davon überzeugt, daß England bluffe. Er wolle auch „in absehbarer Zeit" mit England nicht „in Händel" geraten. Was Frankreich betreffe, so stehe noch die Frage Elsaß-Lothringen offen.

d. Rüstung und Wirtschaft bei Kriegsbeginn

Der Aufmarsch gegen Polen und die Sicherungsaufmärsche im Westen waren seit Erlaß der Weisung vom 14. Juni 1939 planmäßig vonstatten gegangen. Bei der Mobilmachungsvorbereitung kam es zu keinen schwerwiegenden Reibungen, die Einberufung von Reservisten zu „Sommerübungen" erfolgte ohne nennenswerte Erschütterung des zivilen Bereichs. Dies war nicht zuletzt Folge der Erfahrungen von 1938, wie überhaupt die Mobilmachung von 1939, die organisatorischen Umstellungen von Wirtschaft und Verwaltung, seit September 1938 Stufe um Stufe vorbereitet worden waren. Es war vor allem das Verdienst von General Thomas, daß die deutsche Kriegsmaschine im September 1939 ihren bislang höchsten Bereitschaftsstand erreichte und verzugslos in Gang gesetzt werden konnte.

Die Rekordernte von 1938 und die gute Ernte von 1939, die auch Hitler zu den Gründen seines Kriegsentschlusses zählte, hatten die Ernährungslage entspannt. Die Vorräte an Brotgetreide betrugen 6–6,5 Mill. Tonnen, die von Fetten 0,5–0,6 Mill. Tonnen. Die Auslandsabhängigkeit auf dem Ernährungssektor betrug etwa 20 %, die Fettlücke allerdings 50 %. Mit Hilfe des vorbereiteten Systems der Zwangsrationierung und unter Einrechnung der sich aus dem deutsch-sowjetischen Handelsvertrag ergebenden zusätzlichen Einfuhren ließ sich die Ernährungslage bis zum Anschluß an die neue Ernte voraussichtlich stabilisieren. Im Vergleich zum Ersten Weltkrieg konnte die Lage auf dem Ernährungssektor sogar als gut bezeichnet werden.

Die grundsätzlich schwierige Rohstofflage blieb bis zum Ausbruch des Krieges bestehen. Nach den Angaben von Thomas betrug die Auslandsabhängigkeit auf dem Rohstoffsektor wertmäßig insgesamt etwa 33 %. Bei Eisenerz betrug sie etwa 45 %, bei den NE-Metallen lag sie für Zink bei 25 %, Blei 50 %, Kupfer 70 %, Zinn 90 %, Nickel 95 %, Bauxit 99 %, Mineralölen 66 %, Kautschuk 80 % (nach Thomas). Die Kriegsvorräte ermöglichten nach den Berechnungen des Wehrwirtschaftsstabes eine 9–12monatige Kriegsdauer, bei Kautschuk 5–6 Monate. Deutschland produzierte 1939 (nach Wagenführ) (in tausend Tonnen): Eisenerz: 3928, Hüttenaluminium: 194, Hüttenmagnesium: 18, Buna: 22, Zellwolle: 192, Flugbenzin: 302, Sonstiges Motorenbenzin: 1020. Auf einigen Gebieten lag die Verbrauchssicherung jedoch erheblich unter dem Durchschnittswert von 9–12 Monaten, so war Naturkautschuk (also ohne Buna) nur für 2, Magnesium für 3,9 Monate vorhanden.

Die Erzeugung rüstungs- und kriegswirtschaftlich wichtiger Industriewaren konnte durch Einbeziehung der österreichischen und tschechoslowakischen Kapazitäten von 1937 bis zum Kriegsausbruch auf einigen Gebieten erheblich gesteigert werden. Bei Braunkohle lauteten die Vergleichszahlen zwischen 1937 und 1939 212,1 zu 233,7 Mill. Tonnen, bei Eisenerz eff. 14 614 zu 17 612 tausend Tonnen, Rohstahl (in tausend Tonnen): 21 557 zu 22 350; Zellstoff: 1488 zu 1896, elektrischer Strom: 61 380 zu 66 318 Millionen kWh.

Die Reserven an Gold und Devisen betrugen 500–600 Millionen Reichsmark, spielten aber keine entscheidende Rolle, da Auslandslieferungen von deutschen Gegenleistungen in der Regel abhängig gemacht wurden (beispielsweise im Warenaustausch mit der Sowjetunion und Japan.

Thomas kam in seiner Niederschrift aus dem Jahre 1944 zu folgender Beurteilung der Wehrwirtschaftslage:

„Zusammenfassend kann gesagt werden,
1) daß die Wirtschaft bei Kriegsbeginn arbeits- und leistungsmäßig auf einem gewissen Höchststande stand, daß aber noch höhere Leistungen hätten herausgeholt werden können, wenn man rechtzeitig eine weitsichtige Planung mit einer Dringlichkeitsrangordnung geschaffen hätte;
2) daß die Ernährungs- und Rohstofflage wohl für einen kurzen Krieg gesichert war, für einen langen Krieg aber nicht genügte."

Die unzulängliche Munitions- und Waffenausstattung (s. u. S. 397 ff.) war Folge unzureichender Rohstoffzuweisungen, fehlender Fertigungskapazitäten, vor allem aber fehlender Arbeiter. Der Mangel an Facharbeitern ließ sich wegen der verhältnismäßig langen notwendigen Fachausbildung nicht auf dem Wege der Improvisation beheben. Eine systematische Erfassung und Verteilung der Arbeiter auf die Fertigungsbetriebe nach Dringlichkeitserfordernissen erfolgte nicht; aus ideologischen und sozialen Gründen lehnte das Regime den Frauenarbeitseinsatz grundsätzlich ab, noch nach Kriegsausbruch verfügte der Reichsarbeitsminister, „daß bisher nichterwerbstätige verheiratete Frauen auch weiterhin nicht zur Erwerbsarbeit herangezogen werden sollen". Der Arbeitermangel führte schon vor Kriegsausbruch zur Erörterung der Möglichkeiten, ausländische Zwangsarbeiter heranzuziehen. Dies erfolgte nach Kriegsbeginn in ständig sich steigerndem Umfang, jedoch konnte das Arbeiterproblem infolge der sprunghaft anwachsenden Aufgaben niemals gelöst werden.

4. Die letzten Tage vor Kriegsausbruch

Am Sonntag, dem 23. August 1939, legte Hitler den Angriffstermin gegen Polen auf den 26. August zwischen 4.15 und 4.30 fest. Halder notierte an diesem Tag: „Alles läuft automatisch". Der Aufmarsch ging reibungslos weiter, Unklarheiten gab es lediglich im Bereich der psychologischen Kriegführung: Hitler hatte sich den auslösenden Anlaß vorbehalten. Er wurde schließlich mit der Unterstellung gefunden, polnische Truppen hätten den Sender Gleiwitz angegriffen. Tatsächlich handelte es sich um eine Aktion der deutschen Abwehr. Halder war davon informiert.

Hitler hatte sich vom Abschluß des deutsch-sowjetischen Nichtangriffspakts eine diplomatische Revolution und den Sturz des englischen Kabinetts erhofft. Nichts davon trat zu seiner Enttäuschung ein. In für Hitler ungewohnter Festigkeit erklärte Chamberlain, an den eingegangenen Verpflichtungen Polen gegenüber habe sich nichts geändert. England werde nötigenfalls militärisch intervenieren, „und es ist unmöglich, das Ende einmal begonnener Feindseligkeiten abzusehen." Die englische Regierung war sich der Tragweite ihres Entschlusses am 22. August voll bewußt. Dies ging aus jener historischen Reminiszenz hervor, die in merkwürdiger Parallele zu Hitlers Umgang mit der Geschichte des Jahres 1914 stand. Chamberlain schrieb:

> „Es ist behauptet worden, daß, wenn Seiner Majestät Regierung ihren Standpunkt im Jahre 1914 klarer dargelegt hätte, jene große Katastrophe vermieden worden wäre. Unabhängig davon, ob dieser Behauptung Bedeutung beizulegen ist oder nicht, ist Seiner Majestät Regierung entschlossen, dafür zu sorgen, daß im vorliegenden Falle kein solch tragisches Mißverständnis entsteht."

Bis zum 25. August war Hitler nicht bereit, an die englische Entschlossenheit zu glauben. Im OKW und im Generalstab des Heeres verflog der Optimismus des 22. August – er war ohnehin nicht von allen geteilt worden – schon am folgenden Tage, als erkennbar wurde, daß weder Japan noch Italien bereit waren, Hitler auf dem Weg in den Krieg zu folgen. Die Absage Mussolinis am 25. August, die Hitler grenzenlos überraschen und enttäuschen sollte, kam für das Militär keineswegs unerwartet; schon während der Salzburger Besprechung zwischen der deutschen und italienischen militärischen Führung und während der Friedrichshafener Konferenz im Zusammenhang mit der Ausgestaltung des „Stahlpaktes" hatten die Italiener erkennen lassen, daß sie noch nicht willens und in der Lage waren, das Kriegsrisiko einzugehen. Tatsächlich hatte man die militärischen Kombinationen damals auf das Jahr 1942/43 abgestellt. Ausschlaggebend für die italienische Haltung – sie wurde wesentlich durch die Politik des italienischen Botschafters in Berlin, Attolico, und des italienischen Außenministers, Graf Ciano, bestimmt – war jedoch die Überzeugung, daß England in den Konflikt eingreifen werde. Weizsäcker, der der gleichen Auffassung war, machte daraus auch den Italienern gegenüber kein Hehl. Am 24. August versuchte der Staatssekretär noch einmal – vergeblich – Hitler von der Unwahrscheinlichkeit seiner Annahmen zu überzeugen; komme es zum Kriege mit England, so habe er, Weizsäcker, im „Auswärtigen Amt ... nichts mehr verloren". Auch diese kaum verhüllte Demissionsdrohung beeindruckte Hitler nicht.

Am 23. und 24. August blieb Hitlers Haltung völlig intransigent. Er nahm die negative diplomatische Entwicklung zwar zur Kenntnis, wie sich aus seinem Antwortschreiben an Chamberlain vom 23. August ergab, reagierte hierauf jedoch mit Trotz- und Drohgesten. Deutschland, so erklärte er dem britischen Botschafter Henderson, wolle nur sein Recht, habe niemals die Absicht gehabt, England oder Frankreich anzugreifen, könne den polnischen Greueln der deutschen Minderheit gegenüber jedoch nicht tatenlos zusehen und werde eine Lösung des Danzig- und Korridorproblems unter allen Umständen herbeiführen.

Am Morgen des 24. August hielt Halder eine Ansprache vor sämtlichen Generalstabsoffizieren, in der er den Ernst der gegenwärtigen Lage und seine Überzeugung ausdrückte, daß es einen Mehrfrontenkrieg geben werde.

Die scheinbare Perepetie der Krise kam am 25. August. Auf Grund der in Berlin eingehenden Nachrichten über die Reden Chamberlains und des britischen Außenministers, Lord Halifax, vom 24. August sah sich Hitler zu einer erneuten Fühlungnahme mit Henderson veranlaßt. Er bestellte den britischen Botschafter auf 13.30 Uhr. Um 12.00 Uhr ließ das OKW bei Halder anfragen, wie lange der Angriffsbefehl für den 26. August 1939 äußerstenfalls aufgeschoben werden könne. Die Antwort lautete: bis 15.00 Uhr.

In dem Gespräch zwischen Hitler und Henderson betonte der „Führer", das deutsch-sowjetische Abkommen bedeute eine grundlegende Wende, Deutschland und Rußland würden nie mehr miteinander Krieg führen. Er sei, nach Lösung der polnischen Frage, zu einem großzügigen Übereinkommen mit dem britischen Weltreich, dessen Bestand er zu verteidigen sich verpflichten wolle, bereit.

Henderson verwies erneut auf den entscheidenden Punkt: Deutschland müsse mit Polen einig werden und eine friedliche Regelung finden, andernfalls stehe England zu seiner Bündnisverpflichtung.

Hitler versuchte mit diesem „Angebot“ an Henderson, sich ein Alibi zu schaffen, denn unmittelbar nach Beendigung der Unterredung erging der Angriffsbefehl. Hitler erteilte ihn um 15.02 Uhr, zwischen 15.25 und 15.40 Uhr erreichte er alle Abteilungen des OKH, die Kriegsmaschine lief an.

Um 17.45 Uhr meldete sich der italienische Botschafter Attolico bei Hitler und übergab diesem die Erklärung Mussolinis, daß Italien nicht mitmachen könne. Ungefähr gleichzeitig lief die Meldung vom formellen Abschluß des englisch-polnischen Bündnisvertrages um 17.00 Uhr in der Reichskanzlei ein. Hitler war überrascht, niedergeschlagen, ratlos. Hatte er schon am 22. August vertraulich zu erkennen gegeben, daß man diesmal doch mit Englands Kriegseintritt rechnen müsse, so schien dieser nunmehr sicher. Hitler wollte aber zunächst keinen Krieg mit England. Er war allerdings bereit, das Risiko einzugehen, denn er hoffte immer noch, daß England letztlich nicht marschieren werde.

Um 19.30 Uhr widerrief Hitler den Angriffsbefehl, die Mobilmachungsmaßnahmen sollten jedoch weitergehen. Nur unter äußersten Schwierigkeiten gelang es, die in vollem Aufmarsch befindlichen Truppen anzuhalten. Sowohl im OKH wie im OKW war man davon überzeugt, daß die Krise ihren Höhepunkt damit überschritten hatte; vor allem in der Widerstandsgruppe um Canaris und Oster wurde Erleichterung spürbar.

Aber sowohl in Deutschland als auch in England, Frankreich, Belgien, Holland gingen die Mobilmachungsvorbereitungen weiter. Das ursprünglich einkalkulierte Überraschungsmoment entfiel, Wagner meinte am 28. August, der „Krieg würde also ganz in alter Form und antiker Art beginnen, mit völlig aufmarschierten Heeren“. Je deutlicher erkennbar wurde, daß es sich bei dem Stopp-Befehl vom 25. August nur um eine aufschiebende Maßnahme gehandelt hatte, desto stärker bedauerten die Führungsstäbe, daß man nicht schon am 26. August, wie vorgesehen, losgeschlagen habe.

Die diplomatischen Verhandlungen mit Frankreich am 26., 27. und 28. August führten zu keinem Ergebnis; Hitler mußte erkennen, daß er Frankreich nicht von Englands Seite lösen konnte. Umso nervöser erwartete er die Antwort der englischen Regierung auf sein „Angebot“ vom 25. August. Sie traf in der Nacht vom 28. zum 29. August ein. Die englische Regierung schlug wieder direkte deutsch-polnische Verhandlungen vor. Am 29. August erklärte Hitler, er sei mit der englischen Anregung einverstanden, er erwarte einen bevollmächtigten polnischen Unterhändler bis um Mitternacht des 30. August.

Inzwischen hatte Hitler am 28. August vor Reichstagsabgeordneten und Amtsträgern der Partei in der Reichskanzlei seine Entscheidung zu begründen versucht und seine Entschlossenheit zum Ausdruck gebracht, den Krieg auf sich zu nehmen, wenn seinen Forderungen nicht entsprochen würde. Die Zuhörer waren gedrückter Stimmung. Je deutlicher erkennbar wurde, daß der Krieg nicht lokalisiert werden konnte, desto weniger Kriegsbegeisterung wurde in Berlin laut. Görings Versuche, mit Hilfe des ihm bekannten schwedischen Industriellen Birger Dahlerus auf einem zweiten Verhandlungsweg mit England ins Gespräch zu kommen, um den Frieden zu bewahren, zeigte, daß zu diesem Zeitpunkt Hitler mit seinem Kriegsentschluß tatsächlich völlig allein stand. Das allgemeine Befehls- und Führungschaos, die von Hitler bewußt ausgestreuten versteckten Drohungen (er könne auch bolschewistische Methoden anwenden) und die immer noch nicht vollständig erloschenen Hoffnungen auf ein englisch-polnisches Einlenken ließen jedoch keine einheitliche Opposition gegen Hitlers Kriegsentschluß entstehen. Erst im nachhinein wurde deutlich, daß Hitler in den Tagen vom 26.–30. August völlig isoliert gewesen war und sich allenfalls noch auf die SS, Himmler und Heydrich hätte verlassen können.

Am 29. August suchten Brauchitsch und Halder die Heeresgruppe Nord und Süd auf, am Abend erfuhren sie Hitlers weitere Zeit-Pläne: „30. 8. Polen in Berlin. 31. 8. Zerplatzen. 1. 9. Gewaltanwendung.“ (Halder) Tatsächlich erlag Hitler am 29. und 30. August erneut der Illusion, daß England schließlich nicht eingreifen werde: Während Henderson zu verstehen gab, daß eine Verständigung an der Danzig- und Korridorfrage nicht zu scheitern brauche, antwortete Polen auf Hitlers Ultimatum mit der Verkündigung der Mobilmachung am 30. August. Hitler gewann den Eindruck, als lasse sich nun doch noch ein Keil zwischen Polen und die Westmächte treiben. Genau hierauf waren auch seine letzten diplomatischen Schachzüge abgestellt. Als der polnische Botschafter Lipski am 31. August im Auswärtigen Amt bei Ribbentrop vorsprach (der von Hitler gesetzte Termin war bereits überschritten) und nicht die von Deutschland geforderten Vollmachten vorweisen konnte, erklärte der deutsche Außenminister die Verhandlungen für zwecklos. Gleichzeitig überraschte er Lipski jedoch mit einem 16-Punkte-Angebot, das man als deutsche Verhandlungsgrundlage angesehen habe. Nun sei es allerdings zu spät. Tatsächlich war das Angebot reine Propaganda, ein übler Trick, der einerseits als Alibi der eigenen Bevölkerung, andererseits als Pressionsmittel England gegenüber verwendet werden sollte. Groscurths Notiz: „Führer hat Ribbentrop, Himmler, Bodenschatz u. a. gesagt: ‚Diese Nacht werde ich mir etwas Teuflisches ausdenken für die Polen, an dem sie krepieren werden‘“ läßt an dem Bluff- und Alibicharakter dieses „letzten Angebotes“ keinerlei Zweifel mehr.

Dies ergab sich aber auch aus der Tatsache, daß der endgültige Angriffsbefehl schon vor dem Eintreffen Lipskis, nämlich am 31. August, 12.40 Uhr, von Hitler erteilt wurde. Ein nochmaliges Anhalten der Wehrmacht wäre aber völlig ausgeschlossen gewesen und hätte Hitlers Prestige unerträglich belastet.

In der „Weisung Nr. 1 für die Kriegführung“ vom 31. August 1939 hieß es:

„1. Nachdem alle politischen Möglichkeiten erschöpft sind, um auf friedlichem Wege eine für Deutschland unerträgliche Lage an seiner Ostgrenze zu beseitigen, habe ich mich zur gewaltsamen Lösung entschlossen ... Angriffstag 1. 9. 39. Angriffszeit 4.45.“

Wagner kommentierte:

„Morgen der erste Schuß. Hoffentlich haben wir Soldatenglück!"

Canaris kommentierte:

„Das ist das Ende Deutschlands!"

Groscurth kommentierte:

„So rollt der Wahnsinn ab!"

Die Organisation des Heeres 1933–1939

von

Herbert Schottelius (†) und Gustav-Adolf Caspar

A. Die Heeresvergrößerung 1932—1939: Planungen, Maßnahmen und Umfang

1. Der getarnte Aufbau (Januar 1932 bis März 1935)

a. Die Vorbereitung der Heeresvergrößerung

Der Übergang vom 100 000 Mann- zum Wehrpflichtheer ist keineswegs ein geradliniger, rein militärischer Vorgang, sondern in hohem Maße von den zwischen 1932 und 1934 rasch wechselnden Umständen der deutschen Innen- und Außenpolitik bestimmt. Die Reichswehrführung hatte unablässig das Ziel verfolgt, die Fesseln des Versailler Vertrages zu beseitigen – insbesondere nach dem Wegfall der internationalen Kontrollorgane 1927 –, um die rein militärische Aufgabe der Reichsverteidigung erfüllen zu können. Die endgültige Form der Heeresaufrüstung wurde jedoch nicht nur durch militärische Forderungen, sondern auch durch innenpolitische Umstände bewirkt.

Von Anfang an hielt die Heeresleitung die dem 100 000 Mann-Heer durch den Versailler Vertrag auferlegte Aufgabe, als eine Art Reichspolizeitruppe die innere Ordnung zu schützen und die Reichsgrenzen zu überwachen, für unangemessen. Sie setzte sich das Ziel, die durch den Versailler Vertrag festgelegte Struktur einer – wenn auch noch so begrenzten – konventionellen Armee zum Aufbau eines Kaderheeres zu nutzen. Als die innere Lage des Reiches nach 1923 Einsätze der Reichswehr nach innen zu erübrigen schien, wandte sich das Reichsheer namentlich auf dem Gebiet der Ausbildung immer stärker der – mit seinen damaligen Mitteln – nicht lösbaren Aufgabe der Reichsverteidigung nach außen zu. Diesem Ziel diente auch die Förderung des Grenzschutzes und der Kontakt mit den „nationalen", die militärische Tradition festhaltenden Wehrverbänden, deren Mitglieder sie im Verteidigungsfall zu nutzen wünschte.

Nach dem Wegfall der internationalen Kontrolle 1927 hatte das Reichsheer begonnen, in eigener Vollmacht den Anschluß in der Waffentechnik, Organisation und Ausbildung an die internationale militärische Entwicklung zu gewinnen.

So waren bis 1932 die ersten Anfänge der späteren Kraftfahrkampf-, Flieger-, Flugabwehr-, der Artilleriebeobachtungs- und der Nebeltruppe entstanden. Die Infanterie- und Reiterregimenter hatten eine etwas erweiterte Ausrüstung an schweren Waffen und die Kavalleriedivisionen die ihnen vertraglich vorenthaltene, aber für einen Kriegseinsatz unerläßliche Ausstattung mit Fernmeldeelementen erhalten. Die Motorisierung einzelner Einheiten nahm einen bescheidenen

Fortgang. Mit Rücksicht auf die noch gegebenen Auflagen begnügte sich die Truppe in der Panzerkampfausbildung mit Attrappen (z. B. Panzernachbildungen auf Fahrrädern und Kraftfahrzeugen sowie Holzgeschützen anstelle von Panzerabwehrkanonen).

Die getroffenen Veränderungen zeigen an, daß bis zum Jahre 1932 im Rahmen des 100 000 Mann-Heeres nicht nur gedankliche Ansätze für eine Modernisierung des Reichsheeres vorhanden, sondern auch Vorbereitungen für deren Verwirklichung getroffen waren, wenngleich viele dieser Maßnahmen nur Versuche darstellten, die den Charakter des Provisoriums trugen und die haushaltsmäßig nur durch geheime Vereinbarungen abgedeckt waren.

Durch die ihr auferlegte innere Aufgabe als Ordnungsfaktor und die selbstgewählte Aufgabe der Verteidigung nach außen drohte die Reichswehr überfordert zu werden, als im Zuge der Radikalisierung des politischen Lebens in der Wirtschaftskrise die Weimarer Republik wieder auf ihr inneres militärisches Machtmittel angewiesen war und andererseits die wehrfreundliche Jugend sich in immer höherem Maße von diesem Staate abwandte. Dieses Dilemma zusammen mit der fortschreitenden Schwächung des deutschen Wehrpotentials durch Überalterung der weltkriegsgedienten Reservisten sowie das immer offenkundigere Mißverhältnis zwischen der begrenzten Organisation, Größe und Ausrüstung des Reichsheeres einerseits und der fortschreitenden militärtechnischen Entwicklung im Ausland andererseits bestimmte die militärpolitische Lage zu Beginn der 30er Jahre. Die Reichswehrführung drängte damals, die Rüstungsfreiheit durch entsprechendes politisches Vorgehen auf nationaler und internationaler Ebene anzustreben.

Um der Gefahr einer zunehmenden Abhängigkeit von den sich radikalisierenden wehrfreundlichen Kreisen, deren Unterstützung für die Landesverteidigung unentbehrlich schien, zu entgehen, schuf das Reichswehrministerium das „Reichskuratorium für Jugendertüchtigung", das als überparteiliche Wehrsportorganisation im Herbst 1932 mit der amtlichen paramilitärischen Jugendausbildung begann.

b. Der Anlauf von 1932

Mit der zunehmenden innenpolitischen Radikalisierung im Zuge der Wirtschaftskrise entstand die Möglichkeit, daß die Reichswehr militärpolitisch von der „nationalen Opposition", insbesondere der nationalsozialistischen Partei, überholt werden könnte. 1932 zeichnete sich im Verlauf der Genfer Abrüstungsverhandlungen die Anerkennung des deutschen Gleichberechtigungsanspruches ab. In dieser Lage begann die Reichswehrführung, konkrete Maßnahmen für die Erweiterung des Reichsheeres einzuleiten.

Der bereits vor 1930 erarbeitete Plan für eine Verdreifachung im Kriegsfall blieb damals mangels ausgebildeter Reservisten und viel zu geringer Material- und Waffenbestände undurchführbar. Ziel der seit 1930 geplanten Erweiterung war es, in fünf Jahren, vom 1. April 1933 bis zum 31. März 1938, die Voraussetzung für die Aufstellung eines A-(Aufstellungs-)Heeres im Falle einer Mobilmachung zu schaffen.

Für beide Verstärkungspläne gab es auf dem materiellen Sektor (Waffen, Fahrzeuge, Munition) Rüstungspläne, das 1. Rüstungsprogramm für die Jahre 1930–1933 und das 2. Rüstungsprogramm 1933–1938. Das 2. Rüstungsprogramm enthielt aus finanziellen und personellen Gründen nur sehr begrenzte Ziele. Es wurde bereits seit 1930 bearbeitet. Das während der internen Diskussion in der Heeresleitung für erforderlich gehaltene Tiefenrüstungsprogramm mit voraussichtlichen Kosten von 1 Milliarde RM („Milliardeprogramm", verteilt auf 5 Jahre) mußte für absehbare Zeit als unerreichbar gelten. Als der Chef der Heeresleitung am 23. Januar 1932 das 2. Rüstungsprogramm mit Kosten von 647 Millionen RM für die Jahre 1933–1937 zur weiteren Bearbeitung freigab, hob er deshalb den Notcharakter dieses Planes hervor.

Neben dem 2. Rüstungsprogramm erarbeitete das Truppenamt Vorschläge zur „Organisation des neuen Friedensheeres", die parallel zu den materiellen Maßnahmen die personellen Ergänzungs-, Umgliederungs- und Ausbildungspläne enthielten und am 7. November 1932 von Reichswehrminister v. Schleicher genehmigt wurden. Wegen der Genfer Abrüstungsverhandlungen wurde für den geplanten Umbau des Heeres strengste Verschwiegenheit angeordnet. Die Umbaumaßnahmen sollten in drei Abschnitten bis zum 31. März 1938 verwirklicht werden. Das „Neue Friedensheer" sollte im Endzustand aus einem insgesamt auf 147 000 Köpfe (einschließlich Offiziere) erweiterten Kern von Langdienenden mit einer Dienstzeit von drei und zwölf Jahren für Unteroffiziere und Mannschaften, außerdem aus einem Kontingent von 12 500 kurzdienenden Ergänzungsmannschaften bestehen. Für diese Ergänzungsmannschaften war eine dreimonatige Ausbildung in der Truppe vorgesehen, an die sich vier bis fünf kurze Reserveübungen anschließen sollten. Auf diese Weise wären in jedem Jahr ab 1934 50 000 Mann Reserven für die Aufstellung des künftigen A-Heeres verfügbar geworden. Die Gesamtstärke schloß auch eine kleine Fliegertruppe von 3400 Mann ein. Vorgesehen war ebenfalls eine bescheidene Ausstattung mit schwerer Artillerie (33 Batterien), Flakartillerie (27 Batterien) und Panzerkampfwagen (1 Bataillon) sowie Panzerabwehr – den bisher verbotenen Waffen. Zusätzliche Fernmeldeelemente sollten die Führungsmöglichkeiten verbessern. Der vom Heere betreute freiwillige Grenzschutz sollte in den folgenden Jahren jährlich 80 000 Mann in Kurzlehrgängen von 14 Tagen ausbilden. Auf weitere Sicht wurde mit der Wiedereinführung der Wehrpflicht gerechnet. Da der Rekrutenbedarf für das Friedensheer 85 000 Mann jährlich (50 000 für die Kurzausbildung, 35 000 für die 3- bzw. 12jährige Dienstzeit) betrug, dachte man für den Rest der damals etwa 300 000 Köpfe umfassenden Geburtsjahrgänge später eine Milizausbildung einzuführen. Für das Friedensheer selbst wurde also nicht ein Nebeneinander von Berufsheer und Miliz angestrebt, sondern die Ergänzung des Berufsheeres durch kurzausgebildete Reservisten. Voraussetzung für die Kurzausbildung war die vormilitärische Jugendausbildung, die ab Sommer 1932 größere Zahlen von Jugendlichen zu erfassen begann. Die Planung schloß die Aufstellung einer Wehrersatzorganisation ein. Außerdem sollte jeder Wehrkreis in drei „Wehrgaue" unterteilt werden; für die hierzu nötigen Führungsstäbe wurden die vorhandenen Infanterie- und Artillerieführer vorgesehen.

Bereits am 1. Oktober 1932 berief man 200 überzählige Offizieranwärter auf Mannschaftsplanstellen ein. Gleichzeitig wurde mit den sogenannten „Berlin-Lehrgängen" die (zentrale) Generalstabsausbildung wiederaufgenommen (über die anstelle der verbotenen Generalstabsausbildung durchgeführte Führergehilfenausbildung im 100 000 Mann-Heer siehe Abschnitt VI, S. 176).

Das Programm für 1933 sah vor:
- Beseitigung der einengenden Stärken und Gliederungen bestehender Verbände, die dem Reichsheer durch die alliierte Rüstungskontrolle auferlegt waren (sogenannte Nollet-Stärken),
- Etatisierung einzelner Truppeneinheiten (Kompanien und Batterien), die bereits auf dem Kommandowege aufgestellt waren,
- Neuaufstellung von Artillerie-, Flak- und Nachrichten-(Fernmelde-)einheiten,
- weitere Umrüstung und Ausbau der Kraftfahr- zu Kraftfahrkampftruppen mit Panzerspäh-, Kraftrad-(„Krad"-)schützen, Panzerabwehr- und Panzernachbildungseinheiten sowie der Fahrtruppe zur Flakartillerie- und Artilleriebeobachtungstruppe,
- Intensivierung der Grenzschutzausbildung unter Umwandlung von neun A-(Ausbildungs-)Bataillonen in Grenzschutz-Ausbildungs-Bataillone zur Nach- und Neuausbildung von Freiwilligen aus der Grenzbevölkerung,
- Einstellung einer größeren Zahl von Offizieranwärtern und Rekruten, letztere mit dreijähriger Dienstverpflichtung,
- Beginn einer Dreimonate-Kurzausbildung Freiwilliger bei der Truppe und in eigens dazu umgewandelten Ausbildungsbataillonen des Grenzschutzes,
- Einteilung des nichtentmilitarisierten Reichsgebietes in Wehrgaue als territoriale Grundlage für die spätere Aufstellung von Divisionsverbänden,
- Zusammenfassung der Kavallerie unter einem Korpskommando,
- Aufstellung der Kader für die Fliegertruppe.

Es ist nicht zu verkennen, daß sich diese Planungen in einem Rahmen befanden, zu dem man die Zustimmung der anderen Mächte im Verlauf der Genfer Verhandlungen erwartete.

c. Die Lage nach Bildung der Regierung Hitler

Im Unterschied zu den einschneidenden und unübersehbaren innenpolitischen Veränderungen in den ersten Monaten nach Hitlers Regierungsantritt schien in der Außenpolitik und in der Wehrpolitik zunächst kein Wechsel einzutreten. Weitreichende Entscheidungen über Wehrform, Umfang und Umgliederung des Heeres wurden – vor allem aus außenpolitischen Rücksichten – weder von Hitler noch von dem neuen Reichswehrminister v. Blomberg getroffen. Bei der allgemeinen

Kenntnis der nationalsozialistischen Politik blieben die Erwartungen des In- und Auslandes auf große Veränderungen in der Reichswehr trotz dieses Stillhaltens bestehen. Hitler hat auch vor einem geschlossenen Kreis der Generalität am 3. Februar 1933 wohl weitreichende wehrpolitische Ziele angesprochen, aber noch keine konkreten Entscheidungen genannt.

Die personellen Umbesetzungen beschränkten sich auf die Reichswehrspitze; die weitreichenden Folgen von Blombergs Berufung zum Minister und Reichenaus Ernennung zum Chef des Ministeramtes ließen sich dabei noch nicht übersehen. In der Führung des Heeres gab es bis zum Herbst 1933 keinen Wechsel. General der Infanterie Freiherr von Hammerstein-Equord (Biographie Abschnitt VI, S. 128) blieb Chef der Heeresleitung, Generalleutnant Adam Chef des Truppenamtes.

Wilhelm Adam (1877–1949) wurde 1899 Leutnant im bayerischen Eisenbahnbataillon, im Ersten Weltkrieg und in der Nachkriegszeit Generalstabsoffizier, war vom 1. 10. 1930 bis 30. 9. 1933 (als Generalmajor, ab Dezember 1931 als Generalleutnant) Chef des Truppenamtes; wurde anschließend Kommandeur der 7. Division, mit deren Umwandlung zum Armeekorps Kommandierender General und am 1. 4. 1935 zum General der Infanterie befördert. Am 1. 10. 1935 übernahm Adam als Kommandeur die neugegründete Wehrmachtakademie, ab 1. 4. 1938 führte er das Heeresgruppenkommando 2; am 31. 12. 1938 als Generaloberst verabschiedet und nicht wiederverwendet.

Jede deutsche Rüstungsvermehrung, die der Größe des Reiches, seiner geographischen Mittellage und seinen meist schwer zu verteidigenden Grenzen militärisch angemessen war, führte vor ein Dilemma. Angesichts der Überlegenheit der benachbarten Militärmächte konnte jede wesentliche Heeresvergrößerung Gegenmaßnahmen der Nachbarn auslösen, unter Umständen militärische Interventionen, während kleine Schritte ein Aufholen des Rüstungsbestandes auf eine ferne, kaum absehbare Zukunft verschoben. Dieser Schwierigkeiten war sich die deutsche Führung durchaus bewußt, wie u. a. eine auf Befehl Blombergs im März 1933 von General Adam vorgelegte Denkschrift zur Lage aufzeigt.

Während die im Frühjahr 1933 verstärkten Haushaltsmittel ein schnelles Fortschreiten der materiellen Rüstungsmaßnahmen für das Neue Friedensheer im Sinne der Pläne von 1932 erlaubten und im Juli 1933 das Wehramt (zuständige Abteilung der Heeresleitung) die Erfüllung des 2. Rüstungsprogramms bereits im Jahre 1934 erwartete, verliefen die personellen Verstärkungsmaßnahmen wegen der fehlenden Grundsatzentscheidungen und der Rücksicht auf das Ausland ohne jegliche Beschleunigung. Die Umbauplanung vom November 1932 wurde zwar erfüllt; das Heer erreichte am 1. Oktober 1933 eine Stärke von etwa 112 000 Mann, außerdem hatte es 400 Offiziere und 1000 Unteroffiziere/Mannschaften an die noch getarnte Fliegertruppe abgegeben. Die vorgesehene Kurzausbildung von drei Monaten begann jedoch nur in den für die Grenzschutzausbildung bereitgestellten Bataillonen. In der Truppe lief die Ausbildung von Kurzdienenden nicht an. Diese Verzögerung ging auf die im Jahr 1933 noch ungelöste Entscheidung der Frage „Wehrpflichtheer oder Miliz?“ und die damit zusammenhängenden wehrpolitischen Ansprüche der SA zurück.

Die von Groener und Schleicher vertretenen Gedanken einer Ergänzung des Kernheeres durch eine Miliz wurden bis in die Planung des Neuen Friedensheeres hinein verfolgt, fanden aber im Offizierkorps nur Anerkennung wegen der für eine derartige Kurzausbildung eher zu erwartenden Billigung der auswärtigen Mächte. Die Wiedereinführung einer Wehrpflicht im Zuge der Heeresvermehrung wurde allgemein bevorzugt; sie entsprach nicht nur der deutschen Militärtradition, sondern auch den Erfahrungen des Ersten Weltkrieges und den höheren Ausbildungsanforderungen moderner, technisch aufwendiger Waffen. Nach dem Regierungsantritt Hitlers komplizierte sich die Entscheidung über eine Kurzausbildung durch die Ansprüche der SA, in ihrem Rahmen eine solche Ausbildung durchzuführen. Die Reichswehrführung unter Blomberg und Reichenau kam aus politischen Gründen dieser insbesondere vom SA-Stabschef Röhm verfolgten Planung vorübergehend stark entgegen, während sich im Heer und in den konservativen Kreisen ein verständliches Mißtrauen gegenüber einer damit institutionalisierten Rolle der SA und ihres Führerkorps entwickelte. Als Vorbereitung für diese Volksmiliz wurde, formal innerhalb der SA, aber in enger Zusammenarbeit mit der Heeresleitung, die Organisation des „Chefs des Ausbildungswesens" (AW) geschaffen. Sie übernahm auch das Reichskuratorium für Jugendertüchtigung und begann ihre Tätigkeit im Sommer/Herbst 1933; innerhalb eines Jahres sollte sie 250 000 Mann paramilitärisch vorbilden. Das Heer hatte eine große Zahl von Offizieren und Unteroffizieren zur Durchführung der Ausbildung abzustellen.

Im Laufe des Jahres 1933 verstärkte sich das Gewicht der SA weiter dadurch, daß sie den „Stahlhelm, Bund der Frontsoldaten" übernahm und damit den entscheidenden Einfluß auf den Grenzschutz, sein Personal und seine Waffen gewann. Andererseits kam die Ausbildung in den SA-Sportlagern – die übrigens auch der Beseitigung der Jugendarbeitslosigkeit diente – nur eingeschränkt in Gang, da Hitler Anfang Oktober 1933 die Ausbildung an der Waffe verbot. Diese aus Rücksicht auf das Ausland gegebene Beschränkung wurde erst Ende 1933 wieder aufgehoben. Die Organisation des Ausbildungswesens wurde zum 1. Februar 1935 aufgelöst, nachdem die Ausbilder des Heeres bereits im Frühjahr 1934 abgezogen worden waren.

In den Wochen nach dem Austritt Deutschlands aus dem Völkerbund und dem Verlassen der Abrüstungskonferenz (14. Oktober 1933) bahnte sich die Entscheidung über das Abweichen von der Notlösung des Neuen Friedensheeres zu einem Wehrpflichtheer von 21 Divisionen an. Dieser Kurswechsel ist nachweisbar zunächst bei Hitler, der in Gesprächen mit dem britischen Botschafter am 24. Oktober und dem französischen Botschafter am 24. November 1933 ein deutsches Friedensheer in Stärke von 300 000 Mann nannte. Besonders die gemäßigte französische Reaktion „galt es auszunutzen. Hitler mußte so die Überzeugung gewinnen, daß Frankreich die 300 000 Mann ‚schlucken' würde" (Jürgen Rautenberg).

Währenddessen erließ Blomberg noch am 30. November 1933 eine Weisung über die Fortführung der Umrüstungsmaßnahmen aufgrund des Planes für das

Neue Friedensheer vom November 1932. Als das Truppenamt am 14. Dezember 1933 eine Denkschrift über den „Aufbau des künftigen Friedensheeres" vorlegte, hieß es jedoch bereits, der Minister habe den Aufbau eines 21 Divisionen-Heeres genehmigt und angeordnet, daß dieses Ziel in vier Jahren anzustreben sei. Grundlage wurde nun ein 21 Divisionen-Friedensheer von 300 000 Mann mit einjähriger Wehrpflicht. Anfang Dezember 1933 ist also die Entscheidung über den Planungswechsel vom 21 Divisionen-Kriegsheer – aufgefüllt durch milizartig kurzausgebildete Soldaten – zum 21 Divisionen-Friedensheer mit allgemeiner Wehrpflicht gefallen. Ohne daß eine Weisung Hitlers aktenkundig ist, kann diese Weichenstellung als seine erste weitreichende Einwirkung auf die militärische Planung bezeichnet werden. (Eine maßgebliche Beteiligung Hitlers ist auch bei der Möglichkeit anzunehmen, daß Blomberg selbst Anfang Dezember die Aufgabe seiner wenige Tage zuvor erlassenen Weisung und die Verwirklichung einer größeren Lösung angeregt haben sollte.) Die in den folgenden Monaten zunehmenden Spannungen zwischen Reichswehr- und SA-Führung wurden zweifellos durch die ohne Mitwirkung und ohne klare Unterrichtung des SA-Stabschefs Röhm getroffene Entscheidung über das Wehrpflichtheer mitverursacht. Einer langfristigen Rolle der SA als Trägerin einer Milizausbildung war mit dem Entschluß zur Wehrpflicht der Boden entzogen.

d. Das Kaderheer von 21 Divisionen

Die etwa gleichzeitig mit dem Umstellen der Ausbauplanung für das Heer vollzogene Neubesetzung der Heeresführung erfolgte ohne Hitlers Einmischung und stand mit dem Kurswechsel in keinem inneren Zusammenhang. Sowohl Generalleutnant Beck, der am 1. Oktober 1933 das Truppenamt übernahm, wie auch General der Artillerie Freiherr v. Fritsch, der bereits seit Anfang Januar in der ihm definitiv am 1. Februar 1934 übertragenen Stellung des Chefs der Heeresleitung tätig gewesen war, standen in der Tradition verantwortungsbewußter militärischer Führung (Biographien beider Persönlichkeiten s. o. S. 19 f.). Beide verknüpften mit der Heeresvergrößerung andere Zielvorstellungen als der Politiker Hitler, dem es vor allem um die zahlenmäßige Stärke und die daraus erhoffte erpresserische Wirkung auf andere Mächte ging. Die Fachleute der Heeresführung legten dagegen Wert auf eine leistungsfähige Verteidigung, die nach ihrer Ansicht Einheitlichkeit, Geschlossenheit und hohen Ausbildungsstand der Verbände voraussetzte.

General Beck war es besonders darum zu tun, während des Aufbaus zu vermeiden, daß „wir in einen Krieg verwickelt werden könnten, bevor wir in der Lage sind, uns mit Aussicht auf Erfolg zu wehren". Im Mai 1934 setzte er dem Plan des Obersten Fromm (Chef des Allgemeinen Heeresamtes), das 300 000 Mann-Heer bereits zwischen Oktober 1934 und April 1935 aufzustellen, Widerstand entgegen. Obwohl eine solche Lösung organisatorisch einleuchtende Vorteile bot, sah Beck in der vorübergehend stark verminderten Verteidigungsfähigkeit entscheidende Nachteile angesichts der Gefahr französischer Reaktionen auf ein derartig demonstratives deutsches Vorgehen.

Mit dem Entschluß zur Aufstellung eines Wehrpflichtheeres mußte beschleunigt die bisherige Planung abgeändert und zunächst die Aufstellung des Rahmens für die nunmehr geplanten 21 Divisionen vorbereitet werden. Diese Arbeit verlief in einer beachtlichen Geschwindigkeit. Der am 30. November herausgegebene überholte Umbauplan wurde am 18. Dezember 1933 durch eine neue Weisung über den beschleunigten Umbau des Heeres aufgehoben und ersetzt. Wenige Tage darauf fand eine Befehlshaberbesprechung statt, auf der die neuen Ziele erläutert wurden. Es folgte eine Fülle von Überlegungen und Maßnahmen zur Gliederung, Ausbildung (Vorschriften), Offizierstellenbesetzung, Ausrüstung, Dislozierung und Vorbereitung der neuen Kasernenbauten.

In der Unterbringung sollten mittlere und kleine Städte bevorzugt werden; große Städte sollten nach Möglichkeit gemieden oder nur mit motorisierten Truppen belegt werden. Die Einrichtung neuer Standorte wurde freigegeben, dabei wurde das Zurückgreifen auf Standorte des alten Heeres gewünscht. In der Berechnung des Unterbringungsraumes sollten im Zweifelsfall höhere Stärken angenommen werden, um eine Raumreserve zu gewinnen. Die Beschaffung von Kasernengelände und Standortübungsplätzen sowie die Planung und der Bau von Kasernenanlagen in allen Teilen Deutschlands vollzog sich in den folgenden Jahren unter einem erstaunlich geringen Zeitaufwand. Dabei boten allerdings die damalige zentralistische Regierungsstruktur und die damalige Beschäftigungslage in der Bauwirtschaft günstige Voraussetzungen.

Für alle Ende 1933 ausgelösten Maßnahmen galt weiterhin strenge Geheimhaltung. Über die seit dem Herbst 1933 zu Abteilungen und Gruppen zusammengezogenen kasernierten Polizei-Hundertschaften wurde noch keine weitere Entscheidung getroffen. Sie blieben zunächst ein zusätzlicher geheimer Zweig der Heeresvergrößerung, in dessen Bereich bemerkenswerterweise 1933 mehr Neuaufstellungen als im Heer durchgeführt worden waren.

Am 1. 4. 1934 hatte das Heer unter erstmaliger Einstellung von freiwilligen Mannschaften mit nur eineinhalbjähriger Dienstverpflichtung eine Stärke von etwa 180 000 Mann erreicht. Von vereinzelten Aufstellungen, wie Lehr- und Versuchskommandos bei Artillerie- und Kraftfahrkampftruppen sowie von Flakabteilungen abgesehen, blieb der allgemeine organisatorische Rahmen des Heeres unverändert. Die vorhandenen Truppenteile wurden über die Sollstärke hinaus aufgefüllt, um die Stämme für die größere Heeresvermehrung im Herbst 1934 vorzubereiten. Die dreimonatige Ausbildung kurzdienender Ergänzungsmannschaften, die in größerem Ausmaß erst ab 1. März 1934 beginnen sollte, war nach der Änderung der Umbauplanung im Dezember 1933 bereits fortgefallen.

Während der Vorbereitungsarbeiten zur Aufstellung von 21 Infanteriedivisionen bis 1937 drängte Hitler Ende Mai 1934 auf Beschleunigung. Fritsch und Beck konnten durch ihren Einspruch die Verschiebung des von Hitler gewünschten Endtermins vom Oktober 1934 auf den Herbst 1935 erreichen. Bei der Berücksichtigung der erforderlichen Heeres- und Korpstruppen sowie der bisher verbotenen Waffen (Panzer, schwere Artillerie) mußte die theoretische Verdreifachung der 7 Infanteriedivisionen zu einer zahlenmäßigen Vervierfachung führen. Eine derartige Umgliederung auf einen Schlag hätte die Verwendbarkeit aller Verbände für einen längeren Zeitraum aufgehoben.

Am 1. Oktober 1934 wurden Freiwillige mit einjähriger Dienstverpflichtung eingestellt. Das Heer erreichte damit eine Stärke von 250 000 Mann. Der Anteil der Truppenoffiziere sank im Vergleich zu dem Zahlenverhältnis im 100 000 Mann-Heer auf etwa die Hälfte ab. Die alten Divisionskommandos (Wehrkreise) wurden in Generalkommandos umgewandelt und um zwei weitere, Breslau (VIII) und Kassel (IX), vermehrt. Die Inspektion der Kavallerie wurde in Kavalleriekommando umbenannt und führte die 1. und 2. Kavalleriedivision. Die Inspektion der Kraftfahrtruppen erhielt eine entsprechende Führungsaufgabe gegenüber allen schnellen Truppen. Ihr wurden die zur leichten Division umgegliederte 3. Kavalleriedivision sowie die aus den bisherigen Kraftfahrabteilungen hervorgegangenen Teile von Panzerwaffe, motorisierter Aufklärung, motorisierten Schützen und Panzerabwehr unterstellt. Die den Wehrkreisen übergeordneten Gruppenkommandos 1 und 2 nahmen nunmehr die Stellung von Armeeoberkommandos ein.

Jede alte Infanteriedivision (Wehrkreis) stellte zwei weitere auf. Die neuen Divisionskommandos entstanden aus den bisherigen Stäben der Infanterie- und Artillerieführer und neu formierten Heeresdienststellen, die meist den Decknamen von Garnisonkommandanturen trugen. Jedes Infanterieregiment stellte zunächst ein weiteres Regiment auf, so daß die neuen Divisionen zwei- statt dreigliedrig waren. Die Artillerie, durch den Versailler Vertrag besonders hart beschnitten, vervierfachte ihre Truppenteile, die allerdings zunächst je Abteilung nur zwei Batterien besaßen; jedes Artillerieregiment erhielt eine schwere bespannte Abteilung mit 15 cm-Haubitzen. Auch die übrigen Divisionstruppen wie die Pioniere und die Nachrichten-(Fernmelde-)truppe verdreifachten die Zahl ihrer Verbände. Gleichzeitig schuf das Heer eine Nebelabteilung für Gaskampf und -abwehr. Die Kavallerie blieb von der Vergrößerung ausgeschlossen.

Der Stab der 3. Kavalleriedivision (Weimar) übernahm die Führung eines leichten motorisierten Divisionsverbandes. Als weitere Führungsstäbe für motorisierte Truppen entstanden zwei Kraftfahrkampfbrigaden (Berlin und Kassel) und die Kampfwagenbrigade 1 (Berlin). Außerhalb der Infanteriedivisionen wurden 1934 als motorisierte Verbände insgesamt drei Panzerregimenter zu je zwei Abteilungen, drei motorisierte Schützenregimenter, neun motorisierte Aufklärungsabteilungen sowie 14 Panzerabwehrabteilungen aufgestellt.

Neuaufstellungen gingen aus Abgaben von Volltruppen mit Gerät, aus Abgabe von Personalstämmen oder aus Einzelabgaben hervor. Personalstämme waren meist durch Einzelabgaben anderer Einheiten an die abgebende Truppe zu ersetzen.

Aufstellung der Infanteriedivisionsverbände zum 1. Oktober 1934

Aufstellender Wehrkreis		Aufgestellte Divisionen (Standorte der Divisionskommandos s. u. Übersicht S. 316)
I	(Königsberg)	1., 11., 21. Inf.Div.
II	(Stettin)	2., 12., 20. Inf.Div.
III	(Berlin)	3., Teile 13., Teile 8. (Wehrkreis VIII) und Teile 18. (Wehrkreis VIII) Inf.Div.
IV	(Dresden)	4., 14., Teile 13. (Wehrkreis III), Teile 8. (Wehrkreis VIII), Teile 18. (Wehrkreis VIII) Inf.Div.
V	(Stuttgart)	5., 15., 9. (Wehrkreis IX) Inf.Div.
VI	(Münster)	6., 16., 19. (Wehrkreis IX) Inf.Div.
VII	(München)	7., 16., 17. Inf.Div.

Die neuen Wehrkreise VIII und IX blieben zunächst als „Heeresdienststelle" Breslau und Kassel getarnt. Die Divisionskommandos wurden weiterhin als Infanterie-, Artillerieführer, Standortkommandanten und Reichswehrdienststellen bezeichnet; die Truppenteile benannte man nach ihren Standorten. Bei den Korpstruppen erreichten die Artillerie und die Pioniere zwei Drittel, die Nachrichten(Fernmelde)truppe erst 50% ihres Solls. Ferner entstanden Lehrtruppen für alle vorhandenen Waffengattungen.

Der Anfang März 1935 enttarnte Aufbau der Luftwaffe forderte vom Heer neben weiteren Einzelabgaben die Ausgliederung der Flakartillerie, die mit Wirkung vom 18. März 1935 in Stärke von 11 Abteilungen zum neuen Wehrmachtsteil übertrat (s. u. S. 540). Zusätzliche Hilfe hatte das Heer zu leisten, indem es bis 1936 die halbjährige Grundausbildung für die Rekruten der Luftwaffe übernahm.

Vor der Erklärung der Wehrhoheit hatte die Heeresleitung ihr Nahziel für den weiteren Aufbau des 21 Divisionen-Heeres bis Herbst 1935 – auch im Hinblick auf neue Verhandlungen über Rüstungsbegrenzung – wie folgt erweitert:

10 Generalkommandos, 23 Infanteriedivisionen, 2 Kavalleriedivisionen, 2 Kavallerie-Brigaden, 3 Panzerdivisionen, 3 reine Panzerbrigaden, 10 Korpstruppengarnituren (Pionierbataillon, Nachrichtenabteilung), eine reichliche Ausstattung mit Heerestruppen (10 Artillerieregimenter, 17 MG-Bataillone, 6 motorisierte Aufklärungsabteilungen, 22 Radfahr-Kompanien, ferner Nebel- und Eisenbahntruppen sowie Kraftfahr- und Fahrtruppen als Stämme für rückwärtige Dienste), Lehrtruppen und Schulen.

Auch diese Planung ging über die früher angestrebte Verdreifachung des Heeres im Kriegsfall noch nicht wesentlich hinaus. Die hervorstechendste Neuerung war die Panzerwaffe und deren organische Koppelung mit anderen motorisierten Truppen zur Waffenfamilie der Panzertruppen. Die neuen Panzerdivisionen faßten die Panzerkampfwagen mit den für die Erfüllung operativer Aufgaben erforderlichen motorisierten Begleitwaffen zu einem schnellen, weitgehend geländegängigen Verband zusammen. Maßgebende Vertreter der Heeresleitung sahen die Panzerdivisionen lediglich als Versuchsgliederungen an (s. u. S. 340 f.).

2. Der offene Ausbau (März 1935 bis August 1939)

a. Die Verkündung der Wehrhoheit

Die zu einem früheren Zeitpunkt erwartete Einführung der Wehrpflicht wurde mit Rücksicht auf die Volksabstimmung an der Saar, die am 13. Januar 1935 stattfand, auf das Frühjahr verschoben. Am 16. März 1935, unmittelbar nach der Rückgabe des Saargebietes, proklamierte Hitler die Wehrhoheit, kündigte die Wehrpflicht mit einjähriger Dienstzeit zum 1. Oktober 1935 an und setzte die Friedensstärke des Heeres – einschließlich der zu übernehmenden Truppenpolizei – auf 12 Armeekorps zu insgesamt 36 Divisionen fest.

Mit dem „Gesetz für den Aufbau der Wehrmacht" vom 16. März 1935 verließ die deutsche Aufrüstung ihr Tarnstadium. Infolgedessen traten im Juni/Juli 1935 eine Reihe von terminologischen Änderungen ein:

alte Bezeichnung	*neue Bezeichnung*
Reichswehr	Wehrmacht
Reichswehrministerium	Reichskriegsministerium
Reichswehrminister	Reichskriegsminister und Oberbefehlshaber der Wehrmacht
Heeresleitung (HL)	Oberkommando des Heeres (OKH)
Chef der Heeresleitung	Oberbefehlshaber des Heeres (ObdH)
Truppenamt	Generalstab
Chef des Truppenamtes	Chef des Generalstabes des Heeres

Die Umwandlung des Freiwilligenheeres in ein Wehrpflichtheer machte den Wiederaufbau einer umfassenden Wehrersatzorganisation notwendig, die sich aus Wehrmeldeämtern auf unterer Ebene – bis 1935 getarnt als „Meldeämter für den freiwilligen Arbeitsdienst" –, Wehrbezirkskommandos und Wehrersatzinspektionen zusammensetzte. Jedem Wehrkreisbefehlshaber unterstanden normalerweise mehrere Wehrersatzinspektionen. Da die Wehrerfassung für alle Wehrmachtteile gemeinsam arbeitete, wurden die Dienstposten im Wehrersatzwesen gemischt von älteren Offizieren des Heeres, der Kriegsmarine und der Luftwaffe besetzt. 1939 gab es 40 Wehrersatzinspektionen mit 316 Wehrbezirkskommandos.

Das neue Wehrgesetz vom 21. Mai 1935 stellte über die allgemeine Wehrpflicht hinaus für den Kriegsfall die Dienstleistungspflicht aller deutschen Männer und Frauen fest. Die Wehrpflicht der Männer erstreckte sich auf die Dauer vom 18. bis zum 45. Lebensjahr (nach Sonderverordnung in Ostpreußen bis zum 55.). Die Wehrpflichtigen des Beurlaubtenstandes gliederten sich in die Reserve (die Ausgebildeten bis zum 35. Lebensjahr), die Ersatzreserve (die Nichtausgebildeten), die Landwehr (die Wehrpflichtigen vom 35. bis zum 45. Lebensjahr) und den Landsturm (die bei einer Erweiterung des Wehrdienstes Einzuziehenden mit mehr als 45 Lebensjahren).

Die Dauer der aktiven Dienstzeit wurde nicht im Wehrgesetz geregelt, sondern am 22. Mai 1935 durch Erlaß Hitlers verordnet. Die Einführung einer einjährigen Wehrdienstzeit galt zunächst als zweckmäßigste Lösung, da sie neben der halbjährigen Arbeitsdienstpflicht den betroffenen Jahrgängen nicht zu große Belastungen auferlegte und andererseits in absehbarer Zeit eine größere Zahl von Reservisten für das Kriegsheer ergab.

Die weiteren Aufstellungspläne des Heeres wurden durch eine Lagebeurteilung des Truppenamts vom 8. März 1935 stark beeinflußt. Die Studie hielt in der damaligen Entwicklung die Gegnerschaft Frankreichs, der Tschechoslowakei, Belgiens und schließlich Polens für möglich. Ein Eingreifen anderer Mächte, wie der UdSSR, Englands und Italiens galt als nicht wahrscheinlich.

Berechnet wurde eine Stärke von 83 französischen und 13 belgischen Divisionen im Westen sowie 26 tschechoslowakischen und 48 polnischen Divisionen im Osten (ohne Sonderformationen wie Heerestruppen, Panzer- und Kavallerieverbände). Von einem wünschenswerten Stärkeverhältnis 1 : 1 zwischen Angreifer und Verteidiger ausgehend glaubte man bei günstigen Geländeverhältnissen und Befestigungen auch noch ein Verhältnis 2 : 1, allenfalls 3 : 1, hinnehmen zu können. Im Osten wurde eine Verteidigung gegen Polen und die Tschechoslowakei im Verhältnis 3 : 1 als äußerste Mindestforderung für vertretbar gehalten. Angesichts der Nachteile, die sich durch die Entmilitarisierung der Rheinlandzone für die Verteidigung ergaben, wurden bei der hoch angesetzten militärischen Leistungsfähigkeit der Franzosen größere Verteidigungsvorkehrungen gefordert.

Während nach dem Nichtangriffsvertrag mit Polen seit Januar 1934 eine gewisse Entlastung an der Ostgrenze gesehen wurde, erkannte man Frankreich ab 1935 die Fähigkeit zu, ohne gesetzliche Maßnahmen größere Truppenverbände zu mobilisieren, die, gedeckt durch die Maginot-Linie, das Reich mit einem Angriff überraschen konnten. Bei der Eröffnung eines Krieges war mit einem blitzartigen Einfall motorisierter Kräfte zu rechnen. Im Gegensatz zur vorangehenden Zeit galt in diesem Stadium der Heeresvermehrung Frankreich als der gefährlichste Gegner.

Bei einer Vorverlegung der Verteidigungslinie an die Reichsgrenze, mindestens aber an den Rhein, meinte man einen Mindestbedarf von 38 Divisionen ansetzen zu müssen. Zusammen mit den erforderlichen Kräften im Osten ergab sich also ein Bedarf von 63 bis 73 Divisionen mit Sonderformationen (Panzer-, Kavallerieverbände und andere Heerestruppen) ohne qualifizierte Rüstungsbeschränkung. Als Grundlage für ein derartiges Kriegsheer hielt man ein Friedensheer von 30 bis 36 Divisionen für notwendig. Um die erforderliche hohe Einsatzbereitschaft zu erreichen, wurde die Einführung der zweijährigen Dienstzeit für Wehrpflichtige vorgeschlagen. Da eine gestaffelte Einberufung nicht tunlich war, konnte das Heer bei einjähriger Dienstzeit nur in den Sommermonaten jeden Jahres, also am Ende der Ausbildung, eine befriedigende Verwendungsfähigkeit erreichen. Das Truppenamt hielt schließlich die Verteidigungsfähigkeit des Heeres erst in der Anlehnung an größere Landesbefestigungen in Ost und West für voll wirksam.

General Freiherr von Fritsch war mit den Ergebnissen der Studie voll einverstanden. Die bisherige Planung eines 23 Divisionen-Heeres reiche als Grundlage für ein Kriegsheer von 63–73 Divisionen nicht aus.

„Ein Zukunftskrieg wird aller Voraussicht nach ganz überraschend ausbrechen. Der politischen Spannung wird unmittelbar die militärische Aktion folgen ... Überraschender

Einbruch entspricht ferner am meisten der Wesensart motorisierter, mechanisierter und der Luftstreit-Kräfte.

Die zur ersten Abwehr bestimmten Kräfte müssen daher sich auch schon im Frieden in erhöhter Bereitschaft befinden, wie dies auch in der Denkschrift des T. A. erwähnt ist. Da sie nicht wesentlich zur Aufstellung von Mob-Formationen herangezogen werden können, ist daher das Verhältnis Friedenstruppenteil-Kriegsformation für die anderen Divisionen noch viel ungünstiger als 1 : 3. Hieraus folgt, daß für die weitere Zukunft 23 Friedensdivisionen unzureichend sind. Ihre Zahl wird nach Maßgabe verfügbarer materieller und personeller Mittel später auf 30 bis 36 Divisionen zu erhöhen sein."

Das ohne Beteiligung der Heeresführung von Hitler proklamierte Aufstellungsziel von 12 Generalkommandos und 36 Divisionen entsprach also grundsätzlich den Forderungen des Heeres. Nur ergaben sich wieder erhebliche Differenzen wegen des Zeitpunktes. Hitler wollte sie zum nächstmöglichen Termin (1. Oktober 1935) aufgestellt sehen. Fritsch und vor allem Beck jedoch war es wieder aus militärischen Gründen mehr um eine langsam anwachsende Zahl wirklich einsatzfähiger Großverbände zu tun; nach ihren Vorstellungen sollte die Aufstellung erst 1939 beendet sein. Dabei zeigten sich auch innerhalb des Truppenamtes (Generalstab) Meinungsverschiedenheiten. Während die Operationsabteilung allein der Verwendungsfähigkeit den Vorrang gab, wollte die Organisationsabteilung möglichst frühzeitig, also zum 1. Oktober 1935, den zukünftigen Heeresrahmen abstecken, um ihn in den folgenden Jahren planmäßig auszufüllen. Dieses Projekt lehnte Beck, obwohl politische und organisatorische Gründe dafür zu sprechen schienen, als eine militärische Scheinlösung ab. Fritsch und Beck traten dagegen für eine Auffüllung des durch die Übernahme von kasernierten Polizeikräften in Stärke von etwa 3 Divisionen auf 24 Divisionen angewachsenen Heeres ein. 1935 gelang es der Heeresführung noch einmal, wirksamen Widerstand gegen eine Forderung zu leisten, die eine militärische Verwendungsfähigkeit des neuen Wehrmachtheeres um künftiger Stärke willen für die nächsten Jahre unbedenklich aufs Spiel setzte.

Während der Phase des getarnten Heeresaufbaus hatten die kasernierten Landespolizeien als militärisches Instrument eine wichtige Rolle gespielt. Es handelte sich um die Polizeikontingente der deutschen Länder, die als kasernierte Hundertschaften ab 1933 immer stärker militärischen Charakter bekamen. Um die Jahreswende 1934/35 erreichten die Landespolizeien eine Gesamtstärke von etwa 53 000 Mann. Sie setzten sich aus Infanterie-, Nachrichten-(Fernmelde-), Kraftfahrkampftruppen- und berittenen Teilen zusammen. Durch ihre Einteilung in Polizei-Abteilungen, -Gruppen (Regimenter) und -Inspektionen (Brigaden) erhielten sie eine den Verteidigungsbedürfnissen des Reiches angepaßtere Organisationsform. Ab Herbst 1933 unterstanden die gesamten Landespolizeien für die Ausbildung dem Truppenamt. 1934 wurde sie administrativ dem Reichsminister des Innern „im Benehmen mit dem Preußischen Ministerpräsidenten" (Göring), militärisch dem Reichswehrminister unterstellt. Für die entmilitarisierte Westzone bildeten die dort stationierten Polizeikräfte die einzige Verteidigungskraft.

Ihre endgültige Überführung in das Heer verzögerte sich nicht nur mit Rücksicht auf die Saar-Abstimmung, sondern auch wegen der Widerstände des nationalsozialistischen Parteiführers Göring, der als preußischer Ministerpräsident einen so repräsentativen Teil seiner Hausmacht nicht aufgeben wollte. Ende Januar 1935 entschied Hitler die Übernahme der Masse der Landespolizei ins Heer; der Entschluß wurde am 15. März bekanntgegeben. Zwei Drittel der kasernierten Polizisten traten zum Heer über (58 Abteilungen), ein Drittel blieb Landespolizei, vor allem die Kräfte in der entmilitarisierten Zone (28 Abteilungen); drei Landespolizeiabteilungen nahm die Luftwaffe als „Regiment General Göring" auf.

Nachdem Ende März die zu übernehmenden Polizeiverbände dem Heer unterstellt worden waren, folgte am 3. Juli eine gesetzliche Regelung der Überführung, die am 1. August vollzogen und Anfang Oktober 1935 abgeschlossen wurde. Im Sommer 1935 sind insgesamt 56 000 Polizeibeamte in die Wehrmacht versetzt worden. Die Verbände der Landespolizei stellten, abgesehen von der Auffüllung neuer Truppenteile mit Unterführern, die Stämme für drei Infanteriedivisionen. In einzelnen Fällen wurden geschlossene Polizeiabteilungen als Bataillone übernommen. Meist verwendete die Heeresleitung einzelne Kompanien unter Zuteilung von Reichsheerpersonal für die Aufstellung von Bataillonen. Der Überführung der Polizeioffiziere ging eine individuelle Überprüfung voraus.

Mit dem 15. Oktober 1935 fielen die bisherigen Tarnbezeichnungen fort. Die Truppenteile führten ihre neuen Nummern (s. u. Übersicht S. 316). Im Herbstaufbau entstanden das Gruppenkommando 3 (Dresden) sowie das Wehrkreis- und Generalkommando X (Hamburg). Polizeistäbe und andere Abgaben bildeten die 22. (Bremen im Wehrkreis X), die 23. (Potsdam im Wehrkreis III) und die 24. Infanteriedivision (Chemnitz im Wehrkreis IV). Neben der Umgliederung der leichten Division zur 1. Panzerdivision (Weimar) kamen die 2. (Würzburg) und die 3. Panzerdivision (Berlin) hinzu, ferner die Gebirgsbrigade im Wehrkreis VII. Die Panzerdivisionen wurden unter einem Kommandeur der Panzertruppen (Berlin) zusammengefaßt, das 1934 geschaffene Kavalleriekommando für die beiden Kavalleriedivisionen entfiel.

Die Umwandlung von Polizeikräften und der A-Bataillone der Infanterieregimenter ermöglichte die Aufstellung der 3. Infanterieregimenter bei den Infanteriedivisionen. Die Artillerie stellte 21 schwere motorisierte Abteilungen auf. Den 24 vorhandenen Infanteriedivisionen fehlte insgesamt die Stärke von 47 Bataillonen, bei den Korpstruppen 3 Pionierbataillone und 1 Beobachtungsabteilung. 17 Infanteriedivisionen blieben noch wesentlich unter ihrer Sollstärke. Die Stäbe der beiden Kraftfahrkampfbrigaden wurden in die Stäbe der 2. und 3. Panzerdivision umgewandelt. Die Panzerabwehrabteilungen wurden nochmals erheblich vermehrt und traten zu den Divisionen.

Das Heer erreichte am 1. November 1935 eine Stärke von 400 000 Mann. Der Anteil der Truppenoffiziere an der Gesamtstärke sank auf weniger als die Hälfte ihres Anteils im Reichsheer ab. Mit der Aufstellung dieses 24 Divisionen-Heeres schickte man sich an, den Anschluß an die militärische Entwicklung des Auslandes zu gewinnen. Ein Angriff auf das Reich begann nun für schwächere Gegner wie Polen oder die Tschechoslowakei ein gewisses Risiko in sich zu tragen.

Obwohl Fritsch von Anfang an keinen Zweifel darüber ließ, daß das Ziel des 36 Divisionen-Heeres erst „im Laufe einiger Jahre zu verwirklichen" sei, vermochte sich das Oberkommando des Heeres immer weniger politischen Gründen zu verschließen, die Phase einer möglichen Gefährdung des unfertigen Heeres von außen schnell zu durchschreiten, auch wenn ernste militärische Gründe dagegen sprachen. Das häufige Auseinanderreißen von Truppenteilen für Neuaufstellungen, die zahlenmäßige Schwäche des Offizierkorps, dessen absinkende Leistungsfähigkeit und der nachlassende Zusammenhalt als Folge vieler Neuzugänge und Reaktivierungen, das Fehlen geeigneter Unterführer und Ausbilder in ausreichender Zahl, die Umstellung der Ausbildung auf die breite Masse der Wehrpflichtigen, auf neue Waffen und neues Gerät, endlich die nachhinkende materielle Ausstattung setzten den Wert des Heeres als militärischer Faktor für die nächste Zeit weiter herab, als die politische Führung es wahrhaben wollte.

b. Die Aufstellung des 36 Divisionen-Heeres

Die langfristigen Überlegungen der Heeresleitung und ihres Chefs waren 1935 noch auf ein „33 + 3"-Ziel, d. h. 33 Infanterie- und 3 Panzerdivisionen abgestellt. Dementsprechend wurde im Mai 1935 in der Heeresleitung über die Aufstellung von zunächst 12 Generalkommandos und 29 Infanteriedivisionen beraten. Schwierigkeiten ergaben sich seitens des Personalamtes wegen der immer unbefriedigender werdenden Offizierlage.

Der am 24. Juni 1935 beschlossene Aufbauplan steckte folgende Ziele:

	Friedensheer	Kriegsheer
1936	27½ Infanteriedivisionen	28 Infanteriedivisionen
1937	29	35
1938	31	42
1939	33	49

Dieser Plan blieb bis zum Jahresende 1935 in Kraft. In den letzten Monaten des Jahres 1935 sah sich jedoch das OKH einem verstärkten Druck ausgesetzt, das Aufstellungstempo zu steigern.

Nach dem Aufstellungsbefehl vom 12. Januar 1936 sollten im Herbst 1936 insgesamt 32 Rahmendivisionen vorhanden sein, von denen nur etwa die Hälfte die Kampfkraft einer Volldivision haben konnte. Da eine quantitative Erweiterung nicht möglich war, konnte dieses Ziel nur durch Einsparungen, d. h. vor allem durch zeitliches Hinausschieben neuaufzustellender Heerestruppen, späteres Auffüllen bestehender Verbände und durch eine weitere Herabsetzung der Offizierstärken erreicht werden.

Am 18. Januar 1936 lag ein neuer Gesamtaufbauplan vor. Er sah die Aufstellung der 33. Infanteriedivision erst im Herbst 1939 vor. Das Kriegsheer hätte im Frühjahr 1940 mit 66 mobilisierten Divisionen etwa die im März 1935 von Beck geforderte Stärke von 63–73 Infanteriedivisionen erreicht.

Infolge der Wiederbesetzung des entmilitarisierten Rheinlandes am 7. März 1936 trat eine neue Lage ein. Die Erweiterung des Wehrhoheitsgebietes war bereits vorher in die Überlegungen des Generalstabes einbezogen worden; allein der Zeitpunkt überraschte, als Hitler über Blomberg am 2. März 1936 die unmittelbare Vorbereitung des Einmarsches befehlen und diesen bereits einige Tage darauf durchführen ließ. An der Wiederbesetzung beteiligten sich die Wehrkreise V, VI und IX. Die Truppen marschierten friedensmäßig ein. Im Falle militärischer Gegenwirkungen war die Zurücknahme der eingesetzten Truppen hinter den Rhein vorgesehen; in diesem Aufbaustadium seiner Streitkräfte konnte sich Deutschland nicht einmal einer räumlich begrenzten militärischen Intervention Frankreichs gewachsen zeigen. In die der Westgrenze des Reiches nächstgelegenen Städte Aachen, Trier und Saarbrücken wurde zunächst nur je ein Bataillon verlegt. Insgesamt waren an dieser Aktion etwa 30 000 Mann beteiligt; das Wehrhoheitsgebiet des Reiches war erweitert und an der Westgrenze die operative Ausgangslage für Verteidigung wie Angriff wesentlich verbessert worden. Wiederum mußten Polizeikräfte in das Heer eingegliedert werden. Aus den aufzulösenden Landespolizeiinspektionen Süd, West und Südwest und ihren Polizeiverbänden wurden die 25. (Ludwigsburg), die 26. (Köln), die 33. (Mannheim) und die 34. (Koblenz) Infanteriedivision aufgestellt.

Aufgrund eines neuen Aufstellungsbefehls vom 1. April 1936 entstanden die neuen Wehrkreise und Generalkommandos XI (Hannover) und XII (Wiesbaden). Die Zahl der Infanteriedivisionsrahmen erhöhte sich nun auf 36 (25.–36. Infanteriedivision). Das Ziel der insgesamt 36 Divisionen von 1935 hatte nunmehr eine erheblich erweiterte Auslegung erfahren; im Herbst 1936 waren 36 Infanterie- und 3 Panzerdivisionen vorhanden, außerdem standen eine gemischte Kavallerie- und eine Gebirgsbrigade zur Verfügung.

Für die Vergrößerung des Heeres reichten die zum Wehrdienst heranstehenden schwächeren Geburtsjahrgänge ab 1915 spätestens ab 1938 nicht mehr aus. So sehr Hitler auf eine schnellere Vergrößerung des Heeres drängte, so zögerte er doch, die erforderliche zweijährige Dienstzeit einzuführen, weil er fürchtete, an Popularität zu verlieren. Den rascheren Anfall von Reserven für die Kriegszeit bei einer einjährigen Dienstzeit glich eine zweijährige durch die solidere Ausbildung und höhere Einsatzbereitschaft des Friedensheeres während des ganzen Jahres aus. Gegen Hitlers Bedenken setzte sich Fritsch mit der Forderung einer höheren Verteidigungsfähigkeit durch. Obwohl längst alle Vorbereitungen getroffen waren, konnte sich Hitler erst am 24. August 1936 zu der öffentlichen Bekanntgabe entschließen. Die Wehrpflichtigen des Geburtsjahrganges 1914 dienten 1936/37 noch ein weiteres Jahr und wurden durch den Geburtsjahrgang 1915 ergänzt.

Nach dem Herbstaufbau 1936 hatten die 36 Infanteriedivisionen insgesamt ein Fehl von 97 000 Mann an ihrer Sollstärke. Bei 17 Infanteriedivisionen fehlten 33 Infanteriebataillone und bei 29 Infanteriedivisionen 41 Artillerieabteilungen, von anderen Lücken abgesehen.

Am besten waren die ostpreußischen, die drei Panzerdivisionen und die acht Westdivisionen ausgestattet. Nach Fortfall der Kavalleriedivisionen bestand nur noch eine Kavalleriebrigade in Ostpreußen. Die übrigen Reiterregimenter erfüllten eine neue Aufgabe als Korpskavallerieregimenter (s. u. S. 348). Verfügbar waren zudem 11 fast vollständige „Pakete" von Korpstruppen (Kavallerie, Pioniere, Nachrichtentruppen), dazu 16 Beobachtungsabteilungen, 10 MG-Bataillone, 6 motorisierte Aufklärungsabteilungen, 2 Nebelabteilungen und 2 Heerespanzerregimenter.

Neu geregelt wurde die Nach- und Neuausbildung der älteren Geburtsjahrgänge. Für die Geburtsjahrgänge 1901–1912 (in Ostpreußen die Jahrgänge 1901–1909, da dort die 1910–1913 Geborenen einen einjährigen Dienst leisteten) wurden Kurzlehrgänge in Dauer von acht Wochen angeordnet. Hierzu wurden Ergänzungs-(E-)Verbände und -Einheiten bei der Infanterie (58 Bataillone), Artillerie (16 Batterien), Pioniere (2 Bataillone + 19 Kompanien), Panzerabwehr (10 Kompanien) und Nachrichtentruppe (7 Kompanien) aufgestellt.

Das Friedensheer erreichte im Oktober 1936 eine Stärke von rund 520 000 Mann. Der prozentuale Anteil der Truppenoffiziere an der Gesamtstärke sank weiter ab, ein Umstand, der die Bedenken des Generalstabes, insbesondere aber die des Heerespersonalamtes wegen der schnellen Heeresvergrößerung verständlich macht.

Nachdem in den Vorjahren die Mobilmachungsvorbereitungen sich darauf beschränken mußten, die vorhandenen Verbände und Grenzschutzvorbereitungen auf Kriegsstärke zu bringen, traten im Herbst 1936 erstmals Planungen für ein größeres Kriegsheer in Kraft. Außer den 41 Divisionsverbänden des Friedensheeres (einschließlich Geb.Brig. u. Kav.Brig.) sollte es zunächst über vier Reservedivisionen und 21 Landwehrdivisionen verfügen. Die Reservedivisionen hatten die gleiche Gliederung wie die aktiven Divisionen, materiell waren sie durch Einsparung von Waffen und Kraftfahrzeugen etwas schlechter gestellt. Sie setzten sich vorzugsweise aus aktiven Stämmen und Reservisten I, d. h. Wehrpflichtigen mit mindestens neun Monaten Ausbildung zusammen. Die Landwehrdivisionen waren auf die Jahrgänge, die im Ersten Weltkrieg gedient hatten, angewiesen. Die artilleristische und Kraftfahrzeugausstattung dieser Divisionen war schwächer als die der Reservedivisionen. Da die Truppe friedensmäßig aus bodenständigen Einrichtungen (Verpflegungs-, Bekleidungs-, Feldzeugämter und Munitionsanstalten) versorgt wurde, hatte jeder Verband des aktiven Heeres im Mobilmachungsfall außer Abgaben für Neuaufstellungen auch Trosse und Versorgungsdienste aufzustellen. Die Übernahme der nötigen Transportmittel aus dem zivilen Bereich war ebenfalls vorzubereiten.

Ergänzt wurde das geplante Kriegsheer durch Vorbereitungen von Festungs-, Versorgungs-(Nachschub-) und Bautruppen. In unmittelbarer Grenznähe wurden Grenzwachtverbände an den Reichsgrenzen aufgestellt. Sie hatten örtliche verzögernde Sperraufträge. Das Stammpersonal des bisherigen Grenzschutzes Ost ging an die Landwehr über. Die neuen Landwehrdivisionen hatten dem Grenzschutz gegenüber den Vorteil größerer Beweglichkeit, besserer Gliederung und Bewaffnung. Die Grenzwachtverbände bestanden aus Zollbeamten (zum großen Teil in den Zolldienst übernommene alte Reichswehrsoldaten) und ortsansässigen Landwehrpflichtigen. Schließlich gehörte zum Kriegsheer das Ersatzheer mit den der Ausbildung dienenden Ersatztruppenteilen und Heimatwachverbänden.

Auch nach der Rheinlandbesetzung blieben Sanktionen der Versailler Siegermächte gegen Deutschland aus. Am 24. April 1936 lag ein neuer Gesamtplan für die weitere Heeresrüstung vor, der die durch das vergrößerte Wehrhoheitsgebiet gegebene Lage berücksichtigte. Demnach sollte die Masse des Heeres 1939 aufgestellt sein; der endgültige Abschluß war für 1940 vorgesehen.

Im einzelnen legte der Plan fest für

1937 – die Aufstellung des Gruppenkommandos 4 (Leipzig) für die motorisierten Verbände und
– Wehrkreis und Generalkommando XIII (Nürnberg),
– Beginn der Motorisierung von 4 Infanteriedivisionen, Auffüllen der Infanteriedivisionen auf mindestens 7 Bataillone,
– Verstärkung der Gebirgsbrigade,
– Auffüllen der Korpstruppen auf 12 „Pakete“,
– Aufstellung von Heerestruppen, darunter 6 Panzerabteilungen sowie Festungstruppen für den Oder-Warthe-Bogen.

1938 – Aufstellung von 20 Infanteriebataillonen, um die Infanteriedivisionen auf einen Durchschnitt von 8 Bataillonen zu bringen,
– Vervollständigung der Divisionsartillerie auf 3 leichte, 1 schwere bespannte und 1 schwere motorisierte Abteilung,
– Aufstellung der XIII. Korpstruppen und von weiteren Heerestruppen, darunter 3 Panzerregimenter.

1939 – Auffüllung der Infanteriedivisionen mit der noch fehlenden Infanterie auf 9 Infanteriebataillone,
– Aufstellung von Heerestruppen, darunter vor allem 6 schwere Artillerieregimenter, 2 leichte Artillerieabteilungen und 4 Panzerregimenter.

1940 – Abschluß des Heeresaufbaus und Aufstellung von schwerer Artillerie und Panzertruppen.

Nach einer Besprechung beim Oberbefehlshaber des Heeres am 8. Juni kam es am 12. Juni 1936 zu einem zusätzlichen Plan mit erheblichen Erweiterungen. Er sah vor

– Aufstellung von drei Generalkommandos für schnelle Truppen,
– beschleunigte Motorisierung der vorgesehenen vier Infanteriedivisionen,
– Erweiterung der Gebirgsbrigade zur Division,

- Aufstellung von drei leichten Divisionen 1937–1939,
- Verstärkung der Heerestruppen, insbesondere der schweren Artillerie und der Heerespanzertruppen (letztere auf 13 Brigaden),
- Vemehrung der Korpstruppengarnituren auf 13 bis 14,
- Verstärkung der Korpskavallerieregimenter um eine Radfahrabteilung.

Das Volumen des Planes vom 24. April 1936 wurde durch einige Streckungen nahezu beibehalten. So war jetzt der Abschluß des Heeresaufbaus auf Herbst 1941 hinausgeschoben worden. Zurückgestellt wurde der Aufbau der Nebeltruppe. Die Friedensstärke der Infanteriedivision sank von 14 300 auf 13 000, die der Panzerdivision von 11 500 auf 10 300 Mann. Diese Einsparungen dienten der Erweiterung des Aufstellungsprogramms sowie der Verstärkung der motorisierten Infanteriedivision auf 15 360 und der Erweiterung der Gebirgsbrigade zur Division. Besonders auffällig war die beabsichtigte Aufstellung von 13 Heerespanzerbrigaden mit je 4 Abteilungen, so daß schließlich jedes Korps über eine Panzerbrigade verfügen sollte. Dieser Plan blieb – von kleineren Veränderungen und Terminverkürzungen abgesehen – die Grundlage für den weiteren Heeresaufbau.

Hiermit wurde das Planziel der Heeresrüstung etwa zu der Zeit beträchtlich erweitert, als Hitler in seiner Denkschrift für den Vierjahresplan der deutschen Wehrmacht und Wirtschaft das Ziel setzte, in vier Jahren – also 1940 – kriegsbereit zu sein. Es begegnen sich dabei Folgerungen Hitlers aus der außenpolitischen Lage, insbesondere dem von außen ungestörten Verlauf der Aufrüstung und immer geringeren fiskalischen Rücksichten einerseits mit den im OKH seit Ende 1935 angestellten Erwägungen zur Erhöhung der Kampfkraft andererseits.

Die leichten Divisionen und die motorisierten Infanteriedivisionen entsprachen nicht nur dem Bedürfnis nach schnell beweglichen Verbänden, sondern waren zusammen mit den Heerespanzerbrigaden eine Art Gegenexperiment von Beck gegen Guderians Panzerdivisionen. Die Vergrößerung des gesamten Aufstellungsvorhabens um drei leichte Divisionen und eine Gebirgsdivision sowie um 13 Heerespanzerbrigaden und 15 schwere Artillerieabteilungen stellt ein eindeutiges Überschreiten der Pläne von 1935 dar. Der erhöhte Offizierbedarf sollte durch nochmalige Beförderung von Unteroffizieren zum Offizier, durch Vergrößerung der jährlichen Fahnenjunkerquote und durch die Überführung von Reserveoffizieranwärtern in das aktive Offizierkorps gedeckt werden.

Nach Ausbruch des Spanischen Bürgerkrieges im Juli 1936 wurde Franco neben größeren Luftwaffenkontingenten auch vom Heer mit einem Ausbildungskommando unterstützt, das in der Offizier-, Unteroffizier-, Panzer-, Panzerabwehr-, Artillerie-, Pionier- und Fernmeldeausbildung eingesetzt war. Es handelte sich um Freiwillige meist der Panzer- und der Panzerabwehrwaffe, insgesamt nie mehr als 600 Mann, sowie um Gerät. Die Ausbilder der Panzertruppe waren auch als Berater auf dem Gefechtsfeld tätig. Eine zahlenmäßige Ausweitung der entsandten Kommandos, Entsendung ganzer Truppenteile sowie größerer Materiallieferungen auf den spanischen Kriegsschauplatz lehnte das Oberkommando des Heeres ab, auch im Hinblick auf die vorhandenen großen Lücken in der Heeresrüstung. Auch Hitler war, obwohl politisch an der Fortführung des Bürgerkrieges zur Entlastung der Lage Deutschlands interessiert, 1936/37 nicht bereit zu einem in seinen Folgen nicht übersehbaren größeren militärischen Engagement. Im Frühjahr 1939 kehrte das Ausbildungskommando zurück.

Das Schwergewicht der Neuaufstellungen im Herbst 1937 lag bei der Infanterie (18 Bataillone, einschließlich MG-Bataillone), der Artillerie (41 Abteilungen einschließlich Beobachtungsabteilungen), sowie der Kraftfahrkampftruppe (die 1. leichte Brigade, 8 Panzerabteilungen und 4 Schützen- und Kradschützenbataillone). Motorisiert wurden die 2., 13., 20. und 29. Infanteriedivision. Diese Anzahl entsprach sowohl Gesichtspunkten des Einsatzes wie der Personalergänzung. Die Vermehrung des Heeres im Aufstellungsjahr 1937 war im ganzen geringer als in den vorangehenden Jahren und als im folgenden. Die E-Truppenteile wurden nur geringfügig vermehrt. Nach der Herbstaufstellung 1937 fehlten den 32 Infanteriedivisionen insgesamt noch 32 000 Mann an ihrem Soll. Bei jeder motorisierten Infanteriedivision standen lediglich 6–7 Bataillone. Insgesamt erreichte das Friedensheer eine Stärke von etwa 590 000 Mann. Der Anteil der Truppenoffiziere erhöhte sich zum erstenmal wieder etwa auf die Hälfte des Anteils beim 100 000 Mann-Heer. Das Kriegsheer hatte im Mobilmachungsabschnitt 1937/38 einen Umfang von 32 Infanteriedivisionen, 4 motorisierten Infanteriedivisionen, 1 Gebirgsbrigade, 1 Kavalleriebrigade, 3 Panzerdivisionen, 1 leichte Brigade, 8 Reservedivisionen und 21 Landwehrdivisionen, insgesamt 71 selbständige Großverbände.

c. Die Heeresvergrößerung 1938–1939

Der Aufstellungsbefehl für den Herbst 1938 vom 23. Dezember 1937, der sich weitgehend an den Plan vom 12. Juni 1936 hielt, sah vor:

- das XIV. (mot.) Generalkommando für die 4 motorisierten Divisionen, das XV. (leichte) Generalkommando für die leichten Verbände und das XVI. Generalkommando mit Korpstruppen für die Panzerdivisionen,
- die 2 und 3. leichte Division und die Erweiterung der 1. leichten Brigade zu einer Division,
- Auffüllen der Infanterie- und motorisierten Infanteriedivisionen,
- Aufstellung von Grenzinfanterie,
- Aufstellung von Heerespanzertruppen, Eisenbahnpionieren und Nachschubschulen,
- Umbewaffnung der Divisionsartillerie von der leichten Feldhaubitze (lFH) 16 auf die leichte Feldhaubitze 18 mit Ausnahme der ostpreußischen Divisionen,
- Ausstattung der schweren Artillerie mit der 10-cm-Kanone 18, der schweren Feldhaubitze 18, der 15-cm-Kanone 16 und Kanone 3 (24 cm).

Diese Vorhaben unterlagen wegen der mit der Eingliederung Österreichs verbundenen Folgen einigen Ergänzungen und Veränderungen. Am 12. März 1938 begann die deutsche Wehrmacht ihren Einmarsch in Österreich. Hierzu hatten die Wehrkreise VII und XIII eine in dieser Form nicht vorbereitete Teilmobilmachung durchzuführen. Die aktiven Truppenteile wurden unter Einziehung von

Reservisten und Aufstellung von Trossen mit Pferden und Fahrzeugen mobilisiert. Sie ließen Personalstämme für Neuaufstellungen zurück. Erfahrungen aus der Vorbereitung und Durchführung des Einmarsches – der nicht ohne Friktionen verlief – sind im weiteren Aufbau ausgewertet worden (z. B. Mobilmachungsmaßnahmen, Verstärkung der Instandsetzungsdienste bei den motorisierten Truppen).

Österreich hatte sich in den Jahren von 1933 bis 1936 von den einengenden militärischen Bestimmungen des Friedensvertrages von St. Germain befreit. Seine gegenüber den Vertragsbindungen nahezu verdoppelten Streitkräfte von insgesamt 58 000 Mann setzten sich in der Masse aus Heeresverbänden, zu geringem Teil aus Luftstreitkräften zusammen. Zur Zeit der Übernahme bestand das Bundesheer aus 7 unvollständigen Infanteriedivisionen, einer gemischten Brigade sowie einer schnellen Division. Die Gesamtstärke entsprach etwa der von 5–6 reichsdeutschen Divisionen. Ein Drittel der Infanterie entfiel auf Gebirgsinfanterie. An Artillerie waren vorgesehen 14 Batterien lFH, 7 Batterien FK, 24 Batterien lFH (mot.Z), 19 Batterien Gebirgskanonen, 4 Batterien sFH und 2 Batterien 10 cm-Kanonen. Die Artillerie war zu etwa zwei Dritteln bereits aufgestellt. Die Pionier- und Fernmeldetruppen bestanden aus je 7 bespannten Bataillonen. Die schnelle Division hatte eine Kraftfahrjägerbrigade mit 4 Kraftfahrjägerbataillonen und eine berittene Brigade mit 2 Kavallerieregimentern (Bataillonsstärke), 1 Panzerwagenbataillon mit 3 leichten Panzerkompanien und 1 Panzerspähkompanie, 1 Pionierkompanie und 1 Fernmeldebataillon.

An Heerestruppen waren außer 1 schweren Artillerieregiment 2 bespannte Pionierbataillone und 1 bespanntes Fernmeldebataillon vorhanden. Das Heer beruhte auf der einjährigen Dienstpflicht. Die schwache materielle Ausstattung litt unter der finanziellen Misere des kleinen Staates.

Entgegen den Absichten eines Teiles der deutschen Heeresführung, die dem Bundesheer eine Sonderexistenz ähnlich der königlich bayerischen Armee im Kaiserreich belassen wollte, ordnete Hitler die völlige Einschmelzung der österreichischen Truppen an. Unter Einschluß einiger aus dem bisherigen Reichsgebiet zugeführter Verbände und Kompanien wurden die Truppen des Bundesheeres nach deutschem Muster umgegliedert und einem neuen Gruppenkommando 5 (Wien) unterstellt.

Außer der gesamten 2. Panzerdivision blieben von den deutschen Truppen vorübergehend 2 Infanterie-Regimenter und 1 Infanterie-Bataillon sowie 2 leichte Artillerie-Abteilungen, 1 Gebirgsjäger-Regiment und 2 einzelne Jäger-Bataillone in Österreich. Die übrigen am Einmarsch beteiligten Truppen wurden schon im März 1938 wieder in ihre Friedensgarnisonen zurückverlegt.

Dem Gruppenkommando 5 wurden folgende Kommandobehörden unterstellt: das Generalkommando (zugleich Wehrkreis) XVII. Armeekorps (Wien) mit der 44. (Wien) und 45. (Linz) Infanteriedivision, das Generalkommando (zugleich Wehrkreis) XVIII. Armeekorps (Salzburg) mit der 2. (Innsbruck) und 3. (Graz) Gebirgsdivision, ferner unmittelbar die 2. Panzerdivision (Wien) und die 4. leichte (St. Pölten, vormals die österreichische schnelle) Division. Die obere Ebene, das

Gruppenkommando und die beiden Korps-/Wehrkreiskommandos, wurden aus den deutschen Generalkommandos IV, VII und XIII unter Hinzuziehung von Offizieren des österreichischen Landesverteidigungsministeriums gebildet. Für die neuen Divisionen waren die Stäbe von zwei österreichischen, kleineren Verbänden mit hinzuversetzten deutschen Offizieren zusammenzufassen.

Zum Herbst 1938 wurde die neue 4. Panzerdivision (Würzburg) im alten Unterbringungsraum der 2. Panzerdivision unter Zuführung von österreichischen Teilverbänden und von Panzertruppen aus dem bisherigen Reichsgebiet aufgestellt.

Die Übernahme der österreichischen Offiziere in die Wehrmacht führte zu einer Auswahl unter politischen und rassischen Gesichtspunkten. Dabei wurden von den älteren Offizieren weniger (55% der Generale mußten ausscheiden), von den jüngeren, noch „bildungsfähigen" Offizieren mehr übernommen. Von 2128 Offizieren des Bundesheeres traten etwa 1600 in die Wehrmacht über. Rund 50 ehemalige österreichische Offiziere, die zuvor wegen nationalsozialistischer Gesinnung entlassen worden waren, wurden wieder eingestellt. Ein großer Teil der Bundesheeroffiziere wurde in das „Altreich" versetzt, immerhin verblieb z. B. vom letzten österreichischen Leutnantsjahrgang ein Anteil von 55% in ihrer Heimat.

Die organisatorische Umwandlung der Bundesheerverbände begann am 15. Juli 1938. Bis zum Herbst entstanden aus den neun alten österreichischen Verbänden fünf deutsche Divisionen, die 44. und 45. Infanteriedivision, die 2. und 3. Gebirgsdivision sowie die 4. leichte Division. Wegen der erforderlchen Vergrößerung der Einheiten kam es zu Vermischungen bis in die Kompanien/Batterien, so daß die Umgliederung einer Auflösung der bisherigen Truppenteile ähnelte. Die zweijährige Dienstzeit begann im Herbst 1938. Mit Ausnahme der Artillerie der 2. und 3. Gebirgsdivision bekamen die neuen Großverbände nach einer Übergangszeit deutsche Waffen und deutsches Gerät.

Verbandsvermischung, Entlassungen, Versetzungen und Ablehnung auch geringster Sonderwünsche führten während der Eingliederungsperiode zu zahlreichen Unzuträglichkeiten. „Die Form der Überführung des Bundesheeres war ... ein reines einseitiges Diktat, wie man es sonst nur einer geschlagenen Armee aufzwingen konnte, aber niemals einem Heer, das offiziell in der freundlichsten Weise aufgenommen werden sollte" (Gschaider). Gemildert wurden die daraus entstandenen Enttäuschungen und Verärgerungen durch die wesentliche Besserstellung der übernommenen österreichischen Soldaten. Oft ergab sich eine Verdoppelung, in bestimmten Fällen eine Verdreifachung der bisherigen Bezüge.

Nach der Münchner Konferenz vom 29. September 1938 besetzten ab 1. Oktober 1938 deutsche Verbände die dem Reich zugesprochenen Gebiete Böhmens und Mährens. Der neue Sudetengau wurde auf die angrenzenden Wehrkreise IV, VII, VIII, XIII und XVII aufgeteilt. Ende November entstanden zwei neue Divisionen: die 46. Infanteriedivision (Karlsbad) im Egerland und die 5. Panzerdivision (Oppeln) in Nordmähren, Österreich.-Schlesien und Oberschlesien. Truppen aus den angrenzenden Gebieten erhielten Garnisonen im Sudetenland. Das Kommando der 4. Infanteriedivision kam nach Reichenberg, das der 8. Infanteriedivision nach Freiwaldau, das Infanterieregiment 52 nach Leitmeritz und das Infanterieregiment 32 nach Teplitz-Schönau.

Infolge der Ereignisse des Jahres 1938 mußte die Herbstaufstellung auf den 10. November verschoben werden.

Im Herbst 1938 hatte sich das Heer um die Gruppenkommandos 5 (Wien) und 6 (Hannover), um die Generalkommandos XIV (Magdeburg) für die mot. Divisionen, XV (Jena) für die leichten Divisionen, XVI (Berlin) für die Panzerdivisionen, XVII (Wien), XVIII (Salzburg) und Grenztruppen Saarpfalz (Kaiserslautern) vermehrt. Hinzu gekommen waren 3 Infanteriedivisionen, 3 Gebirgsdivisionen, 2 Panzerdivisionen, 3 leichte Divisionen. Das Heer bestand nun aus 51 Divisionsverbänden und 1 Kavalleriebrigade. Der Infanterie fehlten noch 35 Bataillone. Die 4 motorisierten Infanteriedivisionen waren aufgefüllt, ebenso 4 der fünf Panzerdivisionen. Leichte Divisionen und Gebirgsdivisionen befanden sich noch im Aufbau.

Die Infanterie vermehrte sich einschließlich der E-Truppenteile um 124 Bataillone, die Artillerie um 41 Abteilungen (ohne Beobachtende Artillerie). Die Zahl der Schützen- und Kradschützenbataillone stieg von 13 auf 31, die der Panzerabteilungen von 24 auf 34.

Eine erhebliche Vermehrung erfuhren die E-Truppenteile: Die Infanterie besaß 129 E-Bataillone, die Artillerie 129 Batterien, die Pioniere 25 Kompanien, die Panzerabwehr 33 Kompanien, die Nachrichtentruppe 20 Kompanien. Diese E-Truppenteile bildeten die Geburtsjahrgänge 1906–1912 aus, um die personellen Voraussetzungen für die Aufstellung von 14 Kriegs-Divisionen (4. Welle) zu gewinnen.

Das Heer besaß nun eine Gesamtstärke von etwa 760 000 Mann. Der Anteil der Truppenoffiziere stieg weiter an. Dabei fanden zahlreiche junge Reserveoffiziere Verwendung in der Truppe, die über ihre zweijährige Dienstzeit hinaus ein drittes Jahr dienten.

Die Besetzung des restlichen tschechoslowakischen Staatsgebietes am 15. März 1939 brachte für die deutsche Rüstung und Heeresvermehrung mehrere Vorteile. Neben der Verkürzung der Grenzen zählte vor allem der erstmalige Zugewinn einer starken Rüstungsindustrie. Außerdem brachte die Auflösung der tschechoslowakischen Streitkräfte – es blieb lediglich eine sogenannte Regierungstruppe von 7000 Mann bestehen, die einer kasernierten Schutzpolizei entsprach – eine große Menge von Waffen, Fahrzeugen, Pferden und Gerät in deutschen Besitz. Das bedeutete eine wesentliche Entlastung in der materiellen Ausstattung der Kriegsdivisionen. Nach damaliger Schätzung konnten von der „Beute“ 15–18 Divisionen ausgerüstet werden.

Der in einigen deutschen Panzerdivisionen der ersten Kriegsjahre verwendete tschechische Panzer 38 t stammte jedoch erst aus der unter deutscher Besatzung wieder anlaufenden Produktion. Der im tschechischen Heer in geringer Zahl vorhandene Panzer 35 t wurde zunächst übernommen, jedoch nicht weitergebaut.

Das nunmehr als „Protektorat Böhmen und Mähren“ unter deutscher Aufsicht regierte Gebiet wurde territorial nicht als Wehrkreis geführt, sondern erhielt einen

„Wehrmachtsbevollmächtigten beim Reichsprotektor". Dieser General wurde nicht dem Heer, sondern dem Chef des Oberkommandos der Wehrmacht unterstellt. Die als Besatzung teils im Wechsel aus dem Reichsgebiet (3 Inf.Btl. in Mähren, mot. Verbände in Böhmen), teils als ständige Garnisonen aus den benachbarten Wehrkreisen in das Grenzgebiet des „Protektorats" verlegten Truppen blieben ihren Generalkommandos zugeordnet. Für die Führung der aus dem Innern des Reiches im zeitlichen Wechsel kommandierten motorisierten Verbände wurde in Prag der Stab der 10. Panzerdivision aufgestellt und im August als einziges im Jahr 1939 noch vor Kriegsbeginn neuentstandenes Divisionskommando etatisiert.

Der Kriegsausbruch 1939 verhinderte die Durchführung der Herbstaufstellungen. Nur das Generalkommando des XIX. A.K. (Wien) für die 2. Panzer- und 4. leichte (9. Panzer-)Division konnte im Juli 1939 noch aufgestellt werden. Die folgenden geplanten Maßnahmen wurden zurückgestellt bzw. erst im Kriege durchgeführt:

- Aufstellung der 4. Gebirgsdivision (Reichenhall),
- Umwandlung der leichten Divisionen in Panzerdivisionen unter Zuführung weiterer Panzerabteilungen (je Division 3 Abteilungen),
- Neuaufstellung und Vergrößerung vorhandener Grenzinfanterieverbände sowie deren Umwandlung in 6 normale Infanteriedivisionen,
- Umwandlung der Kommandos der Grenztruppen Eifel (Bonn), Saarpfalz (Kaiserslautern) und Oberrhein (Baden-Baden) in XX.–XXII. Armeekorps (ohne Funktion von Wehrkreiskommandos),
- Beginn des Ausbaus der Kavalleriebrigade zur Division,
- Vorbereitung der Umstellung der II. (Radf.-)Abteilungen der Korps-Kavallerieregimenter auf Kradschützen,
- Umgliederung der nach Divisionstypen gebildeten Korps in gemischte schnelle Korps aufgrund der Dislozierung und taktischer Bedürfnisse.

Am 25. August 1939 wurden die Vorbereitungen für den Herbstaufbau wegen der befohlenen Mobilmachung abgebrochen.

d. Zusammenfassung

In den sieben Jahren seit 1932 war aus dem Reichsheer mit seinen 7 Infanterie- und 3 Kavalleriedivisionen in ihren mannigfachen Beschränkungen ein Heer von 53 Großverbänden geschaffen worden, dessen Ausrüstung in vieler Hinsicht zu dem Modernsten gehörte, was es 1939 gab. Kriegsfertig war das Heer zu diesem Zeitpunkt jedoch nicht. Es setzte sich aus 35 Infanteriedivisionen, 6 (voll aufgefüllt 5) Panzerdivisionen, 4 leichten Divisionen, 4 Infanteriedivisionen (mot.), 3 Gebirgsdivisionen und 1 Kavalleriebrigade zusammen. Fast jeder nichtmotorisierten Infanteriedivision fehlte noch ein Infanteriebataillon. Die Aufstellung von Panzerwaffe und Heeresartillerie wäre erst 1941 abgeschlossen worden.

Neben diesen Divisionen sowie den dazugehörenden Korps- und Heerestruppen bestanden jedoch zahlreiche zusätzliche Truppenteile, wie Grenztruppen, Lehr- und Versuchstruppen an den Schulen der Waffengattungen, das Wachregiment Berlin (später umbenannt in „Großdeutschland") und das Wachbataillon Wien sowie schließlich die im Kriegsfall dem Heer zuzurechnenden vier Regimenter SS-Verfügungstruppe. Diese Verbände vermehrten die Friedensstärke über die angegebene Zahl der Divisionen hinaus.

Das Kriegsheer von 1939 ergänzte die mobilisierten aktiven Divisionen um 16 Infanteriedivisionen 2. Welle, 20 Infanteriedivisionen 3. Welle, 14 Infanteriedivisionen 4. Welle und 1 Landwehrdivision (Näheres s. u. S. 386 f.). Die empfindlichste Schwäche des Kriegsheeres waren die zu geringen Munitionsvorräte. Sie hätten 1939 nicht gereicht, um bei einem vollen Einsatz in einem Zweifrontenkrieg die Zeit zu überbrücken, die die Kriegsproduktion zum Anlaufen und Liefern benötigte.

Im Vorgang des Heeresaufbaus treten mehrere Wendepunkte deutlich hervor:

1. die Entscheidung für ein Wehrpflichtheer herkömmlicher Art Ende 1933;
2. das Drängen Hitlers zur beschleunigten Aufstellung des 21 Infanteriedivisionen-Heeres im Mai 1934;
3. der Wunsch Hitlers 1935, nach Verkündung der Wehrhoheit die in Aussicht genommenen 36 Infanteriedivisionen unverzüglich aufzustellen;
4. die Beschleunigung sowie die quantitative und qualitative Steigerung der Rüstung nach der Besetzung der entmilitarisierten Rheinlandzone 1936;
5. die Eingliederung des österreichischen Bundesheeres ab Frühjahr 1938;
6. die Intensivierung der Ausbildung von Reservisten nach dem Herbstaufbau 1938 und die vorgesehene Umgliederung zahlreicher Verbände im Jahre 1939.

Der Beginn der Heeresvergrößerung und die Form des Wehrpflichtheeres entsprachen sowohl dem Wunsch des Diktators wie dem der militärischen Führung. Aber die Absicht Hitlers, das 21 Divisionen-Heer sofort aufzustellen, stieß auf den Widerstand des Chefs der Heeresleitung und des Chefs des Truppenamts. So kam es zu einem Kompromiß. Statt bis zum Herbst 1937, wie im Dezember 1933 vorgesehen, wurde das Heer bis zum Herbst 1935 aufgestellt. Hitler konnte auch seine Forderung, die am 16. März 1935 angekündigten 36 Divisionen schon 1935 aufzustellen, nicht durchsetzen. Es blieb zunächst bei den ursprünglichen 21 Divisionen zuzüglich der sich aus der Übernahme der Landespolizei ergebenden Verstärkung von drei Divisionen.

Ab Ende 1935 scheint sich dann aber der Druck auf das Heer so verstärkt zu haben, daß Beck sein „Schritt-für-Schritt"-Prinzip unter Beibehaltung der sofortigen Einsatzfähigkeit aufgeben mußte zugunsten des Drängens der politischen Führung, „möglichst viel sofort beginnen", um vollendete Tatsachen vorzutäuschen. Nach der geglückten Wiederbesetzung der entmilitarisierten Zone gab Beck vollends nach. Im Hinblick auf die engbegrenzten personellen Möglichkeiten eines Aufbaus setzten sich Fritsch und insbesondere auch Beck für eine qualitative Steigerung des Heeresaufbaus ein, was zu der entscheidenden Aufstellungsplanung vom 12. Juni 1936 führte.

Becks Ziel der 13 Heerespanzerbrigaden mit insgesamt 52 Abteilungen ging weit über das hinaus, was Guderians Panzerdivisionen an Panzerwaffe einschlossen. Mit der gleichzeitigen Motorisierung von vier Infanteriedivisionen, der Aufstellung von drei leichten Divisionen und einem umfangreichen Artillerieprogramm war die Grenze dessen erreicht, was die deutsche Industrie in den folgenden Jahren zu leisten vermochte. Auch Beck nahm die sich aus einem solchen Aufbau ergebenden Konsequenzen wie den Abbau der bisherigen Maßstäbe in der Offiziergänzung in Kauf. Alle diese Maßnahmen erschienen militärisch nur dann vertretbar, wenn es bei diesem Planungsumfang blieb und dem Heer anschließend viele Jahre zu seiner inneren Konsolidierung belassen würden.

Der Einmarsch in Österreich im März 1938 und die Übernahme des österreichischen Bundesheeres brachte zwar eine zahlenmäßige Erweiterung um fünf Divisionen, aber noch keine progressive Steigerung der Heeresrüstung, für die weiterhin der Plan vom 12. Juni 1936 maßgebend war. Erst die Herbstaufstellung 1938, befohlen zu einem Zeitpunkt, als der Rücktritt Becks als Chef des Generalstabes bevorstand, stellte eine weitere Steigerung dar. Die Verstärkung der Zahl der E-Bataillone der Infanterie von 55 auf 129, die der E-Batterien der Artillerie von 19 auf 129 ermöglichte eine erhebliche vermehrte Reservistenausbildung. Dazu kam dann die 1939 befohlene Umgliederung der Grenz- in Feldtruppen. Sie kennzeichnen die verstärkte Anstrengung des letzten Aufbaujahres. Ein Widerstand der militärischen Führung scheint diesen kriegsnahen Maßnahmen nicht vorausgegangen zu sein.

Verbände des Heeres

Personalstärke in Tausend (1. Okt.)	1933	1934	1935	1936	1937	1938	1939
	112	250	400	520	590	760	?
Gruppenkommandos	2	2	3	3	4	6	6
Generalkommandos mit Wehrkreis	7	9	10	12	13	15	15
Generalkommandos ohne Wehrkreis	—	2	1	1	1	3	7
Inf.Div.	7	21	24	36	32	35	35
Inf.Div. (mot.)	—	—	—	—	4	4	4
Pz.Div.	—	—	3	3	3	5	6*)
le. Div.	—	1	—	—	—	4	4
le. Brig.	—	—	—	—	1	—	—
Geb.Div.	—	—	—	—	—	3	3
Geb.Brig.	—	—	1	1	1	—	—
Kav.Div.	3	2	2	—	—	—	—
Kav.Brig.	—	1	1	1	1	1	1
(Selbst. Pz.Brig.)	—	(1)	—	—	(1)	(2)	(2)
Divisionsverbände insgesamt ohne Pz.Brig.)	10	25	31	41	42	52	53**)

*) 10. Pz.Div. nur Divisionsstab, mit den selbst. Pz.Brig. und den SS-Verfügungstruppen gab es jedoch 1939 über die 5 aufgestellten Pz.Div. hinaus so viele mot. Truppen, daß wenigstens eine zusätzliche Pz.Div. aufgezählt werden kann.

**) Nicht gerechnet wurden die aktiven Kräfte der Grenztruppen unter den Grenzkommandanturen Trier, St. Wendel, Landau, Offenburg, Freiburg, Küstrin (geplante 72., 47., 59., 43., 49. bzw. 50. Inf.Div.).

Heeresgruppen-kommando	Generalkommando und Wehrkreis (XIV., XV., XVI. und XIX.–XXII. A.K. ohne Wehrkreis)	Divisionsverbände
1 Berlin	I Königsberg	1. Inf.Div. (Insterburg), 11. Inf.Div. (Allenstein), 21. Inf.Div. (Elbing), 1. Kav.Brig. (Insterburg)
	II Stettin	12. Inf.Div. (Schwerin), 32. Inf.Div. (Köslin)
	III Berlin	3. Inf.Div. (Frankfurt/O.), 23. Inf.Div. (Potsdam), Grenzkommandantur Küstrin (50. Inf.-Div.)
	VIII Breslau	8. Inf.Div. (Freiwaldau/Sud.), 18. Inf.Div. (Liegnitz), 28. Inf.Div. (Breslau)
2 Frankfurt/M.	V Stuttgart	5. Inf.Div. (Ulm), 25. Inf. Div. (Ludwigsburg), 35. Inf.Div. (Karlsruhe)
	VI Münster	6. Inf.Div. (Bielefeld), 16. Inf.Div. (Münster), 26. Inf.Div. (Köln)
	XII Wiesbaden	33. Inf.Div. (Mannheim), 34. Inf.Div. (Koblenz), 36. Inf.Div. (Kaiserslautern)
	Generalkommandos der Grenztruppen Eifel (Bonn), XX. Saarpfalz (Kaiserlautern), XXI. Oberrhein (Baden-Baden), XXII.	Grenzverbände unter den Grenz-Kdtr. Trier, St. Wendel, Landau, Offenburg, Freiburg
3 Dresden	IV Dresden	4. Inf.Div. (Reichenberg/Sud.), 14. Inf.Div. (Leipzig), 24. Inf.Div. (Chemnitz)
	VII München	7. Inf.Div. (München), 27. Inf.Div. (Augsburg), 1. Geb.Div. (Garmisch-Partenkirchen)
	XIII Nürnberg	10. Inf.Div. (Regensburg), 17. Inf.Div. (Nürnberg), 46. Inf.Div. (Karlsbad)

Heeresgruppen-kommando	Generalkommando und Wehrkreis (XIV., XV., XVI. und XIX.–XXII. A.K. ohne Wehrkreis)	Divisionsverbände
4 Leipzig (mot.)	XIV. A.K. (mot.) Magdeburg	2. Inf.Div. (mot.) (Stettin), 13. Inf.Div. (mot.) (Magdeburg), 20. Inf.Div. (mot.) (Hamburg), 29. Inf.Div. (mot.) (Erfurt)
	XV. A.K. (le.) Jena	1. le. Div. (Wuppertal), 2. le. Div. (Gera), 3. le. Div. (Cottbus) – geplant als 6.—8. Pz.-Div.
	XVI. A.K. (gep.) Berlin	1. Pz.Div. (Weimar), 3. Pz.Div. (Berlin), 4. Pz.Div. (Würzburg), 5. Pz.Div. (Oppeln), 10. Pz.Div. (Prag) in Aufstellung
5 Wien	XVII Wien (Linz)	44. Inf.Div. (Wien), 45. Inf.Div. (Linz)
	XVIII Salzburg	2. Geb.Div. (Innsbruck), 3. Geb.Div. (Graz)
	XIX. A.K. (gep.) Wien	2. Pz.Div. (Wien), 4. le. Div. (St. Pölten)
6 Hannover	IX Kassel	9. Inf.Div. (Gießen), 15. Inf.Div. (Frankfurt/Main)
	X Hamburg	22. Inf.Div. (Bremen), 30. Inf.Div. (Lübeck)
	XI Hannover	19. Inf.Div. (Hannover), 31. Inf.Div. (Braunschweig)

Fortschritt der Heeresvermehrung 1932—1939

Zahl der Regimenter/Bataillone bzw. Abteilungen

Heer	1932	1933	1934	1935	1936	1937	1938	1939 Frieden
Infanterie (Rgt./Bat.)	21/84	21/84	43/116	77/287	93/334	112/352	129/476	129/476
MG-Bataillone		—	—	10	10	14	22	22
Kavallerie (Rgt./Abt.)	18	18	15	14	14	14/26	15/28	15/28
Radfahrer-Abt.	—	—	—	1	1	1	1	1
Artillerie (Rgt./Abt.)	7/24	7/24	22/95	25/116	41/148	43/187	57/228	57/228
Beobachtungs-Abteilungen		—	4	10	17	23	25	25
Nebel-Abteilungen		—	1	2	3	3	4	4
Pionier-Bataillone	7	7	21	28	48	55	1/75	1/75
Schützen u. Kradschützen (Rgt./Btl. oder Abt.)		—	3/6	3/9	3/9	4/13	13/31	13/31
Panzer (Rgt./Abt.)		—	3/6	6/12	8/16	10/14	14/34	14/34
Panzerabwehr-Abteilungen		—	14	30	36	41	53	53
Aufklärungs-Abteilungen (mot.) (Rgt. bei Le. Div.		—	9	9	9	1/11	3/17	3/17
Nachrichten-Abteilungen	7	7	18	40	50	55	69	71
Kraftfahr- u. Fahrabteilungen	14	14	—	1	3	7	12	12

B. Die Veränderungen in der Heeresstruktur 1933—1939

1. Spitzengliederung

a. Wehrmachtführung und Heeresführung

Nach der auf Weltkriegserfahrungen beruhenden, vorherrschenden Ansicht in der deutschen Heeresführung sollte die Spitze so gegliedert sein, daß der höchsten politischen Führung ein oberster General als verantwortlicher militärischer Berater zugeordnet würde. Diesem, oft „Generalissimus" genannten militärischen Spitzenvertreter sollten die gesamten Streitkräfte unterstehen, er sollte aber nicht identisch mit dem Reichswehrminister sein, da letzterer zu stark als Teil der politischen Führung wirken mußte und zu stark mit ministeriellen haushalts- und rüstungspolitischen Aufgaben belastet war. Außerdem sollte der höchste Soldat dem Heer – wegen dessen entscheidender Bedeutung für die Reichsverteidigung – angehören.

Die Stellung des Generals v. Seeckt bis 1926 kam der eines obersten militärischen Beraters in diesem Sinn nahe, da der formal gleichgestellte Chef der Marineleitung keinen vergleichbaren Einfluß besaß. Mit der Einrichtung der Wehrmachtabteilung im Februar 1926, der Ausgliederung des von Schleicher geführten militärpolitischen Referats aus dem Truppenamt und seiner direkten Unterstellung unter den Minister, entstand eine Keimzelle für ein neues militärisches Führungsamt. Diese Entwicklung wurde deutlich unter dem Reichswehrminister Groener – der als General a. D. ohnehin eine stärkere militärische Führungsrolle des Ministers beanspruchte –, als 1929 in dem neuen Ministeramt die Adjutantur, die Wehrmachtabteilung, die Abwehrabteilung und die Rechtsabteilung unter Generalmajor v. Schleicher zusammengefaßt wurden. Der Chef des Ministeramtes wurde Stellvertreter des Ministers; die Stellung des Chefs der Heeresleitung verminderte sich durch diesen General, der nun zwischen der Heeresspitze und dem politisch verantwortlichen Minister stand.

Mit der Ernennung des Generals v. Blomberg zum Reichswehrminister und des Obersten v. Reichenau zum Chef des Ministeramtes konnte 1933 ein Ansatz gesehen werden, durch den der Anspruch des Heeres, einen Generalissimus für die gesamte Wehrmacht zu stellen und damit eine starke militärische Führung zu verwirklichen, erfüllt wurde. Die tatsächliche Entwicklung verlief jedoch entgegengesetzt: eine zentrale militärische Führung wurde nicht erreicht, die Zuständigkeiten blieben aufgesplittert oder sogar unklar, scharfe – z. T. persönliche – Gegensätze entstanden. Verursacht wurde diese Fehlentwicklung durch die politische Konstellation in doppelter Hinsicht.

1. Blomberg und Reichenau führten die Reichswehr an Hitler heran (s. o. S. 16 f.). Dieser folgenreiche Sachverhalt sowie die immer stärker zum unverantwortlichen Risiko treibende Politik Hitlers veranlaßten die Führung des Heeres, die eigenen Zuständigkeiten zäh zu verteidigen und nach Möglichkeit zu erwei-

tern. Letztere – noch zu erläuternden – Bemühungen trugen immerhin dazu bei, daß auf seiten Blombergs, Reichenaus und dessen Nachfolgers Keitel eine Konzentration der Wehrmachtführung nicht erreicht, auch nicht ernstlich versucht wurde.

2. Eine starke militärische Gesamtführung war jedoch schon weitgehend wegen der politischen Stellung Hitlers und Görings ausgeschlossen. Hitler, seit August 1934 als Staatsoberhaupt Oberster Befehlshaber der Wehrmacht, unternahm nichts, um eine klare Spitzengliederung herbeizuführen. Viele Erwägungen und sogar getroffene Regelungen – z. B. die Bildung des Reichsverteidigungsrates – blieben ungenutzt. Es ist nicht zu übersehen, daß sich Hitler nicht festlegen lassen wollte. Vorhandene oder neugeschaffene Instanzen beließ er in gegenseitigem Rivalitätsverhältnis, um sie gegeneinander ausspielen und selbst – intuitiv und nicht durch sorgfältige Arbeit vorgeplant – Entscheidungen treffen zu können. Dieser Führungsstil konnte natürlich nur in einem Rahmen „gedeihen", in dem sich eine solide generalstabsmäßige Vorarbeit umgehen ließ. Auch Görings Rolle als zweiter Mann im NS-Staat wirkte hemmend auf den Ansatz zu einer konzentrischen Wehrmachtführung. Während die Offiziere der neuen Luftwaffe durchaus bereit waren, sich in die Wehrmacht einzuordnen, blieben die Bemühungen Blombergs um eine klare Unterstellung Görings weitgehend erfolglos. Als Göring 1936 Beauftragter für den Vierjahresplan wurde, ergab sich eine umgekehrte Abhängigkeit der Wehrmachtspitze in Fragen der Rohstoffverteilung.

b. Das Reichswehr- bzw. Reichskriegsministerium

Eine erste Veränderung der bisherigen Stellung des Reichswehrministers ergab sich unmittelbar nach der Ernennung Blombergs zum Minister. Entgegen den Bestimmungen des Reichsministergesetzes von 1930 blieb der zum General der Infanterie beförderte Blomberg im aktiven Dienst (diese Praxis wurde erst mit einer Änderung des Reichsministergesetzes vom 21. März 1935 legalisiert). Ausdrücklich wurde Blomberg am 28. April 1933 zum Befehlshaber der gesamten Wehrmacht ernannt. Zugleich erhielt er die interne Bezeichnung Reichsverteidigungsminister, die bis 1935 im inneren Schriftverkehr geführt wurde und vor allem seine Zuständigkeiten gegenüber der formell außerhalb der Reichswehr entstehenden Luftwaffe verdeutlichen sollte. Schließlich wurde Blomberg am 31. August 1933 zum damals einzigen aktiven Generalobersten befördert (gleichzeitig stieg der Reichsluftfahrtminister Hauptmann a. D. Göring zum charakterisierten General der Infanterie auf). Durch diese Maßnahmen, die weitgehend im Verantwortungsbereich des Reichspräsidenten lagen, waren der Reichswehrminister und der oberste Soldat identisch geworden. Damit hing jedoch untrennbar eine Minderung der Stellung des Chefs der Heeresleitung – weniger deutlich auch des Chefs der Marineleitung – zusammen, während Göring infolge seines Ministerrangs und seiner politischen Sonderrolle keineswegs auf eine geschmälerte Ausgangsposition an der Spitze seiner Teilstreitkraft beschränkt blieb.

An dieser ungleichgewichtigen Situation in der Wehrmachtspitze änderte sich nichts, als am 1. Juni 1935 Blomberg die Dienstbezeichnung Reichskriegsminister und Oberbefehlshaber der Wehrmacht erhielt und die Führer der Wehrmachtteile Oberbefehlshaber des Heeres, der Kriegsmarine bzw. der Luftwaffe benannt wurden. Letztere rückten im April 1936 zum Generalobersten (Raeder zum entsprechenden Dienstgrad Generaladmiral) auf, zugleich wurde Fritsch und Raeder der für damalige Verhältnisse nur noch dekorative Kabinettsrang zugesprochen, womit sie nicht im geringsten der politischen Sonderstellung Görings näherkamen. Oberster Soldat blieb jedoch v. Blomberg, 1936 auch durch seine Beförderung zum Generalfeldmarschall. (Dieser Rang lag besoldungsmäßig über dem des Reichsministers, der wie der Generaloberst besoldet wurde.)

Neben der eindeutigen Herausstellung Blombergs im Dienstgrad und in der Dienstbezeichnung wuchsen ihm in den Anfangsjahren des Dritten Reiches außerordentliche ministerielle Befugnisse zu. Allerdings gelang es ihm nicht, daraus eine beständige politisch-militärische Machtposition auszubauen. Die erweiterten Zuständigkeiten aufgrund des sogenannten Ermächtigungsgesetzes galten für alle Minister und konnten nur solange wirksam sein, bis Hitler ab August 1934 auch als Staatsoberhaupt dem Führerprinzip in der Reichsregierung notfalls durch Ministerentlassung Nachdruck verleihen konnte.

Die Bildung des Reichsverteidigungsrates am 4. April 1933 schien dagegen eine langfristig herausgehobene Stellung des Reichswehrministers zu begründen. Er hatte als Vertreter des Reichskanzlers die Durchführung aller Maßnahmen, die zur Abstimmung der militärischen Planungen mit der Politik, Wirtschaft und Propaganda beschlossen waren, zu überwachen und hierzu Ausführungsbestimmungen zu erlassen. Daraus waren weitreichende Wirkungsmöglichkeiten zu entwickeln. Der eigentliche Reichsverteidigungsrat, bestehend aus dem Reichskanzler und sechs Reichsministern, trat nur einmal zur Konstituierung zusammen. Als ständig arbeitendes Gremium des Reichsverteidigungsrates wurde ein Reichsverteidigungsausschuß, besetzt durch Vertreter der beteiligten Minister, eingerichtet. Mit dem Reichsverteidigungsgesetz vom 21. Mai 1935 wurde der Reichskriegsminister im Fall der Erklärung des Verteidigungsfalles gegenüber den anderen Reichsministern weisungsberechtigt – eine verfassungsmäßig merkwürdige, aber auf dem Führerprinzip beruhende Konstruktion. Das Amt des Reichskriegsministers hatte damit theoretisch eine Konzentration von Befehls- und Weisungsbefugnissen erreicht, wie sie im Sinne einer einheitlichen Führung nur erwünscht sein konnte. Im In- und Ausland galt Blomberg damals oft als der zweite Mann im Deutschen Reich, obwohl Einzelheiten über den Reichsverteidigungsrat und das Reichsverteidigungsgesetz geheim geblieben waren.

Tatsächlich hat Blomberg seine äußerlich herausragende und de jure umfangreiche Stellung nicht ausfüllen können. Dieses Ergebnis und die beiden Hauptgründe hierzu waren bereits angedeutet: Die Heeresführung einerseits und Hitler sowie Göring andererseits wirkten unter gegensätzlichen Motiven hemmend auf den Ausbau einer zentralisierten Wehrmachtführung. Wenn Blomberg, vom zweiten Halbjahr 1934 ab zwischen zwei Fronten geratend, unter der Devise „kommt Zeit, kommt Rat“ vorsichtig taktierte, so ist darin kein Fehler zu sehen. Insgesamt jedoch hat Blomberg seine Ziele nicht mit der erforderlichen Festigkeit verfolgt. Für Hitler war dieser Charakterzug eines möglichen Hauptwidersachers ein Glücksfall. Nicht zu Unrecht bezeichneten manche Offiziere ihren Minister als „Gummilöwen“.

Das wichtigste Versäumnis Blombergs und Reichenaus bei dem Ansatz, eine starke Wehrmachtführung zu errichten, ist der unterlassene frühzeitige Ausbau des Ministeramtes. Bevor die genannten Fronten entstanden waren, hätte die zielbewußte Einrichtung eines zentralen militärischen Führungsstabes und die klare Festlegung seiner Befehlsbefugnis in Heer und Marine hinein durchaus gelingen können. Hierzu wurde aber nicht einmal ein Versuch unternommen, vielmehr beließen es Blomberg und Reichenau bei dem kleinen Stab des Ministeramtes, mit dem sie ihre nächsten Ziele, die Auseinandersetzung mit der SA und das Heranführen der Reichswehr an Hitler, erreichten. Sicherlich war bei diesem Vorhaben ein kleiner Kreis von ausgewählten, sich dynamisch fühlenden Offizieren zweckmäßiger als ein großer Stab, der möglicherweise durch erarbeitete Gegenvorstellungen und gezielte Indiskretionen die wichtigen Entscheidungen der obersten Reichswehrführung im ersten Jahr des Dritten Reiches verzögert oder gefährdet hätte. Ebenso spielte es vermutlich eine Rolle, daß General v. Reichenau hoffte, als Nachfolger Hammerstein-Equords Chef der Heeresleitung zu werden und dementsprechend der Heeresführung keine Zuständigkeiten entziehen wollte. Auffallenderweise bereitete Reichenau erst dann den Ausbau seines Ministeramtes vor, als Anfang Januar 1934 Fritsch als kommender Chef der Heeresleitung feststand. Auch diese Erweiterung des Ministeramtes zum Wehrmachtamt, am 12. Februar 1934 verfügt, blieb aus einem wahrscheinlich von Reichenau weiterhin verfolgten Interesse an der Übernahme der Heeresführung in einem sehr begrenzten Rahmen.

Im neuen Wehrmachtamt wurde die unter Schleicher 1926 errichtete Wehrmachtabteilung aufgehoben und durch die Abteilungen Inland und Landesverteidigung ersetzt. Erstere hatte die innenpolitischen Angelegenheiten, Kabinettssachen sowie Presse und Propaganda zu bearbeiten. Neu war der Wirkungsbereich der Abteilung Landesverteidigung, die für die gesamte Wehrmacht Weisungen über operative und organisatorische (Mobilmachung) Angelegenheiten sowie gemeinsame Wehrmachtkriegsspiele vorbereiten sollte und damit die Keimzelle für einen Wehrmachtgeneralstab darstellte. Außerdem wurde zur Verbindung mit dem Auswärtigen Amt und zur Bearbeitung völkerrechtlicher Fragen eine Abteilung Ausland geschaffen.

Zusätzliche Erweiterungen des Wehrmachtamtes ergaben sich am 1. November 1934 durch die noch zu erläuternde Dienststelle Wehrwirtschafts- und Waffenwesen sowie am 1. Mai 1935 durch die Wehrmachtversorgungsabteilung, die aus der Abteilung Heeresfachschul- und Versorgungswesen des Allgemeinen Heeresamtes sowie aus den entsprechenden Referaten der Marine- und Luftwaffenführung entstand. Als Generalmajor Keitel (Biographie s. o. S. 170) Anfang Oktober 1935 das Wehrmachtamt übernahm, umfaßte es einschließlich einer Wehrmachthaushaltsabteilung alle außerhalb der Heeres- und Marineführung stehenden Teile des Reichskriegsministeriums und beanspruchte gegenüber Heer, Marine und der im Luftfahrtministerium befindlichen Luftwaffenführung eine zentrale Rolle als Führungsorgan des Reichskriegsministers und Oberbefehlshabers der Wehrmacht.

Der Organisationsfachmann Keitel verstand sich – im Unterschied zu dem selbständiger agierenden Reichenau – als Chef des Stabes seines Ministers. Nachdem Anfang 1936 die Heeres- und Marineführung die Bezeichnungen Oberkommando des Heeres bzw. der Marine (OKH und OKM) erhalten hatten (Göring lehnte den Begriff OKL für die Luftwaffenspitze ab, sie wurde erst im Februar 1944 eingeführt), trat das Wehrmachtamt ab Ende 1936 im Schriftverkehr mit dem entsprechenden Begriff OKW in Erscheinung. Ohne Ermächtigung durch einen Erlaß wurde mit dieser Praxis die weitere Entwicklung zu einer Kommandobehörde vorausgenommen – ein unter normalen militärischen Verhältnissen sonderbares Verfahren.

Der weitere Ausbau des Wehrmachtamtes von Herbst 1935 bis Herbst 1937 brachte eine Wehrmacht-Personalgruppe, neue Abteilungen im Wehrwirtschaftsstab sowie eine Abteilung Wehrmachtnachrichtenverbindungen (der zugleich eingesetzte Inspekteur der Wehrmachtnachrichtenverbindungen, Generalmajor Fellgiebel, blieb in Personalunion Inspekteur der Heeresnachrichtentruppe, s. u. S. 358). Keitel sah bereits im Herbst 1937 oberhalb der Abteilungen die Bildung von Amtsgruppen vor und plante für 1938 eine Trennung der kriegsministeriellen Aufgaben unter einem Staatssekretär (das wollte er selbst sein) und der Führungsaufgaben unter einem Wehrmachtgeneralstabschef. Blomberg war mit diesem Vorhaben einverstanden, auch Hitler dürfte es gekannt und für seine Lösung der Spitzengliederung Ende Januar 1938 berücksichtigt haben.

Schwierigkeiten auf dem allmählich angesteuerten Weg zur zentralisierten Wehrmachtführung entstanden vor allem durch die Tätigkeit der Abteilung Landesverteidigung. Obwohl diese kleine Abteilung schon von der Zahl der eingesetzten Offiziere her keinesfalls die Arbeit des Generalstabes des Heeres ersetzen konnte, ging von ihr naturgemäß eine Bevormundung gerade dieser traditionsreichen Dienststelle sowie der gesamten Heeresführung aus; sachlich waren Kriegsmarine und Luftwaffe wegen ihrer spezifischen militärischen Aufgaben und eigenen Führungsmethoden weniger betroffen. Eine Konzentration von Führungsbefugnissen auf der Wehrmachtebene mußte in erster Linie eine Entmachtung der Heeresführung bedeuten, wie umgekehrt eine Stärkung der Heereszuständigkeiten die Wehrmachtführung schwächen mußte.

Ausgehend von der Tradition des Großen Generalstabes bemühte sich vor allem General Beck von Beginn seiner Amtsführung im Truppenamt an, für den Generalstab einen stärkeren Einfluß auf die Wehrmachtführung zu gewinnen. Erste Vorschläge aus dem Truppenamt Ende 1933 und von Beck selbst im Januar 1934 hatten zum Ziel, das Truppenamt zu einem Wehrmachtgeneralstab auszuweiten. Damit wäre allerdings die Stellung des Chefs der Heeresleitung und späteren Oberbefehlshabers des Heeres entscheidend abgewertet worden. Nachdem Fritsch die Spitze des Heeres übernommen hatte, konnte Beck mit solchen Vorstellungen nicht mehr durchdringen (vor diesem Zeitpunkt hatten Blomberg und Reichenau die Möglichkeit versäumt, eine starke Wehrmachtführung einzurichten).

Beck fand jedoch die volle Mitwirkung seines Vorgesetzten Fritsch, als das Wehrmachtamt 1935 mit der Weisung „Schulung" (s. u. S. 390) und mit einer Studie über den Zweifrontenkrieg den Weg in eine unverantwortliche Kriegsplanung zu beschreiten begann. Noch alarmierender wirkte die aus der Abteilung Landesverteidigung stammende Weisung über die einheitliche Kriegsvorbereitung der Wehrmacht vom 24. Juni 1937 (s. u. S. 391). Es war kein blinder Ressortegoismus, sondern nachweisbar das wachsende Mißtrauen gegenüber Blomberg und die deutlicher werdenden langfristigen Absichten Hitlers, wenn Fritsch und Beck ab Ende 1935 eine Reihe von Änderungsvorschlägen zur Spitzengliederung vorlegten. Sie meinten damit die militärische Planung wirksamer unter Kontrolle zu bekommen als durch konkrete Gegenvorstellungen oder offene Opposition. So sehr nachträglich der Weg über organisatorische Veränderungen als umständlicher Umweg erscheinen mag, bis zum Sommer 1938 konnte es als möglich gelten, auf diese Weise Fehlentscheidungen verhindern zu können, ohne riskante, im Ausgang fragwürdige innenpolitische Aktionen einzuleiten, vor denen die Offiziere ohnehin eine Abneigung hatten.

Neben den angesprochenen Weisungen forderten auch die Kriegsspiele der Abteilung Landesverteidigung und 1937 der Gedanke der Einsetzung von Wehrmachtbefehlshabern anstelle der Wehrkreisbefehlshaber (mit Zuständigkeit in territorialen und innenpolitischen Angelegenheiten sowie in der Abwehr, Wehrwirtschaft und im Ersatzwesen) den Widerspruch des Heeres heraus. Der Plan, Wehrmachtbefehlshaber zu ernennen und damit dem Heer wichtige Befugnisse zu entziehen, führte zu einer Rücktrittsankündigung Fritschs für den Fall der Verwirklichung. Hitler entschied am 15. Juli 1937, daß die Neuordnung im Frieden unterbleiben solle. So behielt das Heer wesentliche zentrale Zuständigkeiten, die Wehrkreise blieben auch im Kriege im Bereich des Heeres. Hitler hat hiermit Blombergs Zentralisierungstendenz behindert, darüber hinaus wollte er vermutlich eine Beunruhigung durch Umorganisation vermeiden.

Sehr enttäuschend für die Heeresführung verlief die Tätigkeit der Generalstabsoffiziere, die mit der Absicht, die Interessen des Heeres zu vertreten, in das Wehrmachtamt versetzt worden waren, dort aber die Tendenzen ihres neuen Amtsbereiches verfolgten. Das gilt für Keitel, der von Fritsch für die Leitung des Wehrmachtamtes vorgeschlagen worden war, vor allem jedoch für Oberst Jodl, der im Juli 1935 die Abteilung Landesverteidigung übernommen hatte. Auch andere, jüngere Generalstabsoffiziere wie Loßberg, Zeitzler und Warlimont, wurden in der Abteilung Landesverteidigung zu Verfechtern des modernen Gedankens der Wehrmachtführung.

Alfred *Jodl* (1890–1946), Generaloberst; nach Kadettenausbildung 1910 als Fähnrich in das 4. Bayerische Feldartillerieregiment in Augsburg eingetreten; 1912 Leutnant; im 1. Weltkrieg Batterieführer und Adjutant; in der Reichswehr Batteriechef und Führergehilfen-(Generalstabs-)ausbildung und anschließende Verwendung im Truppenamt; am 1. 10. 1933 Oberstleutnant; 1935 Oberst und Abteilungsleiter Landesverteidigung; ab April 1938 stellvertretende Führung der Amtsgruppe Wehrmachtführungsstab. Ab 1. 10. 1938 Artilleriekommandeur der 44. Inf.Div. in Wien; am 1. 4. 1939 zum Generalmajor befördert. Ende August 1939 übernahm Jodl das Wehrmachtführungsamt, trotz zeitweiligen Zerwürfnissen mit Hitler im Herbst 1942 behielt er diese Stelle bis zum Kriegsende. Am 19. 7. 1940 unter Überspringen des Generalleutnants zum General der Artillerie, am 30. 1. 1944 zum Generaloberst befördert. Im Nürnberger Prozeß 1946 zum Tode verurteilt und hingerichtet.

Die Auseinandersetzungen über die Führungsaufgaben nahmen teilweise scharfe persönliche Formen an. Beck verbot den Offizieren des Heeresgeneralstabes jegliche Gespräche mit Vertretern der Wehrmachtführung. Jodl schrieb in einem Brief vom Sommer 1939 vom Generalstab des Heeres als der „Feindseite". Dennoch wurden die Gegensätze nicht auf die Spitze getrieben. Bevor die Abteilung Landesverteidigung im Juni 1937 die bereits genannte Weisung über die Kriegsvorbereitungen der Wehrmacht herausgab, besprach Keitel den Inhalt der Weisung mit Beck. Auf dessen Weigerung, die Sonderfälle Otto (Einmarsch in Österreich) und Rot/Grün zu bearbeiten, änderte Keitel die Formulierung „vorbereiten" in „durchdenken", eine sehr dehnbare Fassung, die keineswegs die Folgerung erlaubt, das Heer habe befehlswidrig gehandelt, wenn ein Aufmarsch gegenüber Österreich nicht ausgearbeitet wurde (s. u. S. 391). Jodl und Zeitzler waren jedoch über dieses Zurückweichen Keitels „ungehalten".

Bezeichnend für den Umgang zwischen Wehrmachtamt und Heeresspitze verlief die Vorbereitung des Wehrmachtmanövers 1937. Während einer Nordlandreise auf dem Aviso „Grille" arbeiteten Blomberg und Jodl die Lage für dieses große Manöver im mecklenburgischen Raum aus. Keitel trug diese Lage Fritsch vor, der „lächelte ... nur mitleidig". Der Oberbefehlshaber des Heeres setzte einen Leitungsstab unter Generalleutnant Halder – nicht unter dem Generalstabschef Beck oder dessen I. Oberquartiermeister Manstein – ein und ließ einen korrekten Manöververlauf ausarbeiten. So wurde keine Gelegenheit ausgelassen, um nachzuweisen, wie das Heer sogar mit kommandierten Kräften Führungsaufgaben generalstabsmäßig ausarbeiten könne, das Wehrmachtamt mit seinen schwachen Führungsorganen dagegen nicht. Die Führungsgebiete Feindlage und Versorgung fehlten dem Wehrmachtamt gänzlich.

Bereits in den zwanziger Jahren war auf Initiative des Chefs des Heereswaffenamtes eine Wehrwirtschaftsorganisation entstanden (s. o. Abschnitt VI, S. 229 bis 232). Der Nachschubstab, ab 1929 Wirtschaftsstab im Heereswaffenamt, verfügte bei den Wehrkreisen über fachlich vorgebildete Wirtschaftsoffiziere mit der Aufgabe, in ihrem Bereich rüstungswirtschaftliche Vorbereitungen zu erarbeiten. Mit dem Beginn der Aufrüstung erwuchsen der Wirtschaft mit Heer, Marine und Luftwaffe drei nebeneinanderstehende Bedarfsträger, so daß eine Koordinierungsstelle unabweisbar wichtig wurde. Ein Wehrmachtrüstungsamt für alle Wehrmachtteile kam jedoch nicht zustande, vor allem wegen der Interessen der Luftwaffe, die ihre Luftrüstung als eigene Angelegenheit betrachtete und nicht der Kontrolle des Reichswehrministers unterwerfen wollte. Ebensowenig gelang es, das Heereswaffenamt als federführende Dienststelle für ein erst im Kriege zu bildendes Wehrmachtrüstungsamt einzusetzen. Als Kompromißlösung wurde zum 1. November 1934 unter Leitung von Oberst Thomas eine Dienststelle Wehrwirtschafts- und Waffenwesen aufgestellt, wozu das Heereswaffenamt seine Wirtschaftsgruppe und den fachlich nachgeordneten Bereich abgab. Die Dienststelle bestand aus einer Wehrwirtschaftlichen Abteilung sowie dem Preisprüf- und Vertragswesen, wurde jedoch schon im Oktober 1935 umbenannt in Wehrwirtschaftsstab und um eine Rüstungswirtschaftliche Abteilung und eine Rohstoffabteilung erweitert.

Georg *Thomas* (1890–1946), General der Infanterie; 1908 in das Infanterieregiment Nr. 63 (Oppeln) eingetreten, 1910 Leutnant; im 1. Weltkrieg an der Westfront als Kompanieführer, Regimentsadjutant und Generalstabsoffizier; in der Reichswehr Kompaniechef in Ostpreußen, ab 1924 im Stab der 4. Division. 1928 als Major in das Heereswaffenamt versetzt, dort stieg er zum Oberstleutnant und Chef des Stabes auf; am 1. 11. 1934 übernahm er als Oberst die neugeschaffene Wirtschaftsdienststelle im Wehrmachtamt. Als Leiter des unter verschiedenen Bezeichnungen vergrößerten Wehrwirtschaftsstabes wurde er am 1. 1. 1938 zum Generalmajor, am 1. 1. 1940 zum Generalleutnant und am 1. 8. 1940 zum General der Infanterie befördert. Nach Ausdehnung der Zuständigkeiten des Rüstungsministeriums unter Albert Speer wurde die militärische Wehrwirtschaftsorganisation aufgespalten, General Thomas bat um Entlassung aus seinem Amt. Als Amtschef z. b. V. im OKW arbeitete er 1943/44 an Sonderaufgaben; am 11. 10. 1944 wurde er wegen seiner Beteiligung am Widerstand verhaftet, er starb in amerikanischem Gewahrsam am 29. 12. 1946.

Von Anfang an litt der Wehrwirtschaftsstab darunter, daß er keine Befehlsbefugnis gegenüber den für ihre eigene Rüstung zuständigen Wehrmachtteilen besaß; er hatte nur entstehende Schwierigkeiten durch koordinierende Arbeit zu beheben oder durch Vorsorge zu vermeiden. Eine wirkliche zentrale Steuerung der Rüstungswirtschaft war so nicht zu erreichen.

Schlimmer als die Rivalität der Teilstreitkräfte um Rohstoffkontingente für ihre Rüstungsvorhaben wurden die Kompetenzkonflikte in der Wirtschaftsplanung. Obwohl rechtlich die Weisungsbefugnis des Reichskriegsministers in Landesverteidigungsfragen eine hinreichende Wirkungsgrundlage des Wehrwirtschaftsstabes gegenüber anderen Ministerien bot, komplizierte Hitler durch Einsetzung eines Generalbevollmächtigten für die Kriegswirtschaft (GBW, gemäß Reichsverteidigungsgesetz vom 21. Mai 1935) die Zuständigkeiten. Der GBW (bis 1937 Schacht, ab 1938 Funk) war für die kriegswichtigen Teile der Wirtschaft verantwortlich, der Reichskriegsminister mit seinem Wirtschaftsstab blieb auf die reine Rüstungsindustrie beschränkt – eine Grenze, die quer durch zahlreiche Großbetriebe zu ziehen war. Diese für Hitler typische Einsetzung von mehreren Persönlichkeiten und Instanzen für zusammenhängende Aufgaben wurde 1936 dadurch erweitert, daß Göring als Beauftragter für den Vierjahresplan nicht nur die

Rohstoffverteilung in die Hand bekam, sondern darüber hinaus die Wirtschaft „in vier Jahren kriegsbereit" machen sollte. Die daraus entstehenden Reibungen und Fehlentwicklungen ließen sich bis in die ersten Kriegsjahre trotz gegenteiliger Bemühungen nicht beheben. Unter diesen Verhältnissen wurde General Thomas zum Warner und zum Gegner des Regimes.

Der große Personalbedarf für den Wehrwirtschaftsbereich – in den Wehrkreisen entstanden Wehrwirtschaftsinspektionen und diesen nachgeordnet Wehrwirtschaftsstellen – wurde durch ältere, wiedereingestellte Offiziere mit Erfahrungen in der Wirtschaft gedeckt. Durch einen wehrwirtschaftlichen Lehrstab wurden sie in Kurzlehrgängen auf ihre Aufgaben vorbereitet.

Funktionsfähiger als die Wehrwirtschaft, jedoch ebenso mit nachgeordneten Kräften für alle Teilstreitkräfte zuständig, wirkte die Abwehr. Auch sie entstand bereits in den zwanziger Jahren. 1928 wurden durch den Minister Groener (auf Vorschlag Schleichers) die geheimdienstlichen Organe von Heer und Marine zusammengelegt. Unter dem Begriff Abwehr verfügten sie über Kräfte zur Nachrichtensammlung und Spionageabwehr, die Feindlageauswertung verblieb bei Heer und Marine. Die Abwehr wurde 1929 dem Ministeramt und dem Oberst v. Bredow – einem Vertrauten Schleichers – unterstellt. Die zunächst schwierige Einordnung der Marineoffiziere in die gemeinsame Organisation besserte sich, als 1932 Bredow zum Chef des Ministeramts aufrückte und mit Kapitän z. S. Patzig ein Marineoffizier die Leitung der Abwehr erhielt. Gegliedert in die Gruppen Abwehr I (Erkundung, Nachrichtensammlung), Abwehr II (Chiffrier- und Funkhorchdienst) und Abwehr III (Spionage- und Sabotageabwehr) bestand unter ihm bereits ein ausbaufähiger Geheimdienst. Nachdem 1933 zunächst eine reibungslose Zusammenarbeit mit der Geheimen Staatspolizei möglich gewesen war, begannen 1934 Differenzen mit den ihre Polizeigewalt ausbauenden SS-Führern Himmler und Heydrich. Unter anderem deshalb wurde Patzig zu Jahresbeginn 1935 durch Kapitän z. S. Canaris ersetzt. Es ist hier nicht darzustellen, daß sich Canaris in seiner Zuversicht, mit den SS-Führern fertig zu werden, geirrt hatte. Immerhin gelang es ihm, den Ausbau der Abwehr erfolgreich fortzuführen. Vom Januar 1933 bis Juni 1937 vermehrte die Abwehr ihren Personalbestand von knapp 150 auf 956 Offiziere, Beamte und Angestellte. Im Herbst 1937 wurde die Gruppe Abwehr II mit dem Chiffrier- und Funkhorchdienst in die neue Abteilung Wehrmachtnachrichtenverbindungen übernommen. Eine neue Gruppe Abwehr II befaßte sich mit dem Aufbau eines Sabotage- und Zerstörungsapparates sowie mit der Vorbereitung von Kommandounternehmungen. Die drei Abwehrgruppen wurden 1938 zu Abteilungen erweitert.

Wilhelm *Canaris* (1887–1945), Admiral; 1905 als Abiturient in die Marine eingetreten; 28. 9. 1908 Leutnant z. S., Fahrten auf den Kleinen Kreuzern „Bremen" und „Dresden". Im 1. Weltkrieg nach Selbstversenkung der „Dresden" in Chile interniert; 1915 nach Deutschland zurückgekehrt, erhielt er verschiedene Landkommandos und einen Auslandsauftrag in Spanien, anschließend war er U-Boot-Kommandant im Mittelmeer. In der Reichsmarine unter anderem im Reichswehrministerium, als 1. Offizier auf dem

Linienschiff „Schlesien", zu Auslandsaufträgen und als Chef des Stabes der Marinestation Nordsee eingesetzt, währenddessen am 1. 1. 1924 zum Korvettenkapitän, am 1. 6. 1929 zum Fregattenkapitän und am 1. 10. 1931 zum Kapitän z. S. befördert. 1932 Kommandant der „Schlesien", Herbst 1934 Kommandant von Swinemünde. Am 1. Januar 1935 an die Spitze der Abwehr gestellt, stieg Canaris in dieser Position am 1. 4. 1935 zum Konteradmiral, am 1. 5. 1938 zum Vizeadmiral und am 1. 1. 1940 zum Admiral auf. Im Februar 1944 aus Verdachtsgründen amtsenthoben, wurde er am 23. 7. 1944 verhaftet. Am 8. 4. 1945 im KZ Flossenbürg nach einem ungesetzlichen Schnellverfahren zum Tode verurteilt und am folgenden Tag ermordet.

c. Das Oberkommando der Wehrmacht

Auch nach der Entlassung Blombergs und Fritschs ist eine klare militärische Spitzengliederung nicht geschaffen worden. Hitler übernahm zwar am 4. Februar 1938 den Oberbefehl über die Wehrmacht und faßte damit die oberste politische und militärische Führung unmittelbar in seiner Hand zusammen. Bei dieser Lösung fehlte aber noch mehr als zuvor ein verantwortlicher militärischer Berater.

Hitlers Erlaß über die Führung der Wehrmacht lautete:
„Die Befehlsgewalt über die gesamte Wehrmacht übe ich von jetzt an persönlich aus.
Das bisherige Wehrmachtamt im Reichskriegsministerium tritt mit seinen Aufgaben als Oberkommando der Wehrmacht und als mein militärischer Stab unmittelbar unter meinen Befehl.
An der Spitze des Stabes des Oberkommandos der Wehrmacht steht der bisherige Chef des Wehrmachtamtes als Chef des Oberkommandos der Wehrmacht. Er ist im Range den Reichsministern gleichgestellt.
Das Oberkommando der Wehrmacht nimmt zugleich die Geschäfte des Reichskriegsministers wahr, der Chef des Oberkommandos der Wehrmacht übt in meinem Auftrage die bisher dem Reichskriegsminister zustehenden Befugnisse aus.
Dem Oberkommando der Wehrmacht obliegt im Frieden nach meinen Weisungen die einheitliche Vorbereitung der Reichsverteidigung auf allen Gebieten."

Neben Hitlers unmittelbarem Oberbefehl über die gesamte Wehrmacht und dem offensichtlich auf Dauer vorgesehenen Wegfall des Reichskriegsministers war neu die äußerlich hervorgehobene Stellung des Chefs des OKW, der jedoch nur in Hitlers Namen zu handeln befugt war. Gerade ein halbes Jahr zuvor zum General der Artillerie befördert, war Keitel weder vom Dienstalter noch vom Ansehen her ein Ersatz für die fehlende militärische Spitze. Offen blieb vor allem die oberste militärische Führung im Kriege; dementsprechend war nach diesem Erlaß die Auseinandersetzung über die Spitzengliederung noch nicht beendet, sondern wurde von seiten des Heeres und vorübergehend auch der Kriegsmarine fortgesetzt. Die Errichtung eines Heeres- und eines Marineministeriums kam nicht in Frage, zumal Göring, nunmehr Generalfeldmarschall und ranghöchster Soldat, sich auf die Seite Keitels gestellt hatte.

Wie zuvor erreichte das Heer mit seinen Denkschriften keine Erweiterung seiner Zuständigkeiten, andererseits kam es jedoch auch nicht zu einer deutlichen Konzentration von Aufgaben im OKW, da kein Wehrmachtteil zur Minderung seiner

Befugnisse bereit war. So blieb der Ausbau des OKW in einem insgesamt gesehen bescheidenen Rahmen.

Am 7. Februar 1938 ordnete Keitel – vorbehaltlich einer endgültigen Regelung – die Bildung von zwei Amtsgruppen im OKW an. Der Amtsgruppe „Führungsstab“ unter Generalleutnant v. Viebahn wurden die Abteilungen Landesverteidigung, Ausland und Wehrmachtnachrichtenverbindungen sowie die Propagandagruppe zugewiesen, die Amtsgruppe „Allgemeine Wehrmachtangelegenheiten“ (AWA) unter Konteradmiral Canaris erhielt die Abteilungen Abwehr, Inland und Versorgung (d. i. nicht Logistik, sondern Abfindungen und Fürsorge). Aus der Wehrmachtpersonalgruppe und sonstigen zentralen Einrichtungen wurde eine Zentralabteilung des OKW gebildet, die ebenso wie der Wehrwirtschaftsstab und die sonstigen bisherigen Abteilungen dem Chef des OKW unmittelbar unterstellt wurden.

Schon im Sommer 1938 wurde diese Gliederung des OKW verändert. Die Amtsgruppe „Wehrmachtführungsstab“ hatte die Abteilung Ausland an die neue Amtsgruppe „Auslandnachrichten/Abwehr“ unter Canaris abzugeben. Der Amtsgruppe „Allgemeine Wehrmachtangelegenheiten“ verblieben nach dem Ausscheiden der Abwehr die eigentlichen kriegsministeriellen Aufgaben, soweit sie nicht beim OKH, OKM oder Reichsluftfahrtministerium lagen. Der „Wehrwirtschaftsstab“ bildete die vierte Amtsgruppe des OKW.

Ein konsequenter Ausbau unterblieb insbesondere bei der Amtsgruppe Wehrmachtführungsstab. Dieser wurde ab April 1938 vertretungsweise vom Abteilungsleiter Landesverteidigung, Oberst Jodl, geführt. Nach dessen Versetzung zu einem Truppenkommando übernahm Oberst Warlimont beide Aufgaben. Hitler und Keitel beließen es also bei einer knapp gehaltenen Besetzung der eigentlich höchsten operativen Führungsstelle, die weder zahlenmäßig noch durch Einsetzung eines ranghohen angesehenen Generals aufgewertet wurde. Die Amtsgruppe Führungsstab blieb also ein kleiner Arbeitsstab für operative und organisatorische Weisungen, das unmittelbare Vortragsrecht ihres Chefs bei Hitler ergab sich erst während des Krieges. Jodls Nachfolger Warlimont hielt sich an diesen engen Rahmen, er verbesserte das dienstliche Verhältnis zum Heeresgeneralstab, indem er z. B. die Weisung Weiß (Polen) vom 3. April 1939 mit diesem absprach und demnach nur eine koordinierende Tätigkeit ausübte (Warlimont nannte das eine „militärische Registratur“).

Die neue Spitzengliederung vom 4. Februar 1938 brachte also nicht eine zeitgemäße Konzentration der Führung (zu der selbst eine geniale Einzelperson ohne entsprechenden Stab gar nicht in der Lage war), sondern eine „Dezentralisation des obersten Wehrmachtgremiums“ (Jacobsen). Für Göring war der unmittelbare Zugang zu Hitler schon zuvor selbstverständlich, die Oberbefehlshaber von Heer und Kriegsmarine gewannen jedoch durch das direkte Verhältnis zur politischen Spitze. Sofern sie sich in den großen Fragen anpassungsfähig zeigten, konnte ihnen – ggf. schon durch ihre Adjutanten beim Führer – die Regelung zahlreicher Angelegenheiten ohne jegliche Einschaltung des OKW gelingen. 1939 entwickelte sich die Führungspraxis deutlich zuungunsten des OKW. Keitel wurde schon vor Kriegsausbruch „Mittelsmann, Prügelknabe" (so Warlimont) für alle Probleme, die nachträglich bereinigt werden mußten.

In der obersten militärischen Führung konnte Hitler fortan unter fünf zu seiner Beratung zuständigen Persönlichkeiten auswählen: unter den drei Oberbefehlshabern von Heer, Kriegsmarine und Luftwaffe, dem Chef des OKW und dem Chef des Wehrmachtführungsstabes. Mit dieser militärischen Spitzengliederung, die innere Spannungen und Hitlers Einmischungen geradezu herausforderte, trat die Wehrmacht in den Zweiten Weltkrieg.

Wie Albert Speer in seinen Erinnerungen berichtet, äußerte Hitler nach dem 20. Juli 1944: „Wieder einmal habe ich recht gehabt! Wer wollte mir schon glauben, als ich mich gegen jede Vereinheitlichung der Wehrmachtsführung wandte. In einer Hand zusammengefaßt ist die Wehrmacht eine Gefahr". Es sei dahingestellt, ob Hitler damit die ihm möglicherweise bewußt gewordenen Mängel in der militärischen Spitzengliederung nachträglich rechtfertigen wollte. Nochmals zu betonen ist jedoch, daß der „Führer" des Dritten Reiches – wie vor ihm viele Diktatoren – das Prinzip des „divide et impera" anwandte und die militärische Führung gewollt in aufgesplitterte Zuständigkeiten hineinwachsen ließ.

Zum 1. März 1939 trat für das OKW eine Kriegsgliederung in Kraft, durch die den bisherigen Amtsgruppen der Rang von Ämtern zugemessen und damit ein gleichwertiger Gliederungsstand wie das OKH erreicht wurde. Im Frieden – sowie auch noch während des Polenfeldzugs – blieb jedoch die Einteilung in Amtsgruppen und Abteilungen bestehen. Im Mai 1939 umfaßte das OKW folgende Teile:

Zentralabteilung zur Regelung aller internen Angelegenheiten des OKW, darüber hinaus Personalfragen und andere Probleme, die einer einheitlichen Regelung innerhalb der gesamten Wehrmacht bedurften (z. B. Wehrmachtvorschriften).

Amtsgruppe Führungsstab mit
- Abt. Landesverteidigung
- Abt. Wehrmachtnachrichtenverbindungen (dazu ein Inspekteur)
- Abt. Wehrmachtpropaganda (ab 1. 4. 1939 s. unten S. 380 f.)

Amtsgruppe Auslandsnachrichten/Abwehr mit
- Abt. Ausland
- Abt. Abwehr I (Nachrichtenbeschaffung)
- Abt. Abwehr II (Minderheiten im Ausland, Sondermaßnahmen, Sabotage)
- Abt. Abwehr III (Spionage- und Sabotageabwehr)

Amtsgruppe Allgemeine Wehrmachtangelegenheiten (kriegsministerielle Aufgaben) mit
- Allgemeiner Abt.
- Abt. Inland (auch NS-Weltanschauung in der Wehrmacht und entsprechende Literatur)
- Wehrmachtfürsorge- und Versorgungsabteilung
- Wehrmachthaushalts- und Verwaltungsabteilung (ab Juni 1939 getrennte Abteilungen)

Amtsgruppe Wehrwirtschaftsstab mit
- Wehrwirtschaftlicher Abt.

– Rüstungswirtschaftlicher Abt.
– Rohstoffabteilung
– Preisprüfung

Wehrmachtrechtsabteilung und Justizdienststelle beim Chef OKW

Die während des Krieges verfügten Änderungen und wesentlichen Erweiterungen (beginnend mit der am 21. August 1939 befohlenen Dienststelle „Chef Transportwesen der Wehrmacht beim Wehrmachtführungsstab") sind hier nicht mehr zu behandeln.

d. Das Oberkommando des Heeres

Der Anspruch des Heeres, die oberste militärische Führung wahrzunehmen oder wenigstens entscheidend zu beeinflussen, hat sich im Rahmen der dargestellten Entwicklung der obersten Führungsspitze nicht durchsetzen lassen. Dieser einer modernen Streitkräfteführung entgegengesetzte Anspruch ist nachträglich auch nur dadurch zu rechtfertigen, daß er vor dem Hintergrund einer fragwürdigen, ja verhängnisvollen politischen Entwicklung erhoben wurde. Die Heeresführung konnte ihr Ziel, durch Geltendmachung ihrer militärischen Argumente eine Umkehr zu einer maßvollen Politik zu bewirken, nicht erreichen. Die Umstände der Entlassung Fritschs, der Einsetzung seines Nachfolgers v. Brauchitsch (s. o. S. 193 f.) und des Rücktritts Becks nach seinen vergeblichen, durch den Ausgang der Sudetenkrise scheinbar widerlegten Warnungen haben die Führung des Heeres vorübergehend geschwächt.

Die verbreitete Vorstellung von der Entmachtung der Heeresführung 1938 ist jedoch zu revidieren. Im Grunde ist eine instrumentale Rolle jeder Heeresspitze selbstverständlich, denn sie hat als ausführendes Organ der politischen Führung im Frieden Aufbau, Ausbildung und Aufrüstung des Heeres zu gestalten, aber nicht die Politik zu beeinflussen. In Verbindung mit den ihr gleichfalls zustehenden Planungen für den Kriegsfall gehört es durchaus zu ihren Pflichten, Gegenvorstellungen zu erheben, wenn die politischen Forderungen die militärischen Möglichkeiten übersteigen. Hiermit drangen Fritsch, Beck und – in geringem Maße – Brauchitsch 1937/38 nicht durch. Die Folge war eine Gleichschaltung: Besonders Brauchitsch wählte den Weg der Anpassung, um nicht ins „Abseits" zu geraten. Auf diesem bedenklichen Weg, zu dem es nach dem Münchener Abkommen 1938 zunächst keine Alternative gab, hat Brauchitsch immerhin die Zuständigkeiten der Heeresführung wahren, 1939 sogar stärken können.

Das Oberkommando des Heeres bestand aus fünf Ämtern: dem Generalstab des Heeres (Truppenamt), dem Allgemeinen Heeresamt (Wehramt), dem Heerespersonalamt, dem Heereswaffenamt und dem Heeresverwaltungsamt. Seit der Umgliederung der Heeresleitung 1926 (s. o. Abschnitt VI, S. 315) zeigte sich damit – abgesehen von internen Umstellungen und Erweiterungen der Ämter – eine bemerkenswerte Kontinuität in der Spitzengliederung des Heeres.

Mit der Umbenennung des Truppenamtes in Generalstab des Heeres änderten sich 1935 dessen Aufgaben nicht. Es wurde lediglich der Begriff „Generalstabsoffizier" wieder eingeführt (über die Kriegsakademie s. S. 364, über die Sonderlaufbahn s. u. S. 367). Der Chef des Generalstabes hatte jedoch eine sehr viel eingeengtere Stellung als die Träger dieser Amtsbezeichnung vor 1919. Dem früheren „Chef des Generalstabes des Feldheeres" entsprach noch am ehesten der Oberbefehlshaber des Heeres. Der neue Chef des Generalstabes war koordinierender „Primus inter pares" gegenüber den anderen Amtschefs des OKH. Gleichzeitig war er im Bereich des Oberkommandos Stellvertreter und wichtigster Berater des Oberbefehlshabers. General Beck hat sich letzterem gegenüber stets als Mitverantwortlicher verstanden. Andererseits sah Fritsch mit gewisser Kritik Becks historisierende Betrachtungsweise und seinen nicht mehr zeitgemäßen Anspruch, das Amt des Generalstabschefs nach den Maßstäben Moltkes und Schlieffens zu führen.

Beck und sein Nachfolger Halder (Biographie s. o. S. 242) bemühten sich, ihre militärische Planungsarbeit mit den außenpolitischen Erkenntnissen in Übereinstimmung zu halten. Neben ihren Verbindungen zum Auswärtigen Amt dienten ihnen hierzu die dem Generalstab unterstehenden Militärattachés als wertvolles Informationsinstrument. Noch unter der Regierung Schleicher wurde beschlossen, zum 1. April 1933 die ersten sieben Militärattachés nach Washington, London, Paris, Rom, Warschau, Prag und Moskau zu entsenden. Einzelne von ihnen waren zugleich für ein bis zwei kleinere Staaten zuständig. Die Wünsche auswärtiger Staaten nach Entsendung von Militär-, Marine- und ab 1935 auch Luftattachés konnten nur langsam berücksichtigt werden, da zu wenige geeignete Generalstabsoffiziere verfügbar waren. Das deutsche Heer hatte im Sommer 1939 immerhin 18 Militärattachés, tätig in 18 Haupt- und 11 Nebenvertretungen (also in 29 Staaten). Abgesehen von einer kurzen Periode 1933/34, als die Militärattachés dem Ministeramt unterstanden, konnte das Truppenamt bzw. der Heeresgeneralstab seine Zuständigkeit für den Attachédienst wahren. Das galt auch 1938/39 gegenüber den Versuchen des OKW, Wehrmachtattachés durchzusetzen.

Der Generalstab des Heeres gliederte sich 1935 in die

- Zentralabteilung zur Personalführung der Generalstabsoffiziere, bis Februar 1938 in Personalunion geleitet vom Wehrmachtadjutanten bei Hitler, Oberst Hoßbach
- Operationsabteilung (1.), zuständig für Aufmarschvorbereitungen
- Organisationsabteilung (2.) für die Heeresgliederung
- Abteilung Fremde Heere (3.) zur Auswertung militärischer Auslandsnachrichten und zur Betreuung der Militärattachés
- Ausbildungsabteilung (4.) für Ausbildung, Manövervorbereitung und Vorschriften
- Transportabteilung (5.) für die Planung von Eisenbahnaufmärschen und Transportbewegungen im Frieden
- Nachschubabteilung (6.) zur Vorbereitung der materiellen Heeresversorgung

– Kriegswissenschaftliche Abteilung (7.), die Kriegserfahrungen auswertete und kriegsgeschichtliche Veröffentlichungen bearbeitete
– Technische Abteilung (8.) zur Beratung des Chefs des Generalstabes.

Hinzu kamen 1936 die Kriegskarten- und Vermessungsabteilung (9.) und die Landbefestigungsabteilung (10., bestand nur bis Sommer 1939). 1937 teilte sich die Abteilung Fremde Heere in West (3.) und Ost (12.). Außerdem entstand eine eigene Offizierausbildungsabteilung (11.).

Fünf Oberquartiermeister (OQu I–V) führten als Zwischenvorgesetzte zwei oder mehrere sachlich zusammenhängende Generalstabsabteilungen.

Einer der bedeutendsten Oberquartiermeister der Vorkriegsjahre war Erich v. Lewinski, genannt v. Manstein (1887–1973), Generalfeldmarschall; 1906 Fähnrich im 3. Garderegiment zu Fuß; 1907 Leutnant; Generalstabsoffizier im Ersten Weltkrieg; 1921–1923 Kompaniechef in Angermünde (Inf.Rgt. 5); 1923–1929 Generalstabsoffizier in Stettin, Magdeburg und Dresden, anschließend im Truppenamt; 1932–1934 Bataillonskommandeur in Kolberg; 1. 12. 1933 Oberst; ab 1. 2. 1934 Chef des Stabes im Wehrkreis III; 1. 10. 1936 Generalmajor; 1935–1936 Chef der Operationsabteilung im Generalstab des Heeres; 1936–1938 Oberquartiermeister I, anschließend Divisionskommandeur und Generalleutnant. Im Kriege zunächst Chef des Stabes in einer Heeresgruppe, dann Kommandierender General. Von September 1941 bis November 1942 Oberbefehlshaber der 11. Armee, am 7. 3. 1942 Generaloberst, am 1. 7. 1942 Generalfeldmarschall, von November 1942 bis März 1944 Oberbefehlshaber der Heeresgruppe Don bzw. Süd.

Die Truppengeneralstabsoffiziere bei allen Kommandobehörden (bis einschließlich Division) wirkten selbsttätig als Führungsgehilfen ihrer Kommandeure. Der Generalstabschef übte durch seinen entscheidenden Einfluß auf Personalauswahl und Stellenbesetzung jedoch eine indirekte Kontrolle über ihre Arbeit aus.

Während die Planungsarbeiten und die Vorbereitung von Führungsentscheidungen beim Generalstab lagen, war das Allgemeine Heeresamt (bis 1934 Wehramt) für die Durchführung dieser Entscheidungen zuständig. In ihm waren die dem OKH verbliebenen kriegsministeriellen Aufgaben zusammengefaßt. Amtschef war General Fromm.

Fritz *Fromm* (1888–1945), Generaloberst; 1908 Leutnant im Feldartillerieregiment Nr. 55; im Ersten Weltkrieg Artillerie- und Generalstabsverwendung, in der Reichswehr im Wehramt der Heeresleitung und Abteilungskommandeur einer Art.Abt.; als Oberst 1. 2. 1933 Chef des Wehramts; Chef des Allgemeinen Heeresamtes 1934–1939; ab 1. 9. 1939 Oberbefehlshaber des Ersatzheeres; 1. 11. 1935 Generalmajor, 1. 1. 1938 Generalleutnant, 1. 4. 1939 General der Artillerie, 19. 7. 1940 Generaloberst; nach dem 20. Juli 1944 als Mitwisser zum Tode verurteilt und im März 1945 hingerichtet.

Ihm unterstanden die Haushaltsabteilung, die Amtsgruppe für Ersatz- und Heerwesen (der 1937 auch die Heeresbekleidung und die Militärseelsorge zugeordnet wurde) sowie die für die Herstellung, Lagerung und Verteilung von Waffen, Gerät und Munition verantwortliche Feldzeuginspektion mit ihren nachgeordneten Feldzeugämtern und Munitionsanstalten. Von diesen umfangreichen Zuständigkeiten war die Verantwortung für das Ersatzwesen der gesamten Wehrmacht besonders wichtig.

Zum AHA gehörten auch die Waffeninspektionen (Infanterie, Reit- und Fahrwesen, Artillerie, Pioniere und Festungen, Panzertruppe, Kavallerie und Heeresmotorisierung, Nachrichtentruppe, Fahrtruppe, Nebeltruppe und Gasabwehr, Eisenbahnpioniere, Sanitätswesen und Veterinärwesen). Diese Inspektionen waren zuständig für die Ausbildung und Organisation ihrer Waffengattung und wirkten als Arbeitsstäbe der Waffeninspekteure, die dem Oberbefehlshaber des Heeres unmittelbar unterstellt waren.

In allen Abschnitten des Heeresaufbaus war das AHA ein wichtiger Partner des Generalstabes des Heeres. Seine Stellungnahmen zu den Planungsvorhaben hatten erhebliches Gewicht. Im Interesse ihres durchführenden Amtes vertraten seine Offiziere das organisatorisch Wünschenswerte und Mögliche. So wünschten z. B. die Organisationsfachleute sofortige Neuaufstellungen großen Stils in Form von Rahmenverbänden, die dann später aufzufüllen waren. Man versprach sich hiervon einen größeren Gewinn für den Heeresaufbau als von häufigeren Teilungen großer Verbände im Zuge weiterer Vergrößerungen. Die Waffeninspektionen erarbeiteten die Zielvorstellungen ihrer Waffengattungen, wobei sie durch die ihnen nachgeordneten Schulen, Lehr- und Versuchstruppen unterstützt wurden.

Aus dem Bereich der Waffeninspektionen kam insbesondere die Konzeption Guderians von der aus gemischten Waffen organisch zusammengefügten Panzerdivision. Die Übertragung der Funktion eines Kommandierenden Generals der schnellen Verbände (Kommandeur der Kraftfahrtruppe) ermöglichte es der für die Heeresmotorisierung zuständigen Inspektion (Lutz als Inspekteur und Guderian als Chef des Stabes), ihre Gedanken in einer direkt unterstellten Truppe zu verwirklichen. Eine solche Lösung gab der Inspektion eine ungewöhnlich starke Stellung, die den Widerstand des Generalstabs auf die Dauer hervorrufen mußte.

Oswald Lutz (1876–1944); General der Panzertruppen; 1896 Leutnant im bayerischen Pionierbataillon Nr. 1; seit 1931 Inspekteur der Kraftfahrtruppen, zugleich ab 1934 Kommandeur der Kraftfahrkampftruppe; 1. 11. 1935 Kommandeur der Panzertruppen und Inspekteur der Kraftfahrtruppen und der Heeresmotorisierung; 28. 2. 1938 verabschiedet.

Dem Personalamt oblag mit der Abteilung P 1 die Planung des Personalwesens sowie die Personalführung der Offiziere. In der Abteilung P 2 wurden die Disziplinarangelegenheiten der Offiziere behandelt. Die Stellenbesetzung der Generalstabsoffiziere des Heeres (bis 1935 P 3) und die Auswahl des Generalstabsnachwuchses bearbeitete die Zentralabteilung des Generalstabes. Die Abteilung P 4 war für die Personalführung der Offiziere der Sonderlaufbahnen zuständig.

Der Mangel an Offizieren bildete einen der Engpässe des Heeresaufbaus. Wenn das Personalamt immer wieder Bedenken gegen das stürmische Tempo des Aufbaus erhob, so beruhte das weniger auf dem Festhalten an einer gewissen Exklusivität des Offizierstandes als auf der berechtigten Sorge um eine ausreichende Ausstattung der Truppe mit Führern.

Wegen der zweieinhalb- bis dreijährigen Zeitdauer von der Bewerbung, Untersuchung und Einstellung von Offizieranwärtern bis zu deren abgeschlossenen Ausbildung konnte das Personalamt kurzfristigere Forderungen nur aus dem Vorhandenen, d. h. auf Kosten der Truppe und der Ausbildung der jungen Offiziere durch ihre Truppenvorgesetzten ausgleichen, da andere Quellen der Offizierergänzung (Beförderung aktiver Unteroffiziere, Übernahme von Reserveoffizieren) nur Aushilfen darstellten (s. u. S. 370 f.).

Das Heereswaffenamt gliederte sich in eine Amtsgruppe für Entwicklung und Prüfung, eine weitere für industrielle Rüstung, ferner eine Forschungs-, eine Abnahme- und eine Vorschriftenabteilung. Hier wurden aufgrund der Forderungen der Waffeninspekteure und des Generalstabes in Zusammenarbeit mit Forschung und Industrie die neuen Waffen geschaffen, die das Heer vor und im Kriege besaß.

Der engen Zusammenarbeit mit dem Waffenamt verdanken insbesondere Pioniere, Nachrichtentruppe und Panzerwaffe ihren bedeutenden Aufschwung. Neben anderen Vorzügen war die neue Konzeption des Inspekteurs der Kraftfahrkampftruppen in bezug auf Panzergerät dem tatsächlichen, zunächst noch begrenzten Leistungsvermögen der deutschen Industrie angepaßt. So erhielt die Truppe bald ein behelfsmäßiges Panzergerät, mit dem Erfahrungen in der Verbandsausbildung gesammelt werden konnten.

Im Heeresverwaltungsamt waren unter einem General als Amtschef zusammengefaßt die Abteilungen für

- Beamten- und Kassenwesen mit personalbearbeitenden Aufgaben für alle Wehrmachtbeamten des Heeres,
- Unterkunfts- und Übungsplatzfragen, zuständig für die während der Heeresvergrößerung umfangreichen Arbeiten in der Vorbereitung großer Bauvorhaben,
- Verpflegungs- und Beschaffungswesen,
- Bauverwaltung,
- Bekleidungswesen (bis 1937).

Im Herbst 1938 wurde auf Hitlers Wunsch eine neue Stelle des „Chefs der Schnellen Truppen" eingerichtet und dem General Guderian übertragen. Er unterstand – wie die anderen Waffeninspekteure – dem Oberbefehlshaber des Heeres unmittelbar, war jedoch nach Rang, Dienststellenbezeichnung und Wirkungsbereich über diese herausgehoben. Der Chef der Schnellen Truppen war nicht nur für die Panzertruppen zuständig, sondern sollte die Entwicklung aller motorisierten Truppen und der Kavallerie zentral leiten. Truppenvorgesetzter war er in dieser Funktion jedoch nicht.

Heinz *Guderian* (1888–1953); Generaloberst; 1908 Leutnant im Jägerbataillon Nr. 10. Im Ersten Weltkrieg mehrfach als Fernmeldeoffizier eingesetzt, dann Generalstabsoffizier. 1930 Kommandeur der Kraftfahrabteilung 3. Vom 1. 10. 1931 bis 14. 10. 1935 Chef des Stabes der Inspektion der Kraftfahrtruppen; 1. 4. 1933 Oberst; 1935 Kommandeur der 2. Panzerdivison; 1936 Generalmajor; 4. 2. 1938 Kommandierender General des XVI. Armeekorps und Generalleutnant; 20. 11. 1938 Chef der Schnellen Truppen und General der Panzertruppen; als Oberbefehlshaber der 2. Panzerarmee am 22. 12. 1941 von Hitler entlassen, ab Februar 1943 als Generalinspekteur der Panzertruppen wiederverwendet, vom 21. 7. 1944 bis 28. 3. 1945 beauftragter Chef des Generalstabes.

2. Kommandobehörden

Dem Oberbefehlshaber des Heeres unterstanden direkt die Oberbefehlshaber der Gruppenkommandos (ab 1938 Heeresgruppenkommandos) und die Kommandierenden Generale der Armeekorps und Wehrkreisbefehlshaber, den Kommandierenden Generalen wiederum die Divisionskommandeure. Diese höheren Truppenführer verfügten zur Erfüllung ihrer Aufgaben über eigene Stäbe. Jede Gruppe umfaßte drei oder vier Armeekorps, jedes Armeekorps zwei bis vier Divisionen.

Die Oberbefehlshaber der Gruppenkommandos waren Vorgesetzte der Kommandierenden Generale in Fragen der Landesverteidigung sowie der Ausbildung gemischter Verbände. Zum Stabe eines Gruppenkommandos gehörten einige Generalstabsoffiziere und mehrere Offiziere als beratende Fachleute der Waffengattungen und der Truppenversorgung. Die Gruppenkommandos hatten im Kriegsfall die Aufgaben von Armeeoberkommandos oder auch Heeresgruppenkommandos zu übernehmen. Bereits zum Einmarsch in Österreich und während der Sudetenkrise 1938 waren Gruppenkommandos in Armeeoberkommandos umgewandelt worden. Die ihnen dabei unterstellten Verbände waren nicht mit den ihnen friedensmäßig nachgeordneten Armeekorps identisch.

1939 war die mobilmachungsmäßige Aufstellung von einem Heeresgruppenkommando und zehn Armeeoberkommandos vorgesehen, von letzteren wurden beim Aufmarsch im August 1939 zwei als Heeresgruppenkommandos verwendet. Während die Heeresgruppenstäbe als operativ führende Kommandobehörden nicht in den Versorgungsgang eingeschaltet waren und deshalb mit zugeführten Stabs- und Fernmeldetruppen auskamen, benötigten die Armeeoberkommandos zur Erfüllung ihrer logistischen und territorialen Kriegsaufgaben über umfangreiche, direkt unterstehende „Hilfstruppen“, die zum weitaus größten Teil erst mit der Mobilmachung aufgestellt wurden.

Vorbereitet war die Aufstellung von neun „Paketen“ Armeetruppen. Zu diesen gehörten in der Regel: eine Panzerabwehrabteilung, ein Armeenachrichtenregiment, eine Propagandakompanie (s. u. S. 380), eine Brückenbauabteilung, zwei Straßenbaubataillone, Feldpost, dazu *Nachschubdienste* mit Stab Armeenachschubführer, motorisierten Kolonnen (360 t Ladekapazität), Nachschubbataillon, Feldwerkstätten und Park mit Infanterie-, Artillerie-, Kraftfahrzeug-, Nachrichten- und Gasschutz-Geräte- bzw. Ersatzteilvorräten, *Verwaltungsdienste* mit Armeeverpflegungsamt, zwei Bäckereikompanien und zwei Schlächtereizügen, *Sanitätsdienste* mit zwei Krankentransportabteilungen, 6 Krankenkraftwagenzüge, einem Sanitätsgerätepark sowie mehreren Kriegs- und Feldlazaretten, *Veterinärdienste* mit Pferdelazaretten und Pferdetransportkolonnen und schließlich – für die territorialen Aufgaben – den *Ordnungsdiensten* mit einem Kommandanten rückwärtiges Armeegebiet, zwei Wachbataillonen, Kommandanturen, einer Feldgendarmerieabteilung und einer geheimen Feldpolizeigruppe (aufgestellt aus polizeilich und fremdsprachlich vorgebildeten Kräften zur Spionage- und Agentenabwehr). Um Aufmarschtransporte einzusparen, wurde die Mobilmachung der Armeetruppen – unter Berücksichtigung der Aufmarschabsichten – in zusammenliegenden Räumen vorgesehen (vgl. u. S. 386).

Die Kommandierenden Generale der Armeekorps waren im Normalfall Wehrkreisbefehlshaber und als solche für den räumlichen Bereich verantwortlich, in dem die ihnen unterstellten Truppen untergebracht waren. Sie waren also gleichzeitig Truppen- und Territorialbefehlshaber, das Generalkommando gleichzeitig Wehrkreiskommando. Von einigen den Gruppenkommandos übertragenen Zuständigkeiten abgesehen, unterstanden die Kommandierenden Generale unmittelbar dem Oberbefehlshaber des Heeres. Zu ihrem Kommandobereich gehörten alle militärischen Einrichtungen ihrer Wehrkreise; sie waren insbesondere verantwortlich für Ausbildung und Erziehung der Truppe, für Wehrersatzwesen und Mobilmachung, für Truppenversorgung und Landesbefestigung.

Das von einem Generalkommando geführte Armeekorps bestand meist aus drei Divisionen und den Korpstruppen. Letztere bestanden 1939 aus einem schweren Artillerieregiment (mot.) oder einem Artilleriekommandeur mit zwei unterstellten schweren Abteilungen sowie aus einer Korpsnachrichtenabteilung. Bei der Mobilmachung traten zu den Korpstruppen zwei Brückenkolonnen, ein Nachschubführer mit unterstellten Kraftwagenkolonnen und Werkstattzug, eine Kartenstelle, ein Feldgendarmerietrupp und ein Feldpostamt.

Einem Generalkommando gehörten mindestens fünf Generalstabsoffiziere an sowie 30–40 Offiziere anderer Fachrichtungen. Es wurde geführt von einem Chef des Generalstabs als Disziplinarvorgesetztem. Das Kommando gliederte sich in eine Führungsabteilung (Operation, Ausbildung und Feindlage) und eine Quartiermeisterabteilung (Versorgung). Im einzelnen waren in einem Generalkommando folgende Arbeitsgebiete vertreten:

- Führung und Ausbildung Ia;
- Versorgung Ib;
- Waffen und Gerät Ib WuG;
- Feindlage Ic;
- Offizierspersonal und Korpsadjutant IIa;
- Unteroffiziers- und Mannschaftspersonal IIb;
- Militärjustiz III;
- Korpsintendantur IVa;
- Sanitätswesen IVb;
- Veterinärwesen IVc;
- Militärseelsorge IVd;
- Kraftfahrwesen V.

Ein Teil der Generalkommandos erhielt schon im Frieden einen zweiten General, den General z.b.V., für die Erfüllung der territorialen Aufgaben. Er hatte nach einer Mobilmachung und dem Abmarsch des Armeekorps das verbleibende stellvertretende Generalkommando und den Wehrkreis zu übernehmen.

In der Überwachung und Ausbildung der unterstellten Truppen wurden die Kommandierenden Generale durch ihnen fallweise unterstellte Kommandeure der Panzertruppe, der Pioniere und der Nachrichtentruppe unterstützt. Die Kommandierenden Generale waren Gerichtsherren in zweiter Instanz.

Im Zuge der Aufstellung schneller Divisionsverbände wurden ab 1938 Armeekorps geschaffen, deren Generalkommandos keine territorialen Befugnisse besaßen. Es entstand je ein Generalkommando für die motorisierten Infanteriedivisionen, für die leichten Divisionen und für die Panzerdivisionen. 1939 kam das XIX. Armeekorps für die beiden schnellen Divisionen im österreichischen Raum hinzu. Einen armeekorpsähnlichen Status erhielten 1939 die bodenständigen Kommandostäbe Eifel, Oberrhein und Saarpfalz. Diese eingeschlossen gab es bereits vor einer Mobilmachung 22 arbeitsfähige Generalkommandos.

Die Divisionskommandeure waren die für die Erziehung, Ausbildung und Einsatzbereitschaft ihres Verbands verantwortlichen Führer. Sie verfügten über einen Divisionsstab mit zwei Generalstabsoffizieren, von denen einer als Verantwortlicher für die Führungsabteilung (Ia) gleichzeitig etwa die Stellung eines Chefs des Stabes – jedoch ohne dessen Disziplinarbefugnisse – einnahm; der andere koordinierte die Versorgung (Ib). Der Stab eines Divisionskommandos entsprach in verkleinerter Form dem des Generalkommandos. Die Divisionskommandeure waren Gerichtsherren erster Instanz.

Soweit im Wehrmachtheer vor 1939 ein gemischter Truppenverband als „Brigade" bezeichnet wurde, handelte es sich um Divisionen im Zustande der Aufstellung (z. B. Kavallerie-, Gebirgs- und leichte Brigade). Die Kommandeure dieser selbständigen Brigaden hatten die Befugnisse eines Divisionskommandeurs. Im übrigen wurde die Bezeichnung „Brigade" für große waffeneinheitliche Verbände wie Kraftfahr-, Panzer- und Schützenbrigade gebraucht.

3. Die Veränderungen in der Divisionsgliederung und die Heeresmotorisierung

Vor 1933 richteten sich zwar alle Erwägungen einer Heeresvergrößerung auf eine modern bewaffnete und gegliederte Armee, doch man blieb bei einer herkömmlichen Zusammensetzung. Dabei war im wesentlichen an nichtmotorisierte Infanterieverbände gedacht. Sie sollten unterstützt werden von motorisierten und berittenen Spezialverbänden sowie von Heerestruppen, insbesondere schwerer Artillerie und Panzerkampfwagen. Dieses Ziel entsprach der deutschen Führungstradition sowie den Erfahrungen des Ersten Weltkrieges.

Auch nach dem Wiederaufbau blieb das deutsche Heer vorwiegend ein Infanterieheer. Sein wichtigster gemischter Verband war nach wie vor die Infanteriedivision. Sie war der kleinste Heeresverband, der aufgrund seiner Zusammensetzung Gefechtsaufgaben selbständig durchführen und sich für einen kurzen Zeitraum versorgen konnte. Sie setzte sich aus drei Infanterieregimentern, einem bespannten Artillerieregiment mit drei leichten und einer schweren Abteilung, einem teilmotorisierten Pionierbataillon, einer motorisierten Panzerabwehrabteilung, einer motorisierten Nachrichtenabteilung und einer teilmotorisierten Sanitätsabteilung zusammen. Ferner waren fallweise eine Beobachtungsabteilung und ein Maschinengewehrbataillon unterstellt. Bei einer Mobilmachung traten noch eine teilmotorisierte Aufklärungsabteilung (aufgestellt aus dem Korpskavallerieregiment, s. u. S. 348) sowie das Personal für die leichte Pionierkolonne und die Brükkenkolonne und die leichte Nachrichtenkolonne sowie ein Feldersatzbataillon dazu, ferner die Versorgungsdienste: vorwiegend motorisierte Nachschubkolonnen, Werkstatt- und Nachschubkompanie, Bäckereikompanie, Schlächtereizug, Verpflegungsamt, Veterinärkompanie, motorisierter Feldgendarmerietrupp und Feldpostamt, zwei aus dem Rahmen der Sanitätsabteilung aufzustellende Sanitätskompanien, ein Feldlazarett und zwei Krankenkraftwagenzüge.

Ab 1938 besaßen die Infanteriedivisionen fallweise im Frieden einen Infanterie- und/oder einen Artillerieführer (Generalstellen). Diese und ihre kleinen Stäbe waren für die Führung der im Falle der Mobilmachung aufzustellenden Reservedivisionen vorgesehen (s. u. S. 387).

Die Kriegsstärke der Infanteriedivision betrug etwa 17 000 Mann (einschließlich rückwärtiger Dienste, aber ohne Feldersatzbataillon) und 4760 Pferde, ihre Marschlänge mit Sicherungsabständen 30 km, ihre Geschwindigkeit 4 km/Std., die Marschleistung 25 km pro Tag.

Erfahrungen aus dem Ersten Weltkrieg berücksichtigend, stellte man besondere Verbände für den Gebirgskampf auf und faßte sie zunächst im Brigade-, dann im Divisionsrahmen zusammen. In der Zusammensetzung der Waffengattungen glich die Gebirgsdivision der Infanteriedivision. Die Gebirgsregimenter, -bataillone und -abteilungen der einzelnen Waffengattungen unterschieden sich in Gliederung und Ausrüstung jedoch erheblich von den entsprechenden Verbänden bei der Infanteriedivision (s. u. S. 346). Als der deutsche Anteil an Alpengebiet mit dem Anschluß Österreichs zunahm, wurde die Zahl der Gebirgsdivisionen vermehrt.

An eine Vermehrung der im Reichsheer verhältnismäßig stark vertretenen Kavallerie wurde von keiner Seite gedacht. Andererseits hatte sich die Kavallerieführung – gebunden an die Vorstellung vielseitiger Verwendbarkeit berittener Truppen im deutschen Osten – kaum an den Erwägungen beteiligt, eine motorisierte Kampftruppe aufzubauen. Sie wich darin vom Ausland ab, wo die Kavallerie häufig Schrittmacher solcher Entwicklungen war. 1936 wurden die noch vorhandenen beiden Kavalleriedivisionen als Kampfverbände aufgelöst; die weiterhin bestehenden Kavallerieregimenter erhielten, umgegliedert und den Armeekorps unterstellt, neue Aufgaben (s. u. S. 348). Nur in Ostpreußen wurde ein kleiner Kavallerieverband beibehalten. Diese Kavalleriebrigade umfaßte neben drei Reiterregimentern je eine Radfahr-, Aufklärungs- und reitende Artillerieabteilung. Die beabsichtigte Erweiterung zur Division konnte vor dem Herbst 1939 nicht mehr verwirklicht werden.

Der Gedanke einer intensiveren Verwendung des Motors lag nach den Erfahrungen des Ersten Weltkrieges und der weiteren technischen Entwicklung nahe. Aber es standen ihm – nicht nur in Deutschland – vielfach gefühlsmäßige und aus der militärischen Tradition herrührende Reserven entgegen sowie Bedenken, die sich aus den höheren Kosten und der Sorge um eine eigenständige Kraftstoffversorgung ergaben. Verbreitet waren Zweifel an der Leistungsfähigkeit der Kraftfahrzeuge im Rahmen größerer militärischer Verbände. Im Hinblick auf den damaligen technischen Entwicklungsstand und auf den Zustand des Straßennetzes fehlte solchen Zweifeln bis in die erste Hälfte der dreißiger Jahre nicht die Berechtigung.

Im Reichsheer hatte sich nur ein zahlenmäßig kleiner Kreis von Offizieren aus der Kraftfahrtruppe gedanklich mit der Motorisierung von Heeresteilen und der

Aufstellung vollmotorisierter Kampfverbände beschäftigt. Kleinere erfolgreiche Truppenversuche – oft gegen den erheblichen Widerstand andersdenkender Vorgesetzter – mit Panzerwagen (Attrappen), mit Panzerspähfahrzeugen, mit Kraftrad-(Krad-)schützen und motorisierten Panzerabwehrkanonen veranlaßten die Heeresleitung 1931, den allmählichen Umbau der Kraftfahrabteilungen von einer Transport- zu einer Kampftruppe zu betreiben.

Aufmerksam verfolgte man deutscherseits die Entwicklung bei den großen Militärmächten. Im französischen Heer herrschte nach dem Ersten Weltkrieg die Auffassung vor, die Panzerkampfwagen als Unterstützungswaffe der Infanterie zuzuteilen. In der britischen Armee billigte man, den Ideen Fullers folgend, Kampfwagentruppen nach einem Durchbruch die selbständige Erfüllung operativer Aufgaben in der Tiefe des Kampfraumes zu.

In Deutschland waren die wichtigsten Vertreter einer Verwendung des Motors auf dem Kampffeld Lutz und Guderian. Letzterer strebte seit 1929 einen operativ verwendbaren Verband an, der – in Umkehrung des herkömmlichen Verfahrens einer Unterstützung der Infanterie durch Panzerkampfwagen – den Kampfwagenbataillonen motorisierte Hilfswaffen, insbesondere reichliche Infanterie und Artillerie organisch angliederte. Ein solcher Verband schien eher in der Lage zu sein, selbständige Aufgaben zu erfüllen als reine Panzerkampfwagentruppen. Guderian hatte damit das britische All-Tank-Prinzip weiterentwickelt. Die von ihm vorgeschlagenen Verbände sollten ferner über gepanzerte, geländegängige, zum aufgesessenen Kampf befähigte Aufklärungsorgane verfügen. Die Verwirklichung dieser Gedanken erhielt erhebliche Unterstützung durch die Teilmechanisierung französischer Kavallerieverbände, die Motorisierung einer französischen Infanteriedivision, die Aufstellung einer leichten mechanisierten Division in Frankreich 1933/34 sowie durch die Etatisierung eines reinen Panzerkampfwagenverbandes in Großbritannien 1934.

Einer Motorisierung von Verbänden im Zuge der deutschen Heeresvergrößerung kam außer der zunehmenden technischen Reife des Motorfahrzeuges – das der berittenen Truppe an Geschwindigkeit und Kampfkraft überlegen, an Geländegängigkeit fast gleichwertig geworden war – und neben den tastenden Versuchen des Auslandes vor allem ein starkes Interesse maßgebender Generale (Blomberg, Reichenau, Fritsch) sowie Hitlers selbst zugute. Hitler hatte die militärische Bedeutung der Motorisierung frühzeitig erkannt.

Der von ihm geförderte Autobahnbau konnte und sollte jedoch weniger der schnellen Verschiebung von Großverbänden im Falle eines Zweifrontenkrieges dienen, sondern ermöglichte vor allem ein beschleunigtes Aufholen des deutschen Rückstandes in der allgemeinen Motorisierung gegenüber den Westmächten. Insofern hat die Straßenbau- und Motorisierungswelle unter Hitler zweifellos eine große militärische Auswirkung gehabt.

Nach Versuchen im Jahre 1934 mit einem kleinen Panzerverband, einer leichten, d. h. aus motorisierten Infanterie- und Aufklärungselementen zusammengesetzten Division, setzte sich aufgrund weiterer, in vieler Hinsicht überzeugender Manöver und Vorführungen eines gepanzerten Verbandes das neue Prinzip durch.

Die Heeresleitung beschloß 1934 die Aufstellung von drei Panzerdivisionen für das folgende Jahr, aber auch der gleichen Zahl von reinen Panzerbrigaden. Diese Entscheidung verdeutlichte nicht nur den Wunsch nach Unterstützung der Infanterie durch Kampfwagen, sondern auch die Vorbehalte, die trotz der Manöver 1934 gegenüber Guderians Prinzip blieben. Mit der Panzerdivision schuf das deutsche Heer in den 30er Jahren das damals modernste Instrument der Landkriegführung; in ihrer Gliederung war die Panzerdivision vorbildlich. Mit den Wehrmachtmanövern 1937 in Mecklenburg setzte sich dieser Verbandstyp durch, der mit der „fließenden Beweglichkeit" (Halder) zu eigenständigen Operationen befähigt war.

Die Panzerdivision bestand aus einer Panzerbrigade, einer Schützenbrigade (d. h. motorisierter Infanterie und Kradschützen) und allen zu einer Division gehörenden Hilfswaffen wie Artillerie, Aufklärungstruppen, Pioniere, Panzerabwehr und Nachrichtentruppen. Die Panzerbrigade umfaßte vier Abteilungen, die Schützenbrigade drei bis vier Bataillone. Insgesamt hatte eine Panzerdivision bei Kriegsausbruch 1939 etwa 320–330 Panzerkampfwagen, das Soll betrug 12 700 Mann, 450 Panzerkampfwagen und – einschließlich der Krafträder – 4000 weitere Kraftfahrzeuge. Ihre Marschlänge betrug ohne Sicherungsabstände im Halt 15,5 km, bei 20 km/h 90 km, die Marschgeschwindigkeit 12–20 km, die Marschleistung 100–150 km täglich.

Die Panzerdivisionen waren wie die Infanteriedivisionen in Korps zusammengefaßt. Sie sollten im Kampf dort eingesetzt werden, wo die Entscheidung gesucht wurde.

Die Panzerdivision war also ein Angriffsverband. Der Angriff ihrer Panzerbrigade wurde durch die übrigen Truppen vorbereitet, unterstützt und ausgenutzt. Je nach Gelände und Feindlage sollte entweder mit der Panzerwaffe voraus oder zusammen mit den Infanterieteilen angegriffen werden.

Hatte 1935 das auf 36 Infanteriedivisionen festgelegte und in der Aufstellung begriffene Infanterieheer ein Mindestmaß an Abwehrkraft für den Mehrfrontenkrieg dargestellt, so zwangen der Rüstungsfortschritt der Nachbarn und die infolge der deutschen Politik weiterhin gespannte Lage zu grundsätzlichen Erwägungen über den weiteren Verlauf der Rüstung. Eine wesentliche quantitative Erweiterung erschien um die Wende der Jahre 1935/36 kaum möglich. Die Überlegungen richteten sich daher auf eine qualitative Steigerung, um das Heer zu befähigen, im Rahmen eines strategischen Verteidigungskrieges angriffsweise zu operieren. Es handelte sich für die Heeresführung noch nicht um die Vorbereitung eines Angriffskrieges, sondern um die Verstärkung der Abwehrkraft. So kam es zu dem vom Oberbefehlshaber des Heeres gebilligten Vorschlag Becks, im Zuge des weiteren Heeresaufbaus Infanteriedivisionen zu motorisieren, in größerem Umfang Heerespanzertruppen aufzustellen und leichte Divisionen zu schaffen.

Die Infanteriedivision (mot.) war eine verlastete Infanteriedivision; die Infanterie benutzte zweiachsige ungepanzerte, beschränkt geländegängige Kraftfahrzeuge. Ihre Gesamtstärke betrug etwa 16 000 Mann und 4000 Kraftfahrzeuge (einschließlich Krafträder), die Marschlänge im Halt (ohne Abstand und rückwärtige Dienste) 23 km; bei 25 km/Std. 95 km, die Marschgeschwindigkeit 15–25 km, die Marschleistung 150 km und mehr pro Tag. Die rückwärtigen Dienste der vollmotorisierten Divisionen unterschieden sich von denen der nur teilmotorisierten Verbände durch eine stärkere Ausstattung mit Betriebsstoffkolonnen und Werkstattkompanien; die Veterinärkompanie entfiel selbstverständlich.

Im Endstadium der Heeresrüstung sollte jedes Korps über eine Panzerbrigade mit vier Panzerbataillonen verfügen. Diese Brigaden hatten – aufgeteilt auf die Infanterie – unterstützend zu wirken. Nach einer Art Baukastenprinzip wurde auch an eine Koppelung mit Infanterie oder motorisierten Infanteriedivisionen gedacht.

Der leichten Division lag der Wunsch zugrunde, leicht gepanzerte Verbände für die Aufgaben der früheren Heereskavallerie zu schaffen. Sie sollten weit beweglicher als der schwere Verband der Panzerdivision und geländegängiger als die schnelle, aber straßengebundene motorisierte Infanteriedivision vor der Front aufklären, verschleiern, hinhaltend kämpfen, Flanken schützen, Lücken schließen und verfolgen. Die leichte Division setzte sich aus starken motorisierten Infanterie- und Aufklärungselementen sowie einem Panzerbataillon und weiteren Divisionstruppen zusammen. Ebenso wie die Panzerbrigade entsprachen auch die leichten Divisionen einer gewissen Skepsis gegenüber Guderians Panzerdivision. An dem Projekt der leichten Divisionen beteiligte der Generalstab die Inspektion der Panzertruppe nicht.

Aus den Auseinandersetzungen über die Steigerung der Kampfkraft im Jahre 1936 wird deutlich, daß General Beck nicht zu den Vorkämpfern der Panzerdivision gehörte; er sah in ihnen ein Experiment, dessen Ergebnis abzuwarten war. Panzer sollten die Infanterie unterstützen und zur Aufklärung eingesetzt werden können. Andererseits verteidigte Beck den Gedanken des möglichen operativen Einsatzes gegenüber einer ausschließlichen oder vorrangigen Unterstützung der Infanterie. Für diesen operativen Einsatz war eine fallweise Koppelung mit Infanterieverbänden vorgesehen. Dieses Baukastenprinzip und die Mehrzwecklösung für die Panzer trägt den Stempel seiner Persönlichkeit. Nur mußte er zu spät feststellen, daß die Herstellung von Panzerkampfwagen bis 1937/38 weitgehend auf leichtere Typen festgelegt war, die sich vorzugsweise für operative Verwendung eigneten; schwere Panzertypen für sturmgeschützartigen Einsatz waren zunächst nicht produktionsreif.

Gemessen an der beharrenden Mentalität vieler Offiziere des OKH erscheint aber Beck durchaus als ein Vertreter moderner Auffassungen. Rückwärtsgewandte Einstellungen, die sich nicht das moderne Gefechtsbild zu eigen machten und die Infanterie von schweren Waffen entlasten wollten, um die „Blutscheu“ (so wörtlich Fromm in einer Stellungnahme) nicht noch zu vergrößern, wies er mit Nachdruck zurück. Auch auf organisatorischem Gebiet war er ein Mann des Vermittelns, des vorsichtigen Wägens, der aus seiner Verantwortung für den gesamten Heeresaufbau und dessen politisches Schicksal radikalen Neuerungen gegenüber vorsichtig abwartete. Dabei ging seine Forderung vom Jahre 1936, bis zum Ende des Heeresaufbaus insgesamt 52 (!) Heerespanzerabteilungen aufzustellen, zahlenmäßig weit über die Forderungen des Inspekteurs der Panzertruppe hinaus.

Es ist schwer zu klären, wie weit die Zurückhaltung Becks gegenüber Guderians Zielen militärfachlich bedingt war, ob sie mehr in dem Mentalitätsgegensatz beider Persönlichkeiten oder etwa in der Sorge des Generalstabschefs lag, mit einer größeren Zahl operativ verwendbarer Panzerdivisionen nicht nur ein Mittel für eine auch offensiv zu führende Verteidigung, sondern auch für nicht vertretbare und nicht mehr kontrollierbare militärische Abenteuer zu schaffen; schlüssige Beweise für eine politisch motivierte Ablehnung von Guderians Panzerdivision durch Beck sind nicht bekannt. Nachweisbar wollte Beck die Entstehung eines „Heeres im Heer" verhindern, wie sie sich in einer Sonderrolle der Panzertruppen und ihrer Inspektion anbahnte (s. übernächster Absatz).

1938, nach Becks Verabschiedung, setzte sich die Panzerdivision endgültig durch. Die leichten Divisionen verfügten nicht über ausreichende Kampfkraft. Sie sollten im Herbst 1939 unter Eingliederung weiterer Panzerbataillone in Panzerdivisionen umgewandelt werden. Was von dem großen Beckschen Aufstellungsvorhaben an Heerespanzerabteilungen noch vor Kriegsbeginn aufgestellt wurde, diente später dem Aufbau neuer Panzerdivisionen.

Im Juni 1934 war die Inspektion der Kraftfahrtruppen zu einer Art Generalkommando für die Aufstellung, Ausbildung und Führung der gesamten Kraftfahrkampftruppe geworden. Die ab 1935 aufgestellten Panzerdivisionen hatten sich dank ihrer friedensmäßigen Bewährung schnell eine Sonderstellung im Heer erobert. Neben Abgaben der Infanterie fand viel Personal abgesessener Reiter-Regimenter in den Verbänden Verwendung. Bis auf Artillerie, Pioniere und Nachrichtentruppen wurden alle an Panzerdivisionen beteiligten Waffengattungen wie Panzer, Panzerabwehr, motorisierte Schützen, motorisierte Aufklärungstruppen und Kradschützen von der Inspektion der Kraftfahr- und Panzertruppen betreut. Aus den verschiedenen Waffengattungen erwuchs eine neue Truppengattung, die Panzertruppen. Ihre Inspektion erhielt dadurch eine Sonderstellung, die zu einem Übergewicht gegenüber anderen Waffeninspektionen des OKH führte.

Aus diesem Grund setzte der Generalstab durch, daß ab Aufstellungsbeginn Herbst 1937 die motorisierten Schützen und Kradschützen der Inspektion der Infanterie, alle motorisierten Aufklärungsabteilungen der Inspektion der Kavallerie zugeordnet wurden, soweit es sich nicht um reine Motorisierungsangelegenheiten handelte. Generaloberst Frh. v. Fritsch hat sich zu dieser Entscheidung, für die Beck eintrat, schließlich bereit gefunden; alle Hinweise auf das besondere enge Zusammenwirken aller Kampftruppen eines mechanisierten Verbandes und auf die Vorteile einer einheitlichen Kampfausbildung blieben dagegen erfolglos. Die Ernennung Guderians zum Chef der Schnellen Truppen im Herbst 1938, zu „einer Art gehobenem Inspekteur" für alle motorisierten und Kavallerietruppen, machte die Härte der orthodoxen Lösung des Vorjahres rückgängig.

Das 3 : 1-Verhältnis von teilmotorisierten zu vollmotorisierten Verbänden hatte sich gegenüber den Planungen zur Erhöhung der Kampfkraft vom Sommer 1936 [32 : 10 (3 Pz. + 3 leichte + 4 Inf. mot.)] bis 1939 [39 : 14] kaum verschoben. Während im Mobilmachungsfall die Vermehrung der teilmotorisierten/bespannten Divisionen um das 2–3fache durch Neuaufstellungen vorgesehen war, ließ sich die Zahl der schnellen Divisionen wegen ihres hohen Materialbedarfs und ihrer Aus-

Gliederung der Divisionsverbände (Stand: 1939)

(nach Müller-Hillebrand, Das Heer 1933–1945 und Tessin, Formationsgeschichte der Wehrmacht 1933 bis 1939)

	Inf.		Art.		Pz.			(Kav.)Schtz.			KradSchtz.	Aufkl.		Pi.	Pz.Abw.	Nachr.	San.
	Rgt.	Btl.	Rgt.	Abt.	Brig.	Rgt.	Abt.	Brig.	Rgt.	Btl. (Abt.)	Btl. (Abt.)	Rgt.	Abt.	Btl.	Abt.	Abt.	Abt.
Inf.Div.*)	3	9	1 (2)	5										1	1	1	1
Inf.Div. (mot.)	3	9	2 (1)	5									1	1	1	1	1
Geb.Div.**)	2 (3)	6 (9)	1	3										1	1	1	1
Pz.Div.***)			1	2	1	2	4	1	1 (2)	2 (4)	1	–	1	1	1	1	1
le. Div.****)			1	2			1		1 (2)	2 (4)	1 (0)	1	2 (1)	1	1		1

*) Einige Divisionen hatten Inf.- und Art.-Führer mit der Aufgabe, mob. Divisionsverbände aufzustellen. Dem Divisionsartillerieregiment war friedensmäßig eine schwere Korpsartillerieabteilung zugeteilt. Sie trug lediglich eine andere höhere Regimentsnummer, die gleiche wie die schwere Divisionsabteilung. Einen Regimentsstab der schweren Artillerie gab es bei der Division nicht. Die meisten Inf.Div. und Inf.-Div. (mot.) hatten 1 Abt. beobachtende Artillerie.

**) 1. Gebirgsdivision hatte 3 Jägerregimenter, die weiteren 2.

***) Der Pz.Div. wurden mit der Mobilmachung eine Staffel Aufklärungsflieger zugeteilt. 4. und 5. Pz.Div. hatten keine Schützenbrigade, 5. Pz.Div. hatte 2 Schützenregimenter.

****) 2. und 4. leichte Division hatten 2 Kav.Schützenregimenter, dafür keine Kradschützenabteilung. 1. le. Division hatte nur 1 Aufklärungsabteilung (mot.), dafür 1 Kradschützenabteilung. Alle leichten Divisionen hatten nur 1 Nachrichtenkompanie.

bildungsanforderungen nicht schlagartig erhöhen. Die Teilmotorisierung der Divisionen und der immerhin schon überwiegend motorisierten Korps-/Armeetruppen kann mit zusammengerechnet 20% berücksichtigt werden. Damit ergibt sich für das Friedensheer von 1939 ein Motorisierungsgrad von etwa einem Drittel aller Truppenteile.

4. Waffengattungen

Die Waffengattungen des Heeres hatten in ihren Inspekteuren und in den Waffeninspektionen des Allgemeinen Heeresamts (s. o. S. 334) ihre jeweilige Spitze. Ansonsten unterstanden sie in jeder Hinsicht den Großverbänden und bestanden erst auf der Ebene des Regiments (Ausnahme Reiter-, Panzer- und Schützenbrigade), bei Pionieren, Nebel-, Nachrichten- und Versorgungstruppen meist erst auf Bataillons- bzw. Abteilungsebene aus ungemischten Truppenteilen.

Das Heer besaß folgende Waffengattungen (Waffenfarben in Klammern): Infanterie (weiß), Gebirgsjäger und Jäger (hellgrün), Kavallerie (goldgelb), Artillerie (hochrot), Panzertruppen (rosarot), Pioniere (schwarz), Nebeltruppe (bordeauxrot), Nachrichtentruppe (zunächst braun, dann zitronengelb), Sanitätstruppe (dunkelblau), Fahrtruppe (hellblau), dazu kamen Veterinäroffiziere (karmesinrot und Wehrersatzbehörden (orangerot). Die Waffenfarben „wiesengrün" für die motorisierten Schützen und die Kraftradschützen (ab 1942 Farbe der Panzergrenadiere) sowie „kupferbraun" für die Aufklärungstruppen wurden noch vor Kriegsbeginn angeordnet, aber erst später in der Truppe eingeführt. Während des Krieges kam es im Verlauf der zahlreichen Umorganisationen und Neuaufstellungen verschiedenartiger Bau-, Versorgungs- und Ordnungstruppen zur Einteilung neuer, selbständiger Truppengattungen mit eigenen Waffenfarben (z. B. Propagandatruppe lichtgrau).

Der wachsenden Bedeutung der jüngeren Waffengattungen entsprach es, daß 1935 neben dem Dienstgrad General der Infanterie, Kavallerie und Artillerie auch der General der Pioniere, der Panzertruppen und der Nachrichtentruppen eingeführt wurde, denen im Zweiten Weltkrieg der General der Gebirgstruppen folgte.

a. Infanterie

Die Infanterie blieb aufgrund ihrer Leistungen im Ersten Weltkriege auch im Wehrmachtheer die Hauptwaffengattung: „Die Infanterie erzwingt im Kampf die Entscheidung. Sie trägt die Hauptlast und bringt die größten Opfer. Es ist die Aufgabe aller anderen Waffengattungen, ihr das Erringen des Erfolges zu ermöglichen." (Handbuch für Heerestaktik, April 1939).

Dementsprechend umfangreich war der Anteil der Infanterie an der Heeresvergrößerung. Aufstellungshilfen leistete sie für die motorisierten Schützen der Panzerdivisionen und für die Radfahrtruppen. Außerdem trug sie die Hauptlast der kurzfristigen Reservistenausbildung der Jahrgänge 1913 und älter.

Die Infanterieregimenter besaßen nach Fortfall des A-(Ausbildungs-)Bataillons drei Bataillone, dazu Stab/Nachrichtenzug (NZ) sowie eine (13.) Minenwerfer- und eine (14.) motorisierte Panzerabwehrkompanie. Die Bataillone waren in

Stab/NZ, drei Schützen- und eine Maschinengewehrkompanie gegliedert. Die Schützenkompanie hatte drei Schützenzüge zu je drei Einheitsgruppen mit je einem leichten MG. Zur Maschinengewehrkompanie gehörten drei Züge zu je zwei Halbzügen mit insgesamt 12 schweren MG. Die Minenwerferkompanie hatte drei leichte Züge mit je zwei leichten Minenwerfern und einen mittleren Zug mit zwei Minenwerfern; ihr war der Regimentsreiterzug angegliedert. Die Panzerabwehrkompanie besaß drei Züge mit je drei 3,7 cm-Pak und einem leichten MG.

Ab 1936 wurde in dieser Gliederung und Ausstattung folgendes geändert: Anstelle eines Nachrichtenzuges verfügte das Bataillon nur noch über eine Nachrichtenstaffel. Die Schützenkompanie erhielt zwei schwere MG und drei leichte Granatwerfer. Die Zahl der Züge der MGK verringerte sich auf zwei; dazu kam ein schwerer Granatwerferzug mit 8,1 cm-Werfern. Die Minenwerferkompanie wurde Infanteriegeschützkompanie mit drei leichten Zügen zu je zwei Geschützen (7,5 cm) und einem schweren Zug mit zwei Geschützen (15 cm). Die Panzerabwehrkompanie erhielt pro Zug ein Geschütz mehr (insgesamt nun zwölf 3,7 cm-Geschütze); sie blieb motorisiert.

Die wichtigste Handfeuerwaffe bildete ab 1935 der Karabiner 98 k. Er wurde bei allen Truppenteilen eingeführt, wog 3,9 kg und war damit 200 Gramm leichter als das Gewehr 98. Die Infanterie war ferner mit dem wassergekühlten MG 08/15 ausgerüstet. Ab 1936 wurde das luftgekühlte MG 34 eingeführt, eine leichte Waffe mit hoher Feuergeschwindigkeit, das mit Lafette auch als sMG neben dem bisherigen MG 08 Verwendung fand. Für den Verschuß von Flügelminen gab es den leichten (5,0 cm) und den schweren (8,1 cm) Granatwerfer. Die Ausstattung eines Infanterieregiments umfaßte mehr als ein Dutzend verschiedener Waffen.

Der Tornister des Schützen wurde gefahren. Der Schütze trug außer Handwaffen und Munition nur das Sturmgepäck (Zeltbahn, Kochgeschirr, Brotbeutel).

Die genannte Gliederung und Ausrüstung galt auch für die zwölf vollmotorisierten Infanterieregimenter, notwendigerweise wurde der Regimentsreiterzug durch einen Kradschützenzug ersetzt.

Als Sonderform gab es zudem die Gebirgsinfanterie, die im Verlauf der Heeresvergrößerung eine erhebliche Vermehrung erfuhr. Wegen der abweichenden Einsatzbedingungen wich die Gliederung des Gebirgsjägerregiments von der des Infanterieregiments ab: Jedes der drei Bataillone hatte fünf Kompanien. Die jeweils 4. Kompanie setzte sich aus einem Infanteriegeschützzug mit zwei Geschützen und einem Granatwerferzug, die jeweils 5. Kompanie aus einem Gebirgs-MG-Zug mit vier sMG und einem Gebirgspionierzug zusammen.

Die einzelnen Infanteriebataillonen des Reichsheeres verliehene Traditionsbezeichnung „Jäger" wurde weiterhin beibehalten.

1936 entstand eine Fallschirm-Infanteriekompanie, aus der 1938 ein Bataillon hervorging, das die Luftwaffe Anfang Januar 1939 in die ihr zugewiesene neue Waffengattung übernahm. Das als Luftlandeinfanterie ausgebildete Infanterieregiment 16 verblieb jedoch beim Heer.

Zur Ausübung der Wachaufgaben in Berlin (Reichspräsidentenpalais und Reichswehrministerium) war bereits in den Jahren der Weimarer Republik eine Wachtruppe unterhalten worden. Im vierteljährlichen Wechsel wurden hierzu einzelne Kompanien aus dem Reichsgebiet in die Hauptstadt kommandiert. Wegen der vermehrten Wachaufgaben am Reichskriegsministerium und seinen nachgeordneten Dienststellen nahm die Anzahl dieser Kompanien zu, bis im Juni 1937 als ständiger Verband das Wachregiment Berlin mit 8 Kompanien aufgestellt wurde. Anstelle der Kommandierung ganzer Kompanien ging man dazu über, geeignete Soldaten für ein halbes Jahr, Offiziere und Unteroffiziere ganzjährig abzuordnen. 1938 erhielt Wien ein entsprechendes Wachbataillon. Dem Wachregiment Berlin wurde im Juni 1939 der Name „Infanterieregiment Großdeutschland" verliehen. Das Regiment mit zunächst zwei Bataillonen sollte fortan unter Wegfall der Kommandierungen eine ständige Elitetruppe darstellen. Der Ausbau zu einem verstärkten motorisierten Regiment folgte erst nach dem Polenfeldzug.

Ab 1935 stellte die Infanterie zur Verstärkung der Feuerkraft in Schwerpunkten und für Sperraufgaben motorisierte MG-Bataillone auf. Sie bestanden zunächst aus je 3 Kompanien mit jeweils 16 schweren MG, erhielten 1937 außerdem eine 4. (Panzerabwehr-)Kompanie. Von diesem Verbandstyp entstanden 15 Bataillone, die vorwiegend als Heerestruppen im Bereich der Befestigungen des Westens und Ostens disloziert und verwendet wurden.

Zu unterscheiden von diesen wirklichen MG-Bataillonen sind die ebenso bezeichneten Truppenteile mit der Numerierung über 30. Letztere dienten dem Truppenluftschutz, d. h. der Fliegerabwehr mit leichten Waffen bis in die Höhe von 2000 m. Für diese Aufgabe war bereits vor 1932 die Inspektion der Infanterie zuständig gewesen. Nach Überführung der von der Inspektion Artillerie entwickelten Flak an die Luftwaffe verblieb der Truppenluftschutz gegen Tiefangriffe weiterhin beim Heer. Zunächst wurde im Herbst 1935 ein Flakbataillon 1 in Königsberg mit 2 Kompanien und anfänglich reiner MG-Bewaffnung geschaffen, dessen mißverständliche Bezeichnung wurde jedoch nach einem halben Jahr wegen Verwechslungen mit dem Flakregiment 1 (gleichfalls Königsberg) in MG-Bataillon 31 umbenannt. Jede Division sollte ein Bataillon zum Truppenluftschutz erhalten. Die folgenden Aufstellungen der erst im Kriege als Heeres-Fla bezeichneten Verbände führten die Nummern der Division plus 30 (demnach MGBtl. 31 bei der 1. Inf.Div.). Bis zum Sommer 1939 standen jedoch erst 8 Bataillone mit je 4 Kompanien. Jede Kompanie war mit zwölf 2 cm-Flak 30 (bzw. der Weiterentwicklung 38) ausgerüstet, einer vielseitig verwendbaren Waffe, die nach der Zielart auszuwählende unterschiedliche Munition verschießen konnte. Die automatischen 2 cm-Kanonen wurden meist von dreiachsigen Protzkraftwagen gezogen, ab Herbst 1939 gab es diese Waffe auch auf Selbstfahrlafetten. Mit der Mobilmachung 1939 wurde die Zahl dieser Kompanien verdoppelt, so daß fast alle aktiven Divisionen je eine 2 cm-Fla-Kompanie erhalten konnten. Sie wurden als 4. Kompanie den Panzerabwehrabteilungen unterstellt. Betreut wurde die Fla weiterhin von der Inspektion der Infanterie, die 1937 ein Fla-Referat erhielt.

b. Kavallerie

Entgegen der Entwicklung in anderen Heeren ist die deutsche Kavallerie nur zum kleineren Teil motorisiert oder mechanisiert worden. Auf die Entwicklung einer motorisierten Aufklärungswaffe hat die Führung der Kavallerie bei der Vorbereitung der Heeresvergrößerung zunächst verzichtet. Unter den besonderen Bedingungen und Aufgaben an der deutschen Ostgrenze wurden zu Beginn der Heeresvergrößerung reitende Divisionsverbände noch beibehalten. Nach Umwandlung der Reiterregimenter 11 und 16 in mot. Schützenregimenter und des Reiterregiments 12 in ein Panzerregiment sowie des Kommandos der 3. Kavalleriedivision in das einer leichten Division (ab Herbst 1935 1. Pz.Div.) verblieben die restlichen 15 Reiterregimenter bei den noch bestehenden Kavalleriedivisionen zu je sechs Reiterregimentern. Die Kavalleriedivisionen besaßen je eine reitende Artillerieabteilung, eine Kavallerienachrichtenabteilung und eine motorisierte Aufklärungsabteilung. Die aus den Reiteregimentern 1 und 2 gebildete selbständige Kavalleriebrigade in Ostpreußen wurde durch eine reitende Artillerieabteilung zu zwei Batterien verstärkt. Die übrigen, 1934 für je zwei Reiteregimenter gebildeten Reiterbrigaden wurden 1936 zusammen mit den Kavalleriedivisionen aufgelöst. Es blieben einige kleine Stäbe als Höhere Kavallerieoffiziere bestehen. 1934 unterstand die gesamte Kavallerie einem vorübergehend eingerichteten Kavalleriekorpskommando.

Pläne, die Kavallerieverbände zu neungliedrigen Divisionen zu erweitern und durch die Einfügung weiterer motorisierter Truppen kampfkräftiger zu machen, wurden 1935 zugunsten einer Umgliederung der Reiterregimenter in Korpskavallerieregimenter aufgegeben. Sie wurden Stammtruppenteile für die Aufklärungskräfte der Infanteriedivisionen. Lediglich die vorwiegend im Gebirgsbereich liegenden Armeekorps (VII. und XVIII.) erhielten kein Korpskavallerieregiment. Zugleich gab die Reiterei weitere Kräfte an die Panzertruppe ab.

Allein die ostpreußische Brigade blieb als Kavallerieverband erhalten. Sie stellte einen Kampf-, keinen Aufklärungsverband dar.

Die Erhaltung der Kavallerieregimenter über die Notwendigkeit des geschlossenen taktischen Einsatzes hinaus ergab sich aus der hohen Bewertung des Kavallerieprestiges und der Kavallerietraditionen. Ab 1937 gliederte sich das Regiment in eine reitende und eine Radfahrabteilung. Die reitende Abteilung hatte fünf reitende Schwadronen, die Radfahrabteilung drei Radfahr-, eine Panzerabwehr-, eine schwere und eine Nachrichtenschwadron. Reiter- und Radfahrschwadronen entsprachen in ihrer Ausstattung Infanteriekompanien. Zu der geplanten Umwandlung der Radfahrabteilungen in Kradschützenabteilungen kam es infolge des Kriegsausbruchs nicht mehr. Für die aus den Kavallerieregimentern zu mobilisierenden Aufklärungsabteilungen der Infanteriedivisionen waren je eine Reiter-, eine Radfahr- und eine gemischte schwere Schwadron vorgesehen. Diese zusammengewürfelte Aufklärungsabteilung unterschied sich wesentlich von der motorisierten Aufklärungstruppe der schnellen Divisionen (s. S. 352).

Die Artillerie hatte von allen im Reichsheer verbleibenden Waffengattungen die härtesten Beschränkungen durch den Versailler Vertrag erfahren und wurde deswegen im Zuge der Heeresvergrößerung besonders stark, etwa auf das Zehnfache, vermehrt. Der dem Bataillon entsprechende Verband hieß Abteilung, die Zahl von 24 Artillerieabteilungen 1932 war 1938 auf 228 gewachsen.

Bei der schießenden Artillerie waren Divisions-, Korps- und Heeresartillerie zu unterscheiden.

Die Artillerie der Infanteriedivisionen umfaßte ein leichtes bespanntes Artillerieregiment mit Stab, Nachrichtenzug und drei leichte Abteilungen zu je drei Batterien leichter Feldhaubitzen (lFH 10,5 cm). Die bespannte schwere Abteilung mit Stab/Nachrichtenzug und zwei Batterien schwere Feldhaubitzen (sFH 15 cm) und eine Batterie 10 cm-Kanone war mit einer der Division lediglich friedensmäßig angegliederten schweren motorisierten Korpsabteilung unter einer anderen Regimentsnummer gekoppelt. Bei den bespannten schweren Divisionsabteilungen wurden 1938 die 10 cm-Kanonen durch sFH ersetzt. Zu jeder Batterie der genannten Bewaffnungen gehörten vier Geschütze.

Die motorisierte Artillerie der Panzerdivisionen, der leichten Divisionen und Infanteriedivisionen (mot.) bestand aus einem Regiment zu zwei leichten Abteilungen (Inf.Div. mot. 3 Abt.). Die Kraftfahrzeugausstattung der Batterie (lFH 18) umfaßte 12 Pkw, 5 Zugkraftwagen (Halbkette, d. h., nur Vorderachse mit Rädern) für die 4 Geschütze, 9 Lkw und 5 Kräder. Trotz der relativ vielen Kraftfahrzeuge ergab sich gegenüber der bespannten Batterie eine bemerkenswert hohe Personaleinsparung. Dort wurden bei 153 Pferden 8 Unteroffiziere und 41 Mannschaftsdienstgrade zusätzlich gebraucht, durch die Motorisierung wurde also etwa ein Drittel des Personals eingespart.

Die Gebirgsartillerieregimenter verfügten über zwei leichte Abteilungen mit 7,5 cm-Gebirgskanonen oder 10,5 cm-Gebirgshaubitzen und eine schwere Abteilung sFH.

Die als motorisierte Korpsartillerie vorgesehenen zwei bis drei schweren Abteilungen für jedes Korps waren 1939 noch nicht vollzählig vorhanden. Ihre Verbände setzten sich aus 15 cm-Haubitzen-Batterien und 10 cm-Kanonen-Batterien zusammen. Auch die Heeresartillerie war bei Kriegsausbruch noch in der Aufstellung begriffen. Es bestanden einige Regimentsstäbe und Abteilungen. Ihre Ausrüstung entsprach der Korpsartillerie mit 15 cm-Haubitzen und 10 cm-Kanonen, dazu kamen einige 21 cm-Mörser- und 15 cm-Kanonen-Abteilungen. Als schwerste straßenbewegliche Artillerie gab es eine Abteilung mit der 24 cm-Kanone K 3 (3 Bttr. mit je 2 Kanonen). Die übrigen Verbände der schwersten Artillerie, auch die im Frieden bereits entwickelten schwersten Eisenbahngeschütze mit 19 Batterien, traten erst nach der Mobilmachung in Erscheinung.

Im Vergleich zur französischen war die deutsche Divisionsartillerie an Schußweite unterlegen, an Wirkung überlegen. Gerade die Korpsartillerie mußte des-

Leistungsfähigkeit der deutschen Artillerie 1939

(hier nur Standardausstattung,
Sonderentwicklungen und ältere Waffen bleiben unberücksichtigt)

Geschützart	erste Munitionsausstattung bei der Division	höchste Schußweiten	günstigste Schußweiten	höchste Feuergeschwindigkeit in der Minute
lFH 18-Battr. (10,5 cm)	1000	10 675	1– 8 000	6
sFH 18-Battr. (15 cm)	600	13 325	3–12 000	4
10 cm-Kanonen-Battr.	600	19 075	5–18 000	5
15 cm-Kanonen-Battr.	330	21 400	3–20 000	1
lange 21 cm-Mörser-Battr. je Gesch.	75	10 200	2– 9 000	1

(n. Handbuch für Heerestaktik, Berlin 1939)

halb über Flachfeuerwaffen verfügen, um die weittragende französische Artillerie bekämpfen zu können.

Die Artillerie hatte die Aufgabe, die Kampftruppen in allen Lagen zu unterstützen. Im Angriff sollte sie die Infanterie dichtauffolgend begleiten, in der Verteidigung durch Sperrfeuer von den eigenen Stellungen abriegeln. Hierzu ordnete die Artillerie Beobachter und Verbindungskommandos zu den vorderen Teilen der Kampftruppen ab. Besondere Bedeutung hatte die schnelle messende Erfassung und Ausschaltung der feindlichen Artillerie.

Im Mittelpunkt der Ausbildung stand der Bewegungskrieg, insbesondere der Angriff: Beweglicher Einsatz, schneller Stellungswechsel, rasche Feuerzusammenfassung, Feuerleitung massierter Artillerie, Zusammenarbeit mit Panzern und Flugzeugen.

In der Aufbauzeit begann die Entwicklung des Sturmgeschützes, das allerdings erst ab 1940 zur Truppe kam. Diese der Artillerie zugeteilte Waffe ging auf Anregungen Mansteins aus dem Jahre 1935 zurück. Er forderte einen im direkten Schuß wirkenden Kampfwagen zur Feuerunterstützung der Infanterie. Eine derartige Waffe wurde besonders notwendig, nachdem die Entwicklung der Panzerkampfwagen zur operativen Verwendung in größeren Verbänden die unmittelbare Unterstützung der Infanterie ausschloß. Es handelte sich um gepanzerte Vollkettenselbstfahrlafetten mit geringem Schwenkungsbereich des Geschützrohrs, d. h. ohne Turm. Die in Angriffs- und Verteidigungsschwerpunkten der Infanterie eingesetzten Sturmgeschützabteilungen gewannen in der zweiten Hälfte des Krieges eine große Bedeutung.

Zu jeder Infanteriedivision sollte eine Abteilung Beobachtender Artillerie (B-Abteilung) mit einer Vermessungs-, einer Lichtmeß- und einer Schallmeßbatterie gehören. Bei Kriegsausbruch waren allerdings erst knapp zwei Drittel aller bespannten und motorisierten Infanteriedivisionen mit einer B-Abteilung versehen. Während des Krieges entstanden aus zivilem Fachpersonal und den Vermessungsbatterien die Karten- und Vermessungstruppen (1943 als besondere Truppengattung von der Artillerie getrennt).

Vor dem Ersten Weltkrieg besaßen die Infanteriedivisionen der deutschen Armeen neben 12 Infanteriebataillonen 4 Abteilungen beweglicher Artillerie. Während sich von 1914 bis 1918 dieses Verhältnis stark zugunsten der Artillerie verschob, fiel es im Reichsheer wieder auf 3 : 1 zurück. Die relativ umfangreiche Vergrößerung dieser Waffe nach 1935 bestimmte neben der Panzerwaffe, der Motorisierung und der Fernmeldetechnik wesentlich das Aussehen des Wehrmachtheeres. 1939 betrug das Zahlenverhältnis von Infanteriebataillonen und Artillerieabteilungen knapp 2 : 1. Bemerkenswert in diesem Zusammenhang ist der relativ hohe Anteil an Artilleristen in der deutschen Heeresgeneralität des Zweiten Weltkrieges.

d. Panzertruppen

Die Panzertruppen setzten sich aus der Panzerwaffe, der Panzerabwehr, der Panzeraufklärung, den Kradschützen und den motorisierten Schützen zusammen, d. h. den Waffenarten, die in der Panzerdivision zusammengefaßt waren. Der dem Bataillon entsprechende Verband hieß bei der Panzerwaffe, der Aufklärung und der Panzerabwehr Abteilung.

Die Panzertruppen verdankten ihre Erfolge nicht nur der überlegenen Konzeption und dem Durchsetzungsvermögen ihrer Schöpfer Lutz und Guderian, sondern auch ihrer hervorragenden Ausstattung mit fernmeldetechnischen Führungsmitteln, auf die Guderian besonderen Wert legte.

Ihre erste kriegsmäßige Erprobung erfuhr die neue deutsche Panzertruppe im Spanischen Bürgerkrieg (1936–1939) (s. S. 307). Ab 1936 waren dort deutsche Heeresausbildungskommandos von Freiwilligen, insbesondere der Panzer- und der Nachrichtentruppe auf seiten Francos im Rahmen der Legion Condor eingesetzt. Kommandeur war Guderians Mitarbeiter Oberstleutnant Ritter v. Thoma. Zur Ausbildung spanischer Besatzungen und zu deren Einsatz standen etwa 40 Panzerkampfwagen I zur Verfügung. Daneben wurde vor allem Panzerabwehr- und Fernmeldeausbildung betrieben. Zeitweilig waren mit diesem Gerät und Beutepanzern vier Panzerbataillone aufgestellt. Während die sowjetischen Panzerberater in Spanien vorzugsweise mit ihren Panzern die Infanterie unterstützten, erwies sich bereits hier Guderians Taktik des geschlossenen Einsatzes als überlegen.

Das infanteristische Element der Panzer- und leichten Divisionen bildeten die (motorisierten) Schützenregimenter (Pz.Div.), die Kavallerieschützenregimenter (le. Div.) und Kradschützenbataillone. Diese Truppen entstanden ursprünglich aus einem abgesessenen Kavallerie- oder einem Infanterieregiment sowie aus Abgaben der Infanterie, Kavallerie und Landespolizei. Als Fortbewegungsmittel dienten beschränkt geländegängige ungepanzerte Radfahrzeuge sowie Motorräder mit und ohne Beiwagen. Die Gliederung der Regimenter wechselte.

Der Normaltyp war das Schützenregiment zu zwei Bataillonen. Bei der 1.–3. Panzerdivision setzte sich das Bataillon aus zwei Schützenkompanien, einer Kradschützen-, einer MG- und einer schweren Kompanie (Panzerabwehrzug, Geschützzug mit zwei 7,5 cm-Kanonen und Pionierzug) zusammen. Bei der 4. und 5. Panzerdivision hatten die Schützenbataillone je zwei Schützen-, eine Kradschützen- und eine schwere Kompanie mit zwei Geschützzügen, einem Granatwerferzug und einem Panzerabwehrzug. Als Marschleistung waren 200–300 km im Tag zu erreichen. Die Kradschützen und die Panzerabwehr sicherten den Marsch der motorisierten Schützen; die Kradschützen konnten infolge ihrer Geländegängigkeit und ihrer Geschwindigkeit wichtige Abschnitte überraschend in Besitz nehmen.

Die Kradschützenbataillone hatten drei Kradschützenkompanien, eine Krad-MG-Kompanie, eine schwere Kompanie mit Panzerabwehr-, Geschütz- und Pionierzug. Sie waren die schnellste bodengebundene Kampftruppe.

Die Kavallerieschützenabteilungen der leichten Divisionen verfügten über drei Schützen- und eine MG-Schwadron mit Panzerabwehrzug.

Die infanteristischen Teile der Panzer- und leichten Divisionen waren also sehr unterschiedlich zusammengesetzt, es gab nicht nur ständige Umgliederungen, sondern auch gleichzeitig verschiedene Gliederungen von einer Division zur anderen. Einheitlich blieb jedoch die Bewaffnung, die der Waffenausstattung bei den Infanterieregimentern entsprach.

Weitere Veränderungen brachte die Einführung der Schützenpanzerwagen (SPW). Die ersten dieser leichtgepanzerten Halbkettenfahrzeuge kamen bereits vor Kriegsausbruch zur Truppe und wurden noch Mannschaftstransportwagen genannt. Die SPW waren im offenen Gelände zum aufgesessenen Kampf als infanteristische Begleitsicherung der Panzer verwendbar. Während des Krieges reichte die Produktion nur aus, um jeweils ein Bataillon (oder auch nur einzelne Kompanien) in den Schützenregimentern der Panzerdivisionen mit diesen Gefechtsfahrzeugen auszustatten. Dennoch wurde 1942 der Name „Panzergrenadiere" für alle Schützentruppenteile eingeführt, „eher ein Programm denn eine den Realitäten entsprechende Bezeichnung" (v. Senger und Etterlin). 1943 wurde der Begriff Panzergrenadiere sogar auf die motorisierten Infanteriedivisionen und ihre infanteristischen Truppenteile ausgedehnt, obwohl diese Verbände überhaupt keine gepanzerten Teile hatten.

Die motorisierten Aufklärungstruppen entstanden aus den 1. Kompanien der Kraftfahrabteilungen des Reichsheeres. Sie gehörten zu allen schnellen Divisionen, nachdem die ersten bestehenden fünf Abteilungen 1935–1937 vorübergehend in einer Aufklärungsbrigade zusammengefaßt waren. Die Abteilungen gliederten sich in zwei Panzerspähkompanien auf gepanzerten allradangetriebenen Fahrzeugen, eine Kradschützen- und eine schwere Kompanie. Die schwere Kompanie hatte je einen Panzerabwehr-, Geschütz- und Pionierzug. Nach der Unterstellung der Aufklärungstruppen unter die Kavallerie 1938 hießen die Kompanien Schwadronen.

Die Abteilungen der motorisierten Divisionen hatten nur eine Panzerspäh- und eine Kradschützeneinheit.

Die leichten Divisionen besaßen Aufklärungsregimenter aus zwei Abteilungen.

Die neue Panzerwaffe ging aus der Kraftfahrtruppe des Reichsheeres hervor. Im Jahre 1934 bestanden die Kraftfahr-Lehrkommandos Zossen und Ohrdruf, zu denen das Reiteregiment 12 trat.

Zwei Panzerregimenter waren jeweils in einer Panzerbrigade zusammengefaßt; in Panzerdivisionen bildeten sie den Kern des Verbandes, als selbständige Panzerbrigaden sollten sie die Infanterie im Angriff unterstützen, indem sie die schweren Waffen des Feindes niederkämpften.

Die Panzerregimenter gliederten sich in zwei Panzerabteilungen zu je vier (oder drei) Kompanien, davon drei (zwei) leichte und eine mittlere. Die leichten Kompanien waren Träger der Stoß- und Feuerkraft, die mittleren sollten die feindlichen panzerbrechenden Waffen niederkämpfen. Die Panzerabteilung der leichten Divisionen hatte nur drei leichte Kompanien, verlastet auf Tiefladern – eine kostspielige Transportform, die sich nicht bewährte. Die von Guderian aufgestellten Forderungen an das Panzerfahrzeug zielten auf Führungsmöglichkeit, Sicht, Beweglichkeit und Waffenausstattung ab. Besonders hohe Anforderungen wurden an die Optik und Funkausrüstung jedes Kampffahrzeuges gestellt. Mit Gefechtsfahrzeugen solcher Ausstattung sowie durch bessere Gliederung und Führung hoffte man den Vorsprung des Auslandes an Erfahrungen sowie Zahl und Gewicht auszugleichen. Da die serienweise Entwicklung mittlerer Panzerfahrzeuge (Panzer III und IV) längere Zeit in Anspruch nahm, wurden für die ersten Jahre mit dem Carden Lloyd-Fahrgestell ein leicht gepanzerter MG-Träger (Panzer I) von 6 t Gefechtsgewicht und ein 2 cm-Kanonen-Träger (Panzer II) von 10 t hergestellt und verwendet. Ab 1937 gingen der Truppe die schwereren Panzer III und IV zu, im Sommer 1939 begann die Ausstattung einiger Verbände mit Panzern tschechoslowakischer Herkunft bzw. aus der Produktion des Protektorats. Damit standen folgende Typen von Panzerkampfwagen zur Verfügung:

Typ	Panzerung (mm)	Bewaffnung	Gewicht (t)	PS	Besatzung	Funkausstattung
Pz. Kw I	13	2 MG	5,4/6,0	57/100	2	Empfänger
II	30/35	1 MG, Kanone 2,0 cm	9,5/11,8	140	3	Empfänger und Sender
III	14,5/57	2/3 MG, KwK 3,7/5,0 cm	15/22,3	230/300	5	Empfänger und Sender
IV	20/80	2/3 MG, KwK 7,5 cm	17,3/25,0	250/300	5	Empfänger und Sender
35 t	25	2 MG, KwK 3,7 cm	10,5	120	4	Empfänger und Sender
38 t	50	2 MG, KwK 3,7 cm	9,7	125	4	Empfänger und Sender

(Doppelangaben für verbesserte Ausführungen, bei Pz. III u. IV erst während des Krieges)

Bei Kriegsbeginn 1939 verfügte das deutsche Heer über 3200 gepanzerte Vollkettenfahrzeuge, von denen über 2600 auf die Behelfstypen Panzer I und II entfielen. Während des ersten Kriegshalbjahres hat sich die Gesamtzahl nur wenig erhöht; lediglich die Zusammensetzung wurde durch Ausmusterung vieler Panzer I und Übernahme neuer „Tschechenpanzer" 38 t günstiger. Letzterer galt mit seinen Fahreigenschaften in den Jahren 1939/40 als modernster Panzer seiner Gewichtsklasse, veraltete jedoch schnell wegen seiner zu schwachen Bewaffnung, während die größeren Panzer III und IV während des Krieges mit stärkeren Kampfwagenkanonen nachgerüstet werden konnten. Immerhin betrug der Anteil der Panzer 35 t und 38 t an der gesamten deutschen Panzerausstattung in den Jahren 1940/41 zeitweilig über 20%.

Die zahlenmäßige Ausstattung der Panzerverbände mit Panzerfahrzeugen wechselte während der Aufstellungs- und Erprobungsphase verständlicherweise wiederholt. Mit der Mobilmachung trat folgende normale Gliederung ein: Abteilungsstab: 1 Befehlspanzer III, 1 Pz. II, 4 Pz. I. 2 leichte Kompanien mit je 4 Pz. III, 8 Pz. II, 9 Pz. I. Schwere Kompanie: 16 Pz. IV und 5 Pz. II. In der Abteilung waren demnach 22 Pz. I, 22 Pz. II, 9 Pz. III und 16 Pz. IV, insgesamt 69 Panzer, davon 1 Befehlspanzer, vorhanden.

Aus den Kampfwagenabwehrkompanien der Kraftfahrabteilungen des Reichsheeres entstanden die Panzerabwehrabteilungen der Divisionen. Sie waren in drei Kompanien gegliedert, die in drei Zügen mit zunächst je drei Panzerabwehrkanonen 3,7 cm im direkten Richtverfahren schossen; 1936 wurde die Geschützzahl auf vier je Zug erhöht. Jeder Zug besaß außerdem zwei leichte MG.

Wegen der zu geringen Durchschlagskraft der 3,7 cm-Pak gegenüber den ständig wachsenden Panzerstärken des Auslandes begann bereits vor Kriegsausbruch die Fertigung der 5 cm-Pak, die 1939 mit ersten Stücken zur Truppe kam.

Als Zugmittel wurden bis 1935 je Geschütz zwei „Kübelwagen" (je einer für Geschütz und Munitionsanhänger), ab 1935 bei den Divisionsabteilungen dreiachsige Protzfahrzeuge mit Munitionskästen verwandt. Für die 5 cm-Pak wurde die 1 t-Zugmaschine (Halbkette) ebenso zugleich für Bedienung und Munition eingesetzt.

Die zur Hebung der Beweglichkeit (Stellungswechsel) notwendige Entwicklung einer leicht gepanzerten Selbstfahrlafette führte vor dem Krieg noch nicht zu einer voll befriedigenden Lösung, so daß die Panzerabwehrwaffe unzureichend ausgerüstet in den Krieg ging.

Die Panzerabwehrabteilung bildete die Schwerpunktwaffe in der Hand der Divisionsführung zum beweglichen Einsatz in der Tiefe des Gefechtsfeldes gegen feindliche Panzer, welche die Panzerabwehr der Infanterie durchbrochen hatten. Ferner sicherte sie offene Flanken und wurde zusammen mit Infanterie oder Pionieren bei der Verteidigung von Sperren und im Verzögerungsgefecht eingesetzt. Ihrer Zugehörigkeit zur Panzertruppe entsprechend wurde die Truppe für Begegnungsgefechte und als Vorausabteilung ausgebildet, kaum für die Abwehr an festen Fronten. Im Angriff war die Panzerabwehrabteilung weit vorne einzugliedern und vermochte dank ihrer Beweglichkeit wichtige Geländeabschnitte zu besetzen und bis zum Eintreffen der Hauptkräfte zu halten. Diese in der Ausbildung geförderte Kampfweise löste den Wunsch nach leichtgepanzerten Selbstfahrlafetten zum beweglichen Jagdeinsatz gegen Feindpanzer aus; dem entsprach die sich bereits vor dem Kriegsausbruch abzeichnende Umbenennung in Panzerjäger. In der Verteidigung hatte der Panzerabwehrkommandeur der Division den Divisionskommandeur bei der Auswahl der Verteidigungsstellung im Hinblick auf ihre Panzergefährdung und den Einsatz aller Panzerabwehrmittel der Division zu beraten.

Die Ausbildung wurde überwacht durch zwei höhere Panzerabwehroffiziere und neun Kommandeure der Panzerabwehrtruppe bei den Generalkommandos; diese Kommandeure der Panzerabwehrtruppe waren auch für die Panzerabwehrkompanien der Infanterieregimenter zuständig.

e. Pioniere

Das Aufgabengebiet der Pionierwaffe reichte vom Überwinden künstlicher und natürlicher Hindernisse aller Art im Angriff, vom Sperren in der Verteidigung über das Verlegen und Aufnahmen von Minen bis zum Bau von Brücken, Eisenbahnen, Feldbefestigungen und Festungen.

Zu den Pionieren gehörten teilmotorisierte und vollmotorisierte Bataillone, die den Divisionen oder – als Korpstruppen – den Korps unterstellt waren. Als Heerestruppen standen 1939 drei Bataillone und ein Regimentsstab Eisenbahnpioniere zur Verfügung.

Das Pionierbataillon besaß drei Kompanien (zwei gemischt bespannt/motorisiert und eine vollmotorisiert) und war bewaffnet wie die Schützenkompanie der Infanterie; es fehlten lediglich die sMG und die Granatwerfer. Die Gebirgspionierbataillone hatten nur zwei Kompanien, von denen eine motorisiert war; dafür besaßen die Gebirgsjägerregimenter Truppenpioniere. Jedes Bataillon verfügte über eine Brücken- und eine leichte Pionierkolonne als Geräteeinheiten, deren personelle Auffüllung mit der Mobilisierung vorgesehen war. Das Panzerpionierbataillon – vollmotorisiert wie alle Korps-Pi.Btl. und alle Pi.Btl. der motorisierten Divisionen – besaß eine Brückenkolonne K für den Bau einer 16 t bzw. 20 t tragenden Brücke auf 76 m Länge. Höhere Pionieroffiziere auf der Ebene der Heeresgruppenkommandos überwachten die Ausbildung. Ihnen nachgeordnet waren bei den Korps Kommandeure der Pioniere. Für den Bau und die Betreuung von Befestigungen bestanden Festungsinspektionen und Festungsbaustäbe.

Auch im Wehrmachtheer setzte sich die Entwicklung zum Kampfpionier fort, die ihr waffenmäßiges Prestige im Ersten Weltkrieg begründet hatte. Dabei traten rein technische Arbeiten wie Straßen- und Schwerbrückenbau, Anstauung von Wasserläufen und Anlage von frontnahen Befestigungen zurück, da diese Aufgaben den Bautruppen (s. u. S. 386) zugewiesen wurden. Pioniertaktische Ausbildungspunkte waren der gewaltsame Flußübergang unter Verwendung von Nebel und der Einbruch in feindliche befestigte Stellungen, um den anderen Waffengattungen den Weg zu bahnen. In der Verteidigung stand die Anlage von Sperren im Mittelpunkt. Hierzu wurde im Verlegen und Aufnehmen von Panzer-(T-) Minen, Vermessen von Minenfeldern sowie im Einsatz von Schützenminen ausgebildet. Für die Gebirgspioniere hatte darüber hinaus der Seilbahnbau, die Verwendung von Seilzuggerät und der Kavernenbau im Feld Bedeutung.

Der zahlenmäßige Anteil der Pioniere innerhalb des Korps stieg gegenüber der preußischen Armee und dem Heer des Ersten Weltkrieges weiterhin an. Die zur Entlastung der Pioniertruppe erforderliche Ausbildung von Pionieren innerhalb der anderen Waffengattungen nahm ihren Fortgang. An neuem Material wurden unter anderem die Brückengeräte B, C und K, ein schweres Spezialbrückengerät, das Sturmboot und die S-(Schützen-)Mine eingeführt.

1939 hatte die deutsche Pioniertruppe an Ausbildung und Ausrüstung eine internationale Spitzenstellung erreicht. Die Vermehrung von 7 Bataillonen auf 75 Bataillone in den Jahren 1933–1939 war, abgesehen von einem Zuwachs aus der Landespolizei und aus dem österreichischen Bundesheer, durch Ausbildung von neueingestellten Soldaten zu bewältigen. Dabei hatten die Pioniere zusätzlich zu ihrer Truppe 11 Festungspionierinspektionen und 24 Festungspionierstäbe mit erfahrenem Fachpersonal zu besetzen.

Die durch den Versailler Vertrag verbotenen Eisenbahnpioniere hatten sich im Ersten Weltkrieg bei der schnellen Wiederherstellung von Eisenbahnstrecken und -brücken bewährt. Zu dieser wichtigen Aufgabe wurde 1935 eine Pionierlehr- und -versuchskompanie für schweren Brückenbau aufgestellt und ein Jahr darauf zu einem motorisierten Bataillon für Eisenbahn- und schweren Brückenbau erweitert. Nach nochmaliger Vermehrung auf einen Regimentsstab und drei Bataillone wurde im November 1938 der Begriff Eisenbahnpioniere wieder eingeführt und eine Inspektion der Eisenbahnpioniere geschaffen. Die Eisenbahnpioniere erhielten mit der Mobilmachung eine wesentliche Verstärkung durch Bauzüge und einberufenes Eisenbahn- und Brückenbaupersonal. Im Winter 1939/40 wurden sie aus der Pioniertruppe ausgegliedert und als „Eisenbahntruppe" dem Chef des Transportwesens unterstellt.

f. Die Nebeltruppe

Hauptaufgabe der Nebeltruppe war ursprünglich die Führung des Gaskampfes sowohl in der Anwendung wie in der Abwehr von Kampfgasen. Außerdem wurde der Verschuß von Wurfkörpern mit Nebel-, Brisanz- oder Flamm-Munition vorgesehen. Diese Aufgaben waren im Ersten Weltkrieg von den Pionieren wahrgenommen worden. Davon abweichend bildete die vollmotorisierte Nebeltruppe zunächst einen Zweig der Artillerie, bis sie 1936 eine neue Waffengattung mit einer eigenen Waffeninspektion wurde. Die bis 1938 aufgestellten vier Abteilungen mit je drei Batterien waren Heerestruppen.

Die erste Nebelabteilung ging 1934 aus der alten Fahrtruppe hervor. Als Waffe diente der 10 cm-Werfer, aus dem Gas-, Nebel-, Brisanz- und Flamm-Munition verschossen werden konnte. Die Abteilung konnte auf Entfernungen von 1000 bis 3000 m eine Nebelwand von 800 m Breite und 200 m Tiefe legen. Die späteren leistungsstärkeren Mehrrohrraketenwerfer befanden sich vor dem Kriege noch in der Entwicklung.

g. *Nachrichtentruppe*

Die Nachrichtentruppe stand unter der doppelten Aufgabenstellung, die fortschreitende Entwicklung des Fernmeldewesens aufzunehmen und die Einsicht auszuwerten, daß die deutsche militärische Führung im Ersten Weltkrieg die damals vorhandenen Fernmeldemittel nicht hinreichend genutzt hatte. Dabei galt es, den Vorsprung der ausländischen Fernmeldetruppen einzuholen. Die anfangs nicht immer gelungene Auswahl von geeignetem Personal für die Nachrichtentruppe wurde durch Einführung psychotechnischer Prüfungen verbessert.

Die Nachrichtentruppe vermehrte sich bis 1939 von 7 Divisionsabteilungen auf 71 Divisions-, Korps- und Heeresabteilungen. Mit Ausnahme der nur teilmotorisierten Nachrichtenabteilungen der Infanterie- und Gebirgsdivisionen waren alle Abteilungen vollmotorisiert. Aus den Heerestruppen entstanden mit der Mobilmachung zweigliedrige Armeenachrichtenregimenter, bei denen die für die höhere Führung wichtigen Fernsprechelemente überwogen. Zu einer Korpsnachrichtenabteilung (mot.) gehörten im allgemeinen eine Fernsprechkompanie (Bau- und Betrieb), zwei Feldfernkabelkompanien, eine Funkkompanie und eine leichte Nachrichtenkolonne (Gerät); zu der Nachrichtenabteilung einer Infanteriedivision eine Fernsprechkompanie (teilmotorisiert), eine Funkkompanie (vollmotorisiert) mit Nachrichtenaufklärungszug und eine leichte Nachrichtenkolonne (Gerät). Bei den leichten Divisionen war nur eine Nachrichtenkompanie vorhanden. Die Funkaufklärung wurde von festen Horchstellen und Horchkompanien betrieben. Höhere Nachrichtenoffiziere und Kommandeure der Nachrichtentruppe bei den Armeekorps überwachten die Ausbildung.

Über den Bereich der eigentlichen Nachrichtentruppe hinaus besaß jede Waffengattung eigene Truppennachrichtenelemente bis in die Einheiten hinein. Dadurch waren 1935/36 über 13% der Soldaten des Heeres im Fernmeldewesen eingesetzt. Um der Kampfkraft des Heeres willen wurden einige überbesetzte Führungsmittel abgebaut, z. B. die Nachrichtenzüge der Infanteriebataillone zu Staffeln verkleinert. Personaleinsparungen gelangen auch durch verbesserte Geräteausnutzung und Sprechdisziplin.

Mit Oberst Fellgiebel erhielt die Nachrichtentruppe 1934 erstmals einen Inspekteur, der aus der eigenen Waffengattung stammte. Seine außergewöhnlichen technischen Kenntnisse und seine große Tatkraft trugen dazu bei, die Nachrichtentruppe von einem verbesserungsbedürftigen Zustand – wie Manöverergebnisse erwiesen – auf den Stand der damals modernsten Fernmeldetruppe zu bringen.

Erich *Fellgiebel* (1886–1944), General der Nachrichtentruppe; 1905 Eintritt in das Telegraphenbataillon Nr. 2 in Frankfurt/Oder; 1907 Leutnant; 1914 als Oberleutnant Führer der Funkstelle der 4. Kavalleriedivision; 1915 Hauptmann, 1916/17 Funkoffizier bei der 8. Armee (v. Mackensen), anschließend Generalstabsoffizier; in der Reichswehr nach einer Tätigkeit im Truppenamt 1923–1926 Kompaniechef bei der Nachrichtenabteilung 2 (Stettin), 1926 Ic bei der 4. Division, 1928 Major; 1929 Leiter der Chiffrierstelle des Reichswehrministeriums; 1931 Kommandeur der Nachrichtenabteilung 2; 1933 als Oberstleutnant Chef der Inspektion der Nachrichtentruppe; ab 1. 10. 1934 Inspekteur der Nachrichtentruppe und Oberst; 1938 Generalmajor und Chef der Wehrmachtnachrichtenverbindungen; 1. 2. 1940 Generalleutnant; 1. 8. 1940 General der Nachrichtentruppe. Wegen seiner Beteiligung am Widerstand am 20. 7. 1944 verhaftet und am 4. 9. 1944 hingerichtet.

Die technische Entwicklung ist gekennzeichnet durch die Verwendung von neuen Feldfernkabeln, Trägerfrequenzgeräten, Fernschreibern und Ultrakurzwelle. Mit der von ihr entwickelten Sprechfunkausstattung der Panzerverbände hat die Nachrichtentruppe einen hohen Anteil an den Erfolgen der Panzertruppe. Bereits im Wehrmachtmanöver 1937 in Mecklenburg konnten größere Panzerverbände durch Funk geführt werden. In der Verwendung als beweglichstes Führungsmittel der motorisierten Verbände begleitete die Nachrichtentruppe die Kampftruppe in vorderster Linie.

Wichtigstes Nachrichtenmittel war weiterhin die Drahtverbindung, deren Reichweite durch Richtfunkverbindungen ausgedehnt wurde. Im Hinblick auf den Bewegungskrieg begann jedoch der stets betriebsbereite Funk eine immer größere Rolle zu spielen. Blink-, Lichtsprechverbindungen, Brieftauben und Meldehunde verloren in den 30er Jahren ihre Bedeutung. Grundsätzlich war die vorgesetzte Kommandobehörde verantwortlich für die Verbindung zu den nachgeordneten Verbänden und deren Querverbindungen untereinander. Im allgemeinen baute die Divisionsnachrichtenabteilung auf der Hauptvormarschstraße eine „Stammleitung“. Im weiteren Vorrücken diente sie der Verbindung zu den rückwärtigen Diensten. Die hervorragenden Fernmeldeverbindungen bewirkten während des Krieges eine wesentliche Einschränkung des Entscheidungsspielraums der Führung an der Front durch die oberste Führung – eine verhängnisvolle Kehrseite der Leistungen der deutschen Nachrichtentruppe.

h. Versorgungstruppen

Zur friedensmäßigen Versorgung verfügte das Heer über ein Netz von bodenständigen Einrichtungen, die im Zuge der Heeresvergrößerung vermehrt und modernisiert worden waren. Für jede Truppe und jeden Standort waren die Zuständigkeiten festgelegt. Die Versorgungseinrichtungen unterstanden – neben ihrer jeweiligen fachdienstlichen Unterstellung – den Wehrkreisen, das in der Versorgung tätige Personal setzte sich aus Soldaten, Beamten, Angestellten und Arbeitern zusammen. Diese Fachkräfte aus Verpflegungs- und Bekleidungsämtern, Heereszeugämtern, Standortlazaretten, Wehrkreispferdelazaretten, Sanitätsdepots und Wehrkreisveterinärparken stellten bei der Mobilmachung einen wertvollen Bestandteil der aufzustellenden Versorgungstruppen.

Die kriegsmäßige Versorgung wurde durch die mobilisierten Versorgungstruppen sichergestellt, die insbesondere auf der Armee- und Divisionsebene vorgesehen waren (s. o. S. 336 f.). Darüber hinaus standen zur Verstärkung von Versorgungsschwerpunkten Heerestruppen zur Verfügung. Bis 1941 hießen die mobilisierten Versorgungstruppen „Rückwärtige Dienste", sie waren eingeteilt in Nachschub-, Verwaltungs-, Sanitäts-, Veterinär-, Ordnungs-, Feldpost- und Straßenbaudienste.

Im Nachschubdienst, der auf Armee-, Korps- und Divisionsebene einem Nachschubführer (mit Stab) unterstand, waren die motorisierten Nachschubkolonnen (nur bei einzelnen Divisionen noch bespannt), die Betriebsstoffkolonnen, die Werkstattkompanien sowie die Nachschubbataillone (Armee) oder Nachschubkompanien (Div.) zusammengefaßt. Die letzteren hatten die Ausgabe- und Umschlagstellen für Versorgungsgüter einzurichten, zu betreiben und zu bewachen.

Eine Besonderheit stellten die drei Kraftwagentransportregimenter dar, von denen jedes die nichtmotorisierten Teile einer Infanteriedivision einschließlich Pferden, Geschützen und Fahrzeugen in einem Transportgang verladen konnte. Eines dieser Regimenter war bereits teilweise im Friedensheer vorhanden und verfügte über 4500 t Ladekapazität. Nach einem Einsatz beim Sudeteneinmarsch zeigte sich im Kriege jedoch, daß an den Großtransportraum dringendere Ansprüche als eine Truppenverladung vorlagen. Die weit überwiegende Masse der Kraftfahrzeuge für Transportregimenter und Nachschubkolonnen wurde mit der Mobilmachung aus zivilen Beständen beordert, nach Möglichkeit zugleich mit ihren Fahrern. Besonders im Großtransportraum konnte der Nachteil der Typenvielfalt der zivilen Lkw dadurch gemildert werden, daß die übernommenen Ferntransportfahrer ihre Lastzüge (einschließlich Anhänger bis zu 20 t Zuladung) voll beherrschten.

Als Rahmenverbände für die zu mobilisierenden Nachschubtruppen standen 1939 nicht mehr als 10 Kraftfahr- und 2 Fahrabteilungen zur Verfügung. Nachdem die Kraftfahrabteilungen des Reichsheeres in die verschiedenen Teile der Panzertruppen umgewandelt und aus den Fahrabteilungen Flak-, Beobachtungs- und Nebelabteilungen entstanden waren, hatte 1935 die Aufstellung neuer motorisierter und bespannter Fahrabteilungen begonnen. Sie erhielten 1937 die gemeinsame Bezeichnung Fahrtruppe, gleichzeitig wurde die für sie zuständige Nachschubinspektion in Inspektion der Fahrtruppen umbenannt. Die Wiederaufstellung der Fahrtruppen war jedoch gegenüber den Verbänden der anderen Waffengattungen derartig zurückgeblieben, daß bei der Mobilmachung viele Nachschubkompanien mit einem aktiven Stammpersonal von nur einem Unteroffizier und ein bis zwei Mann ausreichen mußten.

Zu den Verwaltungsdiensten gehörten die Armee- oder Divisionsverpflegungsämter sowie die motorisierten Bäckereikompanien und Schlächtereizüge. Das Personal und das Gerät für diese Versorgungseinheiten war bei der Mobilmachung weitgehend der bodenständigen Versorgung zu entnehmen.

Dem Divisionsarzt jeder Division unterstand bereits friedensmäßig eine Sanitätsabteilung. Ihre Soldaten dienten in den Sanitätsstaffeln, bei denen das militärische Sanitätspersonal der Lazarette großer Garnisonen und der Truppenkrankenreviere zusammengefaßt war. Das Material für die mobilisierte Divisions-Sanitätsabteilung mit zwei Sanitätskompanien, einem Feldlazarett und zwei Krankenkraftwagenzügen war eingelagert. Zu Übungszwecken wurden fallweise Sanitätskompanien aus dem vorhandenen Personal und Gerät zusammengestellt, so daß auf der Divisionsebene eine einsatzbereite Sanitätsversorgung sichergestellt war. Die Sanitätseinrichtungen der Armee- und Heerestruppen mußten dagegen bei der Mobilmachung neu aufgestellt werden.

Im Unterschied zur Sanitätstruppe standen dem Veterinärdienst keine ausgebildeten Rahmenverbände zur Verfügung. Dennoch lagen die Verhältnisse ähnlich, da schon friedensmäßig der umfangreiche Pferdebestand des Heeres (1933: ca. 42 000, am 30. Juni 1939: 170 488) tierärztlich sowie durch regelmäßigen Hufbeschlag zu betreuen war und Veterinäroffiziere zu allen nicht vollmotorisierten Verbänden gehörten. Die (normale) Infanteriedivision (und Gebirgsdivision) erhielt bei der Mobilmachung eine Veterinärkompanie. Pflegekräfte der Truppenkrankenställe und der Wehrkreispferdelazarette stellten das Personal, Wehrkreisveterinärparke das Material für diese Einheiten, die durch weitere Veterinärdienste bei der Armee unterstützt werden konnten.

Die Heerespolizeiaufgaben übte – wie im Ersten Weltkrieg – eine erst nach der Mobilisierung aufgestellte Feldgendarmerietruppe aus. Während bei Division und Korps je ein Feldgendarmerietrupp zur Verkehrsregelung als hinreichend angesehen wurde, standen zur Sicherung des rückwärtigen Armeegebiets stärkere Kräfte zur Verfügung (s. o. S. 336).

Personal und Material der mobilmachungsmäßig vorbereiteten Feldpostdienststellen waren aus der Deutschen Reichspost zu übernehmen. Die Postbeamten wurden uniformierte Wehrmachtbeamte, nicht Soldaten. Eine Erprobung und Ausbildung hatte in der Feldpostversorgung nur im begrenzten Umfang während der Wehrmachtmanöver im Herbst 1937 sowie während der Besetzungsaktionen in Österreich, im Sudetenland und in der Tschechoslowakei stattgefunden. Dementsprechend ergaben sich erhebliche Probleme nach der Mobilisierung der gesamten Wehrmacht.

Als Teil der Rückwärtigen Dienste bei der Armee wurden mit der Mobilmachung Straßenbaubataillone aufgestellt, wozu (wie bei den sonstigen Bautruppen) zahlreiche Einheiten des Reichsarbeitsdienstes verwendet wurden. Nach dem Westfeldzug wurden die Straßenbaudienste jedoch der Versorgungsführung entzogen und mit den Bautruppen vereinigt.

5. Die bewaffnete SS

Die SS-Verfügungstruppe und spätere Waffen-SS war nie ein Bestandteil des Heeres, sie diente auch nur sekundär der Verstärkung der Reichsverteidigung.

Andererseits ist die Mitwirkung des Heeres am Aufbau, Ausrüstung und Ausbildung dieser SS-Verbände ebensowenig zu übersehen wie die gemeinsame Verwendung von Heer und SS-Verfügungstruppe beim Einmarsch in Österreich, in das Sudetenland und nach Prag, vor allem jedoch der gemeinsame Kampf an den Fronten des Zweiten Weltkrieges. In einer Betrachtung der Heeresorganisation bis 1939 kann die SS-Verfügungstruppe deshalb nicht übergangen werden.

Die bereits 1933 entstandenen bewaffneten SS-Verbände sind auf einen doppelten Ursprung zurückzuführen: Erstens ließ Hitler im März 1933 aus seiner Münchener Leibwache eine „SS-Stabswache Berlin“ unter seinem Leibwächter Sepp Dietrich aufstellen. Diese wurde auf zwei, dann auf fünf Kompanien verstärkt, bezog die Kaserne der ehemaligen Hauptkadettenanstalt in Berlin-Lichterfelde und wurde mit Hilfe des Potsdamer Infanterieregiments 9 ausgebildet. Die Truppe stellte in schwarzer Uniform mit weißem Hemd, weißem Koppelzeug und weißen Handschuhen die Wache in der Reichskanzlei. Nach vorübergehender Benennung „SS-Wachbataillon Berlin“ erhielt sie während des NSDAP-Parteitages im September 1933 den Namen „Leibstandarte SS Adolf Hitler“ und wurde am 9. November 1933 in München auf die Person Hitlers vereidigt. Eine staatsrechtliche Festlegung fehlte diesem bewaffneten Verband, die Leibstandarte gehörte weder der dem Reichspräsidenten unterstehenden Reichswehr noch der Polizei an. Der zweite Ursprung der bewaffneten SS ist in den Stabswachen zu sehen, die bei den SS-Abschnitten und SS-Oberabschnitten im Gleichziehen oder sogar schon in Konkurrenz mit den Stabswachen der SA-Gruppen errichtet wurden. Diese politischen Bereitschaften ließen sich im Frühjahr 1933 ebenso wie die SA-Stabswachen als Hilfspolizei deklarieren, so daß sie besoldet und in ihrer Bewaffnung legalisiert wurden. Die politischen Bereitschaften waren zum Teil in ständigen Unterkünften zusammengezogen und nannten sich dementsprechend auch kasernierte Hundertschaften. Sowohl die Leibstandarte wie auch die Bereitschaften haben an Verhaftungen und Erschießungen des 30. Juni/1. Juli 1934 teilgenommen.

Am 5. Juli 1934 informierte der Reichswehrminister v. Blomberg den engsten Führungskreis über die Absicht, die SS mit Waffen für eine Division auszustatten. Dieses Zugeständnis Blombergs an Hitler ist zusammenhängend mit den Ereignissen des 30. Juni zu beurteilen. In der Reichswehrführung erkannte man nicht die Gefahr einer erneuten Einrichtung einer politisch motivierten Konkurrenz zur Wehrmacht und glaubte Hitlers Versprechungen vom Soldaten als einzigem Waffenträger der Nation. Zugleich war man offensichtlich befriedigt darüber, daß die eigene Truppe im innenpolitischen Machtkampf nicht eingesetzt werden mußte. So ist es zu erklären, daß Blomberg dem Wunsch Hitlers über die Bewaffnung von SS-Verbänden nachkam und am 24. September 1934 in einem Schreiben an die Führung von Heer, Marine und künftiger Luftwaffe die Aufgaben und die Gliederung der nun SS-Verfügungstruppe genannten Verbände festlegte. Durch seine Mitwirkung meinte der Minister vermutlich, die SS-Verfügungstruppe unter Kontrolle halten zu können.

In seinem Erlaß erklärte Blomberg einleitend, daß die SS eine politische Organisation der NSDAP sei und dazu keiner Bewaffnung und militärischer Ausbildung bedürfe. „Für besondere Aufgaben, die der SS vom Führer gestellt werden können", wurde der SS jedoch „eine bewaffnete, stehende Verfügungstruppe von 3 SS-Regimentern und einer Nachrichtenabteilung" zugestanden. Die Zusammenfassung zum Regimentsverband wurde zunächst nur den drei Bataillonen (Sturmbannen) der Leibstandarte bewilligt. Die Genehmigung der Aufstellung weiterer, zur Verwendung im Divisionsrahmen erforderlicher Verbände behielt sich Blomberg vor. Im Frieden sollte die SS-Verfügungstruppe ohne organisatorischen Zusammenhang mit dem Heer dem Reichsführer SS unterstehen. Für den Kriegsfall wurde jedoch die Verwendung im Rahmen der Wehrmacht vorgesehen. Die Form der Eingliederung sollte nach den „jeweiligen innenpolitischen Verhältnissen" entschieden werden. Die SS-Verfügungstruppe sollte aus Freiwilligen mit wenigstens vierjähriger Verpflichtungszeit bestehen, ihre Besoldung den für die Wehrmacht geltenden Bestimmungen entsprechen. Waffen, Gerät, Ausrüstung und Vorschriften hatte das Heer gegen Bezahlung zu liefern, die Geldmittel für die Verfügungstruppe waren dem Haushalt des Reichsinnenministers zu entnehmen. Dem Heer wurden Aufträge für die zu leistende Ausbildungshilfe erteilt. Abschließend hieß es, die „für die Kriegsverwendung vorgesehene graue Uniformierung der SS-Verbände" könne bereits im Frieden vorübergehend angelegt werden.

Im Sinne dieses Erlasses hat das Heer in der folgenden Zeit Aufstellungshilfe für die SS-Verfügungstruppe geleistet und Gliederung wie militärische Ausbildung der Verbände beeinflußt. Neben dem motorisierten Regiment Leibstandarte (in Berlin-Lichterfelde) entstanden die Infanterie-Standarten „Deutschland" (in München/Ellwangen) und „Germania" (in Hamburg/Arolsen/Wismar), der Nachrichten-Sturmbann (in Berlin-Spandau), zusätzlich auch schon ein Pionier-Sturmbann (in Dresden) und ein Reiter-Sturmbann (in Salzwedel). 1938 wurde die vierte SS-Standarte „Der Führer" (in Wien) aufgestellt, außerdem wurde die Motorisierung aller SS-Truppenteile befohlen. 1939 kam noch eine SS-Artillerie-Standarte (in Jüterbog) hinzu. Immerhin ist es dem Heer gelungen, eine wesentliche Vermehrung der SS-Verfügungstruppe bis zum Kriegsbeginn zu verhindern. Panzerverbände erhielt die Waffen-SS erst ab 1942, eine bevorzugte Ausrüstung der SS-Truppen ist erst während der zweiten Kriegshälfte nachzuweisen. Zahlenmäßig hatte die SS-Verfügungstruppe im Sommer 1939 eine Stärke von etwa 23 000 Mann erreicht.

Im Gegensatz zu der militärisch festgelegten Gliederung, Ausbildung und Ausrüstung entwickelte sich die innere Struktur der SS-Verfügungstruppe von Anfang an vom Heer unbeeinflußt. Es entstand sogar eine bewußte Konkurrenzgesinnung gegen das als „reaktionär" geltende Heer. Die vielgenannte SS-Mentalität ist aber durchaus nicht nur politisch-weltanschaulich geprägt gewesen, oft spielte ein stark empfundenes Elitebewußtsein als „Garde" eine Rolle. Insofern zeigte sich schon vor 1939 in der SS-Verfügungstruppe ein mehrdeutiger Charakter. Ehemalige Reichswehroffiziere wie Hausser und Steiner haben sich um eine soldatische Erziehung der SS-Verbände bemüht und behaupteten sich von Anfang an dem Reichsführer-SS Himmler gegenüber als selbstbewußte, eigenständige Führer. Insgesamt bewiesen jedoch Spannungen auf unterer und oberer Ebene, „daß das Verhältnis der SS-Verfügungstruppe zum Heer ein sehr kühles, wenn nicht ablehnendes sei. Man kann sich des Eindruckes nicht erwehren, daß die ablehnende Haltung gegen das Heer in der SS-Verfügungstruppe geradezu gefördert wird“ (so Generaloberst Frh. v. Fritsch am 1. Februar 1938).

Der Entlassung Blombergs und Fritschs, die den Aufbau der SS-Verfügungstruppe in den 1934 gesetzten Grenzen gehalten hatten, folgte zwar zunächst nur eine geringfügige Vermehrung der SS-Verbände, ihre Selbständigkeit gegenüber dem Heer wurde jedoch noch stärker als zuvor herausgehoben. In einem Erlaß Hitlers vom 17. August 1938 hieß es: „Die SS-Verfügungstruppe ist weder ein Teil der Wehrmacht noch der Polizei. Sie ist eine stehende bewaffnete Truppe zu meiner [Hitlers] ausschließlichen Verfügung. Als solche und als Gliederung der NSDAP ist sie weltanschaulich und politisch nach den von mir für die NSDAP und für die Schutzstaffel gegebenen Richtlinien durch den Reichsführer-SS auszuwählen.“

Der Sondercharakter der SS-Verfügungstruppe verdeutlichte sich unter anderem in ihrer Eidesformel (unterschiedlich vom Eid der Wehrmacht), in ihren besonders harten Ausbildungsmethoden und in ihrer eigenständigen Offizierausbildung an den SS-Junkerschulen Bad Tölz und Braunschweig. An äußerlichen Unterschieden zum Heer sind die Uniformen, die unmilitärischen Verbands- und Dienstgradbezeichnungen (die Führung der Generaldienstgrade neben dem SS-Dienstgrad wurde erst Ende 1942 genehmigt) und die Anredeform (Dienstgrad ohne „Herr“) zu nennen.

Die Umgliederung zu einer SS-Division – obwohl längst geplant und durch Einsetzung Haussers als Inspekteur der SS-Verfügungstruppe ab 1. Oktober 1936 vorbereitet – wurde erst nach dem Polenfeldzug durchgeführt. Unter Hausser wurde die SS-Verfügungsdivision gebildet, die später den Namen „Das Reich“ erhielt. Die Leibstandarte blieb außerhalb dieses Verbandes, da ihr Ausbau zu einer eigenen Division bereits vorgesehen war.

Die bewaffneten Teile der SS hatten bereits 1934 einen zweiten Bestandteil erhalten. Auf Befehl Himmlers wurden ab Juli 1934 unter Führung des damaligen SS-Oberführers Eicke Wachkommandos für die von der SA übernommenen Konzentrationslager aufgestellt. Diese seit 1936 als Totenkopfverbände bezeichneten Wachtruppen umfaßten 1938 bereits 4 Standarten. Nicht nur durch ihre erdbraune Dienstuniform, sondern vor allem durch ihre Aufgaben, ihr Führungspersonal und ihre Gesinnung unterschieden sie sich beträchtlich von der SS-Verfügungstruppe. Dennoch war bereits im August 1938 in Hitlers o. a. Erlaß vorgesehen, die SS-Verfügungstruppe im Kriegsfall durch Teile der Totenkopfstandarten zu ergänzen. So wurde im Herbst 1939 zugleich mit der Umgliederung der Verfügungstruppe zur Division eine SS-Division „Totenkopf“ aus den Totenkopfstandarten und eine SS-Polizeidivision aus der Ordnungspolizei aufgestellt. Im November 1939 wurde für diese nun auf drei Divisionen zuzüglich der Leibstandarte angewachsene Truppe erstmals der Begriff „Waffen-SS“ verwendet. Im Verlauf des Jahres 1940 setzte sich diese Bezeichnung gegenüber dem zugleich weiterbenutzten Namen Verfügungstruppe durch. Die Waffen-SS ist also keine reine Vergrößerung der vorherigen SS-Verfügungstruppe gewesen. Ihre Zusammensetzung wurde vielschichtiger: In der Totenkopf-Division wurde KZ-Wachpersonal mit Abgaben aus der SS-Verfügungstruppe gemischt, die SS-Polizeidivision (zunächst noch in Polizeiuniform) entstand aus eingezogenen Ordnungspolizisten. Der weitere Nachwuchs kam nicht nur freiwillig, zum Beispiel wurde ab 1940 eine große Zahl von Volksdeutschen indirekt zum SS-Dienst gezwungen. Das in der Vorkriegszeit gespannte Verhältnis Heer–Waffen-SS hat sich während des Krieges infolge der entstandenen Frontkameradschaft verbessert.

6. Schulen

Mit der Heeresvergrößerung ergab sich ein außerordentlich hoher Bedarf an Ausbildungskapazitäten für Offiziere und Unteroffiziere. Deshalb mußten die bestehenden Schulen erweitert und zusätzlich Lehreinrichtungen geschaffen werden. Da gleichzeitig eine unübersehbare Anzahl von neuen Waffen und Geräten erprobt und zur einheitlichen Ausbildung oder Verwendung im Heer die erforderlichen Dienstvorschriften erarbeitet werden mußten, erhielten die Schulen der Waffengattungen jeweils einen Lehr- und Versuchsverband, der im Bewältigen dieser vielfältigen Aufgaben Unterstützung leisten konnte. Diese Truppen, die weder im Frieden noch im Mobilmachungsfall einem Großverband unterstellt waren, erreichten 1939 annähernd die Stärke einer Division.

Als anspruchsvollste Ausbildungseinrichtung der Wehrmacht wurde im Oktober 1935 in Berlin die Wehrmachtakademie gegründet. In ihr sollten die qualifiziertesten Offiziere aller drei Wehrmachtteile in Fragen der Landesverteidigung weitergebildet und – in Fortführung der einjährigen „Reinhardt-Kurse“ (siehe VI, S. 176/177) – auf Führungsaufgaben in der Gesamtwehrmacht vorbereitet werden. Darüber hinaus war die Ausbildung höherer Beamter der Reichsressorts in Fragen des totalen Krieges vorgesehen. Die Ernennung General Adams, des früheren Chefs des Truppenamtes, zum Akademiekommandeur zeigte die hohe Zielvorstellung. Das Projekt litt jedoch unter der damals noch zu starken Selbständigkeit der Teilstreitkräfte und dem Mangel an verfügbaren bewährten Generalstabsoffizieren. Infolge des Personalbedarfs während der Aufstellungszeit konnten nicht die besten, sondern nur die abkömmlichen Offiziere für eine zusätzliche Ausbildung freigestellt werden. Nachdem die anfangs beteiligte Luftwaffe keine Offiziere mehr entsandte, wurde die Akademie am 31. März 1938 geschlossen.

Im Heer wurde der Kriegsakademie (Berlin-Moabit) die größte Bedeutung zugemessen. Am 15. Oktober 1935, dem 125. Jahrestag der Gründung der Preußischen Kriegsakademie, wurde sie mit einem Vortrag von General Beck eröffnet, anwesend waren Hitler, Blomberg, Seeckt und Fritsch. Die Ausbildungsstätte für die Generalstabsoffiziere unterstand – wie vor 1914 – dem Chef des Generalstabes. Kommandeur war bis 1939 General der Infanterie Liebmann. Zum Zeitpunkt der Eröffnung waren unter dem Decknamen „Berlin-Lehrgänge“ seit

Oktober 1932 bereits drei Lehrgänge für Generalstabsoffiziere durchgeführt bzw. begonnen worden (zum Ausbildungsgang s. u. S. 367).

Die Militärärztliche Akademie in Berlin und die Heeresveterinärakademie in Hannover betreuten die an den dortigen zuständigen Fakultäten studierenden Sanitäts- und Veterinäroffiziersanwärter und dienten ihrer militärfachlichen Weiterbildung. Die der Heeressanitätsinspektion unterstehende Militärärztliche Akademie bildete bis 1939 auch den Sanitätsoffiziernachwuchs der Marine und der Luftwaffe aus.

Der Offiziernachwuchs des 100 000 Mann-Heeres in Stärke von jährlich etwa 200 Fahnenjunkern aller Waffengattungen war von der Infanterieschule (ab 1926 in Dresden) mit einem zehnmonatigen Lehrgang auf die Fähnrichprüfung vorbereitet worden. Für die vermehrte, schließlich vervielfältigte Einstellung von Offizieranwärtern reichte bei einer nur geringfügigen Verkürzung des Fähnrichlehrgangs die Kapazität der Dresdener Schule nicht mehr aus. 1934 wurden an der Kavallerieschule in Hannover und an der Pionierschule in München Fähnrichlehrgänge eingerichtet. Am 1. April 1935 erhielten die umgegliederten, zum Teil neu errichteten Offizierschulen in Dresden, Hannover und München den vor 1914 üblichen Namen Kriegsschulen. Anfang 1936 kam eine vierte Kriegsschule in Potsdam hinzu. Die traditionsreiche österreichische Offizierausbildungsstätte Wiener Neustadt wurde 1938 übernommen, als ihr erster reichsdeutscher Kommandeur wirkte der damalige Oberst Rommel. Der Inspekteur der Kriegsschulen (bis 1935 Inspekteur des Erziehungs- und Bildungswesens genannt) führte die Dienstaufsicht über die Kriegsschulen.

1939 verfügte das Heer über folgende Waffenschulen, die dem Inspekteur der jeweiligen Waffengattungen sowie den entsprechenden Waffeninspektionen des Allgemeinen Heeresamtes (AHA) unterstanden:
- Infanterieschule (Ersatz für die zur Kriegsschule Dresden umgewandelte Schule) in Döberitz mit dem Infanterielehrregiment
- Truppenluftschutzschule Altwarp, zunächst in Döberitz, für die der Infanterie zugeordnete Tieffliegerabwehr zuständig
- Kavallerieschule in Krampnitz (bis 1937 Hannover)
- Heeresreit- und Fahrschule in Hannover
- Fahrtruppenschule in Hannover mit unterstellter Lehrkompanie und Lehrschwadron
- Artillerieschule in Jüterbog mit unterstelltem Artillerielehrregiment und Beobachtungslehrabteilung
- Panzertruppenschule in Wünsdorf (Kreis Teltow) mit unterstellter Panzerlehrabteilung, Panzerabwehrlehrabteilung und Versuchsabteilung für Heeresmotorisierung
- Pionierschule I (Ersatz für München) in Berlin-Karlshorst für Offizier- und Festungspionierlehrgänge
- Pionierschule II in Dessau-Roßlau mit unterstelltem Pionierlehrbataillon
- Heeresnachrichtenschule (entstanden aus einer Lehrgruppe der Artillerieschule)

ab 1935 in Halle/Saale mit unterstellter Nachrichten-Lehr- und Versuchsabteilung
- Heeresgasschutzschule in Celle mit unterstellter Nebel-Lehr- und Versuchsabteilung.

Außerdem unterhielt das Heer die Heeresfeuerwerkerschule (Berlin-Lichterfelde) für die Ausbildung von Waffenoffizieren, die Heereswaffenmeisterschule (Berlin-Treptow), die Heeressportschule (Wünsdorf, Kreis Teltow) sowie die Heereszahlmeisterschule (München, ab 1937 Heeresverwaltungsschule genannt).

Die 1936 eröffnete Unteroffizierschule in Potsdam und die ihr folgenden Unteroffizierschulen in Frankenstein (Schlesien) und Sigmaringen (zunächst Übungsplatz Heuberg und Stuttgart) waren vorwiegend zur Ausbildung von Unterführern für die Infanterie bestimmt und unterstanden infolgedessen der Inspektion Infanterie.

Die schon in der Reichswehrzeit eingerichteten Heeresfachschulen für die längerdienenden Soldaten wurden erweitert. Sie dienten der zivilberuflichen Vor- und Weiterbildung der Unteroffiziere, haben aber durch ihren allgemeinbildenden Unterricht vielen Unteroffizieren zum Aufstieg in die Offizierlaufbahn verholfen.

Als Remonteschulen bezeichnet, aber nicht als Ausbildungseinrichtungen zu bewerten, sind die Wehrkreisremonteämter, in denen die angekauften Jungpferde bis zu ihrer vollen Verwendbarkeit aufgezogen wurden.

7. Laufbahnen

a. Offiziere

Bei den aktiven Offizieren wurden die Laufbahnen der Truppenoffiziere, Sanitätsoffiziere, Veterinäre, Waffenoffiziere und Ingenieuroffiziere unterschieden.

Innerhalb des Truppenoffizierkorps bildeten die Generalstabsoffiziere, die Offiziere z. D. sowie die unter den Umständen der Aufbauzeit entstandene Einrichtung der Ergänzungs-(E-)Offiziere besondere Gruppen. Die aktiven Offiziere waren bis zur Erklärung der Wehrhoheit 1935 auf 25 Dienstjahre verpflichtet; aufgrund des neuen Wehrgesetzes war ihr Wehrdienst zeitlich nicht mehr begrenzt. Sie konnten aber früher entlassen werden oder von sich aus die Entlassung erwirken. Außerdem gab es Reserveoffiziere unterschiedlicher Ausbildung je nach ihrem Werdegang.

Zur Aufnahme in die Ausbildung zum Truppenoffizier wurde die Reifeprüfung vorausgesetzt. Der Offizierbewerber bewarb sich bei dem Kommandeur eines Truppenteils. Nach einer psychologischen Überprüfung beim zuständigen Wehrkreis wurde der Bewerber, falls der Kommandeur ihn annahm, bei diesem Truppenteil eingestellt. Die Regimentskommandeure waren also allein verantwortlich für die Auswahl des gesamten Offiziernachwuchses; selbst das Ergebnis der psychologischen Überprüfung schränkte ihre Entscheidung formal nicht ein.

Die Ausbildung dauerte zwei Jahre. Sie begann mit einer allgemein militärischen, vorwiegend infanteristischen Grundausbildung im Eintrittstruppenteil, wobei das Maß der Berührung mit der Truppe unterschiedlich war. Darauf folgte ein etwa neun Monate langer Lehrgang auf einer der Kriegsschulen. Den Abschluß bildete ein Kommando zur Schule der betreffenden Waffengattung.

Als Oberfähnrich kam der Offizieranwärter zur Truppe zurück, deren Kommandeur ihn unter Zustimmung seines Offizierkorps (Offizierwahl) zur Beförderung zum Leutnant vorschlug. Besonders in den Aufbaujahren kam es häufiger vor, daß Offizieranwärter während ihrer Ausbildung wegen des wechselnden Offizierbedarfs einzelner Waffen die Waffengattung wechseln mußten.

Um dem Offiziermangel abzuhelfen, sind außer qualifizierten Unteroffizieren vor dem Kriege in zunehmendem Maße auch besonders bewährte und geeignete Soldaten – gelegentlich auch ohne Reifeprüfung – zum Fahnenjunker ernannt worden. In einzelnen Fällen übernahm man auch junge Reserveoffiziere zu den aktiven Offizieren.

Der Generalstab bildete eine Sonderlaufbahn der Truppenoffiziere. Die Generalstabsoffiziere trugen eine besondere Uniform mit karmesinroter Waffenfarbe. Diesen Offizieren waren als Führungsgehilfen festgelegte Verwendungen im OKH und in höheren Stäben vorbehalten. Offiziere ohne Generalstabsausbildung konnten auf diese Stellen nicht versetzt werden. Ihre Aufgabe war es, in ihrer jeweiligen Generalstabsstellung Vorgesetzte zu beraten, ohne die Verantwortung für deren Entscheidung zu übernehmen. Die Generalstabsoffiziere trugen jedoch die Verantwortung für ihren Rat. Verwendungen im Generalstab des Heeres und im Truppengeneralstab wechselten mit Versetzungen in die Truppe, auch außerhalb ihrer Stammwaffe. In der Truppenverwendung trugen diese Offiziere die Uniform des jeweiligen Truppenteils.

Zur Auswahl der Generalstabsanwärter unterzogen sich alle Offiziere des Heeres nach 9 bis 11 Dienstjahren einer Pflichtprüfung beim jeweiligen Wehrkreis. Die scharfe Auslese durch die Wehrkreisprüfung – auch Akademieprüfung genannt – wurde durch die Möglichkeit der Wiederholung gemildert. In jedem Jahr wurden zwischen 100 und 150 Offiziere, das waren 1936 15% der Überprüften, zu einer zeitweilig zweijährigen, ab 1937 dreijährigen Ausbildung in die Kriegsakademie einberufen. Anfangs übernahm man ein Drittel, später infolge des höheren Bedarfs für den beschleunigten Heeresaufbau etwa zwei Drittel der Lehrgänge nach einem 1½jährigen Probekommando in den Generalstab.

Eine für alle Generalstabsoffiziere geltende Bevorzugung um ein bis zwei Jahre gab es lediglich bei der Beförderung zum Major nach ausreichender Bewährung im Generalstabsdienst. Darüber hinaus gewährte die anspruchsvollere Ausbildung und größere Verwendungsbreite dem Generalstabsoffizier bei entsprechenden Leistungen einen Vorsprung vor den übrigen Offizieren. Nur ausnahmsweise erreichten Offiziere ohne Generalstabsausbildung höheren Generalsrang.

Die Militärärzte standen aufgrund ihrer Ausbildung und ihrer Aufgabe in einer eigenen Offizierlaufbahn. Nachdem in der Zeit des Reichsheeres ausschließlich ausgebildete Ärzte nach kurzer militärischer Einweisung in das Sanitätsoffizierkorps übernommen wurden, blieb dieser Zugang später die Ausnahme. Im Herbst 1934 nahm die Militärärztliche Akademie wieder ihre Tätigkeit auf. Nach einer infanteristischen Grundausbildung von sechs Monaten bei der Truppe wurden die Sanitätsoffizieranwärter in Verbindung mit einem medizinischen Vollstudium an der Universität Berlin an dieser Institution ausgebildet. In ihrer Medizinalpraktikantenzeit waren sie bereits Unterärzte (Oberfähnrichsrang). Als Assistenzärzte (Leutnantsrang) kamen sie zur Truppe. Die längere und anspruchsvollere Ausbildung fand in den Dienstgraden bis zum Oberfeldarzt ihren Ausgleich durch eine Besoldung in der nächsthöheren Gehaltstufe.

Anstelle der mißverständlichen Bezeichnungen Generalarzt (Oberst) und Generaloberarzt (Oberstleutnant) wurden zum 1. April 1934 die Dienstgrade Oberstarzt und Oberfeldarzt eingeführt. Zugleich erhielten die ärztlichen Generalsdienstgrade die Reihenfolge Generalarzt, Generalstabsarzt, Generaloberstabsarzt, letzterer entsprach nun dem General der Infanterie. Sinngemäß galt diese Regelung für die Veterinärdienstgrade.

Da die Familienangehörigen der aktiven Soldaten in die freie Heilfürsorge eingeschlossen waren, umfaßte das Arbeitsgebiet der Sanitätsoffiziere auch Frauen- und Kinderheilkunde.

Dem Veterinärdienst oblag die Verwertung veterinärwissenschaftlicher Erkenntnisse für die Truppe, das war in einer noch vorwiegend auf das Pferd als Beförderungsmittel angewiesenen Armee eine wichtige Aufgabe. Neben der gesundheitlichen Betreuung der Pferde einschließlich des Hufbeschlags waren die Veterinäre für die Überwachung der Lebensmittel tierischer Herkunft verantwortlich. Der Sanitätsoffizierlaufbahn entsprechend wurden die Veterinäroffizieranwärter nach der militärischen Grundausbildung an die Heeresveterinärakademie versetzt, dort studierten sie an der Tierärztlichen Hochschule Hannover. Außerdem wurden – wie in der Zeit des Reichsheeres – approbierte Tierärzte nach einer verkürzten militärischen und veterinärdienstlichen Ausbildung als Veterinäre (Leutnantsrang) übernommen. Die längere Ausbildung gegenüber den Truppenoffizieren wurde durch die gleiche Besoldungsregelung wie bei den Sanitätsoffizieren ausgeglichen.

Die Waffenoffiziere oder „Offiziere (W)“, die vierte selbständige Laufbahn, betreuten Waffen, Gerät und Munition und fanden Verwendung als Sachbearbeiter bei Stäben und in allen Zweigen des Feldzeugdienstes bis hinauf ins Waffenamt. Die Laufbahn der Waffenoffiziere war für langdienende Soldaten bestimmt, die sich im Feldzeugdienst bewährt und die Abschlußprüfung der Heeresfeuerwerkerschule bestanden hatten. Ihre Beförderungen entsprachen dem bei den anderen Offizierlaufbahnen geltenden Verfahren. Die Dienstgrade enthielten den Zusatz (W). Einzelnen Offizieren (W) wurde nach Bewährung die Möglichkeit zum technischen Vollstudium gegeben.

1939 entstand die Ingenieuroffizierlaufbahn, in die Wehrmachtbeamte des höheren technischen Dienstes übernommen wurden. Sie ergänzte sich sowohl aus

Diplomingenieuren wie analog der Sanitätsoffizierlaufbahn aus Abiturienten, die als Fahnenjunker im Ingenieurkorps das akademische technische Studium durchliefen. Diese Laufbahn hat nur bis 1942 bestanden. Die Ingenieuroffiziere waren für technische Anlagen und technische Ausbildung aller in Frage kommenden Fachzweige, insbesondere das Kraftfahrwesen, bestimmt.

Die Musikmeisterlaufbahn galt nicht als Offizierlaufbahn. Der Nachwuchs der Musikmeister wurde aus den bewährten Musikerunteroffizieren ausgewählt und zu einer dreijährigen Fachausbildung an die Staatliche Akademische Hochschule für Musik in Berlin entsandt. Mit besonderen Dienstgradabzeichen und bei besonderer Besoldung gehörten die Musikmeister zunächst als herausgehobene Rangklasse zur Ranggruppe der Unteroffiziere. Nachdem 1936 der Dienstgrad Stabsmusikmeister eingeführt worden war, erhielten die Musikmeister 1938 eine eigene Ranggruppe, die formal zwischen Offizieren und Unteroffizieren stand, im jeweiligen Dienstgrad sowie im Disziplinarrecht jedoch den Offizieren gleichkam. Die bisher beamteten Musikinspizienten bzw. Obermusikinspizienten entsprachen dem Major bzw. Oberstleutnant, die Musik-, Obermusik- und Stabsmusikmeister dem Leutnant, Oberleutnant oder Hauptmann.

Um den großen Bedarf an Offizieren bei der bevorstehenden Heeresvergrößerung behelfsmäßig decken zu können, wurde am 1. Oktober 1933 ein Landesschutzoffizierkorps gebildet. In dieses wurden die im Angestelltenverhältnis beim Landesschutz wirkenden ehemaligen Offiziere (siehe Abschnitt VI, S. 213 u. 216) übernommen, dazu kamen weitere an einer Wiederverwendung interessierte ehemalige Offiziere, Reserveoffiziere und Offizieranwärter. Die Landesschutzoffiziere waren bei Stäben und Ämtern eingesetzt, trugen Zivilkleidung und führten ihren militärischen Dienstgrad mit dem Zusatz a. D.

Anstelle des Landesschutzoffizierkorps trat Anfang März 1935 das Ergänzungsoffizierkorps, ab 1937 nur noch Ergänzungs-(E-)offiziere genannt. Diese Offiziere waren Soldaten im Sinne des Wehrgesetzes und erhielten uneingeschränkte Vorgesetzteneigenschaften. Soweit sie nicht bei noch getarnten Dienststellen tätig waren, trugen sie Uniform. Als Zusatz zu ihrem Dienstgrad führten die E-Offiziere, die es auch in Kriegsmarine und Luftwaffe gab, ein in Klammern gesetztes E. Zum Probedienst und anschließender Übernahme waren ehemalige Offiziere bis zum Geburtsjahrgang 1882 (Höchstalter) zugelassen, geeignete E-Offiziere konnten sogar in die aktive Offizierlaufbahn überführt werden. Letzteres kam jedoch nur für jüngere E-Offiziere in Betracht, da abgesehen von der Artillerie der Bedarf an Stabsoffizieren gedeckt war. Die durchschnittlichen Beförderungszeiten lagen für die E-Offiziere infolge ihrer geringen Vordienstzeiten erheblich ungünstiger als beim aktiven Offizier. Die Gruppe der Ergänzungsoffiziere wurde deshalb personell weiterhin besonders geführt, auch nachdem 1938 im Schriftverkehr die hinter den Dienstgrad zu setzende Bezeichnung (E) fortfiel. Im Herbst 1938 gab es im Heer 5435 E-Offiziere (Dienstgradaufteilung s. u. S. 373). Sie wurden meist in höheren Stäben und im Wehrersatzwesen verwendet, stellten in der Truppe jedoch einen erheblichen Teil der Vorgesetzten in den Ergänzungsbataillonen, -batterien und -kompanien, wo sie für die Kurzausbildung älterer Jahrgänge oft geeigneter als junge Truppenoffiziere waren.

Soweit freie Offizierplanstellen vorhanden, konnten in diese verabschiedete aktive Offiziere als Offizier z. D. (zur Dienstleistung) eingesetzt werden. Sie wurden nicht mehr befördert.

Im Hinblick auf den großen Bedarf eines Kriegsheeres an Offizieren unterer Dienstgrade gewann die mit der Heeresvergrößerung wieder auflebende Einrichtung der Reserveoffiziere eine große Bedeutung. Es handelte sich um ehemalige Offiziere des Ersten Weltkrieges oder des Reichsheeres, aber auch um lang gediente Reservisten jüngerer Jahrgänge und kurz gediente ältere Jahrgänge des Wehrmachtheeres. In aufeinanderfolgenden Reserveübungen bei der aktiven Truppe und ausnahmsweise auch in Stäben konnten diese Reserveoffiziere auch allmählich im Dienstgrad aufsteigen. Voraussetzung war im allgemeinen eine abgeschlossene Berufsausbildung und eine Lebensstellung in der Gesellschaft, die der gesellschaftlichen Stellung der aktiven Offiziere nahe kam.

1937 wurde einzelnen Wehrpflichtigen die Möglichkeit gegeben, über die zweijährige Dienstzeit hinaus in einem anschließenden dritten Dienstjahr ohne abgeschlossene Berufsausbildung Leutnant der Reserve zu werden. Im Gegensatz zu den übrigen Reserveoffizieren und Reserveoffizieranwärtern, deren Ausbildung und Förderung eine zusätzliche Aufgabe für die Truppe darstellte, bildeten diese aus der Truppe unmittelbar hervorgehenden Offiziere eine wesentliche Ergänzung qualifizierter Zugführer und damit eine Entlastung der angespannten Offizierlage bei der Truppe. Bei der Auswahl dieser Offiziere traten Gesichtspunkte der gesellschaftlichen Herkunft hinter die der geforderten Eignung zum Zugführer zurück. Im ganzen blieb die Ausbildung der Reserveoffiziere wegen des stürmischen Aufbautempos weit hinter friedensmäßigen Anforderungen zurück.

Die Vergrößerung des Heeres machte es notwendig, zahlenmäßig stärkere Offizierergänzungsjahrgänge aufzunehmen, ausgeschiedene Offiziere des Reichsheeres und des Weltkriegsheeres wieder einzustellen und darüber hinaus eine Anzahl geeigneter Unteroffiziere aus dem 100 000 Mann-Heer in die Offizierkorps zu übernehmen. Hinzu kamen noch 300 Rechtsreferendare (einschließlich Assessoren und Jurastudenten), die aufgrund einer Vereinbarung mit dem Reichsjustizminister zur Entlastung des überbesetzten Justizdienstes günstige Einstellungsbedingungen in die Offizierlaufbahn erhielten. Diese Maßnahmen waren um so notwendiger, als die Aufstellung der Luftwaffe die Abgabe von etwa 500 Offizieren aus dem Bestand von 3600 Truppenoffizieren des Reichsheeres erforderte. Soweit möglich sollten Reaktivierte und Offizieranwärter aus dem Unteroffizierstand sich dem bisherigen Gefüge der Offizierkorps anpassen. Aus diesem Grunde zog man bei den Unteroffizieren Unverheiratete vor. Vor allem kam es darauf an, Einheitsführer zu gewinnen, da der Zugführernachwuchs in kürzester Zeit aus den neueingestellten Fahnenjunkern und aus bewährten Unteroffizieren auszubilden war. Bei dem Aufstieg von Unteroffizieren in die Offizierlaufbahn war durch die Zug- und Kompanieführerausbildung des Reichsheeres wichtige Vorarbeit geleistet worden. Diese Ausbildung entsprach der damaligen Forderung, daß Offiziere und Unteroffiziere des Reichsheeres in der Lage sein sollten, Verwendungen ein bis zwei Stufen über ihrem Dienstgrad zu übernehmen.

Entscheidende Kriterien für die endgültige Übernahme der Reaktivierten waren nicht die vorhandenen militärischen Kenntnisse, sondern Charakter, geistige Auffassungsgabe, Führerbegabung und körperliche Leistungsfähigkeit. Die Auslese fand in einem Kurzlehrgang statt, bei dem nahezu die Hälfte der Bewerber ausgeschieden wurde. Auf diese Weise kamen 1934 etwa 1100 neue Offiziere in das Reichsheer. 1935 wurde das gleiche Verfahren wiederholt.

Insgesamt standen dem Heer bei der ersten großen Ausweitung im Herbst 1934 knapp 5000 Offiziere zur Verfügung. Betrug die Vergrößerung des Heeres zu diesem Zeitpunkt gegenüber 1932 etwa 150%, so nahm das Offizierkorps nur um knapp 40% zu. Für die nächsten Jahre mußte ein Notstellenplan zugrunde gelegt werden, wonach jeder Einheit außer dem Führer nur ein weiterer Kompanieoffizier zustand.

Im Jahre 1935 verlor das Heer weitere Offiziere an die Luftwaffe, u. a. durch Abgabe der Flakartillerie, gewann aber erneut durch Reaktivierung, durch Beförderung von Unteroffizieren und endlich durch die Übernahme von 1200 Offizieren der Landespolizei einen Nettozuwachs von etwa 2400 Offizieren. 1936, nach Übernahme von weiteren Polizeioffizieren, waren vor der Herbstaufstellung 8400 Truppenoffiziere und 2400 E-(Ergänzungs-)Offiziere vorhanden.

Das Heeresoffizierkorps setzte sich zu diesem Zeitpunkt zu mehr als der Hälfte aus Neuzugängen zusammen.

Bedenken und Widerstände in der Heeresführung während der Jahre 1935 und 1936 gegen das Tempo der Vergrößerung sind größtenteils mit dem Mangel an ausgebildeten jüngeren Offizieren zu erklären. Es ging nicht nur um die Verkürzung der Offizierausbildung von vier auf zwei Jahre gegenüber dem Zustand vor 1932, sondern es fehlte infolge laufender Neuaufstellungen an älteren Offizieren und an Zeit, die Erziehung der jungen Offiziere fortzusetzen. Vielfach waren die nächsten Vorgesetzten und Kameraden ebenfalls Neulinge, mehrfach mußte bei der Ausbildung der laufenden Offizierergänzungslehrgänge auf frisch beförderte Leutnante zurückgegriffen werden. Der Notstellenplan konnte in manchen Fällen nicht mehr eingehalten werden. Angesichts einer solchen Lage beruhten die Warnungen weniger auf dem Wunsch, dem Offizierkorps den verbliebenen Rest standesmäßiger Bindung und seines Prestiges zu erhalten, vielmehr handelte es sich um eine echte Sorge über die Ausbildung und Erziehung von Truppe und jungen Offizieren. Auch bei der verkürzten Ausbildung betrug die Mindestzeit von der Planung neuaufzustellender Truppen bis zur Beförderung der dazugehörigen jungen Leutnante zwei bis drei Jahre. Die Forderung von Ruhejahren, d. h. die Verschiebung des 1936 und 1937 vorgesehenen Aufbaus auf den Herbst 1937 und von 1938 bis 1939 auf den Herbst 1939 mußte wegen ständigen Drängens der Reichsführung auf Rüstungsbeschleunigung scheitern. Zur Erleichterung der Lage wurden 1936 sowohl im Frühjahr wie im Herbst Offiziergänzungsjahrgänge eingestellt. 1938 kamen ungefähr 1600 Offiziere aus dem österreichischen Bundesheer hinzu. Diese reichten jedoch nicht einmal aus, um die 2067 Offizierstellen im

Bereich des neuen Heeresgruppenkommandos 5 zu besetzen. Zur vorübergehenden Entlastung gewann die Truppe weitere Leutnante durch Beförderung von Feldwebeln d. R., die ihre Dienstzeit um ein drittes Jahr freiwillig verlängerten.

War vor dem Ersten Weltkrieg das Offizierkorps der einzelnen Truppenteile in sich abgeschlossen und ein Waffenwechsel ein ebenso ungewöhnlicher Vorgang wie etwa der Übergang eines Offiziers von der bayerischen zur sächsischen Armee, so war später durch das funktionelle Zusammenwirken der Waffen im Kampf ein einheitliches Offizierkorps entstanden. Neue oder auszubauende Waffengattungen erforderten insbesondere in den ersten Aufbaujahren in vielen Fällen Waffenwechsel der Offiziere, wodurch die Gegensätze zwischen den Waffengattungen weiter abgebaut wurden.

Grundsätzlich galt die Anciennität, d. h. die Beförderung eines Offizierjahrgangs nach seiner Leutnantsbeförderung. Doch führte der hohe Personalbedarf insbesondere ab 1939 zu einer fortschreitenden Auflockerung zugunsten der dienstlichen Beurteilung. Höher bewertete Offiziere wurden vor dem Durchschnitt ihres Offizierjahrganges befördert; handelte es sich bei den Oberleutnanten nur um wenige Monate, so waren es bei der Beförderung zum Hauptmann schon ein bis zwei Jahre, bei höheren Dienstgraden wurde das Bild noch unübersichtlicher.

Das Offizierkorps des Reichsheeres war durch seinen kleinen Umfang, durch Situation und Erziehung zu einem ungewöhnlich geschlossenen Korps zusammengewachsen, dessen innerer Zusammenhalt den Nachteil einer gewissen Einseitigkeit und Abkapselung bewirkte. Das Bild des neuen Offizierkorps unterschied sich hiervon durch eine stärkere Uneinheitlichkeit der politischen Einstellung – wobei die Neuzugänge dem Nationalsozialismus gegenüber fast durchweg aufgeschlossener waren als die im ganzen konservativeren älteren Offiziere –, durch einen stärkeren Anteil der jüngeren Jahrgänge, eine größere gesellschaftliche Offenheit und eine geringere Diensterfahrung. Doch waren bei dem Offiziernachwuchs auch manche Antriebe der Jugendbewegung spürbar, die sich vorteilhaft auf die Menschenbehandlung in dem großen Wehrpflichtheer auswirkten. Hierin sind unübersehbare Stärken der jungen Wehrmachtoffiziere zu sehen.

Bestimmend für alle Gruppen der Neuzugänge im Offizierkorps blieb dennoch der Offizier des Reichsheeres als verbindliches Vorbild.

Auch weiterhin wurde an der Heiratsgenehmigung für Offiziere und dem — wenn auch von 27 auf 25 Jahre herabgesetzten – Mindestalter zur Heirat festgehalten. Vor einer Heirat waren Bürgen zu nennen, bei denen Auskünfte über die Verlobte eingeholt werden konnten. Von diesen Erkundigungen und dem Urteil des Vorgesetzten hing die Genehmigung ab.

Der große Bedarf und die zeitbedingten neuartigen Vorstellungen von der Volksgemeinschaft zwangen dazu, die bisherigen Maßstäbe der sozialen Herkunft des Offiziernachwuchses abzubauen. Diese Entwicklung verlief zwar nicht unter allgemeiner innerer Zustimmung, führte jedoch nicht zu nennenswerten Spannungen und brachte insgesamt eine Modernisierung und Festigung der Autorität des Offizierkorps.

Die Vermehrung des Offizierkorps und die Anteile der einzelnen Dienstgrade im Vergleich von 1932 zu 1938 zeigen die folgenden Zahlen. Die direkt aus den Angaben zu entnehmende unvorhergesehene Laufbahnentwicklung der Offiziere des 100 000 Mann-Heeres macht es verständlich, daß damals eine allgemeine Dankbarkeit gegenüber dem neuen Regime im Offizierkorps verbreitet war.

Dienstrang	Anzahl nach der Rangliste vom 1. Mai 1932	vom 1. Okt. 1936	Anzahl nach Dienstalterslisten, Stand vom 1. Okt. 1938	dazu E-Offiziere nach Stand vom 1. Okt. 1938
Generalfeldmarschälle	–	1	–	–
Generalobersten	–	1	3	–
Generale der Inf. usw.	3	16	31	–
Generalleutnante	14	41	87	–
Generalmajore	27	91	140	14
Obersten	105	328	472	325
Oberstleutnante	191	421	872	448
Majore	374	1139	1303	1574
Hauptleute (u. Rittmeister)	1097	2466	3161	3031
Oberleutnante	1275	1584	2006	43
Leutnante	638	2366	8283	–
Zusammen	3724	8454	16358	5435
davon im Generalsrang	44	150	261	14

Die Sanitäts- und Veterinäroffiziere sind in den Zahlen nicht enthalten. Im Sanitätsdienst standen 1932 268, 1938 1574 Offiziere, die Veterinäre aller Dienstgrade wurden im gleichen Zeitraum von 183 auf 590 vermehrt. Zu den Angaben von 1938 sind noch 678 Offiziere (W) – zumeist Leutnante bis Majore – und 181 Offiziere z. D. hinzuzurechnen.

Wie knapp die Anzahl der Heeresoffiziere war, zeigen die folgenden Zahlenvergleiche: 1913/14 dienten bei einer Gesamtzahl des deutschen Heeres von 751 000 Mann (einschl. der Einjährigen) rund 29 000 Offiziere und 106 000 Unteroffiziere (s. o. Abschnitt V, S. 84). Demgegenüber verfügte das Heer im Herbst 1938 bei einer Stärke von 760 000 Mann nur über wenig mehr als 22 600 Offiziere, eingerechnet die Offiziere (E), (W) und z. D. Ausgehend von der Zahl der Offiziere des Jahres 1932 hätten bei einer Heeresvermehrung bis 1938 um das 7,6fache bei einem gleichbleibenden Offizieranteil über 28 000 Offiziere verfügbar sein müssen. Da im größeren und technisierten Wehrpflichtheer weitaus mehr

Offiziere als zuvor in höheren Stäben, Schulen und Wehrersatzdienststellen tätig sein mußten, ist der Anteil an Offizieren in der Truppe noch geringer anzusetzen als die gegenübergestellten Zahlen vermuten lassen.

b. Unteroffiziere

Im Vergleich zu den Unterführern anderer Heere hatte der preußisch-deutsche Unteroffizier schon im Jahrhundert vor 1914 einen qualitativ hohen Stand als Gehilfe des Offiziers bei Ausbildung und Führung erreicht. Eine Ursache hierzu ist in einem widersprüchlich erscheinenden Umstand zu sehen: Während Unteroffiziere in anderen Armeen relativ selbständig den täglichen Dienst leisteten, wirkten die deutschen Unteroffiziere unter weitgehender Anleitung ihrer Offiziere. Der Erste Weltkrieg brachte eine erhebliche Zunahme der Aufgaben und Verantwortung des Unteroffiziers. Er wurde Führer der auf sich allein angewiesenen, nach hohen Verlusten zusammengeschmolzenen Kampfgemeinschaft, er ersetzte dabei den Offizier und lernte den an die Front versetzten jungen Reserveoffizier an. Die Kriegserfahrungen und die weitere Technisierung führten in der folgenden Zeit bei allen modernen Heeren zu vermehrten Verwendungsbereichen des Unteroffiziers als Geschützführer, Panzerkommandant, Spezialist für Wartung oder Instandhaltung von Waffen, Fahrzeugen und Gerät sowie in Versorgungsaufgaben mit Munition, Betriebsstoff und Verpflegung. Damit wuchsen die Anforderungen an den Unterführer, neben den bisher verlangten soldatischen Tugenden wurden nun erhöhtes handwerkliches Können und theoretisches Wissen vorausgesetzt.

Während diese von der Technik diktierten Ansprüche für den Unteroffizier des 100 000 Mann-Heeres unter den Bedingungen des Versailler Vertrags zunächst nur begrenzt wirksam wurden, trugen folgende Entwicklungen und Maßnahmen dazu bei, das kleine Reichsheer zu einem großen Reservoir für ein künftiges vervielfachtes Unteroffizierkorps zu machen.

Dabei sind einerseits ideelle Gründe zu nennen. Es bildete sich in der Reichswehr ein „als ideal empfundenes menschliches Verhältnis" zwischen Offizieren, Unteroffizieren und Mannschaften heraus (s. o. Abschnitt VI, S. 181), das durch Fronterlebnis, sportlichen Geist sowie durch die bereits erwähnten Gedanken der Volksgemeinschaft und der Jugendbewegung geprägt war. In diese Richtung der praktizierten Kameradschaft vollzog sich auch ein Abbau bisherigen „Kommißgeistes" bei der Ausbildung. Wie stark eine Modernisierung auf diesem Gebiet vorangeschritten war, zeigt der Erlaß Blombergs über die Erziehung in der Wehrmacht vom 16. April 1935 (Absolon Band III , S. 9–12) – allerdings sind weite Teile dieses damals bedeutsamen Erlasses wegen der massiv ausgesprochenen Anpassung an den Nationalsozialismus negativ zu werten. Zu der verbesserten ideellen Motivation der Unteroffiziere und der ihren Nachwuchs stellenden Mannschaften trug die grundsätzlich gegebene Möglichkeit des Aufstiegs in die Offizierlaufbahn bei. War die Beförderung zum Offizier vor 1918 ein seltener Ausnahmefall, so bemühten sich besonders die Reichswehrminister Noske und Groener im Rahmen der wenigen verfügbaren Stellen Unteroffiziere in die Offizierlaufbahn zu übernehmen. Wenn auch eine zahlenmäßig umfangreichere Beförderung von Feldwebeln zu Leutnanten erst mit der Heeresvermehrung einsetzte, so waren doch schon zuvor die Schranken überwunden mit der Folge, daß in die Reichswehr weitaus mehr junge Leute mit voller Eignung zum beruflichen und gesellschaftlichen Aufstieg eintraten als im längerdienenden Unterführernachwuchs vor 1914 zu finden waren.

Die andere, mehr praxisbezogene Seite der Gründe für die hervorragende Ausgangsposition des Heeres in der Unteroffizierlage hing mit den oben genannten Verbesserungen zusammen, läßt sich aber auch aus der wirtschaftlichen und politischen Situation der Weimarer Zeit ableiten. Für den zwölfjährigen Mannschafts- und Unteroffizierdienst des Heeres meldete sich eine so hohe Zahl von Freiwilligen, daß auch eine qualitative Auswahl möglich war. Die ungewöhnlich lange Dienstzeit bot anschließend einen hinreichenden Raum für eine sorgfältige militärische Ausbildung und Erziehung, die sich aufgrund des naheliegenden Gedankens der Kaderausbildung auch auf die nächsthöheren Verwendungen erstrecken konnte und durch eine allgemeine oder fachliche Weiterbildung auf den Heeresfachschulen ergänzt wurde. So wurde ein normalerweise nicht zu verwirklichender hoher Ausbildungsstand des Unteroffizierkorps und seines verfügbaren Nachwuchses erreicht. Der erste Bedarf an Unterführern bei der Heeresvermehrung konnte ohne Schwierigkeiten gedeckt werden, darüber hinaus stellte das Unteroffizierkorps wertvolle Kräfte für die Offizierlaufbahn, für die zeitweilige Ausbildung in den SA-Sportlagern (s. o. S. 294) und – durch ausscheidende Soldaten – für den Reichsarbeitsdienst und die SS-Verfügungstruppe.

Das Tempo der Heeresvermehrung erforderte ab 1934/35 eine erhebliche Ausweitung und Beschleunigung der Unterführerausbildung. Es blieb bei der Hauptverantwortung des Kompanie-, Schwadrons- bzw. Batteriechefs für die Auswahl des Unteroffiziernachwuchses und die Besetzung der für seinen Bereich zugewiesenen Unteroffizierstellen. Neben diesem vom Stellenplan gegebenen Rahmen waren die von der Abt. Heerwesen im Allgemeinen Heeresamt erarbeiteten und vom Oberbefehlshaber des Heeres befohlenen jeweiligen Grundsätze für Unteroffizierauswahl, -ausbildung und -beförderung zu beachten. Außerdem unterlagen die Chefs der Dienstaufsicht ihrer vorgesetzten Kommandeure, in deren Zuständigkeit auch ein Teil der Ausbildung und Weiterbildung der Unteroffiziere gelegt wurde. Bei Neuaufstellungen oder sonstigem Ersatzbedarf konnte die Abgabe von Unteroffizieren aus nachwuchsstarken Truppenteilen jederzeit befohlen werden. Da wegen der dezentralisierten Personalführung für die Unteroffiziere wiederum der Chef über die nur zahlenmäßig festgelegten Abgaben zu entscheiden hatte, bestand die Gefahr des „Fortlobens“ weniger guter Kräfte und des Blockierens bewährter Unteroffiziere in ihren bisherigen Stellungen. Der durch die Heeresvergrößerung veranlaßte häufige Wechsel der Chefs, die erwähnte Dienstaufsicht der Kommandeure und die Regreßnahme von Einheitsführern im Falle der Entsendung von ungeeigneten Soldaten milderten allerdings die Nachteile der Dezentralisierung auf die Disziplinarvorgesetzten. Für die Ausbildung des Unterführernachwuchses wählte der Kompaniechef am Ende des ersten Dienstjahres oder während des zweiten Dienstjahres die Anzahl von geeigneten Soldaten aus, die er für den Ersatz der ausscheidenden oder zur Abgabe befohlenen Unteroffiziere seiner Einheit im folgenden Jahr voraussichtlich brauchen würde. Die bis 1935 übliche Entsendung an die Unteroffizierlehrkommandos bei den Regimentern bzw. selbständigen Bataillonen/Abteilungen und die Durchführung der Unteroffizieranwärterprüfung ließ sich in den Jahren der hektischen Neuaufstellungen jedoch nicht mehr einheitlich durchführen. Regel dagegen wurde die Verwendung der Unteroffizieranwärter als Hilfsausbilder in ihrem zweiten Dienstjahr, zusätzliche Ausbildungen verliefen unterschiedlich. Ein zahlenmäßig großer Zuwachs an Unteroffizieren kam 1935/36 aus den übernommenen Verbänden der Landespolizei, deren „Beamte" (eigentlich Soldaten) bei vierjähriger Dienstzeit zum großen Teil an einer Unterführerschulung teilgenommen hatten. Um die Truppen in der Unteroffizierausbildung zu entlasten, wurden ab 1936 Heeresunteroffizierschulen errichtet. Sie unterstanden der Inspektion der Infanterie, da diese den dringendsten Nachwuchsbedarf an Ausbildern der unteren Ebene zu decken hatte. Die Unteroffizierschüler konnten nach ihrer zweijährigen infanteristischen Ausbildung auch in andere Waffengattungen übernommen werden.

Der weitere Ausbau der Unteroffizierschulen wurde bei Kriegsbeginn unterbrochen, als die vorhandenen drei Schulen ihre Tätigkeit einstellten und ihr Personal abgeben mußten. Nach den ersten Kriegsmonaten kam es jedoch zur Wiedereinrichtung der Unteroffizierschulen, die in größerer Zahl und getrennt für die einzelnen Waffengattungen den Unterführernachwuchs in kurzen Lehrgängen ausbildeten und damit die Truppe entlasteten. Vorübergehend kam es ab Frühjahr 1940 sogar zur Einführung von Unteroffiziervorschulen, in denen 14- oder 15jährige Volksschüler (ohne Soldatenstatus) eine zwei- bis dreijährige militärische Vorausbildung einschließlich der mittleren Reife erhielten. Die Reichsjugendführung mißtraute dieser Bildungseinrichtung des Heeres und setzte bei Hitler einen Erlaß über ihren allmählichen Abbau durch.

Dem ansteigenden Bedarf und der beschleunigten Ausbildung der Unteroffizieranwärter entsprach ein schnellerer Beförderungsgang. War die Beförderung zum Unteroffizier im 100 000 Mann-Heer erst nach Abschluß des 4. Dienstjahres möglich, so wurde sie in den Jahren vor 1939 bereits nach Abschluß des zweiten Dienstjahres üblich. Dementsprechend wurde der zur Unteroffizierlaufbahn vorgesehene Soldat nicht erst nach dreieinhalb, sondern schon nach einem Dienstjahr zum Gefreiten befördert. Der Unteroffizier rückte nach vier Jahren in seinem Rang zum Unterfeldwebel/-wachtmeister auf, der befähigte Unterführer übersprang jedoch diesen Rang und konnte schon nach 6 Dienstjahren Feldwebel werden. Die Beförderung zum Oberfeldwebel (d. h. Kompaniefeldwebel) blieb weiter vom Bestehen einer besonderen Prüfung abhängig und konnte bereits nach sieben, in Ausnahmefällen sogar nach 5 Dienstjahren erreicht werden. Nachdem bereits ab 1932 der damalige Spitzendienstgrad der Unteroffiziere, der Oberfeldwebel, nicht mehr allein für Kompaniefeldwebelstellen (den sog. „diensttuenden Ofw") vorbehalten wurde, erhielten die Kompaniefeldwebel im Herbst 1938 die Dienststellenbezeichnungen Hauptfeldwebel. Sie waren an den bereits zuvor üblichen „Kolbenringen" (zwei Tressenstreifen am unteren Ärmel) erkennbar. Hauptfeldwebel konnte fortan auch ein jüngerer Feldwebel sein, in jedem Fall war er Vorgesetzter aller Unteroffiziere seiner Einheit. Für eine verlängerte Dienstzeit über 12 Jahre hinaus wurde ein neuer Dienstgrad der Unteroffiziere, der Stabsfeldwebel, geschaffen.

Die Verpflichtungszeiten für Freiwillige blieben nach Einführung der Wehrpflicht bei 12 Jahren, allerdings wurde diese Verpflichtung erst nach Ablauf des 2. Dienstjahres und erkennbarer Eignung für die Unteroffizierlaufbahn wirksam. Nachdem es im Heer bereits 1936/37 eine Verpflichtung auf drei Jahre gegeben hatte, führte man in der Vorkriegszeit wie bei Marine und Luftwaffe auch eine 4- bzw. 4½jährige Freiwilligenverpflichtung ein. Für diese Dienstzeit bestand einerseits Bedarf in der Truppe (Gruppenführer, längerdienender Spezialist auf Mannschaftsdienstposten), bemerkenswerterweise aber auch ein Interesse an Freiwilligen, die für diesen verlängerten Wehrdienst lediglich eine Abfindung in Höhe von einigen hundert Reichsmark erhielten. Der Anspruch auf zusätzliche Fachausbildung und Weiterbildung auf den Heeresfachschulen sowie auf den Zivildienstschein (Übernahme in ein Beamtenverhältnis) war weiterhin nur den für 12 Jahre dienenden Freiwilligen vorbehalten. Die überwiegende Mehrheit der Unteroffiziere hätte demnach unter bleibenden Friedensbedingungen im Alter von 18 bis 30 Jahren im Heeresdienst gestanden und wäre danach meist in einen ihrer Eignung entsprechenden Beamtendienst eingetreten. Der Bedarf an längerdienenden Feldwebeln wurde durch Zulassung von Weiterverpflichtungen bis zu 18 Jahren (meist mit dem o. g. Dienstgrad Stabsfeldwebel) gedeckt. Für wichtige Spezialisten (Festungspionierdienst, Musiker) wurde sogar die Möglichkeit einer 25jährigen Dienstzeit mit anschließenden Pensionsbezügen geschaffen.

Die an Zahl und Bedeutung wachsenden Spezialfunktionen im Heer wurden mit Soldaten besetzt, die eine entsprechende berufliche Vorbildung besaßen und eine Sonderausbildung erhalten hatten. Diese Unteroffiziere, z. T. auch Mannschaften, wurden in Sonderlaufbahnen zusammengefaßt. Um die Nutzung ihrer Fachkenntnisse sicherzustellen und den Bedarf bei allen Verbänden zu decken, wurde die Personalführung dieser Unteroffiziere – abweichend von der sonstigen Regelung – bei den jeweils zuständigen Waffeninspektionen des Allgemeinen Heeresamtes zentralisiert. Als Beispiele für die Sonderlaufbahnen seien genannt: Sanitätspersonal, Musiker, Hufbeschlagpersonal, Schirrmeister (K) für Kraftfahrzeuge, Schirrmeister (Pi) für Pioniergerät, Funkmeister (Instandhaltung der Fernmeldegeräte), Feuerwerker (Behandlung und Verwaltung der Munition), Waffenunteroffiziere, Festungsbaufeldwebel und Wallmeister. Zu unterscheiden von den Sonderlaufbahnen sind Nebenfunktionen von Unteroffizieren, die in jeder Kompanie zu besetzen waren. Die Chefs hatten dafür zu sorgen, daß die als Sport-, Bekleidungs- oder Gasschutzunteroffiziere eingeteilten Soldaten an einem für sie erforderlichen Kurzlehrgang teilnahmen.

Nachdem Heer und Marine 1932 zusammen über etwa 20 000 Unteroffiziere verfügten, standen 1939 in der gesamten Wehrmacht rund 200 000 Unteroffiziere (Zahlen über die Verteilung auf die einzelnen Dienstgrade liegen nicht vor). Ein Vergleich der Zahlen mit dem Bestand von 1914 zeigt: bei etwa gleicher Stärke des Heeres (über 750 000 Mann) erreichte das Wehrmachtheer nur etwa 75% des Offizierbestandes im kaiserlichen Deutschland, die Zahl der Unteroffiziere war dagegen am Vorabend des Zweiten Weltkrieges deutlich höher (1914 gab es 106 000 Unteroffiziere im Heer, 1939 lag die Zahl der Heeresunteroffiziere um etwa 40% darüber). Der Bedarf an Unteroffizieren konnte also trotz der erheblichen Vermehrung und der gleichzeitigen Abgabe von Heeresunterführern in das Offizierkorps und in die Luftwaffe gedeckt werden. Das Gelingen der damit verbundenen Auswahl- und Ausbildungsprobleme wurde begünstigt durch die erwähnte Ausgangsposition mit dem hervorragenden Unteroffizier- und Mannschaftsbestand des 100 000 Mann-Heres. Hinzu kam das anhaltend hohe Freiwilligenaufkommen infolge der sich zunächst nur langsam bessernden Wirtschaftslage, vor allem jedoch wegen des hohen Ansehens des Soldaten im nationalsozialistischen Staat.

Trotz der Vermehrung des Unteroffizierkorps um das Zehnfache konnte die Qualität bis zum Kriegsbeginn im wesentlichen gewahrt werden. Dieser sehr bemerkenswerte Sachverhalt ist auf einen Strukturwandel im Unteroffizierkorps zurückzuführen. Nachdem schon im Reichsheer eine Differenzierung zwischen Unteroffizieren mit und ohne Portepee eingesetzt hatte, stiegen im Wehrmachtheer schon junge befähigte Unteroffiziere schnell zum Feldwebel auf und setzten sich als qualifizierte Gruppe von den übrigen Unteroffizieren ab. War der intelligente Unterführer vor 1914 mehr Einzelfall, so wurde er nun Typus. Der jüngere Feldwebel als Zugführer, Offizier vom Dienst oder Feuerwerker sammelte Erfahrungen, die seine spätere Beförderung zum Truppenoffizier bzw. Offizier (W) erleichterten.

c. Beamte

Zum Arbeitsbereich der Beamten gehörten die Truppenverwaltung, die Verwaltung in den ortsfesten Heereseinrichtungen, das Bekleidungs- und Verpflegungswesen, das Militärjustizwesen, das Bau- und Forstwesen, die Remonteämter, das Vermessungswesen, die Militärseelsorge, das Bibliotheks- und Archivwesen, das Abnahmewesen und andere technische Dienststellen. Beamtendienst leisteten auch die Apotheker, die Studienräte der Heeresfachschulen und die Heeressportlehrer.

Bis auf wenige Ausnahmen waren die Beamten zum Tragen der Uniform oder besonderer Dienstkleidung verpflichtet. Die Kragenspiegel und Dienstgradabzeichen der Wehrmachtbeamten unterschieden sich deutlich von den entsprechenden Uniformteilen der Soldaten. Die Beamten führten die ihrer Tätigkeit und Ernennung entsprechende Dienstbezeichnung, die mit einem bestimmten Offizier- oder Unteroffizierrang verbunden war, aber kein Vorgesetztenverhältnis gegenüber Soldaten begründete. Vermutungen über die Umwandlung der Beamtenschaft in ein Verwaltungsoffizierkorps ließ Blomberg im Februar 1935 ausdrücklich dementieren. Auch für die Zukunft wurde die Beibehaltung der Beamtenschaft zugesagt und die Überführung von Wehrmachtbeamten in ein Offizierverhältnis ausgeschlossen.

Entgegen der Dreiteilung des militärischen Personals in Offiziere, Unteroffiziere und Mannschaften waren die Wehrmachtbeamten den übrigen öffentlichen Beamten entsprechend in untere, mittlere, gehobene und höhere Beamte eingeteilt. Die Trennung zwischen Militärbeamten und Beamten im Militärdienst, eine Folge der alliierten Auflagen nach 1919, wurde 1934 aufgehoben. Ab 1935 gab es nur noch den Begriff Wehrmachtbeamte mit dem Zusatz Heer, Marine oder Luftwaffe. Die Bearbeitung der Personalangelegenheiten verblieb jedoch bei den Verwaltungsabteilungen der Oberkommandos der Wehrmachtteile.

Die Vorbildungsanforderungen für die Wehrmachtbeamten entsprachen weitgehend den Bedingungen für die zivilen Beamten. Die höheren Intendanturbeamten waren Volljuristen (Gerichtsassessoren); die höheren Bau- und Forstbeamten hatten ein Hochschulstudium ihres Fachs abgeschlossen. Von den Stellen der gehobenen Verwaltung waren drei Viertel den Versorgungsanwärtern, zwölfjährig gedienten Unteroffizieren und Soldaten mit der Abschlußprüfung II der Heeresfachschule, die restlichen 25% zweijährig gedienten, besonders geeigneten Soldaten mit Primareife und einem einjährigen Besuch der Heereszahlmeisterschule vorbehalten. Die Beamten des gehobenen Dienstes hatten den stärksten Kontakt mit der Truppe. Sie waren als Leiter der Truppenverwaltung (Zahlmeister) bei jedem Bataillon und entsprechendem Wirtschaftstruppenteil vertreten. Die Beamten des unteren und einfachen mittleren Dienstes waren ausschließlich Versorgungsanwärter; für den einfachen mittleren Dienst war die Abschlußprüfung I Voraussetzung.

Die Neuordnung des Beamtenrechts, insbesondere das Gesetz zur Wiederherstellung des Berufsbeamtentums vom 7. April 1933, wirkte sich auch auf die Wehrmachtbeamten aus. Die Anzahl der zu entlassenden nichtarischen und kommunistischen Beamten der Reichswehr dürfte jedoch gering gewesen sein. Umfangreiche Bedeutung erhielten dagegen die Erlasse, durch die eine bevorzugte Beförderung oder Übernahme „verdienter“ Nationalsozialisten als Wehrmachtbeamte geregelt wurde.

In Anbetracht der Lage auf dem Arbeitsmarkt bereitete im Verlauf der Heeresvergrößerung die Einstellung und Ausbildung der Beamten aller Laufbahnen keine nennenswerten Schwierigkeiten.

8. Allgemeine Heeresangelegenheiten

a. *Öffentlichkeitsarbeit*

Es unterliegt nachträglich keinem Zweifel, daß Hitler die Wehrmacht nicht nur als militärischen Apparat aufbauen, sondern auch als Mittel einer aggressiven Politik benutzen wollte. Um dieses Fernziel zu erreichen, hat Hitler von Beginn seiner Regierungszeit an die Soldaten aller Teilstreitkräfte und den Gedanken der Wehrhaftigkeit in der Öffentlichkeit in einem zuvor unerlebten Umfang herausgestellt. Heer, Marine und ab 1935 auch die Luftwaffe hatten bei jeder sich bietenden Gelegenheit ihre Existenz und Leistungsfähigkeit zu demonstrieren. Hitler erreichte damit eine mehrfache Wirkung:

- Im In- und Ausland wurden übertriebene Vorstellungen über die deutsche Stärke hervorgerufen.
- Die Wehrbereitschaft im deutschen Volk nahm erheblich zu, Paraden und Vorführungen der Truppe fanden bei der Bevölkerung ein ungewohntes Interesse.
- In der Reichswehr gewann die NS-Regierung an Sympathie, es wurde sogar möglich, daß Heeresverbände am Reichsparteitag der NSDAP in Nürnberg – erstmals im September 1934 – regelmäßig teilnahmen.
- Schließlich zog Hitler in konservativen Kreisen daraus Vorteile, daß er durch Pflege der Tradition gerade des Heeres eine historische Kontinuität usurpierte.

Die von der politischen Führung veranlaßte Intensivierung der Öffentlichkeitsarbeit der Truppe führte dazu, daß die Wehrmachtführung sich selbst in stärkerem Maße als vorher in diese für das Funktionieren einer modernen Staats- und Gesellschaftsordnung unentbehrliche Informationstätigkeit einschaltete. Die seit 1920 im Reichswehrministerium bestehende Pressestelle war 1926 Schleichers Wehrmachtabteilung zugeordnet worden, so daß schon vor 1933 die Heeresführung aus den bescheidenen Anfängen der Öffentlichkeitsarbeit ausgeklammert war. Zugleich mit der Umbenennung des Ministeramtes in Wehrmachtamt (Februar 1934) wurde in dieser Dienststelle durch Blomberg und Reichenau eine Abteilung Inland eingerichtet, die hauptsächlich für Presse und Propaganda zuständig war. Die Öffentlichkeitsarbeit der gesamten Wehrmacht zusammenzufassen war durchaus zweckmäßig, unter Blombergs und Reichenaus Einwirkung erhielt die Wehrmachtpropaganda jedoch eine zum Nationalsozialismus hinführende Tendenz. In den vom Wehrmachtamt, nicht vom Heer herausgegebenen „Jahrbüchern des Heeres", ebenso in der ab 1936 erschienenen Halbmonatsschrift „Die Wehrmacht", trat sie klar zutage.

Zur Vorbereitung einer Kriegsberichterstattung mit Wort- und Bildpresse, Film und Rundfunk wurde 1936 und 1937 bei Manövern in Pommern bzw. Mecklenburg eine Propaganda-Einsatzstelle eingerichtet. Das erforderliche Personal war vom Propagandaministerium gestellt worden. Es kam bei diesen gänzlich neuen Versuchen – im Ersten Weltkrieg war noch eine private, von einzelnen Journalisten getragene Berichterstattung üblich gewesen – zu Schwierigkeiten bei der militärischen Eingliederung der von den Truppenstäben nicht geliebten „Propagandaleuten“. Die Versuche führten zu der auch vom Propagandaministerium anerkannten Folgerung, für die von Einzelpersonen nicht mehr zu leistende moderne Berichterstattung eine militärische Organisation zu schaffen, die über alles erforderliche Fachpersonal und Gerät verfügte und zugleich die politische und militärische Zensur (Geheimhaltung) sicherstellte.

Das OKW wies am 16. August 1938 das Heer an, bei einigen Generalkommandos die mobilmachungsmäßige Aufstellung von Propagandakompanien vorzubereiten. Diese Kompanien sollten zu den Armeetruppen gehören und dem Armee-Nachrichtenregiment wirtschaftlich unterstehen. Jeder der drei zur Kompanie gehörenden Kriegsberichterzüge setzte sich aus einem Wort-, Bild-, Film- und Rundfunktrupp zusammen. Schon beim Einmarsch in das Sudetenland Anfang Oktober 1938 wurden die Propagandakompanien erstmals erprobt. Abgesehen von der ungenügenden militärischen Ausbildung des einberufenen Fachpersonals bewährte sich die neuartige Truppe in ihrer Aufgabe. Im Winter 1938/39 wurde zwischen Generaloberst Keitel (OKW) und dem Propagandaminister Goebbels eine Vereinbarung über die Kriegspropaganda abgeschlossen, in der das OKW sich u. a. verpflichtete, nur das vom Propagandaministerium listenmäßig erfaßte Fachpersonal zu verwenden. Bei der Mobilmachung 1939 standen dem Heer 7 Propagandakompanien zur Verfügung, ihre Eingliederung in die Nachrichtentruppe erleichterte die für sie außerordentlich wichtige Mitbenutzung des Führungsfernmeldenetzes.

Zum 1. April 1939 wurde im OKW die Pressegruppe der Abteilung Inland mit einer inzwischen bei der Abteilung Landesverteidigung entstandenen Untergruppe Propaganda vereinigt und zu einer Abteilung Wehrmachtpropaganda erweitert. Hiermit erhielt die Wehrmachtpropaganda eine personell stark besetzte Spitze, die zur Amtsgruppe Führungsstab – also zur potentiellen Wehrmachtgesamtführung – gehörte.

Ab 1919 hatte das damals errichtete, dem Reichsinnenministerium nachgeordnete Reichsarchiv die deutschen und preußischen Heeresakten übernommen. Mit seiner kriegsgeschichtlichen Abteilung in Potsdam begann das Reichsarchiv die Erforschung und Darstellung des Ersten Weltkrieges. Diese Abteilung sollte zwar nicht die Arbeit der kriegsgeschichtlichen Abteilung des Großen Generalstabes direkt fortsetzen, übernahm aber die dort tätig gewesenen Generalstabsoffiziere als Beamte. Ihre Arbeiten hatten nicht nur wissenschaftlichen Charakter, sondern waren zum Teil für die breitere Öffentlichkeit bestimmt. 1935 wurde die Kriegsgeschichtsschreibung wieder in den Bereich der Heeresverwaltung überführt und als „Forschungsanstalt für Kriegs- und Heeresgeschichte“ dem Reichskriegsminister unmittelbar unterstellt. Zum 1. April 1937 trat ein nochmaliger Wechsel ein, die nun „Kriegsgeschichtliche Forschungsanstalt des Heeres“ genannte Dienststelle wurde dem Generalstab des Heeres, Oberquartiermeister V, nachgeordnet. Zugleich wurden aus dem Reichsarchiv die militärischen Bestände herausgelöst und als Heeresarchiv Potsdam ebenso wie die Heeresarchive Dresden, Stuttgart und

München (ab 1938 außerdem Wien) einem Chef der Heeresarchive unterstellt, der seinerseits dem Oberquartiermeister V des Heeresgeneralstabes nachgeordnet war. Als Chef der Heeresarchive war ein General eingesetzt, in den Heeresarchiven und in der Kriegsgeschichtlichen Forschungsanstalt des Heeres arbeiteten beamtete Wissenschaftler und ehemalige Offiziere.

b. Fahnen und Uniformen

Mit dem Herausstellen des Heeres in der Öffentlichkeit verbunden waren Veränderungen bei den Fahnen und Uniformen, deren symbolhafte Wirkung selbstverständlich von dem sich festigenden NS-Staat benutzt wurde. Schritt für Schritt gelang es der politischen Führung, das Parteisymbol des Hakenkreuzes in die Wehrmacht einzuführen und damit die sogenannte Einheit von Staat, Partei und Wehrmacht zu kennzeichnen.

Am 14. März 1933 wurde durch eine Verordnung des Reichspräsidenten über die Hoheitszeichen der deutschen Wehrmacht eine Änderung der Reichskriegsflagge verfügt. Dabei entfiel die schwarz-rot-goldene Oberecke der schwarz-weiß-roten Reichswehrflagge mit dem Eisernen Kreuz in der Mitte. Zugleich wurde anstelle des schwarz-rot-goldenen Mützenabzeichens mit dem Reichsadler die schwarz-weiß-rote Kokarde eingeführt.

Mit einer Verordnung vom 17. Februar 1934 setzte Hindenburg weitere Veränderungen fest, „um die Verbundenheit der Wehrmacht mit Volk und Staat zum Ausdruck zu bringen“. Die Landeskokarde an der Dienstmütze war abzulegen; eine Änderung des Wehrgesetzes von 1921 hatte im Sommer 1933 ohnehin alle Länderbefugnisse in der Reichswehr und die Einrichtung der Landeskommandanten aufgehoben. Anstelle der Landeskokarde war an der Dienstmütze nun das Hoheitszeichen des Dritten Reiches zu tragen, der fliegende Reichsadler mit einem umkränzten Hakenkreuz. Das gleiche Hoheitsabzeichen wurde auf der rechten Seite des Uniformrockes und – in veränderter Form – auf der linken Seite des Stahlhelms eingeführt.

Nachdem mit dem Reichsflaggengesetz vom September 1935 die Parteiflagge der NSDAP zur alleinigen deutschen Nationlflagge bestimmt worden war, erhielt die Wehrmacht im Oktober 1935 eine wesentlich der roten Hakenkreuzflagge angeglichene neue Reichskriegsflagge. Allerdings war mit dem schwarz-weißen Balkenkreuz ein konstitutives Element der alten Reichskriegsflagge von 1867 bis 1921 übernommen worden; auch das Eiserne Kreuz erschien wieder in der Oberecke.

Am ersten Jahrestag der Verkündung der Wehrhoheit stiftete Hitler im März 1936 Truppenfahnen (bzw. Truppenstandarten für die motorisierten, berittenen oder bespannten Verbände). In diesen Fahnen/Standarten herrschte das schwarze Eiserne Kreuz vor; die freien Felder waren mit der Farbe der entsprechenden Waffengattung gefüllt und mit Hakenkreuzen belegt.

Als Kompromiß zwischen einer von Hitler gewünschten Uniform in buntem Tuch und der feldgrauen Uniform, auf der das Heer in Erinnerung an den Ersten Weltkrieg beharrte, wurde eine mit alten Stilelementen angereicherte Parade- und Ausgehuniform eingeführt. Der auf Taille gearbeitete graugrüne Waffenrock erhielt Ärmelaufschläge und Kragen aus dunklerem Stoff sowie Patten aus Aluminiumlitzen und den Waffenfarben.

c. Militärgerichtsbarkeit

Während das unter Seeckt geschaffene und inzwischen bewährte Disziplinar- und Beschwerderecht erhalten und bis zum Kriegsbeginn nahezu unverändert blieb, wurde die Militärgerichtsbarkeit durch ein Gesetz vom 12. Mai 1933 wiedereingeführt. Die Kriegsgerichte und Oberkriegsgerichte nahmen Anfang 1934 ihre Tätigkeit auf, sie waren zuständig für alle Soldaten und Wehrmachtbeamte sowie die einberufenen Reservisten. Als oberste Revisionsinstanz diente zunächst ein neuer Senat des Reichsgerichts, ab 1936 das neugegründete Reichskriegsgericht in Berlin. Eine Verschärfung der Rechtsprechung für den Soldaten brachte die wiedereingeführte Militärgerichtsbarkeit nicht, da das bisherige Militärstrafrecht und die frühere Militärstrafgerichtsordnung im wesentlichen beibehalten wurden. Erst die Verordnung über das Sonderstrafrecht im Kriege (Kriegssonderstrafrechtsverordnung, KSSVO) vom 17. August 1938 ermöglichte einen außerordentlich ausgedehnten strafrechtlichen Zugriff auf die Soldaten, deren politische Loyalität damit sichergestellt werden sollte. Eine neue Kriegsstrafverfahrensordnung (KStVO) dehnte die Zuständigkeiten der alten Militärstrafgerichtsordnung erheblich aus und wurde ebenfalls am 17. August 1938 beschlossen, trat aber erst am 26. August 1939 in Kraft.

d. Militärseelsorge

Die religiöse Betreuung der Soldaten der kleinen Reichswehr hatte vor 1933 einen unangefochtenen und hohen Stand erreicht. Mit der im NSDAP-Parteiprogramm vertretenen Richtung des „positiven Christentums" schien 1933 auf dem Gebiet der Militärseelsorge gerade unter dem Gesichtspunkt der soldatischen Erziehung keine Verschlechterung bevorzustehen. So ergab sich bis 1934 sogar eine Zunahme der Zahl von seelsorglichen Veranstaltungen und der sich daran beteiligenden Soldaten.

Äußerlich wurde die Seelsorge aufgewertet, indem die bisherigen Feldpröpste zu Feldbischöfen ernannt wurden. Die Ernennung konnte jedoch im Dezember 1933 nur für den evangelischen Feldbischof Schlegel und 1934 für seinen Nachfolger Dohrmann ausgesprochen werden, da die deutschen katholischen Bischöfe den vorgesehenen katholischen Feldbischof Rarkowski ablehnten und dessen Ernennung bis 1936 verzögerten. Eine weitere äußerliche Hervorhebung der Militärseelsorge war die Einführung von Uniformen für die Militärpfarrer (Offizieruniform ohne Schulterstücke).

Der Kirchenkampf in der evangelischen Kirche wurde durch die Bemühungen Blombergs, Fritschs und des Feldbischofs Dohrmann aus der Militärseelsorge herausgehalten. Sicherlich hat diese neutrale Haltung eine frühzeitige Gefährdung der Militärseelsorge im NS-Staat verhindert, man begab sich aber damit deutlich auf den Weg der Kompromißlösungen. So hat Blomberg schon nach wenigen Wochen einen Erlaß, nach dem das christliche Bekenntnis Voraussetzung für die Einstellung in die Wehrmacht sein sollte, Anfang 1935 wieder aufgehoben. Mit Einführung der allgemeinen Wehrpflicht war eine solche Forderung ohnehin nicht mehr durchzusetzen. Konfessionslose und sogenannte Gottgläubige traten in die Wehrmacht ein, die von der politischen Führung praktizierte Distanz zu den beiden Kirchen übertrug sich allmählich auf eine zunehmende Gleichgültigkeit vieler Offiziere gegenüber der Militärseelsorge. Umgekehrt wurde im Offizierkorps aber auch die Einstellung des Oberbefehlshabers des Heeres, Frh. v. Fritsch, im Sinne der Erhaltung der traditionellen Militärseelsorge verstanden und unterstützt. Auch der Oberbefehlshaber der Kriegsmarine, Raeder, wirkte in diese Richtung. Erstaunlicherweise hat sogar Göring als Oberbefehlshaber der Luftwaffe die Militärseelsorge in diesem neuen Wehrmachtsteil einführen lassen.

Die Militärseelsorge unterlag in den letzten Jahren vor dem Kriege einer mehrschichtigen Entwicklung: Einerseits zunehmende Gleichgültigkeit, insbesondere bei jüngeren Offizieren, dagegen ein entschiedenes, verständlicherweise aber vorsichtiges Eintreten vieler Offiziere für die religiöse Betreuung der Soldaten und schließlich die immer stärkeren antikirchlichen Aktivitäten der Gliederungen der NSDAP, besonders auf mittlerer, regionaler und unterer, örtlicher Ebene. Die sich daraus ergebenden Schwierigkeiten versuchte man auf dem Wege der Anpassung zu beheben. Zeitmangel in der Truppe infolge der intensiven Ausbildungstätigkeit und Mangel an nebenamtlichen Militärpfarrern für die vielen neuen Garnisonen brachten zusätzliche Probleme mit sich, so daß die Militärseelsorge 1939 nur noch eine geschwächte Position einnehmen konnte.

C. Das Konzept der Landesverteidigung

1. Mobilmachung

Die Mobilmachungsvorbereitungen in der Zeit des 100 000 Mann-Heeres und in den ersten Jahren der Heeresvergrößerung konnten sich nur auf Alarm- und Notmaßnahmen erstrecken. Erst ab Herbst 1936 wurden in der Erwartung, daß 1937 erstmals eine größere Zahl von Reservisten aus dem aktiven Dienst entlassen würde, umfangreichere Mobilmachungsplanungen aufgenommen.

Mit der Mobilmachung waren die folgenden Aufgaben verbunden:
- Aufstellung des Kriegsheeres, d. h. des Feld- und Ersatzheeres,
- Inanspruchnahme von Transportmitteln und -einrichtungen, von Infrastruktur und Versorgungsgütern,
- Sofortmaßnahmen zum Grenz- und Luftschutz (z. B. Evakuierungen),
- Umstellung der Wirtschaft auf den Kriegsbedarf.

Zur Aufstellung des Kriegsheeres mußten
- Wehrpflichtige des Beurlaubtenstandes einberufen werden, um vorhandene Truppen und Einrichtungen auf Kriegsstärke zu bringen und um mit Hilfe schwacher aktiver Stämme Neuaufstellungen (vgl. oben insbesondere die Armeetruppen S. 336) durchzuführen;
- die aufgefüllten oder neuaufgestellten Kampf-, Versorgungs- und Ordnungstruppen marschbereit gemacht und in ihre Aufmarschräume transportiert werden;
- Kraftfahrzeuge und Pferde für Aufstellungen, für die im Frieden nicht vorhandenen Trosse der kämpfenden Truppe und für die Nachschuborganisation, übernommen werden;
- das Ersatzheer mit seinen Wach-, Ersatz-(Ausbildungs-) und Lehrtruppen und Schulen aufgestellt werden.

Da es im Kriegsfalle entscheidend war, die größtmögliche Zahl von Truppenverbänden in kürzester Zeit zum Einsatz zu bringen, konnte ein noch so kleiner zeitlicher Vorsprung bereits Bedeutung gewinnen.

Alle diese Maßnahmen erforderten alljährlich eine Neubearbeitung, die sich bis auf den kleinsten Verband erstreckte und mit den zuständigen Wehrersatzdienststellen abgestimmt werden mußte. Für jeden Truppenteil des Kriegsheeres waren die vorbereiteten Maßnahmen in einem Plan („Kalender“) erfaßt und wurden jeweils einem Stab des Friedensheeres als „kalenderführend“ zugewiesen. Deshalb hatten die Verbände nicht nur ihre eigene Mobilmachung zu bearbeiten, sie waren auch für die Vorbereitung aller Mobilisierungsmaßnahmen für die Truppenteile des Kriegsheeres, an die sie Stämme abzugeben hatten, verantwortlich.

Die Wehrkreiskommandos waren für alle Mobilmachungsmaßnahmen in ihrem Bereich zuständig. Viele einzelne Maßnahmen sowie die gesamte Mobilmachung konnten auch ohne öffentliche Ankündigung durchgeführt werden. Wichtige Erfahrungen ergaben sich 1938 aus der teilweisen Mobilmachung der Wehrkreise VII und XIII für den Einmarsch nach Österreich. Da die Verkündung der Mobilmachung nach den Erfahrungen des Ersten Weltkrieges so gut wie automatisch zum Kriege führte, hatte ein frühzeitiger und zugleich verschleierter Anlauf der Mobilisierung eine große Bedeutung, zumal die technische Entwicklung auf dem Gebiet des Transportwesens und der motorisierten Kriegführung es noch dringender erscheinen ließ, die grenznahen Räume möglichst schnell zu erreichen. Hiervon hing angesichts der Mittellage Deutschlands besonders viel für die Aktionsfähigkeit des Heeres und die Ausnutzung des gesamten Reichsgebietes für die Kriegswirtschaft ab. Die getarnte Mobilisierung bestand in einer großen Anzahl von Einzelmaßnahmen auf dem Gebiet der Organisation und Ausbildung, wie Schanzübungen, Einberufung von Reservisten zu Wiederholungsübungen, wodurch aktive Verbände auf Kriegsstärke aufgefüllt und Versorgungstruppen aufgestellt wurden. Durch solche Maßnahmen konnte im September 1938 der Aufmarsch von aufgefüllten aktiven Divisionen gegen die Tschechoslowakei und die Aufstellung von 7 Reservedivisionen im Westen durchgeführt werden, ohne daß eine Mobilmachung ausgelöst wurde.

Fast alle Transporte waren von der Reichsbahn zu übernehmen, sie beteiligte sich darum in hohem Maße an den Mobilmachungsvorbereitungen. So konnte z. B. der Eisenbahnaufmarsch 1939 dadurch getarnt werden, daß die Reichsbahn „Sonderzüge“ für den Besuch des nationalsozialistischen Reichsparteitages in Nürnberg bereitstellte.

Für den Mobilmachungsfall waren insgesamt Tausende von Bahntransporten vorzubereiten, auch wenn die Aufstellung der neu zu bildenden Truppenteile so geplant war, daß sie möglichst nah an dem Aufkommensgebiet der Reservisten, der nicht ausgelagerten Ergänzungen und der zu übernehmenden Pferde durchgeführt wurde. Eine Vorstellung von dem Umfang der Mobilmachungstransporte ist durch einige Zahlen über die Umwandlung des Friedensheeres zum Kriegsheer zu gewinnen. „Bei der Mobilmachung war binnen weniger Tage das Heer um fast drei Millionen Menschen, um rund 400 000 Pferde, um rund 200 000 Fahrzeuge und Kraftfahrzeuge zu verstärken. Dazu kam die Ausstattung mit Waffen, Munition, Bekleidung, Ausrüstung und sonstigen Bedürfnissen aus Lagern.“ (Müller-Hillebrand). Dieses Kriegsheer war anschließend in einer kalendermäßig festgelegten Reihenfolge in die Aufmarschräume an den Grenzen zu transportieren. Besondere Sachkenntnis und Pflege sowie unverhältnismäßig viel Laderaum erforderten dabei die Pferdetransporte.

Das geplante Kriegsheer setzte sich aus dem *Feldheer* und dem *Ersatzheer* zusammen. Im *Feldheer* waren als bewegliche Kampfverbände die auf Kriegsstärke gebrachten aktiven Divisionen und die Reservedivisionen der einzelnen Typen und die Kräfte zum bodenständigen Einsatz in Grenz- und Befestigungsräumen zu unterscheiden. Außerdem gehörten dem Feldheer die Bautruppen an, die aus einberufenem zivilen Fachpersonal (Baustäbe) und durch Übernahme von Verbänden des Reichsarbeitsdienstes – also unausgebildeten und unbewaffneten Männern – gewonnen wurden. Die als Stämme der Bautruppe verwendeten RAD-Einheiten waren zum Teil bereits seit 1938 am Bau des Westwalls beteiligt.

Die Typen der Kriegsheerdivisionen wurden nach „Wellen“ bezeichnet, wobei die Numerierung der Wellen keine Bewertung und keine zeitliche Reihenfolge im Mobilmachungsablauf bezweckte. Im Mobilmachungsabschnitt 1939, der am 1. April begann, gab es folgende Anzahl und Typen der Verbände: Von den 52 Divisionen des Friedensheeres wurden nur die Infanteriedivisionen zur Bildung von Reservedivisionen herangezogen, diese 35 „aktiven" Verbände wurden als Divisionen 1. Welle bezeichnet. Ihnen fehlten 1939 noch insgesamt einige Infanterieverbände, 5 Art.Abt., 12 Beob.Abt. und einzelne Kompanien anderer Waffengattungen. Bei der Mobilmachung waren die Divisionen 1. Welle mit Reservisten auf Kriegsstärke aufzufüllen und mit rückwärtigen Diensten auszustatten. Der Anteil der Reservisten erreichte dadurch immerhin 22%.

Die 16 Divisionen 2. Welle, die bis 1938 als Reservedivisionen bezeichnet worden waren, entstanden durch Abgabe von Stämmen (6%) aus den Friedensdivisionen und aus einberufenen Reservisten, von denen die meisten mehr als 9 Monate ausgebildet worden waren. Ihre Divisionskommandos bestanden bereits im Frieden in Form von Infanterieführern bei mehreren aktiven Divisionen.

Die 21 Divisionen der 3. Welle waren die bisherigen Landwehrdivisionen. (Der Name Landwehrdivision galt 1939 nur noch für eine Division.) Außer den kleinen, aus älteren Offizieren gebildeten Stäben der Landwehrkommandeure hatten sie keinerlei aktives Personal. Die Divisionen 3. Welle setzten sich nur zum kleinen Teil aus langgedienten Reservisten zusammen, zum weitaus größeren Teil aus Kurzgedienten sowie aus alten Reservisten, die noch im Ersten Weltkrieg ausgebildet worden waren. Infolge ihrer Zusammensetzung bedurften sie einer mehrwöchigen Ausbildung, um ihre Einsatzbereitschaft zu erreichen.

Die 14 Infanteriedivisionen der neuen 4. Welle wurden durch die seit Herbst 1938 verstärkte dreimonatige Kurzausbildung der Jahrgänge 1913 und älter ermöglicht. Diese Divisionen entstanden aus der Zusammenfassung der bestehenden Ergänzungstruppenteile (s. o. S. 305). Die Tatsache, daß diese Verbände nicht neu zu bilden waren und über einen qualifizierten Ausbilderstamm (9% aktives Personal) verfügten, gaben diesen Divisionsverbänden einen entscheidenden Vorteil gegenüber den Divisionen der 3. Welle. Die Divisionskommandos waren bereits im Friedensheer als Artillerieführer eines Teils der Infanteriedivisionen vorhanden. An aktivem Personal stärker als die Divisionen 2. Welle, setzten sie sich vorwiegend aus kurzgedienten Reservisten zusammen. Ihre materielle Ausstattung wich nur geringfügig von der 2. Welle ab. Im Falle einer Teilmobilisierung war die 4. Welle nach der 1. am frühesten marschbereit zu machen.

Die Verstärkung des Feldheeres seit 1936 wird an der folgenden Übersicht deutlich:

Mobilmachungs-abschnitt		Friedensheer (Div. bzw. gem. Brig.)	Reserve-divisionen	Feldheer (insgesamt)
Herbst	1935	31	–	31
Herbst	1936	41	25	66
Herbst	1937	42	29	71
Frühjahr	1939	52	51	103

Die Kräfte des Feldheeres, insbesondere die Kräfte zum beweglichen Einsatz (also Feldheer ohne Grenz- und Bautruppen) vermehrten sich vom Herbst 1937 bis zum Frühjahr 1939 in der Kopfzahl noch deutlicher als in der Zahl der angegebenen Divisionen, nämlich von 1,38 Mill. auf 2,1 Mill. Mann. In dem gleichen Zeitraum näherte sich auch der im Wehrmachtheer ausgebildete Personalbestand dem Bedarf: Aktive Truppe und kurz oder normal ausgebildete Reservisten zählten 1937 erst 1 Mill. Mann, 1939 dagegen schon 1,83 Millionen. Aber auch nach diesem zahlenmäßigen Fortschritt in der Ausbildung mußte für die Auffüllung von Feld- und Ersatzheer noch auf einen großen Anteil der letztmalig im Ersten Weltkrieg ausgebildeten Jahrgänge (um 1900 Geborene) zurückgegriffen werden.

Das *Ersatzheer* bestand aus

- den in der Heimat verbleibenden Kommandobehörden (z. B. den stellvertretenden Generalkommandos) sowie den Wehrersatz- und bodenständigen Versorgungsdienststellen,
- Wachtruppen verschiedener Art zur Verwendung im Heimatgebiet (u. a. Objektschutz und Bewachung von Kriegsgefangenen), hierzu wurde die Aufstellung von 301 Landesschützenbataillonen vorbereitet,
- Ersatztruppen, die zur Ausbildung von Rekruten gebildet werden mußten, da die Masse der bestehenden Ergänzungstruppenteile für die Divisionen 4. Welle verwendet worden waren (jeder Truppenteil des Feldheeres erhielt eine Ersatztruppe, z. B. jedes Infanterieregiment ein Ersatzbataillon gleicher Numerierung),
- Schulen, Lehr- und Versuchstruppen, abgesehen von den durch sie zu stellenden Abgaben.

Das Ersatzheer erhielt im Mobilmachungsabschnitt 1939/40 eine Stärke von fast einer Million Mann, von denen jedoch 55% durch unausgebildete Rekruten zu stellen waren. Seine Führung hatte der Amtschef des Allgemeinen Heeresamtes im OKH, General Fromm, zu übernehmen.

Wie weitgehend die Mobilmachungsplanungen in den wirtschaftlichen Bereich hineinwirkten, ist bereits in anderem Zusammenhang dargestellt worden (s. o. S. 141 f.). Ein Überblick über die wichtigsten gesetzlichen Maßnahmen auf diesem Gebiet soll hier zeigen, wie sehr die Mobilmachungsvorbereitungen über die unmittelbar militärischen Notwendigkeiten einer Kräftemobilisierung hinausgingen. Erste Grundlagen für die erforderlichen Musterungs- und Mobilmachungsplanungen wurden mit einem Gesetz vom 12. April 1933 geschaffen, nach dem eine Volks-, Berufs- und Betriebszählung besondere wirtschafts- und produktionsstatistische Erhebungen in dieser Richtung ermöglichte. Das Gesetz über die Beschränkung von Grundeigentum aus Gründen der Reichsverteidigung (Schutzbereichgesetz) vom 24. Januar 1935 und das Gesetz über die Landbeschaffung für Zwecke der Wehrmacht vom 29. März 1935 schuf nahezu unbegrenzte Möglichkeiten in der Beschaffung, Nutzung, baulichen Gestaltung und Veränderung von privatem

Grundeigentum. Mit dem Wehrgesetz vom 21. Mai 1935 (s. o. S. 299) war über die Wehrpflicht hinausgehend im Kriege die Dienstleistungspflicht für das gesamte Volk festgelegt worden. Am gleichen Tage verabschiedete die Reichsregierung ein Reichsverteidigungsgesetz, das jedoch nicht veröffentlicht wurde. Das Gesetz ermächtigte die Reichsminister, im Mobilmachungsfall Rechtsverordnungen zu erlassen, die von bestehenden Gesetzen abweichen durften. Außerdem wurde die Ernennung eines Generalbevollmächtigten für die Kriegswirtschaft angekündigt und seine Aufgabe beschrieben (vgl. S. 326). Zuwiderhandlungen gegen dieses Gesetz und die auf seiner Grundlage erlassenen Verordnungen wurden mit Strafen bedroht. Strafverschärfend wirkte auch ein das Strafgesetzbuch ergänzender § 143 a vom 28. Juni 1935, durch den Wehrmittel und Einrichtungen der Wehrmacht unter besonderen Schutz gestellt wurden. Das Reichsluftschutzgesetz vom 26. Juni 1935 begründete eine allgemeine Luftschutzdienstpflicht und regelte mit den folgenden Verordnungen weitgehende Vorbereitungen in der Wirtschaft und Zivilbevölkerung. Mit der Verkündung des Vierjahresplanes am 9. September 1936 sowie mit ihm folgenden Erlassen und Verordnungen erreichte man eine neue Stufe von wirtschaftlichen Mobilmachungsvorbereitungen, die nun auch in die Steuerung des Arbeitskräfteeinsatzes übergriffen. Die zivile Dienstpflicht wurde am 22. Juni 1938 neu geregelt, indem die Freizügigkeit der Arbeitskräfte weitgehend beseitigt wurde. Das Leistungsgesetz für Wehrzwecke vom 13. Juli 1938 bestimmte die sachliche Leistungspflicht, die mit dem Reichsleistungsgesetz vom 1. September 1939 erweitert wurde. Schließlich wurde das Reichsverteidigungsgesetz von 1935 am 4. September 1938 durch eine neue, ebenfalls geheime Fassung ersetzt.

2. Aufmarschpläne

Ein befristetes Eingreifen gegen einen polnischen Angriff auf das Reichsgebiet bildete die einzige Verteidigungsaufgabe, denen die schwachen Kräfte des 100 000 Mann-Heeres gewachsen waren. Dementsprechend sah man im Schutz der Ostgrenze den Hauptauftrag. Der deutsch-polnische Neutralitätspakt vom 26. Januar 1934 stellte hierin einen Wendepunkt dar, in dem er das Reichsheer im Osten entlastete. Gleichzeitig aber wuchs mit jeder Maßnahme deutscher Aufrüstung die Gefahr eines französischen Eingreifens.

Ab 1934 richteten sich die deutschen Verteidigungsmaßnahmen deshalb in erster Linie gegen Frankreich. Diese Vorbereitungen begannen im Herbst 1934 und führten zu dem ab 1935 gültigen Aufmarsch „Rot“. Es war der erste friedensmäßige Aufmarschplan seit 1914, da nach 1919 im Osten die Truppenteile des kleinen Reichsheeres dank der leistungsfähigen Reichsbahn fallweise in jeden erforderlichen Ausladeraum befördert werden konnten.

Der Plan „Rot“ sah im Falle eines französischen Angriffs einen Aufmarsch von großen Teilen des Heeres im Westen vor; die übrigen Truppen hatten als operative Reserven in ihren Aufstellungsräumen zu bleiben. Für die Verteidigung der

Reichsgrenzen im Osten und Südosten hingegen standen lediglich schwache Verbände und Grenzschutz zur Verfügung.

Mit der Neutralisierung Polens fiel der Tschechoslowakei die Rolle des wichtigsten östlichen Alliierten Frankreichs zu. Ihre militärische Bedeutung lag nicht so sehr in einer besonderen Stärke der Streitkräfte oder der Bevölkerungszahl als in der durch Gebirge geschützten, in das Reichsgebiet vorgeschobenen Lage. Der Bündniswert der Tschechoslowakei für Frankreich wurde noch durch die politische Annäherung beider Staaten an die Sowjetunion gesteigert, die durch den französisch-sowjetischen Beistandspakt vom 2. 5. 1935 eingeleitet worden war. Diesem Vertrag maß man deutscherseits trotz seines formal defensiven Charakters eine hohe Bedeutung zu. Gegen sowjetische Landstreitkräfte war das Reich weitgehend durch die Existenz Polens abgeschirmt. Aber für den Einsatz sowjetischer Luftstreitkräfte gegen Deutschland konnten bei einer offensiven Wendung der politischen Bindungen zwischen Frankreich, der Tschechoslowakei und der Sowjetunion Flugplätze im böhmisch-mährischen Raum eine hohe operative Bedeutung gewinnen.

Die Zusammenarbeit Frankreichs, der Sowjetunion und der Tschechoslowakei führte bereits während ihres Beginns zu ernsten Erwägungen in der obersten deutschen Führung. Unter Hinweis auf eine gerade durchgeführte Besprechung mit den Spitzen der Wehrmachtteile gab Blomberg am 2. Mai 1935 die Weisung zu einem Unternehmen „Schulung" heraus, mit der die geheime Vorbereitung eines schlagartigen Überfalls auf die Tschechoslowakei befohlen wurde. Diese in der Abteilung Landesverteidigung vorbereitete Weisung brachte die erste deutliche Bevormundung der Heeresführung in Fragen der Verteidigungsplanung. Beck erhob Einspruch gegenüber einem „Eintritt in praktische Kriegsvorbereitungen", bejahte jedoch den „Gedanken operativer Studien". Darüber hinaus verfolgten Fritsch und Beck im Hinblick auf diese Weisung das Ziel, der Heeresführung stärkeren Einfluß auf die oberste militärische Planung zu verschaffen (s. o. S. 324). Ihr Handeln ist insofern mehr auf das Prinzip „Wehret den Anfängen" als auf ein Bedenken gegen ein angriffsweises Vorgehen auf Prag im allgemeinen Verteidigungsfall zurückzuführen. Die Weisung „Schulung" kann zudem noch nicht als Umschlag vom Verteidigungsdenken zur Aggression gewertet werden, da ein Zusammenhang dieses militärischen Eventualfalles mit konkreten Absichten Hitlers gegenüber der Tschechoslowakei 1935 weder nachweisbar noch wahrscheinlich ist.

Die Weisung des Reichskriegsministers „für die einheitliche Kriegsvorbereitung der Wehrmacht" vom 24. Juni 1937 ging mit ihren ausführlichen Planungsaufträgen an das Heer einen Schritt weiter. Diese Weisung rechnete wegen mangelnden Kriegswillens der Westmächte und fehlender Kriegsbereitschaft der Sowjetunion nicht mit einem bevorstehenden Angriff auf das Reich. Sie schloß aber aufgrund der Weltlage „überraschende Zwischenfälle" nicht aus und forderte deshalb eine stete Kriegsbereitschaft, sei es um Angriffe abzuwehren oder „um etwa sich ergebende politisch günstige Gelegenheiten militärisch ausnutzen zu können". Noch vor Beendigung der Heeresaufstellung müsse die „Mobilmachung ohne öffentliche Verkündigung" für einen deutschen Schlag vorbereitet sein. Hier begann sich die Verwendung der Wehrmacht als Instrument deutscher Aggressionen abzuzeichnen, mit der die oberste Führung von Hitler am 5. November 1937 vertraut gemacht wurde (s. o. S. 183 f.).

Nach der Weisung vom 24. Juni 1937 war neben dem Verteidigungsaufmarsch „Rot" der Aufmarsch „Grün" zu bearbeiten. „Grün" sah im Fall eines bevorstehenden Angriffs einer überlegenen feindlichen Koalition eine überraschende deutsche Operation gegen die Tschechoslowakei vor. Für weitere Sonderfälle waren nur Überlegungen anzustellen, da Beck angekündigt hatte, er würde sie nicht ausarbeiten (s. o. S. 325). Dabei handelte es sich um den Sonderfall „Otto", einer militärischen Intervention in Österreich für den Fall eines habsburgischen Restaurationsversuches und den Sonderfall „Erweiterung Rot/Grün", in dem die Gegnerschaft Englands, Polens bzw. Litauens neben Frankreich, der Sowjetunion und der Tschechoslowakei angenommen wurde. Den letzteren Fall sah Beck als Verzweiflungskampf, für den die deutschen Kräfte nicht ausreichten und der unter allen Umständen politisch vermieden werden mußte. Im Fall „Otto", der vom Heer nicht vorbereitet wurde, befürchtete Beck die leichtfertige Entfesselung eines europäischen Krieges.

Der entscheidende Schritt zur Vorbereitung des Angriffskrieges ist in der Neufassung des Aufmarschplanes „Grün" vom 21. Dezember 1937 zu sehen. Es ging nun nicht mehr um Verteidigung des Reiches, sondern um Eroberung fremden Gebietes zur Lösung des „Raumproblems" unter bewußter Hinnahme des Krieges gegen andere Mächte. Während zuvor Hitlers Gedanken allenfalls indirekt auf die Weisungen der Wehrmachtführung wirksam geworden waren, „so hatten jetzt Blomberg und Jodl sich aus eigener Initiative zum Transmissionsorgan von ... Absichtsäußerungen des Führers gemacht" (Müller).

Bis zum Dezember 1937 war das strategische und operative Denken der deutschen militärischen Führer nur auf die Verteidigung des Reiches eingestellt. Diesem entsprach auch die Ausbildung der Generalstabsoffiziere. Die Übungslagen zur Ausbildung gingen mehr von der Verteidigung gegen einen zahlenmäßig überlegenen Gegner aus als von Angriffen auf ein fremdes Land. Dabei wurde – von der gegebenen Situation der „inneren Linie" aus – für die Erfüllung des Verteidigungsauftrages auf die bewegliche Kampfführung, die Bildung wechselnder Schwerpunkte großer Wert gelegt. Die Verteidigung war im taktischen wie operativen Rahmen aktiv zu führen. Besonders geeignete Werkzeuge bildeten hierfür die schnellen Divisionen.

Durch den Anschluß Österreichs und des Sudetenlandes und endlich durch die Besetzung der „Resttschechei" verbesserte sich die strategische Lage des Reiches entschieden. Ein Gegner war fortgefallen, der Grenzverlauf verkürzt; die dazugewonnene deutsche Bevölkerung ermöglichte die Aufstellung weiterer Großverbände und eines größeren Kriegsheeres.

Ab Frühjahr 1939 wurde auf Befehl Hitlers mit der Operation „Weiß" gegen Polen ein Feldzug uneingeschränkten Angriffscharakters durch den Generalstab des Heeres vorbereitet.

Vom Verteidigungsaufmarsch „Rot" abgesehen, der nach 1936 immer mehr an Bedeutung verlor, hatten die Aufmarschvorbereitungen das Ziel, zunächst mit Masse den Gegner anzugreifen, dessen schnelle Ausschaltung die Rückenfreiheit für den Einsatz des Feldheeres gegen den Hauptgegner gewährte.

3. Landesbefestigungen

Die exponierte geographische Lage des Reiches mit seinen ungünstigen langen Grenzen sowie die als ständige Bedrohung empfundene Überlegenheit des französischen Bündnissystems mit seinem Druck von Ost und West legten den Versuch nahe, das deutsche Gebiet durch Landesbefestigungen zu schützen und dadurch die Feldarmee im Kriegsfall zu entlasten. Noch im Rahmen der Versailler Bestimmungen war der Bau von Sperrstellungen fallweise mit leichten Kampfständen an der Ostgrenze und im Westen ostwärts der entmilitarisierten Zone begonnen worden.

Verantwortlich für Planung, Ausbau und Unterhaltung der Landesbefestigungen war die Inspektion der Pioniere und Festungen. Ihr nachgeordnet wurden bis 1938 die Inspektion der Ostbefestigungen mit vier und die Inspektion der Westbefestigungen mit fünf unterstellten Festungsinspektionen errichtet. Zu jeder Inspektion gehörten zwei bis drei Festungspionierstäbe. Diese Neuaufstellungen bedeuteten für die gleichzeitige Vermehrung der Pioniertruppe eine außerordentliche personelle Belastung.

Innerhalb der deutschen militärischen Führung standen sich die Befürworter linear durchlaufender grenznaher Stellungen mit kleinen Kampfanlagen in Stahl und Beton (Blomberg und Keitel) und andererseits die Verteidiger von Festungszonen mit einer Tiefenstreuung leichter und schwerer Anlagen (Fritsch und Beck) gegenüber. Nach einer Besichtigung der im Bau befindlichen Anlagen des Oder-Warthe-Bogens entschied sich Hitler im Oktober 1935 für die Anlage befestigter Gebiete als zeitgemäße Form der Festung.

Das Heilsberger Dreieck, ein kleines Reduit 40 km südlich Königsbergs, lag in dem engbegrenzten Zentrum Ostpreußens, für das nicht die Bestimmungen des Befestigungsartikels (180) des Versailler Vertrags von 1919 galten. Die Arbeiten begannen 1931 und endeten 1935. Die Anlagen bestanden lediglich aus Hindernissen, betonierten MG-Stäben, Beobachtungs- und Gefechtsständen leichter Bauart mit Fernmeldeinfrastruktur. Der Anschluß an die alten Befestigungen im Raum von Lötzen (Ortelsburger Waldstellung) wurde freigeschlagen, aber nicht ausgebaut. Die sich im Norden bis zum Frischen Haff anschließende Christburg- und Allenstein-Hohensteinstellung war lediglich erkundet, ein Ausbau nach einer Mobilmachung vorgesehen. Den inneren Kern der ostpreußischen Befestigungen bildete das Samland, dessen Südfront ausgebaut wurde, während die Ostflanke (Deime) nur eine Sperrstellung war.

Der Bau der Oderstellung in Schlesien wurde 1928 in Form von Geländeverstärkungen begonnen und bis 1936 mit flankierenden MG-Ständen ausgebaut.

Eine ähnliche Stellung war in der allgemeinen Linie Ostsee–Deutsch Krone–Zantoch ab 1930 ausgebaut worden. Im Norden reichte sie bis Baldenburg nördlich Neu-Stettin, im Süden bis an die Netze. Auch hier handelte es sich um eine Gerippstellung für infanteristischen Einsatz, d. h. einzelne Kampfstände, verstärkt durch Geländehindernisse und Anstauungen. Der Ausbau des nördlichen Anschlusses bis an die Ostsee blieb dem Mobilmachungsfall vorbehalten. Oder- und Pommernstellung waren ohne große Tiefe angelegt. 1937 wurde der Sicherungsausbau abgeschlossen.

Besondere Anstrengungen galten dem mittleren Abschnitt der Ostgrenze, um den kürzesten Weg von Posen nach Berlin zu sperren; im Oder-Warthe-Bogen wurde der Nischlitz-Obra-Abschnitt zu einer ständigen Befestigungsfront ausgebaut. Sie lag so weit westlich der Reichsgrenze, so daß polnische Kräfte erst nach der Grenzüberschreitung einen Angriff auf diese starke Festungsfront vorbereiten konnten. Die großen Kampfstände „wurden in einer Stärke hergestellt, die gegen Dauerfeuer bis zu 21 cm Kaliber, gegen Einzelfeuer schwerer Geschütze und entsprechender Fliegerbomben schützte“ (O. W. Förster).

Die Anlage bestand aus einem durchlaufenden Wasser- und Panzerhindernis mit zahlreichen starken Einzelwerken und besaß eine gewisse Tiefe. Der Ausbau der Flanken (Landsberg–Küstrin und an der Oder bei Crossen) kam nicht mehr zum Abschluß. Der Bau begann 1934. 1935 sollte er nach Hitlers Entscheidung in 15 Jahren fertiggestellt werden. 1936 verkürzte Hitler die Frist auf 10 Jahre, bald darauf auf 4 Jahre. Die umfangreichen Vorkehrungen für besonders aufwendige Baumaßnahmen (Stahlkuppeln und Panzerplatten) konnten den vorverlegten Terminen nicht angepaßt werden, zumal inzwischen der Westwall-Ausbau Vorrang erhalten hatte.

Im Westen wurde der Bau der bereits früher begonnenen, ostwärts der Begrenzung der entmilitarisierten Zone gelegenen Befestigungen, der Neckar-Enz-Stellung und der rückwärts gestaffelten Wetterau-Main-Tauber-Stellung, fortgesetzt. Beide Anlagen hatten die Aufgabe, einen französischen Vorstoß nach Thüringen oder entlang der Mainlinie, dem tschechoslowakischen Verbündeten entgegen, aufzufangen. Fertiggestellt wurde nur der Mittelteil der Neckar-Enz-Stellung mit stärkeren Anlagen in der Tiefe des Kampffeldes. Die Main-Tauber-Stellung hingegen hat nur einen einfachen Ausbau mit Hindernissen und durchlaufenden MG-Feuersperren erhalten. Die dahinter liegende Vogelsberg-Sinn-Main-Stellung wurde lediglich erkundet.

Nach der Besetzung des entmilitarisierten Rheingebietes begann der Bau des sogenannten Westwalles. Am Oberrhein hielt man einen verhältnismäßig schwachen Ausbau für ausreichend, Schwerpunkte der entstehenden Befestigungen wurden die möglichen Einfallstore in die Pfalz: der Raum westlich Karlsruhe, die Bliespforte westlich Pirmasens, das Saargebiet und die Moselpforte südwestlich Trier. Entlang der Grenzen zu Luxemburg und Belgien setzten sich die Befestigungen bis in den Raum Aachen fort. Zunächst war eine Bauzeit von etwa einem Jahrzehnt vorgesehen. Im Hinblick auf den beabsichtigten Angriff auf die Tschechoslowakei befahl Hitler im Mai 1938 eine erhebliche Beschleunigung der Baumaßnahmen. Enttäuscht über den – gemäß der ursprünglichen Planung noch in der Anfangsphase gebliebenen – Stand der Arbeiten schaltete er den Generalinspekteur des deutschen Straßenwesens, Todt, und seine Organisation in die nun von erheblichem Propagandaaufwand begleitete „Arbeitsschlacht" am Westwall ein. Reibungen zwischen Todt und seiner Organisation einerseits und den eigentlich zuständigen Festungsinspektionen des Heeres andererseits waren die Folge. Darüber hinaus kam es während der beiden Besichtigungsfahrten am Westwall, die Hitler im Sommerhalbjahr 1938 unternahm, zu Spannungen, als General Adam (Oberbefehlshaber des Heeresgruppenkommandos 2) ungeschminkt seine Zweifel an der Verteidigungsfähigkeit der Westfront vortrug. Hitler schätzte dagegen den Wert des Westwalles sehr hoch ein, gab persönliche Weisungen zu Einzelheiten und diktierte am 1. Juli 1938 sogar eine längere Denkschrift über die deutschen Befestigungsanlagen, die im Unterschied zu den großen Werken der Maginotlinie vorwiegend aus kleineren Anlagen bestehen sollten. Zu einer anderen Lösung hätten auf deutscher Seite weder Zeit noch Material gereicht. Immerhin wurden bis zum Kriegsbeginn etwa 14 000 Kampfanlagen und Bunker, dazu umfangreiche Panzersperren, fertiggestellt. An Materialaufwand erforderte der Westwall 20% der deutschen Zement- und 5% der Eisenerzeugung des Jahres 1938. Einschließlich der im Wechsel eingesetzten Pioniertruppen, Arbeitsdienstverbände und der Organisation Todt waren dabei zeitweilig eine halbe Million Arbeitskräfte tätig. Die 630 km lange Befestigungszone stellte ein tieferes Stellungssystem dar, auf 1 km kamen etwa 20 Anlagen. Die hinter dem Westwall liegende Luftverteidigungszone West mit zahlreichen Flakstellungen verstärkte – vor allem in französischer Sicht – den Anschein einer besonderen Tiefe. Tatsächlich war diese Flakzone zu wenig mit den Forderungen des Heeres abgesprochen. Obwohl 1939/40 dem eigentlichen Westwall die Bewährungsprobe gegen einen feindlichen Großangriff erspart blieb und seine nur beschränkte Verteidigungswirkung 1944/45 umfassendere Gründe hatte, kann zusammenfassend geurteilt werden: Die vom Westwall ausgehende psychologische Wirkung war größer als sein militärtechnischer Wert.

Für den Westwall und den Oder-Warthe-Bogen wurden ab 1938 aktive Teile des Heeres als Grenztruppen zur ständigen Besetzung der Festungsanlagen aufgestellt (s. o. S. 306).

Während der Schwächeperiode der Aufrüstung spielten die Befestigungen eine erhebliche Rolle. Eine prägende Wirkung auf das deutsche operative Denken und die innere Einstellung des Heeres haben sie – im Unterschied zur Wirkung der Maginot-Linie auf das französische Heer – nicht gehabt.

D. Das Ergebnis der Aufrüstung

Zum Zeitpunkt der Mobilmachung gegen Polen war das Heer nicht kriegsfertig. Das Kriegsheer stellte mangels gedienter Reservisten im wesentlichen eine Mischung von Friedensheer und kurzausgebildeter Miliz dar.

Die Stärke des Heeres beruhte auf der Ausbildung seiner in ihrer Feuerkraft verstärkten Infanterieverbände zu schwungvollem Angriff und auf den Panzer- und motorisierten Verbänden, die infolge ihrer Schnelligkeit und Beweglichkeit, durch Zusammensetzung aus Panzer- und Hilfswaffen sowie moderner Führungstechnik (Funk) zu selbständigem operativen Handeln befähigt waren. Das Friedensheer hatte in seiner Erziehungsarbeit die traditionellen Soldatentugenden Härte, Disziplin und Initiative auf allen Ebenen gepflegt. Doch dürfen die Erfolge im Polenfeldzug nicht darüber hinwegtäuschen, daß das Kriegsheer seine volle Leistungsfähigkeit erst durch intensive Ausbildung nach dem Polenfeldzug erreicht hat.

Das Heer litt an Mängeln, die sich aus dem stürmischen Aufbautempo ergaben. Im Laufe von vier bis fünf Jahren war jeder Truppenteil mehrfach geteilt worden und hatte darüber hinaus viele Einzelabgaben für Neuaufstellungen zu leisten. Das Offizierkorps war nicht zu einer Verschmelzung seiner verschiedenen Herkunftsgruppen gelangt. Seine Ausbildung, namentlich die der reaktivierten und der Reserveoffiziere, war vielfach lückenhaft geblieben. Der Ausbildungsstand der Truppe litt oft an der traditionellen Überbewertung der Formalausbildung.

Die Modernisierung der Ausstattung, insbesondere die Motorisierung, hatte nicht überall zu befriedigenden Ergebnissen geführt. So wäre der Infanteriedivision mehr mit einer Motorisierung ihrer schweren Artillerieabteilung als mit den motorisierten 14. (Panzerabwehr-)Kompanien ihrer Infanterieregimenter gedient gewesen.

Wie Guderian berichtet, fiel die Entscheidung zur Motorisierung der 14. Kompanien in den Infanterieregimentern, indem General Fromm (AHA) gegen Guderians Wunsch nach der Artillerie-Motorisierung meinte, „die Infanterie muß auch ein paar Autos haben“.

Trotz gezielter Bemühungen war es dem NS-Regime nicht gelungen, an die Stelle der Typenvielfalt eine auf militärische Bedürfnisse zugeschnittene, standardisierte Kraftfahrzeugproduktion durchzusetzen. Die Anforderungen der sprunghaft angewachsenen Motorisierung und Mechanisierung überstiegen die industrielle Kapazität des Reiches. Zur Vermehrung dieser Kapazität und zur Umstellung der zahlreichen mittleren Industriebetriebe auf eine standardisierte Produktion fehlte es an Zeit und Finanzkraft. Außerdem reichte die Zeit oft nicht aus, angebotenes Gerät sorgfältig vergleichend zu erproben und durch Formänderungen zu verbessern. Statt dessen übernahm man in vielen Fällen das, was in der Industrie entwickelt war und sofort produziert werden konnte. Nachträgliche Formänderungen brachten dann ständige Unruhe in die Truppe und verursachten überflüssigen Verbrauch von Rohmaterial.

In manchen Bereichen war die Waffenausstattung noch im Experimentierstadium und zahlenmäßig unzureichend. Das Heer ging mit weniger Panzerkampfwagen in den Krieg als die französische Armee, zudem noch mit Typen, die manchen französischen unterlegen waren, wenn man von der besseren deutschen Optik und Funkausstattung absieht. Die 3,7 cm-Panzerabwehrkanone, mit der die Panzerabwehr fast ausschließlich ausgestattet war, genügte schon bei Kriegsausbruch nicht mehr.

Insgesamt lag der deutsche Vorteil in der Waffenausstattung gegenüber den anderen europäischen Mächten weniger in der absoluten Zahl als in der Herkunft aus neuester Produktion. Die vorliegenden Waffenzahlen vom September 1939 können zwar nur als grobe Angaben gelten (Müller-Hillebrand), ebenso ungenau sind die Waffenzahlen über das 100 000 Mann-Heer gemäß Versailler Vertrag zuzüglich der 1927 intern von der Heeresleitung angegebenen geheimen Waffenbestände (s. o. Abschnitt VI, S. 94, 228 u. 326).

Die Zahlen der ausgemusterten, der exportierten sowie der aus dem österreichischen Bundesheer oder dem tschechoslowakischen Heer übernommenen Waffen sind überhaupt nicht zu erfassen. Dennoch soll mit der folgenden Tabelle gezeigt werden, inwiefern der deutsche Waffenbestand wesentlich aus der Produktion der Vorkriegsjahre stammte.

Ungefährer deutscher Waffenbestand 1927 und 1939

Waffenart	gemäß Versailler Vertrag genehmigt (ohne Küstenart.)	dazu geheimer Bestand 1927	Bestand Sept. 1939
Gewehre + Karabiner	102 000 (+ über 4%)	350 000	2 770 000
Maschinengewehre (l. u. s.)	1 926 (+ über 4%)	12 000	126 800
Panzerabwehrkanonen	–	–	11 200
Granatwerfer (l. u. mittl.)	252 (+ 4%)	400	4 624
l. Inf.Geschütz (7,5 cm)	–	–	2 933
s. Inf.Geschütz (10,5 cm)	–	–	410
l. Haubitze (7,7 cm)	204 (+ 2%)	600 (zusammen mit l. Feldhaubitze)	–
l. Feldhaubitze (10,5 cm)	84 (+ 2%)		4 845
s. Feldhaubitze (15 cm)	12 (Königsberg)	75	2 049
10 cm-Kanonen	28 + 6 (4 je Rgt. + Königsberg)	?	300–350
s. Mörser (21 cm)	2 (Königsberg)	?	22
Panzerkampfwagen aller Typen (einschließlich Befehlspanzer)	–	–	3 200

Die vorhandenen Waffen reichten 1939 noch nicht aus, die vorgesehenen Kriegsdivisionen voll auszurüsten. Die nachstehende Aufstellung des Allgemeinen Heeresamtes vom Frühjahr 1939, dem Oberbefehlshaber des Heeres zur Durchsetzung seiner Forderungen an Stabstahlzuweisungen vorgelegt, enthielt allerdings einerseits noch nicht die übernommenen teschochoslowakischen Waffenbestände, andererseits fehlten im Soll die erst ab 1. April 1939 vorgesehenen 14 Divisionen 4. Welle (s. o. S. 387). Der für den 1. März 1939 angegebene prozentuale Fehlbestand wird infolge dieser beiden sich gegenseitig ungefähr aufhebenden Veränderungen auch im Sommer 1939 noch nicht wesentlich geringer geworden sein.

Deutscher Waffenbestand und Waffenbedarf im Heer am 1. März 1939

Waffenart	Soll	Ist am 1. 3. 39	Fehl am 1. 3. 39 in %	voraussichtl. Ist am 1. 10. 39
Pistolen	840 739	454 452	46	478 452
Gewehre	2 727 541	2 195 550	18,5	2 355 550
M.G.	113 200	80 872	29	104 872
2 cm-Flak	916	609	33	859
3,7 cm-Pak	12 973	9 769	25	10 151
leichter Granatwerfer	6 508	2 771	58	4 113
schwerer Granatwerfer	4 282	1 969	53,5	2 819
10 cm-Nebelwerfer	159	111	37	201
leichtes Inf.Geschütz	3 360	2 605	24	2 761
schw. Inf.Geschütz	376	271	24	371
Gebirgskanone	102	127	+	153
Feldkanone 16 n. A.	172	298	+	?
leichte Feldhaubitze	5 483	4 346	20	4 546
10 cm-Kanone	511	729	+	?
schw. Feldhaubitze	2 584	1 280	50	2 020
15 cm-Kanone	32	28	12,5	?
21 cm-Mörser	32	28	12,5	87

Die Munitionsausstattung erreichte bei weitem nicht die vom Heer geforderte Munitionsmenge für die vier Monate, in denen der Anschluß an die Kriegsproduktion überbrückt werden mußte. Daß im sogenannten Sitzkrieg im Westen 1939/40 sowie in den ersten Blitzfeldzügen der Munitionsverbrauch unverhältnismäßig gering blieb, war nicht ohne weiteres vorauszusehen.

Der *Fehlbestand* an Munitionsarten, gemessen an der Viermonatsbevorratung betrug am 1. September 1939 (nach Thomas):

Pistolenpatronen	ca. 70%	Infanteriegeschütze	ca. 75 bzw. 65%
Infanteriepatronen	ca. 60%	Gebirgskanonen	ca. 85%
2 cm-Flak	ca. 70%	leichte Feldhaubitzen	ca. 60%
2 cm-Kampfwagenkan.	ca. 95%	schwere Feldhaubitzen	ca. 45%
Granatwerfer	ca. 88 bzw. 90%	schwerste Artillerie	ca. 75%

Die verstärkte kurzfristige Ausbildung älterer Jahrgänge ab 1938 erhöhte zwar das Wehrpotential auf lange Sicht, bildete aber für einen sofortigen Einsatz des gesamten Heeres eher eine Belastung als einen effektiven Gewinn. Die Masse dieser Reservisten, insbesondere das aus ihnen gewonnene Unterführerpersonal, ist erst im Laufe der ersten acht Kriegsmonate feldverwendungsfähig geworden.

Für einen großen Krieg hätte ein solches Heer einer längeren Vorbereitungszeit bedurft, einer intensiveren auf den modernen Krieg zugeschnittenen Ausbildung, einer größeren Zahl ausgebildeter Reserven und einer umfangreicheren Ausstattung mit schnellen Verbänden mit voller Waffenausstattung, vor allem aber einer viel größeren Versorgungsgrundlage. Es fehlte hierzu an einer Tiefenrüstung (nach Thomas: Bereitstellung von Nachschub, industrielle Vorbereitungen, Bevorratung von Rohstoffen), während die Breitenrüstung (Aufstellung und Ausrüstung neuer Verbände) bis 1939 einen Vorrang erhielt. Der Wehrwirtschaftsstab unter General Thomas wies wiederholt auf die versäumten langfristigen Vorbereitungen auf wehrwirtschaftlichem und rüstungswirtschaftlichem Gebiet hin. Vom Standpunkt einer erstrebten Tiefenrüstung her gesehen hat es tatsächlich Unterlassungen und Verschwendungen gegeben. So führte die von Hitler und seinen Gauleitern vertretene These „Kanonen und Butter" zu Ausgaben von knappen Devisen zur Nahrungsmitteleinfuhr. Unter dem Vorrang des Zieles, die Bevölkerung zufriedenzustellen, konnten dementsprechend weniger rüstungswirtschaftlich erforderliche Rohstoffreserven angelegt werden. Außerdem vermied man bis tief in den Krieg hinein eine konsequente Mobilisierung der Arbeitskraftreserven (Frauenarbeit). Verschwendet wurden Arbeitskräfte und Material bei den renommierhaften Autobahn-, Pracht- und Parteibauten. Aber trotz aller solcher „Versäumnisse" drängt sich nachträglich das Urteil auf: Dem Deutschen Reich mit seinem begrenzten Potential an Arbeitskräften, Rohstoffen und Devisen waren wirklich ausreichende Vorbereitungen auf einen Krieg mit den Weltmächten unmöglich.

Als Hitler im März 1935 die Wehrhoheit proklamierte, hielt man in Frankreich und England offenbar die deutsche Aufrüstung für sehr viel weiter fortgeschritten als sie es tatsächlich war. Einleitung und Steigerung der eigenmächtigen Rüstung löste keine militärische Intervention der Versailler Siegermächte aus. Die dahingehenden Bedenken der militärischen Führung Deutschlands waren damit widerlegt. Um den Schein militärischer Stärke auszunutzen, forderte Hitler vom Heer weitere Verkürzungen der vorgesehenen Aufstellungsfristen. Angesichts seiner wachsenden politischen Erfolge gab die Heeresführung nach und folgte ihm auf dem Wege des militärischen Bluffs, der die für die nächsten Jahre andauernde Diskrepanz zwischen vorgetäuschter zahlenmäßiger Stärke und tatsächlicher Leistungsfähigkeit durch gezielte Suggestionen verschleierte.

Der ursprünglich vorgesehene Weg einer langsamen, soliden Nachrüstung auf eine gleichberechtigte Verteidigungsmacht war damit aufgegeben worden. Als entscheidende Schritte des Heeres zu einem über die Sicherheitsbedürfnisse hinausgehenden Instrument sind die im Juni 1936 befohlene Beschleunigung und Erweiterung der Aufstellungen sowie die zum Herbst 1938 angeordneten Vermehrungen zu sehen.

Ein Vergleich des deutschen Heeres mit der Rüstung benachbarter Militärmächte ergibt zwar, daß das Verhältnis von Großverbänden zur Bevölkerungszahl auch 1939 in Deutschland keineswegs größer war. Der Vorsprung auf deutscher Seite bestand in der weitgehend moderneren Ausrüstung und Gliederung, der größeren Beweglichkeit sowie in den moderneren Führungsmitteln und Führungsmethoden. Gesteigert wurde dieser Vorsprung durch ein hohes Maß von Wehrbereitschaft und durch den Willen Hitlers, die Wehrmacht politisch und militärisch für seine Aggressionen zu verwenden, zumal die politische und militärische Schwäche der Nachbarstaaten die Erreichung seiner Fernziele zu ermöglichen schien. So konnte und mußte das Heer als Instrument einer Politik der Pressionen dienen und seine Eignung für Blitzfeldzüge auf räumlich begrenzten Kriegsschauplätzen erweisen.

Die Organisation der Kriegsmarine bis 1939

von

Rolf Güth

unter Mitarbeit von Karl-Heinz Großkurth, Heinrich Horkisch,
Paul Schmalenbach, Josef Zienert.

A. Die Entwicklung der Reichsmarine vom Ende der Weimarer Republik bis 1935

1. Organisationsgrundlagen (Reichsmarine 1929—1932)

a. Marineleitung und Kommandobehörden

(s. Abschnitt VIII, S. 314 f. und 318–322)

b. Marinehaushalt und Rüstungsplan

(vgl. Abschnitt VIII, S. 317 f.)

Der Gesamthaushaltsplan der Marine war Grundlage für den sogenannten „Rüstungsplan“, der auf etwa fünf Jahre gemeinsam mit der Heeresleitung im Reichswehrministerium abgestimmt wurde. Auf diesem beruhte dann die „Aufstellungsgliederung“ (A.G.) der Marine mit dem Schiffbauersatzplan als Kern.

Neben dem Rüstungsplan mit Aufstellungsgliederung entwickelten Heeres- und Marineleitung – geheim – sogenannte „A“-Pläne, d. h. Pläne zur schnellen Herstellung von kriegsfähigen Mitteln im überraschenden Verteidigungsfall. (Eine Reservebildung war – personell und materiell – nach Versailler Vertrag verboten.) Daraus entstand die sogenannte „Kriegsgliederung“ (K.G. oder A), insbesondere mit der Bereitstellung und Bewaffnung von Hilfskriegsschiffen und dem Bau von Kleinkriegsschiffen auf Bootswerften für die Verteidigung der Küstengewässer.

c. Das Kriegsschiff: Organisation und Kampfwert

Wie in jeder Marine war der Zweck der Planung und der Organisation der Marineleitung – neben der Einsatzbereitschaft von Streitkräften zur Küstenverteidigung – die jederzeit kampfkräftige und gefechtsbereite Flotte. Als Element der Flotte war das einzelne Kriegsschiff zugleich

– Ziel der Planungen und Entscheidungen in allen Organisationsebenen,
– Kristallisationskern aller Organisationsbereiche.

Die Organisationsebenen waren unterhalb der Marineleitung (militärische Forderungen, Haushalt, Konstruktion) die Werften und Arsenale (Bau, Ausrüstung), die Marinestationskommandos (Personalsteuerung, Ausbildung, Infrastruktur, Verwaltung, Gesundheitswesen), die Inspektionen (technische Entwicklung und Ausbildung) und schließlich die Flotte, in der das in Dienst gestellte Kriegsschiff, organisatorisch und taktisch eingeordnet, seine Gefechtsausbildung erhielt.

Die Organisationsbereiche waren im System Schiff nach den „Bestimmungen für den Dienst an Bord" (D.a.B.) die Abschnitte, deren Funktionen jeweils durch einen Offizier oder Portepeeunteroffizier (auf kleinen Schiffen) geleitet wurden:

Bootsmanns- und Zimmermannsabschnitt, Gesamtabschnitt Artillerie, Torpedoabschnitt, Sperrabschnitt, Steuermannsabschnitt, Funkabschnitt, Sachverwalterabschnitt, Gesamtabschnitt Maschinenanlage (mit 7 Einzelabschnitten), Sanitätsabschnitt.

Auf kleineren Kriegsschiffen wurden die Abschnitte u. U. halbflottillen- oder flottillenweise zusammengefaßt:

Steuermannsabschnitt, Sachverwalterabschnitt, Funkabschnitt, Maschinenabschnitt; ggf. Torpedomechanikerabschnitt; ggf. Sperrabschnitt.

Der Kampfwert des Kriegsschiffs ergab sich aus der Übereinstimmung zweier Faktoren: des materiellen und des personellen Kampfwerts.

Der materielle Kampfwert – mit den Komponenten Schlagkraft, Standkraft, Beweglichkeit, Seefähigkeit und Seeausdauer – wurde definiert in den „militärischen Forderungen" an die einzelnen Kriegsschiffstypen (eine Aufgabe des Marinekommandoamts).

Diese Forderungen waren von verschiedenen Einflüssen abhängig: militärpolitische Lage, Operationsabsichten, taktische, technische und Waffenentwicklungen, Kapazität der Werft- und Rüstungsindustrie, Geldmittel. Eine Typisierung der Kriegsschiffe war notwendig, um die Schiffsgattung für verschiedene Einsatzmöglichkeiten rationell bauen und einsetzen zu können.

Der personelle Kampfwert war abhängig vom Ausbildungsstand von Führern und Geführten. Material und Personal funktionsfähig zu machen war Aufgabe der „Waffenleiter" Artillerieoffizier (A.O.), Torpedooffizier (T.O.), Sperroffizier (Spr.O.), Navigationsoffizier (N.O.), Funkoffizier (F.T.O.), Leitender Ingenieur (L.I.), Schiffsarzt, Schiffsverwaltungsoffizier (V.O.), die für ihren Bereich dem Kommandanten gegenüber unmittelbar und allein verantwortlich waren.

Die Waffenleiter traten für die Dauer und den Umfang des Waffendienstes in ein Vorgesetztenverhältnis zu allen in ihrem Bereich tätigen Soldaten.

Der Kommandant war Disziplinarvorgesetzter aller Offiziere, Unteroffiziere und Mannschaften.

Auf größeren Kriegsschiffen (vom Kreuzer – später Zerstörer – an aufwärts) war der Erste Offizier (I. O.) (der dem Kommandanten im Dienstalter folgende Offizier) Leiter des gesamten inneren Dienstbetriebes, verantwortlich für soldatische Erziehung und Disziplin, Instandhaltung des Schiffes, seiner Waffen und Einrichtungen. Er stellte mit den Abschnitts- und Waffenleitern und den Divisionsoffizieren die Instandhaltungs- und Ausbildungspläne auf und sorgte für deren Durchführung. Der I. O. war Disziplinarvorgesetzter der Unteroffiziere und Mannschaften. In seinen erzieherischen und disziplinaren Aufgaben im Wach- und Sicherheitsdienst und in der Divisionsausbildung unterstützten ihn die Divisionsoffiziere, d. h.: Die Unteroffiziere und Mannschaften waren in seemännische, technische und „Funktionärs"-Divisionen eingeteilt, die jeweils ein Offizier leitete, der „Divisionsoffizier". Die Seeoffiziere als Divisionsoffiziere waren für die navigatorische Führung des Schiffes zugleich „Wachoffiziere" unter dem Kommandanten, die Ingenieuroffiziere zugleich „Wach-Ingenieure" für die Leitung der Maschinenanlagen.

Die Vielfalt der Aufgaben konzentrierte sich auf kleinen Kriegsschiffen auf den Kommandanten, seinen Ersten Wachoffizier und seinen Leitenden Ingenieur: Schiffsführung, Waffen- und Abschnittsleitung, Stellung als Wach- und Divisionsoffizier.

Der Leitspruch „Charakter geht über Leistung" für das vom Chef der Marineleitung am 1. November erlassene Merkblatt für Offiziere: „Erziehungsfragen in der Reichsmarine" galt für den gesamten Dienst an Bord. Er war die menschliche Basis für das Organisationsgefüge Schiff—Flotte—Marine und dessen personellem Kampfwert: „Die hohen Anforderungen, die im Seemannsberuf und namentlich in der Reichsmarine an die Zuverlässigkeit, Tatkraft und Findigkeit des einzelnen Mannes, bei Beseitigung von Gefechtsstörungen, schwerem Wetter und Versagern an der Maschinen- und Kesselanlage gestellt werden müssen, machen es notwendig, daß unsere Freiwilligen vom ersten Tage ab zur Selbständigkeit erzogen werden." (Raeder, Erziehungsfragen).

Jedes Besatzungsmitglied hatte eine Gefechts-(oder Klarschiff-)„Rolle". Dies war eine bestimmte Tätigkeit an einem bestimmten Platz im Gefecht (der Gefechtsstation), für die der Soldat fachlich ausgebildet war. Die anderen Tätigkeiten (Rollen) richteten sich räumlich nach der Klarschiffrolle, z. B. die Kriegswachverschluß-, Abblende-, Feuer-, Reinschiff-, Berge-, Boots- und Landerolle oder die „Backsrolle", d. h. die Plätze an den „Backen und Banken" zum Einnehmen der Mahlzeiten.

d. Ausbildungsorganisation der Flotte

Das Funktions- und Organisationssystem „Kriegsschiff" war in die Flotte eingegliedert. 1930 ließ der Chef der Marineleitung das Flottenkommando von Wilhelmshaven nach Kiel verlegen und unterstellte dem Flottenchef den Befehlshaber der Linienschiffe (B.d.L.) und den Befehlshaber der Aufklärungsstreitkräfte (B.d.A.) mit Kreuzern, Torpedoboots- und Minensuchhalbflottillen.

Die Hauptaufgaben des Flottenkommandos waren: Verantwortliche Leitung aller Arbeiten, die die Gefechtsbereitschaft und Kriegsverwendung der Flottenstreitkräfte betrafen, Entwicklung der die Ausbildung der Flotte bestimmenden operativen und taktischen Grundlagen sowie Leitung der Ausbildung und der zusammengefaßten Übungen.

Admiral Raeder setzte 1931 eine zweijährige Ausbildungsorganisation für alle Kriegsschiffe durch: ein Jahr Einzelausbildung, ein Jahr Manöverausbildung. (Die Schiffe wurden jeweils mit „Ausb." oder mit „Man." bezeichnet). Gefechtsausbildung wurde dabei in beiden Jahren betrieben, weil der Personalwechsel sich ebenfalls nach dem Zweijahresturnus regelte. Dadurch mußte die Reichsmarine eine geringere Kriegsbereitschaft ihrer Flotte in Kauf nehmen; aber die Divisionsausbildung war effektiver und die Gefechtsstärke kam am Ende des zweiten Jahres auf einen Höchststand für den möglichen Einsatz in militärischen Operationen.

Die Planung und Führung von kriegsmäßigen Operationen unter Anwendung verschiedener Taktiken entwickelte und übte das Flottenkommando in Verbandsübungen. Die Übungsergebnisse ließen dann Rückschlüsse zu auf den Leistungsstand der Führer und Unterführer und die Gefechtsbereitschaft der Seestreitkräfte. Daraus ergaben sich neue „militärische Forderungen" an das Personal, die Versorgung, die Technik, die Taktik und die Führung, welche dann in der Marineleitung begutachtet und zur Bearbeitung den nachgeordneten Fachbehörden übertragen wurden. Es schloß sich ein „Regelkreis" in der Organisation der Reichsmarine.

Einzel- und Fahrausbildung des Schiffes und taktische Verbandsausbildung leiteten über in Gefechtsbilder mit dem Zweck, einen Kriegsschiffsverband gefechtstaktisch auszubilden oder planmäßige taktische Erprobungen durchzuführen. Gefechtsübungen „dienten der Schulung in kriegsmäßigem Denken und Handeln, um ein in der Aufgabe bezeichnetes gestecktes Ziel zu erreichen" (Operations- und Manöverbestimmungen). Besonderes Gewicht legte die Flotte auf Nachtübungen, bei denen ein Aufeinandertreffen der Gegner erreicht und vor allem Torpedoboote zum Angriff angesetzt werden sollten.

e. Territoriale Organisation und Küstenverteidigung

(s. Abschnitt VIII, S. 318 f. und 320 f.)

2. Organisatorische Änderungen von Januar 1933 bis Mai 1935

Ab Herbst 1932 geriet die Organisation der Reichsmarine in eine Übergangs- und Änderungsphase. Diese war bedingt durch
- außenpolitische Entwicklungen (Genfer Abrüstungskonferenz),
- das Arbeitsbeschaffungsprogramm der Regierung v. Papen und die damit verbundene Haushaltsvermehrung,
- den Umbauplan des Reichswehrministers v. Schleicher,
- Hitlers „Machtübernahme" mit dem Grundsatz: „Alles für die Wehrmacht",
- den Aufbau der Luftwaffe als drittem Wehrmachtteil.

a. Umbau der Reichsmarine (15. 11. 1932)

(s. Abschnitt VIII, S. 437–439)

Materielles Ziel des „Umbauplanes“ war im Bereich der Marine u. a. die Indienststellung von 6 Linien- bzw. Panzerschiffen, 1 Flugzeugträger, 6 Kreuzern und von entsprechend zahlreichen kleineren Kriegsschiffen sowie die Schaffung einer Marineluftwaffe und einer U-Bootwaffe.

Der allgemein gehaltene Rahmenplan „Umbau der Reichsmarine“ wurde nicht – wie die übrigen Aufstellungsgliederungen – von der Flottenabteilung (A II), sondern federführend vom Leiter der Marinewehrabteilung (A I), bearbeitet, denn im Mittelpunkt des „Umbaus“, d. h. der Aufrüstung über den Rahmen des Versailler Vertrages hinaus, standen Personalfragen:

- für die Streitkräfte zur Küstenverteidigung das Milizsystem analog zu den Plänen des Heeres (3 Monate Dienstzeit),
- für die Flotte Freiwillige mit 4¼ bzw. 4¾ Jahren Dienstverpflichtung,
- für den Offiziernachwuchs Einstellung von geeigneten jungen Handelsschiffsoffizieren, um den Verlust der Crew 1932 auszugleichen (Untergang des Segelschulschiffs „Niobe“ am 27. 6. 1932),
- Erhöhung der Planstellen für Offiziere und Unteroffiziere,
- Erweiterung von Ausbildungskapazitäten von Reserveoffizieren (Hanseatische Yachtschule Neustadt).

Der Reichswehrminister stimmte zu, daß schon im I. Abschnitt des „Umbaus“ (1933) 50 Offizieranwärter und 1400 Mannschaften und Unteroffizieranwärter mehr als bisher in der Marine ausgebildet werden sollten. Das Ziel bis 1938 waren dann statt bisher 1100 2000 Offiziere und statt bisher 13 900 22 300 Unteroffiziere und Mannschaften (ohne „Miliz“).

Der Umbau sollte nach dem Willen des Reichswehrministers mit dem Haushaltsjahr 1933 am 1. April 1933 beginnen. Aus dem „Arbeitsbeschaffungsprogramm“ erhielt die Marine 25,2 Millionen RM sowie 7,951 Millionen RM zusätzlich für die Vorbereitung „für Teile oder ganze U-Boote“ (ab 1. Oktober 1933).

Die Marinehaushalte entwickelten sich wie folgt (in Millionen Reichsmark):

Jahr	Gesamt	Schiffbau	sonst. einmal. Ausgaben	fortdauernde Ausgaben
1932	187,4	49,6 (26,4%)	21,5 (11,5%)	116,3 (62,1%)
1933	311,8	76,1 (24,5%)	110,2 (35,2%)	125,5 (40,3%)
1934	496,5	172,3 (34,7%)	170,3 (34,3%)	153,9 (31,0%)
1935	695,1	287,0 (41,3%)	208,5 (29,9%)	199,6 (28,8%)

Die „Fortdauernden Ausgaben“ umfaßten: Marineleitung, Geldabfindung, Bildungswesen, nachgeordnete Verwaltungsbehörden, Landverpflegung, Bekleidung, Unterbringung, Reise- und Beförderungskosten, Sanitätswesen, Pferdehaltung und Kraftfahrwesen, Indiensthaltungen und Instandhaltung der Seestreitkräfte, Marinewerft und Marinearsenal, Artillerie und Befestigungen, Torpedowesen, Sperrwesen, Küsten- und Vermessungswesen, Seezeichen- und Lotsenamt der Jade, Küstenwacheinrichtungen, Verschiedenes.

b. Neuorganisationen in der Marineleitung

Das Marinekommandoamt (A) (Chef: Konteradmiral – ab 1. April 1934 Vizeadmiral – Dr. h. c. Groos) war oberste durchführende Instanz des Chefs der Marineleitung in allen militärischen Angelegenheiten. Groos hielt am 2. Februar 1933 Vortrag beim neuen „Reichsverteidigungsminister und Befehlshaber der gesamten Wehrmacht“, v. Blomberg, mit der Entscheidung, daß die Marineleitung den „Umbau“ ab 1. Oktober 1933 in Angriff nehmen sollte. Diese Entscheidung löste eine Neuorganisation des Marinekommandoamts aus. Ab Oktober 1933 erhielt die Flottenabteilung (bisher A II) die Bezeichnung A I (Kapt. z. S. Guse). Außer Operation und Taktik bearbeitete A I die Verwendung der See- und Seeluftstreitkräfte, Kriegsspiele und Manöver, Küstenschutz, Fragen des Zufuhrschutzes und Handelskrieg, Landesverteidigung (mit Truppenamt Heer), Politik, See- und Völkerrecht, militärische Forderungen an Schiffbau und Waffen. Für die Organisationsfragen, die bisher in der Flottenabteilung, der Ausbildungsgruppe oder in der Marinewehrabteilung bearbeitet worden waren, wurde die neue Marineorganisationsabteilung (A II) geschaffen (Leiter Kapt. z. S. Fleischer). Ihre Aufgaben: Organisation und Gliederung der Flotte und der Landmarineteile, der – geplanten – Marineluftwaffe, Organisationsangelegenheiten bei Neuaufstellungen und Neugliederungen der Ausbildungseinrichtungen.

Für die militärischen Angelegenheiten des Nachrichtenwesens, bisher bei den Stationskommandos bearbeitet, wurde die Marinenachrichtenabteilung (A III) neu geschaffen (Leiter Kapt. z. S. [E] Arps). Die Abteilung umfaßte drei Dezernate:

- Nachrichtenübermittlungsdienst (Funk-, Signal-, Unterwasserschallwesen);
- Funkaufklärung („B-Dienst“) zur Beobachtung und Entzifferung des Funkverkehrs fremder Marinen, verbunden mit der Entwicklung eigener Schlüsselmittel und Entschlüsselungsverfahren fremden Funkverkehrs;
- Dezernat Fremde Marinen, in der alle Nachrichten über fremde Marinen (Abwehr-, Attaché-, Presse-, B-Dienstnachrichten) ausgewertete wurden.

Die bisherige Ausbildungsgruppe wurde Marineausbildungsabteilung (A IV) (Leiter Kapt. z. S. Fuchs). Sie bearbeitete u. a. alle Ausbildungsangelegenheiten, Jahresschul- und Übungspläne, Flottenübungen (ohne Strategische Manöver), Auslandsreisen, Salut- und Besuchsordnung, militärische Fragen der Kriegsschiffkonstruktion, Ausbildung, Verwendung der Waffen, militärische Fragen des Antriebswesens.

Die Marinewehrabteilung (bisher A I) wurde A V (Leiter Kapt. z. S. Mootz). Sie bearbeitete alle Grundsatzfragen des militärischen Personals (ohne Offiziernachwuchs), Stellenpläne und Land- und Bordstärken (einschließlich Offiziere), Personalwirtschaft und Entwicklung der Laufbahnen (vgl. dazu Abschnitt VIII, 324 ff.), Werbung, Einstellung, Beförderungen, Kündigungen, Entlassungen, Pflege der Überlieferung, Disziplinarstrafwesen der Unteroffiziere und Mannschaften und Grundsatzfragen der Personal- und Fachausbildung.

Die Luftschutzgruppe (LS) bearbeitete seit 1929 neben den militärischen und taktischen Fragen des Luftschutzes „Fragen des Luftverkehrs", d. h. den Aufbau der territorialen und fliegerischen Rahmenorganisation für Marine-Luftstreitkräfte (Leitung seit Oktober 1932 FK Wenniger). Am 1. April 1933 wurde die Gruppe LS der Marine mit dem LS-Amt des Heeres sowie den fliegertechnischen Dienststellen des Heeres und der Marine in einem zentralen Luftschutzamt (LS-Amt) zusammengefaßt und – zunächst – dem „Reichswehrminister und Befehlshaber der gesamten Wehrmacht" unterstellt. Blomberg befahl mit Wirkung vom 15. Mai 1933 die Überführung des LS-Amtes in das neue Reichsluftfahrtministerium, dem Reichsminister der Luftfahrt, Göring, direkt unterstellt.

Der Chef der Marineleitung konnte von nun an nur persönlich bzw. über A I (Operations- und taktische Fragen), A II (Organisationsfragen) und MPA oder A V (Personalfragen) auf die Bildung der „Marineluftwaffe" Einfluß nehmen (vgl. S. 410).

Admiral Raeder unterstellte sich am 1. April 1934 das Marinearchiv (Vizeadmiral a. D. Kurt Aßmann), das bisher der Inspektion des Bildungswesens zugeordnet gewesen war. Das Archiv erhielt die Bezeichnung „Kriegswissenschaftliche Abteilung, zugleich Forschungsanstalt" (Kr – zunächst inoffiziell).

Am 19. März 1934 verfügte der Chef ML eine Neufassung der Sanitätsordnung der Marine: Die Leitung des gesamten Sanitätsdienstes erhielt der Sanitätschef der Marine, zugleich – wie bisher – Chef der Marinemedizinalabteilung (G) in der ML (Chef: Admiralstabsarzt Dr. Moosauer). Ihm wurden ärztlich-wissenschaftlich der Arzt beim Flottenkommando und die Chefs der Sanitätsämter der Marinestationen unterstellt.

Im Dezember 1934 ließ Raeder die Aufstellung einer marineeigenen Abwehrgruppe prüfen, die im Mob-Fall an A III angegliedert werden sollte. Die Berufung von Kapt. z. S. Canaris als Leiter der Abwehrabteilung im Ministeramt erübrigte die Planung.

c. Organisation der Flotte

Der Chef der Marineleitung befahl für den 25. September 1933 die Neubildung der Dienststelle des „Führers der Minensuchboote" (F.d.M.) in Kiel und für den 3. Oktober 1933 die des „Führers der Torpedoboote" (F.d.T.) in Swinemünde. Damit wurde – in Anlehnung an die Organisation der Hochseestreitkräfte der Kaiserlichen Marine – die Flotte im Hinblick auf ihre Zukunftsaufgaben und ihre Vergrößerung wie folgt gegliedert:

Flottenchef, ihm unterstellt:

Befehlshaber der Linienschiffe (B.d.L.) und Befehlshaber der Aufklärungsstreitkräfte (B.d.A.).
Diesem unterstellt:
- Führer der Torpedoboote (F.d.T.) mit 4 T-Flottillen,
- Führer der Minensuchboote (F.d.M.) mit 2 Minensuch- und 1 Räumbootsflottille,
- Chef 1. Schnellbootsflottille.

Die wesentlichen Aufgabenbereiche waren:
Flottenchef:

- Verantwortliche Leitung aller Arbeiten, die die Kriegsbereitschaft und Kriegsverwendung der Flottenstreitkräfte betreffen.
- Entwicklung der die Ausbildung der Flotte bestimmenden operativen und taktischen Grundlagen.
- Leitung der Ausbildung, des Dienstbetriebes und der Friedensverwendung der Flotte durch Herausgabe entsprechender einheitlicher Richtlinien und deren Überwachung.
- Leitung zusammengefaßter Übungen.
- Begutachtung und Entwicklung grundsätzlicher materialtechnischer Fragen.
- Führung und Leitung des Offizierkorps der Flotte und Bearbeitung der Personalangelegenheiten aller zum Flottenbereich gehörigen Offiziere.
- Personalwirtschaft und die Bearbeitung aller Verwaltungsangelegenheiten von grundsätzlicher Bedeutung (Haushaltsfonds).
- Bearbeitung von Dienstvorschriften.

Der Flottenchef war Gerichtsherr II. Instanz.

Befehlshaber:

- Durchführen der taktischen Ausbildung ihrer Verbände nach den vom Flottenkommando gegebenen Richtlinien und Weiterentwicklung der Taktik.
- Begutachtung aller Anträge auf Ausführung von kleineren Änderungen auf schiffbaulichem, maschinenbaulichem und waffentechnischem Gebiet bzw. auf dem Gebiete des Nachrichtenwesens (unmittelbarer Verkehr mit Werft, Inspektionen).
- Aufstellen der Jahresschießpläne.
- Entscheidungen zu den Berichten der Kommandos.
- Beschickung von Offizierlehrgängen, Personalwirtschaft, Fachschulangelegenheiten.
- Verwaltungsangelegenheiten, die den Befehlshabern durch das Flottenkommando besonders zugewiesen waren.

Die Befehlshaber waren „Durchgangsstellen" für Angelegenheiten der Offiziere und Beamten, Ausrüstungsfragen, Angelegenheiten des Kranken- und Gesundheitsdienstes, Havarien, artillerie-, torpedo- und sperrtechnische sowie schiffbau- und maschinenbauliche Abänderungsanträge. Die Befehlshaber waren Gerichtsherren I. Instanz.

F.d.T. und F.d.M.:

- Leitung und Überwachung des Dienstbetriebes der unterstellten Flottillen.
- Entscheidung über Artillerie- und Torpedoschießen bzw. Übungen des Minen- und Minensuchdienstes und des U-Bootabwehrdienstes.

- Durchführen taktischer Übungen nach Anweisungen des B.d.A.; Weiterentwicklung der Taktik.
- Personalangelegenheiten, insbesondere Fachschulunterricht, Sport, Fürsorge, Traditionspflege, Lehrgangsbeschickung; „Durchgangsstellen" für Angelegenheiten der Offiziere und Beamten, Ausrüstungsfragen, Angelegenheiten des Kranken- und Gesundheitsdienstes, Jahresartillerie-, Sperr-, Gasschutzberichte, artillerie-, torpedo- und sperrtechnische sowie schiff- und maschinenbauliche Abänderungsanträge.

Diese Organisationshierarchie der Flotte: Flottenchef - Befehlshaber - Führer - Chef endete beim Kommandanten. „Für seine Handlungen ist der Kommandant allein seinen Vorgesetzten Rechenschaft schuldig. Er darf sich der Entscheidung einer fremden Behörde nicht unterwerfen. Der Kommandant trägt die Verantwortung für sein Schiff und dessen Besatzung ... Er ist für die Erhaltung des Schiffes, seiner Besatzung und seiner Ausrüstung im höchsten Stande der Kriegsbereitschaft verantwortlich." (Dienst an Bord)

Nach den Richtlinien des Flottenkommandos und den Weisungen der Befehlshaber und Führer hatte der Kommandant die Aufgabe, das Zusammenwirken der einzelnen Besatzungsteile und Waffen im Gefecht sicherzustellen. Ferner hatte er persönlich die Fortbildung seiner Offiziere in den Berufswissenschaften und die Ausbildung der Seeoffiziere in der Fahrkunst und im Manövrieren mit dem Schiff zu leiten.

d. Organisationsprobleme Marineluftwaffe / Flotte

Der Reichsmarine war eine „Luftdienst-Schleppstaffel" in Holtenau zugestanden, deren Personal jedoch zivil war. Aufgaben der „Luftdienst e.V." waren Scheibenschleppen für die Flak der Marine (Bord und Land), Zieldarstellung, Kurierflüge, Bildflüge, Eisnotdienst für die Ostsee, Nordsee und die Inseln. Seeoffiziere als Piloten und Seebeobachter wurden – in Zivil – bei der Deutschen Verkehrsfliegerschule (See) (D.V.S.) in Warnemünde und List auf Sylt in Übung gehalten bzw. ausgebildet. Technisch entwickelt wurden (durch die Tarn-Firma „Severa") die Seeflugzeugtypen He 60 als Bord- und Küstenaufklärer, He 59 als Mehrzweckflugzeug, He 51 als Seejagdflugzeug und Do Wal als Seefernaufklärer. Seeoffiziere, Bordfunker und technisches Personal wurden ab 1932 zunehmend zur „Sportausbildung" zur D.V.S. beurlaubt.

1931/32 entwickelte sich die taktische Zusammenarbeit der D.V.S.-Staffeln mit der Flotte.

Die Nachrichten-Versuchs-Abteilung (N.V.A.) Kiel, Nebenstelle Travemünde, entwickelte unter Korvettenkapitän Maertens ein 40/70-Watt-Funkgerät für Flugzeuge, Schnellboote und Räumboote. Damit war auch führungstechnisch die Voraussetzung für das taktische Zusammenwirken Flugzeug–Schiff geschaffen.

Die Flottenabteilung organisierte im Sommer 1932 das erste Manöver der Flotte mit Flugzeugen in der Nordsee. Die Flugzeuge flogen von List auf Sylt aus. Es ging um Aufklärung und den Schutz der Schiffe gegen feindliche Flugzeugangriffe.

Das Ergebnis der Manövererfahrungen war der Entwurf zur Seekriegsanleitung für Marine-Luftstreitkräfte (S.A. Luft), die im Winter 1932/33 in der Luftschutzgruppe (LS) erarbeitet wurde. Mit dieser Vorschrift sollte „eine einheitliche Auffassung innerhalb der Marine" sichergestellt werden; sie hatte im Unterricht, bei Kriegsspielen und Übungen Verwendung zu finden.

Nach der Zusammenlegung der „LS-Gruppen" der Heeres- und Marineleitung im „Luftschutzamt" und dessen Überführung in das Reichsluftfahrtministerium entstand das organisatorische Problem der Weiterentwicklung der Marineluftstreitkräfte und deren Zusammenarbeit mit der Flotte.

Am 1. April 1934 wurden das „Gehobene Luftamt VI" unter dem „Präsidenten", K. Adm. „a. D." Zander, und am 1. Juli 1934 die „Zentrale der Luftdienstabteilung des D.L.V." in Kiel begründet. Ihr Chef war vorgesehen als „Führer der Seeluftstreitkräfte" (F.d.Luft). Gemäß Verfügung des Reichsministers der Luftfahrt, Göring, vom 4. Juni 1934 sollte „die taktische Ausbildung der Marineluftstreitkräfte im Zusammenwirken mit Seestreitkräften und Küstenbefestigungen durch den F.d.Luft nach Anweisungen und unter Verantwortung des Flottenchefs erfolgen".

Das Marinepersonal blieb im F.d.Luft-Bereich.

Als die Ausbildung der Seebeobachter, Flugzeugführer und Funker Ende September 1934 ihren Höhepunkt erreicht hatte, ohne aber abgeschlossen zu sein, wurden mit dem 1. Oktober 1934 aus diesem Personalbestand drei Staffeln aufgestellt als ‚Luftsportverbände': In Norderney (als Aushilfe, da die Halle in Holtenau noch nicht fertig war) die M 1-Nahaufklärungsstaffel, ausgerüstet mit He 60; in List auf Sylt die MZ 1-Mehrzweckstaffel, ausgerüstet mit Do und He 59, in Holtenau die J 1-Jägerstaffel (See), ausgerüstet mit He 51 Land und See.

Im Winter 1934/35 wurde eine weitere Seekriegsanleitung für die Marineluftstreitkräfte, „Luftaufklärungs- und Sicherungsdienst", bearbeitet, deren grundlegende Überlegungen zum Zusammenwirken von Marine und Luftwaffe in die LDv. Nr. 16, „Luftkriegführung", einflossen (Frühjahr 1935). Um die Nachrichtenverbindungen F.d.Luft-Verbände / Flotte materiell und personell sicherzustellen, war ein Offizier von der Nachrichtenversuchsanstalt der Marine am 1. Oktober 1934 zum „Chef des Nachrichten-Verbindungs-Wesens" in das RLM kommandiert worden. Er richtete die Funkstellen der Seefliegerhorste nach Marinerichtlinien ein. Nach dem „Erlaß über die Reichsluftwaffe" vom 26. Februar 1935 befahl Hitler am 1. März 1935 die „Enttarnung". An diesem Tage wurden die Angehörigen – wieder – als Soldaten verpflichtet und vereidigt. In der Führungsorganisation traten am 1. Juni 1935 die neuen militärischen Amtsbezeichnungen in Kraft: Der „Befehlshaber Luftkreis VI" führte die „Marineluftwaffe"; er war zugleich Inspekteur der Seeflieger im Oberkommando der Luftwaffe. Sein Dienstsitz war Kiel.

e. *Kriegsaufgaben und Kriegs-Spitzengliederung*

Zur Frage der Spitzengliederung für den Kriegsfall und des Zusammenwirkens der drei Wehrmachtsteile im Kriegsfalle gab Raeder am 25. November 1933 die Weisung:

„Ich bitte ... zum Ausdruck kommen zu lassen, daß der Chef der Seekriegsleitung der einzige verantwortliche Berater des Chefs der Wehrmacht ist und er für die Vorbereitung und Durchführung aller Operationen der Marine die Verantwortung hat."

Über die Aufgaben und Ziele der deutschen Seekriegführung legte die Flottenabteilung den „Vorschlag der Seekriegsleitung über den Einsatz der Marine" vor.

Im Abschnitt I, Lagebeurteilung, ausgehend von der Möglichkeit eines Zweifrontenkrieges mit Frankreich und Polen, hieß es: „So notwendig es daher einerseits ist, daß die Reichsregierung nicht nur den Zeitpunkt, sondern auch das Ausmaß für die verschiedenen Möglichkeiten des Einsatzes der Wehrmacht in der Hand behält, so sind doch andererseits alle Vorbereitungen zu treffen, um den Widerstand nicht nur an den Stellen zu leisten, wo wir angegriffen werden, sondern darüber hinaus auch durch offensives Vorgehen gleiches mit gleichem zu vergelten bzw. dem Gegner, wo überhaupt er erreichbar ist, möglichst wirksam Schaden zuzufügen. Dies gilt besonders für die Verhältnisse des Seekrieges."

Abschnitt II behandelte die Möglichkeit feindlicher Seekriegführung, die Stärke der französischen Streitkräfte „auf dem nördlichen Kriegsschauplatz" sowie die Stärke der polnischen Marine und deren jeweilige operative Ziele. Daraus folgten:

Abschnitt III: Eigene Kriegsaufgaben.

„a) Westaufgaben. (Nordsee einschl. Kattegat sowie außerheimische Gewässer).
- Schutz der Überseezufuhren durch unmittelbaren Schutz und durch Vernichtung der feindlichen Handelsstörer.
- Kampf gegen die feindlichen Seeverbindungen (Störung und Angriff auf die französischen Truppentransporte und Handelslinien).

b) Ostaufgaben. (Ostsee einschl. Zugänge.)
- Aufrechterhaltung bzw. Erkämpfung der Seeherrschaft in der Ostsee.
- Vernichtung der polnischen und zusätzlich feindlichen Streitkräfte und Unbrauchbarmachung ihrer Stützpunkte.
- Sicherung der Seeverbindung nach Ostpreußen, Schutz des Königsberger Seekanals und des Frischen Haffs.
- Schutz des eigenen Ostseehandels und der neutralen Zufuhren (insbesondere Erzzufuhr aus Nordschweden).
- Unterbrechung des feindlichen Seehandels.

c) Unterstützung der Landkriegführung durch:
- Durchführung und Sicherung von Truppen- und sonstigen kriegswichtigen Transporten nach und von Ostpreußen;
  dasselbe nach und von Häfen Hinterpommerns.
- Durchführung von Truppenlandungen im Rücken der feindlichen Landfront (ggf. als Täuschungsoperation).
- Unmittelbares Eingreifen in Landkämpfe von See aus und durch Küstengeschütze auf Anforderung des Heeres.

d) Verteidigung bzw. Sperrungen der Ostseezugänge."

Abschnitt IV beinhaltete den „Aufmarsch und Einsatz der aktiven Marine", die Küstenverteidigung und den „Verstärkten Grenzaufsichtsdienst Küste".

Die Stärke der See- und Marineluftstreitkräfte sollte der des Umbauplans (A.G. 38) entsprechen.

Im Aufmarschplan waren ferner die zweiten Admirale der Marinestation der Nordsee und der Ostsee (II. A.d.N. und II. A.d.O.) mit zugeteilten planmäßigen und Hilfskriegsschiffen enthalten: Vorpostensicherungsverband, Handelsschutzverband, Netzsperrverband, Vorposten-, Minensuch- und Räumverband sowie Minenschiffe.

An „unauffällig zu treffenden Sofortmaßnahmen" waren aufgezählt:

Ausrüsten eines 10 000 t-Panzerschiffes für Atlantik-Kriegführung. Danach Auslaufen nach Wartestellung nördliche Nordsee.
3 große U-Boote auslaufen sofort zur unauffälligen Überwachung des Ostseeausganges Kanal in Höhe Nordhinder-Feuerschiff.
Laufende Luftaufklärung des der deutschen Küste vorgelagerten Seegebietes und Luftfernaufklärung in der Nordsee in Richtung Kanal (außerhalb fremder Hoheitsgebiete).
Unterrichtung des Auslandskreuzers.
Ausrüsten von 6 Hilfskreuzern für Atlantik-Kriegführung.
Besetzung der wichtigsten Küstenbatterien.
Unauffällige Warnung der deutschen Schiffahrt über drohenden Konfliktausbruch. (Zu veranlassen durch Reichsverkehrsministerium.)
„Weitere Absichten" waren u. a.:
Antrag, nach Konfliktausbruch ständige Überwachung der französischen Kanalhäfen durch Streitkräfte der „Operativen Luftmacht" durchzuführen, ferner ständige Zuteilung eines Jagdgeschwaders zum Schutze der Marinestützpunkte und des K.W.-Kanals, wobei der Schutz der Nordsee-Einfuhrhäfen von diesem Geschwader mit übernommen werden konnte.
„Nach Konfliktausbruch mit Polen wird die sofortige Durchführung der Operation gegen Gdingen beantragt und grundsätzliche Zustimmung schon jetzt erbeten. ..."

Im Grundzug blieben diese „Kriegsaufgaben" bis zu den Kampfanweisungen 1939 (s. S. 437 f.) bestehen.

Mit dem Vorschlag über den Einsatz der Reichsmarine erarbeitete die Flottenabteilung auch die „Gliederung der Marineleitung und der Operationsabteilung".

Unter dem „Chef der Wehrmacht" stand danach direkt der „Chef der Seekriegsleitung" (zugleich als Chef der Marineleitung). Sein Führungsorgan sollte die Operationsabteilung (Op.) sein unter ihrem Leiter – zugleich Chef des Stabes der Seekriegsleitung. Die Operationsabteilung sollte in Gruppen I–IV gegliedert sein mit folgenden Aufgaben:

Operationsgruppe (Op. I):
Operationen der Streitkräfte einschließlich der Marineluftstreitkräfte. Küstenverteidigung, Zufuhrschutz.
Forderung der Führung an Organisation und Rüstung. Zusammenwirken mit Heer und Luftmacht in operativen Fragen.
Entgegennahme der Lagemeldungen und Auftragserteilung für Nachrichtenbeschaffung an Nachrichtengruppe, militärische und völkerrechtliche Fragen der Seekriegführung.
Taktik. Lageberichte. Kriegszimmer.

Luftgruppe (Op. II):

Luftkrieg, Luftschutz: operative Fragen dieser Gebiete nach Anweisung der Operationsgruppe.
Verbindung mit der Luftmacht.

Nachrichtengruppe (Op. III):

Feindlagebearbeitung. Entgegennahme der Aufträge für Nachrichtenbeschaffung von seiten der Operationsgruppe. Auftragserteilung an Abwehr. Einsatz und Leitung des Marine-Nachrichtendienstes. Fremde Marinen. Nachrichtendienst der Operationsabteilung.

Zufuhrgruppe (Op. IV):

Handelskrieg, Handels- und Zufuhrschutz: operative Fragen dieser Gebiete nach Anweisung der Operationsgruppe.
Seetransporte, Schiffahrtsfragen, Verbindung mit dem Kriegswirtschaftsamt.

Mit dieser Gliederung war die Grundstruktur der Kriegs-Führungsspitze der Reichsmarine – ab 1935 Kriegsmarine – vorgezeichnet: die Seekriegsleitung (Skl) mit dem „Chef Skl" als dem „einzig verantwortlichen Berater des Chefs der Wehrmacht" und der Operationsabteilung.

Die Gliederung der mittleren (operativen) und der taktischen (unteren) Führung sollte bis 1939 noch vielfach diskutiert werden. Dabei spielten Aufstellung und Unterstellung der Seeluftwaffe sowie das Verhältnis zur neu entstehenden „Operativen Luftmacht" eine entscheidende Rolle.

Der Chef des Marinekommandoamtes führte vom 12. April bis 15. Mai 1934 ein Kommandoamtskriegsspiel als „Stabsübung für den gesamten Befehlsapparat des Chefs der Seekriegsleitung" durch mit dem Ziel, operative und Bereitschafts-Vorarbeiten für den Kriegsfall gegen Frankreich neu zu planen und zu erarbeiten. Grundlage war ebenfalls die Stärke der Marine gemäß „A.G. 38". Dieses Spiel war bedingt durch den Abschluß des deutsch-polnischen Nichtangriffspaktes am 26. Januar 1934, der die Marineleitung vor eine neue strategische und operative Lage stellte:

Bei allen Erfolgsaussichten, die sich ihr böten, müsse sich eine Atlantikkriegführung – bei der überragenden Bedeutung des Nordseekriegsschauplatzes – den Interessen der heimischen Kriegführung unterordnen. Die Wechselwirkungen zwischen den Operationen der heimischen und denen der Atlantik-Streitkräfte würde besondere Bedeutung gewinnen.

Besondere Probleme der eigenen Seekriegführung ergaben sich durch die „Wechselwirkungen Panzerschiffe Nordsee – Panzerschiffe Atlantik", durch den Einsatz von Schnellbooten und durch den Einfluß der Luftstreitkräfte.

Als Folgerung aus dem Kommandoamtskriegsspiel stellte Groos organisatorisch-technische „Fragen" an seine Abteilungsleiter und Referenten sowie an Chef B, Chef K, Leiter Abwehr, Flottenchef, Chefs Station O und N und Leiter Führergehilfenausbildung:

- Künftige Operationsformen
- Minenkrieg; U-Boote, Sperrmaterial

– Schiffbau- und Typenfragen; besonders Zerstörer, Schnellboote, U-Boote
– Ausrüstung und Bereitstellung
– Nachrichtenwesen
– Etappenorganisation in Übersee und Nachschubprobleme
– Ausbau der Marineluftwaffe; Flugzeugtypen
– Organisation der Zufuhr; Handelsschiffahrt.

In seinem Beitrag bemerkte der Leiter der Marineausbildungsabteilung Anfang August 1934:

„Wenn die Verhältniszahl der englischen zur deutschen U-Bootstonnage auf 100 : 33 1/3 festgelegt wird, so ergibt sich für Deutschland eine U-Bootstonnage von 17 566 t."

Daraus ist zu schließen, daß die Marineleitung die Probleme der deutschen Seekriegführung politisch mit der „Rückenfreiheit im Osten" und mit einem deutsch-englischen Abkommen kalkulierte: Bei der Möglichkeit taktisch offensiver Einzeloperationen gegen Nachschub und Truppentransporte Frankreichs im Atlantik blieben der Schutz der eigenen Seeverbindungen in den heimischen Gewässern, Luftaufklärung, „Kleinkrieg" der leichten Seestreitkräfte im Küstenvorfeld und Küstenverteidigung von überragender Bedeutung. Groos' Nachfolger, Konteradmiral Guse, folgerte daraus am 1. November 1934 für die Kriegsspitzengliederung, daß Atlantik und heimische Gewässer trotz der gegebenen Wechselwirkung zwei getrennte Kriegsschauplätze seien. Sie bedürften daher – unter der strategischen „Seekriegsleitung" – jeder für sich der operativen Leitung durch einen Frontbefehlshaber.

Damit war das Problem einer zukünftigen neuen Kriegsbefehlsgliederung angesprochen.

f. Konstruktionsprobleme und Neubauten

Die Lösung aus den Versailler Vertragsbindungen, „Umbauplan", technische Probleme, Raeders Termindruck und Hitlers politisches Kalkül brachten die Konstruktionsabteilung in größte Schwierigkeiten vor allem beim Entwurf der „Großen Schiffe", so daß von 1933 bis 1935 ein „Schiffbauplanungsdilemma" eintrat.

Am 19. März 1934 einigten sich Hitler, v. Blomberg und Raeder auf einen Schiffbauersatzplan, der bis 1949 „in Parität mit Frankreich" erfüllt werden sollte:
8 „Panzerschiffe", 3 Flugzeugträger, 18 Kreuzer, 48 Zerstörer, 24 Unterseeboote mit etwa 800 t, 48 Unterseeboote mit 240 t.

Am 18. April 1934 erreichte Raeder die Entscheidung für ein 26 500 ts-Panzerschiff als „Gegen-Dunkerque".

Das Schlachtschiff „Dunkerque" war am 25. Februar 1933 auf der französischen Staatswerft Brest auf Stapel gelegt worden. Veranschlagte Daten: 26 500 ts; Bew.:

8–33 cm, 16–13 cm, 12–10 cm, 6 Tr – 55 cm, Antrieb 125 000 PS; 30 Kn, Fahrstrecke 7500 sm bei 15 Kn. (Im französischen Haushalt 1934 folgte das Schwesterschiff „Strasbourg".)

Der Schiffbauersatzplan war aber nicht nur im Blick auf die französische Flotte entworfen: Der Chef des Marinekommandoamts und der Leiter der Operationsabteilung kalkulierten bereits mit einer 100 : 33¹/₃-Verhältniszahl zur britischen Flotte.

Die Konstruktionspläne von Kreuzern und – großen – Zerstörern waren schließlich durch die seit 1929 in Modernisierung befindliche sowjetische Baltische Flotte mitbestimmt.

Die Tonnage Schwerer Kreuzer ergab sich aus den Seerüstungsabkommen der Seemächte seit Washington (Dezember 1921; 10 000 ts; 20,3 cm-Geschütze). Angesichts der vielen und z. T. hektischen Konstruktions- und Bauvorhaben wurde die Marinekonstruktionsabteilung personell erweitert und Konstruktionsaufträge an Privatwerften vergeben.

Zur Bewältigung der zunehmenden Aufgaben wurde im Frühjahr 1934 die Konstruktionsabteilung zum Marinekonstruktionsamt (K) erhoben mit den Abteilungen Schiffbau und Maschinenbau.

g. *Personalfragen*

Die Personalergänzung und der Mehrbedarf für den „Umbau" der Reichsmarine wurde von der Marinewehrabteilung am 15. November 1932 für die Offiziere aller Laufbahnen auf 900 veranschlagt, „so daß die Gesamtzahl von jetzt 1100 anwächst auf 2000" (bis 1937).

Die Inspektion des Bildungswesens der Marine (B.I.) in Kiel hatte die Aufgabe, den geeigneten Seeoffizier-, Ingenieuroffizier- und Marinezahlmeisterersatz heranzuziehen und auszuwählen und diesen Ersatz von der Auswahl für die Laufbahn bis zur Beförderung zum Seeoffizier oder Ingenieuroffizier – bei Marinezahlmeistern bis zum Ablegen der 2. Zahlmeisterprüfung – auf den ihr unterstellten Bildungsanstalten und Schulschiffen auszubilden.

Offiziere und -anwärter (Einstellung jeweils 1. April), ausgebildet oder in Ausbildung laut Rangliste vom 1. November 1935:

Crew	See	Ing.	San.	Zahlm.	Waffen
1932	52+43*)	25	5**)	10	
1933	115	20	9	5	
1934	199	42	11	11	28
1935	351	56	16	19 (V.O.)	20

*) Ausgleich Niobe Verluste (s. o. S. 405)
**) 2 Verluste Niobe

Der Verlust von Seeoffizieranwärtern der Crew 32 wurde durch die Einstellung geeigneter junger Handelsschiffsoffiziere ausgeglichen.

Die prozentual zu den anderen Offizierlaufbahnen erhöhte Zahl der Seeoffizieranwärter ab Crew 33 war durch den Bedarf der Marineluftstreitkräfte bestimmt: Von der Crew 33 wurden 27, von der Crew 34 36 Fähnriche zur Luftwaffe versetztkommandiert.

Die Stellenbesetzungen der Seeoffiziere waren besonders erschwert durch den Verlust von 27 Seekadetten der Crew 1932 und durch den Abgang von über 40 Seeoffizieren bis März 1935 zur Luftwaffe (Konteradmiral bis Leutnante zur See).

Ehe der Seeoffiziernachwuchs der Jahrgänge 1932 bis 1935 (etwa 500, abzüglich der zur Luftwaffe Versetzt-Kommandierten) als Wachoffizier voll einsatzfähig war, vergingen vier bis sieben Jahre.

Für den Aufbau der Ämter, Stäbe, Inspektionen und Schulen griff die Marineoffizierpersonalabteilung daher auf verabschiedete Offiziere der Reichsmarine oder ehemalige Offiziere der Kaiserlichen Marine zurück, die als Marineergänzungsoffiziere (E) eingestellt wurden.

Seeoffiziere	Rangliste 1932	1935	+	(E)
Admiral	1	1		
Vizeadmiral	3	5		
Konteradmiral	8	16		9
Kapitäne zur See	37	48		12
Fregattenkapitäne	27	30		15
Korvettenkapitäne	93	142		99
Kapitänleutnante	180	236		110
Oberleutnante z. S.	225	171		4
Leutnante z. S.	219	98		
	823	747	+	249 = 996
Oberfähnrich z. S.	–	99		
Fähnrich z. S.	75	314		
Seekadetten	100	351		

(Die Aufstellung zeigt die „Wespentaille“ der Leutnante/Oblt. z. S. angesichts des beginnenden Aufbaus der Flotte)

Zur Entlastung des Offizierkorps im Bereich des Waffenwesens (Inspektion, Depots) wurde am 1. Juli 1934 die Laufbahn der Marinewaffenoffiziere (Artillerie- und Sperrwesen) geschaffen. Die Rangliste von 1935 zeigte auf:

	Artilleriewesen	Sperrwesen
Fregattenkapitäne (W)	5	2
Korvettenkapitäne (W)	9	6
Kapitänleutnante (W)	40	12
Oberleutnante (W)	11	13
Leutnante (W)	12	8
	77	41
Oberfähnriche (W) 4		
Fähnriche (W) 28		
Kadetten (W) 20		

Die Marinezahlmeister wurden am 1. April 1935 als Marineverwaltungsoffiziere in das aktive Offizierkorps überführt.

	Rangliste 1932		1935	+	(E)
Marineoberstabszahlmeister	8	F.Kapt. (V)	4		
		K.Kapt. (V)	20	+	6
Marinestabszahlmeister	22	Kaptlt. (V)	41	+	8
Marineoberzahlmeister	44	Oblt. (V)	33	+	1
Marinezahlmeister	8	Lt. (V)	4		
	82		102	+	15 = 117
Oberfähnriche (V)	4		10		
Fähnriche (V)	10		16		
Kadetten (V)	4		19		

Zum Aufbau der Streitkräfte zur Küstenverteidigung, technischer Behörden (Kfz), Ersatzabteilungen und Schulen richtete die Marine – ab Oktober 1933 – die Laufbahn der Marineartillerieoffiziere ein, die zunächst nur durch E-Offiziere ergänzt wurde.

Nach Rangliste 1935		
Korvettenkapitäne	(E) M.A.	3
Kapitänleutnante	(E) M.A.	32
Oberleutnante	(E) M.A.	12
Leutnante	(E) M.A.	38
		85

Zur Deckung des erhöhten Bedarfs an Marine-Ingenieuroffizieren wurden ebenfalls Ergänzungsoffiziere oder Diplom-Ingenieure eingestellt. Letztere konnten nach militärischer und fachlicher Grundausbildung (Marineschule Mürwik) vorpatentiert werden.

Ingenieuroffiziere	Rangliste 1932	1935	+	(E)
Konteradmiral (Ing.)	1	2		1
Kapitäne z. S. (Ing.)	4	8		1
F.Kapt. (Ing.)	5	9		8
K.Kapt. (Ing.)	22	32		16
Kapitänleutnante (Ing.)	44	67		20
Oberleutnante (Ing.)	73	76		1
Leutnante (Ing.)	29	41		1
	178	235	+	47 = 282
Oberfähnriche (Ing.)	1	23		
Fähnriche (Ing.)	27	72*)		
Ing.-Kadetten	26	61*)		

*) davon jeweils 6 Dipl.-Ing.

Der Chef der Medizinalabteilung (G), dem Stabe des Chefs ML angegliedert, bearbeitete allgemeine und persönliche Angelegenheiten aller Sanitätsoffiziere, Unterärzte und des San.-Offz.-Nachwuchses. Die Stellenbesetzungen erfolgten in Absprache mit den Sanitätsämtern der Marinestationen und M.P.A.

Ab 1934 wurden als Sanitätsoffiziere in zunehmendem Maße approbierte Ärzte eingestellt, die nach einer militärisch-seemännischen Grundausbildung vorpatentiert werden konnten. Daher war die Zahl der E-Offiziere gering.

Sanitätsoffiziere	Rangliste 1932	1935	+	(E)
Marinegeneralstabsarzt 1. 4. 1934 Admiralstabsarzt	1	1		
Marinegeneralärzte 1. 4. 1934 Flottenärzte	3	5		2
Marinegeneraloberärzte 1. 4. 1934 Geschwaderärzte	7	9		
Marineoberstabsärzte	18	28		
Marinestabsärzte	41	23		1
Marineoberassistenzärzte	4	25		
Marineassistenzärzte	6	23		
Marineunterärzte	10	28		
	90	142	+	3 = 145
Marinesanitätsfähnriche	29	34		
Marinesanitätskadetten	16	22		

Die Marinewehrabteilung hatte am 15. November 1932 den Mehrbedarf an Mannschaften auf 9400 kalkuliert, „so daß die Gesamtzahl von jetzt 13 900 anwächst auf 22 300" (bis Ende 1937). Für den ersten Abschnitt (1933) betrug der Mehrbedarf 1400 Unteroffiziere und Mannschaften. Diese jährliche Quote sollte im wesentlichen auch für die Jahre des zweiten Abschnitts (1934–1937) beibehalten werden.

Am 12. Juni 1934 wurden die Organisatorischen Bestimmungen über die Beförderung der Unteroffiziere und Mannschaften der Reichsmarine im Frieden geändert; besonders wichtig war die Verkürzung der Friedensbeförderungszeit für Unteroffiziere.

Die Einstellung von freiwilligen Soldaten nach der neuen Regelung (4¼ bzw. 4¾ Jahre für Fachlaufbahnen) begann am 1. Juni 1934. „Milizsoldaten" für die Marineartillerie wurden – auf freiwilliger Basis – bereits seit dem 1. Oktober 1933 eingezogen, getarnt als „Sportlehrgang Marine". Um den Freiwilligennachwuchs und die vorseemännische Ausbildung zu fördern, unterstützte die Marineleitung die Gründung der Marine-HJ im Herbst 1934, dessen „Schirmherrschaft" der ehemalige Chef der Admiralität, Vizeadmiral a. D. v. Trotha, auf Ersuchen Raeders übernahm.

Diese organisatorischen Maßnahmen ermöglichten einen zügigen personellen Aufbau ab 1934.

Zahlen liegen – noch – nicht vor. Lediglich die Belegung der Technischen Marineschule Kiel gibt Aufschluß:
1933: 300 Schüler
1934: 500 Schüler
1935: 800 Schüler

Bei einer Steigerung der aktiven Offiziere und Offizieranwärter von 1933 bis 1935 um das 2,3fache (149 : 342) kann auf einen Unteroffizier- und Mannschaftsbestand von etwa 34 000 im Herbst 1935 geschlossen werden.

B. Die Entwicklung der Kriegsmarine 1935—1939 (31. 8.)

1. Führungsorganisation

a. Oberkommando der Kriegsmarine

Das „Gesetz für den Aufbau der Wehrmacht" vom 16. März 1935 brachte mit seinem Folgegesetz (Wehrgesetz vom 21. Mai 1935) die neue Gliederung der deutschen Wehrmacht.

Durch Verfügung des Reichswehrministers und Oberbefehlshabers der Wehrmacht vom 21. Mai 1935 wurden die neuen Bezeichnungen für die Oberbefehlshaber der Wehrmachtteile und ihrer Oberkommandos mit Wirkung vom 1. Juni 1935 eingeführt. Danach war zu ersetzen:
Reichsmarine durch Kriegsmarine,
Marineleitung durch Oberkommando der Kriegsmarine (OKM),
Chef der Marineleitung durch Oberbefehlshaber der Kriegsmarine (Ob.d.M.).

Ein Bruch der bisherigen Organisation war damit nicht verbunden. Der Oberbefehlshaber der Kriegsmarine erhielt am 20. April 1936 den (neuen) Dienstgrad „Generaladmiral"; am 1. April 1939 beförderte Hitler Raeder zum Großadmiral.

Dem Chef des Stabes (M) wurden zwei Stabsoffiziere beim Stabe zugeordnet: M1 mit zwei Gruppen: M1M für militärische Fragen und M1P für Presse- und Filmfragen (seit 1. August 1937). M2 war zugleich Adjutant des Ob.d.M.

Die Marinemedizinalabteilung (G) wurde am 1. April 1939 zum Marinemedizinalamt erhoben; der Amtschef war zugleich Sanitätschef der Marine.

Das Marinearchiv erhielt am 22. Januar 1936 die offizielle Bezeichnung „Kriegswissenschaftliche Abteilung der Marine, zugleich Forschungsanstalt" (Kr.). Der Ob.d.M. erließ am 1. April 1938 die Verordnung über „Archivgut für die Geschichte". Am 20. Mai 1938 wurde das Kriegsmarine-Archiv in Wien als Zweigstelle der Kriegswissenschaftlichen Abteilung der Marine angegliedert.

Marineattachés waren neu zugeordnet worden den Botschaften in Ankara (Mai 1939), Brüssel (November 1938), Buenos Aires (November 1936), den Haag (November 1938). Seit Oktober 1938 wurden sie vom Leiter der Attachégruppe bei M betreut.

Ausgegliedert aus dem Stab des Ob.d.M. wurde die Marinepersonalabteilung und am 1. Oktober 1936 zum Marinepersonalamt (MPA) erhoben.

Im Marinekommandoamt (A) ergaben sich folgende Änderungen: Die Flottenabteilung (A I) wurde am 1. Oktober 1936 „Operationsabteilung" mit der Aufgabe: „Operative Führung des Seekrieges, Schaffung der Unterlagen für die Beratung Chef A und Ob.d.M. hinsichtlich der Aufgaben und der Verwendung der Marine." Unter dem Chef der Operationsabteilung (ab 1. 10. 1936 Konteradmiral Marschall) arbeiteten die Referenten

- A Ia (K.Kapt. Heye) für Operation und Taktik, Lagemeldungen, Aufträge an A III (Marinenachrichtenabteilung), Zusammenwirken mit dem Heer;
- A Ia 2 für Karten- und Lageerstellung sowie Führen des Kriegstagebuchs;
- A Ib für Handelskrieg, Handelsschiffahrt, Transporte, Küstenverteidigung, Stützpunkte. Erarbeitung militärischer Forderungen an die Organisationen, Haushalt und Neukonstruktionen. Weitere Referenten bearbeiteten – z. T. in Doppelfunktion mit anderen Aufgaben – See- und Völkerrecht, taktische Fragen der Artillerie, der Unterwasserwaffen, des Minen- oder des Nachrichtenwesens.

Ab 1936 war ein Generalstabsoffizier der Luftwaffe Referent bei A I für alle Fragen der Seeluftstreitkräfte, zugleich für die Verbindung zum Inspekteur der Seeflieger beim RML und Ob.d.L. und zum Generalstab der Luftwaffe.

Um das Wesen des Marinekommandoamts als „Seekriegsleitung" (Skl) auch im Frieden deutlicher hervorzuheben, führte der Chef A vom 1. April 1937 die zusätzliche Dienstbezeichnung „Chef des Stabes der Seekriegsleitung" (C/Skl); gleichzeitig blieb er bis Juni 1939 in Personalunion Chef A.

Die Operationsabteilung erhielt die Bezeichnung 1. Abteilung der Seekriegsleitung (1/Skl). In der Marinenachrichtenabteilung wurden die Gruppen A IIIa und A IIIb (Nachrichtenübermittlung und Funkbeobachtung) zusammengefaßt. Die Gruppe „Fremde Marinen" (AFM) bildete die 3. Abteilung der Seekriegsleitung (3/Skl) (ausführlich S. 479).

Ausgegliedert aus dem Marinekommandoamt wurde A V, die Marinewehrabteilung, und zum 1. Oktober 1937 zum Marinewehramt erhoben mit den Abteilungen

M Wehr I: Marinewehrabteilung,
M Wehr II: Militärische Abteilung,
MR: Marinerechtsabteilung.

Ferner wurden dem Chef MWehr unterstellt die Marinedruckschriftenverwaltung (MDv) und der Leiter der Marine-Rundschau.

Eine neue „Flottenabteilung" mit der Bezeichnung A V wurde im März 1938 gebildet. Sie ging im Juli 1939 im Konstruktionsamt auf.

Aus dem Allgemeinen Marineamt (B) wurde im Frühjahr 1935 die Marinewaffenabteilung herausgelöst und zum Marinewaffenamt (MWa) erhoben. Ihm wurden zugeordnet die Schiffahrtsabteilung (BSch), die Wirtschaftsabteilung (BWi – ab Oktober 1936 „Wirtschaftsabteilung des Ob.d.M." bezeichnet), die Statistische Abteilung und ein Prüfungsausschuß. Im Februar 1937 wurde die Abteilung „Ausfuhr von Kriegsgerät (BAK)" gebildet.

Das Marinekonstruktionsamt (K), geleitet von einem Beamten, wurde im April 1939 völlig umorganisiert. Das „Amt Kriegsschiffbau", wesentlich erweitert, erhielt einen Flaggoffizier als Amtschef.

Die am 31. März 1938 aus dem österreichischen Bundesheer übernommene Donauflottille unterstellte sich der Ob.d.M. einsatzmäßig direkt. Standort der Flottille war Linz. Am 8. Dezember 1938 wurde die Flottille truppendienstlich dem Kommandierenden Admiral der Marinestation der Ostsee unterstellt.

Dem Flottenchef unterstanden 1935:
Der Befehlshaber der Linienschiffe (B.d.L.) in Wilhelmshaven mit den Panzerschiffen „Admiral Graf Spee" (noch im Erprobungsverhältnis), „Deutschland" (seit 1.4.1933), „Admiral Scheer" (seit 12.11.1934) und Linienschiff „Schleswig-Holstein";
der Befehlshaber der Aufklärungsstreitkräfte (B.d.A.) in Kiel; unterstellt:
- die Kreuzer „Nürnberg", „Leipzig", „Köln", „Königsberg",
- der Führer der Torpedoboote (F.d.T.), Swinemünde, mit der 1., 2., 3. und 4. Torpedobootsflottille (16 Boote),
- der Führer der Minensuchboote (F.d.M.), Kiel, mit der 1. Minensuch-, der 1. und 2. Geleit- und der 1. Räumbootsflottille (22 Boote),
- die 1. Schnellbootsflottille, Kiel (6 S-Boote),
- der Unterseebootsflottille „Weddigen" (1. U-Flottille), Kiel (6 U-Boote), seit 29.9.1935.

Bis Kriegsbeginn ergaben sich folgende organisatorischen Änderungen:
Am 1. Januar 1936 wurde im Befehlsbereich des Flottenchefs das Kommando des Führers der Unterseeboote (F.d.U.) in Kiel gebildet, dem Flottenchef unmittelbar unterstellt.
6. Januar 1936: Indienststellung Panzerschiff „Admiral Graf Spee".
1. September 1936: Aufstellung der Unterseebootsflottille Salzwedel (2 U-Flottillen) in Kiel.
Am 1. Oktober 1936 wurde der bisherige B.d.L. „Befehlshaber der Panzerschiffe" (B.d.P.).
1. April 1937 die 1. Schnellbootsflottille (6 Boote) dem F.d.T. unterstellt.
13. April 1937: Aufstellung einer Vorpostenflottille aus Fischdampfern, dem Flottenkommando unterstellt; am 31. Juli 1937 dem Sperrschulverband zugeordnet.
14. Januar bis 9. September 1937: Zerstörer Z1–Z14 in Dienst; Bildung der 1., 2., 3. und 4. Zerstörerdivision, dem F.d.T. unterstellt.
17. März 1938: Bildung der 6. Zerstörerdivision.
21. Mai 1938: Schlachtschiff „Gneisenau" in Dienst.
8. Januar 1938 bis 6. Dezember 1938: Z8–Z16 in Dienst.
25. März 1938 bis 21. August 1939: M1–M12 in Dienst.
1. Juni 1938: Bildung der U-Flottille „Wegener".
12. August 1938: Bildung der 2. Schnellbootsflottille Kiel (4 Boote); dem F.d.T. unterstellt.
29. August 1938: Bildung der 5. Zerstörerdivision.
1. Oktober 1938: Bildung der Geleitflottille.
1. Oktober 1938: Bildung der 1. und 2. M-Flottille (neu).
29. August 1938 bis 20. Juni 1939: Z17–Z21 in Dienst.
1. Oktober 1938: Unterseebootsflottille „Hundius", Wilhelmshaven, und 1. De-

zember 1938: Unterseebootsflottille „Emsmann“, Kiel, dem F.d.U. unterstellt.
27. September 1938: 2. Räumbootsflottille, Kiel, und 4. April 1939: 3. R-Flottille, Kiel; dem F.d.M. unterstellt.
7. Januar 1939: Schlachtschiff „Scharnhorst“ in Dienst (bis August 1939 Ausbildung und Erprobung).
29. April 1939: Schwerer Kreuzer „Admiral Hipper“ in Dienst (bis Januar 1940 in Erprobung).
Am 10. Juli 1939 befahl das OKM – A V – zum 1. Oktober 1939 die Bildung des Kommandos der 1. U-Jagdflottille mit Stab und 8 Booten. Bis zur Fertigstellung der für die Flottille vorgesehenen Neubauten wurden 8 alte Minensuchboote der Baujahre 1917–19 für die Indienststellung vorbereitet.

Am 1. September 1939 waren kriegsbereit: 1 Schlachtschiff, 2 Panzerschiffe, 4 Leichte Kreuzer, 17 Zerstörer, 10 Torpedoboote, 18 Schnellboote, 12 Minensuchboote, 24 Minenräumboote, 8 Geleitboote, 46 Unterseeboote.

Friedensflottengliederung am 31. 8. 1939:

Flottenkommando (Flottenchef und Flottenstab)	Kiel
Befehlshaber der Panzerschiffe (B.d.P.)	Wilhelmshaven
Befehlshaber der Aufklärungsstreitkräfte (B.d.A.)	Kiel
diesem unterstellt:	
Führer der Torpedoboote (F.d.T.)	Swinemünde
mit 1., 2., 4. Z-Flottille und 5. Z-Division	
5. und 6. T.-Flottille	
1. und 2. S.-Flottille	
Führer der Minensuchboote (F.d.M.)	Cuxhaven
mit 1. und 2. M.-Flottille,	
Geleitflottille,	
1., 2. und 3. R.-Flottille	
Führer der Unterseeboote (F.d.U.)	Kiel
mit 1., 2., 3., 4., 5., 6. und 7. U-Flottille	

c. *Marinestationskommandos*

(s. Abschnitt VIII, S. 268 ff. und 318 f.)

An der Spitze jeder Marinestation stand ein dem Oberbefehlshaber der Kriegsmarine unterstellter Flaggoffizier als „Kommandierender Admiral“ (seit Juni 1935), mit einem Stab.

Den Kommandos der Marinestation fielen im wesentlichen folgende Aufgaben zu:

- Verantwortliche Leitung und Überwachung aller auf die Mobilmachung der Streitkräfte und Streitmittel ihres Bereichs abzielenden Aufgaben;
- Leitung des aktiven und des passiven Küstenschutzes ihres Bereichs;

- Leitung der Ausbildung und des Dienstbetriebs der unterstellten Marineteile und Behörden an Bord und an Land;
- Regelung des Mannschaftsersatzes und Leitung der Personalwirtschaft und -verwendung der Marineteile des Stationsbereichs nach Maßgabe der vom Ob.d.M. festgesetzten Personalstärken und Grundsätze (2. Admiral; siehe S. 439);
- Leitung des militärischen Nachrichtendienstes, Ausgestaltung und Erhaltung des Nachrichtennetzes nach Planung des OKM;
- Verwaltung und Verwendung des zugeteilten Haushaltsfonds;
- Bereitstellung und Belegung von Kasernen und Unterkünften in Zusammenarbeit mit der Marineintendantur des Stationsbereichs;
- Regelung des Hafenpolizeidienstes im jeweiligen Reichskriegshafen;
- Überwachen der Abwicklung außer Dienst gestellter Schiffe und Schiffsverbände der Marine;
- Regelung und Leitung des Verkehrs zwischen den militärischen Dienststellen und den Organen der Regierung, Zivilverwaltung, kommunalen Behörden, der NSDAP und deren Gliederungen; Vertretung der militärischen Belange;
- Pflege der Beziehungen zu der örtlichen Schiffahrt und Fischerei über die Kriegsmarinedienststellen.

Dem Kommando St.N. oblag ferner die Durchführung des Fischereischutzes in der Nordsee im Einvernehmen mit dem Flottenkommando nach den vom OKM erlassenen Richtlinien.

Im Kriege traten als wichtigste Aufgaben hinzu:

- Leitung des engeren Küstenschutzes und der Küstenverteidigung innerhalb des Befehlsbereiches;
- Leitung des militärischen Überwachungs- und Nachrichtendienstes innerhalb des Stationsbereichs, in den Strom- und Flußläufen und Küstengewässern;
- Leitung und Überwachung der Bereitstellung der zur Verteidigung erforderlichen Kampfmittel und Streitkräfte.

Der Kommandierende Admiral leitete die Bearbeitung der Personalangelegenheiten aller zur Station gehörigen Offiziere und war verantwortlich für deren zweckmäßige Verwendung und Bildung. Ihm waren besondere Disziplinar-, Straf- und Urlaubsbefugnisse übertragen. Er war Gerichtsherr II. Instanz. Er hatte das Besichtigungsrecht auch bei den nur administrativ/truppendienstlich unterstellten Behörden und deren Schiffe. Er besaß besondere territoriale Befehlsbefugnisse bei öffentlichen Notständen oder bei Seenotfällen und gegenüber Kommandanten und Seebefehlshabern und er konnte unterstellte Marineteile, Schiffe und Marinebehörden zu gemeinsamen Festungs- und Küstenübungen befehlen.

d. Streitkräfte zur Küstenverteidigung

(s. Abschnitt VIII, S. 334 f.)

Die Marineartillerieabteilungen unterstanden den Kommandanten der Befestigungen – außer in Standortangelegenheiten – in bezug auf Vorbereitung und Durchführung von Festungsübungen. Die Kommandanten konnten Anordnungen im Rahmen der von den Stationskommandos erlassenen Ausbildungsrichtlinien erteilen und hatten Besichtigungsrecht. Der Kommandant hatte die Bereitschaft aller Streitkräfte und Ausrüstungsmittel – einschließlich der Artillerie- und Sperrdepots – zu überwachen.

Die Marineartillerieabteilungen waren – den Kommandierenden Admiralen direkt unterstellt – verantwortlich für die Ausbildung und die Einsatzbereitschaft der Marineartillerie-, Flak- und Sperrschutzkompanien.

Die Kommandeure der Marineartillerieabteilungen waren Berater der Kommandanten in allen Angelegenheiten der Führung und Ausbildung, die auf die Verteidigung der betreffenden Festung hinzielten.

Am 1. Oktober 1937 wurden die Marineartillerieabteilungen den Kommandanturen der Befestigungen voll unterstellt, bei denen sich jetzt alle Zweige der Küstenverteidigung zentralisierten.

Organisation der Streitkräfte zur Küstenverteidigung am 31. August 1939:

Im Bereich St.O.:

- Kommandant der Befestigung der westlichen Ostsee – Kiel – mit 1. M.A.A. – Kiel –, Flugmeldeabteilung westliche Ostsee – Kiel –, M.N.O. Kiel und Neumünster, Hafenkapitän Kiel.
- Kommandant der Befestigungen der pommerschen Küsten – Swinemünde – mit 3. M.A.A. – Swinemünde –, Flugmeldeabteilung Pommernküste, M.N.O. Swinemünde.
- Festigungskommandant Pillau mit 5. M.A.A., Flugmeldeabteilung und M.N.O.
- Festigungskommandant Memel mit 7. M.A.A.

Im Bereich St.N.:

- Kommandant der Befestigungen von Ostfriesland – Wilhelmshaven – mit 2. M.A.A. – Wilhelmshaven –, 6. M.A.A. – Emden –, Flugmeldeabteilung Ostfriesland, M.N.O. Wilhelmshaven, Borkum, Süd (Langenargen), Mitte (Soest).
- Kommandant der Befestigungen von Nordfriesland – Cuxhaven – mit 4. M.A.A. – Cuxhaven –, Flugmeldeabteilung Nordfriesland.

e. Inspektionen

(vgl. Abschnitt VIII, S. 319 f.)

Die Inspektionen blieben – wie in der Reichsmarine – Organe des Oberbefehlshabers der Kriegsmarine in den ihnen übertragenen Fachaufgaben. In diesen blieben die Inspekteure dem Ob.d.M. unmittelbar verantwortlich, in allen anderen Angelegenheiten waren sie dem Kommandierenden Admiral der Marinestation ihres Standortes unterstellt.

An der Spitze einer jeden Inspektion stand ein Marineoffizier im Rang der Admirale (Inspekteur).

Die unterstellten Dienststellen des Inspektionsbereichs waren in allen Angelegenheiten – ausgenommen in gerichtsherrlichen und in Ehrenangelegenheiten sowie in Standort- und Mobilmachungsfragen – dem jeweiligen Inspekteur unterstellt.

Die Inspektionen hatten im engsten Einvernehmen mit den Frontstellen (Flotte, Kommandanturen der Befestigungen, Befehlshaber der Sicherung) die zu ihrem Fachbereich gehörenden Erfahrungen zu sammeln und der Front zugänglich zu machen. Alle Berichte der Frontstellen, die das Arbeitsgebiet einer Inspektion berührten, waren dieser zuzuleiten. Die Inspektion brachte ihre Stellungnahme dann zur Kenntnis der Frontstellen.

Die Inspekteure übten über die ihnen unterstellten Schiffe, Behörden und Schulen das Besichtungsrecht aus und überwachten den Dienstbetrieb. Sie waren befugt, an Besichtigungen, Übungen, Versuchen und Erprobungen auf allen in den heimischen Gewässern befindlichen Schiffen und bei allen Küstenwerken teilzunehmen oder Vertreter zu entsenden.

Die Inspektionen verwendeten die vom OKM bereitgestellten Ausgabe- und Selbstbewirtschaftungsmittel und prüften die Haushaltsvoranschläge der unterstellten Dienststellen. Sie wirkten in fachtechnischer Hinsicht mit bei allen Bauten, Anlagen und Einrichtungen, die für die von ihnen vertretenen Waffen bzw. Sachgebiete von Belang waren.

Über alle Erfahrungen im Tätigkeitsbereich seiner Inspektion, über Besichtigungen, Teilnahme an Übungen und über alle Angelegenheiten, die für die Einsatzbereitschaft der Waffen von Bedeutung waren, berichtete der Inspekteur dem Ob.d.M.

Die Reichsmarine hatte drei Waffeninspektionen: Marineartillerie (A.I.), Torpedo- und Marinewesen (T.M.I.) und Marinedepotinspektion (D.I.) (vgl. S. 428).

Die Inspektion des Bildungswesens der Marine (B.I.) war die vierte „klassische" Inspektion der deutschen Marine. (Begründung der A.I. 1893, der B.I. 1895, der Torpedoinspektion 1886, der D.I. 1895.)

Von 1935 bis 1939 wurden folgende Änderungen bzw. Neubildungen vom O.K.M. befohlen:

1. Oktober 1935: Bildung der Schiffsmaschineninspektion (S.M.I.) in Wilhelmshaven.

1. Oktober 1935: Inspektion der Marinezeugämter – statt Marinedepotinspektion – in Wilhelmshaven,
zugleich Verlegung der Inspektion der Marineartillerie von Wilhelmshaven nach Kiel.

1. Oktober 1936: Bildung der Sperrwaffeninspektion, Kiel, durch Teilung der Inspektion des Torpedo- und Minenwesens.
Die Torpedoinspektion blieb zuständig für das Torpedo-, U-Boots- und Nachrichtenwesen.

1. November 1936: Bildung der Inspektion der Marineartilleriezeugämter durch Herauslösen der Sperrzeugämter. (Diese wurden der Sperrwaffeninspektion unterstellt.)

1. Oktober 1937: Neubildung der Marinenachrichteninspektion, Kiel, durch Teilung der Torpedoinspektion.

Organisation und Aufgaben der Inspektionen, Stand 31. August 1939:

a) Inspektion des Bildungswesens der Marine, Kiel.

Personalausbildung: Ersatz für die Admiralstabsoffiziere, Marineoffiziere aller Laufbahnen (aktiv und Reserve), Baubeamten des höheren Dienstes, Steuermannspersonal, Sportunteroffiziere, Marinefachschullehrer und -leiter;
Militärische Ausbildung der Unteroffiziere.

Personalwirtschaft: Auswahl, Einstellung und Bearbeitung der Personalangelegenheiten des Offiziernachwuchses.
Richtlinien und Vorschriften herausgegeben für die Ausbildung des Offiziernachwuchses (Schulen, Schiffe), für die Steuermannsschule und die Fachschulen. Mobilmachungsvorbereitungen laut Mob-Plan (Marine).

Unterstellte Schulen:
Marineakademie, Kiel. Nach Anweisung Raeders sollte „der Führergehilfe lernen, Befehle in einer Form zu entwerfen, durch die den ausführenden Streitkräften Wille und Absicht des Führers eingeprägt wird". – Kommandeur, Lehrer, Stab und Schüler des Akademielehrgangs 1938/39 wurden Anfang Juli 1939 plötzlich abkommandiert.
Marineschule Mürwik, Flensburg–Mürwik, mit Seeoffizier-, Ingenieuroffizier-, Waffenoffizier- und Verwaltungsoffizierlehrgang.
Steuermannsschule, Mürwik; seit 1. 12. 1938 selbständiges Kommando mit Steuermannsmaaten- und Obersteuermannslehrgang.
Die Marinesportschule, am 2. 11. 1936 der B.I. unterstellt, wurde am 1. 5. 1939 nach Berlin als Teil der „Reichsakademie für Leibesübungen" verlegt.
I. Marineunteroffizierlehrabteilung (M.L.A.), Friedrichsort;
II. M.L.A., Wesermünde, seit 1. 4. 1935 (1. 4.–30. 9. 1935 in Wilhelmshaven);
III. M.L.A., Plön, seit 1. 4. 1938. Im 6-Monats-Lehrgang ging es darum, die Maaten-Anwärter aller Laufbahnen zu Vorgesetzten auszubilden. 1938 waren auf den drei M.L.A.'en 1800 Maatenanwärter.
In den Oberfeldwebellehrgängen von 8 Wochen bei der I. und II. M.L.A. wurde die allgemeine und die fachliche Vorgesetztenausbildung und -auswahl vertieft.
Schulschiff „Schleswig-Holstein", Schulschiff „Schlesien" und Schulkreuzer „Emden" für die Ausbildung der See-, Ing.-, Waffen-, Verwaltungsoffizieranwärter und Baubeamtenanwärter.
Segelschulschiffe „Gorch Fock", „Horst Wessel" und „Albert Leo Schlageter" mit Unteroffizieranwärtern der Laufbahn I.
Marinefachschulen (vgl. S. 498 f.):
Höhere Technische Lehranstalten für Kraftbetriebswesen in Kiel und Wilhelmshaven,
Betriebsfachschulen für Kraft- und Instandsetzungsbetriebe in Kiel, Wilhelmshaven und Swinemünde,
Marinefachschule für Gewerbe und Seefahrt in Kiel,
Marinefachschulen für Verwaltung in Kiel und Wilhelmshaven,
Marinefachschulen in den Standorten Pillau, Stralsund, Eckernförde, Mürwik, Cuxhaven, Wesermünde, Emden.

b) Waffen- und technische Inspektionen.

Deren Hauptaufgaben waren die Weiterentwicklung der Technik, der Verfahren und der Einsatzmöglichkeiten der Waffen und Geräte, deren Erprobung auf in Dienst gestellten Schiffen, Erarbeitung und Herausgabe von Schieß-, Bedienungs- und Ausbildungsvorschriften, das Heranbilden der Offiziere und Mannschaften in entsprechenden Fach- und Sonderlehrgängen an Schulen und an Bord und die Ausbildung des technischen zivilen Fachpersonals.

Inspektion der Marineartillerie, Kiel.

Unterstellt:
Schiffsartillerieschule, Kiel, mit Art.Schulschiff „Bremse" und Art.Schulbooten „Fuchs", „Drache", „Eduard Jungmann". – Entfernungs-Meßausbildung in Saßnitz.
Marineflugabwehr- und Küstenartillerieschule, Swinemünde, mit Art.Schulschiff „Brummer" und Art.Schulboot „Delphin". – Fla-Horch- und Scheinwerferausbildung in Saßnitz.
Für das Artillerieversuchskommando für Schiffe, Kiel, und für das Artillerieversuchskommando Land, Swinemünde, war der Inspekteur zugleich Präses.
Der Lehrstab für Luftwaffenfragen, Kiel, war im März 1937 gebildet und dem Inspekteur A.I. unterstellt worden.
Der Leichte Kreuzer „Königsberg" war für die Schiffsartillerieausbildung der A.I. zugeordnet.

Torpedoinspektion, Kiel.

Unterstellt:
Torpedoschule, Flensburg-Mürwik, mit der Torpedoschulflottille (T 107, 108, 110, 112),
Unterseebootsschule, Neustadt, mit der U-Schulflottille (U 1 – U 11, U 25, U 36),
Marinegasschutzschule, Kiel (seit 1. 2. 1937),
Torpedoversuchsanstalt, Eckernförde,
Chemisch-Physikalische Versuchsanstalt der Kriegsmarine, Kiel.
Für das Torpedoerprobungskommando, Kiel, seit 1. 4. 1937 der T.I. unterstellt, war der Inspekteur zugleich Chef.

Sperrwaffeninspektion, Kiel.

Unterstellt:
Sperrschule, Kiel, mit der Sperrschulflottille (seit 1. 8. 1939 [vorher Sperrschulverband]: M 75, 84, 85, 102);
Sperrversuchskommando, Kiel, mit dem Versuchsverband des S.V.K.: Versuchsboote „Nautilus", „Pelikan", „Arkona", „Claus von Bevern", „Sundewall" und „Otto Braun";
12 Marinesperrzeugämter.

Marinenachrichteninspektion, Kiel.

Unterstellt:
Marinenachrichtenschule Mürwik,
Marinenachrichtenschule Aurich (am 1. 10. 1938 aufgestellt),
Nachrichtenmittelversuchskommando (am 8. 6. 1939 aufgestellt),
Nachrichtenmittelerprobungskommando (Inspekteur N.I. war zugleich dessen Präses).

Inspektion der Marineartilleriezeugämter, Wilhelmshaven.

Unterstellt die 9 Marineartilleriezeugämter in Wilhelmshaven, Borkum, Helgoland, Sylt, Cuxhaven, Kiel-Diedrichsdorf, Swinemünde, Pillau, Jessenitz (im Aufbau).

Inspektion des Schiffsmaschinenwesens, Wilhelmshaven.

Unterstellt:
Marineschule, Kiel,
Marineschule, Wesermünde,
und die Marinelehrwerkstätten in Kiel und Wilhelmshaven (die vor Einrichtung der S.M.I. dem Marinearsenal Kiel bzw. der Marinewerft Wilhelmshaven zur Lehrlingsausbildung unterstellt gewesen waren).

Von den drei reichseigenen Werften der Kaiserlichen Marine: Wilhelmshaven, Kiel und Danzig, blieben nach 1919 die „Reichswerft", dann „Marinewerft" Wilhelmshaven (mit Arsenal) und das Marinearsenal Kiel in der Reichsmarine bestehen (letzteres eng verbunden mit den Deutschen Werken, Kiel).

Am 1. Oktober 1936 erhielt das Marinearsenal die gleiche Organisation wie die Marinewerft; beide arbeiteten ab 13. April 1938 nach der „Werftdienstordnung" und erhielten am 12. November 1938 die Bezeichnung „Kriegsmarinewerft Wilhelmshaven" bzw. „Kriegsmarinearsenal Kiel". Am 1. April 1939 erfolgte die (Wieder-)Begründung der „Kriegsmarinewerft Kiel" durch Fusionierung der Deutschen Werke und der Howaldtwerft, Werk Kiel, mit dem Kriegsmarinearsenal.

Die Kriegsmarinewerft Wilhelmshaven hatte außerdem ein Strombauressort (VIII), ein Navigationsressort (N), ein Arbeiteramt (A), ein Werftkrankenhaus (K) und den Fernlenkverband (F) mit den Zielschiffen „Hessen" und „Zähringen" und den Fernlenkbooten „Blitz" und „Komet". Der Werft unterstellt waren die Troßschiffe „Westerwald" und „Altmark".

Bei der Kriegsmarinewerft Kiel wurde das Schiffbauressort von einem Leitenden Angestellten der Howaldtwerke geleitet. Der Werft unterstellt waren das Troßschiff „Dithmarschen" und die Marineausrüstungsstellen Swinemünde und Pillau.

Der Bau der Kriegsschiffe erfolgte nach den Konstruktionsplänen des Konstruktionsamtes, die aufgrund der militärischen Forderungen des Marinekommandoamtes in Zusammenarbeit mit dem Marinewaffenamt und der jeweiligen Werft erarbeitet wurden.

Die Bauterminpläne, Bauänderungen und Fristenänderungen erarbeitete die Werftabteilung des O.K.M. mit den Werften. Der Bau begann mit der Kiellegung nach Auftragserteilung unter der laufenden Baunummer der Werft. Nach dem Stapellauf folgte die „Ausrüstung", zu der die „Baubelehrung", d. h. das technische Personal des neuen Schiffes unter dem Leitenden Ingenieur, kommandiert und dem Oberwerftdirektor bzw. der nächsten Kommandantur militärisch unterstellt wurde. Etwa ein halbes Jahr vor der Indienststellung wurde der „Schiffsstamm" – für große Einheiten – oder die „Ausbildungsabteilung" – für Zerstörerdivisionen oder Bootsflottillen – als selbständiges Kommando am Neubauort aufgestellt.

Nach der Indienststellung mit dem Heißen von Flagge und Kommandantenwimpel folgte das „Erprobungsverhältnis" unter der verantwortlichen Leitung der „Erprobungsausschüsse für Schiffe" bzw. „für U-Boote", die am 2. Februar 1937 zusammengefaßt wurden zum Erprobungskommando für Kriegsschiffneubauten (E.K.K.), Kiel. Chef des E.K.K. war ein Flaggoffizier.

Das E.K.K. stellte – nach Bedarf – Erprobungsgruppen für die Kriegsschiffstypen oder für Sonderschiffe zusammen mit einem Seeoffizier als Gruppenchef.

Das war der Kommandant des neuen Schiffes oder der Divisionschef oder der Flottillenchef (bei Zerstörern oder Booten).

Die Kriegsschiffneubauten unterstanden in allen schiffbaulichen, maschinen- und waffentechnischen Angelegenheiten vom Tage der Indienststellung ab bis zum Tage der vom O.K.M. verfügten Entlassung aus dem Probeverhältnis dem Chef des E.K.K.

Die Waffenerprobungen erfolgten dabei unter der verantwortlichen Leitung der entsprechenden Inspektionen.

Die Beziehungen des E.K.K. zu den Inspektionen bzw. den ihnen unterstellten Erprobungs- und Versuchskommandos waren in einer Dienstanweisung des O.K.M. niedergelegt.

Nach Abschluß des Probeverhältnisses, in welchem zugleich der Rollendienst (s. S. 403) exerziert wurde, ging das Schiff für „Restarbeiten" in die Bauwerft. Probeverhältnis und Restarbeiten konnten je nach Schiffstyp zwei bis sechs Monate dauern.

Die Eingliederung in die Flotte erfolgte nach der bestandenen „Seeklarbesichtigung" durch den für das Schiff zuständigen Seebefehlshaber oder Führer (B.d.P., B.d.A., F.d.T., F.d.U., F.d.M.).

g. *Kriegsmarinedienststellen*

(vgl. Abschnitt VIII, S. 321)

Am 4. Juli 1935 wurden die Reichswehrdienststelle in Hamburg und die Reichsmarinedienststellen in Königsberg, Stettin und Bremen umbenannt in Kriegsmarinedienststellen (K.M.D.).

An der Spitze jeder K.M.D. stand als „Chef" (ab 11. Dezember 1937) ein Seeoffizier, in Hamburg im Range eines Admirals, in Bremen, Stettin und Königsberg im Range eines Kapitäns zur See.

Die K.M.D. waren Organe des Oberbefehlshabers der Kriegsmarine für Fachaufgaben „in zugewiesenen Küstenbezirken":

- Bereitstellung von Hilfsschiffen für die Zwecke der Kriegsmarine im Mobilmachungsfall (Mob-Fall), und zwar Auswahl, konstruktive Vorbereitung, Erfassung, Umbau, erste Versorgung.
- Überwachung der Neubauten der Handelsschiffahrt hinsichtlich ihrer Eignung für Marinezwecke nach Sonderregelung.
- Vorbereitung und Durchführung von Truppen- und Nachschubtransporten über See.

Im Rahmen der Fachaufgaben ergaben sich Sonderaufgaben im Küstenbezirk:

- Pflege der Beziehungen zu Seeverkehr, Seehandel und Hochseefischerei;
- Seetransport- und Dienstschiffwesen bei militärischen Übungen;

- Mitwirken bei Auswahl, Einrichtung, Ausbau und Versorgung von Stützpunkten;
- Nautische Aufgaben (Seekarten, nautisches Nachrichtenmaterial, nautische Bücher) – Mitarbeit bei deren Berichtigung und Vervollständigung;
- Schiffsmeldedienst über die Marinesignalstellen;
- Fürsorgetätigkeit;
- Prüfung der Ausrüstungslager für Hilfskriegsschiffe (die Lager waren der Marinewerft bzw. dem Arsenal unterstellt) auf Beschaffenheit und Vollständigkeit der Mob-Bestände.

In allen Fach- und Sonderaufgaben und in den persönlichen Angelegenheiten der zu ihrem Befehlsbereich gehörenden Beamten waren die Chefs K.M.D. dem Ob.d.M. unmittelbar verantwortlich.

In allen anderen Angelegenheiten waren sie dem Kommandierenden Admiral des Stationskommandos unterstellt, zu dessen Bereich ihr Standort gehörte. Die 2. Admirale konnten für die Mob-Arbeiten der Kriegsmarinedienststellen nötige Weisungen erteilen.

2. Personalorganisation

a. Offizierlaufbahnen. Personalführung

Das Offizierkorps der Kriegsmarine hatte die Laufbahnen: Seeoffizier, Marineingenieuroffizier, Marinesanitätsoffizier, Marinewaffenoffizier, Musikmeister der Marine (ab 12. April 1938), Offizier der Marineartillerie, Offizier der Marinenachrichtentechnik (ab 4. Februar 1939).

Am 16. März 1938 regelte der Ob.d.M. durch das Marinepersonalamt, daß die im dauernden aktiven Wehrdienst stehenden Truppen- und Ergänzungsoffiziere das aktive Offizierkorps der Kriegsmarine bildeten:
„Truppenoffiziere sind die Offiziere, die seit ihrem Diensteintritt ohne wesentliche Unterbrechung im aktiven Dienst sind.
Truppen- und Ergänzungsoffiziere haben die gleichen Pflichten und Rechte im Sinne des Wehrgesetzes. Sie unterscheiden sich nur durch die Art der militärischen Verwendung.
Die Beförderung der Ergänzungsoffiziere regelt sich nach besonderen Grundsätzen."

Auf Weisung des „Führers und Obersten Befehlshabers der Wehrmacht" vom 15. Dezember 1938 kam die (seit dem 5. 3. 1935) zu führende Bezeichnung „(E)" hinter dem Dienstgrad der Ergänzungsoffiziere in Fortfall. Der Begriff „Ergänzungsoffizier" blieb jedoch vorläufig bestehen.

Die Ausbildungszeit der See-, Ingenieur-, Waffen- und Verwaltungsoffizieranwärter änderte sich von Crew zu Crew, bedingt durch den wachsenden Bedarf und organisatorische Einflüsse:

Crew 32	3 Jahre, 8 Monate	(R.D.A. 1. 1. 1936)
Crew 33	3 Jahre, 5 Monate	(R.D.A. 1. 10. 1936)
Crew 34	3 Jahre	(R.D.A. 1. 4. 1937)
Crew 35	3 Jahre	(R.D.A. 1. 4. 1938)
Crew 36	2 Jahre, 5 Monate	(R.D.A. 1. 10. 1938)
Crew April 37	2 Jahre, 3 Monate	(R.D.A. 1. 8. 1939)

Ab Crew Oktober 37 sollte die Ausbildung 3 Jahre umfassen, aber der Kriegsausbruch zwang weiter zur Verkürzung.

Seeoffizierlaufbahn

Der Seeoffizieranwärter wurde zum Führer von Kriegsschiffen und seiner Besatzungen ausgebildet. Der Seeoffizier war in dieser Stellung für den Einsatz und die Verwendung aller Waffen des Schiffes verantwortlich (vgl. S. 402). Durch Bestehen der gesetzlich vorgeschriebenen Prüfungen erwarb er sich die Berechtigung zum Führen eines Kriegsschiffes über See. Darüber hinaus mußte er sich im Laufe der Ausbildungszeit die für seine spätere Tätigkeit nötigen Kenntnisse und Erfahrungen auf dem Gebiet des allgemeinen Schiffsdienstes, der Taktik, der Navigation, der Waffenkunde und der Waffenverwendung erwerben.

Der Seeoffizier nahm an Bord seinem Dienstgrad, seiner Vorbildung und Eignung entsprechend auf verschiedenen Schiffstypen die Stellung als Kommandant, I. Offizier, Navigationsoffizier, Waffenleiter (Artillerie, Torpedo, Sperr) sowie als Wachoffizier und als Divisionsoffizier ein und wurde gleichzeitig in Sonderstellungen als Funkoffizier, Ausbildungsoffizier für den Offiziernachwuchs auf Schulschiffen u. a. verwendet. In allen Stellungen war er Ausbilder und Erzieher von Soldaten. Die Besetzung von Küstenbefestigungen, die Durchführung der militärischen Grundausbildung der Soldaten an Land machte vorübergehende Kommandierungen zu Marine-Artillerie-Abteilungen, Schiffsstammabteilungen, Marineschulen und Unteroffizierlehrabteilungen notwendig.

Neben Kommandos im Truppendienst an Bord und an Land füllte der Seeoffizier Stellen in Stäben, im Admiralstabs-, Schul-, Versuchsdienst sowie an Behörden aus.

Der Seeoffizieranwärter absolvierte die militärisch-seemännische Grundausbildung in einer Schiffsstammabteilung, das Segelschulschiff (Ernennung zum Seekadetten), das Auslandsschulschiff mit Fähnrichsprüfung und Beförderung zum Fähnrich zur See (Obermaat), die Marineschule Mürwik mit Seeoffizierhauptprüfung, Lehrgänge an den Waffenschulen (Artillerie, Torpedo, Sperr, Nachrichten), Frontdienst in der Flotte mit Beförderung zum Oberfähnrich zur See (Oberfeldwebel). Nach Abschluß der Ausbildung erfolgten Offizierwahl und Beförderung zum Leutnant zur See.

Die Crew 1935, eingestellt am 1. April 1935, hatte 351 Seekadetten,

die Crew 1936, eingestellt am 1. April 1936, 368 Seekadetten,

die Crew 1937 A, eingestellt am 1. April 1937, 362 Seekadetten,

die Crew 1937 B, eingestellt am 1. Oktober 1937, 340 Seekadetten,

die Crew 1938, eingestellt am 1. Oktober 1938, 359 Seekadetten.

Für einen Teil der Seeoffizieranwärter war nach der Beförderung zum Leutnant zur See ein mehrjähriges Kommando zur Luftwaffe – Beobachter in Seefliegerverbänden – vorgesehen. Beförderungen und weitere Verwendung in der Kriegsmarine wie bei den anderen Seeoffizieren. Für einen kleinen Teil der Seeoffizieranwärter sollte nach ihrer Beförderung zum Offizier die Notwendigkeit bestehen – vornehmlich aufgrund freiwilliger Meldungen –, zur Luftwaffe überzutreten zur Verwendung als Flugzeugführer, als Verbandsführer und in Stäben – vornehmlich in den Seeluftstreitkräften. Laut Rangliste der Kriegsmarine vom 1. 11. 1938 waren von 258 Leutnanten zur See der Crew 1935 84 zur Luftwaffe versetzt-kommandiert = 32,5%.

Bei der Crew 1936 war das Verhältnis 314 : 134 = 41,7%. Das Verhältnis blieb bei den Crewen April und Oktober 1937 bei etwa 33%.

Die Gesamtzahl der Seeoffiziere, aufgeschlüsselt nach Dienstgraden, betrug nach Rangliste vom 1. Oktober 1939:

		Truppenoffiziere		Ergänzungsoffiziere		
Großadmiral		1				
Generaladmiral		1				
Admiral		5				
Vizeadmiral		13				
Konteradmiral		29		7		
Kapitän zur See	(Crew 1910–1914)	101		35		
Fregattenkapitän	(Crew 1915–1917)	75		82		
Korvettenkapitän	(Crew 1917–1924)	177		307		
Kapitänleutnant	(Crew 1925–1931)	341		118		
Oberleutnant zur See	(Crew 1932–1935)	585		7		
Leutnant zur See	(Crew 1936 u. April 37)	644				
		1972	+	556	=	2528
Im Vergleich 1. 11. 1935:		747	+	249	=	996
(Kaiserliche Marine 1. August 1914					=	2329)

Die Ausbildung beinhaltete die seemännische und militärische Grundausbildung und den Werkstättenlehrgang (danach Ernennung zum Kadetten des Marineingenieurwesens), das Auslandsschulschiff mit Fähnrichsprüfung und Beförderung zum Fähnrich (Ing.) (Obermaat), die Marineschule Mürwik mit Ingenieuroffizierhauptprüfung, Werkstättenausbildung und Frontdienst in der Flotte. Während dieser Zeit Beförderung zum Oberfähnrich (Ing.) (Oberfeldwebel) – nach Abschluß Wahl und Beförderung zum Leutnant (Ing.).

Die Crew 1935, eingestellt am 1. April 1935, hatte 56 Kadetten des Marineingenieurwesens (25. 9. 1935), die Crew 1936 hatte 66 (10. 9. 1936), die Crew April 1937 hatte 52 (21. 9. 1937), die Crew Oktober 1937 hatte 74 (28. 6. 1938) und die Crew 1938 hatte 86 Kadetten (Ing.).

Besonders befähigte jüngere Ingenieuroffiziere wurden nach Bedarf für ein mehrsemestriges Studium an die Technische Hochschule Berlin kommandiert, das mit der Diplomarbeit abschloß.

Die Gesamtzahl der Marineingenieuroffiziere, aufgeschlüsselt nach Dienstgraden, betrug nach Rangliste vom 1. Oktober 1939:

				E			
Vizeadmiral (Ing.)	1						
Konteradmiral (Ing.)	3						
Kapitän zur See (Ing.)	21	(4 Dipl.-Ing. 1 Dr.-Ing.)		12	(2 Dipl.-Ing.)		
Fregattenkapitän (Ing.)	17	(4 Dr.-Ing.)		9			
Korvettenkapitän (Ing.)	58	(10 Dr.-Ing.)		128	(17 Dipl.-Ing., 9 Dr.-Ing.)		
Kapitänleutnant (Ing.)	140	(27 Dr.-Ing.)		56	(3 Dipl.-Ing., 1 Dr.-Ing.)		
Oberleutnant (Ing.)	179	(26 Dr.-Ing.)		13			
Leutnant (Ing.)	111						
	530		+	218		=	748
Im Vergleich 1. 11. 1935:	235		+	47		=	228
(Kaiserliche Marine 1. August 1914						=	575)

Marinesanitätsoffizierlaufbahn

Ausbildungsgang: Nach seemännisch-militärischer Grundausbildung und Segelschulschiff (oder Sportlehrgang) innerhalb der Crew Ernennung zum Marinesanitätskadetten und Kommandierung zur Militärärztlichen Akademie Berlin (seit 1. Oktober 1934). Die Ablegung des I. Abschnitts der ärztlichen Vorprüfung erfolgte nach dem 2. Semester, die des II. Abschnitts nach dem 4. Semester. Gesamtstudienzeit 10 Semester (Studienkosten etwa 5000 RM). In den Hochschulferien militärische und praktische Ausbildung an Bord und an Land. Beförderung zum Marinesanitätsfähnrich nach bestandenem I. Abschnitt der ärztlichen Vorprüfung; nach bestandener Prüfung zum Marineunterarzt und Ableistung des praktischen Jahres in einem Marinelazarett. Nach erlangter Bestallung Wahl und Beförderung zum Marineassistenzarzt.

1935 kamen 16 Marinesanitätskadetten in Ausbildung, 1936 55 (davon 35 älterer Geburtsjahrgänge); April 1937 33 (davon 14 älterer Geburtsjahrgänge); Oktober 1937 38 (davon 18 älterer Geburtsjahrgänge); Oktober 1938 30 (davon 5 älterer Geburtsjahrgänge).

Die Gesamtzahl der Marinesanitätsoffiziere, aufgeschlüsselt nach Dienstgraden, betrug am 1. Oktober 1939:

			E		
Admiraloberstabsarzt	1				
Admiralarzt	3		1		
Flottenarzt	14		1		
Geschwaderarzt	16				
Marineoberstabsarzt	19		11		
Marinestabsarzt	97		2		
Marineoberassistenzarzt	70				
Marineassistenzarzt	58				
Marineunterarzt	2				
	280	+	15	=	295
Im Vergleich 1. 11. 1935:	142	+	3	=	145
(Kaiserliche Marine 1. August 1914				=	340)

Waffenoffizierlaufbahn

Die Waffenoffizierlaufbahn, am 1. Juli 1934 durch Erlaß des Reichspräsidenten neu gegründet, hatte die Zweige „Artillerie" – (hervorgegangen aus der Offizierlaufbahn der Feuerwerksoffiziere der Kaiserlichen Marine) – und „Sperrwaffe" (hervorgegangen aus der Offizierlaufbahn der Torpederoffiziere des Minenwesens der Kaiserlichen Marine) – (s. Abschn. VIII, S. 288).

Die Crew 1935 hatte 20 Kadetten des Marinewaffenwesens, die Crew 1936 36, die Crew April 1937 35, die Crew Oktober 1937 36. Die Crew 1938 hatte 27 Kadetten (W-Art.) und 11 Kadetten (W-Sperr).

Die Gesamtzahl der Marinewaffenoffiziere, aufgeschlüsselt nach Dienstzweigen und Dienstgraden, war am 1. Oktober 1939:

	W-Artillerie	+	E	W-Sperr	+	E
Kapitäne zur See	2			1		
Fregattenkapitäne	9			11		
Korvettenkapitäne	39	+	15	16	+	13
Kapitänleutnante	18	+	12	12	+	18
Oberleutnante	40	+	1	24	+	16
Leutnante	60			22		
	168	+	28	86	+	47
	= 196 (W-Art.)			= 133 (W-Sperr)		
Zum Vergleich 1. 11. 1935	77			41		
(Kaiserliche Marine 1. August 1914				245)		

Marineverwaltungsoffizierlaufbahn

Durch Erlaß des „Führers und Reichskanzlers" vom 26. Februar 1935 war in der Marine die Laufbahn der Verwaltungsoffiziere eingeführt worden, entstanden aus der bisherigen Marinezahlmeisterlaufbahn. Die Verwaltungsoffiziere fanden Verwendung als Verwaltungsreferenten. Darüber hinaus wurden sie als Ausbilder oder Lehrer verwandt. An Bord waren sie „Abschnittsleiter".

Die Crew 1935 hatte 19 Kadetten der Marineverwaltung, die Crew 1936 hatte 28 Kadetten, die Crew April 1937 hatte 37, die Crew Oktober 1937 hatte 24 und die Crew 1938 hatte 31 Kadetten (V).

Die Gesamtzahl der Marineverwaltungsoffiziere, aufgeschlüsselt nach Dienstgraden, betrug am 1. Oktober 1939:

			E		
Kapitän zur See (V)	1				
Fregattenkapitäne (V)	12		8		
Korvettenkapitäne (V)	51		40		
Kapitänleutnante (V)	34		76		
Oberleutnante (V)	40		10		
Leutnante (V)	58				
	196	+	134	=	330
Im Vergleich 1. 11. 1935	102	+	15	=	117
(Kaiserliche Marine 1. August 1914				=	276)

Musikmeisterlaufbahn

Am 12. April 1938 erließ der „Führer und Reichskanzler" die „Verordnung über den Rang der Musikinspizienten und Musikmeister des Heeres, der Kriegsmarine und der Luftwaffe". Danach erfolgte die Auswahl der Marinemusiker für die Marinemusikmeisterlaufbahn durch das OKM nach Vorschlag der 2. Admirale aus der Laufbahn XII und durch Aufnahmeprüfung bei der Staatlichen akademischen Hochschule für Musik in Berlin. Die Anwärter wurden 3 Jahre ausgebildet. Die kommandierten Soldaten waren hinsichtlich ihrer musikalischen Ausbildung der Hochschule unterstellt. Die Dienstaufsicht über sie führte der an der Ausbildung beteiligte Musikinspizient. Die Hochschulausbildung schloß mit einer musikalischen und mit einer militärischen Prüfung ab; nach Bestehen erfolgte die Ernennung zum Musikmeisteranwärter. Die spätere Verwendung erfolgte als Leiter von Marinemusikkorps. Die Rangliste der Kriegsmarine vom 1. Oktober 1939 enthielt:

1 Marinemusikinspizient
2 Stabsmusikmeister
3 Obermusikmeister
13 Musikmeister

Marineartillerieoffizierlaufbahn

In den Streitkräften zur Küstenverteidigung, in technischen Behörden (Kraftfahrzeug- und Nachrichtenwesen) und im Bereich der Inspektion der Marineartillerie und der Nachrichteninspektion waren am 1. Oktober 1939 131 Offiziere der Marineartillerie eingesetzt:

48 Korvettenkapitäne M.A.
55 Kapitänleutnante M.A.
28 Oberleutnante M.A.

Marinenachrichtentechnik

Am 4. Februar 1939 wurde die Laufbahn Marinenachrichtentechnik eingerichtet, die sich aus Unteroffizieren der Laufbahnen VI und XVIII (s. S. 441 f.) rekrutierte. Die ausgewählten Oberfeldwebel machten den Offizierlehrgang an der Marineschule und wurden zu Oberfähnrichen (N.T.) ernannt. Die Rangliste vom 1. Oktober 1939 enthielt erstmalig Oberfähnriche (N.T.).

Das aktive Offizierkorps (Truppen- und Ergänzungsoffiziere) aller Laufbahnen der Kriegsmarine bestand am 1. Oktober 1939 aus 4405 Offizieren, davon waren 413 Seeoffiziere zur Luftwaffe „versetzt-kommandiert". (Zum Vergleich: Kaiserliche Marine am 1. August 1914 3765 Offiziere.)

Zeugnisse

Im Rahmen seiner Laufbahn mußte sich der Seeoffizier als Waffenleiter mindestens eins der folgenden Zeugnisse erwerben:

A^{A}	zum Artillerieoffizier A (kleiner Lehrgang)
A^{B}	zum Artillerieoffizier B (großer Lehrgang)
K	zum Artillerieoffizier Küstenartillerie
Fla^{A}	zum Flugzeugabwehrartillerieoffizier A
Fla^{B}	zum Flugzeugabwehrartillerieoffizier B
Fla^{M}	zum Fla-Maschinenwaffenleiter
Fla^{S}	zum Fla-Scheinwerferoffizier
Em	zum Entfernungsmeßoffizier
T^{A}	zum Torpedooffizier (kleiner Lehrgang)
T^{B}	zum Torpedooffizier (großer Lehrgang)
T^{U}	zum Torpedooffizier für U-Boote
FT^{A}	zum Funkoffizier (kleiner Lehrgang)
FT^{B}	zum Funkoffizier (großer Lehrgang)
Spr	zum Sperroffizier
Vm	zum Vermessungsoffizier

AT war das Zeugnis zum Artillerie-Technischen Offizier (vornehmlich für Waffenoffiziere), D das Zeugnis als Dolmetscher und WKS das Zeugnis als Wehrmachtsachverständiger für Kraftfahrzeuge, (vornehmlich für Ingenieuroffiziere).

K-, Fla- und Em-Zeugnisse erwarben auch Offiziere der Marineartillerie. Den Luftwaffen-Beobachterschein erwarben die zur Luftwaffe versetzt-kommandierten Seeoffiziere nach Abschluß der Ausbildung.

Personalführung der Offiziere

Die Inspektion des Bildungswesens der Marine hatte die Aufgabe, den Ersatz für die Offizierlaufbahnen heranzuziehen, auszuwählen und auszubilden.

Die Personalführung (Führungskontrolle) oblag dem Kommando der Marineschule Mürwik. Die Ausbildungskommandos hatten nach Abschluß eines jeden Lehrgangsabschnitts die Führungskontrolle (ab Oktober 1938 das „Führungsblatt") der Marineschule einzureichen, die dort beim „Personalheft" des Offizieranwärters aufbewahrt wurde. Bei seiner Beförderung wurde der Offizier entweder der Marinestation der Ostsee oder der Nordsee zugeteilt, denen „die Bearbeitung der Personalangelegenheiten aller zur Marinestation gehörigen Seeoffiziere, Ingenieuroffiziere der Marine, Marinesanitätsoffiziere und Marineverwaltungsoffiziere" unterlag. (Bei Marinesanitätsoffizieren nur insoweit, als hierfür in der Marinesanitätsordnung nicht besondere Bestimmungen getroffen waren).

Die Personalbewirtschaftung der Marinewaffenoffiziere erfolgte durch die Fachinspektion (bis 1940).

Jedes Marinestationskommando hatte ein „Marineoffizierpersonalsreferat", dem Chef des Stabes direkt unterstellt.

1938 wurde die Referate erweitert zu Marinepersonalabteilungen (M.P.A.), deren Abteilungschef dem jeweiligen Kommandierenden Admiral direkt unterstellt war. Die M.P.A. Ost bzw. M.P.A. West hatte die Referate P I A (Seeoffiziere),

P I B (Offiziere des Beurlaubtenstandes), P I E (Ergänzungsoffiziere), P I Ing. (Ingenieuroffiziere), P I VO (Marineverwaltungsoffiziere). Die Marinepersonalabteilung der Stationen arbeiteten nach den Richtlinien und Grundsätzen des Marinepersonalamts im OKM.

Das Marinepersonalamt stellte die Bord- und Landstärken für die Offiziere auf, bearbeitete die Dienstalters- und Ranglisten, den Mobilmachungsplan (Anlage C, Personal der Kriegsmarine) und bearbeitete die persönlichen Angelegenheiten der Offiziere, Beförderungen, Stellenbesetzungen sowie Richtlinien und Grundsatzfragen nach Weisung des Ob.d.M.

Von den 4992 Offizieren aller Laufbahnen waren am 31. August 1939 etwa 1500 eingeschifft.

b. Personalführung der Unteroffiziere und Mannschaften

(Mitbearbeiter: Josef Zienert)

Die Stammarineteile (Schiffsstammdivisionen) der Kriegsmarine wurden von den Zweiten Admiralen der Marinestationen geführt (2. A.d.O. und 2. A.d.N.).

Unter dem jeweiligen Chef des Stabes arbeiteten die Personalabteilung, die Mob-Abteilung, die Versorgungsabteilung, das Gericht des Zweiten Admirals, Leitender Sanitäts- und Verwaltungsoffizier.

Die „Personalbewirtschaftung" der Soldaten der Kriegsmarine war gleichmäßig auf den 2. A.d.O. und 2. A.d.N. verteilt. Sie errechneten die Höhe des Ersatzbedarfs aufgrund der vom Oberbefehlshaber der Kriegsmarine angeordneten Indiensthaltung und Aufstellung und der zu erwartenden zeitgerechten und vorzeitigen Abgänge.

Die Kopfzahl an Soldaten der einzelnen Laufbahnen war durch den „Kassenplan", die Planstärke der auf die einzelnen Dienststellen entfallenden Soldaten durch die „Bordstärken" (M.Dv. 59) und die „Landstärken" (M.Dv. 66) festgelegt.

Das technische System „Kriegsschiff" bedingte Fachkenntnisse seiner vielverzweigten Einrichtungen und Handhabung seiner Maschinen und Waffen. Dies erforderte eine entsprechende Ausbildung jedes Mannes seiner Besatzung, die nicht im Rahmen einer zweijährigen Dienstzeit erlangt werden konnte.

Die Kriegsmarine unterschied daher:

a) Flottendienst mit einer vierjährigen Dienstzeit

Jeder 4jährig Freiwillige hatte sich von vornherein für den Fall, daß er zum Unteroffizier geeignet befunden wurde, mit einer Verlängerung auf insgesamt 12 Jahre zuzüglich „Ausbildungszuschlag" einverstanden zu erklären oder, für den Fall seiner Ungeeignetheit für den Flottendienst, mit der Entlassung nach Erfüllung der aktiven Dienstpflicht.

Der „Ausbildungszuschlag“ umfaßte die allgemein-militärische Grundausbildung und etwaige Fach- und Sonderausbildung (1/4–1 Jahr).

b) Küstendienst (See)

c) Küstendienst (Land)

Die Aushebung von Wehrdienstpflichtigen war nur für den Küstendienst (See) und (Land) vorgesehen mit den gleichen Voraussetzungen wie die der 2jährig Freiwilligen.

Die Einberufung erfolgte in eine Schiffsstammabteilung oder Marineartillerieabteilung nach Tauglichkeitsuntersuchung und Zuordnung zu einer der Laufbahnen der Kriegsmarine. Freiwillige des Flottendienstes wurden einer speziellen marineärztlichen Untersuchung und einer Eignungsprüfung unterzogen.

Die eingestellten Rekruten wurden in die „Marinestammrolle“ aufgenommen, die vom Stammarineteil (2. A.d.O., 2. A.d.N.) angelegt und geführt wurde.

Die Laufbahnzuordnung der Freiwilligen erfolgte vornehmlich aufgrund der Berufsausbildung (abgeschlossene dreijährige Lehre). Nach der allgemeinen militärischen Grundausbildung wurden Soldaten endgültig für die Fachausbildung ausgewählt.

Für die gemeinsame militärisch-seemännische Grundausbildung aller Freiwilligen (auch der Offizieranwärter) unterstanden dem 2. A.d.O. 1939 die 1. und 3. Schiffsstammabteilung (S.St.A.) in Kiel, die 5. S.St.A. in Eckernförde und das 1. Schiffsstammregiment in Stralsund mit der 7. und 9. S.St.A. in Stralsund und der 11. S.St.A. in Saßnitz.

Dem 2. A.d.N. unterstanden die 2. und 6. S.St.A. in Wilhelmshaven, die 8. S.St.A. in Leer und das 2. Schiffsstammregiment in Wesermünde mit der 10. S.St.A. in Wesermünde, der 12. S.St.A. in Brake und der 14. S.St.A. in Glückstadt.

Nach der sechsmonatigen Grundausbildung, z. T. schon kombiniert mit Fachausbildung (seemännisch oder technisch) und der Zuordnung zur „Laufbahn“ folgte ein Fachlehrgang („Gastenlehrgang“) an einer Marineschule.

Bis zum 31. März 1938 galten die Laufbahn-Ordnungszahlen der Reichsmarine I bis XV (Laufbahn Nr. IV war frei), zusätzlich ab September 1937 Kraftfahrlaufbahn XIV b und Laufbahn für das Wehrersatzwesen XVI (Vgl. Abschn. VIII, S. 324).

Mit Wirkung vom 1. April 1938 setzte das Marinewehramt im OKM eine neue Reihenfolge und neue Bezeichnungen der Laufbahnen in Kraft mit der Begründung:

„Der Neuaufbau der Wehrmacht macht es erforderlich, die Laufbahnen und die Dienstgrade innerhalb der Kriegsmarine so einfach wie möglich zu gliedern und zu bezeichnen. Abweichungen von den Bezeichnungen der anderen Wehrmachtteile müssen, soweit angängig, vermieden werden.“

Laufbahnen im Flottendienst:

I. Bootsmannslaufbahn: seemännischer Dienst für Schiffe, Zerstörer, Torpedo-, Minensuch-, Räum-, Schnell- und Unterseeboote mit den Untergruppen Artillerie-, Torpedo-, Sperr-, Waffenleitpersonal, Entfernungsmesser, Stückmeister, Wachtmeister, Segelmacher – jeweils mit Sonderausbildung. Sonderdienstzweige der Laufbahn I, beginnend mit den Portepéeunteroffizierdienstgraden, waren
- der Oberstückmeister (Gehilfe des Artillerieoffiziers),
- der Oberwachtmeister (Gehilfe des Ersten Offiziers),
- der Waffenleitoberfeldwebel und
- der Entfernungsmeßoberfeldwebel (beide Gehilfen der Waffenleiter).

II. Maschinenlaufbahn: Bedienen und Warten aller Antriebs- und Hilfsmaschinen.

III. Steuermannslaufbahn: Gehilfe des Wachoffiziers oder des Navigationsoffiziers bei der navigatorischen Führung, gegliedert in III S für Schiffe, III T für Torpedoboote, III U für U-Boote, III M für Minensuchboote; III V war der Vermessungssteuermann.

IV. Nachrichtenlaufbahn: Bedienen und Warten der Nachrichtenmittel für die Führung von Schiffen und Verbänden, gegliedert in IV Sig optischer Signaldienst, IV Fk Funkdienst, IV Fs Fernschreiber.

V. Zimmermannslaufbahn: Instandsetzung und Wartung alles Holzwerks an Bord, der Beiboote, der Gasschutzgeräte. Einsatz als Taucher nach Sonderausbildung.

VI. Feuerwerkerlaufbahn: Verwalten, Prüfen und Instandhalten der Geschützmunition, des Munitionskammergeräts, der Artillerieschießscheiben; Führen der Artillerieschießlisten.

VII.–A: Artilleriemechanikerlaufbahn: Instandhalten der Geschütze, der Artillerie- und Feuerleitanlagen.

VII.–T: Torpedomechanikerlaufbahn: Instandhalten der Torpedos, der Rohr- und Feuerleitanlagen.

VII.–Spr: Sperrmechanikerlaufbahn: Instandhalten der Sperrwaffenanlagen, Wartung der Minen, der Minenabwehr-, U-Bootsabwehr- und Sprengwaffen und -geräte.

VIII. (frei)

IX.–Vs: Verwaltungsschreiberlaufbahn: Hilfeleistung bei der Geschäftsführung in Verwaltungsangelegenheiten. Gebührnisberechnungen.

IX.–Sv: Sachverwalterlaufbahn: Verwaltung der Verbrauchsgeräte und Verbrauchsstoffe an Bord und an Land. Rechnungslegung.

IX.–Vp: Verpflegungslaufbahn: Einkauf, Lagern, Bereiten und Ausgabe der für die Verpflegung nötigen Lebensmittel. Rechnungslegung.

X. Schreiberlaufbahn: Hilfeleistung bei der Geschäftsführung in Kommandoangelegenheiten.

XI. Sanitätslaufbahn: Hilfeleistung bei der Krankenpflege, der Hygiene, Wartung und Bedienung des Spezialgeräte, Führen der Krankenkladden. (Auf kleinen Kriegsschiffen leitete ein Sanitätsunteroffizier den Sanitätsdienst.)

XII. Musiklaufbahn: Musikdienst in den Marinemusikkorps auf Schiffen und an Land.

Laufbahnen im Landdienst:

XIII. Hauptfeldwebellaufbahn (Ergänzung aus bewährten Unteroffizieren aller o. a. Laufbahnen): Gehilfe des Kompaniechefs.

XIV. Marineartillerielaufbahn: Einsatz in den Streikräften zur Küstenverteidigung und den Küstenartillerie- und Flak-Schulen.

XV. Kraftfahrlaufbahn: Instandhalten, Warten und Bedienen der Kraftfahrzeuge aller Dienststellen und Truppenteile an Land. Rechnungslegung.

XVI. Laufbahn für das Wehrersatzwesen (Ergänzung aus bewährten Unteroffizieren, vornehmlich der Laufbahnen IX und X): Geschäftszimmerführung bei den Wehrersatzdienststellen; Betreuung der Soldaten und der Reservisten.

XVII.–A: Artilleriewaffenwartlaufbahn (Ergänzung aus bewährten Unteroffizieren, vornehmlich der Laufbahnen I, VI und VII–A): Verwaltung und Aufsichtsführung in den Werken und Betrieben der Marineartilleriezeugämter, Werften und Arsenale.

XVII.–Spr: Sperrwaffenwartlaufbahn (Ergänzung aus bewährten Unteroffizieren, vornehmlich der Laufbahnen I und VII–Spr): Verwaltung und Aufsichtsführung in den Werken und Betrieben der Sperrzeugämter, Werften und Arsenale.

XVIII. Flugmeldelaufbahn (Eingerichtet ab 1. Oktober 1938, Ergänzung aus Unteroffizieren und Mannschaften anderer Laufbahnen): Einsatz im Dienst der Marineflugmeldeabteilungen, Warten und Bedienen der Spezialgeräte (Funkmeß-, Funksprech-, Fernschreib-, Koppelgeräte).

Die Zugehörigkeit zur Laufbahn war durch ein Laufbahnabzeichen – verbunden mit dem Dienstgradabzeichen – gekennzeichnet.

Bei Erfüllung der allgemeinen dienstlichen Anforderungen und fachlicher Qualifikation konnte ein Soldat befördert werden:

Zum Dienst seiner Laufbahn im Rang eines:	frühestens nach Gesamtdienstzeit	davon Jahre	im Rang eines
Gefreiten	1	1	Matrosen
Obergefreiten	2	1	Gefreiten
Hauptgefreiten	4	2	Obergefreiten
Maaten	3	1	Obergefreiten
Obermaaten	6	3	Maaten
Feldwebels	7	3	Maaten
Stabsfeldwebels (F)	12		
Oberfeldwebels	6	2	Maaten
Stabsoberfeldwebels	9	3	Oberfeldwebels

Die Beförderung zum Portepeeunteroffizier (vom Feldwebel aufwärts) war mit der Verleihung der Offizierseitenwaffe verbunden.

Die Beurteilung, ob die allgemeinen und besonderen Bedingungen für eine Beförderung (oder Ernennung) erfüllt waren, war Aufgabe des Disziplinarvorgesetzten. Die Einleitung erfolgte dann nach Sichtung durch den Stammmarineteil.

Etwa im dritten Dienstjahr wurden die zum Unteroffizier geeignet erscheinenden Mannschaften gesichtet und ausgewählt. Die Unteroffizieranwärter kamen auf eine der Marineunteroffizierlehrabteilungen (I. M.L.A. Kiel, II. M.L.A. Wesermünde, III. M.L.A. Plön) und absolvierten einen sechsmonatigen militärisch-fachlichen Lehrgang. Die Kriterien waren Vorgesetzteneigenschaften. U-Anwärter der Laufbahnen I. und III. wurden zum Lehrgang auf ein Segelschiff kommandiert.

Das Bestehen des „U-Lehrgangs" bedeutete zugleich die Befähigung, Portepéeunteroffizier werden zu können.

Die „Oberfeldwebelanwärter" absolvierten – nach mindestens zwei Unteroffizierdienstjahren – einen zweiten kombinierten militärisch-fachlichen Achtwochenlehrgang an einer M.L.A. Bei der Beförderung zum O.F. konnten die Zwischendienstgrade Obermaat und Feldwebel übersprungen werden. Besonders befähigte Soldaten konnten nach Bestehen des U-Lehrgangs zum Offizieranwärter ernannt und in eine aktive Offizieranwärtercrew überführt werden (Einreihung auf dem Kadettenschulschiff).

Auch konnten Oberfeldwebel, zu Oberfähnrichen ernannt, in eine Offizierlaufbahn überführt werden (Einreihung auf der Marineschule).

Für die Ernennung und Beförderungen der aktiven Offizieranwärter (Matrose O.A., Kadett, Fähnrich, Oberfähnrich) galten besondere Bestimmungen.

Die Kriegsmarine vollzog außerdem Beförderungen zu überzähligen Dienstgraden, Beförderungen als Belohnung für Taten, die besonderen Mut oder besondere Umsicht erforderten und Beförderungen zu Dienstgraden des Beurlaubtenstandes.

Der 2. A.d.O. und der 2. A.d.N. stellten für die Unteroffiziere einer jeden Laufbahn und für die Feldwebel- und Oberfeldwebelanwärter (nach Bestehen der militärischen Prüfung bzw. Ausbildung) Dienstalterslisten auf.

Nach der Verordnung über das Heiraten der Wehrmacht (O.B. Heft 6) wurde die Genehmigung zum Heiraten nicht vor Vollendung des 25. Lebensjahres oder 6. Dienstjahres erteilt. Die Entscheidung traf für Unteroffiziere und Mannschaften der nächsthöhere Disziplinarvorgesetzte mit mindestens der Disziplinarstrafgewalt eines selbständigen Abteilungskommandeurs oder eines Kommandanten bzw. Flottillenchefs.

In einer knapp siebenjährigen Aufbauphase hatte sich die Kriegsmarine von 13 900 Unteroffiziere und Mannschaften (Stand nach A I vom 15. 11. 1932) auf 73 900 bei Kriegsausbruch vermehrt – einschließlich Wehrpflichtiger. (Die Kaiserliche Marine hatte am 1. August 1914 73 342 Deckoffiziere, Unteroffiziere und Mannschaften.)

Die 14 Schiffsstammabteilungen bildeten etwa 6000 Rekruten aus. Die Schulen – (Schiffsartillerie-, Flugabwehr- und Küstenartillerie-, Torpedo-, Unterseeboots-, Gasschutz-, Sperr-, 2 Marinenachrichten-, Steuermanns- und 2 technische Marineschulen) – hatten etwa 8000 Schüler aller Unteroffizier- und Mannschaftsdienstgrade. An den drei Marineunteroffizierlehrabteilungen machten etwa 1200 U- und 300 OF-Anwärter ihren Lehrgang.

Von 73 900 Unteroffizieren und Mannschaften (einschließlich der Offizieranwärter) waren bei Kriegsbeginn etwa 25 000 in Borddienststellen, 33 000 in Landkommandos und 15 900 auf „Schüler"-Etat.

c. *Rang- und Vorgesetztenverhältnisse*

(von Josef Zienert)

Die Soldaten der Kriegsmarine wurden in folgende Hauptklassen eingeteilt:
- Offiziere
- Musikinspizienten und Musikmeister
- Unteroffiziere
- Mannschaften

Rangklassen der Offiziere:
- Admirale mit den Dienstgraden Großadmiral, Generaladmiral, Admiral, Vizeadmiral, Konteradmiral;
- Stabsoffiziere mit den Dienstgraden Kapitän zur See, Fregattenkapitän, Korvettenkapitän;
- Kapitänleutnante;
- Leutnante mit den Dienstgraden Oberleutnant und Leutnant.

Aktive Seeoffiziere mit Patent in der Rangklasse der Admirale waren „Flaggoffiziere"; Seeoffiziere mit der Berechtigung zum Führen des Kommodorestanders gemäß „Flaggen-, Salut- und Besuchsordnung der Kriegsmarine" führten die Dienstbezeichnung „Kapitän zur See und Kommodore".

Rangklassen der Musikinspizienten und Musikmeister:
- Musikinspizienten mit den Dienstgraden Obermusikinspizient und Musikinspizient;
- Stabsmusikmeister;
- Musikmeister mit den Dienstgraden Obermusikmeister und Musikmeister.

Rangklassen der Unteroffiziere:
- Unteroffiziere mit Portepee mit den Dienstgraden Stabsoberfeldwebel, Oberfeldwebel, Stabsfeldwebel (F), Feldwebel;
  Oberfähnriche und Marineunterärzte galten als dienstälteste Oberfeldwebel.
- Unteroffiziere ohne Portepee mit den Dienstgraden Obermaat und Maat;
  Fähnriche galten als dienstälteste Obermaate.

Rangklasse der Mannschaften mit den Dienstgraden Stabsgefreiter, Hauptgefreiter, Obergefreiter, Gefreiter, Matrose. Seekadetenn galten als Hauptgefreite.

Die Dienstgrade in den Rangklassen der Offiziere (vom Vizeadmiral abwärts), der Unteroffiziere und der Mannschaften (außer Matrose) hatten jeweils die Zusatzbezeichnung der Laufbahn.

Als Beispiele: Kapitän zur See (Ing.), Oberleutnant zur See, Stabsobermaschinist, Fernschreibmeister, Fähnrich (W), Schreiberobermaat, Bootsmannsmaat, Mechanikergefreiter.

„Der Führer und Oberbefehlshaber der Wehrmacht" war Vorgesetzter aller Soldaten der Kriegsmarine. Offiziere aller Laufbahnen sowie Musikinspizienten und Musikmeister der Wehrmacht waren in und außer Dienst Vorgesetzte der Unteroffiziere und Mannschaften, die Offiziere einer höheren Rangklasse Vorgesetzte aller Offiziere, Musikinspizienten und Musikmeister einer niederen Rangklasse.

Dieses Vorgesetztenverhältnis berechtigte jedoch nicht, in die Befehlsgewalt anderer Offiziere oder in die fachmännische Tätigkeit der Offiziere anderer Laufbahnen einzugreifen.

Zwischen den Angehörigen der gleichen Rangklasse bestand kein allgemeines Vorgesetztenverhältnis, jedoch war der Dienstjüngere dem Dienstälteren Achtung schuldig.

Ein allgemeines Vorgesetztenverhältnis zwischen den Rangklassen der Unteroffiziere gab es nicht, jedoch war der im Dienstgrad Niedrigere dem im Dienstgrad Höheren Achtung schuldig.

Die Unteroffiziere waren in und außer Dienst Vorgesetzte aller Mannschaften der Wehrmacht.

Zwischen den Dienstgraden der Mannschaften bestand kein allgemeines Vorgesetztenverhältnis.

Die zur Besatzung von Kriegsschiffen der Kriegsmarine gehörigen Unteroffiziere mit Portepee waren in und außer Dienst an Bord und an Land Vorgesetzte der zur gleichen Besatzung gehörigen Fähnriche und Unteroffiziere ohne Portepee.

Zu diensttuenden Unteroffizieren ernannte Mannschaften waren nach Bekanntgabe an die Schiffsbesatzung oder Truppe Vorgesetzte an Bord: im Dienst aller Mannschaften, außer Dienst nur der zu ihrer Mannschaftsdivision gehörenden Mannschaften; an Land: aller Mannschaften derselben Kompanie in und außer Dienst.

Ein allgemeines Vorgesetztenverhältnis von Soldaten der Kriegsmarine gegenüber Wehrmachtbeamten der Kriegsmarine bestand nicht, ebenso bestand kein durch Dienstrang oder Dienststellung begründetes Vorgesetztenverhältnis von Wehrmachtbeamten der Kriegsmarine gegenüber Soldaten der Kriegsmarine.

Soldaten, deren dienstliche Tätigkeit der verantwortlichen Leitung oder Überwachung durch einen Marinebeamten unterlag, oder die einem solchen durch besonderen Befehl für einen besonderen Dienst zugeteilt waren, mußten in bezug auf diesen Dienst gegebenen Anweisungen Folge leisten und sich in ihrem Auftreten dem Marinebeamten gegenüber taktvoll verhalten.

d. Laufbahnen der Marinebeamten

(von Josef Zienert)

Die Beamtenlaufbahnen der Kriegsmarine wurden in solche des unteren Dienstes, des einfachen mittleren, des gehobenen mittleren und höheren Dienstes unterteilt. Je nach Laufbahn mußten die Anwärter für die verschiedenen Beamtenstellen bestimmte Voraussetzungen erfüllen.

Die Stellen des unteren Dienstes wurden fast ausschließlich mit Versorgungsanwärtern besetzt. Auch die Stellen der beiden mittleren Dienste waren ihnen zum überwiegenden Teil vorbehalten. Der Marinebeamte sollte wehrdienstfähig sein und vor Eintritt seiner Dienstpflicht – möglichst bei der Kriegsmarine – genügt haben. Der Übergang von einer Laufbahn des unteren Dienstes in eine des einfachen mittleren Dienstes usw. setzte das Bestehen einer hierfür festgesetzten Prüfung voraus. Eingangsvoraussetzung für den höheren Dienst war der Abschluß eines Studiums.

Gewisse Gruppen der Marinebeamten trugen eine ihrem Dienstgrad entsprechende Uniform. Maßgebend dafür war die Verordnung vom 29. März 1935 „über Rang und Dienstverhältnisse sowie Uniform der Wehrmachtbeamten" mit Folgeanordnungen 1936 bis 1939.

Die Kriegsmarine hatte Beamte im Technischen und Nichttechnischen Dienst sowie für beide gemeinsam im Höheren Dienst.

Bei Kriegsbeginn hatte die Kriegsmarine etwa 2500 Beamte aller Dienstzweige. Der Nachwuchs der Marinebaubeamtenlaufbahn betrug 26 Oberfähnriche (B) der Crewen 1934 bis 1936, 39 Fähnriche (B) der Crewen IV/1937 und X/1937 und 38 Kadetten (B) der Crew 1938.

e. Offiziere und Marinebeamte „z.V." und Offiziere „z.D."

Am 22. Februar 1938 erließ das Oberkommando der Wehrmacht die Verordnung über die Wehrpflicht von Offizieren und Wehrmachtbeamten im Offizierrang. Danach waren ohne zeitliche Begrenzung wehrpflichtig:

a) aktive Offiziere und aktive Wehrmachtbeamte im Offizierrang, die in Zukunft aus dem aktiven Dienst entlassen wurden;

b) ehemals aktive Offiziere und Wehrmachtbeamte im Offizierrang, die aus der neuen Wehrmacht, der Reichswehr und der alten Wehrmacht entlassen wurden;

c) ehemalige Offiziere des Beurlaubtenstandes der alten Wehrmacht sowie die ehemaligen Feldbeamten im Offizierrang der alten Wehrmacht;

d) Offiziere des Beurlaubtenstandes und Wehrmachtsbeamte des Beurlaubtenstandes im Offizierrang der neuen Wehrmacht.

Nach der Verordnung waren die unter a) bis c) aufgeführten Offiziere und Wehrmachtbeamten im Offizierrang zu Verfügung (z.V.) der Wehrmachtteile zu stellen, wenn sie den von den Wehrmachtteilen gegebenen Bestimmungen für eine Verwendung im Mobilmachungsfall als Offizier oder Beamter entsprachen. Die

„Offiziere z.V.“ bzw. „Wehrmachtsbeamten z.V.“ waren Wehrpflichtige des Beurlaubtenstandes gemäß Wehrgesetze. Nach den Durchführungsbestimmungen konnte der Ob.d.M. zur Verfügung (z.V.) stellen:

Admirale (einschließlich charakterisierte) sowie Marinebeamte im gleichen Dienstrang bei ihrer Entlassung aus dem aktiven Wehrdienst, auch solche, die bereits entlassen worden waren,

Stabsoffiziere (einschließlich charakterisierte) und Marinebeamte im gleichen Dienstrang bei ihrer Entlassung aus dem aktiven Wehrdienst, Kapitänleutnante, Oberleutnante und Leutnante bei ihrer Entlassung aus dem aktiven Dienst, wenn ihre Einberufung zur Dienstleistung im aktiven Wehrdienst als „Offizier z.D.“ in freie Offizierplanstellen der Kriegsmarine beabsichtigt war,

Marinebeamte im Offizierrang (vom Kapitänleutnant an abwärts) bei ihrer Entlassung aus dem aktiven Dienst.

Offiziere und Marinebeamte, die nach dieser Verordnung durch den Ob.d.M./M.P.A. durch schriftliche Nachricht „z.V.“ gestellt wurden, führten von diesem Zeitpunkt an hinter ihrem Dienstgrad die Bezeichung: z.V. Nach Beendigung der z.V.-Stellung trat an Stelle des „z.V.“ die Bezeichnung „a.D.“.

Die Offiziere z.V. und Marinebeamten z.V. waren Wehrpflichtige des Beurlaubtenstandes, standen in der Wehrüberwachung des örtlich zuständigen Wehrkreiskommandos, sie konnten zu Übungen und Dienstleistungen – insbesondere in den für sie vorgesehenen Mobilmachungsstellen – einberufen werden und wurden bei der z.V.-Stellung vereidigt (soweit sie nicht seit dem 2. August 1934 bereits vereidigt worden waren). Während der Übung trugen sie die Uniform der Kriegsmarine und unterlagen den für die „Wahrung der Ehre“ (M.P.A. Nr. 2300) gegebenen Bestimmungen. Die Vorschriften der „Beschwerdeordnung für die Angehörigen der Wehrmacht“ (M.Dv. Nr. 15) fanden für sie sinngemäße Anwendung.

Die Durchführungsbestimmungen besagten ferner, aktive Kapitänleutnante, Oberleutnante und Leutnante (außer „Offiziere z.D.“), die in Zukunft aus dem aktiven Wehrdienst in Ehren entlassen würden, seien, soweit sie den Voraussetzungen entsprächen, zu den Offizieren des Beurlaubtenstandes (d.B.) zu überführen, entsprechend Marinebeamte im gleichen Dienstrang. In den Zusatzbestimmungen des Ob.d.M. zur z.V.-Stellung fielen ehemalige aktive Marineoffizieranwärter der „Marine-Führerreserve“ und charakterisierte „Leutnante der Marine“ nicht unter die Verordnung. Die Eignung für eine Mobilmachungsverwendung und die Abkömmlichkeit im „Mobfall“ der z.V.-Offiziere war im Wehrstammbuch einzutragen.

Die ehemaligen Angehörigen des Marine-Ingenieurkorps der Kaiserlichen Marine erhielten als z.V.-Offiziere die entsprechenden Dienstgradbezeichnungen der Ingenieuroffiziere der Kriegsmarine, dasselbe galt für die Sanitätsoffiziere.

Ehemalige Feuerwerksoffiziere der Kaiserlichen Marine wurden Waffenoffiziere (Artilleriewesen) z.V., ehemalige Torpederoffiziere des Minenwesens und Torpederoffiziere des Torpedowesens wurden Waffenoffiziere (Sperrwesen) z.V. Angehörige des Torpedo-Ingenieurkorps der Kaiserlichen Marine, die z.V. gestellt wurden, wurden Ingenieuroffiziere der Kriegsmarine, Marinezahlmeister erhielten die entsprechenden Dienstgrade z.V. der Verwaltungsoffiziere der Kriegsmarine. Eine gleiche Regelung erfolgte für die oberen Militärbeamten der alten Wehrmacht, die z.V. gestellt wurden. Die neue Dienstgrad- bzw. Amtsbezeichnung wurde gleichzeitig mit der z.V.-Benachrichtigung mitgeteilt.

Der Mobilmachungsplan Marine 1939 – Anlage C – für die Bereiche der Befehlshaber der Sicherung der Ostsee und der Nordsee verzeichnete 528 See-, Ingenieur-, Sanitäts- und Verwaltungsoffiziere z.V., davon gehörten 414 Seeoffiziere folgenden Crewen der Kaiserlichen Marine an:

1898:	1	1905:	5	1912:	35
1899:	1	1906:	1	1913:	42
1900:	2	1907:	8	1914:	64
1901:	2	1908:	14	1915:	54
1902:	4	1909:	11	1916:	48
1903:	2	1910:	23	1917:	50
1904:	3	1911:	22	1918:	22

Aus diesen z.V.-Offizieren rekrutierte die Mehrzahl der Flottillenchefs und Kommandanten der Hilfskriegsschiff-Verbände (vgl. S. 475 f.).

Aus den „weißen Jahrgängen" (1920–1924) standen im B.S.O.- und B.S.N.-Bereich als „Marine-Führerreserve" zur Verfügung:

Crew	1920:	8	1924:	2
	1921:	1	1933:	2
	1922:	5	1934:	18
	1923:	1		

Die z.V.-Stellung wurde am 14. August 1939 durch den Ob.d.M. auf die Seeoffiziere, Seefähnriche, Maschinen- und Elektrobetriebsleiter der ehemaligen k.u.k.-Kriegsmarine ausgedehnt (See- bzw. Ingenieuroffiziere z.V.).

Offiziere bis zum Dienstgrad eines Kapitäns zur See, die z.V. gestellt worden waren und Anspruch auf Ruhegehalt hatten, konnten – mit ihrem Einverständnis – erneut auf unbestimmte Zeit in freie Offizierplanstellen der Kriegsmarine zum aktiven Wehrdienst „zur Dienstleistung" einberufen werden. Diese Offiziere führten während dieser Verwendung die Bezeichnung „z.D." hinter ihrem Dienstgrad. Sie behielten den zuletzt erreichten Dienstgrad bei. Eine Beförderung zu höheren Dienstgraden fand im Frieden nicht statt.

Offiziere z.D. konnten, wenn sie noch keine Charaktererhöhung erhalten hatten, frühestens an dem Tag den Charakter des nächsthöheren Dienstgrades erreichen, an dem die aktiven Offiziere mit dem gleichen Rangdienstalter zum nächsthöheren Dienstgrad befördert wurden.

Offiziere z.D. erhielten neben ihrem Ruhegehalt Zulagen, sie trugen die Uniform der Ergänzungsoffiziere und bildeten die besondere „Dienstlaufbahn als Offizier z.D.". Sie unterlagen den Bestimmungen der aktiven Offiziere.

Die Rangliste der Kriegsmarine vom 1. Oktober 1939 verzeichnete folgende Offiziere zur Dienstleistung:

5 Kapitäne zur See z.D.
4 Fregattenkapitäne z.D.
11 Korvettenkapitäne z.D.
2 Kapitänleutnante z.D.
3 Kapitäne zur See (Ing.) z.D.
3 Korvettenkapitäne (Ing.) z.D.
1 Kapitänleutnant (Ing.) z.D.
1 Flottenarzt z.D.
1 Korvettenkapitän (M.A.) z.D.
1 Kapitänleutnant (M.A.) z.D.
3 Korvettekapitäne (V) z.D.
10 Kapitänleutnante (V) z.D.
2 Korvettenkapitäne (W) z.D.
6 Kapitänleutnante (W) z.D.

3. Schiffe

a. Schiffneubaupläne ab 1935

Die „Operativen Forderungen" für den Kriegsschiffbau nach dem deutsch-englischen Flottenabkommen legte der Leiter der Flottenabteilung (A I, Kapt. z. S. Ciliax) im Februar 1936 dar. Nach seiner Auffassung „ließ sich der einfache Grundsatz, die Forderungen aufgrund einzelner, bestimmter operativer Absichten zu stellen" im deutschen Kriegsschiffbau der nächsten Jahre nicht durchführen, „weil operative Absichten je nach Änderung der militärpolitischen Lage starken Änderungen unterworfen sind und die Voraussetzungen bei der Inbaugabe der Schiffe bei deren der Indienststellung nicht mehr zutreffen ...

Eine gewisse Typisierung ist deshalb nicht zu vermeiden. Sie läßt die einzelne Schiffsgattung für verschiedene Einsatzmöglichkeiten – auch solche, die augenblicklich nicht in Frage kommen – geignet erscheinen, ohne eine einzelne auf Kosten der anderen zu bevorzugen."

Die Hauptkriegsschifftypen des möglichen Gegners beeinflußten die deutsche Kriegsschiffbauten um so mehr, als die Kriegsmarine nachträglich in den modernen Schiffbau eintrat.

Schließlich war zu bedenken, daß die 35%-Bindung des deutsch-englischen Flottenvertrags nicht nur die Globaltonnage sondern jede einzelne Schiffskategorie betraf. (Es gab nur eine Transfermöglichkeit zwischen Schlachtschiff-, Kreuzer- und Zerstörertonnage.)

Nicht betroffen von der 35%-Bindung waren die sogenannten „Exempt Ships", Seekampfmittel des Küstenvorfeldes: 600-t-Torpedoboote, Schnellboote, Minensuchfahrzeuge, Flottenbegleiter, Minenräumboote.

Eine ausschlaggebende Rolle bei der Schiffbauplanung spielte die Tonnageberechnung nach dem Typ- oder Washington-Deplacement. Dieser Begriff war 1921 auf der Konferenz der Seemächte in Washington geschaffen worden, um England und die USA bei Festlegung der Höchstgrenzen nicht zu benachteiligen gegenüber Italien und Frankreich, welche kürzere Fahrstrecken (Aktionsradien) hatten, also weniger Brennstoff brauchten.

„Typverdrängung oder standard displacement, d. i. die Summe aller Gewichte von Panzer, Haupt- und Hilfsmaschinen, sämtlichen Waffen (Artillerie-, Torpedo-, Flugzeuge, Sperr-) und Geräten (nautische, Signal-, Funk-, Meß-, Waffenricht- u. a.), Wasser und Öl in der kompletten Antriebsanlage, Schlingerdämpfung und Ballast einschließlich kompletter Munitionsdotierung aller Waffen, normale Verbrauchsstoffe, Besatzung mit Effekten und Proviant, also Schiff voll ausgerüstet; jedoch ohne Brennstoff- und Reservespeisewasser, und zwar immer in ts (engl.) für γ = Salzgehalt = 1,025" (Gröner).

Der deutsch-englische Flottenvertrag bezog sich auf diese Berechnungsgrundlage. Das OKM plante seine Baukapazitäten nach „tons standard" (ts):

- Schlachtschiffe 176 000 ts, davon 30 000 ts durch die „Deutschland"-Klasse und 52 000 ts durch „D" und „E" festgelegt. 70 000 ts für „F" und „G"; der Rest von 24 000 ts plus 16 000 ts transferierte Kreuzertonnage sollte ein drittes 35 000-ts-Schlachtschiff (H) ergeben;
- Flugzeugträger 39 182 ts für 2 Einheiten;
- Schwere Kreuzer 51 380 ts für 5 Einheiten;
- Kleine Kreuzer 138 170 ts (unter Zurechnung überalterter Tonnage) –, davon Transfer auf das 3. Schlachtschiff und auf U-Bootstonnage (deren Erhöhung von 35% auf 45%);
- Zerstörer 65 260 ts, wovon nach Abzug der vorhandenen 12 Torpedoboote und der im Bau befindlichen 16 Zerstörer noch 29 650 ts für weitere 18 Zerstörer blieben.

Während das OKM noch keine klare Vorstellungen über einen kleinen Kreuzer hatte, war der Zerstörer 34 als „Arbeitsboot der Flotte" im geschlossenen Verband oder im taktischen Einzeleinsatz, als Defensiv- und als Offensivkampfmittel vielfach verwendbar.

Die Neubauplanungen überschritten zunächst die Standard-Deplacementsgrenzen nach Washington- und Londoner Vertrag von 1936: sie waren etwa 20% größer als der britischen Regierung gemäß Flottenabkommen mitgeteilt wurde:

Typ	Typdeplacement angegebenes	Typdeplacement wahres
„D" und „E":	26 000 ts	31 300 ts
„F" und „G":	35 000 ts	41 700 ts
„H" (Entwurf):	43 000 ts	56 200 ts
Schwere Kreuzer G, H, I:	19 250 ts	23 200 ts
Flugzeugträger A:	19 250 ts	23 200 ts
Zerstörer 34 und 34 A:	1 625 ts	2 171 ts bis 2 270 ts

Nach Ansicht des Leiters A IV (Flottenabteilung) erschien es „keinesfalls richtig, eine größere Tonnage anzugeben, als z. B. England, Rußland oder Japan wahrscheinlich demnächst bekannt gegeben werden, um nicht das Odium des Wettrüstens auf sich zu laden".

Durch Protokoll der Seemächte vom 30. Juni 1938 wurde „die höchstzulässige Wasserverdrängung der Schlachtschiffe erhöht" (Sandhofer).

Nach dem „Mob-Schiffs-Neubauplan 1936" wurden am 6. Juni 1936 folgende Fertigstellungstermine von AIV an den Ob.d.M. und alle Stellen des OKM gemeldet:

Panzerschiff „D" (= S.S. „Scharnhorst"):	1. 6. 1938		
Panzerschiff „E" (= S.S. „Gneisenau"):	30. 12. 1937		
1. Schlachtschiff „F" (= S.S. „Tirpitz"):	15. 3. 1940		
2. Schlachtschiff „G" (= S.S. „Bismarck"):	1. 4. 1940		
3. Schlachtschiff „H":	1. 5. 1941		
Kreuzer „G" (S.Kr. „Blücher"):	1. 9. 1938		
Kreuzer „H" (S.Kr. „Hipper"):	14. 7. 1938		
Kreuzer „I" (S.Kr. „Prinz Eugen"):	15. 5. 1939		
Flugzeugträger „A" („Graf Zeppelin"):	1. 4. 1939		
Flugzeugträger „B":	15. 11. 1939		
Zerstörer Z 1 bis Z 22:	10. 12. 1936	bis	1. 10. 1938
Flottenbegleiter F 7 bis F 10:	29. 10. 1936	bis	31. 1. 1937
U-Boote „U 21" bis „U 44":	1. 8. 1936	bis	15. 5. 1938
Torpedoboote T 1 bis T 8:	1. 11. 1937	bis	15. 2. 1938
Minensuchboote M 1 bis M 9:	1. 8. 1937	bis	1. 12. 1937

(Auf Terminänderungen durch das Konstruktionsamt in Abhängigkeit von den Bauwerftangaben wurde hingewiesen.)

Bis 1943 sollten ferner gebaut werden:

1 Schlachtschiff „I"
2 Schwere Kreuzer „K" und „L"
19 Zerstörer Z 23 bis Z 42
23 Unterseeboote
40 Torpedoboote
57 Minensuchboote einschließlich 16 U-Bootsjäger
38 Minenräumboote
44 Schnellboote.

Als Sonderfahrzeuge enthielt der Mob-Schiffs-Neubauplan 1936

1 (3.) U-Bootsbegleitschiff,
2 (3.+4.) S-Bootsbegleitschiffe,
1 Minenräumschiff mit einsetzbaren R-Booten,
3 Räumverbände mit Kabel-Fernräum-Geräten,
6 Fischdampfer für Vorpostendienst,
6 Minentransportfahrzeuge,
4 Troßschiffe,
8 Hafensperrfahrzeuge (C-Boote).

Der „Endzielplan 1943" wurde am 12. Oktober 1938 vom OKM–BBT (Technische Werftabteilung des Allgemeinen Marineamts) unter Angabe der Bauwerften und der Bautermine aufgestellt.

Er sollte durch die Überlegungen des Planungsausschusses „Seekriegführung gegen England“ und den daraus entstandenen sogenannten „Z-Plan“ überholt werden (vgl. Abschnitt VIII, S. 482–486). Diesen gab Hitler in Auftrag am 27. Januar 1939:

„Ich befehle, daß der von mir angeordnete Aufbau der Kriegsmarine allen anderen Aufgaben einschließlich der Aufrüstung der beiden anderen Wehrmachtteile und einschließlich des Exports vorgeht. Der Aufbau erstreckt sich auf die Durchführung des Neubauprogramms und die Erhaltung der Kriegsbereitschaft der Seestreitkräfte.“

Der Z-Bauplan des OKM 1/Skl. vom 9. Februar 1939 sah vor (einschließlich z. Zt. vorhandener Einheiten):

Typ	bis Ende 1. Bauabschnitt 1943	vorläufiges Endziel 1947
Schlachtschiffe (S.S.)	6	10
Panzerschiffe (P.S.)	3 (umgebaut)	3
Kreuzer P.S. (neu)	3	10
Flugzeugträger (F.Tr.)	2	4
Schwere Kreuzer (S.Kr.)	5	5
Leichte Kreuzer Typ M (neu)	3	12
Spähkreuzer (Weiterentwicklung Zerstörer 38 A)	2	20
Zerstörer	44	58
Torpedoboote	44	78
U-Boote		
– Fernverwendung	112	162
– Sonderverwendung	16	27
– heimische Gewässer	33	60
Schnellboote	48	75
Minensuchboote (35)	64	112
R-Boote	48	48
Minenräumschiffe	1	2
Spezial-U-Bootjäger	4	12

b. In Dienst gestellte Neubauten für die Flotte bis August 1939

85 Unterseeboote:

Küsten-Tauchboote. (Entwurf 1934/35 auf der Basis des 1915er UB II bzw. 1918er UF-Typs)
Einhüllentypen II A, II B und II C:
254–291 t bei Überwasserfahrt, 13 Kn, Tauchzeit 30 sec,
303–341 t bei Unterwasserfahrt, 6,9–7 Kn,

Antrieb 2 6-Zyl.-Viertaktdiesel 700 PS; Fahrbereich Typ II A und II C: 400 sm, Typ II B: 800 sm.
Bewaffnung: 3 Tr – 53,3 cm (5 Torpedos oder 12 bis 18 Torpedominen);
3 Unterwasserbugrohre;
1–2 Fla-MG – 2 cm
Besatzung 3 Offiziere, 22 Uffz. + Mannsch.
Baureihe U1–U6, Deutsche Werke Kiel (Typ II A), in Dienst 29. 6. 1935 bis 7. 9. 1935
Baureihe U7–U12 u. U17–U24, Germania Kiel (Typ II B), in Dienst 18. 6. 1935 bis 30. 9. 1935 und 3. 12. 1935 bis 10. 10. 1936
Baureihe U13–U16, Deutsche Werke (Typ II B), in Dienst 30. 11. 1935 bis 16. 5. 1936
Baureihe U56–U61, Deutsche Werke (Typ II C), in Dienst 26. 11. 1938 bis 12. 9. 1939 (folgten U62 u. U63 bis 18. 1. 1940)

Hochsee-Tauchboote. (Entwurf 1934/35 [Vorentwürfe 1932/33]) Zweihüllentyp I A
862 t bei Überwasserfahrt; 18,6 Kn, Tauchzeit 55 sec
983 t bei Unterwasserfahrt; 8,3 Kn;
Antrieb 2 MAN-8-Zyl.-Viertaktdiesel, 2900–3080 PS, Fahrbereich 7900 sm bei 10 Kn.
Bewaffnung 4 Tr – 53,3 cm (14 Torpedos oder 28 bis 42 Torpedominen), 2 Unterwasser-Heck-, 4 -Bugrohre; 1 Sk – 10,5, 1 Fla – 2
Besatzung 4 Offz., 39 Uffz. + Mannsch.
U 25 und U 26 Deschimag Bremen; in Dienst 6. April und 11. Mai 1936

Hochsee-Tauchboote (Entwürfe 1933/34 und 1934/35)
Einhüllentypen VII A, VII B,
626–753 t bei Überwasserfahrt; 16–17,9 Kn, Tauchzeit 30 sec,
745–857 t bei Unterwasserfahrt; 8 Kn.
Antrieb 2 6-Zyl.-Viertaktdiesel 2300–3200 PS, Fahrbereich Typ VII A 6200 sm bei 10 Kn, VII B 8700 sm bei 10 Kn,
Bewaffnung 5 Tr – 53,3 cm mit 11 bis 14 Torpedos oder 33 bis 39 Torpedo-Minen;
1 Heck-, 3 Bugrohre (ab U 45 4 Bugrohre);
1 Flak – 3,7 cm, 2 Fla-MG (Zwilling) 2 cm
Besatzung 4 Offz., 40–56 Uffz. u. Mannsch.
Baureihe U 27–36 (Typ VII A) Deschimag Bremen und Germania Kiel, in Dienst 12. 8. 1936 bis 16. 12. 16936
Baureihe U 45–55 (Typ VII B) Germania, in Dienst U 45–53 25. 6. 1938 bis 24. 6. 1939 (folgten U 54 u. 55 bis 21. 11. 1939) (Auf Stapel lagen U 69–72; vom Typ VII C, 769/871 t, Entwurf 1938, lagen U 99–102 auf Stapel)

15 Schnelle Torpedo-Motorboote. Bauwerft Lürssen (Vegesack)

Baureihe S 14–S 25. 75 t; Antrieb: 3 Daimler-Benz-Diesel 1200/1300 PSw. Alle Boote fuhren zusätzlich 1 Maybach-Otto-Marschmotor 1000 PSw auf Mittelwelle. Gewichtsanteile Schiffskörper: Maschine = 36,0 t : 24,2 t. Die Boote liefen 48 Kn Höchstfahrt. Bewaffnung 2 Tr – 53,3 cm auf der Back (mit 4 Torpedos), 1 Fla-MG – 2 cm. Besatzung 1 Offizier, 16–20 Unteroffiziere und Mannschaften.
In Dienst: 12. 6. 1936 bis 12. 7. 1939 (Es folgten S 24 u. S 25 bis 9. 12. 1939)

12 Minensuchboote 1935

Amtsentwurf 1935. 874 t; Lg 68,10 m; 8,70 m
Tfg. 2,65 m; 2 Expansionsmaschinen auf 2 Propeller und 2 Ruder (M 1 und M 2 2 Voith-Schneiderpropeller), 3200 PSw, Geschw. 18,2 Kn, Fahrstrecke 5000 sm bei 10 Kn; Ölfeuerung. Bewaffnung 2 Sk – 10,5 cm, 2 Flak – 3,7 cm, 2 Fla-MG – 2 cm.

Besatzung: 5 Offz.; 90 Uffz. + Mannsch. Werften: Stülcken Hamburg, Oderwerke Stettin, Lübecker Flenderwerke. Im Flottendienst ab 1. September 1938 bis 21. August 1939: M 1-M 12. – Vom Stapel waren M 14, M 17, M 20, M 21 –.

20 Minenräumboote (Amtsentwurf 1933)

Baureihe R 17–R 24. 115 t mit 2 8-Zyl.-Viertaktdiesel, 2 Voith-Schneiderpropeller. Bewaffnung 2 Fla-MG 2 cm, Besatzung 1 Offz. oder Obersteuermann, 33–34 Uffz. und Mannsch. In der Flotte ab Oktober 1935.
Baureihe ab R 25 mit 2 6-Zyl.-Viertaktdiesel und 2 Propellern; R 25–36 in der Flotte ab Oktober 1936. Vom Stapel waren bei Kriegsbeginn R 37–R 40, Bauwerften: Abeking + Rasmussen Lemwerder; Schlichting Travemünde.

20 Zerstörer. Die Amtsentwürfe für 16 Zerstörer 1934 bzw. 1934A und 1936 – als Ersatz für alte Torpedoboote – beruhten auf Studien der Konstruktionsabteilung aus dem Jahre 1932 auf der Basis der Großen Torpedoboote Amtsentwurf 1916. (Von diesen waren nur V 116 und S 113 noch am 31. 7. 1918 bzw. 5. 8. 1919 in Dienst gestellt worden.

Baureihe Z 1–Z 4. Deutsche Werke Kiel, 2232 ts standard, Antrieb 2 Satz Wagner-Turbinen auf 2 Propeller, 6 Wagner-Kessel (70 atü), Lg. 114 m, Br. 11,3 m, Tfg. 3,82 m. 63 000 PSw, 36 Kn; Fahrbereich 4400 sm bei 19 Kn. Bewaffnung 5 Sk – 12,7 cm, 4 Flak – 3,7 cm, 6 MG – 2 cm, 8 Tr – 53,3 cm, 16 Torpedos (Decks-Vierer-Rohre), Transportfähigkeit von 60 Minen. Besatzung: 10 Offz., 315 Uffz. + Mannsch. Namen: Lebe-recht Maas, Georg Thiele, Max Schultz, Richard Beitzen. Im Flottendienst ab 14. Januar 1937 (bis 13. 5. 1937).

Baureihe Z 5–Z 8. Deschimag Bremen, 2171 ts,
Namen: Paul Jacobi, Theodor Riedel, Hermann Schoemann, Bruno Heinemann. Im Flottendienst ab 29. Juni 1937 (bis 8. 1. 1938).
Baureihe Z 9–Z 13. Germania Kiel, 2270 ts, 6 Benson-Kessel (110 atü).
Namen: Wolfgang Zenker, Hans Lody, Bernd von Arnin, Erich Giese. Im Flottendienst ab 2. Juli 1938. (Es folgte Erich Koellner, Z 13, am 28. 9. 1939).
Baureihe Z 14–Z 16, Blohm + Voß Hamburg, 2239 ts (Benson-Kessel mit 110 atü). Namen: Friedrich Ihn, Erich Steinbrinck, Friedrich Eckoldt. Im Flottendienst ab 6. April 1938 (bis 28. 7. 1938).

Zerstörer 1936, – verbesserter Amtsentwurf 1934 –. 2411 ts standard, Lg. 120 m, Br. 11,8 m, Tfg. 3,8 m, 63 000 PSw, 36 Kn; Fahrbereich 4850 sm bei 19 Kn. Antrieb: 2 Satz Wagner-Turbinen auf 2 Propeller, 6 Wagner-Kessel (70 atü); Bewaffnung 5 Sk – 12,7 cm, 4 Flak – 3,7 cm, 6 Fla-MG – 2 cm, 8 Tr – 53,3 cm in Decks-Vierer-Rohren (16 Torpedos), 60 Minen. Besatzung 10 Offz., 313 Uffz. + Mannsch.

Baureihe Z 17–Z 22, Deschimag Bremen.
Namen: Diether von Roeder, Hans Lüdemann, Hermann Künne, Karl Galster, Wilhelm Heidkamp. Im Flottendienst ab 29. August 1938. (Es folgte Anton Schmitt, Z 22, am 24. 9. 1939).

1 Schwerer Kreuzer „Admiral Hipper“, Blohm + Voß Hamburg.

Amtsentwurf 1934. 14 050 ts standard. Lg. 194 m, Br. 21,3 m, Tfg. 5,83 m, 132 000 PSw, 32 Kn, Fahrbereich 6800 sm bei 20 Kn (offiziell 10 000 ts = „Washington“-Typ).

3 Satz Getriebe-Turbinen auf 3 Propeller (Hoch-, Mittel- und Niederdruckstufe), 12 Höchstdruckkessel 80 atü (Maschinenanlage störanfällig); Bewaffnung 8 Sk – 20,3 cm (360 hm); 12 Flak – 10,5 cm, 12 Flak – 3,7 cm, 8 MG – 2 cm; 12 Decks-Tr – 53,3 cm (Dreier-Sätze); 1 Katapult, 3 Borderkunder „Arado 196". Besatzung 42 Offz., 1340 Uffz. + Mannsch. Zur Flotte 29. April 1939. Bei Kriegsbeginn noch in Erprobung.
Vom Stapel waren die Schwesterschiffe „Blücher" (Deutsche Werke Kiel), in Dienst 20. September 1939, und „Prinz Eugen" – 14 240 ts – (Germaniawerft Kiel), in Dienst 1. August 1940.

2 Schnelle Schlachtschiffe

Schlachtschiffe D und E (Ersatz „Elsaß" und „Hessen"). Amtsentwürfe 1932 bis 1934 auf der Basis der „Mackensen"- und „Ersatz York"-Klasse (Schlachtkreuzer 1914–1916, 31 000–35 000 t). „D" auf Stapel Marinewerft Wilhelmshaven, „E" Deutsche Werft Kiel, beide 1934; Namen: „Scharnhorst" und „Gneisenau"; 31 850 ts standard, Lg. 226 m; Br. 30 m, Tfg. 8,23 m, 160 000 PSw; 31 Kn, Fahrbereich 8800 sm bei 19 Kn. Panzerdeck bis zu 105 mm, Seitendeck in CWL bis zu 350 mm; 28er Türme bis zu 360 mm, 15er Türme bis zu 140 mm; 3 Getriebe-Turbinen auf 3 Propeller, 2 Ruder, 12 Wagner-Höchstdruckkessel (50 atü), 5 E-Werke, Bewaffnung 9 Sk – 28 cm (426 hm); 12 Sk – 15 cm (125 hm), 14 Flak – 10,5 cm, 16 Flak – 3,7 cm, 10 Fla-MG – 2 cm. 2 Katapulte mit 4 Borderkundern „Arado 196". Besatzung: 56 Offz., 1613 Uffz. + Mannsch.

Beide Schiffe waren auf 6 Sk – 38,0 L/47 konstruiert (zur Schiffsartillerie siehe Ziffer B 4a, S. 457 ff.). Da dieses Kaliber erst 1940 lieferbar war, erhielten die Schlachtschiffe die für weitere Panzerschiffe vorbereitete Sk – 28-cm-Drillingslafette, deren Turmpanzer verstärkt wurde. Die Umarmierung auf 38 cm war friedensmäßig für 1940/41 vorgesehen.

„Scharnhorst" kam erst am 7. Januar 1939, „Gneisenau" schon am 21. Mai 1938 zur Flotte.

(Die Amtsentwürfe Schlachtschiff F = Ersatz „Hannover" und G = Ersatz „Schleswig-Holstein" entstanden ab 1933. Bauentscheidung durch Hitler am 9. Mai 1935. Schlachtschiff „Bismarck" vom Stapel am 14. Februar 1939 bei Blohm + Voß, Hamburg; 41 700 ts standard (offiziell 35 000 ts), Lg. 240 m, Br. 36 m, Tfg. 8,71 m; 150 170 PSw, 30,1 Kn; Fahrbereich 8900 sm bei 17 Kn, Panzerdeck bis 12 mm, Seitenpanzer bis 320 mm; 8 Sk – 38 cm (362 hm), 12 Sk – 15 cm (230 hm), 16 Flak – 10,5 cm, 16 Flak – 3,7 cm, 12 Fla-MG – 2 cm. 1 Doppelkatapult mit 6 Borderkundern „Arado 196". Besatzung 103 Offz., 1962 Uffz. + Mannsch.

Schlachtschiff „Tirpitz" vom Stapel am 1. April 1939 bei Kriegsmarinewerft Wilhelmshaven; 42 900 ts Std.

Diese Schlachtschiffe wurden am 24. August 1940 bzw. 25. Februar 1941 in Dienst gestellt.)

c. Nicht der Flotte unterstellte, kriegsverwendungsfähige Schiffe am 31. August 1939

Donauflottille:

Flußminenleger FM 1 und FM 2 (bis 1938: ČSR), Wachtboote FHR 1–6 (bis 1938: Österreich), Flußräumboote FR 1–12, deutsche Neubauten, in Dienst ab August 1938 bis September 1939. (Begleitschiff I „Kriemhild", II „Brunhild", Versorgungsschiff „Uta", Bereisungsboot „Notung", Motorboote „Nibelung" u. „Schilbung" auf Stapel.)

Der Inspektion des Bildungswesens der Marine unterstellt:
Schulkreuzer „Emden".

Der erste Ersatzbau der Reichsmarine (Kreuzer „A"), Amtsentwurf 1920, wurde 1921 auf der Marinewerft Wilhelmshaven auf Stapel gelegt, lief Anfang 1925 als Leichter Kreuzer „Emden" vom Stapel und stellte im Herbst 1925 als Schulschiff in Dienst.

Die 5600 t große „Emden" lief bis zu 29 Kn (Fahrbereich 6740 sm bei 14 Kn). Sie besaß Turbinenantrieb mit Ölkesseln. Der Panzerschutz betrug maximal 40 mm. Die Bewaffnung bestand aus 8 Sk – 15 cm in Einzelaufstellung und 2 Flak – 8,8 cm, sowie 4 Tr. Besatzung 29 Offiziere, 445 Unteroffiziere und Mannschaften, 162 See-Kadetten. Der Kreuzer wurde 1933/34 auf der Marinewerft Wilhelmshaven modernisiert, wobei er Torpedo- und Fla-Bewaffnung, neue Ölkessel und Laderaum für 120 Minen erhielt.

Schulschiffe „Schlesien" und „Schleswig-Holstein".

Die Schiffe gehörten der „Deutschland-Klasse" an, Linienschiffe (Baujahr 1904/08) der Vor-Dreadnought-Zeit mit etwa 13 000 t Wasserverdrängung und 17 000 PS. Sie liefen 18 bis 19 Knoten Höchstfahrt. Bewaffnung 2 Panzertürme mit je 2 Sk – 28 cm, außerdem führten sie 14 Sk – 17 cm oder 15 cm in Einzelkasematt-Aufstellung und 4 Sk – 8,8 cm in Einzelaufstellung, ferner 4 Torpedorohre (Tr) 53 cm. Kasematt- und Zitadellpanzer waren 17 cm stark. Die Besatzung betrug 35 Offiziere, 708 Unteroffiziere und Mannschaften. Die Schiffe waren 1935 und 1936 als Schulschiffe für Kadetten umgebaut worden.

„Schleswig-Holstein" eröffnete am 1. September 1939 um 04.45 Uhr durch Beschuß der Westerplatte den Zweiten Weltkrieg.

Der Inspektion der Marineartillerie unterstellt:

Leichter Kreuzer „Königsberg" als Schulschiff (s. Abschnitt VIII, S. 328).

Artillerie-Schulschiff „Bremse".

Gebaut auf der Marinewerft Wilhelmshaven, in Dienst seit 14. Juli 1932; 1435 t; Lg. 97 m, Br. 9,5 m, Tfg. 2,85 m; 26 000 PSw, 27 Kn; Fahrbereich 8000 sm bei 19 Kn. 8 MAN-8-Zyl.-Zweitaktdiesel (1/2 Maschinenanlage P.S. „A"), 4 Sk – 12,7 cm; 8 Fla-MG – 2 cm, 350 Minen.

Artillerieschul- und Minenschiff „Brummer".

Gebaut auf der Deschimagwerft Bremen, in Dienst 8. 2. 1936, 2410 t; Lg. 108 m, Br. 13,5 m, Tfg. 3,22 m. Versuchsschiff für Zerstörerneubauten mit 1/2 Zerstörer-Maschinenanlage (Wagner-Turbinen und -Kessel); Geschw.: 20 Kn; Fahrbereich 2400 sm bei 15 Kn, Bewaffnung 4 Flak – 10,5 cm, 2 Flak – 8,8 cm, 3 Flak – 3,7 cm; 450 Minen.

„Brummer" und „Bremse" fuhren mit einer Stammbesatzung von 8 Offizieren, 120 Unteroffizieren und Mannschaften.

Der Torpedoinspektion unterstellt:

Torpedoschulflottille: T 107, T 108, T 110, T 111, T 123 aus Baureihen der Jahre 1906 bis 1913. Die Boote verdrängten 533 bis 660 t; Maschinenleistung 11 000 bis 18 200 PS, Geschwindigkeit 30 bis 32 Kn.

Modernisierungs-, Vergrößerungs- und Umarbeiten wurden schon 1920 begonnen. Sie waren 1931 abgeschlossen. Die Boote erhielten 3 Unterseeboots-Torpedoboots-Fliegerabwehrkanonen (Utof) – 10,5 cm und 4 Tr – 53,3 cm. Die Besatzungen wurden auf 4 Offiziere und 88 Mannschaften verstärkt, der Antrieb auf Ölfeuerung umgestellt.

Unterseebootsschulflottille:

U 1–U 8, U 10, U 11, U 25, U 36 (s. S. 453).

Der Sperrwaffeninspektion unterstellt:

Sperrschulverband mit den Booten M 75, M 84, M 85, M 102 (Baujahre 1917/19).

4. Marinespezifische Waffen und Techniken

a. Schiffsartillerie

(von Paul Schmalenbach)

Bei der Entwicklung der Schiffsartillerie sah sich die Reichsmarine vor die Lösung folgender Probleme gestellt:
- Das allgemeine Bewaffnungsproblem. (Aufgaben und Rangfolge der Kaliber, Kaliberwahl, Zahl und Anordnung der Geschütze; Munitionsmenge; Zahl, Art und Aufstellung der Feuerleitgeräte.)
- Das Feuerleitproblem (Art der Darstellung der Rechengrößen, ihre Gewinnung und Verarbeitung).
- Das Steuerungsproblem (Steuerung von Schußwerten indirekt, d. h. ohne menschliches Zutun oder direkt).
- Das Stabilisierungsproblem (Ausschaltung von Einflüssen der Schiffsbewegungen auf die Feuerleitung und die Waffen).

Die mathematischen Grundlagen für die Lösung dieser Probleme waren bis etwa 1928 gelegt und es entstand erstmals ein „ideales Wirkungsbild" der Schiffsartillerie, (das allerdings erst mit den Anlagen der Schlachtschiffe „Tirpitz" und „Bismarck" ganz verwirklicht wurde).

Seezielgeschütze

Nach den Zusatzbestimmungen zum Versailler Vertrag durfte die Firma Rheinmetall Geschütze bis zu 17 cm bauen, die Firma Krupp Geschütze bis zu 28 cm. Für die Kreuzernachbauten („K-Kreuzer") konstruierte Rheinmetall einen 15-cm-Drillingsturm mit sehr gutem Bestreichungswinkel. (Schnelladekanone Sk – 15 L/60 – Personal vollkommen hinter Splitterschutz, schnelle Munitionsversorgung.)

Das auf die Drehscheibenlafette, Konstruktion 1925 (Drhl. C/25) gestellte Geschütz wurde um 5 Kaliberlängen verkürzt (Sk – 15 L/55, in Mittelpivotlafette (MPL C/28) auf den drei Panzerschiffen und in MPL C/35 auf den Schlachtschiffen „Scharnhorst“ und „Gneisenau“ aufgestellt, außerdem in Doppeltürmen (Drehscheibenlafette C/34) auf allen vier Schlachtschiffen.

Rheinmetall entwickelte ferner ein 12,7-cm-Geschütz (Sk – 12,7 L/45), dessen Rohre 1934 versuchsweise auf den Torpedobooten „Jaguar“ und „Luchs“ in eine neue Lafette für ein 10,5-cm-Geschütz gelegt wurden. Das Geschütz bewährte sich; es wurde in einer neuen Mittelpivotlafette C/34 auf den Zerstörern 34 und 34 A aufgestellt.

Die Firma Krupp begann 1928 mit der Konstruktion eines 28-cm-Geschützes im Drillingsturm (Sk – 28 L/54,5 in Drhl. C/28) für die Panzerschiffe. Der Turm kam in wesentlichen Teilen unverändert auch auf die S.S. „Scharnhorst“ und „Gneisenau“. Die Munitionsversorgung des mittleren Rohres erfolgte durch einen innerhalb des Ringwagens kreisenden Drehtisch in der Geschoß- (= unteren) Plattform.

Der Unterschied zwischen P.S.- und S.S.-28-cm-Geschütz war, daß die Hydraulik der Höhenrichtmaschine bei den S.S. ferngesteuert und der Turm zum Abfeuern seitlich geschwenkt wurde unter Benutzung eines „Seitenvorzündwerks“. Diese Einrichtung für Turm- bzw. Drehscheibenlafetten erfolgte auch bei den 38-cm- und 20,3-cm-Geschützen der S.S. „Tirpitz“ und „Bismarck“ bzw. der Schweren Kreuzer – die Ursache der erstaunlichen Trefferzahlen dieser Konstruktion im Kriege!

1934 begann Krupp die Konstruktion des 38-cm-Geschützes für Schlachtschiffe (Sk – 38 L/47 auf Drehscheibenlafette C/34-Doppelturm) und des 20,3-cm-Geschützes für Schwere Kreuzer (Sk – 20,3 L/60 auf Drehscheibenlafette C 34 – Doppelturm).

Flugabwehr- und kombinierte Geschütze

In starker Anlehnung an die 10,5-cm-U-Boots-Torpedoboots-Flugabwehrkanonen (Utoflak 15 L/47,25) der Kaiserlichen Marine, von denen die Reichsmarine große Bestände gerettet und unter Anschluß an moderne Leitgeräte in ihre Schiffe eingebaut hatte, entstand das 10,5-cm-Torpedobootsgeschütz für die „Wolf“-Klasse (Sk – 10,5 L/45 auf MPL).

Es folgte eine ganze Entwicklungsreihe mit technischen Verbesserungen der Rohrkonstruktion, des Erhöhungswinkels und der Anordnung in Einzel- oder Doppellafetten bis zur Sk – 10,5 L/50 in Dopp. L C/37, die die schwere Flak bzw. die Mittelartillerie der S.S. und Schw. Krz. bildete.

Rheinmetall entwickelte 1930 das 2-cm-Maschinengewehr (MG C/30) als eine wendige Waffe für Kleinkriegsschiffe und zur Abwehr von Tieffliegern. Das Geschütz wurde von anderen Firmen (Mauser, Oerlikon) zur Fla MG-2 C/38 in Einzel-, Doppel- und Vierlingslafetten weiter entwickelt.

1930 wurde ebenfalls die 3,7-cm-Schnelladekanone (Sk – 3,7 L/69) in Doppellafette C/30 konstruiert, ein Geschütz für Luft- und Seezielabwehr, eingebaut ab 1932 auf allen Kriegsschiffklassen.

Als Seeziel- und Flugabwehrgeschütz wurde 1934 die Sk – 7,5 L/36 auf Einheitslafette für Hilfskriegsschiffe konstruiert.

Die Seezielfeuerleitung

Aufbauend auf dem technischen Stand der Kaiserlichen Marine 1918 entwickelte die Reichs- und Kriegsmarine die Seezielfeuerleitanlagen im Zuge der Modernisierung und der Ersatzneubauten der Kriegsschiffe.

Feuerleitanlagen dienten der Gewinnung der Schußunterlagen (Seiten- und Höhenrichtung und Entfernung zum errechneten Treffpunkt, bezogen auf den Horizont und in die schräg liegende Deckebene umgewandelt, und deren Übertragung an die Geschütze.

Die Meßgeräte für Seiten und Höhenwinkel waren Zielgeber oder Zielsäule. Der Zielgeber mußte vom Richtschützen nach Optik bedient werden; er erlaubte indirektes Richten, bei dem das Geschütz ferngesteuert wurde oder der Geschützführer Fernanzeige für das Richten erhielt. (Es war auch direktes Richten mit dem Zielfernrohr der Geschützführer möglich.) Die Zielsäule gestattet nur ein direktes Richten und wurde auch zum Einweisen von Zielgebern benutzt.

Die Meßgeräte für die Entfernung beruhten auf optischen oder auf elektromagnetischen Meßmethoden.

Optische Entfernungs-(E)-Meßgeräte waren Basisgeräte bis zu 10 m. Sie arbeiteten stereoskopisch und hingen sehr von der Eignung des E-Messers ab. Höhen- und Seitenstabilisierung erleichterten das Zielhalten und verbesserten die Meßleistung.

Die Marinewaffenabteilung gab 1933 den Entwicklungsauftrag für das erste elektromagnetische E-Meßgerät, das als „Dete"- oder „FuMG"-Gerät konstruiert aber bis Kriegsbeginn nur als Aufklärungs-E-Meßgerät Verwendung fand. (Unzureichende Peilgenauigkeit).

Der Wertewandler mußte Seiten- und Höhenwinkel von Zielgeber oder Zielsäule von deren Deckebene in Horizontwerte umwandeln. (Arbeit nach dem Kreiselprinzip in kardanischer Aufhängung.) Aus der „Mutterrichtanlage" heraus ließen sich Zielgeber, Zielsäule und E-Meßgeräte stabilisieren.

Die Orter und Rechner der Feuerleitung errechneten Kurs und Fahrt des Gegners und seinen augenblicklichen Abstand in einer gemessenen Schiffsrichtung bzw. die Vorhaltwerte in Seite und Höhe zum voraussichtlichen Treffpunkt. Die feinmechanischen Getriebe der Anlagen arbeiteten nach den Gesetzen der ebenen oder sphärischen Trigonometrie. Orter und Rechner wurden 1934 erstmals für die Zerstörer 34 zum „Schußwertrechner C/34" zusammengefaßt. Dieser wurde als C/38 K für Schwere Kreuzer und C/38 S für Schlachtschiffe bis 1938 weiterentwickelt.

Die Ortungs- und Rechenanlagen waren durch den Befehlsgeber ergänzt, der dem Artillerie- und Waffenleitoffizier den Zustand der Rohre, die Schaltung der Geschütze auf die Rechner und die Zahl der abgefeuerten Schüsse anzeigte.

Werteübertragungsanlagen dienten der Fernanzeige von Schußwerten oder der Fernsteuerung von Geschützen, d. h. unmittelbare Bewegung von erheblichen Gewichten unter entsprechendem Energieverbrauch.

Abfeuergeräte beruhten ebenfalls auf einem Kreiselsystem. Sie sollten die Geschütze einer Batterie unter gleichen Bewegungen der Rohre im Raum nach Richtung und Geschwindigkeit abfeuern.

Leitung der Flugabwehrgeschütze

Auf den alten Linienschiffen, dem Kreuzer „Emden“ und den T-Booten der „Möve“- und „Wolf“-Klasse war nur ein freies Schießen gegen Luftziele möglich. Der Fla-Batterieleiter mußte aufgrund seiner Schul- und Schießübungserfahrungen die Schußwerte im Kopf bilden und kommandieren. Mit den K-Kreuzern wurde der Fla-Zielgeber schrittweise entwickelt. Er wurde auf eine horizontierte Plattform montiert, die sich mit ihm in Zielrichtung drehte. Der Fla-Zielgeber bildete eine Einheit von Seiten-, Höhen- und stereoskopischer Entfernungsmessung. Die Fla-Meßstände waren auf Kardangehänge montiert, die 1938 zu Kugel-Fla-Leitständen entwickelt wurden. (Diese kennzeichneten die deutschen Schweren Kreuzer und Schlachtschiffe.)

Weil der Schwerpunkt der horizontierten Meßgeräte im Mittelpunkt der kardanischen Aufhängung lag, genügten relativ schwache und schnell anspringende Motoren für die Stabilisierung, unterstützt durch automatische Regelungstechnik. Das Kardangehänge des Fla-Leitstandes wurde zugleich als „Wertewandler“ benutzt. Die Zielanweisungsgeräte im Fla-Leitstand übertrugen (wie die Zielsäule bei der Seeziel-Feuerleitung) Zielseiten- und -höhenwinkel; eine Befehlsschalttafel zeigte die Verbindungen Leitstand-Fla-Geschütze, die sich bei Zielwechsel automatisch umschalteten. Der Rechner an den Geschützen errechnete den „Vorhalt“ mit den Eingangswerten Entfernung, geschätzter Fluggeschwindigkeit und Flugwinkel.

b. Küstenartillerie

Laut Versailler Vertrag und nach Verhandlungen mit der Interalliierten Militär-Kontroll-Kommission waren der Reichsmarine Armierungen für die Küstenverteidigung nur sehr beschränkt erlaubt worden (s. Abschnitt VIII, S. 331 f.).

Ab 1928 wurde die Fla-Armierung der Küstenartillerie durch Geschütze der Reserveschiffe verstärkt.

c. Flugmeldedienst

In den Küstenbefestigungsbereichen baute die Kriegsmarine ab 1938 ihren eigenen Flugmeldedienst auf (– neue Laufbahn für Unteroffiziere und Mannschaften –) mit Funkmeß-, Flugmelde- und Ortungsgeräten (s. S. 466).

Alle Messungen – auch die der einzelnen Batterien – gingen an die Flugmeldezentrale zur Auswertung. Die Meßwerte wurden an Lichtpunktprojektoren eingestellt und auf eine große Kartentafel aus Glas projiziert, die das laufende Bild der Luftlage wiedergab.

Von der Flugmeldezentrale erhielten die Flakbatterien Einweisungswerte. Die industriellen, städtischen und militärischen Betriebe erhielten die Lagemeldungen. Das Ganze war angegliedert in das jeweilige Großraum-Flugmeldenetz der Luftwaffe. Bis Kriegsbeginn waren die Anlagen im Aufbau in Kiel, Wilhelmshaven, Swinemünde und Emden.

Kurz vor Kriegsbeginn waren die ersten Funkmeßgeräte (Dezimeter-Wellen-Geräte) auf Sylt, Helgoland und Borkum einsatzbereit gegen Flugzeuge auf etwa 100 km über See (Höhen- und Seitenwinkel noch sehr ungenau).

d. Torpedowaffen

(von Heinrich Horkisch)

Torpedos

Am Ende des Ersten Weltkrieges besaß die Marine mit dem Modell „G 7“ einen funktionssicheren 50-cm-Torpedo. Nach einigen weiteren Verbesserungen bildete dieser Torpedo als Modell „G 7/v“ zunächst die Standardbewaffnung aller Torpedoträger.

Techn. Daten:	Länge (mit Gefechtspistole)	7021 mm
	Kaliber	500 mm
	Luftkesselinhalt/-druck	635 l/170 atü
	Antrieb	mit Heißluft-Dampfgemisch betriebene Kolbenmaschine
	Gesamtgewicht	ca. 1300 kg
	Gefechtskopf	195 kg
	Geschwindigkeit/Laufstrecke	28,5 Kn/10 000 m
		35 Kn/ 5 500 m

Erst nach der Indienststellung der Torpedoboote der „Wolf“- und „Möve“-Klasse wurde die Entwicklung eines neuen Torpedos mit dem international üblichen Kaliber von 53,3 cm aufgenommen. Etwa 1934 war dieser Torpedo einsatzbereit und wurde als Modell „G 7a“ von der Marine übernommen.

Techn. Daten:	Länge (ohne Gefechtspistole)	7179 mm
	Kaliber	533,4 mm
	Luftkesselinhalt/-druck	760 l/200 atü
	Antrieb	mit Heißluft-Dampfgemisch betriebene Kolbenmaschine
	Gesamtgewicht	ca. 1550 kg
	Gefechtskopf (Sprengstoff)	363 kg (300 kg)
	Geschwindigkeit/Laufstrecke	30 Kn/12 500 m
		40 Kn/ 7 000 m

Hauptsächlich für die Verwendung auf U-Booten wurde danach noch der Torpedo „G 7e“ entwickelt. Er besaß die gleichen Steuerelemente (Tiefensteuerung und Geradlaufapparat) wie der Torpedo „G 7a“. Da aber als Antrieb ein Eelektromotor diente, lief dieser Torpedo praktisch ohne Blasenbahn.

Techn. Daten:	Länge (ohne Gefechtspistole)	7179 mm
	Kaliber	533,4 mm
	Antrieb	durch zwei Akkumulatorenbatterien gespeister Elektromotor
	Gesamtgewicht	ca. 1630 kg
	Gefechtskopf (Sprengstoff)	363 kg (300 kg)
	Geschwindigkeit/Laufstrecke	29–30 Kn/ca. 6000 m

Als Zündeinrichtung besaßen die Torpedos „G 7a“ und „ G 7e“ eine Gefechtspistole, die sowohl durch Aufschlag- (A.Z.) als auch durch Abstandszündung (M.Z. = Magnetzündung) zur Detonation gebracht werden konnte.

Die Erprobung des Torpedos „G 7a“ konnte seinerzeit (1931–1934) nur von Überwasserfahrzeugen aus erfolgen. Gewisse Schwächen der Tiefensteuerung, die beim Einsatz des Torpedos vom U-Boot aus auftraten, wurden so erst nach Ausbruch des Krieges erkannt. Auch der M.Z.-Teil der Gefechtspistole versagte anfangs unter gewissen Einsatzbedingungen. Beide Fehler zusammen führten daher im ersten Kriegsjahr zu einer Reihe von Fehlschüssen.

Torpedorohre

Die Torpedoboote der „Wolf“- und „Möwe“-Klasse erhielten bereits Torpedorohre, bei denen der Ausstoß der 50-cm-Torpedos „G 7“ und „G 7/v“ durch Druckluft erfolgte. Der Abschuß mit Hilfe einer Schwarzpulverpatrone (im Ausland noch bis 1945 üblich!) wurde nur noch im Notfall betätigt. 1931 begann die Umrüstung dieser Boote auf Drillingsrohrsätze mit dem Kaliber 53,3 cm für den Torpedo „G 7a“. Prinzipiell waren diese Rohre eine Weiterentwicklung der bisher verwendeten. Alle später zulaufenden Neubauten erhielten dann die gleichen 53,3-cm-Torpedorohre, die mit einer elektromagnetischen Fernabfeuerung auch von der Brücke oder einer anderen Zielstelle aus bedient werden konnten.

Für die U-Boote wurden von vornherein Torpedorohre vorgesehen, die das Schießen ohne Bildung eines Luftschwalls an der Wasseroberfläche erlaubten. Dabei wurde der Torpedo durch einen druckluftbetätigten Kolben aus dem Rohr gedrückt. Dieser Kolben verhinderte gleichzeitig das Entweichen der Druckluft (Kolbenrohr!).

Fuerleitanlagen

Waren bisher Torpedoschüsse nur direkt vom Rohrsatz möglich, so erhielten erstmals die Boote der „Wolf“- und „Möwe“-Klasse Geräte, die ein Schießen von Zielstellen auf der Brücke erlaubten. Dabei wurde der mit Hilfe des B.N.Z.A.

(Brückennachtzielapparat) und des „Torpedorichtungsweisers“ ermittelte Schußwinkel elektrisch an die Rohrsätze übertragen, so daß diese dann in die entsprechende Richtung geschwenkt werden konnten (Folgezeiger-Anlagen). Die Zerstörer „Z 1“ bis „Z 16“ erhielten eine ähnliche, aber gerätemäßig erheblich verbesserte Feuerleitanlage.

Für die Zerstörer ab „Z 17“ und die Torpedoboote ab „T 1“ wurden völlig neue Torpedofeuerleitanlagen entwickelt. Von der Zielstelle (T.Z.A.) wurden über eine besondere „Schalt- und Rechenstelle“ die Rohrsätze automatisch auf den ermittelten Schußwinkel eingesteuert. Da auch die Kursverbesserungen für den Einsatz von mehreren Torpedos automatisch berechnet wurden, konnten mit diesen Anlagen bis zu 8 Torpedos (bei Torpedobooten 6 Torpedos!) gleichzeitig als „Fächer“ auf ein Ziel geschossen werden.

Für die U-Boote war 1939 der „Torpedovorhaltrechner“ fertig entwickelt. Über eine automatische Steuerung konnte so der errechnete Torpedokurs unmittelbar am Geradlaufapparat des Torpedos eingestellt werden. Damit entfielen die bisher notwendigen, aus taktischen Gründen aber unerwünschten Kursänderungen des U-Bootes beim Torpedoschuß.

e. Sperrwaffen

(von Heinz Großkurth)

Die Entwicklung des Minen- und Minenabwehrkrieges im Ersten Weltkrieg (s. Abschn. VIII, S. 311 f.) mit 36% aller feindlichen Tonnageverluste und der Versenkung von 13 größeren und 27 kleineren feindlichen Einheiten führte nicht zum Verbot dieser Seekriegswaffe durch den Versailler Vertrag.

Die Reichsmarine faßte alle Sparten dieser marinespezifischen Waffen unter dem Begriff „Sperrwesen“ zusammen. Dazu gehörten:

- See- und Flußminen mit ihren Wurfeinrichtungen und Sperrschutzmitteln;
- Minenabwehrwaffen, -geräte und -mittel: Minensuch- und Minenräumgeräte, Mineneigenschutz der Schiffe;
- U-Bootsabwehrwaffen, -geräte und -mittel;
- Sprengmunition, -geräte und -mittel;
- Minentransport-(„verbringungs“-)mittel: Überwasserschiffe, U-Boote, Flugzeuge;
- Minen- und U-Bootsabwehrträger: Minensuch- und Minenräumboote, Sperrbrecher, U-Jäger, Netzleger, Minenräumflugzeuge (Ju 52 „Mausi“) mit der Luftwaffe entwickelt.

Die Zweckforschung und Entwicklung der Sperrwaffen lag beim Sperrversuchs- und Lehrkommando der T.M.I. (später S.I.); besondere Bedeutung erlangte darin in den 30er Jahren die sogenannte „Magnet-Meß-Gruppe“ für die Erforschung magnetischer Zündgeräte von Minen und Torpedos und deren Abwehr.

Sprengstoffprobleme für Minen, Torpedos und Wasserbomben bearbeitete das Torpedo-Laboratorium, später „Chemisch-Physikalische Versuchsanstalt der Kriegsmarine".

Bis 1939 wurden folgende Sperrwaffen entwickelt:

Minen

- Seeminen am Grundanker mit einstellbarem Ankertau, 150–300 m Tiefeneinstellung; Stahlgefäße mit 150–300 kg Sprengstoff, Kontaktzündung durch 5–7 Blei- oder Stoßkappen am Gefäß sowie taktischen Zusatzgeräten, Entwicklung 1923–1930 auf der Grundlage der Seeminen des Ersten Weltkrieges.
- U-Bootsabwehr-, Küstenschutz- und Flußminen, gleiche Technik, 25–200 m Tiefeneinstellung; 13–40 kg Sprengstoff, entwickelt 1922 bis 1934).
- Seeminen am Ankertau mit akustischer oder magnetischer Fernzündung, Gefäße aus seewasserbeständiger Alu-Legierung, 150–600 m Tiefeneinstellung, 215–350 kg Sprengstoff, taktische Zusatzgeräte; konstruiert ab 1932 als See-, Flugzeug-, Torpedorohr- und U-Bootsschachtmine.
- Grundminen mit Fernzündung, unabhängig; Gefäße aus Alu-Legierung, 250–935 kg Sprengstoff mit akustischen oder magnetischen Zündgeräten verschiedener Takteinstellung, konstruiert ab 1938 als See-, Fallschirm-, Bomben-, Torpedomine.
- Treibminen gegen U-Bootjäger mit Kontaktzündung und Seerohrattrappe; 36 kg Sprengstoff im Stahlblechgefäß; wurde ab 1938 konstruiert.

Zündgeräte: 5 verschiedene Stoß- und Kontakteinrichtungen, 7 verschiedene magnetische (Inklinations- und Induktions-) Zündungen sowie ein akustisches (Schalldruck-) Gerät. Diese Zündgeräte konnten an den Einzelminen und im Minenfeld kombiniert und variiert werden, um die Minenabwehr zu erschweren.

Sperrschutzmittel zur Räumerschwerung von Ankertau-Minensperren waren Sprengbojen und Reißbojen; kegelförmige Stahlblechgefäße am Ankertau mit Tiefeneinstellung der zu erwartenden feindlichen Räumgeräte in Stufen von 0,75 bis zu 100 m. Die Sprengbojen hatten eine 0,8–18-kg-Sprengung.

7 verschiedene taktische Zusatzgeräte (z. B. Zählkontakte, Uhrwerkseinschalter, Auftriebsentschärfer, Zeiteinrichtung) wurden – z. T. nach dem Abkommen über Seeminen der VIII. Haager Konferenz von 1907 – bis 1938 entwickelt.

U-Bootsabwehrwaffen waren: U-Abwehrdrachen (Jagd auf ein geortetes U-Boot auf taktischer Spiralkurve): Stahlzylinder mit etwa 25 kg Sprengladung an einer Schleppleine und
Wasserbomben (2 Typen) für Reihenwurf oder Teppichwurf aus Werfern mit einer Detonationstiefe von – wahlweise – 25 bis 200 m in 6 Stufen; 120 kg Sprengstoff; hydrostatische oder Uhrwerkszündung.

Minenräumgeräte

- Als Einschiffsgeräte entwickelte das S.V.K. ab 1928 das Otter-Räumgerät und das Scherdrachengerät zum Räumen von Ankertauminen durch Minensuch- oder Hilfsminensuchboote (Fischdampfer). Bei einer Räumfahrt von 9–20 Kn hatten die Geräte bis zu 85 m Räumtiefe und eine Räumbreite von 90–210 m.

- Für das Räumen flachstehender Minenfelder wurde das R-Boot konstruiert. Die Boote konnten Einschiffs- und Verbund-Räumgeräte fahren.
- Bug-Räumgeräte nach Art des Scherdrachengeräts konnten alle Kriegsschiffe als Mineneigenschutz gegen Ankertauminen fahren; gegen Magnetminen wurden die Schiffe an einer besonderen Anlage entmagnetisiert oder durch eine elektrisch geladene Rundumbindung geschützt.
- Stromdurchflossene Schleppspul-Kabelfernräum- bzw. Hohlstabfernräumgeräte wurden von R-Booten bzw. M-Booten über Minenfelder mit Magnetminen geschleppt. Die Geräte hatten ein Gewicht bis zu 56 t und eine Räumbreite bis zu 200 m.
  Nach diesem Prinzip wurden mittelgroße Dampfer als Sperrbrecher „durch mehrere Kilometer stromdurchflossenen Kabels, das vertikal um das Vorschiff gelegt war, zum Großen Magneten mit etwa 600 m „Räumbreite“ (Ruge).

f. Nachrichtentechnik

Bordanlagen

Etwa 1930 stellte die Marineleitung die Forderung, eine kleine, zu einem organischen Ganzen vereinigte Kurz- und Langwellen-Sende-Empfangsanlage zu entwickeln. Diese war für kleine Einheiten – wie Räum- oder Schnellboote, ferner alle anderen Arten von Kleinfahrzeugen, aber auch für Flugzeuge – nötig. Das Geräte wurde von der Nachrichtenmittelversuchsanstalt auf Booten aller Art und auch in Seeflugzeugen erprobt.

Auf den neuen Schiffen wurden Sender nach dem Schubkastenprinzip gebaut, d. h. in einem fest eingebauten Gestell waren die einzelnen Stufen in Schubkastenform übereinander angeordnet.

Auf Kriegsschiffen war die günstige Anbringung aller Antennen nicht einfach, da bei dem Einbau mehrere Funkräume die Sendeantennen nur schwer genügend weit voneinander und von den Empfangsantennen getrennt werden konnten. Außerdem traten durch die langen Antennenschächte, die auf großen Schiffen bis zu 30 und 40 m lang waren, erhebliche Energieverluste auf. Auf den großen Schiffen wurde einer der Funkräume für den Funkbeobachtungsdienst (B-Dienst) eingerichtet. In unmittelbarer Nähe des Kommandostandes oder des Kartenhauses wurden auf Schlachtschiffen und Kreuzern Nachrichtenzentralen oder Gefechtsnachrichtenzentralen eingerichtet. Hier liefen alle eingehenden Nachrichten zusammen.

Von etwa 1936 an wurden für den Telefonverkehr innerhalb des Schiffs-Verbandes neu entwickelte Ultrakurzwellen-Geräte (UKW) eingebaut. Diese Art der Funkspruchübermittlung wurde zum Gedankenaustausch zwischen Befehlshabern und Kommandanten benutzt.

Die großen Einheiten, Schlachtschiffe und Schwere Kreuzer, erhielten eine Bordwetterwarte, die mit je einem Lang- und Kurzwellenempfänger zur Aufnahme der Wetterbeobachtungen ausgestattet waren.

1934 wurde eine neue Schlüsselmaschine – der „Funkschlüssel M“ – eingeführt, der nach dem Verfahren des reziproken Buchstabentausches arbeitete.

Weitere Untersuchungen führten zu dem Versuch, alle Funksprüche an Seestreitkräfte im „Blindfunkverfahren“ abzusetzen. Das bedeutet: Eine Küstenfunkstelle setzte den Funkspruch ab, die Leitstelle, ebenfalls eine Landfunkstelle, quittierte und gab dem Spruch eine Leitnummer. Sie forderte dann im allgemeinen eine andere Landfunkstelle zur Wiederholung auf. Damit war mit hoher Wahrscheinlichkeit anzunehmen, daß die in See befindlichen und auf dieser Welle stehenden Schiffe den Funkspruch verstanden hatten.

Das Ziel dieses wichtigen Versuches war, die in See befindlichen Schiffe so lange wie möglich am eigenen Funken zu hindern, damit ihr Standort nicht frühzeitig verraten würde. Von der Mobilmachung am 2. September 1939 an wurde dieses „Kriegsfunkverfahren“ ausschließlich angewandt.

Längstwellensender für den U-Bootkrieg waren mit folgenden Reichweiten entwickelt worden:

Am Nordkap Detektorempfang über Wasser; im Karibischen Meer Lautstärke 4 in 25 m Tauchtiefe. In der Nähe von New York Empfang unter Wasser, Wellenbereich: 5000 bis 20 000 m. Hauptbetriebswelle: etwa 10 000 m. Abgestrahlte Leistung: 470 bis 900 kW je nach Betriebswelle.

Unterwasserschallortung

Die Nachrichtenmittelversuchsanstalt hatte seit 1924 aufgrund der technischen Erfahrungen des Ersten Weltkrieges Prinzipien und Geräte für die passive Unterwasserschallortung entwickelt:

- Gruppenhorchgeräte (G.H.G.) seit 1925 an Bord von Kriegsschiffen,
- G.H.G für U-Boote mit 2 × 24 Empfängern,
- Küstenhorchanlagen seit 1930 vor den Häfen und Flußmündungen,
- Kristall-Drehbasisgeräte für flachgehende Fahrzeuge.

Geräte für die aktive Unterwasserortung entwickelte die NVA 1932/33 mit ultrasonaren Schallwellen, die horizontal abgestrahlt und nach Reflektion durch ein Ziel in einem Unterwasserschallempfänger aufgenommen wurde.

Der Horizontallotempfänger wurde als „Mob-S-Gerät“ 1938/39 serienreif.

Funkmeßortung

1934 begann die mit Haushaltsmitteln der Reichsmarine gegründete Firma „Gesellschaft für elektronische und mechanische Apparate“ (Gema) die Entwicklung eines Funk-Entfernungsmeßgerätes (Dete-Gerät = Dezimetertelefonie) auf elektromagnetischer Grundlage.

Versuchsmuster führten 1936 zu einem Funkortungsgerät zur Flugzeugortung, des späteren „Freya“-Gerätes (240 cm).

Ein Bord-Funkmeßgerät (80 cm) wurde im Juli 1937 auf Torpedoboot „G 10“ zur Entwicklung von Torpedo-Nachschießverfahren eingebaut; es folgten Artillerieortungsgeräte auf Kreuzer „Königsberg“ und Panzerschiff „Admiral Graf Spee“: die späteren „Seetakt-Geräte (Seezielortung auf 14 km, Luftziele auf 40 bis 60 km).

„Freya“- und „Seetakt“-Geräte kamen ab Frühjahr 1939 in Serienproduktion. Bis Ende 1939 lieferte Gema 8 Freya- und 4 Seetakt-Geräte.

Bei Kriegsbeginn waren die Marineflugmeldezentren Helgoland, Borkum und Sylt mit je einem „Freya“-Gerät für die Flugzeug-Fernwarnung und einem „Seetakt“-Gerät für Tieffliegerortung ausgerüstet.

g. *Antriebstechnik*

Der Bau der deutschen Kriegsschiffe wurde wesentlich von der Wirtschaftlichkeit der Antriebstechnik bestimmt.

Da die Washington- oder Typverdrängung das Gewicht des gesamten Brennstoffs nicht einschloß, d. h. nicht die tasächliche Maximalverdrängung war, legte die deutsche Marineleitung mit stillschweigender Duldung der Interalliierten Militärkontroll-Kommission (IMKK) die gegebenen Grenzverdrängungen ebenfalls als Typverdrängung aus. Dieser Gesichtspunkt wurde später beim Vergleich der Maschinengewichte von Dampf- und Motorenanlagen wichtig, da das stark zugunsten des Motors ausschlagende Gewicht der Brennstoffe unter diesen Umständen außer Betracht blieb.

Die Wirtschaftlichkeit einer Kriegsschiffmaschinenanlage wurde berechnet als Leistungsanteil in kg Brennstoff pro Wellenpferdestärke und Betriebsstunde (kg/PSwh). Die Wellenpferdestärke (PSw) war die Leistung einer Antriebsanlage an der Antriebswelle gemessen, die effektive Pferdestärke (PSe) die nutzbare Leistung an der Kupplung. Für die Konstruktion des Kriegsschiffs waren neben Kampfwert und Leistungseinheit der Antriebsanlage auch deren Einheitsgewicht, d. h. das Gewicht pro Wellenpferdestärke (kg/PSw) maßgebend. Dabei war zu bedenken, daß kleinstes Einheitsgewicht und geringste Leistungseinheit sich ausschlossen – daher der „Wettstreit“ zwischen Motoren- und Hochdruckheißdampfantrieb.

Die Reichs- und Kriegsmarine setzte die Entwicklungen der Antriebstechniken der Kaiserlichen Marine fort:

- Die Dampfturbine: wirtschaftlicher, leichter und kleiner als die Kolbendampfmaschine; aber hohe Drehzahlwandler und Übersetzungsgetriebe (10 : 1 oder 12 : 1).
- Die Hochdruck-Heißdampfturbine (mit Dampfdruck über 20 atü) war eine Frage von Kesselbau, Werkstätten, (häufig schroff wechselnde Belastungen), Wärmeschutz und hohem Aufwand an Getriebe- und Schaltungstechnik.
- Der Motor hatte zwar ein größeres Einheitsgewicht als die Dampfmaschinenanlage und benötigte mehr Platz, dafür war seine Leistungseinheit geringer. Er bedurfte häufiger Überholung, war aber unempfindlicher gegen Treffer.

Hochdruck- und Heißdampfanlagen von 70–100 atü wirtschaftlichster Dampfspannung mit 450 ° maximaler, wirtschaftlich zweckmäßigster Dampftemperatur, wurden von 1927 bis 1930 entwickelt (Benson-, La Mont-, Wagnerkessel).

Dieselmotorenanlagen – zunächst als Marschmotoren für die Kreuzer der „K"-Klasse – entwickelte die Firma MAN (3200 PS, 10-Zylinder-Motoren).

Die Betriebstechnik wurde kombiniert: Kreuzer „Leipzig" erhielt schließlich 2 x 30 000 PSw-Getriebeturbinen mit Rädergetrieben auf beide Außenwellen und 4 x 3200 PS MAN-Zweitaktdieselmotoren über Vulcangetriebe auf die Mittelwelle (Marschfahrt 18 kn).

Bei Kreuzer „Nürnberg" arbeiteten Elektromotoren über Generatorenantrieb der Mittelwelle auf die beiden Seitenwellen.

Das Artillerieschulschiff „Bremse" (Bauzeit 1930/31) erhielt 8 x 3200 PS doppelwirkende MAN-Zweitaktmotoren über ein Vulcangetriebe auf zwei Wellen, eine Versuchsantriebsanlage für Panzerschiffe.

Durch den Verzicht auf eine den zeitgenössischen Kreuzern entsprechende Geschwindigkeit von 32–33 kn blieb die Anlage in der Größenordnung, die im Hinblick auf die vorhandenen Motoren sowie den Raum- und Gewichtsaufwand vorteilhaft war. Gegenüber klassischen Dampfanlagen erreichte man den wesentlich größeren Fachbereich, die schnelle Betriebsbereitschaft und das schnelle Hochfahren der Geschwindigkeit.

Im Gegensatz zum Großschiffbau trat im Schnellbootbau eine gewisse Verzögerung ein. Erst die 1932/35 gebauten, in der Bootsform verbesserten und wegen der größeren Gewichts der Dieselanlage auf rd. 80 t vergrößerten Boote S 6–9 konnten mit 3 x 960/1320 PS 7 zyl. MAN-Viertakt-Dieseln für 36 kn ausgerüstet werden. 1934/35 folgten die mit 3 x 1200/1320 PS Daimler-Benz 16 zyl. V-Viertakt-Dieseln ausgerüsteten Boote S 10–13, 1935/38 die mit 3 x 1500/2050 PS 11 zyl. MAN-V-Viertakt-Dieseln S 14–17 und 1937/39 S 18-25, die den 1500/2000 PS 20 zyl. Daimler-Benz-V-Viertakt-Diesel MB 501 erhielten, der, später mit Auflandung auf 2500 PS gebracht, bis zum Kriegsende 1945 der Standard-Antrieb der deutschen Schnellboote blieb.

Auf der Basis einer fast 15jährigen, sehr planmäßigen Entwicklungsarbeit ging die deutsche Marine als einzige Marine der Welt mit einem Dieselschnellboot in den Krieg, das eine außergewöhnliche Leistungsfähigkeit auf allen Kriegsschauplätzen unter Beweis stellte.

Neben der planmäßigen Entwicklung des Dieselmotors für Schiffe und Boote vernachlässigte die deutsche Marineleitung bei ihren Antriebsstudien keineswegs den Dampfantrieb, der besonders bei größeren Anlagen und bei Verwendung überhitzten und hochgespannten Dampfes gegenüber Motoren- und klassischen Naßdampfanlagen interessante Vorteile bot: niedriges Einheitsgewicht, hohe Leistungskonzentration auf engem Raum, geringer spezifischer Brennstoffverbrauch, geringe Erschütterungen und Geräusche, große Überlastbarkeit, kurze Anfahrzeiten, schnelle Leistungsregelung und Unabhängigkeit von knappen Ölsorten.

Die ersten praktischen Borderprobungen auf den 1932–1934 gebauten Flottenbegleitern mit Benson- und La Mont-Kesseln von 70 atü und 2 × 7000 PSw-Getriebeturbinen zeigten große Mängel (Technik und Bedienung). Die negativen Erfahrungen flossen ein in die Antriebstechnik des Artillerieschulschiffs „Brummer" (Bauzeit 1934–1936) als Maschinen-Versuchsbau für Zerstörer 34 (2 Satz Wagner-Turbinen mit Rädergetriebe, 4 Wagner-Kessel von je 70 atü, 10 150 PSw, Höchstfahrt 23,1 Kn).

Die Zerstörer 34 „Z 1" bis „Z 8" erhielten 6 Wagner-Kessel (70 atü). Z 9–Z 16: 6 Benson-Kessel, 110 atü.

Alle Zerstörer liefen über 2 x 3500 PS Wagnerturbinen mit Rädergetrieben auf zwei Wellen. 38,2 kn Höchstgeschwindigkeit.

Die Entscheidung für die Antriebstechnik der schnellen Schlachtschiffe „D" und „E" war zwangsläufig die Hochdruckheißdampfanlage, weil die Geschwindigkeit von 32–33 kn („Dunkerque"-Klasse) mit den zur Verfügung stehenden Motoren nicht erreichbar, bzw. raum- und gewichtsmäßig nicht realisierbar war. „Gneisenau" und „Scharnhorst" erhielten 12 Wagner-Kessel, 50 atü, 3 x 53 300 PS Brown-Boveri- bzw. Germania-Turbinen mit einstufigen Rädergetrieben auf 3 Wellen.

Da die Schiffe während des Baus durch permanente Zusatzforderungen wesentlich schwerer wurden als vorgesehen, betrug die tatsächliche Höchstgeschwindigkeit dieser später im Kriege äußerst aktiven Schiffe 31,5–32 kn.

Trotz guter Erfahrungen mit dem turbo-elektrischen Antrieb entschloß sich das OKM, die beiden Schlachtschiffe „F" und „G" mit konventionellen Getriebeturbinen auszurüsten, da diese durch das geringe Gesamtgewicht der Anlage stärker dimensioniert und damit im Einzelfall auch erheblich stärker überlastet werden konnten. Die aus 3 x 46 000 PSw-Brown Boveri-Turbinen und 12 Wagner-Kesseln, bestehende Dreiwellenanlage ergab 29 kn. Unter Überlast (163 000 PSw) wurden 30,8 kn erreicht. Auch die Schweren Kreuzer erhielten Hochdruckheißdampfanlagen mit 3 x 44 000 PSw Getriebeturbinen.

Der Wandel des strategischen Konzepts, auf dem der „Z-Plan" vom Januar 1939 beruhte, ließ den Motor wieder in den Vordergrund der Antriebstechnik rücken: Die für den Atlantikeinsatz geforderten Fahrbereiche und Geschwindigkeiten mußten zwangsläufig zu einem Wiederaufgreifen des Motorenantriebs führen. Spezielle marine-eigene Forschungs- und Prüfinstitute für die konstruktive Gestaltung leichter und schnellaufender Dieselmotore und die einschlägige Industrie hatten die Motorenentwicklung inzwischen so konsequent weitergeführt, daß die Konstruktionszeichnungen der in Arbeit befindlichen Projekte kurzfristig abgeschlossen und die ersten Schiffe noch 1939 auf Stapel gelegt werden konnten.

5. Kriegsmarine und Marineluftstreitkräfte

Die Führung der „Marineluftstreitkräfte" als Teil der Luftwaffe hatte – ab 1. April 1934 getarnt, seit dem 1. März 1935 offen – der Befehlshaber im Luftkreis VI, Kiel. Er war dem Reichsminister der Luftfahrt und Oberbefehlshaber der Luftwaffe unterstellt und „Berater des Oberbefehlshabers der Kriegsmarine".

Am 2. Juni 1937 wurde im RLM unter dem Chef des Generalstabes die Inspektion Seeflieger geschaffen (Fl.In.See) als Behörde für Ausbildung und für die technische Weiterentwicklung der Marineluftwaffe.

Der Inspekteur Fl.In.See war jetzt Berater des Ob.d.M., in Verbindung mit dem Referenten für Luftwaffenfragen der Operationsabteilung (A I L).

Bis Ende 1937 wurden als Fliegende Verbände (Seeluftstreitkräfte) aufgestellt: 4 Küstenfliegergruppen mit 10 Küstenfliegerstaffeln, 2 Bordfliegerstaffeln und 2 Flugzeugträgerstaffeln, deren technischer Entwicklungsstand jedoch im Verhältnis zu den Landluftstreitkräften als veraltet bezeichnet werden mußte.

Mit dem Flugzeugtyp Heinkel (He) 59 entwickelte die Fliegerwaffenschule (See) den Bombenwurf auf Seeziele, die Flugzeug-Minen-Taktik und den Ansatz von Torpedoflugzeugen.

Schwerpunkt der Ausbildung und der Manöver mit Flotteneinheiten waren Fernaufklärung, Küstenvorfeldaufklärung sowie Luftsicherung und U-Bootsjagd.

Die Seebeobachterausbildung dauerte sechs Monate an der Fliegerwaffenschule (See) in Parow, (ab1939 auch Bug/Rügen) danach taktische Ausbildung mit der Flotte – an der Flieger-Ergänzungsgruppe (See) in Kamp.

Mit dem 1.April 1938 wurde die Befehlsgliederung der „Seeluftwaffe“ (neue Bezeichnung) im Rahmen einer Organisationsänderung der Luftwaffe neu geordnet: Der bisherige Fl.In.See wurde Inspekteur der 8. Inspektion der Luftwaffe: L In 8, Generalmajor Coeler (ehemaliger Offizier der Reichsmarine). Neben 3 Luftwaffen-Gruppenkommandos und das Luftwaffenkommando Ostpreußen trat das Luftwaffenkommando See – bisher Luiftkreiskommando 6 – Kiel.

Die führenden Offiziere der Seeluftwaffe im RLM, im OKM (1/Skl. I L), im LWKdo See und den unterstellten Verbänden und Basiseinrichtungen waren Offiziere der ehemaligen Reichsmarine. Dies ermöglichte eine kontinuierliche Entwicklung. Die Seeluftwaffe „stellte sich als eine komplette Luftwaffe im kleinen dar“ (Völker).

Das Technische Amt der Luftwaffe (LC) entwickelte nach den taktischen Forderungen der Operationsabteilung und der Flotte neue Seeflugzeugtypen: Arado 196 als Bordflugzeug (Nahaufklärung, U-Jagd = M); Heinkel 115 als „Arbeitsflugzeug“ im eigenen Küstenvorfeld (Mehrzweck-Flugzeug für Aufklärung, Bomben- und Torpedowurf = Mz.); Hansa 138 als See-Fernaufklärungsflugboot = F.

LC prüfte ferner die seetaktische Forderung des OKM für ein Kampfflugzeug See als Zweischwimmerflugzeug. Diese erschien erfüllbar, jedoch hatte die zwischen dem Chef 1/Skl. (Kapt. z. S. Fricke) und dem Chef Gen.Stb. Lw. 1. Abt. (Oberst d. G. Jeschonnek) angeregte Untersuchung Vorrang, die Junkers Ju 88 für die Zwecke der Seekriegführung einzurichten und technisch zu entwickeln.

Auf höchster Ebene wurden operative, organisatorische, taktische und technische Fragen der „Marine-Luftstreitkräfte“ – wie sie jetzt wieder bezeichnet wurden – am 27. Januar 1939 zwischen dem Ob.d.M. und Ob.d.L. mündlich und schriftlich vereinbart. In einem „Protokoll“, angefertigt nach Hitlers Befehl für den Aufbau der Flotte gemäß Z-Plan, trafen Raeder und Göring operative und

taktische Abgrenzungen für den Einsatz von „operativen“ und von Marineluftstreitkräften im Seekrieg (möglicherweise gegen England), sowie für die Luftverteidigung der Küsten. Bis einschließlich 1941 wollte der Ob.d.L. als Marineluftstreitkräfte für Zwecke der Seekriegführung bereitstellen:
9 Fernaufklärungsstaffeln, 18 Küstenfliegerstaffeln (Küstenvorfeldaufklärung und Mehrzweckeeinsatz), 12 Flugzeugträgerstaffeln und 2 Bordfliegerstaffeln.

Die technische Ausrüstung der Flugzeuge sollten den Forderungen der Kriegsmarine entsprechen, die „aus Gründen der besonderen Verhältnisse über See“ auf das Schwimmerflugzeug He 115 als Mehrzweckeflugzeug (Mz) nicht glaubte verzichten zu können. Die Lufttorpedo- und Luftminenentwicklung sollte vorangetrieben werden. Der Marine blieb überlassen, für welche Waffenverwendung sie die Staffeln vorsehen wollte; die Aufklärung über See für Zwecke des Seekrieges aber blieb Sonder- und Hauptaufgabe der Marineluftstreitkräfte.

Im Juli 1939 schlug der Ob.d.L. eine einheitliche Ausrüstung der Marinestreitkräfte mit dem Radflugzeugtyp Do 217 der Luftwaffe vor für „alle Aufgaben, für die Flugboote nicht vorgesehen sind“.

Die Kriegsmarine hatte die bewaffnete Aufklärung mit Flugzeugen von hoher Geschwindigkeit und großer Kampfkraft als neue – vordringliche – Aufgabe erkannt, vor allem in Seegebieten mit starker feindlicher Gegenwirkung aus der Luft und von der See her.

Am 27. Januar 1939 teilte der Ob.d.L. dem Ob.d.M. eine einschneidende Organisationsänderung in der Führung der Marineluftstreitkräfte mit: Abschaffung des Luftwaffenkommandos See, dafür Schaffung der Stelle eines „Generals der Luftwaffe beim Ob.d.M.“. Diese Führungsbehörde wurde am 1. April 1939 eingerichtet (Generalmajor Ritter).

Der Gen.d.Lw. beim Ob.d.M. hieß bis zum 5. 9. 1939 zugleich „Befehlshaber der Marinefliegerverbände“; als „Inspekteur der Seeflieger“ unterstand er dem Chef des Ausbildungswesens der Luftwaffe. Der Gen.d.Lw. beim Ob.d.M. sollte den Ob.d.M. in allen Luftwaffenangelegenheiten beraten und im Kriegsfall in Führungsangelegenheiten unterstützen. Er war Truppenvorgesetzter aller Seefliegerverbände, in dieser Aufgabe sollte nach Ansicht des Ob.d.L. der Schwerpunkt seiner Tätigkeit liegen. Seine Befugnisse und Aufgaben waren in einer Dienstanweisung festgelegt. Diese besagte u. a., daß der Gen.d.Lw. beim Ob.d.M. bei Besprechungen der Marine die Ansicht des Ob.d.L. und bei solchen der Luftwaffe die des Ob.d.M. zu vertreten habe.

Die für den 1. 4. 1939 geplante Aufstellung eines „Luftgaukommandos See“ wurde nicht verwirklicht, die „Bodenorganisation See“ auf die Luftgaue Ostpreußen, Berlin und Hannover, später Hamburg verteilt. Die „Luftfahrzeuggruppe See“ blieb bestehen; der Gen.d.Lw. beim Ob.d.M. hatte die Möglichkeit, dieser Gruppe jederzeit unmittelbare Anweisungen für den Materialnachschub der Seefliegerverbände zu geben. Während der Gen.d.Lw. beim Ob.d.M. für Einsatzbereitschaft, die Bodenorganisation und den personellen und materiellen Nachschub der fliegenden Verbände verantwortlich war, oblag den ihm unterstellten „Führern der Seeluftstreitkräfte" die taktische Ausbildung und Führung ihrer Verbände. F.d.Luft West (Jever) und F.d.Luft Ost (Kiel), im Frieden auf enge Zusammenarbeit mit dem Flottenkommando angewiesen, waren im Krieg den zuständigen Marinegruppenbefehlshabern taktisch unterstellt (siehe Seite 480 ff.), truppendienstlich sollten sie dem Gen.d.Lw. b. Ob.d.M. unterstellt bleiben.

Diese umständlich arbeitende Führungsorganisation enthielt auch insofern Friktionsquellen, als mehrere operative Führungsstäbe der Marine bestanden, deren Befugnisse schwer miteinander in Einklang zu bringen waren. Es waren die Seekriegsleitung, die Gruppenbefehlshaber und der Flottenchef. Hinzu kamen die Weisungsbefugnisse des OKW gegenüber den drei Wehrmachtteilen und die Sonderstellung der U-Boote. Es war fraglich, ob die Unterstellungs- und Befehlsverhältnisse für den Einsatz der Marineluftstreitkräfte in einem Kriegsfall klar genug waren. Eine einheitliche Führung existierte nicht.

Die Iststärke der Marineluftstreitkräfte war bei Kriegsbeginn 154 Flugzeuge aller Typen, die Sollstärke war 228 Flugzeuge. Am 5. September 1939 befahl Göring die Aufhebung der Bezeichnung Marineluftstreitkräfte. In der Folge wurden die Verbände auseinandergerissen.

6. Sicherungsstreitkräfte

a. Befehlshaber der Sicherung

Parallel zum geheimen Aufbau von Marineluftstreitkräften hatte die Marineleitung geplant, Seestreitkräfte für den Geleit- und Sicherungsdienst in größerem Umfang im „A"- oder „Mob"-Fall aufzustellen. Dies war eine Planung, die sich aus den Erfahrungen im Ersten Weltkrieg, aus der materiellen Unterlegenheit und dem Verbot des Versailler Vertrags, Reserveverbände zu halten, ergab. Dazu kam, daß der Aktionsradius von Flugzeugen der Küste weit vorgelagerte Operationsgebiete schuf, die Küstenvorfelder, die sich mit denen der möglichen Gegner im Kriegsfall überschnitten.

Zur Aufklärung und Sicherung dieser Seegebiete reichten die „aktiven" Verbände von Torpedo-, Minensuch- und Räumbooten nicht aus. Eine erste theoretische Aufstellungs- und Befehlsorganisation erörterte die Flottenabteilung 1932, sie erschien 1934 in einer Planungsstudie des Chefs Marinekommandoamt. Danach sollten die Zweiten Admirale der Marinestationen Hilfskriegsschiffverbände aufstellen und im Vorposten-, Minensuch- uund Räumdienst, Handelsschutz in See und Hafenschutz führen.

Am 1. April 1934 wurde der Zweite Admiral der Marinestation der Ostsee, am 1. April 1935 der Zweite Admiral der Marinestation der Nordsee geschaffen. II. A.d.O. und II. A.d.N. (– ab 1. 1. 1938 2. A.d.O. und 2. A.d.N.) blieben zwar, – dem jeweiligen Kommandierenden Admiral unterstellt –, Kommandeur der Schiffsstammdivision des Marinestationskommandos (siehe Seite 439), ihre neuen Aufgaben aber waren:

- „Die Blickrichtung der Kommandierenden Admirale von der Küstenverteidigung auf die See zu richten, auf ihre Aufgabe der Erhaltung der Flottenbasis sowie der Zufahrtswege zu ihr und zu den Zufuhrhäfen“ (OKM A II);
- Entlastung des Flottenkommandos von Mobilmachungs-(Mob-)Vorarbeiten,
- Entlastung des Seebefehlshabers im Küstenvorfeld für dessen Aufgaben auf der freien See.

Die Unterstellung der II. Admirale unter den Kommandierenden Admiralen blieb bestehen, um den Flottenchef (oder den Befehlshaber im Bereich) nicht zusätzlich organisatorisch und personell zu belasten.

Im Februar 1937 erließ das OKM – A I – „operative Weisungen zur Durchführung der Aufklärung und Sicherung in Nord- und Ostsee ab 1. Mob-Tag“ mit der Maßgabe, daß die friedensmäßigen Vorarbeiten hinsichtlich Organisation, Ausrüstung, Dislokation für aktive und Reserveverbände der II. Admirale sich nach den operativen Forderungen der Flotte zu richten hatten.

Die Operationsabteilung unterbreitete dem Ob.d.M. den Vorschlag, für die Operationsgebiete Ostsee und Nordsee „Befehlshaber der Sicherung“ zu schaffen, die im Kriegsfall den Flottenchef bzw. dem Seebefehlshaber militärisch unterstellt werden müßten, weil die Grenze zwischen dem Küstenvorfeld (= dem zu sichernden Seegebiet) und der freien See (= dem Hauptoperationsgebiet der Flotte) ständigen Änderungen und Wechselwirkungen unterworfen war.

Der Ob.d.M. befahl zum 1. April 1938 die Aufstellung der Befehlsstellen „Befehlshaber der Sicherung der Ostsee“ (B.S.O.) in Swinemünde und „Befehlshaber der Sicherung der Nordsee“ (B.S.N.) in Wilhelmshaven. B.S.O. und B.S.N. – in Personalunion II. Admirale ihrer Marinestation – erhielten die Aufgaben:

- Vorbereitende Überlegungen und Arbeiten betreffend die Minensicherung, U-Bootsbekämpfung, Sicherung und Geleit der Handelsschiffahrt und den Lotsendienst;
- Erarbeiten von Unterlagen für den Mob-Plan (Marine) 1938 (MDr. Nr. 157 – Geheim –) als Ersatz für den Mob-Plan von 1936.

Im Rahmen ihrer besonderen Aufgaben, Sicherungs- und Geleitdienst durchzuführen (Übungen, Spannungsfall) waren die Befehlshaber der Sicherung im Frieden taktisch dem Flottenchef unterstellt.

Die Kriegsbefehlsgliederung wurde anders organisiert (siehe Seite 477 ff.).

Die 1. Admiralstabsoffiziere der Befehlshaber der Sicherung analysierten im Mai 1939 auf Admiralstabsreisen die möglichen Kriegsaufgaben. Die Sicherung der Kriegszufuhr über See (etwa 30 Dampfer pro Tag in Nordseehäfen, etwa 10 Dampfer pro Tag in Ostseehäfen, – entsprechend die Zahl der auslaufenden Handelsschiffe), die Sicherung der Verbindung Ostpreußen–Reich (Truppen- und Materialnachschub) und die Sicherung der Operationsfreiheit für eigene Seestreitkräfte beim Durchlaufen des Küstenvorfeldes gegen U-Boot- und überraschende Flugzeugangriffe konnten nur unter folgenden Voraussetzungen durch B.S.O. bzw. B.S.N. erfüllt werden:

- Defensive Minensperren vor den zu sichernden Seegebieten, deren laufende Bewachung;
- dauernder Flugmeldedienst in See;
- laufende Aufklärung über See durch Seeluftstreitkräfte;
- laufende U-Bootsjagd;
- laufende Minensicherung (Absuchen der Schiffahrtswege);
- Konzentration auf die Brennpunkte im Seeverkehr.

Die 1. Abteilung der Seekriegsleitung ergänzte die Feststellungen mit der Überlegung, daß eine – mögliche – Gegnerschaft Englands zur See die strategische Situation und die Aufgaben der Befehlshaber der Sicherung bedeutend erschwere und verändere, vor allem im Hinblick auf die Eisenerzzufuhr aus Schweden. Die Mindesteinfuhren im Kriegsfall betrugen 9 Millionen Tonnen jährlich, aber mit der Einfuhr aus Narvik mit 4,25 Mill. t konnte nicht mehr gerechnet werden. Daraus folgte die Verlagerung von Sicherungsaufgaben auf die Ostsee.

Für die Herbstübung („Strategische Übung") der Kriegsmarine 1938 wurden daher aktive und Hilfskriegsschiffverbände (Mob-Einheiten) unter dem Befehlshaber der Sicherung der Ostsee eingeplant und aufgestellt. (Die Übung ging über in die Spannungszeit „Fall Grün" = Sudetenkrise.) Nach dem Reichsleistungsgesetz zogen die Kriegsmarinedienststellen geeignete vorgemerkte Schiffe ein und rüsteten sie aus:

8 Motorfischkutter, Swinemünde; 3 Hilfsminensuchboote, Cuxhaven und Kiel; 8 Fischdampfer, Kiel (19. Minensuchflottille).

Außerdem führte der B.S.O. die 5. Minensuchflottille, die 2. R-Flottille, die 3. (Reserve-)R-Flottille, die M-Boote des Sperrschulverbandes als 7. M-Flottille.

Die personelle Besetzung der Reserveeinheiten erfolgte durch einberufene Reservisten und Offiziere „d.B." und „z.V.".

Die Manövererfahrungen wurden für die Bearbeitung des Mob-Plans der Kriegsmarine 1939 ausgewertet. Danach sah die Kriegsgliederung der Befehlshaber der Sicherung folgende Unterstellungen vor:

- 1 –„S"– (= Sonder-) Gruppe (getarnte Aufklärer),
- Führer der Minensuchboote Ost und West mit aktiven und Hilfsminensuchflottillen, Räumbootsflottillen und Sperrbrechern;
- Führer der Vorpostenverbände Ost und West mit Vorpostenflottillen, Geleit- und Handelsschutzflottillen;
- Chef der U-Bootsjagdflottillen.

An Material sollten erfaßt werden:

- moderne Fischdampfer für Minensuchaufgaben, Geleit- und U-Jagd;
- ältere Fischdampfer für Vorposten, schwimmende Flugwachen;
- Motorsegler, Logger u. a. unauffällige Schiffstypen für die S-Gruppen;
- Zollkreuzer für die U-Jagd;
- geeignete Dampfer als Sperrbrecher;
- Schiffe des „Seedienst Ostpreußen" als Hilfsminenschiffe.

Für die Ausbildung von Reserveverbänden mit Reservepersonal befahl das OKM (A IV) im Februar 1939 zum 1. April 1939 die Bildung der Kommandos „Schulflottille des B.S.O." und „Schulflottille des B.S.N.".

Die Schulflottille des B.S.O. bestand aus den Hilfsminensuchbooten „Odin", "Hagen", „Munin", „Hildebrand", „Volker" und „Hugin" mit dem Hauptliegehafen Kiel.
Die Schulflottille des B.S.N. bestand aus den Hilfsminensuchbooten „Beowulf", „Freyr", „Fritjof", „Heimdall", „Siegfried" und „Wotan" mit dem Hauptliegehafen Wilhelmshaven.

Die Boote waren von 1912 bis 1921 gebaute 500 t-Fischdampfer mit 450 PS-Kolbenmaschine, Höchstfahrt 10,2 Knoten, Bewaffnung 1 Sk – 8,8 cm und 3 Fla-MG. Besatzung: 1 Offz. oder Obersteuermann, 38 Uffz. u. Mannsch. 5 Boote waren im Ersten Weltkrieg in Minensuch- oder Hafenschutzflottillen gefahren.

b. Kriegsgliederung der Sicherungsstreitkräfte

Der Mobilmachungsplan der Kriegsmarine enthielt 1938 erstmalig die volle Kriegsgliederung (KG) mit Kriegsstellenbesetzung (K) und Friedensstellenbesetzung (F) für den B.S.O. und den B.S.N.

K bezeichnete die im Mob-Fall aufzustellenden Hilfskriegsschiffe und Verbände mit Führern, Flottillenchefs und Kommandanten unter Angabe Ausrüstungshäfen,

F bezeichnete die aus der Flotte (Friedensstellenbesetzung) herauszulösenden und dem B.S.O/B.S.N. zu unterstellenden aktiven Kriegsschiffe und Verbände mit ihren Führern, Flottillenchefs und Kommandanten.

Die einzuberufenden Reserveoffiziere (Offiziere „z.V." und „d.B.", – s. S. 446 ff.) als Führer, Chefs und Kommandanten waren ehemalige Seeoffiziere der Kaiserlichen Marine, Jahrgänge 1899–1916.

Befehlshaber der Sicherung der Ostsee (B.S.O.)

Befehlshaber + Stab F, 6 aktive + 2 Res.Offz., Schiffsbegleitdienst: 42 Res.Offz. K, Minenschiffe „Hansestadt Danzig", „Preußen" und „Tannenberg", K: 6 aktive, 15 Res.Offz.
Führer der Vorpostenboote Ost (F.d.V.O.) K mit 1 Führerschiff und 1., 3., 7., 9., 11., 13. und 15. Vorpostenflottille (Vp-), 28 Fischdampfer; Ausrüstungshäfen Stettin, Kiel, Rostock; 72 Res.Offz.
Führer der Minensuchboote Ost (F.d.M.O.). Führer und Stab F, dazu 2 Res.Offz. K. Führerschiff „Jaguar", F mit 1. Minensuch-(MS-)Flottille, 6 Boote, F; 5. und 7. MS-Flott. K, alte M-Boote, Kiel; 11., 13., 15., 17. und 19. MS-Flottille mit 45 Fischdampfern, Hamburg, Kiel, Rendsburg.
1., 3. und 5. Räumboots-(R-)Flottille, F mit je 1 Begleitschiff, F; 11. R-Flott., K, 8 alte F-Boote, Kiel.
Minenräumschiff 11, K, Kiel.
1. U-Jagdflottille, F (geplant).
11. und 17. U-Jagdflottille, je 8 F.D., K, Flensburg, Mürwik und Königsberg.
Sperrbrecher X, XI, XII, K, alte Dampfer, Hamburg.
1. S.-Gruppe (= „Sondergruppe" zur geheimen Aufklärung), K.
3 Schiffe, Kiel; aktive Kommandanten.
Insgesamt 120 aktive und 132 Res.Offz.

Befehlshaber der Sicherung der Nordsee (B.S.N)

Befehlshaber und Stab, F; 11 aktive und 2 Res.Offz.
Schiffsbegleitdienst, K; 12 Res.Offz.
14 Reservevorpostenboote, K, alte MS-Boote, Wilhelmshaven; 14 Res.Offz.
6 Transportschiffe, K, Bremen, 1 aktiver, 16 Res.Offz.
Minenschiffe: Aviso „Grille“, F, Dampfer „Roland“, „Cobra“, „Kaiser“, „Königin Luise“, K; Wesermünde und Hamburg; 10 aktive, 21 Res.Offz.
Führer der Vorpostenboote Nord (F.d.V.N.), K, mit 1 Führerschiff, Wesermünde, und 2., 4., 8., 10., 12. Vp-Flottille, Wesermünde und Emden. 52 Fischdampfer. 1 aktiver Offz. (F.d.V.N.), 54 Res.Offz.
Führer der Minensuchboote Nord (F.d.M. West):
(F.d.M. West war der Friedens-F.d.M.!), Führer und Stab, F; 7 aktive Offz.
F.d.M.-Führerschiff „Königin Luise“, F, Geleitflottille, 4 F-Boote, F; 2. MS-Flottille, 7 M-Boote, F; 4. und 6. MS-Flottille, 15 alte M-Boote, K, Cuxhaven; 12., 14., 16. und 18. MS-Flott. 28 Fischdampfer, K, Cuxhaven, Hamburg, Bremen. 2. R-Flottille, 8 R-Boote und Begleitschiff, F; Minenräumschiff 12, K; Hamburg. 12. U-Jagdflottille, 8 Fischdampfer, K, Hamburg.
2. und 4. S-Gruppe, 6 Schiffe, K; Bremen; aktive Kommandanten.
Sperrbrecher I–IX, 9 Dampfer, K, Hamburg; 34 Res.Offz.
Insgesamt 105 aktive, 103 Res.Offz.

c. *Reservepersonal*

Nach Artikel 183 und 194 des Versailler Vertrags war der Reichsmarine materielle und personelle Reservebildung verboten. Ab 1. April 1934 wurden Freiwillige zu Kurzübungen unter verschiedenen Tarnbezeichnungen einberufen, vor allem zukünftige Reserveoffiziere und -unteroffiziere, in der Mehrzahl altgediente Soldaten der Kaiserlichen Marine.

Die großen Zahlen von Hilfskriegsschiffen für die Sicherungsverbände im Mob-Fall (nach Mob-Plan 1938 waren es 36 größere Dampfer und Motorschiffe sowie 240 Fischdampfer und Kleinfahrzeuge) und deren Besetzung mit seemännischen und technischen Führern stellte das Marinepersonalamt vor sehr schwierige Aufgaben.

Die sehr detailliert ausgearbeiteten Richtlinien, Befehle und Anordnungen bildeten für die Reserveoffiziere die Grundlage zur Bewältigung von Aufgaben, für die sie nicht – oder kaum – praktisch vorbereitet waren.

Die – wenigen – Übungen mit Reserveeinheiten 1937 und 1938 zeigten, daß 87% der geforderten Reservisten bei ihren Kommandos eintrafen – (9% von den Wehrbereichkommandos zurückgestellt, 4% unbekannte Fälle) – deren „Stimmung – Offiziere und Mannschaften – zunächst nicht besonders gut war: Arbeitsüberlastung in wirtschaftlicher Hochkonjunktur, Sorge vor Verdienstausfall, geringe Übersicht über die Lage“ (2. A.d.O.).

Der hohe Anteil kriegsgedienter Reservisten aus der Kaiserlichen Marine war in disziplinarer Hinsicht vorteilhaft, aber sie verfügten nicht mehr über die erforderlichen militärischen und Fachkenntnisse. Kommandanten konnten die Ausbildung nicht leiten und hatten z. T. keine Wachoffizierbefähigung. Außerdem zeigte sich, daß mit zunehmendem Alter die Borddienstfähigkeit stärker abnahm als die Landdienstfähigkeit.

Reserveunteroffiziere aus dem Heer entsprachen fachlich den Anforderungen, aber sie waren disziplinar schwieriger. (Übung als kameradschaftliche Veranstaltung mit entsprechendem Bierkonsum.)

An wehrpflichtigen Mannschaften bildete die Kriegsmarine in den Ausbildungsjahren 1936/37 und 1937/38 670 bzw. 730 Wehrpflichtige auf Minensuch- und Räumbooten für den Küstendienst (See) aus. Der Einsatz von Wehrpflichtigen mit technischer Ausbildung war auf Schiffen mit komplizierten Maschinenanlagen nicht möglich, aber auch für das seemännische Personal konnte infolge der kurzen Zeit neben dem Sperrdienst die Artillerie nicht auf den notwendigen Stand der Ausbildung gebracht werden. Disziplinar waren die jungen Soldaten älteren gegenüber kritisch und anspruchsvoll, bedingt durch die Ausbildung in der Hitlerjugend. Über das Disziplinare traten bei den Reservisten und den Wehrpflichtigen Personalprobleme zutage, mit denen das aktive Personal bislang nicht konfrontiert worden war. Dies stellte sich in den Sicherungsverbänden schärfer dar als in der Flotte.

7. Kriegsbefehlsgliederung

a. Seekriegsleitung

Die Operations- und Manöverbestimmungen (Op. und Man., M.Dr.Nr. 10) vom 5. Dezember 1929 enthielten Befehlsbefugnisse und Befehlsgliederungen der Reichsmarine im Krieg:

Die Seekriegsleitung (Skl.) erarbeitete Operationspläne oder gab Operationsweisungen; der Flottenchef stellte die Operationsbefehle auf (= Anordnung für die Ausführung der von der Skl. geplanten Unternehmungen, deren gemeinsamer Zweck es war, das im Operationsplan oder in der Operationsweisung gesteckte Ziel zu erreichen).

Der Flottenchef konnte diese „operative Führung“ an die unterstellten Befehlshaber (B.d.L., B.d.A.) delegieren.

Der Gebrauch der Bezeichnung „Operationsbefehl“ sollte im allgemeinen den höheren Kommandostellen vorbehalten bleiben.

Admiral Raeder, Chef der Marineleitung, ließ seine Auffassung über seine Stellung als „Chef der Seekriegsleitung“ im Januar 1934 dem Reichsverteidigungsminister v. Blomberg und dem Chef des Truppenamts des Heeres, Beck, unmißverständlich darlegen: Als Chef der Seekriegsleitung sei er der einzig verantwortliche Berater des „Chefs der Wehrmacht“ im Kriege und für die Vorbereitung und Durchführung aller Operationen der Marine verantwortlich. Gemäß „Op. und Man.“ und der Weisung Raeders wurden alle Studien zur Seekriegführung, die

Wehrmacht- und Marinekriegsspiele und die Herbstmanöver der Flotte geplant, ausgearbeitet und durchgeführt. Raeder wollte auch im Kriege alleine führen – strategisch und operativ – mit der Organisationsabteilung als Hilfsorgan unter ihrem Leiter als „Chef des Stabes der Seekriegsleitung".

Dem Chef des Marinekommandoamts, Konteradmiral Guse, kamen Zweifel, ob bei dem nach dem deutsch-englischen Flottenvertrag zu erwartenden Aufbau der deutschen Kriegsmarine die Konzentration der Führung, d. h. Verantwortung für die Friedensaufgaben der Marine (Marineleitung) und die Seekriegsleitung in einer Person, noch möglich und sinnvoll sei. Guse ließ von der Marineorganisationsabteilung eine Denkschrift betreffend Schaffung eines Chefs des Admiralstabes ausarbeiten, die er dem Ob.d.M. am 10. Oktober 1935 vorlegte.

Raeder lehnte ab, was den Leiter der Flottenabteilung (A I, Kapt. z. S. Ciliax), zur Randbemerkung veranlaßte: „Bei solcher Belastung wird der Ob.d.M. den Kopf nicht frei bekommen."

Am 13. Mai 1936 wurde die Spitzengliederung der Kriegsmarine mit der Präambel in Kraft gesetzt:

Die Gliederung der Funktionen des Oberbefehlshabers der Kriegsmarine in Seekriegsleitung und Leitung der übrigen Kriegsmarine
macht eine entsprechende Unterscheidung für den Kriegsfall notwendig: Statt der alten Bezeichnung: Chef der Seekriegsleitung ist zu setzen: Oberbefehlshaber der Kriegsmarine und Chef der Seekriegsleitung.

Dem Ob.d.M. und Chef Skl wurde als Führungsstab die Seekriegsleitung zugeordnet. Außerdem blieben MPA und E (Offizierpersonal und Haushalt) direkt unterstellt. Daneben blieb die (Friedens-)Organisation der „Marineleitung" mit der Unterteilung in Ämter und Abteilungen auch im Kriegsfall bestehen.

Die ausführenden Kommandobehörden sollten sein:

- Der Flottenchef mit unterstellten Befehlshabern und dem Führer der Marineluftstreitkräfte (F.d.Luft),
- der Befehlshaber im Luftkreis VI (See) – nur operativ und taktisch –,
- die Kommandierenden Admirale der Marinestationen mit unterstellten Streitkräften zur Küstenverteidigung.

Im Juni 1937 wurde der Entwurf für einen Geschäftsverteilungsplan der Seekriegsleitung von der Operationsabteilung vorgelegt. Danach war die Seekriegsleitung Führungsstab des Ob.d.M. und Chef Skl

- für die Bearbeitung des Einsatzes der Marine im Rahmen der Gesamtkriegführung und – als Hauptaufgabe –
- für die Führung der Operationen im Kriege.

Die Zweiteilung in „Operationsabteilung" und „Nachrichtenabteilung" sollte den beiden Hauptelementen der Kriegführung entsprechen: Operationen und Nachrichten nach der englischen Art „Operations and Intelligence Service".

Der Chef des Stabes der Seekriegsleitung (C/Skl) faßte die Arbeitsgebiete beider Abteilungen zusammen, beriet den Chef Skl und war sein ständiger Vertreter, um die ununterbrochene Fortführung der Operationsleitung zu gewährleisten. Dazu stellte Raeder fest, daß sich der Ausbau der Kriegsmarine auch in organisatorischer Hinsicht auf den bewährten Grundlagen der Reichsmarine vollzöge. Die Organisation der Führung sollte an Klarheit und Straffheit auch bei wachsendem Umfang der Kriegsmarine nichts einbüßen.

Am 30. Mai 1938 verfügte der Ob.d.M. die Organisation der Seekriegsleitung mit dem 1. April 1938. Damit wurde die Gliederung derjenigen Abteilungen des Marinekommandoamts, die im Kriege den Führungsstab des Ob.d.M. und Chef Skl bildeten, unter Anpassung an ihre Kriegsaufgaben geändert und neue Bezeichnungen eingeführt: 1. Abt. Skl und 3. Abt. Skl statt bislang A I bzw. A III.

In einer „Dienstanweisung für die Skl im Kriege" wurden – im Entwurf – die Tätigkeitsmerkmale der Abteilungschefs und der ihnen unterstellten Gruppenleiter und Referenten formuliert:

Bei 1/Skl war der I a – zugleich Gruppenleiter I – verantwortlich für die gesamte Operationsführung, I b: strategische Fragen, Kriegstagebuchführung, I c: politische Lage, Militärpolitik, I e: Operationen der U-Boote, Minenlage, I f: Zusammenhang Landlage/Seekriegslage, Zusammenarbeit Heer–Marine, I g: Versorgung mit Betriebsstoffen, Maschinen-, Werft-, Reparaturangelegenheiten, I i: Seerechtsfragen, Völkerrecht, I k: Sicherungsstreitkräfte, außerheimischer Kreuzerkrieg, I l: Seeluftlage und Zusammenarbeit mit der operativen Luftwaffe, I n: Nachrichtenberatung (über 3/Skl), I op: Operationen der Überwasserstreitkräfte, I w: Wetterberatung.

Die Gruppe II bearbeitet alle Fragen der Handelsschiffahrt, Hilfskreuzer- und Etappenfragen (Übersee), Wirtschaft, Seetransport, die Gruppe III Organisation und Verbindung zu den Ämtern und Abteilungen der „Marineleitung".

Die 3. Abt. Seekriegleitung (3/Skl) – Nachrichten – unterteilte sich in die Gruppen

a: Nachrichtenübermittlungsdienst und Schlüsselmittel; taktischer Einsatz der Nachrichtenmittel,

b: Funkaufklärung (Funkbeobachtung, Entzifferung und Funkauswertung = B-Dienst), zugleich B- Leitstelle für die gesamte Kriegsmarine,

FM: Fremde Marine (Auswertung aller Nachrichten über fremde Marine (Abwehr/Ausland, B-Dienst, Presse, Rundfunk).

Nach Dienstanweisung war der Chef 3/Skl der Bearbeiter aller Fragen des Nachrichtenwesens vom Standpunkt der Seekriegführung aus. In engster Zusammenarbeit mit dem Chef 1/Skl bzw. dem 1/Sk I a unterrichtete er sich laufend über die strategische und operative Gesamtlage und wirkte bei der Lagebeurteilung durch den ständigen Nachrichtenhilfsreferenten 1 Skl/I n.

Bei Kriegsausbruch hatte der Seekriegsleitung folgende Spitzen-Stellenbesetzung Ob.d.M. und Chef Skl: Großadmiral Dr. h. c. Raeder; Chef des Stabes Skl: Konteradmiral Schniewind; 1. Abt. Skl: Kapitän z. S. Fricke; 1/Skl I a: Korvettenkapitän Wagner; 3. Abt. Skl: Kapitän z. S. Arps.

„Es war auffallend, daß die Organisation der Marineführung in einem wesentlichen Punkt von der aller anderen Wehrmachtteile abwich: Der Ob.d.M. war zugleich Chef der Seekriegsleitung und somit unmittelbar ‚Chef' dieser Dienststelle, ... es entsprach Raeders Wunsch nach persönlicher Führung ‚von der Brücke', alle Entscheidungen selbst zu treffen, soweit das nur irgend möglich war." (Salewski)

In den Kampfanweisungen für die Kriegsmarine von Mai 1939 wurden die Aufgaben der Skl formuliert: „Der Chef der Seekriegsleitung leitet den Seekrieg im Sinne der Gesamtkriegführung und ordnet dementsprechend Ziel und Zeitpunkt der erforderlichen Operationen an. Durch Weisungen und Befehle für die Führung des Krieges in den einzelnen Seegebieten stellt er eine einheitliche Linie der Gesamtkriegführung sicher, bezeichnet die Schwerpunkte und regelt entsprechend die Kräfteverteilung."

Die operative Führung von Unternehmen in Außerheimischen Gewässern übernahm die Skl unmittelbar, dabei konnte es sich um den Einsatz von Panzerschiffen, Schlachtschiffen, Kreuzern (mit Troßschiffen), von Hilfskreuzern oder von U-Booten in Fernverwendung handeln. (Erst nach Kriegsbeginn erhielt der B.d.U. die operative Führung der U-Boote.)

Der operative Führer von Unternehmen in den Heimischen Gewässern war seit 1938 nicht mehr der Flottenchef: Marinegruppenbefehlshaber führten im Kriege in ihren Bereichen.

b. Marinegruppenkommandos

Die Seekriegsleitung sollte nach dem Geschäftsverteilungsplan von Juni 1937 (Entwurf, 1938 und 1942 ergänzt) alle Operationsmöglichkeiten in Pläne und Weisungen umsetzen, ja, „dauernd handelnd in die Operationsführung selbst eingreifen, in manchen Fällen bis zum Ansatz einzelner Streitkräfte und Seekriegsmittel".

Die Flottenabteilung hatte jedoch schon frühzeitig die Grenzen einer solchen zentralen operativen Führung erkannt. Im November 1934 legte ihr Leiter, Kapt. z. S. Ciliax, „Überlegungen über die Leitung der Atlantikkriegführung" vor: Diese müßte von der Skl strategisch und operativ unmittelbar geleitet und gespeist werden. Andernfalls müßte der Flottenchef an Land bleiben, um Operationen in den Heimischen Gewässern und im Atlantik zu führen.

Damit war die Diskussion um die Operationsführung auf verschiedenen Kriegsschauplätzen aufgeworfen:

- Atlantik;
- Heimische Gewässer, unterstellt in: mittlere und nördliche Nordsee, Skagerak und Eingang zum Ärmelkanal, ostwärtige und nördliche Ostsee;
- Küstenvorfelder, unterteilt in: Deutsche Bucht, westliche und mittlere Ostsee.

Einzubeziehen waren schließlich die Küstengewässer mit Strommündungen und

Hafenzufahrten und die Küste selbst.

Die Operationsführung hatte ferner die Entwicklung der Seekriegsmittel zu berücksichtigen:

- Seestreitkräfte der Flotte für atlantische Operationen,
- Seestreitkräfte der Flotte für Operationen in den Heimischen Gewässern,
- Sicherungsstreitkräfte für die Küstengewässer und Küstenvorfelder,
- Seeluftstreitkräfte für die Heimischen Gewässer, die Küstenvorfelder und die Küstengewässer.

Am 13. Mai 1936 hatte der Ob.d.M. zunächst kategorisch verfügt:

„1. Ich beabsichtige nicht, schon im Frieden die Befehlsgliederung im Kriege organisatorisch festzulegen. Sie wird in jedem Kriegsfall anders geartet sein.
2. Der Flottenchef ist im Kriege an Bord des Flottenflaggschiffes eingeschifft und bleibt bei Inseegehen des Flaggschiffs an Bord, um bei den Kampfhandlungen, die sich unter den heutigen Verhältnissen häufig überraschend von heute auf morgen entwickeln können, jederzeit persönlich die Führung übernehmen zu können. Es gibt kein Flottenkommando am Kai.
3. Das nächste große Kriegsspiel wird die Frage der Befehlsgliederung besonders eingehend behandeln."

Bevor die operativen Aufgaben der Flotte in Manöver praktisch erprobt wurden, ließ das Marinekommandoamt sie in Kriegsspielen durch die Lehrgänge der Marineakademie und in Kommandoamtskriegsspielen theoretisch durchdenken und erarbeiten. Aus Theorie und Praxis ergaben sich so Erkenntnisse und Folgerungen hinsichtlich der Befehlsgliederung und Befehlsführung im Kriege. Eine Studie des Marinekommandoamts über die Aufgaben der Seekriegführung 1937/38 vom 4. Mai 1937 ergab schließlich:

„Die dargelegten Gegebenheiten im Kriege und die Notwendigkeit, die operative Leitung des Gesamtkrieges bei der Seekriegsleitung zu belassen, werden das Flottenkommando im Kriegsfall von der einheitlichen Führung aller Seeoperationen entlasten. Der Flottenchef wird als verantwortlicher Seebefehlshaber für die Hauptaufgabe und auf dem Hauptkriegsschauplatz anzusehen sein."

Hauptkriegsschauplätze waren nach den „Vorläufigen Kampfanweisungen für die Kriegsmarine 1936" die Nordsee und der Atlantik in operativer Wechselwirkung im Rahmen strategischer Defensive.

Die Studie erklärte weiter, daß ein operativer Seebefehlshaber (Ostseebefehlshaber) für die Sicherung der Ostsee und gleichzeitig für die Vorbereitungen auf dem Ostseekriegsschauplatz gebildet werden müssen. Dabei sei – je nach Kriegslage – die Befehlsübernahme durch den Flottenchef selbst möglich.

Das Marinekommandoamt entwickelte eine an den – möglichen – Seekriegsschauplätzen orientierte Befehlsgliederung, in der die Stellung des Flottenchefs als des operativen Befehlshabers nach „Op. und Man." noch unangetastet blieb (nur der B.d.U. wurde neben ihn gestellt):

„1. Operativer Seebefehlshaber Nordsee mit Atlantik:
Der Flottenchef;
zu seiner Verfügung ein nicht selbständiger Befehlshaber für eine etwaige Atlantikkriegführung.
2. Operativer Seebefehlshaber Ostsee:
Ein Befehlshaber der Flotte.
3. Befehlshaber der U-Boote: F.d.U. als operativer Seebefehlshaber der offensiven Seekriegführung.
Bei einer derartigen Regelung bleibt eine spätere Änderung der Befehlsorganisation unbenommen."

Die Vielfalt der Seekriegsmittel, die Verschiedenartigkeit der Kriegsschauplätze und Erfahrungen des Wehrmachtmanövers, das die Kriegsmarine im September 1937 mitspielte, führten jedoch bei der 1/Skl zur Erkenntnis, daß der Befehlshaber eines Operationsgebietes an Bord und in See fehl am Platze sei, bedingt durch mangelnde Übersicht über die operative Lage, beschränkte Nachrichtenverbindungen und fehlende Möglichkeit, die zu schützenden Transporte und Handelsschiffe zu leiten.

Der Flottenchef, Admiral Carls, stimmte dieser Auffassung zu: In der Regel werde der Seebefehlshaber von einer Landdienststelle aus führen – aber auch die Möglichkeit haben müssen, an Ort und Stelle in See führend eingreifen zu können.

Als praktische Folgerung ergab sich, die für die Befehlshaber der Sicherung der Ostsee und der Nordsee sowieso zu schaffenden Befehlsstellen, – eine in Wilhelmshaven, eine in Swinemünde oder später in Rügenwalde –, so groß auszubauen, daß sie gleichzeitig als Befehlsstelle der Seebefehlshaber wie auch Führer der Minensuchboote, der U-Boote und der Seeluftstreitkräfte im Ostseebereich bzw. im Nordseebereich eingesetzt werden konnte. Wer aber sollte der „verantwortliche operative Befehlshaber" sein, der, alle Fäden in der Hand, von Land aus alles in See führen konnte? Das Problem war auch dadurch nicht zu lösen, daß die Seebefehlshaber, d. h. der Flottenchef für das Operationsgebiet Nordsee/Atlantik und der B.d.A. für das Operationsgebiet Ostsee, beim In-See-Gehen einen Teil ihres Stabes an Land zurückließen.

In einer „Planstudie über die Befehlsgliederung im Kriege und die hierfür erforderlichen Vorbereitungen" kam der A I a, Fregattenkapitän Heye, im Dezember 1937 zu folgenden Schlüssen:
Das System taktischer Mittel und Maßnahmen in einer Operation sowie die wachsende Geschwindigkeit der Schiffe, die Entwicklung der Flugzeuge und die raschere Nachrichtenübermittlung führten zu einer „Schrumpfung der Kriegschauplätze". Diese Schrumpfung zöge eine schnelle Entscheidungsnotwendigkeit nach sich, die wiederum einen umfassenden Überblick voraussetze.

Die operative Führung könne daher nur von einer Stelle aus erfolgen, die „ihre Absichten sofort in Befehle umsetzen kann, d. h. Befehlsbefugnisse über alle auf einem zusammenhängenden Kriegsschauplatz zu treffende Maßnahmen hat, die Lage jederzeit überblickt, d. h. über die schnellsten laufenden Nachrichten verfügt, die Führung dauernd in der Hand behalten kann, d. h. den Einwirkungen von Kampfhandlungen entzogen ist."

Die Aufgaben der operativen Führung bestünden u. a. in dem Ansatz aller auf dem Kriegsschauplatz eingesetzter Kampfmittel für Sicherungs-, Aufklärungs- und Kampfaufgaben; der Steuerung der Seeverbindungen auf dem Kriegsschauplatz einschließlich der Anweisung für die hierfür erforderlichen organisatorischen Maßnahmen und der laufenden Unterrichtung der übergeordneten und benachbarten Befehlsstellen über die Lage auf dem Kriegsschauplatz.

Heyes Planstudie war die Grundlage für eine neue Befehlsgliederung im Kriege, die in den vorläufigen Kampfanweisungen für die Kriegsmarine am 20. April 1938 vom Ob.d.M. befohlen wurde:

Marinebefehlshaber Nord (Wilhelmshaven) verantwortlich für Vorbereitung und Führung in der Nordsee einschl. Zugänge zum Atlantik bis etwa 25° West und 48° Nord. Europäisches Nordmeer bis etwa zur Linie Hammerfest–Jan Mayen–Grönland; Skagerak und Kattegat.
Unterstellt: Kdr. Admiral Mar.St. Ostsee, B.S.O., die Küstenbefehlshaber, F.d.Luft Nord mit Küstenfliegerverbänden, Flottenchef, B.d.P., F.d.T. Nord, F.d.U. Nord.

Marinebefehlshaber Ost verantwortlich für Vorbereitung und Führung in der Ostsee bis zum Nordausgang der Ostsee-Eingänge.
Unterstellt: Kdr. Admiral Mars.St. Ostsee, B.S.O., die Küstenbefehlshaber, Festungskommandant Pillau, F.d.Luft mit Küstenfliegerverbänden, B.d.A., F.d.T. Ost, F.d.U. Ost.

Damit waren unter der Skl zwei operative Befehlsbereiche mit zentraler Führung geschaffen, die Küste, Küstenvorfeld und freie See umfaßten. Alle Kräfte der Küstenverteidigung und alle See- und Seeluftstreitkräfte sollten im Kriege dem „Marinebefehlshaber" in einem Operationsgebiet unterstellt sein.

Dieser bekam jedoch eine andere Bezeichnung. Heye hatte in seiner Planstudie darauf hingewiesen, daß im Endziel bereits im Frieden zwei Oberbefehlshaber „in der Rangordnung von Gruppen-Kommandanturen des Heeres" aufzustellen seien. Auch die Luftwaffe änderte im Februar 1938 ihre Befehlsgliederung in drei Luftwaffengruppenkommandos, – daneben die beiden Luftwaffenkommandos „See" und „Ostpreußen" –, so daß die Notwendigkeit, in der Kriegsmarine etwa dem Heer und der Luftwaffe adäquates zu schaffen, auch einer administrativen Stellenlogik entsprach.

Unter seiner persönlichen Führung als Chef der Seekriegsleitung befahl der Ob.d.M. am 4. August 1938 die „Organisation und Aufgaben des Marinegruppenbefehlshabers als nächsthöchsten operativen Führer in seinem Befehlsbereich":

Der Gesamtbereich der Kriegsmarine wird aufgegliedert in
a) den Bereich der Marinegruppenbefehlshaber West
b) den Bereich des Marinegruppenbefehlshabers Ost
Dienststellenbezeichnung: Marinegruppenkommando West bzw. Ost;
Abgrenzung:
West: Nordsee, Skagerak,
Ost: Gesamte Ostsee und Zugänge.

Die MGrp.Bef. sind im Frieden und Krieg dem Ob.d.M. (Chef der Seekriegsleitung) unmittelbar unterstellt. ...

Mit dem Anlaufen der Kriegsgliederung für die M-Gruppenkommandos werden auch die Komm.Adm. bezüglich der Küstenverteidigung, Versorgung, Nachschub und solchen Maßnahmen, die der Vorbereitung und laufenden Unterstützung der Seekriegführung dienen, den Grp.Befehlshabern unterstellt. Die unmittelbare Unterstellung der Kdr.Adm. unter das OKM bezüglich allgemein militärischer, personeller und Verwaltungsgebiete bleibt hiervon unberührt. Die ältesten Seebefehlshaber jedes Gruppenbereichs heißen „Seebefehlshaber West" bzw. „Seebefehlshaber Ost" (später Chefs der zugeteilten Flotten).

Die F.d.Luft (Ost bzw. West), F.d.U. (Ost bzw. West) und B.S.O. bzw. B.S.N. werden mit ihren Führungsstäben dem Stab des Gruppenbefehlshabers angegliedert. Die truppendienstliche Unterstellung dieser Unterbefehlshaber bleibt hiervon unberührt.

Zur Befehlserteilung an unterstellte U-Boote, Seeluftstreitkräfte und Streitkräfte des Küstenvorfeldes bedienen sie sich der ihrem Stabe eingegliederten zuständigen Befehlshaber (F.d.U., F.d.Luft, B.S.N., B.S.O.). Die Grp.Bef. bestimmen die Aufgaben für die eingesetzten Kampfmittel. Die Bildung von taktischen Verbänden jeder Art und Größe und jeder Art der Zusammensetzung unter einheitlicher taktischer Führung können die Grp.Bef. je nach Lage anordnen. Den operativen Ansatz solcher Verbände leiten sie unmittelbar. Die Seebefehlshaber entlasten die Grp.Bef. von dem nicht operativen Teil der Führung der Seestreitkräfte im Bereich der Grp.Kdos (Festlegung von Ruhe- und Überholungszeiten, Zeiteinteilung für Übungen und Ausbildung, Dislokation, Versorgung in Zusammenarbeit mit Stationskommandos).

Sie führen die ihnen unterstellten Streitkräfte taktisch nach den Op.-Befehlen der Grp.Bef. nur, soweit diese Streitkräfte in taktischem Zusammenhang mit ihrem Flaggschiff operieren.

In dieser Kriegsbefehlsorganisation erschien nicht mehr der Flottenchef. Weil die gültigen Operations- und Manöverbestimmungen nicht geändert wurden, wurde seine Stellung im Kriege nicht klar definiert.

Die „Gliederung eines Operationsbefehls" – bislang Aufgabe des Flottenchefs – erschien am 11. November 1938 in der vom Ob.d.M. in Kraft gesetzten Seekriegsanleitung für die Seeluftstreitkräfte als Aufgabe des Marinegruppenbefehlshabers.

Der Seebefehlshaber führte unter operativer Leitung des Mar.Grp.Bef. nach Kampfanweisung in „taktischem Zusammenhang".

Darunter war nach Auffassung der Seekriegsleitung „die Zugehörigkeit zu einem – auch gemischten – Verband oder einer Kampfgruppe zu verstehen, im allgemeinen innerhalb optischer Signal- oder UK-Reichweite".

Die neue Kriegsbefehlsgliederung wurde im Herbst 1938 in der Mob-Rahmenübung Fall „Grün" erprobt. Dafür wurden das Mar.Grp.Kdo. Ost am 28. Juni 1938 mob-mäßig in Kiel und das Mar.Grp.Kdo. West am 22. September 1938 mob-mäßig in Wilhelmshaven aufgestellt. Nach Auffassung Raeders dem OKW gegenüber war das Übungsergebnis erfolgreich.

Daraus entstand die Kriegsbefehlsgliederung in der „Kampfanweisung für die Kriegsmarine" vom Mai 1939:

Ob.d.M. und Chef Skl – C/Skl mit 1/Skl und 3/Skl –
Taktisch unterstellt: General der Luftwaffe beim Ob.d.M.
Operationsführung Außerheimische Kriegsschauplätze.
Gruppenbefehlshaber West; unterstellt:
- Seebefehlshaber West (Flottenchef) mit B.d.P. und F.d.T. West;
- B.S.N. mit F.d.M. West;
- F.d.U. West;
- F.d.Luft West (taktisch);
- Komm.Adm. St.N. mit Küstenbefehlshabern und Nachschub- und Versorgungsstellen.

Gruppenbefehlshaber Ost; unterstellt:
- Seebefehlshaber Ost (B.d.A.) mit unterstellten Streitkräften, F.d.T. Ost;
- B.S.O. mit F.d.M. Ost;
- F.d.U. Ost;
- F.d.Luft Ost (taktisch);
- Komm.Adm. St.O. mit Küstenbefehlshabern – (Fest.Kdt. Pillau und Memel unter A.O.K.) – und Nachschub- und Versorgungsstellen.

8. Kampfanweisungen für die Kriegsmarine

Die – bis 1937 vorläufigen – Kampfanweisungen für die Kriegsmarine die die Operationsabteilung erstmalig im Frühjahr 1936 erarbeitete, erhielten bis 1939 gleichlaufend die Buchnummer Ob.d.M. A I op 222/... Geheime Kommandosache – Chefsache –.

Sie beruhten auf – sehr gründlichen – Beurteilungen der militärpolitischen und strategischen Lage, dem Abwägen der Kriegsaufgaben im Rahmen der Gesamtkriegführung und der Analyse der – möglichen – gegnerischen See- und Seeluftstreitkräfte (deren Mittel, Kriegsaufgaben und operative Absichten). Voraussetzung für die Erfüllung der Kriegsaufgaben der Kriegsmarine war die Bereitschaft aller Kampfmittel gemäß „Mobilmachungsplan für die Kriegsmarine“ (Mob-Plan Marine).

Diese Kriegsaufgaben, entwickelt auf der Grundlage allgemeiner Seekriegslehren über die strategische Defensive, (– bedingt durch die eigene militärgeographische Lage und die Unterlegenheit der Mittel –), und über taktisch offensive Diversionsmöglichkeiten, (– d. h. Zwang auf den überlegenen Gegner auszuüben, seine Kräfte zu zerstreuen –), blieben in allen Kampfanweisungen (Mai 1936, Ergänzungen Mai 1937, April 1938; Ergänzungen Juli und Dezember 1938, Mai 1939) gleich:

Im Vorrang („Hauptaufgaben“) standen:

a) Schutz der deutschen Küsten gegen feindliche Unternehmungen von See und aus der Luft, dabei Mitwirken an gemeinsamen Operationen mit dem Heer und der „Operativen“ Luftwaffe;

b) Schutz der eigenen Seeverbindungen in den heimischen Gewässern mit Schwerpunktbildung je nach Gegnerlage.

Zweitaufgaben:

a) Strategische Bedrohung der Seeverbindungen der Gegner in außerheimischen Gewässern in taktischer Offensive je nach Lagebeurteilung der handelskriegführenden Kommandanten;

b) Verwendung der Flotte als strategisches Druckmittel der politischen Führung zur Sicherstellung der Neutralität bestimmter Staaten im Interesse der Gesamtkriegführung.

Nach Darstellung der Kriegsbefehlsgliederung, der Abgrenzung der Befehlsbereiche und der – im Augenblick möglichen – Kräfteverteilung gaben die Kampfanweisungen:

a) Allgemeine Weisungen für die Seekriegführung in den heimischen Gewässern und die Seekriegführung in den außerheimischen Gewässern, für die Steuerung der Handelsschiffahrt und über völkerrechtliche Grundlagen des Seekrieges;

b) Sonderanweisungen für die Seekriegführung in den einzelnen Operationsgebieten. Diese hingen ab von den Weisungen des Oberkommandos der Wehrmacht für die einheitliche Kriegsvorbereitung der Wehrmacht vom 24. Juni 1937 mit 1. Nachtrag vom 7. Dezember 1937, Weisung vom 21. Oktober 1938 mit 1. Nachtrag vom 24. November 1938 und 2. Nachtrag vom 17. Dezember 1938 und der Weisung „Der Oberste Befehlshaber der Wehrmacht", Adolf Hitler, vom 11. April 1939 für die einheitliche Kriegsvorbereitung der Wehrmacht für 1939/40 mit „Sicherung der Grenzen des Deutschen Reiches und Schutz gegen überraschende Luftangriffe, „Fall Weiß" und/oder „Inbesitznahme von Danzig". (Ergänzung vom 10. Mai 1939 betr. Wirtschaftskrieg.) Diese sich überschlagenden „Weisungen" konnten in den Sonderanweisungen nur noch dadurch aufgefangen werden, daß einmal auf Sonderstudien der Operationsabteilung verwiesen wurde (z. B.: Minensicherung der Ostsee, Minensicherung der Deutschen Bucht, Hafenschutzsperren), zum anderen „Einzelmaßnahmen im Spannungsfeld" nach Stichwortverzeichnis befohlen wurden, so erstmalig in der Kampfanweisung 1938.

Nach den OKW-Weisungen wurden die Stichwörter für „Maßnahmen" bei Heer, Kriegsmarine und Luftwaffe einheitlich befohlen.

Diese schlugen sich in der Kampfanweisung für die Kriegsmarine nieder:

- Maßnahmen des 1. Grades der Sicherung: Unauffällige Sicherung und Aufklärung durch U-Boote und Flugzeuge.
- Maßnahmen des 2. Grades der Sicherung: Stärker vorbereitete Sicherung mit im Dienst befindlichen Seestreitkräften, Vorbereitung der Sicherung der Seeverbindung Pillau–Reich für Truppentransporte, Bereitstellung der Transportschiffe; – noch keine Mobilmachung, aber Mob-Befehlsgliederung tritt in Kraft.
- Maßnahmen des 3. Grades der Sicherung: (Die Entwicklung der politischen Lage ließ die Beschränkung auf die Durchführung der Sicherungsmaßnahmen mit aktiven Seestreitkräften nicht mehr zu.) Bei Eintritt dieser Maßnahmen war mit unmittelbar bevorstehendem Kriegsausbruch zu rechnen. Die Marinegruppenbefehlshaber mußten sich mit dem Einsatz ihrer Streitkräfte und mit ihren sonstigen Vorbereitungen darauf einstellen, die ihnen bei Kriegsausbruch zufallenden Aufgaben sofort durchführen zu können.

Die Kampfanweisung vom Mai 1939 sagte dazu: „Bei dem augenblicklichen Kräfteverhältnis zu dem der möglichen Gegner kommt es darauf an, zunächst und mit größter Schnelligkeit die notwendigen Schutzaufgaben in den heimischen Gewässern durchzuführen, um gegen Überraschungen gesichert zu sein."

Als Anlagen zur Kampfanweisung 1. Abt. Skl op 222/39 gKdos Chefs. wurden am 1. Juni 1939 folgende Kräftezuteilungen an See- und Seeluftstreitkräften befohlen:

Marinegruppenkommando Ost

a) Seestreitkräfte: „Nürnberg" (ab 1. 10. „Karlsruhe"), „Köln", 1. Zerstörerflottille (1. und 3. Zerst.Div.), 5. Zerstörerdivision, 5. Torpedobootsflottille, 1. Schnellbootsflottille, 3. U-Flottille (Typ II b) (9 Boote), Mob-Flottille d. U-Schule (Typ II) (4 Boote), 1. MS-Flottille, 1. R-Flottille, 3. R-Flottille.

b) Marinefliegerverbände F.d.Luft Ost – Kiel,
Gruppe 506 Dievenow
1/506 Dievenow (He 60 – M –)
2/506 Dievenow (Do 18 – F –)
3/506 Dievenow (He 59 – Mz –)
Gruppe 706 Kamp
1/706 Nest (He 60 – M –)
2/606 Kamp (Do 18 – F –)
3/706 Kamp (He 59 – Mz –)
Bordfliegerstaffel 5/196 Holtenau (He 60).

Marinegruppenkommando West

a) Seestreitkräfte: „Gneisenau", „Scharnhorst", „Hipper", „Leipzig", „Leberecht Maß", 2. Zerstörerflottille (2. und 4. Zerst.Div.), 4. Zerstörerflottille (2. und 8. Zerst.Div.), 6. Torpedobootsflottille, 2. Schnellbootsflottille, 1. U-Bootsflottille (Typ II b, 9 Boote), 2. MS-Flottille, 2. R-Flottille, Geleitflottille.

b) Marinefliegerverbände F.d.Luft West – Jever –:
Gruppe 106 Norderney
1/106 Norderney (He 115 – Mz –)
2/106 Norderney (Do 18 – F –)
3/106 Norderney (He 59 – Mz –)
1/306 Norderney (He 60 – M –)
Gruppe 306 Hörnum
2/306 Hörnum (Do 18 – F –)
Gruppe 406 List
1/406 List (He 60/He 115 – M/Mz –)
2/406 List (Do 18 – F –)
3/406 List (He 59 – Mz –)

Bordfliegerstaffel 1/196	Wilhelmshaven (Ar 196)
Trägerstaffel	Holtenau
Stuka 4/186	Holtenau (Ju 87)
Jagd 6/186	Holtenau (Me 109)

Die Skl konnte die Kräftezuteilungen für die Mar.Grp.Kommandos je nach Lage jederzeit ändern.

Streitkräfte zur Verfügung Seekriegsleitung:
(Kriegführung in außerheimischen Gewässern)
Panzerschiff „Deutschland"
Panzerschiff „Admiral Scheer"
Panzerschiff „Admiral Graf Spee"
2. U-Flottille (Typ VII) (9 Boote)
4. U-Flottille (bis 1. 10. 3 Boote, ab 1. 10. 5 Boote VII b, dazu ab November 1939 3 weitere Boote Typ IX (später 8. U-Flottille)
6. U-Flottille (Typ IX, zur Zeit 4 Boote, später 8 Boote)
7. U-Flottille (Typ VII b, zur Zeit 5, später 6 Boote).

Die in den Kräftezuteilungen nicht ausdrücklich genannten Kriegsschiffe und Hilfskriegsschiffe blieben den Stationskommandos, den Inspektionen (Schulen), den Befehlshabern der Sicherung (Schulflottillen) oder dem Erprobungskommando unterstellt. Die Verwendung dieser Schiffe behielt sich die Skl vor.

Auf der Grundlage der Kampfanweisungen erarbeiteten der Marinegruppenbefehlshaber Ost ab Juni 1939 und der Vorbereitungsstab Marinegruppenkommando West ab August 1939 Operationspläne.

9. Marinespezifische Dienste

a. Marinesanitätswesen

Am 7. Dezember 1936 setzte das OKM die bisherige Organisation des Sanitätswesens bei den Marinestationskommandos von 1925 außer Kraft. Es wurde befohlen (M.V.Bl. 1936, Ziff. 716):

„1. Der Sanitätsdienst des Stationsbereiches wird vom Chef des Sanitätsamtes verantwortlich geleitet.
2. Der Chef des Sanitätsamtes ist vorgesetzte Kommandobehörde aller Marinelazarette des entsprechenden Stationsbereichs (einschließlich Marinegenesungsheim Holsteinische Schweiz) und der Marinesanitätsschule und Verwaltungsbehörde – unbeschadet des Zuständigkeitsbereichs der Marineintendantur – für alle sanitätsdienstlichen Einrichtungen des Stationsbereiches. Er ist dem Oberbefehlshaber der Kriegsmarine unterstellt in bezug auf seine Fachaufgaben als Verwaltungsbehörde für alle sanitätsdienstlichen Einrichtungen des Stationsbereiches. Er untersteht in ärztlicher und sanitätsdienstlicher Hinsicht dem Sanitätschef der Marine. In allen anderen Angelegenheiten untersteht er dem Kommandierenden Admiral des Marinestationskommandos."

Der Chef des Sanitätsamtes erhielt Besichtigungsrecht, ihm wurden die Sanitätsoffiziere des Stationsbereichs in ärztlicher und sanitätsdienstlicher Hinsicht unterstellt, er bearbeitete deren Fortbildung und Kommandierungen und überwachte die fachliche Aus- und Weiterbildung des Sanitätspersonals, der Hilfskrankenträger und des zivilen Krankenpflegerpersonals sowie die Ausbildung in erster Hilfeleistung.

Ein Marineoberstabsarzt beim Stabe des Stationskommandos, gleichzeitig Referent des Stationskommandos, bearbeitete alle persönlichen Angelegenheiten der Marinesanitätsoffiziere des Stationsbereichs und die Angelegenheiten des Gesundheits- und Krankendienstes des Stationsbereichs nach Weisung des Chefs des Sanitätsamtes. Er war zugleich Berater des Kommandierenden Admirals.

Die Stellung der Verbandsärzte bei den Seestreikräften und bei den Inspektionen ergab sich aus der administrativen Unterstellung unter die Marinestationen der Nordsee und der Ostsee. Diese Ärzte waren also ebenfalls dem Chef des jeweiligen Sanitätsamtes unterstellt.

Im OKM wurde die Marinemedizinalabteilung am 1. April 1939 in das Marinemedizinalamt umgewandelt mit einer militärischen und einer wissenschaftlichen Medizinalabteilung.

Die Marinesanitätsordnung erhielt in den Abschnitten über Soldatenuntersuchungen, Gesundheitsbesichtigungen, Belehrungen in der Gesundheitspflege und Vorbeugungsmaßnahmen bei Geschlechtskrankheiten neue Fassungen. Am 5. Mai 1937 erhielt sie im § 278 den neuen Abschnitt „Lazarettschiffe“ mit den Bestimmungen über Zweck und Verwendung, personelle und materielle Ausstattung sowie ihrer Kenntlichmachung bei Tage und bei Nacht gemäß Genfer Abkommen.

Als neue Aufgaben entstanden dem Sanitätsdienst Gasschutz und U-Boothygiene, medizinische und materielle Taucherfragen und betriebsärztliche Aufgaben der Großbetriebe der Kriegsmarine.

Die Familien der Soldaten (bis zur Besoldungsgruppe C 4 = Oberst/Kapitän z. S.) hatten Anspruch auf freie ärztliche Behandlung durch den Truppenarzt oder einen besonders bestimmten Soldatenfamilienarzt. Zur Familie gehörte die Ehefrau und die Kinder, für die das Familienoberhaupt Kinderzuschläge bezog.

Um dem Arzt gegenüber die Anspruchberechtigung auf Behandlung nachweisen zu können, erhielt jedes Familienoberhaupt von seiner Dienststelle einen Dauerausweis (Soldatenfamilienarztkarte).

Die Heilfürsorgebestimmungen wurden 1937 auf die Beamten ausgedehnt, die das Recht erhielten, bei Dienstunfällen die Behandlung durch Marinesanitätsoffiziere in Anspruch zu nehmen. Medizinische Erfahrungen bei langen Seefahrten und in den Tropen gewann der Marinesanitätsdienst durch die Auslandsreisen (1925–1939 30 Reisen mit 500 ausländischen Häfen und etwa 15 000 Mann) und durch den Einsatz von Seestreitkräften in den spanischen Gewässern 1936–1937.

Für die Sanitätslaufbahn (IX) mit dem Zweck „Pflege der Kranken und Verwundeten, Hilfeleistungen beim ärztlichen Krankendienst“, wurden möglichst gelernte Heilgehilfen, Bandagisten, Drogisten oder Frisöre ausgewählt. Die Sanitätsanwärter hatten nach der allgemeinen militärischen Grundausbildung einen sechsmonatigen Lehrgang bei der dem Marinelazarett in Wilhelmshaven unterstellten Marinesanitätsschule zu absolvieren, dessen Leiter dem Chef des Sanitätsamtes der Marinestation der Nordsee unterstellt war. Nach erfolgreichem Abschluß erfolgte die Umernennung des Soldaten zum Sanitätsgast. Auswahl und Ausbildung zum Sanitätsmaat usw. erfolgte gemäß Laufbahnbestimmungen mit Seefahrzeit, allgemeinen Unteroffizierlehrgängen und Fachausbildung.

Die Ausbildung der Marinesanitätsoffizieranwärter erfolgte in den ersten 6 Monaten gemeinsam mit den Offizieranwärtern der anderen Laufbahnen (Grundausbildung, Segelschulschiff), dann Ernennung zum Sanitätskadetten und Kommandierung zur Militärärztlichen Akademie unter Versetzung nach Berlin (vgl. S. 434 f.).

b. *Gerichtsbarkeit in der Kriegsmarine*

Der Oberbefehlshaber der Kriegsmarine bestimmte am 18. Juni 1936 gemäß § 9 der Militärstrafgerichtsordnung aufgrund des Erlasses des Reichskriegsministers und des Oberbefehlshabers der Wehrmacht vom 1. November 1935 die Gerichtsbarkeit in der Kriegsmarine. Diese wurde am 30. März 1939 mit Wirkung vom 1. Juni 1939 wie folgt ergänzt und die Zuständigkeit der Gerichte der Kriegsmarine wie folgt bestimmt:

An Land, Gerichte I. Instanz:

A. Ostseebereich

1. Gericht des 2. Admirals der Ostseestation in Kiel (Zweigstelle in Stralsund). Zuständig für alle Angehörigen der Kriegsmarine, die dem 2. Admiral der Ostseestation und dem Befehlshaber der Sicherung der Ostsee ständig oder vorübergehend (Schiffsstämme) unterstellt sind;
2. Festungskommandanturgericht Kiel, zuständig für alle Angehörigen der Kriegsmarine im Bereich der Kommandantur der Befestigungen der westlichen Ostsee (ohne A 1);
3. Festungskommandanturgericht Swinemünde (Zweigstelle in Stralsund), zuständig für alle Angehörigen der Kriegsmarine im Bereich der Befestigungen der pommerschen Küste (ohne A 1);
4. Festungskommandanturgericht Pillau, zuständig für alle Angehörigen der Kriegsmarine im Bereich Ostpreußen (ohne A 1).

B. Nordseebereich

1. Gericht des 2. Admirals der Nordseestation in Wilhelmshaven (Zweigstelle in Wesermünde), zuständig für alle Angehörigen der Kriegsmarine, die dem 2. Admiral der Nordseestation und dem Befehlshaber der Sicherung der Nordsee ständig oder vorübergehend (Schiffsstämme) unterstellt sind;
2. Festungskommandanturgericht Wilhelmshaven, zuständig für alle Angehörigen der Kriegsmarine im Bereich der Befestigungen von Ostfriesland (ohne B 1);
3. Festungskommandanturgericht Cuxhaven (Zweigstelle in Wesermünde), zuständig für alle Angehörigen der Kriegsmarine im Bereich der Befestigungen von Nordfriesland (ohne B 1).

Gerichtsherren an Land II. Instanz waren die Kommandierenden Admirale der Ostsee und der Nordsee über alle Personen, die in erster Instanz der Gerichtsbarkeit der 2. Admiral und Festungskommandanten ihres Befehlsbereichs unterstanden.

Schwimmende Verbände, Gerichte I. Instanz:

A. Der Befehlshaber der Panzerschiffe über die Angehörigen seines Befehlsbereichs.
B. Der Befehlshaber der Aufklärungsstreitkräfte über die Angehörigen seines Befehlsbereichs und der dem Flottenchef unmittelbar unterstellten Verbände und Schiffe sowie über die Angehörigen des Flottenstabes.

Gerichtsherr II. Instanz war der Flottenchef über alle Angehörigen seines Befehlsbereichs, die in erster Instanz der Gerichtsbarkeit des B.d.P. oder des B.d.A. unterstanden.

c) Marinenachrichtendienst

Der Marinenachrichtendienst war das Führungsmittel der Kriegsmarine für die Nachrichtenübermittlung, Funkaufklärung („B-Dienst") und Nachrichtenauswertung.

Zentrale und Leitungsorgan war die Marinenachrichtenabteilung (A III) im OKM, ab 1. April 1938 3. Abt. Skl (3/Skl).

Der Chef 3/Skl war Fachvorgesetzter der Marinenachrichtenoffiziere (M.N.O.), die militärisch den Kommandanten der Befestigungen unterstanden. Ausführende Organe der M.N.O. waren die Marinefunk-, Marinesignal- und Funkpeilstellen. Alle M.N.O. waren mit den Kommandanturen, den Marinestationskommandos und mit der 3/Skl durch Telefon und/oder Fernschreiber verbunden. Die Soldaten arbeiteten „rund um die Uhr" nach einem von 3/Skl aufgestellten „taktischen" Funk- und Schlüsselprogrammverfahren.

Der Leiter 3/Skl a – Nachrichtenübermittlung – hatte durch einen Stabsoffizier engste Verbindung zur Abt. „Wehrmachtsnachrichtenverbindungen" im O.K.W.

Der Leiter 3/Skl b – Funkaufklärung – war in Personalunion Gruppenleiter IV der Amtsgruppe Abwehr im Amt Ausland/Abwehr des R.Kr.Min. 3/Skl b war zugleich „B-Leitstelle" für das „B-Netz" mit seinen Hauptstellen, Bereichs-Leitstellen und B-Stellen der M.N.O.

Die Aufgabenverteilung war im Sommer 1939 in großen Zügen:
Englischer Marine-Funkverkehr: B-Hauptstelle Neumünster, Bereichs-B-Leitstelle Wilhelmshaven, Bereichs-B-Leitstelle Kiel, Bereichs-B-Leitstelle Swinemünde.
Französischer Marine-Funkverkehr: B-Hauptstelle Mitte (Soest), B-Hauptstelle Süd (Langenargen).
Russischer Marine-Funkverkehr: B-Hauptstelle Neusiedl, Bereichs-B-Leitstelle Pillau.
Polnischer Marine-Funkverkehr: Bereichs-B-Leitstelle Pillau, Bereichs-B-Leitstelle Swinemünde.

Italienischer Marine-Funkverkehr: B-Hauptstelle Süd (Langenargen).
Daneben wurde auch der Marine-Funkverkehr der Niederlande (Wilhelmshaven) und von Dänemark (Kiel) beobachtet, um einen Einblick zu bekommen.

Die normale Aufgabenverteilung erfuhr in den Zeiten eine grundlegende Veränderung, in denen die beobachteten Marinen Manöver oder größere Übungen durchführten. Für diese wurden von der B-Leitstelle jeweils besondere Schaltbefehle erlassen.

Seestreitkräfte wurden im allgemeinen nicht für B-Aufgaben herangezogen; eine Ausnahme bildeten die Schiffe, die größere Auslandsreisen unternahmen. Diese Schiffe erhielten besondere B-Befehle. Mit der Vergrößerung des B-Netzes bis 1939 stieg die Zahl der täglich bei der B-Leitstelle eingehenden Funksprüche auf etwa 1000 und darüber an.

d. Hydrographischer Dienst und Wetterdienst

Jede Schiffsbewegung vom Auslaufen aus einem Hafen bis zum Einlaufen, alle Schieß- und Gefechtsübungen, Manöver und Verbandsübungen, Navigation in engen oder in küstennahen Gewässern hingen in Planung und Ablauf von den hydrographischen und meteorologischen Verhältnissen und Veränderungen ab. Diese im Voraus zu berechnen war Aufgabe des Marineobservatoriums in Wilhelmshaven, vor allem für die Gezeitenberechnung der Nordsee, und der Deutschen Seewarte in Hamburg für den See- und Wetterdienst.

Die Deutsche Seewarte hatte 1875 bis 1919 der Kaiserlichen Marine, 1919 bis 1934 dem Reichsverkehrsministerium unterstanden. Die Marine lieferte durch den Wetterbeobachtungsdienst ihrer Schiffe – vor allem bei Auslandsreisen, Vermessungsreisen und im Fischereischutz – mit Funkentelegraphie (F.T.) Werte an die Seewarte. („Seeobs"-Dienst; jeder Steuermannsmaat lernte eine Seeobs-Meldung aufzusetzen.)

Am 1. April 1934 war die Deutsche Seewarte dem Reichsluftfahrtsministerium unterstellt worden (Präsident K. Adm. Dr. h. c. Spiess) mit den Abteilungen: C = Zentralabteilung, W = Wetterdienst, N = Nautik und Hydrographie. Der Präsident der Seewarte war zugleich Abteilungsleiter N. Nach Aufhebung dieser Personalunion 1935 wurde die Abteilung Nautik und Hydrographie 1936 fachdienstlich der Nautischen Abteilung im OKM unterstellt. Diese hatte die Vermessungen in den heimischen Gewässern seit 1920 betrieben und mit der Herausgabe des „Nautischen Funkdienstes" als selbständiges Werk ihre Veröffentlichungen wieder aufgenommen.

Bis 1924 waren 4 neue Ausgaben von Seehandbüchern erschienen. Das Seehandbuchwerk umfaßte 1936 bereits 56 Bände, die in Abständen von längstens 10 Jahren immer wieder durch Neuauflagen zu ersetzen waren, so daß jährlich 5–6 Bücher in neuer Auflage herauskommen mußten. Die Herstellung dieser Unterlagen erforderte eine enge Verbindung zu den Schiffahrtskreisen und die Erkundung der allgemeinen Interessen der Reedereien.

Die wissenschaftlichen Arbeiten wurden weitgehend vertieft, vor allem die Gezeitenerscheinungen weiter geklärt und systematische Messungen mit neuen Geräten vorgenommen, eine Gezeitenrechenmaschine aufgebaut. Das Observatorium Wilhelmshaven wurde meteorologische Versuchsstelle der Marine.

Für erdmagnetische Forschungen wurde ein besonderes Observatorium in der Wingst bei Cuxhaven eingerichtet. Die reichen Ergebnisse der „Meteor-Expedition 1925–1927" wurden in einem 20bändigen Werk zusammengefaßt, eine Hauptgrundlage der Hydrographie des Atlantik im Hinblick auf die Seekriegführung mit U-Booten. 1937 und 1938 vervollständigte das Schiff die Forschungen im Atlantik zwischen 20 ° und 30 ° Nord.

Die Auslands-Schulkreuzer übernahmen auf ihren Reisen ebenfalls begrenzte nautisch-wissenschaftliche Forschungsaufträge und trugen zur Klärung der Gestaltung des Meeresboden in bestimmten Seegebieten bei.

Der Fischereischutz erhielt ab 1932 mit den neuen Fischereischutzbooten „Elbe" und „Weser" kleinere wissenschaftliche Aufgaben für die Fischerei. Im Raum Island–Grönland–Jan Mayen hielt sich in den Jahren 1928–35 auch die „Meteor" für den Fischereischutz zeitweise zur Verfügung, sammelte dabei hydrographisches Material und erforschte den Island- und Ostgrönlandstrom, das Bodenwasser sowie die Bodengestaltung zwischen 50° und 70° Nord. Die Lotungsergebnisse wurden in den Seekarten verarbeitet.

Die Deutsche Seewarte widmete sich sehr erfolgreich der Erforschung der atmosphärischen Verhältnisse in der Vertikalen über See.

Ein sich recht schnell entwickelndes Gebiet war die Funknavigation. Es waren an den Küsten Funkfeuer eingerichtet worden, die Richtungs- und Ortsbestimmungen mit Hilfe des Funkpeilers erlaubten. Funknavigationsverfahren verschiedener Art wurden ausgearbeitet und Geräte geprüft. Auf dem Gebiet der Schall-Lotung wirkte die Marine fördernd mit, indem sie die Geräte vielseitigen Erprobungen unterzog.

Das OKM betreute durch seine Nautische Abteilung (BH) die Abteilungen N und W der Deutschen Seewarte, richtete – zunächst gemeinsam mit der Luftwaffe – ab 1936 Wetterwarten in Kiel, Swinemünde und Pillau ein und ernannte Meteorologen zu Beratern der Seebefehlshaber. Im Spanieneinsatz und auf den Auslandsreisen der Schulschiffe konnten eingeschiffte Bordwetterstellen erprobt und 1938 der marineeigene Wetterdienst unter einem Leitenden Meteorologen in Kiel zentralisiert werden.

e. Marinebauwesen an Land

Die Kriegsmarine unterschied drei Sparten des Bauwesens an Land:

1. Unterkunftsbauten, geplant und geleitet vom Marineverwaltungsamt, Unterkunfts-, Bau- und Siedlungsabteilung (C II) über die Marineintendanturen Kiel und Wilhelmshaven, ausgeführt von den Marinestandortbauämtern mit deren unterstellten Baudienststellen;

2. Werft-, Hafen- und Strombauten, geplant und geleitet vom Allgemeinen Marineamt, Abteilung für Werft-, Hafen- und Strombauwesen (BB IV ab 1937 BBB) über die Marinewerft Wilhelmshaven bzw. das Marinearsenal Kiel (ab 1939 Kriegsmarinewerft) mit den unterstellten Werft- und Marinehafenbauämtern.

1939 unterstanden der Kriegsmarinewerft Wilhelmshaven das Werfthafenbauamt Bleckede, die Marinehafenbauämter Cuxhaven, Bremerhaven und Emden (mit Borkum) und das Marinebauamt Nordholz.

Im Marinebereich der Marinestation der Nordsee bestanden außerdem seit 1938 – dem OKM - BBB - fachlich unterstellt – die Hafenneubaudirektion Wilhelmshaven und die Marinebaudirektion Helgoland in Hamburg mit den jeweilig unterstellten Hafen- und Strombaudienststellen.

Der Kriegsmarinewerft Kiel unterstanden 1939 die Marinehafenbauämter Pillau, Rügen und Donau/Wien, die Marinehafenbauabteilung Linz und das Arsenalneubauamt Swinemünde.

3. Festungsbauten für die Küstenverteidigung wurden vom Marinewaffenamt, Allgemeine Artillerieabteilung (MWa III), ab 1938 Abteilung Festungsbau (MWa F), geplant und geleitet. Die Ausführung lag bei den Marineartilleriezeugämtern.

f. Schwimmende Versorgung

Troßschiffe als schwimmende Versorger entstanden aus Erfahrungen der Flotte bei Übernahme von Heizöl, Speisewasser und Gebrauchsgütern in Frühjahrs- und Herbstmanövern seit 1934. Da diese Versuche zu keinem befriedigenden Ergebnissen führten, wurde 1935 die Ölabgabe aus Versogern bei querab fahrenden Schiffen entwickelt.

Für die Versorgung von Seestreitkräften in außerheimischen Gewässern wurden bis zum Kriegsbeginn in Dienst gestellt die Troßschiffe „Dithmarschen“ und „Westerwald“, gebaut bei Schichau, Danzig: 10 816 bzw. 10 847 BRT, Lg. 175 m, Br. 22 m; 21 500 PSw; 21 Kn; 2 Satz Wagner-Turbinen mit Rädergetriebe auf 2 Schrauben, 2 Wagner-Kessel (70 atü); Seeausdauer 10 000 sm bei 18 Kn, Bewaffnung 3 Sk – 15 cm getarnt, 4 Fla – 2 cm, 1 Flugzeug.

„Altmark“, gebaut 1937–39 bei den Kieler Howaldswerken (Kriegsmarinewerft Kiel), 10 800 BRT – sonst gleiche Daten –, jedoch Antrieb durch 4 MAN doppelwirkende 9-Zyl.-Zweitaktdiesel mit Vulcangetriebe auf 2 Schrauben. Fassungsvermögen der Troßschiffe 13 580 t, Ladung: Heiz- und Treiböl, Benzin, Schmierstoffe, Reserveteile, Munition, Proviant. (In Ausrüstung bei Schichau, Danzig, befand sich bei Kriegsbeginn das Troßschiff „Ermland“, 11 232 BRT, auf Stapel bei den Deutschen Werken, Kiel, „Franken“, 11 115 BRT). „Westerland“ und „Altmark“ waren der Kriegsmarinewerft Wilhelmshaven, „Dithmarschen“ der Kriegsmarinewerft Kiel als den Versorgungsbasen unterstellt.

g. Marinesonderdienst

Die Abwehrabteilung (ab 1938 Amt Auslandsnachrichten und Abwehr) des Oberkommandos der Wehrmacht (Chef: V. Adm. Canaris) war die Zentrale für den geheimen Meldedienst der Wehrmacht, für den Verbindungsdienst der Wehrmacht zum Auswärtigen Amt und für die Vorbereitungen der Etappe der Kriegsmarine in Übersee (durch sogen. „V-Männer“).

Die Kriegsmarine hatte seit 1933 eine Abwehrstelle Kiel, seit 1935 eine Abwehrstelle Stettin und seit 1937 eine Abwehrstelle Wilhelmshaven, die der Abteilung bzw. der Amtsgruppe Abwehr im Amt Ausland/Abwehr unterstellt waren.

Aus Tarnungs- und Devisengründen war der „Marinesonderdienst" (MSD) als Abteilung IV der Amtsgruppe Ausland militärisch unterstellt. – Die Aufstellung erfolgte im Juli 1937 mit den Referenten MSD-Bereich Mittelmeer, Afrika, Nahost; MSD-Bereich Amerika, Asien, Australien; MSD-Bereich Nord- und Osteuropa sowie den Referenten technische Nachrichtenmittel und geheimer MSD-Nachrichtendienst.

Der Marinesonderdienst war eine im Frieden organisatorisch, personell und nachrichtentechnisch vorbereitete und nur im Kriege in Funktion tretende Art „Blockade-Reederei" (Lohmann-Hildebrand).

Aufgabe des MSD im Kriege war nach Weisungen der Seekriegsleitung die Bereitstellung, Ausrüstung und Beladung von Versorgungsschiffen (Deutsche Handelsschiffe oder feindliche Prisen) für Seestreitkräfte, die ozeanischen Handelskrieg führten (Panzerschiffe, U-Boote, Hilfskreuzer), – soweit dies nicht durch Troßschiffe der Kriegsmarine erfolgte.

Der MSD sollte ferner die Beschaffung und Bereitstellung kriegswichtiger Güter für die heimkehrenden Versorgungsschiffe in überseeischen verbündeten oder neutralen Ländern organisieren.

Die Schiffe, nach dem Reichsleistungsgesetz beschlagnahmt (bzw. als Prise aufgebracht), sollte mit kriegsverpflichteter Zivilbesatzung unbewaffnet unter der Handelsflagge fahren. Für sie wurde der Begriff „Blockadebrecher" aus dem Ersten Weltkrieg wieder eingeführt.

10. Personelle Dienste und Organisationen

a. Marineseelsorge

1929 waren in der Reichswehr die „Evangelische bzw. Katholische militärkirchliche Dienstordnung" eingeführt worden.

Die Marinepfarrer, den Stationen zugeordnet, wurden für die Auslandsfahrten auch an Bord kommandiert. In den Auslandshäfen nahmen sie – auf Wunsch der dort lebenden Deutschen – kirchliche Amtshandlungen vor. In ihren Gemeinden, zu denen die Soldaten und Marinebeamten mit ihren Familien am Standort gehörten, verrichteten die Marinepfarrer die gleichen Amtshandlungen wie die Zivilpfarrer.

Die Leitung der Marineseelsorge lag bei je einem Dekan als ältesten Geistlichen der evangelischen und der katholischen Marinekirche. In Angelegenheiten ihres kirchlichen Amtes unterstanden sie dem evangelischen bzw. katholischen Feldbischof der Wehrmacht.

1939 hatte die Kriegsmarine je zehn evangelische und katholische Pfarrer. Der Gottesdienst an Bord war – in der Tradition der Kaiserlichen Marine – nach den

„Bestimmungen für den Dienst an Bord“ (Heft II, Der innere Dienst und seine Regelung) besonders geregelt:

Nach Aufstellung des „Kirchenschranks“ wurde auf Befehl des Ersten Offiziers die Schiffsglocke zum Gottesdienst angeschlagen und der Kirchenwimpel – nach „Flaggen-, Salut- und Besuchsordnung der Kriegsmarine“ – über der Kriegsflagge im Großtopp gehißt.

Die – freiwillige – Versammlung zum Gottesdienst auf der Schanze (Achterschiff) wurde dem Kommandanten und dem Gottesdienst haltenden Pfarrer gemeldet.

Nicht teilnehmende Soldaten hatten sich unter Deck aufzuhalten, Pfeifensignale sowie An- und Ablegen von Booten hatten zu unterbleiben.

Nach dem Gottesdienst war Freizeit zu befehlen. Der Sonntag sollte für die Mannschaften ein wirklicher Feier- und Ruhetag sein.

Die Gottesdienstordnung vollzog sich nach den militärkirchlichen Dienstordnungen von 1929 mit Berichtigungen und Ergänzungen 1934 und 1936.

Das katholische Gesang- und Gebetbuch für die Kriegsmarine (M.Dr.Nr. 838) beinhaltete ein Meßformular, wobei aber die Anwesenheit eines Priesters vorausgesetzt wurde.

Das evangelische Gesangbuch für die Kriegsmarine (M.Dr.Nr. 839) enthielt Lesungen, Gebete und Lieder so geordnet, daß, war kein Pfarer an Bord, der Kommandant oder sein Vertreter eine agendarische Ordnung für den Gottesdienst entwerfen konnte. Außerdem enthielt das Gesangbuch eine Ordnung für eine „Trauerfeier ohne Pfarrer“.

Kommandantenmusterungen ökumenisch-religiösen Inhalts hatten keine besondere Vorschrift.

b. Erziehungsfragen und Wehrbetreuung

Im Frühjahr 1939 wurde in der militärischen Abteilung des Marinewehramts (MWehr II – Grundsätze und Organisation der militärischen Erziehung und Ausbildung –) ein neues Referat mit der Bezeichnung „Wehrbetreuung“ gebildet. Überlegungen zur „Erziehung und Belehrung sowie Sorge für die Mannschaft“ hatte es schon im Ersten Weltkrieg beim Kommando der Hochseeflotte gegeben, als nach den Aufstandserregungen im Sommer 1917 „Starkes Bedürfnis nach geistiger Beschäftigung“ festgestellt wurde.

Nach Raeders „Erziehungsfragen in der Reichsmarine“ von 1929 sollten Erziehung zur Persönlichkeit und Selbstverantwortung an „die erste Stelle der Führung“ treten. Für den Offizier als Führer und Erzieher gehörte dazu „ernsthaftes Bildungsstreben, dessen Inhalt weiter gezogen werden mußte als der Begriff des allgemeinen Berufswissens“.

Danach wurde in der Reichsmarine mit den 12jährig dienenden Soldaten gehandelt – in gewissem gesellschaftlichen und politischen Eigenleben, bedingt durch Gesetzgebung und Milieu des Bord- und Kasernenlebens.

Mit dem schnellen Aufbau ab 1935, dem Einziehen von Wehrpflichtigen und kürzer dienenden Soldaten, von Ergänzungsoffizieren und Offizieren „z.V." wandelte sich das innere Gefüge der Marine.

Erziehung, Fürsorge im Dienstbetrieb, geistige Fürsorge und Freizeitgestaltung bedurften „des Nachdenkens und der tatfreudigen Arbeit von Vorgesetzten", denn „der durch Hitlerjugend und Arbeitdienst gegangene junge Soldat bringt auch in dieser Beziehung gesteigerte Ansprüche und Maßstäbe mit, die nicht enttäuscht werden dürfen" (Siegfried Sorge). Noch intensiver mußte die – individuelle – geistige Führung und Fürsorge älterer Reservisten sein.

MWehr II wbt (Wehrbetreuung) erarbeitete Leitsätze für Erziehung und Ausbildung, welche die Kommandierenden Admirale und der Flottenchef Anfang Mai 1939 verfügten.

Die für das Verhalten des Soldaten an Bord bestimmten Faktoren:

- Abgeschlossenheit auf engstem Raum,
- Leben in der Masse,
- Leben in der Technik,
- Gebundenheit an strengste Routine,

wurden bei der Seefahrt und im Einsatz kompenisiert durch individuelles oder Gruppen-Wertbewußtsein in der Funktion und im Bordgefüge. Schwierig konnten die Verhältnisse in Zeiten der Untätigkeit werden bei erzwungenen Leerlauf oder Wartenmüssen (im doppelten Sinne des Wortes: abwarten und Wartung der Geräte ohne Funktion). „Gammeln" ist ein Begriff, der schon früh in der Kaiserlichen Marine – insbesondere in den Werftliegezeiten – entstanden war.

Solches Wartenmüssen ohne sinnvollem Einsatz hatte im Ersten Weltkrieg die schwerste Belastung der Disziplin hervorgerufen. Die Gefahren von Untätigkeit und Eintönigkeit mußten rechtzeitig erkannt und ihnen begegnet werden.

Hier sollte die Organisation der „Wehrbetreuung" ansetzen. Sie entstand im OKM und – am 1. April 1939 – mit der Besetzung einer Stelle „Wehrbetreuungsoffizier" im Stabe der Marinestation der Nordsee. Das Ziel war, die individuellen aktiven Kräfte des Soldaten bei militärischem Leerlauf zu mobilisieren und den Soldaten zum Mitwirken in der Gemeinschaft „die Werte deutscher Kultur aufzuzeigen und erleben zu lassen. – Verantwortlich für die Einsatzbereitschaft der Soldaten mußten die militärischen Führer aller Dienstgrade bleiben. Ihnen für die geistige Unterhaltung und Führung der Truppe geeignete Helfer und Hilfsmittel zur Verfügung zu stellen, war die Aufgabe der Wehrbetreuungs-Organisation" (Erich Frühling).

c. Versorgung, Fürsorge, Fachschulen

Mit Wirkung vom 1. Oktober 1935 wurde die Versorgung und die Fürsorgebetreuung der Soldaten und Beamten der Marine sowie deren Hinterbliebenen den Versorgungs- und Fürsorgeabteilungen der Marinestationskommandos der Nord- und Ostsee übertragen.

Die Aufgaben und Ziele beruhten auf dem Wehrgesetz vom 21. Mai 1935 und dem Wehrmachtversorgungsgesetz.

Der Fürsorgeoffizier, dem Chef des Stabes der Stationskommandos direkt unterstellt, leitete das Versorgungs-, das Fürsorgereferat und den ärztlichen Dienst (E-Sanitätsoffizier als Fachbearbeiter).

Entlassung

Richtlinien über die Fürsorge der Soldaten „die nach erfüllter Dienstpflicht in Ehren aus dem aktiven Wehrdienst ausscheiden", erließ der Reichskriegsminister und Oberbefehlshaber am 16. Juli 1936. Danach war Grundsatz, daß Soldaten, die nach erfüllter zweijähriger Dienstzeit – oder auch unverschuldet aus besonderen Gründen vor Beendigung der gesetzlichen Fristen – aus dem aktiven Dienst entlassen wurden, bei der Vermittlung in freie Arbeitsplätze bevorzugt werden mußten. Bei Bewerbung um Beschäftigung im öffentlichen Dienst hatten sie Vorrang vor Bewerbern gleicher Eignung.

Der nach 4½jähriger Dienstzeit aus der Wehrmacht ausscheidende Soldat erhielt eine einmalige Übergangsbeihilfe von 525 RM (1938) und einen Berechtigungsschein für bevorzugte Arbeitsvermittlung. Darüber hinaus konnte eine zeitlich befristete Unterstützung von 2,50 RM werktäglich gewährt werden. Der nach 12jähriger Dienstzeit ausscheidende Soldat erwarb das Recht der Anwartschaft auf bestimmte Beamten- oder Angestelltenstellen im öffentlichen Dienst, die ausdrücklich diesen Versorgungsämtern vorbehalten waren.

Marinefachschulen

Die Marine ermöglichte ihren Unteroffizieren bereits während der aktiven Dienstzeit diesen späteren Übergang durch den Besuch der Marinefachschulen.

Die Organisatorischen Bestimmungen für das Marinefachschulwesen (O.B.F.) wurden am 18. Dezember 1937 vom Ob.d.M. für die Kriegsmarine neu erlassen (Vorgänger waren die O.B.F. der Reichsmarine vom 10. Juni 1932). Danach sollten die Marinefachschulen für Gewerbe und Technik (seit 1. 10. 36) und für Verwaltung (seit 20. 11. 35) dem Soldaten die Kenntnisse vermitteln, die für den Eintritt in ihren späteren bürgerlichen Beruf als Beamte, Angestellte oder im freien Erwerbsleben gefordert wurden. Den Abschluß des Fachschulunterrichts bildete der Abschlußlehrgang am Ende der Dienstzeit, nach dessen erfolgreichem Besuch die Abschlußprüfung (I oder II) abgelegt wurde. Die Leitung des Marinefachschulunterrichts oblag der Inspektion des Bildungswesens, die Stationskommandos (2. Admiral) regelten die Zuweisung der unterrichtspflichtigen Soldaten, Seebefehlshaber und die dem Flottenkommando unmittelbar unterstellten Verbandsführer gaben Vorschläge für die Zuweisung der Soldaten aus dem Flottenbereich.

Die Schul- und Fürsorgeoffiziere hatten die Pflicht, den Unterricht, der den Soldaten ihres Kommandos erteilt wurde, zu besuchen und mit den Fachschulleitern und -lehrern Fühlung zu halten. – Dies war in der Dienstanweisung laut „Dienst an Bord“ festgelegt: „Er stellt vor Beginn des Fachschuljahres den Beschulungsplan für das Schiff unter Berücksichtigung des Jahresübungsplanes der Seestreitkräfte auf. Der Schuloffizier wirkt mit bei der Aufstellung des Dienstplanes für die zum Lehrgang kommandierten Soldaten und hat den Unterricht der Soldaten seines Schiffes möglichst häufig zu besuchen.“

Die Lehrpläne der Marinefachschulen stimmte die B.I. mit denen der Fach- und Waffenlehrgänge ab und ergänzte sie so weit wie möglich, um Doppelarbeit zu vermeiden.

Durch Erlaß des OKM vom 31. Januar 1938 wurden die technischen Marinefachschulen neu organisiert:

1. Marinefachschule für Technik mit den Abteilungen
   a) Höhere Technische Lehranstalt für Kraftbetriebswesen in den Standorten Kiel und Wilhelmshaven;
   b) Betriebsfachschule für Kraft- und Instandsetzungsbetriebe in den Standorten Kiel, Wilhelmshaven und Swinemünde.
2. Die Marinefachschule für Gewerbe und Seefahrt im Standort Kiel.

Die Marinefachschulen für Verwaltung blieben in den Standorten Kiel und Wilhelmshaven.

Am 2. Februar 1938 wurde die Dienstvorschrift für das Marinefachschulwesen (M.Dv.Nr. 861) vom OKM vollständig herausgegeben.

Für die Zulassung zur Oberstufe, die für den Eintritt in Beamtenstellen des gehobenen mittleren Dienstes vorbereitete, konnte je nach Leistung etwa ein Viertel der Anwärter kommen; überwiegend waren dies Unteroffiziere und Feldwebel. Im zwölften Dienstjahr standen alle ein volles Jahr der Fachschule zur Verfügung, um eine der verschiedenen Abschlußprüfungen abzulegen. Diese wurden von Prüfungsausschüssen abgenommen, zu denen die Vertreter der zivilen Behörden als Mitglieder gehörten.

Die Organisation der Luftwaffe 1933-1939

von

Karl Köhler (†) und Karl-Heinz Hummel

A. Vorgeschichte 1919–1932. Reichswehr und geheime Luftrüstung

1. Politische Zusammenhänge

Nach den Bestimmungen des Versailler Vertrages war dem Deutschen Reich jede Betätigung auf dem Gebiet der Militärluftfahrt untersagt und der Industrie – nach Aufhebung eines grundsätzlichen Verbots – der Bau von Zivilflugzeugen nur unter einschränkenden „Begriffsbestimmungen" erlaubt worden, die bis zum Abschluß des Pariser Luftfahrtabkommens im Mai 1926 galten. Die Innehaltung dieser Bestimmungen wurde durch die Interalliierte Militär-Kontroll-Kommission überwacht, die erst 1927 ihre Tätigkeit einstellte.

Ein Verstoß gegen diese Gebote war nicht nur gefährlich, weil er außenpolitische Konsequenzen nach sich ziehen mußte, sondern auch ungesetzlich, da durch den Versailler Vertrag jeder einzelne gebunden war. In Sorge vor französischen und polnischen Aggressionen, namentlich im Zusammenhang mit dem Danzig-Problem, fühlte sich die Reichswehr jedoch zur Vorbereitung von Verteidigungsmaßnahmen verpflichtet, die zwangsläufig nicht vertragskonform sein konnten.

Bei der Wachsamkeit der Siegermächte im Sektor Militärluftfahrt war dem Deutschen Reich nur ein gewichtiger Vertragsbruch möglich: Nach dem Abschluß des Vertrages von Rapallo im April 1922 erlaubte die Sowjetunion den Aufbau einiger weniger militärischer Einrichtungen auf ihrem Territorium, deren bedeutendste das „Flugzentrum Lipezk" (110 km nördlich von Woronesch) wurde. Als Leitstelle für diese Einrichtungen errichtete man eine Verbindungsstelle in Moskau, die „Zentrale Moskau", die unabhängig von der dortigen Botschaft war und als Verhandlungspartner zu den sowjetischen Behörden diente. Sie blieb bis 1933 bestehen.

Im Jahr 1927 entstand aus dem grundsätzlichen Gefühl des Bedrohtseins heraus der erste Plan für eine Verstärkung der Reichswehr; sie sollte bei einer Mobilmachung auf 21 Divisionen gebracht werden. In diesem Zusammenhang wurde das Truppenamt beauftragt, die Aufstellung von dafür erforderlichen Fliegerkräften vorzubereiten. Dazu gehörten Personalplanung, Bereitstellung von Waffen und Gerät und schließlich auch die Festlegung der organisatorischen Grundlagen für die Gliederung der Front- und der dann benötigten Ersatzluftstreitkräfte.

Etwa ab Sommer 1932 ging die Reichsregierung von der Annahme aus, daß es die außenpolitische Lage erlaube, Vorbereitungen für ein bereits im Frieden zu vergrößerndes Heer mit entsprechend ausgebauten Luftstreitkräften treffen zu können. Es handelte sich nun nicht mehr nur um eine Verstärkung der Reichswehr im Mobilmachungsfall, sondern um ein „neues Friedensheer" (s. S. 290 f.).

2. Probleme der Führungsspitze

Im März 1920 wurde im Reichswehrministerium/Truppenamt ein „Luftschutzreferat“ geschaffen. 1924 erfolgte die Erweiterung zu einer „Luftschutzgruppe“ mit zuerst vier, dann sechs Referaten: Einsatz, Personal, Technik, Verwaltung, Organisation, Luftschutz. Auch bei der Marineleitung wurde eine entsprechende, wenn auch kleinere Dienststelle eingerichtet. Einzige Aufgabe dieser Gruppe war in den ersten Jahren die Beobachtung der ausländischen Literatur und die Herausgabe von Informationsblättern, in denen die Bestrebungen fremder Luftmächte auf den verschiedenen Gebieten des Land- und Seeflugwesens der deutschen Öffentlichkeit zur Kenntnis gebracht wurden. Diese Aufgabe wurde bis 1933 wahrgenommen.

Die Behandlung aller für die zivile Luftfahrt einschlägigen Fragen war in der Abteilung Luftfahrt des Reichsverkehrsministeriums zusammengefaßt, das zu deren Förderung über reichliche Mittel verfügte. Schulen und andere Einrichtungen wurden vom Verkehrsministerium getragen; so kamen diese Gelder auch der Militärfliegerei zugute, denn nur über zivile Schulen war die Heranbildung von Flugzeugführern möglich.

Die Luftschutzgruppe in der Heeresleitung wechselte des öfteren ihre Bezeichnung und Unterstellung. 1928 wurden die technische Prüfung, Entwicklung und Beschaffung von fliegerischem Gerät in einer Gruppe im Heereswaffenamt zusammengefaßt. Im Gegensatz dazu blieben bei der Marine Taktik und Technik organisatorisch vereinigt. Irgendwelche Absprachen zwischen den Fliegergruppen bei Reichswehr und Reichsmarine wurden in den ersten Jahren nicht getroffen; erst vom Herbst 1929 an kam es zu einer gewissen Zusammenarbeit auf technischem Gebiet, so daß Doppelentwicklungen vermieden werden konnten.

1929 wurde die Luftschutzgruppe in die Inspektion der Waffenschulen überführt. Der Inspekteur der Waffenschulen wurde gleichzeitig Inspekteur der „Luftwaffe“ und war mit der Weiterentwicklung von Luftstreitkräften beauftragt.

Damit erhob sich die Frage nach der Stellung der Luftstreitkräfte im Rahmen des Heeres und nach ihrer Führungspitze. Die Inspektion betonte die Zusammenfassung aller Luftstreitkräfte und aller Luftschutzkräfte unter einer einheitlichen Führung. Nach Ansicht des Truppenamtes dagegen wäre damit ein Weg beschritten worden, der auf eine selbständige Luftwaffe zielte. Nach seiner Meinung sollten sich Luftstreitkräfte und Luftschutzkräfte im Rahmen der Gesamtoperationen dem Kampf des Heeres einfügen; das Heer beanspruchte somit die Führung auch auf dem Gebiet des Luftkrieges. Diese verschiedenen Auffassungen wurden nur innerhalb des Heeres ausgetragen. Die Marine nahm als selbstverständlich an, daß zukünftige Seeflieger auch Marineflieger sein müßten.

Nach einer Verfügung vom 24. Februar 1932 sollten Luftstreit- und Luftschutzkräfte ohne gemeinsamen Oberbefehl Hilfswaffen von Heer und Marine sein. Wenn sich auch die Inspektion damit nicht gegen das Truppenamt durchzusetzen vermocht hatte, so blieben die in ihr tätigen Persönlichkeiten doch dem Gedanken einer Einheitsluftwaffe verhaftet.

Nach Hitlers Machtübernahme wurde sofort ein (ziviles) Reichskommissariat für die Luftfahrt geschaffen. Damit stellte sich für die Fliegergruppen im Truppenamt und in der Marineleitung die Frage, wer in Zukunft die Leitung der militärischen Luftfahrt übernehmen sollte. Unmittelbar im Anschluß an die Errichtung des Reichskommissariats wurde am 8. Februar der Befehl erlassen, die Arbeitsgebiete Flieger und Luftschutz des Heeres und der Marine in einem „Luftschutzamt" zusammenzufassen und es dem Reichswehrminister direkt zu unterstellen. Mit dem 1. April trat diese Neuordnung in Kraft. Damit war die Militärluftfahrt aus den Zuständigkeiten von Heer und Marine herausgenommen, doch hatten die Chefs der Heeres- und der Marineleitung in allen grundsätzlichen Fragen ein Mitspracherecht. Es war ein Versuch des Reichswehrministeriums, seinen Einfluß auf die Entwicklung der militärischen Luftfahrt zu bewahren.

Ende April 1933 wurde das Reichsluftfahrtministerium gegründet und das soeben erst geschaffene Luftschutzamt dorthin überführt. Es schied aus dem unmittelbaren Unterstellungsverhältnis unter den Reichswehrminister aus. Das Reichsluftfahrtministerium erhielt die Alleinzuständigkeit für die Weiterentwicklung der militärischen und zivilen Luftfahrt. Das neue Aufstellungprogramm wurde Ende Juni 1933 beschlossen, ohne daß Heeres- und Marineleitung bei dessen Abfassung hinzugezogen worden wären, doch wurde der Aufbau der Luftwaffe im Rahmen der Vorstellungen der bisherigen Fliegergruppen der Heeres- und Marineleitung vorangetrieben, die die erforderlichen Grundlagen auf organisatorischem, technischem und taktischem Gebiet erarbeitet hatten.

3. Ausbildung

Im Rahmen der Reichswehr war eine Weiterbildung ehemaliger Kriegsflieger überhaupt nicht möglich. Auch die zivilen Ausbildungsstätten vermittelten keine vollständige Schulung. Mehrere private Gesellschaften unterhielten insgesamt zehn Land- und zwei Seefliegerschulen. Hier konnte jeder geschult werden, der die Kosten für diese rein sportliche Betätigung aufzubringen vermochte. Für die Ausbildung von Verkehrsfliegern wurde 1925 die „Deutsche Verkehrsfliegerschule" eingerichtet; sie erfreute sich auch in Fachkreisen des Auslandes eines guten Rufs. Auf allen diesen Schulen konnten auch ehemalige Fliegeroffiziere ihre Kenntnisse und Fertigkeiten zwar auffrischen, irgendeine taktische Schulung war in diesem zivilen Rahmen aber nicht möglich.

Für die militärische Fliegerausbildung konnte endlich im Jahre 1924 das deutsche Flugzentrum Lipezk in der Sowjetunion eingerichtet werden, wo im Sommer 1925 der Schulbetrieb begann. Flugzeugführer wurden als Jagdflieger und Jagdfliegerlehrer ausgebildet und zu einer Jagdlehrstaffel zusammengefaßt; so wurden die Voraussetzungen für eine taktische Schule geschaffen. Anfangs wurden Reichswehroffiziere mit Kriegsfliegerpraxis geschult, später Offiziere mit einem zivilen Flugzeugführerschein und schließlich junge Offizieranwärter. Von 1928 bis 1931 wurden auch Beobachter ausgebildet. Insgesamt wurden in Lipezk 120 Jagdflieger und 100 Beobachter durchgeschleust. Lipezk wurde auch dadurch wertvoll, daß hier taktische, organisatorische und technische Erfahrungen gesammelt werden konnten, die dann von den Fachgruppen im Ministerium ausgewertet wurden. In Lipezk sind die „Jagdfliegervorschrift" und die „Vorschrift für die Artillerieflieger" entstanden. Außerdem dienten die Einrichtungen zur technischen Erprobung neuer Flugzeugtypen.

4. Materielle Vorbereitungen

Die Beschaffung von Flugzeugen war erstmals während der Ruhrkrise 1923 akut geworden, als die Reichsregierung vorübergehend in Erwägung gezogen hatte, den passiven Widerstand durch aktiven zu verstärken. Fünfzig Jagdflugzeuge waren bei der niederländischen Firma Fokker gekauft worden, die später nach Lipezk gebracht wurden, wo sie den Grundstock des Flugzeugbestandes für die Ausbildung von Jagdfliegern bildeten.

Nach Abschluß des Pariser Luftfahrtabkommens von 1926 war dem Reich nunmehr der Bau von Flugzeugen mit den Eigenschaften von Militärmaschinen möglich, auch wenn ihm die Militärfliegerei weiterhin verboten blieb. Das Reichswehrministerium konnte nur die Anfertigung von Prototypen bei einzelnen Firmen in Auftrag geben; ein Serienbau oder gar eine Lagerung von Flugzeugen war nicht durchführbar. Die Fliegerfachgruppe im Truppenamt stellte taktische Forderungen auf, die sich im wesentlichen auf Jagd- und Aufklärungsflugzeuge bezogen. Aus diesen taktischen Forderungen leitete die Fliegergruppe im Heereswaffenamt technische Forderungen ab und stellte diese der Industrie zu. Eine dem Heereswaffenamt zugeteilte Prüfstelle hatte seit 1926 die Aufgabe, Konstruktionsentwürfe, Berechnungen und Zeichnungen der Flugzeugfirmen durchzusehen. Die nach diesen Entwürfen gebauten Muster wurden in Rechlin am Müritzsee – Seeflugzeuge in Travemünde – auf ihre Flugeigenschaften getestet. Die Enderprobung für den jeweiligen taktischen Einsatzzweck wurde dann in Lipezk durchgeführt, wofür die als Seeflugzeuge vorgesehenen Typen mit Fahrgestellen versehen wurden.

Die technischen Forderungen hatten den Stand des technischen Fortschritts zu berücksichtigen und sich den wechselnden taktischen Forderungen anzupassen; sie wurden häufig geändert, so daß von der Industrie eine verhältnismäßig große Zahl von Flugzeugtypen entwickelt werden mußte. Die Reifezeit vom Beginn des Konstruktionsentwurfs bis zur Freigabe des Serienbaus dauerte damals vier, bei Flugmotoren sieben Jahre.

Die in den ersten Jahren entworfenen Typen dienten nach Auswertung der Prüfungsergebnisse als Grundlage für neue Forderungen technischer Art. Sie bezogen sich auf einen Nahaufklärer, einen Fernaufklärer, einen Jagdeinsitzer und ein Nachtbombenflugzeug. Nach den in den Jahren 1929 und 1930 herausgegebenen Ausschreibungen entwickelte die Industrie eine Reihe von Typen, deren Erprobung in Lipezk den Höhepunkt der dortigen Versuche darstellte. Das Erprobungskommando umfaßte 1931 etwa 200 Mann, die in verschiedenen Testgruppen zusammengefaßt waren. Die damals erprobten Maschinen stellten die Prototypen dar, die nach Anlauf der Serienproduktion 1933 den Flugzeugbestand der Fliegertruppe bildeten und die Basis für weitere Entwicklungen abgaben.

1927 bis 1932 eilten alle Planungen und Vorbereitungen für Luftstreitkräfte in einem Mobilmachungsfall wie auch für ein neues Friedensheer in bezug auf die materielle Ausrüstung den Realitäten weit voraus; der Stand der Flugrüstung reichte dafür in keiner Weise aus. Nur wenige Firmen waren damals in der Lage, im Notfall einen Serienbau aufzunehmen; wichtige Halbfertigfabrikate konnten nicht in Deutschland hergestellt werden. Die Rüstungspläne ließen sich nicht verwirklichen.

Die Marine war vor allem an einem See-Erkundungsflugzeug, einem Seejagdflugzeug und einem Mehrzweckflugzeug interessiert, während für die Fernaufklärer über See bereits vorhandene Flugboote nach Umbauten eingesetzt werden sollten.

5. Erste Verbände

Ende 1930 wurden die ersten Fliegerstaffeln unter Heranziehung von Personal der Jagdlehrstaffel Lipezk aufgestellt und zwar je eine Staffel in Königsberg, Berlin und Nürnberg-Fürth. Mit Rücksicht auf die strikten Bestimmungen des Versailler Vertrags wurden diese drei Staffeln aus Tarnungsgründen in die „Luftfahrt GmbH" (später „Deutsche Luftfahrt GmbH") eingegliedert und als „Reklamestaffeln" bezeichnet, die offiziell die Aufgabe hatten, für Firmen Werbetexte an den Himmel zu schreiben. Sie übten somit nach außen hin eine völlig zivile Tätigkeit aus. Das Wesentliche ihres Auftrages war es, bei Übungen des Reichsheeres Zieldarstellung zu fliegen, was bis dahin nicht möglich gewesen, aus Gründen einer wirklichkeitsnahen Gestaltung der Übungen aber dringend erforderlich war. Aus diesem Grund unterstanden die „Reklamestaffeln" dem Fliegerreferenten bei den entsprechenden Wehrkreiskommandos I, III und VII.

Ausgerüstet waren die Staffeln mit je vier Arado-Leichtflugzeugen.

Im Falle eines Notstandes sollten sie als „Fliegerkurierstaffeln" eingesetzt werden, dies sollte auch erfolgen können, ohne daß vorher ein Befehl zur Aufstellung einer Kriegswehrmacht vorangegangen war.

Daneben war geplant, in Notfällen – ebenfalls schon vor Herausgabe eines solchen Befehls hinsichtlich der Aufstellung einer Kriegswehrmacht – zusätzliche „Fliegerkurierstaffeln" aus Flugzeugen und mit Personal der Lufthansa aufzustellen. Da aber auch diese Staffeln zunächst nicht als militärische Verbände in Erscheinung treten durften, war vorgesehen, das Personal seinen Dienst in ziviler

Kleidung versehen zu lassen. Die heranzuziehenden Flugzeuge sollten als ermietete Luftfahrzeuge gelten. Die Bezeichnung „Fliegerkurierstaffeln" war allgemein gewählt; es waren auch andere Verwendungen als nur Luftkurierdienst möglich.

Die politischen Gegebenheiten jener Jahre waren aber so, daß zur Aufstellung dieser zusätzlichen „Fliegerkurierstaffeln" aus dem Bereich der Lufthansa nicht geschritten werden mußte, sie also im Planungsstadium bleiben konnten.

B. Das Gründungsjahr 1933

1. Organisatorische Entwicklung

a. Führung

Am 2. Februar 1933 ernannte der Reichspräsident, Generalfeldmarschall v. Hindenburg, Hermann Göring zum Reichskommissar für die Luftfahrt.

Hermann Göring, (12. Januar 1893 – 15. Oktober 1946): Kadettenanstalt, 20. Januar 1914 Leutnant (Patent vom 22. Juni 1912), Zugführer und Adjutant im Infanterieregiment Nr. 112; 1914/15 Ausbildung zum Beobachter, 1916 Jagdflieger; 17. Mai 1917 Führer der Jagdstaffel 27; 18. August 1917 Oberleutnant; 31. Mai 1918 Pour le mérite; 11. Juli 1918 Kommandeur des Jagdgeschwaders Frhr. v Richthofen (Nr. 1); 22 anerkannte Luftsiege; 1919 beurlaubt; 11. März 1920 mit dem Charakter als Hauptmann aus dem aktiven Dienst geschieden. Berater im dänischen Flugwesen, Verkehrsflieger in Schweden; 1922/23 Geschichts- und Volkswirtschaftsstudium an der Universität München; Begegnung mit Hitler, Mitglied der NSDAP; Dezember 1922 Oberster Führer der SA; 9. November 1923 beim Hitler-Putsch in München schwer verwundet, Flucht nach Österreich, dann in Italien und Schweden. Im Herbst 1926 amnestiert, ab 1927 wieder in Deutschland. 1928 Mitglied des Reichstages; 1930 in der Reichsleitung der NSDAP; September 1930 Fraktionsführer der NSDAP im Reichstag und politischer Beauftragter Hitlers in Berlin; November 1930 Leiter der Fliegerstaffel in der Kreisgruppe Frankfurt/Main der NSDAP; Oktober 1931 Führer des „Nationalen Deutschen Luftfahrtverbandes"; Dezember 1931 Inspekteur der Inspektion für Flugwesen der NSDAP; 31. August 1932 Reichstagspräsident; 1. Januar 1933 SA-Obergruppenführer; 30. Januar 1933 Reichsminister ohne Geschäftsbereich und kommissarischer preußischer Minister des Innern; 2. Februar 1933 Reichskommissar für die Luftfahrt; 11. April 1933 preußischer Ministerpräsident; 21. April 1933 bis 1. Mai 1934 preußischer Innenminister, Aufbau des „Preußischen Geheimen Staatspolizeiamtes", das 1934 von Himmler und Heydrich zur „Geheimen Staatspolizei" ausgebaut wurde; 5. Mai 1933 Reichsminister der Luftfahrt; 8. Juli 1933 Präsident des Preußischen Staatsrates; 31. August 1933 char. General der Infantrie; 3. Juli 1934 Reichsforstmeister (Amtsbezeichnung in Jagdsachen: Reichsjägermeister); 30. Januar 1935 Reichsstatthalter in Preußen; 1. März 1935 General der Flieger; 1. Juni 1935 Oberbefehlshaber der Luftwaffe; 20. April 1936 Generaloberst; 18. Oktober 1936 Beauftragter für den Vierjahresplan; 4. Februar 1938 Generalfeldmarschall (nach der Entlassung von Generalfeldmarschall v. Blomberg und Generaloberst v. Fritsch); 30. August 1939 Vorsitzender des Ministerrates für die Reichsverteidigung; 1. September 1939 von Hitler im Falle seines Todes zum Nachfolger bestimmt; 30. September 1939 Ritterkreuz des Eisernen Kreuzes; 19. Juli 1940 Reichsmarschall des Großdeutschen Reiches, Verleihung des Großkreuzes des Eisernen Kreuzes; 23. April 1945 von Hitler aller seiner Ämter enthoben; 29. April 1945 aus der NSDAP ausgestoßen; 8. Mai 1945 in amerikanische Kriegsgefangenschaft; vor dem Internationalen Militärgerichtshof in Nürnberg als Hauptkriegsverbrecher angeklagt und am 1. Oktober 1946 zum Tode durch den Strang verurteilt. Kurz vor der Vollstreckung Freitod.

Göring, sein Staatssekretär Milch und einige seiner führenden Mitarbeiter gehörten zu den Männern, die im Ersten Weltkrieg bei den Luftstreitkräften, teilweise als Einheitsführer, Dienst getan hatten. Ihnen waren die Gedankengänge geläufig, mit denen von der Lieth-Thomsen, Chef des Flugwesens, argumentiert hatte. In seiner grundlegenden Denkschrift vom März 1916 hatte er die Schaffung eines selbständigen Wehrmachtteils Luftwaffe innerhalb einer von ihm Reichsluftamt genannten, umfassenden obersten Reichsbehörde gefordert, die neben der Führung der militärischen Luftfahrt auch die Entscheidung in Angelegenheiten des Flugwesens, die staatliche Aufsicht über Luftverkehr und Flugsport, die Planung der technischen Entwicklung, die Stärkung der Luftrüstung und den Ausbau des zivilen Luftschutzes wahrnehmen sollte. Thomsen konnte damals seine Pläne nicht unmittelbar bei dem Kaiser als Oberstem Kriegsherrn vortragen, sondern mußte versuchen, sie über seinen Vorgesetzten, den Chef des Generalstabes des Feldheeres, zu verwirklichen. Die Denkschrift wurde schließlich abgelehnt, sie war an den Widerständen des Heeres, der Marine und der deutschen Bundesstaaten gescheitert, die alle auf die Wahrung ihrer Sonderrechte nicht verzichten wollten. Was seinerzeit jedoch erreicht wurde, war wenigstens die Zusammenfassung sämtlicher Fliegerkräfte und Flugabwehrverbände des Heeres unter der neuerrichteten Dienststelle des „Kommandierenden Generals der Luftstreitkräfte", der dem Chef des Generalstabs des Feldheeres unterstellt wurde.

Thomsen hatte jedoch auch danach die Verwirklichung seiner weitergehenden Vorstellungen durch neue Anträge bis Kriegsende zu erreichen versucht. Seitdem war den Angehörigen der ehemaligen Luftstreitkräfte, die sich gedanklich mit dieser Materie befaßt hatten, klar, daß der Luftkrieg über Land und Meer als eine Einheit zu betrachten sei, für sie war deshalb die Führung des Luftkriegs durch einen besonderen Wehrmachtteil, eben die Luftwaffe, selbstverständlich.

Noch mitten im Krieg, am 1. April 1918, hatte Großbritannien mit der Royal Air Force und dem Air Ministry eine dritte selbständige Teilstreitkraft zur Durchführung des Luftkrieges und eine oberste zivile Luftfahrtbehörde geschaffen. Die Angehörigen der deutschen Luftstreitkräfte sahen darin eine Bestätigung ihrer gleichlautenden Forderung.

Mit der Revolution von 1918 fielen in Deutschland einige der Hindernisse weg, die vorher der Verwirklichung der Pläne Thomsens im Weg gestanden hatten: die monarchische Staatsform und gewisse föderalistische Strukturelemente des Wehrwesens. Bereits in den ersten Tagen seiner Tätigkeit, noch im November 1918, schuf der Rat der Volksbeauftragten ein Reichsluftamt. Als sich jedoch herausstellte, daß mit dem Versailler Vertrag jegliche militärische Luftfahrt verboten und die zivile Luftfahrt einschneidenden Beschränkungen auf damals nicht absehbare Zeit unterworfen wurden, kam es 1920 zur Überführung des Reichsluftamtes als Abteilung Luftverkehr in das Reichsverkehrsministerium. Der zweite Versuch, in Deutschland eine zentrale Luftfahrtbehörde zu schaffen, war nicht an innenpolitischen Widerständen, sondern an der außenpolitischen Situation gescheitert.

Anfang 1933 unternahmen Göring und seine Mitarbeiter einen dritten Versuch zur Schaffung einer Reichsbehörde für Luftfahrt. Göring selbst war nicht nur Angehöriger der ehemaligen Luftstreitkräfte, sondern auch ein herausragendes Mitglied der NSDAP und naher Vertrauter Hitlers. Damit verfügte er über die Verbindungen, die Thomsen 1916 gefehlt hatten: den unmittelbaren Zugang zur entscheidenden Stelle. Die Herauslösung des teilstreitkraftgebundenen Flugwesens aus Heer und Marine und die Schaffung einer selbständigen Luftwaffe galt ihm, um sie gegenüber den anderen Wehrmachtteilen bei der Aufrüstung nicht zurücktreten zu lassen, als ein Gebot der ersten Stunde. Die Verordnung über die Errichtung des Reichskommissariats für die Luftfahrt wurde rückdatiert und trat mit Wirkung vom 30. Januar in Kraft.

Göring sorgte für eine nachträgliche, gerechte Würdigung der Verdienste von der Lieth-Thomsens, dessen Konzeption er jetzt verwirklichte. Er reaktivierte ihn trotz Erblindung 1935 als Generalmajor und beförderte ihn noch zum General der Flieger.

Hermann von der Lieth-Thomsen (10. März 1867 – 5. August 1942): 27. März 1915 Chef des Feldflugwesens bei der Obersten Heeresleitung, 12. November 1916 Chef des Generalstabes beim Kommandierenden General der Luftstreitkräfte, 8. April 1917 Pour le mérite, 18. August 1918 Oberst i.G. mit dem Range eines Brigadekommandeurs, 1. Januar 1919 Abteilungschef im preußischen Kriegsministerium, 11. August 1919 Ausscheiden aus dem Dienst; 1924 Leiter der „Zentrale Moskau" bis zur Erblindung 1928; 1. November 1935 als Generalmajor reaktiviert und der Kriegswissenschaftlichen Abteilung der Luftwaffe zugeteilt (Kriegsgeschichtsschreibung), 1. August 1939 General der Flieger.

Das Reichskommissariat für die Luftfahrt setzte sich aus den Abteilungen „Luftverkehr" des Reichsverkehrsministeriums und „Luftschutz" des Reichsinnenministeriums zusammen; die zivile Luftfahrt und der zivile Luftschutz wurden nun zentral verwaltet.

Am 5. Mai wurde im Reichsgesetzblatt eine Verordnung über die Errichtung einer obersten Reichsbehörde für die Luftfahrt, eines Reichsluftfahrtministeriums, veröffentlicht. Obwohl sie rückwirkend in Kraft treten sollte, gilt der 5. Mai, also der Tag der Verkündigung, als der Tag der Gründung des Reichsluftfahrtministeriums und der Einrichtung der Stelle eines „Reichsministers der Luftfahrt". In der Verordnung heißt es: „Der Geschäftsbereich umfaßt die Aufgaben des Reichs in der Luftfahrt". Damit war keine Abgrenzung festgelegt, der Entwicklung vielmehr freier Lauf gelassen. Das neue Ministerium sollte sich gleichgewichtig aus dem Reichskommissariat für die Luftfahrt und aus dem Luftschutzamt im Reichswehrministerium zusammensetzen. Im Luftschutzamt waren die Arbeitsgebiete „Flieger" und „Luftschutz" (militärischer Luftschutz) des Reichsheers und der Reichsmarine zusammengefaßt. Damit war klargestellt, daß das Reichsluftfahrtministerium auch militärische Aufgaben übernehmen würde; dementsprechend verfügte der Reichspräsident die Unterstellung Görings unter den Reichsverteidigungsminister in militärischer Hinsicht. Am 15. Mai traten alle Offiziere, die sich in dem Reichsheer und in der Reichsmarine gedanklich mit Fragen der fliegerischen Planung, Ausbildung und Ausrüstung befaßt hatten, aus dem Befehlsbereich des Reichswehrministers heraus und wurden dem Reichsminister der Luftfahrt unterstellt. Die Gründung des Reichsluftfahrtministeriums und die Unterstellung des Luftschutzamtes unter das neue Ministerium sind als Geburtsstunde einer selbständigen Luftwaffe in Deutschland anzusehen.

Das Reichsluftfahrtministerium war zugleich oberste Kommandobehörde für die nun aufzustellenden militärischen Verbände, aber auch die Spitze der zivilen Luftfahrt, es schloß den Wetterdienst ein, bestimmte die Entwicklung von Waffen und Gerät und beeinflußte auf diese Weise auch die Luftrüstung und die Fertigung der Industrie. Diese Koppelung der zivilen und militärischen Luftfahrt blieb bestehen. Die Zivilluftfahrt war jedoch in keiner Weise Bestandteil der Luftwaffe; für ihren Aufschwung war nicht das Militär verantwortlich. Die Weiterentwicklung der deutschen Verkehrsfliegerei blieb eine Aufgabe der deutschen Verkehrs- und Wirtschaftspolitik.

Seit Mitte Mai 1933 gliederte sich das Reichsluftfahrtministerium in zwei Ämter, das Luftschutzamt (LA) und das Allgemeine Luftamt (LB) mit jeweils mehreren Abteilungen.

Das Luftschutzamt stellte den militärischen Sektor des Ministeriums dar; seine wichtigsten Abteilungen waren die Fliegerführungs-, Fliegerorganisations- und Fliegerausbildungsabteilungen, daneben gab es noch Abteilungen für allgemeine sowie für Personal- und Luftschutzangelegenheiten (Flak). Das Luftschutzamt hatte besonders die Taktik der fliegenden Verbände im Einsatz über Land und See zu entwickeln und Fragen der Organisation der Flieger- und Flakverbände sowie die Ausbildung an Waffen und Gerät zu regeln.

Das Allgemeine Luftamt unter dem Staatssekretär für die Luftfahrt Erhard Milch bildete den zivilen Bereich und war zuständig für die Verkehrsluftfahrt und deren Bodenorganisation, für Wetterdienst, Flugsicherung, Luftfahrtverwaltung, Luftpolizei und Sportfliegerei. Außerdem hatte es die gesamte Luftfahrttechnik einschließlich der militärischen zu lenken.

Erhard Milch (30. März 1892 – 25. Januar 1972): 24. Februar 1910 Fahnenjunker Fußartl. Rgt. 1; 18. August 1911 Leutnant; 18. August 1915 Oberleutnant; 18. August 1918 Hauptmann. Im Ersten Weltkrieg seit 5. August 1915 bei der Fliegertruppe als Flugzeugbeobachter und -führer, Kommandeur der Fliegerabteilungen 5 und 204, zuletzt mit der Führung der Jagdgruppe 6 beauftragt. Ab 12. Januar 1919 beim Grenzschutz Ost, Führer der Fliegerabteilung 412, vom 5. September – 4. Dezember 1919 Führer der Polizei-Fliegerstaffel Königsberg/Pr., am 31. Januar 1920 aus dem Heeresdienst verabschiedet. Ab Ende 1920 Geschäftsführer der Danziger Luftpost; Flugleiter in der Lloyd-Ostflug GmbH; 1923–1926 Leiter der Flugbetriebsabteilung bei der Junkers Luftverkehrs AG, ab Januar 1926 Vorstandsmitglied und Leiter der kaufmännischen Finanzabteilung der Deutschen Lufthansa AG. 3. Februar 1933 Stellvertretender Reichskommissar für die Luftfahrt; 22. Februar 1933 Staatssekretär beim Reichskommissar für die Luftfahrt; 1. Mai 1933 Staatssekretär im Reichsluftfahrtministerium; 28. Oktober 1933 char. Oberst; 24. März 1934 char. Generalmajor; 1. April 1935 char. Generalleutnant; 1 April 1936 General der Flieger unter Einstellung in die Luftwaffe und Beibehalt des Amts als Staatssekretär der Luftfahrt; 30. Januar 1937 Verleihung des Goldenen Parteiabzeichens durch Hitler; 1. November 1938 Generaloberst; 1. Februar 1939 Staatssekretär der Luftfahrt und Generalinspekteur der Luftwaffe; 12. April 1940 vorübergehend zugl. mit der Führung d. Luftflotte 5 beauftragt (Norwegen); 4. Mai 1940 Ritterkreuz des Eisernen Kreuzes; 19. Juli 1940 wegen hervorragender Verdienste um den Aufbau der Luftwaffe zum Generalfeldmarschall befördert. 19. November 1941 Generalluftzeugmeister; 20. Juni 1944 Aufhebung der Stellungen des Staatssekretärs der Luftfahrt und des Generalluftzeugmeisters; 31. Januar 1945 als Generalinspekteur der Luftwaffe und Vertreter des R.d.L. u. Ob.d.L. abberufen; 17. April 1947 zu lebenslänglicher Freiheitsstrafe verurteilt, am 28. Juni 1954 vorzeitig entlassen.

Dem Ministerium wurden ferner die frühere Hauptbildstelle des Reichswehrministeriums, die „Reklameabteilung" als Kommandostab der ersten als „Reklamestaffeln" getarnten Verbände, das deutsche Flugzentrum Lipezk in der Sowjetunion bis zu dessen Auflösung im Herbst 1933, das im Februar 1933 aufgestellte Kommando der Fliegerschulen sowie der Inspekteur des Luftschutzes, der für die getarnten Flakverbände zuständig war, unterstellt.

Bereits am 1. September 1933 erfolgte eine Umgliederung des Ministeriums. Von nun an galt der (zivile) Staatssekretär auch in allen militärischen Fragen als Stellvertreter des Ministers und als Vorgesetzter aller Offiziere im Ministerium. Eine derartige Verbindung ziviler und militärischer Kompetenzen hatte es vorher in Preußen und im Deutschen Reich nicht gegeben und war auch zu dieser Zeit bei den beiden andern Wehrmachtteilen nicht vorhanden. Die Zusammenfassung der Entscheidungsbefugnisse aller Fragen der Luftfahrt in einer Hand war sicherlich sachdienlich, aber es mußte zu persönlichen Reibereien kommen, wenn der zivile Staatssekretär Vorgesetzter der Angehörigen des militärischen Sektors wurde, obwohl auch er später Uniform tragen sollte. Bei der zunehmenden Ämterhäufung Görings wurde der sachkundige, organisatorisch überaus befähigte und sehr energische Milch – formal „in Stellvertretung" Görings – zur einflußreichsten Persönlichkeit der Luftwaffe, ohne vorher eine höhere militärische Führungsfunktion ausgeübt zu haben. So war das Reichsluftfahrtministerium bereits von der Organisation her mit Hypotheken belastet.

Das bisherige Luftschutzamt wurde ebenfalls zum 1. September 1933 in Luftkommandoamt umbenannt; Amtschef wurde Oberst Walther Wever. Er wurde damit von der Funktion her der erste Chef des Generalstabes der Luftwaffe, wenn auch diese Institution offiziell erst nach Wevers Tod so benannt wurde.

Walther Wever (11. November 1887 – 3. Juni 1936): 15. März 1905 Fahnenjunker im Grenadierregiment Nr. 10; 18. August 1906 Leutnant (Patent vom 15. März 1905); 17. Februar 1914 Oberleutnant; im Ersten Weltkrieg Regiments- und Brigadeadjutant, Generalstabsoffizier; 18. Juni 1915 Hauptmann; 1. Februar 1926 Major; 1.April 1930 Oberstleutnant; ab 1. Oktober 1931 im Reichswehrministerium, Abteilungschef im Truppenamt; 1. Februar 1933 Oberst; 1. September 1933 im Reichsluftfahrtministerium, Chef des Luftkommandoamtes (ab 1935 Generalstab der Luftwaffe); 1. Oktober 1934 Generalmajor; 1. April 1936 Generalleutnant; 3. Juni 1936 mit selbstgesteuertem Flugzeug tödlich verunglückt.

Alle Stellen, die nicht unmittelbar mit Führung, Organisation und Ausbildung zu tun hatten, wurden aus dem Luftkommandoamt herausgelöst und auf neugebildete Ämter verteilt. Das bisherige Allgemeine Luftamt (LB) blieb bestehen, verlor jedoch die Abteilung Fliegertechnik, die nun zu einem selbständigen Technischen Amt (LC) wurde. Die Personalabteilung wurde zum Luftwaffenpersonalamt (LP) erhoben, während daneben noch das Luftwaffenverwaltungsamt (LD) und eine selbständige Zentralabteilung entstanden.

Die Führung der Flugabwehr schied aus dem Reichsluftfahrtministerium aus und trat als Inspektion des Luftschutzes (InLS) zum Heer zurück. Anlaß dazu war, daß die schon vorhandenen, getarnten Flakverbände (meist als „Fahrabteilungen“ bezeichnet) bisher führungsmäßig dem Reichsluftfahrtministerium, truppendienstlich den Divisionen des Heeres unterstellt gewesen waren, woraus sich Schwierigkeiten in der Befehlserteilung ergeben hatten. Es wurde eine besondere Flugabwehrbehörde gebildet, die als Inspektion des Luftschutzes (InLS) zur Heeresleitung zurücktrat. Am 1. November wurde das Kommando der Fliegerschulen in „Inspektion der Schulen der Luftwaffe“ umbenannt.

Ende 1933 hatte die Führungsorganisation der eben entstandenen, aber noch getarnten Luftwaffe einen vorläufigen Abschluß gefunden; die Widerstände, die vor allem die Marine gegen die alleinige Kommandogewalt des Reichsministers der Luftfahrt über die Verbände der Luftwaffe, also auch über die vorgesehenen Seefliegerstaffeln, vorgebracht hatte, waren überwunden worden. Die Gründung eines dritten Wehrmachtteils ließ sich nicht mehr rückgängig machen.

b. Truppe

Fliegertruppe

Das ganze Jahr 1933 hindurch gab es keinen fliegenden Verband, der irgendwelchen Einsatzwert gehabt hätte. Bereits seit Ende 1930 bestanden die erwähnten drei Reklamestaffeln. Sie wurden im Herbst zu einer „Jagdgruppe“ zusammengefaßt. Daneben war noch eine Seefliegerübungsstaffel vorhanden. Dies war die eine – bereits vor 1933 aufgebaute – „Basis“, welche die Luftwaffenführung zur Weiterarbeit benutzen konnte.

Eine zweite war das deutsche Flugzentrum Lipezk in der Sowjetunion (s. Seite 503). Es wurde im Herbst 1933 aufgelöst. Dieser Schritt war schon vor der national-sozialistischen Machtübernahme erwogen worden. Entsprechende Überlegungen sind für den Herbst 1932 belegt. Haushaltsmäßige Einsparungsgründe und der zusammengeschmolzene Bestand an Übungsflugzeugen zwangen bereits um den Jahreswechsel 1932/33, die Ausbildungsplanung für den Sommer 1933 wesentlich einzuschränken. Dazu traten dann nach dem Machtwechsel in Deutschland ideologische Spannungen zwischen der deutschen und russischen Regierung, die etwa ab Juni 1933 den Schulbetrieb belasteten – das deutsche Personal befürchtete regelrecht „ausgehoben“ zu werden – und dann dazu führten, daß die Ausbildung im August 1933 auf Weisung der Reichsregierung abrupt eingestellt wurde. Dieser Maßnahme schloß sich die Auflösung der Flugplatzeinrichtungen in Lipezk und Übergabe der noch vorhandenen und flugklaren Übungsflugzeuge an die sowjetischen Luftstreitkräfte im Herbst 1933 an.

Eine dritte Grundlage bildeten die militärischen Ausbildungseinrichtungen an zivilen Fliegerschulen auf verschiedenen Flughäfen im Reichsgebiet; sie wurden Ausbildungs- und Lehrstaffeln genannt, ständig vergrößert und vermehrt, um erst einmal die Basis für den Nachwuchs zu schaffen. Hier lag der Schwerpunkt der fliegerischen Ausbildung im ersten Jahr.

Den personellen Grundstock für die fliegenden Verbände bildeten etwa 550 Offiziere. Es waren dies die 220 Piloten und Beobachter, die in Lipezk ausgebildet worden waren; dazu kamen 80 weitere Beobachter und 200 Flugzeugführer sowie 50 Seeflieger, die getarnte Fliegerschulen im Reich absolviert hatten. Das Unteroffiziers- und Mannschaftspersonal wurde zwei Eskadronen einer Heeres-Fahrabteilung entnommen; es bildete den Stamm für Bordmechaniker, Bordfunker, Fliegerschützen und Fliegerbodendienstspezialisten. Das technische Personal wurde in der im Oktober gegründeten Fliegertechnischen Schule Jüterbog geschult, deren Kapazität jedoch nicht ausreichte; die Industrie mußte zur Ausbildung der technischen Soldaten herangezogen werden.

Für die Bodenorganisation der Fliegertruppe standen vorerst nur die zivilen Flughäfen zur Verfügung, die das Reichsluftfahrtministerium 1933 übernommen hatte. Sie genügten für den Anfang zur Schulung der Piloten; Hauptaufgabe des im Oktober 1933 geschaffenen Luftwaffenverwaltungsamtes war es jedoch, neue Fliegerhorste zu planen und zu bauen.

Flakartillerie

Bereits vor 1933 hatten Reichsheer und Reichsmarine den zwar nicht verbotenen, aber in seiner Ausrüstung eingeschränkten Luftschutz auszuweiten begonnen.

Die in den Kraftwagen-Kanonenbatterien der Artillerie-Regimenter (je Regiment ein Batterie) vorhandenen Geschütze waren infolge technischer Beschränkungen aufgrund der Bestimmungen des Versailler Vertrages nicht für einen Luftzielbeschuß geeignet. Das Personal konnte daher zunächst nicht flakartilleristisch ausgebildet werden. Erste Schritte in dieser Richtung wurden etwa ab Herbst 1926 unternommen, als mit Hilfe der Reichsmarine, der in ortsfesten Küstenanlagen einige Flugabwehrgeschütze zugestanden worden waren, bei der Kraftwagen-Kanonenbatterie des AR 1 in Königsberg eine geheime flakartilleristische Schulung begann, zu der später auch Soldaten anderer Regimenter herangezogen wurden.

Einige Jahre später erhielt die genannte Batterie in Königsberg neu entwickelte 7,5-cm-Flugabwehrkanonen, dazu Kommando- und elektrisches Übertragungsgerät, die ein Schießen gegen Flugziele erst ermöglichten. Ab 1931 wurden auch die Eskadronen der 3. Fahrabteilung in Berlin-Lankwitz in getarnte Flakbatterien umgewandelt. Im Laufe der Zeit sind die anderen Kraftwagen-Batterien ebenfalls mit den neuen Geschützen ausgerüstet worden.

Zur Bearbeitung der für die neu entstehende Waffengattung einschlägigen Fragen errichtete die Heeresleitung 1930 im Rahmen der Inspektion der Artillerie den „Ausbildungsstab 3 (Asta 3)“.

Im Laufe des Jahres 1933 wurde damit begonnen, die Kraftwagen-Kanonenbatterien aus ihren Regimentern herauszulösen, um sie als Stämme für neu aufzustellende getarnte Flakabteilungen zu verwenden, die als Fahrabteilungen bezeichnet wurden. Außer der bereits vorhandenen Fahrabteilung 3 entstanden 1933 noch sechs weitere Abteilungen.

Die Flakabteilungen waren Verbände des Heeres, doch hatte der Reichsluftfahrtminister als Verantwortlicher für den Luftschutz bei der Aufstellung von Verbänden, der Ausbildung des Personals, sowie in Personalangelegenheiten das Mitspracherecht erhalten. Damit war eine Tendenz angedeutet, die einer späteren Überführung der Flakartillerie in die Luftwaffe Raum gab.

Nachrichtenverbindungswesen

Erste Schritte zur Schaffung einer Organisation, die die Einrichtungen des Funk- und Peilbetriebs zur Führung und Flugsicherung von Flugzeugen am Boden zusammenfaßte, waren bereits vor 1933 unternommen worden. Beim Heer war dies vor allem bei der Verkehrsfliegerschule Braunschweig, bei der Marine bei der Seeverkehrsfliegerschule in Warnemünde geschehen. Die auf den Flugplätzen der Deutschen Verkehrsfliegerschule vorhandenen Funk-, Funkpeil- und Fernsprechanlagen sind als erste Einrichtungen des Nachrichtenverbindungswesens der Luftwaffe aufzufassen.

Die ersten Luftnachrichtentruppen wurden 1933 aufgestellt, der Entschluß zur Bildung einer Fliegerfunkertruppe, wenig später „Luftnachrichtentruppe“ genannt, wurde am 1. Dezember 1933 gefaßt. Damit wurde die Aufstellung selbständiger Fernmeldeverbände ermöglicht, die nicht den Flieger- oder Flakverbänden unterstanden, sondern unter fachkundigen Kommandeuren als besondere Waffengattung den Nachrichtenverbindungs- und Führungsdienst des neuen Wehrmachtteils zu versehen hatten. Den Stamm des Offizierkorps der Luftnachrichtentruppe bildeten 15 aktive Offiziere des Heeres, die in den Befehlsbereich des Reichsministers der Luftfahrt übertraten.

2. Personelle Entwicklung

Den ersten personellen Grundstock der neuen Luftwaffe bildeten aktive Offiziere des Heeres und der Marine. Ein zweiter setzte sich aus „Landesschutz-Offizieren“ zusammen; es waren dies verabschiedete Offiziere, die bereits vor 1933 bei Heer und Marine im Angestelltenverhältnis beschäftigt waren. Weiter wurde eine geringe Zahl von Polizeioffizieren und ehemaligen Kriegsfliegern des Ersten Weltkriegs übernommen; schließlich trat noch eine kleine Gruppe qualifizierter Generalstabsoffiziere des Heeres hinzu, denen jedoch eine fliegerische Ausbildung fehlte.

Die bisherigen aktiven Offiziere, Unteroffiziere und Mannschaften des Heeres und der Marine schieden mit dem Tag ihres Übertritts aus dem aktiven Dienstverhältnis aus; sie wurden Mitglieder des Deutschen Luftsportverbandes und erhielten zusätzlich zu ihrem mit dem Vermerk „a. D." geführten bisherigen Dienstgrad einen entsprechenden Rang des Deutschen Luftsportverbandes. Trotz der formell erfolgten Entlassung aus dem Wehrdienst blieben sie personalrechtlich weiterhin Soldaten. Die Uniform des Luftsportverbandes wurde nur zu besonderen Anlässen getragen, der Dienst im allgemeinen in Zivil versehen.

3. Materielle Rüstung

Die Fliegerschulen und Reklamestaffeln verfügten 1933 im wesentlichen nur über Flugzeuge, die für Ausbildungszwecke geeignet waren. Die ersten wenigen Behelfsbombenflugzeuge, Jagdmaschinen, Fern- und Seeaufklärungsflugzeuge kamen erst um die Jahreswende 1933 auf 1934 zur Truppe und zu den Waffenschulen. Ähnlich bescheiden war der Bestand an Fliegerwaffen, Munition, Bordgerät sowie an den Funksende-, -peil- und -empfangsgeräten. Den Waffen- und Gerätebestand der Flakartillerie bildeten die bereits etwa 1928 konstruierte, aber erst 1932 eingeführte 7,5-cm-Flak L/60, das 1931 eingeführte 2-cm-MG C/30 und das Kommandogerät P 27.

Die deutsche Luftrüstungsindustrie war nach dem Ende des Ersten Weltkriegs zur Bedeutungslosigkeit abgesunken, die nach 1925 neuaufgebaute Luftfahrtindustrie hatte oft an Auftragsmangel gelitten. Der Bruch, der durch die jahrelange Vernachlässigung eingetreten war, konnte so schnell nicht ausgeglichen werden. Wenn auch manche Firmen schon vor 1933 Versuchsflugzeuge militärischen Charakters entworfen und entwickelt hatten, war es doch nie zu einer Serienfertigung gekommen. Nun wurde sehr viel Mühe und Geld verwendet, um den Vorsprung der Luftrüstungsindustrie der Nachbarländer vor allem auf dem Gebiet der Serienfertigung zu überwinden. Zur Finanzierung der geheimen Luftrüstungsindustrie diente eine besondere Kasse, die am 1. April 1933 geschaffen wurde; die Gelder wurden vom Reichsfinanzministerium zur Verfügung gestellt.

4. Militärische Bedeutungslosigkeit der Luftwaffe 1933

Die Luftwaffe hatte 1933 so gut wie keine militärische Bedeutung. Das zeigte sich bei der ersten Anforderung. Als das Deutsche Reich im Oktober aus dem Völkerbund austrat, befürchtete die Regierung Sanktionen auswärtiger Mächte. In diesem Fall sollte einem feindlichen Vorgehen ohne Rücksicht auf militärische Erfolgsaussichten örtlicher, bewaffneter Widerstand entgegengesetzt werden. Die Luftwaffe sollte die Verteidigung des Luftraums über Berlin und dem mitteldeutschen Industriegebiet übernehmen. Die ersten Ansätze zu einer Luftverteidigung waren aber so unbedeutend, daß eine effektive Abwehr feindlicher Luftangriffe nicht erwartet wurde.

C. Die Tarnzeit bis 1. März 1935

1. Feindlage und Kriegsbild

Während der Zeit des getarnten Aufbaus hatte die Reichsregierung mit einer bewaffneten Intervention benachbarter Staaten zu rechnen. Als mögliche Gegner galten mit großer Wahrscheinlichkeit Frankreich, Polen, Belgien und die Tschechoslowakei; andere wurden nicht in Erwägung gezogen. Gingen die Gegner im Westen und Osten gleichzeitig vor, war ein Zweifrontenkrieg gegeben; als vorbeugende Maßnahme gegen eine solche Interventionsmöglichkeit forderte die Regierung den Aufbau einer „Risiko-Luftwaffe". Es ging also darum, möglichst viele Verbände möglichst schnell ohne Rücksicht auf den Stand der Ausbildung und Ausrüstung aufzustellen.

Abgesehen von diesem Auftrag der politischen Führung haben Feindlage und Kriegsbild keinen bemerkbaren Einfluß auf Organisation und Rüstung ausgeübt; es kam eben darauf an, die vorhandenen Typen für den Serienbau herzurichten und mit diesen Flugzeugen neue Verbände auszurüsten.

Im November 1934 wurde im Luftkommandoamt ein „Lehrkriegsspiel" durchgeführt, bei dem untersucht werden sollte, was mit den ein Jahr später entsprechend der Planung vorhandenen Kräften im Luftkrieg gegen Frankreich möglich gemacht werden könnte. Der Auftrag der Wehrmachtführung an die Luftwaffe war eindeutig: sie hatte mit allen Kräften die eigenen Landkriegsoperationen zu unterstützen. Im Verlauf des Kriegsspiels sah „Blau" neben der vordringlichen direkten Heeresunterstützung aber auch schon Angriffe auf die Fliegerbodenorganisation und sogar gegen die Luftrüstungsindustrie von „Rot" vor. Es waren dies Angriffsobjekte, die bereits spezifische Luftkriegsziele darstellten; dabei wurde ein Angriff gegen die feindliche Hauptstadt ausdrücklich abgelehnt und unterstellt, daß „Rot" die Städte im Ruhrgebiet nicht bombardieren würde.

2. Tarnung

Durch die Bestimmungen des Versailler Vertrages waren dem Deutschen Reich Luftstreitkräfte jeder Art verboten. Die Errichtung eines eigenen Ministeriums für die Luftfahrt im Frühjahr 1933 mußte die Nachrichtendienste der ehemaligen Entente zu besonderer Aufmerksamkeit herausfordern. Eine weitgehende Tarnung aller militärischen Luftfahrtmaßnahmen war daher erforderlich, um ein Einschreiten der Mächte zu verhindern. In entsprechenden Befehlen wurde gefordert, daß kein Zusammenhang zwischen dem neuen Luftfahrtministerium und dem Reichswehrministerium sichtbar werden durfte; jeder Angehörige der Luftwaffe hatte als Zivilangestellter zu gelten. Sämtliche Verbände und Dienststellen der neuen Luftwaffe erhielten bei ihrer Aufstellung Tarnbezeichnungen; so wurden z. B. die Luftkreiskommandos als „Gehobene" oder „Höhere Luftämter" bezeichnet.

Die dreistellige Zahl der Geschwader oder Staffeln wurde nur intern benutzt, hatte jedoch kaum Täuschungswert. Die erste Ziffer gab die Nummer des Verbandes im jeweiligen Luftkreis an, die zweite bezeichnete die Verbandsart und die dritte die Nummer des Luftkreises. „132" besagte also, daß es sich um den 1. Jagdverband des Luftkreises II handelte.

Bei den Angehörigen der neuen Luftwaffe gab es keine militärischen Dienstgradbezeichnungen, sondern die des Deutschen Luftsportverbandes. Die Tarnung erstreckte sich auch auf die Luftrüstungsfirmen. Ihnen war beispielsweise jegliche Auskunftserteilung an Dritte verboten.

3. Organisatorische Entwicklung

a. Führung

Reichsluftfahrtministerium

Während der Tarnzeit gliederte sich das Reichsluftfahrtministerium in Luftkommandoamt (LA), Allgemeines Luftamt (LB), Technisches Amt (LC), Luftwaffenverwaltungsamt (LD) und Luftwaffenpersonalamt (LP), die Zentralabteilung (ZA) und die Inspektion der Schulen (InSch).

Das Luftkommandoamt vereinigte in sich die Abteilung Führung (LA I) einschließlich der Gruppe „Fremde Luftmächte", Organisation (LA II) und Ausbildung (LA III). Innerhalb der Organisationsabteilung bestand die Arbeitsgruppe „Organisation der Flakartillerie", die als Verbindungsorgan zur Inspektion der Flakartillerie im Reichswehrministerium fungierte. Neben diesen drei Hauptabteilungen gab es vier weitere, die Stärke- und Ausrüstungsnachweisungen, Nachschub- und Versorgungsangelegenheiten, das Nachrichtenverbindungswesen und den zivilen Luftschutz bearbeiteten.

Das Technische Amt gliederte sich in Forschungsabteilung (LC I), Abteilung Entwicklung (LC II) und Abteilung Beschaffung (LC III), in der eine Flakverbindungsstelle die Zusammenarbeit mit dem Heereswaffenamt sicherte, das für die Waffenentwicklung der Flakartillerie bis in den Zweiten Weltkrieg hinein zuständig blieb. Das Personalamt besaß fünf Abteilungen für die verschiedenen Personengruppen innerhalb der Luftwaffe. Das Luftwaffenverwaltungsamt unterstand zwar einem Militär, besaß aber überwiegend zivile Abteilungen und Gruppen. Dieses Amt hatte den Ausbau der Fliegerbodenorganisation durchzuführen, Fliegerhorste, Kasernen, Schul- und Übungsplätze anzulegen und war für Besoldung, Verpflegung, Bekleidung und Unterkünfte zuständig. Die fünf Abteilungen im Allgemeinen Luftamt, das von einem Beamten geleitet wurde, befaßten sich mit dem zivilen Luftverkehr, Flughäfen und Flugsicherung für den zivilen Flugverkehr, der Lufthoheit einschließlich Luftrecht und dem Luftbildwesen. In der Zentralabteilung war eine Vielzahl von Dienststellen vereinigt, wie etwa die Adjutantur des Staatssekretärs, Abteilungen für Werkschutz, Tarnung und juristische Fragen, die Pressegruppe.

Die Inspektion der Fliegerschulen hatte den stärksten Kontakt zur Truppe, sie verfügte über die Masse des Flugzeugbestands der Luftwaffe, da die Fliegertruppe während dieser Zeit zu einem wesentlichen Teil aus Ausbildungsverbänden bestand, die sich in Flugzeugführer-, Fliegerwaffen- und Fliegertechnische Schulen gliederten.

Kommandos

Unter dem Ministerium wurden vom 1. April 1934 an sechs Luftkreiskommandos eingerichtet und zwar: I Königsberg/Preußen, II Berlin, III Dresden, IV Münster, V München, VI Kiel. Ihre Gliederung entsprach der des Luftkommandoamts; sie waren Kommandostellen für die in ihrem Befehlsbereich untergebrachten Verbände, deren Einsatz, Organisation, Ausbildung und Personalangelegenheiten durch sie geregelt wurden; ferner hatten die Stäbe der Luftkreiskommandos die militärischen Angelegenheiten des Flugbetriebs, des Wetteramtes, des Nachrichtenverbindungswesens, der Bodenorganisation, des Nachschubs, des Kraftfahrwesens und des Sanitätswesens wahrzunehmen.

Ebenfalls zum 1. April 1934 wurden das Kommando der 1. Fliegerdivision und der Stab des Kommandeurs der Heeresflieger aufgestellt. Sie wurden aber beide in Personalunion von einem Kommandeur geführt. Die Gliederung beider Stäbe entsprach der eines Reichswehr-Divisionsstabes, vermehrt um einige Spezialabteilungen. Für die Quartiermeisterangelegenheiten gab es jedoch nur eine Abteilung, die für beide Kommandos zuständig war. Alle bisher vorhandenen Landfliegerverbände standen unter dem Kommando dieser beiden Divisionen. Am 1. Juli 1934 zogen die Seeflieger gleich, es wurde ein Kommandostab mit der Bezeichnung „Führer der Marineluftstreitkräfte“ gebildet; bevor er jedoch seine Tätigkeit aufnehmen konnte, wurde er dem Luftkreiskommando VI (See) und damit dem Reichsminister der Luftfahrt unterstellt mit der Maßgabe, daß der Führer der Marineluftstreitkräfte mit seinen Seefliegerstaffeln im Frieden nur kurzfristig für Übungen der Flotte zur Verfügung stehen sollte, im Kriege dagegen sollte er ständig dem Flottenchef in taktischer Hinsicht unterstellt werden.

Am 1. November 1934 wurde das Nachschubwesen der Luftwaffe durch die Einrichtung eines Stabes des Luftzeugmeisters (LZM) zentralisiert, später wurde diese Stelle in das Nachschubamt (LE) umgewandelt.

Diese Organisation der Luftwaffenführung wurde bis zur Enttarnung beibehalten und erfüllte die ihr gestellten Aufgaben.

Zusammenarbeit der Luftwaffe mit Heer und Marine

Die Heeresleitung hatte sich mit der Verselbständigung der Luftwaffe abgefunden. Göring war zwar als Reichsminister der Luftfahrt dem Reichsverteidigungsminister unterstellt (der Reichswehrminister war mit Erlaß vom 27. April 1933 *intern* zum Reichsverteidigungsminister ernannt worden; s. o. S. 320), hat jedoch von sich aus keine Kontakte zum Chef der Heeresleitung oder zum Truppenamt gepflegt; dagegen besaß der Chef des Luftkommandoamts ausgezeichnete Beziehungen zur Heeresleitung. Das Reichsverteidigungsministerium nahm zwar nicht gegenüber der Person Görings, wohl aber gegenüber dem Reichsluftfahrtministerium sein Weisungsrecht wahr.

Die Flakartillerie zählte im Frieden zu den Heerestruppen. Am 1. April 1934 wurde ihre Unterstellung so geregelt, daß die Flakverbände im Mobilmachungs- und Kriegsfall taktisch dem Reichsminister der Luftfahrt unterstellt werden sollten. Nach Aufhebung der Tarnung sollte die Flak in jeder Beziehung unter den Oberbefehl des Reichsluftfahrtministers treten entsprechend dem ihm erteilten Auftrag, den gesamten Luftschutz innerhalb und außerhalb der Wehrmacht verantwortlich zu leiten. Freilich gab das Heer den Anspruch auf eigene Flakverbände nicht auf (s. S. 540).

Im Verhältnis zur Marine gab es im taktischen Bereich keine Schwierigkeiten, da das fliegende Personal zum Teil aus der Reichsmarine hervorgegangen war. Groß jedoch waren die Gegensätze zwischen Marineleitung und Luftwaffenführung bezüglich Unterstellung und Führung der Seefliegerverbände. Die Marine betrachtete eigene Seeluftstreitkräfte als notwendigen Bestandteil jeder Seekriegführung, während die Anhänger einer Einheitsluftwaffe als Begründung anführten, daß die Aufstellung sämtlicher Fliegerverbände eine zentrale Steuerung, Ausbildung und Ausrüstung erfordere. Die Marineführung mußte die vollzogene Tatsache einer Einheitsluftwaffe hinnehmen, ohne sich damit abfinden zu können. So blieb das Verhältnis der Führungsspitzen dieser beiden Wehrmachtteile untereinander immer sehr gespannt.

Die Luftwaffe und die NSDAP

Im Mai 1933 wurden im Zuge der Gleichschaltung sämtliche Organisationen und Vereine, die bisher schon auf dem Gebiet des Luftsports tätig gewesen waren, in einer einheitlichen Organisation, dem „Deutschen Luftsportverband" (DLV) zusammengeschlossen, an dessen Spitze als Präsident ein Kriegskamerad Görings, Bruno Loerzer, ebenfalls ehemaliger Jagdflieger und Träger des Pour le Mérite, berufen wurde. Der DLV war, obwohl in ihm auch die Fliegerstürme der SA aufgegangen waren, dennoch keine Gliederung der NSDAP, sondern eine Körperschaft des Öffentlichen Rechts, und war nicht der Partei, sondern dem Reichskommissar bzw. dem späteren Reichsminister der Luftfahrt unmittelbar unterstellt.

Neben diesen von anderen Organisationen überführten Mitgliedern, die sich aktiv flugsportlich betätigten oder den Luftsport wenigstens als „fördernde Mitglieder" finanziell unterstützten, gab es im DLV die „Fliegerschaft", in der die Angehörigen der getarnten und im Aufbau befindlichen Luftwaffe zusammengefaßt waren. Alle trugen die gleiche Uniform mit nur unwesentlichen Unterschieden. Dieser Weg, die militärischen Kader in die zivile Organisation des DLV einzubinden, war bewußt gewählt worden, da auf diese Weise die Tarnung am besten gewährleistet schien.

Die gemeinsam getragene Uniform verhinderte aber nicht, daß es teilweise zu Spannungen zwischen den doch recht heterogenen Gruppen des DLV, nämlich Angehörigen der „Fliegerschaft" bzw. der ehemaligen SA-Stürme kam. Sie veranlaßten den Staatssekretär Milch, unter Hinweis auf diese Spannungen am 21. Juni 1934 einen Befehl zu erlassen, in dem er darauf hinwies, daß Fliegerschaft und Luftsportverband an der Aufgabe des Aufbaus der Luftwaffe gemeinsam arbeiteten; als Ausdruck dieser Gemeinsamkeit nach außen sei die Grußordnung strengstens zu beachten; auch die Offiziere hätten Luftsportführer zuerst zu grüßen, wenn diese einen vergleichsweise höheren Dienstgrad innehätten oder älter seien. Dieser Befehl Milchs, der die Gemeinsamkeit so sehr betonte, belegt aber andererseits deutlich die Tatsache, daß sich der DLV doch aus zwei sehr verschieden gearteten Blöcken zusammensetzte, wobei die aus den Reihen der ehemaligen SA-Fliegerstürme kommenden Mitglieder sich sicherlich nach wie vor als Angehörige einer Parteigliederung fühlten, was sie de jure nicht mehr waren. Die Eigenschaft des DLV als eine Körperschaft des Öffentlichen Rechts bedeutete damals aber auch nicht viel, da sich die Grenzen zwischen Staat bzw. öffentlichen Einrichtungen und der Partei doch sehr verwischten.

Gegrüßt wurde innerhalb des DLV mit dem in den Parteigliederungen üblichen „Deutschen Gruß", der darüber hinaus aber auch im öffentlichen Leben üblich geworden war. Der militärische Gruß schied für die Angehörigen der Fliegerschaft aus, da er den Bestrebungen um eine ausreichende Tarnung zuwidergelaufen wäre. Es kann daher aus dieser vorgeschriebenen Grußform nicht grundsätzlich auf eine Hinneigung der Angehörigen der Fliegerschaft in ihrer Gesamtheit zur Weltanschauung der NSDAP geschlossen werden. Dabei ist selbstverständlich nicht auszuschließen, daß – mehr oder weniger – Fliegerschaftssoldaten den politischen Strömungen ihrer Zeit gegenüber aufgeschlossen waren. In Parteikreisen galt der Luftsportverband jedoch als reaktionär.

Als dann im März 1935 die Enttarnung vorgenommen wurde, verfügte Hitler, daß die Angehörigen der Luftwaffe ab sofort wie alle anderen Soldaten nunmehr den militärischen Gruß zu erweisen hatten. Damit war die geistige Zugehörigkeit der Luftwaffe zur Wehrmacht auch äußerlich hergestellt und ein Riegel gegen gewisse Bestrebungen in der Partei vorgeschoben, die dahingingen, anstelle eines Wehrmachtteils aus der Fliegerschaft in Verbindung mit den anderen Teilen des Luftsportverbandes parteieigene Luftstreitkräfte zu errichten. In dieser Frage war der Einfluß Görings, der die Wehrmacht-Konzeption vertrat, in der Parteispitze nicht zu überwinden.

Personelle Besetzung der Spitze

Die Gruppe der führenden Offiziere der Luftwaffe war nicht annähernd so homogen wie die entsprechenden von Heer und Marine zu dieser Zeit. Die Amtschefstellen im Ministerium und die Befehlshaberstellen in den Luftkreisen waren bis auf wenige Ausnahmen mit Offizieren besetzt, die vorher keine Berührung mit der militärischen Luftfahrt gehabt hatten oder zum mindesten seit 1918 nicht mehr hatten haben können. Erst unterhalb dieser Gruppe wirkten Praktiker als Abteilungsleiter, Referenten, Kommandeure und Ausbildungsoffiziere.

Im wesentlichen setzte sich die Spitze aus drei verschiedenen Herkunftsbereichen zusammen. In die erste Gruppe waren Offiziere mit politischem Hintergrund einzuordnen; hierbei handelte es sich um Göring und seinen Staatssekretär Milch. Die zweite Gruppe bildeten frühere Heeresoffiziere, vor allem Generale und Generalstabsoffiziere. Die dritte rekrutierte sich aus Heeres- und Marineoffizieren, die vor 1933 eine fliegerische Ausbildung erhalten hatten und die darüber hinaus auch nach ihrem Dienstgrad für eine Besetzung von Schlüsselpositionen heranstanden. Obwohl die Luftwaffe aus durchaus unkonventionellen Vorbereitungen und Maßnahmen heraus entstanden war, unterwarf sie sich dennoch den in der Reichswehr üblichen überkommenen Grundsätzen des Beförderungswesens und wertete daher als entscheidende Qualifikation für die Besetzung von Spitzenstellungen den bisher erreichten Dienstgrad und nicht das erworbene Fach- und Spezialwissen.

Ausnahmen hiervon wurden – neben Göring und Milch, die aber nicht zum Vergleich herangezogen werden können – bei drei wiedereingestellten Fliegeroffizieren des Ersten Weltkriegs gemacht, nämlich bei Kapitänleutnant d. R. a. D. Christiansen, Hauptmann a. D. Loerzer und Oberleutnant d. R. a. D. Udet, die alle unter Überspringen mehrerer Dienstgrade als Oberst eingestellt wurden. Über die Beweggründe, die zu diesen bevorzugten Regelungen geführt haben, kann man nur Vermutungen anstellen; im Fall Loerzer dürften sie sicher auf die jahrelange, persönliche enge Freundschaft mit Göring zurückzuführen sein. Doch handelte es sich eben nur um einige Ausnahmen; im Grundsatz wurde bei der Auswahl der für Spitzenstellungen in Frage kommenden Offiziere der bis dahin erreichte Dienstgrad als entscheidendes Kriterium gewertet.

Das Zusammenwachsen und die gegenseitige Angleichung dieser führenden Offiziere war durch die Herkunft aus so verschiedenen bisherigen Tätigkeiten und die dadurch bedingte Prägung erheblich erschwert.

b. Truppe

Fliegertruppe

Unter dem Kommando der 1. Fliegerdivision begann am 1. April 1934 die Aufstellung eines Jagdgeschwaders, danach entstanden zwei Kampfgeschwader. Drei Fern- und zwei Nahaufklärungsstaffeln wurden dem Kommando der Heeresflieger unterstellt. Im Sommer wurde der Aufbau der Flugbereitschaft des Ministeriums abgeschlossen. In der zweiten Hälfte 1934 wurden die ersten Seefliegerverbände gebildet; es waren dies eine Seejagdstaffel, eine Seefliegermehrzweckstaffel und eine Seeaufklärungsstaffel. Sie unterstanden dem Kommandeur eines Seefliegergeschwaders, der zugleich Kommandant des Seefliegerhorstes Kiel-Holtenau war. Eine vierte Staffel wurde Anfang 1935 aufgebaut, ferner wurde eine Luftdienstschleppstaffel gebildet.

Unter der Dienstaufsicht der Inspektion der Schulen hatte der Ausbildungsbetrieb der Luftwaffe bereits 1934 einen beträchtlichen Umfang gewonnen. Es gab zwei Aufklärungsfliegerschulen, zwei Kampfflieger- und eine Jagdfliegerschule, zwei Fliegerschützenlehrgänge, eine Fliegertechnische Schule sowie fünf Flugzeugführerschulen. Für die Seefliegerei bestanden unter dem Kommando der Fliegerschulen (See) ein Beobachter- und ein Flugzeugwaffenlehrgang (See) sowie zwei Flugzeugführerlehrgänge.

Für alle diese Verbände und Schulen wurden die erforderlichen Flugplätze mit den dazugehörigen Bodeneinrichtungen geschaffen, wie Rollfeld, Start- und Landebahnen, Hallen, Tankanlagen, Reparaturwerkstätten, Flugleitung, Funk-, Peil- und Fernsprechbetriebsstellen sowie schließlich Unterkünfte, Unterrichtsräume und Sicherungsanlagen. Bis zum Zeitpunkt der Enttarnung waren 18 Landflugplätze und 5 Seefliegerhorste fertiggestellt, 9 Land- und Seeflugplätze waren im Ausbau.

Zur Versorgung der fliegenden Verbände mußten entsprechende Vorratslager geschaffen werden; so entstand als erstes großes Luftwaffenmagazin 1934 das Fliegerzeugamt Jüterbog; ferner wurden Munitionsanstalten und Betriebsstofflager gebaut. Bis zum Zeitpunkt der Enttarnung waren 4 Luftmunitionsanstalten fertiggestellt.

Flakartillerie

Zu den bereits vorhandenen 7 Fahrabteilungen entstanden 1934 noch 4 weitere, in Döberitz wurde das Flugabwehrkommando, auch Flakausbildungskommando genannt, zur Flugabwehrschule ausgebaut und nach Wustrow verlegt. Unter dem Kommando der Schule arbeitete ein Ausbildungsstab mit drei Lehrgruppen (Schießausbildung, Flugabwehrmeßwesen und Horch- und Scheinwerfereinsatz), daneben bestand für die praktische Ausbildung der zur Schule kommandierten Flakartilleristen eine Lehrabteilung mit drei Lehrbatterien.

Die Flakartillerie war truppendienstlich den Heereskommandobehörden unterstellt unter Mitverantwortung des Luftkommandoamtes in der taktischen Führung. Am 18. März 1935 wurde sie mit allen Verbänden und Einrichtungen, mit der gesamten Ausrüstung und dem ganzen personellen Bestand zur Luftwaffe überführt, die sich damit um eine ganze Waffengattung vergrößerte. Ursprünglich war geplant, die Flakartillerie am 1. April 1935 vom Heer zur Luftwaffe zu überführen. Göring unterschrieb jedoch bereits am 18. März 1935 einen Erlaß, wonach die Flakartillerie schon an diesem Tag unter seinen Befehl trat. Fortan trugen die Angehörigen der Flakartillerie die blaugraue Fliegeruniform mit roten Spiegeln. Die elf Flakabteilungen wurden den Luftkreiskommandos unmittelbar unterstellt. Ebenso wie die Truppe schied auch die Inspektion des Luftschutzes aus dem Befehlsbereich der Heeresleitung aus und wurde als Inspektion der Flakartillerie und des Luftschutzes in das Luftfahrtministerium übernommen. Dagegen verblieb die Entwicklung der Flugabwehrwaffen beim Heereswaffenamt, wenn auch die dort tätigen Offiziere die Luftwaffenuniform trugen.

Truppenteile und Einrichtungen der Marineflakartillerie wurden nicht in die Luftwaffe überführt. Die Verantwortung für die Luftabwehr im Küstenbereich blieb trotz des Widerspruchs der Luftwaffe der Marine übertragen.

Es gab gute Gründe für die Zuteilung der Flakartillerie zur Luftwaffe. Luftangriffsoperationen eines Gegners gegen das Reichsgebiet erstreckten sich mit großer Geschwindigkeit über weite Gebiete; die Beurteilung der rasch wechselnden Luftlage mußte flexibel gehandhabt und zentral erstellt werden, sie erforderte eine schnelle Reaktion, nicht zuletzt in bezug auf Zusammenarbeit von Jägern und Flak. Nach Ansicht der Luftwaffe war der Luftkrieg in Angriff und Verteidigung ein unteilbares Ganzes.

Luftnachrichtentruppe

Auf den meisten übernommenen, noch mehr auf den neu aufgebauten Fliegerhorsten der Luftwaffe gab es Luftnachrichtenbetriebseinrichtungen, zu deren Bedienung Funk-, Funkpeil- und Fernsprechbetriebstrupps aufgestellt wurden, die unter dem Befehl eines Luftnachrichtenoffiziers als Nachrichtenzweigstellen der Luftkreiskommandos zusammengefaßt wurden; sie wurden zuerst Nachrichtenzweigstellen, später Luftnachrichtenstellen genannt. Außerdem wurden eine Luftnachrichtenersatzkompanie, zwei Luftfunklehrkompanien – diese im Rahmen der Heeresnachrichtenschule – eine Luftfernsprechlehrkompanie sowie je eine Nachrichtenkompanie bei vier Luftkreiskommandos aufgestellt.

Als erste Schuleinrichtung der Luftnachrichtentruppe entstand das Kommando der Luftnachrichtenlehrgänge mit drei Ausbildungskompanien an der Heeresnachrichtenschule, deren Stab am 1. Februar 1935 auch die Flugsicherungsschule unterstellt wurde. Diese war aus einem Luftwaffenlehrgang des Reichsamtes für Flugsicherung entstanden. Ende 1934 bezog mit der Heeresnachrichtenschule auch der Stab der Luftnachrichtenlehrgänge den neuen Standort Halle. Die ersten Lehrgänge der Luftnachrichtentruppe liefen 1934 an; außerdem wurde der erste Beamtenanwärterlehrgang für den gehobenen nachrichtentechnischen Dienst der Luftwaffe eröffnet; die Bewerber rekrutierten sich aus Berufsunteroffizieren der Heeresnachrichtentruppe.

Anfang 1935 wurde die Nachrichtenkompanie des Reichsluftfahrtministeriums mit einem Fernsprech-Fernschreibbetriebszug und einem Funkhorchzug aufgestellt; sie unterstand direkt dem Luftkommandoamt und wurde die Keimzelle des späteren Luftnachrichtenregiments des Oberbefehlshabers der Luftwaffe.

4. Personelle Entwicklung

1934 erhielt das Offizierkorps der Luftwaffe seinen Nachwuchs vor allem durch junge Offiziere und Offizieranwärter des Heeres und der Marine, die sich freiwillig für eine fliegerische Ausbildung gemeldet hatten. Ferner wurden junge Piloten der Zivilluftfahrt übernommen, die nach einer kurzen militärischen Grundausbildung und taktischen Einweisung noch 1934 Leutnante wurden.

Insofern wurde hier eine von den üblichen in der Reichswehr gültigen Beförderungsgrundsätzen, welche die neue Luftwaffe übernahm, abweichende Regelung getroffen. Ein weiteres Abweichen war in den folgenden Aufbaujahren festzustellen, als infolge der raschen Indienststellung immer neuer Verbände bevorzugte Beförderungen vorgenommen werden mußten, um die Führungsstellen dieser Verbände und Einheiten besetzen zu können. Ungeachtet dieser Ausnahmeregelungen blieben jedoch die Regelbeförderungen auch in der Luftwaffe die gleichen, wie sie in den beiden Wehrmachtteilen üblich waren.

Die Abgabe von Unteroffizier- und Mannschaftsdienstgraden aus Heer und Marine zur Luftwaffe erfolgte erstmals am 1. November 1934 in größerem Umfang.

Als erste Ersatzabteilung der Fliegertruppen hat die Fahrabteilung 2 des Heeres in Rendsburg zu gelten. Sie wurde bereits 1933 als Fliegerersatzabteilung dem Reichsminister der Luftfahrt unterstellt, wenn sie auch noch truppendienstlich eine Einheit des Heeres war. Sie wurde bald in zwei Abteilungen geteilt.

Zum Zeitpunkt der Enttarnung läßt sich der Bestand der Luftwaffe an Offizieren mit 900 annehmen, während die Zahl der Unteroffiziere und Mannschaften im militärischen oder vergleichbaren zivilen Verhältnis auf etwa 10 000 festzusetzen ist. Außerdem sind etwa 200 Offiziere und 7000 Unteroffiziere und Mannschaften der Flakartillerie zu nennen.

5. Materielle Rüstung

Bei einzelnen Firmen der Flugzeugindustrie hatte die Umstellung der Fertigungsanlagen auf Serienproduktion einige Zeit erfordert und Schwierigkeiten bereitet. Neue Werksgebäude mußten gebaut und neue Maschinen beschafft werden, wodurch die Auslieferung von Flugzeugen nur schleppend in Gang kam. Im Laufe der Zeit war jedoch die Ausstattung der Truppe und der Schulen so zügig vorangekommen, daß die personelle Besetzung manchmal nicht Schritt zu halten vermochte.

Der in der kurzen Zeit der geheimen Aufrüstung bis zur Enttarnung im März 1935 erreichte Bestand an Flugzeugen war als verhältnismäßig umfangreich anzusprechen. Man war von dem Prinzip ausgegangen, nicht irgendwann später einmal das denkbar beste Flugzeug oder entsprechende Waffen und Geräte zu beschaffen, sondern das bereits entwickelte und binnen kurzem herstellbare Gerät in möglichst großem Umfang zu produzieren.

Auf diese Weise war es möglich, zahlreiche Verbände mit fabrikneuen Flugzeugen aufzustellen, die jederzeit einsatzbereit waren oder als einsatzbereit bezeichnet werden konnten. Denn der politischen Führung lag daran, die Luftwaffe größer und stärker erscheinen zu lassen, als sie tatsächlich war. So konnten mögliche Gegner der deutschen Wiederbewaffnung – und mit solchen mußte schon deswegen gerechnet werden, weil die Aufrüstung ja entgegen den immer noch geltenden Bestimmungen des Vertrages von Versailles erfolgte – eher dazu gebracht werden, die Entwicklung hinzunehmen, weil ein militärisches Eingreifen gegen das Deutsche Reich zum Risiko geworden zu sein schien. Der Gedanke „Risikoluftwaffe" führte dazu, die Quantität der Rüstung über die Qualität zu stellen, um eben möglichst bald viel vorweisen zu können. Die Zahl besagte jedoch nichts über Güte und technischen Stand der Flugzeuge.

Die Motorenbeschaffung stellte dauernd einen Engpaß dar. Bei den Flugzeugen genügten vor allem die Bombenflugzeuge, aber auch die Aufklärungs-, Jagd- und Seeflugzeuge nicht den Anforderungen, was sowohl der Truppenführung als auch dem Technischen Amt bekannt war. Die Produktion von Maschinenwaffen reichte gerade noch zur Bestückung der vorhandenen Frontflugzeuge aus, eine Reserve war nicht verfügbar, bestimmte Teile waren nicht einmal in voller Bedarfsstärke vorhanden. Die entstandene „Risikoluftwaffe" war tatsächlich nicht mehr als ein Bluff.

Dem Heereswaffenamt war es möglich gewesen, die Flugabwehrwaffen und -geräte in dem Umfang an die Truppe zu liefern, wie die Aufstellung der Flakbatterien dies erforderlich machte. Ende 1933 kamen die ersten neuentwickelten 8,8-cm-Kanonen zur Truppe; dieses Geschütz wurde das Standardgeschütz der schweren Flakbatterien. Die bis dahin bei der Truppe vorhandenen 7,5-cm-Flak L/60 wurden entsprechend dem Zulauf neuer Geschütze schnellstmöglich ausgemustert.

Die in den leichten Flakbatterien eingeführte 2-cm-Maschinenwaffe MG C/30 hatte zunächst noch nicht befriedigt. Sie wurde durch weitgehende Änderungen verbessert. Dieses neue, nunmehr als 2-cm-Flak 30 bezeichnete Geschütz wurde ab 1934 an die leichten Flakbatterien ausgeliefert.

Um auch mit leichten Flakwaffen eine Wirkungssteigerung durch größere Kaliber und größere Reichweite zu erzielen, wurde schon ab 1930 an der Entwicklung einer 3,7-cm-Kanone gearbeitet, die dann als 3,7-cm-Flak 18 in dem Jahr 1933/34 in einigen wenigen Exemplaren an eine Versuchsbatterie ausgeliefert wurde.

Das Technische Amt hatte seit Sommer 1934 Offiziere ausbilden lassen, die dann als Luftwaffenwehrwirtschaftsoffiziere den Kontakt zur Industrie hielten. Sie waren den Werkleitungen der größeren Betriebe attachiert.

Im Februar 1935 wurde das Fliegerbekleidungszeugamt eingerichtet; so konnte nach der Enttarnung das gesamte Personal der Luftwaffe ohne wesentliche Versäumnis in Luftwaffenuniform gekleidet werden.

6. Enttarnung

Anfang 1935 waren Dienstbetrieb, Bodenorganisation und weitere Einrichtungen so umfangreich geworden, daß die Existenz einer Fliegertruppe nicht länger zu verbergen war. Mit einem Erlaß vom 26. Februar 1935 wurde die Luftwaffe als dritter Wehrmachtteil offiziell neben Reichsheer und Reichsmarine gestellt, am 1. März wurden ihre Angehörigen als Soldaten verpflichtet.

In dem genannten Erlaß wurde offiziell die Bezeichnung „Reichsluftwaffe" eingeführt, wohl in Anlehnung an die beiden anderen Wehrmachtteile. Schon bald danach war aber nur noch die Bezeichnung „Luftwaffe" üblich. Dies entsprach der auch für die Land- und Seestreitkräfte getroffenen Regelung, bei denen der Vorsatz „Reichs-" ebenfalls ab 1935 entfiel.

Obwohl Göring kaum eine Gelegenheit vorbeigehen ließ, um die Selbständigkeit herauszukehren, hat er in einem Punkt darauf verzichtet: es wurden keine besonderen Rang- und Dienstgradbezeichnungen wie etwa bei der Royal Air Force eingeführt, es hat also bei der deutschen Luftwaffe nie einen „Luftmarschall" gegeben. Hierin kam nicht nur zum Ausdruck, daß die Angehörigen der Luftwaffe überwiegend aus dem Heer hervorgegangen waren, sondern auch der Wunsch der jungen Luftwaffe, auch in ihren Dienstgraden dem Heer gleichgestellt zu sein.

Zur Kennzeichnung der Waffengattungen an den blaugrauen Uniformen wurden die Farben Weiß für Generale, Schwarz für das Luftfahrtministerium und unmittelbar unterstellte Verbände, Goldgelb für die Fliegertruppe, Hochrot für die Flakartillerie, Hellbraun für die Luftnachrichtentruppe, Dunkelblau für das Sanitätspersonal, Dunkelgrün für Beamte und Hellgrün für die Luftaufsicht (Luftpolizei) festgesetzt.

Am 25. März 1935 erklärte Hitler dem britischen Außenminister bei dessen Besuch, daß die deutsche Luftwaffe bereits so stark wie die britische sei, doch traf dies weder in der personellen Stärke noch in der Ausrüstung zu. Tatsächlich besaß das Deutsche Reich zum Zeitpunkt der Enttarnung nur fünf Aufklärungsstaffeln, drei Jagdstaffeln, fünf Kampfstaffeln, drei Seefliegerstaffeln und 29 Flakbatterien, die in etwa als einsatzfähige Frontverbände gewertet werden konnten. Der Einsatzwert dieser Verbände war unterschiedlich, doch erreichte er bei keiner der Einheiten den für eine volle Einsatzbereitschaft erforderlichen Grad.

Hitler konnte seine Behauptung nur treffen, indem er auch die in Aufstellung befindlichen Einheiten mit dazu rechnete, die für einen Fronteinsatz damals noch nicht in Frage kamen; ferner muß er jedes kleine Anfängerschulflugzeug einbezogen und ausländischen Kampfeinsatzflugzeugen gleichgestellt haben. In Wirklichkeit entsprach die Kampfkraft der deutschen Luftwaffe zu diesem Zeitpunkt nur der einer kleinen Luftmacht.

Ein wesentliches Problem, das mit der Errichtung der neuen Luftwaffe entstand, war die bestmögliche Regelung der Zusammenarbeit aller drei Wehrmachtteile. Das Heer war bestimmt zum Einsatz auf dem Land, die Marine für den Kampf auf und unter dem Wasser; das Betätigungsfeld der Luftwaffe war der Luftraum. Während nun Land und Meer durch die Küste scharf voneinander getrennt sind und dementsprechend auch die Aufgaben von Heer und Marine, erstreckt sich der Luftraum gleichermaßen überall hin. Aus der Luft ist ein Wirksamwerden sowohl auf Land- wie auf Seeziele möglich und zwar im selbständigen Luftkrieg wie auch in der direkten oder indirekten Unterstützung beim Land- und (oder) Seekrieg. „Naturgemäß" – so möchte man sagen – wäre ein Zusammenarbeiten der Luftwaffe mit den beiden anderen Wehrmachtteilen, aber auch eine Abgrenzung der Befugnisse und Aufgaben im militärischen Gesamtbereich erforderlich gewesen. Aus dieser Grundsituation heraus ergab sich das Problem der Führungsstruktur oberhalb der Wehrmachtteile, etwa in Gestalt eines Wehrmachtgeneralstabs, der die Interessen der drei Wehrmachtteile gegeneinander abzugrenzen und sie zu koordinieren sowie die Belange der militärischen Gesamtkriegführung gegenüber Heer, Marine und Luftwaffe einzuordnen gehabt hätte. Dieses Problem wurde aber nicht gelöst, obwohl dies gerade hinsichtlich der Luftwaffe besonders nötig gewesen wäre, da ihr Oberbefehlshaber Göring zugleich der zweitmächtigste Mann im Staate nach Hitler war und so ganz zwangsläufig einen größeren Einfluß ausüben konnte als die Oberbefehlshaber von Heer und Kriegsmarine.

D. Die Aufbauzeit April 1935 bis Herbst 1938

1. Feindlage und Kriegsbild

Die angestrebte Ausrüstung und der Ausrüstungsstand erlauben Rückschlüsse auf die Vorstellungen der Luftwaffe von der Führung eines zukünftigen Krieges. Bei den Luftangriffsverbänden lag das Schwergewicht auf dem mittleren zweimotorigen Horizontalbomber und dem einmotorigen Sturzkampfflugzeug. Beide Typen ließen nur eine räumlich begrenzte Luftkriegführung zu. Die Luftwaffe konnte in den Jahren 1935 bis 1938 mit ihren Angriffsverbänden bestenfalls gegen die Bodenorganisation und einige industrielle Luftrüstungszentren in nicht allzu grenzfernen Gebieten von Frankreich, Belgien, der Tschechoslowakei und Polen wirken; besonders aber war sie zur Unterstützung eigener Heeresoperationen befähigt. Eine weiträumige Luftkriegführung über See oder in der Tiefe des westlichen oder östlichen Europa war dagegen nicht möglich.

Ende 1935 wurde ein Wehrmachtkriegsspiel durchgeführt unter Berücksichtigung der voraussichtlichen Stärken von April 1936. Es sollte klargestellt werden, was Heer, Marine und Luftwaffe zur Abwehr eines französischen und tschechischen Angriffs zu leisten imstande sein würden. Im angenommenen Fall sollte es erste Aufgabe der Luftwaffe sein, die französischen Luftstreitkräfte und deren Basis zu zerschlagen, um damit mittelbar dem deutschen Heer die Durchführung seiner Aufgaben zu erleichtern und das Reichsgebiet nach Möglichkeit vor Luftangriffen zu schützen. Im angenommenen Zeitpunkt war das Kräfteverhältnis (10 : 1 für Frankreich) so, daß die französischen Verbände nicht niederzuhalten waren. Es ergab sich, daß die Stärke der Luftwaffe im Frühjahr 1936, also zur Zeit der Rheinlandbesetzung, in keiner Weise ausreichen würde, einen Luftkrieg gegen Frankreich und die Tschechoslowakei auch nur mit der geringsten Aussicht auf Erfolg zu führen.

Die deutsche politische und militärische Führung glaubte bis 1938, mit einer Luftwaffe auskommen zu können, die mit einer großen Zahl von mittleren Bombern und Sturzkampfflugzeugen sowohl einen selbständigen Kampf der Luftwaffe gegen die Luftstreitkräfte und das Kriegspotential möglicher mitteleuropäischer Gegner zu führen wie auch Heeresoperationen zu unterstützen imstande war. Das Programm des Auf- und Ausbaues der Luftwaffe unter diesen Aspekten kann nur verstanden werden, wenn man eine Lagebeurteilung voraussetzt, die weder den Luftkrieg gegen Großbritannien noch eine militärische Auseinandersetzung mit der Sowjetunion berücksichtigte. Die Luftverteidigung über dem Reichsgebiet oblag der Flakartillerie und den Jagdfliegerverbänden; letztere waren zahlenmäßig wesentlich schwächer als die Luftangriffsverbände.

2. Organisatorische Entwicklung

a. Führung

Reichsluftfahrtministerium

Nach dem Wehrgesetz vom 21. Mai 1935 führte Göring ab 1. Juni 1935 den Titel: „Reichsminister der Luftfahrt und Oberbefehlshaber der Luftwaffe“. Sein

Staatssekretär blieb Milch, seit dem 1. April 1936 General der Flieger. Er vertrat Göring nicht nur in dessen Abwesenheit, sondern war der ständige Stellvertreter des Ministers und Oberbefehlshabers, bis zum 31. Mai 1937 auch gegenüber dem Chef des Luftwaffenkommandoamtes.

Unter dem Minister standen die Ämter: Zentralabteilung (ZA), Luftkommandoamt (LA), Allgemeines Luftamt (LB), Technisches Amt (LC), Luftwaffenverwaltungsamt (LD), Luftwaffenpersonalamt (LP), das Amt des Luftzeugmeisters (LZM) bzw. ab 1. August 1936 das Nachschubamt (LE), zu dem der Stab des Luftzeugmeisters und die Nachschubabteilung des Luftkommandoamtes getreten waren. Am 1. Juni 1937 wurde die Stelle eines „Generals der Luftwaffe beim Oberbefehlshaber des Heeres" eingerichtet, der Göring unmittelbar unterstand. Am 1. Dezember 1937 wurde noch ein Ministeramt gebildet.

Chef des Luftkommandoamtes war seit Oktober 1933 der spätere Generalleutnant Wever; Nachfolger wurde am 9. Juni 1936 Generalleutnant Kesselring, dessen Nachfolge trat am 1. Juni 1937 Generalmajor Stumpff an. Ende Januar 1939 wurde Oberst Jeschonnek Generalstabschef. Am 2. Juni 1937 wurde das Luftkommandoamt umgegliedert und in Generalstab der Luftwaffe mit einem Chef des Generalstabs an der Spitze umbenannt – Bezeichnungen, die inoffiziell bereits vorher üblich waren.

Albert Kesselring (30. November 1885 – 15. Juli 1960): 20. Juli 1904 Fahnenjunker im 2. bayerischen Fußartillerieregiment; 8. März 1906 Leutnant; 1908–1910 zur Artillerie- und Ingenieurschule kommandiert; 25. Oktober 1913 Oberleutnant; im Ersten Weltkrieg Adjutant und Generalstabsoffizier; 19. Mai 1916 Hauptmann; in der Reichswehr Batteriechef; ab 1. Oktober 1922 im Reichswehrministerium; 1. Februar 1925 Major; ab 1. April 1929 im Stab der 7. und 3. Division; 1. Februar 1930 Oberstleutnant; ab 1. August 1930 im Reichswehrministerium/Personalgruppe; 1. Februar 1932 Artillerie-Abteilungskommandeur; 1. Oktober 1932 Oberst; 30. September 1933 Übertritt in den Dienstbereich des Reichsministers der Luftfahrt; 1. Oktober 1933 Chef des Luftwaffenverwaltungsamtes (LD); 1. Oktober 1934 Generalmajor; 1. April 1936 Generalleutnant; 9. Juni 1936 Chef des Luftkommandoamtes (Generalstab der Luftwaffe); 1. Juni 1937 General der Flieger, Kommandierender General und Befehlshaber im Luftkreis III; 1. Februar 1939 Chef der Luftflotte 1 und Befehlshaber Ost. Polenfeldzug. 30. September 1939 Ritterkreuz des Eisernen Kreuzes; 12. Januar 1940 Chef der Luftflotte 2 und Befehlshaber Nord. Westfeldzug. 19. Juli 1940 zum Generalfeldmarschall befördert (Dienstgrad Generaloberst übersprungen). Ostfeldzug. 2. Dezember 1941 Oberbefehlshaber Süd unter Beibehaltung der Dienststellung des Chefs der Luftflotte 2; 25. Februar 1942 Eichenlaub zum Ritterkreuz; 18. Juli 1942 Eichenlaub mit Schwertern zum Ritterkreuz; 26. Februar 1943 von der Dienststellung als Chef der Luftflotte 2 entbunden unter Beibehalt der Stellung als OB Süd; 21. November 1943 Oberbefehlshaber Südwest (Umbenennung) und Oberbefehlshaber Heeresgruppe C; 19. Juli 1944 Brillanten zum Ritterkreuz des Eisernen Kreuzes mit Eichenlaub und Schwertern; 10. März 1945 Oberbefehlshaber West; 2. Mai 1945 Oberbefehlshaber Süd; 6. Mai 1947 zum Tode verurteilt (später in Haft umgewandelt); 23. Oktober 1952 wegen schwerer Krankheit begnadigt und in Freiheit gesetzt.

Hans-Jürgen Stumpff (15. Juni 1889 – 9. März 1968): 1907 Fahnenjunker im Infanterieregiment Nr. 12; 18. November 1908 Leutnant (Patent 18. November 1906); 24. Dezember 1914 Oberleutnant; im Ersten Weltkrieg Regiments- und Brigadeadjutant, Generalstabsoffizier in Divisions-, Korps- und Armeestäben; 18. August 1916 Hauptmann; 1. Oktober 1919 Reichswehrministerium; 1. April 1924 Kompaniechef; 1. Oktober 1926 Generalstabsoffizier; 1. Februar 1927 Adjutant beim Chef der Heeresleitung; 1. Juli 1927 Major; 1. Februar 1929 im Reichswehrministerium/Personalgruppe; 1. Oktober 1931 Oberstleutnant; 1. Oktober 1932 Abteilungschef und 13. Juni 1933 Amtschef z. b. V. im Reichswehrministerium; 1. Juli 1933 Chef des Personalamtes im Reichsluftfahrtministerium; 1. April 1934 Oberst; 1. April 1936 Generalmajor; 1. Juni 1937 Chef des Generalstabes der Luftwaffe; 1. August 1937 Generalleutnant; 1. November 1938 General der Flieger; 1. Februar 1939 Chef der Luftwehr; 12. Januar 1940 Chef der Luftflotte 1; 8. Mai 1940 Chef der Luftflotte 5 (Norwegen); 19. Juli 1940 Generaloberst; 6. Januar 1944 Luftwaffenbefehlshaber Mitte; 9. Februar 1944 Chef/Oberbefehlshaber der Luftflotte Reich (Umbenennung); bis Kriegsende verantwortlich für die Heimatluftverteidigung. Von militärgerichtlicher Anklage 1947 freigesprochen.

Hans Jeschonnek (9. April 1899 – 18. August 1943): Kadettenkorps; 10. August 1914 Fähnrich im Infanterieregiment Nr. 50; 26. September 1914 Leutnant im Alter von 15 (!) Jahren (vorl. ohne Patent; am 1. Juli 1922 Rangdienstalter als Leutnant vom 9. April 1916 erhalten); 30. August 1917 zur Fliegertruppe versetzt; 2 Luftsiege; nach Kriegsende im Grenzschutz, dann von der Reichswehr übernommen; 1. April 1925 Oberleutnant; 1928 Generalstabsausbildung (Lehrgangsbester), anschließend bei der Inspektion der Luftwaffe im Reichswehrministerium; 1. Juni 1932 Hauptmann; 31. August 1933 Übertritt in den Dienstbereich des Reichsministers der Luftfahrt; Führerstabsoffizier bei Staatssekretär Milch; Verbindungsoffizier zum Reichswehrministerium; ab 1. Oktober 1934 zur Fliegerschule Neuruppin und Kampffliegerschule Lechfeld kommandiert; 1. April 1935 Major; 1. Juli 1935 Staffelkapitän in der Lehrgruppe Greifswald; 16. März 1936 Kommandeur der Fliegergruppe Greifswald und Kommandant des dortigen Fliegerhorstes; 1. April 1936 Kommandeur im Kampfgeschwader Nr. 152; 1. Juli 1936 Kommandeur der Lehrgruppe; 1. Oktober 1936 Kommodore des Lehrgeschwaders Greifswald; 1. April 1937 Oberstleutnant; 1. Oktober 1937 Chef der 1. Abteilung des Generalstabes der Luftwaffe; 1. Februar 1938 Chef des Führungsstabes des Generalstabes der Luftwaffe; 1. November 1938 Oberst; 1. Februar 1939 Chef des Generalstabes der Luftwaffe, zugleich Chef des Führungsstabes; 15. August 1939 Generalmajor; 27. Oktober 1939 Ritterkreuz des Eisernen Kreuzes; 19. Juli 1940 unter Überspringen des Dienstgrades Generalleutnant General der Flieger; 1. März 1942 Generaloberst. Nach Stalingrad und den Luftangriffen auf Hamburg vom Juli 1943 wählte er, in Anerkennung der Aussichtslosigkeit der Lage, den Freitod.

Nach der Enttarnung traten zu den alten Generalstabsabteilungen Führung, Organisation und Ausbildung neue hinzu: Oberquartiermeister, Fremde Luftmächte und Sanitätswesen. Als „Führungsstab der Luftwaffe" wurden folgende Abteilungen zusammengefaßt: Führung, Oberquartiermeister, Nachrichtenverbindungswesen, Fremde Luftmächte.

Zum 1. Februar 1938 wurde das Ministerium neu gegliedert. In unmittelbarer Unterstellung unter den Minister und Oberbefehlshaber befanden sich nun neben dem Staatssekretär der Luftfahrt die Chefs des Generalstabs, der Luftwehr, des Technischen Amts, des Ministeramts, des Personalamts, der Zentralabteilung sowie der Generalinspekteur der Luftwaffe und der General der Luftwaffe beim Oberbefehlshaber des Heeres. Diese Offiziere hatten direktes Vortragsrecht bei Göring, waren aber gehalten, vor jedem Vortrag dem Staatssekretär entsprechend vorzutragen. Dem Chef der Luftwehr wurden das Allgemeine Luftamt, das Luftwaffenverwaltungsamt und das Nachschubamt unterstellt.

Zum selben Termin erfuhr auch der Generalstab eine Umgliederung. Unmittelbar unter dem Chef stand nun der Generalquartiermeister, der gleichzeitig der ständige Stellvertreter des Chefs war. Neben ihm auf gleicher Ebene wurden drei Stäbe geschaffen, denen jeweils zwei Abteilungen zugewiesen wurden: der Führungsstab mit der 1. und 5. Abteilung (Operation und Fremde Luftmächte) und dazu die Gruppe Kartenwesen; der Organisationsstab mit der 2. und 4. Abteilung (Organisation und Stärke- und Ausrüstungsnachweisungen); der Ausbildungsstab mit der 3. und 6. Abteilung (Ausbildung und Kriegswissenschaft). Ebenfalls dem Generalstabschef unmittelbar unterstellt waren noch der Chef des Nachrichtenverbindungswesens und der Chef des Sanitätswesens. Dieser war ursprünglich aus der Abteilung Sanitätswesen des Luftkommandoamtes hervorgegangen, die 1937 in eine Inspektion des Sanitätswesens umgewandelt worden war; nun zum 1. Februar 1938 wurde daraus eine selbständige Abteilung.

Als nachgeordnete Dienststellen im Generalstab galten die Inspektionen. Die Inspekteure hatten die Aufgabe, Taktik und Technik ihrer Waffengattungen zu fördern, Ausbildungs- und Einsatzvorschriften herauszugeben sowie an der Entwicklung und Erprobung neuer Geräte mitzuwirken. Sie waren Fachberater des Chefs des Generalstabs. Für die einzelnen Sparten wurden entsprechende Inspektionen eingerichtet. Bei der am 1. Februar 1938 durchgeführten Umorganisation des Ministeriums hatte man für die Inspektionen eine besondere Lösung gefunden: Dem neu geschaffenen Generalinspekteur wurden die einzelnen Inspekteure unterstellt, während die Inspektionen weiterhin als Dienststellen des Generalstabes angesehen wurden. Ab 1. Februar 1938 führten sie folgende Bezeichnungen:

L In 1 = Inspektion der Aufklärungsflieger und des Luftbildwesens
L In 2 = Inspektion der Kampfflieger
L In 3 = Inspektion der Jagdflieger
L In 4 = Inspektion der Flakartillerie
L In 5 = Inspektion für Flugsicherheit und Gerät
L In 6 = Inspektion des Kraftfahrwesens
L In 7 = Inspektion des Nachrichtenverbindungswesens
L In 8 = Inspektion der Seeflieger
L In 9 = Inspektion der Flugzeugführerschulen
L In 10 = Inspektion des Erziehungs- u. Bildungswesens der Luftwaffe
L In 11 = Inspektion der Fallschirm- u. Luftlandetruppen (ab Sommer 1938)

Die Inspektion für Flugsicherheit und Gerät war im Februar 1936 entstanden; sie war die oberste Gutachterstelle des Ministeriums für den Flugbetrieb der zivilen und militärischen Luftfahrt; in ihr waren die Stäbe des Fliegergerätinspizienten und der Unfalluntersuchungsstelle für die Luftfahrt vereinigt, diese war ursprünglich ein Bestandteil der Deutschen Versuchsanstalt für Luftfahrt gewesen.

Leiter des Technischen Amtes war seit dem 9. Juni 1936 Oberst Udet.

Ernst Udet (26. April 1896 – 17. November 1941): 1914 Kriegsfreiwilliger, Feldpilotenausbildung; August 1915 Gefreiter, Jagdflieger in der Jagdstaffel 15 im Westen; 1916 Leutnant d. R.; ab April 1917 nacheinander Führer der Jagdstaffeln 11 und 37, ab März 1918 der Jagdstaffel 4 (Jagdgeschwader Richthofen); 9. April 1918 Pour le mérite; mit 62 Luftsiegen zweiterfolgreichster deutscher Jagdflieger des Ersten Weltkrieges; 14. September 1918 Oberleutnant d. R.; 1920 entlassen. Technischer Leiter der „Udet-Flugzeugbau G.m.b.H." in München, später Augsburg. Erfolgreicher Sport- und Kunstflieger von internationalem Ruf, fliegerische Mitwirkung bei Filmen und Expeditionen; Sieger in zahlreichen internationalen Flugwettbewerben; 1. Juni 1935 als Oberst in die Luftwaffe eingetreten; 1. Oktober 1935 Inspekteur der Jagd- und Sturzkampfflieger; 9. Juni 1936 im Reichsluftfahrtministerium Chef des Technischen Amtes; 1. April 1937 Generalmajor; 1. November 1938 Generalleutnant; 1. Februar 1939 Generalluftzeugmeister unter Beibehalt der bisherigen Dienststellung; 1. April 1940 General der Flieger; 4. Juli 1940 Ritterkreuz des Eisernen Kreuzes; 19. Juli 1940 Generaloberst. Angesichts der auf ihn einstürmenden Schwierigkeiten in der Luftrüstung und wohl in der Einsicht, ihnen nicht gewachsen zu sein, nahm sich Udet das Leben.

Im Mai 1938 wurden im Technischen Amt die bisherigen Abteilungen Forschung, Entwicklung und Beschaffung aufgelöst und eine vielgliedrige Organisationsform mit 13 Abteilungen geschaffen, die alle unmittelbar dem Amtschef unterstellt waren.

LC 1 = Technische Planung
LC 2 = Wehrwirtschaft
LC 3 = Fertigung und Vorschriften
LC 4 = Prüfung
LC 5 = Forschung
LC 6 = Haushalt
LC 7 = Flugzeugzellen
LC 8 = Triebwerke
LC 9 = Nachrichten- und Navigationsgeräte
LC 10 = Ausrüstung
LC 11 = Schußwaffen
LC 12 = Abwurfwaffen
LC 13 = Bodengerät

Das hervorstechendste Merkmal in der Führungsspitze des Ministeriums waren die Rivalität und die ständigen Reibungen zwischen dem Staatssekretär und den Generalstabschefs. Seit der Enttarnung war der Staatssekretär der ständige Stellvertreter des Ministers und Oberbefehlshabers; damit war er Vorgesetzter sämtlicher Amtschefs, also auch des Chefs des Luftkommandoamtes. Nach Wevers Tod spitzte sich das Verhältnis zu, bis Kesselring sein Amt zur Verfügung stellte. Mit dem Amtsantritt von Stumpff änderte sich das Unterstellungsverhältnis, indem Stumpff als Generalstabschef unmittelbar dem Oberbefehlshaber, also Göring, unterstand, während Milch nur noch bei Abwesenheit Görings die Stellvertretung ausübte und nicht kraft seines Amtes dauernd. Neben dem Staatssekretär, dem die übrigen Abteilungen des Ministeriums weiterhin unterstanden, befanden sich nun der Chef des Generalstabes und der General der Luftwaffe beim Oberbefehlshaber des Heeres auf gleicher Ebene.

Mit der Neugliederung des Ministeriums vom 1. Februar 1938 wurde der Machtzuwachs des Generalstabschefs manifestiert: er sollte der erste Berater des Oberbefehlshabers in allen Fragen der Einsatzbereitschaft, Führung, Organisation und Ausbildung sein. In entsprechenden Fragen mußte er allerdings wie alle anderen für ihre Person mit Vortragsrecht Göring unmittelbar unterstellten Offiziere des Ministeriums (s. o. S. 530) dem Staatssekretär der Luftfahrt als dem Vertreter Görings vorher Vortrag halten. Zudem unterstanden die Inspekteure für ihre Person zwar dem Generalinspekteur, die Inspektionen waren jedoch auch nachgeordnete Dienststellen des Generalstabes der Luftwaffe. Damit vergrößerten sich die Reibungsflächen innerhalb des Ministeriums, denn bereits von der Organisation her ergaben sich Anlässe zu Kompetenzstreitigkeiten zwischen dem Staatssekretär und dem Generalstabschef.

Kommandos

Nach der Enttarnung wurden die Kommandos der 1. Fliegerdivision und der Heeresflieger aufgelöst. Ab 1. April 1935 unterstanden die Verbände der Fliegertruppe, der Flakartillerie und die Einheiten der Luftnachrichtentruppe den örtlich zuständigen Luftkreiskommandos, die in territorialer Anlehnung an die Wehrkreiskommandos des Heeres gebildet wurden. Sie wurden zu taktischen Befehlsstellen und von „Befehlshabern im Luftkreis" geführt. Diese waren unmittelbar dem Oberbefehlshaber der Luftwaffe nachgeordnet und waren Truppenvorgesetzte aller Kommandostellen, Verbände, Einheiten und Schulen in ihrem Bereich. Jedem Befehlshaber wurden ein Höherer Kommandeur der Flieger und der Flakartillerie unterstellt. Am 4. Februar 1938 wurden die Luftkreiskommandos im Zusammenhang mit der Umgliederung der gesamten Luftwaffenorganisation aufgelöst. Damit hatte sich die Luftwaffe von der bisherigen territorialen Angleichung an das Heer gelöst.

Als neue territoriale Aufgliederung wurden Luftwaffengruppenkommandos und Luftwaffenkommandos geschaffen. Es entstanden das Luftwaffengruppenkommando 1 (Ost) in Berlin, das Luftwaffengruppenkommando 2 (West) in Braunschweig, das Luftwaffengruppenkommando 3 (Süd) in München, das Luftwaffenkommando Ostpreußen in Königsberg und das Luftwaffenkommando See in Kiel. Nach der Angliederung Österreichs an das Deutsche Reich wurde das Luftwaffenkommando Ostmark in Wien eingerichtet, es umfaßte das ehemalige österreichische Staatsgebiet. Sowohl die Luftwaffengruppenkommandos wie auch die Luftwaffenkommandos wurden von einem „Kommandierenden General und Befehlshaber" befehligt.

Jede Luftwaffengruppe stellte eine vollständige Luftwaffe in verkleinerter Ausgabe dar, jeweils auf etwa einem Drittel des Reichsgebiets zusammengefaßt mit fliegenden Verbänden, Flakartillerie, Luftnachrichteneinheiten, Fliegerbodenorganisation und Nachschubeinrichtungen sowie mit dem Ausbildungs- und Ersatzwesen. Die Luftwaffenkommandos an der See, im Nordosten und Südosten des

Reichsgebiets waren verkleinerte Luftwaffengruppen, ebenfalls mit allen Kommandobehörden und Verbänden. Diese Organisation entsprach der für den Mobilmachungsfall vorgesehenen Zusammenarbeit der einzelnen Luftwaffengruppen mit den entsprechenden Heeresgruppen zur mittelbaren und unmittelbaren Unterstützung der Heeresoperationen.

Im Sommer und Herbst 1938 wurde die im Februar begonnene Umorganisation abgeschlossen, nun wurde die Frontorganisation vollständig von der Bodenorganisation und der Heimatluftverteidigungsorganisation getrennt. Für den einen Zweck wurden Fliegerdivisionen geschaffen, die organisatorisch von der umfangreichen Bodenorganisation getrennt wurden und somit leicht beweglich und schnell verlegbar waren. Den andern Zwecken dienten Luftgaukommandos, die die Bodenorganisation für die Fliegerdivisionen stellten und gleichzeitig über Verbände und Einrichtungen zur Heimatluftverteidigung verfügten. Beide, Fliegerdivisionen wie Luftgaukommandos, unterstanden den jeweiligen Luftwaffengruppenkommandos.

Die Kommandos der Fliegerdivisionen 1 bis 5 wurden aus den bisherigen Höheren Kommandeuren der Flieger gebildet, sie befanden sich in Berlin, Dresden, Münster, Braunschweig und München; im Februar 1939 kam noch die 6. Fliegerdivision in Frankfurt am Main hinzu. Außerdem bestand noch die Luftwaffenlehrdivision, in der die einzelnen Lehrtruppen der verschiedenen Waffengattungen und Verbandsarten zusammengefaßt waren. Die Fliegerdivisionen waren als etwa gleich starke Großverbände gedacht. Ihnen sollten jeweils eine Fernaufklärungsstaffel, zwei bis drei Kampfgeschwader, ein Zerstörergeschwader (Begleitjäger), ein Sturzkampfgeschwader und eine Luftnachrichtenabteilung unterstellt werden.

Außer diesen Fliegerdivisionen mit fliegenden Verbänden gab es noch eine weitere, die 7. Fliegerdivision; unter ihrem Kommando waren die Fallschirmtruppen vereinigt mit dem dazugehörigen Transportverband, der Kampfgruppe zbV 1. Der Divisionskommandeur wurde gleichzeitig Inspekteur der Inspektion der Fallschirm- und Luftlandetruppen (L In 11) im Ministerium. Der 7. Fliegerdivision wurden später ein Luftlanderegiment des Heeres und ein Heeresfallschirminfanteriebataillon taktisch, also nur einsatzmäßig, unterstellt.

Der Ausbau der Territorialorganisation der Luftwaffe war ursprünglich nur für den Mobilmachungsfall vorgesehen, nach der Enttarnung wurden jedoch Luftgaukommandos eingerichtet; sie sollten als Befehlsstellen der Fliegerbodenorganisation zur Entlastung der Luftkreiskommandos dienen. Sie entwickelten sich zu territorialen Kommandobehörden mit umfassenden Befugnissen und rückten ab Sommer 1938 in den Rang von Führungsstäben der Luftverteidigung auf. Die Luftgaue trugen zur Bezeichnung nunmehr römische Ziffern.

Im August 1938 bestanden folgende Luftgaukommandos:

I	Königsberg	VII	München	XIII	Nürnberg
III	Berlin	VIII	Breslau	XVII	Wien
IV	Dresden	XI	Hannover		
VI	Münster	XII	Wiesbaden		

Ihnen waren in unterschiedlichem Umfang Jagd- und Flakverbände unterstellt, außerdem die zur Führung in der Luftverteidigung und Bodenorganisation erforderlichen Luftnachrichteneinheiten.

In den Ballungsgebieten um die Reichshauptstadt, an Rhein und Ruhr, in Mitteldeutschland wie auch an einigen Küstenabschnitten, sowie am Zusammenfluß von Rhein und Main wurden zur Führung der Luftverteidigungskräfte im Sommer 1938 Luftverteidigungskommandos geschaffen, die aus den Stäben der bisherigen Höheren Kommandeure der Flakartillerie in den früheren Luftkreisen hervorgingen.

Durch die Unterstellung der Jäger- und Flakartillerieverbände unter die Luftgaukommandos und deren Unterstellung unter die Luftwaffengruppenkommandos war die Heimatluftverteidigung territorial aufgesplittert. Eine einheitliche Zusammenfassung an der Spitze fehlte. Als zusätzliches Moment der Aufteilung in der Führungsverantwortlichkeit blieb weiterhin die der Kriegsmarine zugebilligte Verantwortlichkeit für die Verteidigung ihrer Stützpunkte gegen Luftangriffe bestehen.

Zusammenarbeit der Luftwaffe mit dem Heer

An dem grundsätzlichen Einverständnis des Heeres mit der Verselbständigung der Luftwaffe änderte sich nichts mehr. Mit der Errichtung der Dienststelle des „Generals der Luftwaffe beim Oberbefehlshaber des Heeres" im Sommer 1937 wurde eine verantwortliche Befehlsstelle geschaffen, die gleichzeitig das Verbindungsorgan der Luftwaffenführung zum Oberkommando des Heeres darstellte. Die dort tätigen Offiziere stammten aus dem Heeresgeneralstabsdienst und waren bemüht, beiden Seiten gerechtzuwerden.

Der Grundsatz, daß der Armeeführer zwar den Auftrag erteilen würde, wenn eine Unterstützung durch die Luftwaffe erforderlich werden sollte, daß aber der Kommandierende General der Luftwaffe über Art und Umfang der durchzuführenden Luftwaffenoperationen allein verantwortlich entscheiden würde, fand bei den Heeresoffizieren weitgehend keine Anerkennung. In taktischer Hinsicht wurde von vielen Heeresoffizieren bei Kriegsspielen oft der Wunsch geäußert, die Luftwaffe solle auf dem Schlachtfeld eingesetzt werden und hierfür jeder Armee ein Kampfgeschwader unterstellt werden. Das Heer mußte es jedoch unter Berücksichtigung des Gesamtkriegsbildes hinnehmen, daß die Kampffliegerverbände zuerst für die Vernichtung der feindlichen Luftstreitkräfte am Boden und für die Ausschaltung der Bodenorganisation, danach für die mittelbare Unterstützung der Heerestruppen durch Zerschlagen der rückwärtigen Verbindungswege, Versorgungszentren und Aufmarschräume und schließlich – falls erforderlich – für eine unmittelbare Unterstützung der Heerestruppen vorgesehen waren.

Zusammenarbeit der Luftwaffe mit der Marine

Der selbständige Wehrmachtteil Luftwaffe war gegen den Willen des Chefs der Marineleitung entstanden, die Marine hatte sich nicht gegen den Reichsminister der Luftfahrt durchsetzen können. Die Seekriegsleitung hat nie ihre Forderung auf ein Mitspracherecht und auf taktische Weisungsbefugnisse in Fragen der Luftkriegführung über See und in Fragen der Küstenverteidigung gegen Luftangriffe von See her aufgegeben. Der Oberbefehlshaber der Luftwaffe war jedoch nie bereit, den Oberbefehl über Teile der Luftwaffe in irgendeiner Form abzutreten. Dagegen bestanden auf der mittleren und unteren Ebene gute menschliche, aber auch dienstliche Beziehungen. Alle Offiziere auf den wesentlichen Stellen des Luftkreises VI (See) bzw. des Luftwaffenkommandos See waren ehemalige Marineoffiziere.

Mobilmachungsmäßig war das taktische Weisungsrecht der Flotte gegenüber den Seefliegerstaffeln festgelegt. Dem Luftkreiskommando VI (See), das am 1. April 1934 getarnt aufgestellt worden war, unterstanden im Februar 1938 in der Masse Aufklärungsstaffeln, dazu einige Mehrzweckstaffeln. Im Küstengebiet verfügte die Marine genauso über Flakverbände wie der Befehlshaber im Luftkreis VI (See). Bei der Umorganisation im Februar 1938 wurden nach Auflösung des Luftkreises VI (See) die Seefliegerkräfte dem neugeschaffenen Luftwaffenkommando See unterstellt, während die Verantwortung für die Seefliegerbodenorganisation und die Küstenluftverteidigung (ohne die „Marinefestungsgebiete“) an die territorial zuständigen Luftgaukommandos überging und damit unter die Zuständigkeit der Luftwaffengruppen 1 und 2 fiel. Der Befehlshaber im Luftkreis VI hatte vorher noch auf die Unzweckmäßigkeit hingewiesen, die Verteidigung der Seefront zwei verschiedenen Befehlshabern zu übertragen, war aber nicht durchgedrungen.

Personelle Besetzung der Spitze

Während der Aufbaujahre konnten einige Persönlichkeiten auf eine ganz ungewöhnliche Karriere zurückblicken, wobei jedoch der Oberbefehlshaber selbst die steilste Karriere durchlief: im April 1936 war Göring Generaloberst und im Februar 1938 Generalfeldmarschall geworden. Auch sein Staatssekretär Milch wurde ähnlich bevorzugt befördert. Nach dem Ersten Weltkrieg als Hauptmann aus der alten Armee entlassen, war ihm ab 1933 unter völliger Abkehr von der üblichen Regelung unter Überspringen mehrerer Dienstgrade in rascher Folge der Charakter eines Oberst bzw. Generalmajors und Generalleutnants verliehen worden. Im April 1936 wurde er dann wieder als Offizier bei gleichzeitiger Beförderung zum General der Flieger eingestellt. Im November 1938 folgte dann die Ernennung zum Generaloberst. Göring und Milch waren damit die ranghöchsten Offiziere der Luftwaffe. Bis in das Jahr 1936 hinein hatte Göring über persönliche Eingriffe die Führung der Luftwaffe von Fall zu Fall ausgeübt, obwohl er vielfältig durch Partei- und Staatsämter beansprucht war. Danach vernachlässigte er die Geschäfte als Reichsminister und Oberbefehlshaber immer mehr. Je mehr Göring sich den Geschäften entzog, um so mehr mußte die Person des Staatssekretärs Milch in den Vordergrund treten, der Organisationstalent mit einem ungewöhnlichen Arbeitseifer verband. Er galt als rücksichtslos, man sah in ihm den Mann der Partei, ihm wurde ein unmittelbarer Kontakt zu Hitler nachgesagt. Allmählich kam es dazu, daß er tatsächlich die Angelegenheiten der Luftwaffe leitete. Das jedoch führte zu Spannungen mit Göring selbst, der eifersüchtig auf die Respektierung seiner Stellung achtete, aber auch mit dem Generalstab und der Generalität, die in Milch vornehmlich den Manager und „Zivilisten" und nicht den Vertreter des Oberbefehlshabers der Luftwaffe anerkennen wollten, dessen Stellung er bei Görings häufiger Abwesenheit oder Uninteressiertheit tatsächlich ausfüllte. Diese Reibungen in der Führungsspitze bestimmten die Situation im Ministerium und damit auch in der Luftwaffe.

Einen ebenso außerordentlichen Aufstieg in der Hierarchie erlebte Udet, der 1918 Staffelführer in Görings Jagdgeschwader gewesen und mit ihm freundschaftlich verbunden war. Sein gesamter Werdegang ist ohne sein Verhältnis zu Göring und ohne seine Volkstümlichkeit nicht zu erklären. Als er im Juni 1936 zum Leiter des Technischen Amtes ernannt wurde, brachte er wohl eine reiche fliegerische Erfahrung und großes fliegertechnisches Wissen mit, nicht aber die Fähigkeit zur straffen Führung einer selbstbewußten Flugzeugindustrie und zur Steuerung der nun beginnenden Massenproduktion von Flugzeugen. Als im Februar 1938 das Ministerium neu gegliedert wurde, unterstellte Göring ihn sich unmittelbar als Chef des Technischen Amtes; aber dieses Amt mit seinen nun 13 Abteilungen, einer großen Zahl selbständiger Unterchefs, die nebeneinander ihre Ressorts leiteten, war auf einen Amtschef zugeschnitten, der die Übersicht über den gesamten Apparat besitzen, mit allen Vorhaben vertraut sein und stetig und fest seinen Befehlsbereich führen mußte. Solch ein Mann war Udet jedoch nicht. Nur mit großer Arbeitsenergie hätte er dieser Organisationsform genügen können, bei der ein Führungsvakuum ein Gegeneinander innerhalb des Amtes heraufbeschwor. Durch die direkte Unterstellung unter Göring war die Technik der Einflußnahme des Staatssekretärs entzogen; das bisher gute Verhältnis Udets zu Milch kühlte sich ab. Am 1. Februar 1939 wurde Udet zum Generalluftzeugmeister ernannt; damit waren ihm nicht nur die Entwicklung und Erprobung des Geräts und der Waffen anvertraut, sondern auch Beschaffung und Versorgung. Der Bedeutung nach war dies mindestens das zweitwichtigste Amt in der ganzen Luftwaffe. Es war das Verhängnis von Udet, daß er sich gegen seinen Willen und im Widerspruch zu seinen reichen Fähigkeiten und großen Gaben – im Grunde war er eine Künstlernatur – auf einen Platz stellen ließ, den nur ein in Technik und Wirtschaft besonders erfahrener Fachmann voll hätte ausfüllen können.

Fliegertruppe und Fallschirmtruppe

Nach Fortfall der Tarnbestimmungen konnte die Aufstellung neuer Verbände viel schneller und intensiver vorgenommen werden. Bereits vorhandene Verbände gaben Personal ab, das nun die Aufstellungskader für neue Formationen bildete, ein Verfahren, das unter dem Stichwort „Mutterverband-Tochterverbände" lief. Erst 1938 fand diese Zellteilungsmethode einen gewissen Abschluß, was bedeutete, daß die Truppe bis dahin, also mehrere Jahre lang, nicht zur Ruhe kam und sich innerlich nicht festigen konnte.

Im März 1935 waren etwa 20 Staffeln vorhanden, von denen 16 als einsatzbereit angesehen werden konnten; Ende 1936 waren 109, einschließlich der Kurier- und Schleppstaffeln, einsatzbereit; Ende 1937 waren es 214 und Ende 1938 243.

Die zu diesem Zeitpunkt vorhandenen Staffeln gliederten sich wie folgt auf:

13	Aufklärungsgruppenstäbe	mit	20 H-Staffeln (H = Heer „Nahaufklärung")
		und	19 F-Staffeln (Fernaufklärer)
5	Jagdgeschwaderstäbe	mit	23 Jagdgruppen
14	Kampfgeschwaderstäbe	mit	30 Kampfgruppen
2	Sturzkampfgeschwaderstäbe	mit	9 Sturzkampfgruppen
5	Seefliegergruppenstäbe	mit	8 Mehrzweckstaffeln
		und	6 Aufklärungsstaffeln
		und	2 Flugzeugträgerstaffeln
		und	2 Bordfliegerstaffeln.

Die Geschwaderstäbe waren auf Regiments-, die Gruppenstäbe auf Bataillons- und die Staffeln auf Kompanieebene eingeordnet. Gliederungsmäßig sollte ein Geschwader über drei Gruppen, eine Gruppe über drei Staffeln und eine Staffel über neun Flugzeuge verfügen. Die Stärke eines Geschwaders belief sich somit auf 81 Einsatzflugzeuge, zu denen noch einige Flugzeuge der Stabsschwärme hinzukamen. Diese Regelung galt für alle Verbände der Fliegertruppe einheitlich, also sowohl für Jagd- wie Kampfflieger usw., mit der Einschränkung, daß es bei den Aufklärungs- und Seefliegern keine Geschwaderstäbe gab. (Für die Aufklärerverbände wurden erst im Jahre 1939 vorübergehend Geschwaderstäbe aufgestellt; s. S. 570.)

Von dieser „Norm"-Gliederung mußte aber in den Aufbaujahren meist abgewichen werden. Meist waren nicht alle Gruppen eines Geschwaders aufgestellt; die vorhandenen verfügten in der Regel über die normale Gliederung. Verschiedentlich waren die Geschwaderstäbe noch nicht vorhanden; in diesen Fällen waren die Gruppen anderweitig unterstellt.

Eine Kampfgruppe wurde mit Ju 52-Maschinen ausgerüstet und bildete den Fluggerätepark einer Lufttransportgruppe. Die Gruppe war auf Zusammenarbeit mit dem ersten Bataillon der im Entstehen begriffenen Fallschirmtruppe angewiesen. Weitere Transportgruppen wurden aufgestellt, jedoch wurde ihre Zahl nach der Sudetenkrise auf zwei verringert, sie erhielten die Bezeichnung „Kampfgruppen zbV" 1 und 2.

Das erste Fallschirmjägerbataillon wurde 1935 innerhalb des Regiments „General Göring“ aufgebaut. Auch das Heer begann 1936 mit der Aufstellung von Fallschirmeinheiten, die bis zur Stärke eines Bataillons anwuchsen, dann aber Anfang 1939 von der Luftwaffe übernommen wurden; aus diesen Teilen beider Streitkräfte entstand das Fallschirmjägerregiment 1.

Ein 1936 gegründeter Lehrverband hatte die Aufgabe, die taktische Zusammenarbeit der einzelnen Verbandsarten innerhalb der Fliegertruppe zu erproben. Er wurde zu einem Geschwader ausgebaut und bestand 1937 aus einer Kampf-, einer Sturzkampf-, einer schweren Jagd- und einer Aufklärungsgruppe. Außer diesem Lehrgeschwader wurden ein Flaklehrregiment und eine Luftnachrichtenlehrabteilung am 1. April 1937 dem Höheren Kommandeur der Lehrtruppen der Luftwaffe unterstellt, am 1. Juli 1938 entstand daraus das Kommando der Luftwaffenlehrdivision, dem auch noch ein zweites Geschwader mit drei Lehrgruppen, darunter eine Schlachtfliegerlehrgruppe, unterstellt wurde. Danach war das Lehrgeschwader 1 der Erprobungsverband für die Kampfflieger (Luftangriff), das Lehrgeschwader 2 der Erprobungsverband für die Jagd- und Schlachtflieger (Luftverteidigung und taktische Heeresunterstützung). Eine wichtige Aufgabe der Lehrgeschwader war die Erprobung von Maßnahmen, die auf eine größere Mobilität der Verbände zielten. Bis 1936 mußten sich die fliegenden Verbände ausschließlich auf ihre Fliegerhorste stützen. Bei den Herbstmanövern 1936 war versucht worden, ganze Verbände auf vorbereiteten Acker- und Wiesenflächen unterzubringen; die Ergebnisse waren unbefriedigend. Daraufhin wurde ein Netz feldmäßiger Einsatzhäfen (E-Häfen) aufgebaut, die im Kriegsfall als Ausweich- und Absprungplätze vorgesehen waren. Der Bauindustrie war es aber nicht möglich, die Vorhaben im geforderten Umfang zu verwirklichen.

Bereits 1937 wurden die Vorbereitungen zur Aufstellung von Flughafenbetriebskompanien aufgenommen. Sie sollten einer fliegenden Gruppe auf ihrem jeweiligen Einsatzhafen zur Verfügung stehen, um die laufende Wartung der Flugzeuge zu übernehmen. Jede Flughafenbetriebskompanie gliederte sich in einen Werftzug und drei technische Betriebszüge. Damit war der fliegende Teil der Verbände auch organisatorisch von dem schwerfälligeren, der technischen Betreuung dienenden Teil gelöst worden.

Die Fliegertruppe konnte ohne eine qualifizierte Mittelschicht nicht auskommen, die den hohen technischen Anforderungen zu genügen hatte. Die Personalplanungen waren derart angelegt, daß die Zahl der Unteroffiziere stark steigen mußte. Ein sehr großer Teil der Flugzeugführer, alle Bordfunker und Bordmechaniker waren Unteroffiziere. Ähnlich lagen die Verhältnisse bei der Luftnachrichtentruppe, bei der die Bedienung des komplizierten Gerätes bestens ausgebildete Fachleute erforderte.

Flakartillerie

Die organisatorische Spitze der Flakartillerie bildeten die Höheren Kommandeure der Flakartillerie, deren Dienststellen in den Luftkreisen am 1. November

1935 eingerichtet wurden. Im Luftkreis VI (See) war die entsprechende Dienststelle ursprünglich nicht vorgesehen.

Anläßlich einer Besprechung am 9. April 1935 hatte der Reichswehrminister v. Blomberg entschieden, daß die Marine eigene Flakbatterien behalten und den Küstenluftschutz weiterhin wahrnehmen sollte. Ob bei dieser Entscheidung auch dir Überlegung mitgesprochen hat, das Heer ebenfalls mit eigenen Flakverbänden auszustatten und dafür mit der Marineflak einen Präzedenzfall zu schaffen, mag dahingestellt bleiben. Es verging jedoch kein Jahr, bis sich auch die Luftwaffe in die Luftverteidigung der Küste einschaltete; eine Flakabteilung wurde nach Oldenburg i. O., und eine weitere nach Wismar verlegt. Sie wurden dem Flakkommandeur Kiel unterstellt. Der Grund ist sicherlich darin zu sehen, daß die Kriegsmarine mit ihren im allgemeinen ortsfest eingebauten Flakeinheiten nicht so sehr den allgemeinen Küstenluftschutz übernehmen, sondern ihre Stützpunkte gegen Luftangriffe schützen wollte. Hier kamen insbesondere die großen Kriegshäfen mit ihren Liegeplätzen und Werftanlagen in Frage sowie die Schleusenanlagen des für sie lebenswichtigen Nordostseekanals. Der Schutz anderer im Küstenbereich gelegenen Schutzobjekte dagegen war eher Sache der Flakartillerie der Luftwaffe und aus diesem Grunde erfolgte die erwähnte Aufstellung von Flakabteilungen in Küstengebieten.

Als die Flakartillerie am 18. März 1935 unter den Befehl des Reichsministers der Luftfahrt und Oberbefehlshaber der Luftwaffe trat, verfügte sie über 11 Flakabteilungen, Ende 1935 waren es bereits 18, zu denen noch die Flaklehrabteilung zu zählen war. Am 1. Oktober 1936 erhöhte sich die Zahl infolge erneuter Aufstellungen auf 37 Flakabteilungen (einschließlich einer Flaklehrabteilung), im Herbst 1937 waren dann bereits 52 Flakabteilungen (einschließlich von jetzt 3 Flaklehrabteilungen) vorhanden.

Während der Aufbauzeit waren die Abteilungen nicht immer gleich stark. Im Herbst 1935 waren außer den Stabsbatterien, in denen das Personal der Abteilungsstäbe und der Abteilungsnachrichtenzüge zusammengefaßt war, nur 32 Flakbatterien, eine Scheinwerferbatterie und 12 Scheinwerferzüge vorhanden; es gab also noch keine leichten Flakbatterien. In der Folgezeit wurden die Neuaufstellungen jedoch so durchgeführt, daß die Abteilungen gleichmäßig zusammengesetzt waren. Es gab jetzt schwere und leichte Flakabteilungen. Die schweren Abteilungen umfaßten drei Batterien mit 8,8-cm-Geschützen sowie eine Batterie mit 3,7-cm-Geschützen, eine Scheinwerferbatterie mit 150-cm-Scheinwerfern und eine Stabsbatterie. Dazu verfügte jede Abteilung über eine Ergänzungsbatterie, in der die Ausbildung der Soldaten durchgeführt wurde, die nur für kurze Wehrübungen einberufen worden waren. Die leichten Flakabteilungen gliederten sich in drei Batterien mit 2-cm-Geschützen, eine Scheinwerferbatterie mit 60-cm-Scheinwerfern, einen Nachrichtenzug und ebenfalls eine Ergänzungsbatterie.

Die schweren Abteilungen wurden jeweils als I. Abteilung, die leichten Abteilungen als II. Abteilung eines Flakregiments bezeichnet. Flakregimentsstäbe gab es seit Herbst 1936; bis zum Herbst 1937 waren davon zehn aufgestellt worden;

dazu war noch der Stab des „Regiments General Göring“ zu rechnen, das zwar gemischt zusammengesetzt war, aber als Flakregiment zählte. Auch die Zahl der Höheren Kommandeure der Flakartillerie hatte sich inzwischen von fünf auf sechs erhöht, zu denen noch der Flakkommandeur Kiel zu rechnen war.

Die im Herbst 1937 vorhandenen Flakkräfte waren wie folgt disloziert:

Höherer Kommandeur der Flakartillerie I in Königsberg
mit drei Flakabteilungen
Höherer Kommandeur der Flakartillerie II in Berlin
mit 10 Flakabteilungen unter 3 Regimentsstäben
Höherer Kommandeur der Flakartillerie III in Dresden
mit 10 Flakabteilungen unter 2 Regimentsstäben
Höherer Kommandeur der Flakartillerie IV in Münster
mit 14 Flakabteilungen unter 3 Regimentsstäben
Höherer Kommandeur der Flakartillerie V in München
mit 6 Flakabteilungen unter 1 Regimentsstab
Flakkommandeur Kiel
mit 2 Flakabteilungen
Höherer Kommandeur der Flakartillerie VII in Braunschweig
mit 7 Flakabteilungen unter 2 Regimentsstäben.

Die Standorte der Flakabteilungen waren also so über das Reichsgebiet verteilt, daß sie auch in einem überraschenden Ernstfall ohne großen Zeitverzug den Schutz der wichtigsten Industriegebiete übernehmen konnten.

Als die Forderung erhoben wurde, gleichzeitig auf ein und dasselbe Schutzobjekt durchgeführte Hoch- und Tiefangriffe mit *einer* Flakabteilung abwehren zu können, wurden die Flakabteilungen neu gegliedert. Es gab daher ab 1. Oktober 1938 „Flakabteilungen“, die gemischt zusammengesetzt waren, „leichte Flakabteilungen“ und „Flakscheinwerferabteilungen“. Die Flakabteilungen gliederten sich in drei Batterien zu je vier Geschützen 8,8-cm-Flak und zwei Geschützen 2-cm-Flak, sowie in der Regel zwei Batterien zu je 12 Geschützen 2-cm-Flak und einem Scheinwerferzug 60 cm. Die leichte Flakabteilung umfaßte normalerweise eine Batterie zu neun Geschützen 3,7-cm-Flak und zwei Batterien zu je zwölf Geschützen 2-cm-Flak und einem Scheinwerferzug. Die Flakscheinwerferabteilungen gliederten sich in drei Flakscheinwerferbatterien zu je neun Scheinwerfern 150 cm und sechs Ring-Trichter-Richtungshörern. Teilweise verfügten die Abteilungen auch weiterhin über Ergänzungsbatterien.

Bis zum Jahresende 1938 hatte sich der Umfang der Flakartillerie weiterhin vergrößert, teilweise auch durch die nach dem Anschluß Österreichs vermehrten Schutzaufträge bedingt. Es gab nunmehr

20 Regimentsstäbe
46 (gemischte) Flakabteilungen
14 leichte Flakabteilungen
16 Flakscheinwerferabteilungen
5 (noch nicht voll aufgestellte) Festungsflakabteilungen
24 Flakstammbatterien (die Flakstammbatterien waren Kader für neu aufzustellende Abteilungen; sie lagen in der Regel bereits an den vorgesehenen neuen Standorten).
1 Luftsperrbatterie.

Die Durchnumerierung der Regimenter und Abteilungen wurde nunmehr so gehandhabt, daß die schweren Abteilungen jeweils als I. oder II. Abteilung eines Regiments bezeichnet wurden, während die III. Abteilung immer eine Scheinwerferabteilung war. Die leichten Abteilungen wurden außerhalb der Regimentsnummern durchnumeriert.

Im Zuge der im August 1938 vorgenommenen Neuregelung der Territorialorganisation und der dabei erfolgten Kompetenzzuteilung hinsichtlich der Luftverteidigung an die Luftgaukommandos wurden die Stäbe der Höheren Kommandeure der Flakartillerie aufgelöst. Die Flakregimenter unterstanden nun in Ballungsgebieten den ebenfalls neugeschaffenen Luftverteidigungskommandos, ansonsten den Luftgaukommandos; in Ostpreußen unterstanden die Flakabteilungen dem Luftgaukommando ohne Zwischenschaltung eines Regimentsstabes unmittelbar.

Eine Neuerung in der Kommandostruktur der Flakartillerie hatte sich im Westen des Reichsgebietes ergeben, als dort im Zuge der Errichtung des Westwalls im Sommer 1938 auch mit dem Ausbau der „Luftverteidigungszone West" begonnen wurde. Die dort zunächst im Abschnitt Mosel–Pfälzer Wald in Aufstellung befindlichen Festungsflakverbände wurden dem Befehl des ebenfalls neu eingesetzten „Höheren Kommandeurs der Festungsflakartillerie III" in Wiesbaden unterstellt, der als Divisionsstab eingestuft wurde. Dieser wiederum unterstand zusammen mit den für den Ausbau an den Flügeln verantwortlichen Erkundungsstäben „Schwarzwald" und „Eifel" dem „Kommando der Luftverteidigungszone West", das auf der Ebene eines Korpskommandos eingeordnet war. Die hohe Einstufung beider Stäbe ist in Anbetracht der nur sehr geringen zugeteilten Flakkräfte nicht recht verständlich. Möglicherweise ist sie als Bluff erfolgt, um dem potentiellen Gegner eine stärkere Besetzung der Zone vorzutäuschen, als sie in Wirklichkeit gegeben war.

Eine kleine Sondereinheit innerhalb der Flakartillerie war die Sperrballontruppe. Im Jahre 1935 war in Saalow bei Berlin ein Sperrballonversuchszug aufgestellt worden, aus dem sich dann eine Sperrballonbatterie entwickelte.

Die Sperrballone sollten ringförmig um oder in Sperrlinien vor ein Schutzobjekt aufgestellt werden. Sie sollten mit ihren Stahlseilen, an denen sie zwischen 700–2000 m hoch aufgelassen wurden, die Tragflächen oder Propeller der Flugzeuge zerstören, falls diese dagegen flogen. Als Erfolg wurde auch angesehen, wenn der Gegner durch das Vorhandensein der Sperrballone von einem Angriff abgehalten wurde.

Ab Sommer 1936 stagnierte die Entwicklung der Luftsperrwaffe, da aus Gründen der Gefährdung des Luftverkehrs im Raum Berlin ein grundsätzliches Startverbot für Sperrballone erlassen wurde. Auch nach Verlegung der Sperrballonbatterie nach Bad Saarow hielten die Schwierigkeiten hinsichtlich der Übungsmöglichkeiten an, so daß im Gegensatz zu den anderen Sparten der Flakartillerie bei der Luftsperrwaffe keine Umfangsvergrößerung erfolgte und sie bis zum Kriegsbeginn auf die Kaderbatterie in Bad Saarow beschränkt blieb.

Eine Sondereinheit im Rahmen der Flakartillerie war das „Regiment General Göring". Am 23. September 1935 wurde die bisher im Verband der Preußischen Landespolizei bestehende Landespolizeigruppe General Göring in die Luftwaffe überführt. Bereits Ende 1935 wurde von den drei Jägerbataillonen eines als Keimzelle der späteren Fallschirmtruppe bestimmt, ein anderes ebenfalls Ende 1935 in eine leichte Flakabteilung umgewandelt. Im Herbst 1937 wurde das bisher noch bestehende Jägerbataillon ebenfalls in eine – schwere – Flakabteilung umgewandelt. Als III. Bataillon gehörte ein Wachbataillon, das den protokollarischen Ehrendienst wahrzunehmen hatte, dem Regiment an, und als IV. Bataillon zählte das Fallschirmschützenbataillon. Trotz dieser weiterhin gemischten Zusammensetzung wurde das „Leibregiment" Görings ab 1. Oktober 1937 als Flakregiment geführt. Nach dem Ausscheiden des Fallschirmschützenbataillons am 1. April 1938 gewann noch im Verlauf des Jahres 1938 das Regiment seine endgültige Gliederung, die dann noch bis weit in den Krieg hinein bestehen blieb:

I/RGG schwere Flakabteilung
II/RGG leichte Flakabteilung (mit Eisenbahnflakbatterien und Flakselbstfahrlafetten)
III/RGG Flakscheinwerferabteilung
IV/RGG leichte Flakabteilung
Wachbataillon „RGG" (mit 3 Schützenkompanien und 1 Reiterzug).

Die Angehörigen des „Regiments General Göring" trugen weiße Kragenspiegel, die eine rote oder grüne Einfassung in der Waffenfarbe der Kanoniere bzw. Schützen aufwiesen.

Der Personalbestand der Flakartillerie betrug Ende 1938 etwa 70 000 Offiziere, Unteroffiziere und Mannschaften. In diesen Zahlen ist das Flaklehrregiment mit drei Abteilungen enthalten. Eine Flakartillerieschule mit Ausbildungsstab und Lehrabteilung betrieb die Weiterbildung der Spezialisten der Truppe. Flakartillerieschießplätze waren an der Küste eingerichtet.

Gleichzeitig mit der Ausrüstung der neu aufgestellten Verbände wurde Gerät für schwere, leichte und Scheinwerfer-Reserveflakbatterien eingelagert, die im Mobilmachungsfall aufgestellt werden sollten. Um diese Einheiten verlegefähig zu machen, war für den Fall der Mobilmachung die Aufstellung von Flaktransportbatterien vorgesehen.

Für die Flakwaffenentwicklung blieb bis in den Krieg hinein praktisch das Heereswaffenamt zuständig. Der Oberbefehlshaber der Luftwaffe, der doch sonst bestrebt war, alles an sich zu ziehen, was mit seinem Wehrmachtteil in Zusammenhang stand, hat auf diesem Gebiet keine Versuche zur Zentralisierung unternommen. Der Hauptgrund dürfte vielleicht darin zu sehen sein, daß durch eine Überführung der Flakwaffenentwicklung in das Technische Amt des Reichsluftfahrtministeriums die vorzügliche Arbeit dieser Gruppe des Heereswaffenamtes hätte gestört oder zeitweilig unterbrochen werden können.

Luftnachrichtentruppe

Ein umfassendes und leistungsfähiges Nachrichtenverbindungswesen war als Führungsmittel im Luftkrieg nicht zu entbehren; Reichweite und Geschwindigkeit der eigenen und feindlichen Fliegerverbände erforderten die Verwendung modernster Fernmeldemittel und eine leistungsfähige Organisation zu ihrer Bedienung.

Ende 1935 umfaßte die Luftnachrichtentruppe sechs Einsatzkompanien, fünf Ersatzeinheiten und Ausbildungs-, Schul- und Lehrformationen. Ende 1936 bestanden sechs Abteilungsstäbe mit 23 Kompanien, eine Luftnachrichtenschule und 35 Fliegerhorstnachrichtenzüge. Im Herbst 1937 setzte sich die Luftnachrichtentruppe aus der Luftnachrichtenabteilung des Reichsluftfahrtministeriums, der Lehrabteilung Greifswald, vier Luftnachrichten- und zwei Luftnachrichtenersatzabteilungen, dem Schul- und Versuchsregiment Köthen und der Luftnachrichtenschule Halle zusammen. Es gab 43 Luftnachrichten- oder Luftnachrichtenersatzkompanien, drei Luftnachrichtenfliegerkompanien, 14 Lehr-, Ausbildungs-, Schul- und Versuchskompanien, elf Luftgau- und 36 Leithorstnachrichtenkompanien sowie 127 Luftnachrichtenstellen auf Fliegerhorsten. Die im Frühjahr 1938 durchgeführte Umgliederung der Luftwaffe in drei Luftwaffengruppenkommandos und zwei Luftwaffenkommandos führte zur Bildung von Luftnachrichtenregimentern, je eines für eine Luftwaffengruppe, während den Luftwaffenkommandos Ostpreußen und Ostmark je eine Luftnachrichtenabteilung unterstellt wurden. Auch die Luftgaue erhielten Abteilungen, von denen am 1. Juli 1938 neun aufgestellt waren. Ende 1938 hatte die Luftnachrichtentruppe einen Sollbestand von 35 460 Offizieren, Unteroffizieren und Mannschaften. Das Offizierkorps der Luftnachrichtentruppe wies eine weit höhere Zahl von Akademikern auf als das der Fliegertruppe oder der Flakartillerie, während in den Kompanien Abiturienten und Studenten stark vertreten waren.

Auf das Jahr 1935 geht die Übernahme des Flugmeldedienstes in die Luftwaffe zurück, nachdem bereits 1928 die Polizei begonnen hatte, mit Hilfe der Post ein Flugmeldesystem einzurichten. Mit dem Aufstellen der ersten motorisierten Flugmeldekompanie wurde im Spätsommer 1935 begonnen. Am 1. Februar 1938 übernahm die Luftnachrichtentruppe den Reichsflugmeldedienst.

Der Kommandeur der Luftnachrichtenschule war gleichzeitig Kommandant des Fliegerhorstes Halle/Saale. Ihm unterstanden eine Ausbildungs- und Lehrabteilung sowie das Kommando der Luftnachrichtenlehrgänge. 1937 wurde die Lehrabteilung nach Köthen verlegt. Die Luftnachrichtenschule in Halle umfaßte nun eine Boden- und eine Bordfunkerausbildungsabteilung mit sieben Ausbildungskompanien, eine Schülerkompanie, eine Stabs- und Wirtschaftskompanie und die Luftnachrichten- und Flugsicherungslehrgänge. Der Schule war eine Höhere Technische Lehranstalt angegliedert, an der die Beamtenanwärter des nachrichtentechnischen Dienstes der Luftwaffe ausgebildet wurden. Zum 1. April 1938 wurde die Dienststelle eines „Höheren Kommandeurs des Luftnachrichtenausbildungswesens" eingerichtet. Ihr wurden die Luftnachrichtenschule Halle, das Luftnachrichten-Schul- und -Versuchsregiment Köthen und die Luftnachrichtenabteilung des Ministeriums, die später zum Luftnachrichtenregiment des Oberbefehlshabers der Luftwaffe ausgebaut wurde, unterstellt. Die Luftnachrichtenlehrabteilung gehörte zur Luftwaffenlehrdivision in Greifswald.

1936 wurden die Einsatzkompanien, die als gemischte Fernsprech- und Funkkompanien eingerichtet waren, geteilt, so daß in den meisten Luftkreisen nun sowohl eine Funk- als auch eine Fernsprechkompanie bestanden.

Innerhalb der Fliegerbodenorganisation gehörten sowohl die ortsfesten Luftnachrichtenstellen bei den Fliegerhorstkommandanturen als auch die motorisierten Fliegerhorstnachrichtenzüge, die zusätzlich zu den Leithorst-Kommandanturen aufgestellt waren, zur Luftnachrichtentruppe. 1937 wurden Fliegerhorstnachrichtenzüge zu Leithorstnachrichtenkompanien erweitert. Diese Kompanien waren für den Ausbau und den Betrieb der Nachrichtenverbindungen innerhalb eines Flughafenbereichs verantwortlich, zu dem mehrere Fliegerhorste und E-Häfen gehörten und als dessen Zentrale der bestausgebaute Flugplatz als Leithorst bezeichnet wurde.

1938 wurden die Luftnachrichtenregimenter mit Fliegerkompanien ausgestattet, denen Ju 52-Maschinen mit Sonderausrüstung (Funk- und Fernsprechanlagen) zugewiesen wurden. Wenn Jagd- oder Aufklärungsverbände auf Feldflugplätze verlegt wurden, auf denen die notwendigen Nachrichtenverbindungen nicht vorhanden waren, konnten diese Nachrichtenflugzeuge schnell dorthin geflogen werden und die erforderlichen Nachrichtenverbindungen herstellen.

3. Personelle Entwicklung

a. Mannschaftsersatz

Die beiden als Fahrabteilungen getarnten Ersatzabteilungen der Fliegertruppe in Rendsburg und Lübeck wurden im September 1935 aufgelöst, nachdem sie vorher den Grundstock für neue Ersatzabteilungen gelegt hatten. Im November 1935 gab es sechs Ersatzabteilungen der Luftwaffe, in denen die ersten Rekruten ihre Grundausbildung erhielten. Bei Verlängerung der Wehrpflicht auf zwei Jahre wurden die Fliegerersatzabteilungen auf zwölf vermehrt, 1938 gab es 10.

Aus den nächsten Rekrutenjahrgängen, die im Frühjahr und Herbst 1936 begannen, wurden jeweils etwa 5000 Mann eingezogen. Noch davor hatten im Mai

1935 etwa 4300 Soldaten des Heeres sich freiwillig zur Luftwaffe gemeldet, weitere 3300 folgten im Laufe des Jahres und 1936 noch 6000. Im Oktober 1936 war diese Unterstützungsaktion des Heeres für den Personalbestand der Luftwaffe abgeschlossen. Wie das Heer gab auch die Marine Unteroffiziere und Mannschaften an die Luftwaffe ab. Die von Heer und Marine übernommenen Soldaten fanden ihre Verwendung vorwiegend in den fliegerischen und fliegertechnischen Laufbahnzweigen der Luftwaffe.

Am 5. Mai 1938 zählte die Luftwaffe 214 419 Unteroffiziere und Mannschaften, davon die Fliegertruppe 117 450. Ende 1938 dienten etwa 275 000 Offiziere, Unteroffiziere und Mannschaften in der Luftwaffe.

Die Ausbildung des fliegenden Personals blieb die wichtigste Aufgabe, aber auch die größte Sorge der Fliegertruppe. Trotz aller Bemühungen konnten die Soll-Zahlen nicht erreicht werden.

b. Offiziernachwuchs

Für die Vergrößerung des Offizierkorps der Luftwaffe bestanden vier Möglichkeiten.

Die wesentlichste war die Gewinnung von jungen Offizieranwärtern. Voraussetzung für die Einstellung war hier das Reifezeugnis einer höheren Schule und die Ableistung des halbjährigen Pflichtdienstes im Reichsarbeitsdienst. Der Anwärter sollte nicht älter als 25 Jahre sein. Abgesehen von der ersten Zeit erfolgte die Einstellung jeweils zum 1. Oktober. Im allgemeinen wurde der Fahnenjunker nach sechs Monaten zum Gefreiten, nach weiteren zwei Monaten zum Unteroffizier und im ersten Monat des zweiten Dienstjahres zum Fähnrich befördert. Die Fahnenjunker der Fliegertruppe begannen ihren Dienst anfangs auf der Luftkriegsschule in Berlin/Gatow, wo sie die militärische Grundausbildung und eine Anfängerausbildung als Beobachter erhielten; es folgte die Flugzeugführerausbildung. Die Flakartillerie bildete ihre Offizieranwärter bei den Abteilungen aus, während die Luftnachrichtentruppe sie als Fahnenjunker-Funker in der Luftnachrichtenlehrabteilung zusammenfaßte. Dann rückten die Offizieranwärter aller drei Waffengattungen auf den Luftkriegsschulen zum gemeinsamen Kriegsschullehrgang ein. Am Ende des Lehrgangs hatten sie eine Offizierhauptprüfung zu bestehen, deren Noten die Grundlagen für die Einstufung im Rahmen eines Jahrgangs boten. Gleichzeitig wurden sie zu Oberfähnrichen befördert. Der Beförderung zum Leutnant ging die Wahl zum Offizier voraus, an der sich alle Offiziere des Verbandes beteiligten, dem der Oberfähnrich angehörte.

Eine andere Gruppe, durch die sich das Offizierkorps der Luftwaffe vermehrte, bildeten ehemalige Offiziere der früheren Luftstreitkräfte, die sich um Reaktivierung bewarben. Sie wurden als Ergänzungs-Offiziere (E-Offiziere) bezeichnet und nach einer längeren Dienstzeit als aktive Offiziere übernommen; in verstärktem Umfang wurden diese Übernahmen ab 1938 durchgeführt.

Als im Jahre 1935 die Landespolizeien in die Wehrmacht überführt wurden, traten Polizeioffiziere auch zur Luftwaffe über, vornehmlich zur Flakartillerie.

Eine weitere Möglichkeit zur Vergrößerung des Offizierkorps bestand in der Beförderung von Unteroffizieren. Es wurden hier aber sehr strenge Auswahlkriterien aufgestellt, da man auf dem Standpunkt stand, daß es als Qualifikation nicht genüge, ein guter Unteroffizier zu sein. Aus diesem Grund blieb dieses Potential bis zum Ausbruch des Krieges zwangsläufig gering.

Der jährliche Zuwachs des Offizierkorps der Luftwaffe in den Jahren 1937 bis 1939 läßt sich mit etwa 2500 Offizieren angeben, von denen sieben Zehntel junge aktive Leutnante waren, zwei Zehntel sich aus E-Offizieren und höchstens ein Zehntel aus ehemaligen Berufsunteroffizieren zusammensetzten.

Von den etwa 6000 Luftwaffenoffizieren vom Oktober 1937 waren 65 im Generalstabsdienst tätig. Einschließlich der zur Truppe Kommandierten wurden zu Beginn des Zweiten Weltkrieges etwa 150 Offiziere der Luftwaffe in den Listen des Personalamtes als Generalstabsoffiziere geführt, während etwa 12 000 Offiziere im aktiven Dienst standen.. Das Korps der Generalstabsoffiziere war also sehr klein; groß jedoch war ihr Einfluß auf Organisation und Führung der Truppe. Am 1. Oktober 1939 belief sich das Soll an Generalstabsstellen auf 295, von denen nur 145 durch Generalstabsoffiziere besetzt waren; der größte Teil von ihnen hatte die Generalstabsausbildung noch vor der Verselbständigung der Luftwaffe erhalten. Der erste Lehrgang der im November 1935 gegründeten Luftkriegsakademie und Lufttechnischen Akademie endete im Frühjahr 1937; 25 Offiziere wurden ausgebildet, beim zweiten Lehrgang (1. Dezember 1936 bis Ende 1937) waren es 32.

c. *Technische Offiziere, Ingenieure und Beamte*

Kein anderer Wehrmachtteil, auch nicht irgendeine bestimmte Waffengattung des Heeres oder der Marine, war so stark von dem jeweiligen Stand des sich rasch entwickelnden technischen Fortschritts abhängig wie die Luftwaffe mit der Fliegertruppe, der Flakartillerie und der Luftnachrichtentruppe mit ihren Waffen und Geräten. Die Wechselbeziehungen zwischen Technik und Taktik, ja zwischen Technik und Luftkriegsstrategie, bestimmten Einsatzprinzipien, Organisation und Ausbildung. Um der Technik den ihr gebührenden Platz im Gefüge der Luftwaffe einzuräumen, galt es, Persönlichkeiten heranzubilden, die geeignet waren, die vielschichtigen Probleme der Technik zu durchdenken und zu bewältigen.

Im November 1935 wurde gleichzeitig mit der Luftkriegsakademie in Berlin/Gatow auch eine Lufttechnische Akademie gegründet, die technische Generalstabsoffiziere heranbilden sollte. Es liefen aber nur zwei Lehrgänge bis Ende 1937, dann verlor die Lufttechnische Akademie ihre Selbständigkeit und wurde in die Luftkriegsakademie eingegliedert. Die Gründe dafür lagen tief. Die Absolventen der beiden Lehrgänge sollten nicht als Generalstabsoffiziere anerkannt werden, daher gingen für die weiter vorgesehenen Lehrgänge keine Bewerbungen ein. Das Interesse war erloschen, da diese hochqualifizierte Ausbildung, die den vollen Arbeitseinsatz erforderte, nicht entsprechend der militärischen Generalstabsausbildung gewertet wurde. Obwohl die Luftwaffe auf solche Offiziere angewiesen war, ist es nicht zu einer glücklichen Lösung der Statusfrage des technischen Offiziers gekommen.

Mehr Erfolg war der Bildung eines Korps von technischen Fachleuten, dem Ingenieurkorps der Luftwaffe, beschieden, dessen Aufstellung im Frühjahr 1935 verfügt worden war. Seine Angehörigen waren Beamte, sie trugen Luftwaffenuniform mit rosafarbenen Spiegeln mit besonderen Abzeichen und führten Dienstgradbezeichnungen, die denen der Offiziere angeglichen waren. Es waren Spezialisten, die jeweils einen besonderen Bereich zu bearbeiten hatten.

Die Beamten des Reichswetterdienstes trugen Luftwaffenuniform mit den Dienstgradabzeichen der Beamten der Luftwaffe. Auf allen Fliegerhorsten der Luftwaffe und Flugplätzen der Verkehrsluftfahrt bestanden Wetterwarten, die von Meteorologen geleitet wurden.

Den zahlenmäßig größten Anteil an den Beamten der Luftwaffe machten die Verwaltungsbeamten aus, die als Sachbearbeiter für Unterkunft, Verpflegung, Bekleidung und Besoldung Dienst taten.

Seit dem 1. November 1935 verfügte die Luftwaffe auch über eine eigene Gerichtsbarkeit. An den Luftwaffengerichten und -obergerichten war beamteten Juristen die Rechtspflege in der Luftwaffe übertragen.

Wenige Tage nach der Enttarnung wurde die Militärseelsorge bei der Luftwaffe eingerichtet. Die Luftwaffenführung hatte sich bereits zuvor zum „positiven Christentum" bekannt, was auch immer der einzelne darunter verstehen mochte. Luftwaffeneigene Militärkirchengemeinden wurden jedoch nur in solchen Standorten errichtet, in denen sich ausschließlich Luftwaffentruppenteile befanden. Ansonsten wurden die Luftwaffenangehörigen aus Sparsamkeits- und Zweckmäßigkeitsgründen in die bereits bestehende Seelsorge des Heeres oder der Marine einbezogen.

Die Angehörigen der Luftwaffenmusikkorps, deren Leiter den Offizieren gleichgestellte Beamte waren, trugen an ihrer Uniform Kragenspiegel in der Farbe der Waffengattung, innerhalb derer die Musikkorps eingesetzt waren.

d. Luftwaffenreserve und Nationalsozialistisches Fliegerkorps

Nach Enttarnung der Luftwaffe und Einführung der allgemeinen Wehrpflicht hatte der Deutsche Luftsportverband seine Aufgabe als Tarneinrichtung für den Aufbau der Luftwaffe verloren. Der DLV wurde daher 1935 in die Luftwaffenreserve umgegliedert, seine Übungsstellen zum Teil als Fliegerhorstkommandanturen oder Fliegerersatzabteilungen übernommen. Die Hauptaufgabe der Luftwaffenreserve lag nunmehr auf dem Gebiet der Ausbildung und Inübunghaltung der Reservisten der Luftwaffe. Das Personal setzte sich zusammen aus Ersatzreservisten, welche durch die Wehrersatzorganisation zugewiesen wurden, und aus Freiwilligen, die sich für die entsprechende Sonderausbildung verpflichteten. Übungsbetrieb wurde auf Beobachter- und Funkerschulen sowie mittels Monteurs- und Nachrichtenkursen durchgeführt. Ein weiteres wichtiges und umfangreiches Gebiet war die Ausbildung von Reservisten für die Flakartillerie. Sie erfolgte in sogenannten Fla.MG.Sturmbannen und Fla.MG.Stürmen, die in Zahl und Zusammensetzung genau den für den Mobilmachungsfall geplanten Aufstellungen von Fla.MG.Reservekompanien entsprachen. Die Ausbildung gliederte sich in militärische Waffenausbildung bei den Ergänzungseinheiten der Flakartillerie und die vor- und nachmilitärische Ausbildung, die kontinuierlich in Abendstunden und an Sonntagen durchgeführt wurde.

Die Überwachung der Ausbildung erfolgte durch die Stäbe der Kommandeure der Luftgaureserven, welche aus den früheren Übungsleitungen des Luftsportverbandes hervorgegangen waren. An der Spitze des Deutschen Luftsportverbandes stand ein Präsident, der ab 1. August 1935 die Dienstbezeichnung Reichsluftsportführer erhielt und gleichzeitig zum Inspekteur der Luftwaffenreserve ernannt wurde. Damit war er als oberste Instanz für die Reservistenbetreuung in der Luftwaffe verantwortlich.

Am 30. April 1937 wurde dann die Dienststelle „Reichsluftsportführer" aufgelöst und in das Nationalsozialistische Fliegerkorps (NSFK) umgewandelt. Dementsprechend wurden auch die Luftgaureserven aufgelöst. Die militärische Aus- und Weiterbildung wurde nunmehr ausschließlich durch die aktive Truppe durchgeführt. Dieser Schritt war eine nur logische Konsequenz aus der Einführung der allgemeinen Wehrpflicht.

Das NSFK war nicht, wie seine Bezeichnung an sich vermuten läßt, eine Gliederung oder Institution der NSDAP, sondern ebenso wie es der DLV gewesen war, eine Körperschaft des öffentlichen Rechts. Der Korpsführer des NSFK war dem Reichsminister der Luftfahrt unterstellt. Dennoch waren die organisatorische Gliederung und die Dienstgradabzeichen eng an die der Parteigliederungen angelehnt. Auch verstand sich das NSFK ausdrücklich als politischen Kampfverband.

Die Mitgliedschaft im NSFK war nur noch freiwillig möglich. Eine Zuweisung von Reservisten wurde nicht mehr durchgeführt.

Wenn auch die Inübunghaltung der Reservisten des fliegenden Personals im sportlichen – nicht im militärischen – Rahmen möglich und erwünscht war, so lag doch das Schwergewicht der Aktivitäten des NSFK in erster Linie auf der Heranziehung flugbegeisterter Jugendlicher und deren Ausbildung im Flugmodellbau, Segelflug und Motorflug. In geringem Umfang wurden auch Freiballonfahrten durchgeführt.

4. Materielle Rüstung

a. Flugzeuge

Auch noch 1936 mußte die Fliegertruppe mit Flugzeugen auskommen, deren Typen schon vor 1933 entwickelt worden waren und als überholt bezeichnet werden konnten. 1937 jedoch erhielten die Kampfflieger – die Bomber – (wie auch die Fernaufklärer) Flugzeuge vom Typ Dornier Do 17, während ein Teil der Verbände mit Junkers Ju 86 ausgerüstet wurde. Letztere war ein Flugzeug mit Dieselmotor, der sich im Frontbetrieb nicht bewährte. Dann wurden die Verbände laufend mit Flugzeugen vom Muster Heinkel He 111 ausgestattet und die Sturzkampfflieger mit der Junkers Ju 87, während die Maschinen vom Typ Hs 123 als Schlachtflugzeuge beim Lehrgeschwader in die taktische Erprobung genommen wurden.

1936 hatte die Inspektion der Jagdflieger gefordert, Flugzeuge mit unterschiedlicher Zweckbestimmung zu bauen, nämlich ein „Leichtes Jagdflugzeug“ mit großer Wendigkeit und einer Höchstgeschwindigkeit von 500 bis 600 Stundenkilometern sowie ein zweimotoriges „Schweres Jagdflugzeug“, auch „Zerstörer“ genannt, mit einer Reichweite von 2000 Kilometern. Diese Forderung traf sich mit den verschiedenen Entwicklungen vor allem der Firma Messerschmitt, deren Muster Bf 109 und Bf 110, (später Me 109 bzw. Me 110) zu Standardflugzeugmustern der Luftwaffe wurden. Besonders mit der Me 109 war der entscheidende Schritt vom offenen Mehrdecker des Ersten Weltkrieges (in der Luftwaffe bis zu jenem Zeitpunkt noch in den Typen He 51 und Ar 68 geflogen) zum Kabinentiefdecker vollzogen, verbunden mit Flugleistungen, welche die Me 109 de facto zum ersten Abfangjäger der Luftkriegsgeschichte machten. Die Me 109 der Reihe D war die Maschine dieses Typs mit der längsten Flugzeit. Sie wurde daher auch als Zerstörer verwendet, während die Me 109 E – mit einer gegenüber der Baureihe D erhöhten Geschwindigkeit und Steigleistung, aber verringerter Flugzeit und damit verkürztem Flugbereich – zu Beginn des Zweiten Weltkrieges als Jagdflugzeug eingesetzt wurde. Die Me 109 mit all ihren Serien und deren Variationen wurde mit über 30 000 Exemplaren das bis zum Kriegsende 1945 meistgebaute Flugzeugmuster der Welt.

Bei den Kampfflugzeugen wurde dem schnellen mittleren Bomber eine entscheidende Bedeutung beigemessen; die Heinkel He 111 entsprach diesen Vorstellungen am ehesten. Um jedoch rechtzeitig einer Überalterung vorzubeugen, wurde ein neues Muster eines schnellen mittleren Bombers in Auftrag gegeben. Da die Zielgenauigkeit bei einem Horizontalflug im Hochangriff noch sehr gering war und die Treffergebnisse bei Übungswürfen infolge unzureichender Zielgeräte äußerst mangelhaft waren, wurde von diesem geplanten Bomber eine Sturzflugtauglichkeit bis zu einer Schrägangriffsneigung von 60° gefordert. Wenn auch später Sturzangriffe mit der Ju 88 meist nur in einem Winkel von 30° geflogen wurden, so ist die Forderung nach dieser für ein zweimotoriges Kampfflugzeug doch recht extremen Neigung deshalb gestellt worden, um Kriegsschiffe mittels Panzerbomben mit Aussicht auf Erfolg bekämpfen zu können. Auf die Fertigung der Junkers Ju 88 wurde nun das Schwergewicht gelegt. Im Oktober 1938 erhielten die Werke die Vollmacht für die Serienproduktion; auch andere Firmen wurden herangezogen.

Die Idee des Sturzangriffs selbst war „uralt". Die Verwirklichung war bereits im Ersten Weltkrieg von einzelnen Besatzungen angestrebt worden, wobei allerdings Mensch und Maschine durch die damit verbundene Überbelastung einer erheblichen Gefahr ausgesetzt wurden. In Lipezk war schon vor 1933 der Sturzflug als taktisches Angriffsverfahren durchgeführt worden. Die Firma Heinkel hatte 1932 begonnen, speziell als Sturzkampfflugzeuge konstruierte Flugzeuge, welche die Typenbezeichnung He 50 erhielten, für die japanischen Marineluftstreitkräfte herzustellen. Auch die Firma Junkers hatte in den Jahren vor 1933 entsprechende Versuche angestellt. Aus Tarnungsgründen wurden Prototypen in Tochterfirmen im Ausland entwickelt. Die ursprünglich als Jagdflugzeug vorgesehene K 47 wurde dann auch als Versuchsmuster für Sturzflugversuche herangezogen. Am 12. Oktober 1933 wurde die Aufstellung eines Sturzkampffliegerverbandes vom Reichsluftfahrtministerium befohlen. Etwa zur gleichen Zeit hatte Udet in den Vereinigten Staaten auf dem Fluggelände der Curtiss-Wright Flugzeugwerke ein amerikanisches Spezialflugzeug für Sturzangriff kennen- und schätzengelernt und davon mit Unterstützung des RLM zwei Maschinen nach Deutschland überführt, wo er sie flog, als er noch nicht der Luftwaffe angehörte. Später, als er führende Stellen im RLM innehatte, bot sich ihm die Möglichkeit, auch von Amts wegen den Sturzfluggedanken voranzutreiben. Die ersten Typen Heinkel He 50 und Henschel Hs 123 waren jedoch noch nicht brauchbar, worauf dann die entsprechend den mit der K 47 gemachten Erfahrungen konzipierte Junkers Ju 87 entwickelt und in Spanien eingesetzt wurde. Beim Horizontalhochangriff mußte eine große Zahl von Flugzeugen auf dasselbe Ziel angesetzt werden, um trotz großer Streuung beim Bombenwurf die gewünschte Wirkung zu erreichen. Das aber erforderte einen sehr großen Verbrauch an Munition und Treibstoff und hatte, wie man glaubte, wegen der notwendigen, häufigen Wiederholung der Angriffe eine derart große Gefährdung der eingesetzten Verbände zur Folge, daß die Wirkung in kein akzeptables Verhältnis zum Aufwand zu bringen war. Dagegen erhoffte man sich von einem mittels Sturzflug durchgeführten Punktzielangriff einen wesentlich rationeller zu erreichenden Erfolg; dazu kam noch, daß auf diese Weise nur wirklich entscheidend wichtige Punktziele angegriffen zu werden brauchten, um eine große Wirkung zu erzielen. Beim Lehrgeschwader war das Sturzflugangriffsverfahren mit der Ju 87 taktisch erprobt worden, die Treffergebnisse waren wesentlich besser, als sie bei einem Horizontalübungsbombenwurf jemals erreicht worden waren. Der Kommodore des Geschwaders, Jeschonnek, war einer der wenigen Generalstabsoffiziere der Luftwaffe, die sich aufgrund eigener Erfahrung ein Bild von den Möglichkeiten der verschiedenen Angriffsverfahren machen konnten. Als Jeschonnek dann Chef des Führungsstabes im Generalstab der Luftwaffe und später Chef des Generalstabes wurde, griff er ganz natürlich auf seine Erfahrungen beim Lehrgeschwader zurück und vertrat weitmöglichst den Sturzangriff. Die deutsche Luftwaffe war die einzige in der Welt, die später auch ein zweimotoriges Kampfflugzeug mit Sturzflugeigenschaften, die Ju 88, zum Einsatz brachte und mit der He 177 sogar einen viermotorigen Großbomber im Sturzflug einsetzen wollte. Der Grundgedanke der nicht zuletzt durch die knappe Material- und Personalsituation – also aus Sparsamkeitsgründen – bedingten Sturzflugforderung war, mit möglichst geringen Kräften höchste Zerstörwirkung am Ziel zu erreichen, wie sie mit gleichem Aufwand und den mangelhaften damaligen Zieleinrichtungen im Horizontalhochangriff nicht zu erzielen war.

Die Nachteile dieses Angriffsverfahrens zeigten sich erst im Krieg in aller Deutlichkeit. Als solche stellten sich vor allem die große Gefahr der Verwundbarkeit beim Abfangen heraus, sowie die zunehmend geringeren Leistungen mehrmotoriger Flugzeuge, die bedingt waren durch die Forderung nach Sturzflugfähigkeit, was Belastungen durch notwendig werdende Veränderungen und technische Hilfsmittel nach sich zog.

Schwere Bomber, die große Lasten über weite Entfernungen ins Ziel zu tragen vermochten, waren damals nur in der Gestalt von viermotorigen Flugzeugen realisierbar. Anfang 1937 gab es zwei Versuchsmuster vom Typ Junker Ju 89 und Dornier Do 19. Im Frühjahr 1937 wurden beide Firmen angewiesen, die Weiterentwicklung dieser Typen abzubrechen. Damit verzichtete die Luftwaffe zunächst auf die Fähigkeit zur Führung eines weiträumigen strategischen Luftkrieges.

Was der letzte entscheidende Grund für die Absetzung der beiden Muster war, ist bisher noch nicht völlig geklärt worden. Einerseits soll Hitler größeren Wert auf eine große Zahl kleinerer Flugzeuge gelegt haben als auf eine beschränkte Anzahl größerer. Andererseits können als sachliche Gründe angeführt werden, daß die damalige deutsche Industriekapazität für den Bau vieler großer Flugzeuge noch nicht ausreichte und die Motorenentwicklung für derart große Bomber noch ungenügend war.

Die Firma Heinkel erhielt den Auftrag, studienmäßig das Projekt des viermotorigen Bombers weiter zu verfolgen, also ohne feste Termine und ohne Vorbereitung einer Serienproduktion.

Hierbei kam es dann später, als plötzlich eine Auseinandersetzung mit Großbritannien drohte, zur Entwicklung des Musters Heinkel He 177, eines Flugzeugs mit zwei Propellern und zwei Motorenpaaren (je zwei nebeneinander angeordnete Motoren wirkten auf einen Propeller). Es gelangte aber bis Kriegsende nicht zu einer vollen Reife, nicht zuletzt wegen der problematischen und zu lange aufrechterhaltenen Forderung nach Sturzflugeigenschaft dieses großen und schweren Kampfflugzeugs, für das ein Sturzwinkel von 50° (!) festgelegt worden war.

Die Luftfahrtindustrie wurde stark gefördert. Bei allen Werken entstanden Bauaufsichten des Reichsluftfahrtministeriums. Die Aufträge, die die einzelnen

Werke erhielten, waren manchmal so umfangreich, daß die dafür erforderlichen Vergrößerungen der Werksanlagen die Produktion derart belasteten, daß eine Rentabilität nicht mehr gegeben war. Die fachliche Qualität der Belegschaften sank, da nun auch schlecht oder überhaupt nicht vorgebildete Arbeiter eingestellt werden mußten. Neben der Vergrößerung der Produktion neuer Flugzeuge mußte auch der Reparaturanfall bewältigt werden. Weder die luftwaffeneigenen Werften noch die firmeneigenen Reparaturbetriebe reichten aus, um die Bedürfnisse zu befriedigen. Die Deutsche Lufthansa richtete daher auf die Bitte des Technischen Amtes zusätzliche Werkstätten ein.

Die Luftfahrtindustrie entwickelte nach Auftragserteilung eine Versuchsserie (V-Serie) des bestellten Typs. Diese Maschinen wurden dann erprobt, was nicht mehr Angelegenheit der Firma, sondern einer Erprobungsstelle der Luftwaffe war. Alle Erprobungsstellen waren dem Technischen Amt unterstellt und empfingen von dort ihre Anweisungen. 1938 hatte die Rüstung der Fliegertruppe zwar quantitativ das vorgesehene Soll erreicht, aber in der Qualität zeigten sich hie und da Mängel. Vor allem krankte die Rüstung an zwei Engpässen, die nicht als vorübergehende Schwächen der Aufbauzeit anzusehen waren. Der eine war die Motorenfertigung, der andere die Treibstoffproduktion. Zwar nahm die Erzeugung synthetischen Treibstoffs von Jahr zu Jahr zu, doch reichte sie gerade für die Durchführung des Ausbildungsbetriebes und zur Einlagerung beschränkter Reserven für den Mobilmachungsfall aus. Das Deutsche Reich war auf diesem Gebiet nicht autark, im Einsatz war der Treibstoffbedarf nicht aus der eigenen Produktion zu decken.

b. Flugabwehrwaffen und Luftnachrichtengerät

Trotz der Überführung der Flakartillerie in die Luftwaffe blieb die Entwicklung der Flakwaffen eine Aufgabe des Heereswaffenamtes, der Abteilung Wa Prüf 10. Diese Abteilung wurde zwar im Oktober 1939 in Amtsgruppe für Flakentwicklung (L.Flak) umbenannt, blieb aber dem Chef des Heereswaffenamtes weiterhin unterstellt. Daß später die hinsichtlich der Wirksamkeit der Flakwaffen gehegten Erwartungen enttäuscht wurden, lag nicht an der Qualität der Erzeugnisse, sondern an der Überschätzung der bei Flakschießübungen gewonnenen Ergebnisse und auch an der raschen technischen Entwicklung der gegnerischen Kampfflugzeuge, welche die Abwehrwaffen im Verlauf des Krieges überrollte.

Die zur Abwehr hochfliegender Flugzeuge bestimmte 8,8-cm-Flak 18 erfuhr einige Verbesserungen. Die geänderten Geschütze erhielten die Bezeichnung 8,8-cm-Flak 36; nach weiteren Formveränderungen folgte dann im Jahre 1937 noch die 8,8-cm-Flak 37. Alle drei Baureihen der 8,8-cm-Flak wiesen aber einheitlich die gleichen ballistischen Leistungen auf und waren nebeneinander bei der Truppe vorhanden, wobei allerdings innerhalb der Batterien die Ausrüstung einheitlich war.

Um bessere Wirkungsmöglichkeiten mittels besserer Geschoßwirkung und höherer Reichweite zu erreichen, liefen Entwicklungen von Geschützen mit 10,5-cm-, 12,8-cm- und 15-cm-Kaliber, von denen später die beiden erstgenannten in die Truppe eingeführt wurden.

Als Feuerleitgeräte dienten das aus dem Muster P 27 weiterentwickelte Kommandogerät 36 und das Kommandohilfsgerät 35.

Um die für eine erfolgsversprechende Zielbekämpfung erforderliche optische Erfassung des Ziels auch in der Nacht zu ermöglichen, waren die Scheinwerferbatterien mit 150-cm-Flakscheinwerfern ausgestattet. In den leichten Kanonenbatterien standen ab 1938 60-cm-Flakscheinwerfer zur Verfügung. Zur Zielortung dienten den 150-cm-Scheinwerfern Ring-Trichter-Richtungshörer, die allerdings schon damals keine optimale Lösung des Problems darstellten.

Zur Bekämpfung von Tieffliegern standen die 2-cm-Flak 30 und in geringem Maße die – von der Truppe nicht sehr geschätzte – 3,7-cm-Flak 18 und später die verbesserte 3,7-cm-Flak 36 zur Verfügung. Ein Geschütz mit dem Kaliber 5 cm befand sich im Versuchsstadium.

Der Kaderverband für Luftsperreinheiten war mit Sperrballonen und mit Sperrdrachen ausgerüstet. Beide waren stark von den Windverhältnissen abhängig.

Sämtliche Einheiten der Flakartillerie waren für beweglichen Einsatz vorgesehen und daher vollmotorisiert.

Für die Luftnachrichtentruppe waren seit 1936 völlig neuartige Funkmeßgeräte in Entwicklung, die eine möglichst frühzeitige Erkennung von Flugzielen ermöglichen sollten. Sie gingen auf entsprechende Versuche zurück, die bei der Kriegsmarine schon seit 1934 liefen. Die ersten – der Marine gehörenden – Geräte waren versuchsweise während der Sudetenkrise im Herbst 1938 eingesetzt; eines davon wurde später vom Lufnachrichten-Schul- und Versuchsregiment übernommen. Sie waren imstande, Luftziele bis zu einer Entfernung von 80 bis 100 km aufzufassen. Es waren dies die allerersten Schritte in eine Richtung, die nunmehr alles beherrscht und ohne die heute weder eine Luftkriegführung noch die Zivilluftfahrt in ihrem jetzigen Umfang denkbar wäre.

5. Einsätze und Demonstrationen

a. Rheinlandbesetzung

Ihren ersten Einsatz erlebte die junge Luftwaffe bei der Besetzung der entmilitarisierten Zone des Rheinlandes im März 1936. Er wurde als friedensmäßige Aktion zur Verlegung von Truppenteilen in die für sie bestimmten neuen Standorte bezeichnet. Eine Fliegergruppe wurde in den Raum von Köln–Düsseldorf beordert, eine weitere in das Rhein-Main-Gebiet, während Flakbatterien neue Standorte in der Nähe wichtiger Rhein-Übergänge zugewiesen erhielten.

Die in das Rheinland überführten Fliegergruppen waren neu aufgestellt, nicht fertig ausgebildet, unzureichend bewaffnet und ausgerüstet, da ihre Aufstellung zeitlich vorgezogen worden war. Eine Verlegung weiterer Jagdkräfte an die deutsche Westgrenze kam nicht in Frage, da sonst die Ostgrenze gegenüber der Tschechoslowakei entblößt worden wäre. Eine militärische Kraftprobe hätte die Luftwaffe zu dieser Zeit in keiner Weise bestehen können.

b. Spanischer Bürgerkrieg

Der Einsatz deutscher militärischer Verbände, vor allem Flieger und Flakartillerie, auf seiten Francos im Spanischen Bürgerkrieg geschah nicht aus dem Grund, um neue Waffen und die Grundsätze der Taktik zu überprüfen, es war keine Generalprobe auf den Zweiten Weltkrieg; die Unterstützung wurde vielmehr ausschließlich durch politische Erwägungen veranlaßt. Diese Entscheidung der politischen Führung kam den deutschen Militärs insofern ungelegen, als das Risiko in keinem Verhältnis zu dem möglichen Nutzeffekt stand, denn bei einer Ausweitung des Krieges wäre die Wehrmacht den Anforderungen in keiner Weise gewachsen gewesen. Die taktische und technische Erprobung ergab sich im Verlauf des Einsatzes allerdings von selbst.

Die Aktion begann als reines Transportunternehmen. Seit Ende Juli 1936 wurden Ju 52-Maschinen eingesetzt, um die Truppen Francos, 15 000 marokkanische Soldaten und Angehörige der Spanischen Fremdenlegion sowie 370 Tonnen Material von Spanisch-Marokko nach der Iberischen Halbinsel zu befördern. Dann trafen 86 Freiwillige der Luftwaffe, unter ihnen sechs Jagdflieger mit sechs Flugzeugen, per Schiff in Spanien ein. Sie waren aus dem aktiven Wehrdienst entlassen und galten als Freiwillige; entsprechend wurde später bei den weiteren Verstärkungen und Ablösungen verfahren. Ende November 1936 wurde der Unterstützungsverband vergrößert und erhielt den Namen „Legion Condor". Er umfaßte 4 Kampfstaffeln (bezeichnet mit K 88), 4 Jagdstaffeln (J 88), eine Fern- sowie eine Nahaufklärungsstaffel (A 88), eine Flakabteilung (F 88) mit 5 Batterien 8,8-cm-Flak, 2 Batterien 2-cm-Flak, 1 Scheinwerferbatterie und 1 leichte Kolonne (für den Transport von Munition und Betriebsstoff); außerdem war vor Madrid eine weitere Flakbatterie eingesetzt. Eine Luftnachrichtenabteilung (Ln 88) sorgte für die Verbindungen und eine Luftzeuggruppe (P 88) für den Nachschub. Ab Januar 1938 verfügten alle fliegenden Verbände zusammen über nicht mehr als 100 Flugzeuge; die Flakabteilung hatte nun einen Bestand von 5 schweren, 2 leichten Batterien, 1 leichten Scheinwerferzug und 1 leichten Kolonne. Die Durchschnittsstärke der Legion Condor betrug 5000 Offiziere, Unteroffiziere und Mannschaften, Beamte und einige Zivilangestellte. Über 5500 Mann ist die Stärke nie hinausgegangen. Die Gesamtverluste der Legion Condor betrugen einschließlich der an Bord des Panzerschiffes „Deutschland" bei einem feindlichen Bombenangriff getöteten Marineangehörigen 300 Mann, 96 Flugzeuge gingen verloren, davon 40 durch Feindeinwirkung. Beim Einsatz stellte sich heraus, daß verschiedene Typen den Anforderungen nicht entsprachen. Sturzkampfversuche kamen wegen Materialschwierigkeiten über primitive Anfänge nicht hinaus. Später wurden die Versuche mit der Ju 87 mit besonderem Erfolg wiederaufgenommen. Die Wirkung der Bombenangriffe im Horizontalflug war wegen des unzureichenden Zielgerätes meist ungenügend. Es zeigte sich, daß eine nachhaltige Zerstörung feindlicher Flugplatzanlagen nicht zu erreichen war.

Die modernen Erfordernissen nicht entsprechenden Zielgeräte waren wahrscheinlich auch mit eine der Ursachen für den Verlauf und die aus dem Unternehmen erwachsenden Folgen des am 26. April 1937 bei Guernica geflogenen Angriffs.

Im Zuge der Offensive der Franco-Truppen auf Bilbao hatten – zumeist mit der nur als Behelfskampfflugzeug zu bezeichnenden Junkers Ju 52 ausgerüstete – Kampffliegereinheiten der Legion Condor den Auftrag erhalten, die bei Guernica über den Rio de Oca führende Brücke und den unmittelbar ostwärts der Stadt gelegenen Ort Renteria anzugreifen, um die dortigen, auf die Brücke zuführenden Straßen zu sperren und so dem zurückweichenden Gegner den Rückzug abzuschneiden. An diesem Unternehmen beteiligten sich auch italienische Kampfflieger.

Wenn auch die Hintergründe dieses Vorgangs bis heute noch nicht über jeden Zweifel erhaben geklärt werden konnten, so scheint doch festzustehen, daß eine Verkettung widriger Umstände zur Vernichtung Guernicas, die offensichtlich nicht geplant war, geführt hat: die geringe Entfernung der Brücke zum Stadtgebiet, Sichtbehinderung durch die von den ersten Bomben verursachte Qualmentwicklung, ungünstige Windverhältnisse und die bereits erwähnten völlig unzureichenden Zielgeräte.

Als unmittelbare Folge dieses Ereignisses ergaben sich – wohl in Anbetracht des Schadensausmaßes – gewisse internationale Spannungen, die bei anderen bis dahin erfolgten Luftangriffen beider Seiten nicht zu verzeichnen gewesen waren. Darüber hinaus wirkt das Stichwort „Guernica“ bis heute nach als Synonym für eine rücksichtslose Kriegführung von seiten der Legion Condor, obwohl sich keine Beweise für eine absichtliche Zerstörung der Stadt finden lassen und auch die Gegenseite Bomben auf Städte geworfen hat, die Todesopfer unter der Bevölkerung verursachten. Härten in der Kriegführung blieben auch in diesem Bürgerkrieg nicht auf eine Seite beschränkt.

Während der Einsatzzeit vom 1. August 1936 bis zum 31. Oktober 1938 meldete die Legion die Zerstörung von 335 gegnerischen Flugzeugen, von denen 277 den fliegenden Verbänden, 58 der Flak, hauptsächlich den leichten Geschützen, zugesprochen wurden. Im Gegensatz zu den Bombenangriffen auf militärische Ziele im Hinterland war die Wirkung der zur unmittelbaren Unterstützung von Erdkämpfen geflogenen Jagdfliegereinsätze sehr gut. Der Gegner war einem längeren Bordwaffenbeschuß nicht gewachsen, wenn es dazu kam, daß die angreifende Infanterie noch während des Einsatzes antrat und vorging. Die unmittelbare Heeresunterstützung war die am häufigsten angewandte und erfolgreichste Kampfführung der Legion Condor. Das führte nach ihrer Rückkehr zur Aufstellung des Stabes „Fliegerführer zbV“, mit dessen Führung der letzte Kommandeur der Legion beauftragt wurde.

Die Flakartillerie wurde zur Luftverteidigung der wichtigsten Punkte eingesetzt, aber auch zur Erdkampfunterstützung der Heerestruppen Francos. Ihre Feuerkraft war oft eine wesentliche Hilfe bei der Stützung der Front zur Abwehr feindlicher Angriffe. Eine Seefliegerstaffel bekämpfte in Zusammenarbeit mit den spanischen Seeflieger- und Flotteneinheiten die gegnerische Flotte und den feindlichen Nachschub im Mittelmeer.

c. Besetzung Österreichs und des Sudetenlandes

Aus Anlaß der Besetzung Österreichs im Frühjahr 1938 nahm die Luftwaffe eine Teilmobilisierung vor, die vorwiegend Kampfstaffeln und motorisierte Einheiten der Fliegerbodenorganisation betraf. Die Kampfstaffeln warfen Flugblätter über Wien ab, während Transportverbände in Wien-Aspern landeten. Am 16. März war die Eingliederung der österreichischen Luftstreitkräfte in die deutsche Luftwaffe abgeschlossen. Als das Luftwaffenkommando Ostmark (bzw. Österreich) gebildet wurde, erhielt der letzte Chef der österreichischen Fliegertruppe als Generalleutnant das Kommando.

Zur Besetzung des Sudetenlandes im Oktober 1938 war die Luftwaffe mit 500 Flugzeugen aufmarschiert und übernahm die Einrichtungen und Anlagen der tschechoslowakischen Luftstreitkräfte im okkupierten Gebiet.

d. Die Luftwaffe als politisches Druckmittel

Alle Aktionen, bei denen die Luftwaffe zum Kampf oder zu Demonstrationen eingesetzt worden war, hatten erfolgreich geendet. Dadurch waren im Ausland die Vorstellungen von der Stärke der Luftwaffe und der Respekt vor den deutschen militärischen Führungsprinzipien erheblich gestiegen. Dies kam der politischen Führung des Reiches sehr gelegen, da diese Überschätzung der deutschen militärischen Stärke zu Fehlbeurteilungen der Lage auf der andern Seite führen mußte; auf diese Weise wurden politische Erfolge erleichtert. Seit der Enttarnung war die Luftwaffe immer wieder in das Blickfeld der Öffentlichkeit gerückt worden. Beim Reichsparteitag 1935 waren 100 Flugzeuge im exakten Paradeflug über dem Gelände erschienen, bei den Wehrmachtvorführungen 1936 nahm die Luftwaffe bereits mit 400 Flugzeugen teil; beim Erntedankfest im Herbst 1936 sprangen die ersten Fallschirmjäger am Bückeberg bei Hameln ab (allerdings ein Zug der Fallschirminfanterie des Heeres, die noch in der Aufstellung begriffen war). Bei internationalen Flugwettbewerben errangen die deutschen Typen sensationelle Erfolge; bei zahlreichen Besuchen anerkannter ausländischer Luftwaffenexperten bei der deutschen Luftwaffe und der Luftfahrtindustrie wurde der Welt eine Stärke vorgespielt, die nicht den Tatsachen entsprach. Es wurde mit der Luftwaffe geblufft.

E. Die Spannungszeit Herbst 1938 bis August 1939

1. Luftkriegstheorie und „Luftwaffendienstvorschrift 16“

Die Erwägungen der deutschen Luftwaffenführung über den Gebrauch der Luftstreitkräfte fußten auf den Erfahrungen aller Luftmächte seit dem Ersten Weltkrieg sowie auf den Überlegungen von Luftkriegstheoretikern wie z. B. Giulio Douhet (1869–1930), Camille Rougeron (geb. 1893) u. a. Bisher hatte die Entscheidung in einem Krieg – gleichgültig mit welchen Nachbarn auch immer – durch einen Sieg über die feindlichen Heere errungen werden müssen, also in einem Landkrieg auf dem Kontinent. (Zu abweichenden Theorien siehe z. B. Abschnitt VIII, S. 146 und 181 ff.) Damit war dem Heer die ausschlaggebende Bedeutung zugefallen. Viele Offiziere der neuen Luftwaffe waren aus dem Heer hervorgegangen und hatten ihre Truppen- wie auch eine Generalstabsausbildung noch nach den Prinzipien der Landkriegführung erhalten. So wird verständlich, daß die Überlegungen der Luftwaffenführung weitgehend auf eine Landkriegführung herkömmlicher Art gelenkt wurden. Darin waren insbesondere Bombenangriffe auf Verkehrsknotenpunkte, Ausladebahnhöfe und Versorgungseinrichtungen in der Tiefe des feindlichen Raumes, d. h. als indirekte Heeresunterstützung eingeschlossen.

Über die Verwendung der Bombenfliegerverbände in einem zukünftigen Kriege waren nach 1918 die unterschiedlichsten Meinungen laut geworden. Ganz besondere Aufmerksamkeit hatten die Theorien des italienischen Generals Douhet erregt, deren Kern es war, mit Bombenflugzeugen alle militärischen und zivilen Einrichtungen im feindlichen Heimatgebiet, insbesondere Wohnstätten und Fabrikanlagen, so lange zu bekämpfen, bis der Widerstandswille des Gegners gebrochen war. Der Gegner sollte allein und ausschließlich durch Bombenangriffe aus der Luft zum politischen Einlenken oder zur Kapitulation gezwungen werden, ohne daß die feindlichen Armeen oder Flotten im Kampf besiegt werden müßten. Dies war das eigentlich Neue seiner Lehre.

Um sie realisieren zu können, schlug Douhet noch besondere Mittel und Methoden vor. Zu ihnen gehörte ein viermotoriges Flugzeug, das imstande war, schwere und zahlreiche Bomben über große Entfernungen ins Ziel zu bringen: für diesen Typ fand man später die Bezeichnung „schwerer Bomber“ oder „schweres Kampfflugzeug“. Weiter arbeitete Douhet den Gedanken eines Überraschungsangriffes aus der Luft aus, der dem noch unvorbereiteten Gegner einen empfindlichen Schlag versetzen sollte. Eine von Douhet zur Verwirklichung seiner Theorie geforderte „Vorherrschaft in der Luft“ sollte insbesondere durch Vernichtung der feindlichen Bodenorganisation und Zerstörung der Luftrüstungsindustrie erreicht werden.

Diese Mittel und Methoden, insbesondere der Überraschungsschlag aus und die Vorherrschaft in der Luft, waren auch dann anwendbar, wenn der Gesamtkrieg nicht durch Bombenangriffe auf das feindliche Heimatgebiet, auf Industrie und Wohnstätten, gewonnen werden sollte, sondern in der herkömmlichen Weise durch Besiegung und Ausschaltung der feindlichen Armeen oder Flotten. Diese Mittel und Methoden, einzeln nebeneinander oder auch nacheinander angewandt, ergaben noch keinen Douhetismus. Darunter war ausschließlich eine Gesamtkriegführung zu verstehen, die durch Bombenangriffe auf das feindliche Heimatgebiet die Beugung des Willens der feindlichen Nation erzwingen wollte. Das jedoch wurde damals nicht immer klar erkannt. Manche befürworteten etwa den Überraschungsschlag aus der Luft und hielten sich deswegen für Douhetisten, da dieser von Douhet gefordert worden war; dagegen lehnten dieselben Männer die systematische Vernichtung von Wohnstätten und Industrieanlagen zur Terrorisierung der Bevölkerung ab – das war jedoch das Kennzeichen des Douhetismus. An der Einstellung zu dieser Zielsetzung ließ sich beurteilen, wer als Douhetist zu bezeichnen war und wer nicht.

Die wichtigsten Grundsätze der deutschen Luftwaffenführung zum Luftkrieg wurden in der Luftwaffen-Dienstvorschrift 16 (L.Dv. 16) „Luftkriegführung" niedergelegt. Sie wurde 1935 erlassen und blieb trotz einiger Deckblätter bis in den Zweiten Weltkrieg in ihren Grundprinzipien unverändert. Hiernach verstand sich die Luftwaffe ausdrücklich als Teil der Gesamtwehrmacht, die den Krieg im Zusammenwirken mit den anderen Wehrmachtteilen zu führen hatte. Ziel war die Ausschaltung der feindlichen organisierten militärischen Macht. Von einem offensiven Einsatz der Luftwaffe allein bei defensiver Zurückhaltung von Heer und Marine, wie dies den Vorstellungen von Douhet entsprochen hätte, war keine Rede. Es wurde eindeutig festgelegt, daß das politische Ziel der Beugung des Willens der feindlichen Nation durch Niederwerfen der gegnerischen Streitkräfte herbeigeführt werden sollte: die Forderung Douhets, nur durch Bombardierung des Heimatgebiets den Sieg zu erringen, war den in der L.Dv. 16 ausgesprochenen Grundsätzen diametral entgegengesetzt. Was aber von Douhet übernommen wurde, war der Angriffsgedanke: er sollte allem vorangestellt werden.

Die in der L.Dv. 16 niedergelegte Kriegführung war in der Zielsetzung durch und durch konventionell, wie sie auf dem Kontinent seit Jahrhunderten üblich gewesen war und wie sie auch im Kriegsvölkerrecht ihren Niederschlag gefunden hatte. Nur die Art und Weise, wie dieses Ziel der Niederringung der feindlichen Streitkräfte erreicht werden sollte, war neu, aber auch nicht revolutionär, sondern beruhte auf einer Weiterentwicklung der im Weltkrieg 1914–1918 gewonnenen Erkenntnisse unter Ausnutzung des seitdem erzielten technischen Fortschritts.

Sofort bei Kriegsausbruch sollte die Ausschaltung der feindlichen Luftstreitkräfte angestrebt, durch ständig fortgeführte Bombenangriffe auf Friedensstandorte, Bodenorganisation und Nachrichtenzentralen durchgeführt und die feindliche Luftbedrohung damit angriffsweise eliminiert werden. War dies erreicht, dann war damit auch die feindliche Wehrmacht insgesamt geschwächt und die Luftbedrohung der eigenen Streitkräfte und des eigenen Staatsgebietes beseitigt.

Bei einem Eingreifen in die Operationen und Kampfhandlungen zu Lande wurde ein Einsatz gegen Ziele im rückwärtigen Operationsgebiet des Gegners angestrebt, der als am wirkungsvollsten für das Heer angesehen wurde. Auf diese Weise sollten bereits der Aufmarsch und später das Verschieben von Reserven erschwert und nach Möglichkeit verhindert werden. Nur für die Gesamtkriegführung entscheidende Operationen sollte ein Einsatz unmittelbar in der Erdkampfzone durchgeführt werden. Er galt als verlustreich. Auch die Marine sollte möglichst indirekt durch Bekämpfung der feindlichen Flotten- und Luftbasen unterstützt werden.

Hier ist allerdings festzustellen, daß die Entwicklung gegenüber den Jahren bis 1935, in denen die L.Dv. 16 entstand und veröffentlicht wurde, nicht stehen blieb, sondern weiterging. Die Erfahrungen des Spanischen Bürgerkriegs deuteten darauf hin, daß der unmittelbaren Unterstützung des Heeres doch eine größere Bedeutung zuzumessen und sie nicht nur „bei entscheidenden Operationen im Rahmen der Gesamtkriegführung" geboten war. Auch die Sudetenkrise im Herbst 1938 zeigte auf, daß beim Ausbruch von Feindseligkeiten eine unmittelbare Unterstützung, vor allem zum Überwinden der starken Grenzbefestigungen, sich sicherlich als notwendig erwiesen hätte, geeignete Kräfte aber kaum vorhanden gewesen waren. So wurde dann auf der Generalstabsreise der Luftwaffe im Juni 1939 dieses Problem besonders eingehend behandelt, wobei der Chef des Generalstabs die unmittelbare Unterstützung des Heeres als die schwierigste Aufgabe bezeichnete, die den Luftstreitkräften gestellt werden könnte. Alle diese Überlegungen führten in der Praxis dazu, daß noch im Sommer 1939 mit der Aufstellung des „Fliegerführers zbV" (später in VIII. Fliegerkorps umgewandelt) ein Führungsstab geschaffen wurde, der mit eigens hierzu unterstellten Kräften die schwierige Aufgabe der unmittelbaren Heeresunterstützung durchführen sollte.

Ein Kampf gegen die feindliche Rüstungsindustrie und gegen den Nachschubverkehr von dort zur Front könnte, so wurde in der L.Dv. 16 festgestellt, den Kriegsverlauf „an sich" entscheidend beeinflussen, er würde sich jedoch auf den Kampf von Heer und Kriegsmarine zu langsam auswirken und starke Kräfte zu lange binden. Bombenangriffe auf die Zivilbevölkerung zum Zweck des Terrors wurden grundsätzlich abgelehnt (Ziffer 186). Nur in Reaktion auf gegnerische Terrorangriffe auf offene Städte wurden „Vergeltungsangriffe" als „das einzige Mittel, um den Gegner von dieser brutalen Art der Luftkriegführung abzubringen", zugestanden. Ganz allgemein versprach man sich von Angriffen gegen die Kraftquellen der gegnerischen Streitkräfte nicht viel. Vom ausgeprägten Douhetismus distanzierte sich die deutsche Luftwaffe damit.

In Stäben der Luftwaffe wurde auch die Wendung „Operativer Luftkrieg" benutzt und analog dazu der Begriff „Operative Luftwaffe". Das bedeutete einmal, daß die Luftwaffe von der Gesamtkriegführung gesetzte Ziele selbständig bekämpfte; das ging über den taktischen Rahmen hinaus. Ferner hieß das aber auch, daß den Bombenfliegern Ziele in Räumen zugewiesen werden sollten, die vom Heer aus gesehen „operativ" waren, also Ziele im Bereich von geplanten oder möglichen Heeresoperationen. Das konnte das rückwärtige Frontgebiet mit Ausladebahnhöfen, Sammelstellen, Depots usw. betreffen, aber auch das erreichbare feindliche Heimatgebiet mit Werken der Rüstungsindustrie, Kraftanlagen usw.

Unter dem Begriff „Operativer Luftkrieg“ waren also Angriffshandlungen sowohl solcher Art zu verstehen, die nach heutigen Begriffen dem „strategischen Luftkrieg“ zuzuordnen wären, wie andererseits solche, die man als mittelbare Heeresunterstützung einordnen konnte. Doch standen damals Luftstrategie und Lufttaktik noch am Anfang ihrer Entwicklung, wie in der L.Dv. 16 betont wurde. So konnte ganz zwangsläufig noch keine eindeutige Klarheit in den Begriffen gewonnen sein. Diese waren zunächst noch stark von der Gedankenwelt der Landstreitkräfte beeinflußt. Andererseits aber hatte die Luftwaffe sich – gerade auf dem Gebiet der Unterstützung des Heeres – doch ganz entschieden von den im Heer üblichen Vorstellungen zu lösen vermocht. Dort wurde – so z. B. noch in einer Planübung im Mai 1939 – immer wieder die Forderung erhoben, die Geschwader verzettelt den Armeen zur Unterstützung zuzuteilen und zu unterstellen.

Insgesamt gesehen war die Führung der Luftwaffe theoretisch nicht auf einen Luftkrieg im Sinne Douhets eingestellt, vielmehr setzte sie sich die drei Aufgaben (L.Dv. 16, Ziffer 10): Kampf gegen die feindliche Luftwaffe; mittelbare und unmittelbare Unterstützung des Heeres und der Marine; Kampf gegen die Kraftquellen der feindlichen Streitkräfte. Demgegenüber trat die wichtige Aufgabe der Luftverteidigung des Heimatgebietes eindeutig zurück.

Die Weltöffentlichkeit unterstellte der deutschen Luftwaffe allerdings, vor allem aufgrund der als Fanal aufgefaßten Zerstörung von Guernica, durchaus den Willen zu Terrorluftangriffen. Diesen Glauben machte sich die politische Führung des Dritten Reiches zunutze. Am 14. März 1939 konfrontierten Hitler und Göring den tschechischen Präsidenten Hácha mit angeblichen Vorbereitungen der Luftwaffe zur Zerbombung Prags, die Göring in Einzelheiten beschrieb, und preßten ihm und dem Außenminister damit die Zustimmung zur Protektoratserklärung des Deutschen Reiches über sein Land ab.
Die Zerstörung Warschaus und Rotterdams erfolgte im Zuge von Kampfhandlungen; es handelt sich nicht um vorbedachte Terrormaßnahmen im Sinne Douhets.

2. Feindlage und Kriegsbild

Nach der Besprechung Hitlers mit der Generalität vom November 1937 war es den Beteiligten klar, daß er seine politischen Ziele, soweit sie Österreich und die Tschechoslowakei betrafen, notfalls auch mit Waffengewalt durchsetzen würde. Er rechnete nicht mit einem Eingreifen dritter Mächte, sofern es gelingen würde, schnell vollendete Tatsachen zu schaffen. Als mögliche Gegner sah er weiterhin Frankreich, Belgien, die Tschechoslowakei und Polen an, nicht dagegen Großbritannien. Der Luftwaffengeneralstab war gegenteiliger Überzeugung, er fürchtete ein Eingreifen Englands. Im Februar 1938 beauftragte der Chef des Generalstabes der Luftwaffe den Befehlshaber der Luftwaffengruppe 2, General Felmy, Überlegungen und Untersuchungen über Maßnahmen anzustellen für den Fall, daß

Großbritannien und Belgien doch in einen Krieg gegen Deutschland eintreten würden.

Helmuth Felmy (28. Mai 1885 – 14. Dezember 1965): 18. Oktober 1904 Fähnrich; 18. August 1905 Leutnant im Infanterieregiment Nr. 61 (Pat. 22. Januar 1904); schon vor dem Ersten Weltkrieg als Flieger ausgebildet; 27. Januar 1913 Oberleutnant; 24. Dezember 1914 Hauptmann; Führer der Fliegerabteilungen 16, 5, 51, 300 (Sinaifront) und 256 A. Von der Reichswehr übernommen; Oktober 1924 bis November 1926 Leiter des Referats „Taktik der Luftstreitkräfte" in der Führungsabteilung des Truppenamtes; 1. Januar 1927 Major; ab Februar 1929 im Reichswehrministerium (T 2); 1. Februar 1931 Oberstleutnant; Februar 1931 bis März 1933 als Chef des Stabes der Inspektion der Waffenschulen eigentlicher Leiter des geheimen Fliegerstabes in der Heeresleitung; 1. August 1933 Kommandeur Infanterieregiment 17; 1. Oktober 1933 Oberst; ab November im R.L.M., Kommandeur der Fliegerwaffenschulen und Chef des Stabes der Inspektion der Schulen; 1. Januar 1936 Generalmajor; 1. Oktober 1936 Befehlshaber im Luftkreis VII; 1. April 1937 Generalleutnant; 1. Februar 1938 General der Flieger; 1. April 1938 Kommandierender General und Befehlshaber des Luftwaffengruppenkommandos 2 (ab 1. Februar 1939 durch Umbenennung Chef der Luftflotte 2); wegen der Mechelner Affäre am 12. Januar 1940 in den einstweiligen Ruhestand versetzt; 20. Mai 1941 reaktiviert, Kommandeur des Sonderstabes F (Wehrmachtmission Irak); 9. Juni 1941 Befehlshaber Südgriechenland; 11. September 1942 Befehlshaber Generalkommando z. b. V.; 28. März 1943 Kommandierender General LXVIII. A.K.; 9. Dezember 1944 Kommandierender General XXXIV. A.K.

Das zu diesem Zeitpunkt erarbeitete Kriegsbild beruhte auf der bisher angenommenen Feindlage; es sah nach der Ausschaltung der feindlichen Fliegerverbände die möglichst mittelbare Unterstützung der Erdtruppen, besonders der operativ wirkenden Panzerverbände vor, um die feindlichen Gesamtstreitkräfte zu besiegen. Jetzt bedingte die veränderte potentielle Feindlage ein erweitertes Kriegsbild, das auch eine selbständige Luftkriegführung über Seegebieten und über das Meer gegen die britischen Inseln einschloß.

Felmy arbeitete eine Denkschrift aus, die er im September 1938 dem Oberbefehlshaber der Luftwaffe vorlegte. Thema war die Führung eines Luftkrieges gegen Großbritannien mit den Mitteln, die entsprechend der Aufbauplanung ein Jahr später vorhanden sein sollten. Er stellte fest, daß die Eindringtiefe der Kampfverbände ohne Basen in Belgien und Holland nicht ausreichte, um erfolgreich gegen die Insel wirken zu können, weiter genügte der Ausbildungsstand des fliegenden Personals nicht, um einen Luftkrieg über See zu führen. Göring befahl daraufhin Vorrang für die Fertigung des Kampfflugzeuges Ju 88, dem, ohne vorangegangene eingehende Erprobung, die entsprechenden Eigenschaften zugeschrieben wurden; auf längere Sicht wurde die viermotorige He 177 ins Auge gefaßt. Auch mit der Erhöhung der Ausbildungskapazität beschäftigte sich das RLM.

Schon kurz nach dem Abschluß des Münchener Abkommens, das die Sudetenkrise beendete, befahl Hitler bereits in der ersten Hälfte des Monats Oktober 1938, ein gigantisches Rüstungsprogramm zu erstellen, das alles bisher Dagewesene in den Schatten stellen sollte, um das Deutsche Reich damit für alle Eventualitäten gerüstet zu machen. Neben umfangreichen Vorhaben für Heer und

Kriegsmarine war eine ganz außergewöhnliche Verstärkung der Luftwaffe vorgesehen, die bis 1. April 1942 auf das Fünffache ihrer Stärke gebracht werden sollte. Um dieses Ziel zu erreichen, wurde das sogenannte „Konzentrierte Flugzeugmuster-Programm" festgelegt, das die Aufstockung der fliegenden Verbände auf insgesamt 103 Geschwader, dazu mehrere selbständige Verbände und deren Ausrüstung wie folgt vorsah:

58 Kampfgeschwader	Ju 88 He 177 (möglichst viel He 177, mindestens 4 Geschwader)
16 Zerstörergeschwader	Me 210 Bf 110 (möglichst viel Me 210, mindestens 7–8 Geschwader)
8 Stukageschwader	Me 210 (Aufstellung zunächst mit Ju 87)
10 Gruppen Nahaufklärer	Hs 126 Fw 189
10 Staffeln Fernaufklärer (Heer)	Do 17 Fw 189
13 Staffeln Fernaufklärer (Luftwaffe)	Ju 88 He 177
1 Schlachtgeschwader	Fw 189
4 Transportgeschwader	Ju 90
16 Jagdgeschwader	Bf 109 und Fortentwicklung

ferner 500 Bord- und Trägerflugzeuge.

Das Technische Amt wies in einer Reihe von Stellungnahmen darauf hin, daß die Durchführung des geforderten Programms größte Schwierigkeiten bereiten würde. Die rechtzeitige Beschaffung von Rohstoffen, Devisen für den Einkauf ausländischer Werkzeugmaschinen, Bereitstellung von Personal angesichts des zu dieser Zeit zu verzeichnenden Mangels an Fachpersonal, Erstellung zahlreicher notwendig werdender Industriebauten – um nur einige Faktoren zu nennen – würden aller Voraussicht nach nicht so sichergestellt werden können, daß die von Göring aufgrund der Hitlerschen Forderung festgelegten Produktionszahlen zu erreichen waren.

Ein sehr wesentlicher weiterer Punkt war die Feststellung, daß der erforderliche Flugkraftstoff bzw. die entsprechende Bevorratung bereits im Jahre 1941 die Einfuhr von 85% der gesamten bekannten Weltproduktion (außer der in ihrer Höhe nicht bekannten Produktion der Sowjet-Union, die aber als in keinem Falle verfügbar angesehen werden mußte und daher außer Ansatz blieb) erforderlich machen würde. Abgesehen von der damals immer sehr prekären Devisenfrage konnte die Bereitschaft des Auslandes zu Lieferungen dieses Umfangs nicht erwartet werden.

Der Abteilungschef der Organisationsabteilung des Generalstabs, Oberstleutnant i. G. Kammhuber hatte aus diesen Überlegungen heraus ein sogenanntes „Notprogramm" erarbeitet, das auf ungefähr ein Drittel des nach Hitlers und Görings Forderungen geplanten Umfangs der fliegenden Verbände zugeschnitten und damit realistischer war. Auch der Chef des Generalstabs, General Stumpff, befürwortete dieses reduzierte Programm. Der Chef des Führungsstabes, Oberst i. G. Jeschonnek, dagegen setzte sich für die Einführung des Hitlerschen Programms ein. Als daraufhin die gegensätzlichen Standpunkte Göring vorgetragen wurden, beharrte dieser trotz der offenkundigen Schwierigkeiten bzw. der Unmöglichkeit, das Programm zu realisieren, auf dem ungekürzten „Konzentrierten Flugzeugmuster-Programm". Dieses blieb dann trotz einiger Änderungen der Produktionspläne die Basis für die Luftrüstung bis zum Ausbruch des Krieges.

Abgesehen von den Schwierigkeiten auf dem Gebiet der Fertigung, die ja auch immer in Konkurrenz zu den entsprechenden Anstrengungen von Heer und Kriegsmarine zu sehen waren, bestand eine ganz entscheidende Schwachstelle des Programms darin, daß die Entwicklung wichtiger Flugzeugtypen, mit denen die Verbände ausgerüstet werden sollten, noch gar nicht abgeschlossen war. Von den Typen He 177 und Me 210 war noch kein Flugzeug geflogen, bei den anderen lagen noch keine Dauererfahrungen vor. Die Rüstung der Luftwaffe wurde also auf Typen ausgerichtet, von denen keinesfalls feststand, ob und wie sie sich eignen würden.

Neben der Aufstockung der fliegenden Verbände wurde auch der Ausbau der Flakartillerie gefordert.

Dieses Programm sah allerdings keine Verfünffachung vor. Gegenüber dem laufenden Rüstungsprogramm von insgesamt 26 603 Geschützen der verschiedenen Kaliber (das allerdings erst bis zum 1. April 1943 erfüllt sein sollte) waren nunmehr 45 620 Geschütze vorgesehen; dieses Ziel sollte aber entgegen der bisherigen Planung nunmehr mit der Flugzeugrüstung koordiniert bereits am 1. April 1942 erreicht sein.

Entsprechend der Erhöhung der Geschützzahlen war selbstverständlich auch eine entsprechende Steigerung für die Feuerleitgeräte, die Scheinwerfer und die Munition vorgesehen.

Im Gegensatz zum Flugzeugprogramm wurden die Realisierungsmöglichkeiten auf diesem Gebiet positiver beurteilt. Andererseits wurde errechnet, daß die Planzahlen für die Feuerleitgeräte, die optischen Entfernungsmeßgeräte und für die Zünderstellmaschinen zum geforderten Zeitpunkt nicht zu erfüllen waren, was bedeutete, daß nicht alle Batterien bzw. Geschütze vollwertig einzusetzen sein würden.

Um die Frage der Vorbereitung und Führung eines Luftangriffs auf und über See sowie an der Küste zu prüfen, wurde im Frühjahr 1939 die Dienststelle eines Generals zbV beim Luftflottenkommando 2, unter der Führung des bisherigen „Führers der Seeluftstreitkräfte", Generalleutnant Geisler, geschaffen und mit der entsprechenden Untersuchung beauftragt. Seine Untersuchungen brachten die Bestätigung der wesentlichen Punkte der Denkschrift von Felmy. Er betrachtete die technische Leistungsfähigkeit, den Ausbildungsstand und die Nachschublage als nicht ausreichend für eine erfolgreiche Kampfführung über See.

Hans Geisler (19. April 1891 – 25. Juni 1966): 1. April 1909 Seekadett; 19. September 1912 Leutnant z. See; 2. Mai 1915 Oberleutnant z. See; 21. Januar 1920 Kapitänleutnant; 1. Oktober 1925 Referent für Luftschutz und Luftfahrtwesen in der Flottenabteilung der Marineleitung (A II 1); 1. Januar 1928 Korvettenkapitän; 1. Januar 1933 Fregattenkapitän; 1. April 1933 Abteilungsleiter im Reichswehrministerium; 1. September 1933 als Abteilungsleiter im Luftkommandoamt in den Bereich des Reichsministers der Luftfahrt übergetreten; 1. September 1934 Oberst; 1. Oktober 1935 Führer der Seeluftstreitkräfte; 1. April 1937 Generalmajor; 1. April 1939 Generalleutnant; 1. Juni 1939 General zbV des Luftflottenkommandos 2; 3. Oktober 1939 Kommandierender General X. Fliegerkorps; 4. Mai 1940 Ritterkreuz des Eisernen Kreuzes; 3. Juni 1940 mit der Vertretung des Chefs des Ausbildungswesens im RLM beauftragt; 19. Juli 1940 General der Flieger; 21. September 1940 Kommandierender General des X. Fliegerkorps; 1942 Deutsches Kreuz in Gold; 24. August 1942 zu den Offizieren zbV des RdLuObdL (Sonst.Offz) versetzt; 31. Oktober 1942 aus dem aktiven Dienst entlassen.

Im Mai 1939 sollte ein Planspiel der Luftflotte 2 ebenfalls die Möglichkeiten eines Luftkrieges gegen Großbritannien klären. Das Endergebnis zeigte, daß eine Kriegsentscheidung in kurzer Zeit nicht zu erreichen sein würde, vielmehr schrumpfte die Möglichkeit eines Luftkrieges gegen die Insel wegen der unzureichenden Eindringtiefe der Kampffliegerverbände und wegen der zu geringen Zahl der Kampfflugzeuge für das ungemein großräumige Operationsgebiet auf ein Minimum zusammen, während ein Luftkrieg über See bei dem Fehlen eines geeigneten Angriffsverfahrens gegen Seeziele und bei der mangelnden Flugausbildung bei schlechtem Wetter wenig Erfolgsaussichten bieten würde.

Nach diesen Untersuchungen würde es der deutschen Luftwaffe nicht möglich sein, mit einem selbständigen Luftkrieg, ohne Zusammenhang mit Operationen des Heeres oder der Flotte, eine Entscheidung zu erzwingen, ebensowenig würde sie einen strategischen Luftkrieg gegen die Insel führen oder in einem Luftkrieg über See ausschlaggebende Erfolge erringen können.

Das Planspiel der Luftflotte 2 hatte ferner den Nachweis erbracht, daß auch die Abwehr eines strategischen Luftkrieges gegen das Deutsche Reich wenig erfolgversprechend sein würde. Die Befehlsführung in der Luftverteidigung des deutschen Küstengebietes war geteilt. In den „Marinefestungsgebieten“ längs der Küste führten die Kommandodienststellen der Marine auch in Fragen der Luftverteidigung, in den Gebieten dahinter führten die Luftgaukommandos. Diese rückwärtigen Räume waren das Aufmarschgebiet der Luftwaffe und zugleich Verbindungs- und Versorgungsgebiete der Marine. In der Schlußbesprechung wurde eine einheitliche Luftverteidigungsführung gefordert. Dieser Vorschlag blieb unbeachtet; an der geteilten Kommandostruktur der Luftverteidigung an und über der Küste wurde nichts geändert. Im Falle einer militärischen Auseinandersetzung auch mit den Westmächten sollte die Wehrmacht im Westen und Nordwesten des Reiches in der Defensive verharren; gerade unter diesen Gesichtspunkten wäre eine zentrale Luftverteidigungsführung im gesamten deutschen Westen, nicht nur im Küstengebiet erforderlich gewesen. Auch in der Defensive war die deutsche Luftwaffe auf einen strategischen Luftkrieg nicht vorbereitet.

3. Abschluß der Friedensentwicklung Sommer 1939

a. Führung

Im Februar 1939 wurden die Änderungen in der Organisation der Luftwaffe, die im Frühjahr 1938 eingeleitet worden waren, abgeschlossen. Das Ziel war, die Friedenskommandostruktur an die Kriegsspitzengliederung anzugleichen.

Der Staatssekretär und Generalinspekteur der Luftwaffe, Generaloberst Milch, wurde nun wieder amtlich der ständige Stellvertreter des Oberbefehlshabers. Der Chef des Technischen Amtes, Generalleutnant Udet, wurde zum Generalluftzeugmeister ernannt, aber nun nicht mehr unmittelbar Göring, sondern dem Staatssekretär unterstellt.

Milchs Vertreter wurde der Chef der Luftwehr, General Stumpff, der bis Ende Januar 1939 Chef des Generalstabes gewesen war. Dem Chef der Luftwehr wurden das Allgemeine Luftamt, das Verwaltungsamt und das Luftwaffenpersonalamt unterstellt.

Neuer Chef des Generalstabs wurde Oberst i. G. Jeschonnek, der seine bisherige Stellung als Chef des Führungsstabes des Generalstabs beibehielt. Ihm unterstanden drei Generalstabsabteilungen unmittelbar: die 1. (Führung), die 3. (takt.) und die 5. (Fremde Luftmächte), während die 2. (Organisation), die 4. (Quartiermeister) und die 6. (Rüstung) dem Generalquartiermeister unterstellt wurden, der seinerseits dem Chef des Generalstabs unterstand. Dieser war in allen Führungsangelegenheiten dem Oberbefehlshaber der Luftwaffe unmittelbar unterstellt, hatte aber dem Staatssekretär nachträglich darüber vorzutragen, während er in allen anderen Fragen dem Staatssekretär direkt unterstand.

Der Chef des Nachrichtenverbindungswesens der Luftwaffe unterstand seit dem 1. Februar 1939 genauso unmittelbar dem Staatssekretär wie der Chef der Zentralabteilung des Ministeriums, der Generalluftzeugmeister, der Chef der Luftwehr und der Chef des Ausbildungswesens. Mit dieser Neugliederung hatte der Staatssekretär in vollem Umfange den Einfluß zurückgewonnen, den er 1937 verloren hatte, darüber hinaus hatte er die Funktion des Generalinspekteurs der Luftwaffe übernommen.

Dem Oberbefehlshaber der Luftwaffe waren von diesem Tag an direkt unterstellt: der Staatssekretär der Luftfahrt und Generalinspekteur der Luftwaffe, der Generalstabschef (nur in Führungsangelegenheiten), der Chef des Ministeramtes, der Kommandeur der Luftkriegsakademie und der Präsident der Luftwaffenkommission, die von Fall zu Fall zusammentreten sollte, sowie die beiden Generäle der Luftwaffe bei den Oberbefehlshabern des Heeres und der Marine. Unter dem „Chef des Ausbildungswesens" (Chef AW) – dem Staatssekretär und Generalinspekteur unterstellt – waren vor allem die 14 Waffeninspektionen zusammengefaßt. Zu den alten Inspektionen waren neu hinzugetreten: die Inspektion der Luftlande- und Fallschirmtruppen (L.In. 11), die Inspektion für Navigation, Blindflug und Wetterdienst (L.In. 12), die Inspektion Ziviler Luftschutz (L.In. 13) und die Inspektion des Sanitätswesens (L.In. 14).

Ebenfalls zum 1. Februar 1939 wurden die Luftwaffengruppenkommandos 1, 2 und 3 in Luftflottenkommandos umbenannt. Nach der Besetzung von Böhmen und Mähren, an der die Luftflotten 1 und 3 sowie das Luftwaffenkommando Ostmark mit fliegenden Verbänden, Flakartillerieabteilungen, Einheiten der Fliegerbodenorganisation und der Luftnachrichtentruppe beteiligt waren, erhielten die tschechischen Fliegerhorste deutsche Flugplatzkommandos. Am 18. März wurde das Luftwaffenkommando Ostmark zur Luftflotte 4 erhoben, der nun auch das Luftgaukommando VIII (Breslau) unterstellt wurde. Die amtliche Bezeichnung der Luftflottenbefehlshaber lautete: Chef der Luftflotte 1 (2, 3 oder 4) und Befehlshaber Ost (Nord, West oder Südost). Das Luftwaffenkommando Ostpreußen wurde zusammen mit dem Luftgaukommando I (Königsberg) am 18. März dem Luftflottenkommando 1 unterstellt.

Gleichfalls am 1. Februar 1939 erhielt die Dienststelle „General der Luftwaffe beim Oberbefehlshaber des Heeres“ die zusätzliche Bezeichnung „Befehlshaber der Heeresflieger“ und wurde mit der Inspektion der Aufklärungsflieger vereinigt. Der Befehlshaber der Heeresflieger wurde Truppenvorgesetzter der für das Heer im Mobilmachungsfall vorgesehenen Aufklärungsfliegerverbände. Als General der Luftwaffe beim Oberbefehlshaber des Heeres unterstanden ihm auch die im Mobilmachungsfall dem Heer zugeteilten Flakartillerie- und Luftnachrichtenverbände. In dieser Eigenschaft konnte er wirksam die Belange des Heeres beim Oberbefehlshaber der Luftwaffe und gleichzeitig die der Luftwaffe (in Angelegenheiten der Luftaufklärung) beim Oberbefehlshaber des Heeres vertreten. Eine enge Zusammenarbeit mit den einschlägigen Generalstabsabteilungen und Waffeninspektionen von Luftwaffe und Heer ergab sich zwangsläufig.

Mit dieser Organisation war eine klare Trennung zwischen den für Zwecke des Heeres und den für Zwecke der Luftwaffe bestimmten Aufklärungsfliegereinheiten in organisatorischer, personeller und ausbildungsmäßiger Hinsicht sowie in der waffentechnischen Betreuung hergestellt worden. Versorgung und waffentechnische Entwicklung wurden jedoch wie bisher von den zuständigen Luftwaffendienststellen wahrgenommen. Die im Mobilmachungsfall zum Heer tretenden Luftwaffenverbände sollten nicht wie alle übrigen sonst auf Zusammenarbeit mit Heereskommandobehörden angewiesen, sondern dem Heer taktisch, also einsatzmäßig, unterstellt sein. Dafür waren veranschlagt: Für jede Armee 1 Aufklärungsstaffel (F), 1 Kurierstaffel, 1 Armeewetterwarte (mot) und 1 Luftnachrichtenabteilung (Ln-Abt[H]mot); für jedes Armeekorps bzw. für jede Panzerdivision 1 Aufklärungsstaffel (H) und 1 Flakabteilung bzw. leichte Flakabteilung. Als Kommandostellen für diese Luftwaffenformationen war bei jeder Armee bzw. Heeresgruppe ein „Kommandeur der Luftwaffe“ (Koluft) vorgesehen, während die Spitze aller dem Heer taktisch zu unterstellenden Luftwaffenverbände der General der Luftwaffe beim Oberbefehlshaber des Heeres bilden sollte, der zum Oberkommando des Heeres zu treten hatte.

Ohne ihren Streit um das Seefliegerwesen grundsätzlich zu beenden, einigten sich Marine und Luftwaffe Anfang 1939 auf eine Abgrenzung der beiderseitigen Aufgaben vor allem im Hinblick auf eine mögliche kriegerische Verwicklung mit Großbritannien. Grundlage bildete die gegebene Rüstungssituation. Das Flugzeugbeschaffungsprogramm war aufs äußerste angespannt; alle Spezialtypen, deren Aufgaben durch Normaltypen der Luftwaffe übernommen werden konnten, sollten in Entwicklung und Beschaffung gestoppt werden – darunter fielen alle Seeflugzeuge mit Ausnahme der Bordflugzeuge. Da Angriffe auf die britische Kriegs- und Handelsflotte in den Häfen und im Küstenvorfeld nur mit modernsten Flugzeugen mit Aussicht auf Erfolg unternommen werden konnten, sollten diese Kampfhandlungen nun der Luftwaffe übertragen und von ihr selbständig gelöst werden. Sowohl der Kampf aus der Luft gegen Schiffe auf hoher See als auch die Fernaufklärung wurden nun eine Angelegenheit der Luftwaffe. Als Aufgabe der Marine wurde die Aufklärung über See für Zwecke des Seekrieges bezeichnet. Die Seeflieger wurden also auf Aufklärungs- und Einsatzaufgaben im Rahmen des Einsatzes von Flottenverbänden beschränkt. Das am schwersten wiegende Ergebnis war jedoch, daß die Seeflieger in der Festlegung der Flugzeugtypen für ihre Verbände zukünftig völlig von den Möglichkeiten der allgemeinen Luftrüstung abhängig wurden.

Februar 1939 wurde das Luftwaffenkommando See aufgelöst; der Stab des Führers der Seeluftstreitkräfte und die ihm unterstellten Verbände (Küstenflieger, Bordflieger und Trägerverbände) traten unter den Befehl des Generals der Luftwaffe beim Oberbefehlshaber der Kriegsmarine, dessen Dienststelle neu gegründet und dem Oberbefehlshaber der Luftwaffe unmittelbar unterstellt wurde. Im Mobilmachungsfall sollte er dem Oberbefehlshaber der Kriegsmarine nur in Führungsangelegenheiten, in allen anderen jedoch dem Oberbefehlshaber der Luftwaffe unterstellt sein. Er war gleichzeitig Inspekteur der Seeflieger und unterstand damit dem Chef des Ausbildungswesens der Luftwaffe und hatte nach dessen Weisungen die Ausbildung seiner Verbände zu leiten. Er hatte Inspektionsbefugnisse gegenüber allen Seefliegerverbänden und Seefliegerschulen, hatte Fragen des Seenotdienstes, der Ausrüstung von Flugzeugträgern der Marine mit Fluggerät der Luftwaffe zu bearbeiten und schließlich die Unterwasserwaffen zu prüfen, die für die Luftwaffe in Frage kommen konnten. Bei dem Planspiel der Luftflotte 2 vom Mai 1939 wurde auch der Mineneinsatz im Luftkrieg über See durchgespielt; man nahm an, daß ein Hafen durch den Nachteinsatz einer einzigen Seeminenfliegerstaffel auf Wochen hinaus zu sperren sei.

Die Marine hatte sich mit ihrer Auffassung nicht durchsetzen können, daß das Flugzeug kein Hilfsmittel, sondern ein untrennbarer Bestandteil der Seekriegführung sei, daß mit ihm der Seekrieg aus der Luft geführt würde und daß alle dem Seekrieg dienenden Aufklärungs- und auch Kampfmittel unter einheitlicher Führung eingesetzt werden müßten. Göring, der angesichts des begrenzten Leistungsstandes der deutschen Industrie die oberste Führung leicht von der Notwendigkeit der einen, unteilbaren Luftwaffe hatte überzeugen können, hatte seine Ansicht durchgesetzt, daß der Luftkrieg über Land und See als eine Einheit zu betrachten sei und daß die Einsätze von denselben Flugzeugtypen durchzuführen seien. Die Marine hat sich nur gezwungenermaßen mit der Regelung abgefunden, sie niemals innerlich anerkannt.

Die Zahl der Fliegerdivisionen wurde auf acht erhöht. Im Frühjahr 1939 bestanden folgende Divisionen: die 1. in Berlin, 2. Dresden, 3. Münster, 4. Braunschweig, 5. München, 6. Frankfurt a. M., 7. (Fallschirm-Division) Berlin und die Luftwaffen-Lehrdivision in Greifswald. Bei der 2. Fliegerdivision befand sich der Stab des Fliegerführers zbV, der aus dem Stab der Legion Condor hervorgegangen war. Ihm waren die damals einzig bestehende Schlachtfliegergruppe und jene wenigen Sturzkampffliegerverbände unterstellt, die zur unmittelbaren Unterstützung der Heeresverbände, vor allem der Panzerspitzen, vorgesehen waren. Trotz dieser Aufgabe war der Fliegerführer zbV nach der Mobilmachung dem Heer nicht taktisch unterstellt, sondern auf Zusammenarbeit angewiesen; er erhielt seine Einsatzbefehle vom Oberbefehlshaber der Luftwaffe, war also nicht identisch mit einem Kommandeur der Luftwaffe bei einer Armee.

Die Luftgaukommandos, ursprünglich als territoriale Luftwaffendienststellen eingerichtet, waren inzwischen zu Führungsstäben der Luftverteidigung im Divisionsrang emporgestiegen; ihnen unterstanden Flakartillerieverbände und leichte Jagdfliegergruppen, die in Schwerpunkten der Luftverteidigung außerdem noch in den Luftgaukommandos unterstellten Luftverteidigungskommandos zusammengefaßt waren (s. S. 535). Es gab unverändert weiterhin zehn Luftgaukommandos:

I	Königsberg	VIII	Breslau
III	Berlin	XI	Hannover
IV	Dresden	XII	Wiesbaden
VI	Münster	XIII	Nürnberg
VII	München	XVII	Wien.

b. Truppe

Fliegertruppe und Fallschirmtruppe

Die Fliegertruppe wurde auch im Verlauf des Jahres 1939, noch bevor getarnte Maßnahmen im Hinblick auf die möglichen kriegerischen Verwicklungen eingeleitet wurden, laufend vergrößert. Bis zum März 1939 erhöhte sich die Zahl der Einsatzstaffeln von 243, die zu Ende des Jahres 1938 vorhanden waren, auf 254, nach einem weiteren Vierteljahr betrug sie am 1. Juli 1939 bereits 275.

Unter ihnen befand sich erstmals eine Nachtjagdstaffel, die zwar gliederungsmäßig zum Jagdgeschwader 2 „Richthofen“ gehörte, aber weitgehend selbständig war und vor allem der Durchführung von Nachtjagdversuchen dienen sollte. Eine weitere Nachtjagdstaffel befand sich beim Lehrgeschwader 2 in der Aufstellung.

Als Spezialeinheiten sind noch die ebenfalls im Verband des Lehrgeschwaders 2 befindlichen 3 Schlachtfliegerstaffeln zu erwähnen. Sie dienten Versuchen und der entsprechenden Erarbeitung von Einsatzgrundsätzen für die Erdkampfunterstützung des Heeres.

Bei den Jagdverbänden war inzwischen eine Änderung durchgeführt worden. Diejenigen Gruppen, welche den Begleitschutz für Kampfflugzeuge durchzuführen hatten und in der Zwischenzeit in schwere Jagdgruppen umbenannt worden waren, erhielten nunmehr die Bezeichnung Zerstörergruppe. Die anderen Gruppen, die als Objektschutz im Rahmen der Luftverteidigung vorgesehen waren, wurden weiterhin als Jagdgruppen bezeichnet.

Die Aufklärungsstaffeln wurden im Februar 1939 aus dem bisherigen Unterstellungsverhältnis unter die Fliegerdivisionen herausgelöst. Sie wurden in drei Aufklärungsgeschwadern zusammengefaßt, denen zwölf Aufklärungsgruppen unterstanden. Da die Aufklärungseinheiten im Kriege staffelweise eingesetzt werden sollten, waren die Geschwader- und Gruppenkommandeure mit ihren Stäben für den Kriegsfall als Kommandeure der Luftwaffe bei den Heeresgruppen- bzw. Armeeoberkommandos vorgesehen, deren Stäbe im Rahmen der Mobilmachungsmaßnahmen aufzustellen waren.

In den Sommermonaten Juli und August 1939 erfolgte aufgrund der Lageentwicklung im Eilverfahren eine Reihe von Aufstellungen, die an sich unter normalen Verhältnissen erst im Laufe des Herbstes hätten vorgenommen werden sollen. Hierbei handelte es sich in der Masse um Jagdstaffeln.

Als dann die Wehrmacht mobilgemacht wurde, gliederten sich die fliegenden Verbände der Luftwaffe lt. Einsatzbereitschaftsmeldung der 6. Abteilung des Generalstabs der Luftwaffe vom 26. August 1939 wie folgt:

Verbandsgattung	Verbände	Flugzeugzahl
Aufklärer F (Fernaufklärer)	23 Staffeln	275 (Do 17)
Aufklärer H (H = Heer, Nahaufklärer)	30 Staffeln	356 (He 45, He 46, Hs 126)
Jagdverbände	15 Gruppen	788 (Me 109, Ar 68)
Zerstörerverbände (Fern- bzw. Begleitjäger)	10 Gruppen	431 (Me 109, Me 110)
Kampfverbände (Bombenflieger)	30 Gruppen	1191 (He 111, Do 17, Ju 88)
Sturzkampfverbände	9 Gruppen	361 (Ju 87)
Schlachtverbände	1 Gruppe	39 (Hs 123)
Kampfverbände z.b.V. (Transporter)	11 Gruppen	488 (Ju 52)
Seefliegerverbände	19 Staffeln	219
Sondereinheiten		53
		4201

(Auch abweichende Aufstellungen, die auf den Stärken anderer Stichtage gegen Kriegsbeginn beruhen, bewegen sich innerhalb der hier angegebenen Größenordnung.)

Mit Ausnahme der Transportergruppen handelte es sich bei allen fliegenden Verbänden um solche, die bereits im Frieden vorhanden waren. Einsatzverbände der Luftwaffe müssen bereits vor Ausbruch von Feindseligkeiten präsent sein; sie lassen sich nicht erst im Zuge von Mobilmachungsmaßnahmen aufstellen. Eine Ausnahme hiervon bildeten die für die Fallschirmtruppe bestimmten Transportverbände. Von ihnen bestanden im Sommer 1939 nur zwei Gruppen, eine dritte war Anfang August 1939 etatisiert worden. Die anderen acht Gruppen dagegen waren erst im Zuge der anlaufenden Mobilmachungsmaßnahmen durch Rückgriff auf Ausbildungseinheiten und den Flugzeugpark der Lufthansa aufgestellt worden.

Von den Aufklärungsstaffeln F hatte sich der Oberbefehlshaber der Luftwaffe 13 für seinen eigenen Bedarf vorbehalten; die übrigen 10 F-Staffeln und alle 30 H-Staffeln wurden bei der Mobilmachung dem Heer zugeteilt und taktisch unterstellt.

Die Fallschirmtruppe galt nicht als selbständige Waffengattung, sondern entsprechend den Aufklärungs-, Kampf- und Jagdfliegern usw. als Verbandsgattung. Sie war in einem Großverband, der 7. Fliegerdivision, zusammengeschlossen. Bei Kriegsausbruch waren 5 Bataillone mit 20 Kompanien unter 2 Regimentsstäben zum Fallschirmsprung- oder Luftlandeeinsatz vorhanden; dazu kamen mehrere Spezialeinheiten, die als Divisionstruppen dem Kommando der 7. Fliegerdivision unterstellt waren:

1 Fallschirmgeschützbatterie
1 Luftnachrichtenkompanie
1 Fallschirmpanzerabwehrkompanie
1 Sanitätskompanie.

Flakartillerie

Die Stärke der Flakartillerie veränderte sich im Laufe des ersten Halbjahres 1939 nur geringfügig; die friedensmäßigen Neuaufstellungen erfolgten in der Regel jeweils im Herbst.

Im Sommer 1939 setzten sich die Verbände der Flakartillerie daher wie folgt zusammen:

21 Regimentsstäbe
44 (gemischte) Flakabteilungen
17 leichte Flakabteilungen
17 Flakscheinwerferabteilungen
12 Flakstammbatterien (Kader für geplante Neuaufstellungen)
1 Luftsperrbatterie.

Nach Durchführung der Mobilmachungsmaßnahmen, die in gewissem Umfang schon im Juli 1939 anliefen, in der großen Masse aber im August 1939 durchgeführt wurden, erreichte die Flakartillerie folgenden Umfang, mit dem sie in den Krieg eintrat:

42 Regimentsstäbe
183 (gemischte) Flakabteilungen
34 leichte Flakabteilungen
60 Flakscheinwerferabteilungen
3 Luftsperrabteilungen
3 Eisenbahnflakabteilungen.

Diese Abteilungen verfügten insgesamt über:

595 schwere Batterien	mit 2362	Rohren
479 mittlere und leichte Batterien	mit 5511	Rohren
	1822	Scheinwerfern 60 cm
95 Fla-MG-Kompanien	mit 1560	Fla-MG
177 Scheinwerferbatterien	mit 1593	Scheinwerfern 150 cm
9 Luftsperrbatterien	mit 216	Sperrstellen

Vollmotorisiert waren hiervon nur die schon im Frieden vorhandenen und einige wenige bei der Mobilmachung aufgestellte Einheiten. Die große Masse der neuen Batterien verfügte über keine eigenen Kraftfahrzeuge; erforderliche Verlegungen mußten jeweils durch spezielle Transportbatterien durchgeführt werden.

Luftnachrichtentruppe

Am 1. Juli 1939 verfügte die Luftnachrichtentruppe über die Luftnachrichtenregimenter 1, 2 und 3 als Führungstruppen der drei Luftflottenkommandos 1, 2 und 3. Das Luftflottenkommando 4 besaß vorerst nur eine Abteilung. Den Luftgaukommandeuren unterstanden die Luftgaunachrichtenabteilungen, die jeweils als I. Abteilung der später aufzustellenden Luftgaunachrichtenregimenter bezeichnet wurden. Es gab in der Bodenorganisation 63 Leithorstnachrichtenkompanien und 115 Luftnachrichtenstellen bzw. Fliegerhorstnachrichtenzüge bei Fliegerhorstkommandanturen und auf Seefliegerhorsten. Sie betrieben ein leistungsfähiges Netz von Funk-, Funkpeil-, Fernsprech-, Fernschreib- und Wetternachrichtenverbindungen, das allein erst einen geordneten Flugbetrieb ermöglichte.

Seit der im Winter 1938/39 erfolgten Bildung der Luftnachrichtenabteilung 100 stand der Luftwaffe der erste „Pfadfinderverband" zur Verfügung. Zwei fliegende Navigations- und Pfadfinderkompanien waren in der Zielfindungserprobung eingesetzt. Ihr Dienstbetrieb wickelte sich genauso abgesondert vom üblichen Truppendienst ab wie der der Funkhorch- und Funkbeobachtungseinheiten der Luftnachrichtentruppe. Es bestanden sieben selbständige Funkhorchzüge und je eine Funkpeil- und Funkhorchkompanie bei der Luftnachrichtenlehrabteilung und dem Luftnachrichten-Schul- und Versuchs-Regiment. Eine Großfunkpeilstelle überwachte den gesamten Luftwaffenfunkverkehr. Zusammen mit den entsprechenden Dienststellen des Heeres und der Marine konnte der Funkverkehr aller europäischen Nachbarländer einschließlich Großbritanniens und des Mittelmeergebietes bereits im Frieden abgehört und ausgewertet werden.

Bodenorganisation, Versorgung

Bis zum 1. Juli 1939 war der Kommandeur des auf einem Fliegerhorst stationierten Verbandes im allgemeinen auch der Fliegerhorstkommandant. Danach wurde er von der Verantwortung für die Bodenorganisation entlastet; die Flughafenbetriebskompanien blieben jedoch weiterhin an den Verband, also an die Gruppen, gebunden. Die Aufgaben des Fliegerhorstkommandanten nahm von da an ein „Stabsoffizier bei der Fliegerhorstkommandantur" wahr, dem die Fliegerhorstkompanie (für den Wachdienst), die Luftnachrichtenstelle, die technischen Einrichtungen und die Gruppe Verwaltung unterstanden. Gleichzeitig wurden Stäbe der Flughafenbereichskommandanten geschaffen, denen mehrere Fliegerhorste, E-Häfen und die im Bereich liegenden Nachschubeinrichtungen unterstellt wurden. Vorgesetzte Dienstbehörde der Flughafenbereichskommandos waren die Luftgaukommandos.

Am 1. Juli 1939 gab es 64 Leithorste, 133 Fliegerhorste und Seefliegerhorste, 6 Seeflugstützpunkte und 19 weitere Militärflugplätze. Die Nachschub- und Versorgungseinrichtungen umfaßten 11 Luftzeuggruppen (darunter 1 Seeluftzeuggruppe), 16 Luftparks (3 davon Seeluftparks), 8 Hauptmunitionsanstalten, 41 Munitionsanstalten (2 davon „See"), 13 Lufttanklager, 14 Kraftwagenwerkstattzüge, 5 Luftzeugämter (1 davon „See"), 1 Luftnachrichtenzeugamt, 5 mittlere Betriebstoffkolonnen, 10 motorisierte und 13 Fliegergeräteausgabestellen in Eisenbahnzügen.

Für die Ausbildung und personelle Ergänzung der Fliegertruppe bestanden 23 Fliegerausbildungsregimenter, 2 selbständige Fliegerausbildungsbataillone, 18 Flugzeugführerschulen (A/B und C), 3 Flugzeugführerschulen (See), 10 Fliegerwaffenschulen, je 1 Bild-, Bomben-, Torpedo- und Fallschirmschule und 2 Fliegertechnische Schulen.

Auf dem Gebiet der ärztlichen Versorgung waren 10 Luftgausanitätsabteilungen, 35 Fliegeruntersuchungsstellen, 1 Sanitätskompanie und 4 Luftwaffenlazarette vorhanden.

Personallage

Bevor die Vermehrung durch Mobilmachungsmaßnahmen einsetzte, zählte die Luftwaffe im August 1939 rund 370 000 Berufssoldaten, Freiwillige und Wehrpflichtige; unter ihnen befanden sich etwa 15 000 aktive Offiziere.

Die Flieger- und Fallschirmtruppe verfügte über rund 210 000, die Flakartillerie über 105 000 und die Luftnachrichtentruppe über 55 000 Soldaten. Das springende Personal der Fallschirmtruppe zählte ungefähr 1500 Mann. Bei der Fliegertruppe stellten die Angehörigen der Bodendienste und des technischen Personals das größte Kontingent. Die Zahl des fliegenden Personals betrug einschließlich der noch in Ausbildung befindlichen Schüler etwa 20 000 Mann: Flugzeugführer, Beobachter, Bordfunker und Bordmechaniker. Hiervon waren in den Frontverbänden an Besatzungen gemäß den Unterlagen der 6. Abteilung des Generalstabes der Luftwaffe am 2. September 1939 eingesetzt:

Verbandsgattungen	Anzahl der Besatzungen Sollstärke	Iststärke	einsatzfähig
Aufklärer F (Fernaufklärer)	276	248	235
Aufklärer H (Heer, Nahaufklärer)	366	305	303
Jagdverbände	811	666	628
Zerstörerverbände (Fern- bzw. Begleitjäger)	438	380	372
Kampfverbände (Bombenflieger)	1239	1105	1063
Sturzkampfverbände	381	345	319
Schlachtverbände	39	39	39
Kampfverbände z.b.V. (Transporter)	544	540	540
Seefliegerverbände	228	193	183
Sondereinheiten	60	50	50
	4382	3871	3732

Die Zahl der vorhandenen Besatzungen reichte also nicht aus, um alle gemäß dem Ausstattungs-Soll den Verbänden zustehenden Einsatzflugzeuge (s. Seite 570) zu besetzen; der Fehlbestand belief sich auf rund 12%. Hierbei ist zu bedenken, daß die fliegenden Verbände mit insgesamt 4201 Flugzeugen bei Kriegsbeginn das Ausstattungssoll bereits weitgehend erreicht hatten. Das bedeutete also, daß die Luftwaffe personell keineswegs aus dem vollen schöpfen und daher die bei den Einsatzverbänden vorhandenen Flugzeuge gar nicht in ihrer Gesamtheit einsetzen konnte.

c. Gefechtsbereitschaft

Stand der Ausbildung

Der Ausbildungsstand der Piloten war unterschiedlich. Die in den Frontverbänden befindlichen Flugzeugführer waren zwar in der Masse voll ausgebildet. Diese Qualifikation schloß jedoch nicht die erfolgreiche Schulung im Blindflug ein; diese sehr zeitraubende, komplizierte und teure Ausbildung erfolgte erst, wenn die Piloten längere Zeit Flugerfahrung in den Verbänden hatten sammeln können. So verfügten im Sommer 1939 nur rund 800 Flugzeugführer über eine abgeschlossene Blindflugausbildung, die für Einsätze im Krieg von besonderer Bedeutung sein mußte.

Trotz dieser verhältnismäßig geringen Zahl von im Blindflug ausgebildeten Piloten und manchen anderen Unzulänglichkeiten konnte der Ausbildungsstand der fliegenden Verbände insgesamt befriedigen, einzelne Piloten besaßen ein hervorragendes Können. Allerdings beschäftigten sich die Kommandeure und Angehörigen der höheren Stäbe immer wieder mit der Frage, ob das Können wirklich für einen Ernstfall ausreichen würde; es war auch das Urteil zu hören, daß die Verbände nur mäßig ausgebildet seien, wenn ausschließlich das Fliegen im taktischen Verband mit den jeweils erforderlichen Figuren oder Zielanflügen zum

Maßstab genommen würde. Die nicht zu übersehenden Unterschiede in den Leistungen ergaben sich aus dem Alter der Verbände. Solche, die längere Zeit nicht zur Abgabe von Kadern für die Bildung neuer Verbände („Zellteilung“) herangezogen worden waren und dementsprechend üben konnten, waren besser als junge, eben erst aufgestellte Verbände.

Der Ausbildungsstand der Flakartillerie war ebenfalls zufriedenstellend. Von seiten der Luftwaffenführung wurde er allerdings zu hoch eingeschätzt. Man glaubte, auf 47 Schuß einen Treffer garantieren zu können. Diese Ansicht war auf gute Schießergebnisse zurückzuführen, die auf den Schießplätzen erzielt wurden, jedoch nur unter übungs- und nicht unter kriegsmäßigen Bedingungen. Dazu war ferner zu berücksichtigen, daß ein erzielter Flaktreffer noch keineswegs einen Abschuß bedeutete. Nach Kriegsausbruch zeigte sich dann sehr rasch, daß sich diese optimistische Einschätzung des Ausbildungsstandes und damit auch der Wirkungsmöglichkeiten unter den kriegsmäßigen Bedingungen nicht aufrechterhalten ließ.

Für die Luftnachrichtentruppe galt ebenfalls die Feststellung, daß der Ausbildungsstand den normalen Anforderungen entsprach.

Stand der Ausrüstung

Die Fliegerverbände waren durchweg mit modernen Flugzeugen ausgerüstet, die jedoch in bezug auf Reichweite und Bewaffnung zu Beanstandungen Anlaß gaben, wie sich später zeigen sollte. Der unzulängliche Bomber Junkers Ju 86, der in der Zwischenzeit wegen der für ein Kampfflugzeug ungenügenden Leistungen des Dieselmotorenantriebs mit Ottomotoren ausgerüstet worden war, befand sich bei Kriegsbeginn nicht mehr in der Truppe.

Die Masse der Kampffliegerverbände war nun mit der Dornier Do 17 und der Heinkel He 111 ausgerüstet, beides zweimotorige Kampfflugzeuge mit einer Eindringtiefe zwischen 700–900 km, einer unzureichenden Bombenzuladung und ungenügender Abwehrbewaffnung; die Zielgeräte waren noch primitiv, die Wurfergebnisse im Horizontalangriff zumeist ungenügend. Flugzeuge vom Typ Junkers Ju 88 waren im Sommer 1939 noch nicht bei der Truppe; nach Kriegsausbruch wurde eine erste Staffel damit ausgerüstet. Dieser Typ war für alle vier Angriffsarten konzipiert: Horizontalhoch-, Tief-, Schräg- und Sturzflugangriff. Doch auch hier war die Bombenzuladung zu gering: bei 1500 kg wurde eine Flugstrecke von 1500 km (Hin- und Rückflug) erreicht; bei einer Flugstrecke von 2400 km (Hin- und Rückflug) konnten jedoch nur 500 kg Bomben an das Ziel gebracht werden. Daß sich die in die Ju 88 gesetzten Erwartungen dann insgesamt doch nicht so erfüllten, wie es erwartet wurde, zeigte sich erst im Verlauf des Krieges und war im Sommer 1939 noch nicht abzusehen. Die Junkers Ju 87, ein einmotoriges Sturzkampfflugzeug, war vor allem zu Beginn des Krieges eine ausgezeichnete Waffe zur Bekämpfung von Punktzielen. Die im Sommer 1939 für die Kampfflugzeuge vorgesehenen Bomben waren für den Reihenwurf im Horizontalhochangriff entwickelt worden; für die Punktzielbekämpfung im Sturzflug mußte eine Bombe mit extremer Minenwirkung verwandt werden, die, mit Verzögerungszünder geworfen, schwere Schäden im Ziel anrichten konnte. Solche Bomben waren bei Kriegsausbruch zwar in der Entwicklung, aber noch nicht frontreif.

Ein hervorragendes, bis Sommer 1940 allen Gegnern taktisch überlegenes, Jagdflugzeug stand in der Messerschmitt Bf/Me 109 zur Verfügung, deren Einsatzmöglichkeiten jedoch durch ihre ungenügende Reichweite begrenzt wurden. Zwei Staffeln, die für den Nachtjagdeinsatz vorgesehen waren, flogen bei Ausbruch des Krieges den veralteten Doppeldecker Arado Ar 68. Da der Einsatz dieser Einheiten dann trotz des modernen Anforderungen nicht mehr entsprechenden Flugzeugtyps, mit dem sie ausgerüstet waren, in der Tagjagd erfolgte, wurden diese Flugzeuge noch im Laufe des Jahres 1939 aus den Frontverbänden abgezogen. Die Me 110, als Begleit- und Verfolgungsjäger konzipiert und „Zerstörer" genannt, erreichte im günstigsten Fall eine Eindringtiefe von 450 km. Wenn sich die Luftkämpfe über dem Ziel bis auf 30 Minuten ausdehnten, verringerte sich die Eindringtiefe auf 350 km. Das Problem des Begleitjägers war zwar erkannt, aber die taktisch-technischen Leistungen waren unzureichend. Die Me 110 war für den Zweck, für den sie vorgesehen war, nicht geeignet; später sollte sie sich jedoch als Nachtjäger bewähren.

Die Nahaufklärungsflugzeuge Heinkel He 46 und Henschel Hs 126 waren überholt, sie sollten durch neue Typen ersetzt werden. Die Fernaufklärungsverbände waren mit dem Muster Dornier Do 17 F bzw. P ausgerüstet, das zunächst den Anforderungen noch genügte.

Die Betriebsstofflage war völlig unzureichend. Erst neun Monate nach Kriegsbeginn sollte die Produktion so weit gesteigert sein, daß die Erzeugung den Bedarf zu decken vermochte; bis dahin war die Luftwaffe auf eingelagerte Bestände angewiesen. Die Bevorratung an Flugbetriebsstoff lag bei etwa 400 000 cbm; der monatliche Verbrauch wurde unterschiedlich geschätzt, einige Voraussagen nahmen einen Verbrauch von 250 000 cbm an. Wenn keine neuen Quellen eröffnet werden konnten, war die Luftwaffe mit ihrem Benzin bald am Ende, sofern der Krieg länger dauerte.

Bei der Flakartillerie wurde im Sommer 1939 eine Abteilung mit der neuen 10,5-cm-Flak 38 ausgerüstet. Dieses Geschütz war gegenüber der 8,8-cm-Flak erheblich schwerer und daher auch unhandlicher zu bedienen, so daß für die Lade- und Richttätigkeiten maschinelle Hilfen eingebaut waren.

Ebenfalls im Sommer 1939 begann die Auslieferung der neuen 2-cm-Flak 38 an die Batterien. Dieses Geschütz hatte die gleiche Ballistik wie die 2-cm-Flak 30, verfügte aber über eine höhere Feuergeschwindigkeit, war leichter gebaut und damit auch schneller zu richten.

Um bessere Erfassungsmöglichkeiten bei schlechter Sicht und in der Nacht zu schaffen, wurde auch für die Flakartillerie die Entwicklung von Funkmeßgeräten betrieben. Diese befand sich aber in einem noch nicht sehr fortgeschrittenen Stadium, so daß bei Ausbruch des Krieges an eine Einführung in die Truppe noch nicht zu denken war.

Die Luftnachrichtentruppe verfügte dagegen zu dieser Zeit über drei der neuen weitreichenden Frühwarngeräte, die nunmehr die Bezeichnung „Freya-Gerät" erhalten hatten. Auch die Kriegsmarine hatte im August/September 1939 drei dieser Geräte eingesetzt.

4. Die Luftwaffe als Kriegsinstrument 1939

Bei seiner geostrategischen Lage inmitten des Kontinents war das Deutsche Reich von 1939 beinahe das einzige Land in Europa, das seine Luftmacht nach allen Seiten wirken lassen konnte, das aber auch imstande sein mußte, von überallher konzentrisch in das Reichsgebiet hineingetragene Luftangriffe abzuwehren. Daher mußte ein Luftkrieg in Angriff und Verteidigung von der Luftwaffe geführt werden.

Die deutsche Luftwaffe war nicht dazu bestimmt, einen Luftkrieg im Sinne Douhets durchzuführen. Sie war auch nicht in der Lage, einen strategisch-interkontinentalen Luftkrieg zu führen. Denn sie verfügte über keine viermotorigen Bomber, die sich als eine Voraussetzung für einen solchen Luftkrieg erweisen sollten. Außerdem gab es keine dem englischen Bomber Command analog zentrale Organisation zur Führung der Luftangriffsverbände. Die Luftwaffe war bei Kriegsbeginn auch nicht fähig, einen feindlichen strategischen Luftkrieg abzuwehren. Es gab keine organisatorisch unabhängige, zentrale Zusammenfassung der Tagjagdverbände im Reich entsprechend dem britischen Fighter Command. Die Luftverteidigung des Heimatgebietes war zu dieser Zeit auf Flak und Jäger abgestützt zur örtlich bzw. räumlich begrenzten Abwehr; organisatorisch war sie zersplittert.

Die deutsche Luftwaffe war nicht darauf ausgerichtet, neben einem gleichzeitig laufenden oder später anzusetzenden Land- und Seekrieg die Gesamtkriegführung des Gegners durch Zerstörung der Rüstungsbasis so weitgehend zu beeinträchtigen, daß dieser allgemein zum politischen Einlenken veranlaßt würde. Eine mögliche eigene Gefährdung durch eine derartige Kriegführung des Gegners wurde nicht gesehen.

Bei Ausbruch eines Krieges sollte die Luftwaffe die Luftbedrohung der eigenen Truppen und des Heimatgebietes nicht abwartend defensiv, sondern offensiv durch Angriffe auf die Bodenorganisation der gegnerischen Luftstreitkräfte und, falls noch erforderlich, auf Objekte der Luftrüstungsindustrie beseitigen, die für die mittleren zweimotorigen Bomber in erreichbarer Entfernung lagen. Im Verlauf des Zweiten Weltkrieges zeigte es sich, daß durch die erfolgreichen Blitzfeldzüge das Vorfeld vor den Grenzen des Reiches durch die besetzten Gebiete vergrößert und damit die Luftbedrohung vermindert worden war, bis die strategische Bomberflotte der westlichen Alliierten und ihre weitreichenden Fernjäger auch dieses Vorfeld überwanden.

Die Luftwaffe war ferner nicht imstande, in einem Luftkrieg über See eine militärische Entscheidung zu erzwingen. Es gab keine Langstreckenflugzeuge, die geeignet gewesen wären, die Seezufuhren etwa nach den britischen Inseln mit ausschlaggebendem Erfolg zu bekämpfen und U-Boote ausreichend zu unterstützen. Ein zielsicheres Angriffsverfahren gegen schwimmende Einheiten war noch nicht entwickelt.

Dagegen war die Luftwaffe durchaus befähigt, selbständig zeitlich und räumlich begrenzte Luftoperationen gegen feindliche Luftstreitkräfte zu unternehmen sowie in Zusammenarbeit mit Kommandodienststellen des Heeres Landkriegsoperationen mittelbar und unmittelbar zu unterstützen. Auf eine derartige Verwendung und einen solchen Einsatz war die deutsche Luftwaffe in Stärke und organisatorischer Gliederung, in Ausrüstung mit Waffen und Gerät sowie in taktisch-technischer Schulung und geistiger Formung ihrer Angehörigen zugeschnitten.

Ziel eines solchen Einsatzes sollte es sein, gemeinsam mit dem Heer die feindliche organisierte militärische Macht auszuschalten, um auf diese Weise die gegnerische politische Führung zur Beugung ihres Willens zu zwingen. Damit war der Einsatz der deutschen Luftwaffe als Teil eines konventionellen Gesamtkrieges – in der Erscheinungsform des später so genannten „Blitzkrieges" – mit einer traditionellen kontinental-europäischen Zielsetzung charakterisiert.

Im Mobilmachungsfall verfügte die Luftwaffe für den Aufmarsch über eine gut ausgebaute Bodenorganisation, die die fliegenden Verbände leicht beweglich machte und die schnelle Bildung von Schwerpunkten an den Grenzen des Reiches erlaubte.

Für die Durchführung der Kriegshandlungen war die Luftwaffe auf enge Kooperation mit dem Heer abgestellt. Sie war in Luftflotten gegliedert, von denen jede eine kleine Luftwaffe für sich darstellte, zusammengesetzt aus allen Verbandsarten der Fliegertruppe, der Flakartillerie und der Luftnachrichtentruppe. Jede Luftflotte war auf Zusammenarbeit mit einer Heeresgruppe angewiesen. Die Luftwaffe sollte mit den Kampffliegerverbänden das Heer bei kriegsentscheidenden Operationen möglichst mittelbar unterstützen durch Bombenangriffe auf Eisenbahnanlagen, Straßenknotenpunkte usw. (heute: „interdiction"). Sie nannte auch das „operativen Luftkrieg", de facto aber war es großräumige Heeresunterstützung. Sie verfügte außerdem über erste Ansätze zu einem spezifisch taktischen Verband, der die Erdtruppe im Schwerpunkt der Operationen unmittelbar unterstützen sollte.

Die Fallschirmjäger und Luftlandetruppen der Luftwaffe sollten nicht als Kommando- und Sabotagetrupps im feindlichen Hinterland verwendet, sondern als kämpfende Truppen zur Wegnahme strategisch wichtiger Punkte eingesetzt werden („strategisch" im Sinne des Landkrieges).

Als die Feindseligkeiten im September 1939 ausbrachen, entsprach die nun beginnende Auseinandersetzung in der Luft während des Polen- und des Frankreichfeldzuges noch den Vorstellungen, von denen man ausgegangen war. Bald mußte die Luftwaffe jedoch eine Art von Luftkrieg führen, zu dem sie nach ihrer Konzeption, ihrer Organisation, ihrer Stärke und ihren Mitteln nicht befähigt war. Dies zeigte sich erstmals in der Luftschlacht um England, dann auch beim Luftkrieg über See, beim strategischen Luftkrieg gegen die Sowjetunion und bei der Abwehr der alliierten strategischen Bomberoffensive.

Die Luftwaffe war gezwungen, Feldzüge zu beginnen, die sich durch die falsche Lagebeurteilung und Maßnahmen der politischen Führung schon vor Abschluß der Aufrüstung zu einem Weltkrieg ausweiteten. Auf einen Weltkrieg war sie in ihrer Angriffs- und Verteidigungsrüstung weder vorbereitet noch war sie ihm gewachsen.

Nicht nur die Sowjetunion, auch Großbritannien hatte für die Luftwaffe jahrelang außerhalb der Erwägungen einer kriegerischen Auseinandersetzung gelegen. Noch bis in das Jahr 1938 hinein war die Masse der Einsatzhäfen im Osten und Süden des Reiches angelegt worden gegen Polen und die Tschechoslowakei; die Vorbereitungen im Nordwesten, von wo aus – im Fall der Achtung der belgischen und niederländischen Neutralität – Angriffsflüge gegen Großbritannien hätten gestartet werden müssen, waren noch nicht weit gediehen.

In dem 1939 ausgebrochenen europäischen und dann Weltkrieg mußte der Luftkrieg verlorengehen, wenn die Auffrischungspausen zwischen den „Blitzfeldzügen" ausblieben und die Zielgebiete für den Einsatz weit von Mitteleuropa entfernt lagen. Ab Sommer 1940 mußte die Luftwaffe pausenlos nach allen Seiten offensiv, aber auch defensiv tätig werden und außerdem über dem Reichsgebiet die Bomberoffensive abwehren. Damit war sie bei weitem überfordert.

Bibliographie

VII

Wehrmacht und Nationalsozialismus 1933-1939

Die bewaffnete Macht im Dritten Reich 1933-1939

Siglen

ASMZ	=	Allgemeine Schweizerische Militärzeitschrift
GWU	=	Geschichte in Wissenschaft und Unterricht
MGM	=	Militärgeschichtliche Mitteilungen
MR	=	Marine-Rundschau
ÖMZ	=	Österreichische Militärische Zeitschrift
VjZG	=	Vierteljahreshefte für Zeitgeschichte
VSWG	=	Vierteljahrschrift für Sozial- und Wirtschaftsgeschichte

Allgemeine Literatur zum gesamten Zeitraum:

Eine wissenschaftlich befriedigende, umfassende Darstellung der deutschen Militärgeschichte in den Jahren 1933–1939 gibt es nicht. Die bisherige Forschung versuchte, die Geschichte der bewaffneten Macht in den Rahmen des Gesamtkomplexes „Nationalsozialismus" unter außen-, innen-, sozial- und wirtschaftspolitischen Gesichtspunkten einzuordnen, die Wehrmacht im Strukturzusammenhang der Faschismus- und Totalitarismustheorien zu begreifen. Eine „Binnengeschichte" der Wehrmacht bleibt ein Desiderat; von den theoretischen Ansätzen zur wissenschaftlichen Erforschung der Epoche und der teilweise unzulänglichen Quellenlage her gesehen, erscheint eine solche Darstellung aber auch kaum möglich.

Das wissenschaftliche Interesse an der deutschen Militärgeschichte im „Dritten Reich" ergab sich aus den politischen Gegebenheiten der Nachkriegsjahre, den Erklärungs- und Rechtfertigungsversuchen unmittelbar Betroffener, der bis zum heutigen Tage unvermindert anhaltenden Faszination, die von der Persönlichkeit Hitlers ausgeht. Wichtige Grundlagenwerke (Quelleneditionen und Darstellungen) sind Ergebnis des von den Siegermächten und den deutschen Nachfolgeregierungen geförderten Umdenkungsprozesses im Zeichen der „Reeducation" sowie der „Bewältigung der Vergangenheit" in Schule, Universität und Öffentlichkeit. Das Bild des wissenschaftlichen Forschungsstandes wird in den ausgehenden vierziger und in den fünfziger Jahren sehr stark durch die angelsächsische Literatur bestimmt, was nicht zuletzt auf die in den USA und England schon frühzeitig verfügbaren deutschen Akten zurückzuführen ist. Erst nach Rückgabe des einschlägigen Quellenmaterials seit Ende der fünfziger Jahre setzte eine eigenständige, quellennahe deutsche Forschung zur Geschichte des Dritten Reiches und zur Militärgeschichte von 1933–1939 ein.

Die ersten großen, umfassenden Darstellungen stammen aus der Feder amerikanischer Historiker und Journalisten. John W. WHEELER-BENNET: *The Nemesis of Power. The German Army in Politics 1918–1945, London, New York 1956* (auch deutsch) vertrat in seiner engagierten Darstellung die These von der machtverfallenen, Hitler skrupellos dienenden nazistischen Militärmaschine; eine Interpretation, die in der interessierten amerikanischen und deutschen Öffentlichkeit weithin auf Zustimmung, in der Fachwissenschaft jedoch auf Kritik stieß. Gordon A. CRAIG: *Die preußisch-deutsche Armee 1640–1945. Der Staat im Staate, Düsseldorf 1960* begriff die Wehrmacht des Dritten Reichs als logische und historisch konsequente Entwicklung aus der Geschichte des preußisch-deutschen Militarismus, wobei die oft allzu vereinfachten Prämissen ein im ganzen verzerrtes Bild ergaben. Ähnliches gilt auch für die Arbeiten von Telford TAYLOR: *Sword and Swastika. The Wehrmacht in the Third Reich, London 1953* und William L. SHIRER: *Aufstieg und Fall des Dritten Reiches, Hamburg 1963.* Nichtsdestoweniger muß vor allem die Studie Shirers als wichtig angesehen werden, da der Verfasser teilweise Augenzeuge (als Journalist in Berlin) der geschilderten Ereignisse war und sein Urteil in den USA lange Zeit maßgeblich wurde. Mit Alan BULLOCK: Hitler. A Study in Tyranny (zuerst 1952), deutsch: *Hitler. Eine Studie über Tyrannei. Vollständig überarbeitete Neuausgabe, Düsseldorf 1972,* erfuhren nicht nur Hitler und der Nationalsozialismus, sondern auch die Geschichte der bewaffneten Macht ihre erste ausgereifte, im wesentlichen bis heute nicht überholte, wissenschaftlich hochstehende Darstellung. Im krassen Gegensatz hierzu bemühte sich Jacques BENOIST-MECHIN: *Geschichte der deutschen Militärmacht 1918–1945, Bd. 1–4, Oldenburg 1965 ff.* in kaum verbesserter Neuauflage seines Werkes aus dem Jahre 1938, die Geschichte der deutschen Armee verharmlosend und apologetisch, dem Problem des Nationalsozialismus gegenüber völlig kritiklos darzustellen. Für die wissenschaftliche Arbeit ist das Werk wertlos.

Um die Deutung der bewaffneten Macht im System des nationalsozialistischen Staates bemühte sich schon 1941 der deutsche Emigrant Ernst FRAENKEL: *Der Doppelstaat (1941),* deutsch *Frankfurt 1974,* dessen These seit Beginn der siebziger Jahre auf erneutes wissenschaftliches Interesse stieß. Herbert ROSINSKI, ein weiterer Emigrant, hat ebenfalls schon seit 1939 die deutsche Militärgeschichte von Friedrich dem Großen bis zur Gegenwart wissenschaftlich verfolgt und die Geschichte von Reichswehr und Wehrmacht unter dem Gesichtspunkt des Führungsdenkens, des Phänomens des „unbedingten Gehorsams" und der Entwicklung des Kriegsbildes in zahlreichen Einzelstudien behandelt, die in dem Werk: *Die deutsche Armee. Eine Analyse,* herausgegeben und eingeleitet von Gordon A. CRAIG, mit einer Einführung für die deutsche Ausgabe von Carl Hans HERMANN, *Düsseldorf 1970,* zusammengefaßt wurden.

Unter dem unmittelbaren Eindruck des Kriegsendes verfaßte Friedrich MEINECKE: *Die deutsche Katastrophe, Wiesbaden ²1946,* eine geistesgeschichtliche Analyse, die die Entwicklung hin zu Hitler nicht zuletzt der in der preußischen Militärgeschichte erkennbaren Pervertierung der hergebrachten Prinzipien der Staatsräson zuschieb. Von nicht so hoher Warte gesehen, im einzelnen aber konkreter und zutreffender, versuchte Hans HERZFELD: *Das Problem des deutschen Heeres 1919–1945,* in: *Geschichte und Politik,* hrsg. von H. G. DAHMS, *Heft 6, Laupheim 1952,* die Frage nach der Kontinuität bzw. Diskontinuität der deutschen Militärgeschichte zu beantworten.

Spezifische wissenschaftliche Quelleneditionen zur Geschichte der Wehrmacht von 1933 bis 1939 gibt es nicht. Neben den allgemeinen Quellenwerken *Akten zur deutschen auswärtigen Politik* (zit.: ADAP), insbesondere Serien C (1933–1936), D (1937–1941) *1950 ff.,* den *Documents on British Foreign Policy 1919–1939. 2. Serie 1929–1938,* bisher 13 Bde., *1946 ff.* (= DBFP), den *Documents diplomatiques français 1932–1939, 1. Serie 1932–1935, 1966 ff.,* bis Januar 1938, den *Documenti diplomatici italiani, 8. Serie, 1935–1939, 1952 f.,* 2 Bde. Mai–September 1939, den *Foreign Relations of the United States Diplomatic Papers 1950 ff.,* und den *Dokumenty vnešnej politiki SSSR,* bisher 19 Bde., *Moskau 1957 ff.,* spielen eine wichtige Rolle: *Der Prozeß gegen die Hauptkriegsverbrecher vor dem internationalen Militärgerichtshof, 42 Bde., Nürnberg 1947–1949* (= IMT) sowie die vor allem für Schulen und Behörden bestimmte Dokumentensammlung M. MICHAELIS, E. SCHRAEPLER (Hrsg.): *Ursachen und Folgen. Eine Dokumentensammlung zur Zeitgeschichte ab 1917, 1958 ff.* Unentbehrlich weiterhin SCHULTHESS: *Europäischer Geschichtskalender (1860–1940),* hier die Jahrgänge 1932–1939 und KEESINGs *Archiv der Gegenwart. 1931 ff.*

Von den verschiedenen Handbüchern zur Epoche 1933–1939 sind besonders zu nennen: Karl Dietrich ERDMANN: *Die Zeit der Weltkriege,* in: Bruno GEBHARDT: *Handbuch der deutschen Geschichte, Stuttgart, ⁹1973, 1976.* Unter umfassender Berücksichtigung des aktuellen Forschungsstandes handelt es sich um die bisher beste Gesamtdarstellung des Zeitraums; die Militärgeschichte wird jedoch allzu knapp berücksichtigt. Dies gilt auch für die unübertroffenen französischen Standard-Handbücher Pierre RENOUVIN: *Les crises du XXe siècle*, hier vor allem *Teil 2: De 1929 à 1945*, in: *Histoire des Relations Internationales, Bd. 8, Paris* ⁵1970 und Maurice BAUMONT: *La faillite de la paix 1918–1938, 2 Bde.*, in: *Peuples et Civilisations Bde. 19, 20, Paris* ⁵1967–1968. Maurice BAUMONT: *Les Origines de la Deuxième Guerre Mondiale, Paris 1969*, bleibt auch in seiner neuesten Darstellung der klassischen diplomatiegeschichtlichen Sicht verhaftet, wohingegen Jean-Baptiste DUROSELLE: *Histoire diplomatique de 1919 à nos jours, Paris* ⁵1970 auch weitergefaßte Aspekte zu berücksichtigen sucht.

Ein nach wie vor vorzügliches, knapp gefaßtes Handbuch, das auch die Jahre 1933–1939 abdeckt, liegt mit Carl Hans HERMANN: *Deutsche Militärgeschichte. Eine Einführung, Frankfurt/M. 1966* vor. Bahnbrechend für die Erforschung des Nationalsozialismus und der Wehrmacht wurden die Arbeiten von Bracher und Sauer. Karl-Dietrich BRACHER: *Die Auflösung der Weimarer Republik. Eine Studie zum Problem des Machtverfalls in der Demokratie, Villingen* ³*1960* ist für die Militärgeschichte der ausgehenden Weimarer Jahre, strukturell aber für die gesamte Geschichte der Wehrmacht im Dritten Reich von zentraler Bedeutung; Karl-Dietrich BRACHER, Wolfgang SAUER, Gerhard SCHULZ: *Die nationalsozialistische Machtergreifung. Studien zur Entwicklung des totalitären Herrschaftssystems in Deutschland 1933–1934, Köln o. J.* führt diesen Ansatz unter Zugrundelegung eines sehr breiten Quellenmaterials fort; der Abschnitt von Wolfgang SAUER: Die Mobilmachung der Gewalt (= S. 683–972) ist in Materialfülle, Aussagedichte und vom theoretischen Anspruch her nach wie vor maßgebliches Standardwerk. Karl-Dietrich BRACHER: *Die deutsche Diktatur. Entstehung, Struktur, Folgen des Nationalsozialismus, Köln* ³*1970* greift die Thematik der älteren Arbeiten auf, führt sie unter Einbeziehung der neueren Fragestellungen zum Faschismusproblem fort und sucht die Frage nach den Kontinuitäten der deutschen Geschichte vom Ende des Nationalsozialismus bis in die Gegenwart zu beantworten.

Die beiden wichtigsten, zugleich besten und umfangreichsten Werke zur Geschichte der Wehrmacht sind: Manfred MESSERSCHMIDT: *Die Wehrmacht im NS-Staat. Zeit der Indoktrination, Hamburg 1969*, und Klaus-Jürgen MÜLLER: *Das Heer und Hitler. Armee und nationalsozialistisches Regime 1933–1940, Stuttgart 1969*. Gemeinsam ist beiden eine schonungslose, jedoch bis ins einzelne belegte Analyse des Verhältnisses zwischen Wehrmacht und Nationalsozialismus; während MESSERSCHMIDT in den Mittelpunkt seiner Betrachtungen die geistigen Auseinandersetzungen und das Phänomen der „Indoktrinierung" stellt, liegt das Schwergewicht MÜLLERs auf der Darstellung der militärischen Opposition gegen Hitler, ohne daß die politischen und strategischen Fragen vernachlässigt werden. Jede nähere Beschäftigung mit der Wehrmacht im Dritten Reich wird von diesen beiden Standardwerken auszugehen haben.

Schon älter, aber aufgrund des umfangreichen ungedruckten Materials und der abgewogenen und zugleich quellennahen Darstellung keineswegs veraltet ist das Werk von Helmut KRAUSNICK: *Vorgeschichte und Beginn des militärischen Widerstandes gegen Hitler*, in: *Vollmacht des Gewissens, Bd. 1, Berlin 1960, S. 177–384*. Besonders wertvoll ist die sorgfältige Verwendung des im Institut für Zeitgeschichte gesammelten sog. „Zeugenschrifttums", das einen – wenngleich nicht ausreichenden – Ersatz für zahlreiche vernichtete Aktenbestände bietet.

Aus dem Institut für Zeitgeschichte und seinen Beständen ist auch die Arbeit von Martin BROSZAT: *Der Staat Hitlers, München 1969*, ⁴*1974* hervorgewachsen, eine knappe, gedankenreiche Analyse des Hitlerschen Systems, innerhalb derer der Wehrmacht gebührender Raum gegeben wird. Von völlig anderer Qualität ist Joachim C. FEST: *Hitler. Eine Biographie, Frankfurt 1973* (zahlreiche Neuauflagen), in der der Versuch unternommen wird, der Individualität Hitlers gerecht zu werden. Die Strukturzusammenhänge – zu ihnen zählt die Geschichte der Wehrmacht – dienen lediglich als (manchmal blasse) Folie. Die Breitenwirkung des Buches (auch durch den Film: Joachim C. FEST: Hitler, eine Karriere) ist so beträchtlich, daß eine wissenschaftliche Auseinandersetzung mit FEST unumgänglich ist.

Dies gilt auch für die offizielle Darstellung der DDR: *Deutschland im Zweiten Weltkrieg. 1: Vorbereitung, Entfesselung und Verlauf des Krieges bis zum 22. Juni 1941.* Leitung: Gerhard HASS, *Köln 1974.* Die Abschnitte, die sich mit den Jahren 1933–1939 befassen, sind außerordentlich disparat; die Wehrmacht erscheint als williges Organ des Hitler steuernden „Monopolkapitals". Die Geschichte des kommunistischen Widerstands ist überproportional dargestellt, die deutsche Militäropposition wird nur am Rande und eher abfällig behandelt. Insgesamt eine durchaus enttäuschende Kollektivleistung.

A. Die Reichswehr und die Machtergreifung durch Hitler

Die Chronologie der „Machtergreifung" wird in allen Darstellungen zur Geschichte des Dritten Reiches behandelt (vgl. Abschnitt VI). Zur Rolle der Reichswehr vgl. SAUER; MÜLLER, ferner Francis CARSTEN: *Reichswehr und Politik 1918–1933, Köln 1964,* eine intelligente, wenngleich in Einzelheiten nicht immer zutreffende Schilderung des wachsenden Einflusses nationalsozialistischen Gedankenguts auf die Reichswehr. Materialreich, aber gelegentlich ungenau und im Urteil überzogen: Robert J. O'NEILL: *The German Army and the Nazi Party 1933–1939, London 1966.* Unentbehrlich wegen des dargebotenen Quellenmaterials: Thilo VOGELSANG: *Neue Dokumente zur Geschichte der Reichswehr 1930–1933,* in: *VfZG 2 (1954)* und ders.: *Reichswehr, Staat und NSDAP. Beiträge zur deutschen Geschichte 1930–1932, Stuttgart 1962,* die detaillierteste Studie auch zur Frage des Anteils der Reichswehr bei der Machtergreifung durch Hitler.

1. Der 30. Januar 1933

a. Blombergs Ernennung

Die nächtliche Szene eindrucksvoll geschildert in Joseph GOEBBELS: *Vom Kaiserhof zur Reichskanzlei, München 1934.* Das Zitat Hindenburgs in den „Liebmann-Notizen", hrsg. von Thilo VOGELSANG: *Neue Dokumente.* S. 433. Zur Rolle Hindenburgs vgl. die Abschnitte bei Andreas DORPALEN: *Hindenburg and the Weimar Republic, Princeton 1964* und John W. WHEELER-BENNET: *Hindenburg the wooden Titan, London 1967.* Zu Blomberg: Otto E. MOLL: *Die deutschen Generalfeldmarschälle 1934–1945, Rastatt 1961.* Zu den Kontakten zwischen Hitler und Reichenau: Thilo VOGELSANG: Hitlers Brief an Reichenau vom 4. Dezember 1932, in: *VfZG 7 (1959).*

b. Die Bedeutung der Ernennung Blombergs und Reichenaus

Zur Rolle Reichenaus vgl. die Abschnitte bei MESSERSCHMIDT und MÜLLER. Eine Biographie fehlt. Fritsch wurde immer nur im Zusammenhang mit der Intrige von 1938 behandelt, s. u. S. 603. Demgegenüber hat sich die Wissenschaft mit Ludwig Beck intensiv beschäftigt; in erster Linie sind zu nennen: Die entsprechenden Abschnitte bei KRAUSNICK: *Vorgeschichte und Beginn des militärischen Widerstandes gegen Hitler;* Gerhard RITTER: *Carl Goerdeler und die deutsche Widerstandsbewegung, Stuttgart 1955.* Die wichtigsten Arbeiten stammen von Klaus-Jürgen MÜLLER: *Ludwig Beck. Ein General zwischen Wilhelminismus und Nationalsozialismus,* in: Festschrift Fritz FISCHER, *Deutschland in der Weltpolitik des 19. und 20. Jahrhunderts,* hrsg. von I. GEISS und B. J. WENDT, *Düsseldorf 1973;* ders.: *Ludwig Beck. Probleme seiner Biographie,* in: *MGM 11/1972;* demnächst ders.: *Generaloberst Ludwig Beck. Studien und Dokumente zu seiner politischen Vorstellungswelt.* Während MÜLLER Beck distanziert gegenübersteht und den „Traditionalismus" des Generalobersten betont, ist die ältere Arbeit von Wolfgang FOERSTER: *Generaloberst Ludwig Beck. Sein Kampf gegen den Krieg. Aus nachgelassenen Papieren des Generalstabschefs, München 1953* einem stark idealisierenden Bild verhaftet. Der „Vorbildcharakter" Becks wird auch betont bei Gert BUCHHEIT: *Ludwig Beck – ein preußischer General, München 1964,* einer Arbeit, der es an geistiger Durchdringung mangelt, und Hans SPEIDEL (Hrsg.): *Beck. Studien, Stuttgart 1955.* Ders.: *Ludwig Beck,* in: *Die großen Deutschen* gibt eine vollendet knappe und zutreffende Biographie. Wilhelm Ritter von SCHRAMM (Hrsg.): *Beck und Goerdeler. Gemeinschaftsdokumente für den Frieden 1941–1944, München 1963,* betont den „politischen" Ansatz des Beckschen Denkens, wohingegen ders.: *Generaloberst Beck und der Durchbruch zu einer neuen deutschen Wehrtheorie,* in: *Aus Politik und Zeitgeschehen,* Beilage zur Wochenzeitschrift „Das Parlament", *29/1964* Beck als Militärtheoretiker würdigt.

2. Reichskanzler und Reichswehr

Die Protokolle der ersten Kabinettsitzungen, abgedruckt in ADAP, C I, Bd. 1, und *Ursachen und Folgen, Bd. 9.* Eine kritische Edition der Kabinettprotokolle der Regierung Hitler steht noch aus, befindet sich jedoch in Vorbereitung. Zur Interpretation der Hitlerschen Äußerungen vgl. MESSERSCHMIDT.

B. Reichswehr und Nationalsozialismus

1. Nationalsozialismus und Wehrmacht vor 1933

Die „Vorgeschichte" zum Thema wird ansatzweise in allen größeren Monographien zur Geschichte der Weimarer Republik behandelt, aber erst mit den Arbeiten von SAUER, CARSTEN und VOGELSANG wurden quellennahe Ergebnisse vorgelegt. Zur Literatur im einzelnen, insoweit sie die Ereignisse von 1920, 1923 (Hitlerputsch) und 1930 (Reichswehrprozeß) betrifft, vgl. Abschnitt VI dieses Handbuchs.

a. Militarismus und Militanz in der Weimarer Republik

Die Existenz eines spezifischen „Weimarer" Militarismus, schon von Gerhard RITTER: *Staatskunst und Kriegshandwerk, Bd. 1, München 1959,* postuliert, konnte bisher nur sporadisch nachgewiesen und an bestimmten Fakten und Persönlichkeiten (z. B. Kapp-Lüttwitz-Putsch, Herbstkrise 1923, Seeckt, J. v. Stülpnagel) verdeutlicht werden. Erst die detaillierten und scharfsinnigen Studien von Michael GEYER: *Militär, Rüstung und Außenpolitik – Aspekte militärischer Revisionspolitik in der Zwischenkriegszeit,* in: *Hitler, Deutschland und die Mächte,* hrsg. von Manfred FUNKE, *Düsseldorf 1976;* ders.: *Die Wehrmacht der Deutschen Republik ist die Reichswehr,* in: *MGM 14 (1973),* haben größere Klarheit gebracht. Die umfassende Darstellung ist demnächst zu erwarten: Michael GEYER: *Aufrüstung oder Sicherheit. Die Reichswehr und die Krise der Machtpolitik 1924–1936,* Phil. Diss. (masch.) *Freiburg 1976.* Wichtig auch: Andreas HILLGRUBER: Zum Problem des Militarismus am Ende der Weimarer Republik und im „Dritten Reich", in: *Großmachtpolitik und Militarismus im 20. Jahrhundert. 3 Beiträge zum Kontinuitätsproblem. Düsseldorf 1974.* Für den Bereich der Marine liegen bereits seit längerem zwei Studien zum Thema vor: Jost DÜLFFER: *Weimar, Hitler und die Marine. Reichspolitik und Flottenbau 1920 bis 1939, Düsseldorf 1973.* (Vgl. Abschnitt VIII dieses Handbuchs) und Werner RAHN: *Reichsmarine und Landesverteidigung 1919–1928. Konzeption und Führung der Marine in der Weimarer Republik, München*

1976. Den Ansatz Dülffers aufnehmend demnächst: Gerhard SCHREIBER: *Revisionismus und Weltmachtstreben. Marineführung und deutsch-italienische Beziehungen 1919–1944, Stuttgart 1978*. Der Frage nach langfristigen Entwicklungen geht thesenartig Andreas HILLGRUBER: *Kontinuität und Diskontinuität in der deutschen Außenpolitik von Bismarck bis Hitler, Düsseldorf 1969*, nach. Zum Problem des historischen Selbstverständnisses des Offizierkorps ist Karl DEMETER: *Das deutsche Offizierkorps in Gesellschaft und Staat 1650–1945, Frankfurt/M. [4]1965*, als erster Überblick nützlich; siehe ferner die besonders auf den Generalstabsoffizier konzentrierten Studien von Waldemar ERFURTH: *Die Geschichte des deutschen Generalstabes von 1918–1945, Göttingen 1957* und Hans-Georg MODEL: *Der deutsche Generalstabsoffizier. Seine Auswahl und Ausbildung in Reichswehr, Wehrmacht und Bundeswehr, Frankfurt/M. 1968*. Demnächst: Hans Hubert HOFMANN (Hrsg.): *Das deutsche Offizierkorps* (Arbeitstitel); hierin besonders Rudolf ABSOLON: *Das Offizierkorps des Reichsheeres und der Wehrmacht*. Für die Marine: Michael SALEWSKI: *Selbstverständnis und historisches Bewußtsein der deutschen Kriegsmarine*, in: *Marinerundschau 67 (1970)*. Zum Problem des Versailler Vertrages s. Abschnitt VI; zum Problem der „Sicherheitspolitik" s. Michael SALEWSKI: *Zur deutschen Sicherheitspolitik in der Spätphase der Weimarer Republik*, in: *VfZG 22 (1974)*; allgemein: ders.: *Entwaffnung und Militärkontrolle in Deutschland 1919–1927, München 1966*. Zur Politik Groeners und Schleichers vgl. die Arbeiten von CARSTEN und VOGELSANG.

b. Revisionismus und Reichswehr

Das Revisionismusproblem tritt bei Heinrich BRÜNING: *Memoiren 1918–1934, Stuttgart 1970*, auch in seiner auf die Reichswehr gerichteten Dynamik besonders deutlich in Erscheinung. Zum Problem der „Vertragsbrüche" vgl. SALEWSKI: *Entwaffnung*. Unter einseitig außenpolitischem Aspekt und ohne Berücksichtigung der eigentlichen Problematik ist zu nennen die Studie von Günter WOLLSTEIN: *Vom Weimarer Revisionismus zu Hitler. Das Deutsche Reich und die Großmächte in der Anfangsphase der nationalsozialistischen Herrschaft in Deutschland, Bonn 1973*. Sehr stark wird die wirtschafts- und rüstungspolitische Komponente des Revisionismus betont bei George F. W. HALLGARTEN: *Hitler, Reichswehr und Industrie. Zur Geschichte der Jahre 1918–1933, Frankfurt/M. 1962*. Hitlers „Revisionsziele" waren aus seinem Buch „Mein Kampf" schon frühzeitig ablesbar. Wichtige Sammlung Hitlerscher Reden: Max DOMARUS: *Hitler: Reden und Proklamationen 1932/1945, Bd. 1, 2, München 1965*. Eine kritische Gesamtausgabe aller mündlichen und schriftlichen Hitler-Äußerungen bleibt ein Desiderat der Forschung.

c. Der Nationalsozialismus als Problem der Reichswehr

Die zeitgenössische Auseinandersetzung von Angehörigen der Reichswehr mit dem Nationalsozialismus beschränkte sich zumeist auf bloße Akklamation in Verkennung der nationalsozialistischen Weltanschauung, vgl. z. B. Hermann FOERTSCH: *Die Wehrmacht im nationalsozialistischen Staat, Hamburg 1935*; oder auch das viel gelesene, für die Kriegsmarine wichtige Buch von Siegfried SORGE: *Der Marineoffizier als Führer und Erzieher, Berlin [2]1940*. Nach wie vor bilden die Memoiren führender Generale und Admirale eine wichtige Quellengruppe, vgl. die tüchtige Analyse von Gotthard BREIT: *Das Staats- und Gesellschaftsbild deutscher Generale beider Weltkriege im Spiegel ihrer Memoiren, Boppard 1973*. Aus der großen Fülle der Erinnerungen sind besonders zu nennen: Edgar RÖHRICHT: *Pflicht und Gewissen. Erinnerungen eines deutschen Generals 1932–1944, Stuttgart 1965*; Adolf HEUSINGER: *Befehl im Widerstreit. Schicksalsstunden der deutschen Armee 1923–1945, Tübingen/Stuttgart 1950*, ein Werk, dem hohe Bedeutung zukommt; Erich von MANSTEIN: *Aus einem Soldatenleben 1887–1939*,

Bonn 1958; Heinz GUDERIAN: *Erinnerungen eines Soldaten, Heidelberg* [4]*1951.* Wichtig auch die Erinnerungen von Friedrich HOSSBACH: *Zwischen Wehrmacht und Hitler 1934–1938, Göttingen* [2]*1965*, und Ludwig GEYR von SCHWEPPENBURG: *Erinnerungen eines Militärattachés London 1933–1937, Stuttgart 1949.* Tiefschürfend und geistvoll, gelegentlich nicht frei von Apologetik: Hans SPEIDEL: *Aus unserer Zeit. Erinnerungen, Berlin 1977.* Aus dem Bereich der Marine sind insbesondere zu nennen: Kurt ASSMANN: *Deutsche Schicksalsjahre, Wiesbaden 1950*, eine quellennahe Gesamtdeutung der Epoche; Erich RAEDER: *Mein Leben, 2 Bde., Tübingen 1956–1957;* Karl DÖNITZ: *Zehn Jahre und 20 Tage, Bonn 1958* (zahlreiche Neuauflagen). Die Auseinandersetzung mit dem Nationalsozialismus wird in den Memoiren in aller Regel apologetisch geführt; Versuche der Zusammenfassung bei Gert BUCHHEIT: *Soldatentum und Rebellion. Die Tragödie der deutschen Wehrmacht, Rastatt 1961;* Basil LIDDELL HART: *Jetzt dürfen sie reden. Hitlers Generale berichten, Stuttgart 1950;* Walter GÖRLITZ: *Der deutsche Generalstab. Geschichte und Gestalt, Frankfurt/M. 1953*, ist nur als Überblick brauchbar. Einige weitere Details zum Komplex Ausbildung und Indoktrinierung von Generalstabsoffizieren jetzt bei Detlef BALD: *Der deutsche Generalstab 1859–1939. Reform und Restauration in Ausbildung und Bildung* (= Sozialwissenschaftliches Institut der Bundeswehr, Berichte, Heft 7), *München 1977.* Zum Selbstverständnis Halders immer noch wichtig: Peter BOR: *Gespräche mit Halder, Wiesbaden 1950.*

Zum Thema Hitler und Reichswehr/Wehrmacht vgl. außer den genannten Standardwerken Ernst DEUERLEIN: *Hitlers Eintritt in die Politik und die Reichswehr*, in: *VfZG 7 (1959).* Das distanzierte Verhältnis zwischen NSDAP und Reichswehr behandelt auch Walter BAUM: *Die Reichswehr und das Wehrpolitische Amt der Nationalsozialistischen Deutschen Arbeiterpartei*, in: *Allgemeine Schweizerische Militärzeitschrift 6/1965.* Maßgeblich für den Ulmer Reichswehrprozeß bleibt Peter BUCHER: *Der Reichswehrprozeß. Der Hochverrat der Ulmer Reichswehroffiziere 1929/30, Boppard 1967.* Zahlreiche Details, aber auch anfechtbare Wertungen bei CARSTEN: *Reichswehr und Republik.*

d. „Teilidentität der Ziele"

Maßgeblich und erschöpfend: MESSERSCHMIDT: *Die Wehrmacht im NS-Staat.*

Die älteren Arbeiten von Helmut KRAUSNICK: *Die Wehrmacht im Dritten Reich 1933–1939*, in: *Schicksalsfragen der Gegenwart. Handbuch politisch-historischer Bildung, Bd. 2, Tübingen 1957*, und Werner GEMBRUCH: *Zur Gleichschaltung der bewaffneten Macht unter der Herrschaft des Nationalsozialismus*, in: *Wehrwissenschaftliche Rundschau 1958*, sind dadurch im wesentlichen überholt.

2. Die „Zwei-Säulen-Theorie"

Literatur wie B 1 b–d; vor allem MÜLLER und MESSERSCHMIDT. Äußere Anpassung: Beste Sammlung aller einschlägigen Erlasse und Vorschriften bei Rudolf ABSOLON: *Die Wehrmacht im Dritten Reich. Bd. 2: 30. 1. 1933 – 2. 8. 1934; Bd. 3: 2. 8. 1934 bis 4. 2. 1938, Boppard 1969 ff.* Bd. 4 in Vorbereitung. Der seit 1924, verstärkt seit 1930 von Hitler propagierte Wandel im Selbstverständnis der NSDAP, und die Betonung des Legalitätsprinzips trugen wesentlich zur Annäherung zwischen den „konservativen" Militärs und der nationalsozialistischen Bewegung bei. Zu diesem Themenkomplex vgl. besonders: Albrecht TYRELL: *Vom „Trommler" zum „Führer". Der Wandel von Hitlers Selbstverständnis zwischen 1919 und 1924 und die Entwicklung der NSDAP, München 1975;* Werner HORN: *Führerideologie und Parteiorganisation in der NSDAP 1919–1933, Düsseldorf 1972;* Peter HÜTTENBERGER: *Die Gauleiter. Studie zum Wandel des Machtgefüges in der NSDAP, Stuttgart 1969.*

b. Der sog. „Loyalitätswettlauf“

Zur Verbändefrage vgl. Abschnitt VI. Zur Geschichte der SA s. u. C. Die Sonderrolle der SA im Rahmen der „Wehrverbände“ in der Weimarer Republik untersucht Andreas WERNER: *SA der NSDAP: „Wehrverband“, „Parteitruppe“ oder „Revolutionsarmee“? Studien zur Geschichte der SA und der NSDAP 1920 bis 1933*. Phil. Diss. *Erlangen 1964*.

3. Die Indoktrination der Reichswehr

a. Die Rolle des Reichspräsidenten und der Tag von Potsdam

Die Rolle Hindenburgs zwischen Reichswehr und Hitler behandelt CARSTEN: *Reichswehr und Republik;* VOGELSANG: *Reichswehr Staat und NSDAP*. Vgl. auch Walther HUBATSCH: *Hindenburg und der Staat. Aus den Papieren des Generalfeldmarschalls und Reichspräsidenten von 1874–1934, Göttingen 1966*. Friedrich J. LUCAS: *Hindenburg als Reichspräsident, Bonn 1959*. Zum Tag von Potsdam: Darstellungen von GOEBBELS: *Vom Kaiserhof zur Reichskanzlei;* ausführliche Berichte in der gesamten zeitgenössischen Presse. Bericht des französischen Botschafters André FRANÇOIS-PONCET: *Als Botschafter in Berlin, Mainz ²1964*. Zahlreiche Hinweise auch in der einschlägigen Memoirenliteratur.

b. Nationalpolitische und nationalsozialistische Schulung

Am wichtigsten: MESSERSCHMIDT: *Die Wehrmacht im NS-Staat*, mit weiterführender Literatur. Aus der zeitgenössischen Schulungsliteratur sind besonders erwähnenswert (nur als Quellen kritisch zu benutzen): Valentin BEYER (Hrsg.): *Das neue Deutschland im Werden. Bausteine für den Nationalpolitischen Unterricht an den Wehrmacht-Fachschulen, hrsg. im Auftrag des Reichskriegsministeriums, Berlin ⁶1935;* F. von COCHENHAUSEN: *Wehrerziehung und Wehrwissenschaften*, in: *Die Wehrwissenschaften der Gegenwart* (= Wissenschaftliche Forschungsberichte zum Aufbau des Neuen Reiches, H. 3), *Berlin 1934;* ders.: *Wehrwissenschaften–Wehrpolitik–Wehrerziehung*, in: *Erziehung zum Wehrwillen. Pädagogisch-methodisches Handbuch für Erzieher, Stuttgart 1937*. Stark traditionell, dem Nationalsozialismus eher distanziert gegenüberstehend die Arbeiten von Hermann FOERTSCH: *Die Wehrmacht im nationalsozialistischen Staat* (vgl. S. 588, c); ders.: *Der Offizier der deutschen Wehrmacht. Eine Pflichtenlehre, Berlin¹ 1940*.

c. Judenpolitik und „Arierparagraph“

Eine wissenschaftliche Untersuchung zum Problem Wehrmacht und Antisemitismus fehlt. Einzelnes für die letzten Jahre der Weimarer Republik bei Arnold PAUCKER: *Der jüdische Abwehrkampf gegen Antisemitismus und Nationalsozialismus in den letzten Jahren der Weimarer Republik, Hamburg ²1969*. Aus der umfangreichen allgemeinen Literatur zur nationalsozialistischen Rassenpolitik sind besonders zu nennen: Léon POLIAKOV, Joseph WULF: *Das Dritte Reich und die Juden. Dokumente und Aufsätze, Berlin ²1955;* besonders wichtig: Uwe D. ADAM: *Judenpolitik im Dritten Reich, Düsseldorf 1972*.

C. Die SA und die Krise der NS-Bewegung

1. SA, NSDAP und Wehrmacht

a. Röhms „Revolutionsarmee“

Zur Frühgeschichte der SA, ihrer Soziologie und ihrem Selbstverständnis vgl. Andreas WERNER: *SA der NSDAP*. Vgl. auch Michael H. KATER: *Ansätze zu einer Soziologie der SA bis zur Röhmkrise*, in: *Soziale Bewegung und politische Verfassung, Stuttgart 1976*, und ders.: *Zum gegenseitigen Verhältnis von SA und SS in der Sozialgeschichte des Nationalsozialismus von 1925 bis 1939*, in: *VSWG 62 (1975)*. Zum „Stellenwert" der SA und der von ihr verfolgten Politik im Rahmen des Gesamtphänomens des Nationalsozialismus vgl. die Abschnitte bei SAUER, und Klaus HILDEBRAND: *Die innenpolitischen Antriebskräfte der nationalsozialistischen Außenpolitik*, in: *Sozialgeschichte heute.* Festschrift für Hans ROSENBERG, hrsg. von H. U. WEHLER, *Göttingen 1974*. Nützlich die Dokumentensammlung von Günther FREDE und Otto-Ernst SCHÜDEKOPF: *Wehrmacht und Politik 1933—1945. Dokumente mit verbindendem Text, Braunschweig 1953*. Breiten Raum nimmt das SA-Problem ein auch bei Robert J. O. NEILL: *The German Army and the Nazi Party*. Grundlegende Arbeit zur Geschichte der SA: Heinrich BENNECKE: *Hitler und die SA, München 1962*. Wichtig die Selbstdarstellung von Ernst RÖHM: *Geschichte eines Hochverräters, München 1933*. Kenntnisreich: Charles BLOCH: *Die SA und die Krise des NS-Regimes, Frankfurt 1970*.

b. SA und die Auflösung der Wehrverbände

Maßgeblich zur Geschichte des „Reichsbanners": Karl ROHE: *Das Reichsbanner Schwarz-Rot-Gold. Ein Beitrag zur Geschichte und Struktur der politischen Kampfverbände zur Zeit der Weimarer Republik, Düsseldorf 1966*. Zum Ende des „Stahlhelm" vgl. die gründlich dokumentierten Studien von Volker R. BERGHAHN: *Der Stahlhelm, Bund der Frontsoldaten 1918—1935, Düsseldorf 1966*, und Alois KLOTZBÜCHER: *Der politische Weg des Stahlhelm. Bund der Frontsoldaten in der Weimarer Republik. Ein Beitrag zur Geschichte der „Nationalen Opposition" 1918—1933, Erlangen 1965*. Aus marxistischer Sicht: Richard LAKOWSKI: *Das Ende des „Stahlhelm". Ein Beitrag zur Geschichte der Stabilisierung der faschistischen Diktatur in Deutschland*, in: *Gesellschaftswissenschaftliche Reihe der Humboldt-Universität Berlin, 22 (1973)*. Aus der Sicht eines der Hauptbetroffenen: Theodor DUESTERBERG: *Der Stahlhelm und Hitler. Wolfenbüttel/Hannover 1949*.

2. Der 30. Juni 1934

Außer der unter C 1 genannten Literatur vgl. auch die kluge Studie von Helmut KRAUSNICK: *Der 30. Juni 1934. Bedeutung—Hintergründe—Verlauf*, in: *Aus Politik und Zeitgeschichte*, Beilage zur Wochenzeitschrift „Das Parlament", *30. Juni 1954*. Für die Ereignisse des 30. Juni ferner wichtig: Hermann MAU: *Die „Zweite Revolution" — der 30. Juni 1934*, in: VfZG 1 (1953). Materialreich, jedoch vielfach ungenau und in der Tendenz fragwürdig: Max GALLO: *Der schwarze Freitag der SA. Die Vernichtung des revolutionären Flügels der NSDAP durch Hitlers SS im Juni 1934, Wien 1972*. Den Zusammenhang mit der konservativen Bewegung Papens arbeitet heraus K. M. GRASS: *Edgar Jung, Papenkreis und Röhmkrise 1933/34, Phil. Diss. Heidelberg 1967*.

c. Der 30. Juni 1934 und die Verantwortlichkeit der Wehrmacht

Wichtigstes bei MÜLLER: *Das Heer und Hitler*. Dokumentarischer Nachweis der Beteiligung von Reichswehrdienststellen: Klaus-Jürgen MÜLLER: *Reichswehr und „Röhm-Affaire". Aus den Akten des Wehrkreiskommandos (Bayr. VII)*, in: *MGM 1/1968*. Zum Selbstverständnis führender Militärs im Zusammenhang mit dem 30. Juni: Erich von MANSTEIN: *Mitteilungen zum 30. Juni 1934*, in: *Die Reaktion des Offizierkorps auf den 30. Juni 1934* (= Das Militärarchiv, Juni 1965). Theodor ESCHENBURG: *Zur Ermordung des Generals von Schleicher*, in: *VfZG 1 (1953)*.

3. Die Verpflichtung auf Hitler

Auf die Eid-Frage wird in allen Erinnerungen maßgeblicher Militärs eingegangen; besonders tiefdringend bei Hermann FOERTSCH: *Schuld und Verhängnis. Die Fritsch-Krise im Frühjahr 1938 als Wendepunkt in der Geschichte der nationalsozialistischen Zeit, Stuttgart 1951;* Edgar RÖHRICHT: *Pflicht und Gewissen. Erinnerungen eines deutschen Generals 1932–1944, Stuttgart 1965;* Adolf HEUSINGER: *Befehl im Widerstreit. Schicksalsstunden der deutschen Armee 1923–1945, Tübingen 1950;* Friedrich HOSSBACH: *Zwischen Wehrmacht und Hitler 1934–1938, Göttingen* [2]*1965.* Allgemein zur Problematik des Eides: Theodor SCHIEDER: *Der Fahneneid als politisches Problem in der deutschen Geschichte,* in: *Der Fahneneid* (= Cappenberger Gespräche der Stein-Gesellschaft 4), 1970, und Karl Otmar Frh. von ARETIN: *Der Eid auf Hitler, eine Studie zum moralischen Verfall des Offizierkorps der Reichswehr.* Vgl. auch BREIT: *Das Staats- und Gesellschaftsbild.*

4. Die bewaffnete SS und ihre Rolle im Nationalsozialistischen System

Zur Literatur vgl. die folgende Bibliographie zur Organisationsgeschichte Heer.

Aus der großen Fülle von Arbeiten zur Allgemeinen SS vgl. insbesondere die grundlegende, wenngleich zu stark systematisierende und damit den „chaotischen" Grundzug in der SS verkennenden Studie von Eugen KOGON: *Der SS-Staat. Das System der deutschen Konzentrationslager, Frankfurt 1948* (zahlreiche Neuauflagen). Umfassendste Darstellung, bisher unübertroffen: *Anatomie des SS-Staates,* Bd. 1: Hans BUCHHEIM: *Die SS – Das Herrschaftsinstrument. Befehl und Gehorsam;* Bd. 2: Martin BROSZAT, Hans-Adolf JACOBSEN, Helmut KRAUSNICK: *Konzentrationslager, Kommissarbefehl, Judenverfolgung, Freiburg i. Br. 1965.* Umfassend, im Urteil jedoch nicht immer abgewogen, stark moralisierend: Gerald REITLINGER: *The SS. Alibi of a Nation 1922–1945, London 1956.* Materialreich, in Einzelheiten ungenau, manchmal salopp und journalistisch: Heinz HÖHNE: *Der Orden unter dem Totenkopf. Die Geschichte der SS, Gütersloh 1967.* Zum Selbstverständnis der SS vgl. die Edition von B. F. SMITH und A. F. PETERSON (Hrsg.): *Heinrich Himmler, Geheimreden 1933 bis 1945 und andere Ansprachen, Frankfurt/M. 1974,* und die sehr aufschlußreiche Sammlung von Helmut HEIBER (Hrsg.): *Reichsführer! ... Briefe an und von Himmler, Stuttgart 1968.* Wichtig auch die Retrospektive aus den Prozeßakten des amerikanischen Chefanklägers Robert M. W. KEMPNER: *SS im Kreuzverhör, München 1965.* Zur Einordnung der SS in den „Führerstaat" vgl. Hans BUCHHEIM: *Die SS in der Verfassung des Dritten Reiches,* in: *VfZG 3 (1955).* Zur Geschichte von SD und Gestapo insbesondere Shlomo ARONSON: *Reinhard Heydrich und die Frühgeschichte von Gestapo und SD, Stuttgart 1971,* und Alwin RAMME: *Der Sicherheitsdienst der SS. Zu seiner Funktion im faschistischen Machtapparat und im Besatzungsregime des sogenannten Generalgouvernements Polen, Berlin 1970* (= Militärhistorische Studien N. F. 12). Zur Soziologie der SS vgl. Hans BUCHHEIM: *Die höheren SS- und Polizeiführer,* in: *VfZG 11 (1963),* und demnächst die Studie von Bernd WEGENER: *Zur Soziologie der SS* (Arbeitstitel). Den wichtigen ökonomischen Aspekt der SS behandelt Enno GEORG: *Die wirtschaftlichen Unternehmungen der SS, Stuttgart 1963.*

Zur Geschichte der Waffen-SS maßgebend: George H. STEIN: *Die Geschichte der Waffen-SS. Düsseldorf 1967.* Wichtig auch noch die ältere Arbeit von Hans-Günther SERAPHIM: *SD-Verfügungstruppe und Wehrmacht,* in: *Wehrwissenschaftliche Rundschau 1955,* und A. SCHICKEL: *Wehrmacht und SS,* in: *GWU 21 (1970).*

D. Das Scheitern der Abrüstungsidee

Zur allgemeinen Literatur vgl. Abschnitt VI.

Das Abrüstungsproblem wird in allen Darstellungen zur Geschichte des Völkerbundes behandelt; wichtig die zeitgenössischen Darstellungen deutscher juristischer und Abrüstungsexperten: Karl SCHWENDEMANN: *Abrüstung und Sicherheit. Handbuch der Sicherheitsfrage und Abrüstungskonferenz, 2. Band, Leipzig–Berlin o. J.*, materialreich. Ferner: Fritz BERBER: *Sicherheit und Gerechtigkeit, Berlin 1934.*

1. Die Genfer Abrüstungskonferenz von 1932

Die Rolle der deutschen Politik auf der Abrüstungskonferenz wird gut dokumentiert bei Hans-Jürgen RAUTENBERG: *Deutsche Rüstungspolitik vom Beginn der Genfer Abrüstungskonferenz bis zur Wiedereinführung der allgemeinen Wehrpflicht 1932–1935, Diss. Bonn 1973*, und in der Dissertation von Christine FRASER: *Der Austritt Deutschlands aus dem Völkerbund, Bonn 1969.* Das wichtigste Material verarbeitet auch bei Günter WOLLSTEIN: *Deutsche Revisionspolitik.* Aus marxistischer Sicht wichtig die Arbeiten von J. KRÜGER: *Die Rolle der Abrüstungsdemagogie in der deutschen Außenpolitik (1932–1935)*, Masch. Diss. *Potsdam-Babelsberg 1964*, und der Überblick von Gerhart HASS: *Der Kampf um die kollektive Sicherheit vor dem Zweiten Weltkrieg und der deutsche Imperialismus*, in: *Kriegsbeginn 1939*, hrsg. von Gottfried NIEDHART, *Darmstadt 1976.*

a. Entstehung und Entwicklung der Abrüstungsidee bis Januar 1933

Wichtig für die innerdeutsche Diskussion um die Abrüstung die Arbeiten von Wilhelm DEIST: *Die Haltung der Westmächte gegenüber Deutschland während der Abrüstungskonferenz 1932/33, Diss. Freiburg 1956;* ders.: *Schleicher und die deutsche Abrüstungspolitik im Juni/Juli 1932*, in: *VfZG 7 (1959).* Mit besonderer Aufmerksamkeit verfolgten die Franzosen die deutsche Abrüstungspolitik. In diesem Zusammenhang bleibt das Buch des ehemaligen Chefs des deuxième bureau wichtig: George CASTELLAN: *Le réarmement clandestin du Reich 1933–1935, vu par le deuxième bureau, Paris 1954.* Interessante Aufschlüsse vermitteln auch die Memoiren von FRANÇOIS-PONCET.

b. Die Entscheidung vom 11. Dezember 1932 und die neuen deutschen Richtlinien

Literatur wie D 1 a. Die diplomatischen Akten in *Documents on British Foreign Policy 1919–1939*, 2. Serie, Bd. IV, und *Documents diplomatiques français 1932–1939, 1. Serie 1932–1935, Bd. 1–4.*

2. Das Ringen um die praktische Gleichberechtigung

Der Inhalt der verschiedenen Abrüstungspläne am besten zusammengefaßt bei RAUTENBERG: *Deutsche Rüstungspolitik*, und FRASER: *Der Austritt Deutschlands aus dem Völkerbund.* Zum Vierpakt vgl. Konrad J. JARAUSCH: *The Four Power Pact, New York 1965*, und Lothar KREKER: *Die diplomatischen Verhandlungen über den Viererpakt vom 15. Juli 1933. Ein Beitrag zum Anfangsstadium der Außenpolitik des Dritten Reiches*, in: *Die Welt als Geschichte 21 (1962).*

3. Deutschlands Austritt aus dem Völkerbund und der Abrüstungskonferenz

Wichtigste Darstellung von FRASER: *Der Austritt Deutschlands aus dem Völkerbund.* Von hohem Quellenwert die Erinnerungen von Rudolf NADOLNY: *Mein Beitrag, Wiesbaden 1955.*

E. Reichswehr und Rüstung 1932-1934

1. Aufrüstung in den letzten Jahren der Weimarer Republik

Die Diskussion über Kontinuität oder Diskontinuität der deutschen Rüstungspolitik im Übergang von der Weimarer Republik zum Dritten Reich wurde mit der bahnbrechenden Studie von Wolfgang SAUER: *Mobilmachung der Gewalt,* in: BRACHER, SAUER, SCHULZ: *Die nationalsozialistische Machtergreifung,* eröffnet, nachdem schon HALLGARTEN: *Hitler, Reichswehr und Industrie,* die These von der Verwurzelung der Hitlerschen Aufrüstungspolitik in die Weimarer Planungen vertreten hatte. Im Zusammenhang mit der französischen Behauptung von der letztlich nicht „geglückten" deutschen Entwaffnung nach 1918 postulierte CASTELLAN: *Le réarmement clandestin du Reich* sehr stark den Zusammenhang zwischen der Weimarer und der nationalsozialistischen Aufrüstungspolitik. Auf breitester Quellengrundlage haben die Arbeiten von Michael GEYER Licht in die Rüstungsstrukturen der Weimarer Zeit gebracht. Ähnlich in der Grundtendenz, aber ideologisch vergröbert: Karl NUSS: *Militär und Wiederaufrüstung in der Weimarer Republik. Zur politischen Rolle und Entwicklung der Reichswehr, Berlin 1977.* Eine Darstellung zur Definition der verschiedenen Begriffe fehlt; der im Text unternommene Versuch bedarf weiterer Erörterung.

Die Anfänge der nationalsozialistischen Aufrüstungspolitik werden in dem veralteten, jedoch immer noch lesenswerten Buch von Gerhard MEINCK: *Hitler und die deutsche Aufrüstung 1933–1939, Wiesbaden 1959,* behandelt, wohingegen die neuere Darstellung von Walter BERNHARDT: *Die deutsche Aufrüstung 1934–1939. Militärische und politische Konzeptionen und ihre Einschätzung durch die Alliierten, Frankfurt/M. 1969,* in jeder Hinsicht unzulänglich ist. Am detailliertesten bleibt Hans-Jürgen RAUTENBERG: *Deutsche Rüstungspolitik.* Als Quelle unentbehrlich: Georg THOMAS: *Geschichte der deutschen Wehr- und Rüstungswirtschaft (1918–1943/45),* hrsg. von Wolfgang BIRKENFELD, *Boppard 1966.* Straff zusammenfassend, den neuesten Forschungsstand bietend: Michael GEYER: *Militär, Rüstung und Außenpolitik – Aspekte militärischer Revisionspolitik in der Zwischenkriegszeit,* in: *Hitler, Deutschland und die Mächte,* hrsg. von Manfred FUNKE, *Düsseldorf 1976.* Wichtig ferner der Sammelband von Friedrich FORSTMEIER und Hans-Erich VOLKMANN (Hrsg.): *Wirtschaft und Rüstung am Vorabend des Zweiten Weltkrieges, Düsseldorf 1975.* Allgemeine Betrachtungen zum Rüstungssyndrom bietet Hans-Erich VOLKMANN: *Zur Interdependenz von Politik, Wirtschaft und Rüstung im NS-Staat,* in: *MGM 15 (1974).*

b. Wehrstruktur und Milizpläne

Über die im vorangegangenen Abschnitt genannte Literatur hinaus sind heranzuziehen Thilo VOGELSANG: *Reichswehr, Staat und NSDAP. Beiträge zur deutschen Geschichte 1930–1932, Stuttgart 1962,* der die Schleicherschen Pläne ausführlich behandelt. Die enge Verzahnung zwischen Arbeitsbeschaffung, Milizgedanke und Aufrüstung wird deutlich bei Michael WOLFFSOHN: *Arbeitsbeschaffung und Rüstung im nationalsozialistischen Deutschland 1933,* in: *MGM 22 (1977).* Daß Hitler von den Plänen Papens und Schleichers profitierte, weist nach Helmut MARCORN: *Arbeitsbeschaffungspolitik der Regierungen Papen und Schleicher – Grundsteinlegung für die Beschäftigungspolitik im Dritten Reich, Bonn 1974.*

c. Rüstungsmanagement und 1. Rüstungsprogramm

Grundlegend Michael GEYER: *Das Zweite Rüstungsprogramm (1930–1934),* in: *MGM 17 (1975).*

d. Wehrwirtschaftliche Vorbereitungen

Zum Komplex Wirtschaft und Rüstung s. u. S. 599 f. Nützlich ist Dieter PETZINA: *Hitler und die deutsche Industrie. Ein kommentierter Literatur- und Forschungsbericht*, in: *GWU 17 (1966)*. Einen guten Überblick über die neuere Literatur vermittelt auch Michael GEYER: *Die Wehrmacht der Deutschen Republik ist die Reichswehr*, in: *MGM 14 (1973)*.

2. Das 2. Rüstungsprogramm und der Umbauplan

Zur Rüstungsfinanzierung vgl. die Erinnerungen von Hjalmar SCHACHT: *Abrechnung mit Hitler, Hamburg 1948* — notwendigerweise apologetisch —, und Jens van SCHERPENBERG: *Die Rüstungsfinanzierung des Deutschen Reichs von 1934 bis in die ersten Jahre des Zweiten Weltkriegs*, vervielf. Ms., München 1974.

3. Heeresvermehrung und Aufrüstung 1933—1934

a. Abbruch der Ausbildungs- und Rüstungsvorhaben in der Sowjetunion

Den Gesamtkomplex der deutsch-sowjetischen militärischen Zusammenarbeit erfaßt Francis L. CARSTEN: *The Reichswehr and the Red Army 1920—1933*, in: *Survey, A Journal of Soviet and East European Studies 44/45, 1962* (vgl. auch Abschnitt VI). Wohldokumentiert Klaus NICLAUSS: *Die Sowjetunion und Hitlers Machtergreifung. Eine Studie über die deutsch-russischen Beziehungen der Jahre 1929—1935, Bonn 1966.* Speziell mit dem Abbruch der Beziehungen befaßt sich George H. STEIN: *Russo-German Military Collaboration. The last Phase 1933*, in: *Political Science Quarterly*, *Bd.* 77 (1962/63).

b. Die erste Rüstungsphase

Vgl. D 2, zusätzlich: Berenice A. CAROLL: *Design for total War. Arms and Economics in the Third Reich, Den Haag/Paris 1968*. Die erste Phase der Rüstung nur kurz gestreift bei Dietrich EICHHOLZ: *Geschichte der deutschen Kriegswirtschaft 1939—1945. Bd. I: 1939—1941, Berlin ²1971*. Ähnliches gilt für Alan S. MILWARD: *Die deutsche Kriegswirtschaft 1939—1945, Stuttgart 1966.*

c. Die zweite Rüstungsphase

Zu den deutsch-englischen und deutsch-französischen Abrüstungsgesprächen nach dem deutschen Völkerbundaustritt vgl. Reinhard MEYERS: *Britische Sicherheitspolitik 1934 bis 1938, Düsseldorf 1976;* Volker WIELAND: *Frankreichs Weg in die Katastrophe. Zur Problematik der französischen Militärdoktrin in der Zeit zwischen den Weltkriegen, Freiburg 1971.* Vgl. auch die Literatur zur nationalsozialistischen Außenpolitik. Zum 300 000 Mann-Heer die Dokumentation von Hans-Jürgen RAUTENBERG: *Drei Dokumente zur Planung eines 300 000 Mann-Friedensheeres aus dem Dezember 1933*, in: *MGM 22 (1977)*.

F. Die Wehrmacht und die Anfänge der Hitlerschen Außenpolitik

Zur allgemeinen außenpolitischen Entwicklung vgl. die Überblickswerke von Edward H. CARR: *International Relations between the two Wars 1919—1939, New York 1959*, und Jean Baptiste DUROSELLE: *Histoire diplomatique de 1919 à nos jours, Paris ⁵1970*, ein französisches Standardwerk. Die spezifisch nationalsozialistische Struktur der deutschen Außenpolitik bis zur Münchner Konferenz analysiert Hans-Adolf JACOBSEN: *Nationalsozialistische Außenpolitik 1933 bis 1938, Frankfurt/M. 1968.* In klassischer diplomatiegeschichtlicher Sehweise ist verfaßt das kenntnisreiche Werk von Gerhard L. WEINBERG: *The foreign Policy of Hitler's Germany. Diplomatic Revolution in Europe 1933–1936, Chicago 1970.* Ein knapper, aber gedankenreicher Abriß bei Klaus HILDEBRAND: *Deutsche Außenpolitik 1933–1945. Kalkül oder Dogma? Stuttgart 1971.* Hildebrand setzt sich mit dem außenpolitischen „Programm" Hitlers auseinander (vgl. u. F 1 b). Eine nützliche Aufsatzsammlung mit unterschiedlichen methodischen Ansätzen zusammengestellt von Oswald HAUSER (Hrsg.): *Weltpolitik 1933–1939. 13 Vorträge für die Rankegesellschaft, Stuttgart 1973.* Seine zahlreichen, verstreut publizierten Aufsätze zur deutschen Außenpolitik hat Andreas HILLGRUBER jetzt zusammengefaßt, in: *Deutsche Großmacht- und Weltpolitik im 19. und 20. Jahrhundert, Düsseldorf 1977.*

1. Wehrmacht und Außenpolitik in Hitlers System

a. Aufgabenstellung und wissenschaftliche Modelle

Der eigentümliche Charakter der nationalsozialistischen Gesamtpolitik, die sich mit den herkömmlichen Begriffen nicht definieren läßt, ist bislang noch nicht hinreichend untersucht. Ansätze finden sich u. a. bei Martin BROSZAT: *Der Staat Hitlers, München 1969,* [4]1974, und Ernst FRAENKEL: *Der Doppelstaat* (1941). Die Einbettung der NS-Außenpolitik in die „Weltanschauung" des Nationalsozialismus wird versucht von Fritz DICKMANN: *Machtwille und Ideologie in Hitlers außenpolitischen Zielsetzungen vor 1933,* in: *Spiegel der Geschichte,* Festgabe für Max BRAUBACH, *Münster 1964.* Erheblich weitergeführt wird dieser Ansatz von Klaus HILDEBRAND: *Die innenpolitischen Antriebskräfte der nationalsozialistischen Außenpolitik,* in: *Sozialgeschichte heute,* Festschrift für Hans ROSENBERG, hrsg. von Hans-Ulrich WEHLER, *Göttingen 1974.* In den Schlußfolgerungen weniger pointiert: Charles BLOCH: *Die Wechselwirkung der nationalsozialistischen Innen- und Außenpolitik (1933–1939),* in: *Hitler, Deutschland und die Mächte,* hrsg. von Manfred FUNKE, *Düsseldorf 1976.* Vgl. auch Karl-Dietrich BRACHER: *Tradition und Revolution im Nationalsozialismus,* in: ebda. Auf die mangelhafte Rationalisierung und Gleichrichtung nationalsozialistischen politischen Wollens und Handelns macht aufmerksam Peter HÜTTENBERGER: *Nationalsozialistische Polykratie,* in: *Geschichte und Gesellschaft 2 (1976).*

b. Hitlers außenpolitisches Programm

In der älteren Literatur wird noch nicht mit ausreichender Schärfe zwischen der These von der außenpolitischen Kontinuität und der eigenständigen Pragmatik der Hitlerschen Außenpolitik unterschieden, doch hängen beide Thesen miteinander zusammen. Der deutschen Armee wird hierbei eine Art katalysatorische Bedeutung zugemessen, so bei Herbert ROSINSKI: *Die deutsche Armee,* und bei John W. WHEELER-BENNET: *The Nemesis of Power,* sowie Gordon A. CRAIG: *Die preußisch-deutsche Armee 1640 bis 1945.* Die Diskussion um die Hitlerschen außenpolitischen Ziele entzündete sich nicht zuletzt an den Hitlerschen Programmschriften, vor allem am „Zweiten Buch" von 1928, das herausgegeben wurde von Gerhard L. WEINBERG: *Hitlers Zweites Buch. Ein Dokument aus dem Jahr 1928, Stuttgart 1961.* Vgl. hierzu auch Martin BROSZAT: *Betrachtungen zu „Hitlers Zweitem Buch",* in: VfZG 9 (1961). Im Rahmen der Erforschung des Nationalsozialismus kommt quellenähnlicher Charakter auch den Überlieferungen von Hermann RAUSCHNING: *Gespräche mit Hitler, Zürich* [2]*1940,* zu, da sich Hitler ansonsten nur sehr sporadisch zu seinen außenpolitischen Fernzielen geäußert hat. Die These von Hitlers Weltherrschaftsplänen untersuchte und vertrat erstmals Hugh R. TREVOR-ROPER: *Hitlers Kriegsziele,* in: VfZG 8 (1960). Sie wurde weiter ausgebaut durch Günther MOLTMANN: *Weltherrschaftsideen Hitlers*, in: Festschrift für Egmont ZECHLIN, *Göttingen 1961*. Wichtig für die Theorie-Diskussion bleibt die knappe Schrift von Ernst JÄCKEL: *Hitlers Weltanschauung. Entwurf einer Herrschaft, Tübingen 1969*. Quellenkritische Grundlage der „Hillgruber-These" bleibt das Standardwerk: Andreas HILLGRUBER: *Hitlers Strategie. Politik und Kriegführung 1940–1941, Frankfurt/M. 1965*. Zahlreiche weitere Beiträge Hillgrubers jetzt in seiner Aufsatzsammlung *Deutsche Großmacht- und Weltpolitik*. Spezifisch mit dem Begriff „Lebensraum" setzt sich auseinander Karl LANGE: *Der Terminus „Lebensraum" in Hitlers „Mein Kampf"*, in: *VfZG 13 (1965)*. Den Ansatz Hillgrubers fortführend, in Einzelheiten wohl überzeichnend, die originelle Arbeit von Jochen THIES: *Architekt der Weltherrschaft. Die „Endziele" Hitlers, Düsseldorf 1976*. Die Hillgruber-These am sorgfältigsten untermauert hat Klaus HILDEBRAND: *Vom Reich zum Weltreich. Hitler, NSDAP und koloniale Frage 1919–1945, München 1969*, wohingegen der Versuch von Axel KUHN: *Hitlers außenpolitisches Programm. Entstehung und Entwicklung 1919–1939, Stuttgart 1970*, durchaus mehr verspricht, als der Text dann halten kann.

c. Die Rolle der Wehrmacht in Hitlers „Programm"

d. Hitler als „Stratege"

Eine wissenschaftlich genügende Untersuchung des militärischen Denkens Hitlers fehlt. Wichtige Informationen enthalten die Aufzeichnungen von Helmuth GREINER: *Die Oberste Wehrmachtführung 1939–1943, Wiesbaden 1951*, und von Walter WARLIMONT: *Im Hauptquartier der deutschen Wehrmacht 1939–1945. Grundlagen, Formen, Gestalten, Frankfurt/M. 1964*. Viele Einzelheiten zu Hitlers militärischem Denk- und Führungsstil ergeben sich – direkt und indirekt – aus Alfred JODL: *Dienstliches Tagebuch vom 4. Januar 1937 bis 25. August 1939*, in: IMT Bd. XXVIII (1780-PS). Ein aufmerksamer Beobachter war auch Helmut GROSCURTH: *Tagebücher eines Abwehroffiziers 1938–1940*, hrsg. von Helmut KRAUSNICK und Harold C. DEUTSCH unter Mitarbeit von Hildegard von KOTZE, *Stuttgart 1970*. Wertvoll bleiben auch die Aufzeichnungen von Kurt ASSMANN: *Deutsche Schicksalsjahre, Wiesbaden 1950*, und das Buch von Basil H. LIDDELL HART: *Jetzt dürfen sie reden. Hitlers Generale berichten, Stuttgart/Hamburg 1950*. Einer der besten Kenner Hitlers war zweifellos der Generalstabschef. Das ergibt sich aus Peter BOR: *Gespräche mit Halder, Wiesbaden 1950*, vor allem aber aus der Schrift: Franz HALDER: *Hitler als Feldherr, München 1949*. Ein scharfsinniger Beobachter war auch der KTB-Offizier im Wehrmachtführungsstab, Percy Ernst SCHRAMM: *Hitler als militärischer Führer. Erkenntnisse und Erfahrungen aus dem Kriegstagebuch des Oberkommandos der Wehrmacht, Frankfurt/M./Bonn 1962*. Nützlich, aber nicht tiefdringend: John STRAWSON: *Hitler as Military Commander, London 1971*. Am Rande für unsere Thematik interessant die Arbeit von Karl-Heinz LUDWIG: *Technik und Ingenieure im Dritten Reich, Düsseldorf 1974*. Auch die militärgeschichtliche Forschung in der DDR hat sich mit Hitlers militärischem Denken befaßt, hier sind vor allem zu nennen Gerhard FÖRSTER: *Totaler Krieg und Blitzkrieg. Die Theorie des totalen Krieges und des Blitzkrieges in der Militärdoktrin des faschistischen Deutschlands am Vorabend des Zweiten Weltkrieges, Berlin 1967*, und Gerhart HASS: *Militärische Entscheidungsfindung im faschistischen Deutschland*, in: Militärgeschichte 15 (1976).

2. Revisionistische Außenpolitik und die Wehrmacht

a. Der Nichtangriffspakt mit Polen vom 26. 1. 1934

Zum allgemeinen außenpolitischen Hintergrund vgl. die sorgfältig belegte Arbeit von Günter WOLLSTEIN: *Vom Weimarer Revisionismus zu Hitler. Das Deutsche Reich und die Großmächte in der Anfangsphase der nationalsozialistischen Herrschaft in Deutschland, Bonn 1973.* Auf den Zusammenhang mit der fernöstlichen Entwicklung geht ein Christopher THORNE: *The Limits of Foreign Policy. The West, the League and the Far Eastern Crisis of 1931–1933, London 1972.* Zu den deutsch-polnischen Beziehungen im behandelten Zeitraum insgesamt vgl. Marian WOJCIECHOWSKI: *Die polnisch-deutschen Beziehungen 1933–1938, Leiden 1971,* und Hans Roos: *Polen und Europa. Studien zur polnischen Außenpolitik 1931–1939, Tübingen 1957.* Zum Vertrag vom 26. 1. 1934: Zygmunt J. GASIOROWSKI: *The German-Polish Nonaggression Pact of 1934,* in: *Journal of Central European Affairs 15 (1955).* Zu den diplomatischen Folgen des Vertrages gehörte das sowjetisch-französische Abkommen von 1935. Hierzu William E. SCOTT: *Alliance against Hitler. The Origins of the Franco-Soviet Pact, Duke 1962.* Wichtig Hans ROOS: *Die „Präventivkriegspläne" Pilsudskis von 1933,* in: VfZG 3 (1955). Hier wird der diplomatisch-taktische Charakter der Pläne nachgewiesen.

b. Deutsch-englische Verhandlungen

Vgl. auch Abschnitt VIII. Aus der großen Fülle der Literatur, die sich mit dem deutsch-englischen Verhältnis zur Zeit des Dritten Reiches befaßt, seien hier nur genannt: Oswald HAUSER: *England und das Dritte Reich. Eine dokumentierte Geschichte der englisch-deutschen Beziehungen, Bd. 1: 1933–1936, Stuttgart 1972* (unter Einbeziehung der englischen Akten), und das gründlich gearbeitete Werk von Josef HENKE: *England in Hitlers außenpolitischem Kalkül 1935–1939, Boppard 1973.* Die von Hitlers Grundvorstellungen abweichende politische Haltung des Reichsaußenministers behandelt Wolfgang MICHALKA: *Joachim von Ribbentrop und die deutsche Englandpolitik 1933-1940. Studien zur außenpolitischen Konzeptions-Diskussion im Dritten Reich, Phil. Diss. Mannheim 1976.* Die Freigabe der englischen Akten der dreißiger und vierziger Jahre hat einen wahren Boom von Untersuchungen der englischen Deutschlandpolitik hervorgerufen; zu nennen wären hier u. a. Manfred SCHLENKE: *Die Westmächte und das nationalsozialistische Deutschland: Motive, Ziele und Illusionen der Appeasementpolitik,* in: *Kriegsbeginn 1939;* Reinhard MEYERS: *Britische Sicherheitspolitik 1934–1938. Studien zum außen- und sicherheitspolitischen Entscheidungsprozeß, Düsseldorf 1976;* Max LÜTHI: *Das britische Parlament und Hitlers Bruch mit dem Versailler System. Ein Beitrag zur parlamentarischen Diskussion über die deutsche Wiederaufrüstung in den Jahren 1933–1935, Diss. Zürich 1972.* Die innenpolitische Funktion der Appeasementpolitik betont Maurice COWLING: *The Impact of Hitler. British Politics and British Policy 1933–1940, London 1975.* Neben der ADAP sowie den DBFP sind wichtig zum Thema Ernst von WEIZSÄCKER: *Die Weizsäcker-Papiere 1933–1950,* hrsg. von Leonidas E. HILL, *Berlin 1974,* und die Aufzeichnungen von L. Freiherr GEYR VON SCHWEPPENBURG: *Erinnerungen eines Militärattachés London 1933–1937, Stuttgart 1949.* Das „tertium comparationis" der deutsch-britischen Beziehungen untersucht recht gründlich Gottfried NIEDHART: *Großbritannien und die Sowjetunion 1934–1939. Studien zur britischen Politik der Friedenssicherung zwischen den beiden Weltkriegen, München 1972.*

3. Wiedereinführung der allgemeinen Wehrpflicht

Vgl. die Bibliographie zur Organisationsgeschichte Heer.

Zu den politischen Erörterungen: MÜLLER: *Das Heer und Hitler.* Einschlägige Verordnungen und Gesetze bei ABSOLON. Zur Luftrüstung vgl. die Bibliographie zur Organisationsgeschichte Luftwaffe. Die Vorgänge vom 13.–16. März 1935 geschildert bei Friedrich HOSSBACH: *Zwischen Wehrmacht und Hitler 1934–1938, Göttingen ²1965.* Die weitere Indoktrination geschildert bei MESSERSCHMIDT: *Die Wehrmacht im NS-Staat.* Zum wehrpolitischen Amt der NSDAP vgl. Walter BAUM: *Die Reichswehr und das Wehrpolitische Amt der Nationalsozialistischen Deutschen Arbeiterpartei,* in: *ASMZ*

1965. Die französischen Reaktionen bei Volker WIELAND: *Frankreichs Weg in die Katastrophe*, und Franz KNIPPING: *Frankreich in Hitlers Außenpolitik 1933–1939*, in: *Hitler, Deutschland und die Mächte.* Vgl. auch die Erinnerungen von FRANÇOIS-PONCET. Am wichtigsten zur englischen Reaktion: Max LÜTHI: *Das britische Parlament.*

G. Vierjahresplan und Aufrüstung

Vgl. auch Abschnitt E. Zum Komplex Wirtschaft und Rüstung vgl. die Gesamtdarstellungen von René ERBE: *Die nationalsozialistische Wirtschaftspolitik 1933–1939 im Lichte der modernen Theorie, Zürich 1958,* und Burton H. KLEIN: *Germany's Economic Preparations for War, Cambridge/Mass. 1959,* zwei Werke, die auch im Rahmen der jüngeren Diskussion von Wert geblieben sind. Auf die spezifische Rolle des Großkapitals wies von nichtmarxistischer Seite zuerst hin Arthur SCHWEITZER: *Big Business in the Third Reich, Bloomington* ²*1965.* Die Theorie vom „Blitzkrieg" als Wehrwirtschaftskonzept entwickelte Alan S. MILWARD: *Die deutsche Kriegswirtschaft 1939 bis 1945, Stuttgart 1966;* für die Jahre bis 1939 leider unzureichend. Auf breiterer Quellengrundlage entstand das Werk von Berenice A. CAROLL: *Design for Total War. Arms and Economics in the Third Reich, Den Haag 1968.* Eine bemerkenswerte Analyse, die auf heftigen Widerspruch von marxistischer Seite stieß: Henry A. TURNER: *Faschismus und Kapitalismus in Deutschland. Studien zum Verhältnis zwischen Nationalsozialismus und Wirtschaft, Göttingen 1972.* Einen guten Überblick über die verschiedenen Forschungsansätze und Ergebnisse bietet die Anthologie von Friedrich FORSTMEIER und Hans-Erich VOLKMANN (Hrsg.): *Wirtschaft und Rüstung am Vorabend des Zweiten Weltkrieges, Düsseldorf 1975.* Die wichtigste Gesamtdarstellung aus marxistischer Feder stammt von Dietrich EICHHOLTZ: *Geschichte der deutschen Kriegswirtschaft 1939 bis 1945, Bd. I: 1939–1941, Berlin* ²*1971.* Als Quellen wichtig die Aufzeichnungen von Georg THOMAS: *Geschichte der deutschen Wehr- und Rüstungswirtschaft (1918 bis 1943/45),* hrsg. von Wolfgang BIRKENFELD, *Boppard 1966;* Hans KEHRL: *Krisenmanager im Dritten Reich. 6 Jahre Frieden – 6 Jahre Krieg. Erinnerungen, Düsseldorf 1973.*

1. Die Wehrwirtschaftskrise

a. Wirtschaft und Rüstung in Hitlers System

Aus der Fülle der marxistischen Studien zur nationalsozialistischen Wirtschaftspolitik seien genannt: Eberhard CZICHON: *Der Primat der Industrie im Kartell der nationalsozialistischen Macht,* in: *Das Argument 10 (1968);* ders.: *Wer verhalf Hitler zur Macht? Zum Anteil der deutschen Industrie an der Zerstörung der Weimarer Republik, Köln* ²*1971.* Für einen Teilaspekt wichtig: Jürgen KUCZYNSKI: *Darstellung der Lage der Arbeiter in Deutschland von 1933 bis 1945* = Die Geschichte der Lage der Arbeiter in Deutschland von 1789 bis zur Gegenwart, Bd. 6, *Berlin 1964.* Den DDR-Standpunkt zusammenfassend vgl. die entsprechenden Abschnitte in der offiziellen Darstellung: *Deutschland im Zweiten Weltkrieg, Bd. 1.* Eine nützliche, wenngleich quellenkritisch unbefriedigende Dokumentensammlung, vorwiegend aus DDR-Archiven: *Anatomie des Krieges. Neue Dokumente über die Rolle des deutschen Monopolkapitals bei der Vorbereitung und Durchführung des Zweiten Weltkriegs,* hrsg. und eingeleitet von Dietrich EICHHOLTZ und Wolfgang SCHUMANN, *Berlin 1969.* Als Fortsetzung gedacht: *Anatomie der Aggression. Neue Dokumente zu den Kriegszielen des faschistischen deut-*

schen Imperialismus im Zweiten Weltkrieg, hrsg. und eingeleitet von Gerhard HASS und Wolfgang SCHUMANN, *Berlin 1972*.

b. „Neuer Plan" und Reichsverteidigungsgesetz

Eine gute Zusammenfassung der kriegswirtschaftlichen Maßnahmen bietet Anja E. BAGEL-BOHLAN: *Hitlers industrielle Kriegsvorbereitungen 1936–1939, Koblenz 1975*. Die deutsche Aufrüstung muß auch im Rahmen der weltwirtschaftlichen Entwicklung gesehen werden; vgl. Kurt GOSSWEILER: *Der Übergang von der Weltwirtschaftskrise zur Rüstungskonjunktur*, in: *Jahrbuch für Wirtschaftsgeschichte 2 (1968)*. Zur Außenwirtschaftskrise vgl. die gründliche Studie von Jörg-Johannes JÄGER: *Die wirtschaftliche Abhängigkeit des Dritten Reiches vom Ausland. Dargestellt am Beispiel der Stahlindustrie, Berlin 1969*. Die Schlüsselstellung der Stahlindustrie geht auch aus der sehr detaillierten und nützlichen Arbeit von Matthias RIEDEL: *Eisen und Kohle für das Dritte Reich. Paul Pleigers Stellung in der NS-Wirtschaft, Göttingen 1973*, hervor. Neben den Aufzeichnungen von THOMAS wichtig der Aufsatz von Emil LEEB: *Aus der Rüstung des Dritten Reiches. Das Heereswaffenamt 1938–1945* = Beiheft 4 der Wehrtechnischen Monatshefte, Mai *1958*. Die verschiedenen einschlägigen Gesetze und Verordnungen bei Absolon III.

2. Der Vierjahresplan

Grundlegende Darstellung von Dieter PETZINA: *Autarkiepolitik im Dritten Reich. Der nationalsozialistische Vierjahresplan, Stuttgart 1968*.

a. Vorbereitungen und erste Ergebnisse

Wichtig die Erinnerungen von THOMAS und SCHACHT. Den Gesamtzusammenhang stellen dar: Hans-Erich VOLKMANN: *Politik, Wirtschaft und Aufrüstung unter dem Nationalsozialismus*, in: *Hitler, Deutschland und die Mächte*, sowie Michael GEYER: *Militär, Rüstung und Außenpolitik – Aspekte militärischer Revisionspolitik in der Zwischenkriegszeit*, ebda. Die Eigengesetzlichkeit der NS-Wirtschafts- und Rüstungspolitik betont K. THÖNE: *Entwicklungsstadien und Zweiter Weltkrieg. Ein wirtschaftswissenschaftlicher Beitrag zur Frage der Kriegsursachen, Berlin 1974*. Die Rolle der Wehrmacht in der Vorbereitung des Vierjahresplanes untersucht von marxistischem Standpunkt Raimund WAGNER: *Die Wehrmachtführung und die Vierjahresplanpolitik im faschistischen Deutschland vor der Entfesselung des 2. Weltkrieges*, in: *Militärgeschichte 17 (1973)*. Zum „Benzinvertrag", wie überhaupt zur Frage der Energieversorgung die gründliche Studie von Wolfgang BIRKENFELD: *Der synthetische Treibstoff 1933–1945. Ein Beitrag zur nationalsozialistischen Wirtschafts- und Rüstungspolitik, Göttingen 1964*.

b. Hitlers Initiative

Maßgebend: Wilhelm TREUE: *Hitlers Denkschrift zum Vierjahresplan 1936*, in: *VfZG 3 (1955)*.

c. Die Aufstellung des Vierjahresplanes

Vgl. PETZINA: *Autarkiepolitik*. Eine wesentliche Rolle spielte bei allen Planungen das Arbeiterproblem. Hierzu vgl. die umfangreiche Dokumentation von Tim MASON: *Arbeiterklasse und Volksgemeinschaft. Dokumente und Materialien zur deutschen Arbeiterpolitik von 1936 bis 1939, Opladen 1975*, sowie Dieter PETZINA: *Die Mobilisierung deutscher Arbeitskräfte vor und während des Zweiten Weltkrieges*, in: *VfZG 18 (1970)*.

H. Landesverteidigung und Aggressionsvorbereitung

Die Ansätze zur militärischen Opposition durch Beck werden umfassend dargestellt bei MÜLLER: *Das Heer und Hitler.* Die außenpolitische Entwicklung am besten zusammengefaßt bei Gerhard L. WEINBERG: *The Foreign Policy of Hitler's Germany.* Knapp aber nützlich die Arbeit von Esmonde M. ROBERTSON: *Hitler's Pre-War Policy and Military Plans 1933–1939, London 1963.*

1. Die Remilitarisierung des Rheinlandes

a. Operative und militärische Planung

Becks Stellungnahme vom 3. 5. 1935 bei Wolfgang FOERSTER: *Generaloberst Ludwig Beck.* Die militärischen Vorüberlegungen im Rahmen sachimmanenter Erfordernisse stellt Michael GEYER: *Militär, Rüstung und Außenpolitik* dar.

b. Die außenpolitische Entwicklung und der Abessinienkonflikt

Wichtigste Darstellung von Manfred FUNKE: *Sanktionen und Kanonen. Hitler, Mussolini und der internationale Abessinienkonflikt 1934 bis 1936, Düsseldorf ²1971.* Sorgfältig dokumentiert die Arbeit von Jens PETERSEN: *Hitler-Mussolini. Die Entstehung der Achse Berlin–Rom 1933–1936, Tübingen 1973.* Vom militärischen Standpunkt aus wird das italienisch-deutsche Zusammenspiel beurteilt durch Hans MEIER-WELCKER: *Zur deutsch-italienischen Militärpolitik und Beurteilung der italienischen Wehrmacht vor dem Zweiten Weltkrieg,* in: *MGM 7 (1970).*

c. Die diplomatisch-militärische Vorbereitung

Wichtig die Erinnerungen von Friedrich HOSSBACH: *Zwischen Wehrmacht und Hitler,* sowie von GEYR VON SCHWEPPENBURG: *Erinnerungen eines Militärattachés.* Auch hier sind wieder die Memoiren von FRANÇOIS-PONCET heranzuziehen.

d. Die Folgen des 7. März 1936

Nach wie vor wichtig die knappe Studie von Max BRAUBACH: *Der Einmarsch deutscher Truppen in die entmilitarisierte Zone am Rhein im März 1936. Ein Beitrag zur Vorgeschichte des Zweiten Weltkrieges, Köln 1956.* Neues Material bietet Esmonde M. ROBERTSON: *Zur Wiederbesetzung des Rheinlandes 1936,* in: *VfZG 10 (1962).* Hierzu ergänzend Donald C. WATT: *German Plans for the reoccupation of the Rhineland. A Note,* in: *Journal of Contemporary History 1966.* Die englischen Reaktionen untersucht der Beitrag von Reinhard MEYERS: *Sicherheit und Gleichgewicht – das britische Kabinett und die Remilitarisierung des Rheinlandes 1936,* in: *Vierteljahresblätter 38 (1974).* Im übrigen vgl. die unter F 2 b angegebene Literatur.

2. Einheitliche Kriegsvorbereitung

a. Das Problem der Spitzengliederung 1933–1937

Beste Gesamtdarstellung aus juristischer Sicht: Eckart BUSCH: *Der Oberbefehl. Seine rechtliche Struktur in Preußen und Deutschland seit 1848, Boppard 1967.* Allzu knapp: Friedrich HOSSBACH: *Die Entwicklung des Oberbefehls über das Heer in Brandenburg, Preußen und im Deutschen Reich von 1655–1945. Ein kurzer Überblick, Würzburg 1957.* In Einzelheiten noch nützlich bleibt Friedrich GIESE: *Das Oberkommando der Wehrmacht, Berlin 1939.*

b. Die Spitzengliederung in der praktischen Politik

Die Haltung Keitels in der Spitzengliederungsfrage geht aus seinen Nürnberger Aufzeichnungen hervor, hrsg. von Walter GÖRLITZ: *Generalfeldmarschall Keitel, Verbrecher oder Offizier? Erinnerungen, Briefe, Dokumente des Chefs des OKW, Göttingen/Berlin/Frankfurt 1961.* Einiges findet sich auch bei Waldemar ERFURTH: *Die Geschichte des deutschen Generalstabes von 1918–1945.* Einzig maßgebend für die Auseinandersetzung zwischen Beck und dem Reichskriegsministerium bzw. OKW: MÜLLER: *Das Heer und Hitler.*

3. Deutschland und der spanische Bürgerkrieg

a. Die Gründe für das deutsche Eingreifen

Den älteren Forschungsstand faßt zusammen Rainer WOHLFEIL: *Zum Stand der Forschung über Hauptprobleme des spanischen Bürgerkrieges,* in: *MGM 6 (1969).* Wichtigste deutsche Darstellung bleibt Manfred MERKES: *Die deutsche Politik gegenüber dem spanischen Bürgerkrieg 1936–1939, Bonn* ²*1969.* Im Urteil teilweise von Merkes abweichend, insgesamt materialreich: Hans-Henning ABENDROTH: *Hitler in der spanischen Arena. Die deutsch-spanischen Beziehungen im Spannungsfeld der europäischen Interessenpolitik vom Ausbruch des Bürgerkrieges bis zum Ausbruch des Weltkrieges 1936–1939, Paderborn 1973.* Die Hauptergebnisse dieser Studie knapp zusammengefaßt: Hans-Henning ABENDROTH: *Deutschlands Rolle im Spanischen Bürgerkrieg,* in: *Hitler, Deutschland und die Mächte.* Das vielfältige, nach wie vor ideologisch bestimmte Spektrum der Interpretation des spanischen Bürgerkrieges spiegelt sich in der Anthologie von Wolfgang SCHIEDER und Christof DIPPER (Hrsg.): *Der Spanische Bürgerkrieg in der internationalen Politik 1936–1939, 13 Aufsätze, München 1976.*

b. Folgen und Ergebnisse des deutschen Eingreifens

Die wirtschaftliche Bedeutung des deutschen Eingreifens untersucht Wolfgang SCHIEDER: *Spanischer Bürgerkrieg und Vierjahresplan. Zur Struktur nationalsozialistischer Außenpolitik,* in: SCHIEDER-DIPPER (s. o.). Das bisher Beste zu Guernica stammt von Klaus A. MAIER: *Guernica, 26. 4. 1937. Die deutsche Intervention in Spanien und der Fall „Guernica", Freiburg 1975.* Vgl. auch die Bemühungen von Herbert R. SOUTHWORTH: *La destruction de Guernica. Journalisme, diplomatie, propagande et histoire, Paris 1975.* Den italienischen Anteil an der Intervention in Spanien untersucht John F. COVERDALE: *Italian Intervention in the Spanish Civil War, Princeton 1975.* Danach spielte auch für Mussolini die „Test"-Möglichkeit keine Rolle, und der Einfluß des Duce auf Franco blieb gering. Sehr einseitig und verzerrt die Dokumentation von Wolfgang KERN und Erhard MORITZ: *Lehren des faschistischen deutschen Oberkommandos des Heeres aus der bewaffneten Intervention in Spanien 1936–1939,* in: *Militärgeschichte 15 (1976).* Den neuesten Forschungsstand reflektiert Rainer WOHLFEIL: *Der Spanische Bürgerkrieg 1936–1939. Zur Deutung und Nachwirkung,* in: SCHIEDER-DIPPER (s. o.). Die DDR-Interpretation bringt Horst KÜHNE: *Spanien 1936–1939. Proletarischer Internationalismus im national-revolutionären Krieg des spanischen Volkes, Berlin 1978.*

J. Hitlers Griff nach der Wehrmacht

1. Die Wende zur Aggression im Herbst 1937

Die sog. Hoßbachbesprechung hat in der gesamten Literatur, die sich mit Hitler und dem Nationalsozialismus beschäftigt, Berücksichtigung gefunden. Wichtige Spezialuntersuchungen sind: Hermann GACKENHOLZ: *Reichskanzlei, 5. November 1937. Bemer-*

kungen über „Politik und Kriegführung" im Dritten Reich, in: Festschrift für Fritz HARTUNG, *Berlin 1958;* Peter Graf von KIELMANNSEGG: *Die militärisch-politische Tragweite der Hoßbachbesprechung*, in: *VfZG 8 (1960)*. Die gültige quellenkritische Untersuchung stammt von Walter BUSSMANN: *Zur Entstehung und Überlieferung der „Hoßbach-Niederschrift"*, in: *VfZG 16 (1968)*. An der Echtheit zweifelt auch nicht Göran HENRIKSON: *Das Nürnberger Dokument 386-PS („Hoßbach-Protokoll"). Eine Untersuchung seines Wertes als Quelle*, in: *Lund Studies in International History 2 (1971)*. Hoßbachs eigene Darstellung in Friedrich HOSSBACH: *Zwischen Wehrmacht und Hitler 1934—1938, Göttingen ²1969*. Aus der Sicht der Betroffenen: GÖRLITZ: *Keitel — Verbrecher oder Offizier?*, und Alfred JODL: *Dienstliches Tagebuch vom 4. Januar 1937 bis 25. August 1939*, in: *IMT XXVIII, S. 345 ff*. Die Einflußlosigkeit der Generalität betont Kurt SIEWERT: *Schuldig? Die Generale unter Hitler. Stellung und Einfluß der hohen militärischen Führer im nationalsozialistischen Staat. Das Maß ihrer Verantwortung und Schuld, Bad Nauheim 1968*. Becks Reaktionen und Denkschriften bei FOERSTER und MÜLLER: *Das Heer und Hitler*.

2. Die Blomberg-Affäre und die Intrige gegen Fritsch

Die Ereignisse des Januar/Februar 1938 wurden in ihrem inneren Zusammenhang zuerst von Peter Graf von KIELMANNSEGG: *Der Fritschprozeß 1938. Ablauf und Hintergründe, Hamburg 1949*, dargestellt. Aus der Sicht eines im weiteren Sinn Betroffenen stammt die wichtige Studie von Hermann FOERTSCH: *Schuld und Verhängnis. Die Fritschkrise im Frühjahr 1938 als Wendepunkt in der Geschichte der nationalsozialistischen Zeit, Stuttgart 1951*. Zahlreiche neue Details und neue Quellen sind in dem maßgebenden Werk von Harold C. DEUTSCH: *Das Komplott oder die Entmachtung der Generale, o. O. 1974*, verarbeitet; vor allem der Anteil Görings, Himmlers und der SS an der Intrige wird herausgearbeitet. Wertvolle Angaben enthalten die Erinnerungen von HOSSBACH. Die Rolle Keitels ergibt sich aus JODLs Tagebuch sowie den Aufzeichnungen KEITELs selbst. Zum Personalrevirement vgl. die entsprechenden Abschnitte bei ABSOLON III; zur staatsrechtlichen Situation Eckart BUSCH: *Der Oberbefehl*. Die Persönlichkeit Brauchitschs wird gewürdigt von Helmut KRAUSNICK: *Walther von Brauchitsch*, in: *Neue Deutsche Biographie, Bd. 2, Berlin 1955*.

K. Expansion, Aggression und Widerstand: Frühjahr und Sommer 1938

1. Der „Anschluß" Österreichs

Wichtige Gesamtdarstellungen des deutsch-österreichischen Verhältnisses im behandelten Zeitraum: Ulrich EICHSTÄDT: *Von Dollfuß zu Hitler. Geschichte des Anschlusses Österreichs 1933—1938, Wiesbaden 1955;* Radomir LUZA: *Austro-German Relations in the Anschluß Aera, Princeton 1975*, betont die kontinuierliche österreichische Anschlußbereitschaft von 1918 bis 1938.

a. Das deutsch-österreichische Verhältnis 1933—1937

Die Vorgeschichte des Putsches von 1934 und die Entwicklung der nationalsozialistischen Idee in Österreich untersucht Francis L. CARSTEN: *Fascist Movements in Austria. From Schönerer to Hitler, London 1977*, sowie Gerhard JAGSCHITZ: *Der Putsch. Die Nationalsozialisten 1934 in Österreich, Graz 1976*. Jagschitz betont die Vielschichtigkeit der handelnden Gruppen und Personen sowie die inneren Auseinandersetzung in der „Heimwehr".

b. Österreich in der wehrwirtschaftlichen und strategischen Planung der Wehrmacht

Aufschlußreiche und wohldokumentierte Ergebnisse legt Norbert SCHAUSBERGER vor, und zwar in seinen Studien: *Griff nach Österreich. Die Kontinuität der sogenannten Anschlußproblematik vom Zollverein bis 1938 unter besonderer Berücksichtigung der wirtschaftlichen Implikationen, Klagenfurt 1974;* ders.: *Wirtschaftliche Aspekte des Anschlusses Österreichs an das Deutsche Reich. Eine Dokumentation,* in: *MGM 2/1970;* ders.: *Österreich und die nationalsozialistische Anschlußpolitik,* in: *Hitler, Deutschland und die Mächte.*

c. Planung und Durchführung des „Anschlusses"

Wichtig die – apologetische – Selbstdarstellung von Kurt v. SCHUSCHNIGG: *Im Kampf gegen Hitler. Die Überwindung der Anschlußidee, Wien 1969.* Eine gute Zusammenfassung bietet Ludwig JEDLICKA: *Die außen- und militärpolitische Vorgeschichte des 13. März 1938,* in: *ÖMZ 2/1968.* Die politisch-militärischen Folgen des „Anschlusses" für Österreich untersucht Gerhard BOTZ: *Die Eingliederung Österreichs in das Deutsche Reich. Planung und Verwirklichung des politisch-administrativen Anschlusses (1938 bis 1940), Wien 1972.* Das Schicksal des österreichischen Heeres wird dargestellt von Peter GSCHAIDER: *Das österreichische Bundesheer 1938 und seine Überführung in die deutsche Wehrmacht,* Diss. (ungedr.), *Wien 1967.*

2. Die Genesis der Militäropposition und der „Fall Grün"

Im Mittelpunkt des wissenschaftlichen Interesses stand der militärische Widerstand gegen Hitler während des Zweiten Weltkrieges; von einer militärischen Opposition vor Kriegsbeginn war in den Standardwerken zum Widerstand nur am Rande die Rede. Aus der großen Fülle von wichtigen Gesamtdarstellungen seien hier stellvertretend genannt die klassischen Werke von Hans ROTHFELS: *Die deutsche Opposition gegen Hitler. Eine Würdigung* (1948), Neuausgabe *Frankfurt/M. 1969;* Gerhard RITTER: *Carl Goerdeler;* Helmut KRAUSNICK: *Vorgeschichte und Beginn des militärischen Widerstandes gegen Hitler;* Fabian von SCHLABRENDORFF: *Offiziere gegen Hitler.* Hrsg. von S. GAEVERNITZ, *Frankfurt/M. 1959.* Die neueste und für die hier behandelte Zeit detaillierteste und beste Darstellung: Klaus J. MÜLLER: *Das Heer und Hitler.* Für die Geschichte des militärischen Widerstandes bis 1939 bleiben wichtig die autobiographischen, wenngleich vielfach nicht zuverlässigen Aufzeichnungen von Hans B. GISEVIUS: *Bis zum bitteren Ende. Vom 30. Juni 1934 bis zum 20. Juli 1944, Berlin 1964,* und die beiden Werke von Erich KORDT: *Wahn und Wirklichkeit, Stuttgart 1948;* ders.: *Nicht aus den Akten – ... Die Wilhelmstraße in Frieden und Krieg. Erlebnisse, Begegnungen und Eindrücke 1928–1945, Mannheim 1949.* Als wichtige Quellen zu bewerten sind die Aufzeichnungen von Ulrich von HASSEL: *Vom anderen Deutschland. Aus den nachgelassenen Tagebüchern 1938–1944, Zürich 1946,* und Helmut GROSCURTH: *Tagebücher eines Abwehroffiziers 1938–1940,* hrsg. von Helmut KRAUSNICK und Harold C. DEUTSCH unter Mitarbeit von Hildegard von KOTZE, *Stuttgart 1970.* Erwähnenswert ferner die *Weizsäcker-Papiere 1933–1950,* hrsg. von Leonidas E. HILL, *Berlin 1974.*

a. Oppositionsbestrebungen im Frühjahr 1938

Neben den genannten Werken sind heranzuziehen: Helmut KRAUSNICK: *Die Wehrmacht im Dritten Reich 1933–1939;* Harold C. DEUTSCH: *Verschwörung gegen den Krieg. Der Widerstand in den Jahren 1939–1940, München 1969* – die Zeit vor Kriegsausbruch wird nur knapp behandelt –; Peter HOFFMANN: *Widerstand, Staatsstreich, Attentat. Der Kampf der Opposition gegen Hitler, München ²1970,* ebenfalls mit nur knappen Bemerkungen zur Vorkriegsopposition. Zur Rolle Becks vgl. Abschnitt A 1 b.

b. Die Maikrise 1938

Zum gesamten Sudetenproblem vgl. die grundlegende Arbeit von Helmut K. G. RÖNNEFARTH: *Die Sudetenkrise in der internationalen Politik. Entstehung, Verlauf, Auswirkung, 2 Bde., Wiesbaden 1961.* Die Rolle Henleins und der SdS verharmlosend: Ronald M. SMELSER: *The Sudeten Problem 1933–1938. Volkstumspolitik and the Formulation of Nazi Foreign Policy, Middlestown (Conn.) 1975.* Das Protokoll vom 22. 4. 1938 abgedruckt in ADAP D II, S. 190. Becks Stellungnahmen bei FOERSTER: *Generaloberst Ludwig Beck;* ferner: MÜLLER: *Das Heer und Hitler.* Zur sog. „Wochenendkrise" vgl. die Arbeiten von Gerhard L. WEINBERG: *The May Crisis 1938,* in: *Journal of Modern History 29 (1957),* und Donald C. WATT: *Hitler's Visit to Rome and the May Weekend Crisis: a Study in Hitler's Response to external Stimuli,* in: *Journal of Contemporary History 9 (1974).* Die Haltung der Wehrmachtteile in der erneut aufgebrochenen Spitzengliederungsfrage dokumentiert Jost DÜLFFER: *Überlegungen von Kriegsmarine und Heer zur Wehrmachtspitzengliederung und zur Führung der Wehrmacht im Krieg im Februar–März 1938,* in: *MGM 9 (1971).*

c. Becks Kampf gegen die Planung „Grün" und die Juli-Denkschriften

Alles Wesentliche bei FOERSTER: *Generaloberst Ludwig Beck,* und MÜLLER: *Das Heer und Hitler.* Das Scheitern der Beckschen Argumentation wird demnächst detailliert nachgewiesen bei Klaus MÜLLER: *Generaloberst Ludwig Beck.* Die Verwaltungs- und organisatorischen Maßnahmen werden bei ABSOLON IV im einzelnen genannt.

3. Entscheidung im August: Becks Rücktritt

Auswahl aus den Texten der Beck-Denkschriften bei FOERSTER: *Generaloberst Ludwig Beck.* Eine kritische Edition fehlt. Zahlreiches Erinnerungsmaterial zusammengetragen und verarbeitet bei KRAUSNICK: *Der Beginn des militärischen Widerstandes.*

L. Die Septemberverschwörung und der Weg nach München

Allgemeine Literatur wie K 2.

1. Vorbereitung des Militärputsches

a. Halder und der Generalstab des Heeres

Schon wegen der hervorragenden Einleitung lesenswert: Wilhelm Ritter von LEEB: *Tagebuchaufzeichnungen und Lagebeurteilungen aus zwei Weltkriegen.* Aus dem Nachlaß hrsg. von Georg MEYER, *Stuttgart 1976.* Die undurchsichtige Rolle von Canaris wird auch nicht durchsichtiger bei Heinz HÖHNE: *Canaris, München 1976.* Eine wirklich befriedigende Canaris-Biographie steht immer noch aus. Wichtiger Beitrag zu Halder: Gerd R. UEBERSCHÄR: *Generaloberst Halder im militärischen Widerstand,* in: *Wehrforschung 1/1973.* Nützlich: Heidemarie Gräfin SCHALL-RIAUCOUR: *Aufstand und Gehorsam. Offizierstum und Generalstab im Umbruch. Leben und Wirken von Generaloberst Franz Halder, Generalstabschef 1938–1942, Wiesbaden 1972.* Zu Wagner vgl. Elisabeth WAGNER (Hrsg.): *Der Generalquartiermeister. Briefe und Tagebuchaufzeichnungen des Generalquartiermeisters des Heeres General der Artillerie Eduard Wagner, München 1963.* Zu Oster: Hermann GRAML: *Der Fall Oster,* in: *VfZG 1966.*

Die Septemberverschwörung wird eingehend beschrieben bei MÜLLER: *Das Heer und Hitler,* wodurch alle früheren Darstellungen überholt werden.

Zu Henlein und dem sudetendeutschen Problem vgl. vor allem Radomir LUZA: *The Transfer of the Sudeten Germans. A Study of Czech-German Relations 1933–1962, New York 1964;* Selbstdarstellung Henleins: *Konrad Henlein spricht. Reden zur politischen Volksbewegung der Sudetendeutschen, 1937.* Wichtig die Erinnerungen von Wenzel JAKSCH: *Europas Weg nach Potsdam. Schuld und Schicksal im Donauraum, Köln ³1967.* Dazu vgl. Martin K. BACHSTEIN: *Wenzel Jaksch und die sudetendeutsche Sozialdemokratie, München 1974.* Wichtige Gesamtdarstellung aus der Feder eines tschechischen Nachkriegsemigranten: Boris CELOVSKY: *Das Münchner Abkommen 1938, Stuttgart 1958.* Die Rolle von Kleist-Schmenzin wird untersucht bei Bodo SCHEURIG: *Ewald von Kleist-Schmenzin. Ein Konservativer gegen Hitler,* Oldenburg *1968.* Zum Problem der außenpolitischen Vorstellungen der deutschen Opposition vgl. den guten Beitrag von Hermann GRAML: *Die außenpolitischen Vorstellungen des deutschen Widerstandes,* in: *Der deutsche Widerstand gegen Hitler. Vier historisch-kritische Studien,* hrsg. von Walter SCHMITTHENNER und Hans BUCHHEIM, *Köln 1966.* Die Literatur zum Problem der englischen Appeasement-Politik ist umfangreich; besonders wichtig erscheinen die folgenden Studien: Martin GILBERT: *The Roots of Appeasement, London 1966;* Keith MIDDLEMAS: *Diplomacy of Illusion. The British Government and Germany 1937–1939, London 1972.* Für den weltgeschichtlichen Zusammenhang wichtig: Frederick S. NORTHEDGE: *The troubled Giant. Britain among the great Powers 1916–1939, New York 1966.* Die innenpolitische Funktion der Appeasement-Politik betont Maurice COWLING: *The Impact of Hitler. British Politics and British Policy 1933–1940, London 1975.* Ähnlich: Neville THOMPSON: *The Anti-Appeasers. Conservative Opposition to Appeasement in the 1930s., London 1971.* Aus deutscher Feder vgl. das maßgebende Werk von Bernd-Jürgen WENDT: *Economic Appeasement. Handel und Finanz in der britischen Deutschlandpolitik 1933–1939, Düsseldorf 1971.* Die jüngeren Forschungsergebnisse interpretierend: Hans HERZFELD: *Zur Problematik der Appeasement-Politik,* in: *Kriegsbeginn 1939.* Eine knappe, nützliche Zusammenfassung bietet Manfred SCHLENKE: *Die Westmächte und das nationalsozialistische Deutschland: Motive, Ziele und Illusionen der Appeasementpolitik,* in: ebda. Die Einordnung der Appeasement-Politik in die britische Ostpolitik untersucht Gottfried NIEDHART: *Großbritannien und die Sowjetunion 1934–1939. Studien zur britischen Politik der Friedenssicherung zwischen den beiden Weltkriegen, München 1972.* Wichtige Arbeiten zum Münchner Abkommen, in denen die politisch-diplomatische Vorgeschichte mitbehandelt wird: Bernd-Jürgen WENDT: *München 1938. England zwischen Hitler und Preußen, Frankfurt/M. 1965;* Karin SCHMID: *Das Münchner Abkommen. Thesen, Argumente, rechtliche Konsequenzen, Düsseldorf 1973.* Zur Ergänzung der vollständig vorliegenden deutschen und britischen amtlichen Akten (ADAP, DBFP): Václav KRÁL: *Das Abkommen von München. Tschechoslowakische Dokumente 1937–1939, Prag 1968.* Den wirtschaftsgeschichtlichen Aspekt betont allzusehr: Alice TEICHOVA: *An economic background to Munich – International business and Czechoslovakia 1918–1938, Cambridge 1974.*

M. Die Vorbereitung und Entfesselung des Zweiten Weltkrieges

Der Begriff „Entfesselung" des Zweiten Weltkrieges hat sich im Laufe der Zeit durchgesetzt; er stammt aus dem Titel des Werkes von Walther HOFER: *Die Entfesselung des Zweiten Weltkrieges, Frankfurt/M. ²1964.* Vgl. auch ders.: *„Entfesselung" oder „Ausbruch" des Zweiten Weltkrieges? Eine grundsätzliche Auseinandersetzung mit dem Buch von A. J. P. Taylor über die Ursprünge des Zweiten Weltkrieges,* in dem sehr nützlichen

Sammelband: *Kriegsbeginn 1939.* Grundsätzliche Überlegungen zum Kriegsbeginn 1939 von Alan BULLOCK: *Hitler und die Ursprünge des Zweiten Weltkriegs,* und Hans BOOMS: *Der Ursprung des Zweiten Weltkriegs – Revision oder Expansion?*, ebda.

1. Vom Münchner Abkommen bis zur Zerschlagung der „Resttschechei"

Für den letzten Zeitabschnitt besonders wichtig: GROSCURTH: *Tagebücher eines Abwehroffiziers.* Den Zusammenbruch der Oppositionsbewegung schildert am ausführlichsten MÜLLER: *Das Heer und Hitler.* Eine Gesamtdarstellung der europäischen Diplomatie „nach München" findet sich bei Julian C. DOHERTY: *Das Ende des Appeasement. Die britische Außenpolitik, die Achsenmächte und Osteuropa nach dem Münchner Abkommen, Berlin 1973.* Zur Rüstungspolitik s. o. Zum „Stufenplan" Hitlers s. o. Die Rüstungspolitik 1938/39 gilt als besonders starkes Indiz für den Stufencharakter der Hitlerschen Politik bei Jochen THIES: *Architekt der Weltherrschaft.* Jost DÜLFFER: *Weimar, Hitler und die Marine.* Zur nationalsozialistischen Propagandaführung vgl. Jutta SYWOTTEK: *Die propagandistische Vorbereitung der deutschen Bevölkerung auf den Zweiten Weltkrieg, Opladen 1975.* Wichtige Beiträge zur sog. „Reichskristallnacht" stammen von Hermann GRAML: *Der 9. November 1938,* in: *Das Parlament 1953,* und Hans MOMMSEN: *Der nationalsozialistische Polizeistaat und die Judenverfolgung von 1938,* in: VfZG 10 (1962). Die verschärfte Indoktrination nach dem 9. November 1938 ist dargestellt bei MESSERSCHMIDT: *Die Wehrmacht im NS-Staat.* Die gespenstische Szene zwischen Hitler und Hácha wird am eindrucksvollsten geschildert von Paul SCHMIDT: *Statist auf diplomatischer Bühne 1923–1945. Erlebnisse des Chefdolmetschers im Auswärtigen Amt mit den Staatsmännern Europas, (Bonn) ¹¹1968.*

2. Diplomatie und Kriegsplanung im Frühjahr 1939

a. Die Entwicklung der außenpolitischen Lage

Zur Memelfrage vgl. die Studie von Walther HUBATSCH: *Die Rückkehr des Memelgebietes 1939,* in: *Deutsche Studien 7 (1969).* Die beiden wichtigsten Arbeiten zur Entstehung des „Stahlpakts" stammen von Mario TOSCANO: *The Origins of the Pact of Steel, Baltimore ²1967,* und Ferdinand SIEBERT: *Italiens Weg in den Zweiten Weltkrieg, Frankfurt/M. 1962.* Demnächst vgl. auch Gerhard SCHREIBER: *Revisionismus und Weltmachtstreben.* Die Vorgeschichte des englisch-polnischen Garantieabkommens schildert Anna M. CIENCIALA: *Poland and the Western Powers 1938–1939. A Study in the Interdependence of Eastern and Western Europe, London 1968.* Zur Funktion des deutsch-englischen Flottenvertrages und den Gründen seiner Kündigung Michael SALEWSKI: *Marineleitung und politische Führung 1931–1935,* in: *MGM 2/1971.*

b. „Fall Weiß"

Zu den polnisch-deutschen Beziehungen s. o. Zum Danzigproblem: Herbert S. LEVINE: *Hitler's free city. A History of the Nazi Party in Danzig 1925–1939, Chicago 1973;* Ludwig DENNE: *Das Danzig-Problem in der deutschen Außenpolitik 1934–1939, Bonn 1959.* Sehr wichtig und instruktiv die Erinnerungen von Carl-Jakob BURCKHARDT: *Meine Danziger Mission 1937–1939, München 1960.*

c. Hitlers Ansprache vom 23. Mai 1939

Die Ansprache gehörte zu den Nürnberger „Schlüsseldokumenten", abgedruckt unter IMT Bd. XXXVII (079-L). Vgl. auch GÖRLITZ: *Keitel.* Zur Frage OKW-Studienstab: Walter WARLIMONT: *Im Hauptquartier der deutschen Wehrmacht 1939–1945. Grundlagen, Formen, Gestalten, Frankfurt/M. 1962.*

3. Letzte Verhandlungen und der Pakt mit Stalin

Der Hitler-Stalin-Pakt spielt in der gesamten Literatur, die sich mit der Vorgeschichte des Zweiten Weltkrieges befaßt, eine wichtige Rolle; das geheime Zusatzprotokoll wird jedoch in der Ostblockliteratur nicht erwähnt. Typisch für die marxistische Interpretation des Abkommens die offiziöse Darstellung in *Deutschland im Zweiten Weltkrieg*, Bd. 1: die Intentionen der Sowjetunion seien allein vom Willen der Friedensbewahrung ausgegangen – also eine Art kommunistisches „Appeasement". Eine ganz andere Sprache reden die *Documents on Polish-Soviet Relations 1939–1945, Bd. 1: 1939–1943,* hrsg. vom General Sikorski Historical Institute, *London 1961.* Hierzu vgl. Georg von RAUCH: *Der deutsch-sowjetische Nichtangriffspakt vom August 1939 und die sowjetische Geschichtsschreibung,* in: *Kriegsbeginn 1939.* Eine ältere, gleichwohl gute Studie stammt von Max BRAUBACH: *Hitlers Weg zur Verständigung mit Rußland im Jahre 1939, Bonn 1960.* Nützlich auch noch das ältere Standardwerk von Gerhard L. WEINBERG: *Germany and the Soviet Union 1939–1941, Leiden 1954.* Ausführliche Darstellung von Philipp W. FABRY: *Der Hitler-Stalin-Pakt 1939–1941. Ein Beitrag zur Methode der sowjetischen Außenpolitik, Darmstadt 1962.*

c. Hitlers Ansprachen vom 14. und 22. August 1939

Die schwierige Quellenlage zu Hitlers Ansprache vom 22. August wird mustergültig untersucht und geklärt von Winfried BAUMGART: *Zur Ansprache Hitlers vor den Führern der Wehrmacht im August 1939. Eine quellenkritische Untersuchung,* in: *VfZG 16 (1968).*

d. Rüstung und Wirtschaft bei Kriegsbeginn

Wichtiges statistisches Material enthält Richard WAGENFÜHR: *Die deutsche Industrie im Kriege 1939–1945, Berlin* *²1963.* Vgl. auch MILWARD: *Die deutsche Kriegswirtschaft;* PETZINA: *Autarkiepolitik,* THOMAS: *Geschichte der deutschen Wehrwirtschaft;* Ursula von GERSDORFF: *Frauen im Kriegsdienst 1914–1945, Stuttgart 1969.*

4. Die letzten Tage vor Kriegsausbruch

Für den Ablauf der letzten Tage wichtige Quelle: *Generaloberst Halder: Kriegstagebuch, Bd. I: Vom Polenfeldzug bis zum Ende der Westoffensive (14. 8. 1939–30. 6. 1940),* bearbeitet von Hans-Adolf JACOBSEN in Verbindung mit Alfred PHILIPPI, *Stuttgart 1962.* Andreas HILLGRUBER: *Zum Kriegsbeginn im September 1939,* in: *Kriegsbeginn 1939,* betont eher den außenpolitisch-ideologischen Aspekt des Hitlerschen Entschlusses; Jost DÜLFFER: *Der Beginn des Krieges 1939. Hitler, die innere Krise und das Mächtesystem,* ebda., weist auf die ökonomische Zwangslage des Regimes hin. Zu den Bemühungen um einen Ausgleich in letzter Stunde vgl. Heinrich METZMACHER: *Deutsch-englische Ausgleichsbemühungen im Sommer 1939,* in: *VfZG 14 (1966),* und die persönlichen Erinnerungen des schwedischen Industriellen Birger DAHLERUS: *Der letzte Versuch London–Berlin, Sommer 1939, München 1973.*

Die Organisation des Heeres 1933-1939

A. Die Heeresvergrößerung 1932-1939: Planungen, Maßnahmen und Umfang

Aus der Fülle der Literatur zu dem Themenbereich deutsches Heer 1933–1939 sind vor allem die grundlegenden Arbeiten von Burkhart MUELLER-HILLEBRAND: *Das Heer 1933–1945*, Bd. I und II, *Darmstadt 1954* und *1956*, sowie Georg TESSIN: *Formationsgeschichte der Wehrmacht 1933–1939. Stäbe und Truppenteile des Heeres und der Luftwaffe, Boppard 1959* (erweiterte Ausgabe unter dem Titel: *Deutsche Verbände und Truppen 1918–1939, Osnabrück 1974*) zu nennen. Mueller-Hillebrands Band I, Das Heer bis zum Kriegsbeginn, behandelt hauptsächlich die Heeresvergrößerung ab 1936. Die Anfangszeit bis 1935 ist dagegen nur knapp berücksichtigt worden, da der Verfasser erst ab 1936 in der Organisationsabteilung des Generalstabs tätig war. Tessins sehr detaillierte und zuverlässige Arbeit beruht auf den geheimen Stellenbesetzungslisten der Jahre 1934 bis 1938, die auf Mikrofilm erst in den späteren 50er Jahren aus den USA beschaffbar waren. Nur die Stellenbesetzung des Heeres 1938 (mit Stand vom 3. Januar 1939) war schon frühzeitig in deutschen Aktenbeständen verfügbar und wurde in fotomechanischer Wiedergabe von Hans-Henning PODZUN: *Das deutsche Heer 1939, Bad Nauheim 1953*, herausgegeben. Diese in großer Auflage verbreitete Quelle ist von besonderer Bedeutung, da im Jahre 1939 nur noch wenige Neuaufstellungen durchgeführt wurden. Die in dem Band enthaltenen Gliederungen, Standorte und Stellenbesetzungen des Jahresbeginns 1939 geben also ein zuverlässiges Bild vom deutschen Friedensheer am Vorabend des Zweiten Weltkrieges.

Ein weiteres grundlegendes Werk zur Organisation des Heeres bis 1939 liegt mit den bisher erschienenen 3 Bänden von Rudolf ABSOLON: *Die Wehrmacht im Dritten Reich, Boppard 1969 ff.*, vor. Diese Bände bringen keine geschlossene Darstellung, vielmehr sollen sie die Vielzahl von Gesetzen, Verordnungen, Vorschriften, Erlassen und Befehlen erfassen und in einen überschaubaren Zusammenhang stellen. Viele wichtige Texte sind im Dokumentenanhang ganz oder teilweise nachgedruckt. Die Texte sind außerordentlich sachverständig kommentiert. Eine Zeittafel, ein Personen- und ein Sachregister erleichtern die Benutzung dieses zuverlässigen Werkes.

Die für den Bereich des Heeres im behandelten Zeitabschnitt herausgegebenen Verordnungen enthält das Heeres-Verordnungsblatt, Berlin 1933–1939. Trotz der großen Verluste in den Heeresaktenbeständen befinden sich im Freiburger Bundesarchiv-Militärarchiv Aktenstücke, die zu den Vorarbeiten für die Darstellung der Heeresorganisation 1933–1939 wertvolle Einblicke gaben. Von großer Bedeutung sind für die Jahre der Aufrüstung mehrere Studies der Historical Division, die von ausgewählten höheren deutschen Offizieren aufgrund ihrer Erfahrungen und unter Benutzung verfügbarer Akten für die US Army erarbeitet wurden und dem Militärgeschichtlichen Forschungsamt zur Verfügung stehen.

Die Erkenntnisse über Planungen und Maßnahmen während der Zeit der Heeresvergrößerung sind durch einige Memoiren von Offizieren ergänzt worden, die an hervorragender Stelle am Heeresaufbau beteiligt waren. Als inhaltsreichste Erinnerungen seien in diesem Zusammenhang genannt: Heinz GUDERIAN: *Erinnerungen eines Soldaten, Heidelberg 1951;* Friedrich HOSSBACH: *Zwischen Wehrmacht und Hitler 1934–1938, Göttingen ²1965;* Erich v. MANSTEIN: *Aus einem Soldatenleben 1887–1939, Bonn 1958;* Edgar RÖHRICHT: *Pflicht und Gewissen. Erinnerungen eines deutschen Generals 1932–1944, Stuttgart 1965;* Siegfried WESTPHAL: *Heer in Fesseln, Bonn 1950;* ders.: *Erinnerungen, Mainz 1975.*

Aus der militärischen Zeitschriftenliteratur sind für den Themenbereich besonders zu nennen: *Alte Kameraden. Unabhängige Zeitschrift deutscher Soldaten Jg. 1953 ff.*; *Feldgrau.* Mitteilungsblätter einer Arbeitsgemeinschaft *Jg. 1/1953* bis *Jg. 14/1966*, von 1967 bis 1971 als *Zeitschrift für neuzeitliche Wehrgeschichte, Organisation, Umformierung, Bewaffnung und Ausrüstung* (letzter Jahrgang 1971); *Zeitschrift für Heereskunde, Jg. 1933–1944* und ab 1953. Die Jahrgangsbände dieser Zeitschriften sind eine Fundgrube für Detailangaben über den Heeresaufbau vor 1939, einzelne Beiträge bedürfen allerdings kritischer Überprüfung.

Das Nachschlagewerk von Hermann FRANKE: *Handbuch der neuzeitlichen Wehrwissenschaften, Berlin/Leipzig 1936–1939*, ist wegen seiner – gemessen am heutigen Wissen – zu großen Lücken nur noch begrenzt verwendbar. Durch ausführlichere Darstellungen überholt, als Überblick und zum Nachschlagen jedoch weiterhin brauchbar ist Fritz Frh. v. SIEGLER: *Die höheren Dienststellen der deutschen Wehrmacht 1933–1945, Stuttgart 1953*. Die Bände von Wolf KEILIG: *Das deutsche Heer 1939–1945. Gliederung, Einsatz, Stellenbesetzung, Bad Nauheim 1956 ff.*, behandeln hauptsächlich die Kriegsjahre, einzelne Beiträge gehen jedoch auf die Jahre vor 1939 zurück. Der verbreitete „Ploetz"-Band: *Geschichte des Zweiten Weltkrieges. Kriegsmittel, Würzburg 1960*, vermittelt Überblicke und Zahlen zur Ausrüstung des Heeres bei Kriegsbeginn 1939.

Von den vorhandenen neueren Darstellungen über das Wehrmachtheer sind im Zusammenhang mit Einzelfragen seiner Vergrößerung und seiner Struktur von besonderer, grundlegender Bedeutung: Klaus-Jürgen MÜLLER: *Das Heer und Hitler. Armee und nationalsozialistisches Regime 1933–1940, Stuttgart 1969*, und Manfred MESSERSCHMIDT: *Die Wehrmacht im NS-Staat. Zeit der Indoktrination, Hamburg 1969*.

Zwei Darstellungen befassen sich unmittelbar mit der Aufrüstung: Gerhard MEINCK: *Hitler und die deutsche Aufrüstung 1933–1937, Wiesbaden 1959*, und Walter BERNHARDT: *Die deutsche Aufrüstung 1934–1939. Militärische und politische Konzeptionen und ihre Einschätzung durch die Alliierten, Frankfurt 1969*. Meincks Buch muß streckenweise als überholt gelten, da der Autor der damaligen Quellenlage und vorherrschenden Auffassung nach die Entwicklung zu sehr auf Hitler konzentrierte, was nur z. T. mit der Formulierung des Themas zu begründen ist. Die Studie von Bernhardt enthält neben überzeugenden Schilderungen und Urteilen eine Anzahl von anfechtbaren, spekulativen Thesen.

Das umfangreiche Gebiet der Rüstungswirtschaft und -finanzen kann in einer Organisationsgeschichte nicht hinreichend ausgebreitet werden. So soll als Literatur für den in dieser Hinsicht außerordentlich interessanten Zeitabschnitt nur verwiesen werden auf Georg THOMAS: *Geschichte der deutschen Wehr- und Rüstungswirtschaft*, hrsg. von Wolfgang BIRKENFELD, *Boppard 1966*, sowie auf die Beiträge und Literaturangaben des Bandes: *Wirtschaft und Rüstung am Vorabend des Zweiten Weltkrieges*, hrsg. von Friedrich FORSTMEIER und Hans-Erich VOLKMANN, *Düsseldorf 1975*.

Zu der ersten Phase der Heeresvergrößerung liegen einige weiterführende Arbeiten vor, in denen auch interessantes Quellenmaterial publiziert wird. So schildert Michael GEYER: *Das zweite Rüstungsprogramm (1930–1934)* in: *Militärgeschichtliche Mitteilungen 1/1975*, S. 125–172. Leider nur in der geringen Auflage eines Universitätsdrucks erschienen ist die Dissertation von Hans-Jürgen RAUTENBERG: *Deutsche Rüstungspolitik vom Beginn der Genfer Abrüstungskonferenz bis zur Wiedereinführung der allgemeinen Wehrpflicht 1932–1935, Bonn 1973*. Vom gleichen Autor stammt die Dokumentation: *Drei Dokumente zur Planung eines 300 000 Mann-Friedensheeres aus dem Dezember 1939*, Militärgeschichtliche Mitteilungen 2/1977, S. 103–139.

Zum Ausbildungswesen der SA und zu den wehrpolitischen Gegensätzen von Reichswehr und SA ist Heinrich BENNECKE: *Die Reichswehr und der „Röhm-Putsch", München/Wien 1964*, heranzuziehen, obwohl die rehabilitierende Tendenz dieser Schrift nicht zu übersehen ist.

Die Überführung des österreichischen Bundesheeres in die Wehrmacht wird von Johann Christoph ALLMAYER-BECK: *Die Österreicher im Zweiten Weltkrieg*, in: *Unser Heer, 300 Jahre österreichisches Soldatentum in Krieg und Frieden, Wien 1963*, S. 342 ff., geschildert. Die Dissertation von Peter GSCHAIDER: *Das österreichische Bundesheer 1938 und seine Überführung in die deutsche Wehrmacht, Wien 1967* (ungedruckt) bringt viele Einzelheiten zur Eingliederung dieses Heeres in die Wehrmacht. Ludwig JEDLICKA: *Ein Heer im Schatten der Parteien. Die militärpolitische Lage Österreichs 1919–1938, Graz/Köln 1955*, behandelt dagegen nur die Entwicklung bis zum Anschluß.

Einige militärische Aspekte infolge des Einmarsches in das Sudetenland und in die Tschechoslowakei sind Hans UMBREIT: *Deutsche Militärverwaltungen 1938/39. Die militärische Besetzung der Tschechoslowakei und Polens, Stuttgart 1977*, und Detlev BRANDES: *Die Tschechen unter deutschem Protektorat, München/Wien 1969*, zu entnehmen.

B. Die Veränderungen in der Heeresstruktur 1933-1939

1. Spitzengliederung

Von den allgemeinen Darstellungen der deutschen militärischen Spitzengliederung seien genannt: Eckart BUSCH: *Der Oberbefehl. Seine rechtliche Struktur in Preußen und Deutschland seit 1848, Boppard 1967*, und Friedrich HOSSBACH: *Die Entwicklung des Oberbefehls über das Heer in Brandenburg, Preußen und im Deutschen Reich von 1655 bis 1945, Würzburg 1957.*

Die Auseinandersetzung um die Spitzengliederung zwischen 1933 und 1938 ist besonders in den genannten Bänden von Müller und Mueller-Hillebrand dargestellt worden. Das OKW ist bei KEILIG und im Band I des *Kriegstagebuchs des Oberkommandos der Wehrmacht, Frankfurt/M. 1965*, behandelt. Darüber hinaus ist in diesem Zusammenhang die angesprochene Memoirenliteratur sowie die Literatur über die Blomberg-Fritsch-Krise zu nennen. Von der noch nicht erwähnten Literatur sind für die Spitzengliederung wichtig die Erinnerungen von Bernhard v. LOSSBERG: *Im Wehrmachtführungsstab, Hamburg 1950*, und Walter WARLIMONT: *Im Hauptquartier der deutschen Wehrmacht 1939–1945, Frankfurt/M./Bonn 1964*. Ferner Peter BOR: *Gespräche mit Halder, Wiesbaden 1950;* Waldemar ERFURTH: *Die Geschichte des deutschen Generalstabes von 1918 bis 1945, Göttingen 1957;* Walter GÖRLITZ (Hrsg.): *Generalfeldmarschall Keitel. Verbrecher oder Offizier? Göttingen/Berlin/Frankfurt 1961*, und Jost DÜLFFER: *Überlegungen von Kriegsmarine und Heer zur Wehrmachtspitzengliederung und zur Führung der Wehrmacht im Kriege im Februar–März 1938*, in: Militärgeschichtliche Mitteilungen 1/71, S. 145–171. Eine gründliche, zusammenfassende Untersuchung über die Wehrmacht-Spitzengliederung fehlt jedoch immer noch.

Über den Wehrwirtschaftsstab informiert das genannte Werk von THOMAS (Hrsg. BIRKENFELD). Anstelle der älteren Literatur über Canaris und die Abwehr ist zu empfehlen Heinz HÖHNE: *Canaris, Patriot im Zwielicht, München 1976*. Wenn auch mit jounalistischen Ausschmückungen angereichert, handelt es sich um eine zuverlässige und ausgewogene Darstellung auf Grundlage umfangreicher Literatur, Quellen und Befragungen. Manfred KEHRIG: *Die Wiedereinrichtung des deutschen militärischen Attachédienstes nach dem Ersten Weltkrieg (1919–1933), Boppard 1966*, zeigt auch die Entwicklung des Attachédienstes bis 1939 auf.

2. und 3. Kommandobehörden, Divisionsgliederung und Heeresmotorisierung

Die Kommandobehörden und Divisionsgliederungen sind bei Mueller-Hillebrand und Tessin ausführlich beschrieben. Zur Heeresmotorisierung ist neben einigen Studien der

Historical Division und Guderians Erinnerungen die Untersuchung von Hubertus SENFF: *Die Entwicklung der Panzerwaffe im deutschen Heer zwischen den beiden Weltkriegen, Frankfurt 1969*, heranzuziehen.

4. und 6. Waffengattungen und Schulen

Einzelheiten über Aufgaben, Ausrüstung und Ausbildung der einzelnen Waffengattungen sind am zuverlässigsten zu finden in den damaligen Dienstvorschriften, den verschiedenen Auflagen und Ausgaben von Wilhelm REIBERT: *Dienstunterricht im Heere. Berlin 1932—1940* ,und dem *Handbuch für Heerestaktik* (April 1939, herausgegeben für die Luftwaffe zur Information über Gliederung und Führungsgrundsätze des Heeres. Im 2. Teil dieses vorschriftenähnlichen Handbuchs sind Bilder von Waffen, Fahrzeugen und Gerät des Heeres enthalten).

Zusammengefaßte Angaben zur Gliederung und Ausrüstung der Truppenteile aller einzelnen Waffengattungen sind im Band I von Mueller-Hillebrand, Aufstellungstermine, Standorte und Unterstellungen dem Band von Tessin zu entnehmen. Die Stellenbesetzung, Verbandszugehörigkeit und Standorte am 3. Januar 1939 sind in dem genannten Band *Das deutsche Heer 1939* nachzuschlagen.

Zahlreiche Truppengeschichten von Divisionen und Regimentern aus dem Zweiten Weltkrieg gehen auf die Aufstellungszeit vor 1939 ein, sie sind in ihrem Wert jedoch sehr unterschiedlich und bringen über die Waffengattungen vorwiegend persönliche Erlebnisse und Eindrücke der Verfasser, bei kritischer Wertung können sie das Bild des Vorkriegsheeres jedoch ergänzen.

Zu einzelnen Waffengattungen ist folgende Literatur zu nennen: Joachim ENGELMANN und Horst SCHEIBERT: *Deutsche Artillerie 1934—1945, Limburg 1974;* Ferdinand M. v. SENGER und ETTERLIN: *Die deutschen Geschütze 1939/45, München 1960;* G. TORMAN und F. KUROWSKI: *Sturmartillerie – Fels in der Brandung, Herford 1965;* Werner HERTEL: *Beobachtungsabteilung 6, Dülmen 1965;* Hans RIELAU: *Geschichte der Nebeltruppe*, im Auftrag von BMVg Fü H IV 1 bei der ABC- und Selbstschutzschule hergestellt, maschinenschriftlich vervielfältigt, *Köln 1965;* Horst Adalbert KOCH: *Die Geschichte der deutschen Flakartillerie 1939 bis 1945, Bad Nauheim ²1965.* Über die MG-Bataillone und die Anfänge der Heeresfla informieren die ersten Kapitel von Hermann FRETER: *Fla nach vorn. Die Fliegerabwehrwaffe des Heeres und ihre Doppelrolle im Zweiten Weltkrieg, Esslingen 1971.* Die Nachrichtentruppe der Jahre vor 1939 wird in einigen Abschnitten von Albert PRAUN: *Soldat in der Telegraphen- und Nachrichtentruppe, Würzburg 1965*, und Karl-Heinz WILDHAGEN (Hrsg.): *Erich Fellgiebel, Meister operativer Nachrichtenverbindungen, o. O. 1970*, behandelt. Die Pioniere sind bei Dietrich PETTER: *Pioniere. Entwicklung einer deutschen Waffengattung, Darmstadt 1963*, dargestellt.

Aus der umfangreichen Literatur über den Aufbau der Panzerwaffe seien neben den erwähnten Erinnerungen Guderians genannt: Walter NEHRING: *Die Geschichte der deutschen Panzerwaffe 1916—1945, Berlin 1969;* Oskar MUNZEL: *Die deutschen gepanzerten Truppen bis 1945, Herford/Bonn 1969;* Ferdinand M. v. SENGER und ETTERLIN: *Die Kampfpanzer von 1916—1966, München 1966;* ders.: *Die Panzergrenadiere. Geschichte und Gestalt der mechanisierten Infanterie 1930—1960, München 1961.*

5. Die bewaffnete SS

Grundlegend ist immer noch George STEIN: *The Waffen-SS. Hitler's Elite Guard at War 1939—1945, Ithaca/New York 1966* (deutsche Ausgabe unter dem Titel: *Geschichte der Waffen-SS, Düsseldorf 1967*). Wichtige Einzelheiten über die Entstehungszeit der SS-Verfügungstruppe enthält Kurt-Gerhard KLIETMANN: *Die Waffen-SS. Eine Do-*

kumentation, Osnabrück 1965. Sehr viel Material auswertend und die bis dahin erschienene Literatur zusammenfassend Heinz HÖHNE: *Der Orden unter dem Totenkopf, Gütersloh 1967.* Aus der Memoirenliteratur ist am wichtigsten Paul HAUSSER: *Soldaten wie andere auch. Der Weg der Waffen-SS. Osnabrück 1966.* Die rehabilitierende Tendenz dieses Buches wird bereits im Titel deutlich. Eine abwägende, gerechte Betrachtung der SS-Verfügungstruppe kommt jedoch nicht daran vorbei, das nicht erst nachträglich geäußerte Selbstverständnis eines Elitesoldatentums zu berücksichtigen.

Von den kürzeren, älteren Darstellungen ist noch zu beachten Hans BUCHHEIM: *SS und Polizei im NS-Staat, Duisdorf/Bonn 1964.*

7. Laufbahnen

Am ausführlichsten und zuverlässigsten informieren hierzu die bereits genannten Bände von Rudolf Absolon, außerdem vom gleichen Verfasser: *Wehrgesetz und Wehrdienst 1935–1945. Das Personalwesen der Wehrmacht, Boppard 1959.* Für das Offizierkorps ist in der zusammenfassenden Wertung noch immer unentbehrlich Karl DEMETER: *Das deutsche Offizierkorps in Gesellschaft und Staat 1650 bis 1945, Frankfurt ⁴1965.*

Beiträge zum Offizierkorps der Jahre 1933–1939 bringen die vom Militärgeschichtlichen Forschungsamt herausgegebenen Bände: *Untersuchungen zur Geschichte des Offizierkorps. Anciennität und Beförderung nach Leistung, Stuttgart 1962,* sowie: *Offiziere im Bild von Dokumenten aus drei Jahrhunderten, Stuttgart 1964.*

Unter dem Gesichtspunkt des nationalsozialistischen Einflusses auf die Offiziere ist das genannte Werk von Messerschmidt heranzuziehen. Wichtiges Zahlenmaterial enthält die erwähnte Edition von Keilig. Die Sonderlaufbahn der Generalstabsoffiziere – insbesondere ihre Auswahl und Ausbildung – hat Hansgeorg MODEL: *Der deutsche Generalstabsoffizier, Frankfurt 1968,* dargestellt.

Über das Unteroffizierkorps von Reichswehr und Wehrmacht fehlt noch immer eine systematische, zuverlässige Darstellung. Der Band von Werner LAHNE: *Unteroffiziere. Werden, Wesen und Wirken eines Berufsstandes, München 1965,* wird im Vorwort vom Verfasser als „Lesebuch" vorgestellt und erhebt nicht den Anspruch, eine wissenschaftliche Lücke zu schließen.

8. Allgemeine Heeresangelegenheiten

Die Öffentlichkeitsarbeit der Wehrmacht läßt sich unmittelbar an den damaligen Veröffentlichungen wie den *Jahrbüchern des Heeres, Leipzig 1936 ff.,* und der Halbmonatsschrift *Die Wehrmacht, Berlin 1936 ff.,* verfolgen. Eine kritische Wertung der damaligen Öffentlichkeitsarbeit enthält das genannte Werk von Messerschmidt.

Die Wehrmachtpropaganda und die Entstehung der Propagandakompanien sind in den Erinnerungen ihres ersten Kommandeurs dargestellt, Hasso v. WEDEL: *Die Propagandatruppen der Deutschen Wehrmacht, Neckargemünd 1962* (= Wehrmacht im Kampf Band 34). Außerdem bringt Erich MURAWSKI: *Der deutsche Wehrmachtbericht 1939 bis 1945, Boppard 1962,* einige Angaben über die Vorgeschichte der Kriegsberichterstattung. Zur Abteilung Wehrmachtpropaganda im OKW enthält die Edition von Keilig einen Beitrag. Weitere Einzelheiten über die Propagandatruppen sind der Zeitschrift *Die Wildente. Informationen. PK Mitteilungsblatt, Hamburg 1952 ff.,* zu entnehmen.

Informationen über die Fahnen und Uniformen geben die Kompilation von Alois FRIEDEL: *Deutsche Staatssymbole, Frankfurt 1968,* und die ältere umfassende Darstellung von Eberhard HETTLER: *Die Uniformen der deutschen Wehrmacht, Berlin 1939.*

Die Militärgerichtsbarkeit und Militärseelsorge hat Messerschmidt a.a.O. behandelt. Zur Militärseelsorge sind außerdem zu nennen: Albrecht SCHÜBEL: *300 Jahre Evangelische Soldatenseelsorge, München 1964,* und Manfred MESSERSCHMIDT: *Aspekte der Militärseelsorgepolitik in nationalsozialistischer Zeit,* in: *Militärgeschichtliche Mitteilungen* 1/1968, S. 63–105.

C. Das Konzept der Landesverteidigung

1. Mobilmachung

Die Mobilmachungsplanungen sind in den ersten beiden Bänden von Mueller-Hillebrand sowie bei Tessin dargestellt. Einzelheiten sind auch den erwähnten Memoiren und einigen Studien der Historical Division zu entnehmen.

2. Aufmarschpläne

Neben der oben genannten allgemeinen Literatur (u. a. Meinck) und den Memoiren sind zu berücksichtigen E. M. ROBERTSON: *Hitler's Pre-War Policy and Military Plans 1933–1939, London/Colchester 1963,* sowie die Bände des Internationalen Militärtribunals: *Der Prozeß gegen die Hauptkriegsverbrecher, Nürnberg 1947–1949.*

3. Landesbefestigungen

Die Entstehung und die Angaben der Landesbefestigungen in der Zeit vor dem Zweiten Weltkrieg sind zusammenfassend behandelt von Otto-Wilhelm FÖRSTER: *Das Befestigungswesen, Neckargemünd 1960* (= Wehrmacht im Kampf Band 25). Einen anschaulichen (Propaganda-)Bericht bietet Ernst VOLLBEHR: *Mit der OT beim Westwall und Vormarsch. Berlin 1941.*

Nachtrag

(A:) Emil SCHULER: *Die Bayerische Landespolizeit 1919–1935. Kurze geschichtliche Übersicht, München 1964.*

(B 4:) Dermot BRADLEY: *Generaloberst Heinz Guderian und die Entstehungsgeschichte des modernen Blitzkrieges, Osnabrück 1978;* Kenneth J. MACKSEY: *Guderian, der Panzergeneral, Düsseldorf 1976;* Karl J. WALDE: *Guderian, Frankfurt 1976.* Bodo GERICKE: *Die deutsche Feldpost im Zweiten Weltkrieg, Frankfurt 1971.* Wilhelm ZIEGER: *Das deutsche Heeresveterinärwesen im Zweiten Weltkrieg, Freiburg 1973.*

(B 8:) Zur Wehrmachtpropaganda: Jutta SYWOTTEK: *Mobilmachung für den totalen Krieg, Opladen 1976.* Otto Peter SCHWELING: *Die deutsche Militärjustiz in der Zeit des Nationalsozialismus, Marburg 1977;* Hans Dieter SCHWIND: *Kurze Geschichte der deutschen Kriegsgerichte, München 1966.*

Die Organisation der Kriegsmarine bis 1939

Grundlagen für das Studium der Organisation sind die „Organisatorischen Bestimmungen für die Kriegsmarine" (O.B.) von 1937 (auf der Grundlage der O.B. von 1925), die „Bestimmungen für den Dienst an Bord" (D.a.B.) von 1937 (auf der Grundlage des D.a.B. von 1925), sowie das Marineverordnungsblatt, das alle organisatorischen Veränderungen enthält – hier ab 64. Jahrgang 1933 –, ergänzend dazu die „Besonderen-Marine-Befehle" des O.K.M.

Die Entwicklung der Organisation und Stellenbesetzung zeigen die *Rang- und Stellenbesetzungsliste der Kriegsmarine* von 1935 bis 1938 (Oktober 1939 nur noch *Rangliste*).

Walter LOHMANN und Hans H. HILDEBRAND: *Die Deutsche Kriegsmarine 1939 bis 1945. Gliederung – Einsatz – Stellenbesetzung, Bad Nauheim 1956 ff.* (Loseblattsammlung) bringen unter Ziffer 10–19 die Friedensgliederung und Stellenbesetzung Juni 1939 und unter Ziffer 10–29 die Standortliste. Außerdem enthalten die Hauptkapitel kurze geschichtliche Entwicklungsdarstellungen mit letztem Friedensstand.

Jost DÜLFFER: *Weimar, Hitler und die Marine, Düsseldorf 1973,* zeigt im Anhang die Marinehaushalte 1924–1939 sowie – von Jürgen ROHWER zusammengestellt – Baudaten der von 1921 bis zum 31. 8. 1939 für die deutsche Reichs- und Kriegsmarine in Auftrag gegebenen Kriegsschiffe. Tabellen und Statistiken werden ergänzt in der handbuchartigen Darstellung von J. R. FREDLAND, J. ROHWER und K. J. MÜLLER, in: *Seemacht. Eine Seekriegsgeschichte von der Antike bis zur Gegenwart,* hrsg. von Elmar B. POTTER, Chester W. NIMITZ und Jürgen ROHWER, *München 1974,* Kapitel 27 mit Bibliographie auf Seite 1130/31 nach neuestem Stand.

Organisation der Führung im Kriege, Befehlszuordnungen und -formen sowie „Nachrichtenwesen" enthalten die „Operations- und Manöverbestimmungen" (Op. u. Man.), Teil I und II.

Michael SALEWSKI: *Die deutsche Seekriegsleitung 1935–1945, 3 Bde., Frankfurt/M. und München 1970–75,* bringt in Band I, Kapitel 5 Organisationsfragen 1933–1939, und in Band II, Kapitel 3 Organisationsformen und Persönlichkeiten. Auf dieser Grundlage schildert Rolf GÜTH: *Die Marine des Deutschen Reiches 1919–1939, Frankfurt/M. 1972,* in Kapitel IV und V Organisations- und Führungsprobleme in dokumentarisch-tabellarischer Form. Ergänzt werden diese Gesichtspunkte in ders.: *Seekriegsführung im Küstenvorfeld – Probleme, Planung und Vorbereitungen der Kriegsmarine vor dem Zweiten Weltkrieg* (bisher unveröffentlichtes Manuskript).

Einen lebendigen Eindruck der Bordorganisation vermittelt immer noch Fritz Otto BUSCH: *Mit Kreuzer Leipzig in See, Berlin und Leipzig 1938.* Gesamtprobleme der Organisation stellte Erich RAEDER dar: *Mein Leben, Band 2: Von 1935 bis Spandau 1955, Tübingen 1957.*

Die Laufbahnen in der Kriegsmarine wurden von Fritz GIESE, *Berlin 1938,* nach der Neuordnung übersichtlich dargestellt; zu den Problemen der Erziehung, Ausbildung und Führung der Soldaten der Kriegsmarine: Siegfried SORGE: *Der Marineoffizier als Führer und Erzieher, Berlin 1937* (im Auftrage Raeders und der Inspektion des Bildungswesens der Marine).

Werner BAUER schildert die *Geschichte des Marinesanitätswesens* bis 1945 im *Beiheft 4 der Marine-Rundschau, Berlin/Frankfurt/M. 1958.* Einen ersten Überblick über die Organisation der Marineunteroffizierschulen gibt Hans STARK: *Marineunteroffizierschule Plön – Ein Beitrag zur Geschichte der Unteroffizierausbildung in der Marine, Plön 1974,* im II. Kapitel. Die Entwicklung der Führergehilfenausbildung und der Marineakademie zeigt Rolf GÜTH: *100 Jahre Akademieausbildung für Führungsaufgaben in der Marine 1872 bis 1972, Bad Godesberg 1972,* S. 23–31. Grundlagen und Organisation der Wehrbetreuung bei der Kriegsmarine (ab 1938/39) liegen vor in einem maschinengeschriebenen Manuskript von Erich FRÜHLING, 3 Bände mit Dokumenten (im Bundesarchiv-Militärarchiv).

Die Entwicklung der Uniformen in der Kriegsmarine schildert detailliert Josef ZIENERT: *Unsere Marineuniform, Hamburg 1970*, hier besonders Kapitel VIII.

Fritz Otto BUSCH und Gerhard RAMLOW beschreiben im *Traditionshandbuch der Kriegsmarine, München/Berlin 1937*, Traditionspflege, Traditionsstätten und Schiffsnamen als Traditionsträger (Kap. IV und V).

Über die deutschen Kriegsschiffe orientiert am besten Erich GRÖNER: *Die Deutschen Kriegsschiffe 1815–1945, Band I: Kriegsschiffe, Band 2: Spezial-, Hilfskriegs-, Hilfsschiffe, Kleinschiffsverbände, München 1966–1968*, weiterbearbeitet mit Ergänzungen und Berichtigungen von Dieter JUNG und Martin MAASS (Neuauflage beabsichtigt). (Einzelwerke über Typenentwicklungen werden hier nicht aufgezählt.)

Ein – altes – Standardwerk über die Grundlagen des Kriegsschiffbaus ist Harry WUSTRAUs: *Schiff und Seemann, Flensburg 1938*. Darauf baut ausführlich auf: Wilhelm HADELER: *Kriegsschiffbau, 2 Bde., Darmstadt 1968*.

Harald FOCK: *Kriegsschiffantriebe*, in: *Marine-Rundschau 71 (1974)* gibt eine kurzgefaßte, verständliche Darstellung der Antriebsprobleme und Entwicklungen der Kriegsschiffmaschinenanlagen.

H. FRIESE schildert: *Deutsche Marinewerften bis 1945, ihre Organisation und Aufgaben*, in: *Wehrtechnische Monatshefte 53 (1956), S. 399–402;* Paul W. ZIEB beschreibt: *Logistische Probleme der Kriegsmarine, Neckargemünd 1961*.

Die Organisation der Marineölversorgung vor dem Kriege bringt Wilhelm MEIER-DÖRNBERG: *Ölversorgung der Kriegsmarine 1935–1945, Freiburg 1973 (= Einzelschriften zur militärischen Geschichte des Zweiten Weltkrieges, hrsg. vom Militärgeschichtlichen Forschungsamt, Band 11)*.

Die Entwicklungen marineeigentümlicher Waffen und Geräte zwischen den Weltkriegen werden dargestellt von Paul SCHMALENBACH: *Die Geschichte der deutschen Schiffsartillerie, Herford 1968;* Wilhelm von HARNIER: *Artillerie im Küstenkampf, München 1969;* Helmuth GIESSLER: *Der Marine-Nachrichten- und Ortungsdienst. Technische Entwicklung und Kriegserfahrung, München 1971;* Friedrich RUGE: *Im Küstenvorfeld, München 1974*, 2. Kapitel: Zwischen den Kriegen (Sperrversuchskommando und Marinesuchgeräte). (Eine maschinengeschriebene umfassende Darstellung der deutschen Sperrwaffenentwicklung 1921–1939 von Heinz GROSSKURTH befindet sich in der Bibliothek der Marineschule Mürwik und im Bundesarchiv-Militärarchiv.)

Heinz BONATZ schilderte: *Die deutsche Marine-Funkaufklärung 1914–1945, Darmstadt 1970*.

Aufbau und Organisation der Marineluftstreitkräfte werden dargestellt bei Karl Heinz VÖLKER: *Die deutsche Luftwaffe 1933–1937, Stuttgart 1967 (= Beiträge zur Militär- und Kriegsgeschichte, hrsg. vom Militärgeschichtlichen Forschungsamt, Bd. 8)* und Gerhard HÜMMELCHEN: *Die deutschen Seeflieger 1935–1945* (II. Kapitel), *München 1976*, sowie von Rolf GÜTH: *Die Marineluftstreitkräfte – Aufbau, Entwicklung, Einsatz und Auflösung 1921–1941* (Manuskript).

Die Organisation der Luftwaffe 1933-1939

Bibliographien – Nachschlagewerke

Einen umfassenden Überblick über die Literatur zur Geschichte der Luftwaffe gibt die *Bibliographie zur Luftkriegsgeschichte*, bearbeitet im Militärgeschichtlichen Forschungsamt von Karl KÖHLER, *Frankfurt/Main 1966* (= Schriften der Bibliothek für Zeitgeschichte, Heft 5). In ihr werden auch angrenzende Gebiete erfaßt wie Luftkriegstheorien, Luftfahrttechnik und Luftkriegsrecht. Sie führt die bis einschließlich 1960 erschienene Literatur auf; eine weiterführende analoge Bibliographie für die Zeit ab 1961 gibt es bis jetzt nicht. Im *Handbuch der neuzeitlichen Wehrwissenschaften*, hrsg. von Hermann BRANKE, Bd. III, 2, *Die Luftwaffe, Berlin 1939*, finden sich zahlreiche Hinweise auf die organisatorische Entwicklung der Luftwaffe bis zum Ausbruch des Zweiten Weltkriegs, wie auch eine kurzgefaßte Darstellung der damaligen Vorstellungen über Lufttaktik. Auf den Seiten 370–386 werden – nach den Erscheinungsjahren geordnet – wesentliche Veröffentlichungen aus dem Bereich der Militärluftfahrt sowie ein Überblick über die Zeitschriftenliteratur gebracht. Hinweise auf die Entwicklungsgeschichte der Verbände der neuen Luftwaffe sind in der von Georg TESSIN zusammengestellten Übersicht *Deutsche Verbände und Truppen 1918–1939, Osnabrück 1974*, enthalten, in der aber die geplante Gliederung der Festungsflakabteilungen hinsichtlich der Zuteilung von mittleren bzw. leichten Flakbatterien nicht so dargestellt wird, wie sie in Wirklichkeit befohlen worden war. In der von Wolfgang DIERICH herausgegebenen Dokumentation *Die Verbände der Luftwaffe 1935–1945. Gliederungen und Kurzchroniken, Stuttgart 1976*, finden sich neben kurzen Abrissen über die geschichtliche Entwicklung der einzelnen Waffengattungen auch vollständige Übersichten über die im Sommer 1939 vorhandenen Flakartillerie- und Luftnachrichtenverbände. Hinweise auf die Organisationsgeschichte der einzelnen Verbände in den Aufbaujahren sind nur vereinzelt aufgeführt.

Allgemeine Literatur

Die Aufsehen erregenden Theorien über den Luftkrieg von Giulio DOUHET sind in seinem Werk *Luftherrschaft* (Titel der italienischen Originalausgabe: Il dominio dell' aria), *Berlin 1935*, veröffentlicht. Die technischen Grundlagen für die Bomberwaffe sind in Camille ROUGERON: *Das Bombenflugwesen* (Titel der französischen Originalausgabe: L'aviation de bombardement), *Berlin 1938*, untersucht. Luftkriegstheoretische Überlegungen werden in N. N. GOLOVINE: *Air Strategy, London 1936*, angestellt. In dem Werk von Georg W. FEUCHTER: *Der Luftkrieg, Frankfurt/Main und Bonn 1962*, wird kurz auf Fragen der Luftkriegstheorie und auf die technische Entwicklung der Flugzeuge eingegangen. Die Ausführungen zum Problem des viermotorigen Bombers sind aber durch neuere Untersuchungen teilweise überholt. Gedanken zum vieldeutigen Begriff „Operativer Luftkrieg“ stellt Karl KÖHLER in einem Aufsatz *Operativer Luftkrieg. Eine Wortbildung zur Bezeichnung unterschiedlicher Vorstellungen*, in: *Wehrkunde 1967, S. 265–269*, an. Mit diesem Problem befaßt sich sehr eingehend auch Horst BOOG in seiner demnächst in der vom Militärgeschichtlichen Forschungsamt herausgegebenen Reihe *Beiträge zur Militär- und Kriegsgeschichte* unter dem voraussichtlichen Titel *Generalstabsausbildung und Führungsdenken in der Luftwaffe 1935–1945* zur Veröffentlichung gelangenden Arbeit. Kurzgefaßte Übersichten über die Entwicklung der Luftwaffe sind in der von Rudolf ABSOLON verfaßten, bislang dreibändigen Darstellung *Die Wehrmacht im Dritten Reich, Boppard 1969/1971/1975*, enthalten. In Carl Hans HERMANN: *Deutsche Militärgeschichte. Eine Einführung*, hrsg. im Auftrag des Arbeitskreises für Wehrforschung, *Frankfurt/Main ²1968*, werden im Hinblick auf die Luftwaffe im wesentlichen politische Darlegungen gebracht (wie Zusammenarbeit mit der UdSSR); die für die Zeit des Kriegsausbruchs genannten Zahlen für die fliegenden Verbände und die Flakartillerie sind älteren Unterlagen entnommen und weichen daher von den im Handbuch genannten Zahlen, die anhand von in der Zwischenzeit zugänglich gewordenen Akten zusammengestellt worden sind, geringfügig ab. Hinweise auf vielerlei Einzelfragen zum Aufbau der Luftwaffe in der Vorkriegszeit können aus den fünf Folgen von *Jahrbuch der deutschen Luftwaffe, Leipzig 1936/1937/1938/1939/1940*, hrsg. von Dr. KÜRBS bzw. Dr. EICHELBAUM entnommen werden, die – für einen weitgestreuten Leserkreis bestimmt – in erzählender Form berichten.

Umfassende Darstellungen

Unmittelbar nach Kriegsende erschien bereits H. J. RIECKHOFF: *Trumpf oder Bluff, Genf 1945*, eine umfassende Darstellung der in der Luftwaffe herrschenden Verhältnisse, die der Verfasser, zuletzt Generalleutnant, aus seinen Tätigkeiten in herausragenden Dienststellungen gut kannte. Zu beachten ist allerdings, daß der Verfasser sich bei der Niederschrift weitgehend von Emotionen leiten ließ, wohl bedingt durch den frischen Eindruck des totalen Zusammenbruchs des Deutschen Reiches und so vielfach zu nicht zutreffenden Schlüssen kommt. Dennoch halten seine Schilderungen in vielen Punkten auch heutigen Untersuchungen noch stand. Die geheimen Vorbereitungen der Reichswehr für später eventuell aufzubauende Luftstreitkräfte schildert Karl-Heinz VÖLKER: *Die Entwicklung der militärischen Luftfahrt in Deutschland 1920–1933. Planung und Maßnahmen zur Schaffung einer Fliegertruppe in der Reichswehr*, hrsg. vom Militärgeschichtlichen Forschungsamt in der Reihe *Beiträge zur Militär- und Kriegsgeschichte, Bd. 3, Stuttgart 1962*. Den anschließenden Zeitraum behandelt derselbe Verfasser in *Die Deutsche Luftwaffe 1933–1939. Aufbau, Führung und Rüstung der Luftwaffe sowie die Entwicklung der deutschen Luftkriegstheorie*, = Bd. 8 der vorerwähnten Reihe des Militärgeschichtlichen Forschungsamtes, *Stuttgart 1967*. Wichtige Dokumente sowohl aus den ersten Anfängen in der Reichswehrzeit wie auch aus den Aufbaujahren sind veröffentlicht in Karl-Heinz VÖLKER: *Dokumente und Dokumentarfotos zur Geschichte der deutschen Luftwaffe*, Bd. 9 der gleichen Reihe, *Stuttgart 1968*. Die Führungsorganisation der Luftwaffe behandeln Bruno MAASS: *Vorgeschichte der Spitzengliederung der früheren deutschen Luftwaffe 1920–1933*, in: *Wehrwissenschaftliche Rundschau 1957, S. 505–522*, und Karl-Heinz VÖLKER: *Zur 50jährigen Geschichte der Führungsorganisation der deutschen Luftwaffe*, in: *Jahrbuch der Luftwaffe, Folge 3, Darmstadt 1966, S. 118–123*. Beim letztgenannten Aufsatz handelt es sich um eine kurze Zusammenfassung der wesentlichen Punkte in der Entwicklung der Luftwaffe, die vom Verfasser ausführlich in den vorerwähnten Bänden 3 und 8 der Beiträge zur Militär- und Kriegsgeschichte behandelt werden. Eine chronologische Übersicht über die wichtigsten Daten in der Entwicklung der Luftwaffe im Zeitraum vom 1. 2. 1933 bis 1. 11. 1939 bringt Karl-Heinz VÖLKER: *Daten zur Gliederung und Organisation der Luftwaffe 1933–1939*, in: *Wehrwissenschaftliche Rundschau 1967, S. 113–117*. Ein wichtiges Buch ist David IRVING: *Die Tragödie der Deutschen Luftwaffe. Aus den Akten und Erinnerungen von Feldmarschall Milch* (aus dem Englischen von Erwin DUNCKER), *Frankfurt/Main–Berlin–Wien 1970*. Die Darstellung leidet allerdings sehr unter ihrer weitgehenden Ausrichtung auf die Person Milchs, dessen Überlegungen und Handlungen dadurch meist als die einzig richtigen erscheinen. Da aber eine Vielzahl von interessanten, wichtigen und aufschlußreichen Detailinformationen geboten werden, kann man an diesem Buch dennoch nicht vorbei. Als Entgegnung wurde geschrieben Theo OSTERKAMP/Franz BACHER: *Tragödie der Luftwaffe? Kritische Begegnung mit dem gleichnamigen Werk von IRVING/MILCH, Neckargemünd 1971*. Aber auch diese Darstellung ist – nach der anderen Seite – einseitig und darüber hinaus eindeutig von Gefühlen beeinflußt. Eine umfassende Unterrichtung bringt die demnächst erscheinende Arbeit von Horst BOOG: Generalstabsausbildung und Führungsdenken in der Luftwaffe 1935–1945 (s. o.). In ihr werden eingehend Fragen der Konzeption, Generalstabsausbildung und Spitzengliederung abgehandelt. Über die Entstehung der Luftwaffe gibt es auch beachtenswerte amerikanische und englische Arbeiten, wie Edward L. HOMZE: *Arming the Luftwaffe. The Reich Air Ministry and the German Aircraft Industry 1919–1939, Lincoln and London 1976*, sowie Herbert Molloy MASON: *The Rise of the Luftwaffe 1918–1940, London 1975*, und W. H. TANTUM IV/E. J. HOFFSCHMIDT: *The Rise and Fall of the German Air Force, Old Greenwich/Conn. (USA) 1969*. Eine weitere in Amerika erschienene Veröffentlichung, die aber von einem deutschen Verfasser stammt, ist der Aufsatz von Karl GUNDELACH, *The German Air Force yesterday and today*, in: *Aerospace Historian, Vol. 18 (1971), S. 84–92*, in dem in knapper Form das Wesentliche über die Konzeption und die Möglichkeiten der Luftwaffe gesagt wird. Eine gründliche, bis ins Detail gehende Aufzeichnung der organisatorischen Entwicklung der Luftwaffe seit der Entstehung im März 1935 bringt Karl RIES: *Luftwaffen-Story 1935–1939, Mainz 1974*, angereichert durch eine erhebliche Zahl von Bildern. Der davorliegende Zeitraum wird von demselben Verfasser behandelt in *Luftwaffe. Die Maulwürfe 1919–1935, Mainz 1970*, wobei die Berichterstattung hier aber gegenüber der Ausstattung mit seltenem Bildmaterial zurücktritt. Das Buch Hanfried SCHLIEPHAKE: *Wie die Luftwaffe wirklich entstand, Stuttgart 1972*, bringt im Gegensatz zu der durch die Fassung des Titels geweckten Vermutung keine Erkenntnisse, die über den Erkenntnisstand der früher erschienenen Veröffentlichungen hinausgehen oder diesen revidieren.

Kürzere Hinweise

Albert KESSELRING: *Soldat bis zum letzten Tag, Bonn 1953*, bringt im autobiographischen Hauptteil erstaunlich wenig über die Aufbaujahre, obwohl der Verfasser bereits in diesen Jahren eine Spitzenposition innehatte. Im Anhang *Die deutsche Luftwaffe, ihr Aufstieg und Niedergang* wird dagegen ausführlicher auf die Verhältnisse in den Aufbaujahren und die Konzeption, Ausrüstung und Fähigkeiten der Luftwaffe eingegangen. Aus der Sicht eines jungen Fliegers berichtet Adolf GALLAND: *Die Ersten und die Letzten. Die Jagdflieger im Zweiten Weltkrieg, München 1953*, über die ersten Schritte der neuen Luftwaffe. Cajus BEKKER: *Angriffshöhe 4000. Kriegstagebuch der deutschen Luftwaffe, Oldenburg ³1964*, bringt, obwohl fast ausschließlich die Einsätze der Luftwaffe im Verlauf des II. Weltkrieges behandelt werden, auch Hinweise zur Entwicklung des Stuka. Auf Fragen der Konzeption und der Rüstung in den Vorkriegsjahren geht auch Werner BAUMBACH in *„Zu spät?", Stuttgart ³1977*, ein. Ihm haben offensichtlich bereits so kurz nach dem Ende des Krieges (die erste Auflage ist 1949 erschienen) wesentliche Akten zur Verfügung gestanden, so daß seine Aussagen auch heute noch im wesentlichen stimmen, wenn auch – ähnlich wie bei RIECKHOFF – nicht zu übersehen ist, daß die Darstellung manchmal von Ressentiments überdeckt ist. Die von ihm erwähnten Stärkeangaben weichen von denen des Handbuchs etwas ab. Einen Überblick über die Entstehung und den Aufbau der Luftwaffe in den Vorkriegsjahren bringt auch Franz KUROWSKI in *Luftkrieg über Deutschland, Düsseldorf/Wien 1977*. Die Darstellung ist aber in manchen Punkten zu undifferenziert und weist darüber auch etliche Sachfehler auf, so daß sie nur mit Vorbehalt verwendet werden kann.

Spezialliteratur

Eine umfangreiche, sehr detaillierte Zusammenstellung aller in die Luftwaffe eingeführten, wie auch der projektierten, aber nicht übernommenen Flugzeugtypen bringt Karlheinz KENS/Heinz J. NOWARRA: *Die deutschen Flugzeuge 1933–1945, München ⁴1972*. Sie enthält neben den technischen Daten auch kurze Angaben über die Entwicklungsgeschichte der einzelnen Flugzeugmuster. Eine geraffte Zusammenfassung der in der Tarnzeit und in den Jahren bis zum Ausbruch des Krieges verwendeten Flugzeugtypen gibt Karl-Heinz VÖLKER: *Die geheime Luftrüstung der Reichswehr und ihre Auswirkungen auf den Flugzeugbestand der Luftwaffe bis zum Beginn des II. Weltkrieges*, in: *Wehrwissenschaftliche Rundschau 1962, S. 540–549*. Gleiches für den reich bebilderten Aufsatz desselben Verfassers: *Vom Behelfsbomber zur He 111. Land- und Seeflugzeuge von Reichswehr und Luftwaffe zwischen den Kriegen*, in: *Soldat und Technik, 1965, S. 674–681*. Über die Seefliegerverbände berichten Gerhard HÜMMELCHEN: *Die deutschen Seeflieger 1935–1945* (Wehrwissenschaftliche Berichte, hrsg. vom Arbeitskreis für Wehrforschung, Bd. 9), *München 1976*, und Werner RAHN in seinem Aufsatz *Der Anteil der Reichsmarine am Wiederaufbau der deutschen Luftstreitkräfte*, in: *MOV-Nachrichten Nr. 12/1971*. Die Entstehung der Flakartillerie und den Aufbau dieser neuen Waffengattung schildert Horst-Adalbert KOCH: *Flak. Die Geschichte der deutschen Flakartillerie und der Einsatz der Luftwaffenhelfer, Bad Nauheim ²1965*. Otto Wilhelm von RENZ: *Deutsche Flugabwehr im 20. Jahrhundert. Flakentwicklung in Vergangenheit und Zukunft, Berlin–Frankfurt/Main 1960*, behandelt die technische Entwicklung der Flakwaffe. Über die Gründung der Luftnachrichtentruppe und ihren ersten Ausbau in den Friedensjahren berichtet Karl Otto HOFFMANN: *Ln. Die Geschichte der Luftnachrichtentruppe, Bd. I: Die Anfänge – von 1935–1939, Neckargemünd 1965*. Hinsichtlich der Fallschirmtruppe gibt es mehrere Veröffentlichungen, so Rudolf BÖHMLER: *Fallschirmjäger. Bildband und Chronik, Bad Nauheim 1961*, und vom gleichen Verfasser den Aufsatz: *Das war die alte Fallschirmtruppe*, in: *Deutsches Soldatenjahrbuch 1966, S. 206–218*; hier werden auch die bei Heer und Luftwaffe anfänglich vorhandenen unterschiedlichen Auffassungen hinsichtlich des Einsatzes von Fallschirmjägern erwähnt. Roger EDWARDS: *Deutsche Fallschirmjäger und Luftlandetruppen 1936–1945* (englische Originalausgabe London 1974), deutschsprachige Ausgabe *Oldenburg–Hamburg 1976*, bringt nur einen kurzen Abriß über die Entstehung dieser Truppe, das Schwergewicht liegt auf den Kriegsereignissen. Ebenfalls nur kurze Hinweise auf die Fallschirmtruppe in der Vorkriegszeit sind enthalten in Albert MERGLEN: *Geschichte und Zukunft der Luftlandetruppen (= Einzelschriften zur militärischen Geschichte des Zweiten Weltkriegs, Bd. 5, hrsg. vom Militärgeschichtlichen Forschungsamt), Freiburg i. Br. 1970*. Über die ersten Schritte auf dem Gebiet des im Krieg dann so entscheidend wichtig gewordenen Funkmeß- oder Radarwesens finden sich Hinweise in der umfassenden Untersuchung von Frank REUTER: *Funkmeß. Die Entwicklung und der Einsatz des RADAR-Verfahrens in Deutschland bis zum Ende des Zweiten Weltkriegs (= Wissenschaftliche Abhandlungen der Arbeitsgemeinschaft für Forschung des Landes Nordrhein-Westfalen, Bd. 42), Opladen 1971*, wie auch in dem in *Ortung und Navigation, Heft IV/1967* (hrsg. von der Deutschen Gesellschaft für Ortung und Navigation), veröffentlichten Vortragsmanuskript von Leo BRANDT: *Zur Geschichte der Radartechnik in Deutschland und Großbritannien*. Speziell mit der Entwicklung von Funkmeßgeräten für die Flakartillerie befaßt sich Adolf-Eckard HOFFMANN-HEYDEN: *Die Funkmeßgeräte der deutschen Flakartillerie (1938–1945) (= Ausschuß für Funkortung: Bücherei der Funkortung, Bd. 3), Dortmund 1954*. Über den Generalstab der Luftwaffe wurde im Auftrag der US Air Force von deutscher Seite eine Studie erarbeitet, die 1959 fertiggestellt war und später in den USA veröffentlicht wurde: Andreas NIELSEN: *The German Air Force General Staff (= USAF Historical Studies, Nr. 173), New York 1968*. Hinweise auf die Problematik der Luftrüstung in Konkurrenz zu den anderen Wehrmachtteilen und vor allem im Hinblick auf die Bestrebungen der Luftwaffe zur Selbständigkeit auf diesem Gebiet finden sich in der Arbeit von Georg THOMAS: *Geschichte der deutschen Wehr- und Rüstungswirtschaft (1918–1943/45)* (= Schriften des Bundesarchivs, 14), *Boppard 1966*. Probleme der Finanzierung des Aufbaus der Luftwaffe sind angeschnitten in zwei Beiträgen, die in dem von Friedrich FORSTMEIER/Hans-Erich VOLKMANN für das Militärgeschichtliche Forschungsamt herausgegebenen Band *Wirtschaft und Rüstung am Vorabend des Zweiten Weltkriegs, Düsseldorf 1975*; enthalten sind:

Willi A. BOELCKE, Probleme der Finanzierung von Militärausgaben, und Karl-Heinz LUDWIG, Strukturmerkmale nationalsozialistischer Aufrüstung bis 1935.

Über den Angriff auf Guernica gibt es eine neuere Unterrichtung von Klaus A. MAIER: *Guernica 26. 4. 1937. Die deutsche Intervention in Spanien und der Fall Guernica (= Einzelschriften zur militärischen Geschichte des Zweiten Weltkrieges, Bd. 17, hrsg. vom Militärgeschichtlichen Forschungsamt), Freiburg i. Br. 1975.*

Detailhinweise über den Aufbau einzelner Verbände sind in folgenden Verbandsgeschichten enthalten: Josef PRILLER: *Geschichte eines Jagdgeschwaders, Das JG 26 (SCHLAGETER) von 1937 bis 1945, Neckargemünd ²1962;* Wolfgang DIERICH: *Kampfgeschwader 51 „Edelweiß". Eine Chronik aus Dokumenten und Berichten 1937 bis 1945, Stuttgart ³1974;* Wolfgang DIERICH: *Kampfgeschwader 55 „Greif". Eine Chronik aus Dokumenten und Berichten, Stuttgart 1975;* Roger James BENDER/George A. PETERSEN: *Hermann Göring: from Regiment to Fallschirmpanzerkorps, San José/California 1975.*

Abkürzungen

(Im Text nicht erläuterte oder kapitelübergreifend gebrauchte Fachausdrücke)

Ia	Erster Generalstabsoffizier (Operation)
II. oder 2. A.d.N./A.d.O.	Zweiter Admiral der Marinestation der Nordsee/Ostsee
AHA	Allgemeines Heeresamt
A-Heer	Aufstellungsheer
AK, A.K.	Armeekorps
B.d.A.	Befehlshaber der Aufklärungsstreitkräfte
B.d.L.	Befehlshaber der Linienschiffe
B.d.P.	Befehlshaber der Panzerschiffe
C/	Chef des Stabes
DLV	Deutscher Luftsportverband
E –	Ergänzungs-(Truppenteil)
F.d.Luft	Führer der Seeluftstreitkräfte
F.D.M.	Führer der Minensuchboote
F.d.T.	Führer der Torpedoboote
F.d.U.	Führer der Unterseeboote
GBW	Generalbevollmächtigter für die Kriegswirtschaft
Gestapo	Geheime Staatspolizei
hm	Hektometer
I-Programm	Industrieprogramm
KTB	Kriegstagebuch
KwK	Kampfwagenkanone
l; le	leichte, -r, -s; leichte
M-Boot	Minensuchboot
(St.) N	Marinestation der Nordsee
(St.) O	Marinestation der Ostsee
ObdH	Oberbefehlshaber des Heeres
ObdL	Oberbefehlshaber der Luftwaffe
ObdM	Oberbefehlshaber der Kriegsmarine
OKH	Oberkommando des Heeres
OKM	Oberkommando der Kriegsmarine
OKW	Oberkommando der Wehrmacht
R-Boot	Minenräumboot
RdL	Reichsminister der Luftfahrt
RLM	Reichsluftfahrtministerium
s; schw.	schwere, -r, -s
S-Boot	Schnelles Torpedo-Motorboot, Schnellboot
SD	Sicherheitsdienst
Skl	Seekriegsleitung
T-Boot	Torpedoboot

Percy E. Schramm (Hrsg.)

KRIEGS-TAGEBUCH

DES OBER-KOMMANDOS DER WEHRMACHT

1940-1945

Streng geheim wurde das Kriegstagebuch des Wehrmachtführungsstabes im Oberkommando der Wehrmacht geführt und 1945 nach dem Zusammenbruch unter abenteuerlichen Umständen gerettet. Eine minutiöse Chronik, die die militärische Situation des 3. Reiches zwischen 1940 und 1945 auf über 6.800 Seiten Tag für Tag nüchtern und frei von politischer Propaganda beschreibt. Der eigentliche Tagebuchtext wird ergänzt durch meist unveröffentlichte Anlagen, Führerweisungen, OKW-Anordnungen und andere wichtige Dokumente.

Der renommierte Herausgeber- und Bearbeiterstab unter Leitung des ehemaligen Tagebuchführers 1943–1945, Prof. Dr. Percy Ernst Schramm, gewährleistet höchste Authentizität dieses wichtigsten deutschen Quellenwerkes zur militärischen Geschichte des 2. Weltkrieges.

Militärgeschichtliches Forschungsamt (Hrsg.)

Deutsche Militärgeschichte in sechs Bänden 1648—1939

Begründet von Hans Meier-Welcker

Herausgegeben vom Militärgeschichtlichen Forschungsamt
durch Friedrich Forstmeier, Wolfgang von Groote, Othmar Hackl,
Hans Meier-Welcker und Manfred Messerschmidt

Projektleitung und Gesamtredaktion:
Gerhard Papke und **Wolfgang Petter**

1983 Lizenzausgabe für
Manfred Pawlak Verlagsgesellschaft mbH, Herrsching

Umschlag- und Kassettengestaltung: Bine Cordes, Weyarn
Abbildungen auf Umschlägen und Kassette:
Interfoto-Pressebild-Agentur, München
ISBN: 3-88199-112-3

Band 5

Abschnitt VIII
Deutsche Marinegeschichte der Neuzeit

Wolfgang Petter
Deutsche Flottenrüstung von Wallenstein bis Tirpitz

Rolf Güth
Die Organisation der deutschen Marine in Krieg und Frieden 1913-1933

Jost Dülffer
Die Reichs- und Kriegsmarine 1918-1939

Gliederung der sechs Bände

Band 1,	Abschnitt I:	Von der Miliz zum Stehenden Heer. Wehrwesen im Absolutismus (1979)
	Abschnitt II:	Vom Stehenden Heer des Absolutismus zur Allgemeinen Wehrpflicht (1964)
	Abschnitt III:	Militärverwaltung und Heeresaufbringung in Österreich bis 1807 (1965)
Band 2,	Abschnitt IV:	Militärgeschichte im 19. Jahrhundert (1975/76)
Band 3,	Abschnitt V:	Von der Entlassung Bismarcks bis zum Ende des Ersten Weltkrieges (1968)
	Abschnitt VI:	Reichswehr und Republik (1970)
Band 4,	Abschnitt VII:	Wehrmacht und Nationalsozialismus (1978)
Band 5,	Abschnitt VIII:	Deutsche Marinegeschichte der Neuzeit (1977)
Band 6,	Abschnitt IX:	Grundzüge der militärischen Landkriegsführung (1979)

Gesamtregister

VIII

Deutsche Marinegeschichte der Neuzeit

Inhalt

Deutsche Flottenrüstung von Wallenstein bis Tirpitz

von Wolfgang Petter

Die Organisation der deutschen Marine in Krieg und Frieden 1913–1933

von Rolf Güth

Die Reichs- und Kriegsmarine 1918–1939

von Jost Dülffer

Deutsche Flottenrüstung von Wallenstein bis Tirpitz

von

Wolfgang Petter

A. Deutsches Seekriegswesen im Zeitalter des Merkantilismus

1. Der Kaiser

a. Wallensteins Hafen

In den Jahrzehnten um 1600 hat die Niederländische Republik demonstriert, daß eine enge Verbindung von Stehender Flotte und Seehandel auch im atlantischen Teil Europas – im Mittelmeerraum führte seit langem Venedig ähnliches vor – ungeahnte Gewinne abwerfen konnte. Rückgrat ihres Wohlstandes war der Ostseehandel, in dem sie die Konkurrenz der alten Deutschen Hanse weit abgeschlagen hatte; Holland bestritt etwa 70% der Sundpassage. Seit 1590 befuhren die Holländer das Mittelmeer. Seit 1595 traten sie in Südostasien auf und 1602 vereinigten sich zahlreiche Gesellschaften zu der militärisch und wirtschaftlich gleichermaßen schlagkräftigen, halbstaatlichen Ostindischen Kompanie. Holländer ließen sich am Tor zum nordamerikanischen Kontinent nieder, Holländer besetzten die produktivste Region Brasiliens; 1621 wurde die „Westindische Kompanie" gegründet, deren Tätigkeitsbereich sich über die Wasserfläche und die Küsten des Nord- und Südatlantik erstreckte. Amsterdam galt als der kommerzielle und finanzielle Umschlagplatz Europas.

Die Niederlande waren nur der erfolgreichste der „neuen" europäischen Seestaaten. Auch England drängte in die Ostsee, ins Mittelmeer, nach West- und Ostindien (1600 englische Ostindische Kompanie). Frankreich hielt sich zwar aus der Ostsee heraus, drängte aber sonst in die gleichen Seeräume (1604 französische Ostindische Kompanie). Kleinere Seestaaten, wie Dänemark und Schweden, folgten früher oder später ebenso erfolgreich. Um die Jahrhundertwende war den „alten" Seemächten Spanien und Portugal die Hegemonie in Übersee entglitten; ihr Erbe hatte vor allem Holland angetreten.

Die Erfolge, die der kaiserlich-ligistischen Partei in der ersten Phase des Dreißigjährigen Krieges zufielen und der Zentralgewalt des deutschen Reiches die Macht zurückzugeben schienen, die sie vor mehreren Jahrhunderten verloren hatte, erweckten in Wien die Hoffnung, die Ungunst der Binnenlage Österreichs überwinden und sich an dem großen Seegeschäft beteiligen zu können. Als eines der Kriegsziele, die mit dem niedersächsisch-dänischen Feldzug (1625–29) erreicht werden sollten, wurde auf Anregungen der spanischen Habsburger hin die Festsetzung an der Küste aufgestellt. Im Sommer 1625 erteilte Kaiser Ferdinand II. die Weisung, Ostfriesland und die Inseln vor der Elbmündung zu besetzen, um die Holländer von der Nordseeküste fernzuhalten und eine Basis für die Verbindung des Reiches mit beiden Indien zu gewinnen.

Aus Madrid kamen lebhafte Zustimmung und Ergänzungsvorschläge. Spanien regte die Besetzung auch der Ostseeküste an, um die Holländer noch tiefgreifender zu schädigen, und bezog Polen, den mit Schweden kämpfenden Herrn der Ostseeküste von Danzig bis Riga, in die Verhandlungen ein. Im Oktober 1627 besetzte die kaiserliche Armee Jütland, im November schlug die Danziger Flotte vereint mit der königlich polnischen bei Oliva das schwedische Blockadegeschwader. Die Allianz Österreich-Spanien-Polen schien mit begründeten Aussichten auf Erfolg den Kampf gegen Dänemark und Schweden, und mittelbar gegen Holland, um die Kontrolle der Ostsee, das „Dominium Maris Baltici", aufnehmen zu können. Der deutsch-dänische Krieg wuchs mit dem schwedisch-polnischen (1620–29) und dem niederländisch-spanischen (1621–48) zu einem großen Beziehungsgeflecht zusammen, dessen roter Faden das Streben des Kaisers nach Seegeltung war. Niemals vor- oder nachher haben sich die Ziele der römisch-deutschen Krone so genau mit den Gesamtinteressen des Reiches, dem das Kaisertum präsidierte, gedeckt, wie in diesem kurzen Augenblick.

Die Ausführung des großen Plans, dessen Finanzierung der spanische Minister Herzog von Olivares sicherstellen wollte, übertrug Kaiser Ferdinand II. seinem Generalissimus, Albrecht von Wallenstein, der von Anfang an wesentlich an der Ausformulierung des Projekts beteiligt gewesen war. Als erstes beabsichtigte Wallenstein eine Koalitionsflotte zusammenzubringen, mit der er auf Seeland landen und zugleich den Sund blockieren wollte, um Dänemark restlos zu schlagen, die Niederländer von der Ostsee ausschließen und die Schweden in sie einsperren zu können. Holland hätte er das Rückgrat damit gebrochen. Spanien, Lübeck und Polen sagten ihm Schiffe zu. Im Februar 1628 erhielt Wallenstein, dessen Truppen die deutsche Ostseeküste inzwischen weitgehend besetzt hatten, als künftige Flottenbasis das Herzogtum Mecklenburg persönlich zugeeignet. Am 21. April 1628 ernannte ihn Ferdinand in der Formulierung „Generalkapitän der ganzen kaiserlichen Schiffsarmada zu Meer und des Ozeanischen und Baltischen Meeres General" zum Admiral.

Mit dieser Rang- und Titelverleihung erhob der Kaiser in Übereinstimmung mit dem spanisch-portugiesischen König den Anspruch auf den Nordatlantik als deutsches „Mare Clausum", ein drittes abgesperrtes Meer neben den spanischen und portugiesischen Seehoheitsräumen, die 1494 durch den Vertrag von Tordesillas geschaffen worden waren. Zum ersten Mal zeigte sich eine Grundtendenz der neueren deutschen Geschichte: nationale Einheit — wie sie 1629 der ferdinandeische Absolutismus zu erschaffen versprach — verbindet sich unauflösbar mit dem Anspruch auf deutsche Hegemonie über die Ostsee und Ausgreifen auf die Weltmeere. Daneben kündigte sich auch schon der Gegensatz zu England an, der gerade aus dem Zusammenhang von Deutschlands nationaler Einheit und Flotte folgte: seit dem Friedensvertrag mit Spanien von 1604 gehörten die Land- und Seeflächen nördlich des effektiv von Spanien besetzten Raums im Rahmen der frühneuzeitlichen Weltordnung zur Interessensphäre Englands, ein Anspruch, den König Karl I. 1636 durch den Juristen John Selden mit dem Buch „Mare clausum, sive de dominio maris libri duo" völker- und naturrechtlich belegen ließ.

Mit der Ankunft des Grafen Philipp von Mansfeld, den Wallenstein als sachverständigen Vizeadmiral von Brüssel erbeten hatte, liefen Seerüstungen und -unternehmungen im März 1628 umgehend an. Sie richteten sich zunächst gegen Dänemark. Mansfeld brachte 2 große und 3 kleine Schiffe zusammen, schuf als Kommando-, Verwaltungs- und Prisengerichtsbehörde die Wismarer Admiralität und machte durch Kaperei die westliche Ostsee unsicher. Nur mit Mühe setzte Wallenstein gegen den Beutehunger seiner Seeoffiziere durch, daß sie der Aufgabe nachkamen, die Mecklenburgische Küste und die hansische Schiffahrt zu schützen. So wurde, außer mehreren Kauffahrern verschiedener Herkunft, unter dem Kommando des Obristleutnants de Sluys auch ein dänisches Kriegsschiff genommen.

Zur personellen Seite der Flottenrüstung liegen nur fragmentarische Nachrichten vor. Die drei Vizeadmirale, die mit dem Titel „Generalkommisar" im Kommando aufeinander folgten, wurden von der Dünkirchener Admiralität – einer spanischen Marinebehörde, die im recht ertragreichen Kaperkrieg gegen die Holländer die Taten der alten Wassergeusen zurückzahlte – nach Wismar versetzt. Über die anderen Seeoffiziere lassen sich fast nur Vermutungen anstellen. Es ist anzunehmen, daß auch die kaiserliche Marine die militärische von der nautischen Funktion trennte, wie es in allen anderen Marinen des 17. Jahrhunderts üblich war. Als Befehlshaber dürften demnach aus dem Wallensteinischen Heer stammende Offiziere gewirkt haben, denen als seemännische Schiffsführer norddeutsche Kapitäne oder Steuerleute unterstanden.

Auch über die Mannschaften lassen sich nur wenige unanfechtbare Aussagen treffen. Nach den erhaltenen Soll-Plänen setzten sich die Besatzungen ungefähr je zur Hälfte aus Seesoldaten und Matrosen zusammen. Erstere dürften dem Heer entnommen worden sein. Als Matrosen forderte Wallenstein von Anfang an Ausländer, südslawische Uskoken an, doch genehmigte Wien die Werbung erst, als es schon zu spät war. Norddeutsche – und damit protestantische – Matrosen ließen sich, obwohl die Hanse die Anwerbung freigab, nicht in ausreichender Zahl für die Sache des Kaisers gewinnen. Sie zeichneten sich außerdem nicht durch politische Zuverlässigkeit aus: ein Schiff soll glattweg nach Schweden desertiert sein.

Zur Herstellung der Kanonen gründete Wallenstein in Wismar eine Gießerei. Schiffszimmerleute wurden in Rostock, Hamburg und Lübeck angeworben. Baumaterial bezog Mansfeld vor allem aus Danzig. Fürs erste legte er 5 Neubauten auf. Die Kosten deckte Wallenstein durch Kontributionen und seine Mecklenburger Einkünfte.

Anfang Januar 1629 erfuhr die kaiserliche Flotte eine wesentliche Erweiterung durch das königlich polnische Geschwader. Sie umfaßte nun 11 größere und 3 kleinere präsente Schiffe, eine materiell recht bedeutende Stärke. Da die polnischen Besatzungen jedoch abmusterten und nach Danzig zurückkehrten, als Schweden und Polen einen Waffenstillstand abschlossen, half der Zuzug nicht aus den personellen Kalamitäten heraus.

Kleinere Scharmützel mit den Dänen im Oktober und Dezember 1628 endeten ohne Entscheidung. Bis April 1629 beherrschte das kaiserliche Geschwader die Mecklenburger Bucht. Dann griffen 16 dänische Kriegsschiffe an, nahmen zwei kaiserliche und blockierten den Rest der Flotte in Wismar.

Abgesehen davon, daß Ferdinand II. in seiner religiös-fanatischen Ungeduld seine und Deutschlands Chance zur nationalen Einigung verspielte, waren es im wesentlichen drei Faktoren, die das großartige maritime Projekt vereitelten. Wallensteins Unterhändler trat bei den Verhandlungen mit der Hanse so ungeschickt, drohend und anmaßend auf, daß die auf den zwei Tagfahrten von 1628 versammelten 11 Städte von Köln bis Danzig einhellig darauf verzichteten, gegen die Stellung von Kriegsschiffen die Anteile am Südamerikaverkehr anzunehmen, die der spanische Bevollmächtigte Gabriel de Roy zusagte. Ohne Flottenzuzug – die Spanier wagten sich nicht am holländischen Nordseegeschwader vorbei – erwies sich die Belagerung Stralsunds, das von Dänemark und Schweden über See versorgt, verstärkt und durch eine Landung auf Rügen entlastet wurde, als aussichtslos. Wallenstein zog im August 1628 von Stralsund ab und nahm die Flankenbedrohung aus diesem idealen Stützpunkt des Gegners in Kauf. Den entscheidenden Schlag gegen die kaiserliche Flottenrüstung leisteten die Holländer: im September 1628 kaperten sie unter Admiral Piet Hein die „Silberflotte", den schwer gesicherten Konvoi, der alljährlich die amerikanische Ausbeute nach Sevilla transportierte. Die Silberflotte war die Finanzgrundlage aller militärischen Unternehmungen Spaniens. Mit ihrem Verlust brach nicht nur die spanische Herrschaft über Nordbrabant, sondern auch das Gebäude der kaiserlichen Seemachtpläne zusammen.

Gleichwohl ließ Wallenstein seine Absichten keineswegs fallen, sondern stutzte das Unternehmen auf kleinere Ausmaße zusammen und baute es auf einer schmaleren Basis neu auf. Im Mai 1629 schloß er einen Verständigungsfrieden mit König Christian IV. von Dänemark und verzichtete auf die Sundsperre. Mit der Hanse verhandelte er geduldig und so verständnisbereit, daß er sie im Frühjahr 1630 nahezu gewonnen hatte. Um sich von der dänischen Sundkontrolle frei zu machen, ließ er die Erdarbeiten zu einem Kanal beginnen, der seinen Hauptkriegshafen Wismar über den Schweriner See und die Elde mit der Elbe verbinden und auf diesem Weg seiner Flotte die Nordsee öffnen sollte. Während Spanien sich weiter um Herzog Friedrich von Holstein und die Hanse bemühte und um die Gründung einer gemeinsamen Gesellschaft warb, deren Spanien-Ostseeländer-Handel über Friedrichstadt/Holstein–Wismar laufen sollte, näherte sich der Condottiere Wallenstein, aus der Funktion des kaiserlichen Admirals in die des Landesherrn von Mecklenburg übergleitend, den Holländern. Nach Vermittlung durch deren Gesandten in Hamburg, Foppius Aitzema, verhandelte er ab Anfang 1629 streng vertraulich mit den niederländischen Generalstaaten über die Verbesserung der politischen und kommerziellen Beziehungen und den Schutz der Hanse.

Ebenfalls im Frühjahr 1629 verdarb Kaiser Ferdinand II. seine glänzenden Aussichten auf den Gewinn der effektiven Zentralgewalt in Deutschland durch das „Restitutionsedikt", das die Rekatholisierung nach dem Stand von 1552 gebot, der Sache nach aber die höchst weltliche Annexion zahlreicher ehemals geistlicher Territorien durch Österreich bedeutete. Frankreich und Schweden verhandelten über ein Bündnis, um dieser unerhörten Machtsteigerung zu wehren, bevor sie sich voll auswirken konnte. Die Kurfürsten, unter denen Maximilian von Bayern bereits mit dem französischen Premierminister Richelieu paktierte, zwangen Ferdinand aus demselben Motiv 1630 dazu, Wallenstein und die Masse seines Heeres zu entlassen. Bereits seit 1628 lenkte Frankreich den Kaiser mit dem Mantuanischen Erbfolgekrieg nach Italien ab.

So meldete sich, kaum daß das Arrangement mit Dänemark getroffen war, Mitte 1629 ein neuer Gegner aus dem Norden an: Schweden, wo über eine Invasion beraten und gerüstet wurde. Die Seerüstungen in Wismar hatte König Gustav Adolf aufmerksam verfolgt. Als ihm gemeldet wurde, daß dort bereits 150 Stücke gegossen worden seien und daß die kaiserliche Flotte im Sommer voraussichtlich 20 gut gerüstete Kriegsschiffe stark sein werde, äußerte er, der nur 14 besaß, vor dem schwedischen Reichstag ernste Besorgnis, die wohl kein bloßer Vorwand war.

Im Juni 1629 entsandte er ein Geschwader, das Wismar blockierte und gegen die deutsche Flotte aufklärte. Ende September unternahmen die Deutschen einen Ausfall, der zu einem zwei Tage anhaltenden größeren Seegefecht führte. Gabriel de Roy, der die Nachfolge des auf den belgischen Kriegsschauplatz zurückgekehrten Mansfeld angetreten hatte, meldete einen großen, allerdings selbst von kaiserlichen Beobachtern bestrittenen Sieg. Immerhin hat Gustav Adolf seine Flotte nach Kalmar zurückbeordert, um sie für eine Entscheidung nach Abschluß der kaiserlichen Rüstung aufzusparen.

Ganz im Sinne seines spanischen Herkunftlandes nutzte de Roy die Freiheit der Mecklenburger Bucht umgehend zum Kaperkrieg gegen alle, die mit Holland handelten. Wallenstein befahl der Admiralität ebenso umgehend, die Handelsschiffe freizugeben und allein Kriegsschiffe zu bekämpfen, und teilte seinen Entschluß den Generalstaaten mit. Den Niederlanden lag an einem Gleichgewicht der Kräfte in der Ostsee, weshalb sie die bekanntgewordenen schwedischen Invasionspläne mißbilligten und das eingeschränkte Wallensteinsche Flottenprojekt befürworteten. Im März 1630 sagten sich Wallenstein und Aitzema bei einer Besprechung in Gitschin gegenseitige Neutralität zu. Auch mit Schweden suchte Wallenstein sich zu einigen. Er versprach Gustav Adolf, die kaiserliche Flotte im Hafen zurückzuhalten, sofern der Kontrahent den Mecklenburger und hansischen Handel nicht beeinträchtigte, und bereitete Friedensgespräche in Danzig vor.

Wallensteins Befehl, die Tätigkeit zur See einzustellen, veranlaßte de Roy, einen Großteil der Seeleute zu entlassen. Von diesem Aderlaß hat sich die kaiserliche Flotte nicht mehr erholt. Im Juli 1630 waren nur noch 3 Schiffe bemannt, im August standen als Besatzung der 6 ausgerüsteten Kriegsschiffe nur noch 100 Mann bereit. Polen forderte seine ausgeliehenen Schiffe zurück. Die Schweden hatten bei der erneuten Blockade Wismars leichtes Spiel. Gustav Adolf nutzte die Krise der kaiserlichen Marine umgehend aus und landete unbehelligt von der Flotte, die ihm noch ein halbes Jahr zuvor so viele Sorgen bereitet hatte, im Juni/Juli 1630 in Pommern. Von Richelieu finanziert, trat er seinen Siegeszug durch Deutschland an.

Die Entlassung des Feldherrn brachte de Roy die willkommene Gelegenheit zur Machtergreifung über die kaiserliche Flotte. Im Herbst 1630 nahm er den Kaperkrieg wieder auf. Als ein schwedisches Geschwader sein zweitgrößtes und Flaggschiff, die „König David“, im Dezember nach Travemünde abdrängte, wurde es zur Vergeltung von Lübeck beschlagnahmt und später an die Schweden ausgeliefert. Derartig geschwächt war die kaiserliche Flotte zu keiner Aktion mehr fähig. Am 12. Januar 1632 kapitulierte ihr letzter Befehlshaber, der Spanier Jakob Febeur, und übergab die 13 fertigen und halbfertigen Schiffe der ersten kaiserlichen Marine.

Insgesamt sind durch das überlieferte schwedische Beuteinventar an Einheiten der Wallensteinschen Flotte belegt:

deutsch			
„Hans von Wismar“	250 Last	155 Mann	18 Kanonen / 192 Pfund
„König Caspar“	150 Last	120 Mann	26 Kanonen / 264 Pfund
„Maria Rencompens“	?	?	24 Kanonen / 252 Pfund
„Muskijl“	80 Last	80 Mann	? ?
„Sankt Michael“	80 Last	80 Mann	18 Kanonen / 90 Pfund
„Vorlenger“	80 Last	80 Mann	10 Kanonen / 48 Pfund
polnisch			
„Arche Noe“	90 Last	100 Mann	16 Kanonen / 56 Pfund
„Delphin“	90 Last	100 Mann	2 Kanonen / 2 Pfund
„König David“	200 Last	?	29 Kanonen / 159 Pfund
„Meermann“	100 Last	110 Mann	17 Kanonen / 85 Pfund
„Meerweib“	80 Last	100 Mann	21 Kanonen / 42 Pfund
„Phoenix“	100 Last	100 Mann	7 Kanonen / 21 Pfund
„Sankt Jakob“	100 Last	100 Mann	10 Kanonen / 60 Pfund
„Tiger“	150 Last	100 Mann	23 Kanonen / 115 Pfund
„Weißer Hund“	90 Last	80 Mann	12 Kanonen / 30 Pfund

b. Österreich

Die erste österreichische Marine

Zu Beginn des 18. Jahrhunderts wuchsen die habsburgischen Erblande nach jahrzehntelangen Kriegen zur großen Donaumonarchie heran: im Frieden von Karlowitz (1699) nahm Österreich der Türkei ganz Ungarn ab; mit dem Frieden von Passarowitz (1718) gelang ihm ein weiterer tiefer Einbruch in den Balkan. Im Westen gewann Österreich noch wertvollere Gebiete hinzu: die Friedensschlüsse von Utrecht und Rastatt, die 1713/14 den Spanischen Erbfolgekrieg beendeten, brachten ihm die südlichen Niederlande (Belgien), Sardinien, das Herzogtum Mailand und das Königreich Neapel ein. Kaiser Karl VI. regierte nunmehr einen wirtschaftlich nahezu autarken Länderkomplex.

Im Zeitalter des Merkantilismus konnte sich ein Fürst mit einem solchen Zustand nicht zufriedengeben. Nach der gängigen Lehre bestellte der Landesvater sein Haus nur dann gut, wenn er eine aktive Handelsbilanz erwirtschaftete. Die Handelspolitik der europäischen Staaten lief deshalb darauf hinaus, durch jedes nur mögliche fiskalische und politische Hilfsmittel die eigene Gewinnspanne bei den Ausfuhren zu maximieren und die fremde bei den unumgänglichen Einfuhren zu minimieren. Im Überseehandel galt es beispielsweise, die Zwischenhandelsmonopole der Seemächte auszuschalten und ihre Vermittlungs- und Transportleistungen selbst zu übernehmen.

Karl VI. nützte den Frieden von Passarowitz geschickt dazu aus, seine Lande vom Monopol Venedigs zu befreien. Er ließ die verbündete Lagunenstadt fallen und sprach den Türken ihre letzten Stützpunkte auf griechischem Boden zu. Als Gegenleistung verpflichtete sich der Sultan, die Schiffahrt unter der kaiserlichen Flagge vor dem Seeraub seiner Untertanen zu schützen. Venedig schien nun entscheidend benachteiligt zu sein, als Karl VI. sein Monopol aus zwei Richtungen angriff. Der Kaiser rief eine gewaltige „Orientalische Kompanie“ ins Leben und verlieh ihr weit ausgreifende Privilegien. Zur Ergänzung des Donauweges öffnete er Österreich außerdem das Mittelmeer. Er befreite Triest von der Blockade, die Venedig mit einem Seezoll seit langem aufrechterhalten hatte, erklärte Triest und Fiume zu Freihäfen und verband sie durch Straßenbauten mit dem Hinterland. Um Venedig niederhalten und das neugewonnene Recht zur freien Adriaschiffahrt bewahren zu können, schließlich auch in berechtigtem Mißtrauen gegenüber den Türken, begründete der Kaiser eine Kriegsmarine, die Linienschiffe und Galeeren in Dienst stellte und in wenigen Jahren eine Stärke von 8000 Mann und 500 Kanonen erreichte.

Kompanie und Marine Karls VI. haben auf Dauer den gedachten Zweck nicht erfüllt. Die Orientalische Kompanie ging nach kurzer Blüte und längerem Siechtum ein. Der Seehandel gewann nicht den Umfang, der ihn zum Schutzobjekt erhoben hätte. Der eigene Kapitalmangel und die Stärke und Geschäftsbeziehungen der venezianischen Konkurrenz verhinderten bleibende Erfolge.

Die Marine kam nur im Polnischen Thronfolgekrieg zum Einsatz. Ihr „General“, der Genuese Lukas Pallavicini (1697–1773), siegte 1734 bei Neapel über ein spanisches Geschwader, zog sich dann aber vor dem im ganzen weit überlegenen Gegner eilig nach Triest zurück. Da die Mittelmeerflotte nach dem Fehlschlag des Wirtschafsprojekts keine sinnvolle Aufgabe mehr vor sich hatte, löste Karl VI. sie auf und ließ Pallavicini aus ihren Mannschaften und Waffen eine Donauflotte aufbauen, die nützlichere Einsätze gegen die Türken leistete. Die Resignation ging so weit, daß der Kaiser die überflüssig gewordenen Hochseeschiffe an den im Wirtschaftskampf siegreich gebliebenen Rivalen Venedig verkaufte.

Mit außerordentlichem Erfolg gesegnet sah Karl VI. wider Erwarten sein letztes Seeobjekt, die „Ostender Kompanie", die er nur unter Bedenken und gegen den Widerspruch von Prinz Eugen privilegiert hatte. Da der Haupthafen Belgiens, Antwerpen, von den Niederländern durch die Scheldesperre blockiert wurde, schien diese Bestätigung älterer, noch vom spanischen König verliehener Rechte und Schutzzusagen in naher Zukunft keine Gewinne zu versprechen. Tatsächlich aber amortisierte sich das Kapital schon in den ersten acht Jahren zu 100%.

Die Regierung gewährte der Gesellschaft, die ihren Sitz in der Hafenstadt Ostende nahm, im Privileg von 1722 Zollvergünstigungen und das Monopol des Handels mit Indien und China, unter der Voraussetzung, daß nur österreichische Waren exportiert und Importgüter nur in österreichische Häfen geliefert wurden. Das reine Frachtgeschäft wurde verboten. Der Kaiser übernahm eine Dividendengarantie von 5%. Die Gesellschaft galt nach außen als Souveränitätsträger, der in Übersee Territorialbesitz erwerben und völkerrechtliche Verträge abschließen durfte. Nur die Entscheidung über Krieg und Frieden und die Veräußerung der Faktoreien behielt sich der Kaiser vor.

Das anderthalb Dutzend gut bewaffneter Schiffe, das die Gesellschaft besaß, führte die kaiserliche Flagge, den schwarzen Doppeladler auf goldenem Grund. Sie selbst nahm die Adjektive „deutsch" und „kaiserlich" für sich in Anspruch.

Die Erfolge der Kompanie übertrafen alle Erwartungen. Gestützt auf drei Faktoreien in Indien und eine in Kanton erzielte sie bisweilen Reingewinne von 80–100% im Jahr. Unerhöhte Erträge warf der Chinahandel ab. Doch blieb das Glück nur von kurzer Dauer.

England und Holland nutzten das Bedürfnis des politisch heterogenen Länderkonglomerats „Österreich", seinen Bestand durch internationale Verträge zu sichern, aus und entledigten sich der unliebsamen Konkurrenz, indem sie ihre Zustimmung zur „Pragmatischen Sanktion", die die Thronfolgeordnungen und Verfassungen der Erbländer gleichschaltete, nur gegen die Liquidierung der Ostender Kompanie verkauften. Österreich mußte 1731 auf den eigenen Überseehandel von Belgien aus verzichten und seine Kolonien ihrem Schicksal überlassen. Doch ließ es die Hoffnung auf eine Wende nicht fahren. Die Lagerhäuser in Ostende wurden beibehalten, die Gesellschafter richteten bei jeder Gelegenheit Petitionen um Wiederzulassung an die Krone, und die Kompanie, die sich in ein Kreditinstitut umwandelte und noch jahrelang hohe Dividenden ausschütten konnte, bestand bis zum Ende der Habsburgerherrschaft über Belgien fort.

Ein Versuch unter Maria Theresia und ihrem Gemahl Franz Stephan, das Projekt 1744 von Toskana aus zu erneuern, scheiterte. Während in Livorno drei Schiffe ausgerüstet wurden, traf die Nachricht ein, daß der Nabob von Bengalen die wichtigste Faktorei vernichtet hatte. Damit war dem ehrgeizigen Projekt, das an das später von Lord Clive und Warren Hastings wahrgemachte erinnert, die entscheidende Stütze entzogen.

Die zweite österreichische Marine

Nach der Auflösung der kaiserlichen Marine übernahm ein habsburgisches Nebenland, das Herzogtum Toskana, den Schutz der wenigen österreichischen Seeinteressen. Seine Marine führte bewußt eine Flagge, die der kaiserlichen zum Verwechseln ähnlich sah. Österreich erbaute und lieferte zwei Fregatten, und unter dem Kommando von Lord Acton gelang es der toskanischen Flotte, die Barbaresken zeitweise einzuschüchtern. Zur Verteidigung gegen die preußischen Kaper, die während des Siebenjährigen Krieges ins Mittelmeer einliefen, reichten die Kräfte der Habsburger aus, so daß die Räuber von ihrer geringen österreichischen Beute sogar einiges an die Toskaner zurückverloren.

Unter Kaiser Joseph II. fand die Ostender Kompanie in der „Kaiserlichen Asien-Kompanie von Triest“ 1775 einen Nachfolger, der seine vergängliche Existenz vorzugsweise Antwerpener Kapital verdankte. Nach anfänglicher Skepsis setzte sich der Kaiser zeitweise lebhaft für sie ein, so daß sie eine Spekulationshausse erlebte. Sie konnte vorübergehend Stützpunkte erwerben: die Delagoa-Bai, die Nikobaren, einen Posten in Indien, und Konsulate in Pegu/Malaya und Kanton einrichten – das kurzlebige zweite „österreichische Kolonialreich“. Als die staatliche Protektion entfiel, brach die Gesellschaft 1785 zusammen. Ihre wenigen Gewinne erzielte sie, als sie von dem ihr verliehenen „Oktroi“ – dessen Bestimmungen dem Privileg von 1722 entlehnt waren – abwich und während des englisch-französischen Krieges 1778–83 Handel für dritte Rechnung und zwischen fremden Häfen trieb. Hamburg zog sie als Anlaufhafen dem an Hinterland armen Triest vor, wohin nur ganz wenige Kompanieschiffe kamen.

Die Schöpfung der Kompanie und einer Marine bedingten sich gegenseitig. Ohne die Deckung durch Kriegsmarine und Interventionstruppen war es der Gesellschaft nicht möglich, ihre Waren zu Diktatpreisen auf die Eingeborenenmärkte zu werfen; andererseits sollte der Aufbau einer österreichischen Seemacht gerade aus den Gewinnen subventioniert werden, die der Kaiser sich von der Ausschaltung des englischen und holländischen Zwischenhandels versprach.

Österreichs zweite Marine wurde 1786 ins Leben gerufen. Zum Schutz der Adriaschiffahrt stellte Joseph II. zwei Korvetten mit je 20 Kanonen in Dienst, eine Flottille, die im Lauf der Jahre um einige Kanonierschaluppen und armierte Handelsschiffe erweitert wurde. Auch die Donauflotte erhielt Verstärkungen. Der Umfang der ganzen Seemacht blieb so bescheiden, daß der Hofkriegsrat sie 1790–92 vorübergehend der Triester Hafenverwaltung unterstellte. Während des Ersten Koalitionskrieges zeigte sie sich jedoch der ihr gestellten Aufgabe gewachsen und sicherte ihre Schutzbefohlenen nicht ohne Erfolg.

Für die österreichisch-ungarische Marinetradition ist der 4. Oktober 1786 ein wichtiges Datum: an diesem Tag wurde zum ersten Mal die österreichische Seekriegsflagge gehißt, die bis zum 31. Oktober 1918 geführt wurde. Sie war rot-weiß-rot waagerecht gestreift und mit dem gekrönten erzherzoglichen Wappen belegt. Die Handelsschiffe führten bis 1804 die gelbe kaiserliche Flagge mit dem schwarzen Doppeladler und 1804–69 ebenfalls die See(kriegs)flagge; nach dem Ausgleich mit Ungarn von 1867 wurde die Handelsflagge kombiniert: am Liek rot-weiß-rot mit dem erzherzoglichen, am fliegenden Ende rot-weiß-grün mit dem ungarischen Wappen.

Mit Venedig samt Istrien und Dalmatien gewann Österreich im Frieden von Campo Formio 1797 die Grundlagen zum Aufbau einer achtunggebietenden Marine. Zwar hatten die Franzosen die meisten venezianischen Schiffe selbst übernommen, aber Österreich erwarb den Hafen mit seinen Werften und zeitgemäßen Anlagen sowie ein erprobtes Seeoffizierkorps und geübte Mannschaften. Die zur „österreichisch-venezianischen Marine" erweiterte Seemacht erwies sich als recht nützlich, indem sie im Zweiten Koalitionskrieg die Armee von der See her überaus wirkungsvoll unterstützte. Sie vernichtete die französische Po-Flottille, vervollständigte die Einschließung Anconas und beteiligte sich an der Blockade Genuas durch die Engländer. Mit dieser Funktion im Dienst der Armee war Wien zufrieden. Daß es mißlang, die Adria von Seeräubern zu säubern, schob man auf die Person des Marinekommandanten von 1798 bis 1801, des Venezianers Andreas Querini. Die Chance, die die Beute von Ancona eröffnete – darunter 5 Linienschiffe zu je 74 Kanonen – wurde nicht genutzt, weil man sich dem überraschend gewonnenen materiellen Umfang personell nicht gewachsen fühlte; die Schiffe wurden abgewrackt.

Die letzte Phase der zweiten Marine wurde geprägt vom Zusammenspiel Erzherzog Karls, der 1801 u. a. Marineminister wurde, mit dem französischen Emigranten Joseph de L'Espine (1761–1826), der, nach seekriegerischer Bewährung im Zweiten Koalitionskrieg, 1801 als Marinekommandant eingesetzt wurde (bis 1809, und 1813/14). Sorgfältige Reformarbeiten bereiteten eine graduelle Aufrüstung von kleinen Anfängen zu einem achtunggebietenden Umfang hin vor. Als Grundlagen entstanden ein Schiffbauinstitut und eine Marinekadettenschule. Die Flotte bestand aus zwei unabhängig voneinander verwalteten Teilen mit je einem eigenen Seearsenal in Triest und Venedig, aber gemeinsamem Oberkommando.

Die Dienstsprache der „k.k. Marine" war Italienisch, lediglich im Verkehr mit Wien Deutsch. Statuten, Reglements und Dienstvorschriften wurden auf italienisch verfaßt. Die Schiffe führten italienische Namen. Ab 1805 mußten alle jüngeren Offiziere die deutsche Sprache beherrschen, die das Italienisch im Lauf der Zeit ersetzen sollte. Kroatisch, das die Mehrzahl der Mannschaften sprach, blieb unberücksichtigt. Als Marineumgangssprache war ein verballhornter venezianischer Dialekt, die „lingua di bordo", üblich.

Über Anfänge kam die Reform Erzherzog Karls nicht hinaus. Mit 80 Beamten besaß die Marine 1804 eine solide bürokratische Grundlage für künftiges Wachstum, aber den Stand von 48 Seeoffizieren im gleichen Jahr hat sie nicht mehr wesentlich überschritten. Denn bereits 1805 verlor Österreich den Dritten Koalitionskrieg und damit im Frieden von Preßburg Venezien, Istrien und Dalmatien, dazu seine Flotte. Auf diesen materiellen und personellen Grundlagen baute nun das napoleonische Vizekönigreich Italien seine Marine auf. Im Frieden von Schönbrunn schließlich mußte Österreich 1809 seine ganze Küste abtreten und sich für einige Jahre aus der Reihe der Seestaaten zurückziehen.

2. Brandenburg-Preußen

a. Der Große Kurfürst

Zweifellos ist es verfehlt, davon zu sprechen, Friedrich Wilhelm von Brandenburg, der Große Kurfürst, habe mit seinem Regierungsantritt (1640) eine planmäßige Marinepolitik begonnen und zielbewußt auf eine Flotte hingesteuert, die den Seehandel seiner Lande schützen konnte. Keiner seiner Untertanen besaß nennenswerte Seeschiffe. Feststehen dürfte aber doch, daß auch den Brandenburger, wie so viele Fürsten seiner Zeit, die profitable Seemacht der Niederlande zur Nachahmung gereizt hat. Sobald sich ihm eine Gelegenheit bot, auf dem Weg zur Schöpfung einer Marine voranzukommen, hat er sie von früh an genutzt. Aber so viel war ihm das Unternehmen nicht wert, daß er jemals andere Absichten zu seinen Gunsten zurückgestellt hätte.

Das Projekt einer brandenburgischen Ostindienkompanie, das der aus ihrem niederländischen Vorbild stammende Admiral A. Gijsels van Lier gegen Ende des Dreißigjährigen Krieges entwickelte, scheiterte nach eingehenden Vorbereitungen 1652 an der Zurückhaltung des holländischen und deutschen Kapitals, das der Kurfürst vergeblich umwarb. Einige Jahre später verhandelte Brandenburg mit Österreich und Spanien nicht ohne Erfolgsaussichten über die Gründung einer „Deutschen Kompanie", einer Erweiterung des Gijselsschen Plans; Friedrich Wilhelm zog sich 1661 selbst davon zurück, als er mit Karl II. von England einen Handels- und Schiffahrtsvertrag abschließen konnte und seine Beteiligung an der englischen Ostindienkompanie vor der Türe zu stehen schien.

Als Voraussetzung aller kurfürstlichen Seeunternehmen mußte erst einmal das Recht zur Schiffahrt gewonnen werden. Dem Monarchen versperrte Schwedens „Dominium Maris Baltici" vertraglich abgesichert die Ostsee. Brandenburger durften hier nur auf Handelsfahrzeugen im Besitz von Untertanen und unter den Flaggen der ostpreußischen und hinterpommerschen Seestädte verkehren. Erst 1657 erkämpfte sich auch der Kurfürst selbst das Recht, auf der Ostsee Schiffe unter seiner Flagge, d. h. Kriegsschiffe, unterhalten zu dürfen. Zunächst blieb es beim Recht: zur Sicherung des Übergangs brandenburgischer Truppen nach Fünen im folgenden Jahr konnte Friedrich Wilhelm nicht ein eigenes Schiff aufbieten.

Die Kaperflotte

Auch die Ausgabe von Kaperbriefen gegen Frankreich und Schweden, zu der Brandenburg bei seinem Eintritt in den holländischen Krieg Ludwigs XIV. und seines nordischen Alliierten (1672–79) schritt, half zunächst nicht weiter. Die Patentinhaber füllten sich die eigenen Taschen ohne Rücksicht auf den Auftraggeber. Selbst zu jener in Pirateriefragen großzügigen Zeit geschah es, daß einer von ihnen nach dem Krieg unter Zustimmung des Kurfürsten von Spanien an Frankreich ausgeliefert und dort verurteilt wurde.

Erst als sich der Große Kurfürst einer zeeländischen Reeder- und Kapitalistengruppe unter Leitung des angesehenen Unternehmers Raule anvertraute, stachen Kriegsschiffe in See, die tatsächlich auch die brandenburgischen Ziele und Interessen verfochten. Unter diesen Auspizien nahm der Seekrieg in der ersten Phase der brandenburgisch-preußischen Marinegeschichte unverhohlen den Charakter eines Kriegsgeschäfts an, woran sich im übrigen niemand stieß. Das Seerecht des 17. Jahrhunderts gestattete die Wegnahme feindlicher Schiffe einschließlich neutralen Guts ebenso wie feindlichen Guts einschließlich der neutralen Schiffe, auf denen es geladen war; die Kaperei unterschied sich vom kriminellen Seeraub dadurch, daß ein Gericht den Sachverhalt des rechtmäßigen Angriffs auf feindlichen Besitz feststellte und ein Prisenurteil aussprach. Einzige Voraussetzung war, daß der Kaper die Vollmacht einer kriegführenden Partei zur Ausübung seines Gewerbes besaß. Der Verlust von Schiffen, die als Prisen abgeurteilt waren, galt nicht als völkerrechtlich legitimer Kriegsgrund.

Der Vlissinger Benjamin Raule, 1634—1707, lebte bis 1676 als Reeder und Politiker in Middelburg. Wegen seiner Zusammenarbeit mit Brandenburg wurde er heftig angefeindet und mußte, als sich die am Schwedengeschäft interessierte Partei in Zeeland durchsetzte, nach Berlin fliehen. Dort wirkte er fortan als die treibende Kraft in den Marineangelegenheiten und vermittelte Miete und Ankauf der benötigten Schiffe. Im Mai 1675 erhielt Raule den Titel eines kurfürstlichen Rats. Als „Schiffsdirektor" (Februar 1676) bzw. „Oberschiffsdirektor" (August 1677) führte er den Oberbefehl über die Flotte direkt unter dem Kurfürsten. Mit seiner Bestallung zum „Oberdirektor der Seesachen" erlangte er im August 1677 die Zuständigkeit für alles, „was zur Verbesserung der Schiffahrt und der Kommerzien zur See dient". Seit Anfang 1681 führte er bei gleichbleibend uneingeschränkter Vollmacht den Titel „Generaldirektor der Marine" mit Oberstenrang.

Seine Laufbahn endete, als er, Anhänger des leitenden Ministers Danckelmann, 1697 in dessen Sturz und Verurteilung hineingezogen wurde. Raule konnte — wie später auch Danckelmann — die gegen ihn erhobenen Anklagepunkte im wesentlichen widerlegen, mußte aber doch außer Landes gehen. Er starb, ohne die bei ihm vermuteten Reichtümer zu hinterlassen. Zweimal in seinem Leben einer unterlegenen Partei angehörend, mußte sich Raule von den Siegern eine lange nachwirkende Verunglimpfung als Bankrotteur und Pirat gefallen lassen.

Daß sich in Gestalt der zeeländischen „Commissievaarders" seit Frühjahr 1675 solche Unternehmer am brandenburg-schwedischen Krieg beteiligten, die an sich nichts damit zu tun hatten, war nichts Ungewöhnliches. Sie setzten eine brandenburgische Flagge, wahrscheinlich mit rotem Adler auf weißem Feld. Der Angriff der Rauleschen Kaper brachte reiche Beute. Er vertrieb aber auch binnen weniger Wochen die schwedische Flagge und damit die Jagdobjekte von der Nordsee. In Wirklichkeit war davon weniger der schwedische Handel betroffen als vielmehr der holländische, der vielfach durch Umflaggung auf Schweden vor den Franzosen Schutz gesucht hatte. Obwohl Raules Konsortium von Vlissingen nach Ostende auswich, gestaltete sich seine Lage deshalb peinlich. Zu seinem Schutz nahm Brandenburg die Kaperflotte, die weiterhin zu eigenem Risiko und Nutzen operierte und dem Kurfürsten nur 6% des Gewinns abzutreten hatte, formell und rückwirkend in seinen Dienst.

Aber auch diese Veränderung half wenig. Die Generalstaaten befahlen die Freigabe der im Namen Brandenburgs genommenen Prisen, weil sie Schweden nur unter dem Vorbehalt des freien Handelsverkehrs mit dem Feind den Krieg erklären wollten. Die Seegerichte zu Vlissingen und Dover erkannten die meisten Prisen deshalb nicht an und Raule war ruiniert. Die Flotte konnte nur durch Subventionen aus Berlin am Leben gehalten werden.

Soweit der Kurfürst Seekrieg ohne Nordseekaperei führen wollte, kam ihm die Amsterdamer Admiralität entgegen. Sie vermietete ihm ebenfalls Kriegsschiffe und förderte die Anwerbung von Marineinfanterie zur militärischen Bemannung seiner Flotte. Damit verfügte Brandenburg über die ersten Elemente einer Schlachtflotte. Der Sieg bei Fehrbellin im Juni 1675 verbesserte die Lage Friedrich Wilhelms auch zur See entscheidend. Dänemark trat auf seiner Seite in den Krieg ein und übernahm die Flottenoperationen in der Ostsee. Der Kurfürst konnte umdisponieren und seine Seemacht, für die Raule inzwischen wieder tätig geworden war, amphibisch einsetzen, um die schwedische Pommernarmee in die Zange zu nehmen. Nach einem erfolglosen Angriff auf die Weserbefestigung lief die brandenburgische Flotte 1675/76 in die Ostsee ein.

Hier spielte sich der Seekrieg zwischen den Dänen und Holländern unter ihren großen Admiralen Niels Juel und Cornelius van Tromp einerseits und den Schweden andererseits ab. Die Brandenburger wirkten nur als Statisten mit. Nach zwei Jahren ohne Entscheidung gewannen die Dänen durch die Seeschlacht vor der Kjögebucht Mitte 1677 die Seeherrschaft, schnitten die Schweden auf dem deutschen Ufer ab und ermöglichten damit dem Großen Kurfürsten die Eroberung von Pommern.

Durch die Dänen gedeckt konnte der Kurfürst, der bisher von seiner Marine wenig Nutzen gehabt hatte, ab 1676 seinen eigenen Seekrieg führen – Kaperkrieg, von wenigen Ausnahmen abgesehen. Auf Holland mußte er keine Rücksicht mehr nehmen. Ein Vertrag mit Dänemark gab alle Schiffe und Güter zur Wegnahme frei, die nicht durch einen Visitationsschein der Sundinspektion für konterbandefrei erklärt worden waren. Zur Anerkennung der Prisen bestellte der Kurfürst in Kolberg ein Seegericht.

Die notwendigen Kriegsschiffe und die – meistens holländischen – Schiffsoffiziere und Mannschaften besorgte Raule, der sie dem Kurfürsten weitervermietete, aber die „Seegefahr“ selbst übernehmen mußte; Seesoldaten stellte der Kurfürst, dem die „Kriegsgefahr“ zufiel. Die Flotte wurde verstärkt durch Schiffe, die Raule ohne vertragliche Regelung beifügte, und durch dem Kurfürsten gehörende Schiffe, die aus seinem Anteil an der Beute stammten.

Die verworrenen Besitzverhältnisse führten dazu, daß der Kurfürst Operationen nicht einfach befehlen konnte, sondern, über den jährlichen Rahmenvertrag hinaus, für jede größere Unternehmung einen Spezialvertrag mit Raule abschließen mußte. Die Operationsverträge bestimmten das Objekt, die Zahl der einzusetzenden Schiffe und Menschen, die Verteilung der Lasten und Kosten, die

Art der Finanzierung, den Befehlshaber und die Quoten der Gewinnverteilung. Bei rein militärischen Zielsetzungen erhielt der zivile Partner eine Pauschalentschädigung für entgangene Prisengewinne gewährt oder eine Erhöhung seiner Quote bei künftigen Kaperzügen zugesichert.

Die Friedensschlüsse von 1679 (für Brandenburg: zu St. Germain) beraubten die Marine ihrer Finanzierungsgrundlage: feindliche Güter und Schiffe. Der findige Raule war aber um eine neue Geldquelle nicht verlegen. Die Flotte wurde gegen Spanien eingesetzt, das im vergangenen Krieg hohe Subsidien versprochen, aber nicht gezahlt hatte. Die Marinepartner schlossen einen Vertrag des Inhalts, so viele spanische Schiffe wegzunehmen, bis ihr Versteigerungserlös die „Schuldsumme“ deckte. Zwei Jahre lang kreuzten die Brandenburger gegen den spanischen und belgischen Handel auf dem Nordatlantik; zuletzt griffen sie sogar die Silberflotte an, mußten aber bei diesem Unternehmen im Herbst 1681 vor der Algarveküste eine empfindliche Niederlage einstecken. Unter dem Druck der Großmächte beendete der Störenfried daraufhin seine neuartige Seeraubtätigkeit. Ihr Ertrag hatte per Saldo gerade dazu ausgereicht, die Flotte bislang am Leben zu erhalten.

Marine-, Handels- und Kolonialpolitik

Nach Abschluß des Friedens von St. Germain hatte Brandenburg eigentlich keinen Anlaß mehr, Kriegsschiffe zu unterhalten. Seinen Ministern gegenüber gab der Große Kurfürst diesen Sachverhalt auch zu. Die Rückschläge, die er bei dem Versuch erlebte, die Flotte durch Seeraub gegen Spanien zu alimentieren, verstärkten seine Bedenken in einem solchen Maß, daß Raule um die Existenz der Marine bangte. Auf beredten Vortrag des Marinedirektors hin entschied sich der lange schwankende Monarch im Juli 1682 aus Prestigegründen schließlich doch zur Beibehaltung des Marinewerks: „Weil wir aber dasselbe einmal angefangen und es überall in der Welt einen éclat gemacht, so befinden wir unsere Glorie dabei interessiert, daß wir dasselbe continuieren.“

Für eine neue Finanzierungsquelle hatte der findige Raule bereits vorgesorgt. Auf eigene Kosten hatte er 1680 eine Schiffsexpedition in den Golf von Guinea gesandt und die Handelsaussichten erkunden lassen. Der brandenburgischen Kriegsflotte, die sich hauptsächlich nicht aus Linienschiffen, sondern aus bewaffneten Kauffahrern zusammensetzte, boten sich die Tropen als kommerzielles Betätigungsfeld an, in der sich ihre Eigenart rentierte: Zwischen den europäischen Mächten galt stillschweigend der Grundsatz, daß überseeische Konflikte, z. B. Seeraub, bis zu einem gewissen Maß an Ort und Stelle ausgefochten werden sollten, ohne Anlaß für europäische Kriege zu bieten; südlich des Wendekreis des Krebses machte deshalb auch im tiefsten Frieden der Kauffahrer die Kanonen schußbereit, wenn er ein Segel am Horizont erblickte.

So hat die holländische Westindienkompanie gleich 1680 ein Schiff Raules gekapert, obwohl es als kurfürstliches Eigentum ausgegeben war. Die Brandenburger mußten derartige Angriffe immer wieder hinnehmen. Gegen die mächtigen Holländer konnten sie nicht einmal zur Vergeltung selbst kapern. Auch die brandenburgischen Kolonien mußten ohne Unterbrechung im zähen Kleinkrieg gegen Holländer und Franzosen verteidigt werden.

Zum Eintausch von Gold und Elfenbein, deren Verkaufserlös zugunsten der Marine „die Cassa zu vergrößern" hatte, gründete Raule 1682 die „Afrikanische Kompanie". Die Finanzierung der Gesellschaft erfolgte durch die Ausgabe von Aktien, die Geschäfte besorgte Raule, die Befehle erteilte der Kurfürst. Im Herbst 1682 nisteten sich die Brandenburger in Ostfriesland ein und vertrieben im Einvernehmen mit den Ständen die Repräsentanten der Landesherrin; mit Emden gewannen sie den notwendigen, günstig gelegenen Ausgangshafen für ihre Überseeunternehmungen. Außer der Insel Arguin vor der mauretanischen Küste ließ Friedrich Wilhelm einen Landstrich an der Goldküste besetzen und zu brandenburgischem Territorium erklären. Am Kap der drei Spitzen entstand das Fort Groß-Friedrichsburg, von dem aus mehrere Tochterforts gegründet wurden; zahlreiche kleine Eingeborenenstämme nahmen die brandenburgische Schutzherrschaft an.

Diese Expansion schuf die Grundlage für die Sparte, die sich zum Hauptgeschäft entwickeln sollte: den Sklavenhandel. Durch Vermittlung der brandenburgischen Afrikaner kaufte die Gesellschaft Negersklaven auf und lieferte sie nach Westindien. Als Marktgelegenheit erwarb sie Nutzungsrechte auf der dänischen Antilleninsel St. Thomas. Damit hatte vorübergehend auch Brandenburg an dem gewinnträchtigen Dreiecksgeschäft Europa – Guinea – Amerika teil, und der Große Kurfürst konnte im Hinblick auf die Finanzierung der Marine 1684 befriedigt konstatieren: „Seefahrt und Handel sind die vornehmsten Säulen eines Etats." Freilich erzeugte Brandenburg zu wenige Produkte, mit denen es Sklaven eintauschen konnte, um an deren Vermarktung viel zu verdienen. Übermäßigen Hoffnungen auf Gewinne hat sich der Große Kurfürst nie hingegeben. Im Vordergrund seiner Überlegungen standen nicht die Dividenden, sondern die Erhaltung und Vergrößerung der Kriegsflotte aus den Erträgen des Überseehandels, der schon wegen des begrenzten Schiffsbestandes niemals aufsehenerregenden Umfang annehmen konnte.

Alle Belange der brandenburgischen Marine – militärische, kommerzielle, piratische in buntem Durcheinander – fanden ihren gemeinsamen Nenner in der Person des großen Managers Benjamin Raule, der u. a. dem 1680 gegründeten Kommerzkollegium, dem 1681 gegründeten Admiralitätskollegium und der Afrikanischen Kompanie nebst deren Schwesterunternehmen (Ostindische, Amerikanische Kompanie) vorstand. Die Übernahme der Kriegsschiffe in den Besitz des Kurfürsten veränderte am eingespielten Zustand nichts. Allerdings hat Friedrich Wilhelm den Marinedirektor mit dieser Transaktion vollständig unter seine Kontrolle gebracht, da Raule nun nicht mehr mit dem unternehmerischen Risiko behaftet war, sondern als Beamter Verantwortung vor der Krone trug (und später von ihr zur Rechenschaft gezogen wurde).

Auch wenn sich der Sache nach wenig änderte, gilt das Kaufdatum, der 1. Oktober 1684, deshalb zu Recht als Gründungstag der kurbrandenburgisch-preußischen Marine. Kurfürst Friedrich III., der Sohn und Nachfolger des Großen, bestätigte die Verhältnisse durch das „Marinereglement" von 1689, eine Art Marineverwaltungsordnung, in der alle Zweige des Seewesens zusammengefaßt behandelt wurden. Er unterstellte alles einem Zentralkollegium, das aus den beiden Ministern Knyphausen und Danckelmann sowie Raule bestand.

Über die Organisation der Marine gibt ihr ordentlicher Etat vom 1. 10. 1684 guten Aufschluß.

An Einnahmequellen waren der Marine ostpreußische Zölle, Abgaben der ostfriesischen Stände, ein Anteil am Schlagschatz der Münze, ein bestimmtes Salzmonopol u. a. m. im Wert von 5000 Talern zugewiesen.

Damit wurden besoldet:

- 1 Kompanie „Marinemiliz" (200 Mann) in Emden
- die Berliner Admiralität (zuständig für Schiffbau) sowie die Admiralitäten zu Pillau und Emden (Marinejustiz und -verwaltung) mit Beamten und Handwerkern
- die Hamburger und die Afrikanische Station (Handelszwecke)
- 1 „Rat und Directeur General" (= B. Raule)
- 1 Vizeadmiral („Vice Comandeur", = Raules Bruder Jakob R.)
- 8 Kapitäne
- 2 Leutnante, 1 Steuermann und 35 Matrosen Stammbesatzung

An großen Schiffen besaß der Kurfürst bereits die spanische Prise „Carolus Secundus" (50 Kanonen) und erwarb nun u. a. „Dorothea" (40), „Friedrich Wilhelm zu Pferd" (50), „Kurprinz" (36), „Fuchs" (20); andere Schiffe, z. B. der berühmte „Moriahn", galten als Besitz der Kompanie.

Eine Disziplinarordnung war mit dem „Articulsbrief" von 1682 ergangen.

Die Verstaatlichung konnte den Verfall der Marine nicht aufhalten. Die zugewiesenen Etatquellen reichten zur Besoldung, aber nicht zur Materialerhaltung und -beschaffung, für die außerordentliche Mittel aufzubringen waren. Brandenburg fand keine günstigen Seeraubgelegenheiten mehr; dagegen bot es jetzt selbst ein Kaperobjekt, an dem sich vor allem Holländer und Franzosen bedienten. Diese Verluste, dazu die quantitative Begrenztheit der Exportartikel und der Verkehrsmittel, die Brandenburg zur Verfügung standen, hinderten die Kompanie daran, auf einen grünen Zweig zu kommen. Sie hat selten Überschüsse erzielt, mußte vielmehr im Gegenteil häufiger aus dem ordentlichen Marineetat subventioniert werden.

Gegen Ende des Jahrhunderts besaß Brandenburg keine brauchbaren Schiffe mehr; das letzte lief 1701 unter niederländischer Flagge nach Guinea aus. Die Kompanie wurde 1711 aufgelöst und der Kolonialbesitz 1717 abgestoßen.

b. Preußischer Handelsschutz

Friedrich der Große

Hatte noch 1732 eine Kommission befunden, daß in Preußen keinerlei Bedürfnis nach eigener Reederei nachweisbar und die Wirtschaft mit dem Angebot fremden Schiffsraumes zufrieden sei, so existierte doch bereits zwölf Jahre später eine Handelsflotte, die Anspruch auf Schutz durch die Krone erheben durfte. Während des Zweiten Schlesischen Krieges stellte sich heraus, daß Preußen zur See verletzbar geworden war: Die Engländer kaperten preußische Schiffe. Die Gegenmaßnahmen Friedrich II. riefen nur Spott und Hohn über den Aufruhr wegen einer „Baby-Flotte" hervor. Entschädigungen erlangte der König erst ein Dutzend Jahre später, als sich das Kabinett zu St. James auf seine Bundesgenossenschaft angewiesen sah.

Den Siebenjährigen Krieg überstand die preußische Handelsmarine ohne Einbußen durch unmittelbare Kampfhandlungen. Die Parteien einigten sich darauf, den Handelsverkehr unbeschadet des Kriegszustandes aufrechtzuerhalten und die Ostsee in dieser Beziehung zu neutralisieren. England und Rußland, die jeweils dem gegnerischen Lager angehörten, waren so stark von der gegenseitigen Zufuhr abhängig, daß der Handel sich sozusagen durch sich selbst schützte. Die preußischen Häfen konnten von Schiffen aller Nationen angelaufen werden. Alle Flaggen waren in der Ostsee vor Kaperei sicher. Daß die Zahl der preußischen Seeschiffe dennoch spürbar zurückging, ist auf den allgemeinen Wirtschaftsabschwung der Kriegsjahre zurückzuführen.

Schweden versuchte aus der Ostseekonvention auszubrechen. Es benutzte die Armierung einiger preußischer Küstenfahrzeuge in Stettin als Anlaß, die Odermündung zu blockieren. Mit der Vernichtung des „preußischen Schiffsarmements" auf dem Stettiner Haff beseitigte es diesen Vorwand selbst und konnte von Rußland leicht auf die gemeinsame Linie zurückgezwungen werden.

Der Grundgedanke Friedrichs des Großen, daß Preußen seinen stürmisch anwachsenden Seehandel nur durch seine Großmachtstellung schützen könne, bestand die Probe während des amerikanischen Unabhängigkeitskrieges. Rußland warb ausdrücklich um seinen Beitritt zum Bündnis der „Bewaffneten Seeneutralität", obwohl von einem Beitrag Preußens mit geeigneten Waffen keine Rede sein konnte. Preußens Reederei, Schiffbau und Handel erlebten eine Blüte wie nie zuvor. Die Handelsflotte Hollands dagegen, das noch eine Kriegsmarine besaß, aber kein politisches Gewicht mehr, wurde nach der englischen Kriegserklärung dezimiert. Das Prinzip des indirekten Schutzes durch die Armee hatte sich dem der direkten Verteidigung durch die Marine überlegen erwiesen.

Daß diese Erfolge nur situationsbedingt waren und sich keineswegs zwangsläufig wiederholen mußten, wußte Friedrich auch. Aber die Sicherheit und Stellung seines Staates hing einzig und allein von der Stärke seiner Armee ab. Aufbau und Unterhalt einer Flotte wären bei den eng begrenzten Mitteln Preußens notwendig zu Lasten der Armee gegangen. Eine absolute Chance zum Schutz des Seehandels besaß Preußen nicht, aber Seerüstung hätte die relative Chance auch noch wesentlich vermindert. Mit dieser Begründung hat sich Friedrich der Große 1752 und 1777 schroff gegen Vorschläge zur maritimen Rüstung verwahrt.

Als Friedrich im Siebenjährigen Krieg Kaperbriefe an englische Unternehmer ausgab, achtete er streng darauf, daß nur gegen Österreich gekreuzt wurde, und gegen Schweden nur so lange, wie es sich Übergriffe gegen die Ostseekonvention zuschulden kommen ließ. Für Übergriffe seiner unter der preußischen Adlerflagge fahrenden, zweifelhaften Verbündeten kam er finanziell auf. So brachten die Vorstöße, die z. B. die in Guernsey ausgerüstete „Emden" und der „Prinz Ferdinand" ins Mittelmeer unternahmen, insgesamt wenig Gewinn ein, zumal sich die Habsburger zu wehren wußten (s. S. 21).

Ein Versuch Preußens, sich in das Überseegeschäft einzuschalten, sah verheißungsvolle Anfänge. Die „Asiatische Handelskompanie", die 1750/51 in Emden gegründet wurde, förderte der König nach Kräften. An der Gründungsversammlung nahm er selbst teil, womit er Widerstand von innen und außen zum Verstummen brachte und erreichte, daß die Aktien rasch untergebracht wurden (nur ein Drittel in Preußen). Die Verfassung der Gesellschaft wurde nach seinen Wünschen gestaltet; sie gewährte staatlichen Einflüssen viel Raum. Die Kompanie erwarb vier Schiffe, die bewaffnet und deren Besatzungen durch Soldaten verstärkt wurden. Die Rückfrachten, die diese Schiffe aus Kanton heimbrachten, wurden mit großem Gewinn in Emden versteigert. Mit anderen Privilegien und Gründungen hatte Friedrich weniger Glück. Die Emdener Kompanie erlosch im Lauf des Siebenjährigen Krieges und wurde nicht mehr erneuert. Nur in den Jahren 1782–88 wagten sich noch einmal einzelne Preußen nach Ostasien hinaus, aber ohne Beteiligung und Hilfe des Staates.

Größere Bedeutung gewann die halbstaatliche „Seehandlungs-Sozietät", die Friedrich der Große 1772 als Instrument zur wirtschaftlichen Beherrschung Polens gründete. Die Seehandlung sollte mit eigenen oder gecharterten Schiffen unter preußischer Flagge den unmittelbaren Verkehr mit überseeischen Häfen unterhalten. Zur Sicherung ihrer Geschäfte erhielt sie das Monopol zur Einfuhr von Seesalz und zu Ankauf und Ausfuhr von Wachs aus dem Weichselgebiet. Während des amerikanischen Unabhängigkeitskrieges kam die Reederei der Seehandlung zu vergänglicher Blüte und besaß 1784 schließlich 11 Schiffe, die eine weiße Flagge mit den Insignien des Schwarzen Adlerordens führten. Zugunsten der privaten preußischen Schiffahrt, die nach dem Abflauen der Kriegskonjunktur 1783 in eine Krise geriet, mußte die Seehandlung ihre Reederei aufgeben. Sie verwandelte sich in eine Art Staatsbank. Die Schiffahrt nahm sie erst 1822 wieder auf (zum Weiteren s. S. 42 f. und S. 46 ff.).

Die Marinekatastrophe von 1806

Im ersten Jahrzehnt des langwierigen Krieges zwischen England und Frankreich, der mit einer kurzen Unterbrechung die Französische Revolution und die Napoleonische Ära begleitete, erlebte die preußische Handelsflotte einen ungeahnten Aufschwung. Nachdem Berlin mit dem Frieden von Basel für sich und ganz Norddeutschland Neutralität gewonnen hatte, entstand eine große Nachfrage nach in Preußen beheimatetem Frachtraum. Das Verbot, englische Waren in den französischen Hoheits- und Einflußbereich direkt zu importieren, wies den Handel auf den Umweg der norddeutschen Häfen. Eine Zeitlang bewährte sich die Theorie vom Schutz der Seeschiffahrt durch politische Macht allein. Die Erneuerung der Bewaffneten Neutralität durch Rußland, Preußen und die nordischen Staaten im Jahr 1800 schien die Angemessenheit des Grundsatzes erneut zu bestätigen.

Schließlich wurde die preußische Handelsflotte aber doch zwischen England und Frankreich zerrieben. Napoleon zwang Ende 1805 Haugwitz den Schönbrunner Vertrag auf, dem gemäß Preußen die Truppen der Dritten Koalition aus Hannover herausdrängte, das Land in Besitz nahm und seine Nordseeküste gegen den englischen Handel sperrte. Daraufhin verhängten die Engländer über Preußen die Blockade und begannen einen Kaperkrieg gegen seine Flagge. Schweden schloß sich unverzüglich beiden Maßnahmen an. Jetzt rächte sich der grundsätzliche Verzicht auf eine Seemacht: begrenzte Gegenmaßnahmen standen außerhalb des Möglichen; wenigstens gegen die Kaper und gegen die schwedische Flotte hätte eine Kriegsmarine sinnvoll wirken können. Durch den unerwarteten Doppelschlag gingen binnen weniger Wochen 1200 Schiffe verloren, die Masse des Bestandes. Zum Zeitpunkt der offiziellen englischen Kriegserklärung im Juni 1806 hatte die schutzlose preußische Handelsflotte bereits einen Aderlaß erlitten, von dem sie sich auf Jahrzehnte nicht mehr erholte.

Ein Vierteljahr später brach zusätzlich der Krieg mit Frankreich aus. Fast wehrlos stürzte Preußen in sich zusammen. Im Tilsiter Frieden wurde es auf die Maße einer Mittelmacht zusammengestutzt. Es mußte der Napoleonischen Kontinentalsperre beitreten, die den Zusammenbruch seiner Handelsmarine konservierte.

c. Kampf im Küstenvorfeld

Seit 1525 war der Königsberger Herzog verpflichtet, zur Verteidigung der Küsten seines und des polnischen Anteils von Preußen Kriegsschiffe zu stellen. Der Herzog, bzw. der Kurfürst von Brandenburg während seiner Erbanwartschaft, kam dieser Pflicht während der 130 Jahre seiner Lehensabhängigkeit von Polen mehrfach nach.

Während der Große Kurfürst mit dem Einsatz von Hochseekriegsschiffen lange zögerte, setzte er im Küstenvorfeld schon früh Kriegsfahrzeuge ein. Zum Gefecht auf den Haffs und in Flußmündungen ließ er während des brandenburgisch-schwedisch-polnischen Krieges von 1657–60 kleine Schiffe und Boote armieren. Die Flottille unterstellte er dem Reiterobristen Hille, der sich durch niederländischen See- und Kolonialdienst qualifiziert hatte. Hilles kleiner Verband wurde zum Angriff auf Elbing, auf Schanzen im Weichsel-Nogat-Delta und zu Handstreichen gegen schwedische Schiffe verwendet. Nachdem er seine Aufgabe erfüllt hatte, erlosch das Interesse an ihm, da es aus einer besonderen Kriegslage hervorgegangen war.

Erneut rüstete der Große Kurfürst Anfang 1677 Galeeren für das Frische Haff aus. Im Hochsommer des gleichen Jahres ließ er Galeeren und Schaluppen bewaffnen und blockierte mit ihnen Stettin auch von der Oderhaffseite her; Stettin kapitulierte nach viermonatiger Belagerung. Im Herbst 1678 vervollständigte der Kurfürst die Eroberung Vorpommerns durch eine Landung auf Rügen: In einer Zangenoperation landeten die Dänen von See und die Brandenburger vom Festland aus; im Verlauf der vorangehenden Wochen hatte Raule für diese Invasion nahezu jeden Kahn in Pommern und Preußen requiriert, an die 350. Die Schweden zogen sich von Rügen nach Stralsund zurück, das, überfüllt und durch die dänische Flotte blockiert, nach kurzer Zeit fiel.

Zum letzten Mal ins Küstenvorfeld wagte sich das brandenburgisch-preußische Ancien Régime während des Siebenjährigen Krieges. Feldmarschall Lehwaldt, der auf dem pommerschen Kriegsschauplatz kommandierte, wünschte Unternehmungen gegen die schwedischen Truppentransporter, die unbehelligt vor der Küste verkehrten. In Zusammenarbeit von Bürgerschaft und Festungskommando von Stettin wurden 1759 einige Seekähne mit an die 100 Kanonen bewaffnet und mit 450 Matrosen und 200 Soldaten bemannt. Die Schweden griffen diese Flottille, die als „preußisches Schiffsarmement" in der deutschen Marinetradition fortlebt, sofort an, bevor es ihnen Schaden zufügen konnte.

Sie stellten die Preußen in der Odermündung, unterliefen das Feuer von deren überlegener Artillerie, enterten die preußischen Flügelschiffe und nahmen schließlich den Rest, der mit gekappten Ankertauen sein Heil in der Flucht gesucht hatte (September 1759).

Die Preußen beschränkten sich während der übrigen Kriegsjahre auf vereinzelte Handstreiche. Das Küstenvorfeld trat erst im folgenden Jahrhundert wieder in ihren Blickwinkel, als sie sich Gedanken um ein für sie neues militärisches Prinzip, die Küstenverteidigung, machten.

3. Die Hansestädte

Schon lange vor ihrem Zusammenbruch im Gefolge des Dreißigjährigen Krieges hatte die Deutsche Hanse als seehandelspolitischer und seemilitärischer Machtfaktor rettungslos abgedankt. Als Städtebündnis zur Ausbeutung und Verteidigung bestimmter Privilegien und Monopole im Ost- und Nordseeraum zustande gekommen, leitete sie sich von zu begrenzten Interessen ab, um dauerhafte Energien zu entwickeln. Es hat nie eine geschlossene Bundespolitik, eine permanente Gemeinschaftskasse oder eine Bundeskriegsmarine gegeben. Kriegsbündnisse mit Matrikularumlagen und gemeinsamen Flotten schlossen nur die von gegebenen feindseligen Maßnahmen direkt betroffenen Städte unter Führung Lübecks untereinander ab. So ist die Hanse „stark gewesen unter Schwachen" (Dietrich Schäfer), stark nur gegenüber den lockeren Lehensstaaten des Hoch- und Spätmittelalters.

Unter diesen Umständen war sie, auch wenn sie wirtschaftspolitische Druckmittel generell vorzog, lange Zeit ein militärischer Faktor von hohem Rang.

Als bedeutsamster Hansekrieg und -sieg gilt der, den die „Kölner Konföderation" gegen Dänemark erfocht und 1370 mit dem triumphalen Stralsunder Frieden abschloß. Doch schon in der Mitte des folgenden Jahrhunderts mußte die Hanse, die aus den langwierigen Kämpfen gegen Seeräuber deutscher (Klaus Störtebecker), spanischer und holländischer Herkunft geschwächt hervorging, vor dem Zusammenspiel zwischen Dänemark und Holland nachgeben. Ihr Handel stagnierte – z. T. auch aus lokalpolitischen Gründen –, während die Holländer den Zuwachs an sich rissen und die Hanse schon um 1500 in der Relation 5 : 3 überflügelten. Einen letzten Sieg errang sie 1474 (Frieden von Utrecht) über das von den Rosenkriegen zerrissene England. Nach dem Sieg Dänemarks über das Lübeck Jürgen Wullenwevers (1535) fiel sie als politische und militärische Potenz aus.

Den letzten hansischen Seekrieg führte Lübeck 1562–70 als schwacher Verbündeter Dänemarks gegen Schweden. Alle anderen Hansestädte hielten sich aus dem Nordischen Siebenjährigen Krieg heraus. Noch einmal wurde Lübeck ein günstiger Frieden gewährt. Aber schon ab 1572 war es nicht mehr in der Lage, seine Handelsschiffe aus eigener Kraft zu schützen.

Der letzte Hansetag wurde 1669 abgehalten. Ihn beschickten noch 6 von den einst 170 Reichs- und Landstädten der Blütezeit. Danach blieb als Hanse im neueren Sinn der Sonderbund übrig, den Hamburg, Bremen und Lübeck 1630 miteinander eingegangen waren. Nach 1669 übernahm er die Rechte und Besitztümer der erloschenen Organisation. Die Führung ging von Lübeck an Hamburg über, dessen Politik darauf hinauslief, die Hansestädte zu Anlaufhäfen der großen Seemächte zu machen und den Eigenhandel, in stark vermindertem Umfang, nur noch unter deren Schutz zu betreiben. Blütezeiten erlebte die Schiffahrt der Hanseaten – und der anderen deutschen Küstenstaaten – nur noch während der großen Seekriege des 18. Jahrhunderts, als der internationale Handel sich zeitweise unter neutrale Flaggen rettete.

Als militärisches Element der Hanse überlebte nur das Konvoisystem den Wandel zur absoluten Friedfertigkeit. Von alters her galt es als Schutzmittel gegen Seeräuberei. Das „Fahren in Admiralschaften" hatten die Hansestädte bereits im 13. Jahrhundert gewohnheitsrechtlich geregelt. Genauere Bestimmungen ergingen in Rezessen und durch das Hamburger Schiffsrecht von 1603. Besondere Bedeutung gewann das Konvoiwesen nach 1590, als die Hanseaten den iberischen Markt zu erschließen und in größerem Umfang Getreide, Metalle und Leinwand in die Mittelmeerländer zu exportieren begannen.

Schon 1601 hatten „Barbaresken", nordafrikanische Seeräuber, vor Sardinien das erste Hamburger Schiff geraubt. Nach 1604 verstärkte sich die Gefährlichkeit der Barbaresken beträchtlich. Sie erweiterten ihr bisheriges Unternehmungsfeld, den Mittelmeerseeraub mit leichten Galeeren, durch Hochseeraub mit modernen Breitseitschiffen europäischen Typs. Seitdem machten die Barbaresken auch die Gewässer bis zum Ärmelkanal unsicher.

Die hanseatischen Spanien- und Mittelmeerfahrer wurden deshalb noch stärker bewaffnet, als es ohnehin üblich war. Wenn sie nicht unter englischem oder holländischem Schutz segelten, wurden sie in Konvois („Admiralschaften") auf die Reise nach Süden geschickt. Zur Oberleitung gründete Hamburg im Sommer 1623 die „Admiralität", der auch die „Sklavenkasse", ein Versicherungsinstitut zum Freikauf von in mohammedanische Gefangenschaft getratenen Seeleuten, übertragen wurde. Die Fahrt im Konvoi wurde bis Malaga, bisweilen auch bis Genua vorgeschrieben. Die anderen Hanseaten schlossen sich in der Regel den Admiralschaften der Hamburger an. In unruhigen Jahren wurde das Konvoisystem auch auf die England-, Grönland- und Rußlandfahrt ausgedehnt. Zeitweise war das Meer so unsicher, daß Hamburg, Bremen, Lübeck und Emden einen „Wattenkonvoi" an der Nordseeküste einrichteten.

Daß internationale Absprache (1654), Bewaffnung der Kauffahrer und Gemeinschaftsfahrt nur unzulänglichen Schutz gewährten, erwiesen zwei Katastrophen, die die Hamburger Schiffahrt in den Heimatgewässern erlebte: 1662 nahmen zwei algerische Piraten vor der Elbmündung auf einen Schlag 8 Schiffe weg, und 1667 gingen auf ähnliche Weise 7 verloren. Andere Schiffe wurden sogar aus den Konvois herausgeraubt. Die Admiralität ließ daraufhin endlich nach Plänen, die ihr der holländische Admiral Michiel de Ruyter vermittelte, einige Fregatten erbauen.

Als erste Fregatte wurde 1668 die „Leopoldus Primus" mit 200 Mann und 54 Kanonen in Dienst gestellt. Im nächsten Jahr folgte die „Wappen von Hamburg" mit 250 Mann und 60 Kanonen. Die „Prophet Daniel" zählte 150 Mann und 54 Kanonen. Insgesamt hat Hamburg 7 städtische Konvoischutzschiffe gebaut, neben die noch einige private Geleitschiffe traten.

Auch Bremen hat Geleitfregatten ausgerüstet; die „Goldener Löwe" und die „Wappen von Bremen" schützten seine Englandfahrer während des Pfälzischen Erbfolgekrieges.

Da die Konvoibegleiter von Kapitänen geführt wurden, die entsprechende Patente besitzen mußten und der Admiralität unterstanden, könnte man hier schon von einem Seeoffizierkorps sprechen. Mit besonders geschulten Stammbesatzungen verfügte Hamburg auch über spezielles Kriegsmarinepersonal.

Nach den internationalen Regeln blieben die „Konvoier" trotz ihrer militärischen Eigenschaften Frachtschiffe, da man nicht auf ihren Laderaum verzichten wollte; man nahm in Kauf, daß sie in fremden Häfen nicht als Kriegsschiffe behandelt wurden und nicht von Quarantäne, Zollrevision u. a. m. verschont blieben. Auf See gebärdeten sie sich dennoch nicht als Polizei-,sondern als Kriegsschiffe und beanspruchten das Recht auf militärische Salute, Segelstreichen und Wimpelführung. Sie haben aber auch mehrere erfolgreiche Gefechte durchgeführt und insgesamt die Erwartungen erfüllt, die in sie gesetzt wurden.

Der bedeutendste der Hamburger Konvoiführer war ein Schüler des großen de Ruyter, Berend Karpfanger (1623—1683), den der Rat 1674 zum Admiral ernannte. Durch energisches und geschicktes Vorgehen hat Karpfanger den Hanseaten Millionenwerte gerettet und die Hamburger Flagge auf Jahrzehnte hinaus speziell vor Dünkirchenern und Algeriern sicher gemacht.

Im letzten Drittel des 17. Jahrhunderts wurden bis zu vier Konvoifahrten pro Jahr durchgeführt. Den Wirren des Spanischen Erbfolgekriegs war das System jedoch nicht gewachsen. Der hanseatische Seehandel außerhalb von Nord-

und Ostsee brach zusammen. Allein die Hamburger Handelsschiffahrt z. B. wurde so getroffen, daß sie noch Jahrzehnte nach dem Frieden von Utrecht keine 40% ihres Vorkriegsumfanges erreichte (1742). Bei dem geringen Ertrag des Eigenhandels rentierte sich der bewaffnete Konvoischutz nicht mehr. Die Admiralität nahm ihn nur vereinzelt und nur auf der Spanienroute wieder auf. Das letzte Geleit schickte sie 1746 auf die Reise.

Schutzverträge mit Österreich, das nach dem Spanischen Erbfolgekrieg auch zur See militärisch auftrat, lehnte Hamburg 1718 und 1728 ab, weil es nicht grundsätzlich die kaiserliche Flagge führen wollte. Im Windschatten der Seemächte fühlte es sich wohler. Hamburg hat es 1746–1830 vorgezogen, auf die eigene Mittelmeerfahrt zu verzichten. Die Reise über Lissabon hinaus galt als so riskant, daß in jenen Jahren kein Versicherungsunternehmen mit deutschen Schiffen noch Verträge abschloß.

B. Deutschlandpolitik und Flotte (1814–1866)

1. Der Weg zur deutschen Flotte

a. Deutschland und Seemacht im Vormärz

Die deutsche Handelsschiffahrt

Nach dem Erlöschen der Napoleonischen Kontinentalsperre und des englischen Embargos wurde die Seeschiffahrt der deutschen Staaten auf neuen Grundlagen aufgebaut.

Während der Revolutionskriegsjahre war die neutrale deutsche Reederei weniger mit Eigenhandel beschäftigt gewesen als vielmehr mit dem Seetransport für und zwischen den anderen Staaten, deren Kriegsbeteiligung die eigene Reederei schutzlos gemacht hatte. Die Eingliederung Norddeutschlands in Napoleons „Grand Empire" hatte 1806 diese Art der Betätigung beendet und zugleich den Niedergang des Eigenhandels herbeigeführt. Bis 1814 mußten alle deutschen Hafenstädte wenigstens ein Drittel ihrer Schiffe aufgeben (Bremen 38%, Königsberg 61%, ganz Preußen 31%).

Die reine Friedenswirtschaft der Nachkriegszeit begünstigte die deutsche Seeschiffahrt nicht. Als Häfen Süddeutschlands fungierten aufgrund des systematisch ausgebauten französischen Kanalnetzes Le Havre und Marseille. Für Westdeutschland fiel diese Aufgabe Antwerpen, Rotterdam und Amsterdam zu. In Ostdeutschland vermittelte zwar Danzig den Handel seines polnischen Weichselhinterlandes, aber alle anderen Ostseehäfen, besonders Berlins natürlicher Hafen Stettin, konnten wegen der Durchfahrtgebühren, die Dänemark an den Ostseezugängen erhob (Sundzoll), nicht mit den Nordseehäfen konkurrieren. Der Hafen des mitteldeutschen Industriegebietes war Hamburg, das durch die Elbe und das preußische Kanalnetz zwei große Hinterländer und damit gute Grundlagen für die Entwicklung seiner Reederei besessen hätte, wenn sie nicht durch die Übermacht der englischen Konkurrenz auf einem ziemlich niedrigen Niveau festgehalten worden wäre. Noch um die Jahrhundertmitte führte mehr als die Hälfte der in Hamburg verkehrenden Schiffe die englische Flagge.

Die Garantie für die eigene Schiffahrt Hamburgs war der Vertrag von 1825, mit dem England zu einer Zeit, in der die Navigationsakte von 1651 noch die ausländische Schiffahrt diskriminierte, die Gleichbehandlung gewährte. Unter dem Schutz Großbritanniens erschloß sich der Hamburger Seehandel vor allem Lateinamerika, daneben Ostasien, Afrika und die Südsee als Ex- und Importraum. Freilich machte der Überseehandel, gleich unter welcher Flagge, 1835 erst ein Neuntel des Gesamthandels aus. Mit der Gründung von Linienreedereien via New York gelang es 1838 Robert Sloman, 1847 der HAPAG unter Leitung von Adolph Godeffroy, aus dem englischen System auszubrechen, in dem sich die Mehrzahl der Hamburger Reeder und Kaufleute weiterhin wohlfühlte.

Das Wohlergeben der Ostseereederei hing in der ersten Jahrhunderthälfte entscheidend vom Kornpreis in England ab, dem Markt für den preußischen und polnischen Getreideexport. Die spezifische Konjunkturabhängigkeit der Ostseehäfen war so stark, daß bis in die 40er Jahre andere Handelsobjekte nur geringen Einfluß auf den preußischen Schiffbestand ausübten. Dieser Zustand wog um so schwerer, als die deutsche Ostseereederei – Preußen, Mecklenburg, Lübeck – die der Nordsee an Umfang übertraf. Während bis zur Jahrhundertmitte der Anteil der eigenen Flagge am Seehandel in Frankreich ein Drittel, in England die Hälfte, in den Vereinigten Staaten drei Viertel ausmachte, war der Anteil der deutschen Flaggen an dem Handel, der über deutsche Häfen lief, unbedeutend.

In eine Sonderstellung gelangte seit 1830 die Hansestadt Bremen, die sich im Auswanderungsgeschäft an die Spitze setzte. Im Gegensatz zu Hamburg, das jahrzehntelang in dieser Beziehung nur den Zwischenhafen für Liverpool darstellte, wickelte Bremen den Passagierverkehr Norddeutschland–Nordamerika unter der eigenen Flagge ab; zur Erleichterung des Verkehrs wurde der Tiefwasserhafen Bremerhaven erbaut. Als Rückfracht luden seine Schiffe Baumwolle, Tabak und Kaffee. Bremens Reederei und Handel gewannen, nachdem die Stagnationsphase der 20er Jahre überwunden war, internationale Unabhängigkeit. Als einziger deutscher Seestaat verspürte deshalb Bremen ein gewisses Bedürfnis nach seemilitärischem Schutz; seine bedeutendsten Politiker, Johann Smidt und Arnold Duckwitz, zählten zu den eifrigsten Vorkämpfern für eine deutsche Kriegsmarine.

Die besondere, als „Frühnavalismus" benennbare Geisteshaltung, die sich zwischen Wiener Kongreß und Märzrevolution in Deutschland entwickelte und in Publizistik, Literatur und Literaturkonsum beredten Ausdruck fand, besaß also wenig Bezug zu der gegebenen wirtschaftlichen Situation. Die bürgerliche Flottenforderung ging auf andere als ökonomische Triebkräfte zurück.

Quellen der bürgerlichen „Flottenbegeisterung"

Nationalismus, Liberalismus und Navalismus waren die ideologischen Faktoren, die während des 19. Jahrhunderts die Hoffnungen und Forderungen des deutschen Bürgertums bestimmten. Die beiden ersten gehören in die gesamteuropäische Entwicklung und waren lediglich ebenso national eingefärbt wie die entsprechenden Erscheinungen in Spanien, Dänemark oder Polen. Der Navalismus in der deutschen Ideologie stellt dagegen eine eigentümliche Variante dar, für die sich auswärts kein Vergleich findet.

Die Ursache dürfte in der besonderen historischen Erfahrung der Deutschen liegen, die im Zeitalter der geschichtlichen Selbstentdeckung besonders schmerzlich empfanden, wie ihre Heimat jahrhundertelang als Tummelplatz für fremde Mächte gedient hatte. Das Trauma der nationalen Ohnmacht veranlaßte sie zur Betonung des Machtgedankens in ihrer Staatstheorie. Eigenartigerweise äußerte sich der nationale Machtwunsch in der Flottenbegeisterung. Zum einen war als Prisma für diese Brechung die liberale Abneigung gegen das Landmilitär verantwortlich, den Rückhalt der konservativen Kräfte, zum anderen die Erfahrung mit den nordafrikanischen Seeräubern und das hilflose Rechten mit Dänemark um den Sundzoll und Schleswig: Barbaresken und Dänen war nur mit einer Kriegsflotte beizukommen.

Das selbstbewußt gewordene Bürgertum identifizierte sich mit der bürgerlichen, deutschen Großmacht des romantisch verklärten Mittelalters, der Hanse, die es als „Schrecken der Unruhestifter und mächtiger Monarchen“ ansah. „Wie jetzt die Briten“, charakterisierte man den Bund, dem der Kaiser „abhold“ gewesen sei, habe die niederdeutsche Thalassokratie damals um das Hauptanliegen des Wirtschaftsliberalismus, „um Handelsfreiheit“, gekämpft und die „Sicherheit der Meere und der Landstraßen“ gewährleistet (Hübners Zeitungs- und Conversations-Lexikon, Leipzig 1825).

Dagegen war für Schiffe unter den deutschen Flaggen über Jahrzehnte nach den Freiheitskriegen hinaus, wie schon in den vorausgegangenen Jahrhunderten, das Mittelmeer praktisch gesperrt und der Mittelatlantik äußerst gefährlich. Die mohammedanischen „Barbareskenstaaten“ – das Sultanat Marokko und die türkischen Regentschaften Algier, Tunis und Tripolis – betrachteten sich grundsätzlich als mit der christlichen Welt im Heiligen Krieg befindlich und führten diesen, völkerrechtlich legal und nach Prisenordnung, durch Kaperkrieg gegen alle Seehandelsmächte, die keinen Tributvertrag mit ihnen abschlossen. Hamburg hatte mehrfach klein beigegeben und gezahlt, aber die Gewißheit gewonnen, daß sich die arabische „Freundschaft“ nur durch Kriegsschiffe garantieren ließ. Die Haltung Preußens drückte der Minister und Chef der Seehandlung v. Struensee 1791 so aus, daß die Kosten von Schutzmaßnahmen „nicht im Verhältnis zum Vorteil der freien Schiffahrt im Mittelmeer stünden“.

Nachdem die Erledigung der Barbareskenfrage auf einer Londoner Spezialkonferenz 1816, ebenso wie auf dem Wiener Kongreß 1815, daran gescheitert war, daß England sie mit der Sklavenfrage verquickte, in der die anderen Kolonial- und Seemächte nicht nachgeben wollten, wurden die arabischen Piraten gegenüber den letzten vertrags- und schutzlosen Staaten aggressiver denn je. Im Mai 1817 stieß die tunesische Korvette „Jabura“ in die Nordsee vor, versetzte ganz Deutschland in helle Aufregung, und mußte ihre Prisen erst aufgrund des Eingreifens englischer Kreuzer fahren lassen, denen das Treiben im Kanal doch zu bunt geworden war. Bezahlt wurde diese einmalige englische Aktion von den betroffenen deutschen Reedern. Die Versicherungskosten stiegen danach ungeheuer, die Schiffahrt nach Spanien und Portugal brach fast zusammen, und der Handelsverkehr mit Südamerika, auf den die Hanseaten seit seiner Freigabe infolge der Unabhängigkeitskämpfe in den 1820er Jahren die größten Hoffnungen setzten, wurde gefährlich behindert.

Die Entwicklung erreichte 1826 ihren Höhepunkt, als sich ganze Flottillen auf die hilflose deutsche Schiffahrt stürzten. Preußen kapitulierte im Februar 1827 und entschloß sich, Friedensverhandlungen mit Marokko einzuleiten; Hamburg folgte im Mai 1828. Österreich dagegen entsandte Kriegsschiffe, was die deutsche Öffentlichkeit sehr erfreut registrierte.

Die Eroberung Algiers durch Frankreich im Juni 1830 setzte dem Treiben der Seeräuberstaaten Grenzen. Im August des gleichen Jahres zwang Frankreich Tunis und Tripolis zum Frieden mit der Christenheit. Die deutsche Mittelmeer- und Atlantikfahrt erlebte sofort einen kräftigen Aufschwung, darunter auch die preußische, nachdem seit 1833 die Seefahrtszeit im Mittelmeer als Militärdienst angerechnet wurde.

Doch war die Gefahr keineswegs ganz beseitigt, denn der Sultan von Marokko verzichtete nicht darauf, vertragslose Staaten mit Kaperkrieg zu bedrohen, um seine Finanzen aufzubessern. Noch 1834, 1836, 1837 und 1841 verursachten Meldungen über marokkanische Rüstungen Katastrophenstimmung, so daß Preußen 1842 um englischen Schutz bat.

Erst in den 1840er Jahren hatte sich „die Geißel der Menschheit", die Kaperei großen Stils, endlich überlebt und verfiel 1856 der internationalen Ächtung durch die Pariser Seerechtsdeklaration. Die Erinnerung an die große Zeit des Seeraubs allein an den hilflosen Deutschen blieb jedoch lange haften. Eine Fregattenflotte zum Schutz des deutschen Seehandels vor legaler und räuberischer Piraterie wurde als unabweisbares Bedürfnis angesehen.

Nationale Rechnungen glaubte man Dänemark gegenüber begleichen zu müssen. Seit 1429 erhob die Beherrscherin der Ostseezugänge den „Sundzoll", eine durch keine Gegenleistung gerechtfertigte und deshalb ebenfalls als Raub empfundene Abgabe von den meisten passierenden Schiffen. Erst 1821 bequemte sich Kopenhagen dazu, für deutsche Schiffe den Tarif endlich zu normieren, während es sie bisher recht willkürlich geschröpft hatte. Handelsschiffe seiner Protektionsmacht Rußland behandelte es viel vorsichtiger und wahrte sich so das Wohlwollen der gottorfischen Verwandten in St. Petersburg. England empfand den Sundzoll als lästig, akzeptierte ihn aber, um nicht Rußland in Kopenhagen politisch zu begünstigen, ferner, weil der Sundverkehr überwiegend unter anderen Flaggen erfolgte, und nicht zuletzt, weil er z. T. an Londoner Bankiers verpfändet war.

Gleichwohl wurde Dänemark gezwungen, 1841 und 1845/46 den Tarif zu ermäßigen. Nachdem schon 1839 Verhandlungen stattgefunden hatten, willigte es endlich 1857 gegen eine erhebliche finanzielle Entschädigung, die die Seestaaten nach der Quote ihrer Sundpassage aufbrachten, in die Ablösung.

Bis zu diesem Zeitpunkt stellte der Sundzoll, namentlich für die Deutschen, eine Quelle steten Mißmuts dar. Dagegen unternehmen konnten sie nichts, nur 1839 die Interventionsgelüste Schwedens und der Vereinigten Staaten bejubeln, oder 1843 mit der Regierung Preußens die Nachricht von der angeblichen Absicht der Amerikaner, den Sund mit Waffengewalt von seiner Plage befreien zu wollen, begrüßen. Friedrich List propagierte in seiner „Augsburger Allgemeinen Zeitung", den nordischen Raubstaat durch einen Zollkrieg zum Nachgeben zu zwingen; sein Vorschlag rief bei den Regierungen ein positives Echo hervor. Andere Transitabgaben, wie die hohen Elb- und Rheinzölle, störten auch, aber der Sundzoll, mit dem eine ausländische Mittelmacht am deutschen Volkseinkommen schmarotzte, ärgerte.

Das Sundzollproblem fiel mit der Schleswig-Krise zusammen. Mochte sich der Kopenhagener Hof noch so sehr durch das verdienstvollste Mäzenatentum zugunsten der deutschen Wissenschaften und Künste hervortun, die Eskalation des Sund-Schleswig-Komplexes vergiftete die fruchtbaren Beziehungen der beiden Nachbarvölker so, daß sie schließlich in schwere Gegensätze umschlugen.

Die historische Erfahrung, nämlich die erwiesene Fähigkeit Dänemarks, schwere Niederlagen zu Land durch Einigeln auf den Inseln doch im ganzen überstehen zu können, feuerte den deutschen Navalismus an und gab ihm ein zweites konkretes Ziel: eine Schlachtflotte, mit der Dänemark wirklich zu schlagen war.

b. Die dritte österreichische Kriegsmarine

Während der Freiheitskriege gewann Österreich Venedig und Triest zurück. Im April 1814 wurde die verheißungsvolle Marine des zerfallenden Königreichs Italien an die Österreicher übergeben: ein wertvolles Arsenal, Landformationen, ausgebildete Schiffsbesatzungen mit ausreichendem seemännischem Ersatz, sowie die Flotte, die aus 4 voll ausgerüsteten und 6 im Bau befindlichen Linienschiffen, dazu Fregatten und Korvetten und zahlreichen kleineren Schiffen bestand. Sofort sicherte Großbritannien seine Seeverbindung zum Orient gegen die potentielle Flankenbedrohung ab, indem es als Riegelstellung vor der Adria die Jonischen Inseln in seine Hand brachte. Metternich verstand dieses Signal. Der Kaiserstaat hütete sich, in Konkurrenz zur englischen Seemacht im Mittelmeer zu treten und reduzierte die erbeutete, relativ umfangreiche Marine auf das Maß, das seinem Prestigebedürfnis und der Piratenbekämpfung genügte.

Die neue k.k. Marine verstand sich als Nachfolgerin der venezianischen. Dienstsprache und Schiffsnamen waren italienisch, die Besatzungen kamen aus national oder kulturell italienischen Rekrutierungsbezirken. Der italienische Charakter der Marine des Vielvölkerstaats trat während der Revolution von 1848 zutage, als gerade noch $^1/_7$ der Marineangehörigen im k.k. Dienst blieb, wohingegen sich die Masse auf die Seite Sardiniens und der revolutionären Republik Venedig schlug.

Der Aufgabe, die ihr gestellt war, genügte die „österreichisch-venezianische" Marine materiell und moralisch vollständig. Nur ein geringer Anteil der über See umgeschlagenen Güter Österreichs wurde unter der rot-weiß-roten Flagge transportiert, aber die wenigen österreichischen Reeder in Venedig, Triest oder Fiume waren durchweg italienischer Nationalität. So war es hinwieder ein nicht unwesentliches Element in der kaiserlichen Nationalitätenpolitik, nachdrücklich für die Seeinteressen einzutreten.

In den 1820er Jahren nahm der österreichische Seehandel sprunghaft zu. Da die Griechen während ihres Freiheitskampfes gegen die Türken (1821–29) lebhaften Seeraub betrieben, sorgte eine k.k. Eskader mit der Basis in Smyrna für die Sicherheit der österreichischen Handelsschiffe. Sie beschränkte sich auf Einzelaktionen, da Metternich, der das Osmanenreich an sich gern aktiv unterstützt hätte, keine Parteinahme gegen das ganze übrige Europa wagte.

Ihren publikumswirksamsten Einsatz führte die k.k. Marine gegen Marokko durch, nachdem Piraten ein österreichisches Handelsschiff gekapert und die Besatzung in Sklaverei geschleppt hatten. Zunächst erzwang Korvettenkapitän Franz Bandiera mit einer Eskader allein durch sein Auftreten die Freigabe von Schiff und Mannschaft. Da er aber auch Genugtuung verlangte, die der Sultan verweigerte, kam es zum Kampf. Im Juni 1829 brachte er die Küstenbatterien von Larache zum Schweigen und landete ein Detachement, das nach schwerem Gefecht zwei im Hafen liegende Kriegsschiffe vernichtete. Die Blockade der marokkanischen Küste und das Bombardement mehrerer Seestädte, u. a. Tetuans, steigerten den Eindruck österreichischer Seemacht. Der Sultan gab vollständig nach.

Neben dem vergänglichen Beifall, den das Vorgehen Österreichs namentlich in der deutschen Öffentlichkeit erntete, schlug auf längere Dauer zu Buch, daß es sich bei den Friedensverhandlungen zum Beschützer der preußischen, hanseatischen und toskanischen Schiffahrt aufwarf. Es kehrte damit seinen Anspruch auf die Stellung einer Führungsmacht in Deutschland und Italien überlegen und wirkungsvoll hervor.

Das Schwergewicht der Seeinteressen begünstigte den „venezianischen" Charakter der k.k. Marine weiter, auch als der Kaiserstaat in dieser Beziehung Reformen versuchte. 1836 wurde in Triest der Österreichische Lloyd begründet, der sich erfolgreich am Levantegeschäft beteiligt. Während der Orientkrise von 1839/40 beteiligten sich österreichische Schiffe und Landungskorps an der alliierten Intervention. Österreich galt jetzt, im Interesse seiner italienischen Untertanen, als führende Seemacht im östlichen Mittelmeer.

Vergeblich kämpfte Vizeadmiral Erzherzog Friedrich (1821–1847), ein Sohn Erzherzog Karls, als Oberkommandierender 1844–1847 gegen die italienische Prägung der Marine an.

c. Preußen

Der Schutz von Preußens Küsten

Neben den Heeresverbänden, die zu Schwedisch-Vorpommern gehörten, übernahm Preußen bei der Inkorporierung dieses Landes im Jahr 1815 auch dessen Einrichtungen zur mobilen Küstenverteidigung: eine Matrosenmiliz, 6 unbrauchbare Kanonenschaluppen und 2 Offiziere.

Der Oberleutnant Dietrich Johann Longé (1779–1863), ein Finnländer, war darunter die wertvollste „Erwerbung". Longé blickte auf eine Laufbahn beim Landmilitär, auf hoher See und in der schwedischen Küstenverteidigung, der „Schärenflotte", zurück. Er diente 1815–46 als erster preußischer „Offizier von der Marine", tat sich durch unermüdliche praktische und theoretische Tätigkeit in seinem Fachgebiet, dem Küstenschutz, hervor und wurde 1842 zum Oberst befördert.

Staatskanzler Hardenberg befürwortete an sich den Aufbau einer kleinen preußischen Kriegsmarine, nachdem ihn das Kriegsministerium, von Gneisenau unterstützt, mit mehreren historisch deduzierenden Denkschriften über Sinn und Zweck überzeugt hatte. Ein Bedürfnis nach einer großen, zu mehr als dem Schutz der Küste fähigen Flotte bestand dagegen nicht. Preußen bezahlte deshalb ohne nennenswerten Widerstand die englische Hilfe in den Freiheitskriegen mit der Abtretung Ostfrieslands an Hannover und der Auslieferung der in Antwerpen von der Armee Bülow erbeuteten französischen Kriegsflotte an England. Schon der preußische Staatsgedanke stellte ein Hindernis dagegen dar, Marinepläne in die Tat umzusetzen: als höchster Wert galt ihm die Verteidigungsfähigkeit des Staates, die die patriarchalische Sorge des Monarchen um die Wohlfahrt seiner Untertanen relativierte. Die Ansprüche der Reeder auf Schutz ihres schwimmenden Eigentums hatten deshalb hinter der Feststellung zurückzutreten, daß eine ernst zu nehmende Kriegsflotte in der geographischen und politischen Situation Preußens keinen Verteidigungsbeitrag leistete. Hardenberg kam nach längerer Prüfung der Seemachtfrage zu dem Schluß, daß die wenigen Vorteile, die eine Seerüstung bot, die erheblichen Aufwendungen, die sie erforderte, nicht rechtfertigten.

Die Aktivitäten des fleißigen Longé, der das Kriegsministerium von der Unbrauchbarkeit der Schaluppen überzeugte, mündeten 1816 in deren Ersatz durch den kleinen Kriegsschoner „Stralsund". Das Schiff erhielt ein eigenes Hoheitszeichen, das als Kriegsflagge international zur Anerkennung gebracht wurde: schwarzer Adler auf weißem Grund, in der Oberecke das Eiserne Kreuz.

Die „Stralsund" (285 t, 24 m Länge) war so gebaut, daß sie auch gerudert werden konnte. Die Bewaffnung bestand aus 2 × 24pfündigen Kanonen und 6 × 12pfündigen Karronaden. Ihre Auslegung war auf den Nahkampf in flachen Gewässern zugeschnitten. Zugleich versprach man sich von ihrer niedrigen Silhouette die Fähigkeit zum Einsatz gegen größere Schiffe.

Die „Stralsund" sollte 1817 gegen die tunesische „Jabura" (s. o.) antreten, doch ließ sich, trotz Longés Kampfeslust, die notwendige Umbewaffnung auf schwere Kanonen nicht rechtzeitig bewerkstelligen. Bezeichnenderweise war der Einsatz erst ins Auge gefaßt worden, als Regierungseigentum – ein Waffentransport von Rotterdam nach Stettin – gefährdet zu sein schien.

Am 26. April 1819 lehnte Hardenberg weitere Bauten vom inzwischen erprobten und für gut befundenen Typ „Stralsund" ab, „bis unsere Kassen dazu die Kosten leichter tragen können". Die Seerüstung zwecks Schutz der Küste entwickelte sich zum Politikum. Sie verschränkte sich mit der Verfassungsfrage, weil sie sich bei ihren hohen Kosten nur mit außerordentlichen, also auf dem Anleiheweg zu beschaffenden Etatmitteln durchführen ließ. Gemäß der königlichen Verordnung über die Schließung der Staatsschuld vom 17. Januar 1820 bedurfte die Auflegung von Anleihen der Billigung einer zu diesem Zweck einzuberufenden preußischen „Nationalrepräsentation" („Drittes Verfassungsversprechen"). Die Berater Friedrich Wilhelms III. hatten damit einen Weg gefunden, auf dem der König mit dem Schein des Rechts seine Verfassungsversprechen umgehen konnte. Der Beginn von Seerüstungen hätte dagegen die Verfassungsfrage aktualisiert.

Zu den Ratgebern, die dem König diesen Ausweg aus dem Verfassungsdilemma gewiesen hatten, gehörte der Präsident der Staatsschuldenverwaltung, Christian (v.) Rother (1778–1849). Rother veranlaßte, daß mit der Schließung der Staatsschuld eine Reorganisation der alten „Seehandlungs-Sozietät" verbunden wurde, die nach ihrer Gründung

1772 nur wenige Jahre lang tatsächlich Seehandel betrieben hatte und inzwischen zu einem reinen Bankinstitut geworden war. Die Seehandlung wurde nun zu einem großen staatlichen Konzern ausgebaut, der sich u. a. auch am Reedereigeschäft beteiligte (s. u.). Unter dem Präsidium Rothers diente sie 1820—48 als Instrument zur mittelbaren Aufnahme von Staatsanleihen. Anfangs war die Seehandlung noch so korrekt, die geliehenen Gelder nur für werbende Zwecke zu verwenden. Aber schon bald überwies sie aus ihrem Anleihekapital dem Staat Mittel zur Finanzierung öffentlicher Aufgaben. In den 30er Jahren schließlich zahlte sie auch für militärische Objekte. Rother wurde auf diese Weise eine der solidesten und bestgehaßten Säulen der preußischen Vormärzverhältnisse.

Obwohl die Marinefrage als gefährlich erkannt und beiseite geräumt worden war, fielen doch schon 1823 Funken in die brisante Materie. Unter dem Einfluß des bedeutenden pommerschen Oberpräsidenten J. A. Sack schlug der preußische Kronprinz Friedrich Wilhelm (IV.), Kommandierender General des II. Armeekorps (Stettin), die Formierung einer „Seewehr" vor. Der leitende Gedanke war weniger militärisch als vielmehr volkswirtschaftlich bedingt: die kompromißlose Durchführung der Allgemeinen Wehrpflicht bei der Armee hatte einen aufsehenerregend großen Teil pommerscher Seeleute zur Auswanderung veranlaßt und damit wirtschaftliche Gefahren heraufbeschworen. Sack und der Kronprinz setzten sich deshalb dafür ein, eine Marine zu errichten, in der die Küstenbevölkerung dienen konnte. Nach ihrer Vorstellung sollte jede Art von Seefahrt als Erfüllung des Wehrdienstes gelten; die auf Kriegs- oder Handelsschiffen gefahrenen Seeleute sollten nach einer kurzen ergänzenden militärischen Ausbildung zu einer der Landwehr entsprechenden Truppe treten. Dieser Seewehr sollte als artgemäße Aufgabe die bewegliche, vorgeschobene Küstenverteidigung mit Kanonenbooten anvertraut werden.

Eine Kommission unter Vorsitz des Generals J. G. G. v. Rauch, der sich als Autor der älteren Marinedenkschriften des Kriegsministeriums qualifiziert hatte, erarbeitete 1824 einen detaillierten Bericht über die militärischen Aspekte der Seewehr und schlug eine Flotte von 2 Schonern und 24 Kanonenbooten vor. Indessen teilte Berlin die Sorgen Stettins um die preußischen Seefahrer nicht. Die Fleißarbeit der Rauch-Kommission fand zwar verbale Akklamation, aber über den Bau von Typkanonenbooten, die zusammen mit der „Stralsund" infolge Vernachlässigung bald verdarben, ging man nicht hinaus.

Zur Pflege und Bedienung der königlichen Lustfahrzeuge und Kanonenboote auf der Havel wurde 1823 bei der Garde-Pionierabteilung eine „Marinesektion" gebildet. Die „Garde-Mariniers" erreichten 1832 mit 12 Mann ihre Höchststärke. Ab 1850 existierte das Kommando als „Matrosenstation Potsdam" bis zum Ende der Monarchie weiter.

Nach 12jähriger Dienstzeit war der Schoner „Stralsund" völlig unbrauchbar geworden. Das Kriegsministerium zog daraus den Schluß, daß der Unterhalt von Kriegsschiffen zu kostspielig sei, und riet dem König, die bewegliche Küstenverteidigung erst im Kriege zu organisieren. Friedrich Wilhelm III. hätte aber allen Bedenken und Komplikationen zum Trotz neben der Armee auch gern eine Flotte besessen. Der Zurückstellung des Seewehrprojektes stimmte er zu; er befahl dem Ministerium jedoch am 6. Juni 1829 zugleich, Möglichkeiten zur Aufstellung und preiswerten Unterhaltung einer Marine aus kleineren, aber seegängigen Schiffen herauszufinden.

Das Kriegsministerium setzte sich nun mehrere Jahre lang mit dem Gedanken auseinander, Schiffe bauen zu lassen, die sich sowohl zu Handels- als auch zu Kriegszwecken eigneten. Der Nachbau nordamerikanischer Modelle wurde schließlich, wegen des zu großen Tiefgangs derselben, nach ausgiebigen Beratungen verworfen. Die Entwicklung eines eigenen Typs scheiterte daran, daß weder die Seehandlung den Wunsch hegte, das Kriegsministerium beim Bau von Schiffen zu unterstützen noch umgekehrt. Die Gesuche preußischer Unternehmer, die bereit waren, gegen Subventionen ihre geplanten Schiffsbauten entsprechend den Wünschen des Ministeriums vorzunehmen und die Schiffe im Kriegsfall der Marine zu übergeben, scheiterten daran, daß das Ministerium selbst keine Klarheit über seine Wünsche gewann.

Nachdem der König, der hier ganz und gar nicht die Rolle eines Exponenten seines eigenen Staates spielte, mehrfach vergeblich Bericht verlangt hatte, wußte sich das Kriegsministerium nur noch mit der Einsetzung einer neuen Kommission zu helfen. Die für den Eingeweihten eindeutige Alibifunktion der Kommission veranlaßte den bewährten General v. Rauch, den ihm angetragenen Vorsitz diesmal demonstrativ zurückzuweisen. Unter Leitung des Inspekteurs der 1. Ingenieurinspektion, General v. Reiche, konzentrierte sich der Ausschuß auf die Küstenverteidigung, die er als einzige militärisch sinnvolle maritime Aufgabe Preußens hinstellte.

Der Kommissionsbericht forderte 60 Ruderkanonenboote mit 6 Schleppdampfern sowie für Aufklärungszwecke 1 Korvette und 1 Schoner. Die Flotte sollte in 2 etwa gleich große Flottillen geteilt und diese einer „Preußischen“ und einer „Pommerschen Station“ zugewiesen werden. Die Kanonenboote sollten in 6 Gruppen mit je 1 Dampfer zur Verteidigung von Memel, Pillau, Danzig, Kolberg, Swinemünde und Stralsund eingesetzt werden.

Die projektierte Marine zerfiel in die „stehende“ und die „vorbereitete“. Die 2 Segler und 4 Kanonenboote sollten sofort erbaut und 6 Monate im Jahr mit einem der ebenfalls fertigzustellenden 6 Dampfer als „Übungseskader“ in Dienst gestellt werden. Für die restlichen 56 Kanonenboote war nach den Vorstellungen der Kommission Baumaterial, Bewaffnung und Ausrüstung bereitzuhalten, so daß sie bei Kriegsausbruch nur noch zusammenzusetzen waren; ein Teil sollte bereits fertig gebaut und als Leichter u. ä. vermietet werden.

Den Kriegs-Personalbedarf veranschlagte die Kommission auf 47 Offiziere, 258 Unteroffiziere, 3970 Gemeine und 28 Nichtkombattanten, insgesamt 4303 Angehörige der „Lehrequipage“ und der „Seewehr“.

Da vor 1848 kein Krieg in Aussicht stand, der die Organisation der Küstenverteidigung verlangte, beschränkte man sich nach wie vor darauf, Typkanonenboote zu erbauen und zu erproben. Als Schießversuche schließlich ergaben, daß sie nur in sehr ruhigem Wasser aktionsfähig waren, wurde es still darum. Auch König Friedrich Wilhelm IV. ließ das Seewehrobjekt, für das er sich als Kronprinz noch 1836 kräftig eingesetzt hatte, aufgrund der technischen und nautischen Erkenntnisse Mitte der 1840er Jahre fallen.

Trotz der Piraterie nahm man auch den Bau der Segler nur zögernd auf, da 1836 die Staatsreederei auf militärischen Schutz verzichtete und, vom Beifall des damals noch in der reinen Seewehr-Ideologie befangenen Kronprinzen begleitet, konstatierte, „daß das Handelsinteresse Preußens die Errichtung einer Marine nicht bedinge, wenn man nicht weit über die vorgesteckten Grenzen hinausgehen will, und daß der Plan ... lediglich im militärischen Interesse zur Ausführung zu bringen wäre".

Da der alte König Friedrich Wilhelm III. aber nach wie vor darauf bestand, nicht nur eine Kriegsflagge sondern auch eine Kriegsflotte zu besitzen, ordnete er 1839 über seine Minister hinweg den Bau einer Segelkorvette an. Bewaffnung und Ausrüstung, z. T. auch das Baumaterial und die Facharbeiter mußten ebenso aus dem Ausland bezogen werden wie der Entwurf nach dem Modell der französischen Korvette „Diligente". 1843 in Stettin vom Stapel gelaufen und „Amazone" getauft, diente das kleine Kriegsschiff als Übungsfahrzeug für die Zöglinge der staatlichen Navigationsschule. In dieser Eigenschaft gehörte es in das Ressort des Finanzministers, führte jedoch die Kriegsflagge; während der Liegezeit in der Heimat unterstanden seine Offiziere dem Kriegsminister. Ab 1844 lief die „Amazone" mehrfach zu größeren Auslandsreisen aus.

Die kleine Segelkorvette (370 t, 44 m Länge) war als Vollschiff stark übertakelt. Die Besatzung betrug 145 Mann. Armiert war sie mit 12 × 18-Pfündern. Die „Amazone" blieb als Schulschiff in Dienst bis 1861, als sie im Nordseesturm verloren ging (107 Tote).

König Friedrich Wilhelm IV. drängte nach seiner Thronbesteigung 1840 auf wenigstens ansatzweise Verwirklichung einiger seiner älteren Gedanken zur Marine. Zu seiner Beruhigung wurde die „Amazone" zur Heranbildung erster preußischer Marineoffiziere eigener Prägung benutzt. Auch bemühte man sich um die Gewinnung eines qualifizierten ausländischen Seeoffiziers, der den Aufbau der Marine leiten sollte. Bis zur tatsächlichen Inangriffnahme größerer Pläne oblag dem fraglichen Offizier freilich nur das Direktorat der Navigationsschule Danzig und das Kommando der „Amazone". 1838 ließ sich der Norweger Lous, 1842 der Däne Baron Dirckinck-Holmfeld, 1845 der Holländer Jan Schröder für diese Aufgaben gewinnen. Die Postverwaltung stellte absprachegemäß auf der Route Stettin–St. Petersburg einen Raddampfer in Dienst, der im Konfliktfall zum Kriegsschiff umgerüstet werden konnte und sollte. Die Übersetzung englischer, französischer und schwedischer Seereglements schritt voran. Außerdem wurden Statistiken über die seemännische Bevölkerung angelegt und auf dem laufenden gehalten.

Ernsthaftere Ansätze zu Taten wurden jedoch durch die Fraktionierung der winzigen Marine selbst vereitelt: im Bewußtsein, die seemilitärische Zukunft Preußens zu prägen, bekämpften sich eine „Küstenvorfeldschule" (Longé und der lange für Marinefragen im Kriegsministerium verantwortliche General v. Peucker) und eine „Hochseeschule" (Navigationsdirektor Dirckinck und v. a. Schiffsbaumeister Elbertzhagen), so daß weder das Staatsministerium vorzuschlagen noch der König zu entscheiden wagte, ob überhaupt und auf welchem Weg voranzugehen sei. Daß man sich in der Umbruchszeit vom Segel- zum Dampfkriegsschiff befand, irritierte die Verantwortlichen, die ihre Inkompetenz fühlten, aber keinen Fachmann ihres Vertrauens fanden, erst recht. Auch technische Probleme, wie sie beim Bau der „Amazone“ zutage getreten waren, spielten eine abschreckende Rolle. Und schließlich blieben die alten Zweifel an Sinn und Zweck einer preußischen Marine unausgeräumt, ja verstärkten sich noch durch die Richtung der preußischen Politik, soweit sie Seehandelsfragen berührte.

Die preußische Seehandlung als Marineersatz

Eine Art offiziöses Kriegsmarine-Surrogat schuf sich Preußen in der Reederei der Seehandlung. Diese Einrichtung verlieh dem Staat einen gewissen maritimen Glanz, in dem er sich gerne sonnte, ohne daß seine Kasse übermäßig strapaziert worden wäre. Beide preußischen Könige des Vormärz haben ihr viel Aufmerksamkeit gewidmet, und die Öffentlichkeit hat lebhaft Anteil genommen.

Die Hauptaufgabe seines Konzerns erblickte Rother, der zeitlebens der altpreußischen Kameralistik verhaftet blieb, darin, der Staatskasse Gewinne zu erwirtschaften. Zu diesem Zweck erwarb er zahlreiche industrielle und landwirtschaftliche Betriebe und beteiligte sich an wirtschaftlichen Unternehmungen. Im Juli 1848 belief sich der Wert seiner Investitionen auf 15,5 Millionen Taler. Bisweilen übte die Seehandlung durch interventionistische An- und Verkäufer aber auch die Funktion eines Marktregulators und Förderers notleidender Gewerbe aus.

1850 reduzierte der preußische Landtag die Seehandlung auf den Status einer Staatsbank und beendete ihre direkte wirtschaftliche Tätigkeit.

Erneut (vgl. S. 30) auf die Weltmeere begab sich die Seehandlung ab 1822, zunächst mit dem begrenzten Ziel, der preußischen Textilindustrie aufzuhelfen. Die schlesischen Tuche und Leinenwaren konnten in Qualität und Preis international nicht konkurrieren, so daß der Handel sich von ihrem Export fernhielt. Rothers zunächst gecharterte Schiffe verkauften die schlesischen Produkte in Amerika mit Verlust, nahmen aber gewinnbringende Rückfrachten. Der halbe Erfolg ermutigte den Konzern: er erwarb eigene Schiffe und richtete 1823 in Stettin und New York Kontore ein.

Auf die Dauer stellte sich freilich heraus, daß die Verluste überwogen. Auch die Erweiterung des Exportangebots durch Zinkbleche, Alaun, Mehl und Wolle enttäuschte die Erwartungen. Wegen der ungünstigen Bedingungen der Ostseereederei (Sundzoll, Marktschwäche, Monoexport von Getreide) sah sich die Seehandlung schon 1833 gezwungen, die Expedition des Stettiner Kontors nach Hamburg und dieses selbst nach Berlin zu verlegen. Bei dem defizitären Gesamtergebnis erwog sie 1832 und 1843, die ganze Reederei aufzugeben, doch schätzten Friedrich Wilhelm III. und IV. gleichermaßen den volkswirtschaftlichen und politischen Wert anders ein und wiesen die Schlußfolgerungen aus Rothers Memoranden zurück.

Die volkswirtschaftliche Leistung der Staatsreederei lag in ihrer Pionierfunktion für den privaten preußischen Überseehandel, der sich langsam aus der Ost- und Nordsee herauswagte: bis 1845 stieg sein Engagement von 0 auf 38 Schiffe (Hamburg entsandte im gleichen Stichjahr allein 31 Schiffe nach Nordamerika und 49 nach Brasilien). Die Seehandlung lief, nachdem sie die Hoffnung auf Gewinne aufgegeben hatte, dennoch regelmäßig Nord- und Südamerika an, um anhand des Verlaufs ihrer Geschäfte die Marktlage zu prüfen. Zahlreiche Fahrten gingen mit der gleichen Zielsetzung nach Indien, Indonesien, China und in den Pazifik, wobei sich 7 Weltumsegelungen ergaben. Die 9 Seehandlungsschiffe, von denen 2 verloren gingen, führten 1825–50 insgesamt 133 Auslandsreisen durch.

Die politische Aufgabe der Seehandlung bestand – abgesehen vom politischen Element ihrer wirtschaftsinterventionistischen Funktion – weisungsgemäß darin, Preußen in Übersee Achtung zu erwerben und seine Flagge bekannt zu machen: eine Aufgabe, die gemeinhin der Kriegsflotte zufällt. Das Kontor beanspruchte für seine Schiffe als Staatseigentum den Rang von Transportfahrzeugen der Kriegsmarine und setzte 1824 wie selbstverständlich die Kriegsflagge. Die Schiffe leiteten daraus in fremden Häfen das Recht auf Behandlung als Kriegsschiffe ab (z. B. Befreiung von gewissen Gebühren), das ihnen in Hamburg widerspruchslos bis 1828, in anderen Häfen noch länger gewährt wurde. Nach langer interner Debatte versagte die Regierung den Seehandlungsschiffen die militärische Rechtsqualität, weil sie keine Ehrenbezeugungen erzwingen und Übergriffe gegen preußische Schiffe nicht ahnden konnten. Ab 1835 führte die Seehandlung deshalb aufgrund königlicher Verordnung als – von der Landes- und Handelsflagge von 1823 abweichendes – Spezialabzeichen die Kriegsflagge ohne Eisernes Kreuz. Gleichwohl galt sie weiterhin als Repräsentant des preußischen Staates in Übersee.

Der Entschluß der Minister beruhte z. T. auf dem Verlust des Seehandlungsschoners „Christian", der 1829 nicht aus Westindien zurückgekehrt war. Man vermutete die Wegnahme durch Seeräuber auf dem Mittelatlantik, besaß aber keine Mittel, um den Vorgang zu untersuchen und gegebenenfalls militärisch oder seepolizeilich zu intervenieren.

Alle 9 Schiffe der Seehandlung waren mit Handwaffen und 6pfündigen Kanonen, Leihgaben aus dem Artilleriedepots der Armee, bewaffnet. Ihre Armierung diente zum Selbstschutz und für die Salute, zu denen sie als quasi-Hoheitsträger verpflichtet waren. Mit Rücksicht auf diese Aufgabe stellte die Seehandlung nur besonders schöne und stattliche Schiffe in Dienst, die für Repräsentationszwecke auch noch besonders gut ausgestattet wurden. Im Vergleich zu normalen Kauffahrern wurden zahlenmäßig überhöhte Besatzungen eingestellt – aus dem gleichen Grund, und zum andern, um den Abschluß von Versicherungen zu erübrigen. Die Schiffsnamen verlieh der König, so daß es als Ausdruck der dynastischen Verbundenheit z. B. eine Brigg „Kronprinz von Preußen" und ein Vollschiff „Friedrich Wilhelm III., König von Preußen" gab. Alle Schiffsbewegungen wurden nach militärischem Brauch dem König gemeldet.

Die Offiziere und Matrosen der Seehandlung waren dennoch keine Militärpersonen. Als rechtliche Kriterien galten für sie die §§ 1446 f und 1534–1647 des Allgemeinen Landrechts, das Gewerbepolizeiedikt von 1811, dazu die Schifffahrtfragen betreffenden Verordnungen. Die Anheuerung erfolgte von Fahrt zu

Fahrt. Ab 1830 wurde der Musterrolle jedes Matrosen ein Reglement beigefügt, das dem „Articulsbrief“, der Seedisziplinarordnung des Großen Kurfürsten, entlehnt war und seinerseits 1848 in die Bestimmungen der Kriegsmarine überging. Als schwerste Disziplinarstrafe konnte der Schiffsführer in eigener Vollmacht Prügel verhängen. die es bei der Armee in dieser Form nicht gab (vgl. Abschnitt IV/2, S. 146). Außerdem existierte die Strafversetzung zur Armee. Während preußische Matrosen im Ausland durchweg einen schlechten Ruf genossen, fiel das Schiffsvolk der Seehandlung durch Disziplin auf; es gab nur einen an Meuterei grenzenden Streik (1824 in Valparaiso) und in 27 Jahren nur 24 Deserteure. Von den erwiesenermaßen hochqualifizierten Schiffsoffizieren der Seehandlung hat das Militärkabinett, das andere als seemännische Maßstäbe anlegte, nach 1848 nicht einen einzigen in die neubegründete preußische Kriegsmarine übernommen.

Der Dienst bei der Seehandlung war auch in der Zeit, in der sie militärischen Charakter beanspruchte, kein Wehrdienst, doch wurden erstmals 1825 zwei bestimmte Fahrten dem Wehrdienst gleichgestellt. Im folgenden Jahr wurde dieses Privileg auf Antrag des Kronprinzen, der sich noch immer um seine Pommern sorgte, auf alle Seehandlungsschiffe ausgedehnt. 1827 wurde auch der Dienst auf Überseereisen privater preußischer Schiffe als Erfüllung der Wehrpflicht gerechnet, was sich allmählich bei allen Fahrten außerhalb der Ostsee einbürgerte.

Das zum Schutz der Privatreederei erlassene Verbot, Frachten um jeden Preis aufzunehmen, trug erheblich zu dem Defizit bei, das die Seehandlung aufgrund der ungünstigen terms of trade ohnehin erwirtschaftete. Gravierend zu Buch schlugen ferner die hohen mittel- und unmittelbaren Repräsentationskosten, die aus der politischen Aufgabe erwuchsen. Aus dieser Erkenntnis heraus wurde wiederholt daran gedacht, den Schwerpunkt der Seehandlungsreederei zu verlagern und sie, der Logik folgend, gleich als Vorstadium einer künftigen Kriegsmarine zu organisieren. Man trennte deshalb zeitweise die kaufmännische Funktion der Kapitäne durch die Beigabe von Superkargos von der seemännischen ab.

Die zivile preußische Überseeschiffahrt ist jedoch stets so unbedeutend geblieben, daß die Kosten einer Kriegsmarine für den Staat in keinem vertretbaren Verhältnis zum Gewinn der Wirtschaft gestanden hätten. Die Seehandlung erfüllte ihre offiziösen Missionen immer noch billiger als eine reine Kriegsmarine und zur vollständigen Zufriedenheit der Regierung. Preußens seemilitärischer Ehrgeiz beschränkte sich auf die Küstenverteidigung. Daß die schönen Schiffe der Seehandlung gern abgebildet wurden und so mit wehender Adlerflagge manche gute Stube zierten und dem navalistischen Bürgertum einen Hauch von preußischer Seemacht vorgaukelten, war ein Propagandaerfolg, den Preußen schätzte, der ihm während des Vormärz aber auch vollständig genügte.

In der Tradition der preußisch-deutschen Kriegsmarine hat die Reederei der Seehandlung keinen Platz gefunden. Nach der Revolution von 1848 kam durch die Verfemung ihres Chefs auch sie in ideologischen Verruf. Auch die preußische Marine lehnte die

Identifikation mit ihr ab, da sie um ihre Anerkennung als Teilstreitkraft, als echt militärische Institution, seitens der Armee rang und sich von der Wirtschaftstätigkeit ihres Vorläufers diskriminiert fühlte. So ist die Seehandlung in der Marinegeschichte ungerechtfertigtem Vergessen anheimgefallen.

Die Bedeutung der Seehandlungsreederei, die schöne armierte Schiffe in die weite Welt zu einer Zeit hinausschickte, in der die Flottenbegeisterung des deutschen Volkes kein tatsächlich militärisches Liebesobjekt fand, sollte nicht unterschätzt werden. Die Seehandlungsreederei hat nicht unwesentlich zur Erhaltung des Frühnavalismus beigetragen, der konstitutiv zum Wesen des deutschen Liberalismus im Vormärz gehört und sich 1848 mit elementarer Gewalt entfalten sollte.

2. Die erste deutsche Flotte

a. Zollverein und Flottenfrage

Subjektiv bestand für Preußen kein Anlaß, eine größere Marine aufzubauen, die mit stichhaltigen militärischen Argumenten nicht zu rechtfertigen, mit handelspolitischen nicht zu begründen, dagegen aus verfassungspolitischen abzulehnen war. Gleichwohl mußte sich die Regierung Friedrich Wilhelms IV. mit der Flottenfrage auseinandersetzen. Der Anstoß kam aus einer anderen Richtung: Preußens deutsche Zollpolitik zog bald nach 1840 Konsequenzen nach sich, vor denen die preußische Regierung 1834, als sie den Deutschen Zollverein ins Leben setzte, die Augen verschlossen hatte, weil sie damals weder die öffentliche Meinung ernst nahm noch mit außerökonomischen Folgen wirtschafspolitischer Entscheidungen rechnete. Doch bald fiel das ideologische Moment der bürgerlichen Flottenbegeisterung mit Sachzwängen zusammen, die der Nationalökonom Friedrich List, der publizistische Vorkämpfer des Zollvereins, auch bislang uneinsichtigen Regierungen bewußt machte.

Die Thesen, die List 1841 in seinem unvollendeten Hauptwerk „Das nationale System der politischen Ökonomie" formulierte und 1843–46 in seinem „Zollvereinsblatt" weiter ausführte, fanden höchste Beachtung. Mit gröbstem Geschütz kämpfte List publizistisch gegen das Freihandelssystem nach Adam Smith, an dem sich die deutsche Volkswirtschaftstheorie bislang orientierte. Das Listsche System verlangte eine Kombination von Schutz- und Vergeltungszöllen in der Entwicklungsphase der deutschen Industrie („Erziehungszölle"), verbunden mit der Übernahme des Seehandels auf eigene Schiffe, dementsprechend eine geschlossene, deutsche Handels- und Schiffahrtspolitik, direkten Bezug der benötigten Rohstoffe und Kolonialwaren und deren Bezahlung mit deutschen Gewerbeerzeugnissen.

Die Ausdehnung des Zollvereins, dem Hannover und die übrigen Küstenstaaten außer Preußen bisher ferngeblieben waren, bis an die Nordsee war eine ebenso selbstverständliche Folgerung aus dem Listschen System wie die einheitliche Handelsflagge und eine deutsche Kriegsmarine zu deren Schutz. In der Öffentlichkeit fand Lists Programm den lebhaftesten Beifall. Die Landtage Württembergs, Hessen-Darmstadts und Hannovers sprachen sich für die Verwirklichung seiner Vorschläge und ihrer maritimen Konsequenzen aus. Kaum abweisbar trat an Preußen, den Führer und Machtträger des Deutschen Zollvereins, die Forderung heran, für Kriegsschiffe zu sorgen.

Bei aller offiziellen Abneigung gegen den unabhängigen, stürmischen Volkswirtschaftstribun List steuerte die preußische Zollvereinspolitik wohl oder übel den von ihm markierten Kurs. Nach verbissenen internen Diskussionen in den Jahren 1844–46 entschloß sich die Berliner Regierung endlich, die Erweiterung des Zollvereins durch einen auf dem Differentialzollsystem basierenden kleindeutschen Handels- und Schiffahrtsbund zu versuchen. Bis 1847 waren ihr durch einen Handelsvertrag mit England die Hände gebunden. Bei Ablauf dieser Frist entsandte sie den Legationsrat v. Patow auf eine wirtschaftspolitische Rundreise durch Nordwestdeutschland. Österreich wurde mit Geschick von den Verhandlungen ausgeschlossen. In Hannover, Oldenburg und vor allem in Bremen, wo der Senator Duckwitz schon seit 10 Jahren gleichgerichtete Ziele verfocht, fand Patow freundliche Aufnahme. Im freihändlerischen Hamburg dagegen, dem England durch die Entsendung des gefeierten Wirtschaftstheoretikers Richard Cobden den Rücken stärkte, traf der Plan Preußens auf so harten Widerspruch, daß es seine Absicht fallenließ.

Um die Jahreswende 1847/48 stand es nach langwierigen, jedoch ergebnislosen Verhandlungen so, daß die Schaffung einer dem geplanten Wirtschaftsbund gemeinsamen Kriegsflotte als folgerichtig und notwendig anerkannt worden war. Ausdrücklich hatte sie Aufnahme in den Statutenentwurf des Bundes gefunden, dessen Scheitern die Wirtschaftspolitiker und Flottenfreunde nunmehr nachtrauerten. Preußen war lebhaft für die Gründung einer kleindeutschen Kriegsmarine eingetreten, die seine geringen seemilitärischen Bedürfnisse gedeckt hätte, ohne innenpolitische Probleme hervorzurufen.

b. Revolution und Flotte

Die provisorischen Marinen

Im Revolutionsjahr 1848 steigerte sich der deutsch-dänische Konflikt um Schleswig binnen weniger Wochen zum offenen Krieg. Preußische Truppen überschritten die Eider, um die von den Dänen geschlagenen Schleswig-Holsteiner zu retten. Dänemark eröffnete daraufhin am 19. April 1848 den Seekrieg und verhängte über einen Teil der deutschen Ostseehäfen die Blockade. Formell war nur Preußen betroffen, das den Krieg aufgrund eigener Versprechen und kraft nachträglicher Mandatserteilung durch den Bundestag führte. Aber angegriffen fühlte sich die ganze, entfesselte deutsche Nation.

Das Stichwort „Seekrieg“ setzte im deutschen Hinterland die Emotionen frei, die sich in Jahrzehnten angestaut hatten, und löste an der Küste Angst aus. Bundestag, Fünfziger-Ausschuß, preußische Regierung und andere wetteiferten unter dem Druck der Öffentlichkeit in hektischer, unkoordinierter Marinepolitik, die bald in die realistische Einsicht mündete, daß sich vor dem Ende des dänischen Konflikts keine deutsche Flotte zusammenbringen ließ, da England der an sich von ihm begünstigten nationalen Einigung Grenzen setzte und in Sachen Schleswig für die andere Seite Partei ergriff. Auf nahe Sicht wurden den Regierungen der Küstenstaaten Maßnahmen zur Küstenverteidigung nahegelegt, auf weitere Sicht der Erwerb von gemeinsamen Kriegsschiffen in Aussicht gestellt. Als Hauptergebnis der ersten Phase kam die revolutionäre Reichskriegsflagge zustande: schwarz–rot–gold, als Oberecke den schwarzen Doppeladler des Deutschen Bundes auf Gold.

Von der Konfusion der vielerlei Autoritäten fühlten sich die Interessenten zur Selbsthilfe gedrängt, wenn sie sich vor der vorhandenen oder erwarteten dänischen Gefahr schützen wollten. In vielen Küstenstädten bildeten sich revolutionäre Flottenkomitees, die mit Hilfe oder Duldung der Behörden anfingen, auf eigene Faust Kauffahrer als Kriegsschiffe auszurüsten und Kanonenboote zu bauen, oder, von zahlreichen binnenländischen Vereinen unterstützt, wenigstens Spenden für diese Zwecke zu sammeln. Die Frankfurter Nationalversammlung machte sich in dieser zweiten Phase vor allem durch Zuschüsse verdient. Zum Koordinator brachte sie es noch nicht. Die Führung übernahm der Hamburger Ausschuß. Im Zusammenspiel von Frankfurt und Hamburg gelang es, in der Hansestadt einen Marinekongreß von Vertretern der Komitees und Regierungen zusammenzubringen, der sich einiger Autorität erfreute. Am 6. Juni 1848 beschloß der Kongreß, Deutschland solle für 10 Millionen Taler eine Flotte aus 12 Fregatten, 6 Schraubendampfern und 150 Kanonenbooten erbauen, als oberste Marinebehörde eine Admiralität in Hamburg errichten und an ihre Spitze den preußischen Prinzen Adalbert stellen. In der Ausführung waren Hamburg, Schleswig-Holstein und Preußen bereits selbständig vorangegangen.

Mit privaten und mit vom Bund bewilligten Mitteln stellten die Hamburger im Lauf des Mai/Juni 1848 vier laienhaft bewaffnete Handelsschiffe in Dienst. Da sich die Dänen vor allem auf die preußische Schiffahrt in der Ostsee warfen und sich in der Nordsee zurückhielten, blieb es der Hamburger Flottille erspart, ihre schwachen Kräfte an echten Kriegsschiffen zu messen. Immerhin hatte die öffentliche Meinung ein konkretes Sympathieobjekt gefunden, das im Rückkoppelungseffekt seinerseits zur Stabilisierung des revolutionären Optimismus beitrug.

Die Korvetten der Hamburger Flottille waren 1841–44 gebaute, als Schonerbriggs getakelte, zivile Raddampfer verschiedener Herkunft. Alle drei wurden mit 1 × 32- und 2 × 18pfündigen Bombenkanonen armiert und mit je rund 100 Mann Besatzung versehen. „Bremen“ (350 t) führte dazu 1 × 36-, „Hamburg“ (380 t) 1 × 56-, „Lübeck“ (335 t) 1 × 84pfündige Bombenkanonen. Als Segelfregatte „Deutschland“ wurde ein 1819 gebauter, bewaffneter Ostindienfahrer (800 t), 14 × 32- + 6 × 18-Pfünder) übernommen.

Als zweite deutsche Seestreitmacht entstand in der ersten Phase der Revolution die Marine Schleswig-Holsteins, deren Rüstungskosten hauptsächlich die Reichszentralgewalt durch Zuschüsse abdeckte. Die Flotte wurde speziell auf die Verhältnisse des schleswig-holsteinischen Kriegsschauplatzes zugeschnitten: ein Dutzend Ruderkanonenboote mit bewaffneten Schleppdampfern, die über den Eiderkanal zwischen Nord- und Ostsee hin- und herpendelten; dazu einige hochseegängige Fahrzeuge, mit denen dänische Kauffahrer weggenommen werden konnten. Sie erreichte eine Stärke von 16 Schiffen mit 41 Kanonen und 790 Mann.

Nach einzelnen Plänkeleien im Sommer 1849 leistete die kleine Marine während des Jahres 1850 den Dänen hartnäckig Widerstand. Im Watten- und Fördengebiet fochten ihre Kanonenboote selbst gegen Linienschiffe nicht ohne Erfolg. Kiel konnte die längste Zeit des Krieges über blockadefrei gehalten werden.

Einen großen Sieg erfocht die schleswig-holsteinische Küstenverteidigung am 5. April 1849 bei Eckernförde, wo die Dänen durch eine vorübergehende Landung von Operationen an anderer Stelle ablenken wollten. Ihre Segelschiffe wurden vom aufkommenden Ostwind in der Eckernförder Bucht und dem günstigen Schußfeld dreier Strandbatterien festgehalten, bevor ihnen deren Vernichtung gelungen war. Die Fregatte „Gefion“ und ein Linienschiff, das bald darauf in die Luft flog, mußten brennend die Flagge streichen.

Neben der Hamburger Komiteemarine und der Kriegsmarine Schleswig-Holsteins trat im Frühjahr 1848 zugleich der preußische Küstenschutz ins Leben, die einzige maritime Errungenschaft der Revolution, die Dauerhaftigkeit gewinnen sollte. Die progressive Schleswig- und Polenpolitik des Außenministers v. Arnim hatte Preußen an den Rand des Konfliktes mit seinem bisherigen konservativen Protektor Rußland geführt. Entgegen seinen ideologisch vorgeprägten Erwartungen sah sich das preußische Militär, das einen russischen Angriff bisher nicht ernsthaft in Betracht gezogen hatte, einer Lage gegenüber, in der Landungen mit ihrer gefährlichen Diversionswirkung, vor der schon Gneisenau gewarnt hatte, nicht ausgeschlossen waren. Die „Amazone“ und zwei mobilgemachte Regierungsdampfer genügten zur Abwehr der Russen eindeutig nicht. Die Gefahr von See her führte zum Sieg der „Küstenvorfeldschule“ innerhalb der preußischen Marine. Die dänische Herausforderung blieb unbeachtet; Preußen erklärte sie zur gesamtdeutschen Angelegenheit. Eine auf Veranlassung des Generals v. Peucker einberufene Kommission stellte neue Richtlinien zur beweglichen Küstenverteidigung auf und beantragte zu diesem Zweck den Bau von 40 Ruderkanonenbooten. Die nötigen Gelder wurden im Lauf des Jahres stufenweise bewilligt, so daß die Boote tatsächlich gebaut werden konnten. Als Rahmenverband für die Bootsbesatzungen wurde ein Marinebataillon formiert.

Die preußischen „Kanonenschaluppen“ (4 Typen, auf 16 Werften gebaut), waren 19 m lang und verdrängten 40 t. Kriegsmäßig brauchbar waren sie nur bis Windstärke 4. Auf dem Marsch führten sie Segel, im Gefecht wurden sie durch Riemen bewegt. Die Besatzung zählte 40 Mann, die nachts an Land kantonierten, und 1 Offizier für je 2 Boote. Bewaffnet waren sie mit 1 × 24-Pfünder-Kanone und 1 × 25-Pfünder-Karronade. Die kleineren „Kanonenjollen“ führten 1 × 60-Pfünder-Bombenkanone. Die preußischen Ruderkanonenboote wurden erst 1870 ausrangiert.

Der ideologische Navalismus der Deutschen fand schon in den ersten Handlungen ihrer Nationalversammlung Ausdruck. Unmittelbar nach seiner Konstituierung berief das Parlament einen Ausschuß für Marineangelegenheiten, dessen Vorsitz der Österreicher v. Bruck übernahm. Am aktivsten trat in diesem Ausschuß der preußische Abgeordnete General v. Radowitz auf, der mit Autorisierung seines Königs hohe Geldbeträge für den Bau einer deutschen Flotte beantragte. Mit überwältigender Mehrheit bewilligte die Nationalversammlung am 14. Juni 1848 sechs Millionen Taler als Grundstock für den künftigen Flottenbau. Präzise Vorstellungen zur Verwendung der Gelder bestanden nicht. Zunächst beschränkte sich das Parlament auf die Subventionierung der Hamburger Flottille, die sie im übrigen frei schalten und walten ließ.

Auch der Marineausschuß des Parlaments wurde nicht weiter aktiv. Er beschränkte sich darauf, Flottengründungspläne zur Diskussion zu stellen. Im Juni 1848 veröffentlichte er eine Denkschrift des Prinzen Adalbert, die an sich im Auftrag der Berliner Regierung geschrieben und als Grundlage für die Seerüstung Preußens gedacht war, falls sich die „Hochseeschule“ vor der Krone durchsetzte. In überarbeiteter Form paßte die Denkschrift vorzüglich auf ganz Deutschland. Unter Berücksichtigung der geographischen, wirtschaftlichen und politischen Faktoren entwickelte der Prinz ein System, dessen drei Elemente als Alternativen oder als Stufen verwirklicht werden konnten – und, unter technisch bedingter Modifikation, im Lauf des 19. Jahrhunderts auch verwirklicht wurden:

1. eine Kriegsmarine zur rein defensiven Küstenverteidigung,
2. eine solche zur offensiven Verteidigung und zum notwendigen Schutz des Handels,
3. oder eine selbständige Seemacht.

Der Waffenstillstand von Malmö beendete im August/September 1848 den Krieg gegen Dänemark vorläufig. Die siebenmonatige Kampfpause wurde zur Marinerüstung ausgenützt. Zur Übernahme dieser schweren Aufgabe war nur ein Politiker der Paulskirche bereit: Handelsminister Duckwitz.

Arnold Duckwitz (1802–1881), Bremer Kaufmann, war 1839 Präsident der Bürgerschaft seiner Heimatstadt geworden. 1841–75 war er Senator und 1857–63 sowie 1866–69 Bürgermeister Bremens. 1848 gelangte er in das Vorparlament und in den Fünfziger-Ausschuß. 1848/49 leitete er das Reichshandelsministerium und übte zugleich die Funktion eines Marineministers aus.

Äußerlich schien die Zusammenfassung von Handels- und Marinepolitik die Durchführung des Listschen Systems zu verbürgen, das seit Jahren in Duckwitz seinen Vorkämpfer besaß. Hätte das Deutsche Reich von 1848 Dauer gewonnen, wäre diese Entwicklung zweifellos eingetreten. Tatsächlich jedoch gelang es der Paulskirche nicht, die Nordseeuferstaaten effektiv in den deutschen Zollverband einzugliedern. Und beim Flottenbau konnte von einer weitsichtigen, von politischen Zweckmäßigkeiten, militärischen Notwendigkeiten und wirtschaftlichen

Interessen abgeleiteten Zielsetzung keine Rede sein. Der deutsche Flottenbau von 1848/49 war ein Produkt der Ideologie; er wurde unter dem Druck der aufgeregten öffentlichen Meinung mit unzulänglichen Mitteln und großer Hast improvisiert: mehr revolutionäres Symbol als militärisches Instrument.

Als erstes bildete Duckwitz im Handelsministerium eine Marineabteilung, deren Leitung er selbst übernahm, und berief eine „Technische Marinekommission", deren Vorsitz er Prinz Adalbert übertrug. Die Marineabteilung besetzte er mit Abgeordneten aus der kleindeutsch-pragmatischen Fraktion „Landsberg", die dadurch zur Unterstützung des Reichskabinetts gewonnen wurde; den preußischen Einfluß in der Abteilung neutralisierte er durch die Berufung eines hannoverschen Offiziers.

Die lediglich beratende Adalbert-Kommission bestand aus Abgeordneten und aus Sachverständigen verschiedener deutscher Staaten. Sie schloß ihre Arbeit im Februar 1849 ab und legte einen detaillierten, auf der Juni-Denkschrift des Prinzen basierenden Rüstungsplan vor. Als Endziel schwebte der Kommission vor Augen: „Deutschland zu einer selbständigen Großmacht auch zur See zu erheben." Angesichts der Lage verzichtete sie vorerst auf eine Flotte ersten Ranges und legte ihren Ausführungen die Fähigkeit zur Seekriegführung gegen Mächte wie Dänemark zugrunde.

Sie forderte 15 Segelfregatten und 5 Schoner, 5 Dampffregatten und 20 Dampfkorvetten sowie 80 Kanonenschaluppen mit 10 Dampfavisos zum Schleppen. Die Schiffe sollten teilweise gekauft, teilweise nach ausländischen Plänen auf deutschen Werften gebaut werden; die vorhandenen Schiffe seien zu übernehmen. Je ein Hauptkriegshafen in Ost- und Nordsee sei nötig, ein Kanal über Rendsburg unumgänglich.

Die Mannschaften sollten von den Küstenstaaten gemäß der Allgemeinen Wehrpflicht ausgehoben werden. Offiziere seien zunächst im Ausland zu werben. Die Verwaltung sollte einem aus nichtpolitischen Beamten bestehenden Zentralbüro in Frankfurt, die militärische Leitung einem Oberkommando in einer Seestadt unterstehen.

Die Kosten für den Flotten- und Hafenbau berechnete die Kommission mit 21 bzw. 20 Millionen Talern; in der 10jährigen Aufbauphase veranschlagte sie das nötige Budget auf 6 Millionen jährlich.

Als Helfer bei der Verwirklichung des Listschen Systems in Deutschland suchte Duckwitz die Vereinigten Staaten zu gewinnen. Von Hause aus Bremer Kaufmann und Senator, war der Minister mit diesem Land, dem überseeischen Haupthandelspartner seiner Vaterstadt, gut vertraut. Zugleich bedeutete die Revolution den Höhepunkt der gegenseitigen Wertschätzung Deutschlands und Amerikas.

Mit großem Eifer bemühte sich die deutsche Zentralgewalt um den Abschluß eines Handels- und Schiffahrtsvertrages. Als Washington zögerte, weil es nicht fest mit der Verwirklichung der deutschen Einheit rechnete und den bestehenden Vertrag mit dem Zollverein nicht riskieren wollte, gelang es Duckwitz, mehrere Küstenstaaten zur Kündigung ihrer vertraglichen Zollsätze gegenüber Amerika zu bewegen. Dieser langfristig angelegte Versuch, Druck auszuüben, scheiterte nach kürzester Zeit mit dem Ende des Revolutionsreiches. Doch trug er dazu bei, daß sich Hannover 1851 dem Zollverein anschloß, der sich seitdem in die Listsche Richtung entwickelte.

Das wohlwollende Verhalten der amerikanischen Mittelmeerflottille gegenüber den süditalienischen Aufständen ermutigte das revolutionäre Deutschland zu der Hoffnung, beim Aufbau einer Marine die Hilfe der renommierten U.S. Navy zu gewinnen. Der Krieg gegen Dänemark galt ihm als gemeinsames Anliegen und wurde wirklich von Präsident Polk zum diplomatischen Angriff auf den Sundzoll benutzt.

Im Oktober 1848 richtete die Zentralgewalt offiziell die Bitte um personelle und materielle Hilfe an Amerika. Präsident, Außen- und Marineminister sagten sie im Rahmen der Neutralität gern zu. Entgegen der Enttäuschung, die auf deutscher Seite 1849 eintrat, muß doch zugegeben werden, „daß der deutsche Antrag auf Marine-Entwicklungshilfe offene Ohren fand und bis an die Grenze der Legalität – vielleicht ein wenig darüber hinaus – positiv beantwortet wurde“ (Moltmann). Im Kriegsschiffbau lief die Zusammenarbeit an. Erste deutsche Seekadetten begannen ihre Ausbildung unter dem Sternenbanner. Aber schon der Übertritt eines amerikanischen Flaggoffiziers, der als Oberbefehlshaber gewünscht wurde, scheiterte an Neutralitätsbedenken und daran, daß die in Frage kommenden Offiziere wegen des fahrlässigen Dilettantismus, mit dem die deutsche Flotte in ihren Augen auf den Seekrieg gegen Dänemark vorbereitet wurde, vor dem Kommando zurückschreckten, das keine Ehre bringen konnte.

Der erneute Ausbruch des dänischen Krieges beendete die deutsch-amerikanische Zusammenarbeit vollständig. Auch die drängenden Mahnungen des früheren amerikanischen Marineministers und damaligen Gesandten in London, George Bancroft, beseitigten die Neutralitätsskrupel Washingtons nicht. Die Option für die Seemacht Amerika verstärkte das Mißtrauen ihres weltpolitischen Rivalen England gegen Deutschland, das die deutsche Flotte bald zu spüren bekam. Großbritannien, die Vormacht des Freihandels, empfand die Allianz zweier bedeutender Mächte – und das Deutsche Reich wäre eine solche gewesen – unter dem Zeichen des Navalismus und Protektionismus als ernste Gefahr. Im Frühjahr 1849 mußte Duckwitz den Bankrott seiner groß angelegten, kombinierten Handels- und Marinepolitik, zu deren Verwirklichung Zeit und Mittel gefehlt hatten, anerkennen und zurücktreten.

c. Die deutsche Flotte 1849–1853

Durch Übernahme der Hamburger Flottille, Umbauten und Ankäufe hatte Duckwitz eine Anzahl armierter Kauffahrer zusammengebracht, die, mehr zur Beruhigung der Deutschen als zur Beunruhigung der Dänen, als Korvetten und Fregatten klassifiziert wurden. Das militärisch revolutionäre Prinzip, eine Kriegsdampferflotte zu schaffen, wuchs den Verantwortlichen technisch über den Kopf und verkehrte den Fortschritt in sein Gegenteil. Unglücksfälle setzten Qualität und Ansehen der Flotte weiter herab. An echten Kriegsfahrzeugen standen nur Ruderkanonenboote zur Verfügung, die, wie sich bald erwies, allein im Wattenmeer operativen Wert besaßen. Da die Küstenstaaten keine Allgemeine Seedienstpflicht einführten, blieb die deutsche Marine auf die Werbung freiwilliger Matrosen angewiesen. Statt der gewünschten 40 Amerikaner, die ein homogenes Offizierkorps gebildet und herangezogen hätten, mußte der Marineminister an Offizieren nehmen, was er bekam: aus England, Belgien, sonstwoher und allen deutschen Staaten, Kriegs- und Handelsschiffs-, Voll- und Hilfsoffiziere. Personalmangel und -mängel der Marine wurden verschärft durch die Geldnot, denn die Paulskirche konnte viel Geld bewilligen, aber keines beschaffen: nachdem die Zentralgewalt, die keine Steuern und Zölle erheben konnte und keinen Kredit auf dem Geldmarkt genoß, die Gelder aus dem Festungsbaufonds des Deutschen Bundes zweckentfremdet verbraucht hatte, hing sie finanziell vom guten Willen der deutschen Staaten ab, deren Entgegenkommen von ihren politischen Zielen bedingt wurde.

Ihre größten Fortschritte erlebte die erste deutsche Marine paradoxerweise in der Zeit nach dem Zusammenbruch der Revolution, deren Geschöpf sie war. Nach der Zurückweisung der Kaiserkrone durch König Friedrich Wilhelm IV., Preußens Separation durch die Gründung der „Erfurter Union", dem Zerfall der Nationalversammlung und der Umbildung der revolutionären Reichsregierung im konservativen Sinn wurde im Mai 1849 als Spitzenbehörde für Seeangelegenheiten ein Reichsmarineministerium geschaffen. Seine Leitung übernahm der Reichsaußenminister, der General türkischen Ranges August (v.) Jochmus (1808–1881; nach 1849 in österreichischen Diensten). Unter dem Ministerium standen das Oberkommando der Flotte, die Seezeugmeisterei und die Intendantur. Nach der ersatzlosen Aufhebung des Ministeriums wie der Reichszentralgewalt überhaupt im Dezember 1849 bestanden die drei Zwischenbehörden selbständig fort.

Auch materiell gewann die Marine erst im Lauf des Jahres 1849 einen nennenswerten Umfang. Ihre höchste Einsatzbereitschaft erreichte sie sogar erst 1852, als nach jahrelanger Arbeit die wichtigsten Reparaturen und Umbauten an den größeren Schiffen abgeschlossen waren.

Im Oktober 1848 übernahm sie die drei Korvetten der Hamburger Flottille. Gleichzeitig wurden in England drei neugebaute Raddampfer gekauft, von der Seezeugmeisterei der Marine in Geestemünde armiert, und im Frühjahr 1849 als Korvetten in Dienst gestellt. „Der Königliche Ernst August" (580 t, 150 Mann) führte 6 × 68pfündige Karronaden, „Großherzog von Oldenburg" (415 t, 100 Mann) und „Frankfurt" (448 t, 100 Mann) je 2 × 68pfündige englische Bombenkanonen. Diese sechs Korvetten liefen 8–9 Knoten.

Ferner kaufte die Marine den amerikanischen Raddampfer „United States" an (Bauzeit 1847/48, 1650 t), armierte ihn mit 3 × 84pfündigen und 6 × 68pfündigen Bombenkanonen und stellte ihn als Fregatte „Hansa" (260 Mann) in Dienst (Flottenflaggschiff). Die beiden anderen Fregatten waren Schwesterschiffe, 1839/40 gebaute Raddampfer der englischen Cunard Linie. Sie wurden mit je 9 × 68-Pfünder-Bombenkanonen bewaffnet und als „Barbarossa" bzw. „Erzherzog Johann" (1313 t, 200 Mann) in die Flotte übernommen; „Erzherzog Johann" wurde wegen Havarie allerdings nie in Dienst gestellt.

Die im April 1849 von den Schleswig-Holsteinern erbeutete dänische „Gefion" (Bauzeit 1843–46) kam unter dem Namen „Eckernförde" (1360 t, 420 Mann, 2 × 60- + 46 × 24-Pfünder) als zweite Segelfregatte neben der Hamburger „Deutschland" an die deutsche Marine. Zur Küstenverteidigung besaß die Marine 27 Ruderkanonenboote.

Obwohl der klägliche Ausgang der revolutionären Marinegeschichte beim Scheitern der Duckwitzschen Politik bereits vorhersehbar war, trat der designierte Oberbefehlshaber der Flotte, der vordem griechische Kapitän Brommy, doch seinen Posten an und übernahm zugleich die Leitung der Seezeugmeisterei in Bremerhaven, dem Liegeplatz der Flotte.

Der Sachse Karl Rudolf Brommy, ursprünglich Bromme (1804–1860), diente nach dem Besuch der Hamburger Navigationsschule in der amerikanischen Handelsmarine. 1827 bis 1848 diente er in der griechischen Kriegsmarine.

Durch die Veröffentlichung seines populären Buches „Die Marine" wurde B. auch in Deutschland sehr bekannt. Der Reichsverweser berief ihn 1848 in die Technische Marinekommission. 1849–53 war er Oberbefehlshaber der deutschen Flotte, ab November 1849 als Konteradmiral. Nach längerer Zurückgezogenheit wurde er 1857 als Chef der technischen Abteilung in die österreichische Admiralität zu Mailand übernommen.

Allein Brommy bewahrte die unvollkommene deutsche Flotte vor dem Fluch der Lächerlichkeit, der als Damoklesschwert über dieser Errungenschaft der Revolution schwebte. Wenn das Jahr des großen Aufstands von 1848 nicht als das „tolle Jahr", als das es von den siegreichen Regierungen zunächst angeprangert wurde, sondern als Martyrium im deutschen Geschichtsbild fortlebte und fortlebt, hat das die deutsche Demokratie nicht zuletzt dem tüchtigen Brommy zu danken, der ihrem Symbol, der Flotte unter der schwarz-rot-goldenen Flagge, die anerkennende Achtung der ideologischen Gegner sicherte. Er hat diese verunglückte Äußerung des Volkswillens so verwaltet, daß das Volk die Selbstachtung nicht verlor. Disziplin und Moral der deutschen Flotte ohne Deutsches Reich waren Rudolf Brommys Werk.

Zur treibenden Kraft in der Marinepolitik des Jahres 1849 entwickelte sich Duckwitz' Hauptopponent in Wirtschafts- und Marinefragen, der freihändlerische Hamburger Ernst Merck (1811–1863). Als neuer Handels- und Finanzminister, zugleich mit der Vertretung Jochmus' im Marineministerium betraut, schlug Merck eine andere Konzeption vor: die 9 Dampfschiffe der deutschen Flotte sollten im Frieden desarmiert, an Reeder vermietet und im Linienverkehr verwendet werden; erst im Krieg sollten sie militärischen Charakter erhalten. Mit diesem Plan wurde Merck den Materialverhältnissen der Flotte gerecht. Er ging aber zu einseitig von den Interessen Hamburgs aus, um den deutschen Staaten die Zustimmung abhandeln zu können. Die Flotte existierte also unverändert weiter. Den Zusammenbruch der Revolution hat sie um vier Jahre überlebt.

Für das großdeutsch-konservative Reichsministerium Grävell-Wittgenstein, das nur noch die Liquidierung der Revolution betreiben konnte, bedeutete die Flotte eher eine Belastung und Erschwerung seiner Tätigkeit. Im Juni 1849 lief Brommy auch noch mit drei Dampfkriegsschiffen nach Helgoland aus. Er war aber so vorsichtig, eine weit unterlegene dänische Segelkorvette, die er dort antraf, nicht zu vernichten, sondern nur davonzujagen. Weitere Unternehmungen verbot Jochmus, da sich seine Regierung um die Einschläferung und Beilegung des Schleswig-Holstein-Konflikts bemühte. Außerdem hatte bereits der Streit zwischen den Parteien um den weiteren Verbleib der Flotte eingesetzt und schob sich als Moment der Marinepolitik immer stärker in den Vordergrund. Die Zentralgewalt wünschte sie ihrer großdeutschen Nachfolgeinstitution zu erhalten. Preußen suchte sie dagegen unter die Verfügung der Erfurter Union zu bringen. Die Engländer unterstützten die kleindeutschen Bestrebungen, bezeichneten die Einheiten der deutschen Flotte als vogelfreie „Piratenschiffe", die keiner völkerrechtlich legitimen Regierung mehr unterstünden, zogen die Anerkennung der Flagge zurück und eröffneten sogar gelegentlich das Feuer auf Brommys Verband. Auf diese Weise wollte England die Flotte der Union in die Arme treiben.

Die kleindeutsch-englischen Bestrebungen schlugen fehl. Die Flotte unterstellte sich Ende 1849 der Interimskommission, die vorläufig in die Rechte des suspendierten Bundestags und des abdankenden Reichsverwesers eintrat. Im Mai 1850 erlosch auch diese Behörde. Da nun überhaupt keine deutsche Zentralgewalt und keine Oberbehörde über die Marine mehr bestand, entwickelten sich Entscheidungen über sie, selbst über Einzelheiten ihrer Verwaltung, zu Haupt- und Staatsaktionen im wörtlichen Sinn. Keine Instanz übernahm die Verantwortung für Gesetzgebung und Finanzierung. Der Erlaß von Verordnungen und die Gewährung von Geldern entsprangen allein den politischen Schachzügen der einzelstaatlichen Regierungen, die vom Sommer 1849 bis zum Frühjahr 1851 um die Neugestaltung Deutschlands, um die Form der „konservativen Revolution" rangen. Mit außerordentlicher Zähigkeit verteidigte der großdeutsch gesinnte Brommy die Flotte vor dem Zugriff der Preußen, die z. B. mit Waffengewalt die „Gefion"/„Eckernförde" an sich bringen wollten, und hielt sie unter widrigen Umständen so lange am Leben, bis der im Mai 1851 wiedererrichtete Deutsche Bund sie als Eigentum übernahm. In den konservativen Führungskreisen Preußens haben diese Vorgänge außerordentliche Ressentiments gegen die deutsche Marine hinterlassen.

Dem Antrag Preußens und Hannovers folgend entschied sich der Bundestag zunächst dafür, das Erbstück der Revolution als Bundesmarine weiterzuführen. Doch zeichnete sich bald ab, daß sie nicht in ihrer unitarischen Gestalt erhalten bleiben konnte, da Preußen und Österreich inzwischen den Wert eigener Seestreitkräfte für die Verwirklichung ihrer gegensätzlichen Ziele erkannt hatten (s. u.). Im Streit um die Finanzierung entwickelte der zuständige Bundestagsausschuß eine differenzierte Lösung: die Flotte sollte in den gemeinsamen Besitz aller deutschen Staaten außer Preußen und Österreich übergehen. Mit der Ostsee- und Mittelmeerflotte der beiden Großmächte sollte diese als Nordseeflotte zu einer in drei Kontingente gegliederten deutschen Bundesflotte zusammentreten. Österreich und Preußen waren dazu bereit, doch wurde die vorgeschlagene Neuordnung in der Plenardebatte wegen des Widerstands der drei binnenländischen Königreiche verworfen. Aufgrund dieser Lage faßte der Bundestag Ende 1851 den Beschluß, die Flotte auf jeden Fall abzustoßen und regte die Gründung eines Staatenkonsortiums zur Erhaltung des dritten Kontingents an.

Aber die Bildung eines „Flottenvereins" aus an der Erhaltung der Marine interessierten Bundesländern scheiterte ebenfalls an der Uneinigkeit der deutschen Mittel- und Kleinstaaten, die der Küste allein die Last aufzubürden wünschten, und am Widerspruch Österreichs, als Preußen seine Bereitschaft zum Eintritt in den Flottenverein ankündigte. Die drei Dampffregatten, 6 Dampfkorvetten, 2 Segelfregatten und 27 Ruderkanonenboote der ersten deutschen Flotte wurden deshalb 1852/53 verkauft oder abgewrackt. Am 31. März 1853 wurde die deutsche Marine offiziell aufgelöst.

Zwei Schiffe gingen als Ersatz für die verlorenen Abschlagszahlungen auf den deutschen Marineetat an Preußen. Die übrigen wurden entwaffnet und zumeist an Privatunternehmer verkauft. Den Rest des Materials brachte der Liquidator, der oldenburgische Staatsrat Hannibal Fischer (1784–1868) öffentlich zur Versteigerung. Das entlassene Personal wurde nach Möglichkeit in den Dienst der österreichischen Kriegsmarine überführt.

3. Die österreichisch-preußische Marinekonkurrenz

a. Österreichs deutsche Handels- und Marinepolitik

Der Mitteleuropaplan

Die Jahre 1848/49 markieren eine entscheidende Wende in der Politik des Vielvölkerstaates Österreich. Gewisse Revolutionsereignisse – der Abfall Ungarns und Lombardo-Venetiens, die Flottenmeuterei in Venedig – hatten dargetan, daß Armee und Bürokratie nur so weit als Rückgrat des Kaiserstaats dienten, als sie deutsch bestimmt waren. Der Selbsterhaltungstrieb verurteilte die Habsburgermonarchie dazu, in anachronistischer Weise die einseitig deutsche Prägung ihres Staatsapparats („Zentralismus") aufrechtzuerhalten. Sie bezahlte das Bündnis mit dem deutschen Element damit, daß sie sich der deutschen Nationalbewegung annäherte und großdeutschen Zielsetzungen einen hohen Stellenwert in der Politik einräumte. Dabei besaß die Integrität des Gesamtstaats den Vorrang. Österreichs Maximalziel, das mitteleuropäische „70-Millionen-Reich", sollte ein Bündnis sein, umfassend genug, um der Donaumonarchie allein durch ihre Masse den Primat zu garantieren, und locker genug, um ihre Bewegungsfreiheit als Großmacht zu wahren, die Abgliederung nichtdeutscher Landesteile zu verhindern und die Intervention der Flügelmächte gegen die Kräftekonzentration in der Mitte Europas zu vermeiden.

Machtpolitisch manövrierte Ministerpräsident Fürst Schwarzenberg Österreich 1850/51 in eine Sackgasse, so daß in der lebensnotwendigen Deutschlandpolitik andere Wege eingeschlagen werden mußten. Seitdem erschienen Wien wirtschaftspolitische Sachzwänge, wie sie von Preußen im Deutschen Zollverein geschickt gehandhabt wurden, als das zweckmäßigste Mittel zur Garantie der neuen Bundesinstitutionen, die Schwarzenberg vorschwebten. Eine Politik, die den Einbruch in den Zollverein, die Verdrängung Preußens aus seiner bisherigen Führungsstellung darin und die Verwirklichung des Listschen Systems anstrebte, hatte aus einer Kombination von Wirtschafts- und Marinepolitik zu bestehen. Handelsminister Bruck gewann Schwarzenberg für diese Methode zur Stabilisierung von Österreichs deutschen Fundamenten, wobei Duckwitz ihn aus Bremen unterstützte.

Karl Ludwig (Freiherr v.) Bruck (1798–1860), Kaufmann aus Elberfeld, hatte 1836 in Triest den „Österreichischen Lloyd" gegründet. 1848 vertrat er Triest in der Paulskirche, wurde Vorsitzender des Marineausschusses und österreichischer Vertreter beim Reichsverweser. 1848–51 leitete er das Handels-, 1855–60 das Finanzministerium Österreichs.

Zunächst setzte ein zähes Ringen um das Schicksal der deutschen Flotte ein. Als Schwarzenberg sie weder in der Form einer allgemeinen Bundeseinrichtung noch als gemeinsamen Besitz des „dritten Deutschland" oder der Nordseeuferstaaten seinem Mitteleuropapakt dienstbar machen konnte, sorgte er für ihre Aufhebung, um sie nicht in preußische Hand fallen zu lassen.

Auch die Handelspolitik Wiens scheiterte. Im Abwehrkampf gegen das „70-Millionen-Reich" riskierte Preußen eine gefährliche Krise. Es löste den Zollverein auf. Sein maßgeblicher Wirtschaftspolitiker, Rudolph (v.) Delbrück (1817 bis 1903), konnte überzeugender für das von den Mittelstaaten bevorzugte Freihandelsprinzip eintreten als Bruck und seine Nachfolger, denen die protektionistisch gesonnene österreichische Industrie in den Rücken fiel. Der Zollverein wurde unter den Konditionen Preußens für 12 Jahre wiederhergestellt, und Österreich mußte im Februar 1853 auf einen handelspolitischen „Waffenstillstand" eingehen, der bis 1859/60 befristet wurde.

Zweiter Anlauf 1853–1866

Die Niederlage seiner deutschen Handels- und Marinepolitik erkannte Österreich nur als vorläufig an. Bruck war entschlossen, weiterhin mit dieser Kombination gegen Delbrück anzutreten, um 1865 die Revision des preußisch bestimmten Zollsystems zu erreichen und Österreichs Vorrang in Deutschland durchzusetzen. In der Pause, die bis zum zweiten Gang der Wirtschaftsverhandlungen eintrat, machte er seinen Einfluß geltend, damit die andere politische Waffe, die Marine, sorgfältig geschärft wurde. Österreich betrieb mit großem Eifer maritime Imagepflege und bemühte sich besonders um eine glaubwürdige Selbstdarstellung als „deutsche" Seemacht.

Nachdem die Italiener 1848 fast geschlossen gemeutert hatten, war die „Germanisierung" der österreichischen Marine, in Angleichung an die Nationalitätsstruktur der weitgehend bewährten Armee, für Wien dringend geboten. Seit 1850 wurde sie vom neuen Oberbefehlshaber, Vizeadmiral Dahlerup (Hans Birch Freiherr v. D., 1790–1872; 1849–51 aus dänischem Dienst in den österreichischen übergetreten), schroff vorangetrieben. Unter dem Gesichtspunkt der Deutschlandpolitik wurde die militärisch notwendige Entwicklung forciert. Das Marineoffizierkorps wurde vor allem mit Deutschen und Deutschösterreichern neu formiert. In einem Prozeß voller Härte und individueller Ungerechtigkeiten trat bis Ende 1858 die deutsche Dienstsprache an die Stelle der italienischen. Um den Einfluß der Italiener weiter auszuschalten, wurde seit 1849 anstatt Venedigs das istrische Pola zum Hauptkriegshafen ausgebaut. Die deutsche Prägung der österreichischen Marine wurde zur Lebensaufgabe eines jüngeren Bruders des Kaisers, des Erzherzogs Ferdinand Max.

Ferdinand Max (1832–1867) trat 1851 in die Marine ein, wurde 1853 Korvettenkapitän und 1854 Konteradmiral. 1854–62 war er Marineoberkommandant, 1857–64 zugleich Generalgouverneur über (Lombardo-) Venetien. 1863 nahm er die mexikanische Kaiserkrone an, regierte jedoch im Grunde nur als Marionette Napoleons III., der sie geschaffen hatte. Nach dem Rückzug der Franzosen brach seine Monarchie schon 1867 zusammen. Kaiser Maximilian I. wurde in Querétaro von den siegreichen Republikanern (Benito Juárez) füsiliert.

Ferdinand Max arbeitete mit dem befreundeten Bruck zusammen und wirkte aktiv in dessen Sinn. Neben der Einstellung von Offizieren der aufgelösten deutschen Flotte, z. B. Brommys, unternahm die österreichische Marine weitere auf die deutsche Öffentlichkeit bezogene Schritte. 1856 bereiste die Korvette „Radetzky" die Nordsee mit dem Auftrag, die „Germanisierung" der k.k. Marine und ihre Funktion als neue „deutsche Flotte" zu propagieren. Im folgenden Jahr wurde die Fregatte „Novara" zu einer Weltreise entsandt, mit der Weisung an ihren Befehlshaber Wüllerstorf-Urbair (1816–83), den Deutschen in Übersee den Eindruck zu vermitteln, daß Österreich ihre Schutzmacht sei; die Expedition endete mit einem großen Erfolg in diesem Sinn. Gleicherweise wirkte um dieselbe Zeit in Südamerika und Westafrika die Korvette „Carolina". Grundsätzlich befahl Ferdinand Max seinen Kriegsschiffen inner- und außerhalb des Mittelmeers, sich aller Deutschen anzunehmen. So schützte 1862 während einer Revolution in Griechenland eine österreichische Flottenabteilung deutsche Leben und Besitztümer. Ihren spektakulärsten Einsatz im Dienst vordergründig deutscher Interessen führte die k.k.-Marine 1864, im zweiten deutsch-dänischen Krieg durch.

Ohne Rücksicht auf die geringe Kampfkraft der zum Einsatz bestimmten Schiffe entsandte Österreich im Frühjahr 1864 einen Flottenverband auf den Kriegsschauplatz. Als Aufgabe war ihm gestellt, „um jeden Preis" die Blockade der deutschen Nordseeküste zu brechen. Da die Hauptmacht unter Konteradmiral Wüllerstorf-Urbair aus technischen Gründen nur langsam aufmarschierte, griff der Führer der Vorausabteilung, Kommodore Tegetthoff, die Dänen bei Helgoland weisungsgemäß allein an. Ob Tegetthoff als taktischer Sieger bezeichnet werden darf, ist äußerst fraglich. Doch erzielte er mit seiner draufgängerischen Aktion im Sinn seines Generalauftrages einen ungeheuren Erfolg. Die österreichischen Besatzungen „wurden die Lieblinge des ganzen deutschen Volkes und überall begeistert aufgenommen" (Schmalenbach).

Eine andere Wirkung, als den preußischen Rivalen anzustacheln, blieb der österreichischen Marine auf dem deutschlandpolitischen Feld letztlich versagt. Ihre konkrete Aufgabe lag in einem anderen Bereich, denn Österreichs Großmachtstellung beruhte auch auf dem Besitz seiner reichen oberitalienischen Provinzen. Wohl oder übel hatte die „deutsche" Marine vorzugsweise mit dem Schutz des österreichischen Seehandels weniger national-deutsche als vielmehr national-italienische Handels- und Reedereiinteressen zu wahren. In offiziösen Blättern ließ deshalb Österreich auch seinen Aufstieg „zur ersten Seemacht Italiens" preisen, als sich nach dem Krimkrieg das Risorgimento ankündigte. Nach der Niederlage von 1859 erhielt die Marine die Stoßrichtung gegen den neu entstandenen italienischen Nationalstaat, mit dem Österreich in einen Rüstungswettlauf zur See eintrat.

Alles, was bis zu dieser Stelle zur deutschen und italienischen Mission der k.k. Marine gesagt wurde, schließt dritte Aufgaben nicht aus. Sie traten z. B. während des Krimkrieges für rein österreichische Zwecke auf. Vollends fällt der Höhepunkt der österreichischen Seekriegsgeschichte, die Seeschlacht von Lissa, aus dem dargestellten Funktionsgerüst heraus. Die Schlacht fand statt, als Österreich sowohl seine deutsche als auch seine italienische Rolle bereits endgültig ausgespielt hatte.

Nach der zweiten Niederlage bei Custoza, der der Sieg des preußischen Alliierten bei Königgrätz gegenüberstand, fürchtete Italien, den vertraglich bereits sicheren Gewinn Venetiens als beschämende Gnadengabe entgegennehmen zu müssen. Die italienische Flotte griff deshalb die Insel Lissa an, die als Basis zur Eroberung Dalmatiens dienen sollte. Dieser Aufmarsch forderte die Österreicher heraus. Tegetthoff, inzwischen Konteradmiral und Befehlshaber der Flotte, griff die überraschten und kopflosen Italiener sofort an. Anstatt sich wie bei Helgoland schwerpunktmäßig auf das „klassische" Artilleriegefecht mit dem überlegenen Gegner einzulassen, befahl Tegetthoff, die italienischen Schiffe durch Rammstöße zu versenken. Der berühmte Angriff seines Flaggschiffs „Erzherzog Ferdinand Max" auf das italienische Flaggschiff „Re d'Italia", das binnen zweier Minuten vernichtet wurde, entschied die Schlacht für Österreich.

Der Steiermärker Wilhelm Freiherr von Tegetthoff (1827–71) war, als er 1840 in das Kadettenkollegium zu Venedig eintrat, einer der wenigen deutsch-österreichischen Marineoffizierszöglinge. Ferdinand Max wurde früh auf den fähigen Offizier aufmerksam und förderte ihn nach Kräften. 1857 erkundete T. mögliche Kriegs- und Handelsstützpunkte im Roten Meer. 1861–64 befehligte er in der Levante und in der Nordsee (s. o.). 1864 Konteradmiral, 1866 Vizeadmiral, wurde er 1868 Marineoberkommandant und Chef der Marinesektion des Reichskriegsministeriums.

Nach dem Abflauen der Weltwirtschaftskrise von 1857/58 versuchte Bruck erneut den Zollverein aufzubrechen. Mit dem Angebot des Freihandels setzte er im Sommer 1858 auf der Zollkonferenz in Hannover alles auf eine Karte. Obwohl Bruck sich gegen die österreichische Industrie bei Kaiser Franz Joseph durchsetzen und das Angebot an den Zollverein aufrechterhalten konnte, brach seine Strategie nach der Niederlage von 1859 in Italien zusammen. Österreichs „wirtschaftlicher Kredit war durch die Verluste in Oberitalien zerstört" (Böhme). Seinen weiteren wirtschaftspolitischen Ansätzen war jetzt der Mißerfolg vorausbestimmt. Preußen verbündete sich 1862 wirtschaftlich mit Frankreich und zog den Zollverein in den westeuropäischen Freihandelsverbund. Österreichs Versuch, durch die Kombination wirtschafts- und marinepolitischer Faktoren seine

Stellung in Deutschland aufzubauen, die die Voraussetzung seiner inneren Stabilität und damit die Basis seiner Qualität als dauerhafte Großmacht darstellte, war gescheitert.

Wien sah die Lage für so kritisch an, daß es sogar mit der deutschen Verfassungsbewegung paktierte und 1863 einen großen Anlauf zur institutionellen Bundesreform unternahm. Seine Aktivität gewann ein derartiges Ausmaß, daß das marinepolitisch unterliegende Preußen schließlich die Entscheidung der Waffen anrief. Österreichs Versuche, durch Wirtschafts-, Verfassungs- oder Machtpolitik in Deutschland festen Fuß zu fassen, sind alle mißlungen, Nur seine Marinepolitik wies Erfolge auf; allein konnte sie jedoch nichts nützen, und es gelang dem Sieger von 1866 bald, sie vergessen zu machen.

b. Preußens Marine- und Deutschlandpolitik

Die Flotte im konservativen Preußen 1849–1859

Nur eine vorübergehende militärpolitische Situation hatte Preußen 1848 veranlaßt, eigene maritime Streitkräfte aufzustellen: das Engagement für Schleswig-Holstein, wo es die revolutionäre Entwicklung kontrollieren wollte. Nach der Beendigung des dänischen Krieges wußte die Regierung nichts Rechtes mehr mit ihren 42 Ruderkanonenbooten und 5 größeren Ergänzungsschiffen anzufangen.

Neben die „Amazone“ war 1850 die Segelkorvette „Mercur“ getreten, ein 1846 gebautes Seehandlungsschiff von 850 t, 157 Mann und 6 × 26-Pfündern. Aus der Reichsflotte erwarb Preußen 1852 „Gefion“/„Eckernförde“ und „Barbarossa“. Größtes preußisches Kriegsschiff war die 1850 gebaute Radkorvette „Danzig“ mit 1920 t, 220 Mann und 12 × 68-Pfündern.

Von einer über den Küstenschutz hinausgehenden Hochseeflotte war nie ernsthaft die Rede gewesen. Preußen neigte seit langem dazu, diese Aufgabe an ein größeres Ganzes abzutreten, an einen Flottenbund oder an das vereinigte Deutschland. Prinz Adalbert, der im Mai 1849 zum Oberkommandierenden der preußischen Flotte ernannt worden war, glich dem Rufer in der Wüste, als er auf die Übernahme der Seemachtrolle durch Preußen drängte.

Heinrich Wilhelm Adalbert, Prinz von Preußen (1811–1873), war ein Vetter Friedrich Wilhelms IV. und Wilhelms I. Die ihm 1831 angetragene Königskrone Griechenlands lehnte er ab. Die selbstverständliche militärische Laufbahn (1846 Generalleutnant) führte ihn 1832 zur Artillerie, deren Generalinspekteur er 1847 wurde.

Für die See interessierte sich A. von früh an und studierte in den 30er Jahren die holländischen, englischen und russischen Marineverhältnisse an Ort und Stelle. Bei der Bildung der Seewehrkommission von 1835/36 wurde er nicht berücksichtigt, schloß sich aber aus eigenem Antrieb als Berater an und bekämpfte ihren Schlußbericht. 1842/43 reiste er auf einer sardinischen Fregatte zum Staatsbesuch nach Brasilien.

1848/49 übernahm A. den Vorsitz der preußischen Küstenverteidigungskommission, kommandierte die ausgerüsteten preußischen Seestreitkräfte, und präsidierte der deutschen Technischen Marinekommission. 1853–70 war er Oberbefehlshaber der preußischen bzw. norddeutschen Marine. 1853 wurde er – obwohl er kein Seemann war – „Admiral der preußischen Küsten", 1859 „Admiral". 1872 zog er sich auf den Ehrenposten eines Generalinspekteurs der Marine zurück.

Den Angriff Brucks auf die wirtschaftliche Führungsstellung in Deutschland versuchte Preußen mit der gleichen Kombination von Handels- und Marinepolitik zu parieren, die Österreich als Waffe einsetzte. Im Herbst 1851 gelang es ihm gegen hohe finanzielle Zugeständnisse, Hannover und Oldenburg als erste Nordseestaaten in den Zollverein zu ziehen. Nun unternahmen die drei Staaten lebhafte Versuche, die deutsche Marine in irgendeiner Form unter die Verfügungsgewalt des Zollvereins zu bringen. Im Bund mit den zwar dem Zollverein angehörenden, aber zahlungsunwilligen Mittelstaaten vereitelte Österreich sie schließlich. Da das Angebot Brucks auf dem Tisch lag, den Handel der Mittelstaaten, wenn sie ihn nach Triest umlenken würden, zollpolitisch zu begünstigen und ohne Kosten für sie durch die k.k. Mittelmeerflotte zu sichern, sah sich Preußen Mitte 1852 gezwungen, endlich doch eine Kriegsmarine zu schaffen. Wenn es seine wirtschaftliche Führungsstellung wahren wollte, dann mußte es wohl oder übel den Schutz des mittelstaatlichen Handels, der durch die deutschen Nordseehäfen lief, auf sich nehmen oder wenigstens den Eindruck erwecken, daß es ernsthaft dazu willens sei.

Die preußische Regierung hatte, als sie diese Erkenntnis in die Tat umsetzen wollte, schwere innenpolitische Widerstände zu überwinden. Das bürokratische Regime des Ministerpräsidenten Otto v. Manteuffel beruhte auf der Zustimmung der konservativen Kräfte, denen der Blick für die eigentliche Funktion der Marinefrage und deren letztlich machtpolitische Zusammenhänge fehlte. Eine große preußische Flotte erschien den Konservativen, wenn sie standesgemäß in militärischen Kategorien dachten und über das Kriegsbild diskutierten, als Luxus. Öffentliche Ausgaben zum Schutz von privatem Eigentum hielten sie, worauf ihr Standesgenosse Bismarck noch 20 Jahre später beharrte, für unmoralisch; den volkswirtschaftlichen Faktoren, die über ihren engsten Interessenhorizont hinausgingen, standen sie ebenso verständnislos gegenüber wie der großen Politik. Andererseits besaß die Haltung der Konservativen zur Marinefrage eine gewisse Ähnlichkeit mit ihrem Urteil über den Verzicht auf die Führung in Deutschland, den sie an sich begrüßten, wegen der Form einer Niederlage gegen Österreich („Olmütz") aber doch als Demütigung empfanden: der Kaiserstaat hatte die preußische Marinepolitik ebenso spektakulär zunichte gemacht – so stellte sich die eigene Flotte plötzlich als Angelegenheit der Ehre dar. Die Verantwortung für die Auflösung der vorhandenen Flotte wollte deshalb seit 1852 zwar niemand übernehmen, aber um ihr Ausmaß und ihre Gestalt wurde in Charlottenburg gerungen.

Im Juni 1853 erwarb Preußen von Oldenburg einige Morgen Marschland am Jadebusen zum Bau eines Kriegshafens. Geschickt ließ Preußen sich verpflichten, bis 1856 eine höhere Summe in Bauten zu investieren sowie den Schutz der oldenburgischen Schiffahrt zu übernehmen. Manteuffel stellte den Bau des Jadehafens öffentlich als Maßnahme zugunsten des Zollvereins, als Selbstverpflichtung Preußens zum Schutz des Seeverkehrs über die Nordsee, dar und erweckte, von lebhafter Akklamation aus Landtag und deutscher Öffentlichkeit begleitet, bei jedermann den Glauben, daß dem baldigen Ausbau der Flottenbasis auch die baldige Ausrüstung einer zum Handelsschutz fähigen Flotte folgen werde.

Aber der Jadehafen sollte eineinhalb Jahrzehnte lang nur der zollvereinspolitische Wechsel auf eine vage angedeutete seemilitärische Zukunft Preußens bleiben. Denn in Wirklichkeit hatten die den König als eigentliche Regierung „beratende", politisch unverantwortliche Kamarilla und die Marinemilitärs eine Konzeption durchgesetzt, in der die deutschlandpolitische Funktion ganz am Ende rangierte. Ein von der Marine im Lauf von zwei Jahren selbst ausgearbeiteter Flottengründungsplan, dem der König am 19. April 1855 Verbindlichkeit verlieh, sah den Bau einer für den Kampf in der Ostsee bestimmten Linienschiffsflotte vor. Auf Blockadebruch und Handelsschutz wurde kein Wert gelegt. Das Ziel der Flotte war irgendein Sieg im „rangierten Gefecht"; ihr Zweck war die „Stellung eines Seestaates" für Preußen, die nach Meinung Prinz Adalberts allein an der Zahl der Linienschiffe gemessen würde; das Ausmaß, für das die Stärke der anglo-französischen Baltischen Expedition des Krimkrieges als Anhalt genommen wurde, sollte den Status einer „Flotte zweiten Ranges" garantieren. Friedrich Wilhelm IV. befahl die strengste Geheimhaltung der Konzeption, deren Bekanntwerden dem aktiven Österreich einen großen Vorteil in der Zollvereins- und Deutschlandpolitik verschafft hätte.

Zur Abschirmung von der Armee, die eine Flotte für nebensächlich hielt, wurde die Marine 1853 auf das Drängen Prinz Adalberts hin aus der Zuständigkeit des Kriegsministeriums ausgegliedert. In der „Admiralität" erhielt sie eine eigene oberste Kommando- und Verwaltungsbehörde, deren Leitung Ministerpräsident Manteuffel selbst übernahm. Die Erledigung der laufenden Geschäfte fiel verdientermaßen Prinz Adalbert zu. Mit der Personalunion von Ministerpräsidium und Admiralität bezweckte der Politiker Manteuffel, die Marine vor der einseitig militärischen Ausrichtung durch den Prinzen zu bewahren, die sich bereits in früheren Konzeptionsentwürfen angedeutet hatte. Denn während Prinz Adalbert um die Anerkennung der Marine als gleichrangige, vom rein militärischen Geist beseelte Teilstreitkraft kämpfte und ihr Einsatzprinzipien und -felder zuwies, die es ihr erlaubten, die Armee zu beeindrucken, dachte Manteuffel an die Wirkung auf die deutsche Öffentlichkeit, die die Marine gerade nicht als Domäne der konservativen Militärs wünschte.

Die preußische Regierung stand also vor dem Dilemma, zwischen zwei aufeinanderprallenden Zielsetzungen lavieren zu müssen. Sie hatte zu überspielen, daß sie aus politischer Vernunft genau die Absicht verfolgte, die die hinter ihr stehenden gesellschaftlichen Kräfte verabscheuten. Zwei Umstände begünstigten sie bei ihrem Täuschungsmanöver: der Mangel an Werftkapazität und erfahrenen Seeoffizieren gaben ihr einleuchtende Argumente in die Hand, um vorläufig entgegen der amtlichen, von den Militärs durchgesetzten Konzeption, auf eine Flotte hin rüsten zu können, deren Aufgabenkatalog im deutschlandpolitisch relevanten Schutz des Seehandels gipfelte.

In der preußischen Marine dominierten die Korvetten verschiedenen Formats, weil größere Schiffe in Preußen nicht gebaut werden konnten und Regierung und Landtag vor umfangreichen Schiffskäufen im Ausland zurückschreckten. Korvetten dienten im ausgehenden Holz- und Segelschiffszeitalter als Aufklärer und Handelsschutzkreuzer, womit die Fähigkeit der preußischen Flotte aus materiellen Gründen beschränkt wurde. Weiterhin mußte die Ausrichtung auf die Ostsee, mit der erklärten Absicht, die vereinigten Flotten der skandinavischen Staaten schlagen zu können, noch lange Zeit aus personellen Gründen zurückgestellt werden. Denn während Österreich den Offizieren der aufgelösten deutschen Flotte gern Stellen anbot, hütete sich das für die Personalfragen der Marine zuständige preußische Militärkabinett, mehr als einige ausgewählte Männer zu übernehmen und dadurch die konservative Abneigung gegen die der Revolution entwachsene Marine zu bestätigen. Da das Militärkabinett nun den personellen Engpaß schnell überwinden wollte, ohne auf Handelsschiffsoffiziere zurückzugreifen, war es auf die Anstellung ausländischer Offiziere als „Entwicklungshelfer" angewiesen. Es gelang ihm nur in Schweden, eine entsprechende Anzahl von Seeoffizieren zu werben. Natürlich ließ sich mit diesen keine Linienschiffsflotte gegen Skandinavien aufbauen.

Manteuffel konnte das ihm von den Konservativen und Soldaten aufgezwungene Hauptelement der preußischen Marinekonzeption somit zurückstellen und als bloße Maxime abtun.

Autonomie des militärischen Willens

Die Emanzipation vom Kriegsministerium hatte Manteuffel mit einem weiteren Hintergedanken betrieben. Schon 1852 hatte er erfahren, daß die Marine unter den Fittichen der Armee gelernt hatte, sich als Selbstzweck zu betrachten, wie es der zivil-militärische Dualismus der preußischen Staatsstruktur nahelegte. Schon die kleine Marineabteilung hatte sich, von Kriegsminister v. Bonin gedeckt, erfolgreich dagegen gewehrt, als Instrument des zivilen Sektors zu dienen und andere als selbstgewählte, primär militärische Aufträge auszuführen. Um zivile Anliegen kümmerte sie sich nur dann, wenn sie in ihre Pläne paßten.

Die Marine verspürte Mitte 1852 das Bedürfnis nach einer größeren Übungsfahrt. Sie berief sich auf Wünsche des Hamburger Reeders William O'Swald und der „Deutschen Kolonialgesellschaft für Mittelamerika", die das Auftreten preußischer Kriegsschiffe im Golf von Guinea bzw. in der Karibischen See nahelegten. Manteuffel war die Prestigewirkung, der Marine die Übungsfunktion recht; die notwendigen Gelder wurden spontan gefunden, und so bereiste 1852/54 der Kern der preußischen Flotte die fraglichen Gewässer.

Als dagegen Manteuffel Ende 1853 um die Erledigung eines rein politischen Auftrags in Chile bat, verweigerte sich die Marine.

Ihren vorläufigen Höhepunkt erreichte die militärpolitische Autonomie der Marine, nachdem marokkanische Piraten, halbsouveräne Rifkabylen, eine Stettiner Brigg geplündert hatten. Umgehend beantragte Manteuffel eine Strafexpedition gegen den schwachen Landesherrn der Räuber. Die Finanzierung des Unternehmens, das die beteiligten Ressorts als notwendige Kompensationshandlung für das österreichische Vorgehen von 1829 empfanden, wurde bei aller Geldnot auch hier sofort sichergestellt. Von der Furcht besessen, daß England den Sultan zum vorzeitigen Nachgeben veranlassen und die preußische Marine um die Gelegenheit zu „glänzenden Effekten" und den Beweis ihres praktischen Nutzens bringen könnte, wie er sich ausdrückte, bereitete Prinz Adalbert die Expedition mit Elan vor. Die Möglichkeit einer kriegerischen Seeaktion mit einem preußischen Prinzen an der Spitze – er sah Erzherzog Friedrich vor sich, der 1840 seinem österreichischen Landungskorps voran Akkon erstürmt hatte – packte ihn derartig, daß er mit beredten Worten die deutschlandpolitische Wirkung eines Angriffs auf Tanger und Mogador beschwor. Doch schon bald stellte Manteuffel fest, daß die europäischen Mächte jede Unterstützung zur überproportional bombastischen Wiedergutmachung einer Lappalie verweigerten; das Unternehmen wurde abgeblasen. Vielleicht läßt sich die Ausformulierung der preußischen Marinekonzeption mit ihrer Schwerpunktverlagerung auf die Ostsee mit als Trotzreaktion des Prinzen auf das „Versagen" der Politiker verstehen. Im übrigen blieb Prinz Adalbert fest entschlossen, die „verletzte Flaggenehre" an den Kabylen zu rächen. Fast vier Jahre nach dem längst vergessenen Seeraub benutzte er die Gelegenheit einer Mittelmeerreise der Radkorvette „Danzig", um bei Kap Tres Forcas zu landen und ihnen ein blutiges Gefecht zu liefern (7. August 1856).

„Es waren nicht die heitersten Mienen, deren der ‚unternehmende Vetter' sich bei der Rückkehr in die Heimat zu versehen hatte ...", erinnerte sich ein Gefechtsteilnehmer, der spätere Admiral Batsch. Aber die preußische Marine, die voller Minderwertigkeitskomplexe gegenüber der österreichischen Marine und der preußischen Armee steckte, bezog aus der kleinen Kampfhandlung ungeheuer viel Selbstbewußtsein. Die Admiralität begann sogleich, Pläne für eine große Invasion und die Umwandlung Marokkos in ein von Deutschen kolonisiertes „preußisches Algerien" auszuarbeiten, doch verschleppte Manteuffel dieses unrealistische Projekt erfolgreich. Die militärische Führungsspitze der Marine fühlte sich nun in der Annahme, in der Marokkoangelegenheit eine Grunderfahrung gewonnen zu haben, gerechtfertigt und legte den „Erfolg" der Eigenmächtigkeit als Maßstab für die künftige Beurteilung politischer und militärischer Wünsche an. Nicht einmal die Leitung der Marine durch den Ministerpräsidenten selbst vermochte an der Autonomie des Apparats etwas zu ändern. Auf Drängen seines engsten Mitarbeiters, Korvettenkapitän Jachmann, setzte Prinz Adalbert als Krönung der Autonomiebestrebungen 1859 die Verselbständigung der Flotte gegenüber der Admiralität durch.

Das Marinekonzept der „Neuen Ära"

Obwohl ein eindeutig formuliertes Konzept der Marine vorlag, sah Manteuffel jahrelang keinen Anlaß, die gegenläufige Richtung seiner auf den Zollverein zielenden doppelbödigen Flottenpolitik zu korrigieren. Statt der Linienschiffe ließ er einige Avisos, einige Schoner und die Schraubenkorvetten „Arcona“ und „Gazelle“ bauen sowie gegen zwei Küstenfahrzeuge die Segelfregatte „Thetis“ eintauschen. Von der „Arcona“-Klasse sollten mehrere Einheiten gebaut werden, doch wurden drei weitere erst 1860–66 auf Stapel gelegt. Mehr Mittel forderte er beim Landtag einfach nicht an; dieser spielte unbewußt mit, indem er über die hohen Forderungen für den Bau des Jadehafens stöhnte und seit 1853 mehr Geld nur unter der Bedingung bewilligen wollte, daß ihm ein detaillierter Flottengründungsplan vorgelegt würde. Da wurde Manteuffel durch die Erschütterung seiner Position seit dem Regierungsantritt des Prinzen von Preußen zu einem Kurswechsel im Bündnis mit den Soldaten bewogen. In einer Denkschrift gab seine Admiralität einen Überblick über die seemilitärische Lage angesichts der Chance eines Krieges gegen Dänemark ab.

Reine Landoperationen ohne Unterstützung und Sicherung von der Seeseite her seien, folgerte die Admiralität aus den Feldzugserfahrungen von 1848/49, in Jütland aussichtslos. Die Unterstützung durch ein österreichisches Geschwader betrachtete sie als „schwerlich wünschenswerte Hilfe“. Deshalb müsse sofort zum Kauf von Linienschiffen in England oder den Vereinigten Staaten geschritten werden. Die Ausrüstung der Schiffe hielt sie für in einzelnen deutschen Nord- und Ostseehäfen technisch durchführbar; als wertvollstes Objekt der anfänglichen und als Basis der weiteren Kriegführung wurde Kiel genannt, der Idealhafen der preußischen Ostseeflotte.

Obwohl Außenminister v. Schleinitz die grundsätzliche Nützlichkeit der Anträge bejahte, verneinte er allerdings ihre Aktualität. Den Prinzregenten Wilhelm beeindruckten dagegen die Ausführungen der Admiralität; er sprach sich dafür aus, zur finanziellen Abdeckung der befürworteten Maßnahmen eine Anleihe aufzulegen.

Handelsminister v. d. Heydt erkannte, daß eine Grundlage der preußischen Zollvereinspolitik durch diese Entscheidung zugunsten Ostsee und Schlachtflotte sozusagen „ins Schwimmen“ geriet. Alarmierend mußte auf ihn wirken, daß Konsularagenten und der bremische Ministerresident in Washington sich zu Beratungen darüber trafen, ob und wie der Norddeutsche Lloyd bei Kriegsausbruch unter den Schutz der US-Flagge zu stellen sei. In einem Gegenvotum suchte er die Argumente der Admiralität zu entkräften.

Es sei vollkommen richtig, daß die dänische Flottenstärke als Maß für die preußische genommen werde, meinte er, aber sei denn die Sicherheit gegeben, daß sich die Dänen einer überlegenen Linienschiffsflotte zur Vernichtung stellen würden? Seien tiefgehende Einheiten überhaupt in der Lage, Kopenhagen zu forcieren? Sei es nicht besser, eine größere Anzahl von Schiffen mittlerer Größe zu beschaffen, die auch für andere als die dänischen Kriegszwecke eingesetzt werden könnten? – Fragen, die die Soldaten verdrängt hatten, um zu großen Schiffen zu kommen!

Immer im Hinblick auf Seehandel und Zollverein dachte Heydt zuerst an Einsätze in Übersee. „Noch in den letzten Jahren“, klagte er, „– in Jahren des Friedens – hat darauf verzichtet werden müssen, auch nur einzelne Schiffe der Königlichen Marine zu auswärtigen Entsendungen, welche im Interesse der Erweiterung unserer Handelsbeziehungen von Nutzen gewesen wären, in Dienst gestellt zu sehen ..." Die Admiralität behauptete in ihrer Replik, daß dieser bedauerliche Zustand keineswegs von einer fehlenden Bereitschaft herrühre, entsprechende Schiffe zu bauen, sondern allein von den unzureichenden Geldmitteln. Aus Landtagskreisen, von der liberalen „Wochenblattpartei", hörte man freilich, daß der Marine im Lauf der Jahre schon erhebliche Summen bewilligt worden seien, die sie durch Fehlinvestitionen und Überbürokratisierung verschleudert hätte: Millionen von Talern seien „fast spurlos im Meer verschwunden". Der Finanzminister legte sein Veto gegen jede Flottenvermehrung ein und ließ durchblicken, daß ihm, falls die Rüstung auf die Dauer nicht zu umgehen wäre, das Konzept des Handelsministers am plausibelsten erschiene.

Vom Mehrheitsvotum ließ der Prinzregent sich überzeugen. Die Prioritäten im Flottenbau wurden umgetauscht: Handelsschutz vor Schlachtflotte. Um den Einfluß Prinz Adalberts auf die weitere Flottenrüstung auszuschalten, benutzte man geschickt dessen Autonomiewünsche und spaltete die Admiralität in zwei gleichberechtigte Behörden auf: das „Oberkommando" unter dem Prinzen, dem man die unangefochtene Verfügung über die tatsächlich schwimmenden Teile der Marine zugestand, und die „Marineverwaltung" unter Vizeadmiral Schröder. Entsprechend der Aufgabenstellung kam, bei allen persönlich guten Beziehungen der Prinzen Wilhelm und Adalbert zueinander, dem für den Flottenbau zuständigen Schröder das Prä und die Vertretung der Marine vor dem Staatsministerium zu. Den Anspruch Prinz Adalberts, aus seiner abgeschirmten, aber ambivalenten Position heraus auch noch an der Bauplanung mitzuwirken, konnte Schröder leicht zurückweisen.

Jan Schröder aus Vlissingen (1800–1885) diente 1814–1846 in der niederländischen Kriegsmarine, die ihm vielseitige Erfahrungen vermittelte: vom Kanonenboot bis zur Fregatte, von Nordsee und Mittelmeer bis Indonesien (über ein Jahrzehnt Kolonialkommando), Friedens- und Kriegsverhältnisse. Er erreichte den Rang eines niederländischen Fregattenkapitäns. 1846 trat er als Navigationsdirektor in die preußische Marine über. Die Flotte befehligte er 1848–1854 von Bord aus, dann bis 1859 als Chef der Ostseestation. 1859 übernahm er die Leitung der Marineverwaltung, mußte jedoch nach schweren Konflikten mit Prinz Adalbert schon 1860 in Pension gehen.

Die Marineverwaltung erklärte, beide Komponenten der Seerüstung gleichmäßig fördern zu wollen. Daß bisher lediglich Korvetten gebaut worden waren, sei auf die Begrenztheit der technischen Möglichkeiten zurückzuführen. Von dem Flottengründungsplan, den er im Herbst 1860 vorlegte, behauptete Schröder, er sei nahezu identisch mit dem älteren, von Friedrich Wilhelm IV. genehmigten. Äußerlich veränderte er lediglich die Zahl der Fregatten, die er mit dem Argument verdoppelte, daß alle Seemächte mehr Fregatten als Korvetten besäßen. Obwohl er die Zahl der anderen gewünschten Schiffe im wesentlichen beließ, hatte Schröder in Übereinstimmung mit den Ministern und gegen Prinz Adalbert in Wirklichkeit die alte Konzeption auf den Kopf gestellt und der auf Ausgleich mit den nationalen und liberalen Kräften zielenden Politik der „Neuen Ära" angepaßt. Der Bau der Fregatten sollte nämlich sofort 1860 beginnen und durch Ankäufe im Ausland ergänzt werden. Der Ankauf eines Linienschiffs wurde für 1861/62, der Bau oder Ankauf der übrigen 5 aber erst ab 1864 in Aussicht gestellt. Unter Berücksichtigung der Bauzeiten hätte die preußische Flotte dann gut ein Jahrzehnt lang schwerpunktmäßig aus den schon 1855 zugestandenen, aber damals auf eine ferne Zukunft vertagten drei Überseegeschwadern (je 2 Korvetten und 1 Fregatte) nach amerikanischem Vorbild bestanden, plus einem Linienschiff, das den Erfolg bei überseeischen Kriegsexpeditionen „noch unzweifelhafter" machen sollte.

Die ostasiatische Expedition 1859–1862

Auch in Schröders Umkonzipierung der preußischen Flotte spiegelte sich lebendiges, historisches Geschehen wider: Preußens versuchter „Einstieg" in den Zweiten Opiumkrieg (1856–1860). Von der tagespolitischen Zielsetzung wurde die innen-, militär- und gesellschaftspolitisch vorgegebene Struktur fast widerstandslos zerbrochen: im März 1861 trat Prinz Adalbert dem neuen Rüstungsplan „mit Vertrauen und Hoffnung" bei. Der seltene Fall, daß in Preußen kurzfristiger militärischer Tatendrang und langfristige politische Überlegung – hier aufgrund außenpolitischer Vorgänge – das gleiche Objekt fanden, schlug voll durch.

Der Erste Opiumkrieg Englands gegen China (1839–1842) und die gewaltsame Öffnung Japans durch das Geschwader des amerikanischen Kommodore Perry (1853/54) hatten die ostasiatische Szenerie in Bewegung gebracht. Die Qualität einer Großmacht wurde seitdem nicht mehr allein am Auftreten in Europa, sondern auch an der Fähigkeit gemessen, sich im Fernen Osten zur Geltung zu bringen. An gesamtwirtschaftlichen Gesichtspunkten spielte die heutzutage nachträglich implizierte Hoffnung auf neue Märkte eine lediglich sekundäre Rolle, da allein England, der Inhaber des Opiummonopols, eine aktive Handelsbilanz gegenüber China aufwies. Handel und Reederei freilich, denen die Richtung des Warenstroms gleichgültig war, vertraten auch in Deutschland ihre Schutzwünsche lauthals.

Ihr anfängliches Interesse an Kolonisation, Auswanderung und Überseepolitik hatte die preußische Marine schnell vergessen; sie folgte den ostasiatischen Ereignissen mit geringer Aufmerksamkeit und ließ sich, ganz dem Schlachtflottenkonzept zugewandt, von privaten, öffentlichen und amtlichen Aufforderungen nach Beteiligung daran nicht beeindrucken. Erst als die Fernostreise der österreichischen Fregatte „Novara" in ganz Deutschland lebhafte Resonanz fand, während die Möglichkeit eines dänischen Krieges gleichzeitig schwand, änderte Prinz Adalbert die Blickrichtung und gab Kriegsschiffe für eine Expedition nach Ostasien frei.

Die preußische Regierung der „Neuen Ära" war sich bewußt, daß für ihr konsumierendes und produzierendes Land kein volkswirtschaftlicher Gewinn durch die Erleichterung von Handelsbeziehungen mit China und Japan zu erzielen war; im Rahmen der „moralischen Eroberungen" in Deutschland hielt sie es jedoch für unumgänglich, dem deutschen Seehandel durch machtvolles Auftreten „de jure“ die Gleichberechtigung in einem möglicherweise aussichtsreichen Wirtschaftsraum zu sichern. Immerhin stand vertragsgemäß die Revision der deutschen Zollverhältnisse mit ihren schwerwiegenden Folgen vor der Tür. Für machtpolitische Ziele war Preußen bereit, volkswirtschaftlich draufzuzahlen, nachdem es von Österreich durch den Propagandaerfolg der „Novara“ in Zugzwang gebracht worden war und seinerseits mit substantielleren Maßnahmen, als dem Erregen von Volksbegeisterung, reagieren mußte. Einhellig beschlossen Regierung und Marine, den Rivalen zu übertrumpfen und durch Entsendung einer Flotte die vertragliche Gleichstellung Preußens und seiner Zollvereinsklientel mit den anderen Großmächten zu erzwingen – möglichst in deren Windschatten, gegebenenfalls aber auch durch aktive Beteiligung am Zweiten Opiumkrieg.

In der Folge trat ein warmer Befürworter von ganz anderer Seite auf den Plan. Als Legationsrat Graf zu Eulenburg, der designierte Führer der Expedition, im März 1860 Paris besuchte, um sich mit den Leitern der anglofranzösischen Streitkräfte abzusprechen, benutzte Napoleon III. die Gelegenheit, um vielleicht Unterpfänder für eine engere französisch-preußische Allianz zu schaffen. Bereits 1857 hatte der Kaiser streng vertraulich und nur persönlich Bismarck mitgeteilt, daß er Flottenpläne mit dem Ziel, Preußen zu einer Seemacht zweiten Ranges zu machen, befürwortete, und hatte die Annexion Hannovers als Nordseebasis empfohlen. Im Frühjahr 1860 versuchte er gerade, Preußen durch ein großes Wirtschaftsabkommen an Frankreich heranzuführen, als ihm der Expeditionsplan eine Chance zur Vertiefung dieser möglichen Beziehung eröffnete. Soeben hatte England Frankreich zur Räumung der strategisch wichtigen Chusan-Inseln vor Schanghai gezwungen und es in aller Freundschaft vom Zentralraum Chinas auf Südvietnam zurückgeworfen. Nun ließ Napoleon Preußen über Eulenberg anregen, im Bunde mit Frankreich in Ostasien Kolonialpolitik zu betreiben und während der geplanten Expedition zunächst die Insel Taiwan zu besetzen. Der Kaiser kalkulierte, daß, ähnlich wie bei der Annexion Hannovers, die Behauptung des Raubes an China Preußen auf einige Zeit politisch und militärisch von Frankreich abhängig machen würde.

Während Schröder, der die Verhältnisse von seinen Kolonialkommandos her kannte, eine preußische Kolonialpolitik ebenso verwarf wie v. d. Heydt, der beim Blättern in der neueren Kolonialgeschichte die Amortisation für das Mutterland vermißte, wandten sich Prinz Adalberts Oberkommando ebenso wie Schröders eigener Apparat ihr mit Eifer zu. Die Unfähigkeit, das Expeditionsgeschwader termingerecht auszurüsten, kostete die Marineverwaltung die politische Oberleitung der Expedition, die dem anfangs ausgeschalteten, jetzt aber zur imperialistischen Neukonzipierung der Marine bekehrten Prinzen zufiel. Ministerpräsident Fürst Hohenzollern-Sigmaringen, Außenminister v. Schleinitz und Prinz Adalbert beantragten gemeinsam die Besitzergreifung einiger Punkte, die schon früher von Auslandsdeutschen angeregt worden war. Per Kabinettsorder vom 11. Mai 1860 befahl Prinzregent Wilhelm Kolonialpolitik im Stillen

Ozean und Südamerika. In der halbamtlichen Presse wurde die Öffentlichkeit mit ersten Hinweisen darauf vorbereitet, daß Preußen die Kolonisierung Taiwans plante. Das Echo war sehr positiv; jahrelang diente das Für und Wider einer Annexion der Insel als publizistischer Gesprächsstoff.

Prinz Adalbert, der treibenden Kraft, lag an der Kolonisation selbst nichts. In ihren Anfängen war die preußische Marine zwar geneigt gewesen, das Patronat über eine zielgerichtete deutsche Auswanderung zu übernehmen, und hatte Marinebeamte zu dem offiziösen Berliner Kolonisationsverein delegiert. Nachdem sie aber auf ein schwindelhaftes Unternehmen in Costarica mithereingefallen war, hatte sie sich zurückgezogen und seitdem auf militärstrategische Aspekte beschränkt. Kolonien forderte das Oberkommando deshalb nicht um der Ansiedlung oder Ausbeutung willen, sondern als Flottenstützpunkte. In Ostasien verlangte es einen Stützpunkt als Rückhalt des Verbandes, der Preußens großmächtige Präsenz zu dokumentieren und die Einhaltung der Verträge zu garantieren hatte, im Südatlantik suchte es, solange die neue Marinekonzeption gültig war, die Basis für einen Kreuzerkrieg gegen feindliche Handelsschiffe und Kolonien. Zivile Interessen, wie Ausweitung und Schutz des Seehandels, berücksichtigte Prinz Adalbert nach wie vor nicht; durch geschickte Verdrehung der neuen Konzeption versuchte er, der Marine den Geist der zweckfreien Aggressivität zu wahren, den sie zur Anerkennung als echt militärische Institution in Preußen nachweisen mußte.

Die vier Schiffe der Expedition liefen im Herbst 1859 aus und vereinigten sich, nach langen Zwischenaufenthalten in England zwecks Ausrüstung auf eigene Faust, im Sommer 1860 in Singapur zum Geschwader. Die kleine „Frauenlob“ ging im Taifun verloren. Da der Krieg inzwischen beendet und Eulenburg auf die schwachen eigenen Kräfte angewiesen war, benötigte man fast 1½ Jahre, um Japan, China und Thailand zu den gewünschten diplomatischen und Handelsverträgen zu überreden, die dann vom preußischen Landtag und der deutschen Öffentlichkeit enthusiastisch begrüßt wurden.

Trotz der lebhaften Förderung von Schreib- und Biertisch her unterblieben die gewünschten Annexionen. Zu Recht warnte Eulenburg davor, den Vertrag mit China durch Vertragsbruch einzuweihen. Außerdem ließen ihn der schlechte Zustand der Schiffe infolge der unvorhergesehen langen Verhandlungs- und Verweildauer und der Tod von fast einem Drittel der Expeditionsteilnehmer von der Gewaltanwendung zurückschrecken, die die Besetzung Taiwans erfordert hätte. Mit dem gleichen Argument befreite sich Kapitän z. S. Jachmann, Kommandant der in Einzelfahrt zurückkehrenden Segelfregatte „Thetis“, von dem Auftrag, die Inbesitznahme Patagoniens vorzubereiten. Mitte 1862 lagen Preußens paar Schiffe endlich wieder vereint in Danzig, und die Königliche Marine begann, ohne Stützpunkte in Übersee, eine neue strategische und Rüstungskonzeption zu entwickeln.

Mögen Regierung, Marineminister und Oberkommando nun beabsichtigt und geplant haben, was sie wollen, die Wirklichkeit der preußischen Marine sah in der Phase, in der ihr eine so große Rolle zugedacht war, materiell viel bescheidener aus. Über die alte Küstenschutzkonzeption kam sie nicht hinaus. Zwar erkannte man endlich die eindeutige Unbrauchbarkeit der kleinen Galeeren, die man 1848/49 angeschafft hatte, an. Aber man unternahm gerade so viel, daß sich das Gros der preußischen Flotte 1860–66 aus zwei Dutzend hölzernen Dampfkanonenbooten zusammensetzte, „Seeferkeln", wie der Gegner 1864 die ihm wenig schädlichen Schiffchen nannte. Preußens Marinepolitik bestand nicht mehr darin, mit der Flotte im Frieden politische Geschäfte zu machen, sondern darin, Finanzierungsquellen und Verstärkungen für sie aufzutreiben.

Diese Entwicklung setzte 1859 ein. Der italienische Krieg griff nur deswegen nicht auf den Deutschen Bund über, weil Österreich hastig den Waffenstillstand von Villafranca abschloß, um die versprochene preußische Hilfe nicht mit deutschlandpolitischen Zugeständnissen bezahlen zu müssen. Aber der Krieg stand vor der Tür, Mobilmachungen fanden statt, und die Anzeichen für die Beteiligung Dänemarks auf französischer Seite ließen die Gefahr eines neuen Seekrieges aufblitzen. Als wahrscheinlichste Kampfhandlung galt, neben der selbstverständlichen Blockade, eine dänisch-französische Landung in Norddeutschland – amphibische Operationen, wie sie soeben im Krimkrieg erprobt worden waren. Deutschland wäre ihnen hilflos ausgeliefert gewesen. So verfielen im Mai 1859 die Küste und die Regierungen der Uferstaaten in angemessene Panik.

Vom Staatsministerium aufgefordert improvisierte Admiral Schröder sofort einen neuen Rüstungsplan für den preußischen Küstenschutz. Er optierte für 20 Kanonenboote englischen Typs mit 60 Pferdestärken und 2 schweren Geschützen, veranschlagte 50000 Taler je Schiff und rechnete mit 10–11 Monaten Bauzeit. Die erforderliche 1 Million empfahl er durch Umwälzung aus dem für die Mobilmachung der Armee bestimmten Fonds zu beschaffen. In der Kabinettsorder vom 2. Juni 1859 folgte der Prinzregent Schröders Vorschlägen in allen Punkten. Der Bau lief umgehend an.

Die preußischen Dampfkanonenboote wurden in zwei Typen gebaut: 15 Einheiten der „Jäger"-Klasse („II. Klasse") mit 280 t, 41 m Länge, 40 Mann und 1 × 24- + 2 × 12-Pfündern; 8 Einheiten der „Chamäleon"-Klasse („I. Klasse") mit 420 t, 43 m Länge, 71 Mann, 1 × 24- + 2 × 12-Pfündern (= 15 bzw. 12 cm), bekanntestes Boot: „Meteor" (in Dienst gestellt 1865).

Während Preußen fieberhaft rüstete, blieb den Küstenstaaten die Einsicht in die eigene Schutz- und Hilflosigkeit. Tief verängstigt flehten die Hanseaten und Mecklenburg um preußische Protektion in Form eines Küstenschutzabkommens. Da es nicht einmal in der Lage war, sich selbst zu helfen, stellte sich Preußen zunächst taub. Im Lauf des November kam dann eine Küstenverteidigungs-Kommission, bestehend aus Moltke und vier anderen Generalen sowie Schröder und Prinz Adalbert, zu dem Schluß, daß Preußens diesbezügliche Anstrengungen für sich allein wenig wert seien, vielmehr der Küstenschutz ganz Norddeutschlands im ureigensten Interesse ihres Landes als organische Einheit betrachtet werden müsse. Jetzt entwickelte Berlin eilende Geschäftigkeit, denn es witterte darin zu Recht wertvolle Argumentationshilfen zur Verwirklichung seines Primatanspruchs nördlich des Mains, wenn es die These umkehrte und die Sorge um die eigene Sicherheit als Sorge um das Wohl der anderen deklarierte.

Im zweitgrößten Seeuferstaat, dem Königreich Hannover, wurden ebenfalls seit Frühjahr 1859 Erwägungen zur Küstenverteidigung mit eigenen Kräften angestellt. König Georg V. forderte von seinem Landtag erhebliche Summen für diesen Zweck und ließ bereits Küstenschanzen aufwerfen. Unter Führung des Liberalen Rudolf v. Bennigsen, dem Präsidenten des „Deutschen Nationalvereins", durchkreuzte ihm die Opposition die Rechnung. Bennigsen verurteilte die „Großmachtallüren" seines Landesherrn und verwies ihn an den Deutschen Bund oder einen zu begründenden Küstenschutzbund.

Die Marinepolitik der Welfenkönige wurde von zwei Leiterfahrungen bestimmt. Den Jadevertrag interpretierten sie als den Ansatz zu Preußens Vorherrschaft in der Deutschen Bucht, in deren Verwirklichung sie die „Einkreisung" Hannovers durch diese Macht vollendet sahen; ausdauernd sabotierten sie deshalb alle Schritte der Hohenzollern in Richtung Nordsee. Zugleich empfanden sie sich als die „Seekönige" Deutschlands, als die prädestinierten Führer einer deutschen Flotte. Mit Erbitterung hatte König Ernst August den Zerfall der Reichsflotte, deren Sache er – wenn auch unter gegensätzlichen politischen Vorzeichen – zur eigenen gemacht hatte, miterlebt. Hannovers Ideal war eine Bundesmarine, die analog dem in Bundeskorps gegliederten Bundesheer strukturiert gewesen wäre, und zwar in eine österreichische, eine preußische und eine „rein deutsche", selbstverständlich vom hannoverschen König kommandierte Teilflotte.

Als Nachrichten über die preußischen Pläne durchsickerten und die Anfragen der Küstenkleinstaaten bekannt wurden, steuerte Georg V. angesichts der Opposition im eigenen Land die Schaffung einer dreigliedrigen Bundesflotte an, wie sie 1851/52 im Gespräch gewesen war. Mit diesem Projekt hoffte er, die preußischen Absichten unterlaufen und zu seinen Gunsten verdrehen zu können.

Die beiden gegensätzlichen Initiativen trafen auf eine günstige Konstellation: von „oben" gezähmt und kontrolliert, benutzt und gesteuert und dennoch von Eigengewicht, bahnte sich Ende der 50er Jahre in Deutschland eine neue nationalliberale Revolution an. Diesmal bemühten sich alle Beteiligten, Regierungs- wie Oppositionspolitiker, eine Explosion zu verhindern und den Kräftestau evolutionär abzuleiten, aber vermeiden ließen sich Konzessionen nicht mehr. Denn simple Repression des Selbstverständlichen wäre wie im Vormärz als Autoritätsverlust auf die Regierungen zurückgeschlagen, ebenso wie totale Obstruktion auf die Repräsentanten der deutschen Volksbewegung. Mit der Reaktualisierung des „Zeitgeistes" lebte auch der ideologisch damit verklammerte Navalismus wieder auf.

Die deutschen Mittelstaaten beobachteten die Entwicklung voller Sorge. Unter Führung des sächsischen Ministerpräsidenten, des Freiherrn von Beust, beriet eine Gruppe von ihnen auf einer ersten Konferenz in Würzburg Placebos über eine Ablenkungsstrategie. Zwecks Beschwichtigung des Nationalismus verfielen sie darauf, den deutschen Navalismus durch Maßnahmen zur Küstenverteidigung abzuschotten, wie Beust seinen König beruhigte, der fürchtete, daß die Marinefrage ernst genommen wurde. Militärisch war den Würzburgern das Küstenvorfeld an sich gleichgültig, aber politisch ließ es sich billig benutzen. Vor allem ließ sich die unmittelbare Gefahr für die Aktionsfreiheit und Souveränität der Mittelstaaten, der Ansatz zu einem von Preußen gelenkten norddeutschen Sonderbund, eindämmen, wenn der Küstenschutz Norddeutschlands zur gesamtdeutschen Aufgabe erhoben wurde.

Aus der Küstenverteidigung konnte bei derart gegensätzlichen Zielen natürlich nichts werden. Allen multi- und bilateralen Verhandlungen Preußens um Marine- oder wenigstens Küstenschutz-Konventionen, allen Bundestagsanträgen und -debatten, allen fachmännischen Untersuchungen, Bereisungen und Berichten war durch die Spannungen im Interessentendreieck das Schicksal von Makulatur vorbestimmt. Die Nachrichten und Gerüchte über diese Vorgänge, die die Presse begierig aufgriff, heizten die Stimmung der Öffentlichkeit immer stärker an, zumal Preußen aus gutem Grund Wind ins Feuer blies.

Die zweite Navalismuswelle ist vor allem ein Produkt des Kriegs- und Marineministers Roon. Der Minister entfesselte sie nicht nur, um das Geld für den bereits vollzogenen Bau der Kanonenboote zu bekommen, nachdem sich der ursprüngliche Finanzierungsplan zerschlagen hatte. Dahinter stand ein großes Gesamtkonzept: der preußische Küstenschutzplan bildet eine Einheit mit dem Verlangen, das IX. und X. Bundeskorps dem preußischen Oberbefehl zu unterstellen, und mit der Heeresreform. Der Plan zum Schutz der norddeutschen Küste wuchs zu dem Versuch an, die Lasten des preußischen Flottenbauplans – mit Panzerschiffen und Kanonenbooten – teilweise auf die Uferstaaten oder gar auf den Deutschen Bund abzuwälzen. Um Druck auf die fremden Regierungen und auf den eigenen Landtag ausüben zu können, mobilisierte Roon die Öffentlichkeit. Er spielte die Ostasiatische Expedition und ihre angeblichen wirtschaftspolitischen Wohltaten aus. Er sandte Schiffe in alle Weltgegenden, in denen er sie optisch wirkungsvoll in Szene setzen konnte. Er schickte den populären Prinzen Adalbert mit Kanonenbooten auf Goodwill-Tour. Und weitgehend er, Roon, hat über einen Mittelsmann, den holsteinischen Kapitän Wraa, „jene gewaltige zweite deutsche Flottenbegeisterung über ganz Deutschland ausgebreitet, die im Herbst 1861 mit der Flottenagitation des Nationalvereins ihren Höhepunkt erreichte“ (H. J. Häußler).

Die Ausnutzung des propagandistischen Erfolgs für politische Aktionen mißlang jedoch. Zugunsten der Heeresrüstung, die als unmittelbares Bedürfnis empfunden wurde, da sie die Durchsetzung politischer Ziele Preußens auf dem „bequemeren“ Weg der Gewalt erlaubte, mußte Roon in der Flottenrüstung zurückstecken. Die preußische Marine fiel als werbender Faktor, als Moment der „moralischen Eroberung“, als „sanfteres“ Binde- und Druckmittel der preußischen Hegemonie aus. Ein wichtiges Element in der unkriegerischen Alternative zur Lösung der deutschen Frage ging in der politischen Schlacht der preußischen Regierung mit dem eigenen Landtag und den deutschen Mittelstaaten verloren. Die Lösung durch „Blut und Eisen“ hatte freie Bahn. (Vgl. Abschnitt IV/1, S. 201.)

Die Flotte im Verfassungskonflikt

Mit dem Sturz Schröders hatte Prinz Adalbert einen Pyrrhussieg erfochten. Anfang 1861 übernahm Kriegsminister General v. Roon die Marineverwaltung, die er zu einem Ministerium aufwerten ließ. Der Prinz merkte bald, „daß das Heft seiner Hand fortan entwunden sei“ (Batsch) und von Roon, bzw. dessen Sachbeauftragten in Marineangelegenheiten, dem Präses General v. Rieben (1800–1888; Direktor im Marineministerium 1861–1867) geführt wurde.

Unlustig arbeitete der „Stockpreuße“ Rieben an Schröders nachgelassener Konzeption herum und rang sich in der Schlußdenkschrift, die Ende 1861 vorgelegt wurde, Äußerungen der Art ab, daß die Marine „kräftigen Schutz bei überseeischen Operationen“ und „dem überseeischen Verkehr zu gewähren“ wünsche, und daß „eine kräftige preußische Marine vorzugsweise geeignet [sei], den preußischen Einfluß in Deutschland zu erhöhen“. Wenige Wochen später hatte die Marine ein Mittel gefunden, mit dem sie sich den Freispruch vom ungeliebten Überseedienst und Handelsschutz und damit von der den Konservativen verdächtigen Deutschlandpolitik verschaffen konnte, zu der sie in der „Neuen Ära“ verurteilt worden war.

Im Gefolge des Krimkrieges (1854–56) vollzog sich der Übergang von den hölzernen Segelflotten à la Nelson zu einer neuen, eisernen und dampfenden Schiffstypenpalette. Zugleich hatten die Friktionen des Krieges das Gefüge altbewährter Führungs-, Rekrutierungs- und Versorgungsgrundsätze so erschüttert, daß die längst vorhandenen Ansätze zur Marine des Industriezeitalters überall zur vollen Entfaltung kamen. Besondere Bedeutung gewann das französische Flottenbauprogramm von 1857, dessen Schwerpunkt auf gepanzerten, dampfgetriebenen Schraubenfregatten mit schwerkalibriger Granatartillerie lag. Als erster „Panzerkreuzer“ wurde 1860 die von Dupuy de Lome konstruierte „Gloire“ in Dienst gestellt; ein Dutzend Fregatten gleichen Typs folgten. Die infrastrukturellen Forderungen einer technisierten Flotte erfüllte Frankreich rasch und vorbildlich durch die Eröffnung entsprechender Schulen und Einrichtungen.

Die Engländer zogen sofort mit dem Bau des reinen Eisenschiffes „Warrior“ nach und überholten die Franzosen bis 1862 durch energisches Ausnützen ihrer überlegenen Werftkapazität wenigstens quantitativ. Alle Seestaaten suchten durch Ankauf, Neu- und Umbau den Anschluß zu halten.

Seit Frühjahr 1862 lieferte der amerikanische Bürgerkrieg den Beweis dafür, daß Seegefechte nur noch mit den Flotten neuen Typs erfolgreich zu schlagen waren.

Entschlossen überwand Rieben die Innovationsfurcht, aus der die Marine jahrelang angestrengt an der englischen und französischen Baupolitik seit dem Krimkrieg vorbeigeblickt und sie als technisch unreif abqualifiziert hatte, und warf sich auf eine neue Waffe: das Panzerschiff. Mit seinen auf den Krieg, speziell auf die rangierte Seeschlacht, beschränkten Einsatzmöglichkeiten verkörperte das Panzerschiff den ersehnten, echt militärischen Geist, war es reine Waffe. Januar 1862 führte die Marine das Panzerschiff als in ihrer Sicht unwiderlegbares Argument für die Rückkehr zur Schlachtflottenkonzeption ein. Am 8./9. März d. J. eröffneten, wie zum Beweis für Riebens Entdeckung, die Gefechte der Panzerschiffe „Merrimack" und „Monitor" vor Norfolk/Virginia ein neues Zeitalter der Seerüstung, in dem das ungeschützte Schiff nicht mehr zur Schlacht taugte. Alle Marinen sahen sich zum Neubeginn gezwungen. Die preußische, die sich noch nicht weit vom Nullpunkt entfernt hatte, erblickte die Chance, sich bei genügend personeller und finanzieller Investition in die Spitzengruppe schieben und die Hegemonie mindestens in der Ostsee und ihren Ausgängen erringen zu können. Die Marine glaubte, durch den Ankauf der nötigen Panzerfregatten in England bis 1870 so weit zu kommen.

Im Strudel der preußischen Heeresreform und des damit verbundenen Verfassungskonflikts blieben diese Aussichten für die Marine ein bloßer Traum. Anfang 1862 erhielt sie zwar weiterhin die Gelder für den Ausbau des Jadehafens, doch waren die anderen Posten so beschnitten worden, daß die sowieso schon stotternde Vermehrung der Schiffe stockte. Der Landtag wollte damit die Vorlage eines Flottengründungsplans erpressen – keineswegs, um der einen oder anderen der Konzeptionen, die innerhalb der Regierung und Marineleitung so umkämpft waren, zum Sieg zu verhelfen, sondern um das seit fast einem Jahrzehnt schwelende Problem der maritimen Rüstungskontrolle zu klären. Ob konservativ oder liberal bestimmt – jeder preußische Landtag besaß stichhaltige ideologische Motive dafür, den Flottenbau entweder zu behindern oder zu beschleunigen. Was für eine Flotte im einzelnen dabei herauskam, kümmerte den liberalen Landtag der Konfliktszeit kaum, denn das Herz des bürgerlichen Navalismus schlug sowohl für den Handelsschutz als auch für den Seekrieg gegen Dänemark. Interessenten, die von der einen oder anderen Konzeption Vorteile erhofften, meldeten sich noch nicht zu Wort. Die Konfliktlandtage waren soweit deutsch gesinnt, daß sie navalistisch dachten, aber auch soweit preußisch, daß sie kein aktuelles Bedürfnis nach Seemacht empfanden. Die Regierung war unfähig, ein solches Bedürfnis zu wecken. Mit Blindheit geschlagen verschenkte sie die Chance, das oppositionelle Abgeordnetenhaus, das in der neuen Zollvereinskrise vom Herbst 1862 die Wirtschaftspolitik der Regierung mit großer Mehrheit deckte, auch in der Marinefrage auf ihre Seite zu bringen.

Die neue Planung wurde wieder vom Grundgedanken des Krieges gegen die Skandinavier her entwickelt. Roon sah nach neuer Diskussion mit v. d. Heydt ein, daß sich schwere Panzerfregatten englischen Modells in den dänischen Gewässern kaum einsetzen ließen. Mehr Nutzen versprach er sich von Hochseepanzerdampfkanonenbooten, vergleichbar mit dem amerikanischen „Monitor", die von einem zu erbauenden Kriegshafen auf Rügen aus offensiv operierten. Als Ziel stellte Roon die Beherrschung der Ostsee und gegebenenfalls den Schutz der Nordseeküste auf, während v. d. Heydt für Korvetten und den Schutz des Seeverkehrs plädierte.

Außenminister v. Bernstorff trat am 20. Juni 1862 für den Plan Roons ein, in dessen Verwirklichung er die Voraussetzung für die energische Schleswig-Holstein-Politik sah, die ihm vorschwebte. Finanzminister v. d. Heydt dagegen erklärte abrupt, vom Innenminister unterstützt, daß er für eine Flottenrüstung unter den Auspizien Roon–Rieben keine Gelder durch Umwälzung freigeben werde; durch Verzicht auf die 3jährige Dienstzeit könne Roon die nötigen Beträge leicht von seinem Heeresbudget auf die Marine übertragen.

Auf direkte Bewilligung durch das Parlament angewiesen, gab Roon im Einklang mit dem König das bisherige Verfahren auf und ließ dem zuständigen Ausschuß des Abgeordnetenhauses vertraulich einen „Flottengründungsplan" zugehen. Er projektierte eine Marine mit 2 gleichwertigen Kriegshäfen, 4 Panzerfregatten, 12 Korvetten und 38 anderen Schiffen, und führte dazwischen beiläufig die 16 Panzerkanonenboote an, auf die es ihm ankam. Diese hybride Pflanze war keineswegs Ausdruck einer überlegten Konzeption, sondern rasch zusammengepfropft worden, um allen Ansprüchen gewachsen zu sein. Mit seinen, über dieses Vorprellen verärgerten Kollegen war der Marineminister sicher, daß der Landtag bei der Popularität der Marine nun einfach bewilligen mußte, nachdem seine Grundforderung äußerlich erfüllt worden war. Schlankweg forderte Roon 43 Millionen Taler, verteilt auf 8 Jahre.

Der Ausschuß ließ sich aber nicht irreführen. Die in ihm versammelte Crème der Linken wußte sehr wohl, daß es sich bei dem Plan keineswegs um eine verbindliche Richtschnur, sondern nur um eine unverbindliche Absichtserklärung handelte. Aufgrund einschlägiger Grunderfahrungen des deutschen Konstitutionalismus fürchteten die liberalen Politiker nicht zu Unrecht, daß Bewilligungen für die Marine auf andere Etatposten umgewälzt werden und Roons zweites Ministerium, das Kriegsministerium, bei seinen Aufrüstungsproblemen entlasten würden, anstatt die begehrten Schiffe zu produzieren. Die Personalunion zwischen Kriegs- und Marineministerium legte diesen Gedanken nur zu nahe, wie er sicher auch bei der Neuorganisation und -besetzung der obersten Marinebehörde Pate gestanden hatte. Doch hätte die Marine, die sich endlich auf der Schwelle zur Selbstverwirklichung sah, größere Beträge kaum an den Rivalen Armee verschenkt.

Die Stavenhagen, Forckenbeck, Virchow und anderen großen Oppositionellen erkannten leicht, daß die aufgeblähte Dimension des Roonschen Plans den angeblichen Zweck – „Schutz der Küsten und Häfen sowie des Handels und der deutschen Interessen in fremden Meeren" – vollkommen sprengte. In Unkenntnis der Entstehungsgeschichte der preußischen Marinekonzeption hielt der Ausschuß den Plan für ein gezinktes Blatt und verkannte, daß es der Marine auf Panzerschiffe und den Sieg über die Dänen ankam, um sich vor der Armee als Militär ausweisen und die Österreicher ausstechen zu können. Im Gegenflottenplan des Landtags tauchten bloß ein paar Küstenschützer auf, die Dänemark vom Überfall abschrecken sollten, im übrigen gab er sich mit dem vorhandenen Schiffsbestand und dem laufenden Ausbau des Jadehafens zufrieden. „Die ganze Seegeltung darf nicht auf unseren Schultern ruhen ..." fand das preußische Abgeordnetenhaus, „nicht Preußen allein, sondern nur das verbündete Deutschland kann in die Reihe der großen Seemächte treten ..."

Wider ihren Willen sah sich die Marine deshalb in den frühen 60er Jahren gezwungen, ihren Etat zum Ausbau des Jadehafens und für die unabweisbaren Entsendungen nach Übersee zu verwenden, anstatt Panzerschiffe in Dienst zu stellen. Als der Wunschkrieg gegen Dänemark tatsächlich ausbrach, hatte Preußen nicht viel mehr als die harmlosen Kanonenboote vorzuweisen.

Die Flotte im deutsch-dänischen Krieg, 1864

Daß die geschickteste militärische Lösung des Schleswig-Holstein-Konflikts im deutschen Sinn in einer Landung auf Seeland bestand, wußte die dänische Führung genau so gut wie die preußische. Als Kopenhagen erkannte, wie die preußische Seerüstung durch den Verfassungskonflikt verzögert wurde, nutzte es 1863 die Gunst der Stunde und annektierte Schleswig. Dänemark hatte 1857 gegen eine hohe Ablösesumme auf den Sundzoll verzichtet und mit den gewonnenen Mitteln eine umfangreiche Aufrüstung und Erneuerung seiner Marine vorgenommen und die Hauptstadtbefestigung verstärkt. Es durfte hoffen, den Landkrieg wie 1848–51 so lange hinhaltend führen zu können, bis die europäischen Flügelmächte wieder zur Intervention gegen die Deutschen bereit waren. Gleichzeitig konnte es ohne Gefahr die deutschen Küsten blockieren und so den Gegner zermürben.

Wegen der hoffnungslosen Unterlegenheit der preußischen Flotte dachte Moltke, nachdem Jütland im Frühjahr 1864 weitgehend besetzt worden war, nur an maritime Diversionsunternehmen, die die Dänen während der preußischen Angriffe auf die feste Düppel-Alsen-Stellung ablenken sollten. Aber beim Sturm auf die Düppeler Schanzen verhinderte das Wetter den Flotteneinsatz. Bei der Landung auf der Insel Alsen verzichtete Moltke bewußt auf eine Beteiligung der Flotte, deren Aufmarsch die Dänen zweifellos als Alarmzeichen verstanden hätten, und tatsächlich gelang die Überrumpelung vollständig.

Als Hauptkriegstat vollbrachte die preußische Flotte das vernünftig angelegte und fast planmäßig durchgeführte Ausfallgefecht vor Jasmund. Von Swinemünde aus griff Kapitän z. S. Jachmann mit der hölzernen Schraubenfregatte „Arkona" und zwei kleineren Fahrzeugen die dänische Blockadestreitmacht vor Rügen an. Nachdem er die dänische Übermacht – 5 : 3 Schiffe, 180 : 43 Geschütze – konstatiert hatte, wendete er im Abstand von etwa 1500 m und lief in heftigem Feuer nach Süden zurück. An sich hatte er die Dänen jetzt in das Schußfeld einer Division Dampfkanonenboote ziehen wollen, die am Osteingang des Greifswalder Boddens lauern sollte; die „Seeferkel" hatten sich aber verfahren. Die drei größeren Schiffe Jachmanns dampften schnell genug, um den Verfolgern auch ohne Deckung durch Kanonenboote zu entkommen.

Im Seegefecht vor Helgoland, mit dem die Österreicher die Nordsee befreiten, traten die eingesetzten preußischen Kanonenboote nicht hervor. Die Preußen konnten auch nicht verhindern, daß der dänischen Blockade 19 Kauffahrer zum Opfer fielen; ihr zweifelhafter Gegenerfolg bestand in der Wegnahme von vier unter dänischer Flagge segelnden schleswig-holsteinischen Schiffen, die die Korvette „Gazelle“ in Ostasien aufbrachte.

Die Flotte im Deutschen Krieg, 1866

In der politischen Auseinandersetzung Preußens mit Österreich, das die Vorherrschaft in Deutschland anstrebte, und mit den Mittelstaaten, die ihre Selbständigkeit verteidigten, lagen für die preußische Marine Erfolg und Mißerfolg nebeneinander: die Existenz der Flotte hatte einen Beitrag zur Erhaltung des Zollvereins geleistet, der in seinem Gewicht kaum zu unterschätzen ist; als nationaler Integrationsfaktor hatte die Flottenrüstung dagegen vollständig versagt. Überdies hatte Tegetthoffs Geschwader während des dänischen Kriegs in der Nordsee der deutschen Öffentlichkeit deutlich gemacht, welche Flotte ernst zu nehmen war.

Um die materielle Parität mit der österreichischen Flotte zu erreichen, bestellte die preußische Regierung am Vorabend des Deutschen Krieges trotz ihrer Geldnot im Ausland zwei große Panzerfregatten („Friedrich Carl“, „Kronprinz“) und operierte möglicherweise schon damals für eine dritte, die auf fremde Rechnung gebaut wurde („König Wilhelm“). Mit diesen großen und einigen kleineren gepanzerten Schiffen hofften die Preußen den drei österreichischen Panzerfregatten der „Kaiser Max“-Klasse und den beiden der „Erzherzog Ferdinand Max“-Klasse, die alle an Tonnage und Bewaffnung unterlegen waren, gewachsen zu sein. Ab März 1866 ließen aber die österreichischen Rüstungen vermuten, daß der Konflikt noch vor dem Stapellauf der drei großen Panzerschiffe eintreten würde. Preußen besaß zu diesem Zeitpunkt nur zwei kleine Panzerschiffe von mäßiger Qualität, die seinerzeit während des Deutsch-Dänischen Krieges eilends im Ausland angekauft worden, aber nicht mehr zum Einsatz gekommen waren. Nicht zuletzt, um die Seefront zu sichern, schloß Bismarck im April ein Offensivbündnis mit Italien ab. Durch diesen Schachzug wurde die k.k. Flotte in die Adria eingesperrt.

Die Last des Seekrieges gegen Österreich trug Italien, das die k.k. Flotte im Süden band und die preußische vor einem Angriff im Norden schützte. Die Schlacht bei Lissa bewies, was die Österreicher zur See leisten konten (s. S. 62). In der Nord- und Ostsee hätte Tegetthoffs Geschwader die schwachen Preußen weggefegt und mit Landungen gedroht – und letztlich Bismarcks Programm empfindlich stören können: preußische Truppen hätten statt auf den böhmischen Kriegsschauplatz nach Norden verlegt werden müssen und wären für die Entscheidung ausgefallen; mit österreichischer Rückendeckung hätten sich Hannoveraner und Hessen wohl kompromißloser zur Wehr gesetzt, als sie es auf verlorenen Posten taten, und die Kämpfe der Armee Manteuffel hätten notwendigermaßen eine Schärfe angenommen, die den Unterlegenen die Zustimmung zum Nationalstaat preußischer Prägung in den entscheidenden Jahren 1867–1870 schwergemacht hätte.

C. Der Weg zum deutschen Schlachtflottenbau (1867–1897)

1. Die Norddeutsche Bundesmarine auf der Suche nach Sinngebung

a. Handelsschutz als Schwerpunkt des Flottengründungsplans von 1865/67

Nach der mißlungenen Vorlage vom Juli 1862 war die Weiterentwicklung der preußischen Marine auf längerer Zeit blockiert. Fünf Jahre dauerte es, bis der Konflikt der Minister untereinander und mit dem Parlament um die Konzeption und Finanzierung beigelegt werden konnte.

Im April 1863 glaubte die Marine, eine administrativ einleuchtende und politisch zweckmäßige Lösung gefunden zu haben. Das Marineministerium entschloß sich, die Flotte in eine aktive und eine latente Komponente zu zerlegen. Für den Normalfall räumte es ausdrücklich „einem umfangreichen Handelsschutz" die Priorität ein und kündigte an, für diesen Zweck ein Dutzend geeigneter Schiffe in Dienst halten zu wollen. Als Grundlage der Seemacht betrachtete es weiterhin die siegreiche Seeschlacht. Die Panzerschiffe, auf denen deshalb nach wie vor das Schwergewicht lag, beschloß es nun sofort nach Fertigstellung sozusagen einzumotten, da sich die Ansicht durchsetzte, daß sie „vorzugsweise im Falle eines Krieges zur Verwendung kommen und im Frieden nur in geringem Umfang zu Übungszwecken gebraucht werden".

Die Aufgabe der Panzerschiffe definierte Riebens Adjutant, der Leutnant z. S. Freiherr v. Schleinitz, als situationsgebundene Doppelfunktion: sie sollten die vereinten Flotten der skandinavischen Staaten auf hoher See schlagen können, um „nach erkämpftem Sieg den Handelsschiffen die Durchfahrt nach der Nordsee [zu] garantieren"; „im Kampfe aber gegen eine Seemacht ersten Ranges wird eine Flotte von dem Umfang und der Zusammensetzung der beabsichtigten", führte Schleinitz weiter aus, „nicht nur jeden Küstenangriff vereiteln, sondern durch Ausfälle gegen den blockierenden Feind die Häfen und Küsten zeitweise frei machen und dem bedrängten Handel wieder auf einige Zeit freie Bahn brechen können". Roon erkannte Schleinitz' Gedanken als wertvoll an: „Diese Behandlungsweise gefällt mir."

Die Crux aller vorgelegten Flottenpläne war der Kriegshafen in der Ostsee, die Grundlage der strategischen und Rüstungskonzeption der Marine. Seine Erbauung, die auf Rügen vorgesehen war, stellte den fixen Hauptposten, und damit das Haupthindernis für die Durchbringung von Flottenplänen in Staatsministerium und Landtag dar. Für den entscheidenden Schlußbericht des Ministerrats von Ende 1863 gab Bismarck deshalb das Votum ab, daß ein Ostseehafen zwar unentbehrlich sei, sein Bau aber „die Marine noch jahrelang in der schwierigen Lage" zurückhalte, und man sich deshalb zunächst auf die Jade konzentrieren solle. Der König mußte eine Entwicklungspause zugestehen, da die „im Inneren des Staatslebens hervorgetretenen bedauerlichen Friktionen", wie Roon ihm klarmachte, einen realistischen, längerfristigen Plan ausschlossen.

Ein Jahr später sah sich die Marine im Besitz von Kiel und endlich der grundsätzlichen Sorgen bezüglich der Flottenbasis ledig. Von jetzt an konnte sie dem

Schiffbau Vorrang gewähren. Seit Februar 1865 beriet das Staatsministerium, von Bismarck gedrängt, über die offizielle Vorlage eines Flottengründungsplans an den Landtag. Im Hinblick auf seine Deutschlandpolitik legte der Ministerpräsident größten Wert darauf, selbst unter erheblichen Kosten den preußischen Führungsanspruch auch zur See zu begründen. Die Marine konnte ihn jetzt mit einer sinnvollen Argumentation unterstützen. Im dänischen Krieg hatte sich zwar erwiesen, daß sich Kriegsschiffe nicht wie ein Reserveregiment stillegen, und bei Kriegsausbruch mit einberufenen Mannschaften mobilmachen lassen; diese Methode wurde nur noch eingeschränkt weiter praktiziert, indem man die Schiffe im Winter außer Dienst stellte. Doch hatte die Marine bei der internen Diskussion um Plan und Konzept einen alten Gesichtspunkt wiederentdeckt: Die Überlegungen von Schleinitz zum Sinn eines Seesieges machten Roon und Rieben bewußt, daß die preußische Flotte ihre Daseinsberechtigung im Grunde vom Seehandel ableitete.

Zwar büßte die Kontinentalkonzeption nichts von ihrem strategischen Vorrang ein, aber die Marine begann, militärische Operationen als Funktion volkswirtschaftlicher Ziele, speziell des Seehandels anzusehen. Als militärischer Institution kam es ihr in erster Linie darauf an, eine schlagkräftige Flotte aufzubauen, aber sie merkte, daß die Größe der Flotte vom Ausmaß der wirtschaftlichen Tätigkeit abhing. Um eine große Flotte bauen zu können, mußte die Marine also dem Seehandel zu einem größeren Umfang verhelfen und glaubhaft versichern können, daß sie zu seinem Schutz befähigt sein würde.

In der Anfang 1865 entworfenen Motivation eines Plans zur Gründung / Erweiterung der preußischen Kriegsmarine stellte Roon das Bekenntnis zum Handelsschutz eindringlich in den Vordergrund. Die Marine sollte im Frieden mit Holzfregatten und -korvetten den Handel fördern, indem sie ihm in Übersee Schutz gewährte, und im Krieg mit einer Flotte, deren Kern 10 Panzerfregatten bildeten, die Sundpassage offenhalten und die Zufahrtsroute zu den eigenen Häfen verteidigen.

Das im März 1865 dem Landtag vorgelegte Marinefinanzierungsgesetz scheiterte noch einmal am Antagonismus von Regierung und Abgeordnetenhaus. Schon in den Kommissionssitzungen stellte sich heraus, daß die Opposition auf ihrer alten Parole: „diesem Ministerium keinen Groschen!“ beharrte. Die Fortschrittspartei bestand auf ihrem Argument, daß nur das vereinigte Deutschland die Kapazität zum Bau einer wirkungsvollen Flotte besäße, und bezweifelte, daß Kiel ohne deutsche Einheit auf Dauer in preußischer Hand bleiben und als Flottenbasis dienen würde.

Nach der Gründung des Norddeutschen Bundes veränderte sich die Szenerie. Die Grundthese, mit der die Liberalen bisher den Flottenbau bekämpft hatten, war 1867 hinfällig. Außerdem spaltete sich eine Fraktion um den Abgeordneten Otto Michaelis, der 1865 noch gegen die Marinevorlage gesprochen hatte, von der Fortschrittspartei ab, und vereinigte sich mit anderen Gruppen, vor allem aus den annektierten Gebieten, zur Nationalliberalen Partei unter Führung des Hannoveraners Bennigsen (vgl. o. S. 74). Diese neue liberale Mehrheitspartei distanzierte sich vom Oppositionskurs des Fortschritts.

Im Oktober 1867 brachte die Regierung ein Anleihe-Gesetz, „betreffend den außerordentlichen Geldbedarf des Norddeutschen Bundes zum Zwecke der Erweiterung der Bundes-Kriegsmarine und der Herstellung der Küstenverteidigung" ein. Es deckte sich weitgehend mit der Vorlage von 1865, auf die regierungsseitig in der Diskussion mehrfach mit einer gewissen Verbitterung angespielt wurde. Die Begründung des Gesetzes gaben die beigehefteten „Motive", die als „Flottengründungsplan von 1867" bekanntgeworden sind. Die Marine rechtfertigte ihre Existenz und ihre Geldforderung aus ihrem Zweck, „dem Seehandel samt der Küste, von der er seinen Ausgang nimmt, den nötigen Schutz zu gewähren". Sie stellte sich drei daraus abgeleitete Aufgaben:

1. Schutz und Vertretung des Seehandels Norddeutschlands auf allen Meeren und Erweiterung seiner Rechte und seiner Beziehungen;
2. Verteidigung der vaterländischen Küsten und Häfen an der Ost- und Nordsee;
3. Entwicklung des eigenen Offensiv-Vermögens, nicht bloß zur Störung des feindlichen Seehandels, sondern auch zum Angriff auf feindliche Flotten, Küsten und Häfen.

Das Marineministerium rechnete mit einer kräftigen Erhöhung des Personaletats, da zur Ausführung der überseeischen Aufträge in Zukunft wesentlich mehr Schiffe als bisher in Dienst zu halten wären. Es nannte als Bedarf – neben der Panzerflotte – 9 größere (Korvetten) und 8 kleinere Kriegsschiffe (Avisos) „zum Schutze des Seehandels, der Schiffahrt und zur Wahrnehmung der deutschen Interessen in überseeischen Ländern" und kündigte deren permanente Stationierung an Ort und Stelle an. Kein Wort verlor es über die infrastrukturelle Absicherung der überseeischen Stationierungen in Form von Material- und Kohlendepots oder Stützpunkten. Vor dem Reichstag sprach Admiral Jachmann als Bundesratsbevollmächtigter fast nur über die Küstenverteidigung, als er diese Vorlage erläuterte. Nebenbei fügte er hinzu, die Marine beabsichtige, eine Station in den chinesischen Gewässern einzurichten. Mit gutem Grund bemühte sich die Regierung, die Kolonialfrage als unaktuell herunterzuspielen: Bismarck mußte den eindeutigen Verzicht auf imperialistische Tendenzen hervorkehren, damit nicht phantastische überseeische Zielsetzungen irgendwelcher Gruppen, die an der gegebenen Aufteilung der Welt rüttelten, als Konfliktstoff auf Europa zurückschlugen. Er war in dieser Beziehung so empfindlich, daß er sogar die Unterhaltung von norddeutschen Schiffen in Räumen ablehnte, in denen noch keine andere europäische Macht eine Station eröffnet hatte.

Die Fortschrittspartei hielt den Bau einer Flotte im geplanten Umfang für überflüssig. Sie las aus dem Regierungsentwurf heraus, daß die angegebenen Zahlen nur für eine erste Phase gelten sollten und warnte, der Regierung durch eine unkontrollierbare Anleihe die Vollmacht zu einer unbegrenzten Aufrüstung zu gewähren. Der Fortschritt fürchtete eine strategisch sinnlose Überrüstung, denn der Weg zur Seemacht würde sich seines Erachtens erst nach Erreichen einer gewissen Landmachtposition, und dann von selbst ergeben: es sei naturgegeben, führte Waldeck im Hinblick auf Holland und Dänemark aus, daß Deutschland „diese Ausläufer seines geographischen Gebiets notwendig an sich ziehen muß". Erst die Verfügungsgewalt über diese beiden Länder mache „die ganz große Flotte möglich ...". Waldeck lehnte finanzielle Investitionen über ein bestimmtes

Maß hinaus ab und wandte sich dagegen, daß man voreilig erreichen wolle, was nach Anschluß der beiden Nachbarländer „von selbst eintreten wird". Der Norddeutsche Reichstag entschloß sich jedoch mit großer Mehrheit, die Flotte jetzt und voll mit eigenen Kräften aufzubauen, bewilligte die Anleihe und billigte die „Motive" des Marineministeriums.

b. Marine und Übersee 1867–1871

Die Kolonialfrage in der Norddeutschen Bundesverfassung

Wenige Tage nach den Wahlen zum konstituierenden Reichstag des Norddeutschen Bundes (12. Februar 1867) äußerte sich Bismarcks enger Mitarbeiter Lothar Bucher in der offiziösen Norddeutschen Allgemeinen Zeitung über „Artikel VI des Bundesreformvorschlages vom 10. Juni 1866 und die preußisch-deutsche Kolonialfrage". Kein Zweifel kann daran bestehen, daß es sich um einen amtlichen Kommentar handelte. Denn eine Woche vorher waren die Arbeiten am Regierungsentwurf der Verfassung, deren Grundzüge dem genannten preußischen Bundestagsantrag folgten, abgeschlossen worden. Kolonisation und Auswanderung in außerdeutsche Länder hatte Bismarck in allen Entwürfen seit 1866 angesprochen und in die Liste der Bundeszuständigkeiten eingereiht. Sie galten als Teil des in seinen Grundzügen veröffentlichten Regierungsprogramms; Bucher sprach von einer „Magna Charta" des Kolonialwesens.

Bucher wies darauf hin, daß Preußen schon 1864 angedeutet habe, gegebenenfalls „in der Kolonialfrage die zuwartende Stelle veranlassen" zu wollen. Bis jetzt hätten infolge der anderweitigen Beanspruchung von Preußens Kräften die „technischen Vorkehrungen" maritimer Art gefehlt. Die anderen Vorbedingungen für die Gründung von Kolonien seien aber schon seit langem vorhanden: Auswanderungslustige, Kapital, Exportindustrie, Verkehrsmittel. Herrenloses Land, dessen Okkupation jedem Staat freistehe, sei noch immer zu finden. Große Bedeutung maß er dem Prestigefaktor bei: „Angesichts der beschämenden und herausfordernden Tatsache, daß selbst das kleine Holland, ehemals eine Seeprovinz des Deutschen Reiches, gewaltige und kostbare überseeische Niederlassungen besitzt", müsse sich das mächtige Preußen-Deutschland auch im Kolonialwesen seinen gebührenden Anteil holen.

Die Öffentlichkeit reagierte positiv. Jetzt setzte eine „Flut papierener Projekte" ein und schwemmte zahllose Namen exotischer Landstriche nach Berlin. Besitzer von Atlanten und Abonnenten geographischer Literatur fühlten sich ebenso zu Empfehlungen verpflichtet wie Kenner der örtlichen Verhältnisse oder Bekannte solcher Kenner. Idealistische Plänemacher wandten sich mit Büchern und Broschüren an die Öffentlichkeit und suchten die Regierung auf diesem Weg in ihrem Sinn zu beeinflußen. Landspekulanten großen Stils meldeten sich mit Angeboten von Urwald und Wüstensand.

Wesentlich mehr Gewicht gewannen jedoch Stellungnahmen von wirtschaftlichen und politischen Repräsentanten. Die Interessenvertreter Hamburgs, das mit seiner Handelspolitik im Lee Englands zufrieden war, lehnten eine über Küstenschutzaufgaben hinausgreifende Hochseeflotte überhaupt ab. Sie bekämpften erst recht die Schaffung von Kolonien, deren Schutz eine maritime Aufrüstung verlangen mußte. Denn seit William O'Swalds Eingabe von 1852 (s. S. 66) hatte sich das Vertrauen, das die Kaufleute von der Waterkant der preußischen Kriegsmarine entgegenbrachten, fast völlig verflüchtigt. Die Hamburger genossen in Übersee den Schutz englischer Schiffsgeschütze und des englischen Freihandelsprinzips und fuhren wohl dabei. Bismarcks und Jachmanns Marinepolitik muß nicht zuletzt unter dem Aspekt verstanden werden, daß sie für Preußen/Norddeutschland das Vertrauen der Hamburger gewinnen mußten, ohne daß sie ihnen durch übermäßige eigene Aktivität die englische Förderung entziehen durften. Für die Rechtfertigungsbestrebungen der norddeutschen Kriegsmarine war das ein wunder Punkt.

In der Verfassungsberatung focht der Abgeordnete für Altona, der langjährige Ministerresident Bremens in Washington, Rudolf Schleiden von der „Bundesstaatlich-konstitutionellen Vereinigung", mit „furchtbarem Eifer gegen Kolonien, ... veraltete Irrtümer"; er warnte davor, daß „– was Gott verhüten möge! – jemals ernstlich daran gedacht werden sollte, deutsche Kolonien im Ausland zu gründen ..."

Der nationalliberale Abgeordnete Weber-Stade, hielt diese Besorgnis für überflüssig und äußerte zur Verteidigung der Regierungsvorlage über das Marinewesen: „Es wird dem Norddeutschen Bund nicht gelingen, große Kolonien zu erwerben, schon aus dem einfachen Grunde, weil die Welt weggegeben ist, weil von Kolonien nicht mehr die Rede sein kann." Doch keineswegs wollte er sich damit zufriedengeben. Weber malte vor dem Plenum des Verfassunggebenden Reichstags eine Vision aus, wie sie für die Bismarcksche Diplomatie in den Monaten der Luxemburg-Krise peinlicher nicht sein konnte:

> „Es ist aber auch gar nicht unmöglich, daß wir auf andere Weise in den Besitz von Kolonien kommen. Wenn der König von Holland das Großherzogtum Luxemburg an Frankreich verkaufen kann, dann kann der König von Holland mit demselben rechtlichen und moralischen Gewicht auch das Königreich Holland an Deutschland verkaufen,
>
> (Sehr gut, Beifall)
>
> und dann würden wir mit Holland zugleich eine Menge Kolonien erwerben, von denen ich nicht einsehe, warum wir uns ihrer wieder entäußern sollten
>
> (Lebhaftes Bravo)".

Schleidens Anfrage, „ob schon jetzt ein bestimmter Plan gefaßt ist, demnächst deutsche Kolonien zu gründen", beantwortete der preußische Bundeskommissar v. Savigny am 20. März 1867 ausweichend: „Unter Kolonisation hat der Entwurf nicht gemeint, einen Begriff aufzustellen, der sich auf dies oder jenes Gebiet ausschließlich beschränken soll; als Motiv lag dem Entwurfe allerdings der Gedanke in erster Linie zu Grunde, die Regelung von Flottenstationen zu sichern, welche man von dem Augenblicke an nötig hat, wo man sich überhaupt an transatlantischen Beziehungen so beteiligen will, wie wir es zu tun gedenken und wie wir es in Deutschland schon längst erstreben." Freilich ließ die Regierung sich nicht grundsätzlich auf kolonialpolitische Abstinenz festlegen. Savigny wollte nicht ausschließen, daß irgendwann doch einmal das Bedürfnis nach gesetzlicher Regelung der Kolonialmaterie auftreten könnte, sei es von der Regierung, vom Reichstag oder von der öffentlichen Meinung ausgehend. „Vorläufig ..." habe die Regierung aber nur „an die Einrichtung von Flottenstationen gedacht". Auf diesen Bescheid hin verzichtete Schleiden darauf, einen Antrag auf Streichung des Ausdrucks „Kolonisation" in der Bundesverfassung zu stellen.

Bona fide hat die Regierung nicht argumentiert. Noch während der Verfassungsdebatten einigten sich Außen- und Marineministerium darüber, die irrtümliche Entsendung der Korvette „Vineta" – die in Ostasien Seeräuber bekämpfen sollte, aber dazu ungeeignet war – mit dem Auftrag an das Schiff zu vertuschen, Neuguinea zu erkunden. Gleichzeitig erwogen sie ernsthaft den Gedanken, die Erkundung mit der formalen Ausrufung Neuguineas zur preußischen Kolonie enden zu lassen.

Jachmann definiert „Handelsschutz"

Prinz Adalbert hatte im März 1867, als Savigny die kolonialpolitische Anfrage Schleidens beantwortete, die Errichtung von Flottenstützpunkten auf der Insel Sumatra gefordert. Forderungen dieser Art und Herkunft riefen bei der Regierung kein Aufsehen hervor, sie ging darüber hinweg.

Wenig später lenkte der Reiseschriftsteller Friedrich Gerstäcker in einer Eingabe Bismarcks Aufmerksamkeit auf die Insel Timor. Gerstäcker, ein Protegé des in nationalen Fragen sehr aktiven Herzogs Ernst II. von Sachsen-Coburg-Gotha, wurde als einer der wenigen berufenen Anreger ernst genommen. Er hatte 1849–52 als Auswanderungskommissar der Reichsregierung Südamerika, den Pazifik und Indonesien bereist. Zur Beurteilung der Auswanderungsfrage besuchte er Südamerika noch einmal 1860/61. Journalistisch war er als Verteidiger der Auswanderungs- und Überseeinteressen Deutschlands bekannt geworden. Seine Empfehlung war nicht neu. Schon beim Auslaufen der ostasiatischen Expedition von 1859/62 hatte er Prinz Adalbert berichtet, daß Portugal angeblich bereit sei, seinen Anteil an Timor zu verkaufen. Beeindruckt von der Persönlichkeit des Antragstellers ging diesmal das preußische Außenministerium nicht, wie sonst üblich, über seine neue Eingabe hinweg, sondern leitete sie zur Stellungnahme an das Marineministerium weiter. Es erklärte sich bereit, falls man „auf Acquisition zu Marine-Zwecken Wert" lege, „unter der Hand weitere Erkundigungen einzuziehen".

Ein zweiter Punkt, den Gerstäcker empfahl, war „der Pailón" an der Nordgrenze von Ecuador. Eine Gruppe englischer und deutscher Unternehmer hatte 1854 in einer Schuldzinstransaktion 400 Quadratmeilen ecuadorianisches Regierungsland um die Pailónbay herum erworben. Gerstäcker hatte gegen 8000 Acres die literarische Werbung für den Weiterverkauf übernommen und das Gebiet, in dem er selbst ein Häuschen besaß, in einer „Tagebuch"-Veröffentlichung als moskitofreies Paradies beschrieben, dem nur die richtigen Menschen fehlten.

Im September 1867 wurde prompt dem Norddeutschen Bund die Erwerbung des Pailón „zur Anlegung einer Flotten- und Kohlenstation“ von verschiedenen Seiten vorgeschlagen. Angeblich reflektierte bereits die russische Regierung darauf, wie der Direktor des Londoner Pailón-Konsortiums bei einem Besuch in Berlin durchblicken ließ. Das Marineministerium entschloß sich, „auf die Untersuchung resp. Erwerbung des ‚Pailón‘ zurückzukommen, sobald mit der Errichtung der genannten Station [= Westküste Südamerikas] vorzugehen beabsichtigt wird, falls der genannte Platz dann überhaupt noch zu erwerben ist“. Das Oberkommando drängte auf sofortige Taten, „da die gegenwärtig gebotene günstige Gelegenheit später kaum wiederkehren dürfte“.

Riebens Nachfolger als Direktor im Marineministerium, Konteradmiral Jachmann, hätte diese beiden Gebiete gern in norddeutscher Hand gesehen. Den Äußerungen des Außenministeriums entnahm er jedoch, daß Bismarck gerade die Marine für zuständig hielt, wo es um den Anstoß zu Kolonisation und überseeischer Erwerbung ging. Er entschloß sich deshalb, eine unzweideutige Stellungnahme abzugeben.

Bis 1867 war nach Ansicht des Admirals jeder Gedanke an überseeische Flottenstationen wegen der geringen Stärke der preußischen Marine verständlicherweise hinfällig gewesen. Von dem Zeitpunkt an, zu dem nach Genehmigung des Flottenerweiterungsplanes eine bedeutende Vergrößerung bevorstand, müßte sich die Marine aber den Anforderungen des Handelsschutzes stellen. Dazu war Jachmann bereit, denn das war der amtliche Zweck der Flotte. Die darüber hinausgehende Aufgabe jedoch, der Entfaltung von Handel und Schifffahrt auch den Weg zu ebnen, lehnte er im Namen der Marine strikt ab und machte die Stationierung deutscher Kriegsschiffe in Übersee von nachweisbaren wirtschaftlichen Bedürfnissen abhängig. Er erklärte kategorisch, daß „hiernach Flottenstationen nur dort zu errichten sind, wo ein zu schützendes Objekt bereits vorhanden ist“.

Den Konteradmiral Jachmann interessierte allein der militärische Gesichtspunkt, der Einsatz der Kriegsschiffe, aber nicht der diplomatische, kolonialpolitische oder wirtschaftliche Zweck der Maßnahmen:

„Ein so lebhaftes Interesse ich auch an der Erwerbung überseeischer Länder und der Gründung deutscher Niederlassungen nehme, welche ohne Zweifel ja auch der Bundesmarine zu Gute kommt“, bezog er seine Position, „so dürfte dieselbe nach gegenwärtiger Lage der Ressort-Verhältnisse doch zunächst nicht zu meiner Kompetenz gehören, vielmehr könnte danach die Bundesmarine erst dann in Betracht kommen, wenn es sich darum handelt, eine nach stattgehabter Exploration beschlossene Niederlassung vorzubereiten, bei der Ausführung mitzuwirken und derselben den erforderlichen Schutz angedeihen zu lassen“.

Sollte es gewünscht werden, Genaueres über die Insel Timor als Kolonisationsobjekt zu erfahren, so könnte sie und andere Punkte in „jenen Meeren“ in den nächsten Jahren erkundet werden, sobald norddeutsche Schiffe die ostasiatische Station besetzt hätten. Die Erwerbung des Pailón befürwortete Jachmann, da die Marine „in diesem Gebiet, wenn es von Deutschen kolonisiert wird, einen immerhin schätzbaren Rückhalt gewinnen würde", er weigerte sich aber, dazu beizutragen.

Wie soll die Marine den Handel schützen?

Bei seinen Überlegungen ging Jachmann vom gegebenen Zustand der Welt aus. Er rechnete nirgendwo mit der Proklamation der deutschen Landeshoheit; er hielt sie auch vom Standpunkt der Kriegsmarine aus für überflüssig, nachdem er „Flottenstation" als „der beständige Aufenthalt einer Anzahl Kriegsschiffe in den betreffenden Gewässern" beschrieben hatte:

„Wenn ein solcher beständiger Aufenthalt nun auch das Bedürfnis herbeizuführen pflegt, in einem entsprechenden Hafen der betreffenden zur Station gehörigen Gewässer eine Niederlage zu errichten für einzelne Ausrüstungsgegenstände der Kriegsschiffe, so ist doch das hierfür erforderliche Terrain ein so wenig umfangreiches, daß die Erwerbung in der Regel nicht so schwer fallen wird, um so mehr, wenn man von Erlangung der nicht gerade durchaus erforderlichen Souveränität über dasselbe absieht. Endlich kann unter Umständen von Terrainerwerbungen auch ganz abgesehen und dem Bedarf auf anderem Wege abgeholfen werden. So hat England auf der brasilianischen Station und auf der Pazifik-Station keine Besitzungen; es hat z. B. mit der brasilianischen Regierung einen Vertrag abgeschlossen, im Hafen von Rio ein store ship und ein hospital ship zu stationieren."

Jachmanns Haltung deckte sich mit der von Bismarck. Der Bundeskanzler lehnte die Erwerbung von Kolonien als nutzlos ab und befürwortete die Stationierung von Korvetten zunächst in Ostasien und Mittelamerika. Nachdem somit die Entscheidung dagegen gefallen war, in ihrer Dauerhaftigkeit fragwürdige Interessen zu schaffen, um die Marine damit zu rechtfertigen, ging es nur noch darum zu klären, auf welche Weise die Flotte den Schutz der vorhandenen Interessen wahrnehmen würde. Hier traf Jachmann auf die Opposition Prinz Adalberts, der zwar in der Rechtfertigungsmethode mit ihm konform ging, aber aus der Praxis des Dienstes abweichende Vorstellungen entwickelte.

Das Oberkommando befürwortete energisch die Präsenz norddeutscher Kriegsschiffe in Ostasien, wo es viele deutsche Handelsschiffe gab. Die dauernde Stationierung weiterer Schiffe in anderen Gebieten lehnte es ebenso strikt ab. Erneut verlangte es, der Schlachtflotte die Priorität zuzuerkennen. Inständig warnte der Prinz davor, „die einheitliche, geordnete Entwicklung der Marine als Streitmacht" durch „gänzliche Zersplitterung des verfügbaren Personals und Materials" zu verhindern. Die Erziehung des Personals und die taktische Schulung der Flotte konnte nach seiner Erfahrung „nur durch die Zusammensetzung eines permanenten Evolutionsgeschwaders in befriedigender Weise gelöst werden". Das Gros der Marine sollte zu einem Verband zusammengefaßt werden, der während des Sommers in der Nord- und Ostsee kreuzte und während des Winters weiter nach Süden, in das Mittelmeer, oder nach Westindien verlegte. „Auf solchem Wege", glaubte der Prinz, „würden Gleichmäßigkeit im Dienst,

Einheit im Wesen und der Geist der Zusammengehörigkeit in der Marine geschaffen werden, welche jetzt nur zu sehr fehlen". Einzelne Schiffe könnten gelegentlich nach abgeschlossener „Normalschule durch das Geschwader" ins Ausland gehen.

Das Bauprogramm des parlamentarisch gebilligten Flottenplans und der durch den Krieg von 1866 heraufbeschworene schlechte Zustand der Flotte machten es in den Augen des Prinzen klar, „daß die Errichtung von Flottenstationen in der ausgedehnten Weise, wie sie in der seitens des Königlichen Marineministeriums angeführten Denkschrift ... vorgesehen ist, weder der Gegenwart noch der nächsten Zukunft angehört", da „die Marine nicht in der Lage ist, überall, wo es wünschenswert wäre, bleibende Eskadren zu etablieren".

Aus diesem Grund bekämpfte er Jachmanns Eingrenzung des ostasiatischen Stationsbereichs, die Bismarck gebilligt hatte. Der Prinz stellte sich ein freies Kreuzergeschwader vor, das sich zwar generell in Ostasien aufhalten, aber auch von Fall zu Fall Schiffe in die umliegenden Meere, von der afrikanischen Ost- bis zur amerikanischen Westküste, entsenden und damit die heimische Flotte entlasten sollte.

Eine dauernde Stationierung an der amerikanischen Ostküste lehnte Prinz Adalbert rundweg ab. Um hier die Flagge zu repräsentieren oder Druck auf eine Regierung auszuüben, reichte eine einzelne Korvette nach seiner Ansicht nicht aus. Dazu, gab er an, „bedarf es einer wirklichen Streitmacht, also mindestens eines Geschwaders. Und Ich bin der Überzeugung, daß das Erscheinen des Evolutionsgeschwaders, wenn solches einmal permanent vorhanden, in jenen Gewässern einen tieferen Eindruck machen und nachhaltiger wirken würde als die gegenwärtig in Aussicht genommene Maßregel".

Eine stützpunktpolitische Schlußfolgerung traf der Prinz für Westindien nicht so ausdrücklich, wie er sie, im Aufgreifen älterer Gedanken, für den Fernen Osten geäußert hat: „Vor allem aber halte Ich bei Entsendung des Geschwaders nach Ostasien für dringend notwendig, daß auf die eine oder andere Weise Gelegenheit zur Anlage eines Depots und Gewinnung eines hierzu geeigneten Punktes nicht aus den Augen gelassen werden." Das Erkundungsunternehmen der Korvette „Augusta" in Costarica deutete jedoch mit einiger Sicherheit darauf hin, daß Prinz Adalbert auch in Mittelamerika einen Platz suchte, der der für diesen Raum designierten (nord-)deutschen Panzerschiff-Flotte als Anlaufpunkt und Basis für ihre Operationen in amerikanischen Gewässern dienen konnte.

Jachmann weigerte sich in seiner Antwort grundsätzlich, auf Kosten der materiellen Entwicklung der Marine noch in absehbarer Zeit Gelder für den teuren Unterhalt eines permanenten Panzerschiffgeschwaders abzuzweigen. Das Experiment mit einem Übungsgeschwader, das an sich auch vom Ministerium bejaht wurde, hatte 1867 keine positiven Erfahrungen gebracht, und zwar aus materiellen und personellen Gründen, die noch einige Jahre weitergalten. Die Wirkung auf die wirtschaftliche und politische Öffentlichkeit, die Jachmann als „Verpflichtungen" bezeichnete, besaß im Ministerium den Vorrang vor der militärischen Wirkung: „Diesen Verpflichtungen wird die Marine – soweit ihre noch unzulänglichen Kräfte überhaupt reichen – sich nicht entziehen dürfen, da gerade, bei dem in Norddeutschland vorhandenen mangelhaften Verständnis für maritime Angelegenheiten, es mehr als in irgendeinem anderen Seestaate erforderlich ist, die Nützlichkeit und Notwendigkeit einer Flotte zu erweisen . . .“. Dem zeitweiligen Erscheinen eines großen Geschwaders bleibe nach den Erfahrungen anderer Seemächte eine anhaltende Wirkung versagt. Nur die dauernde Anwesenheit eines Kreuzers verleihe dem Bund so viel Autorität vor den betreffenden Regierungen – Jachmann klammerte, im Gegensatz zu Prinz Adalbert die Vereinigten Staaten als Gegner aus –, daß sie die Schädigung deutscher Interessen von selbst unterbänden. Jachmann bestand deshalb auf seinen geographisch exakt begrenzten Stationen und darauf, sie nach und nach mit einzelnen Schiffen oder Flottillen zu besetzen.

Als Konsequenz ergab sich aus dieser Konzeption eine Überseepolitik, die ohne „daß künstlich und ohne Rücksicht auf die daraus entstehenden Verwicklungen Schutzgebiete gesucht und geschaffen werden“, durch Verträge in den jeweiligen Stationen „zur Überwinterung, bequemeren Ausrüstung oder zu sonstigen Zwecken eine bestimmte Basis“ bereitzustellen hatte. Aus der mit Hilfe dieser Stützpunkte ausgeübten Tätigkeit konnte die Marine dann die Berechtigung zu weiteren Forderungen an Regierung und Reichstag ableiten, die ihr schließlich die große Flotte bringen konnten, von der die Seeoffiziere träumten.

Norddeutsche Stützpunktpolitik 1869–70 (Chusan)

Kaum daß die ersten „Stationäre“ nach Ostasien entsandt waren, setzte Prinz Adalbert sie zur Erkundung von Punkten ein, die für eine Niederlassung geeignet sein konnten. Aufgrund seines mündlichen Befehls erkundete Korvettenkapitän Struben von der „Medusa“ die Tokara- oder Linschotengruppe nördlich der Ryukyus und die Goto-Inseln westlich von Nagasaki. Prinz Adalberts altes Interesse an Taiwan hielt noch lange an.

Einen kräftigen Impuls erhielt die Stützpunktpolitik Mitte 1869, als das Norddeutsche Bundeskanzleramt der Marine diesbezügliches Material aus Schanghai übergab. In einer Denkschrift empfahl der Geograph Ferdinand von Richthofen, der seinerzeit an der Eulenburg-Expedition teilgenommen hatte, die Annexion der wohlbekannten Chusan-Inseln vor der Yangtse-Mündung; der norddeutsche Generalkonsul in Schanghai v. Tettenborn, auf dessen Wunsch das Gutachten zurückging, trug den politischen Kommentar dazu bei. Einig waren sich die beiden Chinakenner in dem Bestreben, alle Wünsche auf Taiwan, die ihrer Ansicht nach nur auf Ignoranten zurückgingen, als absurd hinzustellen. Richthofen schrieb einen Aufsatz in diesem Tenor, den das Bundeskanzleramt zur Veröffentlichung an die konservative Kreuzzeitung weitergab.

Im Hafen Tinghai auf Chusan dagegen sahen sie den handelspolitischen „Schlüssel für das gesamte mittlere und nördliche China“, der militärisch auch noch Japan beherrschte.

Die beiden glücklichen Optimisten waren sicher, daß Tinghai dem nur umständlich anzulaufenden Shanghai rasch den Rang streitig machen und von der zu erwartenden wirtschaftlichen Entwicklung Chinas, die sich mit der Eröffnung von Kohlengruben und Eisenbahnen ankündigte, als „Emporion" in deutscher Hand profitieren würde. Da aufgrund der anhaltenden Pressediskussion (s. S. 72) angeblich „alle Welt" auf die Inbesitznahme Taiwans durch den Norddeutschen Bund wartete, glaubten Tettenborn und Richthofen, daß ein Überraschungscoup durch einen bevollmächtigten, mit Bestechungsgeldern für den zuständigen Vizekönig und die Zentralregierung reichlich versehenen Diplomaten, der genügend militärische Machtmittel in der Rückhand führte, durchschlagen müßte. China werde schließlich zufrieden sein, statt Taiwans nur die kleinen Chusan-Inseln verloren zu haben. Der Handelsstützpunkt sei dann noch durch eine Pflanzungskolonie nach Art von Java, der „Krone aller Kolonialbesitzungen", aus dem die Niederländer sagenhafte Gewinne zögen, zu ergänzen. Die Philippineninsel Luzón sei Java gleichwertig und nur gegenwärtig durch ihre spanischen Herren heruntergewirtschaftet. Unter Ausnutzung des Umsturzes im Mutterland vom September 1868 würde sich die Insel, deren Wert sich noch durch den Hafen Manila steigere, vielleicht erwerben lassen. Mit Tinghai und Manila befänden sich dann die besten Häfen Ostasiens in deutscher Hand. Der Besitz dieser „Brennpunkte des Chinahandels" und einer der besten tropischen Pflanzungskolonien werde Norddeutschlands „Weltstellung" entscheidend fördern.

Schleinitz widmete als ‚Kolonialreferent' Jachmanns der Denkschrift einige Aufmerksamkeit und bat das Oberkommando, ihre Angaben von Kapitän z. S. Köhler an Ort und Stelle überprüfen zu lassen. Prinz Adalbert schrieb Köhler in der Segelorder „als Hauptaufgabe die Erledigung der Frage des Marinestützpunktes an der chinesischen Küste" vor.

Der Marine gelang es, Bismarck für das Stützpunktprojekt zu gewinnen. Darüber hinaus gehende Pläne fanden nicht die Billigung des Kanzlers, der gerade die auf eine parlamentarische Untersuchung basierende Mitteilung des Londoner Gesandten Bernstorff in den Händen hatte, daß England für sein Kolonialreich durchschnittlich mehr als 4 Millionen Pfund als Unkosten pro Jahr aufwenden müsse. Das war nichts Neues: „Denn die Kosten, welche die Gründung, Unterstützung und namentlich die Behauptung der Kolonien veranlassen", war Bismarck spätestens 1868 klar, „übersteigen, wie die Erfahrung der Kolonialpolitik Englands und Frankreichs beweisen, sehr oft den Nutzen, den das Mutterland daraus zieht, die ganze Nation zum Vorteile einzelner Handels- und Gewerbezweige zu erheblichen Steuerlasten heranzuziehen".

„Dagegen haben wir uns überzeugt", stellte er 1870 fest, „daß die Gründung von Marinedepots für solche Gegenstände, deren Beschaffung in den betreffenden Ländern unausführbar oder nur mit unverhältnismäßigen Opfern und Schwierigkeiten verknüpft sein würde, sich ohne erhebliche Nachteile nicht länger hinausschieben läßt ... Wir wünschen daher sobald als möglich auch mit der chinesischen Regierung ein Abkommen zu treffen, durch welches dieselbe dem Norddeutschen Bunde den Besitz eines für den bezeichneten Zweck ausreichenden Terrains an einem zentralgelegenen Punkte der chinesischen Küste oder auf einer derselben benachbarten Insel, zur Errichtung eines Marinedepots, kauf- oder pachtweise überläßt ... Von seiten der Marineverwaltung sind in erster Linie die Insel Kulangsü, dicht bei der Stadt Amoy, und eine Strecke Landes bei der Stadt

Tinghai auf der Insel Chusan als besonders geeignete Positionen für ein Marinedepot bezeichnet worden."

Der Bundeskanzler war entschlossen, nur in enger Fühlungnahme mit den Vereinigten Staaten vorzugehen. Von Frankreich, England oder Rußland scheint er dagegen eher Schwierigeiten erwartet zu haben. Mit dem chinesischen Gesandten Burlingame, einem Amerikaner, hatte Bismarck die Angelegenheit vertraulich besprochen. Burlingame hatte zugesichert, „die Sache nach seiner Rückkehr nach China zu gutem Ende zu führen, wenn sie geheim behandelt werde". Sollten die Vereinigten Staaten in ihrem Vertrag mit China vom August 1868 dem Bund unwissentlich zuvorgekommen sein und Anrechte auf einen Stützpunkt auf China erworben haben, war ein anderer Punkt zu suchen, da eine derartige Konkurrenz Bismarck „sehr unerwünscht" war. Sicher unter dem Einfluß des befreundeten amerikanischen Gesandten George Bancroft ermächtigte der Kanzler den norddeutschen Gesandten in China, v. Rehfues, „die Angelegenheit in vertraulicher Weise mit Ihrem amerikanischen Herrn Kollegen zu besprechen und, wenn Sie es für nützlich erachten, dessen Unterstützung bei der chinesischen Regierung in Anspruch zu nehmen". Er war sicher, daß die US-Regierung ihre Unterstützung, um die er sich durch den norddeutschen Gesandten, v. Gerolt, bemühen wollte, nicht versagen würde.

Das Oberkommando beeilte sich, die Konjunktur zu nutzen. Schon Ende 1869 hatte Kapitän z. S. Köhler nicht nur den ostasiatischen Stützpunkt selbst auszusuchen, sondern auch zu überprüfen und sich dazu auf Atschin (Sumatra) und in Blairs Harbour (Ostküste Malakka) umzusehen. Im Mai 1870 wies ihn der Prinz auf die theoretischen Vorzüge Chusans hin. Köhler empfahl aufgrund seiner Erkundungen Chusan und Tsushima „als zur Besitznahme geeignet"; die Mirsbay nördlich Hongkong und die Insel Kulangsü südlich Schanghai bezog er als zweite Wahl in seinen Vorschlag ein. Nach Ausbruch des deutsch-französischen Krieges wies er im September 1870, als die Stützpunktfrage aus diplomatischen Erwägungen einschlief, „dringend" auf die „Station" hin. Der Krieg selbst hatte damit nichts zu tun. Er machte sich in Ostasien kaum bemerkbar, da die örtlichen Vertreter sich zeitweise auf eine Neutralisierung des Fernen Ostens einigten, und die deutschen Kriegsschiffe im übrigen nach Japan flüchteten, um den weit überlegenen Franzosen keine billigen Erfolge zu schenken.

Der Versuch, den gewünschten Stützpunkt auf diplomatischem Weg zu erhalten, schlug fehl. In Peking glaubte keiner der Eingeweihten daran, daß das Depot sich nicht im Laufe der Zeit zu einer respektablen Hafenkolonie unter deutscher Souveränität auswachsen würde. Rehfues versuchte gar nicht erst, sein Anliegen auf dem Tsungli Yamen, dem chinesischen Außenministerium, vorzubringen, da er fest auf taube Ohren rechnete. Nachdem die „T'ung-chih-Restauration" China in Teilbereichen den Anschluß an den technischen und militärischen Fortschritt des Westens verschafft hatte, stemmte sich das Mandschu-Regime mit neuem Selbstbewußtsein der ungleichen Partnerschaft mit dem Westen, zu der das Reich der Mitte verurteilt war, entgegen. Der amerikanische Gesandte versprach Rehfues weisungsgemäß seine Hilfe, gab auch das Desinteresse seiner Regierung an Chusan kund, wies jedoch zugleich darauf hin, „daß die Schwierigkeiten, welche sich in China ähnlichen und an und für sich unverfänglichen Unternehmungen entgegenstellten, die Vereinigten Staaten veranlaßt hätten, auf die Anlegung einer Station, wie die jetzt seitens des Norddeutschen Bundes beabsichtigte, auf chinesischem Territorium zu verzichten ...". Rehfues selbst scheint, in Kenntnis des englischen Vorbehalts auf Chusan, diese Insel nicht weiter beachtet zu haben. Er schlug Kulangsü vor und empfahl, nach Bestechung der lokalen Beamten dort „unauffällig" ein Marinedepot zu errichten und die Zentralregierung vor vollendete Tatsachen zu stellen (vgl. S. 118).

Koloniale Kriegszielforderungen 1870/71

Als der deutsch-französische Krieg nach der Einschließung der Armee Bazaine in Metz und der Kapitulation der Armee Mac Mahon/Wimpffen in Sedan Anfang September für die deutsche Seite entschieden schien, tauchten in der deutschen Öffentlichkeit, die fast geschlossen zur Wiedergutmachung des durch Ludwig XIV. erlittenen Unrechts die Rückgabe der deutschsprachigen Landesteile Frankreichs verlangte, auch darüber hinausgehende koloniale Forderungen auf. Das entstehende Deutsche Reich sollte die Gelegenheit zum Aufbrechen der vorgegebenen Verteilung der Welt nützen und sich aus der französischen Kriegsbeute die strategisch oder materiell wertvollsten exotischen Gebiete aneignen. Der Bremer Ostasienreeder Peter Rickmers verlangte am 6. September in verschiedenen Fachblättern, Frankreich auf jeden Fall Saigon abzunehmen. Am 20. September schloß sich mit einem Aufsatz in der Berliner „National-Zeitung" der Publizist Ernst v. Weber an. Später wurde auch der Wunsch nach Pondicherry in Französisch-Indien geäußert, und Anfang 1871 unterstützte Großherzog Friedrich I. von Baden einen Hamburger Antrag auf Annexion der Antilleninsel Martinique.

Als Ausgangspunkt für den französischen Kreuzerkrieg habe Saigon „unsere ganze deutsche Schiffahrt dermaßen lahmgelegt", klagt Rickmers, daß „Millionenverluste" aufgetreten seien. Als Stützpunkt französischer Panzerfregatten habe es zudem die norddeutschen Handelsschutz-Korvetten in einen neutralen Hafen gescheucht. „Saigon in deutschen Händen", rief Rickmers aus, „ist Sicherstellung des größten und bedeutendsten Teiles der deutschen Schiffahrt und unserer in den dortigen Gewässern befindlichen Marine; in französischem Besitz [bleibt es] die stets drohende Gefahr für Handel und Schiffahrt und Lähmung der größeren Ausbreitung unserer dortigen maritimen Verhältnisse!" Der Kolonialagitator v. Weber wollte gleich ganz Südvietnam übernommen haben. Damit zielte er auf eine noch einträglichere Beute, auf das holländische Kolonialreich: Südvietnam werde „den Kern eines zukünftigen deutsch-indischen Kolonialreiches abgeben ..., welches sich naturgesetzlich nach und nach ... um diesen Kern herumkristallisieren wird".

Als Rickmers'Agitation trotz heftigen Widerspruchs aus Hamburg nicht unfreundliche Aufnahme in der deutschen Öffentlichkeit fand, erwachte in der vertriebenen französischen Kaiserin-Regentin Eugénie die Hoffnung, durch das Angebot Saigons die in Metz eingeschlossene Armee Bazaine zu retten. Bazaine hatte sich nicht der Republik unterstellt und behauptete, seine Armee zur Restauration der Dynastie Bonaparte erhalten zu wollen. Für die Regentschaft ging es nun darum, nach der fruchtlosen Aussprache Bismarcks mit dem republikanischen Außenminister Favre zum anerkannten Vertreter Frankreichs und Verhandlungspartner zu avancieren und dann das Kriegsende herbeizuführen, bevor Bazaine zur Kapitulation gezwungen war. Die Abtretung von Elsaß-Lothringen, die Bismarck als conditio sine qua non verlangte, konnte, nachdem die Republik die Preisgabe auch nur „eines Fußbreits französischen Bodens“ verweigerte, auch die bonapartistische Partei nicht zugestehen. Um eher als die Republik den Frieden zu erhalten, bot die Regentin dafür die Abtretung Cochinchinas (= Südvietnam) an. „Es war ein sehr aussichtsvoller Besitz“, fand der französische Gesprächsführer Théophile Gautier, „der schon jetzt nicht nur die dafür gemachten Auslagen deckte, sondern sogar noch dem Mutterland einen bedeutenden Überschuß einbrachte.“ Bismarck reagierte nach Gautier mit den bezeichnenden Worten „O! O! Cochinchina! Das ist aber ein sehr fetter Brocken für uns; wir sind aber noch nicht reich genug, um uns den Luxus von Kolonien leisten zu können.“ Damit war das Angebot, das von Elsaß-Lothringen ablenken sollte, vom Tisch gewischt. Drei Tage später brach der Widerstand in Metz zusammen; auch die Rheinarmee ging in Kriegsgefangenschaft.

Im Dezember 1870 brachte Prinz Adalbert den Wunsch nach Saigon über Roon ins Gespräch; nach einer ausweichenden Antwort aus Versailles verwandte er sich im Januar und Februar 1871 im Verein mit Großherzog Friedrich, der den Kronprinzen auf seine Seite gezogen hatte, weiter für die Annexion. Da aber der Reichstag im November 1870 die stützpunktpolitische Petition von Rickmers, die zahlreiche andere Interessenten und Kolonialfreunde unterstützten, zurückgewiesen hatte, und da Bismarck aus der Erfüllung kolonialpolitischer Forderungen, wie sie etwa Weber angedeutet hatte, internationale Komplikationen befürchtete und definitiv verkünden ließ, daß das neue Reich keine überseeischen Erwerbungen beabsichtige, fiel die Agitation in sich zusammen.

c. Flotte und Krieg 1867–1871

Zwischen den Seemächten

Mitte 1866 bot die zentralamerikanische Republik Costarica Kaiser Napoleon III. den Hafen Limón als Flottenstützpunkt an. Costarica versuchte damit, den wachsenden nordamerikanischen Einfluß zu neutralisieren. Seit Ende 1865 stand jedoch Napoleons Entschluß fest, sich vor der sicheren Katastrophe seiner mexikanischen Expedition (1861–1866) aus dem Hexenkessel Mittelamerika zunächst einmal zurückzuziehen und auch die Verwirklichung seiner alten Isthmuskanal-Pläne zu vertagen. In Erinnerung an das noch nicht lange zurückliegende Treffen in Biarritz, auf dem sich der Kaiser mit Bismarck einig geworden war, daß Preußen jetzt Schleswig-Holstein annektieren und seine Flotte zu einem achtunggebietenden Stand aufrüsten sollte, reichte Napoleon die Einladung Costaricas im Herbst 1866 an Bismarck weiter. Erneut versuchte Frankreich, Preußen zu maritimer Weltpolitik aufzustacheln, als seinen Verbündeten und Platzhalter.

Als zur Demonstration norddeutscher Seemacht vor den örtlichen Potentaten im Sommer 1868 die Korvette „Augusta" Westindien ansegelte, verhandelte ihr Kommandant, Korvettenkapitän Kinderling, im Auftrag Prinz Adalberts, ohne Wissen der norddeutschen politischen Leitung, mit Präsident Castro über die Einräumung von Rechten auf Limón. Die Bundesregierung wurde völlig überrascht und desavouierte Kinderling augenblicklich, nicht zuletzt, um die Vereinigten Staaten nicht herauszufordern.

Glücklicherweise leitete die Disziplinlosigkeit des Oberkommandos keinen internationalen Konflikt ein, da sie unter die Auspizien einer gewissen deutsch-amerikanischen Zusammenarbeit fiel. Denn, wie Napoleon III., hätte in dieser Phase auch der amerikanische Außenminister William H. Seward Norddeutschland als Platzhalter im Bereich der Mittelamerikanischen Landbrücke akzeptiert, wo den Vereinigten Staaten durch das Clayton-Bulwer-Abkommen mit Großbritannien Machtabstinenz auferlegt war. Bismarck befahl jedoch seinem rührigen Gesandten v. Gerolt, Sewards Bereitschaft zu Verhandlungen über einen deutschen Stützpunkt in Costarica ostentativ nicht auszunützen. Er wollte nicht in Amerikas imperialistische Weltpolitik und seine Spannungen mit England gezogen werden. Im Wahlkampf 1868/69 bekehrte sich Seward rasch zur Monroe-Doktrin zurück, die die Neuetablierung einer europäischen Macht in der westlichen Hemisphäre verbot.

Napoleons Ermutigung zum Costaricaunternehmen sollte für lange Jahrzehnte die letzte positive marinepolitische Begegnung Deutschlands und Frankreichs bleiben. Schon gegen Ende des Krieges von 1866 hatte sich für Bismarck angekündigt, daß die Machterweiterung Preußens durch die Verwirklichung der deutschen Einheit nicht mehr im Arrangement mit dem großen westlichen Nachbarn möglich war. Im Frühjahr 1867 brach mit der Luxemburgkrise ein erster Konflikt aus. Bismarck hielt Preußen und seine süddeutschen Verbündeten noch keineswegs für kriegsbereit und bemühte sich noch um friedliche Beilegung. Ein Mittel dazu war die Abschreckung.

Während seiner Verhandlungen mit Napoleon in Biarritz hatte Bismarck 1864 bemerkt, wie der Ankauf von Schiffen für die preußische Marine („Augusta", „Victoria", „Prinz Adalbert") bei L'Arman, Bordeaux, in Frankreich „einen ausgezeichneten Eindruck" hinterlassen hatte. Drei Jahre später benutzte er Frankreichs empfindlichen Sensor für die preußisch-deutsche Marine, den er entdeckt hatte, für seine politischen Zwecke.

Während der Luxemburgkrise beauftragte er Gerolt, zu sondieren, inwieweit von den Vereinigten Staaten Unterstützung bei der Vorbereitung und Durchführung eines Kaperkrieges gegen „die französische Handelsflagge und zur Beunruhigung der französischen Küsten und Kolonien" zu erwarten sein könnte. Offenbar dachte Bismarck an ähnliche Vergünstigungen, wie sie England vor kurzem den Südstaaten bei Bau und Ausrüstung des konföderierten Kapers „Alabama" gewährt hatte. „Es bliebe der Modus", instruierte er Gerolt, „daß die Königliche Regierung bewaffnete Fahrzeuge in Amerika ankaufte und den ebendaselbst anzuwerbenden Offizieren Patente als preußischen Offizieren erteilte". Bismarck äußerte die Hoffnung, auf diese Weise Geleitschiffe für norddeutsche Konvois zu bekommen und durch Hilfskreuzer die große Unterlegenheit der preußischen Marine gegenüber der französischen vermindern zu können. Da der Kanzler wußte, daß die Vereinigten Staaten erbittert mit England wegen der Schäden, die die „Alabama" verursacht hatte, stritten, rechnete er wohl nicht ernsthaft mit der Realisierung seines Wunsches, ließ aber in der europäischen Diplomatie im Gegenteil Zuversicht durchblicken, die Glauben fand. Das erhoffte Aufsehen in Frankreich und damit ein gewisser Abschreckungseffekt traten ein und leisteten ihren Beitrag zur Verhinderung des Kriegsausbruchs zum ungünstigsten Zeitpunkt.

Über die eigene Marine ging Bismarck hinweg. Erst Wochen später fragte er Roon nach Kriegsplänen für die Flotte: ob sie willens sei, gegen Handelsschiffe zu kreuzen, oder ob die schwimmende Wehr bei Kriegsausbruch besser zwecks Internierung in einen neutralen Hafen überzuführen sei? Das Marineministerium schwieg sich über die Kriegsverwendung der Flotte aus und empfahl, eine Konvention zur vollen Neutralisierung des Seehandels abzuschließen.

Als lebhaftester, publizistisch und politisch einflußreicher Befürworter einer deutsch-amerikanischen Allianz in Marine- und weltpolitischen Fragen trat der Repräsentant der Deutschamerikaner, Senator Carl Schurz, auf. Schurz hatte Gerolt und Bismarck mit Rücksicht auf die Monroe-Doktrin zunächst dringend von der Festsetzung in Limón abgeraten. Nach Sewards unerwarteter Zustimmungserklärung sah er in der wechselseitigen Hilfe bei der Verwirklichung von Stützpunktwünschen in der jeweils anderen Hemisphäre ein Unterpfand guter Beziehungen. Schurz plädierte für „kluge Interessenvermischung" und Zusammenarbeit „im Falle eines Konflikts in Europa und auch bei der Regelung der Welthandelsverhältnisse".

Nachdem die Geroltschen Sondierungen – wohl wie erwartet – fehlgeschlagen waren, pokerte Bismarck auf andere Weise mit marinepolitischen Blättern weiter. Der amerikanische Gesandte in Berlin George Bancroft – der bekannte Historiker, ehemalige Marineminister und deutschfreundliche Gesandte von 1848 in England (vgl. S. 55) – unterstützte ihn dabei. So ließ der Kanzler ab und zu Meldungen über bevorstehende Ankäufe amerikanischer Kriegsschiffe durchsickern, gegen die sich Roon in Wirklichkeit wegen deren geringer Qualität heftig sträubte. England und Frankreich glaubten an eine geheime deutsch-amerikanische Marineallianz, wie sie ihnen vorgespiegelt wurde, die in Wirklichkeit aber nicht über ein gutes Einvernehmen in Einzelfragen hinausging.

Die Norddeutsche Bundesmarine

Im Sommer 1867 wurde die preußische Kriegsmarine den staatsrechtlichen Veränderungen der Jahre 1866/67 (s. Abschnitt IV/1, S. 38 f.) angepaßt und in „Norddeutsche Bundesmarine" umgenannt. Artikel 53 der Verfassung des Norddeutschen Bundes erweiterte ihre Basis, indem er bestimmte: „die Bundeskriegsmarine ist eine einheitliche ...", und die seemännische Bevölkerung aller Gliedstaaten zum Dienst in ihr verpflichtete. Die Verfügungsgewalt über die Marine verblieb beim König von Preußen, dem die Verfassung den Oberbefehl, die Organisation, die Zusammensetzung und die Personalpolitik zuwies.

Als oberste Behörden arbeiteten das preußische Marineministerium unter Roon und das Königliche Oberkommando unter Prinz Adalbert ohne Funktionseinbußen unverändert weiter. Direktor im „Marinedepartement" des Ministeriums wurde nun Vizeadmiral Jachmann, der die laufenden Geschäfte erledigte und die Marine politisch im Bundesrat und vor dem Reichstag vertrat.

Eduard (v.) Jachmann (1822–1887) stammte aus einer höheren Beamtenfamilie und genoß die entsprechende Erziehung. 1839 ging er zur Handelsmarine, besuchte 1842/43 die Danziger Navigationsschule und wurde Steuermann auf der „Amazone". 1847 wurde er Offizier und erhielt seitdem die verschiedensten Bord- und Landkommandos übertragen. 1865 leitete er die Einrichtung Kiels zum preußischen Kriegshafen. Als Nachfolger Riebens leitete er ab August 1867 die Geschäfte des Marineministeriums und vertrat als preußischer Bundesratsbevollmächtigter die Belange des Seewesens parlamentarisch. 1870/71 kommandierte er die Seestreitkräfte in der Nordsee, praktisch als Oberbefehlshaber über die ganze Flotte; nach dem Krieg kehrte er in seine alte Position zurück. Nachdem er 1871/72 nicht zum Chef der neuorganisierten Spitzenbehörde der Marine ernannt worden war, nahm er 1874 den Abschied.

Dem Ministerium unterstanden die Königliche Werft Danzig, die drei Marinedepots, das Admiralitätskommissariat zu Oldenburg und die Hafenbaukommission; es zeichnete verantwortlich für Schiffs-, Maschinen- und Hafenbau und für die Materialverwaltung. Dem Oberkommando unterstanden die Berliner Marineintendantur und die Kieler Marineschule; als Generalinspekteur der Marine führte Prinz Adalbert die Aufsicht über alle Truppenteile, Schiffe und technischen Einrichtungen. Das Oberkommando war die zentrale Kommandostelle für die beiden Marinestationen der Ostsee und der Nordsee und für alle in Dienst befindlichen Schiffe. Es bearbeitete die Personalangelegenheiten und den Einsatz der Streitkräfte. Der Ostseestation – und damit mittelbar dem Oberkommando – unterstanden die Flottenstammdivisionen, die Werftdivision, das Seebataillon und die Seeartillerieabteilung; die Stationschefs trugen die Verantwortung für die Sicherheit der Kriegshäfen und Werften, die Aus- und Abrüstung der Schiffe und die Küstenverteidigung, soweit sie nicht bei der Armee ressortierte.

Die preußische Seekriegsflagge wurde um gewisse Attribute ergänzt und von der gesamten Bundesmarine in dieser Form seit dem 1. Oktober 1867 geführt; der Adler war nun in das schwarze Balkenkreuz des Deutschen Ordens eingefaßt, während dem Eisernen Kreuz in der Oberecke die neuen Nationalfarben Schwarz-Weiß-Rot unterlegt worden waren. Die Grundfarbe blieb weiß.

Das neugegründete Deutsche Reich übernahm die Flagge 1871. Seine Marine führte sie, mit einigen Detailveränderungen, unter der Bezeichnung „Reichskriegsflagge", bis zum 31. Dezember 1921. Als sinnfälligste Änderung ist die Einführung der republikanischen Nationalfarben und die Ersetzung des preußischen Adlers durch den Reichsadler zu nennen, die der Reichspräsident am 27. Oktober 1919 anordnete, ohne Gehorsam zu finden.

In den Besitz des Bundes gingen neben der Flotte auch die beiden preußischen Kriegshäfen Kiel und der „Jadehafen" über. Letzterer wurde 1869 für ausgebaut erklärt und Wilhelmshaven genannt. Die Küstenbefestigungen verblieben im Zuständigkeitsbereich des preußischen Kriegsministeriums.

Von den drei Aufgaben, die Roons Flottengründungsplan verkündete, kam die Bundesmarine der des Handelsschutzes ziemlich rührig nach (s. o.). Den Schutz der Küste vertraute sie nach wie vor ihren Kanonenbooten an; außerdem wiegte sie sich in der Hoffnung, daß in absehbarer Zeit Seemine und Torpedo die notwendige technische Reife erlangt haben würden, um Operationen im unmittelbaren Küstenbereich (Landungen, Beschießungen) unmöglich zu machen.

Der Schwerpunkt der Rüstung verlagerte sich auf die Panzerflotte, die vordergründig das im Flottengründungsplan geforderte „Offensivvermögen" verbürgte. Jachmann kaufte endgültig die im Ausland bestellten drei Panzerfregatten an (s. S. 80) und ließ drei in Deutschland auf Stapel legen („Großer Kurfürst"-Klasse). Damit konnte sich die Marine, dank der Bereitwilligkeit des Parlaments, endlich einen lang gehegten Wunsch erfüllen. Strategisch stand sie freilich vor einem neuen Dilemma: Mit Dänemark allein oder mit den verbündeten Skandinaviern, auf die die Flottenplanung zielte, war als isolierte Gegner inzwischen nicht mehr zu rechnen. Dagegen erwartete alle Welt, nachdem in der Luxemburgkrise die Ziele Napoleons und Bismarcks zutage getreten waren, in absehbarer Zeit eine deutsch-französische Auseinandersetzung. Der mächtigen französischen Flotte, die nun als Gegner in Betracht kam, war die norddeutsche schon wieder unterlegen, mochte sie nun ihren Zehnjahresplan mit einem ganzen oder den kurzfristigen Rüstungsplan mit einem halben Dutzend Panzerfregatten ausführen; die Option für Zahl und Typ hatte sie sich vor dem Parlament vorsichtshalber offengelassen. Die drei Panzerfregatten, die der Bundesmarine Anfang der kritischen 70er Jahre zur Verfügung standen, bedeuteten für kein einziges Problem eine Lösung: Für die nahe Küstenverteidigung waren sie zu groß, für die vorgeschobene zu wenig, und von „Offensivvermögen" gegen die Franzosen konnte überhaupt keine Rede sein. Die Marine versteifte sich auf ein bestimmtes Kriegsbild, das von der Erwartung allgemeinen Verzichts auf Handelskrieg und eines französischen Landungsversuchs in Pommern ausging, und versuchte vor diesem Hintergrund ihre strategische Fehlinvestition zu bemänteln. Als Hauptwaffe bei dieser Spiegelfechterei diente die Panzerfregatte „König Wilhelm", die für einige Jahre das größte, schnellste, am stärksten gepanzerte und am schwersten bewaffnete Kriegsschiff ihrer Zeit war. Die offiziöse Lesart aus der Feder des bekannten Marineoffiziers Reinhold (v.) Werner lautete:

> „Ein Kommandant von Mut und Energie, und daran fehlt es unseren Seeoffizieren nicht, wird sich an Bord des ‚Königs Wilhelm' gar nicht viel auf Kanonade einlassen, sondern ohne weiteres die feindliche Flotte durchbrechen und die Transportschiffe niederrennen ...
>
> Die Abwendung der Gefahr einer größeren feindlichen Landung ist deshalb mit $3^{1}/_{2}$ Millionen [Talern] gewiß nicht zu teuer erkauft."

Die Flotte im Deutsch-Französischen Krieg, 1870/71

Der Ausbruch des deutsch-französischen Krieges traf die Norddeutsche Bundesmarine im Zustand weitgehender Unzulänglichkeit. Kiel und Wilhelmshaven konnten noch lange nicht als Kriegshäfen dienen und die Kapazität Danzigs war viel zu gering; Versorgung, Instandhaltung und Ausbesserung der Flotte konnten deshalb nur mit unzureichenden Aushilfen besorgt werden. Die Küstenbefestigungen waren dem Beschuß moderner Artillerie nicht mehr gewachsen. Das Seeminenwesen steckte noch immer im Versuchsstadium. In jeder Schiffsklasse bestand eine mindestens fünf- bis sechsfache Unterlegenheit, die sich im Sommer 1870 durch Havarien noch verschärft hatte: Die Kampfkraft von zwei der drei Panzerfregatten war durch Schäden, die sich nicht in Deutschland beheben ließen, stark herabgesetzt, und von den sieben Kreuzern, die nicht in Übersee stationiert waren, befanden sich vier in Reparatur. Ein energischer französischer Angriff hätte mit Sicherheit das Ende der 3 großen und 2 kleineren Panzerschiffe, 3 Kreuzer, 2 Avisos und 21 Kanonenboote gebracht, die auf dem Heimatkriegsschauplatz zum Einsatz kamen. Trotz Außerdienststellung der Segel- und Schulschiffe reichten die Offiziere und Mannschaften zur Besetzung der mobilgemachten Flotte nicht aus.

Eine weitere Schwächung erlitt die Bundesmarine durch die unerwarteten Veränderungen ihrer Führungsspitze, die sich im Juli 1870 ergaben. Roon und Prinz Adalbert verzichteten zugunsten von Vizeadmiral Jachmann darauf, ihre Funktionen in der Marine weiterhin auszuüben und begaben sich zur Armee. Jachmann, in dessen Hand zum großen Nutzen der Sache in den ersten Kriegstagen beide Führungsaufgaben zusammenfielen, übernahm bald das Kommando über die Panzerflotte, an deren Spitze der beste Offizier gewünscht wurde. Oberkommando und Marineministerium fielen vertretungsweise an Konteradmiral Kuhn, einen kranken Mann, dem es mißlang, die endlich vereinten Zentralbehörden zu höchstmöglicher Leistungsfähigkeit zu bringen. Seele des Kriegsbetriebs blieb Jachmann, der von Wilhelmshaven aus antrieb und organisierte und sich dank seiner Autorität an Berlin vorbei auch in Sachbereichen durchsetzte, die an sich seiner Kompetenz entzogen waren.

Bei der Mobilmachung wurde die deutsche Flotte auf die größeren Häfen von Emden bis Danzig aufgesplittert, die man durch französische Beschießungen gefährdet glaubte. Die Panzerflotte wurde vor Wilhelmshaven in der Außenjade stationiert, wo ihre planmäßige Aufgabe in der Selbstverteidigung gipfelte. Diese Aufstellung drückt Resignation aus – ebenso wie Prinz Adalberts Abdankung vom Oberkommando –, denn als Hauptoperation erwartete man eine Landung in Pommern oder in Jütland. Der französische Admiral Bouët-Willaumez hatte, auf den Erfahrungen des Krimkrieges aufbauend, während der Luxemburgkrise von 1867 entsprechende Pläne ausgearbeitet. Für ihre Verwirklichung unterhielt Frankreich eine umfangreiche Truppentransportflotte; man dachte an ein Landungskorps von 40 000 Mann. Freilich hatten sich aufgrund der Aufrüstung und der Bündnispolitik Preußens in den vergangenen drei Jahren die Kräfteverhältnisse erheblich verschoben: Im Juli 1870 besaß Frankreich keine strategischen Reservetruppen mehr, die es ohne leichtfertige Schwächung der kriegsentscheidenden Rheinfront für ein Diversionsunternehmen hätte abziehen können.

Der „Generalgouverneur der Küstenlande“, Generalleutnant Vogel von Falckenstein, versuchte zunächst, eine geschlossene Küstenverteidigung aufzubauen und beanspruchte die Verfügung auch über die Seestreitkräfte. Man erkannte aber schnell, daß die Bundesflotte dieser Aufgabe nicht gewachsen war. Moltke verzichtete auf die Verteidigung der unmittelbaren Seefront und hielt starke Linien- und Landwehrtruppen im Hinterland zurück, um die gelandeten Franzosen gegebenenfalls ins Meer zurückzuwerfen.

Tatsächlich stellten die Franzosen zu Kriegsbeginn in Cherbourg ein Landungskorps zusammen. Nachdem sich jedoch durch den Verlauf der Eröffnungsschlachten in Lothringen herausgestellt hatte, daß die französischen Landstreitkräfte nicht einmal zur Behauptung der Rheinfront ausreichten, verzichteten sie auf amphibische Operationen, verlegten die Truppen Ende Juli ins Binnenland und setzten zur See nur die Flotte ein. Diese hatte bei der Aufrüstung der letzten Jahre hinter die Bedürfnisse der Armee zurücktreten müssen und befand sich trotz eindrucksvoller Schiffszahl ebensowenig auf der Höhe ihrer Leistungsfähigkeit wie die Bundeskriegsmarine. Der Marineminister hatte seine Teilstreitkräfte im Kronrat sogar für „nicht kriegsbereit“ erklärt.

Bald nach der Kriegserklärung lief das französische Kanalgeschwader unter Admiral Bouët-Willaumez überstürzt aus, um die deutsche Panzerflotte abzufangen, die Anfang Juli zu einer Übungsfahrt in den Atlantik gegangen war, aber dank der Umsicht, die Prinz Adalbert auch auf seinem letzten Kommando bewies, zu diesem Zeitpunkt schon wieder die schützende Jade erreicht hatte. Infolge der Hast des Aufbruchs herrschten auf dem schlecht vorbereiteten französischen Geschwader Verwirrung, Materialknappheit und Personalmangel. Seine weiteren Aufträge mußte Bouët-Willaumez nun mit einem unzulänglich ausgerüsteten Verband erfüllen. Der zweite Auftrag mißlang ebenso wie der erste und die beiden folgenden: Die bündnisbereiten Dänen unterstützten ihn zwar technisch und logistisch, traten aber ohne den Rückhalt des Landungskorps nicht in den Krieg ein, zu dem sie durch die Flottendemonstration ermutigt werden sollten. Anfang August ging Bouët-Willaumez in die Ostsee, wo er die Blockade zu verhängen und die Küste zu beschießen hatte. Er kam jedoch weder dazu, die Blockade effektiv und damit für Neutrale verbindlich zu machen, noch zu den vorgesehenen Beschießungen von Danzig und Kolberg, auf die er auch aus Humanität verzichtete. Harmlose Ausfälle der Stralsunder „Seeferkel“ und der in Danzig stationierten Korvette „Nymphe“ versetzten das Geschwader, das sich durch blinden Lärm schon selbst entmutigt hatte und übertriebene Sorge vor den Kanonenbooten empfand, in Unruhe. Die Franzosen behielten zwar die Initiative, beschränkten sich aber allein auf vorsichtiges Erkunden und Aufklären. Nach zwei Monaten ergebnislosen Ostseekrieges zogen sie sich im September wieder nach Hause zurück.

In der Nordsee spielten sich zur gleichen Zeit Ereignisse ab, die äußerlich ebensowenig lebhaft aussahen, in ihrem historischen Gehalt aber ungleich bedeutendere Dimensionen gewinnen sollten. Mitte August traf hier das französische Mittelmeergeschwader mit 8 Panzerschiffen und einigen schnellen Kreuzern unter Vizeadmiral Fourichon ein und bezog auf der Höhe von Helgoland eine Blockadestellung.

„Das war es“, berichtet der Kriegsteilnehmer und Marinehistoriker Kapitän z. S. Stenzel, „worauf Admiral Jachmann gewartet hatte. Am nächsten Morgen wollte er die Franzosen trotz ihrer großen Übermacht angreifen. Freilich konnte der Offensivstoß nicht in ein laufendes Rückzugsgefecht übergeführt werden, wie bei Jasmund geschehen. Hier handelte es sich vielmehr um einen Entscheidungskampf auf der Stelle. Gegen die fast dreifache französische Übermacht war nach menschlichem Ermessen auf einen Sieg nicht zu rechnen.

Admiral Jachmann hielt es jedoch für geboten, dem feindlichen Geschwader nicht ohne Kampf die Herrschaft über unsere heimischen Gewässer und die Sperrung unseres Seeverkehrs zu überlassen. Aber er hatte die Rechnung ohne seine Kommandanten gemacht. Als er ihnen am 12. August morgens seine Absicht und seine Dispositionen fürs Gefecht bekanntgegeben hatte, berieten sie untereinander und wurden dann dagegen vorstellig. Admiral Jachmann sah sich genötigt, auf den Angriff zu verzichten.“

Vernünftigerweise haben die Kommandanten der deutschen Flotte eine zweckfreie Katastrophe vor Helgoland erspart. Der Zeitgeist forderte jedoch einen Flottenvorstoß zur Wahrung der Ehre, ein maritimes Götterdämmerungsspektakel. „Größtenteils nicht für den Kriegsdienst erzogen, sondern aus der Kauffahrtei übernommen“, faßt Stenzel die damals gängigen Urteile über die Kommandanten zusammen, waren sie „tüchtige Seeleute; aber von dem militärischen Geiste, der für selbständiges kühnes Wagen im Kriege unentbehrlich ist und dem Führer freudig ohne Zaudern zu folgen heißt, waren sie zum Teil nicht genügend durchdrungen.“ Für die Sozialstruktur und die Mentalität der deutschen Marine sollten sich aus dem Verhalten der Kommandanten und der Beurteilung, die es fand, durch Überkompensation noch gravierende Folgen ergeben. Historisch gesehen ist das Unterbleiben jenes Helgoländer Gefechts vielleicht das Schlüsselereignis des Seekrieges von 1870.

Vier Wochen später herrschte Einmütigkeit darüber, daß die schutzlos auf offener See liegenden Franzosen durch Kohlenmangel und Havarien wesentlich geschwächt seien. Am 11. September lief das Panzergeschwader bei unruhiger See in zuversichtlicher Stimmung, zu der der Sieg bei Sedan beigetragen haben mag, zum Angriff aus. Zufälligerweise hatte jedoch Fourichon, da Jachmanns Annahmen über den Zustand der Franzosen tatsächlich voll zutrafen, den Rückmarsch angetreten. Ende September waren, ohne daß Kampfhandlungen stattgefunden hätten, Nord- und Ostsee wieder frei.

Der Personalmangel der Armee veranlaßte die französische Regierung, große Teile der wenig bewährten Flotte abzurüsten und ihre Besatzungen im Loirefeldzug einzusetzen. Den Schutz der Zufuhr militärischer Güter aus England und Amerika, die Frankreich seinen zähen Widerstand ermöglichten, gewährten die in Dienst gehaltenen Kriegsschiffe gegenüber den drei angreifenden deutschen Kreuzern ohne Mühe: die „Arcona" fesselten sie an die Kanarischen Inseln und die „Augusta", die drei Prisen aufgebracht hatte, blockierten sie in Vigo; die „Elisabeth" havarierte ohne Feindeinwirkung. Auch ihrer zweiten wesentlichen Kriegsaufgabe zeigte sich die deutsche Marine nicht gewachsen.

In Ostasien unterließen die deutschen Kriegsschiffkommandanten die Kampfhandlungen, die Krone und Nation von ihnen erwarteten, ebenfalls. Das unliebsame Aufsehen, das die „Gazelle" 1864 mit ihrem unbeschwerten Kapern erregt hatte, war ihnen an Ort und Stelle deutlich in Erinnerung gebracht worden: Besonders die Amerikaner legten den Kriegsparteien eine gewisse Rücksichtnahme auf die okzidentale Solidarität gegenüber den Asiaten nahe. Den Franzosen fiel der Verzicht leicht, da sie schon mit der chinesischen Regierung in Streit lagen und den Rücken frei haben wollten. Die Deutschen konnten sich mit ihren zwei Kreuzern keine militärische Chance ausrechnen. So einigte man sich auf die Neutralisierung der ostasiatischen Gewässer. Im Februar 1871 kündigten die Franzosen die Neutralität auf und blockierten die deutschen Kreuzer in Jokohama. Handelsschiffe wurden jedoch keine weggenommen. Obwohl die deutschen Kommandanten die Franzosen durch Besonnenheit um billige Erfolge gebracht hatten, mußten sie doch aus prinzipiellen Gründen herben Tadel einstecken.

In Westindien war als drittes deutsches Auslandskriegsschiff das Kanonenboot „Meteor" stationiert. Sein Kommandant, Kapitänleutnant Knorr, versuchte vergeblich von dem unbeholfenen und ungastlichen „Seeferkel" mit Besatzung und Armierung auf einen brauchbaren Dampfer umzusteigen und Kreuzerkrieg zu führen. Die Amerikaner wiesen ihn aus Key West, wohin er sich zurückgezogen hatte, aus, und so irrte er nach Havanna weiter. Dort traf „Meteor" mit dem französischen „Bouvet", einem größeren und schnelleren, aber gleich bewaffneten Aviso zusammen. Durch Vermittlung des Leutnants z. S. Bendemann sprachen die beiden Kommandanten Ort und Zeit eines Gefechts ab, das nach Überwindung einiger Mißverständnisse und Schwierigkeiten am 9. November 1870 vor großem Publikum zustande kam. Das amphitheatralische Duell schloß damit, daß der „Bouvet", das schwerer beschädigte Schiff, in die neutrale Zone flüchtete.

Die tapfere Besatzung des armseligen Kanonenboots „Meteor" war der einzige Teil der Marine, dem die Jahre 1870/71 als Kriegsdienstzeit angerechnet wurden.

2. Die Kaiserliche Marine unter dem „System Stosch“

a. Politik und Strategie der Admiralität bis 1878/79

Stosch und die Politik

Die Entscheidung Prinz Adalberts, am deutsch-französischen Krieg zu Land teilzunehmen, hatte das Oberkommando an den Marineminister fallenlassen. Faktisch ließ Roon, bzw. sein Vertreter Kuhn, dem Seebefehlshaber Jachmann freilich weitgehend freie Hand. Nach dem Krieg blieben Ministerium und Oberkommando unter nomineller Verantwortung Roons und tatsächlicher Geschäftsleitung Jachmanns vereinigt. Der Kaiser institutionalisierte diese Entwicklung (15. Juli 1871) und taufte die vereinigten Behörden unter Umwandlung von einer Landes- zur Reichseinrichtung „Kaiserliche Admiralität“ (1. Februar 1872).

Prinz Adalbert traute sich, vor allem aus gesundheitlichen Gründen, die Gesamtleitung nicht mehr zu, und beschied sich mit dem persönlichen Ehrenposten eines „Generalinspekteurs der Marine“, der mit seinem Tod 1873 einging. Vizeadmiral Jachmann hatte, bei aller Anerkennung seiner Verdienste und persönlichen Tapferkeit, zu wenig „Fortüne“ und zu viel „Phlegma“ bewiesen, um die Reformen durchführen zu dürfen, die Wilhelm I. nach dem unbefriedigenden Verlauf des vergangenen Seekrieges erwartete. Andere qualifizierte Seeoffiziere mit entsprechendem Dienstgrad gab es keine. So ernannte der Kaiser Ende 1871 zum Chef der Admiralität einen der fähigsten Offiziere der Armee, den Generalleutnant Stosch.

Albrecht v. Stosch (1818–1896) war Sohn eines preußischen Generals. Im Kadettenkorps erzogen, 1835 Offizier, durchlief er routinemäßig bis 1866 die dienstgradgemäßen Stabs- und Kommandostellen. Als Generalmajor war er 1866–70 Direktor des Militär-Ökonomiedepartements. 1870 wurde er Generalleutnant und Generalintendant der Armee; als zeitweiligem Generalstabschef der Armeegruppe Großherzog von Mecklenburg wird ihm das Verdienst an der Abwehr des französischen Entsatzstoßes auf Paris und der Zerschlagung der Armee Chanzy zugeschrieben. Seine bewährte Gesinnung und erwiesene Tüchtigkeit in den verschiedensten Sätteln, seine kritischen Berichte über Marinedinge, dazu seine Verbindung sowohl mit dem Kronprinzen als auch mit Edwin v. Manteuffel brachten Stosch die Ernennung zum Marineminister mit dem Titel „Chef der Admiralität“ ein. In dieser Funktion leitete er die Marine vom 1. Januar 1872 bis zum 20. März 1883. 1875 wurde er zum General der Infanterie befördert und mit dem Rang Admiral à la suite des Seeoffizierkorps gestellt.

In Stosch hatte die Marine einen nicht nur militärisch-fachlich außerordentlich qualifizierten, sondern auch einen politisch engagierten und befähigten Chef erhalten, der nicht ohne Grund vielen als „Bismarcks Rivale“ galt und gilt. Enge und vertraute Freunde waren Franz v. Roggenbach und Gustav Freytag. In hohem Maße genoß Stosch die Zuneigung und das Vertrauen der Kronprinzessin, der englischen Königstochter Viktoria, und damit des von ihr geistig und seelisch dominierten Kronprinzen, des nachmaligen Kaisers Friedrich III. Stosch galt als Spitzenmitglied der Bismarck-feindlichen, ideologisch aber kaum fixierbaren „Kronprinzenpartei" und als ernster Anwärter auf die Reichskanzlerschaft bei einem eventuellen Thronwechsel in den 70er Jahren. Ganz bestimmt war Stosch kein Liberaler. Seine Bezugspunkte waren und blieben das Kant-Hegelsche Preußen und das Militär. Er verabscheute die Revolution von 1848, an deren Niederwerfung er mitgewirkt hatte, und sprach gesellschaftlichen Gruppen und Kräften das Recht auf Organisation, Autonomie und politische Mitbestimmung im Grundsatz ab. In der aktuellen politischen Situation paktierte er jedoch mit allen, die er direkt oder indirekt für seine Anliegen benutzen konnte.

Einen Chef mit politischem Instinkt hatte die Marine nötig. Brave Administration, wie gehabt, reichte nicht aus, um sie auf einen dem Aufgabenbereich angemessenen Stand zu bringen, von ihren egozentrischen Hoffnungen auf die überdimensionale Flotte ganz abgesehen. Stosch wußte die Interessen seiner Kriegsmarine mit denen von Kultur und Wirtschaft so zu verweben, daß die Lobbyisten an Flotte forderten, was er für richtig hielt; mit den Reichstagsfraktionen handelte er so geschickte Kompensationsgeschäfte aus, daß die Abgeordneten seine Wünsche durchweg akzeptieren. Ein Halbdutzend Jahre währte sie, des ehrgeizigen Stosch glückliche Zeit, in der er die richtigen Freunde und die zweckmäßigsten Gegner hatte.

Die Reichsgründung hatte die Marine im Wesen verwandelt. Ihr Aufgabenkatalog hatte seine Fixierung zwar schon 1867 gefunden, aber im allgemeinen Bewußtsein gewann er als Manifestation der gesamtnationalen Reichspolitik eine neue moralische Qualität. Die Seestreitkraft der Macht, die nun die „latente Hegemonie" (Andreas Hillgruber) in Europa ausübte, besaß ein anderes Gewicht als die des kleinsten der klassischen Pentarchen, der Preußen gewesen war, denn an die Stelle der Freund- und Feindallianzen alter Art traten neue Konstellationen (s. Abschnitt IV/1, S. 45 ff.).

Die Staatsnation, von der die Flotte finanziert wurde, hatte sich von 1865 auf 1871 mehr als verdoppelt. Zugleich standen aus der französischen Kriegsentschädigung weitere Mittel zur Verfügung. Der Reichstag ersuchte deshalb schon 1871 um Revision des Roon/Jachmannschen Flottengründungsplans und äußerte seine Erwartung auf eine entsprechende Regierungsvorlage. Stosch ließ sich bei seinem Amtsantritt von allen Dezernenten der Admiralität Kurzberichte über ihren Aufgabenbereich vorlegen und testete dann während der Session im Mai 1872, in Kenntnis der Wünsche und Möglichkeiten der Marine, mit äußerlicher Naivität und dem Image des Kronprinz-Liberalen die Bereitschaft des Reichstags, diese anzuerkennen bzw. zu fördern. Die Aussprache von 1872 um den Marineetat, der noch unter der Verantwortung Jachmanns ausgearbeitet worden war, wurde deshalb zu einem Markstein der deutschen Marinegeschichte.

Der Abgeordnete Harkort forderte Einschränkung der Rüstung, da er die personellen und materiellen Folgekosten fürchtete; als Zweck der Marine erkannte er nur den Schutz der Handelsmarine an. Graf Münster verlangte für die Wahrnehmung dieser Aufgabe eine Flotte, die die Nordsee freizuhalten versuchte. Schleiden verkündete als hanseatische

Ansicht: „... die Zeiten sind vorüber, wo man große Seeschlachten für die Entscheidung eines Krieges in Aussicht nahm".

Die Ratschläge des Reichtags waren so diffus, daß Stosch zwar nicht viel mit ihnen anfangen konnte, sich aber auch nicht auf eine ausformulierte Konzeption festgelegt sehen mußte. Entscheidend war der Ton, der von Minister und Reichstag angeschlagen worden war: die Bereitschaft, aufeinander einzugehen.

Mit einigem Geschick bemühte Stosch sich um „Publicity" von Marine und Minister bei den Zuständigen. Der berühmte Schriftsteller Gustav Freytag hatte ihm dieses Verfahren empfohlen und seine Unterstützung zugesagt. Freytag setzte sein eigenes Blatt „Im neuen Reich" in diesem Sinn ein und stimmte mit Erfolg weitere Zeitungen auf diese Tonart.

Freytag war es auch, der zahlreiche parlamentarische Kontakte hinter den Kulissen herstellte, auch die mit Max v. Forckenbeck, der die Nationalliberalen zum Bündnis mit dem Minister bewog. Die konservativen Gruppierungen waren grundsätzlich wehr- und damit marinefreundlich; die Kontakte mit ihnen ergaben sich in der Büro- und Hofluft von selbst. Das Wohlgefallen der katholischen Zentrumspartei gewann Stosch durch kritische Äußerungen gegen den Kulturkampf. Auf diese Weise schuf Stosch eine breite parlamentarische Basis sowohl zugunsten der Marine, als auch für eine zukünftige Regierung der „Kronprinzenpartei", die Bismarck als deutsches „Ministerium Gladstone", als Verderben von Volk und Reich anzuprangern nicht müde wurde. Bismarck bezog sich dabei vor allem auf die Nachgiebigkeit des Generals gegenüber der Fortschrittspartei, deren Führer Eugen Richter in Fragen des Marinebudgets eine parlamentarische Schlüsselstellung erringen konnte.

Der Schatten Bismarcks

Für die Besetzung der Admiralitätschefstelle mit Stosch sorgte Bismarck im Hinblick auf den Kronprinzen: als ein Mittel, den Thronfolger schon zu Lebzeiten seines Vaters einzuarbeiten und dadurch für seine Politik zu gewinnen. Daß der Kronprinz im Sommer 1871 Bismarck Stosch als seinen Kandidaten für das neue Reichsamt präsentierte, war dem Kanzler nur recht. Obwohl die Ordern, in denen Wilhelm I. Stosch zum Chef der Admiralität, preußischen Bevollmächtigten zum Bundesrat und preußischen Minister ohne Stimmrecht ernannte, dessen Teilnahme an Sitzungen des Staatsministeriums lediglich in Reichsangelegenheiten vorsahen (8. Januar 1872), lud Bismarck den General jahrelang zu allen Sitzungen ein, in der Hoffnung, den Kronprinzen auf dem indirekten Weg über die Berichte dieser starken Persönlichkeit zu beeinflussen, die ja für die eingeschlagene Politik mitverantwortlich war.

Dieser Zweck wurde völlig verfehlt; der Kronprinz gab den weltfremden Beratern aus seiner eloquenten Clique nach; freilich sah er sich in der Praxis seiner beiden Regierungen (1878 als Stellvertreter, 1888 als Kaiser) prompt auf Bismarck als den einzigen Realisten angewiesen. Und Stosch nutzte alle Möglichkeiten der preußischen und der deutschen Regierungsordnung zur Entlastung von der Mitverantwortung für Bismarcks Politik.

Zwischen Stosch und Bismarck traten rasch Zerwürfnisse in administrativen und Konflikte in politischen Fragen auf. Stoschs Alleingänge bei den Reichstagsberatungen über die Militärstrafgesetzgebung (1872) und bei dem Lohnstreik auf der Danziger Werft (1872) leiteten die Auseinandersetzungen ein.

Eine heftig ausgetragene Meinungsverschiedenheit über die Ausarbeitung und Gegenzeichnung kaiserlicher Befehle an die Marine leitete im Frühjahr 1873 zur grundsätzlichen Auseinandersetzung über die Zuständigkeit für die Marinepolitik über. Die so einleuchtende Zusammenfassung von Kommando und Verwaltung offenbarte nun die Tücken, die sie unter den Bedingungen des preußisch-deutschen Konstitutionalismus enthielt. Die Gegenzeichnung in Verwaltungsfragen kam dem Reichskanzler als oberstem Reichsbeamten zu, während dem Marinechef als Untergebenem die strikte Ausführung oblag; in Kommandofragen nahm sie der Chef der Admiralität als oberster Reichsmarineoffizier dagegen selbst wahr.

Am bekanntesten sind die zwei Gruppen von marinepolitischen Konflikten geworden, in denen Bismarck dem Kontrahenten Insubordination in der Außen- bzw. Innenpolitik vorwarf. In der Annahme, daß Stosch sich mit den betreffenden Schachzügen persönlich zu profilieren wünschte, ging der Kanzler zweifellos nicht fehl; doch stand er vor dem Dilemma, daß im jeweiligen Fall vieles für die Zweckmäßigkeit der Entscheidung Stoschs sprach und daß er nur auf Vorgänge reagieren konnte. Er tat dies bald mit äußerster Schärfe und verwandte einige Energie darauf, gewissen ins Politische gehenden Maßnahmen der Admiralität durch detaillierte Anordnungen der ihm ergebenen Ämter zuvorzukommen.

Von Beginn seiner Ministerpräsidentschaft ab (1862) war Bismarck schnell damit zur Hand, Kriegsschiffe auf Strafexpeditionen zu entsenden, wenn eine exotische Regierung zu schwach oder nicht willens war, Gewalttaten gegen Deutsche zu ahnden. Von Anfang an unternahm die Kommandobehörde der Marine ohne böse Absicht alles, um ihm durch Selbständigkeit in Ausführung und Ausweitung des Auftrags dieses Prinzip zu verleiden. Als einer der volkstümlichsten deutschen Seeoffiziere, der von der Ostasienexpedition und durch sein „Buch von der deutschen Flotte“ bekannte Werner, Bismarcks Kreise störte, schlug der lange gereizte Kanzler zu.

Kommodore Reinhold (v.) Werner (1825–1909) ergriff 1873 auf eigene Faust an der spanischen Südküste Partei für die gemäßigte Republik, indem er drei Schiffe der aufständischen Radikaldemokraten wegnahm, einen General fing und Cartagena die Beschießung androhte. Bismarck aber wünschte die Erhaltung des spanischen Revolutionschaos. Er befürchtete, daß eine Konsolidierung Spaniens als Republik diese Staatsform international aufwerten und das als Republik international isolierte Frankreich wieder für Dritte bündnisfähig machen würde (vgl. den „Fall Arnim“). Während das deutsche Volk Werners Kraftakte bejubelte und sich mit ihnen identifizierte, erzwang Bismarck die Abberufung Werners und die kriegsgerichtliche Beurteilung seines Verhaltens. Niemand konnte abstreiten, daß Werner auf Provokationen reagiert und dem Deutschen Reich Achtung verschafft hatte; ebensowenig konnte freilich jemand den hochpolitischen

Charakter seines Vorgehens leugnen. Nur weil der Kaiser selbst wie das Volk dachte, blieben Werner die geforderten 12 Jahre Gefängnis und Stosch die Verantwortung dafür erspart.

Im „Fall Werner“ stießen Bismarck und Stosch am spektakulärsten auf dem außenpolitischen Feld zusammen. Kennzeichnender, wenn auch der Öffentlichkeit vorenthalten, entwickelte sich der Streit um die Art der Beziehungen zum philippinischen Sultanat Sulu, das sich 1872 gegen Spanien aufgelehnt hatte.

Stosch ließ sofort den Korvettenkapitän Louis v. Blanc erkunden, was es mit einem Protektoratsgesuch und Stützpunktsangebot des Sultans an Deutschland auf sich hatte, das Bismarck völlig ignorierte. Blanc ließ sich 1873 die angebotenen Häfen zeigen und vermittelte einen weiteren Brief des Sultans, in dem dieser seinem „Bruder“ Wilhelm Geschenke und einen „gerechten Vertrag“ anbot, immediat an den Kaiser. Spanien reagierte mit der Blockade Sulus und der Aufbringung privater deutscher Schiffe, die den Sultan mit Waffen belieferten. Um das Gesicht zu wahren, sah sich Bismarck 1876 zur Drohung mit Waffengewalt gezwungen. Erst 1877 wurde die überflüssige Krise, die das Reich Spekulanten, Waffenschmugglern und seiner Kriegsmarine verdankte, beigelegt.

Intern schlug Bismarck 1873 andere Töne an. Alle „Kreise, welche Fragen, wie die vorliegende, vorurteilsfrei zu würdigen vermögen“, hätten sich für die Nichtbeachtung des Sultans entschieden. Die Marine war aus dem von der Reichsleitung eingeschlagenen Kurs ausgeschert. Nachdrücklich vergatterte der Kanzler den Admiralitätschef auf seine Richtung. Die Abweichung war so eklatant, daß sich der Kaiser zu einer Rüge bewegen ließ, die Stoschs Intimfeind Delbrück mit Freuden überbrachte. Stosch ließ Blanc fallen und unterließ nicht, ihn „auf das Ungehörige seiner Handlungsweise aufmerksam zu machen“, freilich in milder Form und ohne Karrierefolgen.

Zwar konnte niemand Bismarcks Argumentation widersprechen, wie er denn eine international vertrauenerweckende Politik betreiben könne, wenn die Kriegsmarine sich nicht um die vorgezeichneten Richtlinien kümmerte – aber an der Kompetenzverteilung, die ihm von Stoschs erstem Dienstjahr an ernste Sorgen um die Glaubwürdigkeit von Deutschlands „Saturiertheit“ bereitete, änderte sich nichts. Im April 1874 verlangte er erfolglos, „daß die politische Verantwortlichkeit für politische Handlungen der Schiffskommandanten in fremden Meeren sichergestellt und gedeckt werde“. Der Kanzler brachte durchaus Verständnis dafür auf, daß den Kommandanten bei den schlechten Nachrichtenverbindungen mit der Zentrale und der persönlichen Unzulänglichkeit mancher diplomatischer Reichsvertreter in Übersee Fehler unterliefen; vor diese Offiziere stellte er sich selbst. „Die Oberleitung der Marine“ aber fand er „nicht zugänglich für die von mir vertretenen politischen Motive und deren Geltendmachung“. Immer wieder konnte Stosch überseepolitische Entscheidungen unter dem Vorwand, sie fielen in die Kommandosphäre des Kaisers, an sich reißen.

Der innenpolitisch motivierte Streit begann ebenfalls schon bald zu schwelen, entzündete sich 1875 und führte 1877 zum öffentlich sichtbaren Großbrand der Beziehungen zwischen Kanzler und Marine. Bismarck mißbilligte Stoschs geschickte Taktik im Reichstag, die er, der Sieger im Kampf um die Militärbudgethoheit der Krone, als Ansatz zum parlamentarischen Regierungssystem interpretierte. Denn er vermutete bei der „Kronprinzenpartei“ – irrtümlicherweise – die Neigung zu dieser Regierungsform. In den Augen Bismarcks stand 1877/78 eine ganz große Krise bevor, falls ein Thronwechsel die Beilegung des Kulturkampfes und die Abkehr von der liberalen Wirtschaftspolitik durch einen Regierungswechsel in Frage stellte. Mindestens aus dem „Fall Werner“ hatte Bismarck gelernt, daß Stosch nicht „abzuschießen“ war. Es galt, ihn von den Wurzeln seiner Kraft, Krone und Militär, abzuschneiden. Mit Energie begann der Kanzler seinen potentiellen Rivalen als Feind des konstitutionellen Systems zu denunzieren.

Bei den interministeriellen Etatberatungen auf 1876/77 versteifte sich Stosch so kompromißlos auf die Forderung gewisser einmaliger Ausgaben, daß Delbrück – als Chef des Reichskanzleramtes sozusagen „Reichsfinanzminister“ – Bismarcks Autorität bemühen mußte, um eine Kürzung durchzusetzen. Als Eugen Richter im Etatsausschuß des Reichstags erhebliche weitere Kürzungen des Extraordinariums verlangte, stimmte Stosch einem Vermittlungsvorschlag des links-nationalliberalen Heinrich Rickert dagegen augenblicklich zu, um die Schiffsneubauten zu retten.

Am 10. März 1877 nutzte Bismarck eine Reichstagsdebatte, um Stosch öffentlich als „Linken“ anzuprangern. Als Richter die Unnachgiebigkeit Bismarcks rügte und ihr preisend die soeben erwiesene Konzilianz der Admiralität gegenüberstellte, eröffnete der Kanzler dem aufhorchenden Parlament, daß er selbst Ende 1875 versucht habe, die Forderungen der Admiralität wesentlich herabzudrücken. Mit bitterböser Ironie beschuldigte er Stosch, sich damals gesträubt zu haben, um der Fortschrittspartei die Möglichkeit zu geben, sich durch Streichen nicht dringlicher Posten als nationaler Sachwalter aufzuspielen.

Stosch glaubte zunächst selbst, politisch erledigt zu sein. Obwohl Roggenbach und Freytag ihn beschworen, nicht der sorgfältig eingefädelten Intrige zu weichen, die sie vermuteten, schrieb er sein Entlassungsgesuch. Freilich hatte er sich dabei schon wieder gefangen, denn er fügte eine geschickt auf die Psyche Wilhelms I. berechnete Darstellung der Vorgänge bei. Der Kaiser verweigerte den Abschied.

Bismarck konnte diesen Verlauf mit einem eigenen Entlassungsgesuch auch nicht mehr ändern. Er konnte nur noch den Rivalen von den Sitzungen des preußischen Staatsministeriums ausschließen, indem er alle behandelten Gegenstände zur Landesangelegenheit erklärte und Stosch nicht mehr einlud, mit der laut geflüsterten Begründung, keinen linksliberalen „Spion“ in der Regierung dulden zu dürfen.

Stosch war also glimpflich davongekommen. Aber das Mißtrauen war geweckt. Sein Anhang im Reichstag, der interfraktionelle Marineblock, begann zu zerbröckeln. In der Krise, die der Untergang des Panzerschiffs „Großer Kurfürst“ 1878 auslöste, beschleunigte sich die Abfallbewegung aus allen Lagern. Als sich die Wogen glätteten, besaß Stosch eigentlich nur noch den alten Kaiser als Rückhalt in Wehrmacht und Politik. Für die Flotte setzte eine unfruchtbare Zeit ein.

Die militärstrategische Konzeption

Nach dem Sieg über Frankreich waren sich Regierung und Parlament darin einig, daß, obwohl über Sinn und Zweck einer deutschen Flotte nach den jüngsten Seekriegsereignissen einige Zweifel wach geworden waren, eine größere Summe aus der Kriegsentschädigung zur Aufrüstung der Marine bestimmt werden sollte. Die Admiralität sah sich dringend auf höhere außerordentliche Zuwendungen angewiesen, denn von den umgerechnet 30 Millionen Mark, die der Reichstag 1867 bewilligt hatte, waren schon vor dem Krieg allein für die drei Panzerfregatten und einen Kreuzer 24,9 Millionen ausgegeben worden. Vom Reichstag aufgefordert, legte die Admiralität im April 1873 einen neuen Rüstungsplan vor, in dem sie ihre Geldwünsche äußerte und zu deren Rechtfertigung über die Rüstungsziele und strategischen Vorstellungen der deutschen Marine Aufschluß gewährte.

Die Programmatik seiner Vorgänger, die die parlamentarische Billigung gefunden hatte, konnte Stosch, obwohl die Vorstellungen der Marine von den früher entwickelten abwichen, nicht einfach desavouieren, ohne den Reichstag gegen sich aufzubringen. Roons und Jachmanns Grundsatzerklärungen wurden deshalb 1873 weiter verkündet: Die Marine wollte nach wie vor den deutschen Seehandel auf allen Meeren schützen und vertreten, die vaterländischen Küsten verteidigen und in gewissen Fällen die Offensive ergreifen können.

Bei genauerem Hinsehen erweisen sich die Prioritäten und Inhalte gegenüber vorher als im Kern verschoben. Zwar gab die Admiralität an, nur den vergrößerten Verhältnissen des neuen Reiches Rechnung getragen zu haben; tatsächlich aber hatte sie gewissenhaft die Kriegserfahrung ausgewertet und sich bemüht, von diesem Wissensstand aus die innenpolitisch bedingten Geburtsfehler des Plans von 1863/65/67 auszumerzen und endlich ein Programm aufzustellen, das vor den Anforderungen der Wirklichkeit standhalten konnte. Anders als seine Vorgänger, ging Stosch von einem längerfristig realistischen Kriegs- und Feindbild aus.

Als wichtiger Faktor wirkte deshalb der Zehnjahresplan des französischen Marineministers Pothuau, dem die Nationalversammlung 1872 zugestimmt hatte, auf Stoschs Zielsetzungen ein. Die Franzosen hatten das Versagen ihrer vielgescholtenen „Marine de luxe“ sorgfältig analysiert. Die neue Flotte sollte England keineswegs aus dem Auge verlieren, als wahrscheinlichsten Kriegsgegner aber Deutschland anvisieren. Nach der Pothuauschen Reform sollte sie vier Elemente umfassen: ein gegenüber früher reduziertes Hochseeschlachtgeschwader; starke Küstenkriegseinheiten; zahlreiche Kreuzer für Aufklärungs-, Kreuzerkriegs- und Zufuhrschutzzwecke; einige Überseestationäre; die Transportflotte wurde nahezu aufgelöst.

Besonderen Wert legten die Franzosen jetzt auf Schiffe, die auch in den seichten Küstengewässern Deutschlands angriffsweise operieren konnten: 30 Kanonenboote und, wie das Parlament den bescheideneren Voranschlag des Ministers nach oben hin korrigierte, zusätzlich zu den 12 kleineren Hochseepanzerkorvetten noch 20 spezielle Küstenpanzerschiffe. Schon 1872/73 wurden 8 Panzerschiffe in Bau gegeben.

Dem Rüstungsprogramm der Franzosen ließ sich entnehmen, daß sie, vom Bedürfnis nach Kräfteüberschuß an der Hauptfront veranlaßt, künftighin auf eine strategische Landung in Norddeutschland verzichten, dagegen aber nachdrücklicher einzelne Küstenstädte und -striche taktisch angreifen würden. Daß sie 1870/71 derartige Unternehmungen nicht gewagt hatten, legte die Admiralität als Bewährung des Jachmannschen Verteilungsplans aus. Bei ihren Kriegsvorbereitungen übernahm sie deshalb seine Methode und verbesserte sie durch Erhöhung der Mobilität. Zum Einsatz in den Förden, Buchten und Flußmündungen der deutschen Ost- und Nordseeküste sah sie 2 schwimmende Batterien, 7 Monitore, 12 Kanonenboote und, neben den unbeweglichen Seeminen, 28 Torpedoboote des Typs vor, der den Sprengkörper mit Hilfe einer Spiere (s. S. 128) an den Gegner heranführt.

Zur effektiveren Wiederholung der 1864 und 1870 durchgeführten oder geplanten Angriffe auf die Blockadestreitkräfte vor Danzig, Rügen und Helgoland verstärkte Stosch die Kräfte, die von den gesicherten Häfen aus operieren und sich nach Abbruch des Gefechts in diese zurückziehen konnten. In der Ostsee sollte sich die „bewegliche Küstenverteidigung“, wie er das Operationsprinzip auf dieser Stufe nannte, auf 6 Panzerkorvetten mit geringem Tiefgang stützen, die einzeln oder in kleinen Gruppen in den zu verteidigenden Häfen stationiert werden und aus diesen heraus ihre Ausfälle unternehmen sollten.

Für die Nordsee wurde das Prinzip modifiziert. Die Mündungen von Elbe, Weser und Jade ließen sich zentral von Wilhelmshaven aus gegen Angriffe schützen. Da außerdem bisher noch jedes Blockadegeschwader bei Helgoland Aufstellung genommen hatte, in dessen Nähe fast alle deutschen Nordseeverkehrslinien vorbeiführen, richtete sich die Admiralität auf ein Ausfallgefecht in der Deutschen Bucht ein. Hier geboten die Entfernung von der Küste, die Tiefwasserverhältnisse und die Zusammensetzung der französischen Hochseeschlachtflotte die klassische, rangierte Seeschlacht. Für die lebendige Küstenverteidigung in diesem Verteidigungsabschnitt verlangte Stosch deshalb 8 Panzerfregatten, mit denen er im laufenden Rückzugsgefecht nach dem Vorbild von Jasmund dem Gegner soviel Schaden zufügen zu können glaubte, wie er zur Erreichung seines begrenzten Seekriegsziels für notwendig hielt.

Auf eine größere Zahl von Panzerfregatten verzichtete Stosch. Von einem über die erfolgreiche Küstenverteidigung hinausgehenden Seesieg über die Franzosen erwartete er keinen Beitrag zum Ausgang des nächsten Krieges, der nicht nur nach seiner Ansicht ebenfalls allein durch die Leistungen der Armee entschieden werden würde. Eine offensive Seekriegführung rechtfertigte sich in seinen Augen nicht etwa durch die Tatsache, daß Seestreitkräfte vorhanden waren. Wohl aber hielt er die Kaiserliche Marine nicht vor der Versuchung gefeit, im Besitz einer starken Flotte zur Offensive ohne strategischen Sinn überzugehen. Über den Zweck hinausschießende Rüstungen mußten zu Lasten der Armee gehen und damit die Verteidigungsfähigkeit des Deutschen Reiches herabsetzen.

Eine bemerkenswerte Verfeinerung erlebte unter der Feder Stoschs das „Offensivvermögen" der deutschen Flotte. Sicher bezog es sich weiterhin auf europäische Staaten unteren Ranges, die das Deutsche Reich im Konfliktfall nicht zu Land bekriegen konnte, wie etwa Spanien, Schweden oder Griechenland. Vor allem bezog sich Offensivvermögen jetzt auf überseeische Staaten von labiler öffentlicher Ordnung, aber so viel äußerer Macht, daß Stationskreuzer und -kanonenboote nicht ausreichten, um Deutsche und deutsche Investitionen bei inneren Unruhen zu schützen. Präzise sind darunter China, Japan, Brasilien und Mexiko zu verstehen. Als Träger des Offensivvermögens wollte Stosch ein „fliegendes Geschwader" mit 1 Panzerfregatte als Kern in Übersee fahren lassen und als Verstärkung weitere Kräfte, darunter 3 Panzerfregatten, in Deutschland bereithalten. Für „Polizeiaufgaben" gegenüber unzivilisierten oder schwachen Staaten in Übersee bestimmte er 6 Kanonenboote und 4 Kreuzer (je 2 in Westindien bzw. Ostasien), dazu 1 „fliegenden" und 3 bereitgehaltene Kreuzer.

Mit der Fähigkeit zu diesem starken Aufmarsch verband Stosch weitere, auf den europäischen Kriegsschauplatz gerichtete Absichten. Auf den Schutz der deutschen Handelsschiffahrt vor den Franzosen verzichtete er zwar aufgrund der jüngsten Seekriegsereignisse von vorneherein und nahm den Krieg als unabänderliche Unterbrechung des Seeverkehrs hin, der im wesentlichen erst durch den Sieg der Armee wiederhergestellt werden konnte. Für Angriffe auf die französische Zufuhr sah er aber doch einige Möglichkeiten, obwohl 70/71 gezeigt hatte, daß die Franzosen Kreuzeroffensiven, die sich auf deutsche Basen stützten, leicht abfangen konnten. Zum Ausgleich der deutschen Positionsschwäche stellte Stosch im Flottengründungsplan die Lösung vor, zahlreiche Kreuzer in Übersee zu stationieren oder zum schnellen Auslaufen in den Atlantik bereitzuhalten, von wo sie über freieren Zugang zur Westküste Frankreichs verfügten als von der Ost- und Nordsee her. Hauptsächlich für diese Zwecke forderte Stosch 20 Kreuzer verschiedener Größe. Das schwere Überseegeschwader konnte dann dazu dienen, deutsche Kreuzer, die von den Franzosen auch diesmal in neutralen Häfen blockiert würden – wie z. B. 1871 in Jokohama –, freizukämpfen. Das vordergründig die exotischen Mächte bedrohende „Offensivvermögen" zielte also durch etliche Windungen hindurch auf Frankreich.

Ohne den Rückhalt überseeischer Basen ließ sich eine solche Strategie nicht in die Tat umsetzen, denn neutrale Häfen standen im Kriegsfall für Reparaturen und Beschaffung nur beschränkt offen. Schon im bisherigen Friedensdienst waren die Kosten überseeischer Einsätze so hoch und nicht vorherberechenbar gewesen, daß das Angewiesensein auf fremde Quellen das Budget der Marine 1867–71 zerrüttet hatte. Bei ernsthafter Vorbereitung des geplanten Kreuzerkrieges und seiner Nebenoperationen mit an Ort und Stelle besorgten Mitteln wäre das Budget gesprengt worden.

Korvettenkapitän v. Schleinitz, der sich mit der Ausarbeitung einer Denkschrift über die Ausführung des Flottengründungsplans von 1867 befaßte, brachte deshalb im Februar 1871 die Forderung nach überseeischen Stützpunkten in die Diskussion. Stosch übernahm

Schleinitz' gesamte Vorlage unter Vornahme geringer Veränderungen, die er im März 1872 abschloß. Mit der Übergabe der Denkschrift 1872 an den Reichstag stellte die Marine in Aussicht, daß sie Stützpunktpolitik betreiben werde.

Der hanseatische Abgeordnete Schleiden übte sofort Kritik an der Vorankündigung künftiger Stützpunktpolitik: mit seiner Billigung des 1867er Gründungsplans habe er auf keinen Fall Kolonialpolitik empfehlen wollen. Schleidens Widerspruch genügte, um die Admiralität zum Verzicht auf diesen Programmpunkt zu veranlassen. Im Flottengründungsplan von 1873 fand sich kein Wort zu überseeischen Stützpunkten mehr. Das hinderte die Admiralität nicht, das von der Denkschrift 1872 aufgestellte stützpunktpolitische Grundgesetz weiter auszuarbeiten.

Ende 1872 schrieb Stosch an Delbrück, „daß für die Interessen der Kaiserlichen Marine nur solche Punkte in Betracht kommen können, welche unseren Schiffen auch während eines Krieges zur Ergänzung von Vorräten, Kohlen usw. und zur Ausführung von dringenden Reparaturen offen bleiben. Dies würde nach den Grundsätzen, welche von fast allen Staaten bei der Aufstellung von Neutralitätsproklamationen während des letzten Krieges befolgt worden sind, nur dann der Fall sein, wenn das fragliche Gebiet faktisch an das Deutsche Reich abgetreten wäre, wir also auch die Landeshoheit über dasselbe besäßen ...".

In der Stützpunktpolitik setzte der Konflikt mit dem Kanzler deshalb sehr früh ein, denn Stosch dürfte diese Eröffnung schon im Februar 1872 gemacht haben. Wahrscheinlich hat dann Bismarck selbst, von dem freikonservativen Schleiden auf die Ankündigung der Denkschrift 1872 angesprochen, den Verzicht der Marine auf offene Stützpunktpolitik erzwungen, die den Zielen seiner großen, um Vertrauen werbenden Politik der „Saturiertheit" derartig widersprach. Das militärstrategische Gesamtkonzept der Admiralität war damit bereits im Ansatz zerstört und auf sein Teilelement Küstenverteidigung eingeschränkt.

b. Das „System Stosch"

Erneuerung der Personalstruktur

Die sorgfältige Personalpolitik, die Edwin v. Manteuffel als Chef des Militärkabinetts in der Marine versucht hatte, ließ sich bei dem Mangel an qualifizierten Seeleuten nicht lange durchhalten. Bei der Umwandlung der Königlich Preußischen in die Kaiserliche Marine setzte sich das Offizierkorps deshalb aus drei Klassen zusammen. Es gab einmal die letzten Männer der ersten Generation, die allen fachlichen Ansprüchen genügten und gesellschaftlich wenigstens das Ansehen von Artilleristen genossen: etwa die Admirale Jachmann, Werner, Henk, Heldt, die im Lauf der Zeit nobilitiert wurden. Weiter gab es die Männer der Ära Manteuffel, die als gesellschaftlich „einwandfreie", vielfach adelige Kadetten von der Marine selbst ausgebildet worden waren: die Jahrgänge, die seit den 80er Jahren in die Spitzenpositionen einrückten. Und schließlich gab es – ein Topos der

Memoiren- und Fachliteratur – „manch wunderlicher Mutter Kind": Fachleute, aber von einfacher Herkunft, Sitte und Gemütsart, die das Militärkabinett hatte in Kauf nehmen müssen, nachdem mit der „Amazone" 1861 der Kern des Offiziernachwuchses untergegangen war. Der angeblich wenig heldischen Gesinnung und dem Mangel an Autorität der vielgescholtenen „Hilfsbarone" schrieb man die schwarzen Flecken auf der Weste von 70/71 zu. Mit im Hinblick auf diese „Erfahrung" lehnte Bismarck nach dem Sieg die Flottenvergrößerung durch 20 französische Panzerschiffe ab, die Rußland angeregt hatte. Kaiser Wilhelm I. erwartete, von den Leistungen der Marine enttäuscht, nach dem Krieg eine Säuberung und war deshalb einverstanden mit der Ernennung Stoschs, der für rücksichtsloses Durchgreifen gegen Untergebene bekannt war, die seine Ansprüche nicht erfüllten. Der General erledigte diesen Auftrag im gewünschten Sinn und entfernte die Offiziere, bei denen nach seiner Ansicht „das seemännische Element mit der militärischen Auffassung in Widerstreit lag und letztere nicht immer die Oberhand gewann" (Paul Koch).

Aus der Flotte kommende Wünsche, den Übertritt von Offizieranwärtern der Handelsflotte in die Kriegsmarine zu erleichtern, wies Stosch zurück. Er suchte ein homogenes Seeoffizierkorps heranzuziehen, das von Anfang an in der Kriegsmarine diente; den Übertritt von Armeekadetten wollte er deshalb ebensowenig fördern. Den Ausbildungsgang der Seekadetten ordnete er dergestalt neu, daß die jungen Männer die ersten Dienstjahre als Crew zusammengefaßt verbrachten und sich nicht mehr wie bisher, einzeln auf Schiffe verteilt, im wesentlichen selbst überlassen blieben. In der deutschen Marine wird seitdem traditionell die besondere „Crewkameradschaft" über den aktiven Dienst hinaus gepflegt. Einen wirksamen Integrationsfaktor schuf der General mit der zweijährigen Auslandsreise auf Kadettenschulschiffen.

Zu seinen vordringlichsten Aufgaben rechnete Stosch es, die Ausbildung des Seeoffizierkorps zu heben. Durch kaiserliche Order vom 5. März 1872 wurde deshalb, analog zur alten Kriegsakademie der Armee, die Marineakademie in Kiel gestiftet, die Seeoffiziere auf höhere Laufbahnen vorbereiten sollte. In Stoschs Absicht lag weniger die Vermittlung von seemilitärischem Fachwissen, als vielmehr von gehobener Allgemeinbildung mit erhöhtem Marinebezug. Angesichts der von nicht wenigen Kandidaten mitgebrachten mäßigen Qualifikation – seit 1865 verlangte die Marine unverändert die Mittlere Reife als Einstellungsvoraussetzung – war anfangs an ein höheres Niveau nicht zu denken.

Die Kieler Universität war zur Kooperation nicht bereit, nur wenige Professoren stellten sich zur Verfügung. Der Stoffplan umfaßte vor allem Mathematik, dann Philosophie, Natur- und Meereskunde, Astronomie. Seekriegsgeschichte und Seerecht wurden vernachlässigt, die Wirtschaftswissenschaften ignoriert. Da im Lauf der Jahre der Zugang von Gymnasialabiturienten zur Marine wuchs, hob sich das Niveau der Akademie so weit, daß sie tatsächlich ihren Hörern die „ihrem Beruf naheliegenden Sozial- und Naturverhältnisse darzubieten" vermochte, wie Stosch es wünschte (zur weiteren Entwicklung s. S. 227ff.). Für die weitere, höhere militärische Schulung öffnete Moltke den Großen Generalstab und lud zu den Generalstabsreisen auch Seeoffiziere ein.

Das Analogiestreben zur Armee veranlaßte Stosch 1875 zur Einführung der Admiralstabslaufbahn für operativ begabte Seeoffiziere. Der Admiralstab sollte „diejenigen Offiziere enthalten, welche durch hervorragende Bildung und Leistung sich ausgezeichnet haben und welche in denjenigen Stellen Verwendung finden, in denen für die Organisation der Marine, die Ausbildung der Streitkräfte und die Verwaltung derselben vornehmlich gewirkt wird" (Kabinettsorder vom 14. Dezember 1875). Als besonderes Abzeichen ersetzte eine Krone den Stern über den Ärmelstreifen (nach Aufhebung der Admiralstabslaufbahn erhielten alle Marineoffiziere die Krone). Die Admiralstäbler taten hauptsächlich in der Zentralbehörde Dienst, einige wenige gingen in Stationen und Einrichtungen der Marine, aber keiner fuhr zur See. Da sich die Ansicht durchsetzte, daß der Seeoffizier den Kontakt zur See nicht verlieren durfte, wurde die Laufbahn nach zehn Jahren stillschweigend aufgehoben.

Parallel verlief die Geschichte des „Marinestabs", der als Laufbahn für technisch Begabte ebenfalls aus dem allgemeinen Seeoffizierkorps herausgehoben worden war (Abzeichen: Rosette). Die Angehörigen des Marinestabs fühlten sich jedoch gegenüber dem allgemeinen Seeoffizierkorps zurückgesetzt, und bald mangelte es an Bewerbern. Die bevorzugte Beförderung bei hervorragenden Leistungen stellte keinen Anreiz dar, weil bei Rücktritt in den Borddienst die übersprungenen Seefahrtzeiten nachzudienen waren.

Es gehörte zu Stoschs Reform, dem Seeoffizierkorps die Ausscheidung eines weiteren „Fremdkörpers" neben den ehemaligen Handelsschiffahrern zu ermöglichen: der Techniker. 1870 war den ältesten und bewährtesten Maschinisten mit dem Dienstgrad „Maschinen-Ingenieur" zugleich Rang und Uniform von (Unter-)Leutnanten verliehen worden. Dagegen lief das in seinem Standesbewußtsein gekränkte Seeoffizierkorps Sturm. Stosch sorgte dafür, daß die Ingenieure von den unter ihnen stehenden Dienstgraden als Offiziere anerkannt wurden, aber außer dem obligatorischen Exerzieren keinen direkt militärischen Dienst taten; im Vergleich zu den Seeoffizieren setzte er fest, daß sie „nicht eigentliche Offiziere sind, sondern Techniker mit Rang und Charakter von Offizieren, die in ihrer Gesamtheit ein besonderes Korps neben dem Offizierkorps bilden" und von der aktiven Gerichtsbarkeit ausgeschlossen wurden; zugleich befahl er als Qualifikationsmerkmal allein praktische, nicht theoretische Vorbildung, die dem Marinestab vorbehalten blieb.

Das, was die Ära Stosch im Gedächtnis der Nachwelt besonders kennzeichnet, ist die Einführung des landmilitärischen Exerzierens. Prinz Adalbert hatte es strikt verboten, Jachmann hatte 1870 mit den Mannschaften des Nordseegeschwaders als „Beschäftigungstherapie" damit begonnen, und Stosch ließ „Griffe klopfen", wenn die Zeit es irgendwie zuließ, ja sogar den nautischen Dienst für diesen Zweck einschränken. Nicht vergessen werden sollte, daß selbst Stosch der Infanterismus bisweilen übertrieben vorkam, daß aber schon im September 1871 im Namen aller Seeoffiziere dem General schriftlich versichert worden war, die Marine müsse „einen verständigen, energischen General erhalten, der militärische Zucht einführt". Man glaubte eben, den Matrosen nur auf diese Weise die geforderte, eiserne Disziplin einprägen zu können, nachdem besonders die fürchterliche Prügelei auf der Korvette „Vineta" 1869 infolge der öffentlichen Empörung zu gesetzlichen Strafmilderungen gezwungen hatte, und im Militärstrafgesetzbuch von 1872 durch die Gleichstellung von Heer und Kriegsmarine die Prügelstrafe verboten worden war. Der wachsende Zugang von Wehrpflichtigen mit 2½–3jähriger Dienstzeit, die immer mehr die Freiwilligen mit 12jähriger Dienstzeit ersetzten, verstärkte die Sorge der Offiziere um die Disziplin. Für die forcierte Infanterieausbildung mit dem Zweck, die innere Haltung durch die äußere prägen zu lassen, verschrieb sich die Marine der Armee entstammende Drillmeister, Exerzier-Unteroffiziere, denen die Rekrutenausbildung zu Land oblag. Im Endergebnis tat es der Marine wohl, auch wenn die Verdammung des Drills zum guten Ton der Seemannschaft gehörte, daß schließlich festgestellt wurde: „Das sind ja Soldaten!" (Tirpitz).

Ausgedrückt durch den Drill ergab sich bei den Schiffsmannschaften eine dauerhafte Strukturverschiebung. Prinz Adalbert war seinerzeit zu der Ansicht gelangt, daß sich der Dienst von Matrosen und Soldaten nicht miteinander verschmelzen lasse. Zwischen der lässigen Haltung der Seeleute, die er für berufsspezifisch hielt und zur Hebung der Dienstfreude schließlich sogar förderte, und dem Soldatentum sah er einen krassen, unauflösbaren Widerspruch. Als militärisches Stützkorsett diente das „Seebataillon". Die Seesoldaten sind aber nie organisch in die Schiffsbesatzungen hineingewachsen. Sie sollten es auch gar nicht, da sie auch eine Art Polizeifunktion wahrnahmen. Unter Stosch übernahmen die Matrosen in zunehmendem Maß auch die soldatischen Funktionen an Bord. Ab 1880 konnte die Kommandierung von Seesoldaten auf die Korvetten, ab 1895 auch die auf die Panzerschiffe aufgegeben werden. Die Seesoldaten wurden zu Marineinfanteristen, denen nur noch Landaufgaben in den Reichskriegshäfen, bei der Küstenverteidigung und in Übersee oblagen.

Die Mannschaften der Kaiserlichen Marine wurden verfassungsgemäß aus der „gesamten seemännischen Bevölkerung des Reiches" rekrutiert. Das auch im Deutschen Reich geltende norddeutsche Bundes-Militärgesetz von 1867 definierte diese Gruppe als Leute, „welche bei ihrem Eintritt in das dienstpflichtige Alter mindestens Ein Jahr auf ... Handelsschiffen gedient oder die Seefischerei eben so lange gewerbsmäßig betrieben haben" (vgl. S. 282 f.). Entgegen dem Augenschein, der bewies, daß auch gefahrene Seeleute für den eigentlichen Kriegsschiffdienst von Grund auf neu ausgebildet werden mußten, beharrten Stosch und starke Kräfte in der Marine darauf, daß bei den Matrosen nur noch die „seemännischen Eigenschaften" durch Einweisung und Drill zu ergänzen waren. Die Rekrutierung von Nichtseeleuten, die im Schiffsjungeninstitut für die Seefahrt ausgebildet wurden und ein Jahr länger Dienst zu tun hatten, traf, obwohl sie infolge Mangels an gefahrenen Matrosen unumgänglich war, auf Opposition in der Flotte, die die „Vierjährigen" am liebsten auf Schreiber-, Bäcker- oder ähnliche Dienste beschränkt hätte.

Das Gerede von der „Militarisierung" der Marine durch Stosch resultiert aus einem Vorurteil. Der Unmut der Seeleute darüber, daß ein Landgeneral den Oberbefehl übernehmen mußte, um die nicht gerade lorbeerumkränzte Flotte zu dem zu machen, was der oberste Kriegsherr von ihr erwartete, führte zu Aufmucken in der Art: „... da wäre noch ein Fleckchen in Preußen gewesen, auf dem sich leben ließe, nämlich die Marine; das habe durchaus nicht länger geduldet werden können" (Tirpitz). Tatsächlich aber haben sich schon Prinz Adalbert und Jachmann und nicht nur sie allein nach Kräften bemüht, eine Mentalität zu kultivieren, die sich so einseitig wie möglich auf den Krieg bezog.

Stoschs Überseepolitik

In den Heimathäfen waren während der Amtszeit des Generals v. Stosch die deutschen Kriegsschiffe selten in nennenswerter Zahl zu sehen. Zum Teil lag das an den schroffen Vorstellungen von Mobilmachung, die Roon eingeführt und Stosch perfektioniert hatte: Kriegsschiffe wurden stillgelegt und das Material deponiert, während die Besatzungen ihren Infanterieschliff erhielten; ab und zu wurden Schiff und Mannschaft mobilgemacht, übten einige Wochen lang, dann erfolgte wieder die Stillegung.

Die Leere lag vor allem daran, daß unter Stosch dem Auslandsdienst besondere Bedeutung beigemessen wurde. „Den barbarischen Völkerschaften gegenüber genügen zweckmäßig zusammengesetzte kleine Flottenabteilungen in den geeigneten Meeren, mit der Weisung, jeden zu Boden zu schlagen, der einem Deutschen ein Haar krümmt" – dieses Bismarckwort fand Stoschs herzliche Zustimmung.

Weder früher noch später hat sich die Marine so intensiv dem konkreten Ziel gewidmet, deutsche Wirtschaftsinteressen und Auslandsdeutsche zu schützen. Auf diese Art von Selbstverwirklichung der Marine verwendete Stosch jedoch aus einem tieferen Grund, als es das deutsche Volkseinkommen war, viel Sorgfalt:

„Fesseln wir die Deutschen in der Fremde wieder mit allen ihren Interessen an das Vaterland", vertiefte Stosch später seine Darlegungen aus dem Flottengründungsplan, „dann dürfen wir erwarten, daß die jedem Deutschen angeborene und in der strengen Schule der Allgemeinen Dienstpflicht gestählte Militärnatur uns zu einer weltbeherrschenden Macht beruft." Die in Übersee stationierten Schiffe, auf denen in diesem Sinn reichlich „gestählt" wurde, sollten als „wandernde Truppenkörper" dienen, in denen Kolonial- und Auslandsdeutsche ihrer Wehrpflicht genügen und danach im Sinne Stoschs wirken konnten: „der Mann, der in unserer Kriegsmarine seine Ausbildung erhalten oder in derselben gedient hat, der verlasse dieselbe als ein Apostel unserer auswärtigen Macht!"

Jedermann wußte schon in den 70er Jahren, daß Stosch die Annexion von Kolonialgebieten befürwortete, was ihm viel Sympathie einbrachte. Denn spätestens mit dem „Gründerkrach" von 1873, dem Beginn der „Großen Depression" (1873–1895), setzte eine lebhafte Agitation dafür ein, die Überproduktion in außereuropäische Märkte abzuleiten. Die Spekulation auf ein „deutsches Indien in Afrika" ließ sich durch keine wissenschaftliche Forschung irremachen. Im Zeichen des Neomerkantilismus wurde die Eroberung dieser potentiellen Märkte durch ungleiche Verträge, die Deutschland das Handelsmonopol sicherten („informal empire"), oder durch volle Annexion gefordert. Die „Ausbeutungskolonien" in den armseligen Tropen haben Europa im allgemeinen mehr volkswirtschaftliche Lasten als Gewinne gebracht und sich letztlich als gigantische Fehlspekulationen erwiesen. In der Großen Depression jedoch klammerte man sich an jeden nationalökonomischen Strohhalm.

Stosch wußte diesen anzubieten und gut zu verkaufen. Wie bewußt er Mittel und Zweck unterschied, wird an einem verwandten Beispiel deutlich:

Auch wenn er „Heidenmission" sagte, sprach der General doppelbödig. Daß er an das Wohlwollen der Zentrums- und Konservativen Fraktionen im Reichstag dachte, wenn er von ihr schwärmte, liegt auf der Hand. Zu Weihnachten 1882 wünschte er sich vom preußischen Kultusminister eine Veränderung der Satzungen der Missionsgesellschaften unter dem Motto: „Der preußische Missionar muß in Zukunft die Glorie seines Landes nicht nur darin finden, daß er durch Heiden die Zahl der Gläubigen vermehrt, sondern auch darin, daß der höchste Ruhm seines irdischen Lebens, sein Vaterland, an der Glorie seines Gottes teilnimmt." In diesem Sinn sollte der preußische Missionar durch die Predigt christlicher Demut bewußt zur Disziplinierung der Eingeborenen und zu deren Vorbereitung auf die deutsche Annexion beitragen.

Im Zusammenhang von Handel, Wirtschaft und Kolonien nannte Stosch später (1886) auch ganz offen den wahren Interessenten: die Kriegsmarine. Aus der in der Öffentlichkeit kursierenden alten These „wir brauchen keine Flotte, denn wir haben keine Kolonien", zog Stosch seine Konsequenz. Er veränderte ihr Vorzeichen und trat für Kolonien ein, um seine Flotte als notwendig hinstellen zu können. Was Jachmann gespürt und zaghaft angefaßt hatte, versuchte Stosch an Bismarck vorbei im größeren Stil zu praktizieren. Um das seemännische Personal beschaffen zu können, auf das sich die Kriegsmarine angewiesen glaubte, mußte sie nach Stosch den Schiffsverkehr nicht allein schützen, sondern sogar fördern, denn: „wächst die Zahl der deutschen Schiffe, so wächst auch die Zahl der seemännischen Bevölkerung", schrieb er in einem Aufsatz (der erst 1897 veröffentlicht wurde) und äußerte die Zuversicht, „daß mit dem Besitz von Kolonien sich auch unser Schiffsverkehr und auch unsere seemännische Bevölkerung vermehrt . . ., die ja die notwendige Grundlage bildet zur Vermehrung unserer Marine". Mit dem letzten Ziel der Selbstbehauptung im Seekrieg bläute Stosch der Marine ein, daß „unsere „Sorgen und Wünsche eine Vermehrung der auswärtigen Aufgaben der Marine fordern, und keinesfalls eine Verminderung".

Prinz Adalberts Vermächtnis galt der Überseepolitik. Im April 1872 überreichte er Stosch ein Memorandum zur Stützpunktfrage. Stützpunkte besaßen für ihn keine offensive Bedeutung, sie sollten nicht primär als Ausgangspunkt für militärische, politische oder wirtschaftliche Aktionen dienen. Der Prinz beachtete strikt die Kriegserfahrung und schlug Fliehburgen für die bereits und voraussichtlich vorhandenen Handels- und Kriegsschiffe in Übersee vor. Er nannte die Montebello-Inseln (Korea), die Anambas-Inseln (Indonesien) und Culebra (Puertorico).

Der von Prinz Adalbert vermittelte Gedanke, überseeische Fluchthäfen einzurichten, paßte gut in Stoschs System, denn er konnte annehmen, daß das Vertrauen auf Schutz die deutsche Schiffahrt zur Expansion ermutigen würde. Als sich an der chinesischen Küste eine Gelegenheit zu bieten schien, griff er deshalb sofort zu.

Eine Erkundung durch v. Blanc hatte die Unbrauchbarkeit der Chusan-Inseln für den gedachten Zweck dargetan. 1875/76 begannen in Zusammenarbeit zwischen Konsul Krauel (dem späteren Direktor der Kolonialabteilung) und dem ostasiatischen Stationsoffizier Vorarbeiten für die Errichtung eines Marinedepots auf privatrechtlichem Reichsbesitz in Amoy. Das Depot sollte als Keimzelle für einen langsam heranwachsenden, großen Marinestützpunkt dienen. Als dieses Ziel erkennbar wurde, legten sich das Auswärtige und das Reichskanzleramt, angesichts der selbst von Stosch als ungünstig anerkannten Kosten-Nutzen-Relation, mit Entschiedenheit und Erfolg quer.

Nur in der Südsee erwarb die Marine durch Verträge mit den Eingeborenen Stützpunktrechte (1877/78). Sie verdankte sie den örtlichen Konsuln Weber und Hernsheim, den Repräsentanten konkurrierender Hamburger Firmen. Da wenigstens Godeffroy & Sohn die Marine dabei zu übervorteilen versuchten, ließ Stosch es bei den Rechten als solchen bewenden. Strategischen Wert legte er ausgebauten Stützpunkten in dieser Weltgegend nicht bei, beurteilte die Rechte aber als Ausgangspunkt für Kolonialerwerbungen und als Lockspiegel für Reeder.

Rüstung und Wirtschaft

In der Industrie gibt es „Leitsektoren“, d. h. besonders wichtige Produktionszweige, deren Fortschritt die Entwicklung anderer Zweige nach sich zieht, z. B. die Eisenbahn- und Kraftfahrzeugproduktion. Zu einem solchen Leitsektor wuchs in den 1870/80er Jahren der Schiffbau heran, der den technologischen Stand und die Kapazität der deutschen Industrie nachhaltig hob.

Bei seiner Amtsübernahme fand Stosch die deutschen Werften in einer Strukturkrise vor. Tradition, Bequemlichkeit und Kapitalmangel hatten sie auf dem technisch veralteten Holzschiffbau beharren lassen, mit dem sie nach Aufhebung der britischen Navigationsakte in den 1850ern zur Blüte gelangt war; im folgenden Jahrzehnt sanken sie „fast bis zur Bedeutungslosigkeit herab“ (Leckebusch). Im Gegensatz zum nordamerikanischen Schiffbau, der am gleichen Problem zugrunde ging, erwuchs dem deutschen ein Schrittmacher: die Kaiserliche Marine. Die Abhängigkeit von ausländischen Werften und Docks hatte schon die preußische Marine von Anfang an als Gefahr empfunden. Die Kanonenboote liefen alle in Preußen vom Stapel. Die Erfahrungen mit in Deutschland gebauten größeren Kriegsschiffen aber waren so entmutigend, daß man immer wieder auf das Ausland zurückgriff, zumal fast alle metallischen Bestandteile sowieso aus England importiert wurden. Die zivile Schiffahrt bestellte fast nur noch dort.

Im Interesse der Verzahnung von Handels- und Kriegsmarine und Schiffbau mußte Stosch im Vergleich zu englischen Konstruktionen höhere Preise, längere Lieferzeiten und geringere Qualität in Kauf nehmen. Norddeutscher Lloyd und Hapag dachten nicht im geringsten an Schrittmacherdienste; in den 80er Jahren endlich begannen sie auf Drängen Stoschs, ihre Schnelldampfer auch in Deutschland zu bestellen, was erst in den 90er Jahren zur Regel wurde. Um die Kosten zu senken, vermittelte die Admiralität den deutschen Werften Lieferungen an ausländische Seemächte; diese konnten ihrerseits zu Schrittmachern für die deutsche Kriegsmarine werden (z. B. übernahm die Admiralität 1884 den Typ von Torpedobooten, den Rußland bei Schichau in Danzig hatte bauen lassen). Die besondere Sorge Stoschs galt der Zulieferindustrie, besonders der Metallbranche. Unter großen Kosten und Rückschlägen verhalf er ihr mit Unterstützung durch die Eisenbahnverwaltung auf ein qualitatives und quantitatives Niveau, das dem englischen entsprach. Die Dillinger Hütte fabrizierte ab 1878 den Panzerstahl, Krupp die Bewaffnung, ab 1879 fanden deutsche Schiffs- und Kesselbleche Verwendung – die Abhängigkeit vom englischen Stahlmarkt wurde schrittweise aufgehoben. Daß der deutsche Schiffbau und die Metallindustrie den relativen Konjunkturabschwung der Großen Depression erfolgreich überstanden, geht in starkem Maß auf das Habenkonto Stoschs.

Nur folgerichtig, daß Stosch diese Leitfunktion, die er über die Verschränkung Kriegsmarine–Handelsmarine–Werftindustrie–Schwerindustrie in der deutschen Volkswirtschaft wahrnahm, durch Institutionalisierung unangreifbar zu machen suchte. Ein Erfolg dieser Bestrebungen hätte ihm alle wirtschaftlichen Interessen in die Hand gegeben und ihm damit die Möglichkeit eröffnet, sie seinen Flottenplänen gefügig zu machen. Gleich in seinem ersten Dienstjahr trat er – vergeblich – mit dem Verlangen hervor, alle seetechnischen und wirtschaftlichen Kompetenzen bezüglich Schiffahrt, Küsten und Überseehandel von den Ministerien der Seeuferstaaten und aus dem Reichskanzleramt auf die Admiralität übertragen zu bekommen. In Delbrücks Händen schien ihm dieser Zuständigkeitsbereich als „ein Samen, der unter die Dornen gefallen ist", keine Frucht treiben zu können. Er begann deshalb recht ungeniert, seine Kollegen zu übergehen. Als Stosch zwei Jahre später wenigstens die Seekompetenzen des Reichskanzleramtes auch formal übernehmen wollte, kam es zum Konflikt. Bismarck war nicht bereit, gerade in der Wirtschaftskrise die auf mehrere preußische und Reichsbehörden verteilte Zuständigkeit für die Wirtschaftspolitik noch weiter zu zersplittern. Die Ansprüche, die der Admiralitätschef in seiner Eigenschaft als preußischer Minister und Vorsitzender des „Bundesratsausschusses für Seewesen" geltend machte, wies er kategorisch zurück. Am 19. Januar 1874 erklärte er Stosch, daß die Admiralität zu zivilen Gegenständen nur auf ausdrücklichen Wunsch des Reichskanzlers hin zu votieren habe. Er bestimmte definitiv, „daß die Angelegenheiten der Handelsmarine ... der Kaiserlichen Admiralität nicht zu überweisen seien". Stosch blieb der informelle Weg der Einflußnahme über den Reichstag, den er auch kräftig benutzte. Nachdem Delbrück wegen des Kurswechsels, der sich in Bismarcks Wirtschaftspolitik ankündigte, im Juni 1876 seinen Abschied genommen hatte, hielt sich der General hoffnungsvoll bereit, die Handelsmarine doch noch an sich zu bringen. Aber Bismarck hütete sich, die Macht dem unkontrollierbaren Rivalen auch noch in die Hände zu spielen, und im Reichstag wurde Mißtrauen gegenüber den Fernzielen des strammen Soldaten wach, dem die Liberalen die selbstlose Förderung von Handel und Industrie nicht mehr so recht abnahmen.

Über den befreundeten Kriegsminister, General Georg v. Kameke, hielt Stosch nach seinem Ausschluß aus dem preußischen Staatsministerium weiterhin Fühlung mit den See- und Wirtschaftsfragen; bei entsprechenden Sitzungen der preußischen Regierung fand sich der Kriegsminister immer ein. Als sein Platzhalter Kameke 1883 über einem anderen militär-gesellschaftspolitischen Problem gestürzt wurde, resignierte General Stosch endgültig und ließ sich pensionieren.

Mit Bismarcks „Zweiter Reichsgründung" um 1878 (Helmut Böhme) – der Abkehr vom Freihandel mit dem Ziel, die Industrie- und die Agrarkomponente der deutschen Wirtschaft in dem künstlichen Gleichgewicht zu halten, das allein zugleich materielle Modernität und die politisch-gesellschaftliche Dominanz der agrarischen „Junker" gewährleistete – hatte sich das einseitig Industrie und Handel fördernde „System Stosch" in einen gefährlichen Störfaktor gegen Bismarcks Politik des sozioökonomischen status quo verwandelt. Hierin findet die besondere Schärfe ihre Erklärung, mit der der Reichskanzler den Chef der Admiralität bekämpfte. Albrecht von Stosch gehört zu den Männern des 19. Jahrhunderts, die den Fortschritt in eine Richtung gelenkt haben, die sie bei ihrem gesellschaftlichen Hintergrund gar nicht befürworteten. Ein Offizier wie Stosch arbeitete, wenn er die Marine aufrüstete, subjektiv für die Herrschaft der Gruppe, die auch in seiner Person über die Wehrmacht den Staat beherrschte. Diese Flottenrüstung aber, die eine besonders fundierte Wirtschaftsstruktur verlangte, übte zwangsläufig nachhaltige Impulse auf die Wirtschaft aus, die ihr nach Stoschs Willen nur dienen sollte. Objektiv stärkte sie jene bürgerlichen und proletarischen Kräfte, die in der Krise des Ersten Weltkrieges die Dominanz der „Junker" als durch ihre soziale Leistung nicht mehr gerechtfertigt demaskiert haben.

c. Die Sprengung des „Systems Stosch"

Die Panzerfregatte „Großer Kurfürst"

Die Kaiserliche Marine hatte ihre Panzerfregatte „Großer Kurfürst" mit großem Aufwand gefeiert, weil sie als erstes großes Schiff der deutschen Marine in einer kurzen Bau- und Ausrüstungszeit (1874–1878) und termingerecht auf einer deutschen Werft hergestellt worden war. An diesem ersten Glanzlicht des „Systems Stosch" sollten weitere entzündet werden: binnen dreier Wochen nach der Indienststellung ausgerüstet und bemannt, stellte die Panzerfregatte das Prunkstück des Übungsgeschwaders dar, das im Frühjahr 1878 die Reise ins Mittelmeer antrat. Mit Stolz rühmte sich die Kaiserliche Marine gegenüber der Royal Navy auch ihrer blitzartigen Mobilmachung: „Sehet, was sind wir Deutschen doch für tüchtige Leute! Ihr bedürft, um ein Panzergeschwader in See zu schicken 2 Monate, wir nur 2 Tage!", wie der pensionierte Admiral Jachmann glossierte.

Am 31. Mai 1878 passierten die vier Schiffe des Geschwaders in enger Doppelkiellinie Folkestone am Ärmelkanal. Gegen 10 Uhr morgens zwang eine Bark, die mitten in das Geschwader geraten war, die Schiffe zum Ausscheren. Als sie zur Wiederherstellung der Marschordnung aufeinander zudrehten, verlor man auf dem Flaggschiff „König Wilhelm" die Übersicht. Am Ruder entstand Verwirrung, es wurde falsch gedreht, und „König Wilhelm" rammte die „Großer Kurfürst" backbords voll in die Seite. Aufgrund der Meldungen glaubte deren Kommandant, daß die Schotten geschlossen waren, und versuchte, die Panzerfregatte auf den Strand zu setzen. Sie waren es nicht. „Großer Kurfürst" kenterte und versank binnen einer Viertelstunde, 269 Menschen mit in die Tiefe nehmend. „König Wilhelm“, dessen Rammsporn abgebrochen war, konnte gerade noch vor dem gleichen Schicksal bewahrt werden.

Stosch nahm an, daß die Hauptverantwortung dem Befehlshaber des Geschwaders, Konteradmiral Batsch, angelastet werden würde, weil er die unglücksbringende Marschordnung befohlen hatte. Aber die Havariekommission, die das Unglück untersuchte, klagte keinen der bei Folkestone unmittelbar Beteiligten an, sondern lud die Schuld auf den Chef der Admiralität. Nach sechs Jahren Herrschaft des „Systems Stosch“ waren die Seeoffiziere zu der Ansicht gelangt, daß dem deutschen Schiffbau zu hohe Erwartungen entgegengebracht würden, daß die Infanterieausbildung übertrieben sei und daß Stosch zu viel selbstherrlich verfügte und zu wenig auf den Rat der Fachleute gab.

Tatsächlich war wenigstens das Ausmaß des Unglücks vom „System“ bestimmt. Die Mannschaften des „Großen Kurfürsten“ hatten im Winter ihre Infanterieausbildung erhalten und waren erst während der Mobilmachung mit dem Schiff bekannt gemacht und in ihre Aufgaben eingeführt worden. Den Rudergängern fehlte die Routine, um die vorschriftsmäßig korrekten, logisch aber unklaren Befehle eindeutig auslegen zu können. Der Irrlauf von Befehlen und die Verworrenheit der Rettungsmaßnahmen während der Katastrophe hatten die große Zahl von Toten verursacht. Kurz: der Verband war wie immer auf höheren Befehl unfertig in See gegangen. Offiziere und Stammpersonal der Flotte hatten eine große Leistung vollbracht, indem sie ein Unglück so lange hinauszögerten.

Der berüchtigte Ton Stoschs bei Besichtigungen („scharf wie gehacktes Eisen“) ging darauf zurück, daß der General sich schon immer über die zweifelhaften Ausbildungsergebnisse gewundert hatte, die unter seinem Kommando zustande kamen. Er vertraute darauf, daß durch die gesetzliche Rekrutierung der „seemännischen Bevölkerung“ qualifizierte Seeleute eingezogen wurden, die nur noch soldatisch zu erziehen waren. Daß das Waffensystem „Kriegsschiff“ noch längere Zeit als ein Infanterieregiment der Ära Roon benötigte, bis wenigstens die Komponenten Mensch und Maschine soweit zusammengewachsen waren, daß Friktionen spürbar zurückgingen, wollte er nicht wahrhaben. Stosch glaubte nur Schlendrian ausmerzen zu müssen. Folkestone gab ihm die Quittung dafür, daß er die Einsicht mit Gewalt vertrieb.

Was das Material angeht, so galt noch lange: „Wir rankten uns sozusagen an der britischen Marine empor. Man beschaffte lieber in England. Wenn eine Maschine sicher und ohne Störung arbeitete, ein Tau oder eine Kette nicht riß, dann war es bestimmt kein heimisches Werkstück, sondern ein Fabrikat aus englischen Werkstätten, ein Tau mit dem berühmten roten Faden der englischen Marine. An den Schiffen, die wir selber gebaut hatten, brach ungemütlich leicht etwas“ (Tirpitz). „Großer Kurfürst“ war ohne eingehende Erprobung und Überprüfung des Materials in Dienst gestellt und dem Geschwader zugeteilt worden.

Die kriegsgerichtliche Beurteilung des Unglücks zog sich über zwei volle Jahre hin. In letzter Instanz wurde als einziger Admiral Batsch schuldig gesprochen und zu Festungshaft verurteilt, allerdings bald begnadigt und ohne Diskriminierung in den Dienst zurückgeführt.

Der Verlauf, den die Beratungen der Havariekommission nahmen, klärte Stosch bald über das Ausmaß der Opposition im Seeoffizierkorps auf. Er vermochte sie nur als Machtkampf zu nehmen: „Der große Werner, für dessen Ehrenrettung ich mich ganz persönlich eingesetzt habe ..., führt heute die Rotte, die mich loswerden will." Der General schritt deshalb gegen den Korpsgeist der Seeoffiziere zur Offensive. Er stellte sich nun energisch vor Batsch, den er anfangs nur bedauert hatte, und ließ Konteradmiral Reinhold v. Werner, den Chef der Ostseestation, im Herbst 1878 pensionieren. Objekt seines Angriffs wurde der Kommandant des „Großen Kurfürsten", Kapitän z. S. Graf von Monts, ein Offizier aus dem Umkreis von Admiral Werner. Mit Ausdauer suchte er Monts einer kriegsgerichtlichen Verurteilung zuzuführen. Stosch sah im ganzen Offizierkorps der Ostseestation eine Werner-Clique und schwärzte es vor dem Kaiser an; Kieler Schlendrian und Werners angeblicher Autoritäts- und Energiemangel hätten bewirkt, daß Monts sich auf sein Kommando leichtfertig nicht vorbereitet hätte. Der Kaiser verbot Stosch diesen Ton.

Die sachliche Seite des Konflikts zwischen Stosch und den Marineoffizieren kam gerade dann an die Öffentlichkeit, als der General in einer Reichstagssitzung, die dem Folkestone-Unglück gewidmet wurde, die Angriffe auf sich mit taktischem Geschick ins Leere abgeleitet hatte. Ein anonymer, eindeutig von einem Fachmann stammender Zeitschriftenaufsatz beschrieb die Vorgänge, die zum Unglück geführt hatten, im Detail und zeigte dann ihre Wurzel im „System Stosch" auf: „Dieses System geht davon aus, daß die praktischen seemännischen Erfahrungen, welche andere Marinen im Lauf der Jahrhunderte gemacht ... in unserer Marine vielfach als überflüssig betrachtet werden. Man will an maßgebender Stelle nicht anerkennen, daß praktische Seemannschaft die Grundlage aller Nautik ist. Man stellt statt ihrer die Theorie und das rein militärische Prinzip ..." Stoschs windige Argumente im Reichstag fanden aus der anonymen Feder in einem zweiten Aufsatz die Kritik, die sie verdienten.

Das Lamento des Generals, daß er persönlich gemeint sei – wobei er irrtümlicherweise politische Hintergründe unterstellte –, bestätigte der Anonymus kalt: „Der Minister klagt über leidenschaftliche Angriffe seiner Person. Wenn wir uns von der Leidenschaftlichkeit auch frei wissen, so richten sich die Angriffe doch ganz naturgemäß gegen seine Person, denn in ihr verkörpert sich ja allein das getadelte System ... In seiner unkontrollierbaren Stellung befiehlt er einfach, und jeder muß ohne Widerrede gehorchen ...". Als daraufhin eine Broschüre erschien, die Stosch rechtfertigte, wurde sie in einem weiteren Aufsatz „fachmännisch beleuchtet". Wir wissen heute, daß es Admiral Jachmann war, der es auf sich nahm, das Unbehagen der das „System Stosch" als Gefahr empfindenden Seeleute zu artikulieren und mit dem General zu Gericht zu gehen. Den Sturz des Admiralitätschefs bewirkte Jachmann nicht; im übrigen erkannte Bismarck zweifellos ein Stück Wahrheit, als er das Verhältnis Stoschs zu Wilhelm I. so beurteilte: „Er hat den Kaiser bei der Inspektion getäuscht. Da haben sich die Seeleute als stramme, exakte Infanteristen zeigen müssen und so denkt der Kaiser, der Infanterist ist, alles ist gut ...“

Als nächster Offizier fiel dem Konflikt in der Marine der Direktor der Admiralität, Vizeadmiral Ludwig v. Henk (1820–1894) zum Opfer. Henk wandte sich in seinem Streit taktisch ungeschickt an den Kaiser, der ihn sofort entließ. Werner und Henk verblieb es als weitere Lebensaufgabe, die deutsche Kultur um liebevoll aufgemachte Marineliteratur zu bereichern und zugunsten der Gesellschaft zur Rettung Schiffbrüchiger Vorträge zu halten, wie Stosch maliziös bemerkte.

Damit hatte sich der General im wesentlichen durchgesetzt. Von der maritimen Opposition war er jetzt befreit und fand nur noch loyale Geister vor. In kluger Taktik beherzigte er bei seiner weiteren dienstlichen Tätigkeit viele der Vorwürfe, die er in der großen Krise ohne rechte Antwortmöglichkeit hatte hinnehmen müssen. Als sich das Gewitter verzog, besaßen die Marine und ihr Chef besseres Verständnis füreinander. Im Kreis derer, denen das militärisch-fachliche Element den Horizont abgab, festigte sich Stoschs Image in einem solchen Maß, daß er nach seinem Abschied bis an sein Lebensende als deutsches Marineorakel Ansehen besaß.

Die letzten Aktionen im Zusammenhang der „Palastrevolte in der Marine“ (Christfried Coler) gingen von Bismarck im Verein mit einzelnen Seeoffizieren aus. Durch Werner ließ sich der Reichskanzler eingehend über die Verhältnisse in der Marine informieren. Im März 1880 ließ er Stosch in der Presse scharf angreifen und dann durch einen Strohmann im Reichstag den Antrag einbringen, neben den Chef der Admiralität erneut einen Generalinspekteur der Marine zu stellen. Als Kandidat stand Prinz Friedrich Karl von Preußen in Aussicht. Der Kronprinz mochte diesen seinen Vetter nicht, Stosch hielt noch weniger von ihm, und das Seeoffizierkorps murrte gegen die Ergänzung des Infanteriegenerals durch einen Kavalleriegeneral. So kam der Antrag durch Angriffe von links und rechts im Reichstag zu Fall.

Die Marinesachverständigen des Reichstages gehörten ausnahmslos liberalen Parteien an, ein Umstand, der Bismarcks Mißtrauen gegenüber Stosch, dem sie so lange freundlich gesinnt waren, verstärkte. Um 1877/78 hatten die Liberalen sich von Stosch abgewandt, aber ihre speziell marinemilitärische Sachkompetenz war doch zu gering, um in den Debatten um die „Großer Kurfürst“ den Admiralitätschef den kürzeren ziehen zu lassen. Wenn sich Bismarcks Verdacht auf eine Konspiration Stosch–Fortschrittspartei auch zerstreute, nachdem die Wege des Gespanns sich 1877/78 eindeutig getrennt hatten – einen kompetenten parlamentarischen Gegenspieler von Stosch empfand er als Desiderat. Er gewann den Kaiserlichen Oberwerftdirektor in Danzig, Konteradmiral Otto Livonius dafür, in Danzig als Kandidat für die Reichstagswahl 1881 anzutreten. Wilhelm I., Bismarck und der Innenminister v. Puttkamer griffen für den Admiral in den Wahlkampf ein. Stosch verhielt sich nur lau, was ihm eine disziplinarische Untersuchung einbrachte. Livonius verlor mit großem Rückstand.

Stoschs politische Ohnmacht

Während die Fortschrittspartei gegen Bismarck intransigent opponierte, versuchte die Nationalliberale Partei unter Führung Bennigsens bis 1878 die Rolle von nationaler Regierungs- und liberaler Oppositionspartei gleichwertig zu spielen. Mit dem Kurswechsel von 1878 – Abbruch des Kulturkampfes, Sozialistengesetz, neue Wirtschaftspolitik – zwang Bismarck Bennigsen, sich für eine Alternative zu entscheiden, indem er ihm den Ministersessel anbot. Stosch war indirekt davon betroffen: waren in beiden liberalen Parteien bereits Zweifel an der Lauterkeit seiner wirtschaftspolitischen Ziele wach geworden, verschärfte jetzt der Parteiegoismus die Zweifel zum Mißtrauen. Der nationalliberale, bis dahin unbedingt Stosch freundliche Abgeordnete Mosle machte sich Hoffnungen auf eine Art Reichswirtschaftsministerium, und die Partei begann umgehend, das „System Stosch" zu bekämpfen. Vom Etat für 1878 ab verneinte sie den Sinn des Großkampfschiffbaues und stellte sich nach der Enttäuschung ihrer ministeriellen Hoffnungen fortan quer gegen Stoschs Aspirationen auf die Handelsmarine. Mosle profilierte sich in der „Großer Kurfürst"-Krise damit, daß er die Angriffe auf das „System Stosch" parlamentarisch einleitete.

Die Langwierigkeit und Undurchsichtigkeit der Untersuchung des Unglücks weckte die rechtsstaatlichen Bedenken aller Liberalen. Über die Konflikte und Intrigen innerhalb der Marine wurde genug bekannt, um Stosch bei ihnen vollends in Mißkredit zu bringen. Sie identifizierten sich mit der Kritik am „System". Stoschs parlamentarische Hilfstruppe schmolz auf den rechten Flügel des Reichstages zusammen. Aber auch diese Unterstützung galt nicht bedingungslos, da im konservativen Interesse nur noch die Erhaltung der Marine als eine „Frage der Ehre" lag. Zu der Politik mit wechselnden Mehrheiten (1878–1887), die selbst Bismarck bei aller Virtuosität nur mühsam und mit unbefriedigenden Ergebnissen führte, war Stosch gar nicht erst in der Lage. Von konservativen Kräften abhängig, mußte er die sozioökonomischen Komplementärelemente aus seinem „System" völlig streichen.

Das anarchistische Attentat auf Wilhelm I. zwei Tage nach der Folkestone-Katastrophe, am 2. Juni 1878, wirkte sich mittelbar auch auf Stosch und die Marine aus. Für ein halbes Jahr übernahm Kronprinz Friedrich Wilhelm die Stellvertretung des schwerverwundeten Kaisers. Da fast gleichzeitig der große Berliner Kongreß zur Regelung der Orientprobleme tagte und Bismarck den Höhepunkt sowohl seines Ansehens als auch, wegen der Verstimmung Rußlands und der internationalen Aufwertung der Französischen Republik, seiner Unentbehrlichkeit bescherte, konnte der Kronprinz, selbst wenn er gewollt hätte (vgl. S. 105), nicht im geringsten an die Entlassung des Kanzlers denken. Von da an betrachtete Bismarck die so lange gefürchtete Kronprinzenfronde als politisch ungefährlich und ließ Stosch links liegen, wo der den Konservativen ausgelieferte General durch genügend Streit neutralisiert wurde.

Gerade die Kronprinzenpartei entwickelte nun die überparteiliche Politik mit wechselnden Mehrheiten, die Bismarck nur als Aushilfe benutzte, zum Dogma und beeinflußte

Friedrich Wilhelm, als 1885 seine Regierungszeit anzubrechen schien, in diesem Sinn. Mit der Herrschaft des „Hausmeiers“ Bismarck hatte sie sich abgefunden und den Kronprinzen 1885 zu einer ausdrücklichen Vertrauenserklärung an den Kanzler beredet, die beim tatsächlichen Regierungsantritt 1888 fortgalt.

Die 99 Tage Kaiser Friedrichs III. werden gemeinhin als vom blinden Schicksal geschriebene Tragödie der „übersprungenen Generation“ und des deutschen Liberalismus angesehen. Aber zum einen wurde ganz allein in der Person des Monarchen eine Generation übersprungen; der junge Wilhelm II. ließ sich von den Männern beraten, die altersmäßig „dran“ waren. Und zum anderen hatte sich die Kronprinzenpartei bereits weit vom Liberalismus entfernt, nachdem ihr einziger aktiver Politiker, Stosch, in seiner großangelegten Marinepolitik an den Liberalen vollständig Schiffbruch erlitten hatte.

Stoschs politische Abdankung um 1878 versperrte der Marine nicht nur die Einflußnahme auf ihre eigene Fortentwicklung, sondern auch auf seefahrtpolitische Domänen, die sie als ihre ureigensten ansah. Bismarck schaltete und waltete in den Fragen der Dampfersubvention, des Nord-Ostsee-Kanals, der Überseepolitik und der Kolonien frei und ohne die Admiralität zu fragen. Manche Wurzel des Dickichts von Anspruch, Überspannung und Versagen der späteren Wilhelminischen Welt- und Marinepolitik wurde damals gesetzt. Die Marine erlebte den Kampf um mit der See zusammenhängende Fragen, die die Zeit bewegten, jahrelang als inkompetenter Zuschauer und bloßes Ausführungsorgan, voll von Ressentiments und Kompensationsbedürfnissen, die sich dann um die Jahrhundertwende mit Wucht entladen sollten.

Im Sommer 1879 demonstrierte Bismarck der Admiralität ihre frisch erworbene Bedeutungslosigkeit. Er entschloß sich zur Subvention der Firma Godeffroy (vgl. S. 118), die noch immer im Südseehandel den Ton angab, durch heimische Spekulationsgeschäfte aber gerade in Schwierigkeiten gekommen war. Vieles deutete darauf hin, daß die „Samoa-Vorlage“, die dem Reichstag 1880 zugeleitet wurde, ein Vorspiel zur Kolonialpolitik darstellte. Die Verhandlungen und Beratungen fanden allein zwischen Auswärtigem und Reichskanzleramt und den zivilen Interessenten statt. Bei 160 Stimmenthaltungen lehnte eine knappe Reichstagsmehrheit die Vorlage ab.

Ab 1881 führte Bismarck ferner Verhandlungen mit Reedern und dem Reichstag, die darauf hinausliefen, gewisse Überseelinien mit dem Posttransport zu beauftragen und ihnen dafür überhöhte Vergütungen zu gewähren. Damit sollte der Linienverkehr besonders nach Ostasien und Lateinamerika, relativ blühenden Märkten für Deutschland, gesichert werden. Ebensowenig wie bei der „Samoa-Vorlage“ wurde die Admiralität beteiligt, die von Auflagen zur Versorgung ihrer Überseekreuzer profitiert hätte. Der Reichstag stimmte den meisten Subventionsanträgen zu.

Bei der Erwerbung der deutschen Kolonien 1884/85 wurde die Marine nur als ausführendes Organ herangezogen. Die Stationskreuzer transportierten die deutschen Konsuln auf Befehl Bismarcks dahin, wo sie die Landeshoheit ausrufen sollten. Ein Geschwader wurde entsandt, um den Sultan von Sansibar gefügig zu machen. So kamen Togo, Kamerun, Südwestafrika (Namibia), Ostafrika (Tanganjika), ein Teil Neuguineas und mehrere Südseeinselgruppen in deutsche Hand, ohne daß irgendwelche militärischen Gesichtspunkte berücksichtigt worden wären.

Am eklatantesten überging der Kanzler die Voten der Marine bei den Beratungen über den Bau des Nord-Ostsee-Kanals. Bismarck legte großen Wert auf diese Wasserstraße; für seine Schleswig-Holsteinpolitik 1864–66 war sie ein bestimmendes Moment gewesen. Als der Gedanke 1873 Gestalt anzunehmen begann, widersprachen Stosch, Kameke, Moltke und Delbrück. Sie hielten das Projekt für wirtschaftlich unrentabel und durch sein Schutzbedürfnis für eine militärische Belastung. Es sei besser, erklärte die regierungsinterne Opposition dem Reichstag, für die veranschlagten 120–150 Millionen Mark neben dem in der Aufstellung befindlichen Nordseegeschwader einen zweiten Flottenverband zu bauen, wenn – womit die Kanalforderung von Bismarck militärisch begründet wurde – auch in der Ostsee die Offensivkraft gewünscht würde, wie sie die Marine in der Deutschen Bucht vorsah.

Zehn Jahre später lehnten Kriegsminister Paul Bronsart v. Schellendorf und Marineminister Caprivi die Verwirklichung des Kanalprojekts ebenso beharrlich und mit der gleichen Begründung ab wie ihre Vorgänger. Sie blieben selbst dann noch dabei, als Bismarck unter Anführung seiner alten militärstrategischen Argumente von Kaiser Wilhelm I. endlich einen „Baubefehl" in Form eines Handschreibens erlangt hatte. Sie befürchteten, daß der Geldbedarf dem Reichsetat zu Lasten der Marine entnommen werden sollte. Erst als das Land Preußen einen bedeutenden Anteil der Baukosten übernahm, schwiegen sie. Statt letztlich auf die Offensivkraft auf hoher See, die er anstrebte, mußte Caprivi seine Baupolitik auf den Schutz des Kanals ausrichten.

Während Bismarck mit den anderen Reichsämtern und preußischen Ministerien eine Gesamtpolitik führte, die es ermöglichte, in den interministeriellen und parlamentarischen Verhandlungen durch vom Reichskanzler gesteuerte Forderungen und Verzichtleistungen ein kompensatorisches Maximum herauszuholen, fiel die Marineverwaltung durch ihre Verquickung mit der Kommandogewalt aus diesem Rahmen heraus; sie war und blieb sich selbst überlassen, konnte nur marinepolitisch argumentieren und konnte sich doch nicht aus dem Bannkreis der Bismarckschen Gesamtpolitik lösen. Die Marinepolitik sank nach dem Fiasko Stoschs Ende der 70er Jahre wieder auf das Niveau der anspruchslosen, allein gehorchenden Administration herab; die militärischen Eskapaden von früher hat sich die Marine für zwei Dezennien abgewöhnt.

3. Technik, Strategie und Politik 1871–1897

a. Stosch

In der ersten Phase von Stoschs Chefzeit wurden die projektierten Panzerschiffe planmäßig gebaut. Bis 1876 waren die drei Panzerfregatten der „Großer Kurfürst"-Klasse, eine unbedeutende Panzerkorvette und zwei in England bestellte Panzerfregatten vom Stapel gelaufen. Diese Schiffe gingen noch auf den Roonschen Flottengründungsplan und die Bauaufträge Jachmanns zurück. Stosch hatte sie im ersten Baustadium übernommen und weitergeführt. Auf den Ersatzbau für den Totalverlust „Großer Kurfürst“ verzichtete der General aber, weil ihm nach den Erfahrungen, die er ab 1878/79 gewann, die eklatante parlamentarische Niederlage sicher schien; allerdings besaß Stosch auch infolge seiner strategischen Ansichten an Panzerfregatten nur begrenztes Interesse.

Zwischen 1872 und 1874 bewilligte der Reichstag vier Schiffe, die ein Anliegen Stoschs selbst darstellten: die Panzerkorvetten der „Sachsen“-Klasse.

Die Einheiten der „Sachsen“-Klasse waren als „Ausfallkorvetten“ für das Gefecht vom Typ Jasmund konzipiert. Man ging von der bisher üblichen Aufstellung der Geschütze ab und konzentrierte die Wirkung von 4 der 6 × 26 cm-Kanonen entlang der Kielrichtung. Zugunsten der schmiedeeisernen Zitadellpanzerung wurden Geschwindigkeit und Aktionsradius zurückgestellt. Außerdem fiel zum Mißvergnügen gewisser einflußreicher Seeoffiziere die Takelage weg. Im Marinejargon wurden die ungewöhnlichen und unansehnlichen Schiffe gern als „Zementfabriken“ verächtlich gemacht. Doch handelte es sich um durchdachte, erprobte und von der für den künftigen Einsatz zuständigen Kommandobehörde für zweckmäßig befundene Konstruktionen. In ihrem begrenzten Aufgabenbereich waren die Panzerkorvetten den gleich großen, aber konventionellen Panzerfregatten der „Großer Kurfürst“-Klasse an Kampfkraft überlegen.

Die unsachliche Opposition aus dem Offizierkorps hat der Admiralität die Durchführung ihres Bauprogramms nicht erleichtert. Die Bauzeit der „Sachsen“-Klasse zog sich von 1875 bis 1883 hin. Ab 1879 wirkte sich das Ende der Marinepolitik aus: Für die fünfte Ausfallkorvette beantragte Stosch die Mittel dreimal vergeblich. Erst 1881 bewilligte der Reichstag, aber mit zwei Millionen Mark Abstrich. Die Korvette mußte entsprechend umkonstruiert und um zwei Millionen „kürzer“ gebaut werden. So lief in Gestalt der Materialreserve „Oldenburg“ ein unglückliches Gebilde von Stapel, das „Bügeleisen“ des Marinewitzes.

Die planmäßig sechste Ausfallkorvette brachte Stosch nicht mehr über die politischen Hürden, obwohl sie kein Neu-, sondern ein Ersatzbau für einen ausrangierten Monitor war.

An weiteren Bauten für die Küstenverteidigung beschränkte sich Stosch auf die Panzerkanonenboote der originellen „Wespe“-Klasse, schwimmende Lafetten für ein kurzes, überschweres Geschütz von 30,5 cm. Diese „Wattwanzen“ sollten gegebenenfalls bei Ebbe trockenfallen und als gepanzerte Forts stationär kämpfen können. Selbst von diesen Fahrzeugen, deren Baukosten eine Million je Einheit nicht wesentlich überschritten, brachte der General statt 18 nur 11 durch. Zwei 1883 bewilligte Nachzügler zeigten schlimme Spuren der finanziellen Auszehrung.

In die politisch glückliche Phase von Stoschs Amtszeit fiel der Bau der 8 ungepanzerten Kreuzerfregatten oder Glattdeckskorvetten, die planmäßig für die Aufklärung in europäischen Gewässern und den Kreuzerkrieg in Übersee dienen sollten. Mit ihnen hat die Admiralität keinen guten Griff getan. Die 2 Schiffe der „Leipzig“- und die 6 der „Bismarck“-Klasse manövrierten trotz ihres Dampfhilfsantriebs zu schwerfällig und hinkten mit ihren Breitseitbatterien der militärtechnischen Entwicklung hinterher. Unter den politischen Bedingungen der zweiten Phase war nach dem Neubau veralteter Schiffe mit der parlamentarischen Bewilligung einer modernen Ersatzserie natürlich nicht zu rechnen.

Unter einem noch ungünstigeren Stern stand der Neubau von Kreuzerkorvetten, der nach Abschluß der Fregattenserie in Angriff genommen wurde. In der ersten Phase baute man die drei Einheiten der von Jachmann nachgelassenen „Ariadne"-Klasse zu Ende, die letzten klassischen Holzschiffe der preußisch-deutschen Marine. Als dann die nächste, eiserne, aber ebenfalls noch ungepanzerte Korvettenserie entstand, konnte der Marineminister dem Reichstag die Raten nur so mühsam abringen, daß die Bauzeiten sich übermäßig lang hinzogen.

Mit ihrer Volltakelung, schwachen Dampfmaschine und Breitseitaufstellung waren alle Kreuzer der Ära Stosch bereits zur Zeit der Indienststellung veraltet und fanden nur als Überseepolizei- und vor allem als Schulschiffe Verwendung. Als Aufklärer in europäischen Gewässern fielen sie vollständig, als Handelskriegskreuzer weitgehend aus. An modernen Avisos, die zur Not die Stelle von Flottenkreuzern zu übernehmen vermochten, brachte Stosch nur zwei durch. Im Hinblick auf modern gerüstete Gegner wurde die deutsche Flotte deshalb in eine passive Rolle in unmittelbarer Küstennähe gedrängt. Dieser Vorgang hing in diesem Ausmaß weniger von den strategischen Überlegungen der Marine ab, als vielmehr von ihrer Unfähigkeit, eine andere Lösung politisch durchzusetzen.

In den letzten Jahren von Stoschs Amtszeit erreichte ein Prozeß seinen Höhepunkt, der die Begrenzung auf das Küstenvorfeld als Kampfgebiet für eine Reihe von Jahren auch noch festschrieb: die Entwicklung des Torpedoboots. Technik und Politik wirkten hier augenfällig zusammen, um die Resignation der Marine zu verstärken.

Anfangs handelte es sich um ein kleines Fahrzeug, das entweder an einer langen Stange eine Mine vor sich her führte und am Gegner zur Detonation brachte („Spierentorpedoboot", wie es noch 1884 von den Franzosen erfolgreich gegen chinesische Schiffe eingesetzt wurde), oder einen „Harveyschen Schlepptorpedo" mit hoher Geschwindigkeit hinter sich herzog, vor dem Gegner abdrehte und den zigarrenförmigen Sprengkörper frei auf diesen zugleiten ließ.

Mitte der 70er Jahre trennten sich mit der Entwicklung des „Whiteheadschen automobilen Fischtorpedos" die Wege von Mine und Torpedo im heutigen Sinn, die bisher Synonyma waren. Im Herbst 1881 hatte der zuständige Offizier, Kapitänleutnant Tirpitz, den Torpedo in unermüdlicher Erprobungsarbeit so weit vervollkommnet, daß er als brauchbare Waffe Anerkennung fand und die deutschen Kriegsschife mit Lancierrohren ausgerüstet wurden.

Nach Erreichen dieser Stufe waren die seit 1870 vorhandenen Schlepp- und Spierentorpedoboote veraltet und wurden durch Torpedoboote im modernen Sinn ersetzt. Viele Offiziere und Politiker sahen in dem neuartigen Fahrzeug, das die Torpedos verschoß, den berufenen Nachfolger des alten Kanonenboots, das seine Bewährungsprobe bislang schuldig geblieben war. Die Admiralität stellte den Bau weiterer Kanonenboote zurück und gab 1882 ein Halbdutzend kleine und schnelle Fahrzeuge vom französischen Normand-Typ in Auftrag. Der Preisvorteil lag auf der Hand: etwa 150 000 gegen mindestens 500 000 Mark (alte „Iltis"-Klasse, 1877/80).

Der Reichstag entwickelte sofort ein außerordentliches Wohlwollen für die neue Schiffskategorie. Stosch hielt sie eher für eine Aushilfe und hätte Kanonenboote, die „eine feste Kugel schossen", vorgezogen. Nachdrücklich wies Tirpitz selbst auf die Schwächen und begrenzten Einsatzmöglichkeiten der Waffe hin, die er vorangebracht hatte. Insgesamt begegnete die deutsche Marine dem „Torpedobootsrausch", der um diese Zeit von Frankreich ausgehend in den europäischen Parlamenten um sich griff, mit Skepsis. Doch besaß sie, und rühmte sich dessen, unter allen Marinen das beste Material, das es auf dem Torpedosektor gab.

b. Caprivi

Amtsübernahme

Als der Kaiser im März 1883 Stosch den erbetenen Abschied gewährte, stand in Vizeadmiral Carl Ferdinand Batsch (1831–1898) ein qualifizierter Seeoffizier mit passendem Dienstgrad für die Nachfolge als Chef der Admiralität zur Verfügung. Batsch wurde nach Jachmann der zweite bedeutende Seeoffizier, der von Wilhelm I. übergangen wurde und wohl oder übel wegen des Anscheins der Disqualifikation aus der Marine ausschied. Als zweiter Chef der Admiralität wurde der Generalleutnant Caprivi berufen, ein hochbegabter, aber nachträglich wenig gewürdigter Armeeoffizier.

Georg Leo Graf von Caprivi (1831–1899) trat 1849 in die preußische Armee ein. 1866 wurde er als Major in den Generalstab aufgenommen; am böhmischen Feldzug nahm er im Oberkommando der I. Armee teil. Während des deutsch-französischen Krieges war er Chef des Generalstabes des X. AK, danach Abteilungsleiter im Kriegsministerium, später Brigade- und schließlich Divisionskommandeur. Chef der Admiralität war er 1883–88, dann Kommandierender General des X. AK. Auf Empfehlung Bismarcks berief Wilhelm II. ihn 1890 zum Reichskanzler; die agrarischen und sozialreaktionären Konservativen erzwangen 1894 seinen Sturz, weil Caprivi auch als Reichskanzler seine Haupteigenschaft, Realismus, nicht verleugnete und seine Politik den sozioökonomischen Veränderungen anpaßte.

Über die Hintergründe der erneuten Berufung eines Generals an die Spitze der Marine ist viel gerätselt worden. Die Beteiligten haben sich zu dem anachronistischen Vorgang nur wortkarg geäußert. Wahrscheinlich erfolgte die Berufung Caprivis wenigstens zum Teil als Kompensationshandlung im Rahmen der deutschen Militärpolitik, in der sich 1883 eine bestimmte Richtung durchsetzte (s. Abschnitt IV/1, S. 249), und stand im unmittelbaren Zusammenhang mit dem Rücktritt des Kriegs- und des Marineministers. Kamekes Sturz bedeutete eine Entscheidung im Machtkampf der drei obersten preußisch-deutschen Armeebehörden zuungunsten des politisch verantwortlichen Kriegsministeriums, das hinter die Organe der monarchischen Kommandogewalt zurückzutreten hatte. Personalisiert ausgedrückt, ging aus diesem Ringen um den militärpolitischen Primat der fähige und ehrgeizige Stellvertreter des alt gewordenen Generalstabschefs Moltke, der Generalquartiermeister Graf von Waldersee, als Sieger hervor. Als zweiter Unterlegener wurde neben Kameke dessen aktivster Verbündeter in der Truppe aus der Armee entfernt: Caprivi, der Waldersee – nach dessen eigener Einschätzung – als „zelotischer Gegner des Generalstabs“ verhaßt war. Inwieweit der Generalquartiermeister selbst die Beseitigung Caprivis betrieb, sei dahingestellt. Es traf sich günstig, daß Stoschs Abgang zu diesem Zeitpunkt eine dienstgradgemäße Stelle frei gemacht hatte, auf die man den unbequemen, aber als Genie geltenden Mann, dessen Verabschiedung man scheute, im Weg des Kompromisses kaltstellen konnte. So wurde nicht, wie allgemein erwartet, Batsch, sondern Caprivi mit der Aufgabe eines Chefs der Admiralität betraut.

Keinesfalls ist es das „Großer Kurfürst“-Unglück gewesen, das zur Übergehung des prädestinierten Admirals geführt hat, so sehr es auch als moralische Erleichterung zu diesem Schritt beigetragen haben mag. Neben der Auswirkung der Militärpolitik, die den erprobten Seeoffizier so unglücklich traf, dürfte als weitere Ursache die ausgeprägte Vorstellung von der künftigen Gestalt der Marine zu finden sein, für die Bartsch auch nach seinem Ausscheiden mit Nachdruck eingetreten ist: „Zwischen einer Küstenverteidigung, die Aussicht auf Erfolg hat, und einer Offensivkraft, die an der äußersten Grenze ihrer Tragweite einsetzt, ist kein Unterschied. Wer einen solchen Unterschied findet, muß Gründe haben, die dem gewöhnlichen Sterblichen nicht erkennbar sind.“

Damit sprach Batsch für die Mehrheit des Seeoffizierkorps, das die Zeit für die Ausstattung der Flotte mit zahlreichen großen Panzerschiffen gekommen hielt, um die bloße Küstenschutzdoktrin verlassen und den alten Gedanken von der Seemacht wenigstens zweiten Ranges verwirklichen zu können. Sach- und Personalentscheidung bedingten sich gegenseitig, denn in der preußisch-deutschen Staatsspitze hielt die Mehrheit diesen Zeitpunkt noch nicht für gekommen, ja, einflußreiche Persönlichkeiten konservativer Prägung sahen den Sinn einer starken Flotte nach wie vor nicht ein. Die Marine hat Batschs Übergehung mit Unmut hingenommen und ihrem Sprecher bei seinem Abschied ebenso lebhafte Ovationen dargebracht wie sie den neuen Chef, der die Staatsraison verkörperte, ihre Abneigung spüren ließ.

Konzeption und Rüstung

Unter Stosch war die Marine Selbstzweck gewesen. Als Caprivi im Frühjahr 1883 seinen neuen Aufgabenbereich inspizierte, war er überwältigt von der Erkenntnis, daß sich die rastlose Arbeitstätigkeit ohne für den Außenstehenden erkennbare gesamtstrategische Leitgedanken abspielte. Richtlinien für seine Amtsführung hatte er nicht erhalten, doch brachte er von selbst klare Vorstellungen von den Aufgaben der Flotte mit. Sie hatte nicht mehr und nicht weniger zu leisten, als die Küste vor dem Angriff russischer und/oder französischer Geschwader zu schützen und die Häfen für die Handelsschiffe offenzuhalten, die um diese Zeit infolge ihrer überlegenen Geschwindigkeit als vor feindlichen Kreuzern ziemlich sicher galten. Die außenpolitische Lage des Deutschen Reiches zwischen Rußland und Frankreich erschien ihm so bedrohlich, daß er den Krieg gegen diese beiden Mächte stets für „übermorgen“ erwartete und der Marine keine Zeit mehr für langfristige Rüstungsvorhaben zugestand. Das Offensivvermögen im Sinne des Flottengründungsplans von 1873 stellte Caprivi deshalb hinter die vordringliche und mit allen vorhandenen und kurzfristig beschaffbaren Mitteln zu erfüllende Aufgabe zurück.

Als Waffen des Küstenkrieges waren um 1883 Mine und Torpedo zu einer gewissen technischen Reife gelangt, die sich vorteilhaft von der Konstruktionskrise abhob, in die der Panzerschiffbau aller Seemächte geraten war. Fast überall war Anfang der 80er Jahre aufgrund der technischen Probleme der Neubau zurückgestellt oder abgebrochen worden. In den beiden führenden Seestaaten setzten sich Richtungen durch, nach deren Ansicht die Tage des Panzerschiffs gezählt waren.

Die radikalste Theorie wurde von der „Jeune Ecole“ in der französischen Marine entwickelt, die sich auf einen Seekrieg gegen England oder Italien vorbereitete.
Unter dem Motto „la microbe tuéra le mastodon“ teilte sie die Funktion des Schlachtschiffes auf kleine, flinke und billige Fahrzeuge auf: vor allem Torpedoboote, daneben Kanonen- und Rammboote, die wie Hornissen über die unbeholfenen Panzer herfallen sollten. Der Seekrieg, dessen Entscheidung die „Vieille Ecole“ in der Seeschlacht suchte, löste sich bei ihr in kleine Einzelunternehmen ohne operativen Zusammenhang auf. Die Torpedoboote hatten die eigenen Küsten zu schützen, die Kanonenboote die gegnerischen durch Flächenbeschuß rücksichtslos zu verwüsten.
Besonderen Wert maß die Jeune Ecole dem Wirtschaftskrieg durch Kreuzerangriffe auf die Handelsflotte ohne Achtung des internationalen Seerechts bei, mit dem sie die Zufuhr des Gegners abzuschneiden und ihn selbst durch Vernichtung seines Exports finanziell auf die Knie zu zwingen hoffte. Die Verteidigung des eigenen Seeverkehrs oblag den Hafentorpedobooten, die durch nächtliche Ausfälle die Blockadestreitkräfte vernichten oder abschrecken sollten.

Die Jeune Ecole gewann das Wohlwollen der französischen Linksparteien, die ab 1882 den Bau von Panzerschiffen lahmlegten und den von Torpedobooten vorantrieben. In Gestalt ihres Wortführers, des Admirals Théophile Aube, besetzte sie 1886/87 das Marineministerium. Auch in England, wo 1880–1885 die liberale Regierung Gladstone amtierte, faßte sie Fuß. Marineminister Northbrook erklärte sich vor dem Parlament für die englische Variante der Jeune Ecole, die „Brick and Mortar School“, wie sie wegen der Betonung des Wertes von Küstenbefestigungen von den Freunden des Panzerschiffs, der „Blue Water School“, verspottet wurde. Nach der Abwahl Gladstones wich die konservative Regierung Salisbury von der Linie ihrer Vorgängerin zunächst nicht ab.

Wie die meisten Links- und Volksparteien Europas zeigten sich in Deutschland die Liberalen und das Zentrum anfällig für die Jeune Ecole, die militärische, wirtschaftliche und soziale Argumente zu einem überzeugenden System zusammenfügte, und deren geschickte Publizistik die neue Marinedoktrin als wissenschaftliche Leistung und als Element der Demokratie hinzustellen wußte. Das Argument der Preiswertheit sprach für sich, solange die Effektivität des Kampfmittels glaubwürdig blieb. Mit den bürgerlichen und proletarischen Idealen deckte sich der Realtypus der Kampfgenossenschaft auf dem Torpedoboot, wo

„geborgte“ Amtsautorität durch die Notwendigkeit funktionaler Disziplin und Kameradschaft bloßgestellt wird. Daß die Jeune Ecole dieses soziale Modell als Maßstab für die Erneuerung der Offizier- und Beamtenhierarchie anlegen wollte, brachte ihr viele Sympathien ein. Nach Erlernen der französischen Marinedoktrin konnten auch die deutschen oppositionellen Politiker als Fachleute auftreten und die Autorität des militärischen Establishments mit sachlichen Argumenten in Frage stellen.

Von 1881 bis 1887 bildeten die Gruppierungen, deren Vorstellungen von Marinerüstung durch die Jeune Ecole geprägt wurden, die Mehrheit im Reichstag. Stosch war bereits an ihrer Negationskraft gescheitert. Vor dieser politischen Konstellation blieb Caprivi kaum eine andere Möglichkeit, als bei seinen Bemühungen um straffe Kriegsvorbereitung der Flotte auf den Gedanken der Jeune Ecole aufzubauen. Obwohl seine inneren Vorbehalte gegen diese Entscheidung immer bekannt gewesen sind, ist sie ihm von den Anhängern der Schlachtflotte während seiner Amtszeit, zeitlebens und darüber hinaus so sehr verdacht worden, daß die Marinetradition sein Bild auch aus diesem Grund bis heute verdunkelt.

Im März 1884 sagte Caprivi dem Reichstag die Beschränkung der Marine auf die mühevollen und unscheinbaren Aufgaben des Küstenkrieges zu. Bei dem qualitativen Vorsprung, den sich die deutsche Torpedowaffe erarbeitet hatte, glaubte er die Sicherheit der deutschen Häfen und Küsten garantieren zu können, wenn ihr der Reichstag seinerseits zu einem angemessenen Umfang verhelfen würde. Das Rüstungsprogramm sah 150 Torpedoboote vor. Die militärischen Vorstellungen hatte Caprivi so harmonisch mit den parlamentarischen Rücksichten der Marinepolitik zur Deckung gebracht, daß der Reichstag das Bauprogramm begrüßte und die Mittel für die ersten Serien ohne Diskussion bewilligte. Zwei Jahre später erkannte die Admiralität, die von der Bereitwilligkeit der Abgeordneten überrascht worden war, ihren Voranschlag als überhöht und das Bautempo als zu optimistisch geschätzt an und gab sich mit 70 Booten zufrieden.

Die ersten Jahre nach der großen Bewilligung wurde zur Entwicklung eines Standardbootstyps genutzt, der nach Abschluß der Erprobungen in Serie gegeben werden sollte. Als Anhalt gab die Admiralität bei der Ausschreibung nur ungefähre Angaben, die Eigenschaften der noch unter Stosch gebauten „Schütze“-Klasse, und stellte den Werften mit Bedacht frei, welche Eigenschaft sie betonen wollten. Eine Reihe deutscher und englischer Werften konstruierte und baute Versuchsboote, die die Marine in niedrigen Stückzahlen ankaufte. Erst an Hand der Erprobungsergebnisse gewann sie ein zutreffendes Bild von Verwendungsbereich und Taktik der Torpedoboote.

Die von den Anhängern der Jeune Ecole vertretene Annahme, die überlegene Waffe des zur See Schwächeren gefunden zu haben, überstand diese Prüfung nicht ungerupft. Die französischen Flottenmanöver der Ära Aube bestätigten wenig später, daß die Torpedoboote auf sich allein gestellt nur wenig leisteten: die „Hornissenschwärme“ vermochten eine Panzerflotte weder auf See aufzufinden noch sie an einer bestimmten Passage zu hindern; ihre Stärke lag im Angriff auf stilliegende Schiffe.

Korvettenkapitän Tirpitz, der die Erprobungs- und taktischen Arbeiten seit dem Sommer 1884 mit einem Stab auf ihn eingeschworener Mitarbeiter durchführte, gewann die Einsicht, daß die kleinen Fahrzeuge zur unmittelbaren Küstenverteidigung relativ wenig beitragen konnten und sich am zweckmäßigsten als Unterstützungskräfte der Panzerflotte einsetzen ließen. Er setzte durch, daß Caprivi den technisch reifsten, von der englischen Firma Thornycroft gelieferten Küstenbootstyp nach anfänglichem Wohlwollen fallenließ und den Großserienauftrag an die Werft Schichau in Elbing vergab, deren Boote die vergleichsweise besten nautischen Eigenschaften besaßen und deshalb mit auf die See hinaus fahren konnten.

Der Sieg des Taktikers über die Techniker der Admiralität fand 1886 seine Vervollständigung, als eine „Torpedo-Inspektion" errichtet wurde, die alle Zweige des Torpedowesens einschließlich Beschaffung, Unterhaltung und Ausbildung, Waffe und Mensch umfaßte, denn die Leitung wurde Tirpitz übertragen. Der Offizier besaß nun freie Hand, um in Zusammenarbeit mit Schichau den hochseefähigen, durch Artilleriebewaffnung verstärkten Standardtyp seiner Konzeption einzuführen und laufend zu verbessern. Zur gleichen Zeit gab er als Flottillenführerboot, als dem Normalboot überlegenes Abwehrinstrument, das „Divisionsboot" in die Erprobung, die erste Entwicklungsstufe des modernen Zerstörers.

Die Zusatzausrüstung fast aller Einheiten bis herunter zu den Kanonenbooten mit Torpedos, erst recht der Zulauf der Torpedoboote, brachten erhebliche personelle Probleme mit sich. Zum einen war die Schaffung einer Spezialtruppe nicht zu umgehen. Auf jeder der beiden Stationen wurde ein Torpedodetachement aufgestellt, das eigenen Rekrutenersatz bezog, eigene Unteroffizier- und Technikerlaufbahnen erhielt und als Stamm für die Bootsbesatzungen und die Spezialisten auf den anderen Schiffen diente. Zum anderen hätte, da die Kommandantenposten mit Leutnanten/Oberleutnanten besetzt wurden, die Basis des Offizierstellenkegels verbreitert werden müssen. Um bei der fixen Anzahl höherer Kommandos einen Flaschenhals auf der Höhe zu vermeiden, auf der der Offizier Anspruch auf ein solches besaß, wurden in den 80er Jahren nur zwei Schulboote je Station dauernd in Dienst gehalten und die Planzahl der Torpedoboote nach anfänglichem Überschwang drastisch herabgesetzt.

Mit den Absichten auf gesteigerte Flottenrüstung (seit 1888) entstanden neue Planstellen für junge Offiziere; ab 1892 wurden die T-Flottillen, die nicht mehr für die Küstenverteidigung, sondern für den Einsatz auf hoher See bestimmt waren, mit dem Manövergeschwader in Dienst gehalten. Die Tirpitzsche Flottengesetzgebung 1898/1900 hielt die Hälfte der Torpedoboote mit aktiver Besatzung mobil, den Rest beschränkte sie auf Besatzungsstämme.

Entgegen der Marinetradition, die Caprivi und mit ihm das Gros der Seeoffiziere jener Jahre aufgrund des äußerlichsten Augenscheins der Jeune Ecole verfallen erklärt, hielt der Marineminister das Torpedoboot nicht für die dominierende Waffe der Zukunft, sondern nur der Gegenwart. Er hat sich immer zu der Vorstellung der Kaiserlichen Marine bekannt, daß die Kriegsentscheidung in Seeschlachten und die Schlachtentscheidung durch Panzerschiffe falle, und hat deshalb schon in einer Reichstagsdenkschrift vom März 1884 erklärt, „daß gepanzerte Schiffe auch bei den bescheidensten Ansprüchen für die deutsche Flotte nicht zu entbehren sind".

Die Ausschöpfung der außerordentlichen Geldbeträge, zu deren Bewilligung der Reichstag bereit war, durch die Umrüstung der Flotte zwang ihn jedoch angesichts der internationalen Panzerschiffbaukrise zu der Einschränkung: „Eine Marine wie die unsere kann sich den Luxus fehlgeschlagener Experimente nicht gewähren; sie darf konstruktiv wenig wagen." Die Marine verzichtete vorläufig auf den Bau von Panzerschiffen und wartete ab, bis die anderen Seemächte, unter denen sich Italien durch besondere Experimentierbereitschaft auszeichnete, optimale Konstruktionen entwickelt und erprobt hatten.

Aufgrund der deutschen Flottenmanöver gelangte die Admiralität 1885/86 zu dem Schluß, daß die Mündungen von Elbe, Weser, Jade und Ems nicht mehr als selbständige Gefechtsräume, sondern mit dem davorliegenden Teil der Nordsee als ein einziges geschlossenes und zusammenhängendes Kriegsgebiet zu betrachten seien. Der Nord-Ostsee-Kanal trat als wichtiges weiteres Schutzobjekt hinzu. Aus dieser Erkenntnis ergab sich die operative Forderung, die Seeherrschaft in der Deutschen Bucht nicht nur ausfallsweise, sondern die gesamte Kriegsdauer über zu behaupten. Die Admiralität empfand in die See vorgeschobene Forts als Ideallösung, wurde aber von den Problemen des Nordseeschelfs zum Verzicht darauf gezwungen. Der Ersatz der vorhandenen, aber veraltenden und abgenützten Panzerschiffe durch neue, die zusammen mit den Torpedobootflottillen dem Feind entgegengehen konnten, erschien jetzt unabweisbar. Spätestens bis zur Eröffnung des Kanals sollte der Austausch vollzogen sein.

Caprivis Versuch, den Reichstag zur Bewilligung eines Pauschquantums von 35 Millionen Mark für 10 größere Kriegsschiffe dieser Zweckbestimmung zu bewegen, mißlang, obwohl er sie des guten Eindrucks halber sehr untertreibend als „Panzerkanonenboote" bezeichnete. Das Parlament, das ab 1886 an Caprivis Budgets kräftige Abstriche vornahm, lehnte diese Selbstentmachtung entschieden ab. Die wichtigsten Parteien einigten sich lediglich mit der Admiralität auf ein gentlemen's agreement, das auf ihrer Seite die Bewilligung von 8 Millionen jährlich für den Schiffbau und seitens der Marine den Verzicht auf eine klassische Schlachtflotte beinhaltete. Zur Verwirklichung der Konzeption, die ganze südliche Nordsee zu verteidigen, wurde die alte „Ausfallkorvette" zum ähnlich ausgelegten und bewaffneten, aber beweglicheren und hochseetüchtigeren „Küstenpanzerschiff" weiterentwickelt. Als operative Idee wurde der Konstruktion das Gefecht im Zusammenwirken mit Torpedobootflottillen im Küstenvorfeld zugrunde gelegt.

Das Ergebnis war die „Siegfried"-Klasse, von der 1888–96 acht Schiffe („Panzerschiffe IV. Classe") gebaut wurden. Bei 3700 t wiesen sie 5,5 m Tiefgang auf und liefen bis zu 15 kn („Sachsen"-Klasse: etwa 8000 t, 6,3 m, 14 kn). Sie waren mit 3 × 24 und 8 bis 10 × 8,8 cm-Kanonen sowie 35 cm-Torpedos bewaffnet.

Die mit 3,5 Millionen viel zu niedrig veranschlagten Baukosten je Schiff stiegen von 4,7 auf 6,6 Millionen Mark.

Diese Küstenpanzer waren die ältesten Schlachtschiffe, die die Kaiserliche Marine im Ersten Weltkrieg für den Gefechtsdienst mobil machte.

Ein Kennzeichen der Ära Stosch war der lebhafte Überseedienst in Friedenszeiten. Bei der Bedeutung, die ihm der politische Offizier Stosch aus ganz bestimmten Gründen beimaß (s. S. 116 ff.), führte die Admiralität zu seiner Zeit mit Gleichmut den Weiterbau von Kreuzertypen durch, die weder für den europäischen Kriegsschauplatz geeignet waren noch für den Handelskrieg auf den Ozeanen viel versprachen. Der nüchterne Caprivi, dem die windungsreiche Gedankenwelt seines Vorgängers fremd blieb, lehnte die Fortsetzung dieser bequemen Baupolitik ab. Er blickte ausschließlich auf die Deutschland vorgelagerten Meeresteile und fürchtete den Kräfteabzug von der potentiellen Front. Außerdem war ihm klar, daß sich mit dem Kreuzermaterial der deutschen Flotte, das er vorfand, kein wirkungsvoller Angriff auf den französischen Seeverkehr durchführen ließ. In der Denkschrift vom März 1884 trug er seine negative Stellungnahme vor und begründete den Rückzug der Flotte von der hohen See, die Stosch den Kreuzern als Operationsgebiet zugewiesen hatte.

Die Erfordernisse der Kolonialpolitik, zu der sich Bismarck 1884/85 aus nicht eindeutig geklärten Gründen bewogen fühlte, durchkreuzten diese Rechnung des Militärs schon wenige Wochen später vollständig. Die Protektoratserklärungen und Flaggenhissungen wurden natürlich von deutschen Kriegsschiffen aus vorgenommen und verlangten die Vermehrung der Auslandskommandos. Lokale Aufstände (z. B. in Kamerun 1884, auf dem Bismarck-Archipel 1885), die Notwendigkeit von Druckmaßnahmen (z. B. gegen Zanzibar 1885/86) und offene Kriegsgefahr (z. B. wegen des Karolinenkonfliktes 1885 mit Spanien) erzwangen verstärkte Auslandsdetachierungen, die zu Caprivis Erbitterung in der permanenten Entsendung eines Kreuzergeschwaders gipfelten. Übermäßig viele Kräfte band der Anspruch des Deutschen Reiches, auf Samoa mitzumischen. Um den vielfältigen Aufgaben, die die Kaiserliche Marine in Übersee erwarteten, gerecht werden zu können, mußte der Marineminister wider Willen den Bau veralteter Standardkreuzertypen fortsetzen (insgesamt 5 Schiffe in 3 Klassen; nach Caprivis Ausscheiden wurden bis 1895 noch 5 weitere, die „Bussard"-Klasse, gebaut).

Unter diesen Umständen wandte sich Caprivi doch der Vorbereitung des Kreuzerkrieges zu. Er erwirkte die Verschlußorder vom 17. März 1885, die allen Auslandsschiffen mitgegeben wurde und noch im Ersten Weltkrieg Geltung besaß. Mit ihr erteilte der Kaiser den allgemein gehaltenen Befehl, den Feind auf jede mögliche Weise durch die Vernichtung von Kriegs- oder Handelsschiffen zu schädigen, und entband die Kommandanten im voraus von der Verantwortung für den Verlust ihres Schiffes im Gefecht. Weiterhin entwarf Caprivi in enger Zusammenarbeit mit Bismarck im Sommer 1885 eine detaillierte Dienstvorschrift für den Handelskrieg, in der die materiellen und strategischen Gegebenheiten der deutschen Flotte mit der peinlichsten Rücksichtnahme auf das Völkerrecht in Einklang gebracht wurden; besonderer Wert wurde auf die Multiplizierung der Kräfte durch die Ausrüstung von Hilfskreuzern an Ort und Stelle gelegt. Diese nur hektographiert ausgegebene Geheimvorschrift wurde in den 90er Jahren zurückgezogen (danach hatte jeder Überseekommandant einen eigenen Operationsplan auszuarbeiten und vom Admiralstab genehmigen zu lassen).

Die deutschen Kolonien ließ Caprivi eingehend nach Möglichkeiten zur Anlage von Kreuzerstützpunkten und Ausrüstungsplätzen untersuchen. Die Überprüfung endete negativ. Die Marine erkundete daraufhin systematisch die Küsten aller Weltmeere. Sie fand bald heraus, daß sich alle für ihre Zwecke brauchbaren Örtlichkeiten bereits in Besitz oder Verfügungsgewalt der älteren Seemächte befanden. Seitdem verstummte die Forderung nicht mehr, Stützpunkte im Bereich schwächerer Länder wie China oder Portugal gegebenenfalls mit Gewalt zu nehmen.

Als Kern der Auslands- und Hilfskreuzerflotte ließ Caprivi 1885/86 zwei hochmoderne Kreuzerkorvetten auf Stapel legen. Diese, die „Irene"-Klasse, besaßen durch ein Panzerdeck und vergleichsweise schwere Bewaffnung eine starke Gefechtskraft und erreichten durch leistungsfähige Maschinen unter Verzicht auf Takelage eine hohe Geschwindigkeit, die es ihnen ermöglichte, überlegenen Gegnern zu entkommen und ihrerseits schnelle Handelsschiffe aufzubringen. 1887 widerrief Caprivi seine erste Erklärung und resümierte: „Gegen Mächte mit einem nennenswerten Seehandel kann nach den Fortschritten, welche die Technik im Schiffs- und Maschinenbau gemacht hat, der Kreuzerkrieg, wenn auch langsam wirkend, doch wieder entscheidend werden."

Gleichwohl schränkte der General den Bau von Kreuzern nach Art der „Irene" ein, da er – wie Graf Spee im Ersten Weltkrieg bewies: zu Recht – befürchtete, daß die Kommandanten moderner Auslands-Panzerschiffe der Neigung zum Gefecht nachgeben würden, anstatt Handelskrieg zu führen. Maßgebliche Flaggoffiziere der Kaiserlichen Marine, an ihrer Spitze die beiden Stationschefs Graf Monts und v. Wickede, widersprachen dem Plädoyer ihres Chefs für den Handelskrieg. Sie forderten die ritterliche Geschwaderschlacht und brandmarkten die totale Kriegführung als Seeraub. Nur widerwillig war Anfang 1884 ein Ausschuß aus ihrem Kreis, der Admiralitätsrat, dem Auftrag Caprivis nachgekommen, die militärisch wünschenswerten Konstruktionsmerkmale einer fortschrittlichen Kreuzerklasse zu erarbeiten, die die Admiralität dann als Richtschnur für den Entwurf der „Irene" benutzte. Als Nachfolger Caprivis sistierte Graf Monts 1888 den Bau der Kreuzerkorvette H, eines dritten „Irene"-Kreuzers, den der Reichstag bereits bewilligt hatte. Die Admirale forderten Flottenkreuzer für die Aufklärungszwecke, die Caprivi mit Avisos ausreichend bedacht zu haben glaubte. Erst 1890 ließ die siegreiche Admiralsopposition H als Panzerkreuzer für den Flottendienst auf Stapel legen, ein Typ, der damals taktisch in der Luft hing und in der deutschen Flotte ein Einzelstück blieb.

Die Erwartung eines baldigen Kriegsausbruchs schlug sich unter Caprivi in sorgfältig ausgearbeiteten, auf schnelle Bereitschaft ausgerichteten Mobilmachungsplänen und in lebhafter Übungs- und Manövertätigkeit der Flotte nieder. Die Indiensthaltungszeiten verlängerten sich erheblich. Auch Schiffe, wie der ältere „König Wilhelm", die seit längerem aus Kostengründen stillgelegt worden waren, wurden reaktiviert. Mit Recht konnte Caprivi oberflächlicher Kritik, die ihm seine Konzeption als Rückzug in die Häfen auslegte, entgegenhalten, daß die deutsche Flotte unter seiner Leitung mehr zur See fuhr als in der vorhergegangenen Periode. Der Vorwurf hatte sich daran entzündet, daß im Interesse der Kriegsbereitschaft 1885 die Reservedivisionen, d. h. die aktiven Offizier- und Mannschaftsstämme der nicht in Dienst gestellten Schiffe, verstärkt und einem intensiven Ausbildungsplan unterworfen wurden. Der Geldverbrauch der Marine verschob sich dabei relativ und absolut. Der Zuwachs des Budgets von schließlich 25% kam in den 5 Caprivi-Jahren ausschließlich der Indiensthaltung und Vorbereitung zugute:

Etatjahr	Millionen Mark	davon: Dienst	Investition
1883	40,28	24,84	15,44
1888	48,68	34,30	14,38

Die Kriegsvorbereitung in Form eines Mobilmachungskalenders verdichtete sich im Herbst 1887 zu einem Operationsplan für die Eröffnungsphase eines Krieges gegen Frankreich.

Nach der Erneuerung des Dreibundes zwischen Deutschland, Österreich-Ungarn und Italien und dem Abschluß der „Mittelmeer-Entente", die eine freundliche Haltung Englands gegenüber den beiden Seemächten des Bundes versprach, regte der italienische Ministerpräsident Francesco Crispi die Aufstellung eines Koalitionskriegsplans gegen Frankreich an. Bismarck hatte soeben den „Rückversicherungsvertrag" abgeschlossen, von dem er die Verzögerung des wahrscheinlichen russischen Angriffs erwartete. Er stimmte der Anregung Crispis zu, den deutschen Generalstab mit der Ausarbeitung des Plans und der Vorbereitung von Generalstabsbesprechungen zu beauftragen. Der Kaiser befahl, auch die Marine an diesen Vorbereitungen zu beteiligen. Diese gediehen, über den Operationsplan hinaus, bis zum Nachrichtenaustausch zwischen der englischen und der deutschen Admiralität.

Caprivi traute der deutschen Flotte zu, mit einzigartiger Geschwindigkeit mobilmachen und durch eine Blitzoffensive das Geschehen diktieren zu können. Ein verwegener Torpedoangriff sollte bereits in den ersten Kriegstagen die in Cherbourg liegende französische Nordflotte schwächen und herausfordern. Am 9. Tag sollte das deutsche Panzergeschwader vor Calais aufmarschieren und mit dessen Beschießung die Franzosen zum Gegenangriff zwingen. Von den vorangegangenen Kampfhandlungen erwartete Caprivi einen gewissen Kräfteausgleich. Unter diesen Umständen hielt er die deutsche Flotte aufgrund ihrer ausgezeichneten Ausbildung im Küstenkrieg für fähig, bis zum 14. Tag einen Erfolg über die französische Nordflotte zu erringen. Danach sollte sie sich vor der französischen Südflotte zur Defensive in die Jade zurückziehen. Als Gunstfaktor kalkulierte Caprivi die wohlwollende Haltung Englands ein, dessen Häfen zur Kohlenergänzung vorgesehen wurden. Die überaus starke Rüstung Italiens, der dritten Seemacht der Welt, eröffnete die Möglichkeit, daß der Kern der französischen Marine im Mittelmeer gebunden bleiben würde. Umgekehrt konnte die deutsche Offensive, selbst wenn sie nur eine Demonstration bleiben sollte, dem durch seine lange Küste an der Seefront überaus empfindlichen Verbündeten eine gewisse Entlastung bringen.

Dem kühnen Flottenvorstoß kam eine wesentliche Aufgabe bei der Erziehung der Kaiserlichen Marine zu. Caprivi fürchtete, daß sie ohne einen Erfolg dieser Art nicht die moralische Kraft zum Durchstehen des langwierigen Küstenkleinkrieges aufbringen würde, der für den weiteren Kriegsverlauf in Aussicht stand. Die deutsche Flotte fühlte sich ihren voraussichtlichen Gegnern unterlegen. Von der Siegeszuversicht, wie sie nach den großen Leistungen in den drei Einigungskriegen die Armee beseelte, war bei ihr nichts zu spüren. Von den Komponenten des kriegerischen Geistes blieben in ihren Reihen nur Pflichtgefühl und Todesbereitschaft übrig. Caprivi kämpfte gegen diese moralische Selbstverkrüppelung an und warnte vor Kurzsichtigkeit: die Marine müsse im eigensten Interesse „Leistungen – nicht bloß Heroismus in ruhmvollem Untergang, sondern Erfolg – aufzuweisen haben, wenn sie sich nach dem nächsten Kriege in größerem Maßstabe entwickeln will". Der General dachte über den engen Horizont der Marineinteressen hinaus daran, daß der Flotte in der Gesamtkriegführung des Reiches eine keineswegs nebensächliche Aufgabe zufiel, und geißelte die verantwortungslose Haltung der Selbstbezogenheit scharf: „Das, was von der Marine im Krieg erwartet wird, sind nicht Opfer, sondern Taten, und das, was wir im Frieden heranzubilden haben, sind Sieger und nicht Märtyrer." Er predigte jedoch tauben Ohren. Mitte 1888 kehrte er in dem bitteren Bewußtsein in die Reihen der Armee zurück: „Ich kann mich des Eindrucks nicht erwehren, daß das Sinnen und Denken unseres Offizierkorps noch nicht genug auf den Krieg und das, was er insbesondere von der deutschen Marine fordern wird, gerichtet ist ..."

Die Ära Caprivi war davon erfüllt, die militärtechnischen Neuerungen der 80er Jahre erst einmal zu erproben und den Einsatz der Kampfmittel, deren Zahl sich sprunghaft erhöht und damit die Taktik kompliziert hatte, aufeinander abzustimmen. In der ausfallartigen, unmittelbaren Küstenverteidigung wurde die Flotte so ausgiebig geschult, daß sie sich dem Küstenkrieg mit großem Selbstvertrauen gewachsen fühlte. Da in naher Zukunft mit dem Zugang der „Siegfried"-Panzerschiffe eine wesentliche Verstärkung der Schlachtflotte zu erwarten war, ging Caprivi Anfang 1888 dazu über, taktische und operative Grundsätze für die Schlacht im Küstenvorfeld zu erarbeiten. Von der Gleichgültigkeit und Ideenlosigkeit des feindseligen Seeoffizierkorps behindert, die sich bei einer Testaktion („Zwölf taktische Fragen") offenbarte, konnte er diese selbstgestellte Aufgabe nicht mehr vor seinem Rücktritt zu Ende führen.

c. Die Wilhelminische Marine 1888–1897

Die internationale Flottenpolitik um 1890

Zwischen 1860 und 1890 befanden sich Schiffbau, Maschinen, Panzer und Artillerie in einer derartig stürmischen Fortentwicklung, daß viele große Kriegsschiffe bei ihrer Indienststellung bereits veraltet waren. Es war eine Zeit des Experimentierens, und nur wenige Schiffe glichen einander. Die Flotten der Seemächte stellten den buntesten Typensalat dar. Als beispielsweise die britische Admiralität während der englisch-russischen Krise von 1884/85 ein Ostseegeschwader zusammenstellte, hatte dessen bedauernswerter Admiral die Eigenschaften von 12 unterschiedlichen Panzerschiffen unter einen Hut zu bringen, d. h. den kleinsten gemeinsamen Nenner als Maßstab für seine operativen Entschlüsse anzulegen.

Die meisten Marinen schraubten den Schlachtschiffbau ab 1880 zurück, da sie die Experimentierkosten scheuten. Mit ungerechtfertigtem Selbstvertrauen nahm Italien die Last des Schrittmachers auf sich und schob sich mit wegweisenden Panzerschiffkonstruktionen zwischen die großen Seemächte; 1896, nach seinem Abessinien-Debakel, war es finanziell am Ende. In Frankreich schwankte man, da die verschiedenen politischen Parteien jeweils die „Jeune Ecole“ bzw. die das Panzerschiff favorisierende „Vieille Ecole“ als Programm aufnahmen, entsprechend dem Stand der parlamentarischen und Regierungsverhältnise haltlos hin und her. Als Ende der 80er Jahre die Panzerschiffe der ersten Generation verbraucht waren, sanken die Flottenstärken Englands und Frankreichs spürbar ab, während die mittleren Seemächte ohne viel eigenes Verdienst quantitativ kräftig aufholten. Der Anspruch Englands auf den seemilitärischen Primat war ernsthaft in Zweifel gestellt, und die Seemächte im zweiten Glied verfielen in grenzenlosen Optimismus. In besonderm Maß galt das von Deutschland, wo Mitte 1888 in Kaiser Wilhelm II. ein Marineenthusiast ersten Ranges die Regierung übernahm.

Gegen 1890 hatte die Technik eine gewisse Reife erreicht. Gleichzeitig hatten sich allgemein anerkannte Anschauungen darüber herausgebildet, wie der Kern der Flotten beschaffen sein sollte. Als zweckmäßig wurde der taktische Grundverband zu drei bis vier gleichartigen Panzerschiffen angesehen, die in Kiellinie operierten („Linienschiffe“). Je zwei dieser Divisionen sollten zu einem Geschwader zusammengefaßt werden. Kreuzer, Torpedoboote und andere Schiffe galten nur noch als Ergänzung der Schlachtflotte; die „Jeune Ecole“ und die Idee des totalen Seekrieges verfielen.

In England lief seit 1884 eine Pressekampagne zur Vermehrung der Flotte. Nach jahrelangem Zögern machte sich die konservative Regierung Salisbury, von Nachwahlniederlagen beunruhigt, die Argumente der Presse zu eigen und brachte eine Flottenvorlage ein. Mit dem „Naval Defence Act“ vom 7. März 1889 verabschiedete das Parlament ein Gesetz, das die Londoner Admiralität zum Bau mindestens eines homogenen Panzerschiffgeschwaders 1. Klasse, ergänzt durch Kreuzergeschwader und Torpedobootflottillen, verpflichtete, insgesamt

70 Einheiten in fünf Jahren. Ziel des Bauprogramms war es, einen „Two Power Standard" zu erreichen, d. h. konkret, den vereinten Flotten Frankreichs und Rußlands überlegen zu sein.

Der Begriff war um 1770 geprägt worden, nach den Napoleonischen Kriegen aber in Vergessenheit geraten; der Wirtschaftstheoretiker Richard Cobden hatte ihn nach dem Krimkrieg wiederentdeckt, die Flottenagitation ab 1884 hatte ihn populär gemacht. Als Zentralbegriff der marinepolitischen Diskussion entwickelte sich der „Two Power Standard" zum Dogma, das nach seiner Verkündigung durch Marineminister Hamilton die folgenden britischen Regierungen zwang, die Zuwachsraten der kontinentalen Flottenrüstung zu überbieten.

Ein Ergänzungsgesetz verstärkte 1893 die Royal Navy auf mindestens zwei Geschwader aus je acht neuen, gleichartigen Linienschiffen und einem zusätzlichen Flaggschiff (also insgesamt mindestens 17 Panzerschiffe 1. Klasse), dazu kam eine überwältigende Fülle von Kriegsschiffen der Ergänzungskategorien, nicht zu reden von den im Überseedienst verwendeten älteren Einheiten. Über diese Mindeststärkengesetze hinaus bewilligte das Parlament außerordentliche Neubauten, um der britischen Mittelmeer- (Malta) und Atlantikflotte (Gibraltar) die absolute Spitzenposition zu gewährleisten.

Wilhelm II. und die Leitung der Marine

Erstmals mit dem Regierungsantritt Wilhelms II. (15. Juni 1888) würdigte ein preußisch-deutscher Monarch die Teilstreitkraft Marine eines besonderen Tagesbefehls. Geziert mit allem zeitgemäßen Pathos wiesen Wilhelms Kaiserworte für jeden erkennbar die Richtung auf eine große Flotte. Sofort begann der neue Kaiser über die Admiralität hinweg munter in die Marine hineinzuregieren.

Die Marinepassion Wilhelms II. datiert von frühester Jugend an, genährt vom kronprinzlichen Elternpaar, das den jüngeren Bruder Heinrich in die Marine eintreten ließ. Die seemilitärischen Kenntnisse, die er sich als Laie mit offenen Augen aneignete, reichten immerhin zu der Fähigkeit aus, den Problemen der Marine immanentes Verständnis entgegenzubringen. Viel Liebe, Phantasie und Zeit widmete der Kaiser dem Zeichnen vorhandener und zukünftiger Kriegsschiffe. Schon als Prinz ließ er kaum eine Schiffsinspektion oder ein Flottenmanöver aus.
(Zur Gesamtbeurteilung Wilhelms II. s. Abschnitt V, S. 59 ff.)

Drei Wochen nach dem Thronwechsel war Caprivi entlassen. Es war bekannt, daß der junge Kaiser die Marine selbst führen wollte und sich dazu die Kommandosphäre unmittelbar zuzuordnen wünschte, während er der Verwaltung nur die befehlsgemäße Bereitstellung der von ihm gewünschten vielen Schiffe zudachte. Caprivi, der Mann, der verkündete: „Es kann sich für Deutschland heute und für die nächste Zukunft nur darum handeln, wie klein unsere Flotte sein kann und nicht wie groß", war natürlich weder selbst bereit, diesen Zustand herbeizuführen, noch, bei aller Würdigung seiner Motive und seines Pflichtgefühls, dem neuen Kaiser, der ihn zwei Jahre später zum Reichskanzler berief, in dieser Beziehung genehm. Caprivis Nachfolge trat, aber formal nur mit der Vertretung des vakanten Chefs der Admiralität beauftragt, ein Seeoffizier an, Vizeadmiral Alexander Graf von Monts (1832–1889).

Um die Wende 1888/89 wurde die Admiralität planmäßig geteilt. Die Kommandobehörde, das den Generalkommandos der Armee nachempfundene „Oberkommando der Marine“ (OK) übernahm Graf Monts. Die politische und Verwaltungsbehörde „Reichsmarineamt“ (RMA) übernahm Vizeadmiral Karl Eduard Heusner (1843–1891). Diese beiden Institutionen ergänzte der Kaiser durch ein persönliches Sekretariat, das mit den Offizierpersonalfragen und der Vermittlung der Kaiserlichen Befehle an die Marine beauftragte „Marinekabinett“. Erster Chef desselben und Flügeladjutant wurde Kapitän z. S. v. Senden.

Gustav Freiherr von Senden und Bibran (1847–1909) trat 1862 in die preußische Marine ein. Während seiner Bord- und Admiralitätskommandos diente er zur Zufriedenheit, aber ohne aufzufallen. Seine Ernennung 1888/89 geht auf den Kreis um Prinz Heinrich zurück. Dem Kaiser, der bei der Oberflächlichkeit seines fachmännischen Detailwissens einen selbstlosen Korrektor brauchte, wurde der ernste, ehrgeizfreie und pflichtgetreue Mann bald unentbehrlich. Nicht zu Unrecht galt Senden durch seine Nähe zum Kaiser als spiritus rector der Wilhelminischen Marinepolitik. Er wollte das Beste für seine geliebte Waffe, aber nur für diese. 1903 wurde er Admiral; 1906 mußte er sich aus gesundheitlichen Gründen zurückziehen.

Nach dem Grafen von Monts, der früh starb, übernahmen 1889–95 Vizeadmiral Max Freiherr von der Goltz (1838–1906) und 1895–99 Admiral Eduard (v.) Knorr (1848–1920), der Sieger des Gefechts „Meteor“–„Bouvet“ vor Havanna (s. S. 102), das Oberkommando. Dem aus Gesundheitsgründen bald ausgeschiedenen Heusner folgte als Staatssekretär des RMA 1890 Vizeadmiral Hollmann, der als Chef des Stabes der Admiralität sowohl Caprivis letzte Planungen als auch die Teilung der Admiralität und die Kompetenzverteilung an die Nachfolgebehörden bearbeitet hatte.

Da den Generalkommandos in der preußischen Armee mehr Wert beigelegt wurde als dem Kriegsministerium, bedeutete die Errichtung einer analogen Behörde eine Aufwertung der Marine. Die Gewichtung von OK und RMA schien eindeutig zugunsten des ersteren getroffen zu sein. Paradoxerweise kam der Kaiser mit seinen Kommandierenden Admiralen nicht gut zurecht, wohl aber mit dem ihm bald vertraut gewordenen, biederen Hollmann, der mit Senden die Marine gestaltete und für sie mit dem Reichstag um den Etat raufte.

Friedrich (v.) Hollmann (1842–1913) stammte aus einer Berliner Bürgerfamilie. Seit 1857 in der preußischen Marine, war er 1874–77 Leiter der Zentralabteilung der Admiralität und erhielt dann Bord- und Stationskommandos übertragen. 1887/88 war er Stabschef der Admiralität; 1888/89 Chef des Übungsgeschwaders. Das RMA leitete er 1890–97. 1896 wurde er Admiral. Stosch qualifizierte ihn hoch ein. Nach seinem Ausscheiden blieb der als vielseitig erprobter und lauterer Charakter allseits geschätzte Hollmann noch lange einflußreich; besonders in Krisen wurde, auch von seinem Nachfolger Tirpitz, immer wieder sein Rat erbeten.

Schon bald zwangen die Reibungen zwischen OK und RMA, die sich der anderen Institutionen jeweils übergeordnet fühlten, zu Überlegungen bezüglich einer Neugliederung. Eine Kommission unter Vorsitz des Bruders des Kaisers, Kapitän z. S. Prinz Heinrich von Preußen, schlug 1891 eine Aufteilung des OK vor. Seine Aufgaben sollten die beiden Stationskommandos der Ost- und Nordsee zu gleichen Teilen, und eine Art Admiralstab und Generalinspektion der Marine in Berlin übernehmen. General Caprivi, inzwischen Reichskanzler, wünschte das Schwergewicht eindeutig auf die politisch verantwortliche Behörde, das RMA, zu verlagern. Admiral v. d. Goltz vermochte jedoch dem Kaiser ein Schauergemälde vom Verlust der Kommandogewalt und vom Diktat des Parlaments heraufzubeschwören, das den Kaiser bewog, alles beim alten zu lassen. In einem detaillierten Katalog wurden die Kompetenzen festgesetzt, um die Friktionsfläche abzubauen. Der Konflikt zwischen den beiden Institutionen dauerte jedoch mit unverminderter Heftigkeit an, mit absichtlichen oder versehentlichen Übergriffen in die Sphäre des anderen, mit Protesten des anderen, mit Gegenprotesten und mit grundsätzlichen Belehrungen noch und noch.

Die Hochseestrategie in Deutschland

Die Teilung der Admiralität hat bei der Mehrheit der Seeoffiziere Beifall gefunden. Den neuen Kaiser empfanden sie nun als einen der ihren. Auch Wilhelm I. hatte die Kommandogewalt seit 1873 unmittelbar, am Reichskanzler vorbei und ohne *verantwortliche* Gegenzeichnung des Chefs der Admiralität, ausgeübt. Aber jetzt war dieser Zustand organisatorisch sauber verdeutlicht worden. In der Sache hatte sich so gesehen nichts verändert.

Die neue Geschäftsordnung der Marine wies dem OK als vornehmste Aufgabe die Erarbeitung und Überprüfung der operativen Grundsätze zu, nach denen die Flotte zum Einsatz kommen sollte. Entsprechend diesen Grundsätzen hatte dann das RMA die Dienstvorschriften und den Schiffbau zu gestalten und das OK die Ausbildung der Flotte durchzuführen. Niemand schrieb dem OK vor, was die Flotte mit irgendeinem Seesieg über irgendeinen Gegner anfangen sollte. Bei der Bestimmung der über die operative Durchführung hinausgehenden militärstrategischen Zielsetzung eines Seekrieges hatte es freie Hand. So liegt die wesentliche Bedeutung der Teilung der Admiralität darin, daß die Flotte nicht mehr „bei gegebenem Personal und Mitteln für unsere Zwecke das Höchste zu leisten“ hatte (Tirpitz 1888), sondern daß die Marine von ihren selbstgewählten, höchsten Zielsetzungen ausgehend selbst Personal und Mittel bestimmen durfte und deren Beibringung eigentlich nicht mehr als ihre Sache empfand. Die Pilotfunktion kam dabei dem OK zu, also dem unverantwortlichen, immediaten Beratungs- und Ausführungsorgan des Kaisers. Nur die Vermittlung des Kaisers konnte die strategischen Zielsetzungen von Reichskanzler, Generalstab und OK der Marine zur Übereinstimmung bringen.

Ausgangspunkt für die Überlegungen des OK wurde der Nord-Ostsee-Kanal. Den Anstoß gab Moltke. Der Generalstabschef hatte seinerzeit gegen den Bau des Kanals votiert, weil ihm die Sicherung gegen einen Angriff aus Dänemark zu viele Kräfte band. Nachdem Bismarck den Bau durchgesetzt hatte, suchte Moltke einen Ausweg, um die Armee von „der Bewachung und dem Schutz des 14 Meilen langen Grabens“ zu befreien. Seit 1864 lebte der Generalstab in der Sorge, daß Dänemark in einem Krieg Deutschlands gegen Dritte, durch gelandete Kräfte einer hauptkriegführenden Macht verstärkt, in Schleswig-Holstein einfallen würde. Man erwog deshalb die präventive Besetzung des nördlichen Nachbarlandes, sobald der erwartete Krieg gegen Frankreich und Rußland ausbrechen würde, um die dänischen Küsten in die deutsche Küstenverteidigung einbeziehen und eine Landung in Jütland verhindern zu können. Von da war es nicht mehr weit zu der Idee, dem hauptkriegführenden Gegner die Landung in Jütland von vornherein zu verwehren, indem die Kaiserliche Marine ihn gar nicht erst an die Küste heranließ: durch Erkämpfen der Seeherrschaft in der Nordsee. Ermutigung fanden die Verfechter dieser Idee darin, daß 1890 die Insel Helgoland, die bis dahin britisch gewesen war und in den Seekriegen 1848/52, 1864 und 1870/71 dem Gegner als Stützpunkt gedient hatte, im Tausch gegen Sansibar und ostafrikanische Landfetzen an das deutsche Reich überging. Bewerkstelligt hatte den Tausch gegen bittere Anfeindungen ein alter Seestratege: Reichskanzler General v. Caprivi.

Sein Offensivplan von 1887, mit dem er dem französischen Anmarsch zuvorkommen wollte, ließ sich jetzt durch eine risikoärmere Lösung ersetzen: durch die sorgfältig vorbereitete Seeschlacht in der Nordsee. Sie hatte so weit vor der Küste stattzufinden, daß Dänemark seinen Freunden versperrt und dem Krieg fernblieb, und so nahe bei den Heimatbasen, daß bei ungünstigem Schlachtverlauf der Übergang in ein laufendes Rückzugsgefecht vom Typ Jasmund möglich war. Die Erarbeitung einer entsprechenden militärischen Konzeption fiel dem zweiten leuchtenden Stern – als erster galt damals Hollmann – in der Marine zu: Kapitän z. S. Alfred Tirpitz (1849–1930).

Aus einer gehobenen Bürgerfamilie stammend, war Tirpitz auf Anregung seines Freundes Curt v. Maltzahn 1865 in die Marine eingetreten, weil die Zensuren ein weiteres Verweilen auf der Realschule in Frankfurt/Oder aussichtslos erscheinen ließen. Er hatte das Glück, seine erste Dienstzeit unter dem Kommando von Batsch zu verbringen. Seine Karriere begann, als er Anfang 1877 als Kapitänleutnant in die neuartige Torpedowaffe kommandiert worden war. Sein Sachstandsbericht vom Oktober 1877 lenkte die Aufmerksamkeit Stoschs auf ihn, der ihn 1878 mit der Entwicklung des Torpedos beauftragte. Caprivi fügte 1884 die Boote hinzu und schuf 1886 die Torpedoinspektion, deren Leitung er Tirpitz übertrug. Die Entwicklung von Technik und Taktik seines Aufgabenbereiches konnte Tirpitz mit publikumswirksamen Erfolgen krönen. Caprivi zog ihn als Korreferenten für den Cherbourg-Plan heran, beriet sich mit ihm über die grundsätzlichen Probleme der Marine, brachte ihn den Prinzen Wilhelm und Heinrich nahe und bezeichnete bei seinem Ausscheiden Hollmann und ihn als die Seeoffiziere der Zukunft.

Nach dem Renversement von 1888 brachte Graf Monts, ein notorischer Verächter der Torpedowaffe und Feind ihrer sozialen Implikationen, Tirpitz sofort zu Fall. Die nächsten beiden Jahre fuhr der junge Kapitän z. S. als Schiffskommandant. Aber Anfang 1891 befand sich „der Meister“, wie ihn der Marinejargon getauft hatte, als Stabschef der Ostseestation schon wieder in einer keineswegs peripheren Position. In dieser Eigenschaft hatte Tirpitz am 6. April 1891 Gelegenheit, auf einen Anstoß Sendens hin im Kieler Schloß dem Kaiser und Moltke seine im Korps bekannten marinestrategischen Vorstellungen vorzutragen, die auf die Nordseeschlacht hinausliefen.

Moltke hakte sofort ein und verlangte am 18. April 1891 schriftlich, daß die Flotte den Schutz des Nord-Ostsee-Kanals übernehme, um die Armee auf die erwähnte Weise zu entlasten. Verstärkte Flottenrüstung, die sie bislang nur als finanzielle Beeinträchtigung ihres Budgets empfunden hatte, befürwortete die Armee jetzt.

Denn die preußische Armee ließ sich, wollte sie ihren sozialen Aufbau bewahren, nicht unbegrenzt vermehren, weil das Reservoir der Familien von „Qualität“ zur überwiegenden Besetzung der Offizierstellen nicht ausreichte. Eine Delegierung von Verteidigungsaufgaben an die Flotte konnte die für den Norden designierten Truppenteile zu anderweitigem Einsatz frei machen und die Wachstumsschwierigkeiten der Armee lindern. Erst um 1911 fegte die nackte Existenzangst, in die das Reich sich in der Konfrontation mit dem Weltstaatensystem hineinsteigerte, Rüstungsskrupel dieser Provenienz hinweg.

Der Kaiser zitierte Tirpitz nun zu mehreren Geprächen, in denen er sich für die Nordseeschlacht gewinnen ließ. Stosch und Caprivi hielten ihrem Schützling nach Kräften die Steigbügel. Noch angestrengter bemühte sich eine hochrangige Koterie im Seeoffizierkorps, das wußte, was von dem hemdsärmeligen Kapitän zu erwarten war, die „christliche Seefahrt“ durch Abschiebung Tirpitz’ als Oberwerftdirektor vor der Moderne zu retten. Ein dreiviertel Jahr lang schwankte der Kaiser. Am 20. Januar 1892 ernannte er Tirpitz endlich zum Chef des Stabes im OK und befahl regelmäßigen Vortrag über den Fortschritt der operativen Erkenntnisse.

Der Wind, der seitdem in der Flotte wehte, war zu scharf, als daß die Seebären alter Schule die Ausbildung noch weiterhin auf das Segelexerzieren konzentrieren konnten. Im Exerzierreglement von 1893 wurde der neue Stil kodifiziert. Erbarmungslos wurden die Romantiker, die die Fortschritte der Technik nicht auszunutzen wußten, in dem neuen, hohen Seegang untergepflügt. An ihrer Spitze erbat der populäre Chef des ostafrikanischen Kreuzergeschwaders von 1890 und Flottenchef von 1892, Vizeadmiral Karl Deinhard (1842–1892) resignierend den Abschied.

Von der Einzelausbildung der Kriegsschiffe, für die er endlich die permanente Indiensthaltung durchsetzte, ging Tirpitz bald zur Gruppenausbildung über. Die Theorie wurde vor allem bei den Herbstübungen der gesamten Flotte überprüft. Unbedenklich setzte das OK auch die veralteten und fehlkonstruierten Schiffe ein, als „Simulaker“ mit angenommenen Gefechtswerten, um seine operativen Vorstellungen zu erproben. Die Erfahrungen bei Ausbildung und Überprüfung faßte das OK in Dienstschriften zusammen, deren Studium der Kaiser dem gesamten Seeoffizierkorps zur Pflicht machte. General Caprivi unterstützte die Arbeiten des OK, deren Kosten rasch den budgetrechtlich gegebenen Rahmen sprengten, durch Gelder aus dem Dispositionsfonds des Reichskanzlers. General Stosch warf seine militärische Autorität als Hilfe in die Waagschale, wenn er die Schriften des OK durcharbeitete und Tirpitz grundsätzlich positive Kritiken als Argumentationshilfen in die Hand gab.

Caprivis Offensiv-Plan war bis dahin eine Ausnahme, das Produkt eines Außenseiters gewesen. Den Stabsapparat der Admiralität, der in das OK überging, beherrschten traditionell andere Vorstellungen.

Die grundlegende Denkschrift vom November 1882, aus der Feder des Korvettenkapitäns v. Diederichs, forderte, daß die Marine den Feind in genügender Entfernung von der deutschen Küste zu halten habe, um die eigene Schiffahrt zu sichern und eine gegnerische Landung zu verhindern. Sie sah einen „Küsten- und Hafenkampf" gegen den französischen und russischen Angreifer voraus, der als „Torpedo- und Minenkrieg" durchgefochten werde. Die größeren Einheiten hätten durch Ausfälle und Überrumpelungsmanöver Luft zu schaffen. Nicht für unmöglich hielt Diederichs einen Offensivschlag gegen die russische Flotte oder wenigstens die Verminung der baltischen Häfen, die alljährlich monatelang durch Eis blockiert wurden.

Im Juni 1890 dachte die Marine, wie der Stabschef, Konteradmiral Guido Karcher (1844–1905), in einer weiteren Admiralstabsdenkschrift darlegte, immer noch allein an eine örtlich gebundene, „aktive Küstenverteidigung" durch Küstenpanzer und Torpedoboote vor allen deutschen Häfen und an begrenzte Offensivstöße. Eine Schlachtflotte wurde lebhaft gewünscht; sie hatte aber nur den an und für sich stärkeren Gegner bei richtiger Ausnützung günstiger Gelegenheiten anzugreifen und zu schädigen. Die Kriegsentscheidung überließ die Marine der Armee allein.

Sei es, um durch Eingehen auf den seit 1891 virulenten Grundgedanken die drohende Geschäftsübernahme Tirpitz' überflüssig zu machen, sei es bereits unter seinem Einfluß – bis Anfang 1892 erarbeitete das OK eine Operationsstudie, die, dem Schlieffen-Plan verwandt, ganz auf die Offensive hin konzipiert war. Nach dieser Studie hatte die deutsche Flotte im Krieg gegen Frankreich, Rußland oder beide nicht mehr zu warten, sondern mit allen Kräften anzugreifen. Der russischen Flotte galt die deutsche als überlegen, wenn sie sie überfallartig zur Schlacht stellen konnte. Die französische mußte sie angreifen, um die Atlantikflotte zu vernichten, bevor sich die Mitelmeerflotte mit ihr vereinigte. Bei einem Krieg gegen beide wies das OK der Offensive gegen Frankreich den Primat zu; die Verwüstung Danzigs nahm es in Kauf. Mit dieser Studie identifizierte Tirpitz sich, als sie im Februar 1892 abgeschlossen vorlag. Zwei Jahre später ergänzte das OK sie, indem es auch die in Übersee stationierten Schiffe berücksichtigte. Alle guten Schiffe hatten unverzüglich zur Verstärkung der Schlachtflotte zurückzukehren; die speziell als Stationäre gebauten hatten im Atlantik Kreuzerkrieg zu führen; die unbeholfenen Überseekanonenboote hatten aufzulegen und mit ihrer Besatzung und Bewaffnung zivile Dampfer als Hilfskreuzer auszurüsten.

Die „Dienstschrift IX"

Mitte 1894 begann das OK, das Seeoffizierkorps mit den Tirpitzschen Prinzipien vertraut zu machen. Als Leitfaden für die geistige Ausrichtung der Marine gab es die grundlegende „Dienstschrift IX" vom 16. Juni 1894 aus. Bescheiden „Allgemeine Erfahrungen aus den Manövern der Herbstübungsflotte" betitelt, stammte sie aus der Feder Tirpitz' selbst und seines engsten Mitarbeiters, des ideenreichen Kapitänleutnants Otto Braun (1858–1896). Ihr Inhalt sei hier paraphrasiert wiedergegeben:

Als Zweck eines Krieges wird die Fähigkeit angegeben, dem Feind die Friedensbedingungen zu diktieren. Maritime Mittel dazu sind: die Landung als Haupt- oder Ablenkungsoperation, die Sperrung lebensnotwendiger Zufuhren und finanziell notwendiger Ausfuhren durch Blockade, die Schädigung überseeischer Interessen und Besitzungen, die Brandschatzung der Küste. Das sind aber alles nur zweite Schritte. Die Flotte hat die Aufgabe, Deutschland vor diesem Schicksal zu bewahren, dem Feind dagegen dieses Schicksal zu bereiten. Voraussetzung dafür ist als erster Schritt die Vernichtung der feindlichen Seestreitkräfte.

Die maritime Defensive bisherigen Stils wird in Bausch und Bogen verurteilt. Denn die unmittelbare Küstenverteidigung ist sinnvoll nur durch Befestigungen zu leisten. Die einzelnen Hafengruppen der Flotte kann der Feind leicht aufrollen, wenn er sie Gruppe für Gruppe mit geschlossener, überlegener Macht angreift. Die eingeschränkte Verwendung des Flottenkerns als Ausfallkomponente bedeutet den Verzicht auf den zweiten Schritt. Mit einer Defensivkonzeption erklärt sich die Flotte selbst für strategisch überflüssig.

„Die natürliche Bestimmung einer Flotte ist die strategische Offensive", lautet der Kernsatz der Dienstschrift IX. Sicher gibt es Kriegslagen – Tirpitz will keine mögliche ausklammern –, die zeitweilig die operative Defensive verlangen, aber es muß gewährleistet sein, daß die Flotte die Offensive zurückgewinnen kann. Eine Offensivflotte beherrscht beide operativen Kampfarten, eine Defensivflotte nicht. Nur Offensivkraft erlaubt es, einen Feind, der nicht selbst angreift, durch Maßnahmen des zweiten Schrittes unter ausgewählten Bedingungen zur Seeschlacht zu stellen oder ihn zur Unschädlichkeit zu verurteilen. Die Vernichtung der Feindflotte sofort bei Kriegsausbruch bewahrt Deutschland davor, seinerseits das Opfer einer derartigen, vom Feind betriebenen Strategie zu werden. Erst der Besitz der Seeherrschaft vor der feindlichen Küste gewährt Handlungsfreiheit für den weiteren Kriegsverlauf und erlaubt die Anordnung oder den Einsatz der maritimen Zwangsmittel, die dem Feind friedensbereit kneten sollen. Der Besitz einer Offensivflotte wird Deutschland zu einer als Bündnis- oder Nichtangriffspaktpartner umworbenen Seemacht machen.

Als wirksamste Art der offensiven Seekriegführung erweisen die Erfahrungen der Geschichte und der letzten Manöver den Geschwaderkrieg. Der Feind ist in rangierten Massenschlachten zu vernichten, in einer „Mêlée" durch Kanone, Ramme und Torpedo. Konstruktion, Schutz und Bewaffnung des einzelnen Schiffes sind dementsprechend auszuführen; die Zusammensetzung der Schlachtflotte nach Art und Zahlenverhältnis der Typen ist nach den manövermäßig erprobten Bedürfnissen der Seeschlacht vorzunehmen; Taktik und Ausbildung haben auf dieses Ziel vorzubereiten. Die Baupolitik im Frieden und die operative Führung im Krieg haben die Überlegenheit von 3 : 2 herbeizuführen, die erfahrungsgemäß den Sieg ermöglicht. Seine mutmaßlichen Gegner Rußland und/oder Frankreich kann Deutschland als Seemacht zweiten Ranges offensiv mit einer konzentrierten Flotte folgender Art schlagen:

– 17 gleichartige Linienschiffe (zwei Geschwader zu 8, ein Flottenflaggschiff) – 6 Torpedobootflottillen	Schlachtkomponente
– 6 Panzerkreuzer (I. Klasse) – 12 Panzerdeckkreuzer (III. Klasse)	Aufklärungskomponente

– Troß, Spezialschiffe, Hilfskreuzer
– Materialreserve in allen Kategorien.

Die Armee ist als „Versicherungsprämie für den Kriegsfall" von der Nation anerkannt. Den Sinn der Landesverteidigung, den eigentlichen Zweck des modernen Volksheeres, sieht jeder ein, der an das Verhalten des Feindes im Land denkt. Zweck der Armee ist es, den eigenen Staat vor der Willkür des Feindes zu schützen. Zweck der Flotte ist es, eine Kriegsentscheidung herbeizuführen. Die Öffentlichkeit ist von dieser Aufgabenverteilung zu überzeugen, damit „entsprechende Geldaufwendungen für die Flotte alsdann nicht gescheut werden".

„Als einer der europäischen Staaten, die, um zu bestehen, sich nicht mehr auf den einfachen Ertrag ihres Bodens beschränken können", hat Deutschland „Weltinteressen" entwickelt. Welthandel und Weltverkehr, Hochseefischerei, Kolonien erfordern eine Flotte, die den Schutz der Investitionen verbürgt und dadurch zur Verstärkung der Weltinteressen ermutigt. Die deutsche Flotte muß in der Lage sein, den ersten Schritt in Europa zu tun, um den Feind am zweiten in Übersee zu hindern. In Erfolg oder Mißerfolg dieses Bestrebens liegt die Kriegsentscheidung im industriellen Zeitalter, mag es noch so paradox klingen, daß die „nationale Macht auf den Meeren, also jenseits unserer Gewässer" in der Nordsee verteidigt wird.

Hollmann

In der Forschung heißt es häufig, der strukturelle Antagonismus zwischen Oberkommando und Reichsmarineamt habe dazu geführt, daß die Marine in ihrer Baupolitik von ihrer eigenen militärisch-theoretischen Entwicklung keine Notiz genommen habe. Das RMA setzte aber keineswegs aus freiem Willen die Linie fort, deren Ansatz Mitte 1888 vom Kaiser aufgezeichnet worden war. Der Grund liegt darin, daß seit der „Großer-Kurfürst"-Krise keine geschlossene, in das Ganze eingebettete Marinepolitik mehr geführt wurde. Schon 1888/89 kristallisierte sich klar heraus, daß es unter diesen Umständen nur ein „Fortwursteln" gab und man im Stil Caprivis nach außen glücklicher weitergefahren wäre.

Fast den ganzen zweiten Monat seiner Regierung verbrachte Wilhelm II. im Manöver- und Schulgeschwader auf Nordlandreise. In dieser Atmosphäre faßte er den Entschluß, möglichst viele Schlachtschiffe als Kern der Ausfallflotte bauen zu lassen. In der Etatbegründung 1888 griff deshalb Heusner den Plan von 1873 auf und kündigte dessen konsequente Durchführung an. Er modifizierte ihn dahingehend, daß er das Schwergewicht auf Küstenpanzerschiffe der „Siegfried"-Klasse legte und als Ersatz für den hoffnungslos veralteten Flottenkern nur eine Division moderner Hochseelinienschiffe vorsah, die 4 Einheiten der „Brandenburg"-Klasse.

Die Schiffe der „Brandenburg"-Klasse waren 116 m lang und verdrängten 10 700 t. Die Hauptarmierung bestand aus 6 × 28 cm-Kanonen in drei Kuppeltürmen, von denen der Mittelschiffsturm nur Seitenrichtfeld besaß. Die Mittelartillerie umfaßte 6 bis 8 × 10,5 und 8 × 8,8 cm-Kanonen. Das Torpedokaliber war von bisher 35 cm auf 45 cm heraufgesetzt. Die „B."-Klasse konnte 16–17 kn laufen. Ihr Fahrbereich übertraf den der meisten anderen deutschen Panzerschiffe um das Doppelte bis Dreifache (2200 sm bei 14 kn, 4500 sm bei 10 kn; „Siegfried": 740 bzw. 1500 sm; „Sachsen": 700 bzw. 1500 sm; „Kaiser" I von 1872/75: 1100 bzw. 2500 sm). Jedes Schiff kostete 16 Millionen Mark.

Der 1887 gewählte, regierungsfreundliche „Kartellreichstag" bewilligte die nötigen Mittel aus Prinzip; auch die Linke fand die Forderungen gerechtfertigt, so daß manche Posten, z. B. die „Brandenburg", fast einstimmig bewilligt wurden.

Die Hast, mit der die Ersatzbauten auf Kiel gelegt und die Gelder für die planmäßigen, weiteren Neubauten angefordert wurden, irritierte aber selbst den Kartellreichstag. Mit der als „diplomatisch" angesehenen Deklarierung der Kaiserjacht „Hohenzollern" als „Aviso für größere Kommandoverbände" verspielte die Marineverwaltung leichtfertig den Vertrauensvorschuß, den ihr das Parlament gewährt hatte; Eugen Richters Warnungen vor „uferlosen Flottenplänen" des Kaisers und seiner „subjektiven Marineliebhaberei" fielen auf fruchtbaren Boden. Schon bei den Etatberatungen von 1889 erfaßte alle Reichstagsfraktionen das Mißtrauen, die Planung bezwecke „ein Einrücken in die Machtsphäre der größeren maritimen Mächte"; selbst die Rechte konnte den Verdacht nur gewaltsam von sich abschütteln, daß der Kaiser über die gebilligte Küstenverteidigung hinausgehen wollte. Nachdem die Neuwahlen von 1890 die konservativ-nationalliberale Mehrheit des Reichstags beseitigt hatte, fiel der verheißungsvolle Aufschwung in sich zusammen: sämtliche Neubauten wurden zuerst einmal abgelehnt und nur die Raten für bereits begonnene Schiffe bewilligt.

Die Neuwahl hatte die katholische Zentrumspartei in eine Schlüsselrolle gebracht, denn weder die konservativ-nationalliberale Rechte noch die Linke aus liberalen Parteien und der SPD besaß die Mehrheit. Politik bestand nun vor allem darin, das Zentrum, das keinem der beiden Lager ausschließlich zuzurechnen war, zu gewinnen. Aber selbst die Rechtsparteien unterstützten die Regierung Caprivi, die sich nicht auf ihre Interessentengruppen einschwören ließ, keineswegs bedingungslos.

Die Kritik, die der alte Admiral v. Henk, inzwischen konservativer Abgeordneter, an der Geschwindigkeit der „Brandenburg" übte, brachte einen Stein ins Rollen. Die Kartellparteien, die im Vertrauen auf die konstruktionstechnische Kompetenz der Marine vier Schiffe dieser Klasse bewilligt hatten, ohne wie die Linke auf einem Probebau zu bestehen, waren tief ernüchtert. Zum Eklat kam es, als das RMA eingestehen mußte, daß es den 1888 bewilligten Bau zweier Kreuzerkorvetten, für die es jetzt die zweite Rate anforderte, gar nicht erst in Angriff genommen hatte, weil noch keine Konstruktionspläne vorlagen. Admiral Hollmann, als „rabiater Fachmann" vorgestellt und als solcher akzeptiert, machte die Abgeordneten vollends kopfscheu, als er in einer improvisierten Rede mißverständliche Worte von einer „erstklassigen Schlachtflotte" sprach. Dabei wünschte Hollmann nur drei neue „Siegfriede" und hatte rein theoretisch extemporieren wollen, daß es keine ausschließlich rechnungsmäßige Unterlage für die Rangeinteilung einer Flotte gibt, sondern daß auch Faktoren wie geographische Lage, strategische Vorstellungen, Ausbildung usw. zählen. Alle Parteien waren betroffen. Erst als ausgerechnet der Führer der Polenfraktion, Joseph v. Koscielski, sich durch sein Eintreten für die Marinebelange den Spitznamen „Admiralski" einhandelte, fanden die Rechten zur Regierungstreue zurück. Das Zentrum gewann Caprivi. In einem großen Verrechnen und Verschieben alter und neuer Etatposten bewilligte das Parlament nach fünftägiger Debatte endlich zwei „Siegfriede".

Nach soviel Kampf um die Küstenpanzer konnte sich Hollmann nie mehr für eine andere Konzeption als die Küstenverteidigung überzeugend einsetzen. Um überhaupt noch Schiffe durchbringen zu können, verschloß er sich gegen die Vorstellungen, die das OK entwickelte. Die Rivalität zwischen RMA und OK nahm an Schärfe zu.

1892 bewilligte der Reichstag wieder nur zwei Küstenpanzer und lehnte vier andere Neubauten ab. Viele Freunde hatte der Neubau einer Kreuzerkorvette, die wegen des Engagements der Polen fortan „Koscielska" hieß; das Zentrum wollte jedoch ein neues Schulgesetz für Preußen erzwingen und die Regierung durch eine aufsehenerregende Machtdemonstration warnen; so ging der Kreuzerneubau unter. 1893 lehnte der Reichstag aufgrund der Kritik Admiral Henks an den „Siegfrieden" auch noch die letzten beiden planmäßigen Küstenpanzer ab und bewilligte nur sekundäres Material. Nun schlug Hollmann eine neue Tastatur an, die ihn beinahe zum Politiker gemacht hätte. Nach der Fertigstellung der vier „Brandenburge", argumentierte er, würden die Werften unter Beschäftigungsmangel leiden. Er schlug deshalb vor, nachdem jetzt die im Flottengründungsplan 1873 vorgesehene Zahl von 14 Panzerschiffen erreicht sei, alle zwei Jahre einen Ersatzbau für die inzwischen restlos veralteten Schiffe aufzulegen; um eine gleichmäßige Beschäftigung zu erzielen, sollten einige Ersatzbauten schon vor der völligen Abschreibung begonnen werden.

Bei dem 1893 neugewählten Reichstag verzeichnete Hollmann tatsächlich einen gewissen Erfolg, obwohl sich die Mehrheitsverhältnisse nur unwesentlich zugunsten der Rechten geändert hatten. Aber ohne Verdienst des RMA. Das Zentrum schwenkte nach seiner Niederlage im Kampf gegen die Heeresvorlage von 1893 auf eine gewisse Marinefreundlichkeit ein und akzeptierte den lange umkämpften ersten Ersatzbau („Ersatz Preußen"), schwieg sich aber über die von Hollmann aufgestellten konkreten Zukunftsforderungen aus. Zwar bekannte sich der neue Zentrumsführer und Nachfolger Ludwig Windthorsts, Ernst Lieber, in einer Reichstagsrede zu dem von Hollmann aufgestellten Grundsatz, aber um dem Staatssekretär die Bedingtheit seiner Rechtswendung vor Augen zu führen, gesellte er sich zur Warnung erst einmal den Streichern des Panzerkreuzers „Ersatz Leipzig" zu.

Hollmann verkündete nun im Interesse der überparteilichen Freiheit der Regierung, die Marine sei ohne jeden Plan, außer dem, „dem augenblicklichen Bedürfnis eine augenblickliche Befriedigung zu verschaffen". Trotz seines parlamentarischen Erfolgs bei „Ersatz Preußen" war Hollmann jetzt auf dem Tiefpunkt des Pessimismus angelangt, denn die Gesamtpolitik der Regierung war nicht darauf angelegt, ihm die Gefolgschaft der Katholiken zu sichern, wie sie die Konservativen und Nationalliberalen bei allen Vorbehalten doch leisteten.

„Ersatz Preußen" = „Kaiser Friedrich III", von Stapel 1896, war das erste Schiff der 1895–1901 in 5 Einheiten gebauten „Kaiser"-Klasse, die die „Großer Kurfürst"-Klasse ablöste. Die neuen Panzerschiffe verdrängten 11 800 t, waren 125 m lang und konnten 17–18 kn erreichen. Die nachgewiesene Fahrstrecke betrug 3000 sm bei 9 kn bis 1500 sm bei 16 kn. Die Bewaffnung bestand aus 4 × 24, 18 × 15, 12 × 8,8 cm-Kanonen und 45 cm-Torpedos. Der Preis betrug 20–21 Millionen Mark.

Die Flotte war, wie sich jetzt erwiesen hatte, noch immer kein ernstes Anliegen der Politik; sie diente als Kompensationsobjekt, als Punchingball zur Demonstration politischer Kraft. Schiffsbewilligungen galten als Nürnberger Tand für den Kaiser, mit dem die Parteien dank der „Allerhöchsten Marinepassion" relativ billig die Erfüllung vieler Wünsche einhandeln konnten. Zu Bedeutung und Wert einer Flotte äußerte sich die Marine wenig überzeugend, da sie über diese Grundfrage selbst tief gespalten war: das OK forderte die Hochseeschlachtflotte, deren militärischen Wert das RMA gar nicht abstritt; das RMA ging aber vom Erreichbaren aus, beschränkte seine Wünsche auf so viele Schiffe wie möglich und suchte die Aktualität der anerkannten Forderung herabzusetzen, um den Reichstag nicht mißtrauisch zu machen.

Bestärkt in seiner Haltung wurde Hollmann durch den Chinesisch-Japanischen Krieg von 1894/95. Die Seeschlacht am Yalu (17. 9. 1894), in der die chinesische Hochseeflotte geschlagen wurde, konnte mit einiger Berechtigung als Niederlage der deutschen Technik und der Taktik des OK aufgefaßt werden.

Der Kern der chinesischen Flotte bestand aus in Deutschland gebauten Panzerschiffen, mit denen Admiral Ting das Nahgefecht in der „Mêlée" à la Tegethoff und Tirpitz suchte. Der japanische Admiral Ito brachte schnelle, leichtgepanzerte Kreuzer französischer Herkunft zum Einsatz. Er manövrierte die Chinesen aus, kreiste sie ein, schoß mit seiner schnellfeuernden Mittelartillerie Schiff für Schiff aus gebührender Entfernung schrottreif und versenkte auch einige.

Tirpitz konnte dagegen argumentieren, daß die Chinesen überhaupt nicht gemäß Dienstschrift IX um die Seeherrschaft gekämpft hatten, sondern, anstatt den Erfolg eines ersten Schrittes abzuwarten, gleich den zweiten – Landung in Korea – unternahmen und, von den Japanern überrascht, nicht den Entscheidungskampf, sondern den Schutz ihrer Transportflotte im Auge hatten. Dadurch wurden aus seiner Warte die schwerwiegenden Führungsfehler wenigstens mit verursacht, denen die Niederlage zuzuschreiben war.

Im übrigen hatte Ito den Gegner nur vertrieben und zerstreut, aber nicht materiell vernichtet. Die Japaner hatten nicht mehr als einen „ordinären Sieg" erreicht, weil ihnen schwere Einheiten zum vollständigen „Zusammenhämmern" der chinesischen Panzerschiffe fehlten.

Durch die Yalu-Schlacht schien die Konzeption des OK eindrucksvoll falsifiziert zu sein. Im schnellaufenden und schnellfeuernden Ferngefechtskreuzer, der sowohl zur Schlacht als auch zum Kreuzerkrieg taugte, glaubte man den Stein der Weisen gefunden zu haben. Der Kaiser zeichnete eigenhändig die Projektskizzen, nach denen das RMA den neuen Typ des geschützten Kreuzers II. Klasse konstruierte, von großer Tonnage, viel schnellfeuernder Mittelartillerie und leichter Panzerung. Die Engländer nannten diesen Typ, die „Hertha"-Klasse, im Hinblick auf seine geringe Standfestigkeit „Ten minutes cruiser", bauten jedoch nach der gleichen Konzeption ebenso schwächliche, aber doppelt so große Schiffe, und alle Welt baute mit. Kaiser Wilhelm II. sah in seinen geliebten „Herthas" das Rückgrat der deutschen Flotte, mochte ihre Strategie sein wie sie wollte, und verlangte eine große Anzahl derselben.

Unter den Bedingungen der 90er Jahre war diese Antizipation des späteren Schlachtkreuzers, des Höhe- und Schlußpunkts des klassischen Kriegsschiffs, zweifellos ein krasser Fehler. Im Krieg waren die „Herthas" nur sehr bedingt zu gebrauchen, wie sich 1914 erwies. Hollmanns Nachfolger war sehr erleichtert, daß er nicht mehr als 5 dieser nur ästhetisch ansprechenden Kreuzer vorfand, die die Ersatzbauplanung empfindlich genug beeinträchtigten.

Die Schiffe der „Hertha"-Klasse verdrängten 6500 t. Sie waren 110 m lang. Bei Höchstfahrt 19 kn erreichten sie 1500 sm, bei 10 kn Marschgeschwindigkeit 3700 sm. Die Bewaffnung umfaßte 2 × 21, 8 × 15, 10 × 8 cm-Kanonen und 45 cm-Torpedos. Gepanzert waren Deck und Kasematten. Die Baukosten betrugen 10–11 Millionen Mark.

Unter dem Einfluß von Vizeadmiral Koester, dem Chef des Übungsgeschwaders, fällte Wilhelm II. im August 1894 eine noch schwerer wiegende Entscheidung. Er befahl, von der 6 × 28 cm-Hauptarmierung der „Brandenburg"-Klasse abzugehen und die Neubauten nur mit Schnellfeuerartillerie zu bewaffnen. Für diesen Zweck kamen 15 cm- und 8,8 cm-Mittelartillerie und die von Krupp neu entwickelte 24 cm-Kanone in Frage. Der Yalu schien den Wert dieser Konzeption zu bestätigen. Tatsächlich aber programmierte der Kaiser damit eine weitere Strukturschwäche in die deutsche Flottenrüstung ein. Zusammengesetzt aus den 4 „Brandenburgen", den 10 bis 1900 mit 24 cm- und den 10 weiteren bis 1905 mit der neukonstruierten 28 cm-Schnellfeuerkanone auf Stapel gelegten Linienschiffen, mag die deutsche Flotte den zahlen- und konzeptionsmäßig vergleichbaren Schlachtverbänden Frankreichs und Rußlands gewachsen gewesen sein. Gegenüber der Schlachtflotte Englands, die die Kaiserliche Marine ab 1897 mit dem Mindestziel einer 2:3-Relation anvisierte, verschlechterte das 24 cm-Kaliber (gegen durchweg 4 × 30,5 cm) das bis zur Zäsur von 1906 erreichte Verhältnis von 24:52 „Einheitslinienschiffe“ (s. u. S. 242 f.) unter den Zahlenwert.

Aber 1894/95 bot sich die militärpolitische Lage noch ganz anders dar: Unruhen in Chile und Brasilien wiesen eindringlich auf das Bedürfnis hin, überseeische Interessen durch Kreuzer unmittelbar zu schützen, und der Reichstag ließ sich von dem blamablen Erscheinungsbild in Übersee überzeugen. Mit dem Etat für 1895/96 wurden tatsächlich vier Kreuzer durchgebracht. Nun sprach alles für eine Kreuzerflotte, die parlamentarisch durchsetzbar und militärisch nicht sinnlos zu sein schien.

Nach diesem Erfolg Hollmanns wurde Tirpitz als Stabschef des OK abgelöst. Der Kommandierende Admiral v. d. Goltz, seiner „nurse“ beraubt, ließ sich daraufhin verabschieden. Seine Nachfolge trat Admiral Knorr, der „wilde Eduard“ des Marinejargons, an. Senden säuberte das OK von den Mitarbeitern Tirpitz', von denen ernst zu nehmende Opposition zu erwarten war.

Inzwischen ließ sich der Kaiser davon überzeugen, daß die Schlachtentscheidung doch bei den „Hämmern“ liege. In der Kabinettsorder vom 16. Dezember 1895 verlangte er vom RMA, ihm das Doppelgeschwader der Dienstschrift IX mit Aufklärungseinheiten, dazu ein Küstenpanzergeschwader, sowie 15 „Herthas“ und 12 Stationäre zu beschaffen. Die öffentliche Erregung über den „Jameson-Raid“, den Einfall eines englischen Freikorps in die Burenrepublik Transvaal, kam ihm außerordentlich zupaß. Er befahl, unverzüglich auf der Welle des antienglischen Patriotismus zu reiten und den Bau seiner Flotte durchzusetzen, mit der auch England die Stirn geboten werden konnte.

Hollmann, an dessen Ersatz durch den dynamischen Tirpitz der Kaiser bereits gedacht hatte, zeigte sich auf dem Gipfel seiner politischen Fähigkeiten und Erfahrungen. So glatt wie seit Jahren nicht mehr nahm der Marineetat die parlamentarischen Hürden und bescherte der Flotte ein Ersatzpanzerschiff und neue Kreuzer. Doch hatte sich Wilhelm II. schwer verrechnet, wenn er annahm, daß der Reichstag mit der Billigung der Transvaalpolitik und des Budgets den Wert einer großen Flotte anerkannte. Die konservativen, nationalliberalen und Zentrumsführer wußten, was Senden und der Kaiser wünschten, sahen im Staatssekretär des RMA ihren Vertrauensmann und glaubten, „gerade mit der Unterstützung einer besonnenen, planmäßigen, schrittweisen Erneuerung und Ergänzung unserer Flotte den uferlosen Plänen am wirksamsten das Wasser abzugraben“ (Hallmann). Wilhelm v. Kardorff, der Führer der Freikonservativen Fraktion, versprach die konstruktive Mitarbeit der Rechten bei einer maßvollen Rüstung. Tatsächlich gelang es Hollmann im Juni 1896, dem Kaiser die Kabinettsorder vom Dezember des Vorjahres auszureden und ihn zum Prinzip des schlichten Ersatzbaus gemäß modifiziertem Stosch-Plan zurückzuführen.

Aber Hollmanns Unheil war vorprogrammiert. Nachdem er alle Seiten – außer Knorr, der an der großen Seeschlacht hing – beruhigt hatte, mußte er 1896/97 mit einer Erhöhung der Schiffbausumme um 40 Millionen Mark herauskommen. Sie enthielt vor allem die anerkannten Folgeraten für die schon länger bewilligten Bauten, die aber infolge einer neuen Beschleunigung des Bautempos bei gleichzeitigem Anstieg der Baukosten unvorhergesehene Dimensionen angenommen hatten. Alle Fraktionen des Reichstags stimmten darin überein, daß der Etat zu hoch sei und daß die Eile der Aufrüstung auf Krypto-Pläne hinweise. Als Hollmann frühere Versprechungen mit der Ankündigung zurücknahm, daß im Rahmen der allgemeinen Baubeschleunigung demnächst 5 Panzerschiffe gebaut werden sollten, und, da ihm die Drohung der Ablösung durch Tirpitz im Nacken saß, in seiner Etatbegründung urplötzlich, ohne Übergang, den solange propagierten Küstenschutz und Kreuzerkrieg zugunsten der Hochseeschlachtflotte fallenließ, irritierte er alle Fraktionen wieder einmal gründlich. Selbst die Rechte brauchte sehr lange, bis sie sich entschloß, die zweiten Raten zu bewilligen und die unerhörte Steigerung des Etats hinzunehmen; die darüber hinausgehenden zwei Neubauten „Hertha"-Klasse aber kamen durch das Zentrum zu Fall.

Der Kaiser war außer sich und dachte an einen Staatsstreich von oben. Zunächst entließ er Hollmann, dessen Streit mit Knorr ihm lästig geworden war, im Zug eines großen Ministerrevirements. Zum neuen Staatssekretär des RMA ernannte er den vollständig überraschten Konteradmiral Tirpitz. „Es ist evident", fand Reichskanzler Hohenlohe, „daß der Kaiser unter dem Einfluß von Leuten steht, die ihm weismachen, er könne eine große Konfliktära in Szene setzen, die Reichsverfassung ändern, das allgemeine Wahlrecht abschaffen und ungezählte Kreuzer bauen lassen". Mit solchen Erwartungen sah alle Welt der „Ära Tirpitz" entgegen. Nur wenige Eingeweihte kannten den Admiral gut genug, um die Zukunft anders zu sehen. Marine und weltpolitische Händel gehörten nach den Erfahrungen der letzten Jahrzehnte so eng zusammen, daß kaum jemand von einem Marineoffizier eine Rüstungsstrategie erwartete, die die europäische Kontinentalhegemonie ins Auge faßte. Aber genau diese, und nicht einen unsoliden Imperialismus, enthielt das Programm, das sich mit der Person von Alfred Tirpitz verband, als Zielvorstellung.

D. Der deutsche Schlachtflottenbau

1. Die Zielansprache

a. *„Imperialismus" als Voraussetzung der neuen Marinepolitik*

Gemeinhin wird die Phase zwischen 1880 und 1920 als das „Zeitalter des Imperialismus" bezeichnet, ohne daß sich die Wissenschaft bislang auf eine Definition des namengebenden Begriffs geeinigt hätte. Zuletzt hat ihn Hans-Ulrich Wehler in die Formel gegossen: „diejenige direkt-formelle oder indirekt-informelle Herrschaft ..., die von Industrieländern aufgrund ihrer sozialökonomisch-technologisch-militärischen Überlegenheit in unentwickelten Regionen ausgeübt wurde ..." In diesem Sinn soll der vielstrapazierte Begriff auch hier gebraucht werden. Unter bewußtem Verzicht auf die Darlegung letzter Hintergründe sollen dabei aus dem komplexen „Mischungsverhältnis der Motive" (Theodor Schieder) nur die Sachverhalte herausgegriffen werden, die das Wesen der deutschen Marinepolitik im Zeitalter des Imperialismus klären können (vgl. Abschnitt V, S. 28 f.).

Die deutschen Kolonien

Die formelle Kompenente des Inperialismus, der Kolonialismus, hat in Deutschland niemals Tradition oder eine feste Massenbasis besessen. Diskutiert wurde darüber auf Dauer nur in recht begrenzten Zirkeln. Kolonialistische Regungen haben sich in Preußen-Deutschland immer als Strohfeuer erwiesen, die niemals genügend Energie entwickelt haben, um die Regierungspolitik umzuschmelzen. Das Deutsche Reich war eine Kontinentalmacht, die für den Erwerb von Kolonien nichts riskierte. Wenn die Reichsleitung der Zeitströmung folgte und im Zusammenhang mit primär andersgerichteten Aktionen auch kolonialpolitische Gesichtspunkte berücksichtigte, dann hat sie das, wie schon seinerzeit die preußische Regierung (s. S. 70 f.), als innen- oder außenpolitische Prestigeangelegenheit, aber nie als Existenzfrage verstanden. Darüber dürfen die vielen starken Worte, die gefallen sind, nicht hinwegtäuschen.

Der erste Reichskanzler empfand den Imperialismus als Wohltat, aber er meinte damit den Imperialismus der anderen, der ihm sein Geschäft in Europa erleichterte. Zu den politischen Mitteln, die er gern einsetzte, gehörte es, die Spannungen zwischen den europäischen Großmächten an die Peripherie abzuleiten, von der Deutschland sich seinerseits fernhielt. Bismarck versuchte Frankreichs Interesse von Elsaß-Lothringen weg auf die Tropen zu lenken und ermutigte Ministerpräsident Jules Ferry zu einer groß angelegten Kolonialpolitik. Rußland gab er im Rückversicherungsvertrag den Orient preis. Die wertvollen Teile Afrikas überließ er auf der Kongokonferenz den anderen. Er scheute in Übersee jede politische Bindung, jedes Engagement, das auf Europa zurückschlagen konnte (s. S. 106 f.). Stoschs Eigenmächtigkeiten, die zu solchen Verwicklungen führen konnten, trat er energisch entgegen, und Caprivi bei den Kolonialerwerbungen zu Rate zu ziehen vermied er wohlweislich.

Wie Bismarck dazu kam, dem Reich 1884/85 doch Kolonien anzugliedern, ist noch immer nicht restlos geklärt. Aus dem „tiefsten Grund seines Wollens" heraus tat er es, so viel läßt sich eindeutig sagen, nicht. Vieles spricht dafür, daß er an eine Wahlparole gedacht hat, Verbündete in Interessentenkreisen suchte und „nationale" Emotionen schüren wollte. Die Karte von Afrika stellte für ihn nach wie vor Europa dar, wie er sich selbst äußerte, das sein Bezugspunkt war und blieb. Er betonte den Grundsatz, daß die Flagge dem Handel folge, wenn er im Detail auch bereit war, den Hoheitsbereich über die Territorien von Handelspartnern ins Hinterland hinaus auszudehnen. Im Prinzip sprach er nur den politischen und militärischen Schutz des Reiches über Gebiete aus, die der Souveränität deutscher Handels- und Kolonisationsgesellschaften bereits unterstanden. Einige Gebiete opferte er bei Anzeichen ernsthafter Verwicklungen umgehend (z. B. die Karolinen).

Für Helgoland und einzelne territoriale Abrundungen in Übersee gab sein Nachfolger Caprivi – gegen zwar lautstarke, aber von der englischen Triumphgebärde provozierte und sozial begrenzte Opposition – ohne Bedenken die deutschen Ansprüche auf weitere Teile Ostafrikas und auf den Südsudan preis.

Für die späteren kolonialen Erwerbungen – West-Samoa, mikronesische Inseln und Kiautschou – hat ebenfalls kein deutscher Staatsmann einschließlich Tirpitz etwas riskiert. Der letzte Zugang zum Kolonialreich, Neu-Kamerun, entsprang allgemeinen politischen Überlegungen im Zusammenhang der zweiten Marokkokrise und nicht einem artikulierten Bedürfnis.

Das Ergebnis der deutschen Kolonialpolitik wirkt nur auf der Landkarte eindrucksvoll, was nach den Krachs der Kolonialgesellschaften schon um 1890 einsichtig geworden war. Die Erkenntnis, daß man eindeutig in ein volkswirtschaftliches Verlustgeschäft eingestiegen war, führte dazu, daß die Schutzgebiete das deutsche Volk in seiner Gesamtheit, einschließlich prononciert „nationaler Kreise", ziemlich kalt ließen. Als Großmachtsymbole waren sie willkommen, aber die Mittel für ihren Unterhalt wurden sehr knapp bemessen.

Erst nach der Jahrhundertwende änderte sich die Einstellung. Allmählich wuchsen die Kolonien wegen der Opfer, die die Niederwerfung großer Eingeborenenaufstände forderte, den Deutschen ans Herz. Nach Schaffung des Reichskolonialamts im Jahr 1906 intensivierte sich die wirtschaftliche Ausbeutung infolge steigender Investitionen. Das Bedürfnis der deutschen Wirtschaft nach sicheren Märkten und nach Rohstoffbasen konnten sie auch dann nicht im entferntesten decken. Die militärische Verteidigung der Schutzgebiete erschien als so kostspieliges und zweckloses Unterfangen, daß von vorneherein darauf verzichtet wurde.

Wünsche nach besseren Kolonien wurden auch später nur lau geäußert und von der Regierung nicht als Selbstzweck vertreten („Deutsch-Mittelafrika"). Eine Depossedierung Belgiens und Portugals wurde erwogen, aber nicht ein Schritt zu ihrer Verwirklichung unternommen.

Autonome Kolonial- und Marineforderungen

Eine Verstärkung der Kaiserlichen Marine um kolonialpolitischer Ziele willen forderte der äußerlich berufenste Interessentenverband, die „Deutsche Kolonialgesellschaft“ (DKG) erst ab 1896. Von Natur aus war die DKG nicht flottenfreundlich, und es bedurfte gewichtiger Anstöße, um sie zu bekehren. Der „Conquistador“ Carl Peters, ihr prominentestes Mitglied, sah damals wegen seiner offensichtlich unmenschlichen und unsauberen Amtsführung in Deutsch-Ostafrika einer Strafverfolgung entgegen (die dann auch mit seiner Verurteilung enden sollte). Peters hoffte, durch eine Reichstagskandidatur und durch Eintreten für eine dem Kaiser wichtige Sache davonzukommen. So warf er sich Ende 1895 zum Volkstribun der Flottenvermehrung auf und hielt eine Reihe vielbeachteter Vorträge, in denen er Kolonien und Flotte als untrennbare Einheit hinstellte.

Nach Peters Verurteilung und Abschied vom öffentlichen Leben behielt die DKG die an sich gegen starke innere Opposition angenommene Haltung bei. Diesmal stand der Gesandte a. D. Heinrich v. Kusserow dahinter, der als Vortragender Rat im Auswärtigen Amt Bismarck zur Kolonialpolitik getrieben hatte, nach dem Versagen der Protektoratskonzeption in Ungnaden abgeschoben worden war und nun hinter den Kulissen erneut Einfluß suchte. Originelle Wünsche äußerte die DKG deshalb nicht. Sie überließ die Flottenstärke dem Ermessen der Marine selbst und verlangte ab April 1897 nur, daß sie dazu ausreichen sollte, außer den 1867 (!) vorgezeichneten Aufgaben auch die Wahrnehmung der Kolonialinteressen zu gewährleisten. In ihrer Presse propagierte sie entsprechende Forderungen.

Die später „Alldeutscher Verband“ (ADV) genannte Gruppe formierte sich endgültig 1891 in der Opposition gegen das Caprivische Helgoland-Sansibar-Abkommen.

Diese „nationale Opposition“ hatte sich schon gegen Bismarck zusammengefunden, so im lautstarken Protest gegen die erste deutsch-englische Übereinkunft zur Abgrenzung der ostafrikanischen Interessensphären und die Rechte des Sultans von Sansibar, dagegen, daß Bismarck die „Emin Pascha-Expedition“ ins obere Nilgebiet hintertrieb, und gegen Bismarcks Bündnisangebot an England 1889. Bismarck verhängte deshalb schon 1886 über das Blatt der DKG die Vorzensur.

Von Bismarck nach seinem Rücktritt unterstützt und sich nun auf ihn berufend, forderten die Alldeutschen auch eine energische Kolonialpolitik. 1894 verlangten sie, bei ihren engen Querverbindungen zur DKG, Samoa und einen chinesischen Küstenstrich.

Mit einem seiner Presseorgane, dem „Deutschen Wochenblatt“, trat der radikale Nationalismus im kolonialpolitischen Zusammenhang auch für Flottenverstärkungen ein. Im Oktober 1891 verlangte er hier zum ersten Mal eine „gewaltige Rüstung Deutschlands zur See“, eine Schlacht- und eine Kreuzerflotte. Ende 1894 forderte das Blatt eine Vergrößerung der Kreuzerflotte, die in die Waagschale der Entscheidung geworfen werden könnte, wenn es ums Zugreifen ginge.

Die Bismarck nahestehende, liberale Zeitschrift „Grenzboten“ blies 1894 ins gleiche Horn und forderte den Kaiser auf, dem deutschen Volk neue kolonialpolitische, begeisternde Ideale zu geben und die Flotte zu vergrößern.

Einige andere Periodika schlossen sich, ohne konkrete Flottenwünsche zu äußern, in den 90er Jahren wenigstens auf einige Zeit dem Tenor der „Alldeutschen Blätter" an, die aufgrund der kolonialpolitischen Erfahrungen Englandfeindschaft predigten. Selbst Maximilian Hardens „Zukunft" und die „Preußischen Jahrbücher", in denen Constantin Rößler und Hans Delbrück schrieben, schwammen auf dieser Woge mit. Auf diese Weise wurde, da die Gegnerschaft Englands Seemacht zu bedingen schien, indirekt für eine Flottenverstärkung zwecks Kolonialpolitik geworben.

Mit agitatorischen Vorträgen nach dem Vorbild Peters' schickten die Alldeutschen den – noch heute durch sein Flottentaschenbuch bekannten – Kapitänleutnant Weyer durch Deutschland.

Schutz der überseeischen Auslandsdeutschen

Die große deutsche Auswanderungswelle ebbte gegen 1890 ab, als der Fortschritt der Industrialisierung im Reich genügend Verdienstmöglichkeiten zu bieten und der demographische Überdruck sogar in Sog umzuschlagen begann. Das bevorzugte Ziel der Auswanderer waren die Vereinigten Staaten gewesen, wo sie sich schnell zu assimilieren und, von Äußerlichkeiten (z. B. der Bierkultur) abgesehen, die Bindungen an die verlassene Heimat aufzugeben pflegten. Nur außerhalb des angelsächsischen Kolonisationsbodens blieben sie mehrheitlich kulturell oder gar rechtlich Deutsche.

Dabei sind zwei Gruppen zu unterscheiden: eine agrarische und eine kommerzielle. Die erste fand sich besonders in Südbrasilien und Chile, wo sich geschlossene deutschbestimmte Siedlungskolonien bildeten. Die zweite läßt sich als Sekundärprodukt der britischen Weltmacht charakterisieren. An vielen Plätzen Afrikas, Ostasiens und Lateinamerikas existierten kleine Kaufmannskolonien, meist hanseatischen Ursprungs, häufig noch deutscher Staatsangehörigkeit, die in erster Linie nicht deutsche, sondern englische Produkte vertrieben. In Mexiko fand diese Gruppe nach dem Fiasko der englisch-spanisch-französischen Intervention vom Ende der 60er bis Anfang der 90er Jahre eine ökologische Nische und erlebte eine Blüte; Ostasien war jahrzehntelang ein Hauptbetätigungsfeld deutscher Reeder, die mit ihren veralteten Schiffen in Europa nicht mehr mithalten konnten, die chinesischen Dschunken im Küstenverkehr für fremde Rechnung aber immer noch aus dem Feld schlugen.

In den 90er Jahren setzte eine partielle Emanzipation von der englischen Wirtschaft ein: Auch die Überseedeutschen interessierten sich in steigendem Maße für Kapital und Kommerz aus der Heimat.

Während die Deutschen die ans angelsächsische Volkstum „verlorenen Brüder" aufgaben, aber aus diesem Sachverhalt einen Großteil ihrer Ressentiments bezogen, erhoben sie energisch nationalen Anspruch auf die „treu gebliebenen", besonders der kommerziellen Gruppe. Diese hat Kaiser Wilhelm II. gemeint, als er am 18. Januar 1896 der Reichsjubiläumsfeiergemeinde zurief: „Aus dem Deutschen Reiche ist ein Weltreich geworden. Überall in fernen Teilen der Erde wohnen Tausende unserer Landsleute ... An Sie, meine Herren, tritt die ernste Pflicht heran, Mir zu helfen, dieses größere Deutsche Reich auch fest an unser heimisches zu gliedern ...“

Die Überseedeutschen glitten sacht vom informellen englischen Imperialismus in den deutschen hinüber, dessen Entstehung sie als wichtiges Ferment beeinflußt haben. In England erregte dieser Vorgang begreiflicherweise Verstimmung.

Ab Anfang 1895 führte die Regierung, im Einklang mit den von Ernst Hasse geführten Alldeutschen, für die Rechtfertigung ihrer Marineforderungen den „Schutz der Deutschen im Ausland“ als Hauptmotiv an. Hasse forderte eifrig Kreuzer für diesen Zweck und unterstützte Reichsmarine- und Auswärtiges Amt mit Presseattacken gegen das Unvermögen des Reiches, die vom ADV groß herausgebrachten Reklamationen von Auslandsdeutschen mit Kreuzerdemonstrationen zu unterstützen. Nur Kreuzer unter der deutschen Flagge, griff Außenminister Marschall von Bieberstein, der Staatssekretär des Auswärtigen Amtes, bewußt die alldeutschen Argumente auf, seien in der Lage, das Nationalbewußtsein der Emigranten zu stützen und der Assimilation vorzubauen. Im Hinblick auf die Zentrumspartei fügte Marschall auch bald als Herzensanliegen des Kaisers den Schutz der deutschen Missionare hinzu. Mehrere Jahre lang hieß es nun vor dem Reichstag und in der einschlägigen Presse, man habe das Recht, von den Überseedeutschen zu verlangen, daß sie gute Deutsche blieben, voll „Liebe zum alten Vaterland und Treue zu Kaiser und Reich“, und die Pflicht, ihnen mit Kreuzern dazu zu verhelfen. Erst Marschalls Nachfolger Bülow verzichtete auf diese emotionalen Appelle, die die Reichstagsmehrheit kalt ließen, während die deutsche Öffentlichkeit, der die innen- und militärpolitischen Hintergründe verborgen blieben, allerdings begeistert darauf ansprach.

Überseehandel

Für Deutschland fiel auch vor der Jahrhundertwende nur ein Teil des mit Schiffen abgewickelten Handels in die Rubrik „Imperialismus“. Seinen wirtschaftlichen Verkehr mit England, den Vereinigten Staaten oder Skandinavien kann man kaum als „asymmetrische Interaktion“ nach Dieter Senghaas beschreiben. Durch Ausspielen von „Machtdisparitäten“ ließen sich die Terms of Trade nur in den eigenen Kolonien, in Südamerika und in Ostasien vom angemessenen Austausch zur Ausbeutung der Partner hin verschieben. Zugunsten der Kreise, die von diesem Sektor lebten, mußte zur Beeinflussung der „halbkolonialen“ Führungsschichten und zum Ausstechen der Konkurrenzmächte ein Aufwand getrieben werden, dessen Kosten recht spürbar waren und oft in keinem vertretbaren Verhältnis zum volkswirtschaftlichen Gewinn standen. Dieses Manko ließ sich seitens der Akteure durch die Manipulation mit Fremdmotiven überspielen, z. B. durch Bündnisse mit innenpolitisch tonangebenden anderen Gruppen, hinter deren Interessen sich der imperialistische Teil des Handels verstecken konnte, oder durch nationalistische Agitation.

Die Erwerbung Togos und Kameruns ging nicht zuletzt auf eine hanseatisch-agrarische Allianz zurück. Einer der Exportartikel, die nach Westafrika gingen, war Fusel, der mit Produkten und in Anlagen des ostelbischen Großgrundbesitzes gebrannt wurde. Als der Reeder und Kaufmann Adolph Woermann diese Kreise davon überzeugte, daß nur die deutsche Annexion den ungeschmälerten Absatz gewährleisten würde, hatte Herr v. Kusserow die agrarischen Konservativen hinter sich und bei Bismarck – der an diesem Geschäft selbst verdiente – gewonnenes Spiel.

Nach seinem kolonialpolitischen Erfolg setzte sich Woermann im Reichstag für eine Verstärkung der Flottenrüstung ein, wofür er schöne Worte über das Schutzbedürfnis von Kolonien und Reederei allgemein fand. Vor diesem Publikum mißlang ihm der Nachweis, daß er damit nicht die Bewachung seiner eigenen Unternehmungen auf Kosten der Allgemeinheit betrieb. Auch die weit überwiegende Zahl der Hamburger Unternehmer begegnete den Bestrebungen Woermanns und der wenigen anderen Kolonialfirmen noch jahrelang mit äußerstem Mißtrauen. Als der große Westafrikakaufmann den Reichstags-Wahlkampf von 1890 mit der Parole bestritt, Hamburgs Reederei- und Werftinteressen sei mit einer Flottenvermehrung gedient und er, Woermann, sei deren gegebener Vertreter im Reichstag, verlor er sein Mandat an den Kandidaten der SPD. Die Handelskammer seiner Vaterstadt hatte mit ihrer bisherigen Übung gebrochen und ihn nicht mehr mit einem Wahlaufruf unterstützt.

Der großen Mehrheit der im Überseegeschäft tätigen deutschen Firmen erschien bis gegen 1890 die Vorstellung, das Reich solle die Terms of Trade künstlich beeinflussen, absurd. Im Jahr 1891 änderte sich diese Einstellung schlagartig, obwohl der Umfang des einschlägigen Handelsverkehrs nicht wesentlich zunahm. Die Hamburger Kaufmannschaft, die im Konzert der deutschen Seeinteressen den Ton angab, wurde jetzt navalistisch.

„Hamburger Kaufmannschaft" ist nach Ekkehard Böhm ein Sammelbegriff, der sich auf Großhandel, Reederei und Banken bezieht. Diese waren kapitalmäßig eng miteinander verzahnt und fanden demgemäß leicht zu einer gemeinsamen Interessenlage, für die sie über ihre Presse in weiten Kreisen werben konnten.

Die so verstandene Kaufmannschaft beherrschte die Handelskammer, die wiederum eng mit den Hamburger Regierungsorganen zusammenhing. Sie beeinflußte damit die Politik des Stadtstaates ganz wesentlich, die ihrerseits als Indikator der deutschen Wirtschaftsinteressen in Übersee galt.

Den Hintergrund dieser Wendung stellt das Bemühen der Vereinigten Staaten dar, die Konkurrenz vom lateinamerikanischen Markt zu vertreiben. Außenminister Blaine scheiterte zunächst 1889/90 auf der ersten panamerikanischen Konferenz mit seinem Projekt einer Zollunion am Widerstand von Argentinien, Chile und Bolivien.

James G. Blaine (1830–93) gehört zu den Vätern des amerikanischen Imperialismus. Er war Außenminister 1881 und 1889–92. Geschickter Parteipolitiker (1884 republikanischer Präsidentschaftskandidat), beherrschte er – nicht ohne den Geruch der Korruption – das Spiel mit den wirtschaftlichen Interessen. B. trat aktiv für den Ausbau der

Handelsmarine ein, weil sich aus ihr organisch die Kriegsmarine entwickeln sollte, die er für die Vertretung der amerikanischen Ansprüche brauchte. Die Parallelen zu Stosch sind wohl unübersehbar.

Im Oktober 1890 brachte Blaine den Kongreß dazu, den hochschutzzöllnerischen „McKinley-Tarif" durch Bestimmungen zu ergänzen, die den Präsidenten ermächtigten, gegebenenfalls Kampfzölle gegen die Südamerikaner zu verhängen, die auf den Export in die USA wesentlich angewiesen waren. Blaine machte von der Möglichkeit, Vergünstigungen durch Zollkriegsdrohungen zu erpressen, umgehend Gebrauch. Im November 1890 zwang er Brasilien, die Zölle für bestimmte nordamerikanische Produkte, die bis dahin gegen die europäische Konkurrenz nicht wettbewerbsfähig gewesen waren, um 25% zu senken. Als nächste Opfer folgten Kolumbien, Venezuela und Haiti, denen der Zollkrieg erklärt wurde.

Nun standen dem deutschen Handel aller Voraussicht nach schwere Einbußen auf den südamerikanischen Märkten bevor, die um 1890 etwa 20% seines Exports aufnahmen. Die Lage erschien um so bedrohlicher, als sogar Großbritannien für seine westindischen Besitzungen vor Blaine nachgegeben hatte. An Maßnahmen gegen die Vereinigten Staaten selbst, denen schon Bismarck im Zollkrieg nicht gewachsen war, dachte auch in Deutschland niemand ernsthaft.

So bot sich der Ausweg an, das Machtdefizit der USA, deren nach dem Bürgerkrieg vernachlässigte Marine noch in der ersten Erneuerungsphase steckte („New Navy"), auszunutzen und die Südamerikaner durch Drohung oder Einsatz von Waffengewalt zum Abschluß von Verträgen zu zwingen, die die deutschen Handelsinteressen begünstigten. Die Zollkapitulation Brasiliens, das 1889/90 mit 5,5% am deutschen Gesamtexport beteiligt war, heizte deshalb im Frühjahr 1891 eine jäh auflodernde Flottenstimmung an. Die Presse rief nach Kreuzern.

In der Hamburger Handelskammer hieß es, daß nur maritime Stärke die Ausbildung von Blaines panamerikanischem System verhindern könnte. Der Verein Hamburger Reeder forderte die permanente Stationierung von Kriegsschiffen an Ort und Stelle. Bei der engen Verflechtung der verschiedensten Interessen durch das Kapital stimmte die gesamte Kaufmannschaft in diese Forderung ein. Die althamburgische Freihandelsdoktrin, die so lange eine auskömmliche Profitrate und die Privatisierung der Gewinne garantiert hatte, starb eines schnellen Todes; die Kapitalinhaber sozialisierten die drohenden Verluste, indem sie den Staat auf den Plan riefen: wenn nötig sollte die Kriegsmarine die Handelsverträge herbeiführen, ohne die es nicht mehr zu gehen schien.

In Bremen, das einst der Wortführer des Navalismus gewesen war, hielt man sich jetzt zurück. Hamburgs Export nach Nord- bzw. Südamerika belief sich 1888 auf 167:262, der Bremer dagegen auf 101:16 Millionen Mark. An der Weser gab es also nur wenige natürliche Imperialismus-Interessenten.

Nachdem weder 1880 eine liberianische Strandräuberei noch 1885 ein kolumbianischer Bürgerkrieg oder 1890 ein Staatsbankrott Argentiniens den in diesen

Zusammenhängen laut gewordenen Kreuzerforderungen zu öffentlichem Echo verholfen hatten, gelang endlich 1891 mit dem Bürgerkrieg in Chile der Durchbruch. An der chilenischen Salpeterproduktion war Deutschland zu fast 20% beteiligt, so daß die offenkundigen Enteignungspläne des Präsidenten Balmaceda die deutschen Südamerikasorgen verstärkten. Als sich die bürgerliche Oligarchie, die den Kongreß beherrschte und die Flotte gewann, gegen den Präsidenten auflehnte, fand sie rasch die massive, fast unverhohlene Unterstützung der Engländer, die ein Geschwader entsandten und der Kongreßpartei drei bis vier Millionen Dollar zuschossen.

Von deutschen Interessenten aufgefordert interpellierte der nordschleswigische Reeder Jebsen im Reichstag. Während Marschall wahrheitsgetreu erklärte, daß die deutschen Interessen durch die englische Intervention ausreichend geschützt würden, empfahlen RMA und OK einhellig die Kommandierung des Kreuzergeschwaders, das normalerweise in Ostasien stationiert war. Im Februar 1891 entschied der Kaiser, den chilenischen Bürgerkrieg als Demonstrationsobjekt deutscher Flottenschwäche auszunutzen, das Kreuzergeschwader in Ostasien zu beschäftigen, und nach Chile nicht einen Kreuzer zu entsenden. Die Rechnung ging teilweise auf. Der ahnungslose Jebsen ließ nicht locker, über 100 in Panik geratene Hamburger Firmen reichten eine große Flottenpetition ein, in der Presse erhob sich navalistischer Sturm, und Woermann beschuldigte den Reichstag, die deutschen Seeinteressen zu sabotieren und den Seehandel um seine Konkurrenzfähigkeit zu bringen. Der Reichstag ließ sich jedoch nicht beeinflussen, ja strich sogar eine bereits 1888 bewilligte Kreuzerkorvette (die spätere „Koscielska" des Parlamentshumors, vgl. S. 149) wieder aus dem Etat; bei Hollmanns Ungeschick, Wilhelms II. Übertreibung und Reichskanzler Caprivis Ehrlichkeit verpuffte die Salpeterintrige ohne politische Wirkung.

Da Balmaceda auf die Exportzölle angewiesen war, ging die Salpeterförderung und -verschiffung ungestört vonstatten. Im März eroberte die Kongreßpartei die Salpeterregion, woraufhin der Präsident die Ausfuhrhäfen schloß. Nun wurde das deutsche Kreuzergeschwader doch nach Chile verlegt. Die Kongreßtruppen wurden mit deutschen Waffen versorgt, landeten im August 1891 unter Führung eines deutschen Instruktionsoffiziers, des ehemaligen preußischen Hauptmanns Emil Körner, im Süden und beendeten den Bürgerkrieg zu ihren Gunsten.

Die siegreiche Partei brach die von Balmaceda eingeleiteten Zollverhandlungen mit den USA, die als einzige Macht die Hafenschließung anerkannt hatten, ab und ging angesichts der amerikanischen Drohungen bis an den Rand eines heißen Krieges. Wenigstens mittelbar war es das deutsche Kreuzergeschwader, das Blaine um seinen Triumph, den Abschluß eines chilenisch-amerikanischen Gegenseitigkeitsvertrages, gebracht hat.

Den nächsten Anstoß für die Flottenagitation lieferte das dem deutschen Handel teure Brasilien. Hier erhob sich im September 1893 die Flotte, die ihrer Verhätschelung durch den 1889 vom Heer gestürzten Kaiser Dom Pedro II.

nachtrauerte, gegen die Republik und die Armee. Alle internationalen Mächte entsandten Kriegsschiffe, als der Hafenbezirk von Rio de Janeiro in die Hände des aufständischen Admirals de Mello fiel. Die Ausländer verstrickten sich in ihrem Bestreben, dem Seehandel freie Bahn zu schaffen, in die innerbrasilianischen Händel, so daß die Mächte von keiner Partei mehr als neutral akzeptiert wurden. Mit einer Ausnahme: Deutschland. Die Kommandanten der beiden Kreuzerkorvetten „Arcona" und „Alexandrine", die ebenfalls umgehend nach Rio befohlen worden waren, profitierten vom ungeschickten Auftreten der anderen, hielten sich zurück und achteten streng nur auf die Sicherheit deutscher Schiffe. Während das englische Kommando schwere Vorwürfe einstecken mußte, weil es die Autorität des Union Jack verspielt hatte, galten die deutschen Offiziere im In- und Ausland als leuchtende Vorbilder. Kapitän z. S. Lang konnte sogar aus dem Gefühl der Stärke heraus dem britischen Handel seinen Schutz versagen. Ungeachtet dessen, daß es die Artillerie des US-Kreuzers „Detroit" war, die im Januar 1894 den Behinderungen des Seeverkehrs durch de Mello ein abruptes Ende setzte, fiel aller Ruhm den Deutschen zu.

Der Marineputsch brach im Frühjahr 1894 zusammen, ohne daß es zu wesentlicheren Kampfhandlungen gekommen wäre. Nicht nur die Unterlegenen schoben öffentlich alles auf die Intervention der amerikanischen Marine. Aus Kongreßkreisen wurde der Flotte gedankt, denn der Export nach Brasilien nahm nach der Selbstbehauptung der Republik spürbar zu. In Deutschland, wo man sich jetzt nicht mehr sehr gern an seine diplomatisch begabten Seeoffiziere erinnerte, führte der amerikanische Erfolg zu weiteren Kreuzerforderungen und zur Verstärkung des Wunsches, das Auftreten in Exportmärkten nach dem Vorbild der Amerikaner zu brutalisieren. Der amerikanische Sieg blieb allerdings ohne für Deutschland gravierende Folgen, weil die Kongreßopposition im Herbst 1894 den McKinley-Tarif mitsamt der Vollmachtklausel, die dem Präsidenten die Zollkriegführung erlaubte, abschaffen konnte. Ernste Einbußen hat der deutsche Südamerikahandel von 1890 bis 1894, außer in Kuba, nicht erlitten.

Als der chinesisch-japanische Krieg ausbrach und gleichzeitig deutsche Kaufleute aus Peru, wo innere Wirren herrschten, um Flottenpräsenz baten, war das dem flottenpolitisch schon fast resignierenden Kaiser sehr recht. „Unser hoher Herr erhofft", teilte Senden im Juni 1894 Tirpitz mit, „daß, wenn die Schreiereien im Auslande mehr und mehr zunehmen, schließlich aus der eigenen Initiative des Reichstages heraus Anträge auf Neubauten kommen werden." Viel zu tun hätte das ostasiatische Geschwader, dessen Stärke Ende des Jahres drei Kreuzer und zwei Kanonenboote erreichte, nicht gehabt, da beide Kriegsgegner durch peinlich genaue Beachtung des Völkerrechts um Sympathie warben. Die Aufgabe des Geschwaders war sehr spezieller Art: Krupp belieferte China mit fünf und Japan mit drei Dampferladungen Kriegsmaterial, also Konterbande in jedem Fall; jedes dieser Transportschiffe war mit 5–6 Millionen Mark versichert, und die Käufer der Policen in Hamburg, London und Paris verlangten staatliche Maßnahmen zur Erhaltung ihres Kapitals.

Gleichzeitig wurden die Ereignisse dazu benutzt, eine große Kreuzernot, vor allem in Südamerika, zu konstatieren. Das Auswärtige Amt folgte hier dem Wunsch Hollmanns, der im Reichstag den trostlosen Niedergang der deutschen Kreuzerflotte beklagte: „Fast zum Kindergespött gewordene alte Kästen ohne Schutz, Geschwindigkeit und Artillerie." Außerdem erarbeitete es aufgrund der Statistik für 1884–93 eine Aufstellung potentieller Einsatzräume. Anonyme Agitatoren, der alte Admiral Werner, DKG, ADV, Woermann und die Kommerzpresse forderten Kreuzer. Diesmal hatten Marinepolitik und -agitation Erfolg: auf den Etat 1895/96 bewilligte der Reichstag einen großen Flotten- und drei Auslandskreuzer (s. S. 152).

Als sich die Reichsleitung im Frühjahr 1895 zur direkten Intervention gegen den Frieden von Shimonoseki entschloß, wurden zwei weitere Kriegsschiffe nach Ostasien kommandiert. Der Kaiser war jetzt so davon überzeugt, ganz Deutschland verlange starke überseeische Flottenpräsenz, daß er sich von der Rückberufung des Kreuzergeschwaders und anderer Auslandsschiffe, die er im Januar 1896 anordnete, einen tiefen Eindruck versprach. Er hatte erfahren, daß seine Flottenpläne von keiner Fraktion im Reichstag und keiner Stimme im Bundesrat unterstützt und wegen der Transvaal-Krise auch von der Reichsleitung im Hinblick auf die Erregung in England nicht befürwortet wurden. Erst auf den dringenden Einspruch von Reichskanzler Hohenlohe hin nahm er diese Protesthandlung gegen die Sachzwänge der Politik wenigstens teilweise zurück. Hohenlohe wertete auch die Reichsjubiläumsrede (s. o.) als Protesthandlung, nicht als Programmgrundlage. Wilhelm II. glaubte aber jetzt, daß „niemand sich für die Marine erwärmt oder interessiert" und wünschte vorübergehend den starken Tirpitz als Marineminister.

Die „Weltpolitik"

Weniger in den Handlungen der Staatsmänner – denn hier ist das Erkennen, Ausnützen und Herbeiführen von Sachzwängen entscheidend – als vielmehr in den Worten, mit denen sie vor dem Volk begründet werden, drückt sich das aus, was man als nationale Sinngebung bezeichnen kann. Denn die Worte appellieren an ein gegebenes Vorverständnis des Publikums, das einem vorgetragenen Anliegen akklamieren soll. Die Dinge müssen also mit Worten wiedergegeben werden, die, mögen sich nun Ausdruck und Sache decken oder nicht, in das Kategorienschema der Öffentlichkeit passen. Entstehung und Veränderung dieser Kategorien aufgrund gesellschaftlicher, politischer, wirtschaftlicher, kultureller und beliebiger anderer Einflüsse von innen und außen sind überaus komplizierte Vorgänge, die sich nur in Teilaspekten zureichend beschreiben lassen. Eine der Kategorien, die das Wilhelminische Reich bestimmten, war das Schlagwort „Weltpolitik". Jede überseeische Aktion wurde zu Weltpolitik hochstilisiert, und umgekehrt wurden aus dem Anspruch, den die Vokabel suggerierte, bombastische Aktionen hergeleitet. (Zu den Aktionen s. Abschnitt V, S. 11 ff).

Mit den Revolutions- und Freiheitskriegen endete die Phase, in der der Horizont der Deutschen kulturell von Kosmopolitismus, politisch von Partikularismus und sozial von Feudalismus bestimmt war. Im Lauf der „33 Jahre" zwischen Wiener Kongreß und Frankfurter Nationalversammlung bildete sich ein neues Selbstverständnis aus (vgl. S. 37 ff.), das zum Widerspruch zwischen dem deutschen Volk und den von der vergangenen Phase geprägten Obrigkeiten führte. In den Revolutionsjahren 1848/50 siegten die Obrigkeiten. Die Sehnsucht nach Selbstbestimmung wurde ausgetrieben. Die Sehnsucht nach nationaler Einheit aber wurde von Österreich und Preußen, deren Großmachtstellung jeweils wesentlich auf der Verstärkung der eigenen Kapazität durch die dritten deutschen Staaten beruhte, wachgehalten.

Bismarck beendete das Ringen um die ungeschmälerte Erhaltung der eigenen Machtgrundlage und möglichste Schwächung der des Kontrahenten, nachdem die Werbung mit dem dritten Element der nationalen Sehnsucht, der Flotte, fehlgeschlagen war, mit Gewalt (vgl. S. 75 f.). Zwanzig Jahre lang lebte das deutsche Volk in einem „Großpreußen", dessen auf dem ostelbischen Adel beruhende Herrschaftsstruktur Liberalismus und Navalismus ausschloß. Der Patriotismus wurde, da Bismarck keine nationalen Ziele außer der sterilen Erhaltung des Bestehenden wies, von der Gegenwart auf die Vergangenheit umgedreht: der tiefere Sinn des nationalen Daseins erschöpfte sich in der Feier dessen, daß das große Brandenburg-Preußen über den Großen Kurfürsten, Friedrich den Großen, die großen Männer der Befreiungskriege und den großen Eisernen Kanzler seine – nachträglich entdeckte – „Mission", die nationale Einheit herbeizuführen und alle Deutschen nach den großen Idealen des Preußentums umzuformen, erfüllt habe („Borussismus"). Dieses geistlose Einnisten in das Hegelsche Gedankengebäude genügte anspruchsvolleren Intellektuellen, die mit Nietzsche die „Exstirpation des deutschen Geistes zugunsten des Deutschen Reiches" verabscheuten, natürlich nicht. In der Bismarckzeit war auch aus diesem Grund von „Reichsverdrossenheit" die Rede.

Vor diesem Hintergrund wirkte der Machtwechsel von 1890 wie eine Befreiung. An die Stelle des rückwärts gerichteten Patriotismus trat die optimistische Zukunftsprojektion. Kaiser Wilhelm II. verstand sich als Wortführer derer, die sich an die Korrektur eines von Bismarcks Kardinalfehlern begaben: in einer Welt, die zu einem engen Beziehungsgeflecht zusammengewachsen war, hatte Bismarcks zurückhaltende Überseepolitik die europäische Position der Mächte, deren Energien er an die Peripherie ablenken wollte, noch gestärkt. Hinter seiner Kolonialpolitik hatte keine bedeutende Konzeption gestanden, wie sie etwa die amerikanische „Manifest Destiny"- oder die englische „Greater Britain"-Ideologien dargestellt haben. Die neuen Kräfte, die mehr deutsch als preußisch dachten, verband die Meinung, „daß die Einigung Deutschlands nur ein Jugendstreich war, den die Nation auf ihre alten Tage beging und besser unterlassen hätte, wenn sie der Abschluß und nicht der Ausgangspunkt einer deutschen Weltpolitik sein sollte" (Max Webers Freiburger Antrittsvorlesung, 1895). Doch mußte die neue Generation bald erfahren, daß, bedingt durch die kontinentale Mittellage Deutschlands, die außereuropäischen Aktivitäten ihres Vaterlandes von der Stellungnahme der – wenig wohlwollenden – etablierten Weltmächte abhing. Entschlossen, sich nicht damit abzufinden, erschöpfte sie sich in rast- und zielloser Geschäftigkeit. Wenn die Reichsleitung ihre Aktionen mit dem Etikett „Weltpolitik“ vorsah, konnte sie des Beifalls sicher sein.

Ihre Existenz verdankte die Weltpolitik der Sehnsucht nach Sinngebung des nationalen Daseins. Dafür, daß als Lieblingsinstrument die reine Gewalt oder wenigstens die Drohung mit ihr angewendet wurde, zeichnet nun aber doch die sozioökonomische Entwicklung verantwortlich: in den 90er Jahren drehte sich Deutschland wirtschaftlich endgültig vom Agrar- zum Industriestaat um, ohne daß es den industriellen Eliten gelang, die politische Führungsposition der agrarischen Aristokratie aufzubrechen. Unabdingbar für das Funktionieren eines Staates ist es jedoch, daß die Politik maßgeblich in den Händen der wirtschaftlichen Leitgruppen liegt, so daß sich Volks- und Eigeninteresse decken. Im Wilhelminischen Reich war bei den „Junkern“ keine Rede mehr von Interessenharmonie mit dem Ganzen; um so fester klammerten sie sich im „ökonomischen Todeskampf“ (M. Weber) an ihre anachronistischen Machtprivilegien, besonders in der Armee.

Die deutsche Führungsschicht veränderte sich zwar, aber nur nach dem Gesetz des osmotischen Drucks. Bürgerliche Elemente konnten nur dann eindringen, wenn sie sich dem Adel in Denken und Auftreten assimiliert, d. h. militärische Wertvorstellungen angenommen hatten. So schlug der tendenziell friedfertige Liberalismus in die Bereitschaft zum Imperialismus um. Das deutsche Kaiserreich ist über dieses Stadium der Elitenumwälzung nicht hinausgekommen und daran zugrunde gegangen.

Mit der Weltpolitik versuchte die Reichsleitung schließlich noch einen weiteren Sprengsatz der deutschen Gesellschaftsordnung zu entschärfen: die Arbeiterfrage. Eines ihrer Hauptbedürfnisse war die Zurückdämmung der organisierten Arbeiterbewegung. Die Repressionspolitik Bismarcks, zu deren Erneuerung einflußreiche Berater des Kaisers, wie der Kommandierende General Graf von Waldersee und der Schwerindustrielle v. Stumm-Halberg, drängten, wurde nach schwerem Ringen als unmoralisch und voraussichtlich nicht durch einen Erfolg legimitiert verworfen. Andererseits stand für den Kaiser und seine Umgebung auch eine Verbesserung der Sozialgesetze nicht zur Diskussion. Man baute nun, mit geistigen Anleihen bei Disraeli und Napoleon III., darauf, das Klassenbewußtsein der Arbeiter durch Nationalismus überlagern und so der SPD und den Gewerkschaften das Wasser abgraben zu können.

Durch Ansprechen der aggressiven Instinkte der Masse mit Hilfe der Weltpolitik glaubte man, die Legitimationskrise der Eliten zugunsten einer naiven Systembejahung überspielen zu können. Zweifellos hat der „Export der sozialen Fragen“ zur Stagnation der Systemopposition in den letzten Jahren vor dem Ersten Weltkrieg beigetragen, im Endeffekt aber doch dessen Ausbruch und damit die Katastrophe des Wilhelminischen Systems mit herbeigeführt. Glänzender Hauptvertreter des manipulativen Imperialismus war – womit er sich das Vertrauen der Eliten sicherte, bis seine Memoiren erschienen – der Staatssekretär des

Auswärtigen Amtes (1897–1900) und Reichskanzler (1900–1909) Bernhard v. Bülow.

Die Woge der Weltpolitik trug die deutsche Marine hoch. Hier fanden sich besonders viele Exponenten der skizzierten gesellschaftlichen Entwicklung, besonders markant verkörpert von dem 1900 nobilitierten Tirpitz. Die Kaiserliche Marine verstand sich „als eine neue und glänzende Manifestation des wilhelminischen Reiches ...", war sie doch unmittelbares Machtmittel der zukunftsorientierten, nationalen Zentralgewalt, und nicht Instrument der einer wehmütigen Rückschau verhafteten Länder, war sie „lebendiger Ausdruck des jungen Reichsgedankens allein".

Freilich: „In ihrem Gehabe und Selbstbewußtsein auf Tradition bedacht, war sie doch in der gegenwärtigen Existenzform traditionslos; Glanz und Aussehen nach außen waren mit dem Gefühl gemischt, die eigene Daseinsberechtigung erst nachweisen zu müssen. In den Augen ihrer verantwortlichen Führer verstärkte diese Empfindung die enge Bindung an die politische Reichsführung ..." (Michael Salewski). Diese Daseinsberechtigung wurde ihr durch die Weltpolitik gegeben.

b. Der Neubeginn der Marinepolitik 1896/97

Tirpitz auf der Schwelle zum Reichsmarineamt (1896)

Wie verfiel der Kaiser, der eine Auslandskreuzerflotte bevorzugte, ausgerechnet auf Alfred Tirpitz, mit dessen Person in der Marine und in der Öffentlichkeit untrennbar das Schlachtflottenkonzept verbunden war? Wilhelm II. scheint diese Komponente im Vergleich zu der persönlichen Dynamik, die der junge Offizier im OK unter Beweis gestellt hatte, geringer bewertet zu haben. Nicht nur im militärfachlichen Bereich hatte Tirpitz Staatssekretär Hollmann überspielt, er hatte auch erkennen lassen, daß er als einer der wenigen deutschen Marineoffiziere darüber hinausdachte.

Eine zugkräftige Argumentationskette zu ihrer eigenen Rechtfertigung empfand die Marine bei den Reinfällen des „rabiaten Fachmannes" (siehe S. 149) als dringendes Bedürfnis. Was unter Federführung des Hollmann-Adlatus Kapitän z. S. Jaeschke – und später des Korvettenkapitäns Pohl – in die Presse lanciert worden war, hing zu sehr an den Tagesproblemen und litt an der Planlosigkeit des RMA; vor der Öffentlichkeit „fehlte jedes brauchbare Argument, warum eigentlich die Flotte eine Bedeutung für das Wohl der Nation habe. Die ganze Agitation drohte völliger Phrase, sentimentalem Hurrapatriotismus und Sterilität zu verfallen" (Eckard Kehr).

Tirpitz dagegen dachte keine Appelle aus, sondern über den Zweck von Seekrieg und Kriegsmarine nach. „Um die Existenzberechtigung bzw. Notwendigkeit der deutschen Marine hervortreten zu lassen, ist es erwünscht, so oft wie möglich ihren Zusammenhang mit den wirtschaftlichen Seeinteressen Deutschlands nachzuweisen", befahl er 1894 in der OK-Bestimmung über den Verkehr mit der Presse. In der Dienstschrift IX belebte er die Theorie von der Flotte als Funktion der Seeinteressen neu, die als Opfer der Entpolitisierung der Marine in Vergessenheit geraten war, und präzisierte sie. Den augenblicklichen Zustand der Marine bezeichnete er in der Korrespondenz mit Stosch, seinem klugen Lehrmeister, um diese Zeit schlichtweg als „Parasiten-Existenz".

Um die Wende 1895/96 warnte Tirpitz den Kaiser, „daß unser Reich im kommenden Jahrhundert von seiner Großmachtstellung herabsinkt, wenn nicht energisch, ohne Zeitverlust und systematisch unsere gesamten Seeinteressen vorwärts getrieben werden". Gemeint war, wie er als Adept des englischen Sozialphilosophen und Populationstheoretikers Thomas Robert Malthus weiter ausführte, daß die deutsche Bevölkerung unaufhörlich anwachse und daß sich diese Menschenmasse nur durch Schaffung von Arbeitsplätzen vor Hungertod, Verelendung und Anfälligkeit für die „revolutionären Parolen" der Sozialdemokratie schützen lasse. Zur Ankurbelung der Produktion müßten alle Hemmnisse vor den überseeischen Märkten, in denen Tirpitz zu dieser Zeit die Hauptobjekte der „Seeinteressen" sah, beseitigt werden. Als den wesentlichen Anreiz für das Wachstum der Seeinteressen glaubte der junge Konteradmiral das Sekuritätsgefühl der Kapitalinhaber zu erkennen und schloß daraus, daß der Hauptzweck der Flotte in dessen Stabilisierung bestünde.

Tirpitz griff das auf, was die Öffentlichkeit bewegte. Denn wieder einmal war der Navalismus ausgebrochen, was die politischen und militärischen Führer des deutschen Volkes nicht bemerkt hatten. Der ungeheuere Erfolg des Marinebuches von Georg Wislicenus, das binnen 6 Wochen nach der Auslieferung im November 1895 vergriffen war, bedeutete für alle Beteiligten – Jaeschke, Wislicenus und den Verleger Brockhaus – eine vollständige Überraschung. Die anschaulich gestaltete zweite Auflage, die unter dem Titel „Deutschlands Seemacht sonst und jetzt" zu Weihnachten 1896 auf den Markt geworfen wurde, entwickelte sich zu einem wahren Volksbuch. Es zeigte sich, daß Wislicenus' von der Marine mißtrauisch geduldetes, vehementes Engagement für eine eindrucksvolle Schlachtflotte, seine Warnungen vor England und seine scharfen Urteile über die Flottenbaupolitik des Reichstages „vielen aus dem Herzen geschrieben" waren, wie Pohl im RMA registrierte. Die klingenden Kassen der Buchhändler bewiesen objektiv, daß der Navalismus in allen gesellschaftlichen Schichten und geographischen Regionen herrschte, auch dort, wo er keine ununterbrochene Tradition aufwies und „nur politisch motiviert sein konnte" (Wilhelm Deist). Das RMA war zu konservativ und saß mit zu kleinem Blickwinkel im gepanzerten Elfenbeinturm des rein militärischen Denkens, um zu ernten, was da in Deutschland herangewachsen war. Tirpitz tat es.

Anfang 1896 hatte sich Wilhelm II. entschlossen, seinen Freund Hollmann – mochte er ihm noch so aufrichtig zugetan sein – fallenzulassen, um endlich seine Flotte zu bekommen. Am 28. Januar 1896 emfing er Tirpitz, um mit ihm über den Ministerwechsel zu sprechen. Die Abweichung der militärischen Konzeption focht ihn nicht an. Tirpitz, der sich vorher mit Stosch beraten hatte, erläuterte seinem Monarchen nun, wie er sich die Ausführung seiner Gedanken vorstellte. Als erstes verlangte er die Ernennung zum preußischen Staatsminister, ohne die ein Reichs-Staatssekretär erfahrungsgemäß keinen Rückhalt oberhalb der Parteien besaß. Von dieser Basis aus tauchte etwas dem „System Stosch“ verwandtes auf: vor dem Horizont der Hollmannschen Technokratie hoben sich die Konturen einer neuen geschlossenen Marinepolitk ab. Zu ihrer Verwirklichung forderte Tirpitz die Umwandlung des RMA vom „Kriegsmarine-Amt“, einer militärischen Verwaltungsbehörde, in eine Art übergreifendes „Seeinteressen-Amt“.

Die Umwandlung sollte, um den Widerstand der ihrer Kompetenz zu beraubenden Behörden abzuschwächen, stufenweise erfolgen. Tirpitz beanspruchte über die Kriegsmarine hinaus die Zuständigkeiten für maritime Öffentlichkeitsarbeit, Seehandel, Hochseefischerei, Schiffahrt, Schiffahrtssubventionen, Seeunfälle, Vermessung, nautische Prüfungen, Auswanderung, Nord-Ostsee-Kanal, Kolonien. Dem Kaiser behagte das neue Superministerium, das Tirpitz durch die militärische Ausrichtung Spielraum gegenüber dem Reichskanzler und durch die zivile Materie gegenüber der kaiserlichen Kommandogewalt gewährte, ganz und gar nicht. Da es aber „mehr Flotte“ zu versprechen schien, gleichgültig ob Kreuzer oder Schlachtschiffe, willigte er nolens volens in alles ein. Senden wurde losgeschickt, um die unangenehmen Verhandlungen mit dem Reichsamt des Innern und dem Bundesrat einzuleiten. Aber Wilhelm II. hielt nicht durch. Der mit Krupp kooperierende Chef des Zivilkabinetts, Hermann v. Lucanus, rettete die Freiheit des zivilen Sektors vor Tirpitz’ harter Hand, indem er seinen Monarchen mit bewegten Worten an die Unantastbarkeit der kaiserlichen Befehls- und Kommandogewalt über die Streitkräfte erinnerte.

Wilhelm II., der die Sonderstellung der bewaffneten Macht als Vermächtnis „Wilhelms des Großen“ pflegte, ließ sich von Lucanus rasch umstimmen. Kapitän v. Senden erzählte ihm zwar auch, daß bei der Marine alles anders sei als bei der Armee und daß zivile und militärische Belange zur See halt ein unentwirrbares Knäuel bilden, dachte im Grunde aber genauso vorindustriell wie die ganze Maison militaire und verstand trotz Nachhilfe durch Tirpitz diese seine eigenen Worte zu wenig, um sie gegen Lucanus überzeugend vertreten zu können.

So fand sich Tirpitz nicht als Staatssekretär des RMA am Leipziger Platz, sondern als Chef der Kreuzerdivision im Gelben Meer wieder.

Tsingtau als Ansatzpunkt

Rein militärisch gesehen gilt Tirpitz’ letztes Frontkommando als Mißerfolg. Der Admiral war nicht in der Lage, den Ausbildungsstand der Kreuzerdivision zu heben. Die politischen Aufträge, wie die Beobachtung des philippinischen Aufstandes gegen Spanien, nahmen ihm die Zeit dazu. Besonders wurden seine Kräfte durch den Auftrag beansprucht, einen Flottenstützpunkt zu erkunden. Im Bewußtsein, hier, an einem Schnittpunkt der westlichen überseeischen Wirtschaftsinteressen, vielleicht einen Ansatzpunkt für die geschlossene Marinepolitik seines Stils gewinnen zu können, legte er diesem Auftrag besonders viel Wert bei.

Bis Mitte der 90er Jahre war es um die früher so laut diskutierte Frage eines deutschen Stützpunkts in Ostasien still geblieben. China schien sich von der Krise der Opiumkriege erholt und durch die T'ung-chih-Restauration konsolidiert zu haben. Militärische Macht hatte es im Krieg gegen Frankreich 1883/84 demonstriert. Gerade in Deutschland, das in der Lieferung von Waffen, Kriegsschiffen und Instruktionsoffizieren zeitweise fast ein Monopol innehatte, glaubte man, ein fundiertes Urteil über die Gefahren einer imperialistischen Politik gegen das Reich der Mitte zu besitzen. Der Zusammenbruch der chinesischen Widerstandskraft im Krieg gegen Japan 1894/95 zerstörte den Respekt vollständig. China schied als politischer oder militärischer Faktor aus den deutschen Überlegungen aus.

Von der Machtlosigkeit der Mandschu-Regierung provoziert, begann die deutsche Reichsleitung ein unwiderstehliches Bedürfnis nach einem Stützpunkt zu empfinden und über Mittel und Wege zur Erlangung, und schließlich auch über Sinn und Zweck eines solchen nachzudenken. Sie hoffte, daß die Schwäche des von Unruhen erschütterten China auch die anderen Mächte zu Aktionen reizten, was sie als Chance zur kompensatorischen Annexion eines Stützpunktes zu benutzen trachtete. Im Einvernehmen mit Rußland und Frankreich zwang sie Japan, auf die Hegemonie in Shantung zu verzichten, die China im Frieden von Shimonoseki zugestanden hatte. Anschließend bereitete sie die Besetzung des Shantung-Hafens Weihaiwei vor. Hollmann und Knorr redeten Wilhelm II. diesen abgelegenen, auch kommerziell kaum interessanten Hafen aus. Das RMA entwickelte ein auf die operativen Bedürfnisse der Marine bezogenes Programm. Da es keine Etatmittel für den Ausbau eines Stützpunktes beschaffen konnte, schlug es vor, einen fertigen Platz zu nehmen, und führte eine konfuse Reihe von Buchten und Inselhäfen auf. Mit im Hinblick auf die Verwirklichung dieser Absicht wurden drei alte Panzerfregatten der deutschen Heimatflotte („König Wilhelm" von 1869, „Kaiser" und „Deutschland" von 1875) zu Großen Kreuzern umgebaut.

Im Laufe des Jahres 1897 ließ sich der Kaiser durch deutsche Ostasieninteressenten vom Prinzip des militärischen Flottenstützpunkts abbringen und für einen Handelshafen gewinnen, der die Einfallspforte für ein Hinterland bildete. Nachdem zunächst Amoy im Vordergrund gestanden hatte, da sich der Interessent R. Wahl für dessen Amortisierung als Dockhafen verbürgte, setzte sich schließlich Tirpitz mit dem Vorschlag eines noch zu erbauenden Etablissements an der Kiautschoubucht durch. Der Admiral hütete sich, in Amoy eine – wie er sich schon bald überzeugt hatte: wirtschaftlich aussichtslose – Konkurrenz zu Hongkong ausgerechnet in der Interessensphäre Englands mitzubegründen und so eine Reibungsfläche mit der Macht zu schaffen, die seinen langfristigen Rüstungsplan gefährden konnte. Daß er seine Kiautschoubucht, die der einflußreiche Geograph Ferdinand v. Richthofen als Deutschlands Einfallpforte nach Shantung schilderte, militärstrategisch als Mausefalle beurteilen mußte („bottled" nannte Tirpitz diesen Punkt im Kriegsfall), zählte für den Verfasser der eurozentrischen Dienstschrift IX erst in zweiter Linie.

Die Annexion des Städtchens Tsingtau an der Kiautschoubucht erfolgte im November 1897, als Tirpitz bereits Staatssekretär des RMA war. Schon von Ostasien aus hatte er von der gewaltsamen Besitzergreifung zu einem Zeitpunkt abgeraten, zu dem die

Aufrüstung der Flotte erst anlief. Er war erschrocken, als der Kaiser doch die Besetzung befahl, und warnte, wie der Kriegsminister, vor dem Ausweitungsrisiko eines imperialistischen Krieges. Der führende Staatsmann Chinas, Li Hung-Chang, betrieb seit 1891 die Befestigung der Bucht, die in der Mitte zwischen den Operationsgebieten der chinesischen Nord- und Südflotte lag und als Hauptflottenbasis vorgesehen war; mit einer freiwilligen Preisgabe ließ sich deshalb nicht ohne weiteres rechnen.

Vor allem sah Tirpitz im Imperialismus eine doppelte Bedrohung seines Bauprogramms: dem Zwang, die Kreuzerkomponente zuungunsten der Schlachtschiffkomponente verstärken zu müssen, und den Übergang der wirtschaftlichen und politischen Kräfte, die zwar eine Schlachtflotte, aber nicht den Imperialismus begrüßten, zur Opposition gegen die Aufrüstung. Alarmierend wirkte auf ihn das Einverständnis von Kaiser, Knorr und Admiral v. Diederichs, der die Operation leitete, darüber, daß es um die Gewinnung eines Flottenstützpunktes ging.

Nachdem die Annexion ohne ernsthafte Schwierigkeiten abgewickelt war, stellte sich Tirpitz auf die neue Lage um und nahm den Kampf gegen die Verwendung als militärische Basis auf. Als militärisches Objekt hätte der Hafen einen Stationierungs-Wettlauf eingeleitet. Es war nicht leicht, die militärische Ausrichtung zu Fall zu bringen: sie war angesichts ihrer Absurdität – konnte doch jede bessere Seemacht das Gelbe Meer verkorken – die politisch harmlosere. Reichskanzler und Auswärtiges Amt wollten nicht wirtschaftlich, also nachhaltig, in die russische Einflußsphäre in Nordchina eindringen und bremsten in Sorge um die Beziehungen zum Zarenreich die Interessenten, die schon kurz nach der Gebietserwerbung mit Investitionsangeboten kamen.

Die Entscheidung fiel schließlich doch für die Verwendung als ungeschützter Handelshafen. Darüber hinaus gelang es Tirpitz, die Neuerwerbung unter seine Verfügung zu bringen und die Kolonialbehörde auszuschließen. Der erste Gouverneur der Kolonie wurde, da er einseitig auf militärische Effektivität achtete und die wirtschaftliche Entwicklung nicht förderte, unter Verleihung des Roten Adlerordens nach einem halben Jahr abgelöst. Tsingtau wurde zum Frei- und Vertragshafen erklärt und erlebte unter der umsichtigen Verwaltung begabter Gouverneure wie Kapitän z. S. Paul Jaeschke, 1899–1901, und Konteradmiral Oskar v. Truppel, 1901–11, einen respektablen Aufschwung. Als Ein- und Ausfuhrhafen konnte es zwar nicht auch nur entfernt mit Hongkong, Shanghai oder dem Haupthafen Nordchinas, Tientsin, konkurrieren, gewann aber doch regionale Bedeutung. Das deutsche Kreuzergeschwader konnte sich in Friedenszeiten auf die Anlagen in Tsingtau stützen, die allmählich entstanden, suchte aber 1914 sofort das Weite. Der Hauptwert der Kolonie lag für die Marine auf einem ganz anderen Gebiet: seiner Brauchbarkeit für die Marinepolitik im Deutschen Reich.

Tirpitz stellte sich als Protektor der deutschen katholischen Mission in Shantung dar – der Missionsbischof Anzer gehörte zu den ältesten Befürwortern der Besitzergreifung, die auch noch als Sühne für die Ermordung zweier Steyler Missionare ausgegeben wurde – und gewann damit Pluspunkte bei der marinepolitisch indifferenten Zentrumspartei. Zum Beweis entsandte die Marine im Frühjahr 1899 eine erste Strafexpedition ins Landinnere, die zum Schutz der deutschen Mission zwei chinesische Ortschaften abbrannte.

Von größter Bedeutung war die Verfügung über Tsingtau im Hinblick auf den Vertrag vom 6. März 1898, in dem China dem Deutschen Reich die Ortschaft auf 99 Jahre verpachtet und praktisch die Erteilung von Bergbau- und Eisenbahnkonzessionen in Shantung überlassen hatte. Als das Auswärtige Amt nach der Einigung mit Rußland seinen Widerstand aufgab, bildete sich ein Syndikat, dem die Konzessionen erteilt wurden. Obwohl das Auswärtige Amt federführend blieb, war es 1898–1900 die Marine, die das Heft in der Hand hatte und die parlamentarischen Vertreter der Interessenten beeinflussen konnte. Mit einer zweiten Strafexpedition im Sommer 1899 demonstrierte die Marine ihren Eifer beim Schutz der Investoren.

Nach der Jahrhundertwende nahm das Interesse an Tsingtau ab. Man erkannte, daß die Gewinne des freien Zugangs zum gesamtchinesischen Markt die der Abschließung einer Provinz weit überwogen. Deutsche Investoren hielten sich in Tsingtau und Shantung zur Enttäuschung des RMA zurück; z. B. mußte es die Werftanlagen aus dem eigenen Etat bauen, da Krupp keine Renditeaussichten fand und sich verweigerte. Überdies verteidigte der große Vizekönig von Shantung und spätere erste Präsident der Chinesischen Republik, Yüan Shih-Kai, seine Provinz ab 1899 erfolgreich gegen den deutschen Hegemonialanspruch. Allein in okzidentalen Interessensphären denkend, hatte sich das Reich in der Lücke zwischen englischen und russischen Ansprüchen festgesetzt, um schließlich feststellen zu müssen, daß es in einen politisch fortgeschrittenen Aktivraum des chinesischen Nationalismus und Widerstandspotentials geraten war, auf den obendrein noch japanische Stoßlinien zielten.

Nach dem russisch-japanischen Krieg wurden Deutschlands exklusive Shantung-Ansprüche unhaltbar. Obwohl Tsingtau als Instrument der Marinepolitik die Hoffnungen enttäuscht hatte, hielt Tirpitz hartnäckig daran fest, es als Beweis für die kolonisatorischen Fähigkeiten und die „selbstlose" Wirtschaftsförderung der Marine weiter zu entwickeln und es mit Stolz als seines Deutschlands Schaufenster in Asien zu dekorieren. Die Reichsleitung gab das teure Tsingtau, das die Marinelandstreitkräfte unter dem letzten Gouverneur, Kapitän z. S. Alfred Meyer-Waldeck, auf verlorenem Posten tapfer gegen ein japanisches Korps verteidigten (s. Abschnitt IV, S. 272 f.), nach dem Fall 1914 ohne Bedauern preis.

Tirpitz wird Marineminister (1897)

Immerhin hatten auch der Kaiser und Senden eingesehen, daß die Marine politisch aktiv werden mußte, wenn sie ihre Flottenbelange durchsetzen wollte. Die These von der Kriegsflotte als Funktion der Seeinteressen war in die Tat umzusetzen. Die enge zivil-militärische Interessenvermischung, die Tirpitz gefordert und die den Kaiser von seiner Ernennung zum Staatssekretär abgeschreckt hatte, mußte nun doch vorgenommen werden. Hollmann saß nach seinem parlamentarischen Erfolg von 1896 noch einmal fest im Sattel und durfte weiter als ausführendes Organ des kaiserlichen Willens administrieren. Aber nur das. Die höchste Ebene der Marinepolitik, in der koordiniert wird und von der die Impulse ausgehen, behielt Wilhelm II. sich selbst vor. Er befahl, daß höhere Seeoffiziere den Kontakt mit Handel und Gewerbe aufnehmen, daß sie sich um

Einfluß in den Handelskammern und bei den Reedereien bemühen und daß sie gesellschaftliche Beziehungen mit den einschlägigen Größen der Geschäftswelt pflegen sollten. Besonders die Hanseaten wurden ins Auge gefaßt. Eine geschlossene, zielgerichtete Marinepolitik bahnte sich an, wie sie Stosch in seinen guten Jahren geführt hatte; nur war die Krone überfordert, wenn sie sich auch diese Last aufbürdete.

Hollmanns Mißerfolg von 1896/97, der dem neuartigen Ansatz zum Sprung nach der großen Flotte auf dem Fuß folgte, zeigte diese Grenze des „persönlichen Regiments" nachdrücklich auf. Es war klargeworden, daß Koordination und Impulsgebung bei derjenigen Instanz zu liegen hatte, die verfassungsgemäß die Belange der Marine vor Mitressorts, Parteien und Interessenten vertrat. Als Voraussetzung dafür, daß unter den einzigartigen Bedingungen des deutschen Konstitutionalismus mehr als die bequeme, selbstverständliche Erhaltung des Bestehenden heraussprang, mußte das RMA endlich die Freiheit zu einer Marinepolitk nach seinen eigenen langfristigen und taktischen Erwägungen gewinnen, die ihm bisher vorenthalten worden war. Außerdem mußte ihm, wenn der Flottenbau wirklich einen hohen Stellenwert im Aufgabenkatalog der Reichsleitung besitzen sollte, Einfluß auf die Richtung der Politik zugebilligt werden, in die auch die Marinepolitik nun einmal eingebettet ist. So führte Senden-Bibran die Marine in die hohe Politik zurück, von der sie seit der Folkestone-Krise vor bald 20 Jahren ausgeschlossen gewesen war. Im März 1897 wurde der Technokrat Admiral Hollmann, zwischen den Mühlsteinen einer von ihm nicht zu verantwortenden, letzlich verfassungspolitischen Konstellation zerrieben, als Staatssekretär des RMA abgelöst. Zu seinem Nachfolger ernannte der Kaiser am 31. März 1897 Sendens Kandidaten, den hoffnungsvollen Strategen und Politiker Alfred Tirpitz, obwohl ihm der ernste und zielstrebige Offizier etwas unheimlich war und zeitlebens bleiben sollte. Hollmanns administrative Fähigkeiten erkannte der Kaiser an, indem er ihm das Staatssekretariat des Reichspostamts anbot.

Worauf Tirpitz bauen konnte, war nur bedingt das Produkt eines „verlorenen Jahrzehnts". Vom Caprivi-Etat für 1888/89 bis auf den letzten von Hollmann für 1897/98 hatte die Marine sich erheblich vergrößert.

	1888/89	1897/98
Offiziere und Ingenieure	681	1 013
Mannschaften	14 733	22 167
Gesamtbudget (Millionen Mark)	48,68	117,52
davon fortdauernd	34,30	59,43
davon Schiffbau	8,68	50,14

bedeutende Neubauten:
7 Hochseepanzerschiffe (4 Einheiten „Brandenburg-", 3 alte „Kaiser"-Klasse)
1 Panzerkreuzer
7 Küstenpanzerschiffe („Siegfried"-Klasse)
5 Kreuzer der „Hertha"-Klasse

Das waren Erfolge, die sich durchaus sehen lassen konnten und die die deutsche Flotte auf einen respektablen Stand gebracht hatten. Man durfte begründet von dieser Flotte erwarten, daß sie dem wahrscheinlichsten Kampfauftrag, vorgeschobene Küstenverteidigung gegen Rußland und/oder Frankreich, ziemlich sicher gerecht werden würde. Außerdem hatte sich der Flottenkern, wenn auch zögernd, auf das Doppelgeschwader moderner Linienschiffe hin entwickelt, das Tirpitz in der Dienstschrift IX gefordert hatte.

Den Begriff „verlorenes Jahrzehnt" hat im Einvernehmen mit Tirpitz in den 30er Jahren der Historiker Hans Hallmann wissenschaftlich in Umlauf gebracht. Er soll suggerieren, daß der Bau von mehr großen Schiffen im fraglichen Zeitabschnitt nicht zum deutsch-englischen Zerwürfnis ab 1908 geführt hätte, weil der Ersatz veralteter Kriegsschiffe weniger bedrohlich gewirkt hätte als die spektakuläre Flottenvermehrung, die Tirpitz vornahm. Voraussetzung von Hallmanns Hypothese sind die Thesen, Tirpitz habe wirklich nur den Bau von 40 Linienschiffen beabsichtigt, und diese hätten zwar England nie gefährden, aber Deutschland vor der britischen Seemacht schützen können.

Mit dem Verständnis des neuen Staatssekretärs als lediglich des „starken Mannes", der ihm den „widerspenstigen" Reichstag meistern sollte, befand sich der Kaiser in der Gesellschaft seiner höheren Seeoffiziere, die Tirpitz' militärische Konzeption nicht ernst nahmen und, wie der neue Stabschef des OK, Admiral Barandon, nur Sorgen wegen des frühen „Verbrauchs" dieser „ersten Persönlichkeit" empfanden. Im grotesken Unverständnis für das Wesen der Politik, schob Wilhelm II. den Abgeordneten, die er wegen Nichtausführung seiner maritimen Wünsche „vaterlandslose Gesellen" titulierte, die „Schuld" dafür zu, daß er seine Schiffe noch nicht bekommen hatte. Die Erkenntnis, daß er selbst als Marinepolitiker versagt hatte, weil er als Träger der Krone überhaupt nicht zur Wahrnehmung dieser Aufgabe befähigt war, verdrängte er schnell. Daß ihm in Tirpitz ein Mann von Format mit ausgeprägten Ansichten gegenüberstand, übersah er geflissentlich. Tirpitz hatte oft genug von der notwendigen „Freiheit" der kaiserlichen Entschlüsse gesprochen, was der Monarch als Anerkennung des „Neoabsolutismus" nahm. Natürlich verstand ein so heller Kopf wie Wilhelm II. genug von der Philosophie der monarchischen Prärogative, um zu wissen, daß sich der Begriff „Freiheit" auf von den Beratern der Krone nahegelegte „Entschlüsse" bezog („den Punkt auf das i setzen", wie schon König Friedrich Wilhelm IV. erkannt hatte). Bei seinem Herzensanliegen aber glaubte er, den Berater beraten und ihn zum Gehorsam verpflichten zu müssen und zu können, wie es ihm bei seinem biederen „Hollmännchen" weitgehend gelungen war. Noch einmal schwebte die Marinepolitik in der Gefahr, zur parlamentarischen Ausführungstaktik „allerhöchster Befehle" denaturiert zu werden. Der Kaiser beeilte sich, Richtlinien nach seinem Geschmack zu formulieren, an die sich der neue Staatssekretär zu halten hatte, und nutzte die etwa zwei Monate, die Tirpitz für den Weg von Bord seines Flaggschiffes bis Berlin benötigte, mit Eifer dazu aus.

So sehr freute sich der deutsche Kaiser über diese Aufgabe, daß er, um während der Zeit bis zum Eintreffen der angeforderten Gutachten von OK und RMA seiner nervösen Unrast Herr zu werden, in zweiwöchiger Arbeit mit Hilfe des Admirals v. Senden erst einmal auf zwei großen Bögen 195 Silhouetten der englischen Panzerschiffe zeichnete, die es gab, und darüber seine Staatsstreichgedanken (s. S. 153) vergaß.

Aus den letzten Verhandlungen zwischen Regierung und Reichstag hatte sich die Vorstellung herausgeschält, beiden Partnern sei möglicherweise am besten gedient, wenn die Marine vom alten System der unverbindlichen Flottenbaupläne abginge und ihre Stärke durch ein bindendes Flottenpräsenzgesetz fixierte. Das Bedürfnis nach Erneuerung und Vergrößerung der Flotte hatten die Rechts- und Mittelparteien anerkannt. Bislang war der Gedanke, analog zum System der Armee vorzugehen, deren Bestand und Etat durch Quinquennate und Septennate gesichert wurde, daran gescheitert, daß die auf politischem Weg zu erzielende gesetzliche Festschreibung der Flottenstärke einen gravierenden Eingriff in die Organisationshoheit der Krone, in die monarchische Freiheit der Kommandogewalt bedeutete. Denn während sich die Armee der Jahrhundertwende noch relativ einfach in Kopfstärke und Mark pro Kopf festlegen ließ, hat man noch nie in der Geschichte Schiff gleich Schiff setzen können. Die Armee in der vorgegebenen Kopfstärke konnte der Oberste Kriegsherr entsprechend seinen politischen und militärischen Zweckmäßigkeitsvorstellungen gliedern, bewaffnen und ausrüsten – ein Flottenpräsenzgesetz dagegen band ihn an Aussagen nicht nur über die Zahl, sondern auch über den Typ der Schiffe: x Linienschiffe, y Kreuzer, z Torpedoboote usw. ... Zahl und Typ ergaben sich dann aus der Abstimmung der Vorstellungen von Krone und Volksvertretung, also aus der Politik.

Marinepolitik bedeutete somit auch: ein Kernstück der monarchischen Prärogative opfern. Aber das war nur ein politisch-taktisches Opfer, und die lange Verweigerung dieses Opfers disqualifiziert die Verantwortlichen als kurzsichtige Prinzipienreiter. Strategisch saß die Krone in der Innenpolitik am längeren Hebel, denn sie verkörperte den kontinuierlichen Willen, während der Wille des Parlaments nach Stärke und Interessen der verschiedenen Parteien schwankte; wenn der Reichstag eine Vorlage verwarf, blieb der vom Parlament unabhängigen Regierung durchaus die Chance, daß ein neugewählter Reichstag sie annehmen würde. Langfristig fungierte im konstitutionellen System die Krone, sofern sie konsequent und nicht zu ungeschickt operierte, als der wahre Machtträger weiter, der sie unter den Zeichen des Absolutismus gewesen war.

Im vorliegenden Fall fand sich die Inkarnation der Kontinuität in der Person von Alfred Tirpitz. Mit seiner Berufung nahm die Krone ihre Chance war, den eigenen Willen durchzusetzen. Dessen Grenzen sollten erst von außen gezogen werden. „Die nachhaltige Wirkung von Tirpitz auf die Marinepolitik vor 1914 scheint weniger auf die Originalität seiner Gedanken als auf die Tatsache zurückzuführen zu sein, daß er von 1897 bis über den Beginn des Ersten Weltkrieges hinaus ohne Unterbrechung verantwortlicher Marineminister war. So konnte er seinen ständig weiter vervollkommneten Plan ... konsequent durchfechten und realisieren ...“ (Jürgen Rohwer).

In seiner Liebe zur Seefahrt setzte sich Kaiser Wilhelm II. mit Eifer daran, um das Linsengericht „mehr Flotte“ zu bekommen, den unschätzbaren Positionsvorteil der Krone zu verschenken. Er wollte tatsächlich eine langfristige, echte Bindung eingehen. Mit Reichskanzler Hohenlohe einigte er sich dahingehend, daß die Flottenplanung nach alter Manier die Seeherrschaft in der Ostsee und den Abwehrerfolg über die Franzosen garantieren sollte. Von „Weltpolitik“ war keine Rede. Im Lauf der nächsten Wochen reichte das OK die bestellten Gutachten zur Flottenstärke für diese Aufgaben ein. Eine „Z-Kommission“ des RMA unter Konteradmiral Büchsel errechnete Bauzeit und Kosten und bereitete unverzüglich einen Gesetzesentwurf auf dieser Basis vor.

Der Schwerpunkt der Forderung lag, wie sich Büchsel, Knorr und Senden am 19. Mai in Wiesbaden mit dem Kaiser einigten, auf 17 Linienschiffen, 8 Großen Kreuzern und 30 Kreuzern von der Art der „Hertha“; die neue Flotte sollte bis 1910 fertig sein. Das Gesetz war als Äternat gedacht: Sollbestand, Lebensdauer, Indiensthaltung und Personalbedarf waren durch die einseitige Begründung unflexibel und undynamisch festgeschrieben. Für seine Durchbringung, der viele Mitglieder der weiteren Reichsleitung skeptisch entgegensahen, wartete man nun auf Tirpitz.

Der designierte Staatssekretär ließ sich bewußt viel Zeit mit der Heimreise, um nicht in die von ihm vorausgesehene Niederlage der Regierung im Kampf um das antidemokratische Vereinsgesetz gezogen zu werden. Anfang Juni 1897 trat er den Dienst als Vertreter des beurlaubten Hollmann an; am 17. d. M. nahm er die Ernennung zum Staatssekretär des RMA und Bevollmächtigten am Bundesrat entgegen. Schon am 15. Juni 1897 trieb Tirpitz seinem Kaiser die Illusion aus, in ihm einen „pygmäischen Handlanger“ für die „allerhöchsten“ Taten zu finden, wie ihn Wilhelm I. nach Ansicht seines Enkels in Bismarck hinzugezogen hatte. Weil Wilhelm II. im Grunde wußte, wie die Dinge nach seinem marinepolitischen Fiasko wirklich lagen, gab er dem Minister – was ein Reichs-Staatssekretär faktisch war – schon bei dessen erstem immediaten Auftritt schleunigst freie Hand. Er fügte sich bereitwillig in die Rolle des Loyalen, blieb aber in der Marinepolitik immer ein Faktor von unberechenbarem Eigengewicht, namentlich bei Personalentscheidungen, und setzte in vielen Einzelheiten seinen Willen durch.

c. Der sogenannte „Tirpitz-Plan“

Das Emser Memorandum vom Juli 1897

Lange Zeit hat man dem alten Fürsten von Hohenlohe einen Hörfehler attestiert, nachdem dieser, der es als verantwortlicher Reichskanzler wissen mußte, das Ziel von Tirpitz enthüllt hatte. Der Fürst berichtete über eine Besprechung am 23. Oktober 1897, in der Tirpitz den Gedanken von der „Gefahrenzone“ entwickelt und gefordert hatte: „Alle England feindliche Politik müsse solange beruhen, bis wir eine Flotte hätten, die so stark wäre wie die englische.“

Im Einklang mit den Nachkriegsäußerungen des Admirals hat Hans Hallmann (s. S. 173) das „so stark ... wie“ 1933 als „sich zu behaupten gegenüber der gewaltigen englischen Flotte“ interpretiert. Die neuere Forschung hat ihn nach der Auswertung der Marineakten und Nachlässe dahingehend korrigiert, daß Tirpitz die deutsche Flotte nicht nur mit dem Ziel eines Abwehrerfolgs, sondern mit dem Ziel aufrüstete, die englische Flotte schlagen zu können.

Aus einsichtigen politischen Gründen, nicht zuletzt aus Sorge vor einem deutschen „Kopenhagen" – der Vernichtung der Kaiserlichen Flotte in ihren Häfen durch einen englischen Überfall ohne Vorwarnzeit, direkte Provokation oder Kriegserklärung –, hat Tirpitz sein wahres Ziel während seiner Dienstzeit verschleiert; nach dem verlorenen Krieg 1914/18 mußte er sich vom Vorwurf, die Hauptursache für den Kriegseintritt Englands und mittelbar der USA gewesen zu sein, reinwaschen und hat, z. T. durch kräftiges „Färben" veröffentlichter Dokumente (unter Assistenz von Hallmann und dessen Lehrer, dem Mediävisten Fritz Kern) die Verschleierung fortgesetzt.

Den vertrauten Mitarbeiterkreis hat Tirpitz über seine wahren Absichten nicht im Zweifel gelassen. Am 31. August 1914 resümierte er in einem Brief, dessen gegenüber der Veröffentlichung von 1926 abweichende Originalfassung ein halbes Jahrhundert später in seinem Nachlaß entdeckt wurde, an Admiral Lans: „wir müssen eine England gleich starke Flotte haben. Dies natürliche und einzige Ziel konnte in den letzten 2 Jahrzehnten aber nicht gesagt werden . . ."

In Bad Ems, wohin er sich zur Erholung vom ostasiatischen Klima zurückgezogen hatte, verfaßte Tirpitz während des Juni/Juli 1897 eine ausführliche Denkschrift über sein Rüstungsziel, die er „Allgemeine Gesichtspunkte bei der Feststellung unserer Flotte nach Schiffsklassen und Schiffstypen" nannte. Der maritimen Rüstung, stellte der Admiral in diesem „Emser Memorandum" lapidar fest, „muß die schwierigste Kriegslage zugrunde gelegt werden, in die unsere Flotte kommen kann . . . Für Deutschland ist zur Zeit der gefährlichste Gegner zur See England".

Schon bei seinem ersten Immediatvortrag hatte der neue Minister den Kaiser auf die Militärstrategie der Dienstschrift IX verpflichten können. Mit einer Haltlosigkeit, die in dem neuen Mann böse Vorahnungen erweckte, hatte Wilhelm II. Mitte Juni alle ihm bislang so lieben Kreuzerpläne fallenlassen. So konnte Tirpitz sich im Emser Memorandum auf die Bemerkung beschränken, daß gegen England ein Kreuzerkrieg „aussichtslos" sei. Der Angriff auf den gegnerischen Seeverkehr oder der Schutz des eigenen im Kriegsfall waren Themen, die es für ihn nicht gab, da er sich auf den ersten Schritt, die Erkämpfung der Seeherrschaft durch eine Entscheidungsschlacht, konzentrierte.

Um mit dem Minimum an zeitlichem und finanziellem Aufwand, das die Außen- bzw. die Innenpolitik geboten, ein Maximum an Schlagkraft zu produzieren, verzichtete Tirpitz auf militärtechnische Perfektion. Strikt weigerte er sich, eventuelle höhere Deplacements, Kaliber, Panzerungen und Geschwindigkeiten gegnerischer Einzelschiffe als Maßstab für seine Bauten anzulegen und vertraute auf die Überlegenheit der deutschen Geschwader, die er durch Ausbildung und taktische Führung gegeben sah. Das Bestreben, sich dem Gegner anzupassen und absolut gleichwertige Schiffe zu bauen, tat er als gefährliche Unterbrechung einer folgerichtigen Entwicklung und als „der Tagesströmung nachgeben" ab. Die deutschen Schlachtschiffe brauchten nicht besser beschaffen zu sein, „als eine gute Geeignetheit für den Kampf in der Linie gerade bedingt".

Selbst unter dieser Einschränkung ließ sich angesichts der deutschen Werft- und Industriekapazität und der Personallage „bis auf weiteres, d. h. etwa bis 1905" die Aufrüstung auf nicht mehr als 2 Geschwader bewerkstelligen. Für die weitere Zukunft forderte er aber im Hinblick auf die „militärische Situation gegen England ... Linienschiffe in so hoher Zahl wie möglich".

Als Einsatzraum dieser „Entscheidungsflotte" bezeichnete Tirpitz die südliche Nordsee, da kein Linienschiff genügend Kohlen zur Überflügelung der Britischen Inseln bunkern, aus der Nordsee ausbrechen und so den Gegner zur Seeschlacht beim Abfangversuch zwingen konnte. Mit der für einen Angriff gemäß Dienstschrift IX ungeeigneten, militärstrategisch fast wertlosen Position der deutschen Basen fand er sich ab. Offenbar vertraute er darauf, daß die englische Flotte aus Traditions- und Prestigegründen auf jeden Fall „zwischen Helgoland und Themse" aufmarschieren würde. (Bis 1911 traf diese Annahme absolut zu, und danach galt sie immer noch für starke Kräfte in der Royal Navy.) „Eine auf dieser Grundlage geschaffene Flotte", fuhr er fort, „entspricht auch unseren Bedürfnissen gegen Frankreich bis Brest oder Cherbourg und gegen Rußland bis Kronstadt".

Spezielle Schiffe zum Krieg in Übersee oder gegen überseeische Mächte lehnte Tirpitz ab. Die Großen Kreuzer waren als Flottenkreuzer für die Aufklärung zu bauen; allerdings verlangte der Minister eine Konstruktion, die auch den Kriegs- und „Polizei"-Einsatz gegen schwächere Staaten in Übersee erlaubte (z. B. waren beim Deplacement die Hafen- und Dockverhältnisse Lateinamerikas und Ostasiens zu berücksichtigen). Dort sollten sie in ausreichender Zahl stationiert bleiben, solange in Europa Frieden herrschte. Bewußt nahm Tirpitz in Kauf, daß auch die deutschen Flottenkreuzer im Einzelgefecht vergleichbaren gegnerischen Typen unterlegen sein konnten, denn durch Verleihung einer gewissen „Linienqualität" versprach er sich Überlegenheit im Gruppengefecht.

Diese Rüstungsmaximen sollten eine spezifische Defensivflotte ergeben: die deutsche Flotte sollte sich in der Nordsee gegen eine angreifende englische verteidigen können. Daraus – und umgekehrt die Begrenzung von Tirpitz' nicht gerade aktuell „weltpolitischer" Zielsetzung belegend – folgten die technischen Eigentümlichkeiten der Kaiserlichen Flotte, die in der „Front" immer etwas Unbehagen verursacht haben.

Bei der Feststellung der Konstruktionsmerkmale des Emser Memorandums ließ sich Tirpitz strikt vom Einsatzraum leiten. Die Abmessungen der Schiffe richteten sich nach den deutschen Hafen- und Kanalverhältnissen und den Wassertiefen der Nordseeküste. Außerdem ging er davon aus, daß die meist schlechten Sichtverhältnisse in der Nordsee eine nahe Gefechtsentfernung bedingten. Unter diesen Umständen sah er im schweren Kaliber der Engländer keinen Vorteil und nahm ihren Vorsprung gelassen hin; dagegen baute er viel schnellfeuernde Mittelartillerie ein, die bei den angenommenen Gefechtsentfernungen von Wert sein konnte. Da die deutsche Flotte nur den Angriff erwarten und abfangen sollte, verlangte er auch keine Geschwindigkeiten, die den englischen gleich oder überlegen gewesen wären. Von den drei Faktoren Geschwindigkeit, Feuerkraft, Schutz wies Tirpitz dem letzten, der Standfestigkeit, den Primat zu und verlangte nur hier die eindeutige konstruktive Überlegenheit.

Flotte und Position im „Tirpitz-Plan"

Als Aufgabe stellte sich Tirpitz, Englands Rüstungsvorsprung aufzuholen, der gerade während seiner Amtsübernahme aller Welt eindrucksvoll vor Augen geführt wurde:

„Am 26. Juni 1897 sammelte sich die mächtigste Flotte der Welt auf der Höhe von Spithead, um das diamantene Jubiläum der Krönung Königin Viktorias zu feiern. Mehr als 165 britische Kriegsschiffe, darunter 21 Schlachtschiffe 1. Klasse und 54 Kreuzer, zeugten von der ungeheuren Größe und Schlagkraft der Royal Navy. In einem Karree von 30 Meilen sah man nichts als Schiffe ..." (Paul M. Kennedy).

Felsenfest war der Admiral davon überzeugt, sein Ziel durch geschicktes Vorgehen in Etappen erreichen zu können. Diese Vorstellung, die er nicht als geschlossenes Gedankengebäude schriftlich niedergelegt hat, wird heute nach dem Vorgang Volker R. Berghahns in der Forschung als „Tirpitz-Plan" bezeichnet.

Da der Begriff nachträglich geprägt worden ist, mag er als bloße Hypothese erscheinen. Der Minister hat jedoch selbst – vertraulich – angegeben, sein Flottenbauprogramm habe auf Gedanken basiert, „die man wohl denken kann bzw. muß, die aber eigentlich nicht niedergeschrieben werden dürfen" (an den Chef der Reichskanzlei v. Loebell, 16. November 1905). Außerdem hat er genug Dokumentationsmaterial hinterlassen, um Berghahn den Indizienbeweis zu ermöglichen.

Berghahns umfassende Interpretation als bewußte – und gescheiterte – „innenpolitische Krisenstrategie" ist auf sehr viel Skepsis gestoßen; „daß Tirpitz eine Flotte bauen wollte, die eine Parlamentarisierung und Demokratisierung des preußisch-deutschen Konstitutionalismus verhindern würde ...", läßt sich wohl nur mit der Einschränkung „letzlich" oder in der Umkehrung halten, daß er die gegebene Staatsordnung und Gesellschaftsstruktur des Deutschen Reichs gewiß nicht umzubrechen wünschte, wohingegen die auf das Bauprogramm bezogene zweite Thesenhälfte „... und gegen England eine echte militärische Chance besaß" nicht mehr angefochten wird.

Tirpitz stützte sich auf die Überlegenheit der Exekutive im deutschen Konstitutionalismus. Er vertraute darauf, daß die Reichsleitung unter seiner maßgeblichen Beteiligung durch geschickte Politik die Sachzwänge herbeiführte, die eine Erhöhung der anfangs bescheidenen Bauforderung praktisch aus sich selbst hervorgehen ließ. Dabei steigerte er sein Bauprogramm unter Ausnutzung des technischen Fortschritts – die Gattung des Großen Kreuzers war ab „von der Tann" (Bauzeit 1908–10) der Sache nach zum Schlachtkreuzer, der schnellen Variante des Großkampfschiffes, geworden – in fünf Etappen (1898 Erstes Flottengesetz, 1900 Zweites Flottengesetz, 1906 Erste, 1908 Zweite, 1912 Dritte Flottennovelle) von 19 bis auf 61 Großkampfschiffe.

Schon in der Dienstschrift IX hatte Tirpitz nur derjenigen Flotte den Sieg verheißen, die, bei taktischer Gleichwertigkeit, mit einer Übermacht von mehr als 3:2 zur Seeschlacht aufdampfte. Nun hielt er – in den 1890er Jahren tatsächlich keineswegs zu Unrecht – die deutsche Flotte für der englischen taktisch, operativ und ausbildungsmäßig überlegen, wie er im Emser Memorandum ausgeführt hatte. Es galt also, über den Punkt hinaus aufzurüsten, an dem sich die Elemente, in denen die Deutschen überlegen waren, trotz relativ ungünstiger Zahlenrelation entscheidend zu ihren Gunsten auswirkten. Diesen Punkt setzte der Admiral unterhalb der 2:3-Schwelle an. Schon wenn er 60 Großkampfschiffe baute, mußte nach seiner Berechnung der englische Kontrahent mehr als 90 entsprechende Einheiten aufbringen, um sich gegen den kleineren, aber drahtigen Herausforderer überhaupt verteidigen zu können. Tirpitz bezweifelte, daß England jemals so viele moderne Schiffe in Dienst stellen und sie auch noch alle im Nordseebereich stationieren könnte. Von der Relation 2:3 versprach sich Tirpitz die Selbstbehauptung der deutschen Flotte, von einer Relation darüber eine Siegeschance, von der gleichen Stärke den sicheren Sieg.

Neben der postulierten Stärke des deutschen, konstitutionellen Systems bezog Tirpitz die von ihm angenommene Schwäche des englischen, parlamentarischen fest in sein Kalkül ein. Demokratie muß er als eine Art Verfettungserscheinung von Volk und Staat betrachtet haben, die der Politik ihre Spannkraft nimmt. Er bezweifelte, daß sich das in der Fülle seiner Macht „bequem“ gewordene Inselvolk noch entschließen könnte, unter personellen und finanziellen Opfern den Fehdehandschuh aufzuheben, den ihm der deutsche Kaiser mit seiner Flottenrüstung hinwarf.

Als historisch Gebildeter, der sich immer auf sein Kolleg bei Heinrich v. Treitschke berufen hat, wußte Tirpitz, wie individuell eigennützig sich das Bürgertum der nichtpreußischen deutschen Staaten bis 1866/70 militärischen Lasten, namentlich dem Wehrdienst entzogen hatte (vgl. Abschnitt IV/2, S. 263). Darin sah er ein typisch bürgerlich-demokratisches Verhalten, das er unbedenklich auf England übertrug. Überaus optimistisch hielt er das Personalproblem der nur aus Freiwilligen rekrutierten britischen Marine für unüberwindbar. Er nahm an, daß die Schiffszahl der Royal Navy ein für allemal durch die Freiwilligenkapazität Englands begrenzt würde, während die Allgemeine Wehrpflicht der Kaiserlichen Marine ein vergleichsweise unbeschränktes Personalaufkommen und damit eine ebenso unbegrenzte Schiffszahl bescherte.

Mit der Einschränkung, daß Großbritannien nicht die Freiheit dazu belassen werden dürfte, die deutsche Flotte vor Erreichen eines Rüstungsstandes, der wenigstens die Selbstbehauptung gewährleistete, zu vernichten, war Admiral Tirpitz 1897 sicher, bis zu einem Schiffbestand aufrüsten zu können, der der deutschen Flotte begründete Aussichten auf einen Seesieg eröffnen würde. Absichten auf Zerstörung des englischen Weltreiches hat er stets energisch abgestritten. Zunächst einmal wollte er England „die aus der Insellage entwickelte Macht“ durch eine Flotte streitig machen, um Deutschland die ungeschmälerte Wahrnehmung seiner „natürlichen“ Seeinteressen zu sichern, mit welchem Zweck und welchen ferneren Zukunftserwartungen auch immer.

Unter dem Aspekt, daß eine Flotte erst durch eine strategisch günstige Einsatzbasis Sinn gewinnt, wird Tirpitz häufig scharf kritisiert und monumentaler Einseitigkeit geziehen. Doch hatte sich der Admiral auch um die Verbesserung der seestrategischen Position Gedanken gemacht und sie in seine Zielplanung einbezogen. Äußerlich argumentierte er volkswirtschaftlich und geopolitisch: als Herr über die Mündungen wichtiger Flußstraßen von der Ems bis zur Memel kann Deutschland einen Großteil Mitteleuropas kontrollieren, befindet sich aber, so gesehen, selbst in Abhängigkeit von den Niederlanden, die das Rhein-Maas-Delta besitzen. Schon in den frühen 90er Jahren hielt es Tirpitz für unverzichtbar, diese Abhängigkeit durch eine wie auch immer gestaltete, praktische Angliederung der Niederlande an das Reich aufzuheben. Die grundlegende Verbesserung der seestrategischen Position, die zusätzlich eingetreten wäre und das eigentliche Motiv darstellt, liegt auf der Hand: von holländisch-seeländischen Basen aus ließ sich eine Seeschlacht sehr viel leichter erzwingen als von der Jade her; den „Hoofden" (= Teil der Nordsee zwischen der Straße von Dover und der Linie Terschelling-Cromer) widmeten die deutschen operativen Stäbe in der Ära Tirpitz tatsächlich nicht viel weniger Aufmerksamkeit als der Deutschen Bucht. Die Verfügung über den nordwestlichen Nachbarn konnte die Kaiserliche Marine deshalb in der noch weit entfernten Zeit, in der die Engländer die voll aufgerüstete deutsche Flotte vielleicht nicht mehr anzugreifen wagten, mit einem Schlag von einem entscheidenden Positionsproblem befreien.

Im Mai 1899 sprach Tirpitz mit dem Reichskanzler darüber. Die Bindung Hollands durch ein Zoll- und Verkehrsbündnis und durch eine Marine- und Militärkonvention erklärte er klipp und klar für „notwendig". Deutschland sollte dafür die sonstige Integrität der Niederlande und ihres Kolonialreiches schützen. Diese Notwendigkeit einschließlich wirtschaftlicher Begründung und moralischer Rechtfertigung, wurde im offiziösen Schrifttum der Marine wiederholt. Auch der Weg, die Niederlande durch zeitweises Umlenken des westdeutschen Handels auf Emden, Bremen und Antwerpen zu dieser Angliederung zu zwingen, wurde publiziert und öffentlich diskutiert.

In der „Gefahrenzone" des Flottenbaus verzichtete Tirpitz darauf, Holland in Not zu bringen. Die überaus unfreundlichen Reaktionen der niederländischen und englischen Presse legten den vorläufigen Verzicht nahe. Unabhängig schienen die Niederlande überdies eine wichtige Funktion ausüben zu können, falls das Reich bei unfertiger Flotte mit England in Krieg geriet: Antwerpen und Rotterdam sollten als „Luftlöcher" des blockierten Deutschland dienen. So faßte die amtliche Politik die Niederlande einschließlich ihres Kolonialreiches mit Samthandschuhen an. Die Zielplanung Tirpitz' änderte sich dadurch nicht.

Daß im Fall eines Seekrieges gegen England als Aufmarschgebiet die Niederlande und Belgien zu benutzen seien, galt in den obersten militärischen Kreisen des Reiches als Selbstverständlichkeit. Im Mai 1897 befahl Wilhelm II. dem Kommandierenden Admiral, eine Studie vorzulegen, die von der Annahme ausging, daß mit einer freiwilligen Kriegsbeteiligung der beiden Länder auf deutscher Seite nicht zu rechnen sei. Pünktlich ein halbes Jahr später legte Korvettenkapitän Ludwig Schröder von der Stabsabteilung des OK die gewünschte Ausarbeitung vor.

Als Operationsziel bezeichnete der Stab Antwerpen, den unverzichtbaren Hauptstützpunkt aller Unternehmungen gegen England. Die Besetzung sollte vor der Kriegserklärung im Handstreich durch 11 000 Soldaten erfolgen, die gegen Morgen auf den Inseln und dem Ufer der Scheldemündung landeten. Das VII. und VIII. Armeekorps hatten die Besetzung der beiden Länder zu vervollständigen.

Anfang 1898 ließen Knorr und Graf Schlieffen das Operationsgebiet durch das Schulschiff „Stein“ und den Brüsseler Militärattaché ausspionieren. Im Juni wurde eine Kommission, die sich aus Offizieren von OK, RMA, Admiralstab und Kriegsministerium zusammensetzte, beauftragt, Stärke und Ausrüstung der Truppen, Zahl und Einrichtung der Schiffe, Einschiffungsorte und Landungspunkte festzulegen und Angriffspläne auf die Festungsanlagen zu erarbeiten. Das Ergebnis, die im Frühjahr 1900 abgeschlossene Operationsstudie „Truppentransporte“, ist heute verschollen, aber ihre Existenz als solche weist deutlich auf die deutschen seemilitärischen Tendenzen der Jahrhundertwende hin, von denen Tirpitz ausgehen konnte.

Die Option auf Positionsverbesserungen der seestrategischen Lage ließ sich Tirpitz nie nehmen. Als Mitte 1907 die Frage aufgeworfen wurde, ob sich durch ein deutsch-englisches Nord-Ostsee-Abkommen nicht eine Entspannung der kritischen Beziehungen der beiden Nationen zueinander bewirken ließe, verhielt sich der Marineminister vollkommen ablehnend. In seiner Stellungnahme vom 11. Juli 1907 bestand er darauf, ein möglicherweise notwendiges Ausgreifen auf die Niederlande und Dänemark (s. S. 225) auf keinen Fall zu erschweren.

d. Seeinteressen und „Tirpitz-Plan“

Theoretische Begründung

An sich hatte Tirpitz nichts gegen England und die Engländer. Nur daß er das Ausmaß ihrer Seemachtstellung für künstlich hielt. Auch einschränkend galt, wie er in der Dienstschrift IX geschrieben hatte: „Die Ausgangspunkte der Entwicklung einer Flotte müssen ... die Seeinteressen der Nation sein.“ Gewisse Seeinteressen gestand er der Insel, deren Außenhandel nur über die See abgewickelt werden konnte, durchaus als lebensnotwendig zu; auch anerkannte er, daß die günstigen industriellen Grundlagen (Nachbarschaft von Kohle, Eisen und Häfen) einen großen Umfang des Außenhandels nach sich zogen. Für nicht gerechtfertigt hielt er den Zustand, daß England den Seehandel der Welt kontrollierte. Sein Urteil begründete Tirpitz mit einer spezifischen Auslegung der englischen Geschichte: die Insellage habe England die Möglichkeit gegeben, seine militärische Hauptsorge statt der Landesverteidigung der Kriegsflotte zuzuwenden; mit dieser Flotte habe es die Seestreitkräfte der anderen Mächte vernichtet; im Besitz der Seeherrschaft habe England dann die anderen Länder ihrer Handelsflotten berauben können und betreibe seitdem ihren Seehandel unter seiner Flagge. Das Verhältnis von Flotte und Seeinteressen war aus dieser Sicht auf den Kopf gestellt.

Entwickelt worden war diese historische These durch den amerikanischen Marineoffizier Alfred Th. Mahan (1840–1914). Mahans 1890 erschienenes, aus kriegsgeschichtlichen Vorlesungen am Naval War College hervorgegangenes Hauptwerk „The Influence of Sea Power upon History, 1660–1783", wurde auch in Deutschland zu einer Art Marinebibel hochstilisiert, auf Betreiben des OK 1894/95 übersetzt und auf Wunsch des Kaisers großzügig verteilt. Hier und in zwei 1894 erschienenen Folgebänden über die Revolutions- und Napoleonischen Seekriegsjahre beschrieb Mahan „den Aufstieg Großbritanniens zur führenden Seemacht und damit letztlich zur führenden Weltmacht; ein Aufstieg zunächst über die Ausschaltung der Niederlande als wichtigstem Rivalen im Bereich des Seehandels sowie dann durch die das 18. Jahrhundert prägende Auseinandersetzung mit Frankreich als wichtigstem Rivalen im Bereich der kolonialen Expansion, die ihren Höhepunkt und zugleich ihren Abschluß zugunsten Großbritanniens in der Epoche der Französischen Revolution fand" (Michael Hanke).

Deutschland, das Mahan in diesen Werken überhaupt nicht beachtete, hielt Tirpitz im vollen Umfang für eine natürliche Seemacht: „In der Mitte des Erdteils, mit sechs tief einschneidenden Strömen, ist Deutschland der naturgegebene Stapel- und Verteilungsplatz der von Übersee kommenden Güter in Europa", begründete er seine zunächst überraschende These, „während England sein bisheriges Handelsmonopol ... nicht durch geographische Geeignetheit erworben hat." Beide Länder betrieben gemäß dieser Doktrin sozusagen zum Teil natürlichen Seehandel, der sich aus der Kapazität von Produktion und Konsum sowie aus den verkehrstechnischen Gegebenheiten des Landes ableitete. Hierbei gestand Tirpitz dem Inselstaat mehr als dem Kontinentalstaat zu. An Seezwischenhandel aber, der sich aus dem Transit über kontinentale Häfen und Landverbindungen in dritte Staaten ergab, errechnete er ein absolutes Plus für Deutschland, dessen Hinterland große Teile Mittel- und Osteuropas erfaßte, während England in Europa überhaupt keines besaß. Englands Seezwischenhandel war demzufolge in hohem Grade angemaßt und künstlich. Für Deutschland zählte er dagegen unter die natürlichen Seeinteressen. Auf diese Weise, fand Tirpitz, standen sich die beiden Länder an geopolitisch begründeten Seeinteressen wenigstens gleich.

Aus dem Vergleich der natürlichen Seeinteressen beider Länder schloß Tirpitz, „daß die Situation des Deutschen Reiches eine unbedingt abnorme" und außerordentlich gefährliche sei. Er zweifelte schon daran, daß die etablierten Wirtschaftsgroßmächte mit England an der Spitze es Deutschland erlauben würden, ihren Vorsprung aufzuholen. Ihre Angst vor wirtschaftlichen und damit verbunden machtpolitischen Verlusten bereitete ihm sehr viel Sorge. Denn die bereits bestehenden Kolonialreiche und Einflußsphären berührten sich zwar mit großen Reibungsflächen, boten aber auch viele territoriale und wirtschaftliche Ausgleichsmöglichkeiten untereinander. Der „Habenichts" Deutschland drängte in diesen Kreis hinein, ohne im Konfliktfall Ausgleichsangebote vorlegen zu können. Eine Flotte sollte Deutschland vor irrationalen Abwehrhandlungen Englands schützen. Tirpitz blickte vor allem auf den Seezwischenhandel, dessen natürliches Wachstum auf Kosten des künstlichen Besitzstandes Englands ging: in wachsendem Umfang schlug die deutsche Schiffahrt die englische im Wettbewerb um den Seetransport der Passagiere und Güter, die zwischen dritten Staaten über die deutschen Nord- und Ostseehäfen gingen, entschädigungslos aus dem Feld.

Tirpitz verkannte keineswegs, daß die beiden Rivalen gegenseitig ihre besten

Kunden waren und daß der City beileibe nichts am Zusammenbruch der Geschäfte lag. Doch wegen der Übernahme ihres Seezwischenhandels in die eigene Regie fürchtete er, müßten sich die Deutschen irgendwann einmal „auf alles gefaßt machen“, wenn sie nicht vorbauten.

Unrecht hatte er damit nicht: Den gesamtwirtschaftlichen Wettbewerb empfand England als unbequem, nahm aber die Herausforderung an; die Ansätze zur wirtschaftlichen Hegemonie Deutschlands über Groß-Mitteleuropa, die sich im Zugriff auf dessen Atlantikverkehr äußerten, empfand es als Bedrohung. Nach Ansicht anderer Mächte wird Deutschland nun einmal durch die Beherrschung seines atlantischen Hinterlandes sofort zur Gefahr für das Weltgleichgewicht. Das belegt u. a. die Kriegsbeteiligung der Vereinigten Staaten ab April 1917 und ab Juli 1941, als dem Reich jeweils der durch Bündnis und Eroberung gewonnene Machtbereich durch die Europäer allein nicht mehr streitig zu machen schien.

Unter dieser Beleuchtung durch Theorie und Geschichte erscheint die Abschirmung des Anspruchs auf den Seezwischenhandel als ein Mittel, das Deutschland dazu verhelfen konnte, kontinentale Hegemoniepläne auf kaltem Weg zu verwirklichen. Im Landhandel der betreffenden Staaten dominierte es bereits. Wenn der Überseehandel des deutschen Hinterlandes der Kontrolle Englands entglitten und voll unter die Verfügung Deutschlands geraten wäre, dann wäre das wirtschaftliche Gleichgewicht in diesem Großraum vollständig verlorengegangen. Das Deutsche Reich hätte viele seiner näheren und entfernteren Nachbarn durch wirtschaftliche Sachzwänge auch politisch mehr oder minder fest in den Griff bekommen. Daß Tirpitz die Axt an die Wurzel des Seezwischenhandels Englands legte, ist deshalb weniger ein Anzeichen für globalen Imperialismus als vielmehr eine Ausdrucksform kontinentalen Machtstrebens.

Einen zweiten Schritt, auf eine Art Weltmachtstellung zu, sah Tirpitz erst nach dem militärischen Gleichziehen mit England voraus, das er für die 1920er Jahre erwartete. Den Aufbau eines militärischen Stützpunktsystems, das er als Rückhalt imperialistischer Aktionen für notwendig hielt, wollte er seinem Nachfolger überlassen.

Die Falsifizierung der Theorie

Die Ableitung der Flottenrüstung aus den deutschen Seeinteressen war eine äußerst anfechtbare Theorie, und Tirpitz kam, wenn er ihre Haltlosigkeit nicht schon von vornherein erkannt hat, sehr schnell dahinter. Daß nationale Seeinteressen unter den Bedingungen der liberal-kapitalistischen Produktionsweise zur Mutation in multinationale Seeinteressen neigen, war schon in den 80er Jahren einschlägig bekannt. Das Bestreben des Marineministers, die zivile deutsche Schiffahrt streng zu kontrollieren und in nationalen Händen zu halten, ist nur zu verständlich, nachdem er sich entschlossen hatte, seinen „Plan“ auf der Ausweitung und Verteidigung der deutschen Seeinteressen aufzubauen.

Den deutschen Seezwischenhandel, von dem Tirpitz die englische Rivalität herleitete, betrieben vor allem die beiden großen Linienreedereien, die Hamburger „HAPAG“ und der Bremer „Norddeutsche Lloyd“. Rückgrat dieses Geschäftszweiges war der Passagierverkehr, besonders der Transport von in der Masse österreichisch-ungarischen und russischen Auswanderern nach Amerika.

Schon 1886 schlossen sich auf Veranlassung Albert Ballins von der HAPAG eine Reihe britischer und deutscher Gesellschaften in einem „Pool" zusammen, der den beteiligten Reedereien einen festen Prozentsatz am Geschäft zuteilte. Anfang der 90er Jahre betrieb Ballin Verhandlungen, die dazu führen sollten, den Besitzstand durch die Bildung eines großen Nordatlantischen Pools zu wahren. Ein allumfassender Pool kam zwar nicht zustande, aber der Wille, sich zu einigen und ausgerechnet auf den relativen Zuwachs auf Kosten der Engländer zu verzichten, von dem Tirpitz seine Theorie ableitete, blieb erkennbar und bestand als elementare Bedrohung der Kriegsflotte fort.

Die glatte Widerlegung der Tirpitzschen Theorie kündigte sich im Mai 1901 an, als Ballin aus New York die Kunde mitbrachte, nach jahrelanger Aufforderung und Ermunterung aus Kongreßkreisen sei der Wallstreetgewaltige J. Pierpont Morgan im Begriff, durch Ankauf bedeutender Nordatlantik-Linien die Herrschaft über den europäisch-amerikanischen Passagier- und Frachtverkehr zu erringen. Morgans Einfluß auf die amerikanischen Eisenbahnen und die Republikanische Partei verhieß Vorzugsbahntarife und Schiffahrtssubsidien für dieses gigantische Verkehrsunternehmen, den „Morgan-Trust", und damit eine schwere Wettbewerbsverzerrung. Die Lebensfähigkeit von Linien, die dem Trust fernblieben, schien auf ein Mindestmaß herabgesetzt. Als Morgan die englische Leyland Line kaufte, glaubte Ballin den Gerüchten, daß der Finanzmagnat als nächstes die Aktienmehrheit an der HAPAG erwerben wollte. Hier lag die tödliche Gefahr für Tirpitz' Argumentation, denn in amerikanischen Händen gab die deutsche Reederei ein optisch äußerst ungünstiges Schutzobjekt ab.

Ballin, der die Gewinnreduktion infolge Nichtkartellierung des Nordatlantikverkehrs auf 50 Millionen jährlich bezifferte, war zur gütlichen Einigung mit Morgan bereit. Im Hinblick auf das freundschaftliche und Vertrauensverhältnis zwischen dem Kaiser und Ballin verzichtete der Amerikaner darauf, die HAPAG so, wie er es als nächstes mit der großen englischen „White Star Line" der Ballin-Freunde Ismay und Pirrie tat, zu schlucken, und ging auf das eilfertige Kartellierungsangebot des Hamburger Direktors bereitwillig ein. Im September 1901 einigte man sich auf einen Aktienaustausch von dem Umfang, den die deutsche Öffentlichkeit gerade noch hinnehmen würde, und auf einen Pool. Der Anschluß der anderen großen Nordatlantiklinien, besonders der englischen „Cunard Line" und der französischen „Compagnie Générale Transatlantique" (CGT) schien nur noch eine Frage der Zeit zu sein. Ballins Ziel, das Atlantikkartell, schien greifbar nahe.

Vom deutschen Botschafter in London alarmiert und sofort der Meinung, daß eine finstere plutokratische Verschwörung im Gange sei, verlangte der Kaiser umgehend eine Erklärung. In Anwesenheit von Reichskanzler Bülow und Kapitän z. S. v. Grumme, dem Flügeladjutanten und Residenten des Alldeutschen Verbandes am Hof, mußte Ballin vor seinem kaiserlichen Herrn Farbe bekennen.

Er tat das so geschickt, daß Wilhelm II. den Eindruck gewann, die englische Atlantikschiffahrt werden vom Morgan-Trust völlig absorbiert werden, wohingegen die deutsche durch das getroffene Arrangement ihre volle Selbständigkeit wahrte. Der Kaiser nahm persönlich eine Reihe von Korrekturen am Vertrag vor. Außerdem beauftragte er den Freund damit, den Lloyd für das Kartell zu gewinnen.

Im Verein mit dem RMA, dessen Sorge um Schutzobjekte auch durch die Abschwächung zum Kartell nicht im geringsten gemindert war, widersetzte sich der Lloyd der Beteiligung an der Abmachung zwischen Ballin und Morgan. Lloyd und RMA schlugen vor, eine staatliche Holdinggesellschaft zu gründen, die die Aktienmajorität von HAPAG und Lloyd aufkaufen und thesaurieren sollte, um finanzielle Transaktionen unschädlich zu machen. Das lehnte indessen Ballin wohlweislich ab. Erst als der gegenseitige Aktienaustausch durch eine Dividendenbeteiligung ersetzt wurde, lenkte Heinrich Wiegand, der Lloyd-Direktor, ein. Am 20. Februar 1902 gelang in New York der Vertragsabschluß. Ballin erhielt den Roten Adlerorden, und im Juni wurde John Pierpont Morgan von Wilhelm II. mit ungewöhnlicher Herzlichkeit empfangen.

Die weitere Entwicklung verlief für einige Jahre zu Tirpitz' Zufriedenheit. Cunard und CGT entschlossen sich, von ihren Regierungen unterstützt, zu gemeinsamem Vorgehen. Frankreich erhöhte die Subvention für seine CGT, die noch nie finanziell unabhängig gewesen war. Das britische Unterhaus setzte einen Ausschuß ein, der über die Abwehr des deutsch-amerikanischen Monopolisierungsversuches beriet. Als der Kolonialminister Joseph Chamberlain Subventionen anbot, fühlte sich die Cunard so stark, daß sie die von Morgan geforderte Zusammenarbeit ablehnte. Ende 1902 beschloß das Parlament auf Veranlassung Chamberlains, ihr eine jährliche Subvention von 150 000 Pfund zu gewähren, die so lange gezahlt werden sollte, wie sich die Gesellschaft in ausschließlich englischer Hand befinden würde. Gegen diesen starken Gegner konnte das Kartell seine Ratenkriegdrohung nicht wahrmachen. Der überkapitalisierte Morgan-Trust geriet in Schwierigkeiten, wurde ausgeschaltet, und alles lief auf einen bis 1908 andauernden Konflikt zwischen Deutschen und Engländern hinaus, der auch die politischen Beziehungen spürbar belastete.

Schon 1907/08 drohte Tirpitz erneut die offene Widerlegung seiner Theorie. Die Cunard hatte so schlecht gewirtschaftet, daß auch die hohe Subvention nichts half und sie zuletzt beim Bau neuer Schnelldampfer, darunter der „Lusitania", in finanzielle Schwierigkeiten geriet. Im Februar 1908 kam es zu einem nahezu umfassenden Pool-Abkommen.

Danach war es nur noch die Rivalität zwischen HAPAG und Lloyd, die der effektiven Vollkartellisierung des Nordatlantik im Weg stand und die Kaiserliche Marine vor dem Offenbarungseid ihrer Seeinteressentheorie rettete. Am 5. August 1914, an dem die großen Linien sich definitiv einigen wollten, wäre er fällig gewesen. Der Kriegsausbruch vier Tage zuvor hat Tirpitz davor bewahrt, ihn in dieser Sache leisten zu müssen.

2. Die Weichenstellung der Rüstungspolitik

a. Vorbereitung

Ausrichtung des RMA

Nach seiner Amtsübernahme im Sommer 1897 gelang es Tirpitz ohne Schwierigkeiten, den Kaiser, Admiral Knorr vom OK und Kapitän Büchsel, den er als Zweiten Mann im RMA vorfand, zum Verzicht auf das Wiesbadener Programm zu bewegen und sie für seine Pläne zu gewinnen. Auch die Auflösung des Reichstages, auf die sich die Staatsstreichgedanken Wilhelms II. inzwischen reduziert hatten, wurde aus dem Bereich ernsthafter Überlegungen getilgt, als unverbindliche Drohung allerdings weiter gegenüber den Abgeordneten gepflegt. Tirpitz hatte überzeugend dargelegt, wie wenig sich die Marinevorlage bei den unsicheren Aussichten auf einen Wahlsieg der Rechten als Wahlkampfparole eignete. Keinen Erfolg konnte er dagegen verzeichnen, als er seine alte Forderung nach geschlossener Marinepolitik durch Konzentration der Seeinteressen auf seine Person wiederholte.

Die Opposition, die ihm in der eigenen Behörde entgegenstand, beseitigte der neue Staatssekretär sehr schnell. Als ihm Hollmanns alter Mitarbeiterkreis, auf seine politische Erfahrung pochend, wohl zur Selbstrechtfertigung skeptisch versicherte, „daß wir die Gesetzesform nicht durchbekommen würden", reagierte Tirpitz auf der Stelle mit Um- und Neubesetzungen. Die Skepsis der Hollmannleute kam ihm als Argument außerordentlich gelegen, da er über eigene Kandidaten verfügte.

Anhand der Ranglisten und der Memoirenliteratur läßt sich gut verfolgen, wie sich um Tirpitz herum allmählich zum beiderseitigen Vorteil eine „Seilschaft" bildete. Die Freunde hielten ihm in den verschiedensten Dienststellungen, die sie einnahmen, die Steigbügel und wurden ihrerseits vom „Meister" im Verlauf von dessen Aufstieg nach oben gezogen. Diese Gruppierung ging vor allem auf gemeinsame Bordkommandos in Tirpitz' früheren Dienstjahren und auf eine Art „Musterung" in der Torpedozeit zurück. Bestimmte Namen finden sich immer wieder in Tirpitz' unmittelbarer dienstlicher Umgebung und schließlich in hohen Stellungen: Ahlefeld, Büchsel, Capelle, Fischel, Heeringen, Ingenohl, G. A. Müller, Pohl, L. Schröder, und als Männer der zweiten Generation: Braun, Hopman, Krosigk, Lans, Truppel, Winkler, Zeye. „Wir Offiziere vom Torpedowesen", äußerte sich Tirpitz selbst dazu, „bildeten ein Korps im Korps, dessen einheitlicher Geist von anderer Seite anerkannt, aber auch beneidet und bekämpft worden ist. Als ich Chef beim Stabe des Oberkommandos wurde, nahm ich die ganze ‚Torpedobande' mit herüber und verfügte damit sofort über einen ausgebildeten Arbeitskörper. Später versuchte ich beim Reichsmarineamt ähnliches, stieß da mit meinen Personalwünschen aber schon auf Schwierigkeiten beim Kabinett."

Zustatten kam Tirpitz bei den Neubesetzungen im RMA, daß er 1897 erst den 13. Platz in der Rangliste der Kaiserlichen Marine einnahm. Es lag deshalb nahe, für höhere Funktionen aus Autoritätsgründen Offiziere heranzuziehen, die beträchtlich rangjünger waren. Mit Zähigkeit kämpfte der Staatssekretär darum, daß das Ministerium mit Männern seiner Wahl oder wenigstens seines Vertrauens besetzt wurde. Die genannten Schwierigkeiten, die ihm Senden in Sorge vor der Verarmung der Kommandobehörden und der Front an fähigen Männern bereitete, hat er im Lauf der Zeit durchaus überwinden können.

Von besonders weittragender Bedeutung wurde der schnelle Ersatz des bisher mit den finanziellen Problemen befaßten zivilen Admiralitätsrats durch einen Offizier, den Kapitän z. S. Capelle. Tirpitz hat „mit dieser Wahl einen großen Griff getan. Denn Capelle entpuppte sich als einer der besten und klügsten Etatexperten, ohne dessen Hilfe und Ideenreichtum Tirpitz seine großen Erfolge im Reichstag kaum gelungen wären“ (Berghahn). Schon bei seinen ersten parlamentarischen Gehversuchen profitierte der Staatssekretär von den Ratschlägen Capelles, der hier bereits auf einige Praxis zurückblicken konnte.

Eduard (v.) Capelle (1855–1931) diente seit 1872 in der Kaiserlichen Marine, in der er 1913 den Dienstgrad Admiral erreichte. Im RMA wurde er 1904 Direktor des Verwaltungsdepartements und 1914 der Aufgabe nach Unterstaatssekretär. Als Nachfolger Tirpitz' war er von März 1916 bis August 1918 selbst Staatssekretär, d. i. Marineminister.

Schon im Herbst 1897 war das RMA so auf Tirpitz und seinen Kurs eingeschworen, daß der Chef maßgeblichen Offizieren und Beamten gewisse Prinzipien seiner langfristigen Planung preisgeben konnte. Sie erfuhren, daß das von ihnen vorzubereitende, materiell keineswegs überbordende Flottengesetz keinen Schlußpunkt, sondern nur die erste Etappe auf dem Weg zu einer bedeutend umfangreicheren Flotte darstellen sollte. In dem Optimismus, der die Behörde unter der neuen Leitung beflügelte, traten nämlich einzelne Dezernenten mit ersten Vorschlägen für einen weiteren Rahmen der Forderungen an das Parlament hervor. Um die Dinge unter Kontrolle halten zu können, sah Tirpitz sich gezwungen, als Dämpfungsmittel die Andeutung seiner weiteren Perspektiven einzusetzen. Auch die Verhandlungen mit dem nicht minder stürmischen OK begleitete Tirpitz mit der Versicherung, daß die Planung in ihrem beschränkten Umfang nicht länger als bis 1905 gelten sollte.

Geschlossenheit der Regierung

Weniger offen argumentierte der neue Staatssekretär gegenüber den Kollegen auf Reichs- und Landesebene. Sorgfältig strich er hier die Bescheidenheit der Forderungen heraus und hütete sich, die weiteren Perspektiven anzudeuten.

Bedeutsam war der Widerspruch, den der Finanzminister, Staatssekretär des Reichsschatzamtes v. Thielmann, einlegte. Seine Zweifel an der Durchbringbarkeit des Flottengesetzes entsprangen rein politischen, nicht finanziellen Erwägungen, denn seit 1895 vermehrten sich die Einnahmen des Reiches laufend und übertrafen die Haushaltsvoranschläge zum Teil beträchtlich. Thielmann wagte nicht, die Vorlage offen zu verhindern, sondern bemühte sich, sie durch Anrufung Hohenlohes zu verschleppen. Diesen Widerstand schob Tirpitz souverän beiseite. Er schrieb dem Schatzsekretär, daß der Kaiser den Befehl zur Vorlage erteilt und daß der Reichskanzler nicht widersprochen habe. Thielmann habe sich deshalb allein auf

Kenntnisnahme der finanziellen Gesichtspunkte und auf deren Vertretung vor dem Reichstag zu beschränken. Thielmann gab völlig nach und erklärte während der Reichstagsdebatte zugunsten des Gesetzes, daß er bei den hohen Einnahmen des Reiches geradezu in Verlegenheit sei, „was er mit den überschüssigen Mitteln anfangen sollte".

Am ernstesten nahm Tirpitz den Widerstand des preußischen Finanzministers, Johannes v. Miquel, der in dem Flottengesetz eine Gefahr für die „Sammlungspolitik" sah, die er mit der Solinger Rede vom 15. Juli 1897 aus der Taufe gehoben hatte.

Zur „Sammlung" rief Miquel die industriell-rechtsliberalen und die agrarisch-mittelständisch-konservativen Kräfte auf, die er zu einer geschlossenen Front gegen die demokratisch und sozialistisch orientierten Gruppen der deutschen Gesellschaft zu vereinigen hoffte. Den kleinsten gemeinsamen Nenner der wirtschaftlichen Interessen fand die Sammlung in der Abschließung des inneren Marktes durch Zölle, die Schutz vor Importen boten. Die Exporteinbußen, die aufgrund ausländischer Vergeltungszölle zu erwarten waren, sollten auf Kosten der oppositionellen Gruppen binnenwirtschaftlich aufgefangen werden. Dem Protest der Konsumenten setzte Miquel den „Klassenkampf von oben" in Form von Unterdrückung ihrer Organisation und Stagnation in der Arbeiterschutzpolitik entgegen. Auf dieser Basis hoffte er die alten „Kartellparteien" wieder miteinander versöhnen und eine solide Regierungsbasis gewinnen zu können.

In der Flottenpolitik sah Miquel nur Anlaß für weiteren Streit innerhalb der Sammlung, den er im Hinblick auf die im nächsten Sommer fälligen Wahlen zu bereinigen wünschte. Nach einigem Schwanken zog er seine Zustimmung zu dem Flottengesetz, die er Tirpitz zunächst versprochen hatte, zurück. Er sah keine Chance, die Zentrumspartei und die Agrarier für das Gesetz zu gewinnen. Er glaubte nicht, daß das Zentrum, die Schlüsselpartei zur parlamentarischen Durchbringung aller Regierungsvorlagen, sich die jährliche Bewilligung von Schiffsbauten aus der Hand nehmen lassen würde; die Flottengesetzgebung ließ sich dann nur noch im Zusammenhang mit dem Staatsstreich verwirklichen, zu dem der Kaiser seit langem von engsten Beratern gedrängt wurde, den Miquel aber als „Sprung ins Dunkle" verurteilte. Weiterhin war er sicher, daß die Agrarier den Flottenbau als Element der Industrialisierung und die Flotte als Schutzmacht von Ex- und Import ablehnten.

Ende Juli rief Miquel die preußische Regierung, deren Vizepräsident und faktischer Leiter er war, zu einer vertraulichen Besprechung zusammen. Diese „Fronde" beschloß, Tirpitz vom Prinzip des Flottenpräsenzgesetzes abzubringen; er sollte statt „der größeren, weiter aussehenden Marineforderung ... nur etwas an Ersatzbauten fordern". Im Anschluß daran ließ Miquel in der offiziösen „Norddeutschen Allgemeinen Zeitung" Artikel veröffentlichen, in denen er die Politik des RMA als geradezu unsinnig hinstellte. Verhandlungen zwischen den Kontrahenten, in denen Capelle als Mittelsmann auftrat, führten keinen Meinungsumschwung herbei. Die „Sammlungsminister" gaben erst nach, als Miquel feststellen mußte, daß Wilhelm II. Tirpitz vorbehaltlos unterstützte und auch Hohenlohe für die Vorlage gewonnen worden war. Miquel arbeitete seitdem eng mit Tirpitz zusammen, lieferte Begründungshilfen und unterstützte den Vorschlag des Staatssekretärs, dem Reichstag als Kompensation die heißumstrittene Öffentlichkeit des Militärstrafprozesses zuzugestehen.

Nachdem feststand, daß sich die preußische Regierung mit dem Flottengesetz identifizierte, bereitete es Tirpitz keine Mühe, die Zustimmung der Regierungen der anderen Länder zu erlangen. Im Bundesrat begegnete die Vorlage schon keinen Schwierigkeiten mehr.

Flottenagitation

Bisher hatten sich die wirtschaftlichen und militärischen Interessenten als zu schwach erwiesen, um die Abgeordneten einer Flottenvermehrung geneigt zu machen. Tirpitz faßte die Interessentenpolitik zusammen und schuf ihr durch Verlagerung des Druckansatzes aus dem Reichstag in die Öffentlichkeit eine ungeahnte Schlagkraft. Ihre Wucht gewann diese dritte Flottenbewegung dadurch, daß das RMA eine überwältigende Fülle von Helfershelfern mobilmachte, die der Marine mit wirkungsvollen Argumenten zur Seite traten. Durch unkonventionelles Eingehen auf die psychologischen und politischen Bedürfnisse der deutschen Intelligenz gewann Tirpitz, wie in Regierungskreisen befriedigt festgestellt wurde, der Marine „die durch Wissen und Bildung ausgezeichnete kleine Minderheit der Bevölkerung" zurück, die, „falls sie nur ernstlich will und Hand anlegt, die große Masse mit sich reißt".

Dabei vermied es der Minister sorgfältig, dem Wählervolk mehr als die Rolle einer plebiszitären Akklamationskulisse zuzugestehen. Seiner Agitation setzte er die Grenzen dort, wo die öffentliche Meinung der Kontrolle des RMA entgleiten und dessen Handlungsfreiheit beschneiden konnte.

Die große Kunst der Tirpitz-Leute bestand darin, der Flottenbegeisterung, die sie zu neuem Leben erwacht vorfanden, den Dreh auf die Schlachtflotte hin zu geben. Denn bisher taumelten die Wünsche ziellos zwischen den Konzeptionen „Schlachtflotte zur vorgeschobenen Küsten- und Hafenverteidigung" und „Kreuzerflotte zum Schutz der Überseeinteressen an Ort und Stelle" hin und her. Die Tendenz lief eher auf die zweite, mehr romantischen als wirtschaftlichen oder militärischen Gedanken entsprungenen Konzeption hinaus, an der sich der neue deutsche Navalismus entzündet hatte. Die Marine mußte glauben machen, daß die indirekte Erfüllung transatlantischer Aufgaben durch die Schlachtflotte, an der ihr Herz hing, sinnvoller sei als die direkte durch die Überseeflotte, die im europäischen Krieg nicht zählte.

Unmittelbar nach der Amtsübernahme erweiterte Tirpitz das RMA um eine „Abteilung für Nachrichtenwesen und allgemeine Parlamentsangelegenheiten", kurz „Nachrichtenbüro" oder „N", die die Ausarbeitung des ersten Flottengesetzes innerhalb des Ministeriums und der Gesamtregierung koordinierte und für alle Maßnahmen zu seiner Durchbringung zuständig war. Den Abteilungsvorstand übernahm Korvettenkapitän v. Heeringen, der in die Pläne des Ministers von ihren Frühstadien an eingeweiht war und ihre Gestalt mit geformt hatte.

August v. Heeringen (1855–1927), Bruder des preußischen Kriegsministers Josias v. H., diente seit 1872 in der Marine. Im RMA wirkte er 1897–1900 und, nach einem Zwischenspiel an Bord, 1904/05 als Abteilungsleiter, 1906–07 als faktischer Unterstaatssekretär. 1907–10 war er als Befehlshaber der Aufklärungsschiffe, 1910–13 Chef des Admiralstabs (1913 Admiral).

In der parlamentarischen Größkampfzeit der Ära Tirpitz war Heeringen der wichtigste Mann nach dem Minister. Die anderen Abteilungsleiter, selbst der Stellvertreter des Minister, Konteradmiral Büchsel, waren in jenen Jahren der Sache nach Erfüllungsgehilfen des rangjüngeren Offiziers. Als Berater in Fragen der parlamentarischen Taktik war Capelle unentbehrlich. Die Vertretung des RMA hinter den Kulissen nahm der gesellschaftlich besonders gewandte Kapitän z. S. Harald Dähnhardt (1863–1944) wahr. Diese drei Offiziere zeichneten sich durch Vorurteilslosigkeit und Einfallsreichtum aus. Ohne sie hätte der bürokratische Geist des Ministeriums die Verwirklichung des Tirpitz-Plans wohl von innen heraus vereitelt. Tirpitz ließ ihnen viel Spielraum und weitreichende Vollmachten.

Um die Eliten ansprechen und als Multiplikatoren gewinnen zu können, mußte die Agitation der Marine ein angemessenes wissenschaftliches Niveau halten. Die Niveaupflege übernahm der Berliner Volkswirtschaftsdozent Ernst von Halle (1868–1909), den Gustav Schmoller dem RMA zugeführt hatte. Den Ausdruck „Seeinteressen" im umfassenden Sinn hat Tirpitz geprägt; in Halle fand der Offizier den kongenialen Gelehrten, der die auf Flottenvermehrung zielende Seeinteressenforschung im Seminar praktizierte und ihre akademische Anerkennung als Wissenschaft durchsetzte. Es gelang Halle, die vielfältigen navalistischen Tendenzen seiner Zeit unter wirtschaftlichen Auspizien zu einem ebenso defektiven wie marinepolitisch wirkungsvollen System zusammenzufügen.

An die gehobene Öffentlichkeit trat N unmittelbar nach Veröffentlichung der ersten Marinevorlage im Herbst 1897 heran. In zwei die Aktion einleitenden Rahmendenkschriften machte es das Publikum mit dem umfassenden Anspruch der Tirpitzschen Marinepolitik vertraut. Die Denkschrift über „Die See-Interessen des Deutschen Reiches" belegte mit reichhaltigem statistischem Material den großen Umfang von Seehandel, Schiffbau, Fischerei, Kolonial- und Auslandsinvestitionen der deutschen Wirtschaft und ermahnte zur Sorge vor dem Verlust dieser Werte.

In einer zweiten Statistik, „Die Ausgaben für Flotte und Landheer und ihre Stellung im Haushalt der wichtigsten Großstaaten", legte N dar, daß die Finanzlage des Reiches einen Rüstungssprung erlaubte und daß die Flottenstärken der potentiellen Feindmächte einen solchen erforderten.

Als weiteres, besonders wirksames Beeinflussungsmittel gab N unter dem Pseudonym „Nauticus" Handbücher zur Flottenfrage heraus. Die ersten Bände waren als alphabetische Enzyklopädie aufgemacht und stellten in dieser Form eine Antwort auf das „politische ABC-Büchlein" des Hauptoppositionellen Richter dar. Durch Verzicht auf plumpe Polemik verlieh N dem „Nauticus" den Anschein kühler Sachlichkeit, die bei der Öffentlichkeit besonders gut ankam. Das RMA bemühte sich, den Auftragscharakter des Werkes zu verbergen und mit der Rechtfertigung, daß weder der Hauptautor Halle noch sonst ein Mitarbeiter im Beamtenverhältnis zum RMA stand, als ursprünglich privates, der Marine zur Verfügung gestelltes Produkt hinzustellen. Aus dem „Nauticus" bezogen Publizisten und Politiker durchdachte vorformulierte Argumente und Zitate sowie ganze Kurzaufsätze, die gern nachgedruckt wurden. Die große Wirkung, die die ersten Bände hatten, bewog N dazu, den „Nauticus" auch nach Abschluß der intensiven Propagandaaktion nach 1900 als Jahrbuch weiter herauszubringen und so das öffentliche Interesse an der Flotte wachzuhalten. Halle gewann Mitarbeiter aus Politik, Wirtschaft, Wissenschaft und Technik, die die Flottenfrage aus den verschiedensten Richtungen her im Sinne Tirpitz' beleuchteten und die militärischen Autoren ergänzten. In einzelnen Fällen sorgte N für Vorveröffentlichungen in den „Grenzboten" oder den „Preußischen Jahrbüchern", so daß die private Herkunft glaubhafter erschien. „Das Ganze gestaltete sich zu einem eindrucksvollen Bild von der Totalität der deutschen Seeinteressen und der daraus sich ergebenden militärischen Aufgaben" (Jörg Meyer). Die mit ihrem mehr seemännischen und militärischen Inhalt dem Seeoffizierkorps zugewandte „Marine-Rundschau", die das OK herausgab, fand im „Nauticus" eine mehr volkswirtschaftlich orientierte Ergänzung, deren besonderer Kniff die Verbindung beider Themenbereiche für die nichtmilitärische Öffentlichkeit war.

Das Hand- und Jahrbuch „Nauticus" wurde zum Zentralorgan der deutschen Seeinteressenforschung, die auf den Impuls des RMA hin einen ungeahnten Aufschwung nahm. Es war nicht so sehr Halle, der sich als Jude unabwägbaren Ressentiments in der Kollegenschaft gegenübersah, als vielmehr Heeringen selbst, der mit einer Gruppe von Offizieren durch Bereisung die deutschen Universitäten gewann. Zahlreiche Dozenten, die „Flottenprofessoren", fanden und berücksichtigten in Forschung und Lehre maritime Fragestellungen, die den Wert des Schlachtflottenbaus bewiesen. Kaum ein politisches, wirtschaftliches oder soziales Problem konnte der theoretischen Lösung durch den Schlachtflottenbau entrinnen. Letzte akademische Weihen erhielt dieser Wissenschaftszweig durch die Errichtung des Instituts für Meereskunde an der Universität Berlin, mit dessen Leitung der renommierte Geograph Ferdinand v. Richthofen für alte Verdienste um den China-Stützpunkt der Marine belohnt wurde (s. S. 90 und 169). Ausdrücklich wurde das Institut beauftragt, mit seiner wissenschaftlichen Arbeit Interesse für das Seewesen und den Flottengedanken zu wecken und zu erhalten.

Tirpitz versuchte sogar Einfluß auf die Lernzielgestaltung und die Examenspraxis der deutschen Schulen und Gymnasien zu gewinnen. In Memoranden an Reichsleitung und Staatsregierungen forderte das RMA die Einführung der Seeinteressen minimal als Unterrichtsmotiv, maximal als eigenes Lernfach in das Curriculum. Auch im direkten Kontakt mit Lehranstalten bemühte es sich um die Durchsetzung seines Anliegens.

In kurzer Zeit stampfte N eine Literatur aus dem Boden, die dem Volk die

Rüstungsmotive der Marine reichhaltig, umfassend und geläutert vor Augen führten. Diesen Erfolg erzielte N durch großzügigen Versand seiner Schriften und durch die Bereitschaft zahlreicher Empfänger, den Stoff in Verantwortung vor der nationalen Aufgabe selbständig weiter zu verarbeiten. Bis 1900 entstanden aus zweiter Hand an die 150 Bücher und Broschüren belehrenden, werbenden oder unterhaltenden Inhalts, die die Flottenfrage allen Volksschichten nahebrachten.

Eine Hauptsorge widmete N der Beobachtung und Beeinflussung der Presse. Ein spezieller Zeitungslesedienst im RMA erstellte einen täglichen Pressespiegel für den Minister, wobei Heeringen und Capelle das wichtigste Oppositionsblatt zeitweilig selbst analysierten. Die Lektüre des sozialdemokratischen „Vorwärts" durch einen zuverlässigen Offizier wurde streng geheimgehalten. Aus dem gesammelten Material baute N ein „Literarisches Archiv" auf, in dem alle möglichen Argumente pro und contra Flottenbau systematisch katalogisiert und greifbar gehalten wurden. Tirpitz und seine Mitarbeiter sahen sich dadurch in der erfreulichen Lage, die politische Diskussion informiert, differenziert und auf den jeweiligen Gesprächspartner, Opponenten oder Beobachter abgestimmt führen zu können.

Umgekehrt verstärkte Heeringen die Kontakte zu den Zeitungen und Nachrichtenagenturen, die RMA und OK schon länger pflegten, und knüpften neue Verbindungen. Allmählich wurden alle bedeutenden Blätter erfaßt. Die Offiziere und Beamten von N vermieden es im allgemeinen, direkte Wünsche zu äußern und gaben dem Meinungsaustausch im persönlichen Gespräch den Vorzug. Die Redaktionen waren, wie Heeringen bald feststellte, auf deutlich hervorgekehrte Unabhängigkeit bedacht und schnell „spröde", wo es um die Veröffentlichung zugeschobener Artikel ging. Viel erfolgreicher war die Methode, die ein Mitarbeiter Heeringens und späterer Chef von N 1912 resümierte: „Ich nenne es einen Erfolg, wenn es gelingt, im Verlauf einer gewissen Periode einen oder mehrere Gedanken so zu lancieren, daß die Autoren schließlich glauben, sie seien die Erfinder dieser Gedanken, und ferner, daß die öffentliche Meinung diese Gedanken als eine selbstverständliche Wahrheit aufnimmt." Eine detaillierte Kartei von Charakterisierungen aller bei N bekannten Journalisten und ihrer Blätter verhalf mit zu den erstaunlichen Beeinflussungserfolgen der Marine. Die Bismarck-Presse gewann Tirpitz durch einen Besuch im Sachsenwald, aufgrund dessen der Alt-Reichskanzler endlich die Unterstützung des Flottenbaus gebot, den er in seiner Amtszeit scharf abgelehnt hatte.

Unter Androhung der Kabinettsfrage erkämpfte sich Tirpitz im Herbst 1897, nachdem der preußische Finanzminister Miquel gegen das Flottengesetz hatte schreiben lassen, in Marinefragen das Monopol über die offiziösen Presseverlautbarungen, an denen sich viele unabhängige Zeitungen zu orientieren pflegten. Das galt vor allem von der „Norddeutschen Allgemeinen Zeitung", dem Sprachrohr der deutschen und preußischen Regierung. Freilich legte dieses Blatt problematische oder brisante Meldungen und Artikel aus den Ressorts gelegentlich doch dem Reichskanzler zum Placet vor. Vollständig frei von Kontrolleinflüssen stand der Marine dagegen das ebenfalls offiziöse „Wolffsche Telegrafenbüro“ zur Verfügung, die wichtigste deutsche Nachrichtenagentur. Das Vertrauensverhältnis war sehr eng; der Wolff-Direktor Heinrich Mantler stand N mit informationstaktischen Ratschlägen und Formulierungshilfen zur Seite.

An Spezialnachrichtenagenturen benutzte die Marine seit 1894 die „Allgemeine Marine- und Handelskorrespondenz“ von Paul Neubaur. Ab 1897 belieferte N vorrangig die von Heeringen ins Leben gerufene und subventionierte „Marinepolitische Korrespondenz“ des Korvettenkapitäns a. D. Lampson, die auf dem Höhepunkt der ersten Agitationswelle einen größeren Abnehmerkreis erreichte. Als nach der Verabschiedung des Ersten Flottengesetzes der Nachrichtenstrom aus N zurückging, begann Lampson vermehrt mit Kolonialthemen und -forderungen zu handeln, was dem AA unlieb war und schließlich zur Zensierung des Unternehmens führte. Um die Erfahrung reicher, daß eine unaufdringliche Kontrolle nur durch kontinuierliche Nachrichtenproduktion erfolgen konnte, wandte sich Heeringen von den Spezialkorrespondenzen ab, für deren Bedienung auf Dauer interessanter Stoff fehlte, und der allgemeineren „Berliner Politischen Korrespondenz“ des Krupp-Agenten Victor Schweinburg zu. Im Konflikt um Schweinburgs Stellung im Flottenverein brach diese Verbindung ab.

Aus der Zahl der von N bedienten und benutzten Presseagenturen gewann schließlich die „Neue Korrespondenz“ des Pfarrers E. Hülle, hinter dem der „Christliche Zeitschriftenverein“ und die preußische Staatsregierung standen, die größte dauerhafte Bedeutung.

b. Das Erste Flottengesetz (1898)

Begründung

Die Grundlage der Tirpitzschen Flottenrüstung sollte die Unabhängigkeit von der parlamentarischen Politik sein, die im Kriegsschiffbau über ein gewisses – der Marine zu niedriges – Maß hinaus mehr ein Kompensationsobjekt als eine sinnvolle Aufgabe sah. Die Reichsleitung empfand das Bedürfnis, eine Flotte zu bauen – der Reichstag empfand es nicht und war deshalb der Überlegene, der gebeten werden wollte. Im Oktober 1897 hatte Tirpitz die anderen Reichs-Staatssekretäre und preußischen Minister endgültig davon überzeugt, daß dem Parlament sein „großes Machtmittel“ aus den Händen gewunden werden müsse und könne. Auch den Ministern, die dem Flottenbau keinen besonderen Wert beimaßen, war es unangenehm, daß der Reichstag, wie Tirpitz klagte, „in den jährlichen Marineforderungen ein bequemes und sicheres Mittel findet, um seinen parlamentarischen Einfluß auf sonstige Entschließungen auszuüben“, zumal die Marinebedürfnisse immer weiter in den Mittelpunkt der deutschen Politik rückten und die Kompensationslast auf ihre Ressorts zukam. Das Flottenpräsenzgesetz konnte das Problem aus der Welt schaffen, sofern es der Reichstag passieren ließ.

Das eigentliche Ziel war der „Eiserne Etat“, d. i. das Recht der Marine, jährlich eine bestimmte Anzahl von Schiffen zu bauen und nach einer festen Frist durch Neubauten zu ersetzen, und die Pflicht des Reichstags, automatisch die nötigen Gelder zu beschaffen. Dieses Verfahren ist in einer parlamentarischen Demokratie möglich, in der ein Vertrauensverhältnis zwischen Parlamentsmehrheit und Regierung herrscht, die im Grund ein Exekutivausschuß des Parlaments ist. Die strikte Gewaltenteilung des deutschen Konstitutionalismus machte ein harmonisches Zusammenwirken unmöglich, denn dieses setzt den gleichen politischen Willen voraus, wie er zwischen der nur begrenzte, minderheitliche Interessentenkreise vertretenden Regierung des deutschen Kaiserreiches und dem eine Vielfalt von Interessen repräsentierenden Reichstag nie zustande kommen konnte. Tirpitz glaubte daran, den Eisernen Etat erreichen zu können, da er dem Sachzwang einer konsequenten Flottenrüstung entsprach. Unter den gesellschaftlichen und verfassungsmäßigen Bedingungen seiner Zeit, erkannte er jedoch ganz richtig, ließ sich ein so umfangreicher Daueretatposten gegen den Widerstand des Parlaments nur durch Druck und Täuschung durchsetzen.

Ermutigung fand Tirpitz in Miquels Hinweis, daß 90% der parlamentarischen Geldbewilligungen in Vollzug früher erlassener Gesetze erfolgten. Während im amerikanischen Staatsrecht der Kongreß beschlossene Gesetze unwirksam machen darf, indem er die zur Ausführung benötigten Mittel verweigert, war diese Frage im deutschen Staatsrecht ungeklärt. Da das preußische Abgeordnetenhaus der Regierung 1866 Indemnität für die eigenmächtige Geldaufbringung und -verwendung während des Heeres- und Verfassungskonflikts erteilt hatte, neigten die deutschen Juristen der Auffassung zu, daß die Verhinderung einer gesetzlich vorgeschriebenen Maßnahme durch Geldverweigerung verfassungswidrig sei. (Auf diese Weise wurde in Deutschland die Parlamentarisierung verhindert, die z. B. die niederländische Zweite Kammer durch Budgetverweigerung erkämpfte.) Hatte der deutsche Reichstag also dem Flottengesetz erst einmal zugestimmt, dann mußte er auch die Baukosten decken, falls er nicht einen zweiten, einen Marine- und Verfassungskonflikt heraufbeschwören wollte.

Als wichtigstes Täuschungsmittel benutzte Tirpitz im Anfangsstadium des Flottenbaus ein gesamtstrategisches Argument: die Bündnisfähigkeit. Die Flottenpropaganda verbreitete die Überzeugung, daß Deutschland weder von England noch von den Mächten, mit denen es alternativ einen Kontinentalblock anstrebte, als voll gleichberechtigt anerkannt werden würde, wenn es keine eigene Flotte in die Waagschale werfen konnte. Erst eine Flotte, wurde glauben gemacht, würde dem Reich freie Hand zu allen möglichen, für die eigenen Zwecke ertragreichsten Bündniskonstellationen verschaffen. Aus dieser Argumentation ergab sich zwingend und vorrangig die Forderung nach einer Schlachtflotte für den europäischen Kriegsschauplatz.

Als wichtigstes Druckmittel, die gewünschten Schiffe dauerhaft zu erlangen, benutzte Tirpitz die von ihm erarbeiteten Erkenntnisse in der Flottentaktik. Das Geschwaderprinzip wurde eingehend dargestellt, unter Zuhilfenahme eindrucksvoller Tabellen, die er den Abgeordneten vorlegte. „Dort marschierten, angeführt von einem fähnchentragenden Flaggschiff, die verschiedenfarbig gehaltenen Geschwader säuberlich in Reih und Glied; daneben die Aufklärungs- und übrigen Streitkräfte. Sie hinterließen einen Eindruck von Ordnung und Planmäßigkeit, wie man sie unter Hollmann nie erlebt hatte. Zum ersten Male, so schien es, war das Fachwissen der Militärs für den Zivilisten kein Buch mit sieben Siegeln mehr" (Berghahn). Die Einladung von Abgeordneten auf die Flotte vermittelte vertieftes Verständnis für die Bedürfnisse von Dienst und Taktik. Die provokatorische Frage, wieso die Marine sich auf nur zwei Geschwader beschränkte, ließ sich leicht aus der Manöverpraxis mit den Problemen der technischen Führungsmittel beantworten (als Tirpitz seine Forderung bald danach auf vier Geschwader erhöhte, fanden seine Leute auch dafür eine plausible Begründung). Die maritime Lineartaktik erlaubte es ihm, nicht einzelne Schiffe, sondern Geschwader zu fordern. Da dem Geschwaderprinzip der Zwang zur Vollständigkeit innewohnt, waren Teilbewilligungen des Verbandes schwer zu rechtfertigen. Den Reichstag stellte Tirpitz damit vor die Verantwortung, durch Nichtbewilligung eines Geschwaders die Flotte gleich zu halbieren, die die Abgeordneten vor der gut navalistisch eingestimmten Öffentlichkeit nur schwer tragen konnten. Es gelang Tirpitz damit, wie er im Rückblick befriedigt feststellte, die Vorlage so aufzuziehen, daß das Parlament vor der Prinzipienfrage stand, „ob Deutschland überhaupt eine Flotte haben sollte oder nicht". Erst bei den späteren Novellierungen des endgültigen Flottengesetzes wurde der Geschwadergrundsatz, dessen Schiffszahlen nicht allzugut in das endgültig durchgesetzte Bauprogramm paßten, im Einklang mit Veränderungen der Taktik beiseite gestellt.

Die Begründung, die der Gesetzesvorlage beigegeben wurde, strahlte eine Redlichkeit aus, deren Fragwürdigkeit erst dann klar wird, wenn man die Vorentwürfe und Korrespondenzen zu ihr kennt. Bismarck hatte den Rat gegeben, jeden möglichen Hinweis auf die weitergehende Planung zu vermeiden, und Tirpitz meldete im Dezember 1897, wie er diesen Rat befolgt habe. Die Begründung hob allein auf die Versäumnisse der Vergangenheit ab, in der die Marine zwar Pläne entwickelte, aber keinen sie und das Parlament bindenden Sollbestand vorgeschlagen hatte. Tirpitz knüpfte ausdrücklich an den Flottenplan von Stosch an und behauptete, ihn endlich erfüllen zu wollen. Sogar in der operativen Argumentation entfernte er sich nicht von Stosch:

> „Die Aufgabe der Schlachtflotte ist die Verteidigung der heimischen Küsten. Ausschließlich hiernach ist die Zahl und Größe der Schiffe bemessen. Größeren Seemächten gegenüber hat die Schlachtflotte lediglich die Bedeutung einer Ausfallflotte."

Gleichzeitig baute er unauffällig eine raffinierte Argumentationsautomatik ein mit dem Satz: „Jede weitergehende Verwendung ist durch die geringe Stärke, welche das Gesetz festlegt, ausgeschlossen."

Da die Flottenagitation den Wunsch nach einer Flotte zu erwecken suchte, die gerade zu weitergehenderen Verwendungen taugte, war zu erwarten, daß sich dieser Satz in einiger Zeit umdrehen und vom Beschränkungs- in ein Vergrößerungsargument verwandeln würde. In der Lage von 1897/98 war die Bescheidenheit der Forderung eine große Überraschung. Dem Minister kam jetzt zugute, daß die Opposition ihre Munition bereits gegen die früheren Pläne verschossen und den Namen Tirpitz mit „uferlosen Flottenplänen" in Verbindung gebracht hatte. Jetzt legte gerade er einen Entwurf vor, der sich offensichtlich durch militärisches Augenmaß und finanziellen Realismus auszeichnete. Getreu seiner Meinung: „Wenn man dem Deutschen ein System vorsetzt, glaubt er eher daran", war der Flottenplan mit einer Systematik aufgebaut, die auch Laien überzeugte.

Weiterhin verbesserte Tirpitz seinen und der Marine Ruf auf Vorschlag Capelles hin durch die Einführung einer „Geldgrenze" für den Marineetat. Der Reichstag gewann dadurch die Gewißheit, daß es mit Hollmanns üblem Trick zu Ende war, eine beruhigend niedrige erste Rate zu fordern und das Defizit durch hohe Folgeforderungen auszugleichen. Außerdem ließ sich der Umfang der jährlichen Marine-Budgetvorlagen dadurch einigermaßen vorausberechnen. Tirpitz nahm dafür Einschränkungen an der Front in Kauf, die ihm viel Opposition aus der Marine selbst einbrachten. Die jährliche Personalvermehrung reduzierte er von 1722 auf 1139 Mann, womit er die Gesamteinsparung von 408 Millionen Mark erreichte. Zugleich verzichtete er auf die permanente Indiensthaltung der beiden Geschwader, für die er vorher immer eingetreten war. Es war anzunehmen, daß die Dienst- und Manövererfordernisse der Flotte den Reichstag bald zur nachträglichen Bewilligung von Personal und Indienststellung veranlaßten, wenn er ihre Schlagkraft nicht sabotieren wollte.

Schlankweg behauptete das RMA, daß, „nachdem ... in der technischen Entwicklung eine gewisse Ruhe eingetreten ist und jetzt in allen Marinen im wesentlichen dieselben Schiffsklassen und Schiffstypen vorhanden sind, ... keine Bedenken vorliegen, Stärke und Zusammensetzung der Kriegsmarine in der Weise, wie es im Gesetzentwurf geschehen, gesetzlich festzulegen". In dieser Behauptung lag eine große Gefahr, denn die Technik befand sich noch immer im rasanten Fortschritt. Irgendwann einmal kam auf den Minister der Zwang zum Eingeständnis zu, daß die Voraussetzung seiner Marinepolitik falsch war. Neben seinem Sturz als unmittelbarer Folge stand dann noch Schlimmeres zu erwarten: bei der engen Verknüpfung von Flotte und Kaiser hatte die Krone einen beträchtlichen Prestigeverlust zu verarbeiten. Das Problem des Flottenbaus wurde dadurch zu einer der Lebensfragen der deutschen konstitutionellen Monarchie: sie mußte Schiffe bauen um fast jeden Preis, den der technische Fortschritt von ihr verlangte. Eine so grandiose Fehlkalkulation durfte sie nicht zugeben. Die Verantwortung für den Fortbestand der Monarchie in der Form und Machtfülle von 1898, zugleich die inzwischen nur noch von ihr abgeleitete Gesellschaftsordnung mit dem Vorrang der „Junker", lag in den Händen des Marineministers, eines noch in keiner Weise erprobten Mannes, den die „Allerhöchste Marinepassion" zur Schicksalsfigur bestimmt hat.

Durchbringung

Im Dezember 1897 bezogen die Verbände und Parteien Stellung zum Gesetzentwurf. „Mit der Empörung eines Sozialdemokraten" (E. Kehr) beschwerten sich die Agrarier über den Anschlag auf den Reichstag, „natürlich nicht deshalb, weil sie des Parlaments geheiligte Rechte verteidigen wollten", sondern weil ihnen, nachdem die drei generellen Agrarsubventions-Anträge des Grafen Kanitz zurückgewiesen worden waren, auch die fallweise Möglichkeit genommen wurde, Subventionen gegen Schiffsbewilligungen zu erhandeln („ohne Kanitz keine Kähne"); ausgerechnet von dieser Seite wurde die Konstruktion entwickelt, daß der Reichstag das Gesetz bewilligen könne, ohne sich finanziell gebunden zu fühlen. Die Mehrheit der agrarisch-mittelständischen Deutschkonservativen Partei entschied sich jedoch wie immer bei Wehrgesetzen gouvernemental, ohne allerdings ihre Unlust verbergen zu können. Die stark an schwerindustrielle Interessen gebundenen Freikonservativen und Nationalliberalen billigten den Entwurf ohne jeden Vorbehalt. Bedenken äußerte die nationalliberale Dissidentengruppe „Freisinnige Vereinigung", die zwar aus manchesterlichem Doktrinarismus für den Flottenbau, aber noch mehr für die Parlamentarisierung war; aufgrund des Druckes der Öffentlichkeit, den sie als Partei des Bildungsbürgertums besonders stark empfand, entschied sie sich schließlich doch positiv.

Auf der anderen Seite standen die „Freisinnige Volkspartei" Eugen Richters und die SPD in Opposition. In seinem Mißtrauen vermutete der brillante Richter – und wie wir ex post wissen, zu Recht –, daß das Gesetz nur eine erste Etappe darstellte und fragte: „Wer hindert denn die Regierung, noch Forderungen darüber hinaus zu erheben? Eine Uferlosigkeit ist auch dann vorhanden, wenn zwar die Ufer der nächsten Jahre erkennbar sind, aber dahinter alles in Nebel liegt!" Über den Kampf gegen die Bindung des Parlaments vernachlässigte er den Inhalt der Flottenforderung, so daß die Wirkung dieses von Tirpitz gefürchteten Gegners auf schwankende Gruppierungen sich in Grenzen hielt. Die Sozialdemokratische Partei focht die Theorie von der Rentabilität der Rüstungskosten, die Seeinteressentheorie an. Die Handelsbeziehungen mit den überseeischen Hauptpartnern, dem von den USA dominierten amerikanischen Kontinent und dem Britischen Weltreich, erkannte die SPD ganz richtig, konnte keine Flotte schützen, wenn die Kernstaaten dieser Systeme mit dem Reich in Krieg gerieten. „Was bleibt denn auf der ganzen Erdkugel von Deutschlands Ausfuhrhandel, der durch die Flotte geschützt werden soll, noch übrig?" polemisierte August Bebel, „keine 200 Millionen!" Die SPD befürwortete nur einige Kreuzer zum Einsatz gegen die übrigen exotischen Staaten; diese Kreuzer fand sie aber in Gestalt der „Hertha"-Klasse bereits vor.

Die übrigen Parteien besaßen keine eigenen Argumente für ihre Entscheidungen und richteten sich nach ihrer allgemeinen Zuordnung zum rechten oder linken Lager. Die Entscheidung lag bei der einzigen großen Partei, deren Stellungnahme sich in der Marinefrage nicht von grundsätzlichen, sondern von mehr tagespolitischen Erwägungen ableitete, dem Zentrum.

Die katholische Presse schrieb gegen das Gesetz, die Fraktion entzog sich zunächst einer Stellungnahme. Der parlamentarische Führer des Zentrums, der Jurist Ernst Lieber, lieferte deshalb bei der ersten Lesung „ein Meisterstück oratorischer Jongleurkunst" (Kehr). In den weiteren Verhandlungen bis zur

Schlußabstimmung neigte sich die Partei unter Liebers geschickter Regie immer mehr der Zustimmung zu.

Lieber kam es u. a. darauf an, der Regierung den z. T. ihren inneren Querelen entsprungenen Zickzackkurs und den Weg zu Zusatzforderungen zu verbauen. Er forderte deshalb die gesetzliche Festlegung der Geschwaderprinzips, das Tirpitz bisher nur in der dem materiellen Entwurf beigegebenen Begründung angeführt hatte. Das Zentrum griff damit die kaiserliche Kommandogewalt an, denn in Art. 53 der Reichsverfassung wahrte sich die Krone – ein Ergebnis des preußischen Heeres- und Verfassungskonflikts – ausdrücklich die militärische Organisationsbefugnis. Verbal forderte Lieber eine Verfassungsänderung. Die Regierung stimmte der Gesetzesänderung zu, die Tirpitz' langfristigem Programm entgegenkam; die formelle Verfassungsänderung unterblieb dagegen. Die Verfassung wurde umgangen und die Parteien verzichteten darauf, das System der Befehls- und Kommandogewalt unter Benutzung dieses Ansatzpunkts aus den Angeln zu heben. Die Kalkulation von der Überlegenheit der Exekutive auch bei vordergründiger Unfreiheit (s. S. 174) ging auf.

Lieber war gesonnen, die Verfassungsproblematik als Weiche für ein anderes Ziel zu benutzen, als ausgerechnet Friktionen in dem politischen System hervorzurufen, in dem die katholische Subkultur des Deutschen Reiches sich wohnlich eingerichtet hatte. Er beschränkte sich klugerweise auf die Absicht, die politische Schlüsselstellung des Zentrums, dessen etwa 100 von 400 parlamentarischen Stimmen den Ausschlag für gouvernementale oder oppositionelle Entscheidungen des Reichstages gaben, zu demonstrieren, zu wahren und nach Möglichkeit zu verstärken. Die schonende Problematisierung der bisher unangefochtenen Organisationshoheit genügte dafür.

Die Entscheidung des Zentrums hing davon ab, ob die deutsche Öffentlichkeit den Flottenbau als „nationale Aufgabe" anerkannte. Denn um den Beweis von Patriotismus und Opferwilligkeit hatte sich die Partei seit eh und je bemüht und selbst in den Kulturkampfjahren der Versuchung zur Obstruktion widerstanden. Mit Ausnahme der Wehrvorlage von 1893 gab das Zentrum seit dem Ende des Kartellreichstages den Ausschlag für die Annahme „nationaler Vorlagen", wie der Handelsverträge von 1892/93 oder des Bürgerlichen Gesetzbuches.

Die katholische Wählerschaft nahm diese Haltung keineswegs vollkommen unmündig hin: ab 1887 ging der Stimmenanteil bei den Reichstagswahlen leicht zurück, um schließlich 1912 sogar deutlich abzusinken. Die vorteilhafte Wahlkreiseinteilung erhielt dem Zentrum allerdings trotz Stimmenrückgangs im großen und ganzen seine gewohnte Fraktionsstärke (Durchschnittsüberhang: 25%!), so daß die Partei sich in ihrer Haltung bestätigt sah, die Rücksicht auf den Wählerwillen zugunsten politisch-taktischer Entscheidungen zurückzustellen. Nach Beilegung des Kulturkampfes benutzte sie den Kampf um die Konfessionsschule als Integrationsfaktor, der, wie das lange Ausbleiben eines deutlichen Mißtrauensvotums der Wähler beweist, ausreichte.

Es gelang der Flottenagitation, in der deutschen Öffentlichkeit die Zustimmung zum Flottenbau „als sicherstes Barometer für die ‚nationale' Einstellung der katholischen Staatsbürger" (Morsey) einzuführen. Von den publizistischen Reaktionen auf die zunächst durchweg gegen das Flottengesetz schreibende katholische Presse wurde die Partei nachhaltig darüber belehrt. Besonders beeindrucken ließ sich das Zentrum vom Votum der Konservativen Partei, seines nicht nur kulturpolitischen Partners im preußischen Landtag. Als die Konservativen auf der Erwägung heraus, daß ihnen Neuwahlen unter der Flottenparole nach der agitatorischen Leistung des RMA Verluste bringen und ihre Stellung in der Sammlung zugunsten der Nationalliberalen und Freikonservativen schwächen würden, eine positive Haltung signalisierten, stand die Entscheidung der katholischen Fraktion fest. Unter Verzicht auf ihr Amendement, die Finanzierung dürfte nicht durch Steuern zu Lasten der sozial schwachen Schichten erfolgen, verhalf sie im Frühjahr 1898 dem Flottengesetz zur Annahme mit breiter Mehrheit.

Aus den eigenen Reihen hatte nur der bayerische Flügel dagegen gestimmt, der im Flottenbau keinen Vorteil für sein engeres Heimatland sah und nicht das Bedürfnis der Gesamtpartei nach Einfluß im Reich teilte. Für den Erfolg von Liebers Taktik war dieses Separatvotum nur ein unwesentlicher Schönheitsfehler. Das Zentrum hatte seine „nationale Zuverlässigkeit“ erwiesen und rückte durch seine opportunistische Marinepolitik unter dem Beifall des Kaisers für ein Jahrzehnt in eine parlamentarische Stellung ein, in der es, wie Lieber treffend feststellen konnte, zwar nicht Regierungspartei, aber die „regierende Partei“ war.

Das Flottengesetz vom 10. April 1898

Das Erste Flottengesetz beschränkte sich auf die Festlegung von Stärke und Indiensthaltung des gepanzerten Schiffsbestandes. Bei Torpedo- und Kanonenbooten, Schul- und anderen Schiffen und „Landbedarf“ besaßen Marine und Reichstag weiterhin freie Hand.

Die „heimische Schlachtflotte“ hatte zu bestehen aus 1 Flottenflaggschiff und 2 Geschwadern zu je 8 Linienschiffen sowie 2 Divisionen zu je 4 Küstenpanzerschiffen. Zur Aufklärung wurden ihr 6 große und 16 kleine Kreuzer beigegeben.

Für den Auslandsdienst wurden 3 große und 10 kleine Kreuzer bestimmt.

Als „Materialreserve“ ohne Besatzung galten zusätzlich 2 Linienschiffe, 3 große und 4 kleine Kreuzer.

Von den 19 Linienschiffen wurden 12 als vorhanden angerechnet; von den 12 großen Kreuzern 10, von den 30 kleinen Kreuzern 13, so daß in knapp sechs Jahren bis Ende 1903 neu zu bauen waren: 7 Linienschiffe, 2 große Kreuzer und 17 kleine Kreuzer.

Linien- und Küstenpanzerschiffe waren nach 25, große Kreuzer nach 20, kleine Kreuzer nach 15 Jahren zu ersetzen; als Stichjahr galt das Jahr der parlamentarischen Bewilligung des Grund- bzw. Ersatzschiffes.

Der Reichstag war verpflichtet, die Mittel für die Indiensthaltung eines der beiden Geschwader, der Schul- und Spezialschiffe und von 50% der Torpedoboote mit vollen Besatzungen und von zwei Dritteln der Auslandsschiffe mit anderthalbfacher Besatzung zu bewilligen. Für die übrigen Schiffe galten abgestufte Indiensthaltungsgrade. Die Bereitstellung der Geldmittel unterlag der Festsetzung durch den Reichstag im jährlichen Budget. Das Parlament war nicht verpflichtet, während des Sexennats 1898–1903 für sämtliche Ausgaben der

Marine mehr als 409 Millionen Mark, davon mehr als 357 für den Schiffbau, zu bewilligen. Die durchschnittliche jährliche Steigerung sollte höchstens 4,9 Millionen Mark ausmachen. Das Reich hatte 11,5 Millionen je Etatjahr auf jeden Fall, diesen Betrag übersteigende Summe nach Möglichkeit aus den eigenen Einnahmen zu decken; ein Ausgleich durfte nur durch Matrikularzahlungen der Länder erfolgen, auf keinen Fall durch Erhöhung der – worauf sich die Sozialklausel des Zentrums reduziert hatte: – „indirekten, den Massenverbrauch belastenden Reichssteuern".

Die Entwicklungsmöglichkeit zum 3. Geschwader ließ das Gesetz stillschweigend offen. Es war dem Reichstag zwar nicht erlaubt, die Lebensdauer von Schiffen zu verlängern, wohl aber, sie zu verkürzen. Auch definierte das Gesetz den Begriff „Küstenpanzerschiff" nicht, so daß der Ersatz der „Siegfriede" durch Linienschiffe möglich war. Die Ersatztabelle sah 1904–13 insgesamt 5, aber 1914–16 insgesamt 15 Bauten vor, so daß ein vorzeitiges Auswechseln der schwächeren Küstenpanzer durch kampfkräftige Linienschiffe geradezu herausgefordert wurde.

Marinepolitik im Umkreis des Ersten Flottengesetzes

Vermutlich wäre Tirpitz schon beim Ansatz zur Verwirklichung seines Rüstungsprogramms gescheitert, wenn er nicht wirtschaftliche Interessenten dafür hätte ausnützen können. Den taktischen Fehler, unter Gebrauch antibritischen Vokabulars den Charakter der künftigen Flotte als primär militärisches Machtinstrument zuzugeben, beging er nur einmal: im Gespräch mit dem Bremer Bürgermeister Pauli (November 1897). Pauli wurde durch diese Eröffnung, die den sonst üblichen seeinteressentheoretischen Perspektiven Hohn sprach, tief erschreckt. Als einzige der drei Hansestädte ließ es Bremen an Engagement für die Flotte vermissen; hier konnte in der Handelskammer noch über Exportprobleme diskutiert werden, ohne die Flotte zu erwähnen, was infolge der Marineagitation anderswo Anfang 1898 kaum noch möglich gewesen wäre. Im allgemeinen taktierte Tirpitz viel vorsichtiger und beherrschter, um Handel und Industrie davon zu überzeugen, daß die Schlachtflotte letztlich für sie und beileibe nicht für die Marine erbaut werde.

Nicht gewinnen ließen sich die Vertreter der Berliner Kaufmannschaft, die ihre politischen Ideale – sie standen hauptsächlich dem Linksliberalismus nahe – über wirtschaftliche Gewinnmöglichkeiten stellten. Sie lehnten Kriegsschiffe als Mittel der Handelspolitik ebenso ab wie die Verkümmerung der parlamentarischen Rechte zugunsten übermäßiger Rüstung. Dabei hätten sie, vorzugsweise Berliner Bankiers, rein materiell durchaus ein Interesse am Flottenbau gehabt, der dem Komplex von Finanzkapital und Industrie nicht geringe Unternehmergewinne versprach.

Großen Wert legte Tirpitz auf gute Kontakte mit der Hamburger Kaufmannschaft, einem meinungsbildenden Faktor von hohem Rang (s. S. 159). In Hamburg blühte seit einigen Jahren im Zeichen des Imperialismus die Kreuzerfreundschaft. Durch die Auslandskreuzerkomponente im Tirpitzschen Programm fühlten sich die wirtschaftspolitischen Führer und Sprecher an der Elbe so befriedigt, daß sie für das Gesetz in seiner Gesamtheit ohne Bedenken eintraten, forderte es doch an Neubauten 19 Kreuzer verschiedener Größe und nur 7 Linienschiffe, die nach der Deklaration des Minister-Admirals allein der Küstenverteidigung dienen sollten. Kaum vernehmbar in diesem Chor meldete sich die antiimperialistische Opposition, die an der Meinung festhielt, daß kein anständiges Handelshaus den Schutz der Kanonen oder der Diplomatie anrufe; Richter stellte diese minderheitliche Auffassung in grober Übertreibung als die maßgebliche Ansicht des Außenhandels hin, was der Sache beider natürlich mächtig schadete.

Die Hansestädte, in erster Linie Hamburg, unterstützten die Ausarbeitung der ersten Seeinteressen-Denkschrift. Diesem Unternehmen kam zustatten, daß Ernst von Halle aus der sehr reichen und renommierten Hamburger Familie Levy stammte (von Halle nannte er sich aus Gründen der Optik nach seiner Mutter). Der Senat machte Halle bereitwillig das Material des Handelsstatistischen Büros in Hamburg zugänglich und stellte sich, wie u. a. die Handelskammer und der Verein Hamburger Reeder, zur Beantwortung detaillierter Fragebögen zur Verfügung.

In einer Kernfrage konnten die vereinten Bemühungen freilich auch nicht weiterhelfen: über Schäden infolge Verkehrsbehinderungen durch den Seekrieg von 1870, die Choleraepidemie von 1892 oder den Hafenarbeiterstreik von 1896 ließen sich nicht einmal annähernd belegbare Zahlen beibringen. In seinem Drang nach wissenschaftlich exakten Angaben erfand der „Nauticus" schließlich einen Verlust von 250 Millionen für die zweimonatige Verkehrsstörung durch die Cholera, und Hamburg ließ ihn stillschweigend gewähren.

Einen ersten großen Erfolg errang die neue Marinepolitik mit der Arrangierung der Berliner Kaiserhof-Versammlung am 13. Januar 1898. Da der Deutsche Handelstag sich unter dem Einfluß der Berliner Kaufmannschaft geweigert hatte, öffentlich für die Flotte einzutreten, arbeitete Tirpitz mit Adolph Woermann von der Hamburger Handelskammer und Theodor v. Haßler, dem Vorsitzenden des Centralverbandes Deutscher Industrieller, zusammen. Er vollbrachte damit das Kunststück, über die agrarisch-industrielle Sammlung hinwegzulavieren, die die Interessen des Überseehandels opferte, und eine Koppelung von Flotte und Hochschutzzoll für diesmal zu verhindern. Woermann und Haßler konstituierten einen Ausschuß aus angesehenen Wirtschaftsführern, der eine Kundgebung zum maritimen Schutz des deutschen Außenhandels organisierte. Die Versammlung im Hotel „Kaiserhof" wurde außerordentlich gut besucht, brachte eine einstimmige Resolution für den Flottenbau zustande und erregte größtes Aufsehen. Nichterschienene konnte Woermann freisinniger, ja sogar sozialdemokratischer Neigungen bezichtigen. Durch die Betonung rein wirtschaftlicher Motive überzeugte die Versammlung sich selbst und zog eine ganze Reihe Schwankender in das Lager der Flottenfreunde hinüber. „Die Wirtschaft gab dem Parlament den Befehl, zu bewilligen, was sie für ihre Interessen notwendig hielt" (Eckard Kehr). Woermann wurde für sein Auftreten im Kaiserhof mit einem Orden geehrt, dagegen von der Berliner Kaufmannschaft um seinen Präsidialsitz auf dem Deutschen Handelstag von 1898 gebracht.

Einen Großteil seiner marinepolitischen Bemühungen widmete Tirpitz in den folgenden Jahren einer Art „Gegensammlung" (Ekkehard Böhm), in der er die Kaiserhof-Koalition für seine Flottenzwecke zusammenhielt. Es war klar, daß er, der seine Argumentation auf den Schutz der seefahrenden Ex- und Importkräfte aufgebaut hatte, nicht zu den Freunden der auf einen geschlossenen Wirtschaftsraum abzielenden Miquelschen Sammlung zählte. Marinevorlage und Sammlungspolitik standen, wie er zu Beginn seiner Amtszeit bemerkte, regelrecht im Widerspruch zueinander. Das preußische Staatsministerium opponierte deshalb der Ernennung Tirpitz' zum Vollmitglied mit Sitz und Stimme, die Stosch seinerzeit verwehrt geblieben war. Der Kaiser beharrte jedoch auf dieser „Belohnung" für das Flottengesetz, wie er sie verstand. Als selbstverantwortlicher Minister in Preußen, der nicht wie ein Staatssekretär im Reich den Anordnungen des Kanzlers zu gehorchen, sondern im Kollegium Beschlüsse über den Kurs der Regierung zu fassen hatte, gewann Tirpitz nun für den Handel und den liberalen Industrieflügel die Bedeutung, die es ihm ermöglichte, sich seinen Widerspruch gegen die Sammlung auch noch marinepolitisch honorieren zu lassen.

Während die Sammlung das politische Gruppenbewußtsein der Arbeiter durch Zerschlagung ihrer bewußtseinproduzierenden Organisationen, der Gewerkschaft und der SPD, zu verdrängen hoffte („Klassenkampf von oben"), schwebte Tirpitz in jenen Jahren eine andere Lösung der sozialpolitischen Probleme Deutschlands vor. Er hielt es für sicherer, das Gruppenbewußtsein durch Verbesserung der Lebensumstände der Arbeiter zum Austrocknen zu bringen und die proletarischen Organisationen auf diese Weise zu entschärfen. Den Flottenbau hat er einmal als „Palliativ gegen gebildete und ungebildete Sozialdemokratie" bezeichnet, weil er den Werftarbeitern direkt und den übrigen Industriearbeitern indirekt durch die imperialistische Garantie der Exportmöglichkeiten Brot gab. Professor Ernst Francke u.a.m. unterstützten ihn mit seeinteressenforscherlichen Traktaten dieses Tenors.

Diese Haltung paßt zu gut in das leninistische Theorem von der Korrumpierung einer systemkonformen „Arbeiteraristokratie" in den entwickelten Ländern auf Kosten des „Arbeiterproletariats" in den unterentwickelten, um nicht den Flottenbau als sozialimperialistisches Phänomen noch heute wissenschaftlich-politisch akut sein zu lassen.

Für Tirpitz war das sozialimperialistische Argument allerdings nur eines unter anderen. Er ließ es unbedenklich fallen, trat in den Kreis der Scharfmacher und erklärte Anfang 1904 „die Steigerung der antinationalen Tendenz" der Sozialdemokratie für kein Unglück, weil sie der Regierung schneller die Handhabe zu Gewaltmaßregeln bot.

Unmittelbar nach Inkrafttreten des Flottengesetzes unternahm Tirpitz einen neuen Versuch, das RMA zum Seeinteressenministerium aufzustocken. In einer Immediateingabe vom 24. April 1898 unterbreitete er dem Kaiser seine Überlegungen „betreffend Mittel und Wege für die weitere Entwicklung Euer Majestät Marine". Er berief sich auf einen – nirgendwo fixierten – Auftrag Wilhelms II., „sowohl die allgemeine Seeinteressen wie im Besonderen auch die Überseeinteressen des Reiches – soweit das Ressort der Marine dabei mitzuwirken hat – in kräftigster Weise zu fördern, das Verständnis der Nation hierfür weiterzubilden und ihre Opferfreudigkeit für die große Aufgabe auf diesem Gebiet zu entwickeln".

Aus der Annahme, „der wesentliche Zusammenhang, welcher besonders zwischen Seemacht und Entwicklung der wirtschaftlichen Interessen besteht, wird aber in Zukunft viel schärfer hervortreten wie bisher", entwickelte er den Schluß: „In dem wirtschaftlichen Kampf, den die Völker im nächsten Jahrhundert führen müssen, wird es immer notwendiger werden, die Seeinteressen Deutschlands mit militärischer Macht zu vertreten". Weniger allgemein formuliert hieß das: „Abgesehen von dem Schutz und der Förderung der Hochseefischerei, sowie aller für die Seemacht arbeitenden Gewerbe und abgesehen von dem Schutz des deutschen Handels und der Deutschen im Auslande, wird es in der Zukunft besonders auf die weitere Ausdehnung des Kolonialbesitzes sowie vor allem auf die Schaffung einer Kette von maritimen Stützpunkten im Auslande ankommen. Zur Führung einer derartigen größeren Marinepolitik sind", kam er zur Sache, „... umfangreiche planmäßige Vorarbeiten und eingehende Studien aller in Betracht kommenden Verhältnisse unerläßlich. Das ist indessen nur ausführbar, wenn die Mittel, eine so weitreichende und wichtige Tätigkeit zu entfalten, in *eine* Hand gelegt werden ... Soll die von Euer Majestät gestellte Aufgabe einer erfolgreichen Lösung entgegengeführt, soll die Nation mehr und mehr zu der Erkenntnis der vitalen Bedeutung einer starken Seemacht gebracht werden, soll Euer Majestät gegenüber ich die Verantwortung für die zweckmäßige Entwicklung Euer Majestät Marine zur Vertretung der Seeinteressen tragen und demgemäß für die nötigen Mittel sorgen, so bitte Euer Majestät ich alleruntertänigst, mir diejenige Freiheit und entscheidende Initiative allergnädigst zu gewähren, deren ich zur Lösung dieser für die Zukunft des Vaterlandes immer wichtiger werdenden Lebensfrage dringend bedarf. Nur wer den Apparat und die Mittel hat, kann Euer Majestät richtige, in jeder Beziehung durchdachte Vorschläge machen und zweckmäßige Vorarbeiten durchführen".

Obwohl der Kaiser das Urteil Knorrs, der Tirpitz aufgebracht „Überdruck seines Verantwortungsgefühls" bescheinigte, offensichtlich teilte und nach wie vor keine Neigung zeigte, alle marinepolitisch relevanten Gegenstände in der Hand des Ministers zusammenfassen zu lassen, gab er doch so weit nach, gewisse Kompetenzen im Friedensüberseedienst vom OK auf das RMA zu übertragen. Dieser Teilerfolg ermutigte Tirpitz. Er entsandte zwei Kommissionen aus Marineoffizieren und -beamten, darunter Halle, nach Hamburg, die Informationen über Seehandel, Schiffahrt, Fischerei und Werftwesen sammelten. Im Endeffekt kam Tirpitz aber nicht über Ansätze hinaus und die Erkenntnisse des RMA gingen nicht in die Organisation einer obersten Seebehörde, sondern in ein neues Buch Ernst von Halles ein. Es hat sich schließlich gezeigt, daß die Eigenschaften als Staatssekretär des Reichsmarineamts und als preußischer Staatsminister vereint Tirpitz genügten, um der Marinepolitik Geschlossenheit und Schlagkraft zu verleihen, soweit sie auf Rüstungszwecke zielte.

Die auswärtige, Kolonien und Stützpunkte umfassende Komponente der Marinepolitik brachte Tirpitz, der sie mit der Verfügung über die Auslandsschiffe und -nachrichten schon gewonnen glaubte, nicht unter seine Verfügung, wie er bald erfuhr. Mit der Verwaltung Tsingtaus schöpfte er seinen Spielraum aus. Von der Erwerbungspolitik sah er sich ausgeschlossen, denn Knorr konnte ihm am Beispiel Kiautschou zu Recht vorwerfen, als Marinesuperminister im gewünschten Sinn „hätte er sein ganzes Gewicht in die Waagschale gelegt, die Aktion zu verhindern ... Denn der Staatssekretär des Reichsmarineamts sah damals im Zwang parlamentarischer Bedenken die marinepolitische Lage so an, daß es das Flottengesetz auf das Höchste gefährden würde, wenn dem deutschen Volke das Weltmachtidol vor Augen geführt würde durch eine derartige Unternehmung. Von seinem Standpunkt aus waren solche Bedenken sehr wohl verständlich. Daß Marinepolitik und Auswärtige Reichspolitik zwei ganz verschiedene Dinge sind, dafür bietet gerade die Besitzergreifung des ersten maritimen ausländischen Stützpunkts ein überzeugendes und historisch denkwürdiges Beispiel.“ Hier hatte Tirpitz also etwas zu kompensieren. Verschärft wurde dieses Kompensationsbedürfnis durch das Drängen des OK, den spanisch-amerikanischen Krieg von 1898 zu eigenen Annexionen in Südostasien und dem Karibischen Raum zu benutzen, was schließlich in den Ankauf der Karolinen-Inseln mündete.

Anfang 1899 lancierte das RMA über Neubaurs Presseagentur (s. S. 193) seine Gedanken zur Übernahme der dänisch-westindischen Insel St. Thomas, von deren Übergabe gegen Nordschleswig in Kopenhagen gern gesprochen wurde, an die Öffentlichkeit. Im Namen des Kaisers erteilte der Staatssekretär des Auswärtigen Amts, Bernhard v. Bülow, Tirpitz eine herbe Rüge. Anregungen, sich auf Dänisch-Westindien festzusetzen, seien gerade jetzt, in einer Zeit politischer und wirtschaftlicher Spannungen mit den USA, besonders inopportun, zumal die Marine sich nach eigenen Angaben nicht in der Lage sehe, die Besitzergreifung gegen Amerika abzusichern. Tirpitz sah sich genötigt, die Verantwortung für die Presseäußerungen auf untergeordnete Schultern abzuwälzen und bessere Dienstaufsicht zu geloben. Auf eigene überseepolitische Initiativen leistete er Verzicht. Befriedigt stellte Bülow, die Wogen in seiner sehr erregten Behörde glättend, fest, daß dem Auswärtigen Amt der Primat erhalten geblieben war, und tröstete Tirpitz mit der Aussicht auf „vertrauensvolles Zusammenwirken“. Das RMA wahrte seitdem Zurückhaltung und gab nur dann stützpunkt- und kolonialpolitische Stellungnahmen ab, wenn es dazu aufgefordert wurde.

Zurückhaltung war in imperialistischen Dingen nur zu angebracht. Die wenigsten Partner der Marine auf diesem Feld konnten als seriös gelten. Bitten um Kriegsschiffinterventionen in Übersee waren und blieben häufig die ultima ratio von Geschäftspraktiken, die sich in Europa niemand herausnehmen durfte. Das galt z. B. von dem „Fall Lüders“, der dazu führte, daß Deutschland während der ersten Flottenkampagne im Winter 1897 zur Verteidigung eines Wucherers und notorischen Raufbolds zwei Kriegsschiffe gegen Haiti entsandte, um ihn –

mit Erfolg – für die innere Marinepolitik verwenden zu können. Der „Fall Lüders" ist typisch für die Methode des deutschen Imperialismus, sich außerökonomische Alliierte zu suchen, um seine Winkelgeschäfte zu Lasten der Partner in Übersee auf Kosten Dritter in Deutschland betreiben zu können.

Ähnliches gilt von dem Versuch, die westmalayische Insel Pulo Langkawi dem damals siamesischen Suzeränstaat Kedah abzukaufen. An die Spitze der Interessengruppe trat Sholto Douglas, Besitzer großer Bergwerke in Österreich-Ungarn und Togo und Neffe des Kali-Industriellen und Kaiserfreundes Graf Douglas. Er gründete eine Gesellschaft, die mit einem Kapital von 100 Millionen Mark Ländereien, Handelsmonopole, Bergbau- und Eisenbahnkonzessionen und Häfen in Malaya, Argentinien, Uruguay, Paraguay, Südbrasilien, Bolivien, Angola, Moçambique, Syrien, Niederländisch-Indien und am Persischen Golf erwerben und ausbeuten sollte. Er versprach, damit die deutsche Wirtschaft in Erdöl, Wolle und Baumwolle autark zu machen. Seiner „Deutschen Übersee-Gesellschaft" traten namhafte Unternehmer bei. Beginnen wollte man mit Pulo Langkawi. Bei seinem gesellschaftlichen Rückhalt gewann Douglas Tirpitz und Bülow mit Leichtigkeit. Das Kapital erwartete er von der Preußischen Seehandlung. Die Marine übernahm die Erkundung und stellte fest, daß die Insel ein brauchbarer Sammel- und Nachschubpunkt bei kriegerischen Verwicklungen in Ostasien sein könnte. Der hoch verschuldete Sultan von Kedah gewährte dem Syndikat in einem Vertrag die gewünschten Konzessionen, vorbehaltlich der Zustimmung seines Oberherrn in Bangkok. Als dieses Stadium erreicht war, verlangten die Interessenten diplomatischen Druck auf Siam, überraschende deutsche Flaggenhissung auf der Insel und nachträgliche Entschädigung des Sultans von Kedah. Erst jetzt zogen sich die Regierungsstellen aus der Angelegenheit zurück, in die sie bis zu einem die Beziehungen mit England gefährdenden Maß hineingeschliddert waren. Einziger Gewinner wäre die Firma Behn, Meyer & Co. in Singapore gewesen, von der die Initiative ausgegangen war.

Die „Deutsche Übersee-Gesellschaft" ging schon nach ihrem ersten Fehlschlag sang- und klanglos in Liquidation. Der Verdacht, daß sie sich eigentlich nur für Börsengewinne interessierte, war nicht von der Hand zu weisen. Erst recht galt das von dem rührigen Hamburger Anwalt und Mitglied des Kolonialrats Julius Scharlach, der über seine alldeutschen Beziehungen Druck auf die Marine ausüben wollte, um seinen zahlreichen überseeischen Bodenspekulationen vor dem deutschen Kapital den Schein des Honorigen zu verleihen.

Welche Gefahren der Marine aus der Neigung erwachsen konnten, sich in ihrem Interesse an militärischen Erfolgen und Stützpunkten von geschickten Geschäftemachern in heißen Zonen als Schutz und Schirm mißbrauchen zu lassen, erfuhr Tirpitz nachdrücklich in Westindien. Der „Fall Lüders" wurde bereits genannt. Zwei Jahre später meldeten sich ein gewisser Kapitän Christmas und der Konteradmiral a. D. Zirzow mit der Behauptung, den privatrechtlichen Ankauf der dänischen Antilleninsel St. John vermitteln zu können. Durch Mobilisierung höfischer Verbindungen – Christmas war Nachkomme des alten Dirckinck-Holmfeld (s. S. 45) – und des im Januar 1899 noch ungebremsten Optimismus' und Landhungers der Marine brachten die beiden Abenteurer Tirpitz so weit, Druck auf die HAPAG auszuüben, daß sie das Geschäft stellvertretend übernehme. Direktor Ballin (s. S. 184 ff.) sah sich gezwungen, die Einverständniserklärung der HAPAG zu gewähren, obwohl die Gesellschaft auf der Nachbarinsel St. Thomas fest etabliert war. Er, der die Flottenpläne als Kronzeuge für ihre Notwendigkeit anfangs massiv unterstützt hatte, verlor angesichts dieser Irrationalität den

Glauben an Tirpitz' Weisheit, wurde lau und später sogar Gegner der Marinerüstung. Die Verwirklichung des St. John-Projekts verhinderte erst Bülow, gereizt durch Tirpitz' Pressemine (s. o.), im Hinblick auf die Reaktion der Vereinigten Staaten.

Ein Interessentenkreis eigener Art, den Tirpitz in seiner Überseepolitik berücksichtigen mußte, war der Alldeutsche Verband. Um sich dessen Unterstützung zu sichern, mußte sich der Minister auch Forderungen anschließen, die offen aus Nostalgie, Sentiment und Romantik entsprungen waren und nur wenig mit Seeinteressen oder Kriegsmarine zu tun hatten. Eine der alldeutschen Forderungen dieses Charakters betraf Samoa. Diese Inselgruppe war bald ein Vierteljahrhundert lang vom deutschen Handel beherrscht gewesen und zur Verteidigung der deutschen Vorherrschaft waren erhebliche Verluste aufgetreten, so beim Untergang der Kanonenboote „Eber" und „Adler" 1889 und bei Landungsunternehmen. Ende der 90er Jahre spielte der deutsche Handel keine nennenswerte Rolle mehr. Das Bedürfnis nach Samoa als Zwischenpunkt eines deutschen Weltkabels wurde vom Reichspostamt verneint. Die strategische Wertlosigkeit wurde dadurch demonstriert, daß weder die Amerikaner ihre Stützpunktrechte auf Pago-Pago noch die Deutschen die ihrigen, seit 1879 bestehenden, auf Saluafata wahrnahmen, daß das RMA bereits zweimal sein Desinteresse an den Inseln bekundet hatte und daß hier nur selten ein deutsches Kriegsschiff zu sehen war. Die Wirtschafts-, Missions- und Schutzinteressen Englands und Neuseelands waren viel stärker. Tirpitz hatte jedoch vorbehaltlos dem Programm der Alldeutschen zugestimmt, das ihm Ernst Hasse übersandt hatte und das u. a. Samoa forderte. Die vom RMA inspirierte Presse trat deshalb für die Annexion ein. Als die Reichsleitung dem Verzicht auf Samoa gegen andere koloniale Äquivalente zuzuneigen begann, widersetzte sich Tirpitz in erster Linie aus „nationalen Gründen". An Wilhelm II., der für den Tauschplan wahrscheinlich bereits gewonnen war, richtete er eine Eingabe, von Holstein, der „Grauen Eminenz" des Auswärtigen Amtes, nicht zutreffend charakterisiert als „von blutigen Tränen triefendes, auf die Psyche des Kaisers berechnetes Dokument von Schaumschlägerei in der höchsten Potenz", das seinen Zweck nicht verfehlte. Das Reich beharrte auf „seinem" Anteil an der Inselgruppe und nahm in Kauf, daß sich die beiden angelsächsischen Mächte zu seinen Lasten einander anzunähern begannen.

c. Das zweite Flottengesetz (1900)

Ausarbeitung

In einem Dankschreiben an Lieber, dessen Bemühungen den Ausschlag für die Durchbringung des Ersten Flottengesetzes gegeben hatten, schrieb Tirpitz kryptisch, daß sich die Wirkung des Gesetzes „erst nach einem halben Menschenalter" zeigen werde. Er betrachtete den erreichten Sollstand von vorneherein nicht als „endgültigen Abschluß", sondern als „erste Etappe", wie er später zugab. Die

Grundzüge der Taktik, nach der aufgerüstet werden sollte, lagen bereits 1898 fest: gleichmäßiges Bautempo durch Neuforderungen für die Überbrückung der Baulücken und Herabsetzung der Ersatzzeit.

Die Marinepolitk sollte darauf hinauslaufen, während des soeben bewilligten Sexennats die Mittel zur Vergrößerung der Kriegshäfen und Werften zu erhalten, die den Bau und die Stationierung eines 3. Geschwaders ermöglichten, und während dessen Bau schon wieder die Grundlagen für ein 4. Geschwader zu schaffen. Marinepolitik hieß also, wie Tirpitz im Sommer 1898 unverblümt formulierte: „nach Ablauf des Sexennats oder, wenn technisch und organisatorisch ausführbar, noch früher", eine parlamentarische Lage herbeizuführen, in der „die Vergrößerung der Marine ... ohne Schwierigkeiten bewirkt werden kann". Der Minister erwirkte die Kabinettsorder vom 5. Dezember 1898, in der die Marine angewiesen wurde, andere Aufgaben hinter den Schlachtflottenbau zurückzustellen und bei der Disposition der Mittel weitere Verstärkungen bereits einzukalkulieren.

Das RMA setzte nun alles daran, Einsparungen zu erzielen, um die zukunftweisenden, nicht etatisierten Programmpunkte bezahlen zu können. Um bessere Preise zu erzielen, wurden Werftaufträge um ein Jahr vorgezogen. Der Bau von Küstenbefestigungen wurde gestrichen. Sogar die Kriegsbereitschaft der Flotte stufte Tirpitz durch Beschneidungen herab. Der Kaiser, dem der Minister detaillierte Angaben über die nächste, 1903 zu erreichende Ausbaustufe vorlegte, erteilte seine Genehmigung zu diesem Vorgehen, das ihm – und den meisten Offizieren seiner Marine – im praktizierten Ausmaß an sich gar nicht recht war. Er ließ sich sogar dafür gewinnen, das um die Kriegsbereitschaft besorgte Widerstandszentrum in Gestalt des Oberkommandos zu beseitigen (s. u. S. 220). Denn eine Verschärfung war zu erwarten. Das RMA glaubte angesichts von Lohnerhöhungen und Materialpreissteigerungen nicht daran, das Geldlimit einhalten zu können. Außerdem hatten die Erfahrungen des spanisch-amerikanischen Krieges und die operativen Zielsetzungen Tirpitz' aufwendigere Schiffs- und Waffentechnik unumgänglich gemacht.

Nach Abschluß der unbefriedigenden „Kaiser"-Serie mußte Tirpitz in der „Wittelsbach"-Klasse einen Typ bauen lassen, der nur eine Weiterentwicklung darstellte. Zur völligen Neukonstruktion fehlte infolge der Baubeschleunigung die Zeit. Die Ausmaße und die Bewaffnung der beiden Klassen entsprachen sich ziemlich genau. Die augenfälligste Verbesserung bestand in der Verdoppelung der Fahrstrecke auf fast 6000 sm bei 10 kn und etwa 3000 sm bei 16 kn Geschwindigkeit. Getreu Tirpitz' Zielsetzung wurde der Panzerschutz erheblich verbessert. Der Preis stieg von durchschnittlich 20 auf 22 Millionen Mark.

Durch das Vorziehen zweier Neubauten hatte sich für die Jahre 1899 und 1900 ein Dreiertempo ergeben. Dafür klaffte für 1901–03 eine Lücke. Nach eingehendem Durchrechnen des Programms mit Capelle entschloß sich Tirpitz, das 3. Geschwader schon vor 1903 zu fordern. In den Etat 1899/1900 packte er alle unbequemen, aber unumgänglichen Forderungen hinein, wie Dock- und

Werfterweiterungen und Personalvermehrungen. Dadurch sei es, meldete er dem Kaiser, nicht mehr notwendig, sich mit dem Geldausgeben für Schiffsbau zurückzuhalten. Im Romintener Immediatvertrag vom 28. September 1899 erlangte er vom Kaiser die Billigung zur Beibehaltung des Dreiertempos und zum Bau einer Flotte von 45 Linienschiffen und 15 Großen Kreuzern bis 1920. Daß die Lebensdauer zu einem günstigen Zeitpunkt von 25 auf 20 Jahre herabzusetzen war, galt im RMA als Selbstverständlichkeit. Nach 1920 war die Flotte gesetzlich im Dreiertempo zu erneuern. Bei dieser Flottenstärke und diesem Flottenbau würde England, erklärte Tirpitz dem Monarchen, nicht mehr mithalten können und Deutschland eine „große überseeische Politik" freigeben müssen.

Diese Flotte stellte keineswegs ein Endstadium dar. Tirpitz war sicher, daß die Erweiterung der Seeinteressen zu Forderungen aus dem Interessentenkreis nach zusätzlichen Schiffen für den Auslandsdienst führen würde. Der gesetzlich festgelegten 60-Schiff-Schlachtflotte ließen sich dann weitere Schiffe „aufpropfen", wie Tirpitz das Verfahren taufte.

Am 18. Oktober 1899 gab Kaiser Wilhelm II. den Start für die nächste Etappe, indem er anläßlich eines Stapellaufs mit dem berühmt gewordenen „Bitter not ist uns eine starke deutsche Flotte" die Flottenverstärkung ankündigte. Tirpitz nahm die Rede mit gemischten Gefühlen zur Kenntnis, da die Vorarbeiten im RMA noch kein vorlagereifes Stadium erreicht hatten. Vor allem der Eindruck, daß es sich nicht um eine aus den Bedürfnissen des Reiches gewachsene, sondern der kaiserlichen Autokratie entsprungene Entscheidung handle, war ihm unangenehm. Doch entschloß er sich Ende des Monats, die außenpolitische Lage auszunützen – England war durch den Ausbruch des Burenkrieges absorbiert –, und begann, den zögernden Reichskanzler mitreißend, die Flottenvermehrung auch politisch vorzubereiten.

Vereinheitlichung der öffentlichen Meinungsäußerungen der Marine

Schon bei seinem Amtsantritt hatte Tirpitz die Forderung erhoben, daß von seinem Konzept abweichende, öffentliche Meinungsäußerungen von Marineangehörigen nicht geduldet werden dürften. Als Maßstab wurde die These des amerikanischen Seekriegsgeschichtslehrers Alfred Th. Mahan, daß sich die Seeherrschaft nur vermittels einer Schlachtflotte erkämpfen und behaupten lasse, vorgeschrieben. Der erste Versuch dazu datiert bereits von 1895, als das OK „Influence of Sea Power" in deutscher Übersetzung verbreitete. Dem in der Marinerundschau ausgedrückten offiziellen, emphatischen Bekenntnis der Marine zu den Mahanschen Ansichten trat damals öffentlich der Kapitän zur See v. Maltzahn entgegen. Tirpitz gelang es, die Opposition seitens des vertrauten Freundes (s. S. 143) unter Ausklammerung der Sachfragen in ein Disziplinarproblem umzustilisieren: es könne „eine gegenseitige öffentliche Polemik über vitale Entwicklungsfragen der Marine, gleichgültig welcher Teil dabei sachlich und wissenschaftlich im Recht sein mag, z. Z. nur die Wirkung haben, daß die

Gegner unserer Flottenentwicklung den Schluß ziehen: Die Marine weiß selbst noch nicht, was sie will und wofür sie da ist.“ Der Kommandierende Admiral ließ sich davon überzeugen, daß es der Marine sinnvollerweise nicht auf die Zweckmäßigkeit, sondern auf die Existenz der Schlachtflotte anzukommen habe, und spracht dem Mahanskeptiker sein „ernstes Mißfallen“ aus. Der ehrliche und verantwortungsbewußte Maltzahn belehrte den Freund brieflich, er werde sich nicht davon abhalten lassen, auch weiterhin seine Meinung zu vertreten.

Curt Freiherr v. Maltzahn (1849—1930) diente 1866—1903. Einen guten Namen erwarb er sich bei den großen Flottenmanövern seit 1890 als Unparteiischer; so war er der Berufene, um später die geheime, kritische „Geschichte unserer taktischen Entwicklung“ zu schreiben, ab 1895 Seetaktik und Seekriegsgeschichte an der Marineakademie zu lehren und ab 1900 als deren Direktor zu wirken. 1903 wurde er nach wiederholten Zwistigkeiten mit Tirpitz im Rang eines Vizeadmirals verabschiedet.

In den vergangenen Jahren hatte die Freundschaft zwischen Tirpitz und Maltzahn den Austausch konträrer Ansichten noch zugelassen. Während der Vorbereitungszeit der Dienstschrift IX kritisierte Maltzahn den allgemeineren Teil. Er hakte bei der Begründung ein, die Schlachtflotte vermehre Deutschlands Bündniswert und fragte ganz naiv, welche Instanz denn überhaupt eine „allianzkräftige Flotte“ fordere? Das waren weder der Reichskanzler noch sein Auswärtiges Amt, sondern der Chef des Stabes des OK, Kapitän Tirpitz allein. Folgerichtig schloß er, daß das Zielobjekt der beabsichtigten Rüstung gar nicht die Allianz für Deutschland, sondern Schiffe für die Marine seien. Es gehe aber nicht darum, die deutsche Flotte, sondern darum, das Deutsche Reiche allianzkräftig zu machen, und für diesen Zweck hielt Maltzahn nur eine Flotte für sinnvoll, die „durch Schutz der Küsten der Armee den Rücken frei hält“. An die Strategie, die Kriegsentscheidung zur See zu suchen, glaubte er nicht. Scharf verurteilte er die operative Tendenz, alles auf die Karte einer einzigen Seeschlacht zu setzen, die er in der Anlage und Durchführung der Flottenmanöver erkannte. Er warnte vor einem Pyrrhussieg und vor der Gefahr, daß der Feind der Schlachtflotte die Rückkehr in die „eigene Haustür“ verwehren könnte, wenn der Küstenschutz weiterhin vernachlässigt würde. Abschließend wandte er sich gegen Tirpitz' Unduldsamkeit, die sich später noch so weit versteigen sollte, Kritik öffentlich als „Gift für die Flotte“ und „aus der Selbstmörderecke des deutschen Wesens“ entsprungen zu diffamieren. Die Behauptung, „in seiner schwierigen Stellung“ bedürfe das OK nicht der Kritik, sondern der Hilfe, entlarvte Maltzahn mit der lapidaren Frage „Hilfe gegen wen?“ als angemaßt und subjektiv, als larmoyanten Ausdruck zur Ideologie verkrusteter Schlachtflottenromantik.

In der Vorbereitungsphase des Zweiten Flottengesetzes stießen Tirpitz und Maltzahn erneut zusammen. Das Wirken des Seekriegsgeschichtslehrers, der die studierenden Offiziere aus der Fülle der historischen Erscheinungen heraus keineswegs zu einseitigen Anhängern der Entscheidungsschlachtmaxime erzog, war dem Minister ein Dorn im Auge. Das RMA interpretierte die pragmatische Analyse von militärischen Operationen als Irremachen des Publikums.

Maltzahn bezweifelte, daß die vollständige Seeherrschaft für den Ausgang eines Seekrieges immer und überall entscheidend gewesen sei. Die – von Tirpitz aufgegriffene – Gegenthese hielt er für eine Art britischen Propagandatrick und lehrte, „daß es England nur erwünscht sein könnte, wenn überall in der Welt sich die Ansicht festsetzte, einen Kampf *gegen* die Seeherrschaft gebe es nicht, es könne nur *um* die Seeherrschaft gekämpft werden. Wer dazu nicht im Stande ist, würde dann entweder den Krieg vermeiden und sich Englands Willen fügen oder er würde, wenn er zum Kampf gezwungen wäre, diesen nur gegen das Angriffsobjekt im Kampf um die Seeherrschaft: gegen die englische Kriegsflotte führen – Englands Handel, seine Küsten und seinen überseeischen Besitz aber nicht angreifen. Dann hätte England, was es will: der einzige Schaden, der ihm erwüchse, wäre der Kraftaufwand, der nötig ist, um die schwächere Flotte zu schlagen ...

Tödliche Waffen hat der Schwächere dem Stärkeren gegenüber aber überhaupt nicht, sonst wäre er nicht der Schwächere. Kann er ihm dauernd lästig fallen, ohne dabei selbst erschlagen zu werden, so hat er alles erreicht, was er vernünftigerweise erwarten kann ...

Mittel, die angeben, wie der Schwächere den Stärkeren besiegen soll, gibt es nicht. Darum ist die Aufgabe des Kampfes gegen die Seeherrschaft gar nicht der Sieg, sondern nur der verlängerte Widerstand."

Deutschland war aufgrund seiner geographischen Lage gegenüber England immer der Schwächere. Sein gegebenes Kampfmittel war nach Maltzahns Ansicht der Kreuzerkrieg gegen den britischen Seeverkehr, wobei eine ausreichende Schlachtflotte den Kreuzern das Gewinnen der freien See zu ermöglichen hatte. Maltzahn plädierte für eine umfangreiche Flottenrüstung, die aber nicht so einseitig ausgerichtet sein sollte, wie es jetzt geschah: „Will ein Staat solchen Kampf gegen Englands Seeherrschaft versuchen, so gehören dazu ...:

– eine geschickte Politik, die es vermeidet, England Bundesgenossen zu schaffen
– Kampfkraft für den Geschwaderkrieg
– und den Kreuzerkrieg
– geringe Verletzlichkeit der eigenen Seeinteressen."

Als Tirpitz im Herbst 1899 erfuhr, daß die Veröffentlichung der gesammelten Vorlesungen Maltzahns bevorstand, erwirkte er im Romintener Immediatvortrag (s. o.) deren Verbot. Der geachtete Lehrer war und blieb noch tabu. Es gelang dem Minister nur, zur Warnung den Direktor der Marineakademie, Konteradmiral Iwan Oldekop, der sich dem Verbot widersetzte, ablösen zu lassen.

Als weiterer Kritiker der Tirpitzschen Interpretation des Mahanismus wurde Vizeadmiral z. D. Victor Valois angegriffen, der einer allerhöchsten Abmahnung zuwider eine ebenfalls den Kreuzerkrieg gegen England propagierende Broschüre veröffentlichte. Auch Valois hielt den Glauben an die siegreiche Entscheidungsschlacht für unrealistisch. Wilhelm II. wollte den Admiral zunächst vor ein Kriegsgericht stellen, beließ es aber schließlich doch bei einer „sehr groben Order". Eine Vorschrift über die literarische Tätigkeit von aktiven und pensionierten Offizieren machte Veröffentlichungen, die amtliches Material benutzten, von der Genehmigung des vorgesetzten Immediatbefehlshabers abhängig und legte nachdrücklich eine Konsultationspflicht beim RMA nahe. Die öffentliche Diskussion grundsätzlicher Fragen verstummte. Tirpitz hatte ein wesentliches Friktionsmoment bei der Steuerung der öffentlichen Meinung beseitigt.

Es ist Tirpitz gelungen, bei der Finanzierung der Flottenagitation mit sehr geringen amtlichen Geldmitteln auszukommen. Zum Teil profitierte er von der Bereitschaft angesehener, vom Navalismus erfaßter Persönlichkeiten, sich aus Begeisterung unentgeltlich, ja sogar auf eigene Kosten zu engagieren; als wichtigste Gruppe sind die etwa 270 „Flottenprofessoren" zu nennen, akademische Lehrer, die mit Wort und Schrift von irgendeinem Aspekt her zur Seeinteressenforschung beizutragen wußten und dabei großen Wert auf ostentative Unabhängigkeit von der Kaiserlichen Marine legten. Die Kolonialgesellschaft und die Alldeutschen waren ebenfalls von Nutzen. Die Grundlage der Flottenagitation bestand jedoch aus Spenden der am gesteigerten Schiffsbau interessierten Industrie.

Seit November 1895 verhandelten die Schwerindustrie und die preußische Regierung als Voraussetzung des Flottenbaus über Mittel und Wege, die durch Qualität und Billigkeit gegebene englische Vorherrschaft auf dem Sektor Schiffsbleche und -stähle in Deutschland zu brechen. Im Juni 1897 verbesserte die Gründung des Grobblechsyndikats unter Führung Krupps, der bereits vorsorglich die Germaniawerft gekauft hatte, sowie der Schiffsbaustahlvereinigung die Preissituation. Im Februar 1898 leistete die Regierung mit Frachtermäßigung auf der preußischen Staatsbahn ihren Beitrag. Diese Entwicklung war das direkte Ergebnis von Tirpitz' erstem Versuch, eine geschlossene Marinepolitik zu beginnen (s. S. 167 f.); die Antriebswelle lief vom Kaiser über die Gelenke Senden und Lucanus, einem engen Vertrauten Krupps, zum Kanonenkönig. Die Schwerindustrie wartete nun auf den Flottenbau und zögerte nicht, Beiträge zu dessen Ankurbelung zu leisten.

Zum Brennpunkt von emotionalem und berechnendem Navalismus entwickelte sich der „Deutsche Flotenverein". An dessen Anfang stand der Patriotismus. Der Berliner Lebertranfabrikant J. E. Stroschein hatte ohne Scheu vor persönlichen materiellen Opfern die Gründung eines Flottenbundes der Idealisten vorbereitet, der als eine Art „Volksschule zur Vorbereitung der Marine-Elementarkenntnisse" (Kehr) wirken wollte. Doch vergeblich bemühte sich Stroschein um das Protektorat des Kaisers und um Hilfe des RMA bei der Herausgabe einer aufwendigen Flottenzeitschrift. Tirpitz hatte sich bereits in einer anderen Richtung gebunden und lehnte jede Unterstützung der autonomen Flottenbewegung brüsk ab.

Die Ziele der Marine ließen sich eher mit denen der Schwerindustrie verbinden. Nachdem sich anhand der Kaiserhof-Versammlung gezeigt hatte, wie gut die beiden Kräfte zusammenarbeiten konnten, begünstigte Tirpitz eine andere Vereinsgründung, in der Krupp und seine Freunde den Ton angaben. Organisator des am 30. April 1898 gegründeten „Deutschen Flottenvereins" war Henry Axel Bueck, der Generalsekretär des Centralverbandes Deutscher (Schwer-) Industrieller. Zwar erschienen zu diesem Anlaß auch Woermann und Wiegand, aber die Gründungsversammlung und der erste gewählte Vorstand wurden von der rheinischen Schwerindustrie beherrscht. Friedrich Alfred Krupp erschien selbst, brachte seinen Generaldirektor J. F. Jencke mit und setzte die Wahl seines

Hausjournalisten Victor Schweinburg zum Sekretär durch. Mit dieser Gründung kam man Stroschein knapp zuvor, von dem eine sammlungswidrige antiagrarische Haltung zu erwarten war. Wilhelm II., der über die Absichten und Motive unterrichtet worden war, wünschte durch Lucanus „dem patriotischen Unternehmen einen guten Fortgang" und ließ seinem Bruder, Admiral Prinz Heinrich von Preußen, das Protektorat antragen.

Mit dem „Hauptverband Deutscher Flottenvereine im Ausland" entstand wenige Wochen später eine ergänzende Organisation, deren Protektorat Herzog Johann Albrecht von Mecklenburg übernahm; der Hauptverband hing eng, z. T. in Personalunion der Leitung, mit der Kolonialgesellschaft zusammen. Als Ausgleichsgewicht gegen den Flottenverein begrüßte ihn Tirpitz sehr, sah aber auf Dauer seine Erwartungen nicht erfüllt. Nach der Jahrhundertwende fusionierten beide Verbände.

Die Schwerindustrie institutionalisierte ihren Einfluß im Flottenverein durch organisatorische Bestimmungen über den Vorstand und die Generalversammlung, deren auf der Gründungsversammlung durch Wahl zustande gekommene Zusammensetzung zunächst nur auf dem Weg der Kooptation zu ändern war. Außerdem wurde hierarchisch und regional das Prinzip des strengen Zentralismus durchgeführt, das Initiativen von unten ausschloß. Die Stroschein-Gruppe trat teilweise dem Flottenverein bei; ihre Spitze wurde in die Vereinsleitung kooptiert. Die Idealisten waren als eigenständige Kraft aber keineswegs ausgeschaltet. Unter Führung der Professoren Gustav Schmoller und Hans Delbrück hielten sich die sozialpolitisch engagierten Intellektuellen mit ihrer „Freien Vereinigung für Flottenvorträge" außerhalb, nachdem Schweinburg die Umwandlung zum Typ des demokratisch gelenkten Volksvereins abgelehnt hatte.

Der Flottenverein begann unverzüglich eine Kampagne für eine über das Erste Flottengesetz hinausgehende maritime Aufrüstung. Nach der ersten Euphorie, in der der Beitritt aktiver und inaktiver Beamter und Offiziere von amtswegen vorbehaltlos gefördert worden war, gingen Tirpitz und die ganze Regierung vorsichtig auf Distanz. Zu unverhüllt war die Aktion einseitig von den wirtschaftlichen Interessenten getragen, um breitere Resonanz finden zu können. Schweinburg machte zynischerweise kein Hehl daraus, „der Flottenverein sei gar nicht wegen der Flotte, sondern zur Hebung der Schiffsindustrie geschaffen worden". Sein Hauptkontaktpartner war nicht Tirpitz, sondern Lucanus. Die Presse beurteilte die Entwicklung sehr negativ. Aus Sorge vor überspitzten Forderungen und vor Unglaubwürdigmachung des RMA trat Tirpitz nach einem massiven Angriff des Zentrums persönlich mit der Bitte an Krupp heran, Schweinburg zurückzuziehen, was unter Äußerungen der Verstimmtheit Ende 1899 geschah.

Nun vollzog sich „die Umwandlung des Kruppschen Reklamebüros in einen ideologischen Verein" (Kehr). Zur Zeit von Schweinburgs Rücktritt zählte er rund 90 000 individuelle und 150 000 korporative, etwa 300 Institutionen und Vereinen zugehörige Mitglieder. (Die Millionengrenze wurde 1909 überschritten.) Die Finanzbasis in Essen ging ihm keineswegs verloren. Bei diesem personellen und materiellen Rückhalt konnte der Flottenverein seine neuformulierte Aufgabe wirkungsvoll erfüllen: das deutsche Volk im Sinn der Seeinteressenlehre zu erziehen. Er tat das in Tuchfühlung zum Nachrichtenbüro des RMA mit dem Monatsblatt „Die Flotte" (Auflage um 300 000), der Wochenzeitschrift „Überall", der Presseagentur „Allgemeine Marinekorrespondenz", dem „Deutschen Flottenkalender" und zahllosen Broschüren, Plakaten und Veranstaltungen.

Sammlungs- und Marinepolitik

Der Kampf um die Durchbringung des Ersten Flottengesetzes war noch nicht entscheidend von der Sammlungspolitik bestimmt gewesen. Das Zweite dagegen gehört untrennbar in den Kontext der Sammlung, unter deren Vorzeichen alle politischen Aktivitäten im Deutschland der Jahrhundertwende standen. Das marinepolitische Spezialproblem stellten jetzt die Agrarier und ihre Interessentenvertretung durch die beiden konservativen Parteien und das mit ihnen zusammengehende Zentrum dar.

Nordamerikas Hochschutzzoll, Englands Kündigung des Freihandelsvertrages und Lateinamerikas Abschließungstendenzen hatten die deutsche Industrie vom Freihandel zum Schutzzoll und zum Primat des inneren Marktes umschwenken lassen. Handelspolitisch trennte sie damit kein Prinzip mehr von den Agrariern, die wegen der landwirtschaftlichen Strukturkrise, die einige Jahre nach der Reichsgründung eingesetzt hatte, schon lange ihr Heil im Schutzzoll suchten. Entschieden gegen den Schutzzoll war natürlich der Handel.

Nun wären eigentlich Industrie und Handel in der Flottenfrage die gegebenen Partner gewesen. Aber für erstere war der Flottenbau ein reales Mittel, um die Exporteinbußen auf dem Binnenmarkt zu kompensieren, wozu die Produktion von Linienschiffen ebenso taugte wie die von Kreuzern, während letzterer auf den Imperialismus gegen die unterentwickelten Märkte abhob, „in denen wir nur dann gleichwertig mit den anderen Großmächten behandelt werden und gleiche Handelsvorteile erringen und behaupten können, wenn wir gleichfalls als achtunggebietende Seemacht dastehen", und demgemäß Kreuzer brauchte.

Die Landwirtschaft betrachtete die „gräßliche Flotte" dagegen „kühl bis ans Herz hinan", solange zu vermuten war, daß sie dem Imperialismus des Handels dienen sollte; als Schlachtflotte mit reinen Verteidigungsaufgaben war sie ihr gleichgültig. Handel und Landwirtschaft konnten auf keinen Fall die alte Harmonie wieder herstellen, die in den Zeiten des großen Getreidegeschäfts mit England bestanden hatte. So war als Flottenbaukoalition nur die von Industrie und Landwirtschaft möglich, die mit dem Wunsch von Kaiser und Marine konform ging. Nur paßte diese Allianz nicht in den Eckpfeiler von Tirpitz' Argumentation, in die Seeinteressentheorie hinein.

In diesem Zusammenhang wird eine weitere Dimension des Ringens um den Flottenverein deutlich. Miquel hatte sich, um die Agrarier auf Flottenbaukurs zu bringen, Anfang 1898 intern zu einem Junktim zwischen Flottenbau und Getreidezöllen verpflichtet. Den Flottenverein gründete Krupp, wie er Wilhelm II. schrieb, als ausführendes Organ dieser Bestrebungen. Der Verein bedeutete also eine regelrechte Kampfansage an die Gegensammlung, wie vollends klar wurde, als Schweinburg, der Vertrauensmann von Krupp und Miquel, die Katze aus dem Sack ließ. Im November 1899 brachte er den Vorschlag an die Öffentlichkeit, die Getreidezölle zu erhöhen und damit den Flottenbau zu finanzieren. Die Zustimmung der Agrarier und der Konservativen fiel ebenso positiv aus wie die des Handels und der Liberalen negativ. Das war das politische Motiv für den Sturz Schweinburgs durch Tirpitz.

Krupp wies in dieser Krise den Kaiser brieflich darauf hin, daß mit der Zurückziehung des Sekretärs die Aufgabe des Flottenvereins im Rahmen der Sammlungspolitik ernstest gefährdet sei. Der Monarch stellte aber Tirpitz und die Flotte höher als Miquel und die Sammlung, unterstützte den Marineminister und signalisierte über Lucanus seine Zustimmung zur Abberufung Schweinburgs.

Zur Begünstigung der Gegensammlung veranlaßt sah er sich durch die „Kanalrebellion" der Konservativen. Ein Lieblingsprojekt Wilhelms II. war der Bau des Mittellandkanals, in dessen Befürwortung Industrie und Handel – mit Ausnahme Hamburgs – einig gingen: Die Agrarier erkannten richtig, daß diese Verbesserung der Verkehrsverhältnisse den Aufschwung ihrer beiden sozioökonomischen Rivalen außerordentlich begünstigte. Sie sahen geradezu eine Existenzbedrohung darin und ließen die Vorlage ohne Hemmungen vor der Ungnade ihres Herrn im zuständigen preußischen Abgeordnetenhaus scheitern.

Ende Februar 1900 gab Tirpitz seine Bemühungen um eine Gegensammlung auf. Er hatte die Einsicht gewonnen, daß die Bewilligung der Flotte ohne die Annahme der agrarischen Forderungen nicht zu erreichen war. Offen für alle Möglichkeiten hatte er sich schon immer gehalten, da es ihm ja nicht auf wirtschaftlichen und politischen Einfluß an sich, sondern nur instrumental ankam. Miquels programmatischem Vortrag vom 19. April 1898 im preußischen Staatsministerium hatte er nicht widersprochen. Im Mai 1898 erklärte er vor dem Ministerrat, daß er die höchstmögliche Getreideautarkie – und damit den Zollschutz der Landwirtschaft – befürworte, weil er im Kriegsfall die Sperrung der Zufuhr durch eine englische Konterbandeerklärung erwarte. Letztes Schwanken beseitigte die Sitzung der Budgetkommission vom 25. April 1900, in der sich das Zentrum für Agrarzölle stark machte. Tirpitz hatte, wie Ekkehard Böhm jetzt herausgearbeitet hat, vergebens „gehofft, die Flottenfrage aus den Zolltarifberatungen heraushalten zu können. Nun, wo seine Antisammlungspolitik bis hin zur Arbeiterschaft gescheitert und das für die Annahme der Flottenvorlage entscheidende Zentrum auf Sammlungskurs gegangen war, warf der Admiral alles über Bord, was er vorher vertreten hatte. Er ging in das Lager der Sammlung über und wollte die Flotte nur noch als militärisches Instrument, nicht mehr als ideologisches Mittel zur Änderung des Kurses der deutschen Innenpolitik verstanden wissen – wenn anders man sie ihm nicht bewilligen wollte ... Den Agrariern war es gelungen, die Flotte, die ursprünglich die Sammlungspolitik hatte bekämpfen sollen, zu einem Instrument ihrer Verteidigung umzudrehen. Nichts könnte diesen Vorgang deutlicher illustrieren als der Positionswechsel des Admirals Tirpitz ... Gerade die Flotte, die die Handelsinteressen hätte fördern sollen, war von der Sammlung dazu benutzt worden, eben diese Interessen zu schädigen, und für diese Flotte – Gipfel der Ironie – mußte der Handel auch noch Sondersteuern zahlen".

Der Burenkrieg als marinepolitischer Faktor

Nach Abschluß des „Angola-Abkommens" Ende August 1898, in dem sich Deutschland und England Anwartschaften auf das portugiesische Kolonialreich zugesichert haten, entkrampfte sich das von Mißhelligkeiten und Konflikten gekennzeichnete Verhältnis der beiden Mächte in bezug auf das südliche Afrika. Die Reichsleitung befreite sich vom falschen Schein der Selbstverpflichtung zur Protektion der Buren, die sie der anglophoben und burenbegeisterten deutschen Öffentlichkeit einige Jahre lang vorgegaukelt hatte. Ein großes Risiko hatte sie nie eingehen wollen; erst die englische Reaktion auf die Krügerdepesche hatte ihr bewußt gemacht, wie schlüpfrig das südafrikanische Pflaster war. Die unwahrhaftige Parole „Weltpolitik", mit der von den inneren Problemen des Reiches abgelenkt werden sollte, hatte ihre Gefährlichkeit offenbart. Nun verzichtete die Reichsleitung leichten Herzens auf weiteres Eindringen in Transvaal und auf Einmischung in die inneren Händel des britischen Empire. Ihre Absicht, von den südafrikanischen Verwicklungen zu profitieren, band sie an das Vorgehen Englands. Materiell waren die einst hochgestochenen Pläne inzwischen auf den Wunsch geschrumpft, einen brauchbaren Hafen für die deutsche Kolonie Südwestafrika zu gewinnen.

Mit Englands Verzicht auf seine Exklave Walfischbay, den natürlichen Hafen der Kolonie, war nicht zu rechnen. Die deutsche Aufmerksamkeit richtete sich auf die Große Fisch- und Tigerbay, etwa 100 km nördlich der Grenze. Die Kaiserliche Marine maß ihr als Stützpunkt nur geringen Wert bei. Deutscher Interessent war die Disconto-Gesellschaft, die einen Zugang zu ihrer Otawi-Minenkonzession brauchte. Im Frühjahr 1899 trat Cecil Rhodes' Gesellschaft die entsprechenden Rechte, die sie auf portugiesisch-angolanischem Gebiet besaß, an sie ab.

Außenminister Bülow rechnete im Herbst 1899 damit, daß die Engländer bei Ausbruch des – mit Sicherheit bevorstehenden – Burenkriegs umgehend die portugiesisch-moçambiquische Delagoabay besetzen, die einzige von ihnen nicht kontrollierte Seeverbindung der Afrikaander. Bülow entschloß sich, diese Okkupation ohne Protest hinzunehmen und statt dessen im Gegenzug die Inbesitznahme der Tigerbay einzuleiten. Am 12. September 1899 befahl der Kaiser, seinem Rat folgend, auf den bloßen Verdacht einer englischen Aktion hin die Schiffsbewegungen für einen improvisierten Handstreich. Da die Engländer auf sich warten ließen, fand der Admiralstab Zeit für die Ausarbeitung eines detaillierten Operationsplans. Doch wurde aus dem Unternehmen in allen Phasen nichts, da die Engländer die Buren mit subtileren Mitteln als der Aggression gegen Neutrale blockierten.

Die deutschen Interessen an der Tigerbay waren immerhin so stark, daß während des Hereroaufstandes 1904 ein unvermuteter Überfall durch die in Südwest versammelte Truppenmacht vorgeschlagen wurde. Erst der Ausbau Swakopmunds und die Fertigstellung der Bahnlinie Swakopmund–Windhuk–Otawi brachte derartige Wünsche zum Verstummen.

Vom Burenkrieg zog das Deutsche Reich, um einen relevanten Spezialfall aus der Fülle der politischen Vorteile herauszugreifen, auf ganz andere Weise längerfristigen „Gewinn". Lachender Dritter war nämlich Tirpitz. Die Marine profitierte politisch von der intensiven und nervösen Jagd der Engländer auf Konterbande, die über Moçambique in die Burenrepubliken laufen konnte. Als die lokalen Kräfte der britischen Marine, gegen den Willen des um Mäßigung und Vorsicht bemühten Foreign Office, nicht nur beliebige deutsche Schiffe sondern auch mit Sicherheit honorige Reichspostdampfer der Deutschen Ostafrika-Linie beschlagnahmten, brach in Deutschland ein Sturm der Entrüstung los. Das Recht auf Durchsuchungen und gegebenenfalls Prisenprozesse gestand man den Briten im allgemeinen zu. Aber Regierung und Wirtschaft vermuteten darin, da schon der deutsche Geschäftsverkehr durch die englische Postkontrolle empfindlich getroffen wurde, einen bewußten Versuch zur Benachteiligung der deutschen Wirtschaft in Ost- und Südafrika, wo die Absorption Englands durch den Krieg der Konkurrenz unverhoffte Penetrationschancen eröffnete.

Der Reichstag war sich in der Verurteilung des englischen Vorgehens so einig wie selten. Bülow mußte erhebliche Mühe aufwenden, um die erregten Abgeordneten im Hinblick auf seine um Ausgleich mit der Insel bedachte Außenpolitik abzuwiegeln. Unter dem Aspekt der Marinepolitik beurteilte die Regierung die Lage kaltblütiger als die Öffentlichkeit, ja geradezu erfreut, wie Wilhelm II. in seinen Memoiren berichtet:

„Tirpitz rief aus: ‚Jetzt haben wir den Wind, den wir brauchen, um unser Schiff in den Hafen zu bringen; das Flottengesetz geht durch. Euere Majestät müßten dem englischen Kommandanten noch einen Orden verleihen ...' Der Reichskanzler bestellte Sekt, und so tranken wir drei mit Dank an die englische Marine, die sich so hilfreich erwiesen ..."

Der Kaiser wies Tirpitz, der die Vorarbeiten noch nicht ausgefeilt hatte, an, die Flottenvorlage schleunigst einzubringen. Der Minister hätte die ostentative Anglophobie der Vorlage unter den gegebenen Umständen gern vermieden, konnte die Gunst der Situation aber unmöglich verschenken. Der Vorteil war so augenscheinlich, daß ein bayerischer Reichstagsabgeordneter die Beschlagnahmungen als von Berlin inszeniert hinstellte. Die offiziöse Presse wurde veranlaßt, die Ereignisse vor der afrikanischen Ostküste mit Nachdruck und konsequent, aber ohne Schärfe gegen England, für das Flottengesetz zu verwenden. Bülow beurteilte im Reichstag die Vorgänge als reine Machtfrage, worin ihn Völkerrechts-Flottenprofessoren unterstützten. Ernst von Halle hütete sich, ein besseres Seerecht zu fordern; kühl und ohne Entrüstung gegen England erklärte er das Seerecht zum objektiven Machtproblem, das allein durch den Schlachtflottenbau zu lösen sei. Auch der Handel schwenkte nun, vom Nordseekonzept überzeugt, vom Kreuzer- auf den Schlachtschiffbau um; die Berliner Kaufmannschaft gab ihren Widerstand auf, und triumphierend gelangte Woermann an die Spitze des Deutschen Handelstages, der ohne Gegenstimmen die parlamentarische Annahme des Flottengesetzes in der vom RMA vorgelegten Form forderte.

Bei den Verhandlungen zwischen der Regierung und dem zuständigen Parlamentsausschuß schälten sich drei unabdingbare Wünsche der zur Annahme des Gesetzes bereiten Parteien heraus: Klarheit über die Kostendeckung durch Steuern und Zölle, Kompensationen für die im Gegensatz zu Industrie und Handel vom Flottenbau selbst nicht profitierende Landwirtschaft, redaktionelle Verschmelzung der bisher als Novelle entworfenen Vermehrungsvorlage mit dem Ersten Flottengesetz zu einem einheitlichen Zweiten. Außerdem durfte das Zentrum, zum Beweis seiner antiimperialistischen, sammlungsfreundlichen Haltung, einen Posten große Auslandskreuzer streichen; freilich waren sich alle Beteiligten darüber klar, daß es sich wahrscheinlich nur um einen Aufschub handelte, da die Kreuzer planmäßig erst 1906 zum Bau anstanden, und daß in diesem Jahr das RMA die Forderung erneuern würde.

Die Finanzierung wurde durch Erhöhung bzw. Einführung von Stempelgebühren auf Wertpapiere, Kaufgeschäfte, Lotterielose, Kuxe und Schiffsfrachturkunden, durch Erhöhung der Zölle auf alkoholische Getränke und Schwefeläther sowie durch noch festzulegende Steuern auf inländischen Schaumwein und Saccharin gesichert. Der Anteil der Anleihefinanzierung wurde durch Übernahme der Armierung und von 6 Prozent der Schiffbaukosten auf den ordentlichen Etat gesenkt. Zugunsten der ostelbischen Großagrarier wurden die Reichsgrenzen für den „erforderlichen Zuzug“ billiger Gastarbeiter geöffnet (vor allem Polen).

Das Bedürfnis, der Flottenvermehrung zuzustimmen, war so allgemein – der Bund der Landwirte hielt jetzt sogar ein ausdrückliches Bekenntnis zur „Weltmachtstellung“ für angebracht –, daß die befürwortenden Parteien nicht, wie noch 1898, auf der Fixierung einer Geldgrenze bestanden. Gegen den Widerspruch der Abgeordneten Richter und Bebel stellte ein Zentrumsredner im Namen der Flottenparteien fest, das Budgetrecht des Reichstages sei dennoch in vollem Umfang gewahrt. Der freikonservative Abgeordnete und Panzerplattenfabrikant v. Stumm verwahrte sich namens der Industrie gegen den Vorwurf übermäßiger Gewinne. Nach der Bewilligung der Finanzierungsbestimmungen erfolge die Annahme des Zweiten Flottengesetzes mit einer Mehrheit von 201 : 103 von insgesamt 397 Stimmen.

Der Schiffsbestand wurde für die Schlachtflotte auf 2 Flottenflaggschiffe, 4 Geschwader zu je 8 Linienschiffen, sowie 8 Große und 24 Kleine Kreuzer, und die Auslandsflotte auf 3 Große und 10 Kleine Kreuzer festgelegt. Einschließlich der Materialreserve von 4/3/4 ergab das einen Sollbestand von 38 Linienschiffen, 14 Großen und 38 Kleinen Kreuzern. Die übrigen Schiffszahlen unterlagen weiter der Absprache von Regierung und Parlament.

Das 1. und 2. Geschwader mitsamt den zugeteilten Aufklärungsstreitkräften sollte die modernsten Einheiten umfassen und die „aktive Schlachtflotte“ bilden, das 3. und 4. Geschwader aus den älteren Schiffen die „Reserveschlachtflotte“. Die Lebensdauer- und Indiensthaltungsbestimmungen wurden sinngemäß und fast unverändert vom Ersten Flottengesetz übernommen.

Die Küstenpanzer wurden in die Klasse der Linienschiffe versetzt und auf den

Sollbestand als vorhanden angerechnet. So ergab sich als Neuforderung optisch nicht viel mehr als ein Geschwader.

Nach Fertigstellung des dritten Geschwaders sollten planmäßig bestehen: die Reserveschlachtflotte aus den Schiffen der „Brandenburg"-, „Sachsen"-, „Siegfried"-Klasse und „Oldenburg", die aktive Schlachtflotte aus „Kaiser"-, „Wittelsbach"-, „Braunschweig"-(Entwurf 1900/01) und „Deutschland"(Entwurf 1901/02)-Klasse. Nach Abschluß der 17 Neubauten sollte der vorgezogene Ersatz der Reserve beginnen.

Tirpitz gab amtlich an, die Flotte zur Sicherung der wirtschaftlichen Entwicklung des Deutschen Reiches, insbesondere seines Welthandels zu bauen. Sie sollte „einen Frieden in Ehren" sichern, denn ein Seekrieg um Wirtschaftsinteressen würde so lange dauern, bis der Überlegene den deutschen Seehandel erwürgt hätte. Die geographische Lage Deutschlands begünstige seine Blockade, die nahe durch Linienschiffe vor den wenigen Haupthäfen und die ferne durch Kreuzer im Skagerrak, Ärmelkanal, Norden von Schottland sowie vor Gibraltar, Suez, dem Kap der Guten Hoffnung. Im Krieg sei die Verteidigung des eigenen Handelsverkehrs und der neutralen Zufuhr aus diesen Gründen einfach nicht möglich.

Als Kern der Rechtfertigung des Schlachtflottenbaus leitete Tirpitz aus diesen Erwägungen etwas Neues, die einleuchtend und glaubwürdig klingende „Risikotheorie" ab. Für das Deutsche Reich, das im Seekrieg (unausgesprochen: gegen England) immer unterlegene, gebe es als einziges Mittel die Abschreckung: „Deutschland muß eine so starke Schlachtflotte besitzen, daß ein Krieg auch für den seemächtigsten Gegner mit derartiger Gefahr verbunden ist, daß seine eigene Machtstellung in Frage gestellt wird. Zu diesem Zweck ist es nicht unbedingt erforderlich, daß die deutsche Schlachtflotte ebenso stark ist, wie die der größten Seemacht, denn diese wird im allgemeinen nicht in der Lage sein, ihre sämtlichen Streitkräfte gegen uns zu konzentrieren. Selbst wenn es ihr aber auch gelingt, uns mit größerer Übermacht entgegenzutreten, würde die Niederkämpfung einer starken deutschen Flotte den Gegner doch so erheblich schwächen, daß dann trotz des etwa errungenen Sieges die eigene Machtstellung zunächst nicht mehr durch eine ausreichende Flotte gesichert wäre."

Zu einer historisch-kritischen Beurteilung der Risikotheorie: „Es ist auf die Dauer völlig unmöglich, daß unsere Flotte in dem Gedanken lebt, für England nur in dem Sinne ein Risiko zu sein, daß sie, wenn auch selbst geschlagen, doch vielleicht die maritime Machtstellung Englands den Neutralen gegenüber verschieben könnte. Unsere Flotte bedarf zur Erhaltung des inneren moralischen Elements wie zum äußeren Erfolg unbedingt einer militärisch brauchbaren Chance gegen England", sagte der vertraute Heeringen (s. S. 189 f.) später. Manche Marinehistoriker nahmen und nehmen die Risikotheorie trotzdem immer noch für bare Münze. Tirpitz meldete allerdings, als im Jahr 1911 die Großkampfschiffrelation recht günstig 14:9 war: „Unsere Chancen im Krieg mit England sind zurzeit durchaus unzureichend. In der Öffentlichkeit kann ich das natürlich nicht zugeben." Auch heißt es, wie der Politiker und Historiker der Zentrumspartei, Karl Bachem, schreibt, „Tirpitz habe zu oft geflüstert, daß der Kampf gegen England eines Tages doch kommen werde." Nach Berghahn hat Tirpitz selbst Bülow anvertraut, daß die Risikotheorie nach Fertigstellung der Flotte ihre Bedeutung verliere.

Gesamtpolitisch kam die Flottengesetzgebung – die marinepolitisch noch zu drei Novellen führte – zum Abschluß mit der Zolltarifreform von 1902 und den folgenden Handelsverträgen. Die Anhänger der Seeinteressentheorie fanden sofort heraus, daß die Drosselung des Außenhandels und die Flotte wie die Faust aufs Auge zueinander paßten. Bald erkannten auch die Funktionäre der modernen Wirtschaftssektoren, daß sie von den Agrariern eigentlich wirtschaftlich übervorteilt worden waren. Während der überschäumenden Konjunkturwellen von 1902–07 und 1909–13 konnten die Betroffenen diese Einsicht getrost beiseite schieben. Ihre Parteivertreter mußten sich allerdings Rechenschaft darüber ablegen, daß sie mit der Sammlung, manifestiert durch Flottenbau, Kanalverzicht und Zölle, das innen- und gesellschaftspolitische Feld den konservativen Kräften überlassen hatten.

3. Die Kaiserliche Marine zwischen Rüstung und Kriegsbereitschaft

a. Die Auflösung des Oberkommandos

Bald nach dem Dienstantritt des neuen Marineministers gewann der alte Konflikt zwischen RMA und OK an Schärfe. Tirpitz legte das „Stillhalteabkommen", das er mit Knorr getroffen hatte, extensiv zu seinen Gunsten aus, erneuerte die alten Ansprüche seiner Behörde und zog alle Gegenstände, die die Ressortgrenzen berührten, in seinen Bereich hinüber. Den äußeren Konfliktstoff barg die Frage der Zuständigkeit in Übersee, also für Auslandsschiffe und Stützpunkte. Entscheidend war freilich die Weisung des Ministers, den Anspruch des OK auf Mitwirkung an der Bauplanung einfach zu ignorieren und die Front mit der Flottenvorlage vor vollendete Tatsachen zu stellen. Der Kommandierende Admiral v. Knorr war als ältester Soldat der Kaiserlichen Marine nicht gewillt, sich von dem Politiker einschränken zu lassen. So nahm der Kampf eine ungewöhnliche Schärfe an.

Das Marinekabinett wetzte in zahllosen Vermittlungsaktionen seine Autorität so weit ab, daß es sich nur noch durch die Herbeiführung einer allerhöchsten Intervention behaupten zu können glaubte. Der Kaiser schützte das Kabinett, indem er dessen Rolle als zentrales Kommandoorgan unterstrich, mit dem Erfolg, daß die Kritik an der „Kabinettspolitik" absolutistischen Stils von allen Seiten wuchs und der Kommandierene Admiral, die ausführende Gewalt des kaiserlichen Willens, innerhalb der Marine – und sogar vor Wilhelm II. selbst – Boden gewann. Damit wurde zugleich die interne Opposition gegen den einseitigen Schlachtflottenbau gestärkt.

Tirpitz reagierte auf die Bedrohung seines Rüstungsprogramms, das er mit dem Ersten Flottengesetz erfolgreich eingeleitet hatte und nun mit der Vorbereitung des Zweiten Flottengesetzes auf die nächste Stufe hob, mit der Ankündigung seines Rücktritts. Mehr als die Kompetenz in den Überseefragen, an denen sich der Konflikt vordergründig immer wieder entzündete, erreichte er damit nicht. Knorr verteidigte den Primat des ältesten Soldaten mit Zähigkeit und Aggressivität. Von den Argumenten der beiden verdienten Männer hin und her gerissen, neigte der Kaiser zeitweise dazu, den Kommandierenden Admiral enger mit seiner Kommandogewalt zu identifizieren als den Minister, der ihm durch die parlamentarische Verantwortlichkeit mediatisiert zu sein schien. Tirpitz sah sich und sein Programm bereits ernstlich in Gefahr. Sein Fußfassen in den nichtmilitärischen Eliten machte es ihm möglich, eine wissenschaftliche Kapazität als gewichtigen Verbündeten zu mobilisieren: auf sein Ersuchen hin stellte ihm der führende deutsche Staatsrechtler Professor Paul Laband ein Gutachten zur Verfügung, das auch das RMA als Organ der kaiserlichen Befehls- und Kommandogewalt auswies. Unschwer ließ sich aus der Rechtsauffassung Labands ableiten, daß das OK eigentlich überflüssig und auch strukturell der Störfaktor war, als der es sich in der Praxis darstellte.

Im Sommer 1898 heizten die wenig zimperlichen Kontrahenten den Konflikt bis zu einer Hitze an, die jede gedeihliche Zusammenarbeit beendete. Knorr verlangte die Ablösung des Ministers, Tirpitz die Auflösung des OK. Nach langem Schwanken entschied der Kaiser zugunsten des Staatssekretärs, der ihn mit dem Ersten Flottengesetz vom Parlament frei gemacht hatte und dem es oblag, diese Freiheit bei der planmäßigen nächsten Flottenvermehrung zu verteidigen. Mit Kabinettsorder vom 14. März 1899 hob Wilhelm II., nachdem er Knorr den erbetenen Abschied bewilligt hatte, das OK auf und verteilte einen Großteil von dessen Aufgaben auf die Krone, das RMA und eine Reihe von Dienststellen und Kommandos, die zu Immediatbehörden aufgewertet wurden. Der anfangs Kommando-, zuletzt Admiralstabsabteilung genannte Kern des OK blieb als „Admiralstab der Marine“ übrig. Den Beteiligten schienen die Nachteile der Zersplitterung, die ihnen durchaus bewußt waren, von den Vorteilen weit überwogen zu werden. Sie trugen keine Scheu, noch weitere Ausgliederungen vorzunehmen.

In der Ära Tirpitz besaßen oder erhielten auf diese Weise Immediatrang:

- der Staatssekretär des Reichsmarineamts
- der Chef des Marinekabinetts
- der Chef des Admiralstabs
- der Chef der Ostseestation
- der Chef der Nordseestation
- der Generalinspekteur der Marine
- der Inspekteur des Bildungswesens der Marine
- der Chef des I. Geschwaders bzw. Flottenchef (s. S. 231 ff.)
- der Chef des Kreuzergeschwaders
- alle Kommandanten einzeln fahrender Auslandsschiffe und -verbände.

b. Der Admiralstab

Bendemann und Diederichs

In der Denkschrift, mit der Wilhelm II. endgültig für die Auflösung des OK gewonnen worden war, hatte Tirpitz einleuchtend dargelegt, daß sich der

Schwerpunkt der Aufgaben innerhalb der Marine verlagert hatte. Für die vergangenen 90er Jahre sprach er dem OK den Primat zu. Jetzt, im Frühjahr 1899, hätte die Behörde, der die Erarbeitung klarer Anschauungen über die taktischen und operativen Einsatzgrundsätze und sinnvoller Gliederungsbilder der Flotte oblegen habe, ihre Aufgabe erfüllt. Der Primat gebührte nunmehr der Behörde, die aufgrund der vom OK gewonnenen Erkenntnisse die Flotte aufzubauen hatte.

Die Aufgabe des Admiralstabs, der als operatives Beratungsorgan der Krone galt, beschränkte sich darauf, ein Bild von den eigenen und den potentiell gegnerischen Kräften zu gewinnen und Einsatzvorschläge zu erarbeiten. Befehle durfte er ohne ausdrückliche Delegierung nicht erteilen. Die technischen Mobilmachungsvorbereitungen erledigten die beiden Stationskommandos in eigener Verantwortung. Die Neuordnung hielt dem Admiralstab Verwaltungsprobleme fern, verlieh seinen technischen Vorschlägen aber auch den Charakter des Unverbindlichen, den das RMA durch die Erweiterung seiner eigenen Militärischen Abteilung und des Konstruktionsdepartements unterstrich.

Bedeutende Einflußmöglichkeiten hatte der Kaiser dem Chef des Admiralstabs durch das Recht offengelassen, mit allen obersten Marine- und Reichsbehörden unmittelbar zu verkehren. Das galt bei der Vorbereitung von Immediatberichten, gemeinschaftlichen Konferenzen und Projekten, und in Fällen großer Eile oder hoher Geheimhaltungsstufe. Mit dem Auswärtigen Amt waren Absprachen zu treffen über die politische Verwendung von Schiffen und über mögliche Einflußnahme und Berücksichtigung des Auslands beim Einsatz. Mit dem Reichsamt des Inneren waren die Manöver und Admiralstabsreisen abzustimmen. Eine wichtige militärpolitische und strategische Koordinationsbefugnis in Übersee besaß der Admiralstab durch die Bestimmung, daß der Kaiser den Kontakt mit den Auslandskommandanten über den Admiralstab aufrechterhielt.

Die ersten beiden Chefs des Admiralstabs waren zu kurz im Amt, als daß sie Gelegenheit gehabt hätten, über das Ausloten ihres Spielraums hinauszukommen. Vizeadmiral Felix v. Bendemann (1848–1915) verfügte zwar über die personell nahezu unverändert gebliebene Admiralstabsabteilung des OK, mit der er als letzter Stabschef des OK bereits eingespielt war, konnte die neuen Verhältnisse aber nur noch während der zweiten Jahreshälfte 1899 erproben; sein Nachfolger Vizeadmiral Otto v. Diederichs (1843–1918) amtierte nur zweieinhalb Jahre, Anfang 1900 bis Sommer 1902. Obwohl beide Männer die Unterstützung des Kaisers genossen, blieben ihre Bemühungen um die Verbesserung der strategischen Lage der Flotte fruchtlos. Allerdings erinnert ihr Bemühen um die Kriegsbereitschaft und den sinnvollen Einsatz einer Flotte, die während der nächsten Jahre ein verletzlicher Torso war und nach dem Willen ihres Schöpfers während der Aufrüstungsphase vor Konflikten bewahrt bleiben sollte, an den Kampf gegen Windmühlenflügel.

Der Operationsplan gegen Frankreich, der 1892 entworfen und seitdem zweimal überarbeitet worden war, sah einen Flottenvorstoß wahlweise auf Le Havre, Dünkirchen, Calais oder Boulogne vor; die Wahl hing planmäßig von den verfügbaren

Kräften, den Wetterverhältnissen und der Haltung Englands ab. Die Auslandskommandierung eines großen Teils der Flotte zwang Ende 1897 zur Außerkraftsetzung des Plans. Erst zwei Jahre später meldete Bendemann ausreichende Stärke und empfahl mit Rücksicht auf das Entlastungsbedürfnis Italiens, den Plan wieder in Geltung zu setzen. An einen taktischen Erfolg des Flottenvorstoßes glaubte er nicht.

Den seit der Krüger-Depesche im Stab des OK spukenden Gedanken, die englische Flotte gegebenenfalls in der Themsemündung zu überfallen und in Südengland zu landen, verwarf Bendemann, nachdem er von dem Haudegen Knorr als Vorgesetztem befreit war. Die Ergebnisse der Admiralstabsreisen, Erkundungsunternehmen und Manöver faßte er zu dem Schluß zusammen, daß die Flotte sich in Minenfelder und den Wirkungsbereich von Küstenwerken zurückziehen und auf Chancen zu Teilerfolgen warten sollte. Dagegen erhob sich ein heftiger Widerspruch: seitens der Reichsleitung aus politischen Gründen und seitens Tirpitz', weil er den Küstenkrieg prinzipiell ablehnte.

Auch gegen Rußland hatte sich Knorr zur Offensive entschlossen, die mit der Besetzung der Insel Ösel einzuleiten war. Der Generalstab verweigerte die Bereitstellung von Truppen, weil er an einen Krieg gegen Rußland allein nicht glaubte. Bendemann ließ die Vorarbeiten abbrechen.

Die Marine war also um die Jahrhundertwende ohne Operationspläne für den europäischen Krieg, die die Grenzen der Theorie überschritten. Admiral Diederichs stimmte der Kritik des Generalinspekteurs, Admiral v. Koester, an der ungenügenden Operationsplanung zu und führte ein neues Verfahren ein. Er reduzierte die Operationsplanung auf eine Aufmarschplanung, die dem Seebefehlshaber die Freiheit zum weiteren Handeln nach eigenem Urteil zurückgab.

Die mäßige Leistungsfähigkeit der kleinen Admiralstabsbehörde griff Diederichs als plausible Begründung für die Forderung auf, die hervorgehobene Admiralstabslaufbahn der Ära Stosch wiederherzustellen. Der Sinn dieser Einrichtung bestand darin, daß die Ideen und Vorstellungen des Chefs des Admiralstabs über ein geschlossenes Marineführungskorps auf die ganze Marine einwirken konnten. Einen Erfolg versprach er sich und dem Kaiser allerdings nur dann, wenn Auswahl, Ausbildung und Beurteilung der betreffenden Offiziere dem Chef des Admiralstabs obliegen würde. Im einzelnen schlug er die Verlegung der Kieler Marineakademie nach Berlin und eine Probedienstzeit ausgewählter Absolventen im zentralen Admiralstab vor. Bewährte Offiziere sollten dann die Stellen in dieser Behörde, den höheren Kommandobehörden und Stäben, und entsprechende Lehrstellen an der Akademie besetzen.

Die einhellige Ablehnung der übrigen Immediatstelleninhaber, die sich als Frontoffiziere diskriminiert fühlten, machte es Tirpitz leicht, Diederichs Angriff auf den Primat des RMA abzuschlagen. Der Minister reklamierte die leistungsfähigsten Offiziere für seine Dienststelle. Da die Flotte noch lange nicht zum Einsatz kommen sollte – unter der stillschweigenden Voraussetzung, daß Deutschlands voraussichtliche Gegner keinen Krieg von sich aus beginnen würden – hielt Tirpitz eine qualifizierte Führung für überflüssig. Nach einem vollen Jahr Unentschiedenheit verfügte Wilhelm II. im Juni 1901 eindeutig: „So sehr Ich das Streben des Admiralstabs der Marine anerkenne, für jeden einzelnen Zeitpunkt der Ausführung des Flottengesetzes die größtmögliche Leistungsfähigkeit der Marine sicherzustellen, so müssen solche Bestrebungen doch zurücktreten gegen die Notwendigkeit der baldigen Erreichung des großen Endziels selbst" – d. i. der planmäßigen Maximalrüstung.

Die Einrichtung der Admiralstabslaufbahn unterblieb und die Stellendotierung der zentralen Admiralstabsbehörde wurde in das Ermessen des RMA gestellt. Von militärpolitischen Informationen schnitt Tirpitz die potentielle Konkurrenz rigoros ab: die Befugnis zum unmittelbaren dienstlichen Verkehr mit den deutschen Marineattachés sicherte er sich allein. Ein weiteres Jahr später, im Juni 1902, setzte Tirpitz die Bestimmung durch, daß der Admiralstab nur noch über Schiffsbewegungen direkt mit anderen Ministerien sprechen durfte; in allen anderen Fällen hatten Verhandlungen grundsätzlich durch Vermittlung des RMA zu erfolgen.

Im Gegensatz zu der von Tirpitz benutzten Argumentation, daß die Einsatzgrundsätze der Schiffe und Schiffsverbände vom OK hinreichend erarbeitet worden und keine Fortschritte mehr möglich seien, bestand die Hauptleistung des Admiralstabs unter diesen Umständen in der Weiterentwicklung der Formaltaktik. Bei der Überprüfung der Operationspläne kam Diederichs über die Negation nicht hinaus. Positive Vorschläge verfielen wegen ihrer Verwandtschaft mit der Küstenverteidigung der Ablehnung durch Minister und Monarch.

Die Entsendung eines Flottenverbandes aus 4 Linienschiffen, 2 Kreuzern und 3 Torpedobooten nach China, die während des Boxeraufstandes für notwendig gehalten wurde, benutzte die Reichsleitung auf Veranlassung Diederichs' zu dem Versuch, eine Stützpunktkette zwischen der Heimat und Ostasien zu errichten. Unter dem Befehl des Korvettenkapitäns z. D. Franz Grapow entlud ein von der Marine gemieteter Begleitdampfer des Verbandes weisungsgemäß unter dem Vorwand einer Havarie Kohlen auf einer Insel der Farsan-Gruppe im Roten Meer (September 1900). In der richtigen Annahme, daß die Deutschen es nicht bei einem Kohlenhaufen bewenden lassen wollten, verlegten die Türken ein Bataillon auf die Insel und wichen diplomatischen Gesprächen in dieser Sache, auf die der Konstantinopler Botschafter Marschall drängte, sorgfältig aus. Tirpitz erfuhr erst ein Jahr später, daß Diederichs im Einvernehmen mit Reichskanzler und Auswärtigem Amt, die durch Forschheit den Kaiser beeindrucken wollten, von Anfang an die Annexion der Farsans und die Anlage eines Flottenstützpunkts bezweckte. Der Admiralstab plante seine Ergänzung durch den Erwerb von Pulo Weh vor Sumatra, das Diederichs 1898/99 selbst erkundet hatte. Kaum daß die Verwaltungskompetenz über die Kohlenniederlage, für die Marschall beim Sultan einen mündlichen „Pachtvertrag" durchgesetzt hatte, an das RMA gefallen war, ließ Tirpitz die Sache einschlafen.

Büchsel

Gegen einen Tirpitz vermochte sich der verdienstvolle und ideenreiche, aber undiplomatische Admiral v. Diederichs nicht durchzusetzen. Als der Kaiser seinen Antrag, Borkum zu befestigen, zurückwies, erbat er seinen Abschied. Die Nachfolge trat auf Vorschlag des Marineministers Vizeadmiral Büchsel an.

Wilhelm Büchsel (1848–1920) diente seit 1865 in der Marine. Seit 1890 arbeitete er mit kurzen Unterbrechungen im RMA, zuletzt als faktischer Unterstaatssekretär. Er war einer von Tirpitz' engsten Vertrauten. Den Admiralstab leitete er 1902–08, seit 1905 im Rang eines Admirals.

Büchsel wuchs sehr schnell aus der Gedankenwelt des RMA heraus und in seine neue Aufgabe hinein. Die Harmonie mit dem Minister, die Senden als Hauptergebnis der Umbesetzung erhofft hatte, gab er bald preis und bemühte sich um vermehrte Bewegungsfreiheit und verbesserte Qualität des Admiralstabs. Anfang 1904 erlangte Büchsel eine grundlegende Kabinettsorder über die Ausbildung im Admiralstabsdienst, die ihm die Möglichkeit zum Aufbau eines Korps von Admiralstabsoffizieren unter dem persönlichen Einfluß des Admiralstabschefs bot.

Ebensowenig wie sein Vorgänger zweifelte er an der Möglichkeit, die Formen des Generalstabsdienstes auf die Marine zu übertragen. Unter dem Einfluß des um die Durchbildung des Truppengeneralstabsdienstes hochverdienten Generals v. Janson traf sich Schlieffen mit ihm in dem Streben nach verbundener Kriegführung beider Teilstreitkräfte, die durch möglichste Angleichung von Organisation, Ausbildung und Ausrüstung vorbereitet werden und im gemeinsamen Oberbefehl gipfeln sollte. Den Anfang machten General- und Admiralstab mit gegenseitigen Zukommandierungen gemäß den Vorschlägen Jansons.

Mit besonderem Eifer widmete sich der Admiralstab unter Büchsel dem Gebiet der operativen Führung. Sorgfältig beobachtete er die seemilitärischen Vorgänge des russisch-japanischen Krieges und ging für diesen Zweck auf Tuchfühlung mit den Kämpfenden, ohne Rücksicht auf die nach dem englisch-russischen Doggerbankzwischenfall nicht unwahrscheinliche Gefahr hin, daß die entsandten Kreuzer in Kampfhandlungen hineingezogen werden konnten; direkt in das Hauptquartier des Zaren wurde der deutsche Marineattaché für die nordischen Reiche entsandt, Korvettenkapitän Hintze, der 1908 zum Militärbevollmächtigten in Petersburg aufstieg (vgl. Abschnitt IV/1, S. 337). Gute Ergebnisse konnte der Admiralstab bei der theoretischen Bewältigung der Führungsaufgaben vorweisen, z. B. durch die Vorlage des „Kreuzerhandbuchs“ – einer Darstellung aller Küstenplätze der Welt unter dem Gesichtspunkt der Kreuzerlogistik – und weiterer operativ-taktischer Schriften. Dagegen vermochte er keinen Einfluß auf die Schiffskonstruktionen zu gewinnen. In Konstruktionsfragen, wie den Problemen des U-Boot- und deutschen Dreadnoughtbaus, wurde er grundsätzlich nur informiert und nur selten um eine Stellungnahme angegangen. Die technische Umwälzung im Bereich des Seekrieges erfolgte ohne bewußt herbeigeführte Wechselwirkung mit Taktik und Operationslehre.

Im Jahr 1903 gab die Marine den seit Caprivi diskutierten Gedanken, einen begrenzten Flottenvorstoß in den Kanal zu unternehmen, endgültig preis. Bei der Ausarbeitung des Schlieffen-Plans hatte der Chef des Generalstabs die Mitwirkung der Hochseestreitkräfte im Krieg gegen Frankreich gewünscht, was zur Überprüfung der Lagebeurteilung durch den Admiralstab führte. Bei dem gegenwärtigen und bis auf weiteres absehbaren Rüstungsstand der Flotte war kein Erfolg, dagegen ihre Vernichtung durch die Franzosen zu erwarten. Die Gefahr vervielfachte sich durch die Möglichkeit, daß eine englische Flotte in den Krieg eingriff und der deutschen den Rückweg abschnitt. Büchsel und Schlieffen gelangten zur Übereinkunft, im Westen die Flotte aus dem Küstenvorfeld zurückzuziehen und nur die Küste zu verteidigen und dafür in der Ostsee den Gewinn der Seeherrschaft anzustreben. 1902/03 war letztere Absicht durch ein Kriegsspiel, in dem eine deutsche Seeoffensive gegen die Russen gescheitert war, ad absurdum geführt worden; sie galt aber nach alter überheblicher Tradition immer noch als gut durchführbar.

Bendemann, inzwischen Stationschef in Wilhelmshafen, kritisierte die Konzentration auf die Ostsee aus sachlichen Gründen, als „Defensivstellung", in der die untätige Flotte bald ihre Kriegsbrauchbarkeit verlieren würde, und kam auf die alte Ausfalltaktik in der Nordsee zurück, von der er sich auf kurze Zeit „Luft" für Zufuhr und Kreuzeroperationen erhoffte. Er drang jedoch nicht durch.

Büchsel kritisierte am Schlieffenplan den Durchmarsch durch Belgien und die Niederlande, ohne deren Neutralität er der deutschen Industrie jede Überlebenschance absprach. Der Protest der Marine führte zum Verzicht auf den Angriff auf Holland. Dagegen forderte der Admiralstab im Fall eines Krieges gegen England die Einbeziehung Dänemarks in den deutschen Kriegsplan in Form einer überraschenden Besetzung. Der Admiralstab erwartete von England einen Angriff auf die deutsche Flotte in der Nordsee, die Besetzung Helgolands, die Zerstörung der Brunsbütteler Schleusen, die Verminung der Jade- und Wesermündung, Landungen auf Sylt und Borkum und Verwendung dieser Inseln als Stützpunkte für leichte Seestreitkräfte. Wenn sich die deutsche Flotte in der Nordsee aufstellte, werde sie vernichtet werden; eine Defensivstellung in der Elbemündung sei ebenso abwegig.

Der Gegner, als dessen Hauptabsicht Büchsel die Nahblockade der nordwestdeutschen Küste voraussetzte, müsse zur Teilung seiner Kräfte veranlaßt werden. Die deutsche Flotte sollte dies durch ihren Aufmarsch im Kattegat erreichen. Büchsel versprach sich davon zwei operative Möglichkeiten. Entweder griff die deutsche Flotte von hier aus die nördliche englische Teilflotte an. Oder sie lief durch die Belte, die durch Küstenverteidigungskräfte gegen den nachdrängenden Gegner abzusperren seien, und den Nord-Ostsee-Kanal in die Deutsche Bucht ein, um dort den Kampf zu eröffnen.

Büchsel erwirkte die Vollmacht zur Verhandlung mit dem Reichskanzler über diesen Komplex. Bülow ließ sich aber auch durch die direkte Einwirkung der operativen Führungsbehörde der Marine nicht von seinem Widerspruch dagegen abbringen, neutrale Länder nicht nur in Ausnahmesituationen zu überfallen. Schlieffen verweigerte die notwendigen Truppen.

Unter diesen Einflüssen befahl der Kaiser den Verzicht auf die Kattegatstellung und damit auf den Bewegungskrieg zur See. In der Operationsdirektive für 1905 wurde die Entscheidungsschlacht Tirpitzscher Prägung bis auf weiteres ausdrücklich verboten, denn etwas anderes, als die Vernichtung der nicht voll aufgerüsteten deutschen Hochseeflotte erwartete keiner der für sie Verantwortlichen. Diese Direktive wurde mit Varianten alljährlich wiederholt.

Die dänische Marine war übrigens einer Anlehnung an Deutschland keineswegs kategorisch abgeneigt, wie Besprechungen im Jahr 1907 ergaben. 1912 wiederholte der Befehlshaber der dänischen Marine, man werde sich nicht England, sondern Deutschland annähern, wenn sich die Neutralität nicht aufrechterhalten lasse. 1914 sperrten die Dänen die Ostseezugänge für Kriegsschiffe zu Deutschlands Vorteil.

Die Anforderungen, die auf die deutsche Flotte zukamen, noch bevor sie es wagen durfte, sich mit der englischen Flotte im Kampf zu messen, gab Büchsel im Frühjahr 1907 nach einer Beratung mit der außenpolitischen und der landmilitärischen Führung in einer Aufzeichnung wieder: „Der Staatssekretär des Auswärtigen Amtes hielt es mit Rücksicht auf die Neutralen in einem Kriege Deutschland gegen Frankreich-England für dringend nötig, zu vermeiden, daß unsere Gegner gleich zu Beginn des Krieges Erfolge zur See hätten. Jeder noch so kleine Erfolg der Deutschen zur See oder namentlich an der feindlichen Küste würde außerordentlich günstig wirken. Der Chef des Generalstabes äußerte seine Auffasung dahin, daß es für die Heeresführung ungünstig sei, wenn die Engländer bald nach Beginn des Krieges die unbestrittene Seeherrschaft in der Nordsee und damit die Möglichkeit, nach beliebigen Richtungen Truppen zu transportieren, erlangten." Unter dem Verbot der Seeschlacht für die Linienschiff-Flotte konnte vom Erkämpfen der Seeherrschaft natürlich keine Rede sein.

„Nicht von ungefähr tauchten in eben dieser Zeit vermehrte Zweifel an der Richtigkeit der Flottenbaupolitik des Reichsmarineamts auf", stellt Walther Hubatsch in seinem Werk über den Admiralstab fest. „Den für Tirpitz unangenehmsten, weil von fachmännischer Seite mit wohldurchdachten Argumenten vorgetragenen Angriff stellte die Schrift des Vizeadmirals a. D. Karl Galster dar ‚Welche Seekriegsrüstung braucht Deutschland?' Die im Jahre 1907 erschienene Broschüre knüpfte direkt an die in der Marine-Rundschau im gleichen Jahre erwähnte Denkschrift des französischen Vizeadmirals Fournier und indirekt an frühere Überlegungen des deutschen Vizeadmirals v. Valois an. Auf Linienschiffe und Panzerkreuzer, so führte Galster aus, könne heute keine große Nation verzichten, jedoch im Kriege gegen England sei der Schlachtflotte nicht die Hauptrolle zuzuweisen. ‚Ist ein günstiger Ausgang des Flottenkampfes unwahrscheinlich, so bleibt nur der Kleinkrieg als vorwiegende und jedenfalls zunächst in Betracht zu ziehende Kampfart übrig. Die vorhandene Flotte aus Schlachtschiffen nützt hierbei insofern, als sie beträchtliche Teile der feindlichen Streitmacht bindet und im Blockadedienst in Atem hält.' Die Hauptwirksamkeit müsse jedoch den Torpedo- und Unterseebooten zufallen, deren Möglichkeiten, wie der Verlauf des Krieges zeigen sollte, erheblich überschätzt wurden. Richtig dagegen war die Erkenntnis: ‚Mit dem Ausbruch des Krieges hört der Seehandel Deutschlands unweigerlich auf.' Die Marine dürfe deshalb nicht in der Nordsee konzentriert werden, sondern ihre Beweglichkeit solle ausgenutzt werden, um Dislokationen des Gegners zu erzwingen. Schnelle, besser bewaffnete Kreuzer mit großem Fahrbereich müßten als Handelsstörer überall in Übersee planmäßig Verwendung finden und die Möglichkeit haben, sich auf befestigte Stützpunkte in den Kolonien zurückzuziehen. ‚Der Admiralstab der Marine würde am besten den Kleinkrieg in seiner ganzen Ausdehnung übersehen und leiten sowie durch Nachrichten und sonstige Mittel unterstützen können.' Die Ereignisse des Seekrieges 1914–18 haben

Galster in manchen Punkten recht gegeben. Tirpitz konnte ihm jedoch begründet entgegenhalten, daß das Hauptproblem dieses sei, wie man an den blockierenden und die Seeherrschaft ausübenden Gegner herankommen könne, um ihm Abbruch zu tun. Das konnte mit den Mitteln der Küstenverteidigung nicht geleistet werden. Bedenklich war freilich die Konzentration in der Nordsee, weil der Gegner zu demselben Verfahren veranlaßt wurde. Das mußte angesichts der britisch-französischen Bundesgenossenschaft eher noch im Interesse der Entente liegen, um die Überführung der britischen Territorialarmee zu decken und die Versorgungswege zu sichern. Galsters Gedankengänge haben insofern Einfluß auf den deutschen Operationsplan gehabt, als der Seekrieg in der Nordsee zunächst mit Mitteln des Kleinkampfes geführt werden sollte, bis ein Kräfteausgleich eingetreten sei. Wenn allerdings der Kleinkrieg für so wirkungsvoll angesehen wurde, dann war nicht einzusehen, weshalb er nicht auch fortzusetzen sei."

Die Marine zog sich jedenfalls in der Nordsee auf die Defensive zurück. Eine Kommission aus Vertretern von Reichsmarineamt, Preußischem Kriegsministerium und Generalstab erarbeitete einen Plan zur Neubestückung der Küstenbefestigungen und regelte die Kommandoverhältnisse zwischen Heer und Marine im Küstenbereich. Auf Helgoland begann 1906 der Ausbau von Liegeplätzen für 90 Torpedo- und später noch 18 Unterseeboote; die Armierung der Insel wurde auf die zweier Schlachtschiffe gebracht, darunter 8 × 30,5 cm-Geschütze mit einer Schußweite von fast 30 km. Eine umfangreiche Verminung der Deutschen Bucht wurde vorgesehen.

Die Entscheidung über die Marineakademie als Pflanzstätte der leitenden Ideen

Bei der Ausbildung zum spezifischen Admiralstabsoffizier, die Büchsel verstärkt vorantrieb, wurden zwei Zielsetzungen verfolgt.

Die erste bezog sich auf die Praxis des Flottendienstes. Im Herbstmanöver 1903 erwiesen sich die Stabsgehilfen als in der formalen Befehlserteilung unzureichend ausgebildet. Der Admiralstab hatte dieses Problem bereits theoretisch in der Dienstschrift „Befehlstechnik" gelöst. Im Winter 1903/04 begann er auf dieser Basis in Berlin Kurse für die Ausbildung der Führergehilfen in ihrem speziellen Aufgabenbereich durchzuführen. Die Schöpfung einer besonderen „Admiralstabswissenschaft" stritten Büchsel und seine Leute energisch ab.

Ein zweites Hauptanliegen Büchsels war es, den Einfluß des Admiralstabschefs auf die Marineakademie zu verstärken, um die Elite der Seeoffiziere in Übereinstimmung mit den vom zentralen Admiralstab in Berlin erarbeiteten und vertretenen strategischen und allgemein militärischen Anschauungen zu bringen. Schon Diederichs war in Verfolgung dieser Absicht aufs heftigste mit Tirpitz zusammengestoßen. Büchsel zerstritt sich aus dem gleichen Grund endgültig mit dem Freund und „Meister", ebenso Tirpitz' alter Intimus Maltzahn.

Bis zur Jahrhundertwende gelang es der Marineakademie (s. S. 113) nicht, die in sie gesetzten Erwartungen zu erfüllen. Die Heraufsetzung der Bildungsqualifikation für den Eintritt als Offizieranwärter in die Marine – das Abitur war nicht alleiniger Maßstab, wurde aber so bevorzugt, daß der Abiturientenanteil 1894–1914 von 40 auf 90% stieg – war dem Niveau der Hochschule zugute gekommen, ohne die Einschätzung des Akademiebesuchs als „wohlverdiente Erholung" (Friedrich Forstmeier) zu beeinträchtigen. Es gab keine wissenschaftliche Eintritts- oder Abschlußprüfung und kein obligatorisches Fächerbelegen. Trotz üblicherweise wohlwollendster Prüfung der Klausurarbeiten war es z. B. 1896 nicht möglich, die Erfolgsrate über 30% zu steigern. Im gleichen Jahr begründete der bis zur Jahrhundertwende profilierteste Lehrer der Akademie, der Seekriegshistoriker Kapitän z. S. Alfred Stenzel, seinen Rücktritt vom Lehramt mit einem veröffentlichten Aufsatz, in dem er mit den herrschenden Zuständen vernichtend abrechnete. Nach diesem Appell wurden Dienstbetrieb und Lehrplan reformiert.

In den Jahren 1899/1900 wurde die Marineakademie von dem Zusammenhang mit der Marineschule, die der spezifischen Berufsausbildung zum Offizier diente, befreit und als eigenständige Institution etatisiert. An ihre Spitze trat die zweite hervorragende Persönlichkeit ihrer Geschichte, der schon seit längerem an ihr lehrende Konteradmiral v. Maltzahn, dem indessen nur vier Dienstjahre (1900–1903) beschieden sein sollten. Maltzahn erklärte programmatisch: „Die Marineakademie dient ..., wie die ganze Friedensarbeit der Marine, der Vorbereitung zum Kriege ... Läuft die Tätigkeit des Offiziers in diesen Endzweck aus, so muß auch seine wissenschaftliche Ausbildung darin gipfeln ... Die exakten Wissenschaften stehen in keinem direkten Zusammenhang mit der Kriegstätigkeit, aber ohne die Grundlage, die sie gerade einer so eminent technischen Waffe wie der Marine geben, kann gründliches Fachwissen nicht bestehen." Als wichtigste dieser Wissenschaften, als Ausgangs- und Schlußpunkt, bezeichnete Maltzahn die Seekriegslehre, die er als Derivat der Seekriegsgeschichte auffaßte. „Diese Benutzung der Seekriegsgeschichte hat die Theorie des Seekrieges entstehen lassen", führte der Admiral weiter aus, „welche unserer heutigen Strategie – bis zum gewissen Grad auch der heutigen Taktik – die grundlegenden Regeln gibt ... Der Krieg ist ein Interessenkonflikt, der sich blutig löst, der Seekrieg meistens eine Folge überseeischer Interessenkonflikte. Das ganze große Gebiet des internationalen Handels und Verkehrs wird durch solchen Krieg berührt. Die überseeischen Interessen des Feindes zu vernichten und die eigenen zu schützen ist seine Hauptaufgabe ... So kann denn ein Seekrieg gar nicht geführt werden ohne Kenntnis der Grundsätze, auf denen Handel und Verkehr, Industrie und Finanzwirtschaft der Staaten sich aufbauen. Und dies weist der Nationalökonomie die Stelle an, die sie neben der Strategie des Seekrieges einnimmt ..."

Die Ausbildung der Admiralstabsoffiziere wollte Maltzahn über das formal Militärische hinaus auf höherem Niveau mit Inhalten in seinem Sinn anreichern. Die Admiralstabschefs Diederichs und Büchsel stimmten dieser Konzeption zu. Der Inspekteur des Bildungswesens, Vizeadmiral v. Arnim, stand voll hinter Maltzahn. So bildete sich in bezug auf die Lehrfächer Seekriegslehre und Admiralstabsdienst ein verständnisvoller, von gegenseitigem Entgegenkommen gekennzeichneter Verkehr zwischen der Inspektion/Marineakademie und dem Admiralstab heraus, der namentlich in Personalfragen prägend wirkte. Tirpitz kämpfte gegen den wissenschaftlichen Charakter der Marineakademie unter den Auspizien Maltzahns an. Maltzahns historische Methode bezeichnete er als zweifelhafte Hypothesenlehre, deren Verbreitung schon mangels Zeit nicht zugestanden werden dürfe. Überhaupt könne „die Schulung des Seeoffiziers in den rein militärischen, taktischen und strategischen Aufgaben ... auf der Marineakademie durchaus nicht in dem Maß zum Abschluß [gelangen], wie dies betreffs seiner technisch-wissenschaftlichen Studien der Fall sein soll". Taktische und operative Kenntnisse hatte nach Tirpitz' Auffassung allein der Dienst in der Schlachtflotte zu vermitteln, wovon sich der Minister eine affirmative Wirkung versprach. Von der theoretischen Erarbeitung der Kenntnisse befürchtete er Kritik am Schlachtflottenbau.

Im Jahr 1903 erreichte Tirpitz, daß Maltzahn in den Ruhestand versetzt wurde, was dessen direkte Lehrtätigkeit natürlich beendete, dem Einfluß des von vielen hochgeschätzten Mannes auf die geistige Prägung der Marine aber nur wenig Abbruch tat. Seine Auffassung äußerte der literarisch fruchtbare Pensionär nun öffentlich.

Der Admiralstab beauftragte ihn mit einer Analyse der deutschen Schlachtflottentaktik und -operationslehre, die Maltzahn 1910/11 in der auf der Auswertung amtlichen Materials beruhenden, streng geheimgehaltenen Schrift „Geschichte unserer taktischen Entwicklung" vorlegte. Im ersten Band beschrieb Maltzahn den internationalen Zusammenhang, der zum Schlachtflottenbau auch in Deutschland führte. Im zweiten distanzierte er sich keineswegs vom ausführlich beschriebenen Schlachtflottenprinzip, geizte allerdings nicht mit kritischen Bemerkungen über seine Herleitung und Umsetzung in die taktisch-operative Wirklichkeit.

Die Entscheidung darüber, welche Stelle die leitenden Ideen formulierte und ihre Vermittlung kontrollierte, fiel Anfang 1907. Sie verband sich mit einer Entscheidung über die Stellung des Admiralstabs überhaupt. Von großer Bedeutung für den Ausgang des langwierigen Streites zugunsten von Tirpitz war die Umbesetzung des Marinekabinetts, dessen Leitung 1906 zunächst geschäftsführend und 1908 definitiv an Vizeadmiral Müller fiel, den der Minister zur sagenumwobenen „Torpedobande" zählen konnte.

Georg Alexander (v.) Müller (1834–1940) trat 1871 in die Marine ein. Als Oberleutnant z. S. war er 1879 bei der Torpedowaffe unter Tirpitz. 1895–98 war er persönlicher Adjutant von Admiral Prinz Heinrich. Im Marinekabinett arbeitete er 1888–91, 1900–02 und 1904–06 mit, 1906–18 als Kabinettschef (1910 Admiral).

Müllers Einfluß auf den Kaiser war sehr stark. Bis 1914 stand er im engen Einvernehmen mit Tirpitz und sah seine Aufgabe – über die mit allseits anerkanntem Pflichtbewußtsein wahrgenommenen Kabinettsaufgaben hinaus – darin, den Minister nach Kräften beim Aufbau der Schlachtflotte zu helfen. Im Ersten Weltkrieg distanzierte er sich allmählich vom „Meister".

Nachdem es mißlungen war, den bestehenden Einfluß des Admiralstabschefs auf die Marineakademie formell verankern zu lassen, bemühte sich Büchsel um die Regelung, daß die Akademieabgänger als nächste Stufe den Admiralstab zu durchlaufen hätten. Müller überzeugte den Kaiser in seinem die eigentliche Problematik geschickt umgehenden Immediatvortrag vom 22. Januar 1907 von den

Gefahren dieses Weges mit der Behauptung: „Der Führer der Marine geht aus der Front hervor." Die Front sei mit der Bildung eines besonderen Admiralstabsweges nicht einverstanden. Wichtiger als die Vertrautheit mit den Intentionen des Admiralstabschefs sei für den Admiralstabsoffizier der Front die Vertrautheit mit den Intentionen des Flottenchefs. „Dieser verhängnisvolle Immediatvortrag hat dazu beigetragen, die operativ koordinierende Spitze zu zerschlagen" (Hubatsch).

Büchsel versuchte nämlich, nachdem der starke Flottenchef Koester (s. u.) verabschiedet worden war, die Verantwortung für die Seekriegsplanung, für die Kriegsbereitschaft und Ausbildung der Flotte und für die Entwicklung und Vermittlung der leitenden Ideen in einer Hand zu vereinigen. Er beantragte im Frühjahr 1907 die Berufung eines Oberbefehlshabers über die Marine, wie sie elfeinhalb Jahre später in der „Seekriegsleitung" von Admiral Scheer schließlich auch verwirklicht worden ist. Außerdem drängte er auf eine spürbare Vermehrung der Personalstellen des Admiralstabs.

Zu diesem Zeitpunkt sägte Tirpitz im Verein mit Müller dem Chef des Admiralstabs nicht nur die Stützen der angestrebten zukünftigen, sondern auch seiner gegenwärtigen Stellung ab. Der Kaiser entschied auf die An- und Vorträge von Staatssekretär und Kabinettschef hin, daß die Akademieabsolventen nicht dem Admiralstab zuzuteilen seien. Die Krönung des Erfolgs bestand in der Ablösung Admirals v. Arnim als Chef der Bildungsinspektion, und in der Unterordnung von Bildungsinspektion und Marineakademie unter das RMA, wobei Tirpitz auch noch die Vollmacht zum Vorgehen nach Gutdünken erhielt. Büchsel unternahm einen matten Versuch, der Bildungsinspektion den Immediatrang zu wahren, indem er sie in einem Handschreiben an Wilhelm II. zum Schiedsrichter zwischen den berechtigten Ansprüchen von Admiralstab und RMA auf die Prägung der Elite des Seeoffizierkorps stilisierte. Der Kaiser entzog sich jedoch einer Stellungnahme mit dem Hinweis, er habe Vertrauen zur Unparteilichkeit des Staatssekretärs und sei überzeugt, „daß der als geistige Macht wirkende Einfluß des Admiralstabs auf die Marineakademie ... keiner weiteren Reglementierung bedarf".

Ende 1907 gelang es Tirpitz ferner, den Personaletat der Berliner Admiralstabsbehörde substantiell zu beschneiden, ohne sie zu vernichten. „Die Notwendigkeit einer Einrichtung wie die des Admiralstabs erkennt er durchaus an", urteilt Hubatsch, dessen Sympathie bei dieser Institution und ihrem frohsinnigen und unbefangenen letzten Chef von Rang liegt, „will ihm nur nicht die erste Stelle innerhalb der Marine zugestehen. Er braucht ihn auch noch, um ein Gegengewicht gegen das mit jedem aktiven Geschwader mächtiger werdene Flottenkommando zu behalten". Der Admiralstab wurde als bloße Studienbehörde angesehen. Seine weiteren Chefs – nach Bendemann 1899–1900, v. Diederichs 1900–02, Büchsel 1902–08 – waren der Graf von Baudissin 1908–09, v. Fischel 1909–11, v. Heeringen 1911–13, v. Pohl 1913–15, Bachmann 1915, v. Holtzendorff 1915–18, Scheer als Chef der Seekriegsleitung 1918.

Die Macht, definiert als Chance zur Durchsetzung des eigenen Willens, lag nun in gesteigertem Maße – zur erneuten Einschränkung durch das Flottenkommando s. u. – tatsächlich bei Tirpitz. Und doch konnte ihr Besitz dem Minister nicht alle Wünsche erfüllen, denn die Vermittlung seemilitärischer Bildung höheren Niveaus hing von mehr Umständen ab als der Weisungsbefugnis über Curriculum und Lehrinhalte:

„Wie ein roter Faden zieht sich durch fast alle Jahresberichte die Forderung, besser begabte Offiziere auf die Marineakademie zu kommandieren. Nach einer temporären Besserung – der Bericht von 1904 bescheinigt den Absolventen, daß sie ‚auf einer sehr hohen Stufe von Leistungen, Fähigkeiten und Ausbildung gestanden' hätten – führte vom Jahre 1908 an die Frage der Hörerqualifikation erneut zu einem lebhaften Meinungsaustausch der für das Bildungswesen verantwortlichen Offiziere.
Das Problem der schlechten Hörerqualifikation hatte verschiedene Ursachen. Die entscheidende war zweifellos der Personalmangel angesichts der rapiden Vergrößerung der Marine und die Notwendigkeit, eine große Zahl von Dienstposten mit begabten Offizieren zu besetzen. Da der Akademiebesuch auf freiwilliger Bewerbung beruhte, wurden häufig gerade besonders befähigte und daher schwer entbehrliche Offiziere von ihren Vorgesetzten nicht freigegeben. Aber der Gang der Entwicklung läßt auch erkennen, daß über die Art des Einbaus der Akademie in den Organismus der Marine keine klaren Vorstellungen bestanden. Im Gegensatz zu dem Streben der meisten Akademiedirektoren, den Zugang zu höheren Führungsstellen vom erfolgreichen Besuch ihrer Hochschule abhängig zu machen, stiegen in der Front tüchtige Offiziere auch ohne ‚akademische Weihen' auf. Daß die Akademie weit davon entfernt war, die angestrebte Schlüsselstellung zu erringen, geht ebenso aus den häufigen Klagen der Akademiedirektoren darüber hervor, daß ein großer Teil der Hörer im Sommerabschnitt nicht, wie vorgeschlagen, zur Hochseeflotte, sondern in Landstellungen oder zu Reserveformationen kommandiert wurde.
... In der Marine haben von Anfang an Offiziere und Lehrer im zivilen Status an der Marineakademie und Marineschule zusammengewirkt, und zwar zur Zeit der gemeinsamen Unterbringung beider Anstalten in Kiel bis 1910 Professoren und Lektoren der dortigen Universität. Es bedarf keiner näheren Begründung, daß man mit der Lehre der militärwissenschaftlichen Fächer Offiziere betrauen wollte. Kapitän zur See Stenzel hatte in seinem kritischen Bericht vom Jahre 1896 pädagogische Begabung, die Beauftragung gesunder und leistungsfähiger Offiziere und eine generelle Aufwertung des Lehramtes verlangt. Die Verwendung von Offizieren als Lehrer und Dozenten, vor allem, wenn sie unmittelbar aus der Front an eine Schule versetzt wurden, ist, wie die Akten ausweisen, immer problematisch gewesen. Die Schwierigkeiten lagen dabei seltener in der Persönlichkeit der als Lehrer ausgewählten Offiziere als in der Unvereinbarkeit der Prinzipien, die für eine erfolgreiche Lehrtätigkeit und jenen, die für eine normale und erfolgreiche Laufbahn als Offizier angesehen wurden" (Forstmeier).

c. Der Flottenchef

Seit Beginn der 1890er Jahre wurde der Kern der deutschen Seestreitkräfte unter der Bezeichnung „Manövergeschwader" ständig in Dienst gehalten. Dessen bisher nur für die Übungsmonate aufgestelltes Kommando wurde 1891 in eine Dauereinrichtung umgewandelt. Der Chef des Manövergeschwaders unterstand dem Kommandierenden Admiral. Nach der Zerschlagung des Oberkommandos gewann er Immediatsstellung. Allerdings war es Tirpitz gelungen, diese Stellung der Sache nach zu mediatisieren: der Chef des Manövergeschwaders besaß nicht das Recht zum mündlichen Immediatvortrag, sondern nur eine durch den Dienstweg über RMA und Marinekabinett gefilterte „Berichtsmacht".

Unter dieser Einschränkung erschien der Chef der „Übungsflotte", wie die Bezeichnung ab 1900 lautete, dem Minister als „Sammelstelle der Taktik" nützlich. Der mit dem Kommando beauftragte Chef des I. Geschwaders und Generalinspekteur der Marine besaß abweichende Vorstellungen.

Hans (v.) Koester (1844–1928) diente seit 1859. Er war 1889–92 Chef des Stabes im OK, also Tirpitz' Vorgänger. Flottenchef – unter welcher Beziehung auch immer – war er bereits 1893–96 und wurde es wieder 1899–1906, zugleich Generalinspekteur der Marine. Als erster deutscher Seeoffizier erhielt er den Rang eines Großadmirals (1905). Nach seinem Rücktritt präsidierte er noch jahrelang dem Deutschen Flottenverein.

Admiral Koester, einer der markantesten Seeoffiziere des deutschen Kaiserreiches, strebte mit der ihm eigenen Energie die Stellung eines Flottenchefs über den aktiven und mobilzumachenden Geschwadern in Frieden und Krieg an. Nach der Indienststellung eines II. Geschwaders im Jahr 1903, das aus den bisherigen Reservedivisionen gebildet wurde, und der Auf- und Unterstellung von Aufklärungsstreitkräften unter einem eigenen Befehlshaber, schuf ihm der Kaiser zum 1. Oktober 1903 das „Kommando der Aktiven Schlachtflotte". Dieses wurde ein Jahr später aus der Personalunion mit dem I. Geschwader gelöst und Koester als einziges Kommando übertragen. Im Folgejahr wurde es durch die Schaffung des dem englischen „Admiral of the Fleet" und dem „Generalfeldmarschall" des deutschen Heeres entsprechenden Dienstgrades „Großadmiral" und dessen Verleihung an den Flottenchef noch besonders aufgewertet.

Es gelang Koester, die seit Caprivi traditionell hohe Gefechtsbereitschaft von Einzelschiff und Schiffsverband auf einen Stand zu bringen, der im Ausland Aufsehen erregte. Auf empirischem Weg wurde die technische und taktische Entwicklung vorangetrieben. Über das Studium der Formaltaktik ist man freilich nie hinausgekommen.

Nachdem die Anlage und Durchführung seiner Herbstmanöver die verdiente Anerkennung gefunden hatte, setzte der „Exerziermeister der deutschen Flotte" zum nächsten Schritt an. In seinem Bericht vom 24. September 1902 erhob er den Anspruch, der eigentliche Führer der Seestreitkräfte zu sein und forderte wirklich immediaten Zugang zum Kaiser, da zwischen Monarch und Flottenchef das engste Vertrauensverhältnis herrschen müsse. Koester verstand sich als Wächter über die Kriegsbereitschaft der Flotte, die er über alles stellte. Zu diesem Zweck kämpfte er zäh um die Erweiterung der Kompetenzen des Flottenchefs zu Lasten des Staatssekretärs; den Admiralstab nahm er, der Vormann der gegen die Leute „vom grünen Tisch" voreingenommenen Frontoffiziere, ebensowenig ernst wie Tirpitz und verlangte einen eigenen Führungsstab zur Erarbeitung der Operationsbefehle. Tirpitz kämpfte nicht minder hartnäckig gegen die Aufwertung des

Flottenkommandos an, bremste auch sachlich berechtigte Forderungen, suchte die taktischen Arbeiten herabzusetzen und bemühte sich, über die Etat- und Organisationsfragen seines Zuständigkeitsbereichs hinausgreifend, der Flotte seine eigenen Ideen aufzuzwingen.

Ein steter Streitpunkt war die Personalfrage. Der Minister sah in der Reduktion der Personalstellen eine finanzpolitisch bedingte Voraussetzung der Aufrüstung (s. S. 196) und machte dem Kaiser wiederholt und diesen überzeugend klar, daß Offiziermangel und herabgesetzter Indiensthaltungsstand für die Durchführung des Flottenbaus in Kauf genommen werden müßten. Als sich der Monarch den Gegenargumenten zuzuneigen schien, zwang Tirpitz ihn mit Rücktrittsdrohung auf seine Linie zurück. Von Senden beeinflußt, gab der Kaiser Koesters Forderungen vom Herbst 1902 zunächst soweit nach, daß er befahl, die Kriegsbereitschaft der aktiven Seestreitkräfte auf Kosten der Reserveflotte zu heben. Zwischen Tirpitz und Senden setzte ein erbitterter Streit ein, bei dem die Maison Militaire so weit ging, die Vertreter des Primats der Aufrüstung vor Wilhelm II. als im Solde Krupps stehend und – speziell Tirpitz – als „etwas sozialdemokratische Ansichten" verfechtend zu denunzieren. Dem Kaiser- und Tirpitzfreund Hollmann gelang es, die überaus scharfen persönlichen Auseinandersetzungen, die Ende September 1903 vor dem Monarchen im Romintener Jagdhaus ausgetragen wurden, zu schlichten und Wilhelm vor einer einseitigen Entscheidung im Sinn von Koester und Senden zurückzuhalten.

Der „Huller-Zwischenfall" vom Oktober 1904 brachte die Diskussion um den Primat der Kriegsbereitschaft wieder in Fluß. Einheiten der nach Ostasien marschierenden russischen Flotte hatten bei Nacht auf englische Fischereifahrzeuge geschossen, die sie für japanische Torpedoboote hielten; die englische Erregung wandte sich auch gegen Deutschland, das die Weltreise der Russen logistisch unterstützte. Die deutschen Frontoffiziere wollten deshalb einen englischen Überfall auf Wilhelmshaven oder Kiel und die präventive Vernichtung der deutschen Seestreitkräfte nicht ausschließen. Man berief sich auf einen Präzedenzfall aus dem Jahr 1807, in dem die Engländer vor Kopenhagen die dänische Flotte weggenommen hatten. Der Kaiser setzte eine Kommission unter Vorsitz Heeringens ein, die Maßnahmen zur Hebung der maritimen Kriegsbereitschaft erarbeiten sollte.

Heeringen kannte den „Meister" gut genug, um dessen Gegenargumente vorhersehen zu können. Tirpitz werde Schwierigkeiten bei der Aufrüstung erwarten, da die Gelder anders verteilt werden müßten; Heeringen hoffte in Überschätzung seiner früheren propagandistischen Erfolge, das Parlament werde sich einsichtig zeigen und die Mittel erhöhen. Tirpitz werde außerdem, außenpolitisch argumentierend, anführen, daß England die Erhöhung der Kriegsbereitschaft als Gefährdung ansehen und als Vorwand zum Losschlagen benutzen könne; Heeringen meinte allerdings, daß ein zum Krieg entschlossenes England, wie die Geschichte beweise, seine Vorwände finden werde, und zwar um so leichter, je mehr es Deutschland „sorglos und unbereit" finde.

Die Kommission befand, es gebe „in England eine einflußreiche Partei, die sich immer mehr in den Glauben hineingelebt hat, daß England zu seiner eigenen

Sicherheit gezwungen sei, uns zu schlagen, ehe wir unsere Flotte fertig haben". Angesprochen waren damit der Erste Seelord und der Zivillord der britischen Admiralität, Admiral John Fisher und Sir Arthur Lee, von denen solche Töne zu vernehmen waren. Allerdings gab die Kommission zu, daß im Winter 1904/05 „eine unmittelbare Kriegsgefahr" nicht bestanden habe. Tirpitz konnte somit leicht erklären, daß das Reich mit dem Flottenbau „mit größerer Wahrscheinlichkeit erst morgen" in die Gefahrenzone eines englischen Überfalls treten werde, und setzte sich mit dem Argument durch, daß die nächste Etappe des Flottenbaus, die bevorstehende Novellierung des Flottengesetzes, nicht durch Geldforderungen anderer Art parlamentarisch gefährdet werden dürfte.

Koester und Senden wurden 1906 verabschiedet und durch Tirpitz-Anhänger ersetzt: Flottenchef wurde Admiral Prinz Heinrich von Preußen (1862–1929), der Bruder des Kaisers; Kabinettschef wurde Konteradmiral G. A. v. Müller (s. o.).

Prinz Heinrich arbeitete, wie es sinnvoll war, ab 1908 eng mit dem neuen Chef des Admiralstabs, Graf Baudissin, zusammen. Guter Wille überwand den Ressortstandpunkt bei der Anlage und Durchführung von Kriegsspielen und bei der Bearbeitung operativer Probleme gerade zwischen den Stellen, die sich bisher um die Prärogative in diesen Sachbereichen gestritten hatten. Dagegen zeigte es sich, daß der Widerspruch zwischen Aufrüstung und Steigerung der Kriegsbereitschaft, um deren Primat Flottenchef und Marineminister voller Pflichtbewußtsein rangen, jede Freundschaft zerstörte. Der Chef des Kommandos der „Hochseeflotte", wie die Bezeichnung ab 1907 lautete, und der Chef des Admiralstabs übten wiederholt Kritik am RMA. Der Kaiser stellte sich, von Müller beraten, hinter Tirpitz, bezeichnete das RMA als die einzige Stelle, „an der sämtliche einschlagenden Verhältnisse voll übersehen werden", und verweigerte Direktiven oder Schiedsgericht. Im Herbststellenwechsel 1909 trat der völlige Sieg Tirpitz' zutage: Prinz Heinrich wurde als Generalinspekteur der Marine, Baudissin als Chef der Nordseestation vom Zentrum der Geschehnisse entfernt. Prinz Heinrich wurde zum Ausgleich, Tirpitz zur Anerkennung der Rang von Großadmiralen verliehen.

In der Person des neuen Flottenchefs trat Tirpitz 1909–12 ein Admiral entgegen, der, „von Ideen und Tatwillen erfüllt, ähnlich wie Koester dem Flottenkommando einen beherrschenden Einfluß verschaffen wollte. Konflikte konnten nicht ausbleiben" (Forstmeier).

Henning v. Holtzendorff (1853–1919) diente seit 1869. 1906–09 war er Chef des I. Geschwaders, 1909–12 Flottenchef. 1913 bis Herbst 1915 war er z. D. gestellt. 1915 wurde er – reaktiviert – Chef des Admiralstabs und 1918 unter Beförderung zum Großadmiral verabschiedet. Er trägt die militärische Verantwortung für den Rat zum uneingeschränkten U-Bootkrieg vom Frühjahr 1917, der den amerikanischen Kriegseintritt und damit die deutsche Niederlage im eingetretenen Ausmaß herbeigeführt hat (vgl. S. 301).

Im Mittelpunkt der Auseinandersetzungen stand die Frage, wem zu den Problemen der operativen Kriegführung das entscheidende Wort zustehe.

„Im Zusammenhang mit der außenpolitischen Entwicklung seit 1907 (der englisch-russischen Verständigung) und einem etwa mit England drohenden Konflikt spielten die Frage der Dislokation der Seestreitkräfte, ihre Verteilung auf Nordsee und Ostsee sowie der Umbau des Kaiser-Wilhelm-Kanals für das Passieren der seit dem Dreadnought-sprung erforderlichen Neubauten der Großkampfschiffe eine besondere Rolle. Holtzendorff wollte die bereits angeordnete Verlegung des I. Geschwaders nach Wilhelmshaven verhindern und seinen operativen Ideen entsprechend die Hochseeflotte im Interesse der Kriegsverwendung geschlossen in der Ostsee belassen. Deshalb suchte er eine kaiserliche Verfügung zu erwirken, die Dislokation der Streitkräfte künftig in das Ermessen des Hochseechefs zu stellen. Tirpitz konterte, die Schiffe der Hochseeflotte müßten lernen, ‚sich in der Nordsee heimisch' zu fühlen. Im übrigen ließ er sich auf eine Diskussion der seestrategischen Ansichten der Flottenchefs nicht ein" (Forstmeier).

In einen schweren Kompetenzkonflikt grundsätzlicher Art gerieten Tirpitz und Holtzendorff um den Großen Kreuzer „Blücher". Der Minister zog diesen unglücklich konstruierten Kreuzer aus der Flotte heraus und bestimmte ihn zum Artillerieschulschiff. Der Flottenchef protestierte dagegen, weil die Kriegsbereitschaft der Flotte gefährdet sei. Da er sich zugleich darüber beschwerte, daß im „Blücher"-Fall seine Stellung mißachtet werde, vermischten sich Prestige- und Sachfragen. Nach viermonatiger Fehde entschied der Kaiser zugunsten von Tirpitz.

Dafür endete der Konflikt um die „Rekrutenschiffe" umgekehrt. Ausgangspunkt war der Sachverhalt, daß die Kampfkraft der Flotte durch die Entlassung und Neueinstellung von einem Drittel des Personals eines jeden größeren Schiffs an nur einem jährlichen Termin, im Herbst, bis zum Abschluß der Rekrutenausbildung empfindlich beeinträchtigt war. Tirpitz ordnete, nach Rücksprache mit dem Kaiser, aber ohne Befragung der Flotte, die alljährliche Beschickung je eines einzigen Geschwaders mit Rekruten an, so daß die beiden anderen vollständig kriegsbereit blieben. Die Front erhob energischen Widerspruch, der zum Aufschub der schon genehmigten Maßnahme führte. „Die Front konnte ihre Genugtuung nicht verhehlen, dem allmächtigen Staatssekretär mit Erfolg die Zähne gezeigt zu haben" (Forstmeier).

„Die zahlreichen Auseinandersetzungen zwischen Holtzendorff und Tirpitz glitten allmählich immer stärker vom Sachlichen hinüber ins Emotionale und Persönliche. Der Gegensatz wurde noch dadurch verschärft, daß der Flottenchef sich in Dinge mischte, die der Staatssekretär als seine alleinige Domäne betrachtete, nämlich die Verbindung des Flottenbaus mit der großen Politik. So warnte Holtzendorff das Reichsmarineamt am 25. Oktober 1911 vor der Einbringung einer Flottennovelle, weil zu diesem Zeitpunkt die Flotte zu einem Krieg gegen England in einer besonders ungünstigen Lage sei. Holtzendorff führte aus: ‚Wir dürfen die Folgen einer Provokation nicht eher auf uns nehmen, bevor die Flotte in ihrem jetzigen Zustand der Indiensthaltung vollwertig kriegsbereit und qualitativ dem Gegner ebenbürtig ist.' Erst der Herbst 1914 sei der geeignete Zeitpunkt für eine Novelle.

An dem ganzen Schlagabtausch zwischen Flottenkommando und Reichsmarineamt ist wichtig, daß das Flottenkommando, von politischen Erwägungen ausgehend, anstrebte, in Fragen der höheren Kriegführung nach eigener Lagebeurteilung selbständig Maßnahmen treffen zu dürfen. Hier griff der Flottenchef ohne Zweifel in seinem Verantwortungswillen über die ihm zustehende Sphäre hinaus. Aufschlußreich ist, daß Tirpitz in dieser Zeit mehrfach versuchte, die Stellung des Admiralstabschefs, die er einst selbst geschwächt hatte, gegenüber dem Flottenkommando aufzuwerten. Aber das ging auch nur, weil dort jetzt der ihm ergebene, wenn auch sonst unabhängig denkende Heeringen saß.

Auch mit dem Admiralstab hatte Holtzendorff nicht viel im Sinn. Es sei zwar ein Fehler der Marineorganisation, aber eine nichtsdestoweniger bestehende Tatsache, daß anders als beim Heer, wo der Chef des Generalstabs im Kriege der leitende Befehlshaber werde, der Admiralstab an der leitenden Stelle zurücktrete. Dieses Vakuum möchte Holtzendorff mit dem Stab der Hochseeflotte ausfüllen. Sein Bemühen zielt darauf ab, diesem die eigentlichen Admiralstabsaufgaben zu übertragen. So nimmt es nicht wunder, daß er im Oktober 1912 sein Erstaunen darüber ausdrückt, daß der Admiralstab unter Heeringen ‚plötzlich aus eigener Initiative Vortrag über Flottenaufgaben halten' wolle. Ein solches Verfahren untergrabe die Autorität des Flottenchefs, da dann tatsächlich ‚der Admiralstab vom grünen Tisch aus die Flottenführung in die Hand' nehme.

Vor seinem Ausscheiden aus dem aktiven Dienst sandte Holtzendorff Müller eine Art militärischen Testaments. Darin ging er auf die allgemeine Lage der Flotte ein und sparte nicht mit Kritik am Staatssekretär des Reichsmarineamts. Insbesondere stellte er den erschreckenden Personalmangel heraus, an dem Tirpitz schuld sei.

Admiral v. Ingenohl, der Holtzendorff im Amte folgte, zeigte sich als wesentlich jüngerer Offizier dem mächtigen Tirpitz gegenüber bescheiden. Admiralstabschef wurde Admiral v. Pohl, der durch einen klaren und eindrucksvollen Bericht über die Lage der Flotte vom 16. Februar 1913 beim Kaiser Ansehen gewonnen hatte. Pohl zeigte Initiative in der Wahrnehmung der dem Admiralstab zukommenden Befugnisse. Er nahm eine stärkere Stellung ein als der Flottenchef Ingenohl, der in höflichen Schreiben an das Reichsmarineamt und an den Admiralstabschef die Zustimmung zu bestimmten Dislokationswünschen der Flotte erbat. In der Frage der Verlegung weiterer Teile der Flotte in die Nordsee trat Pohl für eine möglichst starke Kräftekonzentration gegen England ein.

Ohne klare Abgrenzung der Befugnisse der Immediatstellen ging die kaiserliche Marine 1914 in den Weltkrieg mit einer Organisation, in der je nach der Stärke der einzelnen Persönlichkeiten, ihres Verhältnisses untereinander und ihrer Fähigkeit, sich der kaiserlichen Gunst zu versichern, Entscheidungen über Wohl und Wehe der Nation fielen. Außer dem obersten Kriegsherrn, dem Kaiser als Chef der Marine, bestand keine zentrale befehlsführende Stelle. Pohl war bei allem Selbstbewußtsein, das ihm nachgesagt wird, nicht der Mann, dem Admiralstab diese Position zu erringen. Tirpitz, der Urheber der bestehenden

Organisation, sah klarer als mancher andere, wie unmöglich der jetzige Zustand war. Seine Berufung als ‚Admiralissimus', die maßgebende Offiziere vorschlugen, scheiterte. Er hatte sich zu viele Feinde in der Umgebung des Kaisers geschaffen und war diesem selbst unbequem geworden. So konnte er lediglich durchsetzen, daß er bei Entscheidungen über wichtige Fragen der Seekriegführung ‚gehört' werden solle" (Friedrich Forstmeier).

4. Flottenrüstung um jeden Preis

a. Großbritannien wird aufmerksam

Die Gefahrenzone des Schlachtflottenbaus

Daß der deutsche Schlachtflottenbau vor seinem Abschluß außenpolitische Probleme mit sich bringen würde, hatte Tirpitz von Anfang an gesehen. Er betrachtete diese Phase als „Gefahrenzone", in der ein überraschender präventiver Überfall der Navy auf die in statu nascendi befindliche Flotte nicht auszuschließen war.

Gebannt von der Seekriegstradition teilte er mit einem Großteil der Kaiserlichen Marine den „Kopenhagen-Komplex". In dieser Sorge verschleierte Tirpitz seine letzten Absichten nach außen hin sorgfältig. Die englischen Reaktionen auf den Flottenbau ließ er durch den Londoner Marineattaché besonders scharf beobachten.

Seine Devise „Mund halten und Schiffe bauen" ließ sich bei dem Zwang, die Sympathie des deutschen Volkes für eine Schlachtflotte mit künstlichen Mitteln in ein Bedürfnis umzuwandeln, nicht durchhalten. Die Verlautbarungen von oben, die Werbeaktionen der Marine und die Argumente der Flottenbewegung riefen unvermeidbar in England Aufsehen hervor. Nicht minder schnell wurde dort die Risikotheorie durchschaut und ihr offensiver Hintergrund erkannt. Tirpitz bemühte sich, die Flottenagitation zu dosieren, kam aber mit seinen Mahnungen an die Presse erst im Winter 1904/05 zum Erfolg, als sich großer Schrecken wegen der übermißtrauischen Auslegung des Doggerbank-Zwischenfalls durch die Engländer breitmachte. Der Kaiser durchkreuzte Tirpitz' Wunsch, unauffällig aufzurüsten, besonders häufig und besonders kraß. Wilhelm II. verstand – mit vielen anderen Deutschen – die Flotte als Symbol des Weltmachtanspruchs seines Reiches und ließ sich nicht darin zügeln, dieses Symbol, mit dem er sich selbst von Herzen identifizierte, nach Kräften vorzuzeigen. So führte er König Edward VII. und seinem Gefolge im Juni 1904 die gesamte Heimatflotte vor. Die Engländer verstärkten nach diesem Besuch ihre maritimen Anstrengungen spürbar.

Außenpolitisch kam es Tirpitz auf die Einhaltung von vier Grundsätzen an: keine Verständigung mit England, bevor die Vollendung des Flottenbaus Deutschland eine Regelung nach seinen Wünschen erlaubte; dagegen in der Gefahrenzone eine unverbindlich zuvorkommende Haltung, die dem potentiellen Gegner nach Möglichkeit die Vorwände für Feindseligkeiten aus der Hand nahm; drittens Heraushalten aus antienglischen Bündnissen und Verwicklungen anderer Mächte; viertens Vertrauensverhältnisse zu Rußland und zu Japan, die das Reich auf dem Kontinent bzw. in Fernost abdecken sollten, aber keinesfalls Bündnisse mit ihnen. „Im ganzen ist ja Zeitgewinn und Flottenbau unsere wichtigste politische Aufgabe“, schrieb er am 1. November 1904 an das Auswärtige Amt. Mit diesen Zeilen brachte er in Erinnerung, zu welchem Zweck der geschmeidige Diplomat Bülow von Wilhelm II. als Staatssekretär und Reichskanzler eingesetzt worden war: zur außenpolitischen Absicherung des Flottenbaus, wie der Monarch ausdrücklich „befohlen“ und der Minister akzeptiert hatte.

Da Bülow gleichzeitig den Kaiser und das deutsche Volk mit dem selbstbetrügerischen Blendwerk der Weltpolitik, der Darstellung des Deutschen Reiches als globale Großmacht, zu erbauen hatte, bestanden hier Widersprüche, die Tirpitz im Zweifelsfall einseitig zu Gunsten der Flottenrüstung aufzulösen trachtete. Er hat häufig Widerspruch gegen das imperialistische Auftreten eingelegt, das aus seiner Sicht von der „Zukunftsaufgabe“ ablenkte und sich so als „Abenteuer“ darstellte: Transatlantische Expeditionen, Stützpunkt- und Kolonialbestrebungen, Balkan- und Orientpolitik – ein weiteres Dilemma, aus dem er sich heraus zu lavieren hatte, da ja der Flottenbau von der imperialistischen Stimmung des deutschen Volkes zehrte.

Die der Reichsleitung liebste Konstellation wäre eine Art von „Kontinentalblock“ nach napoleonischem Vorbild, aber unter wilhelminischer Führung gewesen. „Diese Kombination – Rußland, Deutschland, Frankreich – müssen wir uns also mehr wie je offenhalten“, forderte Bülow. Einer Verständigung mit letzterem stand aber als unüberwindbares Hindernis Elsaß-Lothringen im Weg, so daß sich jede Spekulation über eine französische Juniorpartnerschaft erübrigte. Die Beziehungen zu Rußland wurden durch das innenpolitische Kompensationsgeschäft verdorben, das die Voraussetzung des Zweiten Flottengesetzes darstellte: die Zolltarife trafen in erster Linie den russischen Getreideexport, den Hauptaktivposten der Außenhandelsbilanz des Zarenreiches. Als erstes hat der Schlachtflottenbau das Verhältnis mit Rußland ruiniert und sich damit eine Prämisse seines Sinns selbst entzogen. Alles demonstrative deutsche Wohlwollen während des russisch-japanischen Krieges 1904–06 half nichts mehr.

Großbritanniens Wendung gegen Deutschland

Im Jahre 1901 endeten die deutsch-englischen Verhandlungen um ein Bündnis oder eine Entente endgültig negativ. Ein vom Parlament bestätigtes Bündnis mit dem ganzen Dreibund, wie es die Reichsleitung verlangte, konnte die englische Regierung angesichts der offenen Feindschaft der beiden Völker nicht eingehen. Vereinbarungen von der Art des „Angola-Abkommens“ über eine potentielle Aufteilung der portugiesischen Kolonien (1898) und des „Yangtse-Abkommens“ über Interessenharmonie in China (1900) stellten für sie die Obergrenze politischer Freundschaft dar. Hatten sich die Regierungen in Berlin und London bisher im

Stil der Kabinettspolitik über die öffentlichen Meinungen hinweggesetzt, so trat jetzt auch zwischen ihnen eine nicht mehr korrigierbare Entfremdung ein. Von deutsch-britischen Gemeinschaftsunternehmungen, wie dem Flotteneinsatz gegen Venezuela und der Bagdadbahngesellschaft, blieben, seit das Kabinett vor den teutophoben Pressefeldzügen nachgab, politische Trümmerhaufen zurück.

Die französische Regierung hatte mit ihrem Nachgeben in der „Faschoda-Krise" um die Vorherrschaft im Sahelgürtel und Sudan 1898/99 ihre Konzilianz gegenüber England bewiesen, während die deutsche zur gleichen Zeit mit der Auslösung der „Samoa-Krise", in der es nicht um ein Objekt von Bedeutung ging, wieder einmal ihre innenpolitisch bedingte Taktik des weltpolitischen Umsichschlagens demonstriert hatte. So neigte sich das Kabinett, im Bewußtsein, daß nach der Jahrhundertwende keine „Splendid Isolation" mehr möglich war, dem Gedanken eines umfassenden Interessenausgleichs mit Frankreich zu, der mögliche Gefahren vom anderen Kanalufer beseitigen würde. Nach mehrjährigen Verhandlungen kamen zwischen England und Frankreich ein Schiedsgerichtsvertrag und eine vielschichtige Bereinigung offener Fragen auf drei Kontinenten zustande – die „Entente cordiale" vom 8. April 1904 (zu dieser und zur weiteren politischen Entwicklung s. Abschnitt V, S. 13 ff).

Bis zu diesem Zeitpunkt besaß der deutsche Schlachtflottenbau keinen Einfluß auf die Beziehungen der Macht, gegen die er sich richtete, zum Reich. Denn Flottenprogramme und -gesetze wurden zu jener Zeit in nahezu jedem Staat verabschiedet, der sich als Seemacht beliebigen Ranges verstand: Frankreich 1891 und 1900 (sowie 1905, 1906, 1909, 1912 und 1913), Rußland 1890, 1895, 1898 (sowie 1908/09 und 1912), Japan 1896/97 und 1903 (ferner 1910 und 1917), Holland 1900, Rumänien 1898, Mexiko 1901. Diskussionen fanden in Portugal und China statt.

Später folgten Spanien 1908, Brasilien 1905/07, Argentinien 1909, Chile 1911, die Vereinigten Staaten 1916, Schweden 1907, Dänemark 1909, Norwegen 1912, Griechenland 1907, die Türkei 1908/09, Italien 1905, Österreich-Ungarn 1911.

Von diesen Programmen und Gesetzen wurde nahezu keines erfüllt. Die einzige Seemacht, die bis 1904 auf einer längerfristigen gesetzlichen Basis tatsächlich rüstete, war England, das seine Naval Defence Acts von 1889 und 1893 übererfüllte. Dementsprechend betrachteten Kabinett und Admiralty die deutsche Flottengesetzgebung durchweg mit Gelassenheit. Seit 1902 waren sie überzeugt, daß das Reich speziell gegen sie rüstete, sahen das aber mehr als Unfreundlichkeit denn als Bedrohung an. Erst allmählich wurden sie sich bewußt, daß das Reichsmarineamt die Kriegsschiffe wirklich baute, die es sich vom Reichstag hatte verbriefen lassen. So wurden die Verhandlungen um den englisch-französischen Interessenausgleich von einer Wendung der Navy, die bisher in Frankreich den eigentlichen – wenn auch infolge seiner wirren und verfehlten Rüstungspolitik nicht ernstzunehmenden – Gegner gesehen hatte, gegen die Kaiserliche Marine begleitet. Deren militärische Qualitäten waren in England bekannt, und nun nahm sie auch quantitativ stürmisch zu. Die Umstellung der englischen Flotte auf Deutschland, die sich in Reformen, Dislokationsverschiebungen und neuen Operationsplänen ausdrückte, wurde am 21. Oktober 1904 vertieft mit der Ernennung von John Fisher zum Ersten Seelord der Admiralität, d. i. zum wichtigsten Mann nach dem Ersten Lord der Admiralität, dem Marineminister. „Er war der Mann", urteilt Berghahn im Anschluß an Arthur J. Marder, den besten Kenner dieser Ära aus englischer militärischer Sicht, „der Tirpitz an schöpferischer Energie, systematischer Zähigkeit und rücksichtsloser Entschlossenheit nicht nachstand und nun für eine Reihe von entscheidenden Jahren zum großen Gegenspieler des Staatssekretärs wurde".

John A. Fisher (1841–1920; geboren auf Ceylon; Baron Fisher of Kilverstone), 1854 in die britische Marine eingetreten, diente während des Krimkrieges in der Ostsee und während des Zweiten Opiumkrieges in Fernost.

1874 wurde er zum Captain befördert, 1890 in die Laufbahn der Flaggoffiziere aufgenommen, 1915 als Admiral of the Fleet endgültig verabschiedet. Seine hervorgehobensten Befehlshaberposten an Bord nahm er 1899–1902 an der Spitze der Mittelmeerflotte und 1903 der Heimatflotte in Portsmouth wahr. Über die Stellung des Generalinspekteurs für das Artillerie- und Torpedowesen 1886–91, des Dritten Seelords 1892–97, des britischen Marineexperten auf der Haager Friedenskonferenz von 1899 und des Zweiten Seelords 1902–03, kam er 1903–09 in die des Ersten Seelords, in der er historische Bedeutung gewann. 1914/15 war er noch einmal Erster Seelord, dann Vorsitzender des Invention Board.

Um die Jahrhundertwende präsentierte sich die Royal Navy als „eine zwar zahlenmäßig höchst eindrucksvolle Streitmacht; in mancher Hinsicht war sie jedoch ein verschlafener, ineffizienter und mottenzerfressener Organismus" (Marder). Befangen in einer jahrhundertealten Erfolgstradition, wie sie wohl jede Seemacht zur Selbstgefälligkeit verleitet hätte, besaßen nur wenige hohe britische Marineoffiziere Verständnis für die technologischen, infrastrukturellen, taktischen und militärstrategischen Notwendigkeiten ihrer Zeit. Das Seeoffizierkorps genoß, mit den Lorbeeren Nelsons geschmückt, die Pfründen, die ihm in der gesamten und in der militärischen Gesellschaft Großbritanniens eingeräumt worden waren. Im Dienst regierte der Schematismus, der Todfeind ernster Übung und Kriegsvorbereitung. Die britische Marine hatte das Stadium erreicht, in dem normalerweise erst schwere kriegerische Niederlagen Konsens über die Notwendigkeit von Reformen schaffen. Die Spaltung in einen mit der zivilen Spitze verbundenen Reformflügel unter Admiral Fisher und einen ihn mit großer Schärfe bekämpfenden Flügel unter Admiral Beresford erwies sich als schwere Bürde für die Moral der Navy, woraus umgekehrt die Kaiserliche Marine einen Großteil ihres Optimismus bezog.

Seine Reformarbeit begann Fisher kurz vor der Jahrhundertwende als Befehlshaber der Mittelmeerflotte, „wo er ein Übermaß an Staub und Spinnweben antiquierter Gedanken und Praktiken wegfegen sollte" (Bennet). Als erste wichtige Neuerung führte er wirklichkeitsnahe Flottenübungen ein. Als zweite folgte die Verdreifachung der Gefechtsdistanz von 2000 auf 6000 Yards (5486 m), mit der er die Torpedos, deren Laufstrecke darunter lag, ausschaltete. Mit dieser einseitigen Festlegung auf den Artilleriekampf, eine logische Weiterentwicklung der maritimen Linieartaktik, hatte er die künftige Entwicklung zum „all big gun battleship“ eingeleitet. Als Zweiter Seelord führte er das „Selborne-Scheme“ in die Offizierausbildung ein, das vor allem deshalb Anfeindungen hervorrief, weil es in gesellschaftlich revolutionierender Weise alle Offizierlaufbahnen – See-, Ingenieur-, Torpedo-, Sperwaffenoffiziere – in der Ausbildung zusammenfaßte und ihnen die gleichen Aufstiegschancen eröffnete. Die Kaiserliche Marine, voll Schadenfreude über den vermeintlichen Fehlgriff, hat im Bemühen um „Qualität“, d. i. soziale Homogenität und Ähnlichkeit mit den Armeeverhältnissen, eine vergleichbare Reform zu ihrem Unheil unterlassen (s. S. 302 f. und S. 341).

Umgekehrt steigerte das Selborne-Scheme die Attraktivität der Marineoffizierlaufbahn und machte damit eine wichtige Voraussetzung von Tirpitz' Kalkül, die vermeintliche zahlenmäßige Begrenztheit des Personalstamms, hinfällig. Als Erster Seelord beseitigte Fisher diese negative Voraussetzung der deutschen Rüstungspolitik sofort, indem er die weltweite Dislokation der britischen Flotte, die aus dem Zeitalter ohne Telegraph und Dampfmaschine ererbt war, zwecks Personaleinsparung grundlegend veränderte. Die Kanonen- und Depeschenboote, Imponier- und Reserveschiffe, die „weder kämpfen noch fliehen konnten“ wanderten, insgesamt 154 Einheiten, in die Schmelzöfen. Ihre Stellung in Übersee übernahmen wenige, aber moderne Kreuzer, die in strategisch günstigen Stützpunkten, über die das Empire in reichem Maß verfügen konnte, ihren telegraphischen Einsatzbefehl zum Handelskrieg erwarteten. Die eingesparten Besatzungen wurden in die Heimatflotten (Home-, Channel- und Atlantic Fleet) versetzt, deren Stärke im Vergleich zu den anderen britischen Verbänden mit großen Schiffen (v. a. Mediterranean Fleet) von 16 : 17 auf 25 : 8 stieg. Daneben traten moderne Reserveverbände, die erst im Kriegsfall personell ausgestattet werden sollten und konnten.

Die Konzentration der Seestreitkräfte auf den potentiellen deutschen Gegner unterstützte Fisher durch den weiteren Ausbau von Flottenbasen an der Nordseeküste, der bereits vor ihm eingesetzt hatte. Die Vernichtung der russischen Flotte durch die Japaner, verbunden mit dem Abschluß der Entente cordiale, erlaubte ihm den Abzug weiterer schwerer Überseekräfte bis hin zu der Absprache mit Frankreich, die jenem das Mittelmeer und England die nördlichen Gewässer Europas als Operationsgebiet zuteilte.

Entscheidende Bedeutung für den Verlauf der Geschichte gewann die Typenvergrößerung im Kriegsschiffbau, die Fisher 1905/06 mit der Schöpfung des Großkampfschiffes und des großen Zerstörers herbeiführte (s. u.).

Alle Ziele, die ihm vorschwebten, vermochte Fisher angesichts der häufig sehr persönlich bedingten Widerstände nicht zu erreichen. So schlug die Reform der Offizierausbildung nicht generell in die höheren Ränge durch und die Navy besaß, wie Marineminister Churchill bedauerte, bei Kriegsausbruch immer noch mehr Schiffskapitäne als kämpferische Kommandanten. Auch sind ihm schwerwiegende Fehlentscheidungen anzulasten, etwa bei der unterbliebenen Dockvergrößerung und dem Prinzip des relativ leichten Panzerschutzes. Für anderes, wie die Schaffung eines Admiralstabs, hat er sich nicht genügend eingesetzt, so daß nichts geschah. Aber insgesamt hatte er, als er 69jährig in den ersten Ruhestand trat, die antiquierte viktorianische Marine in das schlagkräftige Instrument umgewandelt, das den apokalyptischen „Tag von Armageddon", wie der bibelfeste Fisher den als unausweichlich angesehenen Zusammenprall mit dem Deutschen Reich einschätzte, für England entscheiden konnte.

b. Der „Dreadnoughtsprung"

Das „Einheitslinienschiff" der Jahrhundertwende

Gegen 1900 bauten alle Seemächte als Rückgrat ihrer Flotten Linienschiffe, die in den Grundzügen auffallend übereinstimmten. Von diesem Gesichtspunkt her wirkt der Grundgedanke des deutschen Schlachtflottenbaus, das angestrebte Ziel durch quantitative Rüstungsanstrengungen zu erreichen, keineswegs unrealistisch. Über die technischen Errungenschaften, militärischen Vorstellungen und wirtschaftlichen Gegebenheiten hinaus, die zum Typ des „Einheitslinienschiffs" geführt hatten, schien zu Beginn des 20. Jahrhunderts keine Entwicklung mehr möglich zu sein.

Die Wasserverdrängung des „Einheitslinienschiffs" betrug 12 000 bis 15 000 t bei einer Länge von ca. 120 m, einer Breite von ca. 23 m und einem Tiefgang von ca. 8 m. Der Freibord wurde zur Verbesserung der Seetüchtigkeit relativ hoch geschoben. Holz fand beim Bau kaum noch Verwendung, ältere Schiffe wurden in Verwertung der Erfahrungen von Santiago und Manila (1898) entholzt. Takelage gab es keine mehr. Die Kolbendampfmaschinenanlage von 15 000 PS ermöglichte 18–20 kn Höchstfahrt; die Dampfstrecke umfaßte 4000 bis 5000 sm.

Als Panzermaterial wurde schichtweise mit Kohlestoff angereicherter Nickelstahl verwendet, wie ihn Simpson (USA), Harvey (Großbritannien) und mit dem Ruf der höchsten Güte Krupp entwickelt hatten. Sein höherer Härtegrad erlaubte zunächst eine Reduzierung der Dicke (von „Brandenburg" zu „Wittelsbach": 400 auf 225 mm) und damit des Gewichts, doch gingen diese Vorteile im Wettlauf zwischen Panzer und Kanone bald wieder verloren. Durch Panzerung wurden die Seitenflächen in der Mitte des Schiffsrumpfes (240 mm) und mehr oder minder große Streifen bug- und heckwärts (100 mm) horizontal geschützt, außerdem war im Schiffsinnern ein gewölbtes Panzerzwischendeck (50–75 mm) eingezogen. Diese „Zitadell-Gürtelpanzerung" wurde bis zum Ende des Ersten Weltkrieges verwendet. Starken Schutz fanden Kommandostand und Geschütztürme (bis ca. 300 mm) und Munitionsaufzüge und -kammern. Anfangs noch aus gewöhnlichem Schiffbaustahl, später aus Nickelstahlblech wurden Splitterdeck, Quer- und Längsschotte gefertigt, dazu kamen gelegentlich gepanzerte Querwände und ein Torpedolängsschott.

Bewaffnet war das „Einheitslinienschiff" in jedem Fall mit vier schweren Geschützen in zwei Doppeltürmen. Das Kaliber war bei einem Minimum von 24 cm

(s. S. 151) und einem Maximum von 33 cm (USA, vorübergehend) im allgemeinen 28 oder 30,5 cm. Die Mittelartillerie bestand aus 10 bis 12 Geschützen von 12,7 bis 16,4 cm, meistens in Kasemattaufstellung mit Breitseitfeuerwirkung. Eine hohe Zahl leichter Schnellfeuergeschütze diente der Torpedobootabwehr; sie bleiben bei der auf die Kampfkraft abhebenden Schiffsbeschreibung im allgemeinen außer Betracht. Die Torpedos von 45 cm Kaliber wurden aus 2–5 starren Rohren unter Wasser ausgestoßen. Ein mächtiger Rammsteven vervollständigte die Bewaffnung.

Konstruktive Überwindung des „Einheitslinienschiffs"

Schon bald nach der Jahrhundertwende vergrößerten sich die Deplacements der Linienschiffe. Die USA gaben 1903 Schiffe von 18 000 t in Auftrag. Frankreich und England bauten an der Obergrenze von 15/16 000 t. Japan ging auf 20 000 t hoch. Diese Deplacementssteigerungen bewirkten keine wesentliche Verstärkung der Kampfkraft gegenüber gleichaltrigen Linienschiffen.

Die schwere Bewaffnung blieb konventionell auf zwei Doppeltürme, also 4 Rohre von 28 bis 30,5 cm und 40 Kalibern Länge, beschränkt. Als erste faßten die USA im Frühjahr 1905 den Entschluß, sie auf ihren 16 000 t-Neubauten zu verdoppeln, doch zogen sich die Konstruktionsarbeiten bis Ende 1906 hin („South-Carolina"-Klasse, 1908 von Stapel). Japan wollte die schwere Artillerie schon 1903 sogar verdreifachen, konnte diesen Rüstungssprung jedoch wegen der Belastung durch den Krieg gegen Rußland nicht bezahlen, und beließ es bei 4 × 30,5 cm. Auch die deutsche Marine erwog in den Projekten C vom Oktober 1905 und G7 b von 1906 die Vermehrung der schwersten Geschütze auf 8 bzw. 12; man konnte sich aber auch hier ohne Zwang von außen nicht zur Ausführung durchringen.

Bei der schweren Bewaffung setzte sich international für kurze Zeit der Kompromiß durch, ihre Stärke zwar insgesamt zu erhöhen, aber nur in Form einer Ergänzung der schwersten und der Mittelartillerie durch Geschütze eines Zwischenkalibers oder durch Heraufsetzung des Kalibers der Mittelartillerie. Auf Stapel legte England u. a. im Frühjahr 1905 die „Lord Nelson"-Klasse mit 4 × 30,5 und 10 × 23,4 cm-Geschützen, Japan zur gleichen Zeit die an sich mit schwerem Einheitskaliber projektierte „Satsuma"-Klasse mit 4 × 30,5 und 10 × 25,4 cm, Italien 1904–1907 die „Vittorio Emanuele"-Klasse mit 2 × 30,5 und 12 × 20,3 cm, die USA 1903–05 die „Connecticut"-Klasse mit 4 × 30,5 und 8 × 20,3 cm, Österreich-Ungarn 1907/08 die „Radetzky"-Klasse mit 4 × 30,5 und 8 × 24 cm, Frankreich 1907/08 die „Danton"-Klasse mit 4 × 30,5 und 12 × 24 cm, und Rußland 1906/07 die „Andrej Pervozvannyj"-Klasse mit 4 × 30,5 und 14 × 20,3 cm. Deutschland erwog mit dem Projekt 10 A vom März 1904 14 000 t-Schiffe mit 4 × 28 und 8 × 24 cm-Geschützen, verzichtete aber wegen der Problematik von Munitionszuführung und Feuerleitung auf diese Stückelung; als Zugeständnis an den Zeitgeist erhöhte man lediglich bei der 1904–05 auf Stapel gelegten „Deutschland"-Klasse das Kaliber der Mittelartillerie von 15 auf 17 cm.

Weniger ins Auge fallend, aber ebenfalls schließlich den Rahmen des „Einheitslinienschiffs" sprengend, wirkte die Verwendung und Vervollkommnung der Dampfturbine, kombiniert mit Wasserrohr- statt Zylinderkesseln. Von der Royal Navy in mehrere Zerstörer und einem Kleinen Kreuzer eingebaut, erwies sich die Turbine als im höheren Geschwindigkeitsbereich der Kolbendampfmaschine an Leistung und Wirtschaftlichkeit weit überlegen. Die Einhaltung der Höchstfahrtstufe bei Verbandfahrt hatte sich auf 13 kn beschränkt. Vor 1905 schaffte es kein einziger Flottenverband der Welt, die Höchstgeschwindigkeit für 8 Stunden durchzuhalten, ohne daß die Maschinenanlagen ausfielen. Um 1905 gelang es Sir Charles Parsons, auch Turbinenanlagen für größere Kriegsschiffe herzustellen und betriebssicher zu machen und damit den großen Kriegsschiffen zu hohen Dauergeschwindigkeiten zu verhelfen.

Anfang 1903 stellte Vittorio Cuniberti, der hochrenommierte Chefkonstrukteur der italienischen Marine, im britischen Flottenhandbuch den Entwurf eines „ideal battleship for the British Navy" von 17 000 t, 24 kn, 305 mm Zitadellgürtelpanzer und, unter Verzicht auf ein Mittelkaliber, von 12 × 30,5 sowie 18 × 7,6 cm-Artillerie zur Diskussion. Zu diesem Zeitpunkt konnte sich keine Marine dazu entschließen, die Idee in die Tat umzusetzen, aber der Weg war gewiesen.

„Dreadnought" und „Invincible"

Durch eine ungewöhnliche Vermehrung an Kampfkraft deklassierten die Neubauten der englischen Marine ab Herbst 1905 sämtliche vor diesem Datum konstruierten großen Kriegsschiffe aller Flotten. Nach dem ersten Schiff dieser Kategorie wird dieser Vorgang „Dreadnought-Sprung" genannt. Die „Vor-Dreadnoughts" schieden, auch wenn sie bis in den Zweiten Weltkrieg hinein in den Flotten dienten, als Bemessungsgrundlage für die Einschätzung der Seemacht der Staaten aus. Das graduelle und reagierende Übertrumpfen an Feuerkraft, Schutz und Beweglichkeit begann von einem wesentlich höheren Niveau aus neu.

Der Entschluß Admiral Fishers zur qualitativen Steigerung der Seerüstung war die Folge militärischer Notwendigkeiten, die seit der Jahrhundertwende erkennbar wurden. So vergrößerte sich im Hinblick auf die Gefährlichkeit von Unterwassertreffern die Gefechtsdistanz auf eine Entfernung jenseits der Torpedolaufstrecke. Für die der Nahverteidigung dienende leichte Artillerie blieb diese Veränderung ohne Belang. Dagegen mußte die schnellfeuernde Mittelartillerie, die den Gegner mit Massenfeuer zu überschütten und damit seine ungeschützten Aufbauten, Waffen und Rumpfabschnitte zu zerstören hatte, angepaßt und dementsprechend an Kaliber heraufgesetzt werden. Im Bereich der schweren, panzerbrechenden Artillerie war der individuell gezielte, dementsprechend in langsamer Folge gefeuerte Schuß der einzelnen Geschütztürme durch die zentral gezielte, schneller gefeuerte Salve des ganzen Schiffes zu ersetzen. Sobald schwerste Schnellfeuergeschütze und die technischen Mittel zur zentralen Feuerleitung zur Verfügung standen, lag der Zusammenfall der beiden oberen Schiffsartillerieklassen zu einer einzigen nahe.

Im russisch-japanischen Krieg 1904–05 fand die bisher nur theoretisch, von Schiffsunglücken abgeleitete Ansicht über die Gefechtsentfernung ihre Bestätigung durch die Praxis. Schäden durch Unterwassersprengkörper erwiesen sich als tödliche Gefahr (Insgesamt sind bis in den Ersten Weltkrieg nur Vordreadnoughts durch Ramm-, Minen- oder Torpedotreffer verloren gegangen).

Der auf den zwei Komponenten Mittel- und schwere Artillerie beruhende „klassische" Feuerplan gilt als die taktische Ursache der russischen Niederlage in der Seeschlacht von Tsushima am 27./28. Mai 1905. Dank ihrer überlegenen Geschwindigkeit diktierten die Japaner Position und Distanz. Während die Russen auf die geringere Entfernung aufzuschließen trachteten, in der durch Ausbildung und Material ihre zeitweise durchaus wahrgenommene Chance lag (etwa 2000 m), hielten die Japaner während der entscheidenden Phase der Seeschlacht den weiteren Abstand, in dem ihr Fernfeuer optimal wirkte (etwa 6500 m). Aus der intakten russischen Schlachtlinie wurden 3 Linienschiffe versenkt, aus der japanischen keines. Nach dem Zerfall ihrer Schlachtordnung büßten die Russen fast alle Schiffe ein, ohne die Japaner je ernsthaft geschädigt zu haben.

Die Schlacht von Tsushima wurde allgemein als Beweis für die Zweckmäßigkeit der Forderung nach spürbarer Vermehrung der Hauptartillerie an Bord aufgefaßt.

Um die Wende 1904/05 diskutierte die Admiralty die Grundsätze aus, nach denen die neue Kriegsschiffskategorie, das Großkampfschiff, zu konstruieren war. Sie entschied sich für die Aufspaltung des Linienschiffs in zwei Komponenten von gleicher Größe und gleichem Einheits-Hauptkaliber: das „Schlachtschiff" mit dem Schwerpunkt Schutz und den „Schlachtkreuzer" mit dem Schwerpunkt Geschwindigkeit. Unter großer Geheimhaltung wurde im Herbst 1905 das erste Schlachtschiff auf Stapel gelegt, und im Februar 1906 zu Wasser gelassen. Am 3. Dezember 1906 trat es, nach Fertigstellung in der Rekordzeit von insgesamt 14 Monaten, als „Dreadnought" in Dienst. Zu diesem Zeitpunkt nahm England mit der konstruktiv wenig abweichenden „Bellerophon"-Klasse den Serienbau auf (in Dienst ab 1909).

H.M.S. „Dreadnought" verdrängte bei 160 m Länge 18 000 t. Die 4 Parsons-Turbinen verliehen dem Schlachtschiff eine Geschwindigkeit von 21 kn, bei einer Fahrstrecke von 6600 sm bei 10 kn Marschfahrt. Bewaffnet war „D" mit 10 × 30,5 cm-Schnellfeuerkanonen in fünf Doppeltürmen (1 vorn, 2 achtern hintereinander auf gleicher Ebene, 2 seitlich). Die maximale Panzerdicke betrug 279 mm.

Waren beim Bau des Schlachtschiffes doch immerhin Gerüchte an die Öffentlichkeit und ins Ausland gedrungen, so gelang Fisher mit dem ersten Schlachtkreuzer ein voller Geheimhaltungs- und Überraschungserfolg. Dieser Typ war dazu bestimmt, im Idealfall im Gefecht die gegnerische Linie auf Parallelkurs zu überholen und sich anschließend quer davor zu setzen („Crossing the T" = wie ein T-Querbalken vor die Linie legen), und damit die Umzingelung einzuleiten. Weder im chinesisch-japanischen Krieg von 1894/95, noch im spanisch-amerikanischen von 1898 oder im russisch-japanischen von 1904/05 waren die Panzerkreuzer als Aufklärer oder im Handelskrieg eingesetzt worden, sondern hatten im rangierten Gefecht sozusagen als Linienschiffe zweiter Klasse gedient. Vor den Notwendigkeiten der Schlacht hatte kein Flottenchef die Vergeudung von Kampfkraft, die die eigentliche Zweckbestimmung der Panzerkreuzer bedingte, verantworten wollen;

die taktische und technische Umstrukturierung war deshalb nur folgerichtig. In England hatte Fisher bereits 1902 Vorstudien anfertigen lassen; mit Ausnahme Japans waren alle anderen Seemächte vor diesem Innovationsschub zurückgescheut. Im Frühjahr 1906 wurden drei Schlachtkreuzer auf Stapel gelegt und am 20. März 1908 stellte als erster „Invincible" in Dienst; die beiden anderen Einheiten dieser Klasse folgten im Abstand weniger Monate.

H.M.S. „Invincible" verdrängte 17 400 t. Mit 173 m Länge war der Schlachtkreuzer wesentlich schlanker gebaut als das etwa gleich breite Schlachtschiff. Die Gewichtseinsparung bei vergleichbarem Umfang war mit einer unzureichenden Seitenpanzer-Dicke von maximal 159 mm bezahlt. Die 4 Parsons-Turbinen brachten „I." auf 25 kn. Bewaffnet war sie mit 8 × 30,5 cm-Schnellfeuerkanonen in je 1 Turm vorn und achtern und 2 diagonal versetzten Seitentürmen.

Den Torpedoboots-Zerstörern verlieh Fisher im gleichen Zug durch Deplacementsverdoppelung und Artillerievermehrung ebenfalls eine Kampfkraft, mit der sich die vergleichbaren deutschen Torpedobootsflottillen-Führerboote nicht messen konnten. In Gestalt der „Tribal"-Klasse war damit der moderne Zerstörer geschaffen (880 t, 33 kn, 5 × 7,6 cm). Den kaum gepanzerten „Large light Cruiser" mit schwerster Bewaffnung und höchster Geschwindigkeit, der aufgrund seines Tiefganges die Ostseezugänge forcieren und den Weg zu einer Landung in Pommern freimachen sollte, brachte Fisher damals noch nicht durch (erst Ende 1914: „Courageous"-Klasse mit 19 000 t und 240 m Länge).

c. Die Einschränkung des deutschen Flottenrüstungsprogramms

Vorarbeiten für die dritte Rüstungsphase

Daß sich der Sollbestand der deutschen Flotte auf weitere Sicht nicht auf die 38 Linienschiffe und 14 Großen Kreuzer des Zweiten Flottengesetzes beschränken sollte, war für die Eingeweihten der Kaiserlichen Marine selbstverständlich. Kaum verabschiedet, unterlag das Gesetz mit Billigung des Kaisers seit dem Februar 1901 der Erweiterungsplanung durch das Reichsmarineamt. Planmäßig wurde die dritte Etappe auf dem Weg zur im regelmäßigen Bautempo aufgerüsteten und automatisch ergänzten großen Flotte angegangen. Der parlamentarisch sanktionierte Bauplan beinhaltete 1901–1905 jährlich 3 große Schiffe, davon 12 Neubauten, ab 1906 im allgemeinen 2, davon nur 1 Neubau im Jahr 1913. Die Baukosten der einzelnen Schiffe waren insofern pauschal fixiert, als das Gesetz auf der Basis der beigegebenen Bedarfsberechnung angenommen worden war. Es galt also gegen 1905 eine günstige parlamentarische Konjunktur herbeizuführen und zur gesetzlichen Erhöhung der Baurate pro Jahr, damit natürlich auch der Gesamtschiffszahl sowie der moralischen Baukostenpauschale, auszunutzen.

Im Vordergrund der Überlegungen standen die Linienschiffe. Die Zahl der anderen Schiffstypen war nach Tirpitz' Konzept in einer festen Relation taktisch und bauplanmäßig daran gebunden. Auf 2 Linienschiffe kamen 1 Großer und 2 Kleine Kreuzer;

ferner war pro Jahr eine komplette Flottille von 12 Torpedobooten fertigzustellen (sowie eine Division von 6 Unterseebooten, nachdem die neue Waffe zur Einführung gekommen war).

Die Überlegungen des RMA setzten bei den 6 Großen Auslandskreuzern ein, auf die es 1900 mit der Ankündigung verzichtet hatte, sie bei Eintritt der nächsten Baulücke nachzufordern (s. S. 217). Zunächst plante das RMA, die Großen Kreuzer hauptsächlich in Gestalt von Linienschiffen nachfordern, mit der fadenscheinigen Begründung, daß der internationale Trend auf die Besetzung der Auslandsstationen mit gefechtsstarken Schiffen hinzielte; über die Relation Linienschiff-Kreuzer innerhalb der Nachforderung wurde bis Juni 1903 diskutiert. Mit den Forderungen sollten das „Dreiertempo", d. i. 3 große Schiffe pro Jahr, über 1905 hinaus bis 1913 gesichert werden.

Im Sommer 1903 legte die Etatabteilung des RMA ein Programm vor, mit dem sich die aufgrund der laufenden Planungen 1912 fällige zweite Novellierung erübrigte. Kapitän z. S. Dähnhardt schlug ein Drittes Flottengesetz vor, das die Linienschiffe um ein drittes Doppelgeschwader und die Großen Kreuzer auf 20 vermehrte; die Ersatzfrist sollte auf 30 Jahre verlängert werden. Unter Einbeziehung der bereits bewilligten Ersatz- und Vermehrungsbauten garantierte sein Programm das Dreiertempo bis 1924 ohne vermehrte Belastungen in naher Zukunft. Dähnhardt ging von zwei Grundgedanken aus: zum einen konnten erfahrungs- und erwartungsgemäß immer nur die neuesten Schiffe im Gefecht mit vergleichbaren Gegnern als vollwertig angesehen werden, so daß die älteren Schiffe aller Seemächte für die Entscheidungsschlacht ausfielen; zum anderen besaß Deutschland ein seemännisches Reservistenpotential, das sich für die Besetzung der älteren, für die zweite Phase des Seekrieges mobilmachenden Schiffe anbot. Nach dem gegenseitigen Aufreiben in der deutsch-englischen Entscheidungsschlacht der modernen Schiffe und aktiven Besatzungen standen England nach Dähnhardts Kalkulation wohl noch Schiffe, aber keine Besatzungen mehr zur Verfügung, während Deutschland dann mit seiner „Seewehrschlachtflotte" erneut antreten konnte. Bei diesen Gedankengängen führte die bisher diskutierte Novelle nur ansatzweise zur „ausreichenden Verstärkung unserer Wehrkraft zur See", das vorgeschlagene Dritte Flottengesetz aber ohne größere Lasten zum konkret genannten Endziel, „unserer Flotte die gegen den seemächtigsten Gegner erforderliche Größe zu geben". Am 31. August 1903 fand dieses Langzeitprogramm die Billigung des Marineministers. Tirpitz mußte jedoch Anfang 1905 davon Abstand nehmen, nachdem er sich von der parlamentarischen Undurchbringbarkeit des Dritten Doppelgeschwaders in naher Zukunft überzeugt hatte und von Fisher in Furcht vor einem englischen Präventivschlag gegen eine gesteigerte deutsche Flottenrüstung versetzt worden war. Nach Rücksprache mit dem Reichskanzler und dem Reichsschatzsekretär bewog er Wilhelm II. am 11. Februar 1905, vorläufig auf die Einbringung des kompletten Dritten Doppelgeschwaders zu verzichten und doch weiter in Etappen vorzugehen.

Der Prozeß, der zu diesem Sinneswandel führte, hatte gut eineinhalb Jahre gedauert. Im Sommer 1904 stiegen dem RMA ernste Zweifel an dem im Emser Memorandum niedergelegten Grundsatz auf, sich in der Schiffsbautechnik vom Ausland nicht beeinflussen zu lassen, sondern im Gegenteil starr auf die Verhältnisse der deutschen Gewässer und des Nord-Ostsee-Kanals zugeschnittene Konstruktionen zu entwickeln (s. S. 176 f.). Zur Information über die als wegweisend angesehene Schiffsbaupolitik und -technik Englands wurde deshalb ein in technischen und diplomatischen Belangen hochqualifizierter und in der vorgesehenen Mission bereits erprobter Offizier, Kapitän z. S. Carl (v.) Coerper, als Marineattaché an die deutsche Botschaft in London versetzt. Durch ihn gewann Tirpitz ein ziemlich klares Bild von den Fisherschen Reformen und vom Realitätsgehalt der Tendenzen, die schließlich den Dreadnoughtsprung herbeiführten.

Aufgrund der von Coerper vermittelten Gewißheit, daß England seine Linienschiffe wesentlich vergrößerte und seine gegen Deutschland verfügbaren Flottenteile verstärkte, sah sich das RMA gezwungen, bei den deutschen Linienschiffsneubauten ebenfalls eine spürbare Typenvergrößerung vorzunehmen und die Torpedostreitkräfte zu vermehren. Doch nun errechneten Capelle und Dähnhardt derart hohe Mehrkosten, daß an eine Neuforderung von Linienschiffen nicht mehr zu denken war. Das RMA schwor dem lange gehegten Gedanken an weitere Linienschiffsgeschwader in naher Zukunft ab. Tirpitz entschied, zur Herbeiführung des Dreiertempos 1906–1913 die Aufnahme der schon 1900 vorgesehenen 6 Auslandskreuzer in das Flottengesetz zu fordern. Torpedoboote waren zwar nicht vom Gesetz erfaßt, doch galt bei dieser Schiffskategorie eine gewisse Bindung durch die amtlichen Programmverlautbarungen, aufgrund derer der Reichstag der Marinegesetzgebung und -finanzierung zustimmte. Zugunsten der unumgänglichen Torpedoboote mußte die Marine deshalb mehrere Kleine Kreuzer opfern, die sie ebenfalls 1900 als Zukunftsbedarf angekündigt hatte.

Außerordentlich unklug erschien es Tirpitz, der auf möglichst lang anhaltendes Vertrauen des Reichstags Wert legte, die errechnete Mehrbelastung, die bis 1917 über 900 Millionen Mark erreichen würde, vor den Abgeordneten zu vertuschen. In der Beibringung dieser Mittel lag das Hauptproblem, denn mit dem unsoliden Anleihewesen, mit dem das Schatzamt seit der Jahrhundertwende die Reichsfinanzen bilanzierte, ließ sich schon die laufende Flottenrüstung nur unwirtschaftlich und die projektierte mit Sicherheit überhaupt nicht mehr bezahlen. Der Marineminister warf deshalb im preußischen Staatsministerium und in der Reichsleitung bei den Vorbereitungen der Reichfinanzreform, die sich schon von 1904 bis 1906 hinzog, seinen ganzen Einfluß zur Unterstützung des Reichsschatzsekretärs v. Stengel in die Waagschale. Nach Abschluß der ministeriellen Beratungen wurde die Finanzreform von den Interessenten freilich bis zu einem „faulen Kompromiß" (Frauendienst) zusammengestutzt; Tirpitz ging mit dem Bewußtsein in die Diskussion der Marinevorlage, daß ihre Finanzierung noch nicht gesichert war. In der Tat sollte das Ergebnis der Reform nachträglich noch jeden Pessimismus übertreffen, indem sie nur die Hälfte der geschätzten Einnahmen erbrachte und die Finanzkalamität des Reiches – nicht der Länder – nicht im geringsten behob.

Die Leitung des Flottenvereins, namentlich General a. D. August Keim, die treibende Kraft im Vorstand, war mit dem Zurückschrauben der Marineforderungen auf das spätestens 1905 erkennbare bescheidene Maß keineswegs einverstanden. Ende 1903 hatte der Verein mit der Propagandakampagne für die 1905/06 fällige Novelle auf der Basis der Seewehrschlachtflottenplanung begonnen. Das RMA erhob keinen Widerspruch, nachdem die interne Entscheidung gegen das dritte Doppelgeschwader gefallen war, um seine Forderung vor dem Parlament als im Vergleich zur „öffentlichen Meinung" wohltuend bescheiden und besonnen hinstellen zu können.

Keim war es jedoch mit seiner Forderung ernst. Darüber hinaus bekämpfte er die parlamentspolitische Konzeption des Marineministers, der eine dauerhafte finanzielle Absicherung des Flottenbaus nur mit Hilfe des Zentrums für möglich hielt; der führende Alldeutsche Keim und seine Gesinnungsgenossen verlangten jedoch in ihrem radikalen Nationalismus aus ideologischen Gründen den Ausschluß der „Ultramontanen" aus den Entscheidungsprozessen zu Marine- und Weltmachtfragen. Damit war ein Konflikt zwischen dem RMA und dem DFV, der sich keineswegs mit der Rolle einer loyalen Hilfstruppe beschied, unvermeidbar.

Unterstützt von der Gruppierung um den alten Admiral Hollmann, fand Tirpitz einen Ansatzpunkt zur Unschädlichmachung Keims innerhalb des DFV im bayrischen Landesverband. Diesem kam es weniger auf den Inhalt der Forderungen an, als vielmehr auf das Stellen von Forderungen an sich, um namentlich im bisweilen spürbar „reichsverdrossenen" Bayern „der nationalen Sache bisher ferner stehende Bevölkerungskreise und -schichten für den Bau einer starken Flotte zu gewinnen und sie auf diesem Wege in den bestehenden Staat zu integrieren" (Wilhelm Deist). Ein deutliches Signal für die gemäßigten Kräfte im DFV-Vorstand setzte Tirpitz bei der Beratung des Marineetats für 1906 mit der Erklärung, die Regierung werde sich von den Wünschen, die der Verein in Überschreitung seiner satzungsgemäßen Ziele vortrage, nicht beeinflussen lassen. Keim gab nun nach. Der DFV ließ die Forderung nach dem dritten Doppelgeschwader fallen, deren zeitweise Nützlichkeit vom RMA anerkannt wurde, und konzentrierte sich auf den schnellen Ersatz älterer Schiffe unter dem von Keim kreierten Schlagwort von „schwimmenden Särgen", das Capelle ausdrücklich begrüßte.

Im Mai 1905 stärkte jedoch kaiserlicher „Theaterdonner an der falschen Stelle des Stücks" (Deist) die Position der Radikalen auf Umwegen erneut. Etwas hinter den Ereignissen zurück, kritisierte Wilhelm II. die abgeschlossene Propagandaphase als „Eingriff in die Kommandosphäre des Allerhöchsten Kriegsherrn, die ich auf das bestimmteste als gänzlich ungehörig zurückweisen muß". Zur Richtigstellung ertrotzte sich die Vereinsleitung den immediaten Zugang zum Monarchen, der ihr bisher als Ausdruck angeblicher gegenseitiger Unabhängigkeit verwehrt gewesen war.

Keim und Genossen drehten die Situation nun geschickt um. Nachdem sie das Ohr des labilen Mannes gewonnen hatten, versuchten sie ihre Wünsche mit Hilfe des Kaisers beim Reichskanzler und über diesen gegen den Staatssekretär des RMA durchzusetzen.

In dieser Konstellation entwickelte sich der Gedanke, den Reichstag mit der Forderung des dritten Doppelgeschwaders zu provozieren, wegen der ziemlich sicheren Ablehnung durch die Linke und das Zentrum aufzulösen und dann einen Wahlkampf über diese Frage zu führen, in der Bülow und Keim die Mehrheit des deutschen Wahlvolkes hinter sich zu haben glaubten. Die Vorherrschaft des Zentrums war dem Reichskanzler lästig geworden. Er steuerte auf die Bildung des rechten „Bülow-Blocks" hin, den er über ein Wahlkampfthema aus der Kolonialpolitik („Hottentottenwahlen") 1906/07 vorübergehend tatsächlich zusammenbringen sollte. Um 1905/06 hielt Bülow, der den Ausgang der unter seiner Verantwortung provozierten Ersten Marokkokrise als Beginn einer „Einkreisung" proklamierte, die vorgebliche Wehrhaftmachung gegen England für zugkräftig.

Tirpitz, der möglichst alle gesellschaftlichen und politischen Kräfte für den Flottenbau in Harmonie zu gewinnen wünschte, wehrte sich bis zum äußersten, zumal er den Optimismus Bülows für leichtfertig hielt. Die Gefahr für die Flottenrüstung kam für ihn jetzt aus der deutschen Reichsleitung selbst, nicht aus dem Reichstag. Der Staatssekretär setzte sich zwar gegen Kaiser und Kanzler durch und brachte sein Programm für 1906 auch über die niedrigen parlamentarischen Hürden, war aber für die Zukunft so pessimistisch gestimmt, daß er sein Abschiedsgesuch einreichte (dem Wilhelm II. allerdings nicht stattgab).

Die Erste Flottennovelle

Die Vorlage an den Reichstag bestand aus einem einzigen Paragraphen, in dem 5 Große Kreuzer bei der Auslandsflotte und 1 bei der Materialreserve gefordert wurden. Die beigegebene schriftliche Begründung nannte zwei Aufgaben: Überseeeinsatz im Frieden – Teilnahme als schweres Panzerkreuzergeschwader an der Seeschlacht im Krieg. Die Mehrkosten wurden mit 165 Millionen Mark, die Baurate mit 1 Kreuzer pro Jahr ab 1907, der Personalmehrbedarf mit 5809 Mann angegeben. Über das Dreiertempo fiel kein Wort.

Die anderen Forderungen und Erwartungen sprach das RMA in der Denkschrift zum Marineetat für 1906 an, den der Reichstag mit der Novelle zusammen behandelte. Es nannte den Geldbedarf für 48 Torpedoboote, einige Millionen für die erstmalige Erprobung und versuchsweise Beschaffung von Unterseebooten, skizzierte das Bauprogramm aller Schiffskategorien und begründete die detailliert dargelegte neue Geldbedarfsrechnung vor allem für den deutschen Dreadnoughtbau, eine Steigerung von insgesamt 940 Millionen Mark: „Das Deplacement der Schiffe und Torpedoboote ist wegen verstärkter Armierung und gesteigerter Geschwindigkeit zu vergrößern. Dazu zwingen uns die Erfahrungen des russisch-japanischen Krieges und das Vorgehen anderer Nationen, hinter denen wir an Gefechtskraft der Schiffe nicht zurückbleiben dürfen."

Als Argumentationsverstärkung steuerte das Nachrichtenbureau die Denkschrift „Die Entwicklung der deutschen Seeinteressen im letzten Jahrzehnt" bei, in der es darstellte, daß das Deutsche Reich von allen Seemächten in Relation zu seinem Außenhandel die geringsten Geldbeträge für die Seerüstung aufbrachte; die Erste Marokkokrise drehte es als Beweis für seine Behauptung um, daß es dem Reich immer schwerer würde, außerhalb seiner Kolonien seinem Handel die Türen offen zu halten.

Am 19. Mai 1906 nahm der Reichstag mit großer Mehrheit die Flottennovelle an. Die Finanzreform hatte er in der vorangehenden Sitzung bewilligt; sie war für die Öffentlichkeit der eigentlich bewegende Gegenstand, den die Presse unter Vernachlässigung der Marine mehr oder minder kritisch beleuchtete.

Die zweite für die Flottenrüstung wichtige Entscheidung fiel am 26. Mai 1906, an dem der Reichstag den Marineetat für 1906 billigte. Dem Entschluß, den Dreadnoughtsprung mitzuvollziehen, zu dem Tirpitz sich nach langer Diskussion im Sommer 1905 durchgerungen hatte, trat das Parlament mit der Bewilligung von zwei 18 000 t-Schlachtschiffen und einem 15 000 t-Kreuzer auf das Budget von 1906 vertrauensvoll, ohne Zögern bei. Auch die Gelder für notwendige Ergänzungsmaßnahmen, wie den Neubau des Nord-Ostsee-Kanals, die Verbreiterung der Wilhelmshavener Einfahrt und die Einrichtung größerer Docks wurden bewilligt.

Der „qualitative Rüstungssprung“

Noch vor Verabschiedung der Ersten Flottennovelle erteilte Tirpitz eine Direktive über die nächste Etappe des Weges, auf dem er schließlich zu den drei Schlachtschiff-Doppelgeschwadern der Seewehr-Konzeption zu gelangen hoffte. Es sollte „das nächste Ziel zur weiteren Entwicklung die Erlangung der 20jährigen Ersatzzeit für Linienschiffe und die Stabilisierung des Dreiertempos sein, so daß sich eine Flotte von 60 großen gepanzerten Schiffen ergibt mit einem Bautempo von 3 Schiffen pro Jahr“. Zugleich beriet er mit Dähnhardt und Capelle über das „Aufpropfen“ weiterer Schiffe durch ein zeitweiliges Vierertempo bei günstiger außen-, innen- und finanzpolitischer Lage.

Noch im Lauf des Jahres 1906 erzwang der nächste englische Zug in dem anhebenden Flottenwettrüsten, der „Invincible“-Sprung, den Verzicht der deutschen Seite auf die Verwirklichung des zahlenmäßig nach oben noch unbegrenzten Maximalprogramms, eröffnete ihr aber zugleich die Möglichkeit, das Minimalprogramm von etwa 60 großen Kriegsschiffen in die Tat umzusetzen. Die Baukosten stiegen so ungeheuer an, daß an ein drittes Doppelgeschwader oder an „Aufpropfen“ nicht mehr zu denken war. Zugleich jedoch gewann der Große Kreuzer durch seine Aufwertung zum Schlachtkreuzer einen Kampfwert, der ihn neben das Linienschiff/Schlachtschiff stellte. Damit erhielt Tirpitz die Chance, das dritte Doppelgeschwader durch die 20 Schlachtkreuzer ersetzen zu können, die der Marine als Große Kreuzer – mit ursprünglich anderer taktischer Aufgabenstellung – gesetzlich zustanden. Das novellierte Flottengesetz verlieh ihm 58 Großkampfschiffe, also – nach der Seewehrkonzeption, die von 57 Linienschiffen ausging – genug zum erfolgreichen Seekrieg gegen England. Die Marine hatte nunmehr ihre

Anstrengungen nicht mehr auf die Vermehrung dieser Zahl („quantitativer Rüstungssprung") zu konzentrieren. Freilich erstreckte sich der „qualitative Rüstungssprung" nicht nur auf die Großkampfschiffe, sondern schlug weiter nach unten durch. Denn nun mußten die Kleinen Kreuzer in die Rolle der Großen hineinwachsen, während ihre Aufgabe von zu Zerstörern aufgewerteten Torpedobooten zu übernehmen waren; wenn der Reichstag auch in diesen Fällen bei der Aufrechterhaltung der Nomenklatur mitspielte, veränderte sich das Schiffsbeschaffungsproblem für das RMA zum Problem der Geldbeschaffung, zu dessen Lösung es die Logik des Flottengesetzes für sich hatte.

Im orthodoxen Marine-Geschichtsbild gelten „Dreadnought"- und „Invincible"-Sprung deshalb als Gunstfaktoren der deutschen Marinerüstung. In einem vordergründigen Sinn besteht diese Auffassung zu Recht, denn die Royal Navy hatte, wie alle anderen möglichen Gegner der deutschen Flotte, ihren Vorsprung zunächst eingebüßt; das Spiel war neu ausgegeben worden. Nicht berücksichtigt werden dabei jedoch die übergreifenden militärgeschichtlichen Aspekte, unter denen die gesamtstrategisch-politischen und die finanziellen Probleme greifbar werden und ihre Ausstrahlungen bis auf die politische und soziale Grundordnung Deutschlands offenbaren. Die Kritik kann sogar die Prognose ex post umgekehrt wagen, nämlich daß die qualitative Rüstungssteigerung in ihren Folgen auf längere Sicht das Deutsche Reich durch einen falschen Rüstungsschwerpunkt und durch Verfeindung anderer Mächte verteidigungsunfähig und in der durch die innenpolitische Lastenverteilungskrise geprägten staatlichen und gesellschaftlichen Form für die Marine verteidigungsunwert gemacht hätte.

Der Vorschlag, die Panzerkreuzer in der deutschen Flotte grundsätzlich im Sinne von Schlachtkreuzern einzusetzen, war bereits Ende 1902 als Resümee der Herbstmanöver von Admiral Koester ausgegangen. Kaiser Wilhelm II., seit jeher ein Freund der schneidigen Kreuzerwaffe, griff diese Meinung mit Begeisterung auf und widmete sich – trotz des „Hertha"-Mißerfolgs (s. S. 151) – erneut der selbstgewählten Mission, die deutsche Marine mit einem Panzerkreuzer nach seinen Einfällen und technischen Vorstellungen auszurüsten. Tirpitz sah voraus, daß das „Kreuzerlinienschiff" allerhöchster Intention zur Typenvergrößerung der Großen Kreuzer und der großen Kriegsschiffe überhaupt führen würde, woran ihm (1903/04) überhaupt nicht gelegen war. Der technische Dilettantismus des Kaisers machte es ihm leicht, die Entwicklung des „Schnellen Linienschiffs" – wie Wilhelm II. sein neues Lieblingsprojekt bezeichnete – zu hintertreiben, solange der Monarch sich mit detaillierten eigenen Entwürfen und laienhaften Eingriffen in die vom RMA widerwillig aufgenommene Konstruktionsarbeit lächerlich machte.

Um den Kaiser nicht vor den Kopf zu stoßen, ließ sich der Marineminister auf den Kompromiß ein, bei den Neubauten „Scharnhorst" und „Gneisenau" gegen seine Überzeugung auf 11 600 t und 8 × 21 cm hinaufzugehen, in der Einsicht, daß eine andere Lösung „wenn auch ungerechtfertigterweise, nicht voll anerkannt würde". 1906 trafen zwei Umstände zusammen, die zu einer weiteren, ungern vorgenommenen Typsteigerung führte: Wilhelm II. hielt so beharrlich an seinem Projekt „Schnelles Linienschiff" fest, daß er sogar eine Preisaufgabe für die 10 einschlägigen Werften ausschrieb; und das RMA selbst meinte, den Großen Kreuzer doch in einer gewissen Relation zum Dreadnoughtsprung weiterentwickeln zu sollen. Als Kompromiß zwischen den Tendenzen der Annäherung an das Großkampfschiff und der Erhaltung einer selbständigen Schiffskategorie wurde der Neubau „Blücher" auf 15 800 t und 12 × 21 cm gesteigert.

Auf den „Invincible"-Sprung antwortete die Kaiserliche Marine 1907 mit der Konstruktion eines Schlachtkreuzers von 19 400 t, 8 × 28 cm und einer gegenüber „Blücher" um 3 Kn gesteigerten Geschwindigkeit von 28 Kn. Die sorgfältige Durchkonstruierung verlieh ihm eine höhere Standfestigkeit als den englischen Parallelbauten: am Skagerrak überstand „von der Tann", der erste deutsche Schlachtkreuzer, mehrere Treffer, und vernichtete „Indefatigable", den zweiten englischen Schlachtkreuzer. Da die 28 cm-Geschütze technisch verbessert wurden, blieb das RMA guten Gewissens bei den nächsten Bauserien – „Moltke" / „Goeben", 1908/09, und „Seydlitz", 1911 in Bau gegeben – bei diesem Kaliber, das im Kampf gegen die englischen Artgenossen mit 30,5 cm voll genügte. (Zum deutschen Kriegsschiffbau s. weiterhin S. 274 ff.).

Die Zweite Flottennovelle

Bei den Neuwahlen zum im Konflikt mit dem Zentrum vorzeitig aufgelösten Reichstag im Januar 1907 ging Bülows Rechnung auf: die SPD verlor derartig viele Mandate zu Gunsten der konservativen und liberalen Parteien, die als „Bülow-Block" zur Zusammenarbeit mit dem Reichskanzler bereit waren, daß sich das Zentrum neutralisiert sah. Tirpitz hatte den Entschluß zum Neuwahl-Coup unterstützt, hatte sich jedoch während des Wahlkampfes über bloße Taktik hinausdenkend gehütet, das Zentrum anzugreifen oder die Flottenfrage ins Spiel zu bringen. Für das RMA und sein Anliegen zahlte sich diese Vorsicht bald aus: das Zentrum vermutete, daß die linksliberale Freisinnige Volkspartei durch ihre Flottenskepsis den Ansatzpunkt zum Aufbrechen des Blocks abgeben könnte, und versuchte, seine Bedeutung durch einen Vorstoß in der Flottenfrage zurückzugewinnen.

Am 11. August 1907 hielt der Zentrumsführer Peter Spahn eine Rede, in der er nach einem Überblick über die innen- und außenpolitische Lage eine weitere qualitative Rüstungssteigerung forderte. Im Hinblick auf die Entwicklung der internationalen Kriegsschifftechnik sprach sich Spahn für eine Erhöhung des Marinebudgets um 40 Millionen Mark jährlich aus. Diese Summen waren ohne eine neue Reichs-Finanzreform nicht aufzubringen, der sich vor allem konservative Kreise entgegenstemmten. Damit häufte das Zentrum eine Fülle Sprengstoff im Block an, der 1909 seiner Erwartung entsprechend detonierte. Fürs erste profitierte die Marine von Spahns Vorstoß, denn das Zentrum, die liberalen Parteien und die Nationalisten im konservativen Lager wetteiferten geradezu im Verlangen nach einer neuen Flottenvorlage.

Der Flottenverein schloß sich natürlich mit gesteigerter Agitation an. Bülow ließ wissen, er halte möglichst hohe Forderungen für günstig, damit die tatsächliche Vorlage wieder gemäßigt erscheine. Tirpitz räumte launig ein, er werde „seinen so oft geprügelten Rücken im Interesse der Sache gern wieder hinhalten", verlangte aber, daß der DFV allein für vermehrte und schnellere Bauten einträte, bei Unterlassung technisch-sachlicher Kritik. General Keim, seit Ende November 1907 geschäftsführender Vorsitzender des

DFV, dachte jedoch nicht im geringsten an Selbstbeschränkung auf die Trommlerrolle, sondern wollte Politik machen. Ohne Rücksicht auf das Machbare und auf das Ausland agitierte der Verein für ein Bautempo, dessen Ablehnung durch Mitte und Links sicher erschien, und stellte England in einer Weise als Erbfeind hin, daß Komplikationen kaum noch ausbleiben konnten. In Zentrum und Freisinn artikulierten sich erstmals nach knapp einem Jahrzehnt wieder Zweifel an der Zweckmäßigkeit des Flottenbaus nach Gesetz, anstatt nach Bewilligung von Fall zu Fall. Die Regierung meinte, als Reaktion auf die Forderungen der Radikalen überhaupt eine gewisse Flottenskepsis um sich greifen zu sehen. Überdies deutete sich die Abspaltung der gemäßigten Bayern vom DFV an, der nur als geschlossene Bewegung Nutzen versprach. Der Kaiser bedrohte Keim mit dem militärischen Ehrengericht, doch der General „war offensichtlich entschlossen, den Konflikt auf die Spitze zu treiben und, gestützt auf die Macht der öffentlichen Meinung und des mächtigsten Agitationsvereins im damaligen Deutschland, auch das Verdikt seines Obersten Kriegsherrn nicht zu scheuen" (Deist). Erst massive Eingriffe der Regierung und der Protektoren, Prinz Heinrich von Preußen und Kronprinz Rupprecht von Bayern, bewirkten den Rücktritt des Präsidiums und die Wahl des Großadmirals v. Koester zum neuen Präsidenten, der den DFV nach einer fast einjährigen Turbulenzphase im Sinn der Regierung zähmte.

Tirpitz war sich über die tiefere Absicht der Zentrumspartei völlig klar. Aber am Fortbestand des Blocks lag ihm weniger als an der Aufrüstung zur See. Er hatte die Vorverlegung der Reichtagswahl begünstigt, weil er – den Zeitbedarf zur Einstimmung der Abgeordneten auf 1½ Jahre veranschlagend – jede mögliche Vorverlegung des Zeitpunktes begrüßte, zu dem er die neuen Geldbedarfsberechnungen zur Behebung der Finanzierungsklemme vorlegen konnte. Als ihm die Initiative des Zentrums die unerwartete Chance eröffnete, ohne große Anstrengungen im Parlament durchzukommen, packte er ein Forderungspaket aus allem zusammen, was ihm erreichbar und vertretbar erschien. Auf Jahre hinaus entglitt der Reichsleitung, die den von Kaiser und Reichstag gestützten Marineminister nicht mehr zu bändigen vermochte, die Kontrollgewalt über die deutsche Marinepolitik mit ihren gravierenden außen- und innenpolitischen Folgen.

In die Budgetvorlage brachte das RMA auf die Jahre 1908-1917 einen Zuwachs von rund 1 Milliarde Mark für die Typensteigerung fast aller Kategorien und für den verstärkten Bau von U-Booten ein.

Die Novellenvorlage verringerte die Lebensdauer der Linienschiffe von 25 auf 20 Jahre. Dadurch wurden die klägliche „Oldenburg", die 8 Küstenpanzer der „Siegfried"-Klasse, und die 4 Linienschiffe der „Brandenburg"-Klasse so früh ersatzpflichtig, daß, in Verbindung mit dem aufrechterhaltenen Kreuzer-Bauplan von 1906 in den Jahren 1908–1912 die neuen Großkampfschiffe im Vierertempo zu bauen waren. Dafür ging das programmgemäße Bautempo 1912–1917 auf zwei Großkampfschiffe pro Jahr zurück – der Ansatzpunkt zu einer neuen Novelle.

Der deutsche Finanzminister, Staatssekretär des Reichsschatzamts v. Stengel, behauptete vor dem Parlament, daß zur Deckung der Mehrbelastung ausreichende Mittel verfügbar sein würden, und trat dann wegen der Unausgleichbarkeit des Reichshaushalts für 1908 zurück. Die liberalen Fraktionen verlangten direkte Reichssteuern zur Finanzierung des Flottenbaus, die konservativen verwahrten sich dagegen; der Block fand dann aber doch in der Ansicht wieder zusammen, daß die Finanzierungsfrage zu vertagen und erst einmal die Flotte zu bewilligen sei. Die Zweite Flottennovelle fand am 27., der Etat am 30. März 1908 die Zustimmung des Reichstages mit Ausnahme der SPD und der Polenfraktion. Das Deutsche Reich hatte zum Rüstungswettlauf mit England angesetzt, ohne sich dieser Tatsache in diesem Moment so recht bewußt zu sein.

d. Das deutsch-englische Flottenwettrüsten

Mit dem Bau der „Dreadnought“ hatte sich in englischen Marine- und Regierungskreisen der Glaube verbunden, eine Schiffsbauperiode eingeleitet zu haben, in der die anderen Nationen weder die technologischen Fähigkeiten noch die finanzielle Kraft zum Mithalten aufbringen würden. Das Monopol ging jedoch schnell verloren, keine der nennenswerten Seemächte verzichtete auf den Bau von Großkampfschiffen:

	Baubeginn	fertig 1914
Großbritannien	1905	32 (+ 2 beschlagnahmte)
Vereinigte Staaten	1905	10
Deutschland	1907	22
Japan	1907	4
Italien	1907	3
Rußland	1908	4
Frankreich	1910	4
Österreich-Ungarn	1911	3

Mit dem Schlachtschiff „Orion“ (25 870 t Einsatzverdrängung; 10 × 34,3 cm; 21 kn) und dem Schlachtkreuzer „Lion“ (29 680 t; 8 × 34,3 cm; 27 kn) begann England den Bau von „Superdreadnoughts“, mit „Queen Elizabeth“ (33 000 t; 8 × 38,1 cm; 25 kn) schuf es das „Schnelle Schlachtschiff“, das erst im Zweiten Weltkrieg überboten wurde. Die Hauptkonkurrenten Deutschland, USA und Japan zogen in der Vorweltkriegszeit bis zur letzten Steigerungsstufe des qualitativen Wettrüstens nach. Von allen Verfolgern Englands war es Deutschland, das ihm am dichtesten auf den Fersen folgte.

Noch während der Vorbereitung und Einbringung der Zweiten Flottennovelle begann sich die Gewichtung innerhalb des Faktorenbündels zu verlagern, das auf die deutsche Flottenrüstung einwirkte. Nach der Verabschiedung der Novelle verschob sich der Primat der Innenpolitik in der Weise zugunsten der Außenpolitik, daß die Zustimmung von Reichsleitung und Reichstag zum weiteren Großkampfschiffbau vom Verhalten Englands beeinflußt und schließlich sogar bedingt wurde. Die Marinerüstung und -politik der Jahre zwischen Dreadnoughtsprung und Kriegsausbruch wird durch den Widerstreit der Kräfte in Deutschland geprägt, die – erkannt haben diese Entwicklung alle Beteiligten von Rang – sich aus höherer Einsicht damit abfanden bzw. sich rücksichtslos dagegen auflehnten.

Der offensichtliche Wendepunkt liegt im Jahr 1912, in dem die einsichtigere Gruppe im Tauziehen um das Ausmaß der Dritten Flottennovelle die Prädominanz der Marinerüstung gegenüber anderen gesamtstrategischen Bedürfnissen des Deutschen Reichs – wie See- und Landkriegsbereitschaft, Heeresrüstung, innen- und außenpolitischem Spielraum – zum ersten Mal nach 1898 abzuschwächen vermochte. Tirpitz handelte im Hinblick auf England außerordentlich vorsichtig und suchte alles zu vermeiden, was den anvisierten Gegner zur Erweiterung seines Rüstungsprogramms oder zu unberechenbaren Aktionen verleiten konnte. Aber der höchste Wert, an dem sich die Marine orientierte, war nicht die gesamtstrategische Stärke des Deutschen Reiches, sondern ihr eigener Umfang, an dem die Marineoffiziere primär die Handlungsfreiheit und Machtstellung ihres Vaterlandes maßen. Bis 1912 strahlte diese berufsspezifische Meinung ihre Energie kaum gebrochen auf die meisten maßgeblichen Männer der deutschen Politik aus, agierte als stärkste Figur der Reichsleitung im weiteren Sinn – d. i. Kaiser, Reichskanzler, Reichs-Staatssekretäre, preußische Minister, Spitzenmilitärs – der Großadmiral v. Tirpitz: „Auch dem Reichskanzler, dessen Untergebener er als Staatssekretär doch war, stand er längst wie eine gleichberechtigte Instanz gegenüber. In jedem Konfliktsfall ist er sofort mit der Drohung zur Hand, seinen Abschied zu fordern, und völlig gewiß, damit zuletzt seinen Willen durchzusetzen" (Gerhard Ritter).

Die deutschen Navalisten bauten auf die ideologischen und innnenpolitischen Bedürfnisse der seit Ende 1905 amtierenden liberalen Regierung Großbritanniens. Die radikale Spielart des Liberalismus, die hier die Oberhand gewonnen hatte, stand in der Tradition der großen Reformära Gladstone. In richtiger Einschätzung der gesellschaftlichen Entwicklung hatte die Partei als Machterhaltungsstrategie die erfolgreiche Umarmung der aufsteigenden Arbeiterbewegung durch Sozialreformen gewählt. Die Kosten der Reformen ließen im Budget keinen Platz für andere Zuwächse, so daß die liberale Regierung, die bereits das Heer zum Einsatz an der Seite der französischen Armee auf dem Kontinent umrüsten mußte, tatsächlich ein lebhaftes Interesse an einer Begrenzung der Rüstungslasten zur See besaß. Nachdem sie sich jedoch 1908 endgültig über die unnachgiebige Haltung der deutschen Seite klar geworden war, in der navalistische Voreingenommenheit überwog, brachte Finanzminister Lloyd George ein durch immense Sozial- und Rüstungslasten ausgeweitetes Budget ein.

Die Finanzierungsfrage machte eine Steuerreform unumgänglich. Die moderne, demokratische Struktur Großbritanniens erwies sich nun als elastischer und innovationsfähiger als das konstitutionelle Regierungssystem des Deutschen Reiches, das sich von einer agrarisch dominierten Herrschafts- und Gesellschaftsordnung ableitete und deren anachronistische Erhaltung bezweckte. In ihrer Not griffen die britischen Liberalen die gegebene Lastenverteilung an, riskierten den Verfassungkonflikt, in dem es die Konservative Partei und das hochadelige Oberhaus dann doch nicht bis zum Letzten kommen ließen, und setzten schließlich alle Reformen durch.

Die Marinerüstungsspirale drehte sich mit wachsender Geschwindigkeit weiter. Sie drohte jedoch im Gegensatz zur optimistischen Erwartung derer, die sie in Gang gebracht hatten, nicht Großbritannien und sein Empire zu ermüden, denn deren Energien waren geweckt, sondern das Deutsche Reich auszupressen.

Eine Aussprache zwischen Tirpitz und Fisher, die die englische Seite in der Hoffnung auf einen Ausgleich um die Wende 1906/07 anregte und der Reichskanzler begrüßte, kam nicht zustande. Der englische Versuch, auf der Zweiten Haager Friedenskonferenz (s. Abschnitt V, S. 39 f) eine allgemeine Rüstungsbeschränkung durchzusetzen und damit als beatus possidens den deutschen Schlachtflottenbau abzuwürgen, wurde im Februar 1907 erkannt und, um den Preis der Selbstdarstellung als Weltstörenfried, von der deutschen Abordnung vereitelt. Alle

Fühler, die die englische Regierung auf Drängen ihres Schatzkanzlers Lloyd George ausstreckte, stieß die Reichsleitung zurück. Aber Ende 1908 wurden die Anzeichen für die internationale Isolierung Deutschlands und die Finanzklemme des Flottenbaus unübersehbar. England und Rußland hatten sich in der Entente vom 31. August 1907 arrangiert; mit der Bosnischen Annexionskrise (zum Aspekt der noch geglückten Friedensbewahrung s. Abschnitt V, S. 13 f) verdichtete sich die Gegensatzbereinigung im Winter 1908/09 bis zur Annäherung von „Bär und Walfisch", deren Antagonismus die unabdingbare Voraussetzung der deutschen Politik der Handlungsfreiheit dargestellt hatte (s. Abschnitt V, S. 15 oben), der Prämisse des Schlachtflottenbaus gegen England. Darüber hinaus trat in der russischen Flotte, die über der Ausrichtung gegen England fast in Vergessenheit geraten war, ein zweiter potentieller Gegner zur See auf; bis 1914 gaben die Russen 12 Großkampfschiffe in Bau, die der englischen Flotte bei der Lagebeurteilung auf weitere Sicht hinzuzurechnen waren. Ebenso wie die Feindschiffszahl steigerten sich die Kosten für die deutschen Schiffe weiter. Für die großen Schiffe/Großkampfschiffe, die die Entscheidung in der Seeschlacht herbeiführen sollten, verdreifachten sie sich vom Regierungsantritt Kaiser Wilhelm II. bis zum Kriegsausbruch:

Linien-/Schlachtschiffe

Anzahl	Klasse	Bauzeit	Durchschnittspreis in Millionen Mark
4	„Brandenburg"	1890–94	15,9
5	„Kaiser" (alt)	1895–1902	20,6
5	„Wittelsbach"	1899–1904	22,3
5	„Braunschweig"	1901–06	24,0
5	„Deutschland"	1903–08	24,7
4	„Nassau"	1907–10	37,2
4	„Helgoland"	1908–12	45,5
5	„Kaiser" (neu)	1909–13	45,6
4	„König"	1911–14	45,0
2	„Baden"	1913–16	49,5

Große Kreuzer/Schlachtkreuzer

Anzahl	Klasse	Bauzeit	Durchschnittspreis in Millionen Mark
1	„Fürst Bismarck"	1896–1900	18,9
1	„Prinz Heinrich"	1898–1902	16,6
2	„Prinz Adalbert"	1900–03	16,0
2	„Roon"	1902–06	15,8
1	„Scharnhorst"	1904–08	19,8
2	„Blücher"	1907–09	28,5
1	„von der Tann"	1908–10	36,5
2	„Moltke"	1909–12	42,1
1	„Seydlitz"	1911–13	44,7
3	„Derfflinger"	1912–17	57,7

Die Kosten der Kleinen Kreuzer stiegen von den 2,5 Millionen Mark der „Bussard"-Klasse, 1888–93, auf die 8,1 Millionen der „Karlsruhe"-Klasse, 1911–14. Desgleichen von den 0,9 Millionen der Hochsee-Torpedoboote S 90–101, 1898–1901, auf die 1,8 Millionen der Gruppen V 161–G 197, 1907–11. Die Friedens-Unterseeboote U 1–28 kosteten 2 bis 3 Millionen, 1904–14; der Teuerungssprung von unter 2 auf 2,5 Millionen lag bei der Serie U 5–8, 1908–11.

Für die Zweite Flottennovelle hatte sich Reichskanzler Fürst Bülow noch sorg- und arglos, ihre finanz-, innen- und außenpolitische Tragweite verkennend und sie vor allem als Stabilisator des Allerhöchsten Wohlwollens schätzend, eingesetzt. Die Warnungen seines nüchternen und klugen Londoner Botschafters Paul Graf von Wolff-Metternich und Albert Ballins, die von der Steigerung der älteren britischen Abneigung gegen die Deutschen zum Deutschenhaß aufgrund der als bedrohlich empfundenen Flottenrüstung berichteten, hatten seine Einstellung nicht wesentlich berührt. Im Herbst 1908 war Bülow jedoch der legendäre Optimismus vergangen. Vorsichtig unternahm er einen – erfolglosen – Versuch, den Kaiser für eine wendigere Haltung in der Flottenfrage zu gewinnen. Auch auf anderen Ebenen suchte er nach Voraussetzungen für eine deutsch-britische Entspannung. Er begann sich mit den an der Defensive gegen England orientierten militärstrategischen Gedanken von Karl Galster sr. (s. o. S. 226 f.) auseinanderzusetzen, die die Marine verfemte. Vor allem beschäftigte sich Bülow mit den Gesichtspunkten, die als Ansatz zur außen- und finanzpolitischen Entspannung dienen konnten. Wie so vielen anderen, nicht in der Wolle navalistisch gefärbten Mitmenschen, erschienen die rein militärischen Aspekte überdies auch ihm vernünftig.

Galster hatte sich als Vizeadmiral Anfang 1907 aus dem Dispositionsstand verabschieden lassen, um seine Gedanken unter dem Schutz der zivilen Bürgerrechte frei vertreten zu können. Im Oktober d. J. veröffentlichte er dann die bekannte Schrift zur zweckmäßigen Seekriegführung gegen England. Tirpitz' Bemühungen, die seinerzeit im Zusammenhang Maltzahn-Valois ergangenen Regelungen (s. o. S. 210) auch auf verabschiedete Marineoffiziere ausdehnen zu lassen, schlugen fehl. Zunächst schwieg die Marine Galsters Kritik an ihrer einseitigen Großkampfschiffkonzeption amtlich tot. Als die aufgezeigte Alternative trotzdem meinungsbildende Anhänger fand, ja sogar bei den Budgetverhandlungen 1909 Galstersches Gedankengut auch bei marinewohlwollenden Abgeordneten auftauchte, setzte das Nachrichtenbüro des RMA pensionierte Offiziere zur publizistischen Widerlegung ein, ohne damit noch sachlich zu überzeugen. Die Marine entschloß sich zum schärfsten Mittel, um den Infektionsherd zu isolieren. Aufgrund einer Absprache zwischen Tirpitz, Müller und Koester wurde Galster im aktiven und pensionierten Seeoffizierkorps gesellschaftlich geächtet. Im Januar 1910 war der Häretiker, dem sein – vom Ersten Weltkrieg anerkanntes – Bemühen um eine zeitgemäße Flottenstruktur derart übel ausgeschlagen war, und Vater eines jungen aktiven Seeoffiziers, „weich" und gelobte Einstellung seiner „Polemik".

Widerstand gegen die Zielsetzungen des Kaisers und seines Marineministers wagte Reichskanzler Bülow nicht. Die unumgänglich gewordene Reichsfinanzreform brachte er Mitte 1909 nur verstümmelt durch, so daß eine Finanzdecke für den Großflottenbau bisherigen Stils nicht mehr vorhanden war. Die Konservativen hatten gezeigt, daß ihnen die Armee wichtiger war als die Marine, hatten jede sozialere Aufbringungsform für die Deckung des Reichsbudgetdefizits von voraussichtlich 500 Millionen im Jahr zurückgewiesen, hatten den Block gesprengt und hatten Bülow, der wegen der Daily Telegraph-Affäre für sie untragbar geworden war, zum Rücktritt gezwungen.

Zum Nachfolger berief der Kaiser einen innenpolitisch versierten Beamten, Theobald v. Bethmann Hollweg (s. Abschnitt V, S. 14), der die Bindung an eine bestimmte parlamentarische Konstellation aufgab und sich auf die Interessengruppen und die Bürokratie direkt stützte, um die Machtstellung der konservativen Kräfte z. T. im Widerspruch zur Politik der konservativen Verbände und Parteien zu wahren. Besonderes Gewicht gewannen in der Regierung Bethmann Hollweg der Außenminister, Staatsekretär Alfred v. Kiderlen-Waechter, der die intensive Marinerüstung als sinnlose Einschränkung der außenpolitischen Handlungsfreiheit beurteilte und bekämpfte, und der Finanzminister, Staatssekretär Adolf v. Wermuth, der es in seinem Ringen um eine geordnete Haushaltsführung tat. Seit 1910 mußte Tirpitz Abstriche vom Marineetat hinnehmen, fand er mit seinen Worten die Reichskasse „mit Stacheldraht umgeben". Im November 1911 erstritt sich Wermuth das Mitprüfungsrecht bei den zu erwartenden Wehrvorlagen; er nutzte diese Vollmacht als Beitrag zur Zurückgewinnung des Primats der Heeresrüstung.

Das RMA glaubte bis 1909 nicht an ein Wettrüsten. Es hatte den Großkampfschiffbau durch Vorverschieben in der Planung zum vorübergehenden Vierertempo beschleunigt, weil es die Engländer aufgrund der relativ wenigen Bauvergaben in den ersten Großkampfschiff-Jahren für am Ende ihrer Opferbereitschaft angelangt hielt. Vom Dreadnoughtsprung bis zu dem Zeitpunkt, an dem die zweite Novellierung des deutschen Flottengesetzes eingeleitet wurde, hatte Westminster insgesamt nur ein „capital ship" mehr bewilligt als der Reichstag:

Bewilligungsjahr	Deutschland	England
1905	–	4
1906	–	3
1907	5	–
1908	4	3
	9	10

Bei dieser Ausgangslage hielt Tirpitz ein Agreement mit England für außerordentlich nützlich, wenn es das Inselreich auf eine Baurate festlegte, die zwar zu seiner Beruhigung höher als die deutsche, aber niedrig genug war, um ein Davonlaufen über die 2:3-Marke hinaus zu verhindern. Eine Progression der englischen Stärke um nur ein Großkampfschiff im Jahr erschien ihm in der Gefahrenzone, deren Ende durch die nach seiner Ansicht sicher zu erwartende Kapazitätserschöpfung Englands und die deutsche Möglichkeit zum Aufholen gegeben sein würde, militärisch vertretbar. Aus dieser Überlegung setzte er sich für ein Bauratenabkommen von 3:4 oder 2:3 deutschen:englischen Neubauten auf eine bestimmte Anzahl von Jahren ein und erhob heftige Vorwürfe gegen die Reichsdiplomatie, als diese Bauernfängerei nicht zum Ziel führte. England unternahm mit der Bewilligung von 9 capital ships 1909 eine erste gewaltige Anstrengung, die bereits ausreichte, um die Kalkulation der deutschen Marinepolitiker hinfällig zu machen:

Bewilligungsjahr	Deutschland	England	Rußland
1908			4
1909	5	9	–
1910	3	5	–
1911	4	5	3
1912	4	5	4
1913	2	6	–
1914	2	2	1
(Übertrag von 1905–08	9	10)	
	29	42	12

Bei etwa dreijähriger Bauzeit auf beiden Seiten lief England auch mit den Indienststellungen davon und verlängerte die Gefahrenzone bis zum Kriegsausbruch 1914. Es hatten am Ende des jeweiligen Stichjahres in Dienst:

	Deutschland	England	Rußland	
1905	–	–	–	
1906	–	1	–	
1907	–	1	–	
1908	–	4	–	
1909	2	8	–	
1910	5	10	–	
1911	9	11	–	
1912	14	21	–	
1913	17	27	–	
1914	22	34	4	
(1917	25	44	6	USA: 15)

Erstmals im Juli 1910 erkannten führende Offiziere der Kaiserlichen Marine an, daß Deutschland auf dem Feld der Flottenrüstung möglicherweise seine Grenzen erreicht haben könnte. Im engsten Kreis erwogen Tirpitz und Capelle bei der Diskussion über den Inhalt der für 1911/12 vorgesehenen Dritten Flottennovelle, nicht mehr die Steigerung vom Zweier- zum Dreiertempo anzustreben, sondern nur noch eine neue, den davon rennenden Schiffbaupreisen angepaßte Geldbedarfsberechnung vorzulegen. Tirpitz hatte den Zusammenbruch seines ganzen Planungsgebäudes vor Augen. Unter dem außenpolitischen Aspekt befürchtete er, daß sich der Vorsprung der Navy bei einer deutschen Baurate von nur zwei Großkampfschiffen in den Jahren 1912–1917, also beim Verzicht auf 6 Neubauten, nie mehr einholen ließ. Unter dem innenpolitischen Aspekt quälte ihn die Sorge, daß der Reichstag, wenn Deutschland trotz Abfallens in der Großkampfschiffzahl eine vernünftige Englandpolitik zusammenbrachte, zu keinen höheren Leistungen bereit sein und ab 1918, wenn der mit Steuermitteln abzudeckende ordentliche Ersatz der vorhandenen 60 großen Schiffe zu beginnen hatte, das Dreiertempo verweigern würde: „Aber wenn die Verhältnisse mächtiger sind", gab er, der Resignation nahe, von sich, „ist das Flottengesetz nur mehr ein Stück Papier" (4. Mai 1911 gegenüber Bethmann Hollweg). Sein Ringen um die Aufrüstung der Kaiserlichen Marine zu einer Stärke, die sie der Royal Navy gewachsen machte, lief auf ein Ergebnis zu, das er selbst im Immediatvortrag als „historisches Fiasko" einstufte. Die Einsicht in die Folgen der maritimen Fehlinvestitionen für die deutsche Gesellschafts- und Staatsordnung, deren Krise sich bereits abzuzeichnen begann (s. Abschnitt V, S. 18 ff.), und das Wissen um seine historische Verantwortung dafür (s. S. 196) stachelten ihn zum erbitterten Kampf gegen Bethmann Hollweg und die Minister an, die eine Entkrampfung des deutsch-englischen Verhältnisses von der Selbstbeschränkung auf das Flottengesetz in der Fassung von 1909, d. h. mit mindestens vorläufigem Zweiertempo, erhofften. Hilfreich wirkte für Tirpitz die Berichterstattung seines Londoner Marineattachés, Korvettenkapitän Widenmann, dessen dem Kaiser immediat zugehenden Meldungen suggerierten, daß England kurz vor dem Zwang zum Nachgeben stünde – im Gegensatz zu den Berichten des deutschen Botschafters und zur Evidenz.

Zum letzten Mal kam im Jahr 1911 ein außenpolitischer Vorgang der Marine bei ihrem vergeblichen Versuch, den Anschluß an die englische Flottenrüstung zu halten, zur Hilfe. Es war die Zweite Marokkokrise (s. Abschnitt V, S. 15), die die deutsche Marinepolitik von der Erstarrung befreite, in die sie zu verfallen begonnen hatte. Für den eigenwilligen Kiderlen-Waechter, der das absurde Schauspiel inszeniert hatte, empfand der Marineminister nahezu ironische Dankbarkeit: „Die Marokko-Angelegenheit nimmt eine Wendung, wie ich sie nach den Äußerungen S. M. pp. immer schon für wahrscheinlich gehalten habe. Sind wir dabei stärker blamiert, so gibt das eine gewaltige Entrüstung. Die Möglichkeit einer Novelle rückt damit näher" (3. August 1911 an Capelle).

Das RMA stand jedoch mit seinem Wunsch, die drohende Kriegsgefahr zum Flottenbau auszunutzen und die damit provozierte voraussichtliche Verschärfung der Lage in Kauf zu nehmen, allein. Die anderen politisch maßgeblichen Admirale: Holtzendorff von der Hochseeflotte, Fischel vom Admiralstab und Müller vom Marinekabinett traten bei Bethmann Hollweg geschlossen für Maßnahmen zur Verstärkung der Kriegsbereitschaft ein. Der Kaiser begann sich ihrem Standpunkt zu nähern. Mit diesem Erfolg der aus den verschiedensten Motiven gegen den Marineminister einigen Opposition war der „Wendepunkt in der Marinepolitik" (Walther Hubatsch) gegeben.

Die Dritte Flottennovelle beinhaltete schließlich einen Kompromiß, den der Reichstag am 21. Mai 1912 akzeptierte: die volle Indiensthaltungsstufe des Flottenkerns wurde von 2 auf 3 Schlachtschiff- und 1 Schlachtkreuzergeschwader („Aufklärungsgruppe") ausgedehnt, unter Verzicht auf die Materialreserve und zu Lasten der Reserveschlachtflotte, deren Mobilmachungsgrundlagen eine wesentliche Verkleinerung erfuhren. Der Sollbestand der Flotte erhöhte sich um 3 Großkampfschiffe und 2 Kleine Kreuzer, womit das RMA die Zweiertempo-Bresche notdürftig stopfen und die Anwartschaft auf das tatsächliche Einsetzen des gesetzmäßigen Dreiertempos wahren konnte. (Zum Zustand der deutschen Flotte nach dem Flottengesetz letzter Fassung s. S. 275 ff.).

Die Erfordernisse des Ersten Weltkrieges – gegen dessen Entfesselung sich Tirpitz, ohne Illusion über Englands Bereitschaft zum Kriegseintritt und über Deutschlands tiefe Unterlegenheit zur See, heftig sträubte – lenkten dann die deutsche Flottenrüstung in eine andere Richtung.

Nach der Dritten Flottennovelle war eine grundsätzliche Entspannung des deutsch-englischen Verhältnisses nicht mehr möglich, wie die Verhandlungen zwischen der Zweiten Marokkokrise und dem Ausbruch des Ersten Weltkrieges zeigen. Absprachen ließen sich nur über nebulöse Imperialismusprobleme in Mittelafrika und Nahost treffen. Die Gespräche im Umkreis der Haldane-Mission vom Februar 1912 (s. Abschnitt V, S. 15) erwiesen, daß die Erhöhung des Mobilhaltungsgrades und die Vermehrung des Personalbestands der deutschen Flotte in England ein Gefühl des Bedrohtseins hervorgerufen und eine Situation herbeigeführt hatten, die nun jede Mäßigung in der Rüstung der Kaiserlichen Marine zur Kapitulation des Deutschen Reiches stempelte.

Dabei hatte die Kaiserliche Marine die seit Herbst 1911 gültige strategische Konzeption der Royal Navy, mit der die Schlachtflotte weitgehend ausgeschaltet werden konnte (s. S. 297 f.), sofort erkannt und war sich durchaus bewußt geworden, daß sie sich auf dem falschen Weg befand. Gleichwohl mußte sie auf ihm fortfahren, wenn sie nicht den Thron gefährden wollte, der den Bezugspunkt des kaiserlich deutschen Seeoffizierkorps dargestellt hat.

Die Organisation der deutschen Marine in Krieg und Frieden 1913—1933

von

Rolf Güth

A. Die Kaiserliche Marine am Vorabend des Ersten Weltkrieges

1. Die Gliederung

a. Das Neben- und Gegeneinander der Immediatstellen

Die Organisation der Kaiserlichen Marine war wesentlich von folgenden Komponenten bestimmt:

– Ausübung des Oberbefehls über die Marine durch den Kaiser persönlich,
– technischer und administrativer Aufbau einer Hochseeflotte durch Flottengesetze und -novellen,
– Zweckbestimmung und Ausbildung der Flotte für die „Seeschlacht zwischen Helgoland und Themse".

Der Kaiser übte seinen verfassungsmäßig festgelegten Oberbefehl über die Marine durch die Vermittlung einer Reihe von Immediatstellen aus:
– Chef des Marinekabinetts,
– Chef des Admiralstabs der Marine,
– Chef des Kommandos der Hochseeflotte,
– Chef des Kreuzergeschwaders,
– Chefs der Marinestationen der Ostsee und der Nordsee,
– Kommandanten der Schiffskommandos im Ausland,
– Staatssekretär des Reichsmarineamts, der – nominell dem für die gesamte Reichsverwaltung verantwortlichen Reichskanzler unterstehend – die Anordnungen des Kaisers gegenzeichnete (Kontrasignatur) und damit faktisch ein Marineminister war.

Die große Zahl der Marine-Immediatstellen überforderte die Beurteilungskapazität und Entschlußfähigkeit des Kaisers – bei allem Engagement für „seine" Marine – um so mehr, als die Inhaber der Immediatstellen nicht selten verschiedene Auffassungen vertraten und widersprechende Empfehlungen vortrugen oder gar persönliche Differenzen ausfochten. Hier mußte sich die stärkste und stetigste Persönlichkeit durchsetzen. Das war der Staatssekretär des Reichsmarineamts (RMA), Großadmiral v. Tirpitz, der das Amt seit 1897 innehatte.

Seit dem 14. März 1899 (Übernahme des Oberbefehls durch den Kaiser) bis zum Ausbruch des Ersten Weltkrieges wechselten hingegen:
– der Chef des Marinekabinetts einmal (Senden, Müller),

– der Chef des Admiralstabes sechsmal (Bendemann, Diederichs, Büchsel, Baudissin, Fischel, Heeringen, Pohl),
– der Flottenchef dreimal (Koester, Prinz Heinrich, Holtzendorff, Ingenohl).

b. Die Zuständigkeiten des Marineministers

Reichsmarineamt

Im Vordergrund aller Planungen Tirpitz' stand der Aufbau einer Hochseeflotte. Alle dafür notwendigen administrativen, technischen und Ausbildungsbehörden wurden in der „Verwaltungsbehörde" konzentriert oder ihr nachgeordnet. Das RMA gliederte sich unter der Leitung des Staatssekretärs – Großadmiral Alfred v. Tirpitz, Königlich Preußischer Staatsminister, Mitglied des Preußischen Staatsministeriums, des Königlich Preußischen Staatsrats und des Preußischen Herrenhauses, Bevollmächtigter zum Bundesrat und Vorsitzender des Ausschusses für Seewesen – folgendermaßen:

Zentralabteilung

Allgemeines Marinedepartement unter dem Stellvertreter des Staatssekretärs
– Militärische Abteilung
– Sektion für Mobilmachungsangelegenheiten
– Abteilung für Justiz- und Versorgungsangelegenheiten
– Abteilung für militärische Fragen der Schiffskonstruktion und der Waffenausbildung
– Seetransportabteilung

Werftdepartement
– Abteilung für Werftverwaltungsangelegenheiten
– Abteilung für Torpedowesen und Funktelegraphie
– Dezernat für Personalien der technischen und Betriebsbeamten der Werften
– Dezernat für Schiffsausrüstung
– Dezernat für Minen- und Sperrwesen
– Dezernat für Instandhaltung der Schiffe und Schiffsbaubetrieb
– Dezernat für Instandhaltung der Schiffsmaschinen und Schiffsmaschinenbaubetriebe
– Dezernat für Land- und Wasserbauwerke
– Dezernat für Verwaltung der zum Neubau von Torpedo- und Unterseebooten bestimmten Mittel
– Sektion für Luftfahrwesen

Konstruktionsdepartement
– Abteilung für Schiffsbauangelegenheiten
– Abteilung für Maschinenbauangelegenheiten
– Dezernat für Probefahrten und militärische Bauangelegenheiten
– Dezernat für die Verwaltung der zu Schiffsneubauten bestimmten Mittel

Etatsdepartement
– Etatsabteilung
– Pensionsabteilung
– Kiautschou-Abteilung

Waffendepartement
– Abteilung für Artillerie- und Handwaffenkonstruktionen
– Abteilung für Aufstellung und Behandlung des Artilleriewesens an Bord

– Dezernat für Angelegenheiten der Küstenbefestigungen und Artilleriedepots
– Dezernat für Artillerie- und Verwaltungsangelegenheiten

Nautisches Departement

Verwaltungsdepartement
– Abteilung für Unterkunftsangelegenheiten
– Abteilung für Verwaltungsangelegenheiten

Medizinalabteilung

Justitiariat

Nachrichtenbureau (N)

Ferner unterstanden dem Staatssekretär die Marineattachés in
– Wien für Österreich-Ungarn
– Rom für Italien
– London für Großbritannien
– Paris für Frankreich
– St. Petersburg für Rußland, Schweden, Dänemark und Norwegen
– Washington für die Vereinigten Staaten
– Tokio für Japan
– Buenos Aires für Argentinien, Brasilien, Uruguay und Chile.

Nachgeordnete Behörden

Dem Reichsmarineamt waren nachgeordnet:
die Inspektion des Bildungswesens der Marine in Kiel mit

– 1 Schulschiff, 4 Schulkreuzern
– der Marineakademie in Kiel
– der Marineschule Mürwik
– den Ingenieur- und Deckoffizierschulen in Kiel und Wilhelmshaven
– der Schiffsjungendivision in Mürwik

(die anderen Inspektionen waren nur technisch und administrativ nachgeordnet; vgl.: Marinestationen Ostsee und Nordsee);
das Gouvernement Kiautschou einschließlich der dort befindlichen Besatzungstruppen, nämlich

Matrosen-Artillerieabteilung, III. Seebataillon, Hafenamt, Observatorium, Lazarett, Garnison-, Landes-, Justiz- und Bauverwaltung, Tsingtauer Werft;

die technischen Institute

– Werften in Kiel, Wilhelmshaven und Danzig, jeweils mit den Ressorts Ausrüstung, Artillerie, Torpedo, Navigation, Maschinenbau, Hafenbau, Verwaltung und dem Arbeiteramt (in Wilhelmshaven Strombauressort)
– Schiffsprüfungskommission Kiel
– Schiffsbesichtigungskommission Hamburg
– Marinekommissar für den Kaiser-Wilhelm-Kanal Kiel;

die Küstenbezirksämter Neufahrwasser, Stettin, Kiel, Cuxhaven, Wilhelmshaven;
das Lotsen-Kommando der Jade;

die Marinebekleidungsämter in Kiel und Wilhelmshaven;
die Sanitätsämter der Marinestationen in Kiel und Wilhelmshaven, jeweils mit Sanitätsdepot und Marinelazaretten, sowie dem Werftkrankenhaus Wilhelmshaven;
die Marine-Intendanturen in Kiel und Wilhelmshaven, jeweils mit Stationskasse, Verpflegungsamt, Garnisonbauamt, Garnisonbauverwaltung, Marinewaschanstalt;
die Deutsche Seewarte in Hamburg;
das Observatorium in Wilhelmshaven;
das Chronometer-Observatorium in Kiel;
die Fortifikationen (technisch und administrativ)

– Kiel; unterstellt Friedrichsort
– Wilhelmshaven
– Cuxhaven
– Geestemünde
– Helgoland.

Den Kriegsschiffbau bewerkstelligten die 3 Staatswerften (Kaiserliche Werften Wilhelmshaven, Kiel und Danzig) sowie die 8 großen Privatwerften Blohm & Voß (Hamburg), Vulcan (Hamburg und Stettin), AG Weser (Bremen), Germania (Kiel), Howaldt (Kiel), Schichau (Danzig und Elbing) und die 3 kleinen Werften Meyer (Papenburg), Tecklenburg und Seebeck (beide Geestemünde).

Marinehaushalte 1912–1914

Das Hauptmachtmittel des Marineministers war die Verantwortung für das Aufstellen, die parlamentarische Durchbringung und die Verteilung des Marinebudgets.
Der Haushalt 1912/13 (1. 4. 1912 – 31. 3. 1913) betrug 461 983 399 Mark.

Darin waren enthalten für	
Neubauten	162 850 000
Artillerie	57 255 000
Torpedoarmierung	8 670 000
	228 775 000 Mark

Im Vergleich dazu	England	899 342 160	(1912/13)
(umgerechnet	Frankreich	338 623 139	(1912)
in Mark)	Rußland	354 956 279	(1912)
	USA	529 985 162	(1912/13)

Die Haushalte 1914/15 besaßen vergleichsweise folgende Höhen:

Deutschland	475 786 271
darin Neubauten und Armierungen	201 392 000

England	1 051 620 000
darin Neubauten und Armierungen	404 591 506
Frankreich	391 299 846
darin Neubauten und Armierungen	176 508 717
Rußland	540 858 686
darin Neubauten und Armierungen	282 892 806
USA	606 553 304
darin Neubauten und Armierungen	213 035 482

Der letzte deutsche Marinefriedenshaushalt 1914/15 (1. 4. 1914 – 31. 3. 1915) war mit 475 786 271 Mark für folgende Positionen veranschlagt und bewilligt:

1	RMA und Marinekabinett	2 544 233
2	Admiralstab der Marine	333 388
3	Seewarte und Observatorium	490 853
4	Stationsintendanturen	954 490
5	Rechtspflege	233 155
6	Seelsorge und Garnisonsschulwesen	244 741
7	Geldverpflegung der Marineteile	51 670 065
8	Indiensthaltungen	66 990 000
9	Naturalverpflegung	4 807 904
10	Bekleidung	872 973
11	Garnisonverwaltung	1 833 766
12	Garnisonbauwesen	1 092 349
13	Servis, Mietentschädigung, Wohnungsgeldzuschuß	4 756 653
14	Sanitätswesen	4 050 663
15	Reise-, Marsch- und Frachtkosten	5 129 000
16	Bildungswesen	802 377
17	Instandhaltung der Flotte und der Werften	41 919 885
18	Waffenwesen und Befestigungen	26 676 491
19	Kassen- und Rechnungswesen	1 504 914
20	Küsten- und Vermessungswesen	1 059 180
21	Verschiedene Ausgaben	2 928 243
22	a. Schiffsneubauten	141 250 000
	b. Grundreparaturen und Umbauten	4 800 000
23	Artilleristische Armierungen	53 150 000
24	Torpedoarmierungen	11 166 500
25	Beschaffungen auf verkehrstechnischem Gebiet	8 450 000
27	Ausbau der Werften und Garnisonanstalten	35 020 448

Besonders auffällige Veränderungen zum Vorjahresgesetz wiesen bei einem Gesamtzuwachs von 5 197 431 Mark folgende Positionen auf:

7	(Geldverpflegung)	+	4 032 623
8	(Indiensthaltung)	+	9 938 000
17	(Instandhaltung)	+	3 661 903
18	(Waffenwesen und Befestigungen)	+	2 240 916
22	(a. Neubauten)	–	12 400 000
	(b. Umbauten etc.)	+	3 300 000
23	(Artillerie)	–	5 749 000
27	(Werftausbau)	–	6 995 323

Freilich waren alle Positionen des Marineetats untereinander deckungsfähig, so daß Rückschlüsse nur tendenziell exakt sein können.

c. Marinestationen

Die deutschen Küsten und die an sie anschließenden Meeresteile waren für den Bereich der Kaiserlichen Marine in zwei Territorialbezirke eingeteilt: die „Marinestation der Ostsee" (Ostseestation, O) und die „Marinestation der Nordsee" (Nordseestation, N). An der Spitze jeder Station stand ein Admiral als Stationschef mit Befehlsbefugnis über alle sich in seinem Bezirk dauernd oder vorübergehend aufhaltenden Marinebehörden und Marineteile einschließlich zugeteilter Schiffe, die keinem anderen selbständigen Befehlsverband angehörten.

Der Stationschef übte innerhalb des Reichskriegshafengebiets die militärische Hafenpolizei aus, war Festungskommandant mit bestimmten Befugnissen gegenüber den Chefs anderer Kommandobehörden und leitete die Mobilmachungsvorbereitungen und die Durchführung der Mobilmachung für seinen Stationsbereich.

Daneben gab es in Übersee 6 Stationen, unter denen die Tätigkeitsbereiche der Auslandskreuzer zu verstehen waren. Dort besaß der ranghöchste deutsche Stationskriegsschiffkommandant als „ältester Offizier der x-Station" gewisse Befehls- und Kommandobefugnisse.

Auf der „Ostasiatischen Station", Haupthafen Tsingtau, befand sich das Kreuzergeschwader unter Vizeadmiral Graf Spee mit den Großen Kreuzern „Scharnhorst", „Gneisenau" und den Kleinen Kreuzern „Nürnberg", „Leipzig", „Emden"; dem Kreuzergeschwader unterstellt waren die eigentlichen Stationsschiffe, nämlich 4 Kanonenboote, 3 Flußkanonenboote und 2 Torpedoboote.

Die „Mittelmeerstation" war mit dem Großen Kreuzer „Goeben" und dem Kleinen Kreuzer „Breslau" besetzt, ferner mit der nicht kampffähigen „Loreley"; ins Mittelmeer liefen regelmäßig 2 Schulschiffe. Das Kommando führte 1914 Konteradmiral Souchon.

Auf der „Amerikanischen Station" (Nordatlantik und Karibik) lag der Kleine Kreuzer „Karlsruhe"; auch hier gab es regelmäßigen Schulschiffbesuch.

Weitere Stationskriegsschiffe waren Kleiner Kreuzer „Königsberg“ auf der „Ostafrikanischen“, 2 Kanonenboote auf der „Westafrikanischen“, 1 ungeschützter Kleiner Kreuzer und 1 Kanonenboot auf der „Australischen Station“.

Marinestation der Ostsee (Kiel)

Der Stationschef – 1914: Admiral v. Coerper – war in Personalunion Gouverneur von Kiel. Ihm unterstellte Behörden waren:
die Kommandantur Friedrichsort;
der Hafenkapitän Kiel;
das Abwicklungsbüro von O;
mehrere Schiffe im Ausland:

Kleine Kreuzer „Geier“, „Karlsruhe“ und „Dresden“;
Kanonenboote „Cormoran“, „Jaguar“, „Luchs“, „Panther“;
Vermessungsschiff „Möwe“;
Flußkanonenboot „Otter“;

mehrere Schiffe im Inland:

S. M. Jacht „Hohenzollern“;
2 T-Boote;

die I. Marineinspektion

- I. Matrosendivision (der Einstellungs- und Ausbildungsstammdivision für das seemännische Personal im Ostseebereich)
- I. Werftdivision (dgl. für das technische Personal und Einjährig-Freiwillige);

die Inspektion des Torpedowesens Kiel

- Torpedoversuchskommando Kiel
- Torpedowerkstatt Friedrichsort
- 1 Schulschiff, 5 Schultorpedoboote, 1 Großer, 2 Kleine Kreuzer
- I. bis VII. Torpedobootsflottille (davon I.–III. Ostseebereich)
- I. Torpedodivision als Einstellungs- und Ausbildungsstammdivision für die Besatzungen der Torpedoboote und das Personal für die Bedienung der Torpedoeinrichtungen und Sprengmittel für die anderen Kriegsschiffe, mit der I.–VI. T-Reserve-Halbflottille und 5 T-Schulbooten;

die Inspektion der Schiffsartillerie Sonderburg

- Artillerie-Versuchskommando
- Schiffsartillerieschule
- 1 Linienschiff, 2 Große Kreuzer, 3 Kleine Kreuzer, 4 Schulschiffe;

die I. Matrosenartillerieabteilung (siehe Küstenartillerieinspektion Wilhelmshaven);
die Inspektion der Marineinfanterie Kiel

- I. Seebataillon (Kiel), II. (Wilhelmshaven), III. (Tsingtau)
- Stamm-Seebataillon Cuxhaven;

die Inspektion des Unterseebootswesens Kiel

- Unterseebootsabteilung mit 2 U-Flottillen
- 2 Kleine Kreuzer, 1 Spezialschiff.

Marinestation der Nordsee (Wilhelmshaven)

Dem Stationschef – 1914: Admiral v. Heeringen – unterstanden 1914:
die Kommandanturen Wilhelmshaven, Geestemünde, Cuxhaven und Helgoland;
der Hafenkapitän Wilhelmshaven;
das Lotsenkommando Wilhelmshaven;
das Abwicklungsbureau von N;
mehrere Schiffe im Ausland:

Kleiner Kreuzer „Königsberg",
Kanonenboote „Iltis", „Tiger", „Eber",
Vermessungsschiffe „Zieten", „Planet", „Hyäne",
Flußkanonenboote „Tsingtau", „Vaterland",
Fischereischutzboote „S 61", „S 62",
Schulschiff „Grille",
Stationsschiff „Loreley" (Konstantinopel);

die II. Marineinspektion

– II. Matrosendivision
– II. Werftdivision
– II. Torpedodivision;

die Inspektion der Küstenartillerie und des Minenwesens Cuxhaven

– Minenversuchskommission Kiel mit 1 Kleinen Kreuzer, 2 Spezialschiffen
– Minenabteilung Cuxhaven mit I., II. und III. Minensuchdivision und I., II. und III. Minensuch-Reserve-Division (Torpedoboote)
– I. Matrosenartillerieabteilung (Friedrichsort), II. (Wilhelmshaven), III. (Lehe), IV. (Cuxhaven), V. (Helgoland) und Matrosenartillerieabteilung Kiautschou in Tsingtau mit Stammabteilung in Cuxhaven
– Marine-Luftschiffabteilung Fuhlsbüttel
– Marine-Fliegerabteilung Putzig
– Marinetelegraphenschule Lehe;

die Marinedepot-Inspektion Wilhelmshaven

– Artilleriedepots Cuxhaven, Friedrichsort, Geestemünde, Wilhelmshaven, Helgoland
– Munitionsdepot Diedrichsdorf
– Minendepots Cuxhaven, Friedrichsort, Geestemünde, Wilhelmshaven;

das II. und III. Seebataillon.

d. Generalinspekteur

Der Generalinspekteur der Marine (Großadmiral Prinz Heinrich von Preußen) bildete keine besondere Behörde. Er war beauftragt mit der dauernden Kontrolle über Dienstbetrieb, Kriegstüchtigkeit und Bereitschaft der Schiffe, Verbände und Marineteile an Land. Der Generalinspekteur konnte auf Befehl des Kaisers mit der Leitung der Flotte während der Herbstmanöver betraut werden. (Zu den Hintergründen vgl. S. 234; s. auch S. 103 und S. 123).

e. Hochseeflotte

Chef der Hochseeflotte war 1914 Vizeadmiral v. Ingenohl, sein Chef des Stabes Kapitän z.S. Ritter v. Mann. Der Stab umfaßte 4 Admiralstabsoffiziere (Asto), 2 Flaggleutnante, 1 Flotteningenieur, 1 Flottenarzt, 2 Flottenpfarrer, 2 Marine-Oberkriegsgerichtsräte, 1 Flottenbaubeamten, 1 Flottensekretär. Flaggschiff war das Linienschiff „Friedrich der Große" („Kaiser"-Klasse).

Das I. Geschwader war in Wilhelmshaven stationiert; Chef auf dem Flaggschiff Linienschiff „Ostfriesland" war Vizeadmiral v. Lans, 1. Asto Korvettenkapitän Wegener, II. Admiral Konteradmiral Gädeke. Das I. Geschwader umfaßte die 8 ersten deutschen Dreadnoughts, die 4 Linienschiffe der „Nassau"-Klasse (in Dienst 1909/10) und die 4 der „Helgoland"-Klasse (in Dienst 1911/12).

Das II. Geschwader war in Kiel stationiert; Chef auf dem Flaggschiff Linienschiff „Hannover" war 1914 Vizeadmiral Scheer, 1. Asto Korvettenkapitän Mock, II. Admiral Konteradmiral Mauve. Das II. Geschwader umfaßte 8 Linienschiffe der „Braunschweig"- und der „Deutschland"-Klasse (in Dienst 1903/06), der beiden letzten Vordreadnought-Klassen.

Das III. Geschwader war ebenfalls in Kiel stationiert; Chef auf dem Flaggschiff Linienschiff „Kaiser" war (mit der Vertretung beauftragt) Konteradmiral Funke, 1. Asto Korvettenkapitän Frhr. v. Gagern. Das III. Geschwader umfaßte die modernsten Großkampfschiffe der deutschen Flotte, die 4 anderen der „Kaiser"- (in Dienst 1912/13) und die 4 der „König"-Klasse (in Dienst gekommen bis November 1914).

Die Aufklärungsstreitkräfte lagen in Wilhelmshaven. Befehlshaber (B. d. A.) auf dem Flaggschiff Großer Kreuzer „Seydlitz" war Konteradmiral Hipper, 1. Asto Korvettenkapitän Raeder, II. Admiral Konteradmiral Maaß auf dem Flaggschiff Kleiner Kreuzer „Cöln", III. Admiral Konteradmiral Tapken auf dem Flaggschiff Großer Kreuzer „von der Tann".

Dem B.d.A. unterstanden 3 Schlachtkreuzer (in Dienst 1909–14) und 6 Kleine Kreuzer (in Dienst 1909–12).

Die Torpedobootstreitkräfte wurden der Hochseeflotte (B. d. A.) nur zeitweise als Manöverflottillen unterstellt (vgl. Nordseestation, Insp. T.). Es handelte sich dabei um die T-Flottillen I–VII, bestehend aus je 1 Flottillenboot und 2 Halbflottillen (I–XIV) zu je 5 großen Torpedobooten (= 77 Boote). Auch die 2 Unterseebootsflottillen, bestehend aus 2 kleinen Kreuzern, Torpedobooten und 4 U-Halbflottillen unterstanden dem Flottenchef nur während der Flottenmanöver.

f. Der Admiralstab und seine Überlegungen zum Seekrieg

Der Admiralstab der Marine wurde durch Kabinettsorder vom 14. März 1899 aus der Admiralstabsabteilung des – aufgelösten – Oberkommandos der Marine gebildet.

Er war wie folgt gegliedert:
Chef des Admiralstabes (Immediatstellung),
Stellvertretender Chef, zugleich Leiter der Zentralabteilung,
Nachrichtenabteilung,
Abteilung für Taktik und Admiralstabsausbildung,

Europäische Abteilung mit

- Dezernat Mobilmachungsangelegenheiten
- Dezernat Rußland und Skandinavien
- Dezernat Frankreich, Österreich-Ungarn und Mittelmeerstaaten
- Dezernat Großbritannien, Niederlande, Belgien

Außereuropäische Abteilung mit

- Dezernat überseeischer Dienst der Kriegsschiffe
- Dezernat Amerikanische und Westafrikanische Stationen
- Dezernat Ostasiatische, Australische und Ostafrikanische Stationen.

Der Admiralstab bearbeitete
- alle Fragen der Kriegführung zur See in den heimischen und überseeischen Gewässern,
- das militärische, marinepolitische und technische Nachrichtenmaterial der Flotten,
- die taktische Verwendung der Seestreitkräfte und die Operationsdirektiven,
- die Heranbildung von Offizieren für den Admiralstabsdienst,
- marine- und seekriegsgeschichtliche Studien,
- die Anlage und Auswertung der Herbstmanöver zusammen mit dem Flottenkommando.

Außerdem bearbeitete er die sogenannten „militärpolitischen Angelegenheiten der Marine" und war ausführendes Organ des Kaisers für die Befehlserteilung der im Ausland befindlichen einzelfahrenden oder im Verband befindlichen Schiffe bezüglich ihrer militärischen Verwendung oder zum Schutz des Seehandels und deutscher Überseeinteressen.

Admiral v. Heeringen klärte im Februar 1912 nach langwieriger Beratung mit allen Immediatbehörden und nach Immediatvortrag die seit 1899 strittigen Befehlsverhältnisse der Marine für den Kriegsfall.

Der Kaiser billigte folgende Kriegsgliederung:

- Verband der Hochseestreitkräfte unter der Führung des Flottenchefs auf dem Hauptkriegschauplatz
- Selbständige Verbände für Nebenkriegschauplätze. Die Ernennung von deren Chefs behielt sich der Kaiser für den Zeitpunkt eines Kriegsausbruchs vor
- Schiffe für besondere Aufgaben, in erster Linie Hilfskreuzer und Hilfsstreuminendampfer. Die Ausrüstung sollten nach Aufgabenstellung durch den Admiralstab die Marinestationskommandos bewerkstelligen
- Küstenschutzverbände, die von den Chefs der Marinestationskommandos zu führen waren

– Hafenflottillen, die den Gouverneuren der Marinefestungen unterstellt werden sollten
– Auslandsschiffe, für die der Admiralstab besondere Befehle vorbereitet hatte.

Der Chef des Admiralstabes betrachtete sich und seinen Stab als ausführendes Organ des Kaisers, als Vermittler von dessen Befehlen an die Front. Er glaubte, durch die von ihm erarbeiteten Operationsdirektiven ausreichenden Einfluß auf die Seekriegführung zu besitzen.

Die Operationsdirektiven beruhten auf der – mit dem Generalstab des Heeres abgestimmten – strategischen Konzeption, „die Flotte in der Nordsee vereinigt zu halten und den Krieg von der Deutschen Bucht aus zu führen" (Einleitung zur Operationsdirektive vom 28. November 1912).

Selbst der „Wunsch dauernder Beobachtung in der Ostsee" gegen russische See- und Landungsstreitkräfte mußte hinter diesen Hauptauftrag zurücktreten, obwohl die Grundlagen der Konzeption sich durch die russische Aufrüstung zur See zu wandeln begannen.

Die kampfkräftige, moderne deutsche Mittelmeerdivision (Schlachtkreuzer „Goeben" und Kleiner Kreuzer „Breslau") unter der Führung von Konteradmiral Souchon sollte sich im Kriegsfall den Dreibundmarinen anschließen.

Der Admiralstab stellte keine weiteren Überlegungen im Hinblick auf die strategische Wechselwirkung Nordsee–Ostsee oder auf die strategischen Diversionswirkungen eines modernen, schnellen Verbandes außerhalb der Nordsee an, obgleich technisch die Voraussetzungen geschaffen und seit 1911 Erfahrungen auf atlantischen Reisen gesammelt worden waren:

Februar/März 1911 waren der Große Kreuzer „von der Tann" nach Südafrika, Mai/Juni 1912 der Große Kreuzer „Moltke" mit den Kleinen Kreuzern „Stettin" und „Bremen" nach New York, Dezember 1913 – Juni 1914 die Linienschiffe „Kaiser" und „König Albert" mit dem Kleinen Kreuzer „Straßburg" nach Westafrika, Süd- und Mittelamerika gelaufen.

Das Kriegsspiel des Admiralstabes im Februar 1914 bestätigte die seit längerem gehegte Vermutung, daß sich die englische Flotte im Kriegsfall voraussichtlich außerhalb des Wirkungsbereiches der deutschen Torpedo- und Unterseebootsflottillen halten werde. In seinem Immediatvortrag vom 20. Februar 1914 räumte deshalb der Admiralstabschef, Admiral v. Pohl, in Übereinstimmung mit dem Flottenchef, Vizeadmiral v. Ingenohl, den modernen Schlachtkreuzern auch im Rahmen defensiver Operationspläne „eine geradezu ausschlaggebende Rolle in der Schlacht ein. Sie sollen als schnelle Division vor der eigenen Spitze wirken und dort zugleich den vornstehenden Flottillen als Schutz dienen".

Vorschläge des Kommandos der Hochseeflotte und des Admiralstabes, vor allem im Rahmen der Aufklärung moderne Unterstützungswaffen zu verwenden (Luftschiffe, Flugzeuge, U-Boote aus vorgeschobenen Stützpunkten an der Küste), wurden vom RMA abgelehnt. Tirpitz argumentierte, daß sich die finanziellen, organisatorischen und technischen Folgerungen nicht abschätzen ließen.

2. Das Ergebnis des Schlachtflottenbaus

(a und b von Rolf Güth, d bis f von Josef Zienert)

a. Die Antriebstechnik der großen Schiffe

Für die Dampferzeugung der Antriebsmaschinen hatte sich der im Auftrag des RMA konstruierte „Marinekessel" für alle Schiffsneubauten seit 1908 durchgesetzt. Diese Kesselanlage erlaubte bei den Torpedobooten ab 1914 den Einbau reiner Ölfeuerungsanlagen, bei den Kreuzern („Karlsruhe") und Linienschiffen ab 1912 gemischte Kohle-Ölfeuerung mit den Vorteilen: Vergrößerung des Aktionsradius, Erzielen hoher Dampfleistungen, geringere Rauchentwicklung, vorteilhaftere Unterbringung des Ölvorrats und Entlastung des Heizerpersonals.

Das Heizöl in den Doppelbodenzellen konnte aber bei Grundberührung, Minen- oder Torpedoexplosionen zu einer nicht zu unterschätzenden Gefahr für Schiff und Besatzung werden. Ferner mußte beachtet werden, daß Deutschland von der Rohöleinfuhr aus Übersee abhängig war.

Zur Entwicklung von Antriebsturbinen, die bald nach der Jahrhundertwende die Expansions-Kolbenmaschinen zu verdrängen begannen (zuerst bei Torpedobooten und beim Kleinen Kreuzer „Lübeck" – Amtsentwurf 1901/2 – mit Parsons-Turbinen von Brown, Boveri & Cie.), mußte die Erzeugung von überhitztem Heißdampf technisch gelöst werden. Bei Kleinen Kreuzern, (ab „Straßburg", Amtsentwurf 1908/09), bei den Schlachtkreuzern (ab „von der Tann", 1906/07) und bei Schlachtschiffen (ab „Kaiser"-Klasse, 1907/09) wurden zur Hochdruckheißdampferzeugung neben den eigentlichen Dampferzeugern besondere, direkt gefeuerte Überhitzerkessel eingebaut, die sich in ihrem Aufbau dem Marinekessel anpaßten. Der englischen Parsons-Turbine folgten deutsche Eigenentwicklungen von AEG, Krupp, Vulcan und Schichau, aus der sich 1909 die sogenannte „Marineturbine" entwickelte und ab Kleiner Kreuzer „Straßburg", Schlachtkreuzer „Derfflinger", Schlachtschiffe der „Kaiser"-Klasse verwendet wurde.

Die Turbinenleistungen stiegen bis zu den Bauaufträgen 1913:

Schlachtschiffe	55 967 PS, Geschwindigkeit 22,0 kn
Schlachtkreuzer	95 777 PS, Geschwindigkeit 26,6 kn
Kleine Kreuzer	31 000 PS, Geschwindigkeit 27,5 kn
Große Torpedoboote	24 800 PS, Geschwindigkeit 36,3 kn.

Die erste Übersee-Erprobung der detachierten Division nach Südamerika und Südafrika diente zum Nachweis der Betriebssicherheit von Turbinenanlagen auf großen Schiffen.

Der Dieselmotorantrieb (MAN 8 zyl. Zweitakt-Diesel) war um 1910 (Bauauftrag U 19 – 22, Kaiserliche Werft Danzig) bis zur Zuverlässigkeit erprobt. Es folgte 1911 der Germania 6 zyl. Viertakt-Diesel und 1913 der MAN 6 zyl. Viertakt-Großdieselmotor.

b. Die Großkampfschiffe

Maßgeblich für den Gefechtswert der Großkampfschiffe (= Linien-/Schlachtschiffe und Große/Panzer-/Schlachtkreuzer) waren neben dem Antrieb (Geschwindigkeit, Aktionsradius, Manöverfähigkeit) die Standkraft (Eigenschutz, Panzer, Sinksicherheit) und die Artilleriebewaffnung (Schußentfernung, Schußfolge, Durchschlagskraft). Alle Faktoren bedingten sich gegenseitig und wirkten auf die zunehmende Wasserverdrängung.

Die Schlachtschiffe und -kreuzer der Kaiserlichen Marine führten im Dienstverkehr die Gattungsbezeichnung „Linienschiffe" bzw. „Große Kreuzer". Es handelt sich gleichwohl um moderne Großkampfschiffe. Die Amtsbezeichnung folgte der Ausdrucksweise der Flottengesetzgebung.

Der deutsche Großkampfschiffbau ist unter dem Leiter der Abteilung für Schiffbauangelegenheiten im Konstruktionsdepartement, dem Geheimen Oberbaurat Bürkner, und dem Leiter der Abteilung für Maschinenbauangelegenheiten, dem Wirklichen Geheimen Oberbaurat Veith, unter Vermeidung von Experimenten in einer konsequenten Entwicklungslinie vorangetrieben worden. Das Hauptgewicht lag bei den deutschen Großkampfschiffen unter einer gewissen Hintanstellung der Offensivkraft auf einer optimalen Standfestigkeit durch besonders ausgefeilten Unterwasser- und Panzerschutz (s. S. 177).

Schlachtschiffe

Nach Amtsentwurf 1905/06 wurden 1909 und 1910 die 4 Schlachtschiffe der „Nassau"-Klasse („Nassau", „Westfalen", „Rheinland", „Posen") in Dienst gestellt, mit den Daten:

bis zu 30 cm Seitenpanzer, 12 Schnellfeuerkanonen (Sk) – 28 cm (189 hm Schußweite), 12 Sk – 15 cm (135 hm), 16 Sk – 8,8 cm, 4 Torpedorohre (Tr) – 45 cm; Wasserverdrängung 20 535 t max., 20 Knoten; 40 Offiziere, 968 Unteroffiziere und Mannschaften.

Ihnen folgten nach Amtsentwurf 1907/08 die 4 Schlachtschiffe der „Helgoland"-Klasse („Helgoland", „Ostfriesland", „Thüringen", „Oldenburg"; in Dienst gekommen 1911–1912):

bis zu 30 cm Seitenpanzer; 12 Sk – 30,5 cm (162 hm), 14 Sk – 15 cm (135 hm), 14 Sk – 8,8 cm, 6 Tr – 50 cm; 24 700 t, 20,8–21,3 Knoten; 42 Offiziere, 1071 Unteroffiziere und Mannschaften;

nach Amtsentwurf 1907/09 die 5 Schlachtschiffe der „Kaiser"-Klasse („Kaiser", „Friedrich der Große", „Kaiserin", „König Albert", „Prinzregent Luitpold"; in Dienst gekommen 1911–1913):

bis zu 35 cm Seitenpanzer; 10 Sk – 30,5 cm (162 hm), 14 Sk – 15 cm (135 hm), 8 Sk – 8,8 cm und 4 Fla – 8,8 cm, 5 Tr – 50 cm; 27 000 t, Turbinenantrieb, 21,7–23,4 Knoten; 41 Offiziere, 1043 Unteroffiziere und Mannschaften;

nach Amtsentwurf 1909/10 die 4 Schlachtschiffe der „König"-Klasse („König", „Großer Kurfürst", „Markgraf", „Kronprinz"; in Dienst gekommen bis November 1914):

bis zu 35 cm Seitenpanzer; 10 Sk – 30,5 cm (162 hm), 14 Sk – 15 cm (135 hm), 6 Sk – 8,8 cm, 4 Fla – 8,8 cm, 5 Tr – 50 cm; 28 600 t, Turbinenantrieb, 21–21,3 Knoten; 41 Offiziere, 1095 Unteroffiziere und Mannschaften;

nach Amtsentwurf 1910/12 die 4 Schlachtschiffe der „Bayern"-Klasse im Bau, davon 2 in Dienst gekommen 1916 („Bayern", „Baden"):

bis zu 35 cm Seitenpanzer; 8 Sk – 38,1 cm (204 hm), 16 Sk – 15 cm (168 hm), 2 Fla – 8,8 cm, 5 Tr – 60 cm; 32 200 t, Turbinenantrieb, 22 Knoten.

Sehr viel größer als bei den Linienschiffen, bei denen die Entwicklung in den meisten Marinen ohnehin zum Großkampfschiff tendierte (s. S. 242 ff.), war der Sprung von den Großen Kreuzern (Panzerkreuzern) zu den Schlachtkreuzern.

Schlachtkreuzer

Die deutsche Marine folgte – wie bei den Schlachtschiffen – dem britischen Vorgehen, und zwar mit dem Schlachtkreuzer „von der Tann" (Amtsentwurf 1906/07, in Dienst 1910) mit den Daten:

bis zu 25 cm Seitenpanzer; 8 Sk – 28 cm (189 hm), 10 Sk – 15 cm (135 hm), 16 Sk – 8,8 cm, 4 Tr – 45 cm; 21 300 t, Turbinenantrieb, 27,4 Knoten; 41 Offiziere, 882 Unteroffiziere und Mannschaften.

Es folgten nach Amtsentwurf 1907/08 „Moltke" und „Goeben", (in Dienst 1911 und 1912):

bis zu 27 cm Seitenpanzer; 10 Sk – 28 cm (181 hm), 12 Sk – 15 cm (135 hm), 12 Sk – 8,8 cm, 4 Tr – 50 cm; 25 400 t, Turbinenantrieb, 28 Knoten; 43 Offiziere, 1010 Unteroffiziere und Mannschaften;

nach Amtsentwurf 1909 „Seydlitz" (in Dienst 1913):

bis zu 30 cm Seitenpanzer; 10 Sk – 28 cm (181 hm), 12 Sk – 15 cm (135 hm), 12 Sk – 8,8 cm, 4 Tr – 50 cm; 28 550 t, 29,1 Knoten; 43 Offiziere, 1025 Unteroffiziere und Mannschaften;

nach Amtsentwurf 1910/12 „Derfflinger", „Lützow", „Hindenburg" (in Dienst 1913, 1915, 1917):

bis zu 30 cm Seitenpanzer, 8 Sk – 30,5 (162 hm), 12 bis 14 Sk – 15 cm (135 hm), 8 Fla – 8,8 cm, 4 Tr – 60 cm; 31 200 t bis 31 500 t, Turbinenantrieb, 25,8 bis 26,6 Knoten; 44 Offiziere, 1068–1138 Unteroffiziere und Mannschaften.

Damit erreichten die Schlachtkreuzer die Maße der Schlachtschiffe. Mit ihnen eröffneten sich neue taktische (z. B. „Crossing the T" in der Seeschlacht) und strategische Möglichkeiten (Atlantik-Kriegführung).

Tirpitz plante, das Gros der modernen Schlachtkreuzer als „Dislokationsgeschwader" in Wilhelmshaven zu stationieren und gegebenenfalls in den Atlantik oder nach Übersee zu entsenden.

c. *Ältere Linienschiffe*

Bei Kriegsausbruch 1914 dienten aktiv im II. Geschwader der Hochseeflotte noch die letzten Vordreadnoughts, die „Deutschland"- und die „Braunschweig"-Klasse (s. S. 327). Mobilgemacht wurden die der Materialreserve zugewiesenen Einheiten dieser Gruppe sowie die außer Dienst gestellten, aber noch weitgehend vorhandenen Linienschiffe ab Baujahr 1888/90: „Siegfried"- (s. S. 134 f.), „Brandenburg"- (s. S. 148), alte „Kaiser"- (s. S. 150) und „Wittelsbach"-Klasse (s. S. 207).

d. *Kreuzer*

Große Kreuzer (Panzerkreuzer)

Als „Große Kreuzer" galten die Kreuzer über 5500 t Wasserverdrängung. Sie waren in den letzten Vorkriegsjahren weniger für den Schlachteinsatz als vielmehr für den Aufklärungs- und überseeischen „Polizei"-dienst bestimmt. Sie waren kleiner, schwächer bewaffnet und leichter gepanzert als gleichaltrige Linienschiffe, sollten diese aber an Geschwindigkeit übertreffen.

„Fürst Bismarck" lief 1897 von Stapel. Nach einem späteren Umbau wies er nachstehende Daten auf:

Deplacement 10 690 t, Geschwindigkeit 18,5 kn; Bewaffnung 4 Sk – 24 cm, 12 (später 10) Sk – 15 cm, 10 Sk – 8,8 cm, 6 Tr – 45 cm; Besatzung 36 Offiziere, 585 Unteroffiziere und Mannschaften.

Nach Auslandsdienst, der mit einem technischen „Zusammenbruch" endete, wurde der Kreuzer im Küstenschutz eingesetzt und 1916 desarmiert.

„Prinz Heinrich" lief 1900 von Stapel.

Deplacement 8887 t, Geschwindigkeit 20 kn, Länge 124,9 m; Bewaffnung 2 Sk – 24 cm, 10 Sk – 15 cm, 10 Sk – 8,8 cm, 4 Tr – 45 cm; Panzerung: Gürtelpanzer 100 bis 200 mm, Kasematten 80–100 mm, Barbetteturm 200 mm, Turmpanzer 100 mm, Deckpanzer 50 mm, Kommandoturm 100 und 200 mm; Besatzung 567 Mann.

„Prinz Heinrich" war bei der Flotte eingesetzt.

„Prinz Adalbert" und „Friedrich Carl" liefen 1901 und 1902 von Stapel.

Deplacement 9000 t, Geschwindigkeit 21 kn, Länge 124,9 m; Bewaffnung 4 Sk – 21 cm, 10 Sk – 15 cm, 12 Sk – 8,8 cm, 4 Tr – 45 cm; Panzerung annähernd wie vorher; Besatzung 591 Mann.

„Prinz Adalbert" war bis Kriegsausbruch als Artillerieschulschiff eingesetzt, „Friedrich Carl" zeitweise als Torpedo-Schulschiff. Bei Kriegsbeginn wurden beide im Heimat-Küstenschutz eingesetzt.

Die Großen Kreuzer „Roon" und „Yorck" waren Ersatzbauten für „Kaiser" und „Deutschland" und liefen 1903 bzw. 1904 von Stapel.

Deplacement 9500 t, Geschwindigkeit 21,4 kn, Länge 127,3 m; die Bewaffnung und Panzerung entsprachen nahezu den beiden vorangehenden Kreuzern; die Besatzung betrug 35 Offiziere, 598 Unteroffiziere und Mannschaften.

Beide Kreuzer dienten in der Flotte. („Roon" wurde 1916 desarmiert.)

„Scharnhorst" und „Gneisenau" liefen 1906 von Stapel.

Deplacement 11 600 t, Geschwindigkeit etwa 23,5 kn, Länge 143,8 m; Bewaffnung 8 Sk – 21 cm, 6 Sk – 15 cm, 18 Sk – 8,8 cm, 4 Tr – 45 cm; die Panzerung war 150 bis 200 mm, der Deckpanzer dabei 55–35 mm stark; die Besatzung betrug 38 Offiziere, 726 Unteroffiziere und Mannschaften.

Beide Kreuzer wurden im Kreuzergeschwader eingesetzt und bildeten 1914 den Kern der Streitmacht, die unter Admiral Graf Spee bei Coronel und bei den Falklandinseln kämpfte.

„Blücher“ lief 1908 von Stapel. Dieser Kreuzer stellt den Übergang zum Schlachtkreuzer dar.

Deplacement 15 800 t, Geschwindigkeit 25,8 kn, Länge 161,1 m, Breite 24,5 m, Tiefgang 8,0 m; Bewaffnung 12 Sk – 21 cm, 8 Sk – 15 cm, 16 Sk – 8,8 cm, Torpedobewaffnung wie vorher; Panzerung Kasematten 140, Zitadelle 160, Geschütztürme 80–180, Kommandoturm 80–250, Deck 50–70; Besatzung 41 Offiziere, 812 Unteroffiziere und Mannschaften.

„Blücher“ machte Dienst bis 1911 bei der Flotte, anschließend war er Artillerie-Schulschiff. Bei Kriegsausbruch trat er in die Hochseeflotte zurück. Nach „Blücher“ ließ die Kaiserliche Marine keine Schiffe der Kategorie Großer oder Panzerkreuzer mehr bauen. Im Gegensatz zu anderen Marinen reduzierte sie die schwere Aufklärungskomponente und gab nur noch Schlachtkreuzer in Auftrag.

Kleine oder Geschützte Kreuzer

Bei Kriegsausbruch 1914 verfügte die Marine über 34 Kleine Kreuzer unter 5500 Tonnen.

Diese Kreuzerklasse fand ihre Verwendung als Aufklärungsschiffe für die Flotte und als Führer leichter Seestreitkräfte. Ein Teil war zum Dienst im Ausland bestimmt.

Die halbamtliche Bezeichnung „geschützte“ Kreuzer leitet sich von der Einrichtung des Panzerdecks her, das sich an Stärke allerdings nie mit der Deckpanzerung großer Kriegsschiffe messen konnte.

Jahrgangmäßig der älteste Kreuzer war die „Hela“, die bereits 1896 in Dienst gestellt worden war.

Deplacement 2040 t, Geschwindigkeit 19,5 kn, Bewaffnung 4 später 2 Sk – 8,8 cm, 6 Sk – 5 cm, 3 Tr – 45 cm. Besatzung 178, später 195 Mann. 25 cm Panzerung im Deck und 30 cm am Kommandoturm.

Zu den ältesten Einheiten zählten ferner die 10 Schiffe der „Gazelle“-Klasse, die zwischen 1898 und 1900 von Stapel gelaufen waren.

Deplacement zwischen 2600 und 2650 t, Geschwindigkeit 19–22 kn, Länge 104 m. Bewaffnung 10 Sk – 10,5 cm, 4 MG, 2 Tr – 45 cm. Besatzungen 268 bis 281 Mann. Das Deck hatte eine Panzerung von 50 mm, der Kommandoturm von 70 mm.

Bis etwa 1912 waren diese Kreuzer im Ausland eingesetzt, in den letzten Jahren vor Kriegsausbruch jedoch überwiegend im Küstenschutz in der Heimat.

In den Jahren 1903 bis 1905 folgten 7 Schiffe der „Bremen“-Klasse.

Deplacement 3250 t, Geschwindigkeit etwa 23 kn, Länge 110,6 m. Die Bewaffnung war gleich der der vorhergenannten Klasse. Besatzung 303 Mann. Kohlenvorrat 860 t. Die Deckpanzerung betrug 50 mm, die des Kommandoturms und der Wasserlinie 100 mm. Die „Lübeck" aus dieser Klasse wurde als erster deutscher Kleiner Kreuzer mit Turbinenantrieb ausgestattet.

1905 bis 1907 liefen die 4 Einheiten der „Königsberg"-Klasse von Stapel.

Deplacement 3400 bis 3550 t. Geschwindigkeit zwischen 24 und 24,5 kn. Länge 111,6 bis 114,8 m. Bewaffnung gleich der „Bremen"-Klasse. Besatzung 322 Mann. Panzerung wie vorhergenannt.

1914 waren „Königsberg" und „Nürnberg" im Auslandsdienst eingesetzt, „Stuttgart" (vorher Artillerieschulschiff) und „Stettin" versahen den Dienst bei der Flotte.

Nach Amtsentwurf 1905–1906 folgten die Schiffe „Dresden" und „Emden".

Deplacement 3650 t, Geschwindigkeit 24,5 und 24,1 kn. Länge 117,9 m. Besatzung 361 Mann. Bewaffnung und Panzerung gleich der „Bremen"-Klasse. Kohlenvorrat 850 t.

Beide Schiffe waren im Auslandsdienst eingesetzt.

1908/09 liefen die 4 Schiffe der „Kolberg"-Klasse von Stapel.

Deplacement 4350 t, Geschwindigkeit etwa 27 kn, Länge 130,0 m. Besatzung 379 Mann. Bei der Bewaffnung erhöhte sich die Zahl der Schnellfeuerkanonen auf 12. Die Panzerung blieb unverändert. Kohlenvorrat 900 t.

Während die „Augsburg" bis Kriegsausbruch als Artillerieschulschiff diente, versahen die drei anderen Schiffe ihren Dienst bei der Flotte.

1911 liefen die 4 Einheiten der „Magdeburg"-Klasse von Stapel.

Deplacement 4550 t, Geschwindigkeit 27,5–28 kn, Länge 136,0 m. Besatzung 373 Mann. Das Torpedokaliber wurde auf 50 cm erhöht, der Kohlenvorrat auf 1200 t. Die Panzerung blieb unverändert.

„Magdeburg" versah den Dienst als Torpedo-Versuchsschiff, „Stralsund" bei der Flotte, „Breslau" und „Straßburg" befanden sich im Auslandsdienst.

Bei den letzten Vorkriegsbauten handelte es sich um die Kreuzer „Karlsruhe" und „Rostock", Stapellauf 1912, dienstbereit 1913.

Deplacement 4900 t, Geschwindigkeit 28,5 kn, Länge 139,0 m, Besatzung 373 Mann. Bewaffnung und Panzerung waren gleich der „Magdeburg"-Klasse. Der Kohlenvorrat erhöhte sich auf 1560 t.

„Rostock" versah seinen Dienst bei der Flotte, „Karlsruhe" im Ausland. (Zum Schiffsantrieb s. o.)

e. Kleine Kriegsschiffe

Torpedoboote

Der Bau von Torpedobooten im modernen Sinn begann in Deutschland erst 1883 (vgl. S. 128 ff.); zu den Spieren- und Schlepptorpedobooten ebd.). Das Torpedoboot war eine schnelle Angriffswaffe. Die artilleristische Bestückung war schwach, auf Panzerung wurde aus Gewichtsgründen verzichtet.

Die Torpedoboote wurden von 1 bis 197, von da an wieder mit 1 beginnend durchnumeriert. Vor der Nummer stand ein Buchstabe. „D" kennzeichnete die Führer-(„Divisions"-)boote. Andere Buchstaben gaben die Bauwerft an: A = Vulkan/Hamburg, B = Blohm & Voss, G = Germania, H = Howaldt, S = Schichau, V = Vulkan/Stettin.

In den Jahren 1886–1906 liefen 58 Boote verschiedenen Typs von Stapel, Nr. 90–136 und D 1– D 10. Ihre Daten waren:

Deplacement 300–500 t, Geschwindigkeit 23 bis 28 kn, Länge 60,0 m, Breite etwa 7,0 m, Tiefgang 3,5 m; Bewaffnung 2 bis 3 Revk – 5 cm, später 2 MG, 1 Tr – 45 cm; Besatzung zwischen 49 und 68 Mann.

S 137–149 liefen in den Jahren 1906–1907 von Stapel. Ihre Daten:

Deplacement 530 t, Länge 70,4 m, Geschwindigkeit etwa 30 kn, Bewaffnung 1 Sk – 8,8 cm, 3 Sk – 5,2 cm, 2 MG, 3 Tr – 45 cm; 80 Mann.

V 150–161 liefen in den Jahren 1907–1908 von Stapel. Ihre Daten:

Deplacement 554 t, Länge 72,1 m, Geschwindigkeit etwa 30 kn; Bewaffnung 2 Sk – 8,8 cm, 2 MG, Torpedobewaffnung wie vorher; 83 Mann.

V 162–164, S 165–168, G 169–173 liefen 1908 bis 1909 von Stapel. Ihre Daten:

Deplacement 613–636 t, Länge zwischen 73 und 74 m, Geschwindigkeit etwa 30 kn, Bewaffnung 2 Sk – 8,8 cm, 4 MG, 4 Tr – 50 cm; 83 Mann.

G 174–175, S 176–179, G 192–197 liefen 1909–1911 von Stapel. Ihre Daten:

Deplacement 636–656 t, Länge G-Boote 74 m, S-Boote 73 m, Geschwindigkeit etwa 33 kn, Bewaffnung und Besatzung wie vorher.

V 1– V 6, G 7–G 12, S 13–S 24 liefen 1911–1913 von Stapel. Ihre Daten:

Deplacement 570 t, Länge V/G-Boote 71,1 m, S-Boote 71,5 m, Geschwindigkeit 32,5 kn, Bewaffnung wie vorher; Besatzung 73 Mann.

V 25–30, S 31–36 liefen 1913/14 von Stapel. Ihre Daten:

Deplacement 650 t, Länge V-Boote 77,8 m, S-Boote 79,0 m, Geschwindigkeit 33,5 kn, Bewaffnung im allg. wie vorher, jedoch 3 Tk – 8,8 cm; 83 Mann.

Ferner waren vorhanden 70 kleine Torpedoboote von 85–180 t, Geschwindigkeit 17–25 kn mit einer Besatzung von 16 bis 24 Mann.

34 dieser Boote wurden als Minensuchboote eingesetzt, 12 als Tender und Schlepper, die restlichen 24 Boote versahen Kurierdienste in Küstennähe sowie Hafenschutz.

Die Gesamtzahl der Boote betrug bei Kriegsausbruch 140 große und 47 kleine Einheiten.

Unterseeboote

Relativ spät gegenüber den anderen Marinen beschäftigte sich die deutsche Marine erst ab 1904 mit den Bau von U-Booten. Die deutsche Marineführung stand dieser neuen Waffe zunächst sehr skeptisch gegenüber. 1907 wurden die ersten Versuche mit einem Boot aufgenommen und erst 1910 stellte die Marine die Forderung nach 8 Booten.

Bei Kriegsausbruch waren 28 Boote vorhanden, von dem nur die Boote U 5 bis U 25 für den Fronteinsatz geeignet waren. U 1 bis U 4 dienten zunächst noch als Schulboote, die Boote U 26 bis U 28 befanden sich noch in der Erprobung.

Die besondere Schwierigkeit bei der Entwicklung der U-Boote lag bei den Motoren (vgl. S. 274). So hatten die Boote U 1 bis U 18 Zweitakt-Petroleummotoren von Körting, deren unausgereifte elektrische Zündung zahlreiche Betriebsstörungen hervorrief. Die Boote waren bei Tag durch starken Qualm und bei Nacht durch den Feuerschein der Fehlzündungen weithin sichtbar und durch ihre Geräusche übermäßig hörbar. Außerdem heizten die Petroleummotoren den Motorenraum bis zu 50 ° auf.

Ab U 19 wurden 8-zylindrische Zweitakt-Dieselmotoren der Firma MAN eingebaut. Diese bedeuteten gegenüber dem Petroleummotorantrieb einen enormen Fortschritt. In vieler Hinsicht waren aber auch diese Boote noch mangelhaft. So war es z. B. nicht möglich, die Motoren auf rückwärts umzusteuern, so daß zu Manövrierzwecken die elektrischen Maschinen klargemacht und eingekuppelt werden mußten. Das Tiefenruder lag vor den Schrauben und hatte dadurch nur eine sehr geringe Wirkung.

Die Boote hatten eine Tonnage zwischen 283 und 510 t (U 1 bis U 4), über 600 t bei den Booten U 5 bis U 18 und 837 t bei U 19 bis U 22. Bei den folgenden Serien war die Tonnage nur geringfügig höher. Die Geschwindigkeit betrug unter Wasser 8,7–9,4 kn, über Wasser 13,2 (U 1 bis U 4) ab U 5 unter Wasser bis etwa 10,7 kn, über Wasser zwischen 13,4 und 16,7 kn.

Bewaffnet waren U 1 bis U 18 mit 4 Tr – 45 cm (2 Bug-, 2 Heckrohre), die Boote ab U 19 mit 4 Tr – 50 cm, dazu 1 MG. Die Besatzung betrug bei den Booten U 1 bis U 4 3 Offiziere/19 Unteroffiziere und Mannschaften, bei den Booten U 5 bis U 7 4/24, U 8 bis U 18 4/25 und bei den Booten von U 19 ab 4 Offiziere/31 Unteroffiziere und Mannschaften.

Um 1914 konnte man das U-Boot als in der Entwicklung ausgereift betrachten.

f. Schiffe für besondere Zwecke

Die Kanonenboote waren kleine Schiffe, die aufgrund ihres geringen Tiefganges Küstengewässer und Flüsse befahren konnten, die größeren Schiffen versperrt blieben. Sie wurden im Auslandsdienst bei den verschiedenen Stationen eingesetzt.

Im Jahre 1914 befanden sich im Dienst die „Iltis"- und die „Tiger"-Klasse, die um die Jahrhundertwende gebaut worden waren. Die Größenordnung der Kanonenboote war:

Deplacement 900 bis 1000 t, Geschwindigkeit 14 kn; Länge etwa 64 m, Breite etwa 9 m, Tiefgang 3,3 m. Bewaffnung „Iltis"-Klasse 4 Sk – 8,8 cm und „Tiger"-Klasse 2 Sk – 10,5 cm, 6 MK – 3,7 cm. Besatzung 9 Offiziere und 121 Unteroffiziere und Mannschaften. Bis auf eine 8 mm starke Stahlpanzerung am Kommandoturm waren sie ungepanzert.

Speziell für die chinesischen Gewässer bestimmt waren die 3 Flußkanonenboote, die im ersten Jahrzehnt des 20. Jahrhunderts in Dienst gestellt wurden. Angaben zu ihnen:

Deplacement 220 bis 260 t, Geschwindigkeit 13 bis 15 kn, Länge um 50 m, Breite um 8 m, Tiefgang knapp 1 m; Bewaffnung 1 Sk – 8,8 cm, 1 bis 2 Sk – 5 cm und 2 bis 3 MG. Besatzung 3 Offiziere/44 Unteroffiziere und Mannschaften, dazu chinesische Köche, Lotsen und Trimmer.

Nur erwähnt werden sollen gecharterte Schiffe (z. B. „Marie", s. S. 223), die Minendampfer, Vermessungsschiffe, Stationsschiffe, das Dockschiff für U-Boote, die Kaiserliche Jacht, der Fischereikreuzer „Zieten" und der Aviso „Grille" für Admiralstabsreisen und Küstenkunde.

Als Schulschiffe für Fähnriche, Seekadetten und Schiffsjungen dienten die Kreuzer der „Hertha"-Klasse (s. S. 151), die 1914 wieder der Hochseeflotte zugewiesen wurden.

3. Das Personal

(von Josef Zienert)

a. Personalstruktur

Das Personal der Kaiserlichen Marine setzte sich zusammen aus Wehrpflichtigen, Freiwilligen und Berufssoldaten (= Offiziere und Deckoffiziere).

Wehrpflichtige

Gesetzliche Grundlage der Marinewehrpflicht war Art. 53, Abs. 4 der Reichsverfassung, der die seemännische Bevölkerung vom Heeresdienst befreite und zum Dienst in der Kaiserlichen Marine verpflichtete. Die Wehrpflicht galt in der Regel vom vollendeten 17. bis zum vollendeten 45. Lebensjahr.

Zur seemännischen Bevölkerung zählten alle Berufsseeleute, Schiffszimmerleute, Segelmacher, Maschinisten, Maschinistengehilfen und Heizer, die mindestens ein Jahr gewerbsmäßig zur See oder auf Flußdampfern gefahren hatten sowie Schiffsköche und Kellner (Stewards).

Ferner waren marinewehrpflichtig die Angehörigen der halbseemännischen Bevölkerung, darunter Seeleute, die auf deutschen oder ausländischen Fahrzeugen mindestens 12 Wochen gefahren hatten; See-, Küsten- und Haffischer, welche die Fischerei berufsmäßig oder als Nebengewerbe betrieben oder betrieben hatten; Angehörige von Berufssparten, deren Tätigkeiten bevorzugt auf dem Wasser betrieben wurden wie: Fluß- und Kanalschiffer, Fähr- und Bootsleute, Flößer, Floßbinder usw. Letztere wurden in der Regel den Torpedodivisionen, der U-Boot- oder der Minenabteilung zugeteilt.

Aus der Binnenbevölkerung kamen insbesondere Maschinenbauer, Schlosser, Handwerker und Arbeiter der metallverarbeitenden Berufe und Industrien, Elektriker, Telegraphisten, Waffentechniker u. ä. zur Einstellung, da in den Werftdivisionen und auf den modernen, mit hochtechnisierten Anlagen versehenen Schiffen ein großer Bedarf nach Angehörigen technischer Berufe bestand.

Das Marine-Handwerkerpersonal wurde aus einschlägigen anderen Berufssparten herangezogen. Schiffszimmerleute, Segelmacher, Maler, Böttcher, Bäcker, Metzger, Sattler, Seiler und Schreiber kamen an Bord der Schiffe zur Verwendung.

Schneider, Schuhmacher, Sattler, Lederzurichter, Schuhfabrikarbeiter dienten als Ökonomiehandwerker bei den Marine-Bekleidungsämtern und Kompaniewerkstätten.

Die aktive Dienstzeit in der Marine betrug 3 Jahre; weitere 4 Jahre stand der Wehrpflichtige im Reserveverhältnis. Nach Beendigung dieser Dienstzeit wurde er der Seewehr zugewiesen.

Im Herbst 1914 standen der Flotte 13 200 Reservisten zur Verfügung, eine Zahl weit oberhalb des Bedarfs. Ein großer Teil von ihnen wurde deshalb im Landkrieg eingesetzt (Marinekorps Flandern, s. Abschnitt V, S. 271 ff.).

Freiwillige und Kapitulanten

Jeder Militärpflichtige konnte sich vor dem allgemeinen Musterungstermin freiwillig ausheben und als Drei- oder Vierjährig-Freiwilliger einstellen lassen. Bereits Dienende konnten sich als Fünf- oder Sechsjährig-Freiwillige verpflichten. Finanzielle oder Laufbahnvorteile entstanden dabei nicht, allerdings konnte im vierten Dienstjahr zumeist der Maatendienstgrad erreicht werden.

Junge Leute der seemännischen und halbseemännischen Bevölkerung, die den Berechtigungsschein zum Einjährig-Freiwilligen-Dienst und ein Seesteuermanns- oder Schiffsingenieurzeugnis besaßen, durften ihrer Dienstpflicht nur in der Marine genügen. Die seemännische Bevölkerung wurde bei den Matrosendivisionen, Torpedodivisionen oder Minenabteilungen eingeschrieben; Maschinisten und Maschinenassistenten von See- und Flußdampfern kamen in die Werft- oder Torpedodivisionen oder in eine Minenabteilung. Die halbseemännische Bevölkerung kam zum Seebataillon oder in eine Matrosenartillerieabteilung.

Angehörige der nichtseemännischen Bevölkerung durften eingestellt werden bei den Seebataillonen oder Matrosenartillerieabteilungen; für die Werftdivisionen und Minenabteilungen mußten sie eine zweijährige praktische Arbeitszeit in metallverarbeitenden Berufen oder in der Elektro-Industrie nachweisen. Berufsmusiker traten als Hoboisten zu den Matrosendivisionen. Die Einjährig-Freiwilligen der seemännischen Bevölkerung sowie die Maschinisten und Maschinen-

Assistenten waren nicht verpflichtet, sich selbst zu bekleiden, auszurüsten und zu verpflegen.

Einjährige der Seebataillone und Matrosenartillerieabteilungen kamen in der Regel nicht an Bord.

Ausgebildete Mediziner konnten entweder wie andere Einjährig-Freiwillige ihrer Dienstpflicht ganz mit der Waffe genügen oder den für die Aufnahme in das Sanitätskorps vorgeschriebenen Weg einschlagen. Mediziner, die in das Sanitätskorps aufgenommen werden wollten, dienten nur ein halbes Jahr als Einjährig-Freiwilliger-Arzt.

Dienstverpflichtungen über mehr als sechs Jahre Dauer wurden in Form von „Kapitulationen" abgeschlossen, für die Prämien gewährt wurden. Erst sie boten die zeitliche Voraussetzung für die Unteroffizierlaufbahnen.

Das Recht zum Abschluß der Kapitulation stand nur dem Disziplinarvorgesetzten zu, bei den Sanitätsmannschaften war zuvor der Arzt des Marineteils zu hören. Grundsätzlich war zuvor die Stellungnahme und Beurteilung der zuständigen Schiffskommandos bzw. Marineteile einzuholen.

Junge Leute, denen keine spezifische Qualifikation abverlangt wurde, konnten im Alter von 15 bis 18 Jahren als Schiffsjungen in die Kaiserliche Marine eintreten. Sie wurden auf besonderen Schulschiffen zu vollwertigen Matrosen herangebildet. Anschließend genügten sie ihrer dreijährigen Wehrpflicht und leisteten für jedes Ausbildungsjahr zwei weitere Dienstjahre, insgesamt also 9 Jahre. Aus den Schiffsjungen gingen 73 Prozent des seemännischen Berufspersonals hervor.

b. Personalstärke

Soldaten

Im Marineetat 1914/15 wurden 3878 Marineoffizierstellen besetzt. Sie gruppierten sich in:

I. Seeoffiziere		2329
Admirale	34	
Kapitäne zur See	100	
Fregatten- und Korvettenkapitäne	274	
Kapitänleutnante	565	
Oberleutnante und Leutnante	1356	
II. Marine-Ingenieure		575
III. Marine-Sanitätsoffiziere		340
IV. Fachoffiziere (Feuerwerks- und Torpederoffiziere, Torpedo-Ingenieure)		245
V. Marine-Zahlmeister		276
VI. Offiziere der Marine-Infanterie		54
VII. Pensionierte Offiziere im aktiven Dienst		59
		3878

Die Etatstärke der Unteroffiziere und Mannschaften in den Stamm-Marineteilen, von denen aus die Kommandierung an Bord usw. erfolgte, betrug 65 091 Mann. Es verteilten sich

I. auf die Inspektion des Bildungswesens

a) Fähnriche zur See	448
b) Seekadetten	245

II. auf das seefahrende Personal der I. und II. Matrosendivision, I. und II. Werftdivision, Torpedodivision, Unterseebootsabteilung und Schiffsjungendivision:

a) Oberdeckoffiziere	847
b) Deckoffiziere	1000
c) Musikmeister	9
d) Feldwebel und Wachtmeister	215
e) Vizefeldwebel	58
f) Obermaate	5237
g) Maate	7857
h) Gemeine mit Obermatrosenrang	11804
i) Gemeine	35414
j) Schiffsjungenunteroffiziere und Schiffsjungen	1950

Das Personal der nichtfahrenden Marineteile (die Matrosenartillerieabteilungen, Minen- und Luftschiff- und Luftfahrabteilungen, Seebataillone, technisches und Verwaltungspersonal, Artillerie-, Torpedo-, Minen- und Vermessungswesen an Land und die Küstenbezirksämter) umfaßte 8961 Mann. Im einzelnen:

a) Oberdeck- und Deckoffiziere	569
b) Zahlmeisteraspiranten	105
c) Feldwebel, Unteroffiziere	1655
Zahlmeisterapplikanten	266
d) Gemeine	6366

Beamte

Die Etatstärke des Beamtenpersonals war, gegliedert nach Funktionsbereichen, 1914/15:

I. Reichsmarineamt und Marinekabinett		508
II. Admiralstab der Marine		60
III. Seewarte und Observatorien		46
IV. Intendanturen		223
V. Rechtspflege		48
a) Richter	30	
b) Schreiber und Boten	18	
VI. Seelsorge und Garnisonschulwesen		48.
a) Geistliche	30	
b) Küster	9	
c) Rektoren und Lehrer	9	

VII.	Verpflegungswesen		13
VIII.	Bekleidungswesen		31
IX.	Garnisonsverwaltung		143
X.	Garnisonsbauwesen		56
XI.	Sanitätswesen (Apotheker und sonstige)		80
XII.	Bildungswesen		33
XIII.	Instandhaltung der Flotte und Werften		1772
	a) Technisches Personal	1095	
	b) Betriebspersonal	225	
	c) Verwaltungspersonal	452	
XIV.	Waffenwesen und Befestigungen		40
	a) Artillerie und Befestigungen	22	
	b) Torpedowesen	13	
	c) Minenwesen	5	
XV.	Kassen- und Rechnungswesen		281
XVI.	Lotsen-, Seezeichen-, Brieftaubenwesen und Küstenwacheinrichtungen		123
XVII.	Zentralverwaltung für das Schutzgebiet Kiautschou		19
	a) Reichsmarineamt	11	
	b) Intendantur	8	
XVIII.	Nichtetatsmäßige Beamte		58
			3582

Außerdem beschäftigte die Marine auf ihren Staatswerften etwa 24000 Arbeiter, davon 1500 Chinesen in Tsingtau.

c. *Laufbahnen der Soldaten*

Offiziere

Die Seeoffiziere führten die Kriegsschiffe und Schiffsverbände. Sie waren Kommandeure und Befehlshaber von Kommandobehörden und von technischen Behörden am Lande.

Nach Vollendung des 17. Lebensjahres und einer Eignungsprüfung bei der Inspektion des Bildungswesens der Marine erfolgte alljährlich am 1. April die Einstellung der Anwärter als Seekadetten. In der Regel wurde für die Seeoffizierlaufbahn das Abitur gefordert.

In der Crew 1914 (300 Anwärter) hatten 69 Prozent das Abitur, 24 Prozent die Primarreife; 7 Prozent waren Korpskadeten. Aus Adelsfamilien stammten 9 Prozent.

Der Kaiser gewährte Dispens von Reifevoraussetzung und Eintrittsprüfung bei Söhnen „von Offizieren aus Königstreuen Geschlechtern und aus Familien, deren Namen in der Geschichte Preußens oder anderer deutscher Bundesstaaten verzeichnet sind".

Nach der Einstellung erfolgte eine kurze infanteristische Landausbildung, dann das einjährige Bordkommando der „Crew" auf einem Auslandsschulschiff. Nach

Bestehen der Prüfung wurde der Seekadett zum Fähnrich zur See ernannt. Es folgte der einjährige Offizierlehrgang an der Marineschule (ab 1910 Mürwik), der mit der Seeoffizier-Hauptprüfung abschloß. Nach dem Bestehen folgten Waffen- und Spezialkurse (Artillerie, Torpedo, Nachrichten). Divisions-, Wach- und Waffendienst lernte der Fähnrich in einem zweijährigen Bordkommando. Er konnte bei besonderer Befähigung bereits nach einem Seefahrtsjahr zum „Kaiserlichen Leutnant zur See" gewählt und befördert werden. Die Mindestausbildungszeit des Seeoffiziers dauerte also 3½ Jahre. Die Kosten, die der Seeoffizieranwärter bis zur Beförderung zum Offizier selbst bestreiten mußte (bzw. seine Familie) betrugen 4850 Mark.

Die Marineingenieure waren mit der Leitung und Beaufsichtigung des Dienstes bei den Maschinen und maschinellen Einrichtungen an Bord der Schiffe und mit der Verwaltung des betreffenden Inventars und Materials sowie mit der Aus- und Weiterbildung des ihnen unterstellten Personals an Bord und an Land beauftragt.

Die Einstellung in den Marine-Ingenieurdienst setzte u. a. die Berechtigung zum einjährig-freiwilligen Dienst, eine 30monatige praktische Tätigkeit in Schiffmaschinenfabriken und eine Zulage von 40 Mark monatlich bis zur Beförderung zum etatsmäßigen Marine-Ingenieurapplikanten voraus. Die Anwärter wurden bei der II. Werftdivision in Wilhelmshaven alljährlich am 1. Oktober eingestellt.

An die infanteristische Grundausbildung schloß sich eine neunmonatige Einschiffung an, am Schluß derer nach Ablegung einer praktischen Prüfung die Beförderung zum Marine-Ingenieurapplikanten erfolgte. Ähnlich dem Seeoffizier wurde der Applikant für zwei Jahre an Bord oder zur einjährigen Ausbildung bei der Torpedoabteilung kommandiert, an die sich ein weiteres einjähriges Bordkommando anschloß. Nach dem erfolgreichen Abschluß eines einjährigen Besuchs der Marineingenieur- und Deckoffizierschule erfolgte die Ernennung zum Marine-Ingenieuraspiranten. Als solcher diente der Anwärter 4 Jahre, davon eventuell eines bei einer Torpedoabteilung.

Zur Erreichung des Dienstranges eines Marineingenieurs waren noch der einjährige Besuch einer Ingenieurklasse und die Wahl durch das Seeoffizier- und Ingenieurkorps erforderlich.

Sanitätsoffiziere

Das Sanitätsoffizierkorps setzte sich zusammen aus approbierten Ärzten, die die allgemeine Dienstpflicht erfüllten oder zum Dienst auf Beförderung eintraten, und aus Ärzten der Armee. Einjährig-Freiwillige Ärzte, die auf Beförderung dienten, wurden nach vierwöchiger Dienstzeit Unterärzte, als die sie auch Gebührnisse bezogen; sie mußten sich dann zu einem Dienstjahr über ihre aktive Dienstzeit hinaus verpflichten. Nach dreimonatiger Dienstleistung als Unterarzt konnte die Wahl und Beförderung zum Assistenzarzt erfolgen.

Damit stand ihnen eine weitere Beförderung innerhalb der Laufbahn bis zum Generalstabsarzt offen.

Offiziere der Marineinfanterie

Die Offiziere der drei Seebataillone ergänzten sich aus dem Offizierkorps der Armee und traten später wieder in diese zurück.

Ihre Tätigkeit erstreckte sich von der reinen infanteristischen Ausbildung bis hin zur Lehrtätigkeit an Bord der Schulschiffe.

Fachoffiziere

Torpedoingenieure, Torpederoffiziere und Feuerwerksoffiziere hießen als Gruppe Fachoffiziere. Jede Gruppe stellte ein eigenes Korps mit eigener Anciennität neben den anderen Offizierkorps dar.

Die Torpedoingenieure waren mit der Herstellung, Adjustierung und Instandhaltung der Torpedos, der Torpedoarmierungen und des Sprengdienstmaterials beauftragt. Sie ergänzten sich aus dem Torpedoingenieurunterpersonal, dessen Ausbildungsgang im wesentlichen dem der Marineingenieuranwärter entsprach.

Als Besonderheit schob sich eine Zwischenphase ein. Nach 30 Monaten Dienstzeit als Applikant wurde der Anwärter unter gleichzeitiger Beförderung zum „Torpedoingenieur-Oberapplikanten" zur Torpedowerkstatt Friedrichsort versetzt. Hier mußte er eine zweite Prüfung ablegen. Während des Sommerhalbjahres wurde der Oberapplikant im Konstruktionsbüro ausgebildet, besuchte dann ein Jahr lang die Deckoffizierschule und erreichte nach einer weiteren Prüfung den Rang des „Torpedoingenieur-Aspiranten".

In der Laufbahn der Torpederoffiziere gab es zwei Fachsparten, die des Torpedo- und die des Minenwesens. Sie ergänzte sich vorzugsweise aus den Matrosenartillerieabteilungen und aus ehemals Einjährig-Freiwilligen.

Die Torpederanwärter begannen ihre Fachtätigkeit im Sommer in den Minendepots und bei den Matrosenartillerieabteilungen. Die Wintermonate wurden zum Besuch einer Torpederanwärterklasse auf der Deckoffizierschule genutzt. Nach einer eineinhalbjährigen Dienstzeit wurden die Anwärter erneut ein halbes Jahr zur Deckoffizierschule kommandiert und anschließend einige Jahre ausschließlich im praktischen Dienst verwandt. Zur Erreichung des Offizierdienstgrades mußte der inzwischen zum Deckoffizier beförderte Anwärter eine Hauptprüfung im Spezialgebiet des Minen-, Torpedo- und Sperrwesens sowie einigen Nebenfächern ablegen.

Das Aufgabengebiet der Feuerwerks- (vorher auch Zeug-)offiziere erstreckte sich auf die Artilleriedepots und die Werften. Sie beschäftigten sich mit der Anfertigung von Munition, der Verwaltung des Artilleriematerials, dem Artillerierevisionswesen sowie verschiedenen anderen artillerietechnischen Arbeiten. Die Angehörigen dieser Laufbahn fanden Verwendung in der Artilleriemagazinverwaltung der Werften, als Vorsteher der Artillerielaboratorien und als Revier- und Betriebsoffiziere.

Das Personal rekrutierte sich aus dem Mannschaftsstande der Matrosendivisionen und der Matrosenartillerie, vielfach auch aus Einjährig-Freiwilligen.

Die Aufstiegsbedingungen sahen eine Seefahrtszeit von 20 Monaten und den Besuch der Marineabteilung der Oberfeuerwerkerschule der Armee in Berlin vor. Im allgemeinen folgte nach Bestehen der dortigen Schlußprüfung eine längere Verwendung an Bord. Nach einer zweiten Berufsprüfung in den Fächern Artillerie, Mathematik, Dienstkenntnisse und Geschichte konnte der bis dahin zum Deckoffizier beförderte zum Feuerwerkerleutnant avancieren.

Deckoffiziere

Die Deckoffiziere waren eine Eigentümlichkeit der Marine. Sie rangierten vor den Unteroffizieren mit Portepee, gehörten aber organisatorisch dem Unteroffizier- und Mannschaftsstande an. Sie waren Gehaltsempfänger und Selbsteinkleider und wurden nach denselben Grundsätzen wie die Offiziere – in deren Rangliste sie im Anhang geführt wurden – mit Pension und Versorgungsanspruch verabschiedet. Sie bewohnten an Bord eine Kammer und führten eine eigene Messe mit eigener Verpflegung. Das starre, konservative Standesdenken des Seeoffizierkorps rief jedoch Spannungen hervor, die sich in den Revolutionsjahren entladen sollten. Die marinehistorische Würdigung dieser Gruppe ist sehr diffus:

„In einer Zeit, die auf Äußerlichkeiten großen Wert legte, mußte es verbittern, daß die Uniform, die anfangs der Offizieruniform sehr ähnlich war, im Laufe der Zeit vereinfacht und so geändert wurde, daß eine Verwechslung mit der Offizieruniform unmöglich wurde. Gewisse Vorschriften über Ehrenbezeigungen, Strafen und dienstliches Leben erscheinen heute in der Tat unverständlich und gegenüber altgedienten Soldaten entwürdigend.“ (Gerd Sandhofer).

„Die Deckoffiziere waren in der Kaiserlichen Marine wegen ihres hohen fachlichen Könnens sehr angesehen und wurden entsprechend mit großer Achtung behandelt. Nur wurde leider nicht erkannt, daß hier ein Reservoir war, das bei dem späteren starken Abzug an jüngeren Offizieren mit Erfolg ausgeschöpft werden konnte.“ (Friedrich Ruge).

In den Laufbahnen der Deckoffiziere spiegelt sich der tägliche Dienst in der Kaiserlichen Marine besonders gut faßbar wider.

Wirkungsbereich der Bootsmänner war die seemännische Arbeit an Bord, d. h. die Instandhaltung und Reinigung der Anlagen an Bord, sowie der Dienst an Waffen, soweit hier nicht Spezialisten vorgesehen waren.

Der Weg in dieser Laufbahn war sehr mühsam und lang. Vielfach rekrutierte sie sich aus Obermatrosen, die nach einer neunjährigen Dienstzeit zum Unteroffizier (Maat) befördert und dann als Bootsmänner ausgebildet wurden. Der Spitzendienstgrad wurde zumeist erst nach 18 bis 20 Jahren erreicht.

Die Angehörigen der Obersteuermannslaufbahn wurden bei der Navigation als Hilfskräfte herangezogen. Sie führten die erforderlichen Beobachtungen und Berechnungen durch und bedienten die navigatorischen Instrumente. Durch Einführung neuer Waffensysteme entstanden die neuen, artverwandten Laufbahnen des Torpedo-, Luftschiffer- und U-Bootsteuermannes. Außerdem wurde eine besondere Vermessungssteuermannslaufbahn geschaffen.

Die Obersteuermannslaufbahn ging aus der Obersignalmeisterlaufbahn hervor, von der sie sich bei dem Rang Signalmaat abspaltete. Die Beförderung zum Steuermann setzte mindestens 96 Monate Seefahrtzeit, den erforderlichen Abschluß einer sechsmonatigen Divisionsschule und den einjährigen Besuch der Deckoffizierschule voraus und wurde zumeist nach 12 Dienstjahren ausgesprochen.

Der letzte Ausbildungsgang vor der Beförderung zum Deckoffizier in der Obersignalmeisterlaufbahn fand an der Signalmeisterschule in Friedrichsort statt. Die Beförderung zum Obersignalmeister erfolgte nach etwa 11 Dienstjahren.

Aufgabe des Maschinenpersonals war die Bedienung der Schiffsmaschinen und Dampfkessel, der Hilfsmaschinen, Dampfbeiboote und Motorbootsmaschinen und der elektrischen Anlagen an Bord.

Die Einstellung erfolgte als Maschinistenanwärter oder Heizer. An die infanteristische Grundausbildung schloß eine technische Ausbildung an, die während der Wintermonate auf einer Divisionsschule theoretisch weitergeführt und nach etwa zwei Jahren mit der Maschinistenmaaten-Prüfung beendet wurde. Der Maschinisten-Obermaat mußte nach Besuch der Deckoffizierschule die Prüfung zum Maschinisten ablegen. Nach längerer Seedienstzeit und abermaligem Besuch der Deckoffizierschule konnte er nach etwa 9- bis 12jähriger Dienstzeit den Deckoffizierrang erreichen.

Die Obermaschinistenlaufbahn bot eine Aufstiegschance zum Offizier. Bewerber für das Marineingenieurkorps mußten einen weiteren sechsmonatigen Lehrgang an der Deckoffizierschule besuchen. Danach konnten sie in eine Ingenieurstelle eingewiesen und zum Marineingenieur befördert werden.

Das Feuerwerkerpersonal diente zur Verwaltung und Instandhaltung des Artilleriegerätes und der Munition. Die Beförderungsbedingungen entsprachen der Bootsmannslaufbahn.

Die Deckoffiziere waren als Geschützführer ausgebildet und unterstützten den Artillerieoffizier. Der Deckoffizierrang wurde mit etwa 13 Dienstjahren erreicht. Nach weiterer 2- bis 3jähriger Dienstzeit war hier die Übernahme als Fachoffizier möglich.

Aufgabe des Torpedopersonals war die Bedienung und Wartung des Torpedomaterials. Es stellte auch das Personal für die Torpedoarmierungen auf den Großkampfschiffen.

Der Eintritt erfolgte als Torpedomatrose oder Torpedoheizer. Für die Beförderung zum Torpedobootsmaaten wurde u. a. eine Ausbildung als Geschützführer, Rohrmeister, Fangbootsteuerer und im Sprengdienst verlangt, dazu eine Seedienstzeit von fünf Monaten. Nach weiteren 10 Monaten konnte der Rang des Torpedosteuermanns erreicht werden. Voraussetzung hierzu war die Fähigkeit zum Führen eines Torpedoboots und der Besuch der Steuermannsklasse der Abteilungsschule. Bei einer weiteren zehnmonatigen Verwendung als Steuermann eines Bootes oder als Wachoffizier erfolgte die Beförderung zum Torpedoobersteuermann.

Ähnlich waren die Bestimmungen in der Torpedomaschinistenlaufbahn. Für den Dienstrang des Torpedomaschinistenmaates waren acht Monate Seefahrtszeit und der erfolgreiche Abschluß des zehnmonatigen Lehrgangs auf dem Torpedoschulschiff erforderlich. Nach weiteren 40 Monaten Seefahrtszeit, davon zehn Monate auf Booten und Bestehen einer Prüfung auf der Deckoffizierschule und dem Torpedoschulschiff, mit der Voraussetzung über die Brauchbarkeit als leitender Maschinist eines Bootes wurde die Beförderung zum Torpedomaschinisten ausgesprochen.

Der Oberdeckoffizierrang erforderte insgesamt 50 Monate Seedienstzeit, davon zehn Monate als leitender Maschinist auf Booten und zehn Monate als Torpedomaschinist, sowie den Besuch eines Wiederholungslehrganges der Deckoffizierschule. Mit diesem Abschluß konnten Torpedoobermaschinisten auch auf größeren Booten als Leitende Ingenieure Verwendung finden.

Das Torpedomechanikerpersonal übte die Werkstattaufsicht bei der Herstellung und Instandsetzung der Torpedos sowie der Torpedoarmierungen in den Torpedowerkstätten und auf den Werften aus. Die Beförderung erfolgte in ähnlicher Weise wie beim Maschinenpersonal. Die Deckoffizierschule besuchte es zusammen mit den Obermaschinistenanwärtern. (Bis 1904 gingen aus dieser Laufbahn die Torpedoingenieure hervor.)

Die Aufgabe des Torpederpersonals bestand in der Torpedo- und Minenverwaltung. Eine Borddienstzeit war für diese Laufbahn nicht vorgesehen, da ihr Dienst überwiegend in den Depots und bei den Werften verrichtet wurde. Zum Deckoffizier war der Besuch der Divisionsschule und – vor Beförderung – der Deckoffizierschule erforderlich. Die Dienstzeit betrug bis dahin etwa 12 Jahre. Guten Deckoffizieren wurde der Übergang als Torpederoffizier eröffnet.

In dieser Laufbahn war eine Spezialisierung für die Abschnitte des Minen- und Torpedowesens möglich.

Das Minenpersonal war für das Legen und Räumen von Minen zuständig. Die Ausbildung und Aufstiegsmöglichkeiten entsprachen der des Torpedopersonals.

Für die Instandhaltung der Geschütze und ihrer Anlagen, wie Munitionsförderwerke, Torpedoanlagen, elektrische Einrichtungen der Artillerie, war die Artilleriemechanikerlaufbahn zuständig. Nach entsprechender fünfmonatiger Ausbildung auf einer Werft und dem fünfeinhalbmonatigen Besuch der Schiffsartillerieschule in Sonderburg konnte der Unteroffizierrang erreicht werden. Vom Obermaaten aufwärts erfolgte die Weiterbildung vornehmlich bei Werften, Geschütz- und Gewehrfabriken. Zur Beförderung zum Deckoffizier war ein weiterer einjähriger Besuch an dieser Schule erforderlich. Die Dienstzeit betrug bis dahin etwa zehn Jahre.

Es bestand die Möglichkeit, in die Feuerwerkeroffizierlaufbahn aufzusteigen.

Dem Stückmeisterpersonal oblag auf den Großkampfschiffen die Handhabung der schweren Geschütze. Die Laufbahn zweigte sich von der Bootsmannslaufbahn ab. Die Beförderung zum Stückmeister setzte eine zehnmonatige Verwendung als Oberstückmeistersmaat und gute Treffterergebnisse beim Schießen voraus. Für den Dienstrang des Oberstückmeisters wurde ein weiterer zehnmonatiger Dienst mit den gleichen Ergebnissen verlangt. Er erforderte meistens eine Dienstzeit von mindestens zwölf Jahren.

Die Bedienung der Funktelegraphieanlage an Bord und Land war Aufgabe des Personals der Oberfunkmeisterlaufbahn. Die Ausbildung erfolgte auf der Nachrichtenschule. Für den Rang eines Funkmeisters war der neunmonatige Besuch der Deckoffizierschule sowie eine Sonderausbildung erforderlich. Die Aufstiegsmöglichkeiten waren in dieser neuen Laufbahn gut.

Den Angehörigen der Obermeisterlaufbahn war die Ausführung aller an Bord vorkommenden Handwerksarbeiten zugeordnet, insbesondere Arbeiten mit Tauwerk und Hölzern, Maler- und Taucherarbeiten, soweit nicht technisches Personal dazu zur Verfügung stand. Die Beförderung zum Meistersmaaten erforderte in der Regel eine neunmonatige Seefahrtszeit. Nach weiteren drei Dienstjahren an Bord oder Land und dem Besuch der Divisionsschule mit abgelegter Prüfung, konnte die Ernennung zum Meister erfolgen.

Die Erreichung des Deckoffizierranges war hier sehr mühsam, und Dienstzeiten bis zu 18 Jahren bildeten keine Seltenheit.

Das Personal der Laufbahn Obermaterialienverwalter mußte ein Schlußzeugnis einer Realschule 1. Ordnung beibringen oder sich einer besonderen Prüfung unterziehen. An zwei Jahre Seedienstzeit schloß sich eine sechsmonatige Verwaltertätigkeit auf einer Werft an, die mit einer Prüfung endete. Die Beförderung zum Deckoffizier setzte 18 Monate weitere Tätigkeit an Bord sowie den Besuch der Deckoffizierschule voraus. Etwa 15 Dienstjahre waren erforderlich, um diesen Rang zu erreichen.

Dem Aufkommen der Flugzeuge und Luftschiffe paßte sich die Marine mit neuen Speziallaufbahnen an. So entstanden die Laufbahnen der Luftschiffsteuerleute, Flugmeister, -mechaniker, -beobachter und -waffenleute. Bei allen diesen Laufbahnen war ein rascher Aufstieg bis zum Oberdeckoffizier möglich.

Unteroffiziere

In bestimmten Laufbahnen der Marine schlossen die Aufstiegsmöglichkeiten in der Rangstufe der Feldwebel bzw. Obermaate ab. Den Feldwebeldienstgrad erreichten die Wachtmeister, die den Polizeidienst an Bord versahen, die Schreiber und Hoboisten (später Musikmeister) und die Sanitätsmannschaften. Die Botteliere, die mit der Verwaltung und Verausgabung des Proviants an Bord betraut waren, konnten ebenfalls nach neunjähriger Dienstzeit den Dienstgrad Feldwebel bzw. Proviantmeister erreichen. Exerziersergeanten, Segelmacher, Maler, Bäcker usw. erreichten nur den Obermaatenrang. Obermaate konnten erst nach 18jähriger aktiver Dienstzeit zu überzähligen Vizefeldwebeln befördert werden.

Das Unteroffizierkorps der Marineinfanterie entstammte teilweise der Armee, teilweise den verschiedenen Marinelaufbahnen, z. B. der der Exerziersergeanten. Die Beförderungsbestimmungen entsprachen denen der Armee.

d. Marinebeamte

Das Beamtenpersonal unterteilte sich in höhere Beamte mit bzw. ohne militärischen Rang, obere und mittlere Beamte (Subalternbeamte) und untere Beamte. Alle im Offizierrang stehenden Beamte zählten zu den höheren Beamten.

Höhere Marinebeamte mit Offizierrang

Das höhere Baupersonal der Werften und des Torpedowesens umfaßte die Marine-Schiffbau- und Maschinenbaubeamten sowie das höhere Baupersonal für den Hafenbau, das zu den Militärbeamten mit einem bestimmten militärischen Rang zählte. Die Ergänzung erfolgte aus Bauführern, die Reserveoffiziere des Seeoffizierkorps waren.

Zu den Militärbeamten mit einem bestimmten militärischen Rang zählte das Zahlmeisterpersonal. Ihm oblag der gesamte Kassen- und Verwaltungsdienst der Schiffe und Marineteile an Land. Die Einstellung erfolgte als Zahlmeisteranwärter oder Einjährig-Freiwilliger der Matrosenartillerie bzw. der Seebataillone vor Vollendung des 21. Lebensjahres oder als Angehöriger des aktiven Dienststandes vor Vollendung des 23. Lebensjahres.

Zur Einstellung wurden gefordert das Reifezeugnis eines Gymnasiums, Realgymnasiums oder einer Oberrealschule und sehr gute englische und französische Sprachkenntnisse. Einjährig-Freiwillige mußten mindestens sechs Monate mit der Waffe dienen. Daran schloß sich eine sechsmonatige Tätigkeit bei einer Zahlmeistersektion an. Die weitere Ausbildung dauerte etwa 4½ bis 5 Jahre, dann erfolgte nach bestandener Prüfung die Ernennung zum Zahlmeisteraspiranten. Nach weiterer 2- bis 4jähriger Dienstzeit konnte nach der Zahlmeisterprüfung die Beförderung zum Dienstrang erfolgen.

Höhere Marinebeamte ohne einen bestimmten Offizierrang

Die Ergänzung zur Eingangsstufe eines Intendanturrates erfolgte aus Gerichts- und Regierungsassessoren und geprüften Rechtspraktikanten, die Reserveoffiziere waren. Nach einer etwa sechsmonatigen Probezeit folgte die Ernennung zum Marine-Intendanturassessor. Die weitere Beförderung geschah dann nach Maßgabe der Geeignetheit und des Etats.

Die Gruppe der Oberkriegsgerichtsräte und Kriegsgerichtsräte, insgesamt 28, ergänzte sich aus zivilen Justizbeamten, die gute Zeugnisse und die Befähigung zum Richteramt besaßen und tropendienstfähig waren. Offiziere des Beurlaubtenstandes erhielten hierbei den Vorzug.

Die Marinegeistlichkeit bestand aus vier Marineoberpfarrern und 26 Marinepfarrern. Sie ergänzten sich aus den Predigtamtskandidaten, die der Feldpropst der Armee benannte. Zur Anstellung kam es erst nach einigen Monaten Bordkommando.

Nach zehnjähriger Dienstzeit besaßen die Marinegeistlichen den Anspruch auf Berücksichtigung bei der Besetzung guter Zivilpfarren.

Höhere Marinebeamte im Lotsenwesen waren der Lotsenkommandeur und die sechs Oberlotsen.

Subalternbeamte

Die Ergänzung der Werftverwaltungssekretäre erfolgte in der Regel aus jungen Männern, die die erste Klasse eines Gymnasiums oder einer gleichstehenden Lehranstalt ein Jahr mit gutem Erfolg besucht und ihrer Militärpflicht genügt hatten. Die Ausbildung dauerte etwa drei Jahre. Nach Bestehen einer Prüfung war die Anstellung als Verwaltungssekretär möglich, sobald freie Stellen vorhanden waren.

Die Laufbahn der Intendantursekretäre ergänzte sich aus Zahlmeisteraspiranten und aus Anwärtern, die als Einjährig-Freiwillige gedient hatten. Voraussetzung war die Primareife.

Die Berufsausbildung erfolgte etwa 1¹/₄ Jahre lang beim Zahlmeisterpersonal, der Rang eines Zivilapplikanten konnte nach 3 Jahren erreicht werden. Zur Ernennung zum Sekretärassistenten oder Sekretär mußte eine Laufbahnprüfung bestanden werden. Ein Aufstieg zum Obersekretär war möglich.

Das technische Sekretariatspersonal setzte sich zusammen aus Geheimen Konstruktionssekretären, Konstruktionssekretären, Technischen Sekretären und Technischen Sekretäraspiranten. Sie unterschieden sich nach Fachrichtungen, und zwar des Schiffbaues, Maschinenbaues einschließlich Elektrotechnik, des Hafenbaues und des Artilleriewesens.

Für die Annahme als technischer Sekretariatsaspirant war die Berechtigung zum Einjährig-Freiwilligen Dienst, der Besitz des Reifezeugnisses einer anerkannten Fachschule, eine zweijährige praktische Arbeitszeit in den Werkstätten Kaiserlicher Werften oder anerkannter Privatwerke, oder mindestens eine vierjährige Beschäftigung in technischen Büros erforderlich.

Nach dreijähriger Ausbildung war die Zulassung zur ersten Fachprüfung möglich, nach deren Bestehen der Bewerber zum Sekretär ernannt werden konnte. Geeignete technische Sekretäre konnten darüber hinaus nach weiteren drei Jahren zu einer zweiten Fachprüfung zugelassen werden, die ihnen die Beförderung zum Konstruktionssekretär ermöglichte.

Weitere Beamte im Subalterndienst waren: Expedierende Sekretäre, Rendanten, Registratoren, Kartographen, Vorsteher der Kanzleien, Kontrolleure, Garnisonsverwaltungsdirektoren, Magazindirektoren, Oberinspektoren und Inspektoren, Kanzleisekretäre und Kanzlisten.

Die Dienstzeiten in den verschiedenen Laufbahnen waren dabei in etwa gleich wie bei den technischen Sekretären.

Untere Beamte

Zu den unteren Beamten zählten: Büchsenmacher, Werkmeister, Schiffsführer, Maschinisten, Steuerleute, Hafenlotsen, Lotsen, Marineküster, Materialienverwalter, Magazinaufseher, Gefängnisaufseher, Zeichner, Photographen etc. Bei all diesem Personal wurde Wert darauf gelegt, daß sie ihrer aktiven Dienstzeit genügt hatten.

Zivilbeamte und Arbeiter

Zivilbeamte der Marineverwaltung waren alle diejenigen Beamten, welche keinen Militärrang hatten und in der vorstehenden Aufzählung der unteren Beamten nicht enthalten sind.

Angestellte im heutigen Sinne gab es nicht; alle sonst Beschäftigten zählten als Arbeiter.

e. *Ausbildungsstätten*

Oberste Kommandobehörde für die Ausbildung innerhalb der Marine war die Inspektion des Bildungswesens der Marine.

Die Marineakademie in Kiel (vgl. S. 227 ff.) hatte die Aufgabe, den Seeoffizieren durch weitere wissenschaftliche Ausbildung die Mittel zu gewähren, sie für höhere und höchste Stellen in der Marine besonders geeignet zu machen. Ferner sollte sie dem Marineoffizierkorps Gelegenheit geben, sich in seinen Berufswissenschaften weiter fortzubilden.

Die Marineschule in Flensburg-Mürwik war für die Ausbildung der Fähnriche zur See zuständig, denen hier in einem einjährigen Lehrgang das theoretische Wissen des Seeoffiziers vermittelt wurde.

Auf der Marineingenieur- und Deckoffizierschule in Kiel erhielten Unteroffiziere die notwendige fachwissenschaftliche Ausbildung und bereiteten sich für ihre Berufsprüfungen in den verschiedenen Laufbahnen vor.

Zuständig für die Ausbildung der Schiffsjungen war die Schiffsjungendivision in Flensburg. Hier wurde der nötige seemännische Nachwuchs herangebildet. Der Ausbildungsgang sah ein eineinhalbjähriges Kommando an Bord eines Schulschiffes vor, nach dessen Abschluß sich ein halbes Jahr infanteristischer Ausbildung anschloß.

Der Inspektion des Bildungswesens der Marine war auch die Seekadetten-Annahmekommission unterstellt, die verantwortlich für die Einstellung zeichnete.

Neben den genannten allgemeinen Bildungseinrichtungen bestanden Ausbildungsstätten in den verschiedenen Fachbereichen:

a) die Divisions- und Abteilungsschulen der Matrosendivisionen, Werftdivisionen, Artillerie- und Minenabteilungen,
b) die Schiffsartillerieschule,
c) die Marine-Telegraphenschule
d) die Oberfeuerwerkerschule.

B. Flotte und Kriegsbild 1914—1918

1. Eigene Lage und Feindlage bei Kriegsausbruch

a. Das Kräfteverhältnis

Deutschland verfügte bei Kriegsbeginn über 17 Großkampfschiffe, England über 27. Durch Neubauten verschob sich das Verhältnis nach drei Monaten auf 19:34, nach weiteren drei Monaten auf 21:39.

In der Nordsee besaßen die Engländer bei Kriegsausbruch 24 Großkampfschiffe, denen 16 deutsche gegenüberstanden. Insgesamt entsprach das Stärkeverhältnis zwischen den beiden Flotten ungefähr der Relation 3:2. Nur bei den großen Unterseebooten besaß Deutschland zahlenmäßig ein Übergewicht. Die Zahl der älteren Torpedoboote war bei beiden Gegnern etwa gleich. Die weitaus günstigere strategische Stellung der britischen Flotte erhöhte ihr Übergewicht entscheidend.

In der westlichen Ostsee konnte Deutschland dank des Nord-Ostsee-Kanals, dessen Erweiterung gerade bei Kriegsbeginn abgeschlossen war, jederzeit eine ausreichende Übermacht konzentrieren, um seine Seeherrschaft beliebig zu erweitern. Die russische Flotte war weit unterlegen, und nur die Grand Fleet hätte durch ein offensives Verhalten direkt oder indirekt die deutsche Ostseeherrschaft gefährden können.

In Übersee gab die Konzentration der meisten Auslandskreuzer im Kreuzergeschwader des Grafen Spee diesem nach dem Verlassen der ostasiatischen Gewässer eine örtliche Überlegenheit, die England trotz seines umfassenden Stützpunktsystems erst brechen konnte, nachdem es erhebliche Verstärkungen aus den Heimathäfen herangezogen hatte.

Im Mittelmeer stand die deutsche Mittelmeerdivision nach der Neutralitätserklärung Italiens und der Weigerung Österreichs, außerhalb der Adria Hilfe zu leisten, französischen und britischen Seestreitkräften in Stärke von 15 Linienschiffen, 13 großen Kreuzern (darunter drei englische Schlachtkreuzer), 4 kleinen Kreuzern, 8 Zerstörerflottillen sowie zahlreichen U-Booten und Flugzeugen gegenüber.

Die Entwicklung des Kräfteverhältnisses nach Kriegsbeginn begünstigte eindeutig England, das auf leistungsfähigere Werften und eine weit größere Zahl von im Bau befindlichen Schiffen, die zum Teil für andere Staaten in Bau gegeben worden waren, zurückgreifen konnte.

b. Die Fernblockade

1911 war Churchill Erster Lord der Admiralität geworden. Er verwarf die alte Grundkonzeption der britischen Flotte, alle deutschen Küsten im Kriegsfalle eng zu blockieren und an bestimmten Punkten Truppen zu landen. Statt dessen entschloß er sich für die „Versiegelung der Nordsee" an ihren Ausgängen, wählte also die Form der weiten Blockade, für die sich die günstige strategische Ausgangsstellung Englands geradezu anbot. Die Armee konnte daher weitgehend für die Verwendung auf dem Festlands-Kriegsschauplatz freigestellt werden. Der verlustlose Antransport indischer und kanadischer Truppen spielte neben der Überführung des Expeditionskorps bei Kriegsbeginn eine erhebliche Rolle.

Die britische Admiralität sah für ihre Heimatstreitkräfte folgende Aufgaben:

1. Sicherung aller für britische Schiffe wichtigen Seeverbindungen einschließlich der Truppentransportwege
2. Blockierung aller erreichbaren Seeverbindungen Deutschlands
3. Schutz des Mutterlandes und aller überseeischen Besitzungen vor etwaigen Angriffen deutscher Seestreitkräfte.

Aus Furcht vor den Verlusten, die beim Angriff auf die Stützpunkte der deutschen Flotte oder bei der engen Blockade der deutschen Häfen möglich erschienen, entschloß man sich zur Fernblockade. Diese wurde aber nicht konsequent durchgeführt. Vielmehr kam es bald zu Kreuzervorstößen in die mittlere und sogar südliche Nordsee, für die in den letzten Vorkriegsjahren eine besondere Taktik entwickelt worden war und bei denen die „Grand Fleet" eine Auffangstellung in der nördlichen bzw. mittleren Nordsee einnahm.

In Frankreich wie Rußland galt der Landkriegsschauplatz als entscheidend. Von den Wirkungen der Wirtschaftsblockade versprach man sich weniger als in England. Dafür legte Frankreich großen Wert auf den Schutz seiner Seeverbindungen, von denen die Kraft seiner Armee weitgehend abhing.

Admiral Callaghan wurde am 4. August 1914 durch Admiral Jellicoe abgelöst und dessen Befehlsbefugnis auf die Verbände der „Grand Fleet" (Nordsee) beschränkt. Das war zwar keine grundsätzliche Strukturveränderung der Führung, aber ein Mann nüchterner Denk- und Handlungsweise, ja Vorsicht, kam an die Stelle eines „Draufgängers".

Die Royal Navy hatte im Juli 1914 eine Probe-Mobilmachung unter Beteiligung der Reserveverbände durchgeführt, die mit einer Flottenparade vor König Georg V. in Spithead endete. Statt anschließend die vorgesehenen Übungen der aktiven Verbände und die Demobilisierung der Reserven durchzuführen, blieb die ganze Flotte mobil.

Am 4. August 1914 befand sich die Grand Fleet voll gefechtsbereit nach Plan in der mittleren Nordsee.

2. Die ausgebliebene Entscheidungsschlacht

a. Zurückhaltung der Hochseeflotte

Der Admiralstab hatte zwar fleißig gearbeitet, war aber als Seekriegsleitungs-Stab ohne Operationsabteilung und ohne genügende Autorität nicht hinreichend für die schwierige Aufgabe vorbereitet, Kaiser und Flottenchef im Seekrieg gegen die größte Seemacht der Welt und deren Verbündete zu beraten. Der Kaiser und das Große Hauptquartier kalkulierten auf die schnelle Entscheidung zu Lande gegen Frankreich, in dessen Folge England einlenken oder seine Flotte in die Entscheidungsschlacht zwischen Helgoland und Themse schicken würde.

Da diese Annahme zum Dogma erhoben worden war, hatte man in Friedenszeiten andere, flexible strategische Überlegungen und operative Pläne für unnötig erachtet.

Nur der Kreuzerkrieg in den ausländischen Gewässern erhielt ein Gepräge, das durch Weisungen und Vorbereitungen des Admiralstabes zustandekam. Sein taktisches Hauptziel war die Schädigung des feindlichen Handels. Das Hauptproblem war die Versorgung der Kreuzer und Hilfskreuzer mit Kohle. Der Admiralstab hatte ein gutes Etappensystem mit schwimmenden Stützpunkten und Vertrauensmännern in neutralen Häfen vorbereitet. Strategisch sollten die wenigen Kreuzer und Hilfskreuzer bis zu ihrer Erschöpfung oder Vernichtung eine Entlastung der heimischen Seekriegführung durch Bindung feindlicher Seestreitkräfte in Übersee bewirken. Diese Wirkung – die bis in den Winter 1914 hinein spürbar war – wurde jedoch strategisch nicht ausgenutzt, da die Entscheidung auf dem Landkriegsschauplatz abgewartet wurde.

Auf dem Nordseekriegsschauplatz galt der Operationsbefehl, den Gegner zum Angriff herauszufordern, sich aber erst dann mit den Großkampfschiffen zur Seeschlacht zu stellen, wenn/falls die Kleinkampfmittel, wie Mine und U-Boot, einen Kräfteausgleich herbeigeführt hätten.

Admiralstabschef v. Pohl, bestärkt vom Kabinettschef v. Müller, setzte die Flotte nicht bedenkenlos ein. Im Namen des Kaisers erteilte er schließlich sogar den Befehl, die Flotte überhaupt zurückzuhalten, kaum daß erste Verluste in einem unglücklichen Gefecht aufgetreten waren. Hauptmotiv war der Wunsch, nach dem zu Land gewonnenen Krieg die intakt gebliebene Flotte weltpolitisch einsetzen zu können.

b. Kleinkampfmittel als Herausforderung der Grand Fleet

Der Kreuzerkrieg und der Krieg der Sekundärmittel, Mine und Unterseeboot, hatten inzwischen neben der militärischen auch eine andere Wirkung gezeigt: die direkte oder indirekte Schädigung der feindlichen Schiffahrt, damit der Wirtschaft und der Finanzen. Dies wiederum konnte bei dem seeabhängigen England tiefgreifende Konsequenzen für die Kriegführung nach sich ziehen. Das im deutschen Operationsplan gesteckte Ziel, den Gegner „durch rücksichtslose Minen- und Unterseebootoffensive zu schädigen", mußte deshalb von den englischen Seestreitkräften auf die Seetransportmittel umgelenkt werden.

Es war Tirpitz, der diese Seestrategie zusammen mit dem neuen Admiralstabschef Bachmann 1915 durchzusetzen suchte. Die beiden Admirale forderten das Gewinnen von Ausgangsbasen in Belgien und Nordfrankreich zum Ansatz von Seestreitkräften und U-Booten gegen die englischen Kanaltransporte und verlangten den beschleunigten Aufbau der Unterseebootwaffe für den uneingeschränkten Einsatz gegen die feindliche oder dem Feind dienliche Handelsschifffahrt in erklärten Sperrgebieten.

Die Frachtraumfrage, so trug Tirpitz dem Kaiser vor, sei zur Entscheidungsfrage des ganzen Krieges geworden, und es dürfe nicht gezögert werden. Bei einer solchen „Stilwende im Seekrieg" werde sich die Grand Fleet nicht länger zurückhalten.

Die Erklärung aller Gewässer um die Britischen Inseln zum Kriegsgebiet, in dem alle Schiffe der Gefahr warnungsloser Versenkung ausgesetzt waren (Februar 1915), verfehlte ihren Zweck, da zu wenig U-Boote zur Verfügung standen. Statt dessen führte er zur Kriegsgefahr mit den USA, als bei spektakulären Versenkungen („Lusitania" und „Arabic") Amerikaner ums Leben kamen. Im Herbst 1915 wurden die U-Boote von der britischen Westküste zurückgezogen und in der Nordsee zur Versenkung nach vorangegangener Warnung verpflichtet. Tirpitz, der für den uneingeschränkten U-Bootkrieg kämpfte, wurde am 15. März 1916 entlassen.

Vizeadmiral Scheer, seit Anfang 1916 Flottenchef, entsandte wieder U-Boote in den Kanal. Die Torpedierung des Passagierdampfers „Sussex" dort beschwor im Frühjahr 1916 erneut die Gefahr eines Krieges mit den USA herauf, den Bethmann Hollweg prinzipiell und Falkenhayn mit Rücksicht auf Verdun im Augenblick vermeiden wollten. In einer Art Trotzreaktion stellte das Flottenkommando den U-Bootkrieg im Atlantik 5 Monate lang völlig ein.

c. Die Lehren aus der Skagerrak-Schlacht und der uneingeschränkte Unterseebootkrieg

Als sich 1916 die Gesamtkriegslage der Mittelmächte außerordentlich verschlechterte und zur See weder ein Kräfteausgleich durch Mittel des Kleinkrieges noch ein durchschlagender Erfolg durch den Handelskrieg mit U-Booten erkennbar wurde, erhielt Scheer größere Handlungsfreiheit für die Hochseeflotte. Scheer beabsichtigte, Teile der englischen Flotte in eine für die deutschen Streitkräfte günstige Position zu locken und mit zusammengefaßten Kräften einen überraschenden Teilerfolg zu erringen. Er war sich darüber im klaren, daß er eine Entscheidungsschlacht Tirpitzscher Konzeption nach dem Kräfteverhältnis nicht anstreben durfte, und daß erst recht dem Gegner keine Gelegenheit gegeben werden durfte, eine solche zu erzwingen.

Bei einem Flottenvorstoß gegen die südnorwegische Küste traf Scheer jedoch nicht wunschgemäß auf eine Gruppe der Grand Fleet, sondern auf das Gros der englischen Seemacht unter ihrem Befehlshaber Admiral Jellicoe persönlich. Im Eröffnungsgefecht der Schlachtkreuzer trat für beide Seiten überraschend zutage, daß die deutschen Großkampfschiffe den englischen qualitativ überlegen waren. Jellicoe gelang es jedoch in den folgenden Phasen der Schlacht, seine Kräfte so konzentriert einzusetzen und zweimal in die Position des „Crossing-the-T" zu bringen, so daß Scheer, wendig führend, im Wechsel von Angriff und Kehrtwendung der Überflügelung nur noch durch einen Rückzug entgehen konnte, der die Opferung der beschädigten Einheiten nach sich zog. Die großen Erfolge der Schlachtkreuzer und das gekonnte Manövrieren der Geschwader lassen die Skagerrak-Schlacht taktisch als einen deutschen Seesieg erscheinen.

Admiral Scheer erkannte in seinem Immediatbericht über die so erfolgreich abgebrochene Skagerrak-Schlacht resignierend an, daß das Inselreich eine Schlachtentscheidung zur See gar nicht nötig hatte. Das Deutsche Reich seinerseits sei aufgrund der geographischen Lage und der materiellen Unterlegenheit seiner Hochseeflotte nicht in der Lage, England durch eine Seeschlacht zum Frieden zu zwingen. Nur wenn Englands Seeverbindungen abgeschnitten worden seien, könne es zum Nachgeben gezwungen werden.

Die deutsche Marineführung bekehrte sich nun zu der Ansicht, daß nicht eine Seeschlacht, sondern die Unterbrechung des feindlichen Seeverkehrs gegen England die Entscheidung bringen würde. Dem inzwischen im Handelskrieg erprobten Seekriegsmittel, dem Unterseeboot, hatten alle anderen zu dienen: Geleit- und Sicherungsstreitkräfte, Seefliegerverbände, die Landbasen, Werften, das Personal. Der Hochseeflotte verblieb als Hauptaufgabe die Abschreckung eines Angriffs auf die U-Bootbasen und -auslaufwege. Für diesen Zweck wurde sie auf die modernen Großkampfschiffe reduziert (I. und III. Geschwader).

Die Lage an den Landfronten veranlaßte Hindenburg und Ludendorff im August 1916, den uneingeschränkten U-Bootkrieg als „letztes Mittel" zu fordern. Admiral v. Holtzendorff, der Chef des Admiralstabs, Admiral Scheer, der Chef der Hochseeflotte, und Admiral Capelle, der Staatssekretär des Reichsmarineamts, schlossen sich dieser Forderung an. Den U-Boot-Kreuzerkrieg nach Prisenordnung lehnten sie ab, da er zu diesem Zeitpunkt eine Versenkungsrate von „nur" 400 000 BRT ergab.

Eine Denkschrift des Admiralstabs vom 22. Dezember 1916 über Stand und Entwicklung der englischen Tonnage schloß mit der Erwartung, daß die U-Boote monatlich 600 000 BRT Schiffsraum versenken könnten, so daß der englische Seeverkehr nach fünf Monaten um etwa 39 Prozent zurückgegangen sein würde. Das könne England nicht ertragen und werde einlenken. Mögliche Gegenargumente tat der Admiralstabschef ab mit der Behauptung, daß, wenn überhaupt von seiten der USA eine Hilfe erfolgte, diese zu gering wäre und – nach 5 Monaten – zu spät käme.

Die Erklärung Holtzendorffs, England durch den uneingeschränkten U-Boot-Krieg in fünf Monaten friedensgeneigt zu machen, war z. T. ein Produkt der Seeinteressenforschung (s. S. 189 ff.), da ihr ein optimistisches Gutachten des „Instituts für Weltwirtschaft und Seeverkehr" in Kiel zugrunde lag. Mit der Entscheidung, die am 9. Januar 1917 fiel, wurde Deutschland in die Niederlage geführt, da die Vereinigten Staaten nur den U-Boot-Kreuzerkrieg nach Prisenordnung zugelassen hätten und mit der Kriegserklärung antworteten.

Der „rücksichtslose" Einsatz aller verfügbaren Boote ab 1. Februar 1917 führte zu hohem materiellem Verschleiß, da trotz der z. T. langen Marschwege die

Instandsetzungs- und Unterhaltungsarbeiten an den U-Booten beschränkt wurden. Zum anderen verhinderte der Glaube an einen Erfolg in fünf Monaten den Entschluß, ein großzügiges U-Boot-Bauprogramm rechtzeitig in Angriff zu nehmen. Außerdem wurde der Gegner unterschätzt. Die Engländer unter Jellicoe brachten zusammen mit den Amerikanern unter Konteradmiral Sims in weniger als fünf Monaten ihre Abwehrmaßnahmen auf einen Höchststand.

d. Probleme der Inneren Führung

Scheers Aufgabe als Flottenchef blieb es, die Schiffe und Besatzungen der Hochseestreitkräfte in höchster Gefechtsbereitschaft zu halten, da man einen englischen Angriff auf die deutschen U-Bootbasen nicht ausschließen wollte. Für die Aufklärungs-, Sicherungs-, Minensuch-, Vorposten- und Seeluftverbände war dies kein Problem, denn sie standen dauernd in See und am Feind. Anders auf den Großkampfschiffen. Ihre Besatzungen, im Frieden „zur Offensive elektrisiert" und „zu Rädern in der Schlachtmaschine" (Tirpitz) ausgebildet, begriffen nicht den Sinn und das Wesen einer „fleet in being".

Der Begriff „fleet in being" bedeutet eine Art strategischer Defensive unter Kampfabsage, aber mit der Möglichkeit, jeden Augenblick eingreifen zu können.

Der eintönige, zumeist Hafendienst führte zu Enttäuschung, Unzufriedenheit und Mißstimmung. Reichliche Freiheit und der Zwang zur Selbstbeschäftigung ohne gezielten inneren Dienst führte zu kritischer Beobachtung der Umwelt an Bord. Fehlverhalten von Vorgesetzten fiel mehr auf als unter normalen Umständen und zog Vertrauensverlust nach sich. Fehlende Aufklärung über Zweck und Ursachen des unbefriedigenden Wartezustandes beschwor „zersetzende Kritik" herauf (vgl. S. 341 f.).

Viele erfahrene Divisionsoffiziere (Oberleutnante zur See und Kapitänleutnante) wurden ab 1916 an die Kampffront, d. h. in die U-Boot-, Kleinboot- und Fliegerverbände versetzt. Den Ersatz stellten junge, schnell ausgebildete Leutnante, die selbst wenig Verständnis für den „Dickschiffsbetrieb" mitbrachten. Hatten sie einige Erfahrung gesammelt und soldatische Menschenführung gelernt, kamen auch sie zum Fronteinsatz. Die Fluktuation war sehr stark, der Ton auf den Großkampfschiffen war gereizt.

Im Juni 1917 kam es zu Unruhen auf zwei Ebenen. Unter den Marine-Ingenieuren der Flotte wurden „fast bis zur Unbotsmäßigkeit" (Kabinettschef v. Müller) Stellung und Ansprüche des Ingenieurkorps gegenüber dem Seeoffizier erörtert. Unter den Mannschaften – insbesondere dem Heizerpersonal – kam es zu Essen- und Dienstverweigerungen.

Der Flottenchef nahm in zwei geheimen Umdrucksachen Stellung zu den Ursachen, Fakten und Folgerungen. Im ersten Rundschreiben vom 3. Juli 1917 erläuterte er die Notwendigkeit der Ausbildung des Seeoffiziers allein zum Führer von Schiff und Verband. Führung aber sei unteilbar und der Marine-

Ingenieur stünde in einem „Sonderberuf, der im militärischen Maschinenbetrieb praktische Tüchtigkeit hervorbringen" müsse. Jedoch sei seine Stellung im modernen Kriegsschiffbetrieb mit den Jahren eine andere geworden, weil das Maschinenpersonal immer stärker militärisch erfaßt und eingegliedert werde.

Es handelte sich also um die Forderung – vor allem für die Großkampfschiffe mit über 600 Mann technischem Personal –, dem Marine-Ingenieur neben seinen fachdienstlichen auch disziplinare Befugnisse zu geben. Diese Ansicht teilten viele junge Seeoffiziere, weil sie sich als Divisionsoffiziere überfordert fühlten, auf die „Männer unter dem Panzerdeck" einzuwirken. Sie sahen auch nicht – anders als das ältere Seeoffizierkorps noch im 3. Kriegsjahr – ernsthafte Messe- und Gesellschaftsprobleme. Scheer schrieb: „Ich hoffe, daß der Krieg mit unserem Pflichtverkehr – und Konsens – brechen wird und muß."

Ein allgemeines Vorgesetztenverhältnis an Bord zwischen älterem Marineingenieur und jüngerem Seeoffizier sei jedoch abzulehnen. An der Disziplinargewalt des Ersten Offiziers an Bord könne nicht gerüttelt werden.

Hier tat sich mehr auf als nur die Krise einer „fleet in being": Die deutsche Flotte war ein großartiges militärisch-technisch-taktisches Management. Jellicoe führte ihre qualitative Überlegenheit in der Skagerrak-Schlacht darauf zurück, daß ihre Führer und Besatzung „wissenschaftlich besser ausgebildet" waren. Aber bei aller Technik und Wissenschaft war das Problem Mensch – Maschine – Technik nicht genug durchdacht worden. Das hatten die Engländer besser verstanden. Überdies besaßen sie eine andere psychologische Einstellung zur „fleet in being" als die Deutschen.

Die Äußerung des Kabinettchefs, dem allem sei „ein Riegel vorzuschieben", spiegelt das Nicht-Begreifen. Wie dringend aber dies Begreifen war, das bewiesen die Meutereien auf Großkampfschiffen im Juli und August 1917. Innerhalb der Besatzungen war es besonders das Maschinenpersonal, überwiegend aus Industriebezirken stammend und politisch aufgeweckt, das die fehlende Aufklärung seitens der Offiziere zum Anlaß nahm, nun selber im Kreise der Mannschaften Diskussionen über den Sinn der „verrostenden Flotte", dann über den Krieg und schließlich über die eigene soziale Stellung anzuregen. Dabei spielten die Menagekommissionen eine entscheidende Rolle, durch die auch politische Infiltrationen möglich wurden. Hier standen Flottenchef und Seeoffizierkorps vor einer Situation, für die sie nicht erzogen waren.

Nach dem disziplinarischen und kriegsgerichtlichen Abschluß der Meutereien (zwei Todesurteile) folgte am 7. Oktober die zweite Umdrucksache Scheers mit einer Erklärung der Vorgänge und einer Anleitung zur „Erziehung und Belehrung sowie Sorge für die Mannschaft". Der Flottenchef appellierte an das Offizierkorps, sich mehr um seine Untergebenen zu kümmern und deren Nöte zu teilen. Nur damit sei der revolutionären Bewegung zu begegnen, der eine erstaunlich zähe Kraft innewohne. Hier schloß sich der Kreis des konservativen Fehlverhaltens: Ohne erzieherische und disziplinarische Einflußnahme der Marine-Ingenieure, die den Männern „unter dem Panzerdeck" am nächsten standen, ließ sich die Menschenführung im technischen Großsystem Schiff nicht lösen.

Ein drittes, unterschwelliges Personalproblem entwickelten die Deckoffiziere in der technisierten Marine (s. S. 289 ff.). Organisatorisch oberste Charge der Unteroffiziere waren (Ober-)Bootsmann, Meister, Steuermann, Verwalter oder Feuerwerker die rechte Hand des Ersten Offiziers im speziellen Fachbereich. Unter den besonderen Anforderungen der Segelschiffzeit stellte sich im Deckoffizierkorps das dem Kriegsschiff eigentümliche Detail-Funktionssystem dar. Aber der sich gewaltig entwickelnde technische Betrieb der Marine und das ständige Herauswachsen neuer Speziallaufbahnen führte dahin, daß das ehemals kleine Deckoffizierkorps immer mehr anschwoll, wobei traditionelle Laufbahnen in der modernen Technik bedeutungslos wurden oder sich wandelten. Der neue Stand – sich vornehmlich aus bewährten, befähigten Spezialisten entwickelnd – drängte zur Eigenentwicklung zwischen Unteroffizieren und Offizieren. Die Kaiserliche Marine wollte jedoch kein „Offizierkorps II. Klasse", lehnte aber auch die Übernahme älterer Deckoffiziere in das aktive Offizierkorps ab.

e. Das Kriegsende

Scheer als Chef der Seekriegsleitung

Der Flottenchef konnte im Kriege nicht nachholen, was im Frieden versäumt worden war. Aber er war der zumeist Betroffene und er scheute sich nicht, die äußeren und inneren Führungsprobleme der Marine auch gegen die Meinung der anderen Spitzenbehörden zur Sprache zu bringen. Als „Sieger von Skagerrak" konnte er im Ringen um die Führung der Marine einige Autorität einsetzen.

Am 11. August 1918 wurde Scheer zum Chef des Admiralstabes und Chef der Seekriegsleitung (Skl.) ernannt, nach Kabinettsorder vom 28. August 1918 „mit größerer Gerechtsame als bisher in Bezug auf die Führung des Seekrieges". Damit wurde ein vieljähriges Ringen zwischen Reichsmarineamt, Admiralstab und Flottenkommando beendet, das sich noch im vierten Kriegsjahr um die Frage drehte, bei welcher Behörde die zukünftige Entwicklung der Marine liegen solle. Zugleich mit Scheers Dienstantritt wurde sein bisheriger Chef des III. Geschwaders Staatssekretär des Reichsmarineamts.

Der bisherige Chef der Operationsabteilung der Flotte ging als Chef des Stabes der Seekriegsleitung mit dem Operationsstab der Skl. in das Große Hauptquartier. Die personelle Besetzung der Skl. bestimmte also Scheer ohne Rücksicht auf Einwände des Kabinettchefs. Dieser wurde – im Zuge der Parlamentarisierung der Reichsverfassung – durch Kabinettsordre vom 28. Oktober 1918 dem Staatssekretär des Reichsmarineamts unterstellt. Der Stellvertretende Chef des Admiralstabs blieb in Berlin.

Fehlschlag des Unterseebootkrieges

Scheer setzte am 1. Oktober 1918 ein vergrößertes U-Bootbauprogramm in Übereinstimmung mit dem Reichsmarineamt und Vertretern der Industrie durch („Scheer-Programm"). Es wurde als erfüllbar angesehen, wenn die Oberste

Heeresleitung ihre Zusage, 40 000 Mann an Arbeitskräften freizugeben, einhalten konnte.

Inzwischen hatte Ludendorff dem Chef der O.H.L. am 2. September gemeldet: „Wir haben keine Aussicht mehr, den Krieg zu gewinnen", worauf Hindenburg antwortete: „... Die Marine hat sich eben in ihrer Berechnung der Wirkung des U-Boot-Krieges getäuscht." Es hat jedoch weniger an den Berechnungen gelegen (– die U-Boote versenkten 1917 mehr als vorausberechnet –), als vielmehr an dem „Fünfmonatsfrist"-Versprechen Holtzendorffs, der den Verschleiß der U-Boote hinnahm und die Wirkung alliierter Gegenmaßnahmen nicht in Rechnung stellte.

Als Vorgabe zu den von Deutschland erbetenen Waffenstillstandsverhandlungen forderte US-Präsident Wilson die bedingungslose Einstellung des U-Bootkrieges und die Räumung der flandrischen Stützpunkte.

„Stirb und werde" – 30. Oktober 1918

Scheers Reaktion auf die Forderungen Wilsons in seinem Kriegstagebuch lautet:

„Es ist unmöglich, daß die Flotte alsdann in dem Endkampf, der einem baldigen oder späteren Waffenstillstand vorausgeht, untätig bleibt. Sie muß eingesetzt werden. Wenn auch nicht zu erwarten ist, daß hierdurch der Lauf der Dinge eine entscheidende Wendung erfährt, so ist es doch aus moralischen Gesichtspunkten Ehren- und Existenzfrage der Marine, im letzten Kampf ihr Äußerstes getan zu haben."

Chef Skl., Flottenchef und ihre Stabschefs strebten, während die Waffenstillstandsverhandlungen schon eingeleitet waren, einen Einsatz der Flotte an, den 1914 der Kaiser und alle Führungsbehörden abgelehnt hatten. Der Flottenchef, Admiral Ritter v. Hipper, der Schlachtkreuzerführer am Skagerrak, unterrichtete am 21. Oktober 1918 die Befehlshaber der Sicherung der Nordsee, der U-Boote und der Torpedoboote über den Operationsplan und erteilte Vorausbefehle für diese Seestreitkräfte. Die Verbände gingen auf ihre Positionen ohne materielle oder personelle Hemmnisse.

Am 29. Oktober abends um 8 Uhr begann die Unterrichtung der Geschwaderchefs durch Hipper und seinen Chef des Stabes, v. Trotha. Der Vorstoß der Flotte in Richtung der Hoofden sollte am 30. Oktober stattfinden. Zwei Stunden nach Beginn der Sitzung wurde dem Chef des III. Geschwaders gemeldet, daß auf drei seiner insgesamt fünf Linienschiffe (den modernsten Einheiten der Flotte) Ausschreitungen im Gange seien. Weitere Meldungen folgten von anderen Schiffen, so daß Trotha den Flottenchef zur Beendigung der Chefbesprechung und zu dem Befehl an die Geschwader bewegte: „Das geplante Gefechtsbild fällt aus."

Die Verbände wurden nach Wilhelmshaven und Kiel entlassen. Ihr Einlaufen wurde zum Fanal der Revolution (s. S. 337 ff.).

3. Organisation, Seekriegsmittel, Seekriegsformen

a. Die Veränderung der Kaiserlichen Marine durch den Krieg

Die Führungsspitze 1918

Die Wandlung und „Stilwende" des Seekrieges spiegeln sich in der Entwicklung der Organisation und der Seekriegsmittel. Ende Oktober 1918 befanden sich im Großen Hauptquartier:

Der Chef des Admiralstabes der Marine, zugleich der Chef der Seekriegsleitung mit dem Stab der Seekriegsleitung,
der Staatssekretär des Reichsmarineamts,
der Verbindungsoffizier der Skl. bei der O.H.L.,
der Verbindungsoffizier der O.H.L. bei der Skl.

In Wilhelmshaven befand sich:

Der Chef der Hochseestreitkräfte mit seinem Stab auf S.M.S. „Baden".

Verluste im Kriegseinsatz 1914–1918

1569 Offiziere aller Laufbahnen
8067 Deckoffiziere und Unteroffiziere
25197 Mannschaften aller Laufbahnen
1 Linienschiff (Nordsee)
1 Schlachtkreuzer (Nordsee)
6 Große Kreuzer (2 Nordsee, 2 Ostsee, 2 Südatlantik)
7 Kanonenboote (Auslandsstationen)
17 Kleine Kreuzer (7 Nordsee, 3 Ostsee, 7 Auslandsstationen)
31 große Torpedoboote – 14 durch Minen –
(23 Nordsee, 5 Ostsee, 1 Flandern, 2 Auslandsstationen)
36 Zerstörer (780–1350 t) – 21 durch Minen –
(15 Nordsee, 10 Ostsee, 11 Flandern)
38 kleine Torpedoboote (A-Boote) – 26 durch Minen –
(1 Nordsee, 17 Ostsee, 10 Flandern, 1 Adria)
187 Unterseeboote
66 durch Minen, 38 durch Kreuzer, Zerstörer, U-Jäger, 16 durch Hilfsschiffe, 19 durch U-Boote, 12 durch U-Fallen, 7 im U-Netz, 5 durch Flugzeuge, 17 verunglückt, 7 interniert nach Beschädigung.
30 Minensuchboote – 27 durch Minen –
(28 Nordsee, 2 Ostsee)
3 Minenräum-(F-)Boote durch Minen
6 Fernlenkboote (Flandern)
35 Marine-Luftschiffe
23 abgeschossen, davon 6 durch Flugzeuge, 10 gestrandet, 2 verschollen

170 Marineflugzeuge
13 Hilfskreuzer
16 sonstige Hilfsschiffe
8 Sperrbrecher – davon 7 durch Minen –
63 Vorposten-, Geleit- und Handelsschutzboote (Fischdampfer) – davon 43 durch Minen, 9 im Gefecht –
54 Hilfsminensuch-, Minenräumboote (Fischdampfer, Logger, Motorboote) – davon 39 durch Minen, 4 im Gefecht –

Zugänge zur Flotte

Vom 1. August 1914 bis zum 31. Oktober 1918 stellte die Kaiserliche Marine folgende Seestreitkräfte und Luftstreitkräfte in Dienst:

1914: 3 Schlachtschiffe von 28 600 t, 21 kn, 10 Sk – 30,5 cm in Doppeltürmen.
1916: 2 Schlachtschiffe von 32 200 t, 22 kn, 8 Sk – 38,1 cm in Doppeltürmen.

Bei Kriegsende standen weitere 2 Schlachtschiffe 9 bzw. 12 Monate vor Fertigstellung.

1914: 1 Schlachtkreuzer von 31 200 t, 25,8 kn, 8 Sk – 30,5 cm in Doppeltürmen.
1915: 1 Schlachtkreuzer von 26 700 t, 26,4 kn, 8 Sk – 30,5 cm.

Bei Kriegsende standen weitere 2 Schlachtkreuzer 12 bzw. 15 Monate vor Fertigstellung.

1914/15: 6 Kleine Kreuzer
1916: 2 schnelle Minenleger
1916/17: 4 Kleine Kreuzer „Königsberg"-Klasse
1918: 2 Kleine Kreuzer „Cöln"-Klasse.

Bei Kriegsende standen weitere 5 Kleine Kreuzer der „Cöln"-Klasse 5–13 Monate vor Fertigstellung.

1915–1918: 95 kleine Torpedoboote „A-Klasse" (107–375 t) zur Verwendung als Küstenschutz Flandern, Ostsee, Adria und Nordsee-Geleit.
1914–1918: 108 große Torpedoboote = Zerstörer (780–1350 t), 4–6 Tr, 3 bis 4 Sk – 8,8 cm oder Tk-10,5 cm.

Bei Kriegsende befanden sich 29 Zerstörer vor ihrer Fertigstellung.

1917/18: 20 UZ-Boote (Uboot-Zerstörer) (40–60 t) als Uboot-Such- und Minenräumboote
1917: 17 FL-Boote (Fernlenkboote) mit 700 kg Sprengladung im Vorschiff, Kabel- oder F.T.-Lenkung. Sie wurden bei der Küstenverteidigung in Flandern eingesetzt.
1915–1918: 111 Minensuchboote (425–610 t, 1 bis 2 Sk-8,8 cm oder Tk-10,5 cm)

Bei Kriegsende standen weitere 29 Boote vor der Fertigstellung.

1915–1918 60 F-Boote (Flachgehende Minenräumboote, 19–23 t)
1914–1918: 293 Unterseeboote (Tauchboote), davon
1914–1916: 30 U-Torpedoboote (669–685 t, 4 Tr, bis zu 2 Uk-8,8 cm)

1916/1917: 34 U-Torpedoboote (808–908 t, 6 Tr, 2 Uk-8,8 cm oder 1 Utof – 10,5 cm)
1915/1916: 10 U-Minenleger (755 t, 2 Tr, 38 Minen)
1915/1916: 17 UB (Küsten)-U-Boote 127 t, 2 Tr)
1915/1916: 30 UB (Küsten)-U-Boote (263–272 t, 2 Tr + Minen)
1916/1918: 82 UB-Boote (516–555 t, 5 Tr, 1 Utof-10,5)
1915: 15 UC-Boote von 168 t (= kleine U-Minenleger)
1916/1917: 64 UC-Boote (417–434 t, 3 Tr + Minen, 1 Uk-8,8 cm)
1917/1918: 10 U-Kreuzer (1512–1930 t, 6 Tr, 2 bis 3 Utof-15 cm und 2 Uk-8,8 cm)
1918: 7 U-Minenkreuzer (1164 t, 4 Tr + 42 Minen)

1915–1918: 70 Marineluftschiffe
60 Typ LZ (Zeppelin), 9 Typ SL (Schütte-Lanz), 1 Typ PL (Parseval)

1914–1918: 2107 Front-Seeflugzeuge
Sie dienten der Fernaufklärung (Dornier- und Oertz-Flugboote), dem Torpedo-Bomben- und Minenwurf (Großflugzeuge, 2 Motoren), der Küstenaufklärung, dem Bombenwurf und Kampfeinsatz (1 Motor, Doppelsitzer). Außerdem stellte die Marine 252 Landflugzeuge (Ein- und Doppelsitzer) für Feldjagd und Schutzaufgaben in Dienst.

Die See- und Seeluftstreitkräfte der Kaiserlichen Marine Ende Oktober 1918

Dem Chef der Hochseestreitkräfte (Flottenchef) unterstanden 1 Flottenflaggschiff und das I., III. und IV. Geschwader (16 Schlachtschiffe), sowie der Befehlshaber der Aufklärungsstreitkräfte (B.d.A.) mit der I. Aufklärungsgruppe (5 Schlachtkreuzer) und der II. und IV. Aufklärungsgruppe (10 Kleine Kreuzer, 2 Schnelle Minenschiffe).

Folgende Front-Kommandobehörden und Frontverbände wurden während des Ersten Weltkrieges neu geschaffen:

Der Befehlshaber der Torpedobootsstreitkräfte (B.d.T.) mit dem II. Führer der Torpedoboote mit 2 Kleinen Kreuzern und der I., II., V., VI., VII., IX. und XII. T-Flottille (77 T-Boote und Zerstörer).

Der Befehlshaber des Sicherungsverbandes der Nordsee (B.S.N.) mit 1 Kleinen Kreuzer und 5 T-Booten. Ihm unterstellt waren

— der Führer der Minensuchboote (F.d.M.) mit 1 Kleinen Kreuzer sowie der I., II. und IV. Minensuchflottille mit 63 M-Booten, 12 F-Booten, 28 UZ-Booten und 39 sonstigen Schiffen,
— die I. und II. Geleitflottille mit 31 großen und 11 kleinen T-Booten und 60 Fischdampfern,
— die Nordseevorpostenflottille mit 84 Fischdampfern,
— die Vorpostenflottille Ems mit 27 verschiedenen Hilfskriegsschiffen,

— die Sperrbrecherflottille mit 12 Sperrbrechern,
— der Kommandeur der Flieger beim B.S.N. mit 1 Flugzeugkreuzer und 1 Flugzeugmutterschiff, sowie der I. und II. Seefliegerabteilung (113 Seeflugzeuge und etwa 80 frontklare Übungsflugzeuge).

Der Befehlshaber der Sicherung der Ostsee (B.S.O.) (in Personalunion Chef der Marinestation der Ostsee) mit 1 Kleinen Kreuzer und 1 Beischiff. Ihm unterstanden

— die Belt- und Sundstreitkräfte mit 1 Linienschiff, 1 Küstenpanzerschiff, 1 Kanonenboot, IV. T-Flottille (12 Boote)
— die Vorpostenhalbflottillen Kiel und West mit 77 Fischerdampfern und -booten
— der Netzsperrverband der Ostsee
— mehrere Hilfskreuzer und Hilfsstreuminendampfer
— der Kommandeur der Flieger bei der Ostseestation mit 1 Flugzeugmutterschiff, 46 Seeflugzeugen und etwa 50 frontklaren Übungsflugzeugen.

Der Befehlshaber der Baltischen Gewässer (B.B.G.) mit 1 Küstenpanzerschiff. Unterstellt waren ihm

— der Führer des Suchverbandes der Ostsee (F.d.S.) mit 26 deutschen (F-) und 48 finnischen Minenräumbooten, 24 Minenbooten und 39 sonstigen Schiffen;
— die XIX. T-Halbflottille mit 6 T-Booten
— der Kommandeur der Flieger beim B.B.G. mit 10 Seeflugzeugen.

Der Kommandierende Admiral des Marinekorps Flandern (vgl. Abschnitt V, S. 271 f.), dem außer den Landtruppen noch unterstellt waren

— die Zerstörerflottille Flandern mit 8 Zerstörern
— die T-Flottille Flandern mit 15 A-Booten
— die Minensuch- und Räumflottille Flandern mit 7 A-Booten und 12 F-Booten,
— die Motorbootsdivision mit MB-, LM- und Fl-Boote
— die III. T-Flottille mit 10 T-Booten
— die Unterseebootsflottillen Flandern I. und II. mit 16 UB- und 17 UC-Booten
— der Kommandeur der Flieger Flandern mit dem Gruppenkommandeur der Seeflieger (40 Seeflugzeuge), sowie dem Gruppenkommandeur der Küstenflieger (10 See- und 11 Landflugzeuge), und den Gruppenführer der Marine-Jagdflieger (34 Landflugzeuge).

Die See- und Seeluftstreitkräfte Türkei (vgl. Abschnitt V, S. 273) mit 1 Schlachtkreuzer, 3 U-Booten-, 25 Seeflugzeugen.

Die See- und Seeluftstreitkräfte Bulgarien mit 1 U-Boot und 1 Marine-Feldfliegerabteilung (5 Landflugzeuge).

Der Befehlshaber der Marine-Kommandos in den ehemaligen russischen Häfen des Schwarzen Meeres (B.M.K.).

Der Befehlshaber der Unterseeboote (B.d.U.), der dem Flottenchef unterstellt war. Er befehligte die I., II. III. IV. Unterseebootsflottille mit 49 U-Booten, 28 UB-Booten, 5 UC-Booten, 14 Beischiffen und T-Booten, sowie die Unterseekreuzerflottille mit 10 U-Kreuzern und 1 Beischiff.

Die Unterseeboote im Mittelmeer, die zwar unter der k.u.k.-Flagge fuhren, militärisch aber dem Chef des deutschen Admiralstabs unterstellt waren. Sie wurden zusammengefaßt in:

— die I. Deutsche U-Flottille, Pola (6 U-Boote, 10 UB-Boote, 2 UC-Boote)
— die II. Deutsche U-Flottille, Cattaro (4 U-Boote, 4 UB-Boote, 14 UC-Boote)

b. Klassische Kriegsmittel

Die Gegenüberstellung der Materialverluste und der Indienststellungen von Seestreitkräften und Marine-Luftstreitkräften läßt mit der Organisation der Frontverbände einige Schwerpunkte, Entwicklungen und Wandlungen der Kaiserlichen Marine im Seekrieg 1914–1918 erkennen.

Verwendung der Hochseeflotte

Die Großkampfschiffgeschwader der Hochseeflotte, bei Kriegsausbruch im Aufbau begriffen, erhielten mit Zustimmung aller Immediatstellen und in Übereinstimmung mit dem Kriegsplan des Großen Generalstabs vom Kaiser keinen offensiven Operationsplan. Im Herbst 1914 hätten alle Besatzungsangehörigen zur Entlastung des „Rechten Flügels“ der Landfront ohne Zögern sogar eine „Todesfahrt“ mitgemacht, heißt es in der Marinetradition. Aber der Chef des Generalstabes gab dem Chef der Operationsabteilung des Admiralstabes den Bescheid, die Marine solle sich durch die englischen Kanaltransporte in ihren sonstigen Operationen nicht stören lassen; es wäre sogar ganz gut, wenn die Armee im Westen auch „gleichzeitig mit 160 000 Engländern abrechnen“ könne.

Statt des Einsatzes zur See erfolgte der zu Land: das Marinekorps, auf Tirpitz' Initiative gegründet, stand am rechten Flügel der Armee in den Gräben und Dünen Flanderns (s. Abschnitt V, S. 271 f.). Es wurden ab 1915 die Stützpunkte Ostende und Zeebrügge für Seestreitkräfte und Marineflugzeuge gegründet und für die Flandern-U-Boote Schutzbunker gebaut. Die „Flandern-Marine“ versuchte den britischen Kanaltransport zu stören.

Mit dem Anstreben der Kriegsentscheidung an der Ostfront 1915 wurden Teile der Hochseeflotte im Rigaischen Meerbusen eingesetzt, jedoch ohne operatives Zusammenwirken mit der Armee. Als beide Landfronten 1916 erstarrten, erhielt die Flotte Operationsfreiheit und erfüllte am Skagerrak taktisch den Zweck, der ihr bei der Inangriffnahme des „Tirpitz-Plans“ (s. S. 178 f.) zugedacht war. Sie schützte die deutschen Küsten vor feindlichen Landungen und sicherte die kriegsnotwendigen Seeverbindungen im Nord- und Ostseeraum. Ihr strategischer Druck als „fleet in being“ bewahrte die Neutralität der skandinavischen Staaten und Hollands, gegen englischen Druck. Sie unterbrach die Seeverbindung zwischen Großbritannien und Rußland an den Ostseeausgängen und an den Dardanellen und trug dadurch entscheidend zu Rußlands Zusammenbruch und Kriegsaustritt bei.

20 Jahre nach dem Ersten Flottengesetz, dem für sich gesehen vernünftigsten Flottenrüstungsschritt des Deutschen Reiches, hatte die Hochseeflotte 1918 die Planungsstärke von 1898 erreicht. Endlich erfüllte sie die Forderung des Prinzen Adalbert nach einer modernen Flotte „zweiten Grades". Bei siegreichem Kriegsausgang wäre sie eine bedeutsame Komponente der zukünftigen Weltpolitik geworden.

Kreuzerkrieg

Eine Kriegsentscheidung konnte die Hochseeflotte in der erreichten Stärke gegen England nicht herbeiführen, wenngleich sie den Nimbus der Royal Navy stark anschlug. Das Inselreich war nur in seinen Seeverbindungen zu treffen. Wie empfindlich es dabei reagierte, das zeigten die deutschen Auslandskreuzer- und Hilfskreuzereinsätze. (Nach dem berühmtesten Kreuzer wurden solche Schiffe noch im Zweiten Weltkrieg „The Emdens" genannt). Dabei wirkten nicht nur Tonnage-, Material- und Personalverluste, sondern mehr noch die Verunsicherung der Schiffahrt, die Verzögerung und Umleitung von strategischen Transporten (August 1914: Nordafrika – Frankreich durch „Goeben" und „Breslau"; Indien/Australien – England durch „Emden") sowie der militärische Aufwand an Gegenmitteln und -maßnahmen. Verhängnisvoll für die deutschen Kreuzer wurde jedesmal der Entschluß, statt reinen Handelskrieg zu führen und sich davon zu „nähren", feindliche Kriegseinrichtungen anzugreifen.

Problematisch blieb das Versorgungs- und Reparatursystem ohne eigene überseeische Stützpunkte gegen einen militärgeographisch und materiell überlegenen Gegner. Die Idee, Handelsstörkreuzer auszusenden, blieb aber auch während des Krieges lebendig in Verbindung mit den Ersatzplanungen der verloren gegangenen großen Kreuzer. Der Kaiser persönlich entwarf 1915 eine Art „Linienschiffskreuzer" mit Motorenantrieb, der in der Lage sein sollte, die „Northern Patrol" mit überlegener Artillerie und Geschwindigkeit zu durchbrechen.

c. *Moderne Kriegsmittel*

Eine Denkschrift des Reichsmarineamts vom April 1916 betonte die Notwendigkeit, bei Schiffsverlusten sofort Pläne und Entwürfe für Ersatzbauten bereitzuhalten, die den neuesten militärischen Anforderungen und technischen Errungenschaften gerecht würden, wenn eine gewisse Klarheit und Übereinstimmung der Ansichten aufgrund der Kriegserfahrungen erreicht worden sei.

Minenkrieg

Im Aufklärungs- und Sicherungsdienst in Nordsee und Ostsee erlitten die kleinen Kreuzer und die großen Torpedoboote starke Verluste. Aus den Einsatzerfahrungen wurden die Ersatzbauten größer, schneller und mit stärkerer Artilleriebewaffnung projektiert und gebaut. Dabei war die Wandlung zum schnellen Minenleger auffallend: die neuen Kleinen Kreuzer trugen 200, die Minenkreuzer 400 und die Zerstörerneubauten bis zu 40 Minen.

Mit dem offensiven Minenkrieg der Überwasserstreitkräfte verstärkte sich auch der defensive gegen die russischen und englischen Minenoffensiven in Ostsee, Nordsee und Kanaleingang.

Die feindlichen Minenoffensiven forderten die größte Zahl an Totalverlusten und Schiffsbeschädigungen und erzwangen immer neue Abwehrtaktiken und -mittel (s. S. 306 f.).

Die im Minensuchdienst und im Geleitdienst eingesetzten Besatzungen mußten besondere körperliche, geistige und moralische Fähigkeiten entwickeln: Der „frische Angriffsgeist" der älteren Torpedoboote wandelte sich bald in zähe Geduld, eine Eigenschaft, die Führer und Besatzungen der neuen „Flandern"-Boote (A-Boote) und der Minensuch- und Räumboote dann in langen Kriegsjahren tagein, tagaus bestimmte.

Der Minenkrieg verwandelte das Kriegsbild in den harten Kleinkrieg der Zerstörer, Torpedoboote, Minensuch- und Vorpostenboote in einem von den deutschen Küsten sich stetig weiter entfernenden Operationsgebiet, dem Küstenvorfeld.

Diese Distanzvergrößerung und -erweiterung – in der Nordsee bis zur Doggerbank – war einmal taktisch bestimmt: der Gegner wollte sich beim Minenlegen der deutschen Gegenwehr durch Kreuzer und Zerstörer weniger aussetzen; sie war zum anderen strategisch bestimmt, denn die englischen Minensperren richteten sich vor allem gegen die deutschen Unterseeboote und konnten in der Mitte der Nordsee besser bewacht werden. Schließlich war die Entstehung des Küstenvorfeldes technisch bedingt, weil in Gestalt der Aufklärungs- und Bombenflugzeuge neue Seekriegsmittel mit weiterer Distanzwirkung entwickelt wurden. Der Kriegsalltag des Aufklärungs-, Sicherungs- und Minensuchdienstes wies zwar relativ wenige direkte Gefechtsereignisse auf, aber die indirekte Wirkung bestimmte das Planen und Handeln des Feindes nachhaltig.

Gefechtstätigkeit im Küstenvorfeld

Zu intensiver direkter Wirkung und Gegenwirkung kam es dort, wo die Küstenvorfelder sich überschnitten. In der Nordsee war das im Eingang des Ärmelkanals von der flandrischen bzw. der englischen Südostküste aus. Es entwickelte sich eine permanente und vielgestaltige Gefechtstätigkeit auf See, in der Luft, unter Wasser und an der Küste, die sich von der sonstigen Hochseekriegführung unterschied. So verband sich der Begriff „Flandern" nicht nur mit Langemarck oder Ypern für die Armee, sondern auch mit Zeebrügge für die Kaiserliche Marine.

Auch mit dem russischen Gegner wurde im Küstenvorfeld zäh und verlustreich gerungen. Hier griffen im Oktober 1917 schwere deutsche Einheiten in den Kampf um Oesel, Dagö und Moon ein, um die linke Heeresflanke durch eine amphibische Operation zu entlasten und mit dem Vorverlegen der baltischen Landfront auch das Küstenvorfeld zu kontrollieren. Vor und nach dem spektakulären Landungsunternehmen trat der stille, aber unerbittliche Küstenvorfeldkrieg, der sich schließlich bis nach Finnland hinaufzog, wenig hervor.

See-Luftkrieg

Ein neues Seekriegsmittel, auf das sich große Erwartungen richteten, war das Marineluftschiff. Taktisch sollte es als Aufklärer für die Flotte wirken, aber technische, meteorologische und navigatorische Schwierigkeiten zeigten bald die Grenze des Einsatzes im Seekrieg. So wurde das Luftschiff im Rahmen des gegen England sich entwickelten Wirtschaftskrieges ein strategisches Kriegsmittel: der erste Fernbomber. Eine kriegsentscheidende Wirkung aber konnte es nicht erzielen und technisch wurde das Luftschiff – trotz seiner größeren Flughöhen, vor allem bei Nacht – schon während des Krieges vom Flugzeug überholt. (Zum Flugzeug s. S. 308 und Abschnitt V, S. 284 ff.).

d. Unterseebootkrieg

Dagegen sollte einem anderen modernen Seekriegsmittel eine ungeahnte Wirkung gegen den mächtigen Gegner beschieden sein: der Unterseebootwaffe. Ursprünglich als Hilfsmittel der Flotte „zum Kräfteausgleich" und als Aufklärer vor englischen Flottenstützpunkten vorgesehen, erwies das U-Boot bald seine Verwendungsmöglichkeit im Handelskrieg.

Ende 1916 hatten etwa 70 in See stehende deutsche U-Boote monatlich 150 bis 180 Schiffe versenkt, im März 1917 verlor England bereits über 280 Schiffe mit fast 870 000 BRT. Die Führung der Royal Navy prophezeite für November 1917 eine Niederlage, wenn die U-Bootgefahr nicht gebannt werden könne. Jellicoe organisierte die britische Seekriegsleitung um und ließ neue Techniken und Taktiken der Abwehr entwickeln. Wichtig wurde die Einführung des Systems der Geleitzüge von Handelsschiffen im Schutz von Zerstörern, U-Bootjägern, Luftschiffen, Fesselballons und im Küstenvorfeld von Seeflugzeugen. Die amerikanischen Verstärkungen schufen eine gewaltige Übermacht. Ihre höchsten Verluste erlitten die U-Boote jedoch durch Minen. Im Frühjahr 1918 wurden die eigene Erschöpfung und die angloamerikanischen Gegenmaßnahmen spürbar, und im U-Bootkrieg bahnte sich ein militärischer Fehlschlag an.

C. Die Reichsmarine

(Die Organisation der Kriegsmarine s. Abschnitt VII)

1. Die militärpolitischen Faktoren

a. Marineleitung

Die oberste Verwaltungsbehörde der alten Kaiserlichen Marine, das Reichsmarineamt, blieb in den Revolutionswirren arbeitsfähig. Dem Staatssekretär wurde am 23. Januar 1919 von der Regierung die militärische Kommandobefugnis über die Marine übertragen. Die ausführenden Organe, über die der Dienstweg vom RMA abwärts lief, waren die Marinestationskommandos der Ostsee und der Nordsee, denen die Marineteile zur See und zu Land unterstellt wurden.

Die Aufgaben der obersten Marinebehörden waren zwischen dem Zusammenbruch und der ersten Konsolidierung: die Aufstellung und Gliederung von Minensuchverbänden; Abfertigung des „Internierungsverbandes Scapa Flow"; die Aufstellung der Marinebrigaden (– Unterstellung unter das Heer –); die Wiedereinrichtung der Inspektionen und Dienststellen der Marine; die Organisation der Abwicklungsämter; die Überleitung des Renten- und Versorgungswesens, des ärztlichen Versorgungswesens, des nautischen Nachrichtenwesens und Liegenschaftswesens; die Aufstellung je eines Sicherungsverbandes, einer Seefliegerabteilung sowie von Küstenwehr- und Stammabteilungen bei den Marinestationen.

Am 20. März 1919 verlieh der Reichspräsident der Befehls- und Kommandobehörde RMA die Bezeichnung „Admiralität", die für die einheitliche Marinespitze schon 1872–88 üblich gewesen war. Die Admiralität gliederte sich in 3 Ämter (im RMA: Departements) und 6 zentrale Abteilungen.

Eineinhalb Jahre später, am 19. September 1920, wurde die oberste Marinebehörde analog zu den Verhältnissen der Armee („Heeresleitung") in „Marineleitung" umbenannt. Die Gliederung und der Aufgabenbereich blieben unverändert. Der Geschäftsverteilungsplan der Marineleitung war daraufhin angelegt, den Chef der Marineleitung von Routinearbeiten zu entlasten. Um den friktionsreichen Zwiespalt zwischen den obersten Marinebehörden, der die Vorkriegszeit geprägt hatte, von vornherein auszuschalten, sollte sich der Chef der Marineleitung intensiv seinen Kommandoaufgaben widmen. Die Entlastung wurde bewirkt durch die Übergabe der drei Ämter an Leiter von hohem Rang und weitem Entscheidungsspielraum.

Das Marinekommandoamt (A), geleitet von einem Konteradmiral, bearbeitete alle rein militärischen Angelegenheiten. Es gliederte sich in

die Marinewehrabteilung (A I) für Organisation, Personalgrundsatz- und -bereitstellungsfragen, Ausbildung und Fürsorge; die Flottenabteilung (A II) für taktische und strategische Angelegenheiten, Waffenverwendung, militärische Forderungen an die Seestreitkräfte und die Küstenverteidigung, Nachrichtenwesen und Luftschutzangelegenheiten.

Das allgemeine Marineamt (B), geleitet von einem Konteradmiral, bearbeitete alle technischen Angelegenheiten. Es gliederte sich in

— die Werftabteilung (BB) für alle technischen und personellen Fragen der Reichsmarinewerft Wilhelmshaven und des Marinearsenals Kiel,
— die Konstruktionsabteilung (BK) für die Neukonstruktion der Ersatzschiffbauten,
— die Waffenabteilung (BW) für die Entwicklung der Waffen und die Ausbildung daran,
— die Nautische Abteilung (BH),
— die Seetransportabteilung.

Das Marineverwaltungsamt (C), von einem höheren Beamten geleitet, bearbeitete alle Kassen-, Gebührnis-, Verpflegungs-, Unterkunfts-, Bekleidungs- und Beamtenangelegenheiten.

Dem Chef der Marineleitung unterstanden ferner:

— der Stab des Chefs der Marineleitung (Gruppe M) mit Kommandiertenabteilung,
— die Gruppe I für Angelegenheiten des Ingenieurskorps, des Maschinenpersonals und -betriebs,
— die Gruppe E für Leitung der Marine-Haushaltsarbeiten,
— die Gruppe PA für Marine-Offizier-Personalarbeiten,
— die Gruppe G = Marine-Medizinalabteilung,
— die Marinefriedenskommission (MaFri), der Verhandlungspartner der Interalliierten Marine-Kontrollkommission,
— das Justitiariat.

Für die Marineluftstreitkräfte waren seit 1920 getarnte Offiziere und Bearbeiter in der Flotten- und in der Seetransportabteilung tätig. Eine Luftschutzgruppe (B.L.) wurde 1927 zur Vorbereitung des Aufbaus einer Marineluftwaffe gebildet und 1930 in das Marinekommandoamt eingegliedert.

Als mit der Vorbereitung des Panzerschiffs „A" der Schiffsersatzbau strategische und politische Dimensionen annahm, unterstellte der Chef der Marineleitung die Konstruktionsabteilung (BK) als „K" sich selbst. Die Ausbildungsangelegenheiten der Flotte übertrug er an eine neugebildete Gruppe Ausbildung, die Marineausbildungsabteilung (A III).

In die Abrüstungspolitik schaltete er sich 1926 mit der Einrichtung der Völkerbundgruppe Marine (VGM) ein, die eine Außenstelle in Genf besaß.

Das Marinekommandoamt wurde Ende der 20er Jahre umgegliedert und bestand nun aus der Flottenabteilung (A I), der Organisationsabteilung (A II), der Abteilung Marinenachrichtendienst (A III), der Marineausbildungsabteilung (A IV) und der Marinewehrabteilung (A V).

Das Allgemeine Marineamt wurde erweitert um eine Schiffahrtabteilung (BSch), eine Wirtschaftsabteilung (BWi) und eine Statistische Abteilung (BStat).

Zur Verwirklichung des Schleicherschen Umbauplans vom 15. November 1932 wurden unter Geheimhaltung – 1933/34 erschienen keine Stellenbesetzungs- und Ranglisten – die Werftabteilung (BB) vergrößert und die Konstruktionsabteilung zum Marinekonstruktionsamt (K) erweitert.

Wehrgesetze

Am 1. Januar 1921, ihrem Gründungsjahr, stand die Reichsmarine rechtlich noch unter dem Gesetz über die Schaffung einer Vorläufigen Reichsmarine vom 16. April 1919, das am 31. März 1920 verlängert worden war.

Die Begründung der berufsständischen Reichswehr erfolgte durch das Wehrgesetz vom 21. März 1921, das am 31. März 1921 in Kraft trat. Es entsprach – zum Teil wörtlich – den militärischen Bestimmungen des Gesetzes über den Friedensschluß zwischen dem Deutschen Reich und den alliierten und assoziierten Mächten (Versailler Vertrag) vom 16. Juli 1919, das genaue Bestimmungen über „Deutschlands Seemacht" und damit sozusagen die Reichsmarine-Verfassung enthielt. In der Note vom 26. März 1920 bewilligten die Siegermächte einiges zusätzliche Schiffsmaterial als Reserve ohne Besatzung.

Die Personalgesamtstärke der Reichsmarine durfte 15 000 Mann aller Grade und Laufbahnen nicht übersteigen. Reserven waren verboten. Die Ergänzung hatte ausschließlich auf dem Wege freiwilliger Dienstverpflichtung zu erfolgen, und zwar bei Offizieren und Deckoffizieren auf 25 Jahre, bei Unteroffizieren und Mannschaften auf 12 Jahre. An jährlichen Neueinstellungen als Ersatz für Ausfälle waren höchstens 5 Prozent der Gesamtstärke gestattet.

Materiell waren der Reichsmarine bewilligt (jeweils zu 1/4 Reserve):
8 Schlachtschiffe der „Deutschland"- und/oder „Braunschweig"-Klasse (Vordreadnoughts),
8 Kleine Kreuzer,
16 Zerstörer und 16 Torpedoboote.

Ein Ersatz durfte erst nach einer Dienstzeit von 20 Jahren nach Stapellauf für Linienschiffe und Kreuzer bzw. 15 Jahren nach Stapellauf für Zerstörer und Torpedoboote oder nach Totalverlust stattfinden. Die Höchsttonnage der einzelnen Ersatzbauten war fixiert auf 10 000 t für Schlachtschiffe, 6000 t für Kleine Kreuzer, 800 t für Zerstörer und 200 t für Torpedoboote. Der Bau oder Erwerb von Unterseefahrzeugen – auch zu Handelszwecken – war verboten.

Die Insel Helgoland war zu entfestigen. Ebenso waren Festungsanlagen, welche den freien Zutritt zur Ostsee sowie Seewege zwischen Nord- und Ostsee beherrschten, zu beseitigen. Befestigungsneubauten waren untersagt. Die zugelassenen Verteidigungsanlagen konnten hinsichtlich Ausbau und Bestückung auf dem Stand zum Zeitpunkt des Inkrafttretens des Friedensvertrages bleiben. Als Munitionsausstattung wurden einheitlich höchstens 1500 Schuß je Geschütz 10,5 cm Kaliber und darunter, sowie 500 Schuß je Geschütz über 10,5 cm Kaliber zugelassen. Die deutschen Marineluftstreitkräfte wurden abgeschafft und verboten. Alle Fertigungsanlagen für Waffen, Munition und Kriegsgerät über eine Anzahl, die sich die Hauptsiegermächte vorbehielten, waren zu schließen. Die Abrüstung wurde durch den Interalliierten Marine-Überwachungsausschuß überwacht.

Unter diesen Voraussetzungen, gesetzlichen Verpflichtungen und Bindungen hatte die Reichsmarine nach dem Wehrgesetz folgende Aufgaben zu erfüllen:

„Die Reichsmarine ist der Schutz Deutschlands zur See. Die Marine hat die Aufgabe, den Feind zur See zu bekämpfen, von unseren Küsten abzuwehren, die deutschen Küsten, die Verbindung mit Ostpreußen, den Seehandel und die Seefischerei zu schützen, die Neutralität Deutschlands aufrecht zu erhalten sowie die ruhmreiche Überlieferung und die Erinnerung an die Taten der Marine im Weltkrieg zu pflegen.

Daneben fallen ihr kulturelle Aufgaben zu: Teilnahme an der Vermessung der Meeresgewässer, Erforschen der Meere und Aufrechterhalten der Verbindung zwischen den Stammesbrüdern in der Heimat und in Übersee beim Anlaufen fremder Häfen. Auch bei Seenot leisten ihre Schiffe wertvolle Dienste."

Das Wehrgesetz blieb – mit Änderungen vom 18. Juni 1921 und 20. Juli 1933 – bis zum 30. Mai 1935 formal gültig für die Reichsmarine.

Die Schiffe der Reichsmarine fuhren bis zum 31. Dezember 1921 unter der alten kaiserlichen Kriegsflagge (s. S. 98), dann bis zum 13. März 1933 unter der Flagge Schwarz-Weiß-Rot mit Eisernem Kreuz in der Mitte (so weit entsprach sie der Gösch der Kaiserlichen Marine), und den schwarz-rot-goldenen Reichsfarben oben am Flaggenstock. (Die Handelsflagge entsprach der Kriegsflagge ohne Eisernes Kreuz.) Am 14. März 1933 fielen die schwarz-rot-goldenen Farben weg.

Marinehaushalte

Die Haushalte der Vorläufigen Reichsmarine 1919 und 1920 waren Notetats, die aufgrund gesetzlicher Ermächtigung der Reichsregierung aufgestellt wurden. Für ihre Verwaltung richtete der Chef der Admiralität die ihm persönlich unterstellte Haushaltsgruppe (E) ein, die in der Marineleitung bestehen blieb.

Der Haushalt der Admiralität 1920 beinhaltete 100 Millionen Mark für die Indiensthaltung von Schiffen; 38 Millionen für Waffenwesen und Befestigungen; 140 Millionen für Besoldung.

Die einmaligen Ausgaben machten 10 Millionen Mark (2. Rate) für den Kreuzer „A"; 4 Millionen für die Fertigstellung des Forschungsschiffes „Meteor"; 10 Millionen für Instandsetzung von Schiffen, 11 Millionen für Instandsetzung von Küstenbefestigungen und 1 Million für die Einrichtung der Versorgungsstelle Swinemünde aus.

Ab 1921 wurde der Haushalt der Marine wieder vom Reichstag erlassen. Der Marine-Haushaltsplan von 1926 war der erste Nachkriegshaushalt, der auf Ansätzen und Abrechnungsergebnissen (1924/25) ohne Berücksichtigung von Inflation und Waffenstillstandsverpflichtungen beruhte. Seine fortdauernden Ausgaben betrugen 127,5 Millionen Reichsmark, die einmaligen Ausgaben 71,8 Millionen, davon 54,4 für Schiffbau.

Der Reichsmarine-Haushalt von 1930 mit 198 Millionen Reichsmark kann als Durchschnittshaushalt für die Zeit von 1926 bis 1933 angesehen werden:

A. Fortdauernde Ausgaben insgesamt	133,2		
I. Materialunterhaltungskosten		51,7	
davon:			
Betriebskosten der Flotte			14,7

Instandhaltung der Schiffe			18,1
Nautisches und artilleristisches Material			12,6
Bauwerke			4,0
Fortifikationen u. Garnisonsanlagen			2,3
II. Personalaufwand		58,5	
davon:			
Personalunterhaltungskosten			36,2
Besoldung der Beamten			10,2
Hilfsleistungen			7,9
Zulagen, Aufwandsgelder			2,7
sonstige Personalausgaben			1,5
III. Laufender Betriebsaufwand		23,0	
B. Einmalige Ausgaben	64,8		
davon:			
Schiffbauten			43,9
Artillerie-Armierung			15,4
Torpedo-Armierung			1,8
Sonstiges			3,7
Sonderhaushalt (geheim)	22,8		

In den Einmaligen Ausgaben waren enthalten
die 4. Rate Kreuzer „E", die 3. Rate Panzerschiff „A", die 2. Rate Ersatz „Drache" (Artillerieschulschiff), die Endraten von zwei Fischereischutzbooten.

Die Gesamthaushaltsvorlagen schwankten 1928 = 214,7 Millionen Reichsmark über 1930 = 198 Millionen, 1932 = 187,4 Millionen nach 1933 = 311,8 Millionen und 1934 = 496,5 Millionen.

Durch „Arbeitsbeschaffungsprogramme" hatte das nationalsozialistische Regime die Möglichkeit zur Verschleierung des Haushaltswesens. So erhielt die Reichsmarine 1933 und 1934 128 Millionen für fortdauernde und 58 bzw. 108 Millionen für einmalige Ausgaben aus Sondermitteln des sogenannten „B"-Haushalts für Aufrüstungsmaßnahmen zugewiesen.

2. Der administrative Apparat

a. Behörden

Marinestationen

Die Marinestationen der Ostsee und der Nordsee waren die historisch gewachsenen Territorialkommandos und Basisbehörden der deutschen Marine für Personalersatz, Personalsteuerung, Grundausbildung, materielle Versorgung der Flotte, Küstenverteidigung und Überwachung der Küstengewässer.

Zum Bereich der Ostseestation (O) gehörte die Ostsee. Der Bereich der Nordseestation (N) wurde im Norden durch den 60. Breitengrad, im Westen nördlich von Schottland durch den Meridian von 3 Grad Westlänge und südlich von England durch die Linie Dover–Calais begrenzt.

Als Grenze zwischen beiden Stationsbereichen galt die Linie Skagen–Göteborg bzw. die Kilometertafel 9 am Nord-Ostsee-Kanal.

1919 erhielten die Chefs der Marinestationskommandos zunächst die Stellung als Befehlshaber der Land- und Seestreitkräfte ihrer Stationsbereiche. Die Organisatorischen Bestimmungen, die die Marineleitung 1923 vorläufig und 1925 endgültig erließ, regelten das unmittelbare Unterstellungsverhältnis unter die Stationskommandos neu. Es bestand nur für
die Schiffstammdivisionen,
die Kommandanturen und Streitkräfte zur Küstenverteidigung (s. S. 334 f.),
die zugeteilten Schiffsverbände,
das Küstennachrichtenwesen im Bereich der Station.

Für alle anderen Behörden führte der Dienstweg in den Fachaufgaben unmittelbar zur Marineleitung; die Stationsunterstellung betraf truppendienstliche und administrative Angelegenheiten. Das galt von der Intendantur, der Seelsorge, dem Sanitätsamt mit den diesem unterstellten Lazaretten, den Marinenachrichten- und Marinefunkstellen, den Fachschulen, den Marinedepots und -versorgungseinrichtungen, den sonstigen Marineanlagen im Bereich der Station.

Dem Marinestationskommando der Ostsee waren ferner unterstellt:
die Inspektion des Bildungswesens der Marine (B.I.),
die Inspektion des Torpedo- und Minenwesens (TMI),
das Marinearsenal Kiel,
die Schiffs-Artillerieschule Kiel,
die Marine-Nachrichtenschule Mürwik,
die Hafenkommandantur Kiel/Hafenkapitän und Marinekommissar für den Kaiser-Wilhelm-Kanal.

Dem Marinestationskommando der Nordsee waren ferner unterstellt:
die Inspektion der Marine-Artillerie (A.I.),
die Depot-Inspektion (D.I.)
die Küstenartillerieschule Wilhelmshaven.

Inspektionen

Die Inspektionen der Marine, truppendienstlich und verwaltungsmäßig den Marinestationen unterstellt, waren seit Oktober 1919 Organe der Admiralität bzw. der Marineleitung. Für ihre Mitwirkung an der militärischen und technischen Entwicklung, der Aufstellung von Entwürfen für Dienstvorschriften und Anleitungen und in der Ausbildung waren die Inspekteure dem Chef der Marineleitung verantwortlich.

Die Inspektion des Bildungswesens der Marine (B.I.) mit Sitz in Kiel leitete die Einstellung und Ausbildung des Offiziernachwuchses sowie die Auswahl des Unteroffiziernachwuchses und des Steuermannspersonals. Der B.I. unterstanden die Marineschule Mürwik (Offiziernachwuchs, Steuerleute), die Marineschule Kiel (Ingenieuroffiziere, technische Unteroffiziere), die Marineschule Friedrichsort (militärische Ausbildung der Unteroffizieranwärter) sowie ein bis zwei Schulkreuzer und das Segelschulschiff. Die B.I. war ferner zuständig für die schulfachmännischen und verwaltungsmäßigen Angelegenheiten des Marinefachschulunterrichts in den Marinestandorten. Ab 1931 wurde der Führergehilfenlehrgang der Marine von der ML an die B.I. in Kiel verlegt.

Der B.I. war ferner das Marinearchiv in Berlin unterstellt, das die kriegsgeschichtliche Forschungsarbeit betrieb.

Die Inspektion der Marineartillerie (A.I.) mit Sitz in Wilhelmshaven sorgte für die Weiterentwicklung und Bereitstellung der Schiffs- und Küstenartillerie und leitete die Ausbildung des Artilleriepersonals. Ihr unterstanden die Schiffsartillerieschule in Kiel, die Küstenartillerieschule in Wilhelmshaven, die Artillerieschulschiffe und -boote und die Artillerieversuchskommandos.

Die Inspektion des Torpedo- und Minenwesens (T.M.I.) mit Sitz in Kiel bearbeitete alle Fragen des Torpedo-, Minen-, Sperr- und Sprengwesens, das Nachrichtenwesen, das Tauchwesen und ab 1933 die Gasschutzfragen. Der Inspektion unterstanden die Torpedoschule mit der Torpedoschulflottille in Mürwik, die Torpedoversuchsanstalt in Eckernförde und das Sperrversuchs- und Lehrkommando mit der Sperrschule in Kiel. Am 1. Oktober 1930 wurde die „Sperrabteilung“ aufgestellt (eine Kompanie der I. Marineartillerieabteilung mit Sperrschule und Sperrverband) und – neben der Nachrichtenschule Mürwik – die Nachrichtenmittel-Versuchsanstalt der Marine eingerichtet.

Die Marine-Depotinspektion in Wilhelmshaven (D.I.) erhielt 1932 die Bezeichnung Inspektion der Marine-Artillerie- und Marinesperrdepots. Sie war verantwortlich für die artilleristische Bereitschaft der Küstenforts und der Sperreinrichtungen und versorgte Land- und Seestreitkräfte mit Schieß- und Sperrbedarf. Unterstellt war der Schießplatz Altenwalde.

b. Besondere Dienststellen

Marinewerft und Marinearsenal

Die Marinewerft Wilhelmshaven und das Marinearsenal Kiel wurden 1920 der Marinestation der Nordsee bzw. Ostsee zugeordnet, waren aber in ihren Funktionen an die Weisungen der Marineleitung gebunden.

Die Leitung der Marinewerft hatte ein Konteradmiral als Oberwerftdirektor. Die Hauptressorts galten der Ausrüstung, dem Torpedowesen, der Artillerie, der Navigation, dem Schiffbau, dem Maschinenbau sowie dem Hafen- und Strombau. Die Marinewerft war mit Werkstätten, Hellingen, Docks, Liegeplätzen und Kammern ein industrieller Großbetrieb, der über 6000 Arbeiter, Angestellte und Beamte umfaßte.

Das Marinearsenal in Kiel unter der Leitung eines Kapitäns zur See hatte die Aufgabe, zugeteilte Schiffe und Boote seemännisch, waffentechnisch und navigatorisch auszurüsten und kleinere Reparaturen auszuführen. Das Arsenal unterhielt in Swinemünde und Pillau Ausrüstungsnebenstellen.

Dienststellen der Marineleitung

Die 1920 in Königsberg, Stettin, Lübeck, Hamburg und Bremen gebildeten Dienststellen der Marineleitung, dem Chef der Marineleitung/Seetransportabteilung unmittelbar unterstellt, hatten folgende Aufgaben:
Überwachung des Küstennachrichtenwesens in Zusammenarbeit mit den Kommandanturen,
Verbindung und Vermittlung zu örtlichen Stellen der Handelschiffahrt und Organisationen der Handelsmarine.

Durch diese Dienststellen konnte die Marineleitung – getarnte – Mobilmachungsvorbereitungen treffen und Einfluß auf alle nautischen Fragen nehmen, die die Seekriegsführung und die Küstenverteidigung betrafen.

Die Aufgaben von Lübeck übernahm 1928 Hamburg. 1931 wurden die Dienststellen umbenannt in Reichswehrdienststelle Hamburg (dem Wehrkreis II unterstellt) und Reichsmarinedienststellen Königsberg, Stettin, Bremen.

c. *Schiffstammdivisionen*

Für die Personalbewirtschaftung aller Deckoffiziere, Unteroffiziere und Mannschaften waren die Schiffstammdivisionen der Ostsee (S.D.O.) und der Nordsee (S.D.N.) zuständig. Als „Stamm-Marineteil" gaben sie jedem Soldaten seine Stammrollen-Nummer und führten seine Personalpapiere von der Einstellung bis zur Entlassung. Die Schiffstammdivisionen gliederten sich in Stab, Personalamt, eine I. Abteilung mit 2 Behördenkompanien und 1 Durchgangskompanie, und eine II. Abteilung mit 3 Ausbildungskompanien für Rekruten.

Die Fahrzeugverbände der Marinestationen wurden am 1. August 1931 den I. Abteilungen der Schiffstammdivisionen unterstellt.

Am 1. Februar 1934 wurde die Dienststellung eines „II. Admirals der Ostsee" mit dem bisherigen Kommandanten S.D.O. als Chef des Stabes geschaffen.

Die bisherigen „Abteilungen" wurden als I. bzw. II. S.D.O. dem II. Admiral unterstellt. Diese Änderung erfolgte einmal im Zuge des bevorstehenden personellen Ausbaues der Reichsmarine, zum anderen im Hinblick auf eine Aufgabenerweiterung der Stationskommandos: den II. Admiralen wurden die Mobilmachungsvorbereitungen für Reservepersonal und -material sowie die Aufstellung von Sicherungsverbänden übertragen.

d. Marinenachrichtenwesen

Ein ausgedehntes Netz des Marinenachrichtendienstes (Übermittlungsdienstes) diente marineinternen, taktischen, operativen, meteorologischen und nautischen Meldungen. Organisation, technische Leitung und Personal-Stellenbesetzung lagen bis 1924 zentral in den Händen der Marine-Nachrichtenabteilung Mürwik.

Seit 1925 fielen die nachrichtentechnischen Einrichtungen in die Zuständigkeit der Kommandanturen, während Ausbildung, Erprobung und technische Entwicklung bei der Inspektion des Torpedo- und Minenwesens erfolgten. Bei den Stationskommandos führten die den Stations-Nachrichtenabteilungen unterstellten Marine-Nachrichtenoffiziere (M.N.O.) mit den Küstenfunk- und Marinesignalstellen den Nachrichtendienst durch.

1933 erfolgte die Zentralisation des Nachrichtenwesens (mit der Funkaufklärung) in der Abteilung Marine-Nachrichtendienst der Marineleitung (A III).

Die operative Führung der Seestreitkräfte benutzte das funktelegraphische Nachrichtenwesen (F.T.) zum einen zur Befehlsgebung und zum Nachrichtenaustausch der eigenen See- und Seeluftstreitkräfte (Übermittlungsdienst) und zum anderen zur Gewinnung und Auswertung von – gegnerischen – Nachrichten durch den Funkaufklärungsdienst (B-Dienst).

Der Funkaufklärungsdienst umfaßte Beobachtung, Entzifferung und Auswertung. Bereits die Admiralität hatte am 28. April 1919 eine „B-Leitstelle“ in der Flottenabteilung (A II k) eingerichtet, die 1924 in die Inspektion des Torpedo- und Minenwesens eingegliedert wurde. 1933 entstand mit der Errichtung der Abteilung Marine-Nachrichtendienst (A III) in der Marineleitung wieder die Zentralstelle für die Funkaufklärung (B-Leitstelle). Sie delegierte Funkaufklärungsaufgaben an die den Stationskommandos unterstellten Marine-Nachrichtenoffiziere. Die deutsche Marine-Funkaufklärung befaßte sich ausschließlich mit den Belangen fremder Marinen. Sie konnte vor allem durch Beobachtung und Auswertung fremder Flottenmanöver der eigenen Führung wertvolle Unterlagen für Lagebeurteilungen, Entschlüsse und Befehle liefern.

3. Personal und Material

a. Personal

Bestimmungen und Planstellen

Die Ausführungsbestimmungen zum Gesetz über die Vorläufige Reichsmarine vom 16. April 1919 sahen eine Verpflichtung auf sechs Monate mit monatlicher Kündigung vor. Sie regelten das Disziplinar- und Beschwerdewesen sowie die Wahl der Vertrauensleute als „Bindeglied zwischen Führer und Truppe“. Auch wurde bestimmt, daß ausschließlich die Führer und Schiffskommandanten die

Befehlsgewalt bei den höheren Verbänden, Schiffen und Fahrzeugen, Truppen, Behörden und sonstigen Dienststellen ausübten. In wichtigen ergänzenden Verordnungen unterstellte der Reichspräsident die Beamten den militärischen Befehlshabern, hob die Laufbahn der Deckoffiziere (s. S. 289 ff. und S. 370) auf und wandelte die Stellen in Offizier-/Unteroffizierstellen um (1:2), und bemühte sich durch Bestimmungen über die Dienstverhältnisse der Offiziere um deren Autorität. Das Gesetz über die Aufhebung der militärischen Gerichtsbarkeit galt nicht an Bord in Dienst gestellter Kriegsschiffe. Die personelle Zusammensetzung der Reichsmarine in ihren Anfängen wurde bestimmt durch die Freiwilligenverbände an Land und auf See, die sich – 1918/19 gebildet – ausschließlich aus Berufssoldaten und Kapitulanten aller Laufbahnen der Kaiserlichen Marine rekrutierten.

Das Wehrgesetz vom 21./31. März 1921 vollzog die Bestimmungen des Versailler Vertrags, der das Deutsche Reich im Militärwesen zum ausschließlichen Berufssoldatentum verpflichtete. Für Offiziere wurden mindestens 25, für Unteroffiziere und Mannschaften mindestens 12 zusammenhängende Dienstjahre vorgeschrieben. Das Wehrgesetz regelte die Rechtsstellung und die Dienstverhältnisse der Freiwilligen.

Ergänzungen enthielten die „Organisatorischen Bestimmungen für die Reichsmarine" (O.B.), die der Chef der Marineleitung vorläufig 1921, endgültig 1925 erließ. Die O.B. befaßten sich mit Einstellung und Entlassung, Beförderung, Ausbildung, Rang- und Vorgesetztenverhältnis, Urlaub, Beschwerde, Versetzung und Kommandierung, Beurteilung, Fachschulung für den Übergang in einen bürgerlichen Beruf u. a. m., nicht zuletzt mit der Marine-Heiratsordnung. Für die Heilfürsorge und die Versorgung nach Ausscheiden aus dem Dienst galten zentrale Reichswehranordnungen und Gesetze.

Am 31. 12. 1920 war die Reichsmarine auf die gesetzliche Personalstärke von 15 000 Soldaten geschrumpft. Die Marinebeamten (1847) waren zur Planstelleneinsparung in den Zivilstatus überführt worden, lediglich 77 Marine-Zahlmeister blieben im Marineetat als eingeschiffte Verwaltungsbeamte.

Der Haushalt der Reichsmarine von 1930 wies 27 573 Planstellen auf:

966	Offiziere (698 Seeoffiziere, 170 Ingenieuroffiziere, 98 Sanitätsoffiziere)
4015	Unteroffiziere
9933	Mannschaften
(= 14914	Soldaten)
3	Intendanturräte
1834	Beamte
1717	Angestellte
9105	Arbeiter (davon 6005 auf der Werft und im Arsenal)

Das Verhältnis der Bord- zu den Landstärken betrug bei den Soldaten 58 : 42 Prozent.

Ende der 20er Jahre zeichnete sich eine zunehmende Verjüngung besonders bei Unteroffizieren und Mannschaften durch den Ablauf der 12jährigen Dienstverpflichtungen ab. 1928 konnten bei 25 495 Bewerbungen 1531 Freiwillige eingestellt werden.

Mannschafts- und Unteroffizierlaufbahnen

Die Reichsmarine hatte 15 Mannschafts- und Unteroffizierlaufbahnen, denen die Freiwilligen je nach Bedarf, Beruf, Neigung und Befähigung zugewiesen wurden.

Laufbahn I: Oberbootsmann.
Aufgaben: Handhaben des seemännischen Dienstes auf den Schiffen, Fahrzeugen, in den Booten, im Wachdienst; Instandhalten und Reinigen des Schiffes; Gerätebedienung der Waffen an Bord und an Land.
Torpedo- und Minenpersonal: Verwendung auf Torpedo- oder Minensuchbooten im seemännischen Dienst; Bedienen und Verwalten der Torpedo-, Artillerie- und Sperrwaffe der Boote.
Oberstückmeister: Bedienen von Geschütztürmen und Turmgeschützen und deren Instandhalten.
Kompanieoberfeldwebel: Gehilfe des Kompanieführers besonders beim inneren Dienst.
Oberwachtmeister: Beaufsichtigen der Mannschaft im inneren Dienst; Gehilfe des I. Offiziers an Bord.
Oberproviantmeister: Verwalten, Lagern und Verausgaben der Lebensmittelvorräte.
Segelmacher: Instandhalten von Takelage, Segeln, Tauwerk, Hängematten, Kojenzeug an Bord.
Laufbahn II: Obersignalmeister und Fernschreiber. Bedienung und Wartung der optischen Signal- bzw. Fernschreibmittel; Anleitung des Personals.

Laufbahn III: Obersteuermann. Hilfeleisten bei der Navigation, Bedienen der dazu notwendigen Hilfsmittel; Durchführen von Vermessungsarbeiten.

Laufbahn IV: (war frei).

Laufbahn V: Oberzimmermeister. Ausführen der an Bord der Schiffe und Boote vorkommenden Instandsetzungen des Holzwerks; Taucher- und Malerarbeiten.

Laufbahn VI: Oberfeuerwerker. Verwalten und Instandhalten des Artilleriegeräts und der Munition.

Laufbahn VII: Obermechaniker. Instandhalten der Geschütze, der Handwaffen und der Artillerie- und Torpedoanlagen sowie der Scheinwerfer, Munitionsförderwerke und der artillerie-elektrischen Einrichtungen.

Laufbahn VIII: Obermaterialverwalter. Verwalten der Geräte und Verbrauchsstoffe an Bord.
Laufbahn IX: Verwaltungsschreiber. Anfertigen von Schreibarbeiten; Hilfsleistungen in der Geschäftsführung von Verwaltungsangelegenheiten; Gebührnisberechnungen.

Laufbahn X: Kommandoschreiber. Anfertigen von Schreibarbeiten, Hilfeleistung in der Geschäftsführung in Kommandoangelegenheiten.

Laufbahn XI: Sanitätspersonal. Ausüben des unteren Sanitätsdienstes an Bord und an Land.
Laufbahn XII: Obermusikmeister.

Laufbahn XIIIa: Obermaschinist. Bedienen und Instandhalten der Schiffsmaschinen und Schiffskessel, der Dampf- und Kraftboote sowie der elektrischen Anlagen, die nicht vom Mechanikerpersonal betreut wurden.

Laufbahn XIIIb: Oberfunkmeister. Bedienen und Warten der drahtlosen Telegraphie an Bord und am Lande.
Die Laufbahn XIV umfaßte das Personal der Landstreitkräfte für die Küstenverteidigung. Dieses fuhr nicht zur See.
Die Laufbahn XV umfaßte die Waffenwarte für Artillerie und Sperrwaffe. Sie führten die Aufsicht über die Artillerie- und Sperrwaffen in den Depots.

Die Auswahl der Unteroffizier-(Maaten-)Anwärter erfolgte – auf Vorschlag der Schiffskommandanten, Halbflottillenchefs oder Abteilungskommandeure an Land – durch den Stamm-Marineteil nach festgestelltem Bedarf. Die Ausbildung übernahm die Inspektion des Bildungswesens (B.I.) mit allgemeinmilitärischen und Fachprüfungen jeweils nach absolvierten Lehrgängen. Für die Beförderung zum Maat war eine freie Kassenplanstelle erforderlich. Oberfeldwebelanwärter hatten nach entsprechender Dienstzeit und Qualifikation (frühestens nach 6 Dienstjahren und mindestens 2 Dienstjahren als Unteroffizier) eine Oberfeldwebelprüfung und die Fachprüfung II nach absolvierten Lehrgängen abzulegen.

Die Auswahl und Ausbildung erfolgte durch die B.I.

Die Mannschaften gliederten sich in die Dienstgrade:

Matrose (seemännische Laufbahnen) oder
Heizer (maschinentechnische Laufbahn)
Gefreiter
Obergefreiter } mit Bezeichnung ihrer Laufbahn, z. B. Signalobergefreiter
Stabsgefreiter

Die Rangklasse der Unteroffiziere unterschied sich in:

Unteroffiziere ohne Portepee:
Maat
Obermaat } mit Bezeichnung ihrer Laufbahn, z. B. Oberbootsmannsmaat

Unteroffiziere mit Portepee:
Feldwebel
Oberfeldwebel } in der Bezeichnung ihrer Laufbahn, z. B. Obermaschinist, Stabssignalmeister.
Stabsfeldwebel

Bei den Offiziersanwärtern rechneten die Fähnriche zur Rangklasse der Unteroffiziere ohne Portepee als dienstälteste Obermaate, obwohl ihnen nach Bestehen der Berufsprüfung das Portepee verliehen wurde. Die Oberfähnriche waren dienstälteste Unteroffiziere in der Rangklasse der Unteroffiziere mit Portepee.

Die Unteroffiziere waren in und außer Dienst Vorgesetzte aller Mannschaften. Ein allgemeines Vorgesetztenverhältnis zwischen den Rangklassen der Unteroffiziere gab es nicht; jedoch war der im Dienstgrad niedrigere dem im Dienst höheren „Achtung schuldig". Zwischen den Angehörigen der Rangklasse der Mannschaften bestand ebenfalls kein allgemeines Vorgesetztenverhältnis.

Offizierlaufbahnen

Auswahl und Einstellung der Offizieranwärter erfolgte durch die Inspektion des Bildungswesens der Marine, die nach Bedarf, Eignung und Neigung den Freiwilligen einer Laufbahngattung zuordnete.

Diese waren: Seeoffiziere
Marine-Ingenieuroffiziere
Marine-Waffenoffiziere (ab 1933)
Marine-Zahlmeister
Marine-Sanitätsoffiziere.

Die Sanitätsoffiziere ergänzten sich aus Freiwilligen, die Medizin studiert und die Approbation erlangt hatten. Alle anderen Laufbahngattungen erhielten eine vierjährige Ausbildung zum Offizier, die mit der Berufsprüfung, der Offizierwahl und der Beförderung zum Leutnant (zur See, Ing., W.) und der damit verbundenen 25jährigen Dienstverpflichtung abschloß. Die Marinezahlmeister wurden vom Tage ihrer Ernennung an Reichsbeamte.

Die Aufgaben der Seeoffiziere waren:

Verantwortliche Führung der Schiffe und Verbände, der Marineteile am Lande und der Kommandobehörden; Leitung der Waffenverwendung an Bord und am Lande; Weiterentwicklung der Waffen; die Ausbildung des seemännischen Personals.

Die Aufgaben der Ingenieuroffiziere waren:

Leitung und Weiterentwicklung der Maschinenanlagen der Schiffe. Ausbildung des Maschinenpersonals, Leitung von Schulen und Spezialbehörden.

Die Aufgaben der Sanitätsoffiziere waren:

Verhütung von Krankheiten, Heilung kranker Soldaten (und deren Familien), ärztliche Mitwirkung bei Bereitstellung der Unterkunft, Kleidung, Verpflegung; Dienst an Lazaretten; Abteilungsleitung, Lazarettleitung, Leitung von Sanitätsbehörden; Ausbildung des unteren Sanitätspersonals.

Die Aufgaben der Marinewaffenoffiziere waren:

Leitung und Betriebsführung der Waffendepots; Waffenaufsichtsdienst. Dienst als waffentechnischer Offizier an Bord. (Die Gattung der Marine-Waffenoffiziere umfaßte ab 1934 Artillerie- und Speerwaffen).

Die Aufgaben der Marinezahlmeister waren:

Verwaltung von Gebührnissen, Verpflegung und Bekleidung; Verwaltung und Verrechnung dienstlicher Ausgaben der Frontdienststellen. Ausbildung des Verwaltungspersonals.

Seeoffiziere erwarben sich durch zusätzliche Ausbildung Zeugnisse als Schiffs- oder Küsten-Artillerieoffiziere, Flugabwehr-Artillerieoffiziere, Flugabwehr-Waffenleiter oder -Scheinwerferoffiziere, Entfernungsmeßoffiziere, Torpedooffiziere, Funkoffiziere, Artillerietechnische Offiziere, Sperroffiziere oder – bei getarnter Kommandierung an Fliegerschulen – als Flugzeugbeobachter oder -führer. Offiziere aller Gattungen konnten das Dolmetscherexamen ablegen. In jedem Jahre wurden sechs bis acht Offiziere zum Studium an die Technische Hochschule in Berlin-Charlottenburg kommandiert. Ab 1927 richtete der Chef der Marineleitung die „Führergehilfenausbildung" für den Admiralstabsdienst (acht bis zehn ausgewählte Kapitänleutnante) in Berlin ein. Diese wurde 1931 nach Kiel verlegt bei Unterstellung unter die Inspektion des Bildungswesens und unmittelbarer Zusammenarbeit mit dem Flottenkommando.

Nach dem „Allgemeinen Vorgesetztenverhältnis" waren Offiziere aller Laufbahngattungen und Dienstgrade in und außer Dienst Vorgesetzte der Unteroffiziere und Mannschaften. Die Offiziere aller Laufbahnen einer höheren Rangklasse waren in und außer Dienst Vorgesetzte aller Offiziere einer niederen Rangklasse. Dies berechtigte aber nicht, in die Befehlsgewalt anderer Offiziere oder in die fachmännische Tätigkeit der Offiziere anderer Laufbahnen einzuschreiten. Zwischen den Angehörigen der gleichen Rangklasse bestand kein allgemeines Vorgesetztenverhältnis, jedoch war der Dienstjüngere dem Dienstälteren „Achtung schuldig".

b. Material

Linienschiffe, Panzerschiffe, Schlachtschiffe

Der Versailler Vertrag erlaubte der Reichsmarine den Besitz von 8 und die Indiensthaltung von 6 „Schlachtschiffen". Sie durften zwanzig Jahre nach Stapellauf durch Neubauten ersetzt werden. Die in Dienst gehaltenen Linienschiffe (ab 1924 ständig 4 in der Flotte) waren „Braunschweig" (in Dienst 1922–1926), „Hessen" (1925–1934) und „Elsaß" (1924–1930) (dazu „Preußen" und „Lothringen" als Reserve) von der „Braunschweig"-Klasse, Baujahr 1902/03. Die Linienschiffe „Hannover" (1921–1927), „Schlesien" (1927–1934) und „Schleswig-Holstein" (1926–1935) gehörten der „Deutschland"-Klasse an, Baujahre 1905–06.

Die beiden Klassen enthielten die letzten Linienschiffe der Vor-Dreadnought-Zeit mit etwa 13 000 t Wasserverdrängung und 17 000 PS. Sie liefen 18 bis 19 Knoten Höchstfahrt. Sie hatten 2 Panzertürme mit je 2 x 28 cm Schnellfeuerkanonen (Sk), außerdem führten sie 14 Sk – 17 cm oder 15 cm in Einzel-Kasematt-Aufstellung, und 4 Sk – 8,8 cm in Einzelaufstellung ferner 4 Torpedorohre (Tr) – 50 cm. Kasematt- und Zitadellpanzer waren 17 cm stark. Die Besatzung betrug 35 Offiziere, 708 Unteroffiziere und Mannschaften.

Der erste Ersatzbau war das Panzerschiff „A", Amtsentwurf 1926–1928, Ersatz „Preußen". Diese die Weltöffentlichkeit überraschende neue Schiffskonstruktion (Kreuzertyp mit schwerer Artillerie und Motorenantrieb) lief am 19. Mai 1931 bei den Deutschen Werken in Kiel unter dem Namen „Deutschland" vom Stapel und wurde am 1. April 1933 in Dienst gestellt. Mit einer Länge von 182 m verdrängte es bei wohlwollender Berechnungsmethode 11 700 Standard-Tonnen, womit, da diese 10 000 „Washington"-Tonnen entsprachen, die Versailler Bestimmungen für eingehalten erklärt werden konnten.

Die Antriebsanlage bestand aus vier Sätzen zu je zwei MAN-Zweitaktdieselmotoren von 9 Zylindern und leistete bis 55 000 PS. Damit konnten 28,3 kn erreicht werden; die Fahrtstrecke betrug bei 20 kn Marschgeschwindigkeit 10 000 sm, bei Langsamfahrt 17 000 sm.

Der Seitenpanzer erreichte eine Stärke von 60 mm.

Bewaffnet war das Panzerschiff mit in zwei Drillings-Türmen angeordneten 6 Sk – 28 cm von 426 hm Schußweite, sowie 8 Sk – 15 cm, 3 Flak – 8,8 cm, 8 Decktorpedorohren – 53,3 cm in Vierersätzen.

Es führte ab 1934 zwei Bordflugzeuge, die von einem Katapult gestartet wurden.

Die Besatzung betrug 33 Offiziere, 586 Unteroffiziere und Mannschaften.

Die Schwesterschiffe „Admiral Scheer" und „Admiral Graf Spee" liefen 1933 bzw. 1934 vom Stapel und traten Ende 1934 bzw. Anfang 1936 zur Flotte.

Den Ersatzbauten für die Linienschiffe „Elsaß“ und „Hessen“ wurde ab 1932 der Amtsentwurf des Schlachtkreuzers „Mackensen“ von 1915 zugrunde gelegt. Sie liefen als Schlachtschiffe „Scharnhorst“ und „Gneisenau“ 1936 von Stapel und wurden 1938 bzw. 1939 in Dienst gestellt.

Die Vorkriegslinienschiffe dienten der Ausbildung auf größeren Einheiten; im Kriegsfall konnten sie bei der Sicherung der Ostsee und der Deutschen Bucht artilleristischen Rückhalt geben. Die Panzerschiffe eröffneten eine neue operative Möglichkeit: den Kreuzerkrieg durch Einzelfahrer im Atlantik. Mit den Schlachtschiffen suchte Deutschland Anschluß an die internationale Seemächtepolitik zu gewinnen.

Kreuzer

Von den 6 zugestandenen Kleinen/Leichten Kreuzern hielt die Reichsmarine ab 1924 4 laufend in Dienst, davon stets 2 als Ausbildungsschiffe.

Die Kleinen Kreuzer „Amazone“ (in Dienst 1923–1929) und „Nymphe“ (1924–1929) waren 1900 bzw. 1899 vom Stapel gelaufen und 1921–1923 bzw. 1923–1924 auf der Marinewerft Wilhelmshaven modernisiert worden.

Sie verdrängten 2654 t und liefen 21 kn Höchstfahrt. Sie hatten maximal 50 mm Decks- und Geschützschildpanzer. Ihre Bewaffnung bestand aus 10 Sk – 10,5 cm und 2 Tr. Die Besatzung betrug 18 Offiziere, 311 Unteroffiziere und Mannschaften.

Die Kleinen Kreuzer „Hamburg“ (1920–1927) und „Berlin“ (1922–1929) waren 1903 vom Stapel gelaufen. „Berlin“ wurde 1921–1923 auf der Marinewerft Wilhelmshaven umgebaut.

Sie verdrängten 3293 t und liefen 22 kn. Die Maximalpanzerung war 100 mm. Bewaffnet waren sie mit 10 bzw. 8 Sk – 10,5 cm und 2 Tr. Die Besatzung war 19 Offiziere, 330 Unteroffiziere und Mannschaften stark.

Der erste Ersatzbau, Kreuzer „A“, Amtsentwurf 1920, wurde 1921 auf der Marinewerft Wilhelmshaven auf Stapel gelegt, lief Anfang 1925 als Leichter Kreuzer „Emden“ vom Stapel und stellte im Herbst 1925 als Schulschiff in Dienst.

Die 5600 ts große „Emden“ lief bis zu 29 kn. (Fahrbereich 6740 sm bei 14 kn.) Sie besaß Turbinenantrieb mit Ölkesseln. Der Panzerschutz betrug maximal 40 mm. Die Bewaffnung bestand aus 8 Sk – 15 cm in Einzelaufstellung und 2 Flak – 8,8 cm, sowie 4 Tr. Die Besatzungstärke war 29 Offiziere, 445 Unteroffiziere und Mannschaften, 162 Seekadetten.

Der Kreuzer wurde 1933/34 auf der Marinewerft Wilhelmshaven modernisiert, wobei er Torpedo- und Fla-Bewaffnung, neue Ölkessel und Laderaum für 120 Minen erhielt.

Die weiteren Ersatzbauten waren „Königsberg“ (vom Stapel 1927, in Dienst 1929), „Karlsruhe“ (1927/1929) und „Köln“ (1928/1930).

Die „K-Kreuzer“ verdrängten 6650 ts, liefen bis zu 32 kn und erreichten optimal bei 17 kn eine Fahrtstrecke von 7300 sm. Sie besaßen Turbinenantrieb und zusätzlich zwei Viertakt-Dieselmotoren.

Bewaffnet waren sie mit 9 Sk – 15 cm in 3 Drillingstürmen, 2 Flak – 8,8 cm (ab 1934: 8 – 3,7 cm Flak), 12 Tr – 53,3 cm in 3er-Sätzen, 120 Minen und Bordflugzeugen mit Katapult. Die Besatzung war 23 Offiziere, 588 Unteroffiziere und Mannschaften – Seekadetten einbegriffen – stark.

Die letzten Ersatzbauten der Reichsmarine waren „Leipzig" (1929/1931) und „Nürnberg" (1934/1935).

Diese Leichten Kreuzer verdrängten 6515 bzw. 6520 ts und liefen 32 kn. Der Fahrbereich betrug 5700 sm bei 19 kn. Sie besaßen Turbinenantrieb, dazu 4 Zweitakt-Diesel. Die Bewaffnung und der Panzerschutz entsprachen den Kreuzern der K-Klasse.

Die Leichten Kreuzer sollten im Frieden den Auslandsdienst wahrnehmen und im Kriegsfall der Aufklärung und Sicherung in Ost- und Nordsee, vornehmlich in taktischer Zusammenarbeit mit den Torpedobooten dienen.

Torpedoboote

Die 12 Zerstörer und 12 Torpedoboote, die die Siegermächte zum Verbleib bei der deutschen Marine ausgewählt hatten, waren kleine Torpedoboote, die den Baureihen der Jahre 1906 bis 1913 entstammten.

Die Boote verdrängten 533 bis 660 t. Ihre Maschinenleistung war 11 000 bis 18 200 PS und brachte sie auf 30 bis 32 kn. Bewaffnet waren sie mit 2 Torpedokanonen (Tk) – 8,8 cm und 2 Decks-Torpedorohren. Sie konnten bis zu 18 Minen tragen. Die Besatzung bestand aus 3 Offizieren, 77–81 Unteroffizieren und Mannschaften.

Modernisierungs-, Vergrößerungs, und Umarbeiten wurden schon 1920 begonnen. Sie waren 1931 abgeschlossen. Die Boote erhielten 3 Utof – 10,5 cm und 4 Tr – 53,3 cm. Die Besatzungen wurden auf 4 Offiziere und 86–88 Unteroffiziere und Mannschaften verstärkt. Der Antrieb wurde auf Ölfeuerung umgestellt.

6 Torpedoboots-Ersatzbauten liefen als Große Torpedoboote („Raubvogelklasse") 1926 bei der Marinewerft Wilhelmshaven vom Stapel und stellten 1928 in Dienst.

Etwas größer als die Versailler Vertragsbestimmungen erlaubten, verdrängten sie 924 ts, 23 000 PS brachten sie auf 33 kn. Der Fahrbereich betrug 3600 sm bei 17 kn. Die Bewaffnung betrug 3 Utof – 10,5 cm, 4 Flak – 3,7 cm, 6 Tr in Dreiergruppen (ab 1931 53,3 cm, 30 Minen. Die Besatzung umfaßte 4 Offiziere, 123–125 Unteroffiziere und Mannschaften.

6 weitere Boote („Raubtierklasse") liefen 1927/28 vom Stapel und stellten 1928/29 in Dienst. Sie entsprachen der ersten Ersatzbaugruppe weitgehend.

Die Torpedoboote und Zerstörer waren das vielseitige Kampfmittel in den heimischen Gewässern für Aufklärung, Geleit und Schutz der großen Einheiten, Flugabwehr, U-Bootsabwehr, (Nacht-)Angriff auf überlegene feindliche Kräfte. Als Minenträger waren sie das geeignete Seekriegsmittel zum Auslegen offensiver Minensperren in feindlichen Gewässern.

Schnellboote

Langjährige technische und taktische Geheimversuche der Reichsmarine führten zum Bau von schnellen (Torpedo-)Motorbooten in Mahagoni-Leichtmetall-Kompositbau mit stählernen Motorenfundamenten, dem deutschen Schnellbootstyp, von dem 1929–35 1 Versuchsboot und 13 Boote des Endtyps auf Stapel gelegt wurden. (Indienststellung 1932/35.)

Die 60 t großen S-Boote besaßen zwei Motorsysteme: zur „Höchstfahrt" bis über 40 kn dienten 3 Viertakt-Dieselmotoren von je 1320 PS mit eigenen Wellen und Schrauben, zur „Schleichfahrt" diente 1 Marschmotor von 100 PS auf der Mittelwelle. Unterhalb Windstärke 6/7 waren sie gut seefähig.
Bewaffnet waren sie, zunächst getarnt, mit 2 Tr – 53,3 cm auf der Back und 1 Fliegerabwehr-MG von 2 cm Kaliber. Die Besatzung war 1 Offizier und 11–13 (S 1–5) bzw. 16–20 (S 6–13) Unteroffiziere und Mannschaften stark.

Die Boote sollten mit Höchstfahrt in die von überlegenen feindlichen Seestreitkräften gefährdeten Seegebiete laufen, dort – in Schleichfahrt – auf Warteposition gehen und nach dem Torpedoangriff mit Höchstfahrt wieder ablaufen.

Minensuch-, Geleit- und Räumboote

Von der großen Zahl der Minensuchboote, die bis 1922 im Minenräumdienst eingesetzt waren, behielt die Reichsmarine von 1923 bis 1926 sechs, ab 1931 acht, ab 1934 zwölf im Flottendienst. Diese 1917/18 in Dienst gestellten M-Boote waren die modernsten Einheiten der Reichsmarine.

Die 569–610 ts verdrängenden Boote liefen 15 kn, mit ausgebrachtem Minensuchgerät 12–13 kn. Bewaffnet waren sie mit 1 Utof – 10,5 cm, dazu ab 1934 1 bis 2 FlaMG – 2 cm. Als Minenleger konnten sie 30 Minen tragen. Die Besatzungsstärke war 1 Offizier, 50–51 Unteroffiziere und Mannschaften.

Als schnelle Geleit- und Minenräumboote für die Flotte wurden 1932/34 zehn „Flottenbegleiter" (F 1 – F 10) konstruiert, 1935 vom Stapel gelassen und 1936 als 1. und 2. Geleitflottille des F.d.M. in Dienst gestellt. (F 6 als F.d.M.-Tender „Königin Luise".)

Die Typenverdrängung war 712 ts. Die Geschwindigkeit betrug 28 kn. Die Bewaffnung 2 Sk Flak – 10,5 cm und 4 Flak – 3,7 cm, die Besatzung 4 Offiziere, 17 Unteroffiziere und Mannschaften.
Die Höchstdruck-Turbinenlage war sehr störanfällig.

Die Minenräumboote (R-Boote) entwickelten sich aus F-Booten (flachgehenden Minenräumbooten) der Jahre 1917/18, von denen einige als Sperrversuchsfahrzeuge beim S.V.K. in Dienst gestellt wurden. Die Reichsmarine ließ 1930–33 16 „Sperrübungsfahrzeuge" auf Stapel legen. Sie wurden 1931/34 in Dienst gestellt.

Das R-Boot in Leichtmetall-Mahagoni-Kompositbau verdrängte 45 t und fuhr 2 Viertakt-Dieselmotoren. Es war mit 1 Fla-MG – 2 cm bewaffnet und trug bis zu 10 Minen. Die Besatzung war 17 Mann stark.

M-, F- und R-Boote sollten die minengefährdeten heimischen Gewässer für den eigenen Seeverkehr frei halten und die Operationsfreiheit der Flotte gewährleisten. Als Begleitboote dienten sie der U-Boots- und Flugabwehr. Als Minenleger konnten sie für das Auslegen defensiver Minensperren (in eigenen Gewässern) eingesetzt werden.

Schiffe für besondere Zwecke

Mehrere aus der Kaiserlichen Marine stammende Minensuchboote wurden in der Reichsmarine umgebaut und für besondere Zwecke verwandt, so als Minenversuchsboot („Nautilus"), Geschwadertender („Jagd"), Artillerie-Schulboot („Delphin"), Flugabwehr-Schulboot („Fuchs"), Tender („Wacht" und „Frauenlob"), Flottentender („Hela" und „Taku"), Fischereischutzboot („Zieten").

Als Versuchsfahrzeuge dienten auch M 60, M 81 und M 154, als Tender M 82.

Vermessungsschiff war von 1920–1926 das ehemalige Kanonenboot „Panther" (Baujahr 1902). Ihm folgte 1924 das umgebaute ehemalige Kanonenboot „Meteor" (Amtsentwurf 1913). Als Ersatz für „Zieten" wurden am 14. 11. 1931 die Fischereischutzboote „Elbe" und „Weser" in Dienst gestellt.

Als Artillerieschulboote fuhren außer „Delphin" und „Fuchs" die ehemaligen Tender „Hay" und „Drache" (Baujahre 1907 und 1908), die ab 1932 ersetzt wurden durch die Artillerieschul- und Minenschiffe „Bremse" und „Brummer".

„Bremse" (1435 t) stellte 1932 in Dienst mit einer Maschinenanlage „1/2 Panzerschiff A" (Dieselmotore) als Versuchsausführung.

„Brummer" (2410 t) stellte 1936 in Dienst mit einer Maschinenanlage als Versuchsbau für den Zerstörertyp 34 (Hochdruckheißdampfturbine).

Seeflugzeuge

Die getarnten Seefliegerstaffeln der Reichsmarine („Luftdienst e. V." in Holtenau, Zweigstellen der „Deutschen Verkehrsfliegerschule e. V." in List auf Sylt und Warnemünde) flogen die Seeflugzeug-Typen Heinkel (He) 60, Dornier (Do) 15 „Wal" (zweimotoriges Flugboot für Seefernaufklärung), He 59 (zweimotoriger Doppeldecker auf Schwimmern als Mehrzweckflugzeug) und He 38 (W) (einmotoriger Hochdecker auf Schwimmern als Jagdflugzeug). Als Schleppflugzeug für den „Luftdienst e. V." (Schleppen von Flak-Scheiben) diente die Junkers (Ju) W 34 auf Schwimmern.

Küstenartillerie

Nach Verhandlungen mit der Interalliierten Militär-Kontroll-Kommission wurden der Reichsmarine 1921 folgende Geschütze für die Küstenverteidigung erlaubt: An der Nordseeküste: Borkum 12 Sk – 15 cm, 4 Tk – 15 cm; Norderney

8 Utk – 8 cm; Juist 8 Utk – 15 cm; Langeroog 6 Tk – 15 cm, 2 Utk – 15 cm; Wangerooge 8 Tk – 15 cm; Wilhelmshaven 8 Sk – 28 cm, 4 Sk – 24 cm, 7 Flak – 8,8 cm; Cuxhaven 4 Sk – 15 cm, 8 Tk – 15 cm, 16 Utof – 10,5 cm; Sylt 16 Utk – 16 cm; Amrum 8 Utk – 15 cm.

An der Ostseeküste: Festung Swinemünde 6 Sk – 21 cm, 4 Sk – 15 cm, 4 Sk – 10 cm, 6 Mörser – 21 cm, 8 Kanonen 16 – 15 cm, 2 Flak – 10,5 cm, 2 Flak – 8,8 cm. Festung Pillau 4 Haubitzen – 24 cm, 4 Sk – 10,5 cm, 6 Mörser – 21 cm, 12 Kanonen 16 – 15 cm, 4 Flak – 10,5 cm, 4 Flak – 8,8 cm, 2 Flak – 7,62 cm.

Ab 1932 wurde die Fla-Armierung durch Geschütze der Reserveschiffe verstärkt.

Ferner wurden 96 Geschütze als „A“ (Mobilmachungs-)Batterien dauernd eingelagert: 3 – 30,5 cm, 3 – 28 cm, 68 – 15 cm, 14 – 10,5 cm, 8 – 8,8 cm. Folgende Bettungen für „A“-Batterien wurden gestreckt: 8 in Pillau, 7 in Swinemünde, 2 in Bug auf Rügen, 2 in Nest/Pommern, 1 in Borkum, 6 im Bereich Kiel.

4. Verbände

a. Flotte

Vorläufige Reichsmarine

Im Rahmen der „Vorläufigen Reichsmarine“ wurden bei jedem Stationskommando ein Sicherungsverband, bestehend aus Kleinen Kreuzern und Torpedobooten, sowie mehrere Minensuch- und Räumverbände aufgestellt.

Die Siegermächte verlangten von Deutschland die Räumung sämtlicher, d. h. auch von der ehemaligen Feindseite verlegten Minenfelder in der Nord- und Ostsee und im nördlichen Eismeer. Die Minenräumplanung lag beim Internationalen Minenräumkomitée in London, dem ein deutscher Seeoffizier zugeordnet war. Die Organisation der Minenräumverbände erfolgte durch die Admiralität, die auf Sicherungs-, Minensuch- und Räumverbände der Kaiserlichen Marine zurückgriff.

Aus dem ehemaligen Sicherungsverband der Nordsee wurden 10 Minensuchhalbflottillen mit etwa 90 modernen Minensuchbooten und Begleitschiffen sowie zwei Minenräumdivisionen mit etwa 24 Räum-Motorbooten (F-Boote) übernommen, aus den ehemaligen Sicherungs- und Minensuchverbänden der Ostsee 2 Minenräumhalbflottillen mit 24 Räumbooten und die Suchflottille Ostsee mit 24 Minensuchbooten und Begleitschiffen.

Mit Minenräumtätigkeit waren zeitweilig bis zu 300 Fahrzeuge, einschließlich Tender und Behelfsfahrzeuge beschäftigt. Nach Abschluß der Tätigkeit im Herbst 1922 hielt die Reichsmarine zunächst nur noch vier Minensuchboote in Dienst.

Im Frühjahr 1920 wurden die erhalten gebliebenen Seestreitkräfte der deutschen Marine in zwei etwa gleich starke Gruppen geteilt. Die eine wurde von dem „Befehlshaber der Seestreitkräfte der Ostsee“ (B.S.O. in Swinemünde, ab 1. April 1922 in Kiel), die zweite von dem „Befehlshaber der Seestreitkräfte der Nordsee“ (B.S.N. in Wilhelmshaven) geführt. Beide Befehlshaber unterstanden dem jeweiligen Stationschef.

Bedingt durch die Unterbrechung des Kapp-Lüttwitz-Putsches, schlechten Materialzustand und ungenügenden Ausbildungsstand des Personals konnten die Schiffe erst ab Herbst 1923 nach und nach in Dienst gestellt und gehalten werden. Auf diese Weise kam die Zweiteilung der Flotte nie recht zur Durchführung, denn mit Wirkung ab 15. Oktober 1923 wurden die Seestreitkräfte in einem gemeinsamen Verband unter dem „Oberbefehlshaber der Seestreitkräfte“ (O.d.S.) zusammengefaßt und folgendermaßen gegliedert:

„Linienschiffsdivision“ mit 4 Linienschiffen und 1 Tender.

„Leichte Seestreitkräfte der Ostsee“ mit 1 Kreuzer, der I. Torpedobootsflottille (11 Boote und 1 Tender), der 1. Minensuchhalbflottille (6 Boote), 1 Vermessungsschiff und 1 Peilboot.

„Leichte Seestreitkräfte der Nordsee“ mit 2 Kreuzern, der II. T-Flottille (11 Boote und 1 Tender).

Vizeadmiral Zenker setzte durch, daß der O.d.S. zum 1. April 1925 als Dienststelle die Bezeichnung „Flottenkommando“, als Person die Bezeichnung „Flottenchef“ führte. Dem Flottenchef war die Gerichtsbarkeit II. Instanz (= Oberkriegsgericht) übertragen. Er war dem Chef der Marineleitung für die Ausbildung der Flotte und für ihre Schlagfertigkeit persönlich verantwortlich. Sitz des Flottenkommandos war bis 1930 Wilhelmshaven, dann Kiel. Anfang 1930 erhielt die Spitzengliederung der Flotte in Gestalt eines „Befehlhabers der Linienschiffe“ (B.d.L.) und eines „Befehlhabers der Aufklärungsstreitkräfte“ (B.d.A.) ein Aussehen, das an die Flottenorganisation der Kaiserlichen Marine erinnerte.

Die interne Gliederung der Flottenverbände war taktisch bedingt: 2 Linienschiffe bildeten ein „Treffen“, mehrere eine „Division“ (8 ein „Geschwader“). Leichte Kreuzer fuhren einzeln oder bildeten Divisionen. Sie operierten meist taktisch mit T-Bootsdivisionen (3 Boote) oder T-Bootshalbflottillen (4–6 T-Boote).

Zwei Halbflottillen bildeten eine Flottille (8–12 Boote).

Minensuch-, Räum-, Geleit- und Schnellbootsverbände wurden auf die gleiche Weise gegliedert.

Der Dienst der Kriegsschiffe lief seit 1931 im Zweijahresturnus ab: im ersten Jahr wurde die Einzel-, im zweiten die Verbandsausbildung gefahren. Danach richtete sich auch der Personalstammwechsel.

Nach den „Operations- und Manöverbestimmungen“, die Raeder am 5. Dezember 1929 als Führungsvorschrift erließ, hatte der Flottenchef im Kriege die Operationsbefehle zu erteilen, mit denen die von der „Seekriegsleitung“ gesteckten Ziele erreicht werden sollten. Er konnte diese Befugnisse teilweise an B.d.L. und B.d.A. delegieren.

Als Anhalt für die taktische Durchführung dienten den Führern die „Seekriegsanleitungen" für die verschiedenen Kriegsschifftypen und für bestimmte taktische Formen.

Die möglichen Operationsgebiete und die Operationsführung im Kriege wurden folgendermaßen festgelegt:

- Atlantische (ozeanische) Kriegführung durch die Seekriegsleitung direkt (Panzerschiffe, Hilfskreuzer, Versorger, Blockadebrecher);
- Kriegführung in den europäischen Gewässern durch den Flottenchef;
- Küstenabwehr, Sicherung der Küstenzone und der Häfen durch die Chefs der Marinestationen.

Im Hinblick auf den „Umbauplan" wurden 1933 die Torpedoboots- und Minensuchverbände neu gegliedert: dem Führer der Torpedoboote (F.d.T. in Swinemünde) unterstanden die T-Halbflottillen und die Schnellboote, später kamen die Zerstörer hinzu; dem Führer der Minensuchboote (F.d.M. in Kiel, später in Cuxhaven) unterstanden zwei M.S.-Halbflottillen und die Räumbootshalbflottille.

Ende Dezember 1934 hatte die deutsche Flotte folgende Gliederung und Stärke:

Flottenkommando (Kiel)
Flottentender „Hela"
Flaggschiff des Flottenchefs: Linienschiff „Schleswig-Holstein".

Befehlshaber der Linienschiffe (Wilhelmshaven)
Flaggschiff des B.d.L.: Panzerschiff „Deutschland"
Linienschiffsverband: „Schleswig-Holstein", „Schlesien", „Deutschland", „Admiral Scheer".

Befehlshaber der Aufklärungsstreitkräfte (Kiel)
Flaggschiff des B.d.A.: Kreuzer „Königsberg"
Kreuzerverband: „Leipzig", „Köln"
1. Schnellbootshalbflottille mit Tender „Tsingtau".

Dem B.d.A. unterstellt:
Führer der Torpedoboote (Swinemünde) auf F.d.T. Führerboot „Leopard" mit Tender „Jagd"
1. Torpedobootshalbflottille und 2. T.-Halbflottille (je 4 Boote) in Wilhelmshaven.

Führer der Minensuchboote (Kiel) auf Führerboot „T 196" mit der
1. Minensuchhalbflottille (6 Boote) Pillau, 2. M.S.-Halbflottille (6 Boote) Kiel; 1. Räumbootshalbflottille (Kiel) mit 7 Räumbooten und Tender „Zieten".

b. Küstenverteidigungskräfte

Im Rahmen der Marinestationen wurden 1920 Landstreitkräfte zur Küstenverteidigung aufgestellt.

Der „Befehlshaber der Landstreitkräfte der Ostsee" (BOL) befehligte die Küstenwehrabteilungen I (Swinemünde), III (Kiel-Wik und Friedrichsort) und V (Pillau).

Der „Befehlshaber der Landstreikräfte der Nordsee" (BNL) befehligte die Küstenwehrabteilungen II (Wilhelmshaven), IV (Cuxhaven) und VI (Emden mit Borkum).

Die Küstenwehrabteilungen stellten die Besatzung und die Bedienung der Küsten-Festungswerke und -Batterien. 1922 wurden die Befehlshaberstellen aufgelöst; ihre Aufgaben übernahmen die Stationschefs, die sie an die Kommandanten der Festungen und Festungssysteme delegierten. Dabei handelte es sich um:

die Kommandantur der Festung Pillau,
die Kommandantur der Festung Swinemünde,
den Kommandanten von Kiel,
die Kommandantur der Befestigungen der Elbe- und Wesermündung Cuxhaven,
die Kommandantur der Befestigungen der Jade in Wilhelmshaven.

Die Kommandanten erhielten Weisungs-, Besichtigungs- und Überwachungsrecht über die „Streitkräfte zur Küstenverteidigung" in ihren Bereichen, deren Abteilungen 1926 in Marine-Artillerie-Abteilungen (I.–VI. M.A.A.) umbenannt wurden. Die I., II. und IV. M.A.A. (Station O) setzten sich aus je einer Artillerie-, Sperr- und Flak-Kompanie zusammen, die III., V. und VI. Abteilung (Station N) gliederte sich in je eine Artillerie- und zwei Flak-Kompanien. Der Sperrschutz, vor allem in Kiel, Wilhelmshaven und Cuxhaven, betraf den engeren und weiteren Hafenbereich; er konnte durch schwimmende Sperr-Verbände erweitert werden.

Die Küstenverteidigung fiel in die Zuständigkeit der Reichsmarine. Abmachungen zwischen der Heeres- und der Marineleitung stellten die Mitwirkung des Heeres sicher. Die Marineleitung stellte ab 1926 Verbindungsoffiziere zum Truppenamt der Heeresleitung, zur 1. Division (Ostpreußen), zur 2. Division (Pommern, Mecklenburg, Schleswig-Holstein) und zur 6. Division (Nordseeküsten).

c. *Marineluftstreitkräfte*

Der Waffenstillstandsvertrag von 1918 beließ der Marine für die Minensuch- und Räumarbeiten 100 Seeflugzeuge mit 1000 Mann Personal. Im Rahmen der vorläufigen Reichsmarine übernahmen die Stationen je eine Freiwillige Seefliegerabteilung. Diese Abteilungen mußten im Herbst 1920 demobilisiert und aufgelöst werden.

Das technisch hochqualifizierte Personal trat in die Reichsmarine über. Durch „L"-Referate bei der Marineleitung und den Stationskommandos blieb eine Rahmenorganisation für die – verbotenen – Marineluftstreitkräfte erhalten. Den Personalstamm, den die Interalliierte Militär-Kontrollkommission in Listen erfaßte und überwachte, ließ die Marine in Kursen auf Verkehrsfliegerschulen weiterbilden. Ab 1926 gestanden die Siegermächte die Piloten- und Beobachterausbildung zu, so daß u. a. jährlich 12 Seeoffizieranwärter als Piloten ausgebildet werden konnten. Seit 1929 stand dafür die „Deutsche Verkehrsfliegerschule See", ein Tarnunternehmen der Reichsmarine, zur Verfügung. Die Maschinen, die im Herbst 1932 bei dem ersten Flottenmanöver der Reichsmarine mit Seeflugzeugen eigesetzt wurden, stammten von dieser Schule.

Die technische Weiterentwicklung von Schwimmerflugzeugen und Flugbooten betrieb die Marine in Zusammenarbeit mit den Firmen Heinkel und Dornier. Zur Entwicklung von Katapultstart-Anlagen für Bordaufklärer auf Kreuzern und Panzerschiffen dienten die Erfahrungen der Postflugzeuge der Passagierschiffe „Europa“ und „Bremen“ des Norddeutschen Lloyd.

Die technischen und taktischen Erfahrungen schlugen sich 1932/33 in der „Seekriegsanleitung für Marine-Luftstreitkräfte“ nieder. Dem Flottenchef sollte im Kriegsfall ein „Befehlshaber der Marineluftstreitkräfte“ (B.d.Luft) mit Einsatzverbänden, Bodenorganisation und Schulen unterstellt werden.

Die Rahmenorganisation war bis Ende 1933 geschaffen. Als am 1. April 1934 das „Gehobene Luftamt VI – See“ begründet wurde (Tarnname für die Marineluftstreitkräfte), waren folgende Einsatzverbände aufgestellt:

1 Seejagdstaffel in Holtenau,
1 See-Mehrzweckstaffel (Bomben-, Minen-, Torpedowurf) in List,
1 See-Aufklärungsstaffel in Holtenau,
1 See-Aufklärungsstaffel in Norderney,
1 Luftdienst-Schleppstaffel in Holtenau.

Die Marine plante, bis zum 1. Oktober 1938 204 Seejagd-, Aufklärungs- und Mehrzweckflugzeuge – ohne Bordflugzeuge – in Dienst zu stellen. Im April 1934 begann sie mit dem Entwurf des Flugzeugträgers „A“ für 12 Sturzkampfbomber und 30 Seejagdflugzeuge.

Die von der Reichsmarine mit eigenen „Sondermitteln“ (1932: 7 300 000 RM) und eigenem Personal geheim entwickelten Marineluftstreitkräfte wurden zu ihrer tiefen Erbitterung am 16. März 1935 der Luftwaffe unterstellt.

Die Reichs- und Kriegsmarine 1918—1939

von

Jost Dülffer

A. Die Marine in der Existenzkrise (1918—1920)

1. Die Revolution in der Marine

a. Der Ausbruch der Unruhen in Wilhelmshaven und Kiel und ihre Ausbreitung

Nach den Meutereien auf der Flotte im Sommer 1917 war äußerlich wieder weitgehend Disziplin und Ordnung in der Hochseeflotte hergestellt worden. Grundlegende Reformen wurden jedoch nicht durchgeführt. Als sich im Oktober 1918 einerseits Waffenstillstandsverhandlungen (vgl. Teil VI, S. 11 ff., sowie S. 40 ff.) abzeichneten und andererseits Gerüchte über einen letzten Einsatz der Hochseeflotte in Wilhelmshaven umliefen, brachen die internen Spannungen erneut eruptiv auf.

Am 27. 10. 1918 traten die Heizer auf dem Kreuzer „Straßburg" den Dienst nicht an. Das Auslaufen des Schiffes wurde verhindert. Schnell griff die Bewegung mit Fernbleiben vom Dienst und Nichtausführung von Befehlen auf die I. Aufklärungsgruppe über. Wenig später verweigerten auch die Matrosen des III. Geschwaders die Ausführung von Befehlen; das I. und Teile des IV. Geschwaders schlossen sich an. Die Besatzungen der Torpedo- und U-Boote blieben dagegen geschlossen hinter ihren Vorgesetzten. Bis zum 30. 10. befand sich der größte Teil der Hochseeflotte im Aufstand, der nicht organisiert oder von außen herangetragen war. Bestimmt wurde er vielmehr vorwiegend von der Friedenssehnsucht. In ihren Anfängen war die Matrosenrebellion ein Teil der weitverbreiteten Friedensbewegung im Reich, ein Streik gegen die Fortführung des Krieges. Durchgreifende Maßnahmen des Flottenchefs Admiral Hipper führten am folgenden Tag zur Verhaftung von mehr als 1000 Mann. Dadurch wurde die Ordnung zunächst oberflächlich wiederhergestellt, jedoch war von nun an kein militärischer Einsatz mehr möglich. Der Plan, zur Wiederherstellung der Disziplin die Flotte räumlich auseinanderzuziehen, erwies sich als verhängnisvoll. Zwar gelang es, das in der Jademündung verbleibende IV. Geschwader vorläufig diszipliniert zu halten, aber auf dem in die Elbmündung verlegten I. Geschwader und dem nach Kiel beorderten III. Geschwader änderten sich die Verhältnisse schnell. Die Verhaftungswelle schuf bei den in Kiel am 31. 10. eintreffenden Schiffen einen zusätzlichen Grund zur Unruhe. Die Verweigerung des Dienstes und Demonstrationen wurden von der militärischen Führung als Ausdruck „bolschewistischer" Gesinnung verstanden und führten daher am 3. 11. zu militärischem Durchgreifen mit Blutvergießen. Mit diesem Zwischenfall radikalisierte sich die Matrosenbewegung, zu der mittlerweile Landmarineteile gestoßen waren. Sie bemühte sich nunmehr um Waffen und Munition und nahm Verbindung zur Arbeiterschaft sowie den politischen Kräften von SPD und USPD auf. Ein erster, am 4. 11. gebildeter Soldatenrat verhandelte mit dem Stationschef Admiral Souchon und setzte bei diesem die Anerkennung eines Mitwirkungsrechts und damit auch der revolutionären Bewegung durch.

Die Reaktion der militärischen Stäbe und des Offizierkorps auf die revolutionären Vorgänge zeugte von Unsicherheit. Die gesamte Bewegung kam überraschend und wurde in ihrer Tragweite nicht erkannt. Beschwichtigende Maßnahmen wechselten mit hartem Durchgreifen. Nirgends ließ sich die Disziplin dauerhaft wiederherstellen oder aufrechterhalten. In manchen Fällen räumten Offiziere widerstandslos ihre Posten vor radikalen Forderungen. Ein Teil des Offizierkorps verhielt sich neutral zwischen den Fronten. Ebenso wie seit dem 4. 11. 1918 eine große Anzahl von Matrosen nicht nur ihren Dienst verließ, sondern auch in ihre Heimatorte zurückkehrte – und auf diese Weise für die Verbreitung der Revolution sorgte –, so zog sich auch eine große Anzahl abgesetzter Offiziere zurück, sobald auf den Schiffen die rote Flagge wehte.

Bei den Sicherungstreitkräften verblieben zwar formal 116 Offiziere ständig in Dienst, doch verließen 15 ihren Posten aus eigenem Entschluß, während 28 von den Besatzungen abgelehnt wurden.

Die Aufstandsbewegung verbreitete sich schnell. Dafür sorgten einmal die vom Flottenkommando auseinandergezogenen Schiffe, teils aber auch die von rebellierenden Matrosen selbständig in andere Häfen verlegten Einheiten, schließlich an vielen Orten spontane Reaktionen, die durch die Meldungen aus Kiel ausgelöst wurden. Nach Bildung des ersten Soldatenrats in Kiel bemächtigten sich in Brunsbüttel Mannschaften am 5. 11. der Marineanlagen, befreiten die Gefangenen, bildeten einen Rat und setzten sich unter Gewaltandrohung gegenüber den Offizieren durch. Erste Unruhen zeichneten sich zugleich in Cuxhaven und Hamburg ab. Am folgenden Tag, dem 6. 11., gelang der Bewegung ein entscheidender Durchbruch. Zum Teil in Verbindung mit der Industriearbeiterschaft gingen in Lübeck, Wismar, Schwerin, Rostock und Warnemünde Matrosen gegen die bestehende Ordnung vor. In Brunsbüttel, Cuxhaven und Hamburg spitzte sich die Konfrontation entweder weiter zu, oder bereits gebildete Räte konnten ihre gewonnene Position konsolidieren. In Bremen trafen Kieler Matrosen ein und befreiten arretierte Kameraden, während sich auf dem Bahnhof weitere Gefangene aus Wilhelmshaven der Waffen ihrer Bewacher bemächtigten.

Arbeiter waren zunächst nicht beteiligt, sondern schlossen sich den Matrosen erst an, die wiederum mit örtlichen Garnisonen zusammenwirkten. Der Ausgangspunkt für die Bildung von Räten war die Notwendigkeit, mit den alten Autoritäten zu verhandeln. Im Mittelpunkt standen Forderungen zum internen Dienstbetrieb. An einigen Orten traten Räte neben die etablierte Ordnung, meistens wurden die Offiziere jedoch schnell abgesetzt. Auch in Städte des Binnenlandes strömte eine große Anzahl Matrosen. In Hannover, Köln und vielen anderen Städten des Rheinlandes trugen sie zum Beginn des Aufstands zum Teil entscheidend bei. Von den großen Städten bereitete sich die Bewegung vielfach weiter ins Umland aus.

Am wichtigsten für das künftige Schicksal der Marine war die Entwicklung am Sitz der beiden Stationskommandos in Wilhelmshaven sowie – auch für das Reich von entscheidender Bedeutung – in Kiel. In Wilhelmshaven konnten am 4. 11. noch U-Boote auslaufen, von denen ein Teil als schwimmende Sicherungspolizei diente. Am 6. 11. sahen sich Stations- und Flottenkommando bei mehreren Demonstrationszügen von Matrosen und Arbeitern isoliert, so daß eine Delegation vom Stationschef neben anderem die Anerkennung von „Vertrauenskommissionen“ durchsetzte. Geklärt wurde die Lage vorläufig durch die Ausrufung des zur USPD gehörenden Heizers Bernhard Kuhnt am 9. 11. zum Präsidenten der Republik Oldenburg. Kuhnt wußte einen am 7. 11. gebildeten 21er-Rat hinter sich, der nicht ganz konfliktfrei mit einem als Vollzugsausschuß gedachten Fünfergremium zusammenarbeitete. Der Stationschef blieb unter Kontrolle im Amt. Von Räten überwacht versahen viele Offiziere ihren Dienst weiter. Vereinzelt gelang es sogar, Schiffskommandanten als Vertrauensmänner oder Vorsitzende von Soldatenräten wählen zu lassen. In den meisten Fällen traten aber Unteroffiziere oder Deckoffiziere in den Vordergrund.

Binnen zehn Tagen war in allen Marinestandorten die Autorität der scheinbar unerschütterlichen Marineführung ohne entschlossenen Widerstand zusammengebrochen. An ihre Stelle waren Räte getreten, die von Matrosen – teilweise in Verbindung mit Werft- und Marinebetriebsarbeitern – gebildet worden waren. Diese sowohl für den nachträglichen Betrachter erstaunliche und erklärungsbedürftige, als auch für die damaligen Marineoffiziere schockierende Tatsache macht erst die von der Marineführung nunmehr betriebene Bündnispolitik verständlich. Anfängliche Pläne, in verschiedenen Standorten – zumal in Kiel – kaisertreue Armee-Einheiten zum Entsatz aufzubieten oder die meuternden Besatzungen durch U-Boote auf den Schiffen torpedieren zu lassen, wurden zumeist stillschweigend aufgegeben; bisweilen scheiterten sie auch daran, daß die revolutionäre Aktivität zu weit fortgeschritten war oder die Marine aus Prestigeerwägungen gegenüber der Armee in Verkennung der tatsächlichen Lage dieser das Auskosten eines möglich erscheinenden schnellen Erfolges nicht zugestehen wollte. Auch den Plan, die Leitung der Ostseestation dem als Haudegen bekannten Admiral v. Schröder zu übertragen, lehnte die Reichsregierung ab.

Da Einwirkungsmöglichkeiten der Offiziere gegenüber ihren Untergebenen nicht mehr vorhanden waren, blieb nur am 4. 11. der von der SPD ausgehende Appell an die Regierung Max von Badens, einen angesehenen SPD-Abgeordneten nach Kiel zu entsenden, der die Atmosphäre günstig beeinflussen sollte. Als der Staatssekretär des Reichmarineamtes, Ritter v. Mann, zusammen mit dem Abgeordneten Philipp Scheidemann ein Flugblatt zur Unterstützung des nach Kiel entsandten Gustav Noske (SPD) (vgl. Abschnitt VI, S. 61 f.) unterzeichnete, war damit – trotz der ausgesprochenen Billigung des Verhaltens der Offiziere – faktisch ein Kurswechsel vollzogen, da nunmehr auch von dieser Seite her die Räte anerkannt wurden. Noske und der Staatssekretär Conrad Haußmann (Fortschrittspartei) trafen noch am 4. 11. in Kiel ein. Der SPD-Führer hatte zu diesem Zeitpunkt keine militärischen Erfahrungen, war jedoch als Referent seiner Partei für den Marinehaushalt mit den Sachproblemen bekannt und genoß bei Marineoffizieren begrenztes Ansehen. Für ihn war es von vornherein das Hauptproblem, eine durchgreifende Revolution zu verhindern und im Sinne der Wiederherstellung von Ruhe und Ordnung ausgleichend zwischen den Kräften zu wirken. Er setzte sich sogleich an die Spitze der bestehenden Kieler Bewegung und übernahm zunächst die sich ausbildenden radikalen politischen Forderungen im Gegensatz auch zu seiner Parteiführung.

Dabei kam Noske das in Kiel entstandene Autoritätsvakuum zugute. Die verbliebenen Marineoffiziere des Stationskommandos sahen in ihm ihre letzte Chance, nachdem sie keinen Gehorsam mehr fanden. Die aufständischen Matrosen und Arbeiter besaßen keine feste Organisation. Eine herausragende Persönlichkeit fehlte. Auch sie richteten daher ihre Hoffnung auf Noske. Dieser konnte sich auf regionale SPD-Führer, Gewerkschaften und Unteroffiziersorganisationen stützen und verstand es, taktisch sehr geschickt vorgehend, die Bewegung zu lenken. Zunächst in Zusammenarbeit, später in offenen Gegensatz zu dem Werftarbeiter Karl Artelt und dem USPD-Funktionär Lothar Popp gelang es Noske, durch Vertrauensmänner und Rätewahlen unter seiner Regie ein stabilisierendes Element zu schaffen. Disziplin und Gehorsam stellten sich beschränkt wieder ein. Unter blutigen Kämpfen setzte sich Noske in wenigen Tagen als Gouverneur von Kiel durch, wobei ihm der Abzug eines großen Teils der rebellischen Matrosen zustatten kam. Der sichtbare Erfolg, der für die SPD-Vertreter der am 9. 11. in Berlin etablierten Regierung der Volksbeauftragten von Bedeutung war, ließ Noske im Dezember 1918 in eine Schlüsselrolle für das Verhältnis von Militär und Sozialdemokratie wachsen.

b. Ursachen der Matrosenrebellion

Der völlige und schnelle Zusammenbruch der Marine hatte im Heer keine Entsprechung, obwohl auch dort Meutereien und Ungehorsam vorgekommen waren und sich die Rätebewegung von der Marine sehr schnell auch auf das Heer ausbreitete. Vor allem Tempo und Ausmaß des inneren Zusammenbruchs lassen die Frage nach den Ursachen stellen.

Als entscheidender Anlaß ist der von Seekriegsleitung und Flottenkommando geplante Flotteneinsatz zur Wahrung der Ehre zu nennen. Durch die Diskussion über die 14 Punkte des amerikanischen Präsidenten Wilson und die laufenden Waffenstillstandsverhandlungen war in der gesamten Bevölkerung und so auch in der Marine die Erwartung auf einen baldigen Frieden gewachsen. Ein Einsatz in letzter Stunde wurde, zumal nach der langen, seit den letzten Einsätzen – 16. 10. 1916 bzw. 24. 4. 1918 – vergangenen Frist als den Absichten der Reichsregierung entgegenstehend angesehen. Ohne daß genaue Kenntnisse über die wirkliche Motivation des geplanten Vorstoßes vorlagen, trafen die umlaufenden Gerüchte über den Zweck des Unternehmens die Intentionen der führenden Offiziere im Kern richtig.

Der Aufstand ging von der Schlachtflotte aus; die U-Bootwaffe, aber auch einzelne Torpedobootformationen und Landtruppenteile stellten sich – außer in Kiel – gegen die Rebellion oder verhielten sich indifferent und stießen erst allmählich zu den Aufständischen. Dieser Unterschied lag wesentlich im Einsatz, in der Gestaltung des Dienstes und in der inneren Ordnung der Marine begründet. Da das Tirpitzsche Flottenprogramm seit Beginn mit finanziellen Schwierigkeiten belastet war, ließ besonders die Raumausstattung für die Mannschaften auf Großkampfschiffen zu wünschen übrig. Im Vergleich zur englischen Marine kam z. B. auf deutschen Linienschiffen wenig Platz auf jeden Mann. Die Eintönigkeit des Dienstes ohne Kampfeinsatz tat ein übriges, um die Unzufriedenheit zu schüren.

Unüberwindbar wurden diese Schwierigkeiten erst durch die soziale Strukturkrise, durch das Verhältnis der Offiziere zu den Deck- und Unteroffizieren und Mannschaften. Die bessere Verpflegung der Offiziere hatte bereits 1917 Meutereien ausgelöst. Die Abkapselung der Seeoffiziere hatte auf den Großkampfschiffen ein Ausmaß angenommen, daß sie die Stimmung bei den Mannschaften kaum noch wahrnehmen ließ. Zwar gab es Ansätze zur Reform, jedoch verhinderte das Denken in den Kategorien von Befehl und Gehorsam entscheidende Maßnahmen. Natürlich gab es in der Haltung gegenüber Untergebenen Ausnahmen in nicht geringer Zahl, doch zeigt der Nachdruck, mit dem Ende Oktober/Anfang November 1918 Verhandlungen mit Offizieren abgelehnt wurden, die Tiefe des Gegensatzes. Neben den Mannschaften fühlten sich auch Unter- wie Deckoffiziere benachteiligt; ja sogar die anderen Offizierkorps der Marine (Ingenieure, Zahlmeister und Sanitätsoffiziere) waren vom exklusiven Kreis der Seeoffiziere durch soziale Schranken getrennt.

Die Abkapselung des Seeoffizierkorps der Großkampfschiffe war wiederum eine Reaktion auf die stetige personelle Auszehrung dieses Teils der Marine, der für die Gesamtkriegführung minder wichtig geworden war und trotzdem noch immer das höchste Sozialprestige besaß. Die sinkende Qualität ergab sich aus den wachsenden Anforderungen des U-Boot-, Minen- und Luftkrieges, für den ein großer Teil gerade der jüngeren, aktiveren und kooperationsfähigsten Offiziere im Range von Oberleutnanten und Leutnanten benötigt wurde. In gewisser Hinsicht läßt sich sagen, daß auf Großkampfschiffen eine negative Auslese zurückblieb – eine Einsicht, die auch aufmerksamen Marineoffizieren nicht entging, ohne daß jedoch Folgerungen daraus gezogen wurden.

Ein weiterer Faktor ist im Stellenwechsel zu sehen: Wenige Monate, z. T. wenige Wochen vor der Rebellion hatte bei allen Linienschiffsgeschwadern und

Aufklärungsgruppen die Hälfte der Kommandanten und I. Offiziere gewechselt, auf einigen Schiffen auch beide zugleich. Aufgrund mangelnder Vertrautheit dieser Offiziere mit konkreten Problemen an Bord ihrer Schiffe verwundert es nicht, daß deren Unsicherheit eine adäquate Reaktion auf die latente und später manifeste Unzufriedenheit verzögerte.

Auf höherer Ebene ist hier auf das Beispiel des Admirals Souchon zu verweisen, der erst wenige Tage vor der Revolution seinen Dienst als Stationschef in Kiel angetreten hatte. Er erkannte die örtlichen Verhältnisse durchaus als prekär, besaß jedoch noch zu wenig Autorität, um den auf ihn zukommenden Aufgaben gerecht werden zu können, und ließ seine Untergebenen gewähren.

Von vornherein stand die Flottenrebellion im engen Zusammenhang mit den Zuständen in den Küstenstädten. In den Marinestandorten und zumal den größten, Kiel und Wilhelmshaven, konzentrierten sich eine große Anzahl technisch versierter Arbeiter um Werften, Docks, Arsenale und andere Marineanlagen. Diese im Vergleich zu Städten ähnlicher Größe überproportionale Anhäufung qualifizierter Kräfte förderte die gedankliche Verarbeitung und Erklärung der eigenen sozialen Situation wie der Kriegslage und damit auch die Affinität zu sozialistischen Argumenten. Ähnliches läßt sich auch von der hochtechnisierten Marine aussagen. Dennoch ist, soweit erkennbar, die revolutionäre Bewegung an der Küste überall von den Matrosen ausgegangen und von ihnen auf die Industriearbeiterschaft übergesprungen. Aber eine politisch aktivierbare Atmosphäre war vorhanden. Der Grad politischer Organisiertheit war demgegenüber nicht groß. Die Abgeschlossenheit und das schnelle Wachstum der Marinestandorte führte dort, zumal in dem wegen seiner Isoliertheit berüchtigten Wilhelmshaven, vielfach zu Abwehrreaktionen gegenüber der eigenen Umwelt. Über den Umfang der Verbindungen von Matrosen zur SPD bzw. USPD fehlen verläßliche Angaben. Jedoch liegen keine Beweise dafür vor, daß von politischen Kräften außerhalb der Marine der Anstoß zur Revolutionierung ausging. Eine solche, in der Marinetradition der zwanziger Jahre wie in linkssozialistischen Kreisen gepflegte These konnte über Einzelbelege hinaus bislang nicht mit breiterem Material gestützt werden. Gegen sie sprechen eine Reihe von Zeugnissen, nach denen von Mißständen überzeugte Arbeiter wie Matrosen aus eigenem Antrieb den Weg zu sozialistischen Parteien fanden und durch die dort gewährte Unterstützung erst parteipolitisch aktiv wurden. Von der Spontaneität der Meutereien und deren Ausmaß zeigten sich im November 1918 die örtlichen Parteiorganisationen der SPD wie der USPD überrascht und reagierten zunächst nur zögernd auf die ihnen entgegengebrachten Erwartungen. Daß mit dem Andauern der revolutionären Lage die Parteien sich bemühten, die Bewegung in ihrem Sinn zu beeinflussen, kann nicht überraschen. Von einer gezielten Vorbereitung oder gar gelenkten Ausrichtung kann keine Rede sein. Die Räte entstanden aus mannigfachen unterschiedlichen Anlässen und behielten verschiedenartige Organisations- und Zielvorstellungen für die ganze Dauer der Rätebewegung bei.

c. *Die Marine und der Umsturz in Berlin*

Seit dem 4. 11. 1918 strömten Matrosen aus den Küstenstädten auch nach Berlin, um für ihre Ziele zu agitieren oder zu ihren Familien zurückzukehren. Bis zum Morgen des 9. 11. wurden insgesamt etwa 2000 Matrosen festgenommen; im Lauf des Tages wurden sie jedoch von den inzwischen in großer Zahl demonstrierenden Arbeitern und Soldaten befreit. Die Übertragung der Regierungsgewalt von Prinz Max von Baden auf Friedrich Ebert, die Bildung des Rates der Volksbeauftragten aus je drei SPD- und USPD-Mitgliedern, die Massenversammlung im Zirkus Busch und die Bildung des Vollzugrats der Arbeiter- und Soldatenräte als Kontrollinstanz für die Regierung (s. Teil VI, S. 12 ff.) vollzog sich vor dem Hintergrund sich ausbreitender Unruhen.

Nachdem bereits im Krieg das Nebeneinander von Immediatinstanzen in der Marineführung im Zeichen einer kräftezusammenfassenden Straffung eingeschränkt worden war, blieb als einzige alte Zentralinstanz von Bedeutung das Reichsmarineamt (RMA) unter seinem Staatssekretär Vizeadmiral Ernst Ritter v. Mann erhalten, auch wenn die formelle Unterstellung des Marinekabinetts als Personalamt des RMA erst im Dezember veröffentlicht wurde. Die Seekriegsleitung verlor ihre Funktion mit Annahme des Waffenstillstandes. Ihr Chef, Admiral Scheer, schied, wie ein Teil des Personals, aus dem aktiven Dienst aus, während ein Teil am 14. 11. nach Berlin zurückkehrte. Formell wurde der Admiralstab ebenfalls dem RMA unterstellt und am 26. 7. 1919 aufgelöst.

Friedrich Ebert hatte in der Regierung der Volksbeauftragten neben dem Vorsitz zusammen mit Hugo Haase u. a. auch die Verantwortung für das Militär übernommen. Die Marine war mangels Geschlossenheit, fehlender im Innern einsetzbarer Truppen und damit auch politischer Macht weitgehend von wichtigen Entscheidungen ausgeschlossen. Eine der Obersten Heeresleitung oder dem Preußischen Kriegsministerium vergleichbare Bedeutung erreichte das RMA nicht. Von der Regierung wurden ihm zur Überwachung zwei Beigeordnete zugeteilt: Gustav Noske und Ewald Vogtherr (USPD). Während Noske zunächst noch in Kiel tätig war und später verständnisvoll mit der Marineführung kooperierte, vermochte Vogtherr sich gegenüber der Komplexität des Apparates nicht entscheidend durchzusetzen. Die Schwäche der Beigeordneten zeigte sich auch darin, daß bald weitere revolutionäre Instanzen auftraten, die den bislang nur mit affirmativer Wirkung im RMA tätigen Rat ablösen wollten.

Auf einer Tagung in Hamburg trafen sich am 19. 11. Delegierte der norddeutschen Matrosenräte, von denen sich als wichtigste der 21er-Rat in Wilhelmshaven, der Oberste Soldatenrat der Ostseestation in Kiel sowie der Oberste Marinerat der Niederelbe herausgebildet hatten. Der Versuch zur Bildung einer Zentralinstanz für alle Marineräte folgte aus der verbreiteten Ablehnung einer Verfügung des RMA vom 12. 11., in der die Erhaltung der militärischen Hierarchie bis zur Demobilisierung postuliert wurde. In Wilhelmshaven wählte die Räteversammlung zunächst fünf Vertreter als Hauptausschuß der Marine. Er sollte die Kompetenz zu militärischen Anordnungen für die Gesamtheit der Marine besitzen. Obwohl sich dieser Ausschuß nunmehr als höchstes Räteorgan der Marine betrachtete, wurde zugleich beschlossen, zur Kontrolle des RMA in Berlin ein weiteres Gremium zu wählen. 24 Mitglieder sollten aus dem Bereich der Nordseestation, 20 aus dem der Ostseestation, fünf aus dem Bereich der Räte der Niederelbe sowie vier aus Berlin stammen. Nach den Wünschen des Marinekongresses sollte es sich dabei um „geschulte Sozialisten aus der Zeit vor dem Kriege" handeln; sie wurden in den folgenden Tagen gewählt und konstituierten sich als 53er-Ausschuß am 23. 11. im Reichsmarineamt in Berlin. Hierbei wurden wiederum fünf Matrosen zu einem Zentralrat der Marine als Exekutivorgan gewählt. Somit bestanden neben der traditionellen Militärhierarchie drei weitere Instanzen mit Anspruch auf Kontrolle bzw. Vertretung der Marine. Der Wilhelmshavener Hauptausschuß verlor jedoch von Anfang an seinen Einfluß an den 53er-Ausschuß, dessen Zentralrat wiederum keine Eigenständigkeit gegenüber dem Großgremium erlangte. Der 53er-Ausschuß oder Oberste Marinerat war sehr heterogen zusammengesetzt, wenn auch ein linker Flügel, der der USPD und dem Spartakusbund (später der KPD) nahe stand, nach außen hin oft dominierend erschien. Staatssekretär v. Mann anerkannte zunächst die Kontrollfunktion des 53er-Ausschusses über sein Amt, war aber von vornherein bestrebt, die beiden Beigeordneten gegen diesen auszuspielen. Der Ausschuß forderte zunächst vom Rat der Volksbeauftragten Einzelreformen in Marinefragen, stieß bei diesem jedoch kaum auf Gehör, zumal er in Fragen des Waffenstillstands und der Demobilmachung eng mit dem RMA zusammenarbeitete.

Die Kontrolle des RMA überstieg angesichts der ablehnenden oder verzögernden Haltung der intakten Militärbürokratie des RMA die Möglichkeiten des 53er-Ausschusses. Die ca. 1000 Köpfe zählende Behörde behielt ihr Eigengewicht gegenüber den in Stabsarbeit wenig erfahrenen Matrosen. Die Verpflichtung zur Gegenzeichnung aller das RMA verlassenden Anordnungen durch Ausschuß und Beigeordnete brachte diesen einen gewissen Einfluß. Bald kam es dabei zu Unverträglichkeiten. Die gerade im Rahmen der Waffenstillstandsverpflichtungen notwendige Beschleunigung des Schriftverkehrs gab dem RMA das ausgezeichnete Argument gegenüber den Volksbeauftragten, daß gravierende Gefahren bei Verzögerung der Gegenzeichnung entstünden. Dem 53er-Ausschuß gelang es zumindest, die Druckerei des RMA für seine Zwecke zu benutzen und durch Einsicht in Akten des Weltkrieges Material gegen die Offiziere zu sammeln.

Einen gewichtigeren Beschwerdepunkt als die marinespezifische Kontrolle stellte für das RMA der Ansatz des 53er-Ausschusses zur allgemeinen politischen Aktivität und zur Weiterführung der Revolution dar. Der Ausschuß hielt mit den Matrosenräten in den Küstenstädten sowie einer Reihe anderer Städte im Binnenland Kontakte und versuchte einheitliche Richtlinien für deren Vorgehen zu entwickeln. Darüberhinaus versuchte er aber auch Forderungen zur Reichspolitik durchzusetzen und für eine Überwachung anderer Reichsbehörden durch Räte modellbildend zu werden. Das am 9. 12. veröffentlichte politische Programm des 53er-Ausschusses, an dessen Ausarbeitung auch Karl Liebknecht vom Spartakusbund beteiligt war, enthielt in dessen Sinn die Forderung nach Weiterführung der Revolution zu einer sozialistischen Republik und die Schaffung eines Kapitalismus und Imperialismus überwindenden Völkerfriedens. Die Endfassung des Programms wies jedoch stärkere Züge des USPD-Konzepts auf. Mit dem Anspruch, aufgrund revolutionären Rechts die ganze Marine zu vertreten, setzte sich der Ausschuß auch in Gegensatz zu allen Mitgliedern des Rates der Volksbeauftragten.

So konnte es nicht verwundern, daß sich der Reichskongreß der Arbeiter- und Soldatenräte unter dem Einfluß der Volksbeauftragten und Noskes am 18. 12. für eine Abschaffung oder zumindest eine Verkleinerung des Ausschusses einsetzte. Die Übernahme des militärischen Programms der Rätebewegung mit den „Hamburger Punkten“ (s. Teil VI, S. 52 f.), die u. a. die Wahl der Vorgesetzten durch die Soldaten vorsahen, führte zu entschiedenem Eintreten des RMA gegen eine weitere Zusammenarbeit mit dem Matrosenrat. Staatssekretär Mann versuchte mit der Ankündigung, weitere Offiziere würden aus ihren Stellungen ausscheiden, Druck auf die Volksbeauftragten auszuüben. Ende Dezember gelangte Noske nach dem Ausscheiden der USPD-Mitglieder in den Rat der Volksbeauftragten und erhielt die Zuständigkeit für alle Militärfragen. Ihm gelang es gegen den Widerstand des 53er-Ausschusses, der auf seine konstruktiven Leistungen hinwies, diesen zunächst von 53 auf 25 Mitglieder zu verkleinern. Das war um so leichter durchzusetzen, als der fünfköpfige Marinezentralrat während der Januarkämpfe für eine Auflösung der Regierung eingetreten war. Nachdem Mitglieder des Zentralrats der Republik (s. Teil VI, S. 15) die Ansicht geäußert hatten, der 53er-Ausschuß „kostet ein horrendes Geld und macht nur Blödsinn“, löste die Regierung diesen Anfang Februar 1919 auf. Sie sprach sich stattdessen für die Beibehaltung eines sechsköpfigen Ausschusses aus, dem je zwei Soldaten der beiden Stationskommandos und je einer der Arbeiter und Angestellten der Marinebetriebe nach erneuter Urwahl angehören sollten. Mit dieser Maßnahme war es gelungen, die Rätebewegung in der Marine auf ein bloßes Beratungsrecht zu reduzieren. Die Gegenzeichnungspflicht wurde abgeschafft. Mit dem Eintritt Noskes in die Regierung und dem Ausscheiden Vogtherrs als USPD-Beigeordneten im RMA am 20. 1. 1919 trat als parteipolitische Kontrollinstanz Ernst Giebel (SPD) als Unterstaatssekretär ins RMA ein. Dieser benutzte seine Stellung ganz im Sinne Noskes zur Ausschaltung des Räteeinflusses. Im RMA hatte v. Mann Ende 1918 in den Auseinandersetzungen im Spannungsfeld von Räten und Entwaffnungsverpflichtungen resigniert, so daß die Geschäfte nach seinem Rücktritt zunächst von Vizeadmiral Maximilian Rogge weitergeführt wurden. Eine endgültige Besetzung des Postens beabsichtigte die Regierung erst nach Ausschaltung des letzten Räteeinflusses, da nach den Worten Eberts jeder Marinechef „auch wirklich Staatssekretär sein will und nicht nur Laufbursche des 53er-Ausschusses“.

Parallel mit der Entwicklung der Zentralinstanz aller Marineräte in Berlin verlief die der Volksmarinedivision (vgl. auch Teil VI, S. 54 f., 57). Da eine Reihe ihrer Mitglieder im 53er-Ausschuß arbeiteten und darüber hinaus weitere enge Kontakte zu ihm bestanden, wirkte die Einschätzung der VMD, die eine wichtige Rolle für die hauptstädtische Geschichte spielte, auf die Marineräte zurück und erklärt ihr Scheitern erst hinreichend. Die VMD ging aus zwei Versammlungen von Matrosen am 11. 11. 1918 im Reichstag und im Admiralstab hervor. Ihr Gros bestand aus Matrosen, jedoch gehörten ihr von Anfang an auch Soldaten des Heeres sowie andere Personen an, so daß ihr Charakter als Marineformation nicht eindeutig ist. Nach dem Scheitern erster Anläufe zur Bildung von Sicherheitswehren, bzw. als Teil weiterer Versuche dazu, wurde diese Truppe von ca. 600 Mann bis zum 13. November auf 1500 Mann verstärkt. Die Regierung zog sie mangels anderer zuverlässiger Einheiten zu ihrem Schutz heran. Eine Sonderstellung gegenüber anderen Sicherheitswehren behielt sie durch eine Unterstellung bzw. später enge Verbindung zum neuernannten Polizeipräsidenten von Berlin, Emil Eichhorn (USPD). Die unterschiedlichen Entwicklungsmöglichkeiten der Volksmarinedivision zur regierungstreuen oder revolutionären Truppe deuteten sich bereits in den ersten Tagen bei den Bemühungen um Verstärkung an. Aus transporttechnischen Gründen gelang es dem Berliner Stadtkommandanten Otto Wels (SPD) nicht, ein Bataillon von im Sinne seiner Partei zuverlässigen Matrosen durch Noske aus Kiel nach Berlin beordern zu lassen. Dafür gelangten 600 als besonders radikal geltende Cuxhavener Matrosen in die Hauptstadt, die einen Auftrag dazu mit den Unterschriften Eberts und Haases vorlegen konnten. Aufgrund ihres politischen Rufes wurden sie nur nach beträchtlichen Schwierigkeiten in die schließlich auf über 3000 Mann anwachsende VDM eingegliedert.

Die zunächst zuverlässige und relativ geschlossene VMD leistete anfangs einen Beitrag zur Aufrechterhaltung der Ordnung. Jedoch wurde sie immer stärker zu einer Versorgungsinstanz für Arbeitslose, wodurch die Disziplin beträchtlich sank. Nur ca. 1800 Mann waren ständig erreichbar in Schloß, Marstall und Ausstellungshallen am Lehrter Bahnhof kaserniert.

Mit der Rückkehr von Fronttruppenteilen nach Berlin wurde die VMD für die OHL entbehrlich und bald auch gefährlich, da sie sich den Bestrebungen zur Zurückdrängung revolutionären Einflusses widersetzte und damit nach links rutschte. Die zeitweise verwaltungstechnische Unterstellung der VMD unter den Zentralrat der Marine entsprach den politischen Affinitäten beider Organisationen. Versuche von Wels zur Erhaltung eines sozialdemokratisch ausgerichteten Kerns der Truppe für die Regierung scheiterten am Widerstand der VMD. Der Druck der VMD auf den Rätekongreß, die Unterstützung Haases gegen Ebert und die enge Anlehnung an Eichhorn führten zur offenen Konfrontation mit den an Zahl zunehmenden Fronttruppen. Nach Scheitern von Kompromißvorschlägen der Regierung kam es am 24. 12. 1918 zum blutigen Kampf um das von der VMD besetzte und behauptete Berliner Schloß. Wichtiger als der militärische Erfolg und die Sympathie von Teilen der Bevölkerung für die Division war der durch den Kampf veranlaßte Austritt der USPD-Mitglieder aus dem Rat der Volksbeauftragten. Unter Noske wurde ein großer Teil der VMD entlassen, andere Teile in die Republikanische Soldatenwehr eingegliedert. Ihre Bedeutung für die Marinegeschichte hatte sie damit verloren. Während der Kämpfe in Berlin im Januar 1919 verhielt sie sich neutral, im März jedoch kämpfte sie gegen die Freikorps und wurde anschließend aufgelöst.

In die Zeit des Abbaus des Rätesystems fällt ein Marinekongreß der Arbeiter- und Soldatenräte in Hamburg, der am 2. 2. 1919 eine Resolution verabschiedete, aus der die marinepolitische Zukunftsvorstellung der Rätebewegung abzulesen ist. Deutsche „Macht- und Weltpolitik" seien abzubauen. Daher dürften keine Pläne zum Aufbau einer neuen Kriegsflotte gemacht werden, da diese das Mißtrauen gegen Deutschland in der Welt nähre und „insbesondere die zur ehrlichen Völkerverständigung bereiten Parteien in den Ententeländern von uns abdrängen" werde.

Stattdessen solle eine Seepolizei zum Wachdienst an der Küste geschaffen werden. An die Spitze des Reichsmarineamtes müsse ein „tüchtiger, organisatorisch befähigter Sozialist" treten, „der die Verpflichtung übernimmt, alle irgendwie entbehrlichen und gewissermaßen reaktionären Offiziere und Beamten zu entlassen". Statt nach bürokratischen solle künftig der Apparat nach kaufmännischen Gesichtspunkten organisiert werden. Neben der Seepolizei bleibe einem künftigen „Seeamt" die Verantwortung für die Handelsschiffahrt, nautische Forschung und Wissenschaft, Lotsen- und Seezeichenwesen, Funktelegraphie, Werften und Fischereischutz.

Zwar lagen in diesem Programm die Endziele einer Weltfriedensordnung und sozialistischen Umgestaltung des Reiches wie der Marine nur axiomatisch fest, eine Reihe von konkreten Vorschlägen bemühte sich jedoch, von der gegenwärtigen Lage, die u. a. durch die in Weimar tagende Nationalversammlung gekennzeichnet war, auszugehen und eine schrittweise Umgestaltung der Marine vom noch bestehenden Rätesystem her durchzusetzen. Insbesondere die radikale Beschränkung der Marineaufgaben war der äußeren Situation angepaßt. Insgesamt liefen die Reichspolitik im allgemeinen und die Wehrpolitik im besonderen dieser Linie jedoch entgegen. Die Möglichkeiten zu grundlegender Umgestaltung des Reiches und der Marine wie zur Machtbefestigung des Rätesystems waren bereits verlorengegangen.

2. Marinefreikorps

Die Übernahme der Macht durch Marineräte vollzog sich in den Marinestandorten und einigen Städten des Binnenlandes unter verschiedenartigen politischen Zielsetzungen. Nach der Bildung von Räten stellte sich sogleich die Frage nach militärischer Sicherung der gewonnenen Macht. Die sich zu diesem Zweck bildenden Freiwilligenformationen hingen gleichfalls verschiedenen lokalen Positionen oder politischen Ordnungsvorstellungen an. So konnte es z. B. in Berlin bereits im Dezember 1918 zur Konfrontation zwischen Volksmarinedivision und einer Marinevolkswehr kommen. Daher ist auch der Übergang in der politischen Orientierung von Formationen der äußersten Linken bis zu den restaurativen und reaktionären Freikorps fließend. Allerdings unterschieden sich die letztgenannten von milizähnlichen Einwohnerwehren vor allem durch den Grad ihrer militärischen Ausbildung, Führung, Disziplin und damit mobilen Einsatzmöglichkeit. Am 1. April 1919 gehörten die drei im folgenden gekennzeichneten Brigaden vorübergehend zur Division v. Lettow im Garde-Kavallerie-Schützen-Korps.

a. Die Brigade Roden

Eine erste größere mobile Freiwilligentruppe aus der Marine wurde Anfang Januar 1919 in Kiel aufgestellt. Gemeinsam war ihr mit dem größten Teil der ad hoc gebildeten Matrosenformationen die scharfe Frontstellung gegen die Seeoffiziere, eine Haltung, die als charakteristischer für die Anfänge der revolutionären Bewegung in der Marine anzusehen ist als sozialistische Ideen. Die Brigade Roden entsprang den Plänen Noskes und ging organisatorisch auf die Tätigkeit des Deckoffizierbundes unter seinem Vorsitzenden Emil Alboldt sowie von Unteroffiziersvereinigungen (Bund der Marinesoldaten) zurück. Aber auch die für den künftigen U-Bootkrieg in großer Anzahl ausgebildeten Ingenieur-Aspiranten beteiligten sich in beträchtlicher Zahl und gegen den anfänglichen Widerstand der Deckoffiziere an dem Unternehmen. Diese sogenannte I. Marinebrigade, für die auch die Bezeichnung „Eiserne (Marine-)Brigade" auftauchte, wählte zwar als ihre Führer auch Offiziere, jedoch kam die Opposition gegen Seeoffiziere darin zum Ausdruck, daß nur Heeresoffiziere – so auch ihr Kommandant Oberst v. Roden – in führenden Stellungen blieben. Zwar hatte ein Marineoffizier, Kapitän z. See Röhr, die Brigade nach Berlin geführt, mußte sie jedoch dort abgeben.

Die Marinebrigade Roden entwickelte sich zu einem im Sinne Noskes zuverlässigen Machtinstrument und erreichte in zwei Regimentern eine Stärke von etwa 1500 Mann. Sie wurde im Januar 1919 in Berlin als Teil der Garde-Kavallerie-Schützen-Division gegen den Spartakusaufstand und späterhin bei den Märzunruhen eingesetzt. Die mit besonderer Erbitterung geführten Kämpfe u. a. mit der VMD nahmen zeitweilig den Charakter eines „Marinebürgerkrieges" (W. L. Lewis) an. Einsätze in weiteren Städten folgten. Am bekanntesten wurde der Kampf um Bremen. Dort war unter maßgeblicher Beteiligung von Marineräten und Kommunisten Mitte Januar eine sozialistische Räterepublik ausgerufen worden. Im Rahmen der Division Gerstenberg wurde hiergegen von Noske Anfang Februar auch die Brigade Roden eingesetzt, deren Aktivitäten bei den blutig verlaufenden Kämpfen den Ausschlag gaben. Erneut standen sich aus der Marine hervorgegangene Soldaten im Kampf gegenüber.

Die doppelte Frontstellung der Brigade Roden gegen den Einfluß von Marineoffizieren wie von Marineräten macht ihre schwierige Stellung deutlich. Wohl aus diesem Grunde ist es zu verstehen, daß Noske im Zuge weiterer Konsolidierung der Marine mit Hilfe der Seeoffiziere bereits im Mai 1919 die Brigade auflöste, deren Angehörige nur zu einem sehr kleinen Teil in die Reichsmarine oder die Brigade Ehrhardt übernommen wurden.

b. Die Brigade Ehrhardt

Die Brigade Ehrhardt hatte von Anfang an eine andere Zusammensetzung als die Brigade Roden. Ihre Gründung ging auf eine Weisung des Reichsmarineamtes an die Nordseestation (Ende Januar 1919) zurück, in deren Bereich bereits verschiedene andere Freikorps Werbungsversuche unternommen hatten. Ein von Bremen auf Wilhelmshaven übergreifender Putsch brachte die Spaltung zwischen den verschiedenen revolutionären Instanzen und führte gegen diese zum Zusammenschluß von Offizieren, Deckoffizieren und anderen Berufssoldaten, die sich in blutigen Kämpfen politisch durchsetzten. Die zunächst im Namen der Reichsregierung durchgeführte Anwerbung für eine Marinebrigade konzentrierte sich auf diesen Kreis, der jedoch politisch nicht homogen war. Vielmehr folgten ihr unter Parolen vom Kampf gegen den Bolschewismus auch sozialistisch eingestellte Matrosen und Arbeiter. Jedoch bewirkten die Werbeparolen, daß sich die Brigadenangehörigen von vornherein nicht als Verteidiger der Republik fühlten, wie es Noske beabsichtigt hatte, sondern als eigenverantwortliche, restaurative, bzw. im Sinne der Aufrechterhaltung von Ruhe und Ordnung tätige Kampfgruppe. Dazu trug wesentlich die Persönlichkeit des bald als Führer der II. Marinebrigade hervortretenden Korvettenkapitäns Ehrhardt bei.

Hermann Ehrhardt wurde 1881 als Pfarrerssohn in Diersburg/Baden geboren. Er trat 1899 in die Marine ein und wurde 1904 für seinen Einsatz bei dem Ausrottungskrieg gegen die Hereros in Südwestafrika ausgezeichnet. Im Weltkrieg diente er in der Torpedobootswaffe, zuletzt als Flottillenchef. Er tat sich bei verschiedenen Gelegenheiten durch Kaltblütigkeit hervor. Nach dem Waffenstillstand war er an der Übergabefahrt der Flotte nach Scapa Flow beteiligt und entwickelte sich zu einem fanatischen Gegner des „Bolschewismus" nach innen wie nach außen.

Die im Februar 1919 beginnende Werbung in Wilhelmshaven wurde bald auf das Hinterland ausgedehnt. Dadurch ließen sich bis zum April 1200 Mann in zwei Regimentern aufstellen, die besonders für den Straßenkampf ausgebildet wurden. Die Angehörigen der Brigade Ehrhardt zeichneten sich durch eine auch im Vergleich zu anderen Freikorps sehr straffe innere Disziplin aus, die einer unbedingten Ergebenheit gegenüber ihrem Führer entsprang. Kern der Brigade war die Sturmkompanie, die fast ausschließlich aus jungen Seeoffizieren und Seeoffizieranwärtern gebildet wurde. Ihre elitäre Mentalität und Geschlossenheit prägten entscheidend das Bild und die spätere Tradition der Brigade, während die anderen Teile nicht in gleichem Maße homogen waren. Häufige personelle Fluktuation sowie die Erhöhung der Stärke von zunächst 1200 auf 4000–5000 Mann durch

Mitglieder anderer Freikorps und Abenteurer aus dem ganzen Reich kennzeichnen die geringere Geschlossenheit der restlichen Brigade im Vergleich zu ihrer Sturmkompanie.

Militärisch wurde Ehrhardts Truppe erstmals nicht wie erwartet bei den Märzkämpfen in Berlin verwendet, sondern Mitte April 1919 in Braunschweig gegen die dort etablierte kommunistische Räterepublik. Anschließend wurde sie in Thüringen bereitgehalten, um gegen die Münchner Räterepublik zu kämpfen. Ehrhardt drängte auf die baldige Verwendung seiner Truppe, da er sich im Kampf gegen die dortige „Rote Armee“ ein stärkeres politisches Gewicht erhoffte, als es bei vorwiegend polizeimäßigem Einsatz möglich schien. Obwohl von der Regierung in Berlin als Teil einer größeren militärischen Operation eingeplant, zu der auch andere Einheiten vorgesehen waren, setzten Teile der Brigade Ehrhardt ein verfrühtes Eindringen in München durch. Das brutale Vorgehen des Freikorps im Straßenkampf, die Mißhandlungen und Erschießungen von Verhafteten sowie Plünderungen verdeutlichen die Atmosphäre und den Bruch mit der soldatischen Überlieferung. Allerdings deutet die zumeist bereitwillig gewährte Gastfreundschaft bürgerlicher Kreise wie in Braunschweig so auch in München darauf hin, daß ein derartiges Vorgehen der Ehrhardt-Leute in diesen Schichten Billigung fand.

Ein Freibeutertum breitete sich aus, das nur noch das Faustrecht anzuerkennen bereit war. Im Selbstbewußtsein durch die militärischen Erfolge noch bestärkt, erschien die sozialdemokratisch geführte Regierung der Brigade nunmehr leicht als von ihr abhängige Größe. Besonders gegenüber Noske wurden starke Vorbehalte laut. Die Marineführung begann im Sommer 1919 ein distanziertes Verhältnis zu Ehrhardt einzunehmen und an die Auflösung der Brigade zu denken. Insbesondere deren schroffe Ablehnung des Friedensvertrages verstärkte diese Absicht, da die Regierung anstatt, wie erwartet, zum Widerstand aufzurufen und damit eine Erneuerung des Kampfes zu ermöglichen, den Vertrag unterzeichnete. Die Brigade, mittlerweile auf den Truppenübungsplatz Zossen bei Berlin verlegt, konnte angesichts der Streiks in der Hauptstadt nur partiell mit den „Roten“ abrechnen und blieb vorwiegend auf Schutzfunktionen beschränkt. Provokationen gegenüber der Regierung und Demonstranten waren an der Tagesordnung.

Ab August 1919 in Oberschlesien stationiert, nahm die Brigade an den dortigen Kämpfen nur am Rande teil. Sie verstärkte sich aus Teilen der Baltikumkämpfer und requirierte z. T. unter Gewaltanwendung für den eigenen Unterhalt. Die Rückverlegung in die Nähe Berlins im November ließ die Hoffnung auf durchgreifenden Einsatz wachsen. Die den Winter über andauernde Untätigkeit brachte die völlige Abwendung von der als schwankend angesehenen Regierung und führte zu weiterer Radikalisierung. Jedoch wäre es nicht angebracht, von einer einheitlichen politischen Ideologie zu sprechen. Neben der allgemeinen Unzufriedenheit mit der innenpolitischen Kräfteverteilung blieb für die Vorstellungen die persönliche Bindung der Truppe an Ehrhardt wichtig, wenn auch Beziehungen zu entstehenden völkischen Gruppen nachweisbar sind. Ehrhardt selbst verstand es, die Erwartungen seiner Truppe auf einen Einmarsch in die Hauptstadt zu richten.

Konkretisiert wurde Ehrhardts Erwartung durch seine Unterstellung unter den Befehlshaber des Gruppenkommandos I, General v. Lüttwitz, der in Ehrhardts Freikorps eine ihm ergebene Streitmacht fand. Daher erhielt die Brigade Ehrhardt während des Kapp-Lüttwitz-Putsches im März 1920 eine Schlüsselrolle: sie besetzte angesichts des ihr drohenden Auflösungsbefehls Berlin und verhalf der kurzlebigen Regierung Kapp zur Macht (s. Abschnitt VI, S. 242 ff. und unten S. 361 ff.). Nachdem sich entscheidende Teile der Reichswehr gegen den Putsch erklärt hatten und Lüttwitz wie Kapp geflohen waren, ging Seeckt nicht etwa gegen Ehrhardt wegen illoyalen Verhaltens oder Meuterei vor, sondern nahm die beachtliche militärische Macht wieder für die verfassungsgemäße Regierung in Pflicht. Er setzte sie zwar nicht zum Schutz der von ihr zuvor gestürzten Regierung, aber doch zur Verteidigung von Teilen Berlins ein, wo die Brigade in gewohnt rücksichtsloser Weise ihre Ordnungsaufgabe erfüllte. Wider Erwarten ließ sie sich danach ohne Zwischenfälle aus Berlin abziehen. Der Auflösungsbefehl wurde erneuert. Ab Ende April 1920 wurde er tatsächlich auf dem Truppenübungsplatz Munster vollzogen, während Ehrhardt, gegen den mittlerweile ein Haftbefehl wegen der Beteiligung am Putsch vorlag, untertauchte.

Dennoch vermochte es Ehrhardt, eine beachtliche innenpolitische Tätigkeit zu entfalten. Verschiedene Nachfolgeorganisationen seiner Brigade dienten als Resonanzboden. Zwar besaß er auch Einfluß in der Reichsmarine und zumal in Wilhelmshaven, wichtiger war es jedoch, daß es ihm gelang, auch im Zivilleben größere Gruppen ehemaliger Ehrhardt-Leute zusammenzuhalten. Über Zwischenstufen entstand Mitte 1921 als Geheimbund die Organisation Consul, deren Kern in Bayern lag. Sie erstrebte eine über das Reich verteilte Gliederung, in der ehemalige Freikorpskämpfer für zukünftige Kämpfe gesammelt werden sollten. Erwünscht schien dabei der militärische Gegenschlag gegen eine revolutionäre Bewegung. Zu diesem Zweck diente eine Reihe politischer Attentate 1921/22, die in den Morden an Erzberger und Rathenau gipfelten und die Organisation Consul als Terrororganisation auswiesen. Ehrhardtanhänger spielten eine wichtige Rolle bei den Anfängen der SA, ohne jedoch ihre Loyalität auf Dauer von Ehrhardt auf Hitler zu übertragen. Der ehemalige Freikorpsführer wurde Ende September 1923 mit seinem Kampfbund Wiking vom bayrischen Generalstaatskommissar Kahr zum Schutz der bayrischen Nordgrenze gegen Sachsen und Thüringen bzw. gegen das Eingreifen der Berliner Regierung eingesetzt.

Beim Hitlerputsch stellte es sich als abträglich heraus, daß Ehrhardt-Anhänger in allen Rechtsorganisationen vertreten waren. Beim Bruch zwischen Kahr und Hitler stand Ehrhardt selbst zwischen den Fronten und vermochte nicht, als eigenständiger politischer Akteur das Geschehen zu beeinflussen. Der dennoch in den folgenden Jahren von Ehrhardt weiter vorbereitete Putsch fand nicht mehr den erwarteten Widerhall in den Reihen seiner Anhänger wie im ganzen Reich. In Distanz zum Nationalsozialismus und besonders zu Hitler visierte Ehrhardt eine „Nationale Revolution“ an, deren Ansätze in der Selbstdarstellung fälschlich in die Zeit von Kapp- und Hitler-Putsch zurückprojiziert wurden.

c. Die Brigade Loewenfeld

Aus ähnlichen Motiven wie in Wilhelmshaven entstand auch in Kiel Anfang 1919 als Reaktion auf die Rätebewegung unter Seeoffizieren der Gedanke, ein Freikorps aufzustellen. Eine Weisung Noskes in diesem Sinne erlangte Korvettenkapitän v. Loewenfeld am 3. 2. 1919.

Wilfried v. Loewenfeld, geb. 1879, trat 1897 in die Marine ein und diente im Weltkrieg vorwiegend in Stabsstellungen. Zuletzt war er Erster Admiralstabsoffizier der Seekriegsleitung.

Unterstützung erhielt er für sein Unternehmen nach eigener Aussage vom Unteroffiziers- und vom Deckoffizierbund. Da sich ihm nach einigen Zeugnissen auch Marineingenieuranwärter anschlossen, stützte er sich bei der Aufstellung der III. Marinebrigade z. T. auf den gleichen Personenkreis wie zuvor die I. Marinebrigade. Den Kern bildeten jedoch wie bei Ehrhardt junge Seeoffiziere, zumal U-Bootfahrer, die zum großen Teil im Sturmbataillon dienten. Widerstände hatte Loewenfeld bei der Aufstellung von zwei Seiten zu erfahren. Zu Recht befürchtete der Kieler Soldatenrat eine gegen die eigenen Interessen gerichtete Truppe. Andererseits wandte sich aber auch der Stationschef, Konteradmiral Küsel, gegen die Entblößung der Stadt von zuverlässigen Truppen, während andere hohe Offiziere vor der Entfremdung des Marinepersonals von der Seefahrt warnten.

Anfang März 1919 waren ca. 1500 Mann aufgestellt, eine Zahl, die im Laufe der Zeit auf 2500, nach anderen Berichten sogar auf 4000 Mann anwuchs. Nach infanteristischer Ausbildung wurde die Brigade zunächst im Juni gegen den Verkehrsstreik in Berlin eingesetzt und sodann nach Oberschlesien verlegt. Vor allem dort bildete sich im Grenzkampf die durch brutales Vorgehen ausgezeichnete Freikorpsmentalität aus, die sich ohne Schwierigkeiten auf den Bürgerkrieg übertragen sollte. In Oberschlesien wurde die Brigade nach Abschluß der Kämpfe im Grenzschutz eingesetzt und blieb während des Winters 1919/20 in der Umgebung von Breslau. Aufgrund der prekären Situation in Kiel war ein Bataillon der Brigade ständig dort stationiert. Jedoch entfremdeten die Verhältnisse in der Marinestadt – Aufenthalt bei den Familien, Unterstellung unter den Stationschef und das Fehlen militärischer Auseinandersetzungen – die betreffenden Soldaten vom eigentlichen Brigadegeist ebenso wie die Gefahr einer „linken" Beeinflussung gegeben war. Daher wurde das Kieler Bataillon jeweils nach zwei Monaten ausgewechselt. Im Gegensatz zu Ehrhardt vollzog Loewenfeld keine grundsätzliche Abwendung von der seefahrenden Reichsmarine. Er hielt Kontakte zum Chef der Admiralität, den er nach Schlesien einlud, und machte deutlich, daß er nach Abschluß der Kämpfe wieder in der Marine weiterverwandt werden wollte. Während des Kapp-Lüttwitz-Putsches besetzte die Brigade Loewenfeld bei eindeutiger Sympathie für den Umsturz Breslau, räumte diese Stadt jedoch nach dem Zusammenbruch des Usurpatorenregimes schnell wieder. Trotz heftiger öffentlicher Kritik an beiden Marinebrigaden wurde

Loewenfelds Truppe nicht möglichst bald isoliert und aufgelöst. Die legale Regierung war sich mit Loewenfeld in ihrer scharfen Ablehnung des kommunistischen Aufstandes im Ruhrgebiet einig. Daher erhielt die Brigade die nach kurzem Zögern angenommene Gelegenheit, erneut im Innern zu kämpfen. Im Rahmen der 3. Kavalleriedivision wurde sie vornehmlich im Raum Bottrop eingesetzt. Die harten Gefechte endeten mit der Niederlage der „Roten Armee". Anschließend erhielt die Brigade Mitte Mai den Befehl zur Auflösung, die, langsamer als bei Ehrhardts Truppe, erst zwei Jahre später beendet war. Nennenswerte Nachfolgeorganisationen entstanden nicht, zumal Loewenfeld selbst in der Reichsmarine nicht nur ein neues Betätigungsfeld gewann, sondern sogar eine Schlüsselrolle bei der Konsolidierung spielte.

3. Entwaffnungsbestimmungen und Friedensvertrag

a. Die Marine und der Versailler Vertrag

Seit dem deutschen Waffenstillstandsersuchen war es bei nüchterner Einschätzung der Lage klar, daß die Siegermächte in Zukunft alles daransetzen würden, Deutschland auf Dauer so weit militärisch zu schwächen, daß eine Wiederholung oder -aufnahme des Krieges unmöglich gemacht war. Die Waffenstillstandsbedingungen wurden am 11. 11. 1918 übergeben. In Marinefragen setzten sich die Engländer mit dem Wunsch, die deutsche Konkurrenz zur See dauerhaft auszuschalten, weitgehend durch. Als gefährlichstes gegenwärtiges Kriegsmittel waren zunächst alle fahrbereiten U-Boote auszuliefern. Später folgten auch die übrigen, während die begonnenen auf den Werften abgewrackt werden mußten.

Schwieriger gestaltete sich die Diskussion über die deutschen Überwasserstreitkräfte. Hier wollte jede Macht sicherstellen, daß dieses Potential nicht überwiegend einem Partner zugute kam; vor allem die USA befürchteten durch die Eingliederung deutscher Schiffe eine Verstärkung der britischen Überlegenheit zur See. Ohne eine Entscheidung in dieser Frage zu treffen, wurde zunächst die Internierung der modernsten deutschen Seestreitkräfte, nämlich 16 Großkampfschiffe, 8 Kreuzer sowie 50 Torpedoboote, in einem nach Möglichkeit neutralen Hafen verlangt. Die verbleibenden 8 Großkampfschiffe, 19 älteren Linienschiffe, 8 modernen und 16 älteren Kreuzer, ca. 120 Torpedoboote und alle leichten Fahrzeuge waren im Reich zu desarmieren. Ein neutraler Hafen wurde nicht gefunden (und wohl auch nicht gesucht). Es gelang dem britischen Flottenchef Beatty, die Internierungsfahrt der deutschen Flotte nach dem britischen Scapa Flow am 21. 11. 1918 zu einem spektakulären Kapitulationsakt zu gestalten.

Weitere Verhandlungen der Alliierten befaßten sich entgegen deutschen Marinehoffnungen nicht mit der Möglichkeit, die Flotte zurückzugeben. Frankreich und Italien hätten deutsche Schiffe gern übernommen; die USA waren an einem britischen Erstarken desinteressiert und wollten auch eine zu weitgehende Schwächung der deutschen Seemacht vermeiden. So zeichnete sich schließlich der britische Vorschlag zur Versenkung der Beute als einfachste Lösung ab.

Von deutscher Seite wurde kein Versuch unternommen, die Waffenstillstandsbedingungen für die Marine zu modifizieren. Auch die deutsche Friedensdelegation brachte nach Übergabe des Entwurfs der Friedensbedingungen keine Wünsche nach Änderung der für die Flotte vorgesehenen Regelungen vor. Bei internen Diskussionen verfiel die Reichsregierung vielmehr auf den Gedanken, auf substantielle Teile der zugestandenen Flotte zu verzichten, um dafür auf anderen Gebieten Zugeständnisse zu erhalten. Neben Fragen maritimer Zukunftserwartung spiegelte sich hierin die Überzeugung, die Marine sei so sehr zerfallen, daß eine Erneuerung kaum noch möglich sei. Die Alliierten lehnten jedoch diese, ohne Beteiligung der deutschen Admiralität zustande gekommenen Vorschläge ab.

Die schließlich von deutscher Seite unterzeichneten und ratifizierten Marinebestimmungen des Versailler Vertrages gingen auf amerikanisches Drängen hin nicht ganz so weit, wie es die britische Seite gewünscht hatte. Die für die Normierung der deutschen Marine bis in die dreißiger Jahre wichtigsten Regelungen betrafen die Anzahl der erlaubten Seestreitkräfte: 6 „Schlachtschiffe“ der Vor-Dreadnoughtzeit, 6 Kleine Kreuzer, 12 Zerstörer und 12 Torpedoboote (Teil V, Art. 181). Alle anderen Kriegsschiffe waren außer Dienst zu stellen und abzuwracken. Eine Note der alliierten Siegermächte vom 26. 3. 1920 gestand darüber hinaus noch je 2 Linienschiffe und Kreuzer sowie je 4 Zerstörer und Torpedoboote als Reserven (mit Bewaffnung, aber ohne Besatzung und Vorräte) zu. Ferner wurde später in einer weiteren Note die Zahl der Hilfsfahrzeuge festgelegt. U-Boote und – aufgrund des Verbots der Militärluftfahrt überhaupt – Seeflugzeuge waren der deutschen Marine grundsätzlich verboten. Für die zugestandenen Schiffe wurde, wie international üblich, eine Frist bis zum frühesten Ersatz sowie eine höchste Wasserverdrängung fixiert. Das waren für Linienschiffe 20 Jahre ab Stapellauf und eine Größe von 10 000 t, Kreuzer gleichfalls 20 Jahre und 6000 t sowie Zerstörer und Torpedoboote je 15 Jahre bei 800 bzw. 200 t (Art. 190). Die Küstenbefestigungen konnten zwar im wesentlichen erhalten bleiben, doch wurde ihre Erneuerung verboten. Helgoland (Teil XIII) und das „Kieler Rechteck“ (Teil V, Art. 195) mußten dagegen geschleift werden.

Noch einschneidender als die materiellen Bestimmungen erwiesen sich kurzfristig die personellen Begrenzungen der Marine. Ihre See- und Landstreitkräfte waren auf die Zahl von 15 000 Mann beschränkt; von diesen durften höchstens 1500 Offiziere und Deckoffiziere sein. Durch das Verbot der allgemeinen Wehrpflicht war die Personalergänzung bereits präjudiziert. Eine Dienstzeit von 25 Jahren für Offiziere und Deckoffiziere, von 12 Jahren bei Mannschaften und Unteroffizieren (Art. 194) präzisierte die Gestalt der Freiwilligenmarine. Die Bildung von Personalreserven wurde durch weitere Vorkehrungen unterbunden.

b. Scapa Flow

Nachdem der deutsche Internierungsverband als Folge der Revolution Scapa Flow nur unter beträchtlichen Schwierigkeiten erreicht hatte, kehrte der größte Teil der radikalen Besatzungen in zwei Schüben im Frühjahr 1919 nach Deutschland zurück. Die akuten Probleme waren damit jedoch noch nicht beseitigt. Auch nach Ablösung des Rätesystems im Reich blieb im abgeschnittenen Scapa Flow mangelnde Disziplin kennzeichnend.

Wenn auch die Verbindung mit Deutschland nur sporadisch durch Kuriere hergestellt werden konnte und somit die Unterrichtung über die politische Entwicklung unzureichend war, so bestand doch eine weitgehende inhaltliche Übereinstimmung zwischen Reichsmarineamt/Admiralität und dem Chef des Internierungsverbandes, Konteradmiral v. Reuter, über die Handlungsmöglichkeiten. Einig war man sich in dem Bestreben, die Schiffe nicht in die Hände der Gegner fallen zu lassen, sondern sie lieber zu versenken. Das war jedoch weder nach dem Waffenstillstandsabkommen noch unter den Bedingungen des Friedensvertrages legal durchführbar. Eine freie Disposition über die Schiffe ergab sich nur bei einer Wiederaufnahme des Krieges. Angesichts der in Deutschland von rechts bis zur SPD hin verbreiteten Empörung über die Bedingungen des Friedensvertragsentwurfs war eine solche Entwicklung nicht auszuschließen. Dann kam jedoch aufgrund der weitgehenden Desarmierung der Schiffe keine Wiederaufnahme des Kampfes, sondern nur die Versenkung in Frage. Reuter bereitete ein solche Maßnahme getarnt frühzeitig vor, da bei dem zu erwartenden Versuch des britischen Bewachungsgeschwaders, die Versenkung zu unterbinden, eine schlagartige Aktion umumgänglich war. Art. 184 des Vertragsentwurfs dürfte den bereits gefaßten Entschluß nur noch bestätigt haben, da in ihm die endgültige Abtretung der internierten Schiffe vorgesehen war. Als das von den Alliierten zur Unterzeichnung des Friedensvertrags gestellte Ultimatum am 21. 6. 1919 ablief, gab Reuter den Befehl, die gesamte internierte Flotte zu versenken. Er begründete das damit, er sei von der Verlängerung des Waffenstillstands nicht unterrichtet worden und habe daher an den Wiederbeginn des Kampfes geglaubt. Trotz der harten Reaktion der britischen Bewachungsstreitkräfte auf die Maßnahme löste die Versenkung zur Erleichterung Großbritanniens und der USA ein für die Alliierten schwieriges Problem. Die Besatzungen der Schiffe gerieten in Kriegsgefangenschaft und kehrten erst im Februar 1920 nach Deutschland zurück, wo sie triumphal empfangen wurden. Da die Siegermächte nach außen hin das deutsche Vorgehen weiterhin verurteilten, konnten sie als Entschädigung die Auslieferung des größten Teils des beweglichen Hafenmaterials von ca. 400 000 t sowie der letzten modernen Kreuzer durchsetzen.

In der Marinedeutung von „Scapa Flow" findet sich bis in die letzte Zeit die Ansicht, die Selbstversenkung der Flotte sei eine Ehrenfrage gewesen. Durch sie sei die Grundlage für den Wiederaufbau erst geschaffen worden. Dahinter steht die Auffassung, eine kampflose Übergabe sei mit der Selbstachtung der

Marine unvereinbar gewesen, die Versenkung habe gar als Maßnahme der inneren Integration die Schmach der Rebellion zum Teil wieder wettgemacht. Demgegenüber ist jedoch auf die für den materiellen Bestand der Reichsmarine äußerst nachteilige und vorhersehbare Sanktion der Siegermächte hinzuweisen. Scapa Flow sollte aber noch in einem anderen Zusammenhang gesehen werden. Es bestand angesichts der Illegalität der Versenkung nach Waffenstillstands- bzw. Friedensvertragsbestimmungen keine Möglichkeit zu einer verbindlichen Weisung der Admiralität an Reuter, jedoch legte Trotha dem Chef des Internierungsverbandes „die Notwendigkeit der Versenkung unter allen Umständen dringend ans Herz" (Raeder). Von einem eigenmächtigen Vorgehen Reuters aus Informationsmangel kann daher nur bedingt die Rede sein. Bei der weitverbreiteten Empörung der deutschen Bevölkerung über die Friedensbedingungen, die u. a. zum Rücktritt des Reichskanzlers Scheidemann führte, konnte die Versenkung auch als Fanal zum Widerstand und Verzweiflungskampf des Reiches dienen – ob nun der Waffenstillstand verlängert war oder nicht. Durch ein solches Zeichen konnte die Marine der Nation ein Beispiel geben, wie es ihr im Weltkrieg nicht möglich gewesen war. Eine derartig tiefgreifende Beeinflussung der Reichspolitik hätte nach dem Selbstverständnis der Marine in weitaus nachdrücklicherer Weise die Ehre wieder hergestellt. Da diese Möglichkeit nicht zum Zuge kam, tritt sie auch in den Akten nicht hervor und wurde nachträglich nicht vertreten; sie markiert aber doch erst den ideellen Zusammenhang eines letztlich nachteiligen und sinnlosen Schrittes.

4. Die Vorläufige Reichsmarine: Entstehung, Aufgaben und Probleme

Die Wiederherstellung und Konsolidierung der Marine ging auf zwei Ebenen vor sich: einerseits gewannen in den Küstenstandorten die Offiziere nach und nach wieder Einfluß und erreichten es, die bestehenden Räte gegeneinander auszuspielen, sie aufzulösen oder zumindest in ihrer Wirkung auf rein beratende Funktionen zu beschränken. Andererseits wirkten sich die auf Reichsebene gefallenen Entscheidungen – Wahl der Nationalversammlung, Auseinandersetzungen zwischen Oberster Heeresleitung, Regierung der Volksbeauftragten und Zentralrat der deutschen sozialistischen Republik – auf die Marine aus.

Entscheidend für den Rückgewinn des Ansehens der Offiziere war der Erlaß der Volksbeauftragten vom 19. 1. 1919 (s. Teil VI, 62 ff.), der entgegen den sieben „Hamburger Punkten" vom Dezember 1918 (s. Teil VI, S. 52 ff.) die Kommandogewalt für die Offiziere faktisch wieder beanspruchte. Er wurde in den folgenden Tagen mit Zustimmung des Zentralrats der Republik auch auf die Marine angewandt, in der jedoch sowohl Offiziere als auch Soldatenräte gegen die nach ihrer Ansicht jeweils zu weitgehenden Zugeständnisse an die andere Seite heftig opponierten.

In Wilhelmshaven gelang es dem seit Januar 1919 wieder tätigen Konteradmiral Michelsen, nach der Absetzung Kuhnts und der Niederschlagung von Aufständen Ende Januar 1919, im Februar seine Stellung zu konsolidieren. Jedoch dauerte der Räteeinfluß an, dadurch unterstrichen, daß Michelsen noch Mitte März eindringlich das Reichsmarineamt vor Plänen zur Auflösung aller Räte warnte. In Kiel folgte Anfang Januar auf Noske als Gouverneur der SPD-Funktionäre Garbe, der jedoch trotz ähnlicher politischer Ansichten wie Noske nicht den Einfluß seines Vorgängers auf das Offizierkorps erlangte. Er wurde mehr und mehr auf rein zivile Funktionen beschränkt. Starke Opposition regte sich gegen den schwachen geschäftsführenden Stationschef Konteradmiral Küsel auch aus den Reihen jüngerer Offiziere, deren „Seeoffiziers-Vereinigung Ostsee" (SOVO) zu den heftigsten Kritikern der Haltung der führenden Offiziere während der Revolutionstage gehörte. Konteradmiral Meurer, der die Waffenstillstandsverhandlungen geführt hatte, konnte erst nach großen Schwierigkeiten von Noske – nunmehr als Reichswehrminister – als neuer Stationschef in Kiel durchgesetzt werden.

Analog zum Reichsheer (s. Teil VI, S. 83 ff.) konnte die Regierung Scheidemann im März 1919 daran gehen, eine „Vorläufige Reichsmarine" zu schaffen. Seit dem Ausscheiden v. Manns im Dezember 1918 wurde lange ein geeigneter Nachfolger gesucht. Er mußte innerhalb des Offizierkorps der Marine bekannt sein, sollte aber auch zumindest ein gewisses Vertrauen auf seiten der Unteroffiziere und Mannschaften genießen. Das erste Kriterium traf zweifellos auf Konteradmiral Adolf v. Trotha zu. Daher hatte sich auch Tirpitz schon vor dem Zusammenbruch gegenüber Max von Baden für ihn ausgesprochen und aus diesem Grunde dürften auch Rogge, der die Geschäfte der RMA führte, und sein Chef der Zentralabteilung, Fregattenkapitän Raeder, für Trotha eingetreten sein. Insbesondere Raeder benutzte seine Schlüsselstellung, um bei Noske die Kandidatur zu fördern.

Daß der sozialdemokratische Volksbeauftragte und spätere Wehrminister ebenso wie der gesamte Rat der Volksbeauftragten und der Zentralrat keine Einwendungen nach dem zweiten Kriterium gegen Trotha erhoben, zeugt von ihrer politischen Naivität. Denn die starr monarchische und antirepublikanische Gesinnung dieses Offiziers muß hinreichend bekannt gewesen sein. Unter Verzicht auf ihre eigenen Zielvorstellungen stellten die führenden Sozialdemokraten die innere Geschlossenheit des Offizierkorps der Marine über die noch verhandenen Ansätze zum Neubeginn.

Trotha übernahm am 26. 3. 1919 das Reichsmarineamt (am 15. 7. in Admiralität umbenannt). Zwei Tage später, am 28. 3. verabschiedete die Nationalversammlung gegen die Stimmen der USPD das Gesetz über die Bildung einer vorläufigen Reichsmarine, das am 16. 4. verkündet wurde. Trotz der begrenzten zeitlichen Geltung waren in diesem Gesetz die für die Zukunft erwarteten und eng umgrenzten Aufgaben festgelegt: Küstensicherung und Fischereischutz, Minenräumdienst, Seepolizei sowie die Unterstützung der eigenen Handelsschiffahrt. Lediglich im letzten Punkt konnte eine Anknüpfung an weiterreichende Ziele gesehen werden.

Der bisher schon weit forgeschrittene Auflösungsprozeß der Formationen der Kaiserlichen Marine wurde nunmehr in gesetzliche Formen gebracht. Anfang 1919 waren mit der Demobilisierung fast 2000 Marinebüros mit 10 000 Personen beschäftigt; Ende 1920 waren es immer noch 3800 Personen. Daneben begann die Aufstellung bzw. Eingliederung neuer Formationen in die Vorläufige Reichsmarine.

Die Stationskommandos erhielten die Ermächtigung, je einen Sicherungsverband mit Schiffsstammdivision, einen Marineräumverband mit Minenstammabteilung, eine Seefliegerabteilung, eine Marinebrigade, ein Küstenwehrregiment sowie eine Kommandiertenabteilung zu bilden. Damit wurden u. a. die Brigaden Ehrhardt und Loewenfeld organisatorisch Teile der vorläufigen Reichsmarine, auch wenn sie einsatzmäßig dem Heer zugeteilt wurden. Durch das Freiwilligensystem wurden die Besatzungen dreier Kreuzer, die „eiserne Flottille" und die Flottille Bothmer (T-Boote), zwei Seefliegerabteilungen sowie die Minensuch- und -räumflottillen übernommen.

Mit dem Bekanntwerden der Bedingungen des Friedensvertrages und der Unterzeichnung mußte der geplante Rahmen verkleinert werden. Kennzeichnend für die Gestaltung der Reichsmarine war das Überwiegen von Landformationen, die vielfach die „graue Marine" auch in der Öffentlichkeit als entscheidende Komponente erscheinen ließen. Jedoch war mit der Aufstellung von Freiwilligenverbänden keine einheitliche Ausrichtung in antirevolutionärem Sinn gegeben.

Besonders in den Minensuchverbänden gab es eine große Anzahl von Matrosen, die als „rot" galten. Begründet lag dies darin, daß diese Verbände aufgrund der Waffenstillstandsbedingungen und auf Drängen der deutschen Handelsschiffahrt ohne sorgfältige Personalauswahl sehr frühzeitig, d. h. noch in der Phase aufgestellt werden mußten, in der die Matrosen vorwiegend revolutionär auftraten. Das Minenräumen in Nord- und Ostsee sowie im Eismeer begann im Frühjahr 1919. Auf diesem Gebiet bot sich linken Matrosen die Chance, ihre Fähigkeiten zur See zu demonstrieren und zu zeigen, daß sie auch ohne Offiziere sinnvolle Arbeit leisten konnten. Ein Räumeinsatz ohne Leitung von Seeoffizieren läßt sich freilich nicht nachweisen.

Die mit hohen Prämien gewonnenen Besatzungen räumten 1919 zunächst die wichtigsten Fahrstraßen der Nordsee, wobei der Kohlenmangel die Tätigkeit stark beeinträchtigte. Es folgten der innere Teil der Deutschen Bucht und 1920 die restliche Nordsee sowie die dem Reich zugeteilten Ostseegebiete. Im Jahr danach schlossen sich Arbeiter in weiter entfernten Seegebieten an der Murmansk-Küste sowie in der östlichen Ostsee an. Im Oktober 1922 galten die Arbeiten als beendet.

Der wichtigste Einschnitt für die Vorläufige Reichsmarine war die Unterzeichnung des Friedensvertrages und die Flottenversenkung im Juni 1919. Die fast allgemeine Ablehnung des Vertrages in der Bevölkerung zeigte sich auch bei der Marine. Offiziere und vormals aufständische Matrosen demonstrierten, in diesem Punkt einig, gemeinsam gegen Bedingungen, die ihnen die Existenzgrundlage zu entziehen drohten. Trotha setzte sich innerhalb der Reichsregierung mit allen zu Gebote stehenden Mitteln gegen die Unterzeichnung ein und scheute sich auch nicht, mit dem Streik der Offiziere zu drohen. Die Selbstversenkung deutet gleichfalls in die Richtung maritimen Widerstandes. So verwundert es auch nicht, daß sich eine erste Konsolidierung der Marine erst Ende 1919 abzeichnete, die jedoch Anfang 1920 wieder in Frage gestellt wurde.

Die unterschiedlichen Zukunftserwartungen vor und nach der Unterzeichnung des Versailler Vertrages machen den Einschnitt des Juni 1919 deutlich. Zuvor wiesen, eventuell als Reaktion auf die Forderungen des Marinerätekongresses in Hamburg, Überlegungen aus dem Reichsmarineamt auf weiter gesteckte Ziele hin. Zwar wurde auch hier die Chance für eine Anknüpfung an die Tirpitzsche Traditionen in der Gegenwart insgesamt gering eingeschätzt und der Küstenschutz als aktuelle Hauptaufgabe angesehen. Jedoch gingen die unterschiedlich akzentuierten Gedanken vielfach weit in die Zukunft. So forderte z. B. Trotha, in enger Anlehnung an ideologische Positionen der Vorkriegszeit, Kriegsschiffe als Vorreiter deutscher Handelsinteressen in Übersee: „Wir sind gezwungen, wieder unsere Kriegsflagge auf allen Meeren zu zeigen als Zeichen dafür, daß Deutschland gewillt ist, seinen wirtschaftlichen Einfluß im Ausland wieder aufzunehmen, seinen Handelspionieren wieder wie früher einen Rückhalt durch Kriegsschiffe zu geben ...". Bei anderen Offizieren wurden Besorgnisse vor allem gegenüber der russischen oder polnischen Marine laut; im ersten Fall verknüpften sich diese mit der Furcht vor innerer Revolutionierung. Als Grundstock für eine neue deutsche Flotte wurde zumeist ein Geschwader von acht modernsten, neu zu bauenden Schlachtschiffen erstrebt, daneben zahlreiche Kreuzer, Zerstörer und andere Schiffe. Während von einigen Offizieren eine gewisse Einschränkung deutscher Seemacht im Friedensvertrag erwartet wurde, planten andere ungebrochen in die Zukunft hinaus.

Die Annahme des Friedensvertrags beseitigte diese Ungewißheit und lenkte die Überlegungen auf begrenzte Ziele. Die in naher Zukunft erfüllbaren Aufgaben wurden aufgrund des verbleibenden Schiffsmaterials ausschließlich im Küstenschutz gesehen. Aber: wenn auch das militärische Kalkül ergab, daß sogar dieses Ziel angesichts des verfügbaren Personals und Materials nur schwer zu erreichen war, so blieb doch die Hoffnung auf einen darüber hinausgehenden Aufstieg ungebrochen. Während einige Offiziere eine solche Entwicklung immer noch durch die Wiederaufnahme des Kampfes in einem nationalen Befreiungskrieg erwarteten, rechneten andere damit, daß nunmehr für nicht absehbare Zukunft neben die bescheidenen Gegenwartsaufgaben nur noch die geistige Ausrichtung auf einen Wiedergewinn der verlorenen Weltmachtposition treten könne. Ganz auf der Linie schnellen Neuaufbaus lagen demgegenüber Vorschläge zu Beginn des Jahres 1920, möglichst bald fünf neue Kreuzer in Dienst zu stellen und dazu im laufenden Haushalt den Weiterbau von drei bereits begonnenen Kreuzern zu beantragen, um „an keiner Stelle die Vermutung aufkommen zu lassen, als zweifelte die Marine selbst auch nur einen Augenblick an der Notwendigkeit und Möglichkeit ihres beschleunigten Wiederaufbaus, wenn auch nur innerhalb der uns gesteckten Grenzen". Jedoch verkannte ein solcher Plan innenpolitische Kräftekonstellation, finanzielle Möglichkeiten und militärpolitische Lage.

Besonders schwierig waren die personellen Bestimmungen zur Verkleinerung der Marine zu erfüllen. Bis Ende 1919 trat eine große Anzahl ehemals Kaiserlicher Offiziere wieder in die Marine ein. Die Auswahlkriterien wurden ganz der Reichsmarine überlassen, die sich vordergründig allein vom Prinzip fachlicher Eignung leiten ließ. Ein Einfluß der Reichsregierung ist nicht zu verzeichnen, da Noske auf die Loyalität der Offiziere vertraute. Eine Ausnahme in diesem Vorgehen bildeten eine Reihe von Deckoffizieren, die aufgrund von Vorstellungen aus der Nationalversammlung Anfang 1919 zu Offizieren befördert wurden. Eine Alternative zur Personalpolitik der Marineführung erwuchs daraus jedoch nicht.

Weitere Unsicherheiten kamen hinzu. Für das Selbstverständnis der Marine bedeutete die im Friedensvertrag geforderte Auslieferung von Kriegsverbrechern eine Ungeheuerlichkeit. Als am 3. 2. 1920 auch die Namen führender Marineoffiziere – Trotha war unter diesen – sowie einer großen Anzahl U-Boot-Kommandanten auf einer Auslieferungsliste erschienen, kam erneut die Neigung auf, gegen ein solches Ansinnen aktiven Widerstand zu leisten. Trotz Ablehnung der alliierten Forderung durch die Reichsregierung wuchs die Skepsis gegenüber der Festigkeit von Reichskanzler Bauer (SPD). Nach einem öffentlichen Angriff auf die Unterzeichnung des Friedensvertrages mußte im Januar 1920 der Kieler Stationschef Meurer abgelöst werden. Sein Nachfolger wurde der ganz im radikalen Fahrwasser schwimmende Konteradmiral Magnus v. Levetzow, der ursprünglich aus innerer Distanz gegenüber der Reichspolitik seinen Abschied genommen hatte.

Anfang 1920 trug die Entscheidung über die künftige volle Eingliederung bestehender Formationen neue Spannungen in die Marine. Die Minenräumverbände – 10 000 Mann – konnten neben der Reichsmarine Versailler Zuschnitts bestehen bleiben; diese Frage war noch nicht akut. Probleme warfen dagegen die aus britischer Gefangenschaft zurückkehrenden Angehörigen der Internierungsstreitkräfte auf, die ihr Verbleiben in der Marine forderten. Am stärksten belastete die Weiterverwendung der beiden Marinebrigaden die Planungen: sie konnten sich eher mit den Landstreitkräften identifizieren und damit die Angliederung der Marine an das Heer einleiten.

5. Der Kapp-Lüttwitz-Putsch und der neue Zusammenbruch der Marine 1920

a. Vorgeschichte und Ablauf in der Admiralität

In der allgemeinen Opposition gegen den Versailler Vertrag formierten sich die Kräfte der politischen Rechten zunehmend in der zweiten Hälfte des Jahres 1919. Der Befehlshaber des Reichswehrgruppenkommandos I, Generalleutnant Freiherr v. Lüttwitz, sammelte innerhalb der Reichswehr die Anhänger einer auf Putsch abzielenden Richtung und plante wohl – ebenso wie der andere Ziele verfolgende Generallandschaftsdirektor Kapp – für Ende März 1920 einen Coup. Während der Chef der Heeresleitung Reinhardt seine Loyalität gegenüber Noske betonte und auch der Chef des Truppenamtes, Generalmajor v. Seeckt, dem Vorhaben Lüttwitz' abwartend gegenüberstand, war die Position der Reichsmarine unter Trotha unklar (vgl. Teil VI, S. 241 ff.). Der Brigade Ehrhardt war in Lüttwitz' Plänen eine wichtige Rolle zugedacht. Die übrige Marine stellte keinen Machtfaktor dar, der in der innenpolitischen Kräfteverteilung von Bedeutung gewesen wäre. Trotz einer Seeckts Einstellung vergleichbaren politischen Haltung bestanden keine engen Beziehungen zwischen Trotha und dem General. Dazu trug wesentlich die Verbindung Seeckts mit der oppositionellen Kieler Offiziersvereinigung SOVO unter Konteradmiral Heinrich bei. So wurde Trotha politisch stärker auf die Position von Lüttwitz gedrängt, obwohl er dessen Putschabsichten nicht billigte.

Den entscheidenden Anlaß zum Ausbruch der latenten Spannungen lieferte die alliierte Forderung, die Reichswehr nunmehr endlich zu verkleinern. Für die Reichsmarine ergab sich daraus die Alternative, entweder die Brigaden aufzulösen oder diese auf die erlaubten 15 000 Mann anrechnen zu lassen. Die Initiative in dieser Frage ergriff Noske. Er entschied am 29. 2. 1920, die beiden Marinebrigaden zum 10. 3. aufzulösen. Dafür sprachen sowohl die Rücksicht auf Belange des Heeres als auch die Besorgnis vor der bei Berlin konzentrierten militärischen Macht Ehrhardts. Lüttwitz hatte aber dem Freikorpsführer bereits zuvor zugesichert, seine Truppe zu erhalten. Daher war dieser entschlossen, dem Ruf seines direkten militärischen Vorgesetzten Lüttwitz zu folgen. Um einer derartigen Koalition die Legitimation zu nehmen, wurde die Brigade Ehrhardt am 10. 3. dem Gruppenkommando entzogen und Trotha gegen dessen Willen unterstellt. Der daraus resultierenden Verpflichtung suchte sich der Chef der Admiralität nicht durch die Forderung militärischen Gehorsams, sondern durch taktisches Ausgleichen zwischen den Fronten zu entledigen. Angesichts der entschlossenen Haltung Lüttwitz' erwies sich dies als verhängnisvoll.

Am 13. 3. besetzte die Brigade Ehrhardt Berlin, die Regierung Bauer verließ die Stadt nach der Entscheidung, keinen bewaffneten Widerstand zu leisten, und Kapp usurpierte die vakante Führung. Trotha war an der Entscheidung des

Kabinetts nicht beteiligt und nicht über die Motive zum Verlassen Berlins informiert. Lüttwitz gab gegenüber Trotha die falsche Erklärung ab, Ebert sei in Berlin geblieben und werde von den Putschisten anerkannt. Die Neubildung einer legalen Regierung unter Kapp sei im Gange. Im Gegensatz zu den Offizieren des Reichswehrministeriums reagierte Trotha positiv auf den Appell, sich der neuen Regierung zur Aufrechterhaltung von Ruhe und Ordnung zur Verfügung zu stellen, nachdem er sich mit seinen engsten Mitarbeitern wie Michaelis und Raeder besprochen hatte. Diese Entscheidung wurde sogleich den Stationschefs in Kiel und Wilhelmshaven mitgeteilt, die sich ihrem Vorgesetzten anschlossen. Auch in den folgenden Tagen, als sich bei Generalstreik, Weigerung der Beamtenschaft und abwartender Haltung eines bedeutenden Teils der Reichswehr das Scheitern des dilettantisch geplanten Putsches abzeichnete, blieb der Apparat der Admiralität funktionsfähig. Jedoch hatte Trotha diese, wie die gesamte Reichsmarine, durch sein Verhalten gegenüber der Regierung Bauer diskreditiert. Nach deren Rückkehr in die Hauptstadt enthob Ebert Trotha, der an Sitzungen der „Regierung Kapp“ teilgenommen hatte, seiner Stellung; ein Verfahren vor dem Reichsgericht wurde gegen ihn eingeleitet. Eine neue schwere Marinekrise war ausgebrochen.

Die Frage nach den Motiven von Trothas Handeln wird in der Forschung unterschiedlich beantwortet. Während ältere Arbeiten aus dem äußeren Geschehensablauf die Admiralität in eine Linie mit den Absichten Lüttwitz' stellen, legte die Marinetradition Wert auf die unglückliche Verstrickung des Chefs der Admiralität, seine mangelnde Informiertheit und sein Legalitätsdenken. Zwar gehörte Trotha zu den geistigen Vätern des geplanten Flottenvorstoßes vom Oktober 1918 und somit zu den Befürwortern von Aktionismus in aussichtsloser Lage. Aber der Admiral gehörte auch zu den Offizieren, die eine gewisse Bereitschaft zeigten, die Frage nach der Verantwortung an den Meutereien zur Selbstprüfung der Offiziere zu verwenden. Der traumatisch nacherlebte plötzliche Zusammenbruch der Kaiserlichen Marine ließ die innere Integration der Marine als wichtigstes Ziel der Gegenwart erscheinen.

Nach Trothas Auffassung bestand zwischen „Volkskraft“ und Kriegsmarine eine enge Wechselbeziehung. Ein gleichsam organisch wachsender und expandierender Volkskörper habe im Kaiserreich notwendig den Schritt zu überseeischem Ausgreifen getan. Aus dieser biologischen Sicht deutete er militärische Niederlage und inneren Zusammenbruch im Weltkrieg als temporäres Versagen des Volkes. Da aber der Glaube an die prinzipielle Weltmachtqualität des Deutschen Reiches erhalten blieb, dem eine entsprechende Flotte zukam, war es für Trotha wichtig, zunächst die Sozialordnung wieder zu festigen, damit daraus ein maritimer Neubeginn erwachsen könne. Sein Engagement für die Reichsmarine bedeutete deshalb zugleich eine Auseinandersetzung mit den Sozialdemokraten und den Resten des Rätesystems.

Prinzipiell teilte Trotha wahrscheinlich die Restaurationswünsche Lüttwitz'. Jedoch schien ein kurzfristig durchschlagender Putsch kein geeignetes Mittel für die erwünschte Entwicklung, da nur ein behutsames Vorgehen zum Erfolg führen konnte.

In diesem Zusammenhang ist auch Trothas Haltung gegenüber den Brigaden zu sehen. Sie stellten ein wertvolles und unentbehrliches Potential an „nationaler“ Gesinnung dar; jedoch war ihre weitgehende Selbständigkeit vor allem im Fall Ehrhardts äußerst problematisch. Trotha bevorzugte eine allmähliche Auflösung der Brigaden. Das für die Reichsmarine geeignete Personal sollte nach und nach in die bestehenden Formationen eingegliedert werden. Daher dürfte ihm die Unterstellung des putschbereiten Ehrhardt als Danaergeschenk erschienen sein. Da die mühsam wiederhergestellte Geschlossenheit der Marine nicht durch Ehrhardt in Frage gestellt werden durfte, war eine offene Parteinahme gegen ihn kaum möglich; denn dann wäre das Personalreservoir der Brigaden, über denen der Auflösungsbefehl schwebte, in Zukunft kaum für die Reichsmarine zu nutzen gewesen. Die von Trotha später zur Rechtfertigung betonte neutrale Haltung zwischen verfassungsmäßiger Regierung und Putschisten, trifft durchaus seine Intentionen während des Putsches. Da er von der Marineorganisation her dachte, suchte er die Marine aus der Politik formal herauszuhalten. Faktisch bedeutete sie jedoch die klare Parteinahme für den Putsch. Überdies erwies sich Trothas Kalkül auch gegenüber der Marine als verfehlt. Da vorwiegend der Zusammenhalt des Offizierkorps als Maßstab seines Urteils diente, brachen wie im Oktober/November 1918 die Konflikte zwischen Offizieren einerseits, Deckoffizieren, Unteroffizieren und Mannschaften andererseits bei den Marinestationen offen aus. Die Autorität der Offiziere stellte sich als genauso prekär heraus wie 18 Monate zuvor; denn die Erfahrungen der Zwischenzeit waren nicht verarbeitet worden. Da das Spannungspotential in ihren Reihen unterschätzt wurde, geriet die Marine erneut in eine solche Strukturkrise, daß die Frage nach ihrem Fortbestehen aufgeworfen wurde.

b. Die Gegenrevolten in Kiel und Wilhelmshaven

Noch weniger als in Berlin war bei den beiden Stationskommandos eine neutrale Haltung während des Putsches vertretbar. Der Gehorsam gegenüber der von Trotha befohlenen abwartenden Einstellung zu Kapp und Lüttwitz hatte eine offene Konfrontation der Offiziere mit ihren Untergebenen zur Folge. Die Befehlshaber der beiden Marinestationen befolgten am 13. 3. 1920 die Weisung, Ruhe und Ordnung zu bewahren, was sich zugunsten der neuen Regierung auswirkte. Als der Fortbestand der legalen Regierung Bauer bekannt wurde, beharrte Vizeadmiral Michelsen in Wilhelmshaven auf der einmal bezogenen Position, zunächst weitere Weisungen von Trotha abzuwarten. Mag auch Michelsen anfangs allein das Streben nach Zusammenhalt des Offizierskorps geleitet haben, so ist in seinem Fall die Abwendung von verfassungskonformem Verhalten besonders deutlich. Nachdem ihn bei einer Ansprache am 15. 3. das Minensuchpersonal nicht zu Wort kommen ließ, lehnte er am folgenden Tag die Forderung von Vertrauensleuten ab, verfassungsgemäß gegen den Putsch militärisch vorzugehen.

Offene Ehrhardt-Sympathien bei vielen seiner Offiziere – nur eine Minderheit war bereits am 14. März für eine Unterstützung der legalen Regierung eingetreten – waren angesichts der Rekrutierung dieses Freikorps aus Wilhelmshaven ein bestimmendes Element für die Haltung des Stationschefs. Am 16. März wurden alle Seeoffiziere durch Unteroffiziere und Mannschaften des Dienstes enthoben und verhaftet. Die von ihren Standesorganisationen unterstützten Deck- und Unteroffiziere, hinter denen der oldenburgische Ministerpräsident Tantzen (DDP) stand, übernahmen selbst das Kommando. Auf Vorschlag Tantzens ernannte Reichspräsident Ebert den Obermaschinisten a. D. Grunewald zum neuen Stationschef. Die Offiziere blieben mehrere Tage inhaftiert.

In Kiel konnte sich Stationschef v. Levetzow auf das dort stationierte Bataillon Claaßen der Brigade v. Loewenfeld verlassen. Blutige Auseinandersetzungen begannen hier bereits am 13. 3., als organisierte Arbeiter auf die Nachricht vom Putsch hin gegen Marineeinrichtungen vorgingen. Vertreter der politischen Parteien und Gewerkschaftsfunktionäre versuchten in den folgenden Tagen, Levetzow gegen den Putsch zu beeinflussen, erfuhren jedoch nur starre Ablehnung. Der Admiral verhängte in seiner Eigenschaft als Militärgouverneur ein Publikationsverbot, ließ Gegner des neuen Regimes verhaften und drohte Exekutionen an. Sein Chef des Stabes trat aus Protest gegenüber seinem Vorgesetzten zurück. Auch das Scheitern des Kapp-Lüttwitz-Putsches änderte Levetzows Haltung nicht. Bevor ihn die Nachricht von seiner Amtsenthebung am 18. 3. erreichte, kam es erneut zu Kämpfen zwischen Arbeitern und dem Bataillon Claaßen. Sogar seinen Nachfolger Konteradmiral Evers ließ Levetzow zunächst verhaften, bis er schließlich selbst verhaftet wurde.

Aufgrund der Vorgänge in Wilhelmshaven forderten nunmehr auch in Kiel die bislang zurückhaltenden Deckoffiziere und Vertrauensleute die Absetzung der Offiziere. Als Evers dies ablehnte, besetzten Marinetruppen am 23. 3. das Stationskommando. Die führend beteiligten Deckoffiziere übernahmen fast überall das Kommando. Zum vorläufigen Stationschef bestellte Zivilgouverneur Garbe Anfang April den ehemaligen Deckoffizier Lt. z. S. v. Seidlitz. Der I. Torpedobootshalbflottille unter Korvettenkapitän Albrecht gelang es zuvor, am 19. 3. von Kiel nach Swinemünde auszulaufen. Direkt der Admiralität unterstellt blieb sie als einzige Marineformation – neben den Brigaden – militärisch einsatzbereit. Die Admiralität selbst blieb – freilich ohne ihren Chef – als Behörde funktionsfähig, besaß allerdings keinen Einfluß auf die übrige Marine mehr.

Pläne der Deck- und Unteroffiziere, eine eigene Admiralität aus ihren Reihen zu begründen, machen das berufsspezifische Interesse der entsprechenden Bünde deutlich, sie sind aber darüber hinaus, unabhängig von ihrer politischen Realisierbarkeit, ein Zeichen für die tiefgreifenden sozialen Spannungen innerhalb der Marine. Hatten 1918 die meuternden Matrosen das formale Recht gegen sich, so hatte sich diesmal die Marineführung faktisch auf die Seite der Illegalität gestellt.

c. Die Nachwirkungen des Putsches: Auflösung der Marine?

In der nach dem Putsch neugebildeten Regierung unter Müller (SPD) übernahm Otto Geßler (DDP) (s. S. 378 f. und Abschnitt VI, S. 115 f.) das Amt des Reichswehrministers von Noske, der seinen Nachfolger zunächst weiter beriet. Geßler sah vor sich als Hauptaufgabe die Konsolidierung der Reichswehr. Auf dem Marinesektor bedeutete das die Wiederherstellung der Autorität in der Hierarchie. Auch Ebert anerkannte, daß eine gewerkschaftliche Organisation – gemeint war wohl der Einfluß der „Bünde" – nicht zu dulden sei, als er den bisherigen Chef des Marinekommandoamtes, Konteradmiral William Michaelis, mit der Vertretung des Chefs der Admiralität beauftragte. Die am 6. 4. von Ebert ergangene Weisung, alle Offiziere der Admiralität zu entlassen, die sich beim Staatsstreich Trotha unterstellt hatten, nahm Geßler jedoch nicht an; denn damit hätte die gesamte Zentralbehörde abgelöst werden müssen. Stattdessen kündigte er eine disziplinare Überprüfung aller Offiziere durch einen Untersuchungsausschuß unter Unterstaatssekretär Stock (SPD) an. Da dies Zeit beanspruchte, war an die Wiederaufnahme des Dienstes durch Offiziere nicht sofort zu denken. Es kam hinzu, daß die überwiegende Anzahl von Offizieren nunmehr zum Gegenangriff überging und sich weigerte, mit den etablierten Deckoffizieren zu verhandeln. Sie forderten deren Bestrafung wegen illegaler Dienstenthebung der Offiziere. Diese Intransigenz hatte jedoch keine Folgen. Ein Teil der Marineoffiziere resignierte angesichts der innenpolitischen Kräftekonstellation, hierin von einer Reihe alter Admirale wie Tirpitz bekräftigt, und verließ die Marine. Geßler taktierte geschickt zwischen den Fronten innerhalb der Marine, während Michaelis als weithin wenig bekannter Stabsoffizier seine Position behutsam vorgehend zu stärken suchte. Nur wenige Offiziere, wie Konteradmiral Zenker in Wilhelmshaven, bemühten sich um einen echten Ausgleich mit den amtierenden Autoritäten in der Marine. Die anlaufenden Untersuchungen richteten sich verständlicherweise, aber entgegen gegebenen Zusagen, ausschließlich gegen Offiziere, deren Neigung zur Resignation dadurch verstärkt wurde. Geßler gelang es zwar bereits Anfang Mai 1920, einige Offiziere der Stationen zur Mitarbeit zu bewegen, jedoch erst Michaelis' entschlossenes Eintreten für die sofortige Wiedereinsetzung der Offiziere führte zu einem formellen Akt Geßlers am 25./27. 5. in Wilhelmshaven und Kiel, durch den ohne Komplikationen der Einfluß der Bünde zurückgedrängt wurde. Die Seeoffiziere nahmen ihre Tätigkeit wieder auf, jedoch wurden die Stäbe zum größten Teil ausgewechselt. Eine beträchtliche „Stellenjagd" (Michaelis) war die Folge. Einsichtige Offiziere rangen sich dazu durch, die Fehler auch in ihren Kreisen zu suchen: „Das Offizierkorps muß wieder gehorchen lernen und sich fügen, da es nicht übersieht, was ihm das Beste ist" (Raeder).

Nur wenige Seeoffiziere waren vor der Wiedereinsetzung über ihre Haltung zum Putsch befragt worden. Der Untersuchungsausschuß des Reichstags arbeitete mit seinem Marinereferat von April bis Mitte Juli. Die von Geßler offiziell bekanntgegebenen Zahlen und die der Marineakten weichen beträchtlich voneinander ab. Danach wurden 279 bzw. 225 Verfahren eröffnet, jedoch 171 (149) wieder eingestellt. Beurlaubt wurden 40 (29) Offiziere, versetzt 11 (13) Offiziere, dienstenthoben 18 (18), 35 (11) anderweitig bestraft und nur 4 (5) verabschiedet. Jedoch wurden nicht alle Sanktionen durchgeführt; mindestens ein Offizier wurde anstatt verabschiedet wenig später befördert.

Mit der Wiedereinsetzung des alten Führungskorps war die Existenzkrise der Marine keineswegs abgeschlossen. Neben das aufgrund der Matrosenrevolte 1918 bestehende Mißtrauen von rechts trat nunmehr das von links: Die Admiralität schien die erste sich bietende Gelegenheit zur Restauration des alten Systems entschlossen ergriffen zu haben. Mit im Kern zutreffender Beobachtung führte Michaelis daher am 3. 8. 1920 vor Kommandeuren aus: „Kein größerer Bevölkerungsteil irgendwelcher Richtung hat z. Z. das geringste Interesse an der Erhaltung und dem Wiederaufbau der Marine. Rechtsstehende Kreise schieben vielfach die November-Revolution fälschlich allein der Marine in die Schuhe ... Demokraten und Mehrheitssozialisten tragen uns vor allem den Kapp-Putsch nach. Die äußerste Linke hat grundsätzlich kein Interesse an dem Erstarken irgendeines Machtmittels der Regierung."

Neben der politischen Unzuverlässigkeit spielte das Argument militärischer Nutzlosigkeit der Marine eine entscheidende Rolle. Es wurde ernsthaft darüber diskutiert, die verbleibenden Aufgaben im Küstenschutz dem Heer zu übertragen oder zumindest die höchsten Marinebehörden direkt der Heeresleitung zu unterstellen, um einen einheitlichen Befehlsstrang und die Ausrichtung an den unmittelbaren Aufgaben der Landesverteidigung zu sichern. Die Frage spitzte sich auf die Entscheidung über den Dienstrang des höchsten Seeoffiziers zu. In einer Kabinettsitzung am 12. 6. 1920 trat Geßler möglicherweise gegen die Marineinteressen auf, verhielt sich jedoch zumindest neutral. Die Ansichten der maßgeblichen Politiker sind in dieser Frage schwer zu rekonstruieren. Daher kam es auch für Michaelis, der ohne Einfluß auf die Personalentscheidung war, darauf an, zumindest mit Sachargumenten über den Sinn einer Marine aufzuklären. Dennoch plädierte Ebert im August aus finanziellen und praktischen Gründen für die Abschaffung einer selbständigen Marine. Das hinter solchen Auffassungen stehende Mißtrauen zeigte sich auch bei der entscheidenden Kabinettsitzung am 24. 8. 1920. Hier kam der Marine zur Hilfe, daß sich Seeckt als Chef der Heeresleitung gegen eine Inkorporierung der Marine in das Heer ausgesprochen hatte. Geßler, nunmehr im Bunde mit Michaelis, setzte vor gerade noch beschlußfähigem Kabinett die Schaffung einer Admiralsstelle für den Marinechef durch. Der leicht zu zahlende Preis war die Änderung der besonders der SPD verdächtigen Bezeichnung Admiralität in den unverfänglicheren Begriff Marineleitung in Analogie zur Heeresleitung.

Schon im Frühsommer 1920 hatte es Bestrebungen gegeben, das Provisorium an der Marinespitze zu beenden. Zunächst bestanden Rücksichten gegenüber Trotha. Falls er vom Reichsgericht wegen der Teilnahme am Kapp-Putsch freigesprochen wurde, sollte die Möglichkeit zur Rehabilitierung gegeben sein. Dennoch war auch nach seinem Freispruch die Rückkehr politisch unmöglich, und so begann die Suche nach geeigneten Nachfolgern. Michaelis, der im Laufe der Zeit eigene Ambitionen entwickelte, resignierte nach Intrigen einer Kamarilla in seinem Amt. Man bedurfte einer Persönlichkeit von großer Integrationskraft. Ebert wie Geßler erklärten sich Anfang August in der Wahl zwischen den bereits verabschiedeten Admiralen Behncke und Hopman für Behncke, der ebenso wie der zuvor gleichfalls genannte dritte Kandidat Scheer auf der alliierten Auslieferungsliste gestanden hatte.

Die Denkschrift Michaelis' vom Sommer 1920 setzten der Reichsmarine Ziele, die erstmals seit dem Zusammenbruch von einer Gesamtsicht ausgingen. Sie waren gleichermaßen für die geistige Integration des Offizierkorps wie für die Beschlußfassung von Reichspräsident und Reichsregierung bestimmt. Obwohl gegenüber den Adressaten taktisch bestimmte Rücksichten zu erwarten wären, wird dennoch die Absicht nach verbindlicher Argumentation deutlich.

Im einzelnen wurden folgende Punkte erläutert:

1. Sicherung der staatlichen Ruhe und Ordnung im Küstengebiet
2. Überwachung der längs der deutschen Küste liegenden Hoheitsgewässer
3. Verhinderung des Aufkommens von Seeräuberunwesen vor der deutschen Küste
4. Die Verteidigung der Küsten gegen Annektionsgelüste von benachbarten kleineren Seestaaten
5. Sicherung der Seewege vor der Küste, insbesondere die Verbindung mit Ostpreußen
6. Sicherung gegen Blockade durch kleine Ostseestaaten
7. Auftreten in überseeischen Ländern „als Maßstab für die Tüchtigkeit und Haltung der ganzen Nation"
8. „Kulturaufgaben", wie Seevermessung, Fischereischutz, Meeresforschung.

Damit war eine Abfolge von Aufgaben gegeben. Sie begann bei unmittelbaren und innenpolitisch motivierten Zielen, denen Vorstellungen über die zumeist abschätzig mit „Küstenmarine" umrissenen Tätigkeiten folgten. Im Rahmen traditionellen Militärkalküls erschien hier besonders der Gedanke einer defensiven Landesverteidigung, vorwiegend in der Ostsee gegenüber Polen wie Sowjetrußland. In einer anderen Denkschrift für die Reichsregierung betonte Michaelis demgegenüber offener, daß die Marine auch noch nach dem Versailler Vertrag einen Machtfaktor darstellen können. Bei vollem Ausbau sei sie „immer noch den Marinen unserer sämtlichen Nachbarstaaten, insbesondere in der Ostsee, tatsächlich überlegen". Über die in der Krisensituation des Jahres 1920 allein anstehenden Aufgaben hinaus wiesen die letzten beiden Punkte der ersten Denkschrift. Erst das Bestreben, in Zukunft auf den Weltmeeren wieder die Flagge zu zeigen, macht den Kampf um organisatorische Selbständigkeit der Marine gegenüber dem Heer voll verständlich.

Die folgenden Bemerkungen verdeutlichen darüber hinaus, daß die im Vordergrund stehende Friedenstätigkeit eine Stufe für einen zeitlich noch nicht abzusehenden Neubeginn deutschen Seemachtstrebens war:
„Niemand dürfte endlich die Verantwortung auf sich zu nehmen berechtigt sein,

daß unseren Kindern und Kindeskindern die Möglichkeit abgeschnitten würde, sich einmal wieder eine große Seemacht zu verschaffen, wenn sie dies für erforderlich halten ... Der Fluch unserer Nachfolger und Kinder würde uns in hohem und vielleicht berechtigten Maße treffen, wenn wir jetzt kurzsichtig auch nur etwas preisgäben, von dem, was selbst unsere erbittersten Feinde uns nicht nehmen zu können glaubten." Diese Argumentation, in der die Beweisführung zum Teil durch das Pathos des Wahrheitsbesitzes ersetzt war, dürfte der Marine bei der Reichsregierung und dem Reichspräsidenten wohl Nachteile gebracht haben; sie bedeutete jedoch zugleich einen Appell an das höhere Offizierkorps, auf Zukunftsmöglichkeiten zu vertrauen und die Marine nicht zu verlassen. Die Kontinuität der Weltmachtvorstellungen der Vorkriegszeit stand somit am Beginn der Reichsmarine und diente als Integrationsklammer. Ein Zeitpunkt für die Anknüpfung an die Vergangenheit war freilich nicht vorauszusehen, aber angesichts der wenig glanzvollen Gegenwartsaufgaben wurde in der Hoffnung auf neuen Aufstieg ein Konsensus der Marineoffiziere gesucht.

B. Die Marine 1920—1939: Sozialstruktur und Stellung im Staat

1. Innere Struktur

Die beiden Marinekrisen der Jahre 1918 und 1920 wurden nur durch eine kurze Phase Ende 1919/Anfang 1920 unterbrochen, in der ein Versuch zu systematischer Aufbauarbeit unternommen wurde. Jedoch war die Integrationskraft der Marineführung nach innen äußerst beschränkt. Die gleichen Strukturprobleme, jedoch verstärkt durch ein neu entflammtes Mißtrauen von außen wie innerhalb der Marine, stellten sich im Herbst 1920 erneut.

a. Offizierkorps

Zusammensetzung und Ausbildung

Nach dem Versailler Vertrag durften von den 15 000 Mann der Marine höchstens 1500, also 10% (gegenüber dem Satz für das Heer von 4%), Offiziere sein. Diese mußten sich auf 25 Jahre verpflichten. In der Zahl waren alle Offizierlaufbahnen sowie die militärischen Marinebeamten enthalten.

Um die Zahl der verfügbaren Soldaten möglichst hoch zu halten, wurde die bislang militärisch strukturierte Verwaltung so weit wie möglich an andere Ministerien abgegeben. Wegen institutioneller Reibungen mußten bereits ausgegliederte Teile freilich bald zurückübernommen werden.

Die überwiegende Zahl der bisherigen Beamten mit Offiziersrang wurde zu Zivilbeamten. Eine Ausnahme bildeten die Marinezahlmeister, die jedoch quantitativ nicht ins Gewicht fielen. Erst unter Raeders Marineführung ließ sich ein bereits früher geplantes Verwaltungsoffizierkorps einrichten (1935). Ebenfalls aus Gründen der Personalersparnis wurden aus den Waffenoffizieren (Artillerie-, Torpedo- und Minenwesen) Beamte; jedoch war dadurch die Attraktivität dieser Laufbahnen beträchtlich eingeschränkt. Erst mit Beginn der Aufrüstung in den dreißiger Jahren entstanden die Waffenoffizierkorps erneut.

Zahlenmäßig nicht ins Gewicht fielen auch die Sanitätsoffiziere, deren Anzahl in der Weimarer Zeit zwischen 90 und 100 Mann betrug. Dennoch wurde diese Ziffer im Reichstag wiederholt als zu hoch kritisiert. In ihrer Ausbildung folgte nach allgemeiner militärischer und seemännischer Ausbildung ein normales Medizinstudium mit Unterbrechungen durch Marinekommandos in den Semesterferien.

Als wichtigste Korps sind die See- und Ingenieuroffiziere anzusehen. Die scharfe Trennung zwischen allen Korps hatte in der revolutionären Zeit zur weitgehenden Isolierung der Seeoffiziere geführt. Das Bestreben nach Aufhebung der Diskriminierung wurde daher für die Reichs- und Kriegsmarine charakteristisch, auch wenn eine soziale Distanz der See- zu den Ingenieuroffizieren erhalten blieb. Äußerlich wurde die Anhebung dadurch demonstriert, daß nunmehr auch Ingenieuroffiziere bis zum Konteradmiral aufsteigen konnten, auch wenn sie im Bordbetrieb hinter jüngeren Seeoffizieren rangierten. Wichtig für die Integration der Offizierkorps war die gemeinsame Anfangsausbildung aller Offizieranwärter, die der Aufsicht der Inspektion des Bildungswesens unterstand. Zur Schaffung eines einheitlichen Offizierkorps aller Laufbahnen, konnte man sich jedoch nicht entschließen.

Voraussetzung für den Eintritt in die Marineoffizierlaufbahn war in der Regel das Reifezeugnis einer höheren Lehranstalt. Als Ausnahme war auch eine andere gleichartige Qualifikation vorgesehen, die diesen Bewerbern nach insgesamt sechs Jahren die Beförderung zum Leutnant bringen sollte. Jedoch machte die Reichsmarine von dieser Möglichkeit nur selten Gebrauch:

Die Offizierlaufbahnen begannen jeweils mit infanteristischer Ausbildung; die zukünftigen Seeoffiziere wurden anschließend auf ein Segelschulschiff kommandiert. Nach der Beförderung zum Kadetten taten alle Laufbahnen für mehrere Monate auf Schulkreuzern Dienst. Anschließend folgte der einjährige Fähnrichslehrgang auf der Marineschule Mürwik. Es schloß sich die eigentliche Spezialausbildung in Sonderlehrgängen an. Den Abschluß bildete eine einjährige Bewährung an Bord als Oberfähnrich. Nach 4½ Jahren Dienst kam die Beförderung zum Leutnant.

In den folgenden Kommandierungen wurde auf einen stetigen Wechsel zwischen Bord-, Land- und Stabsdienst Wert gelegt, jedoch weist gerade die Laufbahn späterer Admirale einen hohen Anteil von Offizieren auf, die vor allem im Bord- und Stabsdienst eingesetzt waren. Die Tätigkeit bei Landtruppenteilen ermöglichte in der Regel keinen Aufstieg in die höheren Ränge.

Neben der Kadettenlaufbahn gab es als zweite Möglichkeit für die Offizierslaufbahn den Aufstieg aus Deck- oder Unteroffiziersdienstgraden. Nachdem 1919/20 von dieser Möglichkeit häufiger Gebrauch gemacht worden war, ist auch im folgenden Jahrzehnt eine im Vergleich zum Heer größere Anzahl von Offizieren aus diesen Laufbahnen hervorgegangen. 1930 taten von ihnen immerhin 60 in der Marine Dienst.

Ein besonderes Problem stellten die Deckoffiziere dar. Ihre Zwischenstellung zwischen Offizieren und Unteroffizieren – sie zählten formal zu den Unteroffizieren – führte zu dem Beschluß, diese Laufbahn künftig wegfallen zu lassen. Der gewerkschaftsähnliche Zusammenschluß der Deckoffiziere im Deckoffizierbund war Ausdruck ihrer Existenzunsicherheit. Als sich seine Tätigkeit besonders deutlich beim Kapp-Putsch bemerkbar machte, verstärkte dies die Neigung der Marineführung zur Beseitigung dieses Unruhefaktors. Es wurden keine neuen Deckoffiziere mehr ernannt, ihre Zahl sank aber nur langsam von 525 im Jahr 1921 bis 228 im Jahr 1928. Seit Mitte der zwanziger Jahre galt als Richtlinie, daß für ausscheidende Deckoffiziere im Verhältnis 1 : 2 neue Offizier- bzw. Unteroffizierstellen geschaffen wurden.

Die Zahl der Seeoffiziere wie der Ingenieuroffiziere stieg während der Weimarer Zeit nur langsam an. Während die Marine im Mai 1920 noch 2505 Offiziere meldete, sah der Haushaltsplan von 1921 nur noch 895 Offiziere aller

Korps vor. Diese Zahl stieg bis 1929 auf 959. Die nach dem Versailler Vertrag zugestandenen 1500 Offiziere wurden also bei einer Gesamtstärke von 15 000 Mann nicht benötigt. Nach anderen Angaben stieg die Zahl der Seeoffiziere allein (mit Kadetten) von 637 (1922) über 854 (1928), 897 (1932), 1828 (1936) auf 2366 (1939) Mann (vgl. Abschnitt VII, Kriegsmarine).

Die Frage der Ergänzung war in den ersten Jahren nicht systematisch zu lösen. Eine beträchtliche Anzahl Offiziere und -anwärter entstammten den beiden Marinebrigaden Ehrhardt und Loewenfeld. Ferner traten in den Jahren bis etwa 1923 viele bereits verabschiedete Offiziere in die Reichsmarine ein, während eine Anzahl Offiziere die Marine verließ, da ihnen das Wirkungsfeld nicht genügend Aufstiegsmöglichkeiten oder Sozialprestige bot. Neben radikalen Brigadeoffizieren, deren Republikfeindschaft bis zum Zweifel am Sinn einer staatlich arbeitenden Organisation reichte, gehörten dazu einige dynamische Persönlichkeiten, deren anschließende steile Zivilkarriere ihre Fähigkeiten bezeugte.

Ein häufiger Einwand gegen die Offizierergänzung bestand auch später darin, daß vor allem Bewerber aus republikfeindlichen Kreisen aufgenommen würden. Damit setze sich das reaktionäre System fort. Die Reichsmarine wußte dagegen zwar mit anders gedeuteten Statistiken aufzuwarten, jedoch ergab eine offizielle Zählung, daß von 1925 bis 1929 der Offizierersatz zur Hälfte aus Beamten-, Pfarrer- und Lehrerfamilien stammte. Ein Viertel der Anwärter hatte Heeres- oder Marineoffiziere bzw. -beamte zum Vater; das restliche Viertel Ärzte, Apotheker, Ingenieure, Fabrikanten, Kaufleute oder Landwirte. Handwerker- oder Arbeiterfamilien wurden nicht genannt. Diese fast ausschließliche Beschränkung auf das mittlere und höhere Bürgertum erklärt sich zum Teil aus der hohen Anzahl der Bewerbungen. 1932 meldeten sich 1384 Bewerber, von denen 641 nach erster Überprüfung übrig blieben. Eingestellt wurden jedoch nur 69 Bewerber, sowie 5 weitere als Anwärter. Bei einer derartig großen Auswahl, die wohl in den ersten Jahren nach 1920 geringer war, verwundert es nicht, daß bei gleicher Qualifikation persönliche Beziehungen den Ausschlag gaben. Empfehlungen von aktiven oder ehemaligen Marineangehörigen waren an der Tagesordnung und wurden nach Möglichkeit berücksichtigt, zumal auf die Auswahl nur Marinestellen Einfluß hatten.

Eine nicht nur nach Berufen, sondern stärker nach sozialem Status differenzierende Untersuchung ergibt für die Offiziersergänzung im Jahre 1938 eine Tendenz zur Nivellierung. Danach entstammten nur noch 13% aus Offiziersfamilien, 24% aus der höheren Wirtschaft, 5% aus der Landwirtschaft. Akademikerfamilien stellten 21% des Nachwuchses, jedoch immerhin 31% der Seekadetten gehörten der Mittelschicht aus Beamten, Lehrern, Angestellten und Handwerkern an. Man wird in dieser bedingten sozialen Öffnung vor allem eine Folge der quantitativen Ausweitung sehen und erst in zweiter Linie eine Folge nationalsozialistischer Gleichheitsideologie.

Das Versailler Vertragssystem ermöglichte der Marine keine Kaderbildung.

Der Beginn der Aufrüstung im Umbauplan des Jahres 1932 warf daher angesichts der langdauernden Ausbildung vor allem Probleme für die Personalplanung auf. Als im selben Jahr auf dem Segelschulschiff „Niobe“ fast ein ganzer Jahrgang an Kadetten ums Leben kam, wurde als Aushilfe Anfang 1933 eine Reihe von Handelsschiffsoffizieren nach Kurzausbildung in die Kriegsmarine übernommen. Ab 1933 wurden Offiziersanwärter in verstärktem Maße eingestellt. Der „Umbauplan“ rechnete noch mit einem Anwachsen der Offizierzahl von insgesamt 1100 auf 2000 im Jahr 1938; jedoch wurden diese Zahlen weit überschritten. Die Zeit der Personalexpansion wurde von der Marineführung mit Sorge betrachtet, da ein Hauptaugenmerk beim Ausbau auf die Erhaltung der Qualität des Offizierkorps gelegt wurde, worunter neben fachlicher Befähigung besonders Homogenität des sozialen Status und ideologischen Horizonts zu verstehen waren. Die 1938 beschlossenen Pläne für den Aufbau einer Weltmachtflotte ab Mitte der vierziger Jahre ließen die Probleme weiter wachsen. Die nötige Zahl Offiziere werde vielleicht auszubilden sein, deren Qualität werde aber sicherlich sinken, war die Ansicht des Chefs des Marinepersonalamtes.

Geistige Struktur

Das Offizierkorps der Reichs- bzw. Kriegsmarine befand sich in einer ähnlichen Lage gegenüber der Republik bzw. dem „Dritten Reich“ wie das des Heeres. Die meisten hierfür gemachten Beobachtungen lassen sich ohne Bedenken auf die Marine übertragen (vgl. Teil VI, S. 171 ff.): Es überwog die Orientierung an einer abstrakten Staatsidee, von der die Weimarer Republik als Parteienstaat diffamierend abgesetzt wurde. Dem Streben nach Überparteilichkeit entsprach eine Ideologie des „Unpolitischen“, durch die Präferenzen für ein Idealbild der Vorweltkriegsordnung nur schwer verdeckt wurden. Der Übergang zum „Dritten Reich“ erfüllte viele Offiziere mit der Hoffnung, das erstrebte Staatsideal nunmehr doch noch verwirklicht zu sehen. Vorbehalte gegenüber rüden innenpolitischen Praktiken blieben zwar erhalten, aber die Annäherung an das Regime wurde weitgehend und, zumal beim jüngeren Offizierkorps, mit wachsender Zustimmung vollzogen.

Freilich sind demgegenüber auch Unterschiede oder Eigenwege der Marineideologie zu beachten. An erster Stelle ist der Anspruch „weltpolitischen“ Denkens zu nennen. Aus der Ära Tirpitz wurde ein Modell historischen Ablaufs gewonnen, das auch für die Zukunft Bedeutung erhalten konnte. Zwar war der erste Anlauf zur Schaffung von Seemacht im Ersten Weltkrieg gescheitert, aber es galt, einem zweiten Versuch unter besseren Bedingungen zum Erfolg zu verhelfen. Die einem derartigen Weltmachtausgreifen zur See entgegenstehenden Faktoren außen- wie innenpolitischer Art mußten langfristig durch die Politiker ausgeschaltet werden. Die Politik wurde auf diese Weise jedoch nicht zu einer direkten Funktion von Seemacht, sondern erschien auch in Abhängigkeit von wirtschaftlichem Wachstum und Überseehandel. Dieser habe sich wiederum als natürliche Konsequenz aus Reichsgründung und imperialem Ausgreifen der Mächte ergeben. Geopolitisches Denken in der Folge von A. T. Mahan und F. Ratzel war in der Marine weit verbreitet.

Neben der für unpolitisch erklärten eigenen Haltung stand der Anspruch, weltpolitische Probleme mit Hilfe großer Weltkenntnis in Theorie und Praxis (Auslandsreisen) besser als die Reichspolitik analysieren zu können. Gegenüber der dort konstatierten Dominanz kontinentalen Denkens, die sogar bei führenden Admiralen der Vorkriegszeit, ja auch bei Tirpitz diagnostiziert wurde, galt es, das umfassendere maritime Denken zu bewahren und weiterzuentwickeln.

Besonders wichtig wurde dafür die seit 1925 in der Marine verbreitete Schrift Wolfgang Wegeners „Die Seestrategie des Weltkrieges“, die den Durchbruch zu neuen Denkformen bei Kritik an überkommenen Autoritäten brachte. Sie wurde zunächst allgemein positiv aufgenommen, um 1930 in ungünstiger innenpolitischer Lage von der Marineführung bekämpft und schließlich nach weiter Verbreitung vor allem im jüngeren Offizierkorps der Marine seit Mitte der dreißiger Jahre ein wichtiger Leitfaden für den Großflottenbau zu werden.

Die Spannung zwischen vager und zeitlich noch nicht zu fixierender Hoffnung auf die Zukunft –vielfach rechneten Offiziere mit Generationen – und den Möglichkeiten des Staates von Weimar machte einen Wesenszug dieser Haltung aus, in der Wegener die „nationale Aufgabe des Seeoffizierkorps“ sah. Der alltägliche Dienst brachte nur wenige Berührungspunkte mit den Wunschzielen. So gab es zumindest zu Beginn der zwanziger Jahre eine Unterströmung bei jüngeren Offizieren, die einen Bruch mit den maritimen Traditionen der Vergangenheit hinnahmen und ihr Wirkungsfeld auf absehbare Zeit in kurzfristiger Revolutionierung der Gesellschaft von rechts zu finden hofften. Seit Mitte der zwanziger Jahre büßte eine solche Position allerdings an Attraktivität ein. Es wuchsen allgemein die Bedenken, ob noch und wann dem zu verzeichnenden Aufschwung des Welthandels auch der Ausbau deutscher Seemacht folgen werde. Die Diskrepanz zwischen maritimer Zukunftshoffnung und der Gegenwart, in der die Weltwirtschaftskrise den entscheidenden Einschnitt markierte, wurden vielfach nur verbal bewältigt.

Die Machtübernahme Hitlers ließ die maritimen Hoffnungen zunächst nicht steigen, da die neue Staatsführung trotz finanzieller Förderung der Marine kontinentalem Denken zugeordnet wurde. Bis zum Zweiten Weltkrieg wurde durch die Geheimhaltung des Kriegsschiffbaus auch innerhalb der Kriegsmarine die Schere zwischen Sein und Bewußtsein nur bedingt geschlossen.

Eine Persönlichkeit großer Integrationskraft, wie beim Heer Seeckt, stand dem Marineoffizierkorps bis 1928 nicht zur Verfügung. So überwog eine sachbezogene Bindung an die jeweiligen militärischen Autoritäten. Eine gewisse Annäherung an die Republik, eine Tolerierungskoalition mit dem parlamentarischen System, war daher in der Marine leichter als im Heer möglich und wurde von den Marinechefs gefördert.

Wichtig für das Denken der Marineoffiziere war die im Vergleich zum Heer starke Technisierung und Spezialisierung. Die Beherrschung des komplizierten Apparats eines Kriegsschiffes stellte eines der Leitbilder für die Offiziere dar. Erstrebt wurde neben technischer Detailkenntnisse ein Verständnis für die Gesamtzusammenhänge, eine Art von All-Round-Übersicht. Verstärkt wurde eine solche Tendenz dadurch, daß ein Kriegsschiff die maßgebliche soziale Einheit für die Ausbildung der Offiziere darstellte. In der Reichs- und Kriegsmarine überwogen die kleineren Schiffe, und der als Höhepunkt der Ausbildung betrachtete Auslandsdienst mit monatelangen Fahrten stellte die sozialintegrativen wie technischen Fähigkeiten von Offizieren vor hohe Anforderungen.

b. Unteroffiziere und Mannschaften

Die Zusammensetzung der Marine und die Art des Personalersatzes wurden durch den Versailler Vertrag bestimmt. Insbesondere die zwölfjährige Verpflichtungszeit und das Verbot der Allgemeinen Wehrpflicht sorgten für innere Geschlossenheit und geringe Fluktuation. Die Aufnahmebedingungen für die Vorläufige Reichsmarine sahen die bevorzugte Einstellung von ehemaligen Angehörigen der Kaiserlichen Marine vor. Die Mannschaften wurden von den Schiffsstammdivisionen der beiden Stationskommandos in Kiel und Wilhelmshaven angeworben. Die Annahmeoffiziere überzeugten sich zusammen mit Sanitätsoffizieren bei Reisen quer durch Deutschland von der körperlichen und geistigen Tauglichkeit der Bewerber. Über die politischen Auswahlkriterien lassen sich nur mit Vorbehalt Aussagen machen; jedoch stellte hier wie bei den Offizieren das unwägbare Netz informeller Informationen Entscheidungshilfen bereit, deren reale Bedeutung hoch zu veranschlagen sein dürfte. Die Frage nach der Zugehörigkeit zu nationalen Verbänden und die nach Referenzen bei der Einstellung deuten immerhin die Richtung der Auswahl an. Klagen von Sozialdemokraten, daß Anhänger der eigenen Partei keine Aussichten auf Aufnahme in die Reichsmarine hatten, bestätigen dies.

Bei der beruflichen Streuung ist eine zunehmende Qualifizierung der Bewerber sowie ein abnehmender Anteil landwirtschaftlicher Berufe zu vermuten. Tatsächlich gab es 1931 in der Reichsmarine (in Klammern die Zahlen für 1928) 289 (592) frühere Seeleute, 2119 Handwerker (2458), 415 Landwirte (455), 6539 Angehörige freier Berufe (5959), 1212 Kaufleute (1185), 2862 „Sonstige“ (Schüler, Arbeiter) (3317). Ähnlich wie beim Offiziersersatz war auch der Andrang zur Mannschaftslaufbahn zumindest seit Ende der zwanziger Jahre beträchtlich. Die Angaben über die Bewerberzahl schwanken. Waren es 1925 58 692, so zählte die Marine im folgenden Jahr 51 391, von denen 1171 oder 2,8% eingestellt wurden. 1930 ist dagegen nur von 25 495 Bewerbern die Rede, von denen 6% Aufnahme in der Reichsmarine fanden. Die landsmannschaftliche Zugehörigkeit wies – nicht überraschend – ein Überwiegen Preußens und der Küstenländer auf. 1931 kamen aus Preußen 9393 Marineangehörige, Oldenburg und Mecklenburg 532, Hansestädte 532. Nur ca. 30% der Soldaten stammten demnach aus dem Binnenland.

Das System der „Zeitfreiwilligen“, also der kurzfristigen militärischen Ausbildung, wurde von der Marine in der Krisensituation des Jahres 1923 erprobt. Aber auch in den folgenden Jahren erhielt eine beträchtliche Anzahl von Freiwilligen – ein Bericht spricht von 600 Mann – vor allem im Bereich der Nordseestation für jeweils einige Monate eine militärische Ausbildung. Diese Männer hatten sich formell für zwölf Jahre zu verpflichten, wurden aber dennoch routinemäßig auf Sonderantrag nach kurzer Zeit wieder entlassen. Die parlamentarische Aufdeckung 1926/27 beendete die Zeitfreiwilligenausbildung in der Marine.

Die lange Dienstzeit brachte Komplikationen wegen fehlender Beförderungs- und Aufstiegschancen mit sich. Nur ein kleiner Teil konnte Unteroffizier werden, die größere Zahl behielt Mannschaftsstatus. 1920 gab es im Mai noch 20 910 Unteroffiziere und Mannschaften. In der 15 000-Mann-Marine stieg der Anteil der Unteroffiziere vorwiegend durch die Umwandlung von Deckoffiziersstellen von 3413 (1921) auf 3794 (1929). Die Zahl der Mannschaften sank entsprechend von 10 087 auf 9983 im gleichen Zeitraum. Zur Verbesserung der Situation wurde die Zahl der Mannschaftsdienstgrade erhöht.

Die Unteroffiziersausbildung war in besonderen Lehrgängen konzentriert. Für die insgesamt 15 verschiedenen Fachlaufbahnen in der Reichsmarine fand eine Spezialisierung bereits nach der allgemeinen militärischen Grundausbildung statt. Unterlaufbahnen dieser Gruppen waren wiederum nach Funktionen und Dienstgradqualifikationen gestaffelt (s. S. 324 f.).

So enthielt die Oberbootsmannlaufbahn (Laufbahn I) die Untergruppen Ia (Soldaten für Schiffe), Ib (T) (Soldaten für Torpedo- und Schnellboote), Ib (M) Soldaten im Sperrdienst. Oberfeldwebeln waren die Untergruppen Ic Oberstückmeister, Id Kompaniefeldwebel, Ie Oberwachtmeister vorbehalten; If enthielt Oberproviantmeister (Unteroffiziere oder Mannschaften), Ig Segelmacher. Der Übergang von einer Laufbahn in die andere war bei Beförderung vorgesehen, jedoch jeweils an genau definierte Qualifikationen gebunden.

Mit den Milizplänen des Heeres der Jahre 1931/33 konnte sich die Marine nicht befreunden, da dieses System für den Borddienst ungeeignet war. Der am 15. 11. 1932 genehmigte, aber letztlich nicht durchgeführte „Umbauplan“ sah daher auch nur für die Küstenverteidigung die dreimonatige Ausbildung von jährlich 1200 Mann vor. An Stelle der bereits zuvor als viel zu lang beklagten zwölfjährigen Dienstzeit sollte eine Verpflichtung für 4¼ bzw. 4¾ Jahre treten. Für die qualifizierten Freiwilligen war anschließend eine Weiterverpflichtung bis zu 18 Jahren vorgesehen. Bei einer jährlichen Einstellungsquote von zunächst 1400 Mann im Jahre 1933 sollte die Anzahl der Unteroffiziere und Mannschaften auf 22 300 ansteigen. Die personelle Aufrüstung unter Hitler folgte anderen Linien als der Umbauplan.

An die Stelle des Milizgedankens trat für die Marine die bereits zuvor praktizierte Freiwilligenwerbung. Die starke Personalvermehrung und der damit zusammenhängende häufige Wechsel auf den Schiffen waren problematisch. Bereits 1934 klagte der Befehlshaber der Aufklärungsstreitkräfte über die Schwierigkeit der „Erhaltung der Manneszucht ... während der Notjahre" des Aufbaus und konstatierte eine „gegenüber früher langsam, aber merklich absinkende Qualität des Personals". Derartige Tendenzen müßten sich in der folgenden Zeit bis Kriegsbeginn verstärkt haben, da zumal in den Jahren ab 1936 die Stärke der Marine weiterhin sprunghaft anstieg. 1938 betrug die Anzahl der Unteroffiziere und Mannschaften 43 600, womit eine Verdreifachung gegenüber der Weimarer Zahl erreicht war. Für das folgende Jahr 1939 wurden bezeichnenderweise erneut die Vorjahreszahlen veröffentlicht, um keinen Hinweis auf die geplante weitere Rüstung zu geben. Bei den Überlegungen zum Z-Plan (s. u. S. 482 ff.) im Herbst 1938 bestand Klarheit darüber, daß zukünftig das bisher verfügbare Potential an seemännisch vorgeprägten Bevölkerungsschichten fast vollständig für den Dienst in der Kriegsmarine benötigt werde. Berichte über disziplinare Schwierigkeiten auf den Schiffen liegen jedoch trotz der Klagen über die schwindende Qualität des Personals nicht vor. Das Trauma der Jahre 1917/20 hatte so tief gewirkt, daß gerade den disziplinaren und fürsorgerischen Maßnahmen Priorität eingeräumt wurde. Periodisch wiederkehrende Ermahnungen Raeders zur „Erhaltung einer gesunden Manneszucht" verdeutlichen den Stellenwert dieser Fragen.

Dennoch können die sozialen Verhältnisse der Unteroffiziere und Mannschaften nicht als problemlos angesehen werden. Auf die persönlichen Verhältnisse der langdienenden, also größtenteils älteren Unteroffiziere und Mannschaften wirft eine Angabe vom 1. 10. 1927 ein bezeichnendes Licht. Danach waren 12 368 Mann ledig und nur 1598 verheiratet. Diese zusammen wiederum hatten 1476 eheliche und 1042 uneheliche Kinder – ein Zeichen dafür, in welchem Ausmaß der Soldatenberuf bürgerliche Moralvorstellungen deformierte. Auch in der Zeit der Aufrüstung erstreckten sich die fürsorgerischen Bemühungen der Marineführung auf die äußeren Lebensbedingungen – Ausstattung von Kasernen, Schiffsräumen u. a. –, aber finanzielle Beschränkungen und sprunghafter Ausbau ließen z. B. den Wohnungsbau für verheiratete Soldaten weit hinter den Bedarf zurücksinken. Der unmittelbare Bedarf an Wohnungen stieg 1939 auf über 1000. Die langjährige Trennung von Familien war eine ständige Quelle der Unzufriedenheit.

2. Institutionelle Verankerung

a. Rechtliche Stellung und persönliche Abhängigkeiten

Nach dem Gesetz über die Bildung einer Vorläufigen Reichsmarine vom 16. 4. 1919 hatte den Oberbefehl der Reichspräsident inne. Die Befehlsgewalt übten unter ihm der Reichswehrminister oder der Chef der Admiralität aus, soweit der

Präsident diese nicht selbst wahrnahm. Dieses ursprünglich bis zum 31. 3. 1920 geltende Gesetz wurde als Folge des Kapp-Lüttwitz-Putsches verlängert und erst am 23. 3. 1921 durch ein Wehrgesetz abgelöst (vgl. Teil VI, S. 101 ff.). Inzwischen hatte bereits die Weimarer Verfassung in Art. 47 den Reichspräsidenten als Oberbefehlshaber bestätigt. Seine Anordnungen mußten vom Reichskanzler oder Reichswehrminister gegengezeichnet werden. In Fragen der Befehls- und Kommandogewalt war der Reichskanzler jedoch in der Praxis ausgeschaltet, so daß allein Präsident und Wehrminister die für die Reichsmarine entscheidenden Persönlichkeiten waren. Die Befehlsgewalt wurde für den Reichspräsidenten vom Reichswehrminister ausgeübt, dem gleichberechtigt ein Admiral als Chef der Marineleitung und ein General als Chef der Heeresleitung unterstanden.

Das Wehrgesetz des Jahres 1921 wurde erst am 21. 5. 1935 ersetzt. Als Oberster Befehlshaber fungierte nach diesem Hitler, der Reichskriegsminister übte unter ihm den Oberbefehl „als Inhaber der höchsten Kommandogewalt nächst dem Führer" aus. Freilich hatte Hitler bereits zuvor durch das „Ermächtigungsgesetz" vom 24. 3. 1933 auch theoretisch direkten Einfluß auf die Wehrmacht gewonnen. Einen weiteren Schritt in der Ausrichtung der Wehrmacht auf den „Führer und Reichskanzler" bildete nach einer Reihe regimefreundlicher Verordnungen des Reichskriegsministers die Vereinigung der Ämter von Reichspräsident und Reichskanzler in der Person Hitlers am 2. 8. 1934 sowie die Vereidigung der Wehrmacht am gleichen Tag auf ihn.

Die Stellung des Chefs der Marineleitung gegenüber dem Reichswehrminister veränderte sich zunächst nicht. Die Namensänderungen Oberkommando der Kriegsmarine (OKM) am 21. 5. 1935 und die des Chefs der Marineleitung in Oberbefehlshaber der Kriegsmarine (ObdM) stellten nur formelle Akte dar, ebenso wie der Zuerkennung des Ranges eines Reichsministers an Raeder persönlich am 20. 4. 1936 – Kabinettsitzungen fanden sowieso nicht mehr statt. Eine grundsätzliche Änderung trat mit der Übernahme des Oberbefehls über die Wehrmacht durch Hitler am 4. 2. 1938 ein – bislang trug er nur den mehr formellen Titel des Obersten Befehlshabers. Nunmehr unterstand der ObdM nach Wegfall des Reichskriegsministers direkt Hitler, der das neugeschaffene Oberkommando der Wehrmacht (OKW) nur zur Koordination verwandte und mit geringen Kompetenzen ausstattete.

Wichtiger als die rechtliche Verankerung erscheinen die faktischen Beziehungen zwischen Marine und übergeordneten Befehlshabern, die sowohl durch die allgemeine politische Lage als auch durch persönliche Faktoren bestimmt waren. Zu den Skeptikern gegenüber einer selbständigen Reichsmarine gehörte Friedrich Ebert. Seine Auffassung setzte sich jedoch im Sommer 1920 nicht durch. In der Marine genoß er Ansehen durch seine Politik gegenüber USPD und KPD sowie dem Rätesystem. Seine prinzipielle Haltung gegenüber der Reichsmarine ist noch wenig geklärt. Es stehen sich gegenüber Zeugnisse, die von Verständnis für alle Marinebelange sprechen und andere, aus denen die Distanz des Präsidenten gegenüber weitreichenden Ambitionen hervorgeht. Es scheint nicht so, daß diese

Haltung nur auf Rücksicht gegenüber der SPD beruhte. Andererseits machen Besuche bei der Reichsmarine deutlich, daß Ebert eine Integrationsfunktion gegenüber der Marine wahrnahm.

Eine ganz andere Bedeutung besaß Paul v. Hindenburg für die Reichsmarine. Für kaum eine andere soziale Gruppe trifft die Einschätzung des ehemaligen Feldmarschalls als „Ersatzkaiser" in gleichem Maße zu wie für die Marine, waren doch in dieser Teilstreitkraft die Bindungen an die Monarchie aufgrund der außerordentlichen Förderung durch Wilhelm II. und seines persönlichen Interesses an ihr besonders eng. So konnte die Übernahme der Präsidentschaft durch Hindenburg von Raeder als „Führerwechsel" verstanden werden: sie galt somit nicht mehr primär als Ereignis der parlamentarischen Republik, sondern als militärische Kommandoübernahme mit einem Einschlag plebiszitär-charismatischer Züge. In der Entwicklung zum Präsidialsystem erkannte die Reichsmarine daher auch eine Transformation des ungeliebten Weimarer Staates in die von ihr erstrebte Richtung. Ab 1933 erschien ihr der Reichspräsident vorwiegend als Garant für eine Machtbeschränkung Hitlers, auch wenn der Symbolwert des Feldmarschalls bereits bald die faktische Bedeutung Hindenburgs überwog.

Im Interesse für die Marine zeigte sich Hindenburg in wilhelminischen Traditionen stehend. Ohne persönlich in starker Weise für Marinebelange engagiert zu sein, machten die Besuche des ehemaligen Feldmarschalls bei der Marine einen wesentlich größeren Eindruck als die Eberts, wurde doch nunmehr die zivile Hierarchie ganz zugunsten der verfassungsmäßig so nicht vorgesehenen militärischen Rangordnung zurückgedrängt. Freilich hatte Hindenburgs überwiegende Anteilnahme an den ihm vertrauten Heeresfragen für die Marine auch negative Seiten. Als in der Krise der Republik Einsparungen am Reichswehrhaushalt erforderlich wurden, setzte sich der Präsident persönlich für die Erhaltung des Heeresetats ein. Die Marine war für ihn demgegenüber sekundär und drohte deshalb zu kurz zu kommen. Der Einfluß des Reichspräsidenten war jedoch weder unter Ebert noch unter Hindenburg stark genug, um Entscheidungen gegen Marinebelange durchzusetzen. Auch für eine eigene Personalpolitik fehlen bei beiden Staatsoberhäuptern Hinweise.

Diese lag vielmehr in der Kompetenz der Reichswehrminister. Otto Geßler wurde von der Marine anfänglich mit Skepsis betrachtet, war er doch keine so dynamisch-kämpferische Persönlichkeit wie sein Vorgänger Noske. Als er aber im Sommer 1920 sein Gewicht zugunsten einer selbständigen Marine in die Waagschale warf, war das Eis gebrochen. Sympathien erwarb sich Geßler in der Reichsmarine vor allem dadurch, daß er sich in die Planungen jedweder Art kaum hemmend einmischte. Der Zivilist Geßler verließ sich in Marineangelegenheiten ganz auf den Sachverstand der Militärfachleute. Zugleich zeigte er sich bereit und in der Lage, deren Argumente nach außen hin und besonders im Reichstag zu vertreten. Dabei handelte es sich nicht um Naivität gegenüber weitergehenden Zielen der Marineführung, sondern Geßler teilte gerade die Zukunftswünsche, die auf Weltgeltung in ferner Zeit hofften. So war eine Verschleierungstaktik der Marinechefs gegenüber dem zivilen Minister nicht nötig, sondern weitgehende Offenheit auch in den Fernzielen möglich. Es setzte sich die Überzeugung durch, daß Geßler als Wehrminister für die Marine eine äußerst günstige Lösung darstellte, denn er war besser als ein Fachmilitär geeignet, die innere wie äußere Entwicklung vor unliebsamer Kritik und Mitspracheambitionen von Parlamentariern abzuschirmen. Im Gegensatz zum Verhältnis Geßler-Seeckt waren die Beziehungen des Ministers zu den beiden Marinechefs seiner Amtszeit hervorragend. Zumal gegenüber dem älteren Behncke bekundete Geßler seine Verehrung und bedankte sich bei dessen Ausscheiden 1924 für die vertrauensvolle Zusammenarbeit, bei der er, Geßler, viel gelernt habe. Der im republikanisch-parlamentarischen Bereich tätige Minister machte sich auf diese Weise zum taktisch geschickt vorgehenden Vorkämpfer für die Autonomie des militärischen Bereichs gegenüber ziviler Kontrolle. Diese Haltung rächte sich, als die finanziellen Transaktionen der Marine den Grund für Geßlers Sturz im Januar 1928 bildeten. Wahrscheinlich unzureichend informiert, wurde es ihm nunmehr zum Verhängnis, daß er seine Kontrollfunktionen nicht stärker wahrgenommen bzw. Selbständigkeitsbestrebungen der Marine nicht besser abgeblockt hatte.

Wilhelm Groener (vgl. Teil VI, S. 117 ff.) war von vornherein eine umstrittene Wahl sowohl für die Heeres- wie die Marineführung. Gegenüber dem in rechtsstehenden Kreisen vorgebrachten Vorwurf, Groener sei zu republikfreundlich und habe 1918 den Kaiser zur Abdankung veranlaßt, trat bei der Marine die Befürchtung in den Vordergrund, Groener vertrete vor allem Belange des Heeres. In der Tat distanzierte er sich in manchem von der Marine. Einmal übte er öffentlich Kritik an der inneren Struktur der Marine, zum anderen machte aber auch seine Geringschätzung des Flottenbaus im Kaiserreich in der Marine einen negativen Eindruck. Häufig wiederholte Formulierungen wie die: „Ich bin kein kritikloser Flottenschwärmer", waren zwar für die Gegenwart ohne Belang, sie trafen jedoch gerade den ideologischen Integrationsrahmen der Reichsmarine, die Hoffnung auf eine bessere Zukunft mit neuer Seemacht. Dennoch trat Groener mit seinem ganzen politischen Gewicht für das Panzerschiffprogramm ein und erwarb sich so die Anerkennung der Marineführung. Dieses Zweckbündnis hielt Raeder als Chef der Marineleitung mit distanzierter Loyalität aufrecht. Im Unterschied zu seinem Vorgänger legte Groener auf oft nur widerwillig gegebene Informationen aus dem Marinesektor großen Wert und behielt sich wichtige Entscheidungen selbst vor.

Für Kurt v. Schleicher spielte die Marine in seiner kurzen Amtszeit als Wehrminister wie als Reichskanzler 1932/33 eine untergeordnete Rolle. Da für ihn die Reichswehr vorwiegend als innenpolitisches Instrument und als Machtbasis wichtig war, fiel die kleine Marine kaum ins Gewicht. Für sein militärpolitisches Konzept eines Milizheeres war sie ohnehin ungeeignet. Der wendige, oft die Taktik wechselnde Führungsstil Schleichers widersprach der in der Marine üblichen Haltung und stieß daher besonders bei Raeder auf Bedenken. Dennoch machte sich Schleicher dessen Wünsche in beschränktem Maße zu eigen und fand in der anpassungsbereiten Marine eine gewisse Partnerschaft. Das zeigte sich nicht zuletzt darin, daß diese sich nicht an den Bestrebungen zu seinem Sturz beteiligte.

Mit Werner v. Blomberg wurde erstmals ein aktiver General Wehrminister. Er war durch seine vorhergehende Stellung als Abrüstungsexperte der Reichswehr in Genf ganz auf die Heeresaufrüstung ausgerichtet und nahm tatsächlich auch vor allem deren Belange wahr. Seine Neigung, die Marine am kurzen Zügel zu führen, wurde schon Mitte 1933 durch die direkten Beziehungen der Marineführung zu Hitler überlagert. Fortan blieb ihm nur die Möglichkeit, sich über die wichtigsten Marinevorgänge auf dem laufenden zu halten. Aus dem Entscheidungsprozeß war er ausgeschaltet und hatte so nur die Gelegenheit, die Entscheidungen formell zu genehmigen.

Blomberg wurde im Laufe der Jahre zunehmend übergangen, so daß die Schaffung des OKW im Februar 1938 faktisch keine wesentliche Kompetenzerweiterung für das OKM brachte. Wilhelm Keitel als Chef dieses „militärischen Büros“ Hitlers war zwar bemüht, eine Stellung über den Wehrmachtteilen zu erlangen, jedoch wurden alle Versuche, entscheidend und nicht nur koordinierend in die Belange der Marine einzugreifen, von dieser unterlaufen.

b. Marine und Heer

Zu einem wesentlichen Teil verdankte die Reichsmarine ihre Unabhängigkeit gegenüber dem Reichsheer der Weigerung des Chefs der Heeresleitung, v. Seeckt, für diesen, ihm nicht vertrauten Teil der Wehrmacht die Verantwortung zu übernehmen. Diese Fremdheit des Heeres gegenüber den Aufgaben und Problemen der Marine blieb ein kennzeichnender Faktor der wechselseitigen Beziehungen. Dennoch betonten beide Seiten wiederholt ihre Absicht, in Zukunft den Fehler des Ersten Weltkriegs, ein unabhängiges Nebeneinander der Teilstreitkräfte zu vermeiden. Diesem Bedürfnis diente die wechselseitige Kommandierung von Offizieren. Zunächst zwischen Heeres- und Marineleitung durchgeführt, wurde diese Einrichtung im Laufe der zwanziger Jahre auch auf Divisionsebene bzw. Bordkommandos ausgeweitet und brachte einigen Informationsaustausch. Eine wichtige gemeinsame Ausrichtung ergab sich durch die Reinhardt-Kurse, zu denen jeweils für ein Jahr 10 Heeres- und zwei Marineoffiziere nach Berlin kommandiert wurden. Neben einem Universitätsstudium absolvierten sie operative Weiterbildungskurse unter General Reinhardt. Marineoffiziere, wie Korvettenkapitän Groos, hielten ferner historische Vorträge vor den Heeresoffizieren, in denen die unzureichende Zusammenarbeit im Weltkrieg als negatives Beispiel für die Zukunft vorgeführt wurde. Eine Arbeitsgemeinschaft von Offizieren beider Teilstreitkräfte im Reichswehrministerium diskutierte regelmäßig Kriegserfahrungen und andere Themen wie etwa das Kriegsbild der Zukunft. Die wichtigste Koordination wurde in den zumeist jährlich stattfindenden „Führerreisen" geleistet, bei denen Offiziere beider Teilstreitkräfte für mehrere Tage kriegsspielähnlich konkrete operative wie strategische Probleme an Ort und Stelle diskutierten.

Die Bemühungen um Zusammenarbeit zeigten jedoch im strategischen Bereich kaum Erfolge. Die Marineleitung hatte 1920 dem Heer für den Kriegsfall die Zusicherung geben müssen, aus ihren Reihen etwa zwei Divisionen zur Verstärkung des Heeres aufzustellen. Sie versuchte jedoch wenige Jahre später, sich einer derartigen Unterordnung unter die Landkriegspläne zu entziehen und die Vereinbarung rückgängig zu machen. Während es der Marine primär darauf ankam, sich stetig vom Heer zu emanzipieren, um die Möglichkeiten für eine künftige Hochseeflotte aufrechtzuerhalten oder gar Schritte in diese Richtung zu unternehmen, soweit es die Politik zuließ, bewegte sich ihre Argumentation jeweils im Rahmen unterschiedlicher politischer Annahmen über mögliche Gegner, aus der sich wiederum abweichende strategische Konsequenzen ergaben. Während für das Heer die Ostgrenze im Blickpunkt stand, interessierte sich die Marine bereits 1923/24 vor allem dafür, wie eine Landung französischer Seestreitkräfte an der Nordseeküste verhindert werden könne. Ausarbeitungen für einen gemeinsamen Kriegsplan beider Wehrmachtteile wurden jedoch in den folgenden Jahren nicht angefertigt, vielmehr bedeutete der Plan der Marine, in einen längeren Krieg die Kräfte auf die Sicherstellung der Seezufuhr zu konzentrieren, den Anspruch verstärkter Eigenständigkeit. Nunmehr erwartete sie vom Heer nach Möglichkeit den Schutz der Nordseeküste und des Nord-Ostsee-Kanals sowie bei einem Krieg im Osten die Ausschaltung der polnischen Marinestützpunkte von Land her. Während die Heeresleitung ihre Kräfte bereits bei einem Landkrieg gegen Polen und die Tschechoslowakei für überbeansprucht hielt und auf sowjetische Unterstützung hoffte, legte die Marine immer wieder den Finger auf den wunden Punkt, nämlich auf die französische Haltung in einem solchen Konflikt Deutschlands mit seinen östlichen Nachbarstaaten. Die unterschiedlichen Annahmen über Konfliktfälle entsprachen den jeweils zugunsten der eigenen Teilstreitkraft erstrebten Schwerpunktbildungen. Statt einer Globaleinigung kam Ende der zwanziger Jahre nur die Absprache einer Reihe von operativen Studien der Marineführung mit dem Heer zustande. Einheitliche Richtlinien des Ministeriums gab es erst seit Groeners Amtsübernahme. Sie trafen jedoch keine Vorentscheidungen über die Koordination der Wehrmachtteile im Kriegsfall.

Als 1934 im Wehrmachtamt des Ministeriums eine für operative Fragen zuständigen Abteilung Landesverteidigung geschaffen wurde, war damit nur erneut der Anspruch auf ein Heer, Marine und – nunmehr auch – Luftwaffe umschließendes strategisches Konzept erhoben. Die Marine versuchte angesichts der gestiegenen deutschen Macht, vermehrten eigenen Selbstbewußtseins und erhöhter Kriegserwartung für künftige Operationspläne ab 1937 erneut das Heer zur Unterstützung ihrer Kriegspläne zu bewegen. Forderungen nach einem maritimen Operationsplan, in dem das Heer Hilfsfunktionen übernehmen sollte, waren bereits 1925 von Konteradmiral Wegener vorgebracht worden, sie setzten sich aber nunmehr erst marineintern durch. Die Besetzung Dänemarks als Beherrscherin der Ostseezugänge und der Kanalküste bis nach Brest waren Aufgaben, für die Truppenkontigente gefordert wurden. Bis zum Kriegsbeginn 1939 gab es freilich keine über Ansprüche hinausgehende Entscheidung in diesen Fragen. Die OKW-Weisungen beschränkten sich auf eine Addition der von den Wehrmachtteilen vorgesehenen Maßnahmen. Ein Befehl Hitlers im August 1938 auf dem Höhepunkt der Sudetenkrise, schwere Geschütze an das Heer zur Fernbeschießung elsässischer und lothringischer Städte abzugeben, stellte einen kurzfristigen und insgesamt unbedeutenden Rückfall in den Primat des Heeres über die Marine dar.

Bezeichnend für die nur verbal bekundete Bereitschaft zur Koordination und einheitlichen Führung der gesamten Wehrmacht ist die Diskussion über die Schaffung gemeinsamer Organisationen von Heer und Marine im Ministerium. Zwar war eine langsame, aber stetige Ausweitung der Kompetenzen des direkt dem Minister unterstehenden Büros zu verzeichnen, jedoch beschränkte sich die Wehrmachtabteilung (ab 1926) bzw. das Ministeramt (ab 1929) (s. Abschnitt VI, S. 122 f.) zunächst vorwiegend auf die Innenpolitik. Da diese Stellen aus dem Heer hervorgingen und Schleicher hierin die ausschlaggebende Persönlichkeit war, blieb der Marine nur ein geringer Einfluß, obwohl dort Marineoffiziere Dienst taten. Ein weiteres Symptom für die Schwierigkeiten gemeinsamer Aktion von Heer und Marine war die seit Beginn der zwanziger Jahre mit wechselnder Intensität bis 1939 geführte Debatte über die Wehrmachtspitzengliederung. Die Bildung eines Reichswehramtes scheiterte nicht nur an außen- und innenpolitischen Beschränkungen – Klauseln des Versailler Vertrages wie der Haltung der SPD –, denn diese fielen später weg; vielmehr war entscheidend der Machtanspruch der einzelnen Wehrmachtteile. Das galt ganz besonders für die gemeinsame Planung der Rüstungspolitik. Die – laut Versailler Vertrag verbotenen – Mobilmachungspläne, in die ein wachsender Teil der Industrie seit Mitte der zwanziger Jahre einbezogen wurde, führten immerhin zu partiellen Absprachen. Obwohl betont wurde, eine übergeordnete Instanz sei dringlich, entwickelte sich seit Mitte der dreißiger Jahre eine wachsende Konkurrenz der Wehrmachtteile auf dem Rüstungssektor. Bemühungen des Wehrwirtschafts- und Rüstungsamtes unter Oberstleutnant (später General) Georg Thomas um Koordination gingen wiederum vom Heer aus und stießen so auf Skepsis von Marine (und Luftwaffe). Die Ämteranarchie des „Dritten Reiches" verstärkte die divergierenden Bestrebungen und führte zu einem scharfen Machtkampf der Wehrmachtteile untereinander. Die Auseinandersetzungen um Rüstungskapazitäten angesichts des sprunghaft vergrößerten Rüstungsprogramms stellten einen Grundzug der gesamten deutschen Innenpolitik der Jahre 1938/39 dar.

c. *Marine und Luftwaffe*

Die Geheimrüstungen der Marine (s. S. 413 ff.) auf dem Gebiet der militärischen Luftfahrt trugen nicht unwesentlich zu dem Tempo bei, in dem die Luftwaffe als selbständiger Wehrmachtteil ab 1933 (zunächst noch unter ziviler Tarnung) aufgebaut wurde. Bereits die Marinepläne der zwanziger Jahre waren davon ausgegangen, daß eine Marineluftwaffe zur Aufklärung und zum Kampf in jedem künftigen Krieg unerläßlich sei. Eine große Anzahl von Marineangehörigen wurde nach und nach an das Reichsluftfahrtministerium bzw. die Luftwaffe abgegeben. Das Personal der fliegenden Verbände des 1935 gebildeten Luftkreises VI (später Luftwaffenkommando See) rekrutierte sich weitgehend, sein Offizier- und Unteroffizierkorps anfangs vollständig aus der Marine. Während diese davon ausging, nur in beschränktem Maße Starthilfe für die Luftwaffe zu leisten und später wieder eine Marineluftwaffe unter eigener Regie schaffen zu können, stand Göring als Oberbefehlshaber der Luftwaffe auf dem Standpunkt, daß die Einheitlichkeit der fliegerischen Ausbildung aller Zweige der Luftwaffe entscheidendes Organisationskriterium sein müsse. Zwar gestand die Luftwaffe 1935 im Kriegsfall einen selbständigen Einsatz der Marineluftstreitkräfte nach den Richtlinien der Kriegsmarine mit entsprechendem Marinepersonal zu, sie entwickelten jedoch wenig später eigene Konzeptionen zum Kampf über See. Die Aufstellungsprogramme wurden zwischen den beiden Wehrmachtteilen zwar koordiniert, die Kompetenzverteilung blieb dennoch eine Quelle von Auseinandersetzungen zwischen OKM und RLM und besonders der beiden Oberbefehlshaber Raeder und Göring. Mehr als eine taktische Unterstellung und Berücksichtigung von einigen erwünschten Ausbildungsgrundsätzen konnte die Marine nicht erreichen. In einem als Kompensation für den Z-Plan zustandegekommenen Protokoll zwischen Göring und Raeder vom 27. 1. 1939 vor Hitler wurde die Eigenständigkeit der Luftkriegführung zur See gegenüber der Marine verankert; deren Einflußmöglichkeit gegenüber den Luftstreitkräften blieb gering. Stellten die Beziehungen zwischen Heer und Marine immer noch einen Teil traditioneller militärischer Machtkämpfe dar, so reichte der Gegensatz Marine – Luftwaffe darüber hinaus in die für das Herrschaftssystem bezeichnenden Auseinandersetzung zwischen einer traditionellen und konservativen Führungsschicht und aufsteigender dynamischer Gegengruppe hinein.

3. Formelle und informelle Einbettung der Reichsmarine

a. *Reichsmarine und Kaiserliche Marine*

Die Reichsmarine rekrutierte sich anfangs vorwiegend aus dem Potential der Kaiserlichen Marine. Neben den Aktiven blieb ein großer Teil der nicht in die Reichsmarine übernommenen Angehörigen der Kaiserlichen Marine, die 1918 eine Höchststärke von 275 000 Mann erreicht hatte, mit ihrer Vergangenheit verbunden. Das Beziehungsgeflecht zwischen Reichsmarine und inaktiven Kameraden ist nur sehr schwer zu entwirren. Es beruht vor allem auf zwei Prinzipien.

Erstens bestand zwischen den Angehörigen eines Einstellungsjahrgangs für die Offizierlaufbahn (Crew) eine sehr enge und zumeist das weitere Leben über fortdauernde persönliche Verbundenheit. Sofern die Lebensumstände es erlaubten, fanden jährlich Crewtreffen statt, zwischen denen Informationsblätter die Beziehungen aufrecht erhielten. Offiziere pflegten sich mit Angabe des Eintrittsjahrgangs zu kennzeichnen; dadurch ergab sich für jeden Eingeweihten sofort ein Assoziationsfeld an persönlichen Beziehungen. Im aktiven Dienst konnte das Crew-Prinzip zur Folge haben, daß Mitglieder bestimmter Jahrgänge sich gegenseitig in wichtige Dienststellungen brachten, während andere Crews vergleichsweise unbedeutend blieben. Im zivilen Bereich läßt sich eine ähnliche wechselseitige Unterstützung und Förderung im Berufsleben verzeichnen.

Zweitens stellten die mehrjährigen Kommandos auf einer Schiffskategorie oder in homogenen Verbänden, aber auch der Dienst an Land und hier besonders in Stäben wichtige Integrationsmittel dar. Sie sorgten für ein vertikales Beziehungsgeflecht zwischen den Jahrgängen und Dienstgraden. Gründliche Untersuchungen lassen erkennen, in welchem Maße die durch gemeinsamen Dienst vor oder im Weltkrieg geknüpften Kontakte in späterer Zeit unter verwandelten Bedingungen die Handlungsweise und Anschauungen von Offiziergruppen prägten. Auch bei den vertikalen Beziehungen sorgten Mitteilungsblätter und Treffen vielfach für eine Dauer des Zusammenhalts. Die genannten Prinzipien – Crewzugehörigkeit und gemeinsame Kommandos – konnten durchaus in Konkurrenz treten und als Interrollenkonflikte wirksam werden. Ein markantes Beispiel stellte die Entwicklung unterschiedlicher seestrategischer Vorstellungen mit entsprechender „Schule"-Bildung und persönlicher Rivalität der beiden Ranglistenersten der Crew 1894, Erich Raeder und Wolfgang Wegener, dar.

Großen Einfluß auf die Entwicklung der Reichsmarine erlangte die Tatsache, daß unter den verschiedenen Traditionssträngen und Personalbeziehungen die Richtung von Tirpitz dominierte. Die im Ersten Weltkrieg und zumal nach seinem Ausscheiden 1916 gebildeten Gegengruppen konnte sich in der Reichsmarine nicht durchsetzen und wurden in Außenseiterrollen gedrängt. Tirpitz selbst zog sich nach dem Scheitern seiner rechtsradikalen „Deutschen Vaterlandspartei" zunächst aus der Politik zurück und wirkte publizistisch an der Verbreitung seiner eigenen Legende. Seine Memoiren (1919) sowie zwei Bände von nur z. T. privaten Dokumenten (1924, 1926) stellten die wichtigsten Stufen auf diesem Weg dar.

Daneben war er seit Beginn der zwanziger Jahre an reaktionärer Sammlungspolitik beteiligt. Beim Kapp-Lüttwitz-Putsch wie beim Hitler-Putsch wirkte er im Hintergrund und wartete auf seine Chance. Später bemühte er sich um Reichspräsident- wie Kanzlerschaft. Nur unter Bedenken war er als Reichstagsabgeordneter der DNVP von 1924 bis 1928 offen politisch tätig.

Gegenüber der Reichsmarine blieb sein Verhältnis ambivalent. Es finden sich über die Jahre hinweg sowohl Äußerungen, in denen Tirpitz Sinn und Möglichkeit des Wiederaufbaus bezweifelte, als auch Versuche, das Wachsen der Reichsmarine von außen zu fördern. Wichtig war es vor allem, daß sich Tirpitz als Symbolfigur zur Verfügung stellte. Da sein Verhältnis zum im Exil lebenden Kaiser spannungsgeladen blieb, hatte die auf einheitliche Traditionswahrung bedachte Marine alle Mühe, die Verdienste beider Männer um den Flottenbau im Bild von Baumeister bzw. Bauherrn zu harmonisieren.

Das wichtigste Mittel zur Traditionsbildung stellte das offizielle Kriegsgeschichtswerk des Marinearchivs dar. Mit ihm wurde der großangelegte Versuch unternommen, durch eine im Detail exakte Darstellung des Seekrieges auf den verschiedenen Kriegsschauplätzen ein Bild des Seekrieges im Sinne von Tirpitz zu vermitteln. Unter der Leitung von Vizeadmiral a. D. Eberhard v. Mantey bzw. ab 1933 Vizeadmiral a. D. Kurt Aßmann erarbeiteten führende Offiziere insgesamt 22 Bände.

Für die Öffentlichkeit am wichtigsten waren zunächst die von Otto Groos, dem nachmaligen Chef des Marinekommandoamtes (bis 1934) von 1920 bis 1925 geschriebenen Bände I bis V „Der Krieg in der Nordsee". Band VI und VII verfaßte Walter Gladisch (erschienen 1937 und 1965), 1931/33 Flottenchef. „Der Kreuzerkrieg in den ausländischen Gewässern" war für Band I und II das Thema für Erich Raeders Zwischenspiel im Marinearchiv 1920/22, während Bd. III 1937 von Eberhard v. Mantey geschrieben wurde. „Der Krieg in der Ostsee" fand drei Bearbeiter: Bd. I Rudolph Firle (1922), Bd. II Heinrich Rollmann (1929), Bd. III Ernst v. Gagern (vormals Stationschef in Kiel) (1964). Arno Spindler, ehemals Leiter der Flottenabteilung und U-Bootkoordinator der Reichsmarine, verfaßte „Der Handelskrieg mit U-Booten" in fünf Bänden (1932, 1933, 1934, 1941 und – wegen besonders starker Abweichung von der offiziellen Linie erst nach dem Zweiten Weltkrieg veröffentlicht – 1966). Hermann Lorey schrieb „Der Krieg in den türkischen Gewässern" (1928/38, 2 Bde.) und Kurt Aßmann „Die Kämpfe der Kaiserlichen Marine in den deutschen Kolonien", veröffentlicht 1935, als die Kolonialdiskussion wieder zum aktuellen Thema der Innenpolitik zu werden begann. Schließlich ist zu nennen: Paul Köppen „Die Überwasserstreitkräfte und ihre Technik" (1930).

Besonders Groos und Raeder arbeiteten eng mit Tirpitz zusammen und gaben ihm vor Veröffentlichung Gelegenheit zu Korrekturen. Das Werk des Marinearchivs war sowohl für die Reichsmarine als auch für eine breitere Öffentlichkeit gedacht. Die marineinternen Kontroversen wurden oft verschwiegen oder verharmlost. Dagegen wurden die Auseinandersetzungen mit Bethmann Hollwegs Politik im Weltkrieg vorangetrieben. Die darin erzielte Wirkung war beträchtlich.

Zu den treuesten Tirpitzanhängern gehörten neben publizistisch tätigen Offizieren wie Konteradmiral a. D. Vollerthun (Münchner Neueste Nachrichten) und Fregattenkapitän a. D. Scheibe (Nauticus u. a.) auch Trotha und Levetzow. Trotha fühlte sich zu Unrecht der Beteiligung am Putsch von 1920 beschuldigt und hielt sich vom politischen Tagesgeschehen weitgehend fern. Dabei glaubte er unbeirrbar an einen neuen Aufstieg Deutschlands zur See- und Weltmacht.

Trothas Versuche, konsolidierend zu wirken, setzten bei der Jugenderziehung ein, wo er die Möglichkeit sah, sozialistischen Ideen durch einen nationalen Jugendbund von den Grundlagen der Gesellschaft her entgegenzuwirken. Umfangreiche rednerische und publizistische Tätigkeit, in der sein Auftreten im Münchener „Dolchstoß"-Prozeß 1925 die markanteste Episode darstellte, kennzeichnen seine Wirkung. Der Reichsmarine blieb er durch die Leitung eines Vereins zur vormilitärischen Marineausbildung, des „Hochseesportvereins Hansa", und der Yachtschule in Neustadt/Ostsee verbunden. Erst ab 1933 trat er durch die zentrale Steuerung der Marinepropaganda wieder in den Vordergrund.

Levetzow hegte gegenüber der Reichsmarine ein ähnlich ambivalentes Verhältnis wie Tirpitz. Aus seiner Sicht wuchs mit dem Fortschreiten des ruhigen Aufbautempos der Marine die Gefahr, daß der Zukunftshorizont verloren ging und „die Zwergmarine von Attrappen" an sich selbst Genüge fand. Seine zu einzelnen Persönlichkeiten der Reichsmarine geknüpften Kontakte – hier vor allem zu Raeder – gewannen durch seine politischen Aktivitäten an Bedeutung. Unermüdlich war Levetzow bemüht, eine rechte Sammlungsbewegung zu bilden bzw. zu unterstützen, mit dem Ziel, die parlamentarische Demokratie zu beseitigen. Seine Hoffnungen konzentrierten sich zeitweilig auf die unmittelbare Bürgerkriegserwartung als Klassenkampf und wandten sich frühzeitig Hitler und Göring zu. Nicht nur zwischen Reichsmarine und Nationalsozialisten versuchte Levetzow Verbindungen zu schaffen, sondern auch zwischen diesen und dem im Exil lebenden Kaiser, den er ähnlich wie Trotha durch mehrere längere Besuche und Interninformationen Anteil an seinen Plänen nehmen ließ.

In diesen Hauptstrang der Marinetradition, der zumeist eine Verbundenheit mit der Reichsmarine bedeutet, ließe sich eine Vielzahl weiterer Persönlichkeiten einreihen. Es gab in ihm auch einmal Differenzen wie bei Scheer, der sich zeitweilig um eine parteipolitische Karriere bemühte. Jedoch blieb er als Symbolfigur, als „Sieger vom Skagerrak", später wieder unangefochten. Daß gerade die prononcierte Forderung einer einheitlichen Tradition den Widerspruch der zu wenig gewürdigten Männer hervorrief, kann zumal bei Tirpitz' Rücksichtslosigkeit nicht verwundern, die bereits sein Verhältnis zu Wilhelm II. so tief belastete. Zum Gegenangriff gegen die Tirpitz-Linie ging vor allem der ehemalige Chef des Marinekabinetts Admiral v. Müller über, dessen Enthüllungen dazu beitrugen, daß der ehemalige Großadmiral und Bruder des Kaisers, Prinz Heinrich v. Preußen, zusammen mit Großadmiral a. D. v. Köster an das aktive wie inaktive Offizierkorps appellierte, alle persönlichen Angriffe einzustellen, das Material den Archiven zu übergeben und sich vielmehr der Not des Vaterlandes zu widmen. Dennoch blieben die Differenzen bestehen.

Das Streben nach Geschlossenheit der historischen und gesellschaftspolitischen Vorstellungen herrschte in einem solchen Maß, daß selbst überhaupt nicht provokativ gemeinte Abweichungen von den Normen streng geahndet wurden. So führte die Bereitschaft des Admirals a. D. v. Truppel, sich mit dem Parteiensystem der Weimarer Republik und der dahinter stehenden republikanischen

Staatsordnung auf Dauer abzufinden, zu seiner gesellschaftlichen Ächtung. Mit ihren Ansichten kaum ernst genommen wurden in der Reichsmarine daneben ehemalige Offiziere, die sich schon vor dem Zusammenbruch als Kritiker hervorgetan hatten und abgewiesen worden waren. Hierzu gehörten vor allem Vizeadmiral a. D. Karl Galster, der für einen Kleinkrieg zur See eingetreten war, und Kapitän z. S. a. D. Lothar Persius, der einen verstärkten U-Bootbau befürwortet hatte, nach dem Weltkrieg zunehmend pazifistische Vorstellungen vertrat und dabei das Seeoffizierkorps scharf angriff.

Die Differenzen innerhalb der ehemaligen Kaiserlichen Marine wurden in den dreißiger Jahren mit Abnahme des Kreises der ehemals führenden Offiziere geringer. Jedoch war gerade Raeder sehr darum bemüht, persönliche Kontakte zu alten Admiralen zu halten, hoffte er doch zu Recht, dadurch eine wirksame publizistische Unterstützung seiner Marinepolitik zu finden. Regelmäßige Treffen des ObdM mit den in Berlin wohnenden ehemaligen Admiralen zeugen davon ebenso wie die Förderung von Marinegedenktagen.

b. Marine und Marinevereine

Die gerade im Hinblick auf eine bessere Zukunft eifrig betriebene Traditionspflege spielte eine besondere Rolle im Marinevereinswesen, zumal hier auch die Einbettung der Reichs- bzw. Kriegsmarine in den Kreis der ehemaligen Kameraden besonders deutlich wurde. Die von Raeder in seinen Memoiren bekundete Absicht, „eine große Marinefamilie“ in ganz Deutschland zu bilden, ist kennzeichnend dafür. Zur Unterscheidung sind einige grobe Merkmale zu nennen. Es gab einmal die berufsständischen Vereine, zum anderen solche, die sich mit als unpolitisch verstandener Traditionspflege beschäftigten – und damit indirekt eben doch eine politische Funktion erfüllten – und schließlich die Massenvereine, die für eine Verbreitung maritimer Ziele in einer größeren Öffentlichkeit eintraten.

Vor allem in der ersten Zeit nach dem Weltkrieg spielten gewerkschaftsähnliche Organisationen der Unteroffiziere und Deckoffiziere eine Rolle. Über ihre Abgrenzung untereinander ist noch wenig bekannt. 1920 gab es einen „Reichswirtschaftsverband deutscher Berufssoldaten Ostsee“ bzw. „. . . Nordsee“, der wohl später im „Reichsverband deutscher Berufssoldaten“ aufging. Am wirkungsvollsten war der „Deckoffiziersbund“ (s. o. S. 363 ff.). Daneben gab es weitere, oft regionale Unteroffizierorganisationen. Kommunistische Gruppen fanden keinen großen Anklang. Im Vordergrund der Tätigkeit stand die wirtschaftliche und soziale Versorgung ihrer Mitglieder angesichts der Demobilmachung. Während und nach dem Kapp-Lüttwitz-Putsch waren die Bünde maßgeblich an der Absetzung der Offiziere beteiligt und bemühten sich, anschließend als Kristallisationskern für eine neue Marine zu dienen. Der darin begründete politische Anspruch, der sich von ihrer Republiktreue und demokratischen Gesinnung ableitete, stand jedoch im Widerspruch zur wirtschaftlichen Interessenvertretung und ging über die fachlichen Möglichkeiten der Organisation hinaus. Einigkeit mit den Offizieren bestand nur in der Ablehnung des Versaillers Vertragswerks und dem Eintreten für eine möglichst starke Reichsmarine. Unterstützung fanden die Bünde vor allem bei regionalen Politikern von SPD und DDP, während Noske und Geßler vorwiegend die Politik der Offiziere betrieben.

Verbote für aktive Reichswehrangehörige, sich „politisch" im Sinne der Bünde zu betätigen, vermochten deren Wirksamkeit zunächst nicht auszuschalten. Erst die Verabschiedung des Wehrgesetzes vom 21. 3. 1921 bedeutete das Ende der politischen Aktivitäten dieser Bünde. Paragraph 36 untersagte Reichswehrangehörigen die Mitgliedschaft in Parteien und politischen Verbänden. Da die Entscheidung darüber, was im Sinne des Gesetzes als „politisch" galt, formell zwar beim Reichskommissar für die Überwachung der öffentlichen Ordnung, faktisch aber beim Reichswehrminister lag, war hiermit ein Instrument zur Kontrolle der Außenbeziehungen der Reichswehr gegeben, das zumeist sehr einseitig gehandhabt wurde. Als er die Zugehörigkeit zum Reichsverband deutscher Berufssoldaten und die zur Reichswehr für unvereinbar erklärte, war der Einfluß der Bünde gebrochen. Die im Wehrgesetz vorgesehenen Marinekammern sowie das Vertrauensleutesystem stellten die institutionellen Relikte sowohl des Rätesystems wie des Einflusses der berufsständischen Organisationen dar. Die Bünde blieben weiterbestehen, konzentrierten sich jedoch auf die ursprünglichen wirtschaftlichen und sozialen Aufgaben gegenüber ihren Mitgliedern. Der Deckoffizierbund hatte noch 1921 in 70 Gruppen 4000 Mitglieder und bestand bis 1933 weiter.

Seinem Anspruch nach im wesentlichen unpolitisch war der „Bund deutscher Marinevereine" (BDM). Mitglieder waren auch hier vor allem ehemalige Unteroffiziere und Mannschaften. Er stellte die Dachorganisation für unterschiedliche Vereine dar. Deren Zersplitterung zeigt sich darin, daß sich 1926 255 Einzelvereine mit 25 961 ordentlichen und 6621 assoziierten Mitgliedern zu ihm rechneten, während es 1930 bereits 583 Vereine mit 40 700 Mitgliedern waren. Die angestrebte Traditionspflege war scharf gegen Revolution und Rätezeit gerichtet. Im BDM wurde die Kolonial- und die Flottenforderung vertreten. Kaisertreue auch über das Ende der Monarchie hinaus galt als selbstverständlich. Sein Mitteilungs- und Koordinationsorgan war die „Deutsche Marinezeitung".

Der BDM gründete 1925 eine eigene Jugendorganisation, die bis 1928 4000 Mitglieder zählte. Gegenüber anderen Gruppen, wie der „Marinejugend Vaterland" wurde der Anspruch aufrechterhalten, Hauptträger der Marinetradition zu sein. Wahrscheinlich trat eine Fusion oder enge Zusammenarbeit beider Gruppen ein, zumal sich die Aktivitäten gleichermaßen auf Wehrsport und Seegedanken richteten. Vor dem BDM fanden die traditionstragenden Admirale ein geeignetes Forum. Die seit 1928 von „Marineoffizierverband" (s. u. S. 389 f.) wie Marineleitung ausgehenden Bestrebungen, den BDM stärker an sich zu binden, hatten zunächst nur geringen Erfolg. Der Nachfolger des Vizeadmirals a. D.

Rösing als Vorsitzender, Fregattenkapitän a. D. Hintzmann, gehörte als Mitglied der DVP bzw. DNVP (1932) dem Reichstag an.

Bereits 1931 erhielt auf der Bundesversammlung der Redner der NSDAP den stärksten Beifall. Die freiwillige Gleichschaltung unter Hintzmann stellte daher 1933 für die Masse der Mitglieder kein Problem dar, wenn auch eine Reihe führender Admirale aus den Einzelorganisationen austrat. Großveranstaltungen mit nationalsozialistischer Beteiligung zeigten die neue Ausrichtung schon 1933 an. Die Jugendabteilungen gingen in der Marine-Hitlerjugend auf, deren „Ehrenführer" Trotha wurde. Der BDM selbst wurde wie alle ähnlichen Verbände der SA-Reserve II unterstellt. Während der 1933 vom Reichswehrministerium gegründete „Reichsbund ehemaliger Berufssoldaten" die aus dem aktiven Dienst ausscheidenden Soldaten sammelte und damit langfristig den Nachwuchs des BDM absorbierte, trat dieser 1934 zunächst korporativ dem Kyffhäuserbund bei und bildete sich am 1. 3. 1935 zum „Nationalsozialistischen Deutschen Marinebund" (NSDMB) um. Das Einvernehmen mit der Marineleitung war bei diesem Schritt sichergestellt. Das zentrale Mitteilungsorgan war „Die Reichsmarine" (1932–1934) sowie anschließend „Die Kriegsmarine".

Ebenso konservativ wie die meisten Organisationen der Unteroffiziere und Mannschaften waren die Offizierorganisationen. Hier stand den Angehörigen der Kaiserlichen Marine ein breites Spektrum offen. Je nachdem, ob die politische und militärische Ohnmacht der Gegenwart oder die maritime Zukunftskomponente für wichtiger angesehen wurde, konnte sie in den relativ kleinen „Nationalverband Deutscher Offiziere" (NDO) oder den „Deutschen Offizierbund" (DOB), der 1931 105 000 Mitglieder hatte, oder die „Marine-Offizier-Hilfe" (MOH) eintreten. Alle drei entstanden 1918 als Standesorganisationen zur Vertretung materieller Interessen, hatten jedoch von vornherein darüber hinaus allgemeine politische Bedeutung. Der NDO – sein Vorsitzender war der alldeutsche Admiral a. D. Ludwig v. Schröder – und der DOB (s. Teil VI, S. 224) wurden daher auch für politisch erklärt und standen aktiven Reichswehrangehörigen somit nicht offen.

Anders stand es um die MOH. Wie die anderen Vereine war sie zunächst stark um die Arbeitsbeschaffung für demobilisierte Mitglieder bemüht und lehnte alle Fusionsbestrebungen der Deckoffiziervereinigung zu diesem Zweck ab. Der 1922 in „Marine-Offizier-Verband" (MOV) umbenannte Verein legte sich in seinem Publikationsorgan, den „MOV-Nachrichten", größere Zurückhaltung auf und blieb so, trotz guter Kontakte zu prinzipiell gleichgerichteten Bestrebungen der anderen Offizierverbände, „unpolitisch". Dennoch veröffentlichte er 1924 zusammen mit dem Reichsoffizierbund und dem NDO eine Ächtungserklärung gegen den für die DDP eintretenden Admiral v. Truppel. Vorhaltungen Geßlers bewirkten nur eine Zusicherung des Vorsitzenden, Kpt. z. S. a. D. v. Krah, in Zukunft ähnliche Schritte zu unterlassen; ein Widerruf erfolgte nicht. Der Wandel der politischen Haltung des Vereins, der nach wie vor nach außen hin möglichst neutral auftrat, zeigte sich darin, daß bereits 1930 der Nachfolger

Krahs, Kpt. z. S. a. D. v. Stosch, ein Crewkamerad Raeders, privat seine Anhänglichkeit an den Nationalsozialismus bekannte. Die Überleitung als Kollektivmitglied in den NSDMB gelang denn auch 1935 ohne Schwierigkeiten. Wichtig wurde der MOV vor allem als Verbindungsstelle zwischen ehemals Kaiserlicher und Reichsmarine. Am 1. 12. 1926 waren von 4124 Mitgliedern 401 Angehörige der Reichsmarine, also fast die Hälfte des aktiven Offizierkorps. Neben der Betreuung von Crewen bemühte sich der Verband, die Traditionspflege auch in die Öffentlichkeit durch gemeinsame Erklärungen und Feiern zu tragen.

Unterstützt wurde er dabei von der „Skagerrak-Gesellschaft", die regional wie auf Reichsebene häufig Zusammenkünfte veranstaltete und vor allem die jährlichen Feiern zum Skagerraktag am 31. 5. veranstaltete. Ihr Vorsitzender war v. Stosch.

Auch sonst waren bekannte aktive wie inaktive Offiziere in mehreren Vereinen zugleich tätig. Gesonderte Marinevereine zur Massenbeeinflussung und mit Massenanhang gab es nach dem Krieg für die Marine zunächst nicht mehr, jedoch rekrutierten sich die Mitglieder des „Stahlhelm" wie des „Kyffhäuserbundes" (vgl. Teil VI, S. 223 f.) zunächst ebenso aus dem Heer wie aus der Marine. Die 1924 von dem Grafen v. d. Goltz als Dachorganisation „nationaler" Gruppen begründeten „Vereinigten Vaterländischen Verbände Deutschlands" (VVVD) entwickelten auch in den Küstenstädten ihre Wirksamkeit. Deren radikale Republikfeindschaft bewog u. a. Levetzow zur Mitarbeit. Sie führte 1929 in Kiel zur Distanzierung der Marineleitung von ihnen.

Der „Deutsche Flottenverein" wurde angesichts der maritimen Ohnmacht am 12. 10. 1919 in „Deutscher Seeverein" umbenannt. Sein Präsident wurde der ehemalige Kolonialstaatssekretär v. Lindequist, während die Geschäfte von einem inaktiven Admiral geführt wurden. Admiral Weber (1919 bis 1922), Vizeadmiral v. Mantey (1923–1930) und Admiral Bauer (1931 bis Ende 1934) hatten diesen Posten inne. Im Gegensatz zu den anderen Marinevereinen versuchte der Seeverein, breitere bürgerliche Schichten für den Seegedanken zu gewinnen und stellte daher zunächst die Handelsschiffahrt in den Vordergrund seiner Propaganda. Jedoch gingen die Mitgliedszahlen trotz der wiederholten Durchhalteappelle in dem Mitteilungsorgan „Die See" von 1925 37 000 auf 1930 26 000 Mitglieder zurück. „Die See" erschien daher ab 1930 nur noch als Kopfblatt zusammen mit den Publikationen des „Hauptverbands Deutscher Seevereine im Ausland" und des Vereins „Deutschland zur See", die beide von Admiral a. D. v. Lans geleitet wurden und als Zielgruppe vor allem das Auslandsdeutschtum anvisierten. Die Folgen der Wirtschaftskrise brachten den Traditionsverein an den Rand des finanziellen Ruins, der durch ideelle Hilfe sowie durch den Eintritt ganzer Schiffsbesatzungen der Reichsmarine nur unwesentlich gemildert wurde.

Seit dem Beginn des stärkeren Kriegsschiffbaus ab 1927 regten sich auch Stimmen, die zum alten Namen zurückkehren wollten. Das erschien jedoch außenpolitisch inopportun zu sein. Erst gleichzeitig und mit Bezug auf den Stapellauf des Panzerschiffs A („Deutschland") nahm der Seeverein 1931 wieder den Namen „Deutscher Flottenverein" an und demonstrierte seine Zukunftserwartung auch durch eine Satzungsänderung. Als Ziel tauchte nunmehr die „Wiedergewinnung und Erhaltung der deutschen Freiheit zur See" auf. Den Gleichschaltungsprozeß vollzog auch der Flottenverein 1933 eilfertig. Statt „Präsident" hieß Lindequist nunmehr „Führer" des Vereins. Gegen die Interessen der Marineleitung hatte sich der Vorstand bereits zuvor Hitlers Einverständnis gesichert. Die Reichsmarine trat daher mit einem eigenen Projekt hervor. In einer Besprechung aller relevanten Marinevereinigungen am 31. 10. 1933 traten Trotha und Stosch, die beide in engem Kontakt zu Raeder standen, für die Gründung einer neuen Dachorganisation für Marinepropaganda ein und setzten sich trotz anfänglichen Widerstands durch. Während Hitler den Flottenverein alter Prägung bei gewissen Anpassungen zu erhalten bereit war, setzte Raeder dagegen Ende 1934 die Liquidation durch. Zuvor war bereits Trotha in den Vorstand des Flottenvereins gewählt worden, dann nach dem Rücktritt Lindequists zu seinem „Führer" ernannt worden. Seine Aufgabe war allein die gegen den erbitterten Widerstand der alten Mitglieder durchgeführte Auflösung.

An seine Stelle trat der am 21. 3. 1934 neu gegründete „Reichsbund deutscher Seegeltung" (RDS). Zu seinem „Führer" wurde Trotha dank Raeders Einsatz trotz anfänglichen Sträubens durch Hitler ernannt. Das Ziel des RDS und damit der Marineleitung war die Schaffung eines effektiven Apparates für Massenpropaganda. Industrieverbände, „Städtefront", Handelsschiffahrt und Marinevereine wurden korporative Mitglieder; zur „Nordischen Gesellschaft", zum „Reichsausschuß der deutschen Binnenschiffahrt", zum „Verein für das Deutschtum im Ausland" und zum „Deutschen Kolonialbund" bestanden frühzeitig Kontakte. Im wesentlichen beschränkte sich der RDS auf eine Rahmenorganisation, deren Propaganda wirtschaftliche und kulturelle Akzente setzte und sich vorwiegend auf die Vergangenheit bezog, wie es die Rücksichten der maritimen Aufrüstung gegenüber England geboten. Da nur korporative Mitgliedschaften bestanden, deren Unterstützung trotz anderer Vorstellungen der Marineführung oft nur nominell und nicht finanziell war, blieb die Steuerung in den Händen Trothas und damit indirekt Raeders. Auch das Propagandaministerium wurde geschickt ausgeschaltet. Zur vollen Wirksamkeit gelangte der RDS freilich weder vor noch im Krieg, da der von der Marine begonnene Großflottenbau ebenso Torso blieb wie die mit ihm verknüpfte Seegeltungspropaganda.

c. *Die Öffentlichkeitsarbeit der Marine*

Zu den Erfahrungen der Tirpitz-Zeit gehörte in der Reichsmarine die Überzeugung, für die eigenen Ziele sei eine geeignete Informationspolitik sehr wichtig. Angesichts des geringen Umfangs der Marine war jedoch ein eigener Apparat nicht aufzuziehen. Zwar wurden eine Reihe ehemaliger Marineoffiziere bei

Nachrichtenagenturen oder in der Presse tätig, ihre neuen Positionen erlaubten jedoch kaum mehr als die sporadische Aufnahme von Marineartikeln. Wichtigste Träger der Öffentlichkeitsarbeit waren neben dem Marinearchiv-Werk die offiziösen Publikationsorgane „Marine-Rundschau" und „Nauticus". Die Marine-Rundschau wurde unter einem inaktiven Marineoffizier als Chefredakteur direkt aus dem Marinehaushalt finanziert, was starke Rücksichtnahme bei Äußerungen zu militärpolitischen Zielen und Vorhaben verlangte. Mit dem Bemühen um wissenschaftlichen Charakter diente sie darüber hinaus zur marineinternen Diskussion als ausgesprochene Fachzeitschrift. Demonstrativ übte sie Zurückhaltung von der Tagespolitik, ein Prinzip, das zum ersten Mal deutlich Mitte 1933 zugunsten der Regierung Hitler gebrochen wurde, ohne daß sich jedoch der Charakter der Zeitschrift später wesentlich geändert hätte.

Der Nauticus erschien in Jahresbänden, jedoch aufgrund der schwierigen finanziellen Situation nach dem Weltkrieg erstmals 1923 und in den folgenden Jahren nicht regelmäßig. In ihm war der Reichsmarine nur ein kleiner Raum gewidmet, während im Vordergrund weltpolitisch-wirtschaftliche, handelspolitische und maritim-technische Fragen standen. Neben aktiven Marineoffizieren kamen Wissenschaftler zu Wort. Den Rahmen dieser auf breite Fachkreise zielenden Publikationen bildete zumeist ein deutlicher Appell zur Besinnung auf Deutschlands Seegeltung, der von renommierten ehemaligen Offizieren vorgetragen wurde.

Dieser Kreis war es auch, über den die Reichsmarine zunächst direkt oder indirekt Einfluß auszuüben suchte, handelte es sich bei den alten Admiralen doch vielfach um Namen, die im Inland wie im Ausland einen guten Klang besaßen und die daher als Sprachrohr für eigene Vorstellungen dienen konnten. Freilich blieb der größte Teil derartiger publizistischer Aktivitäten von Admiralen wie Tirpitz, Trotha, Scheer, Hollweg, Behncke u. a., sowie von weiteren Marineoffizieren wie Waldeyer-Hartz, Scheibe, E. E. Schulze – um nur einige zu nennen – mit den Interessen der Marine zwar gleichgerichtet, aber nicht unbedingt abgestimmt. Nur in besonders wichtigen Fällen wurden etwa für Interviews ausländischer Zeitungen Sprachregelungen für einen inaktiven Admiral von der Marineleitung angefertigt. Das Beispiel Behnckes, der sich nach 1924 auf zahlreichen Weltreisen für deutsche „Seegeltung" einsetzte, stellte insgesamt einen Einzelfall dar, wenn auch in den dreißiger Jahren der Einsatz ehemaliger Offiziere für die Marinepolitik zunehmende Bedeutung gewann.

Die organisatorische Zuteilung der gesamten Reichswehrpropaganda zum Reichswehrministerium erschwerte eine direkte Informationspolitik der Marine. Sie lag beim Ministeramt, später beim Wehrmachtamt und schließlich (ab 1934) bei der Abteilung Inland des Wehrmachtamtes bzw. des OKW. Daher waren die zum Kriegsschiffbau gegebenen Informationen zumeist sehr zurückhaltend. Allerdings waren schon Mitte der zwanziger Jahre bei Kapitän z. S. Lohmann Ansätze zu verzeichnen, einen in Zukunft wirksamen eigenständigen Apparat für eine Marinepropaganda großen Stils bereitzustellen. Erst die in der Öffentlichkeit wie im Reichstag intensiv geführte Panzerschiffdiskussion veranlaßte Zenker, 1928 dem Reichswehrministerium Aufklärungsarbeit großen Stils vorzuschlagen, jedoch konnte er sich bei Groener und Schleicher nicht durchsetzen. Sein Nachfolger Raeder verzichtete weitgehend auf eigenständige Propaganda.

Erst die Zusicherungen Hitlers für den Flottenbau veranlaßten Raeder 1934, mit dem RDS einen eigenen Apparat zu schaffen. Voraussetzung war aufgrund einer Weisung Hitlers, daß keine Flottenpropaganda im eigentlichen Sinne getrieben werden dürfe und statt der möglichen Konkurrenz Englands die Partnerschaft des Inselreichs zu betonen sei. Die weitgehende nationalsozialistische Gleichschaltung im Marinevereinswesen kam einer einheitlichen ideologischen Ausrichtung entgegen, da nunmehr die Marineleitung die Richtlinien gab. Sowohl Reichswehrministerium wie Auswärtiges Amt hatten in den für die Marinepolitik ausschlaggebenden Flottenverhandlungen keine Befugnisse gegenüber der Presse. Nur das Büro Ribbentrop legte zusammen mit dem OKM Richtlinien fest, die das Propagandaministerium dann weiterzuleiten hatte. Die von Journalisten mitgeschriebenen Weisungen aus den Pressekonferenzen des Ministeriums lassen erkennen, daß alle mit der Aufrüstung zusammenhängenden Fragen mit größter Zurückhaltung behandelt wurden. Meldungen über Kriegsschiffe und internationale Seemächteverhandlungen durften nur ohne Kommentar gebracht werden. Seltene Ausnahmen von dieser Regel entsprachen daher immer den Absichten Hitlers, Raeders oder Ribbentrops. Eine eigenständige Propaganda, wie sie die Kolonialbewegung bis 1936 betrieb, ist nicht zu verzeichnen. Neben dem vorläufig mit unverfänglichen Themen arbeitenden Apparat des RDS bestand die Informationspolitik des OKM demnach weitgehend darin, Flottenbaupläne zu verschleiern oder zu verharmlosen. Diese Haltung trug dazu bei, daß sowohl die Tatsache wie die politischen und militärischen Ziele des 1937 begonnenen Großflottenbaus der marinepolitisch interessierten Öffentlichkeit unbekannt blieben und bis in die Gegenwart auf Unglauben stoßen.

4. Marine und Parteien

Die Führung der Reichsmarine nahm zum Reichstag ein distanziertes Verhältnis ein, wie es bei ihrer Reserve gegenüber dem demokratischen System der Weimarer Republik kaum verwunderlich ist. Dennoch war sich die Marineleitung zumindest in der Ära Seeckt in stärkerem Maße als die Heeresleitung ihrer Abhängigkeit vom Reichstag bewußt und suchte entsprechende Kontakte zu halten. Positiv wurde im Reichstag 1922 bemerkt, daß sich Behncke oft unter den Zuhörern zeige und damit seine Reverenz gegenüber dem Parlament bekunde. Unter Zenker wie unter Raeder gehörte es zu den ständigen Gepflogenheiten, Abgeordnete zu Besuchen auf Kriegsschiffe einzuladen und dabei für die Marine und insbesondere den Kriegsschiffbau zu werben. Bierabende und Vorträge in

Berlin ergänzten derartige Versuche. Jedoch konnte die vielfach behauptete positive Wirkung durch das reaktionäre Auftreten von Offizieren durchaus ins Gegenteil verkehrt werden.

Für alle Parteien im Reichstag galt, daß sie kein geschlossenes Marinekonzept besaßen oder gar in die Realität umzusetzen suchten. Mangelnde Erfahrung mit parlamentarischen Möglichkeiten in Wehrfragen und die Beschränkungen der Marine durch den Friedensvertrag erklären das. Ferner wurde die Reichsmarine für die Parteien zumeist nur als Teil der ganzen Reichswehr wichtig, so daß deren prinzipielle Einstellung gegenüber der Lösung des Wehrproblems (vgl. Teil VI, S. 140 ff.) dominierte. Dennoch sind Nuancen zu verzeichnen.

Die KPD und der linke Flügel der USPD, der sich 1921 der KPD anschloß, stellten sich scharf gegen die gesamte Reichswehr als sichtbaren Ausdruck des „kapitalistischen und imperialistischen Ausbeutungssystems". Dabei wurde die militärische Bedeutung der Reichsmarine relativ hoch eingeschätzt und die Gefahren eines Koalitionskrieges gegen Sowjetrußland in den Vordergrund gestellt. Um die Reichsmarine zu unterwandern, setzten die KPD und der ihr zugeordnete „Rotfrontkämpferbund" (RFB) ihre Propaganda ein. Insbesondere durch Anprangerung der täglichen Lebensverhältnisse der Matrosen versuchte die KPD Einfluß zu gewinnen. Broschüren, Theaterstücke und Filme sollten agitatorisch wirken. Eine wichtige Rolle spielten die beiden aufgrund der Flottenmeutereien von 1917 erschossenen Matrosen Reichpietsch und Köbis, die zu Märtyrern und Vorkämpfern der Sache der KPD stilisiert wurden. Mit großer Unruhe beobachteten die Stationskommandos diese Versuche und bemühten sich, alle Ansätze zur Unterwanderung schon im Keim zu ersticken. Die Personalauswahl war hierzu ein wichtiges Instrument. Der Einfluß der KPD scheint insgesamt unbedeutend gewesen zu sein, obwohl die Marine intern ebenso wie nach außen aufgrund der traumatisch nachempfundenen Revolutionszeit von kleinsten Anlässen auf große Gefahren schloß. Einzelne Hinweise auf Zellenbildungen der KPD in der Marine in Kiel wurden 1928/29 als Alarmzeichen angesehen. Jedoch bildete das geringe zutage geförderte authentische Material nur eine unsichere Handhabe für eine Entlassung von verdächtigen Matrosen.

Zwiespältig wie ihre Haltung gegenüber der Reichswehr insgesamt war auch die Einstellung der SPD zur Marine. Nach dem Abgang Noskes, der als Marinefreund galt und sich auch zunächst weiter um ihre Förderung bemühte, überwog die negative Haltung. Da die Reichsmarine als „Hort der Reaktion" angesehen wurde, galt der Angriff vor allem ihrer inneren Struktur. Ziel war es dabei, im Rahmen des Realisierbaren möglichst schnell eine innere Anpassung der Marine an die Republik durchzusetzen. Auch nach der Konsolidierung der Marine war die SPD in der Lage, eine Fülle von Informationen über den reaktionären Geist und die Geheimrüstungen der Marine vorzulegen. Dadurch wurden einerseits die ablehnenden Tendenzen in der SPD verstärkt, andererseits – zumal angesichts der Militärkontrolle – in der Reichsmarine die Informanten in die Nähe von Vaterlandsverrätern gestellt. Die prinzipiell kooperationsbereite Haltung der Anfangszeit wurde seit der Vereinigung mit dem rechten Flügel der USPD 1922 stärker in Frage gestellt. Auf dem linken Flügel der SPD formulierten nunmehr Abgeordnete wie Kuhnt, der ehemalige „Präsident der Republik Oldenburg", und Künstler wiederholt im Reichstag ihre durch persönliche Erfahrung gefestigte prinzipielle Ablehnung. Andere, wie der Berichterstatter des Haushaltausschusses Hünlich, waren bereit, technisch begründeten Argumenten der Marineleitung weitgehend zu folgen. Wiederholt tauchten in der SPD Zweifel an der Existenzberechtigung einer Marine für Deutschland auf. Da jeweils nur wenige Abgeordnete, zumeist aus dem Küstengebiet, als Marineexperten auftraten, war es opportun, bei den Haushaltsberatungen die unterschiedlichen Positionen gegenüber der Reichsmarine in einer einheitlichen Ablehnung der Kosten für den Kriegsschiffbau zusammenzufassen, den ganzen Wehretat aber erstmals 1925 aus allgemeinen Gründen abzulehnen.

Als die SPD nach achtjähriger Pause mit Hermann Müller, Mitte 1928 wieder den Reichskanzler stellte und zugleich der Lohmann-Skandal und die Panzerschiffs-Forderung die Marinepolitik ins Zentrum der Innenpolitik treten ließen, geriet die SPD in eine Zerreißprobe. Der Wahlkampf 1928 war noch mit der Parole „Kinderspeisung statt Panzerkreuzer" geführt worden. In der Regierungsverantwortung entschlossen sich jedoch die SPD-Minister aus koalitionspolitischen Erwägungen, den Panzerschiffbau zu fördern. Die Reichstagsfraktion desavouierte ihre Minister, da in ihr das Mißtrauen gegenüber der Marine dominant geworden war. Im Grunde wurde die Panzerschiff-Frage zum Testfall für die Einstellung zur Reichswehr und zur bestehenden Machtverteilung im Weimarer Staat. So hatten die SPD-Minister mit ihrer Fraktion am 15. 11. 1928 gegen ihren zuvor im Kabinett gefaßten Beschluß zu stimmen. Das taten sie um so leichter, als sie dennoch mit einer Reichstagsmehrheit für das Panzerschiff A rechnen konnten.

Der Vorrang taktischer Rücksicht auch gegenüber der eigenen Partei angesichts einer anderen Regierungspolitik führte zwar zu einer gewissen Klärung des Standpunktes zur Wehrfrage auf dem Magdeburger Parteitag 1929, gerade in der Marinefrage blieben die Aussagen jedoch vage. Daher lehnte die SPD als innerparteiliche Kompromißlösung in diesem und im folgenden Jahr die Mittel für das Panzerschiff im Reichstag ab, zumal eine Mehrheit durch die Stimmen der anderen Parteien sicher war. 1931 war die Regierung Müller bereits seit einem Jahr gestürzt, die Regierung Brüning jedoch in der „großen Tolerierungskoalition" auf die Stimmen der SPD angewiesen. Da die wehrfreundlichen Parteien DNVP und NSDAP durch Obstruktion eine Mehrheit von SPD und KPD gegen den Panzerschiffbau zu bringen drohten, entschloß sich die Fraktionsführung, ihr Gewicht für die Regierungsvorlage in die Waagschale zu werfen. Ihr Vorsitzender Wels betonte zwar die fortdauernde Ablehnung des Panzerschiffbaus, befürchtete jedoch, damit einen Regierungssturz zugunsten einer faschistischen Machtübernahme herbeizuführen. So wurde die Stimmenthaltung gegenüber den Marinebauten mit einer gewissen sachlichen Berechtigung zum Preis für die Erhaltung der politischen Stellung der Arbeiterschaft stilisiert. Eine kleine Gruppe votierte dennoch gegen die Vorlage und bildete die Sozialistische Arbeiterpartei (SAP). Erst nachträglich stellte sich heraus, daß auch bei einer Ablehnung durch die SPD eine Mehrheit für die Regierungsvorlage entstanden wäre. Äußerlich schien sich die SPD mit der Marine abgefunden zu haben. Tatsächlich empfand sie die Marinerüstungen in der Krise der Republik als unvermeidliches Übel, das aus gesamtpolitischen Erwägungen in Kauf zu nehmen sei. Angesichts der Abrüstungserwartungen weiter Kreise der SPD bestand ab 1932 die nicht mehr zum Tragen gekommene Möglichkeit, daß die innerparteiliche Opposition die Ablehnung der Marinerüstung erneut prinzipiell durchsetzen würde.

Die DDP war die Partei des Reichswehrministers Geßler. Dennoch führte dessen Politik, alle Aktivitäten der Reichswehr gegenüber dem Reichstag abzuschirmen, zu einer wachsenden Entfremdung zwischen Partei und Minister und schließlich zu dessen Parteiaustritt. Die DDP bejahte eine Marine mit begrenzten Aufgaben im Küstenschutz, neigte jedoch zu äußerster Sparsamkeit. Kritiker wie der oldenburgische Ministerpräsident Tantzen, die mit Entschiedenheit für eine republikanische Umstrukturierung der Marine eintraten, konnten kein größeres Gewicht erlangen. So brachte erst die Lohmann-Affäre 1927 einen Umschwung in der bisher toleranten Haltung der DDP, die 1928 gegen das erste Panzerschiff stimmte. Wie bei der SPD traten auch hier die Minister im Kabinett für das Schiff ein, jedoch gelang es den Liberalen nach beträchtlichen Schwankungen innerhalb der Partei, diese doch noch hinter sich zu bekommen. Linksliberale Kräfte wie die „Deutsche Friedensgesellschaft" erlangten keinen Einfluß auf die weiteren Entscheidungen der Partei.

Die DVP übernahm die prinzipiell flottenfreundliche Haltung der Nationalliberalen im Kaiserreich. Ohne besonderes Engagement Stresemanns wurde hier der Konteradmiral a. D. Brüninghaus als MdR der eigentliche Motor einer marinefreundlichen Politik. Er entfaltete eine rege publizistische Tätigkeit für Marinebelange, für die nur selten Absprachen mit der Marineleitung erkennbar sind. 1928 sorgte er dafür, daß die in seiner Partei vereinzelt aufkommende Kritik an der Marine nicht in Abstimmungsentscheidungen manifest wurde. Seine Bemühungen, an Stelle Groeners Anfang 1928 die Nachfolge Geßlers anzutreten, scheiterten. Für die DVP galt als Richtlinie, die Möglichkeiten des Versailler Vertrages, die bei der Marine nicht voll ausgenutzt waren, weitestgehend auszuschöpfen.

Als Regierungspartei trat auch das Zentrum grundsätzlich für die Reichsmarine ein. Ähnlich wie die DDP war man hier aber bestrebt, die Marine nur für begrenzte Aufgaben einzurichten, da man die finanziellen Mittel für wichtigere Aufgaben verwenden wollte. So gab es angesichts der Marinekrise 1928 weit auseinandergehende Ansichten über den Panzerschiffbau, die nur mit Mühe zu einem einheitlichen positiven Votum im Reichstag zu bringen waren. Dennoch versuchte das Zentrum anschließend, auf die SPD in der Panzerschiff-

Frage Druck auszuüben, was nicht zuletzt auf die marinefreundliche Haltung einzelner Abgeordneter zurückging. Die weitere positive Einstellung des Zentrums zu Marinerüstungen entsprang weniger einer einheitlichen Linie in dieser Sachfrage als vielmehr innenpolitischen Erwägungen. Das galt sowohl für die Koalitionsforderungen als auch für die Benutzung der Kriegsschiffprojekte als außenpolitische Kompensationsmittel durch Reichskanzler Brüning.

Die mittelständische Wirtschaftspartei entwickelte keine eigene Wehrkonzeption. Ihre uneinheitliche Stimmabgabe über das Panzerschiffprojekt bei den ersten Etatberatungen 1928 spiegelte die unentschiedene Haltung dieser Partei in Marinefragen. Als bei den anschließenden Wahlen jedoch der ehemalige Marineoffizier Sachsenberg für die WP ins Parlament gelangte, entwickelte sie sich zu einer entschlossenen Befürworterin des Panzerschiffbaus. Eigene Anträge demonstrierten den Einfluß eines einzelnen Abgeordneten mit Marinebindung für die Politik seiner Partei.

In ihrer republikfremden Haltung stand die Führung der Reichsmarine der DNVP am nächsten. Zwischen ihr, Wehr- und Marineverbänden bestanden die engsten personellen Beziehungen. Die unterschiedlichen politischen Vorstellungen der antidemokratisch-konservativen Sammelbewegung schlugen nicht in die Marinepolitik durch, da es als selbstverständlich für die DNVP galt, alle Wehrbestrebungen zu fördern. Die Kriegsschiffbauten wurden daher regelmäßig unterstützt; gelegentlich tauchte sogar ein Bedauern über das zu zaghafte Vorgehen der Reichswehrführung in dieser Frage auf. 1928 strebte die DNVP danach, das Schiffbauprogramm der Reichsmarine langfristig vom Reichstag unabhängig zu machen und war bereit, damit parlamentarischen Einfluß, auch ihren eigenen, abzubauen. Drei Jahre später, 1931, ordnete sie unter Hugenberg ihre Marinepolitik der allgemeinen Destruktionspolitik unter, als sie durch Auszug aus dem Reichstag eine Mehrheit gegen die Marinerüstungen riskierte. Bereits zuvor hatte es kritische Äußerungen aus der DNVP über die Anpassung der Reichsmarine an die Republik durch Distanzierung von radikalen Wehrverbänden gegeben, die jedoch die Parteiführung nicht beeinflußten.

Als Interessenvertreter der Marine trat in dieser Zeit Kapitänleutnant a. D. Treviranus auf, dessen allgemeine politische Bedeutung – so auch die von ihm mitgetragene Abspaltung der Volkskonservativen von der radikaler werdenden DNVP – wichtiger ist. Er blieb seinen Marinebindungen treu und unterstützte maßgeblich die Bestrebungen seiner Partei für ein neues „Flottengesetz“ in Anlehnung an die Praktiken der Tirpitz-Zeit.

5. Marine und Nationalsozialismus

Eine enge Beziehung der Marineführung zu rechts von der DNVP stehenden Gruppen und Parteien ist bis 1933 nicht zu verzeichnen. Es bestanden sicher mannigfache Kontakte über die verschiedenen Verbände und vaterländischen Vereine. Persönliche Beziehungen zwischen ehemaligen Marineangehörigen und völkischen Gruppen waren aber wohl nur im norddeutschen Küstenbereich enger. Die NSDAP zog spätestens seit dem Sommer 1923 das Interesse der Marineführung auf sich. Sowohl die anfängliche Kooperation als auch die späteren Gegensätze zwischen den Nachfolgeorganisationen der Brigade Ehrhardt und der Anhängerschaft Hitlers wurden aufmerksam registriert. Vorherrschend war eine zwiespältige Einstellung zur NSDAP. Hitlers Person wirkte keineswegs überzeugend. Jedoch schienen „nationale" und „soziale" Züge des Programms und der Propaganda Schritte auf dem richtigen Weg zur Überwindung der Republik zu sein. Diese Haltung überwog bei den älteren Offizieren auch nach der Wiederbegründung der NSDAP 1925. Ausgesprochene Anhänger dieser Partei gab es aber bis 1933 in diesem Kreis nur sehr wenige.

Dafür vollzog sich jedoch im jüngeren Offizierkorps eine wachsende Hinwendung zum Nationalsozialismus. Zumindest bestätigten nachträglich eine Reihe von Beobachtern diese Einstellung, die sich in den Akten nur an wenigen Stellen niederschlägt. Das beruht auf der vorgeblich „unpolitischen" Haltung der Marineführung, die eine offene Propaganda oder das Eintreten für eine Partei nicht erlaubte. In Einzelfällen kam es sogar zu einer Verurteilung rechtsradikaler Strömungen. Dennoch wurde eine „Nazi"-Haltung von älteren Offizieren zumeist toleriert, schien sie doch Ausdruck einer vielleicht übersteigerten, aber dennoch zu begrüßenden nationalen Haltung zu sein. Bestimmend für die Marine war ferner die scharfe Ablehnung kommunistischer oder sozialistischer Anschauungen in der NSDAP. Die kompromißlose Ablehnung aller Kräfte, die der SPD nahestanden oder im politischen Spektrum weiter links als diese einzuordnen waren, imponierte, wurde hier doch vielfach nicht „Politik" getrieben, sondern Gesinnung demonstriert, ohne Rücksicht auf die Tagespolitik zu nehmen. Zu Recht konnte Hitler daher im Herbst 1933 einem nach einjähriger Auslandsfahrt zurückkehrenden Kreuzer bestätigen, die ihm zujubelnde Besatzung habe sich seit der Abreise in Deutschland nicht verändert, nur die Verhältnisse seien nunmehr so, wie sie die Besatzung seit 1918 ersehnt habe. Mehrere Berichte sprechen davon, daß Angehörige der Reichsmarine bereits ab 1929 in großem Umfang ihre politischen Hoffnungen auf die NSDAP setzten. Vor allem die zunehmende Arbeitslosigkeit auch von entlassenen Soldaten in Kiel und Wilhelmshaven wirkte auf eine solche Radikalisierung hin.

Die wohlwollende Haltung großer Teile der Marine gegenüber dem Nationalsozialismus beruhte nicht entscheidend auf einer entsprechenden Marinepolitik. Die NSDAP trat zwar für alle Forderungen zur Verstärkung der Reichswehr ein und unterstützte deren Etatforderungen aus Prinzip, jedoch ging die Partei dabei nach 1925 auf deutliche Distanz zur Reichswehrführung. Sie warf ihr vor, Ausdruck des Weimarer Systems zu sein und zu viele innen- wie außenpolitische Rücksichten zu nehmen. Auf diese Weise würden nationale Ziele verraten. Dahinter stand der partiell erfolgreiche Versuch, an der Spitze vorbei direkt auf die Reichswehrangehörigen zu wirken. Die NSDAP verstand es, zugleich für die Marinerüstungen einzutreten und scharf Stellung gegen Reichswehrminister Groener zu beziehen. Bei aller Befürwortung des Panzerschiffbaus und dem Einfluß alldeutscher Strömungen innerhalb der NSDAP darf jedoch nicht übersehen werden, daß sie aufgrund des außenpolitischen Konzepts ihres „Führers“ Adolf Hitler (s. u. S. 449 ff.) der Reichsmarine gegenüber insgesamt kritisch blieb. Reden im Reichstag zu Marinefragen schweiften gern ab vom Thema und benutzten die Gelegenheit, zur allgemeinen Wehrpolitik Stellung zu nehmen. Deutlich wurden auf diese Weise die Priorität der Land- vor der Seerüstung, so daß die ablehnende Haltung der Marinespitze gegenüber der NSDAP dadurch mitbegründet wurde. An dem Werben der Reichswehrführung um die radikale Rechte war die Marineführung nicht beteiligt, und so ist es nicht verwunderlich, daß die Distanz insgesamt zunahm. Im Frühjahr 1932 erörterte Pläne, über einen der NSDAP angehörenden ehemaligen Offizier in der „Skagerrakgesellschaft“ eine Kontaktstelle zwischen NSDAP und Marineführung einzurichten, scheinen nicht verwirklicht worden zu sein. Hitler polemisierte im Herbst 1932 sogar dagegen, Schiffe zu bauen statt Divisionen aufzustellen, während Raeder eine solche Ansicht privat als „verbrecherisch“ brandmarkte, wenn er auch nicht auf einen politischen Gegenkurs zu gehen bereit war. Zugleich glaubte er wohl fälschlich, eine weitgehende Abwendung des jüngeren Offizierkorps vom Nationalsozialismus feststellen zu können, berichtete doch ein Marineoffizier von der „Front“, er sei sich der Haltung seiner Untergebenen bei einem möglichen neuen Hitler-Putsch nicht sicher. Im höheren Führungskorps der Marine gab es vor 1933 wahrscheinlich nicht viele überzeugte Nationalsozialisten. Der Besuch Hitlers auf dem Kreuzer „Köln“ Ende Juli 1932, dessen Kommandant für eine NS-freundliche Haltung bekannt war, erscheint nicht als typisch. Immerhin ging das Bekenntnis zum Nationalsozialismus bei mehreren hohen Offizieren bald zu Loyalitätsbekundungen gegenüber dem starken und Ordnung schaffenden Staat, der die Marine im erwünschten Sinne förderte, hinaus. Die Admirale Schuster und Boehm bekannten sich zu den germanisch-völkischen Ideen des Nationalsozialismus; bei Fricke und später vor allem bei Dönitz scheint sich das fanatische Kampfideal der „Bewegung“ mit eigenen Vorstellungen weitgehend gedeckt zu haben.

Die Konflikte auf der Führungsebene zwischen NSDAP und Marine wurden 1933 durch Abgrenzung des jeweiligen Einflußbereichs pragmatisch gelöst. Die Marine erhielt Zusicherungen für den Flottenbau und hielt sich fortan von der innenpolitischen „Gleichschaltung“ möglichst fern. Eine solche formale Trennung bedeutete jedoch nicht, daß sich die Marine der inneren Umgestaltung gegenüber insgesamt passiv verhielt. Die für die gesamte Wehrmacht erlassenen Anpassungsverordnungen wurden mit der vollen Autorität Raeders auch in seinem Bereich durchgesetzt. So wurden eine Reihe jüdischer Offiziere und Mannschaften ohne jeden Druck der Partei aus der Marine entlassen. Auf der anderen Seite verstand es Raeder in späteren Jahren, in einigen Fällen durch persönlichen Einsatz, „Juden“ in der Marine zu halten oder im Zivilleben vor Verfolgung zu bewahren. Das Beispiel kennzeichnet treffend die allgemeine Reaktion auf den Regimewechsel und die damit verbundenen Maßnahmen. Prinzipiell funktionierte die Marine reibungslos und paßte sich in allen für die ganze Wehrmacht geltenden innenpolitischen Fragen an, um dadurch ihre innere Autonomie in gewissen Bereichen wahren zu können. Autoritätsschwierigkeiten gegenüber forcierter nationalsozialistischer Gesinnung in der Marine oder gar prinzipielle Bedenken sind nicht bekannt. Raeder und eine Reihe höherer Befehlshaber legten auf der anderen Seite Wert darauf, bei mißliebigen Anordnungen von unteren Parteidienststellen ihre Interessen zu wahren und zumindest Ausnahmeregelungen durchzusetzen. Die dabei geführten Auseinandersetzungen richteten sich jeweils gegen nationalsozialistische Führer des zweiten Gliedes, sparten also Hitler weitgehend aus. Allein die Konkurrenz der Luftwaffe führte zu permanenten Auseinandersetzungen Raeders mit Göring – allerdings über militärische Probleme. Dieser Taktik, die z. T. auf einer irrtümlichen Analyse der innerparteilichen Strukturen der NSDAP aufbaute, kam es zugute, daß die Partei und zumal ihre Untergliederungen für die Marine – im Gegensatz zum Heer – nur bedingt militärische Alternativen anbieten konnte und die Konflikte auf wenige Küstenstädte beschränkt waren. Die Aufwertung der Marine-SA, die sich, bislang unbedeutend, ab 1933 aus den Traditionsverbänden rekrutierte, sowie der Marine-Hitler-Jugend lag durchaus im Sinne der Marine, wurde doch dadurch auch vom neuen Regime ein Beitrag zur Förderung des „Seegedankens" geleistet. Die Gefahr, daß dadurch die Marine langfristig unterwandert würde, wurde zumal angesichts der bereits vor 1933 vollzogenen Entwicklung nicht problematisiert.

Eine Ausnahme stellte die Militärseelsorge dar. Es handelte sich hierbei um das besondere Interessengebiet des Protestanten Raeder, der eine Ablösung kirchlicher Bindungen durch nationalsozialistische Weltanschauung ablehnte und in diesen Fragen eine institutionell gesehen wirkungsvolle Politik betrieb. Dennoch kann von Ansätzen zu einem kirchenpolitischen Kampf in der Marine keine Rede sein, zumal auch die Marinepfarrer beider Konfessionen im allgemeinen selbst starke Anpassungstendenzen an die nationalen Züge des Regimes verzeichneten.

Es kann nicht verwundern, daß in der Marine während der „Friedensjahre" des Dritten Reiches Widerstand aus prinzipiellen, moralischen oder politischen Gesichtspunkten – anders als beim Heer – nicht zutage trat. Daran hinderte nicht zuletzt Raeders straffe Führung, die Auseinandersetzungen über derartige Fragen nicht aufkommen ließ und bestenfalls als Privatsache tolerierte. Bedenken, Besorgnisse und Beschwerden über die Methoden der nationalsozialistischen Machtausübung durften zwar dienstlich vorgebracht werden, jedoch war Systemopposition nicht genehm. Zudem wirkte – auch ohne diese Folge der autoritären Marinestruktur – der rapide Ausbau der Marine, über dessen Förderung durch Hitler zumindest das höhere Führerkorps unterrichtet war, einer solchen Haltung entgegen. Die Person des Reichskanzlers und „Führers" galt als wichtigster Garant der weiteren maritimen Zukunft, so daß mit Hitler auch diese Perspektive kritisiert worden wäre. Erziehungsziele und Ausbildungsgrundsätze der

NSDAP deckten sich zudem bis zu einem gewissen Grade mit militärischen Grundsätzen.

Auch in den Jahren 1938/39, als die Kriegspolitik Hitlers den höheren Offizieren deutlich vor Augen trat, dominierten in der Marine fachliche Einwände und eine abweichende Einschätzung der außenpolitischen Risiken. Diese wurden allerdings von Raeder nur bedingt geteilt und an Hitler weitergegeben, der sie zu zerstreuen suchte. Lediglich zwei führende Offiziere des OKM, Vizeadmiral Guse und Fregattenkapitän Heye, gelangten in der Sudetenkrise 1938 zu einer Raeder vorgelegten scharfen Kritik an der Politik Hitlers. Es überwog bei ihnen eindeutig die Verurteilung der politischen Methoden, nicht aber des Ziels. Hitlers Absicht, die Tschechoslowakei zu zerschlagen, wurde ausdrücklich als positiv eingeschätzt. Nur bei Heye, der sich bereits in den zwanziger Jahren als Mann unabhängigen Urteils erwiesen hatte, klangen prinzipielle Einwände an, wenn er „denkenden Ausländern“ die Beobachtung in den Mund legte, Deutschland erscheine „als ein Sowjetrußland sinnverwandter Staat ..., der aber viel stärker ... über seine Grenzen hinausdrängt ...“. Derartige Vorstellungen verhallten wahrscheinlich ohne Wirkung bei Raeder. Opposition blieb innerhalb der Marine immer funktional und auf dienstliche Vorstellungen beschränkt. Oberstes Kriterium bildete auch bei Guse und Heye die Absicherung des Flottenbaus nach innen wie außen.

C. Konsolidierung und erneute Krise (1920—1928)

1. Wiederherstellung der inneren Geschlossenheit unter Behncke und Zenker

Der im Oktober 1920 Chef der Marineleitung ernannte Admiral Behncke sah sich in den vier Jahren seiner Amtsführung bis 1924 mit schwerwiegenden Problemen konfrontiert.

Paul Behncke, 1866 in Lübeck geboren, stammte aus einer hansischen Kaufmannsfamilie und trat 1883 in die Marine ein. Er qualifizierte sich für den Admiralstabsdienst und besuchte die Marineakademie von 1897 bis 1899. In seinem Dienst bis 1914 ist die Tätigkeit als Kreuzerkommandant (1903—1905) hervorzuheben, die ihn bei Reisen an die amerikanische Ost- und Westküste führte. Vom Beginn des Weltkrieges bis 1916 setzte sich Behncke als Konteradmiral und stellvertretender Chef des Admiralstabs für einen aktiveren Einsatz der Hochseeflotte und später für den uneingeschränkten U-Bootkrieg ein. Als Geschwaderchef von 1916–1918 nahm er u. a. an der Skagerrakschlacht teil. Staatssekretär des Reichsmarineamtes war er im September 1918 nur für wenige Wochen. Nach dem Zusammenbruch wurde Behncke im Februar 1919 verabschiedet. Nach 1924 entfaltete Behncke auf zahlreichen Auslandsreisen u. a. nach Nord- und Südamerika, der Sowjetunion und Ostasien eine rege Werbe- und Informationstätigkeit, um den Interessen der Reichsmarine, der Exportindustrie und der Auslandsdeutschen in gleichem Maße zu dienen.

1920 ging es vor allem darum, aus der Marine überhaupt einen funktionierenden Apparat zu machen. Dazu war es notwendig, das Ansehen der Seeoffiziere auf der Grundlage „unbedingten Gehorsams" wiederherzustellen. Gemeint war damit jedoch mehr die Geltung eines abstrakten Prinzips als eine konkrete Maxime, da es Behncke vorwiegend um die Demonstration der Sachkompetenz von Vorgesetzten ging, die im täglichen Dienst ihren Gehorsamsanspruch unter Beweis stellen mußten, offene Aussprachen nicht scheuten und die Entwicklung der gesamten Marine als Richtschnur vor Augen hatten. Behncke selbst neigte ebenfalls zu einem solchen Stil und setzte eher auf den Ausgleich divergierender Strömungen in der Marine als auf hartes Durchgreifen. Die Tendenz zur Vermittlung auch dort, wo ein militärischer Befehl angebracht gewesen wäre, verstärkte sich im Laufe der Amtszeit Behnckes und wurde von anderen Offizieren als Führungsschwäche empfunden.

Bei der Konsolidierung waren vor allem zwei Faktoren schwierig zu bewältigen: der Einfluß ehemaliger Freikorpskämpfer und der Zweifel am baldigen Wiederaufstieg Deutschlands und seiner Seemacht. Allein aus der Brigade Loewenfeld wurden 2500 Mann oder ein Sechstel der gesamten Reichsmarine übernommen. Die Zahl der ehemaligen Ehrhardt-Leute dürfte wesentlich geringer gewesen sein. Zwar sind wohl wenige von ihnen in führende Stellungen aufgestiegen, aber da es sich vor allem um jüngere Soldaten handelte, zeigte sich in den ersten Jahren nach 1920 ein Generationenkonflikt zwischen diesen und den älteren Seeoffizieren. Geprägt vom Bürgerkriegserlebnis, waren vielfach die unteren Offiziersränge bestrebt, in der Reichsmarine diese Tradition fortzusetzen. Es gab Bestrebungen, die älteren Offiziere herauszudrücken und die Marine in eigene Regie zu übernehmen. Von diesen Kräften her wurde die Tatsache, daß die Landtruppenteile der Marine angesichts des minimalen Schiffsbestandes überwogen, als Normalzustand betrachtet, der den z. T. nationalrevolutionären Zielen entgegenkam. Schwerpunkte dieser Aktivitäten bildeten die Marineschule in Flensburg-Mürwik und einige Standorte an der Nordsee, vor allem Wilhelmshaven. Besonders die Marineschule in Mürwik galt als ein „Hort der Reaktion". So wurden vom dortigen Offiziernachwuchs die Morde an Erzberger und Rathenau gefeiert. Viele dieser Offiziere und Offizieranwärter verließen bis 1922/23 die Marine oder wurden verabschiedet.

Ein Vorfall in Borkum 1921 kennzeichnet sowohl die Stärke der revolutionären Kräfte von rechts als auch die vorsichtige Reaktion der Marineführung. Teile der Küstenwehrabteilung hatten eigenmächtig Demonstrationsmärsche und Kundgebungen gegen die bestehende Ordnung veranstaltet, das Lied der Brigade Ehrhardt gesungen, die republikanische Flagge verbrannt und eine eindeutig kaisertreue Haltung unter Beweis gestellt. Nach Protesten der Bevölkerung kam es zu Schlägereien und Schießereien, bei denen zwei Zivilisten schwer verletzt wurden. Drei Offiziere, die der Brigade Ehrhardt entstammten, wurden sogleich verabschiedet. Da sich gegen dieses Durchgreifen der Nordseestation Opposition im Offizierkorps richtete, verlegte sich die Marineleitung aufs Taktieren: wohl auf Anraten eines älteren Admirals versetzte Behncke den Stabschef der Nordseestation, Kapitän z. See Prentzel, nach Berlin. Der Stationschef Vizeadmiral Zenker sah sich durch diese Maßnahme persönlich desavouiert und forderte deren Rücknahme oder seinen eigenen Abschied. Behncke tat jedoch keines von beiden. Er behielt seinen Versetzungsbefehl bei und erhielt durch persönliches Zureden auch Zenker, seinen nachmaligen Nachfolger, der Marine. Da Zenker als besonnener Offizier galt, ist sein Plan eines kompromißlosen Durchgreifens durchaus als realistisch zu betrachten. Behncke bevorzugte es jedoch, zwischen den Strömungen zu vermitteln, und hatte damit für die Marine weitgehend Erfolg. Die Integration in den republikanischen und demokratischen Staat wurde dabei als sekundär angesehen und vernachlässigt.

Besondere Bedeutung kam den Ausbildungsfragen zu. Aufgrund des Revolutionstraumas war sich die Marineführung einig, daß langfristig besonders auf diesem Sektor Weichen für die Zukunft gestellt wurden. Daher erhielt die Bildungsinspektion (B.I.), der alle Marineschulen unterstanden, eine Schlüsselfunktion. Ihr Leiter war von 1922 bis 1924 Konteradmiral Raeder, der die für die folgenden Jahre entscheidenden Grundsätze vorbereitete. U. a. verstand er es, die durch den Weltkrieg unterbrochene Admiralstabsausbildung, die nunmehr Führergehilfenausbildung hieß, durch Kurse für qualifizierte Offiziere mittlerer Ränge zu überbrücken. Während es für Unteroffiziere und Mannschaften vor allem darum ging, die Nachteile der zwölfjährigen Dienstzeit durch berufsqualifizierenden Unterricht zu kompensieren, stand die Offizierausbildung unter dem Postulat wissenschaftlicher Prinzipien, die z. T. in Verbindung mit den Universitäten Kiel und Berlin verwirklicht wurden.

Zu den beachtlichen, aber wohl nicht typischen Zeugnissen über den Reflexionsstand in Ausbildungsfragen gehört eine Studie des damaligen Kapitänleutnants Heye, der 1926 seine Aufgabe als Erzieher darin sah, den einzelnen Soldaten zur Selbstverantwortlichkeit zu führen: „Ich erziehe ihn nicht dadurch, daß ich ihn mit Befehlen und Bestimmungen einenge, ihm die eigene Verantwortung nehme. Ich will heben oder erzeugen Ehrgefühl, Verantwortungsbewußtsein, Standesbewußtsein, dadurch soll entstehen Pflichtgefühl, Kameradschaft, Berufsfreude und Vertrauen in den, der mir Führer ist auf diesem Wege und Kamerad."

Das wichtigste Mittel, dessen sich Behncke zur Ablenkung von radikalen innenpolitischen Bestrebungen bediente, war die Wiedergewöhnung an Seefahrt und Schiffsdienst. Zwar schlossen sich revolutionäre Gesinnung und Seefahrt nicht aus, aber eine von letzterer geprägte Marine mußte ihr Schwergewicht stärker auf äußere Machtentfaltung legen als auf Bürgerkrieg und das Bestreben haben, die Gegensätze zwischen Offizieren und Mannschaften im gemeinsamen Dienst zu überbrücken. Die Ansicht eines Kreuzerkommandanten im Herbst 1923, seine Untergebenen seien „gut und unpolitisch, vielleicht eher etwas rechts stehend" kennzeichnet die Erfolge dieser Politik.

Eine wichtige Rolle spielte in diesem Zusammenhang der ehemalige Freikorpskommandeur v. Loewenfeld, der 1922 Kommandant des ersten Schulkreuzers „Berlin" wurde. Zwar galt er als Einzelgänger und Sonderling und war insofern nicht typisch für eine Offizierschicht, aber allein sein Beispiel und Werdegang von den Brigaden zur Seefahrt wirkte stark konsolidierend. Auch seine spätere Tätigkeit als Kapitän z. S. und Leiter der Flottenabteilung in der Marineleitung 1926/27, die für militärpolitische Grundsatzentscheidungen zuständig war, wies ihm ein bedeutendes Gewicht zu, so daß er sich bei der Debatte in der Marine über den Ersatz der Linienschiffe (s. u. S. 424) auch über seine Dienststellung hinaus mit einer eigenen militärpolitischen Konzeption gegenüber dem Chef der Marineleitung durchzusetzen verstand.

Mit der Wendung zur Seefahrt war die Hoffnung auf maritimen Wiederaufstieg eng verbunden. Geßler und Behncke stellten dieses Fernziel ebenso wie das Nahziel friedlicher Wirkung im Auslandsdienst in den Vordergrund. Aber der Gegensatz zur täglichen Kleinarbeit, die kaum oder nur wenig Beziehung zu einer künftigen Seemacht ersten Ranges aufwies, war beträchtlich. In den ersten Jahren richteten sich die Erwartungen noch auf kürzere Zeiträume, jedoch wurden diese durch die innen- wie außenpolitische Entwicklung enttäuscht und führten bis 1923 zum resignierten Ausscheiden einer Reihe von Offizieren, darunter auch solcher, die nicht dem „Brigadenflügel" zuzurechnen waren. Dennoch blieben die dynamischen Zukunftshoffnungen auch in der zweiten Hälfte der zwanziger Jahre erhalten.

Behnckes Nachfolger Zenker konnte von 1924 bis 1928 weitgehend auf den Erfolgen seines Vorgängers aufbauen.

Hans Zenker (1870–1932) trat 1888 in die Marine ein, qualifizierte sich zum Admiralstabsdienst und war im Ersten Weltkrieg als Admiralstabsoffizier sowie als Kommandant eines Schlachtkreuzers tätig. Nach Kriegsende zum Abschied von der Marine entschlossen, konnte er von Trotha zum Bleiben bewogen werden.

In den Jahren unter Behncke präsentierte Zenker sich als ein Offizier, der entschlossen die notwendige äußere Anpassung an die Republik vorzunehmen bereit war und auch vor Konflikten weniger zurückscheute als sein Vorgesetzter. Über seine Art der Marineführung ist dagegen nur wenig bekannt. Es hat den Anschein, daß er in dieser Stellung gleichfalls stärker als zuvor in Wilhelmshaven auf Ausgleich hinarbeitete und zwischen den divergierenden Strömungen keine klare Linie steuerte. Zumindest außerhalb der Reichsmarine wurde kritisiert, daß er sich mehr als Professor denn als militärischer Führer darstelle (Levetzow). Die Lohmann-Affäre, die 1928 entscheidend zu Zenkers Sturz beitrug (s. u. S. 425 ff.), läßt sich zu einem beträchtlichen Teil auf seine zu großzügige Dienstaufsicht zurückführen.

2. „Friedensaufgaben“ und operative Planungen

Die Marine erhielt ihre konkreten Aufgaben nicht von der Reichsregierung oder vom Reichswehrminister gestellt, sondern konnte diese weitgehend nach eigener Lageanalyse formulieren. Da erst allmählich wieder die alten Linienschiffe und Kreuzer in Dienst gestellt wurden, trafen die auch später weitergeführten „Friedensaufgaben“ in den Vordergrund der Selbstdarstellung. Dazu gehörte die Organisation des Fischereischutzes und des Seenotdienstes, wodurch gute Beziehungen zur Handelsschiffahrt wieder oder neu geknüpft wurden. Spektakulär gestaltete sich vor allem 1922 der Einsatz von Kriegsschiffen als Eisbrecher in der mittleren und östlichen Ostsee. Vermessungen und die anschließende Herausgabe von Seekarten gehörten ebenso zu den Tätigkeiten der Reichsmarine. Das Vermessungsschiff „Meteor“ führte zahlreiche Reisen, vor allem in den Atlantik, durch und erfüllte dabei neben seinen wissenschaftlichen Aufgaben durch den Besuch ausländischer Häfen zugleich propagandistische Zwecke.

Wichtiger als die Reisen der „Meteor“ waren jedoch die Auslandsfahrten der Seestreitkräfte. Erklärtes Ziel war es dabei seit 1920, für Deutschlands Ansehen in den besuchten Ländern zu werben. Zugleich sollten die durch den Weltkrieg z. T. abgerissenen Kontakte mit Deutschen, die im Ausland lebten, wieder angeknüpft werden. Diesen erschien die Reichsmarine allerdings vielfach als Verräterin der alten Traditionen. Wichtig war ferner die Werbung für den deutschen Exporthandel und die Herstellung von anderen Kontakten für die deutsche Industrie. Zu diesem Zweck pflegten sich die Kommandanten vor der Reise bei den Industrie- und Handelskammern nach Wünschen für die zu besuchenden Hafenstädte zu erkundigen.

Neben der Marineführung standen auch Wehrminister und Reichspräsident den Auslandsreisen grundsätzlich positiv gegenüber. Vor allem das Auswärtige Amt akzeptierte die quasi-diplomatische Tätigkeit der Marine als Ergänzung seiner eigenen Aufgaben und stimmte mit der Marine die Reiseziele ab. Diese lagen zunächst noch im Nord- und Ostseeraum, wurden aber ständig räumlich weiter verlagert. 1926/27 fand erstmals wieder eine Reise um die ganze Erde statt.

Der sofortigen Wiederaufnahme des Auslandsdienstes standen 1920 zwei Gründe entgegen: einmal gab es zuwenig Geld für diesen Zweck, zum anderen war die Stimmung gegenüber dem Reich im Ausland zumeist so schlecht, daß mit ablehnenden Reaktionen der Bevölkerung gerechnet werden mußte. Als erstes Schiff besuchte der Kreuzer „Berlin" unter v. Loewenfeld 1922 Schweden, Norwegen und die Niederlande. Im gleichen Jahr fuhren zwei weitere Verbände nach Norwegen bzw. Finnland und dem Baltikum. Als neues Reiseziel kamen 1923 für die „Berlin" Spanien und dessen atlantische Inseln hinzu. Derselbe Kreuzer verließ mit einem Aufenthalt auf den nordatlantischen Inseln erstmals wieder die europäischen Gewässer. Die in jenen Jahren in Aussicht genommene ständige Stationierung eines Auslandskreuzers in Übersee ließ sich zwar in der gesamten Zwischenkriegszeit nicht durchsetzen, aber 1924 konnte der Schulkreuzer u. a. Westindien anlaufen, im folgenden Jahr Mittel- und Südamerika. Während die Linienschiffe und Torpedoboote vor allem die skandinavischen und iberischen Häfen anliefen, liefen 1926 zwei Kreuzer zu Weltreisen von mehr als einjähriger Dauer aus: während die „Hamburg" die USA, Japan und zahlreiche britische Dominions anlief, besuchte die „Emden" u. a. Südafrika, Sumatra, Japan und Südamerika. Mit diesen Reisen war der Standard für die folgenden Jahre erreicht, in denen jeweils ein bis zwei Kreuzer auf den Weltmeeren unterwegs waren. Häfen des britischen Mutterlandes wurden freilich erst 1934 wieder in das Besuchsprogramm aufgenommen.

Diese „Friedensaufgaben" der Reichsmarine standen im Vordergrund der Selbstdarstellung, aber die Marine legte daneben großen Wert darauf, ihre Existenzberechtigung auf längere Sicht aus Aufgaben für die Landesverteidigung herzuleiten. Nach außen hin wurde dabei naturgemäß vor allem der Schutz für die deutsche Küste, später zunehmend der Schutz des deutschen Handels betont. Innerhalb der Reichsmarine bildete die Diskussion über diese Fragen ein breit gefächertes Spektrum von untereinander kaum ausgeglichenen Meinungen heraus, das nach außen freilich nicht erkennbar wurde.

Der Einsatz der Marine nach innen, im Bürgerkrieg, spielte als Denkalternative für die Marineführung im Gegensatz zu jüngeren Offizieren nach 1920 keine große Rolle mehr. Dennoch wurde in der Krisensituation des Herbstes 1923 zeitweilig die Möglichkeit eines Einsatzes nach innen wieder akut. Die Besatzung des Kreuzers „Hamburg" wurde im Oktober zur Niederschlagung des kommunistischen Aufstandes in Hamburg eingesetzt und erfüllte die ihr zugedachte Funktion zur Zufriedenheit von Reichsregierung und Vorgesetzten.

Die Beschäftigung mit maritimer Strategie und Taktik beschränkte sich zunächst auf die Auswertung der Kriegserfahrungen. Neben dem offiziellen Marinearchivwerk (s. o. S. 385) spielten die Winterarbeiten jüngerer Offiziere eine wichtige Rolle. Sie wurden später ergänzt durch Manöver und Kriegsspiele, die von den gegenwärtigen oder künftigen Konstellationen in Europa ausgingen.

Die Ostseekriegführung stand hierbei im Mittelpunkt aller Überlegungen. Die Abtrennung Ostpreußens vom Reich durch den polnischen Korridor bildete ein strategisches Problem, das in den ersten Richtlinien für den Einsatz 1922 sowie in den folgenden Jahren noch nicht zufriedenstellend bewältigt werden konnte, da der Schiffsbestand zu gering war. Daß die zunächst in Aussicht genommene Konzentration aller Seestreitkräfte in der Ostsee nicht auf Dauer die angemessene Lösung sein könne, war jedoch von vornherein klar. Im Gegensatz zu den Annahmen beim Heer beharrte die Marine auf ihrer Ansicht, daß Polen immer der militärischen und somit auch maritimen Unterstützung durch Frankreich gewiß sein könne. Wenn auch die Marine aus innenpolitisch-taktischen Gründen gegenüber anderen Reichsbehörden ihre Aufgaben als auf die Ostsee beschränkt ausgab, so trat doch bei ihren internen Überlegungen seit 1923/24 die Erkenntnis zutage, als Hauptgegner sei Frankreich anzusehen.

Während zur gleichen Zeit ein dänisches Eingreifen zugunsten einer polnisch-französischen Koalition zeitweilig zusätzliche Befürchtungen weckte, blieb die Erwartung eines französischen Flotteneinsatzes in der Ostsee eine Konstante der Marineüberlegungen in der Weimarer Zeit. Verstärkt wurden diese Annahmen durch einen Anfang 1928 vom Geheimdienst übermittelten Entwurf eines französisch-polnischen Militärabkommens, nach dem der Einsatz eines aus Panzerkreuzern, Kreuzern, Zerstörern und U-Booten bestehenden Geschwaders in der Ostsee vorgesehen war. Ob ein Abkommen dieser Art überhaupt existierte, ist bis heute ungeklärt und umstritten, jedoch bezogen die Marineführung und Groener derartige Möglichkeiten nunmehr mit dem Anschein der Authentizität in ihre Überlegungen ein, obwohl bereits in den Jahren zuvor die Erkenntnis gewachsen war, daß ein solcher Einsatz von Seestreitkräften in der Ostsee politisch wie militärisch große Risiken für Frankreich in sich barg.

Wichtiger als das Eingreifen der französischen Flotte in der Ostsee war der Marine die erwartete Störung der deutschen Seezufuhr in der Nordsee. Deshalb sah sie, zumal bei einem längeren Krieg, bei dem mit der Besetzung deutscher Industriegebiete gerechnet wurde, ihre eigentliche Aufgabe in der Sicherung der Seezufuhr. Während im Interesse der Schwerpunktbildung für den Zufuhrschutz in der Nordsee zunächst keine Streitkräfte vorgesehen wurden, nahm auch unter dem Einfluß der Kritik höherer Seeoffiziere ab 1923/24 die Erkenntnis zu, daß bei einer strategischen Wechselwirkung von Ost- und Nordsee-Kriegsschauplatz der französische Gegner bereits in der Nordsee zu schädigen sei. Wegen ihrer materiellen Unterlegenheit versuchte die Reichsmarine besonders unter Zenker, durch intensive taktische Ausbildung, die zum Teil beträchtliche Risiken bedeutete (z. B. im Nachtgefecht), diesen Nachteil auszugleichen. Ein Schutz der deutschen Zufuhr im Atlantik schien weder möglich noch sinnvoll zu sein, so daß ein Geleit deutscher Handelsschiffe erst in der nördlichen Nordsee infrage kam. Nicht vertieft wurde der wiederholt geäußerte Gedanke, durch Vorstöße an die französische Küste die gegnerische Seezufuhr zu bedrohen und so Entlastung für Ost- und Nordsee zu schaffen. Während die britische (und amerikanische) Neutralität allen Überlegungen zugrunde lag, schwankte die Marineführung in ihrer Einschätzung Italiens. Je nach Intensität der erwarteten Frontstellung gegenüber Frankreich mußte eine Entlastung für die deutsche Seekriegführung eintreten. Der weltweite Einsatz von Auslandskreuzern warf ab 1925 die Frage auf, wie sich diese bei einem plötzlichen Krieg verhalten sollten. Während zunächst ihre sofortige Heimkehr nach Deutschland vorgesehen war, setzte sich in den folgenden Jahren die Auffassung durch, daß ein Einsatz dieser Schiffe im Kreuzerkrieg bedeutende Vorteile bringen könne.

Die Aussicht, als „Küstenmarine" zu „verkümmern", war um 1928 gebannt. Die Thesen Wolfgang Wegeners (s. o. S. 373) wiesen ideologisch wie seestrategisch ab 1926 einen Weg, an die Vergangenheit anzuknüpfen. Ozeanisches Denken und die Forderung nach Stützpunkten in den Weltmeeren wurde langsam und gegen Widerstände im älteren Offizierkorps vorbereitet. Es spricht vieles dafür, daß die materiellen Möglichkeiten der Reichsmarine auch gegenüber Frankreich und Polen überschätzt wurden. Aber gerade darin zeigte sich die Dynamik der Zukunftshoffnungen. Ihre Träger unterschieden sich nicht so sehr im Ziel, sondern in der Beurteilung dessen, wie stark die Annäherung an dieses gediehen war.

3. Marine und Entwaffnungsfrage

a. Die Tätigkeit der Marinekontrollkommission

Um die Erfüllung des Friedensvertrages auf deutscher Seite zu überwachen, setzten die alliierten Siegermächte besondere Kommissionen ein. Während für die Entwaffnung selbst keine zeitliche Begrenzung vorgesehen war, sollten die Kontrollinstanzen ursprünglich nur kurzfristig bestehen. Jedoch führten vor allem die Sorge vor einem militärischen und politischen Wiedererstarken Deutschlands zu dem Versuch, durch verschiedene Beanstandungen am Vollzug der Abrüstung die Kontrolle zu verewigen.

Im Vergleich zur vorwiegend von französischen Interessen bestimmten Internationalen Militärkontrollkommission (IMKK) galt das um einige Grade weniger für die unter einem britischen Seeoffizier stehende Naval Interallied Commission of Control (NIACC). Auf deutscher Seite entsprach ihr und den jeweiligen Unterkommissionen die Marinefriedenskommission (Mafri oder Friko), die aus der Waffenstillstandskommission (Wako) hervorgegangen war. Die NIACC besaß das Recht, jederzeit in Begleitung eines deutschen Offiziers Inspektionen durchzuführen. Obwohl die Reichsmarine aufgrund des britischen Drucks bereits stark abgerüstet war, ergaben sich von Aufnahme der NIACC-Tätigkeit Anfang 1920 an starke Friktionen. Zum einen ging es um die Definition und den Umfang des auszuliefernden Schiffsmaterial. Hier setzen die Alliierten, z. T. in Verschärfung der Formulierungen des Friedensvertrages, ihre Forderungen durch. Zum anderen bereitete die alliierte Forderung nach Übergabe fast aller Konstruktionspläne, Bauzeichnungen und Vorschriften über Schiffe und anderes Material Schwierigkeiten, die zu langwierigen Verhandlungen führten.

An der Behandlung dieser Frage lassen sich exemplarisch die ersten Auseinandersetzungen der Überwachungsgremien aufzeigen. Die Mafri lehnte Anfang 1920 gegenüber den detaillierten alliierten Wünschen zunächst in zwei Noten die Mehrzahl der Punkte ab, da sie nicht im Friedensvertrag verankert seien. Als die NIACC insistierte, sie allein könne den Umfang der für die Kontrolle erforderlichen Informationen festlegen, versicherte sich die Mafri der Unterstützung des Reichswehr- und des Außenministers, der die Angelegenheit am 2. Juli 1920 im Kabinett zur Sprache brachte. Man hielt dort die Rechtslage für eine Weigerung für günstig, erkannte jedoch, daß die Machtfrage entscheidend sei. Das Kabinett faßte keinen formellen Beschluß, stellte aber die Priorität der Erfüllungspolitik gegenüber der rechtlichen Position fest. Obwohl auch der Außenminister zweifellos zu Recht darauf hinwies, daß Industriespionage gerade auf dem hochtechnisierten Marinesektor den Umfang der alliierten Forderungen nach Information bestimme, wurde auf der Konferenz von Spa von deutscher Seite zugestanden, daß die Baupläne ausgeliefert werden sollten. Welche Versionen dann freilich tatsächlich ausgeliefert wurden, stand aus einem anderen Blatt.

Im Unterschied zur Tätigkeit der IMKK, die hauptsächlich damit beschäftigt war, die personelle Umgehung des Versailler Vertrages zu verhindern, hatte sich die NIACC naturgemäß primär mit materiellen Rüstungen, vor allem also Kriegsschiffen und Küstenbefestigungen, auseinanderzusetzen. Aufgrund der leichten Überschaubarkeit dieses Materials sowie der innenpolitisch bedingten höheren Bereitschaft der Bevölkerung, Verstöße gegen geltendes Recht anzuzeigen, waren die Grundfragen bis Ende 1921 geklärt. Strittig waren vor allem noch die Festlegung der für die Herstellung von Marinerüstungsgerät zugelassenen Firmen sowie Umfang und Bewaffnung der Küstenbefestigungen, die nach dem Versailler Vertrag im bestehenden Zustand erhalten bleiben durften. Obwohl einzelne Fälle von Entdeckung verbotener Waffenvorräte die Beziehungen kurzfristig erneut verschärften, wurde das Personal der NIACC ab 1923 ständig vermindert. Die Zusammenarbeit von NIACC und Mafri verlief im wesentlichen reibungslos und führte sogar vereinzelt zur Anknüpfung informeller persönlicher Beziehungen, die auf dem berufsspezifischen Verständnis von Marineoffizieren untereinander beruhte.

Der aus Gründen der allgemeinen Deutschlandpolitik seit Ende 1921 von Großbritannien angestrebte Rückzug der NIACC scheiterte vorerst an französischem Widerstand. Als 1923, zur Zeit des Ruhrkampfes, eine Aufhebung der Marinekontrolle von alliierter Seite erneut angestrebt wurde, hatten sich die deutschen Interessen in dieser Frage jedoch verschoben. Entgegen den unmittelbaren Marinewünschen setzte sich die Auffassung durch, daß England nicht auf diese Weise aus der Verantwortung für die Militärkontrolle insgesamt entlassen werden dürfe, da sonst allein Frankreich über die IMKK seinen Einfluß in Deutschland erhalten könne. Wie noch mehrfach in vergleichbaren Fragen hatten die mit den allgemeinen Interessen des Reiches identifizierten Wünsche des Reichsheeres sich zuungunsten der Marine durchgesetzt. Erst Mitte 1924 wurde der Kompromiß ausgehandelt, das Recht auf Generalinspektion auch im Marinebereich der IMKK zu übertragen. Die alliierte Botschafterkonferenz stellte dafür formell die grundsätzliche Durchführung der Marineentwaffnung fest. Nachdem die Mitglieder der NIACC Deutschland bis zum 30. September 1924 verlassen hatten, schwebte die Möglichkeit einer IMKK-Kontrolle zwar noch über der Marine, und die in der folgenden Zeit den Marinesektor berührenden Noten setzten das Spiel von Beanstandungen und Protesten dagegen bei teilweiser Beseitigung von Mißständen zwar fort, insgesamt blieb diese Kontrollmöglichkeit jedoch ohne große Bedeutung. Am wichtigsten war es, daß alle dem Versailler Vertrag zuwiderlaufenden Rüstungsanstrengungen der Reichsmarine weiterhin möglichst gut getarnt werden mußten.

Diese Vorsichtsmaßnahme wurde auch nach Auflösung der IMKK Ende Januar 1927 beibehalten, da nunmehr dem Völkerbund das – allerdings nur theoretische – Recht auf Investigation zustand. Immerhin stand die Marineleitung im Gegensatz zum Heer auch noch 1928 alliierten Bemühungen um Überprüfung im Einzelfall wohlwollend gegenüber, damit aufkeimendes Mißtrauen der ehemaligen Kontrollmächte über einzelne Rüstungsmaßnahmen auf Marinegebiet durch Augenschein abgebaut werden konnte. Die grundsätzliche Geheimhaltung von Vertragsüberschreitungen blieb noch über das Jahr 1933 hinaus Maxime der Marinepolitik, jedoch wurden bereits ab 1932 und fortan in stärkerem Maße für einzelne Fälle von Geheimrüstungen über den Versailler Vertrag hinaus die Vorschriften gelockert.

b. Völkerbund und vorbereitende Abrüstungskonferenz

Grundlegend für die Einschätzung des Völkerbundes in der Reichsmarine war die Inkorporierung der Völkerbundsatzung in den Versailler Vertrag. So verfiel auch dieser Versuch einer internationalen Friedensordnung dem gleichen Verdikt wie der Friedensvertrag, da in ihm vorwiegend ein Machtinstrument zur militärischen und politischen Niederhaltung Deutschlands gesehen wurde. Insbesondere die im Versailler Vertrag festgelegte Versicherung, die deutsche Abrüstung stelle den Beginn einer allgemeinen Abrüstung dar, bedeutete eine Überforderung der Möglichkeiten des Völkerbundes. Jedoch erkannte die Marine im Gegensatz zum Heer frühzeitig, daß eine deutsche Mitarbeit im Völkerbund auch für nationale und vor allem maritime Rüstungsmöglichkeiten nützlich sein konnte.

Ein wesentlicher Grund dafür war, daß nach den Pariser Vorortverträgen eine weitere, frei ausgehandelte Rüstungsvereinbarung zur See zustande kam. 1921/22 hatten sich die USA, Großbritannien, Japan, Frankreich und Italien zu einem Seeabrüstungsvertrag zusammengefunden. Dem Washingtoner Abkommen lag ein amerikanisch-britischer Konsensus in Hauptfragen zugrunde, jedoch spiegelte er auch in den gefundenen Begrenzungen die nationalen Interessen deutlich wieder. Denoch beeinflußte die Definition von Schiffskategorien und -größen sowie die quantitativen Abstufungen der Seerüstungen für die beteiligten Staaten die gesamte internationale Diskussion für mehr als ein Jahrzehnt nachhaltig. Gedacht war ursprünglich an eine Relation der Seerüstungen der fünf Seemächte von 5 : 5 : 3 : 1,75 : 1,75. Diese Zahlen wurden nur annähernd auf zwei Schiffskategorien, die Gesamttonnage für Schlachtschiffe und Flugzeugträger, übertragen. Geradezu eine Herausforderung, die Höchstgrenzen auch zu erreichen, bildete die Definition maximaler Schiffsgrößen in den einzelnen Kategorien. Schlachtschiffe durften nicht mehr als 35 000 t verdrängen und kein höheres Kaliber als 40,6 cm tragen, Kreuzer 10 000 t und 20,3 cm („Washington-Kreuzer"), Flugzeugträger 27 000 t und 20,3 cm. Das ursprünglich angestrebte generelle Verbot von U-Booten scheiterte am französischen Widerspruch. Ferner wurde eine neue Begrenzungsmethode für das Deplacement von Kriegsschiffen eingeführt (die „Washington-Tonne"), die geringfügig niedrigere Zahlenwerte für die gleiche Schiffsgröße als bisher ergab. Die deutsche Marine nahm diesen neuen Berechnungsmodus stillschweigend für sich in Anspruch und stieß auch nicht auf Widerspruch. Ein umfängliches System von Ausnahmen, Übergangsregelungen, Abwrackbedingungen und Baufeierzeiten ergänzte das Abkommen.

Zu Recht interpretierte die Reichsmarine die Washingtoner Limitierungen als Ausdruck dafür, wie weit die anderen Seemächte eine sinnvolle Abrüstung mitzumachen bereit waren und verglich damit die wesentlich engeren Grenzen des Versailler Vertrages. Da der Völkerbund plante, die in Washington erreichte Rüstungsbegrenzung auch auf alle anderen Staaten mit Kriegsflotten zu übertragen, führte die Frage einer eventuellen Einbeziehung Deutschlands und damit einer Erleichterung oder gar Ablösung der Marineklauseln des Friedensvertrages bereits 1923 zu einer internen deutschen Diskussion. Wenn auch nicht alle Washingtoner Beschlüsse abzeptabel erschienen und insbesondere der Beitritt zu einem Abkommen über die Humanisierung des U-Bootkrieges als Anerkennung der Unmenschlichkeit der deutschen U-Bootkriegführung im Weltkrieg angesehen werden mußte, so strebte die Marine dennoch mit allen Mitteln danach, eine eventuelle Einladung anzunehmen. Auch als sich diese Erwartung nicht erfüllte, blieb die Marine weiter der Überzeugung, der Völkerbund könne potentiell als Schiedsrichter für deutsche Revisionswünsche nützlich sein.

Für diese Haltung war die Überzeugung bestimmend, die deutsche Seemacht sei nach Gesichtspunkten der Billigkeit zu klein für die ihr zukommenden Aufgaben. Wohl aufgrund mangelnder Information bestanden also falsche Vorstellungen von den Machtmitteln des Völkerbundes. Bezeichnend für die Mentalität der Marine war das Bestreben, überhaupt Versuche zur Revision zu unternehmen, da auch bei nur geringsten Erfolgschancen das Selbstbewußtsein der Marine gewann. Eine Abstufung von Revisionswünschen wurde erstmals 1925 erarbeitet, als die Aussicht auf die baldige Aufnahme Deutschlands in den Völkerbund stieg. Bis dahin schwankten die Marineerwartungen zwischen zwei Polen. Zum einen meinte man, zunächst sei nur atmosphärisch eine Verbesserung der Beziehungen zu erreichen, die dann später eine Durchsetzung materieller Wünsche erleichtern würden; zum anderen hielt man die völlige Aufhebung der Marineklauseln des Versailler Vertrages für die Voraussetzung zur deutschen Aufnahme in den

Völkerbund bzw. zur Teilnahme an internationalen Vereinbarungen. In einer Denkschrift erkannte die Marineleitung am 1. September 1925 gegenüber dem Auswärtigen Amt eine Globalrevision als unrealistisch an und nannte eine Skala abgestufter Revisionswünsche. Am drückendsten erschien die Tonnagebegrenzung für die Ersatzbauten der Linienschiffe auf 10 000 t zu sein. Es folgten die Kaliberstärke für diese Schiffe sowie die Personalbegrenzung für die ganze Reichsmarine. Für spätere Zeiten müßten auch U-Boote und eine Marineluftwaffe erlangt werden. Die Hoffnungen auf baldige internationale Verhandlungen über die deutschen Wünsche trogen jedoch, da sich einerseits die deutsche Aufnahme in den Völkerbund verzögerte, andererseits, weil Stresemann für die 1926 beginnende Vorbereitende Abrüstungskonferenz des Völkerbundes realistisch eine auf lange Sicht angelegte Verhandlungslinie durchsetzte.

Leiter der Marinedelegation bei den Verhandlungen in Genf wurde Konteradmiral Frhr. v. Freyberg-Eisenberg-Allmendingen.

Er war im Ersten Weltkrieg als Marineattaché in Wien tätig und besaß daher Erfahrung auf diplomatischem Parkett. Nach dem Zusammenbruch war er ab 1920 Chef des Marinepersonalamtes, und nahm somit eine Schlüsselstellung für die innere Konsolidierung der Marine ein. Freyberg stand zwar in der militärischen Hierarchie an relativ untergeordneter Stelle, vermochte jedoch aufgrund seiner vielfältigen internationalen Kontakte, zumal angesichts des Fehlens von Marineattachés, eine eigenständige Position zu erlangen. Von 1926 bis zu seinem Ausscheiden aus dem aktiven Dienst der Marine im Herbst 1934 kann er daher als eine Art „Außenminister" der Reichsmarine angesehen werden.

Bei den Genfer Verhandlungen, die sich über mehrere Jahre bis 1930 hinzogen, stellte sich bald heraus, daß konkrete deutsche Rüstungen auf der Vorkonferenz nicht durchzusetzen waren. Daher war es unzweckmäßig, Revisionswünsche überhaupt in die Debatte zu werfen. Es kam Freyberg nur darauf an, daß bei den Verhandlungen künftige Limitierungsmethoden für die Rüstungen auch für Deutschland akzeptabel sein mußten. Ferner verwandte er große Mühe darauf, seine Gesprächspartner angesichts defensiver Aufgaben der Reichsmarine indirekt auf deren unzureichenden Stand hinzuweisen. Die Militärs aus Heer und Marine hatten ursprünglich gewünscht, daß vorab geklärt würde, ob die künftige Abrüstungskonvention den Versailler Vertrag ablöse oder nicht. Da eine solche Entscheidung unrealistisch war und somit gemäß Stresemanns Politik auch nicht angestrebt wurde, bemühte sich die Marinedelegation besonders darum, nicht in den Vordergrund zu treten und Kontroversen den Vertretern anderer Staaten zu überlassen. Eine mögliche Folge dieser Haltung konnte es immerhin sein, daß sich die ganze Abrüstungsdiskussion auch so ad absurdum führte, so daß mit dieser Begründung eines Tages die Handlungsfreiheit in Rüstungsfragen proklamiert werden konnte.

4. Geheimrüstungen und außenpolitischer Orientierungsrahmen

a. Der Umfang der Geheimrüstungen

In den vorangegangenen Abschnitten wurden die Bemühungen der Marine um eine internationale Aufhebung der Versailler Beschränkung geschildert. Dadurch könnte der Eindruck entstehen, daß eine solche Legalitätstaktik auch für den inneren Bereich der Reichsmarine maßgeblich war. Das Gegenteil war jedoch der Fall, und die getarnte Umgehung des Versailler Vertrages ist als ebenso konstitutiv für die Mentalität der Reichsmarine anzusehen wie die dargestellten Bemühungen im internationalen Rahmen.

Obwohl der Versailler Vertrag auch innerstaatlich gültiges Recht darstellte, war die moralische Verurteilung des Friedensvertrages Grundlage für die Überzeugung, daß mit allen Mitteln die Stärke der Reichsmarine über den gezogenen Rahmen hinaus vermehrt werden müsse. Da sich die Marineangehörigen der Illegalität ihres Vorgehens bewußt waren, blieb eine Reihe von Maßnahmen unkoordiniert und näherte sich konspirativen Verfahrensweisen an. So bemühten sich wohl fast alle Offiziere in ihrem Dienstbereich, Unterlagen, Erfahrungen und Material, das nach dem Friedensvertrag nicht gestattet war, zu erhalten, da eine Kontrolle der dehnbaren Bestimmungen kaum möglich war. Um im Falle einer Aufdeckung dennoch nur individuell kompromittiert zu werden, wurden bis 1928 Vorgesetzte zumeist nicht vollständig eingeweiht, da die stillschweigende Billigung aller Umgehungsmaßnahmen vorausgesetzt werden konnte, sofern ihre Tarnung hinreichend sicher schien. Auch in diesem Punkt manifestierte sich eine Abneigung gegenüber den Ansprüchen des Staates, denen die selbst definierten Interessen der Marine vorangestellt wurden.

Insgesamt ist festzuhalten, daß die Betriebsamkeit größer war als der materielle Nutzen. Denn da die Marine ihre Kampfkraft in Schiffen konzentrierte, war es angesichts der Größe der Objekte nicht möglich, die Entwaffnungsbestimmungen hier substantiell zu umgehen. Ausnahmen bildeten vor allem die U-Bootwaffe und die Marineluftfahrt.

Als Reaktion auf den Versailler Vertrag, die noch im Bereich des Legalen anzusiedeln ist, ist zunächst die personelle Umstrukturierung zu nennen. Dabei handelte es sich einmal um die Abgabe von Einrichtungen an andere Ministerien, zum anderem um die Einstellung von Zivil- anstelle von Militärpersonal (s. o. S. 369). Erleichtert wurden diese Maßnahmen dadurch, daß eine große Zahl ehemaliger Marineangehöriger mit Sachkompetenz bereit war, als Zivilangestellte der Reichsmarine zu arbeiten. Umfassender waren die Umgehungsmaßnahmen im materiellen Bereich der Entwaffnung. Als 1919 bekannt wurde, daß die meisten Küstenbefestigungen im Zustand bei Kriegsende erhalten bleiben durften, setzte bis zum Inkrafttreten des Friedensvertrages und dem Beginn der Militärkontrolle eine hektische Tätigkeit ein. An vielen Stellen im Küstenbereich wurden – oft nur provisorisch – neue Küstengeschützbatterien aufgestellt, die nach fachmännischem Urteil ihre Funktion oft nur äußerst mangelhaft erfüllen konnten, etwa nur in einem sehr beschränkten Winkel überhaupt Seeziele erreichten. Die Frage der Küstenartillerie bildete daher den wichtigsten belastenden Punkt in den Verhandlungen zwischen NIACC und Mafri, bis schließlich 1921 eine Note der alliierten Botschafterkonferenz 191 dieser nachträglich montierten Geschütze genehmigte, ohne jedoch die Legalität der Maßnahme anzuerkennen. Die vorgeschobenen Argumente, Tarnmaßnahmen und nachträglichen Bauveränderungen zeigten die Erfolgschancen hartnäckigen Vorgehens, wenn auch das alliierte Mißtrauen dadurch verlängert wurde. Ungenaue bzw. frisierte Listen, deren Anfertigung vielfach einen Akt der Urkundenfälschung darstellte, gaben den Alliierten Anlaß zu Nachprüfungen, denen wiederum durch ein ganzes System von Tarnmaßnahmen begegnet wurde.

Vorteile aus vertragswidrigem Verhalten ergaben sich vor allem daraus, daß eine große Menge Waffen, Munition, besonders Minen, nicht vernichtet wurden, sondern teils mobil, teils stationär versteckt in Marinedepots umgelagert und verwendungsbereit gehalten wurden. Bis 1926 wurden alle Übungsschießen der Reichsmarine mit dieser Geheimmunition bestritten. Weiteres Material aus Marinebeständen wurde über die Herstellerfirmen ins Ausland verkauft. Teile davon gelangten an die Reichsmarine zurück, andere wurden gegen Devisen verkauft, die wiederum für weitere Rüstungsmaßnahmen der Reichsmarine neben dem normalen Etat verwendet wurden. Der Geldbeschaffung dienten ferner vorwiegend im Bereich der Ostseestation Verbindungen einzelner Offiziere zu „vaterländischen Vereinen". Spenden aus bürgerlichen Kreisen für eine sog. „Nordmarkhilfe" kamen Rüstungsmaßnahmen sowie Aufklärungstätigkeit an der Ostseeküste anderer Staaten zugute.

Das System der „Zeitfreiwilligen", das im Heer eine große Rolle spielte, ließ sich in der Marine nur bedingt nachahmen. Jedoch führte die unmittelbare Kriegserwartung im Jahre 1923 dazu, vor allem im Bereich der Nordseestation ca. 600 Freiwillige kurzfristig für die Marine auszubilden. In späteren Jahren wurden ähnliche Versuche nur noch vereinzelt unternommen. Sie brachten beträchtliche Schwierigkeiten für die zuletzt Betroffenen mit sich; denn da die Freiwilligen formell eine Verpflichtung über 12 Jahre unterschrieben hatten, hatte ein Teil von ihnen nach Bekanntwerden der Praktiken über die kurzfristige Ausbildung hinaus in der Marine zu bleiben.

Wichtige Hinweise auf die ungebrochene Zukunftshoffnung geben die noch wenig erforschten, im Versailler Vertrag verbotenen Bestrebungen, Mobilmachungsvorbereitungen wenigstens in Ansätzen durchzuführen. Auf diesem Sektor bestanden auch gewisse Absprachen mit dem Heer. Nachdem die Auseinandersetzungen mit den Alliierten über die Firmen, die allein Rüstungsgüter herstellen durften, oft den Wünschen der Militärs zuwiderliefen, versuchte die Marineführung, zunächst informell von Firmen die Zusicherung von Rüstungskapazitäten in einem Kriegsfall zu erreichen. Ab etwa 1925 sind Ansätze zu einer umfassenden und koordinierten Tätigkeit zu verzeichnen. Nach späteren

Angaben aus der Marine brachten die angesprochenen Industriellen den Wünschen trotz ihrer Gesetzwidrigkeit sehr viel Verständnis entgegen, zumal ihnen in steigendem Maße aus Geheimfonds Mittel zum Ausbau von Kapazitäten zur Verfügung gestellt wurden (s. u. S. 473 ff.).

Marineluftwaffe

Die Übergänge von ziviler zu militärischer Luftfahrt waren gleitend. Nachdem die Alliierten ein deswegen erwogenes Verbot der Zivilluftfahrt nicht im Versailler Vertrag verankert hatten, blieb gerade auf diesem Sektor der Marine – wie auch dem Heer – ein weites Betätigungsfeld. Nach Abwicklung der Entwaffnung ging es zunächst um die theoretische Sammlung neuer Informationen über die internationale militärische Entwicklung und in beschränktem Maße auch um deren Verbreitung in der Marine. Mit Nachdruck hielt man dort gegenüber gleichlaufenden Bestrebungen des Heeres an der Eigenständigkeit des Vorgehens fest. Aus dem Krisenjahr 1923 datieren sowohl eine Beschleunigung der Schreibtischtätigkeit auf diesem Sektor als auch die Anfänge zu materieller Luftrüstung. Nach deutschen Plänen wurden in Schweden zehn Seekampfflugzeuge zusammengesetzt und in Deutschland die letzten brauchbaren Seeflugzeuge des Weltkrieges für die Marine aufgekauft. Fortbildungskurse für ehemalige Marineflieger fanden auf wiederhergestellten Marineflugplätzen ab 1924 statt. Vom folgenden Jahr an wurden jeweils zwölf Kadetten eines Einstellungsjahrgangs vor ihrem Eintritt in die Marine zum Seeflieger ausgebildet. Die Ausbildungszeit erhöhte sich 1929 auf ein Jahr. Daneben wurde die Reservebildung über Kameradschaftsverbände intensiviert. Weil für militärische Zwecke auch zivile Flugzeuge notwendig waren – etwa zum Scheibenschleppen für Flugabwehrübungen – bestand in kleinem Umfang eine nur wenig getarnte Marineluftwaffe, denn viele Flugzeugtypen ließen sich leicht bewaffnen. Der systematische Aufbau der Bodeneinrichtungen schuf bis Ende 1932 alle Voraussetzungen für den zügigen Ausbau einer größeren Marinefliegertruppe nach Aufhebung der Rüstungsbeschränkungen. Die Intensität der Förderung dieses Marinezweiges zeigt sich am deutlichsten darin, daß die finanziellen Mittel, die 1922 200 000 RM betrugen, bis 1933 auf 7,3 Mill. RM gesteigert wurden.

U-Bootwaffe

Eine der geheimen Vorbereitungen für die Marineluftwaffe vergleichbare Entwicklung durchliefen auch die Bestrebungen, einen Grundstock für eine deutsche U-Bootwaffe zu schaffen. Allerdings handelte die Marine in diesem Bereich völlig unabhängig vom Heer und mußte wegen des eindeutigen Verstoßes aller Maßnahmen gegen den Friedensvertrag eine weit größere Zurückhaltung üben.

Bereits unmittelbar nach der Entwaffnungsphase wurden Offiziere mit der Sammlung und Auswertung von Kriegserfahrungen beauftragt. Der Ruf, den der deutsche U-Bootbau wegen der Erfolge dieser Waffe im Weltkrieg genoß, führte bald zu konkreten Wünschen aus dem Ausland nach Vermittlung deutscher U-Booterfahrungen. Aktivitäten deutscher Konstrukteure in Japan und Argentinien, erfolgreiche Abschlüsse mit Schweden und von italienischer Seite bei deutschen Werften, vornehmlich der AG Weser und der Germaniawerft, bekundetes Interesse an diesem Thema ließen in Zusammenarbeit mit der Marineleitung im Juli 1922 den Plan zur Gründung eines Baubüros reifen. In Den Haag sollte das Ingenieurskantoor voor Scheepsbouw (IvS) entstehen. Wegen holländischer Bedenken konnte die zunächst in Kiel ansässige Firma jedoch erst 1925 dorthin umziehen. Die Erwartungen der Marine, auf diese Weise U-Booterfahrungen des Weltkrieges fortzuentwickeln, erfüllten sich nur in beschränktem Maße, da zwar im Laufe der Zeit aus insgesamt 18 Staaten Anfragen kamen, die jedoch nicht zu Vertragsabschlüssen führten. So sah sich die Marineleitung 1925 veranlaßt, durch eine der Firmen Kapitän z. S. Lohmanns (s. u. S. 425 ff.), die „Mentor Bilanz GmbH", sich finanziell stärker am IvS zu beteiligen, damit die Aktivitäten des Büros, die z. T. den Marineinteressen zuwiderliefen, stärker für die eigenen Zwecke genutzt werden konnten. Der eigentliche Grund dafür lag in den beginnenden Mobilmachungsarbeiten, bei denen die Vorbereitung von Industriefirmen auf die Fertigung von U-Booten eine wichtige Rolle spielen sollte. Daher war das Bestreben verständlich, das IvS zur Entwicklung und zum Verkauf dafür vorgesehener Bootstypen zu veranlassen.

Einen ersten Erfolg stellte 1925 der Auftrag zum Bau von zwei 500 t-U-Booten für die Türkei dar, die auf einer holländischen Werft gebaut wurden. Bis zur Ablieferung Ende 1928 gewannen deutsche U-Bootkonstrukteure und inaktive Marineoffiziere im Auftrag der Marineleitung beim Bau und auf Probefahrten wertvolle Erfahrungen mit diesen Booten.

Erfolgreich war das IvS auch mit einem Auftrag für drei mittelgroße U-Boote in Finnland. Zwischen 1926 und 1930 wurden diese unter deutscher Bauaufsicht in Åbo gebaut und hierbei auch erstmals aktive Marineangehörige an den Probefahrten beteiligt. Schon zuvor hatte das IvS von der finnischen Marine einen Auftrag für ein Kleinst-U-Boot von 99 t erhalten. Entgegen ursprünglichen Erwartungen erwies sich dieses Schiff jedoch für die Pläne der deutschen Marine als ungeeignet. Anders verhielt es sich mit einem 250 t-Boot, dessen militärische Eigenschaften von der Marineleitung festgelegt wurden. Erst danach versuchte man, es der finnischen Marine attraktiv zu machen. Die Tätigkeit des dortigen deutschen Marineberaters Bartenbach machte den Bau ab 1930 möglich, jedoch hatte die Reichsmarine zunächst das Schiff aus ihren Geheimmitteln vorzufinanzieren.

Die größten Rüstungsprojekte und die besten Aussichten ergaben sich für die Reichsmarine in Spanien. Vor allem dank der bereits im Ersten Weltkrieg geknüpften Kontakte von Korvettenkapitän Canaris zum spanischen Königshaus wie zur Marine bestand ein direkter Draht mit Informationen über den dort geplanten Großausbau der Marine. Spanien schien zeitweilig alle Möglichkeiten zu bieten, zum technischen Versuchsfeld für die meisten nach dem Versailler Vertrag verbotenen Rüstungsmaßnahmen zu werden. Die Parallele zum Engagement des Heeres in Sowjetrußland ist deutlich. Jedoch waren die am Ende erzielten Erfolge gering. Dazu trug einmal die Konkurrenz britischer Firmen auf dem spanischen Rüstungsmarkt bei. Ferner machte ein anderes deutsches Firmenkonsortium unter der Führung der Werft Blohm & Voß in Hamburg der IvS-Gruppe unter Führung von Marineleitung und Krupp-Werften Konkurrenz. Erst nach entschiedenem Auftreten der Marine war Blohm & Voß zur Aufgabe des Wettbewerbs bereit – ein bemerkenswerter Vorgang für die Beziehungen zwischen Reichswehr und Industrie! Schließlich zerrieben sich die Großprojekte für den Ausbau der spanischen U-Bootflotte im innerspanischen Entscheidungsprozeß zwischen verschiedenen industriellen pressure groups.

Insbesondere die Zusammenarbeit von IvS mit dem zwielichtigen Industriellen Echevarietta erwies sich als Fehlschlag, da sich dessen weitgehende Zusagen über praktische und theoretische Möglichkeiten der deutschen Marine in Spanien nicht verwirklichen ließen.

Ähnlich wie später in Finnland gelang es auch in Spanien nur, ab 1927 ein von der deutschen Marine gewünschtes größeres U-Boot auf einer spanischen Werft bauen zu lassen. Im Interesse der Mobilmachungspläne war man bereit, das Projekt zunächst weitgehend und später völlig vorzufinanzieren. Durch die innenpolitische Entwicklung in Spanien bedingt wurde das Boot nicht wie geplant 1932 von der spanischen Marine übernommen, sondern nach beträchtlichen Schwierigkeiten 1934 in die Türkei verkauft und dorthin von deutschen Experten überführt.

Die Auslandsrüstungen deutscher Firmen wurden zunehmend stärker von den Interessen der Marineleitung gesteuert. Dabei ergab sich die Entwicklung einer Reihe brauchbarer Typen für die Mob-Planungen; jedoch war das finanzielle Engagement der Reichsmarine dafür hoch. Die divergierenden Interessen ausländischer Marinen, des IvS, der hinter ihm stehenden deutschen Werften und der Marineleitung verursachten beträchtliche Reibungsverluste, die bei der notwendigen Tarnung der verbotenen Maßnahmen nicht wesentlich verringert werden konnten.

b. Die Ausrichtung der Marinepolitik an den Seemächten

Entwaffungsfrage, Militärkontrolle, internationale Seeabrüstungsdiskussion und Geheimrüstungen stellten neben traditionellem Eigenständigkeitsbestreben der Marine ein Bündel von Faktoren dafür dar, daß sie ein eigenständiges außenpolitisches Konzept entwickelte. Entscheidend war die aus den historischen Erfahrungen abgeleitete Einsicht in die vermeintlichen Erfordernisse maritimer Politik. Allerdings war sich die Marineleitung der innenpolitischen Schwäche ihrer Stellung voll bewußt und drang daher auch nicht mit Entschlossenheit auf die Durchsetzung ihrer Interessen. Vielmehr handelte es sich bei dem im folgenden darzulegenden Ansatz oft nur um interne Lagebeurteilungen vom Ressortstandpunkt aus, die im innerstaatlichen Entscheidungsprozeß bei geeigneter Gelegenheit eingebracht wurden. Das Bestreben, Marinepolitik auf eigene Faust zu machen, trat meistens hinter Loyalität gegenüber der vom Auswärtigen Amt, Heeresleitung oder Wehrministerium formulierten Politik zurück.

Bestimmender Faktor aus der Marinesicht war die Orientierung an den Seemächten USA und Großbritannien. Nur in einer engen Anlehnung an diese Staaten wurde die Chance zu neuem Seemachtaufstieg gesehen, für den die Lockerung oder Aufhebung des Versailler Vertrages der erste Schritt sein sollte. Begründet war diese Erwartung in einer Reihe von Überlegungen.

Erstens wurde in der Seemachtkonkurrenz gegenüber England das entscheidende Merkmal zur Entwicklung auf den Ersten Weltkrieg hin gesehen. Die erste Seemacht der Welt war seit der Zeit Tirpitz' Maßstab und Vorbild der deutschen Marine gewesen. Die vielfach mit Zeichen der Haßliebe zu kennzeichnende Bewunderung schlug sich in einer Fixierung auf diese Macht auch nach dem Weltkrieg nieder.

Zweitens gingen die Entwaffnungsbestimmungen zur See vorwiegend auf britische Vorstellungen zurück. Also konnte auch vor allem eine andere Definition der Interessen dieser Macht der Reichsmarine Rüstungserleichterungen bieten.

Drittens zeigten sich tatsächlich Ansätze für einen Wandel der britischen Deutschlandpolitik. Vor allem die französische Ruhrpolitik 1923 ließ deutliche Gegensätze zur britischen Haltung erkennen. Dadurch stieg die Erwartung, eine grundsätzliche Umorientierung der britischen Politik im Sinne der „balance of power"-Doktrin zu Deutschland hin sei möglich. Die erträgliche Zusammenarbeit mit der NIACC verstärkte diesen Eindruck.

Viertens wurden in der Marine engere Beziehungen zu Sowjetrußland abgelehnt (s. u. S. 420), so daß nach machtpolitischem Kalkül eine Absicherung unbedingt erforderlich schien. Es ist bezeichnend, daß die von Stresemann mit einigem Erfolg eingeleitete Frankreich-Politik bei der Marine auf kein Echo stieß. Das läßt sich mit den Operationsplänen, in denen der westliche Nachbar Deutschlands eine wichtige Rolle spielte, nur vordergründig erklären, da gerade eine Annäherung an ihn die als akut angesehene Kriegsgefahr mindern konnte. In der Marine wirkten vielmehr stärker als in der Diplomatie die Erbfeindvorstellungen nach, die durch den Ruhrkampf neue Nahrung erhalten hatten.

Fünftens ergab sich aus allen in der Marine angestellten Überlegungen über einen längeren Krieg die entscheidende Abhängigkeit des Reiches von Nachschub an überseeischen Gütern. Dabei handelte es sich einmal um für die Rüstungsproduktion unerläßliche Rohstoffe, zum anderen um weitere Massengüter wie Lebensmittel. Eine neutrale, wenn nicht positive Haltung Englands konnte schon aus geographischen Gründen einen beträchtlichen Teil der Zufuhr offenhalten, kamen doch 1928 50% der deutschen Einfuhren aus Amerika, Asien,

Afrika und Australien. Von diesen Staaten waren wiederum die USA ein entscheidender Handelspartner, von denen 1928 14,4% der gesamten Einfuhren bezogen wurden. Die Schlüsselrolle Großbritanniens war also vorwiegend geostrategisch, aber auch politisch bestimmt. Dagegen waren die USA ökonomisch dominierend, eine Rolle, die durch ihre Stellung als Weltgläubigermacht, zumal angesichts deutscher Reparationsverpflichtungen, noch verstärkt wurde.

Mit einer Orientierung an kriegswirtschaftlichen Bedürfnissen stellte die Marine latent die Außenpolitik Stresemanns in Frage, auch wenn der Ausgangspunkt ökonomisch globalen Denkens, der von der Marine gern als Vorzug gegenüber dem Heer ausgegeben wurde, zunächst auf Gemeinsamkeiten schließen lassen könnte. Die Marineführung hütete sich jedoch, im Entscheidungsprozeß auf ihren abweichenden Meinungen zu beharren. Der auf langfristig friedlichen, ökonomisch motivierten Aufstieg Deutschlands ausgerichteten Politik Stresemanns hatte die Marine ressortspezifische Kriegsvorsorge entgegenzusetzen.

Ab etwa 1924 neigte die Marineführung dazu, „die Angelsachsen" als Einheit anzusehen. Das zeigte sich besonders in dem Bestreben, zur Konkretisierung der maritimen Rüstungswünsche 1925/26 Marineoffiziere zur persönlichen Unterrichtung der deutschen Botschafter nach London und Washington zu entsenden. Wenig später rechnete die Marineleitung sogar damit, derartige Attachés direkt in Verhandlungen mit den Marinebehörden der beiden Länder treten zu lassen. Dieser Ansatz zu eigener Ressortpolitik wurde jedoch, da Heer und Auswärtiges Amt dem Gedanken skeptisch gegenüberstanden, nicht verwirklicht. Genf blieb der eigentliche Schauplatz der Außenbeziehungen der Marine, auch wenn der Wunsch nach Sondermissionen von Seeoffizieren in den folgenden Jahren noch mehrmals laut wurde. Freyberg gelang es, vor allem mit britischen Seeoffizieren in Genf nähere Beziehungen anzuknüpfen und für ein gewisses Verständnis zu sorgen. Seit Ende 1928 wuchs die Einsicht, daß „die Angelsachsen" für die deutsche Politik doch nicht als Einheit in Marinefragen zu betrachten seien. Neben der beginnenden Weltwirtschaftskrise und anglo-amerikanischen Differenzen in Seerüstungsfragen (s. u. S. 440) trug dazu die unterschiedliche Abrüstungspolitik beider Staaten bei. Während sich die USA insgesamt in der vorwiegend auf Europa beschränkten Abrüstungsdiskussion sehr zurückhielten und von daher keinen Ansatzpunkt für maritime Revisionswünsche boten, richtete sich die britische Seeabrüstungspolitik in Europa stärker nach einer Gesamtkonzeption, in der Rücksichten auf Frankreich, Deutschland und Italien gleichermaßen von Bedeutung waren.

c. Die Marine und die Rußlandpolitik des Heeres

Zu den wichtigsten Faktoren der Reichswehrpolitik gehörten ihre eigenständigen Beziehungen zu Sowjetrußland bzw. zur Sowjetunion. Die Rüstungszusammenarbeit zwischen Reichswehr und Roter Armee zog sich in wechselnder

Intensität über die ganze Weimarer Zeit hin und ermöglichte die Entwicklung und Erprobung einer Reihe von Waffensystemen, die nach dem Versailler Vertrag Deutschland verboten waren, sowie die Ausbildung von Personal auf diesen Gebieten. Vor allem für Flugzeuge, Panzer und Gaskampfmittel errichtete die Reichswehr große Anlagen auf russischem Territorium, deren Leistungen auch der Roten Armee zugute kamen. Die Marine betrachtete diese Kontakte, die fast ausschließlich dem Heer dienten, mit größter Skepsis. Als ein wichtiges Motiv dafür ist die erstrebte Anlehnung an die Seemächte zu nennen. Daneben war es der Marineleitung um eine enge Zusammenarbeit auf dem Rüstungssektor mit einer Reihe von Staaten zu tun, die direkte Grenznachbarn der Sowjetunion waren. Neben dem U-Bootbau war es von Bedeutung, daß in Finnland und der Türkei deutsche Marineberater tätig waren, deren Arbeit nicht gefährdet werden sollte. Zwar war eine aktuelle Möglichkeit zu „militärpolitischer Einwirkung", wie sie Zenker 1924 erwartete, während der zwanziger Jahre in diesen wie in anderen europäischen oder überseeischen Staaten gering – zu nennen sind vor allem Japan und Argentinien –, jedoch konnten die Kontakte in der erhofften Zukunft als Weltmacht wieder aktuell werden. Im Unterschied zum Heer verstand es die Reichsmarine aber auch in der Gegenwart, genügend Rüstungsmöglichkeiten im europäischen Ausland zu finden, so daß Rußland als Partner entbehrlich war. Die Marine war daher zwar bemüht, die Kontakte zur Roten Flotte nicht ganz abzulehnen, wollte sie aber eng begrenzt halten.

Eine vergleichbare Zurückhaltung im Hinblick auf die Seemächte wie gegenüber der Sowjetunion übte die Marine auch gegenüber Japan. Hier bestand ein von Tirpitz 1923 vermitteltes Interesse an deutschen Schiffbauplänen, besonders für U-Boote, sowie an Marineberatern. Zwar reiste Canaris zur Erkundung nach Japan, und einige Techniker arbeiteten auf japanischen Werften, doch dominierte die politisch bedingte Zurückhaltung gegenüber dem ostasiatischen Staat.

Als Ende 1922 Geßler offiziell den Chef der Heeresleitung mit der „Leitung" der Marinepolitik gegenüber Rußland betraute, widersprach Behncke einer solchen formellen Priorität des Heeres. Die Gründe traten im folgenden Jahr zutage, als einzelne Marineoffiziere versuchten, mit sowjetischen Unterhändlern ins Gespräch zu kommen. In Berlin überreichte ein sowjetischer Offizier einen „Wunschzettel" zum Ausbau der sowjetischen Ostseeflotte mit deutscher Hilfe. Der deutsche Gesprächspartner verlangte als Gegenleistung den Bau von Flugzeugen, U-Booten und Minen durch deutsches Personal nach deutschen Plänen in der Sowjetunion und ging somit ebenfalls aufs Ganze. Die Verhandlungen wurden jedoch ohne Resultat abgebrochen, als sich herausstellte, daß der sowjetische Gesprächspartner möglicherweise Franzose war und bei anderer Gelegenheit Waffen für die KPD aufgekauft hatte. Dieser Vorgang bestätigte in der Marineleitung nur ein Urteil, das als drittes und entscheidendes Element für die Rußlandpolitik anzusehen ist. Seit 1918 wurde Kommunismus bzw. Bolschewismus, gleichgültig in welcher Form, als stärkste Bedrohung der eigenen Ordnungsvorstellungen angesehen. Das Trauma der Revolution und der Einfluß der Rätebewegung wurden allein aus der Politik Sowjetrußlands hergeleitet. Die Außen- und Militärpolitik dieses Staates schien daher mit dem grundsätzlichen Bestreben nach Revolutionierung identisch. Die für deutsche Rüstungsmöglichkeiten erwarteten Gegenleistungen bargen die Gefahr in sich, einem potentiellen militärischen Gegner auch noch die Waffen zu liefern. Wenn die Rote Flotte in der Ostsee militärisches Gewicht erlangte, bedrohte sie zumindest latent die dortigen Seeverbindungen. Eine Konzentration der Reichsmarine auf dieses Binnenmeer wäre auch bei verstärkten eigenen Seerüstungen auf längere Zeit notwendig gewesen, obwohl der Drang zum Atlantik und den Weltmeeren für die Zielsetzung bestimmend war. Eine Unterstützung der Sowjetunion erschien so 1926 „militärisch Selbstmord".

Diese ungünstige Aussicht ergab sich nur, wenn sich das sowjetische System auf Dauer konsolidierte. Falls aber die Entwicklung des „Bolschewismus" stagnierte, oder dieser gar durch eine Gegenrevolution abgelöst würde, so kalkulierte zumindest ein Offizier 1926, dürfe man das Potential der Sowjetunion gleichfalls nicht verstärken. Eine langfristige Zusammenarbeit lasse sich unter dieser Voraussetzung nämlich nicht planen. Zudem ergaben Reisen von Marineoffizieren in die Sowjetunion im gleichen Jahr den Eindruck, daß die Rote Flotte insgesamt wenig leistungsfähig sei. „Wir würden doch nur die Gebenden sein", war das Fazit dieser Erkundungen.

Trotz wiederholt unternommener Annäherungsversuche beider Seiten blieb die offizielle Linie der deutschen Marine zurückhaltend. „Mit den Russen nur spielen; sie freundlich betrügen, ohne daß sie es merken. Den Verkehr zu Rußland nur betrachten einmal als Druckmittel gegen England, andererseits um uns nicht die bolschewistische Agitation noch mehr auf den Hals zu laden", forderte Kapitän z. S. v. Loewenfeld daher in einer grundlegenden Besprechung der Marineleitung am 22. Juli 1926. Er konnte sich damit durchsetzen, auch wenn ein Druck auf England zunächst noch peinlich vermieden wurde.

Neben der außen- wie gesellschaftspolitisch motivierten Hauptlinie der Marinepolitik gab es eine Nebenströmung. Einige Experten, wie Konteradmiral Spindler auf dem U-Bootsektor und Kapitän z. S. Lohmann, traten für ihre Ressorts aus technischen Motiven für ein stärkeres Engagement in Rußland ein, konnten sich jedoch nicht durchsetzen. Deutlich wurde die Ablehnung vor allem in der Frage der Kriegsschiffbesuche aus der Sowjetunion. Mit allen Mitteln stemmten sich die führenden Marineoffiziere gegen derartige Kontakte, die, wenn es sich um andere als kommunistische Besucher gehandelt hätte, als Maßstab internationaler Aufwertung gern gesehen worden wären. Dem Auswärtigen Amt stellte die Marineleitung 1929 für einen solchen Besuch die Bedingung, die KPD dürfe nicht mit der Besatzung in Berührung kommen und deutsche Matrosen dürften nicht mit sowjetischen zusammenkommen. Dieses Ansinnen widersprach allen Gepflogenheiten und ist nur aus der Verschränkung innen- und außenpolitischer Motive zu erklären. Dennoch erhielten sowjetische Marinespezialisten 1930 Einblick in deutsche Marineeinrichtungen.

Die Auffassungen in der Politik gegenüber der Sowjetunion sind somit als einer der wichtigsten Unterschiede zwischen Heer und Marine in der Weimarer Zeit anzusehen. Sie stellten einen Faktor dar, in dem sich die Marine unnachgiebig gegenüber einem einheitlichen Vorgehen der Reichswehr zeigte und eigene Wege ging. Es sind zwar keine Versuche belegt, die Geheimrüstungen des Reichsheeres in der Sowjetunion zu hemmen; eine noch 1931 geäußerte Ansicht kennzeichnet den Zwiespalt: daß nämlich die Marine nicht beabsichtigte, eine Politik gegen die Interessen des Heeres zu treiben, da sie die dafür maßgeblichen Gründe kenne und würdige.

Die Marine entwickelte sowohl für die allgemeine Ost- wie Westpolitik des Reiches eigenständige Ansätze. Da sie jedoch über ein zu geringes Gewicht verfügte, unternahm sie zumeist keine Versuche, diese Auffassungen verbindlich zu machen. Das Illusorische einer eigenständigen Politik wurde bei dieser Lage allerdings nicht hinreichend reflektiert.

5. Erneute Marinekrise: Panzerschiff-Diskussion und Lohmann-Affäre

a. Kriegsschiffbau 1920–1927

Die Zahl der für die Reichsmarine verbleibenden Schiffe deckte sich mit der Höchstzahl nach dem Versailler Vertrag (s. S. 354). Es handelte sich dabei zumeist um Schiffe, die bereits gegen Ende des Weltkrieges aufgrund ihres Alters nur als Reserve gedient hatten. Ging man von den in Marinen üblichen Ersatzfristen aus, erreichten fünf der acht Linienschiffe 1922/23 die Altersgrenze, die restlichen 1925/26, die Kreuzer zwischen 1920 und 1923, während die Torpedoboote entweder bereits zu Kriegsende an dieses Limit gelangt waren oder bis 1923 gelangten.

Die Schiffbaupläne der Marine, bei denen Anfang 1920 noch ein Weiterbau von Kreuzern des Weltkriegsprogramms für möglich gehalten wurde, mußten nach dem Kapp-Lüttwitz-Putsch gestrichen werden. In den Verhandlungen mit den Alliierten gelang es nicht, die Genehmigung zum Weiterbau bereits im Krieg angefangener Schiffe zu erhalten. So konzentrierten sich alle Anstrengungen auf den Bau eines kleinen Kreuzers, der 1921 begonnen werden konnte. Dabei war weniger der langfristige Ausbau der Marine entscheidend als die Überlegung, daß die Marinewerft in Wilhelmshaven nur bei einem neuen Kriegsschiffauftrag in der Regie der Marine zu behalten war. So setzten auch die zivilen Behörden der Küstenstadt sich energisch dafür ein, drohte doch sonst der bislang völlig von der Marine abhängigen Stadt der wirtschaftliche Ruin, zumal die Abwrack- und Abwicklungsmaßnahmen von Jahr zu Jahr weniger wurden. Die Marine nahm es dabei in Kauf, daß der neue Kreuzer A (später „Emden") wegen der knappen Vorbereitungszeit für die Pläne von vornherein nicht den neuesten Erkenntnissen entsprach. Immerhin ermöglichte er es, daß ein Stamm von Konstrukteuren der Marine erhalten blieb, wie dies in anderer Weise auch wenig später beim geheimen U-Bootbau geschah. Aufgrund der Inflation und der gegenüber der Marine starken Skepsis im Reichstag wurden die Bauraten derartig gestreckt, daß die „Emden“ erst Anfang 1925 vom Stapel lief und Ende des gleichen Jahres in Dienst gestellt wurde.

War mit dem Kreuzer ein bislang gängiger Schiffstyp gebaut worden, so erwies sich dieses Verfahren bei den anderen Schiffsklassen als schwieriger. Torpedoboote von nur 200 t zu bauen, erschien ebensowenig sinnvoll wie Zerstörer von 800 t. Die Konstrukteure entwickelten daher ein Torpedoboot von 800 t, das formell als Zerstörer galt. Gegenüber dem Reichstag taktisch geschickt wurde ein solches Boot mit dem Haushalt 1924 beantragt, also kurz vor Fertigstellung der „Emden“. Im folgenden Jahr folgten fünf weitere und 1926 schließlich die am Höchstbestand fehlenden sechs. 1925 kann insgesamt als Wendepunkt in dem Bautempo der Reichsmarine angesehen werden, da ferner ein weiterer leichter Kreuzer eines verbesserten Typs bewilligt wurde. Die Methode, jährlich zunehmende Mittel für den Kriegsschiffbau zu beantragen, erwies sich als erfolgreich, da sich im Reichstag ohne große Schwierigkeiten eine Mehrheit für diese Etatposten fand; auch leuchteten die militärisch-technischen Argumente den meisten Abgeordneten in dem Maße ein, wie sich die Marine konsolidierte und weniger Ansatzpunkte für eine grundsätzliche Kritik bot. Neben sechs Torpedobooten wurde 1926 die erste Rate für zwei weitere Kreuzer von 6000 t bewilligt, der fünfte Neubau dieser Klasse folgte ab 1927. Die Bauzeiten von der Kiellegung bis zum Stapellauf sanken gegenüber „Emden“ von über drei Jahren auf knapp zwei Jahre. Während der Gesamthaushalt der Marine sich von 1924 104,3 Mill. RM (für die Jahre zuvor fehlen verläßliche und vergleichbare Zahlen) über 1925 155,1 Mill. RM auf 1927 223,4 Mill. RM steigerte, wuchs der Anteil für den Schiffbau im gleichen Zeitraum von 7,4% über 21,6% auf 30,4% des Marinehaushaltes oder, in absoluten Zahlen, um fast das Neunfache an. Die Marineleitung, für die der Kriegsschiffbau einen Gradmesser für den Wiederaufstieg darstellte, hielt es in dieser Zeit für selbstverständlich, mit zumindest den gleichen Mitteln in Zukunft weiterarbeiten zu können.

Bei der Fortdauer der Beschränkungen des Versailler Vertrages lag es nahe, das Kreuzerprogramm nahtlos in ein solches des Linienschiffersatzes zu überführen. Für eine solche langsame Gewöhnung des Reichstags gab es zwar Gründe, jedoch entsprang diese Reihenfolge der Bauten nicht den Rüstungswünschen der Reichsmarine, und auch der Reichstag reagierte nicht in der erwarteten gelassenen Weise.

Daß die Ersatzbauten für die Linienschiffe erst 1927 im Haushaltsplan für 1928 beantragt wurden, lag vielmehr an der äußerst ungünstigen Limitierung des Versailler Vertrages. Angesichts des Bestrebens der Reichsmarine, in der größten erlaubten Schiffsklasse Lösungen zu finden, die den Schiffen der Seemächte und insbesondere Frankreichs gewachsen waren, erwiesen sich die unterschiedlichen Konstruktionspläne jeweils als wenig befriedigend. Bereits unter Behncke wurde als Alternative ein stark bewaffneter Monitor mit 38 cm-Kaliber und ein Kreuzertyp mit 21 cm-Geschützen diskutiert. Unter Zenker als Marinechef kamen als weitere Möglichkeiten verschiedene, letztlich unbefriedigende Lösungen mit 30,5 cm- und 28 cm-Kaliber hinzu. Im Mittelpunkt des Interesses stand nach wie vor ein mit 10 000 t nicht zu bauendes standhaftes Großkampfschiff. Obwohl im Versailler Vertrag nicht ausdrücklich verboten, erschien doch 1925 die Genehmigung eines Kalibers von 38 cm durch die Alliierten nicht sehr wahrscheinlich. Die intensiven, wenn auch erfolglosen Bemühungen der Marineleitung in diesem Jahr um eine Lockerung der Bestimmungen für die Linienschiffstonnage (s. o. S. 412) zeigen das Dilemma auf. Für einen beschleunigten Baubeginn dieser Schiffe sprachen ferner die stark steigenden Reparaturkosten der alten Schiffe sowie die in Aussicht stehende Räumung des Ruhrgebietes, durch die Krupp wieder als Lieferant in Frage kam.

Das Schwanken zwischen Hoffnungen auf eine Lockerung der Vertragsbestimmungen, die ein kampfkräftiges Großkampfschiff ermöglichen sollte, und dem Wunsch nach baldigem Baubeginn führte zu einer weiteren Verzögerung bis Anfang 1927. Noch ohne eine Entscheidung für einen bestimmten Typ wurde beschlossen, in den Haushalt für 1928 einen Ersatzbau für Linienschiffe zu stellen.

Während Zenker zu diesem Zeitpunkt noch für ein „standhaftes Linienschiff" eintrat und somit die Revisionsmöglichkeiten günstig beurteilte, gewannen jüngere Offiziere an Einfluß, die für ein relativ schwach bewaffnetes, aber schnelles Schiff eintraten. Ihr Wortführer war der Leiter der Flottenabteilung, Loewenfeld, der für einen Typ zwischen 35 000 t-Schiffen und den „Washington-Kreuzern" von 10 000 t mit einem Kaliber von 20,3 cm eintrat. „Deutschland als außerhalb Washington stehend, baue ein Schiff, welches den Washington-Typen stets in einer Richtung überlegen sei, nämlich den Linienschiffen an Geschwindigkeit, also bei 28 sm, den Kreuzern an schwerem Kaliber, also 6 28 cm." An anderer Stelle sagte Loewenfeld, „daß der Linienschiffskreuzer hauptsächlich einen politischen Zweck zu erfüllen habe, insofern, als er geeignet sei, das Washington-Abkommen zu stören und dadurch zu erreichen, daß Deutschland in dieses Abkommen aufgenommen würde". Dieses Konzept setzte sich bis Mitte 1927 durch und diente als Grundlage für das Panzerschiff A, Ersatz „Preußen", das 1931 als „Deutschland" vom Stapel lief.

Mit der Entscheidung der Marine für ein Panzerschiff war ein in den Jahren zuvor immer schwerer zu entwirrender Knoten zerschlagen worden. Zugleich illustriert sie das Streben der Marine, nunmehr in entscheidendem Maße mittels ihrer Schiffbauten auf die Außenpolitik einzuwirken. Darin spiegelt sich der starke Einfluß des ehemaligen Brigadeführers Loewenfeld. Der damit signalisierte Kurswechsel in der Marinepolitik spielte in den folgenden innenpolitischen Auseinandersetzungen nur eine untergeordnete Rolle. Dennoch stellte die im Panzerschiffbau manifeste Möglichkeit eines politischen Drucks auf die Seemächte ein neues Moment in der bislang Wohlverhalten demonstrierenden Marinepolitik dar, um internationale Anerkennung und maritime Revision durchzusetzen.

b. Die Unternehmen von Kapitän z. See Lohmann und ihre Aufdeckung

Daß der Bau des Panzerschiffs A vom Reichstag nicht ebenso bereitwillig wie die bisherigen Ersatzbauten genehmigt wurde, hatte zwei Gründe. Einmal lag es an der sich wandelnden innenpolitischen Szene, die nach den Wahlen vom 20. Mai 1928 die SPD an die Regierung brachte, zum anderen an der Marinekrise, die durch die Aufdeckung eines Teils der Aktivitäten Lohmanns entstand.

Kapitän z. S. Lohmann war als Leiter der Seetransportabteilung in der Marineleitung dienstlich mit den Beziehungen zur Handelsschiffahrt befaßt. Er benutzte seine zivilen Kontakte und kaufmännischen Kenntnisse, um den Marineinteressen über das im Versailler Vertrag zugestandene Maß hinaus mit allen Mitteln zu dienen. Sein Amt entwickelte sich mehr und mehr zu einer Sammelstelle für geheime Rüstungsmaßnahmen und Mobilmachungsvorbereitungen. Verhandlungen mit der interessierten Industrie führte Lohmann ebenso, wie er geheimdienstliche Kontakte in Rußland knüpfte. Von einer straffen Koordination aller Aktivitäten in der Seetransportabteilung kann kaum gesprochen werden, vielmehr handelte es sich um eine Vielfalt der sprühenden Phantasie und dem Organisationstalent Lohmanns entspringender Unternehmen, die teils dilettantisch, teils virtuos betrieben wurden. Mit dem eigentlichen dienstlichen Auftrag standen sie jedoch kaum in Verbindung.

Neben den technischen Mobilmachungsvorbereitungen war der zweite Schwerpunkt der Tätigkeit Lohmanns die Finanz- und Materialbeschaffung. Ihm standen aus dem Verkauf von Kriegsmaterial des Weltkriegs sowie aus 1923 angelegten „Ruhrfonds“ Mittel zur Verfügung, die er systematisch zu vermehren gedachte. Diese sollten durch langfristige Kredite aufgestockt werden und einerseits in gewinnbringenden Unternehmen angelegt werden, andererseits aber auch die „Grundlage einer mit den nötigen Spezialisten versehenen Hilfsschiffflotte *auf, über* und *unter* dem Wasser ... schaffen“.

Lohmann versuchte dafür, seine im Weltkrieg in Rußland geknüpften Beziehungen zu nutzen, und führte dort mehrere Verhandlungen über Rüstungszusammenarbeit. In Spanien war er nicht nur an den U-Bootprojekten beteiligt, sondern versuchte auch, in Zusammenarbeit mit deutschen Firmen eine Tankdampferflotte aufzubauen, die – ebenso wie Fischdampfer – in Friedenszeiten kommerziell für Privatfirmen arbeiten sollten, im Kriege jedoch die Ölversorgung der Marine bzw. Vorpostenaufgaben wahrzunehmen hatten. Lohmann rechnete bei seinen Finanzplanungen bis 1936 und hatte 1927 erst ein Stadium erreicht, in dem der Marine kaum materieller Nutzen, dafür aber hohe finanzielle Aufwendungen erwachsen waren. Aus dem Ruhrfonds, durch Kreditaufnahme und durch die Überweisung versteckter Haushaltsmittel wuchs der finanzielle Rahmen seiner Unternehmungen bis Frühjahr 1928 auf über 35 Mill. RM an.

Von militärisch sinnvollen, wenn auch gesetzlich verbotenen Maßnahmen, bis zu militärisch irrelevanten und kaufmännisch obskuren Geschäften waren die Übergänge fließend, da die Zweckbestimmung oft unklar blieb.

Lohmann gründete eine Reihe von Scheinfirmen, die von zivil angestellten Offizieren der Seetransportabteilung in Personalunion geleitet wurden. Militärischen Zwecken diente die Mentor Bilanz GmbH, nämlich dem Kontakt zum holländischen IvS. Die Tebeg GmbH förderte die Mobilmachungsvorbereitungen mit einem Jahresetat von 120 000 RM, während die Severa GmbH Seeflugzeuge unterhielt, die zum Scheibenschleppen und zur Aufklärung dienten und damit Anfänge für eine Marineluftwaffe bildeten. Der Jahresetat von 1,5 Mill. RM unterstreicht ihre Bedeutung. Der Schnellbootentwicklung diente die Trayag (Travemünder Yachthafen AG). Die Hanseatische Yachtschule in Neustadt/Ostsee wie der Hochseesportverein Hansa in Berlin dienten zur vormilitärischen Ausbildung des Marinenachwuchses unter v. Trotha und erhielten für ihre Segelkurse Zuschüsse der Marine. Von 1925 bis 1928 nahmen an 19 Lehrgängen 1368 Männer teil. Drei Ölfirmen sollten die geplante Tankdampferflotte vorbereiten, während die Baltische Segelschiffs GmbH in der Küstenschiffahrt geeignete Leute zu Matrosen und Unteroffizieren ausbilden sollte.

Auf dem Gebiet technischer Forschung bewegte sich die Hurraga GmbH, die Spezialmühlen entwickeln sollte. Eine Studiengesellschaft hatte vor, Brennstoff aus Benzin und Wasser mit besonderen Zusätzen herzustellen. Ferner förderte eine Bergbaufirma den Abbau von Manganerzen in Sachsen, eine Berliner Bacon AG fand Lohmanns Unterstützung wegen nachrichtendienstlicher Funktionen in England. Schließlich hatte Lohmann Kontakte mit finanziellen Folgen zur Baltic Reederei in Kopenhagen, die zur „Schaffung eines neutralen Schiffsparks“ unterstützt wurde, „um im Ernstfall in feindlichen Häfen durch geeignete Vertrauensleute im Interesse der Marine liegende Feststellungen zu machen“. Für die zahlreichen Firmen erwarb Lohmann mehrere teure Grundstücke in Berlin, die wohl zur Repräsentation in späterer Zeit gedacht waren. Zukunftserwartungen dürfte auch der Ankauf einer Aktienmehrheit des Berliner Bankvereins mit 1,65 Mill. RM gedient haben.

Finanziell am aufwendigsten war die Unterstützung der damals zweitgrößten deutschen Filmgesellschaft, der Phoebus AG, die insgesamt über sechs Mill. RM verschlang. Ihre Zweckbestimmung, „durch geeignete Filme das Interesse der deutschen Öffentlichkeit auf die Fragen der Landesverteidigung und der Seegeltung hinlenken“ zu wollen, deutete auf ein umfassendes Propaganda-Konzept hin, das Lohmann später durch Angaben über den Kampf „gegen Schmutz“ und „Internationalismus“ ergänzte. Hierin zeigte sich die durch das Massenmedium erstrebte sozialstabilisierende Wirkung. Die Mittel für die Phoebus-Film AG vermochte Lohmann zum Teil über eine Reichsbürgschaft von drei Mill. RM aufzubringen, für die 1926 Reichsfinanzminister Reinhold, Reichswehrminister Geßler und Zenker unterschrieben. Ihr Motiv war vorwiegend die Sorge vor einer Überfremdung der deutschen Filmindustrie.

Ein Bericht des Berliner Tageblatts vom 10. August 1927 brachte die Phoebus-Sache an die Öffentlichkeit. Angesichts des folgenden Entrüstungssturms taktierte die Regierung Marx äußerst ungeschickt. Sie ließ zunächst dementieren und mußte diese Erklärungen später zurücknehmen. Der Präsident des Rechnungshofes, Saemisch, wurde mit der Untersuchung beauftragt und hellte zunächst behördenintern den Umfang der Aktivitäten Lohmanns auf, wovon gleichfalls ein Teil in die Presse gelangte. Die Regierung weigerte sich dennoch, den Bericht zu veröffentlichen, wodurch das Mißtrauen gegenüber den Machenschaften der Marine besonders im Reichstag wuchs. Sogar die DVP enthielt sich im März 1928 bei der Abstimmung über den Untersuchungsbericht der Stimme. Die Marine ließ Lohmann fallen und versuchte, den militärischen Kern seiner Aktivitäten so weit wie möglich zu verschleiern, während vor allem seine nichtmilitärischen Unternehmen, im Vordergrund Phoebus, der öffentlichen Diskussion anheimgegeben wurden.

Die anfänglich verständnisvolle Haltung der Parteien bis zur SPD hin, die zunächst auf eine parlamentarische Behandlung verzichten wollten, wurde durch die Hinhaltetaktik unmöglich gemacht. Der Saemisch-Bericht mußte veröffentlicht werden. Da er stark überarbeitet worden war, gab sich der Reichstag nicht zufrieden und suchte durch einen Unterausschuß des Haushaltausschusses ein Bild zu gewinnen. Damit war die Affäre endgültig in einem für die Marine erwünschten Sinne auf das finanzielle Gleis geschoben. Ende 1928 wurde Staatssekretär i. R. Fritze als Kommissar des Reichskanzlers für Regreßansprüche berufen. In seinem offiziellen Bericht vom Mai 1930 kam er zu dem Ergebnis, daß Lohmann persönlich haftbar gemacht werden müsse. Jedoch starb der im März 1928 entlassene Offizier, der bis zuletzt daran festhielt, bei allen Unternehmen im Reichsinteresse gehandelt zu haben.

Insgesamt wies die Bilanz von Lohmanns Unternehmen nach dem Verkauf einzelner Unternehmen 25,9 Mill. RM Verluste auf, von denen 12,7 Mill. RM eindeutig militärischen Zwecken zuzuschreiben waren. Frühzeitig hatte die Marineleitung Anfang 1928 eine Abwicklungskommission für Lohmanns Aktivitäten eingesetzt. Unter dem Druck Groeners wurden die militärisch sinnvollen, aber dem Versailler Vertrag zuwiderlaufenden Firmen teils von zivilen Ministerien übernommen, teils nur wenig verändert unter neuen Namen fortgeführt, wie die in Igewit umbenannte Mentor Bilanz GmbH. Während kleinere Gesellschaften Lohmanns liquidiert wurden, ergab der Verkauf der kommerziell geführten Firmen einen gewissen Ausgleich für den entstandenen Schaden.

Um ähnliche Vorgänge in Zukunft zu vermeiden, wurden die Geheimrüstungen aus dem offiziellen Reichsetat völlig herausgelöst. Es entstand ein sogenannter B-Haushalt, für den die Reichsregierung die Verantwortung allein übernahm. Nur einige Abgeordnete des Haushaltsausschusses waren eingeweiht, während die finanzielle Kontrolle von einem Gremium aus dem Chef der Marineleitung, dem Staatssekretär im Finanzministerium, Popitz, und dem Präsidenten des Rechnungshofes, Saemisch, wahrgenommen wurde. Alle militärisch wichtigen Maßnahmen blieben erhalten und wurden nunmehr sogar von einer SPD-Regierung institutionalisiert, die selbst in äußerste Schwierigkeiten wegen eben dieser Marinerüstungen geraten war.

c. *Auswirkungen der Marinekrise*

Die Lohmann-Affäre, die in der Öffentlichkeit vorwiegend als Phoebus-Skandal verharmlost wurde, stürzte die Reichsmarine in eine tiefe Vertrauenskrise. Schlagartig setzte das in den vergangenen Jahren mühsam überwundene

Mißtrauen gegen die Machenschaften der Marineführung wieder ein. Fünf Monate nach dem Bekanntwerden des Falls Lohmann trat Geßler im Januar 1928 zurück. Sein Nachfolger Groener taktierte auf der Grundlage einer klaren Trennung von militärisch wertvollen und unverantwortlichen Geschäften Lohmanns, konnte damit jedoch die über dem Panzerschiff A bereits zuvor ausgebrochene Marinekrise nicht sofort eindämmen. Zenkers Ansicht, „es geht letzten Endes mal wieder um Sein oder Nichtsein der Marine" und Raeders Erwartung im Februar 1928, in den nächsten Tagen werde „sich das Schicksal der Marine entscheiden", drücken das Krisenbewußtsein deutlich aus.

Bereits am 17. Dezember 1927 lehnte der Reichsrat die erste Rate für das Panzerschiff mit den Stimmen der Länderminister aus dem Zentrum ab. Geßler hatte kurz zuvor eine umfassende Auskunft über die Lohmann-Affäre verweigert. Die Marineleitung goß in einem für sie charakteristischen Bemühen um „sachliche" Information Öl in das schwelende Feuer, als sie die Parlamentarier über die Möglichkeiten maritimer Bündnis- und Risiko-Politik durch militärischen Machtzuwuchs unterrichtete und hinter dem einen Panzerschiff ein Programm von vier bis sechs Schiffen dieser Art erkennen ließ. Damit wurde nicht nur die Befürchtung geweckt, sie wolle an die Tirpitz-Zeit anknüpfen, sondern auch, besonders in der SPD, die Sorge vor negativen Auswirkungen auf internationale Abrüstungspläne wie auf den nationalen Haushalt laut. Ein Besuch des ehemaligen Großadmirals Prinz Heinrich von Preußen auf dem Kreuzer „Berlin" Ende 1927 rief der Öffentlichkeit darüber hinaus die Hohenzollernbindung von Teilen der Reichsmarine deutlich ins Bewußtsein („Kolbe-Affäre"), so daß Groener im März 1928 alle Mühe hatte, u. a. durch Konzessionen in der Lohmann-Frage eine Mehrheit im Reichstag für die erste Rate für das Panzerschiff zustande zu bringen; das nach inneren Kämpfen positiv ausfallende Votum des Zentrums gab den Ausschlag.

Um den zu erwartenden Einspruch des Reichsrats gegen den Gesamthaushalt zu umgehen, vereinbarte die Regierung Marx mit dem Reichsrat einen Kompromiß, nach dem der Bau nicht vor dem 1. September 1928 beginnen sollte; zuvor seien nochmals die finanziellen Verhältnisse zu überprüfen. Damit war die Verantwortung für das Panzerschiff A der nächsten Reichsregierung übertragen. Durch die öffentliche Aufmerksamkeit für das Panzerschiff konnte die SPD-Führung ihre empörte Basis nicht mehr beruhigen und führte daher den Wahlkampf mit Parolen gegen das Kriegsschiff.

Da die SPD aus den Wahlen als stärkste Fraktion hervorging, erhielt Hermann Müller die Führung der Regierung. U. a. durch das Beharren der DVP auf dem Bau des Panzerschiffs erwiesen sich die Verhandlungen als äußerst schwierig. Damit waren die Marinerüstungen vollends zum Katalysator der gesamten Reichspolitik geworden. Müller bemühte sich, da sein Kabinett zunächst nur toleriert wurde, die Panzerschiffs-Frage als nur finanzielles, nicht mehr politisches Problem hinzustellen, was gegenüber dem Wahlkampf eine Kursschwenkung seiner Politik bedeutete. Auf Drängen Groeners und der Marineleitung beschloß in diesem Sinn das Kabinett am 10. August 1928 mit den Stimmen der SPD-Minister, die erste Rate für das Panzerschiff sei finanziell tragbar. Diese Entscheidung erfolgte aus koalitionspolitischen Gründen und hatte in der SPD einen Sturm der Entrüstung zur Folge. Sogar der Parteiausschluß der Minister wurde gefordert, während kaum ein führendes Mitglied den Kabinettsbeschluß zu verteidigen wagte. Ende Oktober 1928 stellte die SPD-Fraktion erneut einen Antrag im Reichstag, die Rate für das Panzerschiff zu streichen.

Zwar versuchte Zenker erneut, wie ein Jahr zuvor, die Diskussion durch Gegenpropaganda zu steuern, aber Groener und Schleicher lehnten anders als Geßler eine derartige Verschärfung der Krise ab. Groener verteilte nur vertraulich an ausgewählte Abgeordnete eine Denkschrift, die ursprünglich erst bei den Beratungen des kommenden Haushalts eingesetzt werden sollte. In ihr beschränkte sich der Minister auf den Nachweis, das Panzerschiff sei militärisch nützlich, und behauptete sehr geschickt, reine Verteidigungsüberlegungen im Ostseeraum seien bei der Konzipierung des Schiffes leitend gewesen. Wichtiger als seine Argumente war es jedoch, daß er vor der entscheidenden Reichstagssitzung am 16. November sein Verbleiben im Kabinett an den Ausgang der Abstimmung koppelte. Die SPD-Fraktion veranlaßte ihre Minister, gegen ihren früheren Kabinettsbeschluß zu stimmen, doch war die Ablehnung des sozialdemokratischen Streichungsantrages mit 257 : 8 : 202 Stimmen sehr deutlich. Zum dritten Mal im gleichen Jahr war der Panzerschiffbau trotz Gefährdung durchgesetzt worden. Aus ihrer Ablehnung des Schiffs machten neben fast allen Sozialdemokraten auch eine große Anzahl von Abgeordneten der DDP und des Zentrums keinen Hehl. Nur das drohende Auseinanderbrechen der Koalition mit einer unabsehbaren Regierungskrise als Folge bestimmte die Entscheidung. Die Marinekrise, zu der die Lohmann-Affäre beträchtlich beigetragen hatte, war zunächst einmal beigelegt; die Konsolidierung mußte jedoch unter einem neuen Chef der Marineleitung erfolgen, da Zenker am 1. Oktober 1928 durch Raeder abgelöst wurde.

Zenker galt spätestens seit Januar 1928 durch die Lohmann-Affäre als kompromittiert, da neben der Tatsache, daß seine Unterschrift unter der Reichsbürgschaft für Phoebus stand, auch bekannt wurde, daß Haushaltsmittel in Lohmanns Unternehmen geflossen waren. Die später verbreitete Version, Zenker habe die Absicht gehabt, nach Abschluß aller Untersuchungen sowieso zurückzutreten, überzeugt wenig, da er noch Mitte August 1928 nicht mit seiner baldigen Verabschiedung rechnete. Wahrscheinlicher ist es, daß derartige Überlegungen frühzeitig von Groener und Schleicher angestellt wurden. Ernsthafte Ansätze zum Wechsel an der Marinespitze stammen aus dem Sommer 1928, als Groener General J. v. Stülpnagel beauftragte, sich inoffiziell nach Kandidaten umzusehen. Während sich u. a. Tirpitz und wohl auch Hindenburg für Zenkers Verbleiben einsetzten und Zenker eher einen der beiden anderen Vizeadmirale der Reichsmarine, Mommsen oder Bauer, als Nachfolger bevorzugte, gelang es dem Chef der Ostseestation, Raeder, durch eine Vielzahl persönlicher Kontakte auf sich aufmerksam zu machen. Neben Groeners Marineadjutanten, Fricke, traten liberale Honoratioren ebenso für ihn ein wie Levetzow oder der DNVP-Abgeordnete v. d. Schulenburg. Während Raeder die Unterstützung von rechts vorsichtig in den Hintergrund drängte, verstand er es, sich bei Groener als Mann der Mitte zu präsentieren, der republiktreu war. Er setzte zusammen mit Groener, aber gegen die nationalen Verbände, das Verbot der Mitgliedschaft für aktive Offiziere in dem unter dem Patronat des Kaiserhauses stehenden Kaiserlichen Yachtclub in Kiel durch.

Angesichts der Panzerschiffdebatte ließ Groener Anfang September 1928 Zenker endgültig fallen und fixierte mit Raeder die Prinzipien seiner Marineführung. Dabei wurden die Geheimrüstungen und die Panzerschiffs-Frage angesprochen sowie vor allem ein umfangreiches personelles Revirement vereinbart. Die Bekanntgabe des Chefwechsels in der Marine Mitte September 1928 wirkte keineswegs beruhigend auf die innenpolitische Stellung der Marine, sondern entfachte eine Pressekampagne gegen den neuen Kandidaten, dessen bisherige Karriere Anlaß zu vielen Befürchtungen zu geben schien. Dennoch hielt Groener an Raeder auch gegen Bedenken des Reichkanzlers Hermann Müller fest.

D. Die Marine in der Krise der Republik (1928—1932)

1. Erich Raeder: Karriere und Politik

Erich Raeder wurde 1876 in eine Lehrerfamilie geboren. Er trat 1894 in die Kaiserliche Marine ein. Entscheidend geprägt wurde er von der wachsenden Flottenbegeisterung breiter sozialer Schichten der wilhelminischen Ära. Seine Ausbildung brachte ihn nach Ostasien und in die Hochseeflotte. Der Dienst in der Nachrichtenabteilung des Reichsmarineamtes zeigte seine schriftstellerischen und kriegstheoretischen Fähigkeiten. Enge Beziehungen zum Kaiser ergaben sich von 1910 bis 1912 durch den Dienst auf der Kaiseryacht „Hohenzollern". Mit aufsteigender Karriere wurde Raeder zum Stabsoffizier, der nur für kurze Zeit selbst ein Schiff führte. Zu nennen ist vor allem seine Tätigkeit ab 1912 im Stab des Befehlshabers der Aufklärungsstreitkräfte. Unter Admiral v. Hipper wurde er dort 1917 Stabschef. Anfang 1918 übernahm er das Kommando über einen kleinen Kreuzer.

Nach einem Zwischenspiel in der Waffenstillstandskommission in Spa erlebte Raeder das Kriegsende als Fregattenkapitän und Leiter der Zentralabteilung im Reichsmarineamt. Diese Tätigkeit übte er bis zum Kapp-Lüttwitz-Putsch 1920 aus. Er stellte in dieser Schlüsselrolle ein entscheidendes Element der Kontinuität in der Marineführung dar. Auf diese Weise gewann er nämlich Überblick und Urteil über die innenpolitische Seite der revolutionären Lage und vermochte für sein Ressort eine taktisch geschickte Abschirmungspolitik des Militärpersonals gegenüber revolutionären Forderungen zu betreiben. Die Ernennung v. Trothas zum Chef der Admiralität ging wesentlich auf Raeders Wirken zurück. Als „rechte Hand" Trothas dürfte er wohl von ihm in die innen- wie außenpolitischen Implikationen der Tirpitzschen Pläne eingeweiht worden sein, soweit sie ihm nicht schon aus eigener Anschauung geläufig waren. Soweit zu sehen ist, unterstützte er die restaurative Konsolidierungspolitik Trothas voll, wurde jedoch durch den Putsch im März 1920 ebenso wie sein Vorgesetzter stark belastet. Obwohl eine aktive Beteiligung Raeders an den Vorbereitungen von Kapp oder Lüttwitz und der hinter ihnen stehenden Kräfte unwahrscheinlich ist, bedrohte die faktische Unterstützung des Putschregimes Raeders Laufbahn. Da er jedoch als einer der künftig bedeutendsten Offiziere galt, wurde er von wohlwollenden Vorgesetzten rechtzeitig ins Marinearchiv übernommen.

Hier konnte er seinen historischen Neigungen voll nachgehen. Die Zeit bis 1922 ist daher nicht nur als Übergangsperiode außerhalb der „Schußlinie" zu werten. Die für das offizielle Seekriegswerk geschriebenen beiden Bände über den Kreuzerkrieg zeigen deutlich, wie er anhand der Kriegsgeschichte einen eigenen strategischen Ansatz entwickelte.

Mit der Konzentration des Flottenbaus unter Tirpitz auf die Nordsee war Raeder ebensowenig einverstanden wie mit einem einseitigen Kreuzerkriegskonzept. Unter Einbeziehung geostrategischer Gedanken legte er vielmehr in diesem Werk Wert auf die Wechselwirkungen, die Flottenteile in verschiedenen geographischen Regionen auf die gegnerischen Streitkräfte insgesamt ausübten. Die Einsicht über die Bedeutung von „Diversionen" waren für Flottenbau und -einsatzplanung der zwanziger Jahre noch belanglos, bestimmten dann aber den Aufbau der Kriegsmarine in den dreißiger Jahren nachhaltig.

Mit der Leitung der Bildungsinspektion der Marine von 1922 bis 1924 kam Raeder wieder in größere Nähe zur Praxis und übernahm mit der Verantwortung für die Nachwuchsausbildung eine der wichtigsten Funktionen im Prozeß der inneren Konsolidierung. Um selbständige Erfahrung als Seebefehlshaber zu erhalten, wurde Raeder im Herbst 1924 Befehlshaber der leichten Streitkräfte der Nordsee und bekleidete damit einen Posten, den er selbst als eigentlich erstrebenswert ansah.

Bereits Anfang 1925 erhielt der nunmehr schnell zum Vizeadmiral beförderte Raeder das Kommando über die Marinestation der Ostsee in Kiel, eine der drei Spitzenstellen nach dem Marinechef (neben der Nordseestation und dem Flottenkommando). In dieser Eigenschaft unterstand Raeder der Schutz der gesamten Ostseeküste mit den entsprechenden Landformationen sowie Schulen. Die „Seefahrt" ließ sich fortan in seiner Karriere nur noch kurzfristig in Manövern „retten". Als Chef der Ostseestation spielten die Beziehungen zu zivilen Kreisen eine wichtige Rolle. Dieser Aufgabe entledigte sich Raeder mit Geschick. Er legte Wert darauf, bei linken wie rechten Honoratioren und Politikern für die Marine um Vertrauen zu werben. Seine dabei praktizierte Enthaltsamkeit von öffentlichen Stellungnahmen zur Politik sollte jedoch nicht auf die Selbsteinschätzung als „unpolitisch" verengt werden. Sie bedeutet nur eine Konzentration auf das nach außen hin wirksame Machtmittel Marine, während ihm eine innenpolitische Strukturänderung nur bei hinreichenden Chancen zu verantworten schien. In dieser Einsicht lagen für ihn die Lehren aus dem Kapp-Putsch, die sich 1923 in seinem Bedauern zeigten, daß sich Ludendorff als nationaler Führer verschlissen hatte und daß der Putsch in Bayern „die schon damals in Gang befindliche *legale* Aktion zur Bildung eines Rechtsdirektoriums sabotiert" habe. Es blieb die Hoffnung auf Verfassungsrevision von der Demokratie weg, d. h. vor allem eine Ausschaltung der Kräfte, die der Reichswehr kritisch gegenüberstanden. Die Sozialdemokratie fiel daher fast vollständig aus dem erstrebten „Nationalblock" von der „demokratischen Rechten" bis zur DNVP heraus. Bis eine solche Umgestaltung des politischen Lebens möglich wurde, kam es vor allem darauf an, die Reichswehr von der bestehenden Staatsordnung innerlich frei zu halten, auch wenn die Anerkennung der bestehenden Staatsform zu den von Raeder mit Nachdruck vertretenden Prinzipien gehörte. Die starke emotionale Anteilnahme an Hindenburgs Wahl zum Reichspräsidenten 1925, die bezeichnenderweise als „Führerwechsel" apostrophiert wurde, lassen die Hoffnungen Raeders deutlich werden. Hand in Hand mit einer „rechten" Konsolidierung mußte für ihn der wirtschaftliche Aufstieg gehen, der für den Marineoffizier selbstverständlich über den Welthandel erfolgen und einen entsprechenden Flottenbau nach sich ziehen mußte.

Angesichts dieses Erwartungshorizonts ist es verständlich, daß Raeder bereits in den zwanziger Jahren eine bemerkenswert kritische Einstellung gegenüber den allgemeinen Traditionen britischer Politik wie deren konkreten Ausformungen vor, während und nach dem Ersten Weltkrieg zeigte. Dennoch gehörte Raeder zu den Offizieren, die 1925/26 auf eine baldige Revision maritimer Rüstungsbeschränkungen für Deutschland rechneten. Auch sein Eintreten in der Panzerschiffs-Frage für ein Küstenpanzerschiff, das nur Funktionen in der Ostsee erfüllen sollte, ist wohl nicht nur aus dem Ressortegoismus des Kieler Stationschefs zu erklären, sondern auch aus dem Bestreben um taktisch günstiges Wohlverhalten gegenüber den Westmächten zu verstehen.

Ein Musterbeispiel für vorsichtiges Taktieren, das sich von verbaler Kraftmeierei und öffentlichen Bekenntnissen im oben angedeuteten Sinn weitgehend frei hielt, stellte die Übernahme der Marineleitung im Herbst 1928 dar. In dieser Position bemühte sich Raeder sogleich um eine Zusammenfassung aller Kompetenzen in seiner Stellung: „Ich habe hier, entsprechend der sehr weichen Einstellung meines Vorgängers, die Zügel sehr straff angezogen, da ich ein starkes Auseinanderarbeiten beobachtet hatte“, konstatierte er in einem Brief. Die für Geheimrüstungen im In- und Ausland schon von Groener geforderte Politik beendete die bislang geübte Praxis, daß vorgesetzte Dienststellen nicht durch Information über solche Dinge in kritischen Situationen kompromittiert werden durften.

Raeder legte Mitarbeitern wie Untergebenen gegenüber großen Wert auf äußerste formale Korrektheit und strikte Einhaltung des persönlichen Abstandes zu ihm. Nur wenige Vertraute machten eine Ausnahme, die dann auch in ihrer Laufbahn vielfach in der Nähe Raeders zu finden waren und größeren Einfluß ausübten, als die an sich zuständigen Referenten, Amtschefs und Befehlshaber. „Freie Aussprachen mit ihm unterstellten Befehlshabern über Dinge, über die man verschiedener Meinung sein könnte, liebte Admiral Raeder nicht, da er zu befehlen geneigt war, was er für richtig hielt ... Gegen Offiziere, die zu stark ihre eigenen, seinen Anschauungen zuwiderlaufenden Meinungen vertraten, konnte er sehr rücksichtslos sein: sie wurden kurzerhand aus ihren Stellungen entfernt“ (Assmann). Wohl auch aus diesen persönlich bedingten Gründen verhinderte Raeder es, daß sich unter ihm starke Persönlichkeiten profilierten.

Sogar die Selbstdarstellung Raeders läßt eine solche Auffassung erkennen: „Als ich meinen Dienst 1928 antrat, da befanden wir uns noch in einem Stadium, in dem wir allen Fragen der Disziplin besondere Aufmerksamkeit widmen mußten ... Ich ordnete damals an, daß jede Maßnahme ... in Bezug auf ihre Wirkung auf die Disziplin zu prüfen sei. ... Ich [habe] mich bemüht ..., in der ganzen Zeit die Marine, auch das Oberkommando, straff und einheitlich, ich möchte sagen, autoritär zu führen.“

Das innerhalb der Marine praktizierte Autoritätsprinzip bedeutete, daß Raeder nach Möglichkeit die Beziehungen der Marine nach außen selbst wahrnahm. Das galt für das Wehrministerium ebenso wie für die anderen Reichsbehörden und die Parteien. Aber auch im Verkehr mit anderen Marinen oder im zwischenstaatlichen Bereich reagierte der Marinechef sehr ungehalten, wenn er übergangen wurde. Raeder beanspruchte nicht nur die ihm selbstverständlich zustehenden Richtlinienkompetenz sondern versuchte, diese möglichst weitgehend und psychologisch nicht immer geschickt, auf das Prinzip von Befehl und Gehorsam zu reduzieren.

2. Schiffbauprogramm und Innenpolitik 1928—1932

a. Panzerschiffdiskussion und Schiffbauersatzplan

Bereits unter Zenker war 1927 marineintern der erwünschte Ablauf des Panzerschiffbaus festgelegt worden. Danach sollte ab 1928 jedes Jahr ein weiteres Schiff dieser Art, bis 1931 also vier Schiffe, auf Stapel gelegt werden. Nach dem militärisch nicht optimalen Panzerschiff A sollte nur noch ein gleichartiges folgen, sodann aber aufgrund der bis Ende 1929 erhofften Rüstungsfreiheit ein größerer Typ gebaut werden. Die Erwartungen trogen jedoch außen- wie innenpolitisch. Nach Raeders Auffassung trug Zenkers ungeschickte Politik die Verantwortung dafür, daß „die Marine für fast jedermann, auch durchaus wohlgesinnte Kreise, ein rotes Tuch ist". Bei grundsätzlichem Beibehalten der Baupläne durch Groener wie Raeder stimmten dennoch beide überein, nicht bereits im Frühjahr 1929 das zweite Panzerschiff B im Reichstag zu beantragen. Vielmehr hatte Groener das Gewicht seiner Stellung erneut in die Waagschale zu werfen, um die zweite Rate für Panzerschiff A im Reichstag durchzubringen, da KPD und SPD – mit Ausnahme ihrer Minister – wiederum dagegen stimmten und auch im Zentrum die Meinung anfangs nicht einhellig für „A" war.

Eine mögliche Hilfe gegen solche Unwägbarkeiten der Innenpolitik konnte für die Zukunft ein neues „Flottengesetz" wie vor dem Ersten Weltkrieg darstellen. Während gleich drei Parteien unter dem Einfluß ehemaliger Marineoffiziere im Herbst 1928 derartige Anträge im Reichstag einbrachten – die DNVP, die DVP und die Wirtschaftspartei –, von denen dann einer angenommen wurde, war die Haltung der neuen Marineführung gegenüber dem Plan zwiespältig. Denn außer dem Vorteil, durch einen einmaligen Akt für längere Zeit parlamentsunabhängig zu werden, boten sich neben außenpolitischen auch innenpolitische Nachteile. Ein Äternat war angesichts der Versailler Begrenzungen nicht sinnvoll, da bei einem solchen die erwünschte Unabhängigkeit vom Reichstag – wenn überhaupt – nur durch den Verzicht auf künftige Größe zu erlangen war. Aber auch die bloße Bekanntgabe der Bauabsichten für die kommenden Jahre in der Etatrede Groeners schien 1929 zu riskant, so daß die Bauplanfrage ebenso wie das Panzerschiff B auf 1930 verschoben wurden.

Angesichts der schärfer werdenden Finanzkrise rückte Schleicher in der Schlüsselrolle als Chef des Ministeramtes von den Marineforderungen ab und setzte bei Hindenburg auch für 1930 die Preisgabe der Marinewünsche zugunsten von wichtiger erscheinenden Heeresrüstungen durch. Raeder und Groener waren in dieser Frage ausmanövriert, gerieten jedoch dadurch in Angriffe von „rechts". Die Regierungsmitglieder der SPD und des Zentrums begrüßten dagegen den Aufschub des Panzerschiffs B. Der Marinechef unternahm zunächst keine eigenen Aktionen zugunsten der Marinerüstungen. Erst als die Ablösung der SPD-geführten „Großen Koalition" durch ein Minderheitskabinett unter Brüning absehbar war, versuchte sich die Marine an einem letztlich erfolglosen parlamentarischen Spiel, um das Panzerschiff B für den Haushalt 1930 doch noch zu retten.

Wohl in der Hoffnung, über den Reichsrat der neuen Regierung ein marinefreundliches Vorgehen zu erleichtern, veranlaßte die Marine den der DNVP angehörenden ostpreußischen Vertreter im Reichsrat, im April 1930 nach Absicherung durch seinen Provinziallandtag den Antrag auf die erste Rate für „B" entgegen der Vorlage der Regierung Müller für den Etat 1930/31 zu stellen. Neben innenpolitischen Erwägungen der sich radikalisierenden DNVP dürfte das in der Marinepropaganda verwandte Argument, die Panzerschiffe schützten die Verbindungen von Ostpreußen zum Reich, eine Rolle gespielt haben. Da der Reichsrat mit knappstem Stimmenverhältnis den Antrag annahm, waren Brüning und zumal Groener in eine schwierige Lage gebracht, konnten sie doch bei der politischen Abhängigkeit des Kabinetts von Hindenburg nicht gut gegen eine Erhöhung des Wehretats stimmen. Nach internen Auseinandersetzungen trat nunmehr die Regierung vor dem Reichstag für „B" ein, aber die von Groener bereits zuvor geübte Distanz gegenüber weitreichenden Marinewünschen brachte die neue Vorlage zum Scheitern. Zwar genehmigte der Reichstag die nächste Rate für das Panzerschiff A, er strich jedoch die erste für „B" und kürzte die Marinemittel um eben diesen Betrag, anstatt sie, wie vor der Marineintrige vorgesehen, wieder für andere Schiffbauten einzusetzen.

Panzerschiff B, später „Admiral Scheer", und der Schiffbauersatzplan gingen endgültig 1931 durch den Reichstag, da sich die SPD diesmal der Stimme enthielt, um keinen Regierungssturz mit folgendem Rechtsruck zu provozieren. Die marineinternen Überlegungen über ein Flottenprogramm hatten inzwischen verschiedene Stadien durchlaufen. Zunächst wurde die Vorlage eines Bauplans als Anhang zum Haushaltsplan der Marine als günstigste Lösung angesehen. Vorschläge, die einen vollständigen Ersatzplan für alle veralteten Schiffe aus der Zeit vor dem Weltkrieg erst für 1943 vorsahen, wurden nicht veröffentlicht. Die Finanzkrise verzögerte Ende 1930 die Verwirklichung dieses Plans bis 1946/47 und ließ die jährlichen Schiffbauraten von 60 auf 50 Mill. RM schrumpfen. In solchen Aufstellungen waren nur noch Minimalerwartungen bzw. eine lineare Projektion der gegenwärtigen Krisenhaushalte enthalten, deren Bekanntgabe nicht opportun war, hätten dadurch die Zukunftserwartungen der Marine doch einen schweren Schlag erlitten. Auch die weitere Anführung von „Panzerschiffen" in den Plänen konnte in der in- wie ausländischen Öffentlichkeit als Verzicht auf Revision fehlgedeutet werden. Ohne daß Typenentscheidungen präjudiziert waren, verfiel die Marine daher auf den Ausweg, den Plan zu teilen und nur einen ersten Teil mit einer Vorschau bis 1936 im Haushalt zu veröffentlichen; die Fortsetzung im Teil II wurde nur in der Marineleitung bekannt. Zweck dieses Vorgehens war es, vorrangig für 1931 und 1932 je ein Panzerschiff bewilligt zu erhalten.

Mit der Verabschiedung des Bauplans als Anlage zum Haushalt war ein politisch unterschiedlich deutbarer Kompromiß gefunden. Während die Parteien der Rechten davon ausgingen, die Schiffbauten der kommenden Jahre seien gesetzlich festgelegt, betonte besonders die SPD den rein informatorischen Charakter des Bauplans. Da keine Haushaltsdebatten nach 1931 mehr stattfanden und der Haushalt des Jahres 1932 durch Notverordnung in Kraft gesetzt wurde, ist eine Entscheidung in dieser Frage nicht gefallen, die noch viel Sprengstoff in sich barg. Aufgrund der Notverordnungspraxis war Panzerschiff C („Admiral Graf Spee") ohne Schwierigkeiten im Haushalt 1932 unterzubringen, jedoch wurde es mit Rücksicht auf die Abrüstungskonferenz erst am 1. Oktober 1932 auf Stapel gelegt. Da sich die innen- und außenpolitische Lage mittlerweile gewandelt hatte, wurde es jedoch zu einer stärkeren Version gegenüber seinen Vorgängern und erhielt ein durch verstärkte Panzerung bedingtes „aufgeblähtes" Deplacement. Das innenpolitische Ziel der Marine – Lösung vom Reichstag – war trotz finanzieller Misere erreicht; nur die außenpolitische Einbindung erlaubte noch keinen Flottenbau nach den militärischen Zielvorstellungen der Marine.

An den inneren Auseinandersetzungen zur Zeit der Präsidialkabinette war die Marine nur wenig beteiligt. Dafür sorgten Groeners Vorstellungen von den Aufgaben des „politischen" Ministers gegenüber Heer und Marine, die sich freilich nur bei letzterer durchsetzen, da sie sich im großen mit Raeders Absicht deckten, die Marine möglichst wenig parteipolitischen Einflüssen auszusetzen. Zumal im Krisenjahr 1932 glaubte Raeder sich wiederholt rühmen zu können, eine neutrale Haltung im Streit der Cliquen eingenommen zu haben. Das bezog sich vorwiegend auf die intrigenartigen Versuche Schleichers, verschiedene Verbände und rechte Gruppen, einschließlich der NSDAP, für seine Ziele auszunutzen. Dazu gehörte auch der Versuch, die Marine in den Sturz Groeners zu verwickeln sowie die Bemühungen, Raeder dabei als linksstehend zu diskreditieren, um ihn aus dem Kreis der Anwärter um die Nachfolge im Wehrministerium auszuschließen.

Dennoch war Raeder nicht untätig. In der Krise versuchte er vielmehr, sich über Levetzow bei der NSDAP als Kandidat für den Ministerposten anzubieten. Loyalitätsbekundungen gegenüber Brüning in den Wochen vor dessen Sturz folgte wenige Tage später ein Eintreten für die Regierung v. Papen. Derartige widersprechende Äußerungen sind kaum allein als Ausdruck flexibler Anpassung zu verstehen, sondern lassen auch konstante Vorstellungen erkennen. Danach wurde ein Vorgehen nach Schleichers Art, das auf Prinzipienlosigkeit schließen lassen konnte, moralisch abqualifiziert, „nationale Konzentration" und Sammlung aller rechten Kräfte dagegen als Ausdruck der erwünschten Transformation des Weimarer Staates gesehen. Jedoch trogen die Erwartungen, daß alle persönlichen Konflikte zurückstehen würden und „Politik", als negative Erscheinung verstanden, aufhören würde. In Raeders Sicht diskreditierten sich sowohl Papen als auch Hitler im Herbst 1932 wechselseitig. Ihrer erneuten Annäherung im Januar 1933 begegnete er mit ungläubiger Ablehnung, während er sich zugleich bemühte, bei Schleicher als Reichskanzler und Wehrminister die Belange der Marine langfristig zu sichern. Raeders Bekenntnis vom 7. Januar 1933, „ich verstehe die Politik nicht mehr", war für diese Haltung symptomatisch, bedeutete jedoch keine Resignation in marine- wie ordnungspolitischen Vorstellungen.

b. Der „Umbau-Plan" und der Beginn der Aufrüstung

Ab 1930 wurde das parlamentarische System zunehmend ausgehöhlt, während sich die Wirtschaftskrise verschärft auswirkte. Brünings Krisenkonzept zielte darauf ab, durch eine konsequente Deflationspolitik Deutschlands Unfähigkeit zur Zahlung von Reparationen zu erweisen und somit deren Einstellung durchzusetzen, zugleich aber auch von den Rüstungsbeschränkungen des Versailler Vertrages befreit zu werden. Daraufhin sollte die deutsche Wirtschaft wieder angekurbelt werden und das Reich so als erster Staat die Weltwirtschaftskrise überwinden und seine wirtschaftliche und politische Macht in Europa wieder ausbauen.

Bei der Marine traten trotz gewisser Hoffnungen auf die Abrüstungskonferenz neben dem Schiffbauplan andere Rüstungswünsche in den Vordergrund. Im April 1932 gehörten zu den Schubladenplänen, deren unmittelbare Verwirklichung bevorzustehen schien, bereits Kalkulationen, nach denen die Reichswehr an Mitteln zur Arbeitsbeschaffung in den kommenden fünf Jahren mit jährlich zusätzlich 200 Mill. RM teilhaben sollte. Die Entwürfe wurden unter der Regierung Papen konsequent weitergeführt. Am 10. Juni 1932 erwartete die Marine, für sich allein in den nächsten fünf Jahren insgesamt 540 Mill. RM zusätzlich erhalten zu können, von denen 40 Mill. RM noch im laufenden Haushaltsjahr unterzubringen waren. Die Jahre der empfindlichen Einsparungen am Wehretat, in denen um geringfügige Haushaltspositionen lange Verhandlungen geführt werden mußten, schienen vorüber, eine Zeit der großzügigen Expansion auf dem Rüstungssektor angebrochen. Wichtigstes Kriterium für den Anspruch auf diese Mittel war ihre Wirksamkeit bei der Arbeitsbeschaffung sowie die Möglichkeit, diese ohne Vorbereitungszeit auszugeben. Beides galt für Infrastrukturrüstungen wie Hafenbauten, Kleinschiffe, Munitions -und Geräteausstattung, die in den letzten Jahren nur unter beträchtlichen Schwierigkeiten durch den Reichstag gebracht bzw. gar nicht erst beantragt worden waren. Das Ausmaß der neuen Möglichkeiten zeigt sich am besten darin, daß die ebenfalls genannte Zahl zusätzlicher Marinemittel von jährlich 100 Mill. RM eine Steigerung gegenüber dem gesamten bisherigen Marinehaushalt 1932 um 65% und bei den einmaligen Ausgaben sogar einen Zuwachs von über 140% bedeutete. In der Tat ist in derartigen konkreten Plänen eine entscheidende Zäsur in der Militärpolitik der Zwischenkriegszeit zu sehen.

Auf Schleichers Drängen hin legte die Marine ihre Prioritäten noch im Juni 1932 in der Reihenfolge Schiffbau, Marineluftwaffe und Munitionsbeschaffung langfristig fest. Obwohl die Verwirklichung der genannten Pläne unmittelbar bevorzustehen schien, wurden sie wegen Schwierigkeiten bei der Finanzierung bis Anfang 1933 zurückgestellt. Bei Papens „Wirtschaftsliberalismus" waren die erforderlichen Kredite nicht vertretbar, da sie einen zu starken staatlichen Eingriff in die direkten Interessen der Wirtschaft bedeutet hätten. Erst die Regierung Schleicher ließ die Pläne zur Arbeitsbeschaffung durch Rüstungsfinanzierung anlaufen. Sie begannen im ersten Monat, nachdem Hitler die Macht übernommen hatte, im Februar 1933.

Neben, bzw. parallel zu den Arbeitsbeschaffungsplänen lief die Bearbeitung eines militärischen Ausbauprogramms bis 1938, die „Aufstellungsgliederung" (A.G.) 38. Diese für die Marine wohl nur in Analogie zu dem Konzept einer Verdreifachung des Heeres bearbeiteten Pläne wurden Mitte 1932 überlagert und ergänzt durch das neue Wehrkonzept eines Milizheeres, das bereits seit längerem diskutiert wurde. Schleicher fand für diese, die Versailler Bestimmungen verlassende Zielvorstellung den verharmlosenden Begriff des „Umbauplans" und ließ dieses Stichwort erstmals öffentlich am 26. Juli 1932 fallen. Die Wehrstrukturänderung war mit relativ geringen Mitteln zu verwirklichen und diente daher vielleicht als Ersatz für die vorläufig undurchführbare Aufrüstung über Arbeitsbeschaffung. Der Umbau-Plan wurde fest beschlossen. In ihm wurde endgültig der Boden des Versailler Vertrages verlassen und die vorherige außenpolitische Absicherung als sekundär beiseite geschoben. Auch wenn die Maßnahmen dieses Plans aufgrund des Machtwechsels 1933 nur in abgewandelter Form verwirklicht wurden, ist in den vom Umfang her wenig auffälligen Planungen eine entscheidende Abkehr von der bisherigen Politik zu sehen.

Das Milizkonzept war für die Marine unbrauchbar und ließ sich nur auf die Küstenverteidigung anwenden. Aus diesem Grund hatte Schleicher auch vor, die Marine überhaupt nicht an den „Umbau"-Planungen zu beteiligen, wofür ferner die Notwendigkeit sprach, vor allem kritischen Stimmen aus dem Heer gegenüber seiner vorsichtigen Wehrpolitik zu begegnen. Aber auch in der Marine bestand nach Bekanntwerden der Vorhaben keine Einigkeit über den Sinn eines Umbauplans für die eigenen Rüstungen. So arbeitete nur die für Personalfragen zuständige Wehrabteilung ein Konzept aus, während die für grundlegende militärische Planungen zuständige Flottenabteilung passiv blieb. Kapitän z. S. Guse (Flottenabteilung) trat Plänen der Wehrabteilung scharf entgegen. Aus seiner Sicht bestand die Gefahr, durch einen für die Reichswehr verbindlichen Plan, der seiner Anlage nach die Marine vernachlässigte, auf lange Sicht die Chance für einen verstärkten Flottenbau, einen neuen Wiederaufstieg Deutschlands zur See, zu verpassen. Hinter dieser Haltung dürfte – so behauptete zumindest ein damals Beteiligter – der größte Teil der Marine gestanden haben. Die Wehrabteilung unter Konteradmiral Saalwächter setzte sich jedoch durch, da auch Groos als Chef des Marinekommandoamtes und Raeder für zurückhaltendes Auftreten der Marine plädierten. In enger Fühlungnahme mit dem Wehrministerium versuchten sie, wenigstens die geringen Pläne voll durchzusetzen.

Als am 15. November 1932 Schleicher und Raeder den Umbauplan für die Marine unterzeichneten, fiel eine Entscheidung, die nur Minimalerwartungen der Marine erfüllte. Den Kern bildete die Personalverstärkung bei Mannschaften und Offizieren. Der Plan gliederte sich in die drei Etappen „1933", „1934 bis 1937", „1938 und später". Er enthielt wichtige Entscheidungen nur für den ersten Abschnitt bis 1933. Die dafür zur Verfügung stehenden Mittel von 25,2 Mill. RM waren angesichts der Aussichten des Sommers 1932 sehr bescheiden und machen den provisorischen Charakter des Umbauplans vollends klar. Der Marine kam es vor allem auf die Festlegung materieller Rüstungen über das Maß des Versailler Vertrages hinaus an. Hier gelang es zwar, die Bildung einer Marineluftwaffe wie einer U-Bootwaffe zu fixieren, jedoch war die für 1933 vorgesehene Maßnahme Bildung einer Rahmenorganisation äußerst vage. Zwar waren ferner „materielle Vorbereitungen für den U-Bootbau" geplant, aber Schleicher behielt sich in einer ausdrücklichen Klausel gerade dafür die Genehmigung vor. Als vages Ziel des Umbaus wurde verkündet, künftig in Dienst zu halten: sechs Linien- bzw. Panzerschiffe, einen Flugzeugträger, sechs Kreuzer, sechs Zerstörer- bzw. Torpedoboots-Halbflottillen, drei Minensuch-Halbflottillen, drei U-Boots-Halbflottillen (16 Boote), ein Segelschulschiff und einen Sperrbrecherverband.

Der Marine war es gelungen, im Prinzip die Ablösung des Versailler Vertrages für ihr Ressort sanktionieren zu lassen, da Schleichers Unterschrift bei der bestehenden Machtstruktur Verbindlichkeit besaß. Die geringen finanziellen Zusagen wie die Vagheit der materiellen Rüstungsplanungen lassen jedoch keinen Schluß über die tatsächlich gehegten Erwartungen zu. So ist der Umbauplan der Marine seinem sachlichen Gehalt nach weniger bedeutend als die Tatsache, daß mit ihm in der gesamten Reichswehr die Aufrüstung eingeleitet wurde.

3. Abrüstungsdiskussion und Außenpolitik

a. Die Marine und die Verhandlungen der anderen Seemächte

Die Reichsmarine blieb bis 1935 von gesonderten internationalen Verhandlungen über die Rüstungsbegrenzungen zur See ausgeschlossen. Daher war es seit dem Washingtoner Abkommen von 1922 ihr Ziel, in irgendeiner Form an den Vereinbarungen der anderen Mächte teilzuhaben – versprach die Aufnahme in den Kreis der fünf größten Seemächte doch zumindest einen Prestigegewinn als Vorstufe materieller Rüstungsmöglichkeiten, wenn nicht gar diese selbst.

Für die Abrüstungsdiskussion zur See insgesamt war es charakteristisch, daß die wesentlichen Impulse nicht wie bei Land- und Luftrüstung vom Völkerbund und der allgemeinen Abrüstungskonferenz, an der die Deutschen frühzeitig beteiligt waren, ausgingen, sondern von Sonderverhandlungen auf dem maritimen Sektor. Eine konstante Annahme der fünf Seemächte konnte es sein, daß die deutschen Seerüstungen durch den Versailler Vertrag normiert und daher für ihr maritimes Gleichgewicht als unbedenklich zu gelten hatten. Daher bestand bei ihnen kein Bedürfnis, die deutsche Seite an weiteren Verhandlungen zu beteiligen. Das galt zunächst für eine 1924 in Rom stattfindende Konferenz, zu der die Washington-Mächte fast alle kleineren Staaten mit Kriegsmarinen gebeten hatten, um die Washingtoner Vereinbarungen auch auf diesen Kreis auszudehnen. Die nicht beteiligte Reichsmarine konnte daher mit einer Mischung aus politischer Befriedigung und militärischer Besorgnis beobachten, daß die z. T. exorbitanten Forderungen einiger Staaten (voran die Sowjetunion) die Konferenz ergebnislos enden ließen.

Bei internen Diskussionen der Marine stellte sich wiederholt die Frage, ob es bei ähnlichen Konferenzen – so auch auf der allgemeinen Abrüstungskonferenz – günstiger sei, als Sprecher oder Vertreter der maritimen „Have Nots“ Ansehen zu gewinnen oder ob nur eine Aufnahme in den Kreis der fünf Seemächte erstrebenswert sei. Bot die erste Möglichkeit eine Plattform für die Äußerung konkreter Seerüstungswünsche, so war die zweite doch Maßstab und Orientierungspunkt für die Zukunft. Da unter den Washington-Mächten die Hauptsieger des Weltkrieges vertreten waren, schien es letztlich nur sinnvoll, sich an diesen zu orientieren.

Um maritime Revisionsziele anbringen zu können, bemühte sich die Reichsmarine erstmals Ende 1927 über das Auswärtige Amt bei dem amerikanischen Präsidenten Coolidge um eine Einladung zur geplanten Seemächtekonferenz, bei der über eine Ausgestaltung des Washingtoner Kategorieschemas verhandelt werden sollte. Die Ablehnung der USA wurde jedoch nach der Konferenz nicht mehr bedauert, da Frankreich und Italien aus unterschiedlichen Motiven abgesagt hatten und sich zwischen den USA und England beträchtliche Meinungsverschiedenheiten zeigten, so daß die Konferenz ohne Ergebnisse blieb.

Sondierungen über die Geschützzahl für das Panzerschiff A bei den Engländern zeigten, daß in Detailfragen stillschweigende Zugeständnisse möglich waren, die zu vorsichtigem Optimismus für andere Fragen Anlaß gaben. Bedrohlich erschienen jedoch Meldungen im Sommer 1928 über eine Annäherung des französischen Standpunktes in der Seeabrüstungsfrage an den englischen. Diese vor allem gegenüber den USA hergestellte Front schien in deutschen Augen primär durch britische Konzessionen in Fragen der Landabrüstung an Frankreich erreicht worden zu sein, die dem deutschen Interesse entgegenlaufen mußten. Um für den deutschen Standpunkt in der Heeresabrüstungsfrage auf der kommenden Abrüstungskonferenz Unterstützung zu bekommen, versuchte die Reichsregierung auf verschiedenen Wegen, die britische Seite zum Einlenken zu bewegen, jedoch blieben die Seerüstungen davon unberührt.

Pläne Freybergs, durch eine erfolgreiche Vermittlerrolle in Seerüstungsfragen internationales Ansehen zu erwerben, lehnte die Heeresleitung aus Widerstreben gegenüber jeder erfolgreichen Abrüstung wie gegenüber maritimer Sonderpolitik ab. Ansatzweise steuerte die Marineführung, und hier vor allem Freyberg, nunmehr in der Abrüstungsfrage einen flexibleren Kurs als die unnachgiebige Heeresleitung und näherte sich damit dem Standpunkt des Auswärtigen Amtes an.

Einen Einschnitt für die internationale Position der Reichsmarine bedeutete die mit beträchtlichen Emotionen geführte Diskussion über die deutschen Panzerschiffe. Nach der Veröffentlichung von Groeners vertraulicher Panzerschiff-Denkschrift vom November 1928 in der englischen „Review of Reviews" am 15. Januar 1929 wurden in den Hauptstädten der Seemächte zunächst negativ verlaufende Erwägungen darüber angestellt, ob das Schiff den Versailler Vertrag verletze. Die anschließend besonders in Paris, aber auch in Washington erhobene Forderung lautete, für die Zukunft weitere Panzerschiffe zu verhindern, „entwertete" doch die deutsche Konstruktion die schwächer bewaffneten 10000-t-Kreuzer des Washingtoner Abkommens. Der politische Effekt, den Loewenfeld bei der Konzipierung des Panzerschiffs angestrebt hatte, trat nun tatsächlich ein. Fraglich blieb jedoch von Anfang an, ob er in die gewünschte Richtung ging und eine deutsche Mitsprache im Konzert der Seemächte erleichterte.

Tatsächlich stärkte das Panzerschiff zumindest in England die Neigung, Deutschland zu der Anfang 1930 nach London einberufenen Flottenkonferenz der Fünf einzuladen, auf der die anderen Seemächte an der zuvor im Herbst 1929 doch noch erreichten Einigung zwischen den USA und England beteiligt werden sollten. Jedoch scheiterte eine solche Einladung an Deutschland erneut am Widerspruch Frankreichs, da man es dort vorzog, mit der – real empfundenen oder propagandistisch hochgespielten – Angst vor deutschen Machtambitionen eigene Seerüstungen innenpolitisch durchzudrücken. Als neues französisches maritimes Bedürfnis wurde die Parität der französischen Flotte mit der deutschen plus italienischen ins Spiel gebracht. So gelang es der französischen Marine durch die Beschwörung der deutschen Gefahr zur See, 1931 einen Schlachtkreuzer, die „Dunkerque", bewilligt zu erhalten, dem später ein gleichartiges Schiff, die „Strasbourg", folgte. Da diese Schiffe von 26000 t eine stärkere Bewaffnung als die deutschen Panzerschiffe trugen und schneller als diese waren, war hiermit auch der militärische Wert der Panzerschiffe entscheidend beeinträchtigt.

Bis zur Londoner Flottenkonferenz hatte sich das deutsche Interesse an einer Beteiligung verloren. Dem Auswärtigen Amt kam es vor allem darauf an, daß kein Kompensationsgeschäft getätigt wurde, bei dem Vorentscheidungen für die allgemeine Abrüstungskonferenz fallen konnten, während die Marine fürchtete, daß eine deutsche Delegation vorwiegend dazu ausersehen sein würde, Abstriche an den nach dem Versailler Vertrag erlaubten Rüstungen vorzunehmen. Die von der Flottenabteilung erörterte Möglichkeit, sich auf der Konferenz als Seemacht zweiten oder dritten Grades „bei völliger Freiheit in dem Ausbau und Verwendung dieser Tonnage wie die übrigen Mächte" eingliedern zu lassen, war ohne Bedeutung, kennzeichnet jedoch die Versuche, innerhalb der Marine zum zweiten Mal nach 1925/26 eine Verhandlungsposition aufzubauen.

Tatsächlich kam eine deutsche Beteiligung auch im Laufe der Konferenz nicht zur Diskussion, und die Ergebnisse bedeuteten keine wesentliche Festlegung im allgemeinen Abrüstungsgespräch. Zwar wurde das Kategorienschema von Washington weiter ausgestaltet, jedoch akzeptierten Frankreich und Italien die wichtigsten Teile des Abkommens nicht. Hierbei spielten französisch-italienische Spannungen im Mittelmeer eine wichtige Rolle; aber Frankreich benutzte seine Haltung in der Seeabrüstungsfrage weiterhin als „Ring in der Nase" (Freyberg) Englands, um das Inselreich auf ein Einschwenken auf die harte französische Position in der Landrüstungsfrage zu bewegen, durch die der deutsche Rüstungsstand auf dem Niveau von Versailles erneut zementiert worden wäre.

Der „Pakt von Rom" vom März 1931 bildete scheinbar eine Ausnahme, da England in dem Bestreben, Frankreich doch noch zur Übernahme der Londoner Ergebnisse zu bewegen, ein neues Abkommen mit ihm paraphierte. Die Zugeständnisse an Frankreich gingen vor allem in der U-Boot-Frage so weit, daß die britische Öffentlichkeit die Abmachungen nicht billigte und Frankreich durch exzessive Auslegung des Paktes an Kredit verlor. Die Vereinbarung trat daher nicht in Kraft. Der deutschen Seite wurden auf diese Weise die Chancen wie die Grenzen von Sonderverhandlungen deutlich, ohne daß sie einen Ansatzpunkt für eigenes Einhaken erkennen konnte.

b. Der Aufbau einer deutschen Verhandlungsposition für Genf

Die Vorbereitende Abrüstungskonferenz des Völkerbundes hatte im Herbst 1930 nach über vierjährigen Beratungen ihre Arbeit mit der Vorlage eines Konventionsentwurfes beendet. Er sah ein differenziertes Kategorienschema zur Erfassung aller Rüstungen vor, enthielt jedoch keine Ziffern für die Stärke der einzelnen Staaten und war damit politisch weitgehend leer. Die deutsche Delegation distanzierte sich bereits vor der Verabschiedung von dem Entwurf, sah er doch in Artikel 53 ausdrücklich den Fortbestand bisheriger Verträge und somit auch des Versailler Vertrages für Deutschland vor. Bis zur eigentlichen Abrüstungskonferenz, deren Beginn auf den 2. Februar 1932 festgelegt wurde, blieb hinreichend Zeit zur Klärung des deutschen Standpunktes und der Taktik. Jedoch wurden angesichts der innenpolitischen Krise – Reparationsmoratorium, Bankenzusammenbruch –, dem Dominieren informeller Meinungsbildungskanäle und dem wachsenden Einfluß radikaler Strömungen diese Möglichkeiten nur unzureichend genutzt. Auch zwischen den am Entscheidungsprozeß beteiligten Stellen, vor allem Auswärtigem Amt, Wehrministerium, Heeres- und Marineleitung, fand ein Meinungsausgleich nur bedingt statt.

Im Wehrministerium neigte man dazu, zunächst einen internen Standpunkt der Reichswehr zu formulieren, der anschließend den zivilen Autoritäten zu oktroyieren war. Da jedoch Gespräche zwischen den Ressorts, bei denen auch die Wehrmachtteile beteiligt waren, frühzeitig einsetzten, bevor eine Reichswehrpolitik formuliert war, ließ sich diese Taktik nicht durchsetzen.

Schleicher und mit ihm Groener ging es primär um die Revision des Versailler Vertrages durch die Einführung eines Milizsystems, für dessen internationale Durchsetzung sie eine flexiblere Haltung in Einzelfragen befürworteten. In der Heeresleitung dominierte dagegen die Auffassung, von der kommenden Abrüstungskonferenz sei sowieso nichts zu erwarten; wenn überhaupt Erfolge zu erzielen seien, müßte dies in der ersten Verhandlungsrunde geschehen. Daher solle die Abrüstung aller anderen Staaten auf Deutschlands Niveau nach dem Versailler Vertrag gefordert werden, damit die anderen Mächte Deutschland selbst die Aufrüstung anböten. Derartige Vorstellungen des Heeres, deren Exponenten Hammerstein und Blomberg waren, liefen Schleichers Linie zumindest tendenziell entgegen, jedoch nahm dieser Rücksicht auf radikale Regungen im Heer.

Die Marineleitung war bestrebt, die Einheitsfront der Reichswehr nicht zu verlassen. Daher legte besonders Raeder Wert darauf, das Heer seiner grundsätzlichen Zustimmung zu versichern. Allein Freyberg unternahm den vergeblichen Versuch, eine Skala schrittweiser Rüstungserleichterungen als Verhandlungsstrategie zu empfehlen. Er erstrebte ähnlich wie das Auswärtige Amt eine begrenzte Abrüstung anderer Staaten und erwartete mehrere Verhandlungsrunden, bei denen eine Angleichung der deutschen Rüstungen an die der anderen Mächte nach und nach durchzuführen war. Nach der Hauptlinie der Reichswehrpolitik wurde zwar jeweils verbal der Wert jeder Abrüstung anderer Staaten hervorgehoben; die Starrheit, mit der aber von maßgeblichen Offizieren die Forderung nach Abrüstung auf das deutsche Niveau gefordert wurde, zielte auf eine internationale politische Konfrontation ab, für die freilich wieder den Politikern die entscheidenden Kompetenzen zugedacht waren.

In der Marine fanden sich die angedeuteten Erwartungen an die Abrüstungskonferenz – Erfolgschancen überhaupt, Ausmaß der Abrüstung anderer Staaten bzw. Aufrüstung Deutschlands sowie Zeitplanungen – in verschiedenen Ausprägungen, die jedoch dank Raeders unangefochtener Stellung nur als Denkmodelle zu werten sind, denen kein Durchsetzungswille innewohnte.

Dennoch sind sie bezeichnender für die mittelfristigen Zielvorstellungen der Marineleitung als der Schiffbauersatzplan oder der Umbauplan, in denen nur die staatlich sanktionierten Vorhaben erschienen. Das Washingtoner Flottenabkommen und die ihm zugrunde liegenden Verhältniszahlen, besonders die Ziffer 1,75 für Frankreich bzw. Italien, diente seit Mitte der zwanziger Jahre als Bezugspunkt. Ohne größere Verbindlichkeit wurde daher 1930 die Forderung nach „Anschluß an Washington" mit Relationen wie 1,25 oder 1 konkretisiert und eine untere Grenze sogar noch geringer angesetzt. Nach diesen relativ gemäßigten Zielvorstellungen kam es weniger auf die quantitative Gleichberechtigung – also gleiche Schiffszahlen oder Gesamttonnage – als auf das Zugeständnis qualitativer Rüstungsgleichheit an, vor allem auf die Erlaubnis zum Bau und Unterhalt von Militärflugzeugen und U-Booten. Da derartige Sonderwünsche jedesmal der Ablehnung des Reichswehrministeriums oder der Heeresleitung verfielen, kristallisierte sich die Forderung nach Parität mit Frankreich heraus – also die Verhältniszahl 1,75 –, von der man in Verhandlungen immer noch abgehen könne. Mit der prinzipiellen Forderung nach Abrüstung aller anderen Staaten verknüpfte ein nicht aufgenommener Referentenentwurf die Washington-Relation. Danach sei Deutschlands derzeitige Stärke mit Ziffer 1,75 zu kennzeichnen, so daß die Washington-Mächte entsprechend ihren Relationszahlen auf diesen Stand abzurüsten hätten. Die Fixierung auf eine an Washington angelehnte günstige Verhandlungsposition führte dazu, daß alternative Möglichkeiten deutscher Seerüstung gegenüber dem bestehenden Kategoriesystem nicht ernsthaft in Betracht gezogen wurden.

Die Richtlinien der Flottenabteilung in der Marineleitung sahen eine abgestufte Skala von Verhandlungspositionen vor. Der Leiter der Flottenabteilung, Kapitän z. See Boehm, schlug im April 1931 vor, maximal „Parität mit Frankreich" zu fordern und minimal keinesfalls unter die Relation 1:1,75 in der Gesamttonnage oder den wichtigsten Kategorien zu gehen. Als Mittelposition galt die mit der Versailler Vertragstonnage errechnete Stärke. Aus einer Addition der 1919 belassenen Einzel- und Reserveschiffe ergab sich eine Höchsttonnage von 144 000 t. Diese sollte nunmehr durch eine vom Versailler Vertrag unabhängige bzw. multilateral gültige qualitative Definition von Schiffstypen ausgefüllt werden. Nach Möglichkeit sei ferner – und hier zeigt sich das Imitationsbestreben gegenüber den Seemächten – weitere Tonnage für Flugzeugträger und U-Boote zu fordern.

Die der deutschen Marinedelegation in Genf unter Freyberg am 15. Januar 1932 mitgegebene endgültige Fassung der Richtlinien, knüpfte an die genannten Forderungen an, ließ jedoch die Mindestforderung (1 : 1,75) fallen. Der inzwischen akzeptierte harte Kurs der Reichswehr steigerte also die Wünsche. Im Vordergrund stand nunmehr eindeutig die „Parität mit Frankreich", die auch den Vorstellungen des Heeres zugrunde lag und somit marinespezifische Interessen mit dem allgemeinen Trend verknüpfte. Die umfangreichen Erläuterungen ließen darauf schließen, daß eigentlich sogar noch höhere Ziffern den deutschen maritimen Bedürfnissen entsprächen, ergaben doch beigefügte Erläuterungen die geostrategische Ungunst der deutschen Lage. Ferner zeigten Statistiken einen Anteil an Welthandel und Welthandelsflotte, der Deutschland den dritten Platz hinter den USA und England sicherte und das Reich weit vor Frankreich und Italien rangieren ließ. Dennoch werde man sich, so hieß es, im Sinne britischer Gleichgewichtsvorstellungen mit geringeren Forderungen zufriedengeben. Die freilich noch sehr vagen Baupläne ergaben eine deutsche Kriegsschifftonnage von 579 000 t bei sechs bis acht Großkampfschiffen, drei Flugzeugträgern, sieben Washington-Kreuzern, 12 kleinen Kreuzern, 82 Zerstörern und 80 U-Booten. Als realistischeres Ziel erschien die 144 000-t-Grenze, die jedoch in die Verhandlungen erst nach einem Kabinettsbeschluß einzubringen sei und nur für eine beschränkte Zeit gelten dürfe. Dennoch gingen die längerfristigen Zukunftsvorstellungen tatsächlich aus den für Genf geplanten Maximalforderungen hervor. Der Trend zur Aufrüstung, der 1932 im U-Bauplan manifest wurde, kündigte sich hier an und machte die Ansätze für die Entfremdung zwischen der vorsichtig taktierenden Regierung Brüning und der Reichswehr offenkundig.

Während der Verhandlungen um Hoover-Moratorium und Bankenkrise im

Sommer 1931 zeigte sich das Auseinanderklaffen der Interessen Brünings und der Reichswehr auch an den Marinerüstungen. Als Voraussetzung zur Gewährung eines Zahlungsmoratoriums tauchte u. a. die Forderung nach der Aufgabe des in diesem Jahr neu bewilligten Panzerschiffs B auf. Brüning wehrte sich zwar hartnäckig gegen einen politischen Ausgleich für wirtschaftliche Erleichterungen. Da ein solches Ansinnen zunächst von französischer, später aber auch von amerikanischer Seite vorgebracht wurde, fand Brüning im Einvernehmen mit Schleicher, nicht jedoch der Marine, die Lösung, das für den Haushalt 1932 geplante Panzerschiff C zu opfern, ohne diesen Verzicht öffentlich bekanntzugeben. Raeder beschwerte sich zwar im September darüber beim Reichskanzler; der sicherte ihm jedoch nur zu, künftig die Marine an derartigen Entscheidungen zu beteiligen und machte seine Konzession nicht rückgängig.

c. *Marinepolitik auf der Genfer Abrüstungskonferenz 1932*

Zur Genfer Abrüstungskonferenz fuhren die militärischen und die diplomatischen Vertreter mit unterschiedlichen Vorstellungen. Während der Delegationsleiter, Botschafter Nadolny, im Einvernehmen mit Brüning eine Mitarbeit mit dem Ziel tatsächlicher Abrüstung anstrebte, versuchte die militärische Delegation unter Führung von Blomberg und Schönheinz, die Konferenz durch starre Berufung auf die Begrenzungsmethoden von Versailles zum Scheitern zu bringen. Es gelang Freyberg zeitweilig mit Erfolg, eine vermittelnde Linie einzuschlagen, womit er die bislang nach außen praktizierte Einheitsfront der Militärs verließ. Ihm gelang es vor allem, einen direkten Kontakt zu Brüning herzustellen, dem er sich als führende Kraft der Reichswehr und künftiger Wehrminister präsentierte. Bis zu dessen Sturz Ende Mai 1932 gelang es in Genf Freyberg und in Berlin Raeder erstmals in der Weimarer Zeit, die Marineinteressen ohne Beteiligung des Wehrministeriums beim Reichskanzler zu vertreten. Freilich handelte es sich dabei nur um die erneut akut werdende Panzerschiffs-Frage. Dabei setzten die beiden Admirale durch, daß die bereits in Bau befindlichen Schiffe A und B nicht mehr als Verhandlungsobjekt dienen durften; lediglich das für den Herbst geplante Panzerschiff C, das ja bereits beim Hoovermoratorium eine Rolle gespielt hatte, könnte bei einem Bauverzicht aller Staaten auf Großkampfschiffe geopfert werden. Dennoch setzte Raeder im August 1932 den Bau von C für den Oktober d. J. endgültig durch.

Die multilateralen Verhandlungen in Genf wurden vom Gegensatz zwischen dem französischen Streben nach Sicherheit und dem deutschem nach Gleichberechtigung bestimmt und von Heeres- und Luftrüstungsfragen dominiert. Es breitete sich daher schnell das Bewußtsein aus, daß ohne wesentlich neue Impulse die Seerüstungsfrage keine Fortschritte machen werde – hatte es sich doch bereits 1930 in London gezeigt, daß nicht einmal die fünf Seemächte zu einer Einigung fähig waren. Nunmehr waren die Schwierigkeiten durch die wesentlich größere Teilnehmerzahl und die Verschränkung mit anderen Rüstungsproblemen noch vermehrt. Da die Londoner Vereinbarungen von 1930 größtenteils bis Ende 1936 befristet waren, stand eine weitere Seemächtekonferenz frühzeitig in Aussicht. Das Interesse an der Genfer Konferenz erlahmte dadurch. Die deutschen Marinerichtlinien ließen sich daher zunächst weder in die multilateralen Verhandlungen einbeziehen, noch wurde die zivile Delegation darüber voll informiert.

Im Juni 1932 setzte Schleicher in richtiger Erkenntnis der Verhandlungssituation wie der finanziellen Lage des Reiches als neue Marschroute durch, die Rüstungen müßten im wesentlichen auf dem derzeitigen Stand eingefroren bleibei. Als unumgängliche Konzession an radikale Strömungen in der Reichswehr sollte jedoch eine solche Regelung zeitlich eng begrenzt sein und der „Umbau" der Reichswehr unmittelbar beginnen.

Angesichts dieser neuen Position änderte auch die Marine ihre Taktik. Sie steigerte ihre Zielvorstellungen erneut, indem sie nunmehr als „Zwischenstufe" zwischen „Parität mit Frankreich" (579 000 t) und Versailler Tonnagegrenze (144 000 t) die Forderung „Schiffszahl gemäß Versailler Vertrag" (ohne qualitative Begrenzungen der Schiffe) entwickelte. Bei entsprechender Vergrößerung der Einzelschiffe ergab das ca. 272 800 t. Die Marine weihte zunächst die zivilen Behörden in ihre Vorstellungen ein und versuchte sodann, ähnlich wie die Heeresleitung gegenüber Frankreich, Zugeständnisse vorzubereiten. Kurz vor der Vertagung der Konferenz, am 15. Juli 1932, sprachen deutsche Delegierte erstmals bei internationalen Verhandlungen mit den Engländern über Marineziele in Anlehnung an die genannte Zwischenstufe. Der lange ersehnte Kontakt zur Überwindung von Versailles schien hergestellt, doch zeigten die Briten bis zum Februar 1933 keine Reaktion auf die deutschen Vorhaben.

Die Regierung v. Papen – mit Schleicher als Wehr- und Neurath als Außenminister – strebte danach, die Abrüstungskonferenz zu verlassen, wenn keine Lockerung der bisherigen Limitierungen, zumindest in der Form des „Umbauplans", zu erreichen waren. Faktisch zogen sich die Deutschen von den Verhandlungen im Herbst 1932 zurück und starteten den Umbau ohne internationale Absicherung. Die als weitere Verhandlungsposition zu vertretende „Zwischenstufe" wurde auf Raeders Weisung gegenüber Neurath im Oktober 1932 auf ein Programm von 323 600 t erhöht. Statt der bisher sechs Schlachtschiffe wurden nunmehr acht gefordert. Bei den U-Booten griff man einen – zu diesem Zeitpunkt bereits überholten – Plan des amerikanischen Präsidenten Hoover auf, der für alle Seemächte die gleiche Tonnage in dieser Kategorie vorsah, und setzte die entsprechende Zahl ein.

Daß im Dezember 1932 in Genf dann doch die formale deutsche „Gleichberechtigung" vereinbart wurde, stellte einen zu geringwertigen Teilerfolg dar, als daß die Reichsmarine noch auf selbständige Aufrüstung verzichtet hätte.

4. Neue Operationsplanungen

Nach 1928 wurde die operative Planung der Reichsmarine von zwei neuen Faktoren bestimmt. Zum einen eröffnete der Beschluß zum Bau des ersten Panzerschiffs neue operative Möglichkeiten, zum anderen erzwang die straffe Reichswehrführung Groeners wie die autoritäre Marineleitung Raeders eine stärkere Konzentration der Pläne.

Der taktischen Zweckbestimmung nach sollte das Panzerschiff als Typ zwischen traditionellem Großkampfschiff und schwerem Kreuzer sich dem ersten, dem es an Bewaffnung unterlegen war, durch seine höhere Geschwindigkeit entziehen können. Dagegen war es dem gleich schnellen Kreuzer durch seine stärkere Bewaffnung überlegen. Diese Eigenschaften ließen französische Operationen in der Ostsee vollends unwahrscheinlich werden. Auch für den Zufuhrschutz in der Nordsee sollten die Panzerschiffe, deren erstes am 1. 4. 1933 in Dienst gestellt wurde, einen bedeutsamen Zuwachs an Kampfkraft bringen.

Als das erste Panzerschiff in Aussicht stand, ging die Reichsmarine bei ihren Kriegsspielen von zwei oder mehr Schiffen dieser Serie aus, womit erst in einigen Jahren – bis zu fünf – zu rechnen war. Sie beschäftigte sich nicht mit der Gegenwart, sondern mit der Zukunft. Diese Denkweise setzte sich während der dreißiger Jahre ungebrochen fort.

Eine besondere Eigenschaft der Panzerschiffe verschwieg die Marine nach außen: aufgrund ihrer Fahrstrecke (bis zu 20 000 sm) waren diese Schiffe hervorragend zum Kreuzerkrieg auf den Weltmeeren geeignet. Inwieweit solche Aufgaben bei der Konzeption des Panzerschiffs eingeplant waren, ist noch nicht vollständig geklärt. Gewisse Anzeichen deuten darauf hin, daß die taktischen Einsatzgrundsätze für die Binnenmeere erst nach dem Bau entwickelt wurden, und man erst dann die mangelnde Eignung des Typs für die Ostsee feststellte. Eine grundsätzliche Hinwendung der Reichsmarine zum Kreuzerkrieg war nicht beabsichtigt, da nach der Befreiung vom Versailler Vertrag wieder größere Schiffe gebaut werden sollten. Aufschlußreich scheint die Begründung für das Panzerschiff durch den zuständigen Referenten Assmann 1928, daß ein anderer Typ, nämlich Monitore, „unserer Hoffnung auf die Zukunft widersprechen. Daher kam für uns nur ein Typ in Frage, der uns den Weg auf die hohe See weist und uns neben der reinen Küstenverteidigung zur Offensive befähigt“.

Im Rahmen einer Koordinierung aller geplanten Kriegsmaßnahmen von Heer und Marine setzte Groener bereits 1928 durch, daß sich auch die Marine wieder stärker auf den aktuellen Fall Polen und damit auch die Ostsee konzentrierte. Da er eine Kriegführung ohne längere Vorbereitungszeit forderte, fertigte die Marineleitung eine Reihe von Studien an, in denen die Kriegsmaßnahmen bis ins Detail vorgeplant wurden. Die „Studie Ost“ wurde Mitte 1930 fertiggestellt und gab Antwort auf die Frage: „Welche Maßnahmen sind gegen Polen bei einem plötzlich ausbrechenden kriegerischen Konflikt vom Standpunkt der deutschen Seekriegführung zu treffen?“ und fand die Lösung in einer Ausschaltung des polnischen Marinestützpunktes Gdingen. Es schloß sich die Anfang 1931 beendete „Studie Ostseekriegführung“ an: „Welche Maßnahmen sind im Hinblick auf die Möglichkeit einer Ausdehnung des Konflikts auf Frankreich zur Verteidigung und Behauptung der Ostsee zu treffen?“, während die Studie „Zufuhrschutz“, in der zweiten Hälfte 1931 fertiggestellt, das Thema behandelte: „Welche Maßnahmen sind unter demselben Gesichtspunkt für die Sicherstellung der Zufuhr über die Nord- und Ostsee zu treffen?“ Die zeitliche Abfolge dieser Studien läßt den Übergang von notwendigen zu erwünschten Aufgaben erkennen. Die bereits 1926 geäußerten ozeanischen Hoffnungen, die sich damals nur auf Kreuzer stützen konnten, blieben als weitere Stufe maritimen Denkens erhalten.

So wurde bereits 1929 eine Studie IV in Aussicht genommen: „Welche Maßnahmen sind bei einer Ausdehnung des Konflikts auf Frankreich gegen die feindlichen Transporte und den feindlichen Handel zu treffen?“ Ein Jahr später wurde dieser Aufgabe die Neuordnung des Etappenwesens im Ausland und die des Weltnachrichtendienstes hinzugefügt. Ob diese Studie IV angesichts des innenpolitisch bewegten Jahres 1932 fertiggestellt wurde, ist unbekannt. Jedenfalls begannen konkrete Vorarbeiten im Ausland in diesen Jahren und verdeutlichten, daß nur ein Methodenwechsel in der Stabsarbeit und nicht eine Abkehr von maritimen Aufstiegshoffnungen durch Ozeankriegführung eingetreten war. Hemmend war neben der Rücksicht auf die primär auf das Heer zurückgehenden Verteidigungspläne allein der für die erwünschten Aufgaben unzureichende Schiffsbestand.

E. Hitler und der Versuch zum Aufbau einer Weltmachtflotte (1933—1939)

1. Hitlers Marinepolitik vor 1933

a. Die Entstehung von Hitlers außenpolitischem Konzept

Die Bedeutung des von Adolf Hitler vor 1933 entwickelten „Programms" für seine spätere Politik wird in der Forschung nicht einhellig beurteilt. Während die einen ein pragmatisches, nicht von festen Zielen her bestimmtes Eingreifen Hitlers bei günstigen außenpolitischen Gelegenheiten und innenpolitischen Kräftekonstellationen annehmen (Broszat, H. Mommsen u. a.), halten andere festumrissene Leitvorstellungen, die im einzelnen flexibel angewandt wurden, für das bestimmende Moment (Hillgruber, Hildebrand u. a.). Die vorliegende Darstellung geht vom zweiten Ansatz aus und greift daher auf Hitlers frühe Vorstellungen der zwanziger Jahre zurück.

In seinen Anfängen als politischer Versammlungsredner um 1920 setzte sich Hitler bereits für eine umfassende Revision des Friedensvertrages ein. In diesem Zusammenhang erhob er anfangs auch die Forderung nach Wiedergewinn der deutschen Kolonien und Wiederaufbau der Flotte. England schien ihm der erbittertste Gegner des deutschen Weltmachtstrebens zu sein; der Flottenbaupolitik selbst kreidete er nur die mangelhafte Durchführung an, während er das deutsche Weltmachtstreben mit allen Konsequenzen als unumgänglich interpretierte. Rassenideologische Momente, die Festigung der bolschewistischen Herrschaft in Rußland und die Beobachtung, daß England gegenüber dem Reich revisionsbereiter taktierte, ließen Hitler zu einer Änderung, aber auch festeren Ausprägung seiner außenpolitischen Ziele finden. Aus der Entwicklung der Vorkriegszeit gewann er die auf die Zukunft projizierte Einsicht, daß ein gleichzeitiger Ausbau von Flotte und Heer die Gegnerschaft Englands und Rußlands zusammen provozieren mußte. Da das in seiner rassisch bestimmten Weltsicht „jüdisch verseuchte" bolschewistische System zum primären Feind wurde, forderte er einen Ausgleich für die unvermeidliche kontinentale Gegnerschaft. Daher erstrebte er ein Bündnis mit England. Er war bereit, es durch Verzicht auf Kolonialerwerb und Flottenbau zu erkaufen. In diesem Zusammenhang griff Hitler den Flottenbau der Wilhelminischen Ära heftig an, den er als Ausdruck technischer Halbheiten und fehlender politischer Prioritäten betrachtete. Da sich Hitler fortan mit innerparteilicher Kritik gerade an dem projektierten Englandbündnis auseinanderzusetzen hatte, bekräftigte er diesen Punkt seiner außenpolitischen Leitlinien mit Nachdruck.

Seine umfassende Kenntnis technischer Details von Kriegsschiffen, insbesondere sein Wunsch nach möglichst stark bewaffneten Schlachtschiffen, läßt erkennen, daß sein tiefgreifendes Interesse an maritimen Fragen weiterbestand, jedoch zunächst in den Hintergrund treten mußte. Bei der spezifischen Art seines Marineinteresses eignete er sich freilich keine Kenntnis seestrategischer Zusammenhänge an, sondern blieb in einer für den Autodidakten typischen Art auf ein Prinzip, die Waffentechnik, fixiert. Diese wurde dennoch nicht unpolitisch gesehen, sondern kurzschlüssig als Ausdruck weltpolitischer Einflußmöglichkeit verstanden.

Hitler war in der sozialdarwinistischen Dynamik seines Weltbildes sicher, daß nach der erwarteten Eroberung von „Lebensraum“ auf Kosten vor allem der Sowjetunion der Kampf der Völker weitergehen müsse. In seinem 1928 geschriebenen „Zweiten Buch“ widmete er insbesondere den USA als aufstrebender neuer Weltmacht Aufmerksamkeit. Eine Auseinandersetzung mit Amerika verwies er freilich in ferne Zukunft, da der „Lebensraum“ im Osten für die nächsten „hundert Jahre“ reiche – eine wohl nicht als genaue Zeitangabe zu verstehende Bemerkung. Da Hitler ferner bereits in „Mein Kampf“ davon gesprochen hatte, letztlich sei ein deutscher Kampf um Weltmacht – womit nicht die Kontinentalexpansion gemeint war – oder Untergang unumgänglich, kann man daraus schließen, daß der Beteuerung des Flottenverzichts nur taktische Bedeutung zukam. Für noch unüberschaubare Zeit rechnete Hitler damit, daß Großbritannien, dieser im Niedergang befindlichen Welt- und Seemacht, nur noch die Option zwischen der germanisch-deutschen Kontinentalmacht und den aufstrebenden USA übrigbleiben werde. Weltmachtstellung bis hin zur Weltbeherrschung bildete jedenfalls fortan ein häufig von Hitler ausgesprochenes Ziel. Unklar, bzw. mit nicht beweiskräftigen Ersatzargumenten belegt, blieb in Hitlers Schriften vor allem die Frage, mit welchen Mitteln das Inselreich sich der Vision entziehen würde, zwischen den neuen Weltmächten zerrieben zu werden. Die Vorstellung, England werde aufgrund seiner imperialen Schwäche gleichsam freiwillig in die vorläufige weltpolitische Aufgabentrennung von britischer See- und deutscher Landmacht einwilligen, war äußerst fragwürdig.

b. Hitler und die Reichsmarine 1928–1933

Stellungnahmen Hitlers zur Reichsmarine sind erst ab 1928 bekannt (vgl. o. S. 397 ff.). Nach diesen stand der Parteiführer ihr sehr skeptisch gegenüber. Die Kreuzerneubauten der Vorjahre schienen ihm keinen militärischen Wert darzustellen. Das neue Panzerschiff A beurteilte er ebenfalls negativ, da derartige „Schiffchen“ keine Verstärkung der Wehrmacht seien. Damit spielte er wohl auf die bereits früher geübte Kritik am wilhelminischen Flottenbau an, da die Panzerschiffe mit ihrer vergleichsweise schwachen Bewaffnung und kaum nennenswerten Panzerung den Großkampfschiffen aller anderen Staaten unterlegen bleiben mußten. Das mit derartigen Zwischentypen verbundene politische Kalkül erfaßte er nicht. Da er dennoch als Vertreter der „nationalen Rechten“ nicht gegen Wehrforderungen auftreten konnte, vermied er nach Möglichkeit öffentliche Aussagen über die Reichsmarine und versuchte zumeist, auf die Bedeutung des Wehrgedankens insgesamt abzulenken.

Einen fachmännischen Gesprächspartner für Marinefragen fand Hitler spätestens seit Ende 1928 in Konteradmiral a. D. v. Levetzow. Zwar stand ihr gemeinsames Interesse an allgemeinem Machtgewinn und nationaler Umgestaltung im Vordergrund, jedoch befleißigten sich beide auch eines Gedankenaustauschs auf speziell maritimem Gebiet. Levetzow konnte sich 1931 als Mentor fühlen und erkannte die günstige Chance, die auf Detailkenntnis beruhende Kritik Hitlers an der Konzeption und an den Einzelaktionen des Weltkrieges zu beeinflussen. Er übersandte Hitler eine Reihe seestrategischer Denkschriften, die jedoch anscheinend keinen tiefen Eindruck auf Hitler machten. Nur bei technischen Fragen entwickelte Hitler ein Interesse, dessen solide Fundierung Fachleute in Verlegenheit bringen konnte.

Hitler entwickelte zwar in öffentlichen Reden geschichts-philosophische Betrachtungen über die deutsche Berufung zur Weltherrschaft, betonte jedoch an anderer Stelle, „vorläufig brauchen wir keine große Flotte zu bauen, aber eine moderne Luftwaffe". Damit wurde zweierlei klar: zum einen, daß es ihm nach wie vor nur um einen temporären Flottenverzicht ging, zum anderen, daß viele militärische Aufgaben auch für den Krieg über See nach seiner Ansicht von der Luftwaffe übernommen werden konnte, deren Ausbau jedoch bei ihren vielfältigen Einsatzmöglichkeiten der Seemacht England nicht so bedrohlich erscheinen mußte.

Dennoch erwies Hitler bei seiner Wahlkampfreise im Juli 1932 auch der Reichsmarine erstmals seine Reverenz und deutete damit an, wie sehr er sich „staatspolitischen" Notwendigkeiten zu beugen bereit war. Bei seinem als Erkundung Raeders anzusehenden Besuch auf dem Kreuzer „Köln" in Wilhelmshaven sagte Hitler für den Fall seiner Machtübernahme den Ausbau der Marine im Rahmen des Versailler Vertrages zu und deutete zugleich an, er werde ein Überschreiten des 10 000 t-Limits – ganz nach seiner Schiffbaukonzeption – zu decken wissen.

Die darauf bei der Marineführung aufkommende Erleichterung schwand jedoch dahin, als Hitler am 21. Oktober 1932 im „Völkischen Beobachter" in einer scharfen Abrechnung mit der Regierung v. Papen auch deren (gar nicht so artikulierte) Marinepolitik angriff. Papens Forderung nach Großkampfschiffen sei „unverständlich, da somit die Schwerpunktbildung beim Heer vernachlässigt [werde], das im Osten dringend benötigt wird". Eine Flotte in der Stärke des Versailler Vertrages bringe zwar in der Ostsee entscheidende Vorteile, sie reiche jedoch gegenüber Frankreich und England keinesfalls aus. Vielmehr sei der Großschiffbau geeignet, „am Ende uns wieder in eine Situation hineinzusteuern, die wir schon einmal schaudernd erleben mußten" – also das Flottenwettrüsten mit dem anschließenden Ersten Weltkrieg. Die einzige Chance für eine Flottenerweiterung biete ein vertrauensvolles Verhältnis zu England, aus dem Zugeständnisse erwachsen sollten. Der Weg zum Flottenabkommen war hiermit angedeutet. Wohl unter dem Einfluß Hermann Görings fand Hitler ein weiteres Argument gegen Schlachtschiffe in der technischen Weiterentwicklung des Flugzeugs, die der Luftwaffe entscheidende Aufgaben zuwies.

Ohne daß man von einem fertigen Rezept oder einem genau terminierten

Programm sprechen kann, lassen sich bis Ende 1932 bei Hitler alle Elemente der später tatsächlich betriebenen Marinepolitik erkennen: temporärer Flottenverzicht gegenüber England, gemäßigte Marineaufrüstung nur im Einvernehmen mit dem Inselreich, weitgehende Übernahme von traditionellen Marineaufgaben durch die Luftwaffe. Nach Erringung einer deutschen Großmachtstellung mit „Lebensraum"-Gewinn in Osteuropa war dann eine neue Konkurrenzsituation möglich, bei der die USA als säkularer Gegner galten, zumal die Dynamik der Weltgeschichte derartige Auseinandersetzungen auf Dauer unumgänglich zu machen schien. An Marinespezifischem war vor allem das Bestreben kennzeichnend, die technischen Daten von Kriegsschiffen müßten möglichst hohe Werte vor allem in der Bewaffnung aufweisen, damit deutsche Bauten denen aller übrigen Länder überlegen seien.

2. Von der Abrüstungskonferenz zum deutsch-britischen Flottenabkommen

a. Das Ende der Abrüstungskonferenz 1933

Die zweite Phase der Genfer Abrüstungskonferenz begann Ende Januar 1933 zugleich mit einem Regierungswechsel in Frankreich und Deutschland. Die deutsche Marinedelegation erhielt am 18. Januar 1933, noch unter Schleicher, von der Marineleitung ergänzende Weisungen zu den „Richtlinien", in denen die zuletzt Neurath gegenüber intern genannten Flottenziele fixiert wurden. Die unmittelbaren Erwartungen an die Konferenz waren dagegen weiter geschwunden. Das wichtigste Thema der neuen Verhandlungen wurde die Frage „Vereinheitlichung der Heerestypen", in der die Diskussion bald stagnierte. Damit nahm die Bedeutung informeller Verhandlungen zu.

Am 7. Februar 1933 äußerte ein britischer Admiral gegenüber dem deutschen Delegierten v. Rheinbaben, die Marinefragen würden wohl erst bei der internationalen Seemächtekonferenz 1935 wiederaufgenommen. Daher könne vielleicht die deutsche Flottenstärke in einem Protokoll bis zu diesem Datum festgelegt werden. Diese späte Antwort auf Sondierungen des gleichen deutschen Delegierten vom Juni 1932 stellte zugleich das Angebot bilateraler Sonderverhandlungen dar, betonte die Verwirklichung deutscher Gleichberechtigung in einer allgemeinen Regelung der Seemächte und machte ein Überschreiten der Versailler Grenzen bereits in einer ersten Etappe von Rüstungsvereinbarungen erstmals wahrscheinlich. Freyberg erkannte die Aussichten. Raeder lehnte jedoch unter dem Druck Blombergs, des neuen Reichswehrministers, und Neuraths Sonderverhandlungen ab, da ein neues Protokoll die einseitige Festlegung Deutschlands bedeutete. Der Primat von Globallösungen vor pragmatischer Revision, zugleich ein Vorrang der Heereswünsche vor Aussichten für die Marine, war wieder eindeutig bekräftigt. Die Ablehnung des britischen Fühlers war nur möglich, weil der neue Reichskanzler Hitler ausgeschaltet war, der eine wesentlich konziliantere Linie als die seiner konservativen „Bewacher" bevorzugte, um seine sehr viel weiterreichenden Expansions- und Rüstungsziele nicht in einem frühen Stadium zu gefährden.

Da das britische Verhandlungsangebot auf dem Marinesektor unbeantwortet blieb, ignorierte der „MacDonald-Plan" vom 15. März 1933 deutsche Marinewünsche völlig. Den Briten ging es vor allem darum, die festgefahrene Diskussion durch einen neuen Konventionsentwurf zu beleben, der erstmals Zahlen für die Heeresstärken der Zukunft – und so auch eine Verdoppelung des deutschen Heeres – vorsah. Für die Marine wurden die Weichen auf die künftige Sonderkonferenz hin gestellt, bis zu der das Einfrieren der Flottenstärken mit Ausnahme weniger französischer und italienischer Bauten vorgesehen war. Der deutsche Marinesachverständige in Genf und die Marineleitung forderten eines der geplanten vergrößerten Panzerschiffe mit der Bezeichnung D, sowie eine gewisse Anzahl U-Boote als weitere Ausnahmen des Baustopps. Dank des massiven innenpolitischen Einsatzes der Marineführung, der u. a. zur ersten Unterredung Hitlers und Raeders führte, wurden diese Wünsche, zusammen mit den viel wichtigeren Änderungsvorschlägen des Heeres, in Genf offiziell eingebracht.

Durch harte Verhandlungen auf der Linie Neuraths und vor allem Blombergs geriet die deutsche Delegation Anfang Mai 1933 in die Isolierung, die nach dem Willen des Wehrministers den endgültigen Bruch bringen sollte. Nadolny und Freyberg versuchten eindringlich, Berlin den Ernst einer solchen Lage begreiflich zu machen. Hitler entschärfte tatsächlich die Lage, wenn auch unabhängig von den Genfer Vorstößen. In einer im Ton konzilianten „Friedensrede" am 17. Mai 1933 leugnete er alle weiterreichenden Rüstungspläne und fand damit ein international günstiges Echo. Der von Freyberg zuvor im Interesse der deutschen Gesamtlage vorgeschlagene Verzicht auf alle maritimen Revisionsforderungen bis 1935 stand fortan nicht mehr zur Debatte. Die Marine gab, nunmehr im Einvernehmen mit dem Wehrminister und dem Reichskanzler, die letzten Erwartungen auf Genf preis und bemühte sich, die Abrüstungskonferenz gleichfalls nur noch als Forum deutscher Propaganda zu benutzen. Die nicht mehr bei Verhandlungen verwandte Leitlinie der Marine lautete nunmehr wieder wie vor dem „MacDonald-Plan": Schiffszahl gemäß Versailler Vertrag bei Aufhebung der Kaliber- und Tonnagebegrenzungen für Einzelschiffe. Jedoch kündigten sich bereits weitere Forderungen an, als Raeder im Juli 1933 intern dafür sorgte, daß der Versailler Vertrag als propagandistischer Rahmen in den Hintergrund trat und der dehnbare Begriff der „Verteidigungsfähigkeit" nach außen verwendet wurde.

Bis zum Oktober 1933 hatte Hitler die außenpolitische Bevormundung durch Neurath und Blomberg abgeschüttelt. Mit der Gleichschaltung aller Parteien und einer Reihe gesellschaftlicher Institutionen hatte er sich innenpolitisch die Möglichkeit geschaffen, stärker selbst für die außenpolitische Absicherung der Aufrüstung zu sorgen, die ihm als wichtigster Maßstab für seinen eigenen Fortschritt diente. So nutzte er – diesmal im Einklang mit Blomberg und Neurath – die Chance, die ein Vorstoß des britischen Außenministers Simon bot, und zog Deutschland am 14. Oktober 1933 von Völkerbund und Abrüstungskonferenz zurück. Der Zeitpunkt der einseitigen Vertragsaufkündigung war politisch nicht ungeschickt gewählt, da die Uneinigkeit in der Deutschlandpolitik zwischen Frankreich und England militärische Aktionen unwahrscheinlich machte, denen die deutsche Seite nur unzureichend begegnen konnte.

b. Vorverhandlungen zum Flottenabkommen

Die deutsche Marine setzte ihre Hoffnung nach maritimer Aufrüstung ab Herbst 1933 wieder allein auf separate Seemächteverhandlungen, nachdem von 1931 an die allgemeinen Abrüstungsverhandlungen zeitweilig in den Vordergrund getreten waren. Die bereits seit dem Frühjahr 1932 erkennbare Ausrichtung der Seerüstungsdiskussion auf eine neue Konferenz der Washington-Mächte in den Jahren 1935/36 wurde nach dem deutschen Rückzug aus Genf wieder zum aktuellen Bezugsrahmen. Im Gegensatz zu Wehrministerium und Auswärtigem Amt bemühte sich die Marine intensiv um die Vorbereitungen dafür. Von der Konferenz wurde weniger die Sanktionierung der materiellen Aufrüstung erwartet, die bereits im Gange war, als vielmehr die Anerkennung der Zugehörigkeit des Reiches zu den bedeutenden Seemächten.

Hitler hatte im Sommer 1933 zeitweilig die Politik Schleichers weiterverfolgt und bilaterale Rüstungsvereinbarungen über Landrüstungen mit Frankreich angestrebt. Zugleich bezeugten erste Fühler nach England, daß er mit diesem Staat einen grundsätzlichen Ausgleich erstrebte. Nach dem Bruch mit dem Völkerbund wurde eine solche Anknüpfung darüber hinaus angesichts der Isolierung des Reiches zu einer machtpolitischen Notwendigkeit. Der Reichskanzler versuchte daher Ende 1933/Anfangs 1934 wiederholt, bei britischen Gesprächspartnern Verständnis für die deutschen Aufrüstungsmaßnahmen zu gewinnen. Er ließ sich dabei zu konkreten Angaben über deutsche Rüstungswünsche herbei, die teils in absoluten Zahlen, teils in prozentualen Ziffern gegeben wurden, und beschränkte sich zunächst auf Land- und Luftrüstungsfragen. Dabei mußte er feststellen, daß jetzt die Frage nach der deutschen Militärluftfahrt in den Vordergrund britischer Besorgnisse rückte und vielfach im Bewußtsein führender Politiker und vor allem der Öffentlichkeit an die Stelle der Flottenkonkurrenz vor 1914 trat. Hitler ignorierte die daraus resultierenden Anknüpfungsschwierigkeiten und besonders den bald darauf akut werdenden Plan eines multilateralen Luftpaktes. Vielmehr regte er gegenüber dem britischen Botschafter einen Wechsel in den bisherigen politischen Freundschaften Englands an.

Daß hiermit auf weiterreichende Ziele angespielt war und neben Frankreich auch die USA als derzeitiger Partner Englands diesem entfremdet werden sollten, ergibt sich aus einem Punkt des mit der politischen Führung abgestimmten Angebots, das Raeder bereits eine Woche vor Hitlers Andeutung dem britischen Marineattaché unterbreitet hatte: am 29. November 1933 sicherte er diesem eine Begrenzung der deutschen Marine auf Ostseefragen zu; daneben stellte er jedoch den Vorteil eines künftigen deutschen Schlachtschiffgeschwaders zur Verstärkung der britischen Seemacht gegenüber den USA in Aussicht. Dieser mit der aktuellen Politik in keinem Zusammenhang stehende Vorschlag wurde jedoch von britischer Seite ebenso wie die weiteren Anknüpfungsversuche Hitlers ignoriert bzw. abgelehnt.

Ein nächster Anlauf zur maritimen Anknüpfung mit England für Nah- wie Fernziele wurde zunächst nur intern diskutiert. Hitler regte im Frühjahr 1934 bei der Marine den Abschluß eines bilateralen Flottenabkommens mit England an, in dem sich die deutsche Flotte mit einem Drittel der englischen begnügen sollte. Aufgrund der Verschärfung der internationalen Lage blieb der Vorschlag allerdings bis zum Oktober 1934 liegen. Die Marineführung zeigte sich in der Zwischenzeit äußerst unzufrieden mit dem $33^1/_3$%-Vorschlag und versuchte statt dessen eine 50%-Formel durchzudrücken, die in der Gesamttonnage etwa dem alten Marineziel einer Parität mit Frankreich entsprach. Raeder gelang es jedoch nur, die $33^1/_3$% auf 35% zu steigern; er erreichte damit umgerechnet die Washingtoner Verhältniszahl Frankreichs von 1,75. Das bedeutete aber nur die prestigemäßige Parität mit dem westlichen Nachbarn, da Frankreich nur in Großkampfschiffen, Deutschland aber in der Gesamttonnage gebunden war.

Da es der Marine auf eine kurze Laufzeit der Beschränkung ankam, Hitler jedoch mit England eine Dauerregelung treffen wollte, konnte er Raeder wahrscheinlich nur durch partielle Einweihung in seine späteren Ziele beruhigen. Es hat den Anschein, als habe er dem Marinechef für die fernere Zukunft einen Großausbau der Flotte auch im Hinblick auf eine militärische Auseinandersetzung mit England angedeutet.

Die Interpretation stichwortartiger Aufzeichnungen Raeders über eine Besprechung mit Hitler am 27. Juni 1934 ist umstritten, Der wichtigste Passus lautet: „Entwicklung Fl. ev. später gegen E. ... Ich [Raeder]: von 1936 gr. Schiffe mit 35 cm. Wenn Geld, *ja.* Bündnis 1899, Lage 1914?" Salewski hat 1970 wegen der Formlosigkeit des „Zettels" die Bedeutung der Notiz in ähnlichem Sinn wie Raeders Memoiren verkleinert, indem er hinter den Stichwörtern das Streben Raeders nach typmäßiger Beziehung auf britische Schlachtschiffe vermutet. Nach weiterer eingehender quellenkritischer Analyse hat Salewski 1972 darauf beharrt, daß die Aussage nach wie vor „harmlos" sei und erweitert seine Deutung dahingehend: da die Parität mit Frankreich bei der 35%-Formel nicht zu erreichen war, müsse später doch gegen britischen Widerstand eine Erhöhung der Prozentzahl durchgesetzt werden. Demgegenüber leitet Dülffer aus der historischen Reminiszenz an die Vorkriegszeit sowie aus Hitlers gleichzeitiger Weisung zur vorläufigen Drosselung der Flottenpropaganda die gegebene Deutung ab.

Im Sommer 1934 fanden erste Vorgespräche der Washington-Mächte über die Zielvorstellungen für die künftige Flottenkonferenz statt. Die Marineleitung drängte daraufhin, die deutsche Teilnahme durch diplomatische Intervention sicherzustellen. Eine Aufzeichnung für eine Unterredung Raeders mit Hitler sowie Blomberg und Neurath schloß ganz im Sinne des Einvernehmens in den Fernzielen zwischen Marine und „Führer": „Die Skala der Weltgeltung der Nationen ist identisch mit der Skala ihrer Seemacht." Neurath jedoch, der von Seemächteverhandlungen keine wichtigen Ergebnisse erwartete, setzte am 22. Juni 1934 eine abwartende Haltung durch. Da die Aufrüstung nicht länger geheimgehalten werden konnte, sollte nach seiner vorerst von Hitler gebilligten Linie das diskriminierende Ausbleiben einer solchen Einladung aus London als Anlaß zur formellen Aufkündigung aller Rüstungsbegrenzungen Deutschlands dienen. Diesen Schritt tat Hitler unter anderen Anlässen und günstigeren politischen Vorzeichen tatsächlich im Frühjahr 1935. Die Londoner Vorkonferenz zur allgemeinen Flottenkonferenz fuhr sich ohne deutsche Beteiligung im Sommer 1934 schnell fest und verlagerte ihren Schwerpunkt aufgrund der mit Rüstungsbeschränkung unvereinbaren Forderungen Japans und Frankreichs auf technische Nebenfragen. Hitler hielt daher den Zeitpunkt für gekommen, die 35%-Formel gegenüber dem britischen Botschafter am 27. November 1934 zu verwenden, zumal am folgenden Tag im britischen Unterhaus eine Debatte über die deutsche Aufrüstung stattfinden sollte. Gleichzeitig unterlief er damit britische Bestrebungen, die deutsche Marine im Sinne von Raeders früherer Versicherung tatsächlich auf die Ostsee „abzudrehen".

Von nun an wurden bilaterale Flottenverhandlungen zum permanenten Thema Hitlerscher Außenpolitik. Sein Berater in Abrüstungsfragen, Joachim v. Ribbentrop, erhielt hierbei Gelegenheit, sich als Alternative zum Auswärtigen Amt zu qualifizieren. Die britische Seite nahm die deutschen Marineforderungen gelassen auf und erkannte sie als Verhandlungsgrundlage an. Jedoch blieb ihr Bezugspunkt auch 1935 die allgemeine Seerüstungskonferenz. Die britisch-französische Abstimmung, z. T. unter Einschluß Italiens, nahm zunächst zu. Hitler konnte dennoch unter dem diplomatischen Schutz des Flottenangebots mit der Angliederung der Saar einen überfälligen Revisionserfolg ernten, dem er die offizielle Bekanntgabe deutscher Land- und Luftrüstung über Versailler Grenzen hinaus im März 1935 folgen ließ. Die Hektik der Vorbereitungen für baldige Entscheidungen kennzeichnet es am besten, daß die Marine im Hinblick auf einen möglichst großen „Ist-Bestand" bei künftigen Verhandlungen im Eiltempo bislang verbotene Schiffstypen, nämlich große Kreuzer von 10 000 t (Washington- oder A-Kreuzer) und Flugzeugträger zum Schein auf Stapel legte sowie mit dem Zusammenbau vorgefertigter U-Bootteile begann. Hitler interessierte sich erstmals im April 1935 für eine zeitliche Abstimmung des Rüstungstempos der drei Wehrmachtteile und schloß in militärischen Weisungen blitzkriegsartige Überfälle nicht mehr aus. Zugleich versicherte er britischen Gesprächspartnern, deren prominentester der Außenminister Sir John Simon am 25./26. März 1935 war, er erstrebe auf der Grundlage der 35%-Formel eine weltpolitisch bedeutsame Weichenstellung. Mangels anderer Möglichkeiten kam die britische Seite dem Drängen nach Verhandlungen nach und stimmte bilateralen Gesprächen zu. Während sich jedoch die Admiralty bereits mit Details des deutschen 35%-Vorschlags auseinandersetzte, betonten die Politiker des Foreign Office nach wie vor, daß im Rahmen allgemeiner Seeabrüstungsvereinbarungen ein Meinungsaustausch mit dem Reich nützlich sein könne.

Auf deutscher Seite versuchte Raeder das Seemächtesystem als Orientierungspunkt der Verhandlungen zu benutzen. Er wies darauf hin, daß nach der japanischen Kündigung des Washington-Vertrages Ende 1934 die weitere prozentuale Abstufung der Flottenrüstungen („Ratio-System") unwahrscheinlich sei. Mit der Forderung, von den Briten aus diesen beiden Gründen im Hinblick auf Frankreich eine höhere Verhältniszahl zu verlangen, scheiterte er jedoch erneut an Hitlers Widerstand.

c. *Abschluß und Bedeutung des Flottenabkommens*

Am 4. Juni 1935 begannen in London Flottenverhandlungen zwischen England und Deutschland. Sie wurden auf deutscher Seite von Sonderbotschafter v. Ribbentrop geführt, dem als wichtigster Marinesachverständiger Konteradmiral Schuster beigegeben war. In den Verhandlungsrichtlinien setzte die Marine durch, daß die 35%-Grenze keinesfalls unterschritten werden dürfe. Ribbentrop wollte über die Unverbindlichkeit der von britischer Seite gewünschten Sondierungen hinausgelangen und zielte daher auf ein gemeinsames Protokoll ab, bei dem es sich nur um eine Notifizierung der einseitig verkündeten deutschen Rüstungsabsichten handeln konnte.

Die 35%-Formel verknüpfte Ribbentrop zu Beginn der Verhandlungen gegenüber dem auf seinen ausdrücklichen Wunsch teilnehmenden britischen Außenminister in eindrucksvoller Form mit einem globalen Bündnisangebot Hitlers. Mit dieser zugleich offiziellsten wie angesichts diplomatischer Gepflogenheiten offensten Übermittlung von Hitlers Zielen, deren Bedeutung durch einen entsprechenden schriftlichen Text für das britische Kabinett unterstrichen wurde, forderte der deutsche Unterhändler eine Entscheidung über das andauernde Bündniswerben. Da Simon auf der britischen Tagesordnung beharrte, wechselseitigen Informationsaustausch wünschte und die 35% nicht sofort akzeptierte, kam es gleich anfangs zum unvermeidlichen Eklat. Über marinetechnische Fragen wurde zunächst weiterverhandelt, jedoch konzedierte Ribbentrop dieses Thema nur bis zu einer britischen Entscheidung in der Grundfrage. Tatsächlich akzeptierte die britische Regierung die deutsche Haltung des „Alles oder nichts", da ihr die Forderungen weder übermäßig noch der Abbruch der Verhandlungen eine akzeptable Alternative zu sein schienen. Die deutsche Delegation bemühte sich, durch die Versicherung, die 35%-Relation gelte permanent, mit Erfolg Eindruck zu hinterlassen, obwohl eine solche Angabe eher hätte Mißtrauen wecken sollen.

Nach der grundsätzlichen Zustimmung der Briten kamen deren Besprechungswünsche zum Tragen. Die deutschen Unterhändler erläuterten ihre Haltung zu den britischen Vorstellungen für die kommende allgemeine Flottenkonferenz. Wie bei bisherigen Flottengesprächen akzeptierte die deutsche Marine hier weitgehend die britischen qualitativen Limitierungswünsche, zumal deren Verwirklichung bei dem erwarteten Einspruch anderer Mächte unwahrscheinlich war. Im

Sinne früherer internationaler Vereinbarungen, in denen für alle Partner die gleiche U-Boottonnage vorgesehen war, wurde auch hier Deutschland zugestanden, 100% der britischen U-Boottonnage zu bauen. Diese besonders für die britische Öffentlichkeit bittere Pille suchten die Deutschen mit Erfolg durch das den internen Planungen entsprechende Zugeständnis einer vorläufigen Beschränkung auf 45% zu versüßen.

Bei der Ausarbeitung des Abkommens als Notenwechsel – diese Form wurde mit Rücksicht auf die britische Öffentlichkeit gewählt – galt es vor allem, die Bedeutung der Permanenzklausel im Hinblick auf verstärkte Rüstungen anderer Staaten zu formulieren. Einigkeit bestand darüber, daß in einem solchen Fall – gemeint war vor allem Frankreich – England gleichfalls stärker rüsten und damit Deutschland neue Baumöglichkeiten geben würde. Bei einer schweren Störung des bisherigen Gleichgewichts in den Seerüstungen sollten dagegen britisch-deutsche Gespräche stattfinden. Als kurz vor der Unterzeichnung des Abkommens eine schroff ablehnende französische Stellungnahme zu dem scheinbaren Kurswechsel der britischen Politik einging, versuchten die Briten, einen Hinweis auf das Fortbestehen bisheriger Verträge in den Notenwechsel aufzunehmen. Die deutsche Seite wies einen solchen, wichtige Revisionsergebnisse rückgängig machenden Passus erfolgreich zurück.

Die Verhandlungspartner waren sich einig in der historischen Bedeutung des am 120. Jahrestag von Waterloo, am 18. Juni 1935, unterzeichneten Abkommens. Ribbentrop verstieg sich sogar zur Apostrophierung der Bedeutung als „welthistorisch“, eine Einschätzung, die nur aus der Kenntnis von Hitlers Absichten verständlich wird.

Hitler sprach vom Flottenabkommen als seinem „glücklichsten Tag“. Dahinter verbirgt sich die Einschätzung, das Inselreich habe vielleicht den ersten Schritt zum Globalbündnis getan; der Flottenverzicht durch Deutschland sei anerkannt – die britische Gegenleistung, „freie Hand“ in Osteuropa, könne die Folge sein. Freilich gab es für eine solche Einschätzung nur minimale Ansätze. Schon bei den Verhandlungen betonten die Briten, es dürfe keineswegs der Eindruck bilateraler Sonderbeziehungen entstehen, vielmehr komme es darauf an, die Übereinkunft in eine gesamteuropäische Regelung wie in eine aller Seemächte einzubeziehen. Faktisch bestand also nur eine äußerst vage Chance, an dem gesponnenen dünnen Faden weiterzuwirken, wofür sich in erster Linie das Projekt eines Luftpaktes anbot, das dann freilich ohne Ergebnisse blieb.

Da Hitler neben den positiven Tendenzen der Englandpolitik zugleich die immer deutlicher zutage tretende Erfolglosigkeit seines Bündniswerbens sah, ist zu fragen, ob die Ziffer 35% nur als Ausdruck von Verzicht anzusehen ist. Raeder bezeugte als Hitlers Bezugspunkt die Flottenverhandlungen vor dem Ersten Weltkrieg, also einen Zeitabschnitt, zu dem die Weltmachtrivalität beider Staaten einen Höhepunkt erreicht hatte. Nur gegenüber einer derartigen, aus der Vergangenheit in die Zukunft projizierten Weltmachtorientierung bedeutete die Verdrei- bis Vervierfachung der deutschen Flotte gegenüber dem Versailler Vertrag einen Verzicht, nicht jedoch für den geringen Schiffsbestand des Jahres 1935. Die volle Bedeutung einer Vervielfachung der deutschen Marine ergibt sich erst aus den Schwierigkeiten von Hitlers Bündniswerben um England. Eine gewisse Stärke Deutschlands zur See schien bereits zur Absicherung kontinentaler Auseinandersetzungen unumgänglich, zumal wenn die Erfolgschancen des Bündnisses schwanden. Da ferner die britische Haltung eine militärische Auseinandersetzung mit den Seemächten zu einem späteren Zeitpunkt möglich erscheinen ließ, galt es bereits 1935, eine möglichst günstige Ausgangsbasis für den Aufbau einer Weltmachtflotte zu gewinnen. Zwischen Flottenverzicht und etappenweisem Ausbau einer Großflotte wanderte Hitler mit der 35%-Formel auf einem schmalen Grat.

Ein weiteres, für Hitler aber kaum entscheidendes Moment war die Tatsache, daß die Marine nur widerstrebend neue Bindungen, zumal in Höhe von 35%, akzeptierte. Zu Raeders historischen Erfahrungen gehörte es, daß Großbritannien eine deutsche Flottenrüstung nicht über ein bestimmtes Maß hinaus tolerieren werde. Symptome für antideutsche Reaktionen als Beginn von Konkurrenzneid glaubte er daher auch in vielfältiger Weise zu erkennen. Daß der „Führer" den ObdM in den temporären Charakter der Übereinkunft einweihte, ist (angesichts der genannten Hinweise für Raeder auf Hitlers Fernziele) wahrscheinlich. Jedenfalls durfte das Abkommen aus der Sicht des ObdM nur ein taktischer Schachzug sein.

Die beträchtliche Skepsis in der Kriegsmarine suchte Raeder durch eine Sprachregelung zu steuern. In der Marine galt die Enttäuschung vor allem dem Verfehlen der wirklichen Parität mit Frankreich und der engen Begrenzung im Vergleich zur Zeit vor 1914. Die Offiziere der „Front" wurden daher vom OKM darauf hingewiesen, daß die maßgeblichen Motive für den Abschluß „politischer" Natur seien. Zugleich wurden sie davon unterrichtet, daß stärkere Rüstungen anderer Seemächte dem Reich die Möglichkeit eröffneten, „wegen einer etwaigen Änderung der Stärkeverhältnisse an die britische Regierung heranzutreten". Obwohl auf diese Weise keine Revision der 35%-Formel im Abkommen vorgesehen war, wurde es für die Marine dadurch bereits entscheidend abgewertet. Trotz der Permanenzversicherung faßte sie daher das Flottenabkommen nur als temporäres Aushilfsmittel auf. Den Kern der Kritik enthielt ein Vortrag des im Namen des OKM sprechenden Leiters der Operationsabteilung, Kapitän z. S. Ciliax, im Januar 1937. Danach bedeuteten die Bindungen „den Verzicht auf eine von Englands Haltung unabhängige Weltmachtpolitik und zwingen unserer Politik die Forderung auf, bis auf weiteres in jedem möglichen Kriegsfall zum wenigsten die Neutralität Englands sicherzustellen".

d. Flottenverhandlungen 1935–1939

Das 35%-Abkommen brachte der britischen Seeabrüstungspolitik aufgrund der an Deutschland gemachten Zugeständnisse große Schwierigkeiten. Zugleich blieb es für Hitler ein einmaliger Akt, an den in Zukunft nicht mehr anzuknüpfen war. Vielmehr ging es einerseits um Folgeverhandlungen zur Ausfüllung technischer Fragen des Flottenabkommens, andererseits um die Vorbereitung der für Ende 1935 geplanten allgemeinen Flottenkonferenz. Als Ausgangspunkt diente eine zum Abschluß der Londoner Verhandlungen am 23. Juni 1935 von den Marinesachverständigen abgezeichnete „Summary of Discussions". Während die Briten auf eine schnelle Klärung der anfallenden Fragen durch weitere Expertengespräche hofften, setzte Raeder eine schleppende Behandlung auf dem diplomatischen Weg durch. Sein Mißtrauen richtete sich ebenso gegen die zu große Nachgiebigkeit der verhandelnden deutschen Marineoffiziere wie gegen die Royal Navy, der die Absicht unterstellt wurde, die 35%-Formel nachträglich verkleinern zu wollen. Der Hinweis darauf, daß Großbritannien durch die deutsch-britischen Abmachungen große Schwierigkeiten vor allem mit Frankreich, aber auch mit der Sowjetunion in Kauf zu nehmen hatte, schien Raeder nur ein Vorwand zu sein.

Die Anschlußverhandlungen zum Flottenabkommen betrafen zumeist sekundäre Fragen. Am wichtigsten war die Regelung, daß die 35%-Formel nach Beendigung der britischen Bindungen von Washington 1922 und London 1930 ab Ende 1936 nicht mehr für die England vertraglich zustehende, sondern für die tatsächlich vorhandene Tonnage zu gelten habe. Damit wurden die ursprünglich errechneten 520 000 t für die deutsche Flotte auf 451 000 t verringert, zu denen allerdings laufend Tonnage für britische Neubauten treten mußte sowie ein entsprechender Anteil für „überalterte" Tonnage, die nicht in der Ziffer des britischen Gegenwartsbestands enthalten war. Bei britischer Konzilianz im einzelnen, jedoch grundsätzlichem Festhalten an der 35%-Grenze wurde hierin bis zum Frühjahr 1936 Einigkeit erzielt.

Wichtiger wurde der andere Verhandlungsstrang, die allgemeine Seeabrüstungsfrage. Die Briten übermittelten den Seemächten einschließlich Deutschlands, das endlich als gleichberechtigt behandelt wurde, ihre Vorschläge. Diese sahen im wesentlichen ein begrenztes Bauverbot für Washington-Kreuzer und Limitierungen der einzelnen Schiffstypen vor. Ein Austausch langfristiger Bauprogramme, oder gar eine Neuauflage des Ratio-Systems, boten keine Aussichten mehr. Die deutsche Marinepolitik wurde vom OKM im Einvernehmen mit Ribbentrop formuliert. In wichtigen Fällen zog man auch Hitler hinzu, nicht jedoch das Auswärtige Amt. Man einigte sich darauf, eine Einladung zur Konferenz nur anzunehmen, wenn zuvor die 35%-Formel von allen Staaten akzeptiert sei. So nahm es die Marine auch ohne Bedauern auf, daß der britische Unterhändler Craigie eine Einladung an Deutschland und die Sowjetunion aufgrund französischen Widerstands erst für ein fortgeschrittenes Stadium der Konferenz ankündigte, sorgte doch der britische Delegierte für eine bevorzugte Unterrichtung über den Verlauf der vom 9. Dezember 1935 bis zum 21. März 1936 tagenden Konferenz.

Nach dem Auszug Japans und später – wegen des Abessinienkonflikts – auch Italiens stimmten die Deutschen zu, sich durch einen bilateralen Vertrag mit England erneut nur indirekt den Vereinbarungen der verbliebenen drei Seemächte anzuschließen. Im Teil I des Vertrages waren Begriffsbestimmungen für

Kriegsschiffe enthalten (Standardwasserverdrängung, Schiffsklassen, Überalterung u. a.), Teil II enthielt die Verpflichtung, bestimmte Höchstgrenzen nicht zu überschreiten, so vor allem in Art. 6 einen Bauverzicht auf „A-Kreuzer“ (bisher „Washington-Kreuzer“); Teil III regelte den Nachrichtenaustausch der Mächte über Schiffbauprogramme.

Bei den Verhandlungen wandten Ribbentrop und Raeder eine Politik der maritimen Nadelstiche an, die auch als Teil der verstärkten Pressionspolitik Hitlers gegenüber England zu werten ist, als das „verzichtende“ Bündniswerben ohne Erfolg blieb. Es ging dabei einmal um die Forderung nach gleichartiger sowjetischer wie deutscher Bindung, wodurch die Sowjetunion in eine weder von England nach von Deutschland gewollte Schlüsselstellung rückte. Zum anderen wurde aus dieser Frage ein Widerruf des früher ohne Bedenken zugestandenen Verzichts auf den Bau zweier A-Kreuzer abgeleitet. Bis an den Rand des Scheiterns der gesamten internationalen Flottenabmachungen führten Ribbentrop und Raeder diese Politik, dann erst entschieden sie sich taktisch wirksam für einen bedingten Verzicht auf diese Schiffe. Da bei ihrem Bau als kleinere Kreuzer dennoch zugleich die stärkere A-Kreuzer-Bewaffnung mit in Auftrag gegeben wurde, mußten bis zum Stapellauf neue Verhandlungen aufgenommen werden.

Auch auf der internationalen Konferenz von Montreux (22. Juni bis 20. Juli 1936) über die türkischen Meerengen war Deutschland nur indirekt über britische Informationen beteiligt. Als Pressionsmittel zur Durchsetzung deutscher Interessen bei diesen Verhandlungen drohte Neurath mit der Kündigung des Flottenabkommens. Jedoch belehrte ihn die Marine über die Unhaltbarkeit einer solchen Absicht, wenn sie auch ihrerseits aus dem Abkommen von Montreux eine „völlig neue militär-politische Situation“ herzuleiten bestrebt war; denn nach ihrer Auffassung ermöglichte die vereinbarte weitgehende Sperrung der Meerengen für Kriegsschiffe von Nicht-Schwarzmeerstaaten nunmehr die Zusammenfassung der französischen und sowjetischen Flotte gegen Deutschland. Diese Argumentation, die wohl militärisch nicht so ernst gemeint war, aber sich propagandistisch wirksam benutzen ließ, zeigte auch bei den Flottenverhandlungen die Verhärtung der deutschen Verhandlungsposition an.

Im Januar 1937 ließ die Marine erstmals vage Wünsche nach Revision der 35%-Formel international anklingen, die mit sowjetischen Seerüstungen motiviert wurden. Immer stärker bedauerte das OKM, daß nach dem Wegfall aller wichtigen internationalen Bindungen in den Flottenstärken seit Ende 1936 nur das deutsche Reich noch in allen Schiffskategorien Tonnagegrenzen unterlag. Die Briten waren sich in den bilateralen Verhandlungen ihrer mangelnden Sanktionsmöglichkeiten bei deutschen Vertragsbrüchen bewußt und betrieben aus diesem Grund weiter eine zuvorkommende Politik, indem sie u. a. die noch nicht einmal dem Parlament übermittelten Schiffbaupläne für die kommenden Jahre mitteilten, damit die Deutschen durch die Tonnagevermehrung für die eigene Flotte, die sich aus englischen Flottenvermehrungen ergab, günstiger gestimmt würden.

Mitte Juli 1937 wurde schließlich noch ein Bündel von Vereinbarungen zwischen Deutschland und England unterzeichnet, die jedoch der politischen Substanz entbehrten und nur eine Verschlechterung der Atmosphäre verhinderten. Bereits am 5. Juli setzten die Unterhändler ihre Unterschrift unter ein „geheimes Sitzungsprotokoll“, das Reaktionen auf mögliche Entwicklungen der internationalen Flottenpolitik fixierte. Der sogenannte qualitative Flottenvertrag vom 17. Juli 1937 wurde nebst Zeichnungsprotokoll zugleich mit dem englisch-sowjetischen unterschrieben und trat wie dieser erst im Dezember 1937 nach Ratifizierung in Kraft. Er bedeutete die Anwendung des Londoner Seemächtevertrages vom März 1936 auf Deutschland.

Ferner wurden am 17. Juli Einzelvereinbarungen zum Flottenabkommen (Verfahren bei überalteter Tonnage, Regelung für den Fall, daß die 35% in einer Schiffsklasse nicht für ein ganzes deutsches Schiff ausreichten, u. a.) unterzeichnet. Schließlich tauschten Ribbentrop und Eden Noten aus, in denen Deutschland das Recht auf 5 große „A-Kreuzer“ (wie nach der 35%-Relation möglich) zugestanden erhielt, von dem es aber vorläufig keinen Gebrauch machen wollte.

Der nach dem Flottenvertrag vorgesehene komplizierte Informationsaustausch über Jahresbauprogramme, technische Angaben bei Stapellegung sowie ausführlichere bei Fertigstellung von Kriegsschiffen funktionierte fortan reibungslos bis zum April 1939. Er bereitete jedoch dem OKM bei zunehmender Bautätigkeit wachsende Schwierigkeiten, da die deutschen Rüstungen immer weniger mit den Abkommen zu vereinbaren waren.

Nur das fast als hoffnungslos zu bezeichnende britische Unterfangen, weitere internationale Seeabrüstungsvereinbarungen zu erlangen, hielt auch den deutsch-englischen Flottendialog aufrecht. Das Desinteresse der Kriegsmarine an weiteren Vereinbarungen zeigte sich deutlich darin, daß sie nunmehr wieder dem Auswärtigen Amt, das inzwischen unter Ribbentrops Leitung stand, den Vortritt überließ, So kam es noch zur Unterzeichnung eines deutsch-britischen Protokolls am 30. Juni 1938 über eine Höchsttonnage für Schlachtschiffe von 40 000 t. Da die deutschen Pläne diese Grenze längst überschritten, lag das Motiv zur Unterzeichnung nur darin, nicht frühzeitig Mißtrauen über die eigenen Seerüstungen aufkommen zu lassen. Auf der gleichen Linie lag es, wenn das OKM intern laufend die vertragsüberschreitenden eigenen Baupläne, mögliche britische Neubauten und den Zeitpunkt der auf den Hellingen zutage tretenden Vertragswidrigkeit gegenüberstellte. Trotz dieser Lage zeigte Raeder noch im Herbst 1938 theoretisches Interesse an einem längerfristigen Austausch der Bauprogramme zwischen England und Deutschland, mußte diesen Schritt aber bald als taktisch unklug erkennen, als seine Gesprächspartner positiv reagierten. Nunmehr lief die deutsche Politik eindeutig auf eine Kündigung des Flottenabkommens hinaus.

Zum letzten vertraglich möglichen Termin Ende 1938 vereinbarte das OKM neue Gespräche mit den Briten über den Bau zweier „A-Kreuzer“ und die U-Boot-Tonnage. Zwar bemühten sich beide Seiten am 30./31. 12. 1938 um das vertraglich vorgesehene „freundschaftliche Einvernehmen“, jedoch handelte es sich der Sache nach erneut, wie bereits im Juni 1935, allein um die Notifizierung deutscher Vorhaben, nicht um echte Dialoge. Weitere britische Anknüpfungsversuche in der Seerüstungsfrage wurden von Hitler und der Marine Anfang 1939 ausweichend und später ablehnend behandelt. Das OKM übermittelte angesichts der Planungen zum Großausbau der Flotte den Briten nicht nur im Detail, wie bisher üblich, sondern auch im großen falsche Angaben zum Jahresbauprogramm 1939. So war die Marineführung vollauf damit einverstanden, daß durch Hitlers Kündigung des 35%-Abkommens am 28. April 1939 mit dieser Art von Unaufrichtigkeit Schluß gemacht wurde. Zwar blieb der qualitative Vertrag von 1937 weiter bestehen, doch wurden britische Flottensondierungen im Juni 1939 glatt abgelehnt. Hitlers Politik, die seit 1938 das Kriegsrisiko gegenüber England einschloß, führte auch zum Ende der bilateralen Flottenbeziehungen. Die Marinepolitik, die bislang immer darum bemüht war, nach außen hin durch deutsch-britisches Einvernehmen die Rüstung in ihrem Umfang und in ihrer Bedeutung zu verschleiern, schwenkte nunmehr ebenfalls in antibritisches Fahrwasser ein.

3. Schiffbaupolitik 1933—1937

a. Die Marinerüstungen im Schatten der Englandpolitik

Hitler machte der Reichswehrführung am 3. Februar 1933 in einer längeren Rede ein Bündnisangebot, dessen Wirksamkeit sich in der späteren Praxis herausstellte. Er enthüllte dabei seine expansiven Pläne, die eine intensive Förderung der Rüstung bedeuteten, und wies diese militärischen Aufgaben allein der Reichswehr zu. Dafür sicherte er dieser zu, sie nicht in die zu erwartenden innenpolitischen Auseinandersetzungen hineinzuziehen. Diese, als annehmbarer Rahmen erkannte Arbeitsteilung wurde bei der Marine durch die Sorge um die eigenen Rüstungsmöglichkeiten gegenüber Heer und künftiger Luftwaffe überlagert. So operierte der Chef des Marinekommandoamtes, Konteradmiral Groos, bereits am Tag vor Hitlers Rede äußerst vorsichtig, als er in einem ersten Vortrag bei Blomberg, der aus seiner Genfer Tätigkeit nicht gerade als marinefreundlich galt, über die Marinepläne berichtete. In der für die Zukunft wichtigen Frage nach dem Aussehen des nächsten Panzerschiffs (D) äußerte er nur vage Vorstellungen von größerem Deplacement und Kaliber als bisher, während marineintern die Wünsche schon deutlicher aufgefächert waren.

Als der MacDonald-Plan am 15. März 1933 den Verzicht auf diesen Bau für mehrere Jahre zu bringen drohte, setzte die Marine jedoch alle zur Verfügung stehenden Mittel dagegen ein. Die Befürchtung eines Aufschubs von D war um so größer, als Hitler intern nochmals ausdrücklich für die nächsten Jahre von einer Priorität der Heeres- vor den Marinerüstungen gesprochen hatte. Nachdem die Marine bei Blomberg mit der nun massiv vorgetragenen Forderung nach einem Schiff von der Größe der französischen „Antwort" auf die deutschen Panzerschiffe, der „Dunkerque" (26 000 t, 33 cm-Kaliber) nicht durchgedrungen war, erreichte Raeder Anfang April eine erste Unterredung mit Hitler. In einer umfassenden Aussprache schwenkte auch Hitler auf eine tatkräftige Unterstützung der Marine ein und relativierte damit die Priorität der Heeresrüstung.

Da sich auch in der außenpolitischen Analyse bei beiden eine Übereinstimmung über die Rolle Englands und damit auch über die Marinepolitik ergab, akzeptierte Raeder den Wunsch, während der nächsten Jahre in seinem Ressort Rücksicht zu nehmen. Dafür gestand Hitler den Ausbau der Flotte im Prinzip zu. Ferner war es eine Folge des ersten Gesprächs Hitlers mit Raeder, daß nunmehr der Wehrminister zwar nicht formell, aber faktisch aus dem Entscheidungsprozeß in Marinefragen ausgeklammert wurde und der Marinechef sozusagen Immediatstellung genoß. Hitler demonstrierte das neu hergestellte Einvernehmen fortan durch zahlreiche Besuche bei der Marine, während Raeder in der Marine für ein positives Bild von Hitlers Einstellung zur Seemacht wie vom neuen Regime insgesamt sorgte.

Die Marineleitung entwickelte nunmehr – so weit, wie es mit dem beschränkten Personal, und so schnell, wie es angesichts der eingefahrenen bürokratischen Routine möglich war – Schiffstypen, die Kompromisse von außenpolitischer Rücksicht und militärischen Wünschen darstellten. Bei den Zerstörern wagte man mit der Wahl des international gültigen Höchstlimits von 1850 t (statt bisher 800 t für die Reichsmarine), erstmals 1934 eine nach außen hin sichtbare Überschreitung des Versailler Vertrags. (Tatsächlich liefen die ersten dieser Schiffe erst im August 1935 vom Stapel). Bei den neuen Panzerschiffen wurde dagegen gemäß Hitlers Entscheidung die Hauptbewaffnung von 6 x 28 cm-Geschützen der drei Vorgänger beibehalten, obwohl die Marine größere Kaliber bevorzugte. Dafür zog man, entgegen dem MacDonald-Plan, den Baubeginn für D um ein halbes Jahr auf den 1. April 1934 vor und nahm im Herbst 1933 sogar ein zweites, gleichartiges Schiff (E) von ebenfalls 18 000 t für den gleichen Zeitpunkt in die Pläne auf.

Bei den bereits vorangetriebenen Plänen für Seeluft- und U-Bootrüstungen fiel die Entscheidung für weitgehende Zurückhaltung in der materiellen Entwicklung, während die Personalausweitung mit Hochtouren betrieben wurde. Anstatt fertige U-Boote zu bauen, wie es bereits der Umbauplan vorgesehen hatte, begann man damit, Einzelteile für kleine U-Boote zu fertigen, die sich später schnell zusammensetzen ließen. Beschleunigung und Zurückhaltung gingen also mit Rücksicht auf die Außenpolitik Hand in Hand.

Vor allem finanziell stiegen die Möglichkeiten der Marine in bisher ungeahntem Maße. Aus den Mitteln zur Arbeitsbeschaffung erhielt sie bereits im Februar 1933 nach älteren Plänen 14 Mill. RM zusätzlich. Im folgenden Monat wurde der Betrag bereits verdoppelt. Die Zusatzmittel stiegen im Laufe des Jahres wohl noch ohne einen Eingriff Hitlers weiter. Diese Gelder dienten einmal dazu, bisher zurückgestellte Rüstungsmaßnahmen nachzuholen, zum anderen wurden vor allem Küsten- und Hafenbauten sowie kleine Schiffe begonnen, um zunächst den Rahmen für den künftig verstärkten Bau größerer Schiffe auszuweiten. Am deutlichsten zeigten sich Ausmaß und Priorität der 1933 eingeleiteten Maßnahmen am Marineetat. Er stieg gegenüber dem Vorjahr um 66 Prozent auf 311,8 Mill. RM, der reine Schiffbau etwa im gleichen Maße um 65 Prozent. Die sonstigen einmaligen Ausgaben, die vorwiegend dem Ausbau der Infrastruktur dienten, stiegen jedoch von 21,2 Mill. RM auf 110,2 Mill. RM um 512 Prozent.

Während sich die Erfüllung aller Gegenwartswünsche der Marine durch die Rücksichten auf den Versailler Vertrag und die Englandpolitik noch verzögerte, wurden doch bereits die Weichen für die Zukunft gestellt. Anfang 1934 schien es Raeder für die kommenden internationalen Verhandlungen sinnvoll, losgelöst von den bisherigen Vertragsbindungen und Verhandlungsgrundlagen einen neuen Bauplan aufzustellen, für den die militärischen Auseinandersetzungen mit der französischen Flotte als Maßstab dienten. Mit den daraus resultierenden Zielplanungen vom März/April 1934 waren die als unrealistisch angesehenen Maximalforderungen der Genfer Verhandlungen aus den Vorjahren zu aktuellen Ansprüchen geworden. Es handelte sich hierbei um den letzten von der Marineführung ohne direkte Einwirkung Hitlers entstandenen Plan, der damit den Höhepunkt rein maritimer Wünsche darstellte.

Im einzelnen sollten in der Prioritätenfolge Panzerschiffe – Zerstörer – Flugzeugträger bis 1950 gebaut werden: 8 Panzerschiffe (man ging hierbei von 25 000 t und einem Kaliber von 30,5 cm aus, wie es die damaligen britischen Abrüstungsvorschläge vorsahen), 3 Flugzeugträger, 18 Kreuzer, 48 Zerstörer, 24 große U-Boote (800 t) und 48 kleine U-Boote (250 t). Drei Viertel jeder Klasse dieser Flotte sollten ständig in Dienst stehen. Wichtig war ferner das Prinzip, in Zukunft internationale Entscheidungen über qualitative Schiffbaugrenzen abzuwarten und diese Höchstgrenze dann auszunutzen. Gerade dieses Prinzip war ja bei D und E erneut zugunsten der Baubeschleunigung vernachlässigt worden.

Dieser Bauplan wurde nach Hitlers Weisung durch die Formel einer 35prozentigen Relation der deutschen zur britischen Flotte ersetzt. Dennoch sind (aus den Akten) bis zum Ende des Jahres 1934 keine neuen Pläne bekannt, die einen ähnlichen Grad der Verbindlichkeit wie der von März/April 1934 erreichten. Diese Unsicherheit hing damit zusammen, daß die Marine, wenn überhaupt eine Prozentzahl, dann eher 50 Prozent für angemessen hielt, aber in dem von Hitler gewünschten Rahmen von Verhältniszahlen keine hinreichenden Erfolgsaussichten zu erkennen vermochte. Dafür bemühte sie sich, ihre Typvorstellungen näher zu definieren und auch seestrategische Gesichtspunkte stärker einzubeziehen. Entschlossen verließ sie in den operativen Plänen den Horizont von Nord- und Ostsee und bezog den Atlantik als künftigen Kriegsschauplatz ein. Schon bei Baubeginn von D und E im Februar 1934 war jedoch abzusehen, daß die beiden Panzerschiffe künftigen französischen Neubauten unterlegen sein würden. Daher wurde Raeder bei Hitler wegen einer Verstärkung dieser Schiffe vorstellig.

Obwohl der Reichskanzler am 27. Juni 1934 (s. o. S. 455) im Hinblick auf England nur eine Erhöhung der Geschützzahl bei diesen Schiffen, nicht aber die des Kalibers zugestand, entschloß sich Raeder zum Abbruch der bisherigen Bauten und ließ eine Neukonstruktion für D und E anfertigen, die mit mehr als einjähriger Verzögerung als 9 x 28 cm-Schiffe (später „Scharnhorst" und „Gneisenau") wieder begonnen wurden. Noch vor dem zweiten Baubeginn im Frühjahr 1935 und vor dem Abschluß des Flottenabkommens war Hitler dann bereit, auch ein Kaliber bis zu 38 cm zu akzeptieren. Eine erneute Verzögerung schien Raeder jedoch nicht tragbar. Das Beispiel zeigt, wie sehr sich Hitler nunmehr in die Bauplanungen einschaltete. Fehlplanungen wie bei den Panzerschiffen D und E resultierten daraus, daß die politischen Erwartungen und die für den Schiffbau benötigte Zeit von ihm nicht angemessen berücksichtigt wurden. Eine Korrektur dieser Vorstellungen gelang Raeder weder bei dieser noch bei späteren Gelegenheiten.

Dem Drängen Raeders in der U-Bootfrage entzog sich Hitler zunächst gleichfalls. Anfang 1935 drückte Hitler jedoch plötzlich auf eine Beschleunigung des Schiffbaus auf fast allen Sektoren: U-Boote sollten sofort zusammengebaut werden, A-Kreuzer von 10 000 t mit 20,3 cm-Kaliber sowie Flugzeugträger beträchtlich – zum Teil über ein Jahr – vorgezogen werden. Beim Entwurf des ersten wirklichen Schlachtschiffes F steigerte sich das Kaliber von 33 über 35 auf 38 cm, während das errechnete Deplacement von vornherein die international übliche 35 000 t-Grenze überstieg. Weitere Bauaufträge glaubte das OKM nunmehr erst nach Fertigstellung der begonnenen Schiffe vergeben zu dürfen.

b. Schiffbaupläne zwischen Flottenabkommen und Weltmachtambitionen

Die Baupläne der Marine richteten sich zunächst wohl oder übel nach der 35%-Formel. Nach dem Stand vom 22. November 1935 konnten noch drei Schlachtschiffe in Bau gegeben werden, da die Tonnage in dieser Kategorie 1941 mit acht Schiffen – vom Panzerschiff bis zum wirklichen Großkampfschiff – verbraucht sein würde. Gleichzeitig wurde mit 5 A-Kreuzern gerechnet. Da B-Kreuzertonnage (Kreuzer bis 15 cm-Kaliber) reichlich vorhanden war, sollten zu den 6 vorhandenen bis 1945 9 weitere treten. Die tatsächliche Stapellegung des ersten Flugzeugträgers, die ursprünglich im April 1935 stattfinden sollte, wurde zugleich mit der des zweiten 1936 erwartet, während die U-Bootpläne ohne volle Ausnutzung der für diese Klasse vereinbarten 45%-Formel bis 1937 den Baubeginn von insgesamt 49 Booten vorsahen. Neben kleineren Fahrzeugen rechnete das OKM bis 1943 mit der Kiellegung von insgesamt 39 vollwertigen Zerstörern. Pläne wie der genannte waren von dem Bestreben getragen, die eingegangenen internationalen Verträge möglichst voll auszufüllen. Ihr Kennzeichen war ferner das Bemühen um eine typmäßig ausgewogene „Normalflotte“. In ihm spiegelten sich schließlich die Werftkapazitäten, die sich nunmehr als begrenzender Faktor für das Rüstungstempo bemerkbar machten, war es doch bisher nicht möglich gewesen, die 1933 in einer Existenzkrise steckenden Werftbetriebe zu einem schnelleren Ausbau der Anlagen zu bewegen. Zugrunde lagen allen Bauplänen für die Einzelschiffe Tonnageangaben, die den internationalen Limitierungen entsprachen, jedoch wurden bei Schlachtschiffen die errechneten höheren Deplacements z. T. sogar im internen Schriftverkehr der Marine verschleiert.

Darüber hinaus begannen bereits 1935 Überlegungen über eine weitere Vergrößerung von künftigen Schlachtschiffen. Unter dem Einfluß Hitlers wurden eine neue Hafeneinfahrt für Wilhelmshaven und Schwimmdocks konzipiert, die für Schiffe ausreichten, die weit über alle bisher international verwirklichten Größenvorstellungen gingen. Es blieb jedoch nicht nur bei Referentenentwürfen, sondern bis 1937 fiel die Entscheidung zum Bau dieser Großprojekte: Hafeneinfahrt und Docks, die für Schlachtschiffe von über 100 000 t geeignet waren, tatsächlich. In diesen exzessiven Größensteigerungen manifestierte sich keine seestrategische Konzeption mehr. Sie sind vielmehr in Analogie zu gleichartigen Interessen Hitlers an Monumentalität auf dem Gebiet der Architektur zu sehen, wie sie Albert Speer in jenen Jahren in Angriff nahm. In symbolischer Form suchte der „Führer" nach Ausdruck für seine Weltherrschaftspläne und fand diesen u. a. in kaum noch funktionablen Schlachtschiffen von über 100 000 t mit 53 cm-Geschützen, die zwar kaum zur Erringung von See- und Weltmacht, dafür aber um so deutlicher als Ausdruck der künftig einmal gewonnenen Position geeignet waren. Die Marine wehrte sich zwar mit Erfolg gegen den Bau von Superschlachtschiffen, jedoch zeigen ihre Vorkehrungen für die Infrastruktur und Bauplan-Überlegungen des Jahres 1937, daß derartige Schiffe in die Berechnungen einbezogen blieben.

Schon Ende 1935 drohten die zuvor in Aussicht genommenen Termine für den Kriegsschiffbau erneut umgeworfen zu werden. Hitler ließ die Möglichkeit prüfen, alle drei geplanten Schlachtschiffe (F, G und H) bereits im folgenden Jahr auf Stapel zu legen; wenige Monate später folgte die Anordnung, zu den drei bereits begonnenen A-Kreuzern noch 1936 zwei weitere (K und L), die letzten nach dem 35%-Abkommen, in Angriff zu nehmen. Die Gründe sind weniger in den kurzfristigen politischen Spannungen als in dem Bestreben zu sehen, so bald wie möglich eine große Flotte politische und militärisch einsetzen zu können. Bei den Schlachtschiffen erwies sich jedoch eine Vorverlegung aller nunmehr mit 38 cm-Geschützen vorgesehenen Schiffe aufgrund der Werftkapazitäten als unmöglich; die A-Kreuzer ließen sich nur auf Kosten der Flugzeugträger und B-Kreuzer vorziehen. So blieben die alten Baupläne weitgehend erhalten. Zwar wurde in den Bauplänen ab 1936 zunehmend anstelle des ursprünglich wichtigen Baubeginns das Datum der Fertigstellung entscheidend – ein Hinweis auf die zunehmende Kriegsbereitschaft –, jedoch erwiesen sich gerade diese Termine als immer schwerer berechenbar. Der Austausch von Schiffen einer Kategorie durch andere in den Bauplänen trug wesentlich dazu bei.

Weitere Schwierigkeiten ergaben sich, als technische Entwicklungen vielfach nicht schnell genug die Serienreife erlangten. Insbesondere die Frage des Schiffsantriebs entwickelte sich zum großen Problem. Die Panzerschiffe A bis C waren mit Dieselmotoren ausgerüstet worden. Für die größeren Nachfolger stand eine entsprechende Leistungssteigerung dieser Antriebsart jedoch noch aus. Daher fiel 1934 die Entscheidung für die nur wenig erprobten Hochdruckheißdampfanlagen, deren Kessel statt Dieselöl schweres Heizöl benötigten. Bei konsequenter Weiterentwicklung erwartete die Marine eine Ersparnis an Raum, Gewicht und Personal und erhoffte größere Fahrbereiche. Die Praxis brachte jedoch – vor allem im Zweiten Weltkrieg – gegenteilige Ergebnisse. Neben einem beträchtlich geringeren Aktionsradius verursachte vor allem die größere Störanfälligkeit Sorgen, so daß ab 1937 die Frage nach dem künftigen Antrieb wieder offen war. Ein Hinauszögern des Flottenbaus war von daher erwünscht, zumal die verschiedenen Kombinationsmöglichkeiten von Antriebsarten auch schwierige konstruktive Probleme aufwarfen, die verschiedene Lösungen, je nach dem Datum des Baubeginns, zur Folge hatten.

Die 1936 erstmals auftretenden Verzögerungen im Schiffbau setzten sich 1937 fort und führten besonders bei Zerstörern – auch aus anderen technischen Gründen – zu Terminüberschreitungen bis zu zwei Jahren.

Bei der U-Bootwaffe war trotz aller Geheimrüstung die technische Kontinuität nach dem Ersten Weltkrieg weitgehend abgerissen. Durch die Notwendigkeit, Einzelteile zu fertigen, wurden zunächst nur kleine U-Boote des Typs II A und II B (250 t) gebaut. Neben 24 Booten dieser Typen folgte bis zum 1. 3. 1936 die Kiellegung von zwei Booten des später nicht wiederholten Typs I A (750 t) sowie 10 Boote des Typs VII A (500 t). Hiermit sollten zunächst praktische Erfahrungen gesammelt werden, so daß eine Pause im U-Bootbau eintrat. Im Oktober 1936 jedoch drängte das OKM zur Entscheidung über die weitere Verteilung der 45%-Tonnage. Während Konteradmiral Guse (Chef des Marinekommandoamtes) und andere Vertreter des OKM für größere Boote plädierten, die für weit entfernte Seegebiete und für andere Gegner, als in den gegenwärtigen Kriegsplänen vorgesehen, geeignet waren, trat der Führer der U-Boote, Kapitän z. S. Dönitz, für eine Konzentration auf den Mittelmeerkriegsschauplatz ein. Als Kriegsaufgabe stellte er sich den stationären Kampf gegen feindliche Kriegsschiffe und Truppentransporte vor, nicht jedoch gegen Handelsschiffe, zumal Deutschland gerade ein Abkommen zur Humanisierung des U-Bootkrieges unterzeichnet hatte. Raeder entschied am 17. Oktober 1936 vermittelnd zwischen den gemachten Bauvorschlägen und ordnete den Bau von 4 weiteren großen U-Booten vom Typ IX A (740 t) – 4 waren bereits im Juni 1936 in Auftrag gegeben worden – und 7 mittleren vom Typ VII B (517 t) an. Aufgrund englischer U-Bootbauten konnten Anfang 1937 weitere Boote in Auftrag gegeben werden. Die Tonnage wurde zwischen 8 kleinen U-Booten (Typ II C) und 4 mittleren (Typ VII B) geteilt. Für künftige größere Minen- bzw. Artillerie-U-Boote wurden je 2000 t „aufgespart".

Die Ausweitung des Rüstungsvolumens läßt sich am besten aus der Steigerung der Haushaltsmittel erkennen. Gegenüber dem Tiefstand des Jahres 1932 von 187,4 Mill. RM stieg die Summe über 311,8 Mill. RM (1933) auf 496,5 Mill. RM (1934), 695,1 Mill. RM (1935) und erreichte 1936 1160,7 Mill. RM. Im gleichen Jahr erreichten die Ausgaben für den Schiffbau mit 48,4% den relativen Höchststand der Zwischenkriegszeit. Gegenüber 1935 hatten sie sich in absoluten Zahlen mehr als verdoppelt. Die fortdauernden Ausgaben, die in der Weimarer Zeit immer über 60% des Gesamthaushalts ausgemacht hatten, fielen demgegenüber von 40,5% (1933) auf 23,1% (1936). Die Mittel für einmalige Ausgaben (außer Schiffbau) waren zwar auch 1933 mindestens dreimal so hoch wie während der Weimarer Zeit und stiegen in absoluten Zahlen weiter an, jedoch sank ihr Anteil am Gesamthaushalt von 35,2% (1933) auf 28,5% (1936) ab. Die explosionsartige Zunahme des Gesamthaushalts wie der Verlagerung des Schwerpunkts von der Infrastruktur auf den Schiffbau wird dadurch unterstrichen.

c. *Operative und strategische Planungen*

Grundvoraussetzung für die Operationspläne der Marine blieb auch nach 1933 die Neutralität Englands in einem Krieg. Mehr und mehr erschien Frankreich als der potentielle Hauptgegner. Gegenüber Polen glaubte man mit der Indienststellung des Panzerschiffs „Deutschland" 1933 eine entscheidende Überlegenheit erreicht zu haben. Mit dem deutsch-polnischen Nichtangriffspakt vom Januar 1934 fiel jedoch dieser Gegner weg. Für fast ein Jahr glaubte man sich auf den reinen „Westfall" konzentrieren zu können.

Schon seit Ende der zwanziger Jahre wies der „Drang zum Atlantik" auf die Zukunftsziele hin. In der politischen Situation des Jahres 1934 und angesichts des wachsenden Schiffsbestandes war nunmehr eine gründliche Planung aller damit verbundenen Kriegsaufgaben sinnvoll. Ein Kriegsspiel im Frühjahr 1934 erwies, daß auch 1938 die Chancen gegenüber der französischen Flotte noch gering sein würden, da die Panzerschiffe im Gefecht den französischen Großkampfschiffen unterlegen waren.

Zur Entlastung der Schutzmaßnahmen für die eigene Überseezufuhr wurde nunmehr ernsthaft ein Angriff auf die französischen Seeverbindungen ins Auge gefaßt. Da zu Beginn eines Krieges größere Truppentransporte von Nordafrika zum Mutterland und Kriegsschauplatz erwartet wurden, sah die Marine hier auch gegenüber dem eigenen Heer eine wichtige Aufgabe. Allerdings bestand diese Chance für Überwasserstreitkräfte nur auf dem Atlantik. Für den Haupttransportweg, das Mittelmeer, blieb nur die Hoffnung auf ein Bündnis mit Italien oder ab 1936 die Aussicht auf U-Bootkrieg.

Im Zusammenhang mit der Wendung zum Atlantik wurde auch die Stützpunktfrage im Sinne Wegeners wieder akut. Die Marine erwartete, in einem künftigen Krieg werde es bald analog zum Ersten Weltkrieg zur Erstarrung der Landfronten kommen. Sie entwickelte daher als Alternative die Idee der Kriegsentscheidung durch die Marine – eine Ansicht, die an der Marineakademie zur Lehre erhoben wurde. Die Vorstellung, daß es künftig nötig und möglich sein werde, zur militärischen Besetzung der kriegsentscheidenden Basen das Heer nur noch als Hilfswaffe einzusetzen, spricht für ein erhebliches Selbstbewußtsein. An der Spitze der Wünsche der Marine stand es, Basen durch eine „vorausschauende Friedenspolitik" sicherzustellen; im Kriege wären die Stützpunkte befreundeter Länder erwünscht. Besser schien jedoch die militärische Eroberung. Die Überlegungen waren diffus und konzentrierten sich noch nicht auf feste Forderungen. Spanien, Portugal sowie einige Atlantikinseln wurden genannt, ferner die Inseln an den Nordseezugängen.

Ein besonderes Problem stellte Dänemark dar. Die Marine legte großen Wert darauf, daß die Ostseezugänge im Krieg offen blieben und erwartete, daß Kopenhagen sie auch gegen französischen Druck offen halten würde. Für den Fall, daß Dänemark das nicht tun würde, war als Ausweg die Besetzung des Landes vorgezeichnet, eine Lösung, die sich bei der Bedeutung dieses Staates für die deutsche Atlantikkriegführung sowie für die äußerst wichtige Eisenerzversorgung aus Schweden über Ost- und Nordsee aufdrängte.

Ab 1935 trat die Sowjetunion in den Brennpunkt deutscher Überlegungen für den Ostseeraum. Fortan wurde wieder – zumal nach Abschluß des französisch-sowjetischen Beistandspaktes vom 2. Mai 1935 – mit einem Zweifrontenkrieg gerechnet. Neue Ostseeaufgaben entstanden also gerade zu dem Zeitpunkt, als sich die Marine auf den Atlantik konzentrieren wollte. Freilich wurde die Rote Flotte zunächst militärisch als quantité négligeable angesehen. Erst langfristig nahm die Kriegsmarine die potentielle Bedrohung durch den Aufbau sowjetischer Seemacht ernst; doch erreichten die Vorstellungen über Basen am Finnischen Meerbusen kein konkretes Stadium. Realistischer erschien der Gedanke an eine Minensperre von der schwedischen Insel Öland bis Brüsterort (nahe der Halbinsel Hela), um so die Flanke der Erzzufuhren abzusichern und die Rote Flotte quasi einzuschließen.

4. Die Kriegsmarine im Spanischen Bürgerkrieg

Bereits in der Weimarer Zeit hatte die Reichsmarine intensive Kontakte nach Spanien geknüpft (s. o. S. 416 f.), wo sich geostrategische und wehrwirtschaftliche Interessen überschnitten und anfänglich günstige Bedingungen für politische Zusammenarbeit bestanden. Die vor allem von Korvettenkapitän Canaris betriebene eigenständige Spanienpolitik wurde von diesem zwar bis in den Zweiten Weltkrieg hinein fortgesetzt, jedoch hatte er als Admiral und Chef der Abwehr mit den unmittelbaren Marineinteressen weniger zu tun.

Das Engagement der Marine im Spanischen Bürgerkrieg begann mit dem Einsatz zum Schutz und zur Evakuierung Deutscher aus Spanien am 23. Juli 1936. Zum Teil in Verbindung mit ausländischen Marinen wurden im Laufe der Zeit 15 000 deutsche, ausländische und spanische Flüchtlinge nach Deutschland transportiert. Zunächst gelangten zwei Panzerschiffe zum Einsatz, denen bald auch Kreuzer und Torpedoboote sowie später U-Boote folgten. Sie wurden unter einem „Befehlshaber der Spanienstreitkräfte“ zusammengefaßt. Bis Ende 1938 operierte regelmäßig ein Verband in spanischen Gewässern. In je nach Einschätzung des Ausmaßes der Krise schwankender Stärke wurden bis auf die Schul- und Ausbildungsschiffe alle größeren deutschen Einheiten – außer Zerstörern – vor Spanien eingesetzt. Die im Rahmen des Schutzes deutscher Staatsangehöriger veranstalteten Seepatrouillen sowie die Stationierung von Schiffen in spanischen Häfen als Funk- und Versorgungsstellen entwickelte sich schnell zur Nebenaufgabe.

Die Kriegsmarine übernahm nach der von Franco am 25. Juli 1936 erbetenen Entscheidung Hitlers, die Rebellen zu stützen, die Sicherung des Transportes der benötigten Rüstungsgüter. Im Einvernehmen mit dem Sonderstab W des Kriegsministeriums charterte das OKM Frachtschiffe und stattete sie für die Transporte materiell und personell aus. Die aus wechselnden deutschen Häfen (ab 1937 fast ausschließlich aus Hamburg) auslaufenden Schiffe änderten nach Passieren des Ärmelkanals Aussehen und Namen, fuhren von dort an unter der Flagge Panamas und wurden bei Annäherung an Spanien unauffällig aus der Ferne durch deutsche Kriegsschiffe begleitet, damit sie nicht von republikanischen Kriegsschiffen behelligt wurden. Die Sicherung der auf der Rückfahrt zumeist mit Rohstoffen beladenen Frachter wurde seit Oktober 1936 weitgehend eingeschränkt. Bis 1939 fuhren insgesamt 170 „Sonderdampfer“, die alle unbehelligt blieben.

In zweiter Linie diente der Einsatz der Kriegsmarine zur Informationsbeschaffung aus allen Teilen Spaniens von beiden Seiten der Fronten. Neben die militärische Aufklärung im republikanischen Spanien, insbesondere über die Marine, die deutschen wie „nationalspanischen“ Stellen weitergegeben wurde und die auch auf englischen und italienischen Nachrichten beruhte, trat eine umfangreiche politische Berichterstattung der Befehlshaber, die zuweilen den Informationen der diplomatischen Vertreter zuvorkam, diese ergänzte oder übertraf.

Wiederholt waren deutsche Schiffe an Vergeltungsmaßnahmen wegen Zwischenfällen mit deutschen Handelsschiffen beteiligt und führten begrenzten Handelskrieg, so vor allem beim „Palos“-Zwischenfall im Dezember 1936. Die deutlichste Beteiligung an den innerspanischen Auseinandersetzungen stellte die von deutschen Kriegsschiffen zwischen August und November 1936 versuchte Befreiung des inhaftierten Falangeführers Primo de Rivera aus dem Gefängnis in Alicante dar. Jedoch führten weder Bestechung zum Erfolg, noch wurde der zeitweilig erwogene militärische Einsatz durchgeführt.

Anders als die italienische Flotte wurden deutsche Kriegsschiffe nicht in Kämpfe mit spanischen Kriegsschiffen verwickelt. Zum Waffeneinsatz kam es nur bei der Kaperung dreier republikanischer Dampfer im Jahre 1937 und bei der Beschießung von Almeria am 31. Mai 1937.

Ein internationaler Nichteinmischungsausschuß (Non-Intervention Commitee – NIC), den fast alle an Spanien interessierten Staaten beschickten, tagte seit September 1936 mit deutscher Beteiligung in London. Er beschloß am 16. Februar 1937 zur Einhaltung des Freiwilligen- wie Waffenembargos die Einführung einer Land- und Seekontrolle der spanischen Grenzen. Kriegsschiffe Englands und Frankreichs vor „weißspanischen“, Deutschlands und Italiens vor „rotspanischen“ Küsten sollten feststellen, ob nach Spanien laufende Handelsschiffe aus NIC-Ländern den vorgesehenen neutralen NIC-Beobachter an Bord hatten, der das Ausladen in spanischen Häfen überwachen sollte. Angesichts technischer Schwierigkeiten bei der Durchführung einer lückenlosen Kontrolle sowie der Tatsache, daß z. B. deutsche Rüstungsgüter unter der nicht erfaßten Flagge Panamas fuhren, war die Seekontrolle eine mit großem Aufwand durchgeführte Farce.

Während der Seekontrolle häuften sich aus bis heute umstrittenen Gründen Ende Mai 1937 leichte Zwischenfälle bei der Begegnung überwachender Kriegsschiffe mit See- und Luftstreitkräften der Republik. Trotz derartiger Vorwarnungen wurde am 29. Mai 1937 das Panzerschiff „Deutschland“ auf der Reede vor Ibiza völlig überrascht und leistete daher keine Gegenwehr, als es aus der Luft angegriffen wurde. 106 Opfer, darunter 31 Tote, waren die Folge.

Obwohl Neurath, Blomberg und Raeder zurückhaltende Vorschläge für eine deutsche Reaktion machten, entschied sich Hitler in großer Erregung für eine sofortige Vergeltungsmaßnahme. Sie wurde in der Versenkung eines spanischen Linienschiffs und der Beschießung der Stadt Almería gefunden. Aufgrund technischer Pannen erfolgte am Morgen des 31. Mai nur verspätet die als sekundär angesehene Beschießung der befestigten Stadt durch das Panzerschiff „Admiral Scheer". Diese Vergeltungsmaßnahme war gekoppelt mit einem vorläufigen Rückzug aus dem NIC und von der Seepatrouille, der erst, nachdem die Seemächte vereinbart hatten, bei Zwischenfällen künftig gemeinsame Schritte zu unternehmen, am 16. Juni 1937 rückgängig gemacht wurde. Jedoch bereits am 18. Juni meldete der Kreuzer „Leipzig" aus dem Mittelmeer, er sei mit einem – nicht detonierten – Torpedo angegriffen worden. Die Ursachen der Farbkratzer am Schiff sind bis heute nicht geklärt worden. Obwohl in den vorangegangenen Tagen auf deutscher Seite eine Reihe von Vergeltungsmaßnahmen festgelegt worden war, bemühte sich die deutsche Diplomatie diesmal, das NIC zu gemeinsamen Vorgehen zu bewegen. Nach dem Scheitern dieser Versuche zog sich die deutsche Seite am 23. Juni endgültig aus der Seekontrolle zurück. Aus Sorge vor weiteren Opfern oder Beschädigungen hielten sich die deutschen Spanienstreitkräfte von nun an weitgehend vom Mittelmeer fern und wurden, nach vorübergehender Verstärkung aufgrund neuer Zwischenfälle, im Herbst 1937 zahlenmäßig verringert.

Das OKM stand dem Spanienengagement zwiespältig gegenüber. Auf der einen Seite brachte der weitgehend unter kriegsähnlichen Bedingungen durchgeführte Einsatz und die Schwierigkeit der Nachrichtenübermittlung eine intensivere Flottenausbildung als sonst üblich. Ferner gab die Überwachung der internationalen Schiffahrt Gelegenheit, den Handelskrieg als Manöver zu üben.

Noch wichtiger als der unmittelbare militärische Wert des Spanieneinsatzes war für die Kriegsmarine die Bestätigung, international wieder voll anerkannt zu sein. Die gleichberechtigte Tätigkeit als internationale Kontrollmacht erlaubte es, wieder vom Horizont einer auf den Weltmeeren verkehrenden Seemacht auszugehen und somit nach innen wie nach außen den Anschluß an den internationalen Standard unter Beweis zu stellen.

Auf der negativen Seite stand der Ausfall bestimmter Ausbildungsvorhaben, die sonst üblich gewesen wären. An die Stelle von Systematik trat für einen großen Teil der Flotte die durch den Einsatz bestimmte Improvisation. Das übliche Herbstmanöver fiel z. B. 1936 wegen Spanien aus. Darüberhinaus bedeutete der langdauernde Einsatz eine außergewöhnliche Beanspruchung des Materials mit frühzeitigen Abnutzungserscheinungen, die angesichts des noch geringen Umfangs der fertiggestellten Flotte bedenklich waren.

Da die Marine ferner die Schwierigkeiten einer langfristigen und materiell für den Kriegsausgang entscheidenden Unterstützung Francos erkannte, äußerten sich ihre Befehlshaber wiederholt skeptisch über Ausweitung und Sinn eines weiteren deutschen Engagements. Zwar war vor allem aus seestrategisch-geopolitischen Erwägungen auch für die Zukunft eine Kooperation mit Spanien anzustreben und die Benutzung von Stützpunkten für die Atlantikkriegführung zu sichern, die meisten Berichterstatter meinten jedoch, daß wohlwollende Neutralität des militärisch schwachen Spanien günstiger sein würde als die direkte Kriegsbeteiligung auf deutscher Seite.

Über die Parteilichkeit des Flotteneinsatzes vor der Küste und in den Häfen Spaniens ging die Beratertätigkeit einer deutschen Marinemission noch hinaus. Die „Marinegruppe Nordsee" genannte Spezialtruppe wurde seit November 1936 erheblich verstärkt, umfaßte jedoch nie mehr als 10 Offiziere und 70 weitere Mitglieder. Sie wurde von dem deutschen Marineattaché Korvettenkapitän Meyer-Döhner geleitet und gehörte formell zur „Legion Condor" der Luftwaffe. Bis zum Ende des Bürgerkriegs und darüber hinaus war die „Marinegruppe" in vielfältiger Weise für die Marine Francos tätig. Vor allem bildete sie spanische Offiziere aus und beriet die Spanier auf den verschiedensten Sektoren der Waffentechnik (z. B. half sie bei der Aufstellung von Küstengeschützen ebenso wie beim Einfahren von Schnellbooten). Schließlich wurde von ihr auch die Organisation der Versorgung für die übrigen deutschen Spanienstreitkräfte der Luftwaffe und des Heeres durchgeführt.

5. Probleme der Marinerüstungswirtschaft

Die Marine war traditionell um ein gutes Verhältnis zu der für sie wichtigen Rüstungsindustrie bemüht. Die Liste der Firmen, die nach dem Ersten Weltkrieg von der IMKK bzw. NIACC zur Herstellung von Kriegsmaterial zugelassen wurden, beschränkte jedoch den Spielraum sehr stark. Teils produzierten Firmen erstmals überhaupt Marinegüter, teils bedeutete aber auch ihre Monopolstellung überhöhte Preise, die von der Marine nur ungern gezahlt wurden.

Über diesen Kreis von Firmen hinaus bemühte sich die Marineleitung bereits seit etwa 1925, im geheimen für die Fertigung im Kriegsfall Industriekapazitäten zu sichern und begann daher, auch finanzielle Mittel von jährlich ca. einer Million RM aufzuwenden. Ab 1933 stiegen diese Gelder sprunghaft von 7,4 Mill. RM bis 1939 auf 79,7 Mill. RM an (sog. „Kriegsindustrie"). Die Beschleunigung des Rüstungstempos reduzierte diese Kapazitäten und ergab Engpässe für das laufende Schiffbauprogramm. Für deren unter dem Stichwort „Friedensindustrie" zusammengefaßte Beseitigung gab die Marine von 1934 bis 1936 jährlich ca. 17 Mill. RM aus; in den folgenden Jahren erhöhte sie diesen Betrag über 18,6 Mill. RM, 97,5 Mill. RM auf 238,9 Mill. RM im Jahr 1939.

Als ihr ureigenstes Interessengebiet betrachtete die Marine die Werftindustrie. Nach dem Weltkrieg gelang es ihr, durch eiligen Kreuzerneubau die marineeigene Werft in Wilhelmshaven zu erhalten; die Kieler Werft wurde dagegen dem Schatzministerium, später dem Finanzministerium unterstellt, während die

Marine nur einen kleinen Teil als Arsenal behielt. Zwar bemühte sie sich ab 1925 um eine gezielte Unterstützung bestimmter Privatwerften, eigene Aufträge und Einwirkungsmöglichkeiten waren jedoch äußerst gering. Die wenigen Schiffbauten und Reparaturen wurden (außer bei kleinen Schiffen) ausschließlich an die Reichsmarinewerft Wilhelmshaven sowie an die staatlichen Deutsche Werke Kiel AG (DWK) gegeben. Für die Privatwerften blieb angesichts der Stagnation auf dem deutschen Markt nur der Verweis auf Auslandsaufträge. In der Weltwirtschaftskrise sah die Marine keine Aussicht zur Förderung der Privatwerften, die in eine schwere Krise gerieten und von den drei Möglichkeiten „Konkurs", „Fusion" oder „Sanierung aus Reichsmitteln" die letztere bevorzugten. Hier war die Marine gleichfalls aus dem Entscheidungsprozeß über die Verteilung der Mittel weitgehend ausgeschaltet und konnte nur Anfang 1933 die Fortführung der DWK sicherstellen, die sie als Reparaturmöglichkeit im Ostseebereich benötigte. Zur gleichen Zeit bemühte sie sich in ihrem beschränkten Rahmen, insgesamt die deutsche Rüstungsindustrie zur Schaffung neuer Kapazitäten durch den Export von Rüstungsgütern anzuhalten.

Ab 1934 konnten die Kriegsschiffaufträge der Marine auch wieder an die privaten Großwerften vergeben werden, jedoch bedeutete deren Schrumpfungsprozeß während der Krise auch eine Verkleinerung der Anlagen, die nur geringen Spielraum für die Verteilung der größeren Kriegsschiffe (vom Kreuzer ab) auf die Hellinge zuließen. Daher zeigte sich bereits 1935, daß die Werftkapazitäten für eine Ausweitung des Kriegsschiffbaus nicht ausreichten, zumal der Handelsschiffbau wieder zu florieren begann. In dem Bestreben nach Einschränkung der Privataufträge an Werften hatte das OKM sich auch gegen das Kriegsministerium durchzusetzen, für das der Devisengewinn durch den Bau von Handelsschiffen für ausländische Rechnung wichtiger war.

Während Blomberg und Göring zur Ersparnis von Devisen den Bau einer zur Fettgewinnung benötigten Walfangflotte erwogen und die Handelsschiffahrt zu dem Prinzip überging, vorsorglich Hellinge bei den Werften zu belegen, die dann gegenüber der Kriegsmarine als verplant ausgegeben werden konnten, ordnete das OKM nach ersten Bauverzögerungen und angesichts der Steigerung des U-Bootbauprogramms im Herbst 1936 „schärfsten Druck auf die am Bau beteiligte Rüstungsindustrie an".

Die Autarkieplanungen, die im August 1936 in den Vierjahresplan einmündeten, liefen den Vorstellungen der Marine entgegen, beabsichtigte sie doch, langfristig eine solche Politik durch Schutz des Überseehandels überflüssig zu machen. Allerdings handelte es sich beim Vierjahresplan nur um Maßnahmen, die neben eine Stärkung des Außenhandels treten mußten. Da die beabsichtigte Treibstoffsynthese für die Marine weder die nötigen Mengen noch die richtigen Qualitäten liefern konnte, bemühte sie sich, zumal Treibstoff ohnehin auf Auslandsreisen übernommen werden mußte, verstärkt um eigene Ölpolitik. Damit knüpfte sie wieder an Ansätze der zwanziger Jahre unter Lohmann und Canaris an. Nur der Einkauf in den Ölschieferbergbau in Estland war erfolgreich. Die aussichtsreichen Verhandlungen mit internationalen Ölkonzernen über Konzessionen in

Mexico und im Nahen Osten scheiterten im Ressortkampf und an der Devisenknappheit des Reiches.

Ein weiterer Engpaß, den der Vierjahresplan verkleinern sollte, war neben der Gummisynthese die Stahlversorgung. Hier blieb die erwähnte Erzzufuhr aus Schweden grundlegend für die weiteren Planungen. Der schnell steigende Bedarf führte Ende 1936 kurzfristig zur Notwendigkeit, die Stahlmengen zu kontingentieren. Anfang 1936 hatte sich die Marine bei Rüstungsgesprächen noch mit dem Argument durchsetzen können, ihr Programm sei auf Hitlers Weisung hin so stark ineinander verflochten, daß eine Änderung nicht in Frage komme. Als nunmehr Anfang 1937 Stahlkontingente beim Kriegsministerium angefordert wurden, stellte Raeder erneut den Anspruch auf volle Zuteilung. Nach seiner Auffassung führten die Verzögerungen bei den Rüstungen der anderen Wehrmachtteile zu kleineren Stückzahlen, bei der Marine hingegen zur verspäteten Fertigstellung ganzer Schiffe und somit zu einer untragbaren Verzögerung des Schiffbauplans. Unterstützt wurde dieser dringende Appell zur Förderung der Marine durch einen seestrategischen Vortrag am 3. Februar 1937 vor Hitler und hohen Regierungs- und Parteifunktionären. Dadurch suchte der ObdM nicht nur Hitler von den Prinzipien des Krieges um Seeverbindungen und der Bedeutung von Basen an den Weltmeeren zu überzeugen, sondern er appellierte mit der Warnung vor dem schnellen Wandel außenpolitischer Konstellationen auch an Hitlers Entscheidung bei den anstehenden Rüstungsprioritäten, durch die die Marine langfristig festgelegt werde.

Ohne daß zunächst ein Eingreifen Hitlers erkennbar wäre, erhielt die Marine bei einem angegebenen Bedarf von 59 000 t Stahl mit 45 000 t bzw. 50 000 t monatlich noch eine recht gute Quote. Dennoch traten sogleich Engpässe auf. Einzelne Firmen weigerten sich sogar aufgrund der Rohstofflage, die ihnen zugedachten Aufträge anzunehmen, da das Kontingentierungssystem unter beträchtlichen Anlaufschwierigkeiten litt. Wenn auch die Marine günstiger davonkam als Heer und Luftwaffe, so meldete Raeder doch erneut schwerwiegende Bedenken für die Durchführung des ganzen Schiffbauprogramms an.

6. Ausweitung und Motivation der Bauplanungen 1937/38

Neben die Verknappung der Rüstungsmaterialien trat 1937 eine beträchtliche Ausweitung der Baupläne. Informelle Mitteilungen britischer Gesprächspartner machten es wahrscheinlich, daß durch britische Schlachtschiffbauten auch weitere deutsche Neubauten, über Schlachtschiff H hinaus, möglich werden würden. Am 11. Januar 1937 ordnete Raeder an, neben H auch Schlachtschiff I im gleichen Jahr in Bau zu geben. Bereits wenige Monate später war davon die Rede, noch zwei weitere Schlachtschiffe zu bauen. Daran wäre nichts Außergewöhnliches gewesen, wenn auf diese Weise ein neues, ab 1942 laufendes Programm aufgestellt worden wäre, jedoch deuten alle Hinweise darauf hin, daß es sich um eine weitere Beschleunigung des Bautempos bis zu diesem Jahr hin handeln sollte. Schließlich wurden im Juli 1937 erstmals Überlegungen über insgesamt sechs neue Großkampfschiffe mit den Bezeichnungen H bis N angestellt, die auf alle Fälle über das 35%-Abkommen hinausgingen. Nach den ersten Werftbelegungsplänen war ihr Bau bis zum 1. 1. 1944 möglich, wenn auch die letzten zwei auf den Hellingen der ersten zwei entstehen mußten. Diese zunächst noch vagen Überlegungen verschwanden bis zum Kriegsbeginn 1939 nicht mehr aus den Marinekalkulationen. Im OKM breitete sich die Ansicht aus, ein allgemeines internationales Wettrüsten beginne, während die Operationspläne gleichwohl zunächst ganz auf den Zweifrontenkrieg gegen Frankreich und die Sowjetunion ausgerichtet blieben.

Diese unzureichende Begründung der Ausweitung und Beschleunigung in den Bauplänen wird nur dann voll verständlich, wenn die treibende Rolle Hitlers anerkannt wird, der nur auf diesen Punkt rekurrierte und wahrscheinlich eine strategische Umstellung der Marinepläne auf England nach wie vor ablehnte. Das ergibt sich daraus, daß der genannte Großflottenbau im OKM mit der zugegebenermaßen unzutreffenden Begründung eines „defensiven Handelskrieges" versehen wurde, die wohl auf einen Laien in seestrategischen Fragen wie Hitler abzielte.

Andererseits kam eine Studie vom Mai 1937 zu dem Schluß, daß künftig mehrere Kriegsfälle zu planen seien. Neben den bisher aktuellen Möglichkeiten eines Krieges gegen Frankreich und/oder die Sowjetunion wurde erstmals ein Krieg gegen England allein oder in Verbindung mit den beiden anderen Mächten genannt. Daß nicht diese neue Erkenntnis den Bauplänen zugrunde lag, ergibt sich daraus, daß die Studie gerade zur Überzeugung kam, ein Krieg gegen England sei aussichtslos, und in einem solchen Fall müsse „die Politik" sich den Möglichkeiten der Militärs anpassen. Das OKM zog unsicher einen Zirkelschluß von der Wahrscheinlichkeit einer künftigen Gegnerschaft Englands zur Unmöglichkeit, diesem Fall zu begegnen, und plante daher wieder im traditionellen Rahmen operativ. Dagegen äußerten sich die mit der Studie angesprochenen Befehlshaber wesentlich deutlicher und ohne die in Berlin zunehmenden Rücksichten gegenüber Hitlers Autorität: Admiral Schultze, der Kommandierende Admiral der Nordseestation, lehnte die Diskussion einer solchen aussichtslosen Kriegskonstellation aufgrund der Erfahrungen des Weltkriegs ab und forderte entsprechende Vorstellungen bei Hitler; Admiral Albrecht, sein Kollege in Kiel, hielt den Fall England für den wahrscheinlichsten, sah jedoch keinerlei Aussichten, während Admiral Carls, der Flottenchef, in für ihn charakteristischer Weise die radikalste Schlußfolgerung zog und die vorsichtig vorbereitete Wende gegen England ohne Zögern als gegebene Tatsache akzeptierte. Carls zog sogleich die Folgerung, man müsse in der Stützpunktfrage aktiv werden und im Kriegsfall Dänemark überfallartig besetzen, eine Frage, deren Bedeutung Raeder unterstrich. Dennoch blieben die konkreten Vorbereitungen der Marine unterhalb dieser Schwelle zunächst weiter auf den traditionellen Zweifrontenkrieg fixiert.

Der nicht von allen Autoren geteilte Schluß, daß der Horizont der Baupläne nunmehr zwischen Marine und Hitler auseinanderzutreten begann, liegt nahe, zumal falls das nach 1945 behauptete angebliche Verbot Hitlers, den „Fall England" operativ zu untersuchen, tatsächlich erging. Denn während das OKM sich zögernd an diesen neuen Fall herantastete, sorgte Hitler für die Beschleunigung und materielle Ausweitung des Bauprogramms, ohne England zu erwähnen. Er rechnete nun zwar nicht mehr mit dem baldigen Abschluß eines festen Bündnisses mit dem Inselreich, begann aber daran zu denken, sein Expansionsprogramm auf dem Kontinent ohne England in die Tat umzusetzen. Ein allgemeiner Weltmachthorizont leuchtete für ihn bereits hinter dem Marineprogramm auf, der den militärischen Fachleuten angesichts britischer Seemacht unverantwortlich erschienen wäre, wenn der „Führer" mit ihnen darüber detailliert gesprochen hätte.

Gerade angesichts der Ausweitung des Schlachtschiffprogramms – die Planungen der anderen Schiffstypen blieben vorläufig im bisherigen Rahmen, doch war den Fachleuten klar, daß auch diese folgen mußten – fielen die Verzögerungen im Schiffbau 1937 durch Fehlentwicklungen und Materialknappheit besonders ins Gewicht. Die Marine begann daher in Zusammenarbeit mit dem Heer ein Großprojekt zur Förderung heimischer Eisenerze bei Salzgitter, das jedoch durch die ebenfalls Mitte 1937 begonnenen „Hermann-Göring-Werke" z. T. konterkariert wurde. Aber auch diese erst längerfristig wirksamen Pläne zur Tiefenrüstung beanspruchten zunächst beträchtliche Anteile der Rohstoffe und Gelder, die den aktuellen Rüstungen entzogen wurden. Angesichts der Bauverzögerungen bei fast allen Schiffen (von wenigen Monaten bis zu zwei Jahren) forderte Raeder am 25. Oktober 1937 von Blomberg und somit indirekt von Hitler eine bevorzugte Zuteilung von Rohstoffen u. a. für den Kriegschiffbau. Als Alternative gebe es nur eine einschneidende Kürzung aller Baupläne:

„Zu dem befohlenen Endtermin der Flottenaufrüstung würde somit eine Kampfflotte mit nur zwei 35 000 t-Schiffen verfügbar sein, die weder einem einzelnen unserer denkbaren Gegner gewachsen wäre, noch einen ausreichenden Bündniswert besitzen würde. Die Zurückstellungen und Streichungen würden also nicht allein eine erhebliche Minderung der Kriegsbereitschaft der Marine mit sich bringen, sie würden vielmehr auch bei friedlicher Entwicklung von einschneidender außenpolitischer Wirkung sein. Da somit die jetzt zur Frage stehenden Maßnahmen in ihren Folgen über meinen Verantwortungsbereich hinausgehen, sehe ich mich außer Stande, von mir aus einen Vorschlag für das Umwerfen der Rüstungsprogramme der Kriegsmarine zu machen. Ich halte es vielmehr für notwendig, daß eine sofortige Entscheidung des Führers herbeigeführt wird."

In einem auf Hitler berechneten Kalkül von Kriegswahrscheinlichkeit und Friedensmöglichkeit hatte der ObdM also ein Ultimatum gestellt. Angesichts des sich auch bei den anderen Wehrmachtteilen ankündigenden Auseinanderklaffens von Zielplanungen und Möglichkeiten zur Durchführung reagierte Hitler in einer bis Kriegsbeginn noch mehrfach wiederholten Weise: eine Anpassung von Kapazitäten und Bauprogrammen kam angesichts der axiomatisch feststehenden

Expansionsziele nicht in Frage; so blieb nur der Appell an seine wichtigsten Berater, dennoch alles gleichzeitig in Angriff zu nehmen. Die Rede vom 5. November 1937, bekannt durch die „Hoßbach-Niederschrift", diente dem Zweck, durch partielle Aufdeckung der nächsten Eroberungsziele die Militärs für sich einzunehmen. Deutlich wurden das auch in Hitlers Sicht gewachsene Kriegsrisiko und seine eigene Bereitschaft zum Krieg.

Die Schlußfolgerung, die zumindest Raeder aus Hitlers Vortrag zog, war der Vorschlag zu verstärktem U-Bootbau bis zu der im Flottenabkommen vorgesehenen Parität mit England (100% statt bisher 45%). Diese Maßnahme, die Hitler akzeptierte, ist als Ausdruck der von der Marine als wahrscheinlich angesehenen Gegnerschaft Englands zu sehen, konnte doch durch die U-Bootrüstung kurzfristig ein gegen England wirksames Kriegsmittel erstellt werden. Über einen solchen akuten Anlaß hinaus ging jedoch Hitlers am gleichen Tag gefällte Entscheidung, der Marine fortan eine monatliche Stahlzuteilung von 74 000 t (statt bisher 45 000 t) zukommen zu lassen sowie den Großausbau der Marinestahlerzeugung bei Salzgitter durch weitere Kontingente zu fördern. Hitler akzeptierte am 5. 11. also kurzfristige Kriegsvorbereitungen gegenüber England, ohne damit eine militärische Gegnerschaft dieses Staates bereits anzuerkennen. Er legte aber auch gegenüber Heer und Luftwaffe eine Priorität des sehr viel längerfristigen Schlachtschiffbaus fest, der bereits auf fernere Weltmachtziele nach Eroberung der Kontinentalhegemonie in Europa hinwies.

Die Ausweitung des Schiffbauplans unter dem Zeichen zunehmender Expansionsabsichten Hitlers auf dem Kontinent kam am 21. Dezember 1937 mit einem für die Infrastruktur verbindlichen Bauplan zum Abschluß, der u. a. die sechs neuen Schlachtschiffe vom Typ H sowie zehn leichte Kreuzer des neuen Typs M vorsah. Die weiteren U-Boote folgten in den Plänen erst 1938, jedoch stellte sich hierbei heraus, daß diese nicht gleichzeitig mit den bisherigen in Angriff genommen werden konnten, sondern erst im Anschluß daran. Ebenso war von einem Baubeginn der ersten Schlachtschiffe vom Typ H wie Kreuzer vom Typ M nicht mehr 1937, wie zuvor geplant, die Rede, zumal die Entwürfe laufend weiter entwickelt wurden. Ferner konnten angesichts der Neuplanungen zunächst weder die zur Verfügung gestellten Rohstoffe, noch die Gelder voll ausgenutzt werden. Der Anteil des Schiffbaus am Gesamthaushalt sank von 40,8% (1937) auf 26,1% (1938), während die sonstigen einmaligen Ausgaben von 36,3% auf 50,9% anstiegen. Der Gesamthaushalt wuchs von 1478,5 Mill. RM auf 1756,3 Mill. RM.

Bei Raeder bildete sich die Vorstellung aus, die Marine befinde sich in einer vergleichbaren Lage wie vor 1914. Nur schienen die Aufgaben schwerer zu bewältigen, da das Rüstungstempo noch größer war. Er zeigte sich angesichts der Zukunftsperspektive, die er immer ideologisch vorwegzunehmen getrachtet hatte, die nun aber überraschend schnell eintrat, in seinem Amt zwischen den materiellen Möglichkeiten einerseits, Loyalität und Hoffnungen gegenüber Eingriffen Hitlers andererseits überfordert. Krampfhaft versuchte er, die ihm gestellten Ziele zu erfüllen.

7. Die Auseinandersetzungen um eine neue Marinekonzeption und der Z-Plan

a. Schlachtflotte oder Handelskriegsflotte?

Da der Marine zunächst keine Motive für die neuen Schlachtschiffe gegeben wurden, war die Deutung unterschiedlich. Während einige Offiziere Anfang 1938 immer noch an Fallplanungen im Rahmen des 35%-Abkommens glaubten, rechneten andere mit nahen Kriegsaussichten, denen durch schnellstmögliches Rüstungstempo zu begegnen war. Raeder selbst äußerte erstmals am 12. April 1938 vor einem größeren Kreis, er rechne „heute in einem Krieg *mit Frankreich auch mit England*". Zugleich benutzte er jedoch die Gelegenheit, seine Untergebenen eindringlich vor der für Marineoffiziere seit Wegener naheliegenden Folgerung zu warnen: Stützpunkte seien zwar äußert erwünscht, jedoch sei „zunächst" bei allen Überlegungen von der gegenwärtigen territorialen Gestaltung Europas auszugehen. Diese Ausführungen zeigten einerseits, wie entschlossen führende Marineoffiziere aus dem Wandel der politischen Lage eine militärische Folgerung ableiteten, mit der sich Raeder vorläufig nicht identifizierte, andererseits aber auch die Einseitigkeit von Hitlers Marineinteresse, das in dieser Frage nicht ohne weiteres zu aktivieren war.

Hitlers Ziele und die Schlachtschiff-Frage

Erst in der Maikrise 1938 machten Äußerungen Hitlers der Marine deutlich, daß künftig auch der „Führer" bei einem Krieg mit dem Eingreifen Englands rechne. Er überließ es jedoch nicht mehr den Militärs, fachlich durchdachte Schlußfolgerungen zu ziehen, sondern setzte selbst, institutionell abgesichert durch die formelle Übernahme des Oberbefehls über die Wehrmacht (4. Februar 1938), abgestufte Maßnahmen fest. Er bestimmte als aktuelle Aufgabe für den Herbst 1938 die „Zerschlagung" der Tschechoslowakei. Daneben setzte er am 28. Mai 1938, wie bereits ein halbes Jahr zuvor, in einer Rede führenden Offizieren seine Auffassung von der politisch-strategischen Lage auseinander. Daraus ergab sich, daß er nicht mit einem Entscheidungskrieg zwischen England und Deutschland in der Gegenwart rechnete, sondern nur begann, englische Hilfe für Frankreich in einem nahe bevorstehenden Krieg einzukalkulieren. England mußte daher in seiner Sicht nur militärisch vom Kontinent verdrängt werden.

Schließlich gab Hitler per Fernschreiben angesichts dieser Analyse am 24. Mai detaillierte Anweisungen. Ihm ging es einmal um die kurzfristig wirksamen Maßnahmen gegenüber England. Dabei handelte es sich um die größtmögliche Beschleunigung des U-Bootbaus bis zur Stärke der britischen Tonnage, die die Marine bereits vorher als äußerst schwierig bezeichnet hatte. Ferner verlangte er eine frühere Fertigstellung der beiden ersten vollwertigen Schlachtschiffe F und G (später „Bismarck" und „Tirpitz") im Frühjahr 1940 und den beschleunigten Einbau einer stärkeren Bewaffnung bei D und E („Scharnhorst" und „Gneisenau"). Daß es sich dabei nicht nur um politische Druckmittel, sondern auch um die Bereitschaft zur Anwendung des militärischen Potentials handelte, zeigt Hitlers weitere Forderung nach der Vorbereitung eines erst bei Kriegsbeginn einsetzenden verstärkten U-Bootbaus. Hitler hoffte, mit diesen Maßnahmen die offenbar in wenigen Jahren (etwa 1941) erwartete Einmischung Englands in seine kontinentalen Eroberungspläne abzuwehren.

Hitler forderte nämlich nicht nur eine Beschleunigung des Baus der geplanten sechs Schlachtschiffe des Typs H, sondern die „Bereitstellung von 6 Hellingen für größte Schiffe, damit beschleunigter Bau gegebenenfalls nicht daran scheitert", wie es der Marineadjutant v. Puttkamer im Fernschreiben formulierte. Möglicherweise zielte dieser Terminus auf die Superschlachtschiffe (s. S. 466 f.); deutlich war aber, daß Hitler an einen künftigen Serienbau von Großkampfschiffen dachte. Nach seiner Auffassung sollte es also nicht bei den bisher geplanten Schlachtschiffen H bis N bleiben. Diese Anordnungen, die erst ab Mitte der vierziger Jahre wirksam werden konnten, deuten auf die Phase in Hitlers Zielplanungen, in denen England schon nicht mehr als Hauptgegner angesehen wurde. Die Marine hielt aber erst diese Flotte für durchschlagend gegenüber England.

Das OKM bemühte sich, Hitlers Wünsche so weit wie möglich zu erfüllen, jedoch neben der begrenzten Hellingkapazität und Stahlerzeugung erwies sich nunmehr der Mangel an Facharbeitern als weiterer hemmender Faktor. Anwerbungen aus anderen Teilen Deutschlands waren enge Grenzen gesetzt. Zumal die unzureichenden Arbeitsbedingungen, Wohnverhältnisse sowie die schlechteren Löhne gegenüber Luftwaffenbetrieben führten einerseits zur Abwanderung, andererseits zu wachsender Unzufriedenheit der Arbeiterschaft auf den Werften. Die Marine bemühte sich zwar um eine Beseitigung von Mißständen, stellte jedoch die Sozialpolitik nicht in den Vordergrund ihrer Anstrengung. Vielmehr diente die vor allem für den Bau des „Westwalls" erlassene Verordnung über die Dienstverpflichtung gerade auch den Interessen der Marine. Das soziale Klima wurde dadurch weiter verschlechtert.

Die Kreuzerkriegspläne des OKM

Die Reaktion Raeders auf die seit einem Jahr intern konstatierte, aber erst im Sommer 1938 von Hitler bestätigte Wendung gegen England war bezeichnend. Obwohl alle Baupläne seit dieser Zeit ihr Aussehen gewandelt hatten und wieder die Infrastrukturrüstungen in den Vordergrund traten, beauftragte er erst im Sommer 1938 den ersten Admiralstabsoffizier der Operationsabteilung, Fregattenkapitän Heye, mit einer grundsätzlichen Studie über den Seekrieg gegen England. Das im August 1938 vorliegende Ergebnis war, daß man wegen der britischen Überlegenheit mit dem Ende der deutschen Überseezufuhr rechnen müsse und sich daher ganz auf den Kampf gegen die englischen Seeverbindungen konzentrieren könne. Da England die Nordseezugänge blockieren werde, sei eine deutsche Schlachtflotte, gleich welcher Größe, im Kampf gegen die Blockadestellung immer unterlegen. Im Sinne einer Schwerpunktbildung müsse daher vorwiegend ein neuer Panzerschifftyp für den Handelskrieg gebaut werden, der im Verband mit leichten Kreuzern, Spähkreuzern und U-Booten die einzige Erfolgschance überhaupt biete. In der Einsicht, daß die Nordseezugänge nicht passierbar seien, kehrte Heye zu der von Raeder im April abgelehnten Stützpunktforderung zurück und unterstrich besonders den Wert des französischen Atlantikhafens Brest.

Es ist sehr wahrscheinlich, daß Raeder den Kern dieser Vorstellungen Heyes akzeptierte, zumal er am 1. November 1938 Hitler ähnliche Schiffbauvorschläge machte wie Heye.

Raeder äußerte sich jedoch zunächst nicht, sondern ließ die höheren Offiziere des OKM sowie den damaligen und den künftigen Flottenchef, die Admirale Carls und Boehm, auf der Grundlage von Heyes Studie bis Ende Oktober 1938 in einem „Planungsausschuß" die neue Lage diskutieren. Verstärkt durch die bevorstehende Ablösung des Vorsitzenden in diesem Gremium, Vizeadmiral Guse (Chef des Marinekommandoamtes und Chef des Stabes der Seekriegsleitung), der bereits auf Raeders Mißbilligung wegen seiner und Heyes Kritik an Hitlers Risikopolitik gestoßen war, wurde die Diskussion sehr diffus und ohne substanzielle Einigung geführt. Die Stützpunktvorstellungen, mit denen sich höhere Offiziere zu überbieten suchten, wurde von Guse vorerst zurückgedrängt. Entgegen Heyes Ansicht forderten die meisten Offiziere auch Schlachtschiffe, ohne jedoch das Argument entkräften zu können, daß diese gegen die britische Blockade nichts ausrichten könnten und so der Schwerpunktbildung zu opfern seien. Nur ein Offizier, Konteradmiral Fuchs, sah einen sinnvollen Einsatz der Schlachtschiffe im Atlantik.

So konstatierte Guse, auch in Kenntnis von Hitlers Engagement in dieser Frage, Schlachtschiffe seien mit später noch zu bestimmendem Zweck zu bauen. Damit war das Konzept von Heye entscheidend verwässert.

Bei der Diskussion neuer Kriegsschifftypen machte Admiral Carls seinen Einfluß entscheidend geltend; er entwickelte aber auch in einer schriftlichen Stellungnahme zu Heye am deutlichsten die Bedeutung und die Folgen der Wendung gegen England im Marinedenken. Wie bereits im Jahr zuvor zog er aus den gegebenen politischen Voraussetzungen ohne Zögern die radikalsten Folgerungen: „Wenn Deutschland nach dem Willen des Führers eine in sich gesicherte *Weltmacht*stellung erwerben soll, bedarf es neben genügendem Kolonialbesitz *gesicherter Seeverbindungen* und *gesicherten Zugang zum freien Ozean*." Er dachte dabei weit über die Erkämpfung von Atlantikbasen hinaus und erwartete einen Krieg gegen „1/2 bis 2/3 der Gesamtwelt", der durch eine entsprechende Verteilung von deutschen Marinekampfgruppen über alle Ozeane zu bestehen sei. Mit einem solchen Konzept, das sich von den naheliegenden und unumgänglichen Problemen einer Nordseekriegführung völlig löste, erfaßte Carls in der Tat – ob auf direkten Informationen beruhend oder nicht, ist unbekannt – die Intentionen Hitlers in hervorragender Weise.

Neben die strategische Planung trat eine Ausweitung der Baupläne, die im wesentlichen als Hellingbelegungspläne konzipiert wurden. Je nach dem, wo der Schwerpunkt der aktuellen Diskussion lag, wurden die Kombinationsmöglichkeiten von Schlachtschiffen, Panzerschiffen und Kreuzern in einer Fülle von Varianten durchgerechnet. Eine Zwischenlösung erhielt die Billigung Guses und wurde am 25. Oktober 1938 der umgearbeiteten Heye-Denkschrift begegeben. Diese in sich widersprüchliche und nur aus dem Zeitdruck angesichts der Sudetenkrise zu verstehenden Ausarbeitung brachte im wesentlichen die Zufügung von Schlachtschiffen zu Heyes Kreuzerkriegsplan. Sie wurde daneben wohl auch von Carls Bauvorschlägen beeinflußt. Dennoch war sie die umfassendste Darlegung der operativen Vorstellungen der Marine zum Fall England vor dem Zweiten Weltkrieg.

b. Der Z-Plan

Entstehung und Rüstungspriorität

Die Überlegungen des Planungsausschusses und der Bauplan der offiziellen Denkschrift wurden beide maßgeblich für Hitlers Entscheidung. Der Gang der Auseinandersetzung läßt sich zumeist nur aus Indizien erschließen. Raeder trug Hitler am 1. November 1938 wahrscheinlich die Alternative vor, entweder zwei Schlachtschiffe – H und I – wie geplant von 1939 bis 1943 zu bauen und dazu bis 1944 vier neue Panzerschiffe oder aber alle Schlachtschiffe vorläufig zurückzustellen und im Hinblick auf England zunächst nur Panzerschiffe zu bauen. Dieser ganz auf Heyes Ebene liegende Vorschlag entsprang der Erkenntnis, daß frühestens 1947 12 neue Panzerschiffe und sechs Schlachtschiffe des Typs H fertig sein konnten. Diese unter dem Eindruck der wachsenden Gefahr eines Krieges mit England formulierte Prioritätensetzung zugunsten des Handelskrieges wurde im November/Dezember 1938 noch mehrfach im OKM vorgebracht. Hitler widersprach dieser Konzeption scharf und warf der Marineführung angesichts des nun auftretenden Dilemmas völlige Fehlplanung für die jetzige politische Lage vor – ein Vorwurf, den Raeder in den Vorjahren vergebens durch den Hinweis auf die Notwendigkeit langfristiger Kalkulation des Flottenbaus zu vermeiden gesucht hatte. Wahrscheinlich drohte Hitler gegenüber Raeder sogar mit der Übertragung der traditionellen Seekriegsaufgaben gegenüber England auf die Luftwaffe. Dennoch genehmigte er ein Bauprogramm, das eine Addition aller Marinewünsche, inklusive Schlachtschiffe, Panzerschiffe und U-Boote, vorsah.

Das OKM versuchte mit diesem „Führerentscheid“ wiederum entscheidend auf die Rohstoffverteilung einzuwirken. Dieses Bemühen lief den gleichzeitig unternommenen Ansätzen des Generalmajors Thomas im OKW entgegen, von seiner Behörde aus eine langfristige Koordination der Rüstungen aller Wehrmachtteile zur „Tiefenrüstung“ vorzunehmen und dadurch die scheinbar spontanen Eingriffe Hitlers zugunsten größerer Produktion im einzelnen, die als „Breitenrüstung“ mißverstanden wurde, zu unterlaufen. Da Thomas vom Primat des Heeres her dachte, Göring zur gleichen Zeit auf eine Vervielfachung der Luftwaffenrüstung abzielte, verschärfte sich der Machtkampf der Marine mit den anderen Wehrmachtteilen. Jedoch konnte sich Raeder bis zum Krieg regelmäßig auf die Unterstützung Hitlers verlassen.

Die Nachprüfung von Hitlers Forderungen im OKM ergab, allein aufgrund der Hellingbelegung, daß erneut frühestens 1947 die gewünschten Zahlen an Schlachtschiffen zu erreichen waren. Nach einer weiteren Besprechung mit Hitler forderte Raeder am 9. Dezember 1938 wiederum Beschleunigung des Schlachtschiffbaus, und so enthielt der drei Tage später erstmals verteilte „Neubauplan z“ bis 1945 sechs Schlachtschiffe und acht Panzerschiffe.

Der Begriff „Neubauplan z“ bzw. „Umbauplan z“ wurde im Januar 1939 in „Z-Plan“ geändert. Darunter war ein laufend auf den neuesten Stand gebrachter Bauplan zu verstehen, der ebenso wie die Schiffbaupläne der Vergangenheit als Planungsinstrumente für die Infrastruktur dienten. Eine Auflösung in „Ziel-Plan“ ist für die Zeit der Entstehung nicht belegt. Ursprünglich war „Z“ die buchstabenmäßig letzte Möglichkeit nach Plänen A, B, C, D, die wiederum Untervarianten wie A 1, A 2 usw. enthielten. Diese wurden abgelöst durch die Alternativen x und y, auf die dann z folgte.

Die Bevorzugung der Schlachtschiffe erwies sich nur als möglich, wenn die kleineren Schiffstypen, einschließlich der leichten Kreuzer, vernachlässigt wurden. Ferner mußte der Handelsschiffbau erneut beträchtlich eingeschränkt werden. Aber auch mit diesem Plan war Hitler nicht zufrieden. Gegen die erklärte Absicht der Marine drohte er mit der Einsetzung eines marinefremden Beauftragten für die Marineausrüstung, entsprechend den Aufgaben, die Fritz Todt 1938 beim Ausbau der Westbefestigungen übernommen hatte. Raeder sah keine andere Möglichkeit, als die Forderung nach den sechs Schlachtschiffen des Typs H bis 1944, die Hitler bereits seit 1937 genannt hatte, am 17. Januar 1939 zum letzten Mal zu akzeptieren, während der „Führer“ die damit in der Marine vollzogene Umstellung gegen England stillschweigend überging. Die militärische Ausschaltung Englands aus der kontinentalen Politik mußte nach seiner Auffassung mit der Flotte des 35%-Abkommens geschehen, aber die Weltmachtphase danach war ebenfalls mit allen Mitteln bereits in der Gegenwart anzugehen. Während die Marine sich in Anknüpfung an den Flottenbau der Kaiserzeit mit der Möglichkeit beschäftigte, jährlich drei Schlachtschiffe serienmäßig in Bau zu geben, und damit tendenziell mit Hitlers Fernzielen übereinstimmte, wuchsen die akuten Schwierigkeiten weiter beim Kampf um die Prioritäten. Marineintern gab Raeder dem Konteradmiral Fuchs Sondervollmachten für die sechs Schlachtschiffe, die nun allein den Kern des Z-Plans ausmachten, während die an sich erwünschten Panzerschiffe vorläufig ebenso zurückgestellt wurden, wie auch die Zahl der Kreuzerbauten verringert wurde.

Für die innenpolitischen Kämpfe ließ sich Raeder am 27. Januar 1939 von Hitler nach den wirkungsarmen mündlichen Vollmachten des Vorjahres eine schriftliche Ermächtigung geben. Als Befehl verlieh der Z-Plan den Marinerüstungen die Priorität vor denen der anderen Wehrmachtteile und vor der angesichts der Devisenknappheit auch für Rüstungsgüter gleichzeitig angekurbelten Exportförderung. Die an sich nur für die Schlachtschiffe benötigte Ermächtigung Hitlers wurde vom OKM geschickt gegenüber der Industrie eingesetzt, deckte sie doch ausdrücklich alle von der Marine betriebenen Projekte, wozu auch der Wohnungsbau für Soldaten u. a. gerechnet wurde.

Zwar war Hitlers Unterschrift keine Garantieerklärung für die tatsächliche Durchführung des Rüstungsprogramms, sie kennzeichnet jedoch die Bedeutung, die er der Weltmachtphase bereits vor Beginn der kontinentalen Expansion notgedrungen beimaß. Die ursprünglich als klares Nacheinander der Eroberung gedachten Phasen auf dem Kontinent und als Seemacht sollten zwar nach wie vor sukzessive verwirklicht werden, die unerwartete außenpolitische Konstellation sowie verstärkte soziale Spannungen zwangen Hitler jedoch, die Rüstungen für die spätere Weltmachtexpansion gleichzeitig, und materiell sogar vorrangig, vor den aktuellen Blitzkriegsrüstungen zu betreiben.

Durchführung 1939

Die Baupläne wurden 1939 erneut geändert. Zu den Konstanten zählte die bereits im Herbst 1938 genannte Zahl von insgesamt 249 U-Booten, jedoch trat diese Waffe aufgrund der Priorität für die Schlachtschiffe nur an zweite Stelle. 1939 wurden immerhin die seit Ende 1937 geplanten U-Boote nach der 100%-Formel in Auftrag gegeben. Es handelte sich dabei (mit den bereits fertigen) um insgesamt 136 Boote, von denen allerdings erst 82 bei Kriegsbeginn begonnen waren.

Der Führer der U-Boote, Dönitz, zog aus der politischen Konstellation – England als potentieller Hauptgegner – wie aus den von ihm entwickelten taktischen Grundsätzen – Gruppeneinsatz, stationäre Verwendung an Brennpunkten des Seeverkehrs, Überwasserangriff bei Nacht – die Folgerung, das Schwergewicht des Schiffsbaus auf U-Boote zu verlegen. Da man viele Boote benötigte, gelte es, die unterste Größe zu finden, die beim Typ VII B liege. Bei jeweils 100 Booten in der Heimat, 100 im An- und Abmarsch und 100 am Feind seien mindestens 300 U-Boote nötig. Diese aus Kriegsspielerfahrungen erwachsene Konzeption griff ähnliche Gedanken Raeders vom Herbst 1937 über verstärkten U-Bootbau auf, hatte jedoch angesichts der in Hitlers Sicht unumstößlichen Priorität des Schlachtschiffbaus keine Aussichten für sich. Raeder ließ sich zwar mit wachsendem Kriegsrisiko angesichts des geplanten Überfalls auf Polen im Sommer 1939 mehr und mehr von der Richtigkeit der Vorstellungen Dönitz' überzeugen, er besaß jedoch mittlerweile zu geringen Einfluß, um sich gegenüber Hitler durchsetzen zu können.

Erst die Bedeutung, die der U-Bootkrieg vom September 1939 an gewann, ließ die U-Bootkonzeption zur Alternative des Z-Plans werden. Dies trug wesentlich dazu bei, daß Dönitz 1943 zum Nachfolger Raeders und 1945 zum Nachfolger Hitlers aufstieg.

Nach 1945 wurden die beiden Großadmirale Raeder und Dönitz weitgehend mit ihren Alternativkonzeptionen identifiziert. Insbesondere Dönitz verstand es, in seinen auf Aktenmaterial beruhenden Memoiren (1958) dem Leser nahezulegen, er habe bereits in der Vorkriegszeit als einziger die erfolgversprechende Lösung der Schiffbauprobleme vertreten, die bei folgerichtiger Anwendung zum Sieg im Seekrieg geführt hätten. Freilich legte er damit den Entscheidungsprozeß in Seerüstungsfragen – nach seinem Kenntnisstand als Frontbefehlshaber – unzureichend dar, da Hitler und nicht Raeder bestimmend war.

Von den Schlachtschiffen des Typs H wurden die beiden ersten im Juli/August 1939 auf Stapel gelegt und das Material für zwei weitere angeliefert. Von Großschlachtschiffen über die mittlerweile auf über 58 000 t angewachsenen Projekte hinaus war vorläufig nicht mehr die Rede. Jedoch kursierten bereits im Sommer 1939 Pläne über einen schnelleren, wenn auch fast ebenso großen Schlachtkreuzertyp. Da angesichts der wachsenden Gefahr eines allgemeinen Krieges die Pläne für die künftige stärkere Bewaffnung von „Scharnhorst" und „Gneisenau" zurückgestellt wurden, sollten die hierfür vorgesehenen 12 x 38 cm-Geschütze für drei andersartige Schlachtkreuzer O, P und Q verwendet werden, für die sogar die Aufträge erteilt wurden. Wenn die Experten diesen Schiffstyp auch für militärisch wenig sinnvoll hielten, so wurde er dennoch in die gleiche Rüstungspriorität wie die sechs Schlachtschiffe eingereiht, da Fuchs auch hierfür Sondervollmachten erhielt. Nichts kennzeichnet besser die militärstrategische Konzeptionslosigkeit, die durch eine Orientierung an den Kapazitäten ersetzt wurde.

Der Befehl zum Z-Plan zeitigte für die Marine beträchtliche Erfolge. Eine weitere Dienstverpflichtungsverordnung vom 13. Februar 1939 schützte die Marinerüstungsbetriebe vor Abwanderungen; Heer und Luftwaffe hatten dagegen z. T. Facharbeiter an die Marine abzugeben. Die freie Konkurrenz der Wehrmachtteile auf dem Arbeitsmarkt wurde somit weiter eingeschränkt. Dennoch ließ sich der verstärkte Bedarf an Arbeitern für die Marine nicht annähernd decken.

Das gleiche galt für die Rohstoffverteilung. Hier forderte die Marine eine 100%ige Zuteilung aller geforderten Rohstoffe, die anderen Wehrmachtteilen verwehrt war, so daß diese ebenso wie das OKM zu einem System von Mehrforderungen übergingen. Raeder ließ sich Meldung über alle Verzögerungen erstatten, um selbst für das Schlachtschiffprogramm tätig werden zu können. Görings und Thomas' Unzufriedenheit, die bis zur Obstruktion reichte, machte einen neuen Eingriff Hitlers notwendig. Wie in vergleichbaren Situationen am 5. November 1937 und am 28. Mai 1938 hielt er auch am 23. Mai 1939 vor hohen Militärs eine Rede, in der er die Sachentscheidungen mit langen politischen Grundsatzerklärungen koppelte. Wie bei den vorangegangenen Gelegenheiten entschied er auch diesmal zugunsten des Marineprogramms, dessen Priorität erhalten blieb. Lediglich einen Ausgleichsausschuß mit geringen Kompetenzen für die Wehrmachtteile rief er nach Drängen Görings und Thomas' ins Leben, in der Sache wurden die Marinerüstungen weiter bevorzugt behandelt.

Dennoch zeichneten sich bereits in diesem Stadium Verzögerungen in der Ausführung des Z-Plans ab, die für die Schlachtschiffe den Fertigstellungstermin 1944 fraglich erscheinen ließen. Raeder wäre eigentlich im August zu neuen Vorstellungen bei Hitler gezwungen gewesen, resignierte aber offenbar angesichts des Ausmaßes der Probleme zeitweilig. Dafür blieben Thomas und Göring aktiv. Nach gescheiterten Vorstößen erreichte die Luftwaffe am 30. August 1939 eine Gleichstellung von Teilen ihres Programms mit dem der Kriegsmarine. Damit wurde diese faktisch zurückgesetzt. Finanziell brachte das Jahr 1939 für die Kriegsmarine eine abermalige Steigerung der Mittel von 1756,3 Mill. RM (1938) auf 2389,9 Mill. RM. Die einmaligen Ausgaben ohne Schiffbau stiegen auf 52,6% an, während die Ausgaben für Kriegsschiffe von 26,1% im Vorjahr auf 22,8% zurückgingen. Die fortdauernden Ausgaben für die Unterhaltung der wachsenden Flotten zeigten eine leichte Aufwärtstendenz in relativer, eine starke in absoluter Höhe.

8. Operationspläne der Marine 1937/39

Die Umstellung der Operationsplanungen der Marine gegen England als potentiellen Hauptgegner ging sehr langsam vor sich und ist nur als interner Vorgang zu sehen, der mit dem Reichskriegsministerium bzw. OKW oder dem Heer nicht koordiniert wurde. Den deutlichsten Anspruch auf Berücksichtigung maritimer Interessen meldete das OKM im Januar 1937 noch angesichts der damals angenommenen Zweifrontenkriegslage gegen Frankreich und Sowjetunion an. Da seit Mitte 1936 erstmals Überlegungen für einen gemeinsamen Operationsplan der Wehrmachtteile angestellt wurden, forderte die Marine nunmehr für diesen Rahmen von Kriegsministerium und Auswärtigem Amt eine langfristig angelegte Stützpunktpolitik, um von Basen aus gegen Frankreich offensiv vorgehen zu können. Diese Forderung wurde dort als nicht akut angesehen, so daß die erste allgemeine Weisung Blombergs für die Wehrmacht vom 24. Juni 1937 für die Marine äußerst vage blieb. Nur für einen „Sonderfall Richard" („kriegerische Verwicklungen mit Rotspanien") wurden ihr vorbereitende Überlegungen aufgetragen. Die als wahrscheinlich angesehenen Fälle „Rot" (Krieg gegen Frankreich) und „Grün" (Krieg gegen die Tschechoslowakei) bzw. beide zusammen, sahen in bislang üblichem Maße den Schutz der Seeverbindungen von Ostpreußen zum übrigen Reich, den Schutz der deutschen Seezufuhr über Ost- und Nordsee sowie die „Behinderung und Verzögerung französischer Truppentransporte aus Afrika" vor.

Trotz der Mitte 1937 von führenden Offizieren angenommenen Wahrscheinlichkeit britischen Eingreifens in einen solchen Krieg und trotz Erweiterung des Schlachtschiffprogramms nahm auch das offizielle Kriegsspiel 1937/38 der Marine noch den traditionellen Zweifrontenkrieg als Lage an. Erst im Laufe des Spiels trat im Juli 1938 an die Stelle Frankreichs als Hauptgegner („Rot") England; jedoch wurde dieser Kriegsfall auf eine Zeit nach Beendigung des Kriegsspiels angesetzt und erstmals von Heye in seiner genannten Studie näher bearbeitet.

Unabhängig davon gewann der skandinavische Raum für die Marine wachsende Bedeutung. Hier überschnitten sich drei Interessengebiete: sowjetische Flotte, geographische Lage Norwegens als Tor zum Atlantik, die unerläßlichen Erzzufuhren aus Schweden. Gerade bei Verlagerung der Hauptaufgaben in den Atlantik waren für die Ostsee nur beschränkte Kräfte verfügbar. Angesichts des stetigen Erstarkens der sowjetischen Marine, zumal an U-Booten und Kreuzern, schien eine überfallartige Ausschaltung zwar bereits 1937/38 möglich, aber zu aufwendig zu sein. Die zur Flankensicherung der Erztransporte geplante Minensperre erlangte erhöhte Bedeutung wegen der Gefährdung der Nordseewege durch den neuen Gegner England. Stützpunktüberlegungen in der Ostsee (Aalandinseln, Ösel, Dagö) blieben demgegenüber ebenso vage wie Anregungen, den Schwerpunkt der Erztransporte von Nord- nach Südschweden zu verlagern, um die sowjetische Flankenbedrohung weitgehend auszuschalten.

Lediglich der Chef der Marinestation der Ostsee, Admiral Albrecht, forderte aus ressortspezifischen Gründen wie aus einer vom OKM unabhängigen Analyse nationalsozialistischer Ostraum-Ziele die Umstellung der Operationspläne auf den Schwerpunkt Ostsee. Auf einer ähnlichen Ebene lag die Anregung von Konteradmiral Fuchs, der im April 1939 – ähnlich und daher vielleicht in Verbindung mit Rohstoffexperten des OKW – einen Vorstoß des Heeres von Leningrad zum Eismeerhafen Polarnoje seinen Vorgesetzten vorschlug. Der auch von Admiral Carls unterstützte Prozeß des Umdenkens führte im Sommer 1939 zum Beschluß einer maritimen Offensive im Finnischen Meerbusen bei einem Krieg gegen die Sowjetunion. Die entsprechende offizielle Weisung wurde am 18. August 1939 ausgefertigt, fünf Tage vor der Unterzeichnung des deutsch-sowjetischen Nichtangriffspaktes. Dieser nahm der Marine ein solches Kriegsziel vorläufig, jedoch dürfte das Abkommen Raeder als ein von der Marine seit langem erwünschter Schachzug erschienen sein, der den Rücken endlich für eine Konzentration auf die Seemächte freimachte und so auch das Risiko ihres aktuellen Eingreifens verringerte.

Die Weisung des OKW zum aggressiven Vorgehen gegen die Tschechoslowakei vom 30. Mai 1938 spiegelte die Unsicherheit Keitels über die Möglichkeit, diese Kompetenz gegenüber den selbständigen Wehrmachtteilen auch durchsetzen zu können. Sie sah für die Marine nur den Einsatz der durch die Besetzung Österreichs hinzugekommenen Donauflottille vor. Die Aufklärungs- und Sicherungsmaßnahmen in Nord- und Ostsee waren wesentlich vager als im Vorjahr umschrieben und sollten „sich auf das unmittelbar notwendige Maß" beschränken. Da im OKM jedoch die Überzeugung wuchs, ein britisches Eingreifen zugunsten der Tschechoslowakei sei wahrscheinlich, setzte dieses ein getarntes Auslaufen des Panzerschiffs „Deutschland" durch, dem ein Schwesterschiff folgen sollte.

Im Fall eines Krieges sollten diese, ebenso wie gleichfalls auslaufende U-Boote, Kreuzerkrieg im Atlantik führen.

Pläne für eine handstreichartige Besetzung Memels gab es im OKW-Rahmen seit dem 18. März 1938. Sie griffen ältere aus der Marine auf und wurden dort unter dem Decknamen „Transportübung Stettin" bearbeitet. Sie bildeten die Grundlage für die Okkupation am 23. März 1939. Ein analoges Vorgehen in Danzig wurde seit September 1938 als „Transportübung Stolpmünde" in die Planungen aufgenommen, um später mit der Memelfrage gekoppelt zu werden.

Ein Krieg gegen England erschien 1939 ebensowenig in den Weisungen, wie über die 1937 angeordneten Sicherungsmaßnahmen im Fall „Rot" (Frankreich) weitere Befehle ergingen. Damit entsprach das OKW als militärisches Büro Hitlers den Blitzkriegsplänen, die sich in der Weisung für den Fall „Weiß", den Überfall auf Polen, am 3./11. April 1939 niedergeschlagen hatten. Die Marine konnte hierfür ihre Aufgaben zuvor selbst formulieren, die bei der kleinen polnischen Marine keine Schwierigkeiten aufwarfen, wenn auch ein Kompetenzstreit zwischen OKM und Marine-Gruppenkommando Ost ausbrach. Für den Fall britischen Eingreifens sah die Marine, wie bereits im Jahr zuvor, nur Notmaßnahmen vor. Zwar wurde am 2. August 1939 ein Operationsbefehl für den Kreuzerkrieg erlassen, und zwei Panzerschiffe und 21 U-Boote liefen vor Kriegsbeginn in den Atlantik aus. Jedoch spiegelte sich hierin keine höhere Kriegserwartung als im Jahr zuvor.

Auch die mit dem Wachsen der Flotte nach dem Z-Plan rechnenden langfristigen Überlegungen wurden, da Hitler Zusicherungen für einen ungestörten Ausbau gab, weder modifiziert noch umgestoßen. Sie sahen ein Konzept „bipolarer" Kriegführung vor. Danach sollte die Verbindung von Angriff auf die gegnerischen Seeverbindungen und Operationen auf die gegnerische Flotte in der Blockadestellung an den Nordseezugängen zur Zersplitterung und Schwächung dieser Flotte führen. Die Stützpunktdiskussion für das Jahr 1939 führte wegen des offiziell geleugneten Kriegsrisikos nicht zu eindeutigen Prioritäten. Jedoch machte Raeder bei der Besprechung eines Kriegsspiels deutlich, daß nur die Alternative: französische Atlantikküste (Brest) oder Norwegen eine hinreichende Möglichkeit für einen Krieg gegen England darstelle. Bei dessen Beginn mußten diese theoretischen Überlegungen aber auch früher akut werden, als nach den langfristigen Plänen vorgesehen war.

Bibliographie

VIII

Deutsche Marinegeschichte der Neuzeit

Deutsche Flottenrüstung von Wallenstein bis Tirpitz

I. Literatur zum gesamten Teilabschnitt

Die Darstellung der deutschen Marinegeschichte bis zum Ersten Weltkrieg ist durch eine Fülle älterer und neuerer Arbeiten zweiter Hand, vor allem aus der Feder von Liebhabern, Angehörigen oder ehemaligen Angehörigen der Marine, die für ein Publikum aus ihrem Kreis Brauchbares und Wertvolles schreiben, gekennzeichnet. In Methode und Publikumsorientierung wissenschaftliche Untersuchungen und Darstellungen, die unmittelbar auf die Quellen zurückgreifen, finden sich im Vergleich zu anderen Themenbereichen selten. Diese relativ wenigen Werke stellen häufig das erste Glied einer Kette verwandter, wenn nicht gar voneinander abhängiger Veröffentlichungen dar. Auf diese Weise hat sich ein in seiner Aspektearmut zur Vielfalt des überlieferten dokumentarischen Materials seltsam kontrastierendes, nahezu kanonisches Geschichtsbild der deutschen Marine, des als Produzent und Konsument wichtigsten Impulsträgers für die Aufbereitung der Marinegeschichte, herausgeformt. Das Konkurrenzdefizit bei der Erstbearbeitung marinegeschichtlicher Themen konnte in einzelnen Fällen dazu führen, daß sich die herkömmliche einschlägige Literatur vor der Sonde modernerer historischer Fragestellungen als nahezu steril erwies, während die Betrachter und Vermittler des Marine-Geschichtsbildes solche Fragen nicht ohne emotionales Engagement als unangemessen zurückgewiesen haben. Selbst der Neuansatz von Walther Hubatsch, einem von akademischer wie militärischer Seite anerkannten Forscher, hat die Marine bis Anfang der 70er Jahre nicht auf eine Konfrontation mit ihrer Geschichte vorbereitet. Der Prozeß, Teilwahrheiten als solche erkennbar zu machen und das Gesamtbild durch die umfassenderen Erkenntnisse zu bereichern, die sich heute gewinnen lassen, steckt erst noch in den Anfängen. So leidet besonders die Marinegeschichte noch an dem von Gerhard Papke für die deutsche Militärgeschichte konstatierten „Mangel an historisch verarbeiteter Substanz", der willkürlicher Traditions- und Legendenbildung Vorschub leistet.

Gegenwärtig versucht die Forschung für die einzelnen Abschnitte der deutschen Marinegeschichte eine Art Rückgrat aufzubauen. In zeitlich zurückschreitender Folge sind hier zu nennen Michael SALEWSKI, *Die deutsche Seekriegsleitung 1935–1945, 3 Bde., München 1970–75;* Jost DÜLFFER, *Weimar, Hitler und die Marine. Reichspolitik und Flottenbau 1920–1939, Düsseldorf 1973* (vgl. seinen Teilabschnitt im vorliegenden Handbuch), sowie Werner RAHN, *Reichsmarine und Landesverteidigung 1919–1928. Konzeption und Führung der Marine in der Weimarer Republik, München 1976.* Unbeschadet chronologischer Überschneidungen und sachlicher Auffassungsgegensätze spiegelt sich in diesen drei Grundwerken gleichermaßen ein genuin historisches Verständnis wider, das die herkömmlichen, interessengebundenen Fragestellungen überwinden will. (Als weiterer Beitrag in diesem Sinn wird demnächst vorliegen: Gerhard SCHREIBER, *Revisionismus und Weltmachtstreben. Marineführung und deutsch-italienische Beziehungen 1919 bis 1944, Stuttgart 1978 = Beiträge zur Militär- und Kriegsgeschichte, hrsg. vom Militärgeschichtlichen Forschungsamt, Bd. 20.*) Die Weichenstellung der deutschen Aufrüstung zur See bis 1906 hat der viel angefochtene Volker BERGHAHN mit: *Der Tirpitz-Plan. Genesis und Verfall einer innenpolitischen Krisenstrategie unter Wilhelm II., Düsseldorf 1971* herausgearbeitet. Die 12 Jahre dazwischen – die zweite Hälfte der „Ära Tirpitz“ und der Erste Weltkrieg – klaffen als Lücke. In dem wichtigen Sammelband *Marine und Marinepolitik im kaiserlichen Deutschland 1871–1914, hrsg. vom Militärgeschichtlichen Forschungsamt durch* Herbert SCHOTTELIUS *und* Wilhelm DEIST, *Düsseldorf 1972* (zit.: *Marine und Marinepolitik*) wurden eine Reihe den Forschungsstand beschreibender oder neue Erkenntnisziele aufzeigender Untersuchungen zu den Voraussetzungen, dem Verlauf und den Folgen der deutschen Flottenrüstung zusammengefaßt, doch ist das Spektrum der Beiträge nicht ausreichend breit gefächert.

Diese Literatur hat im Geschichtsbild wesentliche Veränderungen in Gang gesetzt. So spiegelt ein Handbuchabschnitt zur deutschen Marinegeschichte heute notgedrungen den Forschungsstand einer historiographischen Krise wider. Keineswegs steht fest, daß bei der Marinegeschichtsschreibung das geschlossene Produzenten-Konsumenten-System gesprengt werden kann oder ob sich der Anspruch der Marine auf Integration der gesamten einschlägigen Forschung, d. i. deren Ausrichtung auf ihre affirmativen Erkenntnisziele durchsetzt.

Die Gefahr, die durch die Pervertierung der Historie zur Selbstbespiegelung entstehen kann, wird bei der pädagogischen Nutzanwendung des orthodoxen Marinegeschichtsbildes beispielsweise in der Marinefassung von *Der Reibert. Das Handbuch für den Soldaten, Ausgabe 1976/77, Herford 1976* offenbar. Hier werden dem Marinesoldaten zu Entstehung, Aufgabe, Aufbau und Aktivität seiner Teilstreitkraft in der Vergangenheit Zahlen, Daten und Fakten vermittelt, deren Auswahl und Kommentierung von den tatsächlichen Vorgängen und Strukturen nicht viel erkennen lassen.

In den Fällen, in denen sich die herkömmlichen Marinegeschichtshandbücher nach der Weise des klassischen Ploetz auf die Wiedergabe isolierter Daten und Fakten beschränken, kommt ihnen grundlegender Informationswert zu. Durchweg treten allerdings Schwierigkeiten bei der Unterscheidung von Haupt- und Nebenaktionen, von grundsätzlichen und abgeleiteten Zuständen, von Struktur und Zufall auf, die sich erst aus tieferer Kenntnis der Zusammenhänge bewältigen lassen. Chronologische und Faktengerüste in diesem Sinn liefern Albert RÖHR, *Deutsche Marinechronik, Oldenburg 1974* (= 2. Auflage von ders., *Handbuch der deutschen Marinegeschichte, Oldenburg 1963*) und Gerhard BIDLINGMAIER, *Seegeltung in der deutschen Geschichte. Ein seekriegsgeschichtliches Handbuch, Darmstadt 1967;* letzteres zeichnet sich durch eine umfangreiche Bibliographie aus (S. 278–297).

Die Entwicklungsstadien des kanonischen Geschichtsbildes dokumentiert die Reihe von A. JORDAN, *Geschichte der brandenburgisch-preußischen Kriegsmarine. In ihren Entwicklungsstufen dargestellt, ²Berlin 1857* und seiner Fortsetzung von A. TESDORPF, *Geschichte der Kaiserlich Deutschen Kriegsmarine in Denkwürdigkeiten von allgemeinem Interesse, Kiel 1889;* über Paul KOCH, *Geschichte der deutschen Marine, Berlin 1902;* über die Endstufe des Gesamtwerkes von Eberhard v. MANTEY, dem die Erstellung des amtlichen Geschichtsbildes zwischen den Weltkriegen anvertraut war: *Marinegeschichtsfibel, ²Berlin 1939* und Reinhold GADOW, *Geschichte der deutschen Marine, ³Frankfurt 1938;* bis zu Fritz E. GIESE, *Kleine Geschichte der deutschen Flotte, Berlin 1966* und Jürgen RHADES, *Die deutsche Marine in Vergangenheit und Gegenwart, Minden 1967.* Ergänzend wirken Paul SCHMALENBACH, *Kurze Geschichte der k. u. k. Marine mit Ausnahme der Tätigkeit auf der Donau und den oberitalienischen Seen, Herford 1970,* sowie die Ereignis- und Schiffsauflistung von Karl GOGG, *Österreichs Kriegsmarine 1848–1918, Salzburg 1967.*

Eine vermittelnde Position zwischen den traditionellen und den aktuellen Fragestellungen nehmen die deutschen Beiträge zu *Seemacht. Eine Seekriegsgeschichte von der Antike bis zur Gegenwart,* in der deutschen Fassung hrsg. von Elmar B. POTTER, Chester W. NIMITZ und Jürgen ROHWER, *München 1974* (zit.: *Seemacht*) ein. Bis 1914 relevant sind davon: Paul HEINSIUS, Deutsche Flotten im 17. und 18. Jahrhundert (S. 48–54); Jürgen ROHWER und Walther HUBATSCH, Die Entwicklung der Marinen im späten 19. Jahrhundert (S. 227 bis 255); Jürgen ROHWER, Die technische Entwicklung in den Marinen der Welt 1898–1914 (S. 293–314); Jürgen ROHWER und Walther HUBATSCH, Politik und Flottenbau (S. 315–342).

Die wichtigsten militärischen Faktoren einer Kriegsmarine, Schiff und Mensch, sind für die Zeit bis 1914 erstaunlicherweise nur lückenhaft bearbeitet worden. Eine unvergleichliche Übersicht des Schiffsmaterials steht in der Summe des Lebenswerks von Erich GRÖNER, *Die deutschen Kriegsschiffe 1815–1945, 2 Bde.,* (Bd. 2 fortgeführt von Dieter JUNG und Erich MAASS), *München 1966/68* zur Verfügung; sie findet ihre Ergänzung in dem Bildband von Günter KROSCHEL und August-Ludwig EVERS, *Die deutsche Flotte 1848–1945. Geschichte des deutschen Kriegsschiffbaus,* zuletzt *⁵Wilhelmshaven 1973,* mit einem knappen, aber informativen Abriß gemäß Untertitel.

Die großen Schiffe werden unter Einordnung in den internationalen Zusammenhang von Seestrategie und Marinetechnik vorgestellt von Jochen BRENNECKE und Herbert HADER, *Panzerschiffe und Linienschiffe 1860–1910, Herford 1976* und Siegfried BREYER, *Schlachtschiffe und Schlachtkreuzer 1905–1970. Die geschichtliche Entwicklung des Großkampfschiffs, München 1970.* Bezüglich anderer Schiffstypen und Kriegsmittel fehlt der Geschichtsschreibung, trotz nicht unerheblichen Aufwandes in Monographien und Zeitschriften, vergleichbar detailliertes und umfassendes Material; den Mannschaften, Unter- und Deckoffizieren sind ebenfalls noch keine Untersuchung gewidmet, die den Rahmen von

– überaus nützlichen, aber doch nur eine Grundlage darstellenden – Organisationsgeschichten überschritten. Bisher sind nur zwei wichtige Personengruppen nach wissenschaftlichen Gesichtspunkten erschlossen worden, und zwar durch Holger H. HERWIG, *Das Elitekorps des Kaisers. Die Marineoffiziere im Wilhelminischen Deutschland, Hamburg 1977,* und Werner BRÄCKOW, *Die Geschichte des deutschen Marine-Ingenieurkorps, Oldenburg 1974,* der eines der schwerwiegendsten Strukturprobleme der alten Marine analysiert. Organisationsformen, Infrastruktur, Schiffsmaterial und Teile des Personals lassen sich in wechselnder Aufschachtelung ermitteln aus der alljährlich veröffentlichten *Rang- und Quartierliste ...* bzw. der *Rangliste von Beamten der Kaiserlich Deutschen Marine.* Das Verhältnis von Organisation und Offizier-Personalstruktur ist kritisch behandelt von Carl-Axel GEMZELL, *Organization, Conflict, and Innovation. A Study of German Naval Strategic Planning, 1888–1940, Lund 1973,* dessen unkonventionelle Methodik vehemente Verurteilungen auf sich gezogen hat. Von den drei letztgenannten Autoren greift leider nur Bräckow über die Wende von 1888 bis in die Anfänge zurück.

Die neueste Beschreibung der Grundzüge des Seeverkehrs in seinen wirtschaftlichen Zusammenhängen findet sich im *Handbuch der deutschen Wirtschafts- und Sozialgeschichte,* hrsg. von Hermann AUBIN und Wolfgang ZORN, *2 Bde., Stuttgart 1971/76* passim aus der Feder verschiedener Autoren. Eine Zusammenfassung, die allerdings nach der Hanse zu kursorisch wird, liefern Walther VOGEL und Günter SCHMÖLDERS, *Die Deutschen als Seefahrer. Kurze Geschichte des deutschen Seehandels und Seeverkehrs von den Anfängen bis zur Gegenwart, Hamburg 1949.* Thematisch und regional umfassender sowie durch Statistiken ergänzt ist der Artikel „Seeschiffahrt" im *Handwörterbuch der Staatswissenschaften,* hrsg. von Ludwig ELSTER, Adolf WEBER und Friedrich WIESER, *Bd. 7. ⁴Jena 1926, S. 303–423,* der noch heute unübertroffen ist.

II. Literatur zu einzelnen Kapiteln

A. Deutsches Seekriegswesen im Zeitalter des Merkantilismus

In den neuesten Wallenstein-Biographien finden die Flottenpläne knappe Erwähnung. Golo MANN: *Wallenstein. Sein Leben erzählt, 2 Bde., Frankfurt/M. 1971/73* benutzt Anton GINDELY: *Die maritimen Pläne der Habsburger und die Antheilnahme Kaisers Ferdinand II. am polnisch-schwedischen Kriege während der Jahre 1627–1629, Wien 1891;* Hellmut DIWALD: *Wallenstein. Eine Biographie, München 1969* stützt sich auf die moderne Studie von Miroslav HROCH: *Wallensteins Beziehungen zu den wendischen Hansestädten,* in: *Han-*

sische Studien, Heinrich Sproemberg zum 70. Geburtstag, Berlin 1961, S. 135–161, die auf vor 1958 nicht ausgewerteten böhmischen Quellen basiert. Die Schiffslisten der Wallensteinischen Flotte sind im Anschluß an die Operationsbeschreibungen abgedruckt im Abschnitt *Sveriges Sjökrig 1611–1632* der amtlichen Kriegsgeschichte GENERALSTABEN: *Sveriges Krig 1611–1632, Bilagsband I, Stockholm 1937.*

Den österreichischen Handelskompanien und ihren kriegsmaritimen Begleiterscheinungen haben sich angenommen der viel abgeschriebene Michel HUISMAN: *La Belgique commerciale sous l'empéreur Charles VI. La Compagnie d'Ostende, Brüssel 1902* und mit neuen Akzenten Walter MARKOV: *Die Triestiner Ostindien-Kompanie (1775–1785) und die Nordsee-Adria-Konkurrenz,* in: *Hansische Studien* (s. o.), *S. 293–302.*

Von der unvollständigen amtlichen Geschichte der K. K. Kriegsmarine 1500 bis 1871, geplant 7 Bände, Wien 1882 ff., wird der Zeitraum bis 1809 abgedeckt durch Teil I, Josef v. RECHBERGER: *Österreichs Seewesen in dem Zeitraum von 1500 bis 1797, 1882* sowie durch Teil II (1797–1847), Bd. 1, Joseph Ritter von LEHNERT: *Die österreichisch-venezianische Kriegsmarine während der Jahre 1797 bis 1802, 1891* und Bd. 2, Arthur v. KHUEPACH: *Geschichte der k. k. Kriegsmarine von 1802 bis 1814, 1942.* Aus der Literatur zweiter Hand ist wegen seiner internationalen Verbreitung das Prachtwerk von Anthony Eugene SOKOL: *Seemacht Österreich. Die Kaiserliche und Königliche Kriegsmarine 1382–1918, Wien 1972* hervorzuheben (Aus dem Amerikanischen, Annapolis 1968).

Wie der zweite Band von Ernst OPGENOORTH: *Friedrich Wilhelm, der große Kurfürst von Brandenburg. Eine politische Bibliographie, Göttingen 1977* im weiteren Zusammenhang zeigt, ist nach wie vor Richard SCHÜCK: *Brandenburg-Preußens Kolonialpolitik unter dem großen Kurfürsten und seinen Nachfolgern 1647–1731, 2 Bde., Leipzig 1889* unverzichtbar; Dokumentenreichtum, ausgewogene Urteile und umfassende Sicht haben Schücks Werk zur historiographischen Grundlage dieses Abschnitts der Marinegeschichte gemacht, von der sich die übrigen Studien ableiten. Eine knappe Fortsetzung gibt Reinhold KOSER in: *Der Große Kurfürst und Friedrich der Große in ihrer Stellung zu Marine und Seehandel,* in: *Marinerundschau 15 (1904), S. 397–411* und in seiner *Geschichte Friedrichs des Großen, 4 Bde.,* zuletzt *Stuttgart 1921–25,* passim. Die brandenburg-preußische Küstenkriegführung hat der Seekriegsgeschichtslehrer und Admiral Hermann KIRCHHOFF beschrieben im 1. Band seiner: *Seemacht in der Ostsee. Ihre Einwirkung auf die Geschichte der Ostseeländer im 17. und 18. Jahrhundert, Kiel 1907.*

Über das Kaper- und Konvoiwesen Österreichs, Preußens und der Hansestädte gibt guten Aufschluß Ludwig BEUTIN: *Der deutsche Seehandel im Mittelmeergebiet bis zu den Napoleonischen Kriegen, Neumünster 1933.* Spezielle Angaben liefert Ernst BAASCH: *Die Hansestädte und die Barbaresken, Kassel 1897* und ders.: *Hamburgs Convoyschiffahrt und Convoywesen, Hamburg 1896.*

B. Deutschlandpolitik und Flotte (1814—1866)

Vormärz, Revolution, Dualismus

Die marinetechnische Entwicklung der Welt in den Jahren 1830–1870 beschreibt Michael LEWIS: *Armed Forces and the Art of War: Navies,* in: *The New Cambridge Modern History, vol. X, ed. by J. P. T. Bury, Cambridge 1967, S. 274–301.* Wilhelm TREUE: *Der Krimkrieg und die Entstehung der modernen Flotten, Göttingen 1954* stellt die operativen Anstöße in den Vordergrund; zur technischen Seite s. *Seemacht,* BRENNECKE-HADER u. a. m.

Auf die verkehrs- und seewirtschaftlichen Verhältnisse des Vormärz geht Franz SCHNABEL: *Deutsche Geschichte im neunzehnten Jahrhundert, 4 Bde.,* im 3. Band: *Erfahrungswissenschaften und Technik, Freiburg ²1950* ein; s. auch Stichwort *„Seeschiffahrt"* im *Handwörterbuch der Staatswissenschaften.*

Die politischen und geistigen Hintergründe des bürgerlichen Frühnavalismus streift Emil MEISTER in seiner kurzen Dissertation: *Der Gedanke deutscher Seefahrt und Seemacht in der ersten Hälfte des 19. Jahrhunderts, München 1932* (Nachdruck in: *Leinen los* 6, 1959). Reiches Material zur wirtschaftspolitischen Motivation und zur Barbareskenfrage gibt Alfred ZIMMERMANN: *Geschichte der preußisch-deutschen Handelspolitik, Oldenburg 1892* wieder. Eine umfassende Aufarbeitung der Geschehnisse am Ort und der Literatur hat Percy Ernst SCHRAMM mit *Deutschland und Übersee. Der deutsche Handel mit den anderen Kontinenten, insbesondere Afrika, von Karl V. bis Bismarck, Braunschweig 1950* zur Verfügung gestellt, deren besonderer Wert heute im Vormärz-Abschnitt liegt.

Zum politischen und organisatorischen Rahmen der ersten deutschen Flotte s. Ernst Rudolf HUBER: *Deutsche Verfassungsgeschichte seit 1789,* bisher 4 Bde., *Stuttgart 1957ff.,* und zwar Bd. 2, S. 655–660 und Bd. 3, S. 138–143. Außerordentlich wenig Raum widmet der Flottenfrage das Revolutions-Standardwerk von Veit VALENTIN: *Geschichte der deutschen Revolution 1848–1849, 2 Bde., Berlin 1930f.*

Moderne Monographien zur Marinegeschichte der Revolution stehen aus. An älteren sind zu nennen Alfred ZIMMERMANN (a. a. O.), Anlage XXXV und XXXVa, S. 632–685, und Carl Ferdinand BATSCH: *Deutsch' See-Gras. Ein Stück Reichsgeschichte, Berlin 1892.* Die noch nicht von der neueren Forschung ersetzte Darstellung liefert Max BÄR: *Die deutsche Flotte 1848–1852, Leipzig 1898.* Josef ZIENERT: *Die Schleswig-Holsteinische Marine 1848–1851,* in: *Marinerundschau 73 (1976), S. 227–233,* ist eine kurzgefaßte Operationsdarstellung des Wattenkrieges. Günter MOLTMANN: *Atlantische Blockpolitik im 19. Jahrhundert. Die Vereinigten Staaten und der deutsche Liberalismus während der Revolution 1848/49, Düsseldorf 1973* stellt mit z. T. neuen Quellen das Kapitel „Amerika und die deutsche Marinepolitik" objektiver als die genannten

Monographien dar, doch erscheint der Vorgang bei ihm übermäßig in geistesgeschichtliche Bezüge eingebettet.

Den Gesichtskreis um die Zusammenhänge der wirtschaftspolitischen Diplomatie erweiterte die wertvolle Dissertation von Hans-Joachim HÄUSSLER: *Das Ende der ersten deutschen Flotte. Ein Beitrag zur Geschichte der Zollvereinskrise 1852, der Reaktion und des Flottengedankens, Berlin 1937,* die seinerzeit von den einschlägigen Kreisen ignoriert wurde. Durch den Zweiten Weltkrieg ist Häußlers weiteres Wirken abgeschnitten worden; tatsächlich hätte er wohl in weniger ressentimentproduzierender Weise, als es dann Anfang der 70er Jahre geschehen ist, der Marinegeschichtsschreibung zur Wendung aus ihrer methodischen Sackgasse heraus verhelfen können.

Die wirtschaftspolitische Seite des österreichisch-preußischen Dualismus in der zweiten Jahrhunderthälfte stellt Helmut BÖHME: *Deutschlands Weg zur Großmacht, ³Köln 1974* pointiert heraus, schenkt jedoch bei diesen *Studien zum Verhältnis von Wirtschaft und Staat während der Reichsgründungszeit 1848–1881* (Untertitel), die die Erforschung des betreffenden Zeitraums weit vorangebracht haben, Schiffahrt und Flotte wenig und ihrem Korrelat Marinepolitik überhaupt keine Aufmerksamkeit.

Österreich

Als Führer durch die österreichische Marinegeschichte des 19. Jahrhunderts kann Heinrich BAYER von Bayersburg: *Österreichs Admirale 1719–1866* und *Österreichs Admirale und bedeutende Persönlichkeiten der k. u. k. Kriegsmarine 1867 bis 1918, Wien 1960/62* dienen. Vom amtlichen Marinewerk ist Teil II (1797 bis 1847) sehr spät mit Bd. 3, Heinrich v. BAYER und Arthur v. KHUEPACH: *Die österreichisch-venezianische Kriegsmarine 1814–1847, Wien 1966* abgeschlossen worden. Von Teil III (1848–1871) liegen Bd. 1, Jerolim BENKO von Boinik: *Geschichte der k. k. Kriegsmarine 1848/49, Wien 1906* und Bd. 3, Josef FLEISCHER: *Geschichte der k. k. Kriegsmarine im Jahr 1866, Wien 1906* vor. Der geschichtswissenschaftlich wichtigste und komplizierteste Abschnitt, 1850–1865 (Bd. 2), harrt dagegen noch immer der Bearbeitung.

Die Lücke muß vorläufig noch abgedeckt werden durch Carl PASCHEN: *Aus der Werdezeit zweier Marinen. Erinnerungen aus meiner Dienstzeit in der k. k. österreichischen und kaiserlich deutschen Marine, Berlin 1908;* den sich auf Bruck und die Marineangelegenheiten beziehenden Abschnitt bei Heinrich BENEDIKT: *Die wirtschaftliche Entwicklung in der Franz-Joseph-Zeit, Wien 1958;* durch Peter v. HANDEL-MANZETTI und Hans Hugo SOKOL: *Wilhelm von Tegetthoff, ein großer Österreicher, Wien 1952* und durch Peter Freiherr von HANDEL-MANZETTI: *Die Auslandsmissionen der einstigen K. K. Kriegsmarine von ihren Anfängen bis zur Auflösung der Donaumonarchie,* in: *Nauticus 26 (1943), S. 98–122.*

Die ersten Elemente der preußischen Küstenverteidigung hat sehr quellennah vor 100 Jahren der kaiserliche Marinebeamte Philipp WANDEL mit *Beiträge zur Geschichte der preußischen Marine* und *Aus alten Akten* in den *Beiheften zum Marineverordnungsblatt 15 (1875)* und *17 (1876), S. 23–51* beschrieben. Eine Horizonterweiterung lieferte der Marineoffizier Johann Friedrich MEUSS mit *Die Unternehmungen des Seehandlungsinstituts zur Emporbringung des preußischen Handels zur See, Veröffentlichungen des Instituts für Meereskunde, N. F. Bd. 2, Berlin 1913.*

Grob faktographisch hat Heinrich WENDLANDT mit seiner Dissertation *Die Gründung der preußischen Kriegsflotte und ihre Entwicklung bis 1854, Breslau 1928* bearbeitet. Otto ALTENBURG: *Die Anfänge der preußischen Kriegsmarine in Stettin, ²Karlsruhe 1936* befaßt sich schwerpunktmäßig mit der Küstenverteidigung ab 1848 unter Prinz Adalbert, greift aber mit Streiflichtern bis weit ins 18. Jahrhundert zurück; dazu auch KIRCHHOFF, a. a. O., Bd. 2, 1908.

HÄUSSLER (s. o.) hat seinen Ansatz zur Gesamtdarstellung noch in zwei Aufsätzen fortführen können: *Preußisch-hannoversche Nordseerivalitäten und Hannovers Umklammerung durch Preußen 1848–1866*, in: *Niedersächsisches Jahrbuch 16 (1939), S. 248–296* sowie *Küstenschutz und deutsche Flotte 1859–64. Zur Geschichte der Neuen Ära und der preußisch-deutschen Reichseinigung*, in: *Forschungen zur Brandenburgischen und Preußischen Geschichte 51 (1939) S. 311 bis 343.* Die zeitgenössische Diskussion läßt sich gut verfolgen in der *Allgemeinen Militär-Zeitung* und dem *Militär-Wochenblatt für das deutsche Bundesheer* jener Jahre. Belege zu Aufgabe und Konzeption, namentlich zum politisch-militärischen Dissens bei Wolfgang PETTER: *Die Stützpunktpolitik der preußisch-deutschen Kriegsmarine 1859–1883, Phil. Diss. Freiburg 1975.* In Fühlung damit und mit dem Manuskript zum vorliegenden Handbuch hat Heinz-Ludger BORGERT in seiner Dissertation *Die Marineplanungen in Deutschland 1860–1867 und Friedrich Engels, Frankfurt/M. 1977* das Engels-Manuskript „Artilleristisches aus Amerika" (1863) als Ansatzpunkt für eine gründliche und facettenreiche Darstellung genommen.

C. Der Weg zum deutschen Schlachtflottenbau (1866—1896)

Das moderne Geschichtsbild vom letzten Viertel des 19. Jahrhunderts ist entscheidend geprägt worden durch Hans ROSENBERGs Entwurf einer mehrdimensionalen „Totalgeschichte": *Große Depression und Bismarckzeit. Wirtschaftsablauf, Gesellschaft und Politik in Mitteleuropa, Berlin 1967*, an dem – vgl. Theodor Schieders Rezension in der Historischen Zeitschrift 210 (1970), S. 446 ff. – die weitere Geschichtsforschung nicht mehr vorbeigehen kann, welchen methodischen Weg sie auch immer einschlagen mag. In dieser historiographischen Situation muß auch die Marinegeschichte, wenn sie über die klassische isolierte Präsentation hinausgehoben werden soll, in ein Gesamtbild eingeordnet werden, das – so nachdrücklich mit Rosenberg das Mißverständnis ökonomischer Faktoren als Monokausalitäten zurückzuweisen ist – im gegebenen Fall vom Komplex der konjunkturellen Stockungs-, Abschwungs- und Aufschwungsphasen der Jahre 1873 bis 1894 szenisch beherrscht wird.

Einzelne Schwerpunkte bei der Entwicklung der deutschen Marine diskutiert Ekkhard VERCHAU: *Von Jachmann über Stosch und Caprivi zu den Anfängen der Ära Tirpitz*, in: *Marine und Marinepolitik, S. 54–72*, und deutet dabei weitere Forschungsdesiderate an. Die Entstehung der Flottenprogramme, die als roter Faden dienen können, gibt die Dissertation von Raimund FOERSTER: *Politische Geschichte der preußisch-deutschen Flotte bis zum ersten Flottengesetz von 1898, Dresden 1928* in enger Anlehnung an die Marineakten wieder.

1. Norddeutsche Bundesmarine

Zur Konzeptionssuche der Norddeutschen Bundesmarine siehe die Belege bei PETTER. Die offiziöse Selbstdarstellung ist Reinhold WERNER: *Das Buch von der Norddeutschen Flotte, Bielefeld 1869;* unter laufender Anpassung an die Veränderungen der Marine erschien es ebd. bis 1902 (8. Auflage) als *Das Buch von der Deutschen Flotte.* Die Organisation beschreibt Walther HUBATSCH: *Der Admiralstab und die obersten Marinebehörden in Deutschland 1848–1945, Frankfurt/M. 1958* (zit. HUBATSCH, Admiralstab), ein grundlegendes Werk, in dem die Entwicklung der Führungsorganisation und die Diskussionen und Konflikte innerhalb der Marine, aus denen sie entstand, erstmals auf Aktenbasis geschlossen nachgezeichnet wurden.

Die operativen und organisatorischen Probleme des deutsch-französischen Seekrieges lassen sich heute gut aus der gelungenen Doppeldarstellung in der *Marine-Rundschau 70 (1973)* erkennen; die beiden Parteien werden dargestellt von Hans Otto STEINMETZ: *Im Schatten der Armee und der großen Politik. Eine Betrachtung zum Einsatz der preußisch-deutschen Marine im Krieg 1870/71, S. 212–299,* bzw. Hans-Justus KREKER: *Die französische Marine im Kriege von 1870/71, S. 276–286.* Aufschlußreich durch Insider-Kenntnisse, namentlich von der Deliberation des 12. August 1870, ist die zitierte schonungslose Darstellung des Marineoffiziers und Seekriegsgeschichtslehrers Alfred STENZEL: *Flotte und Küste,* in dem verbreiteten Jubiläumswerk *Krieg und Sieg 1870–71, hrsg. von* Julius v. PFLUGK-HARTTUNG, *Bd. 1, Berlin 1895, S. 585–611.*

2. Stosch und Caprivi

Dem wichtigsten übergeordneten Führungsfaktor der deutschen Marine und Marinepolitik bis 1890 widmet sich die Monographie von Hans-Otto STEINMETZ: *Bismarck und die deutsche Marine, Herford 1974.* Aus der oberen Führungsebene haben – über die Nachschlagliteratur hinaus – weder Prinz Adalbert noch Jachmann oder Caprivi Biographen gefunden, die sie auf der Höhe ihres

Wirkens für die Marine vorstellen. Dadurch sinken sie vor dem „monumentalen" Stosch unter Verdienst ab. Nur diese bedeutendste Figur der deutschen Marinegeschichte vor Tirpitz ist bislang angemessen gewürdigt worden, freilich auch sie schwerpunktmäßig als Politiker durch Ernst SCHRÖDER: *Albrecht von Stosch, der General-Admiral Kaiser Wilhelms I., Berlin 1939* und auf breiterer Quellenbasis durch Frederic HOLLYDAY: *Bismarck's Rival. A Political Biography of General and Admiral Albrecht von Stosch, Durham 1960*. Die Kritik, Materialübersicht und Vorschau von Ekkhard VERCHAU: *Albrecht von Stosch in Literatur und Forschung. Probleme einer Stosch-Biographie*, in: *Wehrwissenschaftliche Rundschau 17 (1967), S. 39–57* haben sich bedauerlicherweise nicht zur Biographie aus der Feder dieses berufenen Stosch-Spezialisten verdichtet.

Stoschs Marinepolitik beschreibt Christfried COLER in seiner Aufsatzserie: *Der Konflikt Bismarck–Stosch März/April 1877; Palastrevolte in der Marine 1878/79* (davon die Titelanleihe im vorliegenden Handbuch); *Der Sturz Albrecht von Stoschs März 1883*, in: *Wehrwissenschaftliche Rundschau 17 (1967), S. 578 bis 593, 638–656, 692–704;* bzw. *Bismarck und die See*, ebd. *19 (1969), S. 584 bis 594, 640–654.*

Einige wirtschaftspolitische Querbezüge erwähnt SCHRÖDER. Günther LECKEBUSCH: *Die Beziehungen der deutschen Seeschiffswerften zur Eisenindustrie an der Ruhr in der Zeit von 1850 bis 1930, Köln 1963* nennt einige Details aus dem Komplex Marine und Industrialisierung. Hinweise finden sich auch bei Paul HEINSIUS: *Schiffbautechnischer Fortschritt der Ära Stosch als Voraussetzung des Schlachtflottenbaus*, in: *Medizin, Naturwissenschaft, Technik und das Zweite Kaiserreich*, hrsg. von Gunter MANN und Rolf WINAU, *Göttingen 1977.*

Stoschs Wirken in der Marine würdigt nur begrenzt, indem er für seine Generation die auffälligsten Elemente heraussucht, Paul KOCH: *Aus der Zeit des Admirals von Stosch*, in: *Marine-Rundschau 14 (1903), S. 21–35, 682–698, 826–847.* Alfred v. TIRPITZ hat dem General, der ihn „entdeckt" hatte, und der Marine in der Ära Stosch ein Kapitel seiner *Erinnerungen, Leipzig 1919* u. ö. gewidmet, von der das Marinegeschichtsbild entscheidend geprägt worden ist. Außerhalb des Schattens von Tirpitz ist die militärstrategische Konzeption nicht analysiert und in die Gesamtschau des „Systems Stosch" eingebracht worden, so daß für die vorliegende Handbuchdarstellung auf die Akten zurückgegriffen werden mußte. Der Quellenbefund deutet auf die Revisionsbedürftigkeit verschiedener vertrauter Vorstellungen hin. Zum Zweck der Flottenrüstung liegen authentische Äußerungen vor: *General v. Stosch über die Marine und die Kolonisation. Mitgeteilt von Vize-Admiral Batsch*, in: *Deutsche Revue 22/I (1897), S. 53–64.* Einen Ausschnitt aus dem gesellschaftspolitischen Kraftfeld, das die Marine-Überseepolitik beeinflußte, liefert – unter Ignorierung der Marine selbst – Hans-Ulrich WEHLER: *Bismarck und der Imperialismus, 4München 1976.* Jachmanns anonyme Kritik am „System Stosch" wurde, beginnend mit *Fachmännische Beleuchtung ...*, veröffentlicht in: *Deutsche Revue 2/II (1877/78), S. 281–290,*

3/I (1878/79), S. 89–95 und *3/II (1878/79), S. 67–75*; s. VERCHAU, *Probleme, S. 54.*

Zum Chefstellenwechsel in der Admiralität finden sich Hinweise bei Eberhard KESSEL: *Die Entlassung von Kameke und Stosch im Jahre 1883*, in: *Forschungen zu Staat und Verfassung, Festgabe für Fritz* HARTUNG, *hrsg. von R.* DIETRICH *und G.* OESTREICH, *Berlin 1958, S. 441–458.* Die Ansichten des übergangenen Admirals lassen sich aus dessen späterer, reichlichen literarischen Produktion erschließen, v. a. aus Carl Ferdinand BATSCH: *Nautische Rückblicke, Berlin 1892.*

Auch Caprivis Konzeption ist noch nicht systematisch bearbeitet worden; die Tradition zehrt ebenfalls vom einschlägigen Kapitel bei TIRPITZ. In Verfolg der Linie, den unbeliebten General als Negativfigur zum „Flottenbaumeister" zu stilisieren, setzte die Redaktion der Marine-Rundschau 1906 die quellennahe Arbeit von Paul KOCH: *General v. Caprivi als Chef der Admiralität. Skizzen aus den Akten* noch aus dem Umbruch wieder ab; sie erschien erst nach dem Ersten Weltkrieg verstreut im Nachrichtenblatt des Hauptverbandes Deutscher Seevereine und schließlich als Buch *Berlin 1927.* Das RMA unterdrückte ferner durch die Einstufung als „Ganz Geheim" die aus intimer Kenntnis der Vorgänge erwachsene Darstellung von Curt Freiherr v. MALTZAHN: *Geschichte unserer taktischen Entwicklung, 2 Bde., Berlin 1910/11*, der im zweiten Band Caprivis Wirken auf dem taktischen und operativen Gebiet viel positiver als Tirpitz bewertete. Das äußere Charakteristikum der 1880er Jahre war in maritimer Hinsicht das Torpedowesen; die Grundlage des „Torpedobootsrauschs", die Lehren der „Jeune école", sind jetzt sorgfältig erforscht worden durch Volkmar BUEB: *Die „Junge Schule" der französischen Marine. Strategie und Politik 1875–1900, Boppard 1971 = Militärgeschichtliche Studien, hrsg. vom Militärgeschichtlichen Forschungsamt, Bd. 12.* Zur Ausstrahlung dieser Theorie bis nach England s. Paul M. KENNEDY: *The Rise and Fall of British Naval Mastery, London 1976.*

Die Wilhelminische Marine ist von der Forschung nicht als Ding an sich, sondern unter dem Aspekt des „verlorenen Jahrzehnts" (s. S. 173) betrachtet worden. Heranzuziehen sind deshalb neben den allgemeinen Werken die ersten Kapitel der im folgenden zur Ära Tirpitz angegebenen Literatur. Die überaus folgenreiche Dienstschrift IX findet sich, gekürzt um technische Detail- und vor allem Artilleriefragen von zu enger Zeitgebundenheit, bei: Alfred v. TIRPITZ: *Über den strategisch-taktischen Ursprung der Flottengesetze*, in: *Nauticus 18 (1926), S. 185 bis 202.*

D. Der deutsche Schlachtflottenbau

Wichtig als bibliographischer Ausgangspunkt für die Erforschung der Ära des deutschen Schlachtflottenbaus, wertvoll durch Vorurteilslosigkeit gegenüber der Vielfalt der Blickwinkel und nützlich durch die Zusammenfassung der Literatur in Problemgruppen ist Friedrich FORSTMEIER, *Der Tirpitzsche Flottenbau im*

Urteil der Historiker, in: *Marine und Marinepolitik, S. 34–53.* Dem historiographischen Neuansatz hat Volker BERGHAHN zu Profil verholfen durch Kennzeichnung der wichtigsten für das traditionelle Marinegeschichtsbild verantwortlichen und der zu den 70er Jahren überleitenden Autoren in dem Aufsatz *Zu den Zielen des deutschen Flottenbaus unter Wilhelm II.*, in: *Historische Zeitschrift 210 (1970), S. 34–100.* Eine engagierte Gegenbeurteilung erstellte Walther HUBATSCH daraufhin in seinem knappen Forschungsbericht *Vor 75 Jahren: 1898. Das erste Flottengesetz*, in: *Schiff und Zeit 1 (1973), S. 30 f.*

Die Forschungsergebnisse, die, von eingehendsten Quellenstudien ausgehend, das Bild von der deutschen Marinegeschichte im Zeitalter des deutschen Schlachtflottenbaus gegenwärtig prägen, hat Berghahn mehrfach publiziert: Volker R. BERGHAHN, *Der Tirpitz-Plan. Genesis und Verfall einer innenpolitischen Krisenstrategie unter Wilhelm II., Düsseldorf 1971;* ders., *Flottenrüstung und Machtgefüge*, in: *Das kaiserliche Deutschland. Politik und Gesellschaft 1870–1918*, hrsg. von Michael STÜRMER, *Düsseldorf 1970, S. 378–396;* ders., *Zu den Zielen* (s. o.); ders., *Der Tirpitz-Plan und die Krisis des preußisch-deutschen Herrschaftssystems*, in: *Marine und Marinepolitik, S. 89–115.*

1. Die Zielansprache

Die radikale, alle staatlichen und gesellschaftlichen Bereiche einbeziehende Imperialismustheorie, die die Weltordnung als direkt oder indirekt zentral gesteuertes System mit zahlreichen Subsystemen beschreibt, ist in Deutschland durch *Imperialismus und strukturelle Gewalt. Analysen über abhängige Reproduktion, hrsg. von Dieter* SENGHAAS, *Frankfurt/M. 1972* bekannt geworden; von Johan GALTUNG stammt die politologische Abstraktion *Eine strukturelle Theorie des Imperialismus*, ebd. *S. 29–104.* Die historische Dimension dieses Modells ist noch nicht erforscht worden; dabei hat, neben anderen Völkern und Staaten, auch das Deutschland des 19. Jahrhunderts vergleichbare Vorstellungen gehegt und die Emanzipation von der Metropolmacht Großbritannien angestrebt. Einen Vergleich der Theorien und Positionen in der westlichen Diskussion bietet Helmut RUMPLER, *Zum gegenwärtigen Stand der Imperialismus-Debatte*, in: *Geschichte in Wissenschaft und Unterricht 25 (1974), S. 257–271.* Neben zahlreichen Aufsätzen, Monographien und Sammelwerken ist Hans-Ulrich WEHLER jüngst auch mit einer *Bibliographie zum Imperialismus, Göttingen 1977* herausgekommen. Umfassende Darstellungen der Fakten und Faktoren: *Handbuch der europäischen Geschichte, hrsg. von Theodor* SCHIEDER, *Bd. 6*, namentlich § 6 aus Schieders Feder *Die Expansion der europäischen Mächte über die Welt im Zeitalter des Imperialismus, S. 87–109;* Winfried BAUMGART, *Deutschland im Zeitalter des Imperialismus (1890–1914). Grundkräfte, Thesen und Strukturen, Frankfurt/M. 1972.*

Veraltet, im ganzen aber doch noch nicht überholt als Abriß der deutschen Kolonialgeschichte ist Mary E. TOWNSEND, *The Rise and Fall of Germany's*

Colonial Empire 1884–1914, New York 1930; die deutsche Übersetzung (Leipzig 1930) ist bedauerlicherweise unzulänglich und sachfremd bis ins Groteske. Der letzte Forschungsstand liegt im Beitrag von Albert WIRZ, *Die deutschen Kolonien in Afrika,* in: Rudolf von ALBERTINI, *Europäische Kolonialherrschaft 1880 bis 1940, Zürich 1976, S. 302–327* vor. Neuerdings ist das lange Zeit statische Bild von der deutschen Kolonialvergangenheit in Bewegung geraten, wobei auch andere als grob wirtschaftliche Gesichtspunkte zur Geltung kommen.

Zu den Forderungen aus eigenem Antrieb nach mehr Marine: Jürg MEYER, *Die Propaganda der deutschen Flottenbewegung 1897–1900, Bern 1967.* Ekkehard BÖHM, *Überseehandel und Flottenbau, Düsseldorf 1972* benutzt das Teilproblem *Hanseatische Kaufmannschaft und deutsche Seerüstung 1879–1902* mit eindrucksvollem Erfolg als Prisma für die Darstellung des Gesamtsachverhalts. Zur Weltpolitik s. o. die Imperialismus-Literatur sowie Konrad SCHILLING, *Beiträge zu einer Geschichte des radikalen Nationalismus in der Wilhelminischen Ära 1890–1909. Die Entstehung des radikalen Nationalismus, seine Einflußnahme auf die innere und äußere Politik des Deutschen Reiches und die Stellung von Regierung und Reichstag zu seiner politischen und publizistischen Aktivität, Phil. Diss. Köln 1968;* Wolfgang J. MOMMSEN, *Max Weber und die deutsche Politik 1890 bis 1920, Tübingen 1959;* Hannsjoachim KOCH, *Der Sozialdarwinismus. Seine Genese und sein Einfluß auf das imperialistische Denken, München 1973.* Leitmotiv sind die von SCHILLING und KOCH analysierten Erscheinungen bei Hans-Ulrich WEHLER, *Das Deutsche Kaiserreich 1871–1918, ²Göttingen 1975,* vgl. die Zurechtrückungen durch Thomas NIPPERDEY, *Wehlers „Kaiserreich". Eine kritische Auseinandersetzung,* in: *Geschichte und Gesellschaft 1 (1975), S. 539–560.*

Die Zitate auf S. 166 stammen aus: Michael SALEWSKI, *Selbstverständnis und historisches Bewußtsein der deutschen Kriegsmarine,* in: *Marinerundschau 67 (1970), S. 65 ff.,* einem Griff ins Wespennest, wie die anschließende Diskussion in der Marinepresse zeigte.

Als wissenschaftlich ernstzunehmende Darstellung der die Flottengesetzgebung herbeiführenden Motive, soweit die Akteure selbst daran glaubten, erschien verspätet Hans HALLMANN, *Der Weg zum deutschen Schlachtflottenbau, Stuttgart 1933;* freilich handelt es sich im Grunde dabei um eine umfangreichere Wiederholung der ersten Kapitel von TIRPITZ, *Erinnerungen,* die dem Scheitern an offen apologetischen Klippen durch Quellennähe zu entgehen hoffte. Herausgefordert worden war der Tirpitz-Kreis, dem Hallmann und sein akademischer Vorgesetzter Fritz Kern angehörten, durch die von einer nicht minder guten Quellenbasis abgeleiteten, kritischen Analyse von Eckard KEHR, *Schlachtflottenbau und Parteipolitik 1894–1901. Versuch eines Querschnitts durch die innenpolitischen Voraussetzungen des deutschen Imperialismus, Berlin 1930,* in der die Selbständigkeit der Motive der Marinepolitik akzentuiert wurde. Die gegen die Tirpitzianer gerichtete Auffassung, daß sich die große Flottenvermehrung nicht aus den Bedürfnissen des Deutschen Reiches, sondern aus den Wünschen der deutschen Marine heraus entwickelt habe, bestätigte schließlich Jonathan STEINBERG, *Yesterday's Deterrent. Tirpitz and the Birth of the German Battle Fleet, London 1965* aufgrund der Marineakten auch geheimster Einstufung, deren Auswertung unter deutscher Hoheit bis 1945 nicht möglich gewesen war. Die Gegenthese formulierte 1970/71 Berghahn mit dem Verständnis von Marinepolitik als innenpolitischer Krisenstrategie des Kaisers und seiner Berater (s. u.).

Die Rolle Tsingtaus in der deutschen Marinepolitik wurde herausgearbeitet von John E. SCHRECKER, *Imperialism and Chinese Nationalism. Germany in Shantung, Cambridge (Mass.) 1971*. Die Annexion unter dem Aspekt der auswärtigen Politik beschrieb Arthur J. IRMER, *Die Erwerbung von Kiautschou 1894–1898, Bonn 1931*.

Das „Emser Memorandum" ist abgedruckt bei STEINBERG, *Yesterday's Deterrent*.

Zur militärstrategischen Problematik: Paul M. KENNEDY, *Maritime Strategieprobleme der deutsch-englischen Flottenrivalität* sowie Edward WEGENER, *Die Tirpitzsche Seestrategie*, beide in: *Marine und Marinepolitik, S. 178–210* bzw. *236–262*. Jonathan STEINBERG, *A German Plan for the Invasion of Holland and Belgium, 1897*, in: *The Historical Journal 9 (1963), S. 107–115*. Otto-Ernst SCHÜDDEKOPF, *Die Stützpunktpolitik des Deutschen Reiches 1870–1914, Berlin 1941*.

Seeinteressen und „Tirpitz-Plan": Alfred v. TIRPITZ, *Der Aufbau der deutschen Weltmacht, Berlin 1924 = Politische Dokumente von A. v. Tirpitz, Bd. 1*. Alfred Thayer MAHAN, *Der Einfluß der Seemacht auf die Geschichte, 2 Bde., Berlin 1896/99*, dazu Michael HANKE, *Das Werk Alfred T. Mahans. Darstellung und Analyse, Osnabrück 1974* und Paul M. KENNEDY, *Mahan versus Mackinder. Two Interpretations of British Sea Power*, in: *Militärgeschichtliche Mitteilungen 16 (1974), S. 39–66*. Ross J. S. HOFFMANN: *Great Britain and the German Trade Rivalry, 1875–1914, Philadelphia/London 1933* und Angelika BANZE, *Die deutsch-englische Wirtschaftsrivalität. Ein Beitrag zu den deutsch-englischen Beziehungen 1897–1907, Berlin 1935*. Lamar J. R. CECIL, *Albert Ballin. Wirtschaft und Politik im deutschen Kaiserreich 1888–1918, Hamburg 1968* und Bernhard HULDERMANN, *Albert Ballin, Oldenburg 1922*.

2. Die Weichenstellung der Rüstungspolitik

Auf die Zusammenhänge zwischen der Sammlungspolitik und der Flottengesetzgebung hat Kehr in seinem Grundwerk *Schlachtflottenbau und Parteipolitik* sowie in einer Reihe von Aufsätzen aufmerksam gemacht, heute gesammelt unter Eckart KEHR, *Der Primat der Innenpolitik. Gesammelte Aufsätze zur preußisch-deutschen Sozialgeschichte im 19. und 20. Jahrhundert, hrsg. von Hans-Ulrich Wehler, Berlin 1965*. Die These von Kehr lautet, daß Tirpitz die Miquelsche Sammlung mit Geschick für seine, anderen Motiven entsprungenen Zwecke benutzt habe, während Berghahn die Meinung vertritt, daß die Marinerüstung von vornherein den Kern der Sammlungspolitik ausgemacht habe. Zur Sammlungspolitik als solcher: Dirk STEGMANN, *Die Erben Bismarcks. Parteien und Verbände in der Spätphase des Wilhelminischen Deutschlands. Sammlungspolitik 1897–1918, Köln 1970;* eine Gesamtdarstellung unter Betonung des sozialpolitischen Aspekts: Werner FRAUENDIENST, *Das Deutsche Reich von 1890 bis 1914* = Abschnitt I von *Handbuch der Deutschen Geschichte,* hrsg. von Otto BRANDT, Arnold Oskar MEYER und Leo JUST, *Bd. 4/I, Frankfurt/M. 1973.* Kritik an der These des Zusammenhangs von Sammlung und Marine: Geoff ELEY, *Sammlungspolitik, Social Imperialism and the Navy Law of 1898,* in: *Militärgeschichtliche Mitteilungen 15 (1974), S. 29–64;* pointiert gegen Berghahn: Dirk Stegmann in der Fritz Fischer-Festschrift *Deutschland in der Weltpolitik des 19. und 20. Jahrhunderts,* hrsg. von Imanuel GEISS und Bernd Jürgen WENDT, *Düsseldorf 1973, S. 180 ff.*

Zur Flottenagitation, namentlich zur Ausformung der Generallinie der Marine-Ideologie: Wilhelm DEIST, *Flottenpolitik und Flottenpropaganda. Das Nachrichtenbureau des Reichsmarineamtes 1897–1914, Stuttgart 1976 = Beiträge zur Militär- und Kriegsgeschichte, hrsg. vom Militärgeschichtlichen Forschungsamt, Bd. 17;* zur „Seeinteressenforschung" – ohne Gebrauch dieser Vokabel –: Wolfgang MARIENFELD, *Wissenschaft und Schlachtflottenbau in Deutschland 1897 bis 1906, Berlin 1957 = Beiheft der Marine-Rundschau 2.* Das offiziöse Geschichtsbild und die Selbstdarstellung der Kaiserlichen Marine: Georg WISLICENUS, *Deutschlands Seemacht sonst und jetzt. Nebst einem Ueberblick über die Geschichte der Seefahrt aller Völker,* zuerst *Leipzig 1896.*

Zu den Agitationsverbänden: SCHILLING, *Radikaler Nationalismus; Die bürgerlichen Parteien in Deutschland. Handbuch der Geschichte der bürgerlichen Parteien und anderer bürgerlicher Interessenorganisationen vom Vormärz bis zum Jahr 1945,* hrsg. von einem Autorenkollektiv unter Leitung von Dieter FRICKE, *2 Bde., Berlin 1968/70* kann für Historiker, die die marxistisch-leninistischen Einschätzungen zu abstrahieren wissen, als Kompendium von Wert sein; Geoff ELEY, *The German Navy League in German Politics 1898–1914,* Phil. Diss. (Manuskript), *Sussex 1974.*

3. Die Kaiserliche Marine zwischen Rüstung und Kriegsbereitschaft

Zu den Behörden: Walther HUBATSCH, *Der Admiralstab und die obersten Marinebehörden in Deutschland 1848–1945, Frankfurt/M. 1958;* Friedrich FORSTMEIER, *Aus der Geschichte des Deutschen Flottenkommandos,* in: *Die Entwicklung des Flottenkommandos, Darmstadt 1964, S. 9 ff.* (s. auch GEMZELL, *Organization*). Kurt ASSMANN, *Deutsche Seestrategie in zwei Weltkriegen, Heidelberg 1957.*

Zum Englandproblem: Jonathan STEINBERG, *The Copenhagen Complex,* in: *Journal of Contemporary History 1 (1966), S. 23–46;* Karl GALSTER, *Welche Seekriegsrüstung braucht Deutschland? Berlin 1907.*

Einsatzgrundsätze: Curt v. MALTZAHN, *Geschichte unserer taktischen Entwicklung, Bd. 2, Berlin 1911.*

Zur Frage der leitenden Ideen (Begriff nach Rolf Güth): Friedrich FORST-

MEIER, *Probleme der Erziehung und Ausbildung in der Kaiserlichen Marine in Abhängigkeit von geistiger Situation und sozialer Struktur*, in: *Marine-Rundschau 63 (1966), S. 189–198;* Holger HERWIG, *Das Elitekorps des Kaisers. Die Marineoffiziere im Wilhelminischen Deutschland, Hamburg 1977;* Rolf GÜTH, *Einhundert Jahre Akademieausbildung für Führungsaufgaben in der Marine 1872 bis 1972,* vervielfält. Manuskript (der Führungsakademie), *Hamburg 1972;* Herbert GRAUBOHM, *Die Ausbildung in der deutschen Marine von ihrer Gründung bis zum Jahr 1914, Düsseldorf 1977* (stand für das vorliegende Handbuch noch nicht zur Verfügung); Detlef BALD, *Der deutsche Generalstab 1859–1939. Reform und Restauration in Ausbildung und Bildung, Wolfenbüttel 1977 = Schriftenreihe Innere Führung, Reihe Ausbildung und Bildung, Heft 28* und ders., *Zur Sozialgeschichte des deutschen Offizierkorps von der Reichsgründung bis zur Gegenwart,* in: *Zur sozialen Herkunft des Offiziers, Bonn 1977* = desgl., *Heft 29* mit neueren Forschungsergebnissen und Zahlen (ebenfalls im vorliegenden Handbuch nicht mehr berücksichtigt). Kritik aus zeitgenössischer Kenntnis: Lothar PERSIUS, *Menschen und Schiffe in der Kaiserlichen Flotte, Berlin 1925.*

4. Flottenrüstung um jeden Preis

Grundlegend: BERGHAHN, Tirpitz-Plan; sowie DEIST, einer der besten Kenner der Materie und der Quellen, der in den einschlägigen Kapiteln über die engere Thematik der Flottenpropaganda hinausgreift.

Zur Rüstung: Der Beitrag von Rohwer in *Seemacht* (s. o.); Jürgen ROHWER, *Kriegsschiffbau und Flottengesetze um die Jahrhundertwende,* in: *Marine und Marinepolitik, S. 211–235;* Siegfried BREYER, *Schlachtschiffe und Schlachtkreuzer 1905–1970. Die geschichtliche Entwicklung des Großkampfschiffs, München 1970* (daraus die vorliegend angegebenen Zahlen und Daten); Friedrich FORSTMEIER, *Deutsche Großkampfschiffe 1915–1918. Die Entwicklung der Typenfrage im Ersten Weltkrieg, München 1970;* Peter PADFIELD, *Waffen auf See, Bielefeld 1973;* Paul SCHMALENBACH, *Die Geschichte der deutschen Schiffartillerie, Herford 1968;* Bodo HERZOG, *60 Jahre deutsche U-Boote 1906–1966, München 1968.*

Die deutsche Beurteilung der ostasiatischen Kriegsereignisse: Curt Freiherr von MALTZAHN, *Der Seekrieg zwischen Rußland und Japan 1904 bis 1905, 3 Bde., Berlin 1912–14.*

Die britische Rüstung: Arthur J. MARDER, *From the Dreadnought to Scapa Flow. The Royal Navy in the Fisher Era 1904–1919, 5 Bde., London 1961–70;* Paul HAGGIE, *The Royal Navy and War Planning in the Fisher Era,* in: *Journal of Contemporary History 8 (1973), S. 113–131;* Geoffrey BENNET, *Die Skagerrakschlacht. Die größte Seeschlacht der Geschichte, München 1976;* Otto Ernst SCHÜDDEKOPF, *Die britische Marinepolitik. Wehrgeographische und strategische Grundlagen 1880 bis 1914, Hamburg 1938.*

Deutsche Flottenrüstung, unter Betonung der Innen- und Gesellschaftspolitik: Wolfgang v. TIRPITZ, *Wie hat sich der Staatsbetrieb beim Aufbau der Flotte bewährt? Leipzig 1923;* Günther LECKEBUSCH, *Die Beziehungen der deutschen Seeschiffswerften zur Eisenindustrie an der Ruhr in der Zeit von 1850 bis 1930, Köln 1963;* Peter-Christian WITT, *Die Finanzpolitik des Deutschen Reiches von 1903 bis 1913. Eine Studie zur Innenpolitik des Wilhelminischen Deutschland, Lübeck 1970* und die Spezialstudie von dems., *Reichsfinanzen und Rüstungspolitik 1898–1914,* in: *Marine und Marinepolitik, S. 146–177.* Gesamtrahmen und Hintergrund: Wolfgang J. MOMMSEN, *Die latente Krise des Deutschen Reiches 1909–1914* = Abschnitt I a des *Handbuchs der Deutschen Geschichte* (BRANDT-MEYER-JUST), *Bd. 4/I, Frankfurt/M. 1973* und ders., *Die latente Krise des Wilhelminischen Reiches. Staat und Gesellschaft in Deutschland 1890 bis 1914,* in: *Militärgeschichtliche Mitteilungen 15 (1974), S. 7–28.*

Zur parlamentarischen Taktik: Hansgeorg FERNIS, *Die Flottennovellen im Reichstag 1906–1912, Stuttgart 1934.*

Deutsche Flottenrüstung, unter Betonung der Außenpolitik: Bernhard MICHALIK, *Probleme des deutschen Flottenbaus, Breslau 1931;* Walther HUBATSCH, *Der Wendepunkt in der Marinepolitik im Jahre 1912,* in: ders., *Die Ära Tirpitz. Studien zur deutschen Marinepolitik 1890–1918, Göttingen 1955, S. 85–112;* Gerhard RITTER, *Die Hauptmächte Europas und das Wilhelminische Reich (1890–1914), München 1960* = ders., *Staatskunst und Kriegshandwerk, Bd. 2* akzentuiert den Konflikt Tirpitz-Bethmann Hollweg. Den wichtigen Nebenaspekt des Informationsflusses an den Kaiser behandelt Klaus-Volker GIESSLER, *Die Institution der Marineattachés im Kaiserreich, Boppard 1976 = Militärgeschichtliche Studien, hrsg. vom Militärgeschichtlichen Forschungsamt, Bd. 21.*

Unter Einbringung interdisziplinärer Forschungsmethoden analysiert Volker R. BERGHAHN den deutsch-britischen Gegensatz in *Rüstung und Machtpolitik. Zur Anatomie des „Kalten Krieges" vor 1914, Düsseldorf 1973.*

Zur Illusionslosigkeit des Marineministers bezüglich eines Seekriegs mit Großbritannien: *Kaiserliche Marine und Kriegsausbruch 1914. Neue Dokumente zur Juli-Krise,* hrsg. von Volker R. BERGHAHN und Wilhelm DEIST, in: *Militärgeschichtliche Mitteilungen 7 (1970), S. 37–58.*

Die Organisation der deutschen Marine in Krieg und Frieden 1913-1933

1. Zeitlich übergreifende Darstellungen

a) Führungs- und Organisationsentwicklungen

Walther HUBATSCH: *Der Admiralstab und die obersten Marinebehörden in Deutschland 1848–1945, Frankfurt/M. 1958.* Ergänzend: Rolf GÜTH: *100 Jahre Akademieausbildung für Führungsaufgaben der Marine, Bad Godesberg 1972* (M. O. V.).

Albert RÖHR: *Deutsche Marinechronik, Oldenburg/Hamburg 1974* als übersichtliche Chronologie und Gerhard BIDLINGMAIER: *Seegeltung in der deutschen Geschichte, Darmstadt 1967 (= Handbuch des Seeoffiziers, Bd. 5)* als Darstellung seekriegsgeschichtlicher Fakten mit Zahlen und Daten. Friedrich FORSTMEIERs Aufsatz *Aus der Geschichte des deutschen Flottenkommandos,* in: *Beiträge zur Wehrforschung, Bd. VI, Darmstadt 1964, S. 9–29* korrespondiert mit Walther HUBATSCH: *Strategische und taktische Führung (Admiralstab und Flotte), ebd., S. 55–71.* Dazu die grundlegende Dissertation von H. JUNGHÄNEL: *Marinehaushalt und Marineausgabenpolitik in Deutschland (1868 bis 1930), Leipzig 1932 (= Beiträge zur Finanzkunde, 8).*

Carl Hans HERMANN: *Deutsche Militärgeschichte. Eine Einführung, Frankfurt/M. 1966* deutet Organisations- und Rüstungsprobleme der Marine im Rahmen des deutschen Wehrwesens nur an.

Hermann FRANKE (Hrsg.): *Handbuch der neuzeitlichen Wehrwissenschaften, Berlin/Leipzig 1938–39, Dritter Band.* 1. Die Kriegsmarine, 2. Die Luftwaffe (mit Marineluftwaffe).

E. B. POTTER, Ch. W. NIMITZ, J. ROHWER: *Seemacht. Eine Seekriegsgeschichte von der Antike bis zur Gegenwart. Mit 342 Kartenskizzen und Graphiken, München 1974.* (Zit.: *Seemacht*).

Erich RAEDER: *Mein Leben, 2 Bde., Tübingen 1956 und 1957.*

b) Personal- Laufbahn- und Ausbildungsfragen

Karl PETER: *Seeoffizierausbildung in Preußen-Deutschland von 1848–1945,* als Manuskript im Bundesarchiv-Militärarchiv Freiburg und in der Bibliothek der Marineschule Mürwik.

W. BRAECKOW: *Die Geschichte des deutschen Marine-Ingenieurkorps, Oldenburg/Hamburg 1974.* DITTMERS: *Rückblicke auf die Entwicklungsgeschichte der Zahlmeisterlaufbahn („Zum 31. Januar 1942“),* in: *Marine-Rundschau 1942.*

Werner BAUER: *Geschichte des Marinesanitätswesens bis 1945*, Berlin/Frankfurt/M. 1958 (= Beiheft 4 der Marine-Rundschau). *Deckoffiziere der deutschen Marine 1848–1933*, hrsg. vom Bund der Deckoffiziere, *Berlin 1933* (Selbstverlag).

Werner LAHNE: *Unteroffiziere. Werden, Wesen und Wirken eines Berufsstandes, München 1965;* darin: Die Entwicklung in der Kriegsmarine, S. 382–418.

Josef ZIENERT: *Unsere Marineuniform. Ihre geschichtliche Entstehung seit den ersten Anfängen und ihre zeitgemäße Weiterentwicklung von 1816 bis 1969, Hamburg 1970.* (Darin alle Laufbahnentwicklungen.)

c) Kriegsschiffbau, Marineflugzeuge

Erich GRÖNER: *Die deutschen Kriegsschiffe 1815–1945, 2 Bde., München 1966 und 1968;* dazu Wilhelm HADELER: *Kriegsschiffbau, Darmstadt 1968* und der Aufsatz von Walther HUBATSCH: *Schiffbauplanungen, technischer Rüstungsstand und politische Zielsetzung beim Ausbau der deutschen Flotte 1848 bis 1955,* in: *Marine-Rundschau 60 (1963), S. 62–79.*
Spezialdarstellungen:

Siegfried BREYER: *Schlachtschiffe und Schlachtkreuzer 1905–1970, München 1970;* Wilhelm HADELER: *Der Flugzeugträger. Sein Wesen und sein Werden von 1911 bis zur Gegenwart, München 1968;* ders.: *Beiträge zur Entwicklungsgeschichte des Zerstörers,* in: *Soldat und Technik 1959;* Harald FOCK: *Schnellboote, Bd. 1: Von den Anfängen bis zum Ausbruch des 2. Weltkrieges, Herford 1973;* Hermann MOLL: *Das deutsche Marine- und Seeflugzeug von 1901–1918,* in: *Marine-Rundschau 55 (1958), S. 168–180,* und ders.: *Das deutsche Marineflugzeug von 1918 bis 1944,* in: *Marine-Rundschau 54 (1957), S. 109–116.*

2. Friedensentwicklung der Kaiserlichen Marine

Organisatorische Bestimmungen für die Kaiserliche deutsche Marine, hrsg. vom Reichs-Marine-Amt (Berlin 1903).

Ranglisten der Kaiserlichen Deutschen Marine, redigiert vom Marinekabinett, jährlich mit: Organisation und Stellenbesetzung, Offizierkorps, Höhere Baubeamte, Offiziere des Beurlaubtenstandes, Liste Seiner Majestät Kriegsschiffe. Anhang: Deckoffiziere.

Nauticus. Jahrbuch für Deutschlands Seeinteressen, hrsg. vom Reichsmarineamt, *Berlin,* jährlich mit den Teilen Politisch/Militärisches, Wirtschaftlich/Technisches, Statistik.

Das *Marine-Taschenbuch* mit Genehmigung des Reichsmarineamts herausgegeben, *1.–12. Jg., Berlin 1904–1915,* ist immer noch die ergiebigste literarische Quelle für alle Organisations-, Personal-, Ausbildungsfragen und den inneren Dienst in der Kaiserlichen Marine.

Joseph KÜRSCHNER: *Armee und Marine. Ein Ratgeber für alle Wehrpflichtigen.* Unveränderter Nachdruck aus dem Jahre 1903. *Eutin 1977*, darin: Reichsverfassung, Organisation der Armee und Marine, Marine-Kabinett, R. M. A., Admiralstab, Flotte, Stationskommandos. Dienst an Bord, Waffen-, Bildungs- und Erziehungswesen, Ersatz, Militärstrafrecht, Rangliste, Versorgung.

Georg WISLICENUS: *Deutschlands Seemacht sonst und jetzt.* Unveränderter Nachdruck der 3. Aufl. (1908) mit Bildern von Prof. Willy Stöwer, *Eutin 1977*, darin: Seekriegführung, Friedensdienst, Organisation bis 1908 (Beginn der Dreadnought-Ära).

Georg NEUDECK und Heinrich SCHRÖDER: *Das kleine Buch von der Marine*, in letzter Friedensauflage *Kiel/Leipzig 1914* enthält allgemein wissenswerte Angaben auf dem Stand des jeweiligen Ausgabejahres.

Eberhard v. MANTEY (Hrsg.): *So war die alte Kriegsmarine, Berlin 1935.* Verständliche Übersicht der Kaiserlichen Marine bis 1914 mit 184 Aufnahmen aus der Bildsammlung des Marinemuseums.

Walther HUBATSCH: *Kaiserliche Marine. Aufgaben und Leistungen, München 1975*, mit den Kapiteln I: Flottenbau, II: Marine und Außenpolitik, V: Persönlichkeiten, VI: Schiffe und Schicksale, VII: Aus meines Vaters Mappe und VIII: Organisation der Kaiserlichen Marine 1871 bis 1888; 1914.

Friedrich Christian STAHL: *Armee und Marine im kaiserlichen Deutschland*, in: *Die Entwicklung des Flottenkommandos, Darmstadt 1964 (= Beiträge zur Wehrforschung Bd. IV).*

3. Flotte und Kriegsbild 1914—1918

Zum Geschehnisrahmen s. Peter Graf KIELMANSEGG: *Deutschland und der Erste Weltkrieg, Frankfurt 1968*, mit gut aufgeschlüsselten Literaturangaben.

Ehrenrangliste der Kaiserlich Deutschen Marine 1914–18, bearbeitet von Konteradmiral a. D. STOELZEL, Hrsg. und Verleger Marine-Offizier-Verband, *Berlin 1930;* darin Teil I (S. 1–109): Organisation der See- und Landstreitkräfte, der Behörden und Landmarineteile, jeweils nach dem Stand August 1914, Mitte Oktober 1914, Mai 1916 (vor Skagerrak), Ende des Krieges 1918; Teil III (S. 1665 bis 1691): Liste der im Kriege zur Verwendung gekommenen Kriegsschiffe, Luftschiffe, Flugzeuge und Hilfsschiffe sowie Angaben über deren Verbleib; Hilfskreuzer in Teil I, S. 50 und 51.

Walther HUBATSCH, *Kaiserliche Marine*, a. a. O., mit den Kapiteln III: Führung (Möglichkeiten deutscher Seestrategie, strategische und taktische Führung, Führungsfragen im Seekrieg 1914–1918, Die Stellung des Kommandanten), Kapitel IV: Im Weltkrieg 1914–1918 und Kapitel IX: Das amtliche deutsche Marine-Archiv-Werk „Der Krieg zur See 1914–1918".

Zum Marinearchiv-Werk, *Der Krieg zur See* s. den vorliegenden Handbuchabschnitt DÜLFFER, S. 385.

Die operativen und strategischen Möglichkeiten diskutiert Kurt ASSMANN: *Deutsche Seestrategie in zwei Weltkriegen, Heidelberg 1957.*

Seemacht, Kapitel 21 (S. 343–363): *Der erste Weltkrieg. Die Operationen zu Beginn des Krieges,* übersetzt und bearbeitet von K. J. Müller (mit Gliederung der Flotten bei Kriegsbeginn); Kapitel 22 (S. 365–380): *Der Kampf um Konstantinopel,* übersetzt und bearbeitet von K. J. Müller; Kapitel 23 (S. 381–399): *Die Skagerrak-Schlacht,* übersetzt und bearbeitet von K. J. Müller; Kapitel 24 (S. 400–425): *Der Seekrieg in der Ostsee und im Schwarzen Meer,* bearbeitet von J. Rohwer und J. Meister; Kapitel 25 (S. 426–440): *Der Handelskrieg,* übersetzt und bearbeitet von K. J. Müller. (Alle Kapitel mit umfangreicher Bibliographie.)

Werner RAHN, Konzeptions- und Führungskrise der Kaiserlichen Marine im Ersten Weltkrieg = 1. Kapitel seines Buches: *Reichsmarine und Landesverteidigung, München 1976.*

Theobald von SCHÄFER: *Generalstab und Admiralstab. Das Zusammenwirken von Heer und Flotte im Weltkrieg, Berlin 1931.*

Albert GAYER, Aus den Geheimnissen des U-Boot-Krieges; Horst Frhr. TREUSCH v. BUTTLAR-BRANDENFELD, Unbekanntes von Luftschiffen, ihrer Kriegführung und ihren Verlusten; Hugo v. WALDEYER-HARTZ, Vom Geist der deutschen Kriegsmarine, in: W. JOST und F. FELGER (Hrsg.): *Was wir vom Weltkrieg nicht wissen, 2Leipzig 1938.*

Bernd STEGEMANN: *Die Deutsche Marinepolitik 1916–1918, Berlin 1970* befaßt sich ausschließlich mit der permanenten Auseinandersetzung um den U-Bootkrieg; wichtig ist auch sein kritischer bibliographischer Überblick.

Adolf v. TROTHA: *Der Organismus der Kaiserlichen Marine und der Weltkrieg,* hrsg. v. d. Leitung der Führergehilfenausbildung der Marine, *Berlin 1930.*

Rolf GÜTH: *Die deutsche Hochseeflotte. Besonderheiten ihrer Personalstruktur. Gründe der Meutereien 1917 und 1918,* in: *Truppenpraxis 1962, S. 889 ff.*

Friedrich FORSTMEIER und Siegfried BREYER: *Deutsche Großkampfschiffe 1915–1918. Die Entwicklung der Typenfrage im Ersten Weltkrieg, München 1970.*

Walther HUBATSCH: *S. M. S. Lübeck. Geschichte des ersten deutschen Turbinenkreuzers,* in: *Seemacht und Geschichte,* hrsg. vom Deutschen Marineinstitut, *Bad Godesberg 1975.*

4. Vorläufige Reichsmarine und Reichsmarine 1919—1934

Ranglisten der Reichsmarine, hrsg. vom Reichswehrministerium – Marineleitung, *1922–1932;* jeweils mit Organisation und Stellenbesetzung und Liste der Kriegsschiffe.

Organisatorische Bestimmungen für die Reichsmarine (O. B.) = *Marine-Dienstvorschrift* (M. Dv.) *Nr. 15,* Heft 1–20, *1925* (= Vorläufige O. B. 1919–1924). Darin Heft 11: Organisatorische Bestimmungen für die Kommandobehörden der Reichsmarine am Lande, und Heft 20: Organisatorische Bestimmungen für die Kommandobehörden der Reichsmarine an Bord.

Geschäftsordnung (G. O.) für das Reichswehrministerium (Heer und Marine) = *M. Dv. Nr. 17, 1930*. Geschäftsverteilungsplan vom April 1933 in G. O. Teil I § 8 Marineleitung S. 56–108.

Marine-Verordnungsblätter Nr. 50–65 (1919–1934), Hrsg. Admiralität/Marineleitung.

Leitfaden für den Dienstunterricht in der Reichsmarine, Teil I: Organisation, hrsg. vom Reichswehrministerium – Marineleitung, 1934.

Dienstschrift Nr. 15, Geheim: *Der Kampf der Marine gegen Versailles*, bearb. von Kapitän z. S. SCHÜSSLER, Hrsg. O. K. M., Berlin 1937 (= *M. Dv. Nr. 352*). Abgedruckt in: *Der Prozeß gegen die Hauptkriegsverbrecher vor dem Internationalen Militärgerichtshof Nürnberg, 14. November 1945 bis 1. Oktober 1946, Deutsche Ausgabe Bd. XXXVI, Nürnberg 1949, S. 530–607.*

Adolf v. TROTHA: *Volkstum und Staatsführung. Briefe und Aufzeichnungen 1915–1920, Berlin 1920.*

Helmut SPROTTE: *Die Reichsmarine in ihrer organisatorischen Entwicklung seit der Revolution, Berlin 1922,* und Kurt STÖCKEL: *Die Entwicklung der Reichsmarine nach dem ersten Weltkrieg 1919–1935. Äußerer Aufbau und innere Struktur, Phil. Diss. MS Göttingen 1954,* geben dokumentarisch grundlegende Fakten und Daten, z. T. inzwischen berichtigt bei Jost DÜLFFER: *Weimar, Hitler und die Marine. Reichspolitik und Flottenbau 1920–1939, Düsseldorf 1973,* vor allem im Anhang A 1–5.

Organisations- und Führungsprobleme bei Rolf GÜTH: *Die Marine des deutschen Reiches 1919–1939, Frankfurt/M. 1972,* Kapitel I, II und III, mit im Text eingefügten Dokumenten und Organisationsgliederungen.

Michael SALEWSKI: *Entwaffnung und Militärkontrolle in Deutschland 1919 bis 1927, München 1966 (Schriften des Forschungsinstituts der Deutschen Gesellschaft für Auswärtige Politik, Bd. 24),* darin Flottenauslieferung, -versenkung, Personal, Neubauten, Umbauten, U-Waffe, Vertragsverletzungen, Marinekontrollkommission.

F. W. BRÜNINGHAUS, Die Reichsmarine, in: Hans DRAEGER und Heinrich SCHNEE (Hrsg.): *10 Jahre Versailles, Bd. 1, Berlin 1929,* aus zeitgenössischer deutscher Sicht, und J. R. FREDLAND, J. ROHWER, K. J. MÜLLER, Die Zeit zwischen den Kriegen – Die Abrüstung 1918–1934, in: *Seemacht,* Kapitel 26 (S. 445–461) aus gegenwärtiger internationaler Sicht (Bibliographie S. 1128 bis 1130). Dazu Werner RAHN: *Reichsmarine und Landesverteidigung 1919–1928. Konzeption und Führung der Marine in der Weimarer Republik, München 1976,* mit wichtigen Begriffserläuterungen im Anhang A (S. 251–256), Organisationsstrukturen im Anhang B und Dokumenten im Anhang C.

Michael SALEWSKI: *Marineleitung und politische Führung 1931–1935,* in: *Militärgeschichtliche Mitteilungen* 2/1971, *S. 113–158.*

Gerd SANDHOFER: *Das Panzerschiff „A" und die Vorentwürfe von 1920 bis 1928, ebd. 1968, S. 35–62.*

Werner RAHN: *Der Anteil der Reichsmarine am Wiederaufbau der deutschen*

Luftstreitkräfte, in: *MOV-Nachrichten 46 (1971), S. 241–245*, dazu Gerhard HÜMMELCHEN: *Die deutschen Seeflieger 1935–1945, München 1976*, darin Kapitel I, Vorgeschichte (S. 7–15) und Karl-Heinz VÖLKER: *Die Entwicklung der militärischen Luftfahrt in Deutschland 1920–1933, Stuttgart 1962.*

E. RÖSSLER: *Die deutsche U-Bootsausbildung und ihre Vorbereitung 1925 bis 1934*, in: *Marine-Rundschau 68 (1971), S. 453–466*, dazu D. HORTEN: *Auswertung von U-Bootserfahrungen im Ersten Weltkrieg. Eine Untersuchung anhand von Winterarbeiten in der Reichsmarine 1922–1933* (= Unveröffentlichtes Manuskript, in der Bibliothek der Führungsakademie der Bundeswehr).

Friedrich RUGE: *Im Küstenvorfeld. Minensuchen, Geleit, U-Bootsjagd, Vorpostendienst, München 1974*, darin 1. Kapitel: Vorgeschichte bis 1918 und 2. Kapitel: Zwischen den Kriegen (S. 9–26).

HAUSSMANN (Hrsg.): *Geschichte der Standorte der Reichsmarine, ^{2}Kiel 1929.*

Hans STÄRK: *Marineunteroffizierschule Plön/Holstein. Ein Beitrag zur Geschichte der Unteroffizierausbildung in der Marine, Plön 1974*, darin: Die Unteroffizierausbildung in der Reichsmarine (S. 22–43).

Die Reichs- und Kriegsmarine 1918-1939

Dieser Teilabschnitt – S. 337–488 – wurde 1973 konzipiert und 1974 abgeschlossen. Einige Anregungen der neueren Forschung konnten bei einer weiteren Umarbeitung aufgegriffen werden. Die Endfassung ist unter der Voraussetzung entstanden, daß auch dem Ersten Weltkrieg eine politische Geschichte der Marine zuteil würde.

Allgemeine Literatur zur deutschen Geschichte wird nur in begründeten Ausnahmefällen genannt. Grundsätzlich sei hierfür auf die Abschnitte VI und VII verwiesen. Zeitgenössische Literatur wurde nur aufgenommen, wenn sie den gegenwärtigen Forschungsstand repräsentiert, heute noch wissenschaftlichen Ansprüchen genügt, oder das Zeitkolorit prägnant hervortreten läßt.

I. Literatur zum gesamten Teilabschnitt

Wissenschaftlich befriedigende marinegeschichtliche Gesamtdarstellungen der Zwischenkriegszeit gibt es bislang noch nicht. Die beiden gängigen Handbücher Gerhard BIDLINGMAIER, *Seegeltung in der deutschen Geschichte, Darmstadt 1967* (zit.: BIDLINGMAIER) und Elmar B. POTTER / Chester W. NIMITZ / Jürgen ROHWER, *Seemacht. Eine Seekriegsgeschichte von der Antike bis zur Gegenwart, München 1974* (zit.: *Seemacht*) geben in ihren einschlägigen Abschnitten nur grobe Überblicke, die z. T. vom Ansatz her problematisch sind.

Die vorliegende Darstellung stützt sich, namentlich in den Kapiteln C–E, auf Jost DÜLFFER, *Weimar, Hitler und die Marine. Reichspolitik und Flottenbau 1920–1939, Düsseldorf 1973* (zit.: DÜLFFER); eine Gegenposition dazu bezieht Bernd STEGEMANN, *Hitlers „Stufenplan" und die Marine*, in: *Historische Studien zu Politik, Verfassung und Gesellschaft, Festschrift für Richard* DIETRICH *zum 65. Geburtstag, Bern und Frankfurt/M. 1976, S. 301–316.* Stärker auf die marineinternen Vorgänge aus der Sicht des Seeoffiziers ausgerichtet ist Rolf GÜTH, *Die Marine des Deutschen Reiches 1919–1939, Frankfurt/M. 1972* (zit.: GÜTH). Ursprünglich als offiziöses Standardwerk der Kriegsmarine geplant und deshalb zum größten Teil von ehemaligen Fachreferenten der Marine konzipiert sind die Erinnerungen von Erich RAEDER, *Mein Leben, 2 Bde., Tübingen 1956/1957;* heute, nach Freigabe der Akten, sind sie freilich weitgehend überholt.

Sachinformationen, die bei aller Zeitbedingtheit noch heute nützlich sind, finden sich in den größeren Artikeln von Wilhelm PRENTZEL im *Handbuch der neuzeitlichen Wehrwissenschaften, hrsg. von Hermann* FRANKE *i. A. der Deutschen Gesellschaft für Wehrpolitik und Wehrwissenschaften, Bd. III/1, Die Kriegsmarine, Leipzig und Berlin 1938.*

Für die Weimarer Republik gibt einen ausgezeichneten Literaturüberblick Michael GEYER, *Die Wehrmacht der deutschen Republik ist die Reichswehr*, in:

Militärgeschichtliche Mitteilungen 2/1973, S. 152–199. Ferner Jost DÜLFFER, *Marinegeschichte in Deutschland 1920–1939,* in: *Neue Politische Literatur 17 (1972), S. 101–110,* und ders., *Zur deutschen Marinegeschichte der Zwischenkriegszeit (1920–1939),* in: *Jahresbibliographie der Bibliothek für Zeitgeschichte 44 (1973), S. 559–577* mit 156 Titeln. Leider bisher ungedruckt geblieben ist der Forschungsüberblick von Keith W. BIRD, *Recent Trends in German Naval History,* voraussichtlich in: *New Sources and Changing Interpretations of Naval History,* ed. US Naval Academy, 1978.

Neben den beiden Handbüchern BIDLINGMAIER und *Seemacht* enthalten weiterhin gute Bibliographien: Werner RAHN, *Reichsmarine und Landesverteidigung 1919–1928, München 1976* (zit.: RAHN), *S. 289–302,* und Michael SALEWSKI, *Die deutsche Seekriegsleitung 1935–1945, 3 Bde., Frankfurt/M.* bzw. *München 1970–75* (zit.: SALEWSKI, *Seekriegsleitung*), hier *Bd. 2, S. 662–687.*

II. Literatur zu einzelnen Kapiteln

A. Die Marine in der Existenzkrise

Eine erste stärker organisationsgeschichtliche Untersuchung legte Helmut SPROTTE, *Die Reichsmarine in ihrer organisatorischen Entwicklung seit der Revolution, Berlin 1922* (zit.: SPROTTE) vor. Aus Quellen gearbeitet stehen heute drei Arbeiten zur Verfügung: Keith W. BIRD, *The Weimar Republic and the German Naval Officer Corps. A Political History, Amsterdam 1977* (zit.: BIRD) (beruht auf: *Officers and Republic, The German Navy in Politics, Diss. Duke University, Durham N. C. 1971*); RAHN (s. o.), und Wallace Leigh LEWIS, *The Survival of the German Navy, 1917–1920: Officers, Sailors and Politics, Diss. University of Iowa 1969* (zit.: LEWIS).

1. Die Revolution in der Marine

Neben den genannten ausgewogenen Darstellungen gibt es eine Fülle kontroverser Literatur, deren Standpunkte am besten in einer Diskussion zum Ausdruck kommen: Ulrich CZISNIK, *Die Unruhen in der Marine 1917/18,* in: Marinerundschau 67 (1970), S. 641–664, und Wilhelm DEIST, *Die Unruhen in der Marine 1917/18,* in: Marinerundschau 68 (1971), S. 325–343; vgl. Wilhelm DEIST, *Die Politik der Seekriegsleitung und die Rebellion der Flotte Ende Oktober 1918,* in: Vierteljahreshefte für Zeitgeschichte 14 (1966), S. 341–368.

Zusammenfassend für die Soldatenräte auch in der Marine, den Rahmenbedingungen aber nicht immer ganz gerecht werdend: Ulrich KLUGE, *Soldatenräte und Revolution. Studien zur Militärpolitik in Deutschland 1918/1919, Göttingen 1975 (= Kritische Studien zur Geschichtswissenschaft, Bd. 14).* Zeitgenössisch aus der

Sicht der Räte: Lothar POPP / Karl ARTELT, *Ursprung und Entwicklung der Novemberrevolution 1918, Kiel o. J.*; Gustav NOSKE, *Von Kiel bis Kapp, Berlin 1920;* Adolf v. TROTHA, *Volksthum und Staatsführung. Briefe und Aufzeichnungen aus den Jahren 1915–1920, Berlin 1928;* Paul BEHNCKE, *Unsere Marine im Weltkrieg und Zusammenbruch, Berlin 1919.*

Eine grundlegende Dokumentenpublikation bietet Wilhelm DEIST (Bearb.), *Militär und Innenpolitik im Weltkrieg 1914/18, 2 Halbbände, Düsseldorf 1971 (Quellen z. Geschichte des Parlamentarismus und der politischen Parteien, Zweite Reihe, Bd. 1).*

Für die Zeit nach der Revolution ist ebenso bedeutsam: *Die Regierung der Volksbeauftragten 1918/19, eingeleitet von* Erich MATTHIAS, *bearb. v.* Susanne MILLER, *Düsseldorf 1969 (Quellen z. Geschichte des Parlamentarismus und der politischen Parteien, Erste Reihe, Bd. 6, 1); Der Zentralrat der deutschen sozialistischen Republik 19. 12. 1918 bis 8. 4. 1919. Vom ersten zum zweiten Rätekongreß, bearb.* von Eberhard KOLB / Reinhard RÜRUP, *Leiden 1968.*

An Darstellungen sind ferner erwähnenswert: Ernst LEGAHN, *Meuterei in der Kaiserlichen Marine, Ursachen und Folgen, Herford 1970* (populär, aus der Sicht der Marineführung), Heinz HÜRTEN, *Soldatenräte in der deutschen Novemberrevolution,* in: *Historisches Jahrbuch 90 (1970),* S. 299–328; David WOODWARD, *Mutiny at Kiel (1918),* in: *History today 18 (1968),* S. 829–835; David WOODWARD, *Mutiny at Wilhelmshaven,* in: *History today 18 (1968),* S. 779 bis 785; für Kiel demnächst Dirk DÄHNHARDT: *Die Novemberrevolution in Kiel* (nach Dähnhardts Angaben auch die Zahlen auf S. 338).

Von seiten der DDR ist am besten Kurt WROBEL, *Zur Rolle der zentralen Marinesoldatenräte in der Novemberrevolution,* in: *Zeitschrift für Militärgeschichte 8 (1969),* S. 288–300. Für die Auseinandersetzung mit einseitig marxistisch-leninistischer Sicht sind daneben gut brauchbar: Kurt ZEISNER, *Die revolutionäre Matrosenbewegung in Deutschland im Oktober/November 1918.* In: *Revolutionäre Ereignisse und Probleme in Deutschland während der Periode der großen sozialistischen Oktoberrevolution, Reihe I, Bd. 6, Berlin 1957; Vorwärts und nicht vergessen. Erlebnisberichte deutscher Teilnehmer der Novemberrevolution 1918/19, hrsg. v. Institut f. Marxismus-Leninismus beim ZK der SED, Berlin 1958;* Kurt WROBEL, *Die Volksmarinedivision, Berlin 1957;* Kurt WROBEL, *Der Sieg der Arbeiter und Matrosen im Dezember 1918, Berlin 1958.*

2. Marine-Freikorps

Das Standardwerk Hagen SCHULZE, *Freikorps und Republik 1918–1920, Boppard 1968 (= Militärgeschichtliche Studien, Bd. 8)* bringt nur wenig zur Marine. Eine Monographie gibt es nur, freilich nicht umfassend, über die Brigade Ehrhardt von Gabriele KRÜGER, *Die Brigade Ehrhardt, Hamburg 1971 (= Hamburger Beiträge zur Zeitgeschichte, Bd. 7).* Neben LEWIS und BIRD vgl.

Friedrich FORSTMEIER, *Kapitän Ehrhardt – Der starke Mann des Kapp-Lüttwitz-Putsches,* in: *Marinerundschau 68 (1971),* S. 670–672. Material über alle drei Brigaden auch bei Friedrich FORSTMEIER, *Zur Rolle der Marine im Kapp-Putsch,* in: *Seemacht und Geschichte, Festschrift zum 80. Geburtstag v. Friedrich* RUGE, *Bonn 1974,* S, 51–84; abweichende Angaben z. T. in: *Darstellungen aus den Nachkriegskämpfen deutscher Truppen und Freikorps, Bd. VI: Die Wirren in der Reichshauptstadt und im nördlichen Deutschland, Berlin 1940,* hier S. 48.

3. Entwaffnungsbestimmungen und Friedensvertrag

Über den allgemeinen Rahmen orientiert zuverlässig Michael SALEWSKI, *Entwaffnung und Militärkontrolle in Deutschland 1919–1927, München 1966 (= Schriften des Forschungsinstituts d. Deutschen Gesellschaft f. Auswärtige Politik, Bd. 24).* Der Bericht des deutschen Befehlshabers Ludwig v. REUTER, *Scapa Flow, Das Grab der deutschen Flotte, Leipzig 1921* ist ein Musterbeispiel für Apologie; persönliche Erinnerungen trägt Friedrich RUGE mit *Scapa Flow, Das Ende der deutschen Flotte, Oldenburg/Hamburg 1969,* bei. Am überzeugendsten auf wissenschaftlicher Grundlage ist David N. SHEPHERD, *Death of a Fleet: Responsibility for the Scuttling of the German High Seas Fleet at Scapa Flow, June 21, 1919, Diss. Texas Christian University 1974,* der auch die Haltung der Alliierten einbezieht; dazu Arthur J. MARDER, *From the Dreadnought to Scapa Flow, Vol. V: Victory and Aftermath, London 1970.*

4. Die vorläufige Reichsmarine und *5. Der Kapp-Lüttwitz-Putsch und der neue Zusammenbruch der Marine 1920*

Hier ist vor allem auf RAHN, BIRD und LEWIS zu verweisen, daneben auch auf SPROTTE und GÜTH. Zu Trothas Verhalten gibt es neben dessen Aufzeichnungen die Psychoanalyse durch Helmut SCHUBERT, *Admiral Adolf von Trotha (1868–1940). Ein Versuch zur historisch-psychologischen Biographie, Phil. Diss. Freiburg 1976.* Das Standardwerk Johannes ERGER, *Der Kapp-Lüttwitz-Putsch. Ein Beitrag zur deutschen Innenpolitik 1919/20, Düsseldorf 1967 (= Beiträge z. Geschichte des Parlamentarismus und der politischen Parteien, Bd. 35),* bringt zur Rolle und zu den Motiven der Marine ebenso wenig wie Francis L. CARSTEN, *Reichswehr und Politik, 1918–1933, Köln 1964* (zit.: CARSTEN), und Erwin KÖNNEMANN, *Einwohnerwehren und Zeitfreiwilligenverbände. Ihre Funktion beim Aufbau eines neuen imperialistischen Militärsystems* (November 1918 bis 1920), *Berlin 1969.* Zu beachten sind jetzt die neuen, von FORSTMEIER in der *Festschrift* RUGE verarbeiteten Quellen.

B. Sozialstruktur der Marine und Stellung der Marine im Staat (1920—1939)

1. Innere Struktur

Die Sozialstruktur der Marine ist insgesamt noch wenig untersucht, die Zeit bis 1933 aber noch relativ besser als die Zeit des Dritten Reiches. Holger H. HERWIG, *The German Naval Officer Corps. A Social and Political History 1890 bis 1918, Oxford 1973* (jüngst auch deutsch: *Das Elitekorps des Kaisers. Die Marineoffiziere im Wilhelminischen Deutschland, Hamburg 1977)* reicht nur noch wenig in die hier behandelte Zeit. Informativ ist Wahrhold DRASCHER, *Zur Soziologie des deutschen Seeoffizierkorps,* in: *Wehrwissenschaftliche Rundschau 12 (1962),* S. 555–569. Am besten ist jetzt noch: BIRD.

Für die dreißiger Jahre kann als Materialsammlung dienen: Rudolf ABSOLON, *Die Wehrmacht im Dritten Reich, Boppard 1969–1975, bisher 3 Bde. (= Schriften des Bundesarchivs, 16, 1–3);* für Teilaspekte: mit einem eigenwilligen methodischen Ansatz Carl-Axel GEMZELL, *Organization, Conflict and Innovation. A Study of German Naval Strategic Planning 1888–1940, Lund 1973;* Werner BRÄCKOW, *Die Geschichte des deutschen Marine-Ingenieurkorps, Oldenburg/Hamburg 1974;* Werner WUNDERLICH, *Das seestrategische Denken im imperialistischen Deutschland in Vorbereitung des zweiten Weltkrieges, Diss. Leipzig 1966* (zit.: WUNDERLICH); Günther RÖSSLER, *Unteroffiziersausbildung in der Reichs- und Kriegsmarine 1926–1945,* in: *Truppenpraxis 1969, Heft 5,* S. 444 bis 448. Die Zahlen sind nach dem *Marineverordnungsblatt* bzw. den *Verhandlungen des Deutschen Reichstags, Stenographische Berichte* (Haushaltsdebatten) angegeben.

Die Bedeutung Wegeners arbeitete nach Herbert ROSINSKI, *Strategy and Propaganda in German Naval Thought,* in: *Brassey's Naval Annual Bd. 56, 1945* gründlich heraus Carl-Axel GEMZELL, *Raeder, Hitler und Skandinavien. Der Kampf für einen maritimen Operationsplan, Lund 1965;* Kritik daran übte Sven TÄGIL, *Wegener, Raeder und die deutsche Marinestrategie. Einige Gesichtspunkte hinsichtlich der Bedingungen für Ideeneinfluß,* in: *Probleme deutscher Zeitgeschichte, Lund 1970,* S. 77–96.

2. Institutionelle Verankerung

Hierzu vor allem RAHN; zu Einzelaspekten Hans MEIER-WELCKER, *Seeckt, Frankfurt/M. 1967;* Gaines POST jr., *The Civil-Military Fabric of Weimar Foreign Policy, Princeton 1973;* Karl-Heinz VÖLKER, *Die Entwicklung der militärischen Luftfahrt in Deutschland 1920–1933,* in: *Beiträge zur Militär- und Kriegsgeschichte, Bd. 3, Stuttgart 1962;* Karl-Heinz VÖLKER, *Die deutsche Luftwaffe 1933–1939. Aufbau, Führung und Rüstung der Luftwaffe sowie die Ent-*

wicklung der deutschen Luftkriegstheorie, Stuttgart 1967 (= Beiträge zur Militär- und Kriegsgeschichte, Bd. 8); Werner RAHN, *Der Anteil der Reichsmarine am Wiederaufstieg der deutschen Luftstreitkräfte*, in: *MOV-Nachrichten 46 (1971)*, S. 241–245.

3. Formelle und informelle Einbettung der Reichsmarine

DÜLFFER, S. 38–58, und BIRD; zu den Marinevereinen: Manfred KRÜGER, *Die Grundzüge der imperialistischen deutschen Marineideologie, Habil. Schrift Rostock 1963* (zit.: M. KRÜGER); zum grundsätzlichen Rahmen: Michael SALEWSKI, *Selbstverständnis und historisches Bewußtsein der deutschen Kriegsmarine*, in: *Marinerundschau 67 (1970), S. 65–88*. Daran schloß sich eine umfangreiche Diskussion ebenda an, die von mehreren ehemaligen Marineangehörigen geführt wurde. Siehe v. a. Edward WEGENER, *Selbstverständnis und historisches Bewußtsein der deutschen Kriegsmarine*, in: *Marinerundschau 67 (1970)*, S. 321–346. Einzelfälle erarbeiteten auf reicher Materialgrundlage: Annelise THIMME, *Der „Fall Tirpitz" als Fall der Weimarer Republik*, in: Imanuel GEISS/Bernd-Jürgen WENDT (Hrsg.), *Deutschland und die Weltpolitik im 20. Jahrhundert. Festschrift für Fritz* FISCHER *zum 65. Geburtstag, Düsseldorf 1973*, S. 463–482, und Holger H. HERWIG, *From Kaiser to Führer, The Political Road of a German Admiral, 1923–1933*, in: *Journal of Contemporary History 9 (1974)*, S. 107–120 (über Magnus v. Levetzow).

4. Marine und Parteien

Am gründlichsten bei Auswertung der Reichstagsprotokolle Wolfgang WACKER, *Der Bau des Panzerschiffes „A" und der Reichstag, Tübingen 1958*; für einzelne Parteien: Gustav Adolf CASPAR, *Die sozialdemokratische Partei und das deutsche Wehrproblem in den Jahren der Weimarer Republik, Frankfurt/M. 1959 (= Wehrwissenschaftliche Rundschau, Beiheft 11)*; Hartmut SCHUSTEREIT, *Unpolitisch – Überparteilich – Staatstreu. Wehrfragen aus der Sicht der Deutschen Demokratischen Partei*, in: *Militärgeschichtliche Mitteilungen 2/1974, S. 131–172*; zur KPD: BIRD.

5. Marine und Nationalsozialismus

Mit Befragungen arbeitend betrat Neuland: Walther BAUM, *Marine, Nationalsozialismus und Widerstand*, in: *Vierteljahreshefte für Zeitgeschichte, Bd. 11, 1963*, S. 16–48. Dieser Artikel brachte scharfe Reaktionen ehemaliger Marineoffiziere: Wilhelm MARSCHALL, *Marine, Nationalsozialismus und Widerstand. Eine Ent-*

gegnung zu der gleichnamigen Abhandlung von W. Baum, in: *MOH-Nachrichten 38 (1963)*. Einiges Material findet sich bei WUNDERLICH, M. KRÜGER und BIRD. Im Zusammenhang mit einer Untersuchung des 20. Juli 1944 zeigt SALEWSKI, *Seekriegsleitung II*, S. 432–448 auch für die Zwischenkriegszeit die starke Affinität der Marine zum Nationalsozialismus aufgrund der Erziehungsprinzipien auf. Von einem ehemaligen Admiral für die Lage vor 1933: Paul W. ZIEB, *Logistische Probleme der Kriegsmarine, Neckargemünd 1961 (= Die Wehrmacht im Kampf, Bd. 31)*. Darauf beruht z. T. auch CARSTEN. Für 1938/39 (Guse-Heye): Helmut KRAUSNICK, *Vorgeschichte und Beginn des militärischen Widerstandes gegen Hitler*, in: *Die Vollmacht des Gewissens, Bd. I, München 1956, S. 175–380.*

C. Konsolidierung und erneute Krise (1920—1928)

1. Wiederherstellung der inneren Geschlossenheit unter Behncke und Zenker

Hier liegt der Kern von RAHNs Arbeit, aus der auch die Zahlenangaben entnommen sind; das Heye-Zitat dort S. 100; zu BEHNCKEs Auffassungen s. dessen Erinnerungen; zu Zenker: Kurt ASSMANN, *Admiral Zenker, zur fünften Wiederkehr seines Todestages (18. 8. 1932)*, in: *Militärwissenschaftliche Rundschau 2 (1937)*, S. 425–433; vgl. auch BIRD, CARSTEN. Letzterer hob erstmals Loewenfelds Rolle hervor, die zwischen Jost DÜLFFER und Edward WEGENER kontrovers diskutiert wurde, in: Marineforum 50 (1975), S. 160 und 334, 51 (1976), S. 22.

2. „Friedensaufgaben" und operative Planungen

Neben RAHN, BIRD, den genannten beiden Arbeiten von GEMZELL, WUNDERLICH, GÜTH: Michael SALEWSKI, *Die Verteidigung der Ostsee 1918 bis 1939, Politische und strategische Konzeption*, in: *Marinerundschau 69 (1972)*, S. 385–401; Überblicke über die ganze Zwischenkriegszeit, aber z. T. unzulänglich, bei E. PELLEGRINI, *Politica navale della Germania dal 1919 al 1939*, in: *Rivista marittima 96 (1963)*, S. 17–38; Günther KAUTZ, *Der Flottenbau und die strategischen Pläne der Marineleitung / Seekriegsleitung für den Einsatz der deutschen Flotte (1919 bis 1939) (I)*, in: *Marinewesen 5 (1966)*, S. 218–234, und Richard LAKOWSKI / Werner WUNDERLICH, *Die Theorie vom atlantischen Zufuhrkrieg. Zur Entwicklung des seestrategischen Denkens in Deutschland vor dem zweiten Weltkrieg*, in: *Militärgeschichte 13 (1974)*, S. 15–24. Einiges Material enthält Walther HUBATSCH, *Der Admiralstab und die obersten Marinebehörden in Deutschland, 1848–1945, Frankfurt/M. 1958.*

3. Marine und Entwaffnungsfrage

Methodisch wie quellenmäßig erschließt für die Zeit von 1925 bis 1936 Neuland für den Zusammenhang von internationaler Lage, (Geheim-)Rüstungen und operativen Plänen: Michael GEYER, *Aufrüstung oder Sicherheit. Die Reichswehr und die Krise der Machtpolitik, Diss. Freiburg 1976.* Seine Ergebnisse konnten hier und im folgenden nicht mehr voll berücksichtigt werden. Zur Marine: SALEWSKI, *Entwaffnung,* RAHN. Zum internationalen Rahmen S. W. ROSKILL, *Naval Policy between the Wars, 2 Bde., London 1968/76;* zu Washington speziell Michael SALEWSKI, *Die Washingtoner Seeabrüstungskonferenz von 1922. Ein Beispiel für geglückte Abrüstung?* In: *Marinerundschau 70 (1973),* S. 33–55.

4. Geheimrüstungen und außenpolitischer Orientierungsrahmen

Reiches Material enthält die *Dienstschrift Nr. 15 geheim* von Wilhelm SCHÜSSLER, Berlin 1937, gedr. in: *Internationaler Militärgerichtshof, Nürnberg 1947, Bd. XXXIV,* Dok. 156-C, S. 530–607; allgemein CARSTEN, RAHN, Milan HAUNER, *Uloha nemeckého námorniho zbrojeni v obdobi Vymarské republiky,* in: *Ceskoslovensky casòpis historicky 10 (1963),* S. 178–199. Am besten untersucht sind die U-Bootpläne: Allison W. SAVILLE, *The Development of the German U-Boat Arm, 1919–1935, Diss. University of Washington* [vgl. dazu Jost DÜLFFER in: *Marinerundschau 67 (1970),* S. 445 f.]; von der technischen Entwicklung her Eberhard RÖSSLER, *Geschichte des deutschen U-Bootbaus, München 1975,* der hierin mehrere Vorstudien aus der Marinerundschau 1971 ff. zusammenfaßt.

Der außenpolitische Rahmen im wesentlichen nach DÜLFFER, S. 139 ff.; vgl. jetzt vor allem GEYER (s. o.).

5. Erneute Marine-Krise: Panzerschiffdiskussion und Lohmann-Affäre

a) Kriegsschiffbau:

WACKER; RAHN; die Panzerschiffdiskussion ausführlich rekonstruiert von Gert SANDHOFER, *Das Panzerschiff „A" und die Vorentwürfe von 1920 bis 1928,* in: *Militärgeschichtliche Mitteilungen 1/1968,* S. 35–62.

b) Lohmann-Affäre:

SAVILLE, CARSTEN, S. 311–15; BIRD; RAHN; apologetisch ist Otto GESSLER, *Reichswehrpolitik in der Weimarer Zeit, Stuttgart 1958.*

D. Die Marine in der Krise der Republik (1928—1933)

1. Raeders Karriere und Politik

Neben RAEDERs Memoiren s. auch Kurt ASSMANN, *Großadmiral Dr. h. c. Raeder und der Zweite Weltkrieg,* in: *Marinerundschau 58 (1961),* S. 3–17, das Zitat ebd. S. 5; das Selbstzeugnis aus dem Jahr 1943 zit. n. GÜTH, S. 102 f.; CARSTEN zu Raeders Politik 1928; zur Konzeption: Klaus SCHRÖDER, *Zur Entstehung der strategischen Konzeption von Großadmiral Raeder,* in: *MOV-Nachrichten 46 (1971),* S. 14–18 und 45–47. Zur Persönlichkeit: Friedrich RUGE und Michael SALEWSKI, *Erich Raeder zum hundertsten Geburtstag,* in: *Marineforum 51 (1976), S. 89–92.*

2. Schiffbauprogramm und Innenpolitik

Einige Hinweise bei WACKER. Für die Zeit ab 1931 Michael SALEWSKI, *Marineleitung und politische Führung 1931–1935,* in: *Militärgeschichtliche Mitteilungen 2/1971,* S. 113–158 (Dokumentation). Wichtige Aktenstücke in: *Akten der Reichskanzlei, Weimarer Republik, Das Kabinett Müller II, bearb. von Martin* VOGT, *2 Bde., Boppard 1970,* vgl. dazu Hartmut SCHUSTEREIT in: *Militärgeschichtliche Mitteilungen 1/1973,* S. 224–228. Für Einzelaspekte der innenpolitischen Diskussion D. RICHTER, *Oktober 1928 – Das Volksbegehren gegen den Panzerkreuzerbau,* in: *Marinewesen 7 (1968),* S. 1256–1266, und Ernst LABOOR, *Der Kampf der KPD gegen den Panzerkreuzerbau,* in: *Zeitschrift für Geschichtswissenschaft 6 (1958),* S. 170 ff.

Die wissenschaftliche Beschäftigung mit den Schiffbauplänen begann 1943/44 mit der offiziösen Studie von Wilhelm TREUE, *Entwurf einer Denkschrift über den Flottenbau von 1926–1939,* Bundesarchiv-Militärarchiv Freiburg i. Br., M 1690/PG 33 965 a, die aber unveröffentlicht blieb.

3. Abrüstungsdiskussion und Außenpolitik

Für die auf Deutschland zurückwirkende englische Perspektive: Robin M. RUDOFF, *The Influence of the German Navy on the British Search for Arms Control 1928–1935, Diss. Tulane University 1964;* vgl. Lawrence Henry DOUGLAS, *Submarine Disarmament 1919–1936, Diss. Syracuse University 1970.* Für die deutsche Seite bietet allgemein neben GEYER wichtige Information Hans-Jürgen RAUTENBERG, *Deutsche Rüstungspolitik vom Beginn der Genfer Abrüstungskonferenz bis zur Wiedereinführung der allgemeinen Wehrpflicht 1932 bis 1935, Diss. Bonn 1973,* vgl. DÜLFFER, S. 139–182, POST und Michael SALEWSKI, *Zur deutschen Sicherheitspolitik in der Spätzeit der Weimarer Re-*

publik, in: *Vierteljahreshefte für Zeitgeschichte 22 (1974)*, S. 121–147. Für Genf immer noch ergiebig: Wilhelm DEIST, *Brüning und die Abrüstungsgespräche von Bessinge*, in: *Vierteljahreshefte für Zeitgeschichte 5 (1957)*, S. 265 ff. und ders., *Schleicher und die deutsche Abrüstungspolitik im Juni/Juli 1932*, in: *Vierteljahreshefte für Zeitgeschichte 7 (1959)*, S. 167 ff.

4. *Operationsplanungen*

Vgl. C. 2; Material bei SALEWSKI, *Marineleitung*, und DÜLFFER; zu den Panzerschiffen RAHN, S. 233 ff., und Rolf GÜTH, *Vor 40 Jahren: Die Panzerschiffe und die Konzeption der Atlantikkriegführung der deutschen Marineleitung*, in: *Jahrbuch der deutschen Marine 9 (1974)*, S. 116–122; GEMZELL, *Organization;* Gerhard BIDLINGMAIER, *Die strategischen und operativen Überlegungen der Marine 1932 bis 1942*, in: *Wehrwissenschaftliche Rundschau 13 (1963)*, S. 312 bis 331.

E. Hitler und der Versuch zum Aufbau einer Weltmachtflotte (1933—1939)

Dieser Zeitraum wird behandelt in den aufgrund der Materiallage heute als überholt anzusehenden Arbeiten von James H. BELOTE, *The Development of German Naval Policy 1933–1939, Diss. University of California 1954*, und Rolf BENSEL, *Die deutsche Flottenpolitik von 1933 bis 1939. Eine Studie über die Rolle des Flottenbaus in Hitlers Außenpolitik, Frankfurt/M. 1958 (= Marinerundschau, Beiheft 3)*. Die marineinterne Entwicklung im politischen Kontext heute am deutlichsten bei SALEWSKI, *Marineleitung* (für die Zeit bis 1935), und SALEWSKI, *Seekriegsleitung I* (für die Zeit ab 1935); der letztere Aspekt stärker bei DÜLFFER, S. 204–555. In marxistischer Sicht und schon von der Materialgrundlage unbefriedigend Gerhard ZIMMER, *Die Marinerüstung und die Rolle der Kriegsmarine innerhalb der aggressiven Außenpolitik des faschistischen deutschen Imperialismus 1933–1939), Diss. Berlin 1970* [vgl. dazu Jost DÜLFFER in: *Marinerundschau 71 (1974)*, S. 130 f.].

1. *Hitlers Marinepolitik vor 1933*

Die kontroverse Hitlerdeutung: Martin BROSZAT, *Der Staat Hitlers, München 1969* (= dtv-Weltgeschichte des 20. Jahrhunderts, Bd. 9); ders., *Soziale Motivation und Führerbindung des Nationalsozialismus*, in: *Vierteljahreshefte für Zeitgeschichte 18 (1970)*, S. 392–409; Hans MOMMSEN, *Nationalsozialismus*, in: *Sowjetsystem und demokratische Gesellschaft, hrsg. von* Claus D. KERNIG, *Freiburg 1971, Bd. IV, Sp. 695–713;* Andreas HILLGRUBER, *Hitlers Strategie.*

Politik und Kriegführung 1940/41, Frankfurt/M. 1965; ders., *Grundzüge der nationalsozialistischen Außenpolitik, 1933–1945*, in: *Saeculum 24 (1973)*, S. 314 bis 345; Klaus HILDEBRAND, *Deutsche Außenpolitik 1933–1935, Kalkül oder Dogma? Stuttgart ³1976*; ders., *Hitlers Ort in der Geschichte des preußisch-deutschen Nationalstaats*, in: *Historische Zeitschrift 217 (1973)*, S. 584–632.

Hitlers Verständnis von Marinefragen dokumentierte kenntnisreich sein ehemaliger Marineadjutant Karl Jesko v. PUTTKAMER, *Die unheimliche See, Hitler und die Kriegsmarine, Wien/München 1952*, daneben auch RAEDER; vgl. DÜLFFER, S. 204–225.

2. Von der Abrüstungskonferenz zum deutsch-britischen Flottenabkommen

Da durch das Flottenabkommen die Reichspolitik in der Zwischenkriegszeit am sichtbarsten tangiert wurde, ist die Literatur umfangreich. Alle Darstellungen zur Außenpolitik jener Jahre kommen darauf zurück. An älteren Arbeiten vgl. die o. g. Bibliographie von DÜLFFER, *Zur Marinepolitik*, Nr. 19, 26a, 32, 68, 74, 77, 83, 84, 89, 140, 143; zusammenfassend ders., *Das deutsch-englische Flottenabkommen vom 18. Juni 1935*, in: *Marinerundschau 69 (1972)*, S. 641–659; übergreifend in Vortragsform: Michael SALEWSKI, *England, Hitler und die Marine*, in: Otmar FRANZ (Hrsg.), *Vom Sinn der Geschichte, Stuttgart 1976*, sowie Jost DÜLFFER, *Determinanten der deutschen Marineentwicklung in der Zwischenkriegszeit*, in: *Marinerundschau 72 (1975)*, S. 8–19; für die Englandpolitik allgemein: Günter WOLLSTEIN, *Vom Weimarer Revisionismus zu Hitler, Bonn 1973*, Oswald HAUSER, *England und das Dritte Reich, Bd. I: 1933–1936, Stuttgart 1972*, Josef HENKE, *England in Hitlers politischem Kalkül 1935/37–1939, Boppard 1973 (= Schriften des Bundesarchivs, Bd. 20)*.

Zum Flottenabkommen speziell, aber weiter ausholend, in der Interpretation jeweils unbefriedigend Eva K. HARASZTI, *Treaty-Breakers or Realpolitiker? The Anglo-German Naval Agreement of June 1935, Boppard 1973*, und Paola B. OLLA, *Le origini diplomatiche dell'accordo anglo-tedesco del giugnio 1935, Milano 1974*.

Die unterschiedlichen Auffassungen zur Raedernotiz vom Juni 1934 bei SALEWSKI, *Seekriegsleitung* I und *Marineleitung* bzw. DÜLFFER, S. 289ff.

Die Flottenverhandlungen 1935–1939 bei Donald C. WATT, *Anglo-German Naval Negotiations on the Eve of the Second World War*, in: *Journal of the Royal United Service Institution 103 (1958)*, S. 201–207, 381–391.

3. Schiffbaupolitik 1933 bis 1937

Die Pläne sind dargelegt bei SALEWSKI, *Marineleitung* und *Seekriegsleitung I;* die reinen Daten auch in Erich GRÖNER, *Die deutschen Kriegsschiffe 1815 bis 1945, 2 Bde., München 1966/68;* Jürgen ROHWER, *Baudaten der von 1921 bis zum 31. 8. 1939 für die deutsche Reichs- und Kriegsmarine in Auftrag gegebenen Kriegsschiffe,* in: DÜLFFER, S. 570–587. Für einzelne Schiffstypen gibt es eine umfangreiche Spezialliteratur; davon seien hier nur genannt: Siegfried BREYER, *Schlachtschiffe und Schlachtkreuzer 1905–1970. Die geschichtliche Entwicklung des Großkampfschiffes, München 1970;* ders., *Die Kreuzer „K" und „L" der deutschen Kriegsmarine,* in: *Marinerundschau 63 (1966),* S. 20–28, 99 ff.; Wilhelm HADELER, *Die Flugzeugträger der deutschen Marine von 1934 bis 1945,* in: *Marinerundschau 53 (1956),* S. 162–169; Clark G. REYNOLDS, *Hitler's Flattop – The End of the Beginning,* in: *US Naval Institute Proceedings 93 (1967),* S. 40–49.

Zum Rahmen der Aufrüstung insgesamt Friedrich FORSTMEIER / Hans-Erich VOLKMANN (Hrsg.), *Wirtschaft und Rüstung am Vorabend des Zweiten Weltkrieges, Düsseldorf 1974,* hier besonders der Beitrag von Karl-Heinz LUDWIG; auf dürftiger Materialgrundlage Gerhard ZIMMER, *Raeders Rüstungsplan vom Frühjahr 1934;* in: *Marinewesen 6 (1967),* S. 622–626; einen Überblick vermittelt Walther HUBATSCH, *Schiffbauplanungen, technischer Rüstungsstand und politische Zielsetzung beim Ausbau der deutschen Marine 1848–1945,* in: *Marinerundschau 60 (1963),* S. 65–79.

Zu den Superschlachtschiffen: (Anonymus), H 42, H 43, H 44, *Die letzten deutschen Schlachtschiffsentwürfe,* in: *Marinerundschau 53 (1956);* ZIEB; eine Deutung in größerem Rahmen: Jochen THIES, *Architekt der Weltherrschaft. Die „Endziele" Hitlers, Düsseldorf 1976,* S. 128–135.

Zu den Operationsplänen vgl. C. 5 und D. 4. Die Bedeutung der Stützpunktfrage und Skandinaviens am deutlichsten, wenn auch zuweilen überspitzt bei GEMZELL, *Raeder,* vgl. auch SALEWSKI, *Ostsee* und BIDLINGMAIER.

4. Die Kriegsmarine im Spanischen Bürgerkrieg

Unter den zahlreichen Darstellungen findet die Marinepolitik angemessene Berücksichtigung vor allem bei Manfred MERKES, *Die deutsche Politik gegenüber dem spanischen Bürgerkrieg, 1936–1939, Bonn ²1969* (die erste Auflage hat davon noch nichts); einige Ergänzungen (bei anderer Gesamtdeutung) bei Hans-Henning ABENDROTH, *Hitler in der spanischen Arena, Die deutsch-spanischen Beziehungen im Spannungsfeld der europäischen Interessenpolitik bis zum Ausbruch des Weltkrieges, 1936–1939, Paderborn 1974;* Werner RAHN, *Ibiza und Almeria. Eine Dokumentation,* in: *Marinerundschau 68 (1971),* S. 389–406. Von DDR-Seite mit wichtigem Material: Horst KÜHNE, *Revolutionäre Militärpolitik 1936 bis 1939, Militärpolitische Aspekte des nationalrevolutionären Krieges in Spanien, Berlin 1969;* ders., *Ziele und Ausmaß der militärischen Intervention des deutschen Faschismus in Spanien,* in: *Zeitschrift für Militärgeschichte 8 (1969),* S. 273–287, wieder abgedruckt in Wolfgang SCHIEDER / Christof DIPPER (Hrsg.), *Der spanische Bürgerkrieg in der internationalen Politik (1933–1939), München 1976;*

stark die Tatsachen verdrehend: K. WESTMANN, *Juni 1937 – Die Provokation des leichten Kreuzers „Leipzig"*, in: *Marinewesen 7 (1968)*, S. 747–752, und ders., *Almeria – Das Guernica der faschistischen deutschen Kriegsmarine*, in: *Marinewesen 7 (1968)*, S. 614–620.

5. Probleme der Marinerüstungswirtschaft

Für diesen Fragenkomplex fehlen noch eingehende Untersuchungen. Zum hier wichtigen allgemeinen Rahmen neben FORSTMEIER / VOLKMANN die Dokumentation, vor allem aber die Einleitung von Timothy W. MASON, *Arbeiterklasse und Volksgemeinschaft, Opladen 1975;* Jost DÜLFFER, *Der Beginn des Krieges 1939: Hitler, die innere Krise und das Mächtesystem*, in: *Geschichte und Gesellschaft 2 (1976)*, S. 443–470. Material bieten Georg THOMAS, *Geschichte der deutschen Wehr- und Rüstungswirtschaft (1918–1943/45), hrsg. von* Wolfgang BIRKENFELD, *Boppard 1968 (= Schriftenreihe des Bundesarchivs, B. 14);* DÜLFFER, S. 419ff.

6. Ausweitung und Motivation der Bauplanungen 1937/38
und
7. Die Auseinandersetzungen um eine neue Marinekonzeption

Vgl. die Literatur zu E. 3. Die Schiffbaupläne nach den Akten bei SALEWSKI, *Seekriegsleitung, I,* und DÜLFFER mit z. T. abweichender Deutung. Als Zeugnis eines Beteiligten, auch zur Deutung des Z-Plans ist wichtig: Werner FUCHS, *Der deutsche Kriegsschiffbau 1939–1945*, in: *Wehrtechnische Monatshefte 56 (1959)*, S. 60–70, ferner Hermann BOEHM, *Schiffbauplanungen der Kriegsmarine 1938 bis Kriegsbeginn*, in: *Atlantische Welt 11 (1967)*. Erste Informationen gab HUBATSCH, *Admiralstab*, auf Aktenbasis dann breiter BIDLINGMAIER.

Die wissenschaftliche Deutung des Z-Plans aus den Zielen Hitlers erstmals 1965 bei HILLGRUBER, *Hitlers Strategie*, S. 36f., der damit die früher gängige marineinterne Deutung in Frage stellt.

Die Äußerung Raeders vom Oktober 1937 nach der TREUE-Denkschrift bei DÜLFFER, S. 447.

Die Interpretation der U-Bootplanungen ist heute noch weitgehend von der Selbstdarstellung bestimmt: Karl DÖNITZ, *Zehn Jahre und zwanzig Tage (1935 bis 1945), Bonn 1958, München [5]1976;* ders., *Die Schlacht im Atlantik in der deutschen Seestrategie des Zweiten Weltkrieges*, in: *Marinerundschau 61 (1964)*, S. 63–77, wiederabgedruckt in Andreas HILLGRUBER (Hrsg.), *Probleme des Zweiten Weltkrieges, Köln 1967 (= Neue Wissenschaftliche Bibliothek, Bd. 20);* Karl DÖNITZ, *Deutsche Strategie zur See im Zweiten Weltkrieg. Die Antworten des Großadmirals auf 40 Fragen, Frankfurt/M. 1970;* von diesen hängen auch die meisten der zahlreichen Darstellungen des U-Bootkrieges 1939–1945 ab, sowie Walter GÖRLITZ, *Karl Dönitz. Der Großadmiral, Göttingen 1972 (= Persönlichkeit und Geschichte, Bd. 69)*; die kritischere Betrachtung der Kriegsjahre auf breiter Quellengrundlage durch SALEWSKI, *Seekriegsleitung II* dürfte auch auf die Vorkriegszeit anzuwenden sein; vgl. einstweilen DÜLFFER, S. 531–534.

Als Dokumentation aufschlußreich Gert SANDHOFER, *Dokumente zum militärischen Werdegang des Großadmirals Dönitz*, in: *Militärgeschichtliche Mitteilungen 1/1967*, S. 59–82; RÖSSLER.

8. Operationspläne 1937/39

Neben E. 3: Gerhard BIDLINGMAIER, *Einsatz der schweren Kriegsmarineeinheiten im ozeanischen Zufuhrkrieg. Strategische Konzeption und Führungsweise, September 1939 bis Februar 1942, Neckargemünd 1963 (= Die Wehrmacht im Kampf, Bd. 35)*; Gerhard HÜMMELCHEN, *Handelsstörer, Handelskrieg deutscher Überwasserstreitkräfte im Zweiten Weltkrieg, München 1960, ²1967*; Cajus BEKKER, *Verdammte See. Ein Kriegstagebuch der deutschen Marine, Oldenburg 1971* (populärwissenschaftlich); Friedrich RUGE, *Der Seekrieg 1939 bis 1945, Stuttgart u. a. 1954, ³1962*; Ed. P. von der PORTEN, *The German Navy in World War II, New York 1969*. Bei diesen Arbeiten behandeln jeweils die Eingangskapitel die Pläne vor dem Kriegsbeginn.

Von DDR-Seite Horst STEIGLEDER / Erich HENSEL, *Gedanken zum Einsatz schwerer deutscher Kriegsmarineeinheiten im Zweiten Weltkrieg*, in: *Zeitschrift für Militärgeschichte 4 (1965)*, S. 657–671; Horst STEIGLEDER, *Zur Rolle der Kriegsmarine bei der Vorbereitung des Überfalls des faschistischen Deutschlands auf die UdSSR*, in: *Auf antisowjetischem Kurs, Studien zur Vorbereitung des deutschen Imperialismus auf die Aggression gegen die UdSSR (1933 bis 1941), hrsg. von* Hans HÖHNE *u. a., Berlin 1970*, S. 425–470.

Zu den kurzfristigen Weisungen: Jost DÜLFFER, *Weisungen an die Wehrmacht als Ausdruck ihrer Gleichschaltung 1938/39*, in: *Wehrwissenschaftliche Rundschau 18 (1968)*, S. 651–655 und 705–713. Populärwissenschaftliche Schiffsgeschichten mit wertvollen Zeugnissen Beteiligter: Jochen BRENNECKE, *Schlachtschiff „Bismarck". Höhepunkt und Ende einer Epoche, Jugenheim 1960*; ders., *Schlachtschiff „Scharnhorst" (1939–1942), Jugenheim 1962.*

Abkürzungen

(Kapitelübergreifend verwendete Fachausdrücke)

ADV	Alldeutscher Verband
AK	Armeekorps
DFV	Deutscher Flottenverein
DKG	Deutsche Kolonialgesellschaft
hm	Hektometer (Marineartillerieschußmaß)
H. M. S.	His Majesty's Ship
kn	Knoten (Geschwindigkeit)
MK	Maschinenkanone
N	Marinestation der Nordsee
N	Nachrichtenbureau (des Reichsmarineamts)
O	Marinestation der Ostsee
ObdM	Oberbefehlshaber der Kriegsmarine
O. H. L.	Oberste Heeresleitung (Erster Weltkrieg)
OK	Oberkommando der (Kaiserlichen) Marine
OKM	Oberkommando der Kriegsmarine
OKW	Oberkommando der Wehrmacht
RLM	Reichsluftfahrtministerium
RMA	Reichsmarineamt
Sk	Schnellfeuerkanone
Skl.	Seekriegsleitung
sm	Seemeile (Entfernung)
S. M. S.	Seiner Majestät Schiff
Tk	Torpedobootskanone
Tr	Torpedoausstoßrohr
Uk	Unterseebootskanone
Utof	Unterseeboots-Torpedobootsflugabwehrkanone
z. D.	zur Disposition
z. S.	zur See

Percy E. Schramm (Hrsg.)

KRIEGS-TAGEBUCH DES OBER-KOMMANDOS DER WEHRMACHT 1940-1945

Streng geheim wurde das Kriegstagebuch des Wehrmachtführungsstabes im Oberkommando der Wehrmacht geführt und 1945 nach dem Zusammenbruch unter abenteuerlichen Umständen gerettet. Eine minutiöse Chronik, die die militärische Situation des 3. Reiches zwischen 1940 und 1945 auf über 6.800 Seiten Tag für Tag nüchtern und frei von politischer Propaganda beschreibt. Der eigentliche Tagebuchtext wird ergänzt durch meist unveröffentlichte Anlagen, Führerweisungen, OKW-Anordnungen und andere wichtige Dokumente.

Der renommierte Herausgeber- und Bearbeiterstab unter Leitung des ehemaligen Tagebuchführers 1943–1945, Prof. Dr. Percy Ernst Schramm, gewährleistet höchste Authentizität dieses wichtigsten deutschen Quellenwerkes zur militärischen Geschichte des 2. Weltkrieges.

Militärgeschichtliches Forschungsamt (Hrsg.)

Deutsche Militärgeschichte in sechs Bänden 1648—1939

Begründet von Hans Meier-Welcker

Herausgegeben vom Militärgeschichtlichen Forschungsamt
durch Friedrich Forstmeier, Wolfgang von Groote, Othmar Hackl,
Hans Meier-Welcker und Manfred Messerschmidt

Projektleitung und Gesamtredaktion:
Gerhard Papke und **Wolfgang Petter**

1983 Lizenzausgabe für
Manfred Pawlak Verlagsgesellschaft mbH, Herrsching

Umschlag- und Kassettengestaltung: Bine Cordes, Weyarn
Abbildungen auf Umschlägen und Kassette:
Interfoto-Pressebild-Agentur, München
ISBN: 3-88199-112-3

Band 6

Abschnitt IX
Grundzüge der militärischen Kriegsführung
1648–1939

Volkmar Regling †
Grundzüge der Landkriegführung zur Zeit des Absolutismus
und im 19. Jahrhundert

Heinz-Ludger Borgert
Grundzüge der Landkriegführung von Schlieffen bis Guderian

Bernhard Kroener
Literaturbericht zum Kriegswesen 1648–1888

Register

Gliederung der sechs Bände

IX

Grundzüge der militärischen Kriegführung

Inhalt

Grundzüge der Landkriegführung zur Zeit des Absolutismus und im 19. Jahrhundert

von Volkmar Regling †

Grundzüge der Landkriegführung von Schlieffen bis Guderian

von Heinz-Ludger Borgert

Grundzüge der Landkriegführung zur Zeit des Absolutismus und im 19. Jahrhundert

von

Volkmar Regling

A. Die Kriegführung zur Zeit des Absolutismus

1. Allgemeine Grundlagen und Merkmale

a. Die Verstaatlichung der Kriegführung

Im Absolutismus bildete der monarchische Staat die alleinige Grundlage der Kriegführung und damit zunächst für die Herstellung der Kriegsbereitschaft und die Kriegsvorbereitungen. Der Staat – das war freilich nicht wie heute die Gesamtheit der im Staatsgebiet ansässigen Bevölkerung, der Staatsbürger, sondern lediglich der absolute Monarch mit den Institutionen, die er zur Ausübung seiner Macht nach außen und innen benötigte, also dem stehenden Heer und der Staatsverwaltung.

Auch unter dem Aspekt der Kriegführung ist darauf hinzuweisen, daß der Absolutismus – auch innerhalb Deutschlands – keine einheitliche Erscheinung war, sondern je nach Territorium und Reichsstand unterschiedliche Ausprägungen erfuhr. Dies läßt sich auch an der Intensität seiner Auswirkungen ablesen. Im folgenden können daher nur ein allgemeiner Eindruck wiedergegeben, spezielle Eigenarten nur in Ausnahmefällen berücksichtigt werden.

In bezug auf die Kriegführung stellte der Zeitpunkt der vollen Ausprägung des Absolutismus, der im allgemeinen mit der Mitte des 17. Jahrhunderts bezeichnet wird, keine Zäsur dar. Vielmehr wurden Entwicklungen fortgesetzt, die bereits in der vorabsolutistischen Zeit längst begonnen hatten. Die durch den Absolutismus bewirkten Veränderungen führten auch auf dem Gebiet der Kriegführung erst allmählich zu einer Wandlung.

Durch das verstaatlichte, also das stehende, auch im Frieden weiterbestehende Heer befand sich der Staat in ständiger Kriegsbereitschaft. Diese Feststellung ist jedoch nicht ohne Einschränkung zu treffen. Die Heere, von denen im Frieden nur Kader oder Truppenstämme, jedenfalls nicht kriegsstarke Truppenkörper bestanden, befanden sich nicht dauernd auf »Kriegsfuß«. Doch war damit auf jeden Fall ein Stammpersonal vorhanden, das im Kriegsfall wesentlich schneller und leichter zu einem kriegsstarken Heer ergänzt werden konnte, als wenn es jedesmal von Grund auf neu angeworben und aufgestellt werden mußte, wie das grundsätzlich in der Zeit des freien Söldnertums der Fall gewesen war. Die Heeresergänzung im Kriegsfall wurde vor allem dann wesentlich erleichtert, wenn man auf ausgebildete Soldaten zurückgreifen konnte, die nur wieder eingezogen zu werden brauchten. Dies war möglich durch ein Beurlaubtensystem, wie es im 18. Jahrhundert in Preußen für die im Lande selbst ausgehobenen „Kantonisten" bestand, die einen Teil der sonst auch hier auf dem Werbesystem beruhenden Armee ausmachten.

Gründete sich die permanente Kriegsbereitschaft auf das stehende Heer, so war diese wiederum abhängig von einer staatlichen Kriegsverwaltung, wie sie seit der Mitte des 17. Jahrhunderts in Frankreich, das bisherige Kriegsunternehmertum ersetzend, aufgebaut wurde.

Daniels bemerkt hierzu: „Das Ministerium Louvois bezeichnet den Markstein, jenseits dessen zunächst in Frankreich und dann auch im übrigen Europa die Epochen einer allmählich immer ehrlicher werdenden Heeresverwaltung beginnen. Louvois brach mit dem Grundsatz, den Belisar und Narses in die Weltkriegsgeschichte eingeführt hatten, daß die Generale und Obersten Entrepreneurs des Kriegsgewerbes seien, und als solche zwar Zuschüsse vom Staat empfingen, im übrigen aber die militärischen Organisations-, Verwaltungs- und Kassenangelegenheiten nach freiem geschäftsmännischem Ermessen regelten. Moritz von Oranien und Gustav Adolf von Schweden hatten an diesen uralten Überlieferungen nichts zu ändern vermocht. Waren sie doch Kriegsherren, die von Ständen abhingen, und eben das ständische Wesen war eine Hauptquelle der Korruption. In dieser Beziehung hat der Absolutismus erst in Frankreich und dann im übrigen Europa Wandel geschaffen." – Zur Frage, die den Übergang des Söldnerheeres zum stehenden Heer betrifft, sei auf den Beitrag Gerhard Papkes in diesem Handbuch sowie auf die dort genannte weitere einschlägige Literatur verwiesen.

Erst auf der Grundlage des Staates, der unmittelbar über ein beständiges Kriegswesen – Kriegsverwaltung und stehendes Heer – verfügte, waren kriegerische Vorplanungen und Vorbereitungen möglich, mit denen die Sicherung des Erfolges angestrebt werden konnte. Sowohl hinsichtlich der politischen wie der militärischen Kriegführung konnte von immer festeren Größen ausgegangen werden. Man kannte die Mittel, die für den Krieg vorhanden waren, da sie für ihn schon im Frieden bereitgestellt wurden. „Die Kriegsstärke erschien nicht mehr als ein Kind des Augenblicks, sie ergab sich vielmehr aus einer festbegründeten Einrichtung, die als solche schon im Frieden sichtbar wurde" (Stegemann). Besser oder überhaupt berechenbar waren aber nicht nur die eigene Heeresstärke, der eigene militärische Ausbildungsstand, die eigenen Hilfsquellen geworden, sondern auch die entsprechenden Faktoren beim Gegner.

So wurde die Kriegführung auch als militärische Kriegführung zur alleinigen, unmittelbaren Angelegenheit des Staates, da das Kriegsunternehmertum als Instanz zwischen Staatsführung und Heer wegfiel. Durch das Verschwinden der privaten Kriegsunternehmer verlor die Kriegführung jeden privaten Charakter; der Krieg wurde zum reinen „Staatskrieg". Dies entsprach dem Wandel des Völkerrechts: „Nur der bewaffnete Kampf zwischen staatlichen Souveränen ist Krieg im völkerrechtlichen Sinne und kann den Begriff des justus hostis erfüllen ... Wenn der Private Widerstand leistet, ist er Rebell ... er hat keine Kriegsrechte" (Schmitt). Das staatliche stehende Heer verkörperte nicht nur die außenpolitische Kriegsbereitschaft, sondern auch den Schutz vor inneren Unruhen. Die innere Befriedung der Staatsterritorien durch Ausschaltung der inneren Gegenkräfte war Voraussetzung absolutistischer Herrschaft. Dadurch besaß der absolute Monarch als Kriegsherr bei der nun ausschließlich nach außen gerichteten Kriegführung Rückenfreiheit, konnte das Staatsterritorium zur Basis für die militärische Kriegführung werden. Die Versorgung des Heeres blieb nicht von Requisitionen und damit den ungewissen wirtschaftlichen Verhältnissen der Gebiete abhängig, in denen Krieg geführt wurde, sondern wurde durch Bereitstellung von Proviant im eigenen Lande und das sich davon ableitende Versorgungssystem durch Magazine gesichert.

Das Staatsinteresse, das für die Politik und damit auch für alle Fragen, welche den Krieg und die Kriegführung betrafen, richtungsweisend sein sollte, war zur Zeit des Absolutismus weitestgehend identisch mit dem dynastischen Interesse. Das Volk hatte durch seine Arbeit für den Krieg die materiellen Mittel aufzubringen, es hatte gegebenenfalls die stehenden Söldnerheere mit „Landeskindern" zu ergänzen und, wie es Grotius formuliert hatte, die Auswirkungen des Krieges zu erleiden, sollte aber als Ganzes keinen aktiven Anteil an ihm nehmen. Im Sinne des Merkantilismus war die Ausschaltung des Volkes schon aus wirtschaftlichen Gründen gefordert. Um seine Meinung über Krieg und Kriegführung wurde das einfache Volk ebenso wenig gefragt wie um seine Meinung zur Politik überhaupt. Es fehlten ihm jegliche staatlichen Institutionen für entsprechende Willensäußerungen. Da alle wichtigen politischen Fragen vom Souverän persönlich entschieden wurden, der hierfür lediglich die engsten Vertrauten seines Kabinetts zu Rate zog, bezeichnete man diese Art von Staatsführung als „Kabinettspolitik" und entsprechend die im Rahmen dieser Politik geführten Kriege als „Kabinettskriege". Hiermit war also der Ratschlag erfüllt, den bereits 1428 Herzog Ludwig der Bärtige von Bayern-Ingolstadt seinem Sohn gegeben hatte, daß der Landesherr alle Fragen des Krieges nur mit wenigen Männern seines unbedingten Vertrauens besprechen und im übrigen strengste Geheimhaltung üben solle. Da die Kabinette unabhängig von den zentralen Verwaltungsinstitutionen und diesen übergeordnet bestanden, änderte die Existenz eines Kriegsministeriums grundsätzlich nichts an der Möglichkeit isolierter politischer Entscheidungen des Monarchen mit Hilfe seiner engsten Ratgeber auch in bezug auf Krieg und Kriegführung.

b. Die politisch-militärische Führungseinheit

Der Absolutismus beseitigte zwar die Stände nicht, wohl aber weitgehend ihre staatspolitischen Funktionen, was freilich mit politischer Entmachtung nicht in jedem Fall gleichzusetzen ist. Da der Monarch der Idee nach den Staat verkörperte, verkörperte er auch – wie stark die Einschränkungen in der Praxis in bestimmten Fällen auch immer gewesen sein mögen – die politisch-militärische Führungseinheit. Das entscheidende Mittel der Politik war nicht der Krieg, sondern nach wie vor die Diplomatie, aber diese vollzog sich nun – und das war neu – im Schutze des stehenden Heeres. Die militärischen Mittel reichten immer noch nicht dafür aus, um mit ihnen allein die Kriegsentscheidung zu erzwingen. Diplomatische Kontakte wurden auch während des Krieges zwischen den Gegnern aufrechterhalten. Politisches und militärisches Ressort begannen sich als Fachgebiete zu trennen, handelten jedoch nicht nach der jeweiligen eigenen Willensentscheidung, sondern ausschließlich nach der des Monarchen. Auf beiden Gebieten waren in den höheren Funktionen Angehörige der gleichen, der führenden Gesellschaftsschicht, also des Adels, tätig.

Diese Einheit von politischer und militärischer Führung war nicht identisch mit einer gesamtstrategischen, alle Kräfte des Landes für den Krieg aktivierenden und leitenden Führung im modernen Sinne. Die Kriege zur Zeit des Absolutismus waren daher auch keine totalen Kriege. Selbst die „Abnutzungskriege", mit denen man bis ins 18. Jahrhundert hinein durch Landverheerungen Druck auf die feindliche Regierung auszuüben versuchte, waren es nicht. Keine Zeit war vom totalen Krieg weiter entfernt als die zwischen dem Spanischen Erbfolgekrieg und der Französischen Revolution. Die politisch-militärische Führungseinheit bestand jedoch grundsätzlich auch dann, wenn der Souverän nicht als Führer seines Heeres selbst ins Feld zog, nicht als „Prince-Connétable" gewissermaßen sein eigener Feldherr war, vielmehr die operative und taktische Führung des Heeres an einen oder mehrere Generäle delegierte. Diese von ihm eingesetzten Feldherren befanden sich ihm gegenüber in einer völlig anderen Situation als die Söldnerführer in der vorabsolutistischen Zeit. Sie führten nicht mehr eigene Truppen, die vom Kriegsherrn lediglich gemietet waren, sondern diese gehörten ihm selbst.

Hier ist aber auf eine sehr wichtige Einschränkung hinzuweisen. In gewisser Weise lebte das alte Kriegsunternehmertum auch jetzt noch fort, nämlich in den kleinen Fürsten, die mit ihren Heeren gegen Bezahlung in den Kriegsdienst größerer Potentaten traten oder ihre Kriegführung von anderen Fürsten durch Subsidien unterstützen ließen.

Nominell war der Kriegsherr auch schon vorher gelegentlich Oberkommandierender gewesen, auch die Miettruppen waren dann auf ihn vereidigt worden. Nominell waren in diesen Fällen auch die Führer der Söldnerheere nur Stellvertreter ihrer Kriegsherren gewesen. Dadurch, daß der Souverän selbst Truppen aufstellte, beschnitt er die aus dem ursprünglichen Besitzrecht resultierenden restlichen Privilegien der Regimentschefs, ein mehr oder weniger langwieriger Prozeß, der sich in einigen Staaten sogar bis weit ins 19. Jahrhundert hinzog.

Grundsätzlich waren die vom Monarchen eingesetzten Feldherren also nun auch militärisch-führungsmäßig von ihm vollständig abhängig. Dies schloß natürlich nicht aus, daß den eingesetzten Heerführern in der Kriegspraxis nach wie vor vor allem dann größere Entscheidungsfreiheiten zugestanden wurden, wenn es sich bei ihnen um bewährte erfolgreiche Militärs handelte. Nur als Beispiele sollen hier genannt werden: Montecuccoli, Turenne, Villars, Eugen von Savoyen, Marlborough. Daß einem regierenden Fürsten im Dienst eines anderen ein größerer Handlungsspielraum zugemessen wurde, versteht sich von selbst. Andererseits konnte die Abhängigkeit aber auch so weit gehen, daß Heerführer gehalten waren, selbst dann bei ihren Souveränen anzufragen, ob sie eine Schlacht schlagen durften, wenn sich dafür eine günstige Gelegenheit bot. Von zeitgenössischen Kriegstheoretikern wurde dieses Verfahren sogar empfohlen, weil dadurch einem in der Schlacht unterlegenen Feldherrn dafür nicht die ganze Last der Verantwortung aufgebürdet werden konnte. Ein Grund für diese Vorsicht, die gegenüber der letzten Zeit des Dreißigjährigen Krieges mit ihren oft kühnen Unternehmungen wieder deutlicher hervortrat, war der gleiche wie in der Zeit davor: Die Sorge um die Erhaltung des Heeres. Die Heere wurden größer – am Beispiel Frankreichs und seiner für diese Zeit ganz außerordentlichen militärischen Anstrengungen erkennbar –, sie wurden dadurch aber auch nicht billiger. Sie wurden, im Gegenteil, noch teurer infolge des verstärkten materiellen und ausbildungsmäßigen Aufwandes. Hinzu kam, daß es den Souveränen nicht nur darum ging, die stehenden Heere als Kriegsinstrumente zu erhalten. Die Heere waren auch und wesentlich Garanten der innerstaatlichen Ordnung und dienten außerdem zunehmend der barock-glanzvollen Zurschaustellung fürstlicher Macht. Aber noch ein weiterer Grund war dafür maßgebend, daß eingesetzte Feldherren auch in der militärischen Führung abhängiger vom Kriegsherrn wurden: eben die Tatsache, daß die Armee keinen politischen Eigenwillen mehr entwickeln konnte, sondern lediglich Werkzeug in der Hand der durch den Monarchen verkörperten politischen Führung war.

Sowohl die politisch-militärische Führungseinheit wie das einheitliche militärische Oberkommando waren jedoch meist eingeschränkt, wenn nicht vollständig aufgehoben, sobald sich Koalitionen zusammentaten. Dies fiel um so mehr ins Gewicht, als fast alle Kriege zur Zeit des Absolutismus von Koalitionen geführt wurden. Der Grund dafür lag im Bemühen, die militärische Schwäche des einzelnen Staates durch Zugewinnung von Bundesgenossen auszugleichen, aber auch in der Empfindlichkeit des sich herausbildenden europäischen Staatensystems gegenüber jeder Störung des Gleichgewichts. Der Koalitionskrieg war stets und nicht nur zur Zeit des Absolutismus durch spezifische politische wie militärische Führungsprobleme belastet. Sie ergaben sich daraus, daß jeder Partner im Rahmen der das Bündnis begründenden gemeinsamen Kriegsziele seine eigenen, von denen der Bündnispartner mehr oder weniger abweichenden Ziele verfolgte. Zur Zeit des Absolutismus war die durch die Koalition ausgedrückte Bindung sehr locker und oberflächlich, weil sie allein durch staatspolitische Interessen der einzelnen Koalitionspartner begründet war und durch keine weiteren Gemeinsamkeiten – etwa durch ein überstaatliches, historisch begründetes Zusammengehörigkeitsgefühl, eine gemeinsame Religion oder eine verbindende politische Ideologie. Es gab zwar ein überstaatliches Zusammengehörigkeitsgefühl des europäischen Adels, aber das schloß nicht aus, daß man gegeneinander Krieg führte. Es begünstigte jedoch eine Einschränkung des Krieges auf die militärische Auseinandersetzung und damit – hinsichtlich der zivilen Bevölkerung – im Laufe der Zeit eine Milderung der Kriegführung. Zur Lösung aus der Koalition, zu ihrer Auflösung oder zum Übertritt auf die Seite des bisherigen Gegners reichten also bereits eine Verschiebung des staatspolitischen Interesses, eine Veränderung der machtpolitischen Konstellation völlig aus.

Die Frage des militärischen Oberkommandos war selten so eindeutig geregelt, daß sich daraus klare militärische Unterstellungsverhältnisse ergaben. Eine einheitliche Führung war natürlich dann besonders erschwert, wenn der Krieg auf verschiedenen „Kriegstheatern" stattfand. Aber auch die Bildung eines einheitlichen Oberkommandos über die gemeinsam operierenden Kontingente einer Koalitionsarmee machte Schwierigkeiten, weil dies ein Politikum war, bei dem nicht nur der militärische Rang und die militärische Befähigung zu berücksichtigen waren. Durch die Gepflogenheit, höchste Kommandostellen mit Angehörigen des Hochadels, wenn möglich regierender Häuser, zu besetzen, wurden Rangstreitigkeiten und Eifersüchteleien zwischen den Befehlshabern der einzelnen Kontingente auf diesen Gesellschaftskreis beschränkt, dadurch aber nicht geringer. Ein so gutes Einvernehmen, wie es im Spanischen Erbfolgekrieg zwischen dem Prinzen Eugen von Savoyen als dem Oberbefehlshaber der österreichischen und dem Herzog von Marlborough als dem der britischen Truppen bestand, war nicht typisch. Die Kriegsteilnahme eines Souveräns, der innerhalb einer Koalitionsarmee als Führer des von ihm gestellten Kontingents auftrat, stellte unter führungsmäßigem Aspekt ein besonderes Problem dar.

Unter diesem Aspekt war der Kriegsrat von großer Bedeutung, zu dem der Feldherr vor wichtigen Entscheidungen die Generäle, aber auch hohe Beamte des Heeres, zusammenzurufen pflegte. Besonders in Koalitionsarmeen, in denen seine Angehörigen oft gleichzeitig die politischen Interessen ihrer Souveränen vertraten, war die Wirkung des Kriegsrates auf den Gang der Kriegshandlungen eher hemmend als fördernd. Hoch befähigte Feldherren, die gleichzeitig, wie Friedrich II. von Preußen, souveräne Kriegsherren waren, konnten auf den Kriegsrat verzichten.

Die Institutionalisierung führungstechnischer Funktionen wurde mit der Vergrößerung der Heere immer wichtiger. Aus dem persönlichen Sekretariat des Feldherrn entstand die Adjutantur, aus dem Amt des Quartiermeisters der Quartiermeisterstab, der Vorläufer des späteren Generalstabes.

c. Die Beschränkung der Kriegführung auf die militärische Auseinandersetzung

Der Abnutzungskrieg

Unter dem Absolutismus kam es – wenn auch erst sehr allmählich – insofern zu einer Einschränkung der Kriegführung, als Land und Leute nicht nur des eigenen, sondern auch des feindlichen Staates geschont, überhaupt nach Möglichkeit von Kriegshandlungen ausgenommen wurden und die Kriegführung mehr und mehr auf die militärische Auseinandersetzung der feindlichen Armeen beschränkt wurde. Aber „noch im 17. Jahrhundert bekannten sich gerade Theoretiker zu der Auffassung, daß der Krieg allem Volke, also auch Weibern, Kindern und Greisen gelte. Auch das Beuterecht blieb unangetastet. Das Einquartierungswesen ward zu einem Foltersystem ausgebaut und von den Spaniern in den Niederlanden oder von Ludwig XIV. gegen die Hugenotten in raffinierter Brutalität angewandt. In der Gefangenenfrage war insofern ein Fortschritt zu verzeichnen, als seit der Mitte des 17. Jahrhunderts Ranzionierungsverträge mit festen Lösegeldsätzen abgeschlossen wurden, welche die Gefangenen der Einzelwillkür mehr entzogen. Noch immer konnten sie verschenkt werden. Im übrigen blieb es dem einzelnen Feldherrn überlassen, wie weit er von dem schrankenlos geltenden Kriegsrecht Gebrauch machen wollte. Die söldnerischen Mietheere selbst, welche fast wie die alten Wanderkriegshaufen mit Weibern und Kindern, Dirnen und Krämern in oft gewaltiger Kopfzahl einherzogen, neigten stets dazu, ihren Unterhalt durch Plünderung zu beschaffen oder zu verbessern" (Schmitthenner). Statt die Lebensmittel ordnungsgemäß anzukaufen, wie das auch in dieser Zeit durch disziplinierte Truppen wie die der Niederländer geschah, wurden sie durch Requirierung beschafft.

Tendenzen, die Kriegsgreuel zu mildern, lassen sich weit in die vorabsolutistische Zeit zurückverfolgen. Sie werden ebensowenig erst in der Zeit des Absolutismus erkennbar, wie sie sich – was hier gegenüber Darstellungen, die diese Tatsache zu wenig berücksichtigen, hervorgehoben werden muß – gleich mit ihm durchgesetzt haben. Mahnungen, die arme, ohnehin durch den Krieg geplagte Bevölkerung zu schonen, wurden auch schon im Mittelalter selbst von Kriegsmännern erteilt – und zwar aus christlicher, wohl auch aus einer christlich verwurzelten ritterlichen Gesinnung heraus, die die Wehrlosigkeit nicht nur da geschützt sehen wollte, wo sie ritterlichen Standes war. Doch auch Feldherren in den Zeiten der Religionskriege mit ihrem leidenschaftlichen Haß, ihrem sittlichen Verfall und ihrer exzessiven Brutalität wurden gelobt, weil sie jede „unnötige" Grausamkeit zu verhindern suchten – so König Gustav Adolf von Schweden, Tilly, Wallenstein. Natürlich kann es auch durch die angebliche Notwendigkeit im Kriege keine Rechtfertigung für die an wehrlosen Menschen verübten Grausamkeiten geben. Andererseits war es ja aber grade der fanatische Glaubenseifer christlicher Konfessionen, der die ohnehin besonders grauenhafte Art der Kriegführung in dieser Zeit noch zusätzlich verschärfte. Die Forderung, Gut und Blut der Bevölkerung auch in Feindesland zu schonen, ließ sich – wenn auch immer nur bis zu einem gewissen Grade – erst durch eine allmähliche Veränderung der dafür maßgebenden Verhältnisse erreichen. Dazu gehörte die Durchsetzung religiöser wie überhaupt „ideologischer" Toleranz. Dazu gehörte aber auch, daß das militärische Versorgungsproblem durch eine feste Versorgungsgrundlage gelöst wurde, wie es dem Absolutismus durch den Ausbau der auch vorher schon praktizierten, aber selten konsequent durchgeführten Truppenversorgung durch Magazine zu einem regelrechten System gelang. Nur eine regelmäßig und ausreichend bezahlte und verpflegte Truppe ist eine disziplinierte Truppe auch in ihrem Verhalten gegenüber der Bevölkerung in Feindesland. Es änderte sich im Laufe des 18. Jahrhunderts aber auch die Einstellung der Kriegführenden durch humanere völkerrechtliche Auffassungen, je mehr sich die philanthropischen Tendenzen der Aufklärung durchsetzten.

Keineswegs bedeutete jedoch die Ausrichtung der Kriegführung an rationalistischen Gesichtspunkten schon von vornherein ihre Einschränkung und Milderung. Sie konnte zum genauen Gegenteil führen. Eine Vernunft, die sich nicht an humane Maßstäbe gebunden fühlte, konnte Mord, Brand und Landverwüstungen gebieten, wenn dadurch das Kriegsziel schneller erreicht und die eigene Streitkraft mehr geschont wurde als durch langwierige, die eigenen Kräfte abnutzende Manöver gegen die feindliche Armee oder eine verlustreiche Feldschlacht. Außerdem kam immer hinzu, daß die gezielte Abnutzung des feindlichen Gebietes durch Requisition, Kontribution und Plünderung der eigenen Versorgung zugute kam.

Wie selbst adlige Offiziere noch Ende des 17. Jahrhunderts über ihre in der Jugend im Kriege verübten Schandtaten dachten, geht beispielsweise aus den Lebenserinnerungen des Rittmeisters Hieronymus Christian von Holsten nur allzu deutlich hervor. Er schilderte sie, gewissermaßen in schmunzelnder Rückerinnerung an seine Zeit als schwedischer Freireiter im Kriege gegen Polen 1655, als Dumme-Jungen-Streiche, wenn er sagte: „Das Mauserei-Reiten ward uns bey Leib und Leben verbotten, wie denn der General Wittenberger alles ohne Ansehen der Person aufhencken ließ maßen alle Mittwochen nicht allein Gemeine, sondern auch ein Lieutenant, ein Regimentsfeldtscherer, Quartiermeister und Trompeter gehencket wurde. Wir marschirten endlich unter ein klein Städtgen, Colo genandt, alwo ein Paß ist und ein starcker fließender Strom vorbey gehet. Alda warteten wir auf Ihre Majestet von Schweden. Wehrender Zeit aber kunten wir die so hoch verbottene Mauserei nicht wol lassen, obschon der Wittenberger in dem Lager hatte ausblasen lassen, allen Troppen sey anbefohlen, marodirende Reuter frey niderzumachen oder als Gefangene ins Lager zu bringen."

Offenbar war es also nicht nur die mangelhafte Versorgung, sondern auch eine mit dem freien Söldnertum verbundene Grundeinstellung, die diesen Hang zum Kriminellen begünstigte. Dessen ganzes Ausmaß wird im obigen Fall erst klar, wenn man erfährt, daß Holstens eigener Vater als ehemaliger schwedischer Major 1643 auf seinem Gut bei Rendsburg von schwedischen Plünderern ermordet worden war. Es wird allerdings auch deutlich, daß Plünderei, soweit sie nicht ausdrücklich erlaubt war, nach dem Kriegsartikel sehr hart und ohne Ansehen des Dienstgrades bestraft wurde. Im 16. Jahrhundert gelegentlich so hart, daß der bloße Verdacht die Hinrichtung nach sich zog, wie Kirchhof in seiner Schrift „Militaris disciplina" behauptet. Je größer jedoch mit der Vergrößerung der Heere das Rekrutierungsproblem wurde, desto mehr wurde die Todesstrafe eingeschränkt. Um den Delinquenten als Soldaten nicht ganz zu verlieren – denn jeder Soldat war bares Geld wert – verurteilte man ihn zum Spießrutenlaufen, von dem es heißt, daß es bereits im schwedischen Heer des Dreißigjährigen Krieges angewendet worden sei.

Tatsächlich läßt sich mit zunehmender Rationalisierung des Kriegswesens zunächst eine Zunahme des nach strategischen Gesichtspunkten gezielten Terrors feststellen, der sich von den üblichen Barbareien, die sich aus Truppenbesetzungen oder -durchzügen ergaben, in der Praxis freilich nur schwer abgrenzen läßt. Plünderung, Brand und Mord konnten zu einem bewußt angewandten strategischen Mittel werden, das man später „Abnutzungskrieg" oder, wenn die Tendenz restloser Zerstörung und Entvölkerung erkennbar war, „Ausrottungskrieg" nannte. In dieser gezielten Weise als Druck-, Straf- und Entlastungsmittel für die eigene militärische Kriegführung wurde es besonders in der Zeit Ludwigs XIV. angewandt. Louvois, der sich als französischer Kriegsminister große Verdienste durch seine Heeresorganisation erwarb, sprach von „manger les pays" (Schmitthenner), denn dadurch sparte man eigene Verpflegung. Die Heerführer Turenne und Mélac wurden berüchtigt durch Verwüstungen und darauf zurückzuführende „Depopulationen", in denen spätere deutsche Geschichtsschreiber ein Hauptmerkmal der damaligen Art französischer Kriegführung sahen. Aber auch Raimund Graf, zuletzt Fürst Montecuccoli – kaiserlicher Feldherr und berühmter Kriegstheoretiker dieser Zeit – war stets für den Abnutzungskrieg. Während er in ihm anfänglich nur ein Aushilfsmittel gesehen hatte, war er später von der Notwendigkeit der systematischen Zerstörung und Anwendung von Grausamkeit überzeugt. Schließlich „betont er trotz verschiedener Maxime über reine Strategie den Charakter der Führung eines energischen und teilweise erbarmungslosen Abnutzungskrieges" (Pieri). Keineswegs also bewirkte allein schon die durch die Verstaatlichung des Kriegswesens ermöglichte regelmäßige und ungleich besser als vorher fundierte Truppenversorgung die Ausschaltung der Kriegsgreuel. Vor allem die Türkenkriege wurden auf beiden Seiten mit größter Grausamkeit geführt, da es sich hier immer noch um Religionskriege mit bis zum Fanatismus gesteigertem Glaubenshaß, gleichzeitig aber auch um die Auseinandersetzung zweier verschiedener, sich gegenseitig fremder Kulturen handelte.

Die Abwendung vom Abnutzungskrieg

Immer stärker jedoch geriet der Abnutzungskrieg in Widerspruch zu den Grundtendenzen der Zeit. War er gerade deshalb als besonders wirksames Kriegsmittel angesehen worden, weil die Ausbeutung der feindlichen Wirtschaft der eigenen Partei nutzte und damit gleichzeitig der feindlichen schadete, so war dieser Teufelskreis durch die geregelte Versorgung auf der Grundlage des Magazinsystems durchbrochen. Das hieß natürlich nicht, daß der Staat den Krieg nun nur noch auf eigene Kosten führte. Es wurden im Feindesland weiterhin Kontributionen erhoben, es wurde auch weiterhin requiriert. Aber es geschah in einer immer strenger geregelten Weise, die die Übergriffe stark einschränkte, und vor allem immer weniger deshalb, um den Gegner damit bewußt zu schädigen. War es die Kriegsräson gewesen, die den Abnutzungskrieg gefordert hatte, so war eben unter deren Aspekt zu fragen, ob der durch ihn erreichte praktische Nutzen die immer größeren Nachteile aufwog, die mit ihm verbunden waren. Zunächst einmal: Totale Zerstörungen größerer Gebiete wurden nur da erreicht, wo Truppen – meist beider Seiten – immer und immer wieder denselben Landstrich heimsuchten, wo zudem dann auch noch epidemische Krankheiten ausbrachen und die betreffenden Gebiete dadurch regelrecht entvölkert wurden. Die noch immer relativ kleinen Heere waren vor allem dann dazu gar nicht in der Lage, wenn ihre landverheerende Tätigkeit mit eigentlich militärischen Aufgaben verbunden war, wie das ja immer mehr oder weniger der Fall war, sie sich also nicht in aller Ruhe dem Zerstörungswerk „widmen" konnten. So nahmen die Gegner Frankreichs 1689 „sogar in der Pfalz, welche die Franzosen angeblich in eine menschenleere Einöde verwandelt hatten, ihre Winterquartiere, und überhaupt ging der Krieg jahraus, jahrein in der sogenannten Wüstenei der ‚verbrannten' Länder seinen Gang weiter" (Daniels).

Weiterhin ließ sich der Zustand, daß einerseits in den Heeren eine immer strengere Disziplin gefordert, andererseits von derselben Truppe geraubt und geplündert wurde, auf die Dauer selbst dann nicht aufrechterhalten, wenn diese Greueltaten befohlen worden waren. Der diesem Zustand immanente Widerspruch mußte um so deutlicher werden, je mehr Disziplin zum Kern des kriegerischen Wesens, Söldnerheere zu stehenden Heeren wurden, die über ihre kriegerische Funktion hinaus im Staatsleben eine Ordnungsfunktion zu erfüllen hatten. Damit veränderte sich auch der Kriegertyp grundlegend. In Anpassung an die neuen Verhältnisse und unter drakonischen disziplinaren Zwangsmitteln starb sozusagen der Typ des aufsässigen, beutegierigen und raublustigen freien Söldners aus, der schwer einer anderen als der Kampfdisziplin zu unterwerfen war. Er machte dem des „braven" Soldaten Platz, bei dem sich in Deutschland der Begriff „brav" von „tapfer" in „gehorsam" und „pflichtbewußt" wandelte. Freilich betraf das zunächst nur die regulären, für den Großkampf vorgesehenen Truppen. Für sie war dieser bis zur Unterdrückung jeder Eigenregung und damit auch Eigeninitiative getriebene absolute Gehorsam unabdingbar, da die Lineartaktik mehr noch als jede frühere Taktik geschlossener Gefechtsformen auf dem maschinenartigen Funktionieren sowohl der taktischen Einheiten wie der gesamten Schlachtordnung beruhte. Der Söldner alten Typs fand sich noch bei den zunächst meist irregulären leichten Truppen, in den zwangsläufig freieren Verhältnissen des kleinen Krieges, der nach wie vor am Rande der Marschstraßen und Schlachtfelder stattfand. Trotzdem blieben die Plagen, denen die Zivilbevölkerung ausgesetzt war, allein schon infolge der Kontributionen, der Einquartierungen und der bei den Kämpfen entstehenden Zerstörungen weiterhin so bedrückend, daß die Wirklichkeit weit hinter der Forderung des aufgeklärten Absolutismus zurückblieb, der Krieg müsse so geführt werden, daß der Bürger und Bauer von ihm gar nichts merke. Im übrigen wurde auch noch weiterhin geplündert – vor allem von den leichten Truppen –, aber es wurde immer seltener erlaubt. Das korrekte Verhalten gegenüber den zivilen Einwohnern des feindlichen Gebietes wurde allmählich zu einem Ehrenpunkt für den von humanitären Tendenzen der Aufklärung beeinflußten Offizier, und diese Haltung übertrug sich auch auf die Mannschaften.

Nach dem gerade erschienenen Werk von Hans Bleckwenn „Unter dem Preußen-Adler" war das Verhalten friderizianischer Soldaten in Feindesland keineswegs so asketisch, wie es in anderen Darstellungen herausgestellt wird: „Requisitionen aus dem Lande waren der Truppe grundsätzlich verboten, denn dies Geschäft sollte das Feldkommissariat rationeller und disziplinierter besorgen. So stand's auf dem Papier – aber die Preußen waren dafür bekannt, daß sie – ohne Eklat oder gar Gewalt – doch im Vorbeigehen alles mitnahmen, was ihnen Eßbares vor die Finger kam; genüßlich berichten die Bräker, Dominicus, Buhrmann und wie sie alle hießen, was ihnen über den Weg lief. Gröbere Exzesse wurden scharf bestraft, insbesondere schon jede Entfernung von der Truppe." Ein zeitgenössisches Bühnenstück wie Lessings „Minna von Barnhelm" bringt den Wandel des „Zeitgeistes", bezogen auf das Militär, nicht nur besser, sondern in dieser Verdichtung auch deutlicher zum Ausdruck als eine Vielzahl amtlicher Akten. Lessing kannte das innere Gefüge der preußischen Armee zur Zeit des Siebenjährigen Krieges. Auf dem Hintergrund ihrer realen Existenz verkörpert die Figur des Majors von Tellheim in seinem zurückliegenden vorbildlichen Verhalten als Angehöriger der preußischen Besatzungsmacht in Sachsen in der unbeugsamen Redlichkeit und dem entsprechenden Einfluß, den er auch noch auf seine ehemaligen, vom herkömmlichen Söldnertum geprägten Untergebenen in väterlicher Weise ausübt, das bürgerlich-sittlich fundierte Ideal des Offiziers der Aufklärung, der nicht nur Vorgesetzter, sondern auch Erzieher seiner Soldaten ist. Doch der „Zeitgeist" war noch nicht die neue Zeit, die er heraufführen wollte: „Generalmajor v. Tauentzien wird als Kommandeur des Bataillons Leibgarde 1760 in Breslau von Laudons Übermacht isoliert und zur Übergabe aufgefordert: ‚man werde sonst das Kind im Mutterleibe nicht schonen'; er sei nicht schwanger, ist die Antwort – vermutlich von der Hand seines Sekretärs Gotthold Ephraim Lessing ausgefertigt" (Bleckwenn). Das war nur drei Jahre, bevor Lessing „Minna von Barnhelm" schrieb.

Es kam hinzu, daß die nach wie vor auf dem Werbesystem basierenden Armeen größtenteils tatsächlich gar nicht mehr aus wirklichen Freiwilligen bestanden, sondern aus in dieser oder jener Form zwangsweise Rekrutierten wie überhaupt aus Leuten, die von sich aus keinerlei kriegerische Ambitionen besaßen. Zu dieser Minderung kriegerischer Qualität kam es unter anderem zwangsläufig durch Neugestaltung und Aufschwung der Wirtschaft unter dem Absolutismus, wodurch die Arbeit lohnender wurde und bestimmte Berufsgruppen für den Militärdienst wegfielen.

Die Tatsache, daß es auch in dieser Zeit Feldherren gelang, ihr Kriegsvolk für den Kampf zu begeistern und viele Beispiele von Eigeninitiative und hervorragender Tapferkeit auch von einfachen Soldaten überliefert sind, kann die entgegengesetzte und auf das Ganze gesehen viel gravierendere Tatsache nicht aus der Welt schaffen, daß die Desertionen mit der Einrichtung stehender Heere derartig zunahmen, daß sie zu einem Kernproblem der Kriegführung wurden. Wenn schon vom Marsch geschlossener Formationen durch Wälder abgeraten wurde, da er den dienstunwilligen Soldaten eine willkommene Gelegenheit bot, zu fliehen, wenn nur zuverlässige Leute von der Truppe zum Fouragieren abgeteilt werden konnten, dann versteht es sich von selbst, daß man die Soldaten um so weniger zum Plündern freilassen konnte, je mehr sich die Desertionsgefahr infolge des inneren Strukturwandels der Armeen erhöhte.

Je deutlicher die Prinzipien des Absolutismus in der politischen Praxis erkennbar wurden, desto mehr stellte sich heraus, daß sie mit der Form des Abnutzungskrieges nicht übereinstimmten. Über alle Gegensätze und Feindschaften hinweg waren sich die Vertreter des Absolutismus darin einig, daß die absolutistische Ordnung in jedem Fall gewahrt werden mußte. Die Furcht vor inneren Machtkämpfen, die zunächst noch eine Rolle gespielt hatte, verlor sich zwar in dem Maße, wie sich der Absolutismus festigte. Deshalb war man aber noch längst nicht geneigt, den erreichten Zustand leichtfertig aufs Spiel zu setzen. Der Krieg als rein machtpolitische Auseinandersetzung verlor zwar nicht an Härte im militärischen Kampf, wohl aber an Schärfe in psychologischer Hinsicht. Der Feind wurde immer mehr zum Gegner, den man zwar bekämpfte, aber das betraf nur den Mann in Waffen, also den Soldaten, nicht mehr die zivile Untertanenschaft des fürstlichen Kontrahenten. Man erkannte, daß die Staaten, obwohl sie gegeneinander Krieg führten, zuletzt doch aufeinander angewiesen waren und daß keinem damit gedient war, wenn in irgendeinem Land dieses Staatssystems, und sei es in einem feindlichen, Wirtschafts- und Gesellschaftsordnung zusammenbrachen. Aus den vergangenen langen Perioden rücksichtslos gegen Land und Leute gerichteter Kriegführung besaß man die Erfahrung der letztlich selbstzerstörerischen Eskalation von Rache und Vergeltung. Die Diplomatie trieb weiterhin ihr Ränkespiel, es gab an den Höfen Parteien, die die Monarchen politisch zu beeinflußen suchten und nach Kräften intrigierten, aber die Zeit der militanten Fronden, des ständigen Kampfes gegen die Krone, ging vorbei. Daher verstieß es auch gegen diesen Konsens, mit gleichgesinnten Gruppen im feindlichen Staat konspirative Verbindungen einzugehen, damit diese die eigenen Kräfte durch Aufstände unterstützten, wie es Montecuccoli noch in der zweiten Hälfte des 17. Jahrhunderts empfohlen hatte. Aber auch noch König Friedrich II. von Preußen hielt es in verzweifelter Lage für geboten, die Unzufriedenheit von Untertanen seiner Feindin, Kaiserin Maria Theresia, auszunutzen und sie gegen ihre Herrin aufzuwiegeln. Maria Theresia wiederum forderte die Vernichtung Preußens, weil es diese Ordnung störe. Es gab auch noch jetzt immer wieder Bauernunruhen mit politischer und sozialer Zielsetzung. Nur gelegentlich aber beteiligte sich die Bevölkerung noch aktiv am Krieg, wie noch die altmärkischen Bauern 1674 gegen die einfallenden Schweden. 1703 verlegten Tiroler Bauern der Armee des Bayerischen Kurfürsten Max Emanuel den Weg nach Italien und verhinderten so – kein geringer strategischer Erfolg – seine Vereinigung mit der dort stehenden französischen Armee. Im Jahre 1707 erhoben sich Teile der bayerischen Bevölkerung gegen die österreichische Besatzungsmacht – dies allerdings weniger aus Patriotismus als aus existenzieller Not, denn der Aufstand, der dann blutig niedergeschlagen wurde, richtete sich auch gegen bayerische Beamte, die sich dem Druck der Österreicher gebeugt hatten.

Man erkannte allmählich, daß die Terrorisierung und Drangsalierung der Bevölkerung in Feindesland, das Ruinieren der Wirtschaft des Gegners keine brauchbaren Kriegsmittel mehr waren. Die Möglichkeit, damit auf die Entschlüsse des feindlichen Kriegsherrn unmittelbar einzuwirken, war um so geringer geworden, je fester sich die Souveräne auf ihre Armeen stützen konnten, die kein Teil des betreffenden Volkes und auch bei Ausfällen der Wirtschaft des betreffenden Landes versorgungsmäßig gesichert waren, solange sie über gefüllte Magazine verfügten. Diese befanden sich nicht ohne Grund vorzugsweise in Festungen. Vor allem aber widersprach die Absicht, feindliche Gebiete zu zerstören, ihre Bevölkerung auszurotten oder zu vertreiben, völlig den Kriegszielen. Die Kriege zur Zeit des Absolutismus entstanden innerhalb Europas meist aus Erbfolgestreitigkeiten, aus denen Gebietsansprüche abgeleitet wurden. Dem Angreifer kam es darauf an, das betreffende Gebiet möglichst unversehrt in seinen wirtschaftlichen Grundlagen, Produktionsmitteln und

-kräften, und mit einer arbeitsfähigen, zahlreichen, gesunden Bevölkerung in die Hand zu bekommen.

Allerdings war man auch schon früher bemüht gewesen, Land und Leute, und insbesondere Produktionsmittel, zu schonen, wenn dies aus Gründen der Politik oder der Truppenversorgung als vorteilhaft erschien. Wallenstein war sogar so weit gegangen, die Wirtschaft unterworfener Gebiete zu fördern – freilich um damit, zumindest zunächst, lediglich eine festere wirtschaftliche Basis für seine Kriegführung zu gewinnen. Unter den Kriegsverhältnissen des Mittelalters und der beginnenden Neuzeit war es jedoch äußerst schwer, die Landschonung durchzusetzen. Erst in der Zeit durchdisziplinierter Heere, geregelter Versorgung und des Bestrebens der Mächte, ihre Staatsterritorien durch Zugewinn neuer Gebiete auch wirtschaftlich zu „arrondieren", war die Schonung des feindlichen Landes nicht nur möglich, sondern nach der Staatsräson gefordert.

Auch für den verteidigenden Staat, der seine Truppen im eigenen Land vor einem überlegen angreifenden Feind zurückziehen mußte, verstieß die „Strategie der verbrannten Erde" gegen die Vernunft. Verfügte der Gegner über gesicherte Versorgungsverbindungen – was jetzt vorausgesetzt werden konnte –, so war er nicht mehr im früheren Umfang auf die Nahrungsmittel des Landes angewiesen. Ebensowenig war er angewiesen auf feste Unterkünfte, da er die Zelte und alles notwendige Gerät zur Errichtung von Lagern mitführte. Der ebenso makabere wie zwecklose Vorsatz, lieber alles zu zerstören, als es dem Feinde in die Hände fallen zu lassen, entsprach auch für den Fall der sicheren Niederlage des Verteidigers nicht der nüchtern kalkulierenden Denkweise der Zeit.

Das Kriegsrecht entwickelte sich ganz in diesem Sinne. Obwohl Charles de Montesquieu, ausgehend vom zivilen Rechtsstreit, den entscheidenden Schritt bereits 1721 getan hatte und nur noch den Verteidigungskrieg gelten lassen wollte, erkannte er 1748 wieder das Recht zum Angriffskrieg an, wenn ein anderes Volk so stark werde, daß die Gefahr der Vernichtung des eigenen bestehe. Emrich von Vattel forderte 1758 als erster, der Krieg sei auf das Maß zu beschränken, das zur Erreichung des Kriegszieles unbedingt erforderlich sei. Frauen, Kinder und Greise sowie das Privateigentum seien unverletzlich.

d. Das rationalisierte Kriegswesen

Die Grundtendenzen, welche die Herausbildung des neuzeitlichen Kriegswesens aus dem des Mittelalters bewirkten, lassen sich unter einem Gesichtspunkt zusammenfassen: Rationalisierung – und zwar im Hinblick auf eine möglichst zweckmäßige Verwendung der Streitkräfte.

Rationale Züge in diesem Sinne lassen sich zwar auch schon im Kriegswesen des Mittelalters feststellen, aber sie waren überlagert und durchsetzt mit Vorstellungen über die Art der Kriegführung, die nicht an der Kriegsräson orientiert waren, sondern sich aus der ritterlichen, ursprünglich germanischen Auffassung vom kriegerischen Kampf als einer Rechtshandlung ergaben. Dafür mußten – wie später noch gezeigt werden wird – bestimmte Regeln und Formen eingehalten werden, die für eine Rechtshandlung ihren Sinn besaßen, vom Standpunkt einer auf Effektivität des Truppeneinsatzes abzielenden Kriegsräson jedoch nur hinderlich und unzweckmäßig waren. Sie wurden natürlich in der Kriegspraxis nicht immer eingehalten, vielmehr oft zur Täuschung des Gegners benutzt und im späten Mittelalter mehr und mehr zum romantischen Beiwerk, mit dem die wachsende Tendenz rational begründeter Effektivität der Kriegführung allenfalls noch kaschiert werden konnte. Denn sie konnte nur so lange die Kriegführung beeinflussen, wie sie zumindest grundsätzlich von beiden Seiten anerkannt wurde. Das war aber nur so lange der Fall, wie der Kern der Heere auf beiden Seiten aus Rittern bestand, die diese traditionell-ritterliche Auffassung von Kriegführung teilten.

Das nichtritterliche Fußvolk tat es nicht, nahm aber dafür im späten Mittelalter nicht nur immer mehr an Umfang, sondern auch an Bedeutung zu. Das berühmte schweizerische Fußvolk flößte durch seine rücksichtslose, unkonventionelle Kriegführung den Rittern Entsetzen ein. Der Ritter sah im Kampf die Gelegenheit höchster persönlicher Bewährung. Er focht für den Ruhm. Auch der Söldner verachtete den Kriegsruhm nicht, aber er kämpfte vor allem für materiellen Gewinn. Durch das Söldnertum wurde der Krieg zur Erwerbsquelle versachlicht. Da sich die Söldner Ende des 16. Jahrhunderts auch in der Reiterei fast vollständig durchgesetzt hatten, wandelte sich damit in den Heeren auch die Einstellung zum Krieg. Dieser Vorgang darf aber nicht isoliert gesehen werden. Er war nur ein Teil jener großen europäischen Umbruchbewegung, die mit dem Begriff Renaissance gekennzeichnet ist und alle Lebensbereiche ergriff.

Die Rückbesinnung auf die Antike war auch für das Kriegswesen von größter Bedeutung. Aus den Werken antiker Schriftsteller, die sich mit militärischen Fragen befaßt hatten, wurden wesentliche Impulse gewonnen für die Umgestaltung des spätmittelalterlichen zum frühneuzeitlichen Kriegswesen, und das hieß: Die Tendenzen zu seiner Rationalisierung wurden entscheidend verstärkt. Rom und Byzanz hatten ein durchrationalisiertes Kriegswesen besessen, scharf disziplinierte, nach Waffengattungen und taktischen Einheiten, nach Führungs- und Sonderfunktionen schematisch und systematisch gegliederte Streitkräfte. Sie entsprachen vollkommen dem heutigen, aus dem Lateinischen abgeleiteten Begriff „Militär" in seiner strengsten Bedeutung.

Die Herausbildung eines neuen Militärs in diesem strengen Sinne ist an dem Entwicklungszusammenhang zu erkennen, der vom schweizerischen Fußvolk des späten Mittelalters über die deutschen Landsknechte und Pistolenreiter, die spanische und die hugenottische Infanterie, Bestrebungen im Zusammenhang mit dem Defensionswesen zum Kriegswesen der Niederländer führte, das Ende des 16. Jahrhunderts von den Oraniern grundlegend reformiert wurde. Damit erlangte die oranische Heeresreform nicht nur für das Kriegswesen der eigenen und der folgenden Zeit, sondern für das Kriegswesen der Neuzeit überhaupt grundlegende Bedeutung.

Nicht alle Bestebungen und Vorstellungen dieser Reformer konnten zwar zu ihrer Zeit bereits realisiert werden, weil dies politische, soziale und wirtschaftliche Verhältnisse voraussetzte, die nicht einmal durch den Absolutismus erreicht wurden. Die Forderungen nach einer gut organisierten Landesdefension, nach allgemeiner Wehrpflicht und stehendem Heer waren nicht neu und wurden daher auch von den Reformern aus dem Hause Nassau-Oranien nicht allein erhoben. Die Forderung nach einem Heer aus „Landeskindern" konnte auch in den Niederlanden nicht verwirklicht werden. In seiner ersten Phase wurde zwar der 80jährige niederländische Befreiungskampf „als ein totaler Widerstandskrieg des niederländischen Volkes“ (Hahlweg) geführt, dies aber nicht durch ein Volksheer im Sinne der späteren Wehrpflichtheere, sondern einerseits als Volkskrieg mit den Geusen als Partisanen, andererseits als Krieg regulärer Söldnertruppen. Aber es gelang, diese Söldnertruppe in die feste Form eines stehenden, verstaatlichten Heeres zu bringen. Damit wurde in den Niederlanden ein Zustand vorweggenommen, der zwar auch schon für diese Zeit in anderen Ländern in Ansätzen vorhanden war, für den aber allgemein erst seit der Mitte des 17. Jahrhunderts durch den Absolutismus die Voraussetzung geschaffen wurde. Unmittelbar wirkte sich die oranische Heeresreform auch auf die Kriegführung anderer Länder aus. Hierfür waren durch gebildete Kriegsmänner auf der Grundlage praktischer Kriegserfahrungen und mit Hilfe von Wissenschaftlern unter kritischer Benutzung antiker Schriftsteller Kriterien der Kriegführung erarbeitet worden, die zusammengenommen ein geschlossenes logisches System darstellten, das Hahlweg mit folgenden Stichworten umreißt: „Systematische Soldatenausbildung – Offiziersschulung – Führungskunst auf wissenschaftlicher Grundlage – systemisiertes Versorgungs- und Verwaltungswesen – Generalstab – Treffen-Taktik und taktische Reserven – hohe Beweglichkeit – neue Führungsstrukturen, ‚Befehlskette‘ – weiter ausgebildete Technik“ (ebd.).

Diese Grundlagen wurden aufgenommen und weiter ausgebaut vor allem im schwedischen Heer unter König Gustav II. Adolf, dem französischen unter König Ludwig XIV. und dem brandenburgisch-preußischen seit dem Großen Kurfürsten. Der Dreißigjährige Krieg stellte einen großen Rückschritt gegenüber dem durch die oranische Reform erreichten Niveau dar. Er betraf die sittliche und moralische Seite, in der die Niederländer bei ihren Söldnern bereits erstaunliche Fortschritte erzielt hatten. Der Dreißigjährige Krieg zeigte noch einmal das Söldnertum von seiner übelsten und brutalsten Seite. Dabei darf aber nicht übersehen werden, daß sich die Kampfdisziplin in dieser Zeit ständig verschärfte, weil es sich längst herausgestellt hatte, daß bei der Kampfführung in geschlossener Ordnung, um die es sich handelte, die Überlegenheit zunächst einmal durch die bessere Disziplin gegeben war.

War es aber unter militärischem Aspekt vernünftig, die kriegerische Effektivität nach Kräften zu steigern, und wurde diese Steigerung durch größtmögliche Geschlossenheit der Kampfkörper erreicht – weil sich nur durch Zusammenfassung der primitiven Blank- und Schußwaffen deren Wirkung erhöhte –, dann entsprach die Steigerung der Kampfdisziplin zum Exzeß durchaus der militärischen Vernunft. Je disziplinierter und geschlossener die taktische Einheit, dann mit der Lineartaktik die gesamte Armee auf dem Schlachtfelde war, je gleichmäßiger sie alle Bewegungen ausführte, je prompter sie auf jeden Befehl, jedes Kommando reagierte, desto mehr wurde der lebendige Organismus, den sie noch im ausgehenden Mittelalter dargestellt hatte und der durchaus noch Eigenwillen besaß, zu einer reibungslos funktionierenden Kampfmaschine. Das ist natürlich überspitzt ausgedrückt, aber nur so kann deutlich gemacht werden, worauf diese Wandlung abzielte, auch wenn sie in der Realität – schließlich waren die Soldaten Menschen – hinter diesem Ziel mehr oder weniger zurückblieb.

So paradox es klingt: Um eine möglichst scharfe Kampfdisziplin zu erreichen, reichte es nicht aus, die Disziplin der Truppe auf den Exerzier- und Kampfplatz zu beschränken – das gesamte Leben der Soldaten mußte diszipliniert werden. Das hatte man schon in der Zeit der freien Söldner versucht, wie die Kriegsartikel beweisen. Diese totale Disziplinierung war aber erst unter dem Absolutismus im stehenden Heer durchzusetzen, weil nun alle Gründe wegzufallen schienen, durch welche Disziplinlosigkeit entschuldigt werden konnte. Die Soldaten erhielten nicht nur die Waffen, sondern auch die Bekleidung – Uniformen – vom Staat. Um die Armeen möglichst unabhängig von der bäuerlichen und bürgerlichen Umgebung auf dem Kriegsschauplatz zu machen, wurden auch für die Mannschaften Zelte mitgeführt. Die einfachen Soldaten durften nicht mehr ihre Frauen oder Konkubinen mit ins Feld nehmen, wie das noch bei den freien Söldnern üblich gewesen war, aber deshalb wurde der Troß nicht kleiner. Anfang des 18. Jahrhunderts waren bei der Infanterie die Spieße völlig von den Feuergewehren verdrängt worden. Die Artillerie, deren Bedeutung auch im Feldkrieg – also nicht nur im Festungskrieg – immer mehr zunahm, wurde vermehrt. Die Schwere des Artilleriematerials und die Munition, die für Infanterie und Artillerie auf Wagen mitgeführt werden mußte, wirkte sich bei den damaligen schlechten Straßen bewegungshemmend aus. Der Rationalisierungsprozeß des Kriegswesens, die dadurch beabsichtigte Steigerung der kriegerischen Leistungsfähigkeit kam also in diesem Stadium keineswegs einer Steigerung der Beweglichkeit zugute, sondern setzte sie im Gegenteil – im Vergleich zu der Zeit des Dreißigjährigen Krieges – herab. Die Beweglichkeit des Heeres fand auch ihre Grenzen an der standesgemäßen barocken Repräsentation, die für die Offiziere auch im Felde mit einem heute ganz unvorstellbaren Aufwand der Lebensführung verbunden war, wodurch der Troß mit Kisten, Koffern, Haushaltsgerät und Wagen ebenfalls belastet wurde. Um so krasser hebt sich davon für den heutigen Betrachter der niedrige Stand der Hygiene, des Sanitätswesens, ab, der natürlich durch den niedrigen Stand der medizinischen Wissenschaft begründet war. Die verhältnismäßig beste Verwundetenfürsorge besaß die französische Armee. Zu grundlegenden Verbesserungen kam es auf diesem Gebiet, wie in der Medizin überhaupt, erst im Laufe des 19. Jahrhunderts.

Einen entscheidenden Einfluß hatte der vom Rationalismus geprägte Zeitgeist auf das Kriegswesen über die Kriegstheorie. Der Rationalismus kam der mit der Renaissance eingeleiteten wissenschaftlichen Erfassung alles dessen, was mit der Kriegführung zusammenhing, und damit der Herausbildung einer eigentlichen Militär- und Kriegstheorie unmittelbar entgegen. Wollte man den Krieg „vernünftig“ führen, so genügte es nicht, sich nur der Mittel zu bedienen, die sich gerade anboten, und der Kriegführungsweise, die der bisherigen Gepflogenheit entsprach. Es genügte auch nicht, für die Kriegführung lediglich eigene Erfahrungen und mehr oder weniger zufällig die anderer auszuwerten. Darauf hatte man sich im allgemeinen im Mittelalter beschränkt. Das Wissen über den Krieg mußte vielmehr systematisch gesammelt, erforscht und auf seine praktische Anwendung hin kritisch gesichtet werden. Dabei wurden über den gesamten Zeitraum vom 16. bis zum 18. Jahrhundert die antiken Autoren als Autoritäten anerkannt – sei es, daß man sie als absolute Vorbilder herausstellte, daß man sich mit ihnen rechtfertigte oder seine eigenen Gedanken in den ihren wiederzuerkennen glaubte. Für die Vernunft als menschliche Gabe, das Leben zu ordnen, wurden in erster Linie die Naturwissenschaften als Hilfsmittel angesehen. Daraus ergab sich ein entsprechendes, mathematisch bestimmtes, systematisches Weltbild, das System als Ordnungsprinzip mit entsprechenden generalisierenden Tendenzen. Diese Vorstellung hatte auch starke Auswirkungen auf das Kriegswesen und die Kriegführung. Die Tatsache, daß die durch die Staats- und Kriegsräson seit der Renaissance bewirkte Systematisierung des Kriegswesens zu ständigen Leistungssteigerungen geführt hatte, schien diese rationalistische Ideologie und das Denken in Systemen auch und gerade im militärischen Bereich vollständig zu rechtfertigen. Diese Denkweise gab im Laufe des 17. und 18. Jahrhunderts mehr und mehr den geistigen Grund für entsprechende Kriegstheorien ab, die in den Lehren der „methodischen" Kriegführung gipfelten.

2. Die Herausbildung der Lineartaktik

a. Taktische Grundformen

In der Kriegsgeschichte lassen sich zwei grundsätzliche Arten von Ordnung feststellen, in denen das Gefecht geführt wurde: Die geschlossene Ordnung, bei der die Kämpfer eng massiert in Gliedern (nebeneinander) und Rotten oder Reihen (hintereinander) auftreten, und in der Zusammenballung einen geschlossenen, einheitlich geführten und einheitlich agierenden Kampfkörper bilden, dessen Befähigung zur Geländeausnützung mehr oder weniger beschränkt ist; es kann aber auch in der zerstreuten Ordnung, in lockeren Rudeln, Schwärmen oder Ketten geführt werden, wobei die Möglichkeit besteht, das Gelände voll auszunutzen. Wird dieses Gefecht mit Schußwaffen geführt, so spricht man vom Schützen-(Tirailleur-)Gefecht. Bei der geschlossenen Ordnung kommt es auf die Unterwerfung des einzelnen unter die kollektive Aktion an, demgegenüber muß bei der zerstreuten Ordnung von dem Krieger mehr oder weniger Eigeninitiative gefordert werden. Geschlossene und zerstreute Ordnung bilden also sowohl äußerlich wie innerlich einen Gegensatz.

Die geschlossene Ordnung diente der Zusammenfassung der physischen Kraft der Kämpfenden in Angriff und Verteidigung, ihrer Nahkampf- wie auch ihrer Schußwaffen. Durch diese Konzentration war die geschlossene der zerstreuten Ordnung im offenen Gelände solange überlegen, wie der Kampf mit primitiven, erst durch die Massierung eine größere Wirkung ergebenden Nahkampf- und Schußwaffen geführt wurde. Andererseits stand diesem Vorzug der Nachteil gegenüber, daß eine in der geschlossenen Ordnung kämpfende Truppe dem konzentrierten Schußwaffeneinsatz des Gegners das beste Ziel bot.

Geschlossene und zerstreute Ordnung bestanden nebeneinander und miteinander, schlossen sich also grundsätzlich nicht gegenseitig aus. Zur Zeit des Absolutismus, um die es uns hier zunächst geht, war es aber die geschlossene Ordnung, die das Geschehen auf dem Schlachtfelde schließlich so vollständig bestimmte, daß der zerstreuten Ordnung nur noch der kleine Krieg am Rande der Schlacht als Betätigungsfeld blieb. Erst infolge der technischen Revolution und der rapiden Verbesserungen der Feuerwaffen seit der Mitte des 19. Jahrhunderts verschwand die geschlossene Ordnung allmählich von den Schlachtfeldern.

Kolonne und Linie waren taktische Grundformen der geschlossenen Ordnung, die ebenfalls in der Kriegsgeschichte immer wieder festzustellen sind. Im eigentlichen Sinne des Wortes ist die Kolonne (columna = Säule) eine Formation mit schmaler Front und großer

Tiefe. In diesem engeren Sinne ist sie taktisch nur brauchbar als Marsch- oder Annäherungskolonne. Für die Gefechtskolonne mußte die Front verbreitert werden, um „ein richtiges Verhältnis von gleichzeitiger und sukzessiver Kraftentwicklung" (Rüstow) zu erreichen. Daher besaßen die Gefechtskolonnen quadratische, annähernd quadratische oder auch mehr breite als tiefe rechteckige Formen. Bei letzterer kündigte sich bereits die Form der Linie an, die durch maximale Breite, also Frontausdehnung, und minimale Tiefe gekennzeichnet ist. Die Kolonne eignete sich für den Kampf mit blanken Waffen, für den schnell vorzutragenden, massierten, auf Durchbruch der gegnerischen Front abzielenden Angriff. Je mehr das Schwergewicht auf den gleichzeitigen Einsatz von möglichst vielen Schußwaffen („Fernwaffen" im Gegensatz zu den „Nahwaffen") gelegt wurde, desto breiter und flacher, also linearer, mußte die Aufstellung werden. Diesem Vorteil stand der Nachteil gegenüber, daß diese dünne lineare Aufstellung leicht zu durchbrechen war. Auch waren Kolonnen dank ihrer getrennten Aufstellung leichter zu führen als Linien; ein Umstand, der in den Revolutionskriegen Ende des 18. Jahrhunderts einen entscheidenden Einfluß auf die Taktik haben sollte. In der linearen Aufstellung kam es also darauf an, im Angriff wie in der Verteidigung die geschlossene Linie des Gegners durch geregelten und gesteigerten konzentrierten Schußwaffeneinsatz zu zersprengen.

b. Die Herausbildung der Linieninfanterie

Die Verdrängung des Langspießes durch die Feuerwaffe

Die Infanterie entstand aus dem mittelalterlichen Fußvolk während des 16. Jahrhunderts als disziplinierte, nach festen Regeln kämpfende Waffengattung. Die taktische Vorrangstellung, die sie im 15. und 16. Jahrhundert im Kampf gegen die zerfallende ritterliche Reiterei gewonnen hatte, verlor sie in der ersten Hälfte des 17. Jahrhunderts an die neuzeitliche Art der Reiterei, die Kavallerie. Während des Dreißigjährigen Krieges und noch in der Zeit danach gab es in den Heeren oft mehr Reiterei als Infanterie.

Die Infanterie setzte sich auch noch in der zweiten Hälfte des 17. Jahrhunderts aus Feuerwaffen- und Spießträgern zusammen. Allerdings waren die Träger der 5 bis 6 Meter langen Spieße, Pikeniere (von „Pike") genannt, seit dem Dreißigjährigen Krieg in der Minderzahl. In der zweiten Hälfte des 17. Jahrhunderts wurden die Spieße von den verbesserten Handfeuerwaffen immer mehr verdrängt, bis sie auf der Wende zum 18. Jahrhundert gänzlich verschwanden.

Die mit einer Schutzrüstung versehenen Pikeniere bildeten noch gegen Ende des Dreißigjährigen Krieges den Kern der Infanterie, die schwere Infanterie. Sie focht eng geschlossen in quadratischen oder rechteckigen Kolonnen. Demgegenüber hatten die Schützen – zunächst Bogner und Armbruster – zwar taktisch verbunden mit den geschlossenen Pikenierkolonnen, aber selbständig als leichte Infanterie das zerstreute Gefecht zur Fühlungaufnahme mit dem Gegner, zur Sicherung der Bereitstellung der schweren Infanterie und zur Vorbereitung ihres Kampfes geführt. Bereits zur Mitte des 16. Jahrhunderts nahm die Zahl der Feuerwaffenträger außerordentlich zu. Am Anfang des Dreißigjährigen Krieges machten sie noch die Hälfte aus, am Ende zwei Drittel. Waren es ursprünglich die

Schützen gewesen, die den Kampf der Pikeniere lediglich vorbereitet und unterstützt hatten, so dienten nunmehr die Pikeniere dem Schutz der Feuerwaffenträger, die für den Kampf mehr und mehr entscheidend wurden. „Feuerwaffenträger" ist ein heereskundlicher Sammelbegriff, da es zwischen dem 16. und 18. Jahrhundert verschiedene Infanteriegattungen gab, die nach verschiedenen Arten von Feuerwaffen benannt waren.

Mit dieser Entwicklung war eine weitere wesentliche Veränderung verbunden. Bereits vor der Mitte des 16. Jahrhunderts hatte man damit begonnen, die Feuerwaffenträger an die festgefügten Pikenierkolonnen heranzuziehen, sie mit ihnen nicht nur taktisch, wie bisher, sondern gewissermaßen auch organisch zu verbinden. Damit hörten sie auf „Schützen" zu sein, was im strengen militärischen Sprachgebrauch immer heißt: leichte Infanteristen, die für die Führung des zerstreuten, von der geschlossenen Ordnung abgesetzten Gefechts vorgesehen sind.

Die Angliederung erfolgte in der Weise, daß die Pikenierkolonne mit Feuerwaffenträgern umrahmt wurde, diese auch an die vier Ecken des Pikenier-Quaders gestellt wurden. Diese vier kleinen Quadrate an den Ecken des großen Quadrats hatten Ähnlichkeit mit den Bastionen einer Festung, und tatsächlich wirkte in dieser Zeit die Fortifikationslehre auf die Taktik des Feldkrieges ein.

Die Feuerwaffenträger des 16. und der ersten Hälfte des 17. Jahrhunderts hießen nach ihren Waffen „Arkebusiere" bzw. „Musketiere". Die Muskete war ein Luntenschloßgewehr mit einer noch wirksamen Schußweite von 300 Schritt. Das Feuer wurde jedoch erst ab 120 Meter (150 Schritt) eröffnet. Der Ladevorgang war außerordentlich kompliziert und langwierig, man konnte aus ihr bestenfalls in drei Minuten einen Schuß abgeben. Um ein ständiges Feuer aufrechtzuerhalten, wurde nach den festen Regeln eines Schützenwechsels geschossen, bei dem die vorderen Schützen durch die hinteren abgelöst wurden. Dies war der Beginn einer immer strengeren Reglementierung des Feuerkampfes, die in der Lineartaktik des 18. Jahrhunderts ihren Höhepunkt finden sollte.

Die Vermehrung, die Angliederung und das Bestreben nach einer immer wirksameren Zusammenfassung der Feuerwaffen hatten zunächst bei den Hugenotten und den besonders fortschrittlichen Niederländern bis zum Ende des 16. Jahrhunderts eine Veränderung der Aufstellung zur Folge. An den vier Ecken des Pikenier-Quadrates konnten nur jeweils diejenigen Musketier-Bastionen zur Wirkung kommen, die dem Feinde gegenüberstanden. Um die Feuerwirkung zu erhöhen, wurde die Aufstellung breiter und flacher gegliedert. Die niederländische Infanterie Ende des 16. Jahrhunderts stand noch zehn, die schwedische im Dreißigjährigen Krieg nur noch sechs Glieder tief. Die Pikeniere bildeten das Zentrum der Aufstellung, die Musketiere die Flügel. Hier deutete sich bereits die Tendenz zur linearen Aufstellung an.

Der Pikenier-Quader mit abgelösten Schützen voraus oder daneben war eine Angriffsformation gewesen. Durch die Angliederung der Schützen an den Pikenierkern verlor diese Formation mehr und mehr ihren offensiven Charakter. Die Luntenschloßmusketen des 16. und 17. Jahrhunderts waren keine Angriffs-, sondern Verteidigungswaffen. Solange sie losgelöst von ihm kämpften, konnten die Schützen den Angriff des Pikenier-Blocks unterstützen. Kam es zum Zusammenprall mit dem Feind, retteten sie sich unter die Spieße. Je mehr jedoch die Feuerwaffenträger überwogen, desto abhängiger wurden die Pikeniere von ihnen. Je mehr die Musketiere überwogen, desto defensiver wurde der Grundcharakter der Infanterietaktik. Das heißt natürlich nicht, daß nun überhaupt keine Angriffe mehr geführt wurden. Beim Angriff mußte jedoch stets Rücksicht genommen werden auf die Herstellung der Feuerbereitschaft der Musketiere.

Herbert Schwarz bemerkt hierzu: „Mit der Umrahmung des Gewalthaufens gegen die Mitte des 16. Jahrhunderts zu, zur Zeit der Türkenkriege, mit Feuerwaffenträgern, wird die Infanterieaufstellung wieder defensiv. Sie bleibt es im Prinzip dann Jahrhunderte lang, Angriffshandlungen werden aus einer dem Sinne nach defensiven Gefechtsform heraus künstlich entwickelt. So ist die Pelotonaufstellung des 18. Jahrhunderts auch eine ihrer Konstruktion nach defensive Aufstellung. Erst die Angriffskolonnen der Französischen Revolution, die dem damals gültigen Reglement gar nicht entsprechen, sind anfangs roh gegliederte, aber wirkungsvolle Offensivaufstellungen."

Andererseits konnten erst durch die Angliederung der Schützen die Feuerwaffen für die ganze Dauer des Gefechts zur Wirkung gebracht werden.

Die Muskete war ursprünglich so schwer, daß sie zum Schießen auf eine Stützgabel gelegt werden mußte. Während des Dreißigjährigen Krieges kamen leichtere Modelle in Gebrauch, für die Stützgabeln nicht mehr notwendig waren. Dadurch wurde ein neues Schießverfahren möglich. Die sechs Glieder konnten durch „Duplieren" zu drei Gliedern vermindert werden. Die hinteren Glieder brauchten nicht mehr durch die vorderen nach vorn gezogen zu werden, um feuern zu können. So wurde das Gliederfeuer erreicht, das eine wesentliche Vereinfachung darstellte. Bei ihm lag oder kniete das erste Glied, stand das zweite gebückt, und das dritte schoß über diese beiden vorderen Glieder hinweg. Danach schoß das zweite und schließlich das erste Glied. Ein exerziermäßiger, schneller Ladevorgang war bei den Vorderladern, um die es sich bei diesen Gewehren handelte, nur im Stehen möglich.

Die gänzliche Abschaffung des Spießes um die Wende zum 18. Jahrhundert war eine natürliche Folge der waffentechnischen Entwicklung, hatte aber auch noch andere Gründe. So war der Marschall Vauban, der berühmte französische Festungsingenieur und -taktiker, gegen Pikeniere, weil sie sich für den Kampf um Festungen wenig eigneten. Wesentlich auf das Urteil Vaubans ging es zurück, daß die Pikeniere in Frankreich 1703 endgültig abgeschafft wurden. Andererseits gab es aber auch viele autorisierte Fachleute, die sich gegen die Abschaffung der Pike aussprachen, so Montecuccoli, der sie für unentbehrlich zur Abwehr von Reiterei hielt. Aber auch noch im Laufe des 18. Jahrhunderts erhoben sich immer wieder Stimmen, die sich für die Wiedereinführung der Pike aussprachen, so die des in französischen Diensten stehenden Marschalls Moritz von Sachsen und des englischen Militärtheoretikers Lloyd. Mit der Wiedereinführung der Spieße hoffte man die durch das Feuergewehr reduzierte Offensivkraft zu stärken, was freilich nur dann möglich gewesen wäre, wenn der größte Teil der Infanterie wieder zu Pikenieren gemacht worden wäre. Tatsächlich aber war der Pikenieranteil am Schluß des 17. Jahrhunderts so gering, daß er seiner Aufgabe, die Feuerwaffenträger vor allem vor Kavallerieangriffen zu schützen, nicht mehr nachkommen konnte.

Um den Musketieren bereits vor der gänzlichen Auflösung der Pikeniere die Möglichkeit zu geben, sich selbst besser zu schützen, erhielten sie in manchen Ländern – so in Brandenburg – zusätzlich zu ihren Musketen Schweinsfedern, also kurze Jagdspieße. Sie dienten zur Herstellung von Hindernissen vor der Front und zum Anschlagen der Musketen, also um ein besseres „Abkommen" beim Schuß zu ermöglichen. Eine bessere Lösung stellte das Bajonett dar. Es kam in Frankreich bereits nach der Mitte des 17. Jahrhunderts, in Deutschland erst im letzten Jahrhundertdrittel in Gebrauch. In seiner ersten Form war es eine Art Dolch oder Messer, dessen Holzgriff einfach in den Gewehrlauf gesteckt wurde. Dadurch wurde die Schußwaffe gleichsam zu einer Art kurzem Spieß, nur konnte in diesem Zustand nicht aus ihr geschossen werden. Dies war erst möglich durch die Erfindung des Dillenbajonetts, das zuerst 1680 von den Franzosen benutzt wurde. Man schob es statt in den Lauf über denselben, und seine Klinge stand so weit von der Mündung ab, daß das Geschoß ungehindert an ihr vorbeifliegen konnte. Durch diese Kombination von Schuß- und Stichwaffe verschmolz gewissermaßen der Feuerwaffen- mit dem Spießträger, fand der Prozeß, der im 16. Jahrhundert mit der Heranziehung der Schützen an die Pikeniere begonnen hatte, auf der Wende zum 18. Jahrhundert folgerichtig seinen Abschluß.

Die Einführung des Dillenbajonetts war mit der Einführung einer neuen Handfeuerwaffe verbunden, welche die Luntenmuskete ablöste und – von in der Zwischenzeit vorgenommenen Verbesserungen abgesehen – bis weit über die Napoleonischen Kriege hinaus die Hauptwaffe die Infanterie bleiben sollte. Es war, mit dem Vorläufer des Schnappschloßgewehrs, das Steinschloßgewehr. Bei ihm wurde die Zündung mittels eines Flintsteins (Feuerstein) bewirkt, der statt der Lunte in den Hahn eingeklemmt wurde, der ihn auf eine Stahlplatte aufprallen ließ, wodurch der zündende Funke erzeugt wurde. Nach dem Flintstein nannte man das neue Gewehr „Flinte". Die technische Verbesserung, die diese Waffe darstellte, machte zwar ihre Handhabung bequemer, aber die Schußleistungen erhöhten sich erst allmählich auf eine gerade noch wirksame Schußentfernung von 400 Schritt bei gelenktem Massenfeuer, sonst konnte schon bei 200 Schritt nur mit 50 Prozent Treffern gerechnet werden. Es gab zwar schon längst Gewehre mit gezogenen Läufen, die einen Präzisionsschuß erlaubten, aber außer bei den Scharfschützen waren beim Militär nur Schußwaffen mit glattem Lauf im Gebrauch, die auch beim Steinschloßgewehr nur einen unsicheren Schuß erlaubten. Im allgemeinen erhielt die Truppe auch gar keine Ausbildung im Einzelschießen. So konnte nach wie vor die geringe Wirkung des einzelnen Gewehrs nur durch seine Vervielfältigung, also Feuerzusammenfassung, gesteigert werden. Um diese nun noch so weit wie möglich zu erhöhen, wurde das bereits von den Oraniern eingeführte regelmäßige Exerzieren, der Waffendrill, noch weiter verschärft. Es lief auf eine Erhöhung der Feuergeschwindigkeit hinaus, worin die preußische Infanterie unter ihrem „Exerziermeister", Fürst Leopold von Anhalt-Dessau, den Höchststand erreichte. Sie brachte es auf fünf Schuß in zwei Minuten.

Wie später noch so oft, waren es einzelne Spezialisten sowie Spezial- und Eliteformationen, welche die neue Waffe erhielten, bevor sie allgemein eingeführt wurde. Überall waren es zuerst die Grenadiere, die mit dem Steinschloßgewehr bewaffnet wurden, aber auch die Garden und die Dragoner.

Die Grenadiere waren Handgranatenwerfer, die vor der Front der eigenen Infanterie stoßtruppartig den Einbruch in feindliche befestigte Stellungen vorbereiten sollten. Es waren ausgesuchte Leute, die schon durch ihr Äußeres erschrecken sollten. Sie wurden nach der Mitte des 17. Jahrhunderts allmählich in allen Heeren eingeführt. Um die Wende zum

18. Jahrhundert kam das Handgranatenwerfen außer Gebrauch. Die Gattung der Grenadiere blieb aber bestehen und übernahm infanteristische Elitefunktionen.

Das Steinschloßgewehr, französisch „fusil“, begründete eine neue Infanteriegattung, die Füsiliere. Sie stellten zı erst in dem 1671 in Frankreich errichteten Füsilierregiment, das keine Pikeniere mehr enthielt, eine Spezialtruppe dar, die der Bedeckung der Artillerie und Genietruppe bei Belagerungen dienen sollte. Mit der allgemeinen Einführung des Steinschloßgewehrs ging in Frankreich, aber auch in anderen Ländern, die Bezeichnung „Füsiliere“ auf die Masse der Infanterie über. In Brandenburg-Preußen erhielt sich für sie jedoch auch noch nach der Neubewaffnung der Name „Musketiere“. Das läßt sich vielleicht dadurch erklären, daß man hier die neue Waffe „holländische Muskete“ oder „Flinten-Muskete“ nannte. Aber auch in Preußen erhielten unter Friedrich Wilhelm I. und Friedrich dem Großen neuaufgestellte Infanterieregimenter die Bezeichnung „Füsilier-Regimenter“, ohne daß damit jedoch eine taktische Besonderheit verbunden gewesen wäre.

Die in den letzten Jahrzehnten des 17. Jahrhunderts allmählich erfolgende allgemeine Bewaffnung mit dem neuen Gewehr bewirkte die Herausbildung einer Einheitsinfanterie. Die Spieße verschwanden, das Handgranatenwerfen kam außer Gebrauch. Musketiere, Grenadiere, Füsiliere kämpften nach den gleichen taktischen Grundsätzen. Es waren die Grundsätze der für den Großkampf vorgesehenen Schlachtinfanterie, die als schwere Infanterie von der für den kleinen Krieg gebrauchten leichten Infanterie zu unterscheiden ist. Diese neue, einheitliche und nur noch durch bestimmte Abzeichen und Attribute nach Gattungen unterschiedene Fußtruppe wurde die Linieninfanterie des 18. Jahrhunderts. Denn die durchgehende Bewaffnung mit dem Feuergewehr und das Bestreben, alle Gewehre gleichzeitig oder in rascher Folge zum Einsatz zu bringen, ließ die Formation noch flacher und noch breiter werden, so daß sie nur noch eine Tiefe von vier, schließlich drei Gliedern auch in der Grundaufstellung betrug, also zur „Linie“ wurde.

Die Entstehung des Infanteriebataillons

Ursprünglich setzte sich die Schlachtordnung unmittelbar aus taktischen Einheiten zusammen, erst später erfolgte innerhalb der Schlachtordnung die Zusammenfassung mehrerer taktischer Einheiten zu größeren Truppenkörpern, die wir heute als taktische Verbände bezeichnen würden. Die taktische Einheit ist nach späterer Definition der kleinste im Gefecht selbständig auftretende Truppenkörper. „Klein“ ist allerdings auch hier ein recht relativer Begriff.

Die riesige Gefechtskolonne der Landsknechte, der Gewalthaufen der „gevierten Ordnung“, konnte anfänglich aus 10000, zur Mitte des 16. Jahrhunderts immer noch aus 6000 Mann bestehen, aber er war nach obiger Definition zweifellos die taktische Einheit des Fußvolks jener Zeit. Er war zwar aus der Teilung eines noch größeren Truppenkörpers, nämlich des gesamten Heeres, entstanden. Aus dem Heer wurden gewöhnlich drei solcher Haufen gebildet, und diese wurden dann später auch in kleinere Haufen unterteilt. Aber zur Zeit ihrer Existenz waren diese großen Haufen die kleinsten Truppenkörper, die im Gefecht selbständig auftraten – wobei hinzuzufügen ist: geschlossen auftraten. Im 16. Jahrhundert wurde der gevierte Gewalthaufen des Fußvolks von den Italienern „Bataglione“, also Bataillon, genannt. Gebräuchlich war für die taktische Einheit der Infanterie aber auch noch im 17. Jahrhundert der Ausdruck „Squadrone“, was „Viereck“ heißt, also Eskadron oder Schwadron, der später ausschließlich für die taktische Einheit der Kavallerie reserviert wurde.

Seit Ende des 17. Jahrhunderts wurde die taktische Einheit der Infanterie nun auch allgemein „Bataillon“ genannt. Das Bataillon war zunächst kein Truppenkörper, der, wie später, grundsätzlich in seiner Größenordnung zwischen Kompanie und Regiment festgelegt war. Das Bataillon wurde erst im 18. Jahrhundert zu einer ständigen Einrichtung und ursprünglich erst für die Schlacht – im allgemeinen aus den Kompanien, also den administrativen Einheiten – zusammengestellt. Dabei war die Größe ganz unterschiedlich.

Rüstow bemerkt hierzu für die Zeit des Dreißigjährigen Krieges: „Unter einem Bataillon versteht man noch, nach wie vor, die Schlachtordnung eines gewissen Haufens Infanterie, der für sich ein Ganzes bildet, in Glieder und Rotten geordnet ist, ohne daß eine bestimmte Stärke derselben vorausgesetzt wäre; ein einzelnes Fähnlein oder eine einzelne Compagnie, in Schlachtordnung aufgestellt, wird ebensowohl ein Bataillon genannt, als ein Haufe von mehreren Regimentern in zusammenhängender Schlachtordnung.“

Das kaiserliche und spanische Infanterieregiment der zweiten Hälfte des 16. Jahrhunderts und der ersten Zeit des Dreißigjährigen Krieges sollte aus ungefähr 2 000 Mann bestehen. Es war in 10 Kompanien eingeteilt, von denen jede im üblichen Verhältnis – also 1:1 – aus Pikenieren und Feuerwaffenträgern bestand. Für das Gefecht jedoch wurden die Kompanien aufgelöst, da alle Pikeniere des Regiments in die Mitte gestellt wurden und aus den Feuerwaffenträgern die geschilderten Umrahmungen des Pikenierquadrats und die Bastionen an den vier Ecken gebildet wurden. Diese aus der spanischen Armee stammende Formation hieß „Tercio“, was „ein Drittel“ bedeutet, denn ursprünglich war jeder Tercio identisch mit der Infanterie eines der oben genannten drei Haufen, aus denen das Heer bestand. Der Tercio wurde also zu einer taktischen Infanterie-Einheit, mithin Bataillon, das aus einem ganzen Regiment bestand. Noch Ende des 17. Jahrhunderts gab es in Österreich, wenn auch nun in anderer Aufstellung, solche „Regiments-Bataillone“. Der Tercio wird hier angeführt, weil er eine Grundform der Kampfkolonne darstellte und weil nach Überwindung der Lineartaktik zur Zeit der Französischen Revolution die Infanterietaktik wieder auf die Kolonne gegründet wurde.

Das Linien-Bataillon des 18. Jahrhunderts hingegen entwickelte sich aus den breiten, flachen Gefechtsformen der Hugenotten und Niederländer seit Ende des 16. Jahrhunderts. Die Niederländer der oranischen Heeresreform erreichten taktische Überlegenheit über die Spanier und ihre Tercios, diese wandelnden Festungen, vor allem dadurch, daß sie aus nur wenigen Kompanien kleine taktische Einheiten bildeten, die besser der Lage und dem Gelände anzupassen waren. Wegen ihrer flacheren Aufstellung – 10 Glieder tief – und ihrer geringeren Größe waren sie gegen Artilleriebeschuß unempfindlicher als die ungefügen großen Tercios. Die Tercios waren im Krieg gegen die Türken entstanden. Deren mit außerordentlicher Wucht, aber geringer Gefechtsdisziplin geführten Massenangriffe erforderten scharfe disziplinierte, stets zur Rundumverteidigung befähigte, also vor allem zu massiver Abwehr geeignete Kampfformen. Gegenüber den kleinen, beweglichen niederländischen Bataillonen hingegen befanden sie sich im Nachteil. Das niederländische Bataillon dieser Zeit hieß „Troup“.

Die Fortführung der niederländischen Taktik erfolgte durch die Schweden – ein Verwandter der holländischen Oranier, Johann von Nassau-Siegen, war schwedischer Offizier gewesen. Die taktische Einheit König Gustav Adolfs von Schweden im Dreißigjährigen Krieg war das sogenannte „Vierfähnlein", das heißt, sie bestand aus vier Fähnlein, also vier Kompanien. Damit war diese Einheit nach Stärke und Grundgliederung bereits ein Bataillon im heutigen Sinne. Nur standen in der nur noch sechsgliederigen Gefechtsaufstellung auch jetzt die Kompanien nicht zusammen, sondern alle Pikeniere – jetzt nur noch ein Drittel – im Zentrum und alle Musketiere auf den Flügeln.

Eine Eigenart der schwedischen Infanterietaktik des Dreißigjährigen Krieges war die aus den drei oder vier Bataillonen eines Regimentes zusammengestellte Brigade, ein fester taktischer Verband. Die Brigade tauchte auch in anderen Armeen des späteren 17. und des 18. Jahrhunderts immer wieder auf, bedeutete aber meist nur einen vorübergehend für die Schlacht zusammengefügten taktischen Verband – etwa im Sinne der heutigen Kampfgruppe.

Es wurde in der zweiten Hälfte des 17. Jahrhunderts gebräuchlich, die Teileinheiten des Bataillons als „Divisionen" zu bezeichnen. Damit sind also nicht die späteren Großverbände gemeint. Bis zum Ende des 18. Jahrhunderts wurde das Bataillon in vielen Ländern – so auch in Preußen – in Divisionen eingeteilt. Das Bataillon nach „schwedischer Ordonnanz" im Dreißigjährigen Krieg bestand also aus einer Pikenier- und zwei Musketierdivisionen. Die schwedische Ordonnanz wurde mit größeren oder geringeren Abwandlungen noch während des Dreißigjährigen Krieges von allen Armeen übernommen, so auch von der österreichischen.

Im Jahre 1680 stand das kaiserliche Regiments-Bataillon noch immer sechs Glieder tief, aber die mittlere Division bestand jetzt nur noch aus vier Gliedern Pikeniere, die durch zwei Glieder Musketiere davor gedeckt waren. Damit war – zusammen mit den beiden Musketier-Divisionen auf den Flügeln – eine Gefechtsaufstellung mit durchgehender Feuerfront erreicht worden. Die Musketiere eröffneten das Feuer auf 100 Meter. Freilich vergrößerte sich durch den Musketiereinsatz vor der Front noch das alte, seit der Umrahmung der Pikeniere mit Feuerwaffenträgern bestehende Problem, wie die Pikeniere für ihren Einsatz zu „demaskieren" seien. Tatsächlich ging es nur so, daß die Musketiere der mittleren Division auf schnellstem Wege – die Hälfte nach rechts, die Hälfte nach links – die Front frei machten und hinter den Pikenieren verschwanden. War dafür keine Zeit mehr vorhanden, so blieb den Musketieren nichts anderes übrig, als sich, wie früher auch schon, vor der Front unter die Spieße zu retten.

Dieses österreichische Regiments-Bataillon hatte 480 Pikeniere auf 960 Musketiere. Das brandenburgische Bataillon derselben Zeit, das aus der Hälfte eines kleinen Infanterie-Regiments gebildet wurde, bestand aus 144 Pikenieren und 288 Musketieren. Beim gleichzeitigen französischen Bataillon hatte sich der Pikenieranteil mit 154 zu 480 bereits sehr deutlich verringert.

Wie schon die niederländischen, so besaßen auch die französischen Infanterie-Einheiten verhältnismäßig viele Offiziere, was natürlich die Aufsicht erleichterte. Der Subalternoffizier der schweren Infanterie dieser Zeit war im Gefecht kein Führer im eigentlichen Sinne, da ja das Bataillon stets geschlossen auftrat. Er war vor allem Vorkämpfer, riß seine Soldaten mit oder trieb sie an, beaufsichtigte die Ausführung der Kommandos oder setzte die an ihn gerichteten Befehle in Kommandos und Befehle für seine Teileinheit um. Einziges Signalinstrument der Infanterie war die Trommel. Die Querpfeife war, jedenfalls im Gefecht, kein Signalinstrument, sondern wurde auf dem Marsch zusammen mit der Trommel zur Aufmunterung der Soldaten gespielt.

Die taktische Formenvielfalt dieser Übergangszeit war in den einzelnen Armeen so groß, daß hier nicht weiter darauf eingegangen werden kann. Schon die Landsknechte hatten ästhetisch wirkungsvolle Truppenaufstellungen und -bewegungen nur zu Paradezwecken eingeübt. Unter dem Absolutismus nahm der Paradedrill wahrhaft barocke Formen an. Von den Monarchen wurden die Truppen, die ja nun ihre eigenen waren, zur Erhöhung ihres Prestiges in Verbindung mit der aufs höchste gesteigerten Hofkultur immer mehr auch zu Repräsentationszwecken verwendet. Das hatte unter anderem zur Folge, daß die in der zweiten Hälfte des 17. Jahrhunderts noch recht einfachen und soliden Uniformen immer schmucker und eleganter wurden, bis sie um die Mitte des 18. Jahrhunderts so felduntauglich geworden waren, daß sie den Soldaten nicht einmal mehr vor der Witterung schützten. Die Soldaten sahen wie Puppen aus. Daß die Buntheit der damaligen wie auch noch der späteren Uniformen der Unterscheidung der Armeen auf dem von Pulverdampf umwölkten Schlachtfeld gedient habe, ist nur zum Teil richtig. Tatsächlich war nicht das praktische, sondern das ästhetische Moment ausschlaggebend, denn man übernahm nur allzuoft von den Uniformen der anderen Armeen alles, was hübsch aussah und den Glanz erhöhte.

Die Führung des Feuerkampfes und die Entstehung des Linienbataillons

Je mehr die Zahl der Pikeniere zurückging, desto mehr wurde nach Mitteln gesucht, um im Kampf das Feuer ständig aufrechtzuerhalten. So wurden die Musketiere des Bataillons in einzelne Abteilungen untergliedert, die im Wechsel feuerten. Anfänglich sollte dadurch nur erreicht werden, daß nicht alle Musketiere des Bataillons zur gleichen Zeit mit leergeschossenen Waffen dastanden, sondern Teile von ihnen stets feuerbereit waren – beispielsweise bei überraschend auftretender feindlicher Kavallerie. Eine interessante Übergangserscheinung in dieser Hinsicht war das bayerische Bataillon von 1680. Es bestand noch zu einem Drittel aus Pikenieren, war aber nur noch vier Glieder tief, von denen das erste Glied der Feuerwaffendivision aus Grenadieren bestand. Jede der beiden Feuerwaffendivisionen war in sechs Pelotons gegliedert. Gefeuert wurde in der Weise, daß zuerst die äußeren, dann die inneren Flügelpelotons jeder Division schossen, so daß das Feuer in der Mitte jeder Division zusammenlief. Diese Art des Feuerablaufs von den Flügeln zur Mitte war auch noch die übliche des reinen Feuerwaffen-Bataillons, wie es sich dann bis zum Anfang des 18. Jahrhunderts herausgebildet hatte.

Dann konnte aber auch mit dem ganzen Bataillon geschossen werden, und zwar nicht nur gleichzeitig mit jedem Glied oder den vorderen Gliedern, sondern auch abteilungsweise innerhalb des ganzen Bataillons. Hierbei sprang dann das Feuer von den äußersten zu den innern Abteilungen innerhalb des ganzen Bataillons ebenso um wie innerhalb der Divisionen. Eine weitere, sehr wichtige Entwicklungsstufe wurde dadurch erreicht, daß es gelang, Feuer und Bewegung in neuer Weise zu verbinden. Bislang war diese Verbindung nur dadurch möglich gewesen, daß beim Vorgehen die hinteren durch die vorderen Glieder zum Schießen nach vorn gezogen wurden, so daß sich dadurch ein Schützenwechsel ergab. Dabei kam nur jeweils das vorderste Glied zum Schuß. Da aber nun geschlossen mit ganzen Abteilungen geschossen werden sollte, geschah dies im Vorgehen durch ihren überschlagenden Einsatz, wie er weiter unten noch näher geschildert wird.

Das Feuerwaffen-Bataillon stand anfänglich noch in vier Gliedern. Zunächst schossen nur die ersten drei Glieder, während das vierte als Feuerreserve zurückgehalten wurde. Auch das erste Glied, das sich dann hinlegen mußte, konnte als Feuerreserve dienen. Das Gliederfeuer kam in Preußen schon 1735 außer Gebrauch, es wurden reglementsmäßig nur noch Salven geschossen, bei denen die vorderen Glieder jeder Abteilung gleichzeitig schossen. Daneben bestanden noch eine Fülle von „Chargierungs"-Arten, auf die hier nicht eingegangen werden kann. Um 1700 wurden die Bataillone in den meisten Armeen in sechs Divisionen und 12 oder 24 Pelotons eingeteilt. Bald wurde dieses Schema auf 4 und 16 vereinfacht.

Zur Rundumverteidigung wurde das Karree gebildet. Auch hierfür gab es mehrere Möglichkeiten, wobei eine darin bestand, daß bei einem Bataillon zu vier Divisionen jede Seite dieses Quadrats von einer Division eingenommen wurde. Das Karree war im Rahmen der Lineartaktik eine Ausnahmeform – im Gegensatz zur Zeit davor und danach in der Kolonnentaktik – da die Lineartaktik im Prinzip den Zusammenhang der gesamten Schlachtfront der Infanterie erforderte. Die Bildung von Karrees konnte aber notwendig werden gegen Kavallerieangriffe, wenn im Kampfverlauf der Zusammenhang der Front zerrissen war, oder bei plötzlichen Überfällen, beispielsweise während des Marsches.

Schon bei den Schweden im Dreißigjährigen Krieg waren der Infanterie leichte Geschütze fest zugeteilt worden. Sie standen gewöhnlich am rechten Flügel des Bataillons in der Lücke zum rechts anschließenden Bataillon. Sie begleiteten den Angriff, wobei sie im Mannschaftszug bewegt wurden.

Unter Friedrich Wilhelm I. wurde in Preußen die Gefechtsgliederung des Bataillons noch weiter vereinfacht: es bestand aus vier Divisionen zu nur noch acht Pelotons, wobei jede Division zwei Pelotons umfaßte. Diese Einteilung wurde dann auch von anderen Armeen übernommen. Überhaupt erreichte die preußische Armee ihre Vorbildlichkeit weniger durch neue Erfindungen – wie des eisernen Ladestocks, durch den sicherer und damit schneller geladen werden konnte, weil der hölzerne leicht abbrach. Sie erreichte sie vielmehr mit der Vereinfachung und Durchbildung des Bestehenden für die Kriegspraxis, vor allem aber durch die unbedingte Vorschriftentreue, die Friedrich Wilhelm I. erzwang und die erst eine für die ganze Armee gleichmäßig durchgreifende Ausbildung ermöglichte.

Das Bataillon wurde nun nicht mehr nur für den Kampf zusammengestellt, sondern zu einer ständigen Untergliederung des Regiments. Seit König Friedrich I. bestand in Preußen jedes Infanterieregiment aus zwei Bataillonen zu fünf Musketierkompanien, zu denen noch eine Grenadierkompanie hinzukam. Die Grenadiere waren mit dem Bataillon aber nur administrativ verbunden, da im Felde die vier Grenadierkompanien von jeweils zwei Regimentern zu einem Grenadierbataillon für Elitefunktionen zusammengefaßt wurden. Das Musketierbataillon verfügte über eine Feuerkraft von 600 Gewehren. In der Gefechtsaufstellung standen die fünf Kompaniefahnen in der Mitte. Das Bataillon war gefechtsmäßig nicht in Kompanien, sondern in vier Divisionen zu je zwei Pelotons unterteilt. Die Offiziere standen vor und hinter, die Unteroffiziere in und hinter der Front. Im Siebenjährigen Krieg bestand das Bataillon gefechtsmäßig aus fünf Divisionen, die mit den Kompanien identisch waren.

Damit der komplizierte Feuerablauf auch im Gefecht möglichst lange durchgehalten und die zermürbende Wirkung des Feuers ausgenutzt werden konnte, ging das Bataillon sehr langsam vor. Auf 200 Schritt wurde das Feuer eröffnet. Während das Bataillon in langsamer Vorwärtsbewegung blieb – seine Grundlinie kam in der Minute nur 10 bis 12 Meter voran – liefen die einzelnen Abteilungen mit geladenen Gewehren im Wechsel vor, hielten, feuerten, luden neu und schlossen dann wieder auf. Das Bataillon bildete im Vorgehen also mit seinen gestaffelten Abteilungen eine gebrochene Linie. Die Abteilungen wurden von rechts nach links durchnumeriert, wobei der Feuerablauf von den Flügeln zur Mitte hin erfolgte. Es konnte mit Divisionen in der Reihenfolge I., IV., II., III. Division gefeuert werden. Der gebräuchlichste Feuerablauf war jedoch der mit – durch das ganze Bataillon durchnumerierten – Pelotons, also in der Reihenfolge 1., 8., 2., 7., 3., 6., 4., 5. Peloton.

Das heißt nun allerdings nicht, daß der Feuerablauf auch im Gefecht mit dieser exerziermäßigen Präzision bis auf unmittelbare Feindnähe durchgehalten worden wäre. Der preußischen Infanterie soll das nur in der Schlacht von Mollwitz (10. 4. 1741) gelungen sein. Im Siebenjährigen Krieg schoß die preußische Infanterie schließlich nur noch bataillonsweise, alle 600 Gewehre auf einen Schlag, wobei sich die Bataillone der gesamten Infanterie, die sich in der Mitte der Schlachtfront befand, nun in ähnlicher Weise ablösten, wie vorher die Teileinheiten innerhalb des Bataillons. In unmittelbarer Nähe des Feindes, wenn die Truppe von Verlusten geschwächt war, der Feind Lücken in die Schlachtfront gerissen hatte und im Lärm des Kampfes die Stimmen der Offiziere nicht mehr zu hören waren, ließ sich ein geregelter Feuerablauf nicht mehr aufrechterhalten. Jeder Soldat schoß so schnell er konnte. Das freie Einzelfeuer war die schnellste Art des Feuers und wurde auch von geschlossenen Einheiten sowohl zur Zeit der Lineartaktik wie auch später im Kriege sehr häufig angewendet. Friedrich II. wollte zeitweise das Feuern beim Angriff überhaupt abschaffen – was eine verzweifelte Ähnlichkeit mit der viel späteren „Stoßtaktik" der Österreicher hatte. Das Feindfeuer sollte im Sturmlauf mit dem Bajonett unterlaufen werden. Aber diese Methode erwies sich bereits am Anfang des Siebenjährigen Krieges, 1757 in den Schlachten von Prag und Kolin, als ein verhängnisvoller Irrtum, der hohe Verluste kostete. Die Verteidigungskraft des Gegners war durch das Feuer der Artillerie, deren schwere Teile dem Gefecht, wenn überhaupt, nur mühsam folgen konnten, allein nicht zu brechen. So lag das Schwergewicht des Infanteriekampfes auch weiterhin auf dem Feuer, blieb das Bajonett die Waffe „für den letzten Moment" (Rüstow).

c. Die Herausbildung der Linienkavallerie

Die eigentliche Kavallerie

Die Kavallerieentwicklung wies viele Parallelen, aber auch große Unterschiede zur Entwicklung der Infanterie auf. Das frühneuzeitliche Fußvolk hatte sich, wie wir sahen, nicht an der Feuerwaffe, sondern am Spieß herausgebildet. Nicht die streunenden Schützen, sondern die fest geschlossen auftretenden Stangenwaffen-Kolonnen boten der Ritterschaft Paroli. Der feste Zusammenschluß der Spießträger verlangte und förderte gleichzeitig die Eigenschaft, die für die ganze neuzeitliche Entwicklung der Kriegführung entscheidend wurde: die Disziplin. In der disziplinierten Geschlossenheit seiner Kampfkörper war das frühneuzeitliche Fußvolk den mehr zum Einzelkampf tendierenden Rittern überlegen.

Diese Herausforderung verlangte eine grundlegende Wandlung der europäischen Kriegsreiterei, die bis dahin im Kern aus Rittern bestanden hatte. Die Reiterei mußte ebenfalls geschlossene und entsprechend disziplinierte Kampfkörper bilden wie die Infanterie. Darüber, wie weit die Ritter dazu in der Lage waren, gehen die Meinungen auseinander. Offensichtlich hat sich aber die neue, disziplinierte Reiterei, die neuzeitliche Kavallerie, nicht unmittelbar aus dem ritterlichen Kern der spätmittelalterlichen Reiterei gebildet, der im übrigen immer mehr zusammenschmolz, weil das rittermäßige Reiterdasein – aristokratische Lebensführung, Dienstpersonal, mehrere Pferde, darunter ein wertvolles Streitroß, ein kostbarer ganzer Harnisch – sehr teuer war. Der Boden, aus dem die neuzeitliche Kavallerie entstand, war die leichte Reiterei des Mittelalters, die berittenen Knechte der Ritter, insbesondere die Reiterschützen. Diese waren schon im ausgehenden Mittelalter innerhalb der „Reiterfahnen" zu eigenen, von den schweren Reitern abgetrennten Formationen zusammengestellt worden. Sie versahen die üblichen Aufgaben der leichten Truppen, wenn sie auch für spätere Begriffe mit ihren Halbharnischen und klobigen Pferden alles andere als leicht, aber eben doch leichter als die Ritter waren.

Ihre Bewaffnung bestand anfänglich – neben der für alle Krieger obligatorischen Seitenwaffe – aus der Armbrust. Luntenschloßgewehre waren vom Pferd aus noch schwerer zu gebrauchen als Armbrüste.

Die neue Entwicklung begann in Deutschland. Um die Mitte des 16. Jahrhunderts erhielten deutsche leichte Reiter die Radschloßpistole, worauf sich ihre Zahl sprunghaft erhöhte. Um mit ihren Pistolen eine taktisch durchschlagende Wirkung durch Feuerzusammenfassung zu erreichen, wandten die Pistolenreiter folgendes Kampfverfahren an: Sie stellten sich in Quaderform in ebenso vielen Gliedern wie Rotten mit geladenen Pistolen auf. Dann ritt das erste Glied im Trab so nahe an den Feind heran, daß es das „Weiße in seinen Augen" sah, brannte die Pistolen ab, machte rechtsum, ritt in Reihe hinter den Quader und stellte sich als letztes Glied wieder auf. Inzwischen hatte das zweite Glied angegriffen, dann griff das dritte an usw. Dieses Verfahren hieß „Caracole" („Schnecke"). Es war zweifellos reitermäßig nicht besonders elegant, erfüllt aber zunächst seinen Zweck, schlecht disziplinierte rittermäßige Reiterei des Gegners völlig durcheinander zu bringen und den Angriff von Pikenierkolonnen durch Feuer zu stoppen. Erst wenn die Pistolen abgeschossen waren und der Feind floh, wurde zum Reiterdegen gegriffen und „nachgehauen". Diese „Deutschen" oder „Schwarzen Reiter" wurden in den französischen Religionskriegen, in denen sie auf beiden Seiten fochten, unter dem französisch verballhornten Namen „Reîtres" durch die Caracole ebenso berühmt wie durch ihre Plündereien berüchtigt. Ihre Harnische reduzierten sich auf ein Minimum: Helm- und Brustpanzer. In ihren Reihen – übrigens ebenso wie in den ersten Gliedern der Landsknechte – dienten viele Landadelige, die sich den teueren Ritterdienst nicht leisten konnten.

Viel wichtiger als die durch die Caracole bewirkte zeitweise taktische Überlegenheit war ein anderer, durch sie verursachter Effekt, der grundlegend für die neuzeitliche Kavallerie wurde: Der geregelte Feuerablauf der Caracole erforderte, genau wie beim Fußvolk, bei Anwendung des Spießes in der Masse, Übung, Exerzieren, Drill und damit Kampfdisziplin. Er erforderte, genau wie beim Fußvolk, die Herausbildung einer taktischen Einheit.

Dies war auch bei den Reitern zunächst der Gevierthaufe, für den der aus dem Französischen stammende Name „Eskadron" oder „Schwadron" üblich wurde. Die Schwadron bei der Kavallerie entsprach zur Zeit des Absolutismus dann dem Bataillon bei der Infanterie als taktische Einheit. Auch die Reiterschwadron setzte sich bis Ende des 18. Jahrhunderts aus den administrativen Einheiten der Kompanien zusammen. So entstand die Kavallerie an einer Feuerwaffe, wie die Infanterie an einer Blankwaffe entstanden war. Das mag manchem merkwürdig erscheinen, da später umgekehrt die Feuerwaffe die Hauptwaffe der Infanterie und die Blankwaffe die der Kavallerie war. Tatsächlich aber war die Kavallerie in ihrem ersten Zustand nicht in erster Linie eine „schlagende", sondern eine „schießende" Reiterei. Dieser Zustand sollte, mit Unterbrechungen, bis in das 18. Jahrhundert hinein andauern.

Die taktische Überlegenheit der Pistolenreiter dauerte aber nur so lange, bis sich die rittermäßige Reiterei gefangen hatte, sie in der Elitetruppe der Lanzierer den Pistoliers Einheiten von gleicher Kampfdisziplin entgegenstellte, deren Hauptwaffe die Lanze war. Diese Lanze war schließlich ein leichteres Modell als die sehr schwere Ritterlanze, wie überhaupt die Lanzierer nicht mehr so schwer gerüstet waren wie der schwerste Teil der ritterlichen Reiterei, die Kürisser. Die Lanzierer griffen in breiter Formation zu nur zwei Gliedern im Galopp an, weil eine tiefere Gliederung scharf anreitende Kavallerie dadurch gefährdete, daß über vorne stürzende Pferde alle, die hinter ihnen kamen, ebenfalls stürzten, und allein schon dadurch der ganze Angriff scheitern konnte. Außerdem konnte lanzenführende Kavallerie nur bei einer flachen und nicht bei einer tiefen Aufstellung von ihrer Hauptwaffe Gebrauch machen. Die Lanzierer griffen also im Grunde nicht anders an als die mit Lanzen bewaffneten Kavalleristen noch 1914. Die Kriegstheoretiker der Zeit waren sich darüber einig, daß eine Lanzierer-Einheit einer gleichstarken Pistolenreiter-Einheit wegen des größeren Angriffsschwungs grundsätzlich überlegen sei. Die Lanzierer gingen aber am Anfang des Dreißigjährigen Krieges ein und zwar aus demselben Grunde wie die Ritter: Sie waren in den langen Kriegszeiten, die in Deutschland zu einer weitgehenden Verarmung führten, zu teuer. Sie brauchten, auch wenn ihre Harnische einfacher, leichter und billiger waren als die der Ritter, bessere Pferde und eine wesentlich bessere Reit- und Kampfausbildung als die Pistoliers. Das alles mußte zu dieser Zeit aber der Krieger noch selbst bezahlen.

Die Tatsache also, daß die Pistolenreiterei billiger war als die Lanzierer, war der Grund, weswegen sie und nicht die Lanzierer erhalten blieben – eine Entwicklung, die noch Montecuccoli, der sich bei der Infanterie wie bei der Kavallerie für die Beibehaltung oder Wiedereinführung des Spießes bzw. der Lanze aussprach, in der zweiten Hälfte des 17. Jahrhunderts bedauerte.

Der nächste Schritt war gekennzeichnet durch eine etwas komplizierte Metamorphose: Im Unterschied zu den schwer gerüsteten Rittern, den Kürissern, waren die Pistolenreiter um die Mitte des 16. Jahrhunderts wegen ihrer leichteren Rüstungen auch als „Halb-Kürisser" bezeichnet worden. Nach Wegfall der richtigen Kürisser nannte man dann die Pistolenreiter, offenbar der Einfachheit halber, kurzerhand „Kürisser", später Kürassiere, womit Pistolenreiter und Kürassier identisch wurden. Es kam hinzu, daß ihre Rüstungen schwerer wurden, was zum einen auf die Durchschlagkraft der Pistolenkugel, zum anderen darauf zurückzuführen war, daß sie, die ehemaligen leichten Reiter, nach Wegfall der Lanzierer die Aufgaben der schweren Schlachtkavallerie übernehmen mußten. Ihre Rüstung glich schließlich völlig der der Lanzierer: ein Halbharnisch, der vom Kopf bis zu den Knien reichte. Die Kürassiere waren also zunächst keine Elite-Reiterei – das waren Ritter und Lanzierer gewesen –, sondern eine Massen-Kavallerie.

Im Gegensatz zu den Rittern und Lanzierern waren die Pistolen-Kürassiere aber ihrer Hauptwaffe und taktischen Herkunft nach keine offensive, sondern eine defensive Kavallerie-Gattung. Dies war, nach später Erkenntnis, ein Widerspruch in sich selbst, denn eine Kavallerie, die sich attackieren läßt, statt selbst zu attackieren, nutzt ihre ureigenste, durch das schnelle Pferd und seine Durchschlagskraft gegebene Möglichkeit nicht aus. Nun wurde in der Praxis sicher nicht so verfahren, daß sich die Kürassiere gegenseitig Glied für Glied im Feuerkampf erschöpften, bis sie endlich zum Degen griffen. Eine grundlegende Änderung trat aber erst dadurch ein, daß Gustav Adolf von Schweden seine Schlachtreiterei im Dreißigjährigen Krieg schwadronsweise sehr flach, nämlich in drei Gliedern, aufstellte und das Caracolieren völlig einstellte. Er ließ nur noch das erste Glied eine Pistolensalve abgeben und dann sofort in hoher Gangart mit der blanken Waffe attackieren. Die schwedischen schweren Reiter waren leichter gerüstet und besaßen auch leichtere, kleinere Pferde als die kaiserlichen Kürassiere. Diese Taktik machte Schule – wie es ja überhaupt nach den Hugenotten und Niederländern die Schweden waren, die in der beginnenden Neuzeit den militärischen Fortschritt vertraten.

Während des Dreißigjährigen Krieges wuchs der Anteil der Kavallerie so stark, daß es im letzten Jahrzehnt Heere gab, die fast nur noch aus Reiterei bestanden. Weitläufige Operationen wurden auf beiden Seiten unter Generälen wie Torstenson oder Jan von Werth mit einer für diese Zeit erstaunlichen Geschwindigkeit ausgeführt. Dies war eine vorübergehende Erscheinung, aber dabei erwies sich, daß die Schlachtkavallerie zu schwer war. Außerdem behinderte der Halbharnisch der Kürassiere mehr ihre Beweglichkeit, als er ihnen bei zunehmender Durchschlagskraft der Feuerwaffenmunition wirklich etwas nutzte.

So wurde in den Heeren der Typ des Kürassiers mehr und mehr verdrängt von dem einer anderen Reitergattung, die bereits seit Anbeginn neben der schweren Reiterei bestanden hatte: den reitenden Arkebusieren. Sie waren wie die Pistolenreiter aus der Schützenreiterei des Mittelalters entstanden, übernahmen aber, zusätzlich zu Degen und Pistolen, die Radschloß-Arkebuse, eine geschäftete Feuerwaffe, als Hauptwaffe. Da diese Waffe, zur besseren Handhabung zu Pferde, verkürzt, also zum Karabiner wurde, nannte man die reitenden Arkebusiere später auch Karabiniere.

Während die Pistoliers als Kürassiere zur schweren Kavallerie geworden waren, blieben die reitenden Arkebusiere leichte Reiter. Sie wurden aber, neben ihren spezifischen Aufgaben, in der Schlacht auch als Hilfswaffe der Kürassiere eingesetzt. Dann bedienten sie sich zunächst wie diese der Caracole, die sie mit der verkürzten Arkebuse ritten. Mehr und mehr wurde im Laufe des Dreißigjährigen Krieges die Kavallerie von diesem Reitertyp bestimmt, dessen Hauptkennzeichen neben dem Karabiner die sehr leichte Rüstung – offene Sturmhaube und nur noch Vorderplatte des Brustpanzers – war. Aber während des Dreißigjährigen Krieges fielen auch schon diese geringen Schutzwaffen weg, wurde die Sturmhaube durch den Musketier-Hut ersetzt.

Der Typ des reitenden Arkebusieres wurde zur Grundlage für die erste Kavallerie des stehenden Heeres. Sie war eine Einheitskavallerie. Die Truppenteile wurden schlicht als „Reiterregimenter" oder „Regimenter zu Pferde" bezeichnet. Am Anfang des 18. Jahrhunderts fielen nun die Sturmhauben allgemein weg, die Brustplatte blieb, jetzt als „Küraß" bezeichnet, was ursprünglich nur für den „ganzen" Reiterharnisch gegolten hatte. Danach nannte man diese Reiter dann wieder „Kürassiere", obwohl sie eigentlich Karabiniere waren.

Der reiterliche Schwung ließ in der zweiten Hälfte des 17. Jahrhunderts allgemein nach. Der verschärfte Exerzierdrill, der immer starrere Formalismus übertrug sich von der Infanterie auf die Kavallerie. Die Reiter saßen auf großen, grobschlächtigen Pferden, die dem Angriff an Druckkraft das geben sollten, was ihm an Schwungkraft fehlte. Attackiert wurde im Trab, allenfalls wurden die letzten Meter vor dem Zusammenstoß in einem holprigen kurzen Galopp zurückgelegt. Zu längeren Anläufen fehlte den schweren, unedlen Pferden der Atem. Nach wie vor aber wurde größter Wert auf den Feuerkampf zu Pferde gelegt, und der war es vor allem, der die Weiterentwicklung hemmte. Denn sollte er überhaupt einen Wert haben, so konnte nicht aus hoher Gangart heraus geschossen werden, da die Pistolenkugeln dann noch weniger trafen als im Trabe. Mußte aber zugleich geritten und geschossen werden, so war der Reiter dazu verurteilt, seine Aufmerksamkeit zu teilen. Daher war er gehemmt und unsicher, und dies übertrug sich natürlich auf die ganze Schwadron. Das Hauptproblem ergab sich aber daraus, daß wegen des Feuerkampfes zu Pferde nicht das ganze Gewicht auf den Angriff gelegt wurde, die Kavallerie sich vielmehr, mit der Pistole in der Hand, für die Defensive genauso geeignet hielt.

Hiermit ist freilich auch nur wieder eine Grundtendenz aufgezeigt worden, die nicht auf jede Armee, nicht auf jedes Kavallerieregiment in gleicher Weise zutraf. Die Regimentschefs hatten noch bis ins 18. Jahrhundert hinein mehr oder weniger freie Hand in der Ausbildung. Die brandenburgische Reiterei unter dem Großen Kurfürsten stand noch in der schwedischen Tradition. Der große kaiserliche Feldherr Prinz Eugen von Savoyen war selbst aus einer berittenen Waffe, den Dragonern, hervorgegangen und war bemüht, Angriffsschwung und Beweglichkeit seiner Kavallerie zu steigern. Die englische Kavallerie, die im Bürgerkrieg auf beiden Seiten hervorragende Leistungen gezeigt hatte, glänzte auch im Spanischen Erbfolgekrieg unter dem Herzog von Marlborough durch kraftvolle Attakken mit der blanken Waffe.

In Preußen fehlte unter Friedrich Wilhelm I. und dem Feldmarschall Fürst Leopold von Anhalt-Dessau – beide eingefleischte Infanteristen – weitgehend das Verständnis für kavalleristische Belange. Hier wirkte sich die Übertragung des „Infanterismus" besonders nachteilig aus.

Friedrich der Große sagte später von der Kavallerie seines Vaters: „Sie bestand so wie das Fußvolk aus sehr großen Mannschaften und ritt außerordentlich hohe Pferde. Es waren Kolosse auf Elefanten, die weder sich gehörig bewegen noch zu fechten wußten. Es ging keine Musterung vorbei, bei der nicht Reiter aus Ungeschicklichkeit stürzten. Sie waren nicht Meister über ihre Pferde, wurden auch mehr zu Fuß als zu Pferde exerziert und feuerten in beiden Beschaffenheiten trefflich. Ihre Offiziere hatten keinen Begriff vom Dienst zu Pferde, vom Kriege überhaupt, keine Kenntnis der Gegend und sie waren von dem, was die Reiterei am Tage eines Gefechts zu tun hat, weder durch Grundsätze noch durch ihre Ausführung unterrichtet." (zit. Pelet-Narbonne).

Die preußische Kavallerie versagte in der Schlacht von Mollwitz (10. 4. 1741), der ersten Schlacht Friedrichs des Großen, gegen die österreichische vollkommen. Auf dem rechten Flügel ließ sie sich von der österreichischen im Stand attackieren und flankieren und wandte sich zur Flucht. Der Eindruck dieser Mißerfolge auf den jungen König war so stark, daß er noch während dieses Krieges begann, die Grundlagen für seine Kavallerie vollständig zu reformieren. Die entscheidende Neuerung war das Verbot – „bei infamer Cassation" der verantwortlichen Offiziere – sich attackieren zu lassen, „sondern die Preußen sollen allemale den Feind attaquiren". Zweihundert Schritt vor dem Feinde sollte „mit ganzer Gewalt und Geschrey" in den Feind hineingejagt werden. Der Gebrauch von Feuer- und Blankwaffe wurde umgekehrt: erst dann, wenn der Feind mit der blanken Waffe „übern Hauffen geschmissen" worden sei, solle mit dem Karabiner und beiden Sattelpistolen hinter ihm hergeschossen werden, um ihn dadurch „in desto größere Confusion und Consternation zu bringen" (Reglement vom 1. 6. 1743).

Damit war der Bann, der infolge ihrer eigenartigen Entwicklung aus den Pistolen- und Arkebusierreitern auf der Kavallerie gelegen hatte, gebrochen. Sie wurde zur reinen Angriffswaffe. In der Folgezeit wurden die 1743/44 erlassenen Reglements und Instruktionen noch erheblich erweitert und verschärft. Zwischen 1743 und 1757 wurde die preußische Kavallerie auf ein bis dahin nicht erreichtes Leistungsniveau gebracht, das dann im Siebenjährigen Krieg die Kriegspraxis bestätigte. Dies betraf aber nicht nur die Kürassiere, sondern in nicht geringerem Maße auch die Dragoner und Husaren, von denen noch die Rede sein wird. Dieser Erfolg war wesentlich darauf zurückzuführen, daß es Friedrich II. gelang, hervorragende Reiterführer und Kavallerie-Ausbilder zu gewinnen oder heranzubilden, so die Generäle von Zieten und von Seydlitz. Der Beweis für die Qualität der preußischen Reiterei unter Friedrich dem Großen dürfte unter anderem darin liegen, daß sie, ebenso wie die preußische Infanterie, nach dem Siebenjährigen Krieg den meisten anderen Armeen als Muster diente.

Kühnheit, Schnelligkeit, Beweglichkeit waren mit allen Mitteln zu fördern – und zwar für alle berittenen Waffen, also auch für die schwere Kavallerie, von der hier zunächst nur die Rede ist und die bisher davon am wenigsten besessen hatte. Alle Kavallerieoffiziere bis zum Generalmajor und Führer einer Brigade einschließlich mußten sich bei der Attacke vor der Front befinden. Die schwere Kavallerie besaß noch immer große Pferde, aber sie wurden an lange Galopps gewöhnt und in jeder Weise hart trainiert. Die Durchschlagskraft der schweren Reiter-Attacke wurde durch doppelte Wirkung – Schwung des langen, scharfen Anritts und Pferdegewicht – außerordentlich gesteigert.

Aus der geforderten Schnelligkeit entstand jedoch ein großes Problem: Je höher das Tempo, desto größer die Gefahr, daß die Reiter die Beherrschung über die Pferde verloren und die attackierende Formation durcheinanderkam. Also wurde, erstens, die Reitausbildung jedes einzelnen Reiters in einem bisher nicht gekannten Maße intensiviert. Zweitens wurde die Ausbildung der Einheit, des Verbandes, derartig vervollkommnet, daß alle Bewegungen – Aufmärsche, Schwenkungen – mit einer Präzision abliefen, die kaum geringer war, als die der Infanterie, und die für jede Gangart gefordert wurde.

Friedrich der Große ordnete an: „Die Pferde müssen alle in gutem Athem sein, die Leute vollkommen Herr ihrer Pferde. Jeder Mann soll in den Attaquen in seinem Gliede bleiben, Keiner aus dem ersten Gliede sich ausdrängen lassen. Die Regimenter haben geschlossen und in guter Ordnung die Attaquen zu machen. Diese gehen zuletzt scharf dergestalt, daß wenn die Regimenter 1200 Schritt auf eine Plaine zu attaquiren haben, sollten die ersten 600 Schritt traben, die anderen 600 Schritt aber stark in der Karriere gehen müssen." (Circular-Verfügung vom 25.10.1750).

Die Schwadron blieb taktische Einheit. Sie wurde aber nun schon längst nicht mehr nur für die Schlacht aus den Kompanien verschieden starker Regimenter zusammengestellt, sondern war zur ständigen Untergliederung des Regiments geworden. Bei den preußischen Kürassieren bestand das Regiment aus fünf, bei einigen Dragoner- und allen Husarenregimentern aus zehn Schwadronen zu zwei Kompanien, die auch hier nur Verwaltungseinheiten waren. Die Sollstärke der Schwadron betrug, ohne die Offiziere, bei den Kürassieren und Dragonern 132, bei den Husaren 102 Reiter.

Exerziert wurde aber nicht nur mit der Schwadron und dem Regiment, sondern bei den großen Manövern mit noch größeren Verbänden, wie sich das aus der Schlachtordnung ergab, in der die Masse der Kavallerie auf den Flügeln jedes Treffens – das waren zwei oder mehrere, mit größerem Abstand hintereinander stehende Schlachtlinien, durch die sich die Schlachtordnung nach der Tiefe gliederte – zusammengefaßt war. Es blieb bei der Grundaufstellung in drei Gliedern, nur die Husaren rangierten in zwei Gliedern. In der linearen Schlachtaufstellung stand die gesamte Kavallerie jedes Treffens – Schwadron neben Schwadron, Regiment neben Regiment – in dieser streng geschlossenen Ordnung nebeneinander.

Bei allem wurde zugleich auch großer Wert auf das Gefecht zu Fuß gelegt. Es mußte von den Kürassieren und Dragonern auch in einexerzierter geschlossener Ordnung vollkommen beherrscht werden. Nachdem die Feuerwaffe bei der Kavallerie ihre Herrschaft an die blanke Waffe hatte abgeben müssen, hatte der Karabiner – außer beim Plänkeln und „Nachschießen" – nur noch für den Fußkampf Bedeutung. In anderen Armeen – so der französischen – wurde aber auch noch weiterhin großer Wert auf das Feuergefecht zu Pferde gelegt.

Die Dragoner

Neben der Kavallerie entstand im 16. Jahrhundert eine berittene Infanterie, die Dragoner. Während der Reiterei das Pferd gewissermaßen als Waffe diente, war es bei den Dragonern zunächst lediglich Transportmittel. Abgesehen von den Pferden war an den Dragonern alles wie bei der schweren Infanterie: Kampfart, Gefechtsformen, Bewaffnung, Bekleidung, Dienstgrade, Feldzeichen: Fahnen statt Standarten, Signalinstrumente: Trommeln statt Trompeten.

Wie die übrige Infanterie teilten sich die Dragoner zunächst in Pikeniere und Musketiere. Sie wurden als schnelle, bewegliche Infanterie verwendet, vor allem bei der Begleitung von Kavallerie-Unternehmungen. Da die schweren Reiter zunächst keine Karabiner besaßen, also kein Fußgefecht führen konnten, waren sie auf die Dragoner angewiesen. Bei dieser Zusammenarbeit glichen sich die Dragoner im Laufe der Zeit der Kavallerie an, ohne aber – und das ist festzuhalten – in manchen Armeen bis zum Anfang des 19. Jahrhunderts ihre spezielle Aufgabenstellung als berittene Infanterie zu verlieren.

Gleich am Anfang des Dreißigjährigen Krieges fielen die Dragoner-Pikeniere weg. Da die Dragoner beritten waren, ergab es sich von selbst, daß sie, zunächst aushilfsweise, kavalleristische Dienstleistungen übernahmen. Sie erhielten eine leichte Reiter-Ausrüstung, behielten aber die Infanteriegewehre, zunächst die Luntenschloßmuskete, seit Ende des 17. Jahrhunderts die Flinte mit aufpflanzbarem Bajonett. In dieser Zeit waren sie bereits befähigt, alle kavalleristischen Aufgaben wahrzunehmen. Sie ritten in der Schlacht Attacken mit, versahen aber auch die Dienste der leichten Reiter, bevor seit Anfang des 18. Jahrhunderts von allen Armeen leichte Reiter osteuropäischen Typs – Husaren und Ulanen – übernommen wurden. Sie fungierten auch als Kavallerie-Pioniere. Andererseits blieb ihnen die infanteristische Aufgabe in vollem Umfang, was am besten daran zu sehen ist, daß auch sie Grenadiere erhielten. Wie bei der Infanterie wurden die Dragoner-Grenadiere im Laufe des 18. Jahrhunderts zu Elite-Formationen – Grenadierregimentern zu Pferde – zusammengestellt. So entwickelten die Dragoner zwischen der Mitte des 17. und der des 18. Jahrhunderts eine taktische Vielseitigkeit, die weder vorher erreicht worden war noch nachher wieder erreicht wurde.

Zur Mitte des 18. Jahrhunderts hin verlor sich die infanteristische Aufgabenstellung mehr und mehr, aber noch immer wurden die Dragoner von der eigentlichen, also der schweren Kavallerie unterschieden. Unter kavalleristischem Gesichtspunkt wurden sie von Friedrich II. – der die Husaren und damit eine wirklich leichte Reiterei gewaltig vermehrte – zusammen mit den Kürassieren aufgeführt. Aber noch nach dem Reglement 1743 mußten die preußischen Dragoner in der Lage sein, abgesessen das Gefecht in geschlossener Ordnung zu führen, und zwar nicht in der vereinfachten Art der Kürassiere, sondern genau wie die Linieninfanterie. In der Schlacht dienten sie den Kürassieren, auf Streifzügen den Husaren als Rückhalt. Aufgesessen formierten die Dragoner Schwadronen, abgesessen Bataillone, und zwar in Preußen die Regimenter mit 10 Schwadronen zwei Bataillone, die mit fünf Schwadronen ein Bataillon. Jede Schwadron bildete zwei Pelotons. Wie bei der Infanterie und wie zu Pferde war die Aufstellung 3 Glieder tief. Zum Fußgefecht wurde das Bajonett aufgepflanzt.

Die Dragoner sind spöttisch „Zwitter" genannt worden. In Wahrheit waren sie Wechselbälge, denn während von ihnen noch die vollständige Beherrschung der Infanterietaktik verlangt wurde, ritt das Dragonerregiment Bayreuth am 4. Juni 1745 bei Hohenfriedberg eine der erfolgreichsten Reiterattacken der ganzen preußischen Kriegsgeschichte. Freilich wurden sie jetzt im Kriege praktisch nur noch als Kavallerie verwendet, und zwar als mittelschwere, zwischen Kürassieren und Husaren einzuordnende.

d. Die zunehmende Bedeutung der Artillerie

So eigenartig es klingt, keine Waffengattung hatte es so schwer, in den Armeen als solche anerkannt zu werden, wie die Artillerie. Das hatte zwei Gründe: Aus ritterlicher Einstellung heraus war zunächst jede Feuerwaffe als unheimlich und hinterhältig abgelehnt worden, ganz besonders aber die Artillerie, deren große Wirkung in keinem Verhältnis zu stehen schien zu dem Lebenseinsatz der Artilleristen. Er gipfelte nicht im Kampf Mann gegen Mann wie der des Fußvolks und der Reiterei. Der zweite Grund ist darin zu sehen, daß die Artilleristen ursprünglich die Geschütze nicht nur bedienten, sondern sie auch selbst herstellten, also zunächst Handwerker waren. Sie stellten keine Truppe dar, sondern eine Zunft und legten selbst Wert auf diesen Unterschied. Da sie eidlich verpflichtet waren, ihre Kenntnisse nicht weiterzugeben, bildete sich um sie eine Aura des Geheimnisvollen, in diesen Zeiten des Aberglaubens auch des Teuflischen.

Gleichzeitig waren freilich die Geschütze der kostspieligste Teil des Heeresmaterials. Sie waren die wertvollsten Trophäen, gehörten mit Fahnen, Standarten und Kesselpauken zu den mystifizierten, verehrten militärischen Gegenständen und wurden entsprechend ausgeschmückt. War man in dieser Zeit auch und gerade im Kriege vor allem auf die Erhaltung des eigenen Heeres bedacht, so betraf diese Sorge in erster Linie die Artillerie.

Die ersten Geschütze des Mittelalters waren schwerste Artillerie mit einer Rohrweite bis zu 80 cm und einem Gewicht bis zu 733 Kilogramm. Sie wurden nur zur Verteidigung und als Mauerbrecher zur Belagerung fester Plätze eingesetzt. Ihr Transport machte die größten Schwierigkeiten. Sie verschossen Steinkugeln sowie, um eine Streuwirkung gegen Fußvolk und Reiterei zu erreichen, auch gehacktes Blei, Eisenstücke, Kieselsteine, ja Unrat und Kadaver.

Die Anfänge einer beweglichen, im Felde verwendbaren Artillerie gehen bis ins 14. Jahrhundert zurück. Die Beweglichkeit wurde durch Erfindung der Räderlafette erreicht. Aber auch die Feldgeschütze blieben wegen ihres großen Gewichts bis weit ins 18. Jahrhundert hinein sehr schwerfällig. Schon zu Beginn des 17. Jahrhunderts war die Feldartillerie bereits zu einer bedeutenden Hilfswaffe geworden, aber erst im 19. Jahrhundert entwickelte sie sich neben Infanterie und Kavallerie zur dritten Hauptwaffengattung. Im Dreißigjährigen Krieg kamen noch nicht einmal ein Geschütz, im 18. Jahrhundert kamen drei bis fünf Geschütze auf 1000 Mann.

Bis zur Klassifizierung der Geschützarten nach Geschoßgewicht wurde zunächst das schwerste Geschütz, die „Hauptbüchse", zum Maßstab genommen. Danach unterschied man Halbe und Viertelbüchsen. Die Viertelbüchse oder auch Kartaune, dann Kanone genannt, war ein Geschütz mit langem Rohr, das dem Geschoß eine flache Flugbahn gab. Aus einer hölzernen Schleuder, die Steine „haufenweise" warf, entstand die „Haufnitze" der Hussitenkriege, also Haubitze, mit kürzerem Rohr. Die Flugbahn der Haubitz-Geschosse war gekrümmt und daher geeignet, hinter Deckungen, wie Mauern und Erdschanzen, zu greifen sowie Truppenansammlungen in der Tiefe zu treffen. Noch kürzer war das Rohr und steiler die Flugbahn beim Mörser. Die Rohre dieser Waffen waren glatt. Der Schuß von Haubitzen und Mörsern unter 45 Grad hieß „Bogenschuß", der darüber „Wurf".

Mit zunehmender Geschützwirkung waren die riesigen, manchmal 10000 und mehr Kämpfer umfassenden Fußvolkhaufen schon im 16. Jahrhundert gezwungen, sich in kleinere taktische Einheiten zu teilen.

Schon im 15. Jahrhundert wurden neben Stein- auch Eisenkugeln verschossen. Sie waren Vollgeschosse, von denen auch mehrere durch Stangen oder Ketten verbunden werden konnten oder die man vor dem Abschuß glühend machte. Daneben gab es Hohlgeschosse, zunächst die in der zweiten Hälfte des 16. Jahrhunderts aufkommende Kartätsche. Sie bestand anfänglich aus einem Beutel, dann aus einer Holz- und schließlich Blechbüchse. Sie war mit Kugeln gefüllt und barst beim Abschuß auseinander. Man verwendete sie auf nahe Entfernung – 150 Meter – im Kampf gegen geschlossene Formationen. Aber auch Hohlgeschosse mit Sprengladungen wurden erstmals bereits im 14. Jahrhundert hergestellt und dann seit dem 16. Jahrhundert regelmäßig verwendet. Sie waren mit einem Zünder versehen, der vor ihrem Abschuß mit der Lunte, dann mit dem Schuß durch die Ladung selbst gezündet wurde. Als Bomben wurden sie aus Mörsern, als Granaten aus Haubitzen verschossen. Die längliche Zündergranate kam erst nach der Mitte des 19. Jahrhunderts mit dem gezogenen Geschütz auf.

Im 17. Jahrhundert betrug die Kernschußweite kleinerer Geschütze etwa 120 bis 200, der Kartaune 350 bis 400, der langen Feldschlangen 450 Schritt. Bis zur Mitte des 18. Jahrhunderts erhöhten sich die gebräuchlichen Schußweiten etwa auf 1300 Meter beim Kugelschuß für Sechspfünder und schwere Geschütze, bis 600 Meter für den Kartätschschuß für schwere Geschütze, bis 350 Meter für Bataillonsstücke, die gewöhnlich aber nur bis zu 280 Meter schossen.

Bei den Bataillonsgeschützen – die aber auch „Regimentsstücke" genannt wurden – betrug die Feuergeschwindigkeit unter König Gustav Adolf von Schweden ein Schuß in zwei Minuten, unter Friedrich dem Großen 4 Schuß in der Minute. Auch bei der Artillerie wurden durch Gustav Adolf von Schweden technische Fortschritte erzielt. Er schaffte bei den Regimentsstücken die Ladeschaufel ab und ließ das Pulver in regelmäßiger Abmessung in Säcke füllen, woraus die Kartusche entstand. Bei der schweren Artillerie wurde aber auch noch im Siebenjährigen Krieg mit der Ladeschaufel, also losem Pulver, geladen.

Neue artilleristische Methoden, die sich auch im Feldkrieg niederschlugen, wurden im Kampf um feste Plätze entwickelt, in dem Frankreich unter dem Festungsingenieur und Militärtheoretiker Vauban in der zweiten Hälfte des 17. Jahrhunderts absolut führend wurde. Den von Vauban eingeführten Rikoschett-Schuß hatte es allerdings als Göllschuß auch schon früher gegeben. Bei ihm prallte das Vollgeschoß mehrmals in Sprüngen auf dem Boden auf. Er war ursprünglich dazu bestimmt, Festungs-Wallgänge zu bestreichen und die hier aufgestellten Geschütze und Bedienungen zu treffen. 1697 erfand der österreichische Artillerie-Oberst Geisler die Schlagröhre, die eine schnellere Entzündung des Pulvers ermöglichte.

Das Hauptproblem der Artillerie im Felde blieb ihre immer noch mangelhafte Beweglichkeit, die nicht nur das Geschützmaterial, sondern auch den bei der Artillerie besonders großen Troß betraf. Friedrich der Große hätte den Krieg am liebsten ohne Artillerie geführt, weil er sie wegen ihrer Schwerfälligkeit als Hemmschuh empfand – eine Abneigung, die in der preußischen Armee ihre Spuren hinterlassen sollte. Negativ wirkte sich auch aus, daß die Artillerie in Preußen als „bürgerliche" Waffe – in ihr durften auch Offiziere bürgerlicher Herkunft dienen – in einem geringen Ansehen stand. Aber Friedrich hatte in den drei Schlesischen Kriegen vor allem gegen die österreichische Armee zu kämpfen, in der man die Artillerie sehr hoch schätzte. Sie war im Ersten Schlesischen Krieg der seinen noch unterlegen, bereitete ihm aber dann im Siebenjährigen Krieg die größten Sorgen. Ihr Aufschwung war die Antwort auf die Überlegenheit der preußischen Infanterie. Ihren hohen Entwicklungsstand hatte die Artillerie der Kaiserin Maria Theresia vor allem dem Artillerie-Generaldirektor Fürst Liechtenstein zu verdanken, der sogar sein Vermögen einsetzte, um sie zu vermehren. Er gründete eine Artillerieschule und erhöhte die artilleristische Beweglichkeit durch Gewichtsverminderung des Materials. Unter diesen Umständen blieb dem preußischen König gar nichts anderes übrig, als sich um Anpassung an dieses Niveau zu bemühen.

Im Zuge der Rationalisierung des Kriegswesens wurde auch das Artilleriematerial systematisiert. Während es im 15. und 16. Jahrhundert eine ungeregelte Vielfalt der Geschützarten gegeben hatte, weil sich die Geschützhersteller als freischaffende Kunsthandwerker fühlten, erfolgte in den einzelnen Armeen allmählich eine Klärung dieser Unübersichtlichkeit durch Festlegung der Produktion auf bestimmte Standardmodelle. Erst damit war überhaupt ein geregelter taktischer Artillerieeinsatz möglich. Spätere Standard-Kaliber waren schon im Dreißigjährigen Krieg bekannt: Vier- (7 cm), sechs- (9 cm), zwölf- (12 cm) und vierundzwanzigpfündige (15 cm) Kanonen. Preußen und Österreicher besaßen im 18. Jahrhundert drei- und sechspfündige Regiments-Stücke. Haubitzen und Mörser wiesen in den einzelnen Armeen unterschiedliche Kaliber auf. Bis zum Siebenjährigen Krieg übertrumpften die Österreicher die Preußen durch ein differenzierteres System und vor allem dadurch, daß nie weniger als fünf Geschütze auf 1000 Mann kamen. Liechtenstein gab Geschützen gegenüber Flinten den Vorzug – gemäß seinem Leitsatz: „Rasches Wirken durch große Mittel" (zit. Jähns). Niemand hat die Stärke und Wirksamkeit der österreichischen Artillerie mehr anerkannt als Friedrich II.

Durch die fabrikmäßige Herstellung des Geräts, die Trennung der Artilleristen von den Geschützgießern, durch die Normierung der Modelle und die militärische Organisation verlor die Artillerie allmählich ihren Zunftcharakter und wurde zur Truppe. Aber noch vor dem Siebenjährigen Krieg ließ man in Preußen die Artilleristen „nur bedingungsweise als echte Kriegsleute gelten" (Jähns).

Um die Artillerie mehr in die Truppe einzubeziehen, verfiel man in Frankreich auf ein eigenartiges Mittel. Ludwig XIV. schuf als Bedeckungs- und Hilfstruppe für sie das bereits erwähnte Regiment Königs-Füsiliere – die erste Füsiliertruppe überhaupt. Durch diese enge Verbindung sollten die Füsiliere die Artillerie truppenfähig machen. Dies gelang jedoch erst nach großen Schwierigkeiten, weil die Füsiliere diese Aufgabe für unter ihrer Würde hielten und lieber als Infanteristen mit Infanteristen kämpfen wollten. Allgemein erhielt die Artillerie um die Wende zum 18. Jahrhundert eine straffe militärische Gliederung.

Aber ihr bürgerlicher Charakter hing ihr immer noch an, denn ein Teil von ihr bestand weiterhin aus Zivilisten. Das war die Bespannung, die von Fuhrunternehmen gestellt und nur für den Feldzug aufgeboten wurde. Dies war auch ein Grund ihrer Schwerfälligkeit, denn Fahrer und Zugpferde waren ungeübt. Die Tatsache, daß die Artillerie im Frieden nur selten oder gar keine Übungen unter feldmäßigen Bedingungen abhalten konnte, wirkte sich natürlich auf ihre Leistungsfähigkeit aus.

Soweit man bis zum Dreißigjährigen Krieg überhaupt von einer Artillerietaktik sprechen kann, war sie äußerst einfach. Geschütze wurden, meist über die ganze Front verteilt, vor der Schlachtordnung aufgefahren. Natürlich wurde bei dieser Verteilung das Gelände, zumindest aber das Schußfeld mit berücksichtigt. Dabei waren Artilleriezusammenfassungen schon auf der Wende zum 17. Jahrhundert bekannt, so an den Seiten des mittleren der drei Tercios. Dagegen wurde aber angeführt, daß dadurch eine Gefährdung der eigenen Truppe eintrete und für eine Verteilung mit 50 bis 100 Schritt Zwischenraum vor der ganzen Front plädiert. Die Artillerie eröffnete die Schlacht mit einer Kanonade. In der Schlacht selbst konnte sie nur dann mitkämpfen, wenn sie sich durch Stellungswechsel den Lageveränderungen anpaßte. Das war aber, nach ihrem Aufkommen, nur den leichten Infanteriebegleitgeschützen möglich, nicht der schweren Artillerie. Sie blieb in der Regel in den einmal für die Schlacht eingenommenen Stellungen.

Die für die Zukunft so wichtige Zweiteilung zwischen der leichten, bei der Kampftruppe befindlichen, und der schweren, unter einem Artillerieführer als Schwerpunktwaffe oder Reserve zusammengefaßten Artillerie finden wir bereits auf der Wende zum 17. Jahrhundert. So in den interessanten Vorschlägen des Landgrafen Moritz von Hessen, des „Gelehrten", der sich für kleine, aus allen drei Waffengattungen zusammengesetzte Regimenter aussprach – ähnlich den viel späteren „Legionen" des Marschalls von Sachsen. Die schwere Artillerie sollte als „General-Artillerie" zusammengefaßt werden. Auf dieser Grundlage setzte Gustav Adolf dann im Dreißigjährigen Krieg seine Artillerie ein. Während seine leichte Artillerie dazu bestimmt war, dem Infanteriegefecht zu folgen, behielt er seine schwere entweder als Reserve in der Hand oder setzte sie gleich an den empfindlichsten Stellen der Schlachtfront, meist an den Flügeln, ein. Das heißt also, er verwendete die schwere Artillerie so, wie sie beim richtigen Verständnis ihrer Aufgabe verwendet werden mußte, nämlich als Schwerpunktwaffe. Das ergab zwangsläufig Artilleriemassierungen zum Zwekke von Feuerzusammenfassungen.

Aus diesen Zusammenfassungen entstand die spätere taktische Einheit der Artillerie, die Batterie. Zunächst stellte jedes Geschütz eine taktische Einheit dar. Batterien wurden nur vorübergehend für den Einsatz in der Schlacht gebildet. Damit stand auch die Größe der Batterie nicht fest. Ihre Geschütze nannte man „Batteriestücke", im Gegensatz zu den bei der Infanterie befindlichen leichten Geschützen. Die schwere Artillerie wurde auch „Positionsartillerie" genannt, da sie sich ursprünglich in festen Stellungen befand.

Im zweiten Jahrzehnt des 18. Jahrhunderts teilte man in Frankreich für die Schlacht die leichte Artillerie dem ersten Treffen zu. Die schwere hielt man als Artillerie-Reserve und zur Bildung von Batterien zurück. Während die Munitionswagen hinter dem ersten Treffen blieben, fuhren die Regimentsstücke 100 Schritt vor demselben auf. Sie sollten aber auch, wie betont wurde, günstig gelegene Höhen besetzen. Es kam darauf an, die Bewegungen des Feindes genau zu beobachten, und jede sich bietende Gelegenheit zu benutzen, sie unter Feuer zu nehmen. Bei langen Kanonaden waren die Geschützstellungen durch Feldbefestigungen zu verstärken. Beim Angriff ging die bei der Infanterie befindliche Artillerie in den Intervallen zwischen den Bataillonen des ersten Treffens mit vor. Die Munitionswagen folgten hinter dem zweiten Treffen. Vor dem Feind wurde auf halbe Musketenschußweite eine Kartätschenlage gefeuert. Wurde der Feind geworfen, so hatte so viel an Artillerie an der Verfolgung teilzunehmen, wie dafür für notwendig gehalten wurde – woran der Marquis de Quincy, dem diese Beschreibung zu verdanken ist, die für die Kampfführung dieser Zeit überhaupt sehr wichtige Bemerkung knüpfte, daß Verfolgungen meist versäumt und dadurch der errungene Vorteil vermindert werde. – In der Verteidigung empfing die Artillerie noch vor der Front den Gegner mit Kartätschen und ging dann, wenn dieser sich näherte, in die Bataillons-Intervalle zurück. Kam es zum Handgemenge, wurde sie auf das zweite Treffen zurückgenommen. Wurde nun aber das erste Treffen geworfen, so bildete sie auf ihren Plätzen im zweiten Treffen die Grundlage der Verteidigung. Ihre Aufgabe war es, „die Schlacht wieder herzustellen". Gelang das nicht, so hatte sie den Rückzug zu decken.

Unter Friedrich II. protzten die Preußen Bataillonsgeschütze „20 Schritte vor den Bataillonszwischenräumen ab, die Protzen folgten hinter dem Bataillon. Beim Avancieren hielten sie sich immer 20 Schritte vorwärts der Linie und begannen auf 1200 Schritte mit Kugeln zu schießen. Von 400 Schritten ab hielten sie sich dicht vor den Zwischenräumen und feuerten mit Kartätschen. Sobald das Bataillon ‚mit starken Schritten' zum Bajonettangriff antrat, stellten sie das Feuer ein" (Jany).

Die Batteriestücke wurden zunächst hinter der Front zu Geschützparks zusammengefahren. Deren Verwendung war anfänglich auch noch eine sehr schematische: 3 große Batterien sollten gebildet werden, 2 auf den Flügeln und eine im Zentrum des ersten Treffens. Diese Aufstellung erwies sich als um so verfehlter, je mehr Friedrich seine Taktik auf die „schräge Schlachtordnung" – die noch zu erläutern sein wird – also auf den Angriff mit einem Flügel, auf dem dann der Schwerpunkt lag und daher auch artilleristisch dort liegen mußte, abstellte. Wie gering Friedrich zu Beginn seiner Feldherrnlaufbahn die Artillerie einschätzte, wird besonders an seiner Anweisung deutlich, die eigenen Batterien auf den Flügeln sollten nur die Kavallerie und die Infanterie, aber nicht die Artillerie des Gegners bekämpfen. Auf 600 Schritt sollten die schweren Batterien, auf 300 die Dreipfünder-Regimentsstücke das Feuer mit Kartätschen eröffnen.

Erst die Schlacht von Leuthen (5.12.1757), die mit der „schrägen Schlachtordnung" gewonnen wurde, führte zu einer schwerpunktmäßigen Massierung der schweren Artillerie auf dem Angriffsflügel als „große Batterie". Diese sollte aus 40, die Batterie auf dem zurückgehaltenen Flügel nur aus 20 Stücken bestehen. Nun erst, nach den bitteren Erfahrungen mit der österreichischen Artillerie, erfolgte auch die Anweisung, die feindlichen Batterien zuerst zu bekämpfen. Dafür sollten vor dem Angriff alle beherrschenden Höhen besetzt werden. Die Batterien waren nicht vorgeschoben einzusetzen. Im Schutz der eigenen Artillerie, die die feindliche niederhielt, erfolgte der Aufmarsch der Armee. Befand man sich jedoch in einer Ebene, so waren Haubitzen einzusetzen. Auch jedes preußische Bataillon erhielt, zusätzlich zu seinen beiden Kanonen, eine Haubitze. Mit Kanonen sollte die eigene Truppe nie überschossen werden, da sich die Infanteristen unter den flach über sie hinwegfliegenden Kugeln duckten und nicht vorwärts zu bringen waren. Erst wenn die Artillerie des Feindes niedergekämpft war, sollten seine Infanterie und Kavallerie unter

Kreuzfeuer genommen werden. Das Kreuzfeuer erwies sich als außerordentlich wirksam und wurde daher in der Theorie auch sehr betont.

Naturgemäß war ein ständiges Zusammenwirken der Artillerie mit Kavallerie nicht möglich, solange jene Fußartillerie war. Das heißt, die Bedienungen gingen zu Fuß, und die Bespannungen reichten gerade dafür aus, die Geschütze im Schritt-Tempo zu ziehen. Um sie rascher vorwärts zu bringen, waren die Geschütze auch früher schon gelegentlich mit doppeltem Vorspann versehen worden. Der Kavallerie in jeder Gangart zu folgen vermochten sie jedoch erst, als auch die Bedienungen beritten waren. Damit entstand die reitende Artillerie. Sie bildete sich bei den Dragonern heraus, denen in einigen Armeen auf diese Weise leichte, schnell und beweglich gemachte „Dragoner-Stücke" beigegeben wurden. Während es sich aber bei diesen Geschützen, die es in der ersten Hälfte des 18. Jahrhunderts in Sachsen und Rußland gab, nur um einzelne, der Kavallerie beigegebene Regiments-Stücke handelte, errichtete Friedrich der Große im Siebenjährigen Krieg die reitende Artillerie als eine eigene Artillerie-Gattung. Sie diente nicht nur der Unterstützung der Kavallerie, sondern als schnelle artilleristische Eingreifreserve. Sie ging den Preußen im Siebenjährigen Krieg zweimal, nämlich bei Kunersdorf und Maxen, vollständig verloren, aber Friedrich hielt von ihr so viel, daß er sie jedesmal wieder neu errichten ließ.

e. Die Feldschlacht

Alle drei Waffengattungen, deren jeweilige Taktik in Gliederung, Formen und Einsatzarten soeben umrissen wurden, wirkten in der Feldschlacht zusammen. Im Gegensatz zu kleineren Gefechten und Treffen – nicht zu verwechseln mit den hintereinanderstehenden Linien gleichen Namens der Schlachtordnung –, bei denen mehr als nur eine Waffengattung beteiligt war, war die Schlacht, die aus einer auf beiden Seiten geordneten Schlachtaufstellung hervorging, für die Zeit des Absolutismus eine „Hauptaktion", bei der „die ganze Armee mit derjenigen des Feindes engagiert ist" (Friedrich II., zit. Jähns). Die Schwerfälligkeit der damaligen Heere, die Schwierigkeit für sie, aus der Marsch- in die Gefechtsgliederung überzugehen, die Tatsache, daß für die Entfaltung und Entwicklung der stets geschlossen eingesetzten Kräfte und schließlich zum Kampf selbst ein geeignetes, nämlich möglichst ebenes, offenes Gelände nötig war, waren für beide Seiten gleichermaßen gegeben. Aus einem zufälligen Begegnungsgefecht konnte sich eine Schlacht nur dann entwikkeln, wenn das Gelände danach war. Wollte die eine Seite die Schlacht – was nur dann der Fall war, wenn sie sich sicher war, daß sie für sie von Vorteil war – so bedeutete dies noch längst nicht, daß sie stattfand: Der Gegner mußte sie vielmehr „annehmen". Dazu verpflichteten ihn im allgemeinen weder Ehre noch Reputation. Denn es erntete nicht der Feldherr Ruhm, der ohne Rücksicht auf eigene Verluste schlug, sondern derjenige, der sein operatives Ziel mit möglichst geringen eigenen Opfern erreichte. Ja, als die „elegantere" Operationsführung wurde im 18. Jahrhundert sogar die angesehen, bei der man dieses Ziel auch ohne große Verluste des Gegners erreichte, ihn also allein durch Manöver „mattsetzte". Denn es muß immer wieder betont werden, daß die Schlachten dieser Zeit bei den großen gegeneinander eingesetzten Massen auf engem Raum und den entsprechenden Feuer- wie überhaupt Waffenkonzentrationen außerordentlich blutig waren.

Lehnte der Gegner die Schlacht ab, so konnte man ihn im allgemeinen nicht zum Schlagen zwingen. Blieb er in seinen durch Feldbefestigungen verstärkten Stellungen und griff man ihn dort an, so befand er sich in einem entscheidenden Vorteil. Zog er aber ab, so geschah dies unter genauesten Sicherheitsvorkehrungen. Verfolgte man ihn, um sich auf ihn zu stürzen, so konnte dies für den Verfolger selbst gefährlicher werden als für ihn. Denn bei einem geordneten Rückzug besaß er die Gefechtsbereitschaft im höheren Maße als der Verfolger, der sie bei einer schnellen Verfolgung viel eher verlor. Meist wagte man aus diesen Gründen nicht einmal die Verfolgung eines geschlagenen Feindes nach siegreicher Schlacht. Im allgemeinen begnügte man sich damit, dem besiegten Feind einige leichte Truppen hinterherzuschicken, bei denen es auf Ordnung sowieso nicht ankam. – Natürlich muß auch hier wieder darauf hingewiesen werden, daß dies nicht immer der Fall war, da sich Gegenbeispiele anführen ließen, aber diese entsprachen nicht der Regel.

So war jede Vernachlässigung der Ordnung und Gefechtsbereitschaft äußerst gefährlich. Überfallartige Angriffe eines Heeres auf ein anderes, darauf nicht vorbereitetes kamen vor – als Beispiel der Angriff der Preußen auf Franzosen und Reichsarmee 1757 bei Roßbach.

Heer und Schlacht

Die Schlacht war eine einheitliche Kampfhandlung. Das heißt, die einzelnen Kämpfe, zu denen es im Laufe der Schlacht kam, wirkten sich nicht unmittelbar, sondern nur über den Ausgang der Schlacht auf die Operation aus. Dies bedingte nicht nur einen einheitlichen Schlachtplan, sondern eine einheitliche, also zentrale Leitung der Schlacht. Sie war jedoch, wie zu zeigen sein wird, nur sehr schwer und im Grunde erst mit der Lineartaktik zu erreichen, in der die einzelnen taktischen Einheiten so zusammengewachsen waren, daß eigentlich die gesamte Schlachtordnung eine große taktische Einheit darstellte.

In der Schlacht standen sich zwei ganze Heere gegenüber. Unter „Heer" ist jedoch nicht in jedem Fall die gesamte Streitmacht eines Staates zu verstehen. Abgesehen davon, daß Heeresteile zum Schutz des eigenen Staates zurückgelassen wurden, konnte auch das Feldheer für die Schlacht dadurch mehr oder weniger reduziert sein, daß auf dem Kriegsschauplatz Besatzungen für eroberte Festungen beim weiteren Vormarsch zurückgelassen wurden oder Detachements für besondere Aufgaben vom Heer abgetrennt waren. Große Staaten konnten aber auch mehrere Heere aufstellen, die selbständig operierten oder aber auch zusammenwirkten. Andererseits konnten aber auch mehrere Heere oder Kontingente – beispielsweise einer Koalition – für eine Schlacht zusammengefaßt werden, aber man stellte sie auch dann nicht immer unter ein einheitliches Oberkommando. Der Begriff „Heer" meint für die gesamte Zeit des Absolutismus lediglich einen großen, selbständig operierenden Truppenverband aller Waffengattungen. Er ist in der Literatur nicht klar zu unterscheiden von dem aufkommenden Begriff „Korps", wenn es sich bei diesem ebenfalls um einen großen, aus allen Waffengattungen bestehenden Truppenkörper handelte.

Natürlich waren die Heeresstärken ganz unterschiedlich. Grundsätzlich waren sie zu Beginn der Neuzeit – nach Durchsetzung des Söldnertums und nachdem die Finanzkraft des Kriegsherrn ausschließlich die Grundlage für die Heeresaufbringung war – größer als im Mittelalter. Größer als die Söldnerheere waren allgemein wiederum die Heere auf der Grundlage des verstaatlichten Kriegswesens wegen der nun geregelten Steuereinnahmen des Staates. Obere Grenzen ergaben sich also aus der finanziellen Situation, aus den Fragen der Heeresaufbringung, der Heereserhaltung im Felde und aus führungsmäßigen Überlegungen: Da das Heer als geschlossener Verband geführt wurde und sich Unterteilungen in ständige Unterverbände – „Divisionen" im heutigen Sinne von Großverbänden – erst seit Ende des 18. Jahrhunderts allmählich durchsetzten, litt die Übersichtlichkeit, wenn es zu groß war. Obwohl es gelegentlich weit größere Heere gegeben hat, sollte eine Gefechtsstärke von 50 000 Mann nicht wesentlich überschritten werden. Wenn vor allem in der älteren Literatur oft viel höhere Zahlen genannt werden, scheint dies darauf zurückzuführen zu sein, daß man die Nichtkombattanten mitzählte. Die Trosse jener Zeit – die Hauptbelastung der Heere – waren aber so riesig, daß sie stets das vielfache der Gefechtsstärke ausmachten. Konnte auch schon ein Heer zur Zeit der freien Söldner eine Gesamtstärke von 150 000 Personen – darunter auch die Frauen und Konkubinen der Söldner – besitzen, so betrug die Gefechtsstärke oft nicht mehr als 30 000 bis 40 000 Mann. Viele Heere waren jedoch nicht nur zu dieser Zeit, sondern auch später erheblich kleiner. Für die Schlacht war, wie gesagt, auch immer nur mit einem Teil der Gesamtgefechtsstärke zu rechnen. So verfügten die Verbündeten zu Beginn des Spanischen Erbfolgekrieges (1701–1714) – Österreicher, Engländer, Niederländer, Reichstruppen und Preußen – über insgesamt etwa 320 000 Mann, ihre Gegner – Franzosen, Bayern, Piemontesen und Spanier – über 260 000 Mann Gefechtsstärke. In der Schlacht von Höchstädt (1704) kämpften jedoch nur 52 000 Allierte gegen 56 000 Franzosen und Bayern. Zu Beginn des Siebenjährigen Krieges (1756–1763) verfügte die preußische Feldarmee über 130 000, die österreichische über 80 000 Mann. In der Schlacht von Leuthen (1757) kämpften 35 000 Preußen gegen 65 000 Österreicher.

Die Schlachtordnung

Grundelemente der späten mittelalterlichen Schlachtordnung waren drei große Heereskörper, für die verschiedene deutsche Namen gebräuchlich waren. Sie leiteten sich aus der Kriegsmarschgliederung des Heeres ab und wurden – bei der im 17. Jahrhundert zunehmenden Tendenz, alle militärischen Begriffe französisch auszudrücken – Avantgarde, Bataille und Arrièregarde genannt. Sie hatten dieselbe Bedeutung wie bis in die Gegenwart hinein die in Deutschland gebräuchlichen Begriffe Vorhut, Gros und Nachhut. Das heißt, Avant- und Arrièregarde stellten Sicherungen für die Bataille, also das Gros, dar. Entsprechend waren Avantgarde und Arrièregarde zunächst zusammengenommen nur so stark, wie die Bataille, umfaßte also jede von ihnen nur ein Viertel des Heeres.

Diese drei großen Teile des Heeres, von dem jeder über alle drei Waffengattungen verfügte, wurden zu den Grundelementen der Schlachtordnung. Im 16. Jahrhundert marschierten die kaiserlichen Streitkräfte nach der sogenannten „ungarischen" Ordnung so zur Schlacht auf, daß die Infanterie der Avantgarde den rechten, die der Bataille den mittleren und die der Arrièregarde den linken Tercio bildeten. Auch bei der kaiserlichen Armee gliederten sich dann später die großen, kompakten Infanterie-Gefechtskörper in kleinere taktische Einheiten auf, auch hier wurden die Aufstellungen, wenn auch erst im Laufe des Dreißigjährigen Krieges, flacher.

Bei einer niederländischen Aufstellung Anfang der 1630er Jahre bestanden Avant- und

Arrièregarde aus je vier, Bataille aus sieben Bataillonen, zusätzlich sechs Reiterschwadronen für jeden Teil. Die Avantgarde rechts und die Arrièregarde links hatten drei ihrer Schwadronen auf den Flügeln, drei rechts bzw. links dahinter gestaffelt als Reserve. Von den sechs Schwadronen der Bataille im Zentrum indessen bildeten drei die Verbindung nach rechts zur Avantgarde und drei nach links zur Arrièregarde. Tatsächlich wurde Kavallerie nicht nur auf die Flügel, sondern auch zwischen die Infanterie gestellt, solange die gesamte Infanterie der Schlachtordnung noch keine ununterbrochene Feuerfront bildete.

Aber noch etwas anderes deutete sich bei der erwähnten niederländischen Schlachtordnung an: die Treffenaufstellung. Sie hatte sich aus der schachbrettförmigen, d. h., nicht nur nach der Breite, sondern auch nach der Tiefe gegliederten Aufstellung der taktischen Einheiten ergeben – wofür man sich an der altrömischen Manipularaufstellung orientiert hatte. Auch die späteren Tercios wurden als „Spanische Brigade" schachbrettförmig aufgestellt. Der große Vorteil lag darin, daß bei der allgemein erhöhten Beweglichkeit durch Teilung der drei großen taktischen Einheiten in viele kleinere die Stabilität des Ganzen nicht verlorenging, wenn die vorderen Rückhalt an den hinteren fanden. Nicht nur die Zwischenräume, sondern auch die Abstände von Einheit zu Einheit förderten die Elastizität des Ganzen. Ein weiterer Vorteil bestand darin, daß die hinteren Einheiten durch die Lücken der vorderen vorgezogen werden konnten, wenn diese abgekämpft waren. Der Grundgedanke dieses Prinzips blieb auch noch im 18. Jahrhundert in allen Überlegungen lebendig, die sich auf die „Kolonnentaktik" bezogen, die dann später im Zusammenhang mit der Französischen Revolution und den Napoleonischen Kriegen praktiziert wurde. In der „niederländischen Ordonnanz" Ende des 16. Jahrhunderts fand es zunächst seinen Ausdruck in je sechs Infanterieeinheiten – Troups –, die so aufgestellt waren, daß zwei, eng nebeneinandergestellt, das erste Treffen, zwei weitere, rechts und links rückwärts gestaffelt, das zweite, und wiederum zwei, eng nebeneinandergestellt und dahinter durchgedeckt auf das erste, das dritte Treffen bildeten.

Wie erwähnt, besaßen die Schweden in der Brigade einen ständigen taktischen Infanterieverband aus drei oder vier Bataillonen, „Vierfähnlein", die verschieden geordnet stehen konnten. Vier dieser Infanteriebrigaden bildeten in der schwedischen Schlachtordnung Gustav Adolfs das Zentrum des ersten Treffens. Davor befanden sich die Batteriestellungen. Auf beiden Flügeln standen sechs Reiterschwadronen von 200 bis 300 Pferden. Hinter den Kavallerieflügeln und im Infanteriezentrum waren je zwei weitere Reiterschwadronen dicht aufgeschlossen als unmittelbare Unterstützung eingesetzt. In die Zwischenräume der Frontschwadronen waren Musketiere gestellt. Das zweite Treffen entsprach dieser Grundgliederung, nur war es schwächer: drei Infanteriebrigaden im Zentrum, vier Schwadronen an den Flügeln, zwei Schwadronen hinter den Brigaden.

Selbstverständlich handelte es sich bei diesen hier aufgeführten Schlachtordnungen nur um einige abstrakte Grundmuster, die dann in der Kriegspraxis allein schon durch das Gelände eine mehr oder weniger starke Abwandlung erfuhren. Die Flügel der Aufstellung sollten möglichst an Ortschaften, Gewässer oder Höhen so angelehnt werden, daß sie nicht umgangen werden konnten.

Vorsorge gegen Feinddurchbrüche wurde besonders in den österreichischen Aufstellungen getroffen, die auch noch im 17. Jahrhundert durch ihre aus den Erfahrungen der

Türkenkriege abgeleitete Massivität auffielen. So bestand eine Schlachtordnung nach dem Vorschlag Montecuccolis aus zwei Treffen mit sehr starken Kavallerieflügeln und Schwadronen zwischen den Bataillonen. Die beiden Treffen waren im Zentrum mit Einheiten beider Waffengattungen zwischen und hinter ihnen in kurzen Zwischenräumen wie mit Strebepfeilern ganz außerordentlich verstärkt. Außerdem ist an dieser Aufstellung zweierlei interessant: Montecuccoli verwendete Dragoner aufgesessen hinter Infanterie, um diese zu überschießen. Weiterhin stellte er große Kroaten-Schwadronen – also leichte Reiter – nicht nur abgesetzt vor die Kavallerie-Flügel, um angreifende Feindkavallerie sofort zu flankieren – das entsprach der Verwendung leichter Truppen an der Peripherie der Schlacht –, sondern auch zwischen und hinter die Treffen genau in die Mitte der Schlachtordnung selbst. Diese Abweichung von der Regel hatte einen zwar merkwürdigen, aber immerhin einleuchtenden Grund: Da die Kroaten wegen ihrer großen Zahl nicht alle außerhalb der Schlachtordnung eingesetzt werden konnten, vermochten sie auf diese Weise weniger Schaden anzurichten. Denn, ernstlich vom Feinde angegriffen, bestand die Gefahr, daß sie in Unordnung auf das eigene Heer auswichen und dessen Kampfführung beeinträchtigten.

Die Entwicklung jedoch zielte immer mehr auf die Bildung geschlossener Feuerfronten ab, wenn auch zunächst nur innerhalb der taktischen Einheiten, aus denen die Pikeniere verdrängt wurden. Zwischen den Einheiten bestanden noch breite Intervalle, die auch noch am Anfang des 18. Jahrhunderts – so in der Schlacht von Höchstädt (1704) im Spanischen Erbfolgekrieg – nachzuweisen sind. Auch noch in der genannten Schlacht stand Kavallerie hinter den Infanterietreffen, weil sie noch ohne weiteres durch deren Lücken vorbrechen konnte, ja, die Zentren beider Schlachtordnungen, die sich gegenüberstanden, bestanden aus massierter Kavallerie. Mit der Tendenz, aus der gesamten Infanterie jedes Treffens im Sinne der Lineartaktik geschlossene Feuerfronten zu bilden, wurden die Zwischenräume zwischen den Bataillonen so eng, daß sie schließlich nur noch Platz für die Begleitgeschütze boten. Da ein Durchzug der Treffen nicht mehr möglich war, wurde die gesamte Kavallerie – mit Ausnahme einer Reserve – an die Flügel der Infanteriefront gestellt. Im allgemeinen wurden zwei Treffen gebildet; das hintere war genauso gegliedert wie das vordere, nur schwächer. Die Einheiten des hinteren sind also nicht als Reserven des vorderen anzusehen. Sie waren, als Teil der geschlossenen Schlachtfront, nicht mehr frei beweglich und daher auch nicht in der Hand des Feldherrn frei verfügbar. Das zweite Treffen diente dem ersten, hinter dem es auf Flintenschußentfernung stand, insofern als Rückhalt, als es Lücken, die bei diesem während des Kampfes entstanden, ausfüllte und Feinddurchbrüche abfing. Demgegenüber stellte das dritte Treffen, das unter Friedrich dem Großen nur Kavallerie enthielt, eine echte Reserve dar, die an Krisenpunkten, besonders aber zur Unterstützung der vorderen Kavallerieteile an den Flügeln, verwendet werden konnte. Mit der Massierung der Kavallerie auf den Flügeln waren hier Angriffsschwerpunkte geschaffen worden, wodurch die Tendenz zur Flügelschlacht mit dem Einsatz von Kavalleriemassen gegen die Flanken des Gegners wesentlich gefördert wurde.

Damit war nun die gesamte Schlachtordnung als „Kriegsmaschine“ konzipiert, im Grunde als eine einzige taktische Einheit, bei der die Funktionen nicht nur der unteren, sondern auch der mittleren Führung eingeschränkt waren auf die Überwachung der Funktionen der ihnen unterstehenden Heeresteile, die lediglich Teile der „Gesamtmaschinerie“

waren. In diesem Sinne sollte auch die Schlacht nach Plan „ablaufen". Aber dies entsprach lediglich dem Prinzip, die Wirklichkeit war auch im Rahmen der Schlacht ganz anders. Während es zunächst noch üblich war, daß die Kavallerie auf Höhe der Infanterie vorging, löste sie sich zwangsläufig von ihr infolge der Anweisung, den Gegner mit aller Kraft und Schnelligkeit auf den Flügeln zu attackieren, ihm mit ihrem Angriff in die Flanke zu fallen. Vom Führer eines Kavallerieflügels forderte dies sehr viel Selbständigkeit – so in Bezug auf den richtigen Ansatz der Kräfte, im Erkennen des richtigen Augenblicks für das Eingreifen und die Fähigkeit zur raschen Reaktion auf alle Lageveränderungen. Diese Fähigkeit besaßen Reitergeneräle wie Nádasdy auf österreichischer oder Zieten auf preußischer Seite im höchsten Maße. Von dem wohl erfolgreichsten Kavalleristen der ganzen preußischen Kriegsgeschichte, Seydlitz, sagte Friedrich der Große nach der fast schon verlorenen Schlacht von Zorndorf, er habe durch seine entscheidende Attacke mit der Kavallerie des linken Flügels nicht nur diese Schlacht, sondern den Staat gerettet. Aber auch bei der Infanterie war der Zusammenhang der Schlacht um so weniger aufrecht zu erhalten, je mehr sich die Kämpfe auf bestimmte Abschnitte konzentrierten, wodurch der Zwang zum selbständigen Handeln für den örtlichen Kommandeur bestand – und wenn nicht anders als dadurch, daß er bei einer Krise, mit einer Kompaniefahne in der Faust, seine Soldaten über alle Verluste hinweg durch sein Beispiel mit sich fortriß. Vor allem die Verluste an Offizieren, die durch ihre besonders prächtigen Uniformen schon von weitem auffielen, waren außerordentlich hoch. Aber auch der Subalternoffizier kam im Verlauf der hin- und herwogenden Schlacht immer wieder in die Lage, als Führer seiner Teileinheit selbständig handeln zu müssen.

Der bis zur letzten Möglichkeit gesteigerte taktische Formalismus ist von seinen späteren Kritikern im Hinblick auf den Zweck, der damit erreicht werden sollte, als lächerliche Künstelei verspottet worden. Tatsächlich erleichterte er den reibungslosen Aufmarsch, den Ansatz der Kräfte, und verschaffte Vorteile über einen weniger geübten Gegner bei Beginn der Schlacht. Aber auch im Gefecht selbst mit seinen furchtbaren, deprimierenden und verwirrenden Eindrücken, wenn es nur noch darauf ankam, daß die Schlachtfront einigermaßen geschlossen vorwärtskam – oder standhielt –, bewährte sich die komplizierte militärische Choreographie auf indirekte Weise nach dem Grundsatz, „das Schwerste zu üben, um des Einfachen im Ernstfall sicher zu sein" (Bleckwenn). Doch zeigte sich während der Kriege Friedrichs II., daß preußische Truppenteile, die lediglich gut gedrillt waren, Krisen weniger gut überstanden, als andere, die ihnen zwar exerziermäßig nachstanden, dafür aber auf humanere Weise wirklich erzogen waren – „meist geführt von Chefs, die durch Leistung und nicht durch Geburt berufen waren" (ebd.).

Die ohnehin nur relative Milderung der Kriegsführung des 18. Jahrhunderts bezog sich nicht – das muß immer wieder betont werden – auf die Schlacht als „die eigentliche kriegerische Tätigkeit" (Clausewitz). In der Schlacht von Zorndorf betrugen die blutigen Verluste der preußischen Armee ein Drittel, bei Torgau 40% ihres Bestandes. „Die prozentualen Verlustziffern einzelner Einheiten dürften auch 1914/18 selten erreicht worden sein." (Bleckwenn).

Kein Heer konnte schlagen, ohne seine Kräfte für die Schlacht versammelt zu haben. Hierbei handelte es sich um einen der wichtigsten Grundsätze der Heerführung, der bis zur

Mitte des 19. Jahrhunderts, als sich infolge neuer technischer Bedingungen neue Möglichkeiten für die Operationsführung ergaben, seine Gültigkeit besaß. Da nicht genügend Straßen vorhanden waren, da es noch keine Unterteilung des Heeres in ständige, im Sinne des Operationsplans auch in der räumlichen Trennung zusammenwirkende Großverbände gab, war die Kampfbereitschaft des Heeres nur dann gegeben, wenn es versammelt war. Für den friedlichen „Reisemarsch" konnte das Heer in Marschgruppen aufgeteilt werden – das empfahl sich sogar, solange es noch aus dem Lande lebte, weil dadurch die Ernährungsbasis verbreitert wurde. Es war dies ein wesentlicher Grund für die außerordentliche Vermehrung der Reiterei in der letzten Zeit des Dreißigjährigen Krieges, da sie, dem Fußvolk voraus, „die noch vollen Nester zuerst ausnehmen" (Rüstow) konnte. In Feindnähe jedoch, also auf dem Kriegsmarsch, mußte das Heer so zusammengehalten werden, daß möglichst schnell Gefechtsbereitschaft hergestellt werden konnte. Das heißt, weil es außerordentlich schwierig und umständlich war, aus dem Marsch heraus die Schlachtordnung einzunehmen, und Störungen, wie Überfälle feindlicher Kavallerie oder leichter Truppen, den geregelten Aufmarsch beeinträchtigen konnten, mußte bereits soviel wie möglich von der Schlachtordnung durch die Marschordnung vorweggenommen werden. Freilich wurde dadurch der Marsch behindert. In der Kriegspraxis des 17. und 18. Jahrhunderts wurde dem in seiner zentralen Bedeutung erst von Napoleon herausgestellten Grundsatz, alle Kräfte für die Schlacht heranzuziehen, jedoch nur allzu oft nicht entsprochen. Die Verteilung des Heeres auf eine möglichst breite Ernährungsbasis, die Notwendigkeit, rückwärtige Verbindungen zu sichern, aber auch der Hang zu unnötigen Detachierungen sowie zu weiträumigen Kordonaufstellungen führten zwangsläufig zur Zersplitterung der Kräfte. Andererseits war man jedoch bemüht, alle Teile, über die man an Ort und Stelle verfügte, während des Kriegsmarsches zusammenzuhalten. Ursprünglich, als Straßen fehlten und die Bebauung gering war, bewegte sich das Heer bereits in breiter Schlachtordnung auf dem Kriegsmarsch, später dann auf und neben einer Straße in Marschkolonnen. Die Straße selbst war allerdings nur der schweren Artillerie und den anderen schweren Fahrzeugen vorbehalten, während nicht nur die Kavallerie, sondern auch die Infanterie seitlich von ihr vorwärtskommen mußten. Um den Vormarsch der Truppe bei voller Ordnung zu erleichtern, ließ man unter Umständen eigens „Kolonnenwege" anlegen. Im 18. Jahrhundert marschierte die preußische Infanterie in Kolonnen mit Pelotons- oder Divisionsfronten, also ungefähr in einer Breite von 25 bzw. 50 Metern.

Zur Herstellung der Schlachtordnung aus dem Marsch gab es zwei Bewegungsformen: den treffenweisen und den flügelweisen Aufmarsch. Wie bereits erwähnt, standen in der Schlachtordnung gewöhnlich die Avantgarde rechts, die Bataille in der Mitte und die Avantgarde links, was den später gebräuchlicheren Bezeichnungen rechter Flügel, Zentrum, linker Flügel entsprach. Nach dem Schema der Lineartaktik marschierte jedoch in zwei Treffen die gesamte Infanterie in der Mitte und die Kavallerie rechts und links von ihr auf. Man unterschied daher nur noch zwischen Kavallerie und Infanterie des rechten bzw. linken Flügels.

Für den treffenweisen Aufmarsch im Rahmen der Lineartaktik bewegte sich das Heer beim Anmarsch so gegen den Feind, daß die Infanterie jedes Treffens eine Marschkolonne bildete, also in zwei Kolonnen nebeneinander marschierte. Die Begleitgeschütze befanden sich bei den Bataillonen. Die schwere Artillerie marschierte als dritte Kolonne. Entsprechend ihren späteren Plätzen an den Flügeln konnte die Kavallerie an der Spitze und am Ende jeder Infanteriekolonne reiten, oder aber, noch als Sicherungen verwendet, an der Seite oder auch als vierte Kolonne.

Zum Aufmarsch selbst schwenkten die Kolonnenspitzen an einem bestimmten Punkt nach rechts (oder auch nach links) von der bisherigen Richtung im rechten Winkel ab. Die immer noch nebeneinander befindlichen Kolonnen marschierten nun also parallel zur feindlichen Schlachtlinie, bis die Spitze dort angekommen war, wo der rechte (bzw. linke) Flügel der Armee stehen sollte. Danach schwenkten innerhalb der Bataillone die Pelotons bzw. Divisionen und innerhalb der Schwadronen die Züge nach links (bzw. rechts) zur Linie ein, und die Schlachtordnung – beide Treffen nun hintereinander – war hergestellt. Um diese Schwenkungen ausführen zu können, mußten die Teileinheiten beim Anmarsch in „geöffneter" Kolonne marschieren, also so viel Abstand voneinander halten wie sie breit waren. Dieser treffenweise Aufmarsch war recht zeitraubend infolge der umständlichen Hakenschwenkung und auch nicht ungefährlich, wenn der Feind bereits in Schlachtordnung stand und man ihm – wie die Preußen den Österreichern vor der Schlacht von Leuthen – die Flanke bot. Aber sie war verhältnismäßig einfach auszuführen.

Beim flügelweisen Aufmarsch rückte die Armee gewöhnlich in fünf Kolonnen an, wobei die rechten in der Schlachtordnung den rechten, die linken den linken Flügel bilden sollten, also in der Reihenfolge von rechts nach links: Kavallerie, Infanterie, schwere Artillerie, Infanterie, Kavallerie. Die Schlachtordnung wurde also nach vorn gebildet, wobei die große Schwierigkeit darin bestand, die Tiefenausdehnung der Marschordnung durch fächerförmiges Auseinanderziehen der Kolonnen mit entsprechenden Aufmärschen der Teileinheiten und Einheiten in die Breitenausdehnung der linearen Schlachtordnung zu verwandeln. Da zu ihrer flügelweisen Herstellung also nur Aufmärsche notwendig waren, bei denen sich ein Teil neben den anderen schob, also keine Schwenkungen, konnten die Teileinheiten in den Marschkolonnen dicht aufgeschlossen bleiben. Ein befriedigendes Aufmarschverfahren, das allgemeine Bewunderung erregte, wurde erst unter Friedrich II. in dem „Déployement" gefunden, mit Hilfe dessen die Marschkolonne dadurch zur Schlachtfront entwickelt werden konnte, daß die einzelnen Abteilungen nach einer Wendung seitlich aus der Marschkolonne herausmarschierten und durch eine zweite Wendung in die Schlachtlinie einrückten. Die preußische Infanterie wurde nicht nur berühmt durch ihre präzise Feuertaktik, sondern nicht minder durch ihre mathematisch ausgeklügelten und präzise ausgeführten Evolutionen.

Die berühmte „schräge" oder „schiefe" Schlachtordnung Friedrichs II. stellte die Weiterentwicklung einer Aufstellung dar, die schon in der Antike bekannt war.

Die meisten Schlachten zur Zeit des Absolutismus bis zu Friedrich waren Parallel-Schlachten. Das heißt, die Schlachtordnungen beider Seiten standen sich in der geschilderten Beschaffenheit gegenüber, wobei diese Parallelität in der Praxis natürlich infolge der Geländeverhältnisse und der dadurch bedingten Unregelmäßigkeiten vom Schema sehr stark abweichen konnte – oder eben dadurch, daß ein Feldherr durch bewußte Abweichungen sich einen Vorteil über seinen Gegner zu verschaffen versuchte. Bei der Parallelschlacht kam es darauf an, den Gegner an einer oder mehreren Stellen so zu treffen, daß der Zusammenhang seiner Schlachtfront zerriß. Das konnte dadurch geschehen, daß ein Flügel des Gegners geworfen oder seine Schlachtfront in der Mitte durchstoßen wurde. Es konnten dafür aber auch starke Verluste an verschiedenen Stellen der Front ausreichen. Je enger der Zusammenhang der Front wurde, desto schwieriger wurde es, große Verluste durch zugeführte Reserven auszugleichen, da ja jeder Teil, jede Einheit in der Schlachtordnung ihren festen Platz hatten.

Eine einfache Schrägstellung der Front in der Weise, daß ein Flügel dem Feinde näher war, als der andere, brachte noch keinen Vorteil. Sie brachte ihn erst dann, wenn der dem Feinde nähere Flügel jenen überragte, weil damit die Möglichkeit des Flankenangriffs gegeben war. Dieser Vorteil hob sich aber auf, wenn man dabei seine Front überdehnte und der Feind den beabsichtigten Flankenangriff durch einen Frontaldurchbruch zunichte machte. Vorteilhaft konnte es sein, auch ohne Schrägstellung einen Teil der Schlachtordnung zu verstärken und dadurch einen Schwerpunkt zu bilden, durch den man dem gegenüberliegenden Teil der feindlichen Schlachtordnung überlegen war. Dies konnte, um einen Durchstoß zu erzielen, die Mitte sein, es konnte aber auch ein Flügel sein, um den Feind hier zu werfen und womöglich zu flankieren. Stellte man nun die Schlachtordnung schräg zum Feinde auf und legte man den Schwerpunkt auf den Flügel, der dem Feinde näher war, so ergab sich daraus der Vorteil, daß man hier mit überlegenen Kräften dichter am Feind war als dieser gegenüber dem zurückgehaltenen Flügel. Dieser Vorteil erhöhte sich aber noch wesentlich, wenn der Schwerpunktflügel den Feind überragte, die Überlegenheit der Kräfte an dieser Stelle also nicht nur zu einem frontalen, sondern einem umfassenden Angriff ausgenutzt wurde. Um den angegriffenen Flügel des Feindes für den Umfassungsangriff so stark wie möglich frontal zu engagieren, ließ Friedrich II. das erste Treffen des angreifenden Flügels noch durch ein Vortreffen, „Attacke“ genannt, verstärken. Es bestand aus mehreren Grenadierbataillonen, also Eliten.

Das Schwergewicht der schrägen Schlachtordnung Friedrichs des Großen lag also auf dem Flankenangriff. Friedrich meinte, daß durch ihn 100000 Mann von 30000 geschlagen werden könnten. Rein theoretisch war dieses Kampfverfahren jedem anderen seiner Zeit überlegen, und bei dem geometrischen System, das die Taktik auf der Grundlage der zentral gesteuerten, geschlossenen, eng zusammenhängenden taktischen Formen darstellte, war eine klare, die Kampfführung bis in alle Einzelheiten regelnde Theorie erforderlich.

Die Überlegenheit war für Friedrich aber auch darin gegeben, daß die Führung der Schlacht auf der Grundlage der schrägen Schlachtordnung ein sehr hohes Maß an Disziplin, Übung und spezieller Fähigkeit zur Ausführung schwieriger Evolutionen voraussetzte und daß hierin keine andere Armee mit der preußischen konkurrieren konnte. Das exakteste Verfahren für das Vorgehen der Infanterie im Rahmen der schrägen Schlachtordnung war der Angriff „en échelons“. Hierbei gingen die Bataillone so vor, daß das auf dem äußersten Angriffsflügel zugleich das vorderste war und die übrigen, jedes in Linie, im Sinne der schrägen Schlachtordnung rückwärts gestaffelt folgten.

Friedrich dem Großen gelang die Anwendung der schrägen Schlachtordnung nur einmal vollkommen, nämlich in der Schlacht von Leuthen (5.12. 1757), die darum auch als der Höhepunkt in der Entwicklung der Lineartaktik angesehen wird. Das Bemühen auch der Kriegführung, alles in den Griff der Vernunft zu bekommen, jeden Zufall durch Konstruktion ausgeklügelter Systeme auszuschalten, fand an der Kriegswirklichkeit immer wieder ihre Grenzen. Die Befähigung des Feldherrn zeigte sich nicht nur in der Entwicklung einer überlegenen Schlachttaktik und in deren konsequenter Anwendung auf die Kriegspraxis, sondern nicht minder in der Beherrschung der Lage gerade dann, wenn dieses taktische System nicht angewendet werden konnte oder versagte. Gerade diese Fähigkeit aber besaß Friedrich der Große in hohem Maße, was zu wenig bedacht wurde von allen denjenigen, die mit der Übernahme der preußischen Infanterietaktik schon das Geheimnis des Sieges zu besitzen glaubten.

Die Lineartaktik setzte sich zwar seit dem Anfang des 18. Jahrhundert überall durch, aber es bestand weiterhin eine gewissermaßen unterschwellige Tendenz, die auf Durchsetzung anderer Kampfformen abzielte. Sie hatte ihre Vertreter vor allem in Frankreich, in den Theoretikern Folard und Menil-Durand, aber auch in so ausgezeichneten Praktikern wie dem in französischen Diensten stehenden Marschall von Sachsen und dem Herzog von Broglie. Sie kritisierten die dünnen, langen, zerbrechlichen Linien mit ihren komplizierten Evolutionen und Feuerabläufen, die ganze Künstlichkeit der damit verbundenen Kampfverfahren und traten ein für eine zeitgemäß angepaßte Weiterentwicklung der Angriffskolonne, der massiven, tiefgegliederten, frei beweglichen Schlachteinheit. Dies sei schon jetzt erwähnt, weil die damit verbundenen Überlegungen bereits zu einem Zeitpunkt angestellt wurden, als sich die Lineartaktik gerade herausgebildet hatte. Näher eingegangen wird darauf an späterer Stelle werden, bei der Besprechung der vorrevolutionären Taktik nach der Mitte des 18. Jahrhunderts.

3. Die leichten Truppen und der Kleine Krieg

a. Die leichte Infanterie

Je mehr die schwere, die Schlachtinfanterie, zur Linieninfanterie wurde, desto krasser unterschied sich von ihr die leichte Infanterie. Die Feuerschützen des frühen 16. Jahrhunderts, die mit ihren Arkebusen zwar taktisch mit der Spießträgerkolonne verbunden, aber räumlich getrennt von ihr, das zerstreute Gefecht führten, waren die ersten leichten Infanteristen der europäischen Neuzeit. Die Aufgaben der leichten Truppen waren damals schon dieselben wie später: Aufklärung, Erkundung, Sicherung, Fühlungnahme mit dem Feind, Vorpostenkrieg, Eröffnung des Kampfes, taktische Verfolgung, Durchführung kleinerer, vom Gros losgelöster Unternehmen, insbesondere gegen die rückwärtigen Verbindungen und Transporte des Gegners, Störung des Gegners in jeder Form. Zunächst aber fanden die Schützen, wie schon erwähnt, noch Verwendung auf dem Schlachtfeld selbst im Zusammenwirken mit der schweren Infanterie, die ausschließlich aus Stangenwaffenträgern bestand. Sie kämpften in lockeren Rudeln und Ketten nicht nur vor, sondern auch neben dem von Spießen und Helebarden starrenden Gewalthaufen der Landsknechte, plänkelten mit den feindlichen Schützen und nahmen auf diese Weise Fühlung mit dem Gegner auf. Sie schützten die Flanken des eigenen Gewalthaufens vor den feindlichen leichten Truppen und flüchteten sich unter seine Spieße vor dem Zusammenprall der schweren Infanterie beider Seiten, vor allem aber vor Reiterangriffen. Auf diese Weise wurden sie der Pikenierkolonne im Laufe des 16. Jahrhunderts immer fester angegliedert, bis sie schließlich ein fester Bestandteil von ihr waren. Der Tercio war in den Kriegen gegen die Türken entstanden, und bei der Schwarmtaktik der Türken und ihrer zunächst ungeheueren Überlegenheit an leichten Truppen waren die Schützen ihrer Gegner ohne feste Verbindung mit ihrer schweren Infanterie verloren. Die abstoßende Kraft zusammengefaßten Feuers erwies sich der türkischen Schwarmtaktik als überlegen. Mit dieser Verbindung aber hörten die Feuerwaffenträger auf, leichte Infanteristen zu sein. Zu einem neuen taktischen Zusammenwirken schwerer und leichter Infanterie sollte es erst wieder – und zwar grundsätzlich in derselben wie der eben beschriebenen Weise – in den Kriegen seit Ende des 18. Jahrhunderts kommen.

Damit war nun allerdings für die Zeit zwischen ausgehendem 16. und ausgehendem 18. Jahrhundert nicht jede leichte Infanterie aus der Welt geschafft. Es hatte stets – so an den Grenzen Rußlands und Österreichs – kriegerische Volksgruppen gegeben, die sich zwar für eine disziplinierte Kampfführung in der geschlossenen Ordnung nicht eigneten, wohl aber für die zerstreute. Sie gaben um so bessere leichte Truppen – Reiter wie Infanteristen – ab, als sie in der dafür erforderlichen Kampfweise von Jugend an geübt waren. Diese Grenzvölker befanden sich in ständiger Auseinandersetzung mit den Türken und übernahmen von ihnen die asiatische Fechtweise, soweit sie nicht selbst Asiaten waren. Die Fußtruppen der Kroaten der Armee Wallensteins, wie dann später die Panduren der kaiserlichen Heere im 18. Jahrhundert, waren leichte Infanteristen, welche die österreichische Militärgrenze im Südosten auch für die Einsätze in Mitteleuropa stellte. Mit ihnen besaßen die Österreicher sowohl qualitativ wie quantitativ eine Überlegenheit an leichter Infanterie, die sich in allen von ihnen geführten Kriegen in Europa für ihre Gegner äußerst unangenehm bemerkbar machte.

Diese Krieger unterschieden sich nicht nur in ihrer Fechtweise, sondern auch in ihrem ganzen Typ und Habitus um so mehr von den übrigen, je mehr diese sich bei Herausbildung der stehenden Heere von freien Söldnern zu scharf disziplinierten Soldaten umbildeten. Bei den leichten Truppen konnte und brauchte nicht jeder einzelne Mann im Kampf überwacht zu werden, in der zerstreuten Fechtart war von jedem Mann die kämpferische Eigeninitiative zu fordern, die in der geschlossenen Fechtart dem mechanischen Funktionieren des Ganzen geopfert wurde. Die Angehörigen der leichten Truppen waren also noch Krieger im ursprünglichen Sinne. Sie waren auch stets aufgelegt zu Räubereien und auch noch im 18. Jahrhundert, der Zeit einer gemäßigteren Kriegführung, der Schrecken der Zivilbevölkerung. Außerdem sammelte sich in den irregulären Freikorps, die nur für den Krieg aufgestellt wurden, alles mögliche Gesindel, dem es vor allem um das Beutemachen ging. Je größerer Wert aber in der entstehenden Linientruppe auf Disziplin auch außerhalb des Schlachtfeldes gelegt wurde, je mehr vom Soldaten anständiges Betragen gegenüber der Bevölkerung, auch der feindlichen, verlangt wurde, desto mehr fielen die leichten Truppen der Verachtung der regulären anheim.

Verachtet wurden sie von den Linientruppen aber auch deswegen, weil diese, in der geschlossenen Ordnung aufrecht kämpfend, „dem Feind die Stirn boten", und daher die auf List, Überraschung und Ausnutzung jeder Deckungsmöglichkeit im Gelände gegründete

Kampfweise der leichten Truppen als heimtückisch empfanden. Als alleiniger Maßstab für die Beurteilung der Qualität einer Truppe wurde ihre Befähigung zum Kampf in geschlossener Ordnung angesehen. Da – von Ausnahmen abgesehen – die leichten Truppen infolge ihrer inneren Struktur und Ausbildung dazu nicht fähig waren, galten sie militärisch als minderwertig. Auch ihre Offiziere standen in einem geringeren Ansehen, was auch daran lag, daß bei ihnen solche Elemente geduldet wurden, die sich etwas hatten zuschulden kommen lassen. Die leichten Truppen wurden bedenkenloser geopfert als die Linientruppen.

Der scharfe Unterschied zwischen den Linientruppen und den leichten Truppen entsprach im 18. Jahrhundert der scharfen Trennung zwischen „großem" Krieg und kleinem Krieg. Der kleine Krieg war die Domäne der leichten Truppen. Je methodischer die Operationsführung in Parallele zur immer schärferen Systematisierung der Taktik wurde, je mehr sich die Rationalisierung des Kriegswesens zur Mitte des 18. Jahrhunderts hin intensivierte und je mehr man sich damit bemühte, Unsicherheitsfaktoren nach Möglichkeit von vornherein auszuschalten, den Krieg immer berechenbarer zu machen, desto deutlicher hob sich dagegen der Kleinkrieg in seinem besonderen Charakter als eigene kriegerische Sphäre ab. Hier galten andere, „natürlichere" Regeln als die mathematisch begründeten des großen Krieges. Folgerichtig knüpften die Verkünder des „natürlichen", von allen Hemmnissen und Künsteleien der Methodik befreiten Krieges dann zur Zeit der Französischen Revolution in ihren Vorstellungen an den kleinen Krieg des 18. Jahrhunderts an.

Freilich war diese Grenze in der Praxis nicht immer so scharf zu ziehen wie in der Theorie. An der Peripherie der Schlachten und Marschstraßen entstanden Übergangszonen – so, wenn leichte Truppen die Flanken des Aufmarsches einer Armee oder deren Stellungen sicherten. Dabei kam es dann auch vor, daß sie in den Großkampf einbezogen wurden. Bei den leichten Reitern war dies bereits in der ersten Hälfte des 18. Jahrhunderts immer öfter der Fall, so daß sich ein taktisches Zusammenspiel zwischen schwerer und leichter Kavallerie herausbildete. Bei der Infanterie war das nur dann der Fall, wenn die leichte Infanterie auch gleichzeitig in der Lage war, in der geschlossenen Ordnung zu fechten – was selten zutraf. Aus der „rangierten" Schlachtordnung der Lineartaktik ergaben sich zusammenhängende Fronten, die keine Lücken für die Aufnahme zerstreut fechtender leichter Infanterie ließen, wenn diese vor dem Zusammentreffen der Fronten von ihrer schweren Infanterie aufgenommen werden mußte. So blieben also schwere und leichte Infanterie, auch wenn sie räumlich in nächster Nähe kämpften, taktisch voneinander getrennt.

Die Bedeutung des kleinen Krieges nahm jedoch im 18. Jahrhundert um so mehr zu, je mehr sich das auf Systeme und Methoden gegründete Kriegswesen dieser Zeit als störanfällig erwies. Auf diese „methodische" Kriegführung im operativen Rahmen wird später noch näher einzugehen sein. Vor allem ihre Abhängigkeit von vorbereiteten Versorgungsbasen und den entsprechenden Verbindungen eröffnete den leichten Truppen ein reiches Betätigungsfeld; war es doch weniger ihre Aufgabe, den Gegner zu bekämpfen als ihn zu stören. Bei den großen Kolonialmächten konnten hierbei auch Erfahrungen mit den andersartigen Kampfweisen überseeischer Völker ausgenutzt werden.

In Mittel- und Westeuropa war es neben Österreich vor allem Frankreich, das sich der Führung des kleinen Krieges besonders annahm. Marschall Moritz von Sachsen errichtete kleine leichte Verbände, die sich aus Infanterie und Kavallerie zusammensetzten, wodurch sich ihre taktische Selbständigkeit erhöhte. Er war ein in seiner Zeit sehr angesehener Militärtheoretiker, der sich schon in den 1730er Jahren Gedanken darüber machte, auf welche Weise leichte und schwere Infanterie im Schlachteinsatz wieder verbunden werden könnten. Auch darauf wird an späterer Stelle noch eingegangen werden. Mit seiner zunehmenden Bedeutung verlor der kleine Krieg gegen Ende des 18. Jahrhunderts seinen anrüchigen Charakter, was aber auch auf die sich verändernden gesellschaftlichen Verhältnisse zurückzuführen war.

Aber auch in der leichten Infanterie bildeten sich Elite-Formationen heraus, und zwar aus den Scharfschützen. Sie waren schon dadurch ausgezeichnet, daß sie die beste der damaligen Schußwaffen, die Büchse mit gezogenem Lauf, besaßen. Nur diese Waffe ermöglichte einen Präzisionsschuß. Die schweren Infanteristen wurden dagegen nicht einmal im gezielten Schuß wirklich ausgebildet. Die Scharfschützen hatten daher unter anderem zunächst die Aufgabe, feindliche Offiziere abzuschießen. Friedrich der Große errichtete 1740 eine Einheit Fußjäger, die später zum Regiment erweitert wurde. Diese Jäger stellten auch in späteren Zeiten die Elite der preußischen leichten Infanterie dar. Sie waren im 18. Jahrhundert die zuverlässigste Truppe der ganzen preußischen Armee. Sie ergänzten sich aus Forstbeamten-Anwärtern, die allein schon dadurch über die Kameraden der anderen Waffengattungen herausgehoben waren, daß sie nicht den zunehmend als entehrend empfundenen Körperstrafen unterworfen wurden. Auch diese preußische Einrichtung fand Nachahmung in anderen Armeen.

Diese leichten Elite-Formationen des 18. Jahrhunderts waren die ersten Truppen, bei denen sich hervorragende Disziplin mit einer freieren, selbstverantwortlichen Auffassung vom Kriegsdienst verband. Ihre Disziplin befähigte sie auch zum geschlossenen Einsatz in der Schlacht, nur war er dann erschwert, wenn sie keine Flinten, sondern nur Büchsen führten, für die keine Bajonette vorgesehen waren. Es war schwierig, das Gefecht in geschlossener Ordnung ausschließlich mit Büchsen zu führen, weil es dabei natürlich jederzeit zum Nahkampf kommen konnte. Darum wurde später auch ein Teil der Jäger mit Bajonettflinten bewaffnet. Für den Präzisionsschuß luden sie die Büchsen mit sogenannten Pflasterkugeln. Der Ladevorgang war noch umständlicher als bei den Flinten, weil die Pflasterkugel buchstäblich in den Lauf hineingehämmert werden mußte. Ein grundsätzlich bestehender Nachteil wirkte sich bei der im zerstreuten Gefecht auf Geländeausnutzung angewiesenen leichten Infanterie besonders hemmend aus: Die damaligen von vorn zu ladenden Gewehre konnten nur im Stehen geladen werden.

b. Die leichte Reiterei

Eine wirklich leichte Reiterei hatten die mittel- und westeuropäischen Heere aus sich heraus nie besessen. Ob nun als sogenannte leichte Reiterei des Mittelalters, als Pistolenreiter oder reitende Arkebusiere – sie alle waren, verglichen mit den leichten Reitern der Türken, der Ungarn, Russen oder Polen immer noch schwer. Das lag nicht so sehr daran, daß auch sie meist mit Schutzwaffen versehen waren, als vielmehr an dem Pferdematerial, das in Mittel- und Westeuropa – von Ausnahmen wie Spanien und zunehmend auch England abgesehen – durchgehend mehr oder weniger plump und schwer war. Osteuropäische oder asiatische Reiter waren als Hilfstruppe daher schon den mittelalterlichen Heeren Mittel- und Westeuropas angegliedert worden, aber sie waren hier nie heimisch geworden.

Der asiatische leichte Reiter war ursprünglich reitender Bogenschütze, woraus sich seine Angriffsform, die Schwarmattacke, erklärt. Mit ihr sollte, im Unterschied zu der europäischen Reiterattacke, der Feind nicht geworfen, sondern lediglich zermürbt werden. Eventuell diente die Schwarmattacke zur Vorbereitung des Angriffs schwerer Reiter oder Infanterie. Der Gegner wurde dabei umkreist, man ließ aber sofort von ihm ab, wenn er seinerseits zum Angriff überging. Alle diese Reiter besaßen sehr leichte, schnelle, behende und ausdauernde Pferde.

Hervorragende leichte Reiter waren die ungarischen Husaren, die unter diesem Namen schon im Mittelalter bekannt waren und im Dreißigjährigen Krieg in Mitteleuropa bei der Armee Wallensteins unter dem Sammelbegriff „Kroaten" auftauchten. Ursprünglich waren auch sie adlige Reiter, gepanzert, aber stets auf leichten Pferden beritten. Sie kamen zunächst als Irreguläre nur dem kaiserlichen Heer zugute, nahmen dann aber auch Dienste in anderen Armeen.

Ende des 17. Jahrhunderts stellte Österreich die ersten regulären Husarenregimenter auf, bald darauf aber auch Frankreich, Rußland – obwohl hier in den Kosaken eine ähnliche Art von Reitern vorhanden war – Bayern und dann auch Preußen, wie überhaupt im Laufe des 18. Jahrhunderts die meisten europäischen Staaten.

Die Husaren, die durch ihr exotisches Kostüm überall auffielen, wurden zunächst nicht zur Kavallerie, sondern zu den leichten Truppen gerechnet. Kühn, geistesgegenwärtig und listig, eigneten sie sich hervorragend für den kleinen Krieg, waren aber, wie andere leichte Truppen auch, anfänglich als undiszipliniert und räuberisch verschrieen. Aber im „Parteigänger"-, dem Partisanenkrieg, übertrafen sie jede Reitergattung Mittel- oder Westeuropas.

Im Laufe der ersten Hälfte des 18. Jahrhunderts gelang es, aus ihnen eine Reitergattung zu formen, die über ihre ursprüngliche Spezialbefähigung hinaus zu einer Vielseitigkeit gelangte, die der der Dragoner kaum nachstand. Freilich ging keiner so weit, von den Husaren die Führung des Fußgefechts nach Art der Linieninfanterie zu fordern.

Bei der Kavallerie war die taktische Trennung zwischen schweren und leichten Truppen nie so weit gegangen wie bei der Infanterie. Alle Reiterarten waren – wenn auch in recht unterschiedlichem Maße – verhältnismäßig schnell und beweglich. Trotz aller Ansätze dazu war auch die schwere Reiterei nie in dem Maße wie die Linieninfanterie dem mechanischen Drill zu unterwerfen. Kavalleristische Präzision konnte nur aus der „zentaurischen" Harmonie von Reiter und Pferd, also zweier Lebewesen, erwachsen. Das Desertionsproblem gab es bei der Kavallerie kaum. Schwere Reiterei mußte aushilfsweise die Aufgaben der leichten übernehmen, so wenig sie dafür auch zunächst geeignet war. Leichte Infanterie, die nicht in geschlossener Ordnung zu kämpfen vermochte, konnte allenfalls am Rande des großen Kampfes ein Betätigungsfeld finden, da es bei der Linieninfanterie weniger auf Angriffsschwung als auf ein peinlich genaues Einhalten der Feuerabläufe ankam. Je mehr Wert aber auf Schnelligkeit und Länge der Reiterattacke gelegt wurde, desto mehr empfahl es sich, hierfür die leichten Reiter heranzuziehen, denn ihre Pferde waren, so wie sie auch weiterhin aus Osteuropa bezogen wurden, schnell und ausdauernd.

So wurden die Husaren zuerst in Preußen auch zur Schlachtkavallerie ausgebildet, auf der Grundlage der dafür erforderlichen strengen Disziplin. Die Befähigung zum Schlachteinsatz in geschlossener Ordnung war das eigentliche Kriterium der Kavallerie. Noch immer wurde offiziell unterschieden zwischen Kavallerie – also Kürassieren, aber auch anderen schweren Regimentern ohne Küraß –, Dragonern und Husaren. Je mehr aber Dragoner und Husaren fähig waren, die große geschlossene Attacke zu reiten, um so mehr wurden sie der Kavallerie zugerechnet, nun auch im gewöhnlichen Sprachgebrauch als solche bezeichnet. So entstand eine nach der Schwere der Pferde abgestufte Kavallerie, wie sich dies an der Kavallerieaufstellung der Schlachtordnung erwies: An beiden Flügeln des ersten Treffens der Schlachtordnung standen die Kürassiere und an den Flügeln des zweiten Treffens die Dragoner, als Unterstützung für die Kürassiere gedacht. Als leichte Truppen waren die Husaren zunächst nur an der Peripherie des Schlachtfeldes eingesetzt worden, in jener Übergangszone zwischen großem und kleinem Krieg. So erfolgte denn ihre Einbeziehung in die Schlachtordnung dementsprechend zunächst als Flankenschutz, und zwar zwischen den beiden Treffen.

Später wurde dann aus ihnen ein drittes, reines Kavallerietreffen gebildet. Bei allen Husarenattacken wurde – in Ausnutzung der besonders hohen Geschwindigkeit und Beweglichkeit dieser leichtesten Reitergattung – größter Wert auf das Ausfallen der Flügel, das Überflügeln und Umfassen des Feindes gelegt. Das erinnerte immer noch an das Umkreisen des Gegners bei der Schwarmattacke. Dem entsprach die Aufstellung in nur zwei statt drei Gliedern, wie es später dann für die Kavallerie allgemein üblich wurde.

Während bei den Dragonern die ursprüngliche Aufgabenstellung als bewegliche Infanterie zur Mitte des 18. Jahrhunderts hin immer mehr zurücktrat, blieb die Spezialtätigkeit der Husaren, der leichte Reiterdienst, weiterhin ihre Haupttätigkeit. Sie waren „Auge und Ohr der Armee".

Friedrich der Große gab für das Ausmaß dieser Sicherungstätigkeit einen sehr anschaulichen Vergleich: Er verlangte, daß der Führer eines großen Kommandos von zwei- bis viertausend Husaren „wie eine Spinne in der Spinnwebe" sein müsse, „welche man nicht anrühren kann, ohne daß sie es nicht fühlet; ebenso darf auf sie nichts feindliches kommen, ohne daß er nicht lange vorher avertirt ist" (Reglement vom 1. 12. 1743).

Bis zur Mitte des 18. Jahrhunderts erfuhr die Husaren-Waffe nicht nur in Österreich, sondern in allen größeren Staaten eine außerordentliche Vermehrung. Friedrich II. verstärkte seine gesamte Kavallerie bedeutend, keine ihrer Gattungen aber so sehr wie die Husaren. Sie wuchsen von 9 Schwadronen im Jahre 1740 auf zeitweise 83 bis 1773. Generäle, wie Nádasdy in Österreich und Zieten in Preußen, gaben dieser Truppe sozusagen den letzten Schliff. Sie bestand natürlich, außer in Österreich, später nur noch zum geringsten Teil aus Ungarn, aber der Typ erhielt sich erstaunlich gut. Das Vertrauen, das man in diese fremdartige leichte Truppe zu setzen gezwungen war, rechtfertigte sie vollständig. Die Husaren wurden in Preußen als so zuverlässig angesehen, daß ihnen, wie übrigens auch den Fußjägern, zu allen übrigen Aufgaben auch noch die der Militärpolizei übertragen wurde: Sie überwachten die Linieninfanterie auf dem Marsch und im Lager und jagten Deserteure.

Neben den Husaren tauchten in einigen europäischen Heeren schon vor der Mitte des 18. Jahrhunderts auch noch andere Arten leichter Reiter osteuropäischer Provenienz auf.

Polnisch-tartarischen Ursprungs waren die Ulanen, die polnische Nationalkavallerie. Wie alle Reiter des Ostens führten sie statt des (geraden) Degens oder Pallaschs den (gebogenen) Säbel als Seitenwaffe. Aber während der Säbel die Hauptwaffe der Husaren war, war dies bei den Ulanen die Lanze, die man seit über hundert Jahren in den Armeen Mittel- und Westeuropas kaum mehr gesehen hatte. Zu größerer Bedeutung als Kavalleriegattung gelangten die Ulanen jedoch erst seit Anfang des 19. Jahrhunderts, in dessen Verlauf sie sich dann allerdings so vollständig durchsetzten, daß in manchen Ländern auch andere Reitergattungen – in Deutschland schließlich die gesamte Kavallerie – mit der Lanze bewaffnet wurden.

4. Der Festungskampf und die technischen Truppen

a. Der Festungskampf

Festungen hatten zur Zeit des Absolutismus eine überragende Funktion. Selbst im 19. Jahrhundert sprach man noch vom „Festungskrieg" in Abgrenzung vom „Krieg im freien Felde". Tatsächlich handelte es sich natürlich bei beiden um Erscheinungsformen ein und desselben Krieges, wie ja auch beim „kleinen Krieg" oder dem „Abnutzungskrieg". Aber eben dadurch besaß der Festungskrieg einen eigenen Charakter, der sich von dem Krieg im freien Feld in vieler Hinsicht völlig unterschied. Es lag dies natürlich daran, daß der Kampf um eine Festung Angreifer und Verteidiger vor andere taktische Aufgaben stellte als die Feldschlacht. Um so bemerkenswerter ist es, daß es bei Herausbildung des rationalisierten Kriegswesens zu Beginn der Neuzeit das Fortifikationswesen war, das formale Grundlagen für die Taktik der Feldschlacht abgab. Die Erklärung liegt darin, daß das geometrische System, das dem Festungsbau zugrundelag und in unmittelbarem Bezug zum Festungskampf stand, den Rationalisierungstendenzen in der Kriegführung zunächst einen festen Anhalt bot.

Während auf den operativen Aspekt des Festungskrieges an späterer Stelle eingegangen werden soll, ist hier zunächst nur die Rede von dem taktischen Aspekt, dem Kampf um die – einzelne – Festung.

Der mittelalterliche befestigte Platz – Burg oder Stadt, die stets zumindest eine Umwallung besaß – bot dem Verteidiger zunächst Vorteile gegenüber dem Angreifer. Schnelle Eroberungen in dieser Zeit, zu denen es häufig kam, lassen sich meist durch mangelnden Widerstandswillen, schlechtes Mauerwerk oder geheimes Einverständnis eines Teils der Besatzung mit dem Angreifer erklären. Auch die schweren Belagerungsgeräte waren nicht dazu geeignet, schnell Bresche zu legen. Der Angreifer mußte also zur „förmlichen" Belagerung übergehen. Dazu wurde die Festung außerhalb der Reichweite ihrer Fernwaffen mit einer aus Steinen, Holz und Erde befestigten „Kontravallation" eingeschlossen. Gegen Entsatzversuche von außen schützten sich die Belagerer entsprechend durch eine „Zirkumvallation". Der eingeschlossene Verteidiger war nun, falls ihm nicht von außen geholfen wurde, auf seinen gehorteten Proviant angewiesen, aber auch der Angreifer konnte, da er aus dem Lande leben mußte, die Belagerung nur so lange fortsetzen, wie er sich aus dem von ihm besetzten Gebiet ernähren konnte. Da die mittelalterlichen Wurfmaschinen allein meist nicht in der Lage waren, Mauern zu brechen, unterminierte man diese, während gleichzeitig die Dächer der Gebäude im Innern der Ummauerung eingeworfen wurden.

Das Aufkommen der Feuerwaffen brachte zunächst, wie überall, dem Verteidiger größere Vorteile als dem Angreifer. Die ersten Feuergeschütze konnten wohl Zinnen herunterschießen und die hölzernen Verkleidungen der Wehrgänge zertrümmern, aber keine intakten Mauern breschieren. Währenddessen konnte der Verteidiger aus der Deckung und von erhöhten Stellungen aus die Feuerwaffe um so wirkungsvoller gegen den Angreifer anwenden. Der Angreifer war also im allgemeinen wieder auf eine langwierige Belagerung angewiesen, wobei seine Chancen noch geringer waren als in der Zeit vor Einführung der Feuerwaffen.

Zudem glich sich der Festungsbau vom 15. bis 17. Jahrhundert immer mehr den durch die Feuerwaffe veränderten neuen Verhältnissen an. Die Holzbauten fielen weg, die vorderen Mauern und Türme wurden niedriger, um von den erhöhten Geschützwällen aus überschossen werden zu können. Vorbauten, „Bastionen", flankierten den Angreifer, so daß sich die hier aufgestellten Feuerwaffen gegenseitig unterstützen konnten. Die Mauern wurden verstärkt und ergänzt durch Erdwälle.

Demgegenüber konnte der Angreifer sein Belagerungsgerät nicht dieser neuen Situation anpassen. Die beweglichen Schirme, Rolltürme und „Schildkröten", die dem Schutz der Angreifer beim Sturm gedient hatten, konnten aus keinem anderen Material als Holz hergestellt werden und wurden durch die Feuerwaffe entwertet. Der Angreifer schützte sich durch Erdaufwürfe, Schanzkörbe zum Schutz der Artillerie kamen auf. Die Laufgräben, die bisher nur der geschützten Verbindung zwischen den bei der Belagerung verwendeten Holzbauten gedient hatten, wurden zu Annäherungsgräben, um den Angreifer gedeckt an die Festung heranzubringen. Sie stellten aber noch kein Grabensystem dar, und der Angriff wurde auch noch nicht mit systematischer Unterstützung der Artillerie vorgetragen. Nach Verbesserung der Artillerie – Erfindung der Eisenkugel, schnellere Schußfolge – war es nun auch möglich, Bresche zu schießen.

Aber es war nach wie vor äußerst schwierig, an die Festung heranzukommen. Der Festungsgraben wurde vertieft und gedeckte Flankierungsanlagen eingebaut. Das führte bereits im 15. Jahrhundert zu einer Veränderung des Angriffsverfahrens. Da der Angreifer infolge der verbesserten Verteidigungsanlagen vor ihnen nicht mehr in einem Zuge zu den Mauern vorstoßen konnte, versuchte er sich zunächst am Grabenrand festzusetzen und hier seine Artillerie aufzustellen. Das wiederum veranlaßte den Verteidiger dazu, den Graben durch Bastionen und Außenwerke zu schützen und damit die Verteidigung vorzuverlegen. Da auch beim Bau dieser Anlagen die Möglichkeiten zur Flankierung und gegenseitigen Unterstützung ausgenutzt wurden, waren auch sie nicht einfach zu stürmen. Der Angreifer war vielmehr gezwungen, sich gedeckt an sie heranzuarbeiten. Zu diesem Zweck hob er quer zur Festung einen Graben – eine „Parallele" – aus, die als Sturmausgangsstellung diente. Dabei legte man es immer darauf an, zunächst eine Bresche in die Festungsmauer zu schießen. Auf diese Weise wurden aber die Verteidigungswaffen nicht ausgeschaltet, weswegen die meisten dieser Angriffe scheiterten.

Erst im 16. Jahrhundert ging man dazu über, die Geschütze nicht nur zum Breschieren, sondern auch zur Bekämpfung der Festungsartillerie einzusetzen. Die beginnenden Tendenzen zur Systematisierung zeigten sich auch und gerade im Festungskampf. Anfang des 17. Jahrhunderts machte Diego Ufano Vorschläge, wie der Angriff auf eine Festung zu systematisieren sei. Je mehr der Festungsbau nach mathematischen – physikalischen, geometrischen, ballistischen – Gesetzen systematisiert wurde, desto mehr wurde auch erkannt, daß der Angriff auf die Festung ein systematisches Vorgehen erforderte. So wurden den einzelnen Arten der Belagerungsartillerie bestimmte, grundsätzlich durch Konstruktion, Bewaffnung und Verteidigungsführung der Festung vorgegebene Ziele und die dafür einzunehmenden Stellungen zugewiesen. Als Breschgeschütze wurden Achtundvierzigpfünder verwendet, die auf eine Entfernung von 200 bis 300 Schritt wirkten und dabei durch das Schrägfeuer von Vierundzwanzigpfündern unterstützt wurden. Die Feuergeschwindigkeit betrug 80 Schuß in 10 Stunden, wobei nach 40 Stunden eine Pause eingelegt wurde.

Die Entwicklung war also grundsätzlich die gleiche wie bei der Taktik im Feldkrieg: Abstrakte, nach mathematischen Grundsätzen konstruierte Muster wurden richtungweisend. Sowohl beim Festungsbau wie beim Festungskampf suchte man nach optimalen mathematischen Lösungen. Zweifellos huldigte man hierbei zunehmend auch dem Rationalismus, aber zunächst war auch hier die Frage maßgebend, wie man die Wirkung der damaligen primitiven Feuerwaffen steigern und, mehr als im Feldkrieg, sich vor dieser Wirkung schützen könne. Auch im Festungskampf unterschied sich die Kriegspraxis mehr oder weniger von der Theorie, aber diese blieb auch hier die respektierte Grundlage für die Praxis. Wie in der Feldschlacht, so wurde auch im Festungskampf das Gelände sowohl für den Festungsbau wie für die Kampfführung selbst nach Möglichkeit ausgenutzt. Dies aber immer nur soweit, wie dadurch die Wirkung der Waffen und ihre Abwehr nicht beschränkt wurden. Den Festungsbau völlig vom Gelände bestimmen lassen zu wollen wäre bei den damaligen Waffen ebenso unzweckmäßig gewesen, wie eine Schlachtordnung durch Auflösung ihres Zusammenhangs dem Gelände anzupassen, weil Wirkungen nur durch Zusammenfassungen der einzeln ziemlich wirkungslosen Feuerwaffen und daher eine entsprechende Aufstellung zu erreichen waren. Und wie bei der Feldschlacht der Besitz einer Höhe, vor allem für Artillerie, immer von Vorteil war, so war es auch das erhöhte künstliche Plateau der Festung.

Kam das Geschütz auch Anfang des 17. Jahrhunderts noch mehr dem Verteidiger als dem Angreifer zugute, so bildete dieser durch den Zwang, vor der Festungsartillerie in der Erde Schutz zu suchen, das wirksamste Angriffsverfahren mit Hilfe der unterirdisch angewandten Mine aus. Ein wesentlicher Teil des Festungskampfes fand daher unter der Erde statt, da der Verteidiger dem Angreifer mit den gleichen Mitteln zu begegnen suchte. War eine Festung durch Einschließung von aller Zufuhr abgetrennt, durch Hunger und ständige Beschießung mürbe gemacht, die Festungsartillerie nach Möglichkeit ausgeschaltet, so wurde Bresche gelegt und zum Sturm angesetzt. Durch Artilleriegeschosse von oben und Minen von unten wurde ein Teil der Mauer so eingerissen, daß der Schutt in den Festungsgraben fiel und dadurch mit der Mauerlücke zugleich eine Rampe geschaffen wurde, über welche die Stürmenden in die Festung eindringen konnten. Bei Erdwerken konnte diese Rampe nicht durch Vollkugeln, sondern allein durch Minenexplosionen hergestellt werden.

Da der Angriff auf eine Festung sehr verlustreich war und ein einziger Sturm meist nicht ausreichte, um sie einzunehmen, rächte sich der Angreifer nach der endlich geglückten Eroberung an Besatzung und Einwohnern der Festung auf grausamste Weise. Die Rache wurde als „Strafe" vor dem Sturm angedroht, um eine vorzeitige Kapitulation zu erreichen. Durch einen Kompromiß entwickelte sich aber allmählich ein feststehender Komment: Die Ehre der Besatzung und das Leben der Bewohner waren gerettet, wenn die Festung kapitulierte, nachdem der Feind eine gangbare Bresche gelegt und sein erster Sturm abgeschlagen worden war.

In der zweiten Hälfte des 17. Jahrhunderts trat der Festungskrieg derartig in den Vordergrund, daß er den Feldkrieg oft vollkommen lähmte. Der Grund ist darin zu sehen, daß die absolutistischen Fürsten die Festungen zur Grenzsicherung benutzten, sie stark ausbauten und zu Festungsketten verbanden. Vorbildlich wurden hier die Niederlande durch Coehorn und Frankreich durch Vauban.

Der große Festungsingenieur Marschall Vauban entwickelte neue Grundsätze für den Festungsbau und Festungskampf, die noch bis ins 20. Jahrhundert hinein gültig blieben. Seine größte Leistung war die Entwicklung einer überlegenen Angriffsmethode. Bisher war vor allem die Festung selbst artilleristisch bekämpft und dabei versucht worden, auf größere Entfernung Bresche zu schießen. Man klammerte sich noch immer an den Gedanken, daß mit dem Breschelegen die Hauptarbeit getan sei. Tatsächlich erforderte aber der Sturm durch die Bresche bei einem hartnäckigen Verteidiger die größte Kraftanstrengung. Da aber auch der Sturmangriff aus größerer Entfernung angesetzt wurde, hatten die Sturmtruppen, bevor sie vor der Bresche ankamen, bereits hohe Verluste zu erleiden. Dabei verstärkte sich die Außenverteidigung der Festung immer mehr. Der am Grabenrand angelegte „gedeckte" Weg war zur Aufnahme von Infanterie bestimmt, die von hier aus auch zum Angriff übergehen konnte. Gegen Ausfälle wurden vom Angreifer Kavallerieabteilungen bereitgehalten und „Redouten", also geschlossene Schanzen, aufgeworfen, die als Geschützstellungen dienten, sich aber nicht für den Infanteriekampf eigneten.

Vaubans Grundgedanke war es, die Festung durch ein Netz von Gräben einzuschließen, welche gedeckte Bewegungen sowohl nach vorn wie nach den Seiten erlaubten und durch die Verbindungsmöglichkeiten nicht nur der Artillerie – Munitionszuführung – zugute kamen, sondern auch rund um die Festung die lückenlose gedeckte Aufstellung von Infanterie für Verteidigung und Angriff erlaubten. Auf der Grundlage dieses Grabensystems entwickelte Vauban sein Angriffssystem.

Für den Angriff kam es ihm darauf an, die Infanterie möglichst ohne Verluste an die Festung heranzubringen, um ihre ganze Kraft für den Sturm durch die Bresche und notfalls den Weiterkampf in der Festung selbst aufzusparen. Der Infanterieangriff war von der Artillerie zu unterstützen. Dazu verlangte Vauban den geschlossenen Einsatz der gesamten Artillerie – bisher waren die Geschütze nach und nach zum Einsatz gekommen – und die Verlegung der Artillerieziele von der Festung zunächst auf die Außenwerke, die ja das erste große Hindernis für die Infanterie darstellten. Die Artillerie sollte nicht durch „Demontierung" von Mauerwerk wirken – ausgenommen das Breschesschießen am Schluß des Angriffsaktes – sondern durch den Rikoschettschuß, der gegen die Festungsbesatzung gerichtet war. Vauban wollte nur noch aus Haubitzen bestehende Rikoschett- und Mörserbatterien für die Belagerung zulassen. Dabei stieß er zunächst auf heftigen Widerstand der Artilleristen, konnte sie aber von der Richtigkeit seiner Auffassung überzeugen. Er teilte auch die wenigen großen Batterien in viele kleine auf.

Der Angriff erfolgte in der Weise, daß die Kavallerie durch „Berennung" den festen Platz einschloß. Fünf- bis sechshundert Meter vor den äußeren Verteidigungsanlagen wurde ein Einschließungsgraben, die erste Parallele, ausgehoben. Sie diente als erste Verteidigungsstellung gegen Ausfälle und wurde von der Infanterie besetzt. Von hier wurden Laufgräben nach vorn getrieben, die Zickzackform hatten, um Flankierungen zu ermöglichen und bei Artilleriebeschuß Verluste zu sparen. In diesen Laufgräben ging nun die Infanterie zum Angriff vor. Sie wurden nach 300 Metern durch eine zweite Parallele verbunden. Diese entwickelte sich mehr und mehr zur Stellung für die Rikoschett-Batterien. Die Außenwerke wurden niedergekämpft. Danach wurde die dritte und letzte Parallele am Fuß des Festungs-Glacis, der ansteigenden Erdaufschüttung vor dem Grabenrand, eröffnet. Von hier erfolgte der Einsatz von Mörsern mit Streugeschossen gegen die Grabenstellungen. Waren diese niedergekämpft, erstieg die Infanterie das Glacis. Nun wurden die Breschbatterien auf das Glacis nachgezogen und beschossen aus nächster Nähe die Festung. War die Bresche gelegt, erfolgte der Sturm.

So wurde die Überlegenheit der Festung als massivste Verteidigungsstellung gebrochen, danach war ihr Fall nur noch eine Frage der Zeit.

b. Die Entstehung technischer Dienste und Truppen

Der Festungskampf bildete eine Grundlage, auf der die spätere Pioniertruppe entstand. Eine geschlossene Pioniertruppe gab es zur Zeit des Absolutismus noch nicht, vielmehr gliederten sich die technischen Dienste und Truppen in verschiedene Funktionsgruppen auf. Die vornehmste war die der Ingenieure. Es waren dies technische Beamte und Offiziere, die auf den Bau von Festungen spezialisiert waren. In Preußen waren die Ingenieure anfänglich Beamte, die auch mit zivilen Aufgaben – Bauwesen, Vermessungen, Stromregulierungen, Meliorationen – betraut waren. Unter Friedrich I. bildete sich, der allgemeinen Tendenz folgend, ein Ingenieur-Offizierkorps heraus. Führend zur Zeit des Absolutismus wurden seit Vauban die französischen Ingenieure. Sie setzten sich, neben Beamten, zunächst aus Offizieren aller Waffengattungen zusammen, die dafür ein Ingenieurexamen ablegen mußten. Die durch die verschiedenen Waffengattungen bedingte Vielseitigkeit soll sich sehr günstig auf das Fortifikationswesen ausgewirkt haben. Im Zuge der Systematisierung des Kriegswesens und weiterer Spezialisierungen wurden Ingenieurschulen gegründet und die Ingenieur-Offiziere im Corps du Génie zusammengefaßt, worin andere Staaten Frankreich folgten. Die Ingenieur-Offiziere dienten bei Festungsverteidigungen und -belagerungen den Kommandanten und Feldherren als technische Berater, als Planer und Leiter der damit verbundenen Bauarbeiten.

Die Söldner hatten es ursprünglich abgelehnt, Erdarbeiten auszuführen, weil sie dies für unter ihrer Würde hielten. Man war dabei also zunächst auf die Bauern angewiesen. Erst die oranischen Statthalter der Niederlande konnten seit Ende des 16. Jahrhunderts von ihren Söldnern – die freilich im Gegensatz zu anderen pünktlich bezahlt wurden – Schanzarbeiten verlangen.

Mit der zunehmenden Bedeutung des Festungskampfes bildeten sich spezialisierte Piониergattungen heraus: Die „Mineure“ und die „Sappeure“. Die Mineure führten, wie der Name sagt, den Minenkampf im Rahmen der Festungsbelagerung und -verteidigung. Wie bei der Artillerie, war auch diese Tätigkeit zunächst handwerklich gebunden. So rekrutierten sich die bayerischen Mineure am Anfang des 18. Jahrhunderts aus Bergleuten, deren Meister den Titel „Leutnant“ erhielten. Die Sappeure entstanden im Zusammenhang mit dem Bau von Sappen, also Laufgräben, die nicht nur Erdarbeiten, sondern auch komplizierte Holzverarbeitungen – beispielsweise bei gedeckten Sappen – erforderten, für die eine handwerkliche Vorbildung erforderlich war.

Einen ganz anderen Zweig des Pionierdienstes, nämlich den „Wasserdienst“, versahen die „Pontoniere“. Sie waren für den Bau von Kriegsbrücken verantwortlich, die, wie auch heute noch, über nebeneinander gefahrene Kähne aus Holz oder Metall – Pontons – gelegt wurden.

Alle diese technischen Dienste wurden auf der Wende zum 18. Jahrhundert in eigenen Abteilungen, „Korps“ genannt, zusammengefaßt, aber sie bildeten selten, und dann auch nur vorübergehend, eine geschlossene Organisation. Selbst die Ingenieur-Korps erhielten erst allmählich selbständige Organisationsformen. Die drei Pioniergattungen blieben getrennt, aber dies auch nicht als selbständige Organisationen. Vielmehr gliederte man sie dem Ingenieurkorps – was noch eher ihrer Aufgabe entsprochen hätte –, häufiger aber der Artillerie an, mit der sie unmittelbar taktisch gar nichts zu tun hatten. Die taktische Verwendung scheint bei dieser Organisation als weniger wichtig angesehen worden zu sein als die Tatsache, daß Artillerie und Pioniere aus Handwerken hervorgegangen waren und man sie auch weiterhin als „Verwandte“ ansah.

5. Die zunehmende Bedeutung der Militärstrategie in der beginnenden Neuzeit

Ebensowenig wie die Taktik kann die Militärstrategie zur Zeit des Absolutismus verstanden werden, ohne daß eine Kenntnis vorhanden ist von den betreffenden Zuständen in der vorabsolutistischen Zeit. Auch hier hatten sich die entscheidenden Veränderungen in der beginnenden Neuzeit vollzogen und wurde zunächst, ohne erkennbare Zäsur, die Entwicklung weitergeführt.

Das Kriegswesen steht „im Gesamtzusammenhang mit dem politischen, geistigen, sozialen, ökonomischen und technologischen Gefüge der Zeit“ (Hahlweg). Veränderungen dieses Gefüges ergeben notwendig auch Veränderungen auf dem Gebiet des Kriegswesens und damit der Kriegführung. Auch die grundlegenden Veränderungen der Taktik waren Teil der allgemeinen Umwälzungen während der Übergangsperiode zwischen Mittelalter und Neuzeit. Dasselbe traf für die Militärstrategie zu, nur vollzog sich hier der Wandel unauffälliger, da er weniger als in der Taktik an formalen Entwicklungen sichtbar wurde. Wichtigstes Ergebnis dieses Wandels für die Militärstrategie war die Tatsache, daß sie, die im Mittelalter im Vergleich mit der Antike zurückgetreten war, mit der beginnenden

Neuzeit wieder an Bedeutung gewann. Im folgenden sollen hierfür die Gründe, soweit sie in den Auswirkungen der allgemeinen und der militärischen Veränderungen erfaßbar sind, umrissen werden.

a. Auswirkungen politischer Veränderungen

Ein Grund für die verhältnismäßig geringe Bedeutung der Militärstrategie im Mittelalter ist in den politischen Verhältnissen, also zunächst in dem durch den Personenverband bedingten lockeren Gefüge des Staates zu sehen. Die Grundlage für die Befehlsgewalt der Staatsführung in ihrer Eigenschaft als Gesamtkriegsleitung war entsprechend schwach. Der Staat bestand aus zwar hierarchisch abgestuften, aber mehr oder weniger eigenständigen Herrschaften, die auch in anderen Staaten Besitzungen haben konnten. So konnte es sein, daß ein Fürst als Lehensherr zugleich Lehensmann eines anderen Fürsten war und gegen ihn Krieg führte. „Das politische Ziel des Krieges war nicht mehr der reale Besitz, der in eigene Verwaltung genommen wurde, sondern die ideale Anerkennung der lehensherrlichen Oberhoheit“ (Schmitthenner). Durch diese zerstückelte, fluktuierende, schwer überschaubare politische Struktur fehlte für eine vorausschauende, gesamt- wie militärstrategische Planung die Übersichtlichkeit und genügend breite Basis.

Die politischen Grundlagen für die Strategie verbesserten sich in dem Maße, wie es den Landesherren gelang, sich gegen die ständischen Kräfte durchzusetzen und die im Personenverband zerstreuten Besitztümer zu Territorialstaaten zusammenzufassen. Diese Entwicklung setzte bereits im Mittelalter ein. Erst auf der Grundlage des neuzeitlichen Staates in Verbindung mit dem stehenden Heer war eine vorausschauende militärstrategische Planung möglich.

b. Auswirkungen der neuen Auffassung vom Wesen des Krieges

Auch die Auffassung vom Wesen des Krieges war der Militärstrategie im Mittelalter abträglich. Der Staat war nach mittelalterlicher Auffassung nicht souverän. „Das Recht war ihm übergeordnet, er war Mittel zur Verwirklichung des Rechts“ (Meinecke). Man unterschied zwischen „gerechtem“ und „ungerechtem“ Krieg. Viele der Kriegslehrschriften des Mittelalters und der frühen Neuzeit beginnen mit der Warnung davor, „ungerechte“ Kriege zu führen. Als „gerechter“ Krieg wurde jeder Krieg angesehen, der der Erhaltung oder Wiederherstellung verletzten Rechts diente – also unter dieser Voraussetzung auch der Präventivkrieg. Da die Frage, ob das Recht verletzt sei oder nicht, durch keine höhere Instanz, sondern durch die Betroffenen selbst entschieden wurde, war sie eine Gewissensfrage. Für die praktische Politik war die Unterscheidung zwischen „gerechtem“ und „ungerechtem“ Krieg eine „Illusion“ (ebd.), durch welche die Konfliktstoffe eher vermehrt als vermindert wurden. Infolge des Fehderechtes fand auch die innerpolitische Auseinandersetzung in kriegerischer Form statt, und zwar in Form von „Privatkriegen“, die meist nur mit wenigen Truppen auf engem Raum ausgetragen wurden. Um so „großzügiger“, sprich barbarischer, war allerdings das Kriegsrecht. Zwar war es den einzelnen Kriegern verboten, von sich aus Gewalttaten zu begehen, die jedoch als Druck- oder Strafmittel von der Heerführung jederzeit befohlen oder erlaubt werden konnten.

Die Ritter verbanden die Kriegführung mit Vorstellungen, in denen noch die germanische Auffassung nachwirkte, nach der der Krieg „ein Glied des Rechtsverfahrens" (Erben) und danach auch der kriegerische Kampf eine „Rechtshandlung" (ebd.) war, bei der sich die Streitenden im Sinne eines Zweikampfes einem Gottesurteil unterwarfen. Daraus ergaben sich bestimmte Regeln und Formalitäten, die eine Kriegführung nach militärischen Gesichtspunkten behinderten. So wurden beispielsweise Zeitpunkt und Ort des Kampfes vorher von den Gegnern vereinbart. Aufklärung erübrigte sich also ebenso wie eine geschickte Annäherung an den Feind. Geländeausnutzung wurde als unritterlich abgelehnt. Die Taktik konzentrierte sich auf den Kampf Mann gegen Mann. Auch mußte das Schlachtfeld vom Sieger noch einige Zeit besetztgehalten werden, damit der Sieg rechtskräftig wurde. Es liegt auf der Hand, daß der operative Zusammenhang verlorenging, wenn die Heere nicht aus den Stellungen zur Schlacht antraten, die sie vorher erreicht hatten, und daß der Sieg operativ nicht ausgenutzt werden konnte, wenn der geschlagene Feind nicht verfolgt werden durfte. Viele Feldherren hielten sich freilich nicht an diese Regeln, aber allein ihr Vorhandensein übte einen hemmenden Einfluß auf die Operationsführung aus.

Die neue Staatsidee, wie sie Machiavelli im Rückgriff auf die Antike formulierte, war letztlich auch entscheidend für eine neue Auffassung von der Kriegführung. Die Staatsräson als Richtschnur für das Handeln des souveränen Machtstaats erforderte auch eine bewußte und verstärkte Rationalisierung der Kriegführung. Schon für das späte Mittelalter stellt Johan Huizinga fest: „Kriegerische Notwendigkeit und Taktik drängen die ritterlichen Auffassungen meist in den Hintergrund. Die Vorstellung, daß auch die Feldschlacht selbst nichts anderes ist als ein ehrlich verabredeter Kampf um das Recht, drängt sich noch immer nach vorne, findet aber den Forderungen der kriegerischen Klugheit gegenüber kein Gehör." Nach der neuen Staatsauffassung konnte diese „kriegerische Klugheit" auch als Teil der Staatsräson verstanden werden. Die Kriegsräson erforderte nicht nur eine Steigerung der Effektivität im Hinblick auf den Kampf selbst, sondern auch in bezug auf alle Handlungen, durch die er unter möglichst günstigen Voraussetzungen herbeigeführt, ihm ausgewichen, der Schlachtsieg für das Kriegsziel des Staates ausgenutzt oder die Niederlage wettgemacht werden konnte.

c. Auswirkungen gesellschaftlicher Veränderungen

Die Tatsache, daß sich seit dem Mittelalter das Söldnertum immer stärker gegenüber dem Rittertum durchsetzte, war die Folge des Zerfalls der mittelalterlich-feudalen Gesellschaft. Sozial war auch das Kriegswesen des Mittelalters vom Feudalismus geprägt. Kern des mittelalterlichen Heeres war die Ritterschaft, somit der wichtigste Heeresteil nicht nur identisch mit militärischer Elite, sondern darüber hinaus mit einer herausgehobenen sozialen Schicht. Indem das Söldnerfußvolk, die ihrem Ursprung nach ebenfalls nichtritterlichen leichteren Soldreiter und die Artillerie an Bedeutung gewannen und sich selbst in der schweren Reiterei der nichtadelige Teil – ursprünglich die vollgeharnischten reitenden Knechte der Ritter – auf Kosten des adeligen Anteils ständig vergrößerten, kam dies innerhalb des Heeres einer sozialen Nivellierung gleich. Denn andererseits dienten nun auch im 16. Jahrhundert in den ersten Gliedern des Landsknechts-Fußvolks Adlige ebenso wie in der ihrem waffengattungsmäßigen Herkommen nach nichtritterlichen Pistolenreiterei.

Der Zerfall des Rittertums war nicht nur unter taktischen, sondern auch unter militärstrategischen Gesichtspunkten von Bedeutung. Wenn das Heer nun einer schärferen Disziplin unterworfen werden konnte, so mußte sich dies nicht nur auf dem Schlachtfeld, sondern auch auf die Truppenbewegungen außerhalb der Schlacht auswirken. Die dem Willen des Befehlshabers stärker unterworfene Truppe konnte nicht nur auf dem Schlachtfeld, sondern auch auf den Märschen straffer geführt werden. Stärkere Unterwerfung unter den Befehl bedeutete zugleich Verlust an Selbständigkeit, an Eigeninitiative der Unterführer wie des einfachen Kriegers. Je mehr das Heer zu einer „Kriegsmaschine“ wurde, bei der alles auf das reibungslose Zusammenwirken aller ihrer Teile ankam, desto mehr konzentrierte sich die führungsmäßige Verantwortung auf den Heerführer, den Oberkommandierenden. Dadurch verbesserte sich nicht nur die Voraussetzung für die taktische, sondern auch für die operative Führung, die durch die Zentralisierung auf die Spitze nach einem zentralen Plan erfolgen konnte.

Freilich standen einer weit ausgreifenden Militärstrategie einstweilen eine ganze Reihe von hemmenden Faktoren im Wege, die sich aus den sich erst langsam veränderten Zeitverhältnissen ergaben. So war das Heer, solange es aus freien Söldnern bestand, die sich als Vertragspartner des Kriegsunternehmens fühlten, trotz härtester Strafen nicht völlig dem Willen der Führung zu unterwerfen. Es mußte Rücksicht auf die Stimmung, ja die Wünsche der Truppe genommen werden, die sogar das operative Verhalten zu beeinflussen vermochte.

Im Zusammenhang mit der Rationalisierung und Differenzierung der Heeresorganisation entstand eine feste Rangordnung von „Kriegsämtern“ – wir würden heute sagen: militärischen Dienststellungen –, in der schon im 16. Jahrhundert die Umrisse der höheren, mittleren und unteren Führung zu erkennen sind. Hieraus entwickelten sich die Offiziers- und Unteroffiziersstellen und mithin die auch für eine geordnete Operationsführung unerläßliche Führungshierarchie. Auch die Ansätze eines Generalstabes bildeten sich in den höheren, für die Versorgungs-, Marsch- und Quartierbelange des ganzen Heeres verantwortlichen Funktionsorganen heraus.

Im Zusammenhang mit dieser Entwicklung stand eine weitere soziale Umschichtung. Während die höchsten Kriegsämter vom hohen Adel beansprucht wurden, verlangte der niedere Adel aufgrund seiner ritterlichen Herkunft bei der Besetzung der übrigen Offiziersstellen zuerst berücksichtigt zu werden. Bildeten die Ritter also früher den Kern des Heeres, so bildeten ihre Nachfahren den Kern des Offizierkorps. Der ursprünglich aristokratische Charakter der Reiterei war bis ins 17. Jahrhundert hinein noch an dem besonderen „Reiterrecht“ zu erkennen. Je mehr jedoch der Adel zur Stütze der absoluten Monarchie wurde und dadurch seine herausgehobene gesellschaftliche Stellung neu rechtfertigte, desto weniger begnügte er sich mit dem Dienst in Mannschaftsfunktion. Auch die Mannschaft der Reiterei bestand schließlich nur noch aus Nichtadligen. Die im stehenden Heer vollzogene scharfe soziale Trennung zwischen Adligen oder zumindest adlig geprägtem Offizierkorps und den nichtadligen Unteroffizieren und Mannschaften entsprach der allgemeinen Gesellschaftsstruktur zur Zeit des Absolutismus. Während sich die Offiziere in Befehl und Gehorsam mit dem Willen des Monarchen identifizierten, wurde die Mannschaft auf völlige Unterwerfung gedrillt. Das Ergebnis war, daß das Heer jeden oder fast jeden Eigenwillen verlor und zum bloßen Instrument in der Hand des Monarchen wurde, wo dieser in seiner Person staatsmännische und militärische Fähigkeiten verband und selbst als erfolgreicher Feldherr in Erscheinung trat.

Begünstigt wurde aber das stärkere Hervortreten der militärstrategischen Funktion zunächst schon dadurch, daß die Heere des freien Söldnertums nicht bodenständig waren. Das erhöhte ihre Verfügbarkeit gegenüber den mittelalterlichen, im Kern aus Rittern bestehenden Heeren – wenn sich allerdings auch andererseits gerade daraus, daß das Heer der freien Söldner eine heimatlose „wandernde Welt“ (Stegemann) war, schwerwiegende militärische Nachteile ergaben. Die existenzielle Grundlage des Rittertums bildete der Lehensbesitz, der es aber zugleich auch fesselte. Aus der existenziellen Bindung an den Landbesitz ergab sich im Grunde auch die militärische Problematik der Volksaufgebote. Für das Fußvolk, das als erste Waffengattung die charakteristischen Eigenschaften des Söldnertums aufwies, bestand eine solche Besitzbindung und damit örtliche Bindung nicht. Auch das spätere stehende Heer war nicht an das Staatsterritorium gebunden, auf dem es garnisonierte, sondern einzig an die Person des Monarchen und durch diesen frei verfügbar.

d. Auswirkungen wirtschaftlicher Veränderungen

Die zunehmenden wirtschaftlichen Schwierigkeiten, in welche die Ritter bei der Umstellung von der Naturalwirtschaft auf die Geldwirtschaft gerieten, verminderten zwangsläufig auch ihre militärische Schlagkraft. Andererseits aber bot das Aufkommen der Geldwirtschaft insofern neue Möglichkeiten für die Kriegführung, als sich durch sie die Abhängigkeit des Kriegsherrn von seinen Vasallen verringerte, da er sich Söldner mieten konnte. Die Größe des Heeres war nicht mehr abhängig von der Zahl der Vasallen und deren Vasallen und Knechten, sondern von der Finanzkraft des Kriegsherrn. Die freilich konnte zu einer sicheren Grundlage für die Kriegführung erst durch einen geordneten und stabilen Staatshaushalt werden, der sich erst mit dem Absolutismus und dem neuzeitlichen Territorialstaat herausbildete. Größere Heere aber erforderten eine durchdachtere, besser vorbereitete, genauer geplante Führung als kleinere. Dies betraf nicht nur die Führung des Heeres in der Schlacht, sondern nicht minder seine operative Führung. Je größer das Heer wurde, desto größer wurde auch die führungsmäßige Problematik der Heeresversorgung während der Feldzüge, der Quartiere und Lagerplätze, der Marschstraßen, der Aufklärung und Sicherung im Hinblick auf die gegen den Feind gerichteten Absichten und die dafür als notwendig erachteten Truppenbewegungen.

Die Art der Heeresversorgung war von entscheidendem Einfluß auf die Militärstrategie. Das Requisitionssystem war gleichbedeutend mit der Abhängigkeit von der wirtschaftlichen Potenz des betreffenden Gebietes, der Rücksicht auf das Gewinnstreben der Kriegsunternehmer und Söldner.

Die Rücksicht auf die Söldner konnte so weit gehen, daß Operationen ohne militärischen Wert, nämlich einzig zur Befriedigung der Beutegier, beispielsweise gegen eine reiche Stadt, unternommen wurden. Da man jedoch immer auf das angewiesen war, was das Land zumindest an Nahrungsmitteln zu bieten hatte, verstand es sich mit Rücksicht auf den Ernährungszustand der Truppe von selbst, daß oft Umwege über operativ völlig uninteressante Gebiete gemacht werden mußten, nur weil man hier in der Lage war, die Truppe zu ernähren.

Den entscheidenden Einfluß auf die Operationsführung erlangte die wirtschaftliche Frage also dadurch, daß das Heer eine Kapitalanlage war, die weder der zahlende Kriegsherr noch der an ihm verdienende Kriegsunternehmer leichtfertig aufs Spiel setzen wollten. In der Zeit des freien Söldnertums wurde, um das eigene Geld zu sparen, aus den besetzten Gebieten so viel wie möglich an Kontributionen und Requisitionen herausgepreßt. War es möglich, den Feind durch Abnutzungskrieg, durch Verheerung seiner Gebiete oder auch der Gegenden, auf die er es – beispielsweise für Winterquartiere – abgesehen hatte, zu schädigen, so gab man dem den Vorzug vor einer auf Kampf ausgerichteten Operationsführung. Dabei kam es dann zu Lagen, die im Rückblick geradezu grotesk anmuten.

Dafür ein berühmtes Beispiel: Der Vormarsch des schwedischen Königs Gustav Adolf wurde im Juni 1632 dadurch aufgehalten, daß der kaiserliche Feldherr Wallenstein, Herzog von Friedland, mit einem Heer von 20000 Mann in der Oberpfalz erschien. Gustav Adolf wich mit seinen 15000 Mann von München nach Nürnberg aus. Wallenstein folgte ihm und bezog bei Zirndorf in der Nähe Nürnbergs ein befestigtes Lager. Da Wallenstein an Truppenzahl stärker war als Gustav Adolf, hätte es nach späterer Auffassung nahegelegen, ihn anzugreifen. Aber Wallenstein tat das Gegenteil. Er schlug einen Angriff der Schweden ab und ließ es sogar zu, daß Gustav Adolf Verstärkungen heranzog und dessen Heer größer wurde als sein eigenes. Je größer aber die schwedische Armee wurde, desto größer mußten für sie auch die Verpflegungsschwierigkeiten werden, da sie, wie jede Armee in dieser Zeit, hauptsächlich unmittelbar aus dem Lande, also durch Requisition, lebte. Tatsächlich konnte Gustav Adolf nach acht Wochen sein Heer nicht mehr ernähren und mußte abziehen, worauf ihm Wallenstein folgte.

Alle Militärtheoretiker der beginnenden Neuzeit wie auch der Zeit des Absolutismus waren sich darüber einig, daß eine Schlacht nur dann zu schlagen sei, wenn man sich selbst dem Gegner gegenüber im Vorteil befand oder sie unumgänglich – beispielsweise als letzter Ausweg aus einer verzweifelten Lage – würde. Wer eine Schlacht schlagen wollte, ging dabei das Risiko ein, daß er sein Heer verlor, das nur durch Aufwendung großer finanzieller Mittel wieder zu ersetzen war. Außerdem war die operative Auswirkung einer Schlacht grundsätzlich nur gering, da der geschlagene Gegner meist überhaupt nicht, und wenn überhaupt, dann nur schwach verfolgt wurde. Nach dem Sieg war es notwendig, sofort die taktische Ordnung wieder herzustellen, ohne welche die Kampfführung mit geschlossenen Formationen nicht möglich war. Gelang es dem Gegner, sich einigermaßen geordnet womöglich in eine feste Stellung zurückzuziehen, so konnte sich der Sieg in eine Niederlage verwandeln, wenn der Sieger ihm nachstürmte und ihn ungeordnet berannte. Meist waren auch die eigenen Verluste in den verhältnismäßig sehr blutigen Schlachten dieser Zeit nicht geringer als die des Gegners, die Truppen also erschöpft. So baute man dem Gegner also doch eher für seinen Rückzug goldene Brücken, als daß man bestrebt war, ihn völlig zu vernichten. An eine physische Vernichtung ganzer Truppenkörper, wie sie erst durch die heutigen Massenvernichtungswaffen möglich ist, war in dieser Zeit ohnehin nicht zu denken. „Vernichtung" muß bis zum Zweiten Weltkrieg, bis zur Erfindung der Atombombe, als Vernichtung lediglich der Kampfkraft, also als „Niederwerfung" verstanden werden.

Damit war die Schlacht zur beginnenden Neuzeit und zur Zeit des Absolutismus zwar in ihrer gesamtstrategischen operativen Bedeutung grundsätzlich herabgemindert, was aber nicht heißt, daß sie überhaupt keine Bedeutung in diesem Sinne mehr gehabt hätte. In der Kriegspraxis kam es auch hier wesentlich auf den betreffenden Feldherrn an, und es sind in dem gesamten Zeitraum zwischen Mittelalter und Französischer Revolution sehr viele Schlachten geschlagen worden, die sich operativ oder sogar unmittelbar politisch sehr stark niederschlugen. Wenn von einem Zurücktreten der Bedeutung der Schlacht für diese Zeit gesprochen wird, dann nur insofern, als die Operationsführung nicht grundsätzlich – wie dann in der „Niederwerfungsstrategie" des 19. Jahrhunderts – auf das Schlagen abzielte.

Wenn Hans Delbrück diese Art der Operationsführung als „Ermattungsstrategie" bezeichnet, so erkennt er selbst, daß dieses Wort zu Mißverständnissen führen kann. Er meint damit nicht eine Operationsführung, die sich völlig der Schlacht enthält, also sich nur auf das „Ermatten" des Gegners durch Abnutzung und geschickte, ihn täuschende und ihm zuvorkommende Truppenbewegungen – sogenannte „Manöver" – verlegt. Ja, er lehnt den Begriff „Manöverstrategie" vollkommen ab, da dies eine Methode sei, „die in der Wirklichkeit der Kriegsgeschichte nicht vorkommt", weil kein Feldherr damit rechnen könne, Kriege allein mit Truppenbewegungen zu gewinnen. Bei dem Begriff Ermattungsstrategie beruft sich Delbrück auf die von Clausewitz 1827 niedergelegte „Nachricht", nach der es „eine doppelte Art des Krieges" gebe, ob zu Recht, wird von manchen Militärhistorikern und -theoretikern angezweifelt.

Hierzu führt Clausewitz aus: „Diese doppelte Art des Krieges ist nämlich diejenige, wo der Zweck das Niederwerfen des Gegners ist, sei es, daß man ihn politisch vernichten oder bloß wehrlos machen und also zu jedem beliebigen Frieden zwingen will, und diejenige, wo man bloß an den Grenzen seines Reiches einige Eroberungen machen will, sei es, um sie zu behalten, oder um sie als nützliches Tauschmittel beim Frieden geltend zu machen. Die Übergänge von einer Art in die andere müssen freilich bestehenbleiben, aber die ganz verschiedene Natur beider Bestrebungen muß überall durchgreifen und das Unverträgliche voneinander sondern."

Mit dem Begriff „Ermattungsstrategie" will Delbrück – eben im Sinne der „doppelten Art des Krieges" – den von Clausewitz geprägten und die operative Grundtendenz des 19. Jahrhunderts ausdrückenden Begriff „Niederwerfungsstrategie" ergänzen. Die „Ermattungsstrategie" ist aber nach Delbrück nicht das einfache Gegenteil der auf die Schlachtentscheidung abzielenden „Niederwerfungsstrategie", also keine Operationsführung, die jeder Schlacht aus dem Wege geht – das wäre „Manöverstrategie", die aber gar nicht zu praktizieren sei –, sondern eine „doppelpolige Strategie", die je nach Möglichkeit zwischen Manöver und Schlacht wechselt. Hierbei mag der eine Feldherr seine Operationsführung mehr auf das Manöver, der andere die seine mehr auf die Schlacht ausrichten. Delbrück wehrt sich dagegen, in der „Ermattungsstrategie" etwa eine „matte Strategie" sehen zu wollen.

Delbrück kommt in seinem Werk immer wieder auf diese Problematik zurück. In der einfachsten Weise erklärt er die Ermattungsstrategie wie folgt: „Ich habe für diese Art der Strategie ehedem den Namen der Ermattungsstrategie oder der doppelpoligen Strategie geprägt, d.h. derjenigen Strategie, in der der Feldherr von Moment zu Moment wählt, ob er vermöge einer Schlacht oder eines Manövers zu seinem Zwecke gelangen soll, so daß seine Entschlüsse sich sozusagen unausgesetzt zwischen den beiden Polen des Manövers und der Schlacht bewegen, sich bald diesem, sich bald jenem Pol zuneigen."

Wirtschaftliche Gründe hatte es letzten Endes auch, wenn der Krieg nur in der warmen Jahreszeit geführt wurde. Dies betraf allerdings nur den großen Krieg, während der kleine Krieg mit Behelligung der feindlichen Vorposten und Nachschubwege, mit kleineren Unternehmungen gegen exponierte Stellungen des Gegners, mit Aufklärung und Erkundung für den kommenden Feldzug auch im Winter weiterging. Der wichtigste Grund für die Beschränkung der Feldzüge auf den Sommer ist darin zu sehen, daß nur in dieser Jahreszeit Pferde mit Grünfutter versorgt werden konnten. Dabei kam es oft zu Gefechten zwischen Fouragekommandos beider Seiten. Die Masse des Heeres ging nach Abschluß des Feldzuges im Herbst in die Winterquartiere. Hier wurde die Truppe aufgefrischt, das Material wieder instandgesetzt und die Menschenverluste durch neue Anwerbungen ergänzt.

Durch den Absolutismus erhielt zwar die Kriegführung stabilere wirtschaftliche Grundlagen, wodurch sich aber an der durch die Rücksicht auf die Erhaltung des Heeres bestimmten Operationsführung nichts änderte.

e. Auswirkungen technischer Fortschritte

Feuerwaffen

Die Umgestaltung des Kriegswesens in der beginnenden Neuzeit wurde in zunehmendem Maße von der Einführung und den ersten Verbesserungen der Feuerwaffen bestimmt. Da sich infolge der zunehmenden Feuerkraft auf taktischer Ebene die Wirksamkeit der Verteidigung gegenüber der des Angriffs erhöhte – der Ladevorgang war so umständlich, daß erst im Laufe der Zeit nach Einführung des Steinschloßgewehrs durch eingedrillte Feuerabläufe in Abteilungen die Feuerwirkung auch für den Angriff besser ausgenutzt werden konnte –, mußte die Operationsführung darauf Rücksicht nehmen. Das heißt also, daß die Truppe stets – also nicht nur im „Festungskrieg", sondern auch beim „Krieg im freien Felde", also auch bei Angriffsoperationen – stets eines Rückhalts bedurfte, indem sie notfalls zur Verteidigung zurückgenommen werden konnte. Hierauf war die gesamte Operationsführung abzustellen. Hieraus erklärt sich z.T. die Schwerfälligkeit der damaligen Operationen. Lediglich im letzten Jahrzehnt des Dreißigjährigen Krieges, als die Heere immer stärker mit der Reiterei angereichert wurden, ja manchmal überwiegend aus Reiterei bestanden, wurde die Heerführung zwischenzeitlich schwungvoller und ausgreifender. Grundsätzlich war das Verhältnis von Infanterie und Kavallerie 2 oder 3 zu 1.

Straßenbau

Straßen bildeten buchstäblich die Grundlagen der Operationsführung. Noch in der ersten Hälfte des 17. Jahrhunderts gab es so wenige Straßen, die sich zudem oft in einem sehr schlechten Zustand befanden, daß sich allein schon daraus die Schwerfälligkeit der Heeresbewegungen erklärt. Unter Ludwig XIV. wurden in Frankreich mehr und bessere Straßen angelegt, die anderen Ländern als Vorbild dienten. Auch in Deutschland nahm am Anfang des 18. Jahrhunderts das Interesse am Straßen- und Brückenbau zu, was besonders der verbesserten Ausbildung und dem Einfluß der Ingenieuroffiziere zuzuschreiben war. Seit Mitte des 18. Jahrhunderts wurden auch in Deutschland viele Straßen verbreitert und durch regelrechte Chaussierungen mit Steinfundamenten sowie durch Eindeckungen aus geschlagenen Steinen dauerhafter und belastbarer befestigt. Das kam besonders dem Nachschub zugute, von dem die Truppe oft abgeschnitten war, weil die schweren Versorgungsfahrzeuge in den aufgeweichten Wegen steckenblieben. Mit den sich allmählich verbessernden Verkehrsverhältnissen hing auch zusammen, daß man gegen Ende des 18. Jahrhunderts die Heere in ständige Großverbände aufteilte, denen jeweils eine Straße zugewiesen wurde. Damit wurde auch ein Wandel in der Art der Operationsführung eingeleitet. Nur wenn mehrere Straßen annähernd parallel in der allgemeinen Operationsrichtung verliefen, konnte das Heer in Marschgruppen auf sie verteilt werden. Doch blieb in Deutschland infolge der großen Zahl kleiner Territorien, den dadurch begründeten vielen Zollschranken der verkehrstechnische Fortschritt beschränkt. Zum Ausbau eines dichteren Verkehrsnetzes mit entsprechenden Straßenkorrekturen kam es erst im Laufe des 19. Jahrhunderts.

Solange das Heer ständig konzentriert auf und an einer Straße marschierte, solange es nicht in breiter „Operationsfront" auf mehreren Straßen vorging, gab es auch noch keine weiträumige operative Aufklärung. Die Tätigkeit der leichten Kavallerie, auch selbständige Operationen größerer Kavalleriekörper oder leichter Detachements sind nicht mit der planmäßigen operativen Aufklärung im späteren Sinne zu verwechseln, die übrigens auch im 19. Jahrhundert noch sehr zu wünschen übrigließ. Im 17. und 18. Jahrhundert war der Aufklärungsdienst meist verbunden mit Sicherungs- und Erkundungsaufgaben sowie mit Kleinkriegführung unter dem Sammelbegriff „Parthey", also Parteigängerkrieg.

Festungen

Von ganz außerordentlicher Bedeutung für die Operationsführung waren die Festungen. Die Operationen und die Kämpfe um Festungen wurden als „Festungskrieg" dem „Krieg im freien Felde" zumindest gleichgestellt, wobei eine Kriegsart in die andere überging und erst seit der zweiten Hälfte des 18. Jahrhunderts der Feldkrieg an Bedeutung überwog.

Eine weiträumige Operationsführung war – neben schon erwähnten Gründen – im Mittelalter dadurch eingeschränkt, daß nicht nur die militärstrategisch wichtigen Plätze, sondern auch die Wohnstätten der Ritter – Burgen – und alle Städte befestigt waren. Die festen Plätze dienten nicht in erster Linie als Stützpunkte und Basen für militärische Unternehmen, sondern bei den durch ständige bewaffnete Auseinandersetzungen verunsicherten staatlichen Verhältnissen dem Schutz ihrer Bewohner und als Refugien für die Landbevölkerung. Ein operativer Zusammenhang der mittelalterlichen Kriegführung war also auch deswegen schwer herzustellen, weil die Truppenbewegungen vor den vielen kleineren und größeren Befestigungen immer wieder zum Stillstand kamen oder überhaupt zum Erliegen. Auch wenn Burgen leicht zu umgehen waren, wurden sie „um ihrer politischen Bedeutung willen zum herkömmlichen und gewohnheitsmäßigen Angelpunkt des Krieges" (Erben).

Mit zunehmender Verwendung der Feuerwaffen verloren die mittelalterlichen Burgen ihre militärische Bedeutung. Die durchweg mit Mauern versehenen Städte und Schlösser versuchten sich durch Modernisierung ihrer Befestigungsanlagen den neuen Bedingungen anzupassen. Die mit der fortschreitenden technischen Entwicklung steigenden finanziellen Belastungen freilich vermochten ohne Zuwendungen durch den Landesherrn oder andere Geldgeber nur diejenigen Städte zu tragen, die wirtschaftlich dazu in der Lage waren. Noch im Dreißigjährigen Krieg übte jedoch die große Zahl fester Plätze einen entscheidenden, nämlich hemmenden Einfluß auf die Kriegführung aus. Sie spielten in der konfessionellen und politischen Zerrissenheit der Religionskriege und Machtkämpfe des 16. und 17. Jahrhunderts als Widerstandsnester und Stützpunkte eine große Rolle.

In den französischen Religionskriegen der zweiten Hälfte des 16. Jahrhunderts erlangten die Städte deswegen bereits einen operativen Wert, weil die Hugenotten kein geschlossenes Gebiet bewohnten, wodurch das Zusammenziehen ihrer Streitkräfte sehr erschwert wurde. Daher sammelten sie ihre Truppen in ihren befestigten Städten, die damit über die Aufgabe bürgerlicher Selbstverteidigung hinaus die Funktion militärischen Konzentrations- und Bereitschaftsschutzes erhielten. Daraus ergab sich eine militärische Bewertung des festen Platzes, die über seine örtliche und damit taktische Bedeutung hinausging. Bei einer Kriegführung, die sich nicht nur auf einen festen Platz abstützte, sondern infolge der gemeinsamen Sache, um die es den Hugenotten ging, auf eine Vielzahl, hob sich die Isolation der Orte von selbst auf. Nahe beieinanderliegende Städte derselben Partei traten zwangsläufig in eine militärische Beziehung zueinander. Ihre gegenseitige Abhängigkeit mußten die Hugenotten und die mit ihnen verbündeten Engländer erfahren, als infolge des Falls von Rouen im Oktober 1562 auch Caen und Dieppe kapitulierten. Ein entscheidender Schritt zur militärstrategischen Verwendung fester Plätze wurde damit getan, daß sie bewußt in ein Bezugssystem gebracht wurden. So wurde im dritten Hugenottenkrieg (1568–1570) La Rochelle, der stärkste Stützpunkt der Hugenotten, zweimal zum Ausgangspunkt und Rückhalt für Operationen, durch die weitere feste Plätze gewonnen werden konnten, wodurch die Operationsbasis gleichzeitig ausgedehnt und gesichert wurde. Wie groß das Wagnis der Kriegführung im freien Felde war, zeigte sich unter anderem daran, daß der Führer der Hugenotten, Admiral Coligny, durch eine einzige Niederlage – nämlich die bei Moncontour am 3. Oktober 1569 – alle Erwerbungen bis auf La Rochelle verlor, wohin er sich mit den Trümmern des geschlagenen Heeres retten und von wo er dann wieder zum Angriff übergehen konnte.

Das „Kleben“ an befestigten Plätzen, „ihre verhängnisvolle Anziehungskraft“ (Alten) auf die Kriegführenden und die dadurch bewirkte Gebundenheit der Operationsführung wird von späteren Militärtheoretikern und -historikern oft kritisiert. Diese Kritik ist vom militärischen Standpunkt aus zweifellos berechtigt, soweit sie sich auf die Anziehungskraft bezieht, die wohlhabende Städte auf die Beutegier der Söldner oder auf unfähige Generäle ausübten, die sich lieber hinter Mauern verkrochen, als im Feldkrieg bestehende Chancen auszunützen. Prinzipiell jedoch erklärt sich die starke Abhängigkeit der damaligen Kriegführung von den festen Plätzen nicht aus diesen Gründen, sondern aus zeitgebundenen Bedingtheiten, die insbesondere im Problem der Erhaltung des Heeres gegeben waren. Die frühneuzeitlichen Heere waren allgemein größer als die mittelalterlichen, aber immer noch so klein, daß ihre Führer um ihres Bestandes willen kein Risiko eingehen konnten. Die Frage der Sicherheit war zusammen mit der der Versorgung die wichtigste.

Aus Sicherheitsgründen berücksichtigte aber die Kriegführung zur Zeit der Söldnerheere nicht nur solche festen Plätze, die nach späterer Betrachtungsweise aufgrund ihrer geographischen Lage, ihrer Größe und des Zustandes ihrer Befestigungen militärstrategisch wichtig waren. Denn war es nun durch die wirkungsvolleren Feuerwaffen und das bessere Belagerungsgerät auch eher möglich als im Mittelalter, Befestigungen auf andere Weise zu bezwingen als durch Aushungern, so befand sich doch der ebenfalls mit diesen Waffen versehene Verteidiger hinter Wall und Graben dem Angreifer gegenüber zunächst immer im Vorteil. Daher zog man sich nicht nur nach Niederlagen, sondern überhaupt aus unvorteilhaften Lagen hinter Befestigungen zurück. Fand man keine befestigte Anlage vor, so ersetzte man sie durch Feldbefestigungen, vor allem befestigte Lager. Seit dem ausgehenden Mittelalter waren die Feldbefestigungen immer wichtiger geworden. Daher nützte man dann aber auch jede bestehende feste Anlage aus. War sie in der Hand des Feindes, so mußte man sich ihrer bemächtigen, um Rücken und Flanke der eigenen Truppe zu sichern.

Dies war – neben anderem– ein Grund dafür, weswegen selbst überragende Feldherren so vorsichtig, ja geradezu pedantisch operierten. Von dem Gebot der Sicherheit her versteht man aber auch, warum es gerade diese Pedanterie war, die als Feldherrnkunst so geschätzt war.

„Ein Mann wie Gustav Adolf, der die grandiose Kühnheit hatte, von dem fernen, kleinen Königreich Schweden aus dem Kaiser zu Leibe zu gehn, der ganz Deutschland unter seine Füße gebracht hatte, ein Held von solcher Autorität und Initiative, sah sich doch genötigt, nur vorsichtig tastend und Schritt für Schritt vorwärts zu gehen. Clausewitz nennt ihn ‚einen gelehrten Feldherrn voller vorsichtiger Kombinationen‘. ‚Ein kühner Invasions- und Schlachtenfeldherr‘, sagte er an anderer Stelle, ‚war Gustav Adolf überall nicht, er liebte mehr den künstlichen, manövrierenden, systematischen Krieg‘.“ (Delbrück).

In diesem Fall ist – was längst nicht immer auf die oft sehr wirr wirkenden Feldzüge des Dreißigjährigen Krieges zutrifft – die operative Absicht klar erkennbar. Gustav Adolf kam es zunächst darauf an, in Norddeutschland Fuß zu fassen, dafür einen Brückenkopf an der Ostseeküste zu gewinnen und ihn zur gründlich gesicherten Operationsbasis für sein weiteres Vordringen nach Süden auszuweiten. Dies geschah mit einer offenbar auf niederländischen und damit auch auf hugenottischen Erfahrungen aufbauenden, für diese Zeit erstaunlichen Systematik, wobei die Hindernisse, welche die festen Plätze des Feindes darstellten, durch Einnahme und Besetzung mit eigenen Truppen planmäßig zu Stützen des eigenen operativen Vorhabens umgewandelt wurden.

Demgegenüber mußten schwach besiedelte Räume, in denen es überhaupt keine oder nur wenige befestigte Orte gab, eine sehr viel andere, wenn nicht geradezu entgegengesetzte Art der Operationsführung hervorbringen. Operationen von Heeren in den weiten Steppen des Ostens hatten dem Grundprinzip nach mehr Ähnlichkeit mit denen von Flotten auf dem Meer. Das Gelände, die Orientierung, der Schutz und die Anlehnung, die es bot, hatten in siedlungsarmen Gebieten nicht nur für das taktische, sondern auch für das operative Verhalten zwangsläufig eine größere Bedeutung als in dicht besiedelten Gebieten. Wenn die Türken bei ihren Eroberungszügen gegen den Westen feste Plätze nach Möglichkeit aussparten, so hatte dies allerdings andere Gründe. Sie sind in den ganz anders gearteten staatlichen und militärischen Verhältnissen des Osmanenreichs zu sehen, vor allem darin, daß die Sultane bei ihrer Kriegführung nicht auf geworbene Truppen angewiesen waren. Daher konnten sie sehr viel größere Heere aufstellen lassen als die Kriegsherren in Mittel- und Westeuropa. Sie konnten sie sehr viel leichter ergänzen und brauchten deshalb auch viel weniger Rücksicht auf Stimmungen und Wünsche der Krieger aller Grade zu nehmen. In der Kriegswirtschafts- und Versorgungsfrage waren sie nicht abhängig von dem, was eroberte Städte ihnen bieten konnten. Die osmanischen Heeresmassen, die vom 15. bis 17. Jahrhundert Südosteuropa immer wieder heimsuchten, waren durch kleinere befestigte Orte nicht aufzuhalten, weil sie für sie keine ernsthafte Gefahr darstellten. Da sich die Verteidigung auf die festen Plätze konzentrierte, hatten die Türken zunächst im freien Feld keinen Gegner, der ihnen gewachsen war. Eine offensive Abwehr war aus diesem Grunde nicht möglich. Kam es jedoch zum Kampf um feste Plätze, so waren sie auch hier anfänglich überlegen, weil sie die bessere Belagerungstechnik, das bessere Belagerungsgerät besaßen und bei ihren, mit außerordentlicher Wucht und religiösem Fanatismus geführten Sturmangriffen auch keine Rücksicht auf eigene Menschenleben nahmen. In der Verteidigung zeigten sie ebensoviel Geschick und eine fatalistische Tapferkeit.

Bis zum Ende des 17. Jahrhunderts hatten jedoch die Kaiserlichen bei der Verteidigung ihrer südöstlichen Gebiete viel von den Türken gelernt. Vor allem aber nutzten sie ihre im Laufe der Zeit immer mehr verschärfte Kampfdisziplin gegen sie aus. Der festen Geschlossenheit der kaiserlichen und zeitweise verbündeten Kampfformationen, dem immer strenger geregelten abendländischen Kampfverfahren erwiesen sich die Türken, die noch immer in wilden Schwärmen angriffen, auf die Dauer als unterlegen. Außerdem erlahmte im Laufe der Zeit der türkische Angriffsschwung, weil sich der religiöse Fanatismus abschwächte. Im kleinen Krieg, in dem die Türken jahrhundertelang konkurrenzlos überlegen gewesen waren, entstanden ihnen in den auf kaiserlicher Seite kämpfenden irregulären leichten Truppen, die in den umkämpften Gebieten zu Hause waren, gleichwertige Gegner.

Das immer strenger geregelte Kampfverfahren brachte den regulären Truppen aber auch zunehmend Vorteile gegenüber den Türken im Festungskampf. Die bei allen europäischen Streitkräften dieser Zeit im Kampf mit asiatischer oder nach asiatischer, auf dem Schwarmprinzip beruhender Taktik kämpfenden Heeren zu beobachtende enge Massierung der Großkampftruppen, Gewinn an Abwehrkraft durch Bildung verhältnismäßig großer, massiver Kampfkörper, fand im Festungskrieg einen entsprechenden Niederschlag: Es wurde erkannt, daß die kleineren befestigten Orte an Wert verloren gegenüber größeren Heeren als denen der europäischen freien Söldner, weil größere Heere solche Plätze aussparen oder mit einem Teil durch Einschließung isolieren konnten, während sie mit den übrigen Teilen im Vormarsch blieben. Gegenüber einer verbesserten Belagerungstechnik und rationalisierten Belagerungstaktik konnten sich kleinere Plätze naturgemäß noch weniger halten als große. Die Erfahrungen der Türkenkriege trugen also wesentlich dazu bei, daß sich Festungskampf und Festungsbau auf größere befestigte Anlagen konzentrierten.

Das hatte aber auch andere Gründe. Sie lagen, wie bereits erwähnt, zunächst darin, daß wirtschaftlich schwächere Städte – das waren meist kleinere – mit der Entwicklung des Festungsbaues aus finanziellen Gründen nicht Schritt halten konnten: Befestigungen hatten nur dann einen Zweck, wenn sie auch verteidigt wurden. Ursprünglich verteidigten die Bürger ihre Städte selbst, weil sie damit ihrer und ihrer Schutzbefohlenen Leben, die mit der Stadt verbundenen Privilegien und Freiheiten, ihre politischen Ziele und religiösen Anschauungen verteidigten. Aus dieser Situation heraus ist auch noch die aktive Beteiligung von Bürgern an den Festungskämpfen der großen Religionskriege des 16. und 17. Jahrhunderts zu verstehen. Auch später nahmen noch Bürger aktiv an Stadtverteidigungen teil, aber je mehr sich die militärische Überlegenheit des neuen berufskriegerischen Elements der freien Söldner auch im Festungskampf als überlegen erwies, desto weniger waren die Bürger in der Lage, ihre Städte alleine zu verteidigen. Die Unterstützung durch die Landesherren stellte sich freilich für sie als zweischneidige Angelegenheit heraus, da diese militärische Hilfe zunehmend der Stärkung der staatlichen Zentralgewalt und damit der politischen Entmachtung der Städte dienen sollte. Es kam hinzu, daß die Söldner, die meist keinerlei innere Bindungen zu den Bürgern der Städte hatten, die sie beauftragt waren zu verteidigen, sich ihnen gegenüber mit Repressalien und sonstigen Übergriffen oft kaum weniger übel aufführten als eine feindliche Besatzung. Auch wurden ja die Einwohner des eigenen Landes den Kontributionen oft nicht weniger hart unterworfen als die eines feindlichen. Bei der zunehmenden Macht der absolutistischen Zentralgewalt verloren die Bürger das Interesse an der Verteidigung ihrer Städte.

Andererseits hatten auch die Landesherren kein Interesse an den vielen kleinen befestigten Städten in ihrem Machtbereich. Dies natürlich um so weniger, je weniger diese Städte in der Lage waren, ihre Befestigungswerke aus eigenen Mitteln zu erhalten und aufzubauen. Der ursprüngliche Wille und die Fähigkeit der Bürger, selbst ihre Städte zu verteidigen, bedeutete aber für die Landesherren nicht nur eine Entlastung, sondern unter Umständen eine Bedrohung. Dann nämlich, wenn Städte sich mit den Feinden des Landesherrn verbanden oder aber aus anderen Gründen gegen ihn rebellierten. Die Furcht davor, daß Städte zu Brutstätten und Stützen innerpolitischen Widerstandes werden konnten, war aus jahrhundertelanger Erfahrung heraus, besonders aber den nächstliegenden aus den Kämpfen zur Durchsetzung der staatlichen Zentralgewalt und in den Religionskriegen, so stark, daß sie, wie die Kriegstheorien des 16. und 17. Jahrhunderts erweisen, wesentlich die Überlegungen bestimmten, die sich auf den Festungsbau bezogen. Allein schon diese unsicheren innerpolitischen Verhältnisse legten es nahe, sich auf solche festen Plätze zu beschränken, die fest in der Hand des Landesherrn waren.

Der Landesherr hatte als Kriegsherr die festen Plätze nur dann vollkommen in der Hand, wenn er sie mit für ihre Verteidigung ausreichenden und zuverlässigen eigenen Truppen besetzen konnte. Die Spanier verloren im Krieg gegen die nördlichen Niederlande viele Plätze, weil sie nicht in der Lage waren, sie zu besetzen. Festungen, die nicht verteidigt wurden, nutzten aber lediglich dem Gegner, der sie ohne weiteres einnehmen und – wenn er sie seinerseits zu besetzen vermochte – gegen die ursprünglichen Besitzer einsetzen konnte. Je weniger die befestigten Städte allein von den Bürgern verteidigt werden konnten, desto mehr Söldner wurden dafür nötig, die dadurch wiederum für die Kriegführung im freien Felde fehlten.

Im letzten Drittel des Dreißigjährigen Krieges wurde deutlich, daß die Verteidigungskraft der Städte nachließ. War infolge der hartnäckigen Verteidigung in der ersten Zeit des

Krieges der Angreifer meist gezwungen gewesen, nach dem abgeschlagenen ersten Sturm, mit dem der Kampf eingeleitet wurde, zur regelmäßigen und oft sehr langwierigen Belagerung überzugehen, so wurde es nun üblich, daß sich die Kommandanten zur Kapitulation berechtigt hielten, nachdem der Angreifer in die Befestigung die erste gangbare Bresche gelegt hatte. Es zeigte sich hier ein Phänomen, das nicht nur in der Geschichte des Krieges immer wieder zu beobachten ist: Der Umschlag eines Prinzips in sein Gegenteil, nachdem es überspannt worden war. Der Zweck der brutalen Rücksichtslosigkeit, der darin bestand, allein schon durch Androhung von Plünderung und anderen furchtbaren Racheakten den Verteidiger „weich" zu machen, hob sich dadurch auf, daß der Angreifer demnächst in die gleiche Lage kommen konnte, wie der zur Zeit bedrohte Verteidiger. Angreifer und Verteidiger unterschieden sich nicht mehr darin, daß jene aus Söldnern, diese aus Bürgern bestanden, vielmehr kämpften auf beiden Seiten Söldner. Die Gegnerschaft der Söldner der beiden Kriegsparteien war eine rein militärische. Im übrigen bestand zwischen ihnen ein Konsens als „Berufskollegen", um so mehr, als nicht nur einzelne von ihnen „die Fahne wechselten", sondern ganze gefangene Truppenteile vom Gegner „untergesteckt" wurden und auf seiner Seite gegen die ehemaligen Kameraden weiterkämpften, aber auch infolge des Parteiwechsels ihrer Kriegsherren, wodurch das verbündete Heer von gestern das feindliche Heer von morgen sein konnte und umgekehrt. Die Söldnerführer aber hatten an der Stadt, die sie verteidigen sollten, neben dem Versorgungs- natürlich ein politisches oder (und) militärstrategisches Interesse. Die Stadt war ihnen aber nicht angestammte Lebensgrundlage wie den Bürgern. Bestand die Gefahr, daß die Stadt vom Feinde eingenommen wurde, so standen die Kommandanten vor der Frage, ob die genannten Interessen weitere Verteidigung und damit den möglichen Untergang nicht nur der Bürgerschaft, sondern auch der Söldnerbesatzung rechtfertigten. Die Bereitschaft, eine Stadt zu übergeben, wenn durch anfängliche Verteidigung einem gewissen Prestige Genüge getan war, und dadurch den freien Abzug der Besatzung zu erwirken, dürfte also ebenfalls aus dem obersten Prinzip damaliger Kriegführung, der Erhaltung des Heeres, zu erklären sein.

Die nachlassende Verteidigungskraft der Festungen in Deutschland während des Dreißigjährigen Krieges – womit natürlich auch hier nur wieder ein allgemeiner Eindruck wiedergegeben wird, der sich nicht auf jeden Einzelfall bezieht – muß im Zusammenhang gesehen werden mit der größeren operativen Beweglichkeit, die zur gleichen Zeit, also im letzten Drittel des Krieges, zu beobachten ist.

Verminderte sich also der Wert der kleinen Festungen, so vermehrte sich der der großen nicht nur durch deren verteidigungstechnische Verbesserungen, sondern auch durch ihren militärstrategischen Nutzen, den sie nicht nur punktuell als Stützpunkt für militärische Aktionen besaß, sondern durch die Möglichkeit, mit ihr bestimmte Geländeabschnitte, Gebiete, Verkehrsverbindungen beherrschen, sichern, offenhalten oder sperren zu können. Damit konzentrierte sich das militärische Interesse zwangsläufig auf solche Plätze, die infolge ihrer Stärke und geographischen Lage auch für eine über sie hinausreichende Kriegführung stärker und nachhaltiger ins Gewicht fielen als solche, bei denen das nicht der Fall war. Die in dieser Richtung verlaufende militärische Entwicklung wurde nun noch wesentlich gefördert durch die politische Entwicklung. Mit der politischen Zentralgewalt beanspruchten die Territorialherren auch die militärische und damit das Besatzungsrecht in ihren Ländern. Die festen Plätze wurden zu Mitteln der Landesverteidigung nach außen und der Befriedung des Landes im Innern. Auch unter absolutistisch-territorialstaatlichem Aspekt ergab sich also eine Auswahl der festen Plätze nach der Möglichkeit ihrer Besetzung durch Truppen des Landesherrn unter militärstrategischen Gesichtspunkten. Die schwindende Kraft bürgerlicher Selbstverteidigung kam dem Bestreben der Landesherren entgegen.

Damit vollzog sich die Umwandlung des befestigten Wohnplatzes zur neuzeitlichen Festung. Eine Akzentverschiebung fand statt, nach der die Verteidigungseinrichtung des Platzes nicht mehr seinen zivilen Belangen diente, sondern sich letztere den militärischen Erfordernissen unterzuordnen hatten. Um im Belagerungsfalle möglichst lange Widerstand leisten zu können, war die militärische Führung bestrebt, die Festung von „unnützen Essern“ (Alten) zu entlasten. Dies betraf vor allem die schutzsuchende Landbevölkerung, die mit Vieh und transportablen Habseligkeiten in der Enge des Festungsraums zudem die militärischen Maßnahmen behinderte und zur Verbreitung ansteckender Krankheiten beitrug.

Der Wunsch zur Sicherung der Grenzen des Territorialstaates führte zur Herausbildung von Grenzbefestigungssystemen. Erst im Schutz gesicherter Grenzen konnten sich zusammenhängende Staatsgebiete bilden, die dann ganz oder hinter ihren Grenzen zu Operationsbasen für Kriege wurden, die um diese Grenzen stattfanden. Auch hier deckte sich der militärische Aspekt mit dem politischen. Die Herausbildung einer auf Befestigungen abgestützten Landesverteidigung in Verbindung mit der Entstehung des neuzeitlichen Territorialstaates läßt sich an den Niederlanden verfolgen. Vauban, der große französische Festungsingenieur und -taktiker, stellte die Niederlande für seine Zeit als das beste einer ganzen Reihe von Beispielen für den Nutzen der Festungen heraus. Während ihres von 1568 bis 1648 dauernden Kampfes um die Befreiung von Spanien sahen sich die nördlichen Niederlande anfänglich fast ausschließlich auf ihre festen Plätze angewiesen, da sie zunächst über keine im freien Felde geübten eigenen Truppen verfügten. Nicht nur die Seestädte waren dem spanischen Angriff im besonderen Maße ausgesetzt, sondern auch die östlichen Städte der abtrünnigen Provinzen, die sich 1579 zur Union von Utrecht zusammenschlossen. Die Städte an der Ostgrenze wurden so wichtig, weil ausländische Truppen, die die Niederländer unterstützten, nur auf dem Landwege zugeführt werden konnten, die Grenze also sowohl gegen die Spanier verteidigt als auch für diese Hilfe offengehalten werden mußte. Nach 1621 entwickelten die Niederländer im Kampf um die umstrittenen Gebiete im Süden ein auf feste Plätze abgestütztes Grenzsicherungssystem, das es ihnen ermöglichte, den Krieg zuletzt ausschließlich defensiv zu führen – mit dem Erfolg, daß sie 1648 im Frieden von Münster die hartnäckig verteidigten Grenzgebiete behielten.

Die niederländischen Grenzsicherungsmaßnahmen waren durch die Bestrebung charakterisiert, die Grenzbefestigungen in ein Vorfeld vor die eigentliche Staatsgrenze zu verlegen. Diese Gebiete unterstanden zwar der niederländischen Verwaltung, wurden aber bewußt nicht in das Staatsgebiet einbezogen. Auf diese Weise sollte durch Festungslinien das eigene Staatsgebiet wie durch eine Barriere militärisch abgeriegelt werden. Das „Barrieredenken“ (Hahlweg) beeinflußte wesentlich die militärstrategische Auffassung in der zweiten Hälfte des 17. und am Anfang des 18. Jahrhunderts. Es lag dem Grenzsicherungssystem Frankreichs unter Ludwig XIV. zugrunde, das die vollkommenste Einrichtung dieser Art darstellte. An Frankreich zeigte sich aber auch, daß der Schutz eines Landes mit Hilfe von Festungen nur in Verbindung mit einem starken, mobilen Feldheer gewährleistet war.

6. Hauptkriterien der Militärstrategie zur Zeit des Absolutismus

a. Grundtendenzen der Operationsführung

Wie in der Zeit der freien Söldner ging es auch zur Zeit des Absolutismus und des stehenden Heeres in der Operationsführung darum, das Operationsziel zu erreichen, ohne daß dabei das Heer aufs Spiel gesetzt wurde. Denn durch seine Verstaatlichung war der Bestand des Heeres im Kriege nicht weniger gefährdet als vorher, da es nach wie vor und trotz aller rigorosen Methoden der Zwangsrekrutierung und der Konskription im wesentlichen durch Werbung ergänzt wurde. Damit fehlten auch ihm sichere Grundlagen für einen laufenden Ersatz, wie er erst durch die allgemeine Wehrpflicht möglich wurde. Das stehende Heer hatte sogar gegenüber dem Söldnerheer an Wert noch erheblich gewonnen. Materiell, weil der Staat ja nicht nur die Soldaten, sondern auch ihre gesamte Bewaffnung, Ausrüstung und Bekleidung bezahlte. Auch die Ausbildung der Soldaten übernahm der Staat. Ging auch die kriegerische Qualität des einzelnen Mannes zurück, so hob sich doch der Ausbildungsstand der gesamten Armee durch die lange und intensive Friedensausbildung. Unter dem Absolutismus bedeutete der Verlust des Heeres nicht nur den Verlust des Kriegsinstruments, des außenpolitischen Demonstrations- und Repräsentationsmittels, sondern der Grundlage des Staates. Ohne Armee gab es keinen Staat. Aus dieser Situation heraus ist die späteren Zeiten befremdliche Feststellung Montecuccolis zu verstehen: „Das Heil des Heeres ist das höchste Gesetz."

Es lagen also nun noch mehr Gründe für einen vorsichtigen Einsatz des Heeres vor als in der Zeit des freien Söldnertums. Es blieb der alte Grundsatz, nach dem eine Schlacht nur dann geschlagen werden dürfe, wenn ein sicherer Vorteil damit verbunden war oder es keinen anderen Ausweg gab.

Zu den genannten Gründen, die gegen einen unvorsichtigen Einsatz sprachen, kam jetzt noch der hinzu, daß die immer differenziertere taktische Struktur die Truppe im erhöhten Maße anfällig machte gegen alle unvorhergesehenen Störungen. Jeder Großkampfeinsatz mußte daher genau vorbereitet werden, damit die Kriegsmaschine, die das Heer darstellte, funktionierte. Mit der Störanfälligkeit – insbesondere der linearen Formen – erhöhte sich auch die Notwendigkeit zur Aufrechterhaltung der taktischen Ordnung, womit sich gleichzeitig die Möglichkeit zu spontanen Aktionen verringerte. Es war also nun noch schwieriger als in der Söldnerzeit, den geschlagenen Feind nach einem Schlachtsieg zu verfolgen.

So hielt man in verstärktem Maße an dem Grundsatz fest, dem Gegner nach Möglichkeit auf andere Weise Abbruch zu tun als durch risikoreichen Großkampf, ihm mehr durch Verluste sparende „indirekte Methoden", wie es Basil Henry Liddell Hart nennt, als durch direkten Angriff den Willen aufzuzwingen. Nach wie vor bot sich dafür der Kleinkrieg und auch noch lange der Abnutzungskrieg an. In operativer Hinsicht war man weiterhin bestrebt, den Gegner auszumanövrieren, um sich nicht mit ihm schlagen zu müssen. Die Möglichkeit, den Gegner durch direkten Angriff niederzuwerfen, war unter den gegebenen Umständen gering, wenn sie auch nicht völlig ausgeschlossen wurde. Die Hinneigung zur Anwendung „indirekter Methoden“ entsprach also nicht in jedem Fall dem freien Willen des Feldherrn dieser Zeit, war aber bedingt durch die aufgezeigten Verhältnisse. Denn die Operationsführung veränderte sich zwar gegenüber der Zeit des freien Söldnertums nicht grundlegend, sie wurde aber – eben wegen der nun geregelteren Voraussetzungen – in streng geregelte Formen gebracht, die man später als „methodische“ Kriegführung bezeichnete.

Entscheidend in dieser Richtung wirkte sich die Durchsetzung des Magazinsystems aus. Es betraf zunächst zwar nur die Versorgung, gewann aber eben dadurch größten Einfluß auf die Operationsführung.

Schon zur Zeit des freien Söldnertums hatte es, neben dem herrschenden Requisitionssystem, immer wieder Ansätze zum Magazinsystem gegeben. Die Truppenversorgung erfolgte nie ausschließlich durch eines dieser beiden Versorgungssysteme allein. Erst der Absolutismus besaß aber mit der geregelten Steuereinnahme die Voraussetzung, Vorräte für den Krieg bereitzustellen und in Magazinen zu horten. Dadurch war die Heerführung nicht mehr gezwungen, im Kriege Gegenden aufzusuchen, in denen es zwar möglich war, das Heer durch Requisitionen zu ernähren, was aber bedeuten konnte, daß dadurch die ursprünglichen operativen Absichten nicht weiter verfolgt werden konnten. Demgegenüber war es durch das Magazinsystem möglich, die Truppe auch auf solchen Marschstrecken zu verpflegen, die durch öde oder arme Gebiete führten, besonders aber während langer Belagerungen. Unabhängig von der Jahreszeit wurde dadurch die Kriegführung allerdings noch nicht, da man für die Ernährung der Pferde nach wie vor auf Grasfutter angewiesen blieb. Deshalb und zum Zwecke der Auffrischung und Ergänzung, da Ersatztruppenteile fehlten, gingen die Heere bei Beginn der kalten Jahreszeit nach wie vor in Winterquartiere.

Andererseits wurde die Operationsführung durch das Magazinsystem aber in noch stärkerer Weise gebunden, als dies dadurch der Fall gewesen war, daß die Truppe auf Gegenden angewiesen war, in denen sie sich durch Requisition ernähren konnte. Mit dem Magazinsystem bildete sich in Preußen das sogenannte Fünf-Tage-System heraus, das für alle Marschbewegungen die Grundlage bildete.

„Ungefähr in der Mitte zwischen Magazin und Armee befand sich die Feldbäckerei. Der Ofenbau dauerte 12 bis 15 Stunden, wenn man beim behelfsmäßigen Mauern Ziegel, Lehm und Flechtwerk verwendete. Die transportablen Backöfen, die aus großen Eisenbügeln zusammengesetzt und dann mit Ziegelsteinen bedeckt wurden, konnten bereits nach sechs Stunden mit der Brotherstellung beginnen. Die Feldbäckereien übten die Funktion eines Hauptgliedes in der Versorgungskette aus. Ihr Standort glich einem geometrischen Punkt, von dem aus am ehesten sicherzustellen war, daß die Truppen regelmäßig alle 5 Tage frisches Brot erhielten. Hierbei mußten die Bedingungen der Genießbarkeit (9 Tage), der Ladezeit, der Wegstrecke und der Wetterlage berücksichtigt werden. Die Regimenter holten ihre Brote mit eigenen Wagen von der Bäckerei ab, und zwar in zwei geteilten Staffeln auf dem Pendelwege. Ein ähnliches Verfahren wurde beim Mehltransport von den Magazinen zu den Backplätzen angewendet mit genau kalkulierter Fahrzeit, Rast sowie Be- und Entladefrist.“ (Fiedler).

Dieses System diente in erster Linie der Brotversorgung. Man berechnete zwei Tage für die Hinfahrt von der Truppe zur Bäckerei, einen Ruhe- und Ladetag sowie zwei Tage für den Rückweg. Da die durchschnittliche Tagesmarschleistung der Truppe 20 km betrug, durfte sie sich nicht mehr als 100 km von ihren Magazinen entfernen. Später, im Siebenjährigen Krieg unter Friedrich dem Großen, konnte die Marschstrecke äußerstenfalls auf zehn Tage ausgedehnt werden. Trotz aller Vorteile, die sich mit ihm verbanden, wirkte sich das Magazinsystem für die operative Führung also als „Fußschelle" aus.

Um die Versorgungsgüter vor dem Zugriff des Feindes möglichst zu schützen, wurden sie in Festungen untergebracht. Dadurch erhöhte sich die strategische Bedeutung der Festungen noch beträchtlich. Sie stellten nun nicht nur im Rahmen der Landessicherung und -verteidigung Hindernisse gegen angreifenden Feind und Deckungen für eigene Truppenversammlungen und -unternehmungen dar, sondern geschützte Proviant- und Kriegsmaterial-Reservoirs auch für Truppen außerhalb ihrer Mauern. Dadurch steigerte sich zwangsläufig die Bedeutung des Kampfes um feste Plätze noch über das bisherige Maß hinaus. Mit der Festung wurde zugleich also nicht nur der Waffenplatz, sondern die Versorgungsgrundlage für Teile einer Armee verteidigt bzw. angegriffen. Man versuchte auf dem Vormarsch Festungen auch nur deswegen einzunehmen, um in ihnen Magazine anlegen zu können. Wie gesagt, hatten auch schon im Mittelalter und in der beginnenden Neuzeit feste Plätze als Operationsbasen gedient, aber dies nur dann, wenn sie ausreichende Versorgungsgüter nicht nur für die Besatzung, sondern auch für die von ihnen aus operierenden Streitkräfte besaßen.

Nicht weniger wichtig waren unter operativen Gesichtspunkten die Versorgungsverbindungen. Auch als sich das Heer noch überwiegend aus dem Lande ernährte, waren Wege natürlich als Marschstraßen benutzt worden, auf denen es sich mit allem, was es benötigte und nicht im Lande vorfand, als „wandernde Welt" fortbewegte. Jetzt aber, auf der Grundlage des Magazinsystems, hing das Heer an seinen Nachschubwegen gleichsam wie an Lebensfäden, weil sie rückwärtige Verbindungen zur Operationsbasis darstellten. So wurden die „Communicationen" für die operative Führung jetzt sehr viel wichtiger, als sie es früher gewesen waren. Gleichgültig, ob die Truppenbewegung nach vorn, seitwärts oder rückwärts erfolgte – in jedem Fall mußte über die Versorgungsverbindungen der Anschluß an die Operationsbasis sichergestellt sein. Nun bestand diese Notwendigkeit natürlich auch in den Kriegen späterer Zeiten. Die besondere Schwierigkeit für die operative Führung war aber im 17. und 18. Jahrhundert die, daß man einerseits mit der geregelten Versorgung mehr als in der Zeit davor auf bestimmte Wege angewiesen war, da nur wenig Wege vorhanden waren, über die auch bei schlechtem Wetter der Nachschub geleitet werden konnte, ohne sich festzufahren. Deshalb wurden, wo es ging, Wasserstraßen für den Transport ausgenützt. Eben dadurch aber gewannen die Verbindungen im Zusammenhang mit der indirekten Operationsmethode, also dem Manövrieren, eine überragende Bedeutung. Damit waren aber auch die Operationen an bestimmte Verbindungswege gebunden.

Schon immer hatte man es darauf abgesehen, dem Gegner den Nachschub wegzunehmen, und das war und blieb eine Aufgabe des kleinen Krieges und der Streifkorps. Auch das Abschneiden von Verbindungen hatte in der Kriegführung früherer Zeiten natürlich da, wo es möglich war, eine Rolle gespielt. Niemals aber eine größere als jetzt, da man bereits durch eine Bedrohung seiner Kommunikationen die operative Absicht des Feindes durchkreuzen konnte, weil er sich von seiner Operationsbasis abgeschnitten und in seiner

Versorgung gefährdet sah. Somit wurde der Schutz der eigenen und die Bedrohung der feindlichen Verbindungen zur operativen Hauptaufgabe.

Wenn es möglich war, dem Feind allein schon auf diese Weise den eigenen Willen aufzuzwingen, so erübrigte es sich allerdings, ihn in einer selbst im Falle eines Sieges auch für die eigene Seite meist verlustreichen Schlacht schlagen zu wollen. Daher konnte die Kriegführung – jedenfalls theoretisch – mit einem Schachspiel verglichen werden. Zumindest die Tendenz ging dahin, das Schwergewicht der Aktion nicht im Kampf selbst, sondern im Gewinnen von Positionen zu sehen, von denen aus der Gegner „matt" gesetzt werden konnte, bevor es noch zu einer größeren Kampfhandlung kam. Daher war das unmittelbare Objekt der operativen Kriegführung nicht der Feind, sondern die vorteilhafte Stellung. Die wichtige Bedeutung dieser Operationsart drückte sich in dem Begriff „Positionskrieg" oder „Stellungskrieg" aus. Tatsächlich aber ergab sich das Operieren um Positionen ganz selbstverständlich aus dem Manövrieren, aus der Strategie des „indirekten Vorgehens", die, zumindest aus den Zeitverhältnissen zu erklären und jedenfalls grundsätzlich – wenn auch nicht in jedem einzelnen Fall – militärisch aus ihnen zu rechtfertigen war. Denn wollte man es vermeiden, den Gegner unmittelbar anzugehen, mußte man ihn „ausmanövrieren", was wiederum nur durch Einnahme von Stellungen möglich war, die denen des Gegners überlegen waren. Hierfür wurden alle Gelegenheiten ausgenutzt, den Feind irrezuführen. Eine große Rolle spielten die „Diversionen". Hierbei handelte es sich um Ablenkungsmanöver, bei denen der geringere Teil des Heeres gegen eine unwichtigere Position des Gegners vorrückte, um ihn dort zu fesseln und zu zwingen, Truppen dagegen anzusetzen, die ihm bei der Verteidigung des für die eigene Seite wichtigeren Objekts dann fehlten.

Für die Überlegenheit der eigenen Position war nicht allein der operative Gesichtspunkt maßgebend – etwa die Tatsache, daß von einem bestimmten Platz aus die Beherrschung wichtiger Verkehrsverbindungen oder eines strategisch wichtigen Gebietes möglich war. Solange das Heer oder ein größerer selbständiger Heeresteil auch operativ als geschlossene Einheit geführt wurde und als solche eine zusammenhängende Stellung bezog, mußte der dafür in Aussicht genommene Platz auch unter taktischen Gesichtspunkten dafür geeignet sein. Er mußte vor allem, bei entsprechendem Gelände, gut zu verteidigen sein. Das Gelände wurde nach wie vor durch Feldbefestigungen verstärkt. Je flacher die angreifenden Gefechtskörper wurden, desto schwieriger war es, feste Stellungen im Sturm zu nehmen. Das rechtzeitige Ausweichen auf Festungen oder feste Stellungen wurde als ein wesentlicher Teil der „Manövrierkunst" angesehen. Da es sehr schwer war, feste Stellungen im Sturm zu nehmen, zog sich der Krieg durch Belagerungen in die Länge. Die dafür benötigte Zeit wirkte sich strategisch vor allem dadurch aus, daß sie auf den Geldbeutel drückte. Der finanziell Stärkere war also hierbei nach wie vor im Vorteil, wenn es auch nun, bei geregelten Finanzverhältnissen, sehr viel länger dauerte, den Gegner in die Knie zu zwingen.

Mit der zunehmenden strategischen Bedeutung der Festungen differenzierte sich zwangsläufig das Zusammenwirken des Feldheeres mit ihnen. Nicht nur das Feldheer benötigte die Festungen als Rückhalt und Deckung, die Festungen benötigten auch das Feldherr zunehmend zur Entlastung ihres Kampfes oder zu ihrer Befreiung. War ein fester Platz im Mittelalter oder auch noch zur beginnenden Neuzeit gut mit Waffen und Proviant versorgt, so waren die Aussichten seiner Besatzung, der Belagerung zu trotzen und darauf zu warten, daß die Belagerer die Lebensmittel der umliegenden Gegend aufgezehrt hatten, daß sie von Krankheiten dezimiert wurden und in den Gräben verrotteten, jedenfalls besser gewesen als jetzt. Die hygienischen Zustände waren – an heute gemessen – überall miserabel und blieben es auch weiterhin, aber in den Gräben, Laubhütten und Zelten des Belagerungsringes waren sie doch noch schlechter als innerhalb der Mauern des festen Platzes. Jetzt, in den Zeiten des verstaatlichten Kriegswesens, befand sich der Belagerer gegenüber den Belagerten in dem Maße im Vorteil, wie es ihm gelang, seinen Nachschub auch aus entfernt liegenden Magazinen regelmäßig heranzubringen, wodurch er auf die Nahrungsmittel der Umgegend nicht mehr angewiesen war. Voraussetzung für das Aushungern des festen Platzes war natürlich, daß ihm durch den Belagerer alle Versorgungsverbindungen abgeschnitten waren. So konnte – auch natürlich nur wieder prinzipiell – der Belagerer die Belagerung länger durchhalten als die Belagerten. Die Besatzung der belagerten Festung war also im stärkeren Maße als früher auf die Unterstützung von eigenen Kräften außerhalb von ihr angewiesen. Darin lag zunächst einmal ein immer engeres Zusammenwirken von Feldheer und Festung begründet. Hinzu kam noch als ein neues entscheidendes Moment, daß die Belagerungsmethoden, vor allem durch Vauban, soweit verbessert wurden, daß auch aus diesem Grunde der Fall einer Festung nur eine Frage der Zeit war. Diese Frage konnte allerdings über Erfolg oder Mißerfolg eines ganzen Feldzugs entscheiden.

Umgekehrt versuchte natürlich der Belagerer der Festung nicht nur die Versorgung, sondern jegliche Hilfe abzuschneiden – also vorrangig die durch feindliche Truppen, die zum Entsatz der Festung angesetzt waren. Dafür war es nötig, daß der Angreifer seine Streitkräfte teilte und sein „Belagerungskorps“ – der Begriff „Korps“ hatte zur Zeit des Absolutismus, wie bereits erwähnt, noch keine feste Bedeutung und stand für einen größeren, selbständig operierenden Teil der gesamten Armee – durch ein „Observationskorps“ ergänzte. Wie der Name sagt, diente letzteres der Beobachtung der Bewegungen des feindlichen Feldheeres, aber auch der Deckung des eigenen Belagerungskorps.

Die Tatsache, daß die einzelne Festung durch die verbesserten Belagerungsmethoden schneller eingenommen werden konnte als früher, wurde durch Befestigungsketten oder -gürtel ausgeglichen. Gelang es dem Feind, den Befestigungsgürtel an einer Stelle zu durchstoßen, so hatte er die übrigen, intakten Festungen in Flanke und Rücken. Das war ein Grund für das äußerst vorsichtige Operieren. Der Angreifer mußte also die Truppe, die den Festungsgürtel durchbrechen sollte, durch andere Truppen decken, die ihm Flanken und Rücken freihielten. Die Kunst bestand auch hier wieder darin, mit möglichst geringen, unblutigen und „eleganten“ Mitteln den Gegner auf die hier für den „Positionskrieg“ geschilderte Art zu übervorteilen – also etwa dadurch, daß man Kräfte gegen eine weniger bedeutende oder jedenfalls für die eigenen operativen Ziele weniger wichtige Festung ansetzte, um den Feind von der wichtigen Festung abzuziehen. Da Festungen nur da etwas nützten, wo sie durch Truppen besetzt werden konnten, ergab sich daraus das Problem des Verhältnisses von Festungsbesatzungen und Feldheer. Je mehr die Landesverteidigung auf Festungen abgestützt wurde, desto mehr Besatzungen waren auch erforderlich, was zwangsläufig eine Verminderung des Feldheeres bedeutete. Umgekehrt, vom Angreifer her gesehen, bestand die entsprechende Schwierigkeit: ließ er feindliche Festungen bei erfolgreichem Vormarsch nach ihrer Einnahme unbesetzt, so bestand die Gefahr, daß sich in ihnen der Feind wieder einnistete. Besetzte der Angreifer sie dagegen regelmäßig, so schmolz sein Feldheer zusammen. Der zweite Teil dieses Problems wurde um so wichtiger, je weniger die Festung selbst als Kriegsobjekt angesehen, je mehr im Sinne der strategischen Zielsetzung ein operatives Zusammenwirken von Feldheer und Festungsbesatzungen angestrebt wurde.

b. Die Militärstrategie in der Kriegstheorie Montecuccolis

Mit den besseren Möglichkeiten, die sich zwischen dem 16. und 18. Jahrhundert für eine operative Kriegführung ergaben, wuchs auch das Bedürfnis nach ihrer theoretischen Erfassung. Wurde auch die Militärstrategie von der Taktik, im Sinne der heutigen Auffassung, noch nicht begrifflich klar unterschieden, so sind diese Unterschiede doch aus den Lehrschriften dieses Zeitraumes – soweit sie sich um eine umfassende Bearbeitung der Kriegführung unter möglichst vielen Aspekten bemühten – in ihrer kontinuierlichen Weiterentwicklung durchaus festzustellen. Das Schwergewicht lag freilich noch eindeutig auf den taktischen Fragen, für welche die Behandlung der strategischen Probleme zunächst nur den am Anfang ziemlich grob geschnitzten Rahmen abgab. Bemerkenswert ist, daß viele der bedeutendsten Kriegstheoretiker, angefangen mit Machiavelli, sich nicht auf die Erörterung militärischer Fragen beschränkten, sondern sie im Rahmen oder mit Berücksichtigung der politischen Verhältnisse behandelten.

Die älteren Lehrschriften des 16. und 17. Jahrhunderts begannen oft mit einer Mahnung zur Vorsicht. Allgemein war man der Ansicht, daß man keinen Krieg beginnen sollte, wenn man dazu nicht gezwungen werde oder man nicht gute Aussicht habe, mehr zu gewinnen als zu verlieren. Die Gefahren und Schrecken des Krieges für den Kriegsherrn, den Staat und die Bevölkerung wurden weder verschwiegen noch verharmlost. Der Krieg wurde nicht verherrlicht. Der betont nüchterne, rationale Pragmatismus war verbunden mit einer Schicksalsergebenheit im Sinne christlichen Glaubens, aber auch mit Astrologie und Aberglauben. Größter Wert wurde auf eine genaue Vorbereitung des Krieges gelegt, und zwar in politischer, militärischer, wirtschaftlicher und psychologischer Hinsicht. Anfänglich wurde der äußere Krieg noch im Zusammenhang mit inneren Unruhen und Parteiungen gesehen.

Auch in der Behandlung militärstrategischer Fragen erweist sich Montecuccoli als einer der bedeutendsten Militärtheoretiker seiner Zeit. Die militärstrategische Entwicklung zwischen dem mittleren und dem späten 17. Jahrhundert mit ihren Übergängen vom vorabsolutistischen zum absolutistischen Kriegswesen läßt sich an seinen, diesen Zeitraum umfassenden Werken gut verfolgen. Besonders wichtig ist es aber, daß die Wirkung seiner Lehren auf die ihm folgenden Generationen bis weit hinein in das 18. Jahrhundert noch größer war als die Wirkung auf seine eigene Zeit.

Montecuccoli zählte einen ganzen Katalog von Möglichkeiten auf, mit denen man im Hinblick auf einen Krieg oder während eines Krieges durch subversive intrigante Tätigkeit oppositionelle Gruppen im eigenen Lande ausschalten und Helfer in Feindesland gewinnen könne. Propaganda spielte bei ihm eine erhebliche Rolle, auch die Fragen der Spionage, der

Bündnisse und einer kriegsbezogenen Personalpolitik wurde von ihm ausführlich behandelt. Besonders in seinen Ansichten über die politische Kriegführung spürt man den Lehrmeister Machiavelli, mit dem er in den militärischen Fragen aber keinesfalls immer übereinstimmte, weil er hier zweifellos die größere Erfahrung besaß.

Verteidigungskrieg

Für den Verteidigungskrieg unterschied Montecuccoli, ob er von kleinen, mittleren oder großen Staaten geführt werde. Kleine Staaten, die sich kein eigenes Feldheer leisten könnten, sollten wenigstens einen befestigten Platz – am besten eine Zitadelle in der Hauptstadt – besitzen. Man sollte diese so lange zu halten versuchen, bis andere Staaten, die auf den Machtzuwachs des Feindes eifersüchtig seien, einem zu Hilfe kämen. In diesem Zusammenhang wurde die Frage erörtert, wieviel Geländehindernisse – Gebirge, Meere, Sümpfe – dazu beitragen könnten, ein Land zu sichern. Im Gegensatz zu Machiavelli, der dagegen war, Pässe zu sperren, stellte Montecuccoli den Wert des Geländes und seiner Verstärkung für die Verteidigung heraus. Man solle darüber aber nicht die übrigen Verteidigungsmaßnahmen vergessen, da ohne sie der Angreifer immer Mittel und Wege finden werde, ins Land einzudringen.

Bei der Behandlung von Verteidigungsfragen des mittelgroßen Staates, der sich eine Armee von ungefähr 20 000 Infanteristen und 3 000 Kavalleristen leisten könne, ging Montecuccoli besonders auf die Frage der Festungen ein. Machiavelli war überhaupt gegen Festungen gewesen. Wenn ein Staat über ein gutes Heer verfüge, brauche er keine Festungen, sei das Heer aber schlecht, so könnten sie auch nichts nützen. Allenfalls die Befestigung der Hauptstadt wollte Machiavelli anerkennen, aber nicht durch eine Zitadelle, wie es dann Montecuccoli vorschlug, da hierdurch der Tyrannei des Fürsten über das eigene Volk Vorschub geleistet werde. Für Montecuccoli dagegen war der Schutz des Fürsten vor seinen eigenen aufständischen Bürgern ein wesentlicher Grund für die Anlage einer Zitadelle in der Hauptstadt. Aus dem gleichen Grunde war er aber auch gegen die Befestigung der ganzen Hauptstadt und überhaupt gegen Festungen im Lande, denn sie könnten von den Aufständischen gegen den Fürsten benutzt werden. Festungen sollten möglichst an den Landesgrenzen zur Deckung „großer Landstriche" und zur Verstärkung ohnehin vorhandener Hindernisse angelegt werden, und zwar nur so viele, „daß sie uns nicht hindern, das freie Feld zu halten". Grundsätzlich seien Festungen für den Schwächeren da, der sich kein großes Feldheer leisten könne. Es sei also widersinnig, viele große Festungen zu bauen, die viele Truppen als Besatzung erfordern, denn wenn man über eine starke Armee verfüge, brauche man keine Festungen. Eine solche Armee könne mit ihren verschanzten Feldlagern „eine bewegliche Festung" sein, „die man dahin bringt, wo man sie braucht". Sei der Feind so überlegen, daß er im Felde nicht zu schlagen sei, so sollten die eigenen Truppen in die festen Plätze zurückgezogen werden und das eigene Land mit allen Lebensmitteln, die nicht mitgenommen werden könnten, zerstört werden.

Als große und mächtige Staaten wurden diejenigen angesehen, „die ohne Beihilfe anderer Mannschaft Geld genug und immer Mittel haben, einen Krieg unterhalten zu können ...". Ein Einzelner sei nie stark genug, sie anzugreifen, weswegen sie immer mit einer feindlichen Koalition zu rechnen hätten. Diese Gefahr wurde aber als sehr gering eingeschätzt, denn „es kommt nicht leicht vor, daß Bündnisse verschiedener Fürsten zu solchem Zwecke Übereinstimmung erzielen oder lange zusammenhalten". Die Hauptgefahr für große Staaten wurde nicht in einem äußeren, sondern in einem inneren Krieg gesehen, wofür vor allem Frankreich während der Religionskriege als warnendes Beispiel diente. Eben aus diesem Grunde sei es wichtig, daß sich im Lande selbst möglichst keine Festungen befänden. Gegen auswärtige Feinde würden Grenzfestungen genügen, mit denen man das Land so lange halten könne, bis man ein Feldheer aufgestellt habe. Ebenso wie der französische Militärtheoretiker Herzog von Rohan, empfahl Montecuccoli als „Hauptheilmittel" gegen den inneren Krieg den äußeren Krieg. Allerdings empfahl Montecuccoli dieses Mittel nur den großen Staaten, da die kleineren jede Art von Krieg fürchten müßten.

Die in dieser Zeit viel erörterte Frage, ob man besser im eigenen oder in Feindesland Krieg führen solle, bestand nur im Hinblick auf den Verteidigungskrieg. Machiavelli gab dem Krieg im eigenen Land den Vorzug, da sich der Feind durch die Besatzungen, die er in die Städte legen müsse, selber schwäche. Montecuccoli dagegen plädierte, wie übrigens auch schon vor ihm Lazarus von Schwendi, ein deutscher Heeresreformer und Kriegstheoretiker des 16. Jahrhunderts, für den Krieg im Lande des Feindes, da man ihn „an der Quelle seiner Kräfte" treffen müsse.

Ansonsten hoben sich nach Montecuccolis Darstellung die Vorteile einer Kriegführung auf fremdem und auf eigenem Boden so ziemlich auf. Ersterer werde selbst zum „Schauplatz des Elends und Sitz des Krieges", werde ausgeraubt, geplündert und besetzt. Man könne die Unzufriedenen auf seine Seite ziehen, auch sei es für die Ehre und Reputation dienlicher, im fremden statt im eigenen Land Krieg zu führen. Demgegenüber komme einem beim Kampf auf eigenem Boden zugute, daß man hier alles kenne, dem Verteidiger alle Hilfsmittel und Zufluchtsorte zur Verfügung ständen, die man dem Feinde entziehe, der auch insofern benachteiligt sei, als er sich auf die eingeborenen Spione nicht verlassen könne. Von Machiavelli übernommen ist auch der Hinweis, daß zur Kriegführung im eigenen Land die eigene militärische Stärke unerläßlich sei – mit der merkwürdigen Begründung, daß die Macht militärisch schwacher Staaten im Geld liege und damit, so Machiavelli, in den Steuern. Deren Eintreibung werde aber gehindert, wenn der Feind im Lande stehe. Militärisch schwache Staaten müßten daher den Krieg von sich fernhalten.

Angriffskrieg

Vorbedingung für den Angriffskrieg sei die eigene Überlegenheit. Will man den Krieg in ein fremdes Land tragen, so müsse man sich zunächst der dazwischenliegenden Länder bemächtigen. An diesem Postulat wird also die Einengung der Strategie durch die territoriale Zerstückelung sehr deutlich.

Empfohlen wurde, den Feind über das Gebiet, in das man einfallen wollte, zu täuschen, damit er seine Verteidigungskräfte verzettele. Sehr günstig sei es auch, wenn man für einen Angriffskrieg von einer Oppositionspartei in das Land des Feindes gerufen werde. Den grundsätzlichen strategischen Gegebenheiten dieser Zeit, in denen die Heere zu klein waren, als daß sie mit ihrer Offensive in Feindesland gleichzeitig das eigene Staatsgebiet dekken konnten, entsprach die Warnung, es in Abwesenheit des eigenen Heeres gegen Feindangriff zu sichern und es im geordneten Zustand zurückzulassen. Schweden und die

Schweiz wurden wegen ihrer geographisch bedingten sicheren Lage als ideale Basen für einen Angriffskrieg angesehen. Zu berücksichtigen sei ferner, daß sich ein Heer während der Offensive nach verhältnismäßig kurzer Zeit abnutzte. Das ist ein Gedanke, der auch sehr viel später bei Clausewitz wiederkehrt.

Das Heer solle die Größe von vierzig- bis fünfzigtausend Mann nicht überschreiten, denn mehr würden Unordnung erzeugen, die Disziplin sowie den pünktlichen Vollzug von Befehlen hindern und eine ausreichende Versorgung in Frage stellen. Hiermit wurde ein sehr wichtiger Punkt berührt. Bis zur Französischen Revolution wurde kaum Wert auf die zahlenmäßige Überlegenheit gelegt, da – unter den Voraussetzungen der vorabsolutistischen und absolutistischen Zeit – ein Heer um so schwerer zu erhalten war, je größer es war. Der Kampfraum war das eng begrenzte Schlachtfeld. Hier wurde die Überlegenheit weniger durch die größere Zahl, als durch die besseren Führungsqualitäten des Feldherrn, die bessere Führungstechnik und den besseren formalen Ausbildungsstand der Truppe bestimmt.

Die Hauptpunkte des Offensivkrieges faßte Montecuccoli 1670 wie folgt zusammen: „Dem Feinde die Lebensmittel abschneiden, ihm seine Magazine wegnehmen, durch Überfälle oder offenen Angriff ihm nahe gegenüberbleiben, ihn in die Enge treiben, sich zwischen ihn und jene Orte stellen, aus welchen er seinen Nachschub bezieht, die seine Stellung umgebenden Ortschaften besetzen, ihn durch Verschanzungen einschließen, ihn nach und nach zugrunde richten, indem man seine Parteien, Fourageure schlägt, seine Convois wegnimmt, seine Lager und Vorhöfe in Brand steckt, indem man pestbringende Dämpfe verbreitet, rings um ihn die Felder verheert, die Städte und die Mühlen, das Wasser verdirbt, ihm ansteckende Krankheiten beibringt, endlich Streitigkeiten unter seinem Volk hervorruft."

Das waren sehr rigorose Vorschläge, nach denen selbst das verwerflichste Mittel zur Schädigung des Feindes gerade recht war – worin sie äußerst modern anmuten. Wenn der Krieg im Zeitalter des Barock oft als „Kavalierskrieg" dargestellt wird, sollte man sich klar darüber sein, daß das kavaliersmäßige Verhalten sich allenfalls auf den Kavalier der Gegenseite bezog. Trotzdem darf man sich darüber nicht täuschen lassen, daß in der Kriegspraxis auch Montecuccoli dort, wo es um die Operationsführung ging, ein zwar erfolgreicher, aber äußerst vorsichtiger Stratege war.

c. Der operative Aspekt der „methodischen" Kriegführung

Die Kriegführung zur Zeit des Absolutismus wird als „methodische" Kriegführung charakterisiert. Methoden, also bestimmte Verfahrensweisen, ergaben sich von selbst für den Großkampf, also auf taktischer Ebene, da der Kampf geschlossener Formationen auf taktischen Formen – bestimmten Figuren, Bewegungen wie überhaupt Tätigkeiten – beruhte, die in ihrer Gesamtheit ein System darstellten. Diese Formen waren sowohl einzeln wie in ihrem Bezug zum Ganzen vorgegeben, sie waren nicht zufällig entstanden, sondern für bestimmte Zwecke – nämlich die wirksamste Anwendung der eigenen Waffen bei größtmöglichem Schutz vor den feindlichen Waffen – gebildet worden bzw. vorgesehen.

Mit diesen festgelegten Formen als Grundlage war die taktische Führung darauf angewiesen, nach bestimmten Methoden zu verfahren, die dem formal-taktischen System entsprachen. Es konnten nicht plötzlich im Gefecht in Anpassung an eine Lage von der Truppe neue taktische Formen gebildet oder von ihr Formveränderungen abverlangt werden, für die sie gar nicht ausgebildet und einexerziert war. Der taktische Führer mußte versuchen, jeder Lage mit den festgelegten Formen und Formveränderungen Herr zu werden. Andererseits war es aber auch so, daß diese auf alle denkbaren taktischen Lagen hin entwickelt worden waren. Dabei konnten zwar nicht alle im konkreten Fall gegebenen Möglichkeiten berücksichtigt werden – beispielsweise nicht diejenigen, welche das Gelände boten, für dessen Ausnutzung die Quaderformen zu massiv und die linearen Formen zu starr waren. Aber solange der Gegner gezwungen war, nach demselben taktischen System zu kämpfen, ergab sich daraus kein prinzipieller Nachteil.

„Grundsätze, Regeln, Vorschriften und Methoden" waren für die Taktik auch außerhalb des formalen Systems noch in anderer Hinsicht unabdingbar. „Die Reiterei nicht ohne Not gegen Infanterie zu gebrauchen, die noch in Ordnung ist; die Schußwaffen nur zu brauchen, sobald sie anfangen, eine sichere Wirksamkeit zu haben; im Gefecht die Kräfte so viel als möglich für das Ende aufzusparen: sind taktische Grundsätze. Alle diese Bestimmungen lassen sich nicht absolut auf jeden Fall anwenden, aber sie müssen dem Handelnden gegenwärtig sein, um den Nutzen der in ihnen enthaltenen Wahrheit nicht da zu verlieren, wo sie gelten kann." (Clausewitz).

Grundsätze, die sich zwar nicht auf jeden Fall anwenden ließen, aber dem Handelnden gegenwärtig sein mußten, brauchte auch die operative Führung. Unerläßlich waren für sie auch bestimmte Methoden. Nur mußte man sich hier mehr noch als in der Taktik darüber klar sein, daß sich die aus der Erfahrung schließlich mit Hilfe der Kriegstheorie abgeleitete Methode als „immer wiederkehrendes Verfahren" lediglich auf eine „Durchschnittswahrscheinlichkeit" stützte und damit nur eine „Durchschnittswahrheit" (ebd.) aufstellen konnte. Da der Militärstrategie nicht wie der Taktik ein formales System zugrunde lag, an das sie gebunden war, konnte die Methode für jene nicht dieselbe Bedeutung haben wie für diese. Es gab keine festgelegten operativen Formen, wie es festgelegte taktische Formen gab.

Diese grundsätzlich richtige Feststellung ist für die Zeit des Absolutismus jedoch einzuschränken. Die Operationsführung war, wie wir sahen, nicht nur an die jeweiligen geographischen und sonstigen spezifischen Bedingungen gebunden, die der betreffende Kriegsschauplatz aufwies, nicht nur an die Bedingungen der jeweiligen Kriegslage. Sie war gebunden an jene bestimmten, weiter oben geschilderten Gegebenheiten, die für alle Kriegsschauplätze gleich waren und gewissermaßen ein Koordinatensystem darstellten, innerhalb dessen sich die Operationsführung grundsätzlich bewegen mußte. Aus Koordinaten, wie sie nicht nur die jeweils eigene und die vermutlich feindliche strategische und operative Absicht, die jeweils beiderseitigen, auf den Krieg bezogenen Verhältnisse, insbesondere die des Kriegswesens mit allen betreffenden Daten darstellten, sondern eben grundsätzlich Magazine, Festungen, befestigte Linien, Stellungen mit ihren Verbindungen. Durch die zwangsläufige Bezogenheit auf dieses Koordinatensystem besaß die Operationsführung etwas vom Charakter der Taktik. Daher unterschied man sie in dieser Zeit auch noch nicht grundsätzlich von der Taktik, worauf die im 18. Jahrhundert für sie aufkommende Bezeichnung „Große Taktik" verweist. Damit lag auch die Festlegung auf bestimmte operative Verfahrensweisen, also Methoden, sehr nahe.

Ein anderer Grund für diesen „Methodismus" ist darin zu sehen, daß einmal erfolgreich angewandte Verfahren nachgeahmt wurden. Hierfür muß man sich vor Augen halten, daß es eine systematische operative Schulung, wie sie erst seit dem 19. Jahrhundert auf den Kriegsakademien und in den Generalstäben durchgeführt wurde, noch längst nicht gab. Auf den wenigen schon bestehenden Kriegsschulen wurden vorzugsweise naturwissenschaftliche Kenntnisse jungen Aristokraten als geistiges Rüstzeug für die Heerführung vermittelt, die selbst jedoch kaum Gegenstand des Unterrichts war. So waren die höheren Truppenführer auf die eigenen Erfahrungen und die Vorbilder erfolgreicher Feldherren angewiesen, wobei dann icht aus einem einmal erfolgreichen Verfahren eine ständige Verfahrensweise, also Methode, wurde.

Letztlich wäre aber die methodische Kriegführung des 17. und 18. Jahrhunderts nicht zu verstehen, wenn man nicht auch und gerade in ihr einen Ausdruck des rationalistischen Grundzuges der Zeit sieht, des Bestrebens, nicht nur die Taktik, sondern auch die große Kriegführung festen Regeln zu unterwerfen, nichts dem Zufall zu überlassen, um damit Fehlerquellen nach Möglichkeit auszuschalten. Der Marschall von Sachsen, der nicht nur als Theoretiker, sondern im zweiten Viertel des 18. Jahrhunderts auch als Heerführer berühmt wurde, behauptete: „Ich sage, daß man Kriege führen kann, ohne es auf den Zufall ankommen zu lassen, und das ist der höchste Grad der Vollkommenheit und der Fähigkeit eines Generals" (zit. Vierhaus).

Diese Tendenz war es, die im militärisch positiven wie im negativen Sinn den Ausschlag gab. Militärtheoretiker waren seit dem ausgehenden Mittelalter bemüht, prinzipielle Gegebenheiten und Verhaltensweisen von der Kriegswirklichkeit abzuleiten und sie in rationale Bezüge zueinander zu bringen. Diese Leistung wurde zumindest dadurch richtungweisend auch für die spätere Kriegführung, weil dadurch die Grundlage für ihre wissenschaftliche Erfassung und allgemeinverbindliche Begrifflichkeit gelegt wurde, die ohne Abstraktion von der Wirklichkeit nicht möglich gewesen wäre. Soweit es bei der Kriegführung um Grundsätzliches ging, benutzte man auch später das abstrahierte Bild als Hilfsmittel und Begriffe, die auch später von geometrisch-abstrakter Vorstellung zeugten: „Operationslinie", „Operationsbasis", „innere Linie", „äußere Linie".

Wenn man jedoch in der Militärtheorie des 17. und 18. Jahrhunderts zunehmend bemüht war, die Kriegführung nicht nur zu systematisieren – wie das allein schon an den Ausführungen Montecuccolis über Angriffs- und Verteidigungsführung deutlich wird –, sondern in ein möglichst geschlossenes System von Methoden zu bringen – wie es in Vollkommenheit im späten 18. Jahrhundert dem Engländer Lloyd gelang –, so wird dies aus dem oben Gesagten natürlich verständlich. Es verleitete aber dazu, sich in der Kriegspraxis jenen Methoden mehr verpflichtet zu fühlen als der Wirklichkeit. Das ging im 18. Jahrhundert so weit, daß sich Heerführer für Niederlagen damit entschuldigen konnten, daß sie nach der Methode geführt hatten. Auf diese Weise konnte die Methode als eine die Kriegswirklichkeit determinierende Autorität statt ein an der Durchschnittswahrscheinlichkeit gewonnenes Hilfsmittel – Moltke nannte später die Strategie ein „System der Aushilfen"

– aufgefaßt werden. Da der durchgehende Tenor aller Kriegstheorien die Warnung vor unüberlegten Handlungen, unkalkulierten Wagnissen, zu geringer Beachtung der eigenen Sicherheit war, mußte die Methode jedenfalls auf Truppenführer, die sich nicht gerade durch persönliche Kühnheit und Entschlußkraft auszeichneten, eher hemmend als fördernd wirken. Diese strenggläubigen Methodiker hielten sich auch dann an die die gewöhnliche Lage voraussetzende Regel, wenn es sich konkret um eine außergewöhnliche Lage handelte. Sie wollten nicht wahrhaben, daß auch die angeblich gewöhnlichen Lagen sich niemals genau glichen. Sie gingen über die Reichweite ihrer Versorgungsverbindungen auch dann nicht hinaus, wenn in den vor ihnen liegenden Gebieten genügend Nahrungsmittel vorhanden waren. Sie belagerten wochen- und monatelang eine Festung, obwohl ein Operieren im freien Felde aussichtsreicher gewesen wäre. Sie zerstückelten ihre Streitkraft, indem sie sie auf Festungen verteilten, statt sie für eine kriegsentscheidende Operation zusammenzufassen. Sie operierten gegen Orte oder Geländeabschnitte, von denen sie meinten, daß ihnen aufgrund ihrer geographischen Lage eine strategische Bedeutung zukomme, obwohl sie ihnen aufgrund der Feindlage gar nicht zukommen konnte. Es war ihnen wichtiger, eine sichere Position zu gewinnen, sich hier zu verschanzen, auf den Feind zu warten und ihm die Initiative zu überlassen, statt sie ihm abzugewinnen. Sie brachen im Herbst auch dann die Operation ab, wenn es ihnen versorgungsmäßig möglich gewesen wäre, sie in den Winter hinein fortzuführen. Sie operierten auch dann lieber gegen die Verbindungen des Feindes, wenn sie die Möglichkeit gehabt hätten, ihn zu schlagen.

7. Die Kriegspraxis zur Zeit Ludwigs XIV.

Die großen Feldherren zur Zeit des Absolutismus waren zumindest insofern alle Methodiker, als niemand von ihnen die Berechtigung der Methode in Zweifel zog. Dies bedeutet freilich nicht, daß sie alle streng nach der Methode führten. Beachtete jeder Heerführer die methodischen Regeln, so war, nach der Theorie, ein Mißerfolg ausgeschlossen. Nach rationalistischer Auffassung waren Sieg und Niederlage davon abhängig, auf welcher der beiden sich bekämpfenden Seiten Fehler gemacht wurden, was mit der Nichtbeachtung der Regeln gleichgesetzt wurde. Nach rationalistischer Auffassung barg jeder Verstoß gegen die sämtlich vernünftig begründeten Regeln Unheil, weil damit zugleich ein Verstoß gegen die Vernunft vorliege. Die Hauptschwäche der methodischen Kriegführung ergab sich dann ja auch daraus, daß die strenggläubigen Anhänger dieser Lehre, bei aller Strapazierung der Vernunft, nicht einsehen mochten, daß im Kriege immer wieder Lagen eintreten können, bei denen es vernünftig ist, von den Regeln abzuweichen.

Dabei konnte es freilich sein, daß derjenige, der dieses Risiko nicht einging, sich selbst „matt“ setzte, bevor es noch der Feind war. Dies vor allem forderte die Kritik des 19. und 20. Jahrhunderts am „Methodismus“ heraus, und hier wieder besonders die Tatsache, daß die Generäle von ihren Souveränen eher zur Vorsicht ermahnt als zur Kühnheit ermuntert wurden. Dabei wird in dieser Kritik oft genug das Kind mit dem Bade ausgeschüttet. So gerechtfertigt sie ist gegenüber den Überspitzungen der Methode, so falsch ist es, die Methode für ihre Zeit überhaupt zu verurteilen. Die moderne Auffassung, daß es die Aufgabe einer Armee sei, den Gegner zu vernichten, ist auf das 17. und 18. Jahrhundert nicht – allenfalls in Ausnahmefällen – anwendbar. Denn erstens waren die Armeen im allgemeinen zu schwach und überhaupt ungeeignet dafür und zweitens zielte die politische Absicht meist gar nicht auf eine Vernichtung des Gegners ab, sondern wollte ihn nur, unter möglichster Aufsparung der eigenen Kräfte, an den Verhandlungstisch bringen. Dafür aber reichte sehr oft ein geschicktes Manöver, wenn nicht sogar die bloße Demonstration von Stärke aus. Eine so durch politische Absichten bestimmte militärische Zurückhaltung sollte freilich nicht verwechselt werden mit der ängstlichen Untätigkeit, die auf der Furcht vor einer Verletzung der Regeln beruhte. Clausewitz sprach verächtlich von „Systememachern", ohne daß er deswegen aber die Methode als solche abgelehnt hätte.

Clausewitz bemerkte hierzu: „Wie weit die Zulässigkeit des Methodismus in der kriegerischen Tätigkeit hinaufreicht, bestimmt sich natürlich nicht eigentlich nach den Stellen, sondern nach den Sachen und nur weil die höchsten Stellen die umfassendsten Gegenstände der Tätigkeit haben, werden sie davon weniger berührt. Eine bleibende Schlachtordnung, eine bleibende Einrichtung der Avantgarden und Vorposten sind Methoden, durch welche der Feldherr nicht bloß seine Untergebenen, sondern auch sich selbst für gewisse Fälle die Hände bindet. Freilich können sie seine Erfindungen und von ihm nach Umständen eingerichtet sein; sie können aber auch, insofern sie auf die allgemeinen Eigenschaften der Truppen und Waffen gegründet sind, ein Gegenstand der Theorie sein. Dagegen würde jede Methode, durch welche Kriegs- oder Feldzugspläne bestimmt und wie von einer Maschine fertig geliefert würden, unbedingt verwerflich sein."

Der Eindruck, den man aus manchen sehr viel späteren kriegsgeschichtlichen und -theoretischen Darstellungen gewinnen muß, nach denen die Frage der methodischen Kriegführung im 19. Jahrhundert abgetan gewesen sei, ist also falsch. Richtig ist vielmehr, daß die Methode im Hinblick auf ihre Gültigkeit und Begrenzung erst im 19. Jahrhundert zum Problem wurde, was sie, jedenfalls in der Theorie, im 18. Jahrhundert nicht war.

Wenn sich die großen Feldherren der Zeit des Absolutismus gelegentlich oder häufig über die Regeln hinwegsetzten, so waren sie doch nicht einfach deshalb erfolgreich, weil sie das beengende Netz dieser Regeln zerrissen und sich völlig dem eigenen „Genie", der eigenen Intuition, überließen, sondern weil sie mit den Regeln auch genau die militärischen Möglichkeiten kannten und daher im entscheidenden Augenblick wußten, ob und wie weit sie von ihnen abweichen durften. Erst mit der Französischen Revolution und der infolge der allgemeinen Wehrpflicht sehr viel größeren und sehr viel leichter zu rekrutierenden Armeen verschoben sich die Akzente zugunsten einer freieren Operationsführung.

Ein nach seinen Anlagen und Fähigkeiten hervorragender Feldherr – König Karl XII. von Schweden – scheiterte im Nordischen Krieg (1700–1721) trotz seiner militärischen Erfolge zuletzt vollständig. Im Kampf gegen eine starke Koalition – Rußland, Sachsen, Polen und Dänemark, schließlich auch Preußen und Hannover – überspannte er die Kräfte seines Landes und seiner sehr guten Armee. Militärisch versuchte er eine kompromißlose „Niederwerfungsstrategie" zu praktizieren. Dann war er es aber, der 1709 in der Schlacht bei Poltawa von den Russen unter Peter dem Großen entscheidend geschlagen wurde. Damit war Schweden in die Verteidigung gedrängt und wurde auf das eigene Staatsgebiet zurückgeworfen. Karl XII. fiel 1718 und bald darauf war Schweden gezwungen, Frieden zu schließen. Durch diese Niederlage verlor es seine Großmachtstellung für immer. Karl XII. stellte also unter den großen Feldherren dieser Zeit eine Ausnahme dar, weswegen er hier zunächst erwähnt wurde.

a. Turenne und der Feldzug von 1674

Turenne

Einer der größten Feldherren, wenn nicht überhaupt der größte der zweiten Hälfte des 17. Jahrhunderts, war Henri Vicomte de Turenne, zuletzt General-Marschall der französischen Armee. Wie Montecuccoli, einer seiner Hauptgegner, hatte sich Turenne bereits während des Dreißigjährigen Krieges militärische Verdienste erworben. Er hatte sich in den letzten Jahren dieses Krieges aber auch schon als Heerführer bewährt. Anders als Montecuccoli trat er jedoch nicht als Militärtheoretiker hervor.

Turenne war mit dem Hause Oranien verwandt. Seine Art der Kriegführung gründete sich auf die niederländische Schule, bei der „die regelmäßige Verpflegung der Soldaten zu den heiligsten Regeln der Kriegführung gehörte" (Delbrück).Er war einer der ersten Truppenführer, welche die Operationen grundsätzlich – und nicht nur gelegentlich – auf Magazine stützten. Er gilt geradezu als das Muster des praktizierenden Methodikers, für Clausewitz sogar als der Schöpfer der „Manöverstrategie". Deshalb muß im Zusammenhang mit der methodischen Kriegführung auf seine Person besonders verwiesen werden.

Er besaß die spezifischen Fähigkeiten für diese Art von Kriegführung, insbesondere eine überragende Kombinationsgabe. Nach genauer Überlegung faßte er sein Ziel ins Auge und verfolgte es ebenso hartnäckig wie vorsichtig unter äußerst geschickter Verwendung der ihm zur Verfügung stehenden Mittel. Er erkannte die Schwächen seiner Gegner und nutzte sie aus – vor allem den allzuleicht mit der Methode verbundenen Fehler, lieber überhaupt nichts zu tun, als gegen die Regeln zu verstoßen.

Als der vielleicht konsequenteste Methodiker bietet Turenne auch das beste Beispiel dafür, daß der große Feldherr über den Regeln steht. Er befreite sich aber von ihnen nicht nur von Fall zu Fall, sondern wich auch grundsätzlich in einigen Punkten von der üblichen Auffassung ab. Er verstand das Manövrieren – das er mit einer äußerst grausam gehandhabten Abnutzung verband – wie kein anderer Heerführer seiner Zeit. Er betrieb es aber mit Energie und klarer Zielsetzung. Wie jeder andere zeitgenössische Feldherr vermied auch er, wenn es möglich war, die große Schlacht, aber der Gegner sollte – eine der wenigen Maximen, die von ihm überliefert sind – durch viele kleine Gefechte zermürbt werden. Das bedeutet, selbst jederzeit seine Truppen zusammenzuhalten, um die einzelnen Teile des nicht versammelten Gegners jederzeit mit überlegener Kraft schlagen zu können. Dabei war Turenne konsequenterweise auch dagegen, die eigenen Kräfte durch Belagerungen und Besetzungen von Festungen zu zerstückeln. Überhaupt war er, abweichend von der allgemeinen Auffassung, gegen Belagerungen, wo sie nicht unabdingbar waren.

Für den Einmarsch 1672 in die Niederlande machte er Ludwig XIV. folgenden Vorschlag: Die Operation sollte versorgungsmäßig auf die Gebiete von Köln und Münster gestützt werden. Danach sollte über die niederländische, unzureichend geschützte Ostgrenze nicht gegen irgend eine Festung, sondern, unter Zusammenfassung aller französischen Kräfte, gegen die Hauptstadt Amsterdam vorgegangen werden. Die dabei gewonnenen festen Plätze sollten nicht besetzt, sondern ganz einfach geschleift werden, um sie nicht besetzen zu müssen. Von diesem Vorschlag wurde nur der erste Teil angenommen, nicht aber das übrige, weil es der herkömmlichen Auffassung widersprach. Die französischen Streitkräfte wurden in zwei Heere und etliche Detachements zerstückelt, die von Osten und von der See her in Holland einfielen. Die einzelnen Festungen blieben Kriegsobjekte, die nach der Einnahme besetzt wurden. Das von Osten gegen Amsterdam angesetzte Hauptheer, bei dem sich der König befand, war zu schwach, um bis Amsterdam durchzustoßen. Auf diese Weise zog sich der Krieg in die Länge. Der Prinz von Oranien, Statthalter der Niederlande, ließ die Deiche durchstechen, hielt damit den Vormarsch der Franzosen auf und benutzte die gewonnene Zeit, um gegen Frankreich eine Koalition europäischer Mächte zustande zu bringen.

Die französischen Generäle waren durch die Direktiven des Königs – bzw. seines Kriegsministers Louvois – sehr stark in ihrer Handlungsfreiheit eingeschränkt. Auch Turenne, der überdies mit Louvois schlecht stand, machte da keine Ausnahme. Gelegentlich setzte er sich aber nicht nur über die Direktiven des Königs, sondern sogar über so unumstößliche Grundsätze hinweg, wie den, daß der Krieg nur im Frühjahr und Sommer zu führen sei.

Auch taktisch wich Turenne von dem allgemein Üblichen ab, indem er sich nicht auf die Parallelschlacht beschränkte, sondern bereits den Flankenangriff anwandte. Überhaupt gliederte Turenne für die Schlacht seine Truppen nicht nach dem Schema, sondern so, wie es ihm nach der Lage zweckmäßig erschien.

Dem entscheidenden Grundsatz für die Kriegführung seiner Zeit blieb Turenne jedoch verbunden: Er ließ sich nie auf ein Wagnis ein, nie auf eine Operation, die nicht genau geplant und jedenfalls von der Planung her nicht genau zu übersehen gewesen wäre. Das scheint im krassen Widerspruch zu stehen zu dem, was Moltke viel später sagte, daß nämlich eine Operation nie über den ersten Zusammenstoß mit dem Gegner hinaus geplant werden könne. Tatsächlich war aber eine solche Vorausplanung im 17. und 18. Jahrhundert aus folgenden Gründen eher möglich: Erstens war auch der Gegner an das erwähnte Koordinatensystem gebunden, waren seine möglichen Reaktionen auf die eigene Operationsführung also eher vorauszusehen. Zweitens wurden zwangsläufig die operativen Ziele wesentlich kürzer gesteckt als im 19. oder 20. Jahrhundert.

Der Feldzug

Während des Zweiten Niederländischen Krieges (1672–79) war es Ludwig XIV. zunächst gelungen, eine starke Koalition gegen Holland zusammenzubringen. Im Zusammenhang mit den weiter oben erwähnten Ereignissen gelang es den Niederländern 1672/73, die französischen Armeen aufzuhalten. In Erkenntnis der Bedrohung des europäischen Gleichgewichtes durch das übermächtige Frankreich nahm ein Teil der bisher mit Frankreich verbündeten Staaten einen Frontwechsel vor. Andere traten diesem Bündnis bei, das schließlich aus Österreich, Spanien, Dänemark und einem großen Teil der übrigen deutschen Länder, darunter Brandenburg, bestand.

Turenne hatte 1674 die Aufgabe, mit 12000 Mann den mittleren Rhein und das Elsaß gegen einen Angriff der Verbündeten zu decken. Er errichtete seine Operationsbasis in der Umgegend von Zabern. Ihm gegenüber auf dem östlichen Rheinufer stand bei Heidelberg eine feindliche Armee unter dem Herzog von Lothringen und dem General Caprara. Zu deren Verstärkung rückte eine weitere Armee unter Bournonville aus Franken gegen den Neckar an. Turenne faßte den Entschluß, die Vereinigung dieser beiden Armeen zu verhindern und sie einzeln zu schlagen.

Damit verfuhr er nach einem der wichtigsten operativen Grundgedanken, für den später der Begriff Operation auf der „inneren Linie" gefunden wurde. Dadurch, daß man seine Kräfte bereits versammelt hatte, befand man sich im Vorteil gegenüber einem Gegner, dessen Kräfte noch getrennt waren. War diese Trennung beim Gegner beabsichtigt, um die eigene Armee durch die getrennten Teile von mehreren Seiten anzugreifen, so nannte man das später eine Operation auf den „äußeren Linien". Die Schwierigkeit dieses zweiten Verfahrens bestand in der Koordinierung der getrennten Teile für die gemeinsame Operation über größere Entfernungen hinweg. Aufgrund der Schwerfälligkeit der Heere des 17. und 18. Jahrhunderts, der beschränkten führungstechnischen Möglichkeiten und der mangelhaften Verkehrsverbindungen ergaben sich für eine solche Operation noch besondere Probleme. Eine versammelte Armee befand sich also auch unter operativen und nicht nur taktischen Gesichtspunkten im Vorteil gegenüber einer Armee, deren Teile räumlich getrennt waren. Bei der Tendenz zur Zersplitterung der Kräfte – die freilich auch durch die Notwendigkeit diktiert war, die eigenen Versorgungsbasen und -verbindungen zu decken – konnte die rechtzeitige Versammlung der eigenen Hauptkräfte angesichts der Bedrohung eines bereits versammelten Gegners schon als ein führungsmäßiger und führungstechnischer Erfolg angesehen werden.

„Versammlung" der Kräfte ist grundsätzlich nicht mit ihrer Massierung auf engem Raum gleichzusetzen, sondern bedeutet nur, daß sich alle Teile einer Streitkraft in der Hand ihres Führers befinden. Ob und wie weit die Teile auch in der Versammlung getrennt sein können, richtet sich danach, wie schnell sie für eine gemeinsame Aktion verfügbar sind. Das ist nicht nur von der Beweglichkeit der Truppe, der Fähigkeit zum selbständigen Handeln der Unterführer, sondern auch insbesondere von der Entwicklung des Führungsapparates, der Schulung des Stabspersonals, der Frage, wie schnell und sicher Befehle übermittelt werden können, abhängig. Im 17. Jahrhundert befand man sich damit noch in den Anfängen. Weiträumigere Truppenkonzentrationen waren erst möglich, nachdem die Armee in ständige, über alle Waffengattungen verfügende und daher verhältnismäßig selbständige Großverbände gegliedert worden war, was erst seit Ende des 18. Jahrhunderts der Fall war. Auch ein Generalstabsdienst im modernen Sinne entstand erst seit Ende des 18. Jahrhunderts. Darauf sei jetzt schon verwiesen, obwohl alle diese Fragen an späterer Stelle noch ausführlich behandelt werden.

Turenne ging mit 9500 Mann bei Philippsburg über den Rhein und gegen Caprara auf Heidelberg vor. Als er jedoch erfuhr, daß sich Caprara nach Wimpfen gewandt hatte, bog er nach Süden ab und verlegte ihm bei Sinsheim den Weg. Turenne forderte am 16. Juni die weit überlegene feindliche Armee, 15000 Mann Infanterie und 6000 Reiter, zur Schlacht heraus. Wegen der Geländeverhältnisse – die Flügel des Gegners standen auf steilen Höhen – stellte Turenne gegen die Regel die Kavallerie in die Mitte und die Infanterie auf die Flügel. Nachdem die französische Infanterie den Gegner auf den Flügeln geworfen hatte, vollendete die Reiterei mit dem Angriff auf sein Zentrum den Sieg. Turenne hatte hierbei nicht einmal den eigentlichen Vorteil der inneren Linie auf seiner Seite, weil allein schon der Teil des Gegners, den er angegriffen hatte, stärker war als er selbst. Caprara war dagegen eine Abweichung von der Methode zum Verhängnis geworden. Seine Überlegenheit hatte ihm nichts genützt. Nach den geltenden Grundsätzen hätte er die Schlacht nicht annehmen dürfen. Er hätte sich zurückziehen und seine Armee mit der von Bournonville zunächst vereinigen müssen. Dies vor allem auch deswegen, weil Turenne seine Basis jenseits des Rheines hatte und sich deshalb diesseits nicht lange halten konnte.

Aus diesem Grunde aber nutzte Turenne den Sieg auch nicht aus, sondern zog sich über den Rhein zurück – ein im 19. oder 20. Jahrhundert kaum denkbarer Vorgang, der sich jedoch aus der Abhängigkeit von den Versorgungszentren sowie den erläuterten damaligen Schwierigkeiten für eine Verfolgung erklärt. Turenne ließ also zu, daß sich die beiden feindlichen Armeen vereinigten.

Bald darauf ging er mit 16 000 Mann erneut bei Philippsburg über den Rhein gegen den Neckar vor. Die hier stehenden Verbündeten, 13 000 Mann, wichen ungeordnet und fluchtartig über den Main nach Frankfurt, wobei Turenne 4000 Gefangene in die Hände fielen. Er verfolgte auch diesmal den Feind nicht, weil er von Louvois den Auftrag erhielt, zwischen Neckar und Main die Pfalz zu verwüsten, um den Gegner seiner Lebensgrundlagen zu berauben.

Als Turenne erfuhr, daß das Elsaß von den Niederlanden und der Maas her bedroht wurde, ging er wieder über den Rhein zurück und bezog eine Stellung zwischen den Vogesen und dem Rhein mit Front nach Norden.

Östlich des Rheins hatten sich die Verbündeten mit 35 000 Mann unter dem Herzog von Bournonville versammelt. Die Führung litt unter dem Hader ihrer zerstrittenen Generäle. Man wollte zunächst die Vereinigung mit der vom Kurfürsten Friedrich Wilhelm geführten brandenburgischen Armee abwarten, rückte dann aber ohne diese Verstärkung über den Rhein ins Elsaß ein und bezog vor Straßburg eine Stellung.

Louvois gab Turenne die Schuld daran und verlangte von ihm, sich nach Lothringen zurückzuziehen. Turenne erlangte jedoch beim König Handlungsfreiheit. Er war entschlossen, den Gegner bei Straßburg noch vor der Vereinigung mit den Brandenburgeern aus dem Elsaß hinauszudrängen. Die Verbündeten befanden sich auch insofern im Vorteil, als Straßburg sich eindeutig auf ihre Seite gegen die Franzosen stellte.

Turenne griff sie an. Es kam am 4. Oktober bei Enzheim zur Schlacht. Wieder griff Turenne mit einem Flügel, dem rechten, an. Der Lage nach wäre der Angriff mit dem linken Flügel günstiger gewesen, zudem verstärkte Turenne seinen rechten Flügel auf Kosten der übrigen Aufstellung derartig, daß ein entschlossener Gegner ihn in der Mitte und links geworfen hätte. So endete die Schlacht unentschieden. Turenne zog sich auf seine Basis nach Zabern, die Verbündeten nach Straßburg zurück.

Im Oktober 1674 verstärkten sich die Verbündeten vor Straßburg durch die Vereinigung mit der brandenburgischen Armee auf 57 000 Mann. Das Kommando ging an den Ranghöchsten über, den Kurfürsten von Brandenburg. Die Uneinigkeit zwischen den Generälen hielt an, und Turenne gedachte sie auszunutzen – und zwar sofort gegen alle Gepflogenheiten: Er kam bei seinem König um die Erlaubnis für einen Winterfeldzug ein und erhielt sie.

Er täuschte den Gegner, indem er seine Truppen zwischen Hagenau und Zabern Winterquartiere beziehen ließ. Die Verbündeten taten das gleiche und verteilten ihre Verbände im Raum zwischen Vogesen und Rhein, Denfeld im Norden, Belfort im Süden. Daraufhin führte Turenne im Dezember sein Heer hinter den Vogesen in Kälte- und Schneestürmen nach Süden. Der Flankenmarsch war jedoch nicht unbemerkt geblieben. Die aufgeschreckten Verbündeten begannen ihre Truppen zusammenzuziehen. Turenne täuschte sie abermals. Er lenkte sie ab, indem er einzelne Abteilungen über die Pässe der Vogesen nach Osten vorgehen ließ, während er selbst mit den Hauptkräften bis Belfort marschierte und hier vor dem linken Flügel des feindlichen Cantonements erschien. Er griff jedoch nicht an, sondern versorgte erst einmal seine Truppen.

Er wandte ein eigenartiges Mittel an: Er eröffnete eine starke Kanonade, um, wie er selbst erklärte, an den Reaktionen des Gegners zu erkennen, wo er sich zu konzentrieren gedenke – Artillerie mußte hier also die noch sehr in den Anfängen steckende Aufklärung ersetzen. Tatsächlich soll Turenne auf diese Weise erfahren haben, daß die Versammlung bei Colmar stattfand. Seine Absicht, den feindlichen linken Flügel bei Mühlhausen abzuschneiden, konnte er jedoch nicht durchführen, da der Feind dort eher war als seine vorgeworfenen Reiter. Es kam zu Gefechten, die aber die Franzosen nicht aufzuhalten vermochten.

Als sie um die Jahreswende vor Colmar erschienen, standen hier schon die Verbündeten in einer gut gedeckten Verteidigungsstellung. Turenne stellte das Gros seiner Armee ihnen gegenüber ebenfalls in Schlachtordnung auf. Er täuschte aber auch hier wieder den Gegner, indem er mit 1500 Infanteristen und einigen Reiterregimentern auf Wegen, die für unpassierbar gehalten worden waren, nach Türkheim nördlich von Colmar in den Rücken des Gegners gelangte und die Stadt besetzte. Die gegen ihn angesetzten Reserven wies er ab, verfolgte sie aber nicht. Dies allein genügte den Verbündeten, um sich aus dem Elsaß zurückzuziehen und östlich des Rheines nun endgültig in die Winterquartiere zu gehen. Damit hatte Turenne sein Ziel erreicht.

Im Unterschied der Beurteilung dieser Operation zeigen sich die Unterschiede operativer Grundanschauungen. Während Galitzin, als Vertreter der von Napoleon beeinflußten Anschauung des 19. Jahrhunderts, Turenne, obwohl er sonst für ihn sehr eingenommen ist, scharf kritisiert, stellt Liddell Hart, 1955, Turennes Art des Vorgehens als mustergültig hin, da er völlig den von diesem Militärtheoretiker favorisierten indirekten Verfahren entsprochen habe. Galitzin kritisiert das Weiterausholen nach Süden, die eingelegten Versorgungs-Halte, die Kanonade – „wie, um den Feind von seiner Ankunft in Kenntnis zu setzen" –, Maßnahmen, welche den Feind geradezu zur Konzentration der Kräfte genötigt hätten. Es wäre bedeutend vorteilhafter gewesen, gleich mit der Hauptmasse des Heeres nach Westen über das Gebirge zu gehen und die zunächst ja doch getrennten Teile des feindlichen Heeres einzeln zu schlagen. Als falsch sieht es Galitzin auch an, daß der Feind bei Türkheim nicht vernichtet wurde. Liddell Hart – bei einer allerdings sehr viel kürzeren und oberflächlicheren Betrachtung – meint dagegen: „Hier kam es Turenne weniger darauf an, die feindliche Armee zu vernichten, als deren Widerstandskraft zu brechen und es den Naturgewalten zu überlassen, die Auflösung des Gegners zu vollenden. Er hatte mit dieser Methode so großen Erfolg, daß er schon nach wenigen Tagen berichten konnte, kein einziger feindlicher Soldat befinde sich mehr im Elsaß."

An diesem Feldzug sollen zeittypische Kriterien deutlich gemacht werden, wie sie nicht nur in der Art der Operationsführung, sondern vor allem in den spezifischen Schwierigkeiten der Koalitionskriegführung sowie der Verflechtung politischer und militärischer Probleme und Zielsetzungen erkennbar sind. Darüber hinaus dient er als Beispiel für eine souveräne Handhabung der Kriegführung zu Beginn des 18. Jahrhunderts.

Im Jahre 1701 brachte der englische König Wilhelm III. ein Bündnis, die sogenannte Große Allianz, gegen Frankreich zusammen, das auf dem Kontinent die Vorherrschaft besaß und England sowie dessen Kolonien bedrohte. Aus Anlaß der spanischen Thronfolgefrage kam es im gleichen Jahr zu dem danach genannten Spanischen Erbfolgekrieg (1701–1714). Mit England und den mit ihm in Personalunion verbundenen Niederlanden waren Österreich, Preußen und das Reich verbündet. Bayern und Köln standen auf der Seite Frankreichs. Später traten auch das zunächst mit Frankreich verbündete Savoyen und Portugal der Großen Allianz bei. Kriegsschauplätze dieses Krieges waren Oberitalien, Spanien, die spanischen Niederlande und Deutschland. Er war der letzte einer ganzen Kette von Kriegen, die drei Jahrzehnte lang um den Machtanspruch Ludwigs XIV. geführt wurden. Er stellte die letzte außerordentliche, aber auch erfolgreiche Anstrengung der europäischen Staaten dar, sich von der französischen Vorherrschaft zu befreien. Dieses Ziel war aber auch das einzige, was die sonst in politischen und militärischen Fragen stark divergierenden Staaten des Bündnisses verband. Wie es sich schon vorher bei den anderen gegen Ludwig XIV. gerichteten Koalitionen gezeigt hatte, war Frankreich in der gesamten strategischen Leitung infolge der hier durch den König nicht nur verkörperten, sondern realisierten politisch-militärischen Führungseinheit seinen Gegnern weit überlegen.

Doch besaßen die Verbündeten, wie sich bald zeigen sollte, in dem Prinzen Eugen von Savoyen als kaiserlichem und dem Herzog von Marlborough als englischem Heerführer zwei überragende Feldherren. Keiner von beiden war auf sein militärisches Fachgebiet beschränkt, beide traten nachdrücklich auch als politische Persönlichkeiten in Erscheinung. Marlborough war in England Gegenstand heftigen Parteienstreits. Wesentlich auf seinen und seiner Gemahlin Einfluß auf die Königin Anna – Schwägerin und Nachfolgerin Wilhelms III. – ging es zurück, daß England den Krieg auf dem Festland 13 Jahre lang durchhielt, wodurch die Vorherrschaft Frankreichs gebrochen, die Österreichs verhindert, somit das Gleichgewicht in Europa hergestellt wurde und England als der eigentliche Sieger aus dem Kampf hervorging.

Für Österreich war Prinz Eugen der spiritus rector dieser Auseinandersetzung. Österreich hatte nach 1648 an Macht immer mehr eingebüßt. Infolge der Kriegsanstrengungen der vergangenen Jahre, vor allem des Türkenkrieges, war es geschwächt und durch die aufständischen Ungarn verunsichert. Die Finanzen waren in Unordnung, die Kriegsvorbereitungen mangelhaft, die Armee und die Festungen in einem schlechten Zustand. Die Verwaltung war unfähig, dieser Misere Herr zu werden, die in krassem Gegensatz stand zu den überspannten Forderungen des Kaisers Leopold nach dem spanischen Gesamterbe.

Eugen schaffte Wandel, und zwar mitten im Krieg. Über seine militärischen Aufgaben, die er glänzend löste, gewann er immer mehr Anteil an der politischen Leitung. 1703 wurde er Präsident des Hofkriegsrates, was der Stellung eines Kriegsministers entsprach. Da er aber in seiner gleichzeitigen Eigenschaft als Heerführer sehr oft nicht in Wien war, wurde er in dieser Zeit vom Thronfolger vertreten, der mit weit mehr Kompetenzen ausgestattet wurde, so daß Eugen auch Einfluß auf die Außen- und Innenpolitik erlangte. Auf diese Weise wurde eine, bei der schleppenden Regierungsweise des Kaisers bisher fehlende gesamtstrategische Leitung allmählich hergestellt.

Eugen und Marlborough arbeiteten, wie schon einmal erwähnt, aufgrund ihrer gegenseitigen persönlichen Sympathie bei ihren gemeinsamen Operationen so gut zusammen, wie das bei Koalitionskriegen zumindest sehr selten war. Hierin lag zweifellos ein wesentlicher Grund für ihre gemeinsamen militärischen Erfolge, die sich nicht auf die des Feldzuges von 1704 beschränkten.

Die Lage Österreichs im Frühjahr 1704

Hiermit wurde den Ereignissen aber bereits vorgegriffen. 1703 war ein kaiserliches Heer von den Franzosen und Bayern in Süddeutschland an verschiedenen Stellen geschlagen worden. Es wurde vom Markgrafen Ludwig von Baden – Generalleutnant, also ranghöchster kaiserlicher General – geführt. Der Markgraf hatte zusammen mit dem Prinzen Eugen und dem bayerischen Kurfürsten Max II. Emanuel – ihrem jetzigen Gegner – gegen die Türken gekämpft und sich hier als ein fähiger Truppenführer erwiesen. Seitdem hatte seine Führungskunst jedoch erheblich nachgelassen. Er operierte streng nach der Methode, was bei ihm jetzt auf Unentschlossenheit und Ungeschicklichkeit hinauslief.

Anfang 1704 verschlechterte sich die Lage noch weiter. Am 9. Januar kapitulierte die Festung Passau vor Max Emanuel. Damit war die kürzeste Verbindung zwischen Wien und den im Reich stehenden kaiserlichen Truppen abgeschnitten. Vor allem bestand die Gefahr eines Vorstoßes der Bayern auf Wien. Weiterhin war zu befürchten, daß Max Emanuel von Oberösterreich aus seinen 1702 am Widerstand der Tiroler Bevölkerung gescheiterten Versuch wiederholen würde, die Verbindung mit den Franzosen in Oberitalien herzustellen. Vom Osten drangen ungarische Streifen bereits bis vor Wien vor, wo man einen Aufruhr der unruhig gewordenen Bevölkerung befürchtete. Die Gefahr eines neuen Einfalles der Türken zeichnete sich ab.

Nach französischem Plan sollte durch die Ungarn, die eine Trennung von Habsburg anstrebten, Österreich im Innern zersetzt werden, um damit den Angriff von außen zu erleichtern. Der Plan Max Emanuels war auf die Unterwerfung Habsburgs ausgerichtet.

Noch schlimmer als die tatsächliche Lage war ihre Beurteilung durch den Wiener Hof. Die kaiserlichen Diplomaten bemühten sich nicht, ihren tiefen Pessimismus zu verbergen, so daß die verbündeten Seemächte den Eindruck haben mußten, Österreich stehe kurz vor dem Zusammenbruch. Vorerst besaß Österreich noch keine energische Gesamtkriegsleitung.

In dieser Situation wurde Eugen in seiner Eigenschaft als Präsident des Hofkriegsrates auf Anraten des Thronfolgers nach Wien gerufen. Er hatte sich erboten, verantwortlich die Leitung der Kriegsangelegenheiten zu übernehmen. Mit ihm kam ein zuversichtlicher Zug in die Staatsangelegenheiten, der von den ausländischen Diplomaten sofort bemerkt wurde.

Eugens strategischer Grundgedanke war folgender: Da Habsburg eine Machtausweitung in Italien wünschte, mußte hier offensiv vorgegangen werden. Damit der Gegner in Deutschland am Eingreifen in Italien und an einem Angriff auf Österreich als der strategischen Basis gehindert wurde, mußte er in Süddeutschland gefesselt und womöglich geschlagen werden. Auf dieser strategischen Defensive lag der Schwerpunkt, sie war der schwierigere Teil der Aufgabe. Schwierig vor allem deswegen, weil die Kräfte in Ungarn und Italien soweit gestärkt werden mußten, daß sie ihre Aufgaben erfüllen konnten. Das aber bedeutete, daß die in Süddeutschland einzusetzenden Hauptkräfte nur unwesentlich durch kaiserliche Truppen verstärkt werden konnten. Daher ging es Eugen darum, die Seemächte dafür zu gewinnen, ihre Hauptkräfte in Deutschland einzusetzen. Eugen knüpfte darum geheime Verhandlungen mit Marlborough an.

Marlborough war diesen Gedanken durchaus aufgeschlossen. Er war ein sehr energischer Feldherr, der mit seinem Tatendurst und Ehrgeiz auf dem niederländischen Kriegsschauplatz nicht auf seine Kosten gekommen war. Er war ebenso durch die geographisch-strategischen Verhältnisse der Niederlande wie vor allem durch die Niederländer selbst, die nicht angreifen, sondern nur ihre dicht mit Festungen besetzte Südgrenze gegen Frankreich verteidigen wollten, gehemmt. Marlborough war aber nicht der Heerführer, der sich an Festungen klammerte. Die Regierungen der Seemächte waren jedoch weitgehend von ihren Parlamenten abhängig, die schwer davon zu überzeugen waren, daß die Entscheidung dieses Krieges zunächst in Deutschland zu suchen sei und die auch vor zusätzlichen finanziellen Belastungen zurückschreckten. England sagte Österreich Hilfe zu, stark war aber der Widerstand dagegen bei den Holländern. Marlborough erhielt im Haag zunächst nur die sibyllinische Antwort, daß man den Entschluß von den Bewegungen des Feindes abhängig machen wolle.

Marlborough hegte aber noch immer den verwegenen, aber auch sehr umstrittenen Plan, tief nach Frankreich einzufallen, um die Franzosen dadurch zu zwingen, ihre Truppen aus Italien abzuziehen und in Nordfrankreich einzusetzen. Wahrscheinlich hätte er dadurch aber nur Bayern und Franzosen in Deutschland freie Hand gegeben. Dieser Plan war aber um so weniger durchführbar, als die Franzosen und Bayern früher als angenommen, nämlich bereits am 15. April, den Feldzug eröffneten.

Schwierigkeiten in der Operationsplanung und -durchführung ergaben sich aus dem schlechten Verhältnis Eugens wie dann auch Marlboroughs zu dem Markgrafen von Baden. Als regierender Fürst und rangältester Offizier war der Markgraf dem „Kriegsminister" Eugen, der lediglich nachgeborener Sohn eines Fürstenhauses war, nicht unterzuordnen. Solange der Markgraf im kaiserlichen Dienst stand, konnte Eugen nicht offiziell das Kommando in Deutschland übernehmen – eine für diese Zeit typische Friktion. Alle drei Befehlshaber waren grundsätzlich Methodiker, aber im Gegensatz zum Markgrafen setzten sich Eugen und Marlborough gegebenenfalls über die Methode hinweg.

Markgraf Ludwig ging davon aus, daß sich die Franzosen in den Niederlanden defensiv verhalten und in Deutschland angreifen würden. Ihm schien es vor allem wichtig, daß den aus Frankreich zur Unterstützung der bayerisch-französischen Kräfte in Süddeutschland heranmarschierenden Verbänden entgegengetreten werde. Er wollte darum den Schwerpunkt auf eine Hauptoperation am Oberrhein legen, und zwar im Zusammenwirken mit einer Nebenoperation der Streitkräfte Englands und Hollands an der Mosel. Dazu sollte nach Ansicht des Markgrafen die Festung Landau – westlich des Rheins – erobert werden. Mit ihr glaubte der Markgraf den Oberrhein in der Hand und die Verbindung zwischen den Franzosen im Elsaß und Bayern unterbunden zu haben. Erst wenn die Franzosen auf diese Weise am Rhein gebunden seien, wäre es möglich, gegen Bayern vorzugehen, worin der Markgraf nur eine weitere Nebenoperation sah. Eine Begründung fand dieser Plan auch darin, daß der Markgraf nicht glaubte, die Seemächte würden ihre Truppen für eine Operation an der Donau zur Verfügung stellen und daß eine solche Operation langer versorgungsmäßiger Vorbereitungen bedürfe und nicht vor Anfang Juni beginnen könne.

Die „Kriegspartei" am Kaiserhof – d.h. Eugen und seine Anhänger – war hingegen der Ansicht, daß bei einem solchen Vorgehen die Hauptgefahr für Österreich gerade nicht beseitigt werde. Die größte Gefahr drohe Österreich von den Bayern, für die sich die weiter oben geschilderten Möglichkeiten des Vorgehens ergaben. Durch eine Operation am Oberrhein werde diese unmittelbare Gefahr nicht beseitigt. Am Rhein wollte Eugen lediglich Deckungskorps stehen lassen, die eine Verstärkung der Franzosen in Deutschland zu verhindern hätten.

Man erkennt also am Plan des Markgrafen, wie stark sich Methodiker des 17./18. Jahrhunderts in die Vorstellung des der damaligen Methode zugrundeliegenden indirekten Verfahrens hineinzusteigern vermochten. Denn natürlich konnte der Markgraf als kaiserlicher Oberkommandierender nicht wollen, daß Österreich seinem Schicksal überlassen werde. Er dachte vielmehr wirklich wie ein Schachspieler, wenn er glaubte, mit dem Zug am Oberrhein und der Eroberung Landaus den Gegner in Bayern matt setzen zu können. Das Koordinatensystem aus Magazinen, Festungen, Stellungen und Verbindungen war für ihn nicht nur eine Hilfskonstruktion, sondern Ausdruck einer höheren mathematischen Realität – wobei er dann die nächstliegende Wirklichkeit übersah, in diesem Falle die Gefahr für Österreich als strategischer Basis. Tatsächlich konnten sich aber die vom Markgrafen zugestandenen Nebenoperationen in Bayern nach Bindung der Franzosen am Rhein bestenfalls als Entlastung der Operation am Rhein auswirken – nicht umgekehrt. Freilich – der kleine Staat des Markgrafen lag nicht in Österreich, sondern am Rhein!

Allerdings hatte der Markgraf darin recht, daß niemand den Seemächten vorschreiben konnte, wo sie ihre Truppen in Deutschland einsetzen sollten – das war der Unsicherheitsfaktor im Plane der „Kriegspartei". Da sich dieser Plan auf die Absicht gründete, den Gegner mit einem einzigen„ schlagkräftigen Heer in Bayern zu schlagen, konnte dieses Heer nur durch die Truppen der Seemächte so stark gemacht werden, wie es nötig war, da dafür die Unterstützung der Reichsarmee, deren Kontingente sich in einem miserablen Zustand befanden, nicht ausreichten. Waren die Seemächte zur Unterstützung einer direkten Operation gegen Bayern nicht bereit, schien der Plan des Markgrafen Ludwig immer noch mehr Realitätsgehalt aufzuweisen als der Eugens.

Wie wichtig der Besitz des Rheingebiets als Basis der Franzosen für ihr weiteres Vordringen in Deutschland war, hatten alle bisherigen Kriege gezeigt, die von Frankreich gegen Kaiser und Reich geführt worden waren. Zudem hoffte Ludwig XIV., die deutschen Fürsten zum Abfall vom Kaiser zu bewegen, was durch Versprechungen oder durch unmittelbare Bedrohung ihrer Territorien geschehen sollte, wozu eben auch das Rheingebiet in französischer Hand sein mußte.

Als eines der ersten Opfer hatte sich übrigens der französische König den Markgrafen von Baden auserkoren. Dessen Loyalität mißtraute man in Wien ohnehin, doch bestand wohl weniger die Gefahr, daß er Ludwig XIV. ins Netz gehen, als daß er sich mit seinem alten Kriegskameraden Max Emanuel verbünden werde – was im Endeffekt freilich auf das gleiche herauskommen konnte. Dabei ist allerdings stets zu bedenken, daß auch Wien, den Gepflogenheiten der Zeit gemäß, in ständiger geheimer diplomatischer Verbindung mit dem bayerischen Kurfürsten stand und sich bemühte, ihn auf die Seite des Kaisers zu ziehen.

Die Abwehr der Franzosen am Rhein war also für den Krieg nur dann von nebensächlicher Bedeutung, wenn man über Mittel verfügte, ihre Habsburg unmittelbar bedrohende Basis Bayern zunichte zu machen. Die Frage war nur, ob man selbst dann, wenn man den strategischen Schwerpunkt an den Rhein verlegte, die Franzosen dort wirklich aufhalten konnte.

Breisach war 1703 von den Franzosen genommen worden. Die Festungen Freiburg, Rottweil und Villingen sollten im Süden die Straße über den Schwarzwald ins Innere Süddeutschlands schützen, aber bei ihnen handelte es sich um einzelne Festungen, die nicht im Sinne einer Festungskette auf gegenseitige Unterstützung angelegt waren. Im Norden hatte der Markgraf eine befestigte Flankenstellung errichten lassen, die Stollhofener und Bühler Linien. Sie waren 16 km lang, stützten sich rechts auf den Rhein und endeten im Osten im Schwarzwald in der Gegend von Bühl. Am Rhein konnten sie überhaupt nicht, auf dem linken Flügel im Gebirge nur sehr schwer umgangen werden. Alle diese Befestigungen nützten aber nur dann etwas, wenn sie mit genügend Truppen besetzt waren und in Verbindung mit einem auf sie gestützten beweglichen Kampf. Der Feind konnte auf den Höhenwegen des Schwarzwaldes, der ihm gute Deckung bot, vorgehen. Das hatte er sogar mit seinen, für die in Bayern stehenden Truppen bestimmten Rekruten schon wiederholt getan, ohne daß es dem Markgrafen gelungen wäre, ihn daran zu hindern. Eine feindliche Armee hätte auf diesen Straßen nur durch großangelegte Führung zerstreuter Gefechte aufgehalten werden können, wofür die große Masse der regulären Truppe nicht ausgebildet war und sich nicht eignete.

Eugen und Marlborough erkannten den Wert dieser Linien für den Schutz der deutschen Territorien, für eine Verzögerung des französischen Vormarsches aus dem Elsaß, für die Aufrechterhaltung der rückwärtigen Verbindungen bei einem Einsatz von Marlboroughs Armee in Süddeutschland. Keinesfalls sollte aber die Hauptarmee durch den Kampf der Sicherungskräfte am Rhein von ihrer Aufgabe zur Niederringung Bayerns abgelenkt, keineswegs sollten diese Sicherungsverbände so stark gemacht werden, daß die dafür aufgebrachten Kräfte dann bei der entscheidenden Operation fehlten.

In langwierigen Verhandlungen wurde schließlich erreicht, daß sowohl der Markgraf wie aber vor allem Marlborough der Operation gegen Bayern zustimmten. Aber nun machte der Markgraf neue Schwierigkeiten. Er wollte mit drei Armeen gegen Bayern vorgehen, von denen die eine er selbst, die zweite Marlborough und die dritte Eugen führen sollte.

Der Vorschlag hatte weniger militärstrategische als personalpolitische Gründe: Ebensowenig wie es möglich war, daß sich Marlborough ihm unterstellte, wollte sich der Markgraf Marlborough unterstellen. Mit den drei Armeen schien die Frage auf elegante Weise gelöst zu sein. Nur waren Marlborough und Eugen mit dieser Lösung nicht einverstanden. Sie argumentierten rein militärisch, wonach die drei getrennten Armeen von einem konzentrierten – und damit auf der inneren Linie operierenden – Gegner leicht geschlagen werden könnten. Sie forderten daher unbedingt die Zusammenfassung aller gegen Bayern einzusetzenden Kräfte zu einem einzigen Heer.

Marlborough versuchte die anstehenden militärstrategischen und personalpolitischen Fragen, seiner Art gemäß, mit einem einzigen eleganten Schachzug zu lösen. Er schätzte, in Sorge um seine rückwärtigen Verbindungen nach den Niederlanden, die Bedeutung der Rheinlinie sehr hoch ein und war für eine Verstärkung der dortigen Kräfte. Er wollte aber mit Eugen, den er sich zudem als ranghöherer General ohne weiteres unterstellen konnte, lieber zusammenarbeiten als mit dem schwierigen Markgrafen. So schlug er vor, daß dieser, der ja doch hierhin ursprünglich sogar den operativen Schwerpunkt verlegen wollte, das Kommando am Rhein übernehme und strich diese Aufgabe dem Markgrafen gegenüber als eine äußerst wichtige und ehrenvolle heraus. Sie lag außerdem dem Markgrafen als eine defensive Aufgabe mehr als die Offensive eines Angriffes auf Bayern.

Der Markgraf lehnte ab. Eugen befand sich in einer äußerst schwierigen Situation, da der Kaiser von ihm die tatsächliche Leitung der Kriegsführung in Süddeutschland erwartete, dies aber dem Markgrafen gegenüber nicht zugeben konnte, im Gegenteil noch einmal bekräftigte, daß Eugen ihm unterstellt sei. So kam es zu der widersinnigen Lösung, daß ausgerechnet Eugen, dem der Plan des Angriffs auf Bayern zuzuschreiben war, das Kommando über die Rhein-Armee erhielt. Er nahm es widerspruchslos an. Damit verbunden war eine weitere, höchst unglückliche Regelung: Das Kommando über die Hauptarmee sollte zwischen den beiden zerstrittenen Feldherren täglich wechseln.

Wenn hier auch nicht näher darauf eingegangen werden kann, so darf zur Kennzeichnung der auch und gerade darin zeittypischen Verhältnisse die außerordentlich wichtige Rolle des Kaiserlichen Gesandten in London und Kaiserlichen Bevollmächtigten im Hauptquartier des Markgrafen, Graf Wratislaw, nicht übersehen werden. Wratislaw war mit der politischen Vorbereitung des Feldzuges betraut, beeinflußte aber auch unmittelbar ganz wesentlich die militärischen Belange. Er vertrat die gleiche Grundansicht wie Eugen und Marlborough als Dritter im Bund.

Alle drei zusammen gaben ein besonders eindrucksvolles Beispiel ab für das unmittelbare Ineinandergreifen politischer und militärischer Führung dieser Zeit.

Die Operationen bis zur Schlacht bei Höchstädt

Bei Beginn des Feldzuges Mitte Juni bestand die vereinigte Hauptarmee aus 52 000 bis 55 000 Mann, Festungsbesatzungen und kleinere Korps nicht gerechnet. Das bayerisch-französische Heer unter Max Emanuel und dem französischen Marschall Marsin umfaßte etwa 45000 Mann. Die Infanteriestärken waren ziemlich ausgeglichen, Marlborough und der Markgraf von Baden verfügten aber über mehr Kavallerie. Die Rhein-Armee Prinz Eugens umfaßte ungefähr 23 500 Mann. Ihr standen drei französische Armeen unter Tallard,

Villeroy und Coigny mit insgesamt weit überlegenen Kräften von 56 000 Mann gegenüber. Kern der kleinen Streitmacht Eugens, die sich aus Kontingenten verschiedener Staaten zusammensetzte, war das preußische Korps unter Fürst Leopold von Anhalt-Dessau. Mit ihm arbeitete Eugen auch in späteren Feldzügen sehr gut und mit Erfolg zusammen.

Eugen hatte den Rhein von Mainz bis Freiburg zu decken. Er konzentrierte seine Truppen zwischen Mannheim und Stollhofen. Gemäß seinem operativen Grundgedanken sah Eugen seine Aufgabe darin, der Hauptoperation gegen Bayern Rückenfreiheit zu geben. Er war sich jedoch darüber klar, daß er der französischen Übermacht auf die Dauer nicht standhalten konnte und über kurz oder lang von der Verteidigung zum hinhaltenden Widerstand übergehen mußte.

Anfang Juli marschierte Tallard mit 20 000 Mann durch den Schwarzwald auf Villingen. Villeroy und Coigny deckten das Elsaß und sicherten gegen die Stollhofener Linien. Tallard sollte sich mit den bayerischen-französischen Streitkräften vereinigen, die bei Dillingen an der Donau, zwischen Ulm und Donauwörth in festen Stellungen standen. Franzosen und Bayern stimmten in ihren strategischen Zielen nicht überein, da Max Emanuel, wie gesagt, auf Wien vorgehen wollte, während es Ludwig XIV. lediglich um den Abfall der deutschen Fürsten vom Kaiser ging.

Marlborough und der Markgraf von Baden vereinigten die Masse ihrer Streitkräfte am 22. Juni nördlich von Ulm. Die Meinungsverschiedenheiten zwischen den beiden Heerführern belasteten die Operationen von vornherein. Der Markgraf, dem weder die Kaiserlichen noch Marlborough trauten, wurde ständig von Agenten des Wiener Hofes überwacht. Die beiden Heerführer verkehrten oft nur über Wratislaw miteinander. Marlborough verlangte von Wratislaw schließlich die Arretierung des Markgrafen, damit diese Stelle für Eugen frei werde, aber Verrat war dem Generalleutnant nicht nachzuweisen. Wratislaw stand mit dem Kaiser auf der einen, mit Marlborough und Eugen auf der andern Seite in geheimer Verbindung, wodurch die offiziell immer wieder anerkannte Stellung des Markgrafen als Kaiserlicher Oberkommandierender zunehmend zugunsten der praktischen Leitung der Kaiserlichen Kriegführung durch Eugen entwertet wurde.

Marlborough setzte gegen den Markgrafen seinen Plan durch, demzufolge der bei Dillingen stehende Feind durch einen Übergang auf das südliche Donauufer bei Donauwörth am Vorgehen gegen Österreich gehindert werden sollte. Dem kam der Gegner aber dadurch zuvor, daß er bei Donauwörth auf dem Schellenberg eine befestigte Stellung bezog, die den Übergang decken sollte. Marlborough und der Markgraf griffen ihn am 2. Juli an.

Ohne die Bereitschaft des Markgrafen abzuwarten, attackierte Marlborough mit dem linken Flügel und wurde abgeschlagen. Nur dem rechtzeitigen Eingreifen des Markgrafen mit einem Flankenangriff des rechten Flügels war es zu verdanken, daß aus der drohenden Niederlage schließlich doch ein Sieg wurde. Beide Seiten hatten sehr hohe Verluste erlitten. Da Marlborough ungerechtfertigterweise allen Ruhm für sich beanspruchte, fühlte sich der Markgraf verständlicherweise zurückgesetzt, was wieder einen Grund zur Verstimmung gab.

Der Sieg wurde in keiner Weise ausgenutzt. Das war in erster Linie dem Markgrafen zuzuschreiben, der zu diesem Zeitpunkt das Kommando hatte. Aber auch Marlborough verharrte in einer bei ihm befremdlich erscheinenden Passivität, die auf das Mißtrauen gegen den Markgrafen zurückzuführen war. Man ließ Max Emanuel und Marsin nach Augsburg abziehen, wo sie ein verschanztes Lager bezogen, um erst einmal die Verstärkungen durch Tallard abzuwarten. Man folgte ihnen nur langsam auf dem östlichen Lechufer und hielt sich dabei auch noch, streng nach der Methode, mit der Belagerung der kleinen Festung Rain, südostwärts von Donauwörth, auf, die erst am 16. Juli fiel. Vom bayerischen Kurfürsten verlangten die Franzosen, alle seine Garnisonen aus den Festungen und Städten zur Stärkung des Feldheeres abzuziehen. „Dies war die einzige Möglichkeit zu überleben" (Hütte). Max Emanuel weigerte sich jedoch mit dem für diese Zeit typischen Argument, daß dann die Gegner alle Festungen besetzen und nicht mehr zu vertreiben sein würden.

Eugen hatte vergeblich versucht, über den Kaiser auf eine schnellere, energischere Operationsführung der Hauptarmee einzuwirken. Ihm war es nicht möglich, Tallards Vormarsch durch den Schwarzwald aufzuhalten. Die Tatsache, daß sich Max Emanuel und Marsin ungehindert zurückziehen konnten und in aller Ruhe die Verstärkung durch Tallard abwarten konnten, hatte zur Folge, daß auf geheime Friedensverhandlungen zwischen Österreich und Bayern kein militärischer Druck ausgeübt werden konnte. Die Verhandlungen scheiterten dann auch am 15. Juli. Sie brachten den Kurfürsten bei den Franzosen, die über sie genau orientiert waren, in Mißkredit. Auch hier herrschte also eine Atmosphäre gegenseitigen Mißtrauens.

Das alliierte Hauptheer zog am 17. Juli von Rain aus weiter nach Süden. Man verlegte sich auf das alte üble Mittel der Landverwüstung, dessen Marlborough „sich selbst privatim schämte" (Liddell Hart), und steckte Hunderte von Dörfern in Brand. Der bayerische Kurfürst war dadurch jedoch nicht zu beeindrucken. Daraufhin fiel den Alliierten nichts weiter ein, als ihm gegenüber bei Friedberg in Stellung zu gehen. Am 3. August konnte sich Tallard mit Max Emanuel bei Augsburg vereinigen.

Prinz Eugen hatte die Lageentwicklung mit wachsender Sorge verfolgt. Auch aus Ungarn und Italien lagen schlechte Nachrichten vor. Zudem wurde am Wiener Hof heftig gegen den Prinzen intrigiert. Er war entschlossen, alles an eine schnelle und erfolgreiche Beendigung des Feldzuges zu setzen. Tallard hatte er im Schwarzwald nicht aufhalten können, aber gerade dieser Umstand führte zu einer entscheidenden Wende des Feldzuges.

Eugen ließ am Rhein nur die allernotwendigsten Sicherungen gegen Villeroy zurück und eilte mit 20 000 Mann an die Donau – ein Entschluß, der sich mit keinem der geltenden Kriegsführungsgrundsätze vereinbaren ließ. Voraussetzung für das Gelingen dieses außerordentlichen Wagnisses war, daß Tallard und Villeroy so spät wie nur möglich etwa davon erfuhren. Das war dann auch wirklich der Fall, und Tallard mußte seinen Plan aufgeben, die alliierte Hauptarmee von Franken abzuschneiden.

Am 3. August stand Eugen bei Höchstädt an der Donau. Damit war die Überlegenheit der Alliierten wieder hergestellt.

Für den Markgrafen war die eigene Überlegenheit Voraussetzung für jede weitere Operation. Sie erschien ihm aber auch jetzt noch nicht groß genug, um sich mit dem Gegner auf eine Schlacht einzulassen. Überhaupt gedachte er diese Überlegenheit nicht für ein energisches Vorgehen mit zusammengefaßten Kräften zu nutzen. Er wollte einen Abnutzungskrieg führen, bei dem er sich auf die strategisch wichtigen Punkte, insbesondere Festungen, stützte. Es kam ihm vor allem darauf an, dem Gegner die Versorgungsgrundlage zu nehmen, weil er überzeugt war, „daß der Vorteil dieses Feldzuges demjenigen bliebe, welcher am längsten subsistieren und die Sachen aushalten kann“ (zit. E. Ritter). Sein Plan war es, Ingolstadt und Ulm zu erobern, wozu das Gesamtheer eben nun doch wieder in drei Einzelheere geteilt werden sollte. Er selbst wollte sich von Marlborough trennen, um Ingolstadt zu belagern. Eugen sollte die Operation in Württemberg und Franken gegen den Rhein decken. Danach wollte der Markgraf die Heere Max Emanuels und Marsins in dem verwüsteten Bayern verkommen lassen. Dafür sollte der Feind zunächst von allen Gebieten, die für ihn als Winterquartiere in Frage kamen, abgeschnitten werden. Aber die Lage drängte sehr, denn nach dem Vertrag mit England war das Verbleiben Marlboroughs und seiner Armee bis äußerstenfalls Ende Juli vorgesehen.

Daher mußte nach Ansicht Eugens nunmehr auf schnellstem Wege eine Entscheidung gesucht werden. Es war für ihn die Lage eingetreten, in der auch dem „blutscheuen“ Methodiker – wie man Ende des 19. und Anfang des 20. Jahrhunderts mit einer heute unbegreiflichen Verachtung sagte – keine andere Wahl mehr blieb als das große Wagnis einer Schlacht. Durch einen Schlachtsieg, so meinte Eugen, würden Ingolstadt und Ulm von selbst fallen. Dies war allerdings ein Gedanke, der das indirekte Verfahren in einer für diese Zeit höchst unkonventionellen Weise auslegte. Aber der Entschluß dazu konnte nicht von ihm gefaßt werden, da er nicht der kaiserliche Oberkommandierende war. So mußte er sich auf die Pläne des Markgrafen einstellen, um zu versuchen, über sie zu dem von ihm angestrebten Ziel zu gelangen.

So machte sich Eugen die auch von Marlborough vertretene Ansicht zu eigen, daß für die vom Markgrafen beabsichtigte Art der Kriegführung der Besitz von Ingolstadt und Ulm unerläßlich seien, weil nur von diesen beiden Festungen aus die Donau, Schwaben und Franken beherrscht werden könnten. Die Maßnahmen, die für eine Deckung gegen den Rhein und Württemberg getroffen worden waren, hielt Eugen jedoch für ausreichend. Auf keinen Fall jedoch waren er und Marlborough damit einverstanden, das Hauptheer zu teilen. Für die Belagerungen habe das Hauptheer als Deckungsarmee zu fungieren und es müsse, sich der operativen Entwicklung anpassend, jederzeit in der Lage sein, eine Schlacht gegen die im freien Felde stehende Hauptmacht des Gegners anzunehmen. Zu so einer Schlacht konnte es am ehesten bei der Belagerung Ulms kommen, die der Gegner auf keinen Fall tatenlos hinnehmen konnte. Der gewissermaßen im Operationsplan des Markgrafen von Eugen geschickt verpackte Gedanke an eine Entscheidungsschlacht war der wichtigste Punkt.

Den Absichten Eugens kam entgegen, daß der Markgraf selbst die Belagerung von Ingolstadt übernehmen wollte. Später wurde gesagt, Eugen und Marlborough hätten den Markgrafen nach Ingolstadt abgeschoben, um ihn endlich los zu sein. Daran ist natürlich richtig, daß die beiden über diese Lösung alles andere als unglücklich waren. Aber schließlich war es der Markgraf selbst, der sich von den kommenden Ereignissen dadurch isoliert hatte, daß er den Festungskrieg und speziell die Einnahme von Ingolstadt für so wichtig gehalten hatte, daß er sie selbst herbeiführen wollte. So war nun also das Hauptheer aus den Streitkräften Marlboroughs und Eugens zu bilden.

Am 3. August rückte die Hauptarmee aus der Stellung bei Friedberg nach Norden auf Neuburg ab. Am 9. August trennte sich der Markgraf, der nach Ingolstadt marschierte, von

Marlborough, der in nordwestlicher Richtung die Vereinigung mit Eugen bei Höchstädt anstrebte. Auch Marlborough war entschlossen, die Entscheidung zu suchen.

Auch Max Emanuel suchte sie, aber die Franzosen wollten, daß der Gegner ausmanövriert werde. Man einigte sich darauf, Eugen bei Höchstädt zu überraschen, andernfalls aber die Alliierten von Franken abzuschneiden. Dazu brauchte man die Straße nach Franken, um die dann der Kampf entbrannte.

Bayern und Franzosen überschritten die Donau und bezogen am 12. August ein Lager zwischen Höchstädt und Blindheim.

Auch Marlborough ging über die Donau und vereinigte sich am 11. und 12. August mit Eugen. Beide Heere bezogen nur 8 Kilometer ostwärts des Gegners ebenfalls ein Lager hinter einem kleinen Wasserlauf, dem Kesselbach.

Die Schlacht bei Höchstädt (13.8.1704)

Die Schlacht bei Höchstädt wurde vonseiten der Alliierten „im vollen Bewußtsein ihrer weitreichenden Folgen gesucht und geschlagen" (E. Ritter). Drei Gründe waren dafür maßgebend: Der erste und wichtigste war die Erkenntnis, daß „der bisherige Zustand von Europa" (zit. ebd.) dringend eine Entscheidung verlangte; zweitens die Tatsache, daß eine neue Verstärkung der Franzosen und Bayern in Aussicht stand, denn Villeroy befand sich bereits im Anmarsch. Der dritte Grund war die vorgeschrittene Jahreszeit.

Das Schlachtfeld lag in einer Niederung zwischen der Donau im Süden und den bis auf 100 Meter ansteigenden Hügeln der Alb im Norden. Es war zwischen zwei und sechs Kilometern breit.

Die bayerisch-französische Stellung verlief hinter einem schwachen Hindernis mit teilweise versumpften Ufern, dem Nebelbach. Sie lehnte sich rechts an das Dorf Blindheim und die Donau an und verlief in nordöstlicher Richtung hinter Oberglauheim bis zum Dorf Lutzingen, auf das sich der linke Flügel stützte. Die Franzosen bildeten den rechten Flügel und das Zentrum unter Tallard und Marsin, den linken Flügel die Bayern unter ihrem Kurfürsten. Die Schwerpunkte dieser Verteidigungsfront lagen mit zum Teil verschanzten Stellungen bei Blindheim und Oberglauheim. Bei diesen Orten war auch der größte Teil der Infanterie eingesetzt, während die Masse der Kavallerie dazwischen und auf dem linken Flügel aufgestellt war. Der schwächste Abschnitt lag zwischen den beiden Dörfern. Die Gesamtlänge der Aufstellung betrug 6,8 Kilometer. Die Armeen waren keinem einheitlichen Oberkommando unterstellt.

Mit insgesamt 50 000 Mann waren die Franzosen und Bayern ungefähr so stark wie ihre Gegner. Sie waren ihnen an Artillerie über-, an Kavallerie unterlegen.

Am frühen Morgen des 13. August rückten gegen sie die Alliierten aus ihrem Lager jenseits des Kesselbaches in 9 Kolonnen an. Prinz Eugen führte die 4 Kolonnen des rechten, Marlborough die 5 des linken Flügels. Sie marschierten ungefähr parallel zum Gegner zwischen Schwennenbach, nordostwärts Lutzingen, und Gremheim, ostwärts Blindheim, zur Schlachtordnung auf. Obwohl der rechte Flügel unter Eugen mit 19 000 Mann sehr viel schwächer war als der Linke unter Marlborough mit 33 000 Mann, nahm er die gleiche Frontbreite ein. So übertraf die Truppendichte auf dem linken Flügel erheblich die des rechten. Am linken Flügel standen die Truppen des Generals Cutts in nicht weniger als acht, nämlich vier Infanterie- und dahinter noch zwei Kavallerietreffen. Entsprechend der Schlachtordnung des Gegners war gegen die im Abschnitt Marlboroughs liegenden Orte Blindheim und Oberglauheim überwiegend Infanterie, gegen die Lücken dazwischen überwiegend Kavallerie angesetzt. Im Abschnitt Eugens war die Infanterie getrennt von der Reiterei aufgestellt.

Marlborough hatte also seine Überlegenheit an Kavallerie dafür ausgenutzt, den Schwerpunkt der Aufstellung dort zu bilden, wo er am wirksamsten war, nämlich gegenüber der Lücke zwischen Blindheim und Oberglauheim, die der schwächste Abschnitt der Aufstellung des Gegners war. Um ihn in der Mitte zu durchstoßen, mußten seine Flügel gefesselt werden.

Das aber war besonders auf dem rechten Flügel sehr schwer, da Eugen hier mit den Truppen Marsins und des Kurfürsten stark überlegene Kräfte gegenüberstanden. Zudem stellte sich heraus, daß Eugens rechter Flügel bei Schwennenbach in Gefahr war, umfaßt zu werden. Er verlängerte ihn daher so weit, daß er seinerseits den linken Flügel des Kurfürsten nordöstlich Lutzingen umfassen konnte. Hier setzte er auch seine Artillerie ein. Die dadurch entstehende Lücke stopfte er mit seinen eigenen Reserven, um nicht Hilfe von Marlborough zu erbitten, da sie nur auf Kosten der Durchschlagskraft des Zentrums hätte geleistet werden können.

Gegen 13.00 Uhr begann auf beiden Flügeln die Schlacht. Tallards Kavallerie in der Lükke hielt stundenlang mit Gegenattacken den Angriffen der Reiter Marlboroughs stand. Sie wurde aber schließlich dann doch geworfen, weil sie keine ausreichenden Reserven besaß und auch keine Hilfe von den Flügeln erhielt, die sich selbst im stärksten Abwehrkampf befanden. Prinz Eugen führte nordwestlich von Lutzingen den geplanten Flügelangriff durch, auf den sich nicht nur die Aufmerksamkeit Max Emanuels, sondern auch Marsins konzentrierte.

Schließlich gelang Marlborough der Zentrumsdurchbruch. Die Kavallerie Tallards floh in Richtung Höchstädt und Mörslingen. Dadurch konnten sich nun auch die intakten Flügel nicht mehr halten. Die Franzosen des rechten Flügels bei Blindheim gerieten in Gefangenschaft. Die Verbände Max Emanuels und Marsins dagegen konnten sich in der Dämmerung einigermaßen geordnet absetzen. Sie wurden nicht verfolgt – aus dem immer wieder maßgebenden Grunde dieser Zeit: auch beim Angreifer hatte sich der Zusammenhang der Schlachtordnung gelöst, zunächst mußten erst einmal wieder die Verbände geordnet werden. Wie die ursprünglichen Kampfstärken, so waren auch die starken Verluste auf beiden Seiten mit 11 000 bis 12 000 Mann ungefähr gleich hoch.

Eugen hätte gewünscht, daß der Gegner stärker verfolgt worden wäre, wie überhaupt die unmittelbaren Auswirkungen der Schlacht zu wünschen übrig ließen. Franzosen und Bayern waren zwar vollständig geschlagen worden, Bayern damit aber noch nicht niedergeworfen. Ulm fiel nicht von selbst, sondern mußte belagert werden und kapitulierte erst am 11. September. Danach folgten die Alliierten den Franzosen und Bayern, die sich über den Rhein zurückgezogen hatten. Sie überschritten den Rhein und belagerten Landau, das erst nach langer verlustreicher Belagerung am 23. November fiel. Marlborough hatte sich bereits früher getrennt und am 29. Oktober Trier besetzt.

Alles dies zeigt, daß es in der Tat in dieser Zeit kaum möglich war, den Gegner durch eine Schlacht so niederzuwerfen, daß damit auch der Krieg entschieden war. Selbst mit einem so verhältnismäßig großen Aufwand, wie er auf beiden Seiten bei Höchstädt und selbst bei einer so energischen Operations- und Kampfführung, wie sie unmittelbar vor und in der Schlacht durch den Prinzen Eugen und Marlborough getätigt wurde, war dies nicht möglich. Die Heere waren noch immer zu klein, die Räume noch immer zu groß, es war fast unmöglich, das feindliche Heer ganz zu vernichten oder ihm nach der Schlacht die Lebensmöglichkeiten zu nehmen.

Die Auswirkungen zeigten sich erst allmählich. Mit Höchstädt war dem französischen Vormachtstreben der erste Schlag versetzt worden. Der Krieg ging zwar weiter, aber doch nun auf alliierter Seite unter wesentlich günstigeren Voraussetzungen. Zwei Heere der ruhmreichen Streitkräfte Ludwig XIV. waren geschlagen worden, eine Operation von einer für diese Zeit ganz außerordentlichen räumlichen Spannweite war für Frankreich gescheitert. Die französischen Armeen waren aus Deutschland vertrieben, die Rheingrenze war zunächst einmal gesichert. Trotzdem: Der Krieg ging weiter.

Die Antwort auf die Frage, ob Höchstädt eine „Entscheidungsschlacht" war, wird sich also danach richten, wie man diesen Begriff interpretiert. Der Spanische Erbfolgekrieg war durch Höchstädt nicht entschieden, er wäre sonst schon 1704 und nicht erst 1714 zu Ende gewesen. Aber wenn man in dieser Weise „Entscheidungsschlacht" mit „kriegsentscheidender Schlacht" im Zusammenhang mit der Niederwerfungsstrategie gleichsetzt, dann muß man auch erkennen, daß es in den Zeiten, in denen die Realisierung dieser Strategie eher möglich war als im 17. und 18. Jahrhundert – also in der Neuzeit im 19. und 20. Jahrhundert – in diesem Sinne nur sehr wenige Entscheidungsschlachten gegeben hat.

8. Die Kriegführung Friedrichs II.

Friedrich II., der schon zu seinen Lebzeiten „der Große" genannt wurde, nimmt nicht nur in der deutschen, sondern auch in der europäischen Kriegsgeschichte einen hervorragenden Platz ein. Er war nicht nur einer der größten Feldherren, sondern auch ein bedeutender Kriegstheoretiker. Seit Ende des 19. Jahrhunderts ist seine Militärstrategie Gegenstand eines Streites, der als „Strategiestreit" für Militärhistoriker und -theoretiker zu einem festen Begriff geworden ist und darüber hinaus auch zeitweise eine breitere Öffentlichkeit beschäftigte. Darauf wird später noch näher einzugehen sein.

Die Strategie Friedrichs des Großen scheint in ihren Grundzügen stärkere Widersprüche aufzuweisen als die jedes anderen Strategen des 18. Jahrhunderts. Dies betrifft zunächst einmal Friedrich als Kriegsherrn, also seine Gesamtstrategie. Als Autor des „Antimachiavell" wendete er sich gegen eine Machtpolitik, die sich über Moral und Recht hinwegsetzt, und damit gegen jeden ungerechten Krieg, auch gegen jeden Angriffskrieg, der nicht der Verteidigung des Rechts dient. Tatsächlich aber fiel Friedrich 1740 in Österreich ein, um Schlesien zu erobern, was zu weiteren Konflikten führte, die unter internationalem Aspekt zwar nur Teil der weltweiten Auseinandersetzung zwischen Frankreich und England um überseeische Interessen waren, jedoch Europa so stark erschütterten, wie das seit dem Spanischen Erbfolgekrieg nicht mehr der Fall gewesen war. Diese Kriege brachten Preußen an den

Rand des Abgrundes. Auf das Problem, ob und wie weit sie durch Friedrichs behauptete Ansprüche auf Schlesien gerechtfertigt waren, ob und wie weit hier also tatsächlich ein Widerspruch zwischen der politischen Theorie seiner Jugend und seiner späteren Praxis als Herrscher vorlag, kann hier nicht eingegangen werden. Aber auch Friedrichs Militärstrategie scheint von Widersprüchen gekennzeichnet zu sein, die Fachleute bis in die Gegenwart hinein beschäftigen. Sie sind sowohl zwischen Theorie und Praxis wie aber auch innerhalb der Theorie und im praktischen Verhalten selbst festgestellt worden.

Friedrich befaßte sich ausgiebig mit der damals bekannten Kriegsgeschichte und den Kriegslehren seiner Zeit. Auf so gewonnener breiter kriegstheoretischer Grundlage verarbeitete er seine eigenen Kriegserfahrungen zu Kriegsführungslehren, die im Laufe der Jahrzehnte immer wieder ergänzt und korrigiert wurden. Dies allein besagt schon, daß es sich hierbei in wesentlichen Punkten nur scheinbar um Widersprüche, nämlich tatsächlich um Abänderungen handelte, die nicht willkürlich, sondern vor allem aufgrund neuer Kriegserfahrungen vorgenommen wurden. Da das kriegstheoretische Werk Friedrichs die Aussage eines Entwicklungsvorganges darstellt, die in jeder Etappe praktische Kriegserfahrungen reflektierte, kann es auch nur im Zusammenhang mit diesen verstanden werden.

Friedrich war noch als Kronprinz erstmalig 1734 im Polnischen Thronfolgekrieg bei der österreichischen Armee unter Prinz Eugen mit dem Krieg in Berührung gekommen. Er war sowohl enttäuscht vom Zustand dieser Armee, wie besonders von ihrer Führung durch ihren berühmten Feldherrn, der damals freilich schon ein Greis war und den schwerfälligsten „Methodismus" praktizierte. Er entsprach weder Friedrichs lebhaftem Temperament noch seiner im „Antimachiavell" niedergelegten Überzeugung, nach der Kriege energisch und entschlossen geführt werden sollen. Dies schien mit einem so vorzüglichen Heer, wie es Friedrich dann von seinem Vater erbte, durchaus möglich zu sein.

Kurz vor dem ersten Krieg, den er führte, wurde Friedrich von einem Zeitgenossen, dem Marquis de Beauvau, wie folgt charakterisiert: „Voll überzeugt von seiner Überlegenheit auf jedem Gebiete, dünkt er sich schon jetzt ein ebenso geschickter Staatsmann wie großer General. Lebhaft und herrisch wird er sich allzeit sofort und nach seinem eigenen Kopf entscheiden. Seine Generale werden nichts anderes sein als seine Adjutanten . . . Und wenn er die Kenntnisse, welche er zu besitzen glaubt, auch zur Zeit in Wirklichkeit noch nicht alle sein eigen nennen mag, so hat er doch ganz das Zeug dazu, sie sich zu erwerben; ja bereits jetzt ist er das, was andere nur recht langsam und mühsam aus sich machen können. Er hat große Gesichtspunkte und vertieft sich doch auch in das Kleine: In die Verwaltung, die Verhandlungen, Truppenaushebungen, Disziplin, Märsche, Verpflegungswesen; mit einem Wort: er gibt die Entwürfe und leistet die Ausführungen" (zit. Jähns, nach Koser).

Kurz vor dem Ersten Schlesischen Krieg beschwor Feldmarschall Fürst Leopold von Anhalt-Dessau den König, sich doch nur nicht in voreilige Unternehmen zu stürzen. Sein Einmarsch in Schlesien 1740 – ohne Bundesgenossen und militärisch unkonventionell allein schon deswegen, weil er im Dezember erfolgte – wurde als abenteuerlich und mit der schulmäßigen Kriegstheorie unvereinbar angesehen.

Die ersten Erfolge schienen Friedrich recht zu geben. Es gelang ihm zwar nicht, die erste Festung, Glogau, wie erhofft, in drei Tagen einzunehmen. So ließ er Glogau, Brieg und Neiße gegen die Regel liegen und zog Neujahr 1741 in Breslau ein. Feldmarschall Graf Schwerin – im Gegensatz zum „Alten Dessauer" und allen Methodikern von Friedrichs Vorwärtsdrang begeistert – besetzte Ende Januar Jägerndorf und Troppau und schlug vor, durch Mähren auf Wien zu marschieren. Das Entsetzen der Methodiker kannte keine Grenzen mehr. Schwerins Plan wurde zwar nicht angenommen, aber im Frühjahr zog Friedrich dem österreichischen Heer unter Neipperg überraschend entgegen und schlug es am 10. April bei Mollwitz, wobei er, ebenfalls gegen die Regel, mit der Front gegen die eigene Rückzugslinie stand. Obwohl sich in den Einzelheiten der Durchführung schwerwiegende Fehler zeigten – zu langer Anmarsch, Versagen der preußischen Kavallerie während der Schlacht, die Friedrich selbst verließ, weil er sie für verloren hielt –, bewies sich die im Kern hervorragende Qualität der preußischen Truppen, die taktische Überlegenheit der Infanterie. Die energische, den Kampf suchende Operationsführung bewährte sich auch im weiteren Verlauf des Feldzuges, als Friedrich den Österreichern unter dem Prinzen Karl von Lothringen den Weg nach Prag versperrte, sie am 17. Mai 1742 bei Chotusitz zur Schlacht zwang und schlug.

Nach der Schlacht von Mollwitz waren Bayern, Sachsen, Spanien und Frankreich gegen Österreich in den Krieg eingetreten, der Sieg von Chotusitz hatte Österreich für einen Sonderfrieden mit Preußen gefügig gemacht, der im Juni 1742 in Breslau zustande kam. Österreich trat Schlesien und die Grafschaft Glatz an Preußen ab, war aber bestrebt, die verlorenen Gebiete wiederzugewinnen. England trat ein für die Ansprüche Österreichs, das noch weitere Bundesgenossen finden konnte. Eine aus Briten, Hannoveranern, Hessen und Holländern gebildete Armee schlug die Franzosen am 27. Juni 1743 bei Dettingen. Auch Sachsen leistete Österreich Militärhilfe. Friedrich fürchtete um seine Neuerwerbungen. Er erneuerte am 5. Juli 1744 das Bündnis mit Frankreich und fiel im August in Böhmen ein.

Damit war der Zweite Schlesische Krieg eingeleitet. Preußen fand auf seinem Kriegsschauplatz keine Unterstützung. Die Österreicher konnten unter dem Prinzen Karl das Elsaß verlassen und nach Böhmen weitermarschieren, ohne von den Franzosen daran gehindert zu werden. Friedrich wollte den Feind schlagen und nichts Geringeres als ihm in einem Marsch auf Wien „den Fuß auf die Gurgel setzen" (Koser). Er konnte Prag nehmen, aber seine Gegner ließen sich auf keine Schlacht ein.

Sie blieben in ihrer festen Stellung bei Marschowitz, die so stark war, daß sie Friedrich nicht anzugreifen wagte. Der österreichische Feldmarschall Traun, ein routinierter Methodiker, beeinflußte den Prinzen Karl dahingehend, daß eine Schlacht vermieden werden müsse. Man solle vielmehr gegen die preußische Armee einzelne Schläge führen – dies und der Hunger seien die sichersten Mittel, sie aus Böhmen zu vertreiben. Ihrem Grundzug nach entsprach die österreichische Operationsführung also ganz der Turennes.

Diese Schlachtverweigerung der Österreicher kam für Friedrich fast einer Niederlage gleich. Er konnte sich in Böhmen nicht halten. Am 8. November ging er hinter die Elbe zurück. Die preußische Armee litt unter Lebensmittelmangel und wurde durch lange Märsche überanstrengt. Besonders schlimm wirkten sich die Desertionen aus, durch die Friedrich 12 000 Mann verlor. Das war ungefähr ein Fünftel seines Heeres, was unter den damaligen Verhältnissen schwer ins Gewicht fiel, vor allem dann, wenn es sich um altgediente Leute handelte. Friedrich wollte in Nordostböhmen Winterquartiere beziehen, aber es zeigte sich, daß die weiträumige, aufgelockerte Dislozierung der Preußen den österreichischen Absichten entgegenkam und die Elbe keinen ausreichenden Schutz gegen übergreifende Unternehmungen bot. So wich Friedrich nach Schlesien aus, wohin ihm im Mai 1745 Prinz Karl folgte.

Friedrich war in die Verteidigung gedrängt, denn nach seinen eigenen Worten konnte er Schlesien, den von ihm beanspruchten Besitz, ebensowenig aufgeben wie seine Stammprovinz Brandenburg. Aber auch die Verteidigung führte er angriffsweise, wobei er allerdings betonte, daß ihm kein anderer Ausweg bleibe.

Er stellte den Gegner am 4. Juni 1745 bei Hohenfriedberg, errang einen glänzenden Sieg, den er aber aus versorgungstaktischen Gründen nicht ausnützte. Friedrich erwartete vom Ausgang der Schlacht einen guten Frieden und eine lange Ruhe, aber es war lediglich eine österreichische Armee geschlagen, jedoch keinesfalls vernichtet worden. Österreich, das mit den Bayern nach dem Tode des Wittelsbacher Kaisers Karl VII. Frieden geschlossen hatte, war Teil einer starken Koalition, seine Lage war also auch nach seiner Niederlage bei Hohenfriedberg günstiger als nach dem preußischen Sieg bei Chotusitz.

Frankreich zog die bei Frankfurt am Main stehende Armee nach Flandern ab. Die Kriegslage war verquickt mit der besonderen politischen Situation, die sich aus der bevorstehenden Kaiserwahl ergab. Es bestand die Gefahr, daß Rußland gegen Preußen in den Krieg eingriff. Von England geförderte Friedensverhandlungen schienen sich anzubahnen. Friedrich bot Maria Theresia seine Kurstimme für die Wahl ihres Gemahls zum Kaiser an, aber da er Schlesien nicht herausgeben wollte, beharrte die ungarische Königin auf Fortsetzung des Krieges. Prinz Karl erhielt von ihr den Befehl, die preußische Armee zu vernichten.

Friedrich erwartete, daß es in Kürze zum Frieden kommen werde und verhielt sich im Felde unvorsichtig. Am Morgen des 28. September 1745 wurde er in Nordböhmen in seinem schlechtgesicherten Lager bei Trautenau, in dem sich nur ein Teil seiner Armee befand, vom Angriff seiner Gegner überrascht. Es gelang ihm zwar, die fast doppelt so starken Österreicher und Sachsen, trotz seiner verzweifelten Ausgangslage, in der sich daraus entwickelnden Schlacht bei Soor am gleichen Tage zu schlagen. Die Verluste der preußischen Armee waren aber sehr hoch. Er gestand sich ein, daß er diesen Sieg nur der Tapferkeit seiner Soldaten zu verdanken habe, durch die seine vorherigen Fehler ausgeglichen worden seien. Tatsächlich wäre dieser überraschende Sieg aber ohne seine Reaktionsfähigkeit, Entschlußkraft, sichere Lagebeurteilung während der Schlacht und taktische Führungskunst nicht möglich gewesen.

Friedrich war bei Soor zum „Sieger wider Willen" (Koser) geworden. Der Schlacht kam weder unter politischem noch unter militärischem Aspekt eine entscheidende Bedeutung zu. Der Sieg kam allerdings dem Feldherrn-Prestige des Königs von Preußen zugute. Friedrich meinte zwar, daß Maria Theresia wohl nun endlich von ihren Generälen die Überzeugung beigebracht worden sei, daß gegen die Preußen nichts ausgerichtet werden könne. Er irrte sich: Zwar war das österreichische Hauptquartier, nicht aber Maria Theresia entmutigt. Sie war nach der Kaiserkrönung ihres Gemahls am 4. Oktober noch entschlossener, Friedrich zu besiegen. Friedrich hatte bei Soor lediglich das Schlachtfeld behaupten können, er schien in die Defensive gedrängt.

Kaiserin Maria Theresia bemühte sich um einen Sonderfrieden mit Frankreich und die Bundesgenossenschaft Rußlands. Es kam ihr entgegen, daß Friedrich Sachsen – es leistete zwar Österreich Militärhilfe, wollte aber als neutral angesehen werden – mit Krieg bedrohte. So kam es zu dem Plan, daß österreichische und sächsische Truppen in die preußischen Stammprovinzen einfallen sollten. Sachsen sollte dafür mit preußischem Besitz belohnt werden, was jedoch Rußland verärgerte, worauf sich der sächsische Kurfürst nur noch an einem Vorstoß auf Schlesien beteiligen, sich aber an der magdeburgischen und märkischen Grenze nur auf Verteidigung beschränken wollte. Als die Österreicher in Sachsen einmarschiert waren, ging Friedrich, dem feindlichen Angriff zuvorkommend, vom Bober in Schlesien aus am 23. November nun selbst über die sächsische Grenze hinweg zum Angriff vor. Eine weitere preußische Armee unter dem Fürsten Leopold von Anhalt-Dessau fiel aus dem Raum Halle in Sachsen ein und schlug eine aus Sachsen und Österreichern bestehende Armee am 15. Dezember 1745 bei Kesselsdorf.

Österreicher und Sachsen zogen sich nach Böhmen zurück, die Preußen besetzten Dresden. Am 25. wurde hier der Frieden unterzeichnet, der Friedrich als den Sieger bestätigte, da er ihm Schlesien zusicherte.

Wie gezeigt, war auf preußischer Seite die Verquickung von Politik und Kriegführung besonders dicht, weil Friedrich zugleich als Kriegs- und Feldherr auftrat. Darüber hinaus ist der Zweite Schlesische Krieg für die Anschauungen Friedrichs über die Kriegführung sehr wichtig, weil er dem König Erfahrungen vermittelte, die für ihn auch im Hinblick auf spätere Kriege grundlegend waren.

Friedrich hatte auch am Anfang seines zweiten Krieges eine rasche Schlachtentscheidung angestrebt. Zwar hatte er in allen Schlachten den Sieg davongetragen, aber keine von ihnen war kriegsentscheidend gewesen.

Auch nach der Schlacht bei Kesselsdorf, der letzten dieses Krieges, hatten sich die geschlagenen Gegner zurückziehen können, sie waren also nicht vernichtet oder auch nur kampfunfähig gemacht worden. Prinz Karl mit seinem Heer hatte nicht einmal in die Schlacht eingegriffen und führte eine intakte Armee nach Böhmen zurück. Natürlich hatte dieser Sieg wesentlich zum Zustandekommen des Friedens beigetragen. Die Russen, deren Armee an der Grenze bereitstand, griffen nun nicht mehr ein, und diejenigen Kräfte, die in Frankreich und England Frieden mit Preußen wünschten, wurden gestärkt.

b. Friedrichs Ansichten über Kriegführung 1745–1756

Friedrich sah den Zweiten Schlesischen Krieg für sich als eine Schule der Kriegskunst an. Seine theoretisch erarbeiteten Erfahrungen gingen ein in seine in den Jahren danach verfaßten Schriften. Viele der von ihm in dieser Zeit vertretenen Ansichten fanden sich auch schon in den älteren Kriegsführungslehren, die seine Grundlagen waren und von denen er daher ausging. Doch lag der Schwerpunkt seiner Aussage verständlicherweise auf den Problemen, die speziell Preußen betrafen.

So war zwar die Forderung nach schneller Kriegshandlung gewiß nicht neu. Montecuccoli, Turenne und andere hatten sie bereits gestellt, jedoch gleichzeitig auch die Vorzüge der Verzögerung – unter gegebenen Umständen – herausgestellt. Friedrich erhob die Schnelligkeit zu einem Grundgesetz. Die Kriege, die Preußen führe, müßten „kurtz und vives" sein, da eine längere Kriegführung über die Kräfte des Landes gehe. War aber Friedrich aufgrund der preußischen Verhältnisse dazu gezwungen, jeden Krieg möglichst bald zu beenden, so war er auch gezwungen, möglichst bald auch eine Entscheidung zu suchen. Aber diese Überlegungen bestanden, wie gesagt, im Hinblick auf die spezifische, vor allem wirtschaftliche Lage Preußens, sie sind daher nicht ohne weiteres mit einer allgemeinen Kriegsführungslehre gleichzusetzen.

Stärksten Eindruck hatte auf den König der unglückliche Feldzug von 1744 in Böhmen gemacht. Zwei Grundmängel hatten sich dabei gezeigt: Massendesertionen und Verpflegungsschwierigkeiten. Friedrich rückte diesen Problemen mit Anordnungen zu Leibe, nach denen einerseits die preußischen Soldaten in jeder Situation geradezu wie Gefangene zu beaufsichtigen waren, andererseits aber möglichst viel getan werden sollte, um sie besonders gut zu versorgen. Um die operative Beweglichkeit zu erhöhen, sollten Magazinketten gebildet, aber nur die notwendigsten Lebensmittel magaziniert, alle übrigen unmittelbar und möglichst billig aus dem Lande selbst bezogen werden. Friedrich wollte, wenn er „keine andere Absicht hätte, als nur den eclat Von Meiner Reputation" lieber im eigenen Lande als in fremden Ländern Krieg führen. Für den Fall, daß die Russen in Ostpreußen einfielen, gab er 1749 die Anweisung, daß die Bevölkerung gutwillig den Kontributionen nachkomme, damit das Land nicht völlig ruiniert werde. Nur die öffentlichen Kassen und die Pferde sollten in Sicherheit gebracht werden. 1756 jedoch ordnete er an, daß der Adel die Landsitze zu räumen und sein bewegliches Besitztum in Sicherheit zu bringen habe, daß Gras und Getreide abzumähen und wegzuschaffen seien und die Bauern sich zur Unterstützung des Heeres bereithalten sollten. Grundsätzlich sei der Krieg im eigenen Lande deshalb dem in fremden Ländern vorzuziehen, weil man im zweiten Falle viel Rücksicht auf die Bevölkerung nehmen müsse, um sie nicht gegen sich aufzubringen. Auch hierfür lagen Erfahrungen aus dem Feldzug 1744 vor. Die böhmische Bevölkerung hatte gegen den Eindringling zu ihrer Monarchin Maria Theresia gehalten: „Man muß sich nicht einbilden, daß man das Volk deshalben vor sich gewinnen könne." Später stellte Friedrich jedoch fest, daß die Kaiserin ihren Untertanen in Böhmen und Mähren schwere Lasten aufgebürdet habe. Das solle man sich – ganz im Sinne psychologischer Kriegführung, wie wir heute sagen würden, – zu nutze machen und die Menschen dort gegen die geistliche und weltliche Obrigkeit aufreizen: „Das heißt eigentlich Himmel und Hölle vor euer Interesse bewegen."

Ein besonderes Problem stellte für Friedrich die Führung des kleinen Krieges dar. Er widersprach der Erkenntnis, nach der die Stärke der preußischen Armee in ihrem geschlossenen, scharf disziplinierten Auftreten lag. Die Gefahr der Kräftezersplitterung war besonders im Zusammenhang mit der Schlacht von Soor deutlich geworden. Andererseits aber mußte der kleine Krieg in vollem Maße berücksichtigt werden, da gerade in ihm die Österreicher sehr stark waren, die dafür im reichlichen Maße geeignete Truppen mit entsprechender Kampfweise besaßen. Obwohl man bereits zur Mitte des 18. Jahrhunderts den kleinen Krieg als Mittel der Kampfschulung in den Pausen der großen Kriegshandlungen ansah, wollte Friedrich davon vorerst nichts wissen. Die Kleinkriegführung sollte preußischerseits auf den Schutz der eigenen und die Wegnahme der feindlichen Versorgungsgüter sowie auf Sicherungsaufgaben beschränkt werden. Gelegentliche Überfälle auf feindliche Truppen oder Ortschaften, das Einziehen von Nachrichten, wurden lediglich als Nebenzwecke angesehen. Großer Wert wurde darauf gelegt, daß die Detachements feste Lager bezogen und sich die Rückzugslinie offenhielten. Hieran zeigt sich deutlich, daß Vorstellungen aus dem „großen" Kriege auf die ganz anderen Verhältnisse des Kleinen übertragen wurden.

Andererseits entsprach ihnen die Anordnung, daß sich die eigenen leichten Truppen grundsätzlich vor stärkerem Gegner zurückziehen oder auch Flucht vortäuschen sollten, um überraschend wieder anzugreifen. Der König befahl buchstäblich die Verachtung der feindlichen leichten Truppen, da sie den eigenen Linientruppen nicht standzuhalten vermochten – worin sich freilich gleichzeitig die Verachtung der leichten Truppen überhaupt, also auch der eigenen, und des kleinen Krieges ausdrückte. Da Friedrich als Feldherr das Prinzip der alles von der Spitze her regeln wollenden Heerführung in besonders starkem Maße verkörperte, mußte ihm der Kleinkrieg im besonderen Maße fremd sein. Den Führern leichter Einheiten oder Verbände mußte zwangsläufig eine verhältnismäßig große Selbständigkeit zugestanden werden, die den unmittelbaren Einfluß des Feldherrn einschränkte. Der kleine Krieg war noch weniger lenkbar als der große, es bestanden in ihm noch weniger Möglichkeiten zur Ausschaltung des Zufalls, da er wie die Überraschung und List – Friedrich sprach vom „Spiel der Hazards" – ja geradezu sein Wesen ausmachten. Außerdem verzögerte der kleine Krieg die Kriegshandlung zusätzlich zu allen übrigen zeitbedingten Faktoren. Trotzdem wurde Friedrich durch eben die Tatsache, daß Preußen hierin den Österreichern unterlegen war, dazu gezwungen, den Kleinkrieg und damit zugleich auch – wie man heute sagen würde – allen Fragen des verdeckten und subversiven Kampfes größte Aufmerksamkeit zu widmen.

Maßnahmen Friedrichs, die letztlich auch einer schnelleren und beweglicheren Kriegführung dienen sollten, konnten auch den genau entgegengesetzten Effekt haben. So mußten seine Anordnungen, mit denen Desertionen verhindert, das geschlossene, vollzählige Auftreten der Truppe gewährleistet werden sollte – ständige Bewachung der unzuverlässigen Truppe auch auf dem Marsch durch Husaren, Herabsetzung der Marschleistung, damit möglichst wenig Marschkranke zurückblieben, Auswahl übersichtlicher Marschwege –, das ohnehin langsame Marschtempo, die ohnehin geringe Beweglichkeit eines Heeres der damaligen Zeit noch weiter herabsetzen. Andererseits war die Geschlossenheit des Marsches freilich erforderlich, weil Friedrich weniger leichte Truppen als seine Gegner besaß, der Marsch daher schlechter gesichert und auch die Aufklärung ungenügend war. Ohne diese Geschlossenheit wäre aber auch nicht der Trumpf der taktischen Überlegenheit auszuspielen gewesen, für den die schnelle Kampfbereitschaft Grundlage war. Die Anordnung Friedrichs, in Feindnähe stets flügel- oder treffenweise zu marschieren, gewährte zwar einen raschen Übergang von der Marsch- zur Schlachtordnung, bewirkte aber ebenfalls und vor allem eine Herabsetzung der Marschgeschwindigkeit. Das war um so mühsamer, als Friedrich zur Herstellung schneller Kampfbereitschaft die Einhaltung genauer Seitenabstände der Kolonnen und die Ausrichtung der Kolonnenspitzen auf gleicher Höhe forderte. Etwas geschmeidiger wurde die Marschordnung lediglich dadurch, daß Friedrich in der Praxis dem weniger schwerfälligen treffenweisen Aufmarsch vor dem flügelweisen den Vorzug gab. Da Rückzüge die Desertionen ganz besonders begünstigten, sollten die Soldaten über sie hinweggetäuscht werden. Die Gefährdung durch feindliche leichte Truppen war bei Rückzügen besonders groß.

In Friedrichs Äußerungen über Lager, Märsche und Festungen wird seine Abhängigkeit von den Bedingungen seiner Zeit besonders deutlich. Seiner offensiven Grundeinstellung entsprachen weder verschanzte Lager noch befestigte Geländeabschnitte. Gleichwohl sah er sich bei der Verteidigung auf feste Lager angewiesen. Er unterschied „defensive Lager", die vor einem Angriff des Feindes schützen sollten, von „offensiven Lagern", die dicht vor dem Feinde zu errichten seien und den Truppen die Möglichkeit geben sollten, unmittelbar aus ihnen zum Kampf herauszutreten. Bei ihnen wurde auf Sicherung der Flanken besonderer Wert gelegt.

Auch dem Festungskrieg widmete Friedrich natürlich seine Aufmerksamkeit, aber er maß ihm für seine Zeit eine verhältnismäßig geringe Bedeutung bei. Man konnte mit ihm keine entscheidenden Erfolge erringen, und seit Vauban hatte es keine wichtigen Fortschritte im Festungskrieg mehr gegeben. Außerdem hatte für Preußen, das kein geschlossenes Territorium war und daher auch keine Grenzsicherung durch ein geschlossenes Festungssystem besaß, der Festungskrieg nicht die große Bedeutung wie für Frankreich oder die Niederlande. Besonders war Friedrich den – stets mehr oder weniger zeitraubenden – Belagerungen abgeneigt. Beim Festungskampf kamen die Qualitäten seiner Truppe weniger zur Geltung als in der offenen Feldschlacht. „Die Kunst Städte zu belagern, ist zu einem Handwerk geworden, so wie das Tischler- oder das Uhrmacher-Handwerk", sagte er verächtlich. Aber Friedrich akzeptierte diese Regeln selbst, wenn er die Festungskommandanten anwies, rechtzeitig zu kapitulieren. Freilich war durch eine ehrenvolle Kapitulation mit freiem Abzug die Festungsbesatzung für eine andere Verwendung zu retten, und darauf kam es ihm vor allem an. War auf Ersatz zu hoffen, sollte die Festung dagegen unbedingt gehalten werden und die Besatzung einen Ausfall unternehmen. Möglichkeiten der Überrumpelung einer Festung schätzte er gering ein – obwohl Franzosen und Sachsen noch 1741 Prag mit Hilfe von Täuschung eingenommen hatten. Während er wenig zur Vervollständigung der Festungen in den alten preußischen Landesteilen tat, ließ er Schlesien im Hinblick auf künftige Kämpfe durch stark ausgebaute Festungsanlagen decken. Hierbei legte er größten Wert auf Ausnutzung des Geländes. Auch hierbei kam es ihm besonders darauf an, Möglichkeiten für angriffsweise Kampfführung zu schaffen. Er erreichte dies dadurch, daß er die Festungen mit selbständigen Forts umgab, die mit jenen wiederum durch Anschlußlinien verbunden waren, hinter denen größere Truppenmassen versammelt und zum Angriff bereitgestellt werden konnten.

Friedrich warnte davor, Winterquartiere früher zu beziehen als der Feind, weil dieser dadurch die Möglichkeit erhalte, das gerade zur Ruhe übergegangene Heer zu überfallen. Am besten sei es, wenn sich die Winterquartiere im Schutz von Festungsketten befänden. Es sollten möglichst Ortsunterkünfte und Lager nur dann bezogen werden, wenn die Nähe des Feindes dies erfordere.

Winterfeldzüge wurden von Friedrich grundsätzlich verworfen, weil der Krieg eine Erholung und Auffrischung der Truppe um so unmöglicher mache, je weiter er in den Winter hinein fortgesetzt werde. Andererseits sei es aber nicht zu verantworten, zur Ruhe überzugehen, wenn sich der Gegner noch in Festungen halte. Während des Kriegsmarsches sollten die Truppen grundsätzlich auch im Winter in Schlachtordnung unter freiem Himmel lagern. Auch damit hoffte Friedrich zugleich Desertionen zu verhindern. Das Elend des Winterfeldzuges war als Ansporn aufzufassen, alles aufzubieten, um diesen Zustand möglichst bald zu beenden. Nur besondere Umstände dürften dazu führen, einen Winterfeldzug selbst zu beginnen. Tatsächlich hatte Friedrich ja aber selbst nicht weniger als vier Feldzüge im Winter begonnen, worauf er in diesem Zusammenhang auch verwies, was er aber durch Hinweis auf Zwangsläufigkeiten zu rechtfertigen versuchte. Aber er befand sich insofern in einer vorteilhafteren Lage als die Feldherren auf der Gegenseite, als er, der „Prince-Connétable", nicht erst höheren Orts die Zustimmung für ein in dieser Zeit so ausgefallenes Unternehmen erwirken mußte. Mit der Möglichkeit, es zu realisieren, befand sich Friedrich im strategischen Vorteil, der im schnellen, überraschendem Zugriff lag.

Grundsätzlich war Friedrich auch dagegen, daß sich sein Heer zu weit von den Landesgrenzen entferne. Hierfür war natürlich in erster Linie maßgebend, daß sich mit der wachsenden Entfernung die Verbindungslinien verlängerten und immer schwerer zu sichern waren. Die weit ausgreifenden und zuletzt doch erfolglosen Operationen Karl XII. von Schweden waren warnende Beispiele. Aber Friedrich selbst hatte mit dem rücksichtslosen Vortreiben der Offensive 1742 und 1744 schlechte Erfahrungen gemacht, da der Feind stets in der Lage gewesen war, der Entscheidung auszuweichen.

Wenn Friedrich trotzdem den Krieg offensiv führen wollte, so bezog sich dies auf die Eröffnung des Feldzuges. Entgegen dem Zeitgebrauch, den Krieg zögernd zu beginnen und das offensive oder defensive Verhalten vom weiteren Verlauf des Feldzuges abhängig zu machen, sollten die Angriffsstöße gleich am Anfang des Krieges ein entscheidendes Übergewicht bewirken und auf seine möglichst rasche Beendigung hinwirken.

Bei seinen Überlegungen, wie er sich in einem künftigen Krieg mit Österreich zu verhalten habe, kam er aus seinen praktischen Erfahrungen heraus zu dem Ergebnis, daß ein Angriff auf Böhmen problematisch sei, weil es leicht zu erobern, aber schwer zu halten sei. Böhmen hatte weder genügend Städte, die ausreichend befestigt waren, um in ihnen Magazine sicher unterzubringen und sie zu halten, noch schiffbare Ströme. Die Versorgungsgüter mußten aus Schlesien über Gebirge herangeführt werden. Stand die Armee in Böhmen, so konnte hier der Nachschub leicht abgeschnürt werden. Friedrich wußte, daß er mit seinem kleinen Heer Wien nicht einnehmen konnte. Das wäre selbst mit unmittelbarer Unterstützung starker Bundesgenossen ein außerordentliches Wagnis gewesen. Er wollte den Feind auf Brünn zurückdrängen und Detachements nach Niederösterreich vortreiben. Er meinte, daß daraufhin die österreichische Armee zum Schutze der Hauptstadt zurückgezogen werde. Er wollte sie verfolgen und schlagen, jetzt erst die Schlüsselposition Brünn einnehmen und südlich davon eine Stellung gegen Niederösterreich beziehen. Er glaubte aber nicht, daß damit der Krieg schon zu Ende sein werde, und wollte sich daher für den Winter auf einen Kleinkrieg gegen die im Gebirge vermuteten österreichischen leichten Truppen einstellen.

Einer zügigen, unmittelbar auf das politische Zentrum des feindlichen Widerstandes gerichteten Angriffsführung stellten sich so viele Hindernisse entgegen, daß sie gar nicht ins

Auge gefaßt werden konnte. Die Tiefe des Raums zwang mit den darin gegebenen Behinderungen – Festungen, Nachschubschwierigkeiten, Abnutzung der Truppe, der Zwang, sie zusammenzuhalten – zu einem schrittweisen Vorgehen. Eine Unterbrechung der zügigen Angriffsbewegung konnte sich aber auch allein daraus ergeben, daß gewonnenes Gelände gesichert werden, man gegen angreifenden Feind zur Verteidigung übergehen oder den Feind, den man zur Schlacht stellen wollte, zunächst in seinen Bewegungen beobachten mußte, um ihn in eine ungünstige Position zu manövrieren. Dabei konnte der Abnutzungskrieg noch immer eine Rolle spielen. Trotz des Wunsches, den Krieg mit kräftigen Angriffsstößen einer baldmöglichen Entscheidung zuzutreiben, war sich Friedrich also klar darüber, daß die Kriegführung zuletzt auf ein Abringen der Kräfte hinauslief.

Auch die Verteidigung sollte nach seiner Ansicht, entgegen dem üblichen Verfahren seiner Zeit, offensiv geführt werden. Eine absolute Defensive, so führte er aus, tauge zu nichts, denn wolle man den Feind nicht schlagen, so bleibe nichts weiter übrig, als sich immer weiter zurückzuziehen, wobei dann das Heer durch Desertionen noch mehr zusammenschmelze als durch eine Schlacht. Habe man eine Schlacht verloren, so könne man dann immer noch zur Verteidigung übergehen. Auch diese Ansicht war wieder von der Rücksicht auf die spezifische Situation Preußens diktiert, vom Zwange, Kriege möglichst bald zu beenden. Denn natürlich war es bei genügend wirtschaftlichen Mitteln und genügend Raum für Operationen möglich und weniger riskant, einen Angreifer durch ständiges Ausweichen zu erschöpfen und sich mit ihm nur dann zu schlagen, wenn der Sieg so gut wie sicher oder es unumgänglich war. So stritt auch Friedrich keineswegs die Vorteile ab, die für den Verteidiger im planmäßigen Ermatten des Angreifers lagen, aber in seiner Situation konnte er sich damit nicht begnügen.

Sein beabsichtigtes Verhalten gegenüber einem Angriff wurde in den großen Zügen bestimmt von der Erreichbarkeit des Gegners. Gegen einen österreichischen Angriff aus Böhmen heraus wollte er zur Verteidigung Niederschlesiens dem Gegner durch Aufstellung der Hauptmasse seines Heeres bei Schönberg und Liebau den Einbruch bei Schatzlar unmöglich machen und ihn zum Marsch über Braunau zwingen. Andere, an der Grenze stehende Heeresteile, für die Schweidnitz, Liegnitz, Neiße, Glatz sowohl als Magazine wie als Zuflucht dienen sollten, hatten die Aufgabe, nach Böhmen einzufallen, um gegen die Verbindungen des Gegners zu wirken. Dem in Schlesien einmarschierenden Feind wollte Friedrich in den Rücken kommen, um ihn zu einer Schlacht zu zwingen und ihm den Rückzug abzuschneiden. – Ein Angriff Sachsens dagegen auf die Mark Brandenburg sollte durch unmittelbaren Gegenangriff auf das Kurfürstentum beantwortet werden – in derselben Art, wie er bereits 1745 zum Erfolg geführt hatte.

Bei der Erörterung dieser Fragen formulierte Friedrich einen Satz, der später dann immer wieder zur Kennzeichnung seiner militärstrategischen Ansicht angeführt wird: Zwar bestehe die „größte Kunst“ darin, seinen Feind auszuhungern, weil man damit selbst nichts aufs Spiel setze und der Hunger mehr überwinde als die „Chourage“. „Weil aber durch das Wegnehmen Eurer Convois oder durch den Verlust eines Magazins der Krieg nicht sogleich geendigt wird, und Bataillen dazu gehören, um zu decidiren, so ist es nothwendig, beyde Mittel zu gebrauchen, um zu seinen Zweck zu gelangen“. Niemand hatte vor ihm den Unterschied zwischen operativem Angriff und operativer Verteidigung so deutlich herausgearbeitet wie Friedrich, aber er war sich darüber klar, daß in der Kriegspraxis seiner Zeit das eine in das andere überging.

Sollte Preußen von mehreren Feinden zugleich angegriffen werden, so möge man versuchen, sie mit politischen Mitteln auseinanderzubringen. Militärisch könne man nicht gegen alle Gegner zugleich vorgehen, denn – wieder ein später viel zitiertes Wort – „derjenige, der alles zu gleicher Zeit defendiren will, wird nichts defendiren". Friedrich wollte also zunächst nur einen Gegner mit seiner gesamten Streitmacht angreifen, was freilich bedeutete, daß er dem anderen vorübergehend Teile seines Landes überlassen mußte. So wollte er, bei einem gleichzeitigen Angriff der Russen und Österreicher, sich zunächst gegen letztere wenden und den Russen vorübergehend Ostpreußen überlassen. Diese Absicht, die Gegner nacheinander mit jeweils der „gantzen force" zu schlagen, entsprach dem Grundsatz schwerpunktmäßigen Einsatzes. Für den konkreten Fall, den Friedrich vor Augen hatte, konnte dieses Verfahren nur bedeuten, entweder zu siegen oder unterzugehen. Denn bei den großen Entfernungen war es ganz unwahrscheinlich, daß es gelingen werde, erst die Österreicher zu schlagen und dann noch rechtzeitig zur Rettung Ostpreußens zu kommen. Später änderte Friedrich den Plan dahingehend ab, daß ein Heeresteil unter dem Feldmarschall von Lehwaldt Ostpreußen decken sollte. Aber auch so rechnete er mit dem vorübergehenden Verlust Ostpreußens, ja damit, daß die Russen bis Berlin vorstoßen würden.

Diese Absicht Friedrichs, die wegen der großen Entfernungen zwischen den beiden Gegnern, die er schlagen wollte, vom operativen Standpunkt aus höchst problematisch war, darf also nicht verwechselt werden mit einem Grundsatz der Zeit, nach der die feindlichen Kräfte zu trennen und einzeln zu schlagen seien. Dagegen war einzuwenden, daß derjenige, der die feindlichen Kräfte zu trennen beabsichtigte, seine eigenen Kräfte ebenfalls trennen mußte und dann Gefahr lief, daß sie selbst einzeln geschlagen wurden, wofür Friedrich auch wieder Beispiele aus der Kriegsgeschichte anführte. Eine Teilung seines Heeres lehnte Friedrich aber schon deswegen ab, weil es für die Entscheidung, die er suchte, möglichst stark sein mußte, da es gegenüber den Heeren einer Koalition zukünftiger Gegner zahlenmäßig unterlegen sein würde. Um für die Schlacht möglichst stark zu sein, verwarf er auch die Operationen von Heeresteilen in Flanken und Rücken des Gegners, denn sie könnten sich verirren oder zu spät kommen. Tatsächlich mußte er sich jedoch darauf einrichten, Schlachten nur mit Teilkräften zu schlagen, da immer Truppen notwendig waren zur Deckung von Verbindungen, Festungen, Magazinen und ganzen Provinzen, die er dann für die Schlacht nicht zur Verfügung hatte.

Dies galt für den Angriff. Für die Verteidigung wurde allgemein die Teilung der Kräfte als unvermeidlich angesehen, da es darauf ankomme, den angreifenden Gegner durch Manöver zu verwirren und zu ermüden. Aber auch hier wollte Friedrich auf eine Hauptentscheidung hin operieren, von der alle Nebenunternehmungen bestimmt würden. Wer alles zu erhalten versuche, werde nichts erhalten. Aus diesem gedanklichen Zusammenhang heraus schrieb er den sehr bedeutsamen Satz: „Das essentielleste Stück, woran man sich also zu attachiren hat, ist die feindliche Armeé, deren wahre Absichten man errathen und sich solchen mit allen Kräfften entgegen setzen muß." Auch Friedrich stellte einen Katalog von Gründen auf, aus denen heraus eine Schlacht zu schlagen sei. Aber er nannte auch noch einen allgemeinen, für ihn so wichtigen Grund: eben die Notwendigkeit, den Krieg rasch zu beenden.

Andererseits jedoch war er sich über die Schwierigkeiten klar, eine Waffenentscheidung herbeizuführen, denn auch er und er ganz besonders mußte Rücksicht nehmen auf die Erhaltung des Heeres, und wenn der Gegner die Schlacht nicht wollte, so war es schwer, ihn dazu zu bringen. Die Schlacht konnte daher also auch von Friedrich nicht unbedingt „als das natürliche, unvermeidliche Schlußstück einer kräftig vorangetriebenen Angriffsbewegung" (Kriegsgeschichtliche Einzelschriften, H. 27) angesehen werden. So sah er sich allein schon bei dem Bemühen, den Gegner zur Schlacht zu zwingen, auf die herkömmlichen operativen Methoden, auf die Anwendung von Manövern, Listen, Täuschungen und Überraschungen angewiesen – jene Kunstgriffe, die man zu diesem Zweck genauso benötigte wie für den entgegengesetzten, eben die Vermeidung der Schlacht. Dabei würden dann merkwürdige listenreiche Vorkehrungen notwendig: Wolle man die Schlacht nicht, müsse man sich so verhalten, als ob man sie anstrebe, damit sich der Gegner zurückziehe, wolle man sie dagegen, so müsse man so tun, als ob man selbst ausweiche, um den Gegner anzulocken und ihn zur Schlacht zu stellen. Und selbst dann, wenn die Schlacht siegreich geschlagen war, war dies noch kein entscheidender Sieg, solange sich der Gegner nach der Schlacht zurückziehen konnte, weil unter den damaligen Verhältnissen seine Vernichtung durch anschließende Verfolgung kaum möglich war.

Friedrich stellte den Feldherrn als die zentrale Figur der militärischen Kriegführung heraus. Auf ihm allein laste die volle Verantwortung – die zu seiner Zeit üblichen Kriegsräte verwarf er. Dann aber müsse der Feldherr auch die Möglichkeit haben, im Sinne dieser Verantwortung selbständig zu handeln. Dies verlangte er von den Generälen, bzw. gestand es ihnen zu, die er als Führer selbständig operierender Heeresteile einsetzte.

c. Der Siebenjährige Krieg (1756 – 1763)

Die Operationen bis zur Schlacht von Kolin

Der Siebenjährige Krieg begann damit, daß Friedrich am 28. August 1756 ohne Kriegserklärung in Sachsen einfiel. Er glaubte damit Österreich und Rußland zuvorzukommen. Diese beiden Mächte hatten zwar ein Defensiv-, aber noch kein gegen Preußen gerichtetes Offensivbündnis abgeschlossen. Sie standen jedoch in Verhandlungen über einen Angriff auf Preußen, der im Frühjahr 1757 erfolgen sollte. Friedrich, der mit England die Westminster-Konvention abgeschlossen hatte, glaubte jedoch, daß der österreichisch-russische Angriff unmittelbar bevorstehe. Am 1. Mai 1757 konnte Österreich einen Vertrag mit Frankreich abschließen, dessen Kriegsziel die „Déstruction totale" der preußischen Monarchie war. Dem Bündnis gegen Preußen traten dann auch noch Schweden, das Pommern wiedererlangen wollte, Bayern, Kurpfalz, Köln, Württemberg und das Deutsche Reich in seiner Gesamtheit bei. Dadurch wurde auch England als Verbündeter Preußens zum Eingreifen auf dem Kontingent veranlaßt. Friedrichs Angriff auf Sachsen war also zeitlich so angesetzt, daß er Sachsen als Operationsbasis gegen Böhmen – in Ergänzung eines Vorgehens aus Schlesien gegen Mähren – gewinnen wollte, noch bevor die Verbündeten Österreichs – zunächst Rußland und Frankreich – auf dem Kriegsschauplatz erscheinen konnten.

Tatsächlich rückte, gleichzeitig mit Friedrichs Einfall in Sachsen, der Feldmarschall von Schwerin aus Schlesien nicht in Mähren, sondern in Böhmen ein. Eine dritte preußische Armee unter dem Feldmarschall von Lehwaldt sollte Ostpreußen decken. Das sächsische Heer kapitulierte bei Pirna, ein österreichisches Ersatzheer unter Browne wurde am 1. Oktober 1756 bei Lobositz besiegt, konnte sich aber unverfolgt nach Böhmen zurückziehen. Friedrich wollte nun zunächst die Österreicher in Sachsen erwarten, um sie zu einer Entscheidungsschlacht zu stellen. Er änderte diesen Plan dann aber vollständig und dahingehend, daß er selbst in Böhmen einrückte, um hier die Entscheidungsschlacht zu erzwingen. Er hoffte, dadurch gleichzeitig Russen und Franzosen abzuschrecken.

Napoleon hat später das Vorgehen Friedrichs kritisiert. Friedrich hätte sein Heer nicht teilen dürfen, sondern mit allen seinen zusammengefaßten Kräften zunächst die Sachsen und dann die Österreicher entscheidend schlagen und die feindlichen Heerestrümmer über die Donau, zumindest aber über das böhmische Grenzgebirge hinweg verfolgen sollen. Hier stellt sich aber wieder die Frage, ob eine derartige, auf Vernichtung des Gegners abzielende Operation unter den Verhältnissen zur Zeit Friedrichs vorteilhaft oder auch nur möglich gewesen wäre. Für Friedrich wäre damit ein außerordentlicher Kräfteverschleiß verbunden gewesen, der nicht sofort wieder hätte ausgeglichen werden können. Andererseits hätten die Österreicher die Möglichkeit gehabt, ihre Verluste während des Winters wieder zu ersetzen. An einer Eroberung Wiens und die Brechung des österreichischen Widerstandskerns war nicht zu denken. Im übrigen hätte Maria Theresia, unterstützt von starken Bundesgenossen, wahrscheinlich auch dann den Widerstand noch nicht aufgegeben.

Eine weit ausgreifende Offensive konnte auch nach dem Sieg von Lobositz nicht in Frage kommen. Gegenüber seinen Feinden, die insgesamt über 350000 Soldaten verfügten, wollte Friedrich seine Kräfte zusammenhalten und die Vorteile der inneren Linie mit ihren relativ kurzen Verbindungen ausnutzen. Da die schwedische und die Reichsarmee für ihre Kriegsvorbereitungen geraume Zeit brauchten, rechnete er zunächst jeweils mit einer österreichischen, einer französischen und einer russischen Armee. Griff er die Österreicher zuerst an, so mußte er damit rechnen, daß sie sich zurückzogen und sein Heer schon zusammengeschmolzen war, wenn er sie endlich zur Schlacht stellen konnte. Danach wollte er noch so stark sein, daß er wenigstens noch eine der feindlichen Armeen aus dem Felde schlagen konnte.

Obwohl die Zeit drängte, wollte sich Friedrich zunächst defensiv verhalten, Schlesien preisgeben und das Gros der Armee nach Sachsen ziehen, um von hier aus entweder den Österreichern oder den Franzosen entgegenzutreten. Tatsächlich hatte der österreichische Oberbefehlshaber, Prinz Karl, die Absicht, Friedrich anzugreifen, sobald sich die Armeen der Russen und der Franzosen in der Nähe befanden.

Friedrich änderte jedoch seinen Plan nach den Vorschlägen seines Generaladjutanten von Winterfeldt und Schwerins. Er wollte die Österreicher angreifen, um sie zu schlagen, bevor sie sich noch mit den Russen und Franzosen vereinigen konnten. Außerdem schien sich ein Angriff zu empfehlen, da Friedrich erfahren hatte, daß man in Versailles zum Frieden neige. Der Feind sollte überrumpelt werden. Es sollten keine Kontributionen eingetrieben, zuerst sollte der Feind geschlagen werden. Daß ihm ein Angriff bevorstehe, war dem Gegner verraten worden, aber er glaubte nicht an eine preußische Offensive.

Da die Armee in Ostpreußen auf 32000 Mann verstärkt worden war, standen Friedrich für sein Unternehmen noch 117000 Mann gegenüber insgesamt 128000 Österreichern zur

Verfügung. Die dann tatsächlich durchgeführte Operation war für damalige Verhältnisse außerordentlich kühn. Friedrichs Streitkräfte brachen zwischen dem 18. und 21. April 1757 nicht geschlossen, sondern in vier Gruppen aus Sachsen und Schlesien im konzentrischen Angriff auf das hinter der Eger stehende österreichische Hauptheer auf. Würde der Feind hier die Schlacht verweigern, müßte er sich unter Zurücklassung seiner Magazine auf Prag zurückziehen. Dieses getrennte konzentrische Vorgehen erinnert an die viel spätere Operation Moltkes 1866 zur Schlacht von Königgrätz. Friedrich beabsichtigte jedoch damit nicht, wie später Moltke, eine Vereinigung der bis dahin getrennten Heeresteile erst auf dem Schlachtfeld vorzunehmen.

Nach Ansicht Winterfeldts hätte der Operationsplan noch dadurch eine weitere Steigerung erfahren müssen, daß die Österreicher in Nordböhmen zusammengetrieben und vernichtet werden sollten. Aber es war nicht möglich, so weit hinauszugehen über die einschränkenden Bedingungen der Zeit und des Landes. Zu den großen Schwierigkeiten, die Friedrich für eine Kriegführung in Böhmen erkannt hatte, gehörte ja, daß dieses Land nur wenige Festungen besaß und es daher schwer war, sich in ihm zu halten. So trachtete er danach, Prag einzunehmen. Denn dorthin wichen die von den Preußen angegriffenen Österreicher aus, und hier vereinigten sie sich – insgesamt 60000 Mann – unter Prinz Karl. Friedrich hatte seine Heeresteile bereits fast vollständig versammelt, als er erfuhr, daß eine weitere österreichische Armee unter dem Feldmarschall Daun von Königgrätz über Kolin heranrücke. Er beschloß, den Gegner bei Prag, der seine Versammlung noch nicht abgeschlossen hatte, unverzüglich anzugreifen.

Friedrich siegte zwar am 6. Mai, aber in einer sehr blutigen Schlacht mit höheren Verlusten als der Gegner. Die Österreicher zogen sich in die Festung zurück, und da Prinz Karl ihre Übergabe ablehnte, ließ Friedrich sie belagern. Trotz der hohen Verluste war der Sieg von Prag ein unerwartet großer Erfolg, da Friedrich nun die gesamte österreichische Hauptarmee eingeschlossen hatte. Gleichzeitig bedeutete dies aber auch eine Bindung, wenn es nicht gelang, diese Armee kampfunfähig zu machen.

Maria Theresia erkannte den Vorteil, der für sie darin lag, daß die preußische Armee durch die Belagerung von Prag, das sich hervorragend verteidigte, gefesselt war. Die Armee Dauns, die auf 54000 Mann verstärkt wurde, sollte daher eine Schlacht vermeiden und die Preußen durch Kleinkrieg und Manöver ermüden. Später erhielt Daun aber den Befehl, zum Entsatz nach Prag vorzurücken. Da Friedrich erfuhr, daß die Franzosen mit 100000 Mann in Thüringen vorgehen wollten, befand er sich wieder in Zeitdruck und beschloß, Daun nach Mähren zurückzudrängen, um Kräfte gegen die Franzosen freizubekommen. Da er die Belagerung Prags aufrechterhalten mußte, standen ihm für einen Angriff auf Daun nur 32000 Mann und 88 Geschütze zur Verfügung.

Daun bezog bei Kolin mit 39000 Mann und 145 Geschützen eine feste Stellung. Daß Friedrich ihn dort, nach einem Anmarsch von 60 km, mit unterlegenen Kräften angriff, wurde später sowohl von Napoleon wie von Schlieffen scharf verurteilt. Wahrscheinlich war Friedrich aber – abgesehen von dem bereits erwähnten Grund – in Sorge, daß bei einem näheren Heranrücken Dauns Magazine gefährdet waren, auf die die preußische Armee angewiesen war. In der Schlacht bei Kolin am 18. Juni, wo er auf einen vorbereiteten Feind traf, wurde Friedrich völlig geschlagen.

Damit war der Plan, die österreichische Armee zu zertrümmern, gescheitert. Daun verfolgte die geschlagenen Preußen nicht. Er hatte lediglich Anweisung, deren Rückzug zu stören, sich aber auf keine Schlacht einzulassen. Man wollte in Wien das Eingreifen der Verbündeten abwarten.

Friedrich ließ eine Heeresabteilung unter dem Thronfolger Prinz August Wilhelm zur Deckung Schlesiens und der Lausitz stehen und übernahm selbst mit dem Gros des Heeres die Deckung Sachsens auch gegen die Franzosen.

Prinz August Wilhelm wurde jedoch von den Österreichern in Rückzugskämpfe verwikkelt, verlor sein Hauptmagazin in Zittau und mußte auf Bautzen zurückgehen. Damit wurde auch Friedrich zur Räumung Böhmens gezwungen. Die Lage Preußens hatte sich überhaupt verschlechtert. Inzwischen war eine deutsch-englische Armee von den Franzosen bei Hastenbeck geschlagen worden. Kleve und Ostfriesland waren an die Franzosen verlorengegangen. Reichsarmee und Franzosen waren bis Erfurt vorgerückt, 17 000 Schweden in Stralsund versammelt, und Lehwaldt in Ostpreußen wurde von 16 000 Russen bedroht. Die Engländer weigerten sich, die hannoversche Armee zu verstärken. Sie schlossen bei Zeven mit den Franzosen eine Konvention ab, die Hannover preisgab. Winterfeldt, der auf dem Ostufer der Neiße Görlitz deckte, wurde von dem österreichischen Reitergeneral Nádasdy bei Moys angegriffen und geschlagen.

Die Operationen bis zur Schlacht bei Leuthen

Obwohl die 100 000 Österreicher bei Zittau versammelt waren, teilte Friedrich sein Heer. Er ließ 41 000 Mann unter dem Herzog von Bevern zum Schutz Schlesiens und der Lausitz zurück und marschierte mit 25 000 Mann nach Naumburg, um die Reichsarmee unter dem Herzog von Hildburghausen und die Franzosen unter dem Prinzen Soubise zu schlagen. Die feindlichen Kräfte, zusammen 41 000 Mann, wichen auf Eisenach aus. Als Friedrich die Nachricht erhielt, daß Berlin von einem österreichischen Streifkorps unter dem General Hadik bedroht wurde, wendete er sich mit einem Teil der bei ihm befindlichen Truppen nach Nordosten, worauf Hadik abzog. Durch Friedrichs Richtungsänderung ermutigt, stießen Hildburghausen nach Zeitz und Soubise im Saaletal vor, um das von den Preußen besetzte Leipzig zu nehmen. Friedrich machte daraufhin kehrt und vereinigte die bei ihm befindlichen Truppen mit den übrigen der Heeresabteilung. Es gelang ihm, den Gegner bei Roßbach zu stellen und am 5. November zu schlagen. Die Schlacht wurde vor allem berühmt durch den überfallartigen Reiterangriff unter dem General von Seydlitz.

Militärstrategisch war durch diesen Sieg die akute Gefahr in der westlichen Flanke Preußens gebannt. Auch politische Folgen waren mit ihm verbunden: Die englische Regierung verwarf die Konvention von Zeven. Die hannoversche Armee erhielt im Herzog Ferdinand von Braunschweig einen neuen Befehlshaber, dem es bis zum Frühjahr 1758 gelang, die Franzosen über den Rhein zurückzudrängen. Die Russen und Schweden räumten Ostpreußen und Pommern. Die preußische Armee hatte ihr durch Kolin erschüttertes Selbstvertrauen wiedergewonnen. Kriegsentscheidend war aber auch Roßbach nicht. Die Österreicher drangen in Schlesien ein, der Herzog von Bevern wurde bei Breslau geschlagen, das von den Österreichern besetzt wurde.

Friedrich marschierte daher in Eilmärschen nach Schlesien ab. Die 13 000 Mann, die er bei sich hatte, konnte er mit den Resten des Bevernschen Korps auf 35 000 Mann verstärken. Am 3. Dezember eröffnete er seinen Generälen in einer berühmt gewordenen Ansprache, daß er alles auf eine Karte setzen und den weit überlegenen Gegner angreifen werde. Er stellte seinen Zuhörern frei, ihn zu verlassen – was in dieser Situation freilich nur unter Verlust der Ehre möglich gewesen wäre. So konnte er das Schweigen danach als Zustimmung auslegen und um so höhere Forderungen an die Haltung der Führer und der Truppe für den bevorstehenden Kampf stellen. Diese Rede war geradezu ein Musterbeispiel für raffinierte psychologische Führung in einer Krisensituation.

Die Schlacht bei Leuthen (5. 12. 1757)

Prinz Karl befand sich in einer Verteidigungsstellung hinter der Lohe. Friedrich wollte ihn mit Umgehung seines linken Flügels angreifen, aber als er am 4. Dezember Neumarkt erreichte, war Karl schon nach Osten auf die Weistritz ausgewichen.

Karl verfügte über 65 000 Mann – 85 Bataillone, 125 Schwadronen, eingerechnet 5 000 Mann leichter Truppen – mit 170 Bataillons- und 65 schweren Geschützen. Der weitaus größte Teil bestand aus kaiserlichen Truppen, bei denen sich aber auch bayerische, württembergische und andere Reichstruppen befanden.

Friedrichs Streitmacht war im ganzen fast um die Hälfte geringer, nur an Kavallerie und schwerer Artillerie etwas überlegen: 35 000 Mann, 47 1/2 Bataillone, 133 Schwadronen, 94 Bataillons- und 78 schwere Geschütze. Allerdings war die militärische Qualität der preußischen Truppen besonders gut, weil nach der für Preußen unglücklichen Schlacht von Kolin alles desertiert war, was überhaupt nur weglaufen konnte. Der verbliebene Rest bestand also aus verhältnismäßig zuverlässigen Soldaten.

Die Österreicher hatten vor der Weistritz ein Lager bezogen. Als Prinz Karl am Morgen des 5. Dezember erkannte, daß sich die preußische Armee von Westen her über Neumarkt im Anmarsch befand, ließ er sein Heer in zwei Treffen zur Schlachtordnung aufmarschieren. Der rechte Flügel stand, Kavallerie rechts rückwärts gestaffelt, im Norden beim Dorf Nippern, der linke im Süden bei Leuthen. Hier bildete die Infanterieaufstellung einen Haken, der Leuthen südlich umschloß. Die Kavallerie des linken Flügels stand südlich von Leuthen. Die linke Flanke wurde noch weiter südlich bei Sagschütz durch ein detachiertes Korps unter dem General Nádasdy gedeckt. Wichtige Punkte vor der Front waren durch leichte Truppen gesichert. Die schweren Batterien waren vor der Front in Stellung gegangen. Ein Reservekorps wurde hinter dem rechten Flügel bereitgehalten.

Als König Friedrich von einer Höhe bei Borne, nordwestlich von Leuthen, fast die gesamte österreichische Aufstellung überblicken konnte, beschloß er, sie mit dem rechten Flügel bei Sagschütz anzugreifen. Dazu sollte der preußische linke Flügel zurückgehalten werden. Friedrich beabsichtigte also, den Gegner durch Überflügelung und Anwendung der schrägen Schlachtordnung zu schlagen, wofür hier günstige Voraussetzungen gegeben waren: Das Gelände wies keine größeren Bodenerhebungen und hinderliche Wasserläufe auf, erlaubte also die exakte Durchführung der bei dieser Angriffsart besonders schwierigen Evolutionen, das Aufrechterhalten des Zusammenhangs und ein zügiges Vorgehen. Vor der Front der Österreicher befanden sich einige Bodenwellen, was für den preußischen Aufmarsch von Vorteil war, weil er dadurch teilweise der Sicht der Österreicher entzogen wurde.

Um den Gegner über seine wahre Absicht zu täuschen, schob Friedrich Kräfte gegen den rechten österreichischen Flügel vor. Feldmarschall Daun, der im österreichischen Hauptquartier anwesend war, glaubte nicht an die Ernsthaftigkeit dieses Angriffs an dieser Stelle, wohl aber glaubte dies der kaiserliche Oberkommandierende, Prinz Karl. Er zog das Reservekorps vor, setzte es am rechten Flügel ein und ließ Nippern besetzen. Damit kam er der preußischen Absicht entgegen, denn die Reserven sollten ihm später da fehlen, wo sie wirklich gebraucht wurden.

Der preußische Anmarsch erfolgte flügelweise, ging dann aber in einen treffenweisen Aufmarsch über. Dazu mußte, wie weiter oben geschildert, eine Hakenschwenkung ausgeführt werden. Sie erfolgte bei Borne vor dem rechten österreichischen Flügel. Hier bog die preußische Armee von Osten nach Süden ab und zog – jedes Treffen in einer Kolonne – an der Front des Gegners entlang, ihm so die linke Flanke bietend. Trotz der Bodenwellen und eines Kavallerieschleiers blieb die Bewegung von den Österreichern natürlich nicht unbemerkt. Die Gefahr bestand also für die Preußen darin, daß der Gegner von der Seite her – wie die Preußen bei Roßbach – in die Aufmarschkolonnen hineinstießen. Daß es die Österreicher nicht taten, war eine Folge der falschen Lagebeurteilung ihrer Führung: Prinz Karl glaubte, die Preußen zögen sich zurück, und dabei wollte er sie nicht stören. Dabei hatten die Preußen noch den schwierigsten Teil vor sich, also das Einschwenken der Infanterie in die gestaffelte Frontlinie des schrägen Angriffs in Echelons.

Es erfolgte wie auf dem Exerzierplatz. Unbehelligt vom Gegner marschierte die Masse der preußischen Armee in zwei Treffen in schräger Front südsüdwestlich von Leuthen auf – Bataillonsstaffeln mit 50 Schritt Abstand, rechter Infanterieflügel hart südlich von Sagschütz, die Kavallerie rechts hinter ihm, vorgezogen vor den Infanterieflügel drei Bataillone als Vortreffen oder „Attacke", die von einer Batterie schwerer Zwölfpfünder unterstützt wurde. Es lag also nicht nur der Schwerpunkt des Angriffs vor dem linken österreichischen Flügel, vielmehr sollte der ganze Angriff gegen diesen Flügel geführt werden.

Währenddessen verharrte die Masse der Österreicher nördlich von Leuthen in Schlachtordnung mit Front nach Westen und erwartete, irritiert durch Scheinbewegungen preußischer Kavallerie vor ihrer Front, den Angriff hier.

Um 13.00 Uhr befahl Friedrich den Angriff, den er von einem „Feldherrnhügel", dem Wachberg, aus beobachtete. Die „Attacke" voraus, griff die preußische Infanterie an, wobei sie sich vorschriftsmäßig gleichzeitig nach rechts zog, um alles Gewicht auf diesen Flügel zu legen. Sie schoß im Vorrücken nicht pelotonsweise, sondern mit ganzen Bataillonen.

Als Nádasdy merkte, daß sich der Angriff gegen ihn richtete, bat er um Verstärkung. Sie wurde ihm nicht gewährt. Prinz Karl wagte es nicht, die schon bei Nippern eingesetzten Reserven nach Sagschütz zu beordern. Nádasdy wollte sich Luft verschaffen und attackierte mit 43 Schwadronen die Kavallerie des preußischen rechten Flügels, die von Generalleutnant von Zieten geführt wurde, der auch über 6 Bataillone Infanterie verfügte. Der Angriff wurde durch ungünstiges Gelände behindert und vom Feuer der Infanterie Zietens abgewiesen. Nádasdy versuchte nun seine Infanterie so umzugruppieren, daß sie die linke Überflügelung seines Korps verhindern konnte. Es gelang ihm jedoch nicht. Durch die Umgruppierung entstand Unordnung, die zu unbeabsichtigten Massierungen führte, bei denen sich die Einheiten gegenseitig im Wege waren. Es zeigte sich hier wieder einmal, daß sich die Lineartaktik und die rangierte Schlachtordnung nicht für taktische Improvisationen eigneten. Die preußische Artillerie des rechten Flügels schoß in diese wirren Anhäufungen hinein und unterstützte die preußische Infanterie, die, ständig feuernd, mit der „Attacke" schon ostwärts von Sagschütz vordrang. Nádasdys Truppen wichen aus. Es gelang ihm zwar, sie noch einmal zum Stehen zu bringen, aber da wurden sie von Zieten links überflügelt und gingen, teilweise aufgelöst, zurück. In Anpassung an die Lageveränderungen wechselten preußische schwere Batterien ihre Stellungen – ein für diese Zeit ganz ungewöhnlicher Vorgang.

Als Nádasdy geschlagen war, war es zu spät, ihm zu Hilfe zu kommen. Prinz Karl ließ das am äußersten rechten Flügel eingesetzte Reservekorps hinter der Front nach Leuthen rücken, um hier, Front nach Süden, den preußischen Flankenangriff abzuriegeln. Auch er glaubte nun endlich, daß der preußische Angriff nicht gegen seine Front, sondern gegen seinen linken Flügel geführt wurde. So nahm er eine völlige Frontveränderung vor, indem er nun alle seine Kräfte, die nördlich von Leuthen noch immer mit der Front nach Westen standen, rückwärts schwenkend die Front nach Süden nehmen ließ. Es bestand die Gefahr, daß durch diese schwierig auszuführende improvisierte Bewegung und die Stauungen, die sich dabei ergaben – stellenweise stand die Infanterie 100 Glieder tief – die ganze Armee in dieselbe Lage geriet wie vorher das Korps Nádasdy. Es wurde aber nur das zunächst als Flankenschutz eingesetzte Reservekorps zurückgedrängt. Es konnte sich nördlich von Leuthen mit der Masse der Armee verbinden, die nun hier hinter dem langgestreckten Dorf eine Abwehrstellung einnehmen konnte. Teile wurden selbst in das Dorf vorverlegt, dessen mit Mauern versehener Friedhof für die Verteidigung ausgenutzt wurde. Die österreichische Artillerie ging geschlossen auf dem Windmühlenberg nördlich von Leuthen in Stellung. 70 Schwadronen unter dem General Graf Lucchese hielten sich gedeckt hinter dem rechten Flügel der neuen Aufstellung zum Eingreifen bereit.

Aufgrund der neuen Lage mußte die preußische Armee für den weiteren Angriff neu geordnet werden. Die schräge Schlachtordnung konnte sie hierfür nicht wieder einnehmen. Der Angriff wurde um 15.30 Uhr fortgesetzt. Die große Schwierigkeit bestand darin, daß zunächst das von Feindkräften besetzte Dorf genommen werden mußte, um überhaupt an die Stellungen dahinter heranzukommen. Der Kampf um das Dorf und besonders den Friedhof, der verbissen verteidigt wurde, war hart und aufreibend. An manchen Stellen wichen die Preußen. Es entstanden Lücken, in die sich die entsprechenden Teile des zweiten Treffens einschoben. Zur Krise kam es aber erst nach der Einnahme des Dorfes zwischen 16.00 und 16.30 Uhr, als die abgekämpfte preußische Infanterie den Angriff auf die frischen österreichischen Kräfte dahinter fortsetzen mußte.

Jetzt hielt Lucchese seinen Augenblick für gekommen. Er stürmte mit seiner Reitermasse aus der Deckung hervor, um sich auf die ermattete preußische Infanterie zu stürzen. Er hatte jedoch versäumt, Aufklärung vorzutreiben. Daher wußte er nicht, daß hinter dem linken preußischen Flügel dessen Kavallerie in Deckung stand – 50 Schwadronen in drei Treffen unter dem General von Driesen. Als Lucchese gegen die preußische Infanterie einschwenkte, fiel ihm Driesen in die Flanke.

Die überraschten österreichischen Reiter wurden auf den rechten Flügel ihrer eigenen Infanterie geworfen, die dadurch, ebenso überrascht, in Unordnung kam. Die preußische Infanterie benutzte diesen Augenblick der Schwäche, um mit dem Bajonett vorzubrechen.

Die österreichische Infanterie wurde zurückgeworfen. Der österreichischen Führung gelang es nun nicht mehr, noch einmal weiter nördlich eine Verteidigungsfront aufzubauen. Die geschlagene Armee strömte nach Osten auf die Weistritz zurück. Sie wurde von der preußischen Kavallerie – eine Ausnahme in dieser Zeit – energisch verfolgt, doch konnte sich ein großer Teil über den Fluß retten und auf seiner anderen Seite sammeln. Nádasdy hatte die Übergänge rechtzeitig in Besitz nehmen können.

Die Schlacht von Leuthen gilt allgemein als der Höhepunkt friderizianischer Führungskunst und der Lineartaktik. Sie war die einzige Schlacht, in der Friedrich der Große die schräge Schlachtordnung mit Erfolg anwendete. Hierbei kamen Friedrich freilich einige für ihn glückliche Umstände entgegen – nicht zuletzt die anfängliche Führungsschwäche seines Widerparts. Andererseits muß berücksichtigt werden, daß die preußische Armee zahlenmäßig sehr viel schwächer war als die österreichische samt Bundesgenossen – woran sich in aller Deutlichkeit zeigt, daß die zahlenmäßige Überlegenheit in dieser Zeit nicht entscheidend war. Eben diese Unterlegenheit wurde ausgeglichen durch den Flankenangriff. Doch ist nicht zu übersehen, daß die österreichische Führung zwar langsam, aber schließlich doch der Lage entsprechend reagierte. Trotz aller mit der Umgruppierung verbundenen außerordentlichen Schwierigkeiten brachte sie eine stabile Abwehrfront gegen den von Süden geführten Angriff zustande.

Mit ihren vielen Besonderheiten wies die Schlacht von Leuthen zugleich alle typischen Merkmale des Großkampfes dieser Zeit auf, auch was den Einsatz der Waffengattungen anbelangte, die alle in ihrem Gewicht zur Geltung kamen. Die letzte Entscheidung brachte der Kavallerieeinsatz – die österreichische Reiterei suchte sie, die preußische erreichte sie. Die Rolle der Kavallerie als Entscheidungswaffe wird an Leuthen gerade deswegen deutlich, weil sie hier keineswegs ein taktisches Übergewicht besaß und ihr die Lage keineswegs – wie bei Roßbach – von vornherein entgegenkam. Klar erkennbar wird, wie bei der Kavallerieführung im Schlachteinsatz mehr als bei den anderen Waffengattungen alles auf die Erfassung des richtigen Augenblicks ankam, wie der schnelle Einsatz dieser riesigen Reitermassen auf Spitz und Knopf einer Lagebeurteilung von nur wenigen Minuten stand und durch einen einzigen Fehler aus einer geordneten Massenattacke rasch ein Chaos für die ganze Armee werden konnte.

Die Operationen bis zum Ende des Krieges

Friedrich hoffte nun wieder auf ein rasches Ende des Krieges, aber auch die beiden großen Siege von Roßbach und Leuthen hatten es ihm nicht näher gebracht. Seine Gegner konnten sich eher von den Schlägen erholen, die er ihnen zugefügt hatte, als er von den Verlusten und Anstrengungen, die ihn diese Siege gekostet hatten.

Friedrich versuchte im Frühjahr 1758 noch einen Vorstoß von Schlesien aus nach Mähren, um Olmütz zu nehmen. Von hier aus wollte er Verbindung mit der gegen die Habsburger gerichtete ungarische Insurrektionspartei aufnehmen – ein in dieser Zeit nur noch seltenes Kriegsmittel – und Maria Theresia zwingen, ihre Truppen an der Donau zusammenzuziehen.

Dieses Unternehmen wurde jedoch ein Fehlschlag. Es gelang Friedrich nicht, Olmütz zu nehmen. Da er nicht den Fehler vom Vorjahr wiederholen wollte, griff er das österreichische Entsatzheer, das wieder von Daun geführt wurde, nicht an, hoffte aber, daß Daun angreifen werde. Da Daun dies jedoch nicht tat, den Preußen aber durch Kleinkrieg viel Abbruch tat, mußte Friedrich die Belagerung aufgeben. Er zog sich im Juli nach Böhmen und, als er erfahren hatte, daß die Russen bei Posen ihre Kräfte zusammenzogen, nach Schlesien zurück. Die Russen, die sich mit den Österreichern in der Lausitz vereinigen wollten, stießen bis Küstrin vor. Dort standen nur schwache preußische Kräfte. Friedrich kam ihnen mit den Hauptkräften in Eilmärschen zu Hilfe. Die Russen standen auf dem rechten Oderufer, ihre Hauptmacht unter dem General Fermor bei Küstrin, ein detachiertes Korps bei Schwedt. Friedrich gelang es ungehindert, zwischen beiden russischen Heeresteilen über die Oder zu gehen. Fermor gab die Belagerung von Küstrin auf und bezog nördlich der Festung eine feste Stellung. Friedrich griff ihn am 25. August an. In dieser Schlacht bei Zorndorf, die zu den verlustreichsten des ganzen Krieges zählte, entgingen die Preußen knapp einer ähnlich katastrophalen Niederlage wie bei Kolin. Friedrich hatte die Standfestigkeit und Tapferkeit der Russen unterschätzt. Er konnte zwar nach zermürbenden Kämpfen das Schlachtfeld behaupten, jedoch nicht verhindern, daß sich Fermor nach Landsberg an der Warthe absetzte.

Hiernach unternahm Friedrich keine größere Offensive mehr. Sachsen verteidigte sein Bruder Heinrich gegen Franzosen, Reichsarmee und Österreicher. Als Friedrich hier mit den Hauptkräften erschien, zogen sich die Österreicher in Richtung Niederschlesien zurück. Als Friedrich nach Bautzen marschierte, folgten sie ihm und legten sich ihm vor.

Bei Hochkirch bezog Friedrich gegen den Rat seiner Generäle eine ungünstige Stellung. Da die Österreicher wieder von Daun geführt wurden, glaubte er sich vor einem Angriff sicher. Tatsächlich aber blieb Daun, beraten von den kühneren Generälen Lacy und Laudon, diesmal nicht in der Verteidigung. Er ließ nachts die preußische Stellung einschließen und griff sie in den frühen Morgenstunden des 14. Oktober an. Die Preußen versuchten sich zu halten, was aber in der Verwirrung, in der sie sich befanden, nicht möglich war. Friedrich gelang es jedoch, den größeren Teil der Armee – fast ein Drittel hatte er durch seinen Leichtsinn verloren – herauszulösen und nördlich von Hochkirch eine Aufnahmestellung zu bilden. Er konnte sich nach Bautzen absetzen. Daun folgte ihm nicht. Zusammen mit der Reichsarmee versuchte er Sachsen in Besitz zu nehmen. Österreicher und Reichstruppen wichen dann aber vor den Preußen, die am 2. November in Dresden einzogen, nach Böhmen bzw. Franken in Winterquartiere aus.

Mit der preußischen Niederlage bei Hochkirch war die Initiative an die Gegner des preußischen Königs übergegangen. Friedrich war endgültig in die Verteidigung gedrängt. Wollte er sie noch immer offensiv führen, so konnte er dies nur – unter Ausnutzung der Vorteile der inneren Linie, also der kurzen Verbindungen von innen nach außen – durch kurze Angriffsstöße.

Seit Frühjahr 1759 wurde Preußen von allen Seiten angegriffen, wobei die einzelnen Offensiven jedoch allein schon in ihrer zeitlichen Folge schlecht koordiniert waren. Die Franzosen marschierten bereits im März, Russen und Österreicher erst im Juli. Ferdinand von Braunschweig konnte die Franzosen am 1. August bei Minden schlagen und sie aus Hessen, Hannover und großen Teilen Westfalens vertreiben. Prinz Heinrich versuchte durch die geschickte Manöverstrategie, für die er bekannt war, Sachsen zu halten. Friedrich suchte eine

Waffenentscheidung gegen den zunächst gefährlichsten Feind, die vereinigten russisch-österreichischen Streitkräfte unter Soltykow und Daun, die auf Berlin vorstießen.

Am 12. August kam es bei Kunersdorf ostwärts von Frankfurt an der Oder zur Schlacht. Die Preußen wurden vollkommen geschlagen. Es war die schwerste Niederlage der preußischen Armee unter Friedrich dem Großen.

Hiernach schien es für Preußen keine Möglichkeit mehr zu geben, den Krieg fortzusetzen. Da die fliehende preußische Armee nicht verfolgt wurde, konnten sich ihre Reste retten. Verhindert wurde die endgültige Niederlage Preußens durch die Uneinigkeit der Gegner. Die bei Kunersdorf siegreichen Russen und Österreicher trennten sich. Die Russen zogen sich Ende Oktober in Winterquartiere an der Weichsel zurück, Laudon mit einem Teil des kaiserlichen Heeres nach Österreich. Daun marschierte nach Sachsen und besetzte Dresden. Friedrich wollte Sachsen als Operationsbasis zurückgewinnen. Dies gelang ihm jedoch nicht, weil der preußische General von Finck, der Daun den Rückzug verlegen sollte, am 20. November nach einem Gefecht mit 15 000 Mann und 70 Geschützen bei Maxen kapitulierte.

Im Jahre 1760 waren es zunächst die Österreicher, die eine Entscheidungsschlacht suchten. Sie wurden jedoch nach einem Sieg über eine preußische Heeresabteilung bei Landeshut am 15. August bei Liegnitz von Friedrich getäuscht und abgewiesen. Ein russisches Streifkorps drang im Oktober nach Berlin vor, zog sich jedoch zurück, als Friedrich der Stadt zu Hilfe kam.

Noch einmal kam es dann in diesem Jahr zur Schlacht, als Friedrich mit 44 000 Mann etwa 50 000 Österreicher am 3. November bei Torgau angriff, schlug und zum Rückzug zwang. Die Verluste der Preußen waren mit 17 000 Mann die verhältnismäßig höchsten des ganzen Krieges – Friedrich befahl, sie geheim zu halten.

Auch der Sieg von Torgau hatte Preußen um keinen Schritt dem Frieden nähergebracht, auch wenn es zunächst so aussah. Frankreich drängte nun wieder stärker auf Österreich, Frieden zu schließen. England wünschte Frieden zwischen Österreich und Preußen und verlangte, da Maria Theresia sich weigerte, auf Schlesien zu verzichten, daß es Friedrich an sie abtrete. Auch Friedrich weigerte sich. Ende 1761 lief der Subsidienvertrag mit England ab. Die wirtschaftliche Lage Preußens war nach allen bisherigen Kriegsanstrengungen äußerst angespannt. Es gelang Friedrich zwar, im Winter 1760/61 die Armee wieder zahlenmäßig aufzufüllen, aber die Qualität der Infanterie hatte sich infolge der großen Ausfälle an tüchtigen Offizieren und gründlich ausgebildeten Soldaten ständig verringert. Friedrich konnte also kein großes militärisches Wagnis mehr eingehen.

1761 versuchte er in Schlesien eine russische Armee unter Buturlin und eine österreichische unter Laudon auszumanövrieren, sie womöglich einzeln zu schlagen, ohne freilich selbst den Angriff zu wagen. Er konnte nicht verhindern, daß sie sich vereinigten. So bezog er ihnen gegenüber im August bei Bunzelwitz in der Nähe von Schweidnitz ein festes Lager und wartete auf ihren Angriff. Doch sie griffen nicht an, sondern trennten sich Anfang September wieder. Buturlin, dessen Bagage und wichtige Magazine in die Hände der Preußen fielen, zog sich nach Pommern zurück. Laudon jedoch erstürmte Schweidnitz in einem kühnen Überfall. Im Nordosten mußten die dort sichernden preußischen Heeresteile an die Oder zurückgehen und den Russen Kolberg überlassen. Im Westen konnte sich Ferdinand von Braunschweig behaupten und sogar gegen die Franzosen wieder mit Erfolg zum Angriff übergehen. Frankreich, dessen Friedensverhandlungen mit England sich zerschlagen hatten, hoffte auf den Kriegseintritt Spaniens, was seinen Willen, den Krieg fortzusetzen, stärkte.

Jetzt war es Österreich, das nach dem Frieden verlangte, da es nicht mehr länger in der Lage war, „die ungeheuer großen Kriegserfordernisse" (Kaunitz, zit.Koser) zu bestreiten. Die österreichische Staatsführung sah ein, daß die bisherigen Operationen nicht den Hoffnungen entsprochen hatten, die man in sie gesetzt hatte. Die russische Waffenhilfe wurde von Österreich wegen der „unheilbaren Gebrechen der russischen Heereseinrichtungen" (Koser) nur gering bewertet. Immerhin hatte die Eroberung von Schweidnitz in Österreich den Mut wieder gestärkt. Doch erhoffte sich die österreichische Regierung weniger von einem offensiven Vorgehen, das ja bisher keinen durchschlagenden Erfolg gebracht hatte, als von dem allmählichen Versiegen der preußischen Hilfsmittel. Genau dies befürchtete auch der preußische König selbst. Seine Feldtruppen waren auf 60 000 Mann, also auf die Hälfte ihres einstmaligen Bestandes zusammengeschmolzen. Im Winter 1761/62 nahmen zum erstenmal die Österreicher in Schlesien und die Russen in Pommern – also auf preußischem Gebiet – Winterquartiere. Aller Wahrscheinlichkeit nach würden Preußen im Jahre 1762 die Kräfte zur Fortsetzung des Krieges ausgehen. In seiner Not knüpfte Friedrich sogar Verbindungen mit den Tataren und Türken an, die er zum Kampf gegen Rußland und Österreich aufwiegelte.

Da trat Anfang 1762 ein Ereignis ein, das die entscheidende Wende brachte: Am 15. Januar starb die Zarin Elisabeth. Ihr Sohn und Nachfolger, Peter III., war ein Bewunderer des preußischen Königs. Er schloß am 5. Mai mit ihm Frieden, am 19. Juni ein Bündnis und unterstellte ihm 20 000 Mann seiner Armee. Daraufhin entschloß sich Friedrich, gegen Daun in Schlesien vorzugehen. Während dieser Operation wurde der neue Zar ermordet. Seine Gemahlin, Katharina II., löste das Bündnis mit Preußen und rief ihre Truppen zurück. Friedrich konnte jedoch deren Befehlshaber bestimmen, den Abmarsch zu verzögern und so Daun im unklaren über dessen Absicht lassen.

Am 21. Juli 1762 griff Friedrich den rechten Flügel von Dauns Stellung bei Burkersdorf an. Aus einer witzigen Bemerkung des Königs in diesen Tagen geht hervor, wie sehr er den österreichischen Feldmarschall achten gelernt hatte: Sein Glaube, schrieb Friedrich, sei „nicht lebendig genug, um Berge, Kanonen und vor allem den Marschall Daun zu versetzen" (zit.: Frauenholz). Der preußische Angriff gelang, aber es gelang auch Daun wieder, sich dem Entscheidungskampf zu entziehen. Am 9. Oktober konnte Friedrich Schweidnitz zurückerobern. Daun zog sich in die Grafschaft Glatz zurück. Am 29. Oktober schlug Prinz Heinrich die Reichsarmee bei Freiberg.

Die gegen Preußen gerichtete Koalition zerfiel. Am 15. Februar 1763 wurde der Frieden zu Hubertusburg geschlossen, in dem Schlesien Preußen zugestanden wurde.

Friedrichs kriegstheoretische Auswertung des Siebenjährigen Krieges

Friedrich der Große hatte sehr viele Schlachten geschlagen und viele gewonnen, aber keine von ihnen war kriegsentscheidend gewesen. Ob er überhaupt Entscheidungsschlachten im Sinne von kriegsentscheidenden Schlachten – also nicht nur im Sinne einer Entscheidung über die feindlichen Streitkräfte, mit denen er es jeweils zu tun hatte – beabsichtigte oder beabsichtigen konnte, wird später zu erörtern sein. Jedenfalls ist es auffällig, daß er bereits während und nach dem Siebenjährigen Krieg militärstrategische Ansichten vertrat, die sich in nichts von denen der Methodiker unterschieden. Von diesen hatte er sich freilich auch vorher nie distanziert, doch war in den zwischen 1745 und 1756 abgefaßten Schriften betont worden, daß der Krieg schnell, energisch und mit der feindlichen Armee als dem eigentlichen Operationsobjekt geführt werden sollte. Dies lief darauf hinaus, daß die Schlacht auch in der Theorie zwangsläufig mehr in den Mittelpunkt der Kriegshandlung rückte, als dies zu dieser Zeit üblicherweise der Fall war. Freilich sollte nicht vergessen werden, daß Friedrich dabei stets die besonderen Verhältnisse Preußens vor Augen hatte, daß man seine von der üblichen Auffassung abweichenden Ansichten nicht einfach als Postulate für die Kriegführung im allgemeinen verstehen darf.

Sowohl auf taktischem wie auf militärstrategischem Gebiet empfahl Friedrich bereits während und nach dem Siebenjährigen Krieg vor allem Vorsicht. Das entsprach seinen Erfahrungen mit den Österreichern. Sie waren Meister in der Auswahl unangreifbarer Stellungen, sie besaßen, wie Friedrich selbst sagte, eine „bewundernswerte Artillerie, welche beinahe ohne andere Unterstützung genügen würde, um ein angreifendes Heer zurückzuweisen, ja zu vernichten" (zit.: Jähns). Sie führten den Kleinen Krieg mit einer Masse dafür geeigneter Truppen, welche die Bewegungen ihrer Armeen geschickt verschleierten. Die Widerstandskraft der Österreicher hatte im Laufe des Krieges außerordentlich zugenommen. So sehr Friedrich das taktische Verhalten der Österreicher lobte, so viel hatte er allerdings an der Operationsführung seiner Gegner auszusetzen. Mit ihren überlegenen Kräften hätten sie viel mehr erreichen müssen: „Welch ungeheueren Fehlern verdanken wir unsere Rettung!" (ebd.).

Für die Operationspläne, die Friedrich nach dem Siebenjährigen Krieg entwarf, sind neben denen, die sich mit dem Krieg einer Koalition gegen Frankreich befassen, diejenigen besonders aufschlußreich, die wiederum einen Krieg Preußens gegen Österreich – Friedrich traute dem Frieden von Hubertusburg nicht – zugrunde legten. Ganz im Sinne methodischer Kriegführung, die sich in erster Linie nicht an den feindlichen Streitkräften selbst, sondern an den geographischen Gegebenheiten orientierte, sollten, im Falle eines Angriffs auf Österreich Böhmen und Mähren zur „Zwickmühle" (Jähns) werden: Eine preußische Armee war dazu bestimmt, in Böhmen, eine andere in Mähren einzufallen. Diejenige, die sich den Hauptkräften des Gegners gegenüber sah, sollte diese lediglich fesseln und möglichst viele Feindkräfte auf sich ziehen, um der anderen die Eroberung ihres Gebietes und vielleicht sogar den Vorstoß auf Wien zu ermöglichen. Doch waren weder die feindlichen Hauptkräfte zu schlagen, noch sollte Wien erobert werden, so daß das Ganze auf eine Demonstration hinauslief. Durch Einnahme bestimmter Positionen sollte der Feind zum Frieden gezwungen werden, wobei man ihm im Grunde die Initiative überließ.

Nach diesem Plan wurde dann tatsächlich 1779 im Bayerischen Erbfolgekrieg verfahren. Hierbei ließen sich allerdings weder die Österreicher aus ihrer Stellung hinter der Elbe hervorlocken, noch wagte es Friedrich, sie in ihrem verschanzten Lager anzugreifen. Friedrich glaubte nicht, daß der am 13. Mai dieses Jahres geschlossene Frieden von Teschen von Dauer sei. Sollte der Krieg wieder ausbrechen, so sei er so weit wie möglich an die Donau vorzutragen, um den Feind seines Unterhalts und seiner Rekruten zu berauben und seine Hauptstadt zu beunruhigen. „Die festen Plätze werden fallen, und man wird im Besitze des Landes die Armee auf Feindeskosten ernähren: Die einzige Art, wie man den Krieg aushalten kann" (zit. ebd.).

Dem entsprach auch seine Meinung über die Funktion der Schlacht, wobei er freilich auch früher in seinen theoretischen Erwägungen nie so weit gegangen war, die Schlacht unter allen Umständen als Ziel der Operation zu empfehlen. Bei einer defensiven Kriegführung, die er nur für den Fall einer Unterlegenheit, Schwächung und Entmutigung gelten lassen wollte, sollten große Schlachten nach Möglichkeit vermieden werden. Zahlreiche kleine Erfolge seien ein Äquivalent für eine gewonnene Schlacht und entschieden auf die Dauer über die Überlegenheit. Dafür stellte Friedrich die Operationsführung des Herzogs Ferdinand von Braunschweig 1758 auf dem westlichen Kriegsschauplatz als vorbildlich heraus. Grundsätzlich sollte keine Schlacht geschlagen werden, nur um den Feind zu besiegen, sondern nur dann, wenn ohne sie der Operationsplan nicht durchzuführen sei. Damit wurde der Schlacht hier immer noch eine höhere Funktion zugestanden als in dem sächsischen Dienstreglement von 1752, in dem es hieß: „Es ist bewiesen, daß mehr Kräffte des Verstandes, mehr Standhafftigkeit, Erfahrung und Geschicklichkeit erfordert werden, eine decisivà Action ohne Verlust zu vermeyden, als zu suchen. Das Meister-Stück eines großen Generals ist, den Endzweck einer Campagne durch scharfsinnige und sichere Manoeuvres ohne Gefahr zu erhalten." (ebd.).

d. Der „Strategiestreit"

Wies die Militärstrategie Friedrichs des Großen in die Zukunft, brach sie mit Theorie und Praxis der Methodiker des 17. und 18. Jahrhunderts, war es womöglich Friedrich, der trotz der hemmenden Einflüsse seiner Zeit auf die Kriegführung neue militärstrategische Grundlagen schuf, die von Napoleon und den Feldherren und Kriegstheoretikern des 19. Jahrhunderts nur weiter entwickelt wurden? Oder aber blieb er als Feldherr seiner Zeit im Grunde auch da, wo er scheinbar von ihnen abwich, den zeitgenössischen militärischen Anschauungen verhaftet, da die Verhältnisse gar nichts anderes zuließen? Anders, und zwar in der Delbrückschen Gegenüberstellung ausgedrückt: War Friedrich noch „Ermattungsstratege" wie, nach Delbrück, alle Feldherren vom Mittelalter bis zur Französischen Revolution, oder schon „Niederwerfungsstratege" wie – seit der Antike – erst wieder Napoleon und die Feldherren seitdem? Daraus wiederum entsteht die weitere Frage: Lassen sich verschiedene Arten von Strategie in der Geschichte feststellen, abgrenzen und mit historischen Epochen gleichsetzen?

Dies ist das Kernproblem des sogenannten „Strategiestreites", der seit Ende des vorigen Jahrhunderts Militärhistoriker und -theoretiker in Deutschland bewegt und von dem sich im Hinblick auf das Resultat auch gegenwärtig nichts anderes sagen läßt, als daß sich die Standpunkte der Streitenden angenähert haben.

Die Auseinandersetzung beginnt 1879 mit einer Kritik Hans Delbrücks an einer Veröffentlichung und Kommentierung des Militärischen Testaments Friedrichs des Großen durch den Major i.G. von Taysen. Taysen versucht den Widerspruch zu klären, der sich daraus ergebe, daß Friedrich in diesem Testament davor warnte, in einem künftigen Krieg mit Österreich die Schlachtentscheidung zu suchen, während er in seinen früheren Lehrschriften doch gerade diese Entscheidung gefordert und in seinen großen Schlachten bereits ganz nach der Art Napoleons realisiert habe.

Delbrück meint dagegen, daß dieser Widerspruch nur ein scheinbarer sei, da es sich bei Friedrichs Strategie um „Ermattungsstrategie" als der zu dieser Zeit einzig möglichen Form der Strategie gehandelt habe. Auch Friedrich habe sie, bei der sowohl das Manöver wie die Schlacht zur Anwendung gekommen seien, für seine Kriegführung als maßgebend angesehen. Wie alle Feldherren seiner Zeit sei Friedrich als „Ermattungsstratege" zwar grundsätzlich der Schlacht abgeneigt gewesen. Er selbst hat sie als „Brechmittel" bezeichnet – was ja aber nicht bedeute, daß er sie nicht benutzt habe, wenn er sich einen Vorteil von ihr versprach oder zur Schlacht gezwungen war. Im Unterschied zu Napoleon wie überhaupt aller „Niederwerfungsstrategen" und eben in Übereinstimmung mit den anderen Feldherren seiner Zeit sei jedoch Friedrichs Operationsführung nicht ausschließlich auf die Schlacht angelegt gewesen.

Delbrücks Ansicht wiederum widerspricht in schroffer Form Colmar von der Goltz, der spätere Generalfeldmarschall. Für ihn ist die Militärstrategie Friedrichs des Großen im Prinzip genauso „Niederwerfungsstrategie" wie die Napoleons, nur mit dem Unterschied, daß sich Friedrich wegen der im Vergleich zum napoleonischen Frankreich schwächeren Kräfte des preußischen Staates keine so weiten Ziele setzen konnte wie der französische Kaiser. Goltz glaubt sogar, daß im Versorgungswesen und in der Taktik kein gravierender Unterschied zwischen Friedrich und Napoleon bestanden habe. Friedrichs Kriegführung sei bestimmt gewesen von der Offensive und in seinen kühnen Feldzügen habe er wie jeder große Feldherr stets die Schlachtentscheidung angestrebt. Dies sei unvereinbar mit einer grundsätzlichen Abneigung gegen die Schlacht. Allerdings betont auch Delbrück, der „Ermattungsstrategie" von „matter Strategie" unterschieden wissen will, daß Friedrich, wenn er die Notwendigkeit der Schlacht erkannt habe, er sie mit derselben Entschlossenheit gesucht habe wie Napoleon.

Weniger schroff und differenzierter geht Theodor von Bernhardi auf Delbrücks These ein. Aber auch er stellt sich gegen sie. Alle von Friedrich geplanten Schlachten seien als Vernichtungsschlachten angelegt worden, weil er wie kein anderer Feldherr seiner Zeit erkannt habe, daß allein die Vernichtung der feindlichen Streitkräfte im Kriege entscheidend sei. Nur sei Friedrich, im Gegensatz zu Napoleon, besonnen genug gewesen, die militärische Kriegführung den Erfordernissen der Politik anzupassen. So seien auch spätere Äußerungen Friedrichs, den Krieg vorsichtig zu führen, durch die derzeitige politische Lage begründet gewesen. Bernhardi legt das gegen Friedrich gerichtete Wort des Prinzen Heinrich, „Mein Bruder wollte immer bataillieren, das war seine ganze Kriegskunst", als Beweis für die angeblich fortschrittliche, auf Vernichtung des Gegners gerichtete Militärstrategie Friedrichs aus – unbeschadet der Tatsache, daß Friedrich dem Methodiker Heinrich respektvoll zugestanden hatte, nie einen Fehler gemacht zu haben.

Die Diskussion ist oft charakterisiert durch eine Schärfe des Tons, die darauf zurückzuführen ist, daß Delbrücks Einstufung Friedrichs des Großen als „Ermattungsstratege" dem heroischen Bild zu widersprechen scheint, das für Tradition und Selbstverständnis des preußisch bestimmten deutschen Heeres dieser Zeit sehr wichtig ist. Nun ist Delbrück allerdings mit seinem Ausdruck „Ermattungsstrategie" selbst nicht ganz zufrieden, da sie als reine Manöverstrategie mißverstanden werden könnte. Er habe nur keine bessere Bezeichnung für das, was er damit ausdrücken will, gefunden. Da er sich ja aber darum bemüht, die „Ermattungsstrategie“ als der „Vernichtungsstrategie“ gleichwertig herauszustellen, sieht er natürlich keine Degradierung darin, wenn er Friedrich den Großen als „Ermattungsstrategen“ bezeichnet. Es wird trotzdem so aufgefaßt, als ob er versuche, „an dem Lorbeerkranz des großen Königs zu zupfen“ (zit. Delbrück). Als er sich dagegen wehrt, indem er an einer Parodie nachzuweisen sucht, daß Friedrich – wende man auf ihn die Grundsätze der „Niederwerfungsstrategie“ an ein „strategischer Stümper“ (Delbrück) gewesen wäre, führt dies zum Angriff aus dem preußischen Herrenhaus auf den preußischen Kultusminister. Denn dieser habe in Delbrück einen Mann zum Universitätsprofessor ernannt, der den großen Friedrich als einen „strategischen Stümper“ bezeichnet – wobei man also die damit verbundene Absicht Delbrücks gar nicht erkennen will. Delbrücks Position ist auch deswegen besonders schwierig, weil er kein Berufsoffizier, lediglich Reserveoffizier ist, weswegen es für ihn allein schon aus diesem Grunde schwer ist, seine Ansicht insbesondere bei den Militärs durchzusetzen.

Immerhin stellt dann der Generalstabsoffizier Friedrich von Bernhardi, der Sohn Theodors, 1892 fest, daß auch die Kriegführung an die Verhältnisse der betreffenden Epochen gebunden sei und daher auch eine hinhaltende, die Entscheidung meidende Strategie geboten sein könne. Diese Strategie habe es in bestimmten Zeiträumen der Vergangenheit gegeben, sie könne aber auch in Zukunft wieder notwendig werden. Hierfür böten jedoch die Kriege des 19. Jahrhunderts keinen Anhalt. Man müsse zurückgehen bis in die Zeit Friedrichs des Großen. Das heiße jedoch nicht, daß Friedrich stets in dieser Weise wie überhaupt nach einem von der Zeit Bernhardis gänzlich anderen Weise Krieg geführt habe. Friedrich habe vielmehr durch seine zwar begrenzte, aber offensive Verteidigungsführung dem Feinde stets das Gesetz des Handelns aufgezwungen.

Obwohl sich Bernhardi damit weniger von der Auffassung Delbrücks unterscheidet als die vorhergenannten Autoren, wird er zum Wortführer gegen ihn. Die Auseinandersetzung steigert sich zu leidenschaftlicher Polemik.

In der weiteren Diskussion zeigt es sich dann, daß sich die Standpunkte immer mehr annähern, daß sich die Inhalte der Aussagen immer weniger voneinander unterscheiden, aber immer noch die Begriffe, in die man sie kleidet, Anlaß zu Kontroversen geben.

So wendet sich Max Jähns 1891 gegen die Meinung Theodor von Bernhardis, Friedrich habe zwar im Laufe der Zeit seine Ansichten über die Kriegführung modifiziert, aber der Grundgedanke sei immer der der modernen Vernichtungsstrategie gewesen. Nach Jähns wurde Friedrich zum bleibenden Vorbild nicht wegen, sondern trotz seiner militärstrategischen Theorie. Seine Doktrin beruhe einerseits auf der Berücksichtigung der hemmenden Zeitverhältnisse, „andererseits auf der damals voll begründeten Annahme, daß auch der Feind den Krieg als ein Schachspiel betrachten und regelrecht Zug um Zug tun, nicht etwa den Tisch umwerfen werde“. Jähns zitiert Clausewitz: „Nicht das Niederwerfen des österreichischen Staates beabsichtigte der König, sondern einen untergeordneten Zweck, nämlich Zeit- und Kraftgewinn“. Jähns formuliert gegen Bernhardi einen ganz entscheidenden Satz: „Wer eine neue Strategie einführen wollte, der müßte zunächst die Heereserfassung erneuern“. Das alles entspricht völlig der Ansicht Delbrücks.

Wenn sich Jähns trotzdem gegen sie wendet – indem er glaubt, so eine vermittelnde Stellung zwischen ihm und Bernhardi einnehmen zu können – dann deswegen, weil auch er unter „Ermattungsstrategie" etwas anderes versteht als das, was Delbrück darunter verstanden wissen möchte. Jähns sagt von Delbrück: „Ihm zufolge bewegte Friedrich sich zwar höchst genial, aber doch ganz unbedingt in dem Vorstellungskreise der von seinen Vorgängern herausgebildeten Methodik des Manövrierkrieges, welche die Ermattung des Gegners, nicht seine Vernichtung anstrebte und daher die Schlachten nur im Notfalle als äußerstes Mittel zur Erreichung eines ganz bestimmten strategischen Zweckes zulassen wollte, dagegen sie verwarf, sobald sie um ihrer selbst willen, d.h. lediglich zur Vernichtung der im Felde stehenden Streitkraft des Gegners geschlagen werden sollte". Jähns ist der Ansicht, daß dies nicht zutreffe. Friedrich habe in seiner Jugend „den Bann der alten Überlieferung wirklich durchbrochen" und versucht, für eine aktive Kriegführung, wie sie seiner Natur und Eigenart entsprach, wissenschaftlichen Ausdruck zu finden. Dieser Prozeß sei jedoch aufgrund der persönlichen Erfahrungen Friedrichs und der Tatsache, daß er sich von den alten Lehrmeinungen, die ihm in Fleisch und Blut übergegangen seien, nicht trennen konnte, nicht zur Vollendung gekommen.

9. Grundtendenzen während der letzten Jahrzehnte des Absolutismus

a. Die allgemeine Situation

Waren es wesentlich wirtschaftliche und gesellschaftliche Gründe gewesen, die bis zur Mitte des 18. Jahrhunderts eine Mäßigung der Kriegführung bewirkt hatten, so verstärkte sich diese Tendenz in den Jahrzehnten danach noch durch den zunehmenden wirtschaftlichen und geistigen Einfluß des Bürgertums, sein wachsendes Selbstbewußtsein. Die vom Absolutismus betriebene, staatlich reglementierte Wirtschaft nach dem System des „Merkantilismus" hatte zwar zu einem gewissen bürgerlichen Wohlstand geführt, aber mit der Idee des von den Physiokraten vertretenen Freihandels eröffneten sich sehr viel weitere Perspektiven. Mit den neuen, aus Handel und Gewerbe erwachsenen Ansprüchen, den neuen Auffassungen einer nun spezifisch bürgerlichen Aufklärung, die mehr und mehr Philosophie, Kunst, Rechtslehre und öffentliche Meinung beeinflußten, entstand die Kritik an den absolutistisch-feudalistischen Prinzipien, an den von ihnen geprägten Gesellschaftsformen und politischen Denkstrukturen. England mit seiner eingeschränkten monarchischen Gewalt diente vielen als Muster freiheitlicherer Zustände; dann war es aber vor allem der Freiheitskampf der Amerikaner, unter dessen Eindruck die Forderung nach bürgerlicher Beteiligung auch an politischen Belangen und schließlich nach Abschaffung der absoluten Monarchie, nach Republik und Demokratie erhoben wurde.

Die Armeen waren auch als stehende Heere in den Völkern, deren Souveränen sie dienten, nicht heimisch geworden. Nun wurden sie nicht nur wegen ihres verrohenden inneren Zustandes, der inhumanen Disziplinarmittel, sondern zugleich auch als Stützen der absolutistischen Macht vom fortschrittlichen Bürgertum abgelehnt. Dieses der allgemeinen Situation entsprechende Bild differenziert und modifiziert sich freilich je nach dem Land, seiner

Art von Bürgertum und dessen einzelnen Schichten. Der aufgeklärte Absolutismus – und zwar nicht nur auch, sondern gerade in Preußen – hatte auf bestimmten Gebieten, so denen der Religion und des Rechtswesens, Toleranz und Humanität walten lassen, die manchem Angriff bürgerlicher Aufklärung den Wind aus den Segeln nahmen. Friedrich II. wurde nie der von seinem Volke geliebte Patriarch, zu dem er von der späteren patriotischen Legende gemacht wurde. Immerhin waren seine Untertanen für den Ruhm, den er und seine Armee den Erfolgen in den Schlesischen Kriegen verdankten und denen man sogar in französischen Salons applaudiert hatte, durchaus empfänglich. Der innere Zustand der preußischen Armee war nicht schlechter als der der anderen Armeen, auch nicht, was die barbarischen Strafen betraf, die in allen Heeren – nur das französische machte hier lange eine Ausnahme – üblich waren. Im übrigen wurden Körperstrafen ja nicht nur zu dieser Zeit, sondern noch sehr viel später in vielen Ländern auch von der zivilen Justiz verhängt. Eine gewisse innere Verbindung zwischen Volk und Armee ergab sich in Preußen durch die Kantonisten, die in ihr dienenden „Landeskinder". Trotzdem mochten auch die preußischen Bürger, die vom Wehrdienst ausgenommen waren, die Armee nicht sonderlich, da sie verhältnismäßig groß war und die Steuerlast entsprechend schwer.

Schon die adligen Fronden in Frankreich hatten sich bei ihrem Kampf gegen den Absolutismus Ludwigs XIV. auch der Einrichtung eines stehenden Heeres entgegengestellt. Mit den ersten, von den Siegen Friedrichs II. geförderten Regungen eines Nationalgefühls wurden auch in Deutschland Möglichkeiten einer allgemeinen Wehrpflicht erwogen, so durch Thomas Abbt. Er gehörte zum Kreise des Grafen Wilhelm von Schaumburg-Lippe, der die Wehrpflicht allerdings noch durchaus nach landesherrlichen Vorstellungen in seinem Ländchen zu verwirklichen suchte (vgl. Band 1, Abschnitt I, S. 111 ff). Justus Möser entwickelte Gedanken zur Wiederbelebung altständischer Freiheit mit einer entsprechenden Wehrverfassung. „Gegen die bestehende Heeresverfassung beriefen sich diese Kritiker auf das freilich recht idealisierte Bild ständischer Wehrverfassung der vorabsolutistischen Zeit sowie auf das Beispiel der Römischen Republik oder altgermanischer Freiheit und Wehrhaftigkeit. Doch ihre Vorstellungen waren zumeist verschwommen. Sie vermochten nicht detaillierte, an den konkreten Gegebenheiten orientierte Reformvorschläge zu entwickeln, sondern nur illusionäre Imitationen vergangener Vorbilder. Den Männern vom Fach konnten solche Projekte kaum etwas bedeuten" (Werner Gembruch).

Grundsätzlich war das vorrevolutionäre fortschrittliche Bürgertum des späten 18. Jahrhunderts pazifistisch gesinnt. Der Krieg, wie man ihn kannte, war der Krieg zwischen Dynastien, die sich bestimmte Landesteile streitig machten, was den Bürger – auch hier wieder nur unter prinzipiellem Aspekt – um so weniger interessieren konnte, als er von jeder aktiven Mitwirkung an der Politik ferngehalten worden war und ihm von dem Landesherrn „Patriotismus nur als ‚sanfte Leidenschaft'" (G. Ritter), keineswegs jedoch ein persönliches, aktives politisches Engagement mit den Kriegszielen des Staates gestattet war. Nun waren zwar die gesellschaftlichen und ökonomischen Verhältnisse auch unter dem späten Absolutismus von Staat zu Staat keineswegs ausgeglichen, so wie es die aufgeklärten Philanthropen anstrebten – ganz zu schweigen von den sozialen Zuständen innerhalb der einzelnen Länder. Aber bei dem Menschheitsoptimismus, der diese Menschenfreunde – ein Wort, das man später nur noch spöttisch verwendete – beseelte, glaubten sie doch, daß die Menschheitsentwicklung auf eine derartige Harmonie abziele. Sie hatten dafür um so bessere Gründe, als auch die Monarchen mit der Kriegführung recht zurückhaltend geworden waren und sich bei ihren kriegerischen Auseinandersetzungen, soweit es Mittel- und Westeuropa betraf, mehr als je zuvor auf militärisch verstärkten psychologischen Druck und den Positionskrieg beschränkten. Der Krieg wurde auch in der „gezähmten" Form der damaligen Zeit als eines vernünftigen Wesens unwürdig, als eine Kulturschande angesehen. Solche Überlegungen erschöpften sich damals nicht in Phraseologie, sie wogen schwer – das Geistesleben in Deutschland ging einem Höhepunkt in der „Klassik" entgegen – und wurden so ernst genommen, wie sie es verdienen.

Übertrug man die Ideale der Aufklärung auf die Politik, so war die Forderung nach einer dauerhaften Friedensordnung die logische Konsequenz. Wenn es überhaupt noch einen „gerechten" Krieg geben konnte, war es der Verteidigungskrieg – eine Feststellung, zu der sich das Völkerrecht erst nach dem Ersten Weltkrieg in unserem Jahrhundert durchringen konnte. Dem gab aber schon Immanuel Kant Ausdruck in seinem Traktat „Zum ewigen Frieden", der – fürchterliche Ironie der Geschichte – 1795 erschien, also zu einem Zeitpunkt, als sich Europa, ausgehend von der Französischen Revolution, bereits wieder auf dem Wege zu kriegerischen Verwicklungen befand, die den Rahmen alles bisher Dagewesenen sprengten.

Bereits in der ersten Hälfte des 18. Jahrhunderts hatte der Abbé de St. Pierre Entwürfe für die Herstellung eines ständigen Friedens auf der Grundlage einer Garantie des Territorialbestandes in Europa nach dem Utrechter Frieden von 1713 ausgearbeitet. Dieser „Traum eines guten Menschen" (Dubois, zit. Jähns) wurde später nicht nur von Friedrich II. verspottet, von dem St. Pierre die Herausgabe Schlesiens verlangte. Er wurde auch von Rousseau, der selbst eine dauerhafte Friedensregelung anstrebte, und von Voltaire, der die Menschen ihrer Natur nach für unfähig hielt, in Harmonie miteinander zu leben, für undurchführbar gehalten. Immanuel Kant jedoch nahm St. Pierres Gedanken auf und entwikkelte sie weiter in dem oben genannten Traktat.

Nach Kant sollten nicht mehr erlaubt sein: Geheime Vorbehalte eines anderen Krieges in Friedensschlüssen; Erwerb eines Staates durch einen anderen durch welche Art auch immer; stehende Heere; Staatsschulden in bezug auf äußere Händel; gewaltsame Einmischung in Verfassung und Regierung eines anderen Landes; ehrlose und hinterlistige Kriegsmittel. Kant forderte: republikanische Verfassung für jeden Staat; Begründung des Völkerrechts auf einen Föderalismus freier Staaten; Einschränkung des Weltbürgerrechts auf Bedingungen der allgemeinen Hospitalität (nur Besuchs-, also kein Niederlassungsrecht bei anderen Völkern, wodurch auch der Erwerb von Kolonien unmöglich gemacht worden wäre).

Kant beschränkte sich also nicht auf einen Appell an den guten Willen der Menschen, sondern brachte in seinem Traktat konkrete staats- und völkerrechtliche Gesetzesforderungen vor. In seiner Kritik der Vernunft teilte er nicht den Menschheitsoptimismus der Aufklärung, aber er glaubte doch, daß der Mensch frei sei und hoffte, daß sich „die Natur gerade der menschlichen Ungerechtigkeit und Angriffslust" bediene, „um endlich das möglich zu machen, was im modernen Militärstaat nicht möglich war; die freie Entfaltung aller im Menschen schlummernden Begabungen, den ewigen Frieden" (Mann).

Oberflächlich betrachtet war ja aber der Zustand, aus dem heraus man sich um eine dauerhafte Friedensordnung bemühte, vor der Französischen Revolution recht unkriegerisch – jedenfalls gemessen an dem, was hinter und vor allem noch vor den Menschen dieser Zeit lag. Es wurde weiterhin dynastische Machtpolitik betrieben – so in den sehr folgenschweren polnischen Teilungen. Aber bei diesen politischen Unternehmungen trat das Militär mehr als Druckmittel der Diplomatie denn als Hauptakteur auf. Im Bayerischen Erbfolgekrieg 1778/79 wurde keine einzige Schlacht geschlagen, das Versorgungsproblem trat so sehr in den Vordergrund, daß er spöttisch der „Kartoffelkrieg" genannt wurde. Diese Situation, in der man militärisch weniger denn je aufs Spiel zu setzen wagte, führte zur „Hochblüte" des „Methodismus" in der Kriegführung. Aber man kann nicht diese Vorsicht verspotten und gleichzeitig der Ansicht sein, daß es nichts Schlimmeres und Sinnloseres gibt als das Blutvergießen im Kriege. Man befand sich erst jetzt auf dem Höhepunkt jener Entwicklung, in der man versuchte, das nicht zu Vereinbarende zu vereinbaren, was Werner Gembruch als „Pazifizierung des Krieges" bezeichnet.

Man befand sich damit jedoch nur scheinbar auf dem Wege zu jenem wahrhaft friedlichen Zustand, den Kant durch sein Friedenstraktat anstrebte. Der Hinweis darauf, daß es doch die absolute Monarchie mit ihrem stehenden Heer, die Kant beide abschaffen wollte, gewesen seien, denen diese verhältnismäßig unblutigen Zeitläufte zu danken gewesen seien – wie er etwa durch Fuller erfolgt – ist insofern richtig, als es sich in der Zukunft erwies, daß man mit der Republik und der Volksbewaffnung keineswegs friedlicheren Zeiten entgegenging. Vor allem die Intensität der Kriegführung betreffend, war das genaue Gegenteil der Fall. Die mit der Revolution auf der Grundlage der Volkssouveränität entstehende französische Republik entwickelte sich zu einem auch militärisch äußerst aggressiven Staat, der Einsatz bewaffneter, politisch enthusiasmierter Massen verschärfte die Kriegführung wieder ganz außerordentlich. Der Amerikanische Sezessionskrieg, bei dem auf beiden Seiten Republiken mit Heeren gegeneinander kämpften, die im wesentlichen aus Milizen bestanden, war einer der schrecklichsten des 19. Jahrhunderts. Die Philanthropen des 18. Jahrhunderts mit ihrer These, daß das Volk nur insofern ein Interesse am Kriege haben könne, als es ihn ablehne, konnten freilich noch kaum etwas wissen von den kriegerischen Aggressionen, die der Nationalismus und Imperialismus in den Völkern des 19. und 20. Jahrhunderts auslösten.

Denn die Pazifizierung betraf nur den Vordergrund des Zeitbildes, der noch die vom Absolutismus und seiner Kultur geprägten Konturen aufwies. Je heftiger und überzeugender seine Prinzipien und moralischen Grundlagen in Frage gestellt wurden, je weniger Überzeugungskraft die Gegenargumente seiner Vertreter besaßen, desto starrer wirkte er in seiner Beschränkung auf die konventionelle Vordergründigkeit. In Frankreich, wo die Degeneration des Absolutismus am weitesten vorangeschritten war, spendeten Adlige der gegen ihn – und damit auch gegen sie selbst – gerichteten Bühnensatire Beifall. Aus der geistigen Tradition der Fronde heraus bemühten sich auch Aristokraten um Möglichkeiten zu einer zeitgemäßen Veränderung. Montesquieu entwarf das Modell einer konstitutionellen Monarchie mit einer Teilung der bislang einzig in der Hand des Monarchen befindlichen staatlichen Gewalt. Bestrebungen zur Reformierung der staatlichen und militärischen Verhältnisse waren enge Grenzen gesetzt, wollte man mit ihnen nicht auch die gesamte gesellschaftliche Ordnung zum Einsturz bringen. Der Hintergrund des Zeitbildes geriet also in

Bewegung. Und zwar nicht nur durch die bürgerliche Aufklärung, sondern nun auch durch neue geistige Kräfte, die aus ihr hervorgegangen und in ihrem kritischen Geist erzogen worden waren, aus dem heraus sie sich nun gegen sie selbst und ihren Vernunftglauben wandten. Jean Jacques Rousseaus These, daß die durch die Aufklärung erreichte Zivilisation den Menschen verderbe, da sie sein Gefühlsleben ersticke, sein Ruf „zurück zur Natur!“ fanden weltweiten Widerhall. Angeregt hiervon wurden die emotionsbetonten Geistesbewegungen des „Sturm und Drang“ und der Romantik, wobei die letztere, zusammen mit der Philosophie des Idealismus, in der deutschen politischen Geschichte des 19. und 20. Jahrhunderts ihre tiefen Spuren hinterlassen sollte. Während aber Rousseau Einfluß auf die Politik, vor allem durch seine Lehre von der Freiheit und Gleichheit aller Menschen, nahm, mithin durch seine Forderung nach Volkssouveränität und Demokratie, wandelte sich im 19. Jahrhundert die für Deutschland so bedeutsame Romantik, ausgehend von ihrer Kritik an der Aufklärung als der „Mutter“ des Liberalismus, zur ideologischen Stütze des antiliberalen und antidemokratischen Konservativismus.

Dieser Wandel wirkte sich auch aus auf die Kriegsgeschichte, und zwar zunächst über die Kriegstheorien. Aus der wachsenden Unzufriedenheit der Bevölkerung mit den bestehenden Zuständen, aus der Auseinandersetzung um die Frage ihrer Änderung ergaben sich eskalierende Wechselwirkungen, entstand der Zündstoff, der dann in Frankreich in der großen Revolution die bisherige Ordnung sprengte. In Frankreich wurden auch zuerst die Umrisse einer künftigen tragfähigen Wehrverfassung erkennbar, denn „die Konsequenz des neuen Staatsgedankens von Rousseau war die Überzeugung, daß ausschließlich die allgemeine Volksbewaffnung, der Bürgersoldat, mit dem Geist einer freiheitlichen Verfassung vereinbar sei.“ (Gembruch).

b. Kriegführung und Kriegswissenschaft

Kriegführung als angewandte Kriegswissenschaft

Wie erwähnt, bewirkte die allgemeine Abneigung gegen den Krieg in den letzten Jahrzehnten vor der Französischen Revolution ein Klima, das einer Verschärfung der Kriegführung abträglich war, womit erst jetzt die Methode in den theoretischen Darlegungen ihren Höhepunkt erreichte. Es sollten jedoch nicht die Ansätze zu neuen Auffassungen übersehen werden, in denen sich Einflüsse der neuen Geistesströmungen zeigten, die der Intuition auch in der Kriegführung eine größere Bedeutung einräumten, als man dies bisher wahrhaben wollte. Freilich begriff man damit noch nicht gleich das Wesen der Intuition im Unterschied zu dem der Ratio.

Eberhard Kessel umreißt die im Wandel begriffene Situation des militärischen Denkens dieser Übergangszeit wie folgt: „Zwar verkannte man keineswegs – vor allem in der Praxis nicht – die Notwendigkeit eines entschlossenen Willens und eines kräftigen Mutes für den Soldaten, aber im allgemeinen mißachtete die Theorie die Kühnheit, wenn sie nicht mit Klugheit gepaart war; wie nach Lessing das Genie sich seiner Regeln bewußt werden muß, um nach ihnen zu handeln, wie Kant nur die menschliche Handlung sittlich bewertet wissen wollte, die mit dem vollen Bewußtsein ihres ethischen Wertes ausgeführt würde, so hielt auch die Anschauung der Zeit nur den Erfolg im Kriege für ruhmvoll, der das Ergebnis eines Planes oder eines Systems gewesen, bei dem der Zufall keine entscheidende Rolle gespielt habe. Und da ja der Zufall vor allem auch negativ zu wirken pflegt, so erschien es als Höchstleistung des Feldherrn, wenn er den Zufall so viel wie möglich in seinem Wirkungsbereich einschränkte. Hier lag freilich ein Element, das früher oder später zur Überwindung dieser Theorie führen mußte; denn in dem Maße, wie man die Macht des Zufalls auch im Kriege als unbezwingbar anerkennen mußte, wandte sich zwangsläufig auch der Geist des Rationalismus gegen sich selbst und führte zu einer Umwertung, wie man sie etwa bei dem Verfasser der Betrachtungen über die Kriegskunst, Georg Heinrich von Berenhorst, vorbereitet findet, wie sie aber erst infolge der wirklichen Änderung der Kriegführung sich durchsetzen konnte.“

Das Bestreben, die Kriegskunst unter allen ihren Aspekten lehrbar zu machen, setzte sich fort und führte zu ihrer Verwissenschaftlichung in Lehrsystemen, mithin zu einer Gleichsetzung von „Kriegskunst“ und „Kriegswissenschaft“.

Den Gipfel erreicht diese Entwicklung in den Schriften, insbesondere in den 1780 erstmals erschienenen „military memoirs“ des Engländers H.H.E. Lloyd, eines Generals und Militärschriftstellers, der auch insofern typisch für die nun zu Ende gehende Epoche war, als er Kriegserfahrungen in den verschiedensten Armeen gesammelt hatte. „Lloyd war ein merkwürdiges Original. Er betrachtete die verschiedenen Armeen und Kriege wie ebenso viele Kollegien, in denen man sich zum Professor der Kriegswissenschaften ausbilden konnte“, spottet Max Jähns.

Clausewitz, dem alle „Systememacher“ zuwider waren, lehnt Lloyds Ansichten über Operationsführung völlig ab. Demgegenüber schätzt Fürst Galitzin Lloyds Denkschrift noch ungefähr hundert Jahre nach deren Veröffentlichung sehr hoch ein, obwohl auch und gerade Galitzin ein Gegner des „Methodismus“ war. Was Galitzin an Lloyd bemerkenswert findet, ist dessen wissenschaftliche Gründlichkeit, mit der er alle „Gedanken und Regeln“ der Militärschriftsteller seit Ende des 17. Jahrhunderts, „die sich unmittelbar auf die neuere Kunst der Kriegführung beziehen“, gesammelt und in „systematischer Ordnung“ dargestellt und „somit den Grund zur Theorie oder Wissenschaft der neueren Kriegführung“ gelegt habe.

Auf den ersten Blick scheint Lloyds Kriegstheorie wesentliche neue Gedanken zu enthalten, denn er unterschied in der Kriegskunst – gleich angewandter Kriegswissenschaft – einen mechanischen, nach Regeln lehrbaren Teil von einem anderen, der weder in Regeln gepreßt noch mit Hilfe des Studiums oder der Erfahrung, sondern einzig und allein durch Intuition und Genie bewältigt werden könne. Sieht man allerdings genauer hin, so stellt man fest, daß nach Lloyd der intuitiven Kunst des Kriegführens praktisch nicht mehr überlassen bleibt „als die besonders geglückte Anwendung von Grundsätzen, deren konsequente Befolgung ohnehin den Erfolg garantieren würde“ (Vierhaus).

Auch in anderer Hinsicht zeigt es sich, daß ein scheinbar neuer Gedankenansatz Lloyds in Wahrheit nicht über die bisherige Auffassung hinausführte, nach der es Aufgabe der Kriegskunst sei, das Irrationale im Kriege nach Möglichkeit auszuschalten. Denn obwohl Lloyd die Bedeutung emotionaler Kräfte und moralischer Antriebe für die Kriegführung äußerlich erkannte – was allein schon der Beachtung wert ist – erkannte er sie jedoch noch nicht in ihrem Wesen, eben als dem rationalen Dirigismus entzogene Kräfte. Statt sie in ihrer Irrationalität – beispielsweise als spontane Kampfbegeisterung –, so wie sie sich anboten, bei richtiger Gelegenheit auszunutzen, verlangte er ihre Rationalisierung, womit er ihren militärischen Nutzen einengte, statt ihn zu fördern. Es blieb ihm das für den größten Teil des 18. Jahrhunderts so typische Mißtrauen gegenüber allen „Leidenschaften".

Lloyd war klar, daß zwischen „einer Armee und der bloßen Maschine immer noch ein wesentlicher Unterschied" bleibe. Unmöglich, so erkannte er ebenfalls, könne der militärische Führer „in jedem Individium die Handlung hervorbringen, noch es mit Gewalt zum Handeln zwingen, er vermag nur, es zu überreden und zu lenken ...". Aber er glaubte, daß dieses Lenken gleichbedeutend sei mit einer Beherrschung der Gefühlskräfte der Soldaten, denn er folgerte, der militärische Führer „wird sonach völliger Herr ihrer Neigungen und schaltet über ihre Kräfte mit unumschränkter Gewalt".

Vertrat Lloyd in seinen Schriften, trotz einiger Reformanregungen im taktischen Bereich, eine ausgesprochen konservative Tendenz, so war ein anderer, in seiner Wirkung auch auf die spätere Kriegführung sehr bedeutender Kriegstheoretiker dieser Zeit bestrebt, die im Rahmen der bestehenden politischen und gesellschaftlichen Verhältnisse gegebenen Möglichkeiten für die Kriegführung bis zum Äußersten auszunutzen. Es war dies der Franzose J.A.H. Comte de Guibert. Auch er besaß Kriegserfahrung, war später General, aber im Gegensatz zu Lloyd im Kriege nie höherer Truppenführer gewesen. „In dieser sehr französischen Verbindung: als politisierender Gesellschaftsmensch aristokratischer Herkunft, gewandter und eleganter Schriftsteller und militärischer Experte (als der er gerade in nichtmilitärischen Kreisen galt) nimmt Guibert auch geistes- und sozialgeschichtlich eine charakteristische Stellung ein. Viel mehr als Lloyd repräsentiert er den Einzug der aufgeklärten Staats- und Gesellschaftsanschauungen in die Kriegskunst" (Vierhaus).

Manches von dem, was Guibert in seinem 1770 veröffentlichten „Essai général de Tactique" schrieb, klingt revolutionär.

So, wenn er feststellte: „Der mißvergnügte und ängstliche Zustand der Völker unter den meisten Regierungen ist derart, daß sie mit Widerwillen und mechanisch unter ihnen leben, daß, wenn sie die Macht hätten, die Bande, die sie fesseln, zu zerbrechen, sie sich andere Gesetze und andere Administratoren geben würden . . ." Guibert schwebte eine konstitutionelle Monarchie mit diktatorischer Gewalt im Kriegsfalle vor. „Wird der Philosoph seine Augen mit mehr Befriedigung auf das militärische Europa richten? Dort sieht er, daß alle Einrichtungen einander nachgeahmt sind, daß die Völker des Südens dieselbe Disziplin haben wie die des Nordens, daß das Genie der Nationen mit den Gesetzen ihrer Miliz in Widerspruch steht, daß der Beruf des Soldaten der verächtlichsten und elendesten Klasse der Bürger überlassen ist, daß der Soldat unter seinen Fahnen immer noch unglücklich und verachtet ist, daß die Armeen im Verhältnis zahlreicher sind als die Nationen, die sie unterhalten, daß sie diesen Nationen im Frieden zur Last fallen, im Kriege aber nicht ausreichen sie zu beruhigen, weil der übrige Teil des Volkes nur eine furchtsame und verweichlichte Menge ist" (zit. ebd.).

Die Wechselbeziehung zwischen Gesellschaft und Kriegführung erkannte auch Lloyd an dem „Zusammenhang der verschiedenen Regierungsformen mit den Kriegsoperationen". Lloyd war der Ansicht, daß der Unterschied zwischen „despotischen, monarchischen und republikanischen Regierungsverfassungen" die „Haupttriebfeder aller Kriegsunternehmungen" sei und daß sich Republiken besser zur unmittelbaren Verteidigung als für „langwierige und entfernte Kriege" eigneten. Lloyd versuchte also auch hier das Problem auf einen allgemeinen Nenner zu bringen. Demgegenüber ging es Guibert darum, die konkreten Zustände seiner Zeit zu analysieren, zu kritisieren und zu verbessern.

Diese scharf kritisierten Zustände mochten einem Franzosen – infolge des Gärungsprozesses, der in Frankreich die breite Bevölkerung bereits in weit stärkerem Maße erfaßt hatte als beispielsweise in Deutschland – schärfer in die Augen springen als in anderen europäischen Ländern. Er ahnte die künftige Katastrophe, wenn er die Regierungen verdächtigte, sie wollten deshalb keine Armeen aus Bürgern des eigenen Volkes aufstellen und die Soldaten deshalb nicht mit Ehre statt mit Gold belohnen, weil sie fürchteten, die kriegerischen Tugenden „könnten sich bei den Bürgern ausbreiten und diese eines Tages gegen die Mißbräuche, die sie bedrücken, die Waffen ergreifen lassen". Aufgabe der Politik müsse es sein, „eine Nation im Innern glücklich und nach Außen angesehen zu machen" (zit. ebd.). Die Armee solle stark, aber nicht so stark sein, daß sie den Staat ruiniere. Geist und Disziplin einer Armee, also Qualität, könnten die Zahl der Soldaten aufwiegen. Das waren im Grunde keine revolutionären Forderungen, sondern Maximen des aufgeklärten Absolutismus, über die Guibert mit der Betonung der Wechselwirkung von „Nationalgeist" und Wehrwesen allerdings hinausging. Andererseits wandte er sich aber auch gegen den Nationalhaß, der seit der Französischen Revolution unter schamloser Ausnutzung des Nationalgefühls von aggressiven Politikern geschürt und im Dienste der Kriegführung „eingesetzt" wird. Freilich war das Nationalgefühl auch schon vor der Revolution in Frankreich weiter entwickelt als in dem durch seine Kleinstaaterei und einen allenfalls dynastisch orientierten Patriotismus charakterisierten Deutschland.

Für die Kriegführung selbst verlangte Guibert die energische Anspannung aller Kräfte, ihre Ausrichtung auf die Entscheidung und damit auf den Kampf. „Dieser Wille war überhaupt das vornehmste Motiv aller Reformen und der weit zahlreicheren Reformvorschläge in den Jahren vor der Revolution" (Gembruch). Guiberts Essai gehörte zu den wenigen Büchern, die Friedrich der Große seinen Generälen empfahl. Es wurde von General Washington gelobt und überhaupt zum „Brevier" der Offiziere dieser Zeit. Der Organisator des französischen Kriegswesens während der Revolution, Carnot, bezeichnet sich als Schüler Guiberts, und Napoleon I. nahm den Essai auf seinen Feldzügen mit. In der Taktik orientierte sich Guibert an der Armee Friedrichs II., deren Führungs- und Ausbildungsgrundsätze er als vorbildlich ansah. Damit zog er sich, wie noch näher zu zeigen sein wird, die Feindschaft eines repräsentativen Teils des französischen Offizierkorps zu, der sich von der Lineartaktik abwandte. Guibert wurde der Nachahmung friderizianischer Methoden bezichtigt. Tatsächlich warnte er aber „vor der Neuerungssucht, die ohne Überlegung alles nachahmt", aber auch „vor der Blindheit der Gewohnheit, die jede Veränderung zurückweisen möchte". Er stellte fest, daß das preußische Deployement als die kunstvollste aller Evolutionen zwar von allen Truppen Europas übernommen worden sei, daß aber nur der König von Preußen daraus „großen und wahrhaften Nutzen" ziehe. „Warum?, weil dieser Fürst sie selbst führt und weil er sie zu lenken weiß" (zit. Vierhaus). Friedrichs Feldherrnkunst und die ausbildungsmäßigen Grundlagen der preußischen Armee erschienen Guibert um so bedeutsamer, als er die Soldaten der Gegner Preußens für tapferer hielt als die preußischen Soldaten.

Und trotzdem: Guibert erkannte zwar, daß das beste taktische System wertlos ist ohne den Feldherrn, der es erfolgreich anzuwenden versteht. Aber letztlich war doch auch für ihn seine erfolgreiche Anwendung gleichbedeutend mit der methodisch richtigen Anwendung, das Genie gleichbedeutend mit der alle Regeln beherrschenden Vernunft, war für ihn die Kriegskunst angewandte Kriegswissenschaft, die Methode der Kern der Kriegführung. Wie Vierhaus herausstellt, war er noch weit mehr der Aufklärung verhaftet als Lloyd, weswegen seine Ansichten „moderner" wirken, obwohl Lloyds Denkschrift erst 10 Jahre später erschien als Guiberts „Essai". Gerade aber sein aufklärerisches Engagement und damit sein hochgradiger Vernunftsoptimismus ließen ihn auf die richtige, also durchdachteste, vom Zufall unabhängigste Methode vertrauen. Er wollte die Kriegführung vereinfachen, aber das führte ihn nicht zur Ablehnung der methodischen Kriegführung, mit der so viel barokke Umständlichkeit verbunden war, sondern zur noch strengeren, noch rationaleren Methode. „Wenn sich die moderne Kriegswissenschaft vervollkommnen und wahren Grundsätzen nähern würde", schrieb er, „so könnte sie einfacher und weniger schwierig werden". Und an späterer Stelle: „Die allgemeine Aufklärung muß . . . auch die Kriegskunst . . . vervollkommnen. Sie muß die Taktik einfacher und wissenschaftlicher, die Truppen besser ausgebildet und die Generäle besser machen. Sie muß Methode anstelle der Routine, Planung anstelle des Zufalls setzen" (ebd.).

Trotzdem befand sich Guibert wohl näher als jeder andere Kriegstheoretiker seiner Zeit an der Schwelle des neuen Zeitalters. Guibert forderte „aus Bürgern bestehende Armeen" (ebd.) – in der Ablehnung landfremder Söldner trafen sich militärische Reformbestrebungen mit der bürgerlichen Aufklärung und auch der beginnenden Romantik. In Deutschland wollte, wie erwähnt, Justus Möser das Wehrwesen durch Wiedererweckung des alten, wehrhaften Bürgertums der Städte mit Rückorientierung auf ein idealisiertes Mittelalter erneuern. Graf Wilhelm von Schaumburg-Lippe gründete eine Kriegsschule, aus der der spätere preußische Heeresreformer Scharnhorst hervorging. Er unterhielt, neben einer kleinen stehenden Truppe, eine Miliz aus „Landeskindern" auf der Grundlage einer Wehrpflicht. Unter diesem Aspekt wird er zu den Reformern gerechnet. Andererseits, nämlich die Kriegführung anbelangend, bewegte er sich jedoch noch völlig in den Vorstellungen seiner Zeit, wenn er, wie auch Lloyd, der Defensive vor der Offensive den Vorzug gab. Und zwar nicht nur aus den rationalistischen Erwägungen heraus, daß der militärische Führer die Truppe in der Verteidigung besser in der Hand behalte als im Angriff, der Zufall also bei jener besser ausgeschaltet werden könne als bei diesem, sondern auch aus dem moralischen Grund, daß der Angriff Leidenschaften wecke, die böse seien. Eine solche Unterscheidung mag heute geradezu skurril erscheinen – soweit damit nicht nur der Angriffskrieg, sondern auch jede Angriffshandlung innerhalb eines Verteidigungskrieges verdammt wird. Abgesehen davon, daß die schon durch die Aufklärung vorgenommene Gleichsetzung von Aggression und Bösartigkeit hochmodern ist, läßt sich natürlich in der kriegerischen Kampfpraxis eine Unterscheidung zwischen Angriff gleich Aggressionstrieb und Verteidigung gleich Behauptungswillen allenfalls dann treffen, wenn die Verteidigung statisch und nicht auch durch Gegenangriffe geführt wird. Wichtiger als diese künstlich-abstrakte Unterscheidung dürfte jedoch sein, daß damit zwangsläufig auch jeder Angriffskrieg geächtet war – was bei der Unterscheidung zwischen „gerechtem" und „ungerechtem Krieg" bekanntlich nicht der Fall war. Der Militärreformer befand sich hier völlig im Einklang mit entsprechenden Bestrebungen des aufgeklärten Bürgertums, das den Krieg, wenn er schon nicht abzuschaffen war, auf den reinen Verteidigungsfall beschränken wollte. Bei der Forderung nach einer Armee aus Bürgern des eigenen Staates ging man davon aus, daß es sich bei ihr, im Gegensatz zum Söldnerheer, um eine friedliche, weil im Lande selbst verwurzelte, ausschließlich für die Verteidigung bestimmte Armee handeln würde. Der Bürger war jedoch seit langem dem Kriegsdienst so entwöhnt, er hatte so wenig innere Beziehungen zum Staat, der ihm lediglich als Obrigkeit gegenüberstand, das Militär stand bei ihm durch das stehende Heer in einem so schlechten Ansehen, daß nicht einmal seine Verteidigungsbereitschaft vorausgesetzt werden konnte. Guibert hätte die Wehrbereitschaft des ganzen Volkes nicht zu fordern brauchen, wenn sie vorhanden gewesen wäre. Die Miliztruppen, die es in vielen Staaten gab, besaßen keinen höheren militärischen Wert. Guibert jedoch wollte weder im politischen noch im militärischen Rahmen die Beschränkung auf die Verteidigung, wenn er feststellte, daß die Herrschaft über Europa demjenigen Volk zufallen werde, das eine kraftvolle Regierung, männliche Tugenden und ein Volksheer besitze.

Die Systematisierung der Begriffe „Taktik" und „Strategie" in ihren unterscheidenden Bedeutungen

Bei diesem hohen Stand der Systematisierung und alles dessen, was mit der Kriegführung zu tun hatte, mag es heute erstaunen, daß uns dafür so wichtig erscheinende Begriffe wie „Taktik" und „Strategie" nicht allgemein verbindlich verwendet wurden. Hier muß aber zunächst darauf verwiesen werden, daß die Systematisierung der Kriegführung im Sinne der methodischen Kriegführung – trotz aller natürlich sehr engen Zusammenhänge – nicht von vornherein identisch war mit einer Systematisierung der Kriegswissenschaften. Zu einer Identifizierung mußte es aber um so mehr kommen, je mehr die Kriegführung lediglich als angewandte Kriegswissenschaft angesehen wurde.

Dafür, daß die Begriffe „Taktik" und „Strategie" in einer bestimmten und unterscheidenden Bedeutung sich erst jetzt herauszubilden begannen, scheint jedoch noch ein anderer Grund maßgebend gewesen zu sein. Tatsächlich waren ja diese Begriffe solange nicht notwendig, wie Heerführung und Truppenführung sich nicht deutlich unterschieden. Denn prinzipiell wurde das Heer zunächst auch während der Operationen gewissermaßen als geschlossene taktische Einheit geführt; umgekehrt war der Heerführer in der Schlacht oberster taktischer Führer. Je weniger aber das Heer geschlossen, je mehr es in Teile zerlegt operierte – die dann als „Divisionen" zu ständigen Großverbänden wurden –, um so mehr mußten der Theorie die führungsmäßigen Unterschiede bewußt werden. Bis weit über das Zeitalter des Absolutismus hinaus bestand hierüber aber keine allgemein verbindliche begriffliche Klarheit.

Das Bestreben, nach ihrer Bedeutung allgemein verbindliche Begriffe zu schaffen, war natürlich aber auch eine ganz spezielle Folge der wissenschaftlichen Erfassung des Kriegswesens und seiner Systematisierung, die dadurch wiederum erleichtert wurde. Je mehr sich die Heerführung von der Truppenführung abgrenzte – wobei hier nicht nur in der Praxis, sondern auch in der Theorie immer Übergangszonen blieben –, desto deutlicher mußte dies auch in entsprechenden Bezeichnungen zum Ausdruck kommen. Die Kriegstheoretiker der letzten Jahrzehnte des Ancien régime setzten hierbei Arbeiten ihrer Vorgänger, wie Montecuccoli, Santa Cruz, Feuquières, Khevenhüller, Puységur, Folard, Moritz von

Sachsen und Friedrich II., kontinuierlich fort. In Montecuccolis Theorie beispielsweise sind, wenn man diese Begriffe in ihrer späteren Bedeutung auf seine Ausführungen anwendet, gesamtstrategische, militärstrategische und taktische Gesichtspunkte zu unterscheiden, wenn sie auch noch nicht in deutlicher Abgrenzung voneinander jeweils zusammengefaßt waren.

Wie Montecuccoli gebrauchte auch der österreichische Feldmarschall Graf Khevenhüller 1738 den Begriff „Operation" etwa im Sinne von „kriegerischer Unternehmung", und zwar unter Einschluß der Schlacht, die nach späterer Auffassung zum Gebiet der Taktik gehörte. Er unterschied zwischen „Operationen im Felde" und „Operationen respectu derer Festungen" (zit. Jähns).

Eine deutliche, zusammenfassende Unterscheidung nach taktischen und militär-strategischen Gesichtspunkten findet sich in dem bereits vor 1733 erarbeiteten Werk eines namhaften französischen Theoretikers, des (jüngeren) Marquis de Puységur.

Guibert sah in der Taktik die Grundlage der Wissenschaft vom Kriege, „ja diese Wissenschaft selbst... Sie ist, mit einem Wort gesagt, alles, weil sie die Kunst ist, die Truppen zum Einsatz zu bringen und weil alle anderen Teile der Kriegskunst nur von sekundärer Bedeutung sind und ohne sie keinen Gegenstand hätten oder nur Schwierigkeiten hervorbrächten." Guibert unterschied „zwei Teile" der Taktik: „Der erste umfaßt alle Einzelheiten der Formierung, der Ausbildung und des Exerzierens eines Bataillons, einer Eskadron, eines Regiments . . . Der zweite Teil ist, streng genommen, die Wissenschaft der Generäle. Diese umfaßt alle großen Gegenstände des Krieges wie die Bewegung der Armeen, Marsch und Schlachtordnungen; sie legt deshalb großen Wert auf die Wissenschaft von der Wahl der Positionen und der Landeskenntnis, denn diese beiden haben die sicherste Bestimmung der Aufstellung der Truppen zum Zweck" (zit. Vierhaus). Es lag nahe, den zweiten Teil „Große Taktik" zu nennen. Grundsätzliche Unterschiede zwischen dem, was wir heute unter „Taktik" auf der einen und „Militärstrategie" auf der anderen Seite verstehen, deutete sich in diesen unterscheidenden Ausführungen an.

Der württembergische Oberst von Nicolai definierte 1775 die Taktik als „die Wissenschaft, Truppen zum Gefecht zu stellen und zu bewegen" (zit. Jähns). Den Ausdruck „Strategie" verwendete er jedenfalls in diesem Zusammenhang ebensowenig wie Guibert, obwohl, wie Jähns betont, sich dieser Begriff zu dieser Zeit schon herausgebildet hatte. Immerhin könnte die Stellung der Truppen zum Gefecht als taktischer, die Bewegung der Truppen zum Gefecht als operativer, also militärstrategischer Vorgang interpretiert werden. Wie wenig einig sich die Kriegstheoretiker bei ihren Systematisierungsbestrebungen aber selbst in gravierenden Einzelfragen waren, zeigt sich u.a. daran, daß zwar Nicolai, ähnlich wie Guibert, der Taktik eine offenbar auch operative Kriterien umfassende Funktion zuschrieb, andererseits aber diesen Begriff nur auf Infanterie und Kavallerie angewendet sehen wollte. Während Guibert – für uns ganz selbstverständlich – auch den Einsatz der Artillerie in die Taktik einbezog, wollte ihn Nicolai jedenfalls nicht unter „Taktik in engerem Verstande", sondern unter der Rubrik „Geschützwissenschaft" – also einer Kategorie der Waffentechnik und nicht der Kriegführung – erfaßt sehen. Hieran zeigt sich übrigens auch besonders kraß, daß die Artillerie – die allerdings auch für Guibert nur ein „zusätzliches Hilfsmittel" war, dessen Bedeutung er aber herausstrich – noch immer als mililtärischer

Außenseiter galt. Entsprechend behandelte Nicolai den Belagerungskrieg im Rahmen der Kriegsbauwissenschaft.

Demgegenüber definierte zur selben Zeit der Capitain, nachmalige Obristwachtmeister, also Major, in portugiesischen Diensten von Zanthier den einen Teil der Kriegskunst als die Lehre vom Exerzieren, den Manövern und Detachements, den anderen als die Lehre für die höheren militärischen Führer von den Schlachtordnungen, den Märschen, dem Operationsplan, den Lagern, vom Übergang über Flüsse und deren Verteidigung sowie den Winterquartieren. Auch diese Unterscheidung und Zusammenordnung wirkt auf uns heute noch recht willkürlich, aber auch hier muß man berücksichtigen, daß es in dieser Zeit recht schwierig war, Heer- und Truppenführung prinzipiell zu trennen, da sich die Heerführung noch weitgehend mit taktischen Fragen zu befassen hatte. Ziemlich der heutigen Vorstellung dagegen entspricht die Definition, die Zanthier für – nach unseren heutigen Begriffen – „Gesamtstrategie" und „Militärstrategie", angewendet auf seine Zeit, gab.

Hierzu führte er aus: „Wenn man im Cabinet des Fürsten es festsetzen will, ob man Krieg führen soll und wie, so muß man einen zwiefachen Entwurf vollkommen durchgedacht haben: einen allgemeinen, welcher den Krieg in seinem ganzen Umfange, so weit er sich ausbreiten kann, faßt; einen besonderen, der sich bloß mit den einzelnen Feldzügen beschäftigt, mit der Führung des Krieges auf dieser oder jener Gränze, in dieser oder jener Provinz, wo man den Feind entweder angreift oder sich verteidigen will. – Den ersten Entwurf nenne ich das Projekt des Krieges im Großen, den zweiten den Operationsplan der einzelnen Feldzüge. Der erstere enthält die Kunst, unter allen den Schritten, die man gegen alle Feinde des Reichs thun kann, diejenigen zu wählen, die am entscheidendsten sind und auf dem kürzesten und leichtesten Wege zum sicheren und vortheilhaften Frieden führen". Hier fügt Jähns ein, daß es sich hierbei um „Imperatorik", worunter Jähns „politische Kriegführung" versteht, handele. „Der zweite enthält die Kunst, unter allen den Schritten, die man gegen diesen oder jenen einzelnen Feind thun kann, diejenigen zu wählen, die unsern Entwurf gegen ihn am besten fördern". Hierzu bemerkt Jähns, daß es sich um „Strategie", also in unserem Sinne um „Militärstrategie" handele. – Dieses Zitat ist noch aus einem anderen Grunde beachtenswert: Es beweist neben anderen, daß die Feststellung des Primats der Politik gegenüber der militärischen Kriegführung keineswegs erst sehr viel später durch Clausewitz – worin man landläufig oft dessen eigentliches Verdienst sehen möchte – erfolgt ist.

Einen wichtigen Beitrag zur Systematisierung der Kriegswissenschaften leistete der im niederländischen Dienst stehende Oberst Nockhern von Schorn. Er verwendete die Begriffe „Taktik" und „Strategie" und stellte ihre Unterschiede heraus. Er erkannte die Taktik als „Grund aller Operationen", deren Grundsätze sich aus „der Natur der Trouppen und der Wirkung der Waffen" ergaben, deren Anwendung „von der Lage des Orts" sowie „der Menge und Beschaffenheit der Truppen" abhängig sei. Den Begriff „Strategie" verband er bereits mit dem Begriff „Operation". Diese Begriffe bezogen sich bei Nockhern noch nicht auf die später damit verbundenen Führungsebenen: „Taktik" sei als „Besondere Taktik" Angelegenheit der einzelnen Truppenkörper, als „Allgemeine Taktik" der gesamten Armee, „Strategie" als „große Strategie" Angelegenheit der Feldherren und Generäle, als „kleine Strategie" (zit. Jähns) der Stabsoffiziere.

Ungefähr zur gleichen Zeit, als Lloyd seine „Military Memoirs" veröffentlichte, gab die in Wien erschienene Enzyklopädie von Bourscheid folgende Definition:

„Die Kriegswissenschaft lehrt, mit möglichstem Vorteil durch den Gebrauch der Waffen zum Zweck zu gelangen. Die Elementartaktik formiert die ersten Gelenke zu der Kette der Großen Operationen; die höhere Taktik lehrt, sie zusammenzusetzen, d.h. zu manövrieren. Die Strategie sucht die Manövers zweckmäßig anzuwenden, d.h. zu operieren. Die Logistik ist die Berechnung der Manövers oder Operations nach der Summe der daraus erwachsenden Vortheile". Der Begriff „Logistik" deckte sich also nicht mit dem, was wir heute darunter verstehen.

Eine solche, auch hier wieder nur als Beispiel angeführte Definition bedeutete einen wesentlichen Fortschritt in der mit der Systematisierung der Kriegswissenschaften verbundenen terminologischen Klärung. So problematisch diese Systematisierung vom militärischen Standpunkt aus im Hinblick auf den mit ihr verbundenen Zweck, die Verwissenschaftlichung der Kriegführung, war, so schuf sie doch damit zugleich unabdingbare kriegstheoretische Grundlagen auch für die Kriegführung späterer Zeiten, auch wenn sich diese methodisch nicht mehr einengen ließ.

c. Erstarrung der Infanterietaktik und Ansätze zu ihrer Reformierung

Die „Saldernsche Taktik"

In der Zeit zwischen dem Siebenjährigen Krieg und der entscheidenden preußischen Niederlage bei Jena und Auerstedt 1806 änderten sich in Preußen weder das Militärsystem noch die Grundprinzipien der Kriegführung. Ansätze zu solchen Änderungen hielten sich in einem äußerst bescheidenen Rahmen.

Es entspricht einer alten Erfahrung, daß eine siegreiche Armee Reformen gegenüber weniger aufgeschlossen ist als eine geschlagene. Das ist nur allzu verständlich, denn warum sollte der Sieger ausgerechnet sein Mililtärsystem und seine Art der Kriegführung aufgeben oder auch nur wesentlich verändern, wenn sich doch beides durch den Sieg augenscheinlich als überlegen erwiesen hat? Die Frage, ob der Sieg tatsächlich vor allem dem Militärsystem und nicht vielleicht der Persönlichkeit des Kriegs- oder Feldherrn oder anderen Gründen zuzuschreiben sei, wird dabei freilich ebenso leicht übersehen wie die Tatsache, daß andere Armeen bemüht sind, den Vorsprung der siegreichen Armee einzuholen. Dabei wird der Sieger in seiner Überheblichkeit noch bestärkt, wenn seine militärischen Einrichtungen und Auffassungen von den anderen Armeen als vorbildlich angesehen und nachgeahmt werden. Fehler in der Kriegführung lassen sich beim Besiegten eher erkennen als beim Sieger, da seine Kriegführung durch den Enderfolg gekrönt wurde und damit auch im Detail allzu leicht als gerechtfertigt erscheint.

Das alles traf nach dem Siebenjährigen Krieg auf die preußische Armee zu. Sie wurde allgemein als das Vorbild angesehen, wobei man sich, in einer gegenüber früher noch gesteigerten Systemgläubigkeit, oft nur an Äußerlichkeiten orientierte und zu wenig bedachte, daß der preußische Sieg weniger dem preußischen Mililtärsystem zuzuschreiben war, das sich ja nicht grundsätzlich von den übrigen Militärsystemen der Zeit unterschied, als vielmehr der persönlichen Einwirkung des zweiten und dritten preußischen Königs auf die Armee, vor allem der Energie, dem Durchhaltevermögen und der Feldherrnkunst Friedrichs II., zuletzt aber eben auch der Tatsache, daß Rußland nach dem Tode der Zarin Elisabeth aus der antipreußischen Koalition ausgeschieden war.

Schon während des Siebenjährigen Krieges hatte sich ein anonymer Nichtpreuße über die sklavische Sucht, preußische Äußerlichkeiten nachzuahmen, mokiert: „Mancher Oberst würde den Leuten die Beine brechen, wenn man ihm weismachte, die Preußen hinkten" (zit. Jähns).

Seitdem das preußische Exerzitium Mode geworden sei, stellte derselbe Verfasser fest, wolle es ein jeder, ohne zu wissen, warum, nachahmen. Tatsächlich glaubte man ja doch aber genau zu wissen, warum man es nachahmte. Durch Nachahmung preußischer Formen hoffte man natürlich bei der jeweils eigenen Armee eine Steigerung der Leistungsfähigkeit zu erreichen, da sich diese Formen im Kriege bewährt hatten. Nicht jedoch in jedem Fall hieß dies, daß man davon überzeugt war, diese Leistungssteigerung allein durch rein formale Ausrichtung am preußischen Exerzierreglement zu erreichen. Lloyd kritisierte diese Oberflächlichkeit, und wenn ein so militärisch-fortschrittlicher Theoretiker wie Guibert bei seinen taktisch-formalen Überlegungen von der Lineartaktik preußischer Prägung und der schrägen Schlachtordnung ausging, so war er sich doch gleichzeitig klar darüber, daß die überragende Feldherrnbefähigung Friedrichs II. für die preußischen Siege den Ausschlag gegeben hatte. Wesentlich auf Betreiben Guiberts, der als der Lehrer Carnots bezeichnet wird, basierte auch noch das französische Reglement von 1791 auf der Lineartaktik, und wir werden später sehen, daß trotz des tiefen Einbruchs, den die Französische Revolution von 1789 in ihren Auswirkungen auch für die Art der Kriegführung bedeutete, gerade auf taktisch-formalem Gebiet viel mehr Kontinuität vorhanden war, als dies nach vereinfachenden späteren Darstellungen der Fall gewesen zu sein schien.

Andererseits war freilich längst die Frage angeklungen, ob die Lineartaktik wirklich der taktischen Weisheit letzter Schluß sei. Man hielt jedoch nicht nur in Preußen, sondern auch in Frankreich an der Lineartaktik fest. 1773 wurde in Preußen der zylindrische Ladestock eingeführt, der beim Laden nicht mehr zweimal umgedreht zu werden brauchte. Das Feuer konnte derartig gesteigert werden, daß das Bataillon in 7 bis 8 Minuten nicht weniger als 30 Salven abgab.

Während man sich also allgemein an der preußischen Taktik orientierte – oder genauer gesagt: an der Art wie die weitgehend anerkannte Lineartaktik durch Preußen gehandhabt wurde –, war man in Preußen natürlich bestrebt, das erreichte Niveau nicht nur zu halten, sondern möglichst noch zu verbessern. Hierbei darf bei der Kritik an den betreffenden preußischen Maßnahmen nicht übersehen werden, daß es zunächst darauf ankam, die preußische Infanterie taktisch wieder auf den hohen Stand zu bringen, den sie vor dem Siebenjährigen Krieg erreicht hatte. Denn im Gegensatz zur preußischen Kavallerie hatte sich die preußische Infanterie aufgrund ihrer sehr hohen Verluste an Offizieren, Unteroffizieren und „alten Leuten" erheblich verschlechtert.

Bei diesen Bemühungen um Wiederherstellung und Steigerung des infanterietaktischen Niveaus taten sich die preußischen „Evolutionstaktiker" hervor, deren Haupt der Inspekteur General von Saldern war. Vor allem auf Saldern und seine taktischen Vorstellungen, die auf minutiöse Berechnungen abzielten, die alles bisherige überboten, stürzte sich der Spott späterer Militärkritiker, die sich gegen die Lineartaktik richteten. Aber selbst seinen Zeitgenossen kam manches übertrieben vor, was wohl durch nichts deutlicher wird als durch den erschreckten Ausruf Friedrichs II. anläßlich einer Revue: „Saldern hör Er auf! das ist alles und übertrifft alles, was man in der Taktik leisten kann" (zit. Jähns). Saldern übertraf also sogar die Vorstellungen seines Herrn, obwohl gerade Friedrich mit zunehmendem Alter noch unnachgiebiger als früher auf militärische Präzision drängte und die preußischen Soldaten nichts mehr fürchteten als die von ihm durchgeführten Revuen.

Trotzdem – oder gerade deswegen – sahen autorisierte Mililtärfachleute in Saldern den führenden Taktiker ihrer Zeit, wurde die Infanterietaktik der friderizianischen Spätzeit geradezu als „Saldernsche Taktik" bezeichnet. Manches davon versuchte man übrigens in Preußen geheim zu halten, wodurch hier die Vorschriften Lücken aufweisen. Die Evolutionstaktiker sahen in der schrägen Schlachtordnung und im gelegentlich auch schon während des Siebenjährigen Krieges angewandten Echelonangriff das Non-plus-ultra der taktischen Kampfführung. Dies war insofern auch ganz richtig, als es theoretisch das wirksamste Angriffsverfahren auf der Grundlage der Lineartaktik war. Problematisch war es aber, die ganze Taktik auf dieses Verfahren auszurichten. Denn in der Kriegspraxis war der Echelonangriff nicht auf jede Lage anzuwenden. Überdies stellte er mit seinem, für Überflügelungen notwendigen Schrägmarsch schon bei friedensmäßigen Übungen wohl das taktisch Schwierigste und zweifellos auch Künstlichste dar, was sich vorstellen läßt.

Es war also keineswegs so, daß vor allem eine Steigerung des parademäßigen Auftretens beabsichtigt war, wie es bei oberflächlicher Betrachtung den Anschein haben mag. Sie ergab sich allerdings in der Praxis. Vielmehr richtete sich das eigentliche Bemühen auf die restlose Ausschöpfung aller in der Lineartaktik enthaltenen Möglichkeiten. Aber da die Lineartaktik ein für alle Formen und Bewegungen festes System darstellte, konnten auch alle noch möglichen Verbesserungen auf ihrer Grundlage nur formalistische sein. Je stärker aber die Fixierung auf das Formale wurde, der Glauben, „den Kampfverlauf nach den Regeln geometrischer Konstruktion bestimmen zu können" (Jany), desto schwächer wurde die Rücksicht auf die Imponderabilien, die nicht vorherzusehenden Friktionen der Kriegspraxis. Zwar richteten sich diese letztmöglichen Verbesserungen des Systems auf die Kriegspraxis, aber indem man den Versuch intensivierte, den Zufall durch noch reibungsloseres Funktionieren auszuschalten, war man in Gefahr, den Erfordernissen der konkreten, stets wechselnden Kriegslage – frühzeitiges Erkennen der feindlichen Stellungen, Ausnutzung der feindlichen Schwächen, richtiger Truppenansatz – zu wenig Gewicht beizumessen.

Bei allem darf aber auch das Bemühen nicht übersehen werden, die überkommene Lineartaktik durch Vereinfachungen noch effektiver zu machen. Die betreffenden Tendenzen zielten vor allem auf Abschaffung aller überflüssigen Evolutionen ab. Lloyd sprach sich dafür aus, die Infanteriefront nicht auch durch umständliche Schwenkungen, sondern ausschließlich durch Aufmarsch und das von den Preußen meisterhaft beherrschte Deployement herzustellen. Guibert hielt das Schießen in der Bewegung für nutzlos. Während er das Abteilungsfeuer nur noch aus Stellungen angewendet wissen wollte, sollte es nach Lloyd überhaupt abgeschafft werden. In Preußen war eine Vereinfachung dadurch erreicht, daß die Feuerteileinheit „Division" mit der Kompanie, also der administrativen Einheit, identisch wurde. Dadurch befehligten die Offiziere, beaufsichtigten die Unteroffiziere in der Schlacht dieselben Soldaten, mit denen sie auch sonst zusammen und für die sie auch sonst verantwortlich waren. Auch diese Vereinfachungen entsprachen der Grundtendenz der Aufklärung, alle Verhältnisse klarer, übersichtlicher, durchschaubarer zu gestalten.

Jany, der eine „gewisse Neigung zur taktischen Künstelei“ in der preußischen Armee zugibt, stellt fest: „In den Dispositionen und Beschreibungen der vom König selbst abgehaltenen Revuen und Manöver findet man aber davon sehr wenig. Sie zeigen eine stetige Wiederholung der einfachen Formen, in denen sich die Linearschlacht von Infanterie und Kavallerie abspielte. Niemals tritt eine Neigung zum Stellen schöner Gefechtsbilder hervor. Die praktische Übung ist der einzige Zweck“. Guibert, der das alles noch selbst erlebt hatte, äußerte die entgegengesetzte Ansicht. Von Friedrichs Übungsleitung war er anläßlich eines Besuches in Preußen 1773 arg enttäuscht. „Immer mehr sehe ich mich in der Meinung befestigt: auch der König hat weder Theorie noch Praxis der Kunst zur Vollkommenheit gebracht; es gibt viele Gegenstände, über die man besser nachdenken und die man besser machen kann“, notierte er, und: „Der Zweck, eine Kriegsoperation zur Anschauung zu bringen, gelang dem Könige nicht; er macht ähnliche Manöver oft; sei es, daß er keine interessanteren machen will, sei es, daß bei der Menge solcher Übungen seine Einbildungskraft sich erschöpft.“ (zit. Jähns).

Zwangsläufig zu Vereinfachungen auf taktischem Gebiet kam es unter den spezifischen Verhältnissen des Amerikanischen Unabhängigkeitskrieges.

Einflüsse des Freiheitskampfes der Amerikaner

Neue Maßstäbe setzte der Amerikanische Unabhängigkeitskrieg (1775–1783). Er beeindruckte Europa nicht nur in politischer und sozialer, sondern auch in militärischer Hinsicht. Neben den französischen Truppen, die auf seiten der Amerikaner, und den deutschen Kontingenten, die auf seiten Englands in diesem Krieg eingesetzt wurden, nahmen Offiziere aus vielen europäischen Ländern auf der einen oder anderen Seite an ihm teil. Die Möglichkeit der unmittelbaren Übertragung der hierbei gewonnenen Erfahrungen auf die europäischen Kriegsschauplätze war allerdings begrenzt. Die verantwortlichen Militärs sahen kaum einen Grund, sich an der amerikanischen Kriegführung zu orientieren. Ganz ähnlich reagierten sie übrigens fast 100 Jahre später auf den Amerikanischen Sezessionskrieg 1861–65. Die amerikanischen Kampfverfahren, die von den europäischen abwichen, ergaben sich nicht nur aus den spezifischen geographischen Bedingungen, nicht nur aus den anderen Sozialstrukturen, sondern vor allem aus den politischen Zielsetzungen der Amerikaner, ihrem Willen, sich als eine eigene Nation zu befreien und anerkannt zu werden. Damit war grundsätzlich jeder Amerikaner aufgerufen, für die Freiheit mit der Waffe in der Hand einzustehen. Den europäischen Militärs mochte dies auf der Höhe ihrer in Jahrhunderten ausgeklügelten „Kriegskunst“ als ein Rückfall erscheinen, wenn die amerikanischen Freiheitskämpfer einfach zur Waffe griffen, um den Gegner, unter geschickter Ausnutzung des Geländes, dort Abbruch zu tun, wo sie es vermochten. Wem verschlossen blieb, daß sich hier nicht nur in der Theorie, sondern an der politisch-militärischen Wirklichkeit erwies, daß der Kampf um bürgerliche Freiheit, Menschenrechte und Demokratie zur Volksbewaffnung geführt hatte – was auch für Europa von Bedeutung sein konnte –, der mußte immerhin zu einer höheren Einschätzung des Schützengefechts gelangen. Die ersten militärischen Impulse, die vom amerikanischen Freiheitskampf ausgingen, betrafen ja dann auch den kleinen Krieg und den Schützeneinsatz. Aber Schützengefecht und reformiertes Wehrwesen hingen doch enger zusammen, als es sich vielleicht zunächst erkennen ließ, denn viele der Offiziere, die in Amerika gewesen waren, zeigten sich später auch in ihrer Heimat für militärische Reformen aufgeschlossen, und oft gehörten sie der leichten Infanterie an.

Es erwies sich aber auch schon in Amerika, daß gegen Linientruppen, wie sie die Engländer und ihre Verbündeten in Amerika einsetzten, der Kampf auch dann nicht allein mit Schützen zu führen war, wenn diese in Massen eingesetzt wurden. Es war auch gar nicht die Absicht der amerikanischen militärischen Führung, mit ihrem Unabhängigkeitskampf auch zugleich das Kriegswesen und die Kriegführung zu revolutionieren – genausowenig, wie das dann kurze Zeit später die Absicht der militärischen Führung des revolutionären Frankreich war. General Washington hätte den Krieg von vornherein lieber mit regulären Truppen britischen Typs geführt. Es gelang ihm zwar, mit Hilfe des ehemaligen preußischen Offiziers F. W. v. Steuben eine reguläre Armee – die sogenannte „Kontinentalarmee“ – aufzustellen, die aber nicht ausreichte, so daß er sich auch weiterhin häufig auf die Miliz verlassen mußte, „die sich in Kriegsoperationen größeren Stils als wenig tüchtig erwies“ (Morgan). Zwangsläufig war der amerikanische Freiheitskampf durch Improvisationen gekennzeichnet, wodurch er allein schon in den Augen der europäischen Militärs kein „normaler“ Krieg war, der sich auf europäische Verhältnisse übertragen ließ.

Tatsächlich entstand aber aus dieser besonderen Notsituation heraus in Amerika eine Streitmacht, die sich nicht nur in ihrer inneren und äußeren Struktur, nicht nur in ihrem spontanen taktischen Verhalten, sondern auch in gewissen Abweichungen der für die reguläre Truppe ausgearbeiteten taktischen Reglements von den europäischen Armeen unterschied. Steuben ging vom preußischen Reglement aus, aber schon allein die Tatsache, daß er innerhalb von kurzer Zeit aus zwar zum Widerstand gegen die Engländer entschlossenen, im Umgang mit der Waffe geübten, aber das europäische Militärsystem innerlich ablehnenden freien Amerikanern nicht nur leichte, sondern auch für den Großkampf geeignete Linientruppen bilden mußte, machte diese Abweichungen notwendig. Auch der Soldat fühlte sich als freier Amerikaner. Bei der Ausbildung insbesondere der regulären Truppe mußte also von anderen Voraussetzungen ausgegangen werden als in Europa. Diese waren vor allem psychologischer Natur, was bei der Einsicht des einzelnen Mannes in die Notwendigkeit seines Dienstes aber auch wieder der Schlagkraft der Truppe zugute kam. Trotzdem scheint Steuben, der in Amerika Generalmajor und Generalinspektor der Armee wurde, weit davon entfernt gewesen zu sein, das neuartige amerikanische Wehrwesen als vorbildlich für Europa oder womöglich als zukunftsträchtig herauszustellen. Noch 1787 – also lange nach der Befreiung Amerikas – bat er den preußischen General von Gaudi in einem Brief geradezu um Nachsicht für die, am preußischen Maßstab gemessenen, Unzulänglichkeiten der amerikanischen Armee.

Gaudi solle nicht glauben, so führte Steuben aus, „daß in unserer Armee die preußische Elementarschule, Kriegsbildung, Taktik und Mannszucht in allen Theilen von mir eingeführt worden sey. Wenn ich es versucht hätte, würde man mich gesteinigt haben, und ich wäre doch nicht damit zustande gekommen. Meine Vorschriften, die ich in Paris übersetzen und drucken ließ, sind ein Mischmasch, den ich nicht möchte, daß er in Ihre Hände fiele. Wenn das aber je der

Fall seyn sollte, so bitte ich inständig, ihn nicht zu streng zu beurtheilen und dabei etwaige Rücksicht auf meine eigenthümliche Lage zu nehmen. – Fürs erste fehlt viel, daß der kriegerische Geist dieses Volkes nur im entferntesten mit dem der Preußen, Österreicher oder Franzosen verglichen werden könnte. Ihrem Soldaten sagen Sie z. B.: Mache das! und er machts. Dem meinigen mußte ich dagegen zuerst sagen: Dies und das ist der Grund, warum Du dieses oder jenes machen sollst, und dann erst machte ers. Ihre Armee überdauert bereits ein Jahrhundert; die meinige einen Tag. Meine Offiziere und Unteroffiziere waren so gut Rekruten, wie meine Soldaten. Meine Armee erneuerte sich nach jedem Feldzuge, und ich war überglücklich mit Vierwöchner-Rekruten einen neuen Feldzug eröffnen zu können. Ferner: Fußvolk, Reiterei, Artillerie, leichte Truppen, mit einem Wort, Alles hatte ich auszubilden und zu besorgen; meine Gehülfen und meine Vertreter, Alle gingen erst aus meiner Hand hervor . . . Urtheilen Sie nun selbst, ob es mir möglich war, mich viel mit den Handgriffen und dem Paradedienst zu beschäftigen. Wider meine Absicht und bessere Überzeugung war ich gezwungen, vieles von hinten anzufangen. Nach alledem werden Sie mir gewiß zugestehn, daß meine Aufgabe keine leichte war, und daß ich wohl verlangen kann, nach ihr beurtheilt zu werden" (zit. Jähns). Nur in einer Hinsicht, schrieb Steuben, sei er absichtlich von der preußischen Vorschrift abgewichen, nämlich in der Zusammenstellung der Bataillone.

Schützen bei der Linieninfanterie

Die amerikanischen Milizen kämpften in zerstreuter Ordnung, beschränkten sich aber nicht auf das Scharmützel mit den leichten Truppen des Gegners, auf Wegnahme von Kolonnen und Störungen rückwärtiger Verbindungen. Sie führten in ihrem Land, dessen Schlupfwinkel sie kannten, einen ausgedehnten Partisanenkampf. Sie hatten dafür viel in den Kämpfen gegen die Indianer gelernt, die übrigens auch den Engländern als Kundschafter und leichte Truppen dienten. Sie waren bei Beginn des Freiheitskampfes die einzige Streitmacht, die die Aufständischen den Engländern entgegensetzen konnten und bekämpften daher auch deren reguläre Truppen unmittelbar. „Die Colonisten, Jäger durch Nothwendigkeit und Uebung, gestählt im Kampfe gegen die Elemente und die Indianer, die Thiere des Waldes, lauerten einzeln, in Gruppen, in Ketten hinter den Bäumen, den Büschen, den Hecken und Erdwällen und jeder nahm seinen Mann aufs Korn" (Rüstow). Aufgrund dieser unmittelbaren Bedrohung mußten sich die Linientruppen der Engländer und ihrer Verbündeten selbst sichern – beispielsweise indem sie auf ihren Märschen Seitendeckungen ausschieden.

Die starre Grenze zwischen Großkampf und Kleinkrieg, zwischen dem Gefecht in geschlossener und zerstreuter Ordnung begann sich in Nordamerika zu verwischen. Das war freilich nicht neu, denn wir haben gesehen, daß im 16. Jahrhundert das zerstreute Gefecht, das vom Verlorenen Haufen geführt wurde, mit der geschlossenen Ordnung des Gewalthaufens der Landsknechte taktisch bereits verbunden gewesen war. Wir wissen nicht, wann und wo überall seit Angliederung der Schützen an die geschlossene Ordnung aus einer bestimmten Lage oder einer Notsituation heraus diese Grenze in der Kriegspraxis durchbrochen worden war, jedenfalls war dies dann ein Verstoß gegen die Lehrregel gewesen. In Amerika wurde aber nun diese Regel selbst in Frage gestellt – eben aus der grundsätzlich gegebenen Notlage heraus, die darin bestand, daß die Amerikaner zunächst keine Truppen besaßen, die in der geschlossenen Führung des Gefechtes ausgebildet waren. Wenn ihre lokkeren Schützenschwärme gegen gedrillte, hervorragend disziplinierte reguläre Truppen Erfolge errangen, so war dies für die Fachleute der Zeit ein bestaunenswertes Phänomen. 1775 wurden bei Lexington reguläre britische Truppen, die sogar über Artillerie verfügten, durch ständige, von allen Seiten geführte Angriffe amerikanischer Milizen zum Rückzug gezwungen. Europa wurde durch die um ihre nationale Freiheit kämpfenden Amerikaner ein erster Eindruck vermittelt vom Wert des Nationalgefühls für die Kriegführung, und man begann wieder zu erkennen, daß persönlicher Mut, Selbsttätigkeit, entschlossenes Handeln und unbedingte Zuverlässigkeit auch des einzelnen, einfachen Soldaten kriegerische Eigenschaften waren, die nicht nur im kleinen Krieg zu gebrauchen waren. Lloyd, von dem es heißt, er sei als Oberkommandierender der britischen Truppen in Amerika vorgesehen gewesen, legte seine Kriegslehren unter dem Eindruck dieses Krieges nieder. Er forderte, die Kriegszucht auf den Nationalcharakter zu gründen, und sei jene lediglich in Furcht gegründet, so vernichte sie diesen, und es gebe nichts, was man an seine Stelle setzen könne. Lloyd erkannte den Vorteil einer republikanischen Kriegsverfassung – und eine solche besaßen die Vereinigten Staaten – für die Landesverteidigung, denn da „jeder Bürger sich als ein Glied des Staates betrachtet, so bestreben sich alle aus voller Seele, ihn zu verteidigen ..." (zit. Vierhaus). Man könne den Soldaten nicht durch Gewalt, sondern nur durch Vorstellung der Beweggründe zum Handeln bringen – was sich mit dem deckte, was Steuben über die führungsmäßigen Schwierigkeiten sagte, denen sich ein preußischer Offizier vor amerikanischen Soldaten ausgesetzt sah.

Konsequenterweise hätte daher die Selbsttätigkeit, der Mut zum eigenen Handeln des Soldaten nach Kräften gefördert werden müssen. In Europa bestanden jedoch für die Taktik die alten Probleme, die sich aus den allgemeinen wie speziell militärischen Verhältnissen ergaben.

Aber selbst die Amerikaner kamen, wie gesagt, gegen die regulären Truppen der Engländer und ihrer deutschen Verbündeten auf die Dauer nicht ohne reguläre, zum Kampf in geschlossener Ordnung befähigte Truppen aus. Die von Steuben einexerzierten regulären Truppen wurden zum Kern der amerikanischen Streitkräfte, denen außerdem Frankreich mit Linientruppen zu Hilfe kam. Schützenschwärme konnten einer regulären Streitkraft, die dagegen kein entsprechendes Mittel besaß, schwer zusetzen, sie konnten sie aber in der offenen Feldschlacht allein nicht schlagen. Das hatten schon im 17. Jahrhundert die Türken erfahren müssen, als ihre Schwarmangriffe an der immer schärfer disziplinierten, geschlossenen Abwehrkraft der kaiserlichen Truppen zusammenbrachen. Die Waffen waren seitdem nicht wesentlich verbessert worden. Um eine durchschlagende Wirkung zu erzielen, waren die scharfe Waffenzusammenfassung, die geschlossenen Aktion des ganzen Truppenkörpers immer noch nötig, denn man befand sich noch längst nicht in der Zeit der schneller schießenden Hinterlader-, Repetier- und Maschinengewehre. Bis zu diesen Zeiten, die erst mit der Mitte des 19. Jahrhunderts anbrachen, blieb der Schützenschwarm, so oft er auch in der Schlacht Verwendung fand, eine Notlösung für nicht in der geschlossenen Ordnung ausgebildete Truppen, wenn er als einziges Mittel angewendet wurde, den Feind zu werfen. Es hat daher auch nie eine selbständige „Tirailleurtaktik" gegeben, so oft das Wort auch gebraucht wird. Es ist auch nicht auf den Kleinkrieg anzuwenden, da man auch hier umfassender von Kleinkriegs- oder Partisanentaktik sprechen müßte.

Nicht nur in der amerikanischen, auch in der englischen und französischen Armee wurden den Truppenteilen der Linieninfanterie leichte Kompanien angegliedert. Das bedeutete jedoch zunächst noch keine taktische Verbindung zwischen geschlossener und zerstreuter Ordnung. Zunächst wurden die leichten Teile zum Feldwacht- wie überhaupt Sicherungsdienst sowie als von ihren Truppenteilen abgetrennte Detachements für besondere Aufgaben eingesetzt. Ihr Verhältnis zu ihren Truppenteilen läßt sich also mit dem Verhältnis der selbständigen leichten Verbände zur Armee vergleichen. Was man in Preußen unter leichter Infanterie verstand, war, mit Ausnahme der Jäger, minderwertige Infanterie. 1768 war man auf den Gedanken gekommen, diese sogenannten Freitruppen vor der Schlachttruppe herlaufen zu lassen – aber nicht, um damit eine Verbindung von zerstreuter und geschlossener Fechtart zu erreichen, sondern nur um damit das Feindfeuer von der eigenen wertvollen Linieninfanterie abzulenken.

Grundsätzlich widersprach die Verwendung von Schützen auf dem Schlachtfeld der Lineartaktik und der rangierten Schlacht mit ihren langen, zusammenhängenden Fronten. Denn wie hätten vorausgeschickte Schützenschwärme von der geschlossenen, nur durch schmale Lücken für die Begleitgeschütze unterbrochenen Schlachtfront im Angriff oder in der Verteidigung aufgenommen werden können? Bevor die Schlachtinfanterie zum Einsatz kommen konnte, mußte deren Front „demaskiert", d. h. die Schützen mußten verschwunden sein. Nun begann allerdings – ein weiteres Zeichen für die beginnende taktische Auflockerung – die rangierte Schlachtordnung zu zerfallen. Es wurden auf dem Schlachtfeld keine durchgehenden Fronten mehr gebildet. Unter dem Aspekt der Auflockerung stellte der als Höhepunkt lineartaktischer Künstelei verschriene Echelonangriff durchaus einen Fortschritt dar. Denn durch den staffelweisen Ansatz der taktischen Einheiten bestand kein durchgehender Zusammenhang mehr. Dadurch entstanden größere Zwischenräume zwischen den taktischen Einheiten. Das zwang ihre Führer in der Kampfpraxis auch dann zu selbständigerem Handeln, wenn es nach der Theorie, wie beim Echelonangriff, gar nicht beabsichtigt war. Es erlaubte eine bessere Anpassung an das Gelände und den Einsatz von Schützen in Verbindung mit der geschlossenen taktischen Einheit. Die Amerikaner hatten diese Möglichkeit ausgenutzt. Freilich ergab sich daraus als weitere Konsequenz, daß die Schützen auch zur geschlossenen Kampfführung befähigt sein mußten, denn sie hatten nach Einsatz der Schlachttruppe keine weitere Aufgabe mehr, wenn sie nur das zerstreute Gefecht beherrschten.

Obwohl, wie Schwarz betont, die Lineartaktik in der zweiten Hälfte des 18. Jahrhunderts sehr viel elastischer praktiziert wurde, als dies nach dem ihr zugrundeliegenden starren System den Anschein hatte, widersprach die Einbeziehung von Schützen in die Feldschlacht der weiterhin herrschenden Methode. Lag es doch im beiderseitigen Interesse, daß die Feldschlacht in einem möglichst ebenen, von Hindernissen vor der Front freien Gelände ausgefochten wurde, das für Schützen wenig Deckung geboten hätte. „Außer für Lager gilt die Geländebenutzung als Zeichen der Schwäche" (Schwarz). Es wäre durch den Einsatz von Schützen – deren Aufgabe es ja sein mußte, frei zu agieren, in Deckung vorzugehen, überraschend aufzutauchen und wieder zu verschwinden – ein irrationales Moment und fluktuierendes Element in die Schlachtordnung gebracht worden, das dem Bestreben der Führung, die Schlacht möglichst nach Plan ablaufen zu lassen, entgegengesetzt war – entgegengesetzt überhaupt, nach Rüstow, dem zentralisierenden, jede Eigenregung unterdrückenden Geist des Absolutismus.

Im Jahre 1787 erhielt in Preußen unter König Friedrich Wilhelm II. jede Kompanie der Linienregimenter 10 Schützen. Aber auch sie wurden einstweilen noch nicht für das zerstreute Gefecht in taktischer Verbindung mit der geschlossenen Ordnung eingesetzt. Auch sie wurden für Sicherungs- und Detachementsaufgaben, ähnlich den leichten Kompanien der Linieninfanterie anderer Länder verwendet. Vor allem aber bildeten sie den Unteroffiziersersatz, für dessen Auswahl die entsprechenden Voraussetzungen wichtiger als die für einen vom Schützen zu fordernden speziellen Fähigkeiten waren. Es erklärte sich dies offenbar aus dem Desertionsproblem, denn natürlich konnten nur zuverlässige Soldaten, als die sich die Unteroffiziersanwärter bereits bewährt hatten, außerhalb der geschlossenen Ordnung eingesetzt werden. Dieses Problem stellte sich grundsätzlich auch in anderen Armeen. Die Frage des Schützeneinsatzes muß daher auch unter diesem Aspekt gesehen werden. Ab 1789 wurde jedem preußischen Linienbataillon eine aus einem Offizier, vier Unteroffizieren und 40 Soldaten bestehende Schützenabteilung zugeteilt. Die Schützen waren nicht mit Büchsen, sondern lediglich mit gezogenen Flinten bewaffnet.

Zur gezogenen Flinte bemerkt Schwarz: „Diese besitzt Züge, es wird jedoch eine gewöhnliche Kugel, eine Spielkugel verwendet, der Flug der Kugel ist also nur wenig sicherer als der der Kugel einer glatten Flinte. Der Wert der gezogenen Flinten besteht mehr in der besseren Schäftung, die ein Zielen erlaubt, ähnlich wie es bei dem französischen Gewehr 1777 der Fall, in seiner geringeren Länge und in der Visiereinrichtung."

Zur taktischen „Liaison" zwischen geschlossener und zerstreuter Ordnung kam es in Preußen zuerst bei der neuen Infanteriegattung der Füsiliere. Noch in seinen letzten Lebensjahren begann Friedrich II. mit der Errichtung ständiger Freiregimenter, die neben der kleinen Elitetruppe der Jäger als leichte Infanterie vorgesehen waren und aus denen unter Friedrich Wilhelm II. die neue preußische Füsiliertruppe entstand. Sie ist also nicht mit den älteren preußischen Füsilierregimentern zu verwechseln, die zur Linieninfanterie gehört hatten. Die neuen Füsilierbataillone waren mithin hauptsächlich „für Kämpfe im Wald- und Bergland, für Vorposten und Marschsicherung, für den kleinen Krieg bestimmt" (Jany). Ob der Name „Füsiliere" sehr glücklich gewählt war, mag dahingestellt bleiben, denn in anderen Armeen wurde damit nach wie vor die Masse der schweren Infanteristen bezeichnet. Tatsächlich stellten sie aber, nach den Maßstäben der Zeit, eher eine „Mittelinfanterie" dar. Alle Füsiliere waren zwar für das Schützengefecht ausgebildet, gewöhnlich aber wurde nur ein Teil von ihnen dafür eingesetzt. Der andere diente ihrer Unterstützung. Aber gerade in dieser doppelten Befähigung zum Kampf in zerstreuter und geöffneter Ordnung entwickelten sich die Füsiliere zur Eliteinfanterie und zu taktischen Vorläufern der preußischen Infanterie nach 1806.

Ab 1788 stand das preußische Füsilierbataillon in zwei statt in den bei der Linieninfanterie üblichen drei Gliedern. Hinter der Front standen die Schützen, die auch die Füsiliere besaßen, obwohl sie ja im ganzen eine leichte Infanterie darstellen sollten, und die ab 1789, nach anderen Quellen erst ab 1806, pro Kompanie auf 22 Mann erhöht wurden. Das Bataillon war gefechtsmäßig in acht Pelotons – später sagte man: Züge – eingeteilt. Bei den Füsilieren konnten, wie gesagt, alle Soldaten zum Schützengefecht herangezogen werden. Nach dem Gefechtsschema für den Angriff wurden zunächst das 1. und das 8. Peloton als Schützenschwarm vorausgeschickt. Danach konnten zwei weitere Pelotons, das 5. und das 7., zur Unterstützung der vorn befindlichen Teile als „Soutiens“ eingesetzt werden. Damit befand sich das halbe Bataillon vor dessen anderer Hälfte, die wiederum für den gesamten Schützeneinsatz den Rückhalt bildete. Zur Übertragung der Kommandos diente das Horn, das auf diese Weise als Signalinstrument in die preußische Infanterie eingeführt wurde. Die schwere Infanterie führte aber auch weiterhin die Trommel. Hörner besaß aber auch die leichte Infanterie anderer Länder, da sie für deren Einsatzart offenbar zweckmäßiger waren als die unhandlichen Trommeln.

Das Interesse an allen Fragen, die den kleinen Krieg betrafen, hatte derartig zugenommen, daß Guibert vor seiner Überschätzung warnte, denn mit ihm seien keine Entscheidungen zu erzwingen. Er war überhaupt gegen Aufstellung leichter Truppen, die nur eine Folge der großen Heere seiner Zeit seien. Tatsächlich sollte es sich erweisen, daß die Entwicklung auf eine immer engere Verbindung von schwerer und leichter Truppe, auch bei der Infanterie, hinauslief.

Andererseits gewannen die früher, bis auf die Eliten, meist verachteten leichten Truppen an Ansehen. Das hatte verschiedene Gründe. Zunächst einmal den, daß ihre Kampfweise auch den jüngeren Offizieren mehr Möglichkeit zum selbständigen Handeln und allen Soldaten mehr Gelegenheit bot, persönliche Kühnheit zu beweisen als die betont nivellierende Taktik des Großkampfes. Sie kämpften in kleinen Detachements, was sich auf den militärischen Korpsgeist, auf eine engere menschliche Verbindung zwischen Vorgesetzten und Untergebenen stets fördernd auswirkte. Die ständig wachsende Bedeutung des kleinen Krieges war den Erfolgen der leichten Truppen zu verdanken. Nicht übersehen werden darf wohl aber auch, daß sie auch sozial um so mehr anerkannt wurden, je mehr sie als integrierte Bestandteile der regulären Armeen deren Ehrenkodex unterworfen wurden, was vor allem die Offiziere betraf. Bei ihrem alerten, freizügigeren Habitus, bei ihrer dem Gelände angepaßten Fechtart, konnten sie von dem sich wandelnden, auf Erweiterung des Raums persönlicher Freiheit drängenden, die „kraftgenialische“ Intuition favorisierenden und, in Begeisterung für Rousseau, naturschwärmerischen „Zeitgeist“ eher akzeptiert werden als die „stocksteife“ gedrillte Linieninfanterie. Die „Tirailleurtaktik“ wurde, in Verbindung mit dem amerikanischen Freiheitskampf und dann mit der Französischen Revolution, geradezu zum ideologisch begründeten militärischen Kampfstil bürgerlicher Freiheitsbegeisterung, was zeitweise zur Überschätzung des Schützengefechts führte. Unter militärischem Aspekt war vor allem die gerade in dieser Zeit ausgiebige kriegstheoretische Beschäftigung mit den Fragen des kleinen Krieges wesentlich. Danach genügte es für ihn nicht mehr, ein „Haudegen“ zu sein. Generalmajor Wilhelm von Kleist, Chef eines Husarenregiments, erfolgreichster preußischer Freikorpskommandeur des Siebenjährigen Krieges, Theoretiker des kleinen Krieges und „einer der bestgebildeten Offiziere des preußischen Heeres“ (Jähns) – er soll das Vorbild für Lessings Tellheim gewesen sein –, entsprach diesem neuen Bild des Führers leichter Truppen. Die Tatsache, daß bei ihnen Leistung wichtiger war als soziales Herkommen, wirkte sich für die Zukunft militärisch sehr positiv aus. Es ist auffallend, wie viele bedeutende Persönlichkeiten der preußischen Armee aus ihnen hervorgegangen waren oder zeitweilig bei ihnen Dienst getan hatten. Der berühmte preußische Heerführer der Freiheitskriege 1813–15, Feldmarschall von Blücher, kam von den Husaren; von den Füsilieren kamen Gneisenau, Yorck, Müffling und Krauseneck, um nur einige zu nennen.

In der Theorie war man auch in der Frage des Schützeneinsatzes am Ende der Epoche bereits viel weiter als in der Praxis. Auch Friedrich II., der doch wohl von allen großen Heerführern am engsten mit der Lineartaktik in Verbindung gebracht wird, hatte in seinen späteren Schriften Überlegungen angestellt, die darauf abzielten, das vor der Schlachtfront aufgestellte Vortreffen, die „Attaque", zum Tiraillieren zu verwenden. Es gab aber auch schon lange vor dem Amerikanischen Unabhängigkeitskrieg Entwürfe, die auf eine taktische Zusammenarbeit zwischen Schützen und schwerer Infanterie abzielten. Vorausweisend waren vor allem die, welche den Schützeneinsatz als Teil einer neuen Infanterietaktik ansahen, die nicht auf der Linie, sondern auf der Kolonne basierte.

Die Entwicklung der Kolonnentaktik in der Kriegstheorie

Es kamen auch im 18. Jahrhundert immer wieder Lagen vor, in denen eine Truppe überstürzt ins Gefecht geworfen werden mußte und ihr die Zeit, das entsprechende Gelände oder vielleicht auch die notwendige Übung fehlten, sich mit gebotener Schnelligkeit zur Linie zu entwickeln. Dann mußte sie in der Formation angreifen oder sich verteidigen, in der sie sich gerade befand. Marsch- und Annäherungsform war die Kolonne, aber es gab Fälle, in denen die Kolonne aus der Not des Augenblicks heraus oder aber durchaus beabsichtigt ausnahmsweise auch zur Angriffsformation werden konnte. Freilich war eine Marsch- noch keine Angriffskolonne, eine breitere Form empfahl sich trotz der verhältnismäßigen Breite, in der man damals marschierte. Wenn man nun auch diese Angriffsform als „Kolonne" bezeichnete, obwohl sie gar nicht die Gestalt einer Säule hatte, dann zeigt sich gerade hier sehr deutlich ihre entwicklungsmäßige Herkunft von der säulenartigen Marschkolonne. Der in Frankreich gebräuchliche Ausdruck „Ordre profond" – im Gegensatz zu „Ordre mince", also der Linie – ist genauer. Auch die Umbildung der Marsch- zur Angriffskolonne verlangte also ensprechende Formveränderungen. Sie waren aber leichter und schneller auszuführen als die Formveränderungen, durch die aus der Marschkolonne die Linie gebildet wurde. Dies war ein entscheidender Vorteil. Andere Vorteile waren die größere Beweglichkeit und Geländeanpassungsfähigkeit sowie vor allem die Durchschlagskraft, welche die Ausdrücke „Durchbruchs-" oder „Angriffskolonne" rechtfertigte. Hauptnachteile waren, daß die Kolonne wegen ihrer Massierung auf engem Raum ein besonders lohnendes Artillerieziel bot und nur ein geringer Teil der Feuerkraft eingesetzt werden konnte. Der Vorteil des rascheren Aufmarsches war also dann wieder aufgehoben, wenn die Truppe den Feuerkampf führen sollte, was nur in Linie möglich war.

Selbstverständlich befaßte sich auch Friedrich II. mit dieser Frage. Wenn er trotzdem an der Lineartaktik als Grundlage festhielt, dann deswegen, weil er zuletzt davon überzeugt war, daß die Feuerkraft eine größere Wirkung habe als die Stoßkraft.

Freilich hatte sie die Feuerkraft nur dann, wenn für ihren perfekten Einsatz auch alle taktischen Voraussetzungen dafür so perfekt waren wie bei den Preußen. Das aber war darauf zurückzuführen, daß zwar keineswegs nur in Preußen, aber schließlich doch am preußischen Vorbild orientiert aus der mit dem stehenden Heer des Absolutismus verbundenen Not eine militärische Tugend geworden war. Innere Bindungen an das Land und das Volk, für deren Fürsten man als Soldat kämpfte, gab es zumindest bei den vielen ausländischen Mannschaften, die in den damaligen Heeren dienten, nicht. Als Rekruten wurden sie zusammen mit den geworbenen oder ausgehobenen Einheimischen als militärisches „Rohmaterial“ betrachtet, aus dem durch Drill, Disziplin und Strafen die Armee als funktionierende Kriegsmaschine geschmiedet wurde. Dafür war die Lineartaktik als künstlichste, mechanisierteste aller Taktiken sowohl adäquates Formungsmittel wie Form des taktischen Einsatzes selbst.

Die französische Armee hatte unter König Ludwig XV. viel von ihrer alten militärischen Qualität eingebüßt. Sie besaß aber auch Einrichtungen, in denen sie anderen Armeen voraus war. Es wurde in ihr nicht geprügelt, und damit bildete sie eine rühmliche Ausnahme auch dann, wenn behauptet wurde, daß darauf ihr Mangel an Disziplin zurückzuführen sei.

Die Niederlage im Siebenjährigen Krieg wirkte in Frankreich „als ein Schock, der geistige Energien freisetzte“ (Gembruch). Die Qualität der Armee sollte verbessert werden, aber ein in jeder Weise beachtenswerter Teil lehnte es ab, daß dies nach preußischem Muster – einschließlich der dressurartigen Ausbildungsmethoden und des Spießrutenlaufens – geschehe, wie man es dem Kriegsminister Saint Germain und Guibert, der ihn unterstützte, vorwarf. Ein verdienter General aus dem Siebenjährigen Krieg, Duc de Broglie, viele der älteren Offiziere wie überhaupt die französische Adelspartei lehnten das preußische Militärsystem, insbesondere die Lineartaktik, als der französischen Art und Auffassung widersprechend ab. Der Streit spitzte sich auf die taktische Frage zu, die dadurch zum Politikum wurde. Es wurde hier also nationale Eigenart als Argument gegen ein taktisches System angeführt. Guibert vermochte es nicht zu überzeugen. Er schrieb zwar dem Nationalgeist eine große Bedeutung für die Kriegführung zu, aber er war auch der Ansicht, „daß die Taktik eine für alle Völker und Zeiten gleicherweise gültige ‚Wissenschaft‘ sei“ (Vierhaus). Broglie und seine Anhänger sprachen sich gegen Guibert und den Ordre mince für den Ordre profond, also die Kolonne, als die der französischen Mentalität entsprechende taktische Grundform aus. Daß die Lineartaktik nicht nur aus französischer, sondern auch aus allgemeiner Sicht Schwächen hatte, war nicht neu. Wahrlich nicht aus Zeitvertreib befaßte sich auch Friedrich II. mit dem Kolonneneinsatz in der Schlacht. Neben den bereits erwähnten bestanden Schwächen der linearen Aufstellung in der größeren Schwierigkeit, während des Gefechtes führungsmäßig auf die Truppe einzuwirken, in der Neigung zur Bewegungserstarrung im stehenden Gefecht sowie in ihrer Störanfälligkeit, besonders durch die Gefahr, daß die flache Aufstellung leicht durchbrochen werden konnte.

Bereits 1724 hatte der Chevalier de Folard eine Durchbruchskolonne konstruiert. Sie sollte aber den Feind nicht einfach durchstoßen, sondern, nach gelungenem Einbruch in die feindliche Linie, mit ihrer rechten Hälfte rechtsum und mit ihrer linken linksum machen und den Gegner nach beiden Seiten aufrollen. Daher war sie als ein längliches Rechteck konstruiert, mit schmaler Front und sehr langen Flanken. Mit den geforderten exerziermäßigen Wendungen im Feind und damit dem Bestreben, das Gefecht durch minutiöse Berechnungen völlig im Griff zu behalten, ging Folard über die konstruktiven Anforderungen der Lineartaktik noch hinaus. Damit war der taktische Vorzug, den später die Kolonne gegenüber der Linie besaß – ihre einfachere Handhabung – überhaupt nicht ausgenutzt. In der Kriegspraxis wäre Folards Kolonne, durcheinandergekommen nach verlustreichem Angriff und Einbruch in einen aus allen Läufen feuernden Feind, zu solchen Exerzierkunststücken wohl kaum mehr in der Lage gewesen. Es kam hinzu, daß Folard dadurch, daß er verhältnismäßig große Kolonnen konzipierte – sie sollten bis zu 6 Bataillone umfassen – einen weiteren, mit dieser Angriffsformation verbundenen Vorteil nicht ausnutzte, nämlich ihre Beweglichkeit und Fähigkeit zur Anpassung an das Gelände.

Trotzdem übte der von Folard vertretene Grundgedanke eine starke Wirkung nicht nur auf seine Zeitgenossen, sondern auch auf die nachfolgenden Generationen aus. Praktische Versuche waren zunächst auf Frankreich und Preußen beschränkt. Im Jahre 1754 gab es in Frankreich vorübergehend eine Vorschrift, die auf der Grundlage der Vorschläge von Folard eine „Colonne d'áttaque" enthielt. Sie wurde aus zwei, aus der Linie nach vorn aufmarschierten Bataillonen gebildet, die, jeweils mit Pelotons hintereinander, ohne Zwischenraum nebeneinander standen. Hinter dieser Kolonne, rechts, bzw. links rückwärts herausgestaffelt, standen die beiden Grenadierkompanien und zwischen ihnen, eng aneinandergerückt zu einer Einheit, ihre sogenannten „Pikets". Letztere waren eigentlich Feldwachen. Die Grenadiere waren als Reserven und für den Flankenschutz vorgesehen. Die Pikets waren die Vorläufer der leichten Kompanien und besaßen in der Schlacht keine erkennbare Funktion, es sei denn, sie dienten ebenfalls als Reserve.

Der Kolonnenstoß mußte durch zusammengefaßte Feuerkraft ergänzt werden, weil in der tiefen Formation der Kolonne kein wirksamer Feuerkampf geführt werden konnte. Die Situation erinnerte an das 16. und 17. Jahrhundert, in dem sich Pikeniere und Musketiere ergänzt hatten. Überhaupt fand ja in dem Grundgedanken des schon 1669 geborenen Folard das taktische Prinzip jener Zeit, das ja bereits auf dem Einsatz tief gegliederter Gefechtskörper beruht hatte, seine zeitgemäße Fortsetzung. Tatsächlich wollten nicht nur Folard, sondern eine ganze Reihe von Kriegstheoretikern, unter anderem Autoritäten wie Marschall Graf Moritz von Sachsen und viel später sogar noch Lloyd, einen Teil der Infanterie wieder mit Spießen und Schutzrüstungen bewaffnen. Zu diesem taktischen Rückschritt kam es aber nicht. Der entscheidende Unterschied zur Taktik der frühen Neuzeit blieb der, daß alle Infanteristen Feuerwaffenträger waren und den geschlossenen Feuerkampf in Linie führen mußten. Angriffsstoß und Feuerkraft sollten sich als Kolonne und Linie ergänzen. Eine reine „Kolonnentaktik" als eine nur mit Kolonnen getätigte Taktik konzipierte nicht einmal Folard, so sehr er sich auch auf die Kolonne als auf seine eigene Schöpfung kaprizierte. Er versuchte die Kolonne in die Lineartaktik einzufügen, indem er sie als Stütze in die flachen Aufstellungen einbauen und für sie als Brecheisen benutzen wollte. Allerdings ließ er keinen Zweifel daran, daß das absolute Schwergewicht des Kampfes auf den Kolonnen zu liegen habe.

Die wohl bemerkenswertesten frühen Entwürfe für eine Taktik mit Kolonnen stammten von Moritz von Sachsen. Sie lagen als Erkenntnisse seiner „Rêveries" genannten militärtheoretischen Arbeiten bereits im Jahre 1732 im Manuskript vor und befaßten sich nicht nur mit der einzelnen Kolonne. Sie enthielten schon die wesentlichsten formalen Elemente für diese Taktik in Anwendung auf kleinere und größere Kampfverbände. Freilich war auch hier nichts „erfunden" worden. Ebenso wie Folard orientierte sich der Marschall an der Antike, und zwar an der Manipularaufstellung der römischen Legion, wie es um die Wende zum 17. Jahrhundert auch schon die Oranier getan hatten. Er übernahm auch einige altrömische Militärausdrücke.

Sachsen verwarf Folards Kolonne aus den bereits erwähnten Gründen. Sein Manipel sollte als administrative Einheit „Centurie", im taktischen Einsatz jedoch Bataillon heißen, obwohl es, einschließlich der Offiziere, nur 184 Mann umfassen, also kaum größer als sonst eine starke Kompanie sein sollte. Die Bezeichnung war trotzdem richtig, da diese kleine Centurie im Schlachteinsatz die taktische Einheit war. In der Schlachtordnung sollte jedes dieser kleinen Bataillone zum Angriff auf Infanterie in Kolonnen von 8 Gliedern Tiefe mit jeweils einer Kolonnenfrontbreite Zwischenraum aufgestellt werden. Die Zwischenräume konnten aber auch erweitert werden, um dem Gegner, der damals noch in Linie zu 4 Gliedern angenommen wurde, überflügeln zu können. Die Soldaten der letzten beiden Glieder wollte Sachsen zusätzlich zu ihren Flinten mit kurzen Spießen bewaffnen. Gegen Kavallerieangriffe sollten die Lücken zwischen den Bataillonen dadurch geschlossen werden, daß aus den 8 Glieder tiefen Kolonnen eine, nur von den üblichen kleinen Bataillonsintervallen für die Geschütze unterbrochene Schlachtfront aus 4 Gliedern gebildet wurde.

Hierbei war also die für die Kolonnentaktik bestehende Notwendigkeit des Übergangs von der Kolonne als der Form der Angriffsbewegung zur Linie als der Form, in der der Feuerkampf geführt werden konnte, voll berücksichtigt. Freilich haftete diesem System noch die methodische Starrheit dieser Zeit an. Eine Mischung von Kolonnen und geschlossenen Feuerlinien sowie gegenseitige Unterstützung von Bewegung und zusammengefaßtem Feuer je nach Lage im Gefecht war offenbar nicht vorgesehen. Andererseits macht Schwarz darauf aufmerksam, daß der Marschall für die Verteidigung gegen die Infanterie bereits eine Formation konzipierte, die sich so ähnlich erst sehr viel später, nämlich längere Zeit nach den Napoleonischen Kriegen, mit der Kompaniekolonne herausbildete. Hierbei sollte das ganze Bataillon mit 4 Gliedern aufgestellt werden, doch je ein Viertel als Flügel rechts und links um diese Tiefe zurückgesetzt.

Vier Bataillone, beziehungsweise Centurien, sollten ein Regiment, vier Regimenter eine „Legion" bilden. Mit leichter Infanterie, Kavallerie – deren einzelne Schwadronen in der Ordre de bataille hinter den Lücken der Infanterietreffen angenommen wurden – sowie Artillerie stellte die Legion bereits das Grundmuster einer vierteiligen Division dar, wie sie zu dieser Zeit als ständiger, waffengattungsmäßig gemischter Großverband noch nicht existierte. Auf Entstehung der ständigen Großverbände wird an späterer Stelle noch näher einzugehen sein.

Schließlich überwand diese kriegstheoretische Schrift die Lineartaktik noch vor deren Vollendung in einem weiteren entscheidenden Punkt. Er betraf die neue taktische Verbindung von Kolonnen und Schützen.

Auf den Zeichnungen Moritz von Sachsens finden sich Ketten leichter Infanterie vor oder zwischen den Kolonnen. Er wollte sie dort zusammen mit leichter Begleitartillerie einsetzen. Die von ihm geplante Gefechtsführung der Schützen faßt Rüstow wie folgt zusammen: „Schreitet die Legion oder das Regiment zum Angriff, so bildet ihre leichte Infanterie, 100, 150 bis 200 Schritt vor der Front eine Tirailleurkette. Diese fängt zu feuern an, jedermann für sich, ohne Commando, wenn der Feind auf 300 Schritte nahe gekommen ist. Wenn sich derselbe ihr auf 50 Schritt genähert hat, soll die Tirailleurkette langsam und immer feuernd auf ihr Regiment zurückgehn und in den Intervallen seiner Centurien, welche sich unterdessen auf 8 Glieder formirt und in Bewegung gesetzt haben, Schutz suchen. Hier und in allen anderen Fällen soll nach Meinung Moritzens die leichte Infanterie in der Weise handeln, wie sie in der That später auftrat, wie nicht bloss sie, wie die ganze Infanterie der neuen Zeit wirken lernte. Moritz gab dem Tirailleurgefecht, zunächst in der Theorie, von Neuem eine ehrenvolle Stelle auf den Schlachtfeldern."

Die Kolonnentaktik erlaubte den Schützeneinsatz nicht nur, sie erforderte ihn. Die Frage, wie die Front für den Einsatz der geschlossenen Teile zu demaskieren sei, beantwortete sich durch Hinweise auf die großen Lücken zwischen den Kolonnen. Auch hier konnten die Schützen zerstreut verwendet werden, um Verbindung zu halten. Zunächst empfahl sich aber der Einsatz von Schützen vor den Kolonnen für die Beunruhigung des Gegners und die Verschleierung des eigenen Aufmarsches. Bei Fehlen einer zusammenhängenden Front und infolge der größeren Beweglichkeit und besseren Geländeanpassungsfähigkeit der Kolonne konnte die Führung den Gegner besser über die taktische Absicht täuschen, als dies bei der Lineartaktik möglich war. Vor allem aber brauchte eine in Kolonnen formierte Truppe, die so keinen Feuerkampf führen konnte, vorausgeschickte Schützen für die Gefechtsaufklärung, um nicht plötzlich auf feuerbereiten geschlossenen Feind zu stoßen. Sie brauchte die Schützen zum Schutz vor den feindlichen Schützen, zur Störung des feindlichen Aufmarsches wie überhaupt zur Behinderung des Gegners in jeder Weise sowie zur Deckung der eigenen Truppe bei taktischen Formveränderungen, also beispielsweise beim Übergang von der Linie zur Kolonne im Angriff oder von der Kolonne zur geschlossenen Feuerlinie oder zum Karree in der Verteidigung. Große Ähnlichkeit besaß die Kombination von geschlossener und zerstreuter Ordnung in der Kolonnentaktik im Prinzip natürlich mit dem taktisch gleichfalls verbundenen Gewalthaufen und verlorenen Haufen der Landsknechte.

Der Kolonne von Folard hatte diese Verbindung gefehlt. Immerhin wird man in den von der Kolonne abgesetzten Pikets und Grenadierkompanien einen Beginn dieser Entwicklung erkennen können. Sie wurde um die Mitte des 18. Jahrhunderts in diesem Sinne von dem französischen Ingenieuroffizier Menil (auch Mesnil geschrieben) Durand weitergeführt. Nach ihm sollten die Grenadiere für das zerstreute Gefecht eingesetzt werden. Damit stieß er auf den bezeichnenden Widerspruch, die Grenadiere als ihre Elite hätten den festen Kern oder Rückhalt der schweren Infanterie zu bilden, dürften also nicht als Plänkler verwendet werden. Aber dieser Grundsatz verlor an Gültigkeit. Nicht nur die aus den Pikets entstehenden leichten Kompanien, auch die Grenadierkompanien der französischen Linienbataillone wurden später tatsächlich zum Schützengefecht eingesetzt. An dieser Verwendung der schweren Infanterieelite wurde die Aufwertung des Dienstes der leichten Infanterie besonders deutlich. Wenn sich somit die Grenzen der bislang scharf getrennten Einsatzgrundsätze für schwere und leichte Infanterie zu verwischen begannen, so hatte dies freilich auch die umgekehrte Folge, daß zunehmend von der leichten Infanterie die Befähigung zur Führung des Gefechtes in geschlossener Ordnung verlangt werden mußte.

Als begeisterter Anhänger Folards bemühte sich Menil Durand dessen Werk fortzusetzen. Er wurde zum führenden Theoretiker des Ordre profond, den er zusammen mit Broglie durchzusetzen versuchte. Er war es, der ihn zum „Ordre français en Tactique" deklarierte.

Es wurde vorhin darauf hingewiesen, daß es auch zur Zeit der Lineartaktik aus der Not einer Lage heraus zur Bildung von Kampfkolonnen kommen konnte. Darüber hinaus gab es aber auch immer wieder Fälle, in denen – auch gegen bestehende Vorschriften – mit Kolonnen nicht nur auf Übungen herumexperimentiert, sondern sie auch ganz bewußt und planmäßig im Kampf eingesetzt wurden. Dies geschah sowohl durch die Franzosen wie durch die Amerikaner und die Russen. Der Einsatz von Schützenschwärmen legte die Bildung massierter Rückhalte in Form von Kolonnen ebenso nahe wie diese die Verwendung von Schützen.

Bereits um die Mitte des 18. Jahrhunderts bildeten die Franzosen gelegentlich Angriffskolonnen für die Schlacht. So wird von G. von Griesheim die Ansicht vertreten, daß die Franzosen im Siebenjährigen Krieg 1757 bei Roßbach Angriffskolonnen einsetzen wollten. Dies sei durch den preußischen Kavallerieangriff verhindert worden, der in die Franzosen hineinplatzte, noch bevor sie ihre Aufstellung vollenden konnten.

Im wesentlichen freilich blieb man, die Praxis anbelangend, im Zustand des Experimentierens. Die Kampfkolonne wurde auch anfänglich als Karree aufgefaßt, also nicht als Angriffsformation, sondern, im Gegenteil, als Formation zur Rundumverteidigung. Formen infanteristischer Rundumverteidigung hatten im 16. Jahrhundert eine große Rolle gespielt, verloren aber ihre Bedeutung mit der Herausbildung zusammenhängender Schlachtfronten. Je mehr sich dieser Zusammenhang auflöste, je selbständiger die taktischen Einheiten wieder wurden, je empfindlicher daher auch in Flanken und Rücken, desto wichtiger wurde die Frage, auf welche Weise die Bataillone aus der Linie oder Angriffskolonne möglichst schnell – vor allem gegen plötzlich auftretende feindliche Kavallerie – zu einer nach allen Seiten wirksamen Verteidigung übergehen konnten. Bildete man dafür ein massives Quadrat, so war damit noch kein grundsätzlicher Unterschied zur Angriffskolonne gegeben. Man wird hier an den Tercio des 16. und 17. Jahrhunderts erinnert, der gewissermaßen eine mobile Verteidigungsformation war.

Folard hatte auch waffengattungsmäßig gemischte große Kolonnen vorgeschlagen. Sie wurden auch in Preußen bereits vor dem Siebenjährigen Krieg ausprobiert. Wegen der Umständlichkeit ihrer Formierung, der Schwierigkeit, das Tempo der Bewegungsabläufe von Infanterie und Kavallerie in Übereinstimmung zu bringen, und wegen der abzusehenden Verluste wurden sie jedoch im Kriege nicht angewandt.

Schwarz beschreibt solche gemischte Kolonne, wie sie 1754 in Preußen erprobt wurde, wie folgt: „Es geht aus dem ersten Treffen eine Front von 2 Grenadierkompanien vor, hinter ihnen 4 Geschütze, an beiden Seiten je ein halbes Infanteriebataillon in Rottenbreite als Flanke, gefolgt von je einer Eskadron in Zugkolonne. Nach der Planung sollen die beiden Grenadierkompanien als Sturmtruppe durchbrechen, beiderseits je zwei Geschütze wirken, dann die beiden halben Infanteriebataillone je nach der Seite, nach außen also in dreigliedriger Infanteriefront feuern und den Gegner von der Flanke her aufrollen. Die folgende Kavallerie soll das zweite Treffen des Gegners attackieren."

Am eifrigsten wurde die Kolonnentaktik in Frankreich erprobt. 1775 hielt die französische Armee Übungen in den Lagern bei Straßburg, Lille und Metz ab. Sie sollten nach preußischem Muster durchgeführt werden, aber bei Metz hielt der Marschall de Broglie mit zwei Infanterieregimentern auch Manöver nach dem etwas veränderten System Folard-Menil ab. 1778 wurden bei Vaussieuq in der Normandie nicht weniger als 44 Bataillone, 24 Schwadronen und Artillerie zusammengezogen, um zu erproben, ob der Ordre français oder der Ordre mince der Vorzug zu geben sei. Das Urteil der französischen Regierung fiel zugunsten des preußischen Systems aus.

Das hatte verschiedene Gründe – unter anderem auch den, daß die Truppe gerade nach diesem System ausgebildet worden war und eine abermalige Veränderung der Ausbildungsgrundsätze nicht eben begrüßte. Der Hauptgrund war aber der, daß die Anhänger des preußischen Systems den Anhängern des Ordre français vorwarfen, gerade durch ihre Vorführungen die Vorzüge des Ordre mince bewiesen zu haben. Broglie hatte nämlich als alter Praktiker gar nicht daran gedacht, auf die Feuerkraft zu verzichten. Er hatte daher den Kolonnenstoß, den seine Gegner offenbar mit des Ordre profond identifizierten, durch ein langes Massenfeuer – natürlich in linearer Aufstellung – vorbereiten lassen. Dazu bemerkt Jähns: „Man darf sagen: es war die Kampfweise, welche 1½ Jahrzehnte später zu allgemeiner Geltung in Europa kam: Die Verbindung vorbereitenden Feuergefechtes mit dem Angriff in Colonnen."

Bei näherer Betrachtung lagen die Standpunkte gar nicht so weit auseinander. Grundsätzlich widersprach Guibert zwar den Vertretern des Ordre profond, indem er feststellte: „Es ist ein Vorurteil, wenn man wähnt, die Kraft einer Truppe zu steigern, indem man ihre Tiefe vermehrt. Alle physikalischen Gesetze vom Stoß werden, auf die Taktik angewendet, zu Chimären. Ein Trupp ist keine einheitliche Masse, weil er kein fester Körper ohne Zwischenräume ist. Nachdruck von hinten empfängt nur das Glied, welches unmittelbar an den Feind gerät, weil dies Widerstand findet; von einem Stoß als dem Product aus Masse und Geschwindigkeit kann aber keine Rede sein; denn es handelt sich nicht um Atome, sondern um Individuen" (zit. Jähns). Aber auch Guibert schloß Angriffskolonnen nicht für alle Fälle aus. Er wollte ihren Einsatz aber auf den Angriff gegen einen Feind in fester Stellung mit gesicherten Flanken beschränkt wissen, „denn den Angreifern macht das schafsmäßige Zusammendrängen ein Herz, den Angegriffenen erschreckt es" (ebd.). Das Problem Feuer und Bewegung löste sich für Guibert in der Feststellung: „Man muß nur dann feuern, wenn man nicht marschieren kann" (ebd.). Damit legte auch er, wie die Kolonnentaktiker, das Hauptgewicht des Kampfes auf die Bewegung. David Chandler meint, das Ergebnis der Auseinandersetzung zwischen Broglie und Guibert sei die „Ordre mixte" gewesen. „Die wahre Taktik besteht in sachgemäßer Bewegung großer Massen, nicht in der Ausnutzung dieser oder jener Form." Mit diesem Wort des französischen Generals Dumouriez könnte der Streit zwischen Ordre mince und Ordre profond als beendet angesehen werden,. Es hat aber nur Gültigkeit für die Kriegspraxis, nicht für die Kriegstheorie als deren Grundlage.

Die Frage, welches der beiden taktischen Systeme prinzipiell das leistungsfähigere gewesen sei, läßt sich nicht beantworten. Die Lineartaktik stellte zweifellos führungsmäßig und technisch das schwierigere System dar. Sie bot dafür aber auch die Möglichkeit der Überlegenheit allein durch technische Perfektion. Die Voraussetzungen waren: eine sehr scharfe Disziplin, eine lange Ausbildungszeit und ihre intensive Ausnutzung, also der berufsmäßige Status einer Truppe, Militärdienst als Routine. Je länger die Linien, je enger ihr Zusammenhang, desto offener mußte das Gelände sein, in dem man die Lineartaktik einzuordnen gedachte. Nicht zufällig hielt die hervorragende britische Berufsinfanterie auch im 19. Jahrhundert an den linearen Formen fest. Die Kolonnentaktik ließ sich nicht in der gleichen Weise perfektionieren. Von ihren ersten Vertretern, die noch in den Vorstellungen der methodischen Kriegführung lebten, war das zwar versucht worden, aber es sollte sich erweisen, daß eine gewisse Individualisierung nicht nur zwangsläufig mit dem Tiraillement, sondern führungsmäßig bis zu einem gewissen Grade auch mit dem Kolonneneinsatz verbunden war und daß dies mit den dadurch gegebenen Möglichkeiten zur Anpassung an Lage und Gelände sowie zur Improvisation eine der Hauptstärken dieser Taktik war. Wie schon erwähnt, ließen sich Kolonnen psychologisch und taktisch leichter führen als Linien. Andererseits erforderte die Kolonnentaktik wegen des äußerst günstigen Artilleriezíels, das die dichtgedrängte, tiefe Masse bot, noch höhere Verluste als die Lineartaktik – wobei zu berücksichtigen ist, daß bis zum Anfang des 19. Jahrhunderts, als man begann, die Kolonnentaktik im großen Stil zu praktizieren, die Artillerie gegenüber den Zeiten der Haufentaktik, die ja auch bereits eine Kolonnentaktik gewesen war, wesentlich vermehrt und verbessert worden war. Aus diesem Grunde empfahl sich die Kolonnentaktik für die immer noch verhältnismäßig kleinen stehenden Söldnerheere zur Zeit des Absolutismus nicht,wurde sie erst in den großen Wehrpflichtheeren des 19. Jahrhunderts, für die der Ersatz von Menschenverlusten kein oder ein geringeres Problem war, zur Grundlage für die taktische Kriegführung. Auch der Schützeneinsatz größeren Stils in Verbindung mit den Kolonnen war zur Zeit des Absolutismus äußerst problematisch. Denn es war zunächst gar nicht möglich, die für den leichten Infanteristen geforderten Eigenschaften – Zuverlässigkeit, Wendigkeit, Eigeninitiative, persönliche Kühnheit – mit der vom Linieninfanteristen geforderten mechanischen Disziplin, der drillmäßig-automatischen Reaktion, dem Stoizismus und der völligen Aufgabe der Individualität im Kollektiv des geschlossenen Kampfkörpers zu verbinden. Noch im 19. Jahrhundert wurde die Ansicht vertreten, daß das Tiraillieren der große militärische Sündenfall sei, da es infolge der Auflösung des kontrollierten, festen Zusammenhalts der Truppe zugleich auch den Charakter des Soldaten verderbe. Um so mehr ist herauszustellen, daß wesentliche Grundlagen für die Kolonnentaktik und den Schützeneinsatz bereits erarbeitet wurden, bevor sich die gesellschaftlichen Verhältnisse so gewandelt hatten, daß diese Taktik allgemein angewendet werden konnte.

d. Veränderungen bei den übrigen Waffengattungen

Kavallerie

Bei den übrigen Waffengattungen sind in den letzten Jahrzehnten des Absolutismus keine spektakulären taktischen Neuansätze, überhaupt keine wesentlichen Veränderungen zu beobachten. Manches deutete aber auch hier schon auf sie hin. Nach dem Siebenjährigen Krieg diente auch die preußische Kavallerie anderen Armeen als Vorbild. Im Gegensatz zur preußischen Infanterie hatte sie sich während dieses Krieges noch verbessert, weil sie in der österreichischen und russischen Reiterei gefährliche Gegner besessen hatte, die sie ständig zu Höchstleistungen anspornte, dabei aber sehr viel weniger Verluste erlitten hatte als die preußische Infanterie. Friedrich der Große war weiterhin bemüht, seine Reiterei auf höchstem militärischem Niveau zu halten und wurde dabei unterstützt von tüchtigen Offizieren. Weit über die preußischen Grenzen bekannt war nun General von Seydlitz, der Inspekteur der schlesischen Kavallerie und der beste Kavallerielehrer, den die preußische Armee in ihrer gesamten Geschichte besaß, und zweifellos einer der besten in der Geschichte der militärischen Reiterei überhaupt. Die Übungen der schlesischen Kavallerieregimenter waren wegen ihrer wohl einmaligen Verbindung von Disziplin, Schnelligkeit und Schwungkraft in ganz Europa berühmt. Selbst der Kriegsherr der österreichischen Kavallerie, Kaiser Josef II., war begeistert. Guibert äußerte anläßlich einer solchen Vorführung: „Seydlitz, Seydlitz! Nie sah ich etwas, das mich so staunen machte" (zit. Jähns). Das preußische Reglement wurde auch für die französische Kavallerie maßgebend.

Die zunehmende Bedeutung des Kleinkrieges begünstigte die Entstehung neuer Gattungen leichter Kavallerie, die nun mit den Husaren, den Lanzenreitern unter den Namen Ulanen, Bosniaken, Kosaken, den aus den französischen leichten „Legionen" stammenden Jägern zu Pferde, die ebenso von anderen Armeen übernommen wurden wie die Chevaulegers, in ihren verschiedenen Uniformen ein besonders buntes Bild abgab. Nicht alle Armeen verfügten über alle diese Gattungen – in England gab es nur schwere und leichte Dragoner. Die taktische Verwendung war bei allen leichten Reitern grundsätzlich die gleiche. Bewaffnungsmäßig unterschieden sie sich nur dadurch, daß die Lanzenreiter keine Karabiner besaßen.

Damit vergrößerte sich aber zunächst nicht wieder der Unterschied zwischen schwerer und leichter Kavallerie, vielmehr setzte sich der Angleichungsprozeß fort, der mit der Einbeziehung der Husaren in die Schlachtordnung begonnen hatte. Nach wie vor war die schwere Kavallerie in erster Linie Schlacht-, die leichte in erster Linie Aufklärungs- und Sicherungskavallerie. Das blieb auch noch so im 19. Jahrhundert, nach dessen Mitte schwere und leichte Reiterei nur noch durch Größe und Gewicht der Pferde und Reiter unterschieden und schließlich zu einer Einheitskavallerie zusammenschmolzen, in der sich der Typ des leichten Reiters durchsetzte. Es ist darum interessant, daß der preußische General von Warnery bereits 1767 der Ansicht war, daß im Kampf gegeneinander die leichte grundsätzlich der schweren Kavallerie überlegen sei.

Dazu führte Warnery aus, Seydlitz selbst habe ihm gesagt, „daß er auf einem etwas langen Marsch sich nicht getraue, 600 guten Husaren [mit seinem Kürassierregiment, obwohl dies der ganzen Welt zum Muster diene] zu widerstehen. Jede schwere Kavallerie, die ihre Haltung verliert und sich vor einer leichten auseinandergibt, ist verloren, und will sie, um sich aus der Verlegenheit zu ziehen, einen entscheidenden Angriff tun, so zieht sich die leichte geschwind zerstreut zurück. Machen die Kürassiere halt, so tun die Husaren dasselbe und fangen ihr Spiel von vorne an. Mögen jene nun marschieren oder halten, sie werden sich nur abarbeiten und am Ende den kürzeren ziehen" (zit. Jähns).

Erste Anzeichen einer solchen Entwicklung gab es bereits zwischen dem Siebenjährigen Krieg und der Zeit Napoleons I. Österreich führte schon 1765 ein Einheitsreglement für die gesamte Kavallerie ein, was in Preußen erst 1812 geschah. Andererseits vermerkte bereits Friedrich II. in einer Instruktion für die Kavallerie-Kommandeure, daß die Offiziere der schweren Kavallerie keine Vorstellung vom leichten Reiterdienst besäßen. Die schwere Kavallerie sei – außerhalb der Schlacht – zu nichts anderem zu gebrauchen, als Feldwachen zu stellen und Soutiens für die Avant- und Arrièregarden abzugeben. Er ordnete daher an, daß die fähigsten Kürassieroffiziere bei den Husaren entsprechend einzuweisen seien. Seydlitz bildete seine Inspektion nach dem Grundsatz aus, „daß der Kürassier als Husar und der Husar als Kürassier agieren kann" (Warnery, zit. Jähns). Hatte sich durch die Einbeziehung in die Schlachtordnung bereits die leichte der schweren Kavallerie angeglichen, so erfolgte jetzt der entsprechende umgekehrte Vorgang. Wie weit es sich hierbei um eine allgemeine Tendenz handelte, konnte hier nicht genau festgestellt werden, die Tatsache jedoch, daß die preußische Kavallerie allgemein als Vorbild galt und daß nicht nur die preußischen, sondern teilweise noch vor ihnen die bayerischen, die französischen, die russischen Kürassiere ihre Brustpanzer ablegten – die die Soldaten übrigens selbst nicht mochten –, läßt immerhin vermuten, daß sie sich nicht auf Preußen beschränkte. Dem entsprach, daß in Preußen jede Kürassierschwadron über 10, jede Dragoner- und Husarenschwadron über 12 Schützen – „Karabiniers", nicht zu verwechseln mit der schweren Reitergattung gleichen Namens – verfügen mußte. Die Karabiniers erhielten gezogene Karabiner und, wie die Schützen der Infanterie, eine gründlichere Schießausbildung, bei der sie – was sonst nicht üblich war – nach der Scheibe schossen. Sie waren zum Plänkeln vor der geschlossenen Schwadron bestimmt. Hier wurde die Parallele zur Entwicklung bei der Infanterie besonders deutlich.

Als eigentlicher Prüfstein jedenfalls für die Leistungsfähigkeit der schweren Kavallerie wurde nach wie vor in Preußen gegen feindliche Kavallerie die Massenattacke „en muraille" angesehen, wie sie hier noch 1784 mit 4000 Reitern auf einen Schlag vorgeführt wurde. Der Anlauf wurde auf 500 Schritt im Galopp und 250 Schritt in Karriere herabgesetzt, „wobei die Pferde besser im Atem blieben und der Stoß schärfer wurde" (Jany). Warnery kritisierte sie wegen ihrer geringen Geländeanpassungsfähigkeit – also aus denselben Gründen, die gegen die Lineartaktik der Infanterie sprachen. Die Truppe wurde nicht nur im Angriff in Linie, sondern auch in der Echelon- und Schwarmattacke ausgebildet. Friedrich der Große verlangte in seiner letzten Regierungszeit, daß erschütterte feindliche Infanterie in Kolonnen zu attackieren sei, um dem Angriff mehr Nachdruck zu verleihen. Damit konnte natürlich kein massiver Kolonnenstoß wie bei der Infanterie gemeint sein, vielmehr attackierten die einzelnen Züge oder Schwadronen jeweils in Linie mit größeren Abständen hintereinander. Aber auch hierin zeigten sich Parallelen zu der sich wandelnden Infanterietaktik, zur Auflösung des lineartaktischen Zusammenhangs, zur Unterstützung des Angriffs aus der Tiefe, zu größerer Selbständigkeit der taktischen Verbände und Einheiten. Dadurch litt freilich andererseits die Geschlossenheit des Kavallerieangriffs. Die Anlaufstrecke wurde nach dem Ausscheiden von Seydlitz in späteren Jahren noch weiter herabgesetzt: „Die Wucht schwand aus dem preußischen Reiterangriff" (Goltz). Es wurde immer weniger Wert auf den Felddienst gelegt, vor allem auch was die Aufklärungs- und Sicherungstätigkeit betraf. Aus Sparsamkeitsgründen wurden die Pferde möglichst geschont, und so erstarrte auch die preußische Kavallerie weitgehend in einem parademäßigen Formalismus. Die Folgen sollten sich im Feldzug von 1806 zeigen.

Wenn die Entwicklung einer neuen Einheitskavallerie – wie sie doch wohl die Konsequenz der Vorstellungen von Seydlitz war – nicht geradlinig verlief, so war dies der Kolonnentaktik im Zusammenhang mit der durch die Französische Revolution ebenfalls bedingten Umgestaltung der Operationsführung zuzuschreiben. Militärstrategie und Taktik Napoleons I. erforderten wieder eine deutlichere Unterscheidung zwischen den Aufgaben der schweren und leichten Kavallerie.

Dem wachsenden Interesse an der Artillerie entsprach die Einrichtung von Artillerieschulen, die schießtechnische Probleme auf wissenschaftlicher Grundlage untersuchten.

Man gelangte hierbei jedoch noch zu keinen wesentlich neuen Ergebnissen. Man verfügte „anscheinend nicht über eine genaue Kenntnis der physikalischen Gesetze und ebensowenig über die technischen Mittel, um Geschützrohre mit wünschenswerter Genauigkeit gießen und bearbeiten zu können. Die Länge eines Rohres wurde stets mit dem Vielfachen des Kalibers oder des Durchmessers der Geschosse angegeben. Ein Rohr hatte 18 Kaliber Länge, wenn es 18 mal den Durchmesser der Kugel maß. – Das Problem, wie die beste Länge des Kanonenrohres zu bestimmen sei, war wissenschaftlich nicht gelöst. Diesbezügliche Versuche – und zwar die bedeutendsten und gründlichsten der damaligen Zeit – wurden 1785 in Hannover durchgeführt. Man stellte dabei fest, daß Rohre von 18 Kalibern Länge mit einer Pulverladung vom halben Gewicht der Kugeln die größte Reichweite erzielten . . .". Man erkannte , „daß Kanonen mit Rohrlängen von 24, 21 und 18 Kalibern mit einer Pulverladung vom halben Kugelgewicht ungefähr gleiche Reichweiten erzielten, daß sich dagegen bei der Rohrlänge von 16 Kalibern die Reichweite um etwa 100–150 Schritt verringerte" (Jobe).

In Preußen wurde durch die Instruktion von 1768 die bereits während des Siebenjährigen Krieges zu beobachtende Tendenz hinsichtlich des taktischen Einsatzes der gewaltig vermehrten Artillerie fortgesetzt. Jedes Bataillon des ersten Treffens verfügte über zwei sechspfündige Kanonen und eine siebenpfündige Haubitze, des zweiten Treffens über zwei dreipfündige Kanonen. Jede der aus fünf Bataillonen bestehenden Infanteriebrigaden erhielt eine aus zehn Zwölfpfündern oder schweren Sechspfündern bestehende Batterie zugeteilt. Die Batterien des ersten Treffens fuhren in der Schlachtordnung vor, die des zweiten Treffens hinter der Front auf. Die artilleristische Schwerpunktbildung durch Massierung auf dem Angriffsflügel wurde außerordentlich betont. 40 weittragende Haubitzen, eine „Feld-Reserve" und die reitende Artillerie sollten zunächst zur Verfügung im Geschützpark bleiben. Die „Feld-Reserve" war eine reine Materialreserve, entsprach also nicht dem, was man dann später seit Napoleon I. unter Artilleriereserve verstand.

In seiner letzten Instruktion von 1782 widerrief Friedrich eigenartigerweise einige seiner früheren Erkenntnisse. Er tadelte in schärfster Form die zu frühe Feuereröffnung, einen Fehler, den er „fast immer" (zit. Jähns) an seiner Artillerie bemerkt habe. Es sei ihm klar, daß er auf das Drängen der Infanterieoffiziere zurückzuführen sei, dem die Artillerieoffiziere nachkämen, „um sich bei der Infanterie zu insinuiren oder auch wohl um ihre Bravour zu zeigen" (zit. ebd.). Diese Begründung ist, im Hinblick auf die nicht ganz gleichwertige soziale Stellung der Artilleristen im preußischen – und nicht nur in diesem – Offizierkorps sehr interessant. Der eigentliche Grund für den Tadel war natürlich die Sorge, daß sich die Artillerie schon verschossen habe, bevor der Feind noch herangekommen war. Erst auf 6 bis 800 Schritt sei das Feuer mit Kugeln zu eröffnen, dann aber unaufhörlich aufrechtzuerhalten, was einen Feind wohl hindere, es mehr als auf 100 bis 80 Schritt vor der eigenen Front auszuhalten. Mit Kartätschen sei erst auf 100 Schritt, bei Kavallerieangriffen sogar erst auf 50 bis 60, zu schießen. Damit wich Friedrich völlig von seinen früheren Vorschriften ab. Nach der Disposition von 1744 war die schwere Artillerie angewiesen, das Kartätschenfeuer schon auf 600, die leichte es auf 300 Schritt zu eröffnen. Als einziger Zweck des Artilleriefeuers sollte nun die direkte Wirkung angesehen werden. Daher revidierte Friedrich auch seine im Siebenjährigen Krieg gewonnene Erkenntnis, nach der es darauf ankomme, zuerst die feindliche Artillerie zu bekämpfen. Er befahl wieder, daß es Hauptziel sei, die feindliche Infanterie in Unordnung zu bringen. Die Kugeln sollten die feindlichen Treffen im rasanten Schuß durchschlagen, wenn es der Boden erlaube durch Rollschuß. Bogenschüsse sollten vermieden werden, da sie nur in der Erde stecken blieben. Daher sollte auch nicht von zu großen Höhen herabgeschossen werden. Eigene Infantrie sollte nach Möglichkeit nicht überschossen werden, da sich die Infanteristen dann ängstlich bückten und ein zügiger Angriff verhindert wurde. Es komme nicht auf die Weite des Schusses, sondern auf seine Wirkung an. Alles in allem handelte es sich hierbei doch wohl aber um ein recht zweifelhaftes Verfahren, das beim Gegner eine schwache Artillerie voraussetzte, die nicht in der Lage war, die eigene auszuschalten, und das von der Sorge diktiert war, daß bei der geringen Treffsicherheit der Geschütze nur Munition verschwendet werde. Joseph Jobe zitiert Friedrichs Ausspruch: „Die durch die Artillerie im letzten Krieg erzielten Ergebnisse sind das Hauptelement des Erfolgs der Armee." Das hätte auch ein Ausspruch von Napoleon sein könne, aber bei diesem „letzten Krieg" handelte es sich offensichtlich um den Bayerischen Erbfolgekrieg, in dem Friedrich mit seiner Artillerie sehr zufrieden, aber in dem es auch zu keiner Schlacht gekommen war.

Der wohl bedeutendste Artillerist zwischen dem Siebenjährigen Krieg und der Französischen Revolution war der Franzose J. B. V. F. de Gribeauval, der schon als General in österreichischen Diensten gestanden hatte, bevor er die französische Artillerie zu reformieren begann. Er wurde 1776 ihr Inspekteur, deren Material er „in sehr verwahrlostem Zustande" (Jähns) vorfand. Er sorgte vor allem dafür, daß es leichter und damit beweglicher wurde, und verbesserte die Richtmittel. Er setzte die Gliederung in Belagerungs-, Festungs-, Küsten- und Feldartillerie durch und beschränkte die Geschützarten der letzteren auf Zwölf-, Acht- und Vierpfünder sowie auf sechszöllige Haubitzen und zehnzöllige Mörser.

Sein Wirken ist im Zusammenhang mit der französischen Heeresreform nach dem Siebenjährigen Krieg zu sehen und damit als artilleristische Grundlage für die französische Kriegführung während der Revolution und unter Napoleon I. ebenso wichtig, wie die artillerietaktischen Überlegungen des Chevalier du Teil. Letztere zielten auf die Bildung einer möglichst beweglichen Artillerie und eine wirksame artilleristische Vorbereitung des Angriffs mit entsprechenden Schwerpunktbildungen und Feuerzusammenfassungen ab. Die Beweglichkeit anbelangend, besaß Preußen durch seine reitende Artillerie einen entscheidenden Vorsprung. Nach du Teil sollte die schwere Artillerie ihre Hauptaufgabe in der Zerstörung von Schanzen und Gebäuden sehen und die leichte den Kampf mit der schweren nicht scheuen, da sie drei bis vier Mal schneller schießen könne. Guibert unterschätzte die Bedeutung der Artillerie in ganz erstaunlicher Weise, wie sich an den künftigen Kriegen zeigen sollte. „Die große Vermehrung der Artillerie, die man Rußland, Österreich und Preußen zu danken habe, erscheint ihm als ein epidemischer Mißbrauch, und nicht ohne Schrecken beobachtet er dessen Verbreitung nach Frankreich" (Jähns).

Nach wie vor wurde jedoch die geforderte Beweglichkeit dadurch eingeschränkt, daß im Frieden keine Bespannung zur Verfügung stand. Selbst die reitende Artillerie in Preußen besaß im Frieden nur eine bespannte Exerziereinheit. Um auch den leichten Fußbatterien ein schnelleres Auffahren zu ermöglichen, schlug du Teil vor, die Kanoniere auf dem Gerät aufsitzen zu lassen. Da auf den Protzen und Geschützen zunächst noch keine Sitzgelegenheiten vorhanden waren, konnte es allenfalls für kurze Zeit auf den Handpferden der Bespannungen für die Geschütze und Munitionsfahrzeuge geschehen. In Österreich konnten die Bedienungen der Kavallerie-Geschütze auf den Lafettenschwänzen transportiert werden. Damit tauchte zum ersten Mal in der Militärgeschichte eine „fahrende" Artillerie auf, die sich aber erst sehr viel später – mit Kanonieren auf Protze und Geschütz – in der Feldartillerie durchsetzte.

Allgemein war die Artillerie im Kriege schon in Batterien zu sechs bis acht Geschützen, unter denen sich ein bis zwei Haubitzen befanden, formiert. Man rechnete drei bis vier Geschütze auf 1000 Mann. In Deutschland wurde die Artillerie der übrigen Staaten nach preußischem und österreichischem Muster, in Italien und Spanien nach französischem reformiert.

Technische Truppen

Die technischen Truppen in ihrer Gesamtheit waren von einer organisatorischen Eigenständigkeit noch weit entfernt. Im einzelnen kam es in dieser Hinsicht sogar zu rückläufigen Entwicklungen. So traten in Frankreich, wo sie 1759 bereits mit dem Geniekorps vereinigt worden waren, Sappeure und Mineure wieder zur Artillerie zurück. Auch in Preußen wurden 1773 Pontoniere wieder der Artillerie einverleibt. Im Gegensatz dazu wurden in Österreich 1772 Sappeure und Mineure Teile des Ingenieurkorps. Auch in Ländern, in denen es bisher noch nicht der Fall gewesen war, wurden nun die Ingenieure in eigenen Ingenieurkorps zusammengefaßt.

In Preußen, wo sich unter Friedrich Wilhelm II. für die wenig geachteten Techniker bessere Zeiten abzuzeichnen schienen, erhielten 1789/90 das Ingenieurkorps und das Mineurkorps eigene Reglements und letztere den Vorzug, daß bei ihnen, wegen der hier gebotenen Geheimhaltung, keine Deserteure eingestellt werden durften. In Preußen durften die Ingenieure im Felde nicht mehr für Aufgaben verwendet werden, die mit Marsch und Lager zusammenhingen. Das war jetzt Angelegenheit von Generalstabsoffizieren. Die Ingenieure sollten jetzt ausschließlich für Bauaufträge, vor allem für Feld- und Ortsbefestigungen sowie Brücken, zur Verfügung stehen.

e. Unterteilung des Feldheeres in Divisionen

Zunächst waren die Regimenter die einzigen – nach heutigem Begriff – Truppenverbände gewesen, in die sich ein Heer ständig unterteilte, die Bataillone und Eskadrons waren taktische, die Kompanien bei allen Waffengattungen administrative Einheiten. Die taktischen Einheiten wurden längst nicht mehr nur für die Schlacht zusammengestellt, sondern waren – sofern sie nicht selbständig waren – feste Bestandteile des Regiments und bestanden ihrerseits aus mehreren Kompanien. Dadurch, daß die Bataillone oder Schwadronen eines Regiments in der Ordre de bataille zunächst nebeneinandergestellt, schließlich vom Regimentskommandeur geführt wurden, konnte sich das Regiment zum taktischen Verband entwickeln.

Ständige gemischte Verbände einheitlicher Größe und Zusammensetzung gab es im allgemeinen nicht. Die drei großen, waffenmäßig gemischten Truppenkörper Avantgarde, Bataille und Arrièregarde, in die sich früher das Heer geteilt hatte, könnte man heute sicher als Großverbände ansprechen. Aber sie wurden nur für den Einsatz gebildet und waren auch nicht einheitlich zusammengesetzt. Stets wurden natürlich zur Erfüllung von Aufträgen, die dies bedingten, größere oder kleinere Truppenkörper auch aus verschiedenen Regimentern oder auch nur Einheiten und Waffengattungen zusammengestellt und vom Hauptheer oder seinen bereits detachierten Teilen abgetrennt. Wenn sie in der Kriegsgeschichtsschreibung als – vom Hauptheer getrenntes – „Heer" oder „Armee", als „Heeresabteilung", als „Korps" oder „Detachement" bezeichnet werden, so wird damit allenfalls nur eine ungefähre Aussage über Stärke und Größenordnung gegeben, aber diese Ungenauigkeit entspricht den damaligen realen Verhältnissen.

Manche Detachements mochten allerdings den ganzen Krieg oder einen Feldzug über zusammenbleiben. Dieses betraf vor allem die leichten Truppen mit ihren Freikorps oder Legionen, die aus verschiedenen Waffengattungen bestanden. Bereits im 17. Jahrhundert waren aber gelegentlich – so durch Gustav Adolf von Schweden und Turenne – zwei oder mehrere taktische Einheiten oder auch Regimenter derselben Waffengattung zu Brigaden zusammengestellt worden. Dies war zunächst aus taktisch-führungsmäßigen Gründen geschehen, wurde aber teilweise auch für die administrative Organisation übernommen.

Wie wir sahen, konzipierte bereits Moritz von Sachsen mit seiner Legion einen divisionsähnlichen Großverband, bestehend aus 4 Regimentern zu je 4 Bataillonen mit Kavallerie und Artillerie. Eine unmittelbare Fortsetzung dieses Gedankens ist nicht ersichtlich, die Unterteilung des gesamten Heeres in selbständige, nach Stärke und Größenordnung klar definierte Großverbände begann in der rangierten Schlachtordnung. Letztere bestand dem Prinzip nach aus jeweils zwei oder mehreren zusammenhängenden Treffen und diese wieder aus Flügeln, die in der Regel jeweils alle drei Waffengattungen umfaßten. Diese Flügel wurden gelegentlich als „Divisionen" bezeichnet. Diese Divisionen sind also nicht zu verwechseln mit den gleichnamigen Teileinheiten der Bataillone dieser Zeit. Diese Gliederung der Schlachtordnung wurde, wiederum zunächst in Frankreich, wahrscheinlich zur Grundlage einer ständigen Einteilung der Armee in Divisionen.

Auch diese Entwicklung leitete der Herzog von Broglie ein. Das Heer des 18. Jahrhunderts lagerte gewöhnlich in geschlossener Schlachtordnung. Es sicherte seine Versorgungsverbindung rechts und links durch je ein Detachement. Diese kleinen Detachements waren wegen der großen Entfernung von der Hauptmasse des Heeres leicht dem Zugriff eines geschickten Gegners ausgesetzt. Nach Rudolf von Caemmerer war es diese Gefahr, die Broglie schon im Siebenjährigen Krieg veranlaßte, die geschlossene Heeresaufstellung aufzugeben, indem er den Divisionen getrennte Lagerplätze zuwies. Das auf diese Weise in kampfkräftige gemischte Verbände zerlegte Heer sollte ungefähr dieselbe Breitenausdehnung besitzen, die es bislang zusammen mit den beiden abgetrennten Detachements besessen hatte.

Dieser, der Versorgungsverbindung vorgelagerte Raum sollte durch diese gleichmäßige Kräfteverteilung in seiner Gesamtbreite wirklich beherrscht werden. Dazu mußte gewährleistet sein, daß jede Division bei einem Feindangriff entweder in starker Stellung solange aushalten konnte, bis Hilfe kam, oder in der Lage war, sich auf den Schwerpunkt der Gesamtaufstellung kämpfend zurückzuziehen. Auf jeden Fall mußte dafür gesorgt werden, daß aus dieser Auflockerung keine Zerstückelung wurde wie bei dem „Kordonsystem", von dem noch die Rede sein wird, und das Heer zur Schlacht rasch vereinigt werden konnte. Die Entfernung zwischen dem Zentrum und den Flügeln dieser ausgedehnten Aufstellung sollte einen Tagesmarsch betragen.

Als Flügel eines Treffens hatte die Division keine große Bedeutung, weil in der rangierten Schlacht die gesamte Schlachtordnung, jedenfalls dem Prinzip nach, eine Einheit darstellte und als solche zentral geführt wurde, demnach keiner ihrer Untergliederungen eine selbständig zu lösende Aufgabe zukam. Mit der Division, wie sie Broglie benutzte, zeichnete sich diese Selbständigkeit ab und damit zugleich auch die neue Funktion der Division als der erste, gliederungsmäßig feststehende, aus allen Waffengattungen bestehende Großverband.

Bereits vor der Revolution gab es in Frankreich Infanterie- und Kavalleriedivisionen. Erstere bestanden aus 2 Brigaden zu 2 oder 3 Infanterieregimentern und 2 Batterien Divisionsartillerie. Bei der Kavallerie wurden schwere und leichte Divisionen unterschieden, von denen jede 4 bis 6 Regimenter und später auch noch reitende Artillerie umfaßte.

Die Teilung des Heeres in Divisionen hatte weitreichende Folgen für die Kriegführung. Einerseits wurde ein Teil der Aufgaben des Heerführers ständig an die Divisionskommandeure delegiert, andererseits jedoch blieben die Divisionen integrierte Teile des Heeres. Die Operation des Heeres zerfiel nicht in die Einzelaktionen seiner Divisionen – jedenfalls war das nicht der Sinn dieser Unterteilung. Sie setzte sich vielmehr aus den vom Heerführer nach seinen operativen und taktischen Zielsetzungen gelenkten und überwachten Aktionen der Divisionen zusammen. Hiernach konnte nun auch das Marsch- und Verpflegungssystem, der Kriegführung angepaßt, in geregelter Weise dezentralisiert werden. Die bisher starre Struktur des als Einheit geführten Heeres wurde durch die ständige Unterteilung in Divisionen gelenkig.

f. Gegensätzliche Auffassungen über Operationsführung

An der Militärstrategie dieser Zeit wird der Gegensatz zwischen den herkömmlichen Auffassungen und den Versuchen, sie durch neue gedankliche Ansätze zu überwinden, besonders deutlich. Die verlustreichen und wirtschaftlich anstrengenden kriegerischen Auseinandersetzungen zur Mitte des 18. Jahrhunderts in Europa sowie die zunehmende allgemeine Abneigung gegen den Krieg überhaupt verstärkten die ohnehin in der Theorie enthaltenen Forderungen nach einer vorsichtigen Kriegführung. Diese ganz auf Defensive abgestellte Vorsicht fand ihren wohl spektakulärsten Ausdruck im sogenannten „Kordonsystem".

Das Kordonsystem

„Kordon" ist im militärischen Sprachgebrauch ein anderer Ausdruck für Postenkette. Im Siebenjährigen Krieg hatte sich die bis dahin recht einfache Sicherung der Armee durch Detachements und Feldwachen bei zunehmender Bedeutung des kleinen Krieges zu einem differenzierten Vorpostensystem entwickelt. Je größer das Sicherungsbedürfnis war, je mehr sich die Kriegführung auf eine defensive, abwartende Haltung beschränkte oder auf die Kleinkriegführung konzentrierte, desto mehr Aufmerksamkeit wurde dem Ausbau dieses Sicherheitssystems gewidmet.

Sicherheitsbedürfnis und das lebhafte Interesse der Militärs an der Topographie, der Wunsch, das Gelände für die Verteidigung so vollständig wie nur möglich auszunutzen, führten dazu, jeden unter taktischen Gesichtspunkten vorteilhaften Geländepunkt zu besetzen. Ein Gelände wurde als um so vorteilhafter angesehen, je mehr solcher taktisch ausnutzbarer Punkte es gegenüber der feindlichen Stellung besaß, je breiter daher die eigenen Truppen aufgestellt werden konnten, um ein möglichst großes Gebiet zu sichern, den Feind zu überflügeln, seine Flanken oder sogar seine rückwärtigen Verbindungen zu gefährden.

Je mehr Truppen im Kordon selbst zum Einsatz kamen, desto mehr verlagerte sich zwangsläufig das Schwergewicht der Kampfführung auf ihn. Um so mehr wurde er von einer Sicherungslinie zu einer Front, die aus einer Vielzahl von linear angeordneten Stützpunkten bestand. Dies führte zwangsläufig zur Kräftezersplitterung. Der Kordon diente dann nicht nur der taktischen Sicherung, sondern der militärstrategischen Beherrschung eines bestimmten Gebietes.

In diesem Fall gab es keine Operationsfreiheit mehr. War im Kordon die Masse des Heeres eingesetzt, so konnte er auch nicht mehr als Rückhalt für größere Angriffs- oder Manöveroperationen dienen, da keine ausreichende Zahl von Truppen außerhalb von ihm mehr zur Verfügung stand. Der Festungskrieg verlor allmählich seine überragende Bedeutung, aber das Kordonsystem besaß alle operativen Nachteile einer Kette von Festungen, für die man die Masse der Armee als Besatzungen verbrauchte. In der Verteidigung befand man sich jedem beweglichen Gegner gegenüber im Nachteil. Da die Kräfte auf die ganze Breite des Kordons verteilt waren und die einzelnen Stellungen nicht unter operativen Gesichtspunkten, sondern nach den taktischen Vorteilen des Geländes ausgesucht wurden, gab es auch keine operative Schwerpunktbildung. Man verstieß gegen den Grundsatz, daß derjenige, der alles schützen will, nichts schützt. Eben darin unterschied sich das operativ angewandte Kordonsystem von der zwar ebenfalls auseinandergezogenen, aber in Divisionen zusammengefaßten, schwerpunktorientierten Armeeaufstellung Broglies. Um den Kordon zu durchstoßen, brauchte der Feind nur an einer Stelle stärkere Kräfte einzusetzen, als der Verteidiger dort zur Verfügung hatte. Der Gegensatz von Truppenausdehnung und -konzentration war hier auf die einfachste Form gebracht.

Das Kordonsystem konnte daher nur dort funktionieren, wo keiner der beiden Gegner die Absicht hatte, den anderen zu schlagen oder zu vernichten, wo man sich auf die Behauptung eines Gebietes, den Schutz der rückwärtigen Verbindung beschränkte und darauf, sich durch Kleinkrieg und kleinere taktische Aktionen gegenseitig Abbruch zu tun. Das war der Fall im Bayerischen Erbfolgekrieg 1778/79, in dem sich die Armeen tatenlos bis auf die leichten Truppen abwartend gegenüber lagen, 1788 als die Türken die vom Pruth bis zur Adria reichende österreichische Kordonstellung durchbrachen und die Österreicher schlugen; als sie sich zurückzogen, zeigte sich die ganze Schwäche dieses Systems.

Demgegenüber bewährte sich der Kordon dort, wo er auf die ursprüngliche Aufgabe der

Sicherung und Überwachung beschränkt blieb, besonders zur Sicherung von auch im Frieden ständig gefährdeten Staatsgrenzen, wie es die österreichische Militärgrenze und die Kosaken-Grenzkordons Rußlands bewiesen.

Die militärstrategischen Vorstellungen Lloyds

Dieser an taktische Positionen gebundenen Militärstrategie entsprach völlig das große Gewicht, das Lloyd auf die Terrainkunde legte, womit er aber nur einer allgemein herrschenden Ansicht Ausdruck verlieh. „Wer sich auf diese Dinge versteht, kann Kriegsunternehmungen mit geometrischer Strenge einleiten und beständig Krieg führen, ohne jemals in die Notwendigkeit zu kommen, schlagen zu müssen" (zit. Vierhaus). Wohl bei keinem anderen Kriegstheoretiker kam die Tendenz zum Generalisieren so stark zum Ausdruck wie bei Lloyd. Als die höchste Stufe der Kriegskunst sah er es an, eine Festungsbauart „oder eine Schlachtordnung zu erfinden, welche allen Arten des Terrains angemessen wäre" (ebd.). Natürlich wußte er, daß dies nicht möglich war, und so bleibe denn nichts weiter übrig, „als eine solche Bauart und eine solche Stellung der Truppen auszusinnen, die mit der größten Einfachheit, folglich mit der größten Geschwindigkeit auf die unzähligen Fälle, die vorkommen können, paßte. Dies muß das unverrückbare Ziel unseres Bestrebens sein, das sich aber ohne Geometrie nicht erreichen läßt" (ebd.). Daß die Geometrie seit der frühen Neuzeit eine immer größere Rolle für die Taktik gespielt hatte, ergab sich aus den formalen taktischen Systemen und deren Entwicklung. Sie determinierte aber auch die Operationsführung um so mehr, je mehr die Kriegführung überhaupt als angewandte Naturwissenschaft begriffen wurde.

Daß auf diesem Wege theoretische Grundlagen gelegt, insbesondere Begriffe geprägt wurden, die auch für die Zukunft ihre Gültigkeit besaßen, ist bereits betont worden. So stammte von Lloyd der Begriff „Operationslinie", der zu einem ebenso einfachen wie wichtigen Hilfsmittel der Operationsführung wurde. Lloyd verstand darunter die Linie, die alle Punkte, zu denen die Armee marschieren muß, verbinden. Sie mußte stets bei einem Hauptmagazin beginnen und ein bestimmtes Ziel haben, mit dem der Zweck oder ein Teilzweck der beabsichtigten Operation erreicht war. Von der richtigen oder falschen Wahl der Operationslinie hänge der Ausgang des ganzen Krieges ab – worin sich wieder einmal eine Überschätzung der Berechenbarkeit und damit eine Unterschätzung der tatsächlichen Kriegssituation ausdrückte, die einerseits klügste Berechnungen zunichte macht, andererseits aber auch den Kriegführenden unvorhergesehene Chancen bietet. Wenn es die Verhältnisse zuließen, müsse die kürzeste, bequemste Operationslinie gewählt werden, und zwar möglichst so, daß der Feind nicht gegen sie, also nicht gegen die Flanke der eigenen Armee operieren könne. Je länger die Operationslinie werde, desto mehr erhöhe sich die Gefahr, daß man von seinen Zufuhren abgeschnitten und schließlich vom Gegner eingeschlossen werde. Die Operationslinie müsse zu einem militärstrategisch wichtigen Punkt führen. Man könne immer nur auf einer Linie operieren, die durch die Stellung des Feindes bestimmt werde. Es handelte sich hier also um lapidare Erkenntnisse, die als solche natürlich nicht neu waren, die aber durch den neuen, verbindlichen Begriff einfacher und zugleich besser vermittelt werden konnten.

Lloyd verlangte eine tätige Kriegführung, aber diese freilich nur im Rahmen der herkömmlichen indirekten, mehr auf das Vermeiden als auf das Schlagen von Schlachten ausgerichteten Strategie. Nicht überall wurde nach dieser Auffassung verfahren, wobei bei einem Vergleich der Kriegspraxis mit der herrschenden Theorie ja ohnehin Unterschiede persönlicher, aber auch regionaler Art berücksichtigt werden müssen.

In Rußland hatte die westliche Auffassung von Operationsführung nie unangefochten gegolten. Schon im Nordischen Krieg (1700–1721) wendeten Zar Peter I., in den Kriegen gegen die Türkei in der zweiten Hälfte des 18. Jahrhunderts russische Generäle wie P. A. Rumjanzew und A. W. Suworow eine direkte Strategie an, die auf die Zerschlagung der feindlichen Hauptkräfte abzielte.

Guiberts militärstrategische Auffassung

Was hier schon in der Praxis vollzogen wurde, deutete sich in der Theorie Guiberts an. Einstweilen sah man im Westen keine zwingende Notwendigkeit, die militärische Grundauffassung zu ändern, und es ist die Frage, ob Guibert im Zusammenhang mit seinen Reformvorschlägen auf eine solche grundsätzliche Änderung abzielte. Weygand sieht in ihm einen „Vorläufer Bonapartes", während Vierhaus betont, daß er „notwendig von den beschränkten Möglichkeiten des Krieges im ancien régime" ausgegangen sei, und versucht habe, „ein Optimum an Wirkung erreichbar zu machen". Das braucht kein Widerspruch zu sein, da die Aspekte der beiden Autoren verschiedene sind. Betrachtet man Guiberts Vorschläge, so lassen sich in ihnen zweifellos viele Elemente erkennen, die zur Strategie der nächsten kriegsgeschichtlichen Epoche überleiteten: Förderung der kriegerischen Eigenschaften des Volkes, Nationalisierung des Kriegswesens und der Armee, Abschaffung alles dessen, was große Operationen behinderte und einschränkte, Bevorzugung der Offensive vor der Defensive. Dazu sollte man sich weniger um Festungen und Positionen kümmern, die Kriegswissenschaft weniger mit topographischen Details belasten – die ja auch noch für Lloyd eine so große Rolle spielten –, die Trosse verringern und aus dem Lande leben. Die Terrainkenntnis sei zweifellos wichtig, das Terrain aber immer nur ein zusätzliches Element, die Armee die Hauptsache. Damit verband Guibert einen weiteren außerordentlich wichtigen Gedanken: Die Offiziere des Generalstabes – der bisher ein Quartiermeisterstab war – müßten „Taktiker" sein – wobei, wie wir wissen, für Guibert die Taktik die Wissenschaft vom Kriege überhaupt war. Guibert erkannte die Möglichkeiten, die sich aus der Gliederung der Armee in Divisionen ergaben, die nicht zu groß sein dürften, da es ihr Hauptzweck sei, „die Marschordnung zu vereinfachen und die Bewegungen zu erleichtern und zu beschleunigen, durch welche die Armee die Schlachtordnung einnehmen kann" (zit. Vierhaus). In der Fähigkeit zur schnellen Vereinigung der bisher getrennten Divisionen zur Schlacht werde sich das Feldherrntalent zu erweisen haben – womit ein entscheidender Grundsatz Napoleonischer Kriegführung vorweggenommen wurde. Weygand faßt zusammen: „So befestigte sich allmählich die Idee, daß eine Armee beim Vormarsch in einer breiteren Front vorgehen müsse, als sie im Kampf einnahm und zwar in mehreren Korps, die in der Lage waren, dem ersten Zusammenstoß standzuhalten, bis die Nachbarkorps eingriffen; dadurch war zugleich die Flankendeckung der Armee sichergestellt. Guibert predigte ‚die Kunst breit zu werden, ohne sich zu gefährden, und zu umfassen, ohne sich aufzulösen'. So entstand die Operationslehre mit ihren Erwägungen der Möglichkeiten unter Berechnung von Raum, Zeit und Kampfkraft. Ist nicht Guibert ein Vorläufer Bonapartes, wenn er schreibt: ‚Ein General, der die bestehenden Vorurteile abschüttelt, wird den Feind umfassen, überraschen, nicht zu Atem kommen lassen und ihn zwingen, zu kämpfen oder immer vor ihm zurückzuweichen. Ich kann mir vorstellen, daß diese Art der Heerführung vorteilhafter und entscheidender ist und sicherer zu großen Erfolgen führt als die von uns bisher angewandte.'"

Die Situation ist hier also ähnlich wie bei der Beurteilung der Frage, ob und wieweit Friedrich II. – dieser freilich vor allem als Praktiker – Vorläufer Napoleons gewesen sei, wenn auch Guibert, besonders durch seine Forderung nach Nationalisierung des Krieges, dem neuen Zeitalter sehr viel näher stand. Bei Guibert dürfen aber entscheidende Einschränkungen seiner scheinbar so revolutionären Reformvorschläge nicht übersehen werden. Er wollte zwar die Effektivität der Kriegführung steigern, keineswegs aber damit den Krieg ausweiten. Er wollte die Armeen nicht vergrößern, sondern verkleinern und damit auch den Umfang des Krieges begrenzen. Das kennzeichnete ihn als einen Mann des ancien régime und trennte ihn von der Napoleonischen Epoche wie überhaupt vom 19. Jahrhundert in seinen politisch-militärischen Grundtendenzen. Auch in der verhältnismäßig geringen Bedeutung, die er dem kleinen Kriege, der im 19. Jahrhundert zum Volkskrieg wurde, beimaß, zeigt sich dies. „Die Kriege der Revolution und Napoleons aber führten eine ganz neue Wirklichkeit herauf, entfesselten neue Kräfte, schafften neue militärische Möglichkeiten, deren extremste und schrecklichste die Totalisierung des Krieges ist" (Vierhaus). Guibert stellte fest: „Es wird sich ein Mann erheben, der bis dahin vielleicht in der Menge und in der Dunkelheit versteckt war, ein Mann, der sich weder durch Worte noch durch Schriften einen Namen gemacht hatte, der aber in der Stille nachdachte; ein Mann, der vielleicht sein Talent nicht kannte, der es erst bei der Ausübung empfindet und der sehr wenig studiert haben wird. Dieser Mann wird sich der Meinung, der Umstände, des Glückes bemächtigen und er wird zu dem großen Theoretiker das sagen, was der praktische Architekt vor den Athenern zu den Architekten auf der Rednertribühne gesagt hat: ‚Was mein Rivale euch vorgeschlagen hat, das werde ich ausführen'" (zit. Caemmerer). Hier scheint Guibert auf geradezu prophetische Weise Napoleon vorausgeahnt zu haben – freilich nur auf den ersten Blick, denn bei aller Anerkennung, die Napoleon den Schriften Guiberts zollte, war er nicht der Mann, der sich auf das beschränkte, was ihm ein Theoretiker – und wäre er noch so groß gewesen – vorschrieb.

B. Die Kriegführung im 19. Jahrhundert

1. Die neuen Grundlagen

a. Der Nationalstaat

Eine sehr viel breitere und stärkere Grundlage erhielt die Kriegführung infolge der Französischen Revolution und des gegen sie geführten Kampfes durch den Nationalstaat, vor allem in Verbindung mit der allgemeinen Wehrpflicht. Die Trennung von volksfremdem Staat und staatsfremdem Volk wurde – jedenfalls prinzipiell – aufgehoben. Das Volk war nicht mehr nur durch sein passives Erleiden in den Krieg einbezogen oder – jedenfalls theoretisch – überhaupt von ihm ausgeschlossen, sondern zumindest dadurch, daß ein Teil seiner Männer in den Wehrpflichtheeren diente, die sich ausschließlich aus ihnen zusammensetzten, aktiv am Kriegsgeschehen beteiligt.

Das ältere Ideal nationaler Zusammengehörigkeit bildete keinen Gegensatz zu weltbürgerlichen Bestrebungen; nationale und weltbürgerliche Belange wurden vielmehr als zwei Seiten ein und desselben humanen Anliegens aufgefaßt. Dies entsprach nicht nur dem Standpunkt der Aufklärung. Auch noch die ältere Romantik, die das historisch „gewordene" Volk in den Mittelpunkt ihrer kulturorientierten Betrachtungen stellte, sah das Wesensmerkmal der Nation nicht in dem, was sie von anderen Nationen trennte, sondern in ihren „gewachsenen" Eigenarten, die sie zugleich mit der Welt verband. Für die Entstehung einer Nation konnte es daher für die deutschen Denker der klassischen und romantischen Epoche – Herder, Möser, Arndt, Fichte – keinen genauen Zeitpunkt geben.

Für die Entstehung des modernen Nationalstaates, des staatlichen Ausdrucks der Nation als „historisch geformte, durch die volonté générale bestimmte Willensgemeinschaft" (Brockhaus) wurde die Französische Revolution von 1789 zum Markstein. Nach dieser Definition ist der Nationalstaat gleichzusetzen mit dem auf der Volkssouveränität beruhenden, freiheitlich-demokratischen Staat. Bezogen auf die historische Realität wirft dies allerdings, keineswegs nur für die deutsche staatliche Entwicklung des 19. Jahrhunderts, eine Fülle von Problemen auf. Seiner ursprünglichen Idee nach war der Nationalstaat – da er von dem seiner Natur nach friedlichen, die Kriege der absoluten Fürsten verabscheuenden Volke getragen sei – defensiv. Aber mit innerer Zwangsläufigkeit schlug dann die Verteidigung jener Errungenschaften, die durch die Französische Revolution erkämpft worden waren, gegen die konservativen Kräfte im eigenen Land und gegen die Interventionen der alten Mächte zum Angriff nach außen, zum Kampf für die Befreiung auch der anderen, durch das alte Regime unterdrückten Völker um. „Wie sich aus der revolutionären Ideologie immer mehr eine französische Eroberungspolitik, wie sich aus der missionarischen Freiheitsbewegung eine französische Annexionspolitik herausgearbeitet hat, das ist einer der entscheidenden Momente der Geschichte der Französischen Revolution. Dieser Vorgang ist zur Hypothek auf der Jakobinerherrschaft geworden, ja, er gehört, entgegen der liberalen Legende des 19. Jahrhunderts, mit ihrer bewundernden Beschränkung auf die Anfänge der revolutionären Entwicklung in Frankreich, zu jeder Revolution" (Nürnberger). Die Revolution hatte auch außerhalb Frankreichs anfänglich große Zustimmung gefunden, aber die

Einstellung wandelte sich bereits, als man von der Schreckensherrschaft der Jakobiner erfuhr und diese Diktatur als Pervertierung des Gedankens der Volkssouveränität erkannt wurde. So kam die Demokratie lange Zeit in Mißkredit.

Bonaparte brachte die Revolution zum Abschluß. Aber er setzte die französische Eroberungspolitik fort und unterwarf Europa kraft seiner überragenden politischen und militärischen Fähigkeiten. Seiner Geschicklichkeit und Energie waren seine Gegner lange nicht gewachsen. Dabei dürfen die fortschrittlichen Neuerungen nicht übersehen werden, die er in den Ländern, die er annektierte oder zwangsweise in sein Bündnissystem einbezog, einführte. „Er gab Ordnung, straffe Verwaltung, Rechtssicherheit für alle, die seinem Regiment keinen politischen Widerstand leisteten. Er ließ die bedeutendsten Errungenschaften der Revolution bestehen: die neue Einheit und Organisation des Staates und die neue bürgerliche Gleichheit, das ‚La carrière ouverte aux talents'. Er gab Freiheit, nicht des Geistes, viel weniger der Presse oder Rede, aber Freiheit, Geld zu verdienen. Seine Verfassungen, seine gewählten Räte waren Hokuspokus" (Mann). Aber die Unabsehbarkeit seiner Kriegspolitik, die einschneidenden Gebietsveränderungen, die Wiederentfesselung der Kriegführung mit allen damit verbundenen Leiden, die Rücksichtslosigkeit, mit der er sich über nationale Eigenarten und Gewohnheiten hinwegsetzte, stießen nicht nur auf den Widerstand der Fürsten und „Legitimisten", sondern schließlich auch auf die Ablehnung der Bevölkerung in den von ihm angegriffenen oder bereits unterworfenen Ländern. Vor allem: „Napoleon wußte es niemals glaubhaft zu machen, daß ihm eine friedliche Dauerordnung des europäischen Lebens wirklich das höchste Ziel sei" (G. Ritter).

Es war also ganz wesentlich die Ablehnung der Revolution und Napoleons, der, keineswegs unter allen Gesichtspunkten zu Recht, als ihr Wegbereiter nach außen angesehen und auf der Höhe seiner Karriere zum Idol des Nationalstolzes der Franzosen wurde, die das Nationalbewußtsein der Völker seiner Gegner stärkte – wenn es nicht überhaupt, wie in Deutschland, als ein nun auch politisches Medium hieraus zu erklären ist. Es wäre also falsch, es in jedem Fall einfach als eine spiegelbildliche Reflexion der revolutionären Vorgänge in Frankreich interpretieren zu wollen. Soweit es aus dem Widerstand gegen Frankreich und Napoleon erwuchs, waren die Beweggründe doch recht unterschiedlich. Auf den ersten, ihn sehr irritierenden Widerstand eines Volkes traf Napoleon seit 1808 in Spanien. Die Spanier bekämpften ihn aus einer antirevolutionär-klerikalen Grundhaltung heraus. Die patriotische Bewegung in Österreich war getragen von der deutschen nationalen Opposition, die unter dem Außenminister Graf Stadion die Erhebung gegen Napoleon betrieb. Ähnlich wie in Spanien entstand der Aufstand der Tiroler 1809 aus religiös-konservativer Wurzel. Auch in Rußland, wo Napoleon 1812 nach Spanien sein zweites großes Debakel erfuhr, wurde in ihm der „Antichrist" gesehen. In Preußen dagegen verband sich das Nationalgefühl, das erst im Widerstand gegen Napoleon als politische Kraft erkennbar wurde, mit dem Geist der Aufklärung und dem der schon vor der Niederlage von 1806 wirkenden Staatsreform. „Die Kritik an der absolutistischen Staatsverwaltung hatte Preußen nicht zur absoluten Volkssouveränität, sondern zur Fortführung, Steigerung und auch Radikalisierung der Reformpläne der aufgeklärten Monarchie geführt" (Nürnberger).

In den Kriegen für und gegen die Französische Revolution und Napoleon I. erwies sich die gegenüber der Zeit des Absolutismus weit stärkere Belastbarkeit des vom Volk getragenen oder mitgetragenen Staates. Erstmals identifizierten sich, wenn auch nicht überall ganze Völker, so doch aber zumindest große Teile von ihnen mit den Kriegszielen ihrer Regierungen. Ihre Männer kämpften als nationalbewußte Freiwillige oder Einberufene in den nationalisierten und patriotisierten Armeen, die auf der neuen Grundlage der allgemeinen Wehrpflicht oder wesentlich erweiterter Konskriptionssysteme das Vielfache an Größe und Stärke der alten Söldnerarmeen erreicht hatten. Die Erfassung, Organisation und führungsmäßige Ausrichtung aller nationalen Kräfte, also auch der zivilen, ausschließlich auf die Kriegführung wurde zwar schon gefordert, aber in der systematischen, für den späteren totalen Krieg charakteristischen Weise noch nicht erreicht. Jedoch war durch die „Wiederentfesselung" des Krieges, durch die Rückkehr zur Requisition auf dem Gebiet der Versorgung, durch die revolutionäre und nationale Ideologisierung, die zu Nationalismus und Völkerhaß ausarten konnte und zum Volkskrieg führte, eine wesentliche Verschärfung der Kriegssituation eingetreten.

Paul Schmitthenner beschreibt die Folgen, die aufgrund dessen eingetreten waren, daß die Französische Revolution „dem Staate mit einemmal eine gewaltige Vergrößerung seiner Machtmittel in den Schoß warf", wie folgt: „Machtpolitische Möglichkeiten von bisher nie gekannter Ausdehnung wuchsen plötzlich empor, als sich das Volk in die Armee hinein drängte, sie zu seiner Domäne erklärte und die Massenheere der nationalen Millionenstaaten auf den Plan stellte. Der Tod für das Vaterland, der wieder der Inhalt des neuen Heldentumes wurde, war die stürmische Seele der neuen kriegerischen Gewalt. Eine Zielsetzung von ungeahntem Ausmaß sprengte sogleich in vulkanischem Ausbruch die Fesseln des Krieges und führte ein 23jähriges europäisches Kriegszeitalter herauf. Der Ewigkeitscharakter des Krieges schien mit der napoleonischen Epoche zurückgekehrt zu sein. Im Gegensatz zu der bisherigen scharfen Trennung der zwei politischen Lebenszustände und zu der fast pedantischen Abkapselung des Krieges in seiner gemäßigten Sonderwelt wurden wieder wie im 17. Jahrhundert beide zu einem kaum lösbaren, von innerer dämonischer Leidenschaft verkrampften Zustandsgemenge verschmolzen und die kriegerische Wirkung zu einem gegen das 18. Jahrhundert unerhörten Exzeß hinaufgesteigert."

Nach dem endgültigen Sieg über Napoleon im Jahre 1815 bemühten sich die führenden europäischen Mächte, trotz der zwischen ihnen bestehenden alten und neuen Spannungen, in der sogenannten „Restaurationszeit" um eine friedliche, wieder auf dem Gleichgewicht der Kräfte beruhende Ordnung.

Golo Mann bemerkt hierzu: „Nie wird man . . . das Werk der Friedensmacher von 1814/15 genügend bewundern können. So mißtrauisch sie sich auch, als Vertreter spröder, gieriger Großmächte, voneinander unterschieden, sie machten doch gemeinsam der großen Unordnung ein Ende, und zwar ohne alles Schöpferische, Wohltätige zu beseitigen, das durch jene, oder zusammen mit ihr, in die Welt getreten war. Das Werk des Wiener Kongresses war Wiederherstellung der Ordnung, nicht Wiederherstellung des Alten. Zu einem guten Teil war es Neuordnung oder Übernahme, Rationalisierung, Modifikation des von Napoleon Geschaffenen. Nur die unnatürlichste Gewalttat hätte Geschehnisse und Leistungen eines Vierteljahrhunderts aus der Welt schaffen können; bei näherem Hinsehen wohl auch diese nicht, denn es gibt in der Geschichte kein Zurück, nie und unter keinen Umständen. Auch lag den erfahrenen und gemäßigten Männern des Kongresses die unnatürliche Gewalttat nicht. Sie paßten sich an, verglichen sich und balancierten."

Durch diese Neufassung eines europäischen Staatensystems, das ganz bewußt als dauerhafte Friedensordnung konzipiert war, ergab sich die Frage, ob dem Krieg nicht der Nationalstaat als Grundlage entzogen sei. Man konnte fragen, „ob die gewaltigen Krisenerscheinungen des napoleonischen Zeitalters als Geburtsstunde einer neuen Geschichtsepoche oder nur als Episode ohne bleibende Wirkung zu betrachten sind“ (G. Ritter). Selbst Clausewitz, den man dann später lange Zeit als Propagandisten einer möglichst uneingeschränkten Kriegführung mißverstanden hat, stellte fest: „Ob alle künftigen Kriege in Europa mit dem ganzen Gewicht der Staaten, und folglich nur um große, den Völkern naheliegende Interessen stattfinden werden, oder ob nach und nach wieder eine Absonderung der Regierung von dem Volke eintreten wird, dürfte schwer zu entscheiden sein“ (zit. ebd.). Dies alles lief auf die hier für uns entscheidende Frage hinaus: „War da nicht zu erwarten, daß auch die frühere eingeschränkte Form des Kriegseinsatzes wieder in Übung kommen würde?“ (ebd.).

Metternich versuchte die freiheitlichen Nationalbewegungen mit allen Mitteln zu unterdrücken. In der Tat mußten neue Nationalstaaten, wie sie die Deutschen, die Italiener, die Polen forderten, mußten nationalstaatliche Verselbständigungen, wie sie die Ungarn innerhalb und vielleicht auch außerhalb der österreichischen Monarchie verlangten, Anschlüsse von Volksgruppen, die innerhalb von übernationalen Staaten existierten, wie die Italiener in der zu Österreich gehörenden Lombardei, an Staaten ihrer Nationalität zu Veränderungen führen, die das europäische Gleichgewicht durch machtpolitische Gewichtsverlagerungen erschütterten. Verbanden sich diese Tendenzen nun auch noch mit den Forderungen nach freiheitlichen Verfassungen und womöglich Demokratie, so standen innere Umwälzungen bevor, die das europäische Staatensystem aufs äußerste gefährdeten.

Andererseits waren diese Forderungen nur allzu berechtigt. Sie wurden gestellt von dem urbanisierten, emanzipierten Bürgertum, das längst Träger der gesamten Kultur war – der Geistes- und Naturwissenschaften, der Literatur und jeglicher Kunst ebenso wie des Handels, des Gewerbes und der ersten umwälzenden technischen Neuerungen. War also die Ansicht, daß es monarchischem Wohlwollen anstehe, Verfassungen zu „gewähren“, bereits antiquiert – da erkennbar zu sein schien, daß es nur noch eine Frage der Zeit sei, ob sich der im Bürgertum verkörperte Fortschritt über den absoluten Herrschaftsanspruch der Monarchen hinwegsetzen werde –, so waren die Verfassungsverweigerungen in Österreich und Preußen – von Rußland als der autokratischsten Macht der „Heiligen Allianz“ ganz zu schweigen – nur noch schlicht als reaktionär zu bezeichnen. Aber während sich in Österreich die Verfassungsfrage infolge ihrer Verquickung mit der Nationalitätenfrage außerordentlich komplizierte, wehrte sich Preußen „gegen eine ‚deutsche Sendung‘ und ebenso gegen seine eigene liberale Vergangenheit mit der doppelten Verbissenheit, die aus dem Bewußtsein einer heimlichen Versuchung kommt“ (Haffner) – denn mehr und mehr wurde Preußen nicht nur infolge der politischen Konstellation, sondern auch von den Vertretern des freiheitlichen deutschen Nationalgedankens die Führungsrolle angetragen. Nach staatsphilosophischer Logik waren freiheitliche Verfassungen das selbstverständliche Äquivalent für die allgemeine Wehrpflicht. Nun hatte man die Wehrpflicht zwar in den meisten Staaten auf ein eingeschränktes Konskriptionssystem reduziert, soweit man überhaupt jemals darüber hinausgegangen war. Denn nichts fürchteten die Monarchen mehr als neue Revolutionen. Unter diesem Gesichtspunkt war die allgemeine Wehrpflicht insofern problematisch, als der bewaffnete Volksaufstand auch für den eigenen Staat um so gefährlicher werden mußte, je mehr Zulauf er durch militärisch ausgebildete Kräfte erhielt. Das führte zu einer reichlich paradoxen Situation. Indem die Monarchen die Rekrutierung auf nationaler Grundlage durch Konskription vollziehen lassen konnten, also nicht zum Werbesystem zurückzukehren brauchten, kamen sie in den Genuß einer wesentlichen Errungenschaft der Revolution. Jetzt aber dienten die Armeen in den restaurierten Monarchien vor allem dem Schutz vor der Gefahr wieder ausbrechender Revolutionen und wurden entsprechend strukturiert und isoliert. Allerdings erhielt sich auch noch in weiten Kreisen des Bürgertums lange Zeit die Furcht vor neuen Revolutionen. So war es in Frankreich vor allem das liberale Besitzbürgertum, das für die Beibehaltung der Konskriptionsarmee gegen die Wiedereinführung der allgemeinen Wehrpflicht eintrat: Das Militär, mit dem der Bürger hier sonst nichts weiter zu tun haben wollte, ließ er gelten als Schutz seines Eigentums gegen die Revolution. Freilich war „Nation" im offiziellen Sprachgebrauch die „Staatsnation", als welche auch die Bevölkerung irgend eines kleinen deutschen Staates angesprochen werden konnte – im Unterschied zu der durch keine politischen Grenzen bestimmten „Kulturnation". Dadurch hoffte die Restauration die Ansprüche der hochpolitisch-freiheitlichen Nationalbewegungen zu entschärfen. Abweichungen von dem absolutistisch-aufklärerischen Konservativismus, wie ihn Metternich und alle grundsätzlich am 18. Jahrhundert orientierten Politiker vertraten, ergaben sich durch konservative Tendenzen, die sich aus romantischen Evolutionstheorien ableiteten und sich als dynamisches Gegenprinzip zum liberalen und demokratischen Fortschritt verstanden wissen wollten. Praktisch liefen sie auf einen Ständestaat hinaus, hinter dem sich die Umrisse des mittelalterlichen Modells und die Geisteshaltung längst überholter antiabsolutistischer, aristokratisch-ständischer Fronden nur allzu deutlich abzeichneten.

Ein erstaunliches Phänomen bot Preußen. Es war der Staat, in dem die allgemeine Wehrpflicht konsequenter als in den anderen durchgeführt wurde, der aber zugleich auch zu denen gehörte, deren Monarchen sich besonders hartnäckig gegen jede Verfassung wehrten, die hier dem Volk für seine Mithilfe in der Notzeit des Kampfes gegen Napoleon versprochen worden war. Aber eben die besonders strikte Durchführung der Wehrpflicht, die auch hier zwar längst nicht die „Wehrkraft" des Volkes „ausschöpfte", jedoch keine Stellvertretung der Wehrpflichtigen zuließ, bedingte, daß sich – trotz aller restaurativer Tendenzen im Offizierkorps, trotz der Entbindung der Armee von jeder zivilen Kontrolle, trotz der heftigen liberalen Kritik an dem besonders ausgeprägten militärischen „Kastengeist" – die allgemeine Wehrpflicht besser einlebte als in anderen Staaten. „Die Merkwürdigkeit, daß Preußen mit seinem Militärsystem seit 1815 dem ursprünglichen Geist der französischen leveé en masse viel näher geblieben ist als Frankreich selbst, hat der französische Historiker Cavaignac mit Recht eine ‚für die Geschichte des 19. Jahrhunderts entscheidende Tatsache' genannt" (G. Ritter).

Die Spannungen zwischen den vorwärtsdrängenden und den in ihrer Beharrung immer unglaubwürdiger werdenden Kräften führte zu Aufständen schon vor der Revolution von 1848, die, ausgehend von Frankreich, auch Italien, Ungarn und Deutschland erfaßte. Sie wurde niedergeschlagen. Eine Rückkehr zu der alten, unhaltbar gewordenen Ordnung war dennoch nicht möglich.

„Vereinfachend möchte man sagen: Die Zeit vor 1848 war die Zeit der Ideen, die Revolution von 1848/49 der letzte große Versuch Westeuropas, politische Ideen zu verwirklichen. Nach dem Scheitern dieses Versuches begann in den Fünfzigerjahren das Zeitalter der Verwirklichung. Sie sind immer anders als die Ideen in ihrer Reinheit, verwirren, vermischen, verraten sie. Nun fanden Verbindungen und Trennungen statt, von denen man sich in den Dreißigerjahren nichts hatte träumen lassen; Bündnisse zwischen Nationalismus und Konservativismus, Trennung des nationalen Prinzips vom demokratischen, Feindschaft zwischen einem Nationalismus und dem anderen (da man sie doch alle für brüderlich verbunden gehalten hatte), soziale Veränderungen, die gemäß der strengen kommunistischen Theorie keine Realität haben konnten und sie dennoch hatten. Überall, in Europa wie in Amerika, siegten die erfolgreichen Hantierer mit Wirklichkeiten, die Praktiker und Gelegenheitsergreifer über die Idealisten“ (Mann).

Trotz der Niederlage der Liberalen wurden Verfassungen auch dort unumgänglich, wo sie bisher noch verweigert worden waren. Zugeständnisse waren – das erkannten allmählich auch die konservativen Vertreter – in größerem oder geringerem Maße in jedem Falle erforderlich, da es keine Überlegenheit an politischem Machtpotential ohne Aktivierung des nationalen Potentials mehr gab. Zudem trat als dritte Kraft die sozialistische Arbeiterschaft auf den Plan, die bereits in der Revolution von 1848 in Frankreich die Angriffsspitze gebildet hatte. In der Furcht vor dem sozialistischen Umsturz rückten Regierungen, Aristokratie und Bürgertum enger zusammen. Die Liberalen gaben ihre revolutionären Ziele auf, wenn sie sie nicht überhaupt – wie in Deutschland – durch die konstitutionelle Monarchie als erfüllt ansahen, während sich in England, Skandinavien und den Niederlanden bereits der Wandel zur Demokratie vollzog. Angesichts der nationalen Forderung nach „natürlichen“ Grenzen war freilich ein Staatensystem auf der dynastisch-legitimistischen Grundlage nach Vorbild des Metternichschen irrelevant. Der Nationalstaat als gesicherte politische Heimstatt des Volkes, dessen Grenzen durch die natürliche Ausdehnung der Nation festgelegt und daher unumstritten sei und prinzipiell keinen außenpolitischen Konfliktstoff abgeben könne, entsprach einem frommen Wunsch, allenfalls noch einer naiv-romantischen Vorstellung. War durch das Metternichsche System versucht worden, die Forderung nach nationaler Einheit nicht nur aus legitimistischen Gründen, sondern eben auch im Hinblick auf ihren drohenden Umschlag zu gewaltsamer nationalistischer Expansionspolitik zu unterdrükken, so hatte auch dieses System schon zur Zeit seiner Existenz diese Gefahren nicht ausschalten können. Die Großmächte hatten sich zwar Zurückhaltung hinsichtlich der innereuropäischen Angelegenheiten auferlegt, aber sie waren in ihren peripheren Interessensphären – so in der Orientalischen Krise 1839–1841 – aufeinandergetroffen. Infolge der diplomatischen Niederlage gegenüber England, Rußland, Österreich und Preußen war in Frankreich Kriegsstimmung aufgekommen. Sie schlug zurück auf Europa. Frankreich, wo die Revolutionen die Unzufriedenheit mit den Pariser Verträgen von 1815 noch steigerten, forderte die Rheingrenze. Das berührte nicht nur machtpolitische Interessen, sondern traf auch das deutsche Nationalgefühl.

Frankreich wurde unter einem Bonaparte, Napoleon III., wieder zu einem Kaiserreich. In Italien vollzog sich die nationale Einigung durch Cavour und das Königreich Sardinien-Piemont, in Deutschland durch Bismarck und das Königreich Preußen. In allen diesen Fällen erfolgte die Um- oder Neugestaltung im Bündnis mit den nationalgesinnten Liberalen. In keinem entsprach jedoch das Ergebnis den Vorstellungen der entschiedenen Demokraten und Sozialisten, da es sich in verfassungsmäßig ausgedrückten Kompromissen zwischen den Herrschaftsansprüchen der Monarchen und denen des Volkes darstellte, wobei bei letzterem die höheren, besitzenden Gesellschaftsklassen erheblich bevorzugt waren. Der Wirtschaftsliberalismus, das Anwachsen der Industrien hatte für die Lebensumstände der schnell anwachsenden Industriearbeiterschaft katastrophale Folgen. Sie begünstigten die Ausbreitung der Lehre von Karl Marx und des Sozialismus.

Die Machtverschiebungen, die mit den Nationalisierungsprozessen und dem Entstehen der neuen Nationalstaaten verbunden waren, führten nicht nur zu Revolutionen, sondern auch zu schweren außenpolitischen Auseinandersetzungen. Die Tatsache, daß seit der Französischen Revolution jeder Krieg zumindest einen nationalen Bezug hatte, bedeutete jedoch nicht, daß er in jedem Fall ein Nationalkrieg im ursprünglichen revolutionären Sinne war. So kämpften aktive Truppen gegen Volksmilizen und Partisanen oder in Verbindung mit ihnen in den Kriegen, die im Zusammenhang mit den Revolutionen auch noch nach 1815 geführt wurden, vor allem in Süd- und Südosteuropa, aber auch in den Befreiungskriegen der südamerikanischen Staaten sowie im Amerikanischen Sezessionskrieg, aber auch im Deutsch-Französischen Krieg 1870/71. Andererseits erfolgte eine Reaktion auf die Niederschlagung der Revolution von 1848 in Europa auch auf dem Gebiet der Kriegführung. Sowohl im Krimkrieg 1853–1856, bei dem es sich um eine rein machtpolitische Auseinandersetzung zwischen Rußland auf der einen, der Türkei, Frankreich, England und Sardinien auf der anderen Seite handelte, wie aber auch in Kriegen, die mit den Bestrebungen zur nationalen Einigung Italiens und Deutschlands verknüpft waren – 1859 Sardinien und Frankreich gegen Österreich, 1864 Preußen und Österreich gegen Dänemark, 1866 Preußen und Italien gegen Österreich, wobei ein Teil der übrigen deutschen Staaten auf preußischer, ein anderer auf österreichischer Seite stand, und zunächst auch noch im Deutsch-Französischen Krieg – wurden von den Regierungen im „klassischen" Sinne mit aktiven Armeen geführt. Die innere Beteiligung der Völker an diesen Kriegen war in ihrer Intensität und ihrer Ausstrahlung sehr unterschiedlich. Die Kriegsschauplätze waren begrenzt. Der Krimkrieg war noch ein reiner Kabinettskrieg, ein Krieg ohne Feindschaft, wie Zar Alexander II. seinem Gegner, Napoleon III., schrieb, als der ihm zum Tode seines Vaters kondoliert hatte. Solche ritterlichen Formen wurden noch immer gewahrt. Um so elender nahm sich daneben das Leben aus, dem die Truppen bei der Verteidigung und Belagerung der Festung Sewastopol jahrelang ausgesetzt waren. Der endgültigen Trennung Schleswigs von Dänemark, das es widerrechtlich inkorporiert hatte, durch die Bundesexekution von 1864 stimmten die deutschen Patrioten freudig zu, nicht aber der Einbeziehung der Herzogtümer Schleswig-Holstein als Provinz in das Königreich Preußen nach dessen Sieg im Krieg von 1866 gegen Österreich. Dieser Krieg wurde in Deutschland als Bruderkampf empfunden. Österreich erfreute sich zwar allgemeinerer Sympathien als Preußen, aber trotz des Verfassungskonfliktes besaß Preußen gerade in den Augen führender Liberaler wie auch Sozialisten die Qualifikationen als Führungsmacht auf dem Wege zum angestrebten deutschen Nationalstaat in höherem Maße als der Vielvölkerstaat Österreich. Nach dem Sieg über Österreich war die Führungsrolle Preußens, das sich im Norddeutschen Bund eine breitere Machtgrundlage geschaffen hatte, um so unbestrittener, als sich das nunmehrige Österreich-Ungarn, auch während des Deutsch-Französischen Krieges von

1870/71, nicht mehr in die deutschen Angelegenheiten einmischte. Für die Frage der nationalen Basis dieses Krieges ist es wichtig, daß der Anlaß für seinen Ausbruch – die spanische Thronfolgekandidatur – lediglich das auslösende Moment war, der Funken, der den seit langem zwischen Deutschen und Franzosen angestauten Zündstoff der Emotionen zur Explosion brachte. Die Kriegserklärung erfolgte durch die französische Regierung, aber es waren die deutschen Armeen, die in Frankreich einfielen und sowohl das französische Kaiserreich wie die ihm folgende Republik besiegten. Dabei erlangte Deutschland erst jetzt, also während des Krieges, seine staatliche Einheit. Das neue Deutsche Reich wurde auf französischem Boden proklamiert.

Der Nationalisierungsprozeß in Europa war bis zum Ende des 19. Jahrhunderts noch nicht abgeschlossen. Österreich, diese alte, der ursprünglichen Idee nach universale und in kontinuierlichen Traditionen bis ins Mittelalter zurückreichende Monarchie, hatte nicht nur seine Vorrangstellung in Deutschland eingebüßt, es war durch die Niederlage von 1866 aus Deutschland herausgedrängt worden. Es hatte seine italienischen Besitzungen verloren, war durch den ungarischen Ausgleich schon in zwei Reichshälften gespalten und durch die nationalen Emanzipationsbestrebungen auch der Slawen und Rumänen innerhalb seiner Grenzen in seinem Bestande immer schwerer gefährdet. Die Bemühungen der gesamtstaatlich gesinnten, auf die gemeinsame Armee gestützten „schwarzgelben" Kräfte, den Gesamtstaat durch innere, zeitgemäß angepaßte Strukturveränderungen zu retten, erwiesen sich letztlich als zwecklos.

„Wenn im letzten Jahrhundertdrittel ein neuartiger Machtdruck sich in Europa stärker und stärker geltend machte, so kam er nicht von der unfertigen Demokratie, er kam auch nicht mehr von der alten Hierarchie als solcher, von Königen und Baronen. Er kam vom Staat. Von allen Verwirklichungen des kollektiven Willens in Europa war jener der schicksalsschwerste, der den Erdteil im 19. Jahrhundert noch einmal in Staaten verfallen ließ. Es sollten jetzt Volksstaaten, Nationalstaaten sein. Sie waren es wohl auch. Aber es waren Machtstaaten. Sie standen gegeneinander wie eh und je. Wenn die Deutschen ihre Einheit kraft eines Sieges über die Franzosen gewonnen hatten, war das hierfür das sprechendste Symbol. Die Verbrüderung der Nationalstaaten, welche die Mazzini und Garibaldi, die Lamartine und Victor Hugo erträumt hatten, blieb aus. Die Nationen übernahmen die Staatsraison, das stehende Heer, die Vergrößerungswut, die ewig wühlende Machtkonkurrenz, sie übernahmen alles Unrecht und allen Unfug von Fürsten und gaben ihnen verhundertfachte Kraft. Nur der Staat konnte diese Kraft erziehen, kontrollieren, steigern. Er mochte nun ein Rechtsstaat sein, Gleichheit vor dem Gesetz garantieren, er mochte seinen Kapitalisten das liberalste Aktienrecht gewähren, seinen Armen die beste unentgeltliche Schulbildung; er mochte Arbeiter-Assoziationen erlauben, die Wissenschaft fördern, die Wirtschaft stützen, eine ins Ungeheure wachsende Zahl nützlicher Funktionen erfüllen. Deswegen war er doch und vor allem Machtstaat, und von den Pflichten, die er auferlegte, war die allgemeine Wehrpflicht die bezeichnendste. Seine innerste Natur hat dieser euopäische Machtstaat im Krieg von 1914 enthüllt." (Mann).

Trotzdem oder gerade deshalb darf nicht übersehen werden, daß sich die auf den Krieg bezogenen Humanisierungstendenzen im 19. Jahrhundert fortsetzten und intensivierten. Hier ist vor allem der Schweizer Henri Dunant zu nennen, der es – aufgrund seiner Erfahrungen in der Schlacht von Solferino – durchsetzte, daß in der Ersten Genfer Konvention vom 22. August 1864 Vorschläge zur Verbesserung des Loses der Verwundeten und Kranken im Felde ausgearbeitet wurden, die alle Vertragsstaaten durch Gründung nationaler Rotkreuzgesellschaften akzeptierten.

Zu einer grundsätzlichen Änderung des Kriegsrechtes kam es trotz der raschen Fortschritte des Völkerrechts im 19. Jahrhundert jedoch auch bis zum Anfang des nächsten Jahrhunderts nicht. Alfred Verdross stellt fest, „daß das vor dem Ersten Weltkrieg geltende Völkerrecht bestrebt war, den Krieg zu humanisieren und durch das Neutralitätsrecht auch räumlich zu begrenzen. Es hat sich aber nicht zum Ziel gesetzt, den Krieg als Mittel der Austragung von zwischenstaatlichen Streitigkeiten auszuschalten, da die damalige Staatengemeinschaft nicht organisiert war und daher ohne Selbsthilfe nicht auskommen konnte. Mit der Organisierung der Staatengemeinschaft im [am 29. 4. 1919 gegründeten] Völkerbund und der allmählichen Ächtung des Krieges beginnt daher ein neuer Abschnitt in der Geschichte des Völkerrechts. Gewiß gab es schon vorher die Einrichtung der Schiedsgerichtsbarkeit und deren Ermittlung. Es bestand aber weder eine allgemeine Pflicht, alle Streitigkeiten friedlich auszutragen, noch gab es allgemein anerkannte Richtlinien, nach denen die durch die Dynamik der Geschichte jeweils notwendige Änderung friedlich durchgeführt werden konnte. Die Machtpolitik der Staaten wurde somit durch das Vorkriegs-Völkerrecht nur unwesentlich beschränkt".

b. Beibehaltung der stehenden Heere

Das stehende Heer, Stein des Anstoßes für das erstarkende Bürgertum des 18. Jahrhunderts, wurde durch die Französische Revolution nicht abgeschafft. Durch die allgemeine Wehrpflicht wurde zwar seine Grundlage und Struktur verändert, aber es wurde nicht ersetzt durch eine bürgerliche Miliz. Ursprünglich bedeutete „Miliz" dasselbe wie „Militär". Später verstand man darunter wie auch noch heute eine Truppe, „welche nicht beständig bei den Fahnen versammelt, sich mindestens zum allergrößten Theil bis auf kleine permanente Stämme im Beurlaubtenstande befindet" (Rüstow). Milizen bestanden im 18. Jahrhundert zwar neben den stehenden Heeren, aber mehr oder weniger nur als militärisch nicht vollwertige Hilfstruppen. Unter bestimmten Voraussetzungen und Umständen waren Milizen militärisch brauchbar – so für den Volkskrieg, wie bereits am Amerikanischen Unabhängigkeitskrieg gezeigt wurde. Der Volkskrieg in Spanien schwächte die dort eingesetzten Streitkräfte Napoleons erheblich. Er bestimmte wesentlich den Charakter des Amerikanischen Sezessionskrieges von 1861/65 und machte den deutschen Armeen in der letzten Phase des Deutsch-Französischen Krieges von 1870/71 schwer zu schaffen. Durch Kriegserfahrungen konnte sich der Wert von Milizen erheblich erhöhen, wie sich dies in den Freiheitskriegen von 1813/15 an der preußischen Landwehr – damals eine milizartige Truppe – und im großen Stil im Amerikanischen Sezessionskrieg zeigte, der auf beiden Seiten mit Miliztruppen geführt wurde.

Die Reduzierung des Kriegswesens auf das Milizsystem wurde in Deutschland bis weit in das 19. Jahrhundert hinein von den bürgerlichen Liberalen und später noch von den Sozialisten gefordert. Es sollte der Pazifizierung, der Reduzierung der Kriegführung auf den Verteidigungsfall dienen. Zeitweise kam es zwar zu einer Überschätzung der militärischen Leistungsfähigkeit von Milizen, weil sich sowohl im Amerikanischen Unabhängigkeitskrieg wie in den Kriegen, die im Zusammenhang mit der Französischen Revolution geführt wurden, die innere Anteilnahme der Soldaten an der Sache der Freiheit und des Volkes, für die sie sich einsetzten, im Kampf als eine starke Antriebskraft erwiesen hatte. Die innere Verbundenheit mit dem eigenen Volk war aber nur so lange ein Vorzug von Milizen, wie auf der anderen Seite Söldnertruppen standen. Dieser Vorzug bestand nicht mehr, nachdem sich die Truppen ausschließlich aus Angehörigen des Staates rekrutierten, für den sie eingesetzt wurden.

Im übrigen ist die Ansicht, daß jede nationale Wehrpflicht- oder Freiwilligentruppe jeder Söldnertruppe militärisch überlegen sei, falsch. Der Hinweis auf das höhere moralische Niveau nationaler Streitkräfte, die nicht für Geld, sondern für ihr Vaterland, ihre Nation, Heim und Herd kämpfen, übersieht allzu leicht, daß Söldnertruppen Berufstruppen waren, damit den höchsten Grad an Kriegsfertigkeit besaßen und, wenn es sich hierbei um echte Freiwilligentruppen handelte, ihren Truppenteil, gefördert durch einen äußerst scharfen, der Truppenfahne verpflichteten Korpsgeist, als „Heimat" ansahen. So gehörten in allen Armeen, die über sie verfügten, besonders aber in der französischen, die Schweizer Infanterieregimenter zu den besten – ähnlich wie bei den Reitern in den verschiedenen Armeen die ungarischen Husaren. Die Ehre des Truppenteils – vor allem ausgedrückt in über jeden Zweifel erhabener Tapferkeit – ging hier über alles. Zweifellos ist es merkwürdig, aber nicht von der Hand zu weisen, daß der im Deutsch-Französischen Krieg von 1870/71 nach der Schlacht von Sedan gegen die Deutschen organisierte Volkskrieg seine militärische Stütze in verbliebenen aktiven Truppen und damit auch in nordafrikanischen Verbänden und der Fremdenlegion fand. Aufs Ganze gesehen traf es allerdings zu, daß die nationalen Streitkräfte den großenteils aus gepreßten Mannschaften bestehenden Heeren vom Typ des 18. Jahrhunderts auch militärisch überlegen waren. Das Versagen der Heere alten Typs gegenüber den neuen Nationalarmeen war zweifellos auch Folge der schlechteren militärischen Moral – insofern auch in der Art der Operations- und Kampfführung, basierend auf einem entsprechend umständlichen Versorgungssystem, Rücksicht genommen werden mußte auf die Unzuverlässigkeit des einzelnen Söldners. Andererseits bewiesen aber auch gründlich ausgebildete Soldtruppen, solange sie geschlossen fest in der Hand ihrer Führer blieben, mehr Krisenfestigkeit als kurz ausgebildete Freiwilligen- oder Wehrpflichttruppen. Die militärische Unterlegenheit ergab sich jedoch wesentlich aus der Tatsache, daß Söldnerarmeen ihrer Kosten wegen vorsichtiger eingesetzt wurden als Wehrpflichtarmeen.

Auch in den Kriegen, die infolge der Französischen Revolution ausbrachen, bewies es sich, daß Milizen und kurz ausgebildete Freiwillige allein nicht ausreichten, wenn der Gegner Truppen einsetzte, die länger und besser ausgebildet und daher sowohl in disziplinarer wie in taktischer Hinsicht überlegen waren. Die französischen Revolutionstruppen schockierten und imponierten zwar durch ihre Begeisterung, ihre Genügsamkeit, ihren Opfermut und wilden Angriffsschwung. Aber auch ihr Kern bestand aus aktiven Regimentern aus der Zeit des Ancien régime, die noch mit ihren alten Schlachtrufen wie: „Vorwärts Navarra ohne Furcht" und „Immer Auvergne ohne Tadel" (zit. Weygand) angriffen. Die Massenaushebungen in Frankreich führten zunächst zu chaotischen Zuständen. Keineswegs eilte man überall begeistert zu den Waffen. Dem Aufruf der Nationalversammlung vom 11. Juli 1792 folgten nur 60000 Mann, von denen nur die Hälfte für den aktiven Dienst tauglich war. Die Disziplin war schlecht, weil es an Offizieren fehlte, die großenteils emigriert waren. Es kam zu Widersetzlichkeiten, die Mannschaften wurden von Revolutionären gegen die Offiziere aufgehetzt, es wurde denunziert, die Versorgung klappte nicht, und es wurde geplündert. Die Kehrseite der stürmischen Begeisterung war die Tatsache, daß die nur kurz ausgebildeten Freiwilligen- und Wehrpflichttruppen nicht krisenfest waren. „General Elie, ein Held bei der Erstürmung der Bastille, erzählt, ‚die Massenbataillone' hätten, in der Überzeugung, daß sie den Feind sähen, auf die Freunde geschossen, und beim Pfeifen der Kugeln und dem Lärm ihrer eigenen Kanonen wären sie entsetzt davongelaufen, die Offiziere an der Spitze, die ihre Epaulettes abgerissen hätten, um schneller laufen zu können. So mußte man auf Betreiben der Repräsentanten des Volkes schleunigst die Zwangsausgehobenen den regulären Truppen einverleiben" (ebd.). Diese Verschmelzung war der erste Schritt zur Lösung des Problems. Die Nationalmiliz, wie sie Scharnhorst in Preußen bereits 1806 zu bilden vorschlug, spielte aber auch im Kampf gegen Frankreich eine bedeutende Rolle – wenn auch weniger militär-technisch als psychologisch. Die Reduzierung des Wehrwesens auf eine reine Verteidigungsorganisation auf der Grundlage des Milizsystems wäre nur bei internationaler Übereinstimmung in diesem Punkt möglich gewesen. Dazu kam es aber auch später nicht. Bereits der Kampf um das Erbe der Französischen Revolution brachte eine militärische Eskalation, eine weitere Steigerung dann die technische Revolution seit Mitte des 19. Jahrhunderts, die den Militärs Waffen in die Hand gab, die weit wirkungsvoller und furchtbarer waren als die bisherigen, sowie andere komplizierte Geräte, die eine noch gründlichere, noch intensivere Ausbildung verlangten.

Die Armee Napoleons I. – kein nationales, sondern aus Angehörigen und ganzen Kontingenten verschiedener Völker zusammengewürfeltes Heer – war eine der schlagkräftigsten in der Geschichte überhaupt und forderte die Gegenseite zu entsprechenden Anstrengungen heraus. Die alten Monarchien überstanden diese Krise oder wurden restauriert. Auch mit der Niederlage Napoleons war der Krieg nicht abgeschafft. Große kriegerische Auseinandersetzungen blieben Europa allerdings für Jahrzehnte erspart. Die Revolution war aber nicht zu Ende geführt, die Volkssouveränität nur vorübergehend erreicht worden. Die Furcht der Fürsten richtete sich auf Fortsetzung der Revolution, die sie zwar mit allen Mitteln zu unterdrücken versuchten, die aber im Untergrund weiterschwelte. So sahen sie die wichtigsten Garanten ihrer Sicherheit in ihren Armeen, für die somit der Schutz der Monarchien vor inneren Umwälzungen zu einer vordringlichen Aufgabe wurde. Dies aber bedeutete, daß die Truppe ein unbedingt zuverlässiges Instrument in der Hand des Monarchen sein mußte. Auch und ganz wesentlich aus diesem Grunde erklärt sich also die Bereitstellung stehender und somit präsenter, jederzeit verfügbarer Verbände. Als zuverlässig im Sinne der fürstlichen Regierungen konnten die Armeen nur dann angesehen werden, wenn über ihre Loyalität kein Zweifel bestand. Sie war von Miliztruppen nicht ohne weiteres zu erwarten, wenn diese sich weniger als Soldaten denn als bewaffnete Bürger fühlten. Zwangsläufig gerieten die Milizen während der Revolutionen des 19. Jahrhunderts, in denen es zwischen Militär und aufständischen Bürgern zu blutigen Kämpfen kam, zumindest in einen inneren Zwiespalt. Alles wurde daher von den Fürsten sowie überhaupt den restaurativen Kräften darangesetzt, den aktiven Armeen so viel wie möglich vom Charakter der alten Berufsarmeen zu erhalten, vor allem den Standescharakter der streng monarchisch orientierten Offizier- und Unteroffizierkorps, die auch in bezug auf das innere Gefüge nach wie vor Kern und Rahmen der Streitkräfte bildeten.

Im Zusammenhang mit der allgemeinen Wehrpflicht veränderten sich die Grundlagen und die Struktur des Kriegswesens sowie die psychologische Situation des Soldaten, was gleichbedeutend mit einer Verstärkung und Erweiterung der Grundlagen für die Kriegführung war, wie sie sich zur beginnenden Neuzeit und unter dem Absolutismus herausgebildet hatten. Nichts wäre jedoch falscher, als die Wehrverfassungen des 19. Jahrhunderts einfach unter dem Begriff der allgemeinen Wehrpflicht zusammenfassen zu wollen. Sie wurde selbst in Frankreich, ihrem Ursprungsland, schon bald nach ihrer Proklamation durch Carnot nicht mehr ordentlich und gerecht durchgeführt. Ganz allgemein beschränkten sich die Staaten nach dem Sturz Napoleons auf Konskriptionssysteme, die die armen Kerle, die sich weder freistellen noch loskaufen konnten, längeren Dienstzeiten unterwarfen. So erlangten die Armeen schon allein dadurch den Charakter von Berufsheeren. Entsprechend gering waren die zur Verfügung stehenden Reserven. Preußen bildete, wie gesagt, eine Ausnahme. Von den meisten übrigen Staaten wurde die allgemeine Wehrpflicht erst im Laufe der zweiten Hälfte des 19. Jahrhunderts angenommen.

Die allgemeine Wehrpflicht in der Form, wie sie sich dann herausbildete, stellte eine militärisch sehr leistungsfähige Verbindung des Berufssoldatentums mit dem Milizsystem dar. Der verhältnismäßig starke, sofort aktionsfähige präsente Teil der Streitkräfte bestand aus aktiven Soldaten, deren Dienstzeit zwar erheblich kürzer war als früher in den Berufsarmeen, jedoch voll ausreichend für eine gründliche militärische Ausbildung. Nach seiner Dienstzeit ging der ausgebildete Soldat, wenn er nicht weiterdienen wollte, nach Hause, hielt sich aber als „beurlaubter" Reservist für Übungen und den Kriegsfall bereit. Der präsente Teil der Streitkräfte stellte also nach wie vor ein stehendes Heer dar, jedoch eines mit einem starken, gleichsam unsichtbaren Unterbau.

Die allgemeine Wehrpflicht machte die Werbung überflüssig und löste das Problem der Heeresergänzung auf die vollkommenste Weise. Den Armeen standen mehr Menschen zur Verfügung, als sie einstellen konnten. Die Berufsarmeen, in denen die Soldaten fast ihr Leben lang gedient hatten, waren überaltert gewesen. Jetzt konnte man sich darauf beschränken, junge Männer einzustellen; selbst die Reservisten waren verhältnismäßig jung. Strengere Maßstäbe konnten bei der Einstellung auch im Hinblick auf die soziale Integrität angelegt werden. In diesen Beziehungen waren die Wehrpflichtheere besser als die alten Berufsarmeen. Da sie leichter zu ergänzen waren und selbst hohe Verluste leichter ausgeglichen werden konnten, wurden sie im Kriege aber auch weniger geschont als die alten Berufsheere. Die Folge war eine aufs Ganze gesehen energischere Kriegführung, die das Risiko sehr viel weniger scheute, sowie entsprechende Veränderungen in der Gefechts- und Operationsführung.

c. Die patriotisierten Streitkräfte

Die Patriotisierung der Streitkräfte verstärkte und verbreiterte im Zusammenhang mit der Herausbildung der Nationalstaaten die Grundlagen für die Kriegführung in dem

Maße, wie die Armee, über ihre Funktion als Kriegsinstrument der Staatsführung hinaus, zur Verkörperung der Wehrkraft des betreffenden Volkes wurde. Dieser Prozeß begann um die Wende zum 19. Jahrhundert in den Kämpfen für und gegen die Revolution, für und gegen Napoleon I., in denen Soldaten und Bürger in patriotischer Verbundenheit und Begeisterung zusammenstanden. Die traditionelle, oft geradezu feindliche Fremdheit zwischen Bürgertum und Militär wurde weitgehend überwunden. So reibungslos, wie er in idealistisch-patriotischen Geschichtswerken dargestellt worden ist, vollzog sich allerdings auch dieser Vorgang nicht. Wie bereits erwähnt, stießen die Massenaushebungen während der Französischen Revolution auf den Widerstand der Bevölkerung und erzeugten Unruhen. Unter Napoleon I. wurden die Ausgehobenen gelegentlich in Ketten zur Truppe geschleppt, damit sie nicht weglaufen konnten. Nicht nur die Leistungen, sondern auch die Zuverlässigkeit der preußischen Landwehr – als unmittelbare Verkörperung des Wehrwillens der Bevölkerung gedacht – ließen am Anfang der Freiheitskriege sehr zu wünschen übrig. Das berühmte, von nationaler Begeisterung getragene preußische Freikorps des Majors von Lützow – zu ihm gehörten Nichtpreußen, unter ihnen Studenten; die aus ihm hervorgegangene Jenaer Burschenschaft wurde zu einer Keimzelle der deutschen Nationalbewegung – hatte eine verhältnismäßig hohe Zahl an Deserteuren. War auch der militärische Wert dieser Miliztruppen und Freiwilligenverbände geringer als der der Linientruppen, so lag doch ihre Bedeutung darin, daß sie Bindeglieder zwischen Bürgertum und stehendem Heer waren. Die nationalen Impulse, von denen die Freiwilligen und Freiwilligenverbände durchdrungen waren, übertrugen sich auf die ausgehobene Mannschaft.

Das Volk verlor die Souveränität dort, wo es sie schon gewonnen hatte, aber zunächst war es auch in den Freiheitskriegen gegen Napoleon durch das „Bündnis" der Monarchen mit ihm in den Krieg einbezogen, sah ihn auf beiden Seiten nicht mehr nur als Angelegenheit der Fürsten an und brachte für ihn willig Opfer. Die lange vertretene These, daß die große Masse des Volkes in Deutschland von der Bedeutung des Freiheitskampfes überhaupt noch keine Vorstellung gehabt habe, ist inzwischen widerlegt. Den höchsten Prozentsatz an Kriegsfreiwilligen stellten in Preußen die Handwerker. Überzeugend drückte sich die neue Gemeinschaft von Volk und Armee darin aus, daß das Kriegsschicksal der Armee mit Sieg und Niederlage von der Bevölkerung als ihr eigenes Schicksal empfunden wurde.

Die Restauration nach dem Sturz Napoleons erwies sich hierin als ein Rückschritt, in mancher Hinsicht als ein Stillstand. Die erreichte Gemeinschaft zwischen Volk und Armee wurde erneut in Frage gestellt durch die restaurativen Tendenzen der monarchischen Staatsführungen, die für die Armeen maßgebend waren und die durch die restaurativen Offizierkorps gefördert wurden. Sie war in Frage gestellt dadurch, daß die Armeen mit ihren präsenten Teilen im Frieden eine eigene, vom bürgerlichen Leben abgegrenzte Lebenssphäre darstellten. Der offiziell geförderte und für die Armeen maßgebende monarchische Patriotismus richtete sich gegen die freiheitlich-progressiven Bewegungen, die ihre Wurzeln im Bürgertum hatten. Damit fiel man aber nicht einfach in die Zustände des 18. Jahrhunderts zurück. Die Werbung verschwand nicht in allen Staaten, aber in den meisten hielt man am Prinzip der Wehrpflicht fest, und sei es zunächst auch nur in Form von Konskriptionssystemen, die Stellvertretung und Freistellung zuließen. Damit bestanden die Armeen jedenfalls grundsätzlich aus Angehörigen des betreffenden Landes. Daraus ergaben sich immerhin landsmannschaftliche Gemeinsamkeiten zwischen Zivil und Militär. Das Ansehen der Soldaten war nicht in allen Ländern gleich. Die durch die Scharnhorstsche Reform erreichte Anerkennung des Mililtärdienstes auch des einfachen Soldaten als Ehrendienst erfuhr durch die Erfolge der preußischen Waffen im Freiheitskrieg und durch ihren Anteil am Sieg über Napoleon eine dauerhafte Begründung im Zusammenhang mit der allgemeinen Wehrpflicht. Ihr kam freilich auch die besondere Bedeutung zugute, die das Militär für Preußen schon immer gehabt hatte. Aber Ansehen war hier nicht gleichzusetzen mit Beliebtheit. Wirklich beliebt war bei der preußischen Bevölkerung der „Biedermeierzeit", im Gegensatz zur restaurativ tendierenden „Linie", eigentlich nur die – bürgerliche – Landwehr, deren militärischer Anteil am Befreiungskampf später erheblich überschätzt wurde. In den Ländern, in denen sich die wohlhabenden Leute, die großenteils identisch mit der herrschenden Gesellschaftsschicht waren, vom Militärdienst freikaufen konnten, blieb der einfache Soldat natürlich der „arme Teufel". Auch die Beibehaltung der Prügelstrafe in einigen Armeen sogar noch bis über die Mitte des 19. Jahrhunderts hinaus – in Frankreich war sie bereits endgültig während der Revolution, in Preußen 1808 abgeschafft worden – trug nicht zur Hebung des Ansehens bei.

Das Problem der Desertion trat soweit zurück, daß darauf bei der Kriegführung nicht ständig Rücksicht genommen zu werden brauchte. Sicherungstruppen wie die Jäger oder Husaren hatten ja im 18. Jahrhundert auch die Aufgabe gehabt, Desertionen zu verhindern. Natürlich wurde die Truppe während des Marsches, im Lager und Quartier auch weiterhin von Militärpolizei – den Gendarmen – überwacht, aber ein Marsch durch Wälder, von dem früher wegen der dadurch gegebenen Desertionsgelegenheit abgeraten worden war, war jedenfalls aus diesem Grunde kein Problem mehr. Während im 18. Jahrhundert ein Masseneinsatz von Schützen auch daran gescheitert war, daß dafür zu wenig zuverlässige Soldaten zur Verfügung gestanden hatten – und man dabei in Preußen zuverlässige Unteroffizieranwärter statt besonders gewandter Leute für den Schützendienst eingeteilt hatte – hielt man jetzt, wie noch genauer zu zeigen sein wird, jeden Soldaten auch der Linieninfanterie für so zuverlässig, daß er für das Tiraillement als grundsätzlich geeignet angesehen wurde. Der Entschluß, eine Schlacht zu schlagen, war früher auch deshalb schwer gefallen, weil eine Niederlage zwangsläufig gleichbedeutend mit Unordnung im Truppenverband, möglicherweise sogar mit dessen Auflösung war und eine Fülle von Gelegenheiten zur Massendesertion bot. Aus der Praxis ließen sich freilich auch Gegenbeweise anführen, aber das Mißtrauen der militärischen Führung in die Zuverlässigkeit des einzelnen Soldaten war schließlich nicht unbegründet gewesen. Die Verringerung der Desertionen hatte also erhebliche Auswirkungen auf die Art der Kriegführung. Die Tatsache, daß die Armeen nun grundsätzlich nur noch aus „Landeskindern" bestanden, war zweifellos der entscheidende Grund dafür. Freilich war die Desertion für die „unsicheren Kantonisten" unter den „Landeskindern" schon immer schwieriger gewesen als für ausländische Söldner, weil sie, selbst wenn die Flucht glückte, nicht zu ihren Familien in die Heimat zurückkehren konnten, da sie dort natürlich festgenommen worden wären. Im 19. Jahrhundert traf das grundsätzlich für alle Soldaten zu. Die Frage, wie weit auch noch in der Restaurationszeit der in den Kämpfen für und gegen die Revolution geweckte Patriotismus im einfachen Soldaten nachwirkte, dürfte schwierig zu beantworten sein. Einziger Bezugspunkt hatte für den Soldaten der Monarch zu sein. Aber hierbei ist nicht zu übersehen, daß sich der Monarch, gefördert durch konservativ-romantische Tendenzen, jetzt mehr noch denn früher als „Vater des Vaterlandes", in den kleinen deutschen Territorien als „Landesvater" darstellte.

Das Scheitern der Revolution von 1848 hatte zur Folge, daß das deutsche Militär der zivilen Kontrolle und ziviler Intuition entzogen, ihm die patriarchalisch-monarchische Grundeinstellung erhalten blieb. Durch die nationalstaatliche Einigung erweiterte sich für den deutschen Soldaten der Begriff „Vaterland" auf das gesamte Reich, ohne daß damit die Bindung an das kleinere Vaterland des jeweiligen deutschen Bundesstaates aufgegeben worden wäre. Die mit dem Krieg von 1866, in dem wieder Deutsche gegen Deutsche kämpften, und der anschließenden Einbeziehung ganzer deutscher Staaten in Preußen verbundene Problematik schlug sich auch in militärischem Bereich nieder, aber im Krieg von 1870/71 stärkte sich das Gefühl nationaler Zusammengehörigkeit in den gemeinsamen Kämpfen der deutschen Kontingente um so mehr, als er vom deutschen Volk als Nationalkrieg empfunden wurde.

d. Die Volksbewaffnung

Leveé en masse

Grundidee der allgemeinen Wehrpflicht nach revolutionärer Vorstellung war die Idee des Volkes in Waffen, der Leveé en masse aller Wehrfähigen des Volkes. Der Krieg als Volkskrieg, an dem sich jeder, wenn er irgendeine Waffe tragen konnte – ganz gleich ob er der regulären Armee, einem Freikorps oder überhaupt keiner eigentlichen Truppe angehörte –, zu beteiligen hatte, durchbrach die Grenzen des „gehegten" Krieges, wie er sich im 18. Jahrhundert herausgebildet hatte. Gegen einen äußeren Gegner gerichtet, konnte der Volkskrieg nur Verteidigungskrieg sein, was ihn moralisch rechtfertigte, wenn man dem revolutionären Grundgedanken zustimmte, daß jeder freie Staatsbürger zur Verteidigung seines Landes berechtigt und verpflichtet sei. Kriegsvölkerrechtlich war mit ihm jedoch ein schwerwiegendes Problem verbunden, da die Unterscheidung zwischen Kombattanten und Nichtkombattanten – und eben diese Unterscheidung hatte wesentliche Einschränkungen der Kriegsgreuel bewirkt – wegfiel, wenn jeder aktiv am kriegerischen Kampf teilnehmen konnte, auch ohne als Angehöriger einer regulären Truppe erkennbar zu sein. Jeder am Tage auf der Straße harmlos erscheinende Zivilist konnte bei Nacht und Nebel ein Partisan, Guerillero, Franktireur, Heckenschütze sein, der sich am Überfall auf Transporte, Versorgungsdepots, einzelne Posten, abgelegene Feldwachen, Kuriere, zurückgebliebene Marschkranke oder Verwundete beteiligte. Jeder Angehörige des feindlichen Staates wurde somit als Feind angesehen. Der Terror der feindlichen Bevölkerung wurde mit aus Rache und Mißtrauen erwachsenem Gegenterror beantwortet. So bedeutete der Volkskrieg, obwohl er der heroischen Grundhaltung des zur Selbstverteidigung entschlossenen freien Bürgers entsprang, zugleich einen Rückfall in die barbarischsten Formen der Kriegführung.

Dies wurde auch sehr frühzeitig erkannt – und zwar gerade von politisch konservativen Angehörigen der alten aristokratischen Führungsschicht. Wenn sie die Ablehnung der freiheitlichen Staatsform mit der Ablehnung der Volksbewaffnung begründeten, dann erwies sich ihre Skepsis gegenüber letzterer jedenfalls insofern als prophetisch, als in ihr die zwangsläufig sich daraus ergebende Totalisierung des Krieges völlig richtig vorausgesehen wurde.

Dies war eine Zukunftsvision, der die tatsächlichen Zustände zur Zeit der Französischen Revolution und Napoleons I. nur in bestimmten Kriegslagen und auf bestimmten Kriegsschauplätzen entsprachen. Es wurde wieder requiriert. Die Politisierung der Bevölkerung zeigte sich in bewußter Ablehnung des Gegners, der sich an ihr durch Drangsalierungen rächte. Durch die Wirtschaftskriegführung, durch die vom Krieg aufgezwungenen Entbehrungen wurde auch die Bevölkerung schwer getroffen. Grundsätzlich führte jedoch der Soldat den Krieg nicht gegen sie, sondern nach wie vor gegen den feindlichen Soldaten. Die leichten Truppen waren auch als reguläre Milizen und Freikorps uniformierte Soldaten, die vom Gegner – jedenfalls grundsätzlich – als Kombattanten unter Kriegsrecht stehend anerkannt wurden. Sie führten den kleinen Krieg nach wie vor gegen die feindlichen Aufklärungs- und Sicherungskräfte. Das patriotische und nationale Engagement war freilich in Gefahr, zum chauvinistischen Fanatismus auszuarten. Die Revolution, die reaktionären Bestrebungen, der Machtanspruch Napoleons, die gegen ihn gerichteten Freiheitsbewegungen, die Nationalisierung und die Politisierung der Völker im Sinne der jeweiligen Zielsetzungen führten zu einer Ideologisierung des Krieges, wie es sie seit den Religionskriegen nicht mehr gegeben hatte. Der politische Gegner wurde zum ideologischen Feind, was zumindest eine Verschärfung der psychologischen Situation bedeutete.

Der Krieg, im 18. Jahrhundert schließlich zu einer Torheit und Kulturschande abqualifiziert, erhielt eine neue, entscheidende Aufwertung. Der sächsische Oberst von Rühl schrieb 1813 eine „Apologie des Krieges. Besonders gegen Kant". Sie richtete sich gegen Kants Traktat „Zum ewigen Frieden" (s.o. S. 141) und verkündete die „ewige Wahrheit von der Unentbehrlichkeit des Krieges und seiner innern sittlichen Erhabenheit und Würde". Die Abwendung vom Kriege in der letzten Zeit des Absolutismus brachte nicht nur Pazifismus hervor, sondern auch – als spezielle Äußerung eines neuen, positiven Verhältnisses zur Natur – das Ideal des allen barocken Exerzierkunststücken und methodischen Spitzfindigkeiten überhobenen „natürlichen" Krieges. Geradezu wie ein Naturereignis wurde Napoleon bestaunt und gefürchtet, und so war es auch nach Rühl der ausdrückliche, unabänderliche Wille der Natur, „daß weder Krieg noch Friede auf der Erde vorhanden seyn, sondern daß aus dem Wechsel beyder gemeinschaftlich ein ewig reges und frisches Leben erzeugt werden solle". Mit dieser Erklärung des Krieges aus der Natur, an der neu nur die positive Einstellung war, die dann im späteren 19. Jahrhundert durch den sogenannten Sozialdarwinismus noch weiteren Auftrieb erfuhr, schienen alle Gedanken an seine Abschaffung nicht nur vollends zwecklos, sondern eben auch naturwidrig zu sein. Freilich hatte man sich in der Vergangenheit bis zu den pazifistischen Aufklärern hin auch mit dem Krieg als göttlicher Zuchtrute, dann als Mittel nüchterner Machtpolitik abgefunden, man war sich aber immer darüber klar gewesen, daß er – mochte er auch dem fähigen Feldherrn, dem tapferen Soldaten Ruhm und Ehre bringen – eines der Grundübel war, unter denen die Menschheit am meisten zu leiden hatte. Als determinierendes „Naturprodukt" freilich entzog er sich zumindest jeglicher Wertung – wenn man nicht sogar so weit ging, daß mit seiner Hilfe „reges und frisches Leben erzeugt werden solle". Am Ende des 19. Jahrhunderts glaubte der berühmte deutsche Militärwissenschaftler Max Jähns sogar feststellen zu können, daß der Krieg „der großartigste Regenerator des Völkerlebens“ sei.

Die Anerkennung der natürlichen Gründe des Krieges begünstigten den Volkskrieg. Der Volkskrieg bedeutete, über die in regulären Armeen erfaßte und damit begrenzte allgemeine Wehrpflicht hinaus, nicht nur eine Ausweitung, sondern auch eine Intensivierung des Krieges. Schlagartig deutlich wurde diese neue Situation 1793–96 im Krieg der Vendée gegen die französische Republik, in der Erhebung der Spanier 1808 bis 1814 und der Tiroler 1809 gegen die Franzosen sowie auch daran, daß sich russische Partisanen 1812 an der Verfolgung und Aufreibung der französischen Armee bei deren Rückzug aus Rußland beteiligten. Bemerkenswert hieran war vor allem, daß diese Erhebungen, jedenfalls zunächst, keine revolutionären, bewußt auf Veränderungen der Gesellschaft abzielenden Akte waren, sondern sich, im Gegenteil, gegen Streitkräfte richteten, die aus einer Revolution hervorgegangen waren, eine revolutionäre Taktik und Militärstrategie vertraten und von Napoleon I. als einem Mann geführt wurden, der die Welt nach seinen Vorstellungen verändern wollte.

Der Volkskrieg wurde in den bisherigen Formen des Kleinkrieges, darüber hinaus aber in denen des subversiven Krieges geführt. Er richtete sich nicht nur gegen die leichten Truppen des Gegners, wie der Kleinkrieg bisher, sondern diente unmittelbar der Schwächung der feindlichen Kräfte überhaupt, also auch der regulären feindlichen Hauptkräfte. Die spanischen Guerilleros ersetzten geradezu die eigene reguläre Armee, denn sie begannen den Kampf erst, als diese 1808 von den Franzosen geschlagen worden war. Um den Feind zu schwächen, wurde nun jedes Mittel angewandt, ja, die unkonventionellen, vom Kriegsrecht geächteten erwiesen sich als die wirksamsten. Der Guerillero wendete sie auch deswegen an, weil er nicht durch das Kriegsrecht als Kombattant gedeckt war und bei Gefangennahme ohnehin nicht auf Schonung seines Lebens rechnen konnte. So wurde der Krieg in Spanien auf beiden Seiten mit unerhörter Grausamkeit geführt. Die Befreiung von Napoleon gelang aber auch hier nicht allein durch den Volkskrieg, sondern erst durch seine Verbindung mit dem regulären Krieg, in diesem Fall mit dem Krieg, den die englisch-portugiesische Armee unter dem General Wellington gegen die Franzosen in Spanien führte.

Preußische Reform und Volkskrieg

Der spanische Volkskrieg diente als Vorbild nicht nur den Tirolern bei ihrem Befreiungsversuch unter Andreas Hofer, sondern übte auch eine starke Wirkung auf die preußischen Heeresreformer aus. Auch Clausewitz, der 1810/11 an der Allgemeinen Kriegsschule in Berlin Vorlesungen über den kleinen Krieg hielt, plädierte für den Volkskrieg gegen Frankreich. Die „verderblichen Wirkungen“ (zit. Hahlweg) des Volkskrieges seien denen anzulasten, die ihn herausgefordert hätten, also den Franzosen. Nach dem preußischen Landsturmedikt vom April 1813 war jeder Staatsbürger verpflichtet, sich mit allen Mitteln und Waffen – selbst mit Heugabeln und Sensen – dem eindringenden Feind zu widersetzen. Dieses allen Kriegsregeln widersprechende Edikt, das erstaunlicherweise von einem streng konventionell-militärisch denkenden König unterschrieben worden war, kam nicht zur Anwendung. Es widersprach völlig der Mentalität der preußischen Bevölkerung, die eine andere als die des spanischen Volkes war. Im Gegensatz auch zu den Tirolern, die auf eine lange Tradition volksgebundener Wehrhaftigkeit zurückblicken konnten, wäre für den zivilen preußischen Untertan eine aktive Beteiligung am Kriege bis 1806 völlig undenkbar gewesen. Nach der verlorenen Schlacht von Jena und Auerstedt war ihm Ruhe als erste Bürgerpflicht befohlen worden. Vor allem die im Edikt geforderte subversive Eigeninitiative, ja notfalls die Auflösung jeglicher Ordnung mit Freisetzung des Gesindels, widersprach völlig den Grundsätzen, zu denen der preußische Bürger durch den aufgeklärten Absolutismus erzogen worden war. Die Erhebung gegen Napoleon wurde von der begeisterten Zustimmung und dem Opferwillen der preußischen Bevölkerung mitgetragen. Keineswegs eignete sich jedoch der Preuße schon deswegen besonders für kriegerische Betätigungen jeder Art, weil er sich immer wieder als ein besonders guter Soldat bewies – als ein Soldat „klassischen" Typs nämlich, der seine entscheidende Prägung durch den Absolutismus erhalten hatte und für den der aus dem Hinterhalt kämpfende bewaffnete Zivilist ebenso verächtlich war wie der Spion. Schon drei Monate nach seinem Erlaß wurde das preußische Landsturmedikt „geändert und von aller Partisanen-Gefährlichkeit, von jeder acherontischen Dynamik gereinigt" (Schmitt).

Volksbewaffnung war ein zweischneidiges Schwert. Der Aufstand des bewaffneten Volkes war auch dann ein politischer Akt, wenn er sich gegen die revolutionäre Invasion richtete. Auch wenn er die überkommene monarchische Ordnung schützte, besaß er zwangsläufig demokratische Züge und befand sich damit im Widerspruch zu ihr. Der Kleinkrieg und subversive Kampf des Volkes konnte sich ebenso gut wie gegen den äußeren Feind auch im Bürgerkrieg gegen die eigene monarchische Regierung und überkommenen Zustände richten. Das war der Hauptgrund, weswegen die Konservativen gegen eine allgemeine Volksbewaffnung waren.

„Der Wiener Kongreß von 1814/15 stellte, im Rahmen einer allgemeinen Restauration, auch die Begriffe des europäischen Kriegsrechts wieder her. Das war eine der erstaunlichsten Restaurationen der Weltgeschichte. Sie hatte den enormen Erfolg, daß dieses Kriegsrecht des gehegten kontinentalen Landkrieges noch im ersten Weltkrieg 1914–18 die europäische Praxis der militärischen Landkriegsführung beherrschte."(ebd.)

Freilich gelang es der Restauration nicht, den Volkskrieg für die Zukunft abzuschaffen. Revolutionen und nationale Erhebungen im Laufe des weiteren 19. Jahrhunderts bedienten sich seiner ganz selbstverständlich.

Der Volkskrieg in der Kriegstheorie von Friedrich Engels

Volksbewaffnung und Volkskrieg spielten eine entscheidende Rolle in der marxistischen Kriegstheorie, die Friedrich Engels im Zusammenwirken mit Karl Marx ausarbeitete. Nach marxistischer Überzeugung konnte es eine friedliche Welt erst nach dem Sieg der Arbeiterklasse in einer klassenlosen kommunistischen Gesellschaft geben. Krieg wurde für die Durchsetzung der Revolution später von Marx und Engels zwar nicht mehr als unvermeidbar angesehen. Zunächst aber, aus den Verhältnissen um die Mitte des 19. Jahrhunderts heraus, schien ihnen die Revolution ohne kriegerische Auseinandersetzung undenkbar.

Angeregt wurde Engels zu seinen militärischen Studien durch die Erkenntnis des Zusammenhanges des militärischen mit dem ökonomischen, gesellschaftlichen und politischen Umbruch, wie er sich seit der Französischen Revolution vollzogen habe, jedoch von den herrschenden Gesellschaftsklassen lediglich für ihre Zwecke ausgenutzt worden sei. Engels erkannte die Gründe, aus denen heraus die bürgerlichen Revolutionen zur Mitte des 19. Jahrhunderts auch militärisch gescheitert waren, wobei ihm seine persönlichen Erfahrungen mit dem von ihm heftig kritisierten Badischen Aufstand von 1848/49 zugute kamen. In der Zukunft solle sich die Arbeiterklasse nicht wieder durch die bürgerliche Revolution ausnutzen und verraten lassen, vielmehr solle der Sozialismus bürgerliche Revolutionen für seine Zwecke ausnutzen, was nur möglich sei durch Bewaffnung der Arbeiter und ihre Unterstellung unter eine eigene militärische Führung. Der revolutionäre Krieg müsse strategisch offensiv, taktisch jedoch defensiv geführt werden. Grundsätzlich müsse davon ausgegangen werden, daß reguläre Truppen, gegen die sich der Kampf der Arbeiter in einer Revolution zu richten habe, wegen der besseren militärischen Führung und Ausbildung den bewaffneten Arbeitern militärisch überlegen seien; dies vor allem, nachdem die Truppen auch Erfahrungen im Straßenkampf mit Aufständischen gesammelt hatten und weil sie im Laufe der waffentechnischen Entwicklung immer über bessere und stärkere Waffen als die Arbeiter verfügen würden. Es sei daher in der Regel militärisch zwecklos, wenn Arbeiter intakte aktive Truppen mit konventionellen militärischen Mitteln bekämpfen wollten, keineswegs aber politisch sinnlos, da Engels auch der Niederlage der Arbeiter nach tapferem Kampf propagandistischen Effekt zuerkannte.

Engels bemerkte hierzu: „Versteht der Leser nun, weshalb die herrschenden Gewalten uns platterdings dahin bringen wollen, wo die Flinte schießt und der Säbel haut? Warum man uns heute der Feigheit zeiht, weil wir uns nicht ohne weiteres auf die Straße begeben, wo wir der Niederlage im Voraus gewiß sind? Warum man uns so inständig anfleht, wir möchten doch endlich einmal Kanonenfutter spielen?

Die Herren verschwenden ihre Bittgesuche wie ihre Herausforderungen für nichts und wieder nichts. So dumm sind wir nicht. Sie könnten ebensogut von ihrem Feind im nächsten Krieg verlangen, er solle sich ihnen stellen in der Linienformation des Alten Fritz oder in Kolonnen ganzer Divisionen à la Wagram und Waterloo, und das mit dem Steinschloßgewehr in der Hand. Haben sich die Bedingungen geändert für den Völkerkrieg, so nicht minder für den Klassenkampf. Die Zeit der Überrumpelungen, der von kleinen Minoritäten an der Spitze bewußtloser Massen durchgeführten Revolutionen ist vorbei. Wo es sich um eine vollständige Umgestaltung der gesellschaftlichen Organisation handelt, da müssen die Massen selbst mit dabei sein, selbst schon begriffen haben, worum es sich handelt, für was sie mit Leib und Leben eintreten" (zit. Wallach).

Von psychologischer Kriegführung wurde in den regulären Armeen, wenn überhaupt, nur wenig Gebrauch gemacht. Tatsächlich ist die Möglichkeit dafür ja auch nur dann gegeben, wenn es sich bei dem betreffenden Krieg überhaupt oder zugleich auch um eine Auseinandersetzung unterschiedlicher Grundanschauungen handelt, die dem jeweiligen Feind zwangsläufig Angriffsflächen in ethischer und moralischer Beziehung bieten. Die Wirkung der psychologischen Einwirkung auf die Truppen ist um so größer, je mehr es gelingt, den Feind als moralisch defekt hinzustellen, ja ihn und die in seinen Diensten stehenden Truppen nicht nur zu diskriminieren, sondern zu kriminalisieren. Für den revolutionären Krieg ergab sich das für beide Seiten so selbstverständlich wie sehr viel früher schon für den Religionskrieg. Trotz der Französischen Revolution sahen sich jedoch die regulären Soldaten beider Seiten im Kriege nicht als „absolute" Feinde, wie Carl Schmitt es nennt, vielmehr beschränkte sich ihre Feindschaft, bei gleicher Grundanschauung, Ehr- und Standesauffassung, auf die militärische Gegnerschaft. Engels dagegen verlangte, daß auch der militärische Gegner der Arbeiterschaft, also die Führung der regulären Armeen und diese selbst als Kriegsinstrument der herrschenden Klassen, zu demoralisieren sei, da die Arbeiterschaft im offenen Kampf gegen intakte reguläre Truppen kaum Chancen besitze. Die feindliche Armee müsse also verunsichert und von innen her aufgeweicht werden, und zwar im Zusammenhang mit dem ökonomischen, gesellschaftlichen und politischen Kampf der Sozialisten. „Auf diesem Punkt schlägt das Fürstenheer um in ein Volksheer; die Maschine versagt den Dienst, der Militarismus geht unter an der Dialektik seiner eigenen Entwicklung" (zit. Wallach). Die Revolution müsse generalstabsmäßig als Kriegshandlung organisiert werden.

Die militärische Auseinandersetzung mit dem Klassenfeind müsse daher durch die revolutionäre Arbeiterschaft in Form des subversiven Kampfes, der Guerillataktik, erfolgen. Dafür sollten die Arbeiter eine Untergrundarmee bilden. Gegenüber dem Vorwurf, daß der Guerillakampf mit dem Kriegsrecht nicht in Einklang stehe, stellte Engels fest, in einem Volkskrieg könnten die Mittel, „die von der aufständischen Nation angewandt werden, weder nach den allgemeinen anerkannten Regeln der regulären Kriegsführung gewertet werden noch nach irgend einem anderen abstrakten Maßstab, sondern allein nach dem Grad der Zivilisation, den die aufständische Nation erreicht hat" (zit. ebd.). Engels verachtete den „bürgerlichen honetten Krieg". Er war der Ansicht, daß der Volkskrieg jedes Mittel rechtfertige, da dem unterdrückten Volk zu seiner Befreiung die gewöhnlichen Mittel der Kriegführung nicht zur Verfügung ständen. Außerdem sei den herrschenden Klassen ja auch jedes Mittel recht zur Unterdrückung des Volkes, wobei Engels auch auf die von den europäischen Kolonialmächten unterdrückten Völker verwies. Die geforderte Ausnutzung der bürgerlichen Errungenschaften für die sozialistische Revolution betraf nicht nur die Erfolge bürgerlicher Revolutionen, sondern unter militärischem Aspekt auch unmittelbar die allgemeine Wehrpflicht, den waffentechnischen Fortschritt seit der Mitte des 19. Jahrhunderts, der den Armeeführungen neue Mittel für die Kriegführung in die Hand gab. So sprach sich Engels im Zusammenhang mit der Roonschen Heeresreorganisation für eine Vergrößerung des preußischen Heeres aus: „Je mehr Arbeiter in den Waffen geübt werden, desto besser" (zit. ebd.).

Engels verfügte über eine autodidaktisch erworbene, umfassende militärische Bildung, die sich in seinen militärischen Schriften niederschlug, durch die er sich weit über militantes Revoluzzertum erhob. Er bezog in seine Betrachtungen die großen außenpolitischen Verwicklungen der Geschichte und seiner eigenen Zeit ein. Er kannte und bewunderte das Werk von Clausewitz. Es war ihm völlig klar, daß unter den gegebenen Umständen ein äußerer Krieg gegen eine Macht, die über eine reguläre Armee verfügte, erfolgreich ebenfalls nur mit einer regulären Armee geführt werden konnte. In diesem Fall sei der Volkskrieg in Verbindung mit dem regulären Krieg zu führen. Engels' Urteil über den Krieg seiner Zeit war oft zutreffend, stets aber sachlich und fachlich begründet. Er kritisierte nicht nur Zeitpunkt und Durchführung des Aufstandes der Pariser Kommune im Frühjahr 1871. Er erkannte auch besser als die meisten Militärs, daß der Amerikanische Sezessionskrieg der Kriegführung neue Maßstäbe setzte. Er stellte fest, daß bis zum Eintritt „gewisser Verhältnisse" nichts weiter übrig bleibe, „als Napoleon nachzuahmen". In seiner Frage: „Aber wird nicht eine neue Revolution, die eine ganz neue Klasse zur Herrschaft bringt, auch wie die erste neue Kriegsmittel und eine neue Kriegführung hervorrufen, vor der die jetzige napoleonische ebenso veraltet und ohnmächtig erscheint wie die des Siebenjährigen Krieges vor der ersten Revolution?" (zit. ebd.), lag zwar noch nicht für den Augenblick, wohl aber für die Zukunft auch gleich die Antwort. Eben die Tatsache, daß sich seine Lehre erst über Lenin im 20. Jahrhundert praktisch auswirkte, ist der Grund dafür, weswegen Engels hier nur im Zusammenhang mit der Volksbewaffnung und dem Volkskrieg des 19. Jahrhunderts erwähnt wird.

Andererseits werde eine Armee für einen „Staatsstreich von oben" immer „ungeschickter", je mehr sie anwachse. Dies war ein weiterer, entscheidender Grund dafür, daß Engels für die Vergrößerung des preußischen Heeres eintrat.

Sie war aber nicht nur eine wirtschaftliche Frage. Die Militärs betrieben zwar im Zuge der ständigen Rüstungseskalation die Vergrößerung der Heere, dies aber nicht um den Preis einer Qualitätsminderung, verringerter führungsmäßiger Einwirkungen, abnehmender Disziplin und des Verlustes politischer Zuverlässigkeit. Dem entsprach, daß die Wehrkraft des Volkes nicht nur in den autoritär regierten Staaten, sondern auch in den Demokratien auf der Grundlage von Wehrverfassungen in regulären Streitkräften erfaßt und legalisiert wurde, daß ihr Einsatz im Kriegsfall an das Kriegsrecht gebunden blieb, die Regierungen bestrebt waren, die Leitung des Krieges vollständig in der Hand zu behalten, um sein Ausufern zum schwer kontrollierbaren Volkskrieg zu vermeiden. Freilich konnte man nicht verhindern, daß der Feind zum Volkskrieg überging, aber dafür waren im 19. Jahrhundert doch besondere Situationen notwendig, durch die sich der betreffende Krieg vom „klassischen" Krieg unterschied: die Situation des Bürgerkrieges, des Kolonialkrieges oder des Unterwerfungskrieges, wie ihn Rußland jahrzehntelang gegen die kaukasischen Bergstämme und später die Engländer gegen die Buren führten. In diesen Fällen griff der Feind schon deswegen zum Mittel des Volkskriegs, weil ihm eine reguläre Streitmacht fehlte. Aber auch in der zweiten Hälfte des 19. Jahrhunderts blieb der Volkskrieg auf Ausnahmen wie den Amerikanischen Sezessionskrieg oder den letzten Teil des Deutsch-Französischen Krieges beschränkt, was sich ebenfalls aus den betreffenden besonderen Verhältnissen erklären ließ. Der Amerikanische Sezessionskrieg war, obwohl auf beiden Seiten in erster Linie mit regulären Truppen geführt, ein Bürgerkrieg, und zum Volkskrieg in Frankreich kam es aus dem Widerstandswillen des französischen Volkes heraus, der auch nach der Kapitulation der kaiserlichen Armee nicht gebrochen war, und im Zusammenhang mit einer schweren innenpolitischen Krise, dem Sturz der Monarchie. Generell wurde der Volkskrieg im 19. Jahrhundert von den Regierungen der Staaten und der militärischen Führung also noch nicht als eine Form militärischer Auseinandersetzung anerkannt, vielmehr als illegal diskriminiert und kriminalisiert. Die mit der Nationalstaatsidee identische Idee des Volkes in Waffen schränkte sich bei ihrer Realisierung durch die Nationalstaaten auf eine Wehrpflicht ein, durch die auch im Kriegsfall die Wehrkraft für den Wehrdienst nicht „ausgeschöpft" wurde und die auf die Bildung regulärer Armeen und die Sicherung ihres Ersatzes beschränkt blieb. Folglich blieb auch der nun um nationale Belange geführte Krieg soweit es sich bei ihm um eine außenpolitische Auseinandersetzung handelte, seiner Form nach im allgemeinen zunächst noch ein „klassischer“, auf den Kampf zweier regulärer Armeen beschränkter Krieg.

e. Freie Wirtschaft, Industrialisierung und technische Revolution

Die Liberalisierung der Wirtschaft führte im Laufe des 19. Jahrhunderts zu einem außerordentlichen wirtschaftlichen Aufschwung, wodurch die materielle Grundlage für die Kriegführung in einem bisher noch nicht dagewesenen Maße verbreitert und verstärkt wurde. Nur dadurch war es möglich, die präsenten Streitkräfte zu vergrößern und auch schon im Frieden Massenheere ständig unter Waffen zu halten. Schon zur Zeit des Absolutismus war die Staatsführung bemüht gewesen, die Kriegführung durch rechtzeitige Organisation der wirtschaftlichen Hilfsmittel zu sichern, um den Zusammenbruch der Versorgung des Feldheeres und damit den Zusammenbruch der Kriegführung selbst, wie er in der vorabsolutistischen Zeit immer wieder vorgekommen war, zu verhindern. Wirtschaftlich schwache Staaten hatten versucht, durch Bündnisse mit wirtschaftlich starken Subsidien zu erlangen. Die wirtschaftliche Schwäche war ein Hauptgrund für die Koalitionskriegführung als typische Erscheinungsform der Kriegführung des 18. Jahrhunderts gewesen. Trotzdem hatten sich die Kriege immer wieder als stärker erwiesen als die wirtschaftlichen Mittel, die zu ihrer Verfügung standen, und nicht nur die Staatskassen geleert, sondern auch die volkswirtschaftliche Substanz angegriffen oder sogar ruiniert. Der Freihandel durchbrach nun das egozentrische Autarkieprinzip des Merkantilismus, förderte die internationalen wirtschaftlichen Verbindungen und damit die Entstehung einer Weltwirtschaft.

Der entscheidende Grund für das rapide wirtschaftliche Wachstum war die Industrialisierung, die sich in England bereits in den 1830er Jahren ökonomisch und sozial auszuwirken begann, als sie auf dem europäischen Festland erst anfing. Die Industrialisierung beeinflußte die Kriegführung nicht nur unmittelbar durch die Waffenindustrie, sondern ganz allgemein dadurch, daß sich die Industriestaaten gegenüber den Agrarstaaten wirtschaftlich und damit auch militärisch im Vorteil befanden. Wirtschaftliche Macht wurde identisch mit industrieller Macht, die wiederum zur Grundlage für die politische und militärische Macht wurde. Aus der Abhängigkeit von Rohstoffgebieten und Absatzmärkten entstand für die Industriestaaten eine Kernfrage nationaler Existenz. Schließlich verwandelten sich im modernen Imperialismus die wirtschaftlichen mit den politischen Weltmachtansprüchen der Großmächte. Die Wechselwirkung zwischen Rüstungsindustrie und Rüstung war der in seinen unmittelbaren Auswirkungen gefährlichste Aspekt der Wechselwirkung zwischen wirtschaftlichem und politischem Machtkampf auf internationaler Ebene.

Der Einfluß der Französischen Revolution auch auf die Kriegführung hatte nicht im Zusammenhang mit einer waffentechnischen Revolution gestanden. Napoleon I. und seine Gegner hatten den Krieg mit den gleichen oder unwesentlich verbesserten Waffen geführt, mit denen er auch schon im 18. Jahrhundert geführt worden war. Noch vor der Mitte des 19. Jahrhunderts wurden neue Waffensysteme entwickelt und in die Armeen eingeführt. Diese zunächst zögernde Entwicklung beschleunigte sich als Auswirkung der mächtig einsetzenden technischen Revolution derartig, daß Waffen schon bei ihrer Einführung in die Truppe veraltet sein konnten. Die Erhöhung der Waffenwirkungen spielte von nun an gegenüber früher nicht nur eine weit größere, sondern eine entscheidende Rolle. Auch früher schon war an einzelnen handgearbeiteten Waffen die Wirkung oft beträchtlich erhöht worden. Diese Stücke waren aber lediglich handwerkliche Raritäten, die für den allgemeinen Kriegseinsatz nicht in Frage kamen. Durch die Industrialisierung und Mechanisierung des Herstellungsganges konnten nun selbst komplizierte Waffen und Geräte serienmäßig gefertigt werden. Die Möglichkeit planmäßiger, mit Hilfe der Naturwissenschaften vorgenommener technischer Verbesserungen bedeutete unter den gegebenen Umständen scharfer politischer und militärischer Konkurrenz zugleich den Zwang, diese Möglichkeiten nach Kräften auszunutzen, um in der Rüstung dem potentiellen Gegner zumindest gleichwertig, wenn nicht überlegen zu sein. Erst damit begann der bis heute anhaltende Rüstungswettlauf als eine sich sowohl auf die Quantität wie aber auch auf die Qualität der Waffen und militärischen Geräte erstreckende moderne Erscheinung.

Die technische Revolution wirkte sich jedoch nicht nur über die Waffentechnik, sondern über alle technischen Errungenschaften auf die Kriegführung aus, die ihr, direkt oder indirekt, dienstbar gemacht werden konnten. In der zweiten Hälfte des 19. Jahrhunderts waren dies vor allem das ausgebaute Straßennetz, die Eisenbahn und der elektrische Telegraph.

2. Die Kriegführung zur Zeit der Französischen Revolution und Napoleons I.

a. Die praktizierte Kolonnentaktik

Infanterie

Grundsätze und Grundformen der Kolonnentaktik, einschließlich des mit der Kolonnentaktik verbundenen Schützeneinsatzes, waren, wie wir sahen, bereits vor der Französischen Revolution entwickelt worden. Mit der Revolution waren nun die Voraussetzungen gegeben, die Kolonnentaktik im großen Stil zu praktizieren. Doch auch die militärische Führung des revolutionären Frankreichs blieb anfänglich der Lineartaktik verhaftet, die schon vor der Revolution in Guibert einen so glänzenden Verteidiger besessen hatte. Dies jedenfalls in der Theorie, aber auch das selbstverständlich für die Praxis nach preußischem Vorbild entworfene französische Reglement von 1791 basierte auf der Lineartaktik. Es diente auch anderen Ländern als Muster und wurde in Frankreich erst 1831 durch ein neues ersetzt. Erstaunlich daran ist nur, daß dieses Reglement so lange in offizieller Geltung blieb – Jähns nennt es „ein mililtärwissenschaftliches Denkmal von großer Bedeutung", obwohl die Franzosen in der Kriegspraxis gar nicht nach ihm verfuhren.

Dies hatte seinen Grund zunächst darin, daß es gar nicht möglich war, die ungeübten Massen, die mit den Freiwilligen während der Revolution ins Heer kamen, mit der notwendigen Gründlichkeit in der Lineartaktik auszubilden, bevor man sie einsetzen konnte. So versuchten die Franzosen aus der Not eine Tugend zu machen. In den ersten Feldzügen gegen Preußen und Österreich formierte die französische Infanterie zwar Linien, denen aber, ganz wie bei den Amerikanern im Unabhängigkeitskrieg, dichte Schützenschwärme vorausgeschickt wurden. Das Reglement von 1791 enthielt jedoch überhaupt keine Anweisung für den Schützeneinsatz. Auf die Schützenschwärme legte sich jedoch das ganze Gewicht des Kampfes. Sie überschütteten den Feind mit ihrem Feuer, wichen feindlichen Gegenstößen aus, wurden aus den Linien hinter ihnen verstärkt, machten wieder Front und wiederholten dieses Verfahren zuweilen so oft, „daß von dem Bestand der Bataillone gelegentlich nur noch die Fahnensektion übrigblieb" (Jähns).

Dieses mit starkem Angriffsschwung durchgeführte Verfahren verfehlte seine Wirkung auf die preußischen und österreichischen Linientruppen ebensowenig, wie die unkonventionelle Kampfart der amerikanischen Milizen ihre Wirkung auf die Linientruppen der Engländer und ihre deutschen Verbündeten verfehlt hatte. Sein entscheidender Nachteil lag nur eben darin, daß es ein improvisiertes Verfahren war, das alles auf die eine Karte des schwungvoll vorgetragenen, den Gegner mit Bravour überrollenden Angriffs setzte und dabei in Kauf nahm, daß die ebenso kampfbegeisterte wie undisziplinierte Masse nach vorn durchging. Als improvisiertes Verfahren enthielt es kein Prinzip, das Krisenfestigkeit bewirkt hätte, denn der improvisatorische Charakter verlor sich auch durch die Wiederholung nicht. Da man mit ihm dem offiziell gültigen Reglement nicht nachkam, gab es natürlich auch keine Vorschrift, was zu geschehen habe, wenn beispielsweise der Angriff scheiterte. Die Tatsache, daß das ganze psychologische Schwergewicht des Kampfes auf den kämpferischen Enthusiasmus gelegt wurde, war unvereinbar mit einer straffen Führung des Ganzen und seiner Teile. Man erreichte mit diesen wilden Angriffen hervorragende Erfolge, aber die Überraschung und Bestürzung, die sie anfänglich verursachten, nutzten sich ab. Der Gegner lernte es, den Anblick der schreiend vorstürzenden, wild schießenden Angriffsmasse zu ertragen und ihr zu widerstehen. Denn „sobald die Franzosen ein vorgeschobenes 1. Treffen, das vielleicht absichtlich schwach gehalten war, überrannt hatten und nun von einem in entsprechender Entfernung zurückgehaltenen 2. Treffen ein unvermuteter fest durchgeführter Gegenstoß erfolgte, so warfen sich die wilden Massen gewöhnlich mit demselben Elan in die Flucht, mit dem sie angegriffen hatten" (ebd.). Es kann also gar keine Rede davon sein, daß die unmittelbar aus der Französischen Revolution heraus entstandene Infanterietaktik die Lineartaktik einfach über den Haufen geworfen habe, wie das in der Literatur oft behauptet wird, was sicher auf die ersten Schreckensnachrichten über die anfängliche Wirkung dieser Revolutionstaktik zurückzuführen ist.

Der eigentliche Umbruch des taktischen Prinzips erfolgte durch die Kolonnentaktik, wobei wiederum interessant ist, daß diese nicht kontinuierlich aus der diesbezüglichen vorrevolutionären Theorie in die revolutionäre Praxis eingeführt wurde. Zweifellos bildeten die in Frankreich seit langem lebendigen Traditionen des „Ordre profond" den geistigen Hintergrund dieses Umbruchs, der in der Praxis jedoch dort ansetzte, wo sich die improvisierte revolutionäre Infanterietaktik eben als ungenügend erwiesen hatte. Tüchtige Truppenführer – Moreau, Macdonald, Jourdan, Kléber, Marceau, Lefèvre – beabsichtigten zunächst also nur Verbesserungen der praktizierten Taktik. Vordringlich war ihnen die Frage, wie dem Tiraillement ein besserer Rückhalt als durch Linien gegeben werden könnte, die allzu leicht in den Strudel der Kämpfe vorn hineingerissen wurden und dann natürlich keinen Rückhalt mehr darstellten. Die Lösung war verblüffend einfach und ergab sich daraus, daß es zunächst nicht möglich schien, die Vorzüge der linearen Aufstellung und des Schützengefechts miteinander in Einklang zu bringen. Man ging von einer Gefechtsaufstellung aus, die aus zwei Treffen bestand. Beim Angriff ging das erste Treffen in Linie mit Schützen voraus vor, wobei es sich selbst nach und nach zum Schützengefecht auflöste. Das zweite Treffen folgte nicht in Linie, sondern in dicht aufgeschlossenen Pelotonkolonnen. Der ursprünglichen Absicht nach sollte es sich bei Feindberührung ebenfalls zur Linie entwickeln, aber dies erwies sich aus der sehr tiefen Aufstellung heraus und unmittelbar am Feind in den meisten Fällen als undurchführbar. So blieb das zweite Treffen in Kolonnen – zunächst also als Folge von Resignation und nicht einer neuen taktischen Absicht. Statt aus Pelotonkolonnen wurde aber das zweite Treffen aus Bataillonskolonnen formiert, die jedoch wesentlich flacher als jene waren. Sie wurden mit so viel Zwischenraum aufgestellt, daß ihre Entwicklung zur Linie immer noch möglich war.

So entstand aus der Praxis die Grundform der Kolonnentaktik: Bei einem aus drei taktischen Einheiten bestehenden Infanterieverband stand eine Einheit im ersten Treffen in Linie, die beiden anderen im zweiten Treffen in Kolonnen. Die Grundform erinnert an die nur aus drei statt aus vier taktischen Einheiten bestehende Halbbrigade der Schweden im Dreißigjährigen Krieg, nur daß diese sich, jede Einheit auf die Tiefe von sechs Gliedern reduziert, gewissermaßen auf dem Wege zur Lineartaktik befand, die mit der Französischen Revolution gerade wieder verlassen wurde. Das revolutionäre Frankreich ersetzte vorübergehend die Bezeichnung „Regiment" durch „Halbbrigade", weil es erstere als aristokratisch empfand.

Die erwähnte Aufstellung war also lediglich eine Grundform. Denn nun erwies sich auch in der Praxis, daß die Stärke der Kolonnentaktik nicht nur in ihrer Stabilität und Durchbruchskraft, sondern nicht weniger in ihren der Lage und dem Gelände anzupassenden Abwandlungsmöglichkeiten lag. Dies betrifft auch den Übergang zu linearen Formen, die bei den Franzosen nicht nur zur Herstellung geschlossener Feuerfronten, sondern auch als Bewegungsformen üblich blieben. Wesentlich war, daß der Zusammenhang der Lineartaktik, der sich ohnehin schon seit langem gelockert hatte, nun endgültig aufgegeben wurde, wobei die Wahl der taktischen Form nicht nur den Kommandeuren der taktischen Verbände, sondern sogar denen der taktischen Einheiten, also Bataillonen, überlassen werden konnte. Dadurch wurde die taktische Funktion der mittleren Führung erheblich aufgewertet.

Die französische Halbbrigade in der von Carnot der Infanterie gegebenen Organisation bestand 1793 aus einem Linien- und zwei Freiwilligenbataillonen. Jedes Bataillon umfaßte ungefähr 1000 Mann, die sich in acht Füsilier- und eine Grenadierkompanie gliederten. Bei der leichten Infanterie hießen die Grenadiere Carabiniers. Diese Gliederung wird nur als ein Beispiel gegeben, da sich die Zahl der Bataillone der Halbbrigade, die später wieder Regiment genannt wurde, bzw. die der Kompanien in den Bataillonen veränderte. 1813 konnte ein Regiment aus zwei, es konnte aber auch aus acht Bataillonen bestehen. 1808 umfaßte das Bataillon vier Füsilierkompanien, auch Zentrumskompanien genannt, und je eine Grenadier- und eine Voltigeurkompanie, auch Flanqueurkompanien genannt. Die Voltigeure waren leichte Infanteristen. Die Grenadierkompanien wurden meist nicht mit ihren Bataillonen eingesetzt, da sie für besondere Aufgaben zu Grenadierbataillonen zusammengestellt wurden.

Die Angriffskolonne konnte auf verschiedene Weise formiert werden. Hier soll nur auf die wohl häufigste eingegangen werden, die später dann auch zur Grundformation in den meisten anderen Armeen wurde. Sie wurde aus einem Bataillon gebildet – das damit auch noch weiterhin taktische Einheit blieb – und zwar in Frankreich aus den Füsilierkompanien, da die Voltigeurkompanie im allgemeinen von vornherein für das Schützengefecht vorgesehen war. Als Gefechts- oder Angriffskolonne formierte das Bataillon vier Linien, die mit Abständen hintereinander standen und von denen jedes drei Glieder tief war. Die Bataillonskolonne besaß also eine Tiefe von insgesamt zwölf Gliedern. Jede der vier Linien setzte sich ab 1808 aus zwei Halbkompanien – Sektionen, also Zügen – zusammen, die mit einem Zwischenraum nebeneinander standen. Bedingt durch das Aufmarschverfahren gehörten sie nicht derselben Kompanie an. Die Breite der Kolonne betrug 40 bis 50 Rotten. Die Abstände von Linie zu Linie bzw. der Zwischenraum zwischen den Sektionen, der die Kolonne von vorn nach hinten in zwei Hälften teilte, dienten der Erhöhung der Elastizität bei der Annäherung an den Feind. Beim Angriff selbst wurde auf- beziehungsweise zusammengeschlossen. Die Voltigeur-, nach Möglichkeit auch die Grenadierkompanie hatten ihre Plätze zunächst hinter dem Bataillon, gleich ob es in Linie oder Kolonne stand, und waren für den Schützeneinsatz vor der Front, für den Flankenschutz, für die Verstärkung der Flügel des Bataillons oder für die Verbindung der Bataillonskolonnen untereinander durch Schützenketten frei verfügbar. Typisch für den französischen Schützeneinsatz war, daß er auch in Verbindung mit der Kolonne Aufgabe spezieller Infanterieeinheiten blieb, die der Linieninfanterie – man müßte hier nun eigentlich von „Kolonneninfanterie" sprechen – angeschlossen waren.

Die Regelung des Schützeneinsatzes hatte die französische Infanterie vor allem dem Marschall Ney zu danken, der im Lager von Boulogne entsprechende Übungen durchführen ließ. Ab 1805 wurde die bis dahin mehr oder weniger improvisierte Zusammenarbeit zwischen Kolonne und Schützen in festere Regeln gebracht. Trotzdem war die Zeit des improvisierten Schützeneinsatzes damit noch nicht beendet, denn ein Schützenreglement wurde in Frankreich erst im Jahre 1832 herausgegeben.

Die Größe der Angriffskolonnen änderte sich in den Napoleonischen Kriegen. Um Durchbrüche zu erzwingen, stellte Napoleon oft sehr große Kolonnen zusammen – bis zur Größe der gesamten Infanteriemasse einer Division, womit hier der Truppenverband gemeint ist. Als riesige Artillerieziele waren sie sehr starken Verlusten ausgesetzt.

Nach ihrer Niederlage bei Jena und Auerstedt 1806 wurde bei den Preußen die taktische Reform als Teil der Heeresreform auf der Grundlage der Kolonnentaktik durchgeführt. Zu den Mitarbeitern der führenden Heeresreformer Scharnhorst und Gneisenau gehörten hierbei wohl nicht zufällig Offiziere, die von den Füsilieren kamen – die ja in Preußen bereits seit längerem eine fortschittliche Infanterietaktik vertraten – und in Amerika gewesen waren. Beides traf auch für Gneisenau zu. Auch der Generalmajor von Yorck hatte sich als Füsilier- und Jägerkommandeur bewährt, bevor er als ihr Generalinspekteur den Dienst der leichten Truppen in Anpassung an die veränderten Kriegsverhältnisse in vorbildlicher Weise reglementierte.

Die Lineartaktik, als deren unerreichte Meister die Preußen angesehen worden waren, wurde von ihnen – jedenfalls in der Praxis – nun so radikal verworfen, daß sie anfänglich selbst die im Rahmen der neuen Taktik nützlichen linearen Elemente verbannten. Die Umstellung auf die Kolonnentaktik erfolgte mit der für die Preußen typischen, am Prinzip orientierten Gründlichkeit. So konnte das Reglement von 1812 mit wenig Änderungen bis 1888 seine Gültigkeit behalten.

Das preußische Infanterieregiment erhielt zu seiner Grenadierkompanie und den beiden Musketierbataillonen als drittes ein Füsilierbataillon. Schon darin drückte sich die Tendenz zu gesteigerter Beweglichkeit aus, denn wie wir wissen, galten die Füsiliere in Preußen als leichte Infanterie. Bewegungen in Linie waren überhaupt nicht mehr erlaubt. Nach 1812 kam jahrelang nicht einmal Salvenfeuer aus Bataillonsfronten in Anwendung, obwohl es in der Vorschrift vorgesehen war. Nicht nur aus der Schützenkette, auch von der geschlossenen Front wurde der Feuerkampf frei geführt. Grenadiere und Musketiere standen noch in drei, Füsiliere in zwei Gliedern.

Das Bataillon hatte vier Kompanien, die Bataillonskolonne wurde grundsätzlich in der gleichen Art wie bei den Franzosen gebildet. Ein wesentlicher Unterschied zu den Franzosen ergab sich durch den Schützeneinsatz. Das preußische Musketierbataillon verfügte über keine besondere Einheit leichter Infanterie, wie sie das französische Bataillon in der Voltigeurkompanie besaß. Grundsätzlich sollten alle Musketiere im Schützengefecht ausgebildet werden, taktisch wurden die Schützen dem dritten Glied entnommen. Sie wurden unter einem Hauptmann, nach der Rangbezeichnung der damaligen Zeit dem „Schützen-Kapitän“ zusammengefaßt. Er war der einzige berittene Hauptmann, denn zu dieser Zeit waren bei der Infanterie sonst nur Stabsoffiziere und Adjutanten beritten. Der Schützeneinsatz erfolgte bei den Preußen im Gegensatz zu den Franzosen sehr sparsam und sukzessive – im Sinne eines abnutzenden Angriffsverfahrens, wie es der gesamten Kolonnentaktik entsprach, bei der das Gefecht aus der Tiefe „genährt“ wurde. Von den zunächst nur wenigen eingesetzten Schützen bildeten nur die Hälfte die Schützenkette, während die andere Hälfte ihnen geschlossen als „Soutiens“, also Unterstützungstrupps, folgten. Auf diese Weise war ein Übergang von der großen, kompakten Masse der Bataillonskolonne über die kleinen, geschlossenen Soutiens zu der aufgelösten Schützenkette gegeben. In der Schützenkette unterstützten sich immer die beiden Soldaten einer Rotte gegenseitig. Während der eine schoß, stand der andere mit geladenem Gewehr in Bereitschaft.

Die preußischen Füsiliere konnten im Verband der Schlachtordnung in Bataillonskolonnen wie die Musketiere eingesetzt werden. Sie waren aber auch bei entsprechender Gelegenheit für eine ihnen eigentümliche Fechtart befähigt, bei der die Kompanie mehr Selbständigkeit besaß und in der sich bereits die Kompaniekolonne, die Kompanie als taktische Einheit, zu der sie erst später wurde, andeutete. Die preußischen Füsiliere vertraten also auch in dieser Zeit wieder den infanterietaktischen Fortschritt.

Die Kolonnentaktik wurde augenscheinlich von allen europäischen Armeen mit Ausnahme der englischen übernommen. Es kann hier in diesem Zusammenhang nicht auf alle Besonderheiten eingegangen werden, es soll nur noch auf Österreich, die andere deutsche Großmacht dieser Zeit, verwiesen werden. Das österreichische Bataillon hatte noch wie im Siebenjährigen Krieg sechs Kompanien, je zwei zusammengefaßt in einer Division. Es gab hier eine Form der Bataillonskolonne als Angriffskolonne, die sich von der französischen und preußischen dadurch unterschied, daß sie zwischen den jeweils in Linie hintereinander stehenden Teileinheiten keinen Abstand aufwies. Sie war also auch schon während der Annäherung nach vorn dicht aufgeschlossen und wurde im Reglement von 1807 als „Masse" oder „Massa" bezeichnet. Dies entsprach ganz der bisherigen – und auch weiterhin zu beobachtenden – Tendenz der Österreicher zur Bildung kompakter Massen. Der bei den Österreichern besonders starke Konservativismus drückte sich auch später noch in einer gewissen Skepsis gegenüber dem Schützeneinsatz aus, die gleichbedeutend war mit einem Mangel an Vertrauen in die Selbständigkeit des einzelnen Soldaten, der freilich auch bei vielen konservativ eingestellten Militärs der anderen Armeen vorhanden war und von dem auch andere Armeen mitgeprägt waren. Die Schützen wurden bei den Österreichern wie bei den Preußen dem dritten Glied entnommen. Sie sollten jedoch nicht zu früh eingesetzt werden, und zwar in der Regel vor der Front, also der in Linie aufmarschierten Truppe. Vor Kolonnen sollte ihr Einsatz nur in Ausnahmefällen erfolgen. Die Erklärung dafür ist darin zu sehen, daß der Schützeneinsatz in Österreich nicht in unmittelbarer taktischer Verbindung mit der geschlossen dahinterfolgenden Linie erfolgte und ja auch nur sehr schwer erfolgen konnte. Die Schützen wurden drei- bis vierhundert Schritt vor der Front – also sehr weit vor ihr, gewöhnlich waren es nur zweihundert Schritt – und damit als von der Schlachttruppe losgelöstes Detachement, als „selbständiger Gefechtskörper" (Schwarz), im Sinne einer Avantgarde verwendet. Die taktische Verbindung von Bataillonskolonnen mit Schützenketten war zwar vorgesehen, wurde aber „der ganzen Lage nach kaum angewendet" (ebd.).

Die stehende Verteidigung erfolgte in Feuerfronten, wobei die Schützen an die geschlossene Formation angeschlossen oder in sie einbezogen wurden. Für die Rundumverteidigung des Bataillons gab es nun nicht nur das hohle, sondern auch das volle Karree. Beim hohlen Karree bildete die Truppe gewissermaßen nur einen quadratischen Rahmen, der beispielsweise von einem vierteiligen Bataillon auf linearer Grundlage hergestellt werden konnte. Das hohle Karree hatte den Vorteil, daß alle Waffen eingesetzt werden konnten. Das war beim vollen Karree nicht möglich. Es wurde unmittelbar aus der Kolonne gebildet, indem nur die äußeren Glieder und Rotten den Feuerkampf führen konnten.

Kavallerie

Die Kolonnentaktik, zunächst Infanterietaktik, mußte zwangsläufig Auswirkungen auf die Taktik der übrigen Waffengattungen haben. Auch bei der Kavallerie bestand allgemein die Tendenz, die Angriffsmasse zur Erhöhung der Beweglichkeit nach der Breite und Tiefe aufzulockern, die Geschlossenheit des einzelnen Gefechtskörpers aber zu wahren. Damit gewann der Angriff in Kolonnen, gestaffelten Kolonnen und Echelons an Bedeutung. Die österreichische Kavallerie bildete Intervalle auch innerhalb des Regiments in Linie, dies in der Erkenntnis, daß sich die Intervalle beim Angriff ja doch schließen würden.

Bei den Preußen wurde nach wie vor ein Anlauf von 600 bis 800 Schritt gefordert, in den Gangarten Galopp und „Fanfaro", also verstärktem Galopp, davon 80 Schritt für den „Choc", um dem Angriff die nötige Schwungkraft zu verleihen. Bei den Franzosen war man der Ansicht, daß ein zu langer Anlauf die Pferde außer Atem bringe und sich dies für die Kraft des Chocs nachteilig auswirke. Sie begnügten sich mit einem Anlauf von 150 und einem Attackengalopp von 80 bis 100 Schritt. „Die Kürassiere ritten bei höchster Geschlossenheit die Attacken oft nur im Trabe" (Pelot-Narbonne). Die britische Kavallerie ritt wahrscheinlich die besten Pferde dieser Zeit, da die englische Pferdezucht am Anfang des 19. Jahrhunderts durch Einfluß des englischen Vollblutes bereits in hoher Blüte stand. Sie ritt ihre Attacken jagdmäßig mit großem Ungestüm, oft glänzenden Erfolgen, aber ohne festen Zusammenhalt, wobei es dann schwierig war, die Truppe nach dem Angriff sofort wieder zu sammeln.

Demgegenüber wurde in der französischen Kavallerie bei allen Bewegungen und im Angriff auf disziplinierten Zusammenhalt der größte Wert gelegt. Nach der Revolution war sie in einem besonders schlechtem Zustand, aber Generäle wie Murat, Lassalle – zwei der bekanntesten Reiterführer überhaupt –, Grouchy und Kellermann brachten sie auf einen hohen Stand. Napoleons Kavallerie wurde nicht nur nach wie vor in der Schlacht und im verstärkten Maße für die Aufklärung eingesetzt, sondern im Rahmen der neuen Militärstrategie, die auf die Vernichtung des Gegners abzielte, für die rücksichtslose und weiträumige operative Verfolgung des geschlagenen Feindes „bis zur Grenze der Leistungsfähigkeit von Mann und Roß" (Druène). Daß die Bedeutung der Schlachtkavallerie nicht als geringer angesehen wurde als in der Zeit davor, ist äußerlich daran ersichtlich, daß die französischen schweren Reiterregimenter wieder zu Kürassierregimentern wurden und Helm sowie Küraß mit Rückenplatte wiedererhielten. Aufgabe der Kavallerie in der Schlacht war nicht nur der Angriff auf Flügel und Flanke des Gegners, die Kürassiere waren auch für den Frontdurchbruch gerüstet.

Napoleon hielt in der Schlacht Kavallerieverbände als Reservekavallerie zurück. Richtig verwendet war die Reservekavallerie vermöge ihrer Schnelligkeit und geballten Kraft letztes Faustpfand des Feldherrn für die Schlachtentscheidung. Dieser Gedanke wurde jedoch manchmal gründlich mißverstanden. Die Reservekavallerie wurde kritisiert, „weil man ihr, vielleicht nicht mit Unrecht, den Vorwurf machte, daß durch sie manche gute Gelegenheit zu kühnen und entscheidenden Angriffen verlorengegangen sey. Dieses war jedoch mehr Schuld der Anführer als der Einrichtung, weil sie einen Theil ihrer Masse zur rechten Zeit zu gebrauchen nicht richtig verstanden" (La Roche). Tatsächlich ist zu beobachten, daß im ganzen späteren 19. Jahrhundert große Teile schwerer Kavallerie den Heeren als Reservekavallerie nachgeführt und dann in der Schlacht zu spät oder überhaupt nicht eingesetzt wurden.

Der Aufklärungsreiterei legte Napoleon kein geringeres Gewicht bei als der Schlachtreiterei. Seine großräumige, die Fesseln der Methodik sprengende Operationsführung verlangte eine vom Gros des Heeres abgesetzte operative Aufklärung. Sie verlangte die Verschleierung der Heeresbewegungen, um den Gegner über die Absichten des Feldherrn zu täuschen. Dazu brauchte er große, selbständige Kavalleriekörper, wie sie ihm in den Kavalleriedivisionen und -korps, die auch für andere operative Aufgaben detachiert werden konnten, zur Verfügung standen. Aber gerade hierin waren die wenigsten Heerführer in der Lage, Napoleon zu folgen. Die Kavallerieaufklärung im 19. Jahrhundert ließ sehr oft sehr viel zu wünschen übrig, weil die Notwendigkeit einer weitgehend selbständigen Aufklärungstätigkeit als Konsequenz der veränderten Kriegführung im allgemeinen erst allmählich erkannt wurde.

Nicht mehr in allen Armeen waren die Reiter durchgehend neben Blankwaffen und Pistolen auch mit Karabinern bewaffnet. Ohne Karabiner konnte jedoch kein Fußgefecht geführt werden. Oft besaß nur ein Teil der Schwadronen – die Büchsenschützen und Flanqueure – eine geschäftete Schußwaffe. Die Flanqueure dienten der Geländeerkundung und der Gefechtsaufklärung. Bei den französischen Dragonern wurde noch immer großer Wert auf die Befähigung zum nach Art der Infanterie geführten Fußkampf gelegt.

Während das preußische Reglement von 1812, das wir bislang nur im Zusammenhang mit dem Infanteriebataillon erwähnten, für die Infanterietaktik einen entscheidenden Fortschritt bedeutete, enthielten die Vorschriften für die Kavallerie neben wenigen Verbesserungen eher rückschrittliche Tendenzen. Von Vorteil war, daß nur noch ein Reglement für die gesamte Kavallerie, die nun in Preußen aus vier Gattungen bestand – Kürassiere, Dragoner, Husaren und Ulanen – maßgebend war.

Auf die Husarenausbildung hatte Yorck als Generalinspekteur der leichten Truppen einen fördernden Einfluß. Es ist interessant, daß Pelet-Narbonne bei seiner scharfen Kritik des Exerzierreglements der preußischen Kavallerie von 1812 nur Yorck, also einen Infanteristen, lobend hervorhebt. Interessant auch, daß Yorck, als Spezialist des kleinen Krieges, genau wie Guibert vor seiner Überschätzung gewarnt hatte.

Von dem Kavalleriereglement sagt Pelet-Narbonne, es sei für seinen Geist bezeichnend, „daß jede Vorschrift für den einheitlichen Gebrauch einer Kavalleriemasse von mehr als jetzt vier Schwadronen fehlte, und doch hatten die Mißerfolge der Waffe in den vorangegangenen unglücklichen Feldzügen ihre Ursache wesentlich in der Zersplitterung der Reiterei gehabt. In sehr bezeichnender Weise heißt es auch im VI. Abschnitt: ‚in unbekanntem Terrain muß nur sehr wenig Kavallerie an der Tete sein, die Hauptmasse muß stets hinter der Infanterie marschieren, wenn zur Seite derselben kein Platz sein sollte‘. Damit wurde auf den Aufklärungsdienst so gut wie verzichtet, und wenn man jenen Satz mit den Instruktionen vergleicht, die Friedrich seinen Husaren in betreff ihres Dienstes ‚vor der Armee‘ erteilte, so ist der Rückschritt augenfällig“.

Artillerie

Die Artillerie verfügte über das gleiche Material, das sie schon vor der Revolution besessen hatte. Ihre Beweglichkeit wurde nicht nur dadurch erhöht, daß nun nach preußischem Vorbild die reitende Artillerie bei allen Armeen eingeführt wurde, sondern auch durch die Zuweisung ständiger Bespannungen für die Geschütze. Die zivilen Stückknechte, die nie eine wirkliche militärische Ausbildung erfahren hatten und das Feuer scheuten, wurden durch Soldaten ersetzt, die als Artilleriefahrer ausgebildet waren. Der Artillerietrain blieb jedoch noch administrativ von den Geschützbedienungen getrennt.

Eine Vereinfachung erfuhr die Organisation dadurch, daß die Batterie als taktische Einheit von jeweils einer Kompanie gebildet wurde. Die Batterie bestand im allgemeinen aus sechs bis acht Kanonen gleichen Kalibers, zu denen noch zwei Haubitzen kommen konnten. Die Haubitzen wurden zur Bekämpfung verdeckter Ziele gesondert eingesetzt. Die Batterien waren administrativ in Regimentern – in Preußen Brigaden, nicht zu verwechseln mit dem hier gleichnamigen Großverband – und Bataillonen zusammengefaßt. In einigen Ländern gab es schon Ansätze einer Raketen-Artillerie.

Die Artillerietaktik änderte sich durch die Kolonnentaktik grundlegend.

Der Drang zu immer größerer Beweglichkeit begünstigte die reitende Artillerie derartig, daß sie als „Modewaffe Europas“ (Lachouque) galt. Über ihre Aufgaben als Kavalleriebegleit- und Eingreifartillerie hinaus, wurde sie allgemein als die Elite-Artillerie schlechthin angesehen und als solche verwendet. So erwies sie sich während der Revolutionskriege auf französischer Seite als die „weitaus beste Waffe, um den Aufmarsch einer nur mittelmäßig ausgebildeten Truppe zu decken“ (zit. ebd.). Sie gelangte zu „der höchsten Bedeutung, insbesondere für Bonapartes Erfolge“ (Jähns). Allerdings ging ihre hohe Qualität meist auf Kosten der übrigen Artillerie, die zunächst noch Fuß-Artillerie war. In Frankreich, England, Spanien erhielt sie Husarenuniformen, die ja die prächtigsten Monturen überhaupt waren. In der Tat fühlte sie sich der Kavallerie viel enger verbunden als den Fußeinheiten ihrer eigenen Waffengattung.

In Frankreich trug sie eine derartige Überlegenheit zur Schau, daß sie „unerträglich“ (Lachouque) zu werden begann. In England genießt sie auch als motorisierte Truppe bis heute das außerordentliche Privileg, am äußersten rechten Flügel der Truppenaufstellung zu stehen. In Preußen steigerte sich nach den Freiheitskriegen ihr Selbstbewußtsein – und ihre Verachtung gegenüber jeder anderen Art von Artillerie – bis zu einem solchen Grade, daß ihre Obersten Decker und Mohnhaupt sie allen Ernstes zur allein entscheidenden Waffe machen wollten, da sie in der Lage sei, den Kampf mit Kartätschen im Nahkampf kavalleristisch mit den Säbeln fortzusetzen. Das alles wäre nicht so wichtig, wenn dies nicht gerade in der preußischen und späteren deutschen Artillerie zu recht fragwürdigen Erscheinungen geführt hätte.

Zur Zeit der Lineartaktik war die Schlacht zwar durch die Artillerie eröffnet worden, der prinzipiell lückenlose Zusammenhang der Schlachtfront erlaubte jedoch nur den in den engen Bataillonsintervallen eingesetzten Infanteriegeschützen dem Angriff zu folgen. Die Batteriestücke dagegen verharrten in der Regel in ihren Stellungen als Positionsartillerie. Ihr Stellungswechsel war nicht unmöglich, widersprach aber dem Prinzip und wurde nur dann vorgenommen, wenn etwa während der Schlachten größere Umgruppierungen vorgenommen werden mußten.

Auch jetzt eröffnete die Artillerie die Schlacht. Durch die Kolonnentaktik änderte sich aber die Situation für sie insofern, als sie aufgrund der zwischen den Angriffskolonnen der Infanterie und Kavallerie bestehenden Lücken Raum für Stellungswechsel besaß. Die nun größere Beweglichkeit und größere taktische Selbständigkeit der Gefechtskörper legte es nahe, ihnen Artillerie zu ihrer unmittelbaren Unterstützung fest zuzuteilen, wie das ja auch in den gemischten Großverbänden – den Divisionen, dann auch den Armeekorps – ohnehin der Fall war. Die Bataillons- oder Regimentsstücke wurden zunächst vorübergehend, dann aber endgültig abgeschafft. Ein Teil der Artillerie ging mit den Schützen, ein anderer auf den Flügeln der Divisionen vor. Bei den Franzosen wurden die Schützen von mittlerer Artillerie unterstützt, die ihr Feuer auf 1000 bis 700 Schritt eröffnete, während die leichte Artillerie die Kolonnen begleitete und auf 300 bis 150 Schritt zu schießen anfing. Mittlere und leichte Artillerie sollten den Einbruch nicht nur vorbereiten, sondern an ihm aus nächster Nähe mitwirken.

Hierauf beschränkte sich Napoleon jedoch nicht. Das Neue an seiner Artillerietaktik war der bewegliche schwerpunktmäßige Masseneinsatz. Artillerie-Masseneinsätze hatte es auch schon im 18. Jahrhundert gegeben. Napoleon setzte die Zahl der Stücke noch weiter herauf, aber das machte natürlich nicht den entscheidenden Unterschied aus. Der bestand zunächst darin, daß der Artillerieschwerpunkt nicht, wie bei der Lineartaktik, von vornherein vom Schwerpunkt der Schlachtordnung bestimmt wurde, der bei der schrägen Schlachtordnung zwangsläufig auf dem angreifenden Flügel lag. Wenn du Teil, der dem Napoleonischen Artillerieeinsatz theoretisch vorgearbeitet hatte, gesagt hatte: „Man muß die Masse der Truppen und eine überlegene Artillerie auf den Punkt vereinigen, wo man den Feind überwältigen will, während man ihn auf den übrigen Punkten täuscht", (zit. Caemmerer) so wäre dieser Satz auch noch für die Lineartaktik annehmbar. Dies freilich mit der Einschränkung, daß bei ihr versucht wurde, diesen Punkt durch die Art der Aufstellung vorher zu bestimmen, ohne daß er sich prinzipiell, bei einer Parallelschlacht, im Laufe der Kämpfe ergab, wobei dann allerdings die Positionsartillerie nicht viel helfen konnte, wenn sie nicht zufällig an diesem Punkt stand. Aber an anderer Stelle hatte du Teil ja, wie bereits weiter oben zitiert, gesagt: „Man muß die Artillerie auf den Angriffspunkten vervielfältigen, die über den Sieg entscheiden" (zit. ebd.). Das hieß, die Artillerie müsse an den entscheidenden Angriffspunkten mit Masse auch dann eingesetzt werden können, wenn jene sich erst in der Schlacht selbst herausbildeten. Schon Guibert hatte gemeint, daß man auch in der Schlacht selbst noch in der Lage sein müsse, den Gegner lange über den Angriffspunkt – heute würde man sagen: Schwerpunkt des Angriffs – zu täuschen. Ein entsprechender Artillerieeinsatz war zur Zeit der Lineartaktik – jedenfalls, solange sie in der rangierten Schlacht noch einen festen Zusammenhang erforderte – prinzipiell nicht möglich. In der nicht nur dem Gelände, sondern auch den wechselnden Lagen anpassungsfähigen Kolonnentaktik stellte die jetzt gegebene Möglichkeit, die Masse der Artillerie stets dort einzusetzen, wo sie am nötigsten war, für einen Feldherrn wie Napoleon eine Herausforderung dar.

Erstmals angewandt wurde diese Taktik vom Artillerieführer des französischen I. Korps, General Sénarmont, in der Schlacht von Friedland (14. 6. 1807) gegen die Russen. Sénarmont war – gegen den Einspruch der Divisionskommandeure – die gesamte Artillerie des Korps unterstellt worden. Sie hatte den Auftrag, den Angriff des Korps dadurch zu unterstützen, daß sie die russische Artillerie niederkämpfte. Dazu ging sie vor den deckenden Hügeln, hinter denen sich das Korps bereitstellte, mit zwei getrennten Gruppen von je 15 Geschützen in Stellung und schob sich, unter ständigem Feuern, bis 120 Meter an die feindliche Linie heran. Dieser Artillerieeinsatz entschied die Schlacht. Bernard Druène macht darauf aufmerksam, daß Marschall Foch diesen Einsatz als Vorläufer der Feuerwalze ansah, wie sie im Ersten Weltkrieg angewandt wurde.

Damit wurde der artilleristische Einsatz zu einer selbständigen Gefechtshandlung, die eingesetzte Artilleriemasse zum taktischen Verband in der Hand eines taktischen Führers, der Artilleriegeneral zum Truppenführer. Freilich schloß die taktische Führung zusammengefaßter Artilleriemassen keine zentrale Feuerleitung ein, da hierfür die technischen Mittel fehlten. Die Artilleriegruppen wurden mit dem gleichen Auftrag durch Stellungswechsel auf das gleiche Ziel zubewegt, um durch konzentrisches Feuer auf einen Punkt hier eine Bresche für den Einbruch der Infanterie aufzureißen. Bis zu 100 Geschütze wurden für diesen Einsatz führungsmäßig zusammengefaßt. Groß-Batterien wurden aber nicht nur für den Angriff, sondern auch für die Verteidigung gebildet, damit sich die Verbände in ihrem Schutz sammeln konnten, sowie als Deckung beim Rückzug der Armee.

Ursprünglich wurde für diese Massierungen die Artillerie der Divisionen zusammengefaßt, wonach dann freilich die Divisionskommandeure nicht mehr über sie verfügten. Die Funktion der Division als taktisch selbständiger Truppenverband war dadurch entsprechend eingeschränkt. Später wurden die konzentrierten Masseneinsätze Hauptaufgabe der Reserveartillerie, die damit ihrer anderen Aufgabe, der Verstärkung der bereits eingesetzten Divisionsartillerie, nicht mehr nachkommen konnte. Jedes der aus mehreren Divisionen bestehenden Armeekorps wie die Armee selbst hielt eine Artilleriereserve für diesen Zweck zurück. Auf höchster Ebene unterstellte Napoleon sie seinem großen Elite-Reserveverband, der Kaisergarde.

Köhler stellt fest: „Solange die Infanterie allein den Vorzug eines rasch beweglichen Feuers besaß, war sie auch die erste entscheidende Waffe. Das änderte sich mit dem Augenblick, als die Artillerie, die Waffe der größeren Wirkung, beweglich genug geworden war, um unvermutet auf dem Schlachtfelde in Massen auftreten zu können. Die Artillerie wird ein Mittel zum Siege, in vielen Fällen wirkt sie schlachtentscheidend." Niemand glaubte mehr an die durchschlagende Wirkung des Napoleonischen Artillerieeinsatzes als Napoleon selbst. Das beweisen Zitate wie: „Das massive Eingreifen der Artillerie ist allein schlachtentscheidend", und auf St. Helena schrieb er sogar: „Heute bestimmt die Artillerie das Schicksal der Armeen und Völker" (zit. Lachouque).

Napoleons Zeitgenossen folgten ihm hierbei jedoch nur langsam. Gewiß, aus der einst oft nur geduldeten Hilfswaffe war allgemein die wichtigste Unterstützungswaffe geworden, deren taktischer Wert sich weiterhin ständig erhöhte, aber dies in Fortsetzung einer Entwicklung, die sich schon im 18. Jahrhundert immer deutlicher abgezeichnet hatte. Allgemein war sie damit noch nicht zu einer Hauptwaffengattung geworden, wozu sie erst durch die grundlegenden technischen Fortschritte im Laufe der zweiten Hälfte des 19. Jahrhunderts wurde. Daß die artillerietaktische Entwicklung in den anderen Armeen langsamer verlief als in Frankreich, hatte nicht nur den Grund, daß ihnen ein Napoleon fehlte. Hemmende traditionelle Auffassungen spielten auch hier eine ausschlaggebende Rolle.

In Preußen stand die Artillerie bekanntlich in keinem hohen Ansehen, und auch die Heeresreform – Scharnhorst selbst kam von der Artillerie – konnte hier keinen grundlegenden Wandel schaffen. Es dauerte nicht weniger als 100 Jahre, bis man auch in Preußen bereit war, Artilleriegeneräle als Truppenführer anzuerkennen. Prinz August von Preußen, ein Vetter König Friedrich Wilhelms III., ist nur scheinbar ein Gegenbeispiel. Er wurde 1808 Chef, 1820 Generalinspekteur der Artillerie und bewährte sich nicht nur als Artilleriereformer, sondern auch 1815 als taktischer Artillerieführer. Bei der Belagerung nordfranzösischer Festungen wandte er seine eigenen, sehr erfolgreichen Methoden an. Er war aber, als Hohenzollernprinz, von Haus aus natürlich kein Artillerist, er kam von der Infanterie und führte in der ersten Zeit der Freiheitskriege einen gemischten Truppenverband. Es sollten ihm noch viele Artillerieinspekteure folgen, die keine „gelernten" Artilleristen waren.

Ein Eingriff des Prinzen hatte schwerwiegende Folgen. 1806 hatten eine ganze Reihe von preußischen Festungen allzu schnell kapituliert, was man auf die „idyllische" Isolation zurückführte, in der sie dahingelebt hatten. Prinz August glaubte diesen Zustand dadurch zu bessern, daß er die Trennung von Feld- und Festungsartillerie aufhob. Der Feldbrauchbarkeit der Artillerie kam diese Maßnahme freilich nicht zugute.

In einer königlichen Verfügung vom 10. August 1813 wurden aus dem Frühjahrsfeldzug desselben Jahres für die preußische Artillerie Konsequenzen gezogen und neue Einsatzgrundsätze aufgestellt.

Nach dem Zitat von Köhler hieß es hier: „Unsere Artillerie ist (...) ohne große Wirkung geblieben, weil wir sie zu sehr verteilt und sämtlich zu früh ins Gefecht gebracht haben. Wir werden diesem Fehler abhelfen, indem wir sie in drei Teile teilen, wovon der kleinste das Gefecht beginnt, der zweite zum Hauptangriff kommt, der dritte zur Reserve verwendet wird. Das Feuer muß, mehr als bisher überall geschehen, gespart werden. Das zu schnelle Verfeuern der Batterien hat öfter den Verlust der Schlacht nach sich gezogen. Bei dem Emplacement wird unterschieden, ob es sich um Scheinattacke oder Hauptangriff handelt. Bei der ersteren wird die Artillerie nicht zu eng zusammengestellt, um mehr über ihre Stärke zu täuschen und vom Feinde weniger zu leiden. Bei dem Hauptangriff sei sie immer zahlreich zusammen und schieße womöglich konzentrisch auf einen Fleck. Kann sie in einen einspringenden Halbzirkel gestellt werden, so wird sie diesen Zweck sicherlich erreichen. Sind unsere Batterien zusammen und der Feind steht hinter den Höhen oder sonstwo verdeckt, wird es zweckmäßig sein, die Haubitzen auf zwei oder drei Punkte in eigenen Haubitzbatterien zu vereinigen, weil unsere Granaten auf einen Fleck gebracht, die Wirkung fürchterlicher und mehrenteils unwiderstehlich machen. Zehn bis zwölf Kanonen auf einem Fleck entscheiden nichts, aber 80 bis 100. Zwölf Kanonen können aber hinlänglich sein, des Feindes Aufmerksamkeit auf einen Fleck eine Zeit lang zu fesseln".

Die Wichtigkeit des Masseneinsatzes und des konzentrierten Feuers war in diesen Anordnungen herausgestellt. Deutlich wird ferner, daß auch unter artilleristischem Aspekt der Angriff aus der Tiefe „genährt" werden sollte. Am Sieg von Großbeeren (23. 8. 1813) hatte die preußische Artillerie bereits entscheidenden Anteil. Seitdem war es auch in Preußen Aufgabe der Reserveartillerie, Masseneinsätze durchzuführen. Die Reserveartillerie gehörte auch in Preußen zum festen Bestandteil der Armeekorps, die hier nach französischem und österreichischem Vorbild 1813 gebildet wurden. Die Notwendigkeit des schnellen Auftretens einer zentral geführten Artilleriemasse am entscheidenden Punkt der Schlacht wurde jedoch in Preußen erst nach den Freiheitskriegen betont.

Technische Truppen

Kennzeichnend für die Entwicklung der technischen Truppen war, daß sie nicht nur im Festungsdienst, sondern immer mehr auch im Felddienst Verwendung fanden. Es entsprach dies der neuen beweglicheren Kriegführung, bei der die Festungen zwar immer noch eine wichtige Rolle spielten, aber den Gang der Kriegshandlung nicht mehr in der bisherigen Weise bestimmten. Die Steigerung der Beweglichkeit, die bessere Ausnutzung der jeweiligen Lage, der geländemäßigen Gegebenheiten bedingten, daß man mehr noch als früher gewärtig sein mußte, auf unvorhergesehene Hindernisse zu stoßen oder sie dem Feinde vorzulegen. Das war Aufgabe der technischen Truppen. Ihre Bedeutung im Feldkrieg mußte aber auch in dem Maße wachsen, wie die operative oder taktische Eigenständigkeit der einzelnen Truppenverbände des Heeres zunahm, wie die Truppenkommandeure im Rahmen ihrer Aufträge auch in pioniertechnischer Hinsicht auf Selbsthilfe angewiesen waren. Dadurch wurde es notwendig, ihnen technische Fachkräfte als Berater und technische Einheiten zur Ausführung der betreffenden Arbeiten dauernd zu unterstellen.

Spektakuläre Neuerungen, wie sie auf anderen militärischen Gebieten von Frankreich ausgingen, sind bei den technischen Truppen nicht zu bemerken. Napoleons Interesse an technischen Neuerungen war erstaunlich gering. Die Entwicklung setzte sich hier vielmehr kontinuierlich fort, wobei das Gerät entsprechend verbessert wurde. Neue Erkenntisse ergaben sich aber dann zwangsläufig aus der gegenüber früher veränderten Kriegspraxis. Soweit die allgemeine Entwicklung, die im einzelnen jedoch bei den verschiedenen Armeen recht unterschiedlich verlief.

In Preußen verhalf die Heeresreform auch den technischen Truppen zu einem Neuansatz. Nach dem Willen von Scharnhorst und Gneisenau, die selbst zeitweilig seine Chefs waren, sollte das Ingenieurkorps zu einem Elitekorps und dem Generalstab gleichgestellt werden. Während Sappeure, Mineure und Pontoniere in den anderen Armeen noch nicht organisatorisch zusammengeschlossen waren, sondern teilweise dem Geniekorps, teilweise der Artillerie unterstellt blieben, wurden sie in Preußen 1809 in Pionierkompanien vereinigt. Damit wurde „Pionier" erstmalig zu einem Sammelbegriff. Damit wäre hier bereits ein entscheidender Schritt zum „Einheitspionier" getan worden, wie er dann im späteren 19. Jahrhundert entstand. Diese Zusammenfassung aller ausführenden technischen Dienste in einer Kompanie wurde jedoch 1860 noch einmal rückgängig gemacht. Mit der Pionierkompanie von 1809 waren die Pioniere jedoch noch längst keine selbständige Waffengattung geworden. Sie unterstanden den drei preußischen Ingenieurbrigaden. Die Pionierkompanien mußten, um zivile Arbeiter zu sparen, ständig Mannschaften für Arbeiten an die Festungen abgeben. Dadurch kam die Ausbildung im Felddienst zu kurz. Überhaupt wurde der Festungsdienst weiterhin vorangestellt. Felddienstübungen sollten nur stattfinden, wenn darunter die Arbeiten in den Festungen nicht litten. Eine Instruktion aus dem Jahre 1810 beschränkte sich völlig auf technische Anweisungen. Dabei war 1809 befohlen worden, daß die neuen Pioniere Verwendung finden sollten, „um Märsche der Armee zu erleichtern und vorzubereiten, daher der Kompaniekommandeur es sich angelegen sein lassen muß, alle möglichst vorkommenden Fälle im voraus zu überlegen" , aber „über die Aufgaben des Feldpionierdienstes im Rahmen der neuen Form der Kriegführung, insbesondere über die Notwendigkeit der Unterstützung der anderen Waffen, bestanden jedenfalls noch keine oder nur unvollkommene Vorstellungen". (zit. Petter).

Wo diese Aufgaben dann in den Freiheitskriegen trotzdem gemeistert wurden, war es der Fähigkeit zur Improvisation und eben der Tatsache zu danken, daß der Soldat für sein Metier nirgends so viel und so schnell lernt wie im Kriege. Jedes Armeekorps erhielt zwei Pionierkompanien sowie einige Ingenieuroffiziere, mit denen zusammen sie einem Stabsoffizier unterstellt waren. Er führte ab 1815 die Dienststellenbezeichnung „Kommandeur der Ingenieure und Pioniere" und fungierte gleichzeitig als technischer Berater des Kommandierenden Generals. Alle Offizierstellen der Pionierkompanien waren mit Ingenieuroffizieren besetzt. Erstaunlicherweise besaßen die preußischen Pioniere bis zum letzten Jahr des Krieges überhaupt keinen Pontontrain, weil dazu das Geld fehlte. Man mußte sich Gerät von den Russen ausleihen.

Der Freiheitskrieg brachte für die technischen Truppen nicht eigentlich neue Aufgaben, wohl aber die Intensivierung der Aufgaben, die im Felddienst lagen. Es wurden auch in diesem Kriege befestigte Magazinplätze errichtet, Sicherungsstellungen – für die bedrohte Hauptstadt Berlin – und verschanzte Lager als Rückhalt für Operationen ausgebaut. Es wurden sehr viele Festungsbelagerungen durchgeführt. Die Haupttätigkeit der Pioniere bezog sich aber in den Feldzügen von 1813/14, neben dem Bau von Feldstellungen, auf die Zerstörung und Wiederherstellung von Brücken sowie die Bewerkstelligung von Flußübergängen.

An dem berühmten Rheinübergang bei Kaub in der Neujahrsnacht 1813/14, der von dem preußischen Korps Yorck und dem russischen Korps Langeron der Schlesischen Armee unter Blücher durchgeführt wurde, waren neben russischen Pionieren die beiden Pionierkompanien Yorcks beteiligt. Taktisch machte der Übergang weniger Schwierigkeiten, als aufgrund des schwierigen Geländes angenommen werden mußte, da das Überraschungsmoment erfolgreich ausgenutzt wurde und die Franzosen kaum Widerstand leisteten. Pioniertechnisch zeigten sich aber erhebliche Mängel. Die Gefahr der starken Strömung wurde von den Rheinschiffern, die mit ihren Nachen beteiligt waren, besser erkannt als von den Pionieren. Ein Teil der Schiffsbrücke wurde fortgerissen, was zu empfindlichen Zeitverlusten führte.

Auch bei den Übergängen über die Maas und die Marne zeigte es sich, daß die Pioniere an starke Strömungen nicht gewöhnt waren und das Brückengerät zu primitiv war. Die auftretenden Mängel waren aber nicht nur auf die Pioniere selbst, sondern auch darauf zurückzuführen, daß die Truppenführer noch nicht gelernt hatten, sie so einzusetzen, wie es die neuen Kriegsverhältnisse erforderten – und dies sollte noch lange ein leidiger Punkt bleiben. Dieses Unverständnis zeigte sich schon in der Art, wie die Pioniere auf dem Marsch eingegliedert wurden. Im Feldzug von 1814 befanden sich nur beim Yorckschen Korps eine Pionierkompanie bei der Avantgarde, die andere bei der Reserve, wie es richtig war, bei allen übrigen Korps waren beide Kompanien in der Regel der Reserveartillerie zugeteilt worden.

Wie wichtig die Pioniere im Felddienst geworden waren, wurde vor allem daran deutlich, daß sich ihre Zahl als viel zu gering erwies. Dieser Mangel wirkte sich sogar auf die Operationsführung aus. So sah sich Blücher 1815 genötigt, „für Operationen Gegenden auszusuchen, die an Wasserläufen ärmer waren als die des Feldzuges im Vorjahr" (ebd.). Trotz aller dieser Mißstände trugen die Leistungen der preußischen Ingenieure und Pioniere wesentlich zu den Kriegserfolgen bei. Sie fanden wiederholt anerkennende Erwähnung in den Kriegsberichten.

Ab 1816 erfolgte die Zusammenfassung von je drei Kompanien zu einer Pionierabteilung, worin sich bereits die Entwicklung zum späteren Pionierbataillon andeutete. War dies ein weiterer Schritt zur Herausbildung der Pioniere als selbständiger Waffengattung, so wurde er dadurch wieder aufgehoben, daß sie organisatorisch derartig in das Ingenieurkorps eingebaut waren, daß sie von der Truppe mehr isoliert waren als beispielsweise die technischen Truppen der süddeutschen Armeen in ihrer organisatorisch traditionelleren Verfassung. Diese Truppennähe wäre um so notwendiger gewesen, als die preußischen Pionierabteilungen im Kriegsfalle nicht zusammenbleiben, sondern kompanieweise auf die Divisionen verteilt werden sollten. Immerhin wurden nun auch die unterschiedlichen taktischen Aufgaben der Pioniere 1827 präziser formuliert als 1810, wenn es über sie hieß: „Im Kriege sind sie zur Erleichterung der Organisationen und Märsche der Armee, mithin zu Wege- und Brückenbauten aller Art, zur Beseitigung natürlicher und künstlicher Hindernisse beim Angriff, oder zur Hervorbringung der letzteren bei der Vertheidigung fester

Posten und Stellungen, mithin zur Anlage von Verschanzungen aller Art bestimmt; endlich und hauptsächlich sollen sie bei Angriff und bei Vertheidigung der Festungen in Wirksamkeit treten“ (zit. ebd.).

Das Gefecht der verbundenen Waffen

Militärische Kampfhandlungen werden je nach ihrem Grade, der von der Zahl der eingesetzten Truppen, ihrer räumlichen Ausdehnung, der mit ihr verbundenen Absicht, ihrem Verlauf und ihrer Wirkung bestimmt wird, als Geplänkel, Scharmützel, Gefecht, Treffen oder Schlacht bezeichnet. Gefecht ist zugleich auch der umfassende Begriff für alle diese Kampfhandlungen. Nach der Definition von Rüstow, die sich auf die Zeiten bis nach der Mitte des 19. Jahrhunderts bezog, war die Schlacht ein Gefecht „in großem Maßstabe“, „die feindliche Begegnung zweier untergeordneter Abtheilungen“ ein Gefecht im engeren Sinne. Innerhalb der rangierten Schlacht des 18. Jahrhunderts verstieß letzteres gegen das Prinzip der Lineartaktik. Diesem Prinzip nach war die Schlacht nicht nur „ein einziger, einheitlicher und gleichzeitiger Akt“ (Franke), wie es jede Schlacht ist, sondern ein einziges zusammenhängendes Gefecht gewesen. Die Frage, wie weit dieses Prinzip immer durchgehalten worden war, betrifft die Praxis, die allerdings dafür gesorgt hatte, daß der starre lineartaktische Zusammenhang seit Mitte des 18. Jahrhunderts gelockert worden war. Ein selbständiges Gefecht mit allen Waffen – als „Gefecht der verbundenen Waffen“ – im Rahmen der Schlacht zu führen, war den Teilen des Ganzen jedenfalls erst dann möglich, als sie jeweils über alle drei Waffengattungen verfügten. Dies war durch die Division als Großverband erreicht worden. Genau gesagt, durch die Infanteriedivision – obwohl dieser Ausdruck noch nicht allgemein üblich war –, da nur sie, die in der Masse aus Infanterie bestand, alle drei Waffengattungen umfaßte. Die Kavalleriedivisionen besaßen neben den Reitern im allgemeinen nur noch reitende Artillerie. In dieser waffengattungsmäßigen Mischung konnten die Infanteriedivisionen das Gefecht auch außerhalb der Schlacht selbständig führen. Dazu konnte es kommen, weil jetzt nicht mehr das gesamte Heer auf einer Straße, sondern seine Divisionen mit größeren Zwischenräumen auf – soweit vorhanden – mehreren Straßen nebeneinander marschierten. Damit war nicht mehr die ganze Schlacht eines ganzen Heeres, sondern bereits das Gefecht einer Infanteriedivision die Grundform einer Kampfhandlung, an der alle Waffengattungen beteiligt waren. Es erhielt sich aber die Bezeichnung „Schlachtordnung“ auch für die Gefechtsaufstellung einzelner Heeresteile.

1793 sollte die französische Infanteriedivision aus zwei Infanteriebrigaden zu je zwei Halbbrigaden, die wiederum jeweils drei Bataillone umfaßten, sowie aus zwei Kavallerieregimentern und zwei Batterien zu je sechs Vierpfündern bestehen. Manche Divisionen besaßen noch eine fünfte Halbbrigade und damit von vornherein eine Reserve. Andererseits entsprach aber die Zuteilung von Kavallerie und Artillerie nicht immer diesem Muster und wurde, ebenso wie die von technischen Truppen, oft nur von Fall zu Fall vorgenommen. Anfänglich waren die beiden Batterien den beiden Infanteriebrigaden unmittelbar unterstellt. Die Einsatzart der französischen Infanterie zur Zeit der Revolutionskriege und die Umwandlung der Taktik der großen Schützenschwärme zur Kolonnentaktik ist weiter oben umrissen worden. Napoleon änderte an der Grundform der Infanteriedivision wenig. Die Halbbrigaden wurden wieder Regimenter. Ab 1808 bestand jedes Regiment aus vier

Bataillonen, jede der beiden Infanteriebrigaden der Division nach wie vor aus zwei Regimentern. Als fünftes sollte ein leichtes Infanterieregiment vorhanden sein, das aber auch wie schwere Infanterie verwendet werden konnte. Die Artillerie wurde der Division unterstellt, womit sich auch im Divisionsrahmen die Tendenz zur Artilleriekonzentration zeigte. Es kam Napoleon darauf an, das Massentiraillement, das in Revolutionskriegen wilde Ausmaße erreicht hatte, zugunsten der geschlossenen Kampfführung auf das notwendige Maß einzuschränken. Im übrigen förderte er die ohnehin vorhandene Tendenz zur Herausbildung einer neuen Einheitsinfanterie, obwohl gerade in seiner Armee die leichte Infanterie unter den Bezeichnungen „Chasseurs", „Voltigeurs", „Flanqueurs" von der übrigen Infanterie unterschieden wurde. Obwohl es eigentlich nur eine schwere und eine leichte Infanterie gab, die sich zudem gegenseitig anglichen, sind bei der französischen Kaisergarde im Laufe ihres Bestehens nicht weniger als 15 verschiedene Infanteriegattungen festzustellen, die alle ihre besonderen Uniformen hatten. Diese Vielzahl kam zum Teil durch Zusammensetzungen wie „Füsilier-Grenadiere" oder „Voltigeur-Jäger" zustande, aber es gab auch die „Pupillen der Garde".

Für die normale Gefechtsaufstellung der Infanteriedivision wurde eine Ordnung maßgebend, wie sie in der Schlacht von Austerlitz (2. 12. 1805) bei den Divisionen Soults und Bernadottes beobachtet worden war. Sie war übrigens, bis auf die Schützenverwendung, auch schon von dem russischen General Suworow vor der Wende zum 19. Jahrhundert praktiziert worden. Hierbei marschierte die Division so auf, daß die beiden Infanteriebrigaden nebeneinander, die beiden Regimenter jeder Brigade aber hintereinander standen. Die beiden vorderen Regimenter jeder Brigade bildeten das erste, die beiden hinteren das zweite Treffen. War noch das fünfte, leichte, Regiment vorhanden, so kam es vor den beiden Brigaden zum Schützeneinsatz, sonst wurden die Schützen von den Voltigeuren des ersten Treffens gestellt. Die Artillerie, die sich zunächst neben dem zweiten Treffen befunden hatte, wurde zur Feueraufnahme an einen oder beide Flügel des ersten Treffens vorgezogen. Zur Feuervorbereitung des Angriffs – oder auch zur Verteidigung – deployierten die Bataillone des ersten Treffens zur Linie, bildeten aber keine zusammenhängende Feuerfront. Die Schützen wurden zurückgenommen, als leichtes Regiment wurden sie um die Flanke der Division herum in die Reservestellung geführt. Das im Feuerkampf befindliche erste Treffen fand seinen Rückhalt am zweiten Treffen, das in Bataillonskolonnen verblieb. Nach der Feuervorbereitung griffen diese Kolonnen, Schützen voraus und an den Seiten, durch die Lücken des ersten Treffens hindurch an. Die Divisionskavallerie konnte für den Flankenschutz, für Flankenangriffe, für den Einsatz in den Intervallen der Bataillone benutzt oder für die Verfolgung zurückgehalten werden. Auf diese Weise ergänzten sich Feuerlinie und Kolonnenstoß, Feuer und Bewegung, Schuß, Bajonett und Reitersäbel oder -lanze. War es in der Lineartaktik lediglich möglich gewesen, entstandene Lücken im ersten Treffen durch den dahinterstehenden Teil des zweiten Treffens „auszuflicken", so konnte jetzt, wie einst zur Zeit der spanischen und der niederländischen Ordonnanz, infolge der absichtlich gelassenen Lücken das hintere Treffen durch das vordere durchgezogen werden.

Die Lineartaktik hatte auf einer „Normalschlachtordnung" (La Roche sowie Rüstow) beruht, die „bei Anwendung auf den bestimmten Fall zur Specialschlachtordnung" (Rüstow) wurde. Grundsätzlich gilt für diese Zeit das Wort Rüstows: „Von der französischen

Revolution ab kann man keine Normalschlachtordnung mehr für das ganze Heer aufstellen, sondern nur noch für die einzelne Division oder das einzelne Armeecorps". Die oben skizzierte „Division von Austerlitz" bildete zwar für die Zukunft eine gewisse formale Grundlage, aber da Napoleon seinen Generälen weitgehende Freiheit in der Aufstellung ihrer Truppen ließ, konnte sie jeweils für den bestimmten Fall anders aussehen. So konnte sie nicht nur drei Treffen bilden, die alle aus Kolonnen bestanden, sondern auch nebeneinander Bataillone in Linien und Kolonnen aufstellen.

„Den Anfang mit der Aufstellung einer solchen Normalschlachtordnung der neueren Zeit machten die Preußen nach Scharnhorsts Vorschlägen mit ihrer sogenannten Brigadestellung (Divisionsaufstellung), welche noch heute als Muster betrachtet werden kann", schreibt Rüstow noch 1859. Der französischen Infanteriedivision entsprach taktisch die preußische Brigade des Reglements von 1812 bzw. der Freiheitskriege. „Brigade" war insofern eine unglückliche Bezeichnung, als zu dieser Zeit in Preußen alle möglichen militärischen Untergliederungen so genannt wurden, beispielsweise des Ingenieurkorps oder des Generalstabs. Es kommt hinzu, daß später auch zwei Regimenter derselben Waffengattung als „Brigade" bezeichnet wurden. Schwarz nennt daher diesen preußischen gemischten Großverband aus Gründen der Unterscheidung „Truppenbrigade".

Sie besaß weniger Infanterie, dafür aber mehr Kavallerie als die französische Infanteriedivision. Nach dem Reglement von 1812 enthielt sie zwei Infanterieregimenter zu je zwei Musketierbataillonen, einem Füsilierbataillon und zwei Grenadierkompanien. Dazu kamen zwei schwere und ein leichtes Kavallerieregiment sowie eine Fuß- und eine reitende Batterie zu je sechs Sechspfündern und einer Siebenpfünder-Haubitze. Für den Einsatz wurden die vier Grenadierkompanien in einem Grenadierbataillon zusammengefaßt. Das war die Brigadegliederung des preußischen Kontingents der Napoleonischen Streitkräfte 1812 in Kurland.

Bei der Normalschlachtordnung der preußischen Truppenbrigade wurden die beiden Infanterieregimenter nicht geschlossen eingesetzt. Ihre beiden Füsilierbataillone bildeten ein Vortreffen, das nicht nur mit Schützen voraus den Kampf einleiten und die Aufstellung verschleiern, sondern nach Möglichkeit den Feind allein werfen sollte. Hierfür konnte es durch Kavallerie und reitende Artillerie unterstützt werden. Trafen die Füsiliere auf hartnäckigen Widerstand, bildeten sie Bataillonskolonnen. Das erste Treffen, das hinter ihnen stand, setzte sich aus drei Musketierbataillonen, das zweite aus dem dritten Musketier- und einem Grenadierbataillon zusammen. Diese Bataillone standen zum Angriff in Kolonnen, die hinteren auf die Lücken der vorderen ausgerichtet. Es ist also zu sehen, daß das ganze Schwergewicht auf den Kolonnenstoß gelegt wurde. Für den Angriff wurde die Fußbatterie geteilt und an beiden Flügeln des ersten Treffens eingesetzt. Die Kavallerie und die reitende Batterie bildeten das dritte Treffen. Zwischen den einzelnen Treffen sollte ein Abstand von 150 Schritt sein. Reglementsmäßig sollte der Kavallerieangriff aus dem dritten Treffen heraus so erfolgen, daß die beiden äußeren Regimenter, jeweils vier Schwadronskolonnen nebeneinander, rechts und links um die Flanken der Division herum die Flügel des Gegners attackierten. In der Praxis wurde dann mit dem Kavallerieangriff oft zu lange gezögert. Das mittlere, leichte Kavallerieregiment sollte ohnehin zunächst in Reserve bleiben. Konnten die Füsilierbataillone den Widerstand auch mit Hilfe der Kavallerie nicht brechen, wurden sie in Kolonnen rechts und links an das zweite Treffen oder in die Reservestellung zurückgezogen. Die Bataillonskolonnen der Musketiere und Grenadiere, verbunden durch ihre Schützen, kamen nun mit dem Bajonett zum Einsatz. Die Füsiliere spielten also im Rahmen der preußischen Truppen der Brigade eine ähnliche Rolle wie das leichte Infanterieregiment im Rahmen der französischen „Division von Austerlitz". Durch den Kampfauftrag, den sie als Vortreffen besaßen, das an die „Attaque" Friedrich II. erinnert, wurde bei ihnen die Aufhebung des Unterschieds zwischen schwerer und leichter Infanterie besonders deutlich.

Auch die preußischen Brigadekommandeure waren an die Grundaufstellung nicht gebunden. Es wurde vielmehr betont, daß sie zu verändern sei, wenn dies notwendig wäre. 1813 im Kriege ergaben sich ohnehin Änderungen dadurch, daß sich der Infanterieanteil erhöhte. Jede Truppenbrigade der ersten drei preußischen Armeekorps verfügte nun über ein Linien-, ein Reserve- und ein Landwehrinfanterieregiment. Erst 1818 wurde die preußische Truppenbrigade zur Division. Sie bestand nun kriegsmäßig aus zwei Infanterie- und einer Kavalleriebrigade. Über die Artillerie, die jeweils beim Armeekorps ebenfalls zu einer Brigade zusammengefaßt war, verfügten die Divisionskommandeure unmittelbar nicht mehr.

Bereits aus der Aufteilung des Heeres in Divisionen und nicht erst aus der späteren Operationsweise Moltkes ergab sich der Grundsatz: „Getrennt marschieren, vereint schlagen". Wie wir wissen, war das Heer bis zur Divisionsgliederung normalerweise auf und an einer einzigen Straße marschiert. Größere detachierte Korps besaßen die Kriterien eines Heeres, da sie einen besonderen Auftrag, oft auf einem anderen Kriegsschauplatz selbständig zu erfüllen hatten, vom Hauptheer also wirklich abgetrennt waren und nicht unmittelbar mit ihm zusammenwirkten. Auf einer Straße vorrückend, war das Heer stets für die Schlacht versammelt gewesen. Das war nun nicht mehr der Fall, seitdem es aufgeteilt in Heeresabteilungen sich auf verschiedenen Straßen fortbewegte, die oft durch viele Marschstunden voneinander getrennt waren.

Natürlich war das Heer um so schwerer zu führen, je größer die Zahl der dem Heerführer unmittelbar unterstellten Heeresabteilungen war. Es zeigte sich die Gefahr, daß bei einer zu großen Zahl von Divisionen die Aktion zersplitterte. Zur Zeit der französischen Republik bestanden die Gesamtstreitkräfte ungefähr aus 200 000 bis 300 000 Mann, die in einzelnen Heeren von 60 bis 70 000 Mann auf verschiedenen Kriegsschauplätzen kämpften. Napoleon dagegen vereinigte eine Hauptarmee von ungefähr 200 000 Mann oder auch wesentlich mehr auf einem einzigen Kriegsschauplatz, wofür nun die Divisionseinteilung nicht mehr ausreichte. 15 bis 20 Divisionen konnten nach den neuen Grundsätzen der Kriegführung, die jeder Unterabteilung eine gewisse Handlungsfreiheit einräumten, kaum mehr zentral geführt werden. So begann man zunächst provisorisch damit, zwei bis vier Divisionen in einem Armeekorps zusammenzufassen. 1803 wurde dies in Frankreich zu einer festen Einrichtung. Als Korpstruppen kamen drei bis vier leichte Kavallerieregimenter, zwei schwere Fußbatterien, einige technische Kompanien und ein Trainbataillon hinzu. Die durchschnittliche Stärke des französischen Korps betrug 25–30 000 Mann. Es gab jedoch auch wesentlich schwächere von 16 000, andererseits auch wesentlich stärkere von 50 000, in Ausnahmefällen sogar über 70 000 Mann. „Die Stärke der Korps war bemessen theils nach dem Geschicke der einzelnen Befehlshaber, welchen man sie anvertraute, theils nach den besonderen Aufgaben von mehrerer oder minderer Selbständigkeit, welche ihnen zugewiesen werden sollten" (Rüstow). Auch die anderen Armeen bildeten Armeekorps. Das österreichische Korps von 1808 hatte 30 Bataillone, 16 Eskadrons und 10 Batterien, verteilt auf zwei Linien- und eine leichte Division, wobei nicht nur das Korps und die Divisionen, sondern auch die Brigaden über eigene Artillerie verfügten. Das preußische Armeekorps, das 1813 entstand, bestand im Kern aus vier Truppenbrigaden, ab 1818 dann aus zwei Divisionen und einer Artilleriebrigade.

Damit entstand ein weiterer ständiger Großverband, bei dem sich das Prinzip, nach dem die Division gegliedert war, auf einer höheren Führungsebene wiederholte. Dieses Prinzip besaß seine Gültigkeit auch noch im 20. Jahrhundert, wobei auch die Stärken – 10 bis 15 000 Mann für die Division, 30 bis 40 000 für das Korps – konstant bleiben. Bei immer stärkerem Anwachsen der Streitkräfte wurde auch das Feldheer auf ein und demselben Kriegsschauplatz in Armeen unterteilt, die aus mehreren Armeekorps zusammengesetzt waren. Das Wort „Armee" konnte also sowohl die Gesamtstreitmacht im Frieden und Krieg, wie andererseits aber auch nur einen Teil des Feldheeres meinen.

„Wenn man Napoleon folgt, wird man sich darüber klar, wie schwer es zu sagen ist, wo die Strategie, die Kunst, eine Armee an den Feind heranzuführen, aufhört und die Taktik anfängt, die darin besteht, die Armee auf dem Schlachtfelde zu führen", sagt Weygand. Chandler unterscheidet bei Napoleon die „strategische Schlacht" als Konsequenz der Operationsführung des gesamten Heeres von der „taktischen Schlacht" eines Heeresteils, nämlich eines Armeekorps. Trotz der soeben zitierten Feststellung Weygands ist der Begriff „strategische Schlacht" nach der von Clausewitz gegebenen Definition der Begriffe Strategie und Taktik problematisch. Clausewitz stützte ja seine Kriegstheorie wesentlich auf die Erfahrungen aus den Napoleonischen Kriegen. In jedem Rahmen – ob nun in dem der Division, des Korps oder des gesamten Heeres – erfolgte der Angriff aus der Tiefe, so daß im Rahmen des Korps Divisionen, im Rahmen der Armee aber auch Korps in mehreren Treffen hintereinander stehen konnten. Außerdem wurden auf jeder Führungsebene zunächst von der Division aufwärts Reserven zurückgehalten. Anders als in der rangierten Schlacht bestand nicht die Absicht, das Gefecht in allen Teilen nach vorgefaßtem Plan „ablaufen" zu lassen, vielmehr diente die Beweglichkeit und relative Selbständigkeit der Heeresteile der Ausnutzung von Lagen, wie sie erst während des Gefechts entstanden, also nicht vorauszusetzen waren. Das Moment des Zufalls, die Imponderabilien, die man vergeblich durch die der Lineartaktik zugrundeliegende Systematisierung der Kampfführung hatte ausschalten wollen, erhielt eine positive Wertung, wovon noch ausführlicher die Rede sein wird. Dem kam auch die tiefe Gliederung der Schlachtordnung entgegen. Hierdurch – und infolge der bestehenden breiten Lücken zwischen den Gefechtskörpern – waren die rückwärtigen Teile, vor allem die Reserven, frei, nämlich dort verwendbar, wo sie im Laufe des Gefechtes am dringendsten benötigt wurden.

Nach Chandler ließen sich beim Angriff eines Korps typologisch drei Phasen unterscheiden. Erstens: Massierte Artillerievorbereitung, Angriffe der Infanterie und Kavallerie mit dem Ziel, die feindliche Infanterie zur Bildung von Karrees zu zwingen, die damit zu Massenzielen für die dicht vor ihnen auffahrende reitende Artillerie wurden. Zweitens: Hauptangriff. Er wurde mit der rückwärtigen, frischen Infanterie durchgeführt. Sie sollte den bereits erschütterten Feind mit Feuer überschütten und durch Kolonnenstoß werfen, wenn er noch im Karree stand und dadurch in seiner Feuerkraft eingeschränkt war. Drittens: Ausweitung des Einbruchs durch Einsatz der Infanterie- und reitenden Artilleriereserven, schließlich Einsatz der massierten Reservekavallerie, welche die letzten Widerstandsreste bekämpfte und den Gegner in die Flucht schlug. Wichtig war, daß die taktische Verfolgung des Gegners, wie sie auch früher – so nach der Schlacht von Leuthen – gelegentlich durchgeführt worden war, zu einer operativen ausgeweitet wurde, um dem Gegner keine Gelegenheit mehr zu geben, sich festzusetzen und neu zu formieren.

Nach der Einteilung des Heeres in Armeekorps wurde nicht mehr jeder Division, sondern jedem Korps für den Marsch eine Straße zugewiesen. Jedes Korps brauchte allein schon deswegen, weil es sich nach Möglichkeit aus dem Lande verpflegen sollte, mehr Raum als eine Division. Letztlich aber war der Raum zwischen den Korps abhängig von den vorhandenen Straßen. Das Straßennetz war noch nicht so weit ausgebaut wie in späterer Zeit, obwohl sich Napoleon darum bemühte. Der Zwischenraum zwischen zwei Korps konnte also Tagesmärsche, er konnte aber auch nur eine Meile betragen. Waren Nebenwege vorhanden, die in der gleichen Richtung verliefen, so konnten natürlich auch diese ausgenutzt werden. Marschierten die Divisionen eines Korps nebeneinander, so hatte dies den Vorteil, daß das Korps auch so lagern konnte, um morgens schneller in Marsch gesetzt zu werden als auf einer Straße, auf der es, mit den Divisionen dicht hintereinander, zwei bis drei Stunden dauerte. Es war nicht nur dann unmöglich, im Lande genügend Nahrungsmittel aufzutreiben, wenn das Heer durch eine arme Gegend zog oder die Korps sehr eng nebeneinander marschierten. Es war unmöglich in jeder Form, in der die gesamte Armee auf engem Raum versammelt war. Für diese Fälle wurden Verpflegungskolonnen nachgeführt, besaß jedes Korps sein Trainbataillon.

Die Korpseinteilung wurde nur auf die „Große " Armee Napoleons auf dem Hauptkriegsschauplatz angewendet, da es sich bei den kleineren Armeen auf den Nebenkriegsschauplätzen nicht lohnte. Die „Große", zunächst mit 100 000 bis 200 000 Mann angenommene Armee sollte nicht weniger als vier und nicht mehr als acht Korps umfassen. Dazu kam bei der Großen Armee Napoleons die Garde als Heeresreserve sowie Heereskavallerie und -artillerie. Die als Reservekavallerie vorgesehenen Kürassierdivisionen bestanden aus zwei oder drei Brigaden zu je drei Regimentern zu vier Eskadrons. Die Dragoner waren vorzugsweise bei der Avantgarde des Heeres eingeteilt oder wurden für Detachierungen verwendet. Ihre Divisionen hatten drei Brigaden zu zwei Regimentern zu drei Eskadrons. Die Kavalleriedivision zählte 2000 bis 3000 Pferde. Auch die preußische Kavallerie bildete 1813 Divisionen.

Die möglichst auf gleicher Höhe befindlichen Spitzen der nebeneinander vorgehenden Armeekorps stellten die „strategische Front" oder „Operationsfront" (Rüstow) dar. Die große Schwierigkeit für die operative Führung bestand darin, die Bewegung mit dem Zweck und Ziel, dem sie diente, möglichst früh in Einklang zu bringen und danach sowohl die Operationslinie für die gesamte Armee wie die Marschlinien für die einzelnen Korps zu bestimmen. Ziel war in jedem Fall die Hauptmacht der feindlichen Armee. Diese stellte aber keinen festen Punkt dar. Rasche Richtungsänderungen der gesamten Operationsfront waren mit den damaligen Führungsmitteln für größere Entfernungen – Meldereiter, Ordonanzoffiziere, Adjutanten – jedenfalls sehr viel schwieriger zu bewerkstelligen als in der Vergangenheit, in der die ganze Armee auf und neben einer Straße marschiert war. Aufgrund der Aufklärungsergebnisse – und eben hier zeigte sich die gegenüber früher erhöhte Bedeutung der Aufklärung – mußte sich der Feldherr darüber klar werden, wo und wann er die Hauptmacht des Feindes aufsuchen und schlagen wollte, um danach die Operationslinie und die Marschlinien der Korps festzulegen. Letztere verliefen nach Möglichkeit zunächst parallel zur Operationslinie, wodurch die breite Operationsfront wie ein Schleppnetz wirkte, in dem sich feindliche Abteilungen fingen und durch rechtzeitige Unterstützung des Korps, das als erstes auf den Feind getroffen war, ein entscheidender Vorteil erzielt werden konnte. Lag es nicht in der Absicht des Heerführers, hier die Entscheidung zu suchen, so sollte sich das betreffende Korps so lange allein behaupten können, bis die Entscheidung an anderer Stelle gefallen war.

Die Versammlung vor der Schlacht war zwischen dem 16. und 18. Jahrhundert schon dadurch gegeben gewesen, daß das Heer auf und neben der Straße bereits während des Marsches versammelt gewesen war. Für die Napoleonische Zeit ergab sich nun aber daraus ein Problem, daß die getrennt marschierenden Korps vor der Schlacht rechtzeitig und am richtigen Ort zusammengezogen werden mußten. Da im allgemeinen noch zu wenig Straßen vorhanden waren, die einen allmählichen Übergang vom parallelen Marsch der Korps zum konzentrischen Marsch gerade auf den Punkt erlaubten, auf dem die Schlacht geschlagen werden sollte, mußten nach Möglichkeit die Querverbindungen ausgenutzt werden. Nach Rüstow dauerte es bei einer Operationsfront von 24 Meilen mindestens 72 Stunden, bis die beiden äußeren Armeekorps zur Schlacht herangezogen waren. Dies war aber nicht die Norm, da die Operationsfront auch nur eine Ausdehnung von 12 Meilen haben konnte.

Delbrück beschreibt den Unterschied zur vorangegangenen Epoche sehr genau: „Von Friedrich haben wir gesehen, wie sehr der auch von ihm proklamierte Satz, daß zur Schlacht alle verfügbaren Kräfte herangezogen werden müßten, in der Praxis eingeschränkt wurde. Napoleon führte ihn wirklich durch, obschon auch das natürlich nicht absolut zu nehmen ist. Er schrieb an Marmont (15. November 1805): ‚Man schreibt mir etwas mehr Talent als Andern zu und doch, um einem Feinde, den ich gewohnt bin zu schlagen, eine Schlacht zu liefern, glaube ich niemals genug Truppen zu haben; ich rufe zu mir heran Alles, was ich vereinigen kann'."

Durch diese Schilderung der marschtaktischen Gegebenheiten soll gleichzeitig dem falschen Eindruck vorgebeugt werden, daß die Kriegführung nach der Französischen Revolution keine genauen Berechnungen mehr notwendig gemacht habe, da sie doch die Fesseln der methodischen Kriegführung gesprengt habe. Der, allerdings erhebliche, Unterschied war der, daß – überspitzt ausgedrückt – der Feldherr in der Vergangenheit seine Absichten in Einklang bringen mußte mit der geltenden Methode, während jetzt die Methoden, die es in der geschilderten Gestalt der Operationsfront ebenso gab wie in der der Normalschlachtordnung der Großverbände, so flexibel waren, daß sie den Absichten des Feldherrn angeglichen werden konnten. Letzteres erforderte aber nicht weniger, sondern – bei erheblich vergrößerten und differenzierter gegliederten Heeren – mehr und noch genauere Berechnungen.

Konzentration der Streitmacht vor der Schlacht war nicht in jedem Fall identisch mit einer Massierung auf engstem Raum. Letztere war notwendig bei einem Frontdurchbruch, auf den beispielsweise der weiter oben skizzierte Angriff im Rahmen einer „taktischen Schlacht" abzielte. Tatsächlich wurde die Massierung auf engstem Raum vor der Front des Gegners dann von den Epigonen Napoleons als ein unabdingbarer Grundsatz gepredigt, wurde die Durchbruchsschlacht – im Gegensatz zur Flügelschlacht des 18. Jahrhunderts – als eigentlich napoleonisch angesehen. Caemmerer behauptet geradezu die „nicht zu bestreitende Vorliebe Napoleons für den taktischen Zentrumsdurchbruch". Diese angebliche „Vorliebe" wird aber von Schlieffen ganz energisch bestritten.

Schlieffen führt dazu aus: „Die Generation von 1870 lebte von Napoleonischen Überlieferungen. Was sie von sich als strategischen Schatz aus den Feldzügen des großen Kriegsmeisters geborgen hatte, war aber nicht der Periode seiner großen Siege von Marengo bis Friedland, sondern der Zeit des nachrussischen Niedergangs entnommen. Daß Ulm durch eine großartige Umgehung, Jena durch breite, umspannende Flügel, Austerlitz und Friedland durch Angriffe auf eine, Marengo durch solche auf beide Flanken gewonnen worden waren, blieb unbeachtet. Dagegen wurde die Einbildungskraft mächtig angeregt durch den riesenhaften Angriff bei Leipzig am 16. Oktober gegen die feindliche Mitte und durch die wiederholten Versuche bei Waterloo, die englische Front zu durchbrechen. Daß gerade diese Angriffe mißlungen waren und das tragische Ende des korsischen Helden herbeigeführt hatten, wurde über ihrer Großartigkeit vergessen. Seitdem galt als unumstößliche Bedingung des Sieges die Massenbildung vor der Schlacht. In tiefen, gedrängten Kolonnen sollte marschiert, in schmalen, tiefen Massen die Armee versammelt werden ..."

Natürlich bedeutete es eine erhebliche Steigerung der Anforderungen an die führungsmäßigen Fähigkeiten des Heerführers, die Armee so zu konzentrieren – und das hieß, trotz Fehlens aller modernen technischen Führungsmittel in der Hand zu behalten –, daß nach Absicht und Lageentwicklung nicht nur ein Frontal-, sondern auch ein Flankenangriff, womöglich in Kombination und vielleicht noch mit gleichzeitiger Bedrohung der rückwärtigen Verbindungen des Gegners, zu realisieren war.

Rüstow gibt einige Hinweise, welche die formalen Grundzüge der Schlachtführung nicht nur der Zeit Napoleons, sondern des 19. Jahrhunderts überhaupt betreffen: „Je nachdem man ... die verschiedenen Divisionen des Heeres miteinander verbindet, erhält man die verschiedenartigsten Specialschlachtordnungen des Heeres; vereinigt man die Mehrzahl der Divisionen gegen das Centrum des Heeres, so ist man auf das Durchbrechen eingerichtet, vereinigt man sie gegen eine Flanke, so hat man den einfachen Flankenangriff (schiefe Schlachtordnung), wirft man die eine Hälfte gegen die rechte, die andere gegen die linke Flanke, so hat man den conzentrischen Angriff (doppelte schiefe Schlachtordnung), entwickelt man alle Divisionen auf einer Linie parallel der feindlichen gegenüber, so hat man die Parallelschlachtordnung für eine Frontal- oder Parallelschlacht. Die Normalschlachtordnung für ein Armeecorps oder eine Armeedivision, kurz für einen Körper, der aus einer gegebenen Anzahl von Bataillonen, Reiterregimentern oder Eskadrons und Batterien zusammengesetzt ist, kann nun eine einfache und allgemeine oder eine mehrfache sein. Eine einzige allgemeine Normalschlachtordnung muß, wie sich von selbst versteht, auf alle Fälle berechnet sein, sie ist nichts anderes als ein Schema für die Zurechtstellung der Truppen nach diesen Eigenschaften, um dann auf die bequemste und einfachste Weise aus ihr heraus zu jeder nothwendig scheinenden Thätigkeit überzugehen. Die Gesetze für diese allgemeine Normalschlachtordnung fließen aus den Eigenschaften der verschiedenen Waffen und den Gesetzen für ihre Verbindung miteinander her (...). Als anerkannte Regeln für eine allgemeine Normalschlachtordnung kann man in der Gegenwart [1859] folgende betrachten: 1. die Infanterie bildet den Kern der Division oder des Corps, sie soll mindestens in zwei Treffen, bei größerer Stärke des Corps in drei, oder in zwei Treffen und einer Reserve aufgestellt sein; die Bataillone desselben Treffens in Kolonne auf Deployirintervalle nebeneinander; 2. die Artillerie befindet sich zum Theil bei der Infanterie des ersten Treffens, zum anderen in Reserve beim oder hinter dem dritten Treffen; 3. die Kavallerie ist zur Verfügung des Corpsbefehlshabers zurückgehalten; sie kann zum Theil auf die beiden Flanken der Infanterie, auf der Höhe von deren zweiten Treffen vertheilt sein, zum Theil hinter dem dritten Treffen; sie kann auch je nach dem Terrain auf einer Flanke der Infanterie vereinigt gehalten werden."

Napoleons langjährige Überlegenheit war in der sehr persönlichen Art begründet, wie er die ihm zur Verfügung stehenden Mittel mit seinen Absichten in Einklang zu bringen wußte. Seine Siege beruhten wesentlich darauf, daß er gerade das tat, was von ihm nicht erwartet wurde. Eben damit entzog er sich jedem Schema, und natürlich ist dann auch bereits eine Typologisierung seiner Schlachtführung riskant. Chandler versucht sie an der „strategischen", also mit allen zur Verfügung stehenden Heereskräften aus der Operation heraus geführten Schlacht, wenn auch mit aller gebotenen Vorsicht:

„Napoleons Schlachtpläne waren natürlich verschiedenartig. Keine zwei glichen sich genau, aber sie halten sich an drei allgemeine Muster oder Typen. Am wenigsten mochte er die direkte Abnutzungsschlacht, bei der sich (wie beispielsweise bei Borodino) die beiden Armeen in gleichen Fronten gegenüber standen, wobei sich ihre Verbindungslinien jeweils nach hinten erstreckten. Der zweite Typus war die ‚Doppelschlacht', wenn sich der Kaiser für eine zweifache Auseinandersetzung entschied, wie am 16. Juni 1815 bei Quatre Bras und Ligny, oder wenn er sich unerwartet in eine verwickelt sah, wie im Oktober 1806 bei Jena und Auerstedt. Seine bevorzugte Form der Großtaktik war die 'strategische Schlacht', die einen nahezu totalen Erfolg versprach, wenn sie mit ausreichendem Geschick geführt wurde.

Einmal verglich er diesen Gefechtstypus – den er nur selten zu verwirklichen vermochte – mit einer pièce de théatre von mehreren Akten, deren jeder in den folgenden überging.

Der Ablauf einer strategischen Schlacht sah folgendermaßen aus: Die französischen Korps durchkämmten mit ihrer Kavallerie als Vorhut das Land nach dem Gegner und schließlich trafen im Hauptquartier Meldungen ein, ein Teil der Armee sei auf den Feind gestoßen. Der Standardbefehl für die Einheit, die mit dem Gegner zusammentraf, lautete, ohne Rücksicht auf das Kräfteverhältnis zu kämpfen, das Hauptquartier und die benachbarten Korps zu benachrichtigen und ihnen einen festen Punkt zu liefern, auf den sie zumarschieren konnten. Die angrenzenden Korps kamen dem kämpfenden zu Hilfe und weiteten so den Kampf aus, während der Kaiser über die Gestalt seines großtaktischen Plans entschied. Sowie er von den Formationen seiner Aufklärungs-Kavallerie erfahren hatte, in welcher Richtung die Kommunikationslinien des Gegners verliefen, befahl er oftmals einem Teil seiner noch nicht kämpfenden Truppen, auf einer Kreislinie – heimlich – in eine Position nahe den gegnerischen Flanken und rückwärtigen Linien und dicht bei den betreffenden Straßen zu marschieren. Dort hielt er sich vorläufig verborgen.

Mittlerweile rückten die restlichen Reserven – Kürassiere, Reitende Artillerie und die Garde – in Gewaltmärschen an, um sich (womöglich unbemerkt) hinter der französischen

Front gegenüber der bedrohten feindlichen Flanke zu sammeln. Diese Bewegungen bildeten den ‚zweiten Akt' des Schlachtdramas.

Die Frontalschlacht nahm an Stärke zu, und darum sollten viele gegnerische Reserven in das Geschehen verwickelt werden. Sowie dieser Vorgang genügend weit fortgeschritten war, befahl Napoleon den verborgenen Korps zu Beginn der dritten Phase, sich zu erkennen zu geben. Erschreckt vom plötzlichen Auftauchen einer beträchtlichen Streitmacht, die seine Rückzugslinien bedrohte, sah sich der Gegner – wenn er durch die bereits im Gang befindlichen Gefechte ausreichend festgehalten war – gezwungen, Truppen zur Abwehr der neuen Bedrohung aufzutreiben. Falls Napoleons Zeitpläne und Berechnungen richtig waren (und die Frage der Zeitpläne war die Quintessenz), konnte dies nur dadurch geschehen, daß der Feind den der Gefahr am nächsten liegenden Abschnitt schwächte. Dann setzte Napoleon, nachdem er genügend Zeit für diese Umgruppierung hatte verstreichen lassen, seine Reserven ein – die sich gegenüber dem geschwächten Abschnitt formiert hatten –, führte sie durch die Front und begann mit ausgeruhten Truppen einen vernichtenden Angriff, dem ein Geschoßorkan aus der massierten Artillerie vorangegangen war.

War ein Durchbruch gelungen, schlug man eine Bresche durch die gegnerische Front – und in sie hinein strömten die dichten Schwadronen der französischen leichten Kavallerie, die sich dann dem Feind in den Rücken warf, die Niederlage zur Katastrophe steigerte und die augenblickliche Verfolgung anführte, wenn das typisch napoleonische Ausnutzen des Sieges in die Tat umgesetzt wurde.

Dergestalt sah die theoretische Abfolge der napoleonischen ‚strategischen Schlacht' aus. Daß ein Gefecht sich genau an diesen Ablauf hielt, war selten, da es offensichtlich zu vielerlei Komplikationen kommen konnte; immerhin versuchte sich Napoleon zum ersten Mal bei Castiglione im August 1796 an einem solchen Schlachtplan, 1807 führte er die Schlacht bei Friedland danach, und sicherlich kämpfte er 1813 bei Bautzen gleichfalls nach dieser Methode. Auch die Praxis bei Marengo wies viele gleichartige Züge auf und half Napoleon, seine Konzeption zu entwickeln. Es wäre zu kühn, wollte man behaupten, er habe seine Schlachten immer in diesem Sinne geplant, doch die Grundmethode hatte er häufig vor Augen."

Wichtiger als der Ablauf einer solchen Schlacht waren für die Kriegslehren, die sich von Napoleon ableiteten, die taktischen Grundsätze, die daran erkennbar wurden. Hierzu schreibt Weygand: „Napoleons Schlachten haben ihre eigene Technik. Er sucht in jeder Schlacht die Entscheidung, ohne etwas dem Zufall zu überlassen. Im allgemeinen zeigt die Schlacht ein frontales oder ein Abnutzungsgefecht mit dem Ziel, möglichst viele feindliche Kräfte zu binden, eine Überflügelungsbewegung mit dem Zweck, den Feind durch eine drohende Umfassung zu überraschen und ihn zu zwingen, sich als Gegenmaßnahme gegen die Umfassung auszudehnen oder seine Reserven zu verausgaben und einen Hauptangriff an dem Punkt des geringsten Widerstandes, den man sich so selbst geschaffen hat, und schließlich eine Verfolgung. Für den frontalen Kampf setzt Napoleon nur ein Minimum von Truppen ein, die sich zwar an feste Stützpunkte anlehnen, aber niemals Verstärkungen erhalten. Die Überflügelung wird von Kräften ausgeführt, die schon beim Aufmarsch zur Schlacht entsprechend angesetzt waren. Der Hauptangriff ist ein Keulenschlag, ein Durchbruch mit Unterstützung durch die Artillerie, ein Einbruch in das Herz der feindlichen Stellung. ‚Die Bresche ist geschlagen, das Gleichgewicht erschüttert.' Nun beginnt die Verfolgung mit einem allgemeinen Angriff sämtlicher Truppen einschließlich der Reserven, vor allem der des Kavalleriekorps. Die Verfolgung wird bis zur Vernichtung des Feindes fortgeführt. Die Grundsätze heißen also: Für die Schlacht sind alle Kräfte zusammenzufassen; für den Hauptangriff ist die Masse der Kräfte einzusetzen; für die anderen Aufgaben so wenig wie möglich, das heißt also Schwerpunktbildung (concentration) und zugleich sparsame Verwendung der Kräfte und uneingeschränkte Ausnutzung des Erfolges. Selbstverständlich konnte sich die Schlacht nicht immer genauso entwickeln, aber die Befolgung dieser Grundsätze erlaubte es Napoleon, ‚selbst unter schwierigsten Umständen eine Operation auf die Stunde genau anzusetzen'. Einem überlegenen Feinde gegenüber verfuhr er so, daß er einen Teil der feindlichen Kräfte mit möglichst wenig eigenen Kräften festhielt und mit seiner Masse über den anderen Teil des Gegners herfiel, um ihn zu vernichten und sich dann gegen dessen ersten Teil zu wenden."

Durch die Napoleonische Schlacht – wie überhaupt Kriegführung – erlangte die Truppenzahl eine auschlaggebende Bedeutung. Sie hatte vorher keine entscheidende Rolle gespielt, weil in der Lineartaktik die zahlenmäßige Überlegenheit weniger wichtig gewesen war als die überlegene Manövrierfähigkeit. Friedrich II. hatte seine Siege als der Schwächere durch die bessere Manövrierfähigkeit seiner Truppen errungen. Durch die Kolonnentaktik und ihre abnutzende Wirkung, durch die Möglichkeit, immer neue Truppen nachzuschieben, abgekämpfte Teile durch frische Kräfte zu ersetzen und möglichst starke Reserven für den entscheidenden Einsatz im Schwerpunkt zurückzuhalten, wurde die in Zahlen ausgedrückte Truppenstärke zu einem entscheidenden Faktor.

Chandler spricht von „Grundmethode", Weygand nennt die „Grundsätze" der Schlachtführung Napoleons. Lag hier also nicht auch ein gewisses Schema zugrunde, wie dies bei der methodischen Kriegführung der Fall war? Der Hauptunterschied war doch wohl der, daß sich Napoleon in seiner Taktik nicht an traditionelle Methoden band, sondern daß er sich, natürlich aufbauend auf Vorhandenem, eine ganz persönliche Art von Kriegführung schuf, die erst andere in ein Lehrsystem zu bringen versuchten. Denn Napoleon kam nicht dazu, eine geschlossene Kriegführungslehre zu schaffen. Natürlich aber versuchten seine Gegner hinter das Geheimnis seiner kriegerischen Erfolge zu kommen. Sicherlich kam man nie ganz dahinter, da die Erfolge dieses Feldherrn auch in einem ganz außerordentlichen, aber freilich nicht jeweils genau zu bestimmenden Maße auf die psychologische Wirkung seiner Persönlichkeitsausstrahlung zurückzuführen waren. „Napoleon nutzte ganz bewußt sein Charisma aus, indem er den Mythos der Unbesiegbarkeit aufbaute" (Chandler). Auf der Gegenseite erstanden ihm aber in so tüchtigen Heerführern und Generälen wie den Österreichern Erzherzog Karl und Radetzky, dem Engländer Wellington, dem Russen Kutusow und den Preußen Blücher und Gneisenau gefährliche Gegner, die von ihm – und auch aus seinen Fehlern – lernten.

Diese Fehler, soweit sie grundsätzlicher Art waren, entstanden zwangsläufig dadurch, daß Napoleon seine gesamtstrategischen Zielsetzungen und damit die ihm zur Verfügung stehenden Kräfte überspannte. Das fand auch in der Taktik seinen Niederschlag. Napoleons Armeen wurden immer größer, zugleich aber auch schlechter. Die hohen Verluste an tüchtigen, erfahrenen Offizieren und Soldaten machten sich bei der fast pausenlosen Kriegführung auf die Dauer ebenso bemerkbar wie die wachsende Ablehnung des Kriegsdienstes durch die Franzosen. Die verminderte Qualität der Infanterie versuchte Napoleon durch mehr Artillerie und durch Bildung riesiger Durchbruchskolonnen auszugleichen, womit er gegen sein eigenes taktisches Prinzip, Erhöhung der Beweglichkeit durch Teilung, verstieß.

Die Übernahme der französischen Art der Kriegführung hätte den Gegnern Napoleons wenig genützt, wenn sie nicht belebt worden wäre vom Patriotismus, eben jener Kraft, auf die sich die anfängliche französische Überlegenheit zutiefst gegründet hatte. Erst mit dem Schwinden dieser grundsätzlichen französischen Überlegenheit war überhaupt die Möglichkeit zur Überwindung Napoleons gegeben, die endgültig am 18. Juni 1815 in der Schlacht von Waterloo gelang.

Nachdem „die Parteien sich ungefähr auf demselben Punkt der kriegerischen Einrichtungen und der Kriegskunst" befanden und nachdem „das kriegerische Element, angefacht durch große Volksinteressen, durchgebrochen und in seine natürlichen Bahnen geleitet" worden war, beschrieb Clausewitz die typische Schlacht wie folgt: „Was tut man jetzt gewöhnlich in einer großen Schlacht? Man stellt sich in großen Massen neben- und hintereinander geordnet, ruhig hin, entwickelt verhältnismäßig nur einen geringen Teil des Ganzen und läßt diesen in einem stundenlangen Feuergefecht sich ausringen, welches durch einzelne kleine Stöße von Sturmschritt, Bajonett- und Kavallerieanfall hin und wieder unterbrochen und etwas hin- und hergeschoben wird. Hat dieser eine Teil sein kriegerisches Feuer auf diese Weise nach und nach ausgeströmt, und es bleiben nichts als die Schlacken übrig, wird er zurückgezogen und von einem anderen ersetzt.

Auf diese Weise brennt die Schlacht mit gemäßigtem Element wie nasses Pulver langsam ab, und wenn der Schleier der Nacht Ruhe gebietet, weil niemand mehr sehen kann, und sich niemand dem blinden Zufall preisgeben will, so wird geschätzt, was dem einen und dem anderen übrig bleiben mag an Massen, die noch brauchbar genannt werden können, d. h. die noch nicht ganz wie ausgebrannte Vulkane in sich zusammengefallen sind; es wird geschätzt, was man an Raum gewonnen oder verloren hat, und wie es mit der Sicherheit des Rückens steht; es ziehen sich die Resultate mit den einzelnen Eindrücken von Mut und Feigheit, Klugheit und Dummheit, die man bei sich und seinem Gegner wahrgenommen zu haben glaubt, in einen einzigen Haupteindruck zusammen, aus welchem dann der Entschluß entspringt: das Schlachtfeld zu räumen oder das Gefecht am anderen Morgen zu erneuern."

b. Der Generalstab

Für die neue Kriegführung mit Heeren, die das Vielfache der Armeen des 18. Jahrhunderts ausmachten und in Korps und Divisionen untergliedert waren, reichte der alte Führungsapparat nicht mehr aus. Es entstand der moderne Generalstab. „Generalstäbe" hatte es auch früher schon gegeben, nur waren sie nicht das gewesen, was man später darunter verstand. Im 16. Jahrhundert setzte sich der Generalstab aus den obersten Generälen – den Oberbefehlshabern der Waffengattungen und dem Generalquartiermeister – und den obersten

Heeresbeamten zusammen. Zur Zeit des Großen Kurfürsten gab es in Brandenburg aber auch einen „Generalstab", der sich um Truppenersatz, Bewaffnung, Uniformierung und Verpflegung zu kümmern hatte. Zu seiner unmittelbaren Unterstützung, Einzelfragen des Heeres im Ganzen betreffend, besaß Wallenstein ein militärisches Sekretariat, das einer Adjutantur gleichkam und sogar zur Herausgabe von Befehlen über eine fahrbare Felddruckerei verfügte. Zur Zeit des Absolutismus war der Wiener Hofkriegsrat ein Mittelding zwischen Kriegsministerium und „großem" Generalstab, da hier auch Operationspläne erarbeitet wurden.

Vorläufer des Generalstabes, wie er sich im 19. Jahrhundert herausbildete, waren der Generalquartiermeisterstab und die Adjutantur. Ersterer kümmerte sich um alle Fragen des Marsches, des Lagers, der Feldbefestigungen und des Ingenieurwesens, also um Fragen, die die taktische und operative Führung zwar nicht unmittelbar betrafen, deren Erledigung aber für sie unerläßliche Grundlage und Voraussetzung war. Eine beratende Funktion in den Fragen des Truppeneinsatzes selbst war jedenfalls institutionell nicht vorgesehen. Auch noch zur Zeit des Absolutismus waren die Fragen des Truppeneinsatzes – vor allem wenn es um eine Schlacht ging – im Kriegsrat der führenden Generäle besprochen worden, der besonders im Koalitionskrieg eine oft mehr hemmende als fördernde Wirkung hatte. Unmittelbare Gehilfen des Feldherrn waren die höheren Adjutanten. Ursprünglich beschränkte sich die Aufgabe der Generaladjutantur in Preußen auf die Bearbeitung der Offizierspersonalien. Friedrich II. erweiterte sie jedoch in den taktischen und operativen Bereich hinein, indem er im Siebenjährigen Krieg den auf verschiedenen Kriegsschauplätzen eingesetzten detachierten Korps General- oder Flügeladjutanten gewissermaßen als königliche Kommissare beigab. So befaßte sich in Preußen die Generaladjutantur, die dann zum Militärkabinett wurde, mehr mit generalstabsmäßigen Belangen als der Generalquartiermeisterstab, der ein rein technisches Büro blieb.

Wie Friedrich der Große war auch Napoleon insofern sein eigener Generalstabschef, als auch er seine Operationspläne selbst entwarf. „Er schätzte Leute nicht, die Pläne machen, das heißt, mögliche Operationen in Betracht zogen, Hypothesen über bestimmte Manöver aufstellten, mit anderen Worten, die Kühnheit besaßen, in das ihm vorbehaltene Gebiet einzudringen" (Druène). Er richtete sich einen Generalstab ein als militärisches Büro, in dem alle Führungs- und Verwaltungsfragen, welche die Armee im ganzen betrafen, durch entsprechende Ressorts zentral bearbeitet wurden. Selbst der Chef dieses Generalstabes, Marschall Berthier, hatte keinen Anteil an der eigentlichen Führung der Armee, die sich Napoleon ausschließlich selbst vorbehielt. Er war nur der Leiter dieses Büros, der „die Befehle des Kaisers weitergibt" (zit. Weygand). Die taktisch-operative Abteilung dieses Generalstabs sammelte alle Nachrichten über den Feind, fertigte Karten an und befaßte sich mit der Ausarbeitung von Befehlen für Märsche, Schlachten und Kantonierungen. Die Hauptrolle jedoch spielten die Generaladjutanten des Kaisers – ungefähr 10 Brigade- und Divisionsgeneräle –, die persönlich Aufklärungen und Erkundungen durchzuführen hatten, um dem Kaiser unmittelbar zu berichten, sowie Befehle überbringen, erläutern, deren Ausführung überwachen und gegebenenfalls in der Lage sein mußten, für ausgefallene Kommandeure einzuspringen. Mit diesem Schwergewicht auf der lediglich Befehle übermittelnden Adjutantentätigkeit erinnerte Napoleons Führungssystem allerdings noch immer stark an das des 18. Jahrhunderts.

Eine sehr wichtige Neueinrichtung bestand darin, daß nicht nur die Armee, sondern auch jedes Armeekorps, das ja gewissermaßen eine Armee im kleinen war, einen Generalstab erhielt. Auch den Divisionen wurden Generalstäbler zugeteilt. Eine enge Verbindung des Großen Generalstabs mit den Korpsstäben wurde dadurch hergestellt, daß sich von letzteren je ein Generalstabsoffizier ständig bei ersterem aufhielt. Auch mit diesen Maßnahmen wollte Napoleon jedoch vor allem eine möglichst schnelle Übermittlung von Meldungen und Befehlen erreichen, um auf diese Weise die Aktionen aller Heeresteile völlig in der Hand zu behalten. Dies war dort möglich, wo die Nähe zwischen dem Oberkommando und den Korps eine solche straffe Führungsweise zuließ, nicht aber dort, wo große Entfernungen dazwischen lagen.

Napoleons Generalstab war also noch nicht, wie der spätere Generalstab, ein Führungsgremium, das aus hochqualifizierten Offizieren besteht, die eine entsprechend umfassende Schulung erfahren haben, die sie zur verantwortlichen führungsmäßigen Mitarbeit auf hoher und höchster Führungsebene befähigt. Dieser spätere Generalstab, wie er dann zuerst in Preußen und in seinen Anfängen bereits durch Scharnhorst und Gneisenau entstand, erreichte durch Schulung, die durch ihn und in ihm selbst betrieben wurde, ein Höchstmaß an Übereinstimmung in den taktischen und operativen Grundsätzen, die freilich, im Gegensatz zur Verfahrensweise Napoleons, offiziell und systematisch gelehrt wurden. Daher brauchte dann der Heerführer seine Unterführer auch nicht ständig, wie Napoleon, „am kurzen Zügel" zu führen, da er sicher sein konnte, daß sie im Rahmen des gegebenen Auftrages nach diesen Grundsätzen führen würden. Napoleons übermäßige Zentralisierung der Führung auf seine Person beschränkte die Umsetzung seiner strategischen Vorstellungen in die Praxis auf seine persönliche Einflußsphäre. Freilich begannen sich diese Fehler erst auszuwirken, als infolge der französischen Machtausdehnung der Krieg nicht mehr auf einen Kriegsschauplatz zu beschränken war und dann auch die von Napoleon selbst geführte Große Armee – 1812 beim Einmarsch in Rußland war sie 500 000 Mann stark – derartig anwuchs, daß sein Führungssystem zwangsläufig versagte.

Aber durch Napoleon war es zunächst der französische Generalstab, der anderen Armeen als Vorbild diente. Nach ihm erfolgte 1803 in Bayern die Einrichtung eines Geheimen Kriegsbureaus, das zur Keimzelle des späteren bayerischen Generalstabs und Kriegsministeriums wurde. Im selben Jahr kam es auch in Preußen nach Vorschlägen des Obersten von Massenbach zur Umstrukturierung des Generalquartiermeisterstabes. Das eigentlich Generalstabsmäßige des umgegliederten Stabes sollte durch selbständige Vorbereitung von Operationsplänen für jede nur denkbare Kriegslage schon im Frieden zum Ausdruck kommen. Daher basierte seine Organisation auf der Einteilung von drei „Kriegstheatern" – Osten = Gebiete rechts der Weichsel, Süden = Mittel- und Süddeutschland sowie Schlesien und Westen = Westdeutschland – die arbeitsmäßig in entsprechenden Abteilungen – „Brigaden" genannt – erfaßt waren. Scharnhorst, der eine dieser Abteilungen leitete, setzte sich für Truppengeneralstäbe und die Erziehung geeigneter Generalstabsoffiziere ein. „Die Strategie Napoleons lief auf eine rücksichtslose Vernichtung des Gegners hinaus. Scharnhorst war kein unbedingter Anhänger dieses Gedankens, aber er erkannte bereits eine der Konsequenzen, die sich aus dem Anwachsen der Heeresstärken ergaben, die Notwendigkeit, die Streitkräfte beim Aufmarsch zu teilen, eine Forderung, die nur mittels eines ausgebildeten

Truppengeneralstabs als Medium der Befehlsführung zu verwirklichen war. Sein Lehrsatz ‚Nie konzentriert stehen, aber sich immer konzentriert schlagen' wies bereits in Moltkische Bahnen" (Görlitz).

Im Feldzug von 1806 verstand man jedoch noch nicht, die Möglichkeiten, die sich durch dieses neue Führungsmittel boten, auszunützen. Es wurden zwar Generalstäbe beim preußischen Hauptquartier und bei den beiden Armeen gebildet. Die dienstliche Autorität des Generalquartiermeisterstabes, dem sie entstammten, war jedoch so gering, daß sie sich vor allem nicht gegenüber der Generaladjutantur durchsetzen konnte. „So gab es im Grunde drei Generalstäbe, ein Hauptquartier, zwei Armeeoberbefehlshaber und einen illegalen Generalstab" (ebd.), eben die Generaladjutantur. Im übrigen war auch noch gar keine Führungstechnik für Truppengeneralstäbe entwickelt worden.

Im Zuge der Heeresreform entstand der preußische Generalstab als Abteilung des Allgemeinen Kriegsdepartements – der Heeresleitung – das wiederum ein Teil des Kriegsministeriums war. Der Generalstab, um den die Reformer besonders bemüht waren, erregte nicht nur das Mißtrauen der reaktionären preußischen Offiziere, sondern vor allem das Napoleons. Den preußischen Truppenbrigaden wurden Generalstäbler zugewiesen, womit der Aufbau eines Truppengeneralstabs eingeleitet war. Als Scharnhorst Generalstabschef wurde, war dies gleichbedeutend mit einer Rangherabsetzung – zu der es freilich lediglich aus „optischen" Gründen Napoleon gegenüber kam. Vorher war Scharnhorst Leiter des Allgemeinen Militärdepartements gewesen, und schon dies war – gemessen an seinen Fähigkeiten, die ihn für den Posten des Kriegsministers prädestinierten – eine zweitrangige Verwendung gewesen.

Es war nicht die organisatorische Struktur, die dem preußischen Generalstab seinen besonderen Charakter verlieh. Es war zuerst auch nicht seine Sonderstellung gegenüber dem Monarchen, die er erst später erlangte, der er diesen besonderen Charakter verdankte. Er erwarb ihn sich vielmehr bereits in einer Zeit, als er noch keineswegs überall Anerkennung gefunden hatte – eben durch die Männer, die sie ihm in den Freiheitskriegen verschafften. Das war, als Nachfolger Scharnhorsts, der bald nach Beginn des Freiheitskampfes seinen Wunden erlegen war, in erster Linie Gneisenau, aber auch die Chefs der Korpsstäbe Boyen und Grolman. Walter Görlitz führt hierzu aus: „Ganz bewußt entwickelte Gneisenau als Chef des Generalstabes den neuartigen Begriff der Mitverantwortung der einzelnen Stabschefs bei den Entschlüssen der Truppenführer, um auf diese Weise die geistige Einheit des Generalstabs zu sichern und seinen Willen bei unbequemen oder widerstrebenden Armeeführern durchzusetzen. Bei Meinungsverschiedenheiten zwischen Truppenführer und Stabschef blieb dem letzteren ein Sonderdienstweg offen, auf dem er Beschwerden und Bedenken unmittelbar dem Chef des Generalstabes unterbreiten konnte. Gerade in Anbetracht des Umstandes, daß der Große Generalstab als übergeordnete Zentralorganisation gegenüber dem Truppengeneralstab noch keine feste Form erhalten hatte, kam sowohl dem Begriff der Mitverantwortlichkeit wie dem Sonderdienstweg als Ausdruck der sich entwikkelnden Generalstabshierarchie eine besondere Bedeutung zu . . . Gneisenau schuf auch die typisch preußische Befehlstechnik, die klare mustergültige Befehlsfassung, die schnelle sichere Befehlserteilung und die Herausgabe direktiver Weisungen, welche dem einzelnen Unterführer Raum für eigene Incitiative und selbständiges Handeln zubilligten." Die Notwendigkeit wissenschaftlich geschulter Generalstabsoffiziere wurde erkannt. Unter ihnen befand sich im Herbstfeldzug 1813 auch Clausewitz als Verbindungsoffizier des russischen Oberkommandos bei der Armee Blücher.

c. Die Heeresversorgung

Während sich die Kriegführung des 18. Jahrhunderts versorgungsmäßig auf Magazine abgestützt hatte, gingen die französischen Heere der Revolutionszeit wieder zum Requirieren über – ein Tatbestand, der wohl in jeder kriegsgeschichtlichen Darstellung mit Nachdruck erwähnt wird. Nun wissen wir, daß es sich hierbei keineswegs um ein „revolutionäres“ Ereignis handelte – so eng es auch mit den durch die Französische Revolution heraufbeschworenen Zuständen zusammenhing. Auch die Söldnerheere des 16. und zumindest der ersten Hälfte des 17. Jahrhunderts hatten sich versorgungsmäßig mehr schlecht als recht auf die Requisition abgestützt. Wir wissen aber auch, daß das Requirieren selbst in dem für seine geregelte Heeresversorgung berühmt gewordenen 18. Jahrhunderts nie ganz aufgehört hatte.

In welchem Umfang tatsächlich weiter requiriert wurde, scheint bislang nicht genau untersucht worden zu sein. Jedenfalls vertritt in allerjüngster Zeit Martin van Crefeld die Ansicht, daß der immer wieder behauptete zeitgebundene gravierende Unterschied zwischen Requisitions- und Magazinsystem nur in der Theorie, nicht aber in der Praxis bestanden habe. Die Sicherstellung der Versorgung durch Magazine sei auch im 18. Jahrhundert eigentlich nur für den Beginn eines Feldzuges und bei Belagerungen wichtig gewesen, die beim Requisitionssystem oft einfach deswegen beendet werden mußten, weil die Vorräte des Landes vom Belagerer aufgezehrt waren. Eine Verpflegung allein aus Magazinen wäre gar nicht ausreichend gewesen, andererseits aber sei es der Truppe in der Bewegung auch immer möglich gewesen, sich aus dem Lande zu verpflegen. In der Tat kommt bei vielen Kriegshistorikern, die die scharfe Trennung zwischen Requisitions- und Magazinsystem betonen, zu wenig zum Ausdruck, daß ja schließlich auch im 18. Jahrhundert den eroberten Gebieten zumindest Kontributionen – die ja im Grunde auch nichts anderes waren als zentral geregelte Requisitionen – auferlegt worden waren. Da in der Kriegshistoriographie die Magazinversorgung als eine wesentliche, wenn nicht gar entscheidende Grundlage für die Kriegführung zur Zeit des Absolutismus gesehen wird, wäre es notwendig, sich mit den Thesen von Crefeld auseinander zu setzen.

Keineswegs war die Freigabe der Requisition im Zusammenhang mit den Revolutionskriegen ein Akt, dem irgendwelche neuen militärstrategischen Erkenntnisse zugrunde lagen – jedenfalls war das anfänglich nicht der Fall. Sie ergab sich aus der Not und den versorgungsmäßig desolaten Zuständen der Revolutionsheere und ihrem Anspruch, daß ihnen bei ihrer völkerbefreienden Mission das Recht zustehe, sich alles das, was sie brauchten, dort zu nehmen, wo sie es fanden. Dadurch wurde die Lockerung der ohnehin nicht sehr straffen Disziplin begünstigt, wenn auch die für das 18. Jahrhundert typische Sorge, daß das Requirieren zu Desertionen ausgenützt werde, in den revolutionären Volksheeren keine entscheidende Rolle mehr spielte.

Erst Bonaparte baute die Requisition wieder zum System aus. Hierin lag ein Hauptgrund für die außerordentliche Beweglichkeit seiner Armeen, ein anderer darin, daß die großen Trosse radikal verkleinert wurden. Sie führten schließlich nicht einmal mehr Zelte mit für die Soldaten, die notfalls im Freien biwakieren mußten. Napoleons Ansicht, daß sich, soweit es die bloße Ernährung der Truppe betraf, in jedem Lande genügend Hilfsquellen finden lassen müßten, erwies sich jedoch als ein verhängnisvoller Irrtum. Er ist „mehrere Male mit leeren Händen in den Krieg gezogen" (Nanteuil). Wenn auch die Siedlungsdichte und damit die Produktion von Nahrungsmitteln gegenüber dem 16. und 17. Jahrhundert zugenommen hatten, so hatten sich andererseits auch die Heere vergrößert – zwischen 1800 und 1812 wuchsen sie von 200000 bis 500000 Mann an. In den armen Ländern oder solchen mit dünner Besiedlung ergaben sich für die Heeresversorgung Schwierigkeiten, die kriegsentscheidend sein konnten.

Henri de Nanteuil führt dazu aus: „Im Jahre 1796 versprach Bonaparte seinen Soldaten die reichen Ebenen Italiens. Im Jahre 1799 ernährte Massena seine Männer in der Schweiz auf Kosten des Landes, da er aus Paris nichts erhielt. Im Jahre 1805, nach der Schlacht bei Ulm, gruben die Soldaten die Kartoffeln aus, um sie zu essen, denn es gab keine Verpflegung. Im Jahre 1806 zog Napoleon mit einigen Tagessätzen an Lebensmitteln und 45 000 Franken in der Kasse gegen Preußen in den Krieg. Dabei kostete ein Armeetag etwa 500000 Franken. Im Jahre 1809 war es bei Wagram ebenso. In Spanien war nichts vorgeplant, und 1809 sagte Napoleon zum Quartiermeister dieser Armee: ‚Als ob ein Land mit 11 Millionen Einwohnern nicht 80000 bis 100000 Mann ernähren könnte!' Das alles war schwerwiegend, denn es ergaben sich daraus ernste Probleme: Praktisch gesehen konnte diese Lösung nicht in armen Ländern wie der Schweiz, Rußland und Spanien gelten. In moralischer Hinsicht erhob sich die Frage, wieweit konnte man gehen? In psychologischer Hinsicht führte der Mißbrauch bei den Beschlagnahmen zu Aufständen. Ein Beispiel dafür war der Krieg in Spanien von 1807 bis 1813, in dem nämlich dort die als Freund und Verbündeter nach Spanien gekommene französische Armee nach und nach zum Feind wurde".

Mit dem Rückgriff auf das Requisitionssystem fiel das Versorgungswesen aber nicht einfach wieder in die Zustände zurück, wie sie zur Zeit des freien Söldnertums bestanden hatten. Tatsächlich ergab sich daraus, daß ein Magazinsystem alten Stils die Truppenbewegungen gehemmt hätte, die Truppe durch Requisitionen allein aber nicht einmal in allen Fällen ausreichend ernährt werden konnte – von dem, was sie außerdem noch benötigte, ganz zu schweigen – eine aus Magazinzufuhr und örtlichen Beschlagnahmungen kombinierte Versorgung. Napoleon bezog 1807 die Verpflegungs- und Munitionstrosse in die militärische Organisation ein, wie er dies in der Zeit zwischen 1800 und 1813 auch mit den Artillerie-, Pionier- und Sanitätstrains tat. Bislang war das Nachschubwesen zivilen Unternehmern, die unmittelbar dem Kriegskommissar unterstanden, übertragen worden. In anderen Ländern hatten ähnliche Regelungen bestanden. Die Umgestaltung der zivilen Hilfskräfte in eine reguläre Versorgungstruppe erlaubte natürlich eine wesentlich straffere Führung des Nachschubs.

Während die Verpflegung, wo es ging, durch örtliche Beschlagnahme sichergestellt wurde, mußte der übrige Heeresbedarf – Waffen, Munition, alles übrige Gerät, Bekleidung – von den Herstellungsorten zum Kriegsschauplatz transportiert werden. Napoleon griff dabei auf das schon früher bei der französischen Armee übliche Etappensystem zurück. Da die Armee auf dem Vormarsch nun in einzelnen Heeresabteilungen getrennt operierte, ergab sich daraus ein Netz von Versorgungslinien. Hierbei gewannen die Wasserwege auch für Truppentransporte eine besonders große Bedeutung. Je weniger die französischen Arsenale und Werkstätten den Heeresbedarf allein decken konnten und je länger bei seinen ausgedehnten Operationen die Versorgungslinien wurden, desto mehr spannte Napoleon auch die Wirtschaft der von ihm unterworfenen Länder für seine Kriegszwecke ein. Preußen mußte nach seiner Niederlage 1806 die Uniformen für die Franzosen liefern. Aber nicht nur dies, es mußte für die gesamten Lebensmittel für die französische Armee aufkommen und bekam außerdem eine sehr hohe Kontributionssumme auferlegt. „Demnach lieferte Frankreich die Mittel zur Kriegführung zum geringsten Teile. Es zahlte ungefähr so viel wie für den Unterhalt der Armee in normaler Friedensstärke notwendig gewesen wäre" (Fiedler).

Im Gegensatz zu den versorgungsmäßig schlecht oder überhaupt nicht vorbereiteten Feldzügen Bonapartes waren, wie Nanteuil ausdrücklich betont, andere sehr gut vorbereitet. Ganz abgesehen von der Ausstattung mit Material, war 1798 vor dem Feldzug in Ägypten Verpflegung für drei Monate, vor dem französischen Gegenangriff auf die Österreicher in Italien zwei Jahre später für einen Monat vorhanden. 1807 wurden die französischen Truppen in Polen von Schlesien aus mit Brot und Fleisch versehen. Für den Rußlandfeldzug 1812 mußte Preußen die Verpflegung liefern. Versorgungsmäßig war der Feldzug abgestützt auf einen Vorrat für ein Jahr. Er wurde Napoleon trotzdem zum Verhängnis, da seine Rechnung, die Russen gleich hinter der Grenze vernichtend zu schlagen, nicht aufging. Die Russen zogen sich in die Weite ihres Landes zurück. In Rußland war es für die Franzosen nicht möglich, von Ostpreußen aus eine neue Versorgungsbasis aufzubauen, was neben dem schlechten Wetter an der Unfähigkeit der in Versorgungsfragen ungeschulten Generäle lag, die die Konsequenzu der führungsmäßigen Egozentrik Napoleons war. Seine Hoffnung, die Armee in den fruchtbaren Gebieten ostwärts von Smolensk ernähren zu können, erwies sich als ebenso trügerisch. Die Russen verbrannten lieber alles, als daß sie es dem Feind in die Hände fallen ließen. Hier zeigte sich die Grenze der „Niederwerfungsstrategie", also doch vor allem im versorgungsmäßigen Problem, das offensichtlich von den historisch-theoretischen Verfechtern dieser Strategie gerade für die Napoleonische Epoche als der wahren Feldherrkunst nicht ganz ebenbürtig eingestuft wird. Ihr Blick bleibt auf die west- und mitteleuropäischen Verhältnisse fixiert.

Delbrück kommt dabei offensichtlich als Historiker in Konflikt mit der von ihm vertretenen prinzipiellen These. Er stellt ganz richtig fest, daß das eigentliche Problem der Napoleonischen Kriegführung der Feldzug von 1812 gewesen sei. Er gibt zu, daß hier „die Niederwerfungsstrategie ihre Grenze" erfahren habe. Er fragt sich, ob mit der „Ermattungsstrategie" mehr auszurichten gewesen sei. Das aber wiederum hätte eine Widerlegung seiner auf den prinzipiellen Unterschied der nach Epochen gegliederten „Strategien" bedeutet, nach dem Napoleon kein „Ermattungsstratege" sein durfte. Delbrück findet Hilfe bei Clausewitz, der gesagt hatte, „daß der französische Kaiser noch immer die meiste Aussicht hatte, diesen Krieg zu gewinnen, wenn er ihn nach der Methode führte, die ihm bisher noch immer den Sieg verbürgt hatte". Jedoch: „Wie die Kräfteverteilung einmal war, konnte er aber weder mit der Ermattungs- noch mit der Niederwerfungsstrategie siegen" (Delbrück). Endlich stellt Delbrück, wiederum völlig richtig, fest: „Die Magazinalverpflegung funktionierte nicht genügend; Napoleon hatte ihr seiner Gewohnheit gemäß wenig Aufmerksamkeit geschenkt und nicht recht in Betracht gezogen, daß das russische Gebiet nicht leisten würde, was ihm Italien und Deutschland geboten hatten. So hat er den Krieg eigentlich an der Desertion und an der Verpflegung verloren, nicht etwa an dem russischen Winter, der ihm nur den Rest der Armee aufrieb . . .". Bemerkenswert ist hierbei vor allem, daß Delbrück die Magazinverpflegung, die im Sinne der „Niederwerfungsstrategie" doch nur ein Hemmschuh war, einen so hohen Stellenwert einräumt. Delbrück versucht dann seine These offensichtlich trotzdem noch zu retten, nämlich mit der Behauptung: „Wäre Napoleon statt mit 100000 mit 200000 Mann in Moskau angekommen, so hätte er es wohl durchsetzen können, sich in dem eroberten Gebiet zu behaupten und der Zar hätte schließlich seine Bedingungen angenommen". Eben das war ja aber nun einmal Napoleon nicht möglich gewesen, und die Ernährung von 200000 Mann wäre unter den gegebenen Verhältnissen genau doppelt so schwierig gewesen, wie die von 100000. Den wahren Sachverhalt drückt Siegfried Fiedler in dem schlichten Satz aus: „Das groß angelegte Unternehmen gegen Rußland war zwar nicht allein, aber doch zum wesentlichen Teil an den damals noch sehr beschränkten Möglichkeiten seiner versorgungstechnischen Durchführung gescheitert."

Schon im 18. Jahrhundert war Frankreich – bei allen bestehenden medizinisch-wissenschaftlichen Rückständigkeiten – führend in der Verwundetenfürsorge gewesen. Auch unter Napoleon tat man hierin so viel wie man konnte, ohne in der Wissenschasft wesentlich weitergekommen zu sein. Napoleons Generalarzt Larrey nützte alle ihm zur Verfügung stehenden Möglichkeiten. „Fliegende Lazarette" mit berittenen Ärzten und Krankenhelfern versuchten so schnell wie möglich für erste Hilfe zu sorgen, und es heißt, daß nach der Landschlacht von Abukir am 25. Juli 1799 (nicht zu verwechseln mit der Seeschlacht vom 1. August 1798) kein einziger der 800 Verwundeten länger als eine Viertelstunde ohne Verband geblieben sei. Auch in Preußen war der Generalchirurg Goedecke bemüht, die Hilfe für die Verwundeten so effektiv wie möglich zu organisieren. Die größte Schwierigkeit bestand im Mangel an qualifizierten Ärzten. Auch hier bahnten sich grundlegende Änderungen erst seit der zweiten Hälfte des 19. Jahrhunderts an.

Napoleon setzte für die Sicherung seiner Etappe ein Minimum an Kräften ein. So viele Soldaten wie nur möglich sollten bei der Kampftruppe am Feind eingesetzt werden. Man hat daraus gefolgert, daß es ihm überhaupt nicht mehr um die Versorgungsverbindungen gegangen sei, daß er frei im Raum operiert habe. Allerdings wird dabei allzu leicht übersehen, daß er es zunächst mit Gegnern zu tun hatte, die mehr oder weniger noch in den Vorstellungen des 18. Jahrhunderts befangen waren und für die die Sorge um die eigenen Verbindungen größer war, als der entschiedene Willen, den Feind, wenn schon nicht zu schlagen, so doch von seinen Versorgungszentren abzuschneiden, von denen auch Napoleon keineswegs so unabhängig war, wie später die prinzipientreuen Anhänger der „Niederwerfungsstrategie" – gestützt auf Clausewitz, der sich mit Versorgungsfragen auffällig wenig abgab – es glaubten feststellen zu können .

d. Erste kriegstheoretische Reaktionen auf die revolutionäre Kriegführung

Die neue, also durch Auswirkung der revolutionären Veränderungen entstandene Militärstrategie kann mit der Bonapartes bzw. Napoleons gleichgesetzt werden. Sie wird geradezu als Napoleonische Strategie bezeichnet. Dies ist insofern gerechtfertigt, als sie von Napoleon als erstem praktiziert wurde. „Noch nicht die französiche Revolution hat die moderne Niederwerfungsstrategie geschaffen und an die Stelle der Ermattungsstrategie gesetzt, sondern der General Bonaparte mit den Mitteln der französischen Revolution ist ihr Schöpfer" (Delbrück). Die theoretische Seite anbelangend, darf jedoch nicht übersehen werden, daß Theorien, die in die Richtung der durch Napoleon praktizierten Kriegführung wiesen, wie wir sahen, bereits vor ihm vorhanden waren, daß Napoleon selbst keine geschlossene Theorie hinterlassen hat, daß aber wiederum andere aus der Art, wie er Krieg führte, entsprechende Lehren entwickelten. Neben seiner fachlich-technischen Ausbildung hatte sich der junge Bonaparte auch mit den Kriegstheoretikern, vor allem denen seiner eigenen Zeit, beschäftigt. Seine Interessen waren ursprünglich jedoch vor allem auf politische Fragen gerichtet, aber „man hat schon sehr fein bemerkt, daß ihm eben aus den Werken eines Machiavell und Montesquieu eine einfache und natürliche Auffassung von dem Wesen des Krieges und seiner politischen Bedingtheit erwachsen sei, die für sein späteres Handeln die Grundlage gebildet habe" (Kessel).

Die französischen Revolutionsgeneräle, so tüchtig sie im einzelnen auch sein mochten, begriffen kaum noch, daß sie auch militärisch auf einer Zeitenwende lebten. Sie wollten den Krieg zunächst durchaus im alten Stil führen, denn diejenigen von ihnen, die im königlichen Heer Offiziere gewesen waren, kannten ihn gar nicht anders. Selbst der Kriegsminister Carnot, der das politische und soziale Gefüge der Militärs grundlegend veränderte, trat für die methodische Kriegführung ein, für die Beschränkung auf die Defensive, für Anlehnung an Festungen, für die Lineartaktik, das Magazinsystem und die „Ermattungsstrategie". Ja, man wollte nach der Revolution zunächst sogar deutschen hocharistokratischen Offizieren aus der Schule Friedrichs II., dem Herzog von Braunschweig, der als preußischer Armeeführer dann 1806 so kläglich versagte, oder dem hessischen General und Minister Graf Schlieffen den Oberbefehl über die französische Armee anbieten! Es wurde zunächst gar nicht erkannt, daß die Revolution auch der Kriegführung ihren Charakter aufzwang, indem sie sie zu Entscheidungen drängte – womit sie in Widerspruch geriet zu der alten, zögernden und Entscheidungen gern aus dem Weg gehenden Operationsführung. Die Resultate waren danach. Die Kriegführung in der ersten Zeit der Französischen Republik zerfiel in eine Reihe unzusammenhängender Aktionen. Diese Tendenz zur Zersplitterung bestand jedoch nicht nur in bezug auf die großen Operationen, man wußte auch mit dem neuen militärischen Apparat zunächst wenig anzufangen. „Das Oberkommando hatte noch nicht erfaßt, in wie hohem Grade der neue Faktor der Gliederung der Armeen in getrennte Korps geeignet war, die Kriegskunst umzugestalten. Man war unfähig, das Divisionsprinzip richtig anzuwenden und operierte an Stelle der früheren, immer dicht geschlossenen Heere mit Armeen, die im Gefecht und auf dem Marsche übermäßig auseinandergezogen waren. Die Zersplitterung wurde zur Regel. Eine Schlacht, bei der keine Verbindung zwischen den verschiedenen Teilen der Armee bestand, konnte nur durch die persönliche Tapferkeit und Geschicklichkeit der Divisionäre gewonnen werden. Man hatte auch noch kaum eine Ahnung von der unbedingten Notwendigkeit der Aufklärung und Sicherung beim Manövrieren mit Armeen auf breiter Front. Die Verwendung der Kavallerie überhaupt und die Grundsätze der Sicherung im besonderen waren noch in keiner Weise festgelegt" (Weygand).

Auch Napoleon war zunächst kaum bewußt, daß sich das neue Zeitalter auch in einer entsprechend veränderten Kriegführung niederschlagen mußte. Neue Kriegführungstheorien waren ja in Frankreich auch schon vor der Revolution ausgearbeitet und diskutiert worden. Sie waren, wie gesagt, Napoleon bekannt, er war sozusagen militärisch mit ihnen aufgewachsen. Auch wenn ihre Anwendung vielfach erst durch die Revolution möglich wurde, waren sie doch ihrem Ursprung und Gehalt nach für einen französischen Offizier nicht erst aus der Revolution zu erklären. Die Struktur der Revolutionsheere, ihr aggressiver Patriotismus und revolutionäres Sendungsbewußtsein mußten sich aber zwangsläufig auch auf die Art der Operationsführung auswirken. Erst allmählich wurde auch von den Gegnern erkannt, daß nicht nur die bisherigen taktischen, sondern auch die militärstrategischen Normen ihre Gültigkeit verloren hatten oder in ihrer Gültigkeit eingeschränkt wurden. Das war bereits einigen – zu denen der „Zivilist" Goethe gehörte – vor den großen, erschreckenden Siegen Bonapartes klar. Goethe erlebte im Ersten Koalitionskrieg gegen das revolutionäre Frankreich 1792 die Kanonade von Valmy und erkannte, daß von hier aus ein neues Zeitalter seinen Ausgang nahm. Statt bei Valmy die Franzosen anzugreifen, ließen es die Preußen mit dem Artillerieduell genug sein und zogen sich zurück. Nach der neuen, noch dazu vom politischen Erfolgszwang der Revolution diktierten Auffassung war das ein ganz und gar unmögliches Verhalten, aber es entsprach durchaus der alten Auffassung. Delbrück stellte sogar die für seine Zeit provozierende Frage, ob denn Friedrich der Große in dieser Situation anders gehandelt hätte: „Das Entscheidende war die Erkenntnis, daß man auf einen erheblich stärkeren Widerstand gestoßen war, als man erwartet hatte; daß die Hilfe aus dem französischen Volk, auf die man gerechnet hatte, ausblieb und daß man deshalb für ein so ungeheures Unternehmen, als welches auch Friedrich den Marsch auf Paris angesehen haben würde, zu schwach war."

In der Theorie wurden bald wichtige Kriterien, teilweise in Fortsetzung vorrevolutionärer Gedankengänge, als neu festgestellt – so die Bedeutung des Zufalls wie überhaupt der Imponderabilien und nie auszuschaltenden Friktionen, der Intuition, der Kampfmoral des einzelnen Soldaten, des Enthusiasmus und des Patriotismus im Zusammenhang mit der Massenerhebung, dem Requisitionssystem, der Massenverwendung von Schützen sowie der taktischen und operativen Beweglichkeit. Revolutionierung der Kriegführung bedeutete aber mehr als die Anwendung der Summe dieser Kriterien. Das sollte sich dann an der Kriegspraxis Bonapartes zeigen, deren Hauptkennzeichen es war, daß sie auf die Niederwerfung der feindlichen Kräfte abzielte. An den ersten kriegstheoretischen Reaktionen auf die revolutionäre Kriegführung werden die Schwierigkeiten dieses Erkenntnisvorganges deutlich. Die neue Art der Kriegführung ließ sich weder einseitig als von allen Grundsätzen gelöster emotionaler Ausbruch noch als ein neues mathematisch begründetes System von Regeln interpretieren.

Berenhorst

Von eingefleischten Soldaten alten Typs wurden die französischen Revolutionsheere allein schon wegen ihres unmilitärischen Auftretens verachtet. Allein mit Disziplin und Korpsgeist glaubte man Vaterlandsliebe und kämpferischen Enthusiasmus überwinden zu können, mit der stramm eingedrillten Lineartaktik das Tiraillement, das „Evangelium der Bauchkriecherei" (zit. Görlitz), von dem die Reaktionäre meinten, daß es den aufrechten Charakter des Soldaten verderbe. Freilich lag die Wahrheit hier nicht einfach in der Umkehrung solcher Unwahrheiten. Dazu konnte es aber leicht kommen, wenn man sich von der neuen Situation, statt überhaupt nicht, so stark beeindrucken ließ, daß man an einen totalen Wechsel alles dessen glaubte, was mit dem Krieg zusammenhing.

Der ehemalige preußische Offizier Georg Heinrich von Berenhorst wurde um die Wende zum 19. Jahrhundert berühmt durch sein 1797 erstmals erschienenes Werk „Betrachtrungen über die Kriegskunst". Hierin wendete er sich gegen die militärischen Einrichtungen des Absolutismus und damit gegen diesen selbst. Durch seine Ablehnung des stehenden Heeres, seine Forderung, daß jeder Staatsbürger zugleich Staatsverteidiger sein müsse und sein Eintreten für die Hebung der moralischen Kräfte des Soldaten nahm er Gedanken der späteren preußischen Heeresreformer vorweg – Gedanken, die freilich auch vor 1800 alles andere als neu und in Frankreich schon verwirklicht worden waren. Zugleich untermauerte Berenhorst damit sein Hauptanliegen, die Kritik an der Art der absolutistischen Kriegführung durch eine fortschrittliche Grundauffassung, was alles zusammen ihm die begeisterte Zustimmung des Bürgertums und die Ablehnung der meisten seiner ehemaligen Kameraden einbrachte. In schärfster, sarkastischer Weise versuchte er die traditionell-methodische Kriegskunst als unnatürlich, kleinlich und uneffektiv zu entlarven. Seine überspitzte Kritik ist angesichts des Versagens der Armeen der alten Mächte gegenüber den französischen Revolutionsheeren nur allzu verständlich. Sein vernichtendes Urteil betraf die Lineartaktik friderizianischer Prägung, seine wichtigsten Erkenntnisse aber in nicht geringerem Maße die Militärstrategie.

Berenhorst glaubte, daß es seit der Erfindung der Feuerwaffe wegen der größeren Schußentfernungen, des Pulverdampfes, der die Sicht einschränke, und unvorhergesehener Verluste nicht mehr möglich sei, feste Prinzipien und Regeln für die Kriegführung aufzustellen. Damit lehnte er die Kriegswissenschaft seiner Zeit, die sich bemühte, solche Prinzipien und Regeln zu erarbeiten, rundheraus ab. Vom militärischen Führer forderte er nicht Gelehrsamkeit, sondern, außer Kriegserfahrung, Intuition und Genialität. Nicht die mechanisch eingedrillten Exerzierkunststücke und systematischen Manöver seien kampfentscheidend, sondern der Mut, der Enthusiasmus, ja Fanatismus der Kämpfer. Die Verbindung zur antirationalistischen Geistesströmung des „Sturm und Drang" ist offensichtlich. „Drauf! Drauf! die alte Losung der Schweden unter Karl XII., der Preußen in ihren ersten Kriegen, das ist der Kern, die Quintessenz der ganzen praktischen Kriegskunst" (zit. Jähns). Nun war ja Karl XII. nicht nur ein Draufgänger, sondern ein bedeutender Feldherr gewesen, der sich nur nicht – zu seinem eigenen Schaden – an die einschränkenden Kriegsbedingungen seiner Zeit gehalten hatte. Reinhard Höhn ist der Ansicht, daß sich Berenhorst nicht gegen die Kriegskunst an sich, sondern nur gegen ihre Erscheinung in seiner Zeit, nämlich die „Manöverstrategie", also die methodische Kriegführung, wendete. Wie Berenhorst war auch Scharnhorst überzeugt vom Recht des Genies, sich über Regeln hinwegzusetzen. Als Berenhorst jedoch meinte, zum Feldherrn müsse man wie zum Dichter geboren sein, antwortete Scharnhorst: „Die Kunst, den Krieg zu führen, kann man in zwei Theile absondern, in den mechanischen, und in den, welcher von Genie und Erfindung abhängt, der erste muß erlernt werden und ohne ihn wird das Genie des Feldherrn nicht leicht große Dinge tun können ... Genie und Kenntnisse müssen sich vereinen" (zit. Höhn). Auch für Scharnhorst war „Genie" also nicht mehr dasselbe wie für Lloyd, der darin lediglich die Befähigung zur richtigen Anwendung der Regeln gesehen hatte.

Je weniger aber die von den Methodikern angestrebte Lenkbarkeit kriegerischer Ereignisse für möglich gehalten wurde, als desto bedeutender mußte der Einfluß des Zufalls angesehen werden. Die Frage der Bedeutung des Zufalls im Krieg war auch schon vor Berenhorst behandelt worden, aber auch auf sie gab Berenhorst eine radikale Antwort. Für ihn war der Sieg Glückssache, daher der Krieg, als völlig vom Zufall abhängig, im Grunde sinnlos. Berenhorst haßte den Krieg als das „die Menschheit entehrende Schlachtgewerbe", die von ihm verachtete Kriegskunst als „Wissenschaft des Erwürgens nach Regeln" (zit. Jähns). Indem Berenhorst die Abhängigkeit der Kriegführung von „unbekannten, also unlenkbaren Modificationen der Seele" (zit. ebd.) feststellte, ging er einen entscheidenden Schritt über die diesbezüglichen Auslassungen Lloyds hinaus, in dessen Schriften die Methode ihren Gipfel erreicht hatte. Berenhorsts Erkenntnis von der Bedeutung des Zufalls wie überhaupt der Imponderabilien und des Irrationalen in der Kriegführung wurde schließlich allgemein akzeptiert. Dies jedoch nicht ohne wesentliche Einschränkungen, die vor allem die Frage betrafen, ob der Krieg Sinn habe. Wenn Berenhorst nachgewiesen hatte, daß die Methodiker vergeblich versucht hatten, den Zufall auszuschalten, so hatte er damit noch nicht die absolute Herrschaft des Zufalls nachgewiesen. So führte Berenhorsts Erkenntnis lediglich dazu, daß das „natürliche" kriegerische Element, an dem ihm andererseits so viel gelegen war, nach Kräften gefördert wurde, ohne jedoch den „mechanischen" Teil, um mit Lloyd und Scharnhorst zu sprechen, zu vernachlässigen. Der Zufall wurde nicht mehr nur, wie in seiner ausschließlich negativen Bewertung durch die Methodiker, als störender Faktor der Kriegführung angesehen. Mit dem Ratschlag, stets auf ihn gefaßt zu sein und ihm durch schnelle Gegenmaßnahmen zu begegnen, wurde die Forderung verbunden, ihn zum eigenen Vorteil auszunutzen. Alles das war nicht neu. Soweit es die Kriegspraxis betraf, war durch fähige Feldherren schon immer so verfahren worden. Es wurde nun aber zur allgemeinen Maxime der Kriegstheorie, deren mathematisch fundiertes Kriegsbild damit verfiel. Scharnhorst umriß die neue Situation wie folgt: „Immer mögen militärische Skeptiker behaupten, die Kunst sei den Zufällen unterworfen; dennoch können sie nicht leugnen, daß die seit dem Östreich. Erbfolgekrieg gelieferten Schlachten doch unwidersprechlich beweisen: daß in der Geschicklichkeit der Einleitung eines vorteilhaften Mechanismus, und in der Kunst der Herbeiführung des Unerwarteten gewöhnlich der Sieg liege" (zit. Demeter).

Bülow

Ehemaliger preußischer Offizier war auch Adam Heinrich Dietrich von Bülow. Er war von Lloyd beeinflußt und von Berenhorst tief beeindruckt. Berenhorst, so sagte Bülow, habe in ihm alle Ideen geweckt. Diese Ideen schlugen sich in Schriften nieder, von denen „Geist des neuern Kriegssystems", erstmalig erschienen 1799, das Hauptwerk war.

Bülows Theorie spiegelte den inneren Zwiespalt der Übergangszeit wider und zeigte besonders kraß, wie schwer es war, die rationalistische Tradition mit den nun akzeptierten irrationalen Gegebenheiten zu verbinden. Bülow war ein ebenso radikaler Gegner des stehenden Heeres wie Berenhorst. Nur stehende Kader für die Volksbewaffnung wollten sie gelten lassen. Bülow forderte, daß die Infanterie ausschließlich den Tirailleurkampf führen sollte. Letzteres mit allen Möglichkeiten der Deckungsausnutzung, sogar im Kriechen, was allerdings schwierig war, da Vorderlader kaum im Liegen geladen werden konnten. Taktische Grundaufstellung sollte die Linie zu nur zwei Gliedern sein, wie sie im allgemeinen nur bei der leichten Infanterie üblich war. Beim Bataillon zu vier Kompanien sollten jeweils zwei als Schützen ausschwärmen, während die anderen beiden geschlossen zur Unterstützung folgen sollten, wofür auch flache Kolonnen gebildet werden konnten. Für den Kampf sollten sich aber nach Möglichkeit auch die geschlossenen Teile zu Schützenschwärmen auflösen. Diese linearen Grundformen waren alles andere als neu. Nach dem Vorbild von Lloyd sah Bülow für die Schlachtordnung sogar nur ein Treffen vor. Auch die taktische Kampfführung sollte möglichst indirekt erfolgen und auf Flankierung oder Umfassung abgestellt werden. Vor der Front des Gegners sollte nur demonstriert werden. Den eigenen Vorteil sah Bülow in der größeren Ausdehnung der Front gegeben, was eine Überlegenheit an Zahl voraussetzte. Damit brachte er den neuen Faktor der zahlenmäßigen Überlegenheit ins Spiel. Grundlage der Kampfführung sollte nicht das drillmäßige Exerzitium sein, sondern die freie Entfaltung. Der Kampf sollte nicht als geschlossene Schlacht, sondern in einer Vielzahl zerstreuter Gefechte ausgefochten werden. In der vom Autor angestrebten Ausdehnung der Front wäre eine geschlossene Schlachtführung auch gar nicht möglich gewesen, da sie keine Gesamtleitung gestattet hätte. Um so leichter wäre es für den Feind gewesen, die dünne Frontlinie mit zusammengefaßten Kräften zu durchstoßen. Am wenigsten neu war Bülows Ansicht, daß möglichst nicht geschlagen, sondern manövriert werden sollte.

Dazu im Gegensatz stand Bülows hohe Bewertung des Enthusiasmus, der sich in großen Truppenmassen zu einer unwiderstehlichen Macht vervielfältigen sollte. Bülow meinte es zweifellos ernst mit der patriotischen Begeisterung nach französischem Muster. Es zeugte aber nicht von der Anerkennung irrationaler Faktoren, zu denen der Enthusiasmus gehört, wenn Bülow meinte, notfalls könne man ihn der Truppe auch in Form von Branntwein einflößen. Noch deutlicher wird die nur scheinbare Einbeziehung des Irrationalen an Bülows konfuser Behauptung, nur wer sich einbilde, geschlagen zu sein, sei wirklich geschlagen. Wie wenig sich Bülow von den überkommenen Vorstellungen gelöst hatte, wird am deutlichsten an seinen militärstrategischen Theorien. Bülow glaubte, die einzig richtige Antwort auf die Frage nicht nur des taktischen, sondern auch des operativen Einsatzes der neuen Massenheere gefunden zu haben. Bei seiner überaus hohen Einschätzung des Kampfwertes der Begeisterung ist es um so erstaunlicher, daß diese Antwort in einem mathematisch begründeten System bestand. Mit ihm sollte der Zufall wieder ausgeschaltet werden, was Berenhorst gerade an dem mathematisch begründeten System der methodischen Kriegführung als unmöglich nachgewiesen hatte. Bülow vertrat in der Operationsführung den gleichen Grundgedanken wie in der Taktik. Der taktischen Frontlinie entsprach die operative „Basis", womit der Begriff der Operationsbasis in den militärischen Sprachgebrauch eingeführt wurde. Sie war für Bülow eine Linie, die befestigte Magazine miteinander verband, obwohl zu dieser Zeit die Heere verpflegungsmäßig nicht mehr an Magazine gebunden waren. Da eine Operationslinie leicht abgeschnitten werden konnte, sollten mehrere Operationslinien zur Verfügung stehen, damit bei der Gefährdung der einen der Wechsel auf eine andere vorgenommen werden konnte. Hierbei fungierte die jeweilige Operationslinie in der Vorstellung Bülows zunächst noch im überkommenen Sinne als Versorgungslinie für jeweils eine ganze Armee, die also in alter Weise auf einer Straße marschieren sollte. Dies im Unterschied zu Napoleon, für den die Operationslinie nur die Hauptrichtung für das auf mehreren Straßen marschierende Heer darstellte. Daher bedeutete der Wechsel der Operationslinie für Napoleon nicht dasselbe wie für Bülow.

Bülow blieb also auch in militärstrategischer Hinsicht formal dem alten System verhaftet. Ja, er ging über dessen mathematischen Formalismus noch hinaus, indem er die ganze Operationsführung auf eine geometrische Figur, das Dreieck, festzulegen versuchte, wobei er allerdings betonte, daß dies nur als ein Anhalt gedacht sei. Dieses Dreieck wurde aus der Verbindungslinie zwischen zwei Magazinen als Basis und den von ihren Enden konzentrisch auf das „Operationsobjekt" (Operationsziel) zulaufenden Operationslinien gebildet. Je stumpfer der Winkel war, den die Operationslinien am Operationsobjekt bildeten, desto länger war die Basis des Dreiecks, die die Operationsbasis darstellte, desto breiter also die Basierung der Defensive wie auch der Offensive. Je breiter die Basis war, desto mehr Magazine und Verbindungen wurden in der Defensive dem unmittelbaren Feindzugriff, der als Flankenangriff gegen eine Schenkel des Dreiecks angenommen wurde, entzogen. Desto breiter war auch die Ausgangsposition für eine umfassende Offensive, die sich nicht unmittelbar auf den Gegner, sondern auf seine rückwärtigen Verbindungen richten sollte. Damit befinde sich der Gegner in einem Sack, den man nur zuzuschnüren brauche. Völlig im Sinne der methodischen Kriegführung ging es Bülow also weniger um die Hauptkräfte des Gegners als um Magazine und Verbindungen. Für die umfassende Offensive war Bülow nun allerdings gezwungen, das Heer auf mehreren Straßen vorgehen zu lassen, es also in mehrere Abteilungen zu untergliedern.

Die von Bülow behauptete Zwangsläufigkeit des Erfolges, die er für dieses System sogar durch eine genaue Berechnung der Winkel zu garantieren versprach, war freilich nur an diesem abstrakten Bild gegeben. Wie wenig er die Kriegswirklichkeit berücksichtigte, zeigte sich daran, daß die eigene Armee, falls sie geschlagen wurde, sich nicht an einem Punkte sammeln, sondern im Gegenteil, fächerförmig ausweichen und sich auf eine Linie verteilen sollte, damit dadurch gleich wieder eine neue Operationsbasis hergestellt werde. Wie eine solche Gruppierung bei dem Fehlen weitreichender Führungsmittel aus Rückzug und Flucht zustande kommen sollte, war freilich eine Frage, die nur bei rein geometrisch-abstrakter Betrachtung des Vorgangs keine Rolle spielte. Grundsätzlich stellte sie sich natürlich auch für die Offensive in breiter Front, also für die Operation auf den äußeren Linien. Hier ist wieder der – wenn auch nicht in jedem Fall so doch grundsätzlich in dieser Zeit – gegebene Vorteil des Operierens auf der inneren Linie zu bedenken: Ein geschickter Gegner konnte mit zusammengefaßten, also leichter zu führenden Kräften die einzelnen Teile der auf breiter Operationsfront anrückenden Armee nacheinander schlagen. War eine umfassende Operation gegen die rückwärtigen Verbindungen des Gegners nicht geplant oder nicht möglich, so sollten die einzelnen Heeresteile in der Vorwärtsbewegung auf den Gegner sich immer enger zusammenschließen, bis aus der Operationsfront zuletzt die vorhin geschilderte taktische Frontlinie wurde. Eben diesen scheinbar so kontinuierlichen Ablauf konnte aber ein beweglicher, von der Requisition lebender Feind um so eher verhindern, als die Armee nach Bülows Vorstellung an die Versorgungslinien ihrer Teile gebunden war.

Rüstow sagt, daß Bülow „den Linien an und für sich eine magische Gewalt verleiht und viel zu wenig Nachdruck darauf legt, welche Kraft man auf ihnen entwickelt und – für wie lange Zeit man sie gebraucht". Caemmerer bemerkt zu Bülows Ausführungen über die Bedeutung der Magazine und die Wichtigkeit der Flankenmanöver: „Das ist wohl die konzentrierteste Fassung, welche die oft getadelte und beklagte Verkünstelung des Kriegswesens im 18. Jahrhundert jemals angenommen hat." Das war damit das genaue Gegenteil von dem, was der von Bülow verehrte Berenhorst wollte. Caemmerer macht Bülow den schärfsten Vorwurf, der unter diesen Umständen überhaupt möglich ist. Er schreibt: „Wenn er in den Kriegstaten Bonapartes von 1800 und 1805 die Bestätigung seines Kriegssystems zu erkennen vermag, so hört jede Möglichkeit auf, seine Erwägungen einigermaßen ernst zu nehmen, man kann in ihnen nur einen Vorläufer jener wunderbaren geistigen Verwirrung erblicken, die 1806 in unseren Hauptquartieren geherrscht und das Heer Friedrich des Großen in so kläglicher Weise auf die Schlachtbank geliefert hat. Ja, man wird nicht umhin können, diesen damals viel gelesenen Schriftsteller ganz unmittelbar mitverantwortlich zu machen für den traurigen Zusammenbruch des preußischen Staates".

Bülows angeblich neueres Kriegssystem stellte sich, trotz der Berücksichtigung taktischer und scheinbar auch psychologischer Erfahrungen aus dem Amerikanischen Unabhängigkeitskrieg und den Kriegen der Französischen Revolution, als ein älteres heraus, das um diese Zeit gerade von wirklich neuen Prinzipien überwunden wurde.

Scharnhorst

Gerhard Johann David von Scharnhorsts Bedeutung als führender Reformer des preußischen Heeres nach 1806 – auf die in diesem Handbuch in anderen Beiträgen eingegangen wurde – ist größer als die, die er speziell als Kriegstheoretiker erlangte. Aber einmal sind beide Bereiche natürlich nicht scharf zu trennen, und zum anderen war Scharnhorst der Lehrer von Clausewitz, also des größten deutschen Kriegstheoretikers. Schließlich weisen die Kriegslehren Scharnhorsts sehr eigenständige Merkmale hinsichtlich des Wandels der Auffassung von Kriegführung im Zeitalter der Französischen Revolution auf. Nachdem Scharnhorst 1801 in preußische Dienste getreten war, gründete er die „Militärische Gesellschaft", in der unter seiner Leitung Vorträge und Diskussionen stattfanden. Kurz darauf wurde er der Direktor der „Lehranstalt für junge Offiziere in den Militärwissenschaften", aus der dann später die Schule des preußischen Generalstabs, die Kriegsakademie, hervorging. Scharnhorst legte seine praktischen Erfahrungen für Lehrzwecke in Handbüchern und Abhandlungen nieder und hielt 1802/3 an der „Lehranstalt" Vorlesungen über Kriegskunst.

Seine Erkenntnis von der Andersartigkeit der französischen Kriegführung beruhte zunächst auf persönlicher praktischer Erfahrung, denn er hatte in den Jahren 1793–95 als hannoverscher Hauptmann und Major gegen die Franzosen gekämpft. Er hatte erkannt, daß die Kriegskunst nicht auf errechnete, geometrisch-terrestrisch fundierte Führungssysteme festzulegen war, dem die Kriegswirklichkeit widersprach. Als Faktoren, die sich der Schematisierung entzogen, führte Scharnhorst unter anderem auf: die jeweiligen Zeitumstände, die nationale Zugehörigkeit der Heere, die unterschiedlichen Streitmittel, die spezifischen Verhältnisse des betreffenden „Kriegstheaters", das Terrain in seiner unterschiedlichen Beurteilungsmöglichkeit, besonders aber natürlich die Charaktere der Feldherren, ja sogar deren augenblickliche Gemütsverfassung und wahrlich nicht zuletzt den Zufall und das Kriegsglück. „Nur derjenige", führte Scharnhorst aus, „welcher die Kriegsgeschichte bis ins einzelne, bis zu den Beweggründen jeder Ausrichtung studiert, oder Gelegenheit hat zu sehen, wie es bei der Führung der Armeen zugeht, wird sich von dem, was hier behauptet wird, überzeugen" (zit. Demeter). So wurde für Scharnhorst die Kriegsgeschichte zur Erkenntnisquelle für die Kriegskunst, zum „Erfahrungsschatz" (Höhn) insbesondere für den angehenden höheren militärischen Führer, den Kriegsakademiker. Scharnhorst schränkte zwar ein, daß es nicht seine Absicht sei, „den Charakter der Führung des Krieges, der jedem Feldherrn, jeder Nation, jedem Zeitalter, jedem Kriegstheater eigen ist, als fest und unbedingt aufzustellen. Dieser Charakter zeigt sich aber dennoch, wenn aus der Menge des einzelnen, wie in den Berechnungen der Naturerscheinungen, Schlüsse des Wahrscheinlichen mit Vorsicht aufgestellt werden" (zit. Demeter).

Anders als Clausewitz, der in der Verteidigung die „stärkere Form des Kriegführens" sah, stellte Scharnhorst die Überlegenheit des Angriffs heraus. Er stellte fest, daß beim Angriff durch die exzentrische Wirkung die Summe der Streitkräfte vermindert, durch die konzentrische vermehrt werde. Konzentrisch müsse angegriffen, exzentrisch verteidigt werden. Liege es in der Absicht, den Feind aus seinen Stellungen zu vertreiben, ohne eine Hauptschlacht zu wagen, so müsse man sich verteilen, um ihn von möglichst vielen Seiten zu bedrohen. Verteidigung sei nicht passivem Verhaltens gleichzusetzen, sie erfordere Angriff. Truppen, die von mehr als einer Seite angegriffen würden, seien als überwunden zu betrachten. Für den Angriff bei gleicher Beschaffenheit aller Teile der feindlichen Front seien die Flügel die besten Angriffspunkte, ungleiche Beschaffenheit müsse eine der Stärke und Schwäche der feindlichen Front entsprechende Verlagerung der Angriffspunkte zur Folge haben. Darüber hinaus sollten nach Möglichkeit auch Angriffspunkte im Rücken des Feindes ins Auge gefaßt werden, denn der gleichzeitige konzentrische Angriff gegen Punkte in Front und Rücken des Feindes stelle die vorteilhafteste Angriffsart dar. Damit verband sich die Frage, an welchen Punkten mit überlegenen Streitkräften aufzutreten sei und an welchen „falsche Angriffe" zu führen seien, also die Frage des Angriffsschwerpunktes. Bedenke man außerdem noch die Notwendigkeit der Bereitstellung von Truppen für Scheinangriffe, der Zurückstellung von Reserven, so ergebe sich daraus zwangsläufig, daß sich die Zahl der Angriffspunkte einschränke.

Die Wirkung des Schützengefechts, über die in der „Militärischen Gesellschaft" heftig debattiert wurde, hatte Scharnhorst anfänglich überschätzt. Seine Bedeutung blieb für ihn unbestreitbar, aber er schränkte sie ein, wenn er sagte: „Die Franzosen haben in dem letzten Kriege einen neuen Grundsatz hinzugefügt, der von der größten Wichtigkeit ist, nicht minder in der Natur der Sache sich gründet, aber wie alle übrigen sogleich nur unter gewissen Umständen angeordnet werden kann. Sie haben nämlich ihrem wahren Angriffe ein Tirailleurgefecht, was mehrere Stunden oder auch wohl mehrere Tage dauerte, vorhergehen lassen und sind dann auf gewissen Punkten mit großen Massen durchgedrungen. Dadurch haben sie ihre Feinde, die auf dieses Verfahren nicht gefaßt waren, ermüdet und sich beim wirklichen Angriff einen schwachen Widerstand bereitet. Sie haben also den Grundsatz aufgestellt, den Feind, bevor man ihn wirklich zu schlagen suche, vorher zu ermüden. Man sieht wohl, dies ändert übrigens in der Form des Angriffs und folglich in der Einteilung der Angriffsarten nichts, und betrifft bloß die Ausführung, es ist als eine Einleitung zum glücklichen Angriff zu betrachten..." (zit. ebd.).

Bei seiner Grundeinstellung konnte es Scharnhorst gar nicht um die Aufstellung eines Systems gehen, das für alle vorkalkulierten Fälle Anwendungslehren bereithielt, denn „die Mannigfaltigkeit möglicher Kombinationen läßt sich nicht erschöpfen... Hier tritt eine freie Tätigkeit der Urteilskraft ein; hier ist das Gebiet der eigentlichen Kunst zu kriegen. Die Kunst aber ist unendlich" (zit. ebd.). In der Frage, wie weit sich die Neuartigkeit von Scharnhorsts Ansichten über Operationsführung unmittelbar aus seinen Lehren selbst erschließen läßt, gehen die Meinungen auseinander, weswegen hier darauf Bezug genommen werden muß. Colmar von der Goltz kritisiert an Scharnhorsts Operationslehren, daß das „Technische und Systematische... noch stark in den Vordergrund" getreten seien. Demgegenüber betont Reinhard Höhn, daß Scharnhorst – der die Geschichte nicht wie bisher dazu benutzen wollte, an ihr Regeln nachzuweisen, sondern aus ihr Regeln abzuleiten – damit versucht habe, den traditionellen „Positivismus", „das reine Normensystem einer Kriegsmathematik" zu überwinden. Damit war aber zugleich die für die Kriegstheorie sehr bedeutsame Frage entstanden, ob es überhaupt möglich sei, aus der Geschichte Regeln zur praktischen Nutzanwendung in der Gegenwart abzuleiten. Nach Karl Demeter hatte Scharnhorst bereits vor 1806 erkannt, daß die Manövertheorien überholt waren. Demgegenüber stellt Goltz heraus, daß zwar Scharnhorsts Grundsatz, „nie konzentriert zu stehen – aber sich immer konzentriert zu schlagen" „ganz modern" war, daß Scharnhorst jedoch durchaus noch in Vorstellungen der Manöverstrategie lebte, bei ihm die Trennung der Kräfte, das Detachieren „als Selbstzweck oder um der Kunst willen" geboten schien. Für den Krieg von 1806 schlug Scharnhorst zwar die Volksbewaffnung vor, aber statt mit der zusammengefaßten Streitkraft von einer halben Million Soldaten Napoleon in Süddeutschland auf dem kürzesten Wege entgegenzutreten, sollten vier Armeen – je eine an der Weser, in Thüringen, an der Elbe und an der Oder – gebildet werden. Sie hätten sich, derartig weit auseinandergezogen, gegenseitig nicht unterstützen können und wären wahrscheinlich einzeln – als erste die Armee in Thüringen – von Napoleon unter Ausnutzung der inneren Linie geschlagen worden. „Wohl weist [Scharnhorst] darauf hin, daß nicht die gewonnenen, sondern nur die entscheidenden Schlachten Nutzen hätten, aber die entscheidende Schlacht steht für ihn noch nicht wie für einen Napoleon im Mittelpunkt der ganzen Kriegshandlung" (ebd.).

Eberhard Kessel kommt letztlich zu einer sehr positiven Bewertung der operativen Lehren Scharnhorsts – trotz der doch wohl wesentlichen Einschränkung am Anfang seiner nachstehenden Ausführungen: „Freilich werfen die uns bekannten theoretischen Äußerungen Scharnhorsts über den Krieg nur Streiflichter auf seine Gesamtauffassung, die im Grunde unausgesprochen blieb. Die Entwicklung, die auch hier von dem in der friderizianischen Tradition aufgewachsenen Offizier zu dem Strategen des 19. Jahrhunderts führte, läßt sich im einzelnen nicht genau nachverfolgen. Immerhin deutet die Übereinstimmung mancher zu verschiedenen Zeiten geäußerten Meinungen eine gemeinsame wesentliche Grundlage an, die sich im Keime schon in den frühen technischen und für den praktischen Dienst in kleinen bestimmten Veröffentlichungen offenbart – weniger durch das, was hier gesagt wird, als durch das, was als lebendiger Geist hinter den Worten steht... Scharnhorst wollte ebensowenig wie später Clausewitz eine Kriegstheorie schaffen, die nicht auf die Gesamterscheinung des Krieges anwendbar war. Sie sollte nicht nur auf die Gegenwart, sie sollte auch auf die Vergangenheit und vor allem auf die Zukunft passen. So entwickelte er aus der allseitigen Betrachtung kriegsgeschichtlicher Vorgänge und aus der Erfahrung selbst erlebter Ereignisse eine Lehre, die ihren praktischen Wert schon in den Unglücksjahren von 1806 und 1807, ganz deutlich aber in den Entscheidungsjahren der Befreiungskriege bewiesen hat; denn alle, die damals mit klarem Blick in die Wirklichkeit des Krieges eintraten, waren durch Scharnhorsts Schule gegangen." Goltz bemängelt an Scharnhorst: „Die verschiedenen Formen werden uns als gleichwertig vorgeführt. Der innere Zusammenhang zwischen den einzelnen Elementen der neuen Kriegführung und die Überlegenheit, die sich aus ihrer Gesamtheit ergibt, treten nicht plastisch genug hervor." Demgegenüber bemerkt Kessel, daß Scharnhorst bereits 1894 in der konzentrierten Lage Frankreichs Vorteile der inneren Linie erkannt habe. Wenn Goltz an Scharnhorsts Lehre die Tendenz zum Detachieren „um der Kunst willen" und damit ein Relikt des 18. Jahrhunderts rügt, so stellt Kessel fest, daß es Scharnhorst nicht darum gegangen sei, „etwas radikal Neues" zu schaffen. Eben aus seiner Kenntnis der Kriegführung des 18. Jahrhunderts heraus habe sich Scharnhorst dagegen gewendet, die neue Art von Kriegführung dadurch einseitig auszulegen, „daß man sich ständig konzentriert halten und überhaupt nicht detachieren dürfe". Daß man, um zu schlagen, seine Kräfte konzentrieren müsse, habe Scharnhorst in aller Deutlichkeit ausgesprochen. So wie er sich in der Taktik für den Angriff auf wenige aber mehrere Punkte – Front und Flanke – und Scheinangriffe ausgesprochen habe, so sei auch unter operativem Gesichtspunkt die Detachierung aus der Absicht heraus zu erklären, den Feind zur Teilung seiner Kräfte zu veranlassen bzw. durch Scheinangriffe zu irritieren. Ferner weist Kessel hin auf die – hier schon weiter oben erwähnte – positive Bewertung des Zufalls durch Scharnhorst. „In dieser Erkenntnis beruhte der Kern einer neuen zeitgemäßen Kriegstheorie." Diese sei allerdings nicht von Scharnhorst, sondern erst von seinem Schüler Clausewitz ausgearbeitet worden. „Clausewitz hat alles das, was man bei Scharnhorst höchstens angedeutet findet, in seinen letzten Folgerungen gedacht und ausgesprochen."

Formale Fragen waren für Scharnhorst in der Kriegführung den charakterlichen untergeordnet. Er war überzeugt davon, daß im Siebenjährigen Krieg Friedrichs II. „fester Entschluß zu siegen oder zu sterben (...), einen größeren Anteil an dem glücklichen Ausgang gehabt, als die Talente eines großen Generals" (zit. Kessel). In seiner Denkschrift vom April 1806 warnte Scharnhorst: „Wir haben angefangen, die Kunst des Krieges höher als die militärischen Tugenden zu schätzen – dies war der Untergang der Völker in allen Zeiten" (zit. Demeter).

Erzherzog Karl

Je mehr die revolutionäre Taktik und Strategie vor allem durch Bonaparte ihre eigene Gestalt gewann, desto größer wurde die Kluft zu der bisherigen Art der Kriegführung. Wie groß sie bei einem völligen Verharren auf den alten Prinzipien werden konnte, zeigte sich wohl am eindringlichsten an der Niederlage der Preußen und Sachsen in der Doppelschlacht von Jena und Auerstedt 1806, auf die hier später noch näher eingegangen werden wird. Andererseits war diese völlige Niederlage nicht nur dem alten Prinzip, sondern seiner ganz besonders ungeschickten und talentlosen Anwendung zuzuschreiben. Im Gegensatz dazu gelang es einem österreichischen Feldherrn „alter Schule", beachtliche Erfolge gegen die Franzosen, ja sogar als erstem, einen Schlachtsieg über Napoleon – bei Aspern 1805 – zu erreichen. Gemeint ist Erzherzog Karl, jüngerer Bruder des Kaisers Franz I.

Erzherzog Karl wird meist erst, nach Beschreibung der Operationsführung Napoleons I., zusammen mit Jomini und Clausewitz genannt, was völlig berechtigt ist, wenn es sich um die Frage der „Deutung" Napoleonischer Kriegführung handelt. Wenn auf Karls Operationslehre bereits an dieser Stelle eingegangen wird, so deswegen, weil sie entwicklungsmäßig wohl das wichtigste Bindeglied zwischen alter und neuer Strategie darstellte. Erzherzog Karl war im Gegensatz zu Jomini und Clausewitz, aber auch zu Berenhorst, Bülow und Scharnhorst, Heerführer. Er war bemüht, „den Übergang von der herkömmlichen Art der Kriegführung des 18. Jahrhunderts zu der revolutionären so darzulegen, wie er ihn selbst erlebt hatte, nämlich als allmähliches Anpassen und nicht als totalen Bruch" (Rauchensteiner).

Trotz des Sieges bei Aspern verlor die österreichische Armee unter der Führung des Erzherzogs sowohl den Krieg von 1805 wie den von 1809, worauf Karl das Kommando niederlegte. Seine Theorie anbelangend wirft Clausewitz dem Erzherzog vor, für ihn sei der Wert des Bodens wichtiger gewesen, als die Vernichtung des Feindes. Müffling, der spätere preußische Generalstabschef, kritisiert Karls operative wie taktische Festlegung auf einen einzigen Punkt, wobei ja eben die Schwierigkeit darin bestehe, diesen Punkt zu finden. Caemmerer vergleicht den „unheilvollen Einfluß" Karls mit dem Bülows. Er sei aber noch weiter gegangen, da er sich auf die österreichische Kriegführung in den Freiheitskriegen, in Italien 1859, ja sogar noch im Kriege von 1866 ausgewirkt habe. Allgemein wird an den Lehren dieses Prinzen aus dem Hause Habsburg, wie sie sich insbesondere in den „Grundsätzen der höheren Kriegskunst für die Generäle der österreichischen Armee", erschienen 1806, niederschlugen, die übertriebene Vorsicht bemängelt.

Diese und andere kritische Stimmen sind von einem späteren, nur an der kriegerischen Effektivität orientierten Standpunkt her, für den Napoleon den absoluten Maßstab abgab, zweifellos gerechtfertigt. Für die Kriegstheorie Karls – jedenfalls soweit es sich um seine grundlegenden Schriften bis 1806 handelt – müssen aber nicht nur die Übergangssituation berücksichtigt werden, sondern auch die näheren Umstände, unter denen Karl gezwungen war, Krieg zu führen. Denn die Tatsache, daß er nicht nur Theoretiker, sondern zunächst einmal mit den Aufgaben eines im Felde kommandierenden Generals und schließlich höchstverantwortlichen Generalissimus belastet war, bedingte bei ihm auch eine andere, eben durch die eigene hohe praktische Verantwortung bestimmte Einstellung zur Theorie, als dies jedenfalls bei den Kritikern der Fall war, die eine so hohe Verantwortung nicht trugen oder getragen hatten. Auch die großen Feldherren des 18. Jahrhunderts waren ja in der Praxis oft kühner gewesen, als sie es in der Theorie, die sie selbst anerkannten oder, wie Friedrich der Große, aus eigener Erfahrung selbst anreicherten, hätten sein dürfen. Selbst von Napoleon, der ja keine eigene geschlossene Kriegslehre schuf, liegen Äußerungen vor, die seiner äußerst kühnen Kriegführung widersprechen. Freilich war der Charakter des Habsburgers von dem Napoleons grundverschieden. Er lebte in sehr alten, traditionellen Vorstellungen, von denen er sich wohl auch dann nicht hätte lösen können, wenn er das gewollt hätte. Seine Einstellung zum Kriege war die eines aufgeklärten Fürsten, wenn nicht die eines fürstlichen Patriarchen noch älterer Zeit. Sie war im Grunde negativ, wie die ebenfalls traditionsgemäße Einleitung zu seiner Kriegslehre zeigt: „Der Krieg ist das größte Übel, was einem Staate, was einer Nation widerfahren kann." Schon durch die Persönlichkeiten, ihr Herkommen, ihre politischen Zielsetzungen ergaben sich also zwischen den beiden Feldherren gravierende Unterschiede, durch die auch die Auffassungen von Krieg und Kriegführung bestimmt sein mußten.

Bei Napoleon war die politisch-militärische Führungseinheit geradezu in Vollkommenheit gegeben. Er führte politisch und militärisch so souverän, wie er souverän nicht nur über seine Armee, sondern auch weitgehend über die Hilfsquellen verfügte. Erzherzog Karl dagegen war von dem abhängig, was ihm die Staatsführung zugestand, insbesondere gebunden an politische Weisungen auch während der Feldzüge. Die durch den Außenminister und Staatskanzler Graf Stadion angestrebte politische Erneuerung auf der Grundlage konservativer Vorstellungen suchte Karl durch eine Heeresreform zu ergänzen. Er rief eine Landwehr als Reserve für das stehende Heer ins Leben, er setzte wichtige, zeitgemäße organisatorische Änderungen wie die Einteilung des Heeres in ständige Großverbände durch, er glich die Taktik, den Generalstab, die Schulung der Offiziere den veränderten Kriegsbedingungen an, aber er konnte die Reform nicht zu Ende führen. Es gelang ihm nicht, die österreichische Armee auf den gleichen Stand der Kriegsfertigkeit zu bringen, der die französische im ersten Jahrzehnt des 19. Jahrhunderts auszeichnete und den diese bestimmte. In Erkenntnis der Tatsache, daß die österreichischen Streitkräfte noch nicht so weit seien, wandte er sich sowohl 1805 wie 1809 vergeblich gegen den Kriegseintritt Österreichs, womit er sich nicht nur die Feindschaft der „Kriegspartei" bei Hofe, sondern auch die Ungnade seines kaiserlichen Bruders zuzog.

Heinrich Ommen ist der Ansicht, daß Karl zwar wesentlich andere Grundsätze hatte als Napoleon, daß aber zwischen beiden „Systemen" kein absoluter Gegensatz existiert habe. Bei Karl habe es sich um ein Mehr oder Weniger, nicht um ein Entweder-Oder gehandelt. Alle „Elemente", die für Karl wesentlich gewesen seien, seien es auch für Napoleon gewesen, nur die „Mischung" sei eine andere gewesen. Nun muß hier allerdings zunächst gefragt werden, ob sich Napoleons Kriegführung auf ein „System" festlegen läßt – obwohl sie Napoleon gelegentlich selbst so bezeichnet hat. Als „System" wurde sie auch publiziert von einem Offizier, der unter Napoleon diente, dessen Name bereits genannt wurde und auf den hier später noch näher eingegangen werden muß, weil er für die Gegner Napoleons und das weitere 19. Jahrhundert sehr wichtig wurde, nämlich Antoine Henri Jomini. Er kannte und schätzte die Schriften des Erzherzogs, wie umgekehrt dessen „Grundsätze der höheren Kriegskunst" möglicherweise von Jominis „Abhandlung über die große Taktik" beeinflußt waren. Wenn das „System" des Erzherzogs die gleichen Elemente aufwies wie die Kriegführung Napoleons, so war das doch wohl aber weniger entscheidend, als eben ihre „Mischung" oder die Tatsache, daß es für Karl kein Entweder-Oder sondern nur ein Mehr oder Weniger gab. „Wir finden auch bei Erzherzog Karl manchen kleinen Zug, den man napoleonisch nennen möchte, wäre da nicht bei ihm der Vorbehalt, daß nicht der Feind, sondern Österreich, die Monarchie, der Staat Objekt des Krieges ist, was Besorgtheit um Menschen schafft und ein zu menschliches Klima hervorruft" (Roosbroeck).

Karl fand die Strategie Napoleons nicht fix und fertig vor, er besaß ältere Erfahrungen mit der revolutionären französischen Kriegführung. Die Herausbildung ihrer Führungsgrundsätze erfolgte bei beiden Feldherren ungefähr zur selben Zeit. Es ist die Frage, ob für Karls Schrift über die „Grundsätze der höheren Kriegskunst" überhaupt noch alle Erfahrungen auch des Krieges von 1805 und nicht nur die der 1790er Jahre verarbeitet und aufgenommen werden konnten. Diese Schrift war bereits 1803 fertig gewesen, sie war dann allerdings noch korrigiert und verändert worden. Aber bereits 1795 hatte Karl in einer Schrift „Über den Krieg mit den Neufranken" zu seinem eigenen Erstaunen erkannt, daß die französische Armee, trotz ihrer Mängel, einem stehenden Heer alten Typs, trotz seiner militärischen Vorzüge, überlegen war: „Die Hauptkunst des Feindes, und unser vornehmster Fehler, bestand darin: den Krieg sowohl im großen als im kleinen, in einen Offensiv-Krieg für den Feind, in einen Defensiv-Krieg für uns, zu verwandeln. Und zwar deshalb, weil wir uns sowohl im Offensiv- als im Defensiv-Krieg immer ausdehnen, unsere Macht nie vereinigen, und dadurch dem Feind die Möglichkeit lassen uns anzugreifen, wo und wie er will, ohne daß er von unserer, durch diese Ausbreitung geschwächten Armee etwas zu befürchten habe." So forderte Karl die Konzentration der Kräfte – bei gleichzeitiger Ablehnung des Kordonsystems – wie Napoleon, durch den sie zu einem der wirksamsten Prinzipien für den Truppeneinsatz wurde.

In seinen „Grundsätzen der höheren Kriegskunst" von 1806 betonte Karl zunächst, daß alle Kraft aufzuwenden sei, damit der Krieg möglichst schnell beendet und ein vorteilhafter, dauerhafter Frieden erreicht werde. Dieser Zweck werde nur durch entscheidende Schläge und durch eigene Überlegenheit zur richtigen Zeit und auf dem entscheidenden Punkt erreicht. Auf ihm sei daher die Masse der eigenen Kräfte zu vereinigen. Am vorteilhaftesten sei die Offensive und nichts könne „einen Staat berechtigen, einen Defensiv-Krieg zu führen, als unausweichliche Notwendigkeit oder die baldigste Aussicht, ja die möglichste Gewißheit, daß entweder durch Veränderungen in seinen politischen Verhältnissen oder durch einen entscheidenden Schlag von Seiten des kommandierenden Generals von dem Defensiv- in einen Offensiv-Krieg übergegangen werden könne". Die Hauptgefahr wurde, wie schon 1795, in der „größeren Mobilität" der französischen Armee gesehen. Sie sei es die „die vorzüglichste Veränderung in der Art Krieg zu führen" zur Folge gehabt habe. Karl sah hierin eine Verbindung zu den Türkenkriegen gegeben, in denen ein ebenfalls sehr schneller, beweglicher Gegner die „christlichen Armeen" zur Konzentration der Kräfte gezwungen habe. Diese Armeen seien zunächst so schwerfällig gewesen, daß Kräftekonzentration gleichbedeutend gewesen sei mit ständiger Massierung in großen Karrees, die sich nur für die Verteidigung geeignet haben. Erst durch die Aufgliederung dieser Masse sei eine größere eigene Beweglichkeit mit der Möglichkeit gegenseitiger Unterstützung erreicht worden.

Hierzu ist zu bemerken, daß Karl von den kleineren, zwei oder drei Bataillone umfassenden Untergruppen nur von „kleinen Quarrés", also Defensivformationen, und nicht von „Angriffskolonnen" sprach. Denn bis zum neuen österreichischen Reglement von 1807 galten noch dieselben Grundsätze wie nach dem Siebenjährigen Krieg und auch aus diesem Reglement ging „nicht mit Sicherheit hervor, daß die zur ‚Masse' aufgeschlossene Kolonne eines Infanteriebataillons wirklich eine Angriffskolonne ist" (Schwarz). Walter Nemetz weist darauf hin, daß die österreichischen Infanteriebataillone „in der Schlacht bei Aspern gegen die französische Reiterei dauernd Quarrés (Gevierte) gebildet, allerdings nicht die im Reglement vorgesehenen, innen hohlen, sondern solche, die durch das Aufschließen der sechs hintereinander marschierenden Kompagnien (zu je drei Gliedern) entstanden waren. Die Massen waren zwar von der Kavallerie nicht zu durchbrechen, da sie auf einer Breite von etwa 60 Mann eine Tiefe von 18 hatten, aber sie verzichteten auch auf die Ausnützung der gesamten Feuerkraft, da ja nur zwei bis drei Glieder der jeweils angegriffenen Quarréseite schießen konnten. ‚Sie haben wie gegen die Türken gefochten' erklärte Karl nach Aspern im Hinblick auf diese simple Infanterietaktik".

Infolge der größeren Beweglichkeit der französischen Truppen in Verbindung mit dem zerstreuten Gefecht – mit dem man „den Vorteil ihres von Natur aus kühnen, leicht empfänglichen, leichtsinnigen Charakters" ausnutze – seien für sie nun auch bisher für große Verbände unzugängliche Gebiete keine Hindernisse mehr. Das habe bei vielen Gegnern der Franzosen den „Wahn" erregt, „sich nie sicher zu glauben, als wenn sie alles besetzt, ihre Truppen auf allen Punkten zerteilt aufgestellt hatten, indessen andere, als erklärte Feinde von jeder Neuerung, auch die geringste Verteilung ihrer Truppe während eines Gefechtes als schädlich und unzweckmäßig tadelten". Das Hauptgewicht legte Erzherzog Karl jedoch auch weiterhin auf das Zusammenhalten der Kräfte. Im taktischen Rahmen als Gegenmittel gegen die feindlichen Tirailleurschwärme, weswegen auf der eigenen Seite nur der geringste Teil zum Schützengefecht eingesetzt werden sollte, denn: „entschieden wird immer nur durch eine geschlossene Truppe". Im operativen Rahmen irritierte die bisher unbekannte „Kombinierung von Manövern auf größere Distanzen". Die ganze Masse der eigenen Kräfte sollte auf den gefährlichsten Teil des Gegners geworfen, seine anderen Teile „nur amüsiert" werden, „wo bei einer richtigen Berechnung des Angriffes alle übrigen feindlichen Abteilungen der angegriffenen nur zu spät zur Hilfe kommen und während diese attakkiert wird, nichts Entscheidendes unternehmen können, um sie zu retten oder degagieren".

Das waren zweifellos sehr handfeste Grundsätze, die jedoch hinsichtlich ihrer Wirksamkeit in der Kriegspraxis und bei genauerem Studium der Schriften Karls erhebliche Einschränkungen erfuhren. So sehr der Erzherzog auch den Vorteil des Angriffs betonte – es waren im Grunde defensive Prinzipien, aus der Not der eigenen Unterlegenheit an Beweglichkeit entstanden, die bei dem Zustand der österreichischen Armee auch gar nicht so schnell zu beheben war. Während im Kampf gegen die Türken die bessere Disziplin den Ausschlag gegeben hatte, bestand dieser Vorteil gegenüber den Franzosen um so weniger, je besser die Disziplin auch bei diesen wurde, was jedoch nicht mit dem Verlust ihrer Beweglichkeit verbunden war. Entscheidend wurde natürlich, daß Napoleon Disziplin und Beweglichkeit seiner Truppen wie kein zweiter führungsmäßig zu verwenden verstand. So richtig der Grundsatz war, die Kräfte für den Kampf zu konzentrieren – die Konzentration erschwerte natürlich bewegliche Operationen, die erst durch die Heeresaufteilung in Divisionen und die Verteilung des Kriegsmarsches auf mehrere Straßen wesentlich gefördert worden waren. So erfolgversprechend das Operieren auf der inneren Linie gegen einen, in mehrere Heeresabteilungen aufgeteilten Feind mit dem Ansatz der Hauptmasse der eigenen Kräfte gegen die gefährlichste feindliche Abteilung war – handelte es sich um einen beweglichen, gut geführten Feind, so strebten seine übrigen Abteilungen natürlich die Vereinigung mit der durch überlegene Kräfte angegriffenen Abteilung oder zumindest deren Entlastung an. Um ihn davon abzuhalten, bedurfte es zumindest der gleichen eigenen Beweglichkeit und führungsmäßigen Befähigung.

Forderte Karl einerseits auf Schlachtentscheidung hindrängende Aktivität, so schränkte er sie andererseits dadurch ein, daß er an den Grundsätzen der alten methodischen Operationsführung festhielt: „Die Regeln der Kriegswissenschaft waren, sind und werden immer die nämlichen bleiben, weil sie sich auf mathematische, auf unwidersprechliche Wahrheiten gründen; die sind daher auch wenig, weil es nur wenig derlei Wahrheiten gibt.“ Nun waren ja zwar durch die Franzosen keineswegs alle diese Grundsätze einfach überholt, aber doch in ihrer Bedeutung mehr oder weniger eingeschränkt worden. Wenn Karl beispielsweise als eine „Hauptregel“ anführte, daß die Hauptmacht nie eine Operationslinie oder Stellung einnehmen dürfe, bei der der Feind näher an der eigenen Kommunikationslinie, den eigenen Magazinen und Zufuhren stehe, als man selbst, so hatte dieser Satz nur noch in dem Maße Gültigkeit, wie man selbst von diesen Versorgungsgrundlagen abhängig war. Mit der Wiedereinführung des Requisitionssystems hatte sich, aufs Ganze gesehen, diese Abhängigkeit verringert, so daß dem angeführten Grundsatz Karls wie überhaupt seinen Ausführungen über eine geregelte, gesicherte Magazinversorgung jedenfalls nicht mehr die zentrale Bedeutung zukam, wie ehedem. Andererseits sagte Karl ja doch aber ganz klar, das „erste Bestreben“ eines Heerführers müsse darauf abzielen, „den Feldzug durch eine entscheidende Schlacht zu eröffnen und den Feind zu zwingen, sie anzunehmen“.

Das sagte Karl allerdings erst, nachdem er vorher deutlich gemacht hatte, daß der „entscheidende Punkt“, auf dem die eigenen Kräfte zu vereinigen seien, nicht durch das feindliche Heer da, wo es sich gerade befand, bestimmt werde, sondern derjenige sei, „der uns am kürzesten und geschwindesten in das Innere des Landes führt, ohne daß wir dabei Gefahr für unsere Kommunikationen laufen“.

Problematisch wurde dieser Grundsatz, Operationen gegen einen Punkt zu führen, dessen strategische Bedeutung ihm lediglich durch seine geographische Lage zugesprochen wurde, vor allem dadurch, daß er der Forderung, die Schlachtentscheidung zu suchen, übergeordnet war. Für Karl bestand dieses Problem offensichtlich nicht. Noch in seinen 1813 erschienenen „Grundsätzen der Strategie“ führte er aus: „In jedem Staate gibt es strategische Punkte, die für das Schicksal desselben entscheidend sind; weil man durch ihren Besitz den Schlüssel des Landes gewinnt, und sich seiner Hilfsquellen bemächtigt. Diese Punkte liegen meistens in der Mitte bei der Vereinigung der Hauptkommunikationen, oder – wenn ein größerer Fluß, eine Gebirgskette das Land in zwei Teile trennen –, auf den Hauptübergängen. Dergleichen sind nicht viele in einem Staate, oft ist nur einer und der nämliche Punkt auf diese Art entscheidend, der Krieg mag von was immer für einer Seite, und von was immer für einem Feinde herkommen . . . In der Defensive ist der Grad des inneren Wertes der strategischen Punkte der nämliche für den Verteidiger, als in der Offensive für den Angreifenden . . . Sie sind es, wohin er den Rückzug leiten, und wo er alle Mittel konzentrieren muß, um sie auf das äußerste zu verteidigen, selbst wenn hinlängliche Kräfte vorhanden wären, um mit einiger Wahrscheinlichkeit die vorwärtigen Gegenden zu dekken.“ Daraus ergab sich für Karl, daß der Angreifer zwangsläufig auf die Hauptmasse der feindlichen Armee stoßen mußte, wenn er mit seiner Armee auf den entscheidenden strategischen Punkt zumarschierte, da die feindliche Armee gezwungen war, diesen zu decken. War der entscheidende strategische Punkt die feindliche Hauptstadt, so entsprach der Vorstoß auf sie einem alten Grundsatz. So wollte schon Turenne 1672, ohne sich lange mit den

Festungen aufzuhalten, unmittelbar auf Amsterdam vorstoßen. Setzte Friedrich II. seine Armee auf Wien an, so konnte er zwar nie hoffen, die österreichische Hauptstadt zu erobern, wohl aber, das feindliche Hauptheer auf diesem Wege zur Schlacht zu stellen. Aus demselben Grunde marschierte auch noch Napoleon im Herbstfeldzug 1806 auf Berlin, denn die preußische Armee mußte sich ihm früher oder später stellen, weil sie die Hauptstadt decken mußte.

Erzherzog Karls später gelästerte „Schlüsseltheorie“ (Caemmerer) hatte also einen durchaus realen Kern. Die Frage war nur auch hier, ob sie noch die zentrale Bedeutung haben konnte, die Karl für sie beanspruchte. Einnahme des entscheidenden strategischen Punktes war nicht mehr gleichbedeutend mit der errungenen Herrschaft über den feindlichen Staat, solange das Hauptpotential seiner Verteidigung, eben die Armee selbst, nicht geschlagen war. Sie lief, bei ausbleibender regelmäßiger Verpflegung, nicht mehr einfach auseinander wie ein Söldnerheer. Sie fand Unterstützung bei der Bevölkerung, die sich in nationalem Haß, ja vielleicht durch bewaffneten Aufstand gegen den Angreifer mit ihr verband. Napoleons Gewißheit, die russische Armee 1812 auf der Operationslinie zu ihrem entscheidenden strategischen Punkte Moskau, zu zerschlagen, erwies sich als trügerisch. Die russische Armee nutzte die Weite des ihr zur Verfügung stehenden Raums. Mit dem Besitz Moskaus, das in Flammen aufging, war Napoleon seinem Ziel keinen Schritt näher gekommen. Im Gegenteil, er mußte sich zurückziehen, verfolgt von der Armee und dem Volk der Russen. Die in der Französischen Revolution verwurzelte neue Dimension der Kriegführung wirkte auf Frankreich zurück.

Das erstmals wieder durch Napoleon realisierte Prinzip – nach Delbrück das „natürliche Grundgesetz“ der Strategie – „die Hauptmacht des Gegners aufzusuchen, sie zu schlagen und den Sieg zu verfolgen, bis der Besiegte sich dem Willen des Siegers unterwirft und seine Bedingungen annimmt, äußersten Falles bis zur Besetzung des ganzen feindlichen Landes“ verwarf, nach Ansicht des „Niederwerfungsstrategen“, die strategische Fixierung auf geographisch-topographische Gegebenheiten. Dadurch verlor selbstverständlich das Gelände nicht seinen Wert im Zusammenhang mit konkreten Kriegs- und Kampfhandlungen. Caemmerer, als einer der schärfsten Kritiker Karls, stellt ausdrücklich fest: „Ganz gewiß hat das Gelände immer eine hohe, sehr oft eine ausschlaggebende Bedeutung für die kriegerische Handlung im Großen wie im Kleinen; aber man verliert sich in völlig unfruchtbare Gedankenspiele, sobald man es nur so ganz im allgemeinen betrachtet. Die richtige Geländebetrachtung kann erst einsetzen, wenn einer ganz bestimmten Streitkraft eine ganz bestimmte Aufgabe gestellt ist.“

Ähnlich wie mit den „Punkten“ verhielt es sich mit den „Linien“. Napoleon stellte auch die geographische Fundierung der Kriegführung, an die Erzherzog Karl noch so fest glaubte, in Frage. Clausewitz stellt fest: „Wir scheuen uns daher nicht, es als eine ausgemachte Wahrheit anzusehen, daß es in der Strategie mehr auf die Anzahl und den Umfang siegreicher Gefechte ankomme als auf die Form der großen Lineamente, in welcher sie zusammnenhängen.“ Hierzu muß aber gleich bemerkt werden, daß es noch lange Kriegstheoretiker gab – und zu ihnen gehörte vor allem der Napoleon-Interpret Jomini –, die ihre Lehren durch ein System von Lineamenten zumindest erläuterten.

Mit der Überbewertung der topographischen und geographischen Gegebenheiten stand also die Lehre Karls noch ganz in der Tradition der methodischen Kriegführung, tendierte also eher zur Vorsicht. Er hielt es für falsch, sich mit geringeren Kräften, es sei denn aus Verzweiflung, auf eine Schlacht einzulassen und gestattete den Einsatz von Reserven nur dann, wenn man sicher sein könne, daß er die Entscheidung bringe, denn in jedem anderen Fall seien sie zur Deckung des Rückzuges zurückzuhalten. Clausewitz, wie dann unter anderem auch Caemmerer und Delbrück, meinen dann ja auch, daß es Karl gar nicht um den Schlachtsieg, um die Vernichtung des Gegners gegangen sei. Aber alle diese Urteile sind, darüber muß man sich klar sein, an den Maßstäben gefällt worden, die Napoleon mit der Praktizierung der „Niederwerfungsstrategie" gesetzt hatte. Um so interessanter ist es, daß selbst Jomini in einer seiner späteren Schriften die Frage aufwirft, ob die Kriegführungsprinzipien seines Idols Napoleon in jedem Fall und für alle Zeiten der kriegerischen Weisheit letzter Schluß seien. Nach den Grundsätzen Fullers und Liddell Harts, für den „die Feldzüge des Erzherzogs Karl an Rhein und Donau 1796" zu den vorbildlichen Beispielen der Strategie des „indirekten Vorgehens" zu rechnen sind, ergeben sich ohnehin andere Maßstäbe als diejenigen, welche von den theoretisierenden und praktizierenden „Niederwerfungsstrategen" vertreten werden.

Schließlich stellt sich die Frage, ob die Theorie Karls zeitgemäß gewesen sei, nicht nur an seinen Ausführungen über die formale Taktik und Operationsführung. Es dürfen hierbei Betrachtungen nicht übersehen werden, wie er sie, wenn auch erst nach den Napoleonischen Kriegen, in einem Aufsatz über den „Geist des Kriegswesens überhaupt" anstellte. Mit seiner pädagogisch eindringlichen Art, in der er hier die moralischen Faktoren, das Verhältnis von psychologischer Situation und physischer Leistung behandelte, den Wert des Vertrauens zwischen Soldat und Vorgesetztem herausstellte, befand er sich ganz auf der Höhe seiner Zeit. Bemerkenswert sind auch seine Reflexionen über den Volkskrieg. Versuchte man doch in den regulären Armeen die besonders unliebsamen Erinnerungen an diese irreguläre Form des Krieges so gründlich zu verdrängen, daß es nach der Mitte des 19. Jahrhunderts „wieder zum guten militärischen Ton, sich über Volksbewaffnung, Volkskrieg und was damit zusammenhängt, lustig zu machen" (Rüstow) gehörte. Auch Clausewitz und Jomini nahmen den Volkskrieg noch ernst, aber während er Jomini fremd blieb, besaß Erzherzog Karl, trotz der konservativen Grundhaltung aus der heraus ja aber auch der Aufstand in Tirol ausgebrochen und von der österreichischen militärischen Führung gegen die Franzosen und Bayern benutzt worden war, eine positivere, jedenfalls durchaus realistische Einstellung zu ihm. Vor allem erkannte er hier eine Wahrheit, die doch wohl jedem, der ihn als theoretisierenden Praktiker oder praktizierenden Theoretiker abtun möchte, zu denken geben sollte: im Volkskrieg sei „nicht wie in gewöhnlichen Kriegen die strategische Ansicht das vorherrschende, überwiegende Prinzip, sondern die öffentliche Meinung. Diesem Hebel des Ganzen muß Alles unterworfen und aufgeopfert werden, denn mit ihrem Verlust ist auch alles verloren".

e. Die Militärstrategie Napoleon Bonapartes

Napoleon entwickelte Grundzüge der Operationsführung, die für das ganze 19. Jahrhundert, ja, bis in das 20. Jahrhundert hinein, maßgebend blieben. Noch kurz vor dem Ersten Weltkrieg äußerte der deutsche General Baron von Freytag-Loringhoven: „Napoleon bleibt der Schöpfer des modernen großen Krieges, trotz der Entwicklung der Kriegskunst und der Kriegsmittel" (zit. Druène).

Von Napoleon stammt das Wort: „Kriegführung ist eine einfache Kunst, und alles kommt auf die Ausführung an" (zit. ebd.). Für „die einfache Kunst" war jedoch auch hier die Fähigkeit zum Erkennen des Wesentlichen Voraussetzung. Diese Fähigkeit, auch die „Ausführung" betreffend, besaß Napoleon in einem außerordentlichen hohen, Intellekt und Intuition umfassenden Maße. Damit verkörperte er das „Geniale" auf kriegerischem Gebiet in einem umfassenderen Sinne, als es beispielsweise von Lloyd mit einseitiger Betonung des Rationalen festgestellt, von Berenhorst mit einseitiger Betonung des Emotionalen gefordert worden war. „Jede eigentümliche Tätigkeit bedarf, wenn sie mit einer gewissen Virtuosität getrieben werden soll, eigentümliche Anlagen des Verstandes und des Gemüts. Wo diese in einem hohen Grade ausgezeichnet sind und sich durch außerordentliche Leistungen darstellen, wird der Geist, dem sie angehören, mit dem Namen des Genius bezeichnet", sagt Clausewitz in seinem Buch „Vom Kriege". In seiner dann folgenden Analyse der Kriterien des „kriegerischen Genius" sollte gerade im Hinblick auf Napoleon der Satz nicht übersehen werden, es sei „der Durchschnittserfolg, welcher auf das Dasein des kriegerischen Genius deutet".

Napoleons Geschicklichkeit in der Behandlung seiner Soldaten ist unübertroffen. Während er sie vollkommen beherrschte und ungeheuere Blutopfer von ihnen verlangte, verstand er es, auch bei den einfachen Soldaten den Eindruck aufrecht zu erhalten, daß er auch als Kaiser einer der ihren geblieben sei. Auch Friedrich der Große war von seinen Soldaten verehrt worden, auch er hatte sich ihnen – freilich nur im Kriege – genähert. Er hatte für sie gesorgt, sie in bestimmten Situationen begeistert, aber der für die Zeit des Absolutismus typische riesige soziale Abstand zwischen dem geborenen Fürsten und dem einfachen Mann war hier nicht einmal zum Schein aufgehoben worden. Napoleon war der „Abgott" seiner Soldaten. Sogar Clausewitz nannte ihn den „Kriegsgott selbst" (zit. Hahlweg). Napoleon war Herrscher und Feldherr in einer Person. Diese vollständige Führungseinheit war für ihn wie geschaffen, aber für sich selbst hatte er sie sich erst einmal schaffen müssen. Napoleon führte seine eigenen, immer stärker ausgreifenden politischen Pläne auch militärisch selbst aus.

Seine Militärstrategie war nicht zu trennen von seiner politischen Strategie. Ausgehend von den durch die Revolution gegebenen Ansätzen dazu betrieb Napoleon, im Rahmen der ihm gegebenen Möglichkeiten, die noch nicht vollständig die der heutigen Zeit waren, also Gesamtstrategie im Sinne der hier vorangestellten Definition Ruges als „Gebrauch der Kräfte der Nation (des Bündnisses) zum Zwecke der politischen Auseinandersetzung . . .". Er rief die entsprechenden Reaktionen auf der Seite seiner Gegner hervor, in deren Augen er, in Abwandlung des Clausewitz-Wortes, schließlich der Satan selbst war. Die Entfesselung der Kriegführung aus ihren bisherigen Bindungen war eine Konsequenz der Revolution, aber erst Napoleon erkannte, wie sie in eine entsprechende Militärstrategie umgesetzt und seinen Zielsetzungen nutzbar gemacht werden konnte. „Die von Napoleon eingeführte Strategie wird durch seine Berechnung der einander entgegentretenden Massen gekennzeichnet, auf der er seine Pläne aufbaut. Aus dem Einsatz der Massen ergibt sich notwendigerweise ein anderer Grundsatz: Dem Krieg als wesentlichstes Ziel die Vernichtung der feindlichen Masse zu setzen", sagt Graf Yorck von Wartenburg. Dies war unter dem Begriff der „Niederwerfungs" oder „Vernichtungsstrategie", das wesentliche in seiner ganzen welterschütternden Einfachheit.

Was nun die „Ausführung" betrifft, so hatte Bonaparte einmal als junger Hauptmann gesagt, in der „Kriegskunst" gebe es kein System, jedoch zeigte er sich später empört über ein Buch, das von einem seiner jungen Offiziere stammte, dem damaligen Major Jomini, der damit seinen Ruhm als Kriegstheoretiker begründete. Dieses Buch habe man nie drukken lassen dürfen, denn das heiße ja „mein ganzes Kriegssystem den Feinden bekanntgeben!" (zit. Caemmerer). Da Napoleon selbst keine geschlossene Kriegführungslehre hinterließ, waren die Theoretiker auf Ausdeutungen seiner diesbezüglichen Äußerungen in Verbindung mit seiner Kriegspraxis, oder umgekehrt, angewiesen. Liddell Hart warnt davor, Napoleon zu wörtlich zu nehmen, denn soweit er seine Gedankengänge niedergelegt habe, „sind sie eher Flickwerk, dazu angetan, von späteren Generationen, die zu sehr am Worte klebten, mißverstanden zu werden". Zur wahren Erkenntnis gelange man erst durch die Betrachtung der Napoleonischen Kriegspraxis. Aber auch sie erfuhr durch die Historiker und Theoretiker unterschiedliche Auslegungen. Grundsätze werden an dem, was er sagte, und dem, was er tat, erkennbar. Aber es sei schon „schwer festzustellen, wie weit er diese Grundsätze selbst entwickelt hatte, und ebenso schwer herauszufinden, in wieweit er sich in seinem Vorgehen an die sich selbstgesetzten Regeln hielt oder den Umständen Rechnung trug" (Druène). Als große Feldherren sah Napoleon Alexander, Hannibal, Caesar, Gustav Adolf, Turenne, Prinz Eugen und Friedrich den Großen an – letzterer übte auf ihn den stärksten Einfluß aus. Mitbestimmt war sein militärisches Denken u. a. von Folard, Lloyd und vor allem natürlich Guibert. Napoleon stellte „die gesamte Kriegskunst auf den Kopf und krönte die völlige Umgestaltung mit jenen Elementen und Methoden, die Friedrich II., Washington, Suworoff, Carnot und die Soldaten der Revolution vorbereitet hatten, und die nach den Worten von Marschall Foch ‚Das Wesen und die Dimensionen des Krieges' änderten" (ebd.).

Trotzdem glaubt man, in Napoleons Kriegführung bestimmte methodische Grundzüge feststellen zu können. Nach Caemmerer bevorzugte er die Operationen auf der inneren Linie mit dem Ziel des strategischen Zentrumsdurchbruchs, wie er ja auch den taktischen Zentrumsdurchbruch bevorzugt habe. Caemmerer stützt sich hierbei auf die in Deutschland für die Napoleonische Kriegführung grundlegende Untersuchung Yorck von Wartenburgs, und stellt fest: „Auf die doppelte Umfassung, auf die Ausnutzung äußerer Linien, ist Napoleon da, wo er die Gestaltung der Dinge mit einiger Freiheit selbst in die Hand nehmen konnte, von Anfang an niemals ausgegangen, weil er . . . ihren Grundgedanken für fehlerhaft hielt." Daß Napoleon die innere Linie bevorzugt habe, lehrte bereits Jomini. Delbrück dagegen betont, daß Napoleons Operationsführung zwar frei von jedem Schematismus gewesen sei, daß aber eine Grundform häufig wiederkehre: „Er schiebt beim Aufmarsch seine ganze Macht auf den einen Flügel oder in die eine Flanke des Gegners, sucht ihn zu umfassen, von seiner Basis abzudrängen und ihn auf diese Weise möglichst vollständig zu vernichten." Der französische General Camon, einer der autorisierten Interpreten dieser Thematik, sieht beide der skizzierten Operationsformen als typisch für Napoleon an.

Chandler erkennt drei Grundformen. Erstens die „Durchbruchsstrategie“, die häufig bei Eröffnung eines Feldzuges angewendet wurde, wenn eine Grenzverteidigung zu durchbrechen oder ein erhebliches Hindernis zu überwinden war. Dazu zwang Napoleon den Feind zunächst durch Nebenangriffe und Täuschungen dazu, sich auszudehnen, was den Durchbruch erst ermöglichte oder zumindest erleichterte. Als Beispiele für diesen operativen Durchbruch führt Chandler die Überquerung des Mincio bei Borghetto 1796, des Njemen 1812 und der Sambre bei Charleroi 1815 an. Diese Operationsart sei bei ungenügender Vorbereitung jedoch besonders riskant gewesen, wie ihr Scheitern 1809 bei Aspern gezeigt habe. Für wichtiger hält Chandler die beiden anderen, bereits angedeuteten Methoden, auf deren Grundlagen der Feldzug dann weitergeführt wurde. Er nennt sie die Strategie der „zentralen Position“ – wie sie auch Camon nennt – und das „Umfassungsmanöver“. Bei der ersteren wurde, um den Gegner auseinanderzusprengen und seine einzelnen Teile zu schlagen, die Armee in vier Teile – Vorhut, linker Flügel, rechter Flügel und Reserve – geteilt. Die Vorhut hatte die Aufgabe, die ‚zentrale Position‘ zu entdecken und einzunehmen. Während jeder der beiden Flügel einen von zwei Teilen des Gegners zunächst fesselte, wurde die notwendige örtliche Überlegenheit bei einem durch Einsatz der Reserve erreicht. Als Beispiel für die Strategie der „zentralen Position“ führt Chandler das Manöver von Montenotte und Ceva 1796 sowie die Operation nach Überquerung der Sambre im Juli 1815 an. Chandler weist auch auf die Nachteile dieser Methode hin: Die Tatsache, daß immer nur ein Teil des Feindes geschlagen werden konnte, während der andere, nur gefesselte, seine Kampfkraft behielt, sowie die Möglichkeit, daß beide Feindteile zwar getrennt, aber so nahe beieinander blieben, daß sie sich gegenseitig unterstützen konnten. „So zog Blüchers Armee nach Ligny am 16. Juni 1815 nordwärts ab (gewiß zum Teil aus Zufall) und blieb dadurch in Marschdistanz von Wellington, statt sie entlang ihrer Nachschublinie nach Südosten zurückzuziehen, wie Napoleon angenommen hatte. Infolgedessen konnte Blücher im kritischen Augenblick der Schlacht bei Waterloo zwei Tage später entscheidend eingreifen.“ Das „Umfassungsmanöver“ nennt Chandler auch die Strategie der „indirekten Annäherung“. Hierbei zog ein kleiner, dicht geschlossener Teil der französischen Armee den Angriff der feindlichen Hauptmacht auf sich. Währenddessen marschierten die französischen Hauptkräfte, dem Blick des Gegners durch Geländedeckung und Kavallerieschleier entzogen, ihm in den Rücken. „Diese Methode wandte Napoleon in wechselnder Form wenigstens dreißigmal zwischen 1796 und 1815 an“ – nicht immer, aber einige Male mit durchschlagendem Erfolg. Zu Mißerfolgen führte sie bei Lodi 1796, bei Allenstein 1807 und bei Smolensk 1812, zum Erfolg dagegen während der Feldzüge in Italien 1800 sowie in Deutschland 1805 und 1806, hier zum Doppelsieg bei Jena und Auerstedt.

Das Urteil vieler, bis in die Gegenwart hinein als für die Interpretation Napoleonischer Kriegführung maßgebend erachteter deutscher Theoretiker, die Ende des 19. und Anfang des 20. Jahrhunderts wirkten, ist wesentlich geprägt von Clausewitz, der die Kriegsepoche Napoleons „wohl am tiefsten in ihrem Wesen erkannt und theoretisch faßbar gemacht hatte“ (Hahlweg). Hierbei wird jedoch der kriegsphilosophischen Dimension des Werkes von Clausewitz oft zu wenig Beachtung geschenkt. Man sucht sich „in der Zusammenstellung praktischer ‚Lehren‘ oder ‚Anweisungen‘ für den Truppengebrauch nützlich zu machen“ (ebd.). So werden Formulierungen von Clausewitz, die lediglich die abstrakte „Natur“

des Krieges und das Wesen der Kriegführung aus den Erfahrungen mit den Napoleonischen Kriegen zu klären versuchten, allzuleicht als Postulate für die Kriegspraxis aufgefaßt. Wenn Clausewitz feststellt, daß der Krieg seiner „Natur" nach zur „äußersten Anwendung der Gewalt" tendiert, so ergibt sich daraus zwangsläufig, daß er zur Niederwerfung des Feindes tendiert. Hier aber wären für die Kriegspraxis, die, wie Clausewitz sagt, „Modifikationen in der Kriegswirklichkeit" zu beachten. „Wenn man, fest an dem Absoluten haltend, alle Schwierigkeiten mit einem Federstrich umgehen und mit logischer Strenge dabei beharren wollte, daß man sich jederzeit auf das Äußerste gefaßt machen und jedesmal äußerste Anstrengung daransetzen müsse, so würde ein solcher Federstrich ein bloßes Büchergesetz sein und keins für die wirkliche Welt."

Delbrück nimmt das Napoleonische Grundprinzip der Niederwerfung der feindlichen Streitkraft so wörtlich, daß er die von anderen Autoren getroffene Feststellung, Napoleon habe auch gegen feindliche Versorgungslinien operiert, als absurd hinstellt – denn für Delbrück wäre das ein typisches Kennzeichen der „Ermattungsstrategie" gewesen. Rückwärtige Verbindungen des Feindes hätte Napoleon nur als dessen Rückzugslinien interessiert, auf die er sich gelegt habe, um den Feind abzufangen. Chandler ist der genau entgegengesetzten Ansicht: Gegen Streitkräfte vom Typ des 18. Jahrhunderts, mit denen Napoleon es ja zunächst zu tun hatte, sei sein Schlag „schlau darauf angelegt, die Achillesferse einer solchen Armee zu treffen: Ihre Versorgungs- und Administrationssysteme. Sämtliche zeitgenössischen Armeen, mit Ausnahme allein der französischen, waren auf die Einrichtung von Depots und Magazinen und auf das regelmäßige Eintreffen von Nachschubkolonnen an der Front angewiesen. Unterbrach man den Fluß dieser Versorgung und schnitt man zugleich die Rückzugslinie ab, konnte man manchen Gegner zwingen, jeden weiteren Angriffsgedanken aufzugeben und sich stattdessen in den verzweifelten Versuch zurückzuziehen, die Verbindungslinien wieder herzustellen. Damit war dem Gegner jede Initiative genommen und er gleichzeitig psychisch aus der Ruhe gebracht. Mehr noch: Die französische Hauptarmee erwartete, bereit zum Losschlagen, in einer vorher ausgesuchten Position den Gegner".

Ein interessanter Gegensatz ergibt sich hieraus auch zwischen den Auffassungen von Delbrück und Liddell Hart. Für Delbrück ist Napoleon der erste „Niederwerfungsstratege" der Neuzeit, während für Liddell Hart auch Napoleon Zeugnis ablegt für die grundsätzlich zu allen Zeiten nachweisbare Überlegenheit der „indirekten Methode". „Die Geschichte der Strategie ist grundsätzlich eine Sammlung aller Anwendungsfälle und Weiterführungen des Begriffs des ‚indirekten Vorgehens'." In der von ihm selbst als häufigste operative Grundform angesehenen Umfassung sieht Delbrück offenbar die wirkungsvollste Form der „Niederwerfungsstrategie" Napoleons. Demgegenüber liegt für Liddell Hart die Hauptwirkung eines solchen Angriffs darin, daß er indirekt, also nicht gegen die Front des Feindes und nach Möglichkeit überhaupt nicht unmittelbar gegen das feindliche Heer, sondern gegen seine Verbindungen und gegen seine Versorgungsbasis erfolge. Auch Chandler meint ja, man könne statt „Umfassungsmanöver" „indirekte Annäherung" sagen. Zu allen Zeiten – so Liddell Hart – sei es klüger, diese indirekte Lösung anzustreben, mit der das Ziel – Ausschaltung der feindlichen Kampfkraft – kräftesparender erreicht werde, als wenn man von vornherein auf die Vernichtungsschlacht hinoperiere, die auch im Falle des eigenen Sieges stets mit hohen eigenen Verlusten verbunden sei. „Das manoeuvre sur les derrières, um das sich bei Napoleons Handlungen alles drehte, wie aus den Untersuchungen von General Camon hervorgeht, gehört auch hierher, wobei die Strategie des indirekten Vorgehens der Oberbegriff ist." Eine hohe Bedeutung mißt Liddell Hart – ebenfalls als einer Form der „indirekten Methode" – der psychischen Zermürbung des Gegners bei, und Chandler stellt in bezug auf Napoleon fest: „Die Methoden des Kaisers beruhen darauf, daß er seine Gegner psychisch beherrschte, indem er sie geschickt furchtsam, verwirrt und unsicher machte. Diese geistige Konditionierung war von hoher Bedeutung, und in zahlreichen Schlachten vor 1812 war der Gegner häufig schon mehr als zur Hälfte besiegt, ehe der erste Schußwechsel stattgefunden hatte. Napoleon nutzte ganz bewußt sein Charisma aus, indem er den Mythos der Unbesiegbarkeit aufbaute."

Diese unterschiedlichen Ansichten sind aus der Sicht des deutschen Betrachters insofern verwirrend, als die „indirekte Methode", in der Interpretation durch Liddell Hart wesentliche Grundzüge der „Ermattungsstrategie" beinhaltet, die Delbrück so streng von der mit Napoleon in der Neuzeit beginnenden „Niederwerfungsstrategie" geschieden wissen will.

Delbrück stützt sich hierbei auf die weiter oben zitierte Äußerung von Clausewitz über die „doppelte Art des Krieges", nach der es einmal Ziel sein kann, den Gegner niederzuwerfen, zum andern aber auch, sich mit einer beschränkten Aktion zu begnügen. „Hinter dieser einfachen, und wie wir sagen müssen: zu einfachen Definition verbirgt sich ein ganzer Komplex von Problemen" (Kessel). Diese zweite „Art des Krieges" definiert Delbrück als „Ermattungsstrategie" und stellt sie der „Niederwerfungsstrategie" als eine ihrem Wesen nach andere Strategie gegenüber. Tatsächlich braucht ja aber die Absicht, den Gegner zu ermatten, nicht gleichbedeutend zu sein, mit einer beschränkten Zielsetzung. Sie kann im Rahmen einer Gesamtoperation, die letztlich auf Niederwerfung abzielt, durchaus zunächst einmal der Schwächung des Gegners dienen, um ihn dann mit um so mehr Erfolgsaussichten zu schlagen.

Trotzdem scheinen Widersprüche zu bleiben, die wohl großenteils auf Napoleons eigene Äußerungen zurückgehen. „Wenn wir von seiner Kunst sprechen wollen, sind Ausdrücke wie Doktrin, Methode, System, Verfahren zu starr und zu kleinlich gegenüber seiner großzügigen und doch präzisen, elastischen und doch zähen Art" (Weygand). Andererseits sagt Kessel: „Napoleon hat... bewußt eine Doktrin ausgebildet, während sein Genie unbeeinflußt von ihr gehandelt hat. Es kann auch kein Zweifel sein, daß Napoleon im Laufe der Zeit doktrinärer geworden ist, wobei gewisse in seiner Persönlichkeit und in seiner Zeit liegende Bedingtheiten seiner Kriegführung offenbar eine Rolle gespielt haben." Napoleon widerspricht sich selbst, wenn er einmal davon redet, daß es keine genauen Regeln gebe, dann wieder davon, daß jede Kampfhandlung nach einem bestimmten System durchgeführt werden müsse. Geistiges „Flickwerk", wie Liddell Hart sagt? Oder hat Weygand recht, wenn er meint, hier handle es sich nur um scheinbare Widersprüche, „denn sie sind ohne Rücksicht auf die Umstände, auf die sie sich beziehen, aus dem Zusammenhang gerissen"? Man wird sich wohl dahingehend einigen können, daß aus der Kriegführung Napoleons weniger Methoden als vielmehr Grundsätze zu entnehmen sind. So stellt Weygand fest: „Er hielt sich an die Grundsätze, aber er vervollkommnete unausgesetzt ihre Anwendung."Die wichtigsten Prinzipien der Napoleonischen Operationsführung gehen aus der ebenso knappen wie inhaltsschweren Zusammenfassung Druènes hervor:

„In moralischer Hinsicht erreichte er sein Ziel durch seine unerwarteten Angriffe, in materieller durch die blitzartige Konzentrierung seiner Kräfte an der entscheidenden Stelle. Selbst wenn er zahlenmäßig unterlegen war, wußte er sich die Überlegenheit der Kräfte und Mittel am ausgewählten Punkt zu sichern. Er bemühte sich nicht – wie es bisher Mode war – einzig und allein um den Sieg, der manchmal Sieger und Besiegte gleichermaßen erschöpfte. Es ging ihm nicht um ein eng begrenztes Ziel wie die Belagerung oder Entsetzung einer Festung oder die Eroberung irgendeines geographischen Punktes. Er strebte nach der Vernichtung der feindlichen Armee durch die einleitende Operation, eine energische Gefechtsführung und eine beharrliche, mit allen Kräften und Mitteln bis zur Grenze der Leistungsfähigkeit von Mann und Roß geführten Verfolgung."

f. Jena und Auerstedt (1806)

Die kriegsgeschichtliche Bedeutung

Die Doppelschlacht bei Jena und Auerstedt ist deshalb für die Kriegsgeschichte von besonderer Bedeutung, weil in ihr nicht nur die preußische Armee und mit ihr der preußische Staat eine entscheidende Niederlage erlitten, sondern damit zugleich auch das Militärsystem des 18. Jahrhunderts gerade in dem Staat, der dafür zuletzt als vorbildlich angesehen worden war, zusammenbrach. Die tieferen Gründe dafür lagen in dem überalterten Militärsystem als Teil der staatlichen und gesellschaftlichen Verhältnisse, die trotz reformatorischer Ansätze überaltert waren. Militärische Reformen, wie die Einführung von Schützen bei der Linieninfanterie, Bildung der Füsiliere, Einrichtung des Generalstabes und auch die noch im letzten Augenblick von Scharnhorst durchgesetzte Divisionseinteilung, reichten nicht aus oder kamen zu spät, als daß sie in der Lage gewesen wären, eine grundlegende Wandlung in der Auffassung von Kriegführung zu bewirken. Der unmittelbare Grund für diese Niederlage größten Ausmaßes ist in dieser rückständigen Auffassung, weniger in den rückständigen taktischen Formen und militärtechnischen Details zu suchen. Er lag auch nicht im Söldnercharakter der preußischen und verbündeten sächsischen Soldaten, die sich dort, wo sie richtig eingesetzt wurden, tapfer schlugen.

„Die staatstragende Schicht arbeitete in ihrer Mehrheit noch immer tüchtig und war unter normalen Bedingungen zuverlässig. Sie versagte aber, als sie sich 1806 plötzlich vor eine außergewöhnliche Situation gestellt sah. Gewöhnt, nur auf Befehl von oben zu handeln, gingen vielfach Offiziere und Beamte jeder Entscheidung aus dem Wege." (Handbuch Bd. 1, Abschn. II, S. 82)

Daß die preußische Armee so vollständig versagte, lag also daran, daß sie auf die Napoleonische Art der Kriegführung, wie sie soeben umrissen wurde, gar nicht eingestellt war. Dies betraf natürlich vor allem ihre Führung, die keineswegs, wie das oft behauptet worden ist, aus müden Greisen bestand, sondern aus durchaus befähigten Generälen, die ihre Prägung durch Friedrich den Großen erfahren hatten, aber über dessen Maxime nicht hinausgelangt waren – woran sie übrigens auch durch ihren Hochmut gegenüber allem, was mit der Revolution zusammenhing, gehindert wurden. Die Folge war dann allerdings ein völliges Versagen, wobei aber auch noch zu berücksichtigen ist, daß sie nicht irgendeinem tüchtigen General, sondern einem der größten Feldherrn der Geschichte gegenüberstanden.

Der „lähmende Einfluß" (Goltz), den dann Napoleon zunehmend auf sie ausübte, ließ sie schließlich Fehler begehen, die selbst nach der alten Doktrin, der sie anhingen, unverzeihlich waren.

Die politische Ausgangssituation

1795 war Preußen aus der Koalition gegen Frankreich ausgeschieden und versuchte, sich mit halben diplomatischen Maßnahmen nach beiden Seiten hin aus der großen Auseinandersetzung herauszuhalten. Es nahm 1805 nicht am Kampf gegen Napoleon teil. Napoleons Sieg über die Österreicher bei Austerlitz (2.12.1805) veränderte die politische Lage entscheidend zu seinen Gunsten. Er sah sich als Nachfolger Karls des Großen und dicht vor dem Ziel einer Universalmonarchie. Franz II. legte die römisch-deutsche Krone nieder und war von nun ab nur noch Kaiser von Österreich. Zum Krieg zwischen Preußen und Frankreich kam es 1806, als Napoleon Großbritannien, mit dem sich Frankreich im Krieg befand, dadurch für den Frieden zu gewinnen hoffte, daß er König Georg III. die Rückgabe des Kurfürstentums Hannover anbot. Hannover hatte er aber kurz vorher, als Ausgleich für an ihn abgegebene preußische Gebiete in Westdeutschland, Preußen zugesprochen. Preußen hatte Hannover besetzt und befand sich mit England im Kriege. Allerdings fühlte sich auch Frankreich von Preußen hintergangen, da letzteres Geheimverhandlungen mit Rußland, dem Verbündeten Englands, führte. Preußen machte am 9. August mobil. Kein Zeitpunkt hätte jedoch ungünstiger sein können: von dem besiegten Österreich war keine Hilfe zu erwarten, Napoleon hatte im Rheinbund eine Koalition deutscher Fürsten auf seine Seite gebracht, Rußland hatte Preußen zwar Hilfe versprochen, war aber noch nicht in der Lage, sie zu leisten. Preußen schlossen sich nur Sachsen und Weimar an. Napoleon hielt Preußen hin, um zunächst mit Rußland zum Frieden zu kommen und damit eine Unterstützung Preußens und eine gegen ihn gerichtete Koalition zu verhindern. Als Rußland am 3. September ablehnte, war Napoleon zum Angriff auf Preußen entschlossen. Es war seine Absicht, Preußen auf dem Vormarsch nach Berlin noch vor Eingreifen Rußlands zu schlagen.

Die Operationen

Napoleon gab also nicht die Hauptmacht des Feindes, sondern Berlin als Operationsziel an. Damit fiel er freilich nur scheinbar in die an Orten und Positionen orientierte Kriegführung des 18. Jahrhunderts zurück, denn es war ihm klar, daß die preußische Armee Berlin gegen seine Offensive decken würde, daß sein Marsch auf ihre Hauptstadt der sicherste Weg war, sie zum Kampf zu stellen und zu schlagen. Er begann aus seinen Streitkräften, die zwischen der Sieg und Amberg eine erste, zwischen dem Neckar und Passau eine zweite Linie bildeten, eine Armee zwischen Bamberg und Bayreuth zusammenzuziehen.

Auf der Gegenseite lag neben anderen ein Plan vor, die Armee bei Naumburg zu versammeln, um den Franzosen entweder über Gotha-Erfurt-Weimar oder Zeitz-Altenburg-Penig mit straff zusammengehaltenen Kräften entgegen zu treten. „Es ist dies ungleich der einfachste und verständigste Vorschlag, der auf preußischer Seite gemacht worden ist. Man stellte Masse gegen Masse, behielt volle Freiheit des Handelns und wahrte die Einheit des Kommandos" (Lettow-Vorbeck). Es ist interessant, daß dieser, der Napoleonischen Operationsführung entsprechende Plan vom Herzog Karl Wilhelm Ferdinand von Braunschweig stammte, der sich unter Friedrich II. als Truppenführer hervorragend bewährt hatte. Es herrschte auch hierin noch ganz der Stil des 18. Jahrhunderts: Der Herzog übernahm das Oberkommando in seiner Eigenschaft als preußischer Feldmarschall – das Land, dessen Herr er war, blieb neutral! Der Herzog, zu dem später Oberst von Scharnhorst als Generalstabschef kam, war keine souveräne Feldherrnpersönlichkeit mehr. Er suchte Anlehnung bei König Friedrich Wilhelm III., der ihm ja aber gerade deshalb die Führung seines Heeres übertragen hatte, weil er sie sich selbst nicht zutraute. Da der Herzog aber ungern ohne den König Entschlüsse faßte und der König ständig im Hauptquartier weilte, lag die Verantwortung eben doch beim König, der schwer an ihr trug, weil auch er sich nur schwer entscheiden konnte. Darum hielt er immer wieder Kriegsrat ab und hörte sich jede Meinung an.

Der Angriffsplan des Herzogs wurde verworfen. Es wurden zwei Armeen – die Hauptarmee unter ihm und eine weitere unter dem General Fürst Hohenlohe-Ingelfingen – sowie ein selbständiges Korps unter dem General von Rüchel gebildet. Zurückbleiben sollte ein weiterer selbständiger Großverband, des Reservekorps unter dem Herzog von Württemberg. Auch Hohenlohe war kein Preuße, sondern als souveräner Fürst in Süddeutschland ansässig. Von dort kam auch sein Generalstabschef, der im Zusammenhang mit der Entstehung des preußischen Generalstabs bereits erwähnte Oberst von Massenbach. Massenbach wird als Großsprecher, Wirrkopf und militärischer Scharlatan charaktrerisiert, jedenfalls übte er auf den menschlich sehr noblen, sehr beliebten, auch militärisch sehr angesehenen Hohenlohe einen ungünstigen Einfluß aus. Hohenlohe hatte nämlich ein blindes Vertrauen zu Massenbach gefaßt. Friktionsgefahren liegen bei der Kriegführung – ganz abgesehen von mangelnden fachlichen Fähigkeiten – bereits in den Charakteren der führenden Persönlichkeiten und ihrem Verhältnis zueinander, wie Scharnhorst richtig erkannt hatte. Als kriegsgeschichtliches Beispiel dafür bieten sich die Personen auf den höchsten Führungsebenen des preußischen Heeres im Jahre 1806 geradezu an.

Hohenlohe wollte den getrennten Einsatz der beiden Armeen. Auch der König – möglicherweise aus Dankbarkeit dafür, daß Hohenlohe ihm die Treue gehalten und sich nicht dem Rheinbund angeschlossen hatte – entschied sich für die Auffassung, daß bei einer allgemeinen Versammlung bei Naumburg keine Verbindung zu Kurhessen bestehe, das man durch Schutz vor Napoleon auf die eigene Seite zu bringen hoffte. Sachsen, das ohnehin nur widerwillig das Bündnis mit Preußen eingegangen war, sei einem französischen Angriff ausgeliefert. So sollte nur die Hauptarmee bei Naumburg, die Armee Hohenlohe jedoch zum Schutze Dresdens bei Chemnitz versammelt werden. Die Hauptschlacht sollte in Sachsen stattfinden, wozu das Korps Rüchel von Fritzlar-Melsungen aus mit den Hessen nach Süden vorstoßen und den Franzosen die Verbindung abschneiden sollte. Dieser Defensivplan wurde dann wieder geändert in einen Plan, mit dem versucht wurde, eine halbherzige Offensive mit dem defensiven Schutz der rückwärtigen Landesteile zu verbinden. Die Hauptarmee sollte am 2. Oktober von Naumburg aus, die Armee Hohenlohe von Chemnitz aus zwischen Werra und Saale in breiter Front aufmarschieren und über den Thüringer Wald gegen den Main vorgehen. Rüchel sollte im Westen über Marburg hinaus demonstrieren und das Gerücht ausstreuen, es sei ein Angriff der Hauptarmee gegen den Rhein geplant. Eine entsprechende Aufgabe fiel dem General Graf Tauentzien zu, der mit einem Detachement der Armee Hohenlohe von Hof gegen Amberg und Nürnberg demonstrieren sollte. Die Stellungen der Franzosen sollten in der Mitte zwar „mit entscheidender Übermacht“ durchbrochen werden, wobei man aber von vornherein nicht weniger als – bei Mitwirkung der Hessen, zu der es nicht kam – ein Drittel der Streitkräfte zu bloßen Demonstrationszwecken einzusetzen gedachte. Die breite Operationsfront sollte sich allerdings im Vorgehen auf die Linie Meiningen-Hildburghausen verengen, die bis zum 12. Oktober zu erreichen war. Zunächst sollten aber die 120000 Mann preußisch-sächsischer Streitkräfte zwischen Fulda und Saale verteilt werden. Ein Schwerpunkt war nicht erkennbar, weil diese breite, dünne Offensivlinie notfalls zur Defensivstellung werden sollte. Man rechnete mit dem französischen Angriff, aber ohne zu wissen, in welcher Richtung er geführt werden würde. Es war nur die Frage, wie man bei dieser Frontausdehnung am Angriffspunkt des Gegners dann mit der gebotenen Schnelligkeit die „entscheidende Übermacht“ erreichen wollte. Zweifellos, dieser Plan atmete den Geist des 18. Jahrhunderts, aber doch schon einen sehr abgestandenen, indem man die Kriegführung mit dem Kordonsystem identifizierte. Die Aufklärung war miserabel. Man bewegte sich hierbei in völlig schwankenden Größenordnungen. Nachdem der Vorschlag, mehrere große, waffenmäßig gemischte Detachements über den Thüringer Wald hinweg aufklären zu lassen, vom König nicht genehmigt worden war, begnügte man sich damit, einen Generalstabsoffizier allein diesen Auftrag ausführen zu lassen. Die Versorgung war derart schlecht organisiert, daß die Truppe hungerte und die Sachsen aus diesem Grunde zu einem bestimmten Zeitpunkt nach Hause marschieren wollten.

Nach den Berechnungen von Lettow-Vorbeck bestand die Hauptarmee aus 58000, die Armee Hohenlohe, einschließlich einer sächsischen Division und des Korps Tauentzien aus 46500, das Korps Rüchel aus 15260 Mann. Sächsische Truppenteile gehörten auch zu sonst preußischen Verbänden. Die Armeen waren in Divisionen geteilt. Der Begriff „Korps“ bezeichnete noch immer einen detachierten Verband. Das Korps Rüchel entsprach kräftemäßig einer starken, das Korps Tauentzien einer schwachen Division. Im übrigen war die Divisionseinteilung in der preußischen Armee noch so neu und ungewohnt, daß man sich nicht immer an sie hielt.

Napoleon hatte die preußische Armee zunächst hinter der Elbe in einer Verteidigungsstellung vermutet, weil dies für die Preußen die beste Position gewesen wäre, um sich mit den im Anmarsch befindlichen russischen Unterstützungskräften zu vereinigen. Die Preußen hatten ihre Ausgangsbasis jedoch vorverlegt, weil sie nur von hier aus hoffen konnten, die Unterstützung der Sachsen und Hessen zu gewinnen. Der Kurfürst von Hessen lehnte jedoch ab. Die Nachrichten, die Napoleon über den Feind erhielt, waren ungenau, übertrieben oder geradezu falsch. Immerhin wurde deutlich, daß die Preußen nicht an der Elbe stehen geblieben waren, was Napoleon unter operativem Aspekt für eine Torheit hielt. Er vereinigte 160000 Mann auf dem rechten Flügel seiner Gesamtaufstellung in Deutschland und entblößte dafür den Raum zwischen Rhein und Bamberg von französischen Truppen. Den frontalen Angriff der Preußen fürchtete er schon deshalb nicht, weil seine Verbindungen besser waren. Als kritisch betrachtete er die Lage jedoch so lange, wie er die Preußen nicht über die Elbe zurückgeworfen hatte. Versuchten sie ihn vorher links zu umgehen, wollte er sie auf den Rhein werfen. Er legte größten Wert darauf, daß Wesel zum Schutz der linksrheinischen Länder festgehalten wurde.

Napoleon hielt seinen Operationsplan so geheim, daß er sogar seinen Generalstabschef Berthier viel zu spät in ihn einweihte. Daraus ergaben sich Fehler und Mißverständnisse in der Befehlsgebung. Nach den einleitenden Truppenbewegungen sollte der eigentliche Vormarsch am 7. Oktober beginnen. Dafür wurden drei Kolonnen, von denen jede in der ersten Welle, wie man heute sagen würde, aus zwei Korps bestand, über Coburg, Kronach und Bayreuth nach Norden angesetzt. Dahinter hatten als zweite Welle rechts eine bayerische Division, in der Mitte die Garde und die Reservekavallerie zu folgen. Die übrige Kavallerie war nicht den Divisionen, sondern den Korps unterstellt. Die rechte Kolonne bestand aus 50000, die mittlere aus 70000 und die linke aus 40000 Mann. Die mittlere und beste Straße, auf der die stärksten Kräfte marschierten, stellte zugleich die Operationslinie dar und führte nach Leipzig. Die drei Straßen waren nur jeweils einen Tagesmarsch voneinander entfernt. In dieser Ausgewogenheit von Breite und Tiefe, dieser relativen Geschlossenheit mit der dadurch gegebenen Möglichkeit verhältnismäßig schneller gegenseitiger Unterstützung der großen Verbände, zur Front- und überhaupt Formveränderung erinnerte diese Ordnung an eine kolonnentaktische Formation und wurde daher von Napoleon „Bataillon carré“ genannt. Wegen der unterschiedlichen Abmarschzeiten befanden sich die einzelnen Kolonnen aber nicht auf gleicher Höhe. Grundsätzlich sollte zum Angriff auf die mittlere Kolonne zusammengeschlossen werden, womit sofort eine Angriffsformation hergestellt war. Deshalb kam es Napoleon vor allem darauf an, die Querverbindungen genau erkunden zu lassen, denn die damaligen Karten gaben darüber keine genaue und zuverlässige Auskunft. Darum diente die vereinigte Kavallerie unter dem Marschall Murat, der auch die Reservekavallerie führte, vor der Operationsfront vor allem dem Zwecke dieser Erkundung. Die Aufklärungsergebnisse ergaben lange kein klares Bild über Stellung und Absicht des Gegners, der sowohl auf der Linie Gotha-Weimar, wie im Rückzug von Hof auf Plauen (Tauentzien) und mit starken Kräften dort selbst festgestellt worden war.

Am 7. Oktober waren die preußisch-sächsischen Streitkräfte so weit vorgerückt, daß das Korps Rüchel im Werraknick nördlich Kreuzburg, die Hauptarmee zwischen nördlich Eisenach und südostwärts Gotha, die Armee Hohenlohe zwischen südostwärts Erfurt und nordostwärts Rudolstadt links der Saale und die Sachsen noch bei Roda rechts der Saale standen. Das Observationskorps Tauentzien wich aus seiner exponierten Stellung bei Hof nach Schleiz aus, noch bevor es den Befehl dazu erhalten hatte.

Man hatte von den französischen Angriffsabsichten erfahren. Daraufhin beschränkte man sich auf die Defensive. Es wurde angenommen, daß der französische Angriff gegen Sachsen und den linken Flügel der Aufstellung geführt werden würde, hielt ihn aber auch gegen den rechten Flügel für möglich. Einen französischen Vormarsch ostwärts der Saale auf Leipzig hätte man durch eine Flankenstellung mit Front nach Osten auf dem westlichen Saaleufer bedrohen können. Für diese Flankenstellung bei Jena hat sich später Clausewitz ausgesprochen. Wäre sie von den Franzosen angegriffen worden, wäre der Angriff durch den Flußübergang stark behindert worden; wären die Franzosen an ihr vorbeimarschiert, hätten die Preußen-Sachsen über die Saale vorbrechen und ihnen in den Rücken fallen können. Man neigte jedoch eher dem Vorschlag von Massenbach zu, mit beiden Armeen auf das östliche Saaleufer zu gehen, sich den Franzosen vorzulegen und Sachsen zu decken. Nur Rüchel sollte als Observationskorps im Westen bleiben. Für Versammlung und Flußübergang waren bei der weiträumigen Aufstellung umständliche Märsche und Vorbereitungen nötig, aber auf Grund der noch immer laufenden Verhandlungen mit Frankreich wegen der Räumung Deutschlands erwartete man den französischen Angriff nicht vor dem 9. oder 10. Oktober. Am 8. Oktober demaskierte Napoleon durch ein Bulletin seinen schon im Gang befindlichen Vormarsch als Krieg gegen Preußen.

Wirklich entschlossen, den Feind auf dem östlichen Saaleufer zu erwarten, waren nur der Fürst Hohenlohe und sein Generalstabschef. Im preußischen Hauptquartier zögerte man, nachdem man erfahren hatte, daß sich der Feind bereits gegen den linken Flügel im Anmarsch befand. Man hielt einen Flußübergang angesichts des Feindes für zu gefährlich. Der Herzog von Braunschweig konnte sich nur zu der halben Maßnahme entschließen, beide Armeen am westlichen Salleufer für einen eventuellen Übergang zu versammeln. Rüchel sollte über Fulda und Hammelburg möglichst bis Würzburg vorgehen und die feindlichen Verbindungen stören.

Als der Feind Saalburg genommen hatte und schon vor Gräfenthal und Schleiz stand, gab Hohenlohe dem Drängen Massenbachs – und sächsischem Einfluß – nach und ordnete für seine Armee gegen den Befehl des Herzogs von Braunschweig den Übergang auf das östliche Saaleufer an. Der Befehl Hohenlohes wurde dann, nach Gegenvorstellung des Herzogs, zwar nicht ausgeführt, aber die Sachsen und eine preußische Abteilung blieben rechts der Saale und wurden gegen den Feind nach Süden vorgeschoben. Das Saalebett trennte die Aufstellung. Die führungs- und versorgungsmäßige Struktur war durcheinandergeraten.

Östlich der Saale bei Schleiz, also den übrigen Kräften voraus, stand auch das Observationskorps Tauentzien. Hier kam es am 9. Oktober zum Gefecht, als Murat, vor der mittleren französischen Kolonne, den Straßenknotenpunkt Schleiz in die Hand bekommen wollte. Tauentzien zog sich, ohne verfolgt zu werden, auf die Sachsen und Preußen zurück, die südwestlich Gera standen. Am Abend dieses Tages war die Lage der Verteidiger folgende: Rüchel, in Abteilungen weit auseinandergezogen, zwischen Werra und Gotha, Hauptarmee versammelt bei Erfurt, Masse der Armee Hohenlohe auf dem westlichen Ufer der Saale zwischen Jena und Rudolstadt verteilt, die Avantgardedivision bis Saalfeld vorgeschoben. Mit den preußischen und sächsischen Teilen östlich der Saale hatte diese weitläufige, zerrissene Aufstellung eine Ausdehnung von 120 Kilometern.

Auch die Lage der Franzosen war keineswegs problemlos. Ihre Verbände hatten sich beim Vormarsch in der Tiefe so weit auseinandergezogen, daß sie für den Kampf nicht ohne weiteres zusammengefaßt werden konnten. An der Spitze der linken Kolonne marschierte das Korps Lannes, hinter dem das Korps Augereau zurückblieb. Lannes wollte bei Saalfeld den für ihn sehr wichtigen Saaleübergang gewinnen und stieß dabei auf die Avantgarde Hohenlohes. Sie wurde geführt vom Prinzen Louis Ferdinand von Preußen, der Prinz hatte dieses Kommando erst kurz vorher übernommen. Da Marschall Lannes die preußischen Kräfte für gering hielt, unterließ er es, Marschall Augereau zu benachrichtigen, ja, er setzte nur seine vorderste Division und zwei Kavallerieregimenter ein.

Das schwere Gefecht, das sich dann bei Saalfeld entwickelte, war auf preußischer Seite von vornherein durch die Konfusion belastet, die Hohenlohe und Massenbach verursacht hatten. Louis Ferdinand hatte, im Sinne des von Hohenlohe beabsichtigten Saaleüberganges, Anweisung, Rudolstadt solange zu halten, bis er abgelöst wurde durch die Avantgarde der Hauptarmee, um dann selbst mit der Hohenloheschen Armee über die Saale zu gehen. Der Übergang war für Louis Ferdinand im Sinne der weiteren Operation, bei der er ostwärts der Saale auf Neustadt vorzugehen hatte, aus verkehrstechnischen Gründen nur bei Saalfeld, also südlich von Rudolstadt, möglich.

Als die Franzosen von Süden anrückten, trafen sie bei Saalfeld nur auf schwache Sicherungen. Louis Ferdinand setzte sofort seinen ganzen Verband, der zum großen Teil aus Sachsen bestand, in Marsch und bezog eine Stellung nördlich des Ortes. Erst im Laufe des nun einsetzenden Gefechtes wurde klar, daß es sich bei den Franzosen nicht nur um Aufklärungskräfte handelte. Wahrscheinlich hatte der Prinz in der Zwischenzeit aber auch von Hohenlohe die Anweisung erhalten, nicht über die Saale zu gehen, und sich auf Rudolstadt zu konzentrieren. Die französische Gefechtsführung war sehr viel geschickter als die preußische. Erst als der Feind ihn nördlich zu umfassen drohte, befahl der Prinz den Rückzug, führte aber – und zwar nur mit einem unzureichenden Teil seiner Truppen – einen Angriff durch. Dieser Angriff wurde ihm, obwohl er anfänglich Erfolg zu haben schien, zum Verhängnis. Ob er aus taktischen Erwägungen oder lediglich aus persönlichem Ehrgeiz des Prinzen unternommen wurde, dem Feind wenigstens einen Denkzettel zu verpassen, bleibt die Frage. Die Infanterie ging zunächst bataillonsweise in Echelons mit klingendem Spiel wie auf dem Exerzierplatz vor, aber dann wurde sie wie auch die Reiterei zurückgeworfen. Die Folgen waren verheerend. Hohenlohes Avantgardedivision wurde völlig zerschlagen, die Verluste waren beträchtlich, die Trümmer retteten sich nach Rudolstadt. Der Prinz fiel auf der Flucht im Kampf mit seinen Verfolgern. Mit ihm, dem „preußischen Alcibiades" wie er genannt wurde, fiel zugleich die Hoffnung sehr vieler jüngerer Offiziere, die sich durch diesen allgemein sehr beliebten, hochbegabten, jugendlich-dynamischen aber auch leichtlebigen Grandseigneur eine Belebung der vertrockneten Zustände in der Armee versprochen hatten. Marschall Lannes ging über die Saale und auf Neustadt vor.

Die Gefechtsführung bei Saalfeld anbelangend, kommt Lettow-Vorbeck zu folgendem Schluß: „Die Franzosen hatten diesen glänzenden Sieg keineswegs ihrer [zahlenmäßigen] Überlegenheit zu danken . . . Der Gedanke, dem Feinde vor dem Abzuge noch eine Lektion zu ertheilen, entspricht so sehr der Persönlichkeit des Prinzen, daß es wohl wahrscheinlich ist, der Offensivstoß sei weniger aus einer militärischen Nothwendigkeit als aus persönlicher Eingebung erfolgt. Bei diesen Angriffen mögen die französischen Schützen zweifellos unbequem gewesen sein, die Entscheidung erfolgte aber durch den Flankenangriff aus Beulwitz, der zwar zeigt, daß die Franzosen geschickt manövrierten, aber durchaus kein charakteristisches Zeichen der neuen französischen Taktik war. Gerade Friedrich der Große hatte die meisten seiner Schlachten durch einen Stoß in die Flanke des Feindes entschieden. Wenn das Gefecht bei Saalfeld meist als ein Sieg der neuen Taktik gegenüber der alten dargestellt ist, so ist dies keineswegs erwiesen. Entscheidend für die Niederlage sind zweifellos die vielen auf deutscher Seite begangenen Fehler gewesen." Vor allem wird auch hier im kleineren Rahmen wieder die Zersplitterung der Kräfte festgestellt und die schon bei Schleiz konstatierte Tatsache, daß die Kavallerie der französischen unterlegen war.

Vor dem Gefecht von Saalfeld hatte sich für Napoleon noch kein klares Bild über die Gesamtaufstellung und die Absicht des Gegners ergeben. Im Gegenteil, es wurden ihm nun auch noch feindliche Truppenbewegungen weit im Westen bei Meiningen gemeldet.

Es handelte sich bei diesen Kräften übrigens nicht um das Korps Rüchel, das ja ursprünglich gegen die rückwärtigen Verbindungen der Franzosen, weit nach Südwesten ausholend, vorgehen sollte, sondern um die Avantgardedivision der preußischen Hauptarmee unter dem Herzog von Weimar, die einen ähnlichen Auftrag erhalten hatte. Napoleon nahm daraufhin an, daß sich der Gegner in der Offensive befinde und mit einer Kolonne über Meiningen auf Fulda, mit einer anderen von Jena über Saalfeld, wo er stärkere Truppenansammlungen vermutete, auf Coburg vorgehe. Insofern hatten die breite Aufstellung der Preußen und Sachsen und die Zersplitterung ihrer Verbände tatsächlich den beabsichtigten verwirrenden Effekt auf den Gegner erreicht. Napoleon war jedoch entschlossen, weiter nach Norden zu marschieren und seine Kräfte zusammenzuhalten. Vorübergehend ging die Verbindung zur westlich der Saale marschierenden linken Kolonne verloren, die den Auftrag hatte, Saalfeld zu nehmen.

Danach erreichte Napoleon am Morgen des 10. Oktober eine Meldung von Marschall Soult, der das vorderste Korps der rechten Kolonne führte, daß bei Plauen Feind festgestellt sei, der nach Gera abziehe. Zusammen mit anderen – irrigen – Hinweisen auf starke Truppenansammlungen in diesem Raum zur Deckung Dresdens, entstand bei Napoleon nun der Eindruck, daß der Feind bei Gera seine Hauptkräfte versammele. Gera lag auf der Operationslinie nach Leipzig, aber für den beschleunigten Vormarsch dahin war es nun besonders wichtig, daß die linke Kolonne bei Saalfeld vorwärts kam, um den Anschluß nicht zu verlieren. Meldungen von ihr lagen immer noch nicht vor. Als die entsprechenden Befehle an die Truppe zur Konzentration auf Gera herausgingen, hatte das Gefecht bei Saalfeld bereits begonnen.

Bei Gera angekommen, mußte Napoleon am 11. Oktober feststellen, daß es hier keine versammelte Hauptmacht des Feindes gab. Man erwischte lediglich die Bagage von nach Westen abziehenden Sachsen. Die Aufklärungskavallerie war also auch bei den Franzosen nicht fähig, ein auch nur einigermaßen richtiges Bild der Feindlage zu vermitteln. Sie wurde erst später besser mit der operativen, weit vom Gros abgesetzten Verwendung der Kavallerieverbände. Es ist daher auffallend, daß sich die Führung sowohl bei den Preußen – es wurde auf den einzelnen Generalstabsoffizier hingewiesen, der zur „Aufklärung" und Erkundung über den Thüringer Wald geschickt worden war – wie bei den Franzosen lieber auf die Auskunft von Spionen, aber auch „sicheren" Landeseinwohnern verließ. Auch Gefangene wurden natürlich ausgefragt, und danach war nun anzunehmen, daß die Hauptmacht der Preußen und Sachsen noch immer bei Erfurt stand.

Daraufhin entschloß sich Napoleon, Murat und die mittlere Kolonne – die Korps Davout und Bernadotte – nach Nordwesten zu dirigieren, um dem Feind den Rückzug abzuschneiden. In der Zwischenzeit hatte Napoleon erfahren, daß Lannes bei Saalfeld den Saaleübergang erzwungen hatte und bei Neustadt stand. Auch für diese und die übrigen Heeresteile wurde zur Offensive auf Erfurt die allgemeine Linksschwenkung eingeleitet. Nach den ersten Operationszielen, die alle auf dem östlichen Ufer der Saale lagen, ergab sich nun im Vormarsch nach Westen eine Operationsfront von 43 km. Von Norden nach Süden waren diese Ziele: Naumburg (Davout), Dornburg (Bernadotte), Jena (Lannes) und Kahla (Augereau). Die beiden Korps der bisherigen rechten Kolonne – Ney und Soult – hatten sich hinter der Mitte der Operationsfront bei Gera und südwestlich davon zu versammeln.

Damit war eine operationstechnisch interessante Umkehrung eingetreten. Nach ihren bisherigen Hauptoperationsrichtungen Nord-Süd bzw. Süd-Nord hatten die preußisch-sächsischen Armeen ihrer weit auseinander gezogenen Aufstellung auf der äußeren, die Franzosen dagegen in ihrer zusammengefaßten Marschform auf der inneren Linie operiert – ohne daß letztere den damit prinzipiell verbundenen Vorteil hatten ausnutzen können! Denn bei den geschlagenen Kräften von Schleiz und Saalfeld hatte es sich nur um Vortruppen gehandelt, an den Kern der preußisch-sächsischen Truppen war man noch nicht herangekommen. Stand der Feind, wie Napoleon annahm, mit Masse bei Erfurt, so fand sich die französische Armee jetzt bei ihrer von Naumburg bis Kahla reichenden Operationsfront auf der äußeren Linie. Hier erinnern wir uns an das weiter oben wiedergegebene Zitat von Schlieffen, daß es falsch sei, Napoleons Kriegführung mit der ausschließlichen Tendenz zum Zentrumsdurchbruch gleichzusetzen. Zugleich bietet die angeordnete Linksschwenkung der gesamten Armee ein Beispiel für Napoleons Fähigkeit zum schnellen Wechsel der Operationslinie.

Die Hauptmacht der Preußen und Sachsen stand am 11. Oktober nicht mehr bei Erfurt, aber die Richtung, in der Napoleon sie vermutete, stimmte. Nach der Niederlage bei Saalfeld wich die nördlich von Rudolstadt stehende Division Grawert von der Armee Hohenlohe nach Nordwesten aus. Man befürchtete zu Recht, daß der Feind die Absicht habe, die eigenen Streitkräfte von der Elbe abzuschneiden. Der Plan, die Saale zu überschreiten, war im preußischen Hauptquartier weder ausdrücklich verworfen worden, noch war man entschlossen, ihn durchzuführen.

Über die geradezu grotesken Umstände, unter denen man im preußischen Hauptquartier nach der Niederlage bei Saalfeld bemüht war, zu einem Entschluß zu kommen, gibt Boyen als Augenzeuge eine sehr aufschlußreiche Schilderung: „Es war indeß spät abends und dunkel geworden, und hatte sich die Umgebung des Herzogs in sein Quartier begeben, wo stets für den Unterhalt in fürstlicher Weise gesorgt war. Es war ein langer Tisch gedeckt, der Herzog war heute jedoch in einem Nebenzimmer geblieben. Wir waren im Begriff, unseren Hunger zu befriedigen, als sich die Tür öffnete und der König mit Einigen seines Gefolges schnell durch nach dem Zimmer des Herzogs ging. Es wurde nun bei dem Herzog berathschlagt, Scharnhorst und einige Andere die bei Tische saßen, auch hinzugerufen, und bei diesem Hin- und Hergehen versäumte man, die Tür des Konferenzzimmers zuzumachen. Dies war ein Unglück, denn nun war die Berathung eigentlich bald allgemein, und fast Jedermann fühlte sich berufen, in diesem offenkundig gewordenen Zustand der Rathlosigkeit seine Meinung zum Besten zu geben. Es ist unglaublich, wie schnell dabei für diesen Moment die Schranken der bisher bestandenen Militärhierarchie schwankten; die Sache war wahrhaft trostlos, da ich sie nicht für ohne Einfluß auf die kommenden Begebenheiten halte, so hat es mir nicht überflüssig geschienen, sie als Warnungstafel ganz ausführlich zu erzählen" (zit. Lettow-Vorbeck).

Der Vorschlag Scharnhorsts, bei Jena über die Saale zu gehen und zwischen Saale und Elster eine Verteidigungsstellung einzurichten, solange noch Zeit dazu war, wurde nicht akzeptiert. Hohenlohe, der diese Stellung ja gewollt hatte, befahl seine hier stehenden Truppen auf das linke Saaleufer. Dies entsprach der oben angeführten weiterbestehenden Weisung des Herzogs von Braunschweig, beide Armeen am linken Saaleufer zu versammeln. Tatsächlich versammelten sie sich aber nicht an der Saale, sondern lediglich durch näheres Heranrücken an sie zwischen Weimar und Jena, Korps Rüchel westlich Weimar mit Front nach Süden. Das war keine Aufstellung, die noch auf einen Saaleübergang schließen ließ. Ein Angriff von Osten mußte also auf ihre linke Flanke treffen. Weit abgesetzt standen im Westen an der Werra ein Detachement unter dem General von Winnig und südostwärts Suhl die Avantgarde der Hauptarmee unter dem Herzog von Weimar. Die Stimmung der Truppe war schlecht, die Fahnenflucht nahm zu. Das war wesentlich bedingt durch den Hunger, es fehlte aber auch in den Lagern an Brennholz und Stroh. Wilde Gerüchte gingen um, daß man eingeschlossen sei. Die Unsicherheit des Oberkommandos übertrug sich auf die Soldaten. Die Offiziere machten kein Hehl daraus, daß sie den Oberkommendierenden für unfähig hielten. Die Unsicherheit war auch weitgehend dadurch bedingt, daß die Truppen im Vorpostendienst nicht geübt waren und ihnen die Felderfahrung der Franzosen fehlte. Diese Mängel mußten sich um so mehr auswirken, je näher die Franzosen kamen. Die Offiziere verstanden nicht, ihre Beobachtungen richtig weiterzugeben. In Jena gab man zweimal blinden Alarm. Der erste löste Panik und ein unglaubliches Durcheinander aus.

Als im preußischen Hauptquartier am Abend des 12. Oktober die Meldung einging, daß Naumburg vom Feinde besetzt sei, sah das Oberkommando nur eine Möglichkeit, die drohende Umfassung im Norden zu verhindern: den Rückzug an die Elbe. Hier wollte man sich mit dem weit zurückstehenden Reservekorps des Herzogs von Württemberg vereinigen und eine Abwehrfront bilden. Hierzu sollte zunächst am 13. Oktober die Hauptarmee die Gegend von Auerstedt, südwestlich von Naumburg, erreichen. Das Korps Rüchel sollte die bisherige Stellung der Hauptarmee bei Weimar besetzen. Die Division Herzog von Weimar war an Rüchel heranzuziehen, um die Verbindung zur Armee Hohenlohe herzustellen, die vorerst bei Jena zu verbleiben hatte. Hohenlohe sollte aber Kräfte nach Norden detachieren, um die Saaleübergänge zu besetzen und auf diese Weise die rechte Flanke der Hauptarmee gegen einen Angriff über den Strom zu sichern. Die Armee sollte erst nach Eintreffen des Herzogs von Weimar, der ja noch im Thüringer Wald stand, also frühestens am 14. Oktober folgen. Es war Hohenlohe auf jeden Fall untersagt, sich in ein größeres Gefecht einzulassen.

Diese Aufteilung in drei Gruppen entsprach der bisherigen Tendenz zur Zersplitterung der Kräfte auf preußisch-sächsischer Seite. Falsch war nicht die Teilung des Heeres in verschiedene Gruppen – wie sie ja auch von Napoleon bei seinem Vormarsch auf die Saale vorgenommen wurde und im übrigen ja auch durch die Korps- und Divisionsgliederung vorgegeben war. Der Kardinalfehler bestand nicht in der Tatsache, daß jeder dieser drei Teile allein zu schwach war, um es mit der zusammengefaßten Feindarmee aufnehmen zu können. Auch Napoleons einzelne Korps waren dazu zu schwach. Aber im Gegensatz zu ihnen konnten sich die Teile der preußisch-sächsischen Streitkräfte der Entfernung wegen – was besonders das abseits stehende Korps Rüchel betraf – und der operativen Lage nach um so weniger unterstützen, je mehr sie auseinanderrückten. Lediglich die Tatsache, daß man auch bei den Franzosen eine sehr viel größere als die tatsächliche Ausdehnung annahm – der französische Angriff wurde nicht nur von Osten, sondern auch von Süden erwartet – könnte hierfür als Erklärung angesehen werden. Aber die Annahme kann nicht als Entschuldigung gelten, da sie lediglich Folge mangelhafter Aufklärung war. Nun war zwar, wie wir sahen, auch die Aufklärung der Franzosen äußerst mangelhaft. Auch sie hatten weder Stellung noch Absicht des Gegners feststellen können. Der entscheidende Unterschied war aber der, daß Napoleon seinem Gegner das Gesetz des Handelns aufzwang, während dieser gar nicht ernsthaft daran dachte, es ihm zu entreißen und alles an sich herankommen ließ.

Die Schlacht bei Jena

Die preußisch-sächsischen Sicherungen an der Saale waren dem General Graf Tauentzien unterstellt, aber sie gehörten allen Divisionen Hohenlohes an. Sie waren wegen der großen Entfernungen nicht zentral zu führen und auf sich selbst angewiesen. Von einer Aufklärung über die Saale hinweg war keine Rede. Mit den Spitzen der französischen Verbände, die nun überall die Saale überschritten, kam es zu Gefechten. In dieser unübersichtlichen Lage und gedrängt vom Feind gab Tauentzien das Saaletal auf und ging, wie das für diesen Fall befohlen worden war, an den linken Flügel der Armee Hohenlohe nordwestlich Jena zurück.

Das auf Jena angesetzte Korps Lannes drängte nach. Unmittelbar nordwestlich von Jena befindet sich eine beherrschende Höhe, der Landgrafenberg. Seine taktische Bedeutung wurde von der preußischen Führung in sträflichere Weise unterschätzt, weil angeblich auf ihn keine Artillerie heraufzubringen war und die von hier aus gegebenen Beobachtungsmöglichkeiten ins Saaletal hinein offenbar überhaupt nicht gewertet wurden. So war der Höhenrand des Landgrafenberges nur von einem sächsischen Bataillon besetzt worden, das noch dazu auf zwei Kilometer auseinandergezogen wurde. Es waren nur wenige Truppen Lannes nötig, die nicht einmal energisch angriffen, um die schwache Verteidigung von der Höhe zu verdrängen. Es wurde kein ernsthafter Versuch mehr unternommen, die Höhe zurückzugewinnen. Nach der Darstellung Hohenlohes sei ihm ein Gegenangriff verboten worden. Dabei liegen Berichte vor, nach denen die Truppe kämpfen wollte.

Napoleon hatte bereits die Anordnungen für eine Konzentration der Armee auf Weimar getroffen, um den Feind am 16. Oktober bei Erfurt anzugreifen. Am 13. aber gewann er aufgrund von Meldungen den Eindruck, daß der Feind versuchen werde, bei Jena anzugreifen oder sich der drohenden Umfassung zu entziehen. Der Kaiser begab sich sofort nach Jena. Vom Landgrafenberg aus konnte er die Stellungen Hohenlohes überblicken. In den Zeltlagern deutete nichts auf einen bevorstehenden Angriff hin.

Dafür wollte Napoleon diese Stellung angreifen, und zwar schon am nächsten Tag. Sein Entschluß war allerdings davon abhängig, ob es gelingen werde, die Artillerie den steilen Hang des Landgrafenberges hinaufzubringen. Nach Ansicht der preußischen Führung war das ja unmöglich, die Franzosen jedoch bauten in aller Schnelligkeit für die Artillerie einen Weg. Lannes erhielt den Auftrag, den Landgrafenberg so lange zu halten, bis die übrigen Korps, die hier zum Kampf eingesetzt werden sollten, heran waren.

Augereau, der befehlsmäßig bei Kahla über die Saale gegangen war, wurde an den Südrand von Jena herangezogen. Den noch bei Gera befindlichen rückwärtigen Truppen – den Korps Ney und Soult sowie der Garde (die bayerische Division befand sich aufgrund eines Irrtums noch weit zurück und erst im Anmarsch auf Schleiz) – wurde der Vormarsch auf Jena befohlen.

Ein genaues Bild von der Stärke des Gegners bei Jenas hatte Napoleon nicht gewinnen können. War das die ganze feindliche Armee? Der Abzug der Hauptarmee war also noch nicht bemerkt worden. Die anfängliche Unsicherheit in dieser Frage scheint beim Kaiser gewichen zu sein, denn das Korps Davout in Naumburg erhielt den Auftrag, dem Feind bei Jena in Richtung auf Apolda in den Rücken zu gehen.

Man kann hier einwenden, daß der Grundsatz der Vereinigung der Armee vor der Schlacht – der doch, wie noch näher zu zeigen sein wird, erst durch Moltke durchbrochen worden sei – für Napoleon zunächst bei Jena gar nicht bestand, wenn er einen Verband in das Schlachtgeschehen einbezog, der so weit entfernt wie das Korps Davout von den übrigen stand. Tatsächlich handelte es sich jedoch bei der Davout befohlenen Bewegung um eine operative Bewegung zur Ergänzung des taktischen Vorganges der Schlacht. Davouts Vorgehen auf Apolda mußte Klarheit schaffen in der Frage, ob sich Teile des verbündeten Heeres – wie ja Napoleon gemeldet worden war – auf dem Rückzug zur Elbe, also zunächst einmal zur Unstrut befanden, denn gab es solche Kräfte, dann mußte Davout auf sie stoßen. Wie unsicher die Führung auf die für die damalige Zeit große Entfernung ohne die späteren technischen Führungsmittel war, zeigt sich daran, daß Napoleon nicht einmal über die Lage seiner eigenen Verbände – geschweige denn über die des Feindes – im Norden orientiert war. Er ließ Davout wissen, daß das Korps Bernadotte, wenn es bei ihm sei, mit ihm vorgehen könne. Er hoffe jedoch, daß Bernadotte bei dem ihm angewiesenen Operationsziel, also Dornburg südlich Naumburg stehe, wo er zunächst bleiben solle und sich auch Murat mit der Reservekavallerie einfinden möge.

Nach dem Schlachtplan Napoleons sollte der Angriff gegen den linken Flügel – also Tauentzien – der nördlich der Straße Weimar–Jena mit allgemeiner Front nach Süden stehenden feindlichen Streitkräfte geführt werden. Die hier eingesetzten französischen Kräfte sollten dazu zwei große Treffen mit 200 m Abstand bilden. Innerhalb dieser großen Treffen konnten sich die einzelnen Großverbände wiederum in mehreren Treffen aufstellen. Das Gelände – eine Hochebene – war vom Landgrafenberg aus in der Angriffsrichtung schwierig für eine Entwicklung der Armee in Schlachtordnung wegen seiner Hügel und einzelnen Waldstücke. Vor allem aber wurde der Raum eingeengt durch Sicherungen, die Tauentzien von seinem Lager am Dornberg in Richtung Landgrafenberg vorgeschoben hatte. So mußten also für die Erweiterung dieses Raumes als Schlachtfeld zunächst diese Sicherungskräfte beseitigt werde. Napoleons Plan lief also hinaus auf die Schlacht mit verkehrten Fronten – ein Musterbeispiel für die neue, die Napoleonische Kühnheit, denn die Franzosen standen hier wie dann auch in der Schlacht von Auerstedt mit dem Rücken gegen die feindliche Hauptstadt – für Delbrück ein Beweis, wie wenig sich Napoleon durch die Gefährdung der eigenen Verbindungen irritieren ließ. Denn wären sie „in dieser Aufstellung geschlagen worden, so hätten sie einen noch schlechteren Rückzug gehabt als die Preußen; sie hätten gegen das Erzgebirge und die österreichische Grenze gedrängt, vernichtet werden können“ (Delbrück).

Napoleons Disposition für die Bereitstellung zur Schlacht am 14. Oktober sah eine starke Kräftezusammenfassung am Landgrafenberg vor. Hier sollte das Korps Lannes stehen, dahinter eine Infanteriereserve von fünf Garderegimentern sowie die schweren Regimenter der Reservekavallerie und noch weiter dahinter am Fuße des Berges das Korps Ney. Den rechten Flügel sollte das Korps Soult, den linken das Korps Augereau bilden. Soult sollte den Angriff von Lannes durch Flankierung der Vortruppen Tauentziens unterstützen. Erst nach Öffnung des Schlachtfeldes sollte Ney eingreifen und sein Korps links von Lannes einsetzen. Die Artillerie der Garde sollte zusammengefaßt auf der Höhe in Stellung gehen.

Bei Angriffsbeginn gegen 6.00 Uhr war die Versammlung aller für die Schlacht vorgesehenen Kräfte noch nicht beendet. Als Lannes angriff, wurde er rechts nur unterstützt von der vordersten Division – St. Hilaire – des Korps Soult. Auch von Ney traf zunächst nur die Avantgardendivision ein, während die übrigen Teile dieser beiden von Osten herangeholten Korps noch zurücklagen. Auch das Korps Augereau kam erst langsam vom Südrand Jenas auf der Straße von Weimar heran. Tauentzien hatte südlich des Dornberges, zwischen den Dörfern Lützeroda und Closewitz, seine Truppen in Stellung gehen lassen. Die Franzosen trafen hier also nicht nur auf Sicherungen. Das Gefecht wurde, mitbedingt durch starken Nebel, auf beiden Seiten nicht sehr energisch geführt.

Als Hohenlohe von dem Kampf erfuhr, war er völlig überrascht und meinte, nur Nebenkräfte Napoleons vor sich zu haben. Glaubte er doch, der französische Hauptstoß führe über Naumburg, um die eigenen Kräfte an der Elbe abzuschneiden – ein typischer Gedankengang für einen General seiner Generation, der stets das Manövrieren für wahrscheinlicher hielt als das Schlagen. Ohne sich an Ort und Stelle über die Lage zu informieren, gab er Tauentzien den Befehl, sich auf die westlichen Teile der Armee zurückzuziehen. Damit wurde aber nicht der allgemeine Rückzug der Armee eingeleitet, wie er für diesen Fall vorgesehen war, da sich Hohenlohe auf kein größeres Gefecht einlassen sollte. Hohenlohe war nicht in der Lage, zu einem klaren Entschluß über das weitere Verhalten seiner Armee zu kommen. So wurde diese Armee in eine Entscheidungsschlacht hineingezogen und geriet dadurch in eine Lage, die unter allen Umständen vermieden werden sollte.

Tauentzien wurde nach Nordwesten abgedrängt und öffnete somit den Franzosen das Schlachtfeld. Die Franzosen folgten auch jetzt nur langsam. Ihr rechter Flügel – die Division St. Hilaire – wurde durch einen Flankenangriff des Detachements von Holtzendorff aufgehalten, das im Norden von Dornburg verdrängt worden war und die linke Flanke Tauentziens gesichert hatte. Es griff nun auch die vorderste Division von Ney ein, die sich nicht links wie ursprünglich vorgesehen, sondern rechts neben Lannes setzte.

Die Masse der Armee Hohenlohe befand sich bei Angriffsbeginn immer noch nördlich der Straße Weimar-Jena in Lagern mit Front nach Süden bei Kapellendorf – die Division Grawert und einige andere kleinere Verbände ostwärts des Dorfes, die sächsische Division Niesemeuschel südostwärts von Grawert fast an der Straße. Diese Verbände hatten von der Armeeführung auch nach dem Angriff auf Tauentzien keinerlei Befehle erhalten. Da Generalleutnant Grawert besorgt war, der Feind könnte ihm hinter dem weichenden Korps Tauentzien in den Rücken kommen, entschloß er sich, die Zelte abzubrechen. Hohenlohe jedoch wollte ihm das Verlassen des Lagers verbieten. Grawert mußte ihm erst erklären, daß er doch wenigstens Front gegen den anrückenden Feind nehmen müsse. Erst in diesem Augenblick scheint Hohenlohe überhaupt begriffen zu haben, daß ihm ein ernster Kampf bevorstand, denn er bat den General Rüchel, der noch immer bei Weimar stand, um Unterstützung.

Die Division Grawert marschierte in zwei Treffen mit Front nach Osten zur linearen Schlachtordnung auf. An sie schlossen sich links und rechts zwei verfügbare Infanterieverbände an. Ihre beiden Zwölfpfünderbatterien wurden zwischen die Flügelbataillone genommen.

Auch die Franzosen setzten zunächst den Angriff nicht fort. Napoleon ließ gegen den rechten Flügel des Gegners 25 Geschütze zu einer Großbatterie auffahren. Es entwickelte sich ein Artilleriekampf. Die französischen Geschütze wurden gedeckt von Tirailleuren, die im Schutz des immer noch anhaltenden Nebels vorgingen und die preußische Kavallerie des rechten Flügels belästigten. Hohenlohe wollte die französischen Schützen durch die Kavallerie vertreiben und die Geschütze nehmen lassen, aber da kam ihm Marschall Ney mit einem Angriff seiner Kavallerie zuvor und warf die im Vorgehen begriffenen preußischen Reiter derartig zurück, daß sie sogar noch ihre eigene Infanterie durchbrachen. Immerhin gelang es, eine von den französischen Jägern zu Pferde genommene reitende Batterie wieder zurückzuerobern. Daraus ergab sich ein augenblicklicher Vorteil für die Verbündeten, der aber nicht ausgenutzt wurde. Die französische Infanterie hatte schon Karrees zur Rundumverteidigung gebildet. Hohenlohe jedoch nahm seine Kavallerie hinter den rechten Flügel der Infanterie zurück.

Nach 10.00 Uhr wurde die Sicht klar, und nun entschloß sich Hohenlohe zum Angriff – wenn auch nur mit der Infanterie von Grawert. Er ritt die Front ab und wurde überall von den Soldaten mit Jubel begrüßt – wie schon am Tage vorher, als es hieß, der Landgrafenberg sollte zurückerobert werden. Der Fürst setzte sich selbst an die Spitze und führte den Angriff an. Er bewies, nachdem er auf dem Kampfplatz erschienen war, größte Tapferkeit, wobei er sich allerdings auch völlig zwecklos exponierte. Die Infanterie ging mit gewohnter Exaktheit in Echelons zu je zwei Bataillonen unter den Klängen der Musik auf den Ort Vierzehnheiligen vor. Trotz des feindlichen Feuers, das ihr entgegenschlug, blieb sie in tadelloser Ordnung in der Vorwärtsbewegung. Eine Reiterattacke gegen ihren rechten Flügel schlugen sächsische und preußische Kavallerie ab. Die preußischen Füsiliere und Jäger, die aus dem Dorf Isserstedt, südwestlich von Vierzehnheiligen, gewichen waren, warfen den Feind wieder aus dem Dorf hinaus.

Für den Erfolg dieses Angriffes bestand gute Aussicht. Am französischen rechten Flügel befand sich die Division St. Hilaire immer noch im Gefecht mit dem Detachement Holtzendorff, in das auch eine Brigade von Lannes hineingezogen worden war. Napoleon stand auf dem Schlachtfeld selbst nur das unvollständige Korps Lannes und eine Division von Ney zur Verfügung. Die französische schwere Reservekavallerie war auch noch nicht herangekommen, so daß Hohenlohe eine kavalleristische Überlegenheit besaß. Der Einsatz des Korps Augereau wurde durch den Aufstieg zur Hochfläche verzögert. Er wurde von der sächsischen Division bemerkt, die den Anschluß an den rechten Flügel der Division Grawert bei Isserstedt herstellte.

Vor dem Angriff der verstärkten Division Grawert begann der Feind auszuweichen. Freilich besaß er in der Infanterie seiner Kaisergarde, die zwar vorgezogen aber noch nicht eingesetzt worden war, eine der besten Truppen des ganzen französischen Heeres. Sie war aber nicht der Grund, weswegen Hohenlohe den bisher so erfolgreichen Angriff noch vor Vierzehnheiligen abbrechen und zum stehenden Feuergefecht übergehen ließ.

Dieser Abbruch des erfolgreichen Angriffs ist auf den ersten Blick völlig unverständlich und wird auch kaum verständlicher durch den Grund, der dafür wahrscheinlich – genau weiß man es nicht – maßgebend war. Hohenlohe hatte nicht einmal seine gesamte, einstweilen noch überlegene Reiterei ins Gefecht gebracht. Er wollte, so heißt es, auf Rüchel warten, worauf zu fragen wäre, warum er dann überhaupt den Angriff begonnen hatte. Die Division Grawert stand in einer Senke und befand sich damit in einer für die Verteidigung denkbar ungünstigen Lage. Der mögliche weitere Grund, den Pelet-Narbonne vermutet, nämlich daß Vierzehnheiligen, das von Truppen Neys besetzt war, von der preußischen Infanterie deshalb nicht genommen werden konnte, weil sie im Ortskampf nicht geübt war, mag mitgesprochen haben. Hohenlohe ließ Vierzehnheiligen durch Artillerie beschießen, um die Franzosen zu vertreiben. Keiner dieser Gründe kann jedoch als stichhaltig gelten. „Bei einem Verkennen des Grundgedankens der Fridericianischen Taktik, der in einem stetigen Vorwärtstragen des Feuers bis zum Einbruch bestand, darf es nicht wundernehmen, wenn die alte Kampfform der neuen unterlag" (Lettow-Vorbeck). Auch Frauenholz ist der Ansicht: „Ein kräftiger Stoß der Preußen konnte eine Entscheidung bringen. Aber die Gefechtsführung war den Händen Hohenlohes entglitten." Wobei nur zu bezweifeln ist, ob Hohenlohe zu irgend einem Zeitpunkt – auch als er sich an die Spitze der Division Grawert setzte – die Gefechtsführung wirklich in der Hand gehabt hatte. Es lag also auch hier das Versagen ebensowenig wie bei Saalfeld an der Lineartaktik, sondern an der Unfähigkeit, sie richtig auszunutzen. Die französischen Schützen waren vor den staffelweise vorgehenden Bataillonen Grawerts zurückgewichen. Nun gaben diese bewegungslos stehenden Bataillone Schießscheiben ab, denn ihr Abteilungsfeuer vermochte gegen die zerstreut fechtenden französischen Tirailleure und die auch in Deckung befindlichen übrigen Truppen nur wenig auszurichten. Die wenigen eigenen Schützen reichten zur Vertreibung der französischen nicht aus, ja nicht einmal dazu, sich mit ihnen zur Entlastung der eigenen geschlossenen Formationen zu engagieren. So verschaffte dieses stehende Feuergefecht Napoleon die Zeit, seine noch zurückstehenden Divisionen einsetzen zu können. Auch der französische rechte Flügel wurde frei, nachdem die Kavallerie von Holtzendorff in die Flucht geschlagen war und er sich absetzen mußte. Napoleon brauchte nicht einmal seine Gardeinfanterie einzusetzen.

Die zu dieser Zeit und später so verachteten Söldner Grawerts – denn als solche wurden sie ja alle angesehen, ganz gleich, wie sie in die absolutistischen Armeen hineingekommen waren – hielten aus, so lange es nur überhaupt möglich war. Die Franzosen griffen wieder an, und die Verluste Grawerts wurden unerträglich. Wie er gezögert hatte, einen wirklichen Widerstand zu organisieren, so zögerte Hohenlohe jetzt, den Rückzugsbefehl zu geben. Er wurde ihm ganz einfach dadurch aufgezwungen, daß die Front abbröckelte und sich ein Bataillon nach dem anderen zur Flucht wandte. Der Kampf war auf der ganzen Linie entbrannt. Der General von Zezschwitz, der den undankbaren Posten eines Kommandierenden Generals aller sächsischen Truppen bekleidete, die aber nur in der Division Niesemeuschel einen geschlossenen Großverband bildeten, weigerte sich, den rechten Flügel der Gesamtaufstellung, den diese Division innehatte, zurückzunehmen, solange die Straße nach Weimar noch frei war.

Hohenlohe verfügte an intakten Truppen nur noch über die Reste von Tauentziens Detachement und eine selbständige Brigade, denn Holtzendorff hatte sich nach seiner Niederlage weit nach Nordwesten, nach Apolda abgesetzt. Es wäre nun taktisch richtig gewesen, die Reste der Armee Hohenlohe durch den anrückenden General von Rüchel aufnehmen zu lassen. Von ihm sagt Rüstow: „Obgleich schon um 8 Uhr Morgens kaum zwei Stunden vom Schlachtfeld entfernt und wiederholt von Hohenlohe zur raschen Hülfe aufgefordert, glaubte er mit den 15 000 Mann, die er herbeiführen konnte, immer noch rechtzeitig genug einzutreffen, um selbst allein eine Schlacht zu gewinnen." Lettow-Vorbeck sieht diesen letzten Punkt nicht als bewiesen an. Jedenfalls aber gehörte Rüchel zu den größten Verächtern der neuen französischen Kampfweise. Er war überzeugt davon, daß die friderizianische Taktik in jedem Fall überlegen sei. Statt Hohenlohe rasch zur Hilfe zu kommen, näherte er sich dem Schlachtfeld mit methodischer Langsamkeit – die Infanterie in geöffneter Zugkolonne und im Exerziermarsch neben der Straße nach Erfurt. Und dies, obwohl ihm auf der Straße Scharen von flüchtenden Soldaten entgegenkamen. Vor dem Aufmarsch zum Angriff ließ Rüchel seine Infanterie unverständlicherweise durch Kapellendorf ziehen, wobei die Formation geändert werden mußte und nun wieder dafür Zeit verloren ging. Der Aufmarsch zum Angriff ostwärts Kapellendorf erfolgte bereits im Kartätschenhagel der Franzosen. Wiederum bewies die Truppe eine hervorragende Disziplin beim Angriff in Regimentsstaffeln mit 100 Schritt Abstand. Das Gelände war jedoch für den Angriff denkbar ungeeignet, da er einen Hang aufwärts führte. Die feindliche Abwehr auf dem Höhenrand befand sich im Vorteil. Da Rüchel die Artillerie bei den zurückstehenden Reserven gelassen hatte – eine unglaubliche Maßnahme – konnte sie den Angriff wegen der zu großen Entfernung nicht unterstützen. Starke Verluste traten ein, der Angriff stockte. Bald gab es auch hier kein Halten mehr, die Linien zerbrachen, die Überlebenden wandten sich zur Flucht. Nur einige Teile konnten unter Deckung der Reserven ordnungsgemäß zurückgeführt werden.

General Zezschwitz, schwer bedrängt von Augereaus Division Heudelet, war durch den Angriff Rüchels in seinem Entschluß bestärkt worden, stehen zu bleiben. Als Rüchels Korps zusammenbrach, konnten sich auch die Sachsen nicht mehr halten.

Rüchels Angriff hatte die Franzosen aufgehalten – um den Preis des Opfers eines ganzen intakten Großverbandes. Auf dem Wege nach Weimar gelang es, einen Teil der flüchtenden Truppen wieder zu sammeln. So bestand noch Gelegenheit, mit dem Rest der Armee schnellstens bei Weimar auf das Westufer der Ilm zurückzugehen, hier eine Verteidigungsstellung einzurichten und die Flußübergänge zu sperren.

Fürst Hohenlohe, der verwundet war und den das Karree eines sächsischen Grenadierbataillons in die Mitte genommen und gegen die feindlichen Kavallerieangriffe gerettet hatte, war jedoch völlig außerstande, einen Entschluß zu fassen. Man entschied sich in Beratungen schließlich dazu, über Weimar in Richtung Auerstedt auf Liebstedt auszuweichen, als die Verfolger auch schon heran waren und sich auf die gerade abmarschierenden Marschkolonnen stürzten. Es entwickelte sich ein kurzes Gefecht unter ungünstigsten Bedingungen für die Verbündeten, die mit dem Rücken zur Ilm fochten. Ein preußischer und ein sächsischer Verband versuchten noch dem von allen Seiten angreifenden Feind standzuhalten. Die meisten Soldaten warfen jedoch die Gewehre weg und alles löste sich auf in wilder Flucht nach Weimar hinein. Die Armee Hohenlohe bestand nicht mehr. Nur die Reste geschlossener Verbände retteten sich in ganz verschiedenen Richtungen nach Westen auf Erfurt und nach Norden. Am Abend erreichten die bei Jena eingesetzt gewesenen französischen Korps die Ilm, auf deren linkes Ufer Dragoner- und leichte Kavalleriedivisionen vorgeschoben wurden.

Napoleons Truppen waren in der Schlacht bei Jena nur wenig stärker gewesen als die der Verbündeten. Nichts hätte seinem Prinzip, die einzelnen Teile des Gegners nacheinander jeweils mit eigener Übermacht zu schlagen, mehr entgegenkommen können als das völlige Versagen der preußischen Führung. Er hatte nicht einmal Anstalten zu treffen brauchen, die Vereinigung der einzelnen Teile des Feindes zu verhindern, denn sie war kaum angestrebt worden. So hatte er nacheinander Tauentzien, Holtzendorff, Grawert, Rüchel, die sächsische Division und die Reste der Armee vor Weimar schlagen und schließlich vernichten können. Im Gegensatz zur preußischen Infanterie hatte jedoch die nicht minder berühmte preußische Reiterei weitgehend versagt, während die sächsische durch größere Entschlossenheit doch wenigstens einige Teilerfolge erzielt hatte. Im Gegensatz zur französischen Artillerie hatte die der Verbündeten nur im geringen Maße auf das Gefecht eingewirkt. Das lag einmal daran, daß sie mit ihrer alten, mangelhaften Bespannung zu schwerfällig gewesen, hatte aber vor allem darin seinen Grund, daß sie nicht wie bei den Franzosen in geschlossenen größeren Gruppen zusammengefaßt worden war.

Die Schlacht bei Auerstedt

Die Hauptarmee der Verbündeten war am 13. Oktober aus ihrem Lager bei Weimar nach Nordosten aufgebrochen, um Auerstedt zu erreichen. Am 14. sollte sie den Marsch fortsetzen, um bei Freyburg über die Unstrut zu gehen. Nördlich davon sollte sie, rechts angelehnt an die Unstrut, eine Stellung mit Front zur Saale, also nach Südosten, beziehen.

Der Marsch am 13. Oktober erfolgte in der alten Weise auf einer Straße, alle fünf Divisionen mit Abständen von zwei Stunden hintereinander. Eine Brigade leichter Truppen, die verschiedenen Divisionen entnommen worden waren, war bei Weimar zum Vorpostendienst verwendet worden und marschierte unter Führung des Generalleutnants von Blücher als Nachhut. So hatte der Kommandeur der Avantgardendivision, Generalleutnant Graf Schmettau, keine leichte Kavallerie zur Hand, immerhin besaß er aber Dragoner und Kürassiere, die er auch für die Aufklärung hätte einsetzen können. Bei Apolda war rechts Gefechtslärm zu hören, die dorthin entsandten Patrouillen konnten jedoch keinen Feind ausmachen. Die einzige konkrete Meldung kam von einer Offizierspatrouille, die wahrscheinlich völlig auf eigene Faust Richtung Naumburg aufgeklärt und dabei Gefangene gemacht hatte. Sie besagte, daß das Korps Davout über die Saale ging. Offenbar merkte man jetzt erst, daß die Lage ernst war. Die preußische Königin, die sich im Hauptquartier befand, reiste nach Berlin ab.

Man erwartete nun den Feind schon bei Auerstedt. Als jedoch die Division Schmettau am Nachmittag dort eintraf, war dort nichts von ihm zu sehen. Ganz nach alter Weise wurde südlich des Ortes die ganze Armee in einem Lager zusammengefaßt, die Divisionseinteilung für die Rast also ebensowenig ausgenützt wie für den Marsch. Die lange Marschkolonne führte dazu, daß die meisten Divisionen erst bei Dunkelheit eintrafen. Daraus entstand Unordnung; in Auerstedt und in den umliegenden Ortschaften wurde geplündert.

Lediglich die Avantgardedivision Schmettau bezog ein Lager unmittelbar nördlich von Auerstedt. Am nächsten Tag sollte Schmettau den Anmarsch der Armee nach Freyburg gegen die Saalebrücke bei Kösen – ost-nordostwärts Auerstedt – decken. Hierfür hätte sich schon jetzt, also noch am 13., die Besetzung einer beherrschenden Höhe bei Hassenhausen – sechs Kilometer nordostwärts Auerstedt – angeboten. Aber sie wurde genauso unterlassen, wie die ausreichende Besetzung des Landgrafenberges bei Jena. Genauso wie bei Jena wurde der taktische Vorteil einer solchen Höhenstellung offenbar überhaupt nicht erkannt. Und obwohl man mit Feind aus Richtung Kösen rechnete – denn sonst wäre ja die Dekkung gegen die Brücke in der Disposition gar nicht vorgesehen gewesen – und obwohl Meldungen vorlagen, daß dort starker Feind stehe, wurde im preußischen Hauptquartier zu Auerstedt ein Angriff ebensowenig erwartet wie von Hohenlohe bei Jena. Diese Parallelen beweisen, daß die Fehler, die der preußischen Führung anzulasten sind, nicht auf Zufälligkeiten oder lediglich der Unfähigkeit einzelner Personen beruhten, sondern auf einer gemeinsamen erstarrten Auffassung von Kriegführung, die sich von der Kriegswirklichkeit sehr weit entfernt hatte.

An Marschall Davout war, wie erwähnt, am Morgen des 13. Oktober der Befehl des Kaisers ergangen, von Naumburg auf Apolda in den Rücken des Feindes vorzugehen. Davout erhielt diesen Befehl am 14. Oktober 03.00 Uhr. Da der Befehl angekündigt worden war, hatte Davout bereits seine Kommandeure versammelt, als er eintraf. Er ergriff sofort die notwendigen Maßnahmen und erteilte die entsprechenden Befehle. Trotzdem verlief der Vormarsch seines Korps nicht planmäßig. Nach der Disposition sollten die Divisionen Gudin, Friant und Morand nacheinander die Brücke bei Kösen passieren. Teile der Verbände Davouts, die um Naumburg verstreut standen, hatten bereits die Saale überschritten. Die Tatsache jedoch, daß die beiden rückwärtigen Divisionen der vorderen viel zu spät folgten und sie dadurch der größten Gefahr aussetzten, war vor allem auf Fehler ihrer Kommandeure zurückzuführen. Davout selbst befand sich bei der Avantgarde der Division Gudin, führte also von vorn und trieb unter seinem Adjutanten eine Kavallerieaufklärung vor. Bei seinem Marsch nach Apolda mußte Davout auf die preußische Hauptarmee bei Auerstedt stoßen, ohne daß beide Parteien dies jedoch wußten.

Am Morgen des 14. Oktober wollte die preußische Hauptarmee ihren Marsch nach Nordwesten fortsetzen. Eine Friktion ergab sich schon gleich am Anfang daraus, daß die leichte Brigade Blüchers, die als Nachhut hinter der Armee südlich Auerstedt gelagert hatte, als Vorhut vor die Avantgardedivision Schmettau genommen werden sollte. Auerstedt war von den durchziehenden Truppen verstopft. Die leichte Brigade sollte an den Kolonnen vorbei nach vorn kommen. Dies hatte zur Folge, daß die Brigade, bis auf eineinhalb Regiment Kavallerie, die in Blüchers Hand blieben, nicht als Vorhut eingesetzt werden konnte. Das wiederum sollte weittragende Folgen haben. Zunächst wirkte es sich dahingehend aus, daß Blücher, gegen den Protest Schmettaus, die Kavallerie der Avantgarde-Division unterstellt wurde, die somit über keine eigene Reiterei mehr verfügte.

Teile der Avantgarde-Kavallerie waren bereits nördlich Auerstedt auf die Aufklärungsreiterei unter dem Adjutanten Davouts gestoßen. Sie warfen sie zurück und folgten mit sieben Schwadronen, die sich gegen den nördlich der Straße nach Kösen und des Ortes Hassenhausen gelegenen Ranzen-Hügel entwickelten – eine Höhe, die wie gesagt, die preußische Führung versäumt hatte, rechtzeitig in ihren Besitz zu bringen. Da auch hier, wie während der gleichzeitigen Kämpfe in der Frühe bei Jena, stärkerer Nebel herrschte, gab der Herzog von Braunschweig den Befehl zum Halten, um zunächst Erkundungen durchzuführen, mit denen er seinen Generalstabschef, Oberst von Scharnhorst, beauftragte. Die preußische Kavallerie war aber schon über Hassenhausen hinaus nach Osten vorgestoßen und durch französisches Kartätschenfeuer überrascht worden. Sie konnte zwar noch eine reitende Batterie in Stellung bringen, ging dann aber unter Verlust der meisten Geschütze zurück, als sie sich feindlicher Infanterie gegenübersah, die im Nebel zunächst für eine Hekke gehalten worden war.

Davout hatte bei Hassenhausen anfänglich nur eine schwache Vorhut zur Verfügung, die er aber durch die übrigen Verbände der Division Gudin verstärken konnte. Die Masse der Division setzte er nördlich des Dorfes ein, weil er hier eine Überflügelung fürchtete. Ein Infanterieregiment deckte die linke Flanke südlich des Ortes. Blücher, der Verstärkung erbeten, aber nur wenig bekommen hatte, griff zweimal den Nordflügel Gudins an, wurde aber jedesmal abgewiesen. Nur mit Mühe und erst später waren die fliehenden preußischen Reiter wieder zu sammeln.

Davouts Lage war zunächst äußerst riskant gewesen, da er, als er mit seinen vordersten Teilen um 07.30 Uhr bei Hassenhausen eingetroffen war, nur die Division Gudin zur Hand hatte. Dadurch, daß ihm nur ein paar preußische Schwadronen und Geschütze entgegen geworfen wurden, die ihn nicht zu vertreiben vermochten, gewann er das, was er am meisten brauchte, nämlich Zeit. Gegen 09.00 Uhr waren die Kavalleriebrigade des Korps und die Division Friant herangekommen. Friants vorderstes Regiment erlitt erhebliche Verluste durch die preußische reitende Batterie Merkatz. Sie hatte in ihrer Stellung ausgeharrt, obwohl die preußischen Reiter geflohen waren, wurde aber dann, allein gelassen, von französischer Reiterei erobert. Davout setzte die Division Friant ebenfalls nördlich von Hassenhausen, rechts rückwärts gestaffelt hinter Gudin, in zwei Treffen ein.

Diese völlige Konzentration der französischen Kräfte nördlich Hassenhausen erfolgte deswegen, weil die Division Schmettau, von Auerstedt kommend, die Straße nach Kösen überquert hatte und nördlich von ihr gegen Davout, also mit Front nach Osten, aufmarschierte. Eine Gefährdung seiner linken Flanke war für Davout nicht ersichtlich, weswegen das eine Infanterieregiment südlich von Hassenhausen und der Straße einstweilen als ausreichend angesehen werden konnte. Vor allem aber wußte Davout nicht, daß er die preußische Hauptarmee vor sich hatte.

Da die Division Schmettau über keine Kavallerie verfügte, störten französische Jäger zu Pferde ihren Aufmarsch. Sie drangen bis vor das zweite Treffen der Preußen, bis sie das Feuer einiger Bataillone vertrieb. Vor allem dies aber bewirkte Unruhe, da ohne Rücksicht auf die davorstehenden eigenen Truppen des ersten Treffens geschossen worden war. Dieser Zwischenfall hatte aber noch weiter reichende Folgen. Der Herzog von Braunschweig, der der Division Schmettau gefolgt war, hatte sie verlassen und die Straße nach Süden überquert, um sich einen Eindruck vom dortigen Gelände zu verschaffen. Als er das Gewehrfeuer bei Schmettau hörte, dessen Grund ihm nicht bekannt war, schickte er Scharnhorst zurück, und zwar mit dem Bemerken, daß er ihm für alles verantwortlich sei, was bei Schmettau passiere. So trennte sich der Oberkommandierende von seinem Generalstabschef.

Braunschweig hatte erkannt, daß der Besitz der Höhen südlich von Hassenhausen, also in der linken Flanke der französischen Aufstellung, von größter Wichtigkeit war. Auf diese Höhen wurden daher die im Anmarsch befindlichen Divisionen Wartensleben und Oranien angesetzt. Hier zeigte es sich nun, wie falsch es gewesen war, die Masse der Armee südlich von Auerstedt lagern zu lassen. Um die Truppe geschlossen vorwärts zu bringen, mußte sie durch Auerstedt gezwängt werden, dessen Straßen mit Wagen und Pferden des Hauptquartieres angefüllt waren. Die größte Unordnung entstand an einer Brücke am Südrand des Ortes, an der sich alles zusammendrängte, obwohl sie nur über einen Bach führte, der auch durch eine nahegelegene Furt hätte durchschritten werden können. So war ohne jede Feindeinwirkung bei der Division Wartensleben ein derartiges Durcheinander entstanden, daß sich die zerstreuten Teile überhaupt nicht mehr in der Hand ihres Kommandeurs befanden. Ihre Führer suchten sich in der allgemeinen Richtung des Anmarsches nun selbst ihre Wege. Die Division Oranien hing weit zurück, da sie von der Division Wartensleben durch die Kavallerie und Artillerie beider Divisionen, die zwischen ihnen marschierte, getrennt war.

Inzwischen hatte nördlich der Straße die Division Schmettau angegriffen. Generalleutnant Graf Schmettau wurde schwer verwundet, Oberst von Scharnhorst übernahm, über die beiden Brigadekommandeure hinweg, die Generäle waren, praktisch die Führung des linken preußischen Flügels. Der Division fehlten Kavallerie und reitende Artillerie.

Auf dringende Bitten kamen lediglich 120 Dragoner – Reste von drei Schwadronen des Regiments der Königin, ehemals Ansbach-Bayreuth, das in der Schlacht von Hohenfriedberg berühmt geworden war. Sie verjagten die französischen Schützen aus der linken Flanke der Division und eroberten sogar die Geschütze der Batterie Merkatz zurück. Sie reichten freilich nicht aus, um die Gelegenheit kavalleristisch auszunutzen, die sich durch eine Umgruppierung bei den Franzosen ergab. Davout hatte die Gefahr erkannt, die für ihn aus dem Anmarsch der Division Wartensleben von Südwesten entstand. Er zog zwei Regimenter aus der Schlachtlinie nördlich Hassenhausens ab, legte eins in das Dorf und verstärkte mit dem anderen seinen linken Flügel, der bisher ja nur von einem Regiment gebildet worden war.

Trotz der vorherigen Unordnung gelang der Division Wartensleben der Aufmarsch. Mit dem zuerst eingetroffenen linken Flügel an der Straße voraus, griff sie an. Auch ihr fehlte es an Kavallerie. Ein Dragonerregiment wurde herangeholt. Seine Attacke hatte Erfolg. Die französische Infanterie bildete Karrees oder warf die Gewehre weg und flüchtete in das Dorf. Teile eines preußischen Kürassierregiments erschienen, aber da sie erst zur Linie aufmarschierten, verpaßten sie den günstigen Augenblick. Ihr Angriff traf auf Widerstand und wurde abgeschlagen. Französische Schützen verzögerten den preußischen Angriff, hielten ihn aber nicht auf, weil die Offiziere dafür sorgten, daß die Bewegung in Fluß blieb.

Der Oberkommandierende selbst bemühte sich in vorderster Linie darum, statt von übersichtlicher Stelle aus die Schlacht zentral zu leiten. Es wurde ihm und der preußischen Armee zum Verhängnis. Eine Kugel traf seine beiden Augen, und er wurde blind vom Schlachtfeld getragen. An einen Stellvertreter war überhaupt nicht gedacht worden. Der stets zögernde König war auch gar nicht in der Lage, einen solchen mit der gebotenen Eile zu ernennen oder das Oberkommando ausdrücklich selbst zu übernehmen. Nach der Verwundung des Herzogs war niemand über die Gesamtlage und über die bereits erlassenen Befehle orientiert. Scharnhorst, der Generalstabschef, führte den linken preußischen Flügel. Wegen wachsender Unstimmigkeiten mit ihm hatte er geglaubt, der Herzog habe ihn vor allem deshalb zu Division Schmettau geschickt, um ihn loszuwerden. Er erfuhr von seiner

Verwundung erst viel später. So fehlte es also auf preußischer Seite an der zentralen Leitung der Schlacht. Jeder Divisionskommandeur tat das, was er für richtig hielt.

Im Augenblick der Verwundung des Oberkommandierenden stand das Gefecht für die Preußen sehr gut. Beide Seiten hatten erst zwei Divisionen eingesetzt, aber während Davout nur noch auf die Division Morand wartete, standen dem König von Preußen noch drei weitere Divisionen zur Verfügung. Die Divisionen Schmettau und Wartensleben machten Fortschritte bei Hassenhausen. Der linke französische Flügel begann zu wanken. Gudin gab Hassenhausen auf. Es kam nun alles darauf an, daß die im Einsatz befindlichen preußischen Verbände schnell Verstärkung erhielten. Die Division Oranien hing, wie bereits erwähnt, weit zurück. Ihr Vorgehen wurde noch durch feindliche Schützen verzögert.

Um 10.30 Uhr aber erschien Morand auf der Straße von Kösen bei Hassenhausen. Er setzte seine Verbände aus dem Marsch heraus so ein, wie sie eintrafen und zwar gegen den gefährlichsten Gegner, also die Division Wartensleben südlich des Dorfes. Morands erste Angriffe wurden von preußischer Kavallerie abgeschlagen, die am rechten Flügel von Wartensleben hier erstmalig auch in zahlenmäßig größerer Stärke auftrat. Trotz des erfolgreichen Einsatzes einer reitenden Batterie konnte sie jedoch durch eigene Angriffe nichts erreichen, weil man sie nicht unter ein einheitliches Kommando gestellt hatte und die einzelnen Attacken an den feindlichen Karrees zerschellten. Sie wurde schließlich hinter die angeschlagene eigene Infanterie zurückgenommen, die durch französische Schützen, die im Dorf versteckt waren, hohe Verluste erlitt.

Die Division Oranien fand nur noch Trümmer der Infanterie von Wartensleben vor. Sie griff an, aber sie konnte lediglich den Feind noch eine Stunde aufhalten. In dieser Zeit gelang es aber der Division Morand, aufzumarschieren und geordnet zum Angriff vorzugehen. Da auch der linke preußische Flügel umgangen wurde, mußte auch die Division Schmettau zurück.

Immerhin standen bei den Preußen noch die Division Kunheim und Arnim unter dem General Graf Kalckreuth in Reserve. Außerdem stand die Masse der leichten Brigade, jetzt unter Generalmajor von Oswald, noch zur Verfügung. Letztere war zur Sicherung des Ilmübergangs bei Sulza südostwärts Auerstedt detachiert worden. Seltsam war nur, daß sich nach dort, obwohl da überhaupt kein Feind stand, auch der Generalleutnant Kunheim mit einer Infanteriebrigade seiner Division hinbegab und sich damit dem Kommando Kalkreuths entzog. Aber auch ohne sie verfügte Kalckreuth noch über 10 000 Mann Infanterie in 13 Bataillonen und damit noch über eine ansehnliche Streitmacht, die bei richtigem Einsatz vielleicht noch eine Niederlage hätte verhindern können. Kalckreuth ließ diese Reserveinfanterie nordwestlich von Auerstedt so aufmarschieren, daß sie eine breite Front nach Norden bildete, deren rechter Flügel nicht weniger als drei Kilometer von den preußischen Divisionen entfernt war, die weit nordostwärts von Auerstedt bei Hassenhausen verbluteten.

Beim Einsatz der Reserven wurde derselbe Kardinalfehler begangen, der bei fast allen preußischen Truppen-Einsätzen dieses Feldzuges zu beobachten ist: Sie wurden zu spät und nicht geschlossen eingesetzt. Die zurückgehenden Divisionen konnten nicht nur unterstützt, sondern nur noch aufgenommen werden. Nur ein Teil der Reserveinfanterie wurde zur Unterstützung des rechten und des linken Flügels vorgezogen. Die Division Arnim hielt der König noch immer zurück. Prinz August von Preußen – dem späteren Artillerieinspekteur – gelang es durch einen entschlossen vorgetragenen Bajonettenangriff der von ihm geführten drei Grenadierbataillone den Gegner vor dem linken preußischen Flügel zum Stehen zu bringen. Auch auf dem rechten Flügel konnte der Rückzug der eigenen, teilweise schon in Auflösung befindlichen Truppen durch vorgezogene Reserven und durch die leichte Brigade an der Ilm gedeckt werden. Hierbei erwiesen sich die preußischen und weimarschen Schützen den französischen Tirailleuren durchaus als ebenbürtig. Die Franzosen waren bis zum frühen Nachmittag so weit vorgedrungen, daß sie auf breiter Front mit dem rechten Flügel ungefähr drei Kilometer nördlich, mit dem linken ungefähr drei Kilometer westlich Auerstedt standen. Aber vor dem preußischen rechten Flügel kam das Gefecht zum Stehen. Hier waren 10000 Mann mit 26 Infanterie- und 32 Artilleriegeschützen versammelt worden, die als Reserve zur Verfügung standen, die Masse der Division Arnim sowie andere noch gefechtsfähige Einheiten. Die Preußen besaßen damit an dieser Stelle eine entscheidende Überlegenheit, da die Franzosen zwischen der Straße im Norden und der Ilm im Südwesten verteilt waren.

Trotzdem gab der König, als der Feind auf der ganzen Front wieder antrat, der preußischen Hauptarmee den Befehl zum Rückzug. Er glaubte nicht mehr an einen Sieg, nachdem der erste Einsatz von Reserven – der ja aber zu spät und unvollständig erfolgt war – die Lage nicht zugunsten der Preußen hatte wenden können. Vor allem überschätzte er die zahlenmäßige Stärke des Feindes.

Nach wie vor mußte es jedoch oberstes Ziel der Operationsführung sein, dem Feind den Weg nach Berlin, also nach Norden zu verlegen. Sah man es nicht mehr als möglich an, die französischen Kräfte zu schlagen, die sich bei Auerstedt in den Weg gestellt hatten, so lag es nahe, sie durch die Reserven aufzuhalten und hinter ihnen zunächst mit der Hauptmasse der Armee nach Westen auszuweichen, wo kein Feind zu erwarten war. Dann hätte wieder nach Norden eingeschwenkt werden müssen, mit dem Ziel, die Unstrut westlich von der bisher ins Auge gefaßten Übergangsstelle zu überschreiten. Schließlich wäre die Vereinigung mit dem Reservekorps des Herzogs von Württemberg an der Elbe notwendig gewesen. Dieser Vorschlag soll auch gemacht, aber vom König verworfen worden sein, weil er fürchtete, der Feind könnte auch die neue Übergangsstelle an der Unstrut schon in Besitz genommen haben. Stattdessen sollte auf die Armee Hohenlohe und das Korps Rüchel zurückgegangen werden, die man noch bei Jena bzw. Weimar wähnte. Das wäre auch dann ein falscher Entschluß gewesen, wenn Hohenlohe und Rüchel noch so intakt, wie man sie verlassen hatte, in den genannten Versammlungsräumen geblieben wären. Denn statt sich Berlin zu nähern, entfernte man sich wieder von ihm, statt der Umfassung durch die Franzosen zu entgehen, marschierte man wieder zurück in sie hinein – nur daß die Hauptarmee nach der verlorenen Schlacht von Auerstedt sehr viel schwächer war als auf ihrem Marsch dorthin. Vor allem wußte man ja aber im preußischen Hauptquartier noch nicht, daß Hohenlohe und Rüchel ebenfalls geschlagen waren und sich gar nicht mehr bei Weimar und Jena befanden.

Auch der Rückzug selbst war von schwerwiegenden Führungsfehlern gekennzeichnet. Ein Drittel der gesamten Infanterie der Armee war noch gefechtsfähig. Die Reserven, die den Rückzug decken sollten, wurde nicht schwerpunktmäßig eingesetzt, sondern über eine

Strecke von drei Kilometern verteilt. Es wurde aber auch nicht daran gedacht, den Rückzug durch einen Gegenangriff der Reserven zu erleichtern. Statt zunächst den linken Flügel zurückzunehmen, der durch Umgehung des Feindes gefährdet war, überließ man die schwachen Truppen, die ihn bildeten, ihrem Schicksal. Man zog also zuerst den rechten Flügel zurück, trotz seiner Überlegenheit und der Tatsache, daß hier der ermattete Gegner nur schwach nachdrängte. Der rechte Flügel konnte sich dabei ordnungsgemäß absetzen. Auerstedt wurde noch eine Weile besetzt gehalten, ja, es war sogar möglich, die Truppe, unbehelligt vom Feinde, vor dem Weitermarsch noch rasten zu lassen. Währenddessen wurde aber der preußische linke Flügel geworfen. Schwierigkeiten entstanden dadurch, daß die Truppen, genau wie beim Vormarsch, sich jetzt wieder durch Auerstedt hindurchzwängten, statt den Ort, der zu brennen begann, zu umgehen. Blücher wollte noch einmal attackieren, aber der König untersagte es ihm, da nur ein paar Schwadronen greifbar waren. Daraufhin schloß sich Blücher mit seinem Regiment dem königlichen Hauptquartier an, das sich bereits, verfolgt von französischer Reiterei, auf dem Wege nach Weimar befand. Im Gegensatz zur zahlenmäßig überlegenen preußischen Reiterei setzte nämlich die einzige französische Kavalleriebrigade, über die Davout verfügte, alles daran, dem Feinde nach Kräften Abbruch zu tun. Sie verfolgte auch als einziger Verband die Preußen über das Schlachtfeld hinaus, die übrigen französischen Teile waren zu erschöpft.

Der Rückzug der geschlagenen preußischen Hauptarmee vollzog sich in guter Ordnung, bis sie in der Nacht südwestlich von Auerstedt auf Trümmer der vernichteten Armee Hohenlohe traf, die versucht hatten, sich nach Norden zu retten. Daraufhin begann sich die Hauptarmee aufzulösen.

Das Ende

Nach dem spöttischen Wort Boyens, des damaligen Hauptmanns im Generalstab und späteren Heeresreformers, war es für die Preußen eine Kunst, die Schlacht von Auerstedt zu verlieren. Sie hatten nicht weniger als 50000 Mann mit 230 Geschützen gegen nur 27000 Franzosen mit 44 Geschützen zur Verfügung. Geradezu ungeheuer war, vor allem gemessen an ihrer Leistungsschwäche, die Überlegenheit an Kavallerie, nämlich 80 Schwadronen gegenüber nur 9 französischen! Bei Jena waren mit 53000 Preußen gegenüber 56000 Franzosen die Kräfteverhältnisse ausgeglichener. Nach Lettow-Vorbeck, der überall da, wo es ihm möglich ist, sehr genaue Berechnungen vorlegt, sind die Verluste der Verbündeten infolge der anschließenden Auflösungen weder bei Jena noch bei Auerstedt festzustellen. Nach Chandler haben sie bei Jena „vielleicht" 25000 Mann betragen – das wäre fast die Hälfte –, bei Auerstedt 13000. Die französischen Verluste gibt Lettow-Vorbeck bei Jena – je nach dem Verband – mit 7 bis 23 Prozent, bei Auerstedt mit 25 Prozent an. Die entsprechenden Zahlen bei Chandler waren es 5000 bzw. mehr als 7000 Mann. Napoleon faßte seinen Eindruck zusammen: „Die preußischen Truppen sind gut, sehr gut. Sie haben nichts ausgerichtet, warum? Weil niemand sie zu kommandieren verstand" (zit. Görlitz).

Daß andererseits Fehler auf französischer Seite sich nur deshalb nicht für sie verhängnisvoll auswirkten, weil die Fehler auf der Seite der Verbündeten eben doch sehr viel größer waren, wurde bereits angedeutet. Bei geschickterem Verhalten der Preußen bei Auerstedt wäre Davout, trotz des rücksichtslosen Einsatzes seiner Truppen, geschlagen worden, obwohl sich ganz in der Nähe das vollkommen intakte Korps Bernadotte befand. Bernadotte kam weder Napoleon bei Jena noch Davout zu Hilfe, obwohl es ihm von seiner Position bei Dornburg aus durchaus möglich gewesen wäre.

Nachdem nun klar war, daß die Armee Hohenlohe zerschlagen worden war, wurde der Marschbefehl dahingehend verändert, daß nicht nach Südwesten, sondern nun doch nach Norden zurückgegangen werden sollte. Hierzu sollte zuerst nach Westen ausgewichen, bei Sömmerda über die Unstrut gegangen und dann auf Nordhausen marschiert werden. Ein großer Teil des Heeres erhielt den abändernden Befehl nicht, marschierte in der ursprünglich angegebenen Richtung weiter und kapitulierte am 15. Oktober in Erfurt vor Murat. Einen Tag später verließ der König die Armee, was unter den gegebenen Umständen den Eindruck erwecken konnte, daß er sie ihrem Schicksal überließ. Der Oberbefehl wurde Fürst Hohenlohe übertragen. Am 17. Oktober löste sich Sachsen aus dem Bündnis mit Preußen.

Soult und Ney verfolgten die in Richtung Nordhausen zurückgehenden Heeresteile, deren Nachhuten sie bei Greußen zu fassen bekamen. Napoleon versuchte, mit den übrigen Korps durch unmittelbaren Marsch auf die Elbe den Gegner von Berlin abzuschneiden. Statt auf die Hauptstadt zurückzugehen und sie zu schützen, blieb das preußische Reservekorps bei Halle stehen und wurde hier am 17. Oktober von Bernadotte geschlagen und zersprengt. Am 20. Oktober erreichte die preußische Hauptarmee Magdeburg, das sie schon am nächsten Tag wieder räumte. Ein weiterer Heeresteil unter Blücher konnte vor den Franzosen den Anschluß an die Hauptarmee nicht mehr finden und bog nach Braunschweig ab. Am 24. Oktober stand Hohenlohe südlich von Berlin, aber Napoleon bereits bei Potsdam und Davout bei Tempelhof. Bei ihrem Weitermarsch auf Stettin wurde gegen die Hauptarmee Murat mit seiner Kavallerie angesetzt. Am 28. Oktober streckte Hohenlohe, der sich bei Prenzlau eingeschlossen glaubte, vor Murat die Waffen. Blücher hatte Lübeck erreicht, das am 6. November von den Franzosen genommen wurde. Er kapitulierte vor überlegenen Feindkräften bei Ratekau, weil er keine Munition und Verpflegung mehr besaß. Fast alle preußischen Festungen ergaben sich, ohne wirklichen Widerstand geleistet zu haben. Kolberg, dessen Verteidigung von Gneisenau geleitet wurde, bildete eine der wenigen Ausnahmen. Das große preußische Heer wurde vernichtet bis auf etwa 10 000 Mann, die sich mit den nun heranrückenden Russen vereinigten, um mit ihnen zusammen den Krieg im Winter weiterzuführen. „Der Krieg ging in Schlesien und Ostpreußen noch bis zum Frühjahr 1807 weiter, Napoleons Triumph erschien vollendet. Und doch waren die wahren Sieger von Jena und Auerstedt nicht die Franzosen. Wie die Auflösung des Heiligen Römischen Reiches einen großen Schritt vorwärts zur Einigung Deutschlands bedeutete, so war die Vernichtung der alten preußischen Armee die nötige Voraussetzung für die nun beginnenden Reformen, mit deren Hilfe die Lehren aus den Niederlagen dann gegen den Lehrmeister, der sie erteilt hatte, angewandt werden konnten“ (Paret).

g. Grundzüge der Operationsführung während der Freiheitskriege 1808 bis 1815

Versuche einzelner Staaten und Koalitionen, dem französischen Expansionsdrang Widerstand zu leisten, hatten nicht verhindern können, daß sich Napoleon das kontinentale

Europa unterwarf. Durch Drohungen und Versprechungen, Gebietserweiterungen und Rangerhöhungen der Fürsten jener Länder, die sich mit ihm verbündeten, war es ihm gelungen, einen Staat gegen den anderen auszuspielen, den Widerstand, den er militärisch brach, auch politisch zu lähmen. Allerdings gelang es ihm nicht, das wirtschaftlich mächtige und Frankreich zur See überlegene England, seinen eigentlichen Konkurrenten, zu bezwingen. So bestand nach der Unterwerfung des Kontinents zunächst überhaupt keine Grundlage für ein gemeinsames Vorgehen gegen den Eroberer.

Der an der militärischen Kraft Frankreichs von 1808 bis 1814 zehrende Unabhängigkeitskrieg der Spanier, der Befreiungsversuch Österreichs 1809 und schließlich der Vaterländische Krieg Rußlands 1812, der zum Grab der großen Armee wurde, zielten auf den allgemeinen, von nationalem Willen getragenen Befreiungskampf der europäischen Völker ab. Auch wenn den Fürsten bei dieser nationalen Kampfbegeisterung keineswegs ganz wohl war, erkannten sie schließlich 1813 doch die Notwendigkeit eines gemeinsam gegen Napoleon geführten Krieges, der dann endgültig erst 1815 mit dem preußisch-englischen Sieg bei Waterloo zu Ende war. Das gemeinsame Ziel, der Sieg über Napoleon, schloß freilich innerhalb dieser Allianz die Interessensgegensätze nicht aus. Vielmehr entstanden gerade durch den gemeinsamen Kampf neue Konflikte, die sich beispielsweise auf die Art des Vorgehens gegen Frankreich, seine Behandlung nach einem Sieg, die neue Mächtekonstellation und die gebietsmäßigen Ansprüche bezogen. Sie verstärkten nicht nur bestehende Unterschiede in den prinzipiellen Ansichten über Kriegführung, sondern beeinflußten auch die Operationsführung im einzelnen unmittelbar.

Lange Zeit hatte Napoleon seine Siege vor allem der Tatsache zu verdanken, daß seine Gegner – ganz abgesehen von ihren jeweiligen persönlichen Befähigungen – Führungsprinzipien vertraten, die durch ihn überholt waren. Napoleon zeigte sich ihnen auf der Höhe seiner Laufbahn also nicht nur von Fall zu Fall, sondern grundsätzlich als überlegen. Diese prinzipielle Überlegenheit mußte in dem Maße abnehmen, wie seine Kriegführung durchschaubarer wurde, seine Gegener von ihm lernten und er selbst in Bedrängnis geriet. Um so erstaunlicher ist es, wie es ihm nach seinen Teilniederlagen trotzdem immer wieder gelang, Kräfte zusammenzuraffen und seine Gegener vor große Schwierigkeiten zu stellen – wenn die Originalität seiner Führungsweise dabei auch abnahm und er sich mehr als früher auf die Kraftanwendung verließ, statt das zu tun, was der Gegener von ihm am wenigsten erwartete. Hierin hatte seine eigentliche Überlegenheit bestanden.

Die Napoleonischen Grundprinzipien und Verfahrensweisen wurden den Gegnern Napoleons schon bekannt durch die bereits damals veröffentlichten Schriften Jominis, dem ersten Interpreten Napoleonischer Kriegskunst. Jomini „lehrt aus der Sicht des Korsen, wie man den Feind schlagen kann. Erzherzog Karl hingegen untersucht, wie man es machen soll, nicht geschlagen zu werden" (Allmayer-Beck). Wie der Erzherzog begriff Jomini die Kriegstheorie als positive Lehre, die er noch ganz nach Art des 18. Jahrhunderts in ein System von Anwendungsregeln brachte. Damit mochte sie als Lehre durchaus den Vorstellungen Napoleons entsprochen haben – worauf manches hinweist –, nicht aber seiner ganz im Persönlichen wurzelnden, die Regeln sprengenden tatsächlichen Kriegführung. In Gegenüberstellung mit der Theorie von Clausewitz wird auf die Lehre Jominis, wie er sie in einer sehr viel späteren Arbeit zusammenfaßte, die einige Zeit nach dem Erscheinen des

Clausewitz'schen Buches „Vom Kriege" herauskam, weiter unten noch näher einzugehen sein.

Die militärischen Gegner Napoleons

Bei den militärischen Gegnern Napoleons wird es schwierig sein, zu ermessen, was sie im Kampf gegen ihn ihrer Persönlichkeit, ihrer persönlichen, unmittelbaren Erfahrung und der Lehre Jominis zu verdanken hatten. Zweifellos zwang Napoleon ihnen das Niederwerfungsprinzip auf, da er es selbst rücksichtslos anwandte. Wenn demnach nun auch im Kampf gegen Napoleon die Vernichtung der französischen Streitkräfte Ziel der Operationsführung sein mußte – da hier gar keine andere Wahl blieb –, so war damit nicht gesagt, daß sie allein durch die unmittelbar auf die Schlachtentscheidung abzielende „Niederwerfungsstrategie" angestrebt werden mußte und daß dadurch alle überkommenen Operationsarten des indirekten Vorgehens, wie das Manövrieren und Ermatten, antiquiert waren. Daß die Art der Operationsführung von den jeweiligen Verhältnissen abhängig ist, sagt auch Delbrück, indem er betont, daß die „Niederwerfungsstrategie" eine „genügende Überlegenheit" voraussetze:

„Das erste natürliche Grundgesetz aller Strategie ist, die Kräfte zusammenzunehmen, die Hauptmacht des Feindes aufzusuchen, sie zu schlagen und den Sieg zu verfolgen, bis der Besiegte sich dem Willen des Siegers unterwirft und seine Bedingungen annimmt, äußerstenfalls also bis zur Besetzung des ganzen feindlichen Landes." Damit kennzeichnet Delbrück die „Niederwerfungsstrategie". „Eine derartige Kriegführung setzt die genügende Überlegenheit voraus; es mag sein, daß die Überlegenheit genügt, einen ersten großen Sieg zu erfechten, trotzdem aber nicht hinreicht, das ganze Land einzunehmen oder auch nur die feindliche Hauptstadt zu belagern. Die Kräfte können auch so weit im Gleichgewicht stehen, daß von vornherein nur mäßige Erfolge zu erwarten sind, und man seine Hoffnung nicht sowohl darauf setzen darf, den Feind niederzuwerfen, als ihn durch Schläge und Schädigungen aller Art soweit zu zermürben und ermatten, daß er es endlich vorzieht, die Bedingungen des Siegers, die in diesem Falle immer eine gewisse Mäßigung zeigen müssen, anzunehmen. Das ist das System der Ermattungsstrategie, deren großes Problem immer auf die Frage geht, ob eine taktische Entscheidung, eine Schlacht mit ihren Gefahren und Verlusten angestrebt werden soll oder nicht, ob der in Aussicht stehende Gewinn aus einem Siege den Einsatz lohnt."

Die Richtigkeit dieser Feststellung schränkt Delbrück dann aber selbst dadurch ein, daß er „Niederwerfungs-" und „Ermattungsstrategie" als Militärstrategien interpretiert, die geradezu ausschließlich bestimmten großen Zeiträumen zuzuordnen seien. Für die frühe und absolutistische Neuzeit mit ihren grundsätzlich immer noch recht eingeschränkten militärischen Möglichkeiten trifft die verallgemeinernde Feststellung Delbrücks, daß es sich hier um eine Zeit der „Ermattungsstrategie" gehandelt habe, wahrscheinlich noch eher zu, als für das 19. Jahrhundert, in dem sich seit Napoleon nur derjenige Feldherr auf der Höhe seiner Zeit befunden habe, der ein „Niederwerfungsstratege" war. Tatsächlich konnte ja aber auch im 19. Jahrhundert ein Feldherr, eben weil er keine „genügende Überlegenheit" besaß, zur „Ermattungsstrategie" gezwungen sein. Damit blieb sie eher auch einem gefährlichen Feind gegenüber – und welcher Feind wäre Anfang des 19. Jahrhunderts gefährlicher gewesen als Napoleon – ein geeignetes Mittel. Denn ein Napoleon mit einer zermürbten Armee war weniger gefährlich als ein Napoleon mit einer intakten Armee. Man mußte sich nur – und das war der eigentliche entscheidende Unterschied insbesondere zur Spätzeit des Absolutismus – klar darüber sein, daß man um die letzte Konsequenz nicht herumkam, daß es nicht genügte, irgendwelche beherrschenden Geländeabschnitte zu besetzen, um Napoleon zum Nachgeben zu bewegen, und diesen eklatanten Unterschied zu früher hatten offenbar manche Generäle der gegen Napoleon verbündeten Armeen selbst 1814 noch nicht begriffen.

Gerd Buchheit klärt das grundsätzliche Problem, das sich durch Delbrück ergibt, in einem Aufsatz, in dem es heißt: „Die aus dem Geschichtsbild abgeleiteten Begriffe der Niederwerfungs- und Ermattungsstrategie stellen das wissenschaftliche Einteilung- und Beurteilungsprinzip dar, mit dessen Hilfe die historischen Kriegsereignisse charakterisiert und kritisch betrachtet werden. Sie ermöglichen sogar eine gewisse Klassifikation der einzelnen Epochen, der Leistungsverschiedenheiten der Heere und der strategischen Erfolgsmöglichkeiten. – Statt sich jedoch mit diesem unstreitig wertvollen Ergebnis seiner Arbeit zu bescheiden, glaubte Delbrück die auf dem Boden der Geschichtswissenschaft und für deren Zwecke entwickelten Begriffe auch auf das Gebiet der strategischen Praxis übertragen zu können... Die völlig ungewisse und kaum berechenbare Welt der kriegerischen Wirklichkeit kennt keine feststehenden Normen, deren zweckmäßige Anwendung den erstrebten Erfolg mit unbedingter Sicherheit garantiert. Daher wird auch kein Feldherr aus grundsätzlichen Erwägungen, d. h. weil er als reiner Niederwerfungs- oder als reiner Ermattungsstratege betrachtet werden will, auf irgendein brauchbares Mittel zur Überwindung des Gegners verzichten. Er wird vielmehr, wenn es ihm geboten erscheint, ohne Rücksicht auf theoretische Prinzipien jede Form indirekter Schwächung des Feindes benutzen ...". Mit diesem Aufsatz hat Buchheit einen wesentlichen, wenn nicht überhaupt abschließenden Beitrag zum „Strategiestreit" geleistet.

Es wäre also zu einfach, zu sagen: um Napoleon zu schlagen, mußten seine Gegner nur den Spieß herumdrehen, ihn mit seinen eigenen Verfahrensweisen, wie sie der 1813 nach Rußland übergelaufene Jomini lehrte, schlagen, denn diese Verfahrensweisen kannte niemand besser als Napoleon selbst. Um Napoleon erfolgreich zu bekämpfen, war es also notwendig, seine Prinzipien und Verfahren genau zu kennen, was aber nicht hieß, daß man sie einfach nachahmte. Man handelte vielmehr in seinem Geiste, wenn man das tat, was er nicht erwartete oder eine für ihn befremdliche Lage entsprechend ausnützte. Die Napoleonische Strategie hätte sich im Grunde in nichts von der alten, methodischen unterschieden, wenn die Abweichung von der Regel als Sakrileg und ein Feldherr, wie Napoleon von der Methodik einst selbst, als Dilettant angesehen worden wäre, weil er nicht nach den Regeln – und mochten es nun auch neue sein – Krieg führte. Die Wesensmerkmale des Umwandlungsprozesses im militärischen Bereich seit der Französischen Revolution waren mit den Worten von Hahlweg: „Emanzipation der Einzelpersönlichkeit, ‚individuelle' Betrachtungsweise anstelle der ‚generalisierenden', Berücksichtigung der Imponderabilien". Der Krieg gegen Napoleon mußte, unter voller Berücksichtigung der durch ihn in die Kriegspraxis eingeführten Prinzipien, in durchaus eigenständiger Weise geführt werden.

Wellington und der Krieg in Spanien

Darauf verweist eine Äußerung Arthur Wellesleys, des späteren Herzogs von Wellington, einem der Sieger von Waterloo, als er 1808 den Befehl über eine kleine englische Armee auf der Pyrenäenhalbinsel übernahm: „Ich habe sie [die Franzosen] seit dem Feldzug in Flandern, als sie großartige Soldaten waren, nicht mehr gesehen, und ein Dutzend siegreiche Jahre unter Bonaparte müssen sie noch besser gemacht haben. Sie haben übrigens, wie es scheint, ein neues strategisches System, das sämtliche Armeen Europas ausmanövriert und besiegt hat... Mein Würfel ist gefallen, sie mögen mich besiegen, aber ich glaube nicht, daß sie mich ausmanövrieren werden. Erstens, weil ich mich nicht vor ihnen fürchte, wie es sonst offenbar alle tun; und zweitens meine ich, wenn das wahr ist, was ich von diesem Operationssystem gehört habe, dann ist es nicht das richtige gegen standhafte Truppen. Ich habe den Verdacht, daß sämtliche kontinentale Armeen schon mehr als zur Hälfte geschlagen waren, ehe die Schlacht begann – ich zumindest werde mich nicht schon vorher einschüchtern lassen" (zit. Chandler). In dieser Äußerung liegt zweifellos sehr viel Arroganz, aber in der Tat gehörte es zu den ersten Voraussetzungen, um mit den Franzosen fertig zu werden, sich nicht vor ihnen zu fürchten. Wellington war ein erzkonservativer Soldat. Er war zunächst überhaupt gegen den Generalstab und räumte auch später seinem Generalstabschef nie eine verantwortlich beratende Funktion ein. Er hielt nichts von der Wissenschaft beim Militär, dafür aber an der Lineartaktik fest. „Wer aber die Leistungen der englischen Bataillone bei Waterloo betrachtet, der kann die Zähigkeit wohl verstehen, mit der konservativ gerichtete preußische Militärs die Lineartaktik verteidigten, als vor 1806 im preußischen Offizierkorps Stimmen zugunsten der Einführung der neufranzösischen Taktik laut wurden" (Daniels).

Gestützt auf den Widerstand im Volke hielt Wellington in Spanien 6 Jahre lang den Krieg gegen die Franzosen aufrecht. Im Zusammenwirken mit den spanischen Guerrilleros, gelang es ihm, ständig weit überlegene französische Kräfte in Spanien zu binden. Von Spanien ging eine große propagandistische Wirkung auf alle europäischen Volksbewegungen, insbesondere auf den Aufstand in Tirol 1809, aus. „Auf der Pyrenäischen Halbinsel verbanden sich spanischer Geist und englische Macht gegen Napoleon" (Wohlfeil). Die Bedeutung dieser militärischen Leistung ergibt sich aus der Bedeutung, die dem Unabhängigkeitskrieg der Spanier für die Befreiung von Napoleon überhaupt zuzumessen ist. Das war der erste gegen ihn gerichtete Nationalkrieg, den Napoleon erlebte, ein Krieg, mit dem er nicht gerechnet hatte. Die Spanier brauchten Wellington und die englische Armee, weil ihre eigenen Linientruppen denen der Franzosen hoffnungslos unterlegen waren und sich ihre Guerrilleros nicht für die offene Feldschlacht, nicht für den Kampf gegen die festen Stellungen und Städte eigneten, die von den Franzosen gehalten wurden. Andererseits war aber auch Wellington mit seiner kleinen Armee auf die ungemein tätige spanische Guerrilla angewiesen, die gegen die Franzosen einen zermürbenden Kleinkrieg führte, tief im Volk verwurzelt war und sich aus ihm immer wieder ergänzte. Daraus ergab sich zwangsläufig eine „Ermattungsstrategie", da Wellingtons Operationsführung, trotz dreier Schlachtsiege, die er erfocht, nicht auf die Niederwerfung der Franzosen in einer großen Entscheidungsschlacht abzielen konnte. Aber in der Verbindung der Aktionen regulärer Berufstruppen, aus denen die englische Armee bestand, mit dem revolutionären Volkskrieg als einem neuartigen Phänomen, handelte es sich hier jedenfalls nicht mehr um eine „Ermattungsstrategie" im Stil des 18. Jahrhunderts.

Es ist daher völlig absurd, wenn Delbrück und Daniels, obwohl diese neue Verbindung erkennend und ihre Wirksamkeit nicht bestreitend, die Strategie als eine im Grunde überholte bezeichnen und Daniels sogar so weit geht, von „Rokokomethode" zu sprechen. Er widerlegt sich selbst, wenn er ohne weiteres zugibt: „200000 Mann mußte Napoleon ständig jenseits der Pyrenäen unterhalten; sie schmolzen durch die Tücken des kleinen Krieges immer wieder rasch zusammen, und diese Opfer Wellingtonscher Ermattungsstrategie bildeten eine entkräftigende Wunde am Napoleonischen Reichskörper." Wohin eine derartige Ideologisierung kriegshistorischer Betrachtung führen kann, wird aber besonders deutlich an der Behauptung Delbrücks, Wellington sei in Spanien nicht auf die „höchste Probe" seines Feldherrntalentes gestellt worden, da er hier in einer Zeit der „Niederwerfungsstrategie" nur als „Ermattungsstratege" gehandelt habe. Daß er nicht mehr gewesen sei als ein solcher, habe auch Waterloo bewiesen.

Der Krieg in Spanien wäre ohne den Widerstandswillen des spanischen Volkes nicht aufrecht zu erhalten gewesen, andererseits aber auch nicht ohne die wirtschaftliche und militärische Hilfe durch England. „Der Nutzeffekt der Guerillakampfführung ist nicht nur oft überbewertet, sondern auch von einem Mythos umrankt worden" (Wohlfeil). Es waren die von Wellington geführten Truppen, die „für den militärischen Ablauf des Unabhängigkeitskrieges letztlich ausschlaggebend waren" (ebd.). Freilich trat die entscheidende Wende hier erst dadurch ein, daß sich die französischen Truppen nach Napoleons Niederlage in Rußland aus Spanien zurückzogen. Ab 21.6.1813 schlug Wellington, dem zuletzt auch alle spanischen Streitkräfte unterstellt worden waren, die Franzosen bei Vitoria und folgte ihnen über die Pyrenäen nach Frankreich, wo er am 10.4.1814 Toulouse eroberte. Die Abdankung Napoleons beendete diesen Abschnitt seiner Feldherrnlaufbahn.

Erzherzog Karl und der Krieg von 1809

Nachdem bereits an früherer Stelle auf die Kriegstheorie Erzherzog Karls eingegangen wurde, soll hier noch ein Blick auf seine Tätigkeit als Feldherr im Krieg von 1809 gerichtet werden. In Erzherzog Karl, sagt Johann-Christoph von Allmayer-Beck, habe die Kriegführung Napoleons am deutlichsten ihren „negativen Niederschlag" gefunden. „Das Unberechenbare, das scheinbar Regelwidrige in den Operationen des Korsen, der rücksichtslose Impetus seines Angriffs und die von äußeren Umständen scheinbar unabhängige Zielsicherheit seines Stoßes waren es, die den Erzherzog zutiefst beeindruckten. Das gab der Strategie des Erzherzogs eine besondere Note, die auch in seinen Schriften einen Niederschlag fand. Dem ‚ungeziemten Geist der Zuversicht', dessen Umschlagen ‚in frevelnden Übermuth' für Karl eine der Ursachen des schließlichen Untergangs Napoleons darstellte, wird hier bewußt die Vorsicht, das Maßhalten entgegengestellt. Nie wird alles auf eine Karte gesetzt, der Rückschlag immer einkalkuliert, der Rückzug eher in Erwägung gezogen als der Vormarsch oder gar die Verfolgung. Über allem aber steht die Ordnung, sie allein ist fähig, das Chaos zu bändigen" (ebd.).

Der von Karl geführte Feldzug von 1809 muß vor dem Hintergrund der besonderen Situation des Krieges gesehen werden, den Karl für verfrüht hielt, weil er die Kriegsfertigkeit des Heeres trotz der eingeleiteten Reformen nicht für ausreichend hielt. (Vgl. Bd. 1, Abschn. III, S. 84ff und 119ff.) Die Regierung setzte sich jedoch über seine Bedenken hinweg. Der Freiheitskampf der Spanier beeinflußte die Stimmung, und wenn der Krieg trotz allem, was militärisch gegen ihn sprach, gewagt wurde, so „war das nur deshalb möglich, da allen Schichten der Bevölkerung die Notwendigkeit dieses Schrittes plausibel gemacht werden konnte und der Wille, sich zu wehren, überall vorhanden war" (Rauschensteiner).

Der Krieg in Spanien beeinflußte aber nicht nur die Stimmung, sondern auch die Gedankengänge des leitenden Ministers Graf Stadion und seiner „Kriegspartei" bei Hofe.

Keineswegs verstand die österreichische Regierung unter Volkserhebung den bewaffneten Volksaufstand aller Österreicher nach spanischem Muster. Die Erhebung sollte – wie ja dann 1813 auch in Preußen – der Kontrolle der Obrigkeit unterworfen bleiben und militärisch lediglich in der Landwehr als einer regulären Miliztruppe zur Ergänzung des stehenden Heeres Gestalt annehmen. „Österreich war damit der erste deutsche Staat, der eine gesetzlich begründete, von der Zustimmung der Bevölkerung getragene, allerdings noch eingeschränkte Form der Volksbewaffnung durchführte. Trotz dieser Abschwächung der Idee gebührt dennoch der habsburgischen Monarchie der Ruhm, erstmalig im deutschen Raum eine gangbare Lösung für einen Nationalkrieg auf der Basis von Volksbewaffnung und Volkserhebung gefunden zu haben" (Wohlfeil). Darüberhinaus aber dachte sich Stadion „ein Kriegsbild zurecht, in dem die Kampfkraft der regulären österreichischen Truppen durch politisch vorbereitete Volksaufstände ergänzt werden sollte, das heißt durch einen Volkskrieg in allen anderen Ländern die unter der Vorherrschaft des Kaisers der Franzosen litten. Eine Proklamation sollte die Volksaufstände auslösen. Dafür besonders geeignet hielt er Tirol, Hessen, Braunschweig, Hannover und die Landschaften, die Preußen als alte Provinzen im Frieden von Tilsit verloren hatte" (ebd.). Selbst der Aufstand der Tiroler, der in seiner Motivation noch am ehesten mit dem spanischen Volkskrieg verglichen werden konnte, war keine elementare, spontane Volkserhebung, sondern eine von langer Hand durch die österreichische Regierung vorbereitete Aktion. Die Erhebungsversuche, zu denen es in Deutschland außerhalb Österreichs kam – so durch Schill, Dörnberg und den Herzog von Braunschweig-Oels – schlugen fehl.

Spanien stand auch noch insofern in einem Zusammenhang mit dem Krieg von 1809, als Österreich die dortige Bindung französischer Truppen zu einem Einfall in die süddeutschen Rheinbundstaaten ausnutzen wollte. Die erste Operation Karls im April 1808 führte zu einem völligen Fehlschlag. Obwohl Napoleon den österreichischen Angriff noch nicht so frühzeitig erwartet hatte und seine getrennt stehenden Korps erst zusammenziehen mußte, wurden die Österreicher südlich Regensburg bei Eggmühl (22.4.1809) geschlagen. Gerade darin, daß anfänglich alle Vorteile auf der Seite seiner Gegner gewesen waren, hatte sich wieder einmal die führungsmäßige Überlegenheit Napoleons gezeigt. Karl konnte sich nur noch mit den Hauptkräften auf das nördliche Donauufer retten. In Österreich waren sehr viele Hoffnungen in diesen Feldzug gesetzt worden, die Folge der Niederlage war eine allgemeine Ernüchterung. Auch Karl glaubte nicht mehr an einen Sieg. Er wollte mit Napoleon Friedensverhandlungen beginnen, wurde aber nicht einmal einer Antwort gewürdigt. Seine Situation war fatal. Seine Gegner bei Hofe betrieben seine Absetzung. Napoleon, eine abgesprengte österreichische Heeresabteilung vor sich hertreibend, stieß südlich der Donau vor und zog in Wien ein, das nicht ernsthaft verteidigt und von allen österreichischen Truppen geräumt wurde. Psychologisch war die so entstandene Lage katastrophal, militärstrategisch aber erwies sich auch hier, daß eine Hauptstadt nicht notwendigerweise mehr ein entscheidender strategischer Punkt sein mußte, wenn der Verteidiger es nicht wollte. Eine Entscheidungsschlacht war freilich unausweichlich geworden, und fast hätte Erzherzog Karl, der ostwärts von Wien auf dem Marchfeld stand, den Fehler gemacht, wieder auf das rechte Donauufer überzugehen, um sich Napoleon dort zu stellen. Denn die Entscheidung mußte bald fallen, da nicht nur alle Augen in Österreich, sondern auch Europas auf ihn gerichtet waren, da auch jetzt noch ein Sieg über Napoleon die gesamte politische Konstellation ändern konnte. Der Erzherzog folgte jedoch dem besseren Rat seines Generalstabchefs, Generalmajor von Wimpffen, auf dem linken Donauufer stehenzubleiben und hier auf Napoleon zu warten.

Damit war Napoleon den Schwierigkeiten des Flußübergangs ausgesetzt. Südlich der Orte Aspern und Eßling teilte sich die Donau in zwei Arme, die Insel Lobau einschließend. Hier ging Napoleon über den Strom. Die österreichische Armee marschierte nördlich von Aspern und Eßlingen in einem zur Donau offenen Halbkreis auf. Da die Brücken brachen und wiederholt von den Österreichern zerstört wurden, war es Napoleon nicht möglich, seine Kräfte zügig über den Strom zu führen, und den Truppeneinsatz kontinuierlich aus der Tiefe heraus zu entwickeln. Aber es zeigte sich auch hier in dieser Schlacht, die die Franzosen schließlich verloren, daß sie den Österreichern auch taktisch überlegen waren. Am ersten Tage der Schlacht standen fast 100 000 Österreicher mit 288 Geschützen gegen ungefähr 40 000 Franzosen. Der schwerfällige, mehr auf „Abwehr in der Masse“ (zit. Rauchensteiner) als auf Angriff ausgerichteten Kampfführung der Österreicher gelang es jedoch nicht, die unterlegenen Kräfte zu schlagen. Die Franzosen schafften es, den Fluß wieder passierbar zu machen und soviel Unterstützung herüberzubringen, daß Napoleon am 2. Schlachttag über 77 000 Mann und 152 Geschütze verfügte. Hatten sich die massierten, nach alter Art treffenweise vorgetragenen, stets auf exakte Einhaltung der Ordnung bedachten Angriffe der Österreicher als zu unbeweglich erwiesen, so zahlte sich nun diese Geschlossenheit bei den französischen Angriffen aus, „mit denen Napoleon versuchte, die Front des Gegners zu durchstoßen. Es gelang ihm nicht. Die französischen Angriffe brachen immer wieder im Feuer der Österreicher zusammen. Die Franzosen lösten sich schließlich aus dem Kampf und zogen sich auf die Insel Lobau zurück. „Aspern war bis zu einem gewissen Grad eine Abnützungsschlacht... Sieger mußte der werden, der länger Reserven in den Kampf werfen konnte – und das war der Erzherzog. Er hatte vielleicht keine brillante Schlacht geschlagen, hatte nie einen genialen Zug unternommen, da er viel zu vorsichtig war, um etwas zu riskieren, er hatte mit seinen Kräften hausgehalten und auf geradezu biedere Art einen Sieg über das va banque spielende Genie Napoleon davongetragen“ (Rauchensteiner).

Der eigentliche Wert des österreichischen Sieges von Aspern lag in der psychologischen, der propagandistischen Wirkung. Napoleon war das erste Mal in offener Feldschlacht geschlagen worden, der Nimbus seiner Unbesiegbarkeit erschüttert. Der Sieg wurde jedoch von Erzherzog Karl operativ nicht ausgenutzt. Die Franzosen blieben auf der Lobau. Wenig später wiederholte Napoleon den Angriff, der besser vorbereitet worden war als der erste. Napoleon vollführte eine mustergültige Operation auf der inneren Linie. Erzherzog Karl hatte sich mit den österreichischen Hauptkräften nach Norden bei Wagram in eine feste Stellung zurückgezogen. Am 5. und 6. Juli 1809 wurde er von Napoleon geschlagen, noch bevor sich ein anderer Teil des österreichischen Heeres, der unter Erzherzog Johann bei Preßburg stand, mit ihm vereinigen konnte. Die geschlagenen Österreicher zogen sich, verfolgt von den Franzosen, nach Brünn zurück. Am 14. Oktober wurde die österreichische Niederlage durch den Frieden von Schönbrunn besiegelt.

S. W. Lipizki schreibt: „Die wesentlichen Merkmale der Strategie der Massenarmeen, die sich an der Wende des 18. zum 19. Jahrhundert herausbildeten, fanden ihren Niederschlag in dem Wirken hervorragender Heerführer wie A. W. Suworows und M. G. Kutusows in Rußland sowie Napoleons in Frankreich. Als Hauptgefechtsart galt der Angriff. Das Manöver diente immer mehr dazu, eine solche Kräftegrupppierung zu erzielen, die in besonderem Maße geeignet war, dem Gegner eine entscheidende Niederlage beizubringen." Hier ist in aller Klarheit herausgestellt, daß das Manöver nicht dadurch überholt war, daß die Schlachtentscheidung angestrebt wurde. Lipizki fährt dann fort: „Der russische Feldherr M. G. Kutusow wendete im Vaterländischen Krieg 1812 eine moderne, der neuen strategischen Qualität entsprechende Methode zur Schlagung des Gegners an: die Erringung des endgültigen Sieges durch mehrere Schlachten, wobei er weitgehend die strategischen Reserven nutzte und die Stoßkraft der Feldarmee ständig steigerte". Damit bediente sich Kutusow zweifellos einer Strategie der Zermürbung, die aber nicht gleichgesetzt werden kann mit der „Ermattungsstrategie", da sie eindeutig auf die Vernichtung des Gegners, wenn auch nicht in einer einzigen Entscheidungsschlacht abzielte. Allmayer-Beck erkennt auch an der Operationsführung der Russen 1812, vor allem an der Kutusows, indirekte Auswirkungen der Napoleonischen Kriegskunst. Der Einfluß, den Jomini bereits auf das russische Offizierskorps von 1812 ausübte, wird auch von anderen Autoren bestätigt.

Bei seinem Angriff auf Rußland 1812 hatte Napoleon gehofft, die Russen gleich am Anfang vernichtend schlagen zu können. Dies gelang nicht, weswegen der Zeitpunkt des Angriffsbeginns – der 24. Juni – zu spät war, da unter den geographischen und klimatischen Verhältnissen Rußlands die Fortsetzung des Feldzuges in den Winter hinein zu Versorgungsschwierigkeiten und überhaupt ganz besonderen Belastungen führen mußte. Die Invasionstruppen der Großen Armee Napoleons umfaßten 450 000 Mann, denen die Russen nur 240 000 entgegenstellen konnten. Den Russen blieb wenig Zeit für ausreichende Vorbereitungen. Sie bildeten drei Armeen, von denen die Hauptarmee bei Wilna, die beiden anderen bei Wolkowysk bzw. südlich der Pripjetsümpfe versammelt wurden. Gegen sie ging die Große Armee in drei rechts rückwärts gestaffelten Gruppen vor, die wie die russischen Armeen jeweils mehrere Korps umfaßten. Napoleon war mit dem Rheinbund, mit Preußen und Österreich verbündet. Die linke Flankendeckung der Großen Armee war dem Korps Macdonald, bei dem sich die Preußen unter Yorck befanden, die rechte dem österreichischen Korps Schwarzenberg überantwortet. Die Hauptgruppe, wie auch die russische Hauptarmee, war die weitaus stärkste. Sie wurde von Napoleon selbst geführt. Es war in dieser Zeit noch üblich – wir sahen es bei den preußischen Streitkräften unter Friedrich dem Großen und noch bei denen von 1806 – daß der Oberkommandierende mit den gesamten Streitkräften zugleich auch unmittelbar die Hauptkräfte führte. Die Russen besaßen insofern eine ungünstige oberste Kommandostruktur, als kein Oberkommandierender ernannt worden war, der General Barclay de Tolly zwar die Hauptarmee unter der offiziellen Bezeichnung 1. Westarmee führte, alle Armeen aber nur dem Zaren unterstanden, der sich jedoch mit seinem Hauptquartier bei dieser Armee aufhielt. Napoleons Operationsplan zielte darauf ab, mit Schwerpunkt auf dem linken Flügel die 1. Westarmee anzugreifen, sie linksumfassend nach Südosten abzudrängen und zu vernichten. Die Hauptstoßrichtung war daher Wilna.

Auch die russische Führung rechnete nicht damit, daß Napoleon tief in das Landesinnere eindringen werde, wie die Anlage ihrer Befestigungen erwies. Die 1. Westarmee sollte in einer weiter rückwärts gelegenen Stellung den Feind aufhalten, die 2. ihn angreifen und die 3. deren Flanke decken. Es lag also keineswegs die Absicht vor, die Franzosen (dies hier als Sammelbegriff, denn in der Napoleonischen Armee kämpften ja auch viele Angehörige anderer Völker, besonders viele Deutsche) gewissermaßen in das Land hineinzuziehen. Dazu kam es aber dadurch, daß keine der viel zu weit auseinanderstehenden Armeen in der Lage war, Napoleon aufzuhalten, geschweige denn anzugreifen, vielmehr die Gefahr bestand, daß sie einzeln geschlagen wurden. Der ursprüngliche russische Operationsplan wurde daher aufgegeben. Die russischen Armeen wichen vor dem überlegenen Feind kämpfend in das Innere des Landes aus. Es gelang Napoleon nicht, sie zur Entscheidungsschlacht zu stellen. Auch bei Smolensk Mitte August war es nicht möglich, als der 1. und 2. Westarmee die Vereinigung gelungen war, die er bis dahin hatte verhindern können. Es kam bei Smolensk zu einer Reihe von Gefechten, die zusammengenommen auch als Schlacht bezeichnet werden. Keineswegs scheint das Verhalten der russischen Armee aber auf russischer Seite als eine eigentümliche, besonders wirksame Art von Strategie angesehen worden zu sein, obwohl dadurch die Ausdehnung des dünn besiedelten Landes, das den Soldaten Napoleons keinerlei Bequemlichkeiten bot, ausgenutzt wurde und Napoleon bereits Ende Juli 150 000 Mann nicht nur im Kampf, sondern vor allem an Kranken und Deserteuren verloren hatte, dazu 80 000 Pferde. Die Oberbefehlshaber der 1. und 2. Westarmee hegten zeitweise sogar Offensivpläne. Tatsächlich geriet Napoleon zunehmend in Zeitnot, denn je tiefer er bei der Verfolgung des Gegners nach Rußland hineinmarschierte, desto länger wurden seine Verbindungslinien, desto mehr gefährdet durch Kosaken, Streifkorps und die den Franzosen feindlich gesonnenen Bauern, die in Empörung über Requisitionen und Plündereien zu den Waffen griffen. Napoleon dachte daran, den Feldzug abzubrechen, aber das war sowohl aus politischen Gründen – Rußland war nicht nur mit Schweden und Spanien, sondern vor allem mit England verbündet – wie auch aus militärischen Gründen nicht möglich. Er konnte nur hoffen, daß sich ihm die russischen Streitkräfte auf dem Wege nach Moskau, und sei es zur Verteidigung der Hauptstadt, noch stellen würden.

In gewisser Weise stimmte er darin überein mit der Meinung der russischen Bevölkerung, die diesen Krieg immer stärker als vaterländischen Verteidigungskrieg begriff, bereitwillig Opfer brachte, aber auch forderte, daß dem Feinde endlich energischer Widerstand entgegengesetzt werde. Unter dem Druck der öffentlichen Meinung ernannte Zar Alexander I. den alten Fürsten Kutusow zum Oberkommandierenden. Kutusow hatte die Verbündeten schon 1805 bei Austerlitz geführt und genoß das Vertrauen der Bevölkerung. Er verstärkte den Partisanenkrieg, aber er hatte vor allem Anweisung, die Hauptstadt nicht ohne Kampf aufzugeben. Am 7. September stellte er sich Napoleon bei Borodino 120 km vor Moskau. Es kam zu einer Abnützungsschlacht, die an das denken läßt, was Clausewitz dann später – wie hier weiter oben zitiert – über den „Charakter der heutigen Schlacht" sagte, nachdem „die Parteien sich ungefähr auf dem selben Punkt der kriegerischen Einrichtungen und der Kriegskunst befinden...". Nach furchtbaren Verlusten auf beiden Seiten gingen die Russen in ihre dritte vorbereitete Stellung zurück. In dem Augenblick hätte sie Napoleon vielleicht durch Einsatz seiner Garde vernichten können, aber hier zeigte sich, wie prekär er selbst die Lage einschätzte, wenn er diese letzte Reserve nicht aus der Hand geben wollte. Kutusow aber wollte die geschwächte Armee nicht dem Risiko ihrer völligen Vernichtung aussetzen. Gegen den Rat seiner Generäle setzte er sich noch in derselben Nacht ab, überließ Moskau dem Feind und zog sich in eine Flankenstellung südwestlich der Hauptstadt zurück, um die Armee zu verstärken. Auch Napoleon konnte seine Truppen verstärken, aber mit den wachsenden Versorgungsschwierigkeiten verschlechterte sich ihre Lage.

Kutusow konnte also wie ein Feldherr zur Zeit des Dreißigjährigen Krieges darauf warten, daß Versorgungsschwierigkeiten den Gegner zum Verlassen des von ihm besetzten Gebietes zwangen. Nachdem es Napoleon nicht gelungen war, die russischen Streitkräfte zu vernichten und den Zaren zum Abschluß eines Friedensvertrages zu bewegen, sah er sich im Oktober 1812 zum Rückzug gezwungen. Die Versorgungsfrage hatte auch weiterhin operative Auswirkungen. Napoleon wollte für den Rückmarsch nicht wieder die vom Krieg zerstörte Vormarschstraße über Smolensk benutzen, weil dort keine Lebensmittel mehr aufzutreiben waren, sondern südlich davon über Malojaroslawez-Kaluga gehen. Bei Malojaroslawez stellte sich ihm Kutusow in den Weg. Es kam hier am 24. Oktober zum Kampf, aber da Napoleon eine größere Schlacht vermeiden wollte, mußte er auf die Straße nach Smolensk ausweichen. Kutusow vermied ebenfalls eine Entscheidungsschlacht. Er begleitete den Rückzug im Süden und ließ den Gegner durch ständige Flankenbedrohung und Überfälle durch leichte Truppen, Kosaken und Partisanen nicht zur Ruhe kommen. Immer wieder mußte sich Napoleon auch in größeren Gefechten stellen. Zweifellos war der moralische Zustand der russischen Soldaten, die durchaus wußten, daß sie ihr Land von einem Aggressor befreiten, besser als der der depremierten Franzosen und ihrer zwangsweisen Verbündeten. Diese energische, mit ständigen Schlägen betriebene Verfolgung, die Ausnutzung der geographischen Verhältnisse und des Klimas zur Zermürbung des Gegners unterschieden die Kriegführung Kutusows allerdings grundlegend von der Strategie der Feldherren des 16. oder 17. Jahrhunderts in Mittel- und Westeuropa. Der Winter, obwohl in diesem Jahr für russische Verhältnisse eher mild, die Zerstörung französischer Magazine und der Hunger setzten der immer mehr zusammenschmelzenden, immer mehr mit Kranken und Kampfunfähigen belasteten Großen Armee nicht weniger zu als die andauernden Kämpfe und die ständige Kampfbereitschaft. Zur Zeit der Söldnerheere wären üblicherweise die Armeen beider Seiten längst in die Winterquartiere gegangen. Schließlich zeigt sich auch hier – wie auch immer schon vorher und in der Zukunft –, daß derjenige, der sich einen größeren Erfolg durch eine effektivere Art der Kriegführung verspricht, durch sie selbst in Mitleidenschaft gezogen wird. In Spanien und Rußland, wie dann in anderer Weise auch in den Kriegen 1813/15, schlugen die kriegsverschärfenden „Errungenschaften" der Französischen Revolution auf die Franzosen selbst zurück. Aber auch die Verfolgungsstrategie Kutusows zehrte an den Kräften seiner eigenen Truppen, die unter dem Mangel an Lebensmitteln und Futter litten und die Mitte November 1812 auf 70 000 Mann zusammengeschmolzen waren.

Freilich sollte die Verfolgung der Armee Napoleons nicht endlos in dieser Weise fortgesetzt werden. An der Beresina sollte der Gegener gestellt und seine Reste vernichtend geschlagen werden. Die Lage wurde hier für Napoleon äußerst bedrohlich. Während er von Kutusow nach Westen gedrängt wurde, waren von Norden die neue russische Armee Wittgenstein, von Süden die russische Armee Tschitschagow gegen Borissow angesetzt worden, um ihm hier den Übergang über die Beresina abzuschneiden. Es gelang dies nicht vollständig. Tschitschagow, schon in Borissow, wich den französischen Truppen auf das Westufer der Beresina aus, zerstörte aber die Brücken. Napoleon konnte Wittgenstein aufhalten und Tschitschagow durch Täuschung nach Süden abziehen, oberhalb von Borissow in aller Eile zwei Kriegsbrücken errichten lassen. Am 28. November verdichteten sich die Gefechte auf beiden Ufern zur Schlacht, es gelang den Russen aber nicht, die Brücken zu nehmen. Ungefähr 40000 Franzosen konnten sich der Vernichtung entziehen. Mit nur 9000 Kampffähigen, die auf 3500 mit 9 Geschützen zusammengeschmolzen waren, als diese Reste am 14. Dezember den Njemen bei Kowno überschritten, hatte die Große Armee zu bestehen aufgehört. Napoleon war aber schon nach Paris vorausgeeilt, um alle Vorbereitungen zur Aufstellung einer neuen Armee zu treffen.

Der Vormarsch der Russen, die als Befreier begrüßt wurden, gab der Volkserhebung in Preußen Auftrieb. Es kam zu bewaffneten Unruhen, die sich gegen die Franzosen richteten. Preußische Freiwillige schlossen sich russischen Streifkorps an. Preußen, durch die Reformer vorbereitet auf diesen Kampf, trat als Verbündeter Rußlands in den Krieg gegen Frankreich ein (vgl. Bd. 1, Abschn. II, S. 25 f).

Radetzky und die Kriegsplanung von 1813

Die Frage, wie der Napoleonischen Kriegskunst im Felde zu begegnen sei, betraf nicht nur die Heerführer, sondern – bei zunehmendem Gewicht der Generalstabsarbeit – auch die Generalstabchefs. Dies jedenfalls bei den Armeen, in denen sie über eine reine Adjutanten- oder Quartiermeistertätigkeit hinausgelangt waren und ihre Befehlshaber als verantwortliche Ratgeber in allen Angelegenheiten unterstützten. Im allgemeinen war jedoch der Entwurf von Operationsplänen noch nicht ausschließlich ihre Angelegenheit, wie die Vorbereitungen der nun folgenden Feldzüge zeigte, vielmehr wurden nach wie vor auch Vorschläge von den höheren Adjutanten unterbreitet oder die Grundkonzeptionen von den Befehlshabern selbst entwickelt.

Einer der bedeutendsten Generalstäbler dieser Zeit war Josef Wenzel Graf Radetzky von Radetz, der spätere berühmte österreichische Heerführer. Er war Generalstabschef seit 1809 der österreichischen Armee, 1813 bis 1815 des österreichischen Oberkommandierenden der Koalitionsarmeen Fürst Karl zu Schwarzenberg, desselben, der 1812 das österreichische Flankenkorps Napoleons gegen die Russen geführt hatte. Radetzky sei – so Kurt Peball, gestützt auf Oskar Regele – der eigentliche militärische Gegenspieler Napoleons gewesen – ein Rang, der ihm allerdings von der späteren preußischen und deutschen Geschichtsschreibung mit Gneisenau, dem preußischen Generalstabschef, streitig gemacht wird. Radetzky betrieb dieses „Gegenspiel“ in durchaus eigener, originaler Art. Es genügte nicht, „Napoleon als Kronzeugen für die Richtigkeit bestimmter Regeln, für die Korrektheit einzelner Schachzüge“ (Allmayer-Beck) anzurufen. Radetzky prägte einen persönlichen Operationsstil einer „fast spielerisch-tänzerischen Kampfweise“, der, „obzwar eigenständig, doch von Napoleon beeinflußt, keine Kopie, kein Positivabzug der Kriegskunst des Franzosenkaisers, sondern – wenn man schon bei einem Vergleich aus der Photographie bleiben will – gewissermaßen deren Negativaufnahme war" (ebd.).

Radetzkys Vorstellung vom Vorgehen gegen Napoleon lief – ähnlich wie bei Kutusow – auf eine offensive Zermürbungsstrategie hinaus. Grundgedanke seiner Operationsplanung auf der Basis des Bündnisses zwischen Österreich, Rußland, Preußen und Schweden war es, Napoleon die Möglichkeit zu nehmen, in bewährter Weise durch überraschende Konzentration seiner Kräfte am entscheidenden Punkt von vornherein die Überlegenheit zu erreichen. Bereits im März 1813 hatte Napoleon nach seiner Niederlage in Rußland wieder 200 000 Soldaten zusammengebracht und war im Begriff, an Elbe und Main aufzumarschieren. Schon am 17. März 1813 – also lange bevor sich Österreich der antinapoleonischen Koalition Rußlands, Schwedens und Preußens angeschlossen hatte – legte Radetzky einen Operationsplan vor. Eine russisch-preußische Armee sollte die Linie Erfurt-Bamberg gewinnen und dadurch die Franzosen in Nord- und Süddeutschland trennen, während die Österreicher von der Donau aus vorgehen sollten. Den Schweden, mit deren Mitwirkung damals schon gerechnet werden konnte, sollten die Franzosen in Norddeutschland überlassen bleiben, während sich Österreicher, Preußen und Russen in einer Zangenbewegung im Rücken des Feindes bei Mainz vereinigten.

Der Plan lief also auf ein Vorgehen auf den äußeren Linien hinaus, auf den Zwang für Napoleon, seine Kräfte zu teilen. Er wurde von Kaiser Franz I. abgelehnt, dem es zunächst einmal darauf ankam, daß eine starke österreichische Armee in Böhmen Österreich vor einem Angriff Napoleons von Sachsen aus über Prag auf Wien sicherte. Hiervon ging Radetzky aus, als er am 10. Juni – also während des Waffenstillstandes nach dem für Preußen und Rußland schlecht verlaufenen Frühjahrsfeldzug von 1813 – einen weiteren Plan vorlegte. Grundgedanke, war, dem zu erwartenden, gegen Österreich gerichteten Hauptstoß Napoleons offensiv entgegenzutreten, und zwar durch eine entsprechend starke österreichische Armee als Hauptarmee. Die anderen verbündeten Streitkräfte mußten sich dagegen defensiv verhalten. „Alle vereinzelten noch so großen Vorteile, die nicht von der Hauptarmee selbst errungen werden, verschwinden und sind nutzlos, solange nicht eine Schwächung der feindlichen Hauptmacht erfolgt ist" (zit. Peball). Auch zu diesem Zeitpunkt war es noch nicht sicher, ob Österreich sich der Allianz gegen Frankreich anschließen werde, aber man war schon bemüht um eine Version der Kriegsplanung, die Österreich, auf das sich die Alliierten nach den Mißerfolgen im Frühjahr angewiesen sahen, einbezog. Eine Fülle von weiteren Plänen wurde ausgearbeitet.

Die Russen, Preußen und Schweden einigten sich am 1. und 12. Juli 1813 auf den nach dem Ort der Verhandlung benannten „Trachenberger Kriegsplan". Auch in diesem Plan ging man davon aus, daß Österreich und die österreichische Armee das erste Operationsobjekt Napoleons sein werden. Es sollten drei Armeen gebildet werden: In Norddeutschland, in Schlesien und in Böhmen. Im Gegensatz zum österreichischen Plan war aber hier allen drei Armeen eine energische Offensive vorgeschrieben, die sich stets gegen die Hauptmacht des Feindes richten sollte. „Der Gedanke, eine Schlacht nicht zu vermeiden, sondern sie im Vertrauen auf die Hilfe der übrigen Armeen anzunehmen, wird zwar nicht direkt ausgesprochen, geht aber indirekt daraus hervor, daß allein der schlesischen Armee eine Vermeidung der Schlacht vorgeschrieben wird" (Friederich). Die Schlesische Armee wurde als die zahlenmäßig schwächste, die Böhmische Armee als die weitaus stärkste angenommen. Dieser ganz auf die Offensive aller Teile abgestellte Plan wird dem Einfluß des russischen Generalmajors Toll, Generaladjutanten des Zaren, und Generalmajor von Gneisenau, Nachfolger des bei Großgörschen tödlich verwundeten Generalleutnants von Scharnhorst als Generalstabschef der Schlesischen Armee, zugeschrieben. Toll hatte bereits vorher einen äußerst kühnen Plan vorgelegt, der allen drei Armeen den Angriff mit dem Ziel der Vernichtung des Gegners vorschrieb. Dieser Entwurf hatte nur den entscheidenden Fehler, daß er Napoleon sowohl in bezug auf die Truppenstärke wie hinsichtlich seiner operativen Fähigkeiten unterschätzte. Ein Vertreter Österreichs nahm an den Trachenberger Verhandlungen nicht teil.

Die österreichische Führung war indessen zu der Auffassung gekommen, daß sich Napoleon allein mit seiner Hauptarmee auf die österreichische Armee werfen werde, da er auf diese Weise die gegen ihn gebildete Allianz am wirksamsten sprengen könne. Mit seinen übrigen Kräften werde er sich defensiv verhalten oder sie nur zu Demonstrationszwecken benutzen. Es sollte nun also – nach Radetzkys Plan – auf alliierter Seite zunächst nicht die österreichische Armee angreifen und sich die übrigen Armeen der Verbündeten defensiv verhalten, bis Napoleons Hauptmacht geschlagen sei – wie das im Plan vom 10. Juni vorgesehen war –, sondern geradezu umgekehrt: Die Nord-Armee und die Schlesische Armee „haben bei Beginn der Feindseligkeiten mit unablässiger Anstrengung die Offensive zu ergreifen und fortzusetzen, um der österreichischen die Möglichkeit zu gewähren, mit ihnen vereint den von ihnen unablässig beschäftigten Feind den empfindlichsten Schlag beizubringen und dadurch den Feldzug zum Vorteil der Verbündeten mit einem Streiche zu entscheiden. Jeder Nachteil, in welchen auch eine der beiden genannten Armeen durch eine augenblicklich gegen dieselbe wirkende Übermacht gesetzt werden kann, ist für den Ausgang des Feldzuges nicht entscheidend und vorübergehend, da die österreichische Hauptmacht ungeschwächt auf die empfindlichsten Seiten des Feindes in seinem Rücken zu operieren die Kraft behält" (zit. Peball).

In Radetzkys Entwurf vom 7. Juli 1813 heißt es: „In allen, wie immer angenommenen, Wechselfällen bleibt es bei dem gegenwärtigen Stand der Armee stets die erste und wesentlichste Hauptbeobachtung, daß keine Armee einzeln und auf keine Weise sich gegen eine ihr überlegene Macht in ein Hauptgefecht einlasse, um den Hauptzweck in den gemeinschaftlichen Operationen nicht zu verfehlen, nämlich: den Hauptschlag mit Sicherheit zu führen... den Kaiser Napoleon von seinen Stützpunkten an der Elbe abzudrängen, sodann möglichst nahe zu umstellen, jede teilweise Niederlage zu vermeiden und am Ende in einer Entscheidungsschlacht vollends zu vernichten, was Hunger und Krankheiten überhaupt das Ungemach des Feldzuges von dessen Heer noch übrig gelassen haben würden" (zit. ebd.).

Auf diesen Vorschlag mußten die Verbündeten in Reichenbach eingehen, da sie bei Fortsetzung des Krieges auf die Mitwirkung Österreichs angewiesen waren. Der ganz auf die möglichst frühzeitige Schlachtentscheidung abgestellten Trachenberger Plan wurde also dahingehend verändert, daß er zwar den gleichzeitigen Vormarsch aller drei Armeen vorsah, eine entscheidende Schlacht zu ihrer Vereinigung aber vermieden werden sollte. „Man erwartete großen Erfolg durch Einwirkung gegen die über Dresden-Leipzig-Erfurt führende Hauptverbindung des Gegners" (Franke).

Wie weit die Delbrücksche These einer grundsätzlichen Unterteilung in zwei Arten von Strategie am Anfang unseres Jahrhunderts das Denken des Militärs bestimmte, zeigt eine „Betrachtung“ des dem Großen Generalstab zugeteilten Lehrers an der Kriegsakademie Major Friederich in seiner detaillierten Untersuchung des Herbstfeldzuges von 1813: „Betrachten wir den Trachenberg-Reichenbacher Operationsplan mit kritischem Blick, so erkennen wir, daß die leitenden Personen im Lager der Verbündeten sich noch vollständig im Banne der militärischen Anschauungen des 18. Jahrhunderts befanden. Im Gefühl der gewaltigen strategischen Überlegenheit Napoleons verwerfen sie grundsätzlich den Gedanken, durch einen rasch und mit allen Kräften ausgeführten Schlag die Entscheidung herbeizuführen, sie suchten vielmehr durch eine ‚dilatorische‘, mit kleinen Mitteln wirkende Kriegführung, durch Bedrohung der Verbindungslinien, durch Operationen gegen Rücken und Flanke, durch Angriffe auf einzelne Korps und Abschneiden seiner Zufuhren den großen Zweck der Niederwerfung des Gegners zu erreichen. Dieses Befangensein in der ‚Ermattungsstrategie‘ des verflossenen Jahrhunderts beweist, daß die großen Lehren der Napoleonischen Feldzüge spurlos an den maßgebenden Persönlichkeiten des Großen Hauptquartiers vorübergegangen waren. Anstatt ihre Übermacht, die sie noch größer annahmen als sie in Wirklichkeit war, auszunutzen, ihre Kräfte zu verinigen und sie zum vernichtenden Schlage vorzuführen, suchen sie vorsichtig tastend, eine schwache Stelle in der feindlichen Kräftegruppierung herauszufinden, um Teilerfolge zu erringen, welche die Entscheidung des Kampfes unmöglich herbeiführen konnte.“

Der Herbstfeldzug von 1813

Dem Herbstfeldzug von 1813 kommt insofern eine exemplarische Bedeutung zu, als in ihm auf Seiten der Alliierten „die Selbsttätigkeit der Unterführungen einen ihrer größten Triumphe gefeiert hatte“ (Caemmerer). Dazu kam es dadurch, daß die Verbündeten aus der Not eine Tugend machten. Denn zunächst hatte Napoleon entscheidende Vorteile für sich: einmal die durch ihn verkörperte absolute Führungseinheit und zum anderen die Möglichkeit der Operation auf der inneren Linie.

Wir müssen hier zurückgreifen. Im Frühjahr war es die Absicht Napoleons gewesen, die Russen und Preußen mit Schwerpunkt auf dem linken Flügel durch eine weitausholende, auf die untere Weichsel gerichtete Bewegung zu flankieren. Diese Operation kam nicht zustande, weil seine Deckungsarmee an der Elbe die Vereinigung der Russen und Preußen nicht verhindern konnte und vor ihnen zurückgehen mußten. Napoleon schlug seine Gegner am 2. Mai 1813 bei Großgörschen und warf sie über die Elbe zurück. In der Schlacht von Bautzen am 21./22. Mai konnten sich die Verbündeten nur noch der Vernichtung durch rechtzeitigen Rückzug entziehen. Napoleon folgte dem weichenden Gegner nach Schlesien. Zur Flankendeckung wurden Marschall Oudinot gegen Berlin und Marschall Victor gegen Glogau angesetzt. Danach standen Napoleons Hauptkräfte, gestützt auf die Elbe zwischen Magedburg und Köngistein mit Verbindung zum wieder von den Franzosen besetzten Hamburg, auf der Operationslinie Dresden-Görlitz-Liegnitz. Das neue Heer, das Napoleon erstaunlich schnell zusammengebracht hatte, besaß nicht mehr die Qualität des alten, in Rußland untergegangenen. Es bestand größtenteils aus jungen, nur kurz ausgebildeten Soldaten. Der Mangel an Kavallerie verhinderte eine ausreichende Aufklärung und eine wirkungsvolle Verfolgung. Moralisch waren die Franzosen, die immer offensichtlicher nur noch zur Machterhaltung ihres Kaisers eingesetzt wurden, ihren Gegnern, die sich auf die Freiheitsbewegung der Bevölkerung stützen konnten, unterlegen. Am 4. Juni 1813 kam es zum Abschluß eines von Napoleon gewünschten, aber auch von der Gegenseite benötigten Waffenstillstandes, den er zur Verhandlung mit Österreich benutzte, die jedoch erfolglos verlief. In dieser Zeit wurden von den Verbündeten die Operationspläne von Trachenberg und Reichenbach ausgearbeitet. Österreich trat der Koalition bei. Am 17. August 1813 war der Waffenstillstand beendet. Das bisherige zahlenmäßige Übergewicht der Franzosen war durch den Beitritt Österreichs zur Koalition ausgeglichen worden. Beide Seiten verfügten für die bevorstehenden Operationen ungefähr über eine halbe Million Soldaten. Der weit nach Schlesien hineinreichende Keil der Hauptkräfte Napoleons – 313 000 Mann – wurde von der Mark Brandenburg aus durch die Nord-Armee unter dem schwedischen Kronprinzen, dem ehemaligen französischen Marschall Bernadotte, (Russen, Schweden und Preußen, 127 000 Mann) im Südosten von der Schlesischen Armee unter dem preußischen General von Blücher (Russen und Preußen, 104 000 Mann) und im Süden von Böhmen aus von der Hauptarmee der Alliierten unter Generalfeldmarschall Fürst Schwarzenberg (Österreicher, Russen und Preußen 256 000 Mann) flankiert.

Führungsmäßig besaß die Operation auf der inneren Linie aufgrund des Fehlens von modernen führungstechnischen Mitteln, mit denen große Entfernungen überbrückt werden können, noch immer Vorteile, aber sie waren mit dem Anwachsen der Heere in der Napoleonischen Epoche erheblich eingeschränkt. Selbst Jomini, der für eine Bevorzugung der inneren Linie eintrat und das „Bataillon carré" – wie es Napoleon 1806 auf dem Vormarsch gegen die Preußen und Sachsen gebildet hatte – als die Musterform für operative Bewegungen herausstellte, mußte nach 1803 zugeben, daß sich die Erfolgsaussichten der zentralen Position in dem Maße verringerten, wie sich mit der zahlenmäßigen Stärke der Feldheere auch die Stärken von deren zur Verfügung stehenden Heeresteilen erhöhten.

100 000 Mann, erkannte Jomini, könnten in zentraler Position eine Überlegenheit über drei einzelne Heeresteile von je 30–35 000 Mann sehr viel leichter erreichen, als 400 000 Mann über drei Heeresteile von je 130–140 000 Mann. Als Gründe führte Jomini unter anderen an, daß 400 000 Mann sehr viel schwerer zu versorgen und daher sehr viel unbeweglicher seien als 100 000, daher unter Berücksichtigung des Geländes und der Zeit sehr viel schwerer zu einheitlichem Handeln zu bringen wären.

Dadurch wurde nun allerdings die Operation auf den äußeren Linien nicht einfacher, da die Koordination der getrennten Heeresteile ohne die modernen Führungsmittel und ausreichende Straßen für eine gemeinsame Aktion immer noch sehr riskant war, nur hatte sie jetzt bessere Aussichten auf Erfolg. Bezogen auf den konkreten Fall der alliierten Operationsführung 1813/14, kam sie allerdings den Verhältnissen bei den Verbündeten insofern entgegen, als sie dem selbständigen Handeln der Unterführer mehr Möglichkeiten bot, denn an eine straffe, zentrale Leitung aller Koalitionsstreitkräfte war unter den gegebenen Umständen überhaupt nicht zu denken. Fürst Schwarzenberg als Oberbefehlshaber der Hauptarmee war zwar nominell der Oberkommandierende. Aber er hatte mit den drei Monarchen Österreichs, Rußlands und Preußens ständig drei gekrönte Häupter über sich, denen er seine Entschlüsse zur Prüfung vorlegen mußte. Zar Alexander I. griff wiederholt unter Umgehung Schwarzenbergs in die Operationen ein. Vor allem aber war die Operationsführung von vornherein noch völlig im Stil der Koalitionskriegführung des 18. Jahrhunderts durch die kollidierenden politischen Interessen der Bündnispartner belastet – besonders in der Frage der Intensität der gegen Napoleon zu ergreifenden Maßnahmen, der Gebietsansprüche, der Machtkonstellation, insbesondere hinsichtlich des Hegemonialanspruchs über Europa zwischen Rußland und Österreich nach einem Sieg über Napoleon. So erklärt es sich, daß Schwarzenberg „weniger als Feldherr, sondern als Diplomat unermüdlich tätig" (zit. Peball) sein mußte.

Schon allein aus diesen Gründen war es also gar nicht möglich, die aus Teilen der verbündeten Heere zusammengesetzten Armeen zentral durch alles regelnde Weisungen und Befehle zu führen. Man überließ es vielmehr den drei Armee-Oberkommandos, im Sinne des Operationsplanes selbständig zu handeln. Unter dem preußischen Aspekt der Kriegsgeschichte war dieses Operieren nach „Direktiven" statt nach „Dispositionen" vor allem im Hinblick auf die spätere, durch Moltke praktizierte Führungsweise wichtig. Durch Moltke wurde, schließlich bis hinunter in den taktischen Bereich, das Führen nach Auftrag, innerhalb dessen der Beauftragte Handlungsfreiheit besaß, als Konsequenz kriegführungsmäßiger Entwicklung erkannt und später dann auch für die gesamten deutschen Streitkräfte zum Prinzip erhoben. Nun war das Führen nach Direktiven natürlich auch schon 1813 nicht neu. Für einen von der Hauptmacht abgetrennten, weit von ihr entfernt mit ihr in keinem operativen Zusammenhang selbständig agierenden Heeresteil empfahl es sich für den Oberkommandierenden immer schon, sich auf allgemeine Anweisungen zu beschränken. Andererseits bedingte die Operation mehrerer zunächst getrennter Gruppen mit gemeinsamem Ziel – die konzentrische Offensive auf den äußeren Linien – noch nicht die Beschränkung auf die allgemeinen Direktiven. Nach Uhr und Karte konnten im Hauptquartier, also zentral, Dispositionen für die einzelnen Gruppen, die ihre Verhaltensweisen genau regelten, ausgearbeitet werden. Dem entsprach die französische Generalstabsorganisation. Sie erlaubte auch bei unvorhergesehenen Lageveränderungen eine ebenfalls zentral für das Ganze oder eine einzelne Gruppe vorgenommene Umdisponierung, da zur Überbringung der Befehle und Kontrolle der Ausführung viele sehr hochrangige Adjutanten zur Verfügung standen. Aber dieses durch Napoleon auf die Spitze getriebene zentralistische Führungssystem, bei dem die Unterführer verhältnismäßig unselbständig waren, hatte seine Grenzen. Sie zeigten sich erstmalig in aller Deutlichkeit im Herbstfeldzug von 1813.

Für Napoleon bestand, trotz der eben erörterten Einschränkungen, die Möglichkeit, mit seiner Hauptmacht jede der drei weitgetrennt stehenden feindlichen Armeen nacheinander einzeln mit jeweils überlegenen Kräften zu schlagen. Voraussetzung war jedoch, daß sich der Gegener diesem – nun mittlerweile allseits bekannten – Verfahren stellte und nicht in Aktionen gegen Nebenkräfte Napoleons Erfolge errang, die sich auf die Hauptoperation auswirken mußten. Napoleon rechnete mit einem Angriff der Armee Blücher aus Schlesien und der Armee Schwarzenberg aus Böhmen östlich der Elbe über Zittau, denen er sich mit seinen Hauptkräften gewachsen fühlte. Die Nord-Armee sollten ihm Kräfte unter Oudinot, Girard und Davout durch Angriffe vom Leibe halten.

Napoleon wollte Schwarzenberg bei Zittau schlagen und nach Prag vorstoßen. Als er aber merkte, daß Schwarzenberg nicht über Zittau vorging, wendete er sich mit 200 000 Mann gegen Blücher, der den Bober überschritten hatte. Blücher stellte sich nicht zum Kampf, sondern wich hinter die Katzbach aus. Napoleon ließ ihn von Macdonald mit 100 000 Mann verfolgen und wandte sich nach Dresden, das Schwarzenberg, westlich der Elbe vorgehend, erreicht hatte. Er warf Schwarzenberg am 20. und 21. August zurück, ohne ihn wirklich geschlagen zu haben. Ein französischer Flanken-Angriff auf die alliierte Hauptarmee scheiterte am 30. August bei Nollendorf und Kulm, wobei sich das preußische

Korps Kleist auszeichnete. Von einer Verfolgung Schwarzenbergs, der sich hinter das Erzgebirge zurückzog, mußte Napoleon absehen, da im Norden am 23. Oudinot von Bülow, der mit seinem Korps der Nordarmee unterstellt war, bei Großbeeren und Girard am 27. bei Hagelberg sowie Macdonald von Blücher am 16. in Schlesien an der Katzbach bei Wahlstatt geschlagen worden waren. Während der Kronprinz von Schweden dem auf Wittenberg zurückgehenden Oudinot nur zögernd folgte, drängte Blücher Macdonald, dessen Truppen sich in Auflösung befanden, über die Neiße nach. Die zögernde Operationsführung des schwedischen Kronprinzen, die während des ganzen Feldzuges auffiel, hatte sicher ihre Gründe in der schwedischen Politik. Aber sie hatte sie auch in seinem Charakter – wir erinnern uns an sein Verhalten bei Auerstedt 1806, als er noch der französische Marschall Bernadotte war!

Es bestand Gefahr für Napoleons Nordflanke, der er durch einen Vorstoß auf Berlin gegen die Nord-Armee zu begegnen gedachte. Vielleicht ergab sich dadurch nun doch noch die Möglichkeit, sein ursprüngliches Ziel: Vorstoß über die Oder auf die untere Weichsel mit allen großzügigen Flankierungsmöglichkeiten nach Süden, zu realisieren. Als aber dieser konzentrisch angesetzte Angriff auf Berlin – Napoleon selbst vom Süden aus, Ney von Wittenberg aus, also Südwesten – gerade angelaufen war, war Blücher in der Gegend zwischen Bautzen und Görlitz vorgedrungen, stand also in Napoleons Rücken. Napoleon wandte sich mit einem Teil seiner Kräfte gegen Blücher, der sich ihm wieder entzog, während Ney bei Dennewitz nordostwärts Wittenberg am 6. September unter Verlust von 22 000 Mann von Bülow vollständig geschlagen wurde. Die „Nachteile und Schwierigkeiten des Operierens auf der inneren Linie begannen angesichts der elastischen Führung Blüchers und bei dem Versagen der an selbständige Führung nicht gewöhnten Marschälle des Kaisers für Napoleon zu einer Krise zu führen“ (Franke).

Ney ging mit den Trümmern seines Korps auf das westliche Elbufer zurück, aber da die Nord-Armee des Kronprinzen von Schweden nicht nachstieß, konnte Napoleon noch hoffen, die Elblinie zu halten. Diese Hoffnung erwies sich jedoch als trügerisch. Ney meldete, daß er nicht mehr in der Lage sei, einen Elbübergang der Nord-Armee zu verhindern. Napoleon konnte aber auch nichts gegen Blücher unternehmen, der Macdonald über Bautzen nach Westen zurückgedrängt hatte und hier schon stehengeblieben war. Er mußte vom Erzgebirge her mit einem neuen Angriff der alliierten Hauptarmee rechnen. Napoleon gab auch jetzt die Elblinie noch nicht auf, obwohl seine rückwärtigen Verbindungen durch Streifkorps des Gegners immer stärker gefährdet wurden, da er noch im Besitz seiner Festungen und Magazine an der Elbe war. Er verzichtete lediglich auf die offensive Stromverteidigung und nahm seine Kräfte zwischen Wittenberg und Dresden auf das westliche Elbufer zurück. Mit der Defensive geriet er aber nun immer stärker in die Abhängigkeit von den Maßnahmen seiner Gegner. Er konnte nur noch darauf abzielen, ihre Abteilungen dort zu schlagen, wo sie über den Strom gingen. Die gegen ihn gerichtete Unruhe in der Bevölkerung machte sich immer stärker bemerkbar, Tendenzen der Rheinbundfürsten, von ihm abzufallen, wurden erkennbar.

Es kam nun darauf an, wie die Verbündeten diese Lage ausnutzten. In der bisherigen Art ihrer Operationsführung hatten sie sich deswegen Napoleon als überlegen erwiesen, weil sie die Schwäche seiner zentralen Führungsweise ausnutzten. Ihre einzelnen Teile waren vor dem gefährlichsten Teil des französischen Heeres – dem von Napoleon geführten – ausgewichen, hatten seine Marschälle geschlagen und waren, wenn er sich einem neuen Krisenherde zuwandte, in seinem Rücken weiter vorgestoßen. „Die alliierte Strategie zahlte sich mithin aus: Napoleon bot sich keine Gelegenheit, einen großen Schlag zu führen; er sah sich wie ein Stier in der Arena hin und her gehetzt und seine ständig marschierenden Truppen fielen vor Müdigkeit fast um" (Chandler).

Auch nach dem abgeschwächten Trachenberg-Reichenbachplan sollte es sich hierbei ja aber doch nur um eine zermürbende Einleitungsphase handeln, die letztlich darauf abzielte, den Franzosen durch einen gemeinsamen Schlag der bis dahin einzeln operierenden drei Armeen den Garaus zu machen. Oder meinte man im alliierten Hauptquartier wirklich, daß es genüge, die Franzosen zu zermürben und durch Druck auf ihre rückwärtigen Verbindungen zur Kapitulation zu bringen? Wir hörten die Meinung von Friederich, der die Absicht des durch die Österreicher abgeschwächten Plans durchaus in diesem letzteren Sinne versteht. Auch eine Passage im Entwurf Radetzkys kann durchaus so verstanden werden, daß sie die Forderung nach einem Hinoperieren auf den „empfindlichsten Schlag" wieder relativierte, wenn es da hieß, daß die beiden anderen Armeen der Hauptmacht dazu verhelfen müßten, daß sie „ungeschwächt auf die empfindlichsten Seiten des Feindes in seinem Rükken zu operieren die Kraft" (zit. Peball) behalte. Aber dieser Meinung wird nicht nur in der österreichischen Literatur widersprochen. Auch Delbrück ist der Ansicht, daß auch für Schwarzenberg die Notwendigkeit einer Entscheidungsschlacht außer Frage stand. Damit war freilich die Frage nicht gelöst, wie das bisherige freie Spiel der Kräfte nun zu einem gemeinsamen Vorgehen gegen Napoleon, der hinter der Elbe lauerte, koordiniert werden sollte. Das Hin und Her der Operationen der einzelnen alliierten Armeen hatte schließlich nicht nur die französischen Kräfte stark mitgenommen, sondern auch die der Verbündeten, vor allem die der Schlesischen Armee, die sich durch besondere Aktivität ausgezeichnet hatte.

Nach Ansicht Blüchers und seines Generalstabchefs Gneisenau war jetzt der Augenblick gekommen, die Entscheidung zu suchen. Schwarzenberg wollte die Schlesische Armee zum Schutze Böhmens nach Süden ziehen, aber deren Oberkommando bestand darauf, von Bautzen aus rechts abzumarschieren, um im Norden die Elbe zu überschreiten und den Franzosen in den Rücken zu fallen. Damit wurde sowohl ein Zwang auf den säumigen schwedischen Kronprinzen ausgeübt, sich dieser Bewegung anzuschließen, wie aber auch eine Entsprechung erzielt zu dem Vorgehen der Hauptarmee gegen die französischen rückwärtigen Verbindungen von Süden aus, zu dem sich Schwarzenberg entschlossen hatte. Zum Schutz Böhmens wurde die russische Reserve-Armee Bennigsen von Warschau herangezogen.

Die nördliche Umgehung der französischen Stellungen durch die Schlesische Armee kam gut voran. Am 3. Oktober konnte Yorck, der ein Korps dieser Armee führte, durch einen Sieg über Ney bei Wartenburg den Elbübergang erzwingen. Die Nord-Armee kam ebenfalls über die Elbe und schloß rechts an die Schlesische Armee an – beide nahmen Front nach Süden gegen die französische linke Flanke. Währenddessen war im Süden Schwarzenberg angetreten. Je mehr die beiden großen Kräftegruppen der Verbündeten vorwärts kamen, desto mehr mußte sich Napoleons Operationsraum, der im Osten durch die Elbe begrenzt war, einengen. Napoleon versuchte noch einmal den Vorteil der zentralen Stellung auszunutzen und die beiden Angriffsgruppen der Gegener einzeln zu schlagen. Noch bestand dafür Aussicht, da die Südgruppe der Verbündeten – Schwarzenberg, erst gerade über Annaberg und Marienberg aus dem Erzgebirge herausgetreten – sich nur langsam näherte. Abgeschirmt durch 45 000 Mann unter Murat gegen Schwarzenberg, wollte Napoleon zunächst mit 140 000 Mann Blücher bei Wittenberg angreifen, ihn schlagen oder zum Rückzug über die Elbe zwingen. Danach wollte er sich gegen Schwarzenberg wenden.

Blücher wich jedoch dem Angriff Napoleons aus, indem er sich nach Westen hinter die Saale absetzte. Die Schlesische Armee stand nun südlich der Nord-Armee und damit befanden sich beide Armeen – zusammen 155 000 Mann – in der linken Flanke der französischen Angriffsgruppe, die bei ihrem Vormarsch Dessau und Wittenberg erreicht hatte. Im Süden drängte Schwarzenberg Murat bis in die Gegend südlich von Leipzig zurück, Bennigsen näherte sich Dresden. Am 12. Oktober konnte die Schlesische Armee bei Merseburg Verbindung mit der Hauptarmee aufnehmen. Damit war für Napoleon jede Aussicht geschwunden, die Feindgruppen einzeln zu schlagen. Er versammelte seine Hauptkräfte – 200 000 Mann – in der Ebene von Leipzig und stellte sich zur Entscheidungsschlacht.

Die vom 16. bis zum 18. Oktober 1813 anhaltende „Völkerschlacht" von Leipzig stellte die größte Kampfhandlung dar, die bis zu dieser Zeit ausgefochten worden war. Es kämpften ungefähr 300 000 Verbündete gegen 200 000 Franzosen. Die Schlacht war immer noch eine einheitliche Kampfhandlung insofern, als die einzelnen Gefechte dem Ausgang der Gesamthandlung dienten, aber die Eigengewichtigkeit der Einzelgefechte ist nicht zu übersehen. Der Aufmarsch fand bereits unter schweren Kämpfen statt. Auf alliierter Seite wurden die Mängel deutlich, die mit dem freien Spiel der Kräfte verbunden waren, das nicht auf einen Plan abgestellt war, alle diese Kräfte mit einem Schlag wirkungsvoll gegen Napoleon zur Anwendung zu bringen. Es hieß zwar in diesem Plan, alle Kräfte seien zu vereinigen auf das feindliche „Lager". Bei der Hauptarmee dachte man am 13. Oktober „an die Möglichkeit der Vernichtung des feindlichen Heeres" (zit. Delbrück). Dies aber nicht durch Angriff, sondern dadurch, daß nach der Vereinigung mit der Nordgruppe im Rücken der Franzosen ein gegen die Elbe offener Halbkreis gebildet werden sollte, der, auf den rückwärtigen Verbindungen Napoleons nach Westen, allen Angriffen der Franzosen trotzend, allmählich zugeschnürt werden sollte. Es war der General von Toll, der ihn verwarf und den Zaren dahingehend beeinflußte, „stattdessen den allgemeinen Angriff auf die französische Stellung bei Leipzig zu befehlen" (Delbrück). Napoleon hatte es zunächst nur mit der von Süden herangerückten Hauptarmee der Alliierten zu tun. Seine Aussichten, sie zu schlagen, waren anfangs alles andere als schlecht. Er konnte sogar Truppen Neys von der Nordfront abziehen, weil dort noch keine Feindkräfte erschienen waren. Aber dann tauchte hier die Schlesische Armee auf und es kam um das Dorf Möckern zu harten Kämpfen. Dadurch wurden hier französische Kräfte gebunden, die im Süden fehlten. Es gelang Napoleon nicht, die Hauptarmee zu schlagen und damit war seine Niederlage besiegelt. Während er kaum noch über Reserven verfügte, waren sie bei den Alliierten noch in großer Zahl vorhanden – in der Armee Bennigsen, einer weiteren Armee-Abteilung und der sich nur vorsichtig herantastenden Nord-Armee. In dieser Situation ist es als eine außerordentliche Leistung Napoleons anzusehen, daß er die Verbündeten, die den Ring um Leipzig geschlossen hatten, dort zum Einsatz ihrer Reserven zwang, wo sie seinen Ausbruch nach Westen nicht verhindern konnten. Er gelang ihm mit 140000 Mann. Statt ihn sofort zu verfolgen, konzentrierten sich die Verbündeten auf die Eroberung von Leipzig, das nur noch von 30000 Mann verteidigt wurde. Napoleon hatte eine schwere Niederlage erlitten, aber er war der Vernichtung entgangen.

Mit der Niederlage von Leipzig brach Napoleons Herrschaft über Deutschland zusammen. Schon auf dem Schlachtfeld gingen die ersten Rheinbundtruppen aus eigenem Antrieb zu den Alliierten über und die Regierungen folgten ihnen nach, sobald sich der Druck des Protektors verminderte (vgl. Bd. 2, Abschnitt IV/2, S. 227f). Bayern hatte bereits vorher die Seite gewechselt und eine Armee zwischen den Rhein und die Franzosen geschoben. Frisch in Erfurt versorgt und noch im Besitz fester Truppenkörper, war es Napoleon ein Leichtes, die Aufstellung des neuen Gegners bei Hanau zu durchbrechen. Danach mußte er jedoch den Rückzug vor den nachdrängenden Alliierten, die endlich seine genaue Marschrichtung erkannt hatten, so beschleunigen, daß er nach 13 Tagen nur noch Trümmer über den Rhein führen konnte und ein völlig neues Heer aufzubauen hatte. Die starken detachierten Korps (wie Davout in Hamburg) und Festungsbesatzungen im Rücken der Alliierten (wie Danzig, Küstrin, Magdeburg, Würzburg u. a. m.) mußte er abschreiben, nachdem seine strategische Kalkulation mit ihnen im Herbstfeldzug nicht aufgegangen war. Die alliierte Nord-Armee rückte, nachdem sie Dänemark zu einem Frieden im Sinne Schwedens gezwungen hatte, in die Niederlande ein und stellte deren Unabhängigkeit wieder her; die Schlesische Armee trat zwischen Mannheim und Koblenz zum Rheinübergang an; und die Böhmische oder jetzt Hauptarmee konzentrierte sich am Hochrhein zum Einmarsch in Frankreich. Es gab keine verbindliche Zukunftsplanung, doch wurden sich die verbündeten Monarchen und die Armeekommandos zumindest – nach einigem Schwanken – darüber einig, nicht in Winterquaritere zu gehen, wie es der herkömmlichen Kriegslehre entsprochen hätte.

Der Feldzug von 1814 in Frankreich

Es dauerte noch mehrere Monate, bis sich die Alliierten vor der Notwendigkeit zu einer Kriegsbeendigung sahen, die wuchtige Schläge verlangte. Mit Ausnahme des Zaren war man allgemein daran interessiert, den bisherigen Gegner als wichtiges Element des europäischen Gleichgewichtssystems nicht so weit zu schwächen, daß Rußland zur Hegemonialmacht aufgestiegen wäre. Bis in den März 1814 hinein suchte die Hauptarmee deshalb Napoleon nach der klassischen Methodik durch Drohgebärden aus strategisch günstigen Positionen heraus einzuschüchtern und in ihrem und seinem Interesse friedensbereit zu machen. Dagegen forderte das Kommando der Schlesischen Armee unter Blücher und Gneisenau die Vernichtung des Gegners und bemühte sich, die Kriegführung durch Vorpreschen entsprechend seiner – letztlich doch auch politischen – Zielsetzung zu beeinflußen. Daß es Napoleon zu einer Zeit vom Thron stoßen wollte, in der sich die verbündeten Monarchen in dieser Absicht noch gar nicht einig waren, sollten die preußischen und russischen Truppen von Blücher und Gneisenau schließlich mit einer Reihe vermeidbarer Niederlagen bezahlen. In der deutschen historiographischen Tradition wird das Kommando der Schlesischen Armee durchweg günstig beurteilt, weil es von vornherein die Lösung vertrat, die sich im März 1814 dann als die allein mögliche herausgestellt hat. Aber in streng militärhistorischer, nicht die damalige Politik verurteilender Betrachtung muß gesagt werden, daß Schwarzenberg mit seiner Konzeption, die Operationsführung gewissenhaft an der politischen Situation auszurichten, sinnvoller gehandelt hat.

Zu Beginn des Feldzuges fanden sich Österreich und Großbritannien in dem Ziel zusammen, Napoleon den Thron und Frankreich die „natürlichen Grenzen" von 1801, d.h. das linksrheinische Deutschland zu belassen. Dementsprechend beabsichtigte Schwarzenberg, die österreichischen Truppen aus Süddeutschland und Oberitalien konvergierend nach Mittelfrankreich zu dirigieren und dort mit der aus Spanien kommenden Armee Wellington zu vereinigen. Den preußisch-russischen Truppen dachte er die Aufgabe der Flankensicherung und des Festungskrieges in Ostfrankreich zu. Damit wären sie vom Zentrum des Geschehens ferngehalten worden, während Schwarzenberg mit der erdrückenden Masse der Hauptarmee Napoleon sowohl bedrohen als auch zugleich einen günstigeren Frieden anbieten konnte als der Zar, der den Sturz des Korsen forderte. Im Weigerungsfall häte man dann die französische Armee von Süden und Osten aus über Paris ins Meer werfen können.

Ohne daß ein Beschluß über eine gemeinsame Kriegführung gefaßt worden war, begann Schwarzenberg im Dezember 1813 sein Manöver und marschierte über Basel auf das Plateau von Langres zu. Von hier aus, dem Quellgebiet der ost- und südostfranzösischen Ströme, standen ihm alle Stoßrichtungen ohne die Gefahr von Flußübergängen offen, wie sie der Angreifer bei Aspern einst fürchten und der Verteidiger schätzen gelernt hatte (s. o. S. 287). Als Straßenknotenpunkt gewährleistete Langres außerdem die Versorgung, die Schwarzenberg und seinem Stab erhebliche Sorgen bereitete. Mitte Januar 1814 war das Plateau erreicht. Tatsächlich ging Napoleon auf Friedensverhandlungen ein, freilich nur, um Zeit für seine Rüstungen zu gewinnen und die Alliierten nach Möglichkeit auseinanderzudividieren. Die Verbündeten trauten ihm jedoch mit gutem Grund nicht recht. Sie entschlossen sich, bei den Verhandlungen, die in Châtillon-sur-Seine geführt werden sollten, ihre Basis dadurch zu unterstützen, daß sie die Operationen fortsetzten und ihren Vormarsch nach Innerfrankreich andeuteten.

Inzwischen hatte in der Neujahrsnacht 1813/14 auch die Schlesische Armee den Rhein überschritten und war, ohne nennenswerten Widerstand zu begegnen, zum Vormarsch übergegangen. Die Festungskette wurde ohne Schwierigkeiten durchstoßen und ohne Besorgnis im Rücken liegen gelassen. Die Armee rückte nun in südwestlicher Richtung weiter, um auf der Höhe von Troyes den alten Chemin Royal Belfort-Langres-Paris gewinnen und, in Fühlung mit der sie schützenden Hauptarmee, diese Heerstraße entlang auf die Hauptstadt vorstoßen zu können.

Es gelang Napoleon bei Brienne, die Straße zu sichern und die Schlesische Armee nach Osten abzudrängen. Doch hatte sich die Hauptarmee, ganz wie Gneisenau kalkuliert hatte, auf die Schlesische Armee ziehen lassen und konnte Blücher die drei Korps abgeben, die sich in seiner Nähe befanden. Im Besitz der quantitativen Überlegenheit drehte Blücher umgehend und griff Napoleon am 1. Februar 1814 bei La Rothière an, bevor dieser wie beabsichtigt ausweichen konnte. Auf einem für alle Beteiligten ungünstigen Gelände und im Schneetreiben hielten sich die Franzosen, die an Kavallerie überlegen waren, in beweglicher Verteidigung so lange, bis ihnen die nacheinander eintreffenden alliierten Truppen zu stark wurden. Als ihr linker Flügel eingedrückt wurde, mußte Napoleon trotz taktischer Erfolge an anderen Abschnitten die Schlacht verloren geben und sich nach Westen absetzen.

Nach der Befreiung des linksrheinischen Deutschlands durch die Schlesische und der Besetzung Belgiens durch die Nord-Armee verschärften die Alliierten ihr Kriegsziel und versteiften sich bei den Verhandlungen, die am 5. Februar 1814 in Châtillon aufggenommen wurden, auf die „Grenzen von 1792", also vor Ausbruch der Revolutionskriege. Die Vernichtung des französischen Heeres beabsichtigten sie nicht und den Thronverzicht Napoleons hielten sie nicht für notwendig. Schwarzenberg hatte deshalb für die Schlacht von La Rothière gerade so viele Korps abgegeben, daß zwar Blücher den Sieg erringen, aber Napoleon keine Katastrophe erleiden mußte. Nach der Schlacht übernahm er die Kontrolle des Feldzuges und folgte – wie er irrtümlicherweise annahm – Napoleon mit der Hauptarmee über Troyes in Richtung Paris nach. Angesichts der erwiesenen numerischen Schwäche des Gegners wurde der Kriegsplan jetzt modifiziert. Man entschloß sich, in Ostfrankreich zu operieren und den Druck auf den Kaiser durch die Besetzung von Paris – die nach den Erfahrungen von Berlin 1806, Wien 1809 und Moskau 1812 nicht unbedingt als kriegsentscheidend angesehen werden durfte – zu verstärken.

Die Schlesische Armee, die auf sich allein gestellt erwiesenermaßen Napoleons Truppen nicht gewachsen war, wurde angewiesen, auf Châlons-sur-Marne zu marschieren und dort die aus Belgien eintreffenden Korps aufzunehmen. Beide Armeen sollten dann, jede für sich durch ihre Masse unschlagbar, in einer Zangenoperation Paris bedrohen. Blücher und Gneisenau freilich wünschten kein Friedensarrangement mit Napoleon, sondern seinen Sturz, den sie von der schnellen Einnahme der Hauptstadt erwarteten. Für ihr Anliegen, Schwarzenberg zuvorzukommen und einen Siegfrieden herbeizuführen, war der Umweg über Châlons und dann durch das Marnetal denkbar ungünstig. Die Schlesische Armee marschierte deshalb unbekümmert an der rechten Flanke der Hauptarmee zwischen Seine und Marne vor. Schwarzenberg sah sich jedoch plötzlich zu einer Linksschwenkung veranlaßt und entzog damit Blücher ahnungslos die Deckung, auf die der Preuße vertraut hatte.

Nun stießen die Franzosen in die Marschordnung der Schlesischen Armee hinein, vernichteten am 10. Februar die Spitzendivision, schlugen am 11. und 12. zwei Korps und drängten sie nach Norden, und umfaßten am 14. die Hauptgruppe, die nur unter Verlust ihrer Vorhut nach Osten durchbrechen konnte. Nun kamen die geschlagenen Teile der Schlesischen Armee doch nach Châlons, wo sie sich sammelten und ordneten, während Napoleon, der seinen Erfolg irrtümlicherweise als Vernichtungssieg beurteilte, auf die Hauptarmee losging. Auch diese mußte in Teilen mehrere Schlappen einstecken. Vorsichtshalber rückten nun beide Armeen der Alliierten wieder zu einem massiven Block zusammen, mußten sich aber schnell wieder trennen, weil die Versorgung in dem ausgesogenen Land zusammenbrach. Schwarzenberg zog sich auf Langres und die aus Süddeutschland eintreffenden Verstärkungen, Blücher auf die Marne und die erwarteten nördlichen Korps hin zurück.

Napoleon entschloß sich, Blücher zu verfolgen, so daß Schwarzenberg Luft bekam, wieder umkehrte und, nachdem er den französischen Riegel bei Bar-sur-Aube zerbrochen hatte, Ende Februar erneut vorrückte. Um diese Zeit nahm das endgültige Kriegsziel der Alliierten Gestalt an: die „Grenzen von 1792“ und der Sturz Napoleons. Am 1. März 1814 schlossen sie in Chaumont-en-Bassigny ein neues Bündnis ab, in dem sie ihre Ziele und Verpflichtungen fixierten. Die Friedensverhandlungen brachen sie am 18. definitiv ab.

Angesichts der Erfüllung ihrer Forderungen und des verwilderten Zustands der durch Kreuz- und Quermärsche, Biwak im Winter und lebhafte, häufig unglückliche Gefechtstätigkeit schwer mitgenommenen Schlesischen Armee, gingen nun auch Blücher und Gneisenau zu einer vorsichtigeren Operationsführung über. In den Vordergrund trat für sie die Aufgabe, das preußische Heer als Macht- und Druckmittel über den Sieg hinaus zur Einflußnahme auf den künftigen Friedenskongreß zu erhalten. Nach der Vereinigung mit den nördlichen Korps begann Gneisenau, der zeitweise im Namen des schwer erkrankten Blücher das Kommando übernehmen mußte, deshalb ebenfalls zu manövrieren, zu drohen und kein Risiko mehr einzugehen. Die Schlacht, zu der ihn Napoleon schließlich doch stellte, schlug er aus Vorsicht nicht durch.

Napoleon hatte sich, nachdem er den Wettlauf mit der Schlesischen Armee auf die nördlichen Korps zu verloren hatte, entschlossen, den Kriegsschauplatz an den Rhein zu verlagern und den Alliierten ihre Verbindungslinien mit der Heimat abzuschneiden. Er rechnete fest mit ihrem Rückzug in diesem Fall.

Zuvor hoffte er noch, Blücher im Ostabmarsch einen Schlag beibringen zu können und griff ihn am 7. März bei Craonne mit verkehrter Front an. Ruhig fechtend zog sich die Schlesische Armee auf für sie günstigem Gelände in die gute Defensivstellung auf der Höhe von Laon zurück.

Hier wurde nach einem ergebnislosen französischen Nachtangriff den 9. über ohne viel Energie gekämpft. Gneisenau konnte nicht glauben, daß er der gut zweieinhalbfach Überlegene war und verteidigte lediglich. Erst in der Nacht ließ er durch zwei preußische Korps unter Yorck den rechten Flügel der französischen Armee überfallen, die durch einen Sumpf und Kosakenschwärme zweigeteilt war, und vernichtete ihn. Als Napoleon verspätet von der Katastrophe erfuhr, war ihm klar, daß ihn nur noch ein Bluff retten konnte: er griff an. Richtig, Gneisenau interpretierte Napoleons Kühnheit als Erwartung von Verstärkung. Obwohl er die Unterlegenheit des Gegners erkannte, hielt er deshalb nicht nur sein Gros vom Gegenangriff zurück, sondern auch Yorck, der den geschlagenen Heeresteil verfolgte und zur Rechtsschwenkung bereit war, davon ab, dem Kaiser in den Rücken zu fallen, weil er so den angenommenen Verstärkungen seinerseits Rücken oder Flanke geboten hätte.

So konnte sich Napoleon in der dritten Gefechtsnacht ungehindert absetzen.

Während Gneisenau nach diesem Defensiverfolg die Schlesische Armee in Quartiere legte und den Gang der Dinge abwartete, warf sich Napoleon auf die Hauptarmee und lieferte ihr am 20./21. März bei Arcis-sur-Aube eine Schlacht, in der er wie bei Laon als dreifach Unterlegener nur zur Täuschung angriff. Schwarzenberg ließ ihn einfach abprallen. Napoleon marschierte nun auf das Plateau von Langres ab, in der Erwartung, daß die Alliierten in Panik geraten würden. Als diese erkannten, daß sie ihre Hauptversorgungs- und Rückzugslinie nun einmal verloren hatten, marschierten ihre beiden Armeen aufeinander zu – so daß die Schlesische Armee nun glücklich zum zweiten Mal einen weiten Kreis geschlagen hatte – und wandten sich dann mit der Gesamtmacht auf Paris. Die Deckung der Hauptstadt wurde ohne Mühe beiseite geschoben und am 31. März 1814 konnten die verbündeten Monarchen in Paris einziehen. Napoleon, der ihnen mit großer Verspätung nachhastete, wurde eine Woche später in Fontainebleau von seinen Marschällen zur Abdankung gezwungen. Der Krieg schlief ein, mit wenigen örtlichen Ausnahmen, und wurde am 30. Mai 1814 mit dem 1. Pariser Frieden beendet (vgl. Bd. 1, Abschnitt II, S. 25 f).

Der Feldzug von 1815 in Belgien

Die mit Hilfe der alliierten Waffen oktroyierte legitimistische Herrschaft der Bourbonen in Frankreich knüpfte mit der „charte constitutionelle" nur halbherzig an die Errungenschaften der Revolution von 1789 an. Vor allem in der Armee konnte die neue Regierung keinen Rückhalt finden. Auch die Ernennung Marschall Soults zum Kriegsminister konnte nicht verhindern, daß die überwiegende Mehrzahl der aktiven Militärs, aber auch die auf Halbsold gesetzten Veteranen die Rückkehr Napoleons herbeisehnten. Die französische Bevölkerung insgesamt dürfte jedoch nach den enormen Blutopfern und dem finanziellen Aderlaß eines mehr als zwanzigjährigen Kampfes der Wiedereinsetzung Bonapartes weniger enthusiastisch gegenübergestanden haben. Napoleon war auf Elba durch geheime Kuriere über die innenpolitische Entwicklung Frankreichs genau so orientiert wie über die Streitigkeiten der Verbündeten auf dem Wiener Friedenskongreß. In der Überzeugung, auf französischem Boden willkommen zu sein, und in der Hoffnung die Koalition seiner Gegner sprengen zu können, traf er die Vorbereitung zu seiner Rückkehr. Am 1. März 1815 landete er mit etwa 1200 Mann bei Cannes. Kampflos räumten die ihm entgegengestellten Truppen ihre Stellungen bei Grenoble und Lyon und gingen zu ihm über. Das Schicksal der Bourbonen war besiegelt, als auch Marschall Michael Ney sich mit etwa 10 000 Mann Napoleon unterstellte. Am 20. März traf der Kaiser in den Tuilerien ein. Gingen Napoleons Pläne in Frankreich auch in Erfüllung, so täuschte er sich doch in der Haltung der Verbündeten. Der förmlichen Achterklärung der Siegermächte (13. März 1815) folgte am 28. ein neuerliches Bündnis der 4 Großmächte auf der Basis des Vertrages von Chaumont.

Während die Alliierten davon ausgingen, den Feldzug am 1. Juli eröffnen zu können und mit etwa 650 000 Mann in fünf getrennten Heersäulen konzentrisch auf Paris zu marschieren, verfügte Napoleon über 550 000 Mann eilig zusammengeraffter Truppen, von denen jedoch nur 45 000 als Feldarmee zur Verfügung standen.

Nachdem seine deklamatorischen Friedenserklärungen bei den Verbündeten keinen Erfolg gehabt hatten, beschloß er seine Gegner durch einen militärischen Überraschungserfolg an den Verhandlungstisch zu zwingen. Die Stoßrichtung seiner Operationen richtete sich demzufolge gegen die Nordgrenze Frankreichs, wo die Truppen Blüchers und Wellingtons in Bereitschaft standen. Die englische Armee kantonierte zwischen Gent und Mons und verfügte über Reserven im Raume Brüssel. Die etwa 122 000 Mann preußischen Truppen lagen weit auseinandergezogen hinter der Sambre-Maaslinie in der Gegend von Charleroi-Rochefort.

Napoleon beabsichtigte an der Nahtstelle zwischen den beiden Armeen durchzubrechen, in einem ersten Schlag die Preußen auf die Rheinlinie zurückzutreiben, und dann mit überlegenen Kräften die Engländer nach Norden zu drängen.

Im Stabe der preußischen Armee war man bestrebt, nach dem „Verzichtfrieden" von 1814 den Diplomaten diesmal zuvorzukommen und selbst große Politik zu treiben. Gneisenau als der führende Kopf dieser Gruppe forderte einen Vergeltungsfrieden, der sich gegen Bonapartisten genauso richtete wie gegen die Bourbonen, deren Politik man auf dem Wiener Friedenskongreß als preußenfeindlich empfunden hatte.

Die Vorbereitung der preußischen Truppen auf einen neuerlichen Waffengang Napoleons wurde von einem Ereignis überschattet, daß schlaglichtartig deutlich machte, wie sehr die Kabinettspolitik im Stil des 18. Jahrhunderts nach den Erfahrungen der Revolution und der Befreiungskriege zu einem problematischen Instrument der internationalen Politik geworden war.

Nachdem über die Hälfte des Königreichs Sachsen an Preußen abgetreten worden war, sollten auch die drei in Lüttich stationierten sächsischen Bataillone in preußische Dienste genommen werden. Aber eine Maßnahme, die bereits während des Siebenjährigen Krieges zu einem Fiasko geführt hatte (s. Bd. 1, Abschn. I), war nun erst recht gänzlich unmöglich. Die sächsischen Truppen meuterten. Es kam zu Tumulten, die das Hauptquartier und Blücher zwangen, Lüttich zu verlassen. Erst nach drakonischen Maßnahmen, die ihren Höhepunkt in sieben exemplarischen Todesurteilen fanden, konnte der Widerstand der ehemaligen sächsischen Truppen gebrochen werden. Am Feldzug von 1815 haben sie nicht teilgenommen (vgl. Bd. 2, Abschn. IV/2, S. 267).

Am 16. Juni 1815 trafen in unmittelbarer Nähe der großen Schlachtfelder des 17. Jahrhunderts bei Ligny drei preußische Armeekorps (Thilemann, Ziethen und Pirch) auf die französische Hauptarmee. Das vierte Korps (Bülow) konnte aufgrund seines langen Anmarschweges nicht mehr am Kampfgeschehen teilnehmen. Um die Preußen nach Osten abdrängen zu können, führte Napoleon einen Hauptstoß gegen den rechten preußischen Flügel, während eine Nebenarmee unter Marschall Ney die bei Quatrebras stehenden Engländer zurückwerfen sollte. Diesen gelang es, die französischen Truppen hinhaltend zu beschäftigen, so daß es Ney nicht möglich war, Napoleon beim entscheidenden Schlag gegen die preußischen Truppen zu Hilfe zu kommen. Da Blücher seine Reserven zu früh einsetzte, war er nicht mehr in der Lage, den entscheidenden französischen Stoß gegen das preußische Zentrum mit frischen Kräften abzuwehren. Wäre das zu Ney detachierte Korps d'Erlon der französischen Hauptarmee rechtzeitig zu Hilfe gekommen, wie es Napoleons Intentionen entsprach, und nicht durch einen Gegenbefehl Neys zurückbeordert worden, wäre die preußische Niederlage bei Ligny vollständig gewesen. Blücher hat man später mit Recht vorgeworfen, daß er sich in dieser Schlacht nicht wie ein Oberbefehlshaber verhalten habe, sondern eher wie der Kommandeur eines Husarendetachements. Bei einem Entlastungsangriff preußischer Kavallerie, den er selbst führte, stürzte er vom Pferd und entging nur um Haaresbreite einer Gefangennahme. Nach Blüchers Verwundung organisierte Gneisenau den Rückzug nach Norden, auf die britische Armee zu.

Nach der Schlacht bei Ligny schien mit dem Rückzug der preußischen Armee Napoleons Feldzugsplan in Erfüllung zu gehen. In früheren Jahren hatte eine derartige Niederlage den Gegner regelmäßig veranlaßt, seine Truppen möglichst weit zurückzuführen, um sie in Sicherheit umgruppieren zu können. Aus dieser Erfahrung heraus wies Napoleon Marschall Grouchy an, den Preußen nach Osten zu folgen. Er selbst eilte mit allen verfügbaren Kräften nach Quatrebras, wo er hoffte, Wellington eine ähnliche Niederlage beibringen zu können. Die Engländer hatten jedoch, nachdem sie von Blüchers Niederlage unterrichtet worden waren, sich ohne verfolgt zu werden, von den Franzosen gelöst und waren auf Mont S. Jean zurückgegangen.

Das Zentrum der englischen Stellung, die sich durch breit gestaffelte Geländewellen und einen den Rückzug erleichternden Waldgürtel auszeichnete, bildete das Dorf Mont S. Jean.

Während Napoleon den rechten Flügel Wellingtons beim Schloß Hougomont beschäftigte, sollte Ney mit überlegenen Kräften gegen den linken Flügel vorgehen. Im ansteigenden Gelände erlitten die französischen Infanteriekolonnen schon bald beträchtliche Verluste und mußten zurückgehen. Inzwischen hatte man an der rechten französischen Flanke preußische Reiter entdeckt. Napoleon entschloß sich daher, diesen Flügel durch einen rechtwinkligen Haken zu verlängern. Nachdem Neys Angriff gescheitert war, begann ein Artillerieduell, das unter Wellingtons Truppen erhebliche Verluste verursachte, die Front jedoch nicht ins Wanken brachte. Auch die in der Folge mehrfach vorgetragenen französischen Reiterangriffe scheiterten am Widerstand der im Karree kämpfenden Engländer. Kurz vor 18.00 Uhr zeigte sich, daß auch Wellingtons Truppen am Ende ihrer Kräfte waren. Die Artillerie war zum größten Teil unbrauchbar geworden und die Infanterie befand sich in Unordnung. Ney konnte nun hoffen, mit einem letzten Infanteriestoß die englischen Linien zu durchbrechen.

Inzwischen bedrohten überlegene preußische Kräfte unter Bülow die rechte französische Flanke. Um seine Rückzugslinie zu decken, gab Napoleon wertvolle Reserven zur Abwehr des preußischen Angriffs ab, so daß ihm für den Hauptangriff nicht mehr genügend Infanterie zur Verfügung stand. Zur gleichen Zeit näherten sich die Spitzen weiterer preußischer Korps den englischen Linien. Der preußischen Unterstützung sicher, wehrten die ermüdeten Truppen Wellingtons den letzten französischen Angriff ab. Inzwischen hatte auch Bülow die rechte französische Flanke zurückgedrängt und drohte Napoleons Rückzugslinien abzuschneiden. Die ausgebluteten französischen Verbände konnten dieser doppelten Bedrohung nicht mehr standhalten und wandten sich zur Flucht. Das Schicksal von Napoleons Hauptarmee war damit besiegelt. Da Gneisenau sofort mit frischen Kräften die Verfolgung aufnahm, blieb den französischen Truppen keine Chance, sich zu sammeln.

Der für Napoleon unglückliche Verlauf des Feldzuges von 1815 macht deutlich, daß der Kaiser auch diesmal die Reaktionen der ihm gegenüberstehenden Feldherrn falsch eingeschätzt hat. Napoleon konnte sich nicht vorstellen, daß die geschlagenen preußischen Truppen, statt sich im Hinterland umzugruppieren, sofort wieder Anschluß an die Truppen Wellingtons suchen würden. Für die Niederlage bei Waterloo dürften aber auch noch andere Gründe bedeutsam gewesen sein. Zeitgenössische Zeugen schildern Napoleon im Gegensatz zu früheren Jahren als leicht ermüdend, zaudernd und ohne die Überzeugungskraft, die ihn in den Jahren seiner Siege auszeichnete. Auch fehlten ihm viele seiner Waffengefährten, wie etwa Marschall Berthier, die die Fähigkeit besaßen, seinen taktischen Überlegungen folgen und die entsprechenden Durchführungsbestimmungen für die Truppe erlassen zu können.

Währenddessen war das Korps Grouchy, das durch Gefechte mit preußischen Truppen dem Schlachtfeld ferngehalten worden war, weitgehend intakt geblieben. Da es sich der preußischen Verfolgung entzog, beschlossen die Verbündeten direkt auf Paris zu marschieren, in der Hoffnung, daß die Einnahme der Hauptstadt auch diesmal das Ende des Krieges bedeuten werde.

Die stürmisch nachdrängende Verfolgung der geschwächten französischen Verbände durch preußische Truppen diente offensichtlich mehr einem politischen als einem militärischen Zweck. Blücher und Gneisenau unternahmen im Sommer 1815 den Versuch, „sich unter Berufung auf den Willen der Armee und Nation von der politischen Leitung zu emanzipieren und die eigene Immediatstellung auszuspielen“ (Ritter). Die ablehnende Haltung der bourbonischen Diplomatie gegenüber Preußen auf dem Wiener Kongreß veranlaßte die preußischen Militärs, auch nach der Abdankung Napoleons (22. Juni 1815) im Rahmen überzogener territorialer Forderungen, die eigentlich einem Friedenskongreß vorbehalten bleiben müssen, den Kampf auch gegen bourbonische Truppen, hier vor allem die Besatzungen der Festungen an der Nordostgrenze Frankreichs, fortzusetzen. Gneisenau war darüberhinaus bestrebt, durch den Einmarsch der verbündeten Truppen in Paris, Gebietsforderungen und Kontributionen nicht nur die wirtschaftliche Leistungsfähigkeit Frankreichs weitestgehend auszunutzen, sondern auch den Nationalstolz des „bundbrüchigen und eitlen Volkes“ zu brechen. Der 2. Pariser Frieden sollte nach dem Willen der preußischen Militärs ein Vergeltungsfrieden werden, dessen Bestimmungen Frankreich als Ganzes schwächen sollten.

Auf dem italienischen Nebenkriegsschauplatz wurde Murat, der König von Neapel, von österreichischen Truppen unter dem Kommando des Grafen Neipperg völlig geschlagen und im Vertrag von Casalanza (20. Mai 1815) zum Thronverzicht gezwungen.

Dem Waffenstillstand von Paris (3. Juli 1815) folgte am 20. November 1815 der 2. Pariser Frieden, der das Zeitalter der Freiheitskriege endgültig abschloß.

3. Jomini und Clausewitz

a. Militärische Grundtendenzen während der Restaurationszeit

Nach dem Sturz Napoleons blieb die Frage, bis zu welchem Grade die Revolution und er selbst die Kriegführung verändert hatten. Für uns heute ist sie kaum mehr zu verstehen, denn aus dem großen zeitlichen Abstand von fast zwei Jahrhunderten – wenn wir das Jahr 1789 zugrunde legen – ist für uns das ganze Ausmaß dieses revolutionären Umbruchs mit seinen Folgeerscheinungen auch auf militärischem Gebiet klar ersichtlich. Für die Menschen der Restaurationszeit war dies aus den hier schon genannten Gründen nicht so ohne weiteres möglich. Der pazifistische Grundzug, der an die Zeit vor der Revolution erinnert, veranlaßte Jomini, seinem 1837 erschienen „Abriß der Kriegskunst“ die bissig-ironische Bemerkung voranzustellen: „Vielleicht ist es Vermessenheit, ein Werk über den Krieg in einer Zeit herauszugeben, in welcher die Apostel des ewigen Friedens allein zu Worte kommen“.

Die Situation, soweit sie die Außenpolitik der europäischen Staaten betraf, schildert Golo Mann wie folgt: „Während der hier in Rede stehenden Jahre war . . . die Außenpolitik nicht die Hauptsorge der euopäischen Staaten. Sie waren kriegsmüde; das Bewußtsein, ein nie unterbrochenes, gefährlich-lustvolles Spiel gegeneinander zu spielen, das die Regierungen früher gehabt hatten und auch später wieder haben sollten, war ihnen nach 1815 fremd. Wie lange es damals keine diplomatische Krise großen Stils gab, das ist, mit den Augen unserer eigenen Zeit gesehen, wahrhaft erstaunlich. Zuerst existierte das gesamteuropäische System der Kongresse. Später sprach man von einer englisch-französischen ‚liberalen' Front gegen die drei absolutistischen Mächte des Ostens, Österreich, Preußen und Rußland. Aber diese Fronten waren vage und keine Rede von unversöhnlichen Gegensätzen oder ideologischen Kreuzzügen. Es konnte wohl geschehen, daß England und Rußland zusammen gingen, etwa in der Frage der griechischen Unabhängigkeit, und wider England, Österreich und Preußen. Interessen schwankten und wechselten ohne den grimmigen Ernst, der zu Beginn des Jahrhunderts die europäische Politik zum eigentlichen Drama gemacht hatte".

Friedlich war diese Zeit freilich nur insoweit, wie sie den europäischen Innenraum betraf, und auch hier kam es zu Ausbrüchen der weiter schwelenden Revolution und unterdrückter nationaler Freiheitsbewegungen. Die kolonialen Eroberungskriege wurden fortgesetzt, auch an den Außengrenzen europäischer Mächte kam es zu größeren kriegerischen Verwicklungen. In Europa wurden sie im allgemeinen als periphere Vorgänge empfunden, die eigentlich nur die Armeeführungen, nicht einmal überall wirklich die Regierungen und in den meisten Ländern kaum die Bevölkerung interessierte, von der man ja bemüht war, die Armeen zu isolieren. 1830 landete ein französisches Expeditionskorps, aus dem dann die hervorragende französische Afrikaarmee hervorging, in Algier. Dieses erfolgreiche Unternehmen gab der französischen Armee viel von ihrem alten Selbstvertrauen zurück. Jedoch: „Die Begeisterung, mit der diese Truppen am 12. Mai anfingen, an Land zu gehen, stand in schroffem Gegensatz zu der Gleichgültigkeit der öffentlichen Meinung" (Weygand). Gewisse Parallelen zur Zeit vor der Revolution waren auch dadurch gegeben, daß zwar die neuen Gefechtsformen materielle Grundlage der Taktik blieben, daß sie aber im öden Garnisondienst zu Paradeformen perfektioniert wurden. Hierin glänzten traditionsgemäß besonders die preußische und die russische Armee, die in Erscheinungsbild und Stil viel Gemeinsames besaßen. Es war ein Ausdruck der lapidaren Tatsache, daß zwischen dem preußischen und dem russischen autokratischen Regime die „tiefste innere Verwandtschaft" (Görlitz) bestand. Die englische Armee orientierte sich weiterhin an lineartaktischen Grundformen, von denen sie glaubte, keinen Anlaß zu haben, abzuweichen, da ihre scharf disziplinierten, mörderischen Feuerfronten die Franzosen in den Napoleonischen Kriegen das Fürchten gelehrt hatten. Nach dem Kriege erlebte die britische Armee jedoch eine „Periode relativen und absoluten Verfalls" (Ward). „Es gab keine Verwendung für die ‚Scientifics'" (ebd.).

Auch von der französischen Infanterie, die schon in den letzten Schlachten Napoleons viel von ihrer früheren Beweglichkeit eingebüßt hatte, heißt es im Zusammenhang mit der Eroberung von Algier: „Diesen vollkommenen Erfolg erkaufte die Infanterie teuer, denn sie war gegenüber diesen beweglichen, gut schießenden Gegnern zu unbeweglich und zu formalistisch. Unsere Leute kämpften in so enger Fühlung, daß die Türken glaubten, sie würden aneinander gekettet ins Gefecht geführt" (Weygand). Durch Bildung von spezialisierten Infanterie- und Kavalleriegattungen aus Nordafrikanern und Franzosen – Zuaven, Afrikanischen Jägern und Spahis –, die die Fechtart der einheimischen Gegner beherrschten bzw. sich auf sie einstellten, wurden dann aber bald Taktiken entwickelt, die für leichte Truppen überhaupt als vorbildlich gelten konnten.

Vor ähnlichen Aufgaben wie die Franzosen in Afrika standen die Russen im Kaukasus und die Briten in Indien. Die so erreichten militärischen Fortschritte waren, wenn überhaupt, in den betreffenden Heimatarmeen und anderen Heeren nur schwer durchzusetzen, weil man sie – und zwar oft zu Unrecht – nur für die betreffenden fremden lokalen und nicht für die europäischen Verhältnisse als gegeben ansah. Oft standen die europäischen Truppen zwar fanatisch tapferen Eingeborenen gegenüber, die aber letztlich doch infolge mangelnder Schulung von Führung und Truppe sowie durch schlechtere Bewaffnung militärisch unterlegen waren, wobei deren kriegerische Vorzüge durch die Europäer außerdem mit dem Einsatz einheimischer Verbände ausgeglichen wurden. Im übrigen beschränkten sich diese Fortschritte ausschließlich auf den taktischen Bereich. In operativer Hinsicht waren die Verhältnisse schon deswegen kaum mit den letzten Kriegen in Europa zu vergleichen, weil sich die Kämpfe auf verhältnismäßig enge Räume konzentrierten oder in sehr weiten Räumen mit jeweils nur verhältnismäßig wenig Truppen den Charakter von militärischen Expeditionen oder Polizeiexekutionen besaßen.

Für die militärstrategische Lage in Europa war ein Umstand entscheidend: „Die ‚Heilige Alliance' ließ das Durchdenken von operativen Situationen irgendwo widersinnig erscheinen, weil die Freund-Feind-Schablone aufgehoben war und es an Bezugspunkten mangelte" (Rauchensteiner). Die enge Freundschaft zwischen Preußen und Rußland ging so weit, daß Zar Nikolaus I. nicht nur die preußische Generalstabsorganisation übernahm, sondern die Beziehungen zwischen den beiden Armeen zeitweise so eng waren, „daß einer der führenden preußischen Generalstabsoffiziere, der Inspekteur der Festungen und spätere Kriegsminister General Gustav von Rauch, nicht nur das preußische, sondern auch das russische Festungssystem inspizierte" (Görlitz). In Österreich ging Erzherzog Karl, der 1831 das Oberkommando ausschlug, sozusagen hinter seine eigenen Erkenntnisse aus den Napoleonischen Kriegen zurück, wenn er jede offensive Planung kategorisch ausschloß, da in einem Kriege mit dem alten und einzigen Gegner, der für Österreich denkbar war, nämlich Frankreich, „weder mit Preußen noch mit Rußland oder dem Deutschen Bund zu rechnen sei" (Rauchensteiner). Es erscheint unter diesen Umständen völlig natürlich, daß man sich in Österreich ausschließlich auf Fragen der Verteidigung beschränkte. „Doch hier landete man wieder auf einem nicht ungefährlichen Gebiet, welches kaum überwunden worden war, nämlich dem der mechanischen Massierung mit dem Zweck der Festlegung von Verteidigungsstellungen: man landete bei den Befestigungssystemen und in letzter Konsequenz bei jener Überbewertung des Geländes, von der sich Erzherzog Karl nicht hatte freimachen können und die eines der besonderen Charakteristica der K. K. Armee wurde" (ebd.). So konzentrierte sich in Österreich die Generalstabsarbeit auf die sogenannte „Landesbeschreibung". Sie wurde erst ab 1828 darauf ausgerichtet, „daß die Vor- und Nachteile des Geländes nur mehr allgemein erfaßt werden sollten, danach sei die wahrscheinlichste Angriffsrichtung festzulegen und das Gelände daraufhin strategisch-taktisch zu würdigen. Es kam also zur Festlegung der möglichen feindlichen Operationslinie und analog dazu zur Fixierung der eigenen Defensionslinien; ein konkreter Kriegsfall lag aber auch diesen Elaboraten nicht zugrunde. Die Ausarbeitungen stapelten sich. Im Frieden bildeten sie einen besonders gehüteten Geheimschatz des Generalquartiermeisterstabes, aus dem weder ein General noch der Stab selbst einen Nutzen ziehen konnte. Im Krieg hatte niemand Zeit, sie zu lesen." (ebd.). Auch für das restaurative Frankreich stellt Weygand fest: „Es ist seltsam, daß Napoleons Schüler in der militärischen Organisation hervorragend waren, in der der Meister nichts Bleibendes geschaffen hatte, und anscheinend das Gebiet, auf dem er eine unvergleichliche Meisterschaft bewies, nämlich den Krieg ganz vergessen hatten". Doch während in Deutschland Unzufriedenheit mit den innerpolitischen Verhältnissen weitgehend durch das soziale und kulturelle Phänomen des bürgerlich-selbstzufriedenen „Biedermeier" verdeckt wurde, war die Unruhe in Frankreich offensichtlicher infolge der immer offeneren Ablehnung der restaurierten Bourbonenregierung durch Bonapartisten und Demokraten, der Verträge von 1815, der Forderung des Rheins als „natürlicher Grenze" und nach Befreiung aller autokratisch regierten Völker.

In Preußen blieb die Katastrophe von 1806 unvergessen. „Der Kampf des Generalstabes um eine Sonderstellung, die ihm nicht nur maßgeblichen Einfluß auf die Leitung des Heeres, sondern auch auf die Politik des Monarchen lieh, wurde ein typisches Kennzeichen der preußischen Entwicklung" (Görlitz). Der erste Generalstabschef nach den Freiheitskriegen, Generalmajor von Grolman, war ebenso wie der Kriegsminister, Generalmajor von Boyen, Anhänger der Reform. Nach deren Grundsatz, daß es darauf ankomme, wissenschaftlich und fachlich geschulte Führungskräfte heranzubilden, leitete Grolman die kriegsgeschichtliche Untersuchung der letzten Feldzüge zwecks Auswertung für die Praxis ein. „Die Pflege der Kriegsgeschichte als Lehrmittel, eine Vorstellung, die leicht eine Verfälschung der Aufgaben echter historischer Forschung nach sich ziehen konnte, machte fortan einen großen Teil des Generalstabsdienstes aus" (ebd.). Grolman gliederte den Generalstab in drei „Kriegstheater", ähnlich wie das schon vor 1806 geschehen war, von denen das westliche Frankreich und den westlichen Teil der Monarchie, das mittlere Österreich sowie die mittel- und süddeutschen Staaten und das östliche Rußland bearbeitete. Grolman trat mit Boyen 1819 zurück. Seit 1821 war Generalleutnant Freiherr von Müffling Generalstabschef. Als Vertreter der konservativen Richtung unterschied er sich auch darin von den Reformern, daß er militärstrategisch zu den Methodikern zu rechnen war. Er knüpfte aber insofern an Scharnhorst an, als er zur Schulung der Generalstabsoffiziere Generalstabsreisen durchführen und operative Lagen am Sandkasten und an der Karte „durchspielen" ließ. „Müfflings Generalstabsreisen standen ganz unter dem Eindruck der Niederlage von 1806 und der möglichen Bedrohung des zentral gelegenen Preußen durch eine Koalition von mehreren Gegnern in West, Süd und Ost, wie sie im Siebenjährigen Krieg existiert hatte. Aus solchem Gefühl des Eingeengtseins heraus hatte Friedrich der Große 1756 durch den Präventivkrieg gegen Sachsen die Flucht nach vorn ergriffen und damit einen Krieg von weltweiten Ausmaßen eingeleitet. Die Müfflingschen Kriegslagen kannten Einbrüche eines Gegners von Westen her in Westfalen und im Ruhrgebiet, einen Krieg gegen ein mit Österreich verbündetes Sachsen (ein naheliegender Gedanke infolge der großen sächsischen Gebietsabtretungen im Jahre 1815) und die Abwehr eines Angriffes von Osten im Posen-westpreußischen Raum. Freilich beschäftigten ihn nur Verteidigungsgedanken, der Plan eines Präventivkrieges lag seinem Denken völlig fern, sowohl aus sittlichen wie aus methodischen Beweggründen heraus" (ebd.). Die Julirevolution von 1830 in Frankreich und Belgien und der polnische Aufstand erzeugten eine außenpolitische Krise, die sich zum Kriege mit Frankreich auszuweiten drohte. Teile der preußischen Armee im Westen und Osten wurden mobilgemacht. Die Erfahrungen, die der damalige Generalstabschef, General von

Krauseneck, daraus ableitete, führten wiederum zu einem rein defensiven Plan, den man in der Napoleonischen Ära für völlig überholt angesehen hätte. Krauseneck wollte Preußen im Westen durch einen breiten Festungsgürtel schützen.

Nach alledem scheint es so, als sei die zuerst von Napoleon praktizierte neue Art der Kriegführung, die durch Offensive auf Niederwerfung des Feindes abzielte, völlig in Vergessenheit geraten. Das war natürlich nicht der Fall. Schon allein wenn man versuchte, die Feldzüge der Freiheitskriege generalstabsmäßig auszuwerten, mußte man sich eingehend mit ihr befassen. Sie wurde selbstverständlich diskutiert und weitergegeben, wie ja überhaupt die kriegstheoretische Kontinuität aufrechterhalten blieb. Es waren vor allem drei, hier schon behandelte, beziehungsweise erwähnte Theoretiker, die dafür sorgten: Erzherzog Karl, Jomini und Clausewitz. Die Grundzüge der Theorie des Erzherzogs wurden hier schon an sehr viel früherer Stelle behandelt, um jene Kontinuität in einer „Entwicklungslinie" – das Verhaftetsein mit der Vorstellungswelt des 18. Jahrhunderts bei gleichzeitigem Bemühen, sich den durch die Revolution gegebenen neuen Erfordernissen anzupassen – aufzuzeigen. Seine militärschriftstellerische Tätigkeit setzte er weit über diese Zeit hinaus fort, ohne daß seine Erkenntnisse wesentlich über die 1806 veröffentlichten „Grundsätze der höheren Kriegskunst" hinausführten. Jomini wurde bereits als der bedeutendste Interpret der Napoleonischen Kriegführung erwähnt, soweit sie in ihren Methoden erfaßbar war. Das bezog sich auf seine „Abhandlung über die großen Operationen", die bereits zur Zeit der Napoleonischen Kriege erschienen. Jetzt ist die Theorie Jominis ausführlicher zu besprechen, wobei das Schwergewicht auf seinen 1837 erschienen „Abriß der Kriegskunst" gelegt werden soll, in dem er nun „ein vollständiges Lehrgebäude" (Däniker) errichtet hatte. Jominis Einfluß war auch in der zweiten Hälfte des 19. Jahrhunderts, ja teilweise bis zum Ersten Weltkrieg, ein außerordentlich starker. Die ebenfalls bedeutenden Theoretiker Willisen und Rüstow waren von ihm geprägt. Zwischen den Theorien Erzherzog Karls und Jominis gab es viele Beziehungen. Auf österreichischer Seite ist es die „Schule Benedeks" – er unterlag Moltke im Jahre 1866 bei Königgrätz – „und vor allem die der Theoretiker an der neu errichteten Kriegsschule (= Kriegsakademie), die ihr Heil in einer möglichst buchstabengetreuen Befolgung der Lehre Erzherzog Karls und Jominis suchten." (Allmayer-Beck). Erzherzog Karl und Jomini verstanden in der überkommenen Weise Theorie als pragmatische, unmittelbar auf die Praxis anwendbare Lehre – und setzten damit die bisherigen Lehrsysteme ebenso kontinuierlich fort, wie sie in dieser Kontinuität befangen blieben. Clausewitz dagegen ging es nicht um die Frage: „Wie führt man Krieg?" sondern: „Was ist der Krieg?" (Däniker).

b. Jominis Kriegstheorie

Die Kriegstheorie Antoine Henri Jominis besaß einige Merkmale, die, über die charakteristischen Kriterien der Zeit hinaus, erst durch Herkunft, Lebensweg und Persönlichkeit des Verfassers ganz verständlich werden. Schweizer von Geburt, stand Jomini als Soldat nacheinander in den Diensten der helvetischen Republik, des französischen und des russischen Kaiserreichs. Marschall Ney wurde durch Jominis noch unvollendete Studie „Abhandlung über die großen Operationen" auf den Verfasser aufmerksam und nahm ihn in seinen Stab auf. Jomini bewunderte und verehrte Napoleon. Wie hoch Napoleon Jominis militärische Fähigkeiten einschätzte, geht nicht nur daraus hervor, daß er meinte, durch die „Abhandlung" werde sein „ganzes Kriegssystem" verraten. Jomini bewies auch im Felde außerordentliches militärisches Talent, vorausschauenden Scharfblick und eine erstaunliche Kombinationsgabe. Er wurde Neys Generalstabschef und Brigadegeneral, zudem durch Napoleon mit operativen und historischen Studien beauftragt. Er erhielt jedoch kein selbständiges höheres Truppenkommando – ein Schicksal, das er mit Clausewitz teilte. Verbittert über Zurücksetzungen, die auf verschiedene Gründe, vor allem aber auf sein schlechtes Verhältnis zu Marschall Berthier, dem Generalstabschef der französischen Armee, zurückzuführen waren, quittierte er 1813 den französischen Dienst und ging zu den Russen über, mit denen er schon lange wegen eines Generalpatents in geheimer Verhandlung gestanden hatte. Das französische Mißtrauen in Jominis Loyalität war also nicht unbegründet. Jomini wurde vom Zaren Alexander I. zwar freundlich aufgenommen, geehrt und befördert, aber auch in der russischen Armee erfüllte sich sein Wunsch nach Ausübung einer seinem Talent entsprechenden selbständigen Funktion nicht. Er galt auch hier „als der unbequeme Mahner und Besserwisser, dessen richtige Prognosen nur Neid erwecken" (Däniker). Er hinterließ ein umfangreiches schriftstellerisches Werk von 30 Bänden und einem Dutzend Broschüren. „Die Persönlichkeit des Generals Jomini läßt sich am besten verstehen, wenn man sie in die Tradition der Schweizer Söldner hineinstellt, die bis tief ins 19. Jahrhundert als freiwillige Berufskrieger ohne ideelle Bindung an die Motive der Kämpfe, die sie ausfochten, in den Heeren Europas dienten. Für ihn wie für sie war der Krieg nicht nur Broterwerb, sondern Lebenselement" (ebd.). So wirkte Jomini im Zeitalter der Nationalkriege merkwürdig fremd. „Der Abfall von Napoleon, dem einzigen militärischen Genie, das er anerkannte, hatte sein Leben völlig zerbrochen" (ebd.). Den „Fahnenwechsel" von einer Armee zur anderen – zur Zeit des Absolutismus durchaus üblich, aber jetzt dem Zeitgeist besonders dann strikt zuwiderlaufend, wenn er zur feindlichen erfolgte –, vollzog er in einer der damaligen wie der heutigen Zeit kaum mehr verständlichen kühlen Sachlichkeit und Korrektheit.

„Er schrieb einen Brief an Napoleon, erfüllte seine Pflichten als Chef des Generalstabes noch aufs Peinlichste, um den Marschall Ney und die in Liegnitz stehenden Truppen vor einem Handstreich zu sichern, und verließ am 14. August die französische Armee, um sich nach Prag zu begeben, wo er sofort von Kaiser Alexander empfangen und zum Generallieutenant und Generaladjutanten ernannt wurde. Er hielt die Pläne Napoleons, soweit sie ihm bekannt waren, sowie auch die Stärke der französischen Armee durchaus vor den Verbündeten geheim . . ., was von Napoleon selbst anerkannt wurde" (Boguslawski).

Jehuda Wallach nennt Jomini einen „mechanischen Deuter Napoleons". In dieser Bezeichnung ist die Beschränkung auf nur einen Aspekt der in Wahrheit ja sehr komplexen Kriegführung Napoleons ausgedrückt. Er betraf mehr das „Handwerk" als die „Kunst", die nun, nach Loslösung von ihren durch den generalisierenden Rationalismus bewirkten Bindungen auch auf dem Gebiet der Kriegführung als individualistisch- "schöpferische" Tätigkeit angesehen wurde. Immerhin muß hier an Scharnhorsts Kritik Berenhorsts erinnert werden, nach der zur Kriegskunst nicht nur ein „genialer" sondern auch ein „mechanischer Teil" gehöre.

In der Beschränkung seiner Lehre auf den „mechanischen Teil der Kunst" liegt daher auch die Schwierigkeit der Beurteilung der Lehre Jominis. Wie die Theoretiker des 18. Jahrhunderts war auch er bestrebt, feste Grundsätze und Regeln für die Kriegführung zu finden, was ihm seiner Ansicht nach auch gelungen ist. Die ersten Erfolge Napoleons in Italien hatten in ihm den Gedanken geweckt, „daß man den Schlüssel aller Kriegswissenschaft besitzen würde, wenn man die nämlichen Grundsätze, welche Friedrich auf das Schlachtfeld anwandte, auf die Strategie, auf das ganze Schachbrett des Krieges, übertrüge". Dies entsprach in der Tat einer völlig formalistischen, also mechanischen Auffassung von Kriegführung, dem Versuch, sie von den betreffenden Feldherrnpersönlichkeiten zu lösen, also dem „puren Methodismus", womit man nach dem Siebenjährigen Krieg geglaubt hatte, den „Schlüssel" für die Erfolge Friedrichs des Großen in die Hand zu bekommen. Darauf verweist auch Jominis Vergleich des Kriegsschauplatzes mit einem „Schachbrett".

Sehr viel später dann, 1837 im „Abriß der Kriegskunst" gliederte er diese in sechs Teile: die „Politik des Krieges; die „Strategie, oder die Kunst, die Massen auf dem Kriegsschauplatze zu leiten"; die „höhere Taktik der Schlachten und Gefechte"; die „Logistik oder die praktische Anwendung der Kunst, die Armeen in Bewegung zu setzen"; die „Ingenieurkunst, der Angriff und die Verteidigung der Plätze"; die „niedere Taktik". „Logistik" bedeutete für Jomini also etwas anderes, als für uns heute. Das Wort stammt, nach Jomini, „von Major général de Logis" (zu deutsch Quartiermeister, nach Rüstow kommt „Logis" aus dem Griechischen und bedeutet Rechenkunst). Jomini wollte es auf den ganzen, inzwischen durch Napoleon erweiterten Generalstabsdienst bezogen wissen.

In der Grundhaltung zum Kriege unterschied sich Jomini von den Feldherren und Theoretikern des Ancien régime. Noch Erzherzog Karl hatte den Krieg schlicht als „das größte Übel" bezeichnet, Jomini dagegen nannte es „ein nothwendiges Uebel, nicht nur um die Staaten zu erheben und zu retten, sondern mehr noch um den gesellschaftlichen Körper vor Auflösung zu schützen . . ."

Als den wichtigsten Zweck des „Abrisses" sah Jomini an, „darzutun, daß ein Grundprinzip für alle Kriegshandlungen existiert, ein Prinzip, das alle Kombinationen durchdringen muß, wenn sie tauglich sein sollen.

Es besteht darin:

1. Durch strategische Berechnung die Masse der Streitkräfte einer Armee nach und nach auf die entscheidenden Punkte eines Kriegsschauplatzes zu bringen und soviel als möglich auf die Verbindungen des Feindes zu werfen, – ohne die eigenen aufs Spiel zu setzen.

2. In der Weise zu manövrieren, daß dieser Hauptteil der Armee nur gegen Bruchteile der feindlichen Armee in Tätigkeit tritt.

3. An einem Schlachttage in derselben Weise durch taktische Manöver den Hauptteil seiner Kräfte auf den entscheidenden Punkt des Schlachtfeldes, oder gegen den Teil der feindlichen Schlachtlinie zu richten, welcher nach Lage der Dinge überwältigt werden muß.

4. In der Weise die Kriegshandlung leiten, daß diese Massen nicht allein auf dem entscheidenden Punkt vorhanden sind, sondern daß sie mit Energie und Zusammenhang in Tätigkeit gesetzt werden, um solcher Gestalt eine gleichzeitige Wirkung hervorzubringen.

Kern dieses Prinzips war also der Napoleonische Grundsatz, Kräfteüberlegenheit durch Kräftekonzentration auf dem entscheidenden Punkt zu erreichen, was jedoch bei Jomini zu einer einseitigen Bevorzugung der Operation auf der inneren Linie führte. Das Prinzip ist also sehr einfach, die Schwierigkeit bestand, wie es schon Napoleon gesagt hatte, in der operativen und taktischen Ausführung. Hier begnügte sich Jomini nun aber keineswegs mit der Formulierung von Führungsgrundsätzen, die so allgemein gehalten waren, daß sie auf vorher ja nie übersehbare Kriegslagen und -bedingungen Anwendung finden konnten. Er glaubte vielmehr, daß sich aus den „Fundamentalgrundsätzen" „Anwendungslehren" ableiten ließen, die ganz in der Art der alten Kriegsmethoden gleichzusetzen seien mit festen Regeln.

Die Frage, ob es möglich sei, die Kriegführung festen Regeln zu unterwerfen, war ja schon längst – so durch Berenhorst und dann durch Clausewitz – verneint worden. Clausewitz lebte zu der Zeit, als der „Abriß" erschien, nicht mehr, Jomini kannte aber natürlich dessen zwischen 1831 und 1834 herausgekommenes Buch „Vom Kriege". Jomini vermochte das eigentliche Anliegen von Clausewitz, die Frage nach der „Natur" des Krieges, nicht zu begreifen: „Was mich betrifft, so habe ich in diesem gelehrten Labyrinth nur eine kleine Zahl erleuchteter Gedanken und hervorragender Aufsätze finden können, und weit entfernt die Zweifelsucht des Verfassers zu teilen, würde mich kein Werk mehr als das seinige die Notwendigkeit einer guten Theorie haben fühlen lassen, wenn ich sie jemals hätte in Zweifel ziehen können". Jomini meinte also, Clausewitz ziehe jegliche Theorie in Zweifel, was gar nicht zutraf. Er glaubte Clausewitz' „Zweifelsucht" mit dem Hinweis auf den „Abriß" widerlegen zu können: „Wenn auf fünfundvierzig Artikel die einen zehn positive Hauptgrundsätze enthalten, die anderen nur einen oder zwei, sind nicht hundertfünfzig–zweihundert davon abgeleitete Regeln genügend, um eine achtungswerte Gesamtheit von strategischen oder dogmatischen Lehren zu bilden? Und wenn Ihr diesen die Menge von Lehrsätzen, welche mehr oder minder den Ausnahmen unterworfen sind, hinzufügt, werdet Ihr dann nicht mehr Dogmen haben, als nötig sind, um Eure Meinung über alle Operationen im Kriege festzustellen?". Clausewitz dagegen meinte zwar, daß „Grundsätze, Regeln, Vorschriften und Methoden . . für die Theorie der Kriegführung unentbehrliche Begriffe" seien. „Vorschriften und Methoden bringen die den Krieg vorbereitenden Theorien mit in die Kriegführung, insofern sie den ausgebildeten Streitkräften als tätige Prinzipe eingeimpft werden." Jedoch: „Für die in dem Gebrauch dieser Kräfte freigebliebenen Tätigkeiten aber können Vorschriften, d. h. bestimmte Anweisungen, nicht vorkommen, eben weil sie den freien Gebrauch ausschließen." Immerhin schränkte auch Jomini ein, daß die aus den „Fundamentalgrundsätzen" abgeleiteten „Anwendungslehren . . . hin und wieder durch die Umstände modifiziert werden", aber sie könnten doch „im allgemeinen dem Führer einer Armee als Kompaß für die immer schwierige und verwickelte Aufgabe dienen, große Operationen im Getümmel und Getöse des Kampfes zu leiten." Oberstleutnant von Boguslawski, der den „Abriß" 1881 übersetzt hatte und kommentierte, meinte ja dann auch „in voller Ueberzeugung, daß der Unterschied in der Lehre und in der Auffassung des Krieges dieser beiden erlesenen Geister in der angenommenen Schroffheit gar nicht existiert". Tatsächlich aber erweist sich der Unterschied allein schon an der Frage des Verhältnisses von Theorie und Praxis als ein sehr großer. Clausewitz betonte, daß die Methode um so unentbehrlicher werde, „je weiter die Tätigkeit hinuntersteigt, nach oben hin aber abnehmen, bis sie sich in den höchsten Stellen ganz verliert. Darum wird sie auch mehr in der Taktik als in der Strategie zu Hause sein". Genau der entgegengesetzten Ansicht war Jomini, der nicht, wie Clausewitz, die größere Notwendigkeit der Freiheit des Handelns mit der höheren Führungsebene gegeben sah, sondern der von seinem „Grundprinzip" ausging, das den Strategen unmittelbarer determiniert als den Taktiker.

Wie sehr es Jomini bei der Ableitung der „Anwendungslehren" von diesem Prinzip wiederum um die Feststellung prinzipieller, also nicht durch die Umstände modifizierter operativer Verhaltensweisen ging, geht schon daraus hervor, daß er sie auf dem „Schachbrett" des Krieges „durchexerzierte". Dabei kam er zu Feststellungen wie: „In der Tat zeigt ein Kriegsschauplatz immer nur drei Zonen: eine zur Rechten, eine zur Linken, eine im Zentrum. Ebenso hat jede Zone, jede Operationsfront, jede strategische Stellung oder Verteidigungslinie, jede taktische Schlachtlinie, niemals mehr als diese selbigen Untereinteilungen, das will sagen, zwei äußere Seiten und eine Mitte. Daher wird man immer eine dieser drei Richtungen einschlagen müssen, um zu dem wichtigen Ziel zu gelangen, welches man sich vorgesetzt hat . . .". Er wendete sodann das Grundprinzip „auf die verschiedenen Kombinationen der Strategie und der Taktik an", um „durch die Geschichte von zwanzig berühmten Feldzügen" zu beweisen daß die glänzendsten Erfolge und die größten Niederlagen, mit Ausnahme von sehr wenigen Fällen, das Ergebnis seiner Anwendung oder der Nichtanwendung gewesen sind". So brachte er die Kriegführung, ganz ähnlich wie Lloyd, in ein „System", das sich wiederum aus logisch aufgebauten „Systemen" zusammensetzte.

Er untersuchte zunächst die „Systeme" der Operationen, als welche er Offensive und Defensive bezeichnete. Eigenartigerweise gab aber Jomini der Offensive und der Niederwerfung nicht den unbedingten Vorrang, den sie nach dem von ihm vertretenen Prinzip hätte besitzen müssen. „Falls es wirklich der Kern der Kriegskunst ist, seine Hauptkräfte auf den entscheidenden Punkt zu bringen, so ist es klar, daß die erste Anwendung dieses Prinzips darin bestehen muß, für die Bewegung die Initiative zu ergreifen. Derjenige, welcher diesen Entschluß gefaßt hat, weiß im voraus, was er tut, und was er will; er kommt mit seinen Massen dort an, wo es ihm nützlich erscheint zu schlagen". „Als eine vorübergehende Operation, d. h. als ein einfaches Ergreifen der Initiative betrachtet, ist der Angriff fast immer vorteilhaft, vor allem in der Strategie", aber er habe „seine gute und seine schwache Seite". Schonung des eigenen Landes, Verminderung der Hilfsquellen des Gegners, Vermehrung der gehobenen Stimmiung bei der eigenen, Bestürzung bei der feindlichen Armee, Möglichkeiten eines schnellen Erfolges, das sei die eine Seite. Die andere: lange, im Feindesland gefährdete Operationslinien, verteidigte Geländehindernisse und feste Plätze, Kampfbegeisterung des Gegners, der sein Vaterland schützt, feindliche Gesinnung der angegriffenen Bevölkerung und Behörden. Es waren Überlegungen, wie sie in dieser Grundsätzlichkeit schon Machiavelli oder Montecuccoli angestellt hatten. Allerdings sollte auch die Verteidigung nicht passiv, sondern tätig geführt werden, mit Gegenstößen und der Absicht, wieder zum Angriff überzugehen. Im „Anhang" zum „Abriß" betonte Jomini noch stärker, daß man dem Feinde zwar größten Schaden zufügen solle, aber „ohne sich selbst verderblichen Lagen auszusetzen", wofür im „Grundprinzip" nur die erwähnte Gefahr für die eigenen Verbindungen als ein Beispiel angegeben wurde. Mit der angriffsweisen Verteidigung verbinde man die Vorteile von Angriff und Verteidigung, „denn man hat diejenige der Initiative, und man ist leichter im Stande den zum Schlagen günstigen Augenblick zu benutzen, wenn man den Gegner in der Mitte eines Schachbrettes erwartet, wo man sich im Zentrum der Hilfsquellen und Stützpunkte seines eigenen Landes befindet und sich derselben im voraus versichert hat". In einer solchen Addition der prinzipiellen Vorteile bei Vermeidung der entsprechenden Nachteile äußerte sich die in Denkansatz und Durchführung logisch-schematische Kriegslehre Jominis. Aber hier muß darauf hingewiesen werden, daß auch Delbrück, sonst jeglichem Schematismus im Zusammenhang mit der „Niederwerfungsstrategie" abhold, feststellt: „Von allen Schlachtformen ist die Defensiv-Offensiv-Schlacht die wirksamste."

Hier handelte es sich nicht mehr um eine einfache Interpretation Napoleonischer Kriegführung. Jomini betonte zwar, der feste Wille, sich schlagen zu wollen, sei die erste und unerläßliche Bedingung – und zwar, „um den Krieg mit Auszeichnung zu führen". Es sei auch die Hauptsache, die Schlacht zu gewinnen, die vollständige Vernichtung des Feindes stehe dagegen erst an zweiter Stelle – was nicht nur im völligen Gegensatz stand zur Grundkonzeption Napoleonischer Kriegführung, wie sie das hier weiter oben (s. S. 208) gebrachte Zitat Druènes umreißt, sondern auch zur „Niederwerfungsstrategie" überhaupt. Aber Jomini schränkte die Bedeutung der Schlacht noch weiter ein. Zwar könne durch einen Schlachtsieg die feindliche Armee auch ohne „große strategische Kombinationen", durchaus aber auch durch Operationen ohne Schlacht und eine Reihe kleinerer Kämpfe vernichtet werden. Schließlich zweifelte er die ausschließliche Ausrichtung auf die Vernichtung überhaupt an. „An manchen Stellen seiner Schriften erscheint Jomini als Befürworter des ‚indirekten Vorgehens', wie es in unseren Tagen Liddell Hart zentral herausstellt. Bei beiden Kriegstheoretikern trifft man auf eine ähnliche Geringschätzung des eigentlichen Gefechts" (Däniker). So gipfelte seine, mit außerordentlicher Akribie auch für das Detail durchgeführte Analyse in der Frage, „ob das System Napoleons überall passend erscheint, für alle Zeiten, für alle Armeen, oder ob es im Gegenteil möglich wäre, daß Regierungen und Feldherren zu dem methodischen System der Stellungskriege zurückkommen können, nachdem sie die Ereignisse von 1800 bis 1805 in Erwägung gezogen hätten".

Dieser an einzelnen unzusammenhängenden Zitaten Jominis konstruierte Gedankengang stellt nicht den eigentlichen Inhalt seiner Lehre in ihrem gedanklichen Zusammenhang dar. Die zitierten Gedanken waren vielmehr Reflexionen, die sich ihm immer wieder aufdrängten, und zwar im Hinblick auf eine künftige Kriegführungslehre. Noch sah er sich auf das Napoleonische „System" angewiesen, von dem er ausging. Aber er glaubte, daß es zu einseitig sei und nicht jeder Art von Krieg gerecht werde. Er unterschied den „großen Einbruchskrieg", wie ihn Napoleon geführt hatte, von dem „gewöhnlichen Krieg von Macht zu Macht". Den letzteren interpretiert Boguslawski „offenbar als einen solchen, bei dem es sich nicht um die Existenz eines Volkes oder Staates, sondern nur um den Besitz irgendeiner Provinz handelt, und in dessen Verlauf die Volkskraft nicht aufgeboten wird". Jomini war also der Ansicht, daß solche Kriege in der Zukunft, trotz der Französischen Revolution und Napoleons, nicht nur noch möglich wären – womit er recht hatte –, sondern daß sie wieder die „gewöhnliche" Form des Krieges sein würden – was aus der Situation der Restaurationszeit immerhin verständlich war. Jomini glaubte, daß es möglich sei, „ohne seine ungestüme Verwegenheit nachzuahmen, den Wegen zu folgen", die Napoleon gebahnt hatte. Für die Zukunft sei es aber nötig, nach einer vergleichenden Prüfung des Siebenjährigen Krieges, der ersten Revolutionsfeldzüge sowie der „Systeme" Napoleons und Wellingtons „ein gemischtes für die regelmäßigen Kriege taugliches System herzuleiten, welches aus der Kriegführung Friedrichs und Napoleons seine Grundzüge entnähme; oder um sich besser auszudrücken: es wäre ein doppeltes System nötig für die gewöhnlichen Kriege von Macht zu Macht und für die großen Einbruchskriege". Das „doppelte System" läßt natürlich sofort an die „doppelte Art des Krieges" bei Clausewitz denken.

Jomini war, wie gesagt, ein verhinderter Söldnerführer – wenn auch einer vom rationalisierten, disziplinierten und aufgeklärten Zuschnitt des 18. Jahrhunderts. Er hatte keinerlei Bindung an ein Vaterland. Die Vaterlandsliebe, die Begeisterung, mit der Menschen zum Schutz und zur Rettung ihres Landes in den Kampf gingen, waren ihm fremd. „Die Begeisterung eines Heeres und der militärische Geist sind zwei sehr verschiedene Dinge, welche man zu verwechseln sich hüten muß, welche aber nichts desto weniger die nämliche Wirkung hervorbringen". Den Kriegseinsatz bewaffneter Zivilisten lehnte er strikt ab. Wenn schon Milizen sein müßten, dann sollte man sie wenigstens in Uniformen stecken, um sie als völkerrechtlich anerkannte Kombattanten kenntlich zu machen. Wenn er gegen den „Nationalkrieg" war, so vor allem deswegen, weil er darunter vor allem den Volkskrieg verstand. Er berücksichtigte ihn zwar in seiner Theorie, aber nur als einen, die berufsmilitärische als die eigentliche Kriegführung hemmenden und irritierenden Faktor, denn im Grunde war er ihm unheimlich und widerwärtig. „Dieses Schauspiel der freiwilligen Erhebung einer ganzen Nation sieht man selten, und wenn auch etwas Großes und Edles sich darin zeigt, welches Bewunderung erzwingt, so sind die Folgen davon doch so schrecklich, daß man für das Wohl der Menschheit wünschen muß, es nie zu erleben". Er berücksichtigte den Volkskrieg, den er selbst in Spanien erlebt hatte, in seiner Lehre nur insofern, als es um die Frage seiner Bekämpfung, nicht seiner Benutzung ging.

Entsprechend war seine Einstellung zu dem Phänomen des Irrationalen überhaupt. Am Versuch, es auszuschalten oder rational in den Griff zu bekommen, waren seine geistigen Vorgänger gescheitert, von denen auch in diesem Zusammenhang vor allem Lloyd zu nennen ist. Zweifellos gingen Jominis Erkenntnisse über die betreffenden Lloyds hinaus, wenn er sagte: „Von allen Theorien über die Kriegskunst ist die einzige verständige diejenige, welche, auf das Studium der Geschichte gegründet, eine gewisse Anzahl regulierender Grundsätze zuläßt, aber dem angeborenen Genie den größten Anteil an der Führung eines Krieges zuweist, ohne es an ausschließliche Regeln zu binden". Tatsächlich lag ja aber auch hier doch ein innerer Widerspruch in dieser Feststellung, wenn es da hieß, daß dieser „Anteil" dem „Genie" von der Theorie „zugewiesen" werde. Auch Jomini tat also nicht den entscheidenden Schritt über die rationalistische Verengung hinaus, den Clausewitz in seinem Buch „Vom Kriege" im Kapitel über den „kriegerischen Genius" zu dieser Zeit bereits mit dem Hinweis unternommen hatte, daß dem „eigentlichen Genie . . . keine abgemessenen Grenzen" zugemessen werden könnten. Offenbar meinte Jomini dies, wenn er von dem „abenteuerlichen Charakter" Napoleons sprach, und wenn er meinte, daß „dessen glänzendste Operationen mehr in das Gebiet der Poesie, als in das der exakten Wissenschaften zu gehören scheinen". Das war allerdings gegen die Leute gemünzt, die noch immer glaubten, Kriegführung als exakte Wissenschaft betreiben zu können. Dieser Ansicht war – das muß betont werden – Jomini nicht. Er erkannte damit auch an, daß „Genie“ nicht durch abgemessene Grenzen festzulegen war, und er wußte auch, daß sich diese „Poesie“ – worunter man damals nicht wie heute volkstümlich lediglich Lyrik verstand – sich seinem Versuch, die Kriegführung durch Beschränkung auf das rational Nachvollziehbare zu objektivieren und dadurch lehrbar zu machen, widersetzte. Wie er es im Titel einer Vorarbeit 1829 formuliert hatte, war diese Lehre gleichbedeutend mit einer „analytischen Übersicht der vorzüglichsten Kombinationen des Krieges“.

Die Tatsache, daß irrationale Faktoren von entscheidendem Einfluß sein konnten, wurde von Jomini also anerkannt – und eben dies unterschied ihn von den Methodikern des 18. Jahrhunderts. Bei seinem Bestreben, kriegerische Handlungsweisen zu objektivieren, sie von der Wirklichkeit zu abstrahieren und sie durch Übertragung auf das „Schachbrett des Krieges“ in ein „System“ zu bringen, klammerte er jedoch die individuellen menschlichen Charaktere ebenso aus, wie die Frage, die sich aus der Rolle des Zufalls ergab. Verglichen mit dieser formalistischen Konstruktion erwies sich die philosophische Betrachtungsweise von Clausewitz, durch die erkannt wurde, daß „moralische Größen“ und die „Friktion“ eben als integrierende Faktoren sowohl des Krieges im Ganzen, wie jeder seiner einzelnen Erscheinungsformen, stets in die Betrachtung einbezogen werden müssen, nicht ausgeklammert werden konnten, als ungleich viel realistischer.

Natürlich mußte man bestimmte Lagen, ein bestimmtes Gelände zugrundelegen, wenn man derartig auch ins taktische Detail ging, wie es Jomini mit seinen „Anwendungslehren“ tat. Wie die Operationsführung behandelte er aber auch die Taktik in der Weise, daß er alle Kombinationsmöglichkeiten analysierte und so zu zwölf verschiedenen „Schlachtordnungen für den Angriff und die Verteidigung“ kam. Auch die geographischen beziehungsweise geländemäßigen Verhältnisse bezog er lediglich als aus der unübersehbaren Vielfalt abstrahierte Grundstrukturen im Hinblick auf die militärische Ausnutzung oder Überwindung in sein System ein. Mit diesem Vorhaben differenzierte und erweiterte er zugleich die überkommenen Systeme und ihre Terminologien. Die vielen Begriffe und Unterbegriffe irritieren zunächst, erweisen sich aber als ein vollkommen logisches, klar durchschaubares Gedankengerüst.

So wurden beispielsweise unterschieden: „Hauptobjektspunkte“, „Entscheidungspunkte“, „ständige Objektspunkte“, „geographische“, „Manövrier-“ und „politische Objektspunkte, bzw. „einfache“, „doppelte“, „innere“, „äußere“, „konzentrische“, „exzentrische“, „vorläufige“, „endgültige Operationslinien“ sowie „tiefe“, „zweiteilige“ und „Nebenlinien“.

Die Richtigkeit seiner Kombinationen versuchte er an historischen Beispielen zu beweisen. Die Geschichte war also für ihn immer noch Beweismittel, nicht wie schon für Scharnhorst, Erfahrungsschatz. Für ihn bestand daher kein Widerspruch zwischen diesen theoretischen Kombinationen und der Kriegswirklichkeit. Sätze wie: „Der Krieg ist ein von Leidenschaften angefülltes Drama und nicht eine mathematische Operation“ oder: „Die Natur des Landes, die Fluß- und Berglinien, der innere Zustand der Armeen, der Geist des Volkes, die Fähigkeiten und die Willenskraft der Führer können nicht mit Durchmessern, mit Winkeln und mit Kreisen abgemessen werden“, dienten nicht der Korrektur, allenfalls der Ergänzung seiner formalistischen Lehre. Wenn er sich gegen zu viel Methode und gegen die rein geometrische Auffassung des Krieges aussprach, so nimmt sich das bei ihm allerdings seltsam aus, aber er warnte davor, zu glauben, daß sich der Krieg etwa so wie auf seinen Zeichnungen abspiele. Seine Kritik richtete sich vor allem gegen Bülow, von dem er zwar beeinflußt war, der ihm aber mit seinem Versuch, die Operationsführung auf ein Dreieck festzulegen, entschieden zu weit ging. Er meinte zwar auch, daß man die Geometrie nicht ganz vernachlässigen dürfe, aber das „von ihm sorgfältig ausgearbeitete System verschiedenartiger Operationslinien, das von manchen Kritikern heftig angegriffen wurde, hat mit den geometrischen Albernheiten eines Bülow nichts zu tun; es ist nichts anderes als die Lehre von den Manövern, die notwendigerweise vorausgehen müssen, um den zentralen Grundsatz zu verwirklichen" (Däniker). Jominis graphische Darstellungen schematisierter operativer und taktischer Stellungen und Bewegungsabläufe ergaben zwangsläufig geometrische Figuren, nicht umgekehrt.

Wenn man sich in Rußland, Frankreich, Italien, den USA und Deutschland während des ganzen 19. Jahrhunderts und darüber hinaus mit Jomini kriegstheoretisch auseinandersetzte, so mag das an dem gelegen haben, was Jomini andererseits zum Vorwurf gemacht wurde: daß er handfeste Regeln wie Vorschriften anbot, wofür der Durchschnittssoldat immer dankbar ist.

Boguslawski bemerkt, die Strömung gegen die Aufstellung solcher theoretischer Lehrgebäude sei zwar stark gewesen. Jetzt aber, bis zum Jahre 1881, sei man in das andere Extrem, nämlich in einen „Naturalismus" hineingeraten. „Man kann es bei unseren Manövern manchmal recht deutlich erkennen, daß der gewiß richtige Grundsatz, sich bei den Leitungsbefehlen nicht in Vorherbestimmungen aller Art und in allen Einzelheiten zu ergehen, manchmal in ein Extrem überzugehen droht, welches einfach dadurch zu charakterisieren ist, daß man befiehlt: ich marschiere mit meiner Avantgarde auf C vor. Das Gros folgt, weitere Anordnungen werden folgen".

Vor allem war es Jominis Bemühen um Klarheit, was anregend wirkte. Hierin liegt seine eigentliche Bedeutung für die Zeitgenossen und die Nachwelt, „die gemessen am Gehalt seiner Werke vielleicht größer war, als er hätte beanspruchen können ... Aus der geistigen Haltung des l'art pour l'art konnte General Jomini zur perfekten Erkenntnis gewisser Grundelemente des Krieges gelangen, nicht aber zum Verständnis der ungeheuren Erscheinung, die der Krieg zu allen Zeiten dargestellt hat." (Däniker).

Die Frage nach dieser „ungeheuren Erscheinung" aber stellte sich Clausewitz. Auch Clausewitz kam es darauf an, „den ‚entfesselten Krieg wieder einzufangen' ", aber er beschränkte sich nicht darauf, dies durch Formalisierung der regulären militärischen Kriegführung zu tun, sondern durch den Versuch, den Krieg in seinem Wesen und seiner Gesamtheit „zweckvoll in das neue soziale, politische und geistige Gesamtgefüge einzuordnen" (Hahlweg). Dadurch überwand er die Kluft zwischen Kriegstheorie und Kriegspraxis, die um so größer werden mußte, je weniger es möglich war, die Theorie auf, wenn auch noch so ausgeklügelte, operative und taktische Stellungs- und Bewegungssysteme zu reduzieren, weil sich der Krieg selbst immer weniger darauf reduzieren ließ.

Das Gewicht der bei Jomini noch lebendigen Tradition muß deutlich werden, um zu begreifen, warum die Kriegstheorie des preußischen Offiziers Carl von Clausewitz so schwer zu verstehen war. Sein Hauptwerk, das Buch „Vom Kriege" wurde, wie er bestimmt hatte, erst nach seinem Tode, und zwar erstmalig 1832–34, veröffentlicht. Befremdlich an dieser Arbeit war zunächst einmal die Betrachtungsweise des Autors. Sie war es eigentlich, die bis in die jüngste Zeit zu Ratlosigkeit, Mißverständnis und – in Anwendung auf die Kriegspraxis – verhängnisvollen Fehldeutungen führte, und zwar um so mehr, je mehr versucht wurde, die Clausewitzschen Gedanken einseitig vom militärtechnischen Standpunkt her zu interpretieren. Man war es gewohnt, in theoretisch-wissenschaftlichen Abhandlungen über den Krieg Anweisungen für die praktische militärische Kriegführung zu sehen, man verstand also „Kriegtheorie" rein pragmatisch als „Kriegführungslehre" (Wette). Clausewitz ging es aber um etwas ganz anderes.

Er sah, daß die Französische Revolution mit den Kriegen in ihrer Folge nicht nur ein einmaliger „Unglücksfall" war, sondern daß sie die Welt verändert hatte und damit auch die Kriegführung.

„Die Franzosen", schrieb Clausewitz, „hatten mit ihren revolutionären Mitteln das alte Instrument der Kriegführung wie mit Scheidewasser angegriffen; sie hatten das furchtbare Element des Krieges aus seinen alten diplomatischen und finanziellen Banden losgelassen: er schritt nun mit seiner rohen Gewalt einher, schleppte eine ungeheuere Masse von Kräften mit sich fort, und man sah nichts als Trümmer der alten Kriegskunst auf der einen Seite und unerhörte Erfolge auf der anderen, ohne daß man dabei ein neues System der Kriegführung, d.h. neue Wege der Klugheit, neue positive Formen im Gebrauch der Kräfte deutlich unterschieden hätte. Der Krieg war dem Volke wiedergegeben, von dem ihn die stehenden Heere zum Theil entfernt hatten; er hatte die Fesseln abgeworfen, die eingebildeten Unmöglichkeiten überschritten" (Über das Leben und den Charakter von Scharnhorst, 196, zit. Hahlweg).

Da durch Napoleon „das furchtbare Element des Krieges ... losgelassen" war, stellte sich für Clausewitz, der sich mit der Feststellung äußerer Veränderungen der Kriegführung nicht zufriedengeben wollte, zunächst die Frage, was denn der Krieg überhaupt sei, also die Frage nach der „Natur" des Krieges. Bereits durch diesen philosophischen Ansatz wich er von den bisherigen, rein pragmatischen Kriegführungslehren ab.

Er erforschte, welche beständigen Kriterien – „Elemente" – der Krieg aufzuweisen habe, was also an ihm zeitlose Gültigkeit besitze. Er stellte fest, daß der Krieg die Tendenz besitze, sich selbst zu verabsolutieren. Kein Mißverständnis Clausewitzscher Gedanken hat mehr Schaden angerichtet als das des Begriffs vom „absoluten Krieg". Was für Clausewitz lediglich eine Feststellung war, die sich aus der „Natur" des Krieges als Objekt philosophischer Betrachtung ergab, wurde als Postulat aufgefaßt, so als habe Clausewitz von der praktischen Kriegführung verlangt, den Krieg aller Fesseln zu entledigen, um ihn zu verabsolutieren. In Wahrheit ging es Clausewitz darum, zu zeigen, daß der „absolute Krieg" der Krieg in „seiner abstrakten Gestalt" und nicht der Krieg der Realität sei. Dieser abstrakten Gestalt könne sich der reale Krieg wohl annähern, aber er gewinne nur scheinbar an Selbständigkeit, da er immer ein Mittel der Politik bleibe.

Der „absolute Krieg" ist daher nicht mit dem „totalen" Krieg gleichzusetzen. Linnebach bemerkt hierzu: „Das, was Clausewitz unter dem absoluten Krieg versteht, ist etwas grundsätzlich anderes als das, was heute unter dem totalen Krieg verstanden wird. Den absoluten Krieg im Sinne von Clausewitz gibt es nicht in der Wirklichkeit, sondern nur im Reiche der abstrakten Begriffe. In der Wirklichkeit gibt es nur Annäherungen an den absoluten Krieg. Die Äußerungen von Clausewitz, die dieser Auffassung zu widersprechen scheinen, finden sich nur in den früher entstandenen Teilen seines Werkes vom Kriege, nicht aber in dem für diese Frage maßgebenden 1. Kapitel des ersten Buches ... Der wirkliche Krieg, zu dem auch der totale Krieg gehört, unterscheidet sich durch die ihm innewohnenden ‚Gegengewichte' vom absoluten Kriege, in dem die Ausübung der kriegerischen Gewalt durch keinerlei Gegengewichte gedämmt wird." (zit. Hahlweg).

Clausewitz betonte: „Die Kriegskunst hat es mit lebendigen und moralischen Kräften zu tun, daraus folgt, daß sie nirgends das Absolute und Gewisse erreichen kann; es bleibt also überall dem Ungefähr ein Spielraum, und zwar ebenso groß bei dem Größten wie bei dem Kleinsten".

Manches an diesem Mißverständnis ist daraus zu erklären, daß Clausewitz zwar von den „moralischen Kräften" sprach, mit denen es der Krieg zu tun habe und nach der Bedeutung der „moralischen Größen" – Kühnheit, Beharrlichkeit – für den Krieg fragte, nicht aber nach einer moralisch-ethischen Bewertung des Krieges selbst. Natürlich wußte Clausewitz, daß diese – wie wir nicht erst heute meinen: wichtigste – Frage bestand, aber er meinte, man könne sie den Philosophen überlassen. Das ist, bei dem philosophischen Ansatz seiner Gedankenführung und der umfassenden Betrachtungsweise, in der er den Krieg unter allen sonstigen Aspekten behandelte, allerdings erstaunlich. Alte Kriegstheorien – die des 16. und 17. Jahrhunderts – pflegten mit der Warnung zu beginnen, keine „ungerechten" Kriege zu führen. Nun wiesen wir zwar darauf hin, daß die Unterscheidung zwischen „gerechtem" und „ungerechtem" Krieg praktisch belanglos war. Belanglos freilich, wenn selbst der Präventivkrieg als „gerechter" Krieg gelten konnte, und dann eben unter dem Blickwinkel des politisch-militärischen Pragmatismus, keineswegs aber unter dem der Kriegsphilosophie. Vor allem aber dann nicht, wenn Clausewitz den Krieg nicht nur als eine militärische Angelegenheit, sondern als „Element sozialen Lebens", behandelte, das „von den Impulsen der Politik in seinen Zielsetzungen wie in der Intensität der in ihm wirkenden Kräfte beherrscht wird" (Hahlweg, in: Clausewitz, 41).

Für Clausewitz war der Krieg eingebunden in die Politik, war „Werkzeug der Politik" (ebd.). Gleichwohl stellte diese Feststellung keine neue Erkenntnis dar. In der gesamten Kriegsgeschichte bis Clausewitz war der Krieg als Werkzeug der Politik aufgefaßt worden. „Denn daß der Krieg nichts Selbständiges, sondern Instrument der Politik sei, war eine selbstverständliche Annahme. Clausewitz' berühmtes Wort, der Krieg sei die Fortführung der Politik mit anderen Mitteln, steht, recht verstanden – am Ende einer Epoche militärischen Denkens, nicht am Anfang einer neuen. Darum mußte es gesagt werden." (Vierhaus). Eine neue Epoche militärischen Denkens begann mit Moltke, der zwar das Primat der Politik noch nicht leugnete, sich aber gegen Eingriffe der Politik in die militärische Kriegführung wandte. Auch Clausewitz betonte, daß die politische Führung von der militärischen nicht mehr fordern könne, als sie mit den militärischen Mitteln zu leisten imstande sei. Aber er stellte in aller Schärfe heraus, „daß der Krieg nicht bloß ein politischer Akt, sondern ein wahres politisches Instrument ist ... Was dem Kriege nun noch eigentümlich bleibt, bezieht sich bloß auf die eigentümliche Natur seiner Mittel" (210). Dabei werde auch der Grad der kriegerischen Intensität von der Politik und nicht vom Kriege selbst bestimmt. Clausewitz verwies hierbei auf die „doppelte Art des Krieges" (179): die Politik könne auf die totale Niederwerfung des Gegners, sie könne aber auch lediglich auf einen begrenzten Krieg abzielen, ja auf eine bewaffnete Beobachtung. Zwischen diesen Intensitätsgraden gebe es fließende Übergänge. Das Ziel des Friedens wirke mäßigend auf den Krieg ein. Allerdings gestand Clausewitz auch zu – eine sehr wichtige Einschränkung –, daß der Krieg auf die Politik zurückwirken könne!

Den Unterschied von Taktik und Strategie – nach heutigem Sprachgebrauch Militärstrategie – drückte Clausewitz in der seitdem „klassisch" gewordenen Definition aus: „Es ist also nach unserer Einteilung die Taktik die Lehre vom Gebrauch der Streitkräfte im Gefecht, die Strategie die Lehre vom Gebrauch der Gefechte zum Zweck des Krieges" (271). Für die Strategie war zunächst einmal wichtig, zu erkennen, für welchen Zweck der Krieg geführt werde, weil sich danach die Art richte, in der der Krieg geführt werden müsse. Sie müsse dem „ganzen kriegerischen Akt" ein Ziel setzen, welches dem Zwecke desselben entspreche" (44). Zweck seien „die Gegenstände, welche unmittelbar zum Frieden führen sollen" (44 f.), der Sieg sei daher nur ein Mittel.

Zu den vielen Erfordernissen für die Strategie, die Clausewitz untersuchte, gehörte die „Sammlung der Kräfte im Raum" (388). Sie interessiert im Rahmen einer Darstellung über die Grundzüge der Kriegführung besonders, weil es sich um eine Grundforderung handelt, die in dem gesamten hier behandelten Zeitraum ihre Gültigkeit behielt, jedoch nach Clausewitz durch Moltke eine Modifikation in der Art der Anwendung fand. Clausewitz stellte fest: „Die beste Strategie ist: immer recht stark zu sein, zuerst überhaupt und demnächst auch im entscheidenden Punkt. Daher gibt es außer der Anstrengung, welche die Kräfte schafft, und die nicht immer vom Feldherrn ausgeht, kein höheres und einfacheres Gesetz für die Strategie, als das: seine Kräfte zusammenzuhalten. – Nichts soll von der Hauptmasse getrennt sein, was nicht durch einen dringenden Zweck davon abgerufen wird" (ebda). Die Vereinigung aller Streitkräfte müsse die Norm, jede Trennung und Teilung als eine Abweichung motiviert sein. Für seine Zeit hatte Clausewitz damit selbstverständlich recht, aber wir werden sehen, wie sich dieser Grundsatz in der zweiten Hälfte des 19. Jahrhunderts veränderte – ohne dabei seinen Wahrheitskern einzubüßen.

Modifizierungen ergaben sich in der Folgezeit auch in der Bewertung von Angriff und Verteidigung. Clausewitz erkannte: Die verteidigende Form der Kriegführung ist an sich stärker als die angreifende" (615), jedoch erfülle sie nur einen negativen Zweck, nämlich die Erhaltung. Die zu seiner Zeit herrschende Geringschätzung gegenüber der Verteidigung führte Clausewitz auf ihren falschen Gebrauch im 18. Jahrhundert zurück, nämlich auf eine unbewegliche Verteidigung, während in Wahrheit der Verteidiger „seinen Gegner viel mehr überraschen muß als der Angreifer" (620). Denn der Verteidiger kenne im Gegensatz zum Angreifer das Gelände, das Gebiet, das er verteidige – ein Gesichtspunkt, der übrigens auch schon von Montecuccoli herausgestellt worden war. Kurz, die Verteidigung dürfe nicht starr, sie müsse beweglich geführt werden. Andererseits: positive Ziele, nämlich Eroberungen, seien nur durch Angriff zu erreichen, dessen Kraft sich aber auf die

Dauer abnutze. Clausewitz wollte auch hier keine Einseitigkeit: Der Angriff, der nicht zum Sieg führt, müsse zwangsläufig zur Verteidigung werden, dieses Schwächemoment müsse der Verteidiger erkennen, um seinerseits zum Angriff überzugehen. So bekannte sich Clausewitz zum „offensiven Prinzip in der Verteidigung".

Die Erkenntnis des Einflusses der moralischen – hier gleichzusetzen mit charakterlichen – Kräfte auf die Kriegführung war durch das „Systemdenken" verdrängt worden. Man konnte nicht gleichzeitig Kriegführungssysteme konstruieren und die Eigeninitiative fördern. Das war zwar im späten 18. Jahrhundert versucht worden – so, wie wir sahen, durch Lloyd. Aber Clausewitz erkannte, daß es sich hierbei nur um eine scheinbare Berücksichtigung der moralischen Kräfte bei den in Wahrheit noch vollkommen systembeherrschten kriegstheoretischen Denkvorgängen gehandelt hatte. Er wies auf den Widerspruch hin, der dadurch gegeben sei, daß „man nach alter Art seine Regeln und Grundsätze diesseits aller moralischen Größen abschließt, und so wie diese erscheinen, die Ausnahmen zu zählen anfängt, die man dadurch gewissermaßen wissenschaftlich konstituiert, d. h. zur Regel macht" (356f.). Die Tatsache, daß sich die moralischen Größen in Wahrheit nicht in Regeln fassen lassen, besage ja aber nicht, daß sie durch die Kriegstheorie keine Berücksichtigung zu erfahren hätten, denn die moralischen seien von den physischen Kräften nicht zu trennen. Somit sei „das ganze Element des Krieges" von diesen moralischen Größen durchdrungen, weil der Krieg „selbst eine moralische Größe ist" (356). Als höchste kriegerische Tugend stellte Clausewitz die Kühnheit heraus, in der er eine schöpferische Kraft sah, und die Beharrlichkeit, weil sie der Unsicherheit entgegenwirke.

Bereits Berenhorst hatte darauf aufmerksam gemacht, wie unsinnig es sei, den Krieg berechnen zu wollen, da es nie gelingen werde, Imponderabilien und Zufälle auszuschalten. Während für Berenhorst dadurch der Krieg aber letztendlich ad absurdum geführt war, war für Clausewitz das Unerwartete und daher Unberechenbare, das sich als Friktion äußerte, das, „was den wirklichen Krieg von dem auf dem Papier unterscheidet" (162) und damit Prüfstein für wahre militärische Führungsqualitäten. Durch die Friktion werde das Handeln im Kriege zu einer Bewegung „im erschwerenden Mittel" (263). Es unterscheide sich wie die Bewegung im Wasser von dem gewöhnlichen Gehen, und mit gewöhnlichen Kräften könne man im Krieg nicht einmal Mittelmäßiges vollbringen. Allein das Wetter könne eine Fülle von Friktionen bedeuten. Auf diesen durch die Friktion erschwerten Zustand, eben die Kriegsrealität, habe sich die Kriegstheorie einzustellen. Allein die Kenntnis der Friktionen sei ein Hauptteil der Kriegserfahrung.

„Vernichtung" im militärischen Sinne war auch für Clausewitz keine Vernichtung im physischen Sinne. Die feindliche Streitkraft vernichten hieß, sie in einen solchen Zustand zu versetzen, „daß sie den Kampf nicht mehr fortsetzen kann" (215). Den Gegner „zu vernichten" war für ihn also dasselbe wie ihn „niederzuwerfen", „d. h. ihn wehrlos zu machen" (214).

Halte man sich an diesen abstrakten „reinen Begriff" des Krieges, so sei allerdings der politische Zweck völlig gleichgültig, denn da der Krieg ein Akt der Gewalt sei, müsse es dann stets darauf ankommen, den Gegner wehrlos zu machen. Dem komme in der Wirklichkeit eine Menge von Fällen allerdings sehr nahe. In der Praxis würde dies bedeuten, nicht nur die Streitkraft, sondern auch das Land und – nicht zu vergessen – der Wille des Feindes müsse unterworfen, also wehrlos gemacht werden.

Keinesfalls handle es sich aber in der Wirklichkeit immer um das Wehrlosmachen des Gegners, es „ist nicht die notwendige Bedingung zum Frieden und kann also auf keine Weise in der Theorie als ein Gesetz aufgestellt werden“ (216). Keineswegs werde Frieden immer nur dann geschlossen, wenn eine der beiden Seiten wehrlos gemacht worden sei. So sehe man also, daß sich „der Krieg in der Wirklichkeit von seinem ursprünglichen Begriff oft sehr weit entfernt“ (216). Dies wies Clausewitz nun mit weiteren Begründungen und weiteren Beispielen noch im einzelnen nach. Wenn man beispielsweise dem Gegner nur die eigene Überlegenheit zeige, ihn für die Zukunft warnen oder ihm nur einen Teil seines Landes abnehmen wolle, so sei damit noch nicht gesagt, daß man seine Streitkräfte vernichten müsse.

So ging Clausewitz eine ganze Reihe von Möglichkeiten durch, die zeigen sollten, daß Opfer und Kraftaufwand der Kriegführung in Relation zum politischen Zweck stünden – wobei sich auch letztere durch die Ergebnisse der Kriegführung während des Krieges ändern könnten. Wesentlich sei natürlich die Frage, wie weit man sich dem praktischen Begriff des Krieges, dem „absoluten Krieg“, in der Kriegspraxis annähern könne, eine Frage der eigenen Stärke und der zur Verfügung stehenden Mittel. Sei man schwächer als der Gegner, so könne man nicht an seine Niederwerfung denken, doch sei es Friedrich dem Großen gelungen, seine Gegner zum – für ihn günstigen – Frieden zu bringen, nachdem er ihnen gezeigt habe, daß der Kraftaufwand für sie viel größer wäre, als sie sich das ursprünglich vorgestellt hatten. Clausewitz kam zu der Zusammenfassung, „daß Vernichtung der feindlichen Streitkraft, Eroberung feindlicher Provinzen, bloße Besetzung derselben, bloße Invasion derselben, Unternehmungen, die unmittelbar auf politische Beziehungen gerichtet sind, endlich ein passives Abwarten der feindlichen Stöße – alles Mittel sind, die, jedes für sich, zur Überwindung des feindlichen Willens gebraucht werden können, je nachdem die Eigentümlichkeit des Falles mehr von dem einen oder dem anderen erwarten läßt“ (221).

Diesen in allem einleuchtenden Feststellungen, die darauf hinausliefen, daß sich die Mittel des Krieges nach der politischen Zielsetzung richten, scheint es nun allerdings glatt zu widersprechen, wenn Clausewitz plötzlich konstatierte, daß der Krieg nur ein einziges Mittel kenne: „es ist der Kampf“ (222). Aber auch hier handelte es sich bei „Krieg“ zunächst lediglich wieder um den „Begriff des Krieges“, also nicht um seine Realität. Die Tatsache, daß – in der Kriegswirklichkeit – „Dinge sich einschieben mögen, die nicht selbst Kampf sind“, ändere freilich nichts daran, daß es im Begriff des Krieges liege, „daß alle in ihm erscheinenden Wirkungen ursprünglich vom Kampf ausgehen müssen“ (222). Daher ziele alle kriegerische Tätigkeit auf das Gefecht ab, was mit der Abzielung auf die Vernichtung der feindlichen Streitkräfte gleichbedeutend sei. Aber auch hier erfolgte sofort wieder die Einschränkung, daß es – in der Kriegswirklichkeit – keineswegs der Zweck des Gefechtes sein müsse, den Gegner zu vernichten. Wenn beispielsweise ein Bataillon den Auftrag erhalte, den Gegner von einer Höhe oder einer Brücke zu vertreiben, dann komme es auf deren Besitz und nicht auf die Vernichtung des Gegners an. Derartige Zwecke könnten vielleicht auch durch bloße Demonstration erreicht werden. Sei die eine Seite stärker als die andere, so werde es diese gar nicht erst auf ein Gefecht ankommen lassen. Die Feststellungen, die Clausewitz in dieser Frage für den strategischen und operativen Rahmen traf, übertrug er also auf den taktischen Rahmen. Die Vernichtung des Feindes sei immer das

„höherstehende, wirksamere Mittel, dem alle anderen weichen müssen“ – dies jedoch nur „bei vorausgesetzter Gleichheit aller übrigen Bedingungen“ (226). Die Vernichtung des Feindes als das wirksamere Mittel bringe bei seiner Anwendung die Gefahr mit sich, daß sie für den, der sie anwendet, bei Nichtgelingen größere Nachteile zur Folge habe. Allerdings – und dies unterschied ihn grundsätzlich nicht nur von den vorrevolutionären Theoretikern, sondern auch von modernen wie Liddell Hart oder Fuller – glaubte Clausewitz, daß man bestrebt sein müsse, die Vernichtung der feindlichen Streitkraft „als den erstgeborenen Sohn des Krieges geltend zu machen“ (229). Sie war für ihn das „natürliche Mittel“ (228), weil es völlig der „Natur“ des Krieges, die Gewaltanwendung sei, entsprach. Man wird also sagen können, daß Clausewitz zwar mit der „Natur“ des Krieges das hier wirkende Vernichtungsprinzip feststellte, wobei jedoch die Antwort auf die Frage, ob nach ihm verfahren werden solle, sich nach dem jeweiligen Zweck des Krieges, der Operation und des Gefechtes, richte.

Clausewitz gab eine ebenso knappe wie treffende Darstellung des Wesens und der Formen des Volkskrieges aus der Sicht seiner Zeit. Den Volkskrieg des 19. Jahrhunderts sah er als eine „natürliche und notwendige Folge“ der Tatsache an, daß durch die allgemeine Wehrpflicht die Schranken des bis dahin eng begrenzten Militärsystems durchbrochen worden waren. Er erkannte, daß ein Volk, das in der Lage sei, sich des Volkskrieges mit Verstand zu bedienen, ein militärisches Übergewicht besitze gegenüber einem anderen, das ihn verschmähe. Aber obwohl es Clausewitz zunächst ablehnte, auf die politischen oder gesellschaftlichen Gründe einzugehen, die für oder wider den Volkskrieg sprächen, obwohl er ihn nur als „Kampfmittel, also in seiner Beziehung auf den Feind“, betrachten wollte und ihn politisch-ideologisch neutral, „als eine Erweiterung und Verstärkung des ganzen Gärungsprozesses, den wir Krieg nennen“ (799), definierte, stellte er nun plötzlich die Frage, „ob diese neue Verstärkung des kriegerischen Elementes der Menschheit überhaupt heilsam ist oder nicht; eine Frage, die sich wohl ganz so beantworten dürfte wie die Frage über den Krieg selbst – wir überlassen beide den Philosophen“ (800).

Hier ist also diese erstaunliche Wendung, auf die am Anfang dieses Kapitels verwiesen wurde – eine Wendung auch im Sinne eines Ausweichens vor gleich zwei Kernfragen. Fuller beantwortete in unseren Tagen die erste nicht anders als die konservativen Militärs um 1800: daß „Wehrpflicht und Rückkehr zur Barbarei“ gleichzusetzen seien. Zweifellos tat Fuller dies mit einseitigen und nicht immer gerade tiefgründigen Argumenten. Der Opferwille beim Eintreten für die Sache des Vaterlandes, der nicht nur als Idee der allgemeinen Wehrpflicht zugrunde lag, erhob sich doch wohl weit über Fullers Äußerung: „Menschen waren nun so billig wie Dreck“. Aber angesichts der auch von Clausewitz gewonnenen Erkenntnis, daß die allgemeine Wehrpflicht die Fesseln des Krieges gesprengt habe, was zum Volkskrieg und damit zu einer der furchtbarsten Formen des Krieges führte, könnte eine Feststellung Fullers als ein Korrelat zu der Verachtung angesehen werden, mit der auch und gerade Clausewitz das Militärsystem des 18. Jahrhunderts strafte: „Begrenzte Kriegführung war eine der vornehmsten Errungenschaften des 18. Jahrhunderts. Sie ist eine Art Treibhauspflanze, die nur in einer aristokratischen und hochwertigen Zivilisation gedeihen kann“ (Guglielmo Ferrero, zit. Fuller).

Aber wenn das absolutistische Militärsystem eine „Treibhauspflanze“ war, dann handelte es sich bei dem Volkskrieg um den von Clausewitz festgestellten natürlichen Durchbruch durch das künstliche Gehege des Systems. Clausewitz streifte den Gedanken, ob die Kräfte des Volkskrieges nicht für andere Streitmittel nutzbar gemacht werden könnten, erkannte aber, daß sie sich nicht nach Willkür verwenden ließen. Die Wirkung des Volkskrieges sei um so größer, je mehr sie sich „wie ein nebel- und wolkenartiges Wesen" (803) ausbreite, wie eine schwelende Glut die Grundfesten des feindlichen Heeres zerstöre. Der Feind müsse ihn ebensowenig zum Stillstand bringen können, wie der Mensch den Wind und den Regen.

Zur Räumung des Landes könne allerdings allein durch den Volkskrieg kaum eine Armee gezwungen werden, weswegen es nötig sei, ihn in Verbindung mit einem stehenden Heer zu führen. Als weitere Bedingungen für den Volkskrieg zählte Clausewitz auf: er müsse im Inneren des Landes geführt, er dürfe nicht durch eine einzige Katastrophe entschieden werden, das Land müsse groß genug sein und genügend Verstecke bieten, er müsse vom Volkscharakter unterstützt werden. Arme, an Anstrengungen gewöhnte Menschen eigneten sich für den Volkskrieg besonders gut. Er müsse abseits vom großen Krieg und gegen die feindlichen Verbindungslinien geführt, überhaupt müsse der Feind gezwungen werden, möglichst viele Kräfte zur Sicherung zu verwenden und dabei seine Kräfte zu zersplittern. Um größere Unternehmungen zu wagen, müßten mit Hilfe des stehenden Heeres Schwerpunkte durch Zusammenziehen der Kräfte, besonders an den Flügeln des Heeres und im Hinterland des Feindes, gebildet werden. Sehr wichtig sei gerade im Volkskrieg das moralische Moment der Verbreitung von Furcht und Unsicherheit beim Feind. Doch fehle der Bevölkerung meist das Vertrauen zu den Waffen, wenn sie nicht durch Unterstützung der aktiven Truppe ermuntert werde.

Clausewitz war mit seiner Schrift bestrebt, „das Wesen der kriegerischen Erscheinungen zu erforschen, ihre Verbindung mit der Natur der Dinge, aus denen sie zusammengesetzt sind, zu zeigen" (184). Hiernach könnte man meinen, daß es ihm nur um die Hintergründe der Kriegführungspraxis gegangen sei. Tatsächlich war sein Werk jedoch für die Praxis bestimmt. Denn er war es ja, welcher der herkömmlichen Kriegstheorie den Vorwurf machte, daß für sie nicht die Kriegswirklichkeit selbst, sondern ein von ihr konstruiertes Bild der Kriegswirklichkeit maßgebend sei.

Hier wird man einwerfen müssen, daß dieses Bild ja auch durchaus der Kriegswirklichkeit entsprochen hatte, so lange es auch für den Gegner maßgebend gewesen war. Maßgebend im wahrsten Sinne des Wortes, da es das Maß für die Kriegführung abgegeben hatte, die eine entsprechend maßvolle, gemäßigte gewesen war. Aber dieses Maß war durch die Kriegswirklichkeit seit der Französischen Revolution zerbrochen worden, konnte also nicht mehr gültig sein.

So bemühte sich Clausewitz um das Bild dieser neuen Kriegswirklichkeit. Er erkannte, daß der Krieg seiner „reinen" Natur nach, also als „absoluter Krieg", maßlos sei, daß die Kriegswirklichkeit jedoch ihr Maß durch die Zwecke erhalte, denen der Krieg diene. Der jeweilige Zweck sei aber auch maßgebend für jede einzelne Kriegshandlung. Durch diese Frage nach der „Natur" des Krieges und alle weiteren damit zusammenhängenden Fragen erschloß Clausewitz dem Leser den geistigen Einstieg in seine Theorie, die sich aber nicht auf die zweckfreie Darstellung des Phänomens „Krieg" beschränkte. Sie war gleichzeitig

Lehre für die Kriegspraxis. Dies freilich nicht durch Ausarbeitung eines neuen Systems von Regeln, durch das die neue Kriegswirklichkeit nicht mehr für die Kriegführung interpretiert, sondern nur noch verfälscht werden konnte. Der entscheidende Unterschied zu den alten methodischen Lehren lag darin, daß diese für jede nur denkbare Lage eine stereotype Verhaltensweise vorgeschrieben hatten, während Clausewitz von der „Natur" des Krieges ausging, über das Wesen der kriegerischen Erscheinungen zum Zweck der Kriegshandlung vordrang und daraus Grundsätze ableitete, die er im gesamtstrategischen, militärstrategischen und taktischen Rahmen unter Berücksichtigung der Mittel und Möglichkeiten an Verhaltensweisen erläuterte. Die Lehre, die er erteilte, bezog sich also nicht unmittelbar auf die Verhaltensweisen, die sich nach der jeweiligen konkreten Situation in der Kriegspraxis zu richten hatten, sondern auf das Erkennen der für die Kriegführung grundsätzlich gegebenen Voraussetzungen, Bedingungen und Möglichkeiten.

4. Taktische Veränderungen infolge der waffentechnischen Revolution in der zweiten Hälfte des 19. Jahrhunderts

a. Die neuen Handfeuerwaffen

Die technische Revolution seit Mitte des 19. Jahrhunderts fand naturgemäß auch in der Kriegführung ihren Niederschlag. Sie veränderte sie seitdem immer schneller und schließlich bis zum Anfang des 20. Jahrhunderts grundlegend, keineswegs aber so, daß die taktischen Formen immer gleich dem jeweiligen Stande der Waffentechnik entsprochen hätten. Es ist vielmehr zu beobachten, daß die taktische der technischen Entwicklung nachhinkte, was im einzelnen die verschiedensten Gründe hatte. Auch in der Zeit davor war ja, bei einer sehr viel langsamer verlaufenden waffentechnischen Entwicklung, immer wieder festzustellen gewesen, daß mit den neuen oder verbesserten Waffen nicht gleich die entsprechenden taktischen Formen da waren, auch gar nicht da sein konnten. Die Wirkung der einzelnen neuen Waffe, ihre Bedienungsweise, mußten zunächst erst einmal auf die Kriegspraxis übertragen werden, das heißt, ihre Wirkung in ihrer Vervielfältigung im Rahmen von Kriegslagen und die Wechselwirkung von Waffe und Fechtart erkannt werden. Dies war nicht allein theoretisch vorauszuberechnen, vielmehr mußte dabei die praktische Erfahrung berücksichtigt werden, durch die sich oft noch gravierende Korrekturen ergaben. Hierzu kam die natürliche Beharrungstendenz, der ausgesprochene Konservatismus der Soldaten. Man sträubte sich in der Truppe, von bisherigen Kampfverfahren abzugehen, weil man sie beherrschte und neue Kampfverfahren eine andere Ausbildung verlangten. Darüber hinaus kam zu allen Zeiten die Frage, welcher Vorteil neue Waffen, neue Kampfverfahren für die eigene Armee, den eigenen Staat bedeuteten, da sie bald auch allen übrigen Armeen zugute kommen würden.

Vor allem aber war jetzt die sprunghafte Eskalation der Waffenentwicklung und das Durcheinander von Feuerwaffen sehr unterschiedlicher Art irritierend. Um nur Beispiele zu nennen: Erst 1839 erhielt in Preußen das glatte, alte Steinschloßgewehr eine neue Art von Zündung, die Perkussionszündung. Ab 1841 wurde aber bereits ein neuer Hinterlader, das Zündnadelgewehr, allmählich in die preußische Armee eingeführt. Zu diesem Zeitpunkt und auch noch wesentlich später befanden sich aber nicht nur in anderen Ländern, sondern auch in Preußen noch gezogene Vorderlader mit neuen Munitionsarten in der Entwicklung und Einführung. Bald wurden aber auch schon Mehrlader, Repetiergewehre, entwickelt. In der ersten Zeit des Amerikanischen Sezessionskrieges (1861–65) gab es Milizen, die noch mit Steinschloßgewehren bewaffnet waren, aber bereits 1862 erhielt die Nordstaaten-Kavallerie Repetierkarabiner.

Bei diesen neuen Waffen handelte es sich weniger um neue Erfindungen – bereits im späten Mittelalter waren einzelne Hinterlader und in der beginnenden Neuzeit sogar Mehrlader konstruiert worden. Zugleich mit der technischen Vervollkommnung im einzelnen wurde vielmehr eine bessere und dabei wirtschaftliche, also wie auch vorher schon in Serienfabrikation herstellbare Bewaffnung der Truppe angestrebt. Dabei gingen die Konstrukteure teilweise über die Wünsche der Militärs hinaus und übten so einen indirekten, aber entscheidenden Einfluß auf die Taktik aus.

Das Militär wollte ein Gewehr, das bei jeder Witterung schoß und bei dem überhaupt die diversen Fehlerquellen der Zündung des Steinschloßgewehres ausgeschaltet waren. Es sollte so genau schießen wie die gezogene Büchse. Ein gezogenes Gewehr mit entsprechend hoher Treffleistung für die gesamte Infanterie war ja schon längst fällig, da im zunehmenden Maße jeder Infanterist befähigt sein mußte, in der Schützenkette als Einzelschütze zu fungieren. Aber dieses Gewehr sollte einfacher zu laden sein als die gezogene Büchse. Und zwar dies nicht deswegen, um mit ihm schneller schießen zu können, sondern um rascher feuerbereit zu sein. Hatte sich nämlich eine ganze Einheit, trotz aller dafür bestehenden reglementsmäßigen Vorsorgen, verschossen, so konnte sie nicht sofort wieder feuerbereit sein, wenn beispielsweise ein überraschender Angriff erfolgte. Sehr viel größer wurde das Problem dann, wenn die ganze Einheit mit gezogenen und daher noch umständlicher zu ladenden Gewehren bewaffnet war. Die Tatsache, daß man mit den neuen Waffen auch sehr viel schneller schießen konnte, wenn man sie sehr viel schneller laden konnte, wurde keinesfalls gleich als taktischer Vorteil erkannt. Manche sahen darin zunächst vor allem den Nachteil, daß die Vorzüge des gezogenen Laufs nicht ausgenutzt wurden, weil die Schützen nicht mehr richtig zielen und die Munition vergeuden würden. Es kam daher zu ausgesprochen kauzigen Reaktionen. So zog man, gewissermaßen als Ausgleich für die besseren Schußleistungen, nur noch die Hälfte der bisherigen Zahl an Schützen aus den Kolonnen heraus. Vielfach fehlte also noch das Verständnis dafür, „daß der taktische Schießerfolg nicht von der Zahl der Treffer schlechthin abhängt, sondern von der Zahl der Treffer in der Zeiteinheit. Darin beruht das ganze Geheimnis der Maschinengewehrgarbe, deren schlagartig vernichtende Wirkung heutzutage jeder Laie kennt“ (Eckardt-Morawietz, 102). Die gestreckte Geschoßbahn der neuen Waffen erlaubte ein Schießen auf weit größere Entfernungen. Das war manchem General aber gar nicht recht, weil er meinte, daß sich dadurch die Tapferkeit der Soldaten verringere. Die neuen Waffen erleichterten die Schießausbildung, weswegen man sie besonders geeignet für Truppen hielt, die an Gewehren nicht so gründlich ausgebildet werden konnten wie die Infanteristen, also für Pioniere, Artilleristen und Kavalleristen. Anfänglich wurde also oft der eigentliche taktische Nutzen der neuen Waffen ebenso verkannt wie der des – eng mit ihm zusammenhängenden – Tiraillierens. Hatte man doch in der Restaurationszeit das Schützengefecht an feste, exerziermäßig eingedrillte Formen gebunden und ihm damit gerade das genommen, was seinen Vorzug ausmacht: die zerstreute Formlosigkeit, die aus der Eigeninitiative des Schützen heraus lebte.

Es kann hier auch nicht annähernd auf die vielen Gewehrmodelle der zweiten Hälfte des 19. Jahrhunderts und deren Einzelheiten eingegangen werden. Wichtig unter dem historischen Aspekt ihrer Einwirkung auf die Veränderungen der Führung und der Verwendung in den für Deutschland wichtigsten Kriegen waren folgende:

Zunächst das Perkussionsgewehr. Bei ihm erfolgte die Zündung nicht durch den Flintstein, der auf eine Stahlplatte schlug, sondern durch ein mit einer chemischen Masse gefülltes Zündhütchen, das dem Schloß aufgesetzt wurde und bei Aufschlagen des Hahns den Funken erzeugte. Das machte die Zündung des Gewehrs zuverlässiger, wodurch sich auch die Treffleistungen etwas verbesserten. Das Perkussionsgewehr wurde seit den 1830er Jahren in die Armeen eingeführt.

Aber auch bei seinem gewöhnlichen Militärmodell handelte es sich um eine Waffe mit glattem Lauf. Züge nützten aber gar nichts, wenn die Kugel kleiner als das Laufkaliber war, also im Lauf so locker saß, daß sie beim Schuß die Züge überspringen konnte, also gar nicht von ihnen geführt wurde. Deshalb mußte bei der Büchse die dem Laufkaliber angepaßte Kugel von der Mündung her in den Lauf regelrecht gehämmert und mit dem Hammerstiel und Ladestock hineingepreßt werden, damit sie fest im Lauf steckte, um beim Schuß durch die Pulvergase in die Züge gedrückt zu werden. Um dies mit einem Ladevorgang zu erreichen, der nicht viel komplizierter als beim glatten Lauf war, wurde nach Zwischenlösungen in Frankreich von Minié das Expansionsgewehr entwickelt. Bei ihm handelte es sich um eine komplizierte Konstruktion, die darauf hinauslief, daß ein Langgeschoß so leicht wie eine gewöhnliche Gewehrkugel in den glatten Lauf eingeführt werden konnte, beim Schuß aber aufgetrieben und in die Züge des Laufes gedrückt wurde, durch die es eine sichere Führung erhielt. Das Minié-Gewehr wurde seit 1849 in die französische Armee eingeführt. Es bewährte sich vor allem im Krim-Krieg 1853–1856. Es schoß etwas langsamer als glattläufige Perkussionsgewehre. Aber während letztere auf 300 Schritt (225 Meter) selbst gegen Feindmassen nichts mehr ausrichteten, wirkte das Minié-Gewehr auf diese Entfernung noch gegen Einzelziele und bis zu 1000 Schritt (750 Meter) noch gegen Massen. In Österreich erfand Lorenz ein Gewehr, dessen Geschoß sich durch Kompression verdickte und dem Minié-Gewehr an Schußleistung überlegen war.

Neue Waffensysteme lösten aber keineswegs sofort die älteren ab. Noch 1854 wurde das System Minié von Preußen übernommen, obwohl hier schon seit 1841 das Zündnadelgewehr eingeführt worden war und seit 1848 an die Truppe ausgegeben wurde. 1854 bestand die Gefahr, daß Preußen in die durch den Krimkrieg ausgelösten Auseinandersetzungen einbezogen wurden. Bis zu diesem Zeitpunkt waren nur das Gardekorps und die Linieninfanterie mit Zündnadelgewehren bewaffnet. Für den Rest wurde das glattläufige Perkussionsgewehr 1839 mit dem gezogenen Lauf und der Munition des Systems Minié versehen. Noch 1866 waren Landwehrformationen mit diesem Modell bewaffnet.

Das Zündnadelgewehr von Dreyse stellte eine scharfe Zäsur in der Feuerwaffenentwicklung dar. Es gab die Grundlage ab für die weitere Entwicklung der Handfeuerwaffe in den meisten Staaten der Welt. Es wurde von hinten geladen. Das Zündhütchen wurde nicht mehr auf das Schloß aufgesetzt, sondern es war mit der Patrone – noch immer einer Papierpatrone – fest verbunden. Die im Zylinderverschluß befindliche und mit einer Feder versehene Zündnadel schlug auf das Zündhütchen auf und brachte so die Patrone zur Entzündung. Während kein Vorderlader im Liegen geladen werden konnte, war das beim Hinterlader möglich. Dadurch konnte der Schütze beim Feuerkampf auch geringe Deckungen ausnützen und hinter ihnen liegenbleiben. Während dies bereits auf die moderne infanteristische Kampfführung verwies, führte es zunächst noch nicht zu einer dementsprechenden völligen Umstellung der Taktik. Überhaupt war der Ladevorgang sehr vereinfacht. Mit dem Zündnadelgewehr konnte daher wesentlich schneller geschossen werden als bisher, nämlich statt 1½ Salven in der Minute deren vier bis fünf, im freien Feuergefecht ein Schuß in 15 statt in 40 Sekunden. Bei 700 Schritt war die Grenze der Treffgenauigkeit erreicht. Über die Bedeutung dieser Waffe war man sich in Preußen durchaus im klaren, strengste Geheimhaltung wurde befohlen. Bereits 1838, als sich dieses Gewehr noch in der Entstehung befand, war es dem damaligen preußischen Kronprinzen, dem späteren König Friedrich Wilhelm IV., von einem fachkundigen Offizier mit den Worten empfohlen worden: „Königliche Hoheit, 60 000 mit diesem Gewehr bewaffnete Mann unter Führung eines talentvollen Generals, und Seine Majestät der König werden bestimmen können, wo die Grenzen von Preußen sein sollen“ (zit. Eckardt-Morawietz, 105).

Sicher, das Zündnadelgewehr trug zum preußischen Sieg über Österreich im Krieg von 1866 bei, aber es hat diesen Krieg, wie noch zu zeigen sein wird, nicht entschieden. Im gleichen Jahr führten die Franzosen eine Hinterlader-Neukonstruktion, das Chassepot-Gewehr, in ihre Armee ein. Mit einem Visier bis zu 1200 Metern, einem kleineren Kaliber von 11 Millimetern und anderen Verbesserungen war es dem Zündnadelgewehr überlegen. Seine sehr viel größere Reichweite machte der deutschen Infanterie, die taktisch darauf nicht eingestellt war, im Krieg von 1870/71 schwer zu schaffen. „Hatte man bei Einführung des Zündnadelgewehrs das Schlagwort geprägt: 300 Zündnadelgewehre stellen den Gefechtswert von 900 Minié-Gewehren dar, so wurde das Wort jetzt dahin umgeprägt, daß 300 Chassepot-Gewehre 500 Zündnadelgewehren gleich kämen“ (Eckardt-Morawietz, 138).

Waffenverbesserungen hatten natürlich schon immer dazu geführt, daß die anderen Länder eine zumindest gleichwertige Waffe haben wollten. Erst mit diesen neuen Infanterie-, wie dann auch Artillerie-Waffen begann die erste Phase eines eigentlichen Rüstungswettlaufs, bei dem sich die Staaten aufgrund der immer schnelleren technischen Entwicklung in immer kürzeren Zeitabständen durch neue Waffenmodelle und -systeme gegenseitig zu übertrumpfen suchten.

Die deutschen Armeen zogen 1870 noch nicht mit einer einheitlichen Bewaffnung ins Feld. Im allgemeinen hatten sie sich aber der Entwicklung zum Zündnadelgewehr angeschlossen, entsprachen die Waffen dem preußischen Gewehr auch in Munition und Ausrüstung. Die bayerische Armee befand sich gerade in der Umbewaffnung, so daß sie zum größten Teil noch das antiquierte Podewils-Gewehr besaß, „das schlechteste aller Modelle des Krieges bei Freund und Feind“. Einige wenige bayerische Truppenteile führten aber bereits das neue Werder-Gewehr, „das damals beste in vielleicht der ganzen Welt“ (ebda., 132). Das Chassepot-Gewehr wurde im Kriege zur begehrten Beutewaffe, mit Chassepot-

Karabinern bewaffneten sich selbständig die preußischen Kürassiere und Ulanen, die von Haus aus keine Karabiner besaßen. Mit umgeänderten und auf die nun für das ganze deutsche Heer einheitliche Patrone M 71 gebrachten Chassepot-Karabinern wurde dann nach dem Kriege vorübergehend die gesamte preußische Reiterei ausgestattet.

Trotz aller an ihm vorgenommenen Verbesserungen hatte sich das Zündnadelgewehr 1870/71 überlebt. Eine wesentlich bessere Waffe war das Gewehr M 1871 von Mauser, mit dem alle Kontingente des deutschen Heeres bewaffnet wurden.

Es besaß als erstes deutsches Gewehr eine Metallpatrone, wodurch erstmalig ein gasdichter Abschluß erreicht werden konnte, was die Schußleistung wiederum verbesserte. Die Zündnadel war zum Schlagbolzen geworden. Das Visier reichte bis 1600 Meter. Eine wesentliche Verbesserung, den bereits allgemein gebräuchlichen Auswerfer für die Patronenhülsen, lehnte die Heeresverwaltung unverständlicherweise als zu kompliziert ab. Sogar noch im Ersten Weltkrieg wurden Gewehre dieses Modells von Landsturm- und Bewachungstruppen benutzt.

Aus ihm wurde für das deutsche Heer der erste Mehrlader, das Modell 1871/84, entwikkelt. Es war noch nicht ausgereift, da seine Konstruktion infolge der Gefahr eines neuen Krieges mit Frankreich vorangetrieben worden war. Damit soll es diesen Krieg aber mit verhindert haben, da die Aussicht, gegen einen Feind mit Magazingewehr kämpfen zu müssen, die Franzosen abgeschreckt habe. Es besaß ein Röhrenmagazin für 8 Schuß, das umständlich zu laden war und beim Leerschießen den Schwerpunkt des Gewehrs dauernd veränderte. Zur Kriegsverwendung kam diese Waffe im Boxeraufstand 1900/01 beim Marinelandungskorps der Seymour-Expedition.

Die nächste Stufe in Deutschland stellte das Gewehr 88 dar, dessen Magazin mit einem Laderahmen geladen wurde, das 5 Patronen mit Stahlmantelgeschossen enthielt. Sein Kaliber war auf 7,9 Millimeter verringert worden. Die Konstruktion war an das österreichische Mannlicher-Gewehr und französische Vorbilder angelehnt. Das Visier reichte bis 2050 Meter. Das Gewehr wurde 1894 in Südwestafrika eingesetzt. Als ein Mixtum compositum verschiedener Konstruktionsideen wies es immer noch Mängel auf, die erst mit dem Gewehr 98 von Mauser behoben wurden. Diese Waffe war noch im Zweiten Weltkrieg das Standardgewehr der deutschen Wehrmacht. Hinzuzufügen wäre noch, daß die genannten Schußwaffen jeweils auch eine Karabiner-Version aufwiesen. Um die Wende zum 20. Jahrhundert begann aber auch schon mit den ersten Maschinengewehren das Zeitalter der Maschinenwaffen.

Durch das Jahr 1888 ergibt sich eine Verbindung von dem Gewehr, das in ihm in die Armee eingeführt wurde, zu dem deutschen Infanterie-Exerzierreglement gleichen Datums. In diesem Reglement fand ein längst fälliger, grundlegender Wandel der Infanterietaktik seine schriftliche Fixierung.

b. Infanterie

Die soeben umrissene Entwicklung der Handfeuerwaffen bewirkte zusammen mit der ständig gesteigerten Leistungsfähigkeit der Artillerie zwangsläufig eine immer größere

Auflockerung der taktischen Formen. Hierbei handelte es sich aber in Deutschland, wie gesagt, nicht um einen schrittweisen kontinuierlichen Vorgang entsprechend der Waffenentwicklung. Die Kolonne, wie sie sich in den Napoleonischen Kriegen herausgebildet hatte, blieb die Grundlage der formalen Taktik, das preußische Reglement von 1812 in den Grundzügen bis 1888 maßgebend. Auch in der zweiten Hälfte des 19. Jahrhunderts fanden nur allmählich Veränderungen auf dem Gebiet der Infanterie-Taktik statt.

Grundform war bis zur Mitte des Jahrhunderts die Bataillonskolonne geblieben. Schon wesentlich früher, nämlich während der napoleonischen Kriege und danach, hatte man sie aber schon gelegentlich in Kompaniekolonnen zerlegt. Wir werden hier an einen ganz ähnlichen Vorgang im 16. Jahrhundert erinnert, als zunächst die großen Landsknechtshaufen, die aus vielen Tausenden von Kriegern bestehen konnten, sich in die kleineren spanisch-kaiserlichen Tercios zerlegten, gegen die wiederum die Niederländer ihre noch kleineren „Troups" zu Felde führten. Der Troup, wie auch dann das schwedische „Vierfähnlein" entsprachen in ihrer Stärke und Verwendung dem späteren Bataillon, das so zur taktischen Einheit wurde und es bis zur Mitte des 19. Jahrhunderts bei der Infanterie blieb. Nun erst erfolgte auch taktisch die Zerlegung des Bataillons in Kompanien, womit die Kompanie zur taktischen Einheit wurde und es bis heute geblieben ist.

Natürlich standen auch der Einführung der Kompaniekolonne die Bedenken der alten Troupiers entgegen. Da ihnen stets alles zuwider war, was die gewohnte Ordnung und Geschlossenheit gefährdete, monierten sie die freilich unabweisbare Tatsache, daß vier einzelne Kompanien schwerer zu führen waren als eine kompakte Bataillonsmasse, mehrere in Kompanien zerlegte Bataillone schwerer als mehrere geschlossene. In der Tat setzte sich die Verselbständigungstendenz unterhalb der Feldherrn-Ebene fort: Hatten in der zweiten Hälfte des 18. Jahrhunderts durch die Divisionseinteilung des Heeres die Unter-Generale an Selbständigkeit gewonnen, hatten durch die Kolonnentaktik die Bataillonskommandeure größere Selbständigkeit im Gefecht erreicht, als sie sie vorher im engen Zusammenhang der Lineartaktik besessen hatten, so waren es nun die Kompaniechefs, die Hauptleute und eventuell sogar auch schon Premierleutnants, denen sie zugestanden werden mußte – und zwar nicht nur dann, wenn sie als Schützen-Kapitäne das Tiraillement des Bataillons anführten, sondern grundsätzlich. Wenn nun sogar Leutnants jederzeit in der Lage sein mußten, als taktische Führer einzuspringen, wenn sich ihre Aufgaben im Gefecht nicht auf vorbildliche Haltung, Beaufsichtigung der Kommandodurchführung und schematisierte Kommandoerteilung beschränkten, dann erforderte das zweifellos eine gründlichere Ausbildung bereits zum Subalternoffizier. Später wurden dann auch die Kompaniechefs beritten, was bisher bei der Infanterie, abgesehen von den Schützen-Kapitänen, nur die Stabsoffiziere und Adjudanten waren und nicht nur als „Statussymbol", sondern als Zeichen zunehmender Beweglichkeit anzusehen ist. Dem kam in Preußen schon die Kabinettsorder vom 29. August 1841 entgegen. Dem Schützengefecht sollte größere Bedeutung beigemessen, die jüngeren Offiziere zu selbständigerem Handeln im Kampf erzogen werden.

1847 erschien in Preußen ein neues Infanteriereglement. In ihm wurde zwar noch immer die Bataillonskolonne als Angriffskolonne angesehen, aber doch schon das Schwergewicht beim Angriff auf die Kompaniekolonne gelegt. Das exerziermäßige Marschtempo, das nach dem Reglement von 1812 noch immer 75 Schritt in der Minute war, wurde auf 108, schließlich auf 112 Schritt heraufgesetzt.

Die Grundaufstellung war in Preußen nach wie vor die zu drei Gliedern, die Kompanie zu zwei Zügen. In Kompaniekolonne standen die Züge hintereinander, jedoch zu zwei Gliedern, weil die dritten Glieder der beiden Züge den Schützenzug bildeten, der als dritter hinter dem zweiten stand. Entwickelte sich die Kompanie zum Gefecht, so wurde der Schützenzug zur Bildung der Schützenkette nach vorn gezogen. Die anderen beiden Züge fungierten als „Soutiens", also geschlossene Unterstützungsformationen, für die Schützenkette.

Mit der Kompaniekolonne war eine bessere Anpassung an das Gelände möglich als mit der Bataillonskolonne. Alle Armeen zerlegten nach der Mitte des 19. Jahrhunderts ihre Bataillonskolonnen – jedenfalls in der Theorie. Die Bataillonskolonne war nur noch als Versammlungsform vorgesehen. Wie weit das Gelände nun tatsächlich ausgenutzt wurde, war freilich eine andere Frage. Offenbar wurden die damit gegebenen Möglichkeiten in der französischen Armee, die durch eine weniger straffe Disziplin als die preußische, die österreichische oder russische zusammengehalten wurden, besser genutzt.

Die Franzosen praktizierten eine besonders geschmeidige, geländeanpassungsfähige Infanterietaktik. Sie bewegten sich mit äußerster Geschicklichkeit durch jedes Gelände – auch als sie, beispielsweise im Kampf gegen die Russen 1854–56 auf der Krim und gegen die Österreicher 1859 in Oberitalien, noch über keine Hinterlader, sondern lediglich über das Minié-Gewehr verfügten. Sie schafften es sogar, diesen Vorderlader im Liegen zu laden, indem sie sich dazu auf den Rücken legten. Sie tendierten zur Auflösung der festen Gefechtsformen, ihre Soutiens drängten in die Schützenketten, so daß sie in dichten Schützenschwärmen vorgingen, denen in einigem Abstand die geschlossenen Kolonnen als Rückhalt folgten. In der Weise waren sie ja auch schon in den Revolutionskriegen vorgegangen. Nur ihre Geländeausnutzung hatte sich noch wesentlich verbessert, und zwar am Vorbild ihrer katzenartig voltigierenden afrikanischen Truppen.

Während das preußische Bataillon aus vier Kompanien bestand, umfaßte das österreichische sechs. Bei dessen Zerlegung wurden, nach alter Einteilung, immer zwei Kompanien zu einer Division zusammengefaßt, so daß sich dann statt vier Kompaniekolonnen drei Divisionskolonnen ergaben. In jeder von ihr standen die beiden Kompanien nebeneinander, die beiden Halbkompanien jeweils hintereinander. Obwohl auch alle österreichischen Infanteristen für das Tiraillieurgefecht ausgebildet waren, wurde von ihnen nicht ein Drittel, wie in Preußen, sondern nur ein Viertel für das Schützengefecht eingesetzt. Die Tatsache, daß die Österreicher trotzdem zur Bildung größerer, dichter Massen neigten, dem Bajonettangriff den Vorzug gaben und wenig Gebrauch vom Feuergefecht machten, trug zu ihren Niederlagen gegen die Franzosen 1859 in Oberitalien und gegen die Preußen 1866 bei Königgrätz wesentlich bei.

In Preußen bestimmte 1853 eine Instruktion, daß die langen rottenweise schießenden Schützenlinien auch auf freier Ebene nicht mehr anzuwenden seien. Jede unverhältnismäßig große Ausdehnung der Gefechtsfronten sei zu vermeiden. Die Führer hätten auch im zerstreuten Gefecht ihre Soldaten in der Hand zu behalten, weswegen Feuergruppen zu bilden seien. Mit dieser sektionsweisen Feuerleitung sollte der Munitionsverschwendung beim neuen Zündnadelgewehr vorgebeugt werden. Hinter dieser Sparmaßnahme stand der Prinz Wilhelm, der spätere König und erste Deutsche Kaiser. Dadurch wurde der Soldat dazu erzogen, genau zu zielen. Aber eine Aufgliederung des Tiraillements in Feuergruppen hatte auch noch einen anderen positiven Aspekt:

Solange die Schützenlinien oder -ketten nur der Vorbereitung des eigentlichen Kampfes dienten, brauchten sie nicht krisenfest zu sein, da sie auf die Kolonnen zurückgezogen wurden, wenn sie auf ernsthaften Feindwiderstand stießen. Solange waren sie gewissermaßen nur bewegliche Gefechtsvorposten gewesen. Je größerer Wert nun aber infolge der besseren Feuerwaffen wieder auf das Feuergefecht gelegt wurde, je mehr damit wieder die Verteidigungskraft überwog, je schwieriger es war, eine geschlossene Formation ungedeckt und frontal an den immer präziser und schneller schießenden Verteidiger heranzubringen, desto mehr lösten sich die geschlossenen Angriffsformationen zu Schützenschwärmen auf. Um so mehr mußte aber auch das Feuer des Angreifers gegliedert und im Sinne gegenseitiger Feuerunterstützungen der einzelnen Abteilungen geleitet werden. Die besonders am Anfang des Sezessionskrieges schlecht ausgebildete, kriegsunerfahrene amerikanische Infanterie beider Seiten – sie bestand aus Milizen – befand sich nicht in der Hand ihrer Führer und konnte weder richtig in der Kolonne noch richtig in Schützenketten kämpfen. Sie ging in dichten, ungeordneten Schützenschwärmen ohne wirkliche Feuergliederung und -leitung vor und war entsprechend krisenanfällig. Die Krisenanfälligkeit der Schützen – welcher die Amerikaner, wie noch zu zeigen sein wird, mit wachsender Kriegserfahrung auf ihre Weise begegneten – war aber um so gefährlicher, je mehr sich das Schwergewicht des Kampfes von den geschlossenen Formationen auf die Schützenschwärme verlagerte. Insofern war die Untergliederung in Feuergruppen zukunftsweisend.

Die Kombination von zerstreuter und geschlossener Ordnung blieb auch in Preußen sehr lange erhalten – trotz der Erfolge von 1866 mit der aufgelockerten Ordnung gegen die Österreicher und trotz der schlechten Erfahrungen, die man dann 1870/71 damit gemacht hatte, daß man diese Auflockerung kaum mehr weiterentwickelt hatte.

Für den Einsatz des vierteiligen Bataillons, wie es in Preußen bestand, ergeben sich eine ganze Reihe von Kombinationsmöglichkeiten. Das ganze Bataillon konnte, mit Kolonne nach der Mitte, geschlossen eingesetzt werden – eine Möglichkeit, von der zu viel und zu lange, nämlich bis 1870/71, Gebrauch gemacht wurde. An sich sollte, wie gesagt, die Bataillonskolonne nur noch Versammlungsform sein und im Bereich der feindlichen Artilleriewirkung zu Kompaniekolonnen aufgelockert werden. In der ersten Zeit, als die Feuerkraft noch nicht so stark gegenüber der Stoßkraft überwog, wie das später der Fall war, hatte es zweifellos einen Sinn, zwei Kompanien als Kern zu einer Doppelkolonne zusammenzufassen und nur die anderen beiden rechts und links nach vorn herauszuziehen. Das war die normale Gefechtsform. Sie erinnert an die alte Einteilung im 16. Jahrhundert in Bataille – gleich die Hälfte – und Avant- und Arrièregarde – je ein Viertel der gesamten Schlachtordnung –„ nur daß die Größenordnung damals eine ganz andere war. Diese Flankkompanien schickten wiederum ein Drittel – so in Preußen, in anderen Armeen ein Viertel – ihrer Schützen in Ketten oder Linien nach vorn. Aus der zunächst zweiteiligen Kompanie, bei der der Schützenzug nur vorübergehend aus den dritten Gliedern der beiden ständigen Züge gebildet wurde, ergab sich später die ständige Einteilung der Kompanie in drei zweigliedrige Züge, da ja schon längst nicht nur der aus den anderen zusammengesetzte Schützenzug, sondern jeder Zug das Tiraillement beherrschen mußte.

Je mehr die Feuerkraft überwog, je mehr die taktische Entwicklung zur Auflösung der geschlossenen Gefechtsform drängte, desto mehr bot sich als Übergangslösung das freie Agieren mit den Kompaniekolonnen an. Man konnte auf jede Kernbildung verzichten und alle vier Kompanien nebeneinander mit ihren Schützen voraus einsetzen, Zwischenräume je nach Lage und Gelände weiter oder enger. Am konsequentesten waren hier die Franzosen. Sie erkannten, daß die Überlegenheit des Feuers infolge der schneller schießenden Waffen zwangsläufig zur Auflösung der Gefechtskolonne und wieder zu linearen Formen führen mußte. 1870 griffen sie mit Kolonnen und wenigen Tirailleurs voraus an, entwickelten aber bereits 1200 Meter vor dem Feind die Kolonnen zu Schützenlinien, um die Reichweite des Chassepot-Gewehrs auszunutzen. Der Angriff sollte im Wechsel von Sprüngen und Schnellfeuer alle 150 bis 200 Meter vorgetragen werden. Aber die Überlegenheit des eigenen Infanteriegewehrs erzeugte in Frankreich auch die falsche Lehre von der Überlegenheit der passiven Verteidigung und somit vom Wert der Stellungen.

Die Preußen waren den Franzosen in der Feuerdisziplin überlegen, aber sie versuchten die französische Taktik dadurch zu parieren, daß sie ihre geschlossene Kraft dagegensetzten. Das war schon einmal deswegen ein Fehler, weil sie mit dem nur bis höchstens 700 Metern wirksamen Zündnadelgewehr gezwungen waren, das Feuer der Franzosen zu unterlaufen, bis sie auf Schußentfernung an sie herangekommen waren. Es war auch deswegen ein Fehler, weil die geballte Kraft darin ihren Ausdruck fand, daß die geschlossenen Teile den Schützenlinien dichtauf folgten. Im Chassepot-Feuer erwiesen sich die dichten Kolonnen als zu unbeweglich. Diese falsche Taktik führte im Deutsch-Französischen Krieg zu furchtbaren Verlusten, aber auch dazu, daß sie im Laufe des Krieges diese festen Formen auflokkerten. Erstaunlich ist also, daß die deutsche Infanterietaktik jedenfalls am Anfang des Krieges mit dem massierten Einsatz genau denselben Fehler aufwies wie die viel gerügte österreichische im Krieg von 1866.

Dazu folgende Schilderung eines Augenzeugen aus der Schlacht von St. Privat am 18. 8. 1870 über den Einsatz der preußischen 1. Garde-Infanterie-Brigade: „Unzweifelhaft wirkte der Anblick der massenhaften Verluste auf die Mannschaften unvorteilhaft ein. Jede Verstärkung des feindlichen Feuers hatte ein Niederwerfen zur Folge, oder es stutzten die Leute und drängten sich in Reihen hintereinander zusammen, als ob der eine hinter dem anderen Deckung suchen wolle. Meist genügte aber wieder ein Wort, um Ordnung zu schaffen. Der einzelne Mann ging vorgeneigt mit abgewandtem Gesicht, als wenn er vor entgegenschlagendem Hagelwetter Schutz suchen wollte; der Gesichtsausdruck war oft ganz entstellt. Wo noch Offiziere vorhanden waren, wirkte deren Beispiel derart, daß eine Zaghaftigkeit nicht erkennbar war; wo sie aber fehlten, zeigte es sich, daß es in schwierigen Lagen der Einwirkung der Offiziere bedarf, um den Mut des gemeinen Mannes zu beleben. Alle Hornisten bliesen, alle Tambours schlugen; General von Kessel rief fortgesetzt: ‚Vorwärts! Vorwärts!‘ So kam die Brigade allmählich so nahe an den Feind, daß sie im Stande war, ihr Feuer auf günstige Entfernung auszunutzen.“ (zit. Frauenholz, 184).

Nach dem Krieg von 1870/71 war es den Einsichtigen klar, daß die Zeit der geschlossenen Gefechtsformen vorüber war. Trotzdem blieb in Preußen zunächst mit geringfügigen Änderungen noch das Exerzierreglement von 1847 erhalten. Allen Erfahrungen hohnsprechend, blieb nicht nur die Kompanie-, sondern auch noch immer die Bataillonskolonne vorgesehen, obwohl die Waffenentwicklung jetzt zum Mehrladegewehr hin tendierte. Noch einmal hatten „kommissiger" Starrsinn, die Furcht, die Truppe im Gefecht aus der Hand zu verlieren, die Scheu vor taktisch-führungsmäßigen Komplikationen gesiegt – und wohl auch die Tatsache, daß ein aufgelöster Schützenschwarm nicht den parademäßig-exakten Anblick einer Bataillonskolonne bot. Entscheidend für diese Verharrung dürfte aber gewesen sein, daß man mit – oder trotz – dieser Taktik einen grundsätzlich gleichwertigen Gegner besiegt hatte. Militärreformen pflegen nicht nach Siegen, sondern nach Niederlagen eingeleitet zu werden. Man konnte jedoch mit den geschlossenen Gefechtsformen die in der Tat verhängnisvolle Eskalation der Waffenwirkung nicht aufhalten, man konnte sich ihr nur anpassen oder ihr erliegen. Im neuen deutschen Kaiserreich waren die taktischen Vorschriften nicht nur maßgebend für die preußische Armee, sondern für alle deutschen Kontingente. In den süddeutschen, in denen sich auch in manch anderer Hinsicht fortschrittliche Bestrebungen nun nicht mehr durchsetzen ließen, herrschte Unmut.

Schließlich drängten dann aber nicht nur die Auswertungen der eigenen, sondern auch die der Kriegserfahrungen anderer Armeen auf eine Abwendung von der taktischen Vergangenheit. Sie erfolgte mit dem Reglement von 1888. In ihm hieß es: „Das Infanteriegefecht wird der Regel nach durch die Feuerwirkung entschieden und diese kommt zur vollständigen Ausnutzung in der zerstreuten Ordnung. Das Feuer geschlossener Verbände ist die Ausnahme. Größere geschlossene Abteilungen können im wirksamsten feindlichen Feuer höchst empfindliche Verluste erleiden. Dies nötigt dazu, die Zeitmomente für ihr unmittelbares Eingreifen im Gefecht eng zusammenzufassen, während das Schützengefecht Stunden überdauern kann ... Die zerstreute Ordnung ist jetzt diejenige Form, welche im Gefecht vorzugsweise zur Verwendung kommt. In derselben wird das Gefecht eingeleitet und in den meisten Fällen auch bis zur Entscheidung durchgeführt. So wird der Schützenschwarm die Hauptkampfform der Infanterie." (zit. ebda., 157).

Verfolgen wir den Weg der Infanterie von ihren ersten Anfängen im ausgehenden Mittelalter bis zum Ende des 19. Jahrhunderts, so wird ein Grundzug erkennbar: Es setzte sich die jeweils leichtere Gattung gegen die schwerere durch. Bereits gegen Ende des 16. Jahrhunderts begannen die Feuerschützen, die zunächst leichte Infanteristen gewesen waren, nach Angliederung an die geschlossene Gefechtsform die Pikeniere als die damalige schwere Infanterie zu verdrängen. Dieser Prozeß kam um die Wende zum 18. Jahrhundert zum Abschluß. Bis zu diesem Zeitpunkt war neben dem nur noch aus Feuerwaffenträgern bestehenden geschlossen auftretenden Bataillonen längst eine neue leichte Infanterie entstanden, die neben den Vormarschstraßen und Schlachtfeldern den kleinen Krieg führte. Die Feuerwaffenträger als ehemalige leichte Infanterie wurden als Linieninfanterie zur schweren Einheitsinfanterie.

Die zunächst als Hilfstruppe verachtete neue leichte Infanterie – anfänglich vor allem „Naturkrieger" – erfuhr seit der Mitte des 18. Jahrhunderts eine Aufwertung durch die zunehmende Bedeutung des kleinen Krieges. Sie kulminierte in den Revolutions- und Befreiungskriegen seit den letzten Jahrzehnten des 18. Jahrhunderts. Die Guerrilla-Tätigkeit war unter militärischem Aspekt identisch mit Kleinkriegführung, erhielt aber durch den Volkskrieg einen neuen politischen Charakter, der revolutionär sein konnte, aber keineswegs sein mußte, vielmehr gerade auch der Abwehr der Revolution dienen konnte. Der natürliche Krieg der militärischen Stürmer und Dränger auf der Wende zum 19. Jahrhundert war im Grunde der Volkskrieg, auch wenn seine von ihm faszinierten Verkünder die mit ihm verbundenen Konsequenzen gar nicht absehen konnten. Dadurch hob sich das Ansehen der leichten Truppen zu dem von Eliten und das Schützengefecht als der einzig „natürlichen" infanteristischen Kampfart.

Das verdunkelt oft die Tatsache, daß Pläne zur Wiederangliederung der Schützen an die geschlossenen Formationen auf dem Schlachtfeld aus rein militärischen Gründen schon zur Zeit des Absolutismus bestanden. Ausgeführt konnten sie aber erst werden aufgrund der Volkserhebungen und Wehrpflicht, im Zusammenhang mit der praktizierten Kolonnentaktik. Solange noch die Feuerwaffen die des 18. Jahrhunderts waren, konnten die geschlossenen Gefechtsformationen nicht aufgelöst werden, stützte sich vielmehr die Kampfführung auf sie, konnte nur der geringere Teil der Infanterie in der Schützenkette verwendet werden. Dieser Teil trat aber damit als leichte Infanterie auf, focht grundsätzlich in derselben Weise, nämlich zerstreut, wie die für die Kleinkriegführung detachierte leichte Infanterie, die oft bessere Waffen, nämlich gezogene Büchsen, besaß. Die enthusiasmierten Verkünder des „natürlichen" Krieges, der infanteristisch nur noch von Schützen ausgefochten werden sollte, hatten also in ihren Ideen eine Entwicklung vorweggenommen, die in dieser Totalität zunächst noch gar nicht verwirklicht werden konnte.

Mit den neuen wirkungsvolleren Feuerwaffen seit Mitte des 19. Jahrhunderts setzte sich bis zur Wende zum 20. Jahrhundert das Schützengefecht als infanteristische Hauptkampfform endgültig durch. Die neue Infanterie bestand nur noch aus leichter Infanterie. Sie war, genau gesagt, eine leichte Einheitsinfanterie – wie die Linieninfanterie des 18. Jahrhunderts eine schwere Einheitsinfanterie gewesen war –, denn auch die Jäger und Schützen unterschieden sich nun taktisch grundsätzlich in nichts mehr von den anderen Infanteristen, die sich traditionsgemäß in den meisten Armeen noch mit den Gattungsbezeichnungen der alten schweren Infanterie – „Grenadiere", „Musketiere", „Füsiliere" – schmückten. Wie einst auf der Wende zum 18. Jahrhundert die Grenadiere ihre besondere Funktion als Handgranatenwerfer verloren hatten und zu Eliten der sich damals bildenden schweren Einheitsinfanterie geworden waren, so wurden jetzt die Jäger und Schützen zu den Eliten der neuen leichten Einheitsinfanterie. Ihr Gewehr war schließlich dasselbe wie bei der übrigen Infanterie, auch wenn sie es weiter stolz „Büchse" nannten. Wenn ihnen als Korpstruppe oft in Zusammenarbeit mit der Kavallerie noch besondere Funktionen im Rahmen der Aufklärung und Sicherung oblagen, so deswegen, weil die Jägerbataillone traditionsgemäß in Deutschland und anderen Ländern aus ausgesuchten, intelligenten, behenden Soldaten bestanden und dieser Teil der Ausbildung bei ihnen eine Bevorzugung erfuhr.

c. Kavallerie

Noch schwerer als bei der Infanterie vollzog sich die Umstellung auf die durch die technische Revolution hervorgerufenen neuen Kriegsverhältnisse bei der Kavallerie. Der Grund war der, daß diese neuen Kriegsverhältnisse der Kavallerie immer eindeutiger die

Aufklärung als ihre Hauptaufgabe zuwiesen, sie dies aber lange nicht akzeptieren wollte, weil sie ihre Hauptaufgabe nach wie vor im Schlachteinsatz sehen wollte. Denn nach traditioneller Auffassung lagen vor allem hier die Lorbeeren zum Pflücken bereit.

Allein als schlachtentscheidende Waffe war die Reiterei nach ihrem Niedergang im ausgehenden Mittelalter im 16./17. Jahrhundert wieder zur Hauptwaffengattung geworden, welche die Infanterie zeitweise sogar an schlachtentscheidender Bedeutung überragte. Noch in den Napoleonischen Kriegen waren viele große Attacken geritten worden, obwohl es gerade Napoleon gewesen war, der eigentlich erst die Bedeutung der groß angelegten operativen Aufklärung durch Kavallerie erkannt hatte. Wie immer, so hatte sich die Erstarrung im Formalistischen, zu der es nach den Napoleonischen Kriegen in fast allen Armeen gekommen war, auf die Kavallerie besonders ungünstig ausgewirkt. Die Versteifung in der Reitweise – wozu das ästhetische Ideal des „Biedermeier", die engen, langen Reithosen und die unglaublich hohen Kopfbedeckungen beitrugen –, die Konzentration der Reitausbildung auf das Bahnreiten und pedantische „Kniebelei", waren wirklich nicht angetan, den vielberufenen „frischen Reitergeist" zu fördern.

Gleichzeitig wurde jedoch die Verbesserung des Pferdematerials durch Intensivierung der Zucht, durch planmäßige Veredelung der einheimischen Pferderassen gefördert. Dem dienten der Ausbau bestehender und die Einrichtung neuer Gestüte. Alle Eigenschaften, die für das Kavalleriepferd gefordert wurden – „eiserne" Konstitution, Genügsamkeit, Ausdauer, Schnelligkeit auf große Entfernungen, ausgeglichenes Temperament, Leistungsfreude, schnelle Regenerationsfähigkeit auch nach extremen Anstrengungen – besaß das Arabische Vollblut als die edelste aller Pferderassen in höchster Potenz. Die arabische Pferderasse hatte sich in den Napoleonischen Kriegen unter höchsten Anforderungen besser bewährt als jede andere. So wurde der „Araber" zur ersten und wichtigsten Grundlage der Veredelung. Sein Einfluß wurde jedoch im Laufe der zweiten Hälfte des 19. Jahrhunderts eingeschränkt durch den des Englischen Vollbluts, das seine Entstehung orientalischen Pferderassen mit verdankte. Es war größer, raumgreifender in den Bewegungen, ausgeglichener in den Gangarten und leistungsfähiger bei kurzfristigen Anstrengungen, allerdings auch schwieriger im Temperament und weniger genügsam als der Araber. Seine verstärkte Verwendung in der Zucht hing eng mit dem nach englischem Vorbild zunehmenden Reitsport zusammen, der nach 1866 unter den Kavallerieoffizieren immer mehr Anhänger fand. Vor allem der Parforce-Jagd war es mit zu verdanken, daß die Kavallerie-Ausbildung wieder zunehmend ins Gelände verlegt wurde.

In Preußen wurden seit 1841 durch eine gleichnamige Instruktion Verbesserungen in der „Führung und Verwendung größerer Kavalleriemassen", gleichzeitig aber auch größere Selbständigkeit der einzelnen Abteilungs-Führer angestrebt. Nach der Jahrhundertmitte wurde der erhöhten Feuerwirkung wie bei der Infanterie durch bessere Zerlegbarkeit der Kampfformationen entsprochen. Doch blieb die Schwadron, die ja seit dem 18. Jahrhundert nur noch Kompaniestärke hatte, taktische Einheit. Die Linie bestand durchweg nur noch aus zwei Gliedern. Attackiert wurde in Linie, in Echelons und in Kolonnen. Der Kolonnenangriff wurde durch die „Eskadronskolonnentaktik" in feste Formen gebracht.

Für das Plänkeln wurde nach wie vor Schießausbildung zu Pferde betrieben. Zum Plänkeln wurde nach dem preußischen Reglement von 1855 eine Schwadron des aus vier Schwadronen bestehenden Regiments nach vorn gezogen, die wiederum als Soutien diente für einen Zug „Flankeurs", die eine Schützenkette bildeten. Das Fußgefecht hingegen wurde als Ausnahmeerscheinung betrachtet. Zu ihm waren ja auch nur die leichten Regimenter – in Preußen Dragoner und Husaren – befähigt, welche Karabiner besaßen.

Jede Angleichung der Kavallerie an die technische, taktische und dadurch schließlich auch operative Weiterentwicklung war aber erschwert, solange man an dem Grundsatz festhielt, daß die Kavallerie in erster Linie der Schlachtentscheidung zu dienen habe. Dafür waren die Kavalleriegroßverbände – Kavalleriedivisionen eventuell auch -korps – vorgesehen. Sie wurden beim Vormarsch nicht vor der Armee – nämlich zur operativen Aufklärung – eingesetzt, sondern hinter ihr als Reservekavallerie nachgeführt. Zunächst sollte das aus 8–12 Regimentern bestehende preußische Kavalleriekorps für die Schlacht nach einer Instruktion aus dem Jahre 1842 noch immer drei Treffen bilden. Das zweite sollte hinter einem Flügel des ersten, das dritte hinter der Mitte eingesetzt werden. Der Feind sollte überflügelt oder, wenn er sich weit auseinandergezogen hatte, durchstoßen werden.

Die übrige Kavallerie gehörte in Preußen wie auch in anderen Ländern im Kriegsfall regimentsweise zu den Infanteriedivisionen. Eine wirkliche – und dann auch nur taktische – Aufklärung fand aber auch durch sie nur ausnahmsweise statt. Wirkliche Aufklärung bedeutete: Fühlungnahme mit dem Feind, Feststellung und Meldung möglichst vieler Einzelheiten über ihn, dranbleiben am Feind bis zur Erfüllung des Aufklärungsauftrages. Dazu müssen sich die Aufklärungskräfte von der eigenen Truppe lösen, müssen ihre Führer im Rahmen der ihnen erteilten Aufträge selbständig handeln. Das aber ist nur möglich mit Kräften, die dafür ausgebildet sind.

Die Kavallerie nach der Mitte des 19. Jahrhunderts war es nicht. Allenfalls wurden bei den Preußen durch einen Generalstabsoffizier, der sich bei der Vorhut befinden sollte, Kavallerieoffiziere vorgeschickt, die die Aufklärung allein zu betreiben hatten. Reiter sollten ihnen nur als Melder, allenfalls zur Bedeckung mitgegeben werden. Die preußischen „Allerhöchsten Verordnungen über die Truppenübungen" vom 25. 6. 1861 stellten unmißverständlich fest, daß sichere Nachrichten über den Feind von Unteroffizieren und einfachen Soldaten nicht erwartet werden könnten. Obwohl bereits 1841 durch König Friedrich Wilhelm IV. mehr Ausbildung zur Selbständigkeit gefordert worden war, fürchtete man sich auch noch 1861 vor dieser Selbständigkeit, was sich auf die Kavallerie noch nachteiliger auswirken mußte als auf die anderen Waffengattungen.

Daß sich die Aufklärung praktisch auf die vorgeschickten Offiziere beschränkte und die Patrouillen dieser Zeit keineswegs den heutigen Spähtrupps entsprachen, hatte allerdings auch noch einen anderen Grund. Nach wie vor wurden nicht nur Aufklärung – des Feindes – mit Erkundung – des Geländes –, sondern auch beides mit der Sicherung der Truppe verbunden. Das zur Infanteriedivision gehörende Kavallerieregiment sollte allem zugleich dienen. Da die Sicherung den Vorrang hatte, wurden die Schwadronen auf Avantgarde, Gros und Reserve – so die Marschordnung der Division – aufgeteilt. Da die Patrouillen gleichzeitig sichern mußten, „klebte" auch die Aufklärung an der Avantgarde, konnte sie sich nicht entfalten.

In den ersten beiden Jahrzehnten nach der Mitte des 19. Jahrhunderts konnte also von einer operativen Aufklärung überhaupt keine Rede sein und war auch die taktische Aufklärung stark eingeschränkt. Das betraf aber nicht nur die preußische, sondern auch hier wieder mehr oder weniger alle europäischen Armeen dieser Zeit.

In fast allen europäischen Ländern erhielt sich der nicht nur in den Pferden, sondern auch in der Bewaffnung zum Ausdruck kommende Unterschied zwischen schwerer und leichter Reiterei. Scheinbar zurecht, denn es bestand ja zumindest kriegsgliederungsmäßig der Unterschied zwischen den Kavalleriegroßverbänden und der Divisionskavallerie. Tatsächlich gehörten auf preußischer Seite in den Kriegen von 1864 und 1866 sowie auf deutscher 1870/71 Kürassiere nicht zur Divisionskavallerie. Demgegenüber waren aber alle übrigen Kavalleriegattungen sowohl bei den Kavalleriegroßverbänden wie bei den Infanteriedivisionen zu finden. Die Kavalleriedivisionen bestanden meist aus schweren und leichten Brigaden und zugeteilter reitender Artillerie. Kavalleriekorps wie noch 1866 bei den Preußen gab es 1870/71 nicht mehr. Gliederungsmäßig herrschte ein ziemliches Durcheinander. Während jeder preußischen Infanteriedivision ein Kavallerieregiment zugeteilt worden war, hatten die Bayern ihren Korps außerdem je eine Kavalleriebrigade, andere Staaten ihre Kavallerie ganz ihren Infanteriedivisionen unterstellt. Auch die Zusammensetzung der Kavalleriedivisionen war ganz unterschiedlich und „ein leitender Gedanke dabei nicht erkennbar“ (Pelet-Narbonne, 288). Es gab Brigaden zu zwei und zu drei Regimentern. Die stärkste Kavalleriedivision bestand aus 9 Regimentern, von denen 5 mit Karabinern bewaffnet waren, und 2 reitenden Batterien (12 Geschütze), die schwächste aus 4 Regimentern, von denen kein einziges Karabiner besaß, und einer reitenden Batterie. Diese den Einsatz erschwerenden Unterschiede waren nicht nur darauf zurückzuführen, daß das deutsche Heer von 1870 eine Koalitionsarmee – allerdings mit einheitlichem preußischen Oberkommando – war, in der die einzelnen Kontingente ihre Kavallerie nicht aus der Hand geben wollten, denn die beiden zuletzt genannten Kavalleriedivisionen, die 5. und die 3., waren preußische.

Bei den Österreichern, die keine Infanteriedivisionen, sondern nur Infanteriebrigaden hatten, war 1866 ein Teil der Kavallerie den Korps unterstellt, die Masse in Kavalleriedivisionen zusammengefaßt, von denen es schwere und leichte gab. Bei den Franzosen 1870/71 war Kavallerie den Infanteriedivisionen nicht ständig unterstellt. Sie war in Divisionen erfaßt.

Die Mängel waren für die preußische Führung bereits in den Kriegen von 1864 und 1866 nur allzu deutlich geworden – und zwar jeweils auf beiden Seiten. Zu einer Aufklärung über große Entfernung war es überhaupt nicht gekommen. Die österreichische Kavallerie war besser als die preußische, leistete aber ebenfalls wenig in der Aufklärung. Es kam zwar häufig zu Reitergefechten, auch noch zu Schlachteinsätzen, aber sie waren für Sieg oder Niederlage nicht mehr ausschlaggebend.

Der preußische Generalstabschef, General von Moltke, ging mit der preußischen Reiterei nach dem Sieg 1866 über Österreich scharf ins Gericht. „Die Gründe der geringen Leistung der Kavallerie liegen nicht im Material“, stellte er fest, „sondern in der Leitung, Formation und Zuteilung; auch hat die Kavallerie häufig das Geschützfeuer gescheut.“ Der Kavallerie habe es an Selbstvertrauen gefehlt, sie habe selbständiges und kühnes Eingreifen gescheut. Moltke erkannte die Ursache dafür in den Manöverkritiken, in denen „Kritik und Tadel fast synonym“ (zit. Pelet-Narbonne, 283) gewesen seien. Da sie als Reservekavallerie zurückgehalten worden waren, „wo sie mit den Schwierigkeiten der Verpflegung kämpften und ohne jeden Nutzen waren" (Pelet-Narbonne, 283), waren viele Kavallerieverbände mit dem Feind gar nicht in Berührung gekommen. Kurz: „Es war, als hätte man nie etwas von Napoleonischer Kavallerieverwendung gehört" (ebd.). Daran wird aber auch deutlich, daß die geringen Leistungen der Kavallerie weniger auf sie selbst als auf die falsche Einstellung der höheren Truppenführer hinsichtlich ihrer Verwendung zurückzuführen ist.

Wäre die eine Hauptaufgabe der Kavallerie die Aufklärung gewesen, so hätte die andere die Verfolgung des geschlagenen Feindes sein müssen. Nach dem Sieg von Königgrätz am 3. Juli 1866 waren die Österreicher nicht sofort energisch verfolgt worden und konnten sich zurückziehen.

Sowohl bei der österreichischen wie bei der preußischen Kavallerie wurden nach dem Krieg von 1866 Reformen durchgeführt. Bei den Österreichern – sie hatten den Krieg verloren – waren sie Teil einer großen Heeresreorganisation und erheblich durchgreifender als in Preußen. Schon früher waren bei der österreichischen Schwerstreiterei die Kürasse abgelegt worden, welche die preußische noch 1870/71, die französische sogar noch 1914 belasteten. Die Gattungen Dragoner, Husaren und Ulanen blieben in Österreich-Ungarn zwar auch noch nach 1868 erhalten – diese Bezeichnungen drückten hier nicht nur eine Truppentradition, sondern die ursprüngliche Herkunft aus der deutschen, der ungarischen und der polnischen Reiterei der Donaumonarchie aus. Tatsächlich entstand nun aber hier eine leichte Einheitskavallerie, wie übrigens ungefähr gleichzeitig auch in Rußland, wo alle Kavalleriegattungen in Dragoner umgewandelt wurden. Alle Reiterregimenter waren mit dem Karabiner bewaffnet, und 1884 mußten die österreich-ungarischen Ulanen sogar ihre Spezialwaffe, die Lanze, ablegen.

In Preußen blieben die Reformen an der Oberfläche. 1869 wurden die höheren Truppenführer dahingehend instruiert, mehr Gewicht auf den Aufklärungsdienst zu legen. Es wurde darauf hingewiesen, daß sich in ihm vom einfachen Reiter bis zum General Gelegenheit zur Auszeichnung biete. Eine oder mehrere Schwadronen sollten von den Vortruppen gelöst werden und selbständig Fühlung mit dem Feind aufnehmen, ohne Rücksicht auf die eigenen Truppenbewegungen. Dies war ein Schritt nach vorn, der Beginn zur Bildung wirklicher, selbständiger Aufklärungsabteilungen. Auch auf den wichtigen Punkt, daß der Feind energisch zu verfolgen sei, wurde mehr Nachdruck gelegt. Prinz Friedrich Karl von Preußen – Kommandierender General eines Armeekorps und in den Kriegen gegen Österreich und Frankreich Armee-Oberbefehlshaber – bemühte sich um die Verbesserung der Kavallerie. Er wollte eine taktische Divisionskavallerie, eine „Detachementstaktik" – worunter er Erkundung und Demonstrationen großen Stils verstand – und eine „Entscheidungstaktik" unterschieden haben.

Einstweilen war es jedoch die Regel, daß die Aufklärungsabteilungen nicht am Feind blieben, sondern nach dessen Wahrnehmung wieder zurückkehrten. Einer abgelösten Aufklärungstätigkeit stand entgegen, daß die Bewaffnung unzulänglich blieb, daß die Kampfkraft der Reiterei selbst im Rahmen von Aufklärungsaufträgen nicht immer als ausreichend angesehen wurde, weswegen ihr Infanterie zur Unterstützung beigegeben werden sollte. Nach wie vor wurden die Kavalleriedivisionen als Reservekavallerie betrachtet.

Die Reformansätze waren also gering. Zudem konnten sie sich bis zum Deutsch-Französischen Krieg auch nicht auswirken. Preußen besaß tüchtige Reiterführer. Zumindest einer der besten war der Oberst und spätere General von Schmidt, der sich nicht nur 1870/71 als Avantgardenführer, sondern auch als Kavalleriereformer auszeichnete. Über die Leistungen der deutschen Kavallerie in diesem Kriege liegen recht unterschiedliche Urteile vor. Während Eberhard Kessel immer wieder die ungenügende Kavallerieaufklärung bemängelt, stellt Eberhard Kaulbach fest, daß nach den Schlachten um Metz die weit vorgeworfenen Kavalleriedivisionen erstmals ihrer zeitgemäßen Aufgabe – Verschleierung und Aufklärung – erfolgreich nachgekommen seien. Die französische Kavallerie hatte „jeglichen Sinn für Aufklärungs- und Sicherungsaufgaben verloren" (Schneider). Einsatzwillen und Opfermut im Kampf bewiesen sowohl die deutschen wie die französischen Reiter. Im Krieg gegen Frankreich gab es viele Reiterkämpfe, aber nur einen Großkampf, in dem Kavallerie – die preußische Brigade Bredow – durch eine große Attacke wesentlich zum Erfolg beitrug, nämlich die Schlacht von Mars-la-Tour und Vionville am 16.8.1870 im Rahmen der Kämpfe vor Metz. Dieser Sieg war mit ungeheueren Opfern erkauft, aber er reichte aus, um den Kavalleristen den Glauben an die große Attacke zu erhalten.

Dieser Glauben wurde auch durch Berichte aus Amerika kaum erschüttert. Hier war im Sezessionskrieg (1861–65) die Kavallerie völlig anders als in der herkömmlichen europäischen Art, nämlich als berittene Infanterie in großen, selbständig operierenden Verbänden verwendet worden, worauf hier später noch etwas näher eingegangen werden wird. Man befaßte sich in Europa mit dieser Reiterei, man entnahm ihr manche Anregung. Aber da es sich bei der amerikanischen auf beiden Seiten des Sezessionskrieges um eine Milizreiterei auf einem fernen, halbwilden Kontinent gehandelt hatte, während man selbst über eine stolze, jahrhundertelange Tradition regulärer Kavallerie verfügte, dachte man gar nicht daran, grundsätzlich Neues von ihr zu lernen.

Die Zeit zwischen dem Sieg über Frankreich und dem Ausbruch des Ersten Weltkrieges war für die Kavallerie in ganz Europa gekennzeichnet von dem Bemühen, sich nun ernsthafter als vorher der waffentechnischen Entwicklung anzupassen, gleichzeitig aber von der Schlachtkavallerie so viel wie möglich zu retten. Der Erkenntnis, daß die Hauptaufgabe im Aufklärungsdienst zu liegen habe, konnte man sich nun allerdings immer weniger verschließen. Die Zunahme dieser Erkenntnis läßt sich an den nun für die gesamte deutsche Kavallerie gültigen, rasch aufeinander folgenden Reglements von 1873, 1876, 1886, 1895 und den dazwischen erlassenen Abänderungen, Ergänzungen und Felddienst-Ordnungen ablesen. Als eigentliche Aufklärungstruppe wurde zunächst zwar nur die Divisionskavallerie angesehen, von der Napoleon gesagt hatte, daß sie so schlechte Pferde haben müsse, daß sie gar nicht ans Attackieren denke. Um nicht zwei Arten von Kavallerie zu schaffen, bestanden daher in Deutschland im Frieden auch keine Kavalleriedivisionen, sondern wurde die Kavallerie brigadeweise bei den (gemischten) Divisionen geführt. Durch die Felddienst-Ordnung vom 25.5. 1887 wurden zwei wichtige Schritte getan: einmal die Trennung von Aufklärungs- und Sicherungsdienst, zum anderen zwischen der operativen Aufklärung durch die Kavalleriedivisionen und der taktischen durch die Divisionskavallerie. Aufgabe der Kavallerie sei es, daß die Fühlung mit dem Feind nie verlorengehe. Der Unterschied zwischen schwerer und leichter Reiterei wurde auch jetzt noch aufrechterhalten, aber der Trend zur Einheitskavallerie war unverkennbar. Alle Reitergattungen wurden mit dem Karabiner bewaffnet. Mit jedem Reglement wurde größerer Wert auf das Fußgefecht gelegt.

Aber zum Fußgefecht konnte nur ein Teil der Schwadron eingesetzt werden, da der andere die Pferde halten mußte. Bei den Ulanen war das besonders schwierig, da die Pferdehalter hier noch, zusätzlich zu den eigenen, die Lanzen der abgesessenen Kameraden an sich nehmen mußten. Man sollte nun also meinen, daß die Zeit der Lanzen endgültig vorüber gewesen sei, doch weit gefehlt: 1890, hart am Rande des Maschinenwaffenzeitalters, wurde die deutsche Kavallerie nicht nur mit dem Karabiner M 88, dem Mehrlader, sondern auch durchweg mit der Lanze bewaffnet. Die Lanze hatte sich auch in der neueren Zeit beim Reiterkampf bewährt. Sie erforderte aber eine sehr gründliche Einzelausbildung – zusätzlich zu der langwierigen, schwierigen Ausbildung im Reiten, der Ausbildung an der Seiten- und der Schußwaffe im Fußgefecht. Sie war 3,20 Meter lang, aus Stahlrohr – nur bei den Sachsen aus Holz – und es fragte sich, ob für eine Reiterei, die vor allem der Aufklärung dienen sollte, die Belastung des Reiters durch sie ihren Nutzen im Nahkampf rechtfertigte. Lanzenführende Kavalleriegattungen gab es aber auch in den meisten anderen europäischen Staaten, teilweise sogar noch im dritten Jahrzehnt des 20. Jahrhunderts.

Nach wie vor wurde in ganz Europa die große Attacke geübt. In den Anwendungen der taktischen Formen wurde etwas mehr Freiheit gewährt. So konnte die deutsche Kavalleriedivision zwei oder auch drei Treffen formieren, aber die Formen selbst blieben grundsätzlich geschlossen. Nur für den Angriff auf Infanterie trat an Stelle des Kolonnenangriffs die Schwarmattacke, die dem Infanterieangriff in zerstreuter Ordnung entsprach, ohne daß man dabei freilich dem feindlichen Infanteriefeuer eine andere Feuerkraft entgegensetzen konnte als die der wenigen reitenden Batterien. Später wurden Kombinationen von Reiterkampf und Fußgefecht abgesessener Kavallerie vorgenommen sowie versucht, Reiterangriffe durch Maschinengewehrfeuer zu unterstützen. Die große Attacke war der Höhepunkt der Kaisermanöver unter Wilhelm II. Die Kavalleristen empfanden sie keineswegs nur als effektvolles Schauspiel. Sie gaben zwar zu, daß die Attacke gegenüber früher an Bedeutung eingebüßt habe, aber sie glaubten trotz des Einsatzes von Maschinengewehren auch weiterhin an ihre Berechtigung. So schrieb Generalleutnant von Pelet-Narbonne, Autor der „Geschichte der Brandenburg-Preußischen Reiterei“, noch 1905: „Ein heranbrausender Reitersturm wird auf schwer ringende oder gar flüchtende Kämpfer nie seinen Eindruck und seine Wirkung verlieren. Haben die Schnell- und Fernfeuerwaffen die Aussicht attackierender Reiterei auf den Erfolg gemindert, so sind in unserer Zeit doch auch Faktoren in die Erscheinung getreten, die dies begünstigen. Es sind dies die lockere Fechtweise der Fußtruppen in langen Schützenlinien, die bei einer fast unangreifbaren Front in den Flanken und im Rücken wenig Widerstandskraft besitzen, da hinter ihnen im Augenblick der Entscheidung geschlossene Bildungen fast ganz fehlen, ferner der in den Schützenschwärmen beschränkte Einfluß der Führer“ (448). Ein größerer Irrtum als der, eine verhängnisvollere Fehleinschätzung als die, daß die Zukunftsaussichten für den Reiterangriff ausgerechnet durch die moderne Infanterietaktik verbessert würden, ganz abgesehen von der inzwischen enorm gesteigerten Artilleriewirkung, läßt sich kaum denken.

Auch in der Entwicklung der Kavallerie von ihren Anfängen zur beginnenden Neuzeit bis zum Ersten Weltkrieg läßt sich derselbe Grundzug wie bei der Infanterie verfolgen: Die leichteren Gattungen setzten sich immer aufs neue gegen die schwereren durch.

Als die ritterliche Reiterei mit dem Lanzierer Anfang des 17. Jahrhunderts endgültig unterging, hatte sich aus der leichten Reiterei des Mittelalters mit den reitenden Arkebusieren und Pistolenreitern eine neue Art der Reiterei, die neuzeitliche Kavallerie, herausgebildet. Die ursprünglich leichten Pistolenreiter wurden mit dem Verschwinden der Lanzierer zwangsläufig zu schweren Reitern, den Kürassieren. Im 17. Jahrhundert wurde die Reiterei wieder zur schlachtentscheidenden Waffe. Mit dem Beweglicherwerden der Kavallerietaktik erwies sich der Typ des Kürassiers als zu schwer und wurde von dem des leichteren reitenden Arkebusiers verdrängt. Von ihm waren die ersten regulären Reiterregimenter des stehenden Heeres bestimmt, obwohl sie später, sofern sie noch einen Brustpanzer trugen, dann wieder „Kürassiere" genannt wurden.

Seit Ausgang des 17. Jahrhunderts gewann eine neue Art von leichter Reiterei osteuropäisch-asiatischen Ursprungs, Husaren und Ulanen, der schon längst existiert hatte, als Aufklärungsreiterei zunehmend an Bedeutung. Tendenzen zu einer Einheitskavallerie, die sich für die Aufklärung ebensogut eignete wie für die Schlacht, lassen sich mit der Einbeziehung der Dragoner und leichten Reiter in die Kavallerie, andererseits in der Unterweisung der schweren Reiterei auch im Aufklärungsdienst bereits im 18. Jahrhundert feststellen. Die Bewaffnung war – abgesehen von den zunächst nur wenigen Lanzenreitern – bei schwerer und leichter Kavallerie mit Seitenwaffe, Sattelpistolen und Karabiner einheitlich.

Noch einmal trat jedoch die Bedeutung der Schlachtkavallerie in den Napoleonischen Kriegen hervor. Kürasse wurden auch da, wo sie schon wieder abgelegt worden waren, wieder angelegt, die Bewaffnung war verschieden. Der Unterschied zwischen schwerer und leichter Kavallerie blieb bis über die Mitte des 19. Jahrhunderts hinaus bestehen. Doch mit der zunehmenden Feuerwaffenwirkung und der sich nur langsam gegen viele Widerstände durchsetzenden Erkenntnis, daß die Hauptaufgabe der Reiterei nicht mehr im Schlachteneinsatz, sondern in der Aufklärung zu liegen habe, setzte sich mit der allgemeinen Karabinerbewaffnung und einem allgemein leichteren Pferdetyp die leichte Einheits-Kavallerie durch. Hierbei kam es jedoch noch bis zuletzt zu rückläufigen Erscheinungen, und die Entwicklung war, auf ganz Europa gesehen, bis zum Ersten Weltkrieg noch nicht abgeschlossen.

d. Artillerie

Den größten Aufschwung brachte die technische Revolution in der zweiten Hälfte des 19. Jahrhunderts der Artillerie. Ihre Bedeutung hatte zwar in den zurückliegenden Jahrhunderten, besonders in den Napoleonischen Kriegen, ständig zugenommen, aber sie wurde erst jetzt von einer immer wichtigeren Hilfswaffe zur dritten Hauptwaffengattung.

Die Waffenentwicklung bis zum Krieg von 1870/71

Die bisherige Artillerie schien vollständig in Frage gestellt zu sein, als um die Mitte des 19. Jahrhunderts die neuen gezogenen Gewehre wirksame Schußweiten erreichten, die an die der Artillerie herankamen oder sie sogar noch übertrafen. Es wirkte wie ein Schock, als während der kriegerischen Auseinandersetzungen im Zusammenhang mit der Revolution von 1848 in Baden, Schleswig, Ungarn und Italien wie dann auch im Krimkrieg Artillerie ihre Stellungen räumen mußte, weil sie aus Entfernungen zwischen 300 und 500 Metern von Infanterie beschossen wurde. Dies bedeutete eine starke Einschränkung des gegenüber der Infanterie so wirkungsvollen Kartätschenschusses, dessen oberste Grenze bei 600 Metern lag, dessen brauchbare Entfernungen bis 450 Meter und entscheidende Entfernungen nur bis 300 Meter gingen.

Die Weiterentwicklung des Artilleriegeräts verlief parallel mit der Weiterentwicklung der Handfeuerwaffen und wies sogar gleiche technische Kriterien auf. Selbst bei der Artillerie als oft „stiefmütterlich" behandelter Waffe, für die die technische Weiterentwicklung die große Chance darstellte, gab es Kräfte, die sich gegen den waffentechnischen Fortschritt stemmten. Freilich wohl in den seltensten Fällen in Erkenntnis seiner verheerenden Folgen. Vor dieser Erkenntnis wichen die Vertreter dieses Fortschrittes auf die – heute unglaubliche – Feststellung aus, daß die neuen Waffen den Krieg verkürzen und ihn damit erträglicher machen würden. Sicherlich wollte der 1865 verschiedene preußische Generalinspekteur der Artillerie, Generalleutnant von Hahn, keine „harmlosere" Artillerie erhalten, wenn er dem glatten Geschütz so verschworen blieb, daß er es sich in seinem letzten Willen verbat, bei seinem Leichenbegängnis Geschütze mit gezogenem Rohr mitzuführen. Das Beharren auf den bisherigen, äußerst primitiven Geschützsystemen war völlig sinnlos, wenn man militärisch ernst genommen werden wollte. Wenn man das glatte Geschütz behalten wollte, so war hierfür vor allem die Sorge maßgebend, daß durch neuartige komplizierte Systeme die Funktionsfähigkeit der Artillerie herabgesetzt werde.

Wollte man mit dem glatten Rohr der Forderung nach erheblicher Heraufsetzung der wirksamen Schußentfernung entsprechen, so hätte man eben auch das Geschütz erheblich schwerer und damit wieder unbeweglicher machen müssen. So wurden auch bei der Artillerie gezogene Vorderlader konstruiert, und zwar seit 1856 zunächst nach dem französischen System La Hitte, das auch von Rußland, Italien und Belgien angenommen wurde. 1846 konstruierte der italienische Hauptmann Cavalli einen gezogenen Hinterlader. 1860 wurde die preußische Artillerie, zunächst teilweise, mit einer gezogenen 9-cm-Hinterladerkanone bewaffnet. Ihr System war an dem des Zündnadelgewehrs orientiert. Wie bei den Handfeuerwaffen wurden Preß- und Spitzgeschosse entwickelt. Die Spitzgeschosse bildeten die Grundlage für die Herausbildung der neuen Granate als Langgeschoß. Vollkugeln kamen aus dem Gebrauch. War die Granate bisher durch die Ladung entzündet worden und ein entsprechend unsicheres Geschoß, so wurde für sie eine neue Art der Zündung möglich durch den 1859 vom General Neumann erfundenen Perkussionszünder, einem Aufschlagzünder, durch den die Leistungsfähigkeit des Geschützes voll ausgenutzt werden konnte. Die Stelle der einst so wirksamen Kartätsche wurde allmählich vom Schrapnell eingenommen. Es war ein mit Kugeln gefülltes Sprenggeschoß und bereits 1801 in England erfunden worden. Bei ihm blieb die Frage der Zündung problematisch. Da Versuche, es mit einem Zeitzünder zu versehen, zunächst unbefriedigend verliefen, erhielt es ebenfalls einen Perkussionszünder, wodurch es gewissermaßen zur Kartätsche für große Entfernungen wurde. Granaten wurden gegen feste, Schrapnells gegen lebende Ziele eingesetzt.

Vor dem Krieg von 1866 befand sich die preußische Artillerie noch in der Umbewaffnung, so daß sie mit nur 492 gegen 736 gezogene Geschütze gegen Österreicher und Sachsen schon aus diesem Grunde unterlegen war.

1867 verschwanden in der preußischen Feldartillerie die glatten Geschütze. 1870/71 verfügte die gesamte deutsche Feldartillerie über 9- und 8-cm-Kanonen, beide Modelle mit Reichweiten von 3800 (Granaten), 2200 (Schrapnells) und 400 (Kartätschen) Metern. Sie war der französischen Feldartillerie, die gezogene Vier- und Achtpfünder-Vorderlader besaß, sowohl nach der Zahl der Geschütze und deren Leistungsfähigkeit wie aber auch ausbildungsmäßig überlegen. Die Franzosen entwickelten mit der Mitrailleuse ein neuartiges Orgelgeschütz, dessen taktische Bedeutung jedoch geringer war, als man es sich erhofft hatte. An Belagerungsartillerie wurden in diesem Krieg auf deutscher Seite 9-, 12- und 15-cm-Kanonen sowie 21-, 23-, 28- und 30-cm-Mörser eingesetzt.

Maßgebend für die Weiterentwicklung der Feldgeschütze und damit für die Lösung des bleibenden Problems, Wirkung und Beweglichkeit auf dem jetzigen waffentechnischen Niveau zu verbinden, war die preußische 9-cm-Kanone und der französische vierpfündige gezogene Vorderlader. Erstere war das wirksamste, aber schwerste, letzterer das am wenigsten wirksame aber leichteste Feldgeschütz.

Organisatorische Reformen nach der Mitte des 19. Jahrhunderts

Die Organisation der Artillerie war im Vergleich zu den übrigen Waffengattungen und im Hinblick auf den artilleristischen Kriegseinsatz bis zur Mitte des 19. Jahrhunderts geradezu haarsträubend rückständig. Das war in Preußen 1848/49 nur allzu deutlich geworden. Die Folge war die organisatorische Trennung von Feld- und Festungsartillerie. Nur das Offizierkorps und der Brigadeverband waren zunächst noch gemeinsam. Bei der Feldartillerie übertrug sich endlich auch die Bezeichnung der taktischen Einheit, also „Batterie“, auf die Kompanie. Um 1860 bestand die preußische Artilleriebrigade aus einer reitenden Abteilung zu 3, 2 Fußabteilungen zu je 4 Batterien und 2 Festungsabteilungen zu je 4 Kompanien. Ab 1862 bestand die reitende Batterie aus 4, die Fußbatterie aus 6 Geschützen. Die leidige Frage der Bespannung war nun besser, aber auch noch nicht vollkommen gelöst worden: Jede Batterie erhielt nun schon im Frieden Zugpferde für 4 Geschütze. Damit war die Feldartillerie nun auch eher in der Lage, sich nicht nur auf interne, denkbar unkriegsmäßige, durch alle möglichen antiquierten Formalitäten belastete Schießübungen zu beschränken, sondern sich auch an Truppenübungen zu beteiligen. Die Isolation der Artillerie, besonders der Festungsartillerie, war aber auch bis zum Krieg von 1870/71 noch nicht vollkommen aufgehoben. 1865 erfolgte die Teilung der Artilleriebrigade in zwei Regimenter, nämlich ein Feld- und ein Festungsregiment. Die Offiziere wechselten zwischen den beiden nach ihren taktischen Grundsätzen völlig unterschiedlichen Regimentern.

Bei den Österreichern verfügte 1866 jede Infanteriebrigade – die Österreicher hatten zu dieser Zeit keine Infanteriedivisionen – fest über eine Batterie, 5 Batterien bildeten die Korpsreserve. In Preußen besaß jede Division eine Feldartillerieabteilung, 5–6 Batterien waren Korpsreserve. Außerdem verfügten die Armeen über eigene Reserveartillerie.

Die Artillerie in den deutschen Einigungskriegen

Der gegen Dänemark geführte Krieg von 1864 bewies der preußischen Artillerie klar die Überlegenheit des gezogenen Geschützes über das glatte. Auf beiden Seiten wurde wenig

Artillerie eingesetzt. Bei den Preußen kamen 2,6, bei den Österreichern und Dänen 1,8 Geschütze auf tausend Mann. Im allgemeinen bestand das alte Verhältnis, nämlich 3 Geschütze auf tausend Mann. Im Krieg von 1866 erwies sich die preußische Artillerie nicht nur deswegen der österreichischen als unterlegen, weil sie sich noch in der Umrüstung auf das gezogene Geschütz befand, sondern weil auch ihre Taktik antiquiert war. Bis 1877 gab es für sie überhaupt keine eigene Gefechtsvorschrift. Ähnlich wie die Reservekavallerie wurde die Reserveartillerie – und das war fast die Hälfte – für den Kampf viel zu lange zurückgehalten. Sie marschierte bei den hinteren Teilen der Marschkolonne. Die Napoleonische Art des Artillerieeinsatzes war, immer noch auf der Grundlage des längst überfälligen Reglements von 1812, in der Weise schematisiert worden, daß ein Drittel der Artillerie den Kampf einleiten, ein Drittel ihn nähren und ein Drittel ihn entscheiden sollte. Dieses schematische Nacheinander des Einsatzes beschränkte die artilleristische Wirkung und brachte die Gefahr mit sich, daß große Teile gar nicht mehr zum Einsatz kamen, weil bis dahin die Entscheidung schon gefallen war. Um zu verhindern, daß die Geschütze in die Hand des Feindes fielen, gingen die Batterien in möglichst großer Entfernung vom Gegner in Stellung – eine Tendenz, die durch die weittragenden gezogenen Geschütze übrigens anfänglich noch begünstigt wurde.

Im böhmischen Feldzug von 1866 war die preußische Artillerie fast nie rechtzeitig zur Stelle, um den Infanterieangriff vorzubereiten. Die Infanterie begann den Angriff fast stets ohne Artillerieunterstützung. In der Schlacht von Königgrätz kämpfte die österreichische Artillerie aufs sehr gut gewählten, überhöhenden Stellungen unter vollem Einsatz ihrer Kraft. Der preußischen Artillerie gelang es nicht, sie niederzuhalten und die eigene Infanterie zu entlasten. Die taktische Überlegenheit der österreichischen Artilleristen zeigte sich vor allem darin, daß sie Feuerschwerpunkte bildeten. Ihr Einsatzwillen war vorbildlich: Sie hielten unter großen Opfern bis zuletzt in ihren Stellungen aus und deckten nach der Niederlage den Rückzug. Der Sieg war fast allein von der preußischen Infanterie erfochten worden. „Es kann nicht wunder nehmen, daß nach 1866 das Vertrauen in die Infanterie ins Ungemessene stieg, das Zutrauen zur Artillerie aber sank bis zur Geringschätzung. Auch hochstehende Militärs machten damals aus ihrer Abneigung gegen die Artillerie kein Hehl“ (Köhler, 107).

Moltke setzte sich in seiner Denkschrift nach diesem Kriege für eine Neuorientierung der Artillerieverwendung ein. Die Artillerie habe das Gefecht zu eröffnen und hinzuhalten, bis die übrigen Waffen wirksam werden könnten. Zur Vorbereitung des Hauptangriffs sei, wenn möglich, die gesamte Artillerie einzusetzen. Die Artillerieverbände müßten in die Marschkolonne so eingegliedert werden, daß die Batterien der Avantgarde möglichst schnell durch die Batterien des Gros unterstützt werden könnten. Die Armee-Reserveartillerie sollte überhaupt wegfallen, die Korpsartillerie sei nicht bis zum letzten Augenblick aufzusparen, sondern viel früher vorzuziehen als die Reserven der anderen Waffengattungen, um rechtzeitig an der Entscheidung mitwirken zu können. Sie gehöre daher zum Gros und nicht zur Reserve.

Unter dem Nachfolger Hahns, General von Hindersin, verbesserte sich die preußische Artillerie erstaunlich schnell. Im Deutsch-Französischen Krieg trat sie der französischen Artillerie als taktisch und waffentechnisch überlegener Gegner gegenüber. Die Korpsartillerie wurde als „Schlachtkörper" aufgefaßt. Es wurde betont, daß die Artillerie keinen Fernkampf zu führen, sondern stets auf die wirksamste Schußentfernung – 1500 Schritt – an den Feind heranzugehen habe. Diesen Bemühungen kam entgegen, daß die höheren Truppenführer veranlaßt wurden, der Zusammenarbeit mit der Artillerie größeres Verständnis entgegenzubringen, als es bisher der Fall gewesen war.

Vor Ausbruch des Krieges 1870 besaß jedes preußische Armeekorps ein Feldartillerieregiment. Es bestand aus drei Fußabteilungen zu je vier und einer reitenden Abteilung zu je drei Batterien. Die Fußabteilungen besaßen 9- und 8-cm-Kanonen, letztere auch die reitende Abteilung. Für das Gefecht wurde je eine Fußabteilung den beiden Divisionen des Korps unterstellt. Ein Teil der reitenden Abteilung wurde an eine der Kavalleriedivisionen abgestellt, der Rest bildete zusammen mit der dritten Fußabteilung die Korpsartillerie. Die Gliederung der Artillerie in den übrigen deutschen Kontingenten war teilweise eine andere. Alle verwendeten als Hauptgeschoß die Granate mit Aufschlagzünder. Das Schrapnell wurde häufiger nur von den Bayern verschossen, Kartätschen kamen nur in wenigen Fällen bei der Selbstverteidigung zur Anwendung. Die preußische Festungsartillerie war auf ihre Aufgabe weder taktisch noch materialmäßig vorbereitet. Sie wurde im Laufe des Krieges nachgezogen und war an der Einschließung von 15 festen Plätzen beteiligt. Sie mußte sich erst auf die gezogenen Geschütze umstellen, die es erlaubten, die Festung aus einer statt aus mehreren Stellungen heraus zu beschießen.

Die Franzosen verfeuerten Granaten und Schrapnells mit mangelhaften Zündern. Ihre Divisionen verfügten meist über zwei, ihre Korps über vier bis acht Batterien. Die französischen Artillerieführer „hatten den wichtigen Grundsatz des massierten Einsatzes vergessen.... Die französische Artillerie ignorierte die Konzentrierung des Feuers und kämpfte nur batterieweise, wodurch sie ihre Wirkung verminderte. Außerdem kam die Reserveartillerie, die sich am Ende der Marschkolonne befand, meist zu spät auf dem Schlachtfeld an. Was die Schießtechnik anbelangt, so wurde das Einrichten in Friedenszeiten kaum geübt" (Schneider).

Am Anfang des Deutsch-Französischen Krieges machten sich auch bei der deutschen Artillerie noch gelegentlich die alten Fehler bemerkbar. So wurden in der Schlacht von Weißenburg die meisten Batterien zu spät eingesetzt, weil sie wieder zu weit hinten in die Marschordnung eingegliedert worden waren. Diese alten Fehler wurden aber bald ausgemerzt. Die Artillerie war später, die reitenden Batterien voraus, stets rechtzeitig und mit Masse zur Stelle. Sie war bestrebt, die feindliche Artillerie niedergekämpft zu haben, bis die eigene Infanterie heran war. Sobald sich diese entfaltet und entwickelt hatte, nahm sie die feindliche Infanterie als Hauptziel unter Feuer, während die feindliche Artillerie nur noch niedergehalten wurde. Sie hatte an allen Schlachten des Krieges hervorragenden Anteil und verschaffte sich in kurzer Zeit in der Armee ein hohes Ansehen. In diesem Kriege setzte sie sich als dritte Hauptwaffengattung durch, wobei sie die einzige war, die sich technisch und taktisch auf der Höhe der Zeit befand.

Feldartillerie und Fußartillerie

In diesem Kriege glaubte man auch erkannt zu haben, daß es zwischen Feld- und Festungsartillerie keinerlei taktische Verbindung mehr gebe. Die Belagerungen der französischen Festungen hatten mit dem Feldkrieg, in dem die Entscheidungen gefallen waren, nicht in unmittelbarem Zusammenhang gestanden. Daran knüpfte man in Deutschland eine grundsätzliche Folgerung: Eine bewegliche schwere Artillerie schien sich zu erübrigen. Deshalb erfolgte 1874 die vollständige Trennung der Feld- von der Festungsartillerie in zwei Waffengattungen. 1889 wurde auch noch die gemeinsame Generalinspektion aufgelöst. Jede der beiden Waffengattungen erhielt ihre eigene Generalinspektion. Der Begriff „Fußartillerie" wurde auf die Festungsartillerie übertragen. Die ehemaligen Fußbatterien, deren Kanoniere auf Protzen und Geschütze aufsaßen, wurden bald – im Unterschied zu den reitenden – „fahrende" Batterien genannt.

Diese völlige Trennung, von den Feldartilleristen freudig begrüßt, erwies sich als recht problematisch. Bei der Feldartillerie, ob fahrende oder reitende Batterien, marschierte niemand mehr zu Fuß. Losgelöst von der als Ballast empfundenen schweren Artillerie betonten die Feldartilleristen nun derart ihre Beweglichkeit, daß bei ihnen das Pferd wichtiger zu werden drohte als das Geschütz, das Reiten wichtiger als das Schießen. Diese Einstellung war nicht nur darauf zurückzuführen, daß man stets neidvoll zur reitenden als der vornehmsten der Artilleriewaffen aufgeblickt hatte. Unglücklicherweise wurde diese Tendenz nun aber auch noch nach dem Ausscheiden des hochverdienten Hindersin unterstützt von seinem Nachfolger, von Podbielski, also dem Generalinspekteur der Artillerie höchst persönlich, denn der war – General der Kavallerie!

Bei diesen Prämissen wurde auch in der Feldartillerie eine möglichst vollständige Vereinheitlichung angestrebt, die sich hier zunächst auf das Gerät bezog. Sie wurde 1889 damit erreicht, daß auch die reitenden Batterien Geschütze des Modells 1873 mit der Rohrweite 8,8 cm erhielten. Nach Auflösung der gemeinsamen Generalinspektion wurde die Feldartillerie völlig dem Truppenverband eingegliedert. Aus der Generalinspektion der Feldartillerie wurde eine Inspektion. Der Inspekteur durfte bald nicht mehr besichtigen, sondern nur noch der Ausbildung „beiwohnen" und sich nicht in die Taktik einmischen. Er war im Grunde nur noch für die technischen Angelegenheiten verantwortlich. Die technischen Verbesserungen wurden mit besseren Granaten, dem Doppelzünder für das Schrapnell mit beobachtungsfähiger Sprengwolke und dem rauchschwachen Pulver fortgesetzt. Das rauchschwache Pulver hatte für die Taktik keine geringen Auswirkungen, da die Batterien durch das Schwarzpulver geblendet worden waren, was jetzt wegfiel.

Es wurde erkannt, daß die Feldartillerie allein mit der Kanone nicht auskam, daß sie wieder eine Haubitze benötigte, um hinter Deckungen fassen zu können. War doch schwere Artillerie – die zunächst für den Feldeinsatz gar nicht vorgesehen war – nicht immer zur Stelle, wenn ein Feind bekämpft werden mußte, der in Deckung lag. So wurde im Jahre 1898 eine leichte Feldhaubitze eingeführt, und zwar gegen den Widerstand der Feldartilleristen.

Nichts war für deren Einstellung bezeichnender. Sie wollten den Feind nicht mit Bogenschuß bekämpfen, sondern schnell, schneidig und so nahe wie möglich vor ihm auffahren. Denn das Schwergewicht der feldartilleristischen Ausbildung lag nicht auf dem Schießen, sondern auf dem Fahren. Größter Wert wurde auf Stellungwechsel in höchster Gangart gelegt. Mit schnellster Feuerbereitschaft wurde größte Ehre eingelegt. Der Infanterieangriff wurde fast bis in die Schützenlinien hineinbegleitet. Währenddessen war aber schon die waffentechnische Entwicklung unaufhaltsam fortgeschritten und erforderte mit neuen Schießverfahren auch eine neue Taktik. Es kam weniger auf den schnellen Stellungswechsel als auf die präzise Erfassung des Zieles, es kam bei den immer weiter reichenden Entfernungen viel weniger darauf an, daß man immer wieder und schnell feuerbereit war, als darauf, von vornherein in der richtigen Stellung zu stehen und den Feind mit immer schnellerem Feuer zu überschütten. Statt diese immer größeren Schußweiten – 7500 Meter mit Aufschlagzünder schon bei der Feldkanone 96 neuer Art – auszunutzen, war es bei einigen Armeekorps verboten, das Feuer über 5000 Meter überhaupt zu eröffnen. Mit dieser immer noch am ritterlichen Kampf Mann gegen Mann orientierten Haltung standen sich die Feldartilleristen freilich selbst im Wege. Hatte doch ihre Waffengattung ihr entscheidendes taktisches Gewicht allein durch den technischen Fortschritt erreicht. Wollten sie es behalten, mußten sie sich ihm auch weiterhin anpassen – obwohl eine furchtbare waffentechnische Eskalation, gegen die sich diese ritterliche Haltung bewußt oder unbewußt richtete, für die Weiterblickenden schon damals abzusehen war, soweit es die Waffen betraf, die wir heute die „konventionellen“ nennen. Aber auch die höhere militärische Führung wollte kein wirkungsvolleres und ballistisch leistungsfähigeres Geschütz, sondern legte das Hauptgewicht auf taktische Beweglichkeit und darauf, daß die Feldartillerie möglichst nahe am Feind abprotze.

Die Veränderungen ließen sich natürlich auch hier nicht aufhalten. Sie liefen zunächst auf das Schnellfeuergeschütz und das Schießen aus verdeckter Feuerstellung hinaus, also auf das indirekte Richtverfahren. Solange das Geschütz nach jedem Schuß infolge des Rückstoßes zurücksprang, konnte trotz der Hinterladung nicht wesentlich schneller geschossen werden als vorher. Das Geschütz mußte nach jedem Schuß wieder vorgeholt und immer neu gerichtet werden. Gelöst wurde dieses Problem durch den Rohrrücklauf, eine Apparatur, die bewirkte, daß nur das Rohr, nicht aber das ganze Geschütz zurücklief. An dieser Einrichtung hatten deutsche und französische Konstrukteure gearbeitet. In Deutschland wurde 1897 ein Modell abgelehnt. Man kam aber in Zugzwang, als die Franzosen im gleichen Jahr eine 75-mm-Schnellfeuerkanone mit Rohrrücklauf herausbrachten, die der deutschen erheblich überlegen war. Durch die Umänderung der Feldkanone 96 wurde dieser Vorsprung nicht vollständig aufgeholt.

Reserviert verhielt man sich bei der deutschen Feldartillerie auch gegenüber dem indirekten Richtverfahren. Ihm allein gehörte, wie sich dann im Ersten Weltkrieg zeigen sollte, die artilleristische Zukunft. Bei diesem Verfahren visierten die Richtkanoniere das Ziel nicht unmittelbar an. Das wurde vielmehr außerhalb der Feuerstellung zentral für die ganze Batterie oder Abteilung mit Hilfe eines neuen Richtmittels, des Richtkreises, besorgt und von hier aus die Schußwerte auf die Geschütze übertragen. Die Geschützbedienung sah also den Feind gar nicht mehr, sie konnte vollkommen in Deckung bleiben. Es kam nicht mehr darauf an, daß sich jedes Geschütz sein Ziel suchte, sondern auf die Feuerzusammenfassung der gesamten Artillerieeinheit auf die wichtigsten Ziele. Noch das Reglement von 1907 betonte aber, daß das Schießen aus verdeckter Feuerstellung als Ausnahme anzusehen sei, da es sorgfältige Vorbereitungen erfordere, daß es jedoch die Aufgabe der Feldartillerie sei, die Entscheidung im Infanteriekampf herbeizuführen.

Tatsächlich war es unter den neuen Verhältnissen schwierig, wie bisher zuerst die feindliche Artillerie zu bekämpfen. Die Geschütze standen nicht mehr in langen Linien nebeneinander auf den Höhen, wie das den Prinzipien der Napoleonischen Artilleriemassierung entsprochen hatte. Die seitdem enorm gesteigerte artilleristische Leistungsfähigkeit wurde in der Weise ausgenutzt, daß die Feldartillerie Gruppen bildete, die eng mit den Infanterieverbänden, mit denen zusammen sie eingesetzt waren, in Anlehnung an deren Gefechtsgliederung zusammenarbeiteten. Der letzte Schritt in dieser Richtung wurde getan, als 1899 die Feldartillerie brigadeweise schon im Frieden in die Divisionen eingegliedert wurde. Die Artillerie trat also im Felde nicht mehr als geschlossene Masse auf und konnte daher als solche auch nicht bekämpft werden. Im Gegensatz zu der französischen Feldartillerie sollte jedoch die deutsche durch einheitliche Feuerleitung der Artilleriegruppen nach wie vor bestrebt sein, zuerst die betreffenden Artilleriegruppen des Gegners niederzuhalten, bevor sie das Feuer auf dessen Infanterie vorverlegte.

Die radikale Trennung von der Feldartillerie hatte für die schwere Artillerie in Deutschland Einbußen des Ansehens zur Folge. „Denn alle anderen Waffen bis in die höchsten Kommandostellen hinein, Infanterie, Kavallerie und Feldartillerie, lehnten sie ab und wollten mit ihr nichts gemein haben ... Besonders der Feldartillerist konnte nicht genug Abstand von ihr nehmen." (Köhler, 123f.) In Bayern, wo sie sie im Gegensatz zu Preußen getragen hatten, mußten die Fußartilleristen ihre Helmbüsche ablegen, weil diese zur Parade getragene Auszeichnung nach preußischem Muster nur der Garde – und der reitenden Artillerie zustand. Der Ruhm, den sich die leichte Artillerie im Krieg von 1870/71 erworben hatte, nahm diese für sich allein in Anspruch. Daß die schwere Artillerie an ihm keinen Anteil gehabt habe, konnte gar nicht deutlicher ausgedrückt werden, als durch ihre Abtrennung von der Feldartillerie als eigene Waffengattung. Sieht man ab von bevorzugten Infanterietruppenteilen, wie den Gardeinfanterie- und Grenadierregimentern sowie den Jägerbataillonen, so wird man sagen können, daß eine Waffengattung um so mehr Prestige besaß, je mehr Reitpferde sie besaß. So konnte schon mit dem auf die schwere Artillerie übertragenen Begriff „Fußartillerie" kein großes Ansehen verbunden sein.

Die soziale Unterbewertung wurde zu einem wichtigen Antrieb. Die Fußartillerie machte aus ihrer Not eine Tugend: Sie tat das, woran es die Feldartillerie fehlen ließ, indem sie sich in zunehmendem Maße dem waffentechnischen Fortschritt öffnete und sich auf die Steigerung der artilleristischen Leistungsfähigkeit konzentrierte. Sich auf diesem Wege durchzusetzen schien allerdings zunächst ganz aussichtslos, da die Fußartillerie als reine Festungsverteidigungsartillerie angesehen wurde. Als solche brauchte sie im Frieden keine Bespannung. Das änderte sich erst, als man erkannte, daß infolge der Entstehung des französischen Festungsgürtels eine bewegliche schwere Artillerie gebraucht wurde, die im Kriegsfall mit Frankreich diese Barriere zerschlagen konnte. So entstand die „Fußartillerie mit Bespannung", die dann „Schwere Artillerie des Feldheeres" genannt wurde. Damit war sie nichts anderes als eine schwere Feldartillerie, wie sie ja dann auch in anderen Armeen hieß. Wichtig war zunächst, daß dadurch der schweren Artillerie die Teilnahme an Übungen ermöglicht wurde, sie dadurch aus der Isolierung herauskam. Entscheidend war für sie schließlich, daß sie sowohl in General Graf von Schlieffen, der seit 1891 Generalstabschef war, wie aber auch in Kaiser Wilhelm II. selbst energische Förderer fand. Infolge der zunehmenden Erkenntnis ihrer Wichtigkeit war nun für sie auch die Waffentrennung von Vorteil. Der eigene Generalinspekteur vertrat ihre speziellen Interessen natürlich mit weit stärkerem Nachdruck, als es ein für die gesamte Artillerie verantwortlicher General getan hätte, dem vor allem die Feldartillerie am Herzen lag. Erst 1911 jedoch erhielt die Fußartillerie den ersten Generalinspekteur, der aus dieser Waffe hervorgegangen war.

Beweglichkeit und Wirkung der schweren Artillerie wurden durch Einführung schwerer Feldgeschütze außerordentlich erhöht. Einen ersten Erfolg im Kriegseinsatz konnte die schwere Artillerie im Rahmen des Ostasiatischen Expeditionskorps 1900 mit einer 15-cm-Feldhaubitze gegen die Peitang-Forts verzeichnen. Noch vor der Feldartillerie erhielt sie mit der schweren Feldhaubitze 02 ein Schnellfeuergeschütz mit der Schußweite von 7400 Metern. Je weniger die Feldartillerien wegen der weiter oben geschilderten Gründe sich gegenseitig ausschalten konnten, desto wichtiger wurde die schwere Artillerie als Mittel zur Bekämpfung der feindlichen Artillerie im Feldeinsatz. Mit der neuen Granate 04 konnte die aus vier Geschützen bestehende schwere Feldhaubitzbatterie ein Ziel von dreifacher Ausdehnung, also eine ganze Artillerieabteilung, außer Gefecht setzen. Die Eskalation war also in vollem Gange, wobei allerdings die schwere Artillerie Frankreichs, mit dem stets als erstem Gegner gerechnet wurde, bis in den Ersten Weltkrieg hinein der deutschen waffentechnisch unterlegen war. Schließlich war es noch ein Faktor, der die Bedeutung der schweren Artillerie erhöhte: die wieder ständig zunehmende Verwendung von Feldbefestigungen in den Kriegen der letzten Jahrzehnte des 19. und auf der Wende zum 20. Jahrhundert, an denen Deutschland nicht beteiligt war. Mehr und mehr gingen Feld- und Festungskrieg wieder ineinander über und wurden vom Feldheer bestritten. Die aktive schwere Artillerie wurde schließlich so vollständig in das Feldheer einbezogen, daß für den Kriegsfall die artilleristischen Aufgaben förmlicher Belagerungen Reserveverbänden zugewiesen werden mußten.

e. Technische Truppen

Die Situation der technischen Truppen zur Mitte des 19. Jahrhunderts wies nach wie vor gerade in den entscheidenden Punkten enge Parallelen zu der mit ihnen „verwandten" Waffengattung, der Artillerie, auf. Auch die technischen Truppen im engeren Sinne bestanden aus Institutionen und Funktionsgruppen, von denen ein Teil für den Festungskrieg, ein anderer für den Feldkrieg vorgesehen war. Österreich kannte zwar den beide Teile überwölbenden Begriff „Technische Truppen", aber unterschied das Geniekorps, das wiederum aus Ingenieurkorps, Mineurkorps und Sappeurkorps bestand, von dem Pionierkorps, in das 1843 das Pontonierbataillon einbezogen worden war. Nur vorübergehend wurden diese beiden Teile 1866, endgültig erst in den 1890er Jahren vereinigt. In Preußen gehörten die Pioniere zum Ingenieurkorps. Eine Ingenieurinspektion bestand aus zwei Festungs- und einer Pionierinspektion, die sich wiederum aus mehreren Pionierabteilungen zusammensetzte. So waren die Pioniere, ganz ähnlich wie die Artilleristen, zunächst noch immer von den übrigen Waffengattungen isoliert, was durch die in der preußischen Armee herrschende Abneigung gegenüber den technischen Waffengattungen noch verstärkt wurde. Nach wie vor lag bei den Pionieren das Schwergewicht der Friedensverwendung auf dem

Festungsbau, war ihre Bewaffnung schlechter als die der Infanterie. Nach wie vor beschränkte sich ihre Ausbildung weitgehend auf ihre Spezialtätigkeiten ohne rechte Verbindung mit dem Felddienst der anderen Truppen, deren Wegbereiter im Bewegungskrieg und fachmännische Helfer im Belagerungskrieg sie sein sollten. Wie bei der Artillerie waren auch hier die Verhältnisse in den süddeutschen Staaten günstiger, weil die gewissen Vorurteile fehlten oder jedenfalls nicht so ausgeprägt waren.

Pioniere werden selbständige Waffengattung

Erst seit der Mitte des 19. Jahrhunderts wurden die Pioniere von einer Art technischem Hilfsdienst zu einer eigenen Waffengattung. Hierbei ist zu berücksichtigen, daß sich bei der Infanterie und Kavallerie eigene Pioniere herausbildeten. Von großem Einfluß auf die Weiterentwicklung der Pioniere als Waffengattung war in Preußen ein Verwandter des Königshauses, Fürst Radziwill. In der Bezeichnung seiner Dienststellung – „Chef des Ingenieurkorps und der Pioniere und Erster Generalinspekteur der Festungen" – drückte sich jedoch der Tatbestand aus, daß die Pioniere organisatorisch Teil des Fortifikationswesens waren. Aber gerade Radziwill war es, der sich gegen diese einseitige Verbindung wandte und energisch die Bestrebungen zur Umwandlung der Pioniere von uniformierten Handwerkern zu Feldsoldaten, ihre waffenmäßige Verselbständigung und ihre Eingliederung in die Armeeverbände förderte. Durch die Heeresreform von 1860 wurden die Pioniere vermehrt und die bisherigen Pionierabteilungen zu Pionierbataillonen vergrößert. Jedes von ihnen umfaßte eine Pontonierkompanie, zwei Sappeurkompanien und eine Ingenieurkompanie. Das Kriegsministerium war gegen die Pionierbataillone gewesen, weil die Verbände der Pioniere ja doch nicht geschlossen eingesetzt, sondern aufgeteilt würden. Demgegenüber konnte Radziwill die Meinung durchsetzen, daß sie in der Regel geschlossen einzusetzen seien. Dies war aber nicht möglich, weil bis in den Ersten Weltkrieg hinein auch einfachere Pionieraufgaben von den Truppenpionieren der anderen Waffengattungen nicht selbständig gelöst werden konnten und sie daher auf die Hilfe der Pioniere angewiesen blieben. Radziwills Bemühen, aus den Pionieren eine wirkliche Feldtruppe zu schaffen, entsprach es, wenn er auf Verbesserung ihrer infanteristischen Ausbildung drängte. Der Pionier sollte zur Führung des Infanteriegefechts genauso befähigt sein wie der Infanterist. Dies brachte allerdings die Gefahr mit sich, daß die dem technischen Dienste wenig aufgeschlossenen Truppenführer die Pioniere in erster Linie als Infanteriereserve statt als technische Spezialtruppe verwendete. Erst 1867 erhielten die preußischen Pioniere das Zündnadelgewehr, sie mußten sich teilweise aber auch noch im Deutsch-Französischen Krieg mit veralteten Modellen dieser Waffe begnügen.

Im Krieg gegen Dänemark 1864 traten die preußischen Pioniere erstmalig als selbständige Verbände und Einheiten der Feldtruppe auf. Sie fanden in diesem Kriege ein umfangreiches, vielgestaltiges Betätigungsfeld. Sie bewährten sich beim Kampf über Gewässer, beim Bau von Angriffs- und Artilleriestellungen und im Kampf um Befestigungen. Besonders hervorzuheben ist ihr Einsatz gegen Düppel am 18. April 1864, den sie pioniertechnisch vorbereitet hatten, um dann zusammen mit der Infanterie die Schanzen zu stürmen. Die Pioniere fanden allgemein Anerkennung in der Armee. Es hatte sich aber auch gezeigt, daß ihre zahlenmäßige Stärke noch nicht ausreichte und daß sie von den meisten taktischen

Führern nicht richtig – also zusammengefaßt und schwerpunktmäßig – eingesetzt wurden. Der preußisch-österreichische Krieg von 1866 war nicht geeignet, die Notwendigkeit dieses richtigen taktischen Einsatzes zu unterstreichen. Die Abschirmung des Aufmarsches und die Flankensicherung der dann folgenden Marschbewegungen der preußischen Armeen durch Sperreinsatz führte zur Aufsplitterung der vorhandenen Pionierverbände. Am Vormarsch selbst nahmen daher nur schwache Pionierkräfte teil, die dann auch noch zurückblieben, weil sie nach der Beseitigung von Hindernissen oder der Überbrückung von Flüssen bei der schnellen Vorwärtsbewegung nicht aufschließen konnten. Im Gegensatz zur Kavallerie und Artillerie hatten die Pioniere zwar ihre Aufgaben überall zufriedenstellend erfüllt, aber wieder waren sie allzuoft von den Truppenführern nicht richtig eingesetzt worden.

Moltke bemerkte, daß es für den Geist der Pioniere spreche, daß sie sich als Tirailleure betätigt hätten, daß sie aber nützlicher für die ihnen gemäßen Spezialaufgaben zu verwenden seien. Er stellte fest, daß es im Interesse der Truppenkommandeure liege, die Pionierführer rechtzeitig in Kenntnis zu setzen, wenn sie die Mitwirkung der Pioniere erwarteten. „Daß eine solche Orientierung der höheren Ingenieuroffiziere erfolge, wird um so wichtiger, je größer das Truppenkommando ist, da oft das Zusammenwirken getrennter Pionierabteilungen oder Pontontrains nötig werden kann, wozu Zeit erforderlich ist. Die höheren Ingenieuroffiziere dürfen nicht in die Lage gebracht werden, daß sie in den Bureaux Erkundigungen einziehen müssen, die ihnen als Zudringlichkeit ausgelegt worden ist.“ (Randbemerkung Moltkes zum Bericht Verdys, zit., D. Petter, 141).

Da auf diese Weise 1866 die Vorzüge des zusammengefaßten Pioniereinsatzes nicht deutlich geworden waren, glaubte man damals, den Bataillonsverband im Kriegsfall auflösen zu können. Die Pontonierkompanie mit Pontonkolonne wurde der Korpsartillerie, die beiden Sappeurkompanien je einer der beiden Divisionen zugeteilt. Die Tätigkeit des Bataillonskommandeurs beschränkte sich damit auf eine beratende Funktion beim Generalkommando. Die vierten Kompanien der Pionierbataillone sollten als Stämme für im Kriegsfall aufzustellende Festungskompanien dienen, also zunächst in der Heimat zurückbleiben.

Andererseits fiel bei der Kriegsgliederung für 1870 die Unterscheidung der Fachbezeichnungen weg. Jede Kompanie erhielt, wenn auch zunächst noch mit unterschiedlichen Anteilen, Pontonieren, Sappeure und Mineure. Dies war der Beginn der Entwicklung zum „Einheitspionier“. Auch in der Pioniertruppe der anderen Armeen bestanden ähnliche Tendenzen. Für den Pioniereinsatz im Deutsch-Französischen Krieg sind der deutsche Vormarsch bis nach der Schlacht von Sedan, der Kampf um die französischen Festungen und der Kampf gegen das französische Volksaufgebot zu unterscheiden. Der Einsatz richtete sich nach den betreffenden, sehr unterschiedlichen Gegebenheiten.

Während des Vormarsches kam es vor allem darauf an, den anderen Waffen möglichst schnell über Hindernisse hinwegzuhelfen, wozu auch der Bau von Wegen gehörte. Wiederholt griffen die Pioniere – nun aller deutscher Kontingente – zusammen mit der Infanterie an. Nach der Schlacht von Sedan stellte sich heraus, daß das französische Volk, obwohl seine Armeen im Felde geschlagen waren und die Monarchie gestürzt war, den Krieg weiterführte. Außer Paris mußten noch mehr als 15 Festungen förmlich belagert werden, wobei Artillerie und Pionieren zunächst die Hauptaufgaben zufielen. Die Pioniere leiteten den Ausbau der Stellungen. Neben Petarden – geballte Ladungen, die bereits im 17. Jahrhundert gegen Festungen verwendet worden waren – setzte man erstmals auf deutscher Seite Fladderminen ein. Bei den Festungskämpfen erlitten die Pioniere zum Teil sehr hohe Verluste. Von ganz anderer Art war wieder der Kampf gegen das französische Volksaufgebot, das nicht nur aus geschlossenen Truppenverbänden, sondern auch aus Franctireurs – Guerrillas – bestand. Letztere erforderte die Umstellung auf den den deutschen Soldaten dieser Zeit völlig ungewohnten Partisanenkampf. Gegen die Franktireure wurden wie eh und je im Kleinen Krieg gemischte Kampfgruppen eingesetzt, die selbständig operierten. Hier wurde der Mangel an Pionieren besonders fühlbar. Denn einerseits wurden sie noch bei den Belagerungen der französischen Festungen benötigt, die erst allmählich kapitulierten, andererseits aber für die ungemein vielseitigen Aufgaben, die sich für sie aus dem französischen Volkskrieg ergaben, nicht weniger dringend gebraucht.

Dieser Krieg brachte allmählich Klarheit wenigstens darüber, daß die Pioniere weder eine Art Ersatzinfanterie, noch – das andere Extrem – „Mädchen für alles" waren. Vor allem am Anfang des Krieges waren sie noch für völlig zweckentfremdete Aufträge – Beerdigung Gefallener, Gefangenen- und Verwundetentransporte, Bau von Lazarettbaracken und Anfertigung von Grabkreuzen – verwendet worden.

Eine andere Frage war es freilich, ob es nicht notwendig war, daß jede pioniertechnische und -taktische Aufgabe von jeder Pionierart bewältigt werden konnte. Während des Krieges war der Unterschied zwischen Feld- und Festungspionieren verwischt worden, hatten Sappeure gelernt, Brücken, Pontoniere Stellungen zu bauen. 1874 wurde bestimmt, daß die drei für den Dienst im Felde vorgesehenen Kompanien jedes Bataillons einheitlich auszubilden seien; 1889 schließlich, daß dies für alle vier Kompanien der Fall sein sollte. Die Fachbezeichnungen fielen damit endgültig weg, der „Einheitspionier" wurde geschaffen – entsprechend dem „Einheitsinfanteristen" und dem „Einheitskavalleristen", und den Tendenzen, die sogar auf eine Einheits-Feldartillerie mit nur einem Kanonenmodell abzielten. Damit wurde natürlich die Ausbildung für jeden Pionier sehr viel umfangreicher. Zusätzlich sollte auch noch seine infanteristische Leistungsfähigkeit weiter gesteigert werden. Die taktische Schulung der Pionieroffiziere erfuhr in Zusammenarbeit mit den anderen Waffengattungen weitere Förderung. Ihre taktische Führung erstreckte sich nicht nur auf ihre eigene Waffengattung. Auch die anderen Waffengattungen hatten ihren Anordnungen da, wo das pioniertaktische Moment ausschlaggebend war – beispielsweise bei Flußübergängen – Folge zu leisten.

War man auf der einen Seite bemüht, in allen Waffengattungen einen möglichst vielseitigen Soldaten heranzubilden, so bestand andererseits infolge der sich immer mehr vervollkommnenden und damit auch differenzierenden technischen Mittel der Zwang zu immer größerer Spezialisierung. 1885 wurden die Pionierinspektionen den Ingenieurinspektionen gleichgestellt, denen sie bisher unterstanden, die Ingenieuroffiziere danach vorzugsweise entweder für den Fortifikationsdienst oder den Truppendienst bei den Pionierbataillonen ausgebildet. 1906 erfolgte dann auch wieder innerhalb der Pionierwaffe eine fachliche Trennung durch Bildung von Festungspionierbataillonen.

Die „Tochterwaffen" der Pioniere

Mit der Verwendung neuer technischer Hilfsmittel in der Kriegführung entstanden aus den Pionieren neue Truppen, die zu eigenen Waffengattungen wurden. Bereits für den

Krieg von 1866 waren in Preußen aus Pionieren und zivilem Eisenbahnpersonal behelfsmäßig Feldeisenbahnabteilungen zusammengestellt worden, die den einzelnen Armeen zugeteilt wurden. Obwohl sich zeigte, daß bessere Leistungen mit einer friedensmäßig ausgebildeten Eisenbahntruppe erreicht worden wären, erfolgte nach dem Krieg die Auflösung dieser Abteilungen. So wurden diese auch bei der Mobilmachung 1870 nur wieder improvisiert. Der Eisenbahnaufmarsch wurde reibungslos von der Eisenbahnabteilung des Großen Generalstabs organisiert. Da auch danach der gesamte militärische Transport über die Schiene lief, stellt es sich bald heraus, daß die vorhandenen Eisenbahntruppen für die großen Räume, die zu bewältigen waren, nicht ausreichten. Zu ihrer Verstärkung zog man noch während des Krieges vor allem Festungspionierverbände heran. So erfolgte nach dem Kriege im Oktober 1871 auf der Grundlage der demobilisierten Abteilungen und durch Personalabgaben der Pioniere und der Infanterie die Errichtung des ersten preußischen Eisenbahnbataillons. Es sollte für die Aufstellung von Eisenbahnformationen im Kriegsfall als Stammtruppe dienen. Dieses Bataillon wurde 1887 zum Regiment erweitert, für das auch Sachsen und Württemberg Einheiten stellten. Bis 1914 verfügte Deutschland über mehrere Eisenbahnregimenter und selbständige -bataillone. Die preußische und die kleine bayerische Eisenbahntruppe waren im Frieden unmittelbar den betreffenden Generalstabschefs, ab 1899 der neugebildeten Inspektion der Verkehrstruppen unterstellt. Für den Kriegsfall war die Stelle eines Chefs des Eisenbahnwesens vorgesehen.

Ebenfalls aus den Pionieren entstand die Telegraphentruppe als Vorläuferin der heutigen Fernmeldetruppe. Nach Versuchen mit optischen Nachrichtengeräten wurde bei den Königsmanövern 1855/56 die elektromagnetische Telegraphie erstmals feldmäßig erprobt. Wie bei der Eisenbahntruppe wurden Feldtelegraphentruppen zunächst nur im Kriegsfall aufgestellt. Auch die improvisierten Feldtelegraphenabteilungen reichten in den Kriegen von 1864 und 1866 nicht aus. Sie stellten auch noch im Krieg von 1870/71 lediglich die Verbindung zwischen den Kommandos der Armeen und der Korps her. Die Divisionen waren nur in seltenen Fällen angeschlossen. Die Anschlüsse nach rückwärts zum festen Telegraphennetz oblagen den Etappenabteilungen. Während andere Länder auf dem Gebiet der Feldtelegraphie schon größere Fortschritte gemacht hatten und über ständige Feldtelegraphentruppen verfügten, blieben die deutschen Staaten und Frankreich hierin zurück.

In Deutschland verfielen nach dem Deutsch-Französischen Krieg die Feldtelegraphenabteilungen wieder der Auflösung. Die Telegraphenausbildung und die Vorarbeiten für den Kriegsfall wurden zunächst nur einigen, 1885 allen Pionierbataillonen übertragen. Erst 1899 entstand mit Errichtung von drei Telegraphenbataillonen eine selbständige, von den Pionieren losgelöste Telegraphentruppe, die der Inspektion der Verkehrstruppen unterstellt war.

Auch die Weiterentwicklung des Luftballons für militärische Zwecke wurde in Preußen zunächst den Pionieren übertragen. Hier existierten zwar bei Kriegsausbruch 1870 zwei Luftschifferdetachements, die sich aber sowohl material- wie ausbildungsmäßig als unzulänglich erwiesen und aufgelöst wurden. Der Ballon wurde zu dieser Zeit auch militärisch ausschließlich als ein reines Transportmittel gebraucht, mit dem Menschen und Nachrichten aus belagerten Festungen herausbefördert werden konnten. Als solches bewährte er sich aber während des Krieges auf französischer Seite sehr. Während der viermonatigen Belagerung von Paris konnten nicht weniger als siebzig Ballons die eingeschlossene französische Hauptstadt verlassen und entkam auf diese Weise sogar der französische Kriegsminister. Angesichts dieser Erfolge ging man nach dem Krieg in Deutschland wieder an den Aufbau einer Ballontruppe. Zwischen 1886 und 1890 wurden in Preußen und Bayern Luftschifferabteilungen aufgestellt, die mit Fessel- und Freiballons ausgerüstet waren. Die preußische Abteilung wurde 1899 der Inspektion der Verkehrstruppen unterstellt. Der Fesselballon erfüllte eine neue Funktion als Beobachtungsstelle für die Führung und Feuerleitung der Artillerie.

5. Auswirkungen neuer technischer Errungenschaften auf die Militärstrategie

Der entscheidende Einfluß, den die technische Entwicklung seit Mitte des 19. Jahrhunderts auf die Militärstrategie ausübte, äußerte sich in vier Faktoren: dem Ausbau der Verkehrswege zu einem immer engmaschigeren Straßennetz, den Eisenbahnen, der elektrischen Telegraphie und den immer schneller schießenden, immer weiter tragenden Waffen.

Nicht nur die großen Städte, sondern auch kleine Orte wurden mit Kunststraßen verbunden, welche die Wegführung durch schwieriges Gelände ausglichen und durch Steinpflaster auch schweren Fahrzeugen bei schlechtem Wetter einen festen Halt gaben. Dieses Verkehrsnetz ermöglichte es, alle Waffengattungen, also nicht nur die Artillerie und den Train, auf der Straße marschieren zu lassen. Dadurch blieben nun auch die Großverbände in der für den Kampf benötigten Mischung ihrer Waffengattungen zusammen in den Händen ihrer Führer und konnten so, wie sie gebraucht wurden, auf Straßen hinter- und nebeneinander marschieren.

Allerdings hatten sich die Armeekorps gegenüber der Zeit Napoleons vergrößert und brauchten nun nicht mehr zwei, sondern fünf Stunden, um aus der Marschordnung zum Gefecht aufzumarschieren. Die Frontbreite des Korps im Angriff hatte sich von 1,2 auf 2,5 km erhöht, seine Marschlänge von 8 auf 15,6 km. Anfang des 20. Jahrhunderts wurde die Marschlänge eines Armeekorps von 30000 Mann der Tagesmarschleistung von drei Meilen (22,5 km) gleichgesetzt. Wenn das Korps am Morgen aus einer versammelten Aufstellung abmarschierte, konnte es am Nachmittag desselben Tages wieder in einer versammelten Aufstellung stehen. Es lag daher nahe, jedem Korps eine eigene Straße zuzuweisen. Damit erweiterte sich seine bisherige operative Funktion als größte Heeresabteilung, war das Armeekorps „eine naturgemäße strategische Einheit“ (Caemmerer, 124).

Durch die Eisenbahnen wurde die Operationsbasis etwas völlig anderes, als was man bisher darunter verstand. Die Operationsbasis war bekanntlich die Versorgungsbasis. Bisher war alles Material, was man für die Kriegführung benötigte, an einzelnen befestigten Punkten an den Landesgrenzen angehäuft worden, was zur Folge hatte, daß man bei der Operationsführung auf diese Punkte und Basen angewiesen war und daher auch hier seine Truppen konzentrieren mußte. Die Eisenbahn ermöglichte eine aufgelockerte, verstreute Lagerung des Kriegsmaterials über das Gebiet des ganzen Landes, da es schnell von jedem beliebigen Punkt zu jedem beliebigen Punkt transportiert werden konnte. So wurde das ganze Staatsgebiet „zu einem einzigen Magazin mit getrennten Lagerräumen“ (ebda. 128).

Die Eisenbahnen verkürzten die Kriegsvorbereitungen. Sie machten es möglich, mit der Mobilmachung solange zu warten, bis der Entschluß zum Kriege feststand, da die Streitkräfte schnell in ihre Aufmarschräume transportiert werden konnten. Sie machten eine genaue zeitliche und räumliche Planung des Aufmarsches auf der Grundlage generalstabsmäßig vorbereiteter Fahrpläne und Zielpunkte möglich. Unter Ausnutzung aller dafür in Frage kommenden Bahnlinien strebte der Eisenbahnaufmarsch in die Breite. Je breiter aber der Aufmarsch, desto schneller war er beendet. Andererseits wurde durch die meist auseinanderstrebenden Bahnlinien ein breiter Aufmarsch unvermeidlich, was bei dem ständigen Anwachsen der Heere führungs- und gliederungsmäßige Konsequenzen hatte. Die Untergliederung des Gesamtheeres in Armeekorps reichte nicht mehr aus, oberhalb der Korps wurde es in selbständige Armeen unterteilt. Es entstand somit zwischen dem Oberkommando des Gesamtheeres und dem Korps-Kommando eine neue Führungsebene.

Für einen Defensivkrieg im eigenen Land konnten die Bahnlinien planmäßig ausgenutzt werden, solange sie sich in eigener Hand befanden. Der Vorteil bestand zunächst darin, daß Truppen und Nachschubgüter auf der Schiene unmittelbar an die Einsatzräume herangeführt werden konnten, wodurch gleichzeitig die Marschstraße durch die Bahn entlastet wurde.

Die operative Beweglichkeit wurde durch die Bahn nur dort gefördert, wo sich nicht nur einzelne Strecken, sondern ein mehr oder weniger dichtes Streckennetz in eigener Hand befand. Je mehr man sich aber auf einzelne Bahnstrecken abstützte, desto mehr bestand die Gefahr, daß sich die Operationsführung dadurch festlegte. Für eine Offensive war vorauszusetzen, daß der Feind seine Bahnstrecken besonders zu schützen suchte oder sie zerstört hatte. Der Bau eigener Behelfsbahnen war nötig. Je weniger Bahnstrecken aber vorhanden waren und je mehr man auf sie angewiesen war, desto schwerer war es auch, eine schnelle Richtungsänderung der operativen Bewegung vorzunehmen. Der Napoleonische Kunstgriff des Wechsels der Operationslinie konnte dadurch in Frage gestellt sein.

Förderten die Eisenbahnen einerseits die operative Beweglichkeit, so schränkten sie sie also andererseits auch wieder ein. Durch die operative Bedeutung, welche die Eisenbahn gewann, wurden ihre Linien zu umkämpften Objekten. Es konnte, wie einst in den Zeiten des Magazinsystems, notwendig werden, diese wichtigen Verbindungen durch größere Seitendetachements zu schützen.

Caemmerer bemerkt hierzu: „Stellen wir uns vor, daß 1870 um die Mitte des Oktober, also vor dem Fall von Metz, ein bedeutendes französisches Heer von Süden her in der allgemeinen Richtung auf Chalons sur Marne vordrang, so ist ein solches Beispiel gegeben. Diese Bewegung des Feindes bedrohte alsdann die unentbehrliche Bahnverbindung unserer vor Paris befindlichen Hauptheeresmasse, und eine solche Bedrohung war um so gefährlicher, als die künftige Beschießung und Belagerung von Paris ganz unbedingt von der Brauchbarkeit der eben eingerichteten Bahnlinie abhing. Wir hätten unzweifelhaft eher die Einschließung von Paris aufgegeben, als daß wir die Zerstörung unserer Verbindung zuließen.“ (131).

Trotz der Bedeutung, zu der die Bahnen gelangten und die ja auch wesentlich in der Schonung der Kräfte der Truppe zu sehen ist, war ihre Ausnutzbarkeit beschränkt. Bahntransporte lohnten sich nur für größere Entfernungen, denn 1870 wurden allein für den Abtransport eines Armeekorps zehn bis vierzehn Tage benötigt.

Die elektrische Telegraphie wurde zum wichtigsten operativen Führungsmittel, weil durch sie Führung und Koordination der einzelnen Heeresteile über große Entfernungen hinweg möglich waren. Napoleons Grundsatz, daß ein Operieren auf verschiedenen Operationslinien zu verwerfen sei und die Kräfte stets so eng wie möglich zusammenzuhalten seien, verlor damit seine absolute Gültigkeit. Allerdings konnten mit dem Telegraphen auch die Selbständigkeit und Selbsttätigkeit der Unterführer eingeschränkt werden, die sich erstmalig im Herbstfeldzug 1813 bei den Alliierten sehr bewährt hatte, also das Führen durch Auftrag, innerhalb dessen die Unterführer Handlungsfreiheit besaßen, zugunsten eines Führens durch den alles zentral regelnden Befehl aufgegeben werden.

Wichtiger jedoch war, daß durch die Telegraphie der bisher behauptete Vorteil der inneren Linie grundsätzlich in Frage gestellt war. Dieser Vorteil war ja bisher unter anderem dadurch gegeben gewesen, daß die Streitkräfte enger zusammenstanden als die des Gegners auf der äußeren Linie. Sie konnten daher für die Schlacht schneller versammelt werden als die des Gegners, denn die Versammlung vor der Schlacht war notwendig, solange der Einsatz weit getrennter Heeresteile mit den bisherigen Führungsmitteln – Ordonnanzoffizieren, Meldereitern – nicht genau zu koordinieren war. Es war auch früher schon zu Angriffen aus verschiedenen Richtungen gekommen – so durch Friedrich den Großen bei Kunersdorf 1759 und bei Burkersdorf 1762, durch Napoleon bei Castiglione 1796, bei Ulm 1805 und bei Jena 1806. Aber sie waren aus der Lageentwicklung heraus erfolgt und nicht auf der Grundlage der von ihren Initiatoren selbst anerkannten Führungslehren. Noch Clausewitz hatte gelehrt, daß es leichter sei, den Gegner zu durchstoßen, statt ihn einzufangen. Da diese Koordination durch die Telegraphie nun auch über große Entfernungen hinweg vorgenommen werden konnte, kam der Vorteil der äußeren Linien zum Tragen. Der Gegner konnte infolge der auseinandergezogenen Aufstellung der eigenen Heeresteile nicht erst aus der Versammlung heraus taktisch – was ja sehr schwierig war –, sondern unmittelbar aus der Operation heraus umfaßt werden. Dies war um so bedeutsamer, als nicht nur die Telegraphie, sondern auch das Vorhandensein eines engmaschigen Straßennetzes, das die konzentrische Bewegung von außen nach innen erleichterte, der in die Breite gehende Eisenbahnaufmarsch, wie aber schließlich auch die sprunghaft ansteigende Feuerwaffenentwicklung das Operieren auf der äußeren Linie begünstigten.

Die Auswirkung der Waffenentwicklung auf taktischem Gebiet wurde im vorigen Kapitel erörtert. Wie die Lineartaktik, deren Akzent auf dem Feuer, und die Kolonnentaktik, deren Akzent auf der Bewegung lag, die Militärstrategie entscheidend mitbestimmt hatten, so wurde diese auch jetzt von der Taktik mitbestimmt, die sich um die Jahrhundertmitte gerade zu wandeln begann. Noch gründete sich in den meisten Ländern die Großkampf-Taktik auf dem Kolonnenstoß. Wir sahen, daß Bestrebungen im Gange waren, die Bataillonskolonne in kleinere Einheiten zu unterteilen. Die erfolgreiche Durchführung eines frontalen Angriffs mit dem Ziel des Durchbruchs wurde bei der erheblich zunehmenden Feuerkraft immer schwieriger. Das heißt, daß sie unter besonders günstigen Umständen noch immer möglich war, aber grundsätzlich war man gezwungen, den Angriff gegen die feindlichen Flanken zu führen. Als taktische Bewegung aus der Versammlung vor der Schlacht, die bislang aus führungstechnischen Gründen gefordert wurde, war die Flankierung aber sehr viel schwerer zu erreichen, als durch eine darauf abzielende Operation auf den äußeren Linien, bei der die zunächst getrennten Heeresteile konzentrisch auf den Feind vorgingen. Die Truppe mußte also so an den Feind herangebracht werden, daß sie ihn flankierte, und das möglichst von beiden Seiten.

Damit war das Operieren auf der inneren Linie freilich nicht einfach ad absurdum geführt. Die engere Aufstellung und daher schneller herbeizuführende Versammlung des Heeres in seinen einzelnen Teilen konnte immer noch von entscheidendem Vorteil sein, da auch der angreifende Gegner das Ziel haben mußte, mit vereinten Kräften zu schlagen – auch wenn er es nun unmittelbar aus der Operation heraus konnte, also keine Versammlung *vor* der Schlacht notwendig war. Weiterhin konnte nach wie vor der Führer einer auf der inneren Linie operierenden Streitmacht den Gegner über Art und Richtung seiner Gegenaktionen im unklaren lassen, die Koordination des gegen ihn gerichteten Vormarsches stören und mit versammelten Kräften die feindlichen Heeresteile nacheinander einzeln schlagen. Die innere Linie hatte also nach wie vor ihre Vorzüge. Das Allheilmittel, zu dem sie mancher machen wollte, war sie ja nie gewesen, wie die Schlachten von Leipzig und Waterloo gezeigt hatten. Freilich war die einseitige Betonung des Vorteils der inneren Linie durch die Theorie – vor allem die Jominis – auch darauf zurückzuführen, daß in der nachnapoleonischen Zeit die Kriege eigentlich nur Polizeiaktionen gewesen waren, die mit kleinen Heeren durchgeführt wurden, für die operative Umfassungen schwierig waren. Zudem war die innere Linie stets nur dann von Vorteil, wenn genügend Raum zum Operieren vorhanden war. „Verengt sich aber dieser Raum in dem Maße, daß man den einen Feind nicht mehr angreifen kann, ohne Gefahr zu laufen, es zugleich mit dem anderen zu tun zu bekommen, der uns in Flanke oder Rücken anfällt, dann verkehrt sich der strategische Vorteil der inneren Operationslinie in den taktischen Nachteil des Umfaßtseins im Gefecht.“ (Moltke, zit v. Groote, 1866, 104).

Die Operation auf der äußeren Linie wurde in dem Maße die vorteilhaftere, wie es gelang, den Vormarsch getrennter Heeresteile zu koordinieren, die Waffenwirkung zunahm und sich daher statt eines auf den Durchbruch abzielenden Angriffs gegen die feindliche Front ein Angriff gegen die feindlichen Flanken empfahl.

6. Die Kriegspraxis nach der Mitte des 19. Jahrhunderts

Tatsächlich lagen ja aber nun die Erkenntnisse über die militärstrategischen Auswirkungen der einzelnen technischen Verbesserung und neuen technischen Einrichtungen nicht sofort vor. Insbesondere konnte erst allmählich im Wechselspiel von Praxis und Theorie erkannt werden, wie sie unter operativem Aspekt im Sinne der obigen Schilderung aufeinander zu beziehen waren. Schließlich handelte es sich auch hierbei wieder um ein abstraktes Modell, das längst nicht zu jeder Kriegswirklichkeit paßte und durch sie mehr oder weniger eingeschränkt oder aber auch ergänzt werden konnte.

a. Der Kampf um Sewastopol (1854/55)

Alle Kriegstheorien hatten im 19. Jahrhundert vor allem den Bewegungskrieg im Blick. Stellungskämpfe, wie man sie von Festungsbelagerungen her kannte, wurden nur mehr als eine zeitweise, im Rahmen der operativen Bewegungen vorübergehende Form der militärischen Auseinandersetzung angesehen und bewertet.

Es zeigte sich nicht nur im Krimkrieg, daß eine Festung noch immer die Kriegführung zu binden vermochte, aber hier in eindringlichster Weise. Allerdings wies die Kriegführung auf der Krim, wegen ihrer fast ganz vom Meer umschlossenen Halbinselgestalt, der Enge des Operationsraumes sowie der strategischen Bedeutung der Festung Sewastopol, um die sich die Kämpfe konzentrierten, spezifische Merkmale auf.

Nachdem Frankreich und England am 27.3. 1854 als Verbündete der Türkei in den Krieg gegen Rußland eingetreten waren, konnten ihre Truppen gegen die Russen im südöstlichen Balkan nichts mehr ausrichten, da diese sich nach Bessarabien zurückzogen. Schon die vorangegangenen Kämpfe zwischen Russen und Türken an der unteren Donau hatten sich auf eine Festung, Silistra, konzentriert. Der Abzug der Russen hing damit zusammen, daß es ihnen nicht gelang, Silistra einzunehmen. Da gegen die Russen in Bessarabien eine Fortführung des Krieges aufgrund operativer, geographisch begründeter Schwierigkeiten nicht möglich war, wurden die alliierten Streitkräfte über See gegen die Krim angesetzt, weil man glaubte, daß hier die Herrschaft der Russen über das Schwarze Meer am verwundbarsten sei.

Nach der Landung auf der Krim standen zwischen dem 14. und 18. September zunächst 55 000 Engländer, Franzosen und Türken, zu denen später noch 15 000 Sarden kamen, 30 000 Russen gegenüber. Diese Stärken erhöhten sich im Laufe des Krieges durch Heranziehen weiterer Kräfte beträchtlich auf ungefähr 200 000 Mann auf jeder Seite. Die Oberkommandierenden waren auf alliierter Seite der französische General Saint-Arnaud, später Canrobert, dann Pélissier sowie der englische General Raglan. Auf russischer Seite führte Admiral Fürst Menschikow, später General Fürst Gortschakow.

Die Russen versuchten die Invasoren an der Alma aufzuhalten. Das Gros der russischen Streitkräfte war zur Führung des Schützengefechtes nicht in der Lage, sondern kämpfte in Suworowscher Stoßtaktik engmassiert, um das feindliche Feuer zu unterlaufen. Die Franzosen waren ihnen in Folge der Geschicklichkeit, mit der ihre zahlreichen Tirailleure das Gelände ausnutzten, taktisch überlegen.

Die Engländer stützten ihre Kampfführung nach wie vor auf lineare Formationen, die eiserne Gefechtsdisziplin hielten, sich aber in ihrer starren Geschlossenheit in dem zerklüfteten Gelände für Angriffe auf starke Stellungen wenig eigneten. Die Russen wurden am 20. September auf Sewastopol zurückgeworfen, das die Alliierten im Sturm zu nehmen versuchten. Der Angriff wurde aber abgeschlagen und die Alliierten gingen zur Belagerung über.

Der Kampf um die Festung, in den direkt oder indirekt im Laufe der Zeit immer mehr Kräfte verwickelt wurden, wies sowohl alte wie aber auch neue, weit voraus weisende Züge auf.

Die für jeden Festungskampf entscheidende Frage der Verbindungen stellte sich hier besonders prekär, da die Verteidiger auf die schmale Landverbindung mit dem Festland, die Angreifer auf den Nachschub über See angewiesen waren. Es gelang jedoch den Alliierten nie, die Festung einzuschließen. Aber auch die Alliierten konnten ihre auf See herangeführte Versorgung aufrechterhalten. Das Gros der Russen stand auf den Höhen ostwärts von

Sewastopol. Nach alter Methode deckten die Alliierten ihre Belagerungstruppen durch Observationskorps, welche die russischen Entsatzversuche durch Diversionen ablenken sollten. Umgekehrt unterstützte die Besatzung von Sewastopol die von außen geführten russischen Angriffe durch Ausfälle. Zu diesen Kriterien eines „klassischen" Festungskampfes gehörte eine Expedition, durch die Ende Mai 1855 Lebensmittelmagazine und Schiffe bei Kertsch und am Asowschen Meer zerstört wurden – ein Manöver „im Geiste eines Turenne oder Friedrich" (Daniels VI, 21). Die Koalitionsarmee der Invasoren besaß kein einheitliches Oberkommando, was natürlich zu Reibereien führte.

Andererseits jedoch waren die Oberkommandierenden – wenn auch nicht immer zu ihrer reinen Freude – über den Draht mit ihren Regierungen verbunden. Napoleon III. drängte vergeblich auf Übergang zum Bewegungskrieg. Die russische Armee müsse geschlagen werden, und nicht Sewastopol, sondern Sinferopol, in der Mitte gelegen, sei der Schlüssel der Krim. Die Engländer laborierten sogar mit Kampfgas herum.

Eine entscheidende Auswirkung hatte die Dampfmaschine als Schiffsantrieb. Sie machte es möglich, daß die Flotte den Alliierten als Operationsbasis dienen konnte. Das Schwarze Meer eignete sich im Winter nicht für die Segelschiffahrt, die ja in dieser Zeit noch weit überwog. Mit Hilfe von Schleppdampfern konnten aber auch im Winter die für die Transporte verwendeten reinen Segelschiffe von Konstantinopel herangeholt werden.

Sewastopol lag zwar in einem schwer zugänglichen Gelände, war aber nicht vollständig befestigt. Massive Festungsanlagen befanden sich im Norden der Stadt auf beiden Ufern der Reede. Sewastopol wurde von Süden her in einem flachen Halbkreis beiderseits an die Reede angelehnt belagert. Der leitende Pionieroffizier der Festung, Oberstleutnant Todleben, ließ weitere Feldstellungen ausbauen. Hierbei wurde nun ein waffentechnischer Rückstand auf russischer Seite zum Anlaß für eine neuartige Verteidigungsführung.

Todleben verlegte die Verteidigung ins Vorfeld, was selten, aber auch schon von Gneisenau 1807 bei der Verteidigung von Kolberg getan worden war. Um die geringe Schußweite des russischen Infanteriegewehrs auszugleichen, ließ er die Stellungen so nah wie möglich an die Stellungen der Belagerer vorverlegen und durch die starke Festungsartillerie decken. Da das Gelände zum Feind hin anstieg, ließ Todleben nicht, wie üblich, Feldstellungen über der Erde anlegen. Er hatte bei der Belagerung von Silistra erlebt, daß sich die Türken im Vorfeld der Festung eingegraben hatten. Todleben ließ Schützengräben ausheben, und so trat bei Sewastopol, aus einem herkömmlichen Festungskampf heraus, erstmalig der moderne Stellungskampf in Erscheinung, der Kampf der erstarrten Fronten, der erst sehr viel später dann als „Stellungskrieg" dem Ersten Weltkrieg sein charakteristisches Gepräge geben sollte.

Mit dem Stellungskampf besaß der Kampf um Sewastopol bereits den Charakter der modernen „Materialschlacht": eine bis dahin nicht erlebte Konzentration von Truppen, Waffen und Munitionsverbrauch auf engem Raum, daher die außerordentlich hohen Verluste im Kampf, die bei den Alliierten von denen durch Krankheit noch übertroffen wurden; die zermürbende Wirkung langer Artilleriebeschießungen, des elenden Lebens in Gräben und Behelfsunterkünften, der vielen Einzelaktionen, die hohe Blutopfer erforderten, aber den schleppenden Gang der Kriegshandlung nicht zu beschleunigen schienen, des Ringens um jeden Fußbreit Bodens. Auch das zum modernen Stellungskrieg gehörende Ablösungssystem wurde schon angewendet: Abgekämpfte russische Truppen in Sewastopol wurden durch frische abgelöst und nach Erholung in einem ruhigen rückwärtigen Gebiet wieder eingesetzt.

Die gegen Außenstellungen der Festung und den Belagerungsring der Alliierten von außen geführten Angriffe der Russen und die Gegenangriffe brachten keine Entscheidung. Am 7. Juni 1855 brachen die Alliierten durch Wegnahme einiger Außenwerke an der Ostseite der Stadt in die Verteidigung ein. Am 9. September eroberten sie den Malakov-Hügel und damit eine beherrschende Stellung der Russen. Daraufhin räumten die Russen die Stadt, jedoch nicht die Forts auf dem Nordufer der Reede. Auch das außerhalb Sewastopols stehende Gros der russischen Krim-Armee war ungeschlagen und ließ sich nicht von der Halbinsel verdrängen. Der Krim-Krieg wurde nicht militärisch entschieden, sondern durch den Frieden von Paris am 30. März 1856 beendet.

Aus dem Elend dieses Krieges entstand als eine wirklich fortschrittliche, nämlich humane Einrichtung die erste organisierte Verwundetenfürsorge durch die Großfürstin Helene Palowna auf russischer und die Engländerin Florence Nightingale auf alliierter Seite.

b. Der Feldzug in Oberitalien 1859

Die Operationen bis zur Schlacht bei Solferino

Am 26. April 1859 brach zwischen Österreich und dem mit Frankreich verbündeten Sardinien der Krieg um die im österreichischen Besitz befindliche Lombardei aus. Die französische Armee wurde von Napoleon III. selbst geführt. Der französische Kaiser war kein überragender Feldherr, seine Armee war auf den Krieg ungenügend vorbereitet, aber obwohl die Operationen auf beiden Seiten schleppend waren, bewies die Führung der Francosarden mehr Initiative und Können als die der Österreicher.

Deren Vorsicht und Zögern war allerdings insofern nicht ganz unbegründet, als sie sich hier in Italien zwischen einer größtenteils feindseligen Bevölkerung bewegten. Die meisten lombardischen Untertanen des österreichischen Kaisers sahen in den piemontesischen Landsleuten und den Franzosen Befreier. Es war auch die Frage, wie weit man den italienischen und ungarischen Soldaten, die in der österreichischen Armee dienten, trauen durfte. Die in der Lombardei stehende österreichische 2. Armee unter Feldzeugmeister Graf Gyulai leitete die Kriegshandlungen mit einem Vormarsch auf Piemont ein. Obwohl die österreichische Heeresleitung starke Truppen in den großen Städten Lombardo-Venetiens stehengelassen hatte, befürchtete Gyulai den Ausbruch einer Revolution im Rücken seiner Armee. Er befürchtete auch deren Umgehung durch die Freischaren Garibaldis im Norden und damit die Gefährdung der rückwärtigen Verbindungen, insbesondere der Bahnlinie Mailand–Bergamo–Brescia.

Zu diesen durchaus real begründeten, wenn auch zum Teil übertriebenen Befürchtungen kamen aber nun bei Gyulai noch traditionelle Vorsicht, persönliche Unsicherheit und Mangel an Feldherrntalent hinzu. Er war im Zweifel, ob es richtig sei, die Lombardei durch Angriff zu verteidigen und es nicht besser gewesen wäre, den feindlichen Angriff unter gleichzeitiger Verstärkung der eigenen Kräfte im Festungsviereck Verona–

Legnago–Mantua–Peschiera abzuwarten. Aus Sorge, bei Ausbruch einer Revolution nicht mehr über genügend Kräfte zu verfügen, wollte er die Armee nicht durch gefährliche Aktionen aufs Spiel setzen. Diese Sorge und dieser Pessimismus waren jedoch nicht nur aus seinem Charakter zu erklären, sie drückten die Grundstimmung der österreichischen Generalität, ja der Staatsleitung und der Behörden aus. Die Revolution von 1848 und ihre Folgeerscheinungen wirkten noch lange nach. So wurde befürchtet, daß die revolutionäre Stimmung in Italien auf die Armee übergreifen könnte.

Auf Gyulai lastete die Bürde, hier Nachfolger des berühmten, von aller Welt bewunderten Radetzky zu sein. Dabei hatte er es im westlichen Piemont zunächst nur mit der sardischen Armee zu tun, denn die französische befand sich erst im Anmarsch. Gyulai hatte für seine Operation 140 000 Mann Feldtruppen zur Verfügung, denen nur eine sardische Armee von 63 000 Mann gegenüberstand. Es gelang ihm aber mit seinen Manövern in der Lomellina nicht, die Sarden auszuschalten, bevor sie sich mit den Franzosen, 127 000 Mann, auf der Linie Casale–Alessandria–Voghera vereinigten.

Napoleon wollte zuerst, wie Gyulai vermutete, den linken Flügel der Österreicher in Richtung auf Piacenza und den Po umgehen, entschloß sich dann aber, die rechte Flanke der Österreicher anzugreifen. Dazu verlegte er die Masse der verbündeten Heere unter Ausnutzung der Eisenbahn in einem Flankenmarsch vor der Front der Österreicher nach Norden auf die Linie Vercelli–Novara. Hier hatten bis dahin nur sardische Sicherungskräfte gestanden. Gyulai störte den gewagten Flankenmarsch nicht. Er erkannte auch die damit verbundene Absicht erst, als seine rechte Flanke angegriffen wurde. Nach verlustreichen, erfolglosen Gefechten zog er sich am 2. Juni nach Osten zurück, um hinter den Ticino Mailand zu decken.

Napoleon setzte, der übrigen Armee voraus, eineinhalb Korps unter dem General Mac Mahon auf Turbigo und eine Division unter dem General Mellenet südlich davon auf San Martino an. Diese Kräfte sollten die dortigen Brücken über den Ticino in Besitz nehmen, den Fluß überschreiten und sich hinter ihm bei Boffalora vereinigen. Napoleon glaubte nämlich, daß sich die Hauptkräfte Gyulais noch westlich des Ticino befänden. Ihnen sollten Mac Mahon und Mellenet den Rückzug abschneiden. Tatsächlich waren die Österreicher aber schon am 3. und in der Nacht zum 4. Juni über den Fluß gegangen, bevor die vorgeworfenen Kräfte der Franzosen Torbego und San Martino erreichten. Die Aufklärung war hier also auf Seiten der Francosarden ebenso schlecht, wie es die der Österreicher gewesen war. In beiden Armeen wurde die Kavallerie dafür nicht genügend ausgenutzt, sondern als Reserve betrachtet und nachgeführt. Das stark durchschnittene Gelände Norditaliens war für den Masseneinsatz von Kavallerie – aber eben für den war sie ja ausgebildet worden – ungeeignet.

Bei San Martino hatten die Österreicher nur einen Brückenkopf gebildet, aber dahinter, auf dem Ostufer des Ticino, standen ihre Hauptkräfte bei Magenta. Die Österreicher räumten den Brückenkopf, und Mellenet gelang es, den Übergang in Besitz zu nehmen. Seine Lage wurde jedoch dadurch immer schwieriger, daß Mac Mahon zu dem für die Vereinigung bestimmten Zeitpunkt nicht bei Boffalora erschien.

Mac Mahon war bei Turbigo, das nur schwach gesichert war, über den Fluß gegangen. Er hatte sich dadurch verspätet, daß er zur Erreichung höherer Gefechtsbereitschaft seine

Verbände erst umständlich in eine breite, unbeholfene Marschformation gebracht hatte, mit der er die schwachen österreichischen Sicherungskräfte nach Süden gegen Magenta zurückdrängte. So stieß er, ohne sich mit Mellenet vereinigt zu haben, von Norden her auf die Österreicher bei Magenta. Napoleon holte alle verfügbaren Kräfte von Novara in Eilmärschen heran und warf sie in den Kampf. Gyulai versuchte die Franzosen im Süden zu flankieren. Er befahl aber den Rückzug, nachdem er Magenta verloren hatte, obwohl er erst die Hälfte seiner Kräfte eingesetzt hatte. Er wurde nicht sofort verfolgt, da die französische Führung ihren Sieg erst viel zu spät erkannte.

Bemerkenswert unter dem Gesichtspunkt der Operationsführung ist an der Schlacht von Magenta der zwar unbeabsichtigte aber schließlich erfolgreiche Angriff der Franzosen auf den äußeren Linien ohne vorherige Versammlung der getrennten Teile.

Die Franzosen besetzten am 8. Juni Mailand und nahmen erst jetzt die Verfolgung der Österreicher auf, die zunächst hinter den Chiese, dann am 16. Juni hinter den Mincio zurückgingen.

Gyulai wurde abgesetzt und Kaiser Franz Josef übernahm in Italien selbst die Führung.

Generalquartiermeister wurde Feldzeugmeister Frhr. v. Heß, der diesen Posten schon unter Radetzky bekleidet hatte. Der junge, unerfahrene und um seine Autorität besorgte Monarch gestand Heß jedoch nicht die Entfaltungsmöglichkeit zu, die er unter Radetzky besessen hatte. An der bisherigen Führungsschwäche änderte sich also nichts. „Vielmehr wurde die strategische Wolkenschieberei fortgesetzt." (Allmayer-Beck, 56).

Die österreichischen Streitkräfte in Italien wurden bedeutend verstärkt und in zwei Armeen geteilt. Mit einer dritten Armee hoffte man am Rhein gegen Frankreich aufmarschieren zu können, aber auch diese Hoffnung mußte bald begraben werden. Nachdem ungenaue Nachrichten besagten, daß die Verbündeten südlich des Gardasees ständen, überschritt Franz Josef am 23. Juni, ohne genauen Operationsplan, den Mincio. Als Marschziele wurden den beiden Armeen Castiglione und Carpenedolo westlich des Chiese angegeben.

Das unsichere Hin und Her in den österreichischen operativen Planungen, auf das hier nicht im einzelnen eingegangen werden kann, umreißt Daniels sehr plastisch: „Man vergegenwärtige sich die kolossalen Schwankungen der österreichischen Strategie seit der Schlacht von Magenta. Erst wollte man nach Castiglione, dann blieb man auf Verlangen der Unterführung an der Adda stehen, dann ging man doch nach Castiglione, dann räumte man diese Stellung, um sie sofort wieder zu besetzen, dann räumte man sie wieder und ging hinter den Mincio; jetzt machte man diese Bewegung wieder rückgängig. Und all das, ohne daß der obersten Heeresleitung neue Tatsachen von Belang zur Kenntnis gekommen wären; es handelte sich immer um ein und dieselbe strategische Situation; nur das Urteil des Oberkommandos über das, was zu geschehen habe, schwankte wie Rohr im Winde." (V, 336).

Auch die Francosarden waren bis zum 23. Juni mit ihren Hauptkräften über den Chiese gegangen und bewegten sich nach Osten. Die Gegner wußten wenig voneinander. Napoleon hatte immerhin eine gründliche Aufklärung versucht, wobei übrigens ein Luftballon eingesetzt wurde. Westlich des Mincio waren starke österreichische Kräfte festgestellt worden. Aber beide Seiten gingen von der falschen Vorstellung aus, daß die andere ihre Hauptmasse noch hinter dem jeweiligen Fluß – dem Chiese bzw. dem Mincio – stehen habe. Die österreichische Heeresleitung meinte, ostwärts des Chiese befänden sich nur französische

Vortruppen; Napoleon meinte, westlich des Mincio hätten die Österreicher noch Nachhuten – wenn auch starke – zurückgelassen. Diese fast groteske Spiegelgleichheit hielt bis weit in die dann folgende Schlacht von Solferino hinein an; diese war schon beiderseits mit Hauptkräften in vollem Gange, als die Führer auf beiden Seiten noch immer glaubten, es auf der anderen Seite lediglich mit Vor- bzw. Nachhuten zu tun zu haben.

Da also beide Seiten einen Zusammenstoß der Hauptkräfte gar nicht befürchteten, waren auch keine Dispositionen für einen solchen, sondern nur Marschdispositionen ausgegeben worden. Die Verbündeten hatten allerdings die flexiblere Marschordnung, da sie – eine Straße für jedes Armeekorps – in breiter Front vorrückten. Die beiden österreichischen Armeen dagegen drängten sich auf zwei Straßen zusammen – drei Korps hintereinander auf jeder –, da die Armee-Kommandanten die Korps möglichst fest in der Hand behalten wollten.

Der Weg der österreichischen (rechten) 2. Armee nach Castiglione führte über Solferino, der der (linken) 1. nach Carpenedole über Medole, südlich an Solferino vorbei. Nur das der 2. Armee angehörende VIII. Korps sollte weiter nördlich, an der Südspitze des Gardasees vorbei, auf Lonato, ostwärts Brescia, vorstoßen. Entsprechend sollte auch ein Korps der 1. Armee den Flankenschutz nach Süden übernehmen.

Bei den Verbündeten sollte die sardische Armee nördlich von Solferino, ein französisches Korps direkt auf Solferino und drei südlich davon nebeneinander vorgehen – nur eben nicht nach Westen, sondern nach Osten. Mit anderen Worten: die Gegner mußten förmlich aufeinanderprallen.

Die Schlacht bei Solferino (24. 6. 1859)

Das passierte in den frühen Morgenstunden des 24. Juni. Französische Spitzen stießen auf der großen, baumlosen Ebene südlich von Solferino bei Medole auf Teile der österreichizvhym 1. Armee, die hier lagerten. Medole wurde gegen hartnäckigen Widerstand genommen. Weitere französische Kräfte drangen vom Westrand der Ebene und über die Höhenzüge westlich Solferinos vor. Das detachierte VIII. Korps – Kommandant Feldmarschalleutnant v. Benedek, der sich in diesem Feldzug schon verschiedentlich ausgezeichnet hatte und später in der großen Auseinandersetzung um die Vormacht in Deutschland die österreichische Armee gegen Preußen führen sollte – wurde nördlich von Solferino von den Sarden angegriffen, die aber zurückgeworfen wurden. Benedek trotzte auch weiterhin allen Angriffen.

So entwickelte sich die Schlacht aus Begegnungsgefechten auf einer Breite von 20 km. Nach und nach traten 132 000 Österreicher mit 413 Geschützen gegen 151 000 Francosarden mit 370 Geschützen in den Kampf ein.

Dessen Hauptlast lag bei den Österreichern auf dem linken Flügel, der 1. Armee auf der Ebene südlich Solferinos. Der Armee-Kommandant, Feldzeugmeister Graf Wimppfen, suchte hier die Entscheidung. Er wollte mit dem rechten Flügel die Franzosen umfassen. Mit dem linken, wie es bei schematischer Betrachtung nahegelegen hätte, wagte er es nicht, da er hier in der Luft hing, weil das detachierte Korps, das ihm als Flankenschutz nach links dienen sollte, ohne Anschluß weit entfernt im Süden stand. Aber Wimppfens Angriff brach im Feuer der überlegenen gezogenen La-Hitte-Geschütze und der Tirailleur-Massen zusammen. Dann versuchte Wimppfen frontal durchzustoßen, aber damit scheiterte er trotz der Tapferkeit seiner Truppen erst recht. In der von Gräben durchschnittenen und von Bodenkulturen bedeckten Ebene kamen die Truppenteile durcheinander und zerrissen die Angriffsverbände. Der Kampf lief hier aus in einem unübersehbaren Hin und Her französischer Angriffe und österreichischer Gegenangriffe, die mit immer weniger Nachdruck geführt wurden, da beiden Parteien die Kräfte schwanden.

Die Entscheidung fiel, als die Francosarden die verbissen verteidigten Hügel westlich von Solferino stürmten und das österreichische Zentrum durchbrachen. Wie in alten Zeiten zogen sich die Österreicher in voller Ordnung und einer im ganzen ungebrochenen Disziplin – nur bei einigen Truppenteilen zeigten sich Auflösungserscheinungen – vom Schlachtfeld und über den Mincio zurück. Sie hatten starke Verluste – durchschnittlich 15% im ganzen, 25% bei den Offizieren – aber keine Katastrophe erlitten. Und als hätte es einen ersten Napoleon nie gegeben, wurden die Österreicher auch nicht energisch und mit dem Ziel ihrer endgültigen Niederwerfung verfolgt. Auch die Francosarden hatten schwere Verluste zu beklagen, die Verbände waren abgekämpft.

Napoleon III. gab sich nicht als Sieger. Stets beeindruckt vom Kriegsgrauen, äußerte er seinen Abscheu über die unzeitgemäße Massenabschlächterei. Aber wenn er nicht mehr darauf aus war, den Österreichern eine endgültige Niederlage zuzufügen, so war dies in der Sorge vor dem Eingreifen Preußens gegen ihn, vor einem deutschen Nationalkrieg, begründet. Doch für diesen Fall verlangte Preußen das Oberkommando über die deutschen Bundestruppen, worin Kaiser Franz Josef – ohnehin in Furcht vor einem neuen Aufstand in Ungarn – den Beginn der Verdrängung Österreichs aus Deutschland sah. So kam am 11. Juni 1859 der Präliminarfrieden von Villafranca zustande, durch den Österreich zwar die Lombardei verlor, aber Venetien behielt.

Ergebnisse

Allgemein hatten sich bei den Österreichern während des Krieges in Oberitalien Führungsschwäche, organisatorische Unfähigkeit und eine nicht mehr der Zeit entsprechende Auffassung von Kriegführung gezeigt. Dies betraf zunächst die Führungsspitze der in Italien eingesetzten Streitkräfte, darüber hinaus aber, mit gewissen Ausnahmen, die Generalität überhaupt. War es auch erstaunlich, wie ungebrochen, diszipliniert und gelassen dieses Heer seine Niederlagen überstand, so war dies doppelt erstaunlich bei dem organisatorischen Wirrwarr, der oft bei den Vormärschen und Rückzügen zu beobachten war.

Bei Solferino hatte sich die Tiefe des österreichischen Anmarsches zunächst nicht ausgewirkt, da ja die beiden feindlichen Armeen frontal aufeinanderprallten. Sie machte sich dann allerdings dadurch bemerkbar, daß die österreichischen Verbände wegen ihrer Gebundenheit an zwei Straßen erst nach und nach eingreifen konnten. Ungünstig wirkten sich vor allem die beiden auseinanderstrebenden Marschrichtungen nach Castiglione und Carpenedolo aus, die für eine Umfassung des Gegners – dessen Stellungen ja erst nach und nach im Laufe des Kampfes erkannt wurden –, selbst wenn man dies beabsichtigt hätte, nicht ausgenutzt werden konnten. Diese Marschrichtungen wurden zwangsläufig zu Operationslinien. Man erkannte zu spät die Chance eines Durchbruchs aller Kräfte auf Castiglione.

Aber eben hier zeigte sich, daß dafür den Verbänden die Manövrierfähigkeit fehlte: Als Wimppfen nach seinen gescheiterten Angriffen vom Kaiser den Befehl erhielt, dichter an Solferino vorbei vorzugehen – also allgemeine Richtung Castiglione –, war er nicht in der Lage, die Richtung zu ändern.

Dies hing mit den taktischen Mängeln der österreichischen Armee zusammen. Die reglementsmäßige Infanterietaktik mit Schützen voraus und Kolonnen aus „Divisionen", gleich zwei Kompanien zur Unterstützung dahinter, war durchaus brauchbar, wurde aber so nicht angewendet. In der Praxis drängte sich die Truppe zu dichten, tiefen Massen zusammen. Noch immer fehlte es der österreichischen Infanterie an Unterführern, die in der Lage gewesen wären, ein zerstreutes Gefecht großen Stils zu führen. Auf diese Weise kam die Überlegenheit des gezogenen Lorenz-Gewehrs über das glatte Minié-Gewehr nicht zur Geltung, weil bei der Tiefenaufstellung zu wenige dieser Waffen zur Wirkung kamen. Da sich die großen Haufen schlecht zum Flankieren eigneten, konnte das Feuer für diese wirksamste Angriffsart nicht ausgenutzt werden.

Die französischen Schützenschwärme dagegen, denen die kleinen Unterstützungskolonnen folgten, nutzten geschickt das Gelände aus. Die Soldaten sprangen vor, feuerten, drehten sich herum, um neu zu laden, und sprangen weiter vor. So unterliefen sie das Feuer der besseren Waffe. Es war also ein ähnlicher Unterschied in der Taktik wie zwischen Russen und Franzosen an der Alma.

Zweifellos eignete sich diese Taktik besonders gut für unübersichtliches, deckungbietendes Gelände, und zweifellos bereitete das Gelände in Norditalien der Taktik, wie sie die Österreicher praktizierten, besondere Schwierigkeiten. Aber die Überlegenheit der französischen Fechtweise hatte sich ja nicht nur hier erwiesen. Um so erstaunlicher also, daß man sowohl bei den Österreichern wie aber auch bei den Franzosen daraus genau entgegengesetzte Schlüsse zog. Kaiser Franz Josef kritisierte zwar die starre Stoßtaktik seiner Infanterie, forderte Beweglichkeit und Geländeausnutzung. Da ihnen ihr Lorenz-Gewehr aber wenig genutzt hatte, waren die Österreicher überzeugt davon, daß die Kugel eine Närrin sei und man sich wirklich nur auf das Bajonett verlassen könne, also möglichst wenig Tirailleure und nun erst recht: Stoßtaktik. Das sollte sich allerdings 1866 bei Königgrätz bitter rächen. Und da das Lorenz-Gewehr gegen sie wenig ausgerichtet hatte, meinten die Franzosen, ein glatter Schießprügel genüge auch. Offenbar wollte Napoleon III. den immer wieder bewiesenen Angriffsschwung seiner Infanterie durch Zusammenfassung noch verstärken, wenn er forderte: Angriff mit dem Bajonett in Kolonne, Salvenfeuer in geschlossenen Linien – die vielen Tirailleure aber seien unnütz.

Die Abneigung gegen das zerstreute Gefecht bestand also noch immer. Und sie bestand in allen Ländern durch die alten Troupiers, für die das Tiraillieren Ausdruck der Disziplinlosigkeit, Unordnung und also Sünde wider den militärischen Geist, wenn nicht sogar Ausdruck revolutionärer Gesinnung war.

Die stets ausgezeichnete österreichische Artillerie mußte der freilich gleichfalls auch früher schon sehr guten französischen unterliegen, da sie noch mit Geschützen aus der Zeit Maria-Theresias auffuhr.

Daß die Kavallerie, die in den Schlachten verschiedentlich noch attackiert hatte, für den Aufklärungsdienst zu wenig ausgenutzt worden war, wurde bereits erwähnt. Die Aufklärung, die Napoleon am 23.6. 1859 gegen den Mincio hatte vortreiben lassen, war im wesentlichen mit Infanterie durchgeführt worden.

Entscheidend für die Niederlage waren jedoch nicht die taktischen Mängel bei den Österreichern, sondern das Versagen ihres Oberkommandos, seine Belastung durch die inneren Zustände des Vielvölkerstaates, die von Napoleon von vornherein als kriegsentscheidender Faktor einkalkuliert worden war. Für die Franzosen hatte die Tatsache, daß sie trotz mangelhafter Vorbereitungen nach Ansicht Weygands diesen „Sieg zu leicht errungen hatten", weitreichende negative Folgen: sie verließen sich zu sehr auf ihre Improvisationsfähigkeit.

Auch mit diesem Krieg war eine große humane Tat verbunden: Henri Dunant gründete das Rote Kreuz.

c. Der Amerikanische Sezessionskrieg (1861–65)

Der Amerikanische Sezessionskrieg gilt als der erste moderne Krieg. Zu seiner Zeit wurde dies freilich nicht erkannt. Er wurde in den europäischen Armeen zwar mit Interesse verfolgt, aber man war sich nicht einig darüber, was man aus ihm und ob man für europäische Kriegsverhältnisse überhaupt etwas aus ihm lernen könne.

Der Form nach war der Amerikanische Sezessionskrieg eine militärische Auseinandersetzung großen Stils, also ein „richtiger" Krieg, in dem beide Parteien mit eigenen Armeen gegeneinander auftraten. Seiner Entstehung, seinen politischen Zielsetzungen und moralischen Antrieben nach jedoch war er ein gewaltiger Bürgerkrieg, der Versuch einer starken Minderheit, sich von der gemeinsamen Nation abzutrennen.

Der sezessionistische Süden war, nachdem der Norden allmählich alles für den Krieg mobilisiert hatte, diesem kräftemäßig weit unterlegen: nur elf Südstaaten standen gegen 23 Nordstaaten, 9 Millionen Menschen, darunter ein Drittel Negersklaven, gegen 22 Millionen. Im Süden überwog die Agrarwirtschaft; Industrie, Banken, Eisenbahnen, Handelsflotte fanden sich größtenteils in den Händen des Nordens. Die Kriegsmaschinerie kam im Norden erst langsam in Schwung. Im Süden wurde die allgemeine Wehrpflicht eingeführt. Der Norden verfügte bei Kriegsbeginn über 75 000 Freiwillige, nach 4 Jahren aber hatte er nicht weniger als 980 000 Mann unter Waffen, wobei das Prinzip der Freiwilligkeit durch Zwangsrekrutierungen ergänzt wurde. Während der Süden über See von Europa unterstützt wurde, was natürlich nicht ausreichte, war der Norden autark, wobei die sich steigernde Kriegswirtschaft auch noch seiner ohnehin dynamischen Wirtschaftsentwicklung zugute kam. „So ungeheuer war seine Überlegenheit in allen Dingen, die den Krieg nähren, daß ihr gegenüber das vierjährige Aushalten der Südstaaten als eine der imposantesten Leistungen der Kriegsgeschichte erscheint." (Mann).

Dieser Krieg war also wahrhaftig nicht das, was man sich in Europa unter einem Bürgerkrieg vorstellen mochte. Doch enthielt er Erscheinungen, die für die Augen eines europäischen Soldaten recht befremdend, ja erschreckend waren und die man entweder als überholt, als für das Kriegswesen äußerst bedenklich oder aber schlicht als exotisch glaubte abtun zu können.

Der Fanatismus, der sich an der Sklavenfrage entzündet hatte und in dem man die eigene Seite als die moralisch gute, die andere als die schlechte hinstellte, war nicht nur auf die ideologische Auseinandersetzung beschränkt, sondern schlug sich in einer außerordentlichen Verschärfung der Kriegführung nieder. Die zivile Sphäre wurde in viel stärkerem Maße einbezogen, als dies in Europa aufgrund der hier inzwischen erfolgten Restauration üblich war. In Amerika sprengte der Krieg die Fesseln, welche ihm die Gesittung der Zeit – und in Europa die Ära Metternich durch seine neuerliche Reduzierung auf den Kabinettskrieg und die Polizeiaktion – angelegt hatte. So erinnerte er in dem tiefen, gegenseitigen Haß, den aufgewühlten Leidenschaften und rücksichtslosen Grausamkeiten an die Religionskriege zu Beginn der Neuzeit – und dies ganz besonders auch darin, daß der Abnutzungskrieg mit furchtbaren Landverwüstungen wieder als ein Mittel benutzt wurde, bei dem sich Rachedurst mit strategischem Kalkül und operativer Zielsetzung vermischte. Ähnlich wie in den großen Religionskriegen bestand auch bei aller Feindschaft ein ritterlicher Konsens zwischen den militärischen Führern – sie waren schließlich in der alten Unions-Armee zusammen auf der Militärakademie gewesen. Seit dem Dreißigjährigen Krieg hatte es solche Verheerungen nicht mehr gegeben – selbst in den Napoleonischen Kriegen nicht.

Nur: Was vom Standpunkt des, aufs Ganze gesehen, verhältnismäßig humanen 19. Jahrhunderts wie ein Rückfall in die Zeiten finsterster Barbarei aussah, war, von heute her betrachtet, nach den Napoleonischen Kriegen ein weiterer, großer Schritt auf den totalen Krieg des 20. Jahrhunderts hin, ein „Fortschritt" in Richtung auf eine neue und freilich nun in diesem Ausmaß noch nie erlebte Barbarei.

Die Grundzüge zeichneten sich im Sezessionskrieg bereits deutlich ab. Die Kriege im 18. Jahrhundert waren gegen den feindlichen Staat geführt worden, was soviel bedeutete wie: gegen die feindliche Regierung und deren Armee. In den Kriegen der Französischen Revolution und Napoleons I. waren die Völker wieder sehr viel stärker in den Krieg einbezogen worden. Sie erlitten ihn nicht nur, sondern unterstützten ihre Regierungen aus nationaler oder zumindest staatspatriotischer Gesinnung heraus. Aber während der Napoleonischen Kriege bekämpften sich keine souveränen Völker. Die Franzosen hatten die Volkssouveränität durch Napoleon eingebüßt, und auf der Gegenseite gab es allenfalls politisch-freiheitliche Ansätze. Der Volkskrieg dieser Zeit war ein Kleinkrieg gewesen, der von bewaffneten Bevölkerungsteilen gegen eindringende feindliche Truppen geführt worden war.

Demgegenüber waren die USA eine freiheitliche Demokratie, nicht die Regierung, sondern das Volk war der Träger des politischen Willens. Erst mit der Demokratie war das Volk völlig identisch mit dem Staat und damit Kriegsobjekt.

In den Napoleonischen Kriegen hatte – zusammen mit der auf Niederwerfung der feindlichen Armee gerichteten Operationsführung, den wieder erlaubten Requisitionen, den rigorosen Einquartierungen und allen gegen die feindliche Wirtschaft gerichteten Maßnahmen – die aktive Unterstützung der monarchischen Regierungen durch ihre patriotisierten Bevölkerungen bereits erhebliche Auswirkungen und Verschärfungen der Kriegshandlungen bewirkt. Es war nur logisch, daß sich diese Tendenz zur Verabsolutierung und Totalisierung des Krieges in dem Maße fortsetzte und steigerte, wie die Bevölkerung zum eigentlichen politischen Willensträger und damit im Kriege für beide Seiten zum eigentlichen

Kriegsobjekt wurde. In der letzten Konsequenz wurde es dann nicht mehr als genügend angesehen, die feindliche Armee zu schlagen und die feindliche Regierung zur Kapitulation zu zwingen, wenn nicht auch der politische Willen der Bevölkerung gebrochen wurde.

Dafür lieferte der Sezessionskrieg das erste Beispiel. Für die Union war der Abnutzungskrieg – die Zerstörung der wirtschaftlichen Produktionsmittel und Produktionen und damit auch die Blockade der Südstaatenhäfen – die zuletzt wirksamste Form der Kriegführung, da sie die Konföderierten an ihrer empfindlichsten Stelle, ihrer schwachen wirtschaftlichen Basis, traf. Wie im Mittelalter und zur beginnenden Neuzeit richtete sich der Abnutzungskrieg aber auch mit gezielten Repressalien und Grausamkeiten gegen die Bevölkerung selbst, gegen ihren verbissenen Widerstand. Aber gegenüber jenen Zeiten, in denen der Abnutzungskrieg oft genug nur Ausdruck militärischer Schwäche gewesen war, ging der Sezessionskrieg Hand in Hand mit großangelegten, auf die Niederwerfung der feindlichen Streitmacht abzielenden militärischen Aktionen. Denn war auch die feindliche Streitmacht nicht das alleinige Kriegsobjekt, so blieb sie doch die harte Spitze des feindlichen Widerstandes, die abgebrochen werden mußte, wenn man ihn brechen wollte.

Die militärischen Mittel hatten sich seit der Zeit des Abnutzungskrieges im 17. Jahrhundert außerordentlich verstärkt. Ein Teil dieser Entwicklung vollzog sich noch einmal während des Sezessionskrieges selbst. Der Krieg begann im östlichen, verhältnismäßig dichtbesiedelten Teil Nordamerikas mit kleinen, schlecht disziplinierten und bewaffneten Heeren. Die Konföderierten waren wenig, die Unionisten überhaupt nicht auf ihn vorbereitet. Im Laufe weniger Jahre nahm besonders in den Nordstaaten die Produktion von Kriegsmaterial gewaltig zu. Durch ihre besseren Geschütze sicherte sich die Union die artilleristische Überlegenheit. Sie brachte auch das Spencer-Gewehr, das erste Mehrladegewehr, heraus. Eine neue Waffe wurde entwickelt, das Panzerkanonenboot, mit dem die Zeit der gepanzerten Kriegsschiffe begann. Der Einsatz der Kriegsflotten beider Seiten wurde mit den Landoperationen verbunden. Die maritime Überlegenheit der Nordstaaten war mitentscheidend für ihren Sieg.

Entsprechend vergrößerten sich die Heere. Der Krieg dehnte sich auf die weiten, dünn besiedelten Gebiete des Westens aus. Auch die Kriege der Französischen Revolution und Napoleons I. waren auf immer anderen Kriegsschauplätzen ausgefochten worden. Aber während dies unter Napoleon nicht nur räumlich, sondern auch führungsmäßig zu einer immer stärkeren Zersplitterung der Kräfte geführt hatte, waren im Sezessionskrieg die Operationen der einzelnen Armeen sehr viel besser koordiniert. Es war dies der erste Krieg, in dem der elektrische Telegraph nicht nur zur Aufrechterhaltung der Verbindung, sondern als Führungsmittel verwendet wurde. Die Kriegsleitung durch die Regierung über den Draht wurde von den Generälen heftig kritisiert, und oft zweifellos zu Recht. Sie waren froh, wenn der Telegraph einmal nicht funktionierte. Ihre Kritik richtete sich weniger dagegen, daß sich Zivilisten in Angelegenheiten der Soldaten einmischten – das militärische Standes- und Fachbewußtsein war in den amerikanischen Milizheeren wenig ausgeprägt. Vielmehr waren sie der Ansicht, daß man vom fernen Regierungssitz aus die Lage an den Fronten nicht immer richtig beurteilen könne.

Die Streitkräfte beider Seiten bestanden aus Miliztruppen, die Zahl der Berufssoldaten in den Mannschafts- und unteren Offiziersdienstgraden war sehr gering. Die meisten Berufssoldaten, die auf beiden Seiten aus der alten gemeinsamen Unionsarmee – einem kleinen stehenden Heer – stammten, kämpften in der Armee der Konföderierten. In ihren theoretischen taktischen und operativen Prinzipien unterschieden sich die beiden Armeen nicht von denen in Europa. Sehr viel anders jedoch war das innere Gefüge. Dies hatte seinen Grund sowohl in dem Milizcharakter der Armee wie in der demokratischen Staats- und Gesellschaftsstruktur, wie aber auch in der spezifischen, die Individualität betonenden Mentalität des Amerikaners.

Der amerikanische Soldat fühlte sich seinem Vorgesetzten grundsätzlich gleichberechtigt. Er sah in ihm nicht, wie die Soldaten in den meisten anderen Armeen, seinen Herrn, sondern lediglich den Vertreter einer höheren militärischen Funktion. Eine scharfe Disziplin absoluter Unterwerfung war auf dieser Grundlage nicht möglich. Zusammen damit, daß die ersten aufgestellten Verbände aus Freiwilligen bestanden, die eine Dienstverpflichtung nur für eine bestimmte Zeit eingegangen waren, erinnerten diese Armeen in mancher Beziehung an die alten Söldnerheere. So verließen Truppenteile anfänglich mitten im Einsatz ihre Stellungen, weil ihre Dienstzeit abgelaufen war, und keiner konnte sie daran hindern. Die anfänglichen disziplinaren Schwierigkeiten hatten ihren Grund wesentlich in der mangelhaften Ausbildung und in der improvisierten Aufstellung der Verbände. Milizen bestanden in allen amerikanischen Staaten, aber sie hatten dort vorher lediglich als Polizeitruppen fungiert. Die Disziplin hielt aber auch später einem Vergleich mit der in den europäischen Armeen nicht stand.

Das hatte natürlich sehr starke negative Auswirkungen auf die Kriegführung. Es wurde sehr viel desertiert. Soldaten warfen ihr Gepäck weg, wenn es ihnen lästig wurde. Noch schwerwiegender war die auf mangelnde Disziplin zurückzuführende Panik-Anfälligkeit; manchmal lösten sich im Gefecht ganze Truppenteile auf. Es kam häufig zu Befehlsverweigerungen, auch zu tätlichen Angriffen auf Vorgesetzte. Großenteils waren die Drangsalierungen der Zivilbevölkerung, vor allem das Plündern, einfach auf diese Disziplinlosigkeit zurückzuführen, wobei natürlich auch hier eine Wechselwirkung gegeben war.

Andererseits wäre es jedoch falsch, darin schon den Beweis für eine grundsätzlich schlechte militärische Qualität dieser Truppen sehen zu wollen. Was den Kampfgeist anbelangt, war der Kern beider Armeen ausgezeichnet oder wurde es im Laufe der Zeit. Er konnte nicht das Ergebnis einer langjährigen, spezifisch militärischen Erziehung sein, die von den Amerikanern im übrigen auch verachtet wurde, sondern ergab sich aus dem Haß auf den feindlichen Bruder, dem Willen, dem eigenen Prinzip zum Sieg zu verhelfen. Einen Gegensatz zwischen dem Norden und dem Süden hatte es in Amerika aber auch schon vor der Auseinandersetzung um die Fragen der Sklavenhaltung und des Sezessionsrechts gegeben. Diese Fragen betrafen in ihren politischen, sozialen und wirtschaftlichen Auswirkungen den Bürger auch im einzelnen Soldaten ganz persönlich. Von dieser persönlichen Identifizierung mit Zielen der eigenen Kriegspartei wurde unmittelbar auch die Haltung im Kampf bestimmt. Von den Südstaatentruppen wird gesagt, daß sie zum Schlagen immer bereit waren und nur dann aufsässig wurden, wenn ihr Befehlshaber – und sei es auch aus noch so guten Gründen – einem Kampf ausweichen wollte. Es war schwierig für einen Vorgesetzten, sich Autorität zu verschaffen – allein aufgrund des Dienstgrades war es kaum möglich. Andererseits aber konnten Vorgesetzte, die diese Autorität besaßen, von der Truppe auch Außerordentliches verlangen, was ihre Leistungen unter Generälen wie Grant, Sherman und Sheridan auf seiten der Union, Lee, Jackson, Johnston und Stuart auf seiten der Südstaaten, bewiesen.

Im Kampfwert war die Armee der Südstaaten jener der Nordstaaten zunächst überlegen, weil sich in ihren Reihen die meisten aktiven Soldaten befanden und die tonangebende Gesellschaftsschicht ländlicher Grundbesitzer von vornherein dem Militärdienst positiver gegenüber eingestellt war als die urbanisierte Bevölkerung des Nordens. Diese Grundbesitzer, für die der Umgang mit Waffen und Pferden selbstverständlich war, bildeten den Grundstock einer hervorragenden Kavallerie. Vor allem in ihr erwies sich die anfängliche Überlegenheit der Konföderierten, da die Reiterei in diesem Krieg eine sehr wichtige Rolle spielte. Die Union holte im Laufe der Zeit aber auch diesen Vorsprung auf, indem sie ihre Reiterei aus der ländlichen Bevölkerung des Nordwestens rekrutierte. Abgesehen von der technischen und materiellen Überlegenheit der Union verwischten sich die anfänglichen qualitativen Unterschiede der beiden Armeen mit dem wachsenden Kriegsengagement des Nordens.

Vier Gründe waren es vor allem, die verhinderten, daß in Deutschland und anderen europäischen Staaten aus dem Sezessionskrieg Lehren gezogen wurden: die demokratische Verfassung der amerikanischen Staaten und daher die über die politischen Belange hinausgehende Kriegsleitung durch gewählte zivile Regierungen; die Tatsache, daß es sich bei den amerikanischen Kriegs-Armeen nicht um stehende Heere, sondern um Miliz-Heere gehandelt hatte; die Topographie dieses Landes mit seinen relativ dünn besiedelten oder menschenleeren, größtenteils noch unkultivierten und weitläufigen Gebieten, die großen Entfernungen, die nach Westen zu immer schlechter werdenden Verkehrsverbindungen. Schließlich war es die Furcht davor, daß dieses Beispiel im Hinblick auf eine Einmischung des Volkes in die Kriegführung und deren erneute Verschärfung Schule machen konnte.

Aufgrund dieser sehr viel anderen Verhältnisse war es in der Tat schwierig, den Sezessionskrieg für eine Kriegführung in Europa auszuwerten. Vor allem war es für die Zeitgenossen sehr viel schwerer, wenn nicht gar unmöglich, zu erkennen, was an dem, was dieser Krieg von der europäischen Auffassung Abweichendes geboten hatte, Mangel oder Neuartigkeit war. Es war vor allem deswegen so schwer, weil auch und gerade in diesem Krieg Mängel dazu zwangen, Neues zu entwickeln. Damit war allerdings der Grundfehler nicht zu entschuldigen, der darin bestand, daß man dort, wo sie vorgenommen wurde, für eine kritische Betrachtung dieses Krieges die eigene, an eigenen Verhältnissen gewonnene Auffassung als die einzig richtige zugrunde legte.

Es wurde festgestellt, daß militärisch mehr zu leisten gewesen wäre unter monarchischen statt demokratischen Regierungen, von der Grundlage einer organisierten Kriegsbereitschaft aus, mit stehenden Heeren statt Milizen und mit Generälen, die erst nach langjähriger systematischer Vorbildung statt ohne eine solche hohe und verantwortungsvolle Führungsfunktionen bekleidet hätten.

Das ursprünglich von den Liberalen und dann auch von den Sozialisten geforderte Miliz-System wurde in Europa aus militärischen Gründen endgültig als überholt angesehen. Dem Verlangen nach einer verstärkten militärischen Präsenz und nach einer infolge der Waffenentwicklung gründlicheren militärischen Ausbildung war mit ihm nicht nachzukommen. Selbst Friedrich Engels wollte, in seiner Eigenschaft als sozialistischer Wehrexperte, vom Miliz-System nichts mehr wissen und führte dafür als Begründung den Sezessionskrieg an, von dem er meinte, daß man aus ihm einiges lernen könne.

„Der amerikanische Krieg beweist nichts", führt Engels aus, „als daß das Milizsystem ganz unerhörte Opfer an Geld und Menschen kostet, weil eben die Organisation nur auf dem Papier besteht. Wie wäre es den Yankees gegangen, wenn sie statt der südlichen Milizen ein festes Heer von ein paar hunderttausend Mann sich gegenüber gehabt hätten? Ehe sich der Norden organisierte, wären diese in New York und Boston gewesen und hätten mit Hilfe der Demokraten den Frieden diktiert, wo dann der Westen hätte Sezession spielen können." (zit. Wallach). Engels stellte heraus, daß ein großes Heer aus kurz ausgebildeten Soldaten guter Kader bedürfe, und eben die besitze das „schweizerisch-amerikanische Miliz-System" nicht.

Die USA hatten aber vor dem Bürgerkrieg gar keinen Grund gehabt, ein großes, stehendes Heer zu unterhalten. Um so erstaunlicher war das gewaltige Anwachsen der kleinen Heere wie überhaupt des Kriegspotentials innerhalb so kurzer Zeit während des Krieges selbst. Trotz ihrer Mängel hatten die beiden amerikanischen Heere bald eine beachtliche Kriegstüchtigkeit erreicht, und nach den jüngsten Kriegserfahrungen, die man mit europäischen stehenden Heeren und ihren Generälen gemacht hatte, war wirklich zu fragen, ob die amerikanischen Truppen unter letzteren noch mehr geleistet hätten.

Eine Analyse der wichtigen Rolle, welche die öffentliche Meinung im Sezessionskrieg gespielt hatte, wäre im Hinblick auf eine künftige Kriegführung in Europa – wie dann der Umsturz in Frankreich 1870/71 und seine militärischen Folgen zeigen sollten – sehr lohnend gewesen. Falsch war auf jeden Fall ihre einseitig negative Interpretation, der alleinige Hinweis darauf, daß in der Union der Hader der Parteien, die Intrigen der Politiker selbst im Kriege nicht aufgehört hatten und die geschwätzige Presse dem Feind die besten Nachrichten geliefert hatte. Tatsächlich übte die öffentliche Meinung nicht nur starken Druck auf die Kriegspolitik aus, sondern beeinflußte sogar gelegentlich die operative Planung. Andererseits war aber die Intensivierung der Kriegsanstrengung in der Union allein auf sie zurückzuführen. Schließlich war dies aber kein Beweis für die in Demokratien angeblich typische Führungsschwäche: Nicht nur Jefferson Davis, der Präsident der Konföderation, sondern auch Lincoln regierten während des Krieges durchaus autoritär unter zeitweiliger Ausschaltung demokratischer Grundrechte.

Zuwenig wurde – und auch hier wieder im Hinblick auf den Krieg von 1870/71 – beachtet, welchen Grad die Mobilisierung der Bevölkerung erreicht hatte – und zwar nicht nur innerhalb, sondern, besonders in den Südstaaten, auch außerhalb der Armeen. In Europa wurde die militärische Auseinandersetzung der Streitkräfte noch immer als ein von dem übrigen Kriegsgeschehen isolierter Akt angesehen, obwohl bereits aus den Napoleonischen Kriegen – insbesondere dem Volkskrieg in Spanien – gegenteilige Erfahrungen vorlagen. Um die Jahrhundertmitte waren in Europa zwar neue Revolutionen ausgebrochen und niedergeschlagen worden. Kriegerische Verwicklungen hatten mit ihnen zusammengehangen – so der Krieg Schleswig-Holsteins gegen Dänemark, der ungarische Aufstand. Revolutionäre Bewegungen waren auch während der Kriege als Bedrohung empfunden worden – so durch die Österreicher 1859 in Italien. Dies wurde jedoch gerade wegen der Furcht vor neuen Revolutionen nicht zum Anlaß genommen, die Frage des Volkskrieges in zeitgemäßer

Form – nämlich auf der breiten Grundlage einer von ihrem Selbstbestimmungsrecht überzeugten und aus eigenem Antrieb handelnden Bevölkerung – genau zu studieren. Die starke Guerilla-Tätigkeit während des Sezessionskrieges wurde zwar konstatiert, aber lediglich als üblicher Kleinkrieg, für den die Verhältnisse dieses amerikanischen Bürgerkrieges besonders günstig gewesen seien. Tatsächlich aber äußerte sich in ihm ein derartig elementarer Widerstandswillen, daß Jefferson Davis ihn sogar noch nach der Kapitulation fortsetzen wollte. Und auch hier ist wieder auf den Deutsch-Französischen Krieg 1870/71 zu verweisen, in dem – unerwartet für die deutsche Führung – der Krieg vom französischen Volk nach der Kapitulation und dem Sturz Napoleons III. dann tatsächlich fortgesetzt wurde.

Der Sezessionskrieg war ein Krieg zwischen Staatenbünden, aber einige Staaten waren, obwohl sie sich für den Norden entschieden hatten, zunächst keineswegs fest in der Hand der Union. Sie besaßen starke Minderheiten, die mit den Konföderierten sympathisierten. Da es sich hier zugleich auch um industriell starke Gebiete handelte, waren die Konföderierten auch aus diesem Grunde bestrebt, sie auf ihre Seite zu ziehen. Auch dies erinnerte an die Kriege des 16. und 17. Jahrhunderts, in denen die eine Partei Anhänger im Machtbereich der anderen besaß. Diese Situation übte auf die strategische Planung zeitweise einen großen Einfluß aus. Wäre es den Konföderierten gelungen, diese Staaten in ihre Hand zu bekommen, hätte sich ihre Lage mit einem Schlag entscheidend verbessert.

Zweifellos legten die großen, nur dünn oder gar nicht besiedelten Räume mit ihren wenigen, aber darum um so wichtigeren Verkehrsverbindungen – insbesondere Eisenbahnen, Flüsse und Küstengewässer – eine großzügigere Operationsführung nahe, als sie in Europa für möglich gehalten wurde. Entscheidend war doch aber, daß diese Herausforderung angenommen wurde, daß also der Krieg nicht nach schulmäßig-abstraktem Muster geführt, sondern die Kriegführung den Verhältnissen, so wie man sie vorfand, angepaßt wurde. Daraus ergab sich eine Vielfalt der Operationsformen: großangelegte Manöver gegen feindliche Verbindungen und Basen, flankierende Bewegungen und direkte Vorstöße, ergänzt durch Diversionen, gegen die feindliche Streitmacht, Gefechte und große Schlachten, bei denen der Geschlagene zunächst kaum, später aber durch große Reitermassen sehr energisch verfolgt wurde. Diese Mittel wurden grundsätzlich als gleichwertig angesehen und jeweils dann bevorzugt, wenn die Umstände dies erforderten oder zu erfordern schienen. Auch der Festungskrieg spielte keine geringe Rolle, wurde jedoch in die immer wieder auf Bewegung drängende Operationsführung einbezogen. Dasselbe war in bezug auf den Kleinkrieg und, wie bereits erwähnt, den Abnutzungskrieg der Fall.

Zweifellos mußte diese Art der Kriegführung die Theoretiker in Europa verwirren, ihnen „wild“ vorkommen, wobei es dann sehr leicht war, den Grund dafür stets im Dilettantismus der amerikanischen Generäle zu sehen. Die europäische – durch Jomini gegenüber Napoleon wieder methodisch verhärtete – Militärstrategie hätte auch dann, wenn mehr amerikanische Generäle eingehender an ihr geschult worden wären, für den Sezessionskrieg nicht genügt. Abgesehen von den ganz anderen räumlichen Verhältnissen bezog sie sich nur auf die militärische Auseinandersetzung der Streitkräfte, während in Amerika erstmalig die Frage des Gesamtkräftepotentials – Streitkräfte, Wirtschaft, Kriegswillen der Bevölkerung – ausschlaggebend war. Von der Grundlage Jominis her wurde kritisiert, daß die unionistische Operationsführung sich verzettelt habe. Alles hätte darauf ankommen müssen, eine Ausdehnung des Kriegsschauplatzes in die unermeßlichen Weiten des Landes zu verhindern. Die Konföderierten, die auf Washngton vorstoßen wollten, hätten vom Unionsheer im Vorstoß auf ihre Hauptstadt Richmond gepackt und geschlagen werden müssen. Auf dem östlichen Kriegsschauplatz, in Virginia, habe die Entscheidung fallen müssen, da hier die Bewegungen des Gegners übersehbar, hier die Möglichkeit bestanden habe, ihn festzuhalten. Statt dessen habe man die Streitkräfte hier geschwächt, um eine weitere Armee am Mississippi einzusetzen. Das aber sei trotz des dafür maßgebenden Grundes – Trennung der Südstaaten östlich des Stromes von denen westlich desselben – überflüssig gewesen, da hier ja nicht die Hauptmacht des Gegners gestanden habe.

Diese Kritik wäre völlig berechtigt gewesen, wenn die konkrete Lage, um die es hier ging, den abstrakt-schulmäßigen Vorstellungen entsprochen hätte. Theoretisch war die Feststellung Jominis, daß sowohl ein zu enger wie ein zu weiter Kriegsschauplatz die entscheidende Kraft strategischer Kombination abschwäche, natürlich richtig. Wenn nun zwar Virginia als Kriegsschauplatz dieser Forderung Jominis entsprochen hatte, so war dies allerdings ziemlich gleichgültig angesichts der Tatsache, daß hier ja gekämpft, aber keine Entscheidung erreicht worden war. In den Schlachten hier hatten anfänglich meist die Konföderierten gesiegt. Die Feststellung, daß diese Entscheidung durch die Union erreicht worden wäre, wenn sie von vornherein über mehr Truppen und eine bessere Militärorganisation verfügt hätte, ist natürlich ebenfalls richtig. Aber da ja nun einmal die Union anfänglich militärisch tatsächlich sehr schwach gewesen war, war die nachträgliche Forderung für die Beurteilung der Unions-Strategie belanglos. Daran war die Frage zu knüpfen, ob mit der Niederwerfung der konföderierten Armee und der Einnahme Richmonds der Krieg tatsächlich beendet gewesen wäre. Die in Virginia stehende Südstaaten-Armee hätte wahrscheinlich nicht nur niedergeworfen, sondern, bei dem Widerstandswillen der Konföderierten, physisch vernichtet werden müssen. Ostvirginia und Richmond lagen in der nordöstlichsten Ecke der Südstaaten, die sich dahinter weit nach Westen bis nach Texas erstreckten. Die Frage ist, ob das darin noch enthaltene Kriegskräftepotential durch die Niederwerfung der konföderierten Armee in Virginia jedenfalls so weit ausgeschaltet worden wäre, daß es den endgültigen Sieg der Union nicht mehr gefährdet hätte.

Für europäisch-schulmäßiges Verständnis konnte es sich bei dem weit nach Westen ausholenden Angriff der Union gegen den Mississippi nur um eine Diversion, also um eine Nebenoperation, gehandelt haben, da die Hauptkräfte des Gegners im Osten gestanden hatten. Tatsächlich aber war der Schwerpunkt der unionistischen Kriegführung nach Westen verlagert worden. Während die konföderierten Hauptkräfte im Osten festgehalten worden waren, waren am Mississippi die konföderierten Staaten senkrecht getrennt und ihnen die letzten freien Verbindungen nach Europa abgeschnitten worden. Dann war vom Westen her der Angriff nach Osten in den Rücken der in der Front engagierten konföderierten Hauptkräfte geführt worden. Auf diesem langen Wege quer durch die Südstaaten ostwärts des Mississippis waren alle erreichbaren Hilfsquellen der Konföderierten zerstört worden. Durch die Zerstörungen war zugleich die feindliche Bevölkerung demoralisiert, ihr Widerstand gebrochen worden, bevor die Armee niedergeworfen und zur Kapitulation gezwungen worden war.

Der Abscheu, den man in Europa vor den besonders brutalen Mitteln empfand, mit denen dieser Krieg geführt worden war, war nur allzu berechtigt. Diese völlige, weit ins 20. Jahrhundert vorausweisende Entfesselung und Ausweitung des Krieges war allerdings – wir erinnern uns – von den konservativen Gegnern der Scharnhorstschen Reform bereits Anfang des 19. Jahrhunderts als zwangsläufige Konsequenz der Volksbewaffnung so und nicht anders prophezeit worden. Wenn man glaubte, daß sich derartiges nur in dem als „halbwild" apostrophierten Amerika ereignen könne und Europa davor gefeit sei, befand man sich allerdings in einem verhängnisvollen Irrtum. Aber eben aus diesem Irrtum läßt sich auch der Hochmut erklären, durch den nicht nur der Abnutzungskrieg, sondern überhaupt die Militärstrategie des Sezessionskriegs abqualifiziert wurden. Man war der Ansicht, daß allein Europa der Hort der strategischen Weisheit sei, und verübelte es den Amerikanern geradezu, dies zuwenig bedacht zu haben.

Selbst Rüstow als Zeitgenosse, der sich auf seine fortschrittliche Einstellung einiges zugute hielt, kanzelte die amerikanischen Generäle hinter der Maske verständnisvoller Überlegenheit ab, indem er meinte, selbst bei den besten sei der „Schimmer von der Einsicht in das Bedürfniß der Harmonie des Handelns" nur ein „äuußerst schwacher" gewesen. „Dieß wird jedem europäischen Offizier als eine schwere Anklage gelten. Wir fassen die Sache nicht so auf. Europa hat Jahrtausende der Geschichte gehabt, ehe es in diesen Dingen zu völliger Einsicht kam. Die einzige Anklage, die wir gegen die Amerikaner erheben können, ist die, daß sie aus der Geschichte der ‚alten Welt' nichts lernen wollen, und in gänzlicher Verkennung der thatsächlichen Lage sich einbilden, sie wären bereits zum Musterstaat emporgeklommen, während die Wahrheit diese ist, daß sich ihr Staat noch im Embryonenzustande befindet – mit allen Vortheilen, welche dieser hat – aber auch mit allen Nachtheilen, die mit aller Aussicht auf die traurigen Entwicklungskrankheiten, welche die ‚alte Welt' seit einigen tausend Jahren schon durchgemacht hat" (Feldherrnkunst, 878). Bei Rüstow ist diese verengte Sicht um so erstaunlicher, als er sich an anderer Stelle ja darüber mokierte, daß sich die Militärs seiner Zeit über den Volkskrieg nur noch lustig machten.

Eine militärische Erscheinungsform der Amerikaner beeindruckte allerdings auch die europäischen Militärs. Es war die Kavallerie und die Art ihres Einsatzes. Wie bereits erwähnt, verfügte zunächst die Konföderation, dann aber auch die Union über eine hervorragende Reiterei. Sie leistete nicht nur sehr viel in der Aufklärung, Sicherung, Verschleierung und Verfolgung, sondern auch im Kampf selbst. Das Geheimnis ihres Erfolges lag natürlich einmal darin, daß sie aus Leuten bestand, die im Sattel aufgewachsen waren. Zum anderen aber war paradoxerweise ein Mangel dafür maßgebend. Die Ausbildungszeit reichte nicht aus, um aus diesen Naturreitern eine streng exerziermäßige Attackenreiterei nach europäischem Muster zu formen, überhaupt wurde von ihnen der Säbel nur als zweitrangige Waffe betrachtet. Da sie, ebenfalls von Haus aus, gute Schützen waren, kämpften sie lieber zu Fuß mit dem Karabiner. So entstand aus ihnen, gleichsam auf natürlichem Wege, eine sehr vielseitig zu verwendende reitende Infanterie, die aber auch in der Lage war, bestimmte Pionieraufgaben zu übernehmen. In dieser Vielseitigkeit erinnerte die amerikanische Kavallerie an die europäischen Dragoner auf dem Höhepunkt ihrer Entwicklung, also Ende des 17., Anfang des 18. Jahrhunderts. Sie wurde jedoch nicht nur als Hilfswaffe gebraucht, sondern, da sie selbst von anderen Waffengattungen relativ unabhängig war, zu großen operativen Verbänden zusammengestellt. Diese betrieben gewaltsame Aufklärung, unternahmen Überraschungsangriffe, weiträumige, schnelle Flankenbewegungen und tiefe Vorstöße, die sogenannten „Raids", weit in das feindliche Hinterland hinein. Diese Tätigkeit war zwar nicht kriegsentscheidend, aber aufgrund der dabei verwendeten, schnell beweglichen Massen äußerst wirksam.

Das Interesse an dieser Art von Reiterei führte in Europa jedoch unmittelbar zu keiner grundlegenden Reformierung der Kavallerie. Man ließ sich lediglich dazu anregen, mehr Wert auf die Aufklärungstätigkeit zu legen, was zweifellos ein Fortschritt war. Man lebte jedoch, wie bereits ausgeführt, trotz der steil ansteigenden Feuerwaffenentwicklung, weiterhin in der Illusion – um nicht zu sagen: der fixen Idee – daß die Kavallerie im Kern noch immer dazu da sei, Schlachten durch Attacken zu entscheiden.

Daß auch die Infanterietaktik im Sezessionskrieg einen entscheidenden Wandel durchmachte, wurde in Europa hingegen nur insofern beachtet, als man hierin wieder eine der typischen Schwächen des Miliz-Systems glaubte erkennen zu dürfen. Das traf auch insofern zu, als die amerikanische Infanterie beider Seiten Schwierigkeiten hatte, die auch bei ihr vorschriftsmäßige Kolonnentaktik korrekt – also im richtigen Zusammenwirken von geschlossenen und zerstreuten Formationen – zu praktizieren. Das war auf mangelhafte Disziplin und Ausbildung zurückzuführen, was aber auch hier zu etwas Neuem führte.

Wegen der fehlenden Übung hatte die amerikanische Infanterie die Tendenz, sich beim Vorgehen zu dichten, ungeordneten Schützenschwärmen zusammenzuschließen – ähnlich wie die französischen Milizen der Revolutionskriege Ende des 18. Jahrhunderts, die sich jedoch auf den Rückhalt aktiver Truppen gestützt hatten. Aber bei den Amerikanern war dies nicht nur in mangelnder Disziplin und Ausbildung begründet. Das waldreiche Gelände im Osten Nordamerikas eignete sich wenig für die Anwendung der Kolonnentaktik. Es kam oft zu Waldgefechten, in denen sich geschlossene Formationen gar nicht aufrechterhalten ließen. Außerdem begünstigten die neuen verbesserten Handfeuerwaffen die Auflösung. In beiden Armeen besaßen zwar große Teile noch Vorderlader, andere aber auch schon Hinterlader, später dann sogar auf Seiten der Union Spencer-Gewehre, also Mehrlader. Die offizielle Einführung von Hinterladern wurde bei allen Armeen, mit Ausnahme der preußischen, zunächst verzögert, weil wegen der schnelleren Schußfolge dieser Waffe Munitionsverschwendung befürchtet wurde. Alle diese Faktoren wirkten dahingehend zusammen, daß sich die überall zu beobachtende infanterietaktische Schwerpunktverlagerung von der Bewegung zurück auf das Feuer in Amerika besonders deutlich abzeichnete. Entscheidend wurde die Entwicklung auch hier dadurch gefördert, daß der Schütze den Hinterlader im Liegen laden konnte, ohne aufstehen oder sich herumdrehen zu müssen, also die Deckung wesentlich besser ausnutzen konnte.

Dem entsprach es auch, daß die Bekleidung unauffälliger wurde. Nun waren die amerikanischen Uniformen ohnehin sehr viel einfacher und glanzloser als die meisten europäischen, aber da allgemein das Erscheinungsbild der französischen Armee das Vorbild war, waren einige Infanterietruppenteile am Anfang dieses Krieges noch in der phantastischen bunten Aufmachung der Zuaven erschienen – die Reiter mit ihren breiten Schlapphüten und schenkellangen weichen Stiefeln hatten auch darin Ähnlichkeit mit denen des 17. Jahrhunderts. Während die Uniform-Grundfarbe der Unions-Armee dunkelblau war, eignete sich das Grau der Konföderierten für die Tarnung sehr viel besser. Und natürlich nahmen die Uniformen mehr Erdfarbe an, je mehr sie mit der Erde in Berührung kamen, je erdnäher die Taktik wurde.

Mit der amerikanischen Infanterietaktik, so wie sie sich in der Praxis herausgebildet hatte, war jedoch zunächst ein entscheidender führungsmäßiger Nachteil verbunden. Wie wir bereits mehrmals feststellten, können aufgelöste Formationen nicht in derselben Weise mit Hilfe des Kommandos geführt werden wie geschlossene. Sie erfordern bis zu einem gewissen Grade auch Mitdenken, selbsttätige Anpassung des einzelnen Soldaten an die taktische Lage. Aber auch daran fehlte es anfänglich der amerikanischen Infanterie. Auch an ihr erweist sich wieder einmal der Irrtum, daß es für einen Soldaten schon genüge, außerhalb der festen Ordnung eingesetzt zu werden, um ein brauchbarer Einzelkämpfer zu sein. Da die Schützenschwärme einerseits nicht straff geführt werden konnten – wozu die ungeübten Subalternoffiziere oft auch gar nicht in der Lage waren –, andererseits aber die einzelnen Soldaten zuwenig selbständig handelten, herrschte besonders am Anfang viel Unsicherheit, die sich in Flankenempfindlichkeit und Neigung zur Panik bei Überraschungen äußerte. Um nun der Truppe größere Sicherheit zu geben, ließ man sie bei jeder Gelegenheit Feldbefestigungen anlegen, das heißt, eingraben. Wie vor Sewastopol wurden Schützengräben auf Schußnähe an den Feind herangeschoben, nur daß dies hier nicht nur im Zusammenhang mit einer Festungsbelagerung, sondern auch im freien Felde geschah. Die Stellungen wurden bereits teilweise verdrahtet. Damit hatte die Infanterietaktik in entscheidenden Grundzügen hier bereits in den 1860er Jahren einen Entwicklungsstand erreicht, den sie in Europa erst im 20. Jahrhundert erlangen sollte.

In Europa wurden Feldstellungen im Bewegungskrieg vollständig abgelehnt, da man befürchtete, die Soldaten würden sich an ihnen festklammern und jeglichen Angriffsschwung verlieren. Wie sich diese Ansicht bei ständig zunehmender Waffenwirkung in der Praxis auswirkte, sollten die nächsten Kriege in Europa zeigen.

7. Kriegslehre und Kriegführung Moltkes

a. Die Lehre

Moltke hat, um dies gleich vorwegzunehmen, keine abgeschlossene Kriegführungstheorie hinterlassen. Bemerkungen über Kriegführung finden sich verstreut in seinem ganzen Schrifttum. Nur in zwei Aufsätzen hat er seine Ansichten als Extrakt seiner Erfahrungen zusammengefaßt.

Bei der überragenden Bedeutung, welche die Militärstrategie Helmuth von Moltkes gewann, stellt sich sofort die Frage, in welchem Verhältnis er zu Clausewitz gestanden hat. Da Clausewitz zur selben Zeit eine leitende Funktion an der preußischen Allgemeinen Kriegsschule (Kriegsakademie) bekleidete, als der junge Moltke hier seinen Lehrgang absolvierte, hätte sich, so sollte man meinen, ein persönlicher Einfluß des Älteren auf den Jüngeren, eine unmittelbare Gedankenübertragung in allen Fragen des Krieges und der Kriegführung von selbst ergeben müssen. Das war jedoch nicht der Fall. Moltke lernte Clausewitz' Betrachtungen erst später aus seinen Schriften kennen.

Clausewitz, dessen epochemachendes Werk erst nach seinem Tode veröffentlicht wurde, stand der Militär-Direktion dieser Anstalt vor, neben der es noch eine Studien-Direktion gab. Clausewitz war damit zwar für die disziplinaren und verwaltungsmäßigen Angelegenheiten, nicht aber für die Lehren zuständig, die Angelegenheit der Studien-Direktion waren. Clausewitz übte also keinen Einfluß auf den Unterricht aus.

Nun war ja aber dieses Werk wesentlich aus dem Ergebnis der Napoleonischen Kriege heraus entstanden, die nicht nur auf Clausewitz, sondern auf seine ganze Generation den größten Eindruck gemacht und entscheidenden Einfluß ausgeübt hatten. Clausewitz hatte nichts „erfunden", die Größe seiner Leistung liegt vielmehr darin, daß er vorliegende Erfahrungen verarbeitet, geahnte neue Kriterien bewußt gemacht, verborgene entdeckt und in den logischen Zusammenhang eines Gedankengebäudes gebracht hatte. Allen Fachleuten dieser Zeit war nach den Napoleonischen Kriegen klar, daß ein prinzipieller Unterschied zwischen der militärischen Kriegführung des 18. und der des 19. Jahrhunderts bestand. Alle wußten, welche wichtige Rolle im Kriege der moralische Faktor spielte. Alle waren überzeugt davon, daß die Schlachtentscheidung im Mittelpunkt der Kriegführung stehe. Zumindest die Tendenz des Krieges zu seiner Verabsolutierung war spürbar geworden. In der Erkenntnis, daß mit den Verallgemeinerungen der Methodiker die Kriegswirklichkeit nicht erfaßt wurde, daß diese vielmehr in der jeweils einmaligen, unverwechselbaren Kriegslage enthalten sei, wurde die Kriegsgeschichte, an der diese Einzelfälle studiert werden konnten, durch die jungen Kriegsschullehrer zum „Bildungsmittel schlechthin" (Kessel, Moltke, 100). Die alten Methodiker gaben sich deswegen aber noch nicht geschlagen. Sie glaubten, die Ratio zu vertreten, und in der Tat kam ja auch die freiere Handhabung des Kriegsinstruments nicht ohne vernunftbegründete Grundsätze und Regeln aus. So bestand hier zwischen den Anschauungen der jüngeren, ganz von den Napoleonischen Kriegen geprägten Theoretikern und jenen älteren eine Spannung, von der das kriegstheoretische „Klima" in der Zeit bestimmt wurde, als sich Moltke in wissenschaftlicher Arbeit seine ersten Ansichten über die Kriegführung bildete.

„Auch Moltke hat infolgedessen in seiner Jugend diesen Gegensatz der Gegenwart zur Vergangenheit noch erlebt, ohne jedoch im Zweifel zu sein, wo die Wahrheit lag. Die Frage war nur, wie man die ‚Ratio' in dem Bereich, der ihr zukam und der sich im Zuge der allgemeinen Kulturentwicklung nun schon wieder erweiterte, wirken lassen konnte, ohne die Tatkraft schnellen Entschlusses einzubüßen und zugleich der Hybris der Vernunft zu verfallen, unter der die Kriegskunst des 18. Jahrhunderts so sehr gelitten hatte. Es war allerdings unzweifelhaft, daß man der Verstandestätigkeit überall bedurfte, um im Kriege bestehen zu können. Das konnte doch stets nur durch ein Zu-Ende-Denken bis an die Grenze der Berechenbarkeit im konkreten Fall geschehen. Mußte dadurch nicht die Schnelligkeit des Entschlusses, die unter Umständen notwendige blitzschnelle Reaktion des Handelns gehemmt werden, ohne die der Soldat im Kriege nicht auskommt? – Das Problem des Menschen Moltke ist zugleich das Problem seiner Zeit gewesen" (ebda., 46).

Ablehnung der Methodiker bedeutete jedoch noch nicht völlige Übereinstimmung mit den Ansichten von Clausewitz.

So vertrat in operativer Hinsicht die preußische Kriegsakademie – orientiert an friderizianischer Tradition und Napoleonischer Strategie – den Standpunkt, daß dem Angriff unbedingt der Vorzug vor der Verteidigung zu geben sei. Moltke ging aus von den Grundlagen, die ihm auf der Kriegsakademie vermittelt worden waren und die er sich dort erarbeitet hatte. Er bezeichnete sich zwar später als einen Schüler von Clausewitz, übernahm tatsächlich von ihm aber nur das, was seinem eigenen Wesen und seiner Überzeugung entsprach. Abweichungen waren aber auch zwangsläufig durch die Einflüsse der modernen Technik auf die Operationsführung bedingt, die Clausewitz noch gar nicht kennen konnte. Mit Clausewitz hielt der junge Moltke die Schlachtentscheidung für den Kern der kriegerischen Auseinandersetzung seiner Zeit – wobei auch er der Ansicht war, daß Lagen eintreten könnten, in denen es besser sei, nicht zu schlagen. Zu Beginn seiner Generalstabstätigkeit waren es folgende Grundsätze, die er als wesentlich herausstellte: Zusammenhalten der Kräfte, Bevorzugung der inneren Linie bei der Operationsführung, Artillerievorbereitung des Angriffs, aktive und bewegliche Verteidigung, Sicherung des Rückzugs aus der Verteidigungsstellung, Erhaltung der Bewegungsfreiheit, Wert der Flankenstellung.

Abgesehen davon, daß Clausewitz Kräftekonzentration und Bevorzugung der inneren Linie nie apodiktisch gefordert hatte, wich Moltke in der Bewertung der Flankenstellung von der Ansicht Clausewitz' ab, der in ihr ein Relikt der „Manöverstrategie" des 18. Jahrhunderts gesehen hatte – wozu deshalb auch seine nachträgliche Empfehlung der Flankenstellung für die preußische Armee 1806 nur scheinbar im Widerspruch stand. Die nächste Gelegenheit, die Moltke hatte, die Richtigkeit dieser Grundsätze zu überprüfen, ergab sich nicht in Europa, sondern in der Türkei, wo er als militärischer Berater tätig war, aber auch führend an Kampfhandlungen teilnahm.

Moltkes spätere Strategie versuchte man mit dem Schlagwort zu umreißen: „Getrennt marschieren – vereint schlagen." Gemeint ist damit der operative konzentrische Angriff, der für die Allgemeinheit sozusagen zum Gütesiegel der Operationsführung Moltkes wurde. Tatsächlich aber hat dieses Schlagwort, das weder von Moltke noch ursprünglich auf ihn geprägt wurde, nur mittelbar etwas mit dem operativen konzentrischen Angriff von den äußeren Linien aus gegen einen auf der inneren Linie stehenden Feind zu tun. Denn je größer die Armeen wurden – und erst jetzt, in der zweiten Hälfte des 19. Jahrhunderts, wirkte sich die allgemeine Wehrpflicht voll aus –, desto weniger konnte man sie ständig auf engem Raum zusammenhalten. Zum Schlagen jedoch mußten die getrennten Teile vereinigt werden. Das ergab aber noch nicht das später dann von Moltke angewandte konzentrische Angriffsverfahren. Im Hinblick darauf ist es interessant, daß Moltke 1853 als Generalstabschef eines Armeekorps bei einer Übung den dort angewandten konzentrischen Angriff als zu schwierig hinsichtlich der einheitlichen Durchführung kritisierte. Moltke vertrat also auch in dieser Frage zunächst den üblichen Standpunkt.

Er wollte nicht die Kriegführung revolutionieren – das hätte seiner zurückhaltenden, mehr auf kontinuierliche Weiterführung als auf umwälzende Veränderungen abzielenden Art völlig widerstrebt. Er hat sie auch nicht eigentlich revolutioniert – jedenfalls nicht in dem Maße, wie das durch die Französische Revolution und Napoleon geschehen war. Es gab zu seiner Zeit wie auch noch später Militärfachleute, die der Ansicht waren, daß Moltke eine grundlegend andere Art der Operationsführung praktiziert habe als Napoleon. Das mochte, formal gesehen, also nach der Art einzelner Bewegungsabläufe, sogar zutreffen. Dem Gehalt nach war dies aber sicher nicht der Fall, da sich seit Napoleon die auf die Militärstrategie einwirkenden Verhältnisse in einigen entscheidenden Punkten grundlegend verändert hatten und eben dies weitgehend von Moltke für die Kriegführung berücksichtigt wurde. Hierfür ist nun wichtig, daß Moltke diese neuen Faktoren – wie Eisenbahn, Telegraphie, Hinterlader – in ihrer Benutzbarkeit für die Kriegführung nicht nur von Fall zu Fall erkannte und berücksichtigte, sondern sie als integrierende Faktoren in seine strategischen Vorstellungen und konkreten Planungen einbezog.

1858 wurde Moltke Chef des preußischen Generalstabs, nachdem er schon ein Jahr früher mit der Führung der Geschäfte beauftragt worden war. Sein Vorgänger, der General von Reyher, hatte zwar sowohl die operative Bedeutung der Eisenbahn wie der Telegraphie erkannt, aber es waren keine konkreten Pläne, vor allem keine ausgearbeiteten Fahrpläne, vorhanden für die Verwendung der Eisenbahn im Kriegsfall. Frankreich war darin in den 1850er Jahren schon wesentlich weitergekommen. Moltke, der bereits 1833 die Eisenbahn in seine strategischen Überlegungen einbezogen hatte, stellte nun als erster realistische Betrachtungen über ihren Kriegseinsatz an. Er kam zu dem Ergebnis, daß ihr Einsatz die völlige Beherrschung des Gebietes voraussetzte, durch das die Bahn führe, daß er also für das Operationsgebiet nur begrenzt, dagegen für den Aufmarsch außerordentlich nützlich sei.

Bereits Reyher hatte die genaue Berechnung von Raum und Zeit zur Grundlage der Aufmarschplanung gemacht, aber sich dafür noch am Fußmarsch orientiert. Er hatte auch schon im Frieden einen höheren Generalstabsoffizier als Telegraphendirektor eingesetzt. Durch die Einbeziehung der Bahn in die Kriegführung verstärkte sich aber nun das Bedürfnis nach genauer Vorausplanung noch ganz außerordentlich.

Wenn für diese nun ausschließlich der Generalstab verantwortlich wurde, so war dies der Tatsache zu verdanken, daß durch Moltke die Stellung des Generalstabchefs erheblich aufgewertet wurde. Erst durch Moltke wurde der Generalstabchef zum wichtigsten, unmittelbaren militärischen Berater des Königs, der Generalstab zum zentralen Führungsorgan, während er vorher – abgesehen von Aufgaben, die sich auf die topographischen und verkehrsmäßigen Grundlagen der Landesverteidigung, auf Nachrichtendienst, Festungswesen, Häfen und Flotte bezogen – vor allem als Ausbildungsstätte für Anwärter auf hohe Truppenkommandos angesehen worden war. So hatten die operativen Planungen des Generalstabs auch mehr der Schulung dieser Personen gedient, als daß sie im Hinblick auf mögliche zukünftige Kriegsfälle vorgenommen worden wären. Ja, man hatte eine derartige Vorausplanung gar nicht für zweckmäßig gehalten, weil bei einem drohenden Krieg bislang genügend Zeit für die Vorbereitungen zur Verfügung gestanden hatten. Auch die Operationspläne für den konkreten Kriegsfall waren keineswegs nur im Generalstab, sondern gewissermaßen in der freien Konkurrenz eines Ausschreibverfahrens ausgearbeitet worden. Erst durch Moltke wurden alle Angelegenheiten, welche die militärische Kriegführung und ihre Vorbereitung anbelangten, auf den Generalstab der Armee als der dafür jedenfalls in erster Linie zuständigen Stelle konzentriert.

Die Tatsache, daß dieses Gremium in seinen Tätigkeiten zu einer bisher nicht gekannten Umsicht und Präzision gelangte, beantwortete auch die vorhin anklingende Frage nach dem Stellenwert der Ratio in der modernen Strategie. Nach dem Ideal der methodischen Kriegführung war rationales Handeln gleichbedeutend gewesen mit einem Handeln nach Regeln, die vom realen Durchschnittsfall abstrahiert worden waren. In Napoleon glaubte eine neue, freilich sich bereits vor ihm anbahnende Auffassung den Beweis für die Überlegenheit der genialischen Intuition über den bloßen Verstand sehen zu können. Nun trat wieder nüchterne Rationalität in den Vordergrund, wobei man zwar die Notwendigkeit der Genialität für die Kriegführung noch nicht bestritt, aber im beginnenden Maschinenzeitalter erkannte, daß sie in weit höherem Maße als früher von der Erfassung und Beherrschung technischer Voraussetzungen abhängig war. Die differenzierte Präzisionstechnik der neuen Waffen, Führungs- und Beförderungsmittel erforderte eben auch für ihre militärstrategische Benutzung ein Höchstmaß an operativer Präzisionsarbeit. Dadurch wurde freilich die Armee nicht zu der quasi leblosen „Kriegsmaschine", die sie nach dem Ideal der Theoretiker des 18. Jahrhunderts sein sollte. Moltke war sich völlig darüber klar, daß es unter den gegebenen Umständen – große Heere, die nicht ständig in enger Versammlung gehalten werden konnten, und daher größere Räume – noch unmöglicher als jemals war, einen ganzen Feldzug in allen Details vorauszuplanen. Hierin befand sich Moltke in völliger Übereinstimmung mit Clausewitz. Die präzise Vorarbeit müsse sich daher auf die Vorbereitung zum Kriege, den Aufmarsch, die einleitenden Operationen beschränken. Aber wegen des Gewichtes, die dieser Vorarbeit wiederum für den ganzen Feldzug zukommt, wurde auf sie der allergrößte Wert gelegt.

Moltke sagte dazu selbst: „Kein Operationsplan reicht mit einiger Sicherheit über das erste Zusammentreffen mit der feindlichen Hauptmacht hinaus. Nur der Laie glaubt in dem Verlauf eines Feldzuges die konsequente Durchführung eines im voraus gefaßten, in allen Einzelheiten überlegten und bis ans Ende festgehaltenen, ursprünglichen Gedankens zu erblicken. – Gewiß wird der Feldherr seine großen Ziele stetig im Auge behalten, unbeirrt darin durch die Wechselfälle der Gegebenheiten, aber die Wege, auf welchen er sie zu erreichen hofft, lassen sich auf weit hinaus nie mit Sicherheit feststellen. Er ist im Laufe des ganzen Feldzuges darauf angewiesen, eine Reihe von Entschlüssen zu fassen, aufgrund von Situationen, die nicht vorher zu sehen sind. Alle aufeinanderfolgenden Akte des Krieges sind sonach nicht prämeditierte Ausführungen, sondern spontane Akte, geleitet durch militärischen Takt ...", andererseits jedoch sei „ein Fehler in der ursprünglichen Versammlung der Heere im ganzen Verlauf des Feldzuges kaum wieder gutzumachen. Aber diese Anordnungen lassen sich lange vorher erwägen und – die Kriegsbereitschaft der Truppen, die Organisation des Transportwesens vorausgesetzt – müssen sie unfehlbar zu dem beabsichtigten Resultat führen" (zit. Wallach, KT 72 ff.).

Die Erkenntnis, daß es unmöglich war, den Verlauf der Operation über den ersten Zusammenstoß mit dem Feind hinaus festzulegen, die Tatsache, daß auch der umsichtigste Feldherr nicht in der Lage sei, die laufende Operation in jedem Augenblick in allen Einzelheiten zu überblicken, und schließlich die Überzeugung vom Wert der persönlichen Initiative für die Erhöhung kriegerischer Effektivität bestimmten Moltke zu einer tiefgehenden Veränderung der Führungsgrundsätze: zur Einschränkung des Befehls zugunsten der Direktive.

Während bestimmte Befehle für das augenblickliche Verhalten der untergeordneten Stelle erteilt werden, führte Moltke aus, stellten die Direktiven nur leitende Gesichtspunkte auf, die als Richtschnur für selbständig zu fassende Entschlüsse zu dienen hätten. Es leuchtet ein, daß detachierten Führern nur solche allgemeinen Weisungen gegeben werden sollten, nach denen sie frei handeln konnten, da der Führer einer detachierten Abteilung nicht unmittelbar und in jedem Augenblick durch Befehle erreichbar war. Eine Leitung durch Befehle war aber auch um so schwieriger, je höher die betreffende Führungsebene war, der sie erteilt werden sollten, weil es um so schwieriger war, ihr augenblickliches Verhalten mit entsprechend detaillierten Anordnungen vorauszubestimmen. Moltke stellte den Grundsatz auf: „je höher die Behörde, desto kürzer und allgemeiner werden die Befehle sein; je größer die Hauptunterabteilungen, je mehr Freiheit muß ihnen gelassen werden" (Militärische Werke, IV, 2). Weder die Heeresleitung noch die Armee- und Korpsführer seien immer in der Lage, die ihnen unterstellten Verbände von Tag zu Tag durch Befehle zu führen. Moltke verlangte sogar, „wenn die Umstände es erfordern sollten, anders zu handeln als befohlen war" (ebda.) – nämlich im Sinne des Zweckes, den der nicht mehr ausführbare Befehl enthalten hatte. Nicht nur vom höheren Befehlshaber, sondern vom Offizier überhaupt verlangte Moltke in Situationen, in denen an ihn kein Befehl ergehen konnte, nach eigener Einsicht zu handeln. Grundsätzlich sollte nur soviel befohlen werden, wie unbedingt nötig, und nicht in den Zuständigkeitsbereich der untergeordneten Stelle hineinbefohlen werden. Konsequenterweise mußte dann auch im taktischen Bereich um so mehr durch Aufträge geführt werden, die dem untergeordneten Führer die Regelung aller damit verbundenen Einzelheiten überließen, je mehr sich die geschlossenen taktischen Formen auflösten und je selbständiger die taktischen Führer dadurch wurden. So entstand die „Auftragstaktik".

Auch das Führen durch Direktiven war nicht neu; neu daran war, daß es zu einem Führungsgrundsatz erhoben wurde. Für auf längere Zeit und größere Entfernung detachierte Heeresteile hatte sich eine Führung durch allgemeine Weisungen schon immer empfohlen, auch für die einzelnen Kontingente einer Koalitionsarmee, sofern überhaupt ein gemeinsames Oberkommando vorhanden war. Ein sehr positives Beispiel bot dafür, wie bereits erwähnt, der Herbstfeldzug der Verbündeten 1813. Mit der Größe der Heere waren die Führungsprobleme ständig gewachsen. Nach wie vor mußte die Armee natürlich durch einheitliches Oberkommando geführt werden, aber ihre Größe und die Tatsache, daß ihre gesamte Masse nicht ständig auf engem Raum zusammengehalten werden konnte, machten es notwendig, die Führungsaufgaben nach unten zu delegieren. Napoleon war militärisch auch daran gescheitert, daß seine Marschälle nicht selbständig operieren konnten, weil sie dafür nicht erzogen und ausgebildet, die französischen Generalstäbler eigentlich nur höhere Adjudanten waren.

Die Forderung nach Eigeninitiative der Führer von Verbänden und Einheiten ergab sich aus Moltkes allgemeiner Forderung an den Kriegführenden, die Initiative zu erlangen, sie zu erhalten und dem Gegner das Gesetz des Handelns vorzuschreiben. Einen entscheidenden Vorsprung an Initiative erlangte man bereits vor dem Kriege durch gezielte Vorbereitungen und Planungen. Da im Kriege aus den eben genannten Gründen immer wieder unklare Lagen entstehen konnten, riet Moltke den Truppenführern für diese Fälle, aktiv zu handeln und nicht darauf zu warten, bis der Gegner die Initiative ergreift. Sei der Truppenführer im Zweifel darüber, ob er in einen Kampf eingreifen solle oder seinem ursprünglichen, anderslautenden Auftrag zu folgen, so empfehle sich in den meisten Fällen das Erstere, denn die Aussicht auf den taktischen Erfolg verdränge alle anderen Rücksichten.

Der Vorrang der taktischen Notwendigkeit vor jedem strategischen Gesichtspunkt entsprach preußischer Tradition und ergab sich aus der Clausewitzschen Erklärung, nach der Strategie der Gebrauch des Gefechtes zum Zwecke des Krieges sei – wie es Caemmerer ausdrückt „erst muß man überhaupt siegen, dann erst kann es sich um die Ausnützung des Sieges handeln“ (163). Nach Moltke sollte sich der Stratege den Erfolg eines jeden Gefechtes aneignen und auf ihm aufbauen, selbst wenn er vorher anders disponiert hatte. Von daher wird eine dann berühmt gewordene Feststellung Moltkes verständlich:

„Die Strategie ist ein System der Aushilfen. Sie ist mehr als Wissenschaft, ist die Übertragung des Wissens auf das praktische Leben, die Fortbildung des ursprünglich leitenden Gedankens entsprechend den sich stets verändernden Verhältnissen, ist die Kunst des Handelns unter dem Druck der schwierigsten Bedingungen.“ (zit. Caemmerer, 164).

Eine Operationsführung, der es darauf ankam, die Initiative zu erlangen und zu behalten, legte offensives Handeln nahe. Daß die Initiative im Angriff liegt, hatten alle Theoretiker und natürlich auch Clausewitz festgestellt. Die Offensive schreibt dem Gegner das Gesetz des Handelns vor, er ist dadurch gezwungen, nach Mitteln zu suchen, ihr zu widerstehen. „Die Offensive weiß im voraus, was sie will; die Defensive schwebt in der Ungewißheit, kann aber die Absichten des Gegners erraten.“ (Moltke II, 2, 208).

Dies hieß jedoch nicht, daß in jeder Lage der Angriff zu bevorzugen sei. Auf taktischer Ebene erhielt die Clausewitzsche Feststellung von der Verteidigung als der stärkeren Form der Kriegführung sogar noch eine weitere Bestätigung infolge der gesteigerten Waffenwirkung, durch welche die Aussichten auf Erfolg bei Frontalangriffen im allgemeinen nur noch sehr gering waren, wohl aber hohe Verluste erforderten. Der taktische Flankenangriff aus versammelter Aufstellung heraus zwang zur Teilung der angreifenden Kräfte und damit zu einem Flankenmarsch vor dem verteidigenden Gegner. Wollte man ihn vermeiden, blieb noch die Möglichkeit, einen Flügel des Verteidigers mit einem kräftemäßig überlegenen Flügel anzugreifen, was dann wieder an dieser Stelle auf einen Frontalangriff hinauslief. Moltke war daher dafür, die taktische Verteidigung möglichst tief zu gliedern, damit der frontal angreifende Gegner nicht durchbrechen konnte und seine Umfassung erschwert wurde.

Auch hierbei handelte es sich natürlich nur wieder um Erwägungen, die von der Kriegswirklichkeit abstrahiert waren, und nicht etwa um die Feststellung, daß der taktische Angriff überhaupt unmöglich geworden war. Wer die feindliche Streitkraft schlagen, das Gebiet, auf dem der Feind stand, in die Hand bekommen wollte, dem blieb natürlich gar nichts anderes übrig, als, in welcher Form auch immer, anzugreifen. Auch der Verteidiger konnte sich nicht darauf beschränken, einfach stillzustehen und den Feind durch Feuer abzuwehren; er mußte, nachdem er den Angriff abgeschlagen hatte, zum Gegenangriff übergehen, wenn er sich vom Feinde befreien, ihn, wenn er bereits eingedrungen war, aus dem Lande werfen wollte. Die Tatsache, daß infolge der verbesserten Feuerwaffen die taktische Verteidigung einen großen Vorteil über den taktischen Angriff gewonnen hatte, besagte also nichts darüber, ob eine Schlacht verteidigungs- oder angriffsweise geführt werden sollte. Das war von der eigenen Absicht, der Lage und auch von anderen Umständen abhängig – vor allem vom Gelände, denn es war natürlich ein erheblicher Unterschied, ob der Angriff über eine baumlose Fläche oder ein strukturiertes Gelände mit Deckungsmöglichkeiten hinweg vorgetragen wurde.

Ganz anders lagen die Dinge auf operativer Ebene. Hier beeinflußte die Waffenentwicklung und die übrigen auf den Krieg zu beziehenden Errungenschaften der modernen Technik die Kriegführung, wie Moltke als erster erkannte, dahingehend, daß die Offensive sich als wirksamer denn die Defensive erwies. Hierin lag eine entscheidende Abwendung von Clausewitz, die jedoch durch die soeben angedeuteten Veränderungen der Verhältnisse seit Clausewitz begründet war.

Moltke sagte: „Die Handhabung großer Heereskörper ist im Frieden nicht zu erlernen. Man ist auf das Studium nur einzelner Faktoren, so namentlich des Terrains, und auf die Erfahrung aus früheren Feldzügen beschränkt. Aber das Fortschreiten der Technik, erleichterte Kommunikation, neue Bewaffnung, kurz, völlig veränderte Umstände, lassen die Mittel, durch welche früher der Sieg errungen wurde, und selbst die von den größten Feldherren aufgestellten Regeln, vielfach als unanwendbar auf die Gegenwart erscheinen." (zit. Caemmerer, 165).

Wie bereits weiter oben ausgeführt, traf es nicht mehr zu, daß sich ein auf den äußeren Linien mit zwangsläufig getrennten Heeresteilen operierender Angreifer gegenüber einem auf der inneren Linie operierenden Verteidiger grundsätzlich im Nachteil befand. Die Gefahr, daß die getrennten Heeresteile des Angreifers vom konzentriert stehenden Verteidiger einzeln geschlagen wurden, hatte sich mit den Möglichkeiten zur besseren Koordination der angreifenden Teile verringert. Dies war jedoch nicht nur auf den Telegraphen – der zunächst noch kein unbedingt zuverlässiges Führungsmittel war – und das engere Straßennetz zurückzuführen, sondern wesentlich auch auf das Führen durch Direktiven, das freilich bei den Unterführern die Kenntnis des Operationsplans, ihr Mitdenken und selbständiges Mitgehen im Sinne der operativen Zielsetzungen und des beabsichtigten Operationsverlaufs voraussetzte. Weil damit der Zwang zur Vereinigung der Angriffskräfte vor der Schlacht wegfiel, bestanden damit auch nicht mehr die großen Schwierigkeiten, die sich für einen Flankenangriff oder eine Umfassung aus der versammelten Aufstellung heraus ergaben. Der operative Angriff von den äußeren Linien her konnte nun bruchlos in den taktischen Angriff gegen Front und Flanken des Gegners übergehen.

Die Vereinigung der Kräfte vollzog sich so nicht vor der Schlacht, sondern auf dem Schlachtfeld. Der operative Angriff brauchte sich daher nicht, wie noch von Clausewitz herausgestellt, mit einem Vorgehen gegen die Verbindungen im Rücken des Feindes zu begnügen. Er war daher „wirksamer", wie Moltke sagte, als die operative Verteidigung. Festzuhalten ist jedoch, daß Moltke nicht, wie Clausewitz in Bezug auf die Verteidigung, von dem operativen Angriff als von der „stärkeren" Form der Kriegführung sprach. Moltke faßte zusammen: „Die taktische Defensive ist die stärkere Form, die strategische Offensive die wirksamere, die, welche allein zum Ziel führt ... kurzgefaßt darf man sagen, daß die strategische Offensive der gerade Weg zum Ziel, die strategische Defensive der Umweg ist." (zit. Wallach, KT, 75 ff.).

Die konzentrische Angriffsoperation zielte selbstredend ab auf eine Konzentration der zunächst getrennten Kräfte zur Schlacht. Konzentration bedeutete hier natürlich nicht ihr Zusammenziehen zu einer eng massierten Aufstellung, die ja gerade vermieden werden sollte, sondern lediglich ihre Zusammenführung bis zu einer Nähe, in der sie für die Schlacht gegen Front und Flanken des Gegners zusammenwirken konnte.

„Es ist daher ein Irrtum", bemerkte Moltke, „zu glauben, daß man konzentriert sei, wenn man alles oder viel auf einer Straße marschieren läßt. Man verliert in der Tiefe mehr, als man in der Front gewinnt, denn zwei Divisionen, welche in der Entfernung von 1 bis 1½ Meilen nebeneinander marschieren, werden sich leichter und besser unterstützen, als wenn sie unmittelbar folgen." (zit. Caemmerer, 167).

In sehr großen Truppenansammlungen sah Moltke – wegen der damit verbundenen Ernährungsschwierigkeiten und Bewegungseinschränkungen – „an sich eine Kalamität". Es sei ein Fehler, alle Kräfte ohne einen ganz bestimmten Zweck und anders als für die Entscheidung zusammenzufassen. Für diese Entscheidung könne man freilich niemals stark genug sein und müsse dafür das letzte Bataillon heranziehen. Aus diesem Grunde lehnte Moltke auch die Bildung strategischer Reserven ab. Für die Operationen solange wie irgend möglich in der Trennung zu beharren, für die Entscheidung rechtzeitig versammelt zu sein, sei die Aufgabe der Führung großer Massen. Das möglichst lange Getrenntsein der einzelnen Heeresteile sei nötig, um den Gegner gleichzeitig an der Front und den Flanken anzugreifen, um zu verhindern, daß er seinerseits die eigenen flankierenden Teile flankiere. Sei die Armee schon vor der Schlacht konzentriert an den Gegner herangerückt, so bedinge jede neue Trennung zum Zwecke der Umfassung oder Umgehung des Feindes einen Flankenmarsch im Bereiche seiner taktischen Wirkungssphäre. Würden dagegen die Streitkräfte am Schlachttag von getrennten Punkten aus gegen das Schlachtfeld selbst konzentriert, so „hat die Strategie das Beste geleistet, was sie zu erreichen vermag, und große Resultate müssen die Folge sein" (zit. ebda., 168 ff.).

Moltke hielt also an dem Grundsatz fest, daß für die Schlacht die Konzentration der Kräfte notwendig sei. Nur war die von ihm verlangte Konzentration keine Truppenanhäufung auf der Stelle, sondern die konzentrische Bewegung nach vorn, deren „idealer" Schnittpunkt nicht vor dem Feinde, sondern im Feinde lag.

Diese Lehre sei, bemerkte Caemmerer, „zur bindenden Richtschnur für die Führer des Heeres" (ebda., 169) geworden. Das ist wohl richtig, nur war sich Moltke selbst am besten über die Schwierigkeiten bei der Ausführung im klaren. Diese Schwierigkeiten begannen bereits bei den geographischen Gegebenheiten, also damit, daß nicht überall ein Netz parallel laufender und ungefähr den richtigen Zwischenraum aufweisender Straßen vorhanden war – von den möglichen Gegenmaßnahmen des Feindes, der, von der inneren Linie her, gegen die einzelnen angreifenden Heeresteile nach wie vor Erfolgschancen hatte, ganz zu schweigen. Der Krieg von 1870/71 wäre militärisch nie gewonnen worden, wenn sich Moltke allein auf das Verfahren des konzentrischen Angriffs, das er 1866 in Vollkommenheit zur Anwendung brachte, verlassen hätte. Der Grundsatz jedoch, die Kräfte nur für die Entscheidung zu konzentrieren, traf in jedem Fall zu – sei es nun für den Angriff oder die Verteidigung.

Zweifellos richtete Moltke sein Augenmerk noch entschiedener auf die Niederwerfung des Gegners und damit auf die Schlachtentscheidung als Clausewitz. Moltke war der Überzeugung, daß „die Zwecke im Kriege nie vollständiger erreicht werden [können], als durch das Gefecht, sein Hauptziel nur durch Niederwerfung der feindlichen Hauptmacht im freien Felde, also durch die *Schlacht*" (zit. Wallach, KT, 77).

Moltke machte also – im Gegensatz zu Clausewitz – die Erreichung des Hauptzwecks des Krieges einzig von der Niederwerfung des Gegners in der Schlacht abhängig. Jede nicht auf dieses Ziel ausgerichtete Operationsführung mußte daher als weniger dem Hauptzweck des Krieges dienend und daher als mindere Lösung angesehen werden – gleichgültig, ob sie von dem betreffenden Feldherrn aus freien Stücken so gewollt oder ihm von der Kriegslage oder einer übergeordneten politischen Gesamtkriegsleitung aufgezwungen wurde. Da Moltke vor allem mit der operativen Offensive seiner Vorstellung das Mittel in der Hand zu haben glaubte, dem Feind auf direkteste Weise, also durch die unmittelbar zur Schlacht führende Operation und durch die Schlacht selbst, seinen Willen aufzuzwingen, ist diese Ansicht vom rein militärischen Standpunkt aus natürlich verständlich. Wenn man in diesem unbedingten Willen zur Niederwerfung des Gegners – die ja mit der heute möglichen totalen Vernichtung nicht gleichzusetzen ist, da sie nur die Erreichung der Kampfunfähigkeit des Gegners meinte – den Ausdruck eines rücksichtslosen Militarismus sieht, sollte man bedenken, daß dieser direkte Weg zugleich auch auf eine Abkürzung des Krieges und damit auch der Leiden aller von ihm betroffenen Menschen abzielte – im Gegensatz zu der keineswegs auf Niederwerfung des Gegners abzielenden, dafür aber besonders die Zivilbevölkerung in schwerste Mitleidenschaft ziehende, manchmal jahrzehntelang sich hinziehende Abnutzungskriegführung beispielsweise des 17. Jahrhundert.

Trotzdem war diese Ansicht Moltkes, vor allem im Hinblick auf ihre Auswirkungen in den Zeiten nach ihm, äußerst bedenklich. Sie zeigt, daß Moltke in der Tat nicht nur die militärische Operationsführung, sondern den Krieg in seiner Gesamtheit unter militärischem Gesichtspunkt angesehen wissen wollte. Darin irrte er jedoch, denn nicht in jedem Fall ist die Erreichung des eigenen – stets politischen – Haupt-Kriegszwecks von der Niederwerfung der militärischen Hauptmacht des Feindes abhängig. Dieses Hauptziel braucht nicht darin zu liegen, den Gegner kampfunfähig zu machen, also seine militärische Hauptmacht niederzuwerfen. Das hatte Clausewitz näher ausgeführt. Moltke räumte zwar ein, daß „manche wichtigen Zwecke" des Krieges auch ohne Kampf erreicht werden könnten: durch Märsche, durch Wahl der Stellungen, eine Umgehung, die den Feind zum Rückzug veranlaßt, durch eine Arrièregarde, die durch Haltung und Aufstellung den Feind bestimmt, vom Angriff abzusehen, durch eine Rekognoszierung, die gesehen hat, was sie sehen wollte. Aber offenbar sah er solche Kriegszwecke, die kampflos erreicht werden konnten, nicht als identisch mit dem „Hauptziel" des Krieges an, das eben „nur" durch Niederwerfung der feindlichen Hauptmacht zu erreichen sei.

Man kann hier natürlich fragen, ob in der Zeit der beginnenden Hochblüte des Nationalismus, Imperialismus und Sozialdarwinismus, der sich immer mehr steigernden Modernisierung und Akkumulation der Kriegsrüstung überhaupt noch eine Beschränkung der Kriegführung auf Ziele möglich war, deren Erreichung nicht die Niederwerfung der feindlichen Streitkraft als eklatantestes Machtmittel der feindlichen Nation voraussetzte. Dies war aber im Kern keine militärische, sondern eine politische Frage. Zur Zeit von Clausewitz waren die allgemeinen wie die militärischen Verhältnisse noch andere gewesen, die von ihm so stark unterstrichene Feststellung, daß – mit unseren heutigen Worten – die Militärstrategie ein untergeordneter Teil der Gesamtstrategie sei, hatte jedoch an Gültigkeit nicht verloren. Auch Moltke war der Ansicht, daß sich die Politik des Krieges für die Erreichung ihrer Zwecke bediene, aber er fuhr dann fort, „sie wirkt entscheidend auf den Beginn und das Ende desselben ein, so zwar, daß sie sich vorbehält, in seinem Verlauf ihre Ansprüche zu steigern oder aber mit einem minderen Erfolge sich zu begnügen. Bei dieser Unbestimmtheit kann die Strategie ihr Streben stets nur auf das höchste Ziel richten, welches die gebotenen Mittel überhaupt erreichbar machen. Sie arbeitet so am besten der Politik in die Hand, nur für deren Zweck, aber im Handeln völlig unabhängig von ihr" (zit. Caemmerer, 68). Das war zweifellos etwas anderes, als das, was Clausewitz gemeint hatte, als er sagte, daß die Politik die ganze kriegerische Handlung durchziehen und einen fortwährenden Einfluß auf sie ausüben werde. Zwar hatte auch Clausewitz betont, es müsse verhindert werden, „daß die Politik Dinge fordere, die gegen die Natur des Krieges sind, daß sie aus Unkenntnis über die Wirkungen des Instruments Fehler begeht im Gebrauch desselben" (Briefe an Roeder, zit. Kessel, Moltke 503). Damit bestritt Clausewitz aber natürlich nicht, wie Moltke, das Primat der politischen Führung auch während des Krieges. Die Frage ist also, ob die seit Clausewitz veränderten Verhältnisse die von Moltke geforderte Unabhängigkeit der Kriegführung von der Politik und eine Strategie rechtfertigten, die ihr Streben stets nur auf das höchste Ziel richtet, welches die gebotenen Mittel überhaupt erreichbar machen. Das war offensichtlich nicht der Fall, denn wenn sich, wie Moltke selbst sagte, die Politik nach wie vor des Krieges für die Erreichung ihrer Zwecke bediente, mußte auch die Strategie von diesen politischen Zwecken und nicht von den ihr überhaupt erreichbaren Mitteln bestimmt werden. Tatsächlich hat sich Moltke dann aber in seiner Kriegsführungspraxis wiederholt den von seinen Planungen abweichenden Forderungen der politischen Kriegsleitung unterworfen.

b. Der Krieg 1864 gegen Dänemark

Im Krieg gegen Dänemark besaß der Chef des preußischen Generalstabs noch nicht die spätere Stellung des leitenden preußischen Militärstrategen. Die vorbereitenden Befehle an die Truppe wurden bis zur Übernahme der Führung durch das Oberkommando der Operationsarmee vom Kriegsministerium erteilt. Moltke übte lediglich eine beratende Funktion aus, ohne an der Entschlußfassung beteiligt zu werden. Er wurde vom Außen- und vom Kriegsministerium nicht einmal unterrichtet, sondern mußte sich seine Informationen selbst beschaffen.

Mit dem Oberbefehl über die preußischen und österreichischen Truppen wurde der alte Feldmarschall Graf Wrangel betraut. Dies entsprach zwar nicht den Vorstellungen Moltkes, der im übrigen aber, gemäß seinem Grundsatz, der Ansicht war, daß Wrangel dann mit der Verantwortung auch die Handlungsfreiheit auf dem Kriegsschauplatz haben müsse und von Berlin aus nicht gegängelt werden dürfe. Kommandierende Generale der beiden preußischen Korps waren der Kronprinz und der Prinz Friedrich Karl, des österreichischen Korps Feldzeugmeister Freiherr von Gablenz, die verbündeten Truppen bestanden aus ungefähr 60 000 Mann.

Bei der militärischen Aktion gegen Dänemark handelte es sich um eine Bundesexekution, durch die König Christian IX. gezwungen werden sollte, die von ihm im November 1863 erlassene Verfassung, welche die Einverleibung Schleswigs in Dänemark vorsah, rückgängig zu machen. Bis Ende Januar konzentrierten sich die verbündeten Truppen an der Eider, um am 1. Februar 1864 in Schleswig einzurücken. Schleswig sollte lediglich als Faustpfand besetzt werden. Das war für Preußen und Österreich die politisch-strategische

Grundlage ihres gemeinsamen Vorgehens. Aus politischen Gründen wurde also betont, daß es sich um ein begrenztes militärisches Unternehmen und nicht um einen offenen Krieg handle. Trotzdem war zu erwarten, daß die dänische Armee in Schleswig Widerstand leisten werde.

Von diesen Hintergründen wußte Moltke nichts, als er, um seine unverbindliche Ansicht über die Operationsführung gefragt, einen von ihm bereits 1862 entworfenen Plan vorlegte. Danach sollte zunächst das Danewerk, eine ausgedehnte Befestigungsanlage westlich des Wasserarms der Schlei, durch umfassenden Angriff genommen werden. Die Aussichten für dieses Unternehmen hatten sich allerdings seit 1862 aus verschiedenen Gründen, vor allem aber deswegen verschlechtert, weil jetzt das Danewerk voll armiert und fast von der gesamten dänischen Armee – 57 000 Mann – besetzt war.

Die Dänen jedoch entzogen sich der Umfassung, indem sie das Danewerk räumten. Danach bestanden nur noch wenig Aussichten für eine rasche Beendigung der Feindseligkeiten, auf die es ankommen mußte, um einer Einmischung ausländischer Mächte zuvorzukommen. In der Verfolgung des Feindes wandten sich die Verbündeten gegen die Festungswerke bei Düppel, an der Ostküste Nordschleswigs gelegen. Sie konnten jedoch nicht einfach mit stürmender Hand genommen werden, und für die Belagerung hatte man zunächst noch keine schwere Artillerie zur Stelle.

Moltke war gegen den Angriff auf Düppel. Er würde hohe Verluste kosten, zahlte sich aber operativ nicht aus, da der Gegner auf die Insel Alsen ausweichen und von hier aus, und unterstützt durch eine überlegene Flotte, offensiv werden konnte. Er war dafür, Düppel wie auch die Festung Fredericia in Jütland – die beiden Ausfallstore von den Inseln gegen das Festland – lediglich unter Beobachtung zu halten, Jütland zu besetzen und die dortigen dänischen Truppen zu vernichten. Würden die Dänen aus Düppel und Fredericia Ausfälle wagen, so sei dies um so besser, da man ihnen mit überlegenen Kräften entgegentreten und sie auch hier schlagen könne.

In dieser Lage wußte es Moltke einzurichten, daß er von König Wilhelm I. nach Flensburg zum Oberkommando entsendet wurde, um dessen Absichten an Ort und Stelle zu klären und dem König darüber zu berichten. Aber auch zu diesem Zeitpunkt wußte Moltke noch nichts von der mit Österreich vereinbarten Beschränkung der Exekution auf Holstein und Schleswig, womit die Einbeziehung Jütlands in die Operation natürlich ausgeschlossen war. Er scheint in Flensburg über diesen Sachverhalt auch nicht aufgeklärt worden zu sein, weil man ohne weiteres voraussetzte, daß dies der Fall sei. Dies wiederum hatte groteskerweise zur Folge, daß sich sowohl Wrangel wie auch der hier als Kommandierender General eines Korps eingesetzte preußische Kronprinz von Moltke ohne weiteres zum Vorrücken nach Jütland bestimmen ließen. Als man das in Berlin erfuhr, verursachte es große Aufregung. Die Überschreitung der jütischen Grenze wurde untersagt.

Da man jedoch bei der Armee die baldige Aufhebung der Operationsbeschränkung erwartete, hatte man die Vorhuten, die in Verfolgung der Dänen, ohne es zu wissen, nach Jütland vordrangen, nicht angehalten. Damit waren vollendete Tatsachen geschaffen und eine gegenüber Österreich äußerst peinliche Situation entstanden. Wrangel weigerte sich, die über die Grenze vorgedrungenen Truppen zurückzurufen. Es wurde ihnen lediglich untersagt, über Kolding, das sie bereits besetzt hatten, hinaus vorzugehen.

Als Moltke, wieder in Berlin, vom König nun endlich den ganzen Sachverhalt erfuhr, stellte er sich sofort auf den Boden der zwischen Preußen und Österreich getroffenen Abmachung. Da er überzeugt davon war, daß die deutsche Frage nur gemeinsam von Preußen und Österreich gelöst werden konnte, wollte er das Bündnis auf keinen Fall rein militärischer Zweckmäßigkeit opfern. Er hielt darum, als er dem König noch einmal die militärischen Gründe auseinandersetzte, die für die Okkupation von Jütland sprachen, mit den politischen Bedenken, die dagegen sprachen, nicht zurück. Aber nun wollte auch der König die Truppen auf keinen Fall wieder zurücknehmen.

Bismarck gelang es, die Gefahr einer Intervention ausländischer Mächte auszuschalten, was ihm durch die unnachgiebige Haltung Dänemarks in der Verfassungsfrage erleichtert wurde. Daraufhin stimmte dann auch Österreich dem Einmarsch in Jütland zu. Unstreitig hatte sich hier also nun doch der Gedanke der militärischen Zweckmäßigkeit gegen die politisch-diplomatischen Gesichtspunkte durchgesetzt.

Es sollte sich jedoch zeigen, daß bei den weiteren Operationen nicht im Sinne dieser militärischen Zweckmäßigkeit verfahren wurde. Denn anders, als es sich Moltke vorgestellt hatte, wurden in dem neuen Vertrag mit Österreich die Düppeler Schanzen für die Operationen der verbündeten Heere als Hauptobjekt angesehen. Hier wurde nun also einfach der ursprüngliche politische Zweck – nämlich die Besetzung Schleswigs als Pfand – auf die operative Planung übertragen. Die Okkupation Jütlands wurde dagegen nur als eine Nebenoperation zugelassen, in das Belieben des Oberbefehlshabers der Armee gestellt und dies auch nur soweit sie der Flankensicherung des Angriffs auf Düppel gegen Fredericia dienen konnte.

Die Ansicht Moltkes, das Schwergewicht der Operation auf den Vormarsch nach Jütland zu legen – da dann Düppel von selbst fallen werde – entsprach einem „indirektem Vorgehen" im Sinne Liddell Harts.

Liddell Hart sagt, Moltkes Strategie sei in der Planung ein „direktes Vorgehen mit nur geringen Ansätzen zu Kunstgriffen [gewesen]. Er verließ sich auf die vernichtende Wirkung einer überlegenen Kräftekonzentration" (185). Immerhin gesteht Liddell Hart aber auch zu, daß Moltke 1866 und 1870/71 in der Praxis auch anders verfahren sei.

Auch verließ Moltke hier den Grundsatz, daß die Taktik den Vorzug vor der Strategie habe, denn danach hätte in der Tat zunächst einmal Düppel genommen werden müssen, weil hier die Masse der dänischen Armee stand. Hier zeigte sich zum ersten Mal in aller Deutlichkeit, daß für Moltke die Militärstrategie „ein System der Aushilfen" war, also in Wahrheit kein System, und daß er sich ohne weiteres von seinen eigenen Grundsätzen zu lösen vermochte, wenn das seiner Ansicht nach die Lage gebot.

Moltke besaß aber hier noch keine operative Führungsfunktion. Seine Vorschläge wirkten sich nicht auf die Weiterführung des Feldzuges aus. Er hoffte, daß die Besetzung Jütlands schnell vorangehen, die dänische Regierung zum Nachgeben zwingen und den Sturm auf Düppel überflüssig machen werde. Die Dinge entwickelten sich jedoch anders.

Tatsächlich ging das österreichische Korps in Jütland – Fredericia wurde von preußischen Truppen eingeschlossen, auch vor Düppel lagen Preußen – nur sehr zögernd vor, so daß die hier stehenden schwachen dänischen Kräfte nach Norden ausweichen konnten. Um so mehr wartete man in Berlin auf die Einnahme Düppels, die wenigstens ein Prestigeerfolg gewesen wäre, wobei man allerdings keine richtige Vorstellung hatte von der „festungsartigen Stärke“ (Kessel, Moltke, 396) der dortigen Schanzen. Zudem machte die preußische Führung vor Düppel den Fehler, die Belagerungsartillerie nicht massiert, sondern nacheinander, so, wie sie gerade ankam, einzusetzen. Moltke war in Übereinstimmung mit dem Prinzen Friedrich Karl, der vor Düppel kommandierte, der Ansicht, daß jeder Rückschlag vermieden werden müsse und die Schanzen nicht eher angegriffen werden sollten, als bis sie sturmreif geschossen waren. Der König jedoch drängte den Prinzen zum Angriff, der nun schon – die Belagerung hatte am 15. März begonnen – einen Monat lang vorbereitet wurde. Bei der taktisch gebotenen Langsamkeit vor Düppel ließ sich freilich der politische Zweck – der Druck auf die dänische Regierung – nicht mit der notwendigen Härte ausüben, denn es zeigte sich, daß die gebotene Schnelligkeit, die Moltke am Vormarsch in Jütland vermißte, sich nicht einfach auf die Einnahme von Düppel übertragen ließ.

An der Ungeduld des Königs und seiner Umgebung in Berlin kam auch die innere Ablehnung des Festungskrieges zum Ausdruck, den man ja in Preußen immer nur als notwendiges Übel betrachtet und mit dem sich auch Prinz Friedrich Karl nie eingehend beschäftigt hatte. Um in der Sache weiterzukommen, wurde daher die Umgehung der Werke und überraschende Landung auf der Insel Alsen beschlossen, die nur schwach besetzt war. Diese Unternehmen mißlang jedoch, da in der stürmischen See alle zu Wasser gelassenen Pontons sofort kenterten.

Daraufhin konnte der Angriff auf Düppel nicht mehr hinausgeschoben werden; er erfolgte am 18. April, und die Schanzen wurden gestürmt. Die Dänen zogen sich nach Alsen zurück. Der Sieg wurde militärstrategisch jedoch nicht ausgenutzt, da König Wilhelm die Reaktionen der Dänen abwarten wollte und eine Konferenz der europäischen Mächte zur Lösung der dänischen Frage in Aussicht stand. Der König fuhr auf den Kriegsschauplatz, ohne Moltke mitzunehmen oder ihn auch nur von seiner Reise zu benachrichtigen.

Das zögernde Vorgehen der Österreicher in Jütland hatte seinen Grund in Vorstellungen aus der methodischen Kriegführung: Da sich ihre Operationslinie um so mehr verlängerte, je weiter sie nach Norden vordrangen und sich im Lande ausbreiteten, sahen sie ihre rückwärtigen Verbindungen gefährdet. Nun, nach dem Sieg bei Düppel, gelang es Moltke aber, einen Befehl zu erwirken, der sie zu energischerem Vorgehen veranlaßte.

Aber nach dem Operationsplan des Oberkommandos sollte auch Fredericia belagert und das Gros der dänischen Armee auf Alsen beobachtet oder aber auch angegriffen werden.

Für Moltke wurde mit der Belagerung Fredericias der Fehler von Düppel wiederholt. Auch paßte es ihm nicht, daß für die Besetzung Jütlands so viele Truppen gebraucht wurden, die mit größerem operativen Nutzen anders zu verwenden gewesen wären. Er war dafür, die in Jütland stehenden dänischen Truppen endlich zu vernichten, das Land in die eigene Herrschaft zu bringen und ruhig abzuwarten, bis die dänischen Kräfte von den Inseln herüber auf das Festland kämen, um sie zu schlagen. Er wollte also auch nicht, daß Alsen angegriffen werde. Es würde von selbst fallen, wenn man nach Fünen gehe – ein Gedanke, den er bereits vor dem gescheiterten Landeunternehmen gehabt hatte. Mit Fünen würde man bei den bevorstehenden Konferenzen ein Druckmittel gegen Dänemark haben. Moltke war also auch hier wieder für ein indirektes Verfahren.

Vom König wurde dieser Plan angenommen und Moltke mit der Führung der Geschäfte des Generalstabschefs der verbündeten Armee betraut. Moltke konnte nun endlich die Operationen selbst leiten. Wenn die dänische Regierung nicht nachgab, war Moltke entschlossen, „den Krieg bis zu ihrer Vernichtung fortzusetzen" (zit. Kessel, Moltke 404). Die Dänen hatten Fredericia geräumt, sie verteidigten sich mit schwachen Kräften im Norden Jütlands und konzentrierten die Masse ihrer Truppen auf den Inseln Fünen und Alsen. Diese Kräfte wollte Moltke vernichtend schlagen, da bei der hinhaltenden Operationsführung, welche die Dänen anscheinend beabsichtigten, die völlige Inbesitznahme Jütlands als Druckmittel gegen die dänische Regierung nicht mehr ausreichte. Dadurch wurden die weiteren Maßnahmen in Jütland zur Nebenoperation. Ein preußisches Korps drängte die hier noch befindlichen Streitkräfte bis hinter den Limfjord zurück.

Aber die Absicht, nach Fünen überzugehen, war wieder ein Politikum. Denn in dem Vertrag mit Österreich zur Ausweitung des Krieges auf Jütland war von Fünen nicht die Rede gewesen. Damit gewann wiederum eine Landung auf Alsen an Bedeutung, aber Moltke nutzte die Zeit, in der die Verhandlungen mit Österreich liefen, um sowohl das Unternehmen gegen Fünen wie das gegen Alsen vorzubereiten, denn er sah die verbündeten Kräfte als ausreichend an, beide durchzuführen. Dann würden die Dänen entweder ihre Kräfte auf beiden Inseln zersplittern oder sie an einer Stelle konzentrieren, wobei letzteres für ihre endgültige Niederwerfung noch günstiger sein würde. Das Schwergewicht des Angriffs war wegen der hier größeren politischen Wirkung auf das Unternehmen gegen Fünen zu legen.

Auch bei diesem Plan gab also wieder militärische Zweckmäßigkeit gegenüber politischen Rücksichten den Ausschlag. Die Österreicher fügten sich auch diesmal den preußischen Wünschen. Zunächst aber kam es infolge der Vermittlung neutraler Staaten auf der Konferenz in London am 12. Mai zu einem Waffenstillstand. In dieser Zeit wurde Feldmarschall Graf Wrangel vom Oberkommando abberufen, das Prinz Friedrich Karl übernahm.

Nachdem der Frieden nach einem Monat nicht zustande gekommen war, sollten die Operationen gegen die Inseln aufgenommen werden. Besonders deutlich zeigte sich hier der Unterschied zwischen der älteren, auf die Besetzung von Landstrichen abzielenden Auffassung von Operationsführung und der neuen, einzig die Niederwerfung der feindlichen Hauptkräfte anstrebenden darin, daß Moltke, gemäß dem Grundsatz, alles für die Entscheidung zusammenzufassen, sogar Jütland teilweise räumen lassen wollte. Die drei Korps sollten bei Gravenstein, Kolding und Randers zusammengezogen und von hier aus gegen Fünen und Alsen gleichzeitig angesetzt werden.

Das Unternehmen gegen Fünen wurde jedoch aus politischen Gründen zurückgestellt, die sich aus den Verhandlungen mit England ergaben, das einen letzten Vermittlungsversuch unternommen hatte. Moltke mußte sich also auf das Unternehmen gegen Alsen beschränken, für das das preußische I. Korps unter General Herwarth von Bittenfeld bereitgestellt wurde. Im Norden kam es nun lediglich darauf an, die dänischen Streitkräfte auf Fünen durch Bindung vom Festland aus an einem Eingreifen auf Alsen zu hindern.

Da die dänische Armeeführung offenbar Kenntnis von der Absicht der Preußen erhalten und Gegenmaßnahmen ergriffen hatte, verlegte Herwarth die Einschiffung im letzten Augenblick auf eine andere Übergangsstelle, bei Satrupholz über den Alsensund. Moltke hatte dagegen keine Einwände – und zwar allein schon deswegen nicht, weil er ja der Ansicht war, daß die Art der Ausführung eines Auftrages dem betreffenden Führer selbst überlassen bleiben solle, was er hier das erste Mal in der Praxis bewies.

Tatsächlich erwies sich die Wahl der neuen Übergangsstelle als richtig. Die Dänen wurden durch den Angriff vom 29. Juni überrascht. Im Gegensatz zum ersten, dem mißlungenen Alsen-Unternehmen, glückte die Landung, die hier weniger schwierig war, weil kein Sturm herrschte, und das Gewässer, das zu überwinden war, hier schmaler war.

Die Dänen wurden bei Sonderburg geschlagen und in Gefechten, die teilweise hart waren, auf die Halbinsel Kekenis zurückgedrängt. Die schmale Landenge dort war durchstochen worden, mit Schanzen befestigt und lag unter dem Feuer der Schiffsartillerie. Es gelang nicht, diese Befestigungen zu überwinden und auf die Halbinsel vorzudringen, wo sich die Reste der dänischen Truppen zum Rückzug nach Fünen einschifften. So endete der Kampf, der um 02.00 Uhr begonnen hatte, hier um 10.00 Uhr.

Mit dem Vorrücken der Verbündeten bis Kap Skagen befand sich das dänische Festland in ihren Händen. Nach dem Seegefecht bei Helgoland konnten die nordfriesischen Inseln genommen werden. Die dänische Regierung mußte befürchten, daß der hier im Norden operierende österreichische Flottenverband unter Admiral Tegetthoff in die Ostsee einfiel. (Zum Seekrieg 1864 s. Band 4, Abschnitt VIII, S. 61 und 79 f.) Seeland und Kopenhagen waren dem Zugriff der Verbündeten schutzlos ausgeliefert. Moltke faßte gleich nach der Eroberung Alsens wieder den Angriff auf Fünen, ja nun sogar auch auf Seeland ins Auge und traf dafür Vorbereitungen.

Die Widerstandskraft der Dänen war jedoch gebrochen. Die dänische Regierung hatte die Hoffnung auf eine Intervention der europäischen Staaten gegen Preußen und Österreich aufgegeben. Sie mußte sich den harten Bedingungen fügen, die ihr der Frieden am 30. Oktober auferlegte, und Schleswig-Holstein abtreten.

Dieser kurze und verhältnismäßig engräumige Krieg, der militärisch eigentlich nichts Neues brachte, ist für unsere Fragen nach den Grundzügen der Kriegführung trotzdem interessant. Einmal deswegen, weil sich hier erstmals Moltkes „Handschrift" in der Kriegführungspraxis erkennen läßt, und zweitens wegen seiner damit im engen Zusammenhang stehenden Ausweitung der Bundesexekution zum offenen Krieg. Es wäre falsch, zu sagen, daß sich Moltkes Pläne nur an der militärischen Zweckmäßigkeit orientiert hätten. Vielmehr waren sie durchaus auf einen politischen, oder besser gesagt gesamtstrategischen Zweck, nämlich den Druck auf die dänische Regierung, aber eben auch notfalls ihre Niederwerfung, ohne Rücksicht auf die diplomatische Situation – Abmachungen mit Österreich, Verhandlungen auf der Londoner Konferenz – und die Vorstellungen des Außenministers ausgerichtet. Andererseits ist aber auch festzustellen, daß sich Moltke wiederholt der Forderung der Politiker unterwarf und seine Pläne auf das von ihnen gewünschte Maß reduzierte. Freilich blieb ihm vorerst auch gar nichts anderes übrig, denn seine Stellung festigte sich erst mit seinem wachsenden Ansehen. Übrigens verschmerzte Moltke das Verbot, Fünen in den Krieg einzubeziehen. Man wäre zwar nach Fünen gekommen, meinte er, aber es hätte viele Menschenleben gekostet, und mehr als jetzt habe man nicht erreichen können.

Trotz der Ausweitung der Exekution zum offenen Krieg hatte diese Auseinandersetzung noch keinen modernen, auf die Vernichtung oder zumindest Niederwerfung der feindlichen Nation gerichteten Charakter. Trotz der lebhaften Anteilnahme der Bevölkerung auf beiden Seiten, der Tatsache, daß es mit dem Schicksal der beiden Herzogtümer eben auch um das politische Schicksal der Schleswig-Holsteiner ging, war es ein Krieg zwischen Regierungen, auf seiten der Verbündeten im Grunde noch ein Kabinettskrieg. Es kam nicht zum Volkskrieg, zu dem die besonnene Bevölkerung auf beiden Seiten, trotz ihres politischen Engagements, auch gar nicht neigte. In diesem Punkte war auch Moltke völlig konservativ. Denn so modern seine Vorstellungen von der militärischen Kriegführung waren – der Vorrang, den er für die Militärstrategie während des Krieges selbst gewahrt wissen wollte, besagte gleichzeitig, daß der Krieg für ihn der Krieg des Soldaten war – in der damaligen, am Berufssoldaten orientierten Vorstellung. Die parlamentarische Demokratie hielt er im kriegerischen Existenzkampf eines Volkes für die am wenigsten geeignete Staatsform, ihr Versagen schien ihm gerade wieder durch die Niederlage Dänemarks, das seit 1848 Demokratie war, bewiesen zu sein.

c. Der Feldzug in Böhmen 1866

Von dem Krieg, den 1866 Preußen und Österreich zusammen mit ihren Bundesgenossen gegeneinander führten, soll hier nur der Hauptakt in aller Kürze dargestellt werden: Der Feldzug in Böhmen, der zur Entscheidungsschlacht von Königgrätz führte. Denn dieser Feldzug und diese Schlacht sind geradezu als das realisierte Muster Moltkescher Militärstrategie, des konzentrischen Umfassungsangriffs, angesehen worden – ähnlich wie die Schlacht von Leuthen immer wieder als die Musterschlacht der mit der schrägen Schlachtordnung identifizierten friderizianischen Taktik herausgestellt wurde. Das ist nur insoweit richtig, als sich in beiden Fällen die Möglichkeit zur Anwendung des betreffenden Grundgedankens bot, diese Möglichkeit ergriffen und konsequent ausgenutzt wurde. Es wäre also im einen wie im anderen Fall völlig falsch, zu glauben, die Lagebeurteilung sei in erster Linie im Hinblick auf die Frage erfolgt, ob sich hier die schräge Schlachtordnung bzw. der konzentrische Umfassungsangriff anwenden ließe.

Für jede militärische Auseinandersetzung zwischen Österreich und Preußen war zunächst einmal dieselbe politisch-geographische Situation zu berücksichtigen. Sie besagte natürlich nicht, daß nach der Mitte des 19. Jahrhunderts zwangsläufig die gleichen operativen Maßnahmen zu ergreifen seien, wie hundert Jahre früher in den Kriegen Friedrichs des Großen, aber die unveränderten Gegebenheiten erzwangen bestimmte gleiche Rücksichten und Überlegungen.

Die österreichische Hauptstadt war von der gemeinsamen Grenze weit entfernt, die preußische hingegen dieser sehr nahe. Bei der flachen, zerklüfteten Gestalt Preußens und der tiefen, massiven Österreichs mußte also die preußische militärische Führung bestrebt sein, den Krieg auf österreichisches Gebiet auszuweiten – also auch dann, wenn Preußen einen Verteidigungskrieg führte. Bei der militärstrategisch unglücklichen Gestalt der preußischen Länder und ihrer schlechten Verteidigungsmöglichkeit handelte es sich für Preußen bei jedem Krieg um einen Existenzkampf. Preußen war also nicht nur zur Zeit Friedrich des Großen, im Krieg mit Österreich – vor allem dann, wenn Österreich, wie auch wieder 1866, im Bunde mit dem Schlesien flankierenden Sachsen war – gezwungen, die Initiative zu ergreifen. Es besaß auch nach dem Erwerb Schlesiens kein Vorfeld – wie Österreich in Böhmen – das einen hinhaltenden Widerstand zur Abnutzung der feindlichen Kräfte, nach der man dann aus der Tiefe des eigenen Landes zum Gegenangriff übergehen konnte, ermöglicht hätte.

Der fehlenden Verteidigungstiefe entsprachen die langen Grenzen, die in ihrer ganzen Ausdehnung überhaupt nicht geschützt werden konnten. Nur Schlesien schien sich wegen seiner weitreichenden Grenzgebirge für die Verteidigung zu eignen. Das wäre jedoch nur durch Sperrung der Pässe möglich gewesen, die wegen ihrer Vielzahl den Verteidiger zur Kordonaufstellung und damit zur Verzettelung der Kräfte zwangen, die er dann für den konzentrierten Abwehrschlag nicht mehr zur Verfügung hatte. Für die preußische Truppenaufstellung mußte zunächst der Schutz der Hauptstadt und – da auch dorthin ein österreichischer Angriff zielen könnte – Breslaus maßgebend sein. Dieser Schutz für beide Städte war von einer zentralen Stelle aus nicht möglich, und so hatte schon Friedrich der Große, wie wir sahen, im Frühjahr 1757 zwei Heere gebildet und sie nach Sachsen und Schlesien disloziert. Diese Teilung war also ursprünglich in der Defensive begründet, aber als es Friedrich dann ratsam schien, zum Angriff überzugehen, ergab sich daraus zugleich die Möglichkeit einer konzentrischen Angriffsführung gegen die Österreicher in Böhmen. Damit war freilich noch nicht die Absicht einer umfassenden Operation zum Zwecke eines unmittelbar aus ihr hervorgehenden taktischen Umfassungsangriffes beabsichtigt – die großen Schwierigkeiten, diese Operation entsprechend zu koordinieren, ließen das damals noch nicht zu. Diese Art des Vorgehens war auch so schon kühn oder – wenn man wollte – leichtsinnig genug gewesen.

Aus der Tatsache, daß Preußen mit Schlesien, der Lausitz und der Provinz Sachsen, Mähren, Böhmen und das Königreich Sachsen im Halbkreis umschloß, legte ihm ein Operieren auf den äußeren Linien mit konzentrischem Vorgehen ebenso nahe, wie den Österreichern und Sachsen ein Operieren auf der inneren Linie und ein Ausnutzen aller damit verbundenen Vorteile.

Bei seiner Grundeinstellung in der preußisch-österreichischen Frage bedauerte Moltke den Krieg zwischen den beiden Staaten um die Vormacht in Deutschland, doch sah er ihn, nach allen mißlungenen Verhandlungen, als unausweichlich an. Dieser Krieg erregte nicht nur die Empörung der Bevölkerung, sondern wurde auch an den Höfen in Berlin und Wien kritisiert. Selbst Feldzeugmeister von Benedek, der dann die österreichische Nord-Armee gegen Preußen führte, sah seine Notwendigkeit nicht ein. Seit den Freiheitskriegen war die preußisch-österreichische Freundschaft traditionell, und wenn man in den Menschen auf der anderen Seite Menschen des gleichen Volkes sah – was nur für die Deutschen zutraf –, so wirkte eben dies aggressionsmildernd und nicht -fördernd, wodurch sich die Stimmungssituation von der des gleichzeitigen amerikanischen Bürgerkriegs, in dem ja auch Menschen des gleichen Volkes gegeneinander kämpften, grundlegend unterschied. „Er wurde auf beiden Seiten nur mit halbem Herzen begonnen und durchgefochten, auch wenn in Preußen mehr noch als in Österreich, die Nation selbst in den Kampf geführt wurde. Ihre Massenheere schlugen in Gehorsam und Disziplin die Schlachten, deren Sinn sie nicht verstanden." (v. Groote, in: E. 1866,93 f.). Helmert widerspricht der vielfach vertretenen Ansicht, daß es sich nur um einen Kabinettskrieg gehandelt habe. Er verweist auf spontane Ansätze zum Volkskrieg in Nordostböhmen, wo sich die ländliche Bevölkerung gegen die preußischen Requisitionskommandos zur Wehr setzte, und den Versuch des österreichischen Oberkommandos, den Krieg nach der Niederlage von Königgrätz mit Unterstützung durch Landsturm, Freikorps und Volksaufgebot fortzusetzen. Andererseits drohte Bismarck für diesen Fall mit der nationalen Befreiung der Ungarn und Tschechen.

Aber es stand für Preußen die staatliche Existenz, zumindest seine Großmachtstellung, auf dem Spiel. Für Österreich ging es lediglich um seine Vormacht in Deutschland, ohne daß damit eine Gefährdung seiner Großmachtposition verbunden war.

Während Österreich nur einen Teil seiner Streitkräfte gegen Preußen aufbot, da es sich gleichzeitig wieder mit den Italienern im Krieg befand, mußte Preußen seine Hauptkräfte gegen Österreich einsetzen. Denn für Preußen war es dieser Kampf, in dem die existentielle Entscheidung fiel, während der Kampf gegen die deutschen Bundesgenossen Österreichs nur von zweitrangiger Bedeutung war. Über Kriegszweck, Kriegsziel und Operationsführung fanden keine Absprachen zwischen der politischen und der militärischen Führung in Preußen statt. So ist die Frage, was nach einem Sieg über die österreichische Armee in militärstrategischer Hinsicht zu geschehen habe, nie diskutiert worden. Für Preußen kam es nur darauf an, die österreichische Armee nach Kriegsausbruch möglichst schnell – um einem Eingreifen anderer Großmächte zuvorzukommen – und vollständig zu schlagen. Über diese begrenzte Zielsetzung herrschte zwischen der politischen und militärischen Führung in Preußen Einvernehmen. Bismarck und Moltke waren sich grundsätzlich einig, aber nachdem vorausgesetzt werden konnte, daß Rußland und Frankreich bei Kriegsbeginn nicht eingreifen würden, gegen sie also keine Deckungstruppen abgestellt werden mußten, sprach sich Moltke für einen Angriffs-, ja Präventivkrieg aus. Bismarck hingegen wollte den Frieden solange wie möglich erhalten und auf keinen Fall, daß Preußen den Kriegsgrund liefere.

Moltkes Operationsplanung

Moltke hatte 1860 einen Operationsplan für einen Krieg gegen Österreich entworfen. Sein Kern war die rechtzeitige Versammlung der Armee in Oberschlesien und der Vorstoß auf Wien. Sollte der Gegner aber dem preußischen Angriff zuvorkommen und bereits in Böhmen aufmarschiert sein, so war er Berlin näher als die Preußen in Oberschlesien. Für diesen Fall sollte der Schwerpunkt nach Sachsen verlegt werden – dessen Bündnis mit Österreich vorausgesetzt wurde – und die preußische Hauptmacht bei Dresden hinter der Elbe eine Flankenstellung bilden. Diese Flankenstellung dachte sich Moltke aber nicht als eine Verteidigungsstellung im Sinne des 18. Jahrhunderts, die vom Gegner ignoriert werden konnte – weswegen Flankenstellungen von Clausewitz ja abgelehnt worden waren – sondern als Flankenbasis, also als operative Ausgangsstellung. Von hier aus sollte die preußische Hauptmacht, immer gestützt auf die Elbe, den in Richtung Berlin vermutlich auf dem östlichen Elbeufer vorstoßenden Gegner angreifen und schlagen. Andere Teile der Armee sollten die Sicherung gegen Frankreich und den Schutz Schlesiens übernehmen.

Den Gedanken eines Vorstoßes von Oberschlesien aus auf Wien gab Moltke jedoch auf, da für einen Aufmarsch hier nur eine Bahnlinie zur Verfügung stand und dieser Angriff eine bedeutende Überlegenheit der preußischen Streitkräfte vorausgesetzt hätte, wenn sie noch kampffähig vor der österreichischen Hauptstadt ankommen sollten.

Je länger die preußische Regierung jedoch mit ihrem Entschluß zum Kriege zögerte, desto geringer wurde die Möglichkeit für die preußische Armee-Führung, die Initiative zu ergreifen. Moltke versuchte also, seinen Plan von 1860 dieser Situation anzupassen. Je länger der Kriegsbeginn hinausgeschoben wurde, desto größer wurde die Bedeutung des Faktors Zeit. Mit einer schnellen Mobilmachung, die der österreichischen zuvorgekommen wäre, hätte man einen zeitlichen Vorsprung erreicht, der sich operativ entscheidend ausgewirkt hätte, gleichzeitig aber selbst einen Kriegsgrund geliefert, was die preußische Regierung – und allen voran der König selbst – unter allen Umständen vermeiden wollte. Mußte aber die österreichische Mobilmachung abgewartet werden, dann kam es darauf an, die Zeitspanne zwischen eigener Mobilmachung und Aufmarsch soweit wie möglich zu verkürzen.

Für einen raschen Aufmarsch boten sich die Bahnlinien in der Lausitz und dieses Gebiet selbst daher als Versammlungsraum an. Führte der Stoß auf Berlin, so führte er ostwärts der Elbe durch die Lausitz, daher konnten die preußischen Hauptkräfte hier rasch für eine Entscheidungsschlacht bereitgestellt werden. Würde der Feind jedoch in Schlesien einfallen, so sollte die hier bereitgestellte schwächere Kräftegruppe auf die Hauptkräfte in der Lausitz zurückgehen, um mit ihnen zusammen zum Gegenangriff vorzugehen. Eine dritte Gruppe war mit Kriegsbeginn auf Sachsen anzusetzen, um es als Aufmarschgebiet gegen die Österreicher in Böhmen zu gewinnen.

Die zunehmenden Kriegsvorbereitungen Österreichs verstärkten die Sorge um das Gelingen eines schnellen Aufmarschs. Moltke sah daher vor, daß die Truppen ohne vorherige Versammlung unmittelbar von den Endpunkten der Bahnen aus im Vormarsch in die Ausgangsstellungen zusammengeführt wurden, wodurch sich der Aufmarschraum zwangsläufig verbreiterte.

Gleichzeitig gewann Schlesien, das ursprünglich ja nur geschützt werden sollte, in den Überlegungen immer größere Bedeutung. Wenn der Gegner nicht durch frühzeitige Versammlung in Nordböhmen Berlin unmittelbar gefährdete, bot sich Schlesien als Basis für einen Flankenangriff gegen die österreichischen Hauptkräfte an, die durch die in der Lausitz stehenden eigenen Kräfte in der Front gefesselt werden konnten. Das hatte eine entsprechende Verlegung des Schwerpunktes von der Lausitz auf Schlesien zur Folge. Hierbei ging Moltke davon aus, daß ein feindlicher Angriff eher über die Lausitz auf Berlin als auf Schlesien zu erwarten sei, da sich die Österreicher nur auf diesem Wege mit der verbündeten sächsischen Armee vereinigen konnten und auf die zum Schutze Berlins versammelten preußischen Hauptkräfte treffen müßte. Die Kräfte in Schlesien waren entsprechend zu verstärken. Sollte dagegen der Feind – der ja auf der inneren Linie operierte und dem daher alle Angriffsrichtungen freistanden – wider Erwarten Schlesien angreifen, so war preußischerseits umgekehrt zu verfahren. Dann mußten ihn die Kräfte in Schlesien in der Front fesseln und die in der Lausitz gegen seine linke Flanke vorgehen. Den preußischen Heeresteilen in Sachsen kam dann nur noch eine, die geschilderten Hauptoperationen unterstützende Nebenaufgabe zu.

Bei diesem Plan war Moltke von einem österreichischen Angriff ausgegangen, der in der geschilderten Weise durch Gegenangriffe abzuwehren und zu zerschlagen sei. Der geplante breite, aufgelockerte Aufmarsch, die Aufmarschräume und die Art des Kräfteansatzes ermöglichten jedoch auch eine sofortige Offensive.

Ja, es empfahl sich als Konsequenz des Grundgedankens Moltkes, so schnell wie möglich aufzumarschieren, um so schnell wie möglich dem Gegner entgegentreten zu können, um ihm so schnell wie möglich die Initiative zu entreißen. Dies war der Grund, aus dem heraus Moltke Mobilmachung und Aufmarsch unter Weglassen der Versammlung der Hauptkräfte zu einem einzigen Akt zusammengedrängt wissen wollte. Sollte, zur Ersparung jeder unnützen Truppenbewegung und -ansammlung, der Vormarsch gleich von den Endpunkten der Bahnen aus erfolgen, so legte es ein – freilich äußerst kühner – Gedanke nahe, diese Bewegung gleich fließend in eine konzentrische Angriffsbewegung auf den Feind übergehen zu lassen. Die Zusammendrängung der sonst sorgsam beachteten einzelnen Akte – Mobilmachung, Antransport, Versammlung, Aufmarsch, Operationsbeginn – in einen einzigen Handlungsablauf kam nicht besser zum Ausdruck als in Moltkes schlichter Feststellung, man dürfe, wenn erst einmal mobilgemacht sei, den Vorwurf der Aggression nicht scheuen.

Die österreichische Absicht

Ursprüngliche Pläne, den Krieg gegen Preußen offensiv zu führen, waren vom österreichischen Kaiser zu den Akten verwiesen worden. Wie Preußen Österreich, so wollte auch Österreich Preußen keinen Kriegsgrund liefern, um vor der Welt nicht als Aggressor dazustehen, und so wollte man sich lieber angreifen lassen, als selbst angreifen. Die österreichische Mobilmachung sollte gleichzeitig mit der preußischen erfolgen. So ergab sich die Festlegung auf die Defensive auch aus der Überzeugung, daß Preußen schneller kriegsbereit sei als man selbst.

Während die preußische Operationsplanung, da in der Hand eines Mannes befindlich, einen kontinuierlichen Prozeß darstellte, war dies in Österreich nicht der Fall. Diejenigen Offiziere, die Pläne für ein offensives Vorgehen gegen Preußen erarbeitet hatten, wurden infolge der politischen Forderung nach äußerster Zurückhaltung für die nun als opportun erscheinende defensive Planung nicht mehr herangezogen.

Das Kommando über die österreichische Nord-Armee erhielt der aus Feldzügen in Italien bekannte und dort hochbewährte Feldzeugmeister von Benedek. Er war ein hervorragender, sehr energischer Truppenführer, besaß aber wenig Sinn für militärische Gelehrsamkeit und Generalstabsarbeit. Er kümmerte sich erstaunlich wenig um die operative Planung, auf die der Chef der Operationskanzlei, Generalmajor Krismanić, einen entscheidenden Einfluß ausübte. Dessen operative Auffassung war noch methodisch geprägt. Für ihn ging es, wie für Erzherzog Karl, in der Militärstrategie noch um den Besitz von Punkten, in der Defensive darum, den Punkt zu behaupten, ohne dessen Besitz der Feind nicht weiter vordringen könne und der meist auf der Operationslinie des Feindes liege. Führungstechnisch war Benedek von vornherein dadurch besonders belastet, daß auf eine Unterteilung seiner Streitkraft in mehrere Armeen – wie bei den Preußen – verzichtet worden war und er somit nicht weniger als sieben österreichische und das verbündete sächsische Korps unmittelbar zu führen hatte.

Der preußische Angriff, der abgewartet werden sollte, wurde von Schlesien aus auf Wien angenommen. Offenbar unter obigem Gesichtspunkt wählte Krismanić daher den Versammlungsraum der Armee bei Olmütz, weil man auch schon in früheren Arbeiten zu der Auffassung gekommen war, daß ein von Norden auf Wien vorstoßender Gegner den Weg über Olmütz nehmen müsse. Damit beabsichtigte Krismanić die österreichische Armee dem feindlichen Angriff vorzulegen. Gegen eine flankierende Einwirkung auf ihn sprach nach seiner Auffassung die alte, vom Erzherzog Karl vertretene Regel, daß man nur durch eine frontale Aufstellung gegenüber dem Feind seine eigene Rückzugs- und Verbindungslinie sichere.

Darin war auch gleichzeitig die Überzeugung enthalten, daß es bei Olmütz zur Entscheidungsschlacht kommen müsse. Es wurde also auch kein Versuch unternommen, etwa die durch das Zündnadelgewehr auf preußischer Seite bestehende taktische Überlegenheit durch operative Maßnahmen auszugleichen. Auch der Gedanke an eine Kooperation mit den Verbänden der deutschen Verbündeten Österreichs war in die Überlegungen nicht einbezogen. „Der Gedanke einer statischen Defensive in einer scheinbar gesicherten Aufstellung dominierte so sehr, daß er alle anderen Erwägungen in den Hintergrund drängte." (Allmayer-Beck, in: E. 1866, 134).

Die Durchführung der Operation

Am 21. April machte Österreich seine italienische Armee mobil, am 26. Italien, am 27. begann die sukzessive Mobilmachung der österreichischen Nord-Armee und am 3. Mai mobilisierte Preußen, zunächst auch nur teilweise.

Dadurch war der von Moltke geplante schlagartige Einsatz aller dafür nur irgendwie freizumachenden preußischen Kräfte gegen Österreich nicht möglich. Mit den Korps im Osten, die gleich mobilisiert wurden, mußte zunächst einmal Berlin bzw. Breslau und Schlesien gedeckt werden. Aus den aus der Lausitz antretenden Truppen wurde unter dem Prinzen Friedrich Karl die 1. Armee gebildet, aus den aus Schlesien vorgehenden die 2. Armee unter dem preußischen Kronprinzen. Auf größere Schwierigkeiten stieß die Bildung der dritten, für den Einmarsch in Sachsen bereitstehenden Kräftegruppe, da dafür Verbände aus dem Westen herangezogen werden mußten. Hier war aber noch die Frage ungeklärt, welche Haltung Hannover und Kassel im Krieg einnehmen würden. Moltke gelang es jedoch, ein Korps und eine weitere Division für den Feldzug gegen Österreich freizubekommen, die mit einem Reservekorps zur sogenannten „Elb-Armee" unter dem General Herwarth von Bittenfeld zusammengefaßt wurde.

Zu einer weiteren Friktion kam es dadurch, daß Moltke aufgrund übertriebener Meldungen angenommen hatte, die österreichischen Hauptkräfte würden in Nordböhmen versammelt – was er auch selbst anstelle der österreichischen Führung für das richtige gehalten hätte. Tatsächlich befand sich aber in Böhmen nur das österreichische I. Korps, während die Masse der Armee, wie ausgeführt, bei Olmütz in Mähren zusammengezogen wurde. Hierdurch schien nun aber, wenn die Österreicher zum Angriff übergingen, Oberschlesien bedroht. Daraufhin dehnte die 2. Armee ihre Aufstellung nach Südosten bis Neiße aus, was Moltke nolens volens geschehen ließ. Diese „Linksziehung" betraf aber schließlich die Gesamtaufstellung der preußischen Streitkräfte, die bislang schon 300 km betragen hatte –

eine für damalige Verhältnisse außerordentlich weit auseinandergezogene Aufstellung, in der Moltkes Kritiker, an denen es nicht fehlte, eine Verzettelung der Kräfte sahen. Aber sie ergab sich ganz einfach daraus, daß Moltke die zunächst noch notwendigen Maßnahmen zum Schutz von Berlin und Breslau mit denen zu einem offensiven Vorgehen zu verbinden versuchte. Damit durch diese Linksziehung die Lücke zwischen der 2. und 1. Armee nicht noch größer werde, ließ Moltke die Aufstellung der 1. Armee noch mehr nach Osten ausdehnen. Am 18. Juni war die Aufstellung von Osten nach Westen folgende: Die 2. Armee mit 115 000 Mann im Raum Brieg–Steinau–Waldenburg; die 1. Armee mit 93 000 Mann im Raum Görlitz–Löwenberg–Greiffenberg–Löbau; die Elb-Armee mit 46 000 Mann bei Dresden. Zum gleichen Zeitpunkt stand südlich der preußischen 2. Armee die Masse der österreichischen Nord-Armee, ihr detachiertes Korps in Böhmen an der Iser südlich der preußischen 1. Armee – zusammen 219 000 Mann. Das sächsische Armeekorps, 25 000 Mann, war auf Teplitz ausgewichen und stand mithin südostwärts der preußischen Elb-Armee.

Bis Anfang Juni war weder von preußischer noch von österreichischer Seite, trotz der gescheiterten Verhandlungen in der Schleswig-Holstein-Frage, die Kriegserklärung erfolgt, aber auch Bismarck betonte nun, daß es Preußen die Selbsterhaltung gebiete, den Kampf nicht zu lange hinauszuschieben. Es dauerte aber noch bis zum 22. Juni, bis den Armeen in Ostdeutschland befohlen wurde, in Böhmen einzurücken. Der 1. und 2. Armee wurde befohlen, sich in Richtung Gitschin, ostwärts der Iser, zu vereinigen. Die Elb-Armee wurde der 1. Armee unterstellt.

Moltke blieb vorerst in Berlin, um das Ergebnis des Einmarsches preußischer Truppen in Hannover, Kurhessen und Sachsen abzuwarten. Der Einmarsch verlief ohne Schwierigkeiten. Die sächsische Armee zog sich auf das österreichische I. Korps in Böhmen zurück. Die Armeen Hannovers und Kurhessens setzten sich nach Süden ab, um möglichst Anschluß an die süddeutschen Verbündeten Österreichs zu gewinnen. Der Oberbefehlshaber der dagegen angesetzten, aus westdeutschen Heeresteilen gebildeten Main-Armee, General Vogel v. Falckenstein, operierte aber so unglücklich, daß sich Moltke gegen sein Prinzip veranlaßt sah, in die Führung der Armee einzugreifen. Moltke hatte am 2. Juni durch den König die Vollmacht erhalten, den Armeen Befehle über die operativen Bewegungen zu erteilen. Erst damit hatte er die Selbständigkeit erhalten, die er benötigte, um die Operationen nach seinem Plan durchzuführen. Nachdem die hannoversche Armee am 29. Juni kapituliert hatte und die Main-Armee unter einem neuen Oberbefehlshaber ihren Marsch nach Süddeutschland fortsetzte, ging Moltke mit dem Hauptquartier nach Böhmen, in das die dortigen Armeen schon eingerückt waren.

In Wien war man jedoch inzwischen zu neuen Erkenntnissen gelangt. Das Nacheinander der Mobilmachung und des Aufmarsches, und schließlich die ungewöhnliche Ausdehnung der preußischen Aufstellung zerstreuten die Befürchtungen vor einem überfallartigen Angriff mit der Absicht des Durchstoßes auf Wien. Die Bewegungen der schlesischen Korps wurden für Demonstrationen von Nebenkräften gehalten. Die Wahrscheinlichkeit nahm zu, daß beide Streitkräfte gleichzeitig operationsbereit sein würden. Damit tauchten neue Möglichkeiten auf. Benedek wurde am 6. Juni nahegelegt, die gesamte Nord-Armee nach Böhmen vorzuverlegen. Dadurch wäre, abgesehen von anderen Möglichkeiten, zunächst einmal eine Vereinigung mit dem sächsischen Armeekorps zustande gekommen. Benedek weigerte sich zunächst, da er sich die Pläne seines Generalstabs zueigen gemacht habe und seine Armee im übrigen auch noch nicht vollständig sei. Schließlich ließ er die Armee doch vorrücken, und zwar zunächst bis zur Hochfläche nördlich der Elblinie bei Josefstadt–Königgrätz, ohne aber mehr über seine Absichten sagen zu können, als daß er nach einigen Tagen die Offensive zu ergreifen gedenke, wobei er sich jedoch über deren Richtung noch nicht im klaren war. Am 23. bis 24. Juni entschloß er sich, unter Sicherung seiner rechten Flanke gegen Schlesien, gegen die preußische 1. Armee, über Gitschin in Richtung Iser vorzugehen. An der Iser standen das sächsische und das detachierte österreichische I. Armeekorps, um den preußischen Vormarsch zu verzögern. Die Gefahr für seine rechte Flanke durch die aus den schlesischen Bergen heraustretende preußische 2. Armee wurde von Benedek offenbar nicht erkannt.

Aus Begegnungsgefechten entwickelten sich hier immer umfangreichere Kampfhandlungen, in die immer mehr Kräfte des Gros hineingezogen wurden. Benedek konnte den Vormarsch nach Gitschin nicht mehr fortsetzen. Bei Gitschin wurden die österreichisch-sächsischen Verzögerungskräfte von Verbänden der preußischen 1. Armee geschlagen, die nur langsam vorgerückt war. Benedek nahm die Nord-Armee nach Königgrätz zurück und ging westlich der Elbe in Stellung. Das preußische Zündnadelgewehr hatte sich in dem Gefecht verheerend ausgewirkt, die österreichische, nach wie vor eng massierte, auf den Bajonettkampf abzielende Stoßtaktik hatte sich gegenüber dieser starken Feuerkraft wiederum und in diesem Falle als ganz besonders nachteilig erwiesen. Benedek gab zwar einen Befehl heraus, daß der Bajonettkampf einzuschränken sei, aber die durch lange Ausbildung eingeübte Kampfweise konnte natürlich nicht einfach geändert werden.

Aber auch der preußische Vormarsch war keineswegs fehlerfrei verlaufen. Die Verbände hatten örtliche Rückschläge hinnehmen müssen. Gravierender war die Frage, ob die Armee-Führer in der Lage waren, sich dem Operationsplan anzupassen, zugleich aber die dafür notwendige Selbständigkeit aufzubringen. Die 1. Armee war nur sehr zögernd vorgegangen. Es bestand die Tendenz, infolge örtlicher Lageentwicklungen von den angewiesenen Richtungen abzuweichen, was zum Zusammenbruch der ganzen von der Einhaltung der Vormarschrichtungen abhängigen konzentrischen Operation führen konnte. Gleichfalls gefährlich war die Tendenz zur nur allzu gewohnten Massenbildung und „Tuchfühlung". Moltke hatte daher noch während der Fahrt zum Kriegsschauplatz, auf dem das Hauptquartier am 1. Juli eintraf, Befehle gegeben, die den vorzeitigen Zusammenschluß der Armeen verhindern sollten: Die 2. Armee sollte nördlich der Elbe bleiben, die 1. ohne Aufenthalt frontal in südöstlicher Richtung marschieren und den Schutz ihrer rechten Flanke der Elb-Armee überlassen.

Da nach dem Rückzug des Feindes die Fühlung mit ihm verlorengegangen war – die Folge der Tatsache, daß die Kavallerie noch immer nicht in genügender Weise zur Aufklärung eingesetzt wurde – ordnete Moltke Auffklärungsaktionen an. Es wurde angenommen, daß sich der Gegner hinter die Elbe zurückgezogen habe. Träfe man noch vor der Elbe auf ihn, so sollte er sofort mit überlegenen Kräften angegriffen werden. Für diesen Fall zeichnete sich auch schon in der Weisung für die Aufklärungsunternehmen der weiträumige Kräfteansatz zur Umfassungsschlacht ab mit der 1. Armee in der Mitte und den beiden anderen auf den Flügeln.

Die Stellung der Österreicher verlief nördlich von Königgrätz in einem weiten Bogen nach Westen bis zur Bistritz, um nach Osten zurückbiegend südlich von Königgrätz wieder an die Elbe anzuschließen. Das Gelände eignete sich hervorragend zur Abwehr eines Angriffes aus Nordwesten – also der 1. Armee Prinz Friedrich Karl –, vor allem, was den Einsatz der Artillerie anbelangte, in der die Österreicher den Preußen ohnehin überlegen waren. Weniger günstige Abwehrmöglichkeiten bot es gegen Norden, von woher der Angriff der 2. Armee Kronprinz zu erwarten war. Dies schien aber weniger ins Gewicht zu fallen, weil die Armee des Kronprinzen noch weit entfernt war.

Sehr im Unterschied zu Moltke beschränkte sich Benedek darauf, seine Unterführer nur durch Befehle zu führen, die sie unmittelbar betrafen, also nicht über seine Absichten in ihrem ganzen Zusammenhang zu informieren.

Am 2. Juli stellte die preußische Aufklärung drei österreichische und das sächsische Korps westlich der Elbe fest. Gemäß der Anweisung, in diesem Fall sofort anzugreifen, gab Prinz Friedrich Karl am 3. Juli die entsprechenden Befehle an die 1. und die ihm unterstellte Elb-Armee. Moltke erkannte, daß eine Hauptschlacht bevorstand, zu der alle Kräfte herangezogen werden mußten. Der Augenblick, in dem die konzentrische Angriffsoperation in die taktische Umfassung übergehen sollte, war gekommen.

Die Schlacht von Königgrätz (3. 7. 1866)

Es war die größte Schlacht, die vor dem 20. Jahrhundert ausgefochten wurde. Die Gegner waren ungefähr gleich stark. 450 000 Mann kämpften auf einer Fläche von 8 bis 10 km Breite und 3 bis 5 km Tiefe.

Benedek hatte seinen Verbänden ihre Stellungen zugewiesen, ohne Orientierung über eine Koordination der Kampfführung. Sie standen engmassiert, die Artillerie in überhöhenden Stellungen. Benedek hoffte, die preußische Artillerie von hier aus niederhalten und die Wirkung des gefürchteten Zündnadelgewehrs beschränken zu können. Die tiefe Gliederung, die starken Reserven hinter der Mitte sowie die Tatsache, daß vorteilhafte Höhen außerhalb dieser engen Aufstellung nicht besetzt wurden, deuteten darauf hin, daß Benedek keine Defensivschlacht schlagen wollte. Er hatte die Absicht, den Stoß der 1. Armee aufzufangen, sie zurückzuwerfen und sich dann gegen die von Norden zu erwartende Armee des preußischen Kronprinzen zu wenden. Dies entsprach der alten Regel, nach der die einzelnen Teile eines von den äußeren Linien angreifenden Feindes nacheinander mit überlegenen Kräften zu schlagen seien. Doch setzte dies, wie sich zeigen sollte, voraus, daß auf der Gegenseite die gleichen Führungsgrundsätze galten, was hier freilich nicht der Fall war.

Am 3. Juli kurz nach 8.00 Uhr trat die 1. Armee in breiter Front zum Angriff über die Bistritz an. Jenseits des Flusses vor den Höhen kam jedoch die Bewegung im österreichischen Artilleriefeuer zum Erliegen. Der Frontalangriff war gescheitert. Jetzt hing alles von den Flankenangriffen der beiden Flügel-Armeen ab. Aber bei der Elb-Armee war der Kardinalfehler begangen worden, alle Verbände an einer Stelle über die Bistritz gehen zu lassen, was ihren Einsatz verzögerte. Die 2. Armee kam ebenfalls nicht heran. Damit war eine kritische Lage entstanden. Es bestand die Gefahr, daß Benedek aus seinen Stellungen hervorbrechen und sich mit Übermacht auf die 1. Armee werfen würde. „Da ein Zurückgehen nicht in Betracht kam, blieb nur Halten im Vertrauen auf die abstoßende Kraft des Zündnadelgewehrs übrig." (Kaulbach, E. 1866, 167). Als Prinz Karl sein Reservekorps nach vorn holte, um, koste es was es wolle, die Höhen zu nehmen, griff Moltke ein und verhinderte den unsinnigen Einsatz.

Benedek wollte angreifen. Er hatte schon die Armee-Reserven nach vorn holen lassen. Da wurden ihm die Abweichung zweier seiner Korpskommandanten von den ihnen erteilten Befehlen zum Verhängnis. Der tiefere Grund war der, daß Benedek seine Generäle nicht hinreichend über seine Absichten informiert hatte. Die Folge war, daß sie da, wo sie selbständig handeln mußten, es nicht unbedingt im Sinne dieser Absichten taten.

Als die 7. Division der 2. Armee den rechten Flügel der österreichischen Aufstellung angriff, verließen das II. und IV. Korps, die zum Flankenschutz ostwärts davon eingesetzt waren, ihre Stellungen und griffen mit Front nach Westen an. Die 7. Division zog fast alle Kräfte des österreichischen Nordflügels auf sich, was später entscheidende Folgen haben sollte. Benedek hatte die Eigenmächtigkeit der beiden Flankenkorps geduldet. Er weigerte sich, die verlassene Flankenstellung durch Reserven zu besetzen, die er für den Angriff auf die 1. Armee nicht aus der Hand geben wollte. Nachdem Meldungen vorlagen, daß preußische Kräfte – die 2. Armee – von Norden im Anmarsch waren, erteilte er dem II. und IV.-Korps Befehl, sich aus dem Kampf zu lösen und wieder ihre alten Stellungen einzunehmen.

Moltke hatte, nachdem er die Nachricht vom Nahen der 2. Armee erhalten hatte, die Elb-Armee angewiesen, die entsprechende Bewegung, den Flankenangriff von Süden, auszuführen. Die Elb-Armee war am linken Flügel der österreichischen Aufstellung in Kämpfe verwickelt. Es gelang ihr zwar, den österreichischen Flügel zurückzudrücken, aber die Möglichkeit, ihn zu umfassen und dem Feind die Rückzugslinie nach Königgrätz und Pardubitz abzuschneiden, wurde nicht genutzt. Benedek sah diese Gefahr, weswegen er sich mehr um seinen linken als um seinen rechten Flügel kümmerte, vor dem der Feind zunächst noch nicht aufgetaucht war.

Nachdem die preußische 2. Armee herangekommen war, stieß sie ohne weiteres in die Nordflanke der Österreicher hinein. Die angeschlagenen Verbände des österreichischen II. und IV. Korps hatten nur teilweise gesammelt werden können. Sie waren nicht mehr in der Lage, einen wirksamen Flankenschutz aufzubauen und wichen nach kurzem Widerstand unter Schockeinwirkungen durch das preußische Schnellfeuer nach Südosten aus. „Aus heutiger Sicht mutet es fast an, als ob das Schicksal alles tat, um die Richtigkeit der Moltkeschen Überlegungen und des entsprechenden Ansatzes der Armeen zu bestätigen." (Kaulbach, in E. 1866, 175).

Die Verbände des linken Flügels der 2. Armee drangen jedoch nicht so tief nach Süden vor, wie es hier möglich gewesen wäre – was bedeutet hätte, daß den Österreichern der Rückzug über die Elbe abgeschnitten worden wäre. Die Aufmerksamkeit der Armee-Führung war von den Ereignissen auf ihrem rechten Flügel gefesselt. Hier war die 1. Garde-Division weit voraus bei Chlum direkt hinter der österreichischen Front, die sich im Kampf mit der 1. Armee befand, eingebrochen.

Ihr warfen sich die österreichischen Reserven, das I. und VI. Korps, entgegen. Zur Unterstützung der 1. Garde-Division wurden nun alle noch weiter rückwärts befindlichen Teile herangeholt und auch die Korps der Mitte und des linken Flügels nach Südwesten dirigiert.

Im Bestreben, den örtlichen Erfolg bei Chlum auszubauen, wurden die Chancen übersehen, die für den tiefen Vorstoß des linken Flügels nach Süden weiter hinter den österreichischen Stellungen bestanden.

Die Angriffe des I. und VI. Korps zerbrachen trotz größter Tapferkeit und Disziplin der engmassierten Sturmkolonnen an der überlegenen Feuerkraft der preußischen Infanterie. Nachdem die Flügel der österreichischen Aufstellung zerschlagen worden waren, waren die im Kampf mit der 1. Armee befindlichen Verbände in der Mitte gezwungen, zurückzugehen. Der Opfergang des I. und VI. Korps, durch den der Angriff der 2. Armee für kurze Zeit aufgehalten wurde, machte es ihnen möglich, sich in Richtung Elbe zurückzuziehen.

Die Schlacht endete nicht so, wie sie nach Moltkes Vorstellung hätte enden müssen. Die österreichische Nord-Armee konnte sich, gedeckt durch ihre vorzügliche Artillerie, „in einem historisch einmaligen Einsatz" (ebda., 182) über die Elbe zurückziehen. Sie räumte das Schlachtfeld noch in völliger Ordnung und einzelne Verbände setzten sich immer wieder zur Wehr. Hinter der Artilleriedeckung, geriet sie jedoch in einen völlig desolaten Zustand. Infolge des preußischerseits im Norden zu wenig tief angesetzten und im Süden überhaupt nicht erfolgten Flankenangriffs konnte sie aber der Vernichtung entgehen. Eine mit großem Elan gerittene Attacke deckte ihren Rückzug.

Eine groß angelegte Verfolgung fand nicht statt. Die preußischen Streitkräfte befanden sich in einem Freudentaumel, der sich auf die Ordnung nicht weniger auflösend auswirkte, als die Verzweiflungsstimmung bei den Österreichern. Die völlige Erschöpfung der Truppen ließ es nicht ratsam erscheinen, noch am gleichen Abend die Stellungen der österreichischen Artillerie anzugreifen, die noch immer feuerte. Keiner der Armee-Führer drängte darauf, weiter am Feind zu bleiben. So war hier lediglich ein – wenn auch großer – taktischer Sieg erfochten worden, der operativ nicht ausgenutzt wurde. Aber das wußte selbst Moltke am Ende dieses Schlachttages nicht. Er ordnete an, daß die Truppe am nächsten Tag ruhen solle. Der Vormarsch wurde erst am 7. Juli fortgesetzt, während sich die österreichische Nord-Armee auf Olmütz zurückzog. Die preußische 1. und die Elb-Armee stießen bis in den Raum nördlich von Wien vor. Die 2. Armee folgte, nachdem die Nord-Armee – weit nach Osten ausholend an dem preußischen Heer vorbei – nach Süden marschierte, um zusammen mit der österreichischen Süd-Armee, die in Italien frei geworden war, die Hauptstadt zu schützen.

Unter politischen – und daher gesamtstrategischem – Aspekt war der Sieg von Königgrätz – in Verbindung mit den Niederlagen der Verbündeten Österreichs – ein überragender Erfolg. „Es ist unverkennbar, daß allein dieser Vernichtungsschlag nach einem Feldzug von knapp drei Wochen gegen eine zahlenmäßig überlegene Koalition der Politik Bismarcks seit seiner Regierungsübernahme die nachträgliche Beglaubigung des überragenden Erfolges gegeben hat." (Kluke, 486). Tatsächlich war ja aber weder das österreichische Heer noch auch nur die Nord-Armee vernichtet worden. Trotzdem war deren Niederlage entscheidend. Österreich gab sich geschlagen. Die preußische Regierung war, vor allem in Sorge wegen einer Intervention Frankreichs, an einer raschen Beendigung des Krieges interessiert. Bismarck wollte seine Fortsetzung mit Einnahme Wiens aber auch deswegen nicht, weil er in Österreich den künftigen Bundesgenossen sah und einen „Versöhnungsfrieden“ (G. Ritter) wünschte, der am 23. August in Prag abgeschlossen wurde – um den Preis der Abtrennung Österreichs von Deutschland.

Erfahrungen

Moltke wertete die Erfahrung des Krieges von 1866 zur intensiven Unterrichtung des Generalstabes aus. Erst damit machte er nun wirklich „Schule“, denn es hatte sich gezeigt, daß man von der modernen Kriegführung, so wie er sie verstand, auch in der preußischen Armee noch immer wenig wußte. Seine nach außen hin gezeigte Zufriedenheit mit den Leistungen der Armee konnte nur darüber hinwegtäuschen. Die vielen Führungsfehler waren von den Leistungen der Truppe ausgeglichen worden.

Vieles von dem, was er in dieser Zeit verarbeitete, wurde bereits weiter oben in den allgemeinen Überblick über seine Lehre behandelt, so daß es sich jetzt nur noch um eine ergänzende Darstellung seiner aus dem Kriege 1866 gewonnenen Erfahrungen handelt.

Es war in erster Linie nicht die technische Überlegenheit, das bessere Gewehr und auch nicht die bessere Taktik, denen Preußen den Sieg verdankte. Es waren vor allem die überlegene Führungsweise und Führungskunst Moltkes der im preußischen Generalstab auch über das bessere Führungsinstrument verfügte. Die österreichische Armee war nicht schlechter als die preußische, die preußischen Generäle nicht besser als die österreichischen. Selbst Führungsfehler Benedeks erscheinen längst nicht mehr so groß, wenn man sie mit denen der preußischen Armee-Oberbefehlshaber vergleicht und erkennt, daß sie dieselbe Auffassung von Operationsführung besaßen wie er – eine Auffassung, die in der Militärstrategie im Grunde immer noch „Große Taktik“ sah. Die nach den Erfahrungen von 1859 reformierte Armee von 1866 war wohl die beste, über die Österreich bis dahin verfügt hatte.

Moltkes erste Frage lief daher darauf hinaus, welche Aussichten die preußische Armee hätte, wenn sie in naher Zukunft mit einem Feind zu tun hätte, der diese technisch-taktischen Mängel nicht aufwies. Moltke legte seine Erfahrungen in einer Denkschrift nieder, die zur Grundlage der 1869 erlassenen „Verordnungen für die höheren Truppenführer“ wurde, und durch die er erreichte, daß der Generalstab an der Abfassung von Vorschriften für operative und taktische Truppenführung entscheidend beteiligt wurde. Auf diese Weise konnte er seine Führungsgrundsätze, die bis nach dem Ersten Weltkrieg maßgebend blieben, in der Armee durchsetzen. Gleichzeitig warnte er davor, in der Umfassungslehre ein System sehen zu wollen. Indem er betonte, daß Strategie „nichts weiter als die Anwendung des gesunden Menschenverstandes“ (zit. Kessel, Moltke, 506) sei, machte er auf die Grenzen der Lehrbarkeit aufmerksam. Die richtige Lehre könne nur dann fruchtbar werden, wenn man sich über ihren unsystematischen Charakter klar sei. Beim kriegerischen Handeln komme es weniger darauf an, was man tut, sondern wie man es tut. Freilich müsse die Waffenwirkung mit ihren Folgen für die Taktik – gewissermaßen als Handwerkszeug – vom militärischen Führer beherrscht werden. Bei jeder Planung müsse das Unberechenbare ausgespart bleiben, und unberechenbar sei bereits die eigene Truppe, da sie aus lebendigen Menschen bestehe, trotz einheitlicher Erziehung und Befehle, um so mehr also der Feind. Und trotzdem – oder gerade deswegen – komme es auf „die Fortbildung des ursprünglich leitenden Gedankens – entsprechend den stets sich ändernden Verhältnissen an“ (zit. Kessel, Moltke, 512). „Die Entwicklung der Kriegskunst war an einem Punkt angelangt, der die in jedem Kriegertum verborgene Antinomie von Selbständigkeit und Gehorsam auf die Spitze getrieben erscheinen ließ: Sie konnte nur durch die freie Entfaltung der schöpferischen Kräfte der Einzelpersönlichkeit und ihre Einordnung durch Selbstzucht in das Gefüge einer wohldisziplinierten Armee im vollen Bewußtsein der darin bestehenden Werte und Verpflichtungen gelöst werden." (Kessel, ebda.).

Auch in Preußen fehlte vielen das Verständnis für Moltkes Feldzugplan von 1866, im Ausland wurde er offen als fehlerhaft kritisiert. Der Erfolg wurde als unverdient, als Ausnahme von der Regel, entwertet, bestenfalls als Folge eines augenblicklichen glücklichen Entschlusses, der aus den Fehlern des Gegners Nutzen zog. Frankreich kam zu dem – im Hinblick auf den Deutsch-Französischen Krieg besonders interessanten – Schluß, daß man einem so geführten Gegner militärisch überlegen sei.

Nun war tatsächlich auch Glück im Spiel gewesen – so stellt sich beispielsweise die Frage, was geschehen wäre, wenn die preußische 2. Armee beim Eingreifen in den Kampf auf einen intakten österreichischen Flankenschutz in starken Stellungen gestoßen wäre. Moltke war durchaus nicht der Ansicht, daß es sich bei seinem Plan um eine geniale Schöpfung gehandelt habe, sondern um „die verständig angeordnete und energisch durchgeführte Abhilfe einer ungünstigen, aber notwendig gebotenen ursprünglichen Situation" (zit. ebda., 514). Er wies aber auch nach, daß sein Plan zum Erfolg führen mußte, da der Vorteil der inneren Linie nur dann gegeben sei, wenn man genügend Raum zum Operieren habe, der eben durch seinen Plan den Österreichern genommen worden sei.

Mängel hatten sich auch auf preußischer Seite bei der Befehlstechnik und Befehlsübermittlung gezeigt. Vor allem vor dem Feind waren die Verbände oft sich selbst überlassen geblieben, was wiederum daran lag, daß Selbständigkeit im Rahmen des Operationsplanes zu Eigenmächtigkeit ausgeartet war, indem von der Kriegsgliederung abgewichen und eine ordnungsmäßige Befehlsübermittlung unmöglich geworden war. Sie war natürlich um so mehr erschwert, je mehr Zwischeninstanzen es gab, und so wollte Moltke den Korpsverband abschaffen, womit er aber nicht durchdringen konnte.

Seine starke Angriffsbetonung milderte Moltke etwas ab, indem er in der Verordnung für die höheren Truppenführer feststellte, daß zwar jede Schlacht mit offensivem Vorgehen enden müsse, daß es sich aber frage, ob sie damit auch beginnen soll. Der Schwung sei einer der Hauptvorzüge des Angriffs, aber er berge auch die Gefahr in sich, bei sehr starken Verlusten ins volle Gegenteil umzuschlagen. Darum solle „die Schlacht aus einer Reihe von kurzen Offensivstößen bestehen, welche zumeist auf abgeschlagene Angriffe des Gegners folgen, bis der entscheidende Druck durch die Hauptreserven erfolgen kann" (zit. Kessel, Moltke, 518). Sein Ideal war die Verbindung von taktischer Defensive und strategischer Offensive.

Moltke stellte fest, daß aus der Entwicklung der modernen Feuerwaffen noch nicht überall die richtigen Konsequenzen für den Einsatz der Waffengattungen gezogen worden waren. Das Zusammenwirken der Waffengattungen war völlig ungenügend gewesen. Die Infanterie sei von der Artillerie nur unzureichend, von der Kavallerie so gut wie gar nicht unterstützt worden. Ihre Erfolge hatte sie danach vor allem selbst zu verdanken. Jede Massierung sei durch Aufgliederung in viele Kolonnen auch im taktischen Rahmen zu vermeiden, dem Infanterieangriff habe eine Vorbereitung durch Artillerie voranzugehen, freie

Ebenen seien für den Angriff zu vermeiden. Die Kavallerie habe eine umfangreiche Aufklärungstätigkeit zu betreiben und sei zur Ausnutzung des Erfolges durch Verfolgung einzusetzen. Vor allem die Kavallerie hatte versagt, die auch jetzt noch für die große Attacke aufbewahrt worden war, für die es immer weniger Gelegenheiten gab. Obwohl Kavallerie-Korps gebildet worden waren, war es fast nirgends zu einem geschlossenen Einsatz der Reiterei gekommen. Die Artillerie war im allgemeinen erst eingesetzt worden, wenn das Gefecht bereits im Gange war. Der auf sich selbst gestellte Infanterieangriff konnte nur solange Aussicht auf Erfolg haben, wie der infanteristische Gegner schlechtere Gewehre besaß. Damit im Zusammenhang stand mangelnde Kenntnis des Infanterieoffiziers über die anderen Waffengattungen. Das berechtigte Selbstvertrauen der preußischen Infanterie, der Drang nach vorn, hatten dazu geführt, daß man einfach nicht warten wollte, bis die Artillerie in Stellung war. Andererseits hatte dieses mangelhafte Zusammenwirken seinen Grund auch darin gehabt, daß die Artillerie im Frieden ein isoliertes Dasein fristete – als sei sie noch immer eine Zunft – und viel zu wenig Gelegenheit hatte, unter feldmäßigen Bedingungen ausgebildet zu werden. Die verbessernde Einwirkung Moltkes auf diese Verhältnisse war beschränkt, da dies nur durch Verordnungen an die höheren Kommandostellen und in den Manövern, allerdings auch durch Einflußnahme auf die Generalstabsoffiziere, die aus allen Waffengattungen kamen, geschehen konnte.

d. Der Deutsch-Französische Krieg 1870/71

Der Krieg gegen das französische Kaiserreich

Bei einem Krieg gegen Frankreich mußte Preußen zunächst damit rechnen, daß sich das 1866 geschlagene Österreich mit Frankreich verbünden würde. Bei einem Bündnis der nord- und süddeutschen Staaten unter Preußens Führung nahm Moltke an, daß sich die beiden Machtgruppen ungefähr mit 500000 Mann gleichstark gegenüberstehen würden. In diesem Fall sollte, nach einer von Moltke 1867 niedergelegten Denkschrift, eine schnelle Entscheidung gegen Österreich gesucht, gegen Frankreich hingegen zunächst nur verteidigt werden. Das ergab sich für Moltke einmal daraus, daß – wie wir immer wieder sahen – wegen der strategisch-geographischen Verhältnisse gegen Österreich nur schwer ein Verteidigungskrieg zu führen war. Zum anderen glaubte Moltke, daß ein Schlachtsieg Frankreich noch nicht zur Kapitulation zwingen werde, es vielmehr anzunehmen sei, daß die Franzosen bei ihrem Patriotismus und den ihnen zur Verfügung stehenden Hilfsmitteln den Krieg fortsetzen würden. Damit hatte Moltke die Situation in Frankreich im Hinblick auf die tatsächlichen Ereignisse im Deutsch-Französischen Krieg völlig richtig eingeschätzt. Über die Möglichkeit eines Sturzes der französischen Regierung äußerte er sich in diesem Zusammenhang nicht. Es konnte aber der deutschen politischen und militärischen Führung an einer Revolution in Frankreich nicht gelegen sein, da davon keine Abkürzung des Krieges zu erwarten war.

Nach Anschluß der süddeutschen Staaten standen zwar dem preußischen Oberkommando alle deutschen Kontingente zur Verfügung, aber die deutschen Streitkräfte stellten, trotz der auch schon vorher erfolgten Angleichungen an Preußen, noch keine einheitliche, in allen ihren Gliedern aufeinander eingespielte Armee dar.

Nachdem es als sicher angenommen werden konnte, daß Österreich neutral blieb, baute Moltke seinen Operationsplan gegen Frankreich auf folgendem Grundgedanken auf: Er hatte alle Kräfte, mit Ausnahme unbedeutender Sicherungstruppen, gegen Frankreich zur Verfügung. Nach dem Verlauf der Bahnlinien konnte davon ausgegangen werden, daß die französischen Kräfte bei Metz und Straßburg sich sammeln würden. „So war es für Moltke ausgemacht, daß er den Feind mit seinen Hauptkräften in Lothringen treffen würde, und es galt ‚gleich anfangs' die ganze Überlegenheit der preußisch-deutschen Armee zu entfalten, zwischen die beiden Versammlungspunkte der feindlichen Armee Metz und Straßburg hineinzustoßen oder den bereits im Vormarsch vereinigten Gegner nach Süden zurückzuwerfen und damit zugleich von der Rückzugsrichtung auf die Hauptstadt Paris abzuschneiden" (Kessel). Die Hauptrichtung der Offensive sollte auf Paris zielen, Versammlungsraum der deutschen Streitkräfte die Pfalz sein, von der aus sowohl der untere wie der obere Rhein gedeckt werden konnten. Trotzdem war, im Hinblick auf einen zuvorkommenden feindlichen Angriff, die grenznahe Versammlung der deutschen Streitkräfte äußerst riskant. Die Entscheidung mußte rasch gesucht werden, denn auf einen längeren Krieg war Deutschland nicht vorbereitet.

Mit der Versammlung in der Pfalz konnte französischen Angriffen sowohl gegen den Ober- wie gegen den Niederrhein durch Flankenstöße begegnet werden.

Es wird also deutlich, daß Moltke keinen konzentrischen Angriff mit getrennten Heeresteilen von der äußeren Linie her plante. Er wollte vielmehr mit engmassierten Streitkräften vorgehen, worin er ja bekanntlich grundsätzlich eine „Kalamität" sah. Was freilich nur beweist, daß für Moltke die Strategie ein „System von Aushilfen" war und daß er von seinen eigenen operativen Grundvorstellungen ohne weiteres abwich, wenn ihm ihre Anwendung aufgrund der konkreten Lage unvorteilhaft erschien. Die Grundkonzeption ergab jedenfalls für den ersten Teil des Krieges eine Operation auf der inneren Linie, die also keineswegs als „veraltet" angesehen werden konnte.

Ursprünglich wollte Moltke die deutschen Streitkräfte in vier Armeen gliedern: eine Armee in der Mitte, eine weitere als Reserve dahinter und je eine Armee als Seitendeckung gegen Metz und Straßburg. Der letzteren sollten die süddeutschen Kontingente angeschlossen werden. Da jedoch die beiden mittleren Armeen ohnehin auf engstes Zusammenwirken angewiesen sein sollten, wurden sie zu einer Armee zusammengezogen.

Im Gegensatz zum Krieg von 1866 erfolgte die Mobilmachung, nachdem Frankreich mobilgemacht hatte, in einem Zuge ab 16. Juli 1870. Der Aufmarsch, genau geplant, erfolgte reibungslos. Die Bereitstellung war am 5. August beendet. Es standen die 1. Armee unter dem General von Steinmetz südlich Trier, die 2. unter dem Prinzen Friedrich Karl südlich Mainz und die 3. unter dem preußischen Kronprinzen um Germersheim–Landau. Das Große Hauptquartier war in Mainz. 520 000 deutsche Soldaten standen 300 000 französischen gegenüber, die an der Grenze aufmarschiert waren.

Die französische Führung hatte die Kriegsbereitschaft ihrer Armee erheblich überschätzt. Die Kriegsvorbereitungen waren ungenügend, es bestand keine übereinstimmende Ansicht hinsichtlich der militärstrategischen Grundsätze. Die operative Zielsetzung war vage: Offensive in Richtung Main, Vormarsch nach Böhmen, also „Rache für Sadowa", wie die Franzosen die Schlacht von Königgrätz nach diesem anderen Ort nannten. „Nach diesen unsicheren Grundlagen wurde der Aufmarsch der Feldheere organisiert oder vielmehr improvisiert" (Schneider).

Der deutsche Angriff kam dem französischen zuvor, aber er verlief in seiner ersten Phase – wie schon im böhmischen Feldzug von 1866 – keineswegs so, wie er nach dem Operationsplan hätte verlaufen sollen. Auch hier handelten die Armee-Oberbefehlshaber eigenmächtig und nicht im Sinne desselben. Steinmetz, voraus auf der Linie Trier–Tholey, sollte einen von Metz aus geführten Angriff gegen Friedrich Karl, dessen vordere Linie über Bingen–Meisenheim–Kaiserslautern verlief, flankieren können, wozu er da, wo er stand, stehenbleiben mußte. Aber Steinmetz drängte gegen den südlich von ihm zwischen Metz und Saar aufmarschierten Feind zum Angriff. Es war die französische Hauptarmee unter dem Marschall Bazaine. Moltke hatte den Truppen nach den schweren Märschen zunächst Ruhe gönnen wollen, aber Steinmetz seine Spitzen bereits an die Saar vorgeschoben. So kam es am 6. August bei Spichern, südwestlich Saarbrückens, zur Schlacht. In sie wurden auch vorgeworfene Teile der 2. Armee einbezogen – „weil eben alles nach dem Kanonendonner lief" (Kessel, 353). In einer zweifelhaften Lage wäre das ja auch ganz im Sinne Moltkes gewesen, nur hatten in diesem Fall alle Armee-Führer über die beabsichtigte Operationsführung klare Direktiven erhalten. Durch diese eigenmächtigen Angriffsaktionen bestand die Gefahr, daß die 1. und 2. Armee nicht mehr im Sinne des Operationsplans eingesetzt werden konnten, da sie sich nicht mehr in den dafür gewählten Ausgangspositionen befanden. Der Feind wurde geworfen und ging auf Metz zurück. Die 3. Armee wiederum gefährdete die Operation dadurch, daß sie zu spät antrat. Sie schlug am 4. August bei Weißenburg und am 6. bei Wörth die französische Südarmee unter Marschall MacMahon.

Diese ersten Schlachten des Krieges waren auch für die deutschen Truppen sehr verlustreich. Die deutschen, frontal geführten Kolonnenangriffe brachen immer wieder im Chassepot-Gewehrfeuer der Franzosen zusammen. Von den Oberbefehlshabern der 1. und der 3. Armee war keine dieser Schlachten beabsichtigt, die sich aus Vortruppengefechten entwickelten. Es gelang ihnen auch kaum, die Kampfabläufe zu leiten. Bei Weißenburg und Wörth wirkten sich schließlich die zahlenmäßige Überlegenheit, die bessere Artillerie und bei Wörth ein Flankenangriff, der sich aus der Lage ergab, zugunsten der Deutschen aus. Spichern war „die am wenigsten geplante, gewünschte und gelenkte Schlacht des ganzen Feldzuges" (Kaulbach). Wenn sich die Franzosen geschlagen gaben und sich zurückzogen, so war dies auf die mangelnde Kenntnis über die Lage und das Versäumnis rechtzeitiger Unterstützung ihrer kämpfenden Teile, vor allem aber auf die Initiative der örtlichen deutschen Truppenführer und den Einsatzwillen ihrer Soldaten zurückzuführen. In keinem Fall gelang es, die Franzosen einzuschließen und zu vernichten. Weder nach der Schlacht von Spichern noch nach der von Wörth wurde der Gegner energisch verfolgt.

Die taktischen Erfolge dieser Grenzschlachten mußten ausgenutzt werden, auch wenn dies operative Umdisponierungen erforderlich machte. Der operative Zusammenhang der französischen Streitkräfte war verlorengegangen. MacMahon wich nach Westen aus. Für das deutsche Oberkommando war die Lage bei Metz unklar. Die Frage war, ob Bazaine es noch ostwärts von Metz auf eine Schlacht ankommen lassen oder sich unter dem Schutz der Festung auf Verdun und schließlich Paris zurückziehen wollte. Auf jeden Fall mußte eine Vereinigung der beiden französischen Armeen verhindert werden. Zu MacMahon ging die Fühlung verloren, und es gelang ihm, sich nach Châlons zurückzuziehen. Um ein Ausweichen Bazaines über Metz nach Verdun zu verhindern, wurde gegen ihn eine Operation eingeleitet, bei der die 2. Armee Metz von Süden nach Norden umfassen sollte, während die 1. Armee von Osten gegen die Festung vorrückte. Die 3. Armee sollte den Vormarsch von Wörth aus über Saarburg und Nancy fortsetzen.

Tatsächlich hatte Bazaine die Absicht, auszuweichen, und das deutsche Oberkommando stellte sich darauf ein, als es sie erkannte. Es rechnete also nicht mehr mit einer Schlacht vorwärts Metz. Zu ihr kam es dann aber doch noch bei Colombey–Nouilly, als Spitzen der deutschen 1. Armee auf den Gegner stießen. Auch diese Schlacht war auf eine Eigenmächtigkeit, nämlich des betreffenden deutschen Vorhut-Führers, zurückzuführen, der sich aus eigenem Entschluß mit dem Feind engagierte. Sie ließ die Durchführung der geplanten Operation zunächst fraglich erscheinen, da nicht abzusehen war, wie viele Kräfte sie auf beiden Seiten einbeziehen werde.Die Franzosen zogen sich jedoch zurück.

Die Hauptmasse der Armee Bazaines war in einem Lager westlich von Metz beiderseits der Straße nach Verdun zwischen Vionville und Gravelotte versammelt worden, um von hier aus den Rückzug fortzusetzen. Daran wurde sie aber am 16. August durch das III. Korps der 2. Armee gehindert, die bereits im Zuge der geplanten Umfassungsbewegung bei Pont-à-Mousson über die Mosel gegangen war. Das III. Korps griff den weit überlegenen Feind sofort an. Weitere Verbände der 2. Armee griffen ein. Daraus entstand die Schlacht von Vionville-Mars la Tour. Sie wurde in den früheren deutschen Geschichtsbüchern als ein Sieg gefeiert und dabei des opfermutigen „Todesrittes" der Brigade Bredow besonders gedacht. Ein Sieg war sie zweifellos, soweit es die Behauptung des Schlachtfeldes betraf, aber wegen der erschreckend hohen deutschen Verluste konnten die Franzosen hierhin auch einen Abwehrerfolg sehen.

Die Lage war vor allem hinsichtlich der Stärke des Gegners vollständig geklärt, aber im preußischen Hauptquartier stand der Entschluß fest, den Feind hier entscheidend zu schlagen. Dazu wurde nun auch die 1. Armee südlich von Metz über die Mosel geführt.

Moltke ließ jedoch am nächsten Tag die Schlacht noch nicht fortsetzen, weil die am Feind befindlichen Truppen durch die schweren Gefechte abgekämpft waren und der Gegner keine Anstalten machte, anzugreifen, sondern sich zurückzog. Sieben Armeekorps standen südlich der Straße Metz–Verdun für den Angriff bereit, nur das I. Korps war ostwärts der Mosel zur Beobachtung zurückgelassen worden.

Bazaine bezog, Front nach Westen, bei Gravelotte und den Höhen nördlich davon Stellung. Dadurch entwickelte sich, als der deutsche Angriff am 18. August erfolgte, eine Schlacht mit verkehrter Front, da die von Süden kommenden deutschen Korps gegen diese Stellungen nach Osten eingedreht werden mußten. Wegen der durch diese Schwenkung notwendigen langen Anmarschwege hatte der preußische Kriegsminister, General von Roon, den Entschluß zu diesem Angriff kritisiert. Moltke beharrte aber auf ihm, weil er hier die Möglichkeit sah, den Feind zur Entscheidungsschlacht zu zwingen – wenn auch unter gänzlich unvorhergesehenen Umständen. Moltke wollte, daß der Gegner im Norden umfaßt werde, aber dessen Stellungen dehnten sich dort noch über St. Privat hinaus, viel weiter aus, als man angenommen hatte. Dadurch war eine viel weitere Umfassungsbewegung nötig, als vorgesehen, was noch längere Anmarschwege für die Korps des linken Flügels bedeutete. Währenddessen wurden die Verbände rechts von ihnen in schwere Kämpfe verwickelt, ohne vorwärts zu kommen. So wurde aus der von Moltke geplanten Umfassungsschlacht „eine der blutigsten Frontalschlachten" (Kaulbach). Ein von König Wilhelm noch am Abend befohlener Angriff mit frischen Kräften gegen die französische Südflanke bei Gravelotte war, wie Moltke es vorhergesehen hatte, nutzlos. Aber am späten Abend zeichnete sich endlich der schon längst erwartete Erfolg im Norden ab. Gegen Morgen entzog Bazaine seine Armee der drohenden Umfassung auf freiem Feld und wich in die Festung Metz aus, wo er eingeschlossen wurde. Damit war die Armee Bazaine zwar nicht vernichtet. Für ihre Einschließung wurden starke deutsche Kräfte benötigt. Dennoch war die Schlacht von Gravelotte–St. Privat für den Feldzug entscheidend, da dadurch die eine der beiden französischen Armeen ausgeschaltet worden war.

Danach sollte der Vormarsch in der allgemeinen Richtung auf Paris fortgesetzt werden. Dafür stand zunächst die 3. Armee zur Verfügung, die bis zur Maas vorgekommen war und hier angehalten wurde. Aus drei Korps der 2. Armee, die mit sechs Korps doppelt so stark war wie die 1., wurde eine neue, die Maas- oder 4. Armee gebildet, und zwar unter dem Kronprinzen Albert von Sachsen, einem sehr tüchtigen Truppenführer. Die 1. und 2. Armee sollten zur Einschließung von Metz zurückbleiben.

Maßgebend für die weitere Operationsführung waren die Absichten des Marschalls Mac Mahon, dessen Armee bei Châlons lagerte und Verstärkung an sich zog. Für wahrscheinlich wurde im deutschen Hauptquartier gehalten, daß er sich auf Paris zurückziehen und das Zentrum des französischen Widerstandes mit Hilfe der Mobil- und Nationalgarde verteidigen werde. Tatsächlich hatte MacMahon aber von seiner Regierung die Anweisung erhalten, auf Metz vorzugehen und sich wieder mit Bazaine zu vereinigen – eine unter den gegebenen Umständen kaum durchführbare Aufgabe, für die nicht militärstrategische, sondern ausschließlich politische Gründe maßgebend waren. Damit kamen die Franzosen, wie Eberhard Kaulbach betont, einem alten Plan Moltkes entgegen, den er den ganzen Feldzug über verfolgt und den er auch schon mit der südlichen Umgehung von Metz zum Ausdruck gebracht habe. Während es nach Eberhard Kessel die Absicht Moltkes war, den Feind nach Süden von Paris abzudrängen und „im freien Feld" zu vernichten – woraufhin dann Paris „durch sich selbst" fallen werde – kam es Moltke, nach Kaulbach, darauf an, „den Gegner von Paris und dem weiten Süden des Landes fort in den durch die neutralen Staaten begrenzten Norden des Landes abzudrängen, um ihn hier zur Kapitulation zu bringen." Auch Caemmerer meint, daß Moltke „ganz im allgemeinen den Feind am liebsten nach seiner Nordgrenze hin gedrängt sehen" wollte. Tatsächlich erfuhr man, daß MacMahon von Châlons in nördlicher Richtung abmarschiert sei – und zwar aus Pressemeldungen, bezeichnenderweise also nicht durch Kavallerie-Aufklärung. Die deutschen Kräfte standen mit der Maas-Armee in den Argonnen, mit der 3. Armee westlich Bar-le-Duc.

Daß MacMahon infolge seiner Bewegung gegen Reims die Absicht haben könnte, die beiden deutschen Armeen nördlich zu umgehen, hielt man für fast ausgeschlossen. Moltke schloß allerdings ein Täuschungsmanöver nicht aus, durch das die Deutschen verführt werden sollten, nach Norden zu marschieren, während MacMahon sich nach Paris zurückzog und damit Zeit für die Verteidigungsvorbereitungen gewann. Um beiden Möglichkeiten gleichzeitig entgegenwirken zu können, verlegte Moltke am 25. August die Vormarschrichtung nach Nordwesten. Damit verband er die Absicht, MacMahon in der Gegend von Longuyon eine Schlacht zu liefern, wofür ihm mit 200 000 Mann ausreichende Kräfte zur Verfügung standen.

Da war aber MacMahon am 23. August schon von Reims aus in nordostwärtiger Richtung auf Montmédy weitermarschiert. Er wollte, weit ausholend im Norden bis zur belgisch-luxemburgischen Grenze und im Osten bis Diedenhofen, Metz erreichen. Von dem Vormarsch auf Montmédy erfuhr das deutsche Große Hauptquartier am Abend des 25. August, und zwar wieder durch die französische Presse. Daraus schien nun wirklich die Absicht MacMahons hervorzugehen, die er tatsächlich hegte. Aber da noch keine Meldungen von der eigenen Aufklärung eingegangen waren, blieben doch noch immer Zweifel. Moltke leitete daher lediglich mit einigen Flügel-Verbänden die Schwenkung nach Norden ein. Er informierte die Armeeführer über die noch nicht ganz geklärte Lage sowie die eigenen Absichten, und wies sie an, nach den zu erwartenden Aufklärungsmeldungen – die ja bei ihnen früher ankommen mußten, als bei ihm – zunächst selbständig zu handeln. Diese äußerst vorsichtige Maßnahme kennzeichnet die Situation besonders deutlich. Denn obwohl nun auch Moltke glaubte, daß MacMahon auf Metz marschierte, konnte die andere Möglichkeit seines Rückzuges auf Paris noch immer nicht ganz ausgeschlossen werden, weil sie die nach Auffassung der deutschen Führung die einzig vernünftige war.

Am frühen Morgen des 26. August befahl Kronprinz Albert von Sachsen von sich aus das Einschwenken der Maas-Armee nach Norden. Dies, obwohl er noch keine Kavallerie-Meldung erhalten hatte, aber in der richtigen Einschätzung, daß er auch keine bekommen werde. Auch Kronprinz Friedrich ließ nach einer Rücksprache mit Moltke die 3. Armee rechts abmarschieren. Die Maas-Armee, rechts, nahm Richtung auf Beaumont, die 3. Armee auf Sedan, dicht an der belgischen Grenze, wie es bereits am Tage vorher festgelegt worden war.

Am 29. August kam es bei Nouant zur Feindberührung. Am nächsten Tag wurde den Franzosen bei Beaumont der Weg nach Osten verlegt. Es kam zur Schlacht. MacMahon nahm seine Armee hinter die Maas zurück und versammelte sie um die Festung Sedan, um sich über Mézières abzusetzen.

Dazu hatte er aber keine Möglichkeit mehr. Die deutsche Führung war entschlossen, seine Armee bei Sedan beiderseits umfassend anzugreifen, womit gleichzeitig der Übertritt auf belgisches Gebiet verhindert werden sollte. Dazu sollten die Stellungen vor Sedan von der Maas-Armee von Osten und von der 3. Armee von Süden und vom Westen angegriffen werden.

Am 1. September, dem Tag der Schlacht, waren es die beiden bayerischen Armeekorps, die als erste, und zwar die südlichsten Stellungen der Franzosen, angriffen. Sie hatten zunächst die ganze Last des Kampfes zu tragen, bis nach und nach alle Korps eingriffen und konzentrisch von allen Seiten gegen die Festung vorgingen. Nachdem als letztes das preußische Gardekorps gegen die Stellungen im Nordosten eingesetzt worden war, meldete Moltke seinem König: „Das Gardekorps greift jetzt ein. Ich gratuliere Euer Majestät zu einem der größten Siege des Jahrhunderts!“ (Zit. Kessel, 566). Der perfekt geplante und durchgeführte Kräfteansatz garantierte also Moltke bereits den Sieg.

Die Franzosen versuchten durch opfermütige Gegenangriffe mit Infanterie und Reiterattacken den sich immer enger schließenden Ring zu durchbrechen. Vor allem das konzentrische deutsche Artilleriefeuer fügte ihnen furchtbare Verluste zu. Als ihnen der Ausbruch an keiner Stelle gelang, ließ der Widerstand nach. Immer mehr Verbände flohen ungeordnet in den Schutz der Festung. Um 16.00 Uhr gab König Wilhelm Befehl, die Stadt mit Artillerie zu beschießen. Nach einer halben Stunde ließ er das Feuer einstellen. Fast zur gleichen Zeit, als der preußische Parlamentär losgeschickt wurde, ging über Sedan die weiße Flagge hoch – die Festung kapitulierte.

Der langwierige Festungskampf früherer Zeiten war hier mit einem Zeitraffer auf wenige Stunden zusammengedrängt worden. Die Verteidigung hatte nur noch vor den Mauern stattgefunden, und zu einem unmittelbaren Kampf um die Festung war es gar nicht mehr gekommen. Das Mißverhältnis der hier eingesetzten großen Heere zu einer so kleinen Festung wie Sedan ließ es gar nicht anders zu.

Erst jetzt erfuhr das deutsche Große Hauptquartier, daß sich der Kaiser der Franzosen bei seiner Armee in der Festung befand. Marschall MacMahon war verwundet worden, das Kommando an General Wimpffen übergegangen. Moltke, nicht Bismarck, der anwesend war, führte die Kapitulationsverhandlungen, da man der Ansicht war, daß es sich hierbei um einen militärischen Akt handele. Fast die gesamte französische Armee, und mit ihr der Kaiser, wurden gefangen.

Der Krieg gegen die französische Republik

Mit dem Sieg von Sedan war der Krieg nicht beendet. Die Kapitulation und schließlich der Sturz des französischen Kaisertums brachten den Frieden nicht, sie brachten ihn nicht einmal näher. Es kam also so, wie es Moltke bei seinem Entwurf für einen Zweifrontenkrieg vorausgesehen hatte, der angriffsweise gegen Österreich geführt werden sollte, weil in Frankreich allein durch eine Entscheidungsschlacht der Frieden nicht zu erreichen sei. Der französische Patriotismus fand sich mit der Kapitulation nicht ab. Die Regierung der Französischen Republik verweigerte die von ihr verlangten Gebietsabtretungen. Unter Gambetta und dank des Organisationstalents von Marschall Niel wurden um die wenigen verbliebenen Truppenstämme herum Milizen zu vier Armeen zusammengefaßt. Sie setzten den Krieg fort, der sich zum Volkskrieg ausweitete, bei dem Erfahrungen aus dem Amerikanischen Sezessionskrieg verwertet wurden. Gambetta konnte sich auf die vorhandene Organisation der Nationalgarde stützen, zu der noch kleine Einheiten von Freischärlern – Franktireure – hinzukamen. Letztere führten den Kleinkrieg und versuchten, die Kavallerie zu ersetzen, die kaum mehr vorhanden und am wenigsten schnell zu ergänzen war. Die meisten aktiven Offiziere befanden sich in deutscher Kriegsgefangenschaft.

Die Disziplin der Miliz und Freiwilligentruppen ließ von vornherein viel zu wünschen übrig und verschlechterte sich mit der Dauer des Krieges, dessen Sinn aufgrund der vielen Mißerfolge auch unter der diktatorischen Führung Gambettas von immer weniger Franzosen in der Provinz eingesehen wurde, bis zur Aufsässigkeit. Gambettas Versuch, an die Traditionen der großen Revolution anzuknüpfen, gelang nur unvollkommen. Die Deutschen waren zwar weder politisch noch militärisch noch psychologisch auf den Volkskrieg eingestellt, aber sie waren den Franzosen nicht, wie in den Revolutionskriegen, grundsätzlich unter-, sondern überlegen. Obwohl es der französischen Regierung gelang, insgesamt fast eine Million Mann auszuheben, war es ihr nur möglich, das Ende des Krieges hinauszuschieben, jedoch nicht mehr, ihn zu gewinnen. Minister Gambetta, der nach seiner Flucht im Ballon aus Paris, in Tours residierte, glaubte, mit den sowohl ausbildungs- wie bewaffnungsmäßig unfertigen Streitkräften „in üblicher Weise marschieren und kämpfen zu können, als wie mit intakten Heereskörpern“ (Meier-Welcker). Dies war der erste Fehler, aus dem sich der zweite ergab: Der Kern dieses Volksheeres bestand zwar aus aktiven Truppen, aber damit besaß es noch nicht den Charakter, die Festigkeit eines stehenden Heeres, mit dem, nach Clausewitz, der Volkskrieg verbunden sein mußte. Die Verhältnisse waren hier andere als in Amerika, wo auf beiden Seiten Milizheere gekämpft hatten. Frankreich dagegen verfügte gegen die aktiven deutschen Armeen über kein aktives Heer mehr, das im Felde frei beweglich war. Paris mit einer Besatzung von 300 000 Mann, deren Kern ein aktives Armeekorps bildete, wurde im Norden von der Maas –, im Süden von der 3. Armee eingeschlossen.

Die neuen französischen Armeen entstanden im Südosten bei Epinal und Besançon – hier befand sich auch der berühmte italienische Freikorpsführer Giuseppe Garibaldi, der sich mit seinen Söhnen der Französischen Republik zur Verfügung gestellt hatte –, im Süden an der Loire im Raum von Nevers-Bourges-Vierzon, im Westen bei Rouen und im Norden bei Amiens. Neben den großen Festungen Paris und Metz, in denen die größten Teile des französischen Feldheeres eingeschlossen waren, wodurch bereits die Masse des deutschen Feldheeres festgehalten wurde, mußten noch im Nordosten Frankreichs 14 weitere größere und kleinere Festungen belagert oder zumindest beobachtet werden. Der Festungskrieg mit seiner Bindung der Invasionskräfte hatte also zunächst wieder eine erhebliche Bedeutung gewonnen. Die ohnehin unzureichende deutsche Belagerungsartillerie mußte erst umständlich herangeschafft werden.

Anfang Oktober erfolgte der erste französische Angriff durch ein vornehmlich aus Linientruppen bestehenden Korps von Süden aus gegen die deutschen Zernierungstruppen von Paris. Ein verstärktes bayerisches Armeekorps unter General von der Tann warf die Franzosen zurück, nahm Orléans und ging mit der Kavallerie über die Loire vor. Gegen die, unter General Bourbaki im Entstehen begriffene Nord-Armee wurden Sicherungsdetachements vorgeschoben. Nach der Kapitulation von Straßburg ging das aus den frei gewordenen Kräften gebildete deutsche XIV. Armeekorps unter General von Werder über die Vogesen vor und zersprengte die französischen Kräfte zwischen Epinal und Besançon. Am 27. Oktober kapitulierte Metz mit fast 180 000 Mann. Dadurch wurden die deutsche 1. und 2. Armee frei, und die operative Lage verbesserte sich grundlegend. Die 1. Armee, jetzt geführt von General von Manteuffel, sollte zwischen Seine und Oise die Belagerungskräfte von Paris nach Nordwesten decken, die 2. gegen vermutete französische Versammlungen von Metz aus nach Südwesten auf Bourges vorgehen, wo die artilleristische Ausrüstung für die französischen Neuaufstellungen hergestellt wurde.

Die Hoffnung der französischen Regierung hob sich beträchtlich, als General d'Aurelle am 7. November Oléans mit der 70 000 Mann starken Loire-Armee von Westen angriff und die 19 000 Mann unter von der Tann nach Nordosten ausweichen mußten. Dieser Erfolg hatte in ganz Frankreich eine große psychologische und propagandistische Wirkung. Gegen die Loire-Armee, die in der Zwischenzeit noch wesentlich verstärkt werden konnte, wurde die 2. Armee angesetzt, die demzufolge ihre Marschrichtung von Südwesten nach Westen änderte und das Korps von der Tann an sich heranzog. Es erfuhr, mit gleichzeitiger Unterstellung unter den Großherzog von Mecklenburg-Schwerin, seine Erweiterung zur Armee-Abteilung.

Aurelle wollte mit der Fortsetzung der Offensive wegen des unfertigen Zustandes seiner Verbände noch warten, aber Gambetta mischte sich in die Armeeführung ein und befahl kurzerhand einigen Armeeteilen, auf Fontainebleau zu marschieren. Er wollte damit einen Ausfall unterstützen, den die Besatzung von Paris mit fast 100 000 Mann zwischen dem 30. November und dem 2. Dezember unternahm. Die Offensive wurde abgewehrt. Die deutsche Heeresleitung befahl dem Prinzen Friedrich Karl den Gegenangriff, der am 3. Dezember begann, die ausgedehnte Front der Loire-Armee bei Orléans durchbrach und sie auseinanderriß. Im Norden nahm die 1. Armee Amiens, die Festung La Fère, Rouen und drängte den Gegner auf Le Havre ab. Aber die französischen Kräfte, die bei Amiens zurückgeworfen worden waren, verstärkten sich wieder bei Arras. Versuche dieses Gegners, die eingeschlossene Sommefestung Péronne zu entsetzen, scheiterten. Péronne kapitulierte am 9. Januar 1871. Auch im Südosten wurden alle Angriffe durch das hier eingesetzte XIV. Armeekorps abgewiesen.

Über die Frage, wie weiter vorzugehen sei, kam es im Hauptquartier zu schweren Auseinandersetzungen zwischen Bismarck und Moltke. Dahinter wurde ein prinzipieller Gegensatz in der Frage, wie weit das Primat der Politik im Kriege gehe, sichtbar. Bismarck kam es auf eine möglichst rasche Beendigung des Krieges an, um Interventionen europäischer Mächte zuvorzukommen. Je mehr sich der Krieg in Frankreich ausweitete und je mehr er sich auf die Bevölkerung ausdehnte, desto schwerer war er in den Griff zu bekommen. Bismarck schlug vor, Elsaß-Lothringen und andere Gebiete als Faustpfänder zu okkupieren, die deutschen Streitkräfte hinter eine Verteidigungslinie zurückzunehmen und so in Sicherheit abzuwarten, bis sich die Unruhe der französischen Bevölkerung gelegt habe und sie über eine Regierung verfüge, welche die deutschen Friedensbedingungen akzeptierte. Das war ein Vorschlag, „der deutlich an den Stil der Kabinettskriege des 18. Jahrhunderts" (G. Ritter) erinnerte. Bismarck dachte in diesem Zusammenhang sogar an eine Restauration des Napoleonischen Kaisertums, das im deutschen Interesse die Ordnung in Frankreich wieder herstellen sollte.

Dem stand unter militärischem Gesichtspunkt entgegen, daß gerade auf diese Weise Frankreich militärisch sehr schnell wieder erstarken konnte. Moltkes Rechnung, daß mit der Vernichtung der feindlichen Hauptkräfte die feindliche Hauptstadt von selbst fallen werde, war nicht aufgegangen. Die feindlichen Hauptkräfte, soweit es die alte reguläre kaiserliche Armee betraf, waren geschlagen worden. Trotzdem hielt Paris noch weiterhin der Belagerung stand.

Die rasch gebildeten Volksheere, die mit dem Anspruch auftraten, den Krieg mit der Wirkung stehender Heere fortzusetzen, waren ein neues Phänomen. Auch Moltke hatte, trotz seiner früheren richtigen Beurteilung, den französischen Widerstand mit der Entscheidungsschlacht von Sedan für gebrochen gehalten. Diese neuen Volksheere waren äußerst mangelhaft, der Einsatzwillen der Verbände sehr unterschiedlich. „Die Vorstellung

Gambettas, die Hauptstadt mit seinen Neuaufstellungen entsetzen zu können, war wirklichkeitsfremd" (Meier-Welcker). Aber sie zwangen die deutsche Führung zu einer Zersplitterung der Kräfte, auch wenn sich ihnen die deutschen Truppen dort, wo sie auf sie trafen, trotz zahlenmäßiger Unterlegenheit meist überlegen zeigten. Moltke war enttäuscht über die geringen Auswirkungen der von der 2. Armee durchgeführten Offensive auf Orléans. Die Loire-Armee war nicht verfolgt worden. Der geschlagene Gegner zog sich überall in größter Unordnung fluchtartig zurück. Die Milizverbände eigneten sich am wenigsten für die taktische Verteidigung. Moltke ordnete daher an, daß man sich darauf zu beschränken habe, die Masse der feindlichen Streitkräfte zu zersprengen und ihre Wiedervereinigung für längere Zeit unmöglich zu machen. Keineswegs dürfe man dem Gegner zu seinen entfernten Stützpunkten folgen, vielmehr komme alles darauf an, die eigenen Kräfte an wenigen „Hauptpunkten" zu konzentrieren. Bismarcks Sorge, daß die deutschen Streitkräfte immer tiefer in diesen Volkskrieg hineingezogen würden und damit ein schneller Friedensschluß immer unwahrscheinlicher werde, war demnach nur allzu begründet. Deutschland war auf einen langen Krieg nicht vorbereitet. Es standen auch jetzt noch oder wieder starke Feindkräfte im freien Feld, die nach Ansicht des Generalstabes zunächst geschlagen werden mußten. Bismarck, der die Verschlechterung der politischen Situation befürchtete, meinte dagegen, daß mit dem Fall von Paris die Lage mit einem Schlag geklärt sei, und verlangte die Beschießung der französischen Hauptstadt, die Moltke aushungern wollte. Paris verteidigte sich tapfer und versuchte durch Ausfälle den Belagerungsring zu sprengen. Moltke war zunächst gegen die Beschießung, überhaupt gegen die operative Schwerpunktbildung bei Paris. Den großen Belagerungspark, der so umständlich herangeschleppt werden mußte, sah er als hinderlich für die freie operative Beweglichkeit an. Bismarck wollte den eklatanten politischen Erfolg, während für Moltke, aus der Sicht des Militärstrategen, nicht die Festung Paris, sondern die feindliche Streitmacht das Hauptkriegsobjekt war.

Bismarck war verärgert darüber, daß ihm Moltke Informationen über die militärischen Planungen vorenthielt. Das sprach dem von Clausewitz nicht aufgestellten, sondern lediglich festgestellten Grundsatz des absoluten Primats der Politik auch und gerade im Kriege, von der Funktion der Armee als bloßes Werkzeug der Politik allerdings Hohn. Es erklärt sich aber daraus, daß rein formal der Zustand aus der Zeit des Absolutismus beibehalten worden war. Rein formal verkörperte der König die politisch-militärische Führungseinheit und waren Bismarck und Moltke nur „Ratgeber". Dies, obwohl tatsächlich der eine die Politik leitete, der andere die Armee führte und der König lediglich beide Bereiche überhöhend verband – und zwar durch seine Ehrfurcht gebietende, bester monarchischer Tradition verpflichteten Persönlichkeit in überzeugender Weise. Praktisch kam es freilich auf nicht mehr heraus, als daß König Wilhelm lavierend die Gegensätze zwischen seinen beiden „Paladinen" auszugleichen versuchte. In seiner Not, vor dem Zusammentritt eines Kongresses der neutralen europäischen Mächte den Frieden gewinnen zu wollen, wurde Bismarck gegenüber Moltke ungerecht, indem er so weit ging, die ganze Anlage des Feldzuges als verfehlt zu bezeichnen, da man sich mit dem tiefen Vorstoß nach Frankreich hinein nur unnötige Schwierigkeiten aufgeladen habe. Aber auch Moltke befand sich im Irrtum, wenn er glaubte, die militärischen Belange von den politischen trennen und den leitenden Staatsmann von der militärischen Planung ausschließen zu können – womöglich mit dem Grund militärischer Geheimhaltungspflicht. Tatsächlich fürchtete man nur, daß Bismarck in die operative Planung hineinreden würde.

Für den Fall der Niederlage der zahlenmäßig unterlegenen 2. Armee durch die Armee Aurelle war Moltke entschlossen gewesen, vorübergehend die Einschließung von Paris aufzugeben und mit den dafür verwendeten Truppen an der Loire einzugreifen – um den Preis, daß sich die Stadt wieder verproviantieren konnte und der gesamte Belagerungspark in die Hände des Feindes fiel.

Moltke lehnte den Volkskrieg als ein „Verbrechen" ab, da er den Krieg barbarisiere, ihm jegliche Humanität nehme. Er empörte sich über die Führer des Widerstandes, die das Volk zu seinem Schaden aufhetzten. Es war also nicht nur die Barbarisierung des Krieges, durch die in Moltkes Augen der Volkskrieg in Frankreich zum Verbrechen wurde, sondern seine Illegitimität, da er nicht nur vom Volke ausgefochten wurde, sondern aus dem Volke heraus entstanden war. Aber wie sollte man militärisch dagegen vorgehen? Der amerikanische General Sheridan, der im Großen Hauptquartier war, schlug vor, gegen die Franzosen die hemmungslosen Methoden des amerikanischen Bürgerkrieges anzuwenden. Man sollte den Besiegten „nichts als die Augen übrig lassen, um den Krieg zu beweinen" (zit. G. Ritter). Sheridan wurde so gewissermaßen zur verbindenden Symbolfigur zwischen diesem Krieg hier und dem Amerikanischen Sezessionskrieg, von dem man geglaubt hatte, daß er Europa nicht viel angehe. Der von Sheridan vorgeschlagene Gegenterror hätte – ganz abgesehen davon, daß man sich selbst dessen schuldig gemacht hätte, wessen man den Gegner anklagte – wohl nur bewirkt, daß sich das französische Volk, das sich gegenüber dem Angreifer im Recht fühlte, nun um so verbissener gegen ihn zusammenschloß. Das war bisher nicht der Fall. Die von Gambetta „erhoffte allgemeine Kampfbereitschaft hat das Volk nicht gezeigt" (Meier-Welcker). Trotzdem empfahl Bismarck ein verschärftes Vorgehen bis zur äußersten Grenze des geltenden Völkerrechts auch gegen die französische Zivilbevölkerung. Sie sollte dadurch vom Beitritt zu den Mobilgarden und Franktireur-Banden abgeschreckt werden. Auch Bismarck war empört „über die Heimtücke der Franktireure", vor allem aber gefährdete der Volkskrieg seine politischen Pläne. Nirgends deutlicher als in diesem mehr vom Zorn als von politischem Weitblick diktierten Vorschlag des großen Politikers zeigte sich die Irritation der deutschen Führung. War es doch andererseits Bismarck, der maßvolle Friedensbedingungen wollte, damit der Frieden bald zustande kam, und der am liebsten gesehen hätte, wenn die deutschen Streitkräfte aus dem Inneren Frankreichs zurückgezogen worden wäre. Man schimpfte auf die französischen „Chauvinisten", obwohl man selbst den Patriotismus als eine „moralische Größe" der Kriegführung pries. Aber man sah in ihm eine Kraft, die der Lenkung durch die angestammte, also monarchische Regierungsgewalt bedürfe. Die Führung des Volkes durch das Volk selbst empfand man als sündhaftes oder vernunftswidriges Chaos, was auf drastische Weise durch den Volkskrieg bewiesen werde.

Je länger sich der Krieg hinzog, desto kriegsmüder wurden große Teile des französischen Volkes. Es litt auch selbst unter dem Volkskrieg, ja unter den eigenen Franktireuren. Es war schon sehr früh versucht worden, die Freischärler regulären Streitkräften anzugliedern. „Aber allgemein darauf bedacht, ihre Selbständigkeit zu erhalten, gehorchten sie kaum den Befehlen der Armeeführer, denen sie theoretisch unterstanden" (Schneider). „Infolge der überhandnehmenden kriminellen Handlungen verfügte Gambetta Mitte Januar 1871 die

Auflösung der Franktireureinheiten oder ihre Einordnung in das Heer" (Meier-Welcker). Den Deutschen wird dagegen der Vorwurf gemacht, daß sie die zwangsläufig unzusammenhängenden Aktionen der Franktireure als mit dem Kriegsrecht nicht zu vereinbaren, teilweise sogar die Mobilgarde nicht als reguläre Truppe ansahen. Es kam zu Vergeltungsmaßnahmen gegen die Bevölkerung, standrechtlichen Erschießungen, Morden an Einwohnern. Den Ortschaften wurde Niederbrennung angedroht, wenn sie Freischärlern Unterschlupf gewährten, und Schneider nennt zwei Fälle, in denen diese Drohung wahrgemacht wurde. Auch Freischärler waren nach internationalem Brauch durch das Kriegsrecht geschützt, wenn sie einem Führer unterstanden und durch eine Uniform oder besondere Erkennungszeichen als Kombattanten kenntlich gemacht waren. „Allerdings war keine Regelung in einem schriftlichen und allgemein anerkannten Text festgelegt worden", was nach Schneider, dazu führte, daß sich die deutschen Heerführer „vor allem an das Kriterium der Uniform" klammerten. Darüber, was als Uniform anzusehen sei, bestand auf deutscher Seite keine einhellige Meinung. Hierbei ist aber zu bedenken, daß es bei der oft recht freizügigen Aufmachung der Franktireure, die im Laufe der Zeit auf 80000 Mann anwuchsen, schwierig war, den regulären Kombattanten vom bewaffneten Zivilisten zu unterscheiden – vor allem, da ja, wie gesagt, auch die Franktireure oft den Krieg auf eigene Faust führten. Die französische Regierung war zwar gegen die „irregulären Aktionen" (Schneider), trotzdem griffen Zivilisten nicht nur von sich aus in die Kämpfe ein, sondern wurden von nachgeordneten staatlichen Berhörden durch Rundschreiben auch dazu aufgerufen – obwohl die deutschen Kommandobehörden durch Proklamationen für diese Fälle unmißverständlich schärfste Strafen angedroht hatten. Bei allem ist ferner zu bedenken, daß die Uniform damals noch nicht, wie dann allgemein erst seit dem Ersten Weltkrieg, militärische Tarnbekleidung war, sondern im Gegenteil, durch besonders auffallende Farben den Soldaten vom Zivilisten abhob. Auf deutscher Seite wurde daher auch gefolgert, daß ein Soldat auf Gewehrschußweite an der Uniform als solcher erkennbar sein müsse. Beim Kampf im waldreichen Gelände erwies sich die geschickte Schützentaktik der Franktireure als überlegen. Der Kampf aus dem Hinterhalt – selbstverständliche Konsequenz der Entwicklung des zerstreuten Gefechts – wurde von den deutschen Truppen, die in der traditionellen militärischen Auffassung erzogen worden waren, nach der das Schützengefecht lediglich der Einleitung des Kampfes mit geschlossenen Gefechtskörpern diente, als hinterlistiger Kampf empfunden. Aber die Franktireure erschwerten nicht nur durch geschickte Kleinkriegführung und Verunsicherung die militärischen Aktionen ihrer Gegener in ganz beträchtlichem Maße. Sie drangsalierten auch die eigene Bevölkerung, die, sei es nun aus Furcht vor deutschen Repressionen, sei es in Abwendung von den mehr und mehr als zwecklos erkannten Intentionen des Regimes von Gambetta, die Deutschen sogar um Hilfe gegen sie bat. Darin erwies sich der Volkskrieg als ein zweischneidiges Schwert.

Moltke reagierte auf seine Herausforderung militärisch-sachlich. Schlug man die Volksheere, so verlor die Widerstandsbewegung ihren Halt. Reichten die eigenen Truppen dafür nicht aus, so mußten die Wehrkraft des eigenen Volkes stärker beansprucht und neue Verbände aufgestellt werden. Sie sollten im Besatzungs- und Etappendienst eingesetzt werden, um Kampftruppen freizumachen. Diese Forderung war von ihm schon vor der Kapitulation von Metz erhoben worden, das Freiwerden der dortigen Belagerungsarmeen hatte aber an der Grundsituation nichts geändert. Der Kriegsminister Roon widersetzte sich Moltkes Forderung. Die bewilligten Kriegskosten durften nicht überschritten werden. Außerdem hielt er so schnell aufgestellte Verbände für militärisch wertlos. Und schließlich roch ihm eine solche Mobilisierung der Volkskraft doch schon gefährlich nach Levée en masse und Demokratie.

Moltke teilte auch jetzt, nach Beginn der Beschießung von Paris, nicht den Optimismus, nach dem mit dem Fall der Hauptstadt das Land kapitulieren werde. Vorerst kapitulierte nicht einmal Paris – trotz der Beschießung. Im Lande wurde weitergekämpft. Da nur ein geringer Teil Frankreichs von den Deutschen besetzt war, reichten die Kräfte nicht aus, französische Neuaufstellungen in den freien Gebieten zu verhindern, in die sich die geschlagenen Armeen zurückziehen konnten. Der Winter behinderte die Kriegführung der Deutschen mehr als die der Franzosen. Aus der einstigen geschlagenen Loire-Armee waren zwei neue entstanden: die erste unter Bourbaki – von der die deutsche Führung zunächst keine nähere Kenntnis besaß – im Süden bei Bourges, die zweite unter Chanzy im Südwesten bei Le Mans. Am 1. Januar 1871 befahl die deutsche Heeresleitung der 2. Armee den Angriff auf Le Mans. Damit sollte gleichzeitig, unter Ausnutzung der inneren Linie, einem Angriff Bourbakis nach Norden zuvorgekommen werden. Der Vormarsch erfolgte unter sehr erschwerten Verhältnissen bei Glatteis und Schneetreiben. Aus einleitenden Gefechten entwickelte sich am 11. Januar der deutsche Angriff gegen den in festen Stellungen befindlichen Gegner, der mit 180 000 Mann fast dreifach überlegen war. Chanzy hatte sich davon, daß er den Angriff annahm, eine Wende des Krieges versprochen. Tatsächlich aber wurde er vollständig geschlagen und zog sich nach Westen zurück. Die Deutschen verfolgten ihn nicht, schoben nur Sicherungskräfte vor. Die Masse der deutschen 2. Armee blieb im Raum von Le Mans.

Im Norden wurde ein französischer Angriff unter General Faidherbe am 19. Januar bei St. Quentin mit einem Gegenangriff der 1. Armee beantwortet, die jetzt General von Goeben führte, Faidherbe auf Cambrai zurückgeworfen. Faidherbe hatte wieder einen Ausfall aus Paris unterstützen wollen.

Anfang Januar gewann die deutsche Heeresleitung Klarheit über die Armee Bourbaki. Sie war von Bourges im Eisenbahntransport nach Südosten, Raum Châlons-sur-Saône, verlegt worden, um im Marsch nach Nordosten das belagerte Belfort zu entsetzen, das vom verstärkten XIV. Armeekorps des Generals von Werder gedeckt wurde, und die deutschen Verbindungen abzuschneiden. Die deutsche Heeresleitung reagierte auf die Offensive Bourbakis durch Zusammenfassung zweier Korps zur sogenannten Süd-Armee unter General von Manteuffel. Bourbaki wollte das XIV. Armeekorps von Belfort abdrängen, aber Werder gelang es, Belfort vor den Franzosen zu erreichen. Er bezog hinter der Lisaine eine Schutzstellung. Bourbaki griff sie in der Zeit vom 15. bis 17. Januar an, es gelang ihm aber nicht, mit seinen 130 000 die 48 000 Mann Werders zu besiegen. Abgeschnitten von ihren rückwärtigen Verbindungen durch die deutsche Süd-Armee, sah Bourbaki weder eine Möglichkeit, mit seinen erschöpften Truppen nach Südwesten durchzubrechen, noch, wie ihm das von der Regierung befohlen worden war, nach Norden auf Nancy vorzugehen. Seine Absicht, sich auf der einzigen noch freien Straße entlang der Schweizer Grenze über Pontarlier-Mouth-St. Laurent zurückzuziehen, brachte ihm die Abberufung ein. Seinem Nachfolger blieb aber auch keine andere Wahl. Nachdem auch diese letzte offene Straße von den Truppen der Süd-Armee erreicht, die französische Armee nach allen Seiten abgeschnitten war, rettete sie sich am 1. Februar mit 90 000 Mann in die Schweiz.

Bereits am 23. Januar hatte die französische Regierung erkennen lassen, daß sie zum Frieden bereit sei. Das Feuer an den Fronten von Paris wurde eingestellt. Am 28. Januar kapitulierte die französische Hauptstadt nach monatelangem tapferen Abwehrkampf, während dem die Bevölkerung alle Entbehrungen, Gefahren und Opfer auf sich genommen hatte.

Am 26. Februar – zwei Tage vor der Proklamation der Kommune in Paris – wurde zwischen dem Deutschen Reich und der Französischen Republik der Vorfriede von Versailles abgeschlossen, der am 10. Mai 1871 durch den Frieden von Frankfurt seine Bestätigung fand.

Rückblick und Ausblick

Die deutschen Erfolge im ersten Teil des Krieges von 1870/71 lassen sich nicht auf die bessere Qualität des deutschen Soldaten zurückführen. Die aktive französische Truppe – aus längerdienenden, „gestandenen" Soldaten, bestehend, denn erst 1872 wurde in Frankreich wieder die allgemeine Wehrpflicht eingeführt – war, aufs Ganze gesehen, nicht schlechter als die deutsche. „Die französischen Truppen aller Waffen schlugen sich hervorragend, sie bestätigten den weltweiten Ruf des französischen Heeres" (Kaulbach). Dasselbe läßt sich auch von den deutschen Truppen sagen. Ebensowenig waren die der deutschen Heeresleitung nachgeordneten Führer fähiger als die entsprechenden auf französischer Seite. „Auch die Rolle der an der Heeresführung beteiligten Persönlichkeiten" auf deutscher Seite „stellt sich heute anders dar als im frühen Glorienscheine des gewonnenen Feldzuges und Krieges: bedeutender und problematischer zugleich... Zwei Dinge waren es, die organisatorisch und technisch die wirkliche deutsche Überlegenheit begründeten: die Arbeit des Generalstabes und die Leistung der deutschen Artillerie... Systematische Erziehung hatte große Einheitlichkeit des Denkens aller Führungsebenen geschaffen, dazu eine so ausgeprägte Verantwortungsfreudigkeit und Hilfsbereitschaft, daß damit auch größte Anforderungen und schwierige Situationen bewältigt werden konnten. Auf französischer Seite stand dem nichts Entsprechendes gegenüber" (ebd.). Das alles war vor allem das Verdienst Moltkes, obwohl seine Stellung „damals in keiner Weise so autoritär" war, „wie es sich nach dem Kriege darstellte" (ebd.). Der Ruhm, den Moltke genoß, verdunkelt die Tatsache, daß man sich in der Zukunft keineswegs in allem – und gerade in den entscheidenden Punkten – an seine Lehren hielt. „Die deutschen Angriffe von 1914 wurden wieder weitgehend frontal durchgeführt; sie waren entsprechend verlustreich, doch ohne entscheidende Wirkung" (ebd.). „Aber Sedan brachte mit dem Jubel auch die unumstößliche Erkenntnis, daß sich irgendetwas grundlegend geändert hatte; daß die bisherigen Vorstellungen von Krieg und Frieden nicht mehr stimmten; daß auch höchster Waffenerfolg den Frieden nicht mehr herbeizwingen konnte. Für den siebzigjährigen Moltke muß dieser Einbruch in seine bis dahin bestehende ‚klassische' Vorstellung ein Schock gewesen sein" (ebd.).

Die zweite, längere und qualvollere Phase des Krieges hätte also alle Theorien als fragwürdig erscheinen lassen müssen, für die Kriegführung nur noch allein gleichbedeutend war mit der Quintessenz Napoleonischer Strategie: Aufsuchen der feindlichen Hauptkräfte, Niederwerfen, Verfolgen. Die Zersplitterung der feindlichen Kräfte, ihre Operationen aus ganz verschiedenen Richtungen zwangen auch zu, jedenfalls in den räumlichen Zielsetzungen, unkoordinierten Einzelaktionen. Erinnerte dies schon an die Kriegführung der vornapoleonischen Zeit, die man doch gerade in Deutschland, ausgehend von der einseitigen oder geradezu verfälschenden Interpretation der Lehre von Clausewitz, glaubte längst überwunden zu haben, so entsprachen dem auch andere Kriterien in ganz erstaunlicher Weise: die wieder so große Bedeutung des Festungskrieges mit der Bindung großer Teile der Streitkräfte, die dadurch im freien Felde nicht verfügbar waren, an feste Plätze; die zentrale Bedeutung der befestigten feindlichen Hauptstadt; die dadurch bedingten kombinierten Aktionen der Belagerungskräfte mit Deckungskräften und der im freien Felde operierenden Teile, der stehenden und der in Form von Ausfällen angriffsweisen Festungsverteidigung mit Entsatzungsversuchen von außen; das Operieren gegen feindliche Verbindungen; die Relativierung des Schlachterfolges; die eingeschränkten Verfolgungsmöglichkeiten nach errungenem Sieg; die Verselbständigung des Kleinkrieges. Die geschlagenen Armeen der Franzosen liefen auseinander, litten sehr unter Desertionen, aber sie regenerierten sich wieder erstaunlich schnell. Auch Ansätze zum Abnutzungskrieg mit Androhung von Repressalien – bedingt durch den Volkskrieg als einer Form des ideologisierten Krieges – lassen sich feststellen. Die Operation Bourbakis zum Einsatz Belforts und der Durchtrennung der deutschen Verbindungen war ein Feldzug im Sinne der „Manöverstrategie".

Es ist also nicht richtig, die zweite Phase des Deutsch-Französischen Krieges nur unter dem Aspekt des Volkskrieges sehen zu wollen. Diese antiquiert erscheinenden Formen der Operationsführung lassen sich auch nur zum Teil aus der spezifischen militärischen Situation Frankreichs nach Sedan erklären – etwa der Tatsache, daß die Milizarmeen zu schwerfällig und den deutschen aktiven Armeen zu sehr unterlegen waren, als daß sich mit ihnen eine zügige Niederwerfungsstrategie hätte praktizieren lassen. Auf den Fehler, daß diese Volksheere trotzdem wie aktive Heere eingesetzt wurden, wurde bereits hingewiesen. „Eine defensive Kriegführung im geeigneten Gelände, hauptsächlich Waldgebiet, mit nur örtlichen Vorstößen, hätte statt dessen die Truppe ‚abgehärtet' und sie nach und nach vielleicht in die Möglichkeit versetzt, zu entscheidenden Gegenangriffen überzugehen, die zum Sieg hätten führen können" (Schneider). Dadurch aber, daß sich die französischen Volksarmeen immer wieder mit den aktiven deutschen Truppen auf offene Feldschlachten einließen, gaben sie ihnen immer wieder Gelegenheit, sie zu schlagen. Der tiefere Grund war die falsche strategische Konzeption Gambettas. Sie wurzelte in einem Denken, für das der „entscheidende strategische Punkt noch immer, wie für Erzherzog Karl, ein geographischer Punkt, trotz der bitteren Erfahrungen Napoleons I. 1812 in Rußland, noch immer die Landeshauptstadt war. Politisches Prestige spielte hierbei sicher eine entscheidende Rolle, denn für die Zeitgenosen bedeutete Paris Frankreich. Der Grundgedanke, daß zunächst Paris zurückerobert werden müsse, erwies sich als falsch, denn: „Der nationale Widerstand wird durch die Regierung, selbst eine improvisierte, verkörpert und nicht durch die Hauptstadt" (Schneider).

Unter diesen Umständen ist es verständlich, daß der deutsche Generalstab nach dem Kriege glaubte, aus diesem Teil des Krieges keine wesentlichen neuen Erkenntnisse gewinnen zu können. Der nationale französische Widerstand hatte zwar den Krieg verlängert, er war aber nicht imstande gewesen, den deutschen Sieg ernsthaft zu gefährden. Die in Einzelaktionen einzelner Armeen zerfallende französische Operationsweise erzwang deutsche Einzelaktionen als Gegenmaßnahmen, aber der deutschen Führung konnte das Gesetz des Handelns nicht entrissen werden, weil sie mit fachmännischem Geschick die Vorteile der inneren Linie ausnutzte und trotz oft erheblicher zahlenmäßiger Unterlegenheit die einzelnen Teile des Feindes anpackte und schlug. „Die offizielle Beurteilung der zweiten Phase des Deutsch-Französischen Krieges ist in nur wenigen der vom Großen Generalstab in den vier Jahrzehnten bis zum Ersten Weltkrieg herausgegebenen Publikationen zum Ausdruck gekommen" (Meier-Welcker).

Damit verdrängte man aber auch in der stolzen Rückschau des Siegers die Erinnerung an die Irritation, die die Aufrechterhaltung des Widerstandes nach Sedan nicht allein bei der deutschen Führung, sondern bei den meisten Fachleuten bewirkt hatte. Am erstaunlichsten war hier die Reaktion Moltkes, der ja doch in einer früheren Studie richtig vorausgesagt hatte, daß sich die Franzosen durch einen deutschen Schlachtsieg nicht zum Frieden bestimmen lassen würden, sondern im Gegenteil „bei dem Patriotismus der Nation zur Aufbietung aller Kräfte des an Hilfsmitteln so reichen Landes" (zit. Kessel). Tatsächlich scheint er damit aber doch nicht gerechnet zu haben. Zwar äußerte sich Moltke nach dem Kriege nicht nur angewidert, sondern geradezu verächtlich über den Volkskrieg der Franzosen. Zwar mochte man Sedan, den tatsächlichen Ereignissen nach, als den entscheidenden Sieg feiern, da auch die Fortsetzung des französischen Widerstandes nichts an dem für Deutschland glücklichen Ausgang des Krieges geändert hatte. Dem entsprach ja dann auch die offizielle Auslegung der Kriegsereignisse im neuen Kaiserreich, und Moltke wirkte darauf hin, daß alles – selbst in der offiziellen Darstellung des Krieges durch den Großen Generalstab – vermieden werde, was dem Prestige der Armee, dem Überlegenheitsgefühl des deutschen Soldaten schaden könne. Die Tatsachen, daß auch während der zweiten Phase des Krieges örtlich die Überlegenheit der deutschen Kräfte nicht immer gegeben war, – daß – abgesehen von den hervorragenden französischen Linientruppen, den Marinesoldaten, den Zuaven, der Fremdenlegion – auch Miliz- und Freiwilligeneinheiten oft mit Hingabe, Tapferkeit und auch taktischem Geschick gekämpft hatten, daß man französischen Generälen Fehler Gambettas anlastete, die sich aus seiner falschen strategischen Konzeption ergaben, hätten dieses Selbstbewußtsein im geringeren Maße einschränken müssen als der Umstand, daß durch den französischen Widerstand die Gefahr einer Verschlechterung der internationalen politischen Lage Deeutschlands umso mehr gewachsen war, je länger er gedauert hatte.

Die Frage war doch nun endlich, welche Konsequenzen sich aus einer solchen Ausweitung der Kriegführung für die künftigen Wehrstrukturen ergaben, denn das französische Beispiel zeigte doch wohl in aller Deutlichkeit, daß der Volkskrieg weder ein Spezifikum des Napoleonischen Zeitalters noch auf Revolutionen innerhalb oder allenfalls sonst noch auf Randgebiete Europas und das ferne Amerika zu beschränken war. Es zeigte vor allem, daß die Unterscheidung zwischen dem regulären Krieg der stehenden Heere und dem irregulären der Volkskrieger offenbar überholt war, denn die französischen Nationalgarden traten wie die Armeen des Amerikanischen Bürgerkrieges mit dem durch die Zeit völlig gerechtfertigten Anspruch auf, reguläre Truppen zu sein. Schließlich berechtigte schon seit

Carnot nichts zu der Annahme, daß der Volkskrieg stets improvisatorischen Charakter besitzen müsse und er militärisch nicht vollwertig sei wie unter Gambetta.

Auf diese Frage gaben zwei in ihren politischen Anschauungen grundverschiedene Männer – der sozialistische Militärexperte Friedrich Engels und der preußische Generalstabsoffizier und spätere Generalfeldmarschall Colmar Freiherr von der Goltz – Antworten, die formal gesehen, die gleichen waren. Der Vorteil des stehenden Heeres war in der Möglichkeit einer gründlichen Ausbildung gegeben, der Vorteil der Miliz in der Möglichkeit zu einer breiten Basierung der Wehrkraft. Die Franzosen hatten über eine gründlich ausgebildete Armee verfügt, die mit verhältnismäßig langer Dienstzeit praktisch Berufscharakter besaß, aber zu wenig Reserven, und über eine Miliz, die ungenügend ausgebildet war. Es komme nun also darauf an, die Trennung zwischen stehendem Heer und Miliz aufzugeben und zu einem Heere zu verschmelzen, durch das die gesamte Wehrkraft des Volkes erfaßt werde, jeder Wehrpflichtige aber auch durch die Schule des stehenden Heeres gehe, damit für den Kriegsfall eine möglichst starke Reserve an gut ausgebildeten Soldaten zur Verfügung stehe. „Engels demonstrierte dies am Beispiel des preußischen Systems einer relativ kurzen Dienstzeit in der Linie und einer lange währenden Verpflichtung zum Dienst in den Reserve- und Landwehrformationen, eines Systems, das von der Notwendigkeit bestimmt war, ungeachtet einer verhältnismäßig geringen Einwohnerzahl in kurzer Zeit ein starkes Heer ins Feld zu stellen" (Hoffmann).

Nun waren zwar in Preußen trotz der allgemeinen Wehrpflicht und der Heeresverstärkung infolge der Roonschen Reform noch nicht alle wehrfähigen Männer zum Militär eingezogen worden. Das soeben umrissene preußische System konnte aber als organisatorischer Rahmen für eine Erfassung, Ausbildung und Bereitstellung des gesamten Wehrpotentials eines Volkes dienen, weswegen es auch von den Staaten, die jetzt erst zur konsequenten Durchführung der allgemeinen Wehrpflicht übergingen, übernommen wurde.

Ebenfalls an den Erfahrungen des Deutsch-Französischen Krieges erkannte Goltz „richtig die zunehmende Bedeutung der Heereszahlen im modernen Krieg, die unaufhaltsame Tendenz zur Vergrößerung der Heere und zur Ausschöpfung des gesamten Kräftepotentials der Nationen im Dienste der Landesverteidigung mit der sich hieraus ergebenden Verlängerung der Dauer der Kriege und der Vergröberung der Formen" (Hoffmann). Um nicht nur möglichst gute, sondern auch möglichst viele Kräfte für die Landesverteidigung stellen zu können, sollte durch Straffung der Ausbildung die aktive Dienstzeit reduziert werden.

Trotz des gleichen Ergebnisses, zu dem diese beiden Theoretiker völlig unabhängig voneinander kamen, war ihre Motivation grundverschieden. Während Engels, wie bereits weiter oben erwähnt, die allgemeine Wehrpflicht auch nach Umfang und Ausbildungsstand gefördert sehen wollte, weil er glaubte, daß damit die Heere zwangsläufig immer mehr den Charakter von Volksarmeen, aber eben mit höherem militärischen Niveau als Volksmilizen, annehmen und schließlich der proletarischen Revolution als entscheidender Faktor zufallen würden, ging es Goltz allein um die Stärkung des nationalen Wehrpotentials. Unter diesen unterschiedlichen Aspekten setzten sich sowohl Engels wie Goltz auch für die vormilitärische Jugenderziehung ein. Diese Forderungen spiegelten jedoch nicht die allgemeinen Auffassungen der Kreise wider, die Engels und Goltz vertraten. Marx und einstweilen die meisten Sozialisten blieben Anhänger des Milizsystems, während andererseits Goltz gemaßregelt wurde, weil er sich mit der Ausdehnung der Wehrpflicht eine zunehmende Verbürgerlichung und Verwurzelung der Streitkräfte im Volksganzen versprach – eine Forderung, mit der der Verteidigungswillen des Volkes gestärkt werden sollte, die aber auch liberalen Vorstellungen und den Intentionen von Engels entgegenkam, weil mit ihrer Verbürgerlichung auch die Demokratisierung der Armee eingeleitet werden konnte.

Hierbei handelte es sich zunächst um die Feststellung realer Zustände, aber auch schon um die Erwägung von Möglichkeiten, wie sie für die betroffenen Zielsetzungen ausgenutzt werden konnten mit entsprechenden Vorschlägen oder Forderungen. Dabei war man sich durchaus darüber klar, welches Ausmaß an Vernichtung ein künftiger Krieg mit Millionenheeren und modernen Waffen heraufbeschwören würde – Goltz beispielsweise hat darüber gar keinen Zweifel gelassen. Der im 18. Jahrhundert endlich erreichte Schutz der Zivilbevölkerung und des Privateigentums mag schon allein deswegen als ein nur geringer humanitärer Fortschritt angesehen werden, weil auf den Schlachtfeldern weiterhin Blut floß. Andererseits sind auch wir bis heute zu keiner dauerhaften, umfassenden Friedensordnung gekommen, und ein Schutz der Zivilbevölkerung ist auch dann, wenn man sich streng an das Völkerrecht hält, wegen der modernen, breite Flächen deckenden Vernichtungswaffen im Kriegsfall gar nicht mehr möglich. Die erschütternde Erfahrung, daß nach dem Deutsch-Französischen Krieg ein grundsätzlicher Wandel in der Kriegführung zum Schlimmeren zwar erkannt wurde, man sich ihm aber trotzdem als einem determinierenden „Gesetz" beugte – wenn man die erkannten Konsequenzen nicht geradezu herausforderte – ist seitdem noch oft gemacht worden. In der Rückschau besagten die Antworten zweier namhaftrer Kriegstheoretiker der damaligen Zeit, trotz ihrer entgegengesetzten politischen Standpunkte, auf die Frage, welche Veränderungen im besonderen durch die zweite Phase des Deutsch-Französischen Krieges zu erwarten seien, nichts geringeres, als daß eine weitere, entscheidende Stufe der seit der Französischen Revolution zu beobachtenden Entwicklung zu totalen, also der furchtbarsten Form des Krieges – die im 19. Jahrhundert zeitweise in Europa rückläufig gewesen zu sein schien – erreicht war.

Grundzüge der Landkriegführung von Schlieffen bis Guderian

von
Heinz-Ludger Borgert

A. Die Grundzüge der Landkriegführung bis 1914

1. Die Diskussion über die Taktik bis 1906

Innerhalb der allgemeinen Dialektik zwischen der Entwicklung von Angriffs- und Verteidigungswaffen schienen die an sich ambivalenten Feuerwaffen zunächst der Verteidigung ein deutliches Übergewicht zu verleihen. Mitbestimmend dafür war die Tatsache, daß es bei nahezu stagnierender Entwicklung der Fortbewegungsmöglichkeiten einfach schwerfiel, die beiden Elemente eines modernen Gefechtes, nämlich Feuer und Bewegung, so zu einer neuen Synthese zu vereinen, daß bei fast ständig verbesserten Schußwaffen die Vorteile diesmal dem Angreifer zugute gekommen wären. So mußten die als Ausweg aus diesem Dilemma ersonnenen Änderungen in der Taktik vielfach nur beschränkte Auskunftsmittel bleiben.

Die grundlegende Frage spätestens von der Mitte des 18. Jahrhunderts an war die, wie der Angreifer angesichts der abstoßenden Wirkung neuzeitlicher Schußwaffen sich an den Verteidiger heranarbeiten und in welcher Weise die Vorteile der verbesserten Waffen gleichfalls dem Angriff nutzbar gemacht werden konnten.

a. Exerzierreglement für die Infanterie von 1888

Die blutigen Erfahrungen des Krieges von 1870/71 hatten der deutschen militärischen Führung erneuten Anlaß zum Durchdenken der geschilderten Problematik gegeben. Das Ergebnis fand seinen Niederschlag unter anderm in der „Instruktion für die höheren Truppenführer", die 1885 noch selber von Generalfeldmarschall v. Moltke entworfen worden war, und in dem „Exerzier-Reglement für die Infanterie" von 1888.

Die Konsequenzen, die die Bearbeiter des Reglements gezogen hatten, waren unter anderen folgende:

1. Ausgangspunkt aller Überlegungen bildete die enorm gesteigerte Abwehrkraft der modernen Feuerwaffen: „Unsere im Schießen gut ausgebildete Infanterie vermag jeden Angriff in der Front durch ihr Feuer zurückzuweisen. Der Angreifer wird dabei so massenhafte Verluste erleiden, daß er im inneren Halt auf das Tiefste erschüttert, einmal abgewiesen, denselben Versuch schwerlich erneuern wird."
2. Entsprechend dieser Einschätzung der Waffenwirkung gewannen einmal die Anlage künstlicher Deckungen (Schützengräben) – wenn auch vornehmlich nur für die Verteidigung, unter bestimmten Umständen aber gleichfalls für den Angriff – neben dem jetzt lageabhängig vorgesehenen sprungweisen Vorgehen der Schützenlinie erhöhte Bedeutung.

Zum andern trat an die Stelle der früher vorherrschenden geschlossenen Abteilung nunmehr der Schützenschwarm als die Hauptkampfform der Infanterie.

3. Beim Angriff wurde grundsätzlich zwischen dem eher zufälligen Begegnungsgefecht, bei dem man überraschend auf einen noch nicht aufmarschierten Feind traf, und dem Angriff gegen eine bereits entwickelte oder gar vorbereitete gegnerische Stellung unterschieden. Im letzteren Fall durfte der Erfolg nicht mehr im ungestümen Vorwärtsdrängen gesucht, sondern mußte planmäßig vorbereitet werden.
4. Der geplante Angriff setzte sich zunächst zum Ziel, die eigene Feuerüberlegenheit zu erlangen, und zwar zuerst bei der Artillerie, unter deren Schutz sich dann die Infanterie an den Gegner heranarbeiten konnte, um nun ihrerseits in den Kampf um die Feuerüberlegenheit mit ihren Waffen eingreifen zu können.
5. „Solange nicht die Überlegenheit im Feuer gewonnen ist oder doch der Feind wesentlich erschüttert erscheint, ist die Durchführung des Angriffs nur unter großen Verlusten ausführbar. Es bleibt daher vor Führung des letzten Stoßes die Feuerwirkung abzuwarten." Jede Übereilung hier mußte für den Angreifer die nachteiligsten Folgen zeitigen.
6. Im Herantragen der Feuerwirkung an den Feind auf nächste Entfernung bestand demnach das eigentliche Hauptkampfmittel der Infanterie. Der abschließende Sturm richtete sich nur noch gegen die letzte moralische Potenz eines Verteidigers.
7. Als ein Mittel, um die für den Erfolg eines Angriffs unerläßliche Feuerüberlegenheit zu erreichen, wurde auf die Umfassung des Gegners hingewiesen. Sie konnte aber wegen der feindlichen Waffenwirkung nicht in deren Reichweite durchgeführt werden, sondern sollte vielmehr bereits aus dem Anmarsch heraus erfolgen bzw. sich aus dem Eingreifen der Gefechtsstaffeln entwickeln.

Man merkt der Vorschrift förmlich an, wie sie sich bei aller Betonung der Notwendigkeit einer methodischen Vorbereitung beim Angriff dennoch bemühte, sich dabei nicht auf ein bestimmtes Schema festlegen zu lassen. Insbesondere suchte sie einer möglichen Interpretation entgegenzuwirken, als ob das Planmäßige des Angriffs noch in der Hauptsache in dem gleichmäßigen geordneten Vorrücken der Truppen bestehen müsse.

Auftragstaktik

Insofern lebte dieser „Angriff auf eine vorbereitete Stellung" von der inneren Spannung, daß bei ihm zwar einerseits der unteren Führung ein größerer Spielraum zu verantwortlicher Eigeninitiative zugebilligt wurde, andererseits aber die höhere Truppenführung das Heft nicht so weit aus der Hand geben durfte, daß ihr die Steuerung des Angriffs selber entglitt.

„Diese Forderungen werden erfüllt", sagte das Reglement, „wenn von den höheren Stellen nicht mehr befohlen wird, als von ihnen befohlen werden muß und kann, wenn die ausführenden Stellen zu dem hingestellten Zweck zusammenwirken und die ihnen eingeräumte Selbständigkeit nicht zur Willkür mißbrauchen. Die in solchen Grenzen sich geltend machende Selbstthätigkeit ist die Grundlage der großen Erfolge im Kriege."

Damit hatte sich die „Auftragstaktik" endgültig reglementarisch durchgesetzt und wurde zur Grundlage des Gefechtes der „Kommandoeinheiten".

Ein wesentlicher Unterschied zur früheren Taktik bestand darin, daß mit dem Entscheidungsstoß abgewartet werden sollte, bis die Feuerwirkung eingetreten war. „Die Erziehung aller Führer zu diesem Abwarten ist, nachdem Jahrhunderte hindurch der entgegengesetzte Gedanken in unserer Taktischen Ausbildung vorgeherrscht hat, auch zweifellos die schwierigste Aufgabe der gegenwärtigen Friedensschule", hieß es in einem Kommentar, und,

„Jedes unbefugte, durch die Verhältnisse nicht gerechtfertigte Vordrängen der Unterführung ist daher streng zur Verantwortung zu ziehen."

Schon allein aus der Tatsache des Abwartens der Feuerwirkung mußte sich eine längere Dauer der Gefechte ergeben.

Verbesserung der Waffen

Obwohl der in dem Reglement sichtbar werdende Respekt vor der feindlichen Waffenwirkung im Grunde noch auf der Leistungsfähigkeit der Waffen von 1870 beruhte, auf diesem Gebiete aber gerade in den 80er und 90er Jahren einschneidende Verbesserungen auftraten (vgl. Band 2, Abschnitt IV/1, S. 355–360) – anstelle von Einzelheiten sei nur erinnert an die Kaliberverkleinerung in Verbindung mit der Einführung des rauchlosen Pulvers und das Mittelschaftsmagazin mit festem Rahmen, die zusammen die Feuergeschwindigkeit der Gewehre und ihre ballistischen Schußleistungen erheblich vergrößerten; die Vollendung des Maschinengewehrs; die höhere Kadenz der Geschütze durch Einführung der Rohrrücklaufbremse und verbesserter Richtmittel, Brisanzgranaten usw. – verstummten auch jetzt noch nicht die Diskussionen, die schon die Ausarbeitung des Reglements bis 1890 begleitet hatten.

Normaltaktiker

Die Angriffe gingen vornehmlich von den „Normaltaktikern" aus. Diese leugneten keineswegs die vernichtende Wirkung des gegnerischen Feuers, aber gerade um den dadurch bedingten stärkeren Auflösungstendenzen besser entgegenwirken zu können, legten sie Wert auf einen möglichst geschlossenen, gleichmäßigen Angriff selbst größerer Truppenkörper, dessen entsprechend weitgehende Normierung sie drillmäßig in der Friedensausbildung geübt wissen wollten.

Jakob Meckel, der später als „Reorganisator des japanischen Heeres" bekannt wurde, warf so beispielsweise einem Teil seiner Zeitgenossen eine „Umfassungssucht" vor, die in ihrer Einseitigkeit – ein Angriff dürfe grundsätzlich nur gleichzeitig gegen Front und Flanke des Gegners durchgeführt werden – jede gesunde Einstellung zum Krieg abtöten würde. Das Vorherrschen dieser Methode selbst in der Taktik führte er einmal auf die Plausibilität des strategischen Umfassungsgedankens, gegen den er an sich nichts zu erinnern hatte, und zum andern auf eine „Verlustscheu" angesichts der feindlichen Front zurück. Letztere aber hielt er für falsch, weil auch umfassende Truppen in den meisten Fällen wieder auf eine gegnerische Front stoßen würden. Statt dessen trat er unter anderem für eine entsprechende Ausnutzung der Verbesserungen auf dem Gebiet der Waffentechnik auch durch den Angreifer ein. Mittels Massierung von Artillerie und zweckmäßiger Tiefengliederung der Infanterie sollte beispielsweise versucht werden, die gegnerische Front zu durchbrechen. Im übrigen erinnerte er an die Worte Scharnhorsts, wonach die Truppen „zu sterben wissen" müßten.

Mit dem erneuten Ins-Spiel-Bringen und dem Eintreten sowohl für die Berechtigung als auch Durchführung eines Frontalangriffes selbst angesichts der modernen Waffenwirkung als gleichberechtigter Angriffsform gegenüber der zwischenzeitlichen Dominanz des Umfassungsdenkens strukturierte Meckel die nachfolgende taktische und strategische Diskussion bis über den Ersten Weltkrieg hinaus nachhaltig.

Wilhelm v. Scherff hatte früher den Erfolgsaussichten eines Durchbruchsangriffs gegen eine feindliche Front selber enge Grenzen gezogen mit den Worten: „Wer das Zentrum durchbricht, ist seinerseits umfaßt.“ 1897 aber, in der Auseinandersetzung mit General v. Schlichting (s. u. S. 437), einem Hauptmitarbeiter am Exerzierreglement von 1888, hielt er die von diesem für notwendig erachtete sorgfältige Planung eines Angriffs auf vorbereitete gegnerische Stellungen eher für ein Ausweichen vor der Konsequenz, den Feind auch einmal frontal angreifen zu müssen. Sie entsprang für ihn einer Scheu vor einem entscheidenden Kampf. Insofern trat dann für Scherff auch die geöffnete Ordnung der Schützenschwärme in ihrer Bedeutung für den Angriff zurück, wurde ein auf besonders ungünstige Ausnahmefälle beschränktes Hilfsmittel. An ihrer Stelle wollte er in gewisser Weise die frühere „Treffentaktik“ beibehalten, d. h., die neben- und hintereinander zum Angriff eingesetzten Truppen sollten den Zusammenhang untereinander stärker wahren und in gleichmäßiger Bewegung vorgehen. Scherff sah den Vorteil eines normierten Angriffsverfahrens vor allem darin, daß es selbst unter den wechselvollsten Verhältnissen eine zusammenhängende, einheitliche Tätigkeit der Gesamtangriffseinheit mindestens so lange gewährleistete, „als aus der Truppe selbst heraus sich noch Leute finden, denen es, neben dem nöthigen Schneid, jetzt auch nicht an der nöthigen Anleitung gefehlt hat, in friedensgewohnter Weise da als Führer einzuspringen, wo sie andernfalls nur höchstens das Beispiel eines todesmuthigen Drauflosgehens hätten geben können“.

Die untere Truppenführung sollte durch die Form des Normalangriffs von der Frage des „Wie?“ entlastet werden, zugunsten der Konzentration auf den eigentlichen Kampf. Ein Vergleich mit dem Reglement von 1888 verdeutlicht, daß die Unterschiede zwischen diesem und den Ansichten der „Normaltaktiker“ nicht etwa bloß auf der Verwendung verschiedener Begriffe beruhten, sondern auf grundsätzlich anderen Vorstellungen von der Führung eines neuzeitlichen Gefechtes und seinen Bedingungen.

Dabei vertraten Meckel und Scherff unzweifelhaft konservativere Auffassungen. Für die Wirkungsmöglichkeit ihrer Gedanken spielte nun gerade auch die Traditionspflege, wie sie vom deutschen Generalstab in Form der offiziellen Kriegsgeschichtsschreibung geübt wurde, eine nicht unwesentliche Rolle. Zwar bemühten sich die Autoren einerseits um eine möglichst wahrheitsgetreue Darstellung der jeweiligen kriegerischen Ereignisse, andererseits hatte aber Generalfeldmarschall v. Moltke dabei die Devise ausgegeben, „persönliche Prestigen“ möglichst zu wahren, um keine Kontroversen in die Armee hineinzutragen, vielmehr ihre innere Geschlossenheit zu erhalten.

Gegen die damit verbundene Gefahr der Umbiegung historischer Tatsachen war bereits 1882 von dem Hauptmann a. D. Fritz Hoenig mit dem Buch „Zwei Brigaden“ ein erster Angriff gerichtet worden, der sich dann in den 90er Jahren zu einem offenen Schlagabtausch zwischen ihm und der Historischen Abteilung des Großen Generalstabes sowie W. v. Scherff ausweiten sollte.

Für Hoenig hatte sich nämlich in der amtlichen Darstellung des Angriffes der 38. Infanteriebrigade am 16. August 1870 auf die Höhen von Bruville die ganze Fragwürdigkeit einer offiziellen Geschichtsschreibung offenbart, da diese seiner Meinung nach aus Prestigerücksichten die wahren Ursachen des damaligen Fehlschlages eher verwischt denn aufzuhellen versucht hatte. Dagegen stand er auf dem Standpunkt, daß der Auswertung der Kriegserfahrungen der jüngsten Vergangenheit eine wichtige Funktion für die sachgerechte Weiterentwicklung der Taktik der Gegenwart zukam. Aus diesem Grunde mußte einer verantwortungsbewußten Kriegsgeschichtsschreibung vor allem daran gelegen sein, die vergangenen Ereignisse unparteiisch in ihren wirklichen Zusammenhängen darzustellen und schonungslos zu analysieren.

Die allgemeine Berechtigung des Hoenigschen Monitums, daß bei einer falsch verstandenen Rücksichtnahme die Taten von Toten die Lebenden in einem ganz besonderen Maße handlungsrelevant zu beeinflussen vermögen, zeigte sich unter anderem 1901 bei den militärischen Angriffen auf die von Schlichting vertretenen taktischen Anschauungen. In ihnen wurde mit dem Hinweis auf den todesmutigen Ansturm der preußischen Garden am 18. August 1870 bei Gravelotte–St. Privat der Versuch unternommen, die Möglichkeit eines Frontalangriffes auch über eine ungedeckte Fläche und trotz der gegnerischen Feuerwirkung erneut zu beweisen. Schlichting mochte nun dieses heldenhafte Beispiel nicht einfach als falsch abtun, dementsprechend wollte er nicht leugnen, daß man manchmal zu einem frontalen Anrennen gegen die feindliche Front gezwungen sein könne, gab aber gleichzeitig zu bedenken, daß sich dann der Führer klarmachen müsse, was es mit solch einem Angriff auf sich habe. Seine eigene Ansicht klarstellend, fügte er erläuternd den Kommentar des den damaligen Sturm befehlenden Generals v. Pape hinzu: „Solche Angriffe sind verboten.“

b. Exerzierreglement für die Infanterie von 1906

Die geschilderten Auseinandersetzungen sind gerade unter dem letzten Aspekt in der Lage, zu verdeutlichen, warum das neue Infanterie-Reglement trotz aller verbalen Beteuerungen im Grunde keine nur folgerichtige Weiterentwicklung der Vorschrift von 1888 beinhaltete, sondern vielmehr neuartige Gedanken und traditionellere Vorstellungen wieder zu einer eigenständigen Komposition mischte.

Das zeigte sich auf verschiedene Weise:

Ganz allgemein gesprochen nahm zunächst einmal trotz der geäußerten Ablehnung der Bindung an ein bestimmtes Schema der Umfang der einzelnen Reglementierungen erheblich zu.

Dann aber, gravierender, fehlten jetzt die mehrfachen Hinweise auf die abstoßende Wirkung der modernen Waffen zumindest in der früheren Deutlichkeit. Auch trat der Sturm mit der blanken Waffe wieder als gleichberechtigt neben die Erlangung der eigenen Feuerüberlegenheit. Und schließlich wurde an Stelle der Schlichtingschen Warnungen vor einem übereilten Vorgehen beim Angriff die Erfolgsmöglichkeit betont, die sich einer entschlossen angreifenden, von hoher Kampfmoral getragenen Infanterie bieten würde, d. h., der Wert eines bedingungslosen Angriffsgeistes wurde viel stärker hervorgehoben.

Hatte so beispielsweise das Reglement von 1888 vor Übertreibungen beim sprungweisen Vorgehen gewarnt und daran die Mahnung geknüpft:

„Vielmehr muß Jedermann von der Einsicht durchdrungen werden, daß nur unaufhaltsames Streben nach vorwärts, verbunden mit wohlüberlegter Vorbereitung durch Feuer, den Erfolg verbürgt, daß dagegen jedes lange Verweilen im Feuer eines besser gedeckten Gegners zu starken Verlusten führen muß, – daß ein Zurückgehen aber mit der eigenen Vernichtung gleichbedeutend ist" – mithin das schnelle, aber nicht unüberlegte und unvorbereitete Vorgehen aus der Gefährdung durch die feindlichen Waffen abgeleitet wurde –, dann hieß es jetzt 1906 unter anderem:

„Den ihr innewohnenden Trieb zum angriffsweisen Vorgehen muß die Infanterie pflegen; ihre Handlungen müssen von dem einen Gedanken beherrscht sein: Vorwärts auf den Feind, koste es was es wolle!

Das verlangt hohen moralischen Wert der Truppe. Ihn zu begründen und zu steigern, ist eine wesentliche Aufgabe der Friedensausbildung.

Eine gut ausgebildete und gut geführte, willensstarke Infanterie hat selbst unter schwierigen Verhältnissen und gegen einen an Zahl überlegenen Feind Aussicht auf Erfolg."

Auch wenn die martialische Phrase nicht als unbedingt wörtlich zu nehmen aufgefaßt werden darf, kündet sie doch von einem ganz anderen Geist. An die Stelle des bewußten Vorwärtsdrängens war der Appell an den Willen getreten, eine fast schon trotzig zu nennende Aufwallung gegen die Ungunst der Verhältnisse, die aber dennoch durch einen ungestümen, auf einer hohen Kampfmoral beruhenden und demnach gerade Verluste zu ertragen fähigen Offensivdrang bezwungen werden sollten.

Damit gewann im Exerzier-Reglement von 1906 trotz weitgehender Rezeption der zwischenzeitlich eingetretenen Veränderungen auf dem Gebiet der Kriegführung, wie zum Beispiel die Aufnahme eines Abschnittes über den Kampf um Feldbefestigungen und den Gebrauch des Schanzzeugs usw., eine insgesamt traditionellere Interpretation der daraus zu ziehenden Folgerungen deutlich an Raum.

Als typisch für die Tendenz der sich dahinter verbergenden Geisteshaltung mag der Satz aus der Order Kaiser Wilhelms II. an die Kommandierenden Generale von Ende Oktober 1905 gelten, in der er eine Scheu vor dem Frontalangriff konstatieren zu müssen glaubte, „wie sie den Überlieferungen meines Heeres nicht entspricht".

2. Kriegserfahrung und Kriegsgeschichte

Die Gründe für dieses retardierende Moment darf man auch in der Einschätzung der Bedeutung der Kriegsgeschichte und des Stellenwerts der darin enthaltenen Kriegserfahrungen allgemein und speziell für das rechte Verhältnis beider zueinander suchen. Das Verlangen, die historische Forschung als kritisches Korrektiv für die Gegenwart fruchtbar werden lassen zu wollen, beinhaltet allgemein die Gefahr, wenn es nicht letztlich auf echte Erkenntnis angelegt ist, sondern statt dessen mehr einem vordergründigen Pragmatismus huldigt, daß dann die Maßnahmen der Vergangenheit, nicht aber die aus der Zukunft abgeleiteten Forderungen Richtschnur für das praktische Handeln werden.

a. Der Strategiestreit

(Vgl. unter anderer Beleuchtung o. S. 136–139)

Um das Problem, inwieweit aus der Geschichte Handlungsmaximen für die Gegenwart abgeleitet werden können, kreiste ganz wesentlich auch die strategische Diskussion in Deutschland, die unter dem Namen „Strategiestreit" bekanntgeworden ist.

Dieser war von einer Textstelle in dem militärischen Testament Friedrichs II. aus dem Jahre 1768 ausgegangen, in der dieser vor unnötigen Angriffen auf starke Stellungen des Gegners warnte, weil dabei gerade unter dem Aspekt der erreichten Feuerkraft alle Nachteile auf seiten des Angreifers liegen würden.

Darauf aufbauend hatte Hans Delbrück seine Lehre von der Abhängigkeit strategischer Konzeptionen von den jeweiligen Staatsverfassungen und Zeitverhältnissen entwickelt. Er unterschied so zwischen dem für Friedrich II. maßgebenden Zeitalter der „doppelpoligen Ermattungsstrategie", die sich zwischen den beiden Polen „Schlacht" und „Manöver" bewegte, wobei die Schlacht „wohl das intensivste, doch nur eines von den Mitteln (war), ihn (den Gegner) zu schädigen, um ihm so endlich die gewünschte Nachgiebigkeit im Friedensschluß abzupressen", und dem der „einpoligen Niederwerfungsstrategie", das mit Napoleon und Moltke wieder Einzug gehalten hatte. In den Kriegen dieser Epoche kamen zwar auch Formen vor, die die Schlacht nicht allein in den Mittelpunkt des kriegerischen Geschehens stellten, aber sie sollten sie gegebenenfalls vorbereiten helfen und erhielten von ihr erst ihren letzten Wert. Innerhalb dieser Auffassung hatte die Schlacht vor allem die Aufgabe, durch Zertrümmerung der feindlichen Streitmacht die wahre Entscheidung zu bringen, bildete sie „das Mittel, unter unablässigem Nachdrängen und Ausbeuten des Erfolges, den Gegner bis zur Wehrlosigkeit niederzuwerfen".

Gegenüber der damit verbundenen Historisierung und Dynamisierung der leitenden Vorstellungen innerhalb der Strategie erhob sich eine lebhafte Opposition gerade unter den führenden Militärschriftstellern, die im Grunde eine zeitlose Gültigkeit gewisser strategischer Grundsätze behaupteten und entsprechend nachzuweisen versuchten, daß z. B. die Strategie Friedrich des Großen und die Napoleons auf den gleichen Prinzipien beruht habe und dabei insbesondere auf dem Vernichtungsgedanken.

In der Front der Gegner Delbrücks nahm Rudolf v. Caemmerer eine besondere Position ein. Als Apologet Schlichtings (s. u. S. 437f) war er mit dessen entschieden vertretener Auffassung von der Zeitbedingtheit aller strategischen Anschauungen vertraut. Von diesem Ansatz her war der Unterschied zu Delbrück nicht groß, aber v. Caemmerer beharrte gegenüber diesem darauf, daß Clausewitz bei seiner Absicht, das Werk „Vom Kriege" noch einmal umarbeiten und dabei die doppelte Art des Krieges schärfer herausarbeiten zu wollen, darunter nicht etwa eine Art „Ermattungsstrategie", sondern nur den „Angriff mit beschränktem Ziel" verstanden, ansonsten jedoch unbedingt an der Ansicht festgehalten habe, daß „die Vernichtung der feindlichen Streitkräfte ... das Hauptprinzip des Krieges und für die ganze Seite des positiven Handelns der Hauptweg zum Ziel" sei. Das untermauernd wies Caemmerer ferner darauf hin, daß Clausewitz sein Buch in erster Linie in praktischer Absicht für die Soldaten und Staatsmänner seiner Zeit geschrieben habe, nicht aber, um den Begriff des Krieges dialektisch so zu entwickeln, daß auch alle früher etwa einmal gültigen Formen darunter hätten subsumiert werden können. In bezug auf das letztere Argument gab sich Delbrück 1904 geschlagen und schlug eine Kompromißformel mit dem Tenor vor: „Die historische Vertiefung ist auch für die Praktiker gewiß höchst wertvoll, aber auch gefährlich, weil sie so vieles als bloß relativ berechtigt erscheinen läßt, was der Praktiker sich zum absoluten Gesetz macht und machen muß, um die volle Sicherheit und Festigkeit der Anschauung für das Handeln zu erlangen. Aus diesem Grunde dürfte sich auch eine gewisse dauernde Spannung zwischen Militär-Schriftstellern und Historikern zum Teil erklären."

b. Umsetzung in die Praxis

Damit war ein Teil der eingangs erwähnten grundsätzlichen Problematik von Kriegsgeschichte und historischem Erkenntniswert in ihrer Bedeutung für die militärische Praxis angerissen, und der Bogen der vertretenen Meinungen reichte dabei von der Ansicht Schlichtings mit einer extrem kurzen historischen Perspektive über Delbrücks Auffassung von der grundsätzlichen Zeitabhängigkeit strategischer Konzeptionen, mit dem Wunsch, diese notwendig verengten Perspektiven um die Tiefe des historischen Erfahrungsraumes zu erweitern, bis hin zu der Behauptung einer Vielzahl von deutschen Militärschriftstellern und Soldaten, daß es über alle Zeiten hinweg nur einen gewissen Fundus an mehr oder minder ewig gültigen Maximen im Bereich der Strategie geben würde.

Unter dem Aspekt der unterschiedlichen historischen Dimension lassen sich auch für die im Bereich der Taktik aufgetretenen Differenzen zwischen den „Normaltaktikern" und den Anhängern der „Taktik der Kommando-Einheiten" im Hinblick auf den Handlungsspielraum, den die Vertreter der jeweiligen Parteiungen für eine erforderliche Führung auf den verschiedenen Ebenen für unerläßlich erachteten, neue Akzentuierungen vornehmen.

Obwohl sich sowohl Scherff als auch Schlichting (s. u. S. 437f) auf Clausewitz beriefen, erwarteten beide von einer Theorie nicht nur Betrachtung, sondern gleichfalls eine positive Lehre. Die entscheidende Frage war aber nun, auf welchem Gebiet, dem der Taktik oder dem der Strategie, das am ehesten geleistet werden konnte bzw. überhaupt erforderlich sein mußte.

Für Clausewitz hatte die schwierigere und anspruchsvollere Aufgabe bei der Strategie gelegen. Vermutlich sah sich deshalb Schlichting auf diesem Felde besonders herausgefordert, zumal ja nach seiner Auffassung man sich hier kaum auf Vorbilder aus der Vergangenheit berufen durfte. Im Bereich der Taktik mochte dann eher der einsichtsvollen Eigeninitiative der Unterführer Raum gegeben werden können. So forderte er beispielsweise 1896 für die Lehre der Kriegführung eine Art „Leitfaden", in dem nach vorher stattgefundener Betrachtung und Abklärung sich nur noch für eine Methode des Operationsverfahrens entschieden werden sollte, gegebenenfalls – aber nicht notwendigerweise – unter Beifügung eines für den pädagogischen Zweck besonders prägnanten historischen Beispiels. Ziel war also eine kurze, übersichtliche Darstellung der mannigfaltigen Aufgaben und der bestehenden einfachen Grundgesetze der Kriegführung für die Hand des Schülers mit einem Geringstmaß an historischem Ballast.

Damit wollte Schlichting nun nicht zugleich behaupten, daß man z. B. die Kriege eines großen Feldherrn aus einem einzigen Prinzip heraus ableiten könne – eine solche Anschauung hielt er vielmehr ausdrücklich für falsch und verwies in diesem Zusammenhange darauf, daß selbst Moltke verschiedene Angriffsverfahren, wie Umfassung oder Durchbruch, je nach Lage ins Auge gefaßt habe. Jedoch glaubte er, die allgemeine Methodik oder besser die allgemeinen einfachen Operationsgesetze seiner Zeit und ihr Wesen besonders herausstellen zu müssen, und erhoffte sich davon insbesondere eine unmittelbare praktische Belehrung und eine erzieherische Wirkung. Scherff dagegen ging den anderen Weg. In Anlehnung an Jomini ließ er sich von der Vorstellung leiten, daß die Taktik im Gegensatz zur Strategie, die nach dessen Meinung unter Caesar und Napoleon im wesentlichen gleichgeblieben sei, den Teil der Kriegskunst ausmachen würde, der am wenigsten festen Regeln unterworfen werden könne. Demnach mußte es ihm gerade auf diesem Gebiet darauf ankommen, den Soldaten hier einheitliche Regeln zu geben, an denen sie sich ausrichten konnten, wenn nicht die totale Auflösung des kriegerischen Gesamtzusammenhanges die unausbleibliche Folge ihrer selbständigen Einzelaktionen sein sollte.

Dagegen genügten dann für die höheren Truppen- und obersten Heeresführer einige wenige leitende Gesichtspunkte und Grundsätze, da diese sich ja im Laufe der Zeit nur unwesentlich verändert hatten, d. h., man konnte hier auf die Beispiele der Kriegsgeschichte zurückgreifen, die, wenn sie auch zu alternativen Lösungen führten, im Grunde alle gleichberechtigt waren.

Damit ähnelt die von Scherff vorgeschlagene Rangfolge einem auf die Spitze gestellten Dreieck. Für die obere und höchste Führung gibt es einen bestimmten Satz mehr oder minder wandelbarer Handlungsanweisungen mit relativ großem Ermessensspielraum für die Auswahl; im Bereich der niederen Taktik dagegen nur eine Normalkampfordnung mit festen Regeln, d. h., ein schematisiertes einheitliches Kampfverfahren.

Bei Schlichting verhält es sich umgekehrt. Bei ihm erhalten die unteren Truppenführer weitgehend Freiheit in der Wahl der Form und des Verfahrens bei ihrem Vorgehen, während an der Spitze die verschiedenen Möglichkeiten „idealtypisch" in einem nur für eine bestimmte Epoche geltenden allgemeinen Operationsgesetz zusammenlaufen. Dadurch soll eine einheitliche Truppenführung vor und hinter der Front ermöglicht werden.

Von der jeweils erfaßten historischen Tiefendimension aus, genauer von den unterschiedlichen Auffassungen in bezug auf die zeitliche Gültigkeit von strategischen Richtlinien und geschichtlichen Beispielen, läßt sich die Entwicklung des operativ-strategischen Denkens in Deutschland vor 1914 strukturieren.

3. Das strategisch-operative Denken in Deutschland vor 1914

a. Colmar v. d. Goltz

Aufgrund seiner Erfahrungen im deutsch-französischen Krieg 1870/71 war Colmar Freiherr von der Goltz zu der Überzeugung gekommen, daß sich Staats- und Heeresverfassung gegenseitig bedingen und demnach auch die Wehrverfassung mit den übrigen Fortschritten des Volks- und Staatslebens Schritt halten müsse, wenn das Militär die ihm gestellten Aufgaben erfüllen solle.

Diesem Zwang zur permanenten Weiterentwicklung sah er nun gerade bei Siegern häufig ein Moment selbstgefälliger Beharrung entgegenwirken. Die darin für Deutschland liegende Gefahr möglichst auszuschalten, war das besondere Anliegen neuer militärwissenschaftlicher Arbeiten.

Dazu gehörte auch das Buch „Das Volk in Waffen“ von 1883, das bereits 1890 seine vierte Auflage erlebte und einen Versuch darstellte, gleichsam in einer zusammenfassenden Lehre die Bevölkerung über die Erscheinungsformen eines modernen Krieges und seine Anforderungen an Staat und Gesellschaft zu unterrichten und sie dadurch auf die kommenden möglichen kriegerischen Ereignisse frühzeitig vorzubereiten.

Zunächst warnte Goltz eindringlich vor der irrigen Annahme, daß künftige Kriege im Hinblick auf die Beweglichkeit und den Charakter der Kämpfe ähnlich wie die Feldzüge von 1866 und 1870/71 verlaufen würden. Sie bildeten zwar gewissermaßen ein von der Kriegführung anzustrebendes Idealziel, aber es gäbe keinerlei Hinweise dafür, daß nunmehr alle weiteren Kriege ihnen in der äußeren Gestalt nahekommen müßten.

Das Monitum richtete sich mithin gegen die verbreitete Vorstellung von einem nur kurzen Bewegungskrieg mit einer durch einen beherzten Angriff schnell herbeizuführenden Entscheidung.

Vielmehr sah Goltz nunmehr einen viel langsameren Gang eines europäischen Krieges für möglich an, einmal bedingt durch die Verbesserungen und gegenseitige Angleichung der Heere, die eine nochmalige Überraschung der Gegner durch Deutschland weitgehend ausschließen würden; dann durch die umfangreichen französischen Grenzbefestigungen bzw. die Weiträumigkeit im Osten Europas bei nur gering ausgebautem Straßen- und Wegenetz und schließlich durch das ungeheure Anwachsen der Massenheere, die zu bisher ungeahnten Frontausdehnungen führen könnten und den zur Verfügung stehenden Spielraum für schnelle, überraschende Bewegungen, zu Umgehungen und unvermuteten Angriffen einengen würden.

Aus der Ausdehnung der Fronten wie überhaupt aus den Massenheeren folgte für Goltz ferner, daß die Leitung der Armeen trotz der neuen Nachrichtenmittel usw. insgesamt schwieriger geworden sei. Der Feldherr könne nur noch nach den Zielen hin zusammenwirkende Direktiven geben, während ihre Ausführung im Sinne des Ganzen weitgehend von dem Geschick der Untergebenen abhängen und damit die operativ-taktischen Entscheidungen eine viel größere Bedeutung erhalten würden.

Dies mußte sich insbesondere in der „vorbedachten Schlacht“, die v. d. Goltz als Gegensatz zur „Zufallsschlacht“ eingeführt hatte, auswirken. Dabei kam es seiner Meinung nach für den Feldherrn darauf an, zwar die Durchführung einer ersten leitenden Idee sorgsam zu erwägen und vorzubereiten, aber darüber nicht die Unbefangenheit des Blicks für den wirklichen Verlauf der Schlacht zu verlieren. Insbesondere war es dann für die Heeresleitung von ausschlaggebender Bedeutung, „den Moment zu finden, wo sie von dem Vorbedachten abweichen und in die Improvisation übergehen muß, wo sie dasjenige fallenläßt, was theoretisch richtig wäre, um zu thun, was sich im Augenblicke als praktisch vortheilhaft erweist“.

Trotz der anerkannten abstoßenden Wirkung der modernen Feuerwaffen, der naturgemäß abnehmenden Kraft eines jeden Angreifers bis hin zum Kulminationspunkt usw., hielt Goltz gerade unter dem Aspekt, daß in einem Kriege die psychologischen Momente ebensoviel Gewicht haben wie materielle, den Angriff gegenüber der Verteidigung im Grunde für überlegen, da dieser in ganz besonderem Maße die geistigen und moralischen Potenzen eines Heeres zu wecken vermochte. Darüber hinaus würde ein Verteidiger nur dann den Sieg erringen, wenn er sich an allen Punkten der zu verteidigenden Stellung behaupten könnte, dagegen genügte es dem Angreifer, dort nur an einer Stelle die Oberhand zu gewinnen.

Ein militärischer Erfolg allgemein war für ihn nun am ehesten durch einen umfassenden Angriff zu erreichen, zumal die angewachsenen Heeresmassen leichter durch Zusammenschließen als durch Aufschließen zu einer Front vereinigt werden konnten. Jedoch rechnete er auch bei der Umfassung nicht mehr mit einer so einfachen Durchführungsmöglichkeit wie früher.

Vielmehr stand für v. d. Goltz eine wesentliche Veränderung dadurch zu erwarten, daß der Verteidiger inzwischen gelernt haben dürfte, seine Flügel stärker zu machen, seine Flanken durch guten Gebrauch der Reserven zu sichern: „Mit der Umfassung auf eine schmale, schwache Flanke zu treffen, um dann die feindliche Schlachtlinie aufzurollen, ist keine Aussicht mehr vorhanden.“ Dagegen vermochte man sich einer drohenden Umklammerung am besten dadurch zu entziehen, indem man selber angreift.

Heftig geißelte Goltz die „Neuerer“, die in Abkehr von erfolgreich erprobten Verfahren nunmehr im Frontalangriff und Durchbruch die Gewähr für künftige Erfolge entdeckt zu haben glaubten. Er fand, daß der umfassende Angriff zwar das wirksamste, aber nicht das alleinige Mittel zum Sieg sei, da z. B. durch natürliche oder künstliche Hindernisse eine Umfassung möglicherweise ausgeschlossen sein könnte. Für den dann unerläßlichen Frontalangriff empfahl er u. a. den Gebrauch des Spatens auch durch den Angreifer. Gleichfalls riet er, dabei nicht mit derselben Intensität die gesamte feindliche Front anzugreifen, sondern sich einen Schwerpunkt, z. B. gegen einen der Flügel, zu wählen.

Obwohl nun v. d. Goltz frühzeitig auf den charakteristischen Unterschied in den Operationsmethoden zwischen Napoelon und Moltke aufmerksam gemacht und damit eigentlich die spätere Argumentation von Schlichting vorbereitet hatte, nämlich daß ersterer im Grunde die Vereinigung der Truppen vor, der letztere sie erst auf dem Schlachtfelde angestrebt hatte, entzündete sich 1895 zwischen beiden Militärtheoretikern eine Kontroverse, als v. d. Goltz in seinem weiteren Buch „Kriegführung“ die Ansicht vertrat, die Operationsverfahren beider Feldherren könnten gleichberechtigt nebeneinander bestehen.

b. Sigismund v. Schlichting

Hier war Schlichting völlig anderer Ansicht.

Von dem pädagogischen Impetus her, die Truppenführer so zu einem einheitlichen operativen Denken erziehen zu wollen, daß die Einheit der Operation auch in kritischen Situationen selbst dann gewahrt blieb, wenn die oberste Heeresleitung nicht mehr unmittelbar auf die unterstellten Truppen einwirken konnte, diese vielmehr in eigenverantwortlicher Initiative zum selbständigen Handeln im Sinne des Ganzen gezwungen waren, ist die Schärfe seiner Erwiderung an Goltz zu verstehen. Sein auf die praktische Ausbildung gerichtetes Streben erlaubte es nicht, die Strategien zweier für ihn grundverschiedener Zeitalter als gleichberechtigt nebeneinander stehenzulassen, sondern verlangte die Entscheidung für nur eine, die modernste, d. h. die Operationslehre v. Moltkes.

Die Kriegsmittel „haben sich von 1815 zu 1866 . . . in einer Weise geändert und gesteigert, wie sonst kaum in einem halben Jahrtausend. Genannt seien hier: die Zunahme der Kultur in Anbau und Kunststraßen, die Eisenbahnen und der elektrische Telegraph, die gezogenen Feuerwaffen und das Anwachsen der Heeresmassen unter der Einwirkung der allgemeinen Wehrpflicht nach Scharnhorstscher Schöpfung. Alle diese Faktoren werden in ihrer Gesamtwirkung zusammenzufassen sein, um die Strategie der Gegenwart zu begründen, welche doch wohl nur auf den Namen Moltke getauft werden kann".

Und der Kern dieser Strategie bestand für Schlichting in dem Grundsatz der Vereinigung der Truppen erst auf dem Schlachtfeld. Daneben aber war er bei aller Vorliebe für umfassende Operationen durchaus nicht auf dieses Angriffsverfahren allein fixiert. So folgte beispielsweise für ihn aus dem Umfang der zwischenzeitlich erreichten Heeresmassen, daß sie in Armeen getrennt und auf verschiedene Vormarschstraßen verteilt werden mußten. Wurde dadurch an sich schon die Theorie hinfällig, die die militärischen Operationen allein auf innere Linien binden wollte, so galt das erst recht unter dem Eindruck der gesteigerten Waffenwirkung, die allgemein „zentrale Lagen" wenig geraten erscheinen ließ. Mithin legte der Zwang zum getrennten Marschieren einerseits umfassende Operationen förmlich nahe, bei denen vor allem auf eigene Flügelfreiheit zu achten war.

Andererseits durfte der Gesichtspunkt der Flügelfreiheit nicht so weit getrieben werden, daß unter allen Umständen, d. h., ohne Rücksicht auf den inneren Zusammenhalt und die Möglichkeit der rechtzeitigen Vereinigung auf dem Schlachtfeld, die Flügel zur eigenen Sicherung immer weiter ausgedehnt würden. Denn dann konnte sich dem Gegner die Möglichkeit zu einem Durchbruch eröffnen.

Neben der erneuten Bekräftigung seiner schon bei der Taktik geäußerten Anschauungen sprach Schlichting hier das Problem der „Lücken" an, die entstehen konnten, wenn die eigene Front übermäßig ausgedehnt wurde. Darunter verstand er aber nicht ein einfaches Abreißen der Fühlung zum Nachbarn, denn wirkliche Gefahren konnten daraus nur dann erwachsen, wenn sich zwischen den benachbarten Frontabschnitten ein solch großer Spalt aufgetan hatte, daß sie sich nicht mehr rechtzeitig bzw. überhaupt nicht mehr bei der Bekämpfung des durchbrechenden Gegners gegenseitig unterstützen konnten, also ein Zwischenraum von mindestens einem halben Tagesmarsch Entfernung, wenn angenommen wurde, daß der feindliche Angriff wenigstens einen Abschnitt vollständig fesselte. Da Schlichting das Entstehen einer derartigen Lücke zudem nur auf ausgesprochene Fehler zurückführte, billigte er der Möglichkeit ihres Auftretens insgesamt eine geringere Wahrscheinlichkeit zu. Demnach dürfte umgekehrt die Sorge vor den Gefahren einer Lücke für ihn zunächst sekundärer Natur gewesen sein.

Darüber hinaus macht diese Überlegung u. a. deutlich, daß der operative Ansatz der Truppen für die Schlacht entscheidender angesehen wurde als rein taktische Rücksichten. Dabei mußte dann auch schon die erste Aufmarschplanung – wiederum in Anlehnung an Moltke – besondere Bedeutung erhalten.

Wegen der größeren Ausdehnung der modernen Heere und der Verbesserung der Nachrichtenmittel hielt es Schlichting schließlich für wahrscheinlich, daß die Oberste Heeresleitung nicht mehr unbedingt persönlich den Armeen an die Front nachrücken werde. Vielmehr war für ihn gerade bei einem Zweifrontenkrieg z. B. Berlin als Sitz der Obersten Heeresleitung denkbar.

Gegenüber der Schlichtingschen These vom grundlegenden Unterschied im strategischen Vorgehen bei Napoleon und Moltke erhob u. a. der General Alfred v. Boguslawski heftige Vorstellungen und versuchte nachzuweisen, daß Napoleon keineswegs immer das Prinzip der vorherigen Versammlung der Streitkräfte vor der Schlacht angestrebt habe. Dabei warf er Schlichting insbesondere vor, unter Beiseitelassung aller älteren Kriegserfahrung einzelne Lehrsätze von Moltke zu verabsolutieren und dadurch letztlich diesen geistig zu vergewaltigen. Er habe ein System der Kriegführung geschaffen, das nicht mehr den Geist Moltkes trage, sondern seinen eigenen.

c. Alfred Krauß

Der Österreicher Alfred Krauß sekundierte Boguslawski in dieser Diskussion. In seiner Schrift „Moltke, Benedek und Napoleon" von 1901 führte er unter anderem aus, daß Napoleon sowohl den taktischen Durchbruch als auch die taktische Umfassung je nach den Umständen angewandt habe. Dann aber meinte er, ein fähiger Führer könne trotz Repetiergewehr und Schnellfeuerkanonen noch immer wie früher Napoleon einem umfassend angesetzten Angriff dadurch siegreich begegnen, daß er seine Armee im Gegensatz zu der weit ausgedehnten des Angreifers geschlossen und nach der Tiefe genügend gestaffelt zusammenhält und entweder mit dieser geballten Kraft die Mitte der dünnen gegnerischen Front durchstößt oder mit einer Defensivflanke einen Flügel des Angreifers festhält, selber sich aber mit Übermacht gegen den anderen wendet:

„Das Mißlingen von zehn Durchbruchsversuchen würde nicht beweisen, daß der Durchbruch unmöglich ist, sondern nur, daß er jedesmal schlecht angelegt war, oder der geschicktere Führer jedesmal auf der Gegenseite gestanden ist ... Man darf sich einen solchen Durchbruch aber beileibe nicht als einen einfachen Stoß durch eine Feuerwand vorstellen. Das hat auch Napoleon nicht gedacht und nicht getan. Er sagt diesbezüglich in seinen Memorien: ‚... durch das Feuer und nicht durch den Stoß werden heutzutage die Schlachten entschieden'... Der Durchbruch basiert also auch heute in der Überlegenheit des Feuers, im Massenfeuer. Ein fähiger Führer versucht einen Durchbruch nur dann, wenn alle Vorbedingungen für das Gelingen desselben vorhanden zu sein scheinen; durch eine Wand rennt ein kluger Kopf nicht."

Damit wiederholten sich auf operativ-strategischer Ebene im Grunde die Frontstellungen, die auch schon die Diskussion über die taktische Entwicklung geprägt hatten. Gegenüber der als einseitig empfundenen Konzentration auf die neuesten Kriegserfahrungen, zugleich bezeichnet als eine Mißinterpretation und fehlgehende Weiterentwicklung der Moltkeschen Anschauungen, erhob sich eine Opposition, die, von den traditionelleren Ansichten und Erfahrungen der Kriegsgeschichte ausgehend, diese stärker bei den strategischen Überlegungen berücksichtigt wissen wollte.

Cum grano salis läßt sich der Gegensatz auf unterschiedliche Auffassungen über die „zeitlose" Gültigkeit strategischer Maximen zurückführen. Konkret aber ging es dabei um die Möglichkeiten und Erfolgsbedingungen frontaler Angriffe unter den Bedingungen moderner Waffenwirkungen.

4. Alfred Graf von Schlieffen

a. Schlieffens Grundsätze

Als Generalleutnant Graf von Schlieffen am 7. Februar 1891 als Nachfolger Waldersees zum Chef des Generalstabes der Armee ernannt wurde, fand er sich vor folgende Situation gestellt:

a) Zwar hatten seine Amtsvorgänger Pläne für einen eventuellen Zwei-Fronten-Krieg gegen Rußland und Frankreich entwickelt, jedoch erschien ein solcher Fall im Grunde unter Bismarck als weniger wahrscheinlich und gefahrvoll. Mit der Nichterneuerung des deutsch-russischen Rückversicherungsvertrages, erst recht mit dem Abschluß einer Militärkonvention zwischen Rußland und Frankreich 1892 und deren Erweiterung 1894 zu einem Zweibund mußte diese ungünstige Ausgangslage in den Vordergrund der Betrachtungen treten.

b) In bezug auf Frankreich allein hatte sich die Situation gegenüber 1870 schon dadurch entscheidend gewandelt, daß die damals gegebene beträchtliche numerische Überlegenheit des deutschen Heeres inzwischen französischerseits durch eine striktere Anwendung der allgemeinen Wehrpflicht ausgeglichen worden war, obwohl es über ein bedeutend geringeres Bevölkerungspotential verfügte.
Daneben hatte Frankreich seine Ostgrenze durch von Belfort–Epinal, Toul–Verdun und Maubeuge–Lille reichende Befestigungsgruppen gesichert, die einen etwaigen feindlichen Angriff zumindest wirkungsvoll verzögern, eigenen Offensivvorstößen aber einen beachtlichen Rückhalt bieten konnten.
Schließlich erlaubte der Ausbau des französischen Eisenbahnnetzes eine wesentlich raschere Mobilisierung und einen schnelleren Aufmarsch der Truppen, der überdies durch die Befestigungen vor einem strategischen Überfall geschützt war.

c) Die dadurch für eine mögliche deutsche Kriegführung gegen Frankreich hervorgerufenen Probleme vervielfältigten sich, wenn Rußland seinem Bundesgenossen beistand und als weiterer Gegner in Betracht kam. Nicht nur hatte es durch die Befestigung der Narew- und Njemen-Übergänge seinen Aufmarschraum ebenfalls gesichert, bzw. konnte dazu in die Weite seines Raumes ausweichen, und zudem die Fähigkeit zur Mobilisierung der eigenen Truppen beschleunigt, sondern dann verfügte die feindliche Koalition neben einem fast unerschöpflichen Menschenreservoir auch im Grunde über die größere wirtschaftliche Kraft, wenigstens auf Dauer gesehen und wenn man die größere Abhängigkeit Deutschlands von der gesicherten Einfuhr lebensnotwendiger Rohstoffe und Lebensmittel in Rechnung stellte.
Der letzte Gesichtspunkt mußte sogar ausschlaggebendes Gewicht erhalten, wenn eine Seemacht erster Ordnung, z. B. England, sich diesem Bündnis noch anschloß.

d) Die angestiegenen Heeresstärken und die moderne Bewaffnung stellten darüber hinaus die militärische Führung vor weitere Probleme. Es galt nicht nur, diese Massen zu mobilisieren, sondern sie mußten auch ausgerüstet, dauernd versorgt und nach einem einheitlichen Willen in Marsch gesetzt werden. Das bedingte u. a. die Ausbildung und Entwicklung neuartiger Führungsmethoden und -techniken.

Damit sah sich also Graf Schlieffen in einer Zeit zunehmender außenpolitischer Unsicherheit gezwungen, die Pläne und Vorstellungen seiner Amtsvorgänger als Generalstabschef einer kritischen Revision zu unterwerfen und sie im Hinblick auf die veränderte Lage zu überprüfen. Bei der Größe der Aufgabe wundert es einen nicht, wenn ihm dabei bange zumute war. Von einer zuversichtlichen Haltung kann wohl kaum die Rede sein.

Operation auf der inneren Linie

Die geostrategische Lage des Deutschen Reiches, das die beiden Bündnispartner Rußland und Frankreich voneinander trennte, gab ihm – allgemein gesprochen – bei einem Zweifrontenkrieg den Vorteil an die Hand, strategisch auf der inneren Linie operieren zu können. Das heißt, es eröffnete sich theoretisch die Möglichkeit, unter bestimmten Voraussetzungen auch als insgesamt Schwächerer dennoch an dem jeweils entscheidenden Punkt der Stärkere zu sein, dann nämlich, wenn es gelang, die durch Raum und Zeit getrennten Gegner einzeln rechtzeitig zur entscheidenden Schlacht zu stellen, bevor sie sich gegenseitig in einer Art Diversionswirkung zu unterstützen vermochten.

Für Schlieffen hieß das, und mit dieser Grundvorstellung hatte er sein Amt übernommen: „,Zwei Gegnern zusammen an Zahl unterlegen, kann er doch beide einzeln mit Übermacht schlagen, wenn er sie nacheinander angreift, bevor dieselben ihre Vereinigung haben bewerkstelligen können.' ‚Der Erfolg ist von einem schnellen und vollständigen Siege abhängig.' ‚Die Neuzeit verfügt in den Eisenbahnen über ein Mittel, welches wohl dazu angetan ist, den Operationen auf der inneren Linie eine neue und ausgedehntere Anwendbarkeit zu verleihen. Mit Hilfe der Eisenbahnen lassen sich in kurzer Zeit Armeen auf große Entfernungen versetzen.' ‚Für keine Armee ist dieses Mittel vielleicht von solcher Bedeutung wie für die unsere. Deutschland befindet sich nach seiner geographischen Lage auf der inneren Linie zwischen Osten und Westen. Gegen beide Gegner geteilt nur schwach, kann es mit Hilfe der Eisenbahnen auf dem einen oder dem anderen Kriegsschauplatz zeitweise als der Stärkere auftreten.' ‚Nur Feldherrn von klarem Blick, raschem Entschluß und unerschütterlicher Energie werden sich der inneren Linie mit Vorteil bedienen können.'" (F. v. Boetticher).

Mithin hielt Schlieffen eine derartige Kriegführung auf der innneren Linie im Grunde nur dann für möglich, wenn es tatsächlich gelang, den einen Gegner bereits militärisch entscheidend zu schlagen, noch bevor der andere ihm wirksame Unterstützung an der zweiten Front zu leisten vermochte. Es kam also alles auf schnelle, vernichtende Siege, auf kurze Feldzüge an, die aber nicht unbedingt mit der Kriegsdauer insgesamt gleichgesetzt werden dürfen. Vor diesem Hintergrund muß gleichfalls davor gewarnt werden, in den angesprochenen „Vernichtungsgedanken" originär schon die Vorstellung von einem totalen Sieg im Sinne der Möglichkeit zu einem unmittelbar anschließenden Friedensschluss hineinprojizieren zu wollen.

Vernichtung

Der Vernichtungsgedanke richtet sich nämlich zunächst allein gegen die bestehende feindliche Streitkraft mit dem Ziel, diese „in einen solchen Zustand ... (zu versetzen), daß sie den Kampf nicht mehr fortsetzen kann" (Clausewitz). Er ist damit nur als ein, und zwar das vornehmlich militärische, Mittel zum Erreichen des Kriegszwecks, dem Gegner den eigenen Willen aufzuzwingen, gemeint, nicht aber bereits mit der absoluten Gestalt des letzteren in Form der Wehrlosmachung oder Niederwerfung des betreffenden Staates gleichzusetzen.

Entsprechend kann der Vernichtungsgedanke sowohl beim Angriff als auch bei der Verteidigung Anwendung finden, denn „das Gefecht ist die einzige Wirksamkeit im Kriege; im Gefecht ist die Vernichtung der uns gegenüberstehenden Streitkraft das Mittel zum Zweck, ist es selbst da, wo das Gefecht nicht faktisch eintritt, weil jedenfalls der Entscheidung die Voraussetzung zum Grunde liegt, daß diese Vernichtung als unzweifelhaft zu betrachten sei. Sonach ist also die Vernichtung der feindlichen Streitkraft die Grundlage aller kriegerischen Handlungen, der letzte Stützpunkt aller Kombinationen, die darauf wie der Bogen auf seinen Widerlagern ruhen. Es geschieht also alles Handeln unter der Voraussetzung, daß, wenn die dabei zum Grunde liegende Entscheidung der Waffen wirklich eintreten sollte, sie eine günstige sei. Die Waffenentscheidung ist für alle großen und kleinen Operationen des Krieges, was die bare Zahlung für den Wechselhandel ist; wie entfernt diese Beziehungen auch sein, wie selten die Realisationen eintreten mögen, ganz können sie niemals fehlen" (ebda.).

Die sich aus der geostrategischen Situation Deutschlands anbietende Operation auf der inneren Linie erforderte nun für Schlieffen in einem ganz besonderen Maße die Verwirklichung des Vernichtungsgedankens. Dieser unmittelbare Zusammenhang ist ganz zentral für sein Denken, und aus ihm lassen sich dann seine anderen militärischen Grundanschauungen ableiten:

„Deutschland hat den Vorteil, daß es in der Mitte zwischen Frankreich und Rußland liegt und diese Bundesgenossen voneinander trennt. Es würde sich aber dieses Vorteils begeben, sobald es sein Heer teilen und hierdurch jedem einzelnen seiner Gegner an Zahl unterlegen sein würde. Deutschland muß daher bestrebt sein, zuerst den einen niederzuwerfen, während der andere nur beschäftigt wird; dann aber, wenn der eine Gegner besiegt ist, muß es unter Ausnutzung der Eisenbahn auch auf dem anderen Kriegsschauplatze eine Überlegenheit an Zahl heranführen, die auch dem anderen Feinde verderblich wird. Der erste Schlag muß mit voller Kraft geführt werden, und es muß eine wirkliche Entscheidungsschlacht stattfinden; ein Solferino könnte uns nichts nützen; es muß ein Sedan, mindestens ein Königgrätz geschlagen werden."

Zu dieser Zuflucht beim Vernichtungsgedanken trieb ihn dabei die Furcht, daß Deutschland sonst zwischen die beiden Mühlsteine geraten und langsam zermahlen werden könne:

„Es fragte sich, was Deutschland tun würde. Handelte es hier im Osten ebenso wie im Westen, trieb es den Feind etwa hinter den Narew, hinter die Weichsel oder irgendeinen anderen Abschnitt zurück, so hätte es sich bald gezwungen gesehen, wenigstens einen Teil seiner Korps nach Westen gegen die inzwischen wieder vorgedrungenen Franzosen zurückzusenden. Die Russen hätten das zum Wiedervorgehen benutzt. Nach einiger Zeit hätten wieder Truppen aus dem Westen nach dem Osten übergeführt werden müssen, und so hätte sich dann ein Hin- und Herziehen von deutschen Streitkräften, ein Zurückdrängen des Feindes hier und dort, dann ein Wiedervorgehen abgespielt, eine Art Kriegführung, die auf die Dauer zur gänzlichen Aufreibung des deutschen Heeres hätte führen müssen. Ein derartiger Krieg nach zwei Fronten ist nicht durch Zurückwerfen des einen oder des anderen Feindes, sondern nur durch möglichste Vernichtung erst des einen, dann des anderen Gegners zu Ende zu führen."

Zusammenfassend galten für Graf Schlieffen die Operationen auf der inneren Linie „als das vorzüglichste und schwierigste, was ein Feldherr leisten kann ... Eine Armee soll zwei andere besiegen, erst die eine, dann die andere. Um das zu tun, muß sie die erste vollständig vernichten. Mit einem einfachen Zurückdrängen ist die Sache nicht gemacht ... auf der inneren Linie (muß) der eine Feind vollständig vernichtet werden ..., man muß ihm ein Sedan bereiten, und wenn das nicht gelingt, so ist die Folge, daß einem selbst ein Sedan, oder ein Leipzig, oder ein Waterloo bereitet wird" (W. Groener).

Umfassung

Entscheidende Erfolge aber waren am ehesten zu erwarten, wenn man den Gegner nicht rein frontal, sondern ihn in seiner Front und Flanke zugleich angriff, d. h., ihn zu umfassen und gleichzeitig gegen seine Rückzugslinie zu wirken suchte:

„Der Zug der gegenwärtigen Zeit ist eigentümlicherweise auf den Frontalangriff gerichtet ... Unentschiedene Schlachten, lang sich hinziehende Kriege werden die Folge sein. Mit Millionenheeren sind diese aber nicht zu ertragen. Der Kulturzustand der Völker, der Aufwand der zur Unterhaltung solcher Massen erforderlichen unermeßlichen Mittel verlangt rasche Entscheidung, baldiges Ende. Es ist daher wohl die Frage, ob die moderne Schule die Theorie der reinen Frontalschlacht wird aufrechterhalten können ... Die Notwendigkeit zwingt auf Mittel zu sinnen, mit der Unterlegenheit an Zahl zu siegen. Ein Universalmittel gibt es hierfür nicht, ein Schema ist nicht anwendbar. Ein Gedanke erscheint jedoch gerechtfertigt. Wenn man zu schwach ist, das Ganze anzugreifen, so greife man einen Teil an. Viele Variationen werden sich hierbei finden. Ein Teil des feindlichen Heeres ist aber auch sein Flügel. Man greife also einen Flügel an. Das ist sehr schwierig einer Kompanie, einem Bataillon, einem Detachement gegenüber, leichter, je stärker der Gegner ist, je länger sich seine Linien ausdehnen, je mehr Zeit es ihm kostet, den angegriffenen Flügel durch den entgegengesetzten zu unterstützen. Wie soll der feindliche Flügel angegriffen werden? Nicht mit 1 Korps oder mit 2 Korps, sondern mit einer oder mehreren Armeen, und der Marsch dieser Armee oder dieser Armeen darf nicht auf den Flügel, sondern muß auf die Rückzugslinie gerichtet sein, in Nachahmung dessen, was uns bei Ulm, im Winterfeldzug 1807, und bei Sedan gezeigt worden ist. Das führt unmittelbar zur Verwerfung der feindlichen Rückzugslinie und dadurch zu Unordnung und Verwirrung, und das gibt Gelegenheit zur Schlacht mit verkehrter Front, zur Vernichtungsschlacht, zur Schlacht mit einem Hindernis im Rücken des Feindes." (Die taktisch-strategischen Aufgaben aus den Jahren 1891–1905.)

Durchbruch

Wenn damit Schlieffen auch dem Umfassungsgedanken den Vorzug gab, so verwarf er doch den Durchbruch nicht ganz. Allerdings sollte dieser sich nicht in einem reinen Frontalangriff erschöpfen, sondern sich gegen erkannte Schwachstellen oder Lücken der gegnerischen Front richten, die sich leicht aus einer übergroßen Frontausdehnung ergeben konnten.

Die operative Gefechtsaufklärung war für Schlieffen der geeignete Weg, etwaige Schwachpunkte in der gegnerischen Front aufzudecken. Das in Verbindung mit dem Wort „Lücke" verdeutlicht, daß er weniger mit der Möglichkeit der Erkämpfung eines taktischen Durchbruches als vielmehr mit der operativen Ausnutzung entsprechender Fehler des Gegners rechnete.

Bewegliche Verteidigung

Dennoch schloß Schlieffen selbst ersteren nicht aus seiner Betrachtung aus und entwikkelte daran seine Vorstellung von einer beweglich zu führenden offensiven Verteidigung:

„Am schwersten ist eine so lange Linie zu verteidigen, wenn man sich unmittelbar vor derselben aufstellt ... Der Angreifer demonstriert hier und da und überschreitet endlich an irgendeiner Stelle den Fluß unvermutet und ungehindert. Das wäre wenigstens ungefähr die Wiederholung einer Begebenheit, die schon so oft passiert ist. Es ist nun einmal der Fluch, der dem Verteidiger anhängt, daß seine ganze Aufstellung sich als vergeblich herausstellt, wenn sie nur an einer Stelle durchbrochen wird. Es dürfte besser sein, den so nahe herangekommenen Feind zurückzuwerfen, als Tag und Nacht aufzupassen, bis er doch auf irgendeinen offengebliebenen Wege eindringt! Nach beiden Seiten kann man freilich nicht die Offensive ergreifen. Man muß nach der Richtung, wo man einen Erfolg erzielen will, so viele Kräfte wie nur irgend möglich entwickeln, auf der anderen Seite aber mit den schwachen verbleibenden Truppen dem überlegenen feindlichen Stoße ausweichen." (Taktisch-strategische Aufgaben).

Manœuvre à priori und Operationsplanung

Aus dem zahlenmäßigen Anwachsen der Heere folgte für Schlieffen einmal, die Vereinigung der Armeen erst auf dem Schlachtfelde weiterhin zu empfehlen. Das galt vor allem auch im Hinblick auf das anzustrebende Ziel einer Umfassungsschlacht. Dadurch mußte die vorausschauende Operationsplanung, ja selbst schon der erste Aufmarsch, an besonderer Bedeutung gewinnen. Hier war für das deutsche militärische Denken das „manœuvre à priori" kennzeichnend, verstanden als eine schon vor Beginn der eigentlichen Kampfhandlungen vorausgeplante Operation, bei der man, wohl wissend um die Unwägbarkeiten und Friktionen der tatsächlichen Lageentwicklung, sich dennoch darum bemühte, unter Zuhilfenahme des Wahrscheinlichkeitskalküls den eigenen Streitkräften die besten Ausgangspositionen für den späteren Zusammenstoß mit dem Feind zu verschaffen.

Das Verfahren des manœuvre à priori mit dem Versuch einer vorausschauenden Planung, nicht zu verwechseln mit einem Vorausdisponieren im Sinne einer starren Festlegung der Wege zum Ziel, mag auf den ersten Blick der Auffassung des Generalfeldmarschalls v. Moltke zuwiderlaufen, nach der „kein Operationsplan ... mit einiger Sicherheit über das erste Zusammentreffen mit der feindlichen Hauptmacht hinaus"reicht. Bei genauerem Hinsehen entpuppt sich jedoch, daß auch Moltke selber eine ähnliche Ansicht vertreten hat, nämlich, daß man „selbst den ersten Aufmarsch der Armee – die Bereitstellung der Streitmittel – ... nicht entwerfen (kann), ohne sich vorher einen Operationsplan, wenigstens in den allgemeinsten Zügen, klarzumachen. Man muß zuvor überlegt haben, was man für Verteidigung wie für Angriff beabsichtigt; denn die erste Aufstellung der Armee steht in untrennbarem Zusammenhang mit den Operationen selbst", und Fehler beim Aufmarsch können oft später nicht wieder ausgeglichen werden.

Der Vorteil, der von dem Vorausdenken erwartet wurde, lag neben grundsätzlichen planerischen Notwendigkeiten z. B. für die Organisation und die rechtzeitige Bereitstellung des Nachschubs nicht zuletzt auch im Zeitgewinn, mit der Folge, sofort nach Beendigung des Aufmarsches im Grunde mit den ersten militärischen Operationen beginnen und dadurch die Initiative an sich reißen, dem Gegner das Gesetz des Handelns vorschreiben zu können. Voraussetzung dafür war allerdings der Wille zum Angriff überhaupt.

Angriffsdenken

Daneben erforderte gerade die Schlieffensche Konzeption der Operation auf der inneren Linie eine schnelle Entscheidung zumindest auf einem Kriegsschauplatz, die gegebenenfalls durch einen deutschen Angriff herbeigeführt werden mußte:

„Wenn ich mich über den Gesamteindruck äußern soll, den die Arbeiten auf mich gemacht haben, so muß ich sagen, daß der Defensivgedanke einen breiteren Raum in den Gemütern einnimmt, als wünschenswert erscheint. Auch im Besitz der numerischen Überlegenheit, der günstigen strategischen Lage, wollen viele Herren stehenbleiben, abwarten, vielleicht drohen. Die kühnsten Hoffnungen versteigen sich bei manchen dahin, den Angriff des Feindes siegreich abweisen zu können. Das ist überraschend; denn es sind doch erst 22 Jahre seit jener Zeit vergangen, in welcher die Idee der Offensive alle, vom ersten bis zum letzten, durchzitterte. Die Bewaffnung der Armeen hat sich allerdings geändert; die Grundgesetze der Kriegführung bleiben aber bestehen, und eins dieser Gesetze lautet dahin, daß man ohne Angriff den Feind nicht besiegen kann. Um so dankbarer bin ich denjenigen Herren, welche sich die Überzeugung bewahrt haben, daß man den Feind angreifen muß, wenn man die Mittel dazu in Händen hat, und daß man ihn in einer solchen Weise angreifen muß, daß er möglichst vernichtet wird."

Erziehung des Heeres

Damit sah sich Schlieffen zugleich vor eine Erziehungsaufgabe gestellt, nämlich das Heer in einem einheitlichen operativen Denken zu schulen; eine Notwendigkeit, die sich gleichfalls aus dem ständigen Anwachsen der Heeresstärken ergab. Sollten die Unterführer befähigt sein, in eigenverantwortlicher Selbstinitiative im Sinne des Ganzen zu handeln, mußten sie gleichsam wie von einem gemeinsamen Willen geleitet werden. Idealtypisch zusammengefaßt, mußten die Bewegungen der Armeen dann wie auf dem Exerzierplatz ablaufen.

Durch die fortwährende Betonung des Umfassungs- und Vernichtungsgedankens in pädagogischer Absicht zur Erziehung des gesamten Heeres zu einheitlichem operativen Denken und Handeln vermochte sich natürlich schnell der Eindruck aufzudrängen, daß Schlieffen letztlich einen militärischen „Totalsieg" angestrebt, willensmäßig den gesamten Feldzug in der Vorstellung von der einen Schlacht zusammengefaßt habe und dadurch zu einer „ungeheuren Steigerung der Planmäßigkeit" gelangt sei. Zugleich lieferte er sich damit der Gefahr des Verdachts der Einseitigkeit, des Doktrinismus und Schematismus aus, ein Vorwurf, der um so eher entstehen konnte, als sich sein pädagogisches Bemühen zur Erziehung des Generalstabes und der Unterführer (taktisch-strategische Aufgaben, Generalstabsreisen, Kriegsspiele) nicht immer von seinen eigenen operativ-strategischen Anschauungen trennen läßt (Denkschriften, Aufmarschpläne).

b. Die strategisch-operativen Pläne Schlieffens bis 1905

In den genannten kritischen Einwänden gegenüber Schlieffen lag wohl nicht der wesentliche Unterschied zu Moltke begründet. Vielmehr ist dieser in den verschiedenen Auffassungen über die Erfolgsaussichten Deutschlands in einem Zweifrontenkrieg zu suchen. Während Moltke diesen mit einer defensiven Grundhaltung im Westen und einer offensiven Verteidigung im Osten unter gleichzeitigem Vertrauen auf rechtzeitige politische Lösungen glaubte durchstehen zu können, zweifelte Schlieffen offenbar an einer solchen Möglichkeit und rechnete insbesondere nicht damit, daß in einem solchen Fall die Zeit für das Deutsche Reich arbeiten würde. Er beschränkte sich ganz auf das Gebiet seines Ressorts und legte seinen Annahmen die für Deutschland ungünstigsten Fälle zugrunde.

Demnach mußte es ihm zunächst darauf ankommen, den drohenden Zweifrontenkrieg zwar in aufeinanderfolgende, aber dennoch deutlich getrennte kriegerische Akte, praktisch in zwei Einfrontenkriege zu zerlegen; ein Ziel, das nur durch die erfolgreiche militärische Ausschaltung jeweils des einen Gegners zumindest auf längere Zeit zu erreichen war. Auf keinen Fall aber durfte dabei den Feinden einfach die Initiative überlassen werden, so daß sie ungehindert ihre Maßnahmen untereinander abstimmen und koordinieren konnten. Statt dessen galt es deutscherseits, im Sinne der Operation auf der inneren Linie möglichst rasch eine Entscheidung mit einem der beiden potentiellen Gegner herbeizuführen.

Die Denkschrift von 1891

Aus diesem Grunde bedauerte wohl Schlieffen gleich in seiner ersten Denkschrift als Generalstabschef im April 1891, daß die Entscheidung über Angriff und Verteidigung an der Westfront wegen der Stärke der französischen Befestigungsanlagen und der möglicherweise abwartenden Haltung Frankreichs nicht in deutscher Hand liege. Deshalb wollte er sich hier anfänglich ebenfalls durch die Anlage von Feldbefestigungen bei Molsheim und Saarburg schützen.

Im Osten dagegen sah er schon jetzt wegen der russischen Befestigungen an Narew und Njemen für die bisherigen operativen Absichten wachsende Schwierigkeiten entstehen. Diesen zu begegnen, regte er eine kombinierte deutsch-österreichische Offensive von Schlesien und Galizien her nach Südpolen an.

Schlieffens Wunschvorstellungen gingen allerdings bereits damals dahin, zusammen mit den Österreichern zunächst die gesamte Heeresmacht gegen Frankreich aufmarschieren zu lassen und dadurch dieses zu überrumpeln. Für eine so gewaltige Macht würden die französischen Befestigungen, da sie ja dann durch Belgien umgangen werden könnten, kein jede Offensive ausschließendes Hindernis bilden.

Die Gründe für die sich damit anbahnende Ab- und grundlegende Umwandlung der früheren deutschen Operationspläne lassen sich zum Teil der Denkschrift vom August 1892 entnehmen. Sie erwartete nämlich nunmehr eine gleichzeitige Offensive der beiden Feindmächte, bei der die von einem französischen Angriff ausgehende Gefahr für größer angesehen wurde als die von den Russen drohende, zumal Österreich in Galizien der ihr anfänglich gegenüberstehenden russischen Streitmacht überlegen war.

Aus diesem Grunde sollte die am meisten gefährdete Westfront so weit verstärkt werden, daß dort bei dem erwarteten offensiven Vorgehen der Franzosen „möglichst bald" eine Entscheidungsschlacht angenommen und siegreich durchgestanden werden konnte: „Dafür müssen wir so viele Kräfte sammeln als irgend möglich; mit 37 Divisionen, vielleicht noch verstärkt durch 10 italienische, sind wir der französischen Armee mindestens gewachsen."

Damit begann der Ausbau des deutschen Aufmarschschwerpunktes im Westen, dessen Stärkeverhältnis zur Ostfront im weiteren Verlauf von 2:1 über 4:1 bis hin zu 8:1 zunahm.

Der dadurch gleichfalls bedingte Interessenkonflikt zwischen Österreich-Ungarn und

Deutschland im Hinblick auf die nunmehr einzuschlagende gemeinsame Kriegführung im Osten führte zu einer spürbaren Distanzierung zwischen beiden Generalstäben, die schließlich den beiderseitigen Gedankenaustausch vorläufig einfrieren ließ.

Den entscheidenden Schritt vollzog Graf von Schlieffen dann 1894, in dem er den bisherigen Defensivplan gegen Frankreich auf eine deutsche Offensive umstellte.

Der Plan von 1894

Ausgehend von der bestehenden französischen numerischen Überlegenheit erkannte er zwar die taktischen Vorteile der bislang in Aussicht genommenen Defensivstellung in Lothringen an, glaubte aber nicht, daß die Franzosen ausgerechnet gegen diese vorgehen würden bzw. dies überhaupt könnten, selbst wenn sie es wollten. Vielmehr waren sie, um ihr Heer zu entfalten, gezwungen, wenigstens mit einem Teil die Bolchen-Saarunion-Stellung zu umgehen. Dabei würde dann möglicherweise der Fall eintreten, daß der deutschen Armee nichts übrigbleibe, „als, sobald der Feind die (exponierte) Armee-Abteilung bei Saarburg angreift, auf der ganzen Linie aus der Stellung vorzugehen. Wir werden also vielleicht gerade zu dem gezwungen werden, was wir vermeiden wollten, d. h. zu einem Angriff auf überlegene Kräfte ... Es ist zu schwierig, den Angreifer zu zwingen, Stellungen von solcher Länge (40–50 km) parallel und in ihrer gesamten Frontausdehnung anzugreifen. Absichtlich oder unabsichtlich wird der Gegner immer nur einen Teil der mühsam ausgesuchten und mühsam vorbereiteten Position angreifen. Dort aber, wo er dies tut, wird er oder kann er mit bedeutender Überlegenheit auftreten“ (W. Foerster).

Deshalb verneinte Schlieffen die Frage, ob es für die Deutschen zweckmäßig sei, als die Schwächeren in der Defensive zu verharren. Vielmehr müßten diese auch und gerade unter dem Aspekt der zunächst nur nach einer Seite erfolgenden höchsten Kraftentfaltung mit dem Ziel einer schnellen Entscheidung unter allen Umständen versuchen, wenigstens „an der Stelle des Zusammenstoßes die Stärkeren zu sein. Dazu haben wir aber nur Aussicht, wenn wir die Operationen bestimmen, nicht wenn wir in passiver Aufstellung abwarten, was der Feind über uns beschlossen hat“ (ebda.).

Das bedeutete, daß die Deutschen selbst dann, wenn es als sehr wahrscheinlich gelten durfte, daß die Franzosen angreifen würden, dennoch von vornherein eigene Offensivoperationen anstreben und dabei versuchen mußten, den französischen Absichten zuvorzukommen. Da Frankreich sein Heer rascher als Deutschland mobilisieren und aufmarschieren lassen konnte, hoffte Schlieffen, diesen Vorsprung durch eine insgesamt schnellere Herstellung der Operationsbereitschaft wettmachen zu können, so z. B. durch eine Vorverlegung der Ausladungen der hinteren Armeekorps, um trotzdem wieder die Initiative in die Hand zu bekommen.

Selbstverständlich mußten dabei dann die deutschen Truppen darauf gefaßt sein, sei es noch während ihres Aufmarsches oder erst während ihrer Vorwärtsbewegung, auf den nun seinerseits vorstoßenden Feind zu stoßen, mit der Folge einer Begegnungsschlacht.

Für den an sich weniger wahrscheinlichen Fall aber, daß die Franzosen selber nicht vorgehen würden, durften die Deutschen darauf rechnen, sie in ihrer Befestigungslinie zu finden. Dafür faßte „Graf Schlieffen als ersten Akt den planmäßigen Angriff gegen die vorgeschobene Stellung bei Frouard–Nancy–Pont St. Vincent ins Auge, bei dem ‚eine mächtige Fußartillerie von 120–144 Geschützen' eingesetzt werden soll. Allen übrigen Teilen des Westheeres von der Luxemburger Grenze längs der Meurthe bis hinunter ins Oberelsaß fällt während dieses Angriffs die erforderlichenfalls offensiv geführte Abwehr gegen etwaige französische Gegenangriffe zu. Gelingt es, in den Besitz der Hochfläche westlich Nancy zu gelangen und das Fort Pont St. Vincent zum Schweigen zu bringen, so verspricht sich Graf Schlieffen hiervon eine so starke Wirkung, daß der ganze Moselabschnitt oberhalb Nancy unhaltbar werden und damit die französische Verteidigungslinie gesprengt werden könne" (ebda.).

Abgesehen davon, daß dieser deutsche Operationsplan in diesem Teil ziemlich genau den französischen Erwartungen entsprach – er allein schon aus diesem Grunde als wenig glücklich bezeichnet werden darf –, überzeugte sich Schlieffen bald davon, daß auf dem skizzierten Weg überhaupt kaum zu einer raschen Entscheidung zu kommen war.

So konnten die Franzosen, wenn sie tatsächlich offensiv vorgegangen und dabei von den Deutschen zurückgeworfen waren, sich immer noch wieder hinter ihre Befestigungen zurückziehen, hier haltmachen und den Sieger zu mühsamen Belagerungen zwingen. „‚Die Aufgabe, welche die Deutschen durch ihr abwartendes Verhalten vermeiden wollten' – (gemäß den Operationsplänen Moltkes, Anm. d. Verf.) Angriff gegen die feindliche Festungslinie –, ‚fällt ihnen nun doch, wenn auch in etwas ermäßigter Form, zu. Nach Überwindung der Befestigungen ist noch ein mühsamer Feldzug in das Innere des Landes hinein mit allen Schwierigkeiten eines Volkskrieges zu gegenwärtigen, ein Feldzug, welcher sehr starke Kräfte erfordert und eine Zeitdauer bedingt, welche uns mit Rücksicht auf Rußland kaum zu Gebote steht. Es ist daher für die Deutschen geboten, die Franzosen nicht nur zu besiegen, sondern möglichst bis zur Vernichtung niederzuwerfen. Dies läßt sich aber nur durch einen Angriff auf die Flanke und den Rücken des Feindes ermöglichen'." (F. v. Boetticher).

Das letztere wäre wohl möglich, wenn die deutschen Truppen die französischen in Lothringen genügend weit vordringen ließen, aber Schlieffen bezweifelte, daß die Franzosen freiwillig in eine solche Falle laufen, selber durch ihren Angriff dort die Voraussetzungen für eine derartige erfolgreiche deutsche Operation schaffen würden. „Es könnte im Interesse Frankreichs liegen, mit dem Angriff zu warten, bis der langsamere Verbündete – der Russe – herankommt, unser Leben zu bedrohen und uns zwingt, von dem einen Gegner abzulassen und uns dem anderen zuzuwenden.' Und weiter: ‚Das Nachziehen eines Feindes zum Angriff gegen eine rückwärts gelegene Stellung, um ihm dann mit anderen Truppen in Flanke und Rücken zu fallen, wird selten gelingen. Der Feind wird nicht folgen', ‚wie es auch sonst zu mißlingen pflegt, den Feind in eine ungünstige Lage hineinzulocken.'" (ebda.).

Demgegenüber hielt es Schlieffen sogar eher für wahrscheinlich, daß die Franzosen, statt in den operativ engen Raum zwischen Vogesen und der belgisch-luxemburgischen Grenze vorzudringen, die deutschen Befestigungen Metz–Diedenhofen umgehen würden, gegebenenfalls durch Luxemburg oder gar Belgien. Einem solchen möglichen französischen Vorhaben hatte er schon 1893/94 durch eine starke deutsche rechte Flügelarmee zu begegnen versucht.

Von daher lag es jetzt für ihn einfach nahe, sich nun selber mit Plänen für eine Umfassung der französischen Festungskette unter Verletzung der luxemburgischen und belgischen Neutralität zu beschäftigen.

Die Denkschrift von 1899

Diese operative Idee verfestigte sich bei Schlieffen ab 1897 immer mehr. In seiner Denkschrift aus dem Jahre 1899, die noch dem Westaufmarsch 1904/05 für den Fall eines Zweifrontenkrieges zugrunde lag, hieß es diesbezüglich:

„Die Franzosen haben in Mobilmachung und Aufmarsch einen Vorsprung vor uns gewonnen. – Wir werden ihren linken Flügel im Durchmarsch durch Belgien und Luxemburg, nördlich Diedenhofen, südlich Diedenhofen oder auch südlich Metz zu erwarten haben. Ein Angriff auf diesen Flügel verspricht uns die größten Vorteile. Haben wir gegen ihn Erfolg, so sind wir imstande, die ganze französische Armee von ihren Befestigungen ab und auf den Oberrhein zu drängen. Wir müssen daher unseren rechten Flügel stark machen und nach Westen tunlichst verlängern. Dies wird sich nicht ermöglichen lassen, ohne die Neutralität Luxemburgs, vielleicht auch diejenige Belgiens zu verletzen. Es ist aber nicht unbedingt ausgesprochen, daß die Franzosen den Vorteil ihrer kürzeren Mobilmachung und ihres schnelleren Aufmarsches zu einer sofortigen Offensive ausnutzen. Vielleicht begnügt sich ihr Streben damit, rechtzeitig in den vorbereiteten Stellungen versammelt zu sein, ehe ein Angriff unsererseits erfolgen kann. Es würde kaum zu entschuldigen sein, wenn wir die Initiative, welche uns in diesem Falle trotz unserer Langsamkeit in die Hand gespielt würde, nicht aufnehmen, sondern untätig abwarten wollten, ob unser Gegner sich doch noch zu einem Vorgehen entschließen werde. Wir müssen baldmöglichst die Offensive ergreifen, falls uns nicht die Franzosen darin zuvorkommen. Ein alleiniger Angriff auf die befestigte Festungsfront Verdun–Belfort erscheint aber nicht empfehlungswert. Er bedingt eine nicht unerhebliche Zahl von Belagerungen und verspricht, auch wenn er gelungen, keinen sonderlichen Erfolg. Der Feind weicht, wenn er geschlagen, frontal zurück. Eine Umgehung der längs der Mosel und Maas errichteten großen Mauer ist geboten, aber nicht durch die Schweiz, wo ein kriegsbereites Heer niederzuschlagen und die befestigten Jura-Pässe zu bewältigen wären, um dann unter ungünstigen Verhältnissen in den Kampf mit den Franzosen einzutreten. Durch Luxemburg, welches keine Armee besitzt, und durch Belgien, welches seine verhältnismäßig schwache Armee in Festungen zurückziehen will, ist eine Umgehung leichter, und sie ist wirksamer, weil sie unmittelbar die feindliche Rückzugslinie trifft. Diese Umgehung darf aber nicht zu ausgedehnt sein, denn es liegt für den Aufmarsch eine doppelte Aufgabe vor: Gegenangriff, falls der Feind, sobald er seinen Aufmarsch vollendet hat, vorgeht, und Offensive, falls er hinter seinen Befestigungen stehen bleibt."

Für diese doppelte Aufgabenstellung sah der Plan insgesamt u.a. 23 Armeekorps und 15 Reserve-Divisionen vor, die, in 7 Armeen eingeteilt, längs der deutschen Westgrenze bis hin zum Aachener Raum aufmarschieren sollten.

Dabei bestand der rechte Flügel, 2 Armeen, der gegebenenfalls durch Luxemburg und Südbelgien auf Mézières und Stenay vorzustoßen hatte, aus 7 Armeekorps und 6 Reserve-Divisionen und konnte außerdem durch 2 weitere Armeekorps, die sich auf Metz und Diedenhofen stützen sollten, verstärkt werden. 3 Armeen (9 Armeekorps und 4 Reserve-Divisionen) besetzten die Frontmitte in Lothringen, und endlich deckten 7 weitere Armeekorps mit 5 Reserve-Divisionen als linker Flügel das Elsaß und den Oberrhein.

Mithin unterschieden sich beide Flügel in ihrer Stärkezusammensetzung nur wenig voneinander, waren dem mittleren Frontabschnitt gegenüber einzeln sogar unterlegen. Jedoch verfügte der Plan mit der Armee im Raum Metz–Diedenhofen, die gewissermaßen die

Funktion eines Gelenkes innehatte, über genügend Elastizität, um, eben entsprechend der doppelten Aufgabenstellung, rasch eine Schwerpunktverlagerung entweder zur Abwehr eines französischen Offensivvorstoßes, sei es nördlich oder südlich von Metz–Diedenhofen oder zum eigenen umfassenden Angriff westlich an Verdun vorbei, vornehmen zu können.

Die damit gegebene grundsätzliche Optionsmöglichkeit wurde noch durch den Abschnitt in der Aufmarschanweisung unterstrichen, gemäß dem das Betreten belgischen Gebietes zunächst verboten war.

Der Umgehungsgedanke

Die Schwäche des offensiven Teils dieses Planes, bei dem also der eine Teil des deutschen Westheeres den Gegner in der Front angreifen und fesseln, der andere aber um Verdun herum mit dem rechten Flügel etwa bis Mézières vorgehen und dann nach Süden einschwenken sollte, lag jedoch für Schlieffen – zu der Überzeugung kam er mehr und mehr – vor allem darin, daß es sich bei der französischen Befestigungskette um keine gewöhnliche Feldstellung handelte. Er überlegte:

„Man greift nicht die Front Verdun–Belfort, sondern die Front Verdun–Lille an, denn so weit nach Westen wird man sich ungefähr ausdehnen müssen, um den nötigen Raum zur freien Bewegung zu gewinnen. Auf der neuen Front finden sich auch Befestigungen, aber nicht so starke und nicht so schwer zu bewältigende, als auf der uns zugekehrten. Viele von den kleinen Forts lassen sich unschwer beseitigen, und die Festungen können umgangen werden. Die rückwärtigen Verbindungen würden nicht ungünstig sein. Wenn an irgendeiner Stelle, so läßt sich durch Vermittlung der belgischen Eisenbahnen eine Verbindung zwischen dem deutschen und dem französischen Schienennetz herstellen. Diesen Vorteilen stehen aber erhebliche Nachteile gegenüber: die Breite des nördlichen Belgiens ist so bedeutend, der Durchmarsch dauert so lange, daß die Franzosen zu allen möglichen Gegenmaßregeln Zeit haben, von einer Überraschung ist keine Rede ... Ferner ist ein Aufmarsch nicht etwa so zu machen, daß man am Rhein moselabwärts aufmarschiert, sondern man muß den Aufmarsch bis zu den Eisenbahnen ausdehnen, die über Straßburg vorführen. Dadurch ist die linke Flanke des aufmarschierten deutschen Heeres den Franzosen hingehalten.“

Ein Jahr später hatte der Gedanke schon konkretere Strukturen angenommen. Wenn auch noch als „akademische Frage“ verbrämt, entwickelte Schlieffen 1905 vor Generalstabsoffizieren seinen Operationsplan der großräumigen Umfassung durch Belgien:

Dabei führte er u.a. aus, „daß man, nachdem man die (französische Befestigungs-)Stellung nördlich umgangen hat, eine neue Stellung vor sich hat, ein ganzes Befestigungssystem, die Linie Lille–Maubeuge, dahinter La Fère, Laon, Reims. Ehe man in diese Linien kommt, muß man bei Antwerpen vorbei und ist auf dem Vormarsch noch getrennt durch Lüttich und Namur. Wenn man alle diese ganz erheblichen Schwierigkeiten überwunden hat, muß man darauf gefaßt sein, die ganze französische Armee vor sich zu finden. Es ist daher geboten, das ganze deutsche Heer, wenigstens alle aktiven Armeekorps, in die Linie Brüssel–Diedenhofen zu bringen.

Der deutsche Operationsplan ergibt sich dadurch von selbst: Man muß bei Metz–Diedenhofen festhalten, und man muß mit dem ganzen Heere links schwenken, dabei aber immer rechts heranziehen, um möglichst viel Terrain nach vorn und Norden zu gewinnen, und um den Feind, wo er auch sei, zu umfassen. Eine solche Bewegung kann nur gemacht werden, wenn der linke Flügel gedeckt ist. Diesem Zweck dient Metz, ein großes Metz mit einer starken Südfront.“

Getestet in drei Fallstudien, erwies der Plan seine Überlegenheit und genügend Elastizität, um auch unvorhergesehene Lagen mit dem nötigen Geschick meistern zu können. Er bildete dann die Grundlage für den „Schlieffen-Plan" vom Dezember 1905. Um diesen jedoch recht würdigen zu können, muß man sich vor Augen halten, daß er allein für einen Krieg zwischen Frankreich und Deutschland entworfen wurde, nicht aber für einen Zweifrontenkrieg zugleich gegen Frankreich und Rußland. Für den letzteren Fall hatte Schlieffen noch bei der Kritik des operativen Kriegsspiels von 1905 die Auffassung vertreten:

„Die Theorie der Entscheidungsschlacht im Westen spielt eine große Rolle, seitdem der Krieg mit Frankreich und Rußland für Deutschland drohend ist. Die Theorie lautet ungefähr so: wir gehen mit allen Kräften nach Frankreich, liefern dort eine Entscheidungsschlacht, die selbstverständlich zu unseren Gunsten ausfällt, und am Abend des Schlachttages oder spätestens am nächsten Morgen stehen die Eisenbahnzüge bereit, und die Sieger rollen nach dem Osten, um an der Weichsel, am Njemen oder am Narew eine neue Entscheidungsschlacht zu schlagen. In dieser Weise verlaufen die Kriege heute nicht. Nach der Schlacht kommt, und das kann man ja schon in Elementar-Büchern nachlesen, die Verfolgung, und diese dauert bisweilen recht lange. Als Entscheidungsschlacht kann man doch wohl trotz des ungünstigen Urteils, welchem jetzt die Siege von 1870 in der Presse verfallen, nachdem das Auge des echten Deutschen durch den Glanz von Mukden geblendet wurde, immerhin Sedan ansehen. Wenn am 2. September 1870 die deutschen Armeen von Sedan nach der Weichsel transportiert worden wären, was wäre dann wohl aus dem Feldzuge in Frankreich geworden? ... Das ist doch wohl ein Beweis, daß es mit der Entscheidungsschlacht und dem gleich darauffolgenden Wegziehen der Truppen nicht so leicht ist ... Wenn wir in Frankreich monatelang Krieg führen wollen, so können wir anderseits unmöglich die Russen völlig unbeachtet lassen. Wir können nicht zusehen, daß sie über Weichsel, Oder, Elbe marschieren, und dabei in Frankreich weiter Krieg führen. Das ist völlig ausgeschlossen. Wenn wir also nicht nach der Entscheidung Truppen dort wegziehen können, so müssen wir schon bei Beginn des Krieges die Russen zurückzutreiben suchen. Aus diesen Überlegungen haben die Deutschen 3 Armeekorps und die dazugehörigen Reserve-Divisionen nach Ostpreußen gezogen, sobald sie erkannt hatten, wo die Russen aufmarschierten. Sie erlangten dadurch eine Stärke, die ihnen ermöglichte, wenigstens eine der beiden feindlichen Armeen zu schlagen."

Das mag genügen, um zu zeigen, in welchen Größenordnungen und Zeitvorstellungen sich Schlieffen bewegte, auch wenn er nur von einer schnellen Entscheidung, zum Beispiel in Frankreich, sprach. Im Grunde wurden alle seine militärischen Überlegungen von der dem Deutschen Reich drohenden Gefahr eines Zweifrontenkrieges sowohl gegen Rußland als auch Frankreich überschattet; die unterschiedlichen Planungen erhielten erst von hier aus ihr eigentliches Gewicht, mögen sie nun der Große West- oder Ostaufmarsch allein oder die verschieden abgestuften Mischungen beider Grundformen gewesen sein.

Insofern wird man davon sprechen dürfen, daß Schlieffen von einem Feldzug gegen Frankreich zunächst nur eine relativ schnellere militärische Entscheidung erhoffte. Diese konnte aber nur dann erreicht werden, wenn die Deutschen die Franzosen nicht in ihrem Festungsgürtel frontal angreifen, sondern sie – wissend um die Stärke derartiger Verteidigungsanlagen wie auch um die Schwierigkeiten beim Angriff auf befestigte Feldstellungen – durch eine weitausholende Umfassungs- und Umgehungsoperation zwingen würden, ihn zu verlassen und sich in einem Bewegungskrieg einer offenen Feldschlacht zu stellen.

Aus dieser Zielsetzung entstand am Ende seiner militärischen Laufbahn als Generalstabschef die als sein „Vermächtnis" berühmt gewordene Denkschrift „Krieg gegen Frankreich" vom Dezember 1905.

1905/06 ging Schlieffen davon aus, daß Frankreich in einem Kriegsfall mit Deutschland ohne russische Unterstützung sich zunächst auf die Verteidigung beschränken und dabei seine Front zur Abwehr einer etwaigen nördlichen Umfassung entlang der Maas etwa bis Mézières ausdehnen würde. Da diese Stellung und die nachfolgenden vorbereiteten Verteidigungsanlagen bis hin zur stark eingeschätzten Höhenstellung mit den Festungen Reims, Laon und La Fère durch einen frontalen Angriff nur unter großen Mühen und mit hohen Verlusten zu bezwingen waren, schlug er deren großräumige Umgehung vor:

„Mehr versprechend als der Frontalangriff mit Umfassung des linken Flügels scheint ein von Nordwesten gegen die Flanken bei Mézières, Rethel, La Fère und über die Oise gegen den Rükken der Stellung gerichteter Angriff zu sein.
Um zu diesen zu gelangen, muß die belgisch-französische Grenze auf dem linken Maasufer mit den befestigten Plätzen Mézières, Hirson, Maubeuge, drei kleinen Sperrforts, Lille und Dünkirchen bewältigt und, um so weit zu kommen, die Neutralität von Luxemburg, Belgien und den Niederlanden verletzt werden.“ (G. Ritter).

Während Graf Schlieffen dabei die Verletzung der Luxemburger Neutralität vernachlässigen und mit den Niederlanden zu einem Abkommen gelangen zu können glaubte, rechnete er auf jeden Fall mit einer, wenn auch nicht unbedingt ins Gewicht fallenden belgischen Gegenwehr. Ähnlich schätzte er ein mögliches englisches Eingreifen ein.

Militärisch günstig wäre es nun seiner Meinung nach gewesen, wenn der gesamte deutsche rechte Flügel ausschließlich auf dem linken Maasufer durch Belgien hätte vorgehen, jenseits Namur linksschwenken und sich dann zum Angriff entwickeln können.

„Zu einem Marsch in so schmaler Front fehlen aber die Wege, und noch mehr fehlen die Eisenbahnen, um die Truppen in eine solche Front zu bringen. Die Bedingungen, welche die Eisenbahnen auferlegen, führen zu einem Aufmarsch des deutschen Heeres der Hauptsache nach in der Linie Metz–Wesel. Hier sollen 23 Armeekorps, 12½ Reservekorps und 8 Kavallerie-Divisionen versammelt werden, um demnächst mit einer Linksschwenkung gegen die Linie Verdun–Dünkirchen vorzurücken … Rechts der Mosel sind 3½ Armeekorps, 1½ Reservekorps und 3 Kavallerie-Divisionen geblieben. Sie sollen zunächst durch einen Angriff auf Nancy möglichst viele feindliche Kräfte auf sich und von der Verstärkung der nördlichen Front abziehen, später aber bei der Deckung der linken oder bei der Verstärkung der rechten Heeresflanke mitwirken.
Den Stützpunkt für die Deckung der linken Flanke soll Metz bilden, nicht das Metz von heute, … sondern ein größtenteils feldmäßig befestigtes Metz, dessen Umfang im allgemeinen durch den Lauf der Mosel, Saar und Nied gegeben ist, das seine starke Besatzung und Landwehrtruppen mit einer zahlreichen schweren Artillerie erhält und in den Stand gesetzt wird, einen erheblichen Teil der feindlichen Macht auf sich zu ziehen.
Der Schlachterfolg des deutschen Heeres soll womöglich durch Umfassung mit dem rechten Flügel erzielt werden. Deshalb ist er tunlichst stark zu machen. Zu diesem Zweck sollen 8 Armeekorps und 5 Kavallerie-Divisionen auf fünf Straßen die Maas unterhalb Lüttich überschreiten und in Richtung Brüssel–Namur vorgehen, ein 9. Armeekorps (XVIII.) soll sich ihnen nach Übergang über die Maas oberhalb Lüttich anschließen … Den 9 Armeekorps folgen 7 Reservekorps … Außerdem bleibt noch eine Verstärkung durch 2 der auf dem rechten Moselufer gebliebenen Armeekorps, die mit der Eisenbahn (deutschen und belgischen), sobald die Linien frei und in Betrieb genommen sind, herangeführt werden können, vorbehalten. Sie können die Entscheidung bringen.

6 Armeekorps und 1 Kavallerie-Division, denen 1 Reservedivision folgt, werden gegen die Maasstrecke Mézières–Namur in Marsch gesetzt. Haben diese den Fluß überschritten, so werden 15–17 Armeekorps links der Maas vereinigt sein.

8 Armeekorps und 2 Kavallerie-Divisionen gehen gegen die Maasfront Mézières–Verdun vor. 5 Reservekorps übernehmen [in Anlehnung an Metz] die Deckung [der linken Flanke].

... Es ist anzunehmen, daß der deutsche Aufmarsch sich ungestört vollzieht ... Auch der Vormarsch des gesamten Heeres links der Mosel wird planmäßig angetreten werden können. Ob aber das französische Heer [links oder rechts der Maas oder auf beiden Ufern] uns entgegenkommen, oder ob und wo es unsern Angriff erwarten wird, ist völlig ungewiß. Es ist aber jedenfalls von Bedeutung, daß nördlich der Maas die Enge zwischen Brüssel und Namur vor einem Zusammenstoß mit dem Feinde durchschritten wird, damit jenseits die Entwicklung der 9 Armeekorps ohne Störung sich vollziehen kann. Es kommt also darauf an, den Vormarsch des rechten deutschen Flügels nach Möglichkeit zu beschleunigen."

In welchen Zeitvorstellungen Schlieffen dabei in etwa dachte, kann man möglicherweise einer Karteneintragung von ihm entnehmen, nach der er unter den skizzierten Umständen am 22. Tag des deutschen Vormarsches mit dem Erreichen der französischen Grenze rechnete.

Nach geglücktem Durchbrechen des französischen Festungsgürtels links der Maas sollten die Deutschen sich dann gegen die linken Flanken der französischen Stellungen bei Mézières, Rethel und La Fère wenden.

Ihr weiteres Vorgehen war nun davon abhängig, ob die Franzosen gemäß ihrer Militärtheorie sich zu einer Gegenoffensive entschließen – die von Schlieffen für Deutschland erwünschte günstigere Lösung – oder aber hinter die Somme oder Oise bzw. gar erst hinter Marne und Seine unter Anschluß an Paris zurückgehen und neue Stellungen beziehen würden:

„Wenn die Franzosen uns nicht den Liebesdienst erweisen, uns anzugreifen, und müssen wir gegen die Aisne, Reims–La Fère und die Oise vorgehen, so sind wir gezwungen, gleichgültig, ob unsere Feinde die Aisne–Oise pp. Stellung halten, oder ob sie hinter die Marne oder Seine pp. zurückgehen, mit einem Teil unseres Heeres ihnen zu folgen, mit einem anderen Paris südlich zu umgehen und diese Festung einzuschließen. Wir tun also wohl daran, uns beizeiten auf einen Übergang über die Seine unterhalb der Oisemündung und auf eine Einschließung von Paris zunächst auf der West- und Südfront einzurichten. Diese Vorbereitungen mögen getroffen werden, wie sie wollen, so werden wir uns überzeugen, daß wir für eine Fortsetzung der Operationen in dieser Richtung zu schwach sind. Wir werden die Erfahrung aller früheren Eroberer bestätigt finden, daß der Angriffskrieg sehr viele Kräfte erfordert und sehr viele verbraucht, daß diese ebenso beständig abnehmen, wie diejenigen des Verteidigers zunehmen, und alles dies ganz besonders in einem Lande, das von Festungen starrt."

Mithin erhoffte sich Schlieffen die Entscheidungsschlacht eigentlich vor Erreichen der Oise–Aisne-Linie, und erst für den Fall, daß das französische Heer gleichsam wider Erwarten bis dahin noch nicht zur Gegenoffensive angetreten war, forderte er die Fortsetzung der Umfassungsoperation, jetzt aber unter Umgehung und Einschließung von Paris. Für eine solche weiterführende reichten jedoch die vorhandenen deutschen Truppen nicht aus, wie er sofort feststellte.

Hatte er bislang cum grano salis nur mit der Heeresstärke gerechnet, die auch im Großen Westaufmarsch für das Mobilmachungsjahr 1906/07 schon als verfügbar galt, glaubte er aufgrund seiner operativen Betrachtung nunmehr offenbar den Beweis geführt zu haben, daß weitere Heeresvermehrungen bzw. Vorbereitungen dazu durch Änderungen der Organisationsstruktur unabdingbar waren, d.h., Abänderung des Landsturmgesetzes und Vorbereitungen zur Neuaufstellung von 8 weiteren Armeekorps.

Bedenkt man, daß Schlieffen erst noch im November des Jahres die Inangriffnahme dieser Maßnahmen vom Kriegsministerium gefordert hatte und dabei auf Widerstand gestoßen war, dann kann man unter diesem Aspekt die Denkschrift durchaus auch als Begründung und Programm für den weiteren Auf- und Ausbau des deutschen mobilen Feldheeres bezeichnen.

Die zusätzlichen 8 Armeekorps sollten nach Möglichkeit ebenfalls am oder hinter dem rechten Flügel eingesetzt werden. Daraus ergab sich dann für Schlieffen unter der Voraussetzung, daß die Franzosen die Stellung Aisne–Oise–Paris verteidigen würden, für den 31. Tag das Bild eines deutschen Vormarsches bis etwa zur Linie Amiens–La Fère–Rethel–Metz mit einer jetzt beginnenden scharfen Linksschwenkung um den Drehpunkt La Fère und einer nach Süden ausholenden Bewegung zur Umgehung und Einschließung von Paris:

„[Wenn der Feind standhält, erfolgt der Angriff] auf der ganzen Linie, besonders aber gegen das von zwei Seiten eingeschlossene La Fère, und nach einem Erfolg weiter auf Laon und auf das nach Westen offene Reims. [Auf der ganzen Linie werden die Korps] wie im Belagerungskrieg von Stellung zu Stellung an den Feind heranzukommen suchen, sei es bei Tage, sei es bei Nacht, vorgehen, sich eingraben, wieder [vorgehen, wieder eingraben pp.] und dabei alle Mittel moderner Technik anwenden, die geeignet sind, den Feind hinter seinen Deckungen zu erschüttern. Nie darf der Angriff, wie es im Ostasiatischen Kriege geschah, zum Stillstand kommen."

Paris nun mußte nach Ansicht Schlieffens auch dann südlich umgangen werden, „wenn die Franzosen die Oise und Aisne geräumt und sich hinter die Marne, die Seine pp., zurückgezogen haben. Läßt man sie in dieser Richtung weiterziehen, so würde dies zu einem endlosen Kriege führen. Es muß durchaus versucht werden, die Franzosen durch Angriffe auf ihre linke Flanke in östliche Richtung gegen ihre Moselfestungen, gegen den Jura und die Schweiz zu drängen. Das französische Heer muß vernichtet werden.

Das Wesentliche [für den Verlauf der gesamten Operationen] ist, einen starken rechten Flügel zu bilden, mit dessen Hilfe die Schlachten zu gewinnen und in unausgesetzter Verfolgung den Feind mit eben diesem starken Flügel immer wieder zum Weichen zu bringen.

Wenn der rechte Flügel sehr stark gemacht wird, so kann dies nur auf Kosten des linken geschehen, dem dadurch wahrscheinlich die Aufgabe zufällt, gegen Übermacht zu kämpfen", d.h., mit möglichst wenigen eigenen Kräften möglichst viele gegnerische Truppen zu binden.

Im folgenden beschäftigte sich Graf Schlieffen schließlich mit denkbaren französischen Gegenmaßnahmen. Dabei kam er zu dem Schluß, daß die Deutschen ihren Operationsplan in allen genannten Fällen tunlichst so wenig wie unbedingt notwendig ändern sollten:

„Die Deutschen können, wenn sie auf ihren Operationen verharren, sich versichert halten, daß die Franzosen schleunigst umkehren werden, und zwar nicht nördlich, sondern südlich von Metz in der Richtung, von welcher die meiste Gefahr droht. Es ist daher geboten, daß die Deutschen auf dem rechten Flügel so stark wie möglich sind, denn hier ist die Entscheidungsschlacht zu erwarten."

Zusammenfassend hatte sich damit der strategische Umfassungsgedanke bei Schlieffen über die verschiedensten Studien, Kriegsspiele, Generalstabsreisen und Aufmarschpläne von 1891 bis hin zum Jahre 1906 zu der operativen Grundidee der großräumigen Umgehung der französischen Befestigungsanlagen und Stellungen durch Südholland und ganz Belgien langsam geformt und dabei immer mehr verfestigt. Insofern ist diese Denkschrift im Grunde nur aus dem Zusammenhang mit seinem gesamten anderen theoretischen und praktischen Schaffen heraus verständlich, bildet gleichsam den Schlußstein in einer langjährigen Entwicklung.

Gerade die unterschiedlichen Vorentwürfe und das Zusatzmemorandum für den Fall eines englischen Eingreifens vom Februar 1906, in denen er stets aufs neue weitere gegnerische Möglichkeiten des Handelns diskutierte, gegeneinander abwog und sich stets wieder auf seine operative Grundidee des starken rechten Flügels zurückverwiesen sah, machen deutlich, wie sehr Schlieffen als Generalstabschef innerlich um diese Lösung gerungen hat. Und wie wenig einseitig sie bei aller Einfachheit des den geplanten Operationen zugrundeliegenden Gedankens tatsächlich gewesen ist, zeigen die von ihm angenommenen wechselnden Lagen, bei denen stellenweise nicht nur ein deutscher Durchbruch durch die gegnerischen Stellungen erforderlich wurde, sondern sogar auch eine gänzliche Umgestaltung des ursprünglichen Operationsplanes zur Abwehr eines französischen Offensivvorstoßes nach Lothringen beispielsweise oder gar der kühne Gedanke an eine Durchstoßung der alliierten Front in Belgien auftauchte, mit dem Ziel, den rechten Flügel des gegnerischen nördlichen Heeresteiles zu umfassen und ihn insgesamt gegen das Meer abzudrängen.

Bei all diesen Modifikationen war für Schlieffen allein entscheidend, daß er sie, je nach Eintritt der Ereignisse, aus seiner ursprünglichen Konzeption heraus vornehmen konnte, ohne befürchten zu müssen, dabei in ein unauflösbares Desaster zu geraten. Mithin erwies sie sich als flexibel genug, um die verschiedensten Eventualitäten begegnen zu können.

Aus diesem Grunde mochte die Denkschrift durchaus die Grundlage für konkrete deutsche West-Aufmärsche abgeben, dennoch stellte sie selber allein noch keinen Aufmarsch- oder gar Operationsplan im engeren Sinne dar. Allein schon deshalb geht ein Gutteil der militärischen Kritik Gerhard Ritters am Schlieffen-Plan fehl.

Allerdings wird man in diesem Zusammenhang fragen müssen, ob die Stoßrichtung von Ritter überhaupt primär gegen den Plan an sich geht oder nicht vielmehr eher auf den „Mythos“ zielt, mit dem die Epigonen diesen später umgeben haben, als einer spezifischen Ausformung militaristischen Geistes. Jedenfalls bietet seine mehrfach gebrochene, ineinander teilweise verschachtelte Argumentationsweise verschiedentlich Anlaß zu einer solchen Vermutung.

„Cannae“

Den anhand der militärischen Praxis entwickelten Umfassungsgedanken mit dem Ziel der Vernichtung der feindlichen Streitkräfte trotz eigener numerischer Unterlegenheit suchte Graf von Schlieffen in der Folgezeit nach seiner Verabschiedung auch stärker theoretisch zu rechtfertigen und ihn dazu historisch zu untermauern.

Auf der Suche nach einem geeigneten Beispiel für eine ähnliche Ausgangssituation stieß er unter anderem, angeregt durch die Darstellung bei H. Delbrück, auf Hannibal und dessen siegreiche Schlacht bei Cannae. Sie wurde fortan für ihn zu dem Muster einer Vernichtungsschlacht.

Dieses Beispiel einer mit einer Minderheit gelungenen Vernichtungsschlacht übertrug Schlieffen auf die Geschichte und untersuchte unter diesem Aspekt die Feldzüge Friedrichs des Großen und Napoleons sowie die von 1866 und 1870/71. Dabei kam er – nicht ohne im Einzelfall den historischen Fakten manchmal ein wenig Gewalt anzutun – für sich zu dem Ergebnis, daß, obwohl keiner der fraglichen Feldherren der letzten Jahrhunderte den genauen Verlauf der Schlacht bei Cannae gekannt haben dürfte, dennoch deren Ergebnis jedem von ihnen mehr oder weniger als anzustrebendes Ziel vorgeschwebt habe.

„Nach der Grundform eines Cannae" ging nun gemäß dem Schlieffenschen Verständnis „... eine breite Schlachtlinie gegen eine schmalere, meistens aber tiefere Schlachtlinie vor. Die überragenden Flügel schwenken gegen die Flanken, die vorausgehende Kavallerie gegen den Rücken ein. Sind die Flügel durch irgendeine Veranlassung von der Mitte getrennt, so ist es nicht nötig, daß sie an diese herangezogen werden, um dann gemeinsam den Marsch zum umfassenden Angriff anzutreten, sie können unmittelbar auf dem nächsten Wege gegen die Flanken oder den Rücken vorgeführt werden. Das ist das, was Moltke ‚die Vereinigung getrennter Teile auf dem Schlachtfelde' nennt und für das Höchste erklärt, was ein Feldherr leisten kann. Es ist auch das Wirksamste, freilich, wie behauptet wird, auch das Gewagteste."

Das Gefahrenmoment lag vor allem darin, daß der Umgangene sich mit Überlegenheit auf die Spitze der Umgehungskolonnen werfen konnte. Unter der Maßgabe aber, daß die getrennten Heeresteile nur so weit voneinander entfernt waren, daß sie sich gegenseitig noch zu unterstützen vermochten, schätzte Schlieffen diese Bedrohung nicht mehr als sehr groß ein: „Die Folgen waren aber und wären in allen diesen Fällen gewesen, daß der Sieger sehr bald von dem Besiegten ablassen mußte, um sich gegen einen der Feinde zu wenden, die seine Flanken bedrohten, daß dann der zurückgedrängte Feind wieder Front machte, und so durch den scheinbaren Sieg die endliche Einschließung und Vernichtung wesentlich gefördert, wenn nicht ermöglicht wurde."

Auch von daher wird man die von Jehuda Wallach Schlieffen unterstellte Furcht vor Lücken in der eigenen Front kaum als typisch schlieffisch bezeichnen dürfen. Vielmehr war wohl eher genau das Gegenteil der Fall.

Darüber hinaus mag an den vorgestellten Problemfeldern deutlich geworden sein, daß Schlieffen tatsächlich im Grunde nur die Fragestellungen, die ihn schon während seiner praktischen Tätigkeit als Generalstabschef bewegt hatten, nunmehr in die historische Erfahrung zurückverlegt hatte und aus ihr nachträglich eine Bestätigung seiner schon vorher gefundenen Lösungsmöglichkeiten herauszufiltrieren suchte; ein Zeichen, wie sehr ihn dieser Komplex weiter gefangenhielt.

Die Denkschrift von 1912

Das zeigte sich dann auch noch einmal bei seiner Denkschrift vom 28. Dezember 1912 über einen Krieg mit Frankreich und Rußland.

Darin führte er in einer Art politischer tour d'horizon zu Anfang aus, daß Deutschland ein Recht habe, sich nunmehr allein von der eigenen militärischen Interessenlage leiten zu lassen und nicht weiterhin auf die Bundesgenossen übermäßig Rücksicht nehmen dürfe.

Konkret bedeutete das für ihn, daß sich zunächst „ganz Deutschland ... auf einen Gegner werfen [müsse], auf denjenigen, der der stärkste, mächtigste und gefährlichste ist, und das kann nur Frankreich–England sein". Die Grenze gegenüber Rußland sollte dagegen vorerst ungeschützt bleiben, die dortigen Provinzen notfalls sakrifiziert werden.

Da Schlieffen einen deutschen Maasübergang auf französischem Gebiet für äußerst schwierig und einen solchen auf der anschließenden Strecke bis Lüttich wegen der möglichen gegnerischen Flankenstellung bei Namur–Lüttich für militärisch besonders gefährdet ansah, hielt er es für notwendig, daß „eine deutsche Armee frühzeitig unterhalb Lüttich über die Maas geht und dann links schwenkend auf dem linken Ufer der Maas und Sambre in Belgien und Frankreich eindringt, während eine zweite Armee zwischen Givet und [Namur auf] dem rechten Ufer jener Flüsse den Angriff unterstützt, eine dritte Armee gegen die Strecke Mézières–Verdun, und eine vierte gegen die Front Verdun–Belfort vorgeht."

Für eine solche Operation war es seiner Ansicht nach vorab notwendig, das deutsche Heer neu zu gliedern. An die Stelle der schwerfällig gewordenen Armeekorps sollten 51 aus aktiven und Reservegruppen zusammengesetzte Divisionen treten von annähernd der zahlenmäßigen Stärke der Korps von 1870, aber mit erheblich gesteigerter Kampfkraft.

Von diesen sollten dann 21 Divisionen die 1. Armee bilden (darunter 8–9 für anfängliche Sicherungs-, Deckungs- und Abschließungsaufgaben), 8 die 2., 10 die 3. und schließlich 12 Divisionen die 4. Armee bilden.

Im Gegensatz zu früher rechnete Schlieffen jetzt nicht mehr mit einer gütlichen Einigung mit den Niederlanden über die Frage etwaiger Durchmarschrechte, zählte sie vielmehr von vornherein zu den potentiellen Gegnern und glaubte auch nicht mehr an ein rein defensives Verhalten der Franzosen. In Anbetracht der Möglichkeit, daß diese nunmehr mit ihrem nicht angegriffenen Heeresteil die Offensive ergreifen könnten, hielt er es wiederum für günstiger, wenn die deutschen Truppen von vornherein die gesamte französische Front angreifen würden. Wohl nicht zuletzt deshalb hatte Schlieffen diesmal wieder eine Verstärkung des linken Flügels im Verhältnis zum rechten des deutschen Heeres vorgeschlagen.

Dennoch erwartete er weiterhin die eigentliche Entscheidung vom letzteren: „Ein glücklicher Durchmarsch durch Belgien auf beiden Ufern der Maas ist also die Vorbedingung eines Erfolges. Er wird ohne Zweifel gelingen, wenn nur die belgische Armee ihn zu hindern sucht. Er wird aber sehr schwierig sein, wenn die englische, vielleicht auch ein Teil der französischen Armee zur Stelle sind. Der Raum zwischen Antwerpen und Namur ist so wenig ausgedehnt, daß er wohl von der englischen und belgischen, nötigenfalls unter Zuhilfenahme einiger französischer Korps, gesperrt werden könnte. Dann müßte das Vordringen der zweiten Armee auf dem rechten Sambreufer Luft schaffen. Findet auch diese die Maas zwischen Namur und Mézières gesperrt, so könnte nur ein Angriff auf die gesamte Front und ein Durchbruch an einer durch zahlreiche schwere Artillerie vorbereitete Stelle Hilfe bringen. Im allgemeinen ist aber das Vertrauen auf einen überragenden rechten Flügel zu setzen, der allmählich die ganze Linie vorwärts bringen wird."

Nur in diesem, im Grunde gegenüber 1905 aber eingeschränkten Sinne lassen sich dann doch wohl die berichteten letzten Worte des sterbenden Schlieffen verstehen: „Es muß doch noch zur Schlacht kommen. Macht mir nur den rechten Flügel stark!"

Will man nun abschließend die Vorstellungen des Grafen Schlieffen zum damaligen Kriegsbild skizzieren, kann man auf seinen Aufsatz „Der Krieg in der Gegenwart“ zurückgreifen.

Ausgehend von der Waffenentwicklung, die seiner Meinung nach inzwischen das Denkbare an Leistungssteigerung erreicht hatte, schilderte er darin zunächst deren Einfluß auf die Taktik.

Dieser bestand für ihn vor allem darin, daß die Infanterie nunmehr nicht mehr in dichten Schützenschwärmen angreifen konnte, sondern sich auflockern und jede sich bietende Gelegenheit zur Deckung, selbst die Hilfe des Spatens zum Eingraben, benutzen mußte, um angriffsweise an den Feind herankommen zu können.

Ferner bedurfte sie dazu der tatkräftigen Unterstützung durch die Artillerie, die mit ihrem Feuer sowohl die gegnerische Artillerie zu bekämpfen als auch die feindliche Infanterie in ihren Deckungen niederzuhalten und auszuschalten hatte. Mithin sollten beide Waffengattungen in ihrem Einsatz zusammenwirken.

Führte nun die gesteigerte Waffenwirkung an sich schon zu einer größeren Ausdehnung der Gefechtsfronten, dann galt das erst recht unter den Bedingungen der Massenheere. Diese mußten dennoch zusammengehalten und auf ein gemeinsames Ziel hin eingesetzt werden. Dazu war es aber nach Ansicht von Schlieffen nicht notwendig, sie unbedingt auf einem Schlachtfeld auch zu vereinigen.

Entsprechend diesen Wandlungen mußte sich ebenfalls die Rolle des Feldherrn ändern. Da dieser einerseits die Weite der Schlachtfelder nicht mehr übersehen konnte, sie zudem eher einer weiten Öde gleichen würden, nahm er nun zweckmäßigerweise seinen Platz weiter hinter der Front zurück „in einem Hause mit geräumigen Schreibstuben, wo Draht- und Funkentelegraph, Fernsprech- und Signalapparate zur Hand sind, Scharen von Kraftwagen und Motorrädern, für die weitesten Fahrten gerüstet, der Befehle harren. Dort, auf einem bequemen Stuhle vor einem breiten Tisch, hat der moderne Alexander auf einer Karte das gesamte Schlachtfeld vor sich, von dort telephoniert er zündende Worte und dort empfängt er die Meldungen der Armee- und Korpsführer, der Fesselballone und der lenkbaren Luftschiffe, welche die ganze Linie entlang die Bewegungen des Feindes beobachten, dessen Stellungen überwachen“.

Andererseits durfte der Feldherr während der Schlacht unter anderem wegen der zu erwartenden Vielfalt und Widersprüchlichkeit der Meldungen usw., der Unübersichtlichkeit der Lage allgemein, kaum noch darauf hoffen, etwa durch den Einsatz einer zurückbehaltenen Reserve die Entscheidung zu seinen Gunsten beeinflussen zu wollen. Sie würde kaum noch rechtzeitig am Ort des Geschehens eintreffen können. Vielmehr sah Schlieffen die wesentlichste Aufgabe des Schlachtenlenkers bereits darin weitgehend für erfüllt an, „daß er, lange bevor ein Zusammenstoß mit dem Feinde erfolgen kann, allen Armeen und Korps die Straßen, Wege und Richtungen angibt, in welchen sie vorgehen sollen, und ihnen die ungefähren Tagesziele bezeichnet. Der Anmarsch zur Schlacht beginnt, sobald die Truppen die Eisenbahn verlassen haben“.

Die durch die Waffenentwicklung bedingte Änderung des Angriffsverfahrens würde außerdem gemäß Schlieffen zu einer Verlängerung der Dauer der einzelnen Schlachten führen, für die er unter Umständen einen Zeitraum bis zu 14 Tagen annahm. Darin lag dann auch eine Tendenz zu insgesamt länger andauernden Feldzügen und Kriegen begründet. Vor den daraus wiederum resultierenden Gefahren für das Wirtschaftsleben einer Nation und die staatliche Existenz überhaupt glaubte Graf Schlieffen jedoch insbesondere Deutschland warnen zu müssen.

So hielt er aufgrund der Erfahrungen des russisch-japanischen Krieges das Gelingen eines reinen Frontalangriffs zwar für möglich, bezeichnete aber den Erfolg selbst im günstigsten Falle nur als einen geringen. „Der Feind wird allerdings zurückgedrückt, wiederholt aber nach einiger Zeit an anderer Stelle den vorübergehend aufgegebenen Widerstand. Der Feldzug schleppt sich hin. Solche Kriege sind aber zu einer Zeit unmöglich, wo die Existenz der Nation auf einen ununterbrochenen Fortgang des Handels und der Industrie begründet ist, und durch eine rasche Entscheidung das zum Stillstand gebrachte Räderwerk wieder in Lauf gebracht werden muß. Eine Ermattungsstrategie läßt sich nicht treiben, wenn der Unterhalt von Millionen den Aufwand von Milliarden erfordert."

d. Kurzer Krieg

Diese Ausführungen Schlieffens sind unter anderem immer wieder zum Anlaß genommen worden, zu behaupten, er habe damals generell Kriege von über 9 Monaten Dauer zumindest in West- und Mitteleuropa für unmöglich gehalten. Aufgrund der vorliegenden Zeugnisse aber ist eine solche These in ihrer Ausschließlichkeit kaum haltbar, eher dagegen wahrscheinlich, daß der Graf nur wegen der besonderen Gefahren, die ein langandauernder Krieg gerade für Deutschland heraufbeschwören konnte, sich um so entschiedener dafür einzusetzen müssen glaubte, einen potentiellen Krieg möglichst abzukürzen.

Zu den Gefahrenmomenten zählte neben der wirtschaftlichen Begründung, die ja unter dem Aspekt der mit einem selbstauferlegten „Generalstreik" vergleichbaren Mobilmachung und der Abhängigkeit Deutschlands von Zufuhren etc. durchaus einen realen Hintergrund besaß, auch die historische Erfahrung der deutschen Einigungskriege, daß nur schnelle und entscheidende Siege andere europäische Mächte davon abgehalten hatten, zur Verhinderung größerer Machtverschiebungen im Zentrum Europas in die kriegerischen Verwicklungen zuungunsten Deutschlands zu intervenieren.

Gleichwohl bleibt daneben die Möglichkeit unbenommen, daß sich diese Überlegung dann zu dem Wunschdenken und der Überzeugung verfestigt haben kann, daß sich Kriege durch geeignete militärische Maßnahmen auf jeden Fall zeitlich begrenzen lassen würden, man mithin primär nur noch von einer kurzen Kriegsdauer auszugehen brauche mit den entsprechenden Konsequenzen für die Einschätzung der Notwendigkeit einer militärischen Bevorratung oder einer wirtschaftlichen Kriegsvorbereitung usw. überhaupt.

Mag der Interpretationsunterschied auf den ersten Blick auch nur gering erscheinen, ist er doch wesentlich für die Schärfung des Blickes auf die Motive hin, die beispielsweise die verschiedenen Äußerungen zur Kriegsdauer jeweils leiteten. So hatte Generalfeldmarschall v. Moltke seine bekannte Aussage von einem möglichen 7- oder gar 30jährigen Krieg im Hinblick auf die Rechtfertigung der Regierungsvorlage getan, die erhöhte Militärausgaben forderte. Da er sie gleichzeitig mit der Hoffnung verband, daß durch rechtzeitige und angemessene Vermehrung des Militärwesens – modern gesprochen: Stärkung der Abschreckung – Kriege möglicherweise überhaupt vermieden werden könnten, sollte die leidige Geldfrage durch die genannte Vision offenbar in die zweite Linie der Betrachtung gedrängt, gegenüber den apokalyptischen Schrecknissen zweitrangig werden.

Und Schlieffen setzte seine Argumentation in bezug auf die Möglichkeit von Frontalangriffen und die Dauer künftiger Kriege mit dem für sein militärisches Denken kennzeichnenden Satz fort: „... Um aber einen entscheidenden und vernichtenden Erfolg zu erzielen, ist ein Angriff von zwei oder drei Seiten, also gegen die Front und gegen eine oder beide Flanken, erforderlich."

Auch hier diente also der Hinweis auf die Kriegsdauer nicht zuletzt wohl dazu, etwas anderes besonders plausibel zu machen, nämlich, daß in kommenden Kriegen unbedingt die Vernichtung des Gegners angestrebt und dieser dazu umfassend gleichzeitig in Front und Flanke angegriffen werden müsse. Die augenscheinlich unterstützende Funktion des Argumentes mit der Kriegsdauer für die gesamte Gedankenführung verbietet es eigentlich, es isoliert als eigenständige Ansicht Schlieffens zu betrachten.

Ein umfassender Angriff wäre nun nach Schlieffen am einfachsten durchzuführen, wenn man über eine genügende numerische Überlegenheit verfügen könnte. Da er damit jedoch nicht mehr für Deutschland rechnete, waren die für einen starken Flankenangriff erforderlichen Truppenstärken nur dadurch zu gewinnen, daß die für den Angriff gegen die feindliche Front vorgesehenen Kräfte möglichst schwach gemacht wurden. Den Ausgleich in der Kampfkraft sollten die modernen Schnellfeuergewehre und reichlicher Munitionsnachschub schaffen.

Alles in allem würden die künftigen Kriege nicht mehr so einfach wie beispielsweise der noch von 1870/71 ablaufen. Deutschland und Österreich-Ungarn seien jetzt von ihren gemeinsamen Gegnern hinter einem Festungsgürtel eingeschlossen worden, die nun frei wählen könnten, ob und wann sie zur Schädigung der beiden Bundesgenossen zu kriegerischen oder anderen Kampfmaßnahmen schreiten wollten. Demgegenüber mahnte Schlieffen zur Eintracht. „Und doch ist für den ferneren Kampf, er mag mit den Waffen in der Hand oder mit anderen Mitteln geführt werden, wenigstens nach außen hin ein ‚einig Volk von Brüdern' nötig sowie eine große, starke, mächtige Armee, die von einer festen Hand geführt wird und von unbedingtem Vertrauen erfüllt ist."

Gerade die letzte Formulierung macht auf ein interessantes Spannungsfeld aufmerksam, in dem sich damals die öffentlich geführte Diskussion über militärische Fragen allgemein bewegte. Es ging dabei um das Problem der zutreffenden Informierung der Öffentlichkeit über die tatsächliche Lage Deutschlands. Beispielsweise mochte auf der einen Seite eine zu pessimistische Einschätzung der Situation die eigene Bevölkerung ent-, den Feind dagegen ermutigen, eine zu optimistische Darstellung auf der andern Seite aber leicht zu einem Nachlassen der Bereitschaft führen, für die militärische Sicherheit weiterhin Opfer zu bringen. Eine realistische Schilderung schließlich lief Gefahr, in die Nähe eines Geheimnisverrates zu gelangen. Vermutlich geht man nicht fehl, wenn man die Resultierende der drei unterschiedlichen Momente in dem Bereich zwischen einer wirklichkeitsnahen und der zu optimistischen Interpretation sucht. Unter dieser Voraussetzung jedoch muß man sich ständig kritisch vergegenwärtigen, ob dann nicht hinter mancher nach außen vorgegebenen festen Siegeszuversicht im Innern dennoch eine tüchtige Portion Skepsis verborgen ist, ob nicht, um z. B. das Vertrauen in das militärische Instrument zu erhalten, die eigenen Skrupel hinter dem Berg zurückgehalten wurden.

e. Zusammenfassung

Damit kann man, das bisherige zusammenfassend, sagen, daß die militärischen Ansichten, Überlegungen und Lehren Schlieffens trotz der unterschiedlichen Planungen – Großer West- oder Großer Ost-Aufmarsch allein bzw. ihre verschieden abgestuften Mischformen – im Grunde alle von der dem Deutschen Reich drohenden größten Gefahr, einem Zweifrontenkrieg zugleich gegen Frankreich und Rußland, überschattet wurden. Das deutsche Heer auf diese Möglichkeit vorzubereiten und es für die damit verbundene schwere Aufgabe zu erziehen war vor allem sein Ziel.

Der Vorteil Deutschlands bei einem solchen Krieg, Operationen auf der inneren Linie durchführen zu können, ließ sich wegen der grundsätzlichen deutschen Unterlegenheit in bezug auf das Militärpotential jedoch nur dann realisieren, wenn es gelang, die beiden Gegner, noch bevor sie sich gegenseitig unterstützen konnten, einzeln nacheinander zu schlagen, d. h., es mußte versucht werden, die jeweils gefährlichste Streitmacht zuerst und schnell vernichtend zu schlagen.

In dieser Ansicht wurde Schlieffen noch bestärkt durch seine Einschätzung der Leistungsfähigkeit der deutschen Volkswirtschaft und die Gefahr zusätzlicher Interventionen anderer europäischer Mächte zum Nachteil Deutschlands im Falle einer länger dauernden kriegerischen Auseinandersetzung. Der Faktor Zeit würde schwerlich für das Deutsche Reich arbeiten. Der „kurze Krieg" war mithin für Schlieffen nur das anzustrebende Ziel, nicht aber einzige Denkmöglichkeit.

Das gegebene militärische Mittel, rasch zu vernichtenden militärischen Entscheidungen zu kommen, sah er insbesondere im gegen Front und Flanke des Gegners zugleich vorgetragenen Umfassungsangriff mit dem Ziel, dessen Rückzugslinie zu verwerfen. Sich aus Lükken oder Schwachstellen in der feindlichen Front ergebende Möglichkeiten zu operativen Durchbrüchen sollten nur wieder den nötigen Raum zu solch umfassenden Operationen gewinnen. Im reinen Frontalangriff dagegen erblickte er kein Mittel, eine schnelle Entscheidung erzwingen zu können.

Bei dem Umfang und der Ausdehnung der Massenheere, dem damaligen Stand der Waffentechnik, der Nachschub- und der Verkehrsverhältnisse konnten aber derartige Operationen nicht erst auf dem Schlachtfeld im Angesicht des Feindes, sondern die dafür vorgesehenen Truppen mußten dazu bereits aus dem Anmarsch zur Schlacht überhaupt angesetzt und entwickelt werden. Daraus folgte für Schlieffen u. a., daß die Reserven am nutzbringendsten an dem Flügel verwandt wurden, der die Entscheidung bringen sollte.

Der allgemein darin liegende Zwang zum manœuvre à priori wies auch schon der ersten Aufmarschplanung eine erhöhte Bedeutung zu, konnte doch deutscherseits nur durch eine insgesamt schnellere Herstellung der Operationsbereitschaft der notwendige zeitliche Vorsprung gewonnen werden, um gegenüber Frankreich erforderlichenfalls die Initiative in die Hand zu bekommen und ihm das eigene Gesetz des Handelns aufzuzwingen. Dadurch gerieten alle deutschen militärischen Planungen für den Beginn der Feindseligkeiten von vornherein in einen starken Zeitdruck.

Graf Schlieffen vertrat zwar entschieden den Umfassungsgedanken, behielt sich aber als militärischer Praktiker für den Einzelfall durchaus auch andere Lösungsmöglichkeiten vor. Einseitig war bzw. wurde er – sieht man vom Willen zum Sieg ab – erst insofern, als er, um das eingangs aufgestellte Strukturmuster wieder aufzunehmen, einerseits an seinem Lebensabend die historische Tiefendimension bemühte und sich zu ewig gültigen Gesetzen in der Strategie bekannte, diese andererseits jedoch nicht mehr in einer Vielfalt möglicher Handlungsalternativen gefunden zu haben glaubte, sondern nur noch in einer einzigen Maxime: „Der Angriff gegen die Flanke ist der wesentlichste Inhalt der ganzen Kriegsgeschichte."

Diese Ansicht war aber, wie gezeigt wurde, nicht Frucht seiner militärischen Tätigkeit, sondern eher der Versuch einer nachträglichen Rationalisierung, der Wunsch für eine von ihm als Generalstabschef innerhalb einer konkreten historischen Situation als militärisch richtig erkannte Überzeugung zusätzliche Rechtfertigungen aus dem allgemeinen Fundus der Geschichte heranzuziehen.

Letzteres darf sicher als anregend angesehen, muß jedoch vom historischen Standpunkt aus als verfehlt bezeichnet werden. Deshalb wird man Schlieffen bei all seinem persönlichen Interesse an der Kriegsgeschichte trotzdem im Grunde zu denjenigen rechnen dürfen, die ihrer Tätigkeit praktisch nur die unmittelbaren Erfahrungen der Vergangenheit zugrunde legten. In diesem Sinne war dann wohl Königgrätz für Schlieffen das Beispiel gewesen, wie durch eine einzige Schlacht nicht nur ein Feldzug, sondern sogar ein ganzer Krieg entschieden werden konnte, selbst wenn die Unterführer den von Moltke zugleich verfolgten Vernichtungsgedanken durch ihre Eigenmächtigkeit hatten scheitern lassen.

4. Die strategische Diskussion bis 1914

Ebenso wie die Entwicklung der Schlieffenschen Grundsätze der Kriegführung eigentlich nur in der Auseinandersetzung mit und vor dem Hintergrund der zeitgenössischen öffentlichen Strategie- und Taktik-Debatte voll verständlich wird, so induzierten und akzentuierten seine Anschauungen natürlich umgekehrt wiederum die nachfolgende Diskussion über diese Probleme in Deutschland.

a. Freiherr von Falkenhausen

So schilderte Freiherr von Falkenhausen in seinem Aufsatz „Die Bedeutung der Flanke" zunächst sein eigenes Schwanken zwischen den Polen „Umfassung" und „Durchbruch", um dann in einer Art „Altersweisheit" zu bekennen, daß die Wahrheit wahrscheinlich in der Mitte liegen werde. „Umgehung und Flankierung sind keine Allheilmittel des Sieges, die es in der Kriegführung ebensowenig gibt wie in der Heilkunde. Auf die richtige und geschickte Anwendung, auf die kräftige Durchführung des Mittels und seine Anpassung an die Lage kommt es an." Entsprechend legte er besonderen Wert auf eine überlegene Führung und Ausbildung der Truppen.

Das galt für Falkenhausen erst recht unter den Bedingungen der Massenheere, denn wenn auch die leitenden Gesichtspunkte der Kriegführung seiner Meinung nach keinem Wandel unterlagen, so doch das „Werkzeug des Krieges", das einem ständigen Wechsel unterworfen war. „Dieses den veränderten Verhältnissen anzupassen und für die Verwirklichung der Zwecke der Führung gefügig zu gestalten, darin liegt die zunehmende Schwierigkeit."

Gerade für das von ihm für einen Erfolg im Krieg für notwendig erachtete angriffsweise Verfahren sah er z. B. durch das ständige Anwachsen der Heeresstärken manche Probleme entstehen, die er aber durch die Ausnutzung der Luftschiffahrt, des verbesserten Nachrichtenwesens und nicht zuletzt der Motorisierung auszugleichen hoffte. Zur Bewältigung der damit verbundenen Fragen hielt er jedoch eine allgemeine geistige Mobilisierung für erforderlich, d. h. „die Kenntnis von den großen Verhältnissen des Krieges ... [durfte] nicht nur wenigen, nicht nur einer besonderen Klasse im Heere vorbehalten ... [bleiben], sie muß breite Schichten durchdringen, muß die Grundlage bilden des kriegerischen Wissens und Könnens", damit sich sowohl die Führung als auch die Truppe rechtzeitig auf die neuen Verhältnisse einstellen und sich entsprechend darauf vorbereiten konnten.

Diesem speziellen Anliegen der Vermittlung eines zutreffenden Kriegsbildes diente vornehmlich die militärwissenschaftliche Tätigkeit v. Falkenhausens.

In dem Buch „Der große Krieg der Jetztzeit. Eine Studie über Bewegung und Kampf der Massenheere des 20. Jahrhunderts" entwarf er 1909 das Szenario eines Krieges zwischen Blau (Deutschland und Österreich) und Rot (Frankreich, England und Italien), bei dem Rot zu Anfang die Neutralität Belgiens, Luxemburgs und Hollands verletzt hatte und das deutsche Heer dann in einer Gegenoffensive den linken Flügel von Rot zur Vermeidung der Festungsfront Nancy–Verdun durch die Niederlande, Belgien und Luxemburg in Richtung auf Sedan zu umfassen suchte.

Die Flankenbewegung hielt er überhaupt für eine Operationsform, die besonders zum Angriff auf befestigte Stellungen des Gegners geeignet war, da dadurch normalerweise langwierige Positionskriege vermieden werden konnten. Noch günstiger würde ein gleichzeitiges Vorgehen gegen beide Flanken und in den Rücken des Feindes hinein sein (Cannae). Für die erfolgreiche Durchführung eines solchen Vorhabens sei allerdings höchste Kriegskunst erforderlich.

b. Wilhelm v. Blume

Mit den Bedingungen des Erfolges in einem künftigen Kriege setzte sich ebenfalls W. v. Blume auseinander, der sich schon in den 80er Jahren des vergangenen Jahrhunderts mit einem Buch über „Strategie" einen Namen gemacht hatte. Ausgangspunkt seiner Überlegungen bildete die als Faktum hingestellte Überzeugung, daß seit der allgemeinen Einführung der Wehrpflicht Kriege zwischen Kulturstaaten nicht mehr aus geringfügigen Ursachen heraus geführt werden könnten. „Auch wenn bei Ausbruch eines Krieges zwischen ihnen der äußere Anlaß unbedeutend erscheint, wird es sich doch in Wahrheit um schwerwiegende Interessen handeln, um scharfe Gegensätze, deren Ausgleich jeder von ihnen nur von der nachhaltigen Schwächung des anderen erwartet."

Aus diesem Grunde war für ihn erst dann mit dem Nachgeben einer Partei zu rechnen, wenn diese „sich der Mittel zur Fortsetzung des Widerstandes beraubt ... [sah], deren Streitkräfte also vernichtet oder doch dauernd kampfunfähig gemacht, und deren Hilfsquellen zur Bildung neuer Streitkräfte erschöpft oder verstopft" waren.

Die darin liegende Tendenz zur Kriegführung bis zum Äußersten könnte, von vornherein entschieden gehandhabt, wohl zu einer Verkürzung der Kriegsdauer insgesamt führen, aber im gleichen Atemzuge warnte Blume vor der irrigen und gefährlichen Vorstellung, „daß künftige Kriege stets nur von kurzer Dauer sein würden ... Irrig, weil die Größe der auf dem Spiele stehenden Interessen friedliche Verständigung erschwert. Bedenklich, weil solche vorgefaßte Meinung bei eintretender Enttäuschung die zähe Willenskraft der Nation lähmen würde".

Die größte Aussicht auf Erfolg hatte für ihn ein Angreifer dann, wenn die strategische Lage es diesem gestattete, „eine seiner Armeen von weither gegen die Flanke der feindlichen Stellung anzusetzen und den so eingeleiteten Flankenangriff mit der Flügelumfassung zu verbinden. Er verlegt dadurch die Entscheidung in eine offene Feldschlacht jener Flankierungsarmee mit der Reservearmee des Verteidigers und bedroht, wenn er in ihr siegt, das ganze Verteidigungsheer mit einer schweren Katastrophe. Allerdings muß der Angreifer bei solchem Verfahren darauf gefaßt sein, daß der Gegner, die Schwäche der vor der Front der Stellung befindlichen Kräfte erkennend, gegen diese zum Angriff hervorbricht".

In dieser Formulierung ist das Moltkesche Erbe, aber auch die Nähe zu Schlieffen, unverkennbar. Deshalb maß Blume auch der Herstellung einer schnellen Operationsbereitschaft erhöhte Bedeutung bei. Jedoch erfuhr deren Durchführungsmöglichkeit insofern eine zeitliche Beschränkung, als für die Wahl des Zeitpunktes des Beginns der allgemeinen Mobilmachung zu berücksichtigen war, „daß eine allgemeine Mobilmachung die Erhaltung des Friedens und selbst weitere Verhandlungen zu diesem Zweck nahezu unmöglich macht. Man kann ein kriegsbereites Volksheer nicht lange untätig stehen lassen", eine Argumentationsfigur, die auf einer Ebene mit der bei Schlieffen erwähnten Vorstellung vom kurzen Krieg aus volkswirtschaftlichen Rücksichten lag.

Neben der ausführlicheren Behandlung der Probleme des Frontalangriffs und eines Durchbruchversuches, des Nachschubs usw., die man aber nicht überbewerten darf, da in einer allgemeinen Abhandlung über Strategie beispielsweise dafür einfach mehr Raum zur Darstellung zur Verfügung steht als in einer auf ein bestimmtes Ziel hin entworfenen operativen Studie, unterschied sich Blume jedoch von Schlieffen insbesondere darin, daß er eindeutig dem inneren Ausbau und der Truppenausbildung den Vorzug gab vor einer weiteren Vermehrung der Heeresstärke. „Ich trage kein Bedenken, meiner Überzeugung Ausdruck zu geben, daß dies noch auf längere Zeit hin wichtiger ist als irgendwelche Maßnahmen zu weiterer Erhöhung der Gesamtkopfstärke des Kriegsheeres. Und aus ähnlichen Gründen würde in einer Vermehrung der Zahl der Cadretruppen auf Kosten ihrer

Friedensstärke eher eine Schwächung als eine Stärkung unserer Kriegsmacht zu erblicken sein."

Indem er die innere Konsolidierung des Friedensheeres befürwortete und die Möglichkeit der Vermehrung der Heeresstärke durch Einschieben von Reserveformationen unter gleichzeitiger Beibehaltung der Schlagkraft oder jedenfalls nicht mit einer im Verhältnis dazu nennenswert ins Gewicht fallenden Beeinträchtigung derselben leugnete, berührte er sich in diesem Punkt mit der Auffassung von Friedrich v. Bernhardi.

c. Friedrich v. Bernhardi

In dem zweibändigen Werk „Vom heutigen Kriege", dessen Titel Bernhardi 1912 in bewußter Anlehnung an Clausewitz gewählt hatte, damit aber zugleich auch zum Ausdruck bringen wollte, worin er sich von diesem unterschied, nämlich in dem begrenzten praktischen Zweck, verfolgte er die Absicht, „den Einfluß und die Bedeutung der Verhältnisse darzustellen und kritisch zu prüfen, die ihrer Natur nach den Charakter der heutigen Kriegführung und die Art des praktischen Handelns im nächsten Kriege bestimmen müssen".

Ohne Schlieffen beim Namen zu nennen, unterzog Bernhardi dessen Aufsatz „Der Krieg in der Gegenwart" einer scharfen Kritik. Er sah darin eine „mechanische Kriegsauffassung" zur Geltung kommen, die sich den gegebenen äußeren Verhältnissen einfach unterordnete, anstatt sie mit den bleibenden Gesetzen des Krieges in Einklang zu bringen und zu einer modernen Form zu gestalten. „Unter solchen Verhältnissen ist das Kriegführen kaum noch als eine Kunst zu bezeichnen. Es wird zum Handwerk, und der Feldherr gewissermaßen zum Maschinisten. Seine Haupttätigkeit würde darin bestehen, den Mechanismus des Kriegesheeres dem Eisenbahn- und Straßennetz entsprechend in Bewegung zu setzen, das Räderwerk gehörig zu schmieren und der Armee in Gestalt von Munition, Lebensmitteln und Ersatzmannschaften immer von neuem neue mechanische Kraft zuzuführen." Ihr gegenüber stellte er die „geniale" Auffassung, die „dem Genius der Führung freien Spielraum gewährt, die materiellen Bedingungen der Kriegführung geistig beherrschen und sie dem Führerwillen dienstbar machen" soll. Mit letzterer verband sich für ihn in erster Linie die Absage an jegliches System. „Wer mit dem Gedanken zu Felde zieht, nach einem bestimmten System siegen zu wollen, der wird den Lorbeer schwerlich um seine Schläfen winden."

Konkret bezeichnete Bernhardi es beispielsweise für falsch, den Erfolg ausschließlich durch die Umfassung anstreben zu wollen. Statt dessen sollte von Fall zu Fall der Geist entscheiden, der Geist der Führung und der Truppe. Zu diesem Zweck hielt er es einmal für wichtig, allgemein den taktischen und moralischen Wert der Truppen und ihre Operationsfähigkeit zu heben, die zusammengenommen eine gewisse numerische Unterlegenheit ausgleichen konnten. Daneben mußte aber zum andern als Prinzip des Handelns noch die Bereitschaft stoßen, offensiv zu verfahren, „soweit es die Verhältnisse irgend gestatten".

In dem eben vorgestellten Sinne, der Ablehnung jeder Lehrmeinung, die auch nur den Anschein erweckte, sie könnte von einem System abgeleitet sein, diskutierte Bernhardi dann die zu seiner Zeit vorherrschenden militärischen Ansichten und entwickelte entsprechende Gegenvorstellungen. Mußten diese schon deshalb nicht unbedingt in sich geschlossen sein, so vervielfältigte er seine Argumentationsmöglichkeiten zusätzlich noch dadurch, daß er mehrfach innerhalb eines Gedankenganges zwischen der taktischen und der operativ-strategischen Ebene argumentiv wechselte. Das war wohl nicht zuletzt eine Konsequenz seiner Auffassung, nach der einmal eine scharfe begriffliche Trennung zwischen Strategie und Taktik unmöglich sei und zum andern erstere allein die Aufgabe habe, der taktischen Entscheidung zu dienen.

Der Reiz der Bernhardischen Ausführungen liegt eher in der Darstellung von zusätzlichen Denkmodellen, die der offiziellen Doktrin widersprachen, denn in der streng logischen Deduktion neuer Handlungsmaximen aus den Veränderungen in den Bedingungen der Kriegführung. Stellenweise ist sogar nicht eindeutig bestimmbar, welche der vorgestellten Möglichkeiten er generell bevorzugt haben würde.

Das muß man bei Bernhardi mitbedenken, wenn er sich z. B. auf den Standpunkt stellt, daß der Durchbruch trotz der gegenteiligen Auffassung von Schlieffen in „Cannae" als „Angriffsform gerade unter modernen Verhältnissen unter Umständen glückliche Ergebnisse haben kann, und zwar ebenso wohl auf taktischem wie auf strategischem Gebiet."

Im Prinzip wollte Bernhardi das von ihm vorgestellte Angriffsverfahren auch für den Angriff auf befestigte Feldstellungen angewandt wissen. Wenn er hierbei die Vorteile einer Umgehung oder zumindest eines umfassenden Flügelangriffs besonders herausstrich, so lehnte er jedoch einen gleichzeitigen Angriff gegen die gesamte feindliche Front scharf ab. Die eigenen Kräfte dort sollten vielmehr, da sie zugunsten der Truppenverstärkung zum Angriff am entscheidenden Punkt geschwächt worden waren, in einer Verteidigungsstellung verharren.

Als Beweis für die Richtigkeit seiner Anschauungen bemühte er in diesem Zusammenhang vor allem auch das Beispiel von St. Privat. So warf er in bezug auf die von ihm für einen Sturm nicht unbedingt als notwendig angesehene vorherige Erringung der infanteristischen Feuerüberlegenheit beispielsweise die Frage auf: „Wäre wohl St. Privat gestürmt worden, wenn die Preußen auf die Feuerüberlegenheit hätten warten wollen? Das französische 6. Korps hat in der Schlacht etwa 1500 Mann verloren; die preußische Garde allein etwa 7000. Bis zum Moment der Entscheidung haben demnach die Franzosen die Feuerüberlegenheit behauptet, und doch sind sie à plate couture geschlagen worden."

Ohne weitere Nachprüfung der Umstände im Sinne einer kritischen Infragestellung, d. h., ob nicht etwa auch auf einem anderen Wege der Erfolg hätte gewährleistet werden können, sollte hier offenbar der allein durch heldenhaften Einsatz erfochtene Sieg nicht nur die Möglichkeit zu solch einem Angriff aufzeigen, sondern darüber hinaus auch genügen, die dagegen sprechenden militärischen Anschauungen zu verwerfen.

Die Gefahren, die aus einer falsch verstandenen Traditionspflege oder aus einer Militärgeschichtsschreibung, die auf Prestigen Rücksicht zu nehmen hat, entstehen können, leuchten an dieser Stelle paradigmatisch auf.

Mit der im Kontrast zu Schlieffen gesehenen grundsätzlichen Befürwortung der Möglichkeit von Durchbruchsangriffen akzentuierte Bernhardi wieder die eine Seite des Spektrums der militärischen Diskussion in Deutschland, das durch die beiden Pole „Durchbruch" und „Umfassung" gekennzeichnet wurde.

5. Helmuth v. Moltke der Jüngere

a. Grundzüge seines Denkens

Am 1. Januar 1906 wurde Generaloberst Helmuth v. Moltke, ein Neffe des Generalfeldmarschalls v. Moltke, von Kaiser Wilhelm II. als Nachfolger des verabschiedeten Grafen Schlieffen zum Chef des Generalstabes ernannt.

Für die Frage, ob dieser Wechsel an der Führungsspitze auch eine Änderung in den bisherigen Auffassungen bezüglich der Kriegführung beinhaltete, wird immer wieder auf die angeblich tiefgreifenden Meinungsverschiedenheiten zwischen beiden hingewiesen, auf die z. B. Moltke d. J. schon im Juni 1904 anläßlich eines Kriegsspiels in einem Brief an seine Frau angespielt hatte: „Graf Schlieffen frägt mich ab und zu um meine Ansicht, und diese deckt sich fast nie mit der seinigen. Man kann sich keine größeren Gegensätze denken, als unsere beiderseitigen Ansichten."

Die Auffassungsunterschiede sollen damals u. a. über die Frage entstanden sein, in welchem Zustand die Deutschen die belgischen Eisenbahnen bei einem etwaigen Durchmarsch nach Frankreich vorfinden würden. Ohne auf den konkreten Inhalt der Kontroverse und die Berechtigung zu obiger Annahme näher eingehen zu wollen – Schlieffen hat beispielsweise das Problem der Zerstörungen durchaus gesehen –, darf man wohl sagen, daß für die Schlieffensche Meinung, das dortige Eisenbahnnetz würde die beste Verbindung zwischen dem deutschen und dem französischen darstellen, nicht zuletzt der Faktor ausschlaggebend gewesen sein dürfte, daß, ungeachtet des tatsächlichen Ausmaßes möglicher Zerstörungen, von Belgien aus bedeutend mehr Bahnlinien nach Frankreich führten, während die wenigen direkten deutsch-französischen Verbindungen zudem noch durch rückwärts gelegene Sperrforts gesichert waren.

Ein weiterer Streitpunkt zwischen Schlieffen und Moltke entzündete sich 1905 wegen der Anlage des Kaisermanövers. In einer Audienz im Januar 1905 hatte Moltke dem Kaiser für den Fall, daß dieser ihn tatsächlich zum Nachfolger Schlieffens berufen wolle, vorgeschlagen, ihn doch zunächst einmal zu erproben, und zu diesem Zweck angeregt, ihn das kommende Manöver selber entwerfen zu lassen. Dafür bedingte er sich gleichzeitig aus, daß der Kaiser dabei auf die Führung einer Partei verzichten und bloß noch die Oberleitung übernehmen solle. Das wurde ihm gewährt, und Schlieffen fand sich offenbar nur unwillig mit diesem Eingriff in seine Kompetenzen ab.

Die Interpretation, die schon W. Eltze und vor allem dann Moltkes Sohn nachträglich diesem Ereignis gegeben haben, sein Vater habe nunmehr geglaubt, daß Wilhelm II. sich fortan jeglicher Eingriffe in die Kriegführung überhaupt enthalten würde, scheint bei der festen Verankerung der Fiktion des königlichen Oberbefehls in der preußischen Staatsauffassung zumindest für diesen frühen Zeitpunkt doch sehr weitgehend.

Vielmehr bestand die sachliche Änderung, die Moltke daraufhin vollzog, einfach darin, daß das Kaisermanöver erstmalig in einem „freien Spiel" mit zwei unabhängig agierenden Gegnern und ohne feste Zielvorgabe über mehrere Tage hinweg durchgeführt, nicht aber wie früher täglich nach Erfüllung der jeweiligen Übungsaufgabe durch eine Pause zur Festlegung einer neuen Ausgangslage unterbrochen wurde. Insofern hatte Schlieffen den Kaiser auch immer durch eine entsprechende Manöverannahme zum Schluß gewinnen lassen können.

Moltke dagegen hoffte nun, durch dieses neue Verfahren zu einer insgesamt wirklichkeitsnäheren Anlage des Manövers zu gelangen, bei dem auch alle Reibungen und Hindernisse, wie sie in einem Kriege auftraten, möglichst Berücksichtigung finden und die militärischen Führer sich an einem Gegner messen konnten, der tatsächlich über einen eigenen Willen verfügte. Um dieses Ausbildungszieles willen war er sogar bereit, gegebenenfalls ein Mißlingen des Manövers zu riskieren. Von daher wird man einerseits annehmen dürfen, daß es Moltke zumindest nicht um einen radikalen Bruch mit den bisherigen Ansichten in bezug auf die Kriegführung gegangen sein dürfte, wohl aber um den Versuch, etwaige aufgrund der langen Friedensperiode aufgekommene, von ihm als unkriegerisch empfundene Auffassungen wieder zugunsten einer mehr realitätsbezogenen Ausbildung der Armee auszumerzen, letztere „ernsthaft und mit bitterlicher Energie auf den Krieg vorzubereiten".

Da Schlieffen andererseits kaum unterstellt werden kann, daß er sich einem solchen Anliegen grundsätzlich verschlossen haben würde, möchte man geneigt sein, die wegen der Anlage des Kaisermanövers zwischen ihm und Moltke d.J. entstandenen Streitigkeiten, wie auch schon die vorher erwähnten, eher als peripher zu bezeichnen.

Und dennoch lag in eben diesen beiden Episoden bereits der Kern zu den späteren erheblichen Auffassungsunterschieden verborgen, denn wenn man kriegsmäßig ausbilden will, muß man eine annähernd genaue Vorstellung von dieser Wirklichkeit besitzen. Über die zukünftige Gestalt moderner europäischer Kriege jedoch war sich Moltke 1905 noch in Zweifel und mochte kein sicheres Urteil abzugeben.

Zu dem Abwägen und Entscheiden, was sich als unabdingbares neues Erfordernis stellt, was an bisher Bewährtem unbedingt festgehalten werden muß und was als Auswuchs der Friedensausbildung oder falsch verstandener Tradition schleunigst aufgegeben werden sollte, bedarf es eines fein ausgebildeten Takts des Urteils und einer sicheren Urteilskraft. Herrscht aber an diesen Elementen Mangel, dann entsteht leicht Unsicherheit über den tatsächlich nun einzuschlagenden Weg.

Und die daraus notwendigerweise folgende schwankende Haltung bei den eigenen Entschließungen mag dann bei Moltke d.J. zu der Neigung geführt haben, sich zwar einerseits nur von den Anforderungen der Gegenwart und Zukunft leiten lassen, andererseits jedoch wegen der grundsätzlichen Zweifel an der Möglichkeit, ein zutreffendes Urteil über das Bild eines modernen europäischen Krieges abgeben zu können, doch nicht ohne weiteres angeblich Bewährtes aufgeben und sich insgesamt einer bestimmten Entscheidung und damit vielleicht einseitig wirkenden Festlegung entziehen zu wollen; ein Sachverhalt, der vielleicht typisch für seine gesamte Amtsführung gewesen sein könnte.

Zumindest aber bewirkte die durch die fehlende Sicherheit im Urteil über das zukünftige Kriegsbild ausgelöste innere Unsicherheit eine Öffnung Moltkes für die verschiedensten Anregungen, die sich aus der damaligen strategisch-operativen und taktischen Diskussion ergaben, ohne daß seine grundsätzliche Einstellung dazu immer deutlich geworden wäre.

Mochte das einerseits positive Auswirkungen z.B. im Sinne einer unbefangenen Prüfung der sich aus neuartigen technischen Möglichkeiten ergebenden Änderungen für die

Kriegführung – Luftschiffahrt, Flugzeuge usw. – haben, so konnten andererseits auch ausgesprochen restaurative Tendenzen erneut zu Wort kommen. In diesem Zusammenhang sei beispielhaft nur an den von ihm verfaßten kaiserlichen Befehl vom 26. Oktober 1905 an die Kommandierenden Generale erinnert, wonach „eine Scheu vor dem Frontalangriff entstanden [sei], wie sie den Überlieferungen meines Heeres nicht entspricht", und demnach wieder das Üben des Frontalangriffes in den Vordergrund bei der taktischen Truppenausbildung gestellt werden müsse.

b. Grundzüge seiner militärstrategischen Planung

Möglicherweise mochte sich v. Moltke wegen der ihm grundsätzlich größer erscheinenden Offenheit der Situation auch nicht mit der gleichen Festigkeit wie sein Vorgänger im Amt für eine bestimmte Konzeption entscheiden. Ihr suchte er offenbar durch eine ebenso offene Planung zu begegnen, d. h., für ihn gewannen die gegnerischen Möglichkeiten des Handelns und etwaigen Operationsabsichten einen erhöhten Stellenwert schon bei der ersten Entschlußfassung über die Grundzüge der eigenen Kriegführung. Das aber mußte in der Konsequenz dann zu erheblichen Auffassungsunterschieden im Vergleich zu Schlieffen und entsprechend abweichenden Schlußfolgerungen führen, denn im Gegensatz zu diesem schätzte er das Verhalten der Franzosen von vornherein offensiver ein.

So bemerkte er schon 1906 zu dessen Denkschrift vom Dezember vergangenen Jahres, daß „das offensive oder defensive Verhalten Frankreichs ... im wesentlichen bestimmt werden [würde] von dem Casus belli. Wenn Deutschland den Krieg herbeiführt, wird Frankreich sich voraussichtlich defensiv verhalten. Wird dagegen der Krieg von Frankreich gewollt und herbeigeführt, so wird es aller Wahrscheinlichkeit nach denselben offensiv führen. Will Frankreich die verlorenen Provinzen wiedererobern, so muß es in dieselben einmarschieren, also offensiv werden. Ich halte es nicht für ganz ausgemacht, daß Frankreich sich unter allen Umständen defensiv verhält. Die Grenzfestungen, bald nach dem 70/71 Krieg angelegt, bringen allerdings den defensiven Gedanken zum Ausdruck. Dieser entspricht aber weder dem der Nation von jeher innewohnenden offensiven Geist, noch auch den jetzt in der französischen Armee herrschenden Lehren und Ansichten".

Einer französischen Offensive nun boten sich wegen der allgemeinen militärgeographischen Topographie im deutsch-französischen Grenzraum und insbesondere wegen der Lage des deutschen Festungssystems Metz–Diedenhofen vor allem zwei Hauptangriffsrichtungen an, einmal nördlich und zum andern südlich an Metz vorbei. Ein solcher Angriff konnte in nur einer Richtung oder gleichzeitig in beiden Richtungen unter Abschließung von Metz–Diedenhofen erfolgen. Schließlich war auch denkbar, daß die Franzosen versuchen würden, dem Hauptvorstoß an der einen Front durch einen Diversionsangriff an der anderen Entlastung zu bringen.

Welche dieser verschiedenen Möglichkeiten das französische Heer auch zu verwirklichen beabsichtigen mochte, sie hätte stets bedeutet, daß die Franzosen von sich aus den sie schützenden Festungsgürtel verlassen und die Entscheidung in einer offenen Feldschlacht suchen mußten, mithin genau das eintreten, was Schlieffen durch seine Umfassungsbewegung durch Holland und Belgien erst hatte erzwingen wollen bzw. an anderer Stelle als das Willkommenste für die Deutschen bezeichnet, aber seiner Neigung entsprechend deshalb um so weniger damit gerechnet hatte.

Bei Vorliegen eines solchen Falles aber tendierte nun Moltke d. J. zu der Ansicht, den geplanten deutschen Vormarsch abzubrechen und den Gegner sofort mit allen verfügbaren Kräften anzugreifen. „Man muß sich darüber klarwerden, weswegen ein Vormarsch der Deutschen durch Belgien überhaupt erwogen werden kann. Er kann kein anderes Ziel haben, als die französische Armee im freien Felde zu finden. In der Befürchtung, die Franzosen könnten hinter ihrer befestigten Ostfront stehen bleiben, die nicht ohne große Verluste an Menschen und Zeit forciert werden kann, will man diese Front umgehen, um ihnen so auf den Leib zu rücken. Wenn aber die Franzosen aus ihrer Festung herauskommen, so begeben sie sich damit ins offene Feld. Es hat keinen Zweck mehr, mit starken Kräften in Belgien weiterzumarschieren, wenn [z. B.] das französische Hauptheer in Lothringen vorgeht. Dann muß nur ein Gedanke maßgebend sein: das französische Heer mit allen verfügbaren Kräften anzufallen und zu schlagen, wo man es findet. Der Marsch durch Belgien ist also nicht Selbstzweck, sondern nur Mittel zum Zweck. Hier lag die Entscheidung in Lothringen, und zu ihr mußten unverzüglich alle Kräfte herangeführt werden." (W. Foerster).

Der Gedanke an die Möglichkeit einer großangelegten französischen Offensive schon zu Beginn eines Krieges gewann für Moltke in der Folgezeit immer mehr an Wahrscheinlichkeit und verfestigte sich bei ihm fast zu einem Axiom, wie aus der Anlage und Besprechung seiner Generalstabsreisen und Kriegsspiele deutlich hervorgeht. Damit aber mußte auch zugleich die Wahrscheinlichkeit wachsen, daß es bereits in den ersten Kriegstagen zu entscheidenden Schlachten in den Grenzgebieten kommen werde, deren Ausgang insgesamt den weiteren Verlauf des Feldzuges mitbestimmen würde.

Vor dem Hintergrund derartiger Überlegungen, die mit einer Entscheidung „kurze Zeit nach beendetem Aufmarsch" rechneten, wird verständlich, wie und warum der deutsche Generalstabschef in seinem Briefwechsel Anfang 1909 mit seinem österreichischen Kollegen, General Conrad von Hötzendorf, die Hoffnung aussprechen konnte, „daß Deutschland, wenn ihm der Sieg beschieden sein sollte, in nicht zu langer Zeit starke Heeresteile zur nachhaltigen unmittelbaren Unterstützung" der österreichischen Operationen gegen Rußland frei machen könne, und dabei als ungefähren zeitlichen Anhalt angab: „Ich bin nicht imstande, auf diese wichtigste aller behandelten Fragen eine präzise Antwort zu geben, da hier der Feind mitbestimmend ist." Je nachdem, ob die Franzosen selbst offensiv würden oder nicht, könne die Entscheidung in 3 bis 4 Wochen gefallen sein und der Transport würde dann nochmals 9 bis 10 Tage beanspruchen.

Unter dem doppelten Aspekt, des frühzeitig erwarteten französischen Angriffs einerseits und der aufgrund des zu befürchtenden Zweifrontenkrieges andererseits weiterhin bestehenden Notwendigkeit, im Westen zu raschen entscheidenden Siegen kommen zu müssen, begann die Aufmarsch- und Eröffnungsphase eines solchen Krieges für Moltke d. J. ein ganz anderes Gewicht zu erhalten. Sie sollte die späteren Waffenentscheidungen nicht nur erst vorbereiten, sondern diese auch möglichst schon herbeiführen. Die aus dieser Auffassung resultierenden Wandlungen des Mobilmachungsplanes traten erstmals mit der Neubearbeitung für das Jahr 1909/10 deutlich zutage.

Da Moltke davon ausging, daß die Franzosen mit einem Vorgehen des deutschen rechten Flügels durch Belgien südlich der Maasstrecke Lüttich–Namur rechneten und deshalb beabsichtigten, „gemeinsam mit den Belgiern und Engländern den schwenkenden deutschen Flügel zum Stehen [zu] bringen und mit starken Kräften die Front von Verdun her [zu] durchstoßen", um den deutschen Flügel von seinen Verbindungen abzuschneiden und ihn gegen die holländische Grenze zu drängen, mußte dieser insgesamt so stark wie möglich gemacht werden. Dadurch hoffte Moltke seinerseits nun, den feindlichen Flügel durch ein rechtzeitiges Übergehen der deutschen Truppen auf das linke Maasufer selber umfassen zu können. Der Gegner sollte also mit seinem erwarteten Vorstoß gleichsam in die deutsche Umfassungsbewegung hineinlaufen, die ihren festen Angelpunkt in der sicheren Anlehnung an die Festungen Metz–Diedenhofen zu finden und unbedingt zu behaupten hatte.

Vorbedingung für das Gelingen dieser Operationsabsicht war jedoch, daß es den deutschen Truppen überhaupt gelang, rechtzeitig über die Maas zu setzen und sich auf dem jenseitigen Ufer zu entwickeln. Dem Vorschlag Schlieffens, dazu unter Inkaufnahme einer Verletzung auch der niederländischen Neutralität die Maas in breiter Front unterhalb Lüttichs zu überschreiten „und dann links schwenkend auf dem linken Ufer der Maas und Sambre in Belgien und Frankreich" einzudringen, mochte sich allerdings Moltke, eingedenk der Mahnung seines Onkels, daß Deutschland, da es in einem etwaigen Krieg mit der Gefahr einer vollständigen Blockade zu rechnen habe, sich zumindest um Autarkie in bezug auf die Lebensmittelversorgung bemühen müsse, und offenbar unter dem Einfluß der Londoner Seekriegsrechtskonferenz 1908/09 stehend, nicht anzuschließen.

Die dort getroffene Festlegung und Differenzierung des Begriffes in absolute und relative Kriegskonterbande sowie der Wegfall der hindernden Anschauung „von der einheitlichen Reise" schienen nämlich für Deutschland die Möglichkeit der Zufuhr von relativer Konterbande über neutrale Häfen zu eröffnen (Art. 24 und 35 der „Erklärung über das Seekriegsrecht" von 1909).

Um sich diese Chance zu erhalten, war Moltke trotz der sich daraus für den deutschen Aufmarsch ergebenden Schwierigkeiten willens, die Neutralität der Niederlande zu respektieren.

Dadurch aber mußte wiederum, gerade unter dem Aspekt einer frühzeitigen französischen Offensivabsicht, die rasche Besetzung Lüttichs und Sicherung der dortigen Maasübergänge für die deutschen Operationspläne größte Bedeutung erhalten (vgl. Bd. 4, Abschn. VIII, S. 179–181).

Zwar hatte Moltke bereits 1906 den Wert des Besitzes von Lüttich für eine ungehinderte Eisenbahnverbindung von Deutschland nach Belgien hinein anerkannt, unter dem soeben skizzierten neuen Sachzwang jedoch steigerte sich dieser Faktor noch gewaltig und wurde geradezu zu einem Grundpfeiler der Aufmarschplanung, auf dem alle weiteren Operationen des deutschen rechten Flügels aufbauten. In dieser Situation faßte Moltke den Plan, Lüttich sofort nach der Kriegserklärung handstreichartig besetzen zu lassen. Damit aber schuf er jenen ungeheuren Zeitdruck, der den späteren deutschen Aufmarsch kennzeichnen sollte, indem er Mobilmachung, Kriegserklärung und Besetzung Lüttichs zu einer im Grunde kaum mehr trennbaren Einheit verschmolz.

Mit der für den rechten deutschen Flügel entwickelten Planung hoffte v. Moltke, einem etwaigen französischen Vorstoß nach Südbelgien hinein begegnen zu können. Für den Fall einer Offensive der Franzosen im Raum zwischen Metz und den Vogesen dagegen verstärkte er im Mobilmachungsplan für das Jahr 1909/10 gleichfalls die bisher dort allein aufmarschierenden Kräfte der 6. Armee (8 Divisionen) um die 7. Armee mit weiteren 8 Divisionen.

Im Vordergrund der Begründung dieser Verstärkung des linken deutschen Flügels stand die Abwehr einer etwaigen Offensive des Gegners in die Reichslande hinein, und ihre Hauptfunktion ist wohl in dem Schutz der linken Flanke des deutschen Schwenkungsflügels vor einer Bedrohung durch Umgehung südlich von Metz und Umfassung der Nied-Stellung seitens des Feindes zu erblicken.

Daneben mag die vorsorgliche Bereitstellung der 7. Armee vielleicht andeuten, daß hier Moltke möglicherweise schon daran dachte, bei einem französischen Hauptangriff in Lothringen mit beiden Armeen solange hinhaltenden Widerstand leisten und dadurch die Zeit gewinnen zu wollen, die er benötigte, um die deutsche Hauptmacht wiederum unter Aufgabe der bisherigen Vormarschrichtung sofort nach Süden einschwenken und zur Unterstützung sowie zum direkten Eingreifen in die Kämpfe in Lothringen herankommen zu lassen. Mithin war er offenbar auch bereit, gegebenenfalls die entscheidende Hauptschlacht dort zu schlagen.

Jedenfalls äußerte Moltke anläßlich der Generalstabsreise 1912 die Ansicht: „Von dem Augenblick an, wo das Vorgehen der französischen Hauptmasse zwischen Metz und den Vogesen erkannt war, wurde das Vorgehen des deutschen rechten Flügels durch Belgien gegenstandslos ... Die Operation mußte so geführt werden, daß der deutsche linke Flügel sich dem Vormarsch der Franzosen defensiv entgegenstellte, während alles, was nicht zur Abwehr der Belgier und Engländer nötig war, in südwestlicher Richtung heruntermarschierte, um durch und westlich Metz anzugreifen" (W. Foerster).

Damit sollte der linke deutsche Flügel solange einem französischen Hauptangriff hinhaltenden Widerstand entgegensetzen, dabei u. a. langsam auf die Saar-Nied-Stellung ausweichend, bis die Masse des deutschen Heeres aus Belgien herangeeilt war und der Gegner im Gegenangriff in eine ihn vernichtende Umfassungsschlacht verwickelt werden konnte. Für diese anfängliche Abwehr- und spätere Angriffsaufgabe mußte aber auch der linke Flügel über eine gewisse Mindeststärke verfügen.

Das mochte sich schließlich ebenfalls für den Fall empfehlen, daß der Gegner hier nur vorhatte, durch einen Nebenangriff von der eigentlichen Hauptstoßrichtung abzulenken. Dann nämlich konnte sich die Gelegenheit bieten, durch einen entscheidenden Erfolg über diese feindliche Teilstreitmacht einen Kräfteausgleich zugunsten Deutschlands an der Gesamtfront herbeizuführen, da nach Meinung Moltkes Frankreich seine Wehrkraft, um Deutschland die Waage halten zu können, derart rücksichtslos ausgenutzt hatte, daß es bei Kriegsbeginn, wenn die gesamte Bevölkerung unter die Waffen getreten sei, deshalb über keine weiteren nennenswerten Reserven mehr für Neuformationen wie noch 1870/71 verfügen würde.

Dieses Kalkül wiederum ist sicher mitentscheidend gewesen für die deutsche Absicht, die nach einer raschen Entscheidung auf eine derartige Weise frei werdenden eigenen Truppen zumindest in ihrem größten Teil anschließend an anderer Stelle einsetzen zu können.

Durch die vorgenannten Überlegungen erhöhte sich naturgemäß der Stellenwert des bislang eher nur als Nebenkriegsschauplatz aufgefaßten Raumes zwischen den Vogesen und Metz und wurde mehr und mehr zu einer operativen Einheit von nicht unerheblichem Eigengewicht. Diese Tendenz verstärkte sich noch 1910/11, als der deutsche Generalstabschef nunmehr darauf verzichtete, die planmäßige Verschiebung der 7. Armee weiter vorbereiten zu lassen, und ihr statt dessen die Aufgabe zuwies, sich unmittelbar an dem bislang als bloße Demonstration und zur Fesselung von französischen Streitkräften gedachten Angriff der 6. Armee auf Nancy bei Ausbleiben einer französischen Offensive zu beteiligen, diesen dadurch zu einem „Vorgehen gegen Mosel und Meurthe" erweiternd.

An diesen Ausführungen mag insgesamt deutlich geworden sein, wie stark Moltke d. J. offenbar bereit war, um des Zieles einer raschen Entscheidungsschlacht willen, seine Operationen von dem Verhalten des Gegners abhängig zu machen. Wenn er sich dabei einerseits auch von der Überzeugung leiten ließ, daß „über die Grundgedanken der geplanten Operation und über die Vorbereitungen derselben durch den Aufmarsch hinaus ... sich keine Erwägungen anstellen" lassen (W. Eltze), so bemühte er sich andererseits doch bereits antizipierend darum, „die ‚unbekannte Größe in der strategischen Rechnung', wie der ältere Moltke den operativen Willen des Gegners nannte, bis auf ihre annähernden Wahrscheinlichkeitswerte vorherzubestimmen und so allen gedanklich möglichen Lösungsformen der gestellten Aufgabe gerecht zu werden" (H. Gackenholz). Das heißt, er strebte danach, die eigenen Planungen der Vielfalt der potentiellen gegnerischen Operationsabsichten anzupassen und ihnen durch einen mindestens ebenso variationsfähigen eigenen Aufmarsch zu begegnen. Konkretisierte sich nun eine der zahlreichen gegnerischen Möglichkeiten des Handelns zu einer erkennbaren Maßnahme, zeichnete sich mithin im bisherigen Bereich der Spekulation ein deutlicher Realitätsbezug ab, wollte er flexibel reagieren und auf diese „Wirklichkeit des Krieges" hin operieren. Innerhalb dieser Vorstellung wurde dann der deutsche Vormarsch nach Belgien bloß noch zu einem Eröffnungsschachzug, der die Truppen in eine möglichst günstige Ausgangsstellung für einen Angriff auf den erwarteten feindlichen Vorstoß bringen sollte, gegebenenfalls aber auch für den Fall, daß dieser ausblieb, die Möglichkeit offenhielt, ihn nach der Art des ursprünglichen „Schlieffen-Planes" fortzusetzen.

Ohne jeden Zweifel hatte sich Schlieffen teilweise von ähnlichen Überlegungen leiten lassen. Im Gegensatz zu Moltke d. J. war er jedoch ohne wirklich zwingende Gründe augenscheinlich nicht dazu bereit gewesen, von seinem zunächst gefaßten Operationsplan abzuweichen. Vielmehr beabsichtigte er, mit der Linksschwenkung des rechten deutschen Heeresflügels durch Belgien sämtliche möglichen Gegenbewegungen des Gegners im Grunde schon im Keim zu ersticken, ihn praktisch von vornherein unter seinen Willen zu zwingen und vor eine hoffnungslose Ausgangslage zu stellen, mithin in einer Art „Strategie der Operationen" die „Feldzugsentscheidung zu einem wesentlichen Teil aus den vorbereiteten Bewegungen zu entwickeln" (H. Rosinski).

Eine ähnliche Unerschütterlichkeit der Überzeugung von der zwingenden Kraft der eigenen Operationen mochte dagegen Moltke unter der Vorstellung einer zu gegenwärtigen französischen Anfangsoffensive nicht aufbringen. Statt dessen gab er durch seine Bereitschaft, auf die Absichten des Gegners einzugehen, sich sogar durch ihn gegebenenfalls den Hauptkampfplatz vorschreiben zu lassen, nur um mit ihm schneller handgemein werden und so zu der erhofften Entscheidung gelangen zu können, mithin durch die von ihm mit dem bloß noch bedingten Festhaltenwollen am ursprünglichen Operationsentwurf angestrebte vermeintlich größere Flexibilität und Realitätsbezogenheit etwas sehr Wesentliches preis, nämlich einen der wenigen sicheren Anhaltspunkte in einem Kriege, den eigenen Entschluß.

Dadurch aber, daß Moltke seinen Entschluß weitgehend abhängig von den Absichten des Feindes machte, ihn zumindest den aus der Ungewißheit darüber genährten eigenen Zweifeln aussetzte, mußte nahezu zwangsläufig eine gewisse Unsicherheit in der Operationsführung entstehen, die leicht zu einem Mangel an Zielstrebigkeit werden konnte, jedenfalls kaum zu einer großen Sicherheit und Festigkeit im Urteil zu führen vermochte.

Der Engländer B. Liddell Hart hat den Operationsentwurf des Grafen Schlieffen als einen Ansatz zu einer „indirekten Strategie" bezeichnet. Unter diesem Aspekt wird man die Moltkesche Absicht, „das französische Heer mit allen verfügbaren Kräften anzufallen und zu schlagen, wo man es findet", im Grunde als eine Rückkehr zur „direkten Strategie" werten dürfen.

Wegen dieses grundlegenden Unterschiedes aber in den von den beiden Generalstabschefs verfolgten Prinzipien läßt sich der Aufmarsch- und Operationsplan Moltkes d. J., wie er dann später 1914 zur Ausführung gelangte, nicht einfach nur als eine „Verwässerung" des ursprünglichen Schlieffen-Planes bezeichnen.

Vielmehr wird man H. Gackenholz – auch erneut gegen J. L. Wallach – zustimmen müssen, daß „Moltke in deutlich bewußter Unabhängigkeit von Schlieffens Gedankengängen und aufbauend auf den nach seiner Ansicht in erster Linie maßgebenden Voraussetzungen seine eigene Konzeption entwickelt" hat und die „... nur in dieser Eigengesetzlichkeit zu verstehen" ist.

6. Die operativ-taktischen Anschauungen 1906–1914

a. Dienstvorschriften

Die „Grundzüge der höheren Truppenführung" von 1910

Das besondere Anliegen H. v. Moltkes d. J., die wirklichkeitsnahe Ausbildung des Heeres zu fördern, spiegelte sich auch in der umfassenden Neubearbeitung der grundlegenden Dienst- und Ausbildungsvorschriften wider, angefangen von den Exerzier-Reglements für die verschiedenen Waffen über die Feldbefestigungs-Vorschrift und Felddienst-Ordnung bis hin zu den „Grundzügen der höheren Truppenführung" von 1910, die, sich teilweise und wohl nicht zuletzt aus Respekt vor dem großen Namen noch an den Wortlaut der entsprechenden Instruktion des Generalfeldmarschalls v. Moltke von 1885 haltend, das deutsche operative Denken zusammenzufassen und einheitlich zum Ausdruck zu bringen versuchten.

Ausgangs- und Endpunkt aller Überlegungen bildete die Schlacht: „Zweck des Krieges ist die Durchführung der Politik mit den Waffen und die Erkämpfung eines Friedens, dessen Bedingungen dieser Politik entsprechen. Aufgabe der Heeresleitung ist die Vernichtung der feindlichen Streitkrafte. Die Schlacht ist das große Mittel, den widerstrebenden Willen des Gegners zu brechen. Alle anderen größeren und kleineren Unternehmungen sind nur Mittel, um diejenige Lage herbeizuführen, die in dem Entscheidungskampfe ihre Lösung findet."

Da die Deutschen in einem künftigen Krieg nicht mehr damit rechnen durften, entweder mit zahlenmäßiger Überlegenheit oder mit besserer Ausrüstung auf einen schon dadurch unterlegenen Gegner zu treffen, mußte versucht werden, die für einen Sieg schließlich ausschlaggebenden Vorteile u. a. durch überlegene Führung und Güte der Ausbildung zu erringen.

Diese Selbsteinschätzung eines gegebenen personellen und materiellen Gleichstandes führte nun einerseits zur Forderung an den militärischen Führer, in Ausprägung des manœuvre-à-priori-Gedankens bereit zu sein, gegebenenfalls auch ins Ungewisse hinein zu befehlen, um dadurch die Handlungsinitiative zu gewinnen und weiterhin zu erhalten. Dazu war aber neben einer Entschlußfestigkeit überhaupt und einer gewissen Beharrlichkeit bei dessen Durchführung die Fähigkeit notwendig, mannigfache und wechselnde Lagen rasch erfassen, sie in ihrer Gesamtwirkung zutreffend beurteilen und dann selbständig und flexibel sowie ohne Bindung an ein Schema Entscheidungen schnell treffen zu können.

Ganz im Sinne der Auffassung von „Strategie" als einem „System von Aushilfen" sollte so ein hohes Maß an Schnelligkeit und Beweglichkeit gewährleistet werden; einem Anliegen, dem sich die deutsche Führung schon seit Moltke d. Ä. besonders verschrieben hatte und in dem sie ihre eigentliche Überlegenheit über einen etwaigen Gegner erblickte.

Andererseits wurde dadurch aber auch die Ausprägung einer Vorliebe für eine bewegliche Kriegführung insgesamt begünstigt, sei es nun in der Verteidigung oder erst recht bei der Offensive, die nach dieser Auffassung über die besonderen Vorteile verfügte, dem Gegner das Gesetz des Handelns vorzuschreiben, alle moralischen Faktoren für sich zu haben und „das einzige Mittel zur wirklichen Niederkämpfung des Feindes" zu sein.

Der hier erneut zum Ausdruck gekommene Wille zur Vernichtung des Gegners und die zu diesem Zweck als notwendig angesehene bewegliche und offensive militärische Führung beeinflußte sicher zu einem Gutteil auch die Einschätzung der damaligen Kriegführung als einem „Streben nach großer und schneller Entscheidung".

Diese Tendenz wurde aus einem ganzen Bündel von Argumenten abgeleitet, das zusammen eine Menge Gründe für die Ansicht anführte, warum künftige Kriege möglichst kurz sein sollten und weshalb sie es auch sein könnten. Es wurde aber nicht expressis verbis die Behauptung aufgestellt, daß diese deshalb nur von kurzer Dauer sein würden.

Trotz dieses nicht unwichtigen Unterschiedes kann man in der Aufzählung wohl die wesentlichen Momente versammelt sehen, die aus militärischer Sicht für die Annahme einer kurzen Kriegsdauer gesprochen und damit ebenfalls die Vorstellung vom „kurzen Krieg" nachhaltig beeinflußt haben dürften. Es waren dies: „Das Aufgebot aller Wehrfähigen, die Stärke der Heere, die Schwierigkeit, sie zu ernähren, die Kostspieligkeit des bewaffneten Zustandes, die Unterbrechung von Handel und Verkehr, Gewerbe und Ackerbau, dazu die schlagfertige Organisation der Heere und die Leichtigkeit, mit der sie versammelt werden – alles drängt auf rasche Beendigung des Krieges."

Die durch den Eisenbahnausbau und verbesserte Mobilmachungsvorbereitungen gewachsene Kriegsbereitschaft der europäischen Heere legte zudem die Vermutung nahe, daß es schon bald nach beendetem Aufmarsch zu einem größeren Zusammenstoß der feindlichen Truppen noch im Grenzgebiet kommen werde, dessen Ergebnis „den weiteren Verlauf des ganzen Krieges entscheidend" beeinflussen würde.

Bei den aufgebotenen Heeresmassen stand allerdings kaum zu erwarten, daß diese in ihrer Gesamtheit gleichzeitig aufeinandertreffen, es vielmehr zunächst zu einer Reihe von unzusammenhängenden Einzelkämpfen auf Korps- oder Armee-Ebene kommen würde, so daß erst die Summe all dieser Gefechte das Endergebnis der Heeresschlacht beinhaltete.

Deshalb wurde es von entscheidender Wichtigkeit angesehen, „daß von Beginn an Einheitlichkeit in den Operationen gewahrt wird. Die Armeeführer müssen ihre Maßnahmen so treffen, daß die Absichten der obersten Heeresleitung durch gemeinsames, demselben Ziele zustrebendes Handeln aller Heeresteile zur Durchführung gebracht werden. Die Schwierigkeiten in der Leitung moderner Massenheere sind nur zu überwinden, wenn die Armeeführer sich dauernd ihrer Zugehörigkeit zum Ganzen bewußt bleiben".

Insbesondere sollten zumindest die höheren Führer sich z. B. stets vor Augen halten, ob sie nicht dem großen Zweck – Vernichtung des Gegners – dadurch besser dienen würden, daß sie, statt nach der alten Regel, einfach auf den Kanonendonner zu marschieren, zu handeln – ihren Vormarsch in eine Richtung lenkten, die etwa ein Eingreifen gegen Flanke und Rücken des Feindes ermöglichte.

Um jedoch ein solches zielgerichtetes einheitliches Handeln der einzelnen Armeen im Sinne des Ganzen zu erreichen, waren, gerade auch unter dem Aspekt der sich immer mehr ausdehnenden Frontlängen, zwei weitere Voraussetzungen zu erfüllen. Einmal mußten „die höheren Führer über die Absichten des Höchstkommandierenden unterrichtet … [sein], damit sie die ihnen im Rahmen des Ganzen zufallenden Aufgaben richtig beurteilen und selbständig lösen" konnten. Als geeignetes militärisches Führungsmittel bot sich hierzu die Direktive an.

Zum andern hatten die höheren Führer selber mit Hilfe der zur Verfügung stehenden Nachrichtenmittel – Telegraph, Telephon usw. sowie durch Kraftwagen etc. – untereinander dauernden Kontakt zu halten und ihre jeweiligen Vorhaben aufeinander abzustimmen. Bei dem damaligen Stand der Technik hieß das aber, daß das resp. die Hauptquartiere nicht ständig ihren Aufenthaltsort wechseln durften und demnach auch nur bedingt in der Lage waren, dem Vormarsch der Truppen zu folgen. „Frühzeitige Bekanntgabe des Standpunktes ermöglicht schnelles und zuverlässiges Ineinandergreifen des ganzen Meldewesens sowie rechtzeitige Einrichtung des Telegraphen- und Fernsprechnetzes. Platzwechsel stört die dauernde Verbindung und ist deshalb nicht ohne zwingenden Grund vorzunehmen."

Als „höchstes Ziel jeder kriegerischen Handlung" galt nun, wie schon mehrfach angedeutet, „… die Vernichtung des Gegners. Sie muß immer erstrebt werden". Dieses Ziel konnte am ehesten durch Einschließung, teilweise auch durch Umfassung des Feindes erreicht werden. Den geringsten Erfolg in dieser Hinsicht versprach dagegen ein Frontalangriff, selbst wenn er bei einem Sieg durch eine tatkräftige Verfolgung des geschlagenen Gegners ergänzt wurde. Indessen wurde durchaus nicht verkannt, daß manchmal ein solcher frontaler Angriff unumgänglich sein mochte.

Gerade wegen der Stärke einer Front schien es eher geraten, den eigenen Angriff gegen einen Flügel oder noch besser gegen die Flanke des Feindes zu richten. Um dabei aber möglichst zu verhindern, daß dieser zur Abwehr auch hier eine neue wirksame Front aufbauen konnte, mußte er tunlichst in seiner ursprünglichen Frontrichtung gefesselt werden. „Dies ist nur dadurch möglich, daß man ihn mit einem Teile der Kräfte in der Front festhält und den anderen Teil umfassend gegen seine Flanke vorführt. Das Festhalten in der Front wird am wirksamsten durch Angriff erreicht; durch diesen ist gleichzeitig am sichersten zu verhindern, daß sich der Gegner mit Überlegenheit auf unseren Flankenangriff wirft. Auf jeden Fall muß man aber der feindlichen Front gegenüber stark genug bleiben, um hier nicht überwältigt zu werden, bevor der Flankenangriff [wegen der Größe der Frontausdehnung auch dort, Erg. d. Verf.] wirksam wird."

In einer zu großen Frontausdehnung wurde überhaupt die große Gefahr verborgen gesehen, daß sie dann leichter durchbrochen werden konnte, während umgekehrt eine zu kleine dazu verleitete, umfaßt zu werden.

Damit hing es – allgemein gesprochen – „von der allgemeinen operativen Absicht, der Verteilung der feindlichen Streitkräfte und dem Gelände" ab, „... wohin der Schwerpunkt zu legen ist. Hiernach sind die Streitkräfte zu gruppieren. Wo die Entscheidung gesucht wird, muß man so stark wie möglich sein; die Mittel, um an entscheidender Stelle des Schlachtfeldes überlegen zu sein, kann man bei fehlender allgemeiner Überlegenheit nur durch Sparsamkeit an den minder wichtigen Stellen erhalten. In der Verteilung der Streitkräfte je nach den ihnen zufallenden Aufgaben beruht ein Hauptteil der Kunst guter Gefechtsführung".

Für das Gelingen eines Angriffs wurde insbesondere die Erreichung der eigenen Feuerüberlegenheit für erforderlich gehalten. Zu diesem Zweck sollte das Bestreben aller Führer darauf gerichtet sein, „alle verfügbaren Kräfte auf wirksame Entfernung an den Feind heranzubringen und auf voller Feuerkraft zu erhalten, bis der Gegner niedergerungen ist. Im Sturmangriff mit der blanken Waffe wird die Überwindung des Gegners besiegelt".

Bei dieser hohen Einschätzung des Elements Feuerwirkung war es nur natürlich, daß unter Umständen mit der Notwendigkeit von Nachtangriffen, zumindest jedoch mit der Möglichkeit gerechnet wurde, die Truppen nur noch während der Nacht zum Angriff bereitstellen zu können.

Umgekehrt gewannen dadurch die Vorteile der Verteidigung und allgemein das Vorhandensein von natürlichen bzw. die Anlage von künstlichen Deckungen erhöhte Bedeutung. „Das überwiegend gewordene Element der Feuerwirkung gelangt auf der freien Ebene zur höchsten Entwicklung. Eine kaum beachtete sanfte Welle wird eine starke Stellung, wenn sie ein weites freies Schußfeld vor sich hat und unsere Reserven dem Feuer des Gegners entzieht"; oder: „Soll der Kampf auf einem Teil der Schlachtlinie zunächst defensiv geführt werden, so tritt hier die Wichtigkeit der künstlichen Verstärkung des Geländes besonders hervor. Sie ermöglicht, Truppen für andere Zwecke zu sparen und wird überall da ins Auge zu fassen sein, wo man nicht entschlossen ist, ohne weiteres zum Angriff zu schreiten. Was Verhältnisse und Technik gestatten, muß zur Verstärkung des Geländes geschehen."

Bei der Herstellung von Verteidigungsanlagen beobachtete man allerdings vorgeschobene Stellungen wegen der damit verbundenen Gefahr, sich unter Umständen zu ihrer Behauptung doch in einem eigentlich dafür nicht vorgesehenen Gelände schlagen zu müssen, mit einem gewissen Mißtrauen. Statt dessen sollte nur eine Stellung ausgebaut und befestigt werden. Dagegen wurde eine Tiefengliederung für besonders geboten erachtet, um dadurch einer etwaigen feindlichen Umfassung wirksam begegnen zu können.

Die Verteidigung selber hatte nun nicht rein starr und defensiv, sondern beweglich und mit Offensivstößen gepaart geführt zu werden, mit dem Ziel, den Angriff für den Gegner so verlustreich zu machen, daß er es nicht mehr wagen würde, „ihn zu erneuern. Die Zertrümmerung der Angriffstruppen durch überwältigendes Feuer wird eine weitreichende moralische Bedeutung haben und den immer im Auge zu behaltenden Übergang des Verteidigers zur Offensive wirksam vorbereiten".

Dem siegreichen Kampf schließlich sollte sich eine ungesäumte Verfolgung des geschlagenen Feindes anschließen, um ihn an einer Sammlung und erneuten Kampfaufnahme zu hindern. Dazu waren alle verfügbaren Kräfte schonungslos aufzubieten und weiterhin Möglichkeiten zu Umfassungsoperationen oder zur Verlegung des gegnerischen Rückzugswesens zu beachten. „Eine in dieser Weise rastlos vorschreitende Ausnutzung des Sieges kann, falls nicht besondere Verhältnisse dem Gegner von neuem Gelegenheit zum Widerstand geben, schon nach einer einzigen großen Waffenentscheidung die Erreichung des gesamten Kriegszwecks herbeiführen."

Es lag nun ausdrücklich nicht in der Absicht der Verfasser dieser „Grundzüge", dadurch die höheren militärischen Führer irgendwie an bestimmte Regeln binden zu wollen. Vielmehr sollte ihrem auf Verantwortungsfreudigkeit und richtigem Verständnis gegründeten selbständigen und entschlossenen Handeln weiterhin Raum zur freien Entfaltung gegeben werden. Gewissermaßen boten somit die „Grundzüge" nur eine Sammlung von bedenkenswerten Anhaltspunkten an, die eine allgemeine Orientierungshilfe geben konnten, vermieden es aber peinlichst, irgendwie konkrete Handlungsvorschriften zu erlassen.

Der dadurch gegebene Ermessensspielraum des Offiziers bei der Interpretation einer Situation vergrößerte sich noch durch die Tatsache, daß es damals für das deutsche Heer noch keine für alle Waffengattungen gemeinsame Gefechtsvorschrift gab.

Die „Felddienst-Ordnung" von 1908

So behandelte die für alle Waffen gültige „Felddienst-Ordnung" nur die Führung und den Felddienst, die jeweiligen Gefechtsgrundsätze wurden jedoch in der Hauptsache in den Exerzier-Reglements der betreffenden Waffengattung beschrieben.

Immerhin versuchte die Felddienstordnung, die mögliche Waffenwirkung kurz zu skizzieren. Sie bietet deshalb nicht nur wichtige Aufschlüsse für deren damalige Einschätzung, sondern aus ihr lassen sich auch, gerade weil sie aus der und für die Manöverpraxis entwikkelt und der nunmehrigen Verwendung des kleinkalibrigen Mehrladers, der schnellfeuernden Schild-Batterien, der Maschinengewehre, des rauchlosen Pulvers etc. angepaßt worden war, erste kritische Maßstäbe für eine zeitgleiche Beurteilung der damaligen Gefechtsvorschriften gewinnen.

So wurde die Feuerwirkung der Infanterie in erster Linie abhängig gesehen „von der Zahl der Gewehre und Patronen, von der Dauer des Feuers, von der Entfernung ..., von der Feuerdisziplin der Truppe sowie von der Beschaffenheit und Erkennbarkeit des Zieles und der Möglichkeit der Beobachtung. Die Wirkung wird wesentlich beeinträchtigt durch die Gegenwirkung des feindlichen Feuers ... Gegen hohe und tiefe Ziele (ungedeckt stehende oder marschierende geschlossene Abteilungen) ist bei richtiger Feuerleitung bis zu den höchsten Visierstellungen auf Erfolg zu rechnen ... Ungedeckt sich bewegende Schützenlinien erleiden, von einer durch Feuer nicht beunruhigten Infanterie beschossen, auf mittleren, selbst schon auf weiten Entfernungen erhebliche Verluste, die mit der Dichtigkeit des Ziels wachsen. Längere, ununterbrochene Vorwärtsbewegungen dichter Schützenlinien sind daher auf nahen und mittleren Entfernungen im wirksamen feindlichen Feuer ausgeschlossen. Ein weiteres Vorgehen ist dann nur durch Heranarbeiten unter wechselseitiger Feuerunterstützung möglich. Auf den allernächsten Entfernungen werden die großen Verluste meist zu schneller Entscheidung führen … Für den Erfolg eines Bajonettangriffs kommen die vorangegangene Wirkung durch Infanterie- und Artilleriefeuer sowie die Wucht des Stoßes in Betracht".

Neben der schon hinreichend als vernichtend gekennzeichneten infanteristischen Waffenwirkung verdienen noch zwei Punkte, näher festgehalten zu werden. Es sind dies einmal die Vorstellung, daß man durch Feuer gegnerisches zumindest in seiner Wirkung dämpfen könne – die Voraussetzung für das Wirksamwerden der „Feuerüberlegenheit", und zum anderen, daß die Waffenwirkung der Infanterie in erster Linie auf einer größtmöglichen Zahl der eingesetzten Gewehre beruhen würde, eine Ansicht, die auf einen Einsatz der Infanterie in der Linie hinauslief und dort Massenbildungen förderte.

Umgekehrt fiel den Maschinengewehren gemäß ihrer geringen Anzahl pro Regiment noch keine ausschlaggebende Rolle zu, obwohl nicht verkannt wurde, welche entscheidende Bedeutung ihnen im Einzelfall zukommen konnte. „Maschinengewehre befähigen die Führung an bestimmten Punkten zu Entwickelung stärkster infanteristischer Feuerkraft auf schmalstem Raum. Die Gewehre können in jedem für Infanterie gangbaren Gelände Verwendung finden … Die rasche Aufeinanderfolge der Schüsse und das enge Zusammenhalten der Geschoßgarbe sowie die Möglichkeit, mehrere Gewehre auf beschränktem Raum zu vereinen, setzt die Maschinengewehr-Abteilung in die Lage, an bestimmten Stellen rasch einen durchschlagenden Erfolg zu erringen und selbst auf weite Entfernungen gegen große und dichte Ziele in kurzer Zeit vernichtend zu wirken … Gegen liegende Schützenlinien kann die Wirkung bis 1200 m erheblich sein. Sie erfordert jedoch großen Munitionsaufwand."

Der erheblich größere Munitionsverbrauch war auch das Kriterium, warum die Maschinengewehre als wenig geeignet für lang andauernde und hinhaltende Feuergefechte angesehen wurden. „Ist aber der Entschluß gefaßt, ein Ziel unter Feuer zu nehmen, so muß die zur Erreichung des Gefechtszwecks erforderliche Munition auch voll eingesetzt werden … Die dem Gegner zugefügten Verluste werden diesen stärker erschüttern, wenn er sie in kurzer Zeit erleidet, als wenn sie sich auf einen längeren Zeitraum verteilen. Es empfiehlt sich daher in den meisten Fällen, das Feuer selbst einem schwächeren Feinde gegenüber nicht mit einem oder zwei Zügen, sondern mit der ganzen Abteilung zu eröffnen".

Gegenüber dieser Schilderung mutet dann die Behauptung, daß sich die Wirksamkeit der Maschinengewehre gegenüber einer unregelmäßig gebrochen vorgehenden Front mindere, sich sogar bei falscher Visierwahl und ungenügender Beobachtungsmöglichkeit unter Umständen ganz aufheben könne, bei aller Berechtigung der genannten Einzelfaktoren doch wegen der darin zum Ausdruck kommenden tendenziellen Unterschätzung der Bedeutung dieser neuen Waffe recht befremdend an.

Für die Wirkung der Feldartillerie wie auch zum Teil für die der schweren Artillerie kamen vornehmlich „richtige Zielerkundung, verdeckte Annäherung und Einnahme der Stellung, überraschende Feuereröffnung, freies Schußfeld, die Zahl der auf dasselbe Ziel feuernden Geschütze, Feuergeschwindigkeit und Dauer des Feuers" in Betracht. Sie war „... ferner abhängig von der Entfernung, Größe, Sichtbarkeit und Aufstellung des Zieles sowie namentlich von der Gegenwirkung feindlichen Feuers".

Dabei ging man davon aus, daß geschlossene Abteilungen von Kompanie- bzw. Eskadronstärke oder aufgeprotzte Maschinengewehre nicht ungedeckt auf Entfernungen unter 4000 m sich wirksamen Artilleriefeuer aussetzen durften. Umgekehrt zwang die gesteigerte Schußgenauigkeit und Reichweite der Schußwaffen allgemein auch die Artillerie dazu, für sich selber verdeckte Stellungen zu wählen.

Zusammenfassend wurde also anerkannt, daß mit der Waffenwirkung die Bedeutung des Geländes und seine sorgfältige Ausnutzung gegenüber früher gleichfalls erheblich angestiegen waren. So sah man geradezu die besondere Eigentümlichkeit eines modernen Gefechtes darin liegen, daß sowohl der Angreifer als auch der Verteidiger sich bemühten, „ihre Bewegungen und Stellungen mit Rücksicht auf die feindliche Waffenwirkung der Sicht des Gegners zu entziehen; sie sind infolge des rauchschwachen Pulvers dazu auch mehr als früher in der Lage. Auch die verbesserten Beobachtungsmittel zwingen zu sorgfältiger Ausnutzung des Geländes. Die gesteigerte Tragweite der Waffen erschwert die Annäherung an den Feind. Verdeckte Artilleriestellungen, Masken, Scheinanlagen spielen eine große Rolle, die Uniformen vermeiden leicht erkennbare Farben und blinkende Teile. Auch der Beobachtung aus Luftfahrzeugen sucht sich die Truppe durch Ausnützung des Geländes zu entziehen. So entsteht die ‚Leere des Schlachtfeldes', ‚das Unheimlichste in der modernen Angriffsschlacht'".

W. Eltze hat hinter den beiden letzten Formulierungen den Ausdruck des Unbehagens der „kriegerischen Männlichkeit" am zunehmenden Einfluß der Technik und des Materials auf die Kriegführung, ja sogar den Versuch zu deren Mißachtung gesehen.

b. Die Elemente der Militärstrategie

Zusammenwirken der Waffen

Eltze trifft jedoch wohl nur zum Teil das Richtige. Daß dieser Eindruck überhaupt entstehen konnte und damals bei der Truppe vielleicht sogar vorherrschend gewesen sein mag, dürfte statt dessen auch in der Tatsache zu suchen sein, daß es – wie schon erwähnt – im deutschen Heer keine Vorschrift über das Zusammenwirken der verschiedenen Waffen beim Gefecht gegeben hatte, obwohl z. B. die Sache und ebenfalls der Begriff „Taktik der verbundenen Waffen" längst bekannt waren und man sich an anderer Stelle auch schon bemühte, das Gefecht gerade unter diesem Aspekt zusammenfassend darzustellen.

Im Gegensatz zu diesen ersten Ansätzen einer systematisierenden Betrachtungsweise erfolgte jedoch offenbar die Gefechtsausbildung der Truppen weitgehend nur nach den in den jeweiligen Exerzier-Reglements der einzelnen Waffen niedergelegten Grundsätzen, die trotz allen Bemühens um Ausgewogenheit doch naturgemäß den waffenspezifischen Aspekt besonders hervorhoben, so daß dabei z. B. das grundsätzliche Zusammenwirken der verschiedenen Waffengattungen beim Gefecht nicht immer die genügende Berücksichtigung fand, gerade auch im Hinblick auf die Gewichtung der einzelnen Beiträge.

Da der Inhalt der Vorschriften zudem vielfach kompilatorisch zusammengetragen und nicht immer frei von inneren Widersprüchen war, mochte das in Verbindung mit einem gewissen Konkurrenz- bzw. Rivalitätsdenken der Waffen untereinander dann nicht nur zu Akzentverschiebungen, sondern auch zu erheblichen Auffassungsunterschieden bis hin zu gravierenden Fehlinterpretationen führen, die insbesondere in bezug auf die Infanterie den materiell-technischen Aspekt der Kriegführung leicht in den Hintergrund treten lassen konnten.

Stellvertretend für den gemeinten Sachverhalt sei auf das „Exerzier-Reglement für die Infanterie“ vom 29. Mai 1906, auf das schon an anderer Stelle und in einem anderen Zusammenhang eingegangen worden ist (vgl. S. 431f), und auf das „Exerzier-Reglement für die Feldartillerie“ vom 26. März 1907 verwiesen.

Gemäß ersterem kam, ausgehend von der Feststellung, daß ein Angriff „im Vortragen des Feuers an den Feind“ bestehen sollte und zu diesem Zweck vielfach „die Erkämpfung der zeitweiligen Feuerüberlegenheit“ Vorbedingung war, dem Kampf um die Feuerüberlegenheit entscheidende Bedeutung für das gesamte Angriffsverfahren zu.

Dabei wurde der Infanterie als der Hauptwaffe die Aufgabe zugewiesen, „im Verein mit der Artillerie ... durch ihr Feuer den Gegner“ niederzukämpfen. Und die Maschinengewehre, bewertet als erheblicher Kraftzuschuß an den entscheidenden Stellen, hatten „den Feuerkampf der Infanterie unmittelbar zu unterstützen“.

Umgekehrt sollte die Artillerie, die „das Gerippe des Kampfes“ bildete und von deren Stellung die Gruppierung der anderen Waffen meistens abhängen würde, in erster Linie die Infanterie wirksam unterstützen, ihr den Weg zum Sieg bahnen: „Wirksamste Unterstützung der Infanterie ist die Hauptaufgabe der Feldartillerie ... Grundsätzlich muß sie stets diejenigen Ziele bekämpfen, die der eigenen Infanterie am gefährlichsten sind“, oder auch: „Die Fußartillerie soll im Verein mit der Feldartillerie der Infanterie den Weg zum Siege bahnen.“

Die Unterstützung der Infanterie konnte nun auf zwei Arten erfolgen, einmal mittelbar durch Beschießung bzw. Niederhaltung der gegnerischen Artillerie – deren sichere Ausschaltung wurde bei den mehr und mehr in Anwendung kommenden verdeckten Artilleriestellungen nur begrenzt für möglich gehalten –, Maschinengewehre und Befestigungsanlagen und zum andern durch unmittelbare Bekämpfung der feindlichen Infanterie. „In der Regel wird bei Beginn des Gefechts die feindliche Artillerie das Ziel sein. Je geringer die Entfernung zwischen den beiderseitigen Infanterien wird, desto mehr tritt die unmittelbare Bekämpfung der feindlichen Infanterie in den Vordergrund.“

Das galt insbesondere beim Angriff oder gar beim Sturm. Dann hatte die Artillerie ihr Feuer zur größten Heftigkeit zu steigern. „Im Verein mit dem Infanterie- und Maschinengewehrfeuer muß sie den Feind in seinen Deckungen so niederhalten, daß die Beseitigung der Hindernisse vollendet werden und die Infanterie zum Sturm schreiten kann.“ Dazu sollte das Artilleriefeuer möglichst bis unmittelbar vor dem Einbruch auf die Einbruchsstellen gerichtet bleiben, d. h. unter guten Beobachtungsmöglichkeiten, bis sich die beiderseitigen vorderen Linien auf etwa 300–200 m genähert hatten und eine Gefährdung der eigenen Infanterie durch den Artillerieeinsatz befürchtet werden mußte.

Für ein solches Zusammenwirken war natürlich eine enge und ständige Verbindung zwischen der angreifenden Infanterie einerseits und der diesen Angriff unterstützenden und vorschießenden Artillerie erforderlich, für die gemäß den reglementarischen Bestimmungen die Artillerie verantwortlich zeichnete. „Die Feldartillerie erhält bestimmte Gefechtsaufträge vom Truppenführer. Hierbei kann es vorteilhaft sein, Verbände der Infanterie (Brigade, Regiment) und der Artillerie (Regiment, Abteilung) für eine bestimmte Gefechtsaufgabe ausdrücklich aufeinander anzuweisen. Aber auch ohne besonderen Befehl müssen die an derselben Gefechtsaufgabe beteiligten Truppenteile beider Waffen durch gegenseitiges Benehmen ihre Maßnahmen in Einklang bringen. Die Verbindung vom Artillerieführer zu dem Infanterieführer ist erforderlichenfalls durch Entsendung eines Offiziers aufzunehmen."

Wenn auch diese letzten wichtigen Bestimmungen recht vage blieben, so darf man doch nicht verkennen, daß damit der Abfassung der Vorschriften im Grunde bereits schon die Erkenntnis zugrunde gelegen hatte, daß „die Tätigkeit der Infanterie und Artillerie im Gefecht ... weder zeitlich noch räumlich zu trennen" war, sondern vielmehr ineinander überfloß.

Deshalb gelangte auch schon das Exerzier-Reglement für die Infanterie zu dem Ergebnis, daß die Infanterie nur selten in die Lage kommen dürfte, „ein Gefecht allein durchzuführen; meist wird sie in Verbindung mit anderen Waffen kämpfen".

Diese nur als folgerichtig zu bezeichnende Konsequenz vermochte sich jedoch nicht in der vielleicht gebotenen Deutlichkeit sofort und überall durchzusetzen. Statt dessen hob noch der „Leitfaden für den Unterricht in der Taktik auf den Königlichen Kriegsschulen" für 1914 ausdrücklich hervor, daß die Infanterie nicht nur „die vielseitigste und unabhängigste Waffe" sei, sondern sie könne daher auch „... nötigenfalls selbständig ein Gefecht durchführen".

Unter dem Einfluß einer solchen, offenbar von Prestigedenken mitbeeinflußten Uminterpretierung aber konnte der Gedanke an ein notwendiges Zusammenwirken der Waffen leicht durch Auffassungen zurückgedrängt werden, die allein oder in erster Linie der infanteristischen Feuerüberlegenheit entscheidende Bedeutung für das Gelingen eines Angriffes beimaßen.

Statt daß die Führung darauf Bedacht nahm, „die allmähliche Entwickelung der Infanterie mit dem durch das Artilleriefeuer gewährten Schutz in Einklang zu bringen", mochte dann z. B. die Infanterie glauben machen, in der Bestimmung ihres Reglements, wonach zwar „die vorgängige artilleristische Feuerüberlegenheit ... anzustreben ... [sei, aber] die Durchführung des Infanterieangriffs doch nicht lediglich hiervon abhängig gemacht werden [dürfe]", ausschlaggebend sei die Gesamtlage, eine vermeintliche Stütze und Aufmunterung für die Absicht zu finden, die Unabhängigkeit der Infanterie weiterhin wahren zu wollen, den infanteristischen Angriff gegebenenfalls auch ohne ausreichende Unterstützung durchführen zu können ganz im Sinne der geforderten und dem in vielen Abwandlungen wiederholten Verlangen nach Pflege des der Infanterie angeblich innewohnenden Triebes zum angriffsweisen Vorgehen. „Ihre Handlungen müssen von dem einen Gedanken beherrscht sein: Vorwärts auf den Feind, koste es, was es wolle."

Und da innerhalb einer solchen Vorstellung der einzelne Gewehrschütze der eigentliche Träger der Feuerkraft war, die beste Form für deren Zusammenfassung im Abteilungsfeuer aber naturgemäß die Linie bildete, mochte schließlich auch „im Angriff eine verhältnismäßig dichte Schützenlinie, in der Verteidigung ein einziger durchlaufender Schützengraben" als besonders geeignet erscheinen.

Der Kontrast zwischen dieser hier zum Ausdruck kommenden und in der Praxis vorherrschenden Auffassung und dem von der Theorie her geforderten Verhalten wird besonders deutlich, wenn man sie mit den für einen Angriff auf einen bereits zur Verteidigung entwickelten Feind und erst recht für den Kampf um befestigte Feldstellungen erlassenen Vorschriften vergleicht, handelte es sich doch hierbei in Anbetracht der gegnerischen Waffenwirkung „um ein langandauerndes, zähes Ringen, zu dem man sich Zeit nehmen muß. Unbedachtes Voreilen kann zu den schwersten Verlusten und zu Rückschlägen führen". Oder anders formuliert: Die Wirkung des eigenen Artilleriefeuers hatte die Schnelligkeit des infanteristischen Vorgehens zu bestimmen. „Vorstürmen der Infanterie ohne ausreichende Feuervorbereitung meist aussichtslos. Daher Einklang zwischen Vorgehen der Infanterie und dem ihr durch die Artillerie gewährten Schutz. Schrapnelfeuer gegen erkennbare Besatzung von Feldbefestigungen, Granatfeuer leichter und schwerer Haubitzen oder Mörser gegen Eindeckungen. Niederkämpfen von Maschinengewehren. Währenddessen fortgesetztes Heranarbeiten der Infanterie von Abschnitt zu Abschnitt. Eingraben, d.h. Festhalten des gewonnenen Bodens durch Befestigungen ... Jede neu gewonnene Stellung nur Ausgangspunkt für weiteres Vorgehen."

Angriffsverfahren der Infanterie

Das beim „Zusammenwirken der Waffen" gerade deutlich gewordene Problem der Vermittlung und Umsetzung sogenannter theoretischer Erkenntnisse in die Praxis, hier das der Rezeption und Umformung von Gefechtsvorschriften im militärischen Alltag, zeigte sich gleichfalls beim Angriffsverfahren der Infanterie, für das paradigmatisch der Angriff auf einen zur Verteidigung entwickelten Feind geschildert werden soll.

Nach Fühlungsaufnahme mit dem Gegner und Erkundung seiner Stellungen hatte zunächst die Artillerie unter dem Schutz schwacher vorgeschobener Sicherungstruppen ihre Ausgangsstellungen zu beziehen. Diese wurden kaum näher möglich als 3000 bis 4000 m vom Feind entfernt angenommen und um die herum sich die anderen Waffen gruppieren mußten.

Da nun einerseits die Stellungen der Infanterie ca. 600 m vorwärts von denen der Artillerie liegen sollten, andererseits ihre Bereitstellung der feindlichen Waffenwirkung entzogen unter Umständen auf 3 km Entfernung und mehr zu erfolgen hatte, läßt sich in etwa folgendes Grundschema für ein Gefechtsfeld skizzieren:

1. Die vordere Frontlinie, besetzt mit Infanterie, Maschinengewehren und unterstützt durch einzelne vorgeschobene Batterien; etwa 600 m dahinter
2. die Stellungen der Feldartillerie und, vielfach nachfolgend, der Fußartillerie sowie schließlich, außerhalb des feindlichen Feuerbereichs,
3. die erste Bereitstellung der Angriffstruppen und die nur im größeren Rahmen (Division aufwärts) zurückzuhaltende Reserve, mit der in erster Linie der militärische Führer Einfluß auf den gesamten Verlauf des Gefechtes nehmen konnte. „In ihr hat er das Mittel, den Schwerpunkt des Kampfes nach der von ihm gewollten Stelle zu verlegen, dort zu unterstützen, wo er es für angezeigt hält, Schwankungen des Gefechtes auszugleichen und schließlich die Entscheidung herbeizuführen."

Eine ähnliche Disposition beim Gegner vorausgesetzt betrug die Tiefe des Kampffeldes durchschnittlich 6–7 km, die bei einem Angriff in stets zunehmendem Feuer überwunden werden mußte.

Sobald die Artillerie einsatzbereit war, hatte sie mit der für erforderlich erachteten Mindestzahl den Kampf mit der feindlichen Artillerie aufzunehmen. Zwar wurde nicht damit gerechnet, diese auf Dauer niederkämpfen oder gar ausschalten zu können, doch sollte dadurch zunächst der Infanterie das Vorgehen erleichtert werden.

Die Bereitstellung der Infanterie erfolgte in der Regel aus dem Aufmarsch heraus durch Entfaltung, d. h. durch Zerlegen der Marschkolonnen in mehrere und deren strahlenförmiges Auseinanderziehen, so daß eine breitere Front hergestellt wurde.

Der eigentliche Angriff begann dann mit der Entwicklung der Schützen unter Bildung von Schützenlinien, die auf das Kommando „Schwärmen" erfolgte und bei der von der geschlossenen zur geöffneten Ordnung mit normalerweise zwei Schritt lichtem Zwischenraum übergegangen wurde. Als Anhaltspunkt für den benötigten Entwicklungsraum einer kriegsstarken Kompanie dienten etwa 150 m, einer Brigade zu 6 Bataillonen ca. 1500 m.

Grundsätzlich sollte nun „mit den Schützenlinien so nahe wie möglich an den Feind herangegangen [werden], um den Kampf mit wirkungsvollem Feuer zu beginnen. Die Grenze hierfür wird durch das Gelände, die feindliche Feuerwirkung und nicht zum wenigsten durch die Tüchtigkeit der Truppe gezogen. Von einer gut erzogenen Infanterie muß erwartet werden, daß sie selbst im deckungslosen Gelände das Feuer erst auf mittlere Entfernungen eröffnet", d. h. auf 1200–800 m.

Wie dies im einzelnen zu geschehen hatte, darin ließ das Infanterie-Reglement dem jeweiligen Truppenführer freie Hand; deutete jedoch das sprungweise Vorgehen in Zugstärke als Normalfall an, wobei möglichst lange Sprünge bis zu 80 m als wünschenswert angesehen wurden.

Diese Unbestimmtheit aber forderte offenbar die unterschiedlichsten und nicht immer widerspruchsfreien Interpretationen heraus.

So wurde beispielsweise zum entscheidungssuchenden Kampf allgemein dichte kampfkräftige Schützenlinien für erforderlich gehalten. Um sie in der gebotenen Stärke zu erhalten, mußten also zum Ersatz der unvermeidlichen Verluste dauernd Verstärkungen aus den zunächst noch zurückgehaltenen Kräften der Tiefengliederung nachgeführt werden. Hieran knüpfte nun der „Leitfaden" die Mahnung, daß eine zu starke Tiefengliederung nicht empfehlenswert sei. „Kräfte, die nicht zur Entscheidung eingesetzt werden können, haben ihren Zweck verfehlt. Durch eine übermäßige Anhäufung von Kräften, durch mechanischen Druck von hinten nach vorn kann heute die Entscheidung nicht mehr erreicht werden."

Die Bestimmung des Infanterie-Reglements, nach der ein unausgesetzter Drang nach vorwärts die Truppen beseelen sollte, war aber eher dazu geeignet, eine entgegengesetzte Vorstellung zu fördern, hieß es doch dort weiter: „Ist weiteres Vordringen unmöglich, so wird das Erreichte mit Aufbietung aller Kräfte festgehalten. Zurückgeschlagene Teile machen spätestens in der nächsten Deckung wieder Front. Heraneilende Unterstützungen reißen die Weichenden wieder mit vor."

Ähnlich verhielt es sich bei der für ein Vorgehen notwendig erachteten Feuerüberlegenheit, die einerseits als nur zeitweilig möglich und tatsächlich gegeben bezeichnet wurde. Andererseits konnten aber gerade Formulierungen, wie „Sprünge von Teilen über Zugstärke ... werden nur anzuwenden sein, wenn ausgesprochene Feuerüberlegenheit besteht" oder „Zu bedenken bleibt, da das Aufgeben der geschlossenen Ordnung ein Übel ist, das sich vielfach und namentlich dann vermeiden läßt, wenn die Feuerlinie nahe an den Feind herangelangt ist und sein Feuer ausreichend fesselt" doch wieder den Gedanken an eine andauernde Feuerüberlegenheit nähren und daher glauben machen, wäre diese erst einmal erreicht, dann könne die Truppe z. B. auch in langen dichten Linien herangeführt werden.

Der Nachsatz im Reglement, nach dem geschlossene Abteilungen im wirksamen feindlichen Feuer nicht gezeigt werden dürften, mochte dann zu keiner größeren Einstellungsänderung mehr führen.

Und nicht weniger mißverständlich waren ebenfalls die Ausführungen in bezug auf Umfang und Vorbereitung eines Sturmangriffs. Hierzu lautete der entsprechende Passus im Infanterie-Reglement nur: „Ist es der Feuerlinie gelungen, sich an die feindliche Stellung heranzuarbeiten und den Feind genügend zu erschüttern, so wird zum Sturm geschritten." Dazu wurde erläuternd der Hinweis gegeben, daß bei den Friedensübungen die Sturmentfernung bei ca. 100 m liege. In Verbindung mit der Angriffseile, die aus der Geringschätzung des Schanzzeuges und der Anlage von Deckungen beim Angriff zu sprechen schien, konnte ein solch knapper Satz leicht den Eindruck vermitteln, als ob der Sturmangriff schon relativ kurze Zeit nach Erreichung der Sturmstellung möglich sei und entsprechend auch ausgeführt werden müsse, wenn nicht dem Verteidiger weitere Zeit zur Verstärkung seiner Stellungen eingeräumt werden sollte.

Dagegen sprach der „Leitfaden" teilweise von der Notwendigkeit, sich selbst auf nahe und nächste Entfernungen an die feindliche Stellung heranarbeiten und dort noch unter Umständen erst einen längeren Feuerkampf führen zu müssen. Entsprechend mußte die Bedeutung der Anlage eigener Stellungen für den Angreifer und damit ebenfalls die für einen Angriff einzuplanende Zeit anwachsen. „Gegen starke, kräftig verteidigte Stellungen kann der Angreifer gezwungen sein, tagelang zu kämpfen und mehrfach Feuerstellungen auszuheben."

Letzteres wiederum wurde im Exerzier-Reglement für die Infanterie nicht grundsätzlich verkannt, doch fehlten hier nicht auch die Hinweise, die einen erheblich schnelleren Gefechtsablauf für möglich erachteten. So muß zumindest zweifelhaft bleiben, ob die erwähnten Einschränkungen die Vorstellungen vom Zeit- und Materialaufwand für die unumgänglichsten Sturmvorbereitungen nachhaltig beeinflußt haben.

Der Entschluß zum Sturmangriff endlich konnte sowohl von der vordersten Linie als auch von den weiter hinten befindlichen höheren Führern ausgehen. Im letzten Fall hatten die Schützen auf das Ankündigungssignal „Seitengewehr pflanzt auf" ihr Feuer bis zur äußersten Heftigkeit zu steigern, „die noch weiter ab befindlichen Teile der Feuerlinie arbeiten sich so schnell wie möglich auf nächste Entfernung an den Feind heran; alle rückwärtigen Verstärkungen eilen geradeaus vorwärts. Sobald dann die vordere Linie zum Sturm antreten soll, blasen alle Hornisten dauernd das Signal ‚Rasch vorwärts', alle Tamboure schlagen, und alle Teile werfen sich mit größter Entschlossenheit auf den Feind. Für die Schützen ist es Ehrensache, sich frühestens beim Einbruch von den Unterstützungen einholen zu lassen. Unmittelbar vor dem Feinde ist das Gewehr zu fällen und unter ‚Hurra' in die Stellung einzubrechen".

Diese wenigen Ausführungen mögen genügen, um zu zeigen, daß die damaligen Gefechtsvorschriften im deutschen Heer durchaus nicht als ideal bezeichnet werden können. Sie waren vielmehr Ausdruck ihrer Zeit, der besonderen geistigen Zeitumstände und enthielten eine ganze Reihe von Fehlinterpolationen in bezug auf das künftige Kriegsbild. Das soll nicht irgendwie beschönigt werden. Aber umgekehrt wird man auch kaum davon sprechen dürfen, daß sie schlechthin einfach die Bedeutung der modernen Technik und der von ihr hervorgebrachten Waffen für die Kriegführung sträflich vernachlässigt, ihre Auswirkungen auf die Taktik allgemein falsch eingeschätzt hätten. Das trifft jeweils nur für Teile zu und dringt selbst dann manchmal noch nicht einmal zum Kern der Problematik vor, die offensichtlich von weitaus komplexerer Natur ist.

Unter den verschiedenen Einflüssen, die zu dem genannten Sachverhalt geführt haben, spielte neben der Unterschätzung der materiellen Bedingtheit der Kriegführung mindestens ebenso eine Überschätzung der Möglichkeiten menschlichen Willens und Wollens eine wesentliche Rolle.

Das „Bild des Soldaten"

So gingen die Dienstreglements des deutschen Heeres teilweise von einem Idealbild eines Soldaten aus, das aber weder in der damaligen gesellschaftlichen Wirklichkeit noch in der spezifisch militärischen Sozialisation ohne weiteres seine Entsprechung gefunden haben dürfte.

Beispielsweise forderte die „Felddienstordnung" von 1908 „die Erziehung des Mannes zu selbständigem Denken und Handeln. Selbständigkeit und Pflichttreue werden ihn auch dann seine Schuldigkeit tun lassen, wenn das Auge des Führers nicht über ihn wacht". Ähnlich verlangte das Infanterie-Reglement „denkende, zur Selbständigkeit erzogene Führer und selbsthandelnde Schützen". Ziel aller Übungen sollte sein, „daß der Soldat zum selbständig denkenden und gewissenhaft handelnden Schützen erzogen wird".

Umgekehrt gingen damit die Dienstreglements bei ihren anderen Bestimmungen bereits zum größten Teil von eben diesem selbständig denkenden und handelnden Soldaten aus, der sich dabei stets seiner Mitverantwortung für das Ganze bewußt blieb.

Nur vor dem Hintergrund einer solchen Idealvorstellung wird erst eigentlich so recht verständlich, warum die deutschen Dienstvorschriften „in dem Bestreben, jeder Schematisierung entgegenzuwirken, den Führern aller Grade einen sehr weitgehenden Spielraum bei der Ausbildung sowohl wie in der Anwendung der Gefechtsgrundsätze und Gefechtsformen" einräumen zu können glaubten. Entsprechend beinhalteten sie keine Patentrezepte, ja sie hüteten sich geradezu davor, für alle möglichen Fälle bindende Anordnungen geben zu wollen. Vielmehr beschränkten sie sich in der Regel darauf, die jeweilig im konkreten Einzelfall zu bedenkenden Vor- und Nachteile eines bestimmten Verfahrens kurz anzudeuten, um es dann dem betreffenden Führer zu überlassen, das ihm für den spezifischen Auftrag besonders geeignet erscheinende Verfahren und die dazu entsprechenden Formen zu wählen.

Eine derartige Absicht erklärt sicher manche der vorhin geschilderten sogenannten Widersprüchlichkeiten oder Interpretationsunterschiede. Aber es gilt doch festzuhalten, daß sich die genannte Anforderung eben nicht nur auf die obere, sondern gleichfalls auch auf die untere Führungsebene erstreckte, im Grundsatz bis hinab zum gemeinen Mann. So glaubte bezeichnenderweise die Vorschrift „Feld-Pionierdienst aller Waffen" sich bezüglich der Notwendigkeit zur Anlage von Feldbefestigungen auch beim Angriff mit dem Hinweis begnügen zu können, daß „derartige Arbeiten ... meist aus eigenem Antrieb und unter Verantwortung der in vorderer Linie tätigen Unterführer" entstehen. Und zumindest in bezug auf eine solch weitreichende Selbständigkeit wird man doch erhebliche Zweifel anmelden dürfen, ob sie schon damals bei der Friedensausbildung eine ausreichende Berücksichtigung gefunden hat. Denn was hier gefordert wurde, war ja alles andere als obrigkeitliches Denken oder blinder Gehorsam, lief auf einen mitdenkenden Gehorsam und selbständiges mitverantwortliches Handeln hinaus. Die vielfältigen Anklagen gegen den „Militarismus" dagegen weisen eindeutig auf das Gegenteil hin.

Nun darf bei einer solchen Feststellung nicht vergessen werden, daß die Forderung nach mitdenkender Selbständigkeit korrespondieren muß mit einem aus Einsicht geborenen, gegebenenfalls unbedingten Gehorsam, wenn der militärische Auftrag es gebietet. Insofern fand sie ihre notwendige Ergänzung in dem Verlangen nach Disziplin und Aufrechterhaltung der Mannszucht. „Die Leistungen des Soldaten kommen nur dann voll zur Geltung, wenn sie nach dem Willen des Führers geleistet werden. Dazu bedarf die Truppe der Mannszucht, die den Grundpfeiler der Armee, die Vorbedingung für jeden Erfolg bildet und die für alle Verhältnisse mit Energie begründet und erhalten werden muß."

Und zweifellos gehört hierzu auch eine gewisse „formale" Disziplin, eingeübt durch Exerzieren oder Drill. Jedoch scheint die Grenze zwischen notwendiger Berechtigung und Übermaß spätestens dann überschritten zu werden, wenn nicht mehr nur davon ausgegangen wird, daß „Haltung und Aussehen der Mannschaften nach großen Anstrengungen ... einen sicheren Maßstab für die Beurteilung der Truppe" bieten, sondern darauf geachtet wurde, daß selbst bei den Anstrengungen im Felde nur auf Befehl oder mit Genehmigung des Vorgesetzten „von der parademäßigen Haltung nachgelassen" werden durfte. Hier gewann offenbar das rein Äußerliche die Oberhand, wurde die Form über das Wesen gestellt.

Wie sollte z. B. unter solchen Umständen ein einfacher Soldat von sich aus wagen, bei der „geöffneten Ordnung" sich nicht mehr „peinlich an einen bestimmten Platz, an die straffe Haltung des Körpers und die Handhabung des Gewehrs durch die vorgeschriebenen Griffe gebunden" zu fühlen! Mithin liefen in jahrzehntelanger Friedensübung entstandene Gewohnheiten, die „Truppenpraxis", durchaus dem Geist und Wortlaut der Dienstvorschriften in einzelnen Fällen zuwider und prägten den Truppenalltag, obwohl sie eigentlich keine Stütze in den Reglements fanden.

Deshalb wird man auch in der übertriebenen Betonung der „äußerlichen" Haltung, die durch eine scharfe „formale" Disziplin – versinnbildlich im Exerzier- oder Parademarsch – weiter gefördert werden sollte, weitere gewichtige Momente für das weiter oben konstatierte Auseinanderklaffen von theoretischer Erkenntnis, wie sie in den Gefechtsvorschriften niedergelegt war, und der Wirklichkeit im militärischen Leben suchen dürfen.

Tradition

Dieser Hang zur Äußerlichkeit wurde bei der Truppe noch verstärkt durch eine, je länger die Friedensperiode andauerte, desto unkritischer werdende Hinwendung zur militärischen Tradition und zu „Vorbildern" vergangener Kriege, die sich im deutschen Heer breitgemacht hatte und dabei bei der Truppe zu einem weitaus größeren Einfluß gelangt war als etwa beim Generalstab oder im Kriegsministerium.

So wird man L. Burchardt beipflichten können, daß „Sätze, wie der des großen Taktikers Meckel, ‚der Angriff ist altpreußische Tradition', ... keine wirklichen Argumente [waren], wurden aber gerade bei der Truppe häufig so verstanden". Und genau auf dieser Ebene bewegten sich dann auch die Ausführungen F. Immanuels, der in seinem Handbuch der Taktik bezüglich des Rates von Moltke d. Ä., die Angriffslust der Truppen eher zurückzuhalten, meinte: „Man wird ihm aber recht geben, wenn man das ungestüme Zufassen der Truppen bei Spicheren und St. Privat in Erwägung zieht. Und wollten wir es trotzdem entbehren? Gewiß nicht, denn der Überschuß an Angriffslust brachte zwar große Verluste, die aber freudig hingenommen worden sind um des gewaltigen moralischen Eindrucks willen – er beherrscht die Siegeslaufbahn des Krieges 1870/71 auf deutscher Seite, er lebt noch heute ungeschmälert fort. Möge es uns gegeben sein, daß eine angriffsfreudige Heeresleitung das Ungestüm der Truppen zügeln muß! Das ist unendlich vielmal besser als das Gegenteil!"

Unter diesem geistigen Einfluß geriet ihm selber die Schilderung der Bedeutung der Feuerüberlegenheit für das Vorgehen der Infanterie trotz anderen Wissens zu einem schiefen Bild, als er wenig später ausführte: „Daß zum Vorgehen von Abschnitt zu Abschnitt jedesmal die Feuerüberlegenheit Voraussetzung sein muß, ist nicht aufrechtzuerhalten. Vielmehr wird eine tüchtige Infanterie, die moralisch kräftig ist und ihre Verluste durch Auffüllen mit frischen Kräften ergänzt, gerade in dem Mangel an Feuerüberlegenheit den Antrieb sehen, näher und näher an den Feind heranzugehen, um das Feuer mit der abnehmenden Entfernung um so wirksamer anzubringen."

Vor einem derartigen geistigen Hintergrund wundert es einen kaum mehr, wenn sich die Truppe dann dazu ermutigt fühlte, trotz etwaiger dem entgegenstehender reglementarischer Bestimmungen weiterhin an überlieferten Kampfformen festzuhalten bzw. sie nur zögernd aufzugeben.

Sicher genügten die Gefechtsvorschriften nicht in dem Sinne ihrem eigenen Anspruch, daß die Truppe auf dem Gefechtsfeld nichts von dem abzustreifen gehabt hätte, was sie im Frieden sich angeeignet hatte; aber sie alleine waren jedenfalls nur begrenzt die Ursache für die negativen Erfahrungen zu Beginn des Krieges.

Wenn also W. Eltze behauptet hat, daß das deutsche Heer 1914 noch nicht „die Technik und das Material als bestimmend angesehen ..., und die ersten Schlachten des Weltkrieges ... nicht unter dem Gesetz eines technischen Zeitalters, sondern auch für die Masse der Soldaten noch unter dem kriegerischer Männlichkeit" gestanden haben, dann gilt das – sofern nicht überhaupt Abstriche an diesem aus zeitgenössischem Erleben geprägten Urteil notwendig sind – weitaus mehr für die allgemeine geistige Einstellung als für die spezielle deutsche Militärtheorie, die sich gegenüber den retardierenden Momenten eines unkritischen Traditionsverständnisses nur schwer durchsetzen konnte.

Aus diesem Gegensatz wird auch der Sarkasmus verständlich, mit dem sich Moltke schon 1905 gegenüber dem damals im deutschen Heer getriebenen Traditionskult und dem wachsenden Hang zu Äußerlichkeiten Luft gemacht hatte: „Am nächsten Sonntag ist hier große Fahnennagelung im Zeughaus. Wir meinen noch immer, daß wir in einem Kampf auf Leben und Tod den Sieg mit einem Lappen gestickten Tuches erringen werden! Wir sind in einer schrecklich friedensmäßigen Anschauung befangen, es graut mich, wenn ich all diesen Unfug mit ansehe, über dem die Hauptsache, sich ernsthaft und mit bitterlicher Energie auf den Krieg vorzubereiten, völlig vergessen wird."

Gerade aber diesem Anliegen hatte er sich ganz besonders verschrieben. Das zeigte sich auch in der Anlage und Durchführung seiner Manöver.

c. Kaisermanöver

Wie schon erwähnt, hatte Moltke 1905 das Kaisermanöver erstmalig als eine einheitliche Kriegshandlung im freien Spiel der Kräfte über mehrere Tage hinweg angelegt, ohne es wie früher täglich durch eine Pause zur Regelung der Stellungen usw. zu unterbrechen. Dadurch sollten die verantwortlichen Offiziere dazu erzogen werden, bei ihren Maßnahmen nicht nur das Heute, sondern auch das Morgen zu erwägen.

Diese auf die Erfordernisse eines tatsächlichen Krieges abgestellte Zielsetzung fand ihre Ergänzung in der Übung und Erprobung der verschiedenen Gefechtsformen, die sich aus der Manövergrundannahme ergaben.

So trat neben den Umfassungs- und Flankenangriffen auch das Problem der Führung und Entwicklung eines beiderseits angelehnten Armeekorps, mithin der frontale Kampf bis hin zum Durchbruch. Selbst der Angriff auf einen nach französischen Grundsätzen operierenden Verteidiger wurde geübt.

Insgesamt schälten sich dabei eine Reihe von Erfahrungen heraus – wobei die teilweise jährlich wiederkehrende Kritik an gewissen Fehlern auch ein Maß für die Zählebigkeit bestimmter traditioneller Verhaltensformen bilden kann –, unter denen hervorstachen:

1. Der Offensivdrang der Infanterie durfte nicht in eine „Angriffshetze" ausarten. Andererseits war ihr die Anlage von Feldbefestigungen geläufiger geworden, wenn auch noch nicht in dem wünschenswerten Ausmaß.
2. Das Tätigkeitsfeld der Kavallerie lag vorzugsweise bei der Fernaufklärung. Hier konnte sie gute Dienste leisten, während sie bei der Nahaufklärung weitgehend versagte.
3. Die Artillerie hatte unter allen Umständen die Infanterie beim Angriff zu unterstützen und dazu vorher die eigenen und feindlichen Stellungen möglichst gut zu erkunden.
4. Das Zusammenwirken aller Waffen sollte den Angriff bilden. Dieser galt als das sicherste Mittel, um dem Gegner den eigenen Willen aufzuzwingen, und würde die größten Wirkungen zeitigen, wenn er auf Flanke und in den Rücken des Gegners gerichtet werden konnte bei gleichzeitiger Fesselung von dessen Front. Dabei hatten dort, „wo die Entscheidung gesucht wird, ... die stärksten Kräfte eingesetzt [zu] werden; ohne Rücksicht auf Hilferufe von anderer Stelle, an der gegen Überlegenheit gekämpft wird".

5. „Der Angriff auf eine befestigte Stellung ist eine der schwersten Aufgaben, die der Krieg kennt, und erfordert daher eine besonders gründliche Friedensausbildung; ohne diese wird selbst die höchste Willensstärke der Führer und der größte Opfermut der Truppen vergeblich sein."

In der Schlußbetrachtung zum Manöver 1913 hieß es, das alles quasi noch einmal zusammenfassend, abschließend:

„Im Kaisermanöver 1913 haben die Führer aller Grade und die Truppen einen hervorragenden Angriffsgeist bewiesen. Die Infanterie zeigte einen nie versagenden Drang nach vorwärts. Die Artillerie eilte rechtzeitig der siegenden Infanterie in die genommenen Stellungen nach. Die Kavallerie scheute sich nicht, sich für die Schwesterwaffen zu opfern ... Das Manöver hat für die Bewegungen und den schwierigen frontalen Kampf eines beiderseits angelehnten Armeekorps wertvolle Anhaltspunkte geboten und alte Grundsätze bestätigt."

Zum Schlachtendurchbruch und zum taktischen Durchbrechen einzelner Teile wurde bemerkt: „Eine Operationsabsicht, die sich von vornherein auf das Gelingen eines Schlachtendurchbruches gründet, ist nur da berechtigt, wo ein Angriff gegen einen oder beide feindliche Flügel nicht ausführbar ist. Besteht diese Möglichkeit nicht, so muß allerdings der frontale Sieg angestrebt, zum mindestens der Feind frontal zurückgedrückt werden. Hierbei kann sich aus der Gunst der Umstände ein taktisches Durchbrechen einzelner Teile ergeben. Es wird erst dann entscheidend werden, wenn seine Erweiterung gelingt, wenn aus dem örtlichen der Schlachtendurchbruch in breiter Front entsteht. Für die entscheidende Ausnutzung des Schlachtendurchbruches wird man aber stets zurückhaltender oder an anderer Stelle entbehrlich gewordener Kräfte bedürfen."

Damit war etwas angesprochen worden, was bislang in den deutschen Gefechtsvorschriften keine oder nur ungenügende Berücksichtigung gefunden hatte, der Versuch zu einem taktischen Durchbruch in größerem Rahmen als Schlachtendurchbruch, verstanden als „das gewaltsame frontale Durchstoßen eines taktischen Zusammenhanges" mit dem Ziel, die Schlacht zu entscheiden, und der sowohl 1912 als auch 1913 jeweils von einer Manöverpartei unternommen worden war.

Im ersten Fall beruhte der Angriffsentschluß auf der Vermutung, daß der Gegner unter anderem wegen der angenommenermaßen von ihm gehegten Umfassungsabsicht in der Front selber nur noch schwach sein werde und deshalb dort durch einen überraschenden und entschlossenen Vorstoß durchbrochen werden könne. Der Durchbruchsversuch scheiterte aber nach anfänglichen Erfolgen an fehlenden Reserven.

Beim zweiten Fall ergab sich die Möglichkeit zu einem Durchbruch aus einem frontalen Angriff heraus, bei dem der unterlegene Verteidiger, nachdem sein Gegenangriff gescheitert war, einen Teil seiner Front gegenüber dem Druck des Angreifers zurückzuziehen müssen glaubte und dadurch sich zum Nachbarkorps eine mehrere Kilometer breite Lücke öffnete.

Damit schloß sich gleichsam wieder der Kreis. Ohne die Maxime der grundsätzlichen Überlegenheit eines umfassend angesetzten Angriffs aufgeben zu wollen, wurde Moltke d.J. durch die von ihm vermehrt propagierte Übung des Frontalangriffs in der Form des Kampfes einer beiderseits angelehnten Truppe – bezeichnenderweise behandelte so auch der Leitfaden den Angriff auf einen zur Verteidigung entwickelten Feind vornehmlich unter dem Aspekt der Führung und des Kampfverfahrens beim frontalen Angriff – erneut zu der Notwendigkeit geführt, sich mit den Möglichkeiten und Bedingungen eines Durchbruchs durch die gegnerische Front zu beschäftigen.

Umgekehrt vermag dieser Sachverhalt vielleicht den Stellenwert der Umfassung im taktisch-operativen Denken des deutschen Heeres überhaupt nochmals zu verdeutlichen. Ausgehend von der Überzeugung, daß „die Entscheidung des Krieges immer wieder in der Operation [liegen würde], die die Beweglichkeit sucht, die sich nicht binden läßt, sondern durch die Verschiebung ihrer Kräfte an die rechte Stelle den Sieg mit großen, wuchtigen Schlägen an sich reißt" (F. Immanuel), eröffnete der umfassende Angriff am ehesten die Chance, den Gegner unter möglichst ungünstigen Bedingungen für diesen zum Kampf zu stellen und zu vernichten. Insofern bildete er einen Idealfall schlechthin, den es daher prinzipiell anzustreben galt und der deshalb auch in den Vorschriften entsprechend herausgestellt wurde. Alle anderen Angriffsformen hatten sich ihm gegebenenfalls nachzuordnen. Diese Rangordnung sollte aber nicht etwa einer Ansicht Ausdruck verleihen, nach der es künftig nur noch zu solchen Angriffen kommen werde oder dürfe. Vielmehr konnte nur die umfassende Analyse der Lage an Ort und Stelle darüber entscheiden, welches Angriffsverfahren im konkreten Einzelfall jeweils angebracht war und gewählt werden mußte. Die verschiedenen Andeutungen Schlieffens, unter Umständen auch den Frontalangriff mit dem Ziel eines Durchbruchs ins Auge fassen zu wollen, mögen das hinlänglich belegen.

B. Die Entwicklung im Ersten Weltkrieg

(Vgl. Bd. 3, Abschn. V, S. 123–155, 218–282, 289–311 und Bd. 4, Abschn. VIII, S. 297–313)

Die Problematik der deutschen Kriegführung im Ersten Weltkrieg beruhte im Kern auf der Tatsache, daß das deutsche Heer sich eigentlich von Anfang an vor eine im Grunde unlösbare Aufgabe gestellt sah. Durch die allgemeine politische Entwicklung und die geostrategische Lage einem Zweifrontenkrieg ausgesetzt, sollte es einen Krieg führen, in dem die 110 Millionen Menschen Deutschlands und Österreichs allein in Europa 238 Millionen des Ententelagers, nach der Mobilmachungsstärke der beteiligten Heere 3,8 Millionen Mann der Mittelmächte 5,8 Millionen des Dreierverbandes gegenüberstanden.

Angesichts dieser Situation und ausgehend von der allgemeinen Überzeugung von der Überlegenheit der Offensive über die Defensive setzte daher die deutsche militärische Führung ihre Hoffnungen auf einen offensiv geführten Bewegungskrieg, bei dem die Unterlegenheit in der Zahl durch eine Konzentration der Kräfte zunächst nur an einer Front ausgeglichen und dort eine rasche militärische Entscheidung zu ihren Gunsten erzwungen werden sollte, um sich dann mit den frei gewordenen Kräften gegen den anderen Gegner wenden zu können.

Das Aufgehen des dieser Operationsidee zugrundeliegenden Kalküls, durch einen Vernichtungssieg einen „kurzen Krieg" zu ermöglichen, den Deutschland bei seiner ungünstigen Ausgangslage noch am ehesten erfolgreich bestehen mochte, hing jedoch ganz wesentlich auch von politischen Umständen ab, auf die das Militär nur bedingt Einfluß nehmen konnte, insbesondere von der Stabilität bzw. Instabilität der beiderseitigen Militärbündnisse auf der Basis der von den beteiligten Regierungen jeweils damit verfolgten Interessen. Das heißt, nicht die militärische Niederlage allein war unbedingt entscheidend, vielmehr lag dann die kritische Frage gerade darin, ob diese zu einer diplomatischen Isolierung des betreffenden Staates führte oder nicht. Auf diesen wichtigen Punkt hat L. L. Farrar unlängst aufmerksam gemacht, und in der Tat lassen sich Anklänge zu derartigen Überlegungen ebenfalls bei den Operationsplänen Schlieffens aus den Jahren 1905/06 und 1912 finden.

Damit aber waren die deutschen militärischen Planungen im Grunde in einer einem circulus vitiosus nicht unähnlichen Annahme gefangen. Einerseits gingen sie von der Unausweichlichkeit eines drohenden Zweifrontenkrieges gegen eine übermächtige Koalition aus. Der militärisch dazu als Ausweg entwickelte risikoreiche Operationsplan versprach jedoch andererseits nur dann durchschlagenden Erfolg, wenn das gegnerische Bündnis allein durch schwache gemeinsame Interessen zusammengehalten, daher spätestens bei einer militärischen Niederlage des einen Partners auseinanderbrechen und somit den Abschluß separater Friedensschlüsse ermöglichen würde; eine politische Hoffnung also, deren Berechtigung sich nicht nur gleichsam umgekehrt proportional zu der Gültigkeit der erstgenannten Voraussetzung verhielt, sondern die sich – anders betrachtet – auch, je unverbrüchlicher die feindliche Koalition zusammenhielt, desto mehr an das militärische Gelingen eben dieses Planes klammern mußte, sollte das Ziel eines siegreich erfochtenen Friedens nicht in unerreichbare Ferne entschwinden.

1. West- oder Ostaufmarsch?

Dieses Dilemma entschied auch über die Wahl des Hauptkriegsschauplatzes. So hatte Graf Schlieffen für den Fall des Bundeskrieges gegen Rußland allein, bei dem Frankreich also vorläufig sich abwartend verhielt, weiter einen Großen Ostaufmarsch vorbereiten lassen. Dieser sogenannte große Ostaufmarsch sah 16 Armeekorps (A.K.), 7 Reservedivisionen (R.D.) und 6 Kavalleriedivisionen (K.D.) in 4 Armeen, also etwa die Hälfte des deutschen Feldheeres, in Preußen ostwärts der Weichsel vor. Die Herstellung der Operationsbereitschaft so starker Kräfte kostete längere Zeit, weil das ostpreußische Bahnnetz nicht ihren gleichzeitigen Antransport gestattete. Drei Armeen sollten gegen den Narew und Bobr von Pultusk bis Ossowiec vorgehen, um im weiteren Vordringen zum unmittelbaren Zusammenwirken mit den von Süden zwischen Weichsel und Bug, und vielleicht noch östlich des letzteren vorgehenden österreichisch-ungarischen Streitkräften zu gelangen. Eine vierte Armee hatte die linke Flanke durch Angriff, der möglichst von Norden umfassend geführt werden sollte, gegen die erwartete russische Njemen-Armee zu decken.

Diesen Plan behielt auch General v. Moltke d. J. in seinen Grundzügen bei, schob jedoch den Aufmarsch des deutschen Heeres aufgrund neuer Nachrichten über den russischen Aufmarsch mehr nach Osten zusammen. Dabei blieb es trotz der an sich schon sehr unwahrscheinlichen militärpolitischen Voraussetzungen praktisch bis zur internationalen Krise um den 1. Balkankrieg im Dezember 1912, die die Irrealität der obigen Annahme überdeutlich werden ließ.

„Wie die Sachen jetzt liegen", meinte nunmehr Moltke in einem Marginal zum Schlieffen-Plan von 1912 gerade auch für den Fall eines Dreibundkrieges, der durch einen Konflikt zwischen Österreich und Rußland herbeigeführt würde, „kann die Lage gar nicht eintreten, daß entweder Frankreich oder Rußland zunächst als unbeteiligte Zuschauer dastehen, sondern beide werden gleichzeitig mobilmachen und als Feind Deutschlands auftreten".

Die entscheidende Frage für ihn war nun, wie Deutschland sich bei dieser Ausgangslage verhalten sollte. Zur grundsätzlichen Disposition standen dabei Ost- oder Westaufmarsch, Offensive oder Defensive.

Die früher in Aussicht genommene gemeinsame deutsch-österreichische Offensivoperation gegen Rußland mit einheitlichem Ziel glaubte Moltke wegen der Rückverlegung des russischen Aufmarsches aus Polen in die Linie Kowno–Grodno–Bialystok–Brest Litowsk jetzt nicht mehr durchführen zu können. Jedenfalls stand für ihn dabei keine rasche entscheidende Niederlage des russischen Heeres zu erwarten. Deshalb war nicht abzusehen, ob überhaupt bzw. gegebenenfalls wann bei einer allgemeinen Offensive an der Ostfront Truppen von dort wieder nach dem Westen zur Verstärkung der Abwehr eines zu befürchtenden französischen Angriffs abgezogen werden konnten.

Als Alternative hätte sich vielleicht eine Offensive mit nur begrenztem Ziel, etwa die Gewinnung der Bug-Narew-Linie zur Verkürzung der Abwehrfront, wie sie im Nachhinein u. a. von Ludwig Beck vorgeschlagen worden ist, angeboten, die Deutschland zumindest die Möglichkeit zu einer „aktiven Defensive" an beiden Fronten erlaubt haben würde.

Dazu mochte sich v. Moltke aber aus dem Axiom der Überlegenheit der Offensive über die Defensive heraus nicht entschließen. Statt dessen führte er in seiner Denkschrift vom Februar 1913 bezüglich des Verhaltens von Deutschland in einem Dreibundkriege aus: „Da der Krieg im Osten aber gar nicht abzusehen ist, würden wir nicht darauf rechnen können, daß es gelingt, dort entbehrlich werdende Truppen nach dem Westen zu überführen. Will Deutschland sich daher nicht in die traurige Lage versetzen, in einem Kriege, der über seinen Fortbestand oder über seinen Untergang entscheiden wird, auf jede Initiative und Offensive zu verzichten und sich auf einen Defensivkrieg nach beiden Fronten zu beschränken, so muß der alte Gedanke des Vorgehens gegen Rußland und der Verteidigung gegen Frankreich fallengelassen werden. Solange es sein Heer nicht auf eine Stärke bringt, die der französischen Wehrkraft erheblich überlegen ist, kann es gegen Rußland nur die minimalsten Kräfte einsetzen, um sich mit voller Kraft gegen Frankreich zu wenden. Da das deutsche sowohl wie das französische Heer dicht an der Landesgrenze aufmarschieren, muß es hier zu rascher Entscheidung und damit, wenn die Entscheidung zu unseren Gunsten fällt, zu einem baldigen Freiwerden von Truppen kommen, die dann vielleicht noch im Osten eingesetzt werden können. Es wird demnach zu befürworten sein: Offensive gegen Frankreich so stark wie möglich, Defensive gegen Rußland so schwach wie möglich."

Das Argument, das gegen diese Absicht sprach, selbst bei einer kriegerischen Verwicklung zwischen Österreich und Rußland deutscherseits den Dreibundkrieg mit einem Angriff auf Frankreich zu eröffnen, nämlich, daß ein rascher Sieg über Frankreich den deutschen Vormarsch durch Belgien voraussetzte, diese Neutralitätsverletzung aber England auf den Plan rufen würde, mochte ihm nunmehr, nach der Balkankrise, weniger schwerwiegend erscheinen, hatte sie doch in ihm offenbar die Überzeugung gefestigt, daß England sich auf jeden Fall einer Machtvergrößerung Deutschlands auf dem Kontinent widersetzen und daher auf absehbare Zeit nicht mit dessen wohlwollender freundschaftlicher Haltung zu rechnen sein werde.

Damit sah sich der deutsche Generalstabschef mit dem zutiefst widersprüchlichen Ergebnis seiner Überlegungen konfrontiert, daß er einerseits wegen der militärischen Schwäche des Deutschen Reiches bei einem Dreibundkrieg gegen die Entente-Mächte für einen sofortigen deutschen Angriff auf Frankreich eintreten zu müssen glaubte, dann aber, gerade um Deutschland die schmale Siegeschance überhaupt zu bewahren, andererseits bewußt das Risiko in Kauf zu nehmen hatte, daß sich durch den dazu notwendig werdenden Einmarsch in Belgien die Zahl der Gegner zwangsläufig weiter erhöhen würde, der schon gefürchtete Zweifrontenkrieg sich zu einem Weltkrieg ausweiten konnte.

Aus diesem inneren Zwiespalt, aus dem Bewußtsein heraus, daß er praktisch an einer nicht befriedigend zu lösenden Aufgabe arbeitete, wird erst die Haltung Moltkes in der Julikrise 1914 und in den ersten Wochen des Krieges verständlich, die zwischen dem Eintreten für das äußerste Risiko auf der einen Seite und einem bedrückenden Pessimismus auf der anderen schwankte. Bezeichnenderweise wußte er beispielsweise auch schon im Mai des Jahres auf die Frage seines österreichischen Amtskollegen Conrad: „‚Was fangen Sie an, wenn Sie im Westen keinen Erfolg haben und im Osten Ihnen die Russen derart in den Rücken kommen?' ... nur achselzuckend zu erwidern: ‚Ja, ich werde machen, was ich kann. Wir sind den Franzosen nicht überlegen'."

Mithin zeichnete sich hier schon das spätere Dilemma der deutschen Kriegführung im

Weltkrieg ab, daß ihr, sollte der in Aussicht genommene ehrgeizige Operationsplan eines schnellen militärischen Sieges über Frankreich fehlschlagen, nicht viel anderes mehr übrigbleiben würde als eine „Strategie der Diagonale", d. h., der Versuch zu einer zwar an sich gradlinigen und konsequenten Strategie, deren jeweilige Richtung aber von allen auf sie einwirkenden Kräften bestimmt wurde und für die strengste Ökonomie der Kräfte oberstes Gesetz war, um zunächst nur das vorsichtig bemessene Ziel der Selbstbehauptung an den augenblicklich bedrohtesten Punkten zu erreichen.

In diesem Sinne kann man dann die Entscheidung für den Westaufmarsch und die darauf aufbauende militärische Offensivplanung nur noch als einen fast verzweifelt zu nennenden Versuch werten, sich gleichsam durch das Ausspielen des letzten noch verbliebenen Trumpfes in Gestalt der angenommenen überlegenen Führung und Ausbildung des deutschen Heeres für den Bewegungskrieg, die eine überaus kühne und risikoreiche Operation ermöglichen sollten, noch einmal dieser aufdrängenden Einsicht mit all ihren Folgerungen für die Politik des Deutschen Reiches und dessen Stellung in Europa bzw. der Welt zu entziehen.

Sie zeitigte naturgemäß beträchtliche Konsequenzen. Unmittelbar wurde davon zunächst die eigene Mobilmachungsplanung betroffen. Unter der geschilderten Einschätzung der politischen und militärischen Lage mag es Moltke wohl nur als konsequent erschienen sein, nunmehr vom 1. April 1913 die bisher erfolgte parallele Bearbeitung des Großen Ostaufmarsches einstellen zu lassen. Das ist später vor allem aus politischen Rücksichten lebhaft bedauert worden, jedoch muß man sich zu einer gerechten Würdigung des deutschen Generalstabschefs vor Augen halten, was es damals einfach an Arbeit bedeutete, überhaupt einen Mobilmachungsplan aufzustellen und dauernd auf dem laufenden zu halten.

2. Die Mobilmachung

a. Die Mobilmachungsplanung

Allgemein sollte der Mobilmachungsplan die Überführung des Heeres in die Kriegsformation ordnen und seine Erhaltung in ihr regeln. Dabei umfaßte ein Mobilmachungsjahr jeweils den Zeitraum vom 1. April des einen bis zum letzten Tag des Monats März im darauffolgenden Jahr, also z. B. das Mobilmachungsjahr 1914/15 die Zeit vom 1. 4. 1914 bis 31. 3. 1915.

In der Regel wurde dabei der Mobilmachungsplan bereits im Herbst des vorhergehenden Jahres erlassen, und entsprechend mußten dann die Mobilmachungsvorarbeiten aller beteiligten Behörden und Truppen alljährlich vor Beginn des neuen Mobilmachungsjahres durchgesehen, gegebenenfalls geändert oder neu aufgestellt werden.

Ziel der planerischen und organisatorischen Vorarbeiten war es dabei, so vollständig und klar zu sein, daß nach Eingang des Befehls zu einer planmäßigen Mobilmachung von keiner Behörde usw. mehr Ausführungsbestimmungen erlassen werden mußten; vielmehr sollte jede Unterbehörde im voraus vollständig von dem unterrichtet sein, was sie zu tun hatte (vgl. Mobilmachungsplan für das Deutsche Heer vom 9. 10. 1913, Berlin 1913, § 16).

Das Außmaß der dabei zu berücksichtigenden Maßnahmen wird deutlicher, wenn man bedenkt, daß deutscherseits im Mobilmachungsfall beispielsweise das Heer von seiner Friedensstärke bei ca. 800 000 Mann auf eine Stärke von 2 100 000 Mann für das Feldheer und 1 700 000 Mann für das Besatzungsheer vergrößert werden sollte, also immerhin etwa 6% der Gesamtbevölkerung unmittelbar davon betroffen wurden, die nun transportiert, ausgerüstet und versorgt werden mußten.

Sie wären allerdings selbst oder gerade bei einem Zweifrontenkrieg ohne besondere Schwerpunktbildung nach einer Seite hin noch relativ leicht zu bewältigen gewesen, wenn man von einer gleichmäßigen Bevölkerungsverteilung und wirtschaftlichen Struktur in den einzelnen deutschen Provinzen hätte ausgehen können. Dann nämlich wäre unter der Voraussetzung der konsequenten Anwendung des Territorialprinzips bei der Auffüllung der Truppenkontingente die einfache Zweiteilung des Heeres unter Berücksichtigung der jeweiligen Standortverhältnisse möglich gewesen.

Das traf jedoch nicht zu. Zunächst einmal zwangen die u. a. im Zuge der ungleichmäßigen Industrialisierung Deutschlands entstandenen erheblichen Unterschiede in der Bevölkerungsdichte der einzelnen Provinzen die Militärbehörden dazu, den Rekrutenüberschuß dichtbesiedelter Korpsbezirke auch auf die Armeekorps aufzuteilen, die ihren Mannschaftsbedarf aus den eigenen Rekrutierungsbezirken nicht decken konnten. Das galt vor allem für die im Osten des Deutschen Reiches stationierten Korps, die deshalb von Jahr zu Jahr mehr Rekruten, z. B. aus dem Großraum Berlin oder gar aus den rheinisch-westfälischen Industrieballungsgebieten zugewiesen bekamen.

Den daher bei einer Mobilisierung notwendig werdenden Personaltransporten nahezu über die gesamte Längsausdehnung des Reiches von über 1000 km in West-Ost-Richtung stand umgekehrt das Erfordernis gegenüber, den Pferdebedarf der westlichen Armeekorps überwiegend aus den Überschüssen der Landwirtschaften Ostelbiens und Ostpreußens ergänzen zu müssen.

Um die Sache noch mehr zu komplizieren, verliefen die für die Marine benötigten Mobilisierungszüge vornehmlich in Süd-Nord-Richtung, also quer zu den beiden genannten Transportbewegungen, und kreuzten diese vielfältig.

Wurde nun noch der Schwerpunkt des Aufmarsches nur nach einer Front verlegt, aber für beide denkbaren Fälle weiterhin mobilmachungsmäßig bearbeitet, dann wird bei dem Umfang an hierfür erforderlicher sorgfältigster Filigranarbeit nur zu leicht verständlich, daß die damit beauftragten Generalstabsoffiziere und Eisenbahnbehörden erleichtert aufgeatmet haben dürften, als mit dem Entschluß Moltkes, den Großen Ostaufmarsch von 1913 ab nicht mehr bearbeiten zu lassen, nicht nur eine zusätzliche Arbeitsbelastung wegfiel, sondern dadurch auch die insgeheime Furcht beseitigt wurde, daß es aufgrund der Doppelgleisigkeit in der strategischen Planung beim tatsächlichen Mobilisierungsfall zu Irrtümern und Verwechslungen nachgeordneter Dienststellen kommen könne.

Selbst dann waren die Vorbereitungen noch kompliziert genug. Beispielsweise wurden 1914 für die Mobilmachung und den Aufmarsch insgesamt 31 900 Transporte in Aussicht genommen, von denen fast zwei Drittel wegen der unvermeidlichen Durchbrechung des territorialen Auffüllungsprinzips auf Mobilmachungs- bis hin zu Einzeltransporte entfielen. Ihre reibungslose Bewältigung machte zwangsläufig eine gewisse rigide Planung unumgänglich, so auch die strikte zeitliche Trennung zwischen den Mobilmachungs- und Aufmarschtransportbewegungen.

Entsprechend sah die Mobilmachungsplanung für das Jahr 1914/15 vor:
- 2 Tage Vorbereitungszeit für die Eisenbahnen nach Erlaß der Mobilmachung;
- 3 Tage für den Ablauf aller Mobilmachungstransporte, die zur Aufstellung des Feldheeres und zur Armierung der Grenzfestungen unbedingt gefahren werden mußten;
- 12 Tage für den Aufmarsch des Westheeres;
- 5 Tage für den Aufmarsch des wesentlich kleineren Ostheeres;
- 3 Tage zur Fortsetzung der Mobilmachungstransporte für Besatzungs- und Ersatztruppen;
- 20 weitere Tage zur Abfuhr aller sonst noch erforderlichen Mobilmachungstransporte.

Wegen der im Vergleich zu Frankreich ungünstigeren geostrategischen Voraussetzungen aber vermochten selbst solche ausgefeilten und minutiösen Planungen es noch immer nicht, dem deutschen Heer jenen zeitlichen Vorsprung in der Operationsbereitschaft zu verschaffen, um sich in jedem Fall noch durch eine rasche Besetzung von Luxemburg und der belgischen Festung Lüttich die für notwendig erachteten Voraussetzungen für den geplanten Vormarsch sichern zu können. Diese Tatsache verschärfte den Zeitdruck, unter dem der deutsche Aufmarsch ohnehin schon stand, noch erheblich, denn als Abhilfe wurde dazu u.a. das Verfahren der „beschleunigten" Mobilmachung eingeführt. Das heißt, galt allgemein, daß den Truppen nach dem Eintreffen der letzten Mannschaften etc. in der Regel eine zweitägige Ausrüstungszeit zu belassen war, bevor sie transportbereit zu sein hatten, mußten nunmehr bestimmte ausgewählte Truppenteile ihre Mobilmachung abgekürzt durchführen und schon spätestens am Abend des betreffenden Mobilmachungstages zum Abmarsch bereitstehen.

b. Die Mobilmachungsstrategie

In dieser äußersten Beschleunigung, die die Mobilmachungszeit nur noch nach Stunden berechnete, deuteten sich schon die ernsten Konsequenzen an, die eine derartige „Mobilmachungsstrategie", wie sie damals in fast allen europäischen Staaten vorherrschte, mit sich bringen mußte.

Bedingt durch die Überzeugung, daß dem Zeitfaktor für die Kriegführung eine ganz wesentliche Bedeutung zukäme, die schneller operationsbereite Armee über einen gewaltigen Vorteil verfügen würde, unter Umständen die langsamere gegnerische, bevor diese überhaupt einsatzbereit wäre, bereits schlagen und dadurch vielleicht den Krieg schon gewinnen könne, erhielt der gesamte Mobilisierungs- und Aufmarschplan einen enorm hohen Stellenwert.

Sollte er seinen Zweck erfüllen, dann mußten sich die Armeen an seinem Ende genau zu dem vorgeschriebenen Zeitpunkt einsatzbereit an der Stelle befinden, wo sie die ihnen zugewiesenen Aufgaben auch tatsächlich zu erfüllen hatten. Das heißt, es gab keinen Spielraum mehr für umfangreiche Verschiebungen oder Manöver, um Aufmarschfehler noch korrigieren zu können. Oder, wie der englische General Sir Edward Spears im August 1914 bezüglich der französischen Mobilmachung bemerkte: „‚No chance, no alteration is possible during mobilisation. Improvisation when dealing with nearly three million men and the movements of 4.278 trains, as the French had to do, is out of the question'" (A.J.P. Taylor).

Bei dem Eigengewicht, das dadurch diese Pläne erhielten, konnte natürlich leicht die Gefahr entstehen, daß dabei die konkreten politischen Ursachen, die etwa zu dem aufmarschmäßig vorbereiteten Krieg führen mochten, bzw. die Folgen, die ihre Auslösung politisch verursachen konnten, mehr und mehr aus dem Blickfeld gerieten, die Pläne sich zu verselbständigen begannen und endlich der Krieg selber nur noch als eine Abfolge vorausgeplanter Operationen erschien; kurz: die Generalstäbe zu Gefangenen ihrer eigenen Planungen werden. „Ohne in der Lage zu sein, ihre im voraus getroffenen Maßnahmen dem Verlauf diplomatischer Verhandlungen anzupassen, konnte es für sie nur ein Entweder-Oder geben. Für die Folgen von Veränderungen lehnten die Militärs die Verantwortung aus Angst davor ab, die Gegner könnten ihnen gegenüber in der Schlagbereitschaft einen Vorsprung herausholen und sie dadurch in eine ungünstige strategische Ausgangslage drängen." (F. O. Miksche).

Dieser militärischen Vorstellungswelt entsprach genau der Satz, den sich der ehemalige deutsche Generalstabschef Waldersee in seinem Tagebuch notiert hatte: „Die Mobilmachung, so wie wir sie vorbereitet haben, ist mit Krieg identisch."

Aus dem gleichen Grund aber ist auch die Schlußfolgerung A. Gassers unzutreffend, wenn er in der endgültigen Übernahme des Handstreichs auf Lüttich in den deutschen Aufmarschplan am 1. 4. 1913 nichts anderes als das folgerichtige Ergebnis „des damals [Dezember 1912] gefaßten Kardinalentschlusses [sieht], so oder so spätestens 1914/15 zum Präventivkrieg zu schreiten und alle moralischen Bedenken a priori fallenzulassen".

3. Der deutsche Aufmarsch und die Operationen im Westen bis zum 15. September 1914

a. Auf- und Vormarsch

Mit der Erklärung der allgemeinen Mobilmachung durch Kaiser Wilhelm II. am Nachmittag des 1. August 1914, durch die der 2. August als erster Mobilmachungstag festgesetzt wurde, und den nachfolgenden Kriegserklärungen Deutschlands an Rußland und Frankreich am 1. resp. 3. August 1914 begannen die Bereitstellung und der Aufmarsch des deutschen Heeres. Sie vollzogen sich, abgesehen von der geringfügigen Verzögerung durch die anfängliche Stornierung des Vormarschbefehls für die zur sofortigen Besetzung Luxemburgs vorgesehenen Streitkräfte wegen der kurzlebig aufflackernden Hoffnung auf eine englische Neutralität, praktisch reibungslos.

Dabei versammelten sich die 1. Armee (6 A.K.) unter dem Oberbefehl des Generalobersten v. Kluck westlich Köln–Duisburg im Grenzgebiet längs der holländischen Grenze; daran südlich anschließend die 2. Armee (6 A.K., Generaloberst v. Bülow) im Raum Aachen–Euskirchen–Malmedy; die 3. Armee (4 A.K., Generaloberst v. Hausen) in der Eifel; im sofort besetzten Großherzogtum Luxemburg und um Trier die 4. Armee (5 A.K.,

Herzog Albrecht von Württemberg; die 5. Armee (5 A.K., Kronprinz Wilhelm) daran anschließend in der Gegend um Diedenhofen–Saarbrücken; wiederum südlich davon die 6. Armee (5 A.K., Kronprinz Rupprecht von Bayern) zwischen Saargemünd und Saarburg sowie die 7. Armee (3 A.K., Generaloberst v. Heeringen) schließlich im Elsaß und längs des Oberrheins. In Ostpreußen marschierten die 8. Armee (4 A.K., Generaloberst v. Prittwitz und Gaffron) und in Schlesien ein Landwehrkorps auf, während für den Fall einer englischen Landung in Jütland das IX. Reservekorps zunächst noch in Schleswig-Holstein zurückblieb.

Der Engpaß für den Aufmarsch der 1. und 2. Armee, die belgische Festung Lüttich, wurde nicht ohne große Schwierigkeiten dennoch in der Zeit vom 4. bis 16. August überwunden, so daß der allgemeine deutsche Vormarsch am 18. planmäßig beginnen konnte. Diesem lag einmal die operative Absicht zugrunde, mit den Hauptkräften des Heeres auf dem rechten Flügel unter Festhaltung des Drehpunktes Metz–Diedenhofen in einer Art „Sensenschnitt“ weit nach Norden ausholend durch Luxemburg und Belgien in Frankreich einzudringen. Der Schutz der linken Flanke dieses Schwenkungsflügels oblag zusammen mit den Festungen Metz und Diedenhofen der unter einem gemeinsamen Oberbefehl stehenden 6. und 7. Armee. Sie sollten darüber hinaus durch einen Vorstoß gegen die Mosel unterhalb Frouard und die Meurthe die etwaig dort versammelten französischen Streitkräfte binden und dadurch deren Abtransport nach der bedrohten Nordflanke verhindern.

Für den Fall einer französischen Offensive nach Lothringen hinein aber war vorgesehen, daß dann die 4. und 5. Armee sowie die 6. und 7. Armee diesen Angriff von beiden Seiten aus in die Zange nehmen sollten.

Die ersten Grenzkämpfe und -schlachten von Saarburg bis Namur und Mons führten zwar zu deutschen taktischen Siegen, schwächten jedoch die feindliche Kampfkraft noch nicht entscheidend. Wohl aber veranlaßten die übertriebenen Erfolgsmeldungen die seit dem 17. August im Großen Hauptquartier in Koblenz befindliche Oberste Heeresleitung unter dem jetzt die Bezeichnung „Chef des Generalstabes des Feldheeres“ tragenden Generaloberst v. Moltke zur Entsendung von zwei durch den Fall Namurs frei gewordenen Armeekorps zur bedrängten Ostfront.

Zudem erhielten die 6. und 7. Armee am 27. 8. den Auftrag, statt sich für einen eventuellen Abtransport nach Norden bereitzuhalten, nunmehr den französischen Festungsgürtel zwischen Toul und Epinal zu durchstoßen, während der Schwenkungsflügel nach Südwesten eindrehen sollte, um durch beständige Verfolgung den weichenden Gegner an einer erneuten Festsetzung zu hindern. Das Marschziel für die 1. Armee blieb noch die untere Seine, aber es wurde auch schon die Möglichkeit angedeutet, daß man gezwungen sein könne, noch weiter nach Süden abzubiegen.

Das trat dann tatsächlich ein, und als sich die weitere Absicht nicht verwirklichen ließ, mit der 2. Armee die Franzosen in südöstlicher Richtung von Paris abzudrängen, erhielten am 5. September die 1. und 2. Armee die Weisung, ihren bisherigen Angriff abzubrechen und statt dessen Front gegen Paris zu machen. Die 4. und 5. Armee sollten dagegen weiterhin versuchen, der 6. Armee den Weg durch den Festungsgürtel zu öffnen.

Damit war aus der ursprünglichen weitreichend gedachten Umfassungsbewegung infolge Kräftemangels schrittweise ein Eindrehen in südliche, schließlich südöstliche Richtung geworden. Die Entscheidung sollte jetzt in einem Zangenangriff gegen den rechten französischen Flügel gesucht werden.

b. Die Marne-Schlacht

Die Wirklichkeit aber hatte selbst diese Absicht schon längst überholt, die 1. Armee die Marne bereits überschritten. In ihre offene rechte Flanke stieß nun am 6. September im Rahmen einer allgemeinen französischen Gegenoffensive von Paris her die neugebildete 6. französische Armee, so daß der deutsche Armeeoberbefehlshaber v. Kluck sich gezwungen sah, seine über die Marne vorgedrungenen Truppenteile wieder auf das Nordufer zurückzuberufen und am Ourcq Front nach Westen zu machen.

Dadurch entstand zwischen der 1. und 2. Armee eine nur notdürftig durch einen dünnen Kavalleriekordon verschleierte Lücke von über 40 km Länge, in die sich langsam gegnerische Truppen nach Norden über die Marne hinweg einschoben. Daraufhin beschloß v. Bülow am 9. September, die 2. Armee zurückzunehmen; ihr mußte sich auch die 1. Armee anschließen. Dem Rückzug dieser beiden Flügelarmeen folgte dann zwangsläufig ebenfalls der der 3., 4. und 5. Armee.

Zusammenfassend wird man mit H. Herzfeld die Marneschlacht vom 6. bis 9. September als den als einzelne Entscheidung wohl wichtigsten Wendepunkt der deutschen Kriegführung zu Beginn des Krieges bezeichnen dürfen, die in der Folge bis zum Frühjahr 1918 im Grunde nur noch auf eine einzige Kette von Improvisationen angewiesen blieb.

Die Gründe für diese operative Niederlage des deutschen Heeres sind vielfältiger Natur. Sie lagen einmal immanent im Operationsplan selber begründet, der in seiner Konsequenz die militärischen Kräfte einfach überfordern mußte; ein Umstand, der auch durch eine andere zahlenmäßige Verteilung grundsätzlich nicht hätte vermieden werden können. So vermochte z. B. der Plan, gerade weil er auf äußerste Schnelligkeit angelegt war, nicht das Dilemma zu lösen, das darin bestand, daß die deutschen Truppen nach Verlassen der Eisenbahnen für ihren weiteren Vormarsch auf die „natürlichen" Fortbewegungsmittel, Fuß und Pferd, weitgehendst angewiesen blieben, während der Gegner, gestützt auf sein bestehendes Eisenbahnnetz, natürlich bedeutend leichter Verstärkungen an die besonders gefährdeten Stellen transportieren konnte. Hier hätte nur eine ausgedehnte Motorisierung Abhilfe schaffen können, aber dafür würden, selbst wenn das Problem in seiner vollen Schärfe und Tragweite rechtzeitig erkannt worden wäre, die Möglichkeiten der damals erst in ihren Anfängen steckenden Automobilindustrie schwerlich ausgereicht haben.

Die gleiche Ursache führte auch aus logistischen Gründen zu Einschränkungen der Operationsfähigkeit auf dem rechten deutschen Flügel, die zu ihrer vollen Aufrechterhaltung bei dem Angewiesensein auf Pferdetransporte für den Nachschub normalerweise nur eine Entfernung von ca. 50 km vom jeweiligen Eisenbahnendpunkt zuließ, ab 100 km aber jeden weiteren Vormarsch auf die Dauer zum Erliegen bringen mußte.

Die darüber hinaus dem deutschen Generalstabschef v. Moltke vorwerfbaren Führungsfehler, wie mangelnde Konsequenz bei der Schwerpunktbildung und Überschätzung der Anfangserfolge, vergrößerten nur noch die Probleme. Der weitere Vorwurf der „Operationsführung am grünen Tisch" dagegen findet seine geringste Berechtigung in der tatsächlichen Entfernung des Hauptquartiers von der Front. Vielmehr dürfte bei dem damaligen Stand der Nachrichtentechnik ein Versuch zu einer größeren Frontnähe, verbunden mit häufigem Standortwechsel, nicht unproblematisch gewesen sein. Wohl aber wurden nicht alle schon vorhandenen Möglichkeiten ausgeschöpft, um sich ein zutreffenderes Bild über die tatsächliche Entwicklung der Lage an den einzelnen Frontabschnitten rechtzeitig zu verschaffen. Diese Versäumnisse führten dann dazu, daß die Führung durch Direktiven statt durch Befehle eher als ein Mangel empfunden wurden, der Eindruck des „Schleifenlassens der Zügel" entstehen konnte.

Insofern fällt das Monitum Moltkes anläßlich der Schlußkritik der letzten Generalstabreise kurz vor Ausbruch des Krieges schließlich auf ihn selber zurück: „Die Oberste Heeresleitung ... kann und muß ... ein großes, klar erkanntes und folgerichtig festgehaltenes Ziel haben und allen Kräften dauernd die Richtung auf dieses Ziel geben. Es wird immer die Herbeiführung der Entscheidung gegen die Hauptmasse der feindlichen Streitkräfte und ihre Niederwerfung bleiben. Nur so wird der Gedanke und der Wille die Materie bezwingen. Führen aber unvermeidliche Einzelkämpfe der Armeen zur Zersplitterung, indem jede ihre Sonderzwecke verfolgt, für die das Streben nach gemeinsamem Handeln nicht mehr maßgebend ist, so hat die Oberste Heeresleitung die Zügel aus der Hand verloren, sie hat es nicht verstanden, die unerläßliche Einheitlichkeit in die Bewegungen und Kämpfe der Einzelgruppen zu bringen."

Steht demgegenüber die Leistung der Truppe auch außer Zweifel, so darf dennoch der Blick nicht vor Fehlhaltungen verschlossen werden, die zum Teil in Mängel bei der Friedensausbildung begründet lagen und zu vermeidbaren Verlusten führten. Das galt insbesondere für den ungestümen Drang der Infanterie nach vorwärts und für das Zusammenwirken von Infanterie und Artillerie beim Angriff.

So hieß es in einer ersten Zusammenfassung des Generalstabes vom 15. September 1914 über die bisherigen Kriegserfahrungen zwar, daß der Offensivgeist die Truppe auch weiter dazu befähigen werde, dem Gegner den Willen aufzuzwingen. Dafür seien kein Opfer zu groß, kein Blut umsonst geflossen. Aber dann schloß sich dem die Mahnung an, daß sich die Verluste des Gegners steigern, die eigenen jedoch in dem Maße verringern ließen, „je planmäßiger durch die Wirkung der Feld- und s. [schweren] Artillerie der Infanterie der Weg vorwärts gebahnt wird ... Hieran wollen die Führer aller Grade denken, damit das ungestüme Vorgehen der Infanterie niemals der Unterstützung der Artillerie entbehrt und in solche Bahnen geleitet wird, die dem Feind am meisten Abbruch tun".

Ferner zeigte sich, daß die in den Reglements geforderte Erziehung auch des gemeinen Mannes zu einem selbständig handelnden Soldaten offenbar doch nicht in dem gewünschten Umfang gelungen war. Jedenfalls wurde bei Verlust an Offizieren und Unteroffizieren der Mangel an geeignetem Führungspersonal besonders nachteilig empfunden.

4. Der weitere Kriegsverlauf im Westen 1914

Der am 14. September 1914 vorerst der Form nach nur zum Stellvertreter Moltkes ernannte preußische Kriegsminister v. Falkenhayn hielt als faktisch neuer Generalstabschef des Feldheeres weiterhin an dem Grundgedanken des entscheidungssuchenden Angriffs zunächst auf die als gefährlicher eingestuften Gegner an der Westfront fest. Ohne jedoch zu einer wirklich umfassenden Operation unter konsequenter Ausnutzung des zwischen Oise und dem Meer noch verbliebenen freien Raumes zu gelangen, versuchten in der Folgezeit beide Seiten, den jeweiligen Gegner im „Wettlauf zum Meer" zu überflügeln.

Obwohl gerade auch die deutsche Rückzugsbewegung von der Marne die außerordentlich starke Abwehrkraft modern bewaffneter, sich eingrabender Infanterie gegenüber einem ungestümen Angreifer erwiesen und dadurch nachdrücklich die Ansicht von den geringen Erfolgsaussichten wenig vorbereiteter frontaler Angriffe und ihren hohen Verlusten erneut bestätigt hatte, führte das noch nicht zu einer grundlegenden Umorientierung der bis dahin maßgeblichen taktischen Anschauungen. Mithin mußte die Kluft zwischen der offiziellen Doktrin der unbedingten Bevorzugung der Offensive vor der Defensive immer deutlicher werden, zumal der jetzt sich unangenehm bemerkbar machende Mangel gerade an schwerer Artilleriemunition die deutsche Infanterie ausgerechnet der Unterstützung beraubte, die sie für einen Angriff auf derartige befestigte Feldstellungen jetzt eigentlich dringender denn je benötigte.

So scheiterte auch der verbissene Versuch Falkenhayns, in der 1. Flandernschlacht Ende Oktober/Anfang November doch noch den Durchbruch durch die feindlichen Stellungen bei Ypern zu erzwingen und zum Bewegungskrieg zurückzukehren. Dabei fand im Sturm der kriegsfreiwilligen Regimenter auf das Dorf Langemarck am Morgen des 10. Novembers, der unter schwersten Verlusten zusammenbrach, nicht nur die Opferbereitschaft der damaligen deutschen Jugend ihren symbolischen Ausdruck, sondern er dokumentierte nochmals nachdrücklich die Überlegenheit, die die Verteidigung zu dem Zeitpunkt über den Angriff gewonnen hatte.

Gefangen in dem Dilemma, „nach vorwärts kam man nicht weiter ... nach rückwärts wollte man nicht", erstarrte die Westfront bei gegenseitiger Erschöpfung im Graben- und Stellungskrieg.

5. Der Krieg im Osten bis Ende 1915

Der deutsche Kriegsplan mit seiner einseitigen Schwerpunktbildung gegen Frankreich baute unter anderem auch auf der Hoffnung auf, daß ein sofortiger österreichischer Aufmarsch mit einer anschließenden Offensive in Galizien Deutschland zumindest vorläufig den Rücken gegenüber Rußland freihalten und den Zeitgewinn verschaffen werde, den es für einen Sieg im Westen zu benötigen glaubte. Und wohl nicht zuletzt um die Donau-Monarchie zu einem solch entschlossenen Schritt zu ermutigen, hatte Moltke d. J. 1909 dem österreichischen Generalstabschef General v. Conrad das Versprechen eines deutschen Entlastungsangriffes gegen die zu erwartende russische Narew-Armee gegeben bzw. am 31. Juli/1. August 1914 Wien gedrängt, nicht zu starke Kräfte gegen Serbien einzusetzen, statt dessen die Anordnung der allgemeinen Mobilmachung zu beschleunigen.

Obwohl damit eigentlich von vornherein feststand, daß im Gegensatz zur Westfront der Krieg im Osten als ein Koalitionskrieg geführt werden mußte, war es dennoch zu keinen weiteren Absprachen zwischen dem deutschen und dem österreichischen Generalstab in dieser Sache gekommen, geschweige denn zu einem gemeinsamen Entwurf eines einheitlichen Feldzugplanes oder gar zur Einrichtung eines gemeinschaftlichen Oberbefehls für diesen Kriegsschauplatz. Vielmehr führten beide Heere ihre Operationen zunächst weitgehend unabhängig voneinander durch.

Wie bereits erwähnt, hatte Deutschland in Ostpreußen nur relativ schwache Deckungskräfte zurückgelassen. Hier sollte die 8. Armee gegenüber dem bereits für den 16. Mobilmachungstag angenommenen russischen Vorstoß zunächst versuchen, Ostpreußen zu sichern und darüber hinaus die österreichische Entlastungsoffensive in Galizien durch Bindung möglichst starker russischer Truppen zu unterstützen.

Diese nicht gerade leichte Aufgabe gelang den Generälen v. Hindenburg und Ludendorff, die an die Stelle des abberufenen v. Prittwitz getreten waren, indem sie mit äußerster Konsequenz und unter Inkaufnahme eines außerordentlichen Risikos aus der Rückzugsbewegung der 8. Armee heraus alle Kräfte gegen die über die südostpreußische Grenze vorrückende Narew-Armee ansetzten und diese in einer Umfassungsschlacht bei Tannenberg vernichtend schlugen, sich dann gegen die Njemen-Armee wandten und in der Schlacht an den masurischen Seen zum Rückzug zwangen.

Die durch die beiden Erfolge gewonnene größere Operationsfreiheit war aber auch dringend notwendig geworden, um dem in Galizien nach anfänglichen Erfolgen in Bedrängnis geratenen österreichischen Bundesgenossen nunmehr mit der neugebildeten 9. Armee zu Hilfe kommen zu können. Ihr gelang es zwar im unmittelbaren Zusammenwirken mit der im Raum Krakau kämpfenden 1. österreichischen Armee, dort den Vormarsch der russischen Truppen zum Stehen zu bringen, jedoch verlagerte sich dadurch der Schwerpunkt des russischen Angriffs nunmehr nach Westpolen und bedrohte Posen und Schlesien.

Um dieser Gefahr zu begegnen, entschloß sich das AOK 9 für Anfang November zu einem Stoß aus dem Gebiet um Thorn in südöstlicher Richtung gegen die Flanke des Gegners. Davon erhoffte es sich, ihm den Rückzug nach Osten verlegen zu können. Deshalb erbat Hindenburg, inzwischen zum Oberbefehlshaber Ost ernannt, wegen der möglichen Bedeutung dieser Operation Truppenverstärkungen von der OHL.

Obwohl sich mit dem endgültigen Festlaufen des deutschen Angriffs an der Westfront die Frage einer eventuellen Schwerpunktverlagerung nach dem Osten spätestens jetzt erneut stellte, konnte sich Falkenhayn nach anfänglichem Schwanken dennoch nicht zu einem solch weitreichenden Schritt entschließen. Vielmehr hoffte er darauf – nicht an die Möglichkeit eines entscheidenden Sieges über Rußland glaubend –, nach einem Zurückdrängen der russischen Front hinter die Weichsel-Narew-Linie mit dem Zaren-Reich zu einem Sonderfrieden kommen, um dann um so stärker wieder gegen Frankreich und insbesondere England antreten zu können.

Die unterschiedlichen Auffassungen über die Erfolgsaussichten der Kriegführung im Osten führten zu einer militärischen Führungskrise im Winter 1914/15 zwischen dem Generalstabschef einerseits und dem Oberkommando Ost und dem Reichskanzler v. Bethmann Hollweg andererseits. Die Diskussion über die richtige Wahl des Schwerpunktes sollte den Krieg weiterhin begleiten.

Mit der Rückendeckung durch den Kaiser hielt Falkenhayn zunächst an seinen Angriffsabsichten im Westen fest und ließ sogar Studien für eine Durchbruchsoperation in Richtung auf Amiens ausarbeiten. Erst als der Kriegseintritt Italiens auf seiten der Entente-Mächte sich immer deutlicher abzeichnete, fielen Anfang April 1915 bei der OHL die Würfel für eine Ostoffensive zur Entlastung Österreichs, d. h. für einen Durchbruchsversuch im Raum Tarnow–Gorlice in Westgalizien, um die noch immer bestehende Bedrohung für die Karpatenfront schnell und wirksam zu beseitigen.

Der Angriff am 2. Mai nach vierstündigem Wirkungsschießen der Artillerie führte tatsächlich zu einem Durchbruch größeren Stils durch eine stark befestigte Verteidigungsstellung. Die mit dem Erfolg der weiteren Operation wachsenden Zielsetzungen ließen den Gedanken entstehen, im Juli durch einen gleichzeitig von Norden und Süden angesetzten Zangenangriff die gesamte russische Weichsel-Narew-Front zum Einsturz bringen zu wollen.

Gegenüber den weiter ausholenden Plänen des Oberkommandos Ost beharrte jedoch Falkenhayn wiederum auf einer begrenzteren, schneller abschließbaren Zielsetzung, um Truppen noch wieder freizubekommen sowohl für einen Einsatz gegen Serbien zur Herstellung der dringend benötigten sicheren Verbindung mit der Türkei als auch an der ebenfalls erneut schwer bedrängten Westfront. Die Notwendigkeit, alle Kriegsschauplätze bedenken zu müssen, ließen ihm bei den angespannten deutschen Kräften kaum eine andere Wahl als eine derartige „Strategie der Diagonale".

Diese Kontroverse aber, bei der sich der Generalstabschef wiederum mit Hilfe des Kaisers durchzusetzen vermochte, vertiefte die schon zwischen Hindenburg-Ludendorff einerseits und ihm andererseits bestehende Gegnerschaft noch weiter und bereitete seinen späteren Sturz mit vor.

6. Der Krieg im Westen 1915

Der Stellungskrieg, in den die allgemeine Erschöpfung, begleitet von einem empfindlich spürbaren Munitionsmangel, die Kriegführenden an der Westfront im Spätherbst/Winter 1914 hineingezwungen hatte, forderte nahezu zwangsläufig zu einem Umdenken in bezug auf die Kampfformen auf und führte trotz manchen zählebigen Widerstandes und häufig bestehenbleibender gefühlsmäßiger Abneigung zu einer grundsätzlichen Neubewertung der Verteidigung in ihrem Verhältnis zum Angriff.

Diesem Prozeß war insbesondere das deutsche Heer unterworfen, hatte es doch aus dem ihm anerzogenen Offensivgeist heraus geglaubt, daß die Verteidigung eher nur ein kurzfristiges Moment im Übergang zum Angriff bilden würde, und daher die Anlage von eigenen befestigten Stellungen den Bedürfnissen des Angriffs untergeordnet: „Nie darf die Anlage einer Deckung die Freude am unaufhaltsamen Angriff lähmen oder gar zum Grabe des Angriffsgedankens werden."

Nun aber vorläufig „zur reinen Defensive unter sorgsamster Ausnutzung aller denkbaren technischen Hilfsmittel" (Falkenhayn) verurteilt, mußten zunächst die bislang geltenden Bestimmungen über die Anlage von Feldbefestigungen überprüft und einer kritischen Revision unterzogen werden.

a. Verteidigungsverfahren

Grundzüge

Diese waren nämlich entsprechend der oben skizzierten Grundauffassung von zwei Überlegungen ausgegangen: einmal maßen sie vorgeschobenen Stellungen nur eine geringe Bedeutung bei, und zum andern hielten sie die Infanterie bei guter Ausnutzung ihrer Waffen in der Front für so stark, daß sie dort eigentlich nur schwacher Kräfte bedürfen würde. Als neuralgisch galt dagegen ihre Flanke.

Konsequenterweise hatten sie deshalb die Wahl von grundsätzlich nur einer Verteidigungsstellung und deren Verstärkung mit allen Mitteln gefordert. Die „Feldbefestigungs-Vorschrift" vom 28. Juni 1906 sprach an dieser Stelle sogar bloß von einer Linie.

Die Befestigungen sollten in der Regel nicht als zusammenhängende Linie, sondern als in etwa bataillonsstarke Abschnitte eingeteilte Gruppen angelegt werden, die sich bei Bedarf gegenseitig unterstützen konnten, zusätzlich ergänzt durch hinter besonders gefährdeten Stellen errichtete Stützpunkte als weiterem Rückhalt. Gutes und weites Schußfeld wurde für das Haupterfordernis einer Stellung erachtet, und deshalb auch die Vorderhanglage für die Anlage der Schützengräben empfohlen.

Zwar unterschieden die Vorschriften teilweise zwischen Stellungen, die zäh verteidigt bzw. in denen der Entscheidungskampf angenommen, und solchen, in denen nur vorübergehend Widerstand geleistet resp. Zeit gewonnen werden sollte, aber einen größeren Einfluß hatten diese möglichen Ansätze zu einer Tiefengliederung bei der Verteidigung offensichtlich nicht gehabt.

Vielmehr waren die soeben geschilderten Befestigungsgrundsätze eben nicht für eine langandauernde, Wochen und Monate verschlingende starre Verteidigung gegenüber massiven Angriffen eines übermächtigen Gegners entwickelt worden, sondern eher nur für eine kurzfristige Verwendung gedacht, sei es, daß erwartet wurde, den Feind im Gegenstoß zu werfen oder Entlastung durch einen an anderer Stelle umfassend angesetzten Angriff eigener Truppen kam. Zu sehr hatte man sich auf die Offensive und den Bewegungskrieg, zumindest jedoch auf eine beweglich geführte und mit Offensivstößen verbundene Verteidigung festgelegt.

Nunmehr aber, verstärkt noch durch die Devise Falkenhayns: „Halte, was du hast, und gib nie einen Fußbreit von dem auf, was du gewonnen hast!", mußte die Bedeutung der Verteidigung ein ganz anderes Gewicht erhalten. Um dem selbst bei tapferster Gegenwehr nicht auszuschließenden Durchbruch des Feindes durch nur eine Linie bzw. Stellung dennoch wirksam begegnen zu können, galt es jetzt, besonderen Wert auf die Tiefengliederung zu legen.

Daher löste man sich deutscherseits mehr und mehr von dem Gedanken an den Ausbau einer einzigen Stellung. Offenbar nach französischem Vorbild empfahlen so die „Kriegserfahrungen über Feldbefestigungen" schon 1915 die Anlage von Verteidigungssystemen, die aus mindestens zwei Stellungen hintereinander bestehen und einen solchen Abstand voneinander haben sollten, „daß ein Angriff auf die rückwärtige Stellung gleichzeitig mit dem auf die vordere ausgeschlossen ist, daß also ein völlig neuer Angriff und ein neuer Aufmarsch der feindlichen Artillerie nötig wird".

Aber auch die Stellungen selber hatten in der Tiefe durch mehrere, durch zahlreiche Verbindungsgräben wiederum verbundene Linien gegliedert zu werden mit einem solchen Mindestabstand untereinander, daß sie nicht gleichzeitig in den Streubereich eines nur auf den Graben gerichteten Artilleriefeuers geraten konnten. Gleichzeitig schloß man nun eine Verbindung der verschiedenen Verteidigungsgruppen durch eine durchlaufende vordere Schützenstellung nicht mehr aus.

Ferner trat an die Stelle der bisherigen Forderung nach weitem und freiem Schußfeld für die Infanterie die Notwendigkeit, die Schützengräben der gegnerischen Beobachtung und damit häufig auch der Wirkung der feindlichen Artillerie möglichst zu entziehen. „Es empfiehlt sich daher im offenen Gelände vielfach, die Schützengräben – statt sie auf den vorderen zu legen – etwas hinter die Rückenlinie von Höhen zurückzuziehen."

Diese Abänderungen wurden ergänzt durch die Einführung und den vermehrten Einsatz zahlreicher Nahkampfmittel wie Hand- und Gewehrgranate, Granat- und Minenwerfer. Auch dem Maschinengewehr fiel bei der Sturmabwehr eine immer größere Bedeutung zu und entwickelte sich zum „Hauptorgan der Flankierung".

Trotz dieser verschiedenen Maßnahmen, die einerseits die Abwehrkraft der Verteidigung weiter beträchtlich verstärken mußten, andererseits aber auch wohl als Ausdruck der ungeheuren Vernichtungskräfte gelten können, die sich bei einem Angriff jeweils auf den Stellungen des Verteidigers entluden, hielt der deutsche Generalstabschef v. Falkenhayn jedoch weiterhin an dem bereits erwähnten Grundsatz fest, „daß die einer Truppe zur Verteidigung zugewiesene Linie unbedingt zu behaupten und, wenn sie verlorengegangen, wieder zu nehmen" sei, und schloß sogar ein nur zeitweiliges Ausweichen bzw. eine befristete Rücknahme auf die zweite Stellung, um beispielsweise sich dem Artilleriefeuer zu entziehen, aus. Diese Forderung lief auf eine starre Fechtweise hinaus, führte zu einem Behaupten von oft unwichtigem Gelände und förderte dadurch wiederum das Entstehen unnötig hoher Verluste, wodurch die von Falkenhayn mit den Verbesserungen im Stellungsausbau verfolgte Absicht des „Blutsparens" teilweise wieder konterkariert wurde.

Mit dieser sich allerdings nur langsam durchsetzenden neuen Verteidigungsgruppierung, verstärkt durch Unterstände, Einbauten und tiefgegrabene Stollen sowie gestützt auf die überlegene eigene schwere Artillerie, sahen die Deutschen 1915 den erwarteten Angriffen der Alliierten an der Westfront entgegen. Dabei hatte schon die Winterschlacht in der Champagne gezeigt, wie schwierig es sein würde, dem Infanterieangriff gegenüber einer solchen Festung wieder die nötige Durchschlagskraft zu verleihen. Das wurde überhaupt zu dem taktischen Grundproblem des Weltkrieges schlechthin und schien nur im verstärkten Zusammenwirken mit der Artillerie möglich zu sein.

Jedoch gelangen den Franzosen und Engländern bei den Frühjahrs- und Herbstschlachten in der Champagne resp. im Artois trotz mehrtägigem vorbereitenden Artilleriefeuer, das sich schließlich zu einem Trommelfeuer steigerte, nur Einbrüche in, aber keine Durchbrüche durch das deutsche Stellungssystem, die zudem keine größeren Auswirkungen zeitigten.

Erprobung bei Soissons

Die Deutschen umgekehrt erprobten ein ähnliches Kampfverfahren erfolgreich am 12. Januar 1915 bei Soissons, bei dem es im weitaus engeren Rahmen gelang, einen Frontbogen zu begradigen.

Es handelte sich hierbei in erster Linie um ein artilleristisches Kampfverfahren, bei dem der Abwehrkraft des Verteidigers die Massenwirkung der Artillerie entgegengesetzt wurde mit dem Ziel, ihn niederzuhalten, moralisch zu erschüttern und am Nachführen der Reserven zu hindern, um dadurch dann der eigenen Infanterie den Angriff zu erleichtern.

Mithin bildete, aufbauend auf gesicherten Nachrichtenverbindungen zwischen Artillerie und Infanterie sowie einem ständigen Informationsaustausch, das nach Raum und Zeit sorgfältig geregelte Zusammenwirken beider Waffen die Grundlage.

Durch die wirkungsvolle Zusammenarbeit von Artillerie und Infanterie, bei deren Planung der damalige Oberst v. Seeckt hervortrat, entwickelte sich der Angriff bei Soissons geradezu zu einem Modellfall für Angriffe mit begrenztem Ziel. Zum erstenmal wurde klar und bewußt technische Kraft gegen technische Kraft gesetzt, die niederhaltende und zerstörende Kraft des Massenfeuers der Artillerie des Angreifers gegen die Abwehrkraft der Artillerie und vor allem der kleinkalibrigen, schnell und rasant schießenden Infanteriewaffen des Verteidigers. Zum erstenmal wurde bewußt der menschliche Wille durch ‚Niederhalten' auf bestimmte Zeit ausgeschaltet, die seelische Widerstandskraft planmäßig gebrochen. Von hier aus führte ein gerader Weg zur organisierten „Materialschlacht" des Ersten Weltkrieges, die ihm dann weithin sein Gepräge gaben.

Neben und parallel zu dieser Entwicklung des artilleristischen Kampfverfahrens suchte man aber auch nach anderen Wegen, um zu einem Durchbruch durch den Sperriegel der gegnerischen Verteidigungsstellungen zu gelangen.

b. Der Einsatz chemischer Kampfmittel

Als ein Mittel, um trotz schwindender Pulver- und Granatenvorräte den Gegener aus seinen befestigten Gräben und Deckungen herauswerfen und wieder zum Bewegungskrieg übergehen zu können, wurde dazu die Idee des Einsatzes chemischer Kampfstoffe erneut aufgegriffen.

Entsprechende Versuche hatte es sowohl auf deutscher als auch auf englisch-französischer Seite bereits vor Ausbruch des Krieges gegeben. Während in Deutschland jedoch die Experimente im Grunde negativ verlaufen waren, hatte man in Frankreich Tränengasgewehrgranaten entwickelt. Ihre Verwendung offenbar auch im Krieg veranlaßte neben Gerüchten über weitergehende alliierte Vorhaben im Herbst 1914 die OHL, sich wiederum mit diesem Problem zu befassen.

Bereits Ende Oktober 1914 wurden bei Neuve-Chapelle deutscherseits zum ersten Mal Ni-(Dianisidin-Salz)Granaten eingesetzt, dann Anfang 1915 gegen die russische Front T-

(Xylylbromid) Geschosse, ein Kampfstoff, der sich in dieser Zusammensetzung bei der damals herrschenden Kälte nur schwer verflüchtete. Beide Angriffe führten zu keinen nennenswerten Erfolgen.

Gegenüber den beiden genannten Reizkampfstoffen versprach der Vorschlag des Direktors beim Kaiser-Wilhelm-Institut für Physikalische Chemie in Berlin, Geheimrat Dr. Fritz Haber, bei günstigem Wind giftiges Chlorgas aus eisernen Flaschen abzublasen und gegen die feindlichen Stellungen treiben zu lassen, größere Wirkung zu zeitigen. Es war zudem in Deutschland reichlich vorhanden, konnte einer stetigen Windströmung in erheblicher Konzentration beigemischt werden, hielt wegen seiner Schwere am Boden, drang dadurch auch in sonst nur schwer zugängliche Deckungen und gestattete der Infanterie, wegen fehlender Nachwirkungen im freien Gelände unmittelbar hinter der Chlorgaswolke vorzugehen.

Für den ersten Einsatz wurde ein gegnerischer Frontabschnitt im Bereich der 4. Armee bei Ypern ausgewählt. Wegen der leichten Entdeckbarkeit der zu einem Blasangriff notwendigen umfangreichen Vorbereitungen und der Abhängigkeit von einer günstigen Windrichtung, die zu wiederholten Fehlalarmierungen der zum Angriff bereitgestellten eigenen Truppen führte, erhoffte man sich davon jedoch auf der deutschen Seite zunehmend keine durchschlagende Wirkung mehr. Es wurden sogar Divisionen von der West- zur Verstärkung der Ostfront abgezogen, so daß, als am 22. April 1915 der Blasangriff auf 6 km Breite aus über 5000 Flaschen endlich begann und innerhalb von 35 Minuten zu Geländegewinnen von etwa 4 km führte, die Reserven fehlten, den Erfolg in größerem Umfang auszubeuten.

Damit war die Chance zur operativen Ausnutzung der mit diesem ersten Blasangriff verbundenen Überraschung vertan. Nachfolgende Angriffe konnten ähnliche Gewinne kaum mehr erzielen.

Die Nachteile des Blasangriffverfahrens lagen in der umständlichen Vorbereitung, der Gebundenheit an eine Sondertruppe und vor allem in der Abhängigkeit von einer günstigen Luftströmung.

Da gerade der letzte Umstand gegen die Deutschen sprach, wandte man sich hier mit der Zeit mehr und mehr von ihm ab und wieder dem Artilleriegasschießen zu.

Dies war weit weniger von den Windverhältnissen oder dem Gelände abhängig und erlaubte, die Wirkung des Kampfstoffes gegen alle Ziele innerhalb der Geschützreichweiten zu richten. Da es sich vom Brisanzschießen durch seine größere Raum- und Dauerwirkung unterschied, eignete es sich zudem zur nachhaltigen Bekämpfung von sonst nur schwer ausschaltbaren Punktzielen wie z. B. Artilleriestellungen.

Zwar ließen sich auch beim Artilleriegasschießen die drei Grunderfordernisse des Gaskampfes, Überraschung, Höchstkonzentration und Massenwirkung, kaum auf einen Schlag erfüllen, jedoch kam es hierbei vor allem auf die Erreichung einer optimalen Konzentration an.

Um die für eine Wirkung notwendige Kampfstoffkonzentration in der Luft überhaupt erst einmal zu erzielen, mußten möglichst viele Geschosse innerhalb kürzester Zeit schlagartig auf das zu bekämpfende Ziel abgefeuert werden.

Für einen solchen überraschenden Einsatz bei gleichzeitiger hoher Konzentration waren innerhalb ihrer begrenzten Reichweiten die Gaswerfereinheiten besonders geeignet.

Auf der Technik des Gasüberfalls baute sich auch das Schwadenschießen auf, das sich aber nicht gegen einen Zielpunkt, sondern gegen eine Zielfläche richtete und bei günstigen Gelände- und Windverhältnissen zu einem Dauerschießen oder gar Gassperre ausgebaut werden konnte.

Mit dem noch im Sommer 1915 eingeführten K-(Chlormethylchloroformiat) Geschoß, deren Kampfstoff sich gegenüber dem der verbesserten T-Granate erheblich schneller verflüchtete, verfügten die Deutschen dann über zwei Kampfstoffarten, auf denen sich die weitere Entwicklung und die spätere deutsche Gastaktik aufbauen sollten.

Wollte man dem Gegner den Aufenthalt in einem bestimmten Gebiet bzw. dessen Benutzung überhaupt für einen längeren Zeitraum unmöglich machen, wurde es mit T-Munition verseucht. An ihrer Stelle trat später der Gelbkreuzkampfstoff Dichloräthylsulfid.

Dagegen wandte man K-Granaten an, wenn der Feind nur aus seinen Stellungen vertrieben bzw. zur Lähmung seiner Aktivitäten durch Anlegung von Schutzgeräten gezwungen werden sollte oder wenn man beabsichtigte, unmittelbar anschließend eigene Truppen dorthin vordringen zu lassen. Der K-Kampfstoff wurde 1916 durch das hochgiftige Grünkreuz (Trichlormethylchloroformiat) abgelöst.

Um ferner die gegnerischen Gasabwehrmaßnahmen zu überwinden, d. h. ihn zum Ablegen seiner Schutzmasken zu zwingen, entwickelte man daneben in Deutschland den Blaukreuz-(Diphenylchlorarsin) Kampfstoff, dessen feinster Rauch die Filter zu durchdringen vermochte und durch seine unwiderstehliche Reizwirkung die Träger veranlaßte, die Atemschutzmasken abzureißen und sich damit der Wirkung der anderen chemischen Kampfmittel ungeschützt auszusetzen.

Ergänzt noch um die Gasbrisanzgeschosse, waren demnach alle drei Kampfstoffarten gerade auch in ihrem kombinierten, sich gegenseitig ergänzenden und unterstützenden Einsatz besonders geeignet, die eigenen Angriffs- bzw. Verteidigungsabsichten und -maßnahmen wirkungsvoll zu unterstützen. Je nachdem, welche Granaten verwandt wurden, sprach man vom „Buntschießen", von „Bunt"- und „Gelbräumen".

Schließlich machte auf deutscher Seite bei Angriffsunternehmen oder in der Verteidigung die Verwendung chemischer Kampfstoffe stellenweise über 30% des gesamten Artilleriemunitionsverbrauchs aus. Das unterlegt die Bedeutung, den ihr Einsatz im Laufe des Ersten Weltkrieges für die Kriegführung nach und nach gewonnen hatte.

7. Der Krieg im Westen 1916

a. Unter der 2. OHL

Trotz der Erfolge, die das deutsche Heer 1915 an der Ostfront sowohl gegen Rußland als auch Serbien errungen hatte, suchte v. Falkenhayn weiterhin die Entscheidung im Westen. Aufgrund der Mißerfolge der Alliierten bei ihren Offensiven in der Champagne und im Artois hielt er jedoch einen Massendurchbruch als Einleitungsakt „gegen einen moralisch intakten, gut bewaffneten und zahlenmäßig nicht erheblich unterlegenen Feind

... auch bei größter Menschen- und Materialanhäufung nicht als aussichtsvoll ... Dem Verteidiger wird es in den meisten Fällen gelingen, die eingedrückten Stellen abzuriegeln. Dies ist ihm leicht, wenn er sich zum freiwilligen Ausweichen entschließt. Ihn daran zu hindern ist kaum möglich. Die Einbuchtungen, flankierender Feuerwirkung in hohem Maße ausgesetzt, drohen dann zum Massengrab zu werden. Die technischen Schwierigkeiten der Leitung und Versorgung der Massen darin werden so groß, daß sie kaum überwindlich erscheinen".

Statt dessen beabsichtigte er, durch den dosierten Einsatz eigener Mittel den am meisten abgekämpften Gegner, Frankreich, zermürben und dadurch auch England zur Kriegsaufgabe zwingen zu können. „... Hinter dem französischen Abschnitt der Westfront gibt es in Reichweite Ziele, für deren Behauptung die französische Führung gezwungen ist, den letzten Mann einzusetzen. Tut sie es, so werden sich Frankreichs Kräfte verbluten, da es ein Ausweichen nicht gibt, gleichgültig, ob wir das Ziel selbst erreichen oder nicht. Tut sie es nicht, und fällt das Ziel in unsere Hände, dann wird die moralische Wirkung in Frankreich ungeheuer sein. Deutschland wird nicht gezwungen sein, sich für die räumlich eng begrenzte Operation so zu verausgaben, daß alle anderen Fronten bedenklich entblößt werden. Es kann mit Zuversicht den an ihnen zu erwartenden Entlastungsunternehmungen entgegensehen, ja hoffen, Kräfte in genügender Zahl zu erübrigen, um den Angriffen mit Gegenstößen begegnen zu können. Denn es steht ihm frei, seine Offensive schnell oder langsam zu führen, sie zeitweise abzubrechen oder sie zu verstärken, wie es seinen Zwecken entspricht".

Verdun

Als am 21. Februar 1916 endlich der deutsche Angriff auf Verdun begann – diese Festung hatte schließlich Falkenhayn zum Ansatzpunkt seiner begrenzten Offensive gewählt –, stellte sich bald der tragische Irrtum gerade des letzten Kalküls heraus. Die „Maasmühle" verschlang in gleichem Maße französische wie deutsche Kräfte, und die erhoffte entscheidende Schwächung des Gegners trat nicht ein.

Damit schwand zugleich die Aussicht, vielleicht durch einen Gegenstoß bei einem der zu erwartenden Entlastungsangriffen an einer anderen Stelle der Westfront zu einem Durchbruch zu gelangen, denn sie dafür zurückbehaltenen Heeresreserven mußten zum größten Teil jetzt schon bei Verdun eingesetzt und verbraucht werden. Schließlich zwangen die von Rußland begonnene „Brussilow"-Offensive an der Ostfront, in deren Folge Ende August 1916 Rumänien sich den Entente-Mächten anschloß, und der Ende Juni/Anfang Juli einsetzende englisch-französische Großangriff an der Somme den deutschen Generalstabschef dazu, am 12. Juli den Befehl zum Abbruch des Angriffes auf Verdun zu geben, der aber nicht so ohne weiteres durchgeführt werden konnte. Die Kämpfe dauerten, wenn auch mit verminderter Intensität, noch bis zum September 1916 an.

„Der Verdunplan – als Glied in seinem Zusammenhang gesehen – war", wie P. Graf Kielmansegg wohl zu Recht feststellte, „... nicht so sehr barbarische Phantasielosigkeit, wie man später oft gemeint hat, als vielmehr ein verzweifelter Versuch, strategisch zu denken unter Bedingungen, die der Strategie kaum noch Spielraum ließen."

Aber gerade wegen seiner künstlichen Konstruktion und der vielen Fehlkalkulationen, auf denen er aufgebaut war, führte er zu jener Material- und Abnutzungsschlacht, die Falkenhayn eigentlich dem deutschen Heere hatte ersparen wollen. Und damit ordnet auch er sich in die lange, furchtbare Reihe der vergeblichen Experimente ein, mit der die militärischen Führer beider Seiten fast über die gesamte Dauer des Weltkrieges einen Ausweg aus dem Stellungskrieg suchten hin zu einer Angriffsform, die wieder eine entscheidungsbringende Offensive ermöglichen sollte.

Somme

Auf der Gegenseite erfuhr die Materialschlacht eine erneute Steigerung, als die Alliierten am 1. Juli 1916 nach siebentägiger Artillerievorbereitung und unter dem Schutz einer unangefochtenen Luftüberlegenheit zum Angriff auf die 2. deutsche Armee beiderseits der Somme vorbrachen. Auch diese Offensive, die anfänglich in nahezu wöchentlichem Rhythmus neu auflebte und in deren Verlauf sogar am 15. September erstmals „Tanks" eingesetzt wurden, brachte dem Angreifer keinen durchschlagenden Erfolg, obwohl die Verteidigung mehrfach in kritische Situationen geriet. Ende November 1916 schließlich stellten die Engländer ihre aussichtslos gewordenen Angriffe ein.

b. Unter der 3. OHL

Nach dem Kriegseintritt Rumäniens auf der Seite der Entente-Mächte war Falkenhayn von seinem Posten als Chef des Generalstabes des Feldheeres abgelöst und Generalfeldmarschall v. Hindenburg am 29. August 1916 als sein Nachfolger berufen worden, mit ihm als Erster Generalquartiermeister General Ludendorff.

Falkenhayn fand beim anschließenden Feldzug gegen Rumänien, bei dem er mit dem Oberbefehl über die deutsche 9. Armee betraut wurde, und der nach der Eroberung von Bukarest Anfang Dezember erst am Sereth endete, Gelegenheit, sich mit einem herausragenden Beweis seiner militärischen Führungskunst noch einmal zu rehabilitieren.

Nachdem die 3. OHL sich einen Überblick über die Lage an der Westfront verschafft und den Abwehrkampf an der Somme bestanden hatte, wurde für sie die Organisation der Verteidigung und Ausbildung und Bereitstellung von Reserven zu einem vordringlichen Ziel, stand doch zu erwarten, daß die Alliierten ihre abgeschlagenen Angriffe im nächsten Jahr nur um so heftiger erneuern würden.

Um einen ungefähren Eindruck von dem damaligen Stand der taktischen Ausbildung aus der Sicht der obersten militärischen Führung zu geben, sei auf die entsprechende Schilderung Ludendorffs in seinen „Kriegserinnerungen" zurückgegriffen: „Ich mußte über die Kräfteverhältnisse ebenso klar sehen wie darüber, ob unsere taktischen Anschauungen noch die richtigen wären. Das erste war einfach, das zweite unendlich schwer. In strategisch-taktischen Fragen platzten die Ansichten genau so aufeinander, wie in allen politischen und wirtschaftlichen. Es ist hierin eben so schwierig, überzeugend zu wirken; die Erscheinungen werden erkannt, die Grundursachen aber bestritten. Sie sind daher schwer zu bessern. Das Beharrungsvermögen der Truppe ist groß. So war es im Frieden, so blieb es im Kriege ... Auf taktischem Gebiete mußte es gelingen, die angriffsweise Führung der Artilleriekämpfe, die die feindliche Artillerie und Infanterie vor Beginn des Sturmes zerschlägt, wieder in den Vordergrund zu stellen. Bei der Unterlegenheit an

Geschützen und Munition hatten wir darauf verzichtet. Vermeintliches Allheilmittel war das Sperrfeuer geworden. Die Infanterie wollte es haben; ... In der Theorie gut, mußte das Sperrfeuer unter dem Ungewitter des feindlichen Munitionsniederschlages nur zu häufig versagen. Unsere Infanterie, die dem Schutze des Sperrfeuers sich anvertraut hatte, versäumte allzu leicht, sich selbsttätig zu verteidigen ... Es war sicher, die Infanterie focht zu eng und zu starr, sie klebte zu sehr am Geländebesitz; hohe Verluste waren die Folge. Die tiefen Unterstände und Keller wurden oft zu verhängnisvollen Menschenfallen. Der Gebrauch des Gewehrs war in Vergessenheit geraten, die Handgranate zur Hauptwaffe geworden und die Ausrüstung der Infanterie mit Maschinengewehren und anderen Feuerwaffen weit hinter den entsprechenden feindlichen Maßnahmen zurückgeblieben ... Bei der feindlichen Infanterie war bereits in weitem Umfange die Kraft des Menschen durch die Maschine erhöht; wir hingegen arbeiteten noch zu sehr allein mit dem Menschen. Wir hatten allen Grund, ihn ängstlich zu schonen. Auch hier hatte eine durchgreifende Änderung einzutreten; das Maschinengewehr mußte der Hauptträger der Feuerkraft der Infanterie werden."

Dieser pauschalen Kritik Ludendorffs wird man nur mit einer gewissen Vorsicht beipflichten können. Zumindest dürfte es dabei wohl nicht so sehr um das Problem der Erkenntnis der von ihm angeschnittenen Fragenkomplexe überhaupt gegangen sein, sondern es bedurfte hierbei eher nur einer energischen Persönlichkeit, die die einmal für richtig erkannten Ansichten und eingeleiteten Maßnahmen auch gegenüber einem möglichen Zögern oder gar Widerstreben gerade in der militärischen Hierarchie der Zwischeninstanz entschlossen und mit dem nötigen Nachdruck durchzusetzen vermochte.

So war man zwar bereits dazu übergegangen, jedem Bataillon eine Maschinengewehr-Kompanie zuzuweisen, jedoch trat die große Wende hier erst ab Herbst 1916 mit der Einführung des leichten Maschinengewehrs 08/15 ein. Jetzt erhielt nach und nach jede Kompanie zunächst 3, später sogar 6 leichte MGs.

Ähnlich hatte schon die 2. OHL in Zusammenarbeit mit dem Kriegsministerium im April 1916 begonnen, ein Sammelwerk „Vorschriften über den Stellungskrieg aller Waffen" herauszugeben. Und in diese Reihe wurden nun am 1. Dezember 1916 als Teil 8 die „Grundsätze für die Führung der Abwehrschlacht im Stellungskriege" eingefügt, die – maßgeblich von Oberst Bauer und Hauptmann Geyer beeinflußt – die Gefechtstätigkeit aller Waffen erstmals in einer Vorschrift zusammenfaßten und deren Zusammenwirken regelten.

Als obersten Grundsatz stellten sie dabei heraus, daß der Zweck der „Schlachtverteidigung" darin liege, „den Angreifer sich abringen und verbluten zu lassen, die eigenen Kräfte aber zu schonen". Entsprechend sollte die Verteidigung generell nicht mit Hilfe einer möglichst großen Anzahl von Soldaten, sondern in erster Linie durch den Einsatz von Maschinen (Artillerie, Minenwerfer, Maschinengewehre usw.) geführt werden.

Darüber hinaus wurde nicht mehr das starre Festhalten am einmal gewonnenen Geländebesitz gefordert, vielmehr, um den Angreifer in ein für ihn ungünstiges Gelände locken zu können, das Gefechtsfeld in zwei Zonen aufgeteilt, die Vorfeldzone, in der je nach Lage und Bedarf zäh oder hinhaltend gekämpft, die aber auch gegebenenfalls freiwillig geräumt werden konnte, und die Hauptkampfzone. Selbst hier schloß man die zeitweilige Aufgabe einzelner Stellungsteile nicht grundsätzlich aus.

Mithin galt für die Führung des Abwehrkampfes als Leitlinie, daß dieser „nicht um oder in einer starren Linie geführt [werden sollte], sondern in einem tiefen Kampffeld, das von den vordersten feindlichen Linien bis weit in die eigene Stellung hineinreicht und dem Angreifer um so mehr und um so überraschendere Schwierigkeiten bietet, je weiter er darin vorwärts kommt. Der Verteidiger ist also nicht starr an seinen Platz gebunden; er ist vielmehr berechtigt, in diesem Kampffeld beweglich zu kämpfen, also je nach Bedarf vorzustoßen oder auszuweichen. Der Grundsatz aber, daß bei Abschluß des Kampfes das gesamte Kampfgelände im Besitz des Verteidigers sein soll, soweit nicht besondere Befehle hierüber ergangen sind (z.B. bei Vorfeldkämpfen), muß jeder Truppe in Fleisch und Blut übergegangen sein. Für das taktische Verhalten, um dem Gefechtszweck am besten zu entsprechen, muß dem Führer – auch dem mittleren Führer – ein gewisser Spielraum bleiben. Dies gilt für alle Waffen. Die Führung des Kampfes in diesem Sinne erfordert viel Initiative".

Mit der Hervorhebung der Notwendigkeit zur größeren Selbständigkeit und Initiativbereitschaft auch der nachgeordneten Führung wurde nicht nur teilweise wieder an den Geist der deutschen Vorkriegsdienstvorschriften angeknüpft – eine Tradition also, die aber im Stellungskampf unter dem Einfluß der Befehle zur starren Behauptung einmal gewonnener Frontlinien offenbar mehr und mehr in Vergessenheit geraten war –, sondern ebenfalls schon der Wesenszug des neuen Verteidigungsverfahrens umrissen. Es bedeutete die Hinwendung zu kleineren, beweglicheren Einheiten, zu Divisionen und Gruppen, zu Trupps: Die Taktik individualisierte sich.

Das vollzog sich auf zwei getrennten, doch weitgehend parallel laufenden Wegen. Einmal von oben nach unten, wie es beispielhaft in der genannten Vorschrift zum Ausdruck kommt, und dann zugleich auch von unten nach oben, eine Entwicklung, für die stellvertretend die „Ausbildungsvorschrift für die Fußtruppen im Kriege (A.V.F.)" hier genannt und auf die später noch genauer eingegangen werden wird.

Unter dem Heeresgruppen-, dem Armeeober- resp. Generalkommando, die weiterhin für die leitenden Gesichtspunkte und die Einheitlichkeit des Handelns verantwortlich waren, verselbständigte sich jetzt die Division zum taktischen Führer des Kampfes aller Waffen.

Dabei unterschied man zwischen „Stellungsdivisionen", d.h., den Infanteriedivisionen, die den Kampf in vorderer Linie selbständig im Rahmen der ihnen gegebenen Weisungen führten, und den „Eingreifdivisionen", die neben der Ablösung ermüdeter Frontdivisionen dazu bestimmt waren, „den Stoß des Feindes aufzufangen, falls er die Stellungsdivision durchbrechen sollte, und ihm durch sofortigen Gegenstoß aus den eigenen Stellungen wieder hinaus[zu]werfen".

Artillerie

Die Artillerie wurde, sofern nicht besondere Gründe für ein abweichendes Verhalten vorlagen, grundsätzlich auf die Divisionen entsprechend der Bedeutung der einzelnen Divisionsabschnitte verteilt und einem Artilleriekommandeur unterstellt. Dabei war für die Zusammenfassung in Befehlsverbände nicht die geographische Lage der Feuerstellungen, sondern vielmehr das Zusammenwirken in den gleichen Zielraum hinein maßgebend.

Die innere Gliederung der Artillerie hatte sich den Kampfaufgaben anzupassen und konnte nach Geschützarten oder als Mischung untereinander nach Aufgabenstellung in „Nahkampfgruppen" bzw. „Fernkampfgruppen" zur vorwiegenden Bekämpfung von Infanterie- bzw. Artilleriezielen unterschieden werden.

Die Artillerie selber sollte sich nun nicht bloß als Erfüllungsgehilfe der Wünsche anderer

Waffen und zur reinen Abwehr eingesetzt verstehen, sondern „vielmehr in offensivem Geiste diejenigen Ziele selbsttätig und vorausschauend bekämpfen, die der Infanterie am lästigsten und gefährlichsten sind oder im Laufe des Kampfe werden. Enges Zusammenwirken mit anderen Waffen, besonders mit der Infanterie und den Luftstreitkräften, ist hierzu unerläßlich".

Gegenüber dieser Neubewertung, die es vermied, wiederum eine Waffengattung über die andere zu stellen, vielmehr besonderen Wert auf die Zusammenarbeit der Waffen untereinander legte, mußte die einleitende Bemerkung der „Gefechtsvorschrift für die Artillerie" Unwillen erregen, wenn sie noch 1917 inmitten der Materialschlacht daran festhielt, daß die Infanterie die Hauptwaffe sei, die Artillerie die Infanterie zu unterstützen und zu entlasten habe, „indem sie ihr mit ihrem Feuer im Angriff den Weg bahnt, in der Verteidigung unerschütterliches Ausharren und siegreiche Abwehr erleichtert. Damit bildet die Artillerie das Rückgrat des Kampfes, die Art ihrer Verwendung und die von ihr erzielte Wirkung üben einen entscheidenden Einfluß auf den Gang jedes Gefechtes aus".

Speziell fielen der Artillerie beim Abwehrkampf die Aufgaben der Bekämpfung der feindlichen Artillerie, Minenwerfer, Infanterie, der rückwärtigen Reserven und Verbindungen, die Sturmabwehr und die Unterstützung von Gegenstößen und Gegenangriffen zu, wobei ein besonderer Abschnitt sich mit der Bekämpfung der feindlichen Panzerkraftwagen bei der Sturmabwehr befaßte und die artilleristisch vornehmlich durch das Sperrfeuer, die Infanterie- und Nahkampfgeschütze sowie durch schwere Steilfeuerbatterien mit Salvenfeuer erfolgen sollte.

Allgemein galt, daß die Artillerie sich dabei vom mehr automatischen Sperrfeuer abzuwenden hatte hin zum geleiteten Feuer: „Der Kampf ist so zu führen, daß bestimmte Ziele erstrebt werden und dem Gegner die Vorhand genommen wird. Die Artillerie soll dem Gegner hohe blutige Verluste beibringen und ihm viel Gerät zerstören, beides im taktisch richtigen Zusammenhang. Das Schießen lediglich als ‚Antwort' oder ‚Vergeltung', weil der Gegner schießt, ist fehlerhaft. Überraschung, Zusammenfassung des Feuers nach Raum und Zeit und zeitgerechte Regelung des Feuers sind oft für die Wirkung ausschlaggebend."

Infanterie

Die Gliederung der Infanterie einer Division nun ging von dem flügelweisen Einsatz der drei Infanterieregimenter aus, die selber wiederum in Kampf-, Bereitschafts- und Reservebataillone dreigeteilt waren.

Da der Gegner zwar jede erkannte aus starren Linien bestehende Stellung bei genügend großem Munitionsaufwand zusammenschießen konnte, andererseits aber kaum in der Lage sein durfte, größere Flächen auf Dauer so deckend mit Munition zu belegen, daß jeder Widerstand unmöglich wurde, hingegen wiederum nur wenige Gewehre und Maschinengewehre genügten, um selbst stärkere Sturmangriffe abzuweisen, hatten sich die Verteidigungsanlagen stark nach der Tiefe zu gliedern. Dadurch sollte ein darin vordringender Angreifer vor immer neue, nicht von ihm vorhersehbare Lagen gestellt werden. „Unerwarteter Widerstand, vor allem Flankierung, Hindernisse, plötzliche Angriffe, Verluste, Versagen der Befehlsverbindungen und der Artillerieunterstützung werden ihn um so mehr in Verwirrung bringen, je mehr der Verteidiger das Kampffeld in dieser Erkenntnis ausbaut, besetzt und benutzt.“

Eine der gegnerischen Waffenwirkung angepaßte Auflockerung der Verteidiger im gesamten zur Verfügung stehenden Raum fand ihre natürliche Grenze in der gebotenen Rücksichtnahme auf ihre Führung und Versorgung. Deshalb sollte sich die Kampfbesatzung truppweise in Anlehnung an unauffällige, schachbrettförmig im Gelände verteilte Anklammerungspunkte zusammenschließen. Diese wurden in der Regel durch die schweren Maschinengewehre als dem eigentlichen Gerippe der Besetzung gebildet, dergestalt, daß alle Gräben und jeder Punkt im Zwischengelände vorwärts und rückwärts der eigenen vorderen Linie unter flankierendem und sich kreuzendem Maschinengewehrfeuer genommen werden konnte. Entsprechendes galt für die Minenwerfer.

Da der Kampf nicht in einer starren Linie, sondern in einer mehr oder weniger tiefen Kampfzone geführt werden sollte, erhielten die Stellungsbesatzungen einmal die Erlaubnis, bei einem Artillerieangriff im beschränkten Ausmaß jetzt zur Seite, nach rückwärts oder nach vorne auszuweichen. Letzteres wurde besonders empfohlen, da es die Soldaten am ehesten aus dem feindlichen Feuer führte.

Bei einem gegnerischen Infanterieangriff aber hatte sich der Soldat bewußt zu sein, „daß die sichersten Mittel zur Abwehr sein eigenes Feuer, die Handgranate und die blanke Waffe sind, und daß schon wenige Maschinengewehre den feindlichen Ansturm brechen. Die artilleristische Sturmabwehr ist eine wesentliche Hilfe; sie genügt aber für sich allein nicht zur Abwehr starker feindlicher Angriffe. Das Feuer aller Gewehre und Maschinengewehre, die aus der Kampflinie und den rückwärtigen Verteidigungsanlagen gegen den heranstürmenden Feind wirken können, hat sich gegen ihn zu richten. Gegen ihn wendet sich auch das Feuer der Artillerie, der Minen- und Granatwerfer“.

War es dem Gegner dann trotzdem gelungen, in die Kampfzone einzudringen, mußte die Artillerie durch Sperrfeuer versuchen, den Angreifer von seinen nachrückenden Reserven abzuriegeln, während alle anderen Waffen ihr Feuer gegen den sich festsetzenden Feind zu richten hatten. Die dadurch für diesen hervorgerufene schwierige Situation, vergrößert noch durch seine fehlende Geländekenntnis, sollte zu einem sofortigen Gegenstoß mit dem Ziel genutzt werden, mindestens das verlorene Gelände wiederzuerobern.

War dagegen der Gegenstoß mißlungen und hatte der Feind sich in den Stellungen erst eingerichtet, dann konnte nur ein planmäßig angelegter Gegenangriff das Verlorene wiederbringen. Als Bedingungen hierfür nannte die Vorschrift: „Genaue Aufklärung der Stellungen der feindlichen Infanterie, Artillerie, Maschinengewehre und Minenwerfer, Zeitlassen für die Vorbereitungen (mehrere Tage), Vorüben an besonderen Übungswerken, Zusammenwirken der eigenen Infanterie mit Artillerie, Minenwerfern und Fliegern, Verwendung der besonders ausgebildeten Stoßtrupps mit Hilfswaffen (Flammenwerfer, Infanteriegeschütze).“

Damit gelangte die Vorschrift „Grundsätze für die Führung der Abwehrschlacht“ in Abkehr vom Bataillon bzw. der Kompanie und dem Linienkampfverfahren zur Gruppe und dem Stoßtrupp als der kleinsten infanteristischen Kampfeinheit. An diesem Punkt begegnete sie sich mit einer Entwicklung, die bereits seit 1915 durch die Veränderungen in der Bewaffnung der Infanterie eingeleitet worden war.

Unter ihnen sind insbesondere die „Truppwaffen", Maschinengewehr, Granat-, Minen- und Flammenwerfer, zu nennen, die zu ihrer Bedienung oder Versorgung zwar teilweise mehrere Personen erforderten, an Feuerkraft aber diese, wenn z. B. einzeln nur als Gewehrschütze usw. eingesetzt, bei weitem übertrafen. Sie stellten das eigentliche Feuer selbst dar. Allerdings konnten diese Waffen nicht mit der gleichen Schnelligkeit bewegt werden, wie es dem Schützen möglich war, der ursprünglich ja Stoß- und Feuerkraft in sich vereinigt hatte. Demnach traten die beiden wesentlichen Elemente der Kampfkraft, Feuer und Bewegung, noch mehr auseinander als schon zu Beginn des Krieges geschehen, was wiederum Einfluß auf das Kampfverfahren haben mußte.

Der Lösungsweg lautete „Kampfgruppen-Verfahren", das heißt, man unterschied zwar streng zwischen Stoßkraft einerseits und Feuerkraft andererseits, bezog sie aber dadurch wieder aufeinander, daß jetzt „innerhalb der Infanterie die neuen Träger der infanteristischen Feuerkraft, die Truppwaffen, die Aufgabe [übernahmen], den zugehörigen Stoßkräften wie auch den benachbarten Truppwaffen durch ihr Feuer vorwärtszuhelfen. Darüber hinaus unterzog sich die Artillerie der gleichen Aufgabe. Die Stoßkräfte ihrerseits suchten die Feuerkraft der Truppwaffen der Infanterie und diejenige der Artillerie möglichst bis zum letzten Augenblick vor dem Einbruch auszunutzen. Infolgedessen wandten die Stoßkräfte Formen an, die den Notwendigkeiten nicht des Feuerkampfes, sondern der Annäherung im Gelände oder in Gräben angepaßt waren".

Einen ersten Versuch zum Aufbau einer solchen besonderen Kampfformation hatte 1915 Hauptmann Rohr bei der Armee-Abteilung Gaede erfolgreich unternommen, so daß 1916 auch die anderen deutschen Armeen nachzogen.

Sturm-Bataillone

Im Prinzip handelte es sich bei der Angriffstaktik der Sturmtruppe darum, zunächst die Infanterie mit Hilfe ihrer Truppwaffen wieder am allgemeinen Feuerkampf zu beteiligen, der sich aber nicht wie bei der Artillerie auf ein wenig spezifiziertes Niederhalten des Feindes richtete, sondern sich ganz allein auf ein Ziel konzentrierte. Um die für das Gelingen eines Angriffs unumgängliche Überraschung zu gewährleisten, galt es nämlich, erst kurz vor Sturmbeginn durch zusammengefaßtes Massenfeuer der Infanteriegeschütze, Granat- und Minenwerfer sowie der schweren Maschinengewehre der Sturm-Abteilung gegen die vorgesehenen Einbruchsstellen diese offenzulegen, „durch einen Feuerschlag, der auf die Sturmsekunde (nicht -minute!) unter Berücksichtigung der Flugbahnzeiten abriß und den vorwärtsstürzenden Sturmkeilen den Angriffsweg freigab".

So ein „Sturmkeil" nun – die Sturm-Bataillone kämpften nicht als geschlossener Verband – wechselte je nach Aufgabenstellung in seiner Stärke und Zusammenstellung sowie Waffenausstattung. In der Regel bestand er anfänglich aus einem 9 Mann starken Stoßtrupp, 1 Maschinengewehr-, 1 Granatwerferbedienung und mehreren kleinen Flammenwerfern. Er hatte im besonderen die Aufgabe, durch seinen Vorwärtsdrang die anderen mitangreifenden Infanterieverbände mitzureißen und „nach Einbruch in die feindliche Stellung Vorkämpfer im geschickten Zusammenarbeiten der Waffen bis zum Angriffsziel [zu sein]. Hauptträger des Nahkampfes war der Stoßtrupp, der mit der Schußwaffe den sichtbaren und mit Handgranaten den gedeckten Gegner niederkämpfte".

Ein solches Angriffsverfahren verlangte selbstverständlich eine sehr gute Ausbildung nicht nur des einzelnen Soldaten, sondern auch der Gruppe insgesamt. Das geschah auf speziellen Übungsplätzen.

„Ausbildungsvorschrift für die Fußtruppen im Kriege“

Darüber hinaus lag es aber auch nahe, die gesamte infanteristische Ausbildung den neuen Erfordernissen der Kriegswirklichkeit anzupassen. Diesem Zweck diente die beim Armee-Oberkommando des Generals Fritz v. Below aufgestellte „Ausbildungsvorschrift für Fußtruppen im Kriege“, die als Entwurf erstmals im Januar 1917 allgemein verbreitet wurde.

Sie ersetzte den ersten Teil des bis dahin geltenden Exerzier-Reglements für die Infanterie und legte wegen der außerordentlich gesteigerten Vielseitigkeit der Kampfmittel und -aufgaben besonderen Wert auf einfache Exerzier- und Kampfformen sowie auf eine sich am praktischen Kriegszweck orientierende Ausbildung. So fiel u. a. der Präsentiergriff während des Krieges fort.

Ferner sollte zwar die Ausbildung in der Kampfschule mit dem Einüben der Formen beginnen, sobald diese jedoch in den Grundzügen beherrscht wurden, die weitere Gefechtsausbildung in das Gelände verlegt werden, „um selbstdenkende und handelnde Führer und Schützen zu erziehen. Die Rücksicht auf die Form tritt dann in den Hintergrund; die besondere Lage und das Gelände werden maßgebend. Stets müssen aber auch dann der Zusammenhalt der Truppe und straffe Unterordnung gewahrt bleiben“.

Auch die „nervenerschütternden Eindrücke des Kampfes“ fanden zumindest in der Einleitung ihre Berücksichtigung. Sie sollten mannhaft ertragen werden. „Im ganzen Heer muß es fester Grundsatz sein: ‚Lieber sterben in Wehr, als leben ohne Ehr‘.“

Die Vorschrift unterschied des weiteren auch schon zwischen Stoß- und Feuerkraft, wenn die Hauptfeuerkraft eines Zuges in seinem leichten Maschinengewehr gesehen wurde, die Stoßkraft dagegen in den Schützengruppen, und führte neben der „Feuerunterstützung“ den Begriff des „Feuerschutzes“ ein.

Als Grundform der geöffneten Ordnung galt allerdings noch immer die, wenn auch in Gruppen zergliederte und auf 6 Schritt Zwischenraum erweiterte Schützenlinie, obwohl bereits erkannt war, daß man mit schmalen Bewegungsformen, insbesondere Reihen, das Gelände meist besser auszunutzen vermochte.

Den Abschluß der Vorschrift bildeten die Sturmbataillone. Von ihnen hieß es – sie in den umfassenden Rahmen des infanteristischen Kampfes einordnend und ihre Bedeutung würdigend –: „Um die Ausbildung möglichst zahlreicher Offiziere und Unteroffiziere als Lehrer im Stellungskrieg und besonders im Nahkampf zu ermöglichen und für die Vervollkommnung dieser Kampfart neue Wege zu finden, sind von den Armeen Sturmbataillone (Abteilungen) gebildet worden. Sie sollen nicht nur Lehrtruppe, sondern auch Kampftruppe für schwierige Sturmaufgaben sein.“

Ihre Ergänzung und Weiterführung fand diese Vorschrift in der später noch vom Kriegsministerium aufgrund der bisherigen Kriegserfahrungen herausgegebenen Vorschrift „Infanteristische Ausbildung“, die aus Gründen der besseren Übersichtlichkeit zwar wieder stärker das Formale von der Kampfweise trennte, aber doch eindeutig letzterer unterordnete. Beschränkt auf die Größenordnung bis zur Kompanie, wurde ganz besonders die Wichtigkeit der Gruppe hervorgehoben.

An die Stelle der „Schützenlinie" waren nunmehr als Grundformen der entwickelten Ordnung die Schützenreihe, das Schützenrudel und die Schützenkette getreten.

Bei den „Kampfaufgaben" stand die praxisbezogene Ausbildung im Vordergrund. Abschnittüberschriften, wie „Deckung gegen Sicht, gegen Schuß", „Bewegungen im Artilleriefeuer", „Der Einbruch in den Feind" oder „Der Kampf in der Tiefenzone", zum Teil erläutert an praktischen Beispielen, belegen das hinlänglich.

Bei dem „Kampf um Nester" lautete z. B. die Aufgabe, „Feuer und lebendige Kraft richtig zu verwenden, indem er das Angriffsziel durch Feuer niederhält und gleichzeitig möglichst flankierend angreifen läßt".

Schließlich galt es als eine gute Übung für Führer und Truppe, wenn das Verlegen des Schwerpunktes erprobt wurde. „Die Leute sind bei dieser Gelegenheit von dem verbreiteten Irrtum abzubringen, daß der Schwerpunkt des Angriffs gegen die stärkste Stelle des Feindes gerichtet sein müsse." Vielmehr sollten stark befestigte Stellen des Angriffszieles ausgespart und möglichst umfassend angegriffen werden.

Gegenüber den „Tanks" als den Hauptfeinden der Infanterie wußte allerdings die Vorschrift nur allgemeine Ratschläge zu geben. „Beim Erscheinen von Tanks sind sofort die Hilfswaffen und die Artillerie durch Zeichen, Winke und Melder darauf aufmerksam zu machen. Auch der Infanterist allein darf sich nicht scheuen, ihnen mit seinen Waffen zu Leibe zu gehen. Er muß durch häufige Belehrungen und Übungen zum Kampf gegen Tanks erzogen werden."

Insgesamt mögen diese wenigen Andeutungen genügen, um deutlich zu machen, daß hier das Pendel endgültig umgeschlagen war, wieder hin zu einem beweglichen, offensiven Einsatz der Infanterie selbst im Stellungskrieg.

Die vielen durch die neuen Vorschriften ausgelösten organisatorischen und taktischen Änderungen bedurften natürlich zunächst noch einer gewissen Zeit der Umstellung und Eingewöhnung, bevor sie sich in größerem Umfange in der Praxis bemerkbar machen konnten. Um diesen Lernprozeß jedoch zu beschleunigen, wurden dazu teilweise besondere Schulen eingerichtet, an denen im Divisionsrahmen die neu ausgearbeiteten Grundsätze erprobt und gleichzeitig einem größeren Kreis von Offizieren, Unteroffizieren und Mannschaften vertraut gemacht werden konnten.

8. Die deutsche Kriegführung 1917

a. Durchbruchschlachten

Dies war um so dringender, als sich für das Frühjahr 1917 schon die ersten großen alliierten Offensiven an der Westfront abzeichneten, die die deutsche Kriegführung dort während des gesamten Jahres eindeutig unter den Gesichtspunkt der Abwehr stellten. Faßt man deren Ergebnisse zusammen, dann wird man sagen dürfen, daß die neuen umfassenden Vorschriften, die die bisherigen Bestimmungen zur Kriegführung abgelöst hatten, in Verbindung mit weiteren organisatorischen Maßnahmen, wie Verkürzung der Front durch Rückzug in die „Siegfried-Stellung“, schnelleres Auswechseln der Fronttruppen, Neuorganisation des Ersatzwesens, vermehrte Rüstungsanstrengungen usw., ganz wesentlich dazu beigetragen haben, daß das deutsche Heer die verschiedenen Abwehrschlachten im Laufe des Jahres bei Arras, am Chemin-des-Dames und an der Aisne sowie an der Wytschaetefront in Flandern so erfolgreich überstanden hat.

Daneben fand es sogar noch die Kraft zu begrenzten Offensiven an den anderen Kriegsschauplätzen. So gelang es einmal gegenüber Rußland, nachdem dort in St. Petersburg die Revolution ausgebrochen und die letzte Brussilow-Offensive im Juli 1917 abgewehrt worden war, zum Gegenangriff u.a. auf Riga vorzugehen und endlich am 15. Dezember mit der inzwischen an die Macht gelangten Sowjetregierung einen Waffenstillstand abzuschließen.

Zum andern konnten österreichische und deutsche Truppen am 24. Oktober bei Flitsch-Tolmein einen Durchbruch durch die Isonzofront erzwingen und die italienische Armee bis zum Piave zurückwerfen.

Umstellung auf Angriff 1917

Gegenüber diesen Erfolgen zeichnete sich allerdings auch immer drohender das direkte Eingreifen der USA auf dem europäischen Kontinent aufgrund ihrer wegen der Wiederaufnahme des verschärften Unterseebootskrieges u.a. erfolgten Kriegserklärung an Deutschland vom 2. April 1917 ab. Wollte daher Deutschland noch unter Ausnützung des wegen des Fortfalls der russischen Gegnerschaft sich für das deutsche Heer kurzfristig bessernden Kräfteverhältnisses ebenfalls an der Westfront zu einer militärischen Entscheidung gelangen, dann mußte die Entscheidung hier so frühzeitig gesucht werden, daß die für den Sommer 1918 zu erwartende amerikanische Truppenhilfe an die Alliierten bereits zu spät kam. Das aber bedeutete, daß dort nicht nur möglichst alle verfügbaren deutschen Kräfte zu konzentrieren waren, sondern neben der materiellen Vorbereitung das deutsche Heer auch geistig nach den Jahren des Stellungskrieges und der erfolgreich geführten Abwehrschlacht erst wieder auf Angriff umgestellt werden mußte.

Nach der Besprechung der Stabschefs der deutschen Heeresgruppen am 11. November 1917 in Mons, bei der er sein Vorhaben, an der Westfront noch einmal die Entscheidung in einer großen Offensive suchen zu wollen, angekündigt hatte, erließ Ludendorff am 20. November 1917 die Weisung, daß bei der kommenden Winterausbildung dem Angriff gegen starke Stellungen und Übungen für den Bewegungskrieg besondere Aufmerksamkeit geschenkt werden solle, und erbat Erfahrungsberichte für die zu erstellende entsprechende Vorschrift.

Neue Durchbruchmethoden

Am gleichen Tag hatten die Engländer mit über 300 Panzerwagen die deutschen Linien bei Cambrai durchstoßen. Der diesmal ohne Aufmerksamkeit erregende längere Artillerievorbereitung in einem panzergünstigen Gelände massiert vorgetragene Angriff zeitigte verhältnismäßig große Erfolge und konnte erst am nächsten Tag von einer eilig improvisierten zweiten Frontlinie zum Stehen gebracht werden.

Diese gefährliche Situation wurde allerdings durch den sorgsam geplanten deutschen Gegenangriff am 30. November 1917 weitgehend wieder bereinigt, der erstmals mit starken Kräften aus der Abwehrschlacht heraus als Angriff gegen Flanke und Rücken des Feindes angesetzt war.

In dem Erfahrungsbericht der Heeresgruppe Kronprinz Rupprecht vom 14. Dezember 1917 hieß es darüber, daß für einen gewaltsamen Durchbruch die Überraschung günstiger sei als die leicht erkennbaren Vorbereitungen zu einer ‚Materialschlacht'. Entsprechend wurde nur ein kurzes, wenn auch um so schwereres Artillerievorbereitungsfeuer gefordert, das sich bis zum Sturmbeginn zur größten Heftigkeit zu steigern hatte.

Der Infanterieangriff sollte wellenartig und in Form lichter Haufen (Stoßtrupps), nicht aber mehr in Schützenlinien erfolgen, die erst nach einem gelungenen Durchbruch durch das gegnerische Grabennetz beim Eintritt in das freie Gelände wieder anzuwenden waren. Gleichzeitig glaubte man empfehlen zu müssen, für jede zu nehmende Widerstandslinie eine besondere Angriffswelle zu bilden, deren Abstände aufeinander aber gering zu sein hatten. Kurz: „Der Durchbruch muß dauernd und rasch aus der Tiefe genährt werden."

Dazu sollten einmal relativ schmale Gefechtsstreifen von ca. 2000 m pro Division gebildet, dann der Nachschub im voraus in Bewegung gesetzt werden und schließlich der verantwortliche Führer jeweils im voraus über alle Reserven verfügen. Als Angriffsziel für den ersten Tag galt die Wegnahme der feindlichen Artillerie.

b. Die Vorschrift „Der Angriff im Stellungskrieg"

Diese willkommenen Erfahrungen gingen natürlich sofort in die neue, vom Chef des Generalstabes des Feldheeres herausgegebene Vorschrift „Der Angriff im Stellungskrieg" vom 1. Januar 1918 ein, jedoch mit Änderungen, die sich vor allem auf das wellenweise Vorgehen der Infanterie (pro Widerstandslinie eine neue Welle) bezogen. Statt dessen sollte die vorderste Infanterie so lange wie möglich weiter vordringen. Entsprechend hieß es in der Vorschrift, daß „bei Angriffen von großer Tiefe ... ein Stoß mit ein und demselben Verbande (Div.) bis zum Verbrauch seiner Kraft mehreren aufeinanderfolgenden Angriffen mit frischen Verbänden vorzuziehen" sei. Später wurde auch die Unterstellung der Divisionen zweiter Linie unter den Befehl der in erster Linie angreifenden Divisionen verworfen.

Die neue Vorschrift setzte sich selber das erklärte Ziel, sowohl den Angriff im Stellungskrieg mit begrenztem Ziel als auch die aus dem Stellungskrieg zum Durchbruch führende Angriffsschlacht behandeln zu wollen.

Als besonders wichtig wurde dabei in den allgemeinen Grundsätzen herausgestellt, daß einmal die Truppe wieder zu dem frischen Angriffsgeist und Willen zum Sieg erzogen werden müsse, mit der sie in den Krieg eingetreten sei, dann aber u. a. auch gefordert, daß jeder Angriff seinen Schwerpunkt haben müsse.

Als Ziel der Angriffsschlacht galt der taktische Einbruch und der sich hieraus schließlich entwickelnde operative Durchbruch. Dadurch wuchs sie dann zu einer Durchbruchsschlacht aus, mit der Maßgabe, den Übergang zum Bewegungskrieg erzwingen zu wollen. „Kann die Führung sich dieses große Ziel stecken, so haben sich alle Maßnahmen von Anfang an in dieser Richtung zu bewegen ... Der Durchbruchskampf ist ein Durchfressen durch die feindlichen Stellungssysteme meist unter starker offensiver Gegenwirkung des Feindes. Er muß schnell und tief vorgetragen werden ... [Eindringen in die feindliche Stellung mit weitestem Ziel; Wegnahme wenigstens der feindlichen Artillerie am ersten Tage, Einf. d. d. Verf.]. Die Gefahr, daß die Angriffskraft erlahmt, ist groß. Durch die Energie der weit vorn befindlichen Führer und frische Kräfte muß der tote Punkt überwunden werden. Hierbei kommt es weniger auf die Masse an als auf die artilleristische und infanteristische Feuerkraft. Zu starke Kräfte hindern sich gegenseitig und erschweren Führung und Versorgung. Alles hängt von schnellem und selbständigem Handeln aller Stellen im Rahmen des Ganzen sowie vom Nachziehen der Artillerie und vom Munitionsnachschub ab."

In der aufgestellten Reihenfolge, erst taktischer Einbruch, dann operativer Durchbruch, deutete sich zweifellos schon die Einsicht an, die Ludendorff später in seinen Erinnerungen beschrieben hat mit: „Die Taktik war über die reine Strategie zu stellen. Ohne taktischen Erfolg war eine solche nicht zu treiben. Eine Strategie, die nicht an ihn denkt, ist von vornherein zur Erfolglosigkeit verurteilt."

Gleichzeitig stellte sie jedoch auch, nun umgekehrt Ludendorff interpretierend, eine eindeutige Rangfolge auf, bei der der operative Gedanke letztlich doch wieder ein Übergewicht über die Taktik erhielt. Deshalb wird man J. L. Wallach nicht zustimmen können, wenn er in dieser Beziehung Ludendorff eine Abweichung von der traditionellen deutschen Haltung vorwerfen zu müssen glaubt. Ludendorffs sarkastische Äußerungen gegenüber einem Offizier des Stabes der Heeresgruppe Kronprinz Rupprecht vom 5.4. 1918: „Das Wort ‚Operation' verbitte ich mir. Wir hauen ein Loch hinein. Das Weitere findet sich. So haben wir es in Rußland auch gemacht!" bedeutet demgegenüber keinen unbedingten Widerspruch.

Welche entscheidende Bedeutung inzwischen den materiellen Faktoren für die Kriegführung beigemessen wurde, läßt sich daran ablesen, daß die Vorschrift die Bereitstellung des erforderlichen Bedarfs, namentlich an Artillerie, Minenwerfern und Munition, für den Angriff als so wichtig ansah, daß sie dazu riet, lieber ein nur begrenzteres Angriffsziel zu wählen oder gar ganz auf den Angriff zu verzichten, als einen solchen mit unzureichenden Mitteln zu wagen, der stets mißlingen, unnütz Blut kosten und einen groben Führungsfehler bedeuten würde, eine sicherlich nicht falsche, doch im Hinblick auf die Bedarfsermittlung in der damaligen Situation vielleicht etwas zu rigorose Forderung, die deshalb später abgeschwächt werden mußte.

Für den ersten Angriff hatte ein gemeinsamer Angriffsbefehl ausgefertigt zu werden, „der für die ganze Front das Verhalten aller Waffen, insbesondere die Zeiten, einheitlich regelt und dadurch dem gesamten Angriff einen zeitlich und räumlich festbegrenzten Rahmen gibt. Dies ist notwendig, da auf der ganzen Front alle Waffen auf die Minute genau zusammenarbeiten müssen".

Damit wurde erneut auf das Zusammenwirken der Waffen hingewiesen. Dieses sollte im einzelnen so erfolgen, daß der Artillerie in Verbindung mit den Minenwerfern folgende Kampfaufgaben zufielen:

1. Bekämpfung und Niederhalten der feindlichen Artillerie und Minenwerfer;
2. Niederhalten der feindlichen Grabenbesatzung und/oder Sturmreifschießen der gegnerischen Stellungen;

3. Beschießung der Reserven, Beobachtungs- und Befehlsstellen sowie der rückwärtigen Verbindungen und des Nachschubs usw.;
4. Unterstützen des Infanterieangriffs durch eine vor ihm hergehende Feuerwalze;
5. Begleiten des Infanterie-Angriffs durch Infanterie-Geschütze und Feldkanonen zum Brechen örtlichen Widerstandes im direkten Granatbeschuß auf nahe Entfernung;
6. Schutz der Infanterie durch einen Feuerriegel nach Erreichen des Angriffsziels und
7. Abwehr feindlicher Gegenangriffe, Fernhalten herankommender Reserven.

Entsprechend dieser Aufgabenvielfalt gliederte sich die Artillerie in Artilleriebekämpfungsgruppen (Aka), Infanteriebekämpfungsgruppen (Ika), Fernkampfgruppen (Feka) und schwerste Flachfeuergruppen (Schwefla). Hinzu traten die Minenwerfer, die sich besonders zum Sturmreifschießen der gegnerischen Stellungen und zur Bekämpfung von Punktzielen eigneten.

Die Ausschaltung der feindlichen Artillerie zumindest während der gesamten Sturmdauer wurde weiterhin für eine der wichtigsten artilleristischen Angriffsvorbereitungen angesehen. Da aber eine Einzelbekämpfung nur wenig Aussicht auf durchschlagenden Erfolg bot, empfahl die Vorschrift das Massenverfahren durch Vergasung.

Das Sturmreifschießen sollte, wie überhaupt die gesamte Feuervorbereitung, möglichst auf wenige Minuten bis höchstens einige Stunden zusammengedrängt werden, um die Überraschung des Gegners und die moralische Wirkung des Artilleriefeuers noch zu steigern. Nicht auf die Dauer, sondern auf die verschossene Munitionsmenge kam es nach deutscher Auffassung an.

Der überraschende Einsatz der Artillerie war jetzt u. a. aufgrund eines vom Hauptmann Pulkowski entwickelten Verfahrens möglich geworden, durch das auf das vorherige Einschießen der Artillerie zur Ermittlung der Tageseinflüsse ganz verzichtet werden konnte. So dauerte das Vorbereitungsschießen der Artillerie für den Angriff der 7. deutschen Armee am 27. Mai 1918 beim Chemin des Dames insgesamt nur 160 Minuten.

Die „Feuerwalze" schließlich wurde mit möglichst zahlreichen Batterien gebildet, damit sie in sich über die nötige Tiefe verfügte. Dabei erfolgte das Vorverlegen des Feuers jeweils in Sprüngen, die durch den Angriffsbefehl nach Zeit und Tiefe in Abhängigkeit vom Gelände, der Bodenbeschaffenheit und der voraussichtlichen Angriffsdauer geregelt waren. Ziel war es dabei, „die Geschwindigkeit der Feuerwalze ... so zu bemessen, daß die Angriffsbewegung der Infanterie unaufhaltsam in Fluß bleibt".

Um aber das zu erreichen, d. h. das Vorschreiten der Feuerwalze möglichst mit dem Vorgehen der Infanterie dauernd in Einklang zu bringen, ging man mehr und mehr von einer schematischen Festlegung der Sprünge nach der Uhr zu einer beweglicheren Lenkung der Feuerwalze über, deren Tempo zudem stärker gedrosselt wurde. Auch ihr taktischer Einsatz verfeinerte sich bis hin zu einer Doppelwalze unter Einschluß von Gasschießen. Voraussetzung dafür bildete natürlich eine gesicherte Nachrichtenverbindung zwischen der Artillerie und der stürmenden Infanterie.

Zusammenfassend sollte es das Ziel der Artillerie sein, daß die Infanterie keinen Augenblick ohne starke artilleristische Feuerunterstützung blieb.

Für den Erfolg des infanteristischen Angriffs hingegen galt nicht so sehr die Zahl der eingesetzten Infanteristen als ausschlaggebend, sondern vielmehr „ihre durch Ruhe, Ausbildung und Ausrüstung erworbene Kampfkraft, die Sorgfalt der Vorbereitungen, die Geschicklichkeit von Führung und Truppe, sowie Schnelligkeit und Entschlossenheit des Handelns".

Bezüglich der Kampfkraft wurde ausdrücklich darauf hingewiesen, daß diese sich ebenso sehr wie in der Zahl der Gewehrträger und Handgranatenwerfer auch in der Feuerkraft ausdrücken würde, d. h. in der Anzahl mitgeführter Maschinengewehre und der Feuerunterstützung. Dabei umschrieb diese wiederholte Betonung der infanteristischen und artilleristischen Feuerkraft – wenn auch unvollkommen – genau das, was den Kern des gesamten Angriffsverfahrens ausmachte, nämlich das ständige Zusammenarbeiten der Sturminfanterie mit der Artillerie.

Entsprechend sollten zahlreiche Maschinengewehre „von Anfang an zu den vordersten Trupps der Stürmenden [gehören], um sogleich, wo Aufenthalt entsteht, durch Niederhaltung der Widerstandsnester mit Maschinengewehrfeuer das Vorgehen der Gewehrträger und Handgranatenwerfer zu decken, oder um feindliche Gegenstöße abzuweisen". Hier wurde also erneut zwischen infanteristischer Feuer- und Stoßkraft unterschieden, beide aber ausdrücklich aufeinander bezogen.

Bezüglich der Angriffsformen bestimmte die Vorschrift, daß sie sich an den in der A.V.F. niedergelegten Formen zu orientieren hätten. „Die Eigenart der Angriffsziele bedingt, daß der Angriff in der Regel in Stoßtrupps geführt wird ... Die Entscheidung, ob Schützenlinienwellen oder Stoßtruppwellen, oder eine Verbindung beider am Platze ist, muß von Fall zu Fall getroffen werden."

Obwohl auf Auflockerung und Tiefengliederung beim Angriff an sich besonderer Wert gelegt wurde, verkannte man nicht die Notwendigkeit, unter Umständen die ersten Wellen stärker verdichten und erst später beim weiteren Vorgehen die Gliederung nach der Tiefe durchführen zu müssen, um möglichst schnell und mit einiger Sicherheit die gegnerische Sperrfeuerzone unterlaufen zu können.

Beim Sturm endlich kam es darauf an, „die Wirkung der artilleristischen Vorbereitung und Feuerunterstützung voll auszunutzen. Die stürmende Infanterie muß gleichzeitig mit den letzten Artillerieschüssen und Minen in der feindlichen Stellung stehen und im weiteren Verlauf der eigenen Feuerwalze unmittelbar folgen, so daß der Feind keine Zeit findet, aus den noch erhaltenen Unterständen herauszukommen oder sich sonst gefechtsbereit zu machen. Neben der richtigen Ausnutzung der eigenen Kampfmittel und erkannter feindlicher Schwächen ist für den Erfolg des Sturmes der Schwung der Truppe wesentlich ... Stocken des Angriffs an einer Stelle darf sich nicht auf die ganze Linie übertragen; weit durchstoßende Infanterie umfaßt stehengebliebene Teile des Feindes ... und bahnt den zurückgebliebenen eigenen Abteilungen den Weg ... Innerhalb des Gefechtsstreifens darf nicht gleichmäßig angegriffen werden. Stützpunkte, Ortschaften, Wälder sind niederzuhalten, unter Umständen durch Einnebeln. An ihnen vorbei greift die Truppe tiefgegliedert an den Stellen des voraussichtlich geringsten Widerstandes an. Rückwärtige Wellen nehmen die Stützpunkte usw. durch Umfassung".

Gerade diese letzten Ausführungen machen deutlich, worin die eigentliche Neuerung des soeben geschilderten Kampfverfahrens der Infanterie neben dem schon erwähnten Zusammenwirken der Waffen bestand. Nicht mehr das gleichmäßige Vordringen der eigenen Truppen wurde als vordringlich angesehen, die Reserven nicht mehr zur Abwendung von möglichen Mißerfolgen angesetzt und auch der Angriffsschwerpunkt nicht mehr gegen die feindlichen Widerstandszentren gerichtet, vielmehr sollten, um die taktische Beweglichkeit wieder zu erlangen resp. zu erhalten, diese vorerst ausgeklammert, dagegen gegenüber schwachen Stellen des Gegners gewonnene örtliche Erfolge sofort zu weiteren Vorstößen unbeschadet der Rücksichtnahme auf die eigene Flankensicherung, die am besten in der eigenen Tiefengliederung liegend gesehen wurde, ausgenutzt werden. Entsprechend hatten die Reserven dort eingesetzt zu werden, wo der Angriff am ehesten Boden gewann.

Mithin handelte es sich hierbei um eine Art „Infiltrationstaktik", bei der es galt, zunächst in erkannte feindliche Schwachstellen einzusickern, diese dann zu vertiefen, auszuhöhlen und auszuweiten, bis schließlich eine breite Bresche in das feindliche Stellungssystem geschlagen war. In einem ungemein plastischen Bild hat B. Liddell Hart diese neue Angriffstaktik mit einem sich ausbreitenden Wildbach verglichen.

Daneben mag auffallen, in welch starkem Maße jetzt auch im taktischen Bereich dem umfassenden Angriff das Wort geredet wurde, jedenfalls weitaus mehr als in der Vorkriegszeit, die doch unter dem Schlieffenschen Einfluß als die große Zeit des Umfassungsdenkens in der deutschen Armee schlechthin bezeichnet wird. Deshalb ist man geneigt, davon zu sprechen, daß es sich bei der Vorschrift für die Angriffsschlacht um eine durch die Kriegserfahrungen geläuterte Rückbesinnung auf die in den Vorkriegsreglements niedergelegten Grundsätze für den Angriff gehandelt hat. Ferner wird man gleichfalls vermuten dürfen, daß darüber hinaus noch weitere Entlehnungen strategischer Vorstellungen bei der Abfassung der Vorschrift für die taktische Praxis Pate gestanden haben, so unter Umständen z. B. die Maxime Clausewitz', „einen Erfolg, den man irgendwo erfochten hat, auf der Stelle so weit zu benutzen, als es die Umstände gestatten wollen", oder gar auf die 1905 geäußerte Ansicht von Schlieffen, nach der das einzige Mittel, um eine schwache Stelle in der gegnerischen Front für einen Durchbruch zu finden, darin gesehen wurde, sie überall anzugreifen.

Gerade letztere könnte dann eine unmittelbare Beziehung wiederum zu Ludendorff herstellen und vielleicht bei ihm die besondere Verknüpfung von strategischen und taktischen Anschauungen erklären, die später vielfach an ihm kritisiert und als eine Beherrschung der Strategie durch die Taktik gedeutet worden ist. Gerade auch, um solche im Grunde wenig nutzenden Kontroversen zu vermeiden, sollte man eher der von H. Herzfeld empfohlenen Zurückhaltung folgen, nach der es Ludendorff bei der Konzeption seiner Frühjahrsoffensive 1918 gleichwohl nicht an einer strategischen Zielsetzung gefehlt hat.

9. Der deutsche Angriff im Westen 1918

a. Die Offensiven

Für die geplante deutsche Frühjahrsoffensive 1918 hatten hauptsächlich zwei Alternativen zur Auswahl gestanden. Die operativ vielleicht günstigste im Lysabschnitt nordöstlich von Lille war aber stark witterungsabhängig und bot taktische Schwierigkeiten. Deshalb entschied sich die OHL am 24. Januar 1918 für einen Angriff gegen den Südflügel der Engländer im Abschnitt Cambrai–St. Quentin, die Operation „Michael". Als ihr Ziel galt die Durchbrechung der feindlichen Front bis zur Somme und weiteres Vordringen auf deren rechtem Ufer in Richtung auf Albert–Arras, um dadurch die Verbindung zwischen dem französischen und englischen Heer zu unterbrechen und letzteres gegen das Meer abzudrängen.

Da Ludendorff aber zweifelte, ob der erhoffte große Durchbruchserfolg tatsächlich gelingen werde, ließ er für den Fall des Scheiterns der „Michael"-Offensive vorsorglich schon weitere Nachfolgeoperationen – wenn auch in geringem Umfange – planen, so gegen den Ypernbogen und bei Armentières–Estaire in Flandern sowie am Chemin des Dames.

Das geschah ganz im Sinne seiner Äußerungen gegenüber General Hoffmann vom April 1917, nach denen „der Angriff im Westen nicht so gemacht werden könne, wie im Osten. Ein Durchbruch im Westen sei unendlich viel schwerer, und man müsse deshalb voraussichtlich im Westen nacheinander verschiedene Stellen ausprobieren, um zu sehen, wo man auf eine Schwäche beim Gegner stieße, gegen die man den Angriff dann mit allen Kräften fortsetzen müsse". Die militärische Schwäche Deutschlands ließ also nicht mehr mehrere gleichzeitige Offensiven zu, auch nicht einen größeren Ablenkungsangriff, sondern jeweils nur eine mit der immanenten Gefahr, Mißerfolge nicht rechtzeitig zu erkennen und dadurch Kräfte zu vergeuden bzw. diese vorher nicht in dem gebotenen Ausmaße dort konzentriert zu haben.

Am 21. März 1918 begann mit starker Artillerie- und Flieger-Unterstützung der deutsche Angriff. Während man aber im Nordabschnitt, wo eigentlich der Schwerpunkt der Offensive liegen sollte, nur langsam vorankam, gewann der Südflügel schnell an Raum. Unter diesem Eindruck ließ sich Ludendorff am 23. dazu verleiten, die Operation mehr und mehr in Richtung auf den geringeren feindlichen Widerstand laufen zu lassen, die dadurch nach Südwesten abgezogen wurde und exzentrisch ausfächerte.

Nach einem Vorstoß von bis zu 60 km brach der Angriff schließlich infolge übergroßer Erschöpfung der Truppen, hoher Verluste, Munitionsmangel, der Schwierigkeit, die schwere Artillerie schnell genug nachzubringen, nur geringer Beweglichkeit wegen mangelnder Motorisierung wie überhaupt der Unmöglichkeit, auf dem durch die Somme-Schlacht zerfurchten und durch anhaltenden Regen zusätzlich aufgeweichten Gelände zulängliche rückwärtige Verbindungen herzustellen sowie nicht zuletzt an dem sich versteifenden Widerstand des Gegners zusammen und wurde am 5. April endgültig eingestellt, ohne sein großes Ziel erreicht zu haben, die Verbindungslinien zwischen den Engländern und Franzosen zu durchstoßen.

Auch die nächsten beiden Offensiven brachten trotz beträchtlicher Anfangserfolge nicht den erhofften großen Durchbruch. Die vierte am 15. Juli gegen Reims dagegen scheiterte gänzlich, da der Gegner sich inzwischen auf das auf die Kombination von artilleristischer und infanteristischer Feuer- und Stoßkraft beruhende Angriffsverfahren eingestellt und durch eine Zurücknahme der Truppen in die zweite Stellung die Artilleriewirkung weitgehend hatte ins Leere laufen lassen. Gegen einen unerschütterten Feind aber und ohne wirksame Artillerieunterstützung vermochte die Infanterie alleine mit Hilfe des Stoßtruppverfahrens keinen durchschlagenden Erfolg mehr zu erringen. Drei Tage später ging die Initiative von dem überanstrengten deutschen Heer mit dem französischen Gegenangriff endgültig auf die Alliierten über.

Wenn auch den deutschen Angriffen der letzte Erfolg versagt geblieben war, so hatten sie doch gezeigt, daß das auf Überraschung, Zusammenfassung der Waffenwirkung, einschließlich Gas, auf eine verhältnismäßig kurze Zeit, Schnelligkeit der Durchführung des Angriffs beruhende Angriffsverfahren ein Schritt in die richtige Richtung gewesen war, bei dem Versuch, aus dem Stellungskampf heraus wieder zu einem Bewegungskrieg zu gelangen.

Die entscheidende Schwäche lag jedoch weiterhin in der ungenügenden Beweglichkeit der angreifenden Truppen, die noch immer praktisch mit den Fortbewegungsmitteln des 19. Jahrhunderts sich durch eine Feuerwand, gebildet aus den modernsten Waffen des 20. Jahrhunderts, hindurchkämpfen mußten. Abhilfe bei diesem grundlegenden Nachteil konnte nur eine vermehrte Ausnutzung der Motorisierung mit teilweisem Übergang zum Panzerschutz bringen.

Ohne diesen entscheidenden Punkt aufzugreifen, betrafen die von deutscher Seite aufgrund der ausgewerteten Erfahrungen vorgenommenen Modifikationen am Angriffsverfahren wie Verbesserungen des taktischen Einsatzes der „Feuerwalze", Abgehen von einer stärkeren Rücksichtnahme auf die Sicherung der eigenen Flanken beim Vorstoß oder Verbreiterung der Gefechtsstreifen, die zudem nicht als „Scheuklappen" aufgefaßt werden sollten, trotz ihrer Bedeutung im Einzelfall eher nur Randfragen.

Die Chance zu einer ausreichenden Motorisierung oder Mechanisierung der Truppen aber hatte Deutschland zu dem Zeitpunkt schon lange verpaßt, auch dann, falls sie vorher während des Krieges noch realisierbar gewesen wäre.

b. Die „Panzerwagen-Frage"

Überlegungen vor dem Weltkrieg

Anregungen zur Einführung gepanzerter Fahrzeuge zum Schutz gegen die Wirkung moderner Waffen hatte es bereits sehr früh gegeben. So berichtete beispielsweise Colmar Freiherr v. d. Goltz schon 1890 über einen Vorschlag, Schnellfeuergeschütze von bedeutender Wirkung mit Panzergehäusen zu umgeben, darin zugleich die Munition unterzubringen, die Bedienung gegen leichte Geschosse zu sichern, und vermittelst dieser fahrbaren Panzerthürmchen kleinen Maßstabes in Eile, dort, wo es im Augenblick notwendig ist, Befestigungen herzustellen, welche mit den Mitteln des Feldkrieges nur äußerst schwer zu nehmen sind.

In gleicher Weise wurde vor 1914 bereits öffentlich über die Möglichkeit diskutiert, Kraftfahrzeuge nicht nur zum Transport von Truppen oder Nachschubgütern resp. zur schnelleren Nachrichtenübermittlung einzusetzen, sondern auch zu panzern und mit Maschinengewehren zu bewaffnen.

Wenn sich diese Gedanken nicht in einem größeren Umfange durchzusetzen vermochten, dann lag das nicht immer in der mangelnden Einsicht der darüber befindenden Offiziere in die Zukunftsmöglichkeiten der vorgeschlagenen Neuerungen begründet, sondern mindestens ebenso häufig an dem noch geringen technischen Reifegrad der Anregungen, die zu ihrer Weiterentwicklung bis hin zu einer tatsächlichen Einsatzfähigkeit in einem militärisch befriedigenden Sinne nicht absehbare Kosten unter Umständen erforderten.

Man darf aber nun nicht allein dieses finanzielle Motiv, hinter dem sich vielfach konservativere Anschauungen verbergen konnten, als Begründung für die Ablehnung der Vorschläge anführen, sondern muß gerechterweise auch seine Kehrseite sehen, daß nämlich ebenfalls eine zu enthusiastische Aufnahme der gemachten Anregungen durch das Militär teilweise schon zu militärischen Forderungen für die Praxis verleitete, die von seiten der Technik zu dem Zeitpunkt auf jeden Fall noch als unerfüllbar gelten mußten, zumindest aber bis zu ihrer Realisierung, falls überhaupt möglich, noch langwieriger Entwicklungsarbeiten bedurften und deren unternehmerisches Risiko schwerlich einem Privatinteresse überantwortet werden konnte. Mithin verhinderten sowohl mangelnde Einsicht als auch fehlende Bereitschaft zur Selbstbescheidung oft die Verwirklichung des schon technisch Möglichen.

Dieses Schicksal erlitt auch der Entwurf des österreichischen Oberleutnants Burstyn für die Konstruktion eines selbständig auf geländegängigen Gleisketten laufenden Kanonenwagens, dem z. B. der deutsche Generalstab vor dem Kriege keine besondere Bedeutung für militärische Zwecke zubilligte.

Diskussion der Panzerabwehr im Weltkrieg

Als diese Einstellung aufgrund des ersten alliierten Tankeinsatzes an der Somme im September 1916 eine gewisse Wandlung erfuhr – so urteilte das preußische Kriegsministerium nunmehr: „Die englischen Kampfwagen haben sich als eine Waffe erwiesen, die nicht zu unterschätzen ist ... Noch wichtiger erscheint die Herstellung geeigneter Abwehrmittel ... Wenn es auch gelang ..., so wird im allgemeinen die Kampfartillerie nur schwer Erfolg erzielen können. Eine artilleristische Hilfe für die Infanterie, die dem Kampfwagen gegenüber ziemlich machtlos ist, ist unbedingt erforderlich." –, war es für eine grundsätzliche Änderung bereits zu spät; die Gegenseite hatte schon einen erheblichen, von dem Deutschen Reich wegen seiner begrenzten industriellen Kapazität und angespannten Rohstofflage nicht mehr aufzuholenden Vorsprung gewonnen. Zudem beruhigte man sich teilweise angesichts der ersten Abwehrerfolge mit dem Gedanken, daß eine moralisch gefestigte, von eisernem Siegeswillen erfüllte Truppe die von den Tanks ausgehende Gefahr immer wieder taktisch zu meistern in der Lage sein werde.

So wurde damals auf deutscher Seite noch nicht einmal wenigstens alles Mögliche getan, um ein wie auch immer beschaffenes bescheidenes Gegengewicht gegenüber dieser neuen Waffe der Alliierten zu schaffen. Vielmehr wirkte sich gerade die zwiespältige Beurteilung der Bedeutung der Panzerkampfwagen, deren Erfolge von der einen Seite auf moralisches Versagen der betroffenen Truppe zurückgeführt wurde, während die andere ihnen durch waffentechnische und taktische Maßnahmen zu begegnen suchte, nachteilig auf die Entwicklung einer ausreichenden Tankabwehr aus.

Sprach sich beispielsweise Generalmajor Hoefer in seinem Erfahrungsbericht vom 16. August 1918 zur Tankabwehr für eine vermehrte Tiefengliederung aus, für die Bildung von zahlreichen Nestern, in denen die zur Abwehr von Tanks geeigneten Waffen – Artillerie, Maschinengewehre – mit Infanterie zusammengefaßt sein sollten, dann hielt die OHL die Tankbekämpfung in erster Linie für eine Nervensache und lehnte eine „zu weit gehende Zersplitterung der Artillerie durch Aufteilung in zu viel einzeln verwendete Züge und Geschütze“ ab. Statt die Beweglichkeit bei der Verteidigung weiter zu erhöhen, kehrte sie sogar offenbar aus der Überzeugung, „daß das Verteidigungsverfahren der gesunkenen inneren Widerstandskraft der Truppe und den herabgesetzten Gefechtsstärken angepaßt werden müsse“, wieder zu einer größeren Starrheit dabei zurück, d.h., die Tiefengliederung wurde auf die Hauptwiderstandslinie hin zusammengedrängt, der Kampf nicht mehr in dem Maße um den Besitz des gesamten Kampfraumes geführt, vielmehr wieder die Hauptwiderstandslinie als die Stellung bezeichnet, um die entscheidend gekämpft werden müsse.

c. Das Kriegsende

Den mit massiver Panzerunterstützung vorgetragenen alliierten Gegenangriffen am 18. Juli bei Soissons, am 8. August bei Amiens und den nachfolgenden Offensiven vermochte das deutsche Heer nichts Gleichwertiges entgegenzusetzen. In ständige Abwehr gedrängt, konnte es, langsam zurückweichend, nur noch um Zeitgewinn kämpfen und versuchen, einen entscheidenden Durchbruch des Feindes zu verhindern, bevor ein Waffenstillstand zustande gekommen war. Dieser wurde endlich am 11. November 1918 abgeschlossen.

„Die Entscheidung darüber, daß der Erste Weltkrieg auch militärisch mit der vollen und unbestreitbaren Niederlage Deutschlands endete, war im Grunde in jenem Zeitpunkt gefallen, als Marschall Foch ‚tout le monde à la bataille‘ aufrief, während Ludendorff, und noch stärker der Kaiser, zu dem Schluß kamen, daß der Krieg zum Hasardspiel geworden und zu beendigen sei.“, d.h., mit dem Scheitern der deutschen und dem Beginn der alliierten Gegenoffensive im Juli 1918.

C. Die Diskussion über die Grundzüge der Landkriegführung in der Zwischenkriegszeit

(Vgl. Bd. 3, Abschn. VI, S. 305–343 und Bd. 4, Abschn. VII, S. 289–399)

1. Hans v. Seeckt

a. Seeckts Grundauffassung

Pflege des Neuen bei Bewahrung der Tradition

Die Niederlage des Deutschen Reiches im Ersten Weltkrieg, die inneren Erschütterungen durch die Revolution und die Nachkriegskämpfe sowie nicht zuletzt die restriktiven Auflagen des Versailler Friedensvertrages, die das deutsche Heer unter anderem auf eine Gesamtpersonalstärke von 100 000 Mann fixierten und neben organisatorischen Bestimmungen, wie Auflösung des Generalstabes in der bisherigen Form, Abschaffung der allgemeinen Wehrpflicht oder Festlegung der Heeresgliederung auf 7 Infanterie- und 3 Kavallerie-Divisionen, auch das Verbot der Befestigung der Westgrenze und der Herstellung bzw. des Besitzes bestimmter moderner Waffen, so z. B. von Panzerwagen und Flugzeugen für kriegerische Zwecke, enthielten, zwangen zu einer Überprüfung der gesamten Grundlagen, auf denen bis dahin die Grundsätze der Kriegführung in Deutschland beruht hatten. Bei diesem notwendig gewordenen, wesentlich auch geistigen Prozeß der Neubesinnung und Umorientierung fiel General Hans v. Seeckt in seiner Eigenschaft zunächst als Chef des 1919 als Ersatz für den verbotenen Großen Generalstab ins Leben gerufenen Truppenamtes und dann als Chef der Heeresleitung von 1920 bis 1926 eine entscheidende Rolle zu. Seine Grundauffassung zu dieser Problematik läßt sich mit seinen eigenen Worten dahingehend zusammenfassen, daß er beabsichtigte, „das Wertvolle und Überzeitliche aus der Vergangenheit zu benutzen und es zugleich in einer Form weiterzuentwickeln, welche den geänderten Verhältnissen der Gegenwart entspricht und, soweit dem Menschen das gegeben ist, Zukunftsentwicklungen vorbereitet".

Seeckt verstand darunter auf keinen Fall eine restaurative Aufgabe, wohl aber ließ ihn seine auf konservativer Denktradition beruhende Einstellung gerade auch in der von ihm erkannten Umbruchsituation eine gewisse Behutsamkeit in der Wahl der zu ergreifenden Mittel und Methoden geraten erscheinen. Das mochte auch deshalb geboten sein, weil für den schnellen Aufbau der Reichswehr mit dem Ziel, zunächst einmal überhaupt wieder ein jederzeit nach außen und innen verwendungsfähiges Heer zu erhalten, ein Kompromiß zwischen dem weitgehend noch im monarchischen Geist erzogenen Offizierkorps und der damals nicht mehr ohne weiteres zu ändernden neuen Umwelt gefunden werden mußte.

So hieß es schon in der ersten grundlegenden Ausbildungsverfügung vom 25. November 1919, das Seecktsche Bemühen nach einem wohl abgewogenen Verhältnis von Bewahrung des Alten einerseits und Pflege des Neuen andererseits charakterisierend: „Im neuen 100 000-Mann-Heer werden die Ausbildungsziele in der Hauptsache die gleichen sein wie bisher. Infolge der anderen Zusammensetzung und der geänderten Lebensbedingungen des Heeres werden aber die

Wege zur Erreichung des Zieles vom bis jetzt Geübten etwas abweichen. Für die Grundsätze der Ausbildung sind im höheren Maße die jetzige innerpolitische Lage und die Vorläufigkeit der Zustände maßgebend. Die Grundlage bildet die Disziplin. Viele Wege sind gangbar, um sie zu schaffen und zu befestigen. Ohne den früher geübten Exerzier- und Kasernenhofdrill ganz aufzugeben, wird der Führer auch durch andere Dienstzweige sich die Truppe in die Hand arbeiten müssen", z.B. durch Straßen-, Sport-, Marsch- oder Gefechtsdisziplin. Dabei sollte zunächst oberstes Ziel „die völlige Beherrschung der Truppe durch den Führer und ein militärisch straffes Sichdarstellen der Truppe in der Öffentlichkeit" sein.

In die gleiche Richtung zielte auch die zwar schon früher geforderte, nun aber endlich verwirklichte Gründung des Reichsarchivs in Potsdam als Heeresarchiv mit dem besonderen Anliegen der Erhaltung des geistigen Erbes der alten Armee und Auswertung ihrer Erfahrungen durch Sammlung aller militärischen Aktenbestände und Weiterführung der Arbeiten der kriegsgeschichtlichen Abteilungen des früheren Generalstabes (vgl. Bd. 3, Abschnitt VI, S. 165 ff.).

Das entsprach zweifellos der Erkenntnis von Seeckt, nach der, wie sein Biograph v. Rabenau später schrieb, „keine Kunst und keine Wissenschaft ohne Theorie auskommen kann. Operatives Führen ist zwar weder Kunst noch Wissenschaft und doch beides zusammen; scheinbar ein Widerspruch, aber nur scheinbar. Ganz klar wird die Unentbehrlichkeit der Theorie, wenn man sich überlegt, daß jeder Krieg neue Lehren bringt und bringen muß. Eine Weile scheinen diese Lehren noch absolut gültig, dann aber ändern sich die Umstände in der Technik, in der sozialen Struktur des Volkes, in der politischen Lage des Staates, in den kulturellen Voraussetzungen, und was es sonst noch mehr gibt. Dann müssen die Kriegslehren adaptiert werden. Das geht nicht anders, als daß man aus der Vergangenheit die grundsätzlich bleibenden Lehren als Theorien herauszieht".

Bedeutung der Kriegstheorie

Die verstärkte Beschäftigung mit militärtheoretischen Fragen war aber auch schon aus dem Grunde unumgänglich, weil die Reichswehr ja wegen der Versailler Friedensvertragsbestimmungen auf eine Reihe gerade der modernsten Waffen verzichten mußte, sie also selber nicht in der Praxis erproben und auf diese Weise unmittelbare Erfahrungen gewinnen konnte, vielmehr dafür auf die veröffentlichten Erkenntnisse des Auslandes angewiesen blieb und bestenfalls theoretische Ausbildung auf der Basis eines allgemeinen Grundlagenstudiums zu betreiben vermochte. So wiesen mit den Worten Seeckts die Beschränkungen „von außen ... uns darauf hin, daß wir dem Geist ein freieres Betätigungsfeld eröffnen, mit dem lohnenden Ziel des gehobenen Könnens des Einzelnen".

Verhältnis von Theorie und Praxis

Wie sehr sich Seeckt selber bei aller Traditionsverbundenheit dennoch um geistige Unabhängigkeit bemühte, mag aus seinem Kampf gegen „Schlagworte" hervorgehen, die er zusammen mit „Dummheit" und „Bürokratie" als die drei Dinge bezeichnete, „gegen die der menschliche Geist vergebens ankämpft".

In diesem Aufsatz wandte er sich unter anderem sowohl gegen ein unkritisches Nachbeten von Aussprüchen Clausewitz', statt diesen wirklich zu studieren, als auch gegen ein dogmatisches Anhängen am „Cannae"- oder Umfassungsgedanken. „Ergibt sich nun aber die Unmöglichkeit einer Umfassung ..., so kann doch der Führer nicht erklären, daß er am Ende seiner Weisheit sei, sondern wird im Geist Schlieffens handeln, wenn er nach klarem Ziel die Massen seiner Kräfte an wirksamster Stelle einsetzt – und sei es im Frontalangriff, gegen dessen Wirkung Schlieffen freilich das sarkastische Wort vom ‚ordinären' Sieg geprägt hatte." Insofern wird man sich davor hüten müssen, Seeckt vorschnell mit einem bestimmten Prädikat etikettieren zu wollen.

Deshalb kann man J. L. Wallach auch durchaus zustimmen, wenn er meint, daß Seeckt „die Kriegstheorie in Deutschland durch ganz persönliche Auffassungen bereichert" habe, ihn also im Gegensatz zu H. Meier-Welcker ebenfalls als einen Theoretiker wertet.

Seine nachher erfolgte teilweise Zurücknahme diseser Aussage in der Form, daß in der Tat „Seeckt so mit dem Aufbau der Reichswehr beschäftigt [gewesen sei], daß er seine theoretischen Betrachtungen erst nach seiner Abdankung veröffentlichte", birgt sogar die Gefahr von Mißverständnissen der Art, als ob man bei Seeckt streng zwischen theoretischem und praktischem Schaffen unterscheiden könne. Das ist aber aus der besonderen Situation heraus, in der dieser wirkte, nicht der Fall.

Eben weil Seeckt nicht ohne weiteres bereit war, in dem 100 000-Mann-Heer der Reichswehr mit den durch den Versailler Friedensvertrag auferlegten Beschränkungen einen innerhalb eines vernünftigen menschlichen Erwartungs- und Erfahrungshorizontes dauerhaft fixierten Endzustand zu erblicken, weil er sich bei aller Respektierung der vertraglichen Schranken dennoch eher in eine Übergangszeit hineingestellt sah, in der es galt, „das Wertvolle aus der Vergangenheit herüberzuretten in eine tätige Gegenwart zu einer hellen Zukunft" (Rabenau), konnte seine Tätigkeit im Grunde gar nicht rein praktisch auf ein konkret zu verwirklichendes Ziel hin ausgerichtet sein, vielmehr mußte sie sich zugleich ständig auch an den theoretischen, zukünftigen Möglichkeiten im Sinne einer konkreten Utopie orientieren, gewann von daher sogar das kritische Korrektiv für die Beurteilung der Gegenwart.

Der Schlüsselbegriff hierfür ist vielleicht der der „Kriegsmäßigkeit". Die Beachtung dieses Grundsatzes bei der Ausbildung verstand Seeckt nicht „im Sinne der Nachahmung des Krieges, sondern in dem einer Vorbereitung auf einen Krieg" (Rabenau).

Und wohl genau in diesem Sinne legte v. Seeckt in der Eingangsverfügung zur neuen Vorschrift „Führung und Gefecht der verbundenen Waffen (F. u. G.)", Berlin 1921, vom 1. September 1921 fest: „Die Vorschrift nimmt Stärke, Bewaffnung und Ausrüstung des Heeres einer neuzeitlichen militärischen Großmacht als Grundlage an, nicht nur das nach dem Friedensvertrag gebildete deutsche 100 000 Mann-Heer. Nur wenn wir die Erinnerung an die uns entzogenen Kampfmittel (Flieger, schwere Artillerie, Kampfwagen usw.) wach erhalten, werden wir Mittel und Wege finden, auch ohne sie den Kampf gegen einen neuzeitlich ausgerüsteten Feind zu bestehen. Ihr Fehlen darf nicht zur Scheu vor dem Angriff führen. Größere Beweglichkeit, bessere Ausbildung, Gewandtheit in der Geländeausnutzung, häufige Zuhilfenahme der Nacht bieten teilweise Ersatz. Die Truppe muß vor allem lernen, sich geschickt der feindlichen Fliegersicht durch Tarnung zu entziehen. Bei den Übungen ist häufig die eine Partei ohne neuzeitliche Kampfmittel auszustatten, während solche bei der anderen Partei anzunehmen sind. Auf das Zusammenwirken aller Waffen, besonders der Infanterie und Artillerie, ist schon von den kleinsten Verbänden ab entscheidender Wert zu legen."

Mithin bildete für Seeckt die Theorie einen konstitutiven Teil der Praxis, läßt sich letztere erst durch eine Analyse der ersteren voll erfassen. Deshalb soll trotz gewisser methodologischer Bedenken, die sich in der Hauptsache auf den großen zeitlichen Unterschied zwischen den einzelnen Aussagen gründen und daher Zweifel an einem unmittelbaren Zusammenhang hervorrufen könnten, versucht werden, zunächst diese darzustellen.

Die entscheidende Frage ist hier die nach dem Ziel, das sich Seeckt selber als wünschenswert gesteckt hatte. So weist z. B. J. L. Wallach kritisch darauf hin, daß dieser zwar nach Rabenau beabsichtigt habe, „ein Heer von etwa 5 Millionen Soldaten zu schaffen, verglichen mit Deutschlands 10-Millionen-Armee nach 1917", es aber schwer zu sagen sei, „... ob das wirklich Seeckts Absicht gewesen oder ob es nur eine spätere Überlegung Rabenaus ist, der damit die Lücke zwischen Seeckts Gedanken und Hitlers neuer Wehrmacht schließen wollte, die nach der Einführung der allgemeinen Wehrpflicht entstand. Seeckts eigene Schriften und das, was andere daraus abgeleitet haben, stimmen kaum mit den Auffassungen Rabenaus überein".

Nun dürfte unstrittig sein, daß sich v. Seeckt von Anfang an darüber im klaren gewesen war, daß die Reichswehr in der damaligen Stärke, nach Ausrüstung und Umfang, keinem möglichen äußeren Gegner militärisch gewachsen war. So schlug er beispielsweise in den „Grundlegenden Gedanken für den Wiederaufbau unserer Wehrmacht" vom 14. Januar 1921 im Abschnitt I. Organische Weiterentwicklung: für den Fall der Aufhebung des Versailler Friedensvertrages die „Einführung der allgemeinen Wehrpflicht, Verbindung von stehendem Berufs-Heer und Miliz als Übergang" vor (Rabenau).

Die Punkte II bis IV dagegen befaßten sich mit der Möglichkeit der plötzlichen Einberufung eines „Volksaufgebotes" insbesondere zu einem Verteidigungskampf, den er auch bei einem Ausbleiben auswärtiger Unterstützungen für Deutschland dann nicht für völlig aussichtslos ansah, wenn Regierung und Bevölkerung, einig und fest entschlossen, bereitwillig den Kampf aufnehmen würden. Dann sollten aus den bisherigen Friedensdivisionen die Stämme für die weiteren Neuaufstellungen gebildet werden. Dazu waren die Truppen als vorbereitende Maßnahme „zu höchster Vollkommenheit auszubilden. Das Führerheer ist zu entwickeln".

Darüber hinaus galt es neben der Förderung der Waffentechnik mit dem Ziel der Erreichung einer technischen Überlegenheit und der Erstellung vorsorglicher Gelände- und Operationsstudien als wichtig, Ausbildungsvorschriften aufzustellen, „die neben den allgemeinen Vorschriften die Grundsätze der Aufstellung und Verwendung eines eilig aufgestellten Volksheeres festlegen. Hierbei ist festzuhalten, daß weniger als je das Heil des Schwächeren in starrer Verteidigung, sondern im beweglichen Angriff liegt".

Der Begriff des „Führerheeres"

Für das, was Seeckt bei dem Begriff „Führerheer" vorgeschwebt haben könnte, entwikkelte v. Rabenau drei Denkmodelle:

1. Das Eliteheer im Sinne eines zahlenmäßig begrenzt bleibenden Qualitätsheeres; 2. ein Berufsheer als eine Art „Sauerteig" für eine Miliz und endlich 3. als Führungskader für eine

spätere Vervielfachung des 100 000-Mann-Heeres in dem Sinne, daß nicht mehr nur wie früher die militärischen Einheiten ausgebildet wurden, in denen der Schütze Schütze blieb und erst der Beförderte seine jeweilige Führerstelle ausfüllte, vielmehr die Truppe zugleich schon so geschult werden sollte, „daß sie ein Führerheer abgab und jeder Soldat in einem, sei es nur aus einer Miliz, sei es aus einer sonstigen Improvisation entstandenen Heer eine Führerstelle einnahm" (Rabenau).

Unter dem Einfluß der tatsächlichen nachherigen Entwicklung im Dritten Reich tendierte nun Rabenau dazu, schon Seeckt die letztere Absicht, wenn auch mit gewissen zeitbedingten Abstrichen, zu unterlegen bis hin zu einer Mindeststärke des Heeres von 63 Divisionen, kurz ein auf der allgemeinen Wehrpflicht beruhendes großes Volksheer zu schaffen. Mithin wird hier der Begriff „Führerheer" mehr oder minder rein militärisch im Hinblick auf eine spätere Ausweitung des Heeres verstanden.

Ohne bei v. Seeckt das Ziel einer wie auch immer gearteten Vergrößerung des deutschen Heeres irgendwie bestreiten zu wollen, fragt es sich doch, ob eine solch enge Begriffsauslegung nicht zu kurz greift. Es muß nämlich zu bedenken gegeben werden, daß dieser Begriff im unmittelbaren Zusammenhang mit einem eher nur im Notfall aufzustellenden „Volksaufgebot" gefallen ist. Hierfür sollte das Heer die alleinige Organisationsgewalt anstreben und aus seinen Friedensdivisionen die Stämme für Neuaufstellungen abgeben. Daneben wurde aber unter anderem auch gefordert, daß die Truppe an der Hebung des nationalen Gedankens mitzuarbeiten und hierbei die Führung zu übernehmen habe.

Das heißt doch, daß das Heer neben der militärischen ebenfalls eine geistige Führungsrolle ausfüllen, auch in diesem Sinne und auf diesem Gebiet ein „Führerheer" bilden sollte.

Und in der Tat forderte Seeckt an der Jahreswende 1920/21, also nur wenige Tage vor der Niederschrift der „Grundlegenden Gedanken für den Wiederaufbau unserer Wehrmacht", mit dem Erlaß „Die Grundlagen der Erziehung des Heeres" die Soldaten auf, durch ihre Lebensführung und selbstlose Arbeit zum Wohl des Ganzen allen Kreisen des Volkes ein Vorbild zu sein, um durch die dadurch erworbene Achtung selbst „nach Abschaffung der allgemeinen Wehrpflicht ein wahres Volksheer [zu] bleiben". Als eine Voraussetzung dafür sah er es allerdings an, daß das soldatische Wissen nicht auf das eigentliche Berufsgebiet beschränkt blieb, vielmehr sollte es „die allgemeine Bildung heben und den Soldaten für sein ganzes Leben zu wertvollem und nützlichem Volksgenossen erziehen. Wichtiger als Wissen und Können ist aber das Sein, und die Festigung des Charakters steht der Bildung des Verstandes voran. So allein können wir das hohe Ziel erreichen, das wir uns gesetzt haben, nicht eine kleine Schar von Berufssoldaten heranzubilden, sondern Führer des Volkes in der Stunde der Gefahr ... Es kommt nicht mehr darauf an, in kurz beschränkter Zeit und steter Wiederkehr Rekrutenjahrgänge auszubilden, sondern Erziehung und Ausbildung sind vielmehr auf die einzelne Person gerichtet, die nach ihren Anlagen und Fähigkeiten zu höchster Leistung zu entwickeln ist. Das erfordert die Mithilfe aller und die Heranziehung der besten und reifsten Elemente zur Mitarbeit in der großen Heeresschule. So werden wir das Ziel erreichen, aus jedem Glied des Heeres nach Charakter, Können und Wissen einen Soldaten zu machen, der selbständig und selbstbewußt, hingebend und verantwortungsfreudig ein Mann und ein Führer ist".

Damit läßt nicht nur der enge zeitliche Zusammenhang, sondern gerade auch die besondere Betonung des Führergedankens für das Soldatentum in der damaligen Zeit eine Berührung in der Sache mit dem späteren Begriff des Führerheeres vermuten, d. h., offenbar ging es Seeckt bei beiden Begriffen um etwas Gemeinsames, das über das militärisch Vordergründige hinaus in den geistig-charakterlichen Bereich hinein verweist, um das Gebiet der freieren Betätigung des Geistes mit dem Ziel des gehobeneren Könnens jedes einzelnen.

In bezug auf das „Führerheer" zeigte sich beispielsweise diese Absicht durch die Ausdehnung auf die bzw. Einbeziehung der Generalität in das Ausbildungsvorhaben bei den Truppenamtsreisen. Dieser Bruch mit der Vergangenheit gehörte für Seeckt „in die bewußt eingeschlagene Richtung meiner Bestrebungen, aus dem kleinen Heer das Führerheer der Zukunft zu machen".

Umgekehrt zählen zu der Reihe seiner Bemühungen, den Offizieren über das eigentliche Berufsgebiet hinaus den Blick für größere Verhältnisse zu schulen, sie zu „wahren" Führern zu erziehen, unter anderem die Einrichtung der „Donnerstagsvorträge" im Reichswehrministerium oder sein Erlaß zur „Förderung von Kenntnis und Verständnis der Grundlagen des Volks- und Staatslebens" vom 11. Oktober 1920.

Das Verhältnis von Heer und Staat

Der letzte Punkt lenkt wieder zu dem eigentlichen Kern des Seecktschen Verlangens nach geistig-charakterlicher Weiterbildung der Soldaten hin, die ja für ihn kein Selbst-, sondern nur ein Mittel zum Zweck der Verankerung des Berufsheeres in der Bevölkerung war. Nur wenn es gelang, das „Führerheer" auch in dem Sinne zu einem Heer von „Führern" heranzubilden, daß es „das Vorbild für das Volk in Waffen und in seinen der Ausbildung gewidmeten Teilen zugleich die Schule des Volkes nicht nur zur Vorbereitung der Landesverteidigung, sondern auch zur Erziehung des Volkes im Geist nationaler Pflichterfüllung, in Ordnung und Disziplin" wurde (v. Seeckt), konnte es tatsächlich in der Bevölkerung aufgehen, zu einem allseits geachteten und unangefochtenen integralen Bestandteil derselben werden, zu einem „Volksheer" im besten Sinne, selbst wenn es sich nur oder zu seinem größten Teil aus Berufssoldaten zusammensetzte.

Es würde nämlich auf diese Art und Weise gewissermaßen im Staat dienend aufgehen und statt zum Staat im Staat vielmehr zu dessen reinstem und sinnfälligstem Abbild werden, zur Verkörperung des Staatsgedankens selber.

Um aber dieses hohe Ziel erreichen zu können, verlangte Seeckt vom Heer neben dem Streben nach größter Leistungsfähigkeit im ureigensten militärischen Bereich vor allem Staatsgesinnung, die er durch die geistig-charakterliche Erziehung und Weiterbildung im Heer zu fördern hoffte. Und gerade in dem Erfassen des Staatsgedankens sollte das Heer auch politisch sein. „Doch ganz gewiß nicht parteipolitisch. Das Heer dient dem Staat, nur dem Staat; denn es ist der Staat."

Mithin zielte die Konzeption vom „Führerheer" oder vom Soldaten als „Führer" eigentlich auf das genaue Gegenteil von einer Abkapselung vom Staat und dem gesellschaftlichen Bereich hin, nämlich auf die Integrierung des Heeres in eben diese Sphären. Die sie vereinende gemeinsame Klammer, der von Seeckt angenommene „Wille eines Volkes zum Leben und Bestehen" mußte sich allerdings für eine solche, zweifellos von einem hohen idealistisch-elitären Bewußtsein getragene Auffassung dann schnell als problematisch erweisen, wenn nicht nur der Weg zu seiner Verwirklichung zwischen beiden Seiten umstritten war, sondern sogar auch die zumindest vermeintlich gute Absicht des anderen bestritten wurde. Konnte über diesen „Grundkonsens" keine Einigung erreicht werden, war die Gefahr einer zumindest inneren Distanzierung gerade wegen dieses angeblich „höheren" Bewußtseins immanent.

Mit dem um die gezeigte geistig-charakterliche Dimension erweiterten Begriff des „Führerheeres", das als hochqualifiziertes Berufsheer die Mitte zwischen den beiden Extremen „Söldnertum" auf der einen und „Volksaufgebot, -miliz" auf der anderen Seite bilden mochte und durch seine anerkannte „Führer"-Rolle in bezug auf die Hebung des nationalen Gedankens, der Staatsgesinnung, den latenten Gegensatz zwischen Berufs- und Volksheer aufzuheben geeignet war, eröffnet sich die Möglichkeit, in ihm in Abwendung von Rabenau auch ein zahlenmäßig begrenztes Qualitätsheer zu sehen, das zwar den Gedanken an eine gewisse Vergrößerung nicht ausschloß, aber doch eine mit vollem Bewußtsein angestrebte Abwendung von der bisherigen Konzeption des massenhaften Volksheeres bedeutete. Gleichzeitig würde sich von daher eine Brücke zu den Vorstellungen schlagen lassen, die Seeckt hinsichtlich moderner Heere entwickelte, auch wenn er eingangs betonte, daß die Ausführungen nur seine Privatmeinung wiedergeben würden und unabhängig von den Verhältnissen in der Reichswehr formuliert worden seien.

Für Seeckt lag entsprechend der deutschen Kriegführungsdoktrin der Vorkriegszeit der Sinn eines jeden Krieges vor allem in der Entscheidung. Um sie zu ermöglichen, hatte die Kriegskunst die Vernichtung des Gegners anzustreben. Als Summe der Erfahrungen des Ersten Weltkrieges dagegen stellte er nun fest, daß dieser trotz oder gerade wegen des allseitigen Volksaufgebotes nicht mit einer entscheidenden Vernichtung des Feindes auf dem Schlachtfeld beendet worden, sondern „im wesentlichen im Kräfte verzehrenden Abringen des Stellungskrieges aus[gelaufen war], bis vor der gewaltigen Übermacht die Widerstandskraft des einen der Gegner, auf personellem, materiellem und endlich auch moralischem Gebiet, versiegt [war] – nicht versagt" hatte. Daran knüpfte er die Frage: „Ist der Sieger seines Erfolges recht froh geworden? Stehen die Ergebnisse des Krieges im richtigen Verhältnis zu den Opfern an Volkskraft? Müssen, wenn kriegerische Auseinandersetzungen unvermeidlich sind, jedesmal ganze Völker aufeinander stürzen? Der Soldat muß sich die Frage vorlegen, ob diese Riesenheere im Sinne entscheidungssuchender Strategie überhaupt noch führbar sind und ob nicht jeder Krieg zwischen diesen Massen wieder erstarren muß. Vielleicht hat sich das Prinzip des Massenheeres, des Volksaufgebotes schon heute überschlagen, die fureur du nombre steht am Ende. Die Masse wird unbeweglich; sie kann nicht mehr manövrieren, also nicht siegen; sie kann nur erdrücken."

Da er für jeden Krieg den Wettstreit zwischen Mensch und Material als konstitutiv ansah, die jeweils neuesten Erfindungen z. B. auf dem Gebiete der Technik beiden Seiten, sowohl dem Angreifer als auch dem Verteidiger, zugute kommen würden und das Material letztlich doch nur von Menschen sinnvoll eingesetzt werden könne, hielt er es deshalb für falsch, bezüglich des vergangenen Krieges von einem Sieg des Materials über den Menschen zu sprechen, wohl aber von einem Sieg über die Menschenmassen.

Das Kriegsbild

Entsprechend sah er in scharfer Ablehnung der Theorie Douhets (vgl. Bd. 4, Abschn. VII, S. 558 f.) durch den nunmehrigen Einsatz von Flugzeugen die Grundgesetze des Krieges nicht als wesentlich alteriert an, obwohl er die Bedeutung der Luftwaffe keineswegs verkannte.

Für Seeckt würde jetzt ein Krieg „mit dem gegenseitigen Angriff der Luftflotten beginnen, weil sie die am schnellsten verwendungsbereiten und an den Feind zu bringenden Kräfte sind.

Dieser Feind sind zunächst nicht die Hauptstädte und Kraftquellen, sondern die gegnerischen Luftkräfte, und erst nach deren Überwindung richtet sich der Angriff gegen die anderen Ziele. Bei annähernd gleichen Kräfteverhältnissen wird es nicht schnell zu einer endgültigen Entscheidung kommen, wenn auch die eine Seite in die Verteidigung zurückgedrängt werden kann, die sie auf eigenen Angriff zu verzichten zwingt. Wie weit die materiellen und moralischen Erfolge des überlegenen Angreifers gegen die feindlichen Kraftquellen reichen, hängt von der passiven, also auch moralischen Widerstandskraft des Angegriffenen ab. Hierbei sei hervorgehoben, daß auch alle großen Truppenansammlungen wertvolle und leichte Angriffsziele sind. Die Störung der personellen und materiellen Mobilmachung ist eine der Hauptaufgaben des Fliegerangriffs.

Der durch die Luftwaffe eingeleitete Angriff wird von den verwendungsbereiten Truppen, also im wesentlichen dem Friedensheer, mit möglichster Beschleunigung übernommen werden. Je hochwertiger dieses Heer ist, je größer seine Beweglichkeit, je entschlossener und befähigter seine Führung, um so größer ist seine Aussicht, die ihm begegnenden feindlichen Kräfte in kurzer Zeit aus dem Feld zu schlagen, den Feind an der Aufstellung und Entwicklung weiterer Kräfte zu hindern und ihn vielleicht schon friedensbereit zu machen. Während die beiden Berufsheere um die erste Entscheidung kämpfen, beginnt hinter ihnen die Aufstellung der Verteidigungskräfte des Landes. Der im ersten Akt des Krieges Siegreiche wird versuchen, durch seine überlegene Bewaffnung, Ausbildung und Beweglichkeit diese ihm an Zahl überlegene, an Qualität unterlegene Masse nicht zur Entfaltung ihrer Kräfte, vor allem nicht zum Bilden geschlossener Materialfronten, kommen zu lassen, während ihm aus den eigenen Menschen- und Kräftereserven die Unterstützungen zugeführt werden, deren er zur Aufrechterhaltung seiner Schlagkraft bedarf. Ich sehe also, um mich noch einmal kurz zusammenzufassen, die Zukunft der Kriegführung in der Verwendung hochwertiger und bewegungsfähiger, also kleinerer Heere, deren Wirkung durch die Flugwaffe eine wesentliche Steigerung erfährt, und in der gleichzeitigen Bereitstellung der gesamten Wehrkraft, sei es zur Nährung des Angriffs, sei es zur aufopfernden Verteidigung der Heimat".

Das Qualitätsheer als Operationsarmee

Aus diesem Kriegsbild leitete v. Seeckt eine quasi ideale Heeresorganisation ab:

„Das Friedensheer, das auch als Deckungs- oder Operationsheer bezeichnet werden kann, besteht aus längere Zeit dienenden Berufssoldaten, möglichst aus Freiwilligen. Die Dienstzeit ist verschieden und richtet sich nach der Verwendung des Mannes, wobei hochwertige technische Ausbildung naturgemäß längere Dienstzeit erfordert, während an andern Stellen möglichste Jugendfrische wünschenswert ist. Die Zahl dieses Heeres richtet sich nach den materiellen Mitteln des Staates, nach seiner militärisch-geographischen Lage, nach seiner Größe und muß mindestens die Sicherheit gegen überraschenden Angriff geben.

Man wird einwenden, daß hiermit ein Wettrüsten herausgefordert wird; aber, abgesehen davon, daß die Stärke des sehr kostspieligen Friedensheeres in der finanziellen Leistungsfähigkeit des Landes ihre Begrenzung findet, bietet die Stärke der Friedensheere das beste Objekt für internationale Festsetzungen, also für Rüstungsbeschränkungen und Rüstungsausgleich. Daß jeder Staat dieses Heer auf eine möglichst hohe Stufe der Vollendung, was Ausbildung von Führer und Mann, Bewaffnung und Ausrüstung betrifft, heben wird, versteht sich von selbst, wobei drei Hauptforderungen bestehen: Hohe Beweglichkeit, zu erreichen durch eine zahlreiche und vorzügliche Kavallerie, durch Ausnutzung des motorisierten Zuges und Marschleistungsfähigkeit der Infanterie, wirksamste Bewaffnung und dauernden Kräfteersatz. Dieses Operationsheer bedarf zum ersten Einsatz am besten gar keiner, jedenfalls nur geringer Ergänzung, also keiner Mobilmachung.

Neben und in engster Verbindung mit diesem Heer steht ein aus Offizieren, Unteroffizieren und Mannschaften zusammengesetzter Ausbildungsstamm, durch dessen Übungsformationen und Schulen die gesamte waffenfähige Jugend des Landes hindurchläuft mit kurzer erster Ausbildungszeit und den erforderlichen Wiederholungskursen. Man gewinnt auf diesem Weg eine militärische Masse, welche für den Bewegungskrieg und offensive Schlachtenentscheidung nicht geeignet, wohl aber imstande ist, nach notdürftiger Vervollständigung ihrer Ausbildung und bei entsprechender Bewaffnung die Pflicht der Verteidigung der Heimat zu erfüllen und zugleich durch ihre besten Teile das eigentliche, kämpfende Feldheer dauernd aufzufüllen."

Diese Gedanken wiederholte Seeckt 1930 in seiner Schrift „Landesverteidigung" und präzisierte sie dabei: „Auf Grund der durchdachten Erfahrungen des Krieges wird sich allmählich die Erkenntnis durchsetzen, daß die Zeit der Massenheere vorüber ist und daß die Zukunft kleine hochwertige Heere bringen wird, welche geeignet sind, schnelle und entscheidende Operationen durchzuführen und damit dem Geist wieder zur Herrschaft über die Materie zu verhelfen. Neben diesen Heeren wird eine Landesverteidigung auf dem Grund einer modern entwickelten allgemeinen Dienstpflicht entstehen ...

Das Ziel einer modernen Strategie wird es sein, mit den beweglichen, hochwertigen operationsfähigen Kräften eine Entscheidung herbeizuführen, ohne daß oder bevor Massen in Bewegung gesetzt werden.

Wenn die Kriegsentscheidung durch das verwendungsbereite und militärisch hochwertige Berufsheer gesucht wird und bei ihm Kampfgeist und Angriffsfähigkeit entscheidend sind, so soll das Volksaufgebot in passivem Widerstand das Land gegen einen Angreifer verteidigen."

c. „Renaissance" der „klassischen" Kriegführungslehre

Ein derartiges kleines Heer von Berufssoldaten als Operationsarmee bot darüber hinaus leichter die Möglichkeit, die Kosten für die militärische Rüstung bzw. Umrüstung auf die jeweils modernsten Waffen in einem für die Staatsfinanzen vertretbaren Maß zu begrenzen. Für die Bewaffnung des Volksaufgebotes mochte es dagegen vorläufig genügen, daß nur die gegebenenfalls einzusetzenden Modelle ausgewählt und deren sofortige Massenproduktion vorbereitet waren.

Damit strebte v. Seeckt insgesamt eine quantitativ zwar kleine, qualitativ aber sowohl ausbildungs- als auch ausrüstungsmäßig hochstehende Armee an, die, sich in der überwiegenden Mehrzahl aus Berufssoldaten zusammensetzend, aufgrund ihrer ständigen Einsatzfähigkeit und -bereitschaft und großen Beweglichkeit zu selbständigen, überraschenden und weitausholenden Angriffsoperationen, mithin zu einer schnellen und entscheidungssuchenden Kriegführung fähig war. Dadurch hoffte er, die seiner Meinung nach allein auf Massenwirkung bedachte Strategie und Taktik des zurückliegenden Stellungskrieges überwinden, dem menschlichen Geist zur Herrschaft über die Materie verhelfen und so auch dem „Geist der Kriegskunst" selbst wieder Genüge leisten zu können. Und dieser bestand für ihn nach wie vor primär in der Vernichtung des feindlichen Heeres, nicht in der des betreffenden Landes. Überspitzt formuliert ließe sich vielleicht sagen, daß er sich bemühte, den Krieg, entgegen den Erfahrungen des Ersten Weltkrieges, der Sieger und Besiegte in nahezu gleichem Maße erschöpft hatte, weiterhin als ein rational denkbares Mittel der Politik erscheinen zu lassen.

Deshalb hat H. Meier-Welcker wohl nicht zu Unrecht die Seecktsche Konzeption eines modernen Heeres als den Versuch zu einer „Renaissance der klassischen Kriegskunst" bezeichnet. Jedoch geht er fehl, wenn er dieses Ansinnen mehr oder minder allein auf die Vergangenheit hin ausgerichtet ansieht unter dem zusätzlichen Einfluß gewisser ästhetischer Aspekte, Seeckt also jede Zukunftsschau abspricht.

Dabei hätte gerade die Renaissance Meier-Welcker warnen können, denn dort führte die Rückbesinnung auf antike Vorbilder unter anderem zur Ausbildung des modernen Militärwesens, bedeutete das Studium der Vergangenheit ein Mittel zum besseren Verständnis der gegenwärtigen Probleme und zur Vorbereitung zukunftsträchtiger Lösungen. Pars pro toto sei nur auf die Heeresreform der Oranier hingewiesen. Mithin blickte die Renaissance gleichsam janusköpfig sowohl zurück als auch zugleich nach vorn.

Insofern mochte ebenfalls Seeckt eine Wiederbelebung der „klassischen" deutschen Kriegführungsdoktrin anstreben, die sich nach seiner Überzeugung während der August- und Septemberkämpfe 1914 gegenüber der französischen als überlegen erwiesen hatte. Jedoch sollte diese Übernahme durch die Reichswehr nicht unkritisch erfolgen, sondern vielmehr in Form von deren zeitgemäßer Weiterbildung. Wenn er also das deutsche Heer vom Stellungskrieg frei machen und es statt dessen wieder für den Bewegungskrieg schulen wollte, dann geschah das zweifellos einerseits auf der Grundlage des bisherigen deutschen militärischen Führungsdenkens, aber geläutert durch die Erfahrungen des Weltkrieges, und andererseits basierend auf den besonderen Bedingungen, die sich aus den Bestimmungen des Versailler Friedensvertrages für den Aufbau und die Einsatzmöglichkeiten des 100000 Mann-Heeres ergaben.

Hatte so beispielsweise der Fehlschlag des Marne-Feldzuges gezeigt, daß es den Deutschen 1914 nicht gelungen war, den Franzosen in bezug auf die Schnelligkeit der Mobilisierung entscheidend zuvorzukommen, sie an einer Verlegung ihrer Truppen zu dem bedrohten linken Flügel zu hindern, und hatte sich dabei ferner die Unzulänglichkeit der Annahme herausgestellt, mit vorwiegend auf den Fußmarsch bzw. Pferdetransport angewiesenen Armeen weiträumig angelegte, auf den Überraschungsfaktor bauende Umfassungsoperationen erfolgreich durchführen zu wollen, dann mußte es als Konsequenz daraus zunächst darauf ankommen, eine Erhöhung der allgemeinen Beweglichkeit des Heeres durch größtmögliche Ausnutzung des Motors als Transportmittel zu erreichen. Dadurch wurde zugleich der Nachschub an Menschen und Material erleichtert. Schließlich lag auch der Gedanke nahe, die bislang geübte Praxis der Mobilisierungsstrategie aufzugeben, zumindest die allgemeine Mobilmachung erst dem Ausbruch der Feindseligkeiten folgen zu lassen, und statt dessen zu versuchen, mit dem kleineren stehenden Heer sofort bei Kriegsbeginn die Initiative an sich zu reißen und unter Zuhilfenahme der gesteigerten Beweglichkeit den Feind überraschend zu schlagen, bevor dieser überhaupt in die Lage gekommen sein mochte, seine Streitkräfte zur Abwehr zu versammeln. Eine solche Tendenz war schon 1914 in Deutschland mit der Einführung des Verfahrens der „beschleunigten Mobilmachung" und den sofort transportbereiten Truppenteilen angelegt gewesen, mußte also nur noch zu einer umfassenden und in sich geschlossenen Konzeption der Gesamtkriegführung ausgebaut werden.

Umgekehrt verbot sich für das kleine Berufsheer der Reichswehr wegen der ungünstigen geostrategischen Lage Deutschlands und der hoffnungslosen personal- und materialmäßigen Unterlegenheit eine starre Verteidigung nahezu von selbst. Die schwerbewaffneten feindlichen Massenheere durften kein eigentliches Ziel finden, das sie mit Leichtigkeit hätten erdrücken können. Vielmehr mußte in Analogie zur beweglichen Verteidigung von 1917/18 der Kampf operativ nunmehr als ein Flächenkrieg in tiefsten Räumen geführt werden. Dabei war „die vorübergehende Zusammenfassung von größeren Kräften an Stellen, die einen schlagartigen, überraschend wirkenden Offensivstoß gestatten, stets im Auge zu behalten" (Stülpnagel). Eine solche Kriegführung erforderte also im Grunde eine ständig einsatzbereite, mobile und zu schnellen und beweglich geführten Gegenangriffen fähige Armee.

Vergleicht man einmal die sich aus der Analyse der Vergangenheit ergebenden Folgerungen mit diesen Forderungen für die Gegenwart, dann werden ganz deutliche Parallelen sichtbar, d. h., in beiden Fällen liegt das Schwergewicht ganz eindeutig bei einem ständig einsatzbereiten, also praktisch stehenden Heer, das über ein Höchstmaß an Beweglichkeit und Angriffsgeist verfügt. Unterscheiden lassen sie sich dagegen erst aufgrund der sich aus ihrer materiellen Ausstattung ergebenden tatsächlichen Einsatzmöglichkeiten und der auf politisch-strategischer Ebene getroffenen Entscheidung über ihre Verwendung, variable Faktoren, denen ein nach den obigen Prinzipien aufgestelltes Heer relativ leicht angepaßt werden konnte.

Mit anderen Worten: Bei der Anerkennung, die Seeckt dem deutschen Heer von 1914 zollte, bedeutete seine Konzeption eines modernen Heeres keinen grundsätzlichen Widerspruch zu diesem. Letztere war vielmehr eine sinngemäße Weiterbildung des ersteren für ihn auf der Grundlage der durchdachten Erfahrungen des Weltkrieges, verstärkt noch durch die einschränkenden Bestimmungen des Versailler Vertrages und doch schon wiederum offen für zukünftige Entwicklungen.

Damit zeigte sich auch bei diesem Seecktschen Beitrag zur Theorie der Kriegführung sein für ihn charakteristisches Bemühen, in einem abgewogenen Verhältnis das Alte mit dem Neuen zu verbinden. Darin liegt gleichfalls wohl der Schlüssel zu dem Verständnis seiner „Renaissance der Kriegskunst". Sie war für ihn kein einfaches Rücksehnen nach Vergangenem, sondern vielmehr der Versuch, in Verbindung mit dem dort niedergelegten Erfahrungsschatz zusätzliche Anregungen und Beurteilungskriterien für die Bewältigung der drängenden Gegenwartsprobleme mit dem Ziel zu erhalten, zukünftige Lösungsmöglichkeiten vorzubereiten, ganz im Sinne seiner schon erwähnten Grundauffassung, „das Wertvolle und Überzeitliche aus der Vergangenheit zu benutzen und es zugleich in einer Form weiterzuentwickeln, welche den geänderten Verhältnissen der Gegenwart entspricht und, soweit dem Menschen das gegeben ist, Zukunftsentwicklungen vorbereitet".

Plädoyer für den Bewegungskrieg

Diese Tendenz trat ganz deutlich auch in seinem auf den ersten Blick eher konservativ, fast schon reaktionär anmutenden Aufsatz „Neuzeitliche Kavallerie. Einige Gedanken über ihre Ausbildung und Verwendung" aus dem Jahre 1927 zutage.

Dabei sollte vorausgeschickt werden, daß Seeckt schon früh mit der Problematik Beibehaltung oder Abschaffung der Kavallerie und Ersetzung durch motorisierte Verbände befaßt war. So lehnte er beispielsweise im August 1921 die Umbildung der Kavalleriedivisionen in leichte Divisionen ab, eine Entscheidung, die Rabenau mit den organisatorischen Bestimmungen des Versailler Friedensvertrages und des Nollet-Solls rechtfertigte. Umgekehrt förderte er gleichzeitig die Ausbildung der Truppe in bezug auf eine Motorisierung und ließ noch im Oktober eben dieses Jahres die erste Übung eines motorisierten Verbandes im Harz stattfinden.

In dem genannten Aufsatz nun wertete er apodiktische Äußerungen wie „Entbehrlichkeit der Kavallerie" oder „Zeitalter der Mechanisierung" als tödliche Schlagworte, weil sie, statt Frucht eines klaren und kühlen Denkens zu sein, die Abschaffung einer Waffe nahelegten, deren Entwicklung statt dessen nur im neuzeitlichen Sinne erfolgen mußte.

Gegenüber solchen von ihm des Neids geziehenen Aussagen wies v. Seeckt darauf hin, daß derjenige, der glaube, „daß der Stellungskrieg das Gegenteil des wahren Krieges ist, daß er wohl zu langwieriger Zermürbung des materiell Schwächeren, nie zum entscheidenden Vernichtungssieg, dem Ziel alles militärischen Denkens, führen kann, wer also im Bewegungskrieg diesen Zukunftssieg sucht", daß der nicht ausgerechnet auf die Waffe werde verzichten wollen, „. . . deren Eigenart Bewegung ist".

Heeresmotorisierung und Kavallerie

Er ging also von einer funktionalen Betrachtungsweise aus. Und unter den damaligen Verhältnissen waren für ihn die Flieger z. B. nur „an die Seite, nicht an die Stelle der Kavallerie getreten":

„Der Luftaufklärung sind andere, neue Aufgaben zugefallen, welche der Erdaufklärung versagt waren; an den Grenzen beider Aufklärungsgebiete ergänzen sich die von den beiden gewonnenen Ergebnisse. Die Nahaufklärung verbleibt der Kavallerie, der auch bedeckter Himmel nicht die Augen trübt. In der Verbindung mit dem Fluggeschwader findet die Kavallerie-Division eine neue Stärkung.

Die Motorisierung der Armeen ist eine der wichtigsten militärischen Entwicklungsfragen; sie ist aber auch zu einem Schlagwort im Munde von Laien und Zünftigen geworden. Manche Propheten sehen schon die ganzen Heere in gepanzerte Maschinen verwandelt und den Ersatz der Pferdereiter durch Motorkrieger vollzogen. So weit sind wir noch nicht, und wir tun gut, mit gegebenen Verhältnissen zu rechnen, um den Forderungen der Gegenwart und nahen Zukunft zu entsprechen. Wir werden und sollen ganz gewiß vor der Entwicklung des Erdmotors und seiner militärischen Brauchbarkeit nicht die Augen verschließen, sondern theoretisch und, soweit es uns möglich, praktisch uns die Unterlagen für seine Verwendung verschaffen; aber wir sollen uns hüten, Brauchbares, Erprobtes, Vorhandenes wegen Künftigem, Möglichem zu vernachlässigen. Kurz nur sei angedeutet, daß vorläufig noch Wege, Brücken, Gebirge einer Massenverwendung von Kraftwagen sich entgegenstellen, wie das vorhandene oder schnell zu beschaffende Material uns Grenzen zieht. Das Kraftfahrzeug hat zwei militärische Hauptaufgaben: eine neue eigene Waffe zu liefern und als Transportmittel für Menschen, Geschütze und Heeresbedürfnisse zu dienen. Die Kampfwagen wachsen sich zu einer besonderen Truppe neben Infanterie, Kavallerie und Artillerie aus, ohne eine von diesen zu ersetzen. Die Transportwagen können und sollen, richtig und in Maßen verwandt, den Kavallerie-Divisionen einen wesentlichen Kraftzuwachs geben.

Des Rätsels Lösung ist hiernach, die Ergebnisse der Technik zur Ausgestaltung und Modernisierung des Vorhandenen auszunutzen, aber nicht Totes an die Stelle von Lebendigem zu setzen. Das Lebendige, das ist unsere Kavallerie, sollte im neuzeitlichen Geist unter voller Wahrung ihrer Eigenart zu höchster Vollkommenheit entwickelt werden."

Um aber Seeckt an dieser Stelle nicht mißzuverstehen, muß darauf hingewiesen werden, daß für ihn der Gegensatz nicht in der Gegenüberstellung von lebendiger und toter Materie lag, sondern in der Abhebung von Bestehendem gegenüber nicht oder noch nicht Existentem. Ganz im Sinne seines „to make the best of it" wollte er die drei durch den Versailler Vertrag dem deutschen Heere vorgeschriebenen Kavallerie-Divisionen zur höchstmöglichen militärischen Vollkommenheit entwickeln, aber darüber hinausgehende, bei der Kavallerie an die Verbindung von Roß und Reiter anknüpfende ideologische Momente waren ihm fremd. „Das Pferd adelt nicht den Mann, sondern der Mann adelt Pferd, Waffe und Maschine. Nur die Leistung selbst entscheidet über den Wert."

Mithin lief der genannte Aufsatz ohne Zweifel auf ein Plädoyer für eine zumindest noch vorläufige Beibehaltung der Kavallerie als einer selbständigen Waffengattung neben Infanterie, Artillerie und den neu hinzugetretenen Kampfwagentruppen hinaus, begründet wurde das jedoch nicht mit prinzipiellen, statt dessen vielmehr mit zeitbedingten oder in der Natur der Sache liegenden Erwägungen.

Insbesondere dadurch, daß Seeckt zwischen Kavallerie und Motorisierung keinen grundsätzlichen, unüberbrückbaren Gegensatz annahm, konnte er beide von ihrer gemeinsamen Funktion der Steigerung der Beweglichkeit her aufeinander zuordnen und erstere auffordern, im Kraftfahrwesen und im Motor „eine neue Seite kavalleristischer Ausbildung" zu sehen.

Auch wenn damit sicher noch nicht beabsichtigt war, ein späteres Aufgehen der Kavallerie- in motorisierte Heeresdivisionen anzukündigen, gleichsam beide Begriffe schon ansatzweise synonym zu verwenden, im Gegenteil v. Seeckt offenbar noch an die Möglichkeit eines gleichberechtigten oder sich gegenseitig ergänzenden Einsatzes von Kavallerie- und motorisierten Heeresverbänden gedacht hat, so lassen sich dennoch bereits deutliche Parallelen zwischen der von ihm skizzierten Verwendung einer neuzeitlichen Kavallerie und einer auf einer weitgehenden Motorisierung beruhenden Kriegführung aufzeigen; eine Vermutung, die sich von dem beiden gemeinsamen funktionalen Aspekt her aufdrängt und von seinen späteren, hier aber schon vorab geschilderten Ausführungen hinsichtlich moderner Heere gestärkt wird.

„Operation ist Bewegung"

Demnach könnte es cum grano salis nach Meinung Seeckts Aufgabe einer Kavallerie- bzw. ähnlich gegliederten motorisierten Heeresdivision sein, neben dem entweder defensiv oder offensiv durchzuführenden Schutz der eigenen Mobilmachung und des Aufmarsches den Krieg durch größere und selbständige Unternehmungen zu eröffnen, „wenn die hierzu bestimmten Formationen operationsbereit sind, ehe die Masse der Heere in Tätigkeit treten kann. Der Zweck solcher Unternehmungen kann die nachhaltige Störung der feindlichen Mobilmachung und des Aufmarsches durch Gefechtshandlungen oder Zerstörungen sein; sie können auch politisch-militärischen Zwecken dienen. Für solche Unternehmungen bedarf die Kavallerie-Division wesentlicher und den Besonderheiten der Aufgaben entsprechender Verstärkung".

Diese auf den Bewegungskrieg abgestellte Konzeption weiträumiger, von Kavallerie und motorisierten Heerestruppen durchgeführter Operationen fand umgekehrt ihre Ergänzung in der für Seeckt selbstverständlichen Feststellung, daß solche Verbände nicht in einem geschlossenen Einsatz die Hauptentscheidung herbeiführen konnten, wohl aber dabei von einer Stelle mitzuwirken vermochten, die zu erreichen ihnen ihre Beweglichkeit erlaubte und von der aus sie auf den Feind besonders empfindlich einwirken konnten: „Das wird Flanke und, wenn möglich, der Rücken des Feindes sein. Hier winken vor allem weit zurückstehende feindliche Artillerie, Kommando- und Nachrichtenstellen als lohnende Ziele. Wesentlich ist in dieser Lage die enge Verbindung mit der obersten Führung, wodurch das Heranhalten an die Entscheidung ermöglicht wird. Beweglichkeit und Artilleriewirkung bleiben auch hier die entscheidenden Faktoren. Verbindung mit Tankabteilungen kann vorteilhaft sein."

Dabei dachte v. Seeckt vermutlich an die schnell fahrenden Kampfwagen mit Geschwindigkeiten von ca. 30 km/Std. im Gelände. Von ihnen hieß es in den „Besonderen Bemerkungen": „Neuzeitliche, schnell fahrende Kampfwagen werden meist selbständig angreifen. Die Infanterie muß den Erfolg dieses Angriffs ausnutzen oder an anderer Stelle zum Angriff übergehen. Oder diese Kampfwagen werden für besondere Aufgaben mit weit gesteckten Zielen entweder selbständig oder in Verbindung mit schnell beweglichen Waffen verwendet werden."

Damit schließt sich gleichsam wieder der Kreis. Trotz aller gegenüber der Analogie zwischen moderner Kavallerieverwendung und Einsatz beweglicher motorisierter Heeresverbände gebotenen Vorsicht läßt sich doch wohl feststellen, daß die von Seeckt für erstere entworfene Skizze der Einsatzmöglichkeiten die Übertragung auf motorisierte Einheiten zumindest nicht ausschließt, im Gegenteil das Verwendungsspektrum im Kern bereits auf einen nach ähnlichen Grundsätzen erfolgenden Panzerangriff ausdehnt.

d. Die Vorschrift „Führung und Gefecht der verbundenen Waffen" von 1921

Seeckt ging es in einem wohlverstandenen konservativen Sinne um diese Verbindung von ihm als überlieferungswert erscheinenden Grundsätzen und Erfahrungen der Vergangenheit mit den fortschrittlichen Elementen der Gegenwart, um in einer Art kontrollierter Evolution, ohne den festen Boden des Bewährten ohne Not zu verlassen, desto wahrscheinlicher die Zukunft gewinnen zu können.

Dieses für ihn so charakteristische Streben zeigte sich natürlich auch bei den unter seiner Anleitung herausgegebenen Ausbildungsvorschriften. Wenn er dabei beispielsweise den das Gefecht betreffenden II. Teil des Exerzier-Reglements für die Infanterie aus dem Jahre 1906 (s. o. S. 481) mit nur geringen Änderungen übernehmen ließ, dann war das neben der Absicht, möglichst rasch zu einheitlichen Ausbildungsrichtlinien zu gelangen, auch Ausdruck seiner Überzeugung, daß das deutsche Kampfverfahren während der August- und Septemberkämpfe 1914 sich im Grunde als dem französischen überlegen erwiesen hatte, es daher nur der zeitgemäßen Weiterbildung dieser Grundsätze bei der Ausbildung bedurfte. Die Änderungen hingegen hatten sich in erster Linie auf das Zusammenwirken der Waffen beim Kampf zu beziehen. Hierfür wurde die für alle Truppengattungen verbindliche Vorschrift „Führung und Gefecht der verbundenen Waffen" (F. u. G.) 1921 erlassen.

Schon im Einleitungserlaß gab Seeckt dabei mit der Betonung des Angriffsdenkens und der beweglichen Operationsführung zu verstehen, daß es sich hier entgegen allen scheinbar anderslautenden Weltkriegserfahrungen um eine bewußte Anknüpfung an die Grundsätze der deutschen Kriegführungsdoktrin der Vorkriegszeit handeln sollte.

Die Vorschrift F. u. G. ging vom Auftrag und der Lage als den Grundlagen der Führung aus. Von dem aus ihrer Beurteilung resultierenden Entschluß hatte ohne schwerwiegende Gründe nicht mehr abgewichen zu werden.

Dabei wurde allerdings nicht verkannt, daß die Ungewißheit gerade in einem Krieg die Regel bildet, und es deshalb als die Kunst der Führung bezeichnet, „zu erkennen, wann ein neuer Entschluß gefaßt werden muß".

Grundlagen der Militärdoktrin

Dann folgte das fast schon klassische Credo der deutschen Kriegführungsdoktrin. „Der Angriff allein schreibt dem Feinde das Gesetz vor. Die Überlegenheit von Führer und Truppe kommt in ihm am besten zur Geltung. Besonders wirksam ist die Umfassung eines oder beider Flügel und Angriff gegen den Rücken des Feindes. Hierdurch kann der Feind vernichtet werden. Alle Anordnungen zum Angriff müssen den Stempel der größten Entschiedenheit tragen. Der Siegeswille des Führers muß sich dem letzten Mann mitteilen."

Angriff und Schwerpunktbildung

Dabei sollten die Hauptkräfte von Anfang an, d. h. von Beginn des Angriffsentschlusses, an der entscheidenden Stelle eingesetzt werden, wodurch jeder Angriff seinen Schwerpunkt erhalten würde. Dabei kam es für Seeckt weniger darauf an, den Schwerpunkt im Befehl genau zu bezeichnen, als vielmehr ihn beispielsweise durch Verengen der Gefechtsstreifen, Zusammenfassung der Waffenwirkung oder Zuteilung von Reserven auch tatsächlich herbeizuführen. „In diesem Sinne ist es zu verstehen, wenn der Herr Generalfeldmarschall (v. Hindenburg) sagte: ‚Ein Angriff ohne Schwerpunkt ist wie ein Mann ohne Charakter, der alles dem Zufall überläßt.'"

Das zielte in Richtung auf ein elastisches Eingehen auf die sich aus der konkreten Lagebeurteilung ergebenden Erfordernisse; eine Forderung, die noch dadurch herausgestrichen wurde, daß in Anknüpfung an die schon in den Vorschriften für die Angriffsschlacht 1918 niedergelegte Anschauung der Erfolg, wenn er während des Gefechts an anderer als der beabsichtigten Stelle eintrat, dort sofort entschlossen auszunützen war.

Durch die rücksichtslose Verfolgung schließlich hatten die Früchte des Sieges geerntet, die Vernichtung des Gegners angestrebt zu werden, falls sie nicht schon vorher gelungen war.

Schon aus diesen wenigen Sätzen lassen sich die wichtigsten Merkmale der damaligen deutschen Militärdoktrin gewinnen. Es sind das:

- der Vernichtungsgedanke mit dem Ziel einer Umfassungsoperation („Cannae");
- das Bestreben nach möglichst entscheidenden Lösungen;
- die Verbindung von zielstrebiger „Beharrlichkeit mit der äußersten Geschmeidigkeit im Erfinden von Aushilfen", von „Festigkeit im Willen und Freizügigkeit in der Wahl von Mitteln und Wegen", diese zähe elastische Strategie, die als „Strategie der Aushilfen" oder mit den Worten Captain Cyrill Falls als „unausweichlicher Stoß" bezeichnet werden kann;

- die Beurteilung einer gegebenen militärischen Lage strategisch, operativ und taktisch als organisches Ganzes im Sinne einer „totalen Anschauung des Gegners und der Lage";
- die daraus folgende Schwerpunktbildung und die Überzeugung, „daß das Ganze wichtiger sei als der Teil und nicht umgekehrt", mit einer Tendenz zur Bevorzugung des operativen Denkens;
- die bewegliche Kriegführung und schließlich
- die Betonung des Angriffsgedankens.

Verteidigung

Die Verteidigung dagegen wurde nur dann als gerechtfertigt angesehen, wenn es galt, entweder gegen einen stark überlegenen Feind zu kämpfen oder einen eigenen Angriff an anderer Stelle bzw. zu einem späteren Zeitpunkt zu ermöglichen. „Auch bei noch so geringer eigenen Stärke wird der Verteidiger betrebt sein, den Kampf angriffsweise zu beenden und hierdurch den Feind entscheidend zu schlagen."

Hinhaltendes Gefecht

Dem „hinhaltenden Gefecht" endlich fiel die Aufgabe zu, den Feind zu täuschen, ihn zu fesseln und Zeit zu gewinnen. Dabei sollte je nach den Umständen sowohl angriffs- als auch verteidigungsweise verfahren werden können. Obwohl diese Formulierung sich z. B. eng an die entsprechenden Bestimmungen des Infanterie-Reglements von 1906 angelehnt hatte, bot sie Anlaß zu Mißdeutungen, wie beispielsweise den Begriff des „hinhaltenden Angriffs". Deshalb sah sich Seeckt gezwungen, seine diesbezüglichen Vorstellungen zu konkretisieren. „Die Verteidigung ist ihrer Art nach in gewissem Sinne stets hinhaltend, weil sie die im Gegensatz zum Hinhalten stehende Entscheidung nicht herbeiführen kann. Das kann nur der Angriff. Es hängt freilich vom Feinde ab, ob er sich überhaupt oder wie lange er sich hinhalten läßt, also, ob er überhaupt oder wie lange er angreifen will. Der Begriff des Hinhaltens kommt im Auftrag oder Entschluß des Führers zum Ausdruck. In der Verteidigung muß er wissen, ob er den entscheidenden Angriff des Feindes annehmen oder ihm ausweichen will, beim Angriff, ob er die Entscheidung sucht, oder den Feind nur aufhalten, abziehen, zur Entwicklung bringen will."

Bewegungskrieg

Entsprechend dieser Grobgliederung befaßte sich dann die Vorschrift unter anderem mit dem Begegnungsgefecht und dem Angriffsverfahren, der Verfolgung, dem Abbrechen des Gefechts und dem Rückzug, dem Angriff gegen Stellungen, der Verteidigung und den Gefechten unter besonderen Verhältnissen.

Danach bildeten gerade im Bewegungskriege die Unsicherheit und Ungeklärtheit der Lage die Regel.

Begegnungsgefecht

Deshalb mochte sich auch das Begegnungsgefecht meist aus der Tiefe der Marschkolonnen entwickeln, und dabei kam schon dem Verlauf der zunächst sich zwischen den gegenseitigen vordersten Sicherungsabteilungen entbrennenden Kämpfen besondere Bedeutung für den weiteren Fortgang des gesamten Gefechtes zu.

Da demjenigen beim Eintritt in das Gefecht ein Vorteil zufallen mußte, dem es gelang, dem Gegner einen Vorsprung in der Gefechtsvorbereitung abzugewinnen, war Eile geboten.

„Daraus erwächst dem vorn befindlichen Führer eine besondere Verantwortung. Er darf seine Entschlüsse nicht von weiterer zeitraubender Aufklärung abhängig machen. Er muß oft in das Ungewisse hinein befehlen und kann annehmen, daß auch der Feind noch nicht gefechtsbereit sein wird. Überraschendes feindliches Feuer, das in eine Marschkolonne schlägt, darf nicht sogleich zum Einstellen der Vorwärtsbewegung führen, sondern muß die Truppe zum Vorwärtsdrängen veranlassen. Festes Zufassen ist in der Regel geboten."

Dennoch sollte das Begegnungsgefecht kein wildes Drauflosstürmen sein, vielmehr waren auch hier, ohne den Wert schnellen Zupackens zu schmälern, Ruhe und Gründlichkeit die Grundlagen des Erfolges, d. h., es hatte zwar kein Schema, verfügte wohl aber über seine Gesetze:

„Wie jedes Gefecht, hat auch dieses sein Tempo, von dem nicht abgewichen werden darf. Akt 1: Die Vorhut klärt auf, stellt den Feind, seine Stärke und Stellung fest und kämpft entsprechend ihrem Auftrage." Dieser bestand insbesondere darin, „dem Gros Zeit und Raum zur Gefechtsentwicklung und der Masse der Artillerie gute Bedingungen für die Beobachtung zu sichern".

Umfassung

Daneben galt es, festzustellen, ob und wo eine Umfassung des Gegners möglich war, die ja in Verbindung mit einem Angriff in der Front den Erfolg am sichersten verbürgte und sich am einfachsten durchführen ließ, wenn schon der Anmarsch der Truppen von vornherein gegen Flanke und Rücken des Gegners gerichtet war:

„Ist eine Umfassung nicht möglich, so darf der frontale Angriff nicht gescheut werden. Seine Durchführung bedarf in besonderem Maße des Zusammenwirkens zwischen Infanterie und Artillerie. Durch zweckmäßige Gliederung nach Breite und Tiefe wird sich der Führer auch hier an günstiger Stelle (Gelände, schwache Punkte beim Feind) die unbedingte Überlegenheit, vielleicht auch eine wenigstens örtliche Umfassung sichern. Der gelungene Frontangriff führt zum Einbruch, der durch weiteres Vorwärtsdringen in der Angriffsrichtung und Zurückwerfen der feindlichen Reserven zum Durchbruch gesteigert wird ... Aus dem Durchbruch müssen die seitlichen Anschlußfronten umfaßt und tief aufgerollt werden. Nur so wird der Durchbruch zum Sieg. Die Angriffstruppe muß aber so weit wie möglich durchstoßen und das Aufrollen den hierzu dicht heranzuhaltenden Reserven überlassen. Einschwenken der Angriffstruppe führt zur Bildung neuer Fronten durch den Feind und zum Scheitern der Vorwärtsbewegung."

Zusammenwirken der Waffen

Für das Zusammenwirken der Waffen galt nun allgemein, daß der militärische Führer in der Artillerie mit ihrer weitreichenden, mächtigen Schlagkraft über das erste und wirksamste Mittel verfügte, dem Feinde seinen Willen aufzuzwingen. Deshalb war die Artillerie des Gros auch zunächst dazu bestimmt, der sich bildenden Kampffront den nötigen Halt zu geben.

Im besonderen hatte sie die Aufgabe, „den Widerstand des Feindes zu brechen, ihrer Schwesterwaffe, der Infanterie, den Weg zu bahnen und mit ihr gemeinsam den Sieg zu erkämpfen.

Hierin gipfelt ihre gesamte Tätigkeit, alle Einzelaufgaben dienen diesem Zweck. Schnelligkeit in der Erkundung und Entwicklung müssen sie in die Lage setzen, die Infanterie frühzeitig zu unterstützen. Die Infanterie muß andererseits mit den Grenzen der Leistungsfähigkeit der Artillerie rechnen und darf an sie nur Forderungen stellen, die ihrem Wesen und ihren Wirkungsmöglichkeiten entsprechen und sie nicht beengen. Infanterie, die ohne Rücksicht auf die Artillerie handelt, schadet sich selbst am meisten".

Der Akt 2 des Begegnungsgefechtes begann dann entsprechend mit der Durchführung des Artillerieaufmarsches und dem Entschluß des militärischen Führers über den Einsatz des Gros. Dabei hatte der eigentliche infanteristische Angriff erst dann zu erfolgen, wenn die Artillerie feuerbereit war.

Diese geraffte Darstellung des Angriffsverfahrens im Bewegungskrieg und beim Begegnungsgefecht läßt die Parallelen, aber auch die Unterschiede zu den in den deutschen Vorkriegs-Reglements niedergelegten Anschauungen deutlich werden. Erstere betreffen mehr den allgemeinen Rahmen, wie die Einschätzung des Begegnungsgefechtes überhaupt, die Bevorzugung des Angriffsgedankens und dabei der Umfassung, letztere beziehen sich eher auf das eigentliche Kampfverfahren, den taktischen Bereich. Hierbei treten der Frontalangriff und das Zusammenwirken der Waffen stärker in den Vordergrund. Insbesondere wird nun die Kampfgruppen- und Stoßtrupptaktik des Stellungskrieges zur Angriffsform schlechthin entwickelt, d. h., auch für den Bewegungskrieg übernommen, so daß sich die Angriffsverfahren insgesamt einander angleichen. Sie unterscheiden sich fast nur noch durch den Umfang und das Ausmaß der durch die verschiedenen Zeitvorgaben möglichen und notwendigen gründlichen Angriffsvorbereitungen.

Überraschung

So wurde beim Angriff im Stellungskrieg die Überraschung des Gegners von noch größerer Bedeutung als im Bewegungskrieg angesehen, weil dieser sonst seine geeigneten Gegenanordnungen treffen könnte. Auch sollte „die vorbrechende Angriffsmasse den empfindlichsten Punkt des Feindes treffen und schon durch die ihr gegebene Richtung breite Fronten des Gegners ins Wanken bringen".

Umgekehrt waren, in Reflexion auf die Weltkriegserfahrungen, neben operativen Erwägungen für die Wahl der Angriffsfront ebenfalls die taktischen Verhältnisse an Ort und Stelle des beabsichtigten Durchbruchversuches zu berücksichtigen.

Kampfwageneinsatz und -abwehr

Das galt schließlich insbesondere im Hinblick auf den Einsatz von Kampfwagen, dem wegen ihrer Bedeutung als Angriffswaffe im Stellungskrieg „sowohl bei der Auswahl der Angriffsstelle als auch bei der Durchführung des Angriffs selbst die größte Aufmerksamkeit zu schenken" war:

„Kampfwagen kämpfen stets in engster Verbindung mit der Infanterie. Ihre Bereitstellung ist der feindlichen Luftbeobachtung zu entziehen. Sie müssen nach vorhergegangener sorgfältiger Geländeerkundung überraschend und einheitlich eingreifen. Zum nachhaltigen Erfolg ist Einsatz in großer Zahl und Gliederung nach der Tiefe unter Ausscheidung von Reserven nötig. Die leichten Kampfwagen werden zugweise der Angriffsinfanterie unterstellt, die schweren Kampfwagen gegen tiefe und stark ausgebaute Verteidigungs- und Flankierungsanlagen angesetzt. Sie fahren den leichten Kampfwagen voraus und bahnen ihnen in aufgewühltem Gelände den Weg. Leichte und schwere Kampfwagen werden ferner bei den Reserven zurückbehalten, um mit diesen später hauptsächlich dann eingesetzt zu werden, wenn infolge zunehmender Entfernung die Artillerieunterstützung für die stürmende Infanterie nicht mehr ausreicht. Ihr Vorgehen ist möglichst zu vernebeln. Für besondere Kampfzwecke wird die obere Führung sich eine Kampfwagenreserve ausscheiden."

Diese Einsatzgrundsätze basierten zweifellos auf den Erfahrungen des Weltkrieges und waren auf den langsam fahrenden Kampfwagen zugeschnitten, dessen geringe Geschwindigkeit in etwa derjenigen der Infanterie entsprach. Deshalb sollten sie auch „im allgemeinen den Angriff der Infanterie unmittelbar unterstützen".

Mit der Möglichkeit eines selbständigen Kampfwageneinsatzes präzisierten die Besonderen Bemerkungen nicht nur die diesbezüglichen Vorstellungen der F. u. G., sondern leiteten auch schon zu den neuzeitlichen, schnell fahrenden Kampfwagen über, deren Verwendung in der damaligen Reichswehr noch nicht dargestellt, mithin ebenfalls nicht geübt, sondern vielmehr nur theoretisch studiert werden konnte. Immerhin ging v. Seeckt dabei davon aus, daß diese meist selbständig angreifen oder für besondere Aufgaben mit weitgesteckten Zielen entweder allein oder in Verbindung mit anderen schnell beweglichen Waffen eingesetzt werden würden. Mit anderen Worten: Im Interesse der Erhaltung und Ausnutzung der größeren Beweglichkeit wurde offenbar durchaus schon die Trennung von schnellem Kampfwagen- und langsamerem Infanterie-Angriff gefordert, ersterer löste sich immer mehr von letzterem und verselbständigte sich dabei.

Wenn daher J. L. Wallach ausführt, Seeckt habe „die wichtige Rolle der beweglichen Panzerverbände nicht erkannt", habe, als er über die künftige Bedeutung der Kavallerie schrieb, diese auch nur im wörtlichen Sinne gemeint, dann stimmt das nur insoweit, als er diesen Ausdruck sicher nicht als Tarnbezeichnung für Panzerverbände verwendete. Aber er verstand darunter zumindest ebenfalls keinen artreinen Kavallerieverband mehr, sondern einen solchen, der organisch sowohl über berittene als auch motorisierte Truppen verfügte und je nach Auftrag entweder selbständig oder aber in Verbindung mit den schnellen Panzerabteilungen eingesetzt werden konnte.

Entsprechend der Bedeutung der Kampfwagen für den Angriff wuchs auch die der Organisation ihrer Abwehr: „Feindliche Kampfwagen sind durch die gesamte Stellungsartillerie im Verein mit Maschinengewehren und Minenwerfern mit Aussicht auf raschen und gründlichen Erfolg zu bekämpfen. Stets ist anzustreben, die Kampfwagen schon in ihren Warte- und Ausgangsstellungen zu erkunden und zu vernichten ... Bei einsetzendem Kampfwagenangriff nehmen zunächst die zur Bekämpfung der feindlichen Artillerie oder zum Störungsfeuer vorgezogenen Batterien das Feuer gegen das neue Ziel auf; demnächst beteiligen sich die zum Feuerschutz bestimmten Batterien. Weiter vordringende Kampfwagen sind durch eingebaute Nahkampfgeschütze in direktem Schuß auf nahe Entfernungen zu erledigen. Schließlich muß jede weiter rückwärts in Stellung befindliche Batterie in kürzester Zeit in der Lage sein, durchbrechende Kampfwagen zu bekämpfen. Meist empfiehlt es sich, besondere Reserven zur Bekämpfung der Kampfwagen auszuscheiden. Sie bestehen aus leichten Minenwerfern, Maschinengewehren mit S.m.K.- und T.-Munition, und vor allem aus Feldkanonen. Diese beweglichen Reserven, bespannt oder auf Kraftwagen, fahren den Kampfwagen entgegen. Ihr schneller Einsatz verlangt gute Nachrichtenverbindungen."

Diese Empfehlungen, für die Verteidigung im Stellungskrieg formuliert, tragen gleichfalls noch deutlich den Stempel der Erfahrungen des vergangenen Weltkrieges. Allerdings zeigen sich auch schon erste Anzeichen zur Aufstellung einer eigenen Kampfwagenabwehrtruppe, die, fahrbar gemacht, ebenso beweglich eingesetzt werden konnte wie die Kampfwagen selber.

Das Verteidigungsverfahren

Das Verteidigungsverfahren schließlich allgemein orientierte sich weitgehend an den Grundsätzen, die im deutschen Heer während des Krieges in den Jahren 1916–1918 entwikkelt worden waren. Es ging von einer je nach den Umständen mehr oder weniger befestigten Widerstandszone aus, „einem System ineinandergreifender Schützenlöcher, kleiner Nester einzelner Waffen (Maschinengewehr- oder Schützengruppen, Minenwerfer, Geschütze) oder größerer Stützpunkte für verschiedene Waffen, die unregelmäßig und stark nach der Tiefe gruppiert sind".

Der Begriff der „Stellung"

Dabei hatte der vorderste Rand der Stellung in der Regel die Hauptkampflinie zu bilden: „Sie stellt die Linie dar, vor der der angreifende Feind im gewaltigen Feuer aller Waffen spätestens zusammenbrechen soll und die bei seinem Eindringen in die Stellung wiedergewonnen werden und nach Abschluß des Kampfes im Besitz der Truppe sein muß. Ihre Lage hängt wesentlich von der Lage der Artilleriebeobachtungsstellen ab, vor die sie genügend weit vorgeschoben werden muß."

Im Gegensatz zur Doktrin der Vorkriegszeit wurde jetzt der Wert von tiefgegliederten Gefechtsvorposten oder sogar vorübergehend weiter vorgeschobenen Stellungen anerkannt, da dadurch dem Angreifer der frühzeitige Einblick in die Hauptkampflinie verwehrt, er vielleicht sogar zur Entwicklung in einer falschen Richtung veranlaßt, zumindest aber sein Herankommen an die eigentliche Stellung erschwert werden konnte. Je nach Erfordernis sollten diese Vorposten bei einem feindlichen Angriff entweder rechtzeitig geräumt oder zäh verteidigt, der eigentliche Erfolg jedoch stets nur im Kampf um den Besitz der Hauptkampflinie gesucht werden.

Bewegliche Verteidigung

Hinter diesen wenigen Sätzen verbarg sich die endgültige Abwendung von einer starren Linearverteidigung hin zu einer beweglich geführten Schlachtfeldverteidigung, der Übergang zur beweglichen Verteidigung überhaupt.

Sollten z.B. im Stellungskrieg eigene Eingreifdivisionen fehlen, so war nunmehr bei einem feindlichen Angriff „der Kampf so zu führen, daß der gesamte Verteidigungsabschnitt nicht durchbrochen und die feindliche Angriffskraft durch Kampf aus der Tiefe, sowie gestützt auf die verschiedenen Stellungen, schließlich zum Erlahmen gebracht wird. Ein derartiges Verfahren erfordert besondere Geschicklichkeit der oberen Führung. In stetem Wechsel in der Form und im Verfahren sowie unter Wahrung des gegenseitigen Anschlusses und des Zusammenwirkens mit den Nachbarn wird sie hier vor Überlegenheit rechtzeitig und unbemerkt ausweichen, dort zähen Widerstand leisten (Bewegliche Verteidigung). Von den Vorteilen der beweglichen Verteidigung kann auch dann Gebrauch gemacht werden, wenn die vorhandenen Kräfte den Kampf um die erste Stellung gewährleisten würden, der obere Führer jedoch im Vertrauen auf seine

Truppe die Abwehr mit einem eigenen Angriffserfolg abschließen will", was ja nach traditioneller deutscher Auffassung das Ziel jeglicher Verteidigung sein sollte.

Mithin hielt die bewegliche Verteidigung am Auftrag der Abwehr des feindlichen Angriffs unverrückt fest, wollte ihn aber unter sparsamer Ökonomie der eigenen Kräfte erfüllen. Grundsätzlich also nahm sie den Kampf mit dem Gegner um die von diesem angestrebte Entscheidung auf. Genau in diesem Punkt lag der Unterschied zum hinhaltenden Gefecht bzw. zu einer dabei geführten hinhaltenden Verteidigung begründet, bei der im Prinzip der Annahme eines solchen Entscheidungskampfes ausgewichen werden sollte, selbst wenn hierbei die einzelne Truppe die ihr zur Verteidigung überwiesene Stellung gegebenenfalls mit Aufbietung der letzten Kräfte zu halten hatte.

Die Vorschrift „Führung und Gefecht der verbundenen Waffen" wurde 1923 noch durch einen am 20. Juni d. J. herausgegebenen zweiten Teil ergänzt, der sich unter anderem mit den der Reichswehr durch den Versailler Friedensvertrag verbotenen Waffen, wie Flugzeugen, Chemische Kampfstoffe und Panzerkampfwagen befaßte und dadurch den Willen der Heeresleitung zum Ausdruck brachte, zumindest geistig auf der Höhe der Zeit bleiben und nicht den Anschluß an die neuzeitlichen Kampfmittel verlieren zu wollen.

Damit vereinigte sie weitgehend die Führungsgrundsätze der Reichswehr in einer einzigen Vorschrift, die, um der Truppe eine der inneren Konsolidierung und ruhigen Ausbildung zu gönnen, nach dem Willen Seeckts bis 1930 nicht geändert werden durfte. Es fehlten lediglich die Regeln für die operative Führung, die in einer gesonderten Schrift zusammengefaßt werden sollten.

e. Operative Schulung des Heeres

Gerade aber auf dem Gebiet des einheitlichen operativen Denkens und Handelns hatte der Weltkrieg auf gravierende Fehler in der bisherigen deutschen Führerausbildung aufmerksam gemacht. So gelangte der damalige Major i. G. Ludwig Beck 1920 in einer Studie „Kriegserfahrungen über Ausbildung von Führern und deren Gehilfen" zu dem Ergebnis, daß die Ausbildung der höheren militärischen Führer vor dem Krieg vielfach nicht auf der erforderlichen Höhe gestanden hatte. Als Gründe dafür nannte er beispielsweise auch deren Inanspruchnahme durch den Truppendienst und den fehlenden Zwang resp. die mangelnde Gelegenheit zur Aus- und Weiterbildung als Führer:

> „Das Gebiet der Führung ist aber schon vor dem Feldzug ein so umfangreiches gewesen und hat sich im Feldzug noch derartig erweitert, daß es nur von Persönlichkeiten beherrscht wurde, die sich in unaufhörlicher geistiger Mitarbeit auf dem laufenden gehalten hatten und es auch gegenüber den steigenden Anforderungen des Krieges blieben."

Entsprechend regte er an, daß nur die geistig und körperlich Tüchtigsten oberste militärische Führer werden dürften, deren Erziehung und Ausbildung im Frieden durch Gelegenheit und Zwang sichergestellt werden müsse. Darüber hinaus hielt er es für dringend erforderlich, bei den Führern und Gehilfen ganz besonderen Nachdruck auf die „Erziehung zur Wahrhaftigkeit und Sachlichkeit im Urteil ... zu legen. Ich glaube nicht, daß in dieser Hinsicht das frühere System frei von Tadel war und daß eine gewisse Unaufrichtigkeit hochgezogen worden ist, die großen Schaden gestiftet hat".

Führerreisen

In diesen größeren Zusammenhang der Führeraus- und -weiterbildung ist wohl auch die von Seeckt durchgesetzte Ausdehnung der Führerreisen selbst auf Generäle einzuordnen:

„Im Gegensatz gegen frühere Gepflogenheiten, nach denen die taktischen und operativen Reisen des Heeres die Ausbildung der Generalstabsoffiziere im Auge hatten, habe ich es als meine Aufgabe betrachtet, den von mir geleiteten Reisen die Ausbildung der Führer selbst zugrunde zu legen. Sogar an den sogenannten großen Generalstabsreisen, die unter Leitung des Chefs des Generalstabes abgehalten wurden und sich in den größten Verhältnissen bewegten, nahmen Generale nur in ihrer Eigenschaft als Oberquartiermeister oder derzeitige Chefs in kleiner Zahl teil und wurden meist schonend und pfleglich behandelt. Dem Chef des Generalstabes stand kein Recht zu, auf die Ausbildung der Führer unmittelbar einzuwirken ... die Idee, daß ein Kommandierender General selbst noch etwas lernen könne, erschien abenteuerlich. Nach den Gründen hierfür zu suchen, ist heute überflüssig. Die Folge war, daß der Generalstab einheitlich durchgebildet war, daß aber die operativen Gedanken selbst so überragender Persönlichkeiten wie der Grafen Moltke und Schlieffen in den Kreis der eigentlichen Führer nicht in vollem Umfang eindrangen."

Stabs-Rahmenübungen

Dem gleichen Zweck dienten auch die Stabs-Rahmenübungen, bei denen lediglich die Stäbe und ihre Nachrichtenmittel eingesetzt wurden und die Führung in der Leitung großer Verbände geschult werden konnte. Mit ausschlaggebend für die Einsetzung dieser Übungen mögen auch die negativen Erfahrungen mit den mangelhaften Nachrichtenverbindungen zwischen der OHL und den Armeeoberbefehlshabern zu Beginn des Krieges gewesen sein.

f. Kritik an Seeckt

Zusammenfassend läßt sich feststellen, daß Seeckt, ausgehend von seiner Überzeugung, daß Krieg auf eine Entscheidung abziele, diese am ehesten durch die Vernichtung des Gegners erreicht werde, die wiederum durch eine offensive und bewegliche Kriegführung herbeizuführen war, zunächst auf der Grundlage des Versailler Vertrages den Aufbau eines Heeres anstrebte, das befähigt sein sollte, bei Wegfall der restriktiven Bestimmungen, beseelt von hohem Kampfgeist und über eine optimale Angriffsfähigkeit verfügend, unter Verzicht auf eine langwierige Mobilmachung gegebenenfalls sofort als ständig einsatzbereite Kerntruppe einer allgemeinen Volksbewaffnung zu weiträumigen und umfassenden, mithin entscheidungssuchenden Operationen eingesetzt werden konnte. Ohne damit den Gedanken an eine generelle Dienstpflicht aufgeben zu wollen, erforderte eine solche Konzeption in erster Linie zwar ein zahlenmäßig begrenztes, dafür aber um so moderner ausgerüstetes Heer hochqualifizierter Spezialisten, das, obwohl es sich überwiegend aus Berufssoldaten zusammensetzte, dennoch so in der Bevölkerung integriert war, daß es als das Volksheer empfunden wurde.

Insgesamt hat Generaloberst Hans v. Seeckt mit den Worten B. Liddell Harts der Reichswehr „das Evangelium der Beweglichkeit [hinterlassen], das auf der Anschauung fußte, daß eine schnell bewegliche, schnell zuschlagende Armee ausgesuchter Truppen unter modernen Verhältnissen um eine altmodische Massenarmee ihre Kreise ziehen kann, wie es ihr beliebt".

Seine Anschauungen sind natürlich nicht unumstritten geblieben. Dabei richtete sich die Kritik vor allem gegen zwei Aspekte der Seecktschen Theorie, einmal den der beweglichen Kriegführung überhaupt und zum andern der angeblichen Unvereinbarkeit von Bewegung und Massenheer, verkürzt in den Gegensatz Berufs-, Söldnerheer und Allgemeine Wehrpflicht.

Walther Reinhardt und der Stellungskrieg

Als den Wortführer der ersten Richtung kann man vielleicht General W. Reinhardt bezeichnen, der in der Erinnerung an den Stellungskrieg offenbar geneigt war, „die bewegliche Kriegführung als überholt anzusehen und in dem eingeschränkt beweglichen Verfahren, mit dem der Krieg endete, den Ausgangspunkt für alle künftigen Entwicklungen zu vermuten, [und daher] ... in seinen Schriften eine gründliche Revision der deutschen taktischen und operativen Ansichten im Licht der Kriegserfahrungen des Westens empfahl und dabei zu einer Auffassung gelangte", die der französischen nicht unähnlich war (Rosinski).

Diese ging davon aus, daß weit eher als die Bewegung die Feuerkraft das moderne Schlachtfeld beherrschen würde; die zusammengefaßte Feuerwirkung der mit Tankunterstützung und unter dem beständigen Schutz schwerer Artillerie zwar nur langsam vorgehenden französischen Infanterie sich bereits folgenschwer auf die sich erst noch zum Gefecht entwickelnden deutschen Marschkolonnen auswirken müßte, bevor diese überhaupt ihre Artillerie im ausreichenden Maße zur Unterstützung hätten heranführen können, zumal jene so gut wie keine verwundbaren Flanken bieten würden und zugleich ständig zur Verteidigung bereit seien.

War nun auch nach dem Kapp-Putsch mit der Ablösung Reinhardts als Chef der Heeresleitung durch Seeckt für den Ausgang dieser Kontroverse eine wichtige Vorentscheidung gefallen, lebte die Kritik der Verteidiger der Stellungskriegserfahrungen doch offenbar 1922 wieder auf, so daß sich Seeckt bei Übungsreisen während dieses Jahres mehrfach gezwungen sah, darauf hinzuweisen, „daß man sich von den Fesseln des Stellungskrieges freimachen müsse und mehr völlig losgelöste Operationen des Bewegungskrieges üben solle".

Das galt insbesondere gegenüber einer vielfach bei einem Angriff schematisch für notwendig erachteten Anwendung der „Feuerwalze", ein Verfahren, das er dennoch nicht für überholt erklärt wissen wollte, wie seine diesbezüglichen Äußerungen dann teilweise mißverstanden wurden.

Das Verhältnis von Angriff und Verteidigung bei Erich Marcks

Zu den kritischen Stimmen zählte auch der im Rahmen der von Seeckt allgemein geförderten geistigen Auseinandersetzungen des Offizierkorps mit militärischen Gegenwartsfragen mit einem Preis bedachte Aufsatz von E. Marcks für die 1922 vom Kriegsministerium gestellte Aufgabe zum Thema: „Moltke sagt im Jahre 1839: ‚Die Verteidigung hat alle materiellen Vorteile auf ihrer Seite, der Angriff die moralischen.' Nach drei siegreichen Kriegen faßt er im Jahre 1882 einmal sein Urteil zusammen, indem er sagt: ,Die taktische Defensive ist die stärkere Form, die strategische Offensive die wirksamere, die, welche allein zum Ziel führt.' Hat der Große Krieg diese Anschauungen bestätigt, widerlegt oder abgeändert?"

In seiner Studie „Angriff und Verteidigung im Großen Kriege" nun führte der damalige Hauptmann E. Marcks zunächst die beiden Moltke-Zitate auf die Clausewitzsche Frage nach der „stärkeren Form" der Kriegführung zurück und kam nach einer Untersuchung sowohl der zu Kriegsbeginn leitenden Anschauungen über Angriff und Verteidigung als auch der Bedeutung von Offensive und Defensive im Kriegsverlauf zu dem Ergebnis, daß zwar der Angriff endlich zum Erfolg geführt habe, aber nicht in Form einer strategischen Offensivoperation von vornherein und um jeden Preis, sondern in der Verbindung von anfänglicher taktischer und strategischer Defensive mit anschließendem Übergang zur Retouroffensive. „Die größte mögliche Vereinigung der materiellen mit der moralischen Kraft, die Defensivoperation mit schließlicher Offensive, also die Verbindung von strategischer Defensive und Offensive hat sich in diesem Kriege als die stärkere und zugleich wirksamere Form gezeigt, als die einzige, die zum Ziele geführt hat."

Endlich habe auch nicht mehr die moralische Überlegenheit des Angriffs selber die Entscheidung gebracht, vielmehr allein ihre gleichzeitige Verbindung mit den größeren materiellen Ressourcen.

Abschließend gelangte er zu der Feststellung, daß die Kriegführung nicht bestimmten Gesetzen unterworfen werden könne, sondern in Übereinstimmung mit dem Satz Moltkes von der Strategie als einem „System von Aushilfen" von der konkreten Situation und in Abhängigkeit von den politischen Zielen ausgehen müsse und danach den jeweils einzuschlagenden Weg zu bestimmen habe. „Nur der Geist, der frei mit allen Aushilfen zu schalten weiß, wird aus der heutigen Lage Deutschlands den Weg zu seinem politischen Ziel finden. Er wird wissen, daß es nach Moltke zwei gleichberechtigte Wege zum Ziel gibt, den geraden des strategischen Angriffs, den Umweg der strategischen Defensive. Und er wird einen von beiden bis zum Ziele gehen müssen, um der Kriegskunst ihren Platz im organischen Leben der deutschen Nation wieder zu verschaffen."

Die Befürworter eines „Massenheeres"

Dieser offene, fast ein wenig orakelhaft anmutende Schluß macht trotz der vorhergehenden Ablehnung bzw. Relativierung des bislang das deutsche militärische Denken dominierenden Angriffsgedankens wohl hinlänglich deutlich, daß man bei diesem Aufsatz von E. Marcks kaum von einer Wende in der deutschen Kriegsauffassung sprechen kann. Jedoch leitet er zu der zweiten Gruppe der Kritiker der Seecktschen Auffassungen über, die sich vor allem gegen die von ihm konstatierte Unvereinbarkeit zwischen einem auf einer allgemeinen Wehrpflicht beruhenden Massenheer und einer beweglichen Kriegführung wandten.

Bei den Argumenten dieser Richtung spielten aus dem Wunsch nach Revision des Versailler Vertrages allgemein und speziell aus dem Kampf für die militärische Gleichberechtigung und Wehrhoheit Deutschlands herrührende ideologische Momente eine nicht unwichtige Rolle, etwa die Polarisierung der Diskussion in die Schlagworte „Söldner"- versus „Volksheer"; Gegensätze also, die Seeckt gerade durch seine Konzeption des „Führerheeres" miteinander hatte aussöhnen und zu einer neuen Einheit verschmelzen wollen.

Zum andern wurde teilweise verkannt, daß Seeckt das 100000 Mann-Heer der Reichswehr wohl zu einem „Musterheer" ohne Rücksicht auf die Mobilmachung entwickeln wollte, es sich aber bei dieser Größenordnung weder um die von ihm als erstrebenswert erachtete gehandelt hatte, noch er beabsichtigte, es bei einer solchen Operationsarmee allein bewendet sein zu lassen. Vielmehr zielte seine Konzeption ja gerade darauf ab, durch diese entweder die bei einer überraschenden Kriegseröffnung sich unter Umständen für eine bewegliche Kriegführung bietenden militärischen Möglichkeiten tunlichst sofort entscheidend auszunutzen oder aber unter ihrem Schutz die allgemeine Mobilisierung des Staates und der Bevölkerung zu vollziehen. Das heißt, die Reichswehr Seecktscher Prägung bot von vorherein zwei unterschiedliche, jedoch durchaus miteinander vereinbare Entwicklungsmöglichkeiten an: einmal das auf einer allgemeinen Dienst-, nicht Wehrdienstpflicht aufbauende Berufsheer von hochqualifizierten Spezialisten, das als Operationsarmee zwar zahlenmäßig begrenzt, aber sehr beweglich und mit den modernsten Waffen ausgerüstet, den ohne Mobilmachung ständig einsatzbereiten eigentlichen Kern, die Schlagkraft der Wehrmacht, verkörperte, und zum andern die Verwendung als weniger stark differenzierter Stammkader für eine generelle Heeresvergrößerung auf der Grundlage der allgemeinen Wehrpflicht.

Seeckt in der Beurteilung durch die Wehrmachtakademie 1935

In gewisser Weise als typisch für die von dieser Position her gemachten Einwände können die Ausführungen von dem Oberstleutnant i. G. Gerhard Matzky bei seinem Vortrag Ende November 1935 vor der Wehrmachtsakademie „Kritische Untersuchung der Lehren von Douhet, Fuller, Hart und Seeckt" gelten:

Die Theorie Seeckts sei aus folgenden Gründen als Kriegslehre für einen deutschen Zukunftskrieg abzulehnen:

„1. Die Wehrmacht, also vor allem ihr zahlenmäßig stärkster Faktor, das Heer, ist der Repräsentant des ganzen Volkes. Es entspricht aber nicht der Würde eines ehrliebenden und wehrbereiten Volkes, wenn es vor dem Feind, also angesichts des Todes, nach anderen Gesichtspunkten klassifiziert werden soll als denen, die sich aus physischer Leistungsfähigkeit und kriegstechnischen oder kriegswirtschaftlichen Notwendigkeiten ergeben.

Das Prinzip der sogenannten Sturmbataillone und der Mob.-divisionen war im Kriege genau so ein Notbehelf im Kleinen, wie es das Seecktsche Berufsheer m. E. im Großen ist. Denn ich wage zu behaupten, daß auch die Seecktsche Stoßarmee gedanklich als solcher Notbehelf entstanden ist in einer Zeit, die eine baldige innere Einigung und Umgestaltung des deutschen Volkes ebensowenig erhoffen ließ wie eine rasche Erringung der Wehrfreiheit und damit der Möglichkeit, die ganze wehrfähige Mannschaft Deutschlands zu bewaffnen.

2. Ich halte einen wesentlichen Ausgangspunkt der Lehre für unrichtig: Der angebliche Sieg des Materials im Weltkrieg ist nicht eine Folge der Massenheere an sich. Es ist vielmehr so, daß der Mangel an richtigen kriegstheoretischen Anschauungen verhindert hat, die Massenheere von 1914 von vorherein so auszurüsten und taktisch zu schulen, daß sie trotz der erkannten Steigerung der Abwehrkraft moderner Waffen beweglich und angriffsfähig

geblieben wären, und zwar bei erträglichen Verlustziffern auf seiten des Angreifers. Also nicht die Masse ist schuld, sondern das geistige Unvermögen, sie zu formen und zu führen. Mit dieser Erkenntnis entfällt die angebliche Notwendigkeit des sogenannten ‚kleinen' Heeres.

3. Auch das bestmögliche kleine Berufsheer, selbst, wenn es mit allen neuzeitlichen Kampf- und Transportmitteln ausgerüstet ist, bietet nicht die Gewähr, die Entscheidung gegen ein großes neuzeitliches Wehrpflichtheer so rasch erringen zu können, daß es durch seine Offensive zugleich auch die übrigen Grenzabschnitte seines Landes gegen feindliche Invasion schützen könnte.

Die Gefahr besteht, daß es sich schon vor der endgültigen Kriegsentscheidung derart verbraucht hat, daß es Ersatz benötigt. Dieser Ersatz ist aber nicht vorhanden, jedenfalls kein gleichwertiger Ersatz. Auch das Berufsheer wird also zu einer verwässerten Masse und zwar zu einer kleinen ‚Masse', die zur Durchführung schneller, entscheidender Angriffsunternehmungen nicht mehr fähig ist.

Es ist vollends eine Utopie, zu glauben, daß z. B. in einem Kriege gegen die 80 bis 90 nach 14 Tagen marschbereiten französischen Divisionen ein deutsches 200 000-Mann-Heer Aussicht auf kriegsentscheidende Angriffserfolge hätte, ja daß es auch nur in der Lage wäre, die deutsche Grenze solange zu schützen, bis das große Volksheer zweiter Welle aufgestellt und vor allem ausgerüstet werden könnte."

Demgegenüber trat Matzky für ein möglichst großes Heer ein, das neben allen andern neuzeitlichen Waffen insbesondere über eine angriffsfähige Infanterie verfügen sollte, da zum mindestens die Kampfverbände an der Front im Kriege leider von selbst kleiner werden würden.

Diese Richtung, die in der bestehenden Reichswehr eher nur den Grundstock für eine allgemeine Heeresvergrößerung erblickte, setzte sich nach der Entlassung Seeckts immer mehr durch. Ausschlaggebend dürfte dabei das weitverbreitete Gefühl der Wehrlosigkeit gewesen sein, das sich auf die Tatsache gründete, daß die Reichswehr in ihrem damaligen Umfang und aufgrund ihrer materiellen Ausstattung nicht in der Lage war, beispielsweise selbst für den politisch wenig wahrscheinlichen Fall einer auf Deutschland und Polen allein beschränkt bleibenden militärischen Auseinandersetzung die Ostgrenzen hinlänglich zu schützen, geschweige denn bei einem Mehrfrontenkrieg das Reich überhaupt mit Aussicht auf einigem Erfolg verteidigen zu wollen. So sah sich noch 1933 General Adam als Chef des Truppenamtes gezwungen, warnend darauf hinzuweisen, daß Deutschland, selbst um den Preis diplomatischer Niederlagen, alles daransetzen müsse, einen Krieg zu vermeiden, weil es auch bei einem gegnerischen Angriff auf das eigene Territorium ihn nicht erfolgreich führen könne.

Aus militärischer Sicht fand man sich mithin in dem Dilemma gefangen, einerseits zwar wegen der eigenen militärischen Schwäche die Notwendigkeit zu einem behutsamen Taktieren auf dem Gebiet der Außenpolitik nicht verkennen zu können, die militärpolitische Konsequenz daraus aber andererseits nur bedingt mitzuvollziehen mochte, statt dessen vielmehr aus Sicherheitsinteressen heraus und aus Gründen der militärischen Selbstachtung dazu verpflichtet zu sein glaubte, auf eine Revision zumindest der die Stärke und den Umfang der Reichswehr betreffenden Artikel des Versailler Friedensvertrages drängen zu müssen. Das heißt, bedingt durch die Orientierung des militärischen Denkens am „ungünstigsten Fall" (worst-case) hielt man es für erforderlich, die jeweiligen Rüstungsmaßnahmen nicht nur an einem der militärisch denkbaren Fälle auszurichten, sondern von vornherein wenigstens im Prinzip auch eine allgemeinere Zielsetzung zu verfolgen; eine immanente Tendenz zur Ausweitung also, die erst in den veränderlichen und veränderbaren, mehr als Störgrößen empfundenen außen-, innen- und finanzpolitischen Rahmenbedingungen ihre jeweils neu zu bestimmende Grenze fand.

Unter diesem Aspekt des grundsätzlich gegebenen Dualismus zwischen militärfachlichen und militärisch-politischen Erwägungen läßt sich die Phase zwischen 1926 und 1939, in der das deutsche Heer um das Siebenfache seines ursprünglichen Umfanges erweitert wurde, durchaus „als eine Einheit von Planung, Realisierung und stufenweiser Weiterführung" betrachten.

2. Ludwig Beck

Am 1. Oktober 1933 wurde Generalleutnant Ludwig Beck zum Chef des Truppenamtes ernannt. Hatte er schon 1930 beim Ulmer „Reichswehrprozeß" die Auffassung vertreten, daß die Reichswehr „selbstverständlich die Kerntruppe einer neuen Armee sein" müsse, identifizierte er sich nun am 14. Dezember 1933 mit der in seinem Amt von der Organisationsabteilung unter der Leitung des Oberstleutnants v. Sodenstern erstellten „Denkschrift über den Ausbau des künftigen Friedensheeres".

a. Die Durchsetzung der Heeresvergrößerung und des „Verteidigungsheeres"

Danach verlangte die damalige militärpolitische Lage eine „rasche Beseitigung des Zustandes völliger Wehrlosigkeit. Der Angriff muß für unsere Nachbarn zum Risiko werden. Es ist unverkennbar, daß somit für die nächsten Jahre – neben der Vermehrung der Friedensstämme – die Bereitstellung ausgebildeter Mannschaften für das Kriegsheer im Vordergrunde steht. Es kommt daher darauf an, das neue Friedensheer möglichst rasch, aber doch noch auf gesunder Grundlage aufzubauen und dabei jede Möglichkeit zur Bildung personeller Reserven zu nützen. Der Herr Minister hat den Aufbau eines 21-Divisionen-Heeres mit den dafür notwendigen Korpstruppen pp. auf der allgemeinen Grundlage der bisherigen Wehrgaue genehmigt und angeordnet, daß dieses Ziel in 4 Jahren anzustreben ist".

Ziel war es dabei, daß das aus diesem Friedensheer mobilmachungsmäßig „zu entwickelnde Kriegsheer einen Verteidigungskrieg nach mehreren Fronten mit einiger Aussicht auf Erfolg aufnehmen kann. Weiterzielende Forderungen lassen sich zunächst weder organisatorisch noch rüstungsmäßig verwirklichen. Als geringst zulässige Stärke des Kriegsheeres sind in Anbetracht der zu verteidigenden Grenzen 33 Felddivisionen und 30 Divisionen des Besatzungsheeres (Landwehr-Divisionen) anzusehen ... Als Grundlage für die Aufstellung des Kriegsheeres ist ein 21 Divisionen-300 000 Mann-Friedensheer mit einjähriger aktiver Dienstpflicht für die Masse der Soldaten in Aussicht genommen".

Auch wenn sich die Denkschrift mehr auf die personelle Seite der Heeresentwicklung beschränkte, kann man doch aus den beigefügten Anlagen gewisse Rückschlüsse auf die vorgesehene Heeresstruktur gewinnen, d. h., das Friedensheer sollte sich im einzelnen zusammensetzen aus:

21 Infanterie-Divisionen, 8 Korps-Kommandos mit Korpstruppen, 3 Reiter-Divisionen und 1 selbständigen Reiter-Brigade, 1 Kavallerie-Korps-Kommandos mit Korpstruppen, 1 Panzerverband, 1 leichten Division (mot) und Schulen sowie sonstigen Heereseinrichtungen.

Der Friedensbedarf an Korps-, Armee- und Heerestruppen erstreckte sich unter anderem auch auf 6 Kampfwagen-Bataillone zu je 3 leichten und 1 mittleren Kompanie und 7 schweren Artillerie-Abteilungen (mot), darunter je 1 für die leichte Division, den Panzerverband und das Kavallerie-Korps.

Obwohl diese Denkschrift nicht von Beck persönlich abgefaßt worden ist, beinhaltet sie doch schon wohl ein Schlüsseldokument für sein gesamtes Wirken, und zwar in mehrfacher Hinsicht.

b. Die Vorschrift „Truppenführung" von 1933

Zunächst einmal wird man in einer groben Annäherung davon ausgehen dürfen, daß ein zumindest in den Grundzügen so ähnlich konzipiertes Heer ihm bereits 1930/31 vorgeschwebt haben dürfte, als er zusammen mit dem Oberstleutnant Karl-Heinrich v. Stülpnagel die neue Dienstvorschrift „Truppenführung" (T. F.) federführend erstellte, die dann am 17. Oktober 1933 als H. Dv. 300/1 in Kraft gesetzt wurde.

In noch schärferer Pointierung als bei der F. u. G. hieß es darin in dem vom Chef der Heeresleitung, General Freiherr v. Hammerstein-Equord, unterzeichneten Eingangs-Erlaß:

„Die Vorschrift ‚Truppenführung' enthält die Grundsätze für die Führung, den Felddienst und das Gefecht verbundener Waffen im Bewegungskriege. Die Vorschrift nimmt Stärke, Bewaffnung und Ausrüstung einer in ihrer Rüstung nicht beschränkten Wehrmacht an", d. h. sie setzte den Bewegungskrieg in den Mittelpunkt ihrer Betrachtung und ließ die Verhältnisse im Stellungskrieg außer acht. Sie wurden erst Mitte 1938 wieder in einer gesonderten Vorschrift behandelt.

Begriff der „Kriegführung"

Die T. F. nun ging von der Kriegführung als einer Kunst, als einer auf wissenschaftlicher Grundlage beruhenden freien, schöpferischen Tätigkeit aus. Da das kriegerische Handeln einer steten Fortentwicklung unterlag, und ihm nicht nur neue Kriegsmittel immer wieder andere Formen aufzwangen, sondern überhaupt die Lagen im Kriege von einer unbegrenzten Mannigfaltigkeit waren – nicht zuletzt, weil man dabei auf den unabhängigen Willen des Feindes traf –, deshalb konnten sich auch „die Lehren der Kriegführung ... nicht in Vorschriften erschöpfend zusammenfassen [lassen]. Die Grundsätze, welche diese geben, müssen den Umständen entsprechend zur Anwendung gelangen. Einfaches Handeln, folgerecht durchgeführt, wird am sichersten zum Ziele führen".

Entsprechend wurde die Notwendigkeit zur Verantwortungsfreudigkeit und Selbständigkeit betont. „Der Wert des Mannes bleibt trotz der Technik entscheidend; seine Bedeutung ist durch das zerstreute Kämpfen gewachsen. Die Leere des Schlachtfeldes verlangt selbständig denkende und handelnde Kämpfer, die jede Lage überlegt, entschlossen und kühn ausnutzen, von der Überzeugung durchdrungen, daß es zum Gelingen auf jeden ankommt."

Beim Feldheer, bestehend aus Armeen, den Verbänden der Heereskavallerie und der Luftwaffe sowie aus Heerestruppen, konnten mehrere Armeen zu Heeresgruppen zusammengefaßt werden, wobei sich die Armeen wiederum in Divisionen unterteilen ließen, die in der Regel zu Armeekorps unter Korpskommandos mit Korpstruppen zusammengeschlossen waren. Die Infanterie- und Kavalleriedivisionen bildeten die kleinsten Heereskörper, die durch ihre organische Zusammensetzung zu operativer Selbständigkeit befähigt waren. Sie verfügten über die Mittel zur selbständigen Durchführung von Gefechtsaufgaben und zur eigenen Versorgung.

„Wägen und Wagen"

Unter dem vorangestellten Moltke-Wort: „Große Erfolge setzen kühnes Wagen voraus. Das Wägen muß dem Wagen vorausgehen", wurde in dem Kapitel über die „Führung" besonderer Wert auf die richtige Ausnutzung von Raum und Zeit, auf das rasche Erkennen günstiger Lagen und ihre entschlossene Auswertung gelegt, galt die Überraschung des Gegners als ein ausschlaggebendes Mittel zum Erringen des Erfolges.

Diese unmittelbare Verknüpfung von „Wägen" mit „Wagen" mag auf den ersten Blick überraschen. Was Beck damit auszudrücken beabsichtigt hatte, führte er 1935 in seiner Rede anläßlich des 125jährigen Bestehens der Kriegsakademie breiter aus. Darin bezeichnete er unter anderem die Erziehung des Führernachwuchses zu klarem, logischem Denken und entschiedenem Handeln als die höchste und wichtigste Aufgabe der Kriegsakademie:

„Der früher mit Recht gepriesene coup d'œil, das sogenannte ‚blitzartige Erfassen des Augenblicks', kann sicher in manchen Lagen der Landkriegführung auch in Zukunft noch von hoher Bedeutung sein, es ist aber allgemein, zum mindesten in höheren Führergraden, von geringerem Wert wie die aus klarer, scharfsinniger, alle Möglichkeiten erschöpfender Gedankenarbeit gereifte Erkenntnis der Erfordernisse der Lage. Solche geistige Selbstdisziplin ist nicht angekränkelt von des ‚Gedankens Blässe', sie gibt vielmehr der angeborenen Farbe der Entschließung' erst den nötigen Unterton. Nur so entstehen aus Gründen der Vernunft große, kühne, heroische Entschlüsse, nur so wird auch das Unterliegen geadelt durch den ‚Stolz eines glorreichen Untergangs'. Auch steht die Systematik des Denkens durchaus nicht im Gegensatz zu geistiger Beweglichkeit. Denn auch die Biegsamkeit im Entschluß zur Ausnützung von Umständen, die von vornherein nicht beeinflußbar oder nicht sicher vorauszusehen waren, die Anpassungsfähigkeit an eine veränderte Lage, die Geistesgegenwart gegenüber dem Zufall, die Unempfindlichkeit gegen den Rückschlag haben, sofern ihnen Erfolg beschieden sein soll, vorausschauende und vorbereitende Gedankenarbeit zur Voraussetzung." Mithin bedeutete gründliches vorheriges Wägen für L. Beck geradezu die Voraussetzung für erfolgreiches kühnes Wagen.

Angriff und Abwehr

Während der „Angriff" weiterhin als ein dem Gegner Entgegengehen verstanden wurde, „um ihn niederzuwerfen; er schreibt ihm das Gesetz des Handelns vor. Die Überlegenheit von Führer und Truppe kommt im Angriff am besten zur Geltung; nicht immer ist die Überlegenheit an Zahl Vorbedingung für den Erfolg", setzte man ihm nunmehr als gleichwertigen Gegenbegriff die „Abwehr" gegenüber, die den Gegner abwartet und ihm das Gelände für den Kampf vorzuschreiben sucht. „Man wehrt ab, wenn die eigene Unterlegenheit keine andere Wahl läßt, oder wenn es aus anderen Gründen vorteilhaft erscheint."

Gerade die letztere Begründung, die die Abwehr durchaus als etwas Selbständiges gelten läßt, das eigenen Wert besitzen kann; sie also aus der bislang vorherrschenden funktionalen Unterordnung unter den Angriffsgedanken herauslöst, macht deutlich, daß sich mit dieser Vorschrift doch ein größerer Wandel gegenüber der bisherigen deutschen Kriegsführungsdoktrin anzubahnen begann und neben den Weltkriegserfahrungen wohl nicht zuletzt seine Ursache in der eindeutigen Unterlegenheit der damaligen Reichswehr hatte. Mit anderen Worten: sie wurde stärker auf eine an der Abwehr orientierten Kriegführung ausgerichtet.

Verteidigung und Hinhaltender Widerstand

Die Abwehr sollte entweder als Verteidigung oder als hinhaltender Widerstand geführt werden. „Die Verteidigung will den Angriff des Gegners zum Scheitern bringen. Hierzu wird der Angriff in einem bestimmten Gelände angenommen, das bis zum letzten gehalten wird. Die Führung kann die Verteidigung zeitlich beschränken. Ein entscheidender Sieg wird nur durch angriffsweise Beendigung der Verteidigung erreicht.

Der Hinhaltende Widerstand will den Gegner unter für ihn möglichst hohen Verlusten aufhalten, ohne daß sich der Widerstand Leistende einem ernsten Kampfe aussetzt. Hierzu muß dem Angriff des Gegners zur rechten Zeit ausgewichen und Gelände preisgegeben werden."

Davon war wiederum im Prinzip die Hinhaltende Gefechtsführung zu unterscheiden, die eine Entscheidung zu vermeiden, statt dessen entweder Zeit zu gewinnen oder den Gegner zu beschäftigen bzw. ihn zu täuschen suchte.

Da bei einer zu großen Breitenausdehnung die Gefahr bestand, durchstoßen, bei zu geringer Breite dagegen, zumal bei fehlender Tiefe, umfaßt oder umgangen zu werden, wurde insbesondere in noch ungeklärten Lagen empfohlen, eine entsprechende Tiefengliederung zu wählen. „Große Tiefe sichert dem Führer in ungeklärter Lage Freiheit des Handelns, einem schnelleren oder beweglicheren Gegner gegenüber wird sie anfänglich immer am Platze sein. Die Durchführung eines Gefechts bedarf an der entscheidenden Stelle meist tiefer Gliederung."

Zusammenwirken der Waffen beim Angriff

Beim Angriff, der in der Diktion der Vorschrift durch Bewegung, Feuer, Stoß und durch die Richtung, in der er geführt wurde, wirken sollte, wurde zwischen den schon bekannten Formen des frontalen, umfassenden, des Flanken- und des Durchbruchsangriffs unterschieden und bei letzterem darauf hingewiesen, daß ein gelungener Durchbruch operativ zuerst durch Heereskavallerie und motorisierte Verbände, unterstützt durch Angriffe der Jagd- und Bombenflieger, ausgenutzt werden konnte.

Ziel aller bei einem Angriff zusammenwirkenden Waffen sollte es nun sein, „die Infanterie zur letzten Entscheidung in ausreichender Feuer- und Stoßkraft an den Feind zu bringen, ihr zu ermöglichen, ihn tief zu durchstoßen und seine Widerstandskraft endgültig zu brechen. Dieses Ziel ist erst erreicht, wenn die feindliche Artillerie genommen oder zum Abfahren gezwungen ist". In dieser Sicht blieb also die Infanterie weiterhin die entscheidende, die Hauptwaffe.

Um aber die verschiedenen Waffen zu einem sinnvollen Zusammenwirken bringen zu können, war es vorab notwendig, ihre Wirkungsmöglichkeiten und Leistungsgrenzen zu kennen. In diesem Zusammenhang erfuhren dann auch die Kampfwagen, die Panzer, besondere Beachtung:

„Kampfwagen und Infanterie, die zusammenarbeiten, sollen im allgemeinen dasselbe Angriffsziel haben, nach Möglichkeit die feindliche Artillerie. In der Regel werden die Kampfwagen dort eingesetzt, wo die Entscheidung im Angriff gesucht wird.

Der Angriff der Kampfwagen erfolgt entweder in der gleichen Richtung wie derjenige der Infanterie oder aus einer anderen Richtung. Ausschlaggebend ist das Gelände. Enges Binden an die Infanterie beraubt die Kampfwagen des Vorteils ihrer Schnelligkeit und läßt sie unter Umständen ein Opfer der feindlichen Abwehr werden. Sie sind jedoch so anzusetzen, daß ihr Vorgehen die den Angriff der Infanterie hemmenden feindlichen Waffen, vor allem die feindliche Artillerie, ausgeschaltet oder daß sie zusammen mit der Infanterie in den Feind einbrechen. In letzterem Fall ist es geboten, sie dem Führer der Infanterie, in dessen Bereich sie angreifen, zu unterstellen.

Gelegentlich kann der Angriff der Kampfwagen die in der letzten Zeitspanne des Infanterieangriffs schwieriger werdende Artillerieunterstützung ergänzen, oder er kann den Stellungswechsel der Artillerie überbrücken, wenn sie zur weiteren Unterstützung des Angriffs vorgehen muß."

Bei einem Panzerangriff fiel dem Truppenführer, verstanden als „jeder dauernd oder zeitweilig selbständig eine Abteilung verschiedener Waffen (gemischter Verband) befehligende Führer", die Aufgabe zu, die Gefechtstätigkeit der Panzer und die Mitwirkung der übrigen Waffen miteinander in Einklang zu bringen, d. h., das Gefecht der letzteren hatte sich im Angriffsbereich der Panzer nach diesen zu richten.

Diese Forderung bedeutete nichts weniger als eine Umkehrung der im Ersten Weltkrieg zunächst aufgestellten, dann aber noch weiter geltenden Rangfolge für das Zusammenwirken zwischen Kampfwagen und Infanterie, d. h., erstere wurden aus ihrer direkten taktischen Abhängigkeit von der Infanterie gelöst und für das Gefechtsfeld gleichsam zur tonangebenden Waffe.

Im einzelnen hieß das: Die „Infanterie muß die Wirkung der angreifenden Kampfwagen zum schnellen Vorgehen ausnutzen. Teile ihrer schweren Waffen halten die feindlichen Kampfwagenabwehrwaffen nieder. Lebt der feindliche Widerstand wieder auf und bringt er das rasche Folgen der Infanterie ins Stocken, so muß er mit allen Mitteln so schnell wie möglich, oft durch Eingreifen rückwärtiger Staffeln der Kampfwagen, gebrochen werden.

Artillerie überwacht den Kampfwagenangriff. Sie nimmt die feindlichen Abwehrwaffen unter Feuer ... Gepanzerte Artillerie auf Selbstfahrlafette und motorisierte Kampfwagenabwehrgeschütze können den Kampfwagenangriff begleiten ... Motorisierte Pioniere können den Kampfwagenverbänden zugeteilt werden ... Jagdflieger unterstützen die Kampfwagen durch Angriffe auf feindliche Abwehrwaffen, Artillerie und Reserven ... Unerläßlich ist die Verbindung zwischen Kampfwagen und den an ihrem Angriff beteiligten Waffen, vor allem der Artillerie, durch vereinbarte Zeichen oder durch Nachrichtenmittel".

Infanterieangriff

Der Infanterieangriff hingegen sollte sich in sorgfältiger Regelung von Feuer und Bewegung vollziehen. „Bis zum entscheidenden Einbruch kommt es immer wieder darauf an, vorübergehend und örtlich Feuerüberlegenheit zu haben und diese zum schnellen Vorwärtskommen auszunutzen ... Die Artillerie unterstützt den Infanterieangriff hauptsächlich durch das Bekämpfen der feindlichen Artillerie und Infanterie."

Hatte sich nun die Infanterie bis auf Einbruchsentfernung an den Feind herangearbeitet, galt es, das Feuer auf den Einbruchsstellen zu steigern und entsprechend dem Vordringen der Infanterie weiter vorzuverlegen.

Abwehr, Verteidigung und Hinhaltender Widerstand

Im Gegensatz zum Angriff wirkte die Abwehr vorwiegend durch Feuer.

Als „Stellung" wurde jetzt das Gelände allgemein, in welchem sich eine Truppe verteidigte, und als „Hauptkampffeld" deren wichtigster Teil bezeichnet. Er war bis zum letzten zu halten:

„Die Verteidigung des Hauptkampffeldes verlangt tiefe Gliederung aller Kräfte. Diese zersplittert das feindliche Feuer, ermöglicht, das eigene Feuer von rückwärts zu verdichten, erlaubt örtliches Ausweichen vor überlegenem Feuer und gestattet die Verteidigung fortzusetzen, auch wenn der Angreifer in das Hauptkampffeld eingedrungen ist. Sie findet anderseits ihre Grenze in der Forderung, daß die Masse der schweren und möglichst viele leichte Waffen der Infanterie vor das Hauptkampffeld wirken müssen."

Beim Hinhaltenden Widerstand, durch den überlegene gegnerische Kräfte gebunden und abgenutzt werden sollten, war dagegen die Abwehr aus einer Widerstandslinie zu leisten und konnte je nach den Umständen aus weiteren Widerstandslinien fortgesetzt werden, auf die gegebenenfalls entweder unter Fortsetzung des Widerstandes oder auch kampflos ausgewichen wurde. Allgemeines Ziel hatte es dabei zu sein, den Feind früh und mit starken Teilen jeweils zu zeitraubenden und verlustreichen Angriffsvorbereitungen zu zwingen, sich aber seinem entscheidenden Angriff immer wieder rechtzeitig zu entziehen.

Deshalb kann man diese Kampfform durchaus als die für einen militärisch Unterlegenen angemessene bezeichnen. Insofern entsprach ihre starke Übung in der Reichswehr auch den damaligen Verhältnissen. Mit der Zeit aber stieß sie auf wachsende Kritik, wurde teilweise als „organisierte Flucht" bezeichnet und entsprechend bekämpft. Schließlich sprach sich General F. Halder als Generalstabschef im Zweiten Weltkrieg für die Aufgabe des Hinhaltenden Widerstandes aus, weil unter anderem „im Polenfeldzug darunter die Härte in der Abwehr gelitten hatte".

„Kleiner Krieg"

Endllich wandte sich die Vorschrift „Truppenführung" dem „kleinen Krieg" und seinen Problemen zu. „Der kleine Krieg ist ein Mittel, die eigene Kriegführung durch kleine kriegerische Nebenhandlungen zu unterstützen, die des Feindes zu erschweren. Im allgemeinen hat er nur Bedeutung in Verbindung mit anderen Kriegshandlungen. Eine feindlich gesonnene, kriegerische Bevölkerung kann ihn unmöglich machen. Wo die Möglichkeit des kleinen Krieges gegeben ist, hängt seine Anwendung davon ab, ob die Kräfte und Mittel den Einsatz lohnen."

Als typische Aufgaben des kleinen Krieges wurden dabei die Beunruhigung des Gegners, seine Schädigung, Täuschung und Erschwerung der rückwärtigen Verbindungen einschließlich der Störung der Versorgung sowie allgemein die Fesselung von feindlichen Kräften angesehen.

Heereskavallerie, Leichte Divisionen, Kampfwagen

War schon die F. u. G. durch einen zweiten Teil ergänzt worden, der sich hauptsächlich mit den Waffen beschäftigt hatte, die der Reichswehr durch die Bestimmungen des Versailler Vertrages zu besitzen verwehrt waren, so wurde auch diesmal wieder am 18. Oktober 1934 ein Ergänzungsteil herausgegeben, der sich unter anderem mit den gepanzerten Kampffahrzeugen, den Luftstreitkräften und den chemischen Kampfmitteln befaßte. Bedenkt man dabei die Auseinandersetzungen, zu denen die Behandlung entsprechender Taktiken bereits bei der F. u. G. geführt hatte, dann ist man in Verbindung mit der salvatorischen Klausel im Eingangserlaß der T.F., nach der bei dem Gebrauch dieser Vorschrift die Einschränkungen zu berücksichtigen waren, „die durch die Friedensverhältnisse, gesetzliche Vorschriften und internationale Verträge bedingt sind", geneigt anzunehmen, daß es sich hierbei um eine absichtliche Zweiteilung handelte, d. h., um eine Trennung, die auf der einen Seite mehr die die Reichswehr unmittelbar betreffenden taktischen Fragen aufgriff und erst auf der andern eher auf die einer in ihrer Rüstung nicht eingeschränkten Wehrmacht einging. Demnach würde die Darstellung der Heereskavallerie im ersten Teil darauf zurückzuführen sein, daß ihre Bildung noch im Bereich der organisatorischen Möglichkeiten der Reichswehr lag; die motorisierte leichte Division z. B. dagegen in den zweiten Teil aufgenommen werden mußte, weil sie schon nicht mehr den Bestimmungen des Versailler Vertrages entsprochen hätte, mithin dem Feld vorwiegend theoretischer Auseinandersetzung mit Problemen moderner Kriegführung zuzuordnen war.

Unabhängig davon wird man aber davon ausgehen dürfen, daß beide Teile im Prinzip als eine Einheit aufzufassen und entsprechend zu behandeln sind.

Die Vorstellungen der T.F. bezüglich des Einsatzes der Heereskavallerie, zusammengesetzt aus Reiterverbänden und bespannten bzw. motorisierten Truppen, entsprachen weitgehend denen, die Seeckt hinsichtlich einer neuzeitlichen Kavallerie skizziert hatte. Danach wurde sie wegen ihrer Schnelligkeit, Beweglichkeit und hohen Feuerkraft für vielseitige Aufgaben als geeignet und gegenüber einem stärkeren, jedoch langsameren Gegner gelegentlich als überlegen angesehen. Im Vordergrund standen weitausholende Operationen in die Flanke oder den Rücken des Gegners. Deshalb galt auch, daß weitentsandte Heereskavallerie selten von rückwärts geführt werden konnte.

Die Kampfwagen nun, verstanden vorwiegend als Angriffswaffe, sollten in der Regel im Höhepunkt der Schlacht an der entscheidenden Stelle konzentriert eingesetzt werden. Dabei wurde ihr überraschendes Auftreten als wesentliche Voraussetzung für einen Erfolg bezeichnet.

Selbstverständlich beruhten die Grundzüge der Vorschrift „Truppenführung" nicht allein auf eigenständiger Gedankenarbeit Ludwig Becks, sondern griffen auch Zuarbeit aus den verschiedenen Waffeninspektionen der Reichswehr auf. Dennoch können sie, zumal mangels anderer Selbstzeugnisse, wohl weitgehend mit seinen eigenen Auffassungen gleichgesetzt werden, da er sich nicht erkennbar weigerte, die Verantwortung dafür zu übernehmen.

Mithin wird man bezüglich seiner Grundanschauungen zur Kriegführung zusammenfassend davon ausgehen dürfen, daß für ihn aufgrund der besonderen Situation der Reichswehr bei einem Bewegungskrieg die Abwehr neben der schon traditionellen Betonung des Angriffsgedankens deutlich an Gewicht gewonnen hatte. Sie galt jetzt unter Umständen sogar als Wert für sich.

Dabei bildete die Infanterie die Waffe, die im Mittelpunkt des besonderen Interesses stand. Ihr den entscheidenden Angriff zu ermöglichen und zu erleichtern, wurde als die eigentliche Aufgabe der anderen Waffengattungen angesehen. Dennoch ist eine beginnende Tendenz zu einer Umwertung unverkennbar. Einmal erfuhren naturgemäß unter dem Aspekt des Bewegungskrieges die für eine bewegliche Kriegführung prädestinierten Truppenteile, wie Heereskavallerie oder motorisierte Truppenverbände, sei es als leichte Divisionen bzw. gar als Panzerverbände, eine spürbare Aufwertung. Ihnen wurde gerade wegen ihrer Schnelligkeit und Beweglichkeit, gepaart mit einer entsprechenden Kampfkraft, eine mögliche operative Bedeutung zuerkannt.

Zum andern lösten sich die bis zu Regimentsstärke gedachten Panzerabteilungen beim taktischen Zusammenwirken auf dem Gefechtsfeld aus ihrer früher gegebenen engen Bindung an die Infanterie. Sie sollten nunmehr umgekehrt in ihrem Angriffsbereich die Gefechtstätigkeit der übrigen Waffen bestimmen, entwickelten sich somit hin zu einer mehr und mehr selbständigen, ja zu einer bei bestimmten Gefechtsaufgaben tonangebenden Waffe.

Insofern bildete die Infanterie, die allein schon wegen ihrer Quantität den Hauptbestandteil des Heeres ausmachte, in diesem Sinne zwar weiterhin die Hauptwaffe, büßte aber ihren ehemals letztlich entscheidenden Einfluß, den sie im Ersten Weltkrieg bereits mit der Artillerie hatte teilen müssen, weiter ein, mußte ihn teilweise sogar schon an die neu aufkommende Panzerwaffe abgeben.

Damit hatte sich die Vorschrift „Truppenführung“ in der Frage Heereskavallerie oder Heeresmotorisierung bzw. -mechanisierung, bei der Auseinandersetzung um die künftige Verwendung der Panzer entweder als unselbständige schwere Hilfswaffe der Infanterie oder als Hauptwaffe in einem selbständigen gemischten Verband aller Waffen keineswegs auf eine bestimmte Richtung festgelegt, vielmehr gab sie eher die Momentaufnahme eines im Fluß befindlichen Klärungsprozesses wieder, bei dem die relevanten Stellungsnahmen nicht mehr in eindeutige Befürworter oder Gegner einer bestimmten Entwicklung geschieden werden konnten, wohl aber durch unterschiedliche Ausgangspositionen gekennzeichnet waren, die jedoch Übereinstimmungen in der Sache inzwischen durchaus zuließen. Schon allein deshalb wird man das nachträgliche Urteil H. Guderians über Ludwig Beck, in dem er ihm ein Verständnis für die moderne Technik absprach und ihn gleichsam als den Hort der Reaktion im Generalstab bezeichnete, die sich auch gegen die Panzerwaffe richtete, relativieren müssen.

Um Becks Einstellung zu diesem Komplex angemessener zu würdigen, muß man statt dessen noch einmal auf die bereits erwähnte, in gewisser Weise als ein Schlüsseldokument bezeichnete Denkschrift des Truppenamtes vom 14. Dezember 1933 über den Aufbau des künftigen Friedensheeres zurückgreifen (s. o. S. 555).

Für sie war charakteristisch gewesen, daß man damals die militärische Situation Deutschlands als einen Zustand völliger Wehrlosigkeit empfunden hatte, dessen rasche Beseitigung die militärpolitische Lage dringend verlangen würde. Ein etwaiger Angriff auf das Reich sollte für den oder die Gegner zu einem Risiko werden und deshalb die Reichswehr eine solche personelle und materielle Stärke erhalten, daß das daraus gegebenenfalls zu entwikkelnde Kriegsheer selbst bei einem Mehrfrontenkrieg sich mit einiger Aussicht auf Erfolg zu verteidigen vermochte.

Bei den im Anschluß an die Weisung des Chefs der Heeresleitung vom 18. Dezember 1933 über den beschleunigten Umbau des Heeres im Reichswehrministerium stattfindenden Besprechungen am 20./21. des Monats machte Beck die geplanten Maßnahmen von vier Rahmenbedingungen abhängig:

„a) von der außenpolitischen Lage,
b) von dem personellen und materiellen Leistungsvermögen,
c) von der Gründlichkeit aller Maßnahmen,
d) von dem Zwang, so schnell als möglich aus dem Zustand der völligen Wehrlosigkeit herauszukommen.“

Innerhalb des sich zwischen diesen Eckpunkten wechselseitig ergebenden Beziehungsgeflechtes lassen sich die verschiedenen späteren Stellungnahmen L. Becks zur deutschen Aufrüstung und zur Kriegführung allgemein einordnen und gewinnen von da her auch ihre Struktur.

Generell wird man wohl davon ausgehen dürfen, daß Beck den für unabdingbar erachteten Auf- und Ausbau des Heeres am liebsten „in ruhiger, planvoller Weise und ohne Überstürzung“ organisch durchgeführt hätte. Der vermeintliche Zwang zu einer schnelleren Aufrüstung aber mußte hier zunächst bei dieser Absicht zu gewissen Abstrichen führen, d. h., wegen dieser Priorität mochte die Hinnahme einer zeitweiligen Minderung in der Geschlossenheit der Truppe und der Güte ihrer Ausbildung vertretbar erscheinen.

Dann bedeutete jedoch der vorgesehene Umbau des Heeres, trotz seiner defensiven Ausrichtung, einen eindeutigen Verstoß gegen die Bestimmungen und damit Bruch des Versailler Vertrages. Deshalb galt es, die erforderlichen Einzelmaßnahmen so zu dosieren und ablaufen zu lassen, daß durch sie jeweils die Reizschwelle zu einem bewaffneten Eingreifen der Signatarmächte, insbesondere von Frankreich, zugunsten der Einhaltung des Vertrages und der Wiederherstellung des militärischen status quo ante nicht überschritten wurde, mithin die „Durststrecke“, in der die wachsende militärische Stärke Deutschlands noch nicht zu einer Abschreckung vor einem Angriff ausreichte bzw. die Verteidigungsfähigkeit noch nicht erreicht war, möglichst ohne kriegerische Drohungen oder gar Verwicklungen durchschritten werden konnte. Aus diesem Grunde erhob Beck beispielsweise 1934 Bedenken gegen die angeregte und gegen seinen Widerstand dann durchgesetzte beschleunigte Aufrüstung.

d. Das Verhältnis von Politik und Kriegführung

In die gleiche Richtung zielte Becks Plädoyer für eine zurückhaltende deutsche Außenpolitik. Sie sollte tunlichst alles vermeiden, wodurch das Mißtrauen des Auslandes geweckt resp. zusätzlich geschürt werden konnte. Deshalb kritisierte er auch den 1934 von den Nationalsozialisten inszenierten „Wiener Putsch" aufs heftigste:

„Unsere außenpolitische Situation ist trostlos. Es steht jetzt alles auf dem Spiel, insbesondere die gesamte Aufrüstung. Alles mit der Zeit mühsam in der Aufrüstungsfrage Erreichte ist verloren. Alle Mächte, auf die es ankommt, sind gegen uns. Frankreich, das nach wie vor mit seiner Drohung im Hintergrunde steht, braucht keinen Finger zu rühren, um eine ihm günstige Situation zu schaffen. Es ist notwendig, daß dieser ganze Ernst der Lage erkannt und der maßgebenden Stelle klargemacht wird. So, wie die Dinge heute liegen, gibt es für uns zwei Möglichkeiten. Entweder man kümmert sich um nichts, dann rücken Gewaltmaßnahmen in den Vordergrund, für welche heute alle Mächte (auch Polen wird nicht abseits stehen) zu haben sind. Dann gibt es einen hoffnungslosen Endkampf. Oder man gibt klein bei. In beiden Fällen ist das Dritte Reich gefährdet. Armee ist daran, das Ansehen, das sie durch die Ereignisse des 30. Juni im Ausland gewonnen [Röhm-Affaire], wieder zu verlieren."

Alles in allem fürchtete L. Beck wohl nichts mehr, wie aus seiner Bemerkung anläßlich einer Gratulation zu seiner Ernennung zum Generalstabschef 1935 hervorgeht, daß Deutschland in einen Krieg verwickelt werden konnte, bevor es in der Lage war, sich mit Aussicht auf Erfolg zu wehren. Deshalb sei ihm, ähnlich wie Schlieffen, auch „bange zu Mute ... Wir müssen alles tun, es dazu nicht kommen zu lassen. Ob man sich darüber wohl auch überall klar ist?".

An dieser Formulierung wird schon deutlich, daß er kein Anhänger eines Friedens à tout prix, kein Pazifist war; er verlangte aber, daß der Entschluß zu einem Kriege erst nach Ausschöpfung anderer etwa sich anbietender Möglichkeiten, nach einer sorgfältigen Prüfung und Abwägung der daraus sich ergebenden Vor- und Nachteile sowie einer die verschiedensten Ebenen berücksichtigenden umfassenden Vorbereitung getroffen werden durfte.

Angriffsweise Kriegführung

Die Gründe für diese Auffassung sind vielfältiger Natur. Sie lassen sich vielleicht auf die Überzeugung Becks zurückführen, daß Deutschland wegen seiner zentraleuropäischen Lage und der geringen Ausstattung mit natürlichen Ressourcen bei einem Krieg über keine anderen Mittel verfügte, den Gegner zur Erfüllung des eigenen Willen zu zwingen, als über den militärischen Weg seiner Niederwerfung. Das erforderte letztlich eine angriffsweise Kriegführung, die wiederum eine ausgesprochene Überlegenheit des Angreifers voraussetzte.

Diese war aber selbst nach erfolgter Aufrüstung noch nicht unbedingt gegeben, weil einmal das deutsche Heer, wenn auch vielleicht zahlenmäßig stark, dann trotzdem weiterhin, bedingt durch die Entwicklung der Technik, materiell noch auf längere Zeit unterlegen blieb. „Diese Tatsache ist um so schwerwiegender, als in einem Zukunftskriege unbestritten Fragen des Materials – Munitionierung, Kampfwagen, Motorisierung und vor allem eine starke Luftwaffe – eine ungeahnte Rolle spielen werden. Diesen Vorsprung vor Deutschland auszunutzen, sind die meisten Nachbarstaaten eifrig bemüht."

Dann hatte sich durch die technischen Entwicklungen, die nicht nur die Staaten näher zusammenrücken ließen, sondern umgekehrt für die leistungsgerechte Verwendung der modernen Kampfmittel gleichfalls eine größere Ausdehnung des Einsatzgebietes bedingten, die Raumfrage für Deutschland weiter verschärft. Es verfügte nämlich, wenn es ohne benachbarte Verbündete in einen Krieg eintreten mußte, im Grunde nicht mehr über eine ausreichende Ausgangsbasis für einen bei der Schnelligkeit und dem Aktionsradius neuzeitlicher Waffensysteme in ganz anderen Zeit- und Größendimensionen nunmehr ablaufenden Erd- und Luftkrieg. Damit aber schwanden die Vorteile, die Deutschland bislang aus der Ausnutzung der inneren Linie zu ziehen gemocht hatte. „Auch für den auf der inneren Linie Kriegführenden werden früher als angemessen angesehene Entfernungen zwischen den einzelnen Kriegsschauplätzen in Zukunft als zu klein erkannt werden."

Gleichzeitig verringerte sich mit den zunehmenden Grenzbefestigungen der Nachbarstaaten auch die für eine schnelle und entscheidungssuchende Kriegführung notwendige Operationsfreiheit, sie mußte sich vielmehr erst durch langwierige Angriffsschlachten gleichsam auf der Grundlinie zu Beginn eines Krieges erkämpft werden.

Totaler Krieg von langer Dauer

Schließlich durfte die geforderte Überlegenheit des Angreifers nicht nur auf dem eigentlichen militärischen Sektor gegeben sein, sondern hatte bei dem zu erwartenden totalen Charakter künftiger Kriege die gesamte Wehrkraft eines Volkes einzuschließen. Das galt um so mehr, als bei der damaligen Mächtegruppierung in Europa ein Krieg kaum bloß auf zwei von ihnen beschränkt bleiben würde, statt dessen sich leicht zu einem europäischen, wenn nicht gar zu einem neuen Weltkrieg ausweiten konnte. Damit aber war selbst gegenüber Staaten, die an sich militärisch relativ schnell entscheidend besiegt werden konnten, keine Gewähr mehr vorhanden für einen anschließenden raschen Friedensschluß. Man hatte also prinzipiell von einer längeren Kriegsdauer auszugehen.

Aus all diesen Gründen stand Ludwig Beck einem nur auf der Konzeption eines militärischen „Blitzkrieges" beruhenden Kriegsentschluß ablehnend gegenüber.

Staatsmann und Feldherr

Ausgehend von der Feststellung, daß „ein Staat, dessen eigene Hilfsmittel trotz aller Selbstversorgungsbemühungen den Bedarf für Wehrmacht und Volk auf längere Zeit nicht decken, der auf Kredit nicht rechnen kann und dessen Volk nicht durchdrungen ist, daß der Krieg um seine Lebenserhaltung geführt wird und geführt werden muß, ... für einen kommenden großen Krieg, auch beim Vorhandensein einer vortrefflichen Wehrmacht, nicht gerüstet" war, hob er demgegenüber neben der Mobilisierung der gesamten Wehrkraft, verstanden als „die geeinte seelische, physische und wirtschaftliche Kraft eines Volkes" vor allem auf eine tüchtige auswärtige Politik ab als der Vorbedingung für eine erfolgreiche Kriegführung schlechthin. „Sie schafft die Lage, in welcher ein Staat in den Krieg eintritt, und ist für sie verantwortlich ... Nicht umsonst weiß die Geschichte von Kriegen zu berichten, die gewonnen oder verloren waren, ehe sie begonnen hatten. Die Ursache war fast allemal Verdienst oder Schuld der Politik."

Deshalb forderte Beck auch, daß, bevor ein Entschluß zu einem Krieg gefaßt würde, unter anderem über folgende Punkte eine einheitliche Auffassung zwischen Staatsmann und Feldherr herbeigeführt werde:

„1. Deutschland wird militärischer Gewaltanwendung anderer Staaten nicht ausgesetzt sein, solange es sich nicht selbst jener bedient.
2. Deutschland wird bei seiner zentral-kontinentalen Lage immer mehr in einem Kriege auf das Spiel setzen müssen, als Staaten mit nur einer bedrohten Grenze und mit nicht zu blokkierenden Verbindungen zur übrigen Welt.
3. Ein Krieg, den Deutschland beginnt, wird sofort weitere Staaten als den angegriffenen auf den Plan rufen. Bei einem Krieg gegen eine Weltkoalition wird Deutschland unterliegen und dieser schließlich auf Gnade und Ungnade ausgeliefert sein.
4. Deutschland kann von sich aus einen Krieg nur militärisch gewinnen. Über andere Mittel, einen Gegner niederzuzwingen, verfügt es nicht.

   Zwischen Gegnern, die an sich entscheidend geschlagen werden können, und solchen, bei denen dies zweifelhaft sein wird oder nicht möglich ist, sind Unterschiede zu machen.
5. Die Wehrmacht ist einem Koloß auf tönernen Füßen vergleichbar, wenn sie nicht von den sonstigen für die totale Kriegführung erforderlichen Faktoren getragen wird. Das archiprêt allein der Wehrmacht genügt nicht für den selbständigen Entschluß zum Kriege.
6. Die Lösung der Raumfrage und die Sorge für die Beschaffung dessen, was das eigene Land bei längerer Kriegsdauer nicht liefern kann, muß im Frieden zu erreichen gesucht werden durch die Regelung des Verhältnisses zu den Staaten, die als Verbündete oder Neutrale nicht entbehrt werden können. Denn es kann nicht erwartet werden, daß es möglich sein wird, sich die für eine lange Kriegführung erforderliche Basis zu Kriegsanfang rechtzeitig und ausreichend zu erobern.

   Eine solche Politik muß mit vielen Jahren rechnen und stetig sein, wenn das erwünschte Resultat rechtzeitig und zuverlässig erreicht werden soll.
7. Der politische Zweck des Krieges muß klarliegen und er muß auch den letzten Akt des Krieges, die Gewinnung des Friedens, in das Kalkül einbeziehen. Nur bei klar umrissenem Zweck ist es möglich, aus ihm und aus den vorhandenen Mitteln das kriegerische Ziel abzuleiten", wonach der Stratege zu fragen hat.

e. Das Kriegsbild bei Beck

Für das Erfassen des Wesens eines künftigen Krieges und seiner Führung, der Frage nach dem Kriegsbild also, bot sich nach Meinung Becks neben der eigenen Erfahrung in erster Linie die Kriegsgeschichte an. Diesen Hinweis wollte er aber, trotz des prinzipiellen Einverständnisses mit der These, „daß es oft nur die Form ist, die wechselt, daß aber die elementaren Grundgesetze der militärischen Führung eines Krieges zu allen Zeiten die gleichen waren und es auch bleiben werden", eher nur auf die unmittelbare Vergangenheit bzw. Gegenwart bezogen wissen, wobei die Auswertung ausländischer Erfahrungen wertvolle zusätzliche Fingerzeige geben mochte. „Ein Kleben an Vergangenem ist ebensowenig angebracht, wie es ein zu phantasievolles Vorauseilen in die noch im Dunkel liegende Zukunft sein würde."

Konkret bedeutete das für ihn selber, daß bei den spärlichen Kriegserfahrungen aus der Zeit nach dem Weltkrieg zunächst noch von diesem für die Ermittlung zukünftiger Trends auszugehen war. Aus diesem Grunde neigte er zur Vorsicht bei der Einschätzung der sich in einem kommenden Krieg bietenden Operationsmöglichkeiten, ohne durch diese Skepsis die Bedeutung einer beweglichen Gefechtsführung irgendwie mindern oder gar die Energie der Kriegführung in Frage stellen zu wollen. Er gab jedoch zu bedenken:

„1. Wo die beiderseitigen Streitkräfte oder die des Gegners den zur Verfügung stehenden Kriegsraum von vornherein ausfüllen, wird kein Feld sein für freie, kühne und rasche Operationen. In solcher Lage wird es also keine inneren und äußeren Operationslinien geben, keine Getrenntheit der Heeresteile beim Marsch als normaler Zustand und keine Konzentration dieser Heeresteile nur zum Zwecke der bevorstehenden Entscheidung. Dieses strategische Gebiet des Bewegungskrieges wird dort entfallen und damit auch dieser bevorzugte Teil der Feldherrnkunst mehr oder weniger brachliegen.
2. Aber auch dort, wo, wie vielleicht im Osten, oder wo ein strategischer Durchbruch gelungen ist, Bewegungsfreiheit vorhanden ist, bleibt es unsicher, ob diese noch einmal das Ausmaß erhalten wird, wie es in den Kriegen des vorigen Jahrhunderts und in einzelnen Abschnitten des Weltkrieges, vor allem zu dessen Beginn, vorhanden war.
3. Ob die größer gewordenen hemmenden Einflüsse auf rasche, raumgreifende Heeresbewegungen durch neue Kriegsmittel ausgeglichen werden können, ist eine Frage, die Theorie und Friedenspraxis bisher befriedigend nicht beantwortet haben."

Mit den neuen „Kriegsmitteln" meinte Beck allgemein die Heeresmotorisierung und im besonderen die Panzertruppe und die Luftwaffe. Nicht daß er ihnen etwa grundsätzlich ablehnend gegenübergestanden hätte – die Vorschrift „Truppenführung" weist ja das Gegenteil aus –, nein, er hegte nur Zweifel daran, ob sie die in sie von ihren Verfechtern gesetzten Erwartungen tatsächlich in vollem Umfange erfüllen konnten, nämlich die im Ersten Weltkrieg seiner Meinung nach zumindest teilweise widerlegte deutsche Kriegsdoktrin, die auf dem Gedanken des Bewegungs- und Angriffskrieges basierte und getragen war „von dem Glauben an rasche und unaufhaltsame Entscheidungen und den Willen, sie herbeizuführen", zu einer solchen Gültigkeit erneut zu verhelfen, wie sie sie unter Moltke d. Ä. real besessen haben mochte.

Mit anderen Worten: Sein Haupteinwand richtete sich gegen die damit vorgetragene Konzeption von Kriegführung, insofern sie eine Koinzidenz zwischen den rasch verlaufenden Gefechtshandlungen und der Dauer des wirklichen Krieges suggerierte, denn eine derartige Möglichkeit hielt er bei der damaligen militär-politischen Lage in Europa für so gut wie ausgeschlossen, d. h., er lehnte die einseitige Ausrichtung der Wehrmacht nur auf eine „Blitzkriegführung" hin ab.

Unterhalb dieser auf politisch-militärstrategischer Ebene getroffenen Grundsatzentscheidung war jedoch L. Beck gegenüber der Bedeutung und den Einsatzmöglichkeiten einer Panzerwaffe durchaus zugänglicher. Zwar war auch hier in erster Linie von den Erfahrungen des Ersten Weltkrieges auszugehen, die noch immer die zuverlässigsten Anhaltspunkte liefern würden für die Vorbereitung, Leitung, Verlauf, Dauer und Erfolgsaussichten der Angriffs- und Abwehrschlachten, die zu erwarten standen, wenn die Gegner auf nahe Entfernungen voneinander aufmarschierten und über keine genügende Operationsfreiheit verfügten bzw. z. B. wegen Feldbefestigungen dem Materialeinsatz von vornherein eine ausschlaggebende Rolle zufiel, aber er verschloß sich ebenfalls nicht der immer mehr sich durchsetzenden Erkenntnis der Bedeutung der Kampfwagenwaffe für die Angriffskraft neuzeitlicher Heere und damit für den schnellen Schlachterfolg.

Für Beck bildeten die Panzer eine, jedoch nicht die entscheidende Waffengattung schlechthin. Dem Zusammenwirken aller Waffen gebührte weiterhin der Vorrang. Innerhalb dieses Rahmens aber und nach Maßgabe der sich stabilisierenden Erfahrungen über die Einsatzmöglichkeiten der jungen Waffe plädierte er, wie schon in der „Truppenführung" angedeutet, für eine Aufgabenstellung an die Panzertruppe, die von der Unterstützung des Infanterieangriffs über die Abwehr feindlicher Panzerangriffe bis hin zu unabhängigen Operationen im Zusammenwirken mit anderen motorisierten Truppen reichte. Dabei orientierte er sich offensichtlich am Beispiel der französischen Armee.

So bezeichnete er in der Denkschrift „Erwägungen über die Erhöhung der Angriffskraft des Heeres" vom Dezember 1935 die bislang, d. h., bei der beschleunigten Aufrüstung 1934 vorgesehene Anzahl an Heereskampfwagen-Verbänden (3 Brigaden = 12 Abteilungen zusätzlich zu den 3 in den Panzerdivisionen enthaltenen Panzerbrigaden) als nicht ausreichend, „um unser Kriegsheer zu einer angriffsweisen Kriegführung zu befähigen". Daneben erschien ihm „die zur Sicherstellung des Überraschungsmoments notwendige operative und taktische Beweglichkeit ... unzureichend".

Dabei sah er es für ein Idealziel an, wenn „für jede aktive und Res.-Division des Kriegsheeres 1 Panzerabteilung vorhanden [sein] ... und darüber hinaus die höhere Führung noch über eine ausreichende Anzahl Panzerverbände (Brigaden) für Einsatz im Schwerpunkt oder für selbständige operative Verwendung" verfügen würde. Aus Kostengründen, sie hätte die friedensmäßige Aufstellung von 66 Panzerabteilungen bedingt, reduzierte er seine Forderung jedoch auf 48, die anstelle festgefügter Panzer-Großverbände nach einer Art „Baukastensystem" eingesetzt werden sollten, „das in seinen Augen den Erfordernissen einer beweglichen Führung am besten entsprach und jedes Risiko vermied. Seine Anwendung eröffnete die Möglichkeit, die Gliederung der [Infanterie-]Divisionen jeweils so zu verändern, daß die Stärke der ihnen unterstellten Kampf- und Unterstützungstruppen dem Auftrag, der Dringlichkeit der Lage oder den ersten Kriegserfahrungen angepaßt werden konnte. Die Panzerbrigade sollte daher der größte selbständige Panzerverband des Heeres sein. Im Mittelpunkt aller Überlegungen hatte die Gefechtsführung der Infanterie zu stehen, die schließlich immer noch die Masse des Heeres ausmachte".

Insgesamt hielt Beck zu der Zeit die Panzer wohl mehr für eine „Waffe der guten Gelegenheit", deren eigentliches Betätigungsfeld nach den Worten Matzkys in dem bereits schon erwähnten Vortrag vor der Kriegsakademie 1935 nicht der Angriff gegen organisierte Abwehrfronten war, sondern im „Kampf gegen den nicht abwehrbereiten Gegner, also gegen Flanke und Rücken des Feindes, gegen seine rückwärtigen Verbindungen und vielleicht auch hier und da einmal gegen eine erschütterte Feindfront, die es nur noch aufzureißen gilt, um in die Tiefe des feindlichen Operationsraumes zu gelangen. Mit anderen Worten: Ich sehe in dem Panzerverband die wiederauferstandene Schlachtenreiterei der friderizianischen Zeit, eine Truppe, die auch nicht allein Kriege führte und Schlachten schlug, die aber unter der genialverwegenen und dabei doch klug abwägenden Führung eines Seydlitz und eines Ziethen dann eingriff, wenn die Waage sich dem Siege zuneigte. In diesem Sinne allerdings ist die Panzerwaffe eine Waffe der Entscheidung, einer Entscheidung freilich, deren Grundlagen von anderen Waffen erkämpft werden müssen. Auf diese anderen Waffen also kommt es in erster Linie an! Das dürfen keine Fullerschen Okkupationssoldaten sein, dafür brauchen wir Kämpfer voller Angriffsgeist und – das darf nicht vergessen werden – auch voller Angriffskraft". Dazu rechnete er eine erhebliche Vermehrung und Verbesserung der infanterieeigenen Angriffswaffen, also der Granatwerfer, Minenwerfer und Infanteriegeschütze, vielleicht auch die Einführung von möglichst stark gepanzerten, wenn auch langsameren Infanterie-Kampfwagen oder gepanzerten MG- und Munitionsträgern.

Neben der Vermehrung der Panzer-Abteilungen strebte Beck zur Erhöhung der Angriffskraft des Heeres noch die Aufstellung motorisierter „leichter" Divisionen an, die nach französischem Vorbild organisiert, vor allem für die Aufgabe einer weitreichenden Heeresaufklärung vorgesehen waren. 3 Divisionen dieses Typs wurden dann in den Jahren 1937/38 aufgestellt, entsprachen zu Beginn des Zweiten Weltkrieges aber weder in ihrer Gliederung noch in ihrer Kampfkraft den in sie gesetzten Erwartungen, so daß sie alsbald aufgelöst und in Panzerdivisionen umgewandelt wurden.

f. Beck als Stratege

General Ludwig Beck hat sich als Truppenamts- bzw. Heeresgeneralstabschef keineswegs gegenüber der Frage der Heeresmotorisierung oder der Panzerwaffe grundsätzlich ablehnend verhalten. Eher das Gegenteil ist richtig. Da er der Überzeugung war, daß Deutschland bei einem Krieg im Grunde nur seine militärischen Machtmittel in die Waagschale der Entscheidung werfen konnte, mithin im Prinzip eine rasche militärische Vernichtung des Gegners durch eine energische, entscheidungssuchende Kriegführung anstreben mußte, trat er sowohl für den Aufbau eines offensiven Heeres als auch einer Panzerwaffe ein, durch die ja die Angriffskraft des ersteren erheblich verbessert wurde. In Übereinstimmung mit der bisherigen deutschen Denktradition zur Kriegführung ließ sich in diesem Sinne nicht zwischen Angriffs- und Abwehrrüstung unterscheiden: „Die strategische Abwehr wird nur dann erfolgreich sein, wenn sie auch angriffsweise geführt werden kann. Aus diesem Grunde bedeutet die Erhöhung der Angriffskraft gleichzeitig eine Verstärkung der Abwehrkraft."

Wenn er sich aber dennoch dem Gedanken der Umstellung des deutschen Heeres auf bzw. der Verlagerung der Hauptangriffskraft von den Infanteriedivisionen auf die Bildung entsprechender Panzerdivisionen wohl nur asymptotisch näherte, dann lag das einmal in den beschränkten finanziellen, industriellen und gesamtwirtschaftlichen Möglichkeiten Deutschlands einschließlich der nicht sichergestellten ausreichenden Versorgung mit Erdöl usw. begründet.

Der Alternative dazu, sich bei der Motorisierung und Mechanisierung des deutschen Heeres auf wenige ausgewählte Divisionen zu beschränken, mochte er sich zum andern schon deshalb nicht uneingeschränkt anzuschließen, weil sie erneut die deutsche Kriegführungsdoktrin zu einseitig auf den Gedanken des Angriffs- und Bewegungskrieges festgelegt hätte, nicht wegen der damit verbundenen Absicht, rasch zu militärischen Entscheidungen kommen zu wollen – das hielt er selber weiterhin für erstrebenswert –, sondern weil er den dadurch möglicherweise wiederum ausgelösten Glauben an resp. die Spekulation mit nur einer kurzen Kriegsdauer insgesamt aufgrund der Erfahrungen des Ersten Weltkrieges und der damaligen militärpolitischen Lage in Europa für gefährlich, zumindest für nicht ohne weiteres gerechtfertigt hielt.

Vielmehr durfte Deutschland, da es bei einem Krieg damit zu rechnen hatte, ihn als Mehrfrontenkrieg führen zu müssen, seine Hoffnungen nicht allzusehr nur auf eine Karte setzen, denn es stand zu befürchten, daß das deutsche Heer, obwohl gezwungen, seine Kräfte an der einen Front zu konzentrieren, um dort eine rasche militärische Entscheidung zu ermöglichen, an der andern hingegen sich vorläufig auf die Abwehr zu beschränken, auf beiden Kriegsschauplätzen sofort in mehr oder weniger umfangreiche und langwierige Anfangsschlachten verwickelt werden würde. Das heißt, die eigentliche Kampfkraft konnte nicht nur in wenige Divisionen zusammengefaßt werden, statt dessen war zunächst einmal die Angriffs- und Abwehrfähigkeit des gesamten Heeres allgemein zu erhöhen, und das hieß nach Maßgabe der damaligen Verhältnisse in erster Linie Steigerung der Gefechtsstärke der Infanteriedivisionen, die noch immer die Masse des Heeres ausmachten, durch Eingliederung von Panzerabteilungen, motorisierten Artillerieverbänden usw.

Von dieser Überlegung her wird Becks Idealforderung nach 1 Panzerabteilung pro Division des Feldheeres nur zu verständlich. Sie ist deshalb wohl auch nicht bloß als eine Tendenz zur Zersplitterung der Panzerkräfte zu werten, denn er sah durchaus ein, „daß entscheidungsbringende Angriffe ohne Einsatz starker Kampfwagenverbände schwer oder überhaupt nicht mehr möglich sind". So verlangte er einerseits, als er seine Forderung aus Kostengründen auf 1 Panzerregiment zu 3 Abteilungen für jedes Armeekorps reduzierte, daß diese Regimenter „aus Ausbildungsgründen und um die mobile Verwendung in größeren Panzerverbänden zu ermöglichen", in Panzerbrigaden zusammengefaßt werden sollten.

Andererseits ließ er parallel dazu, und wenn es auch vor allem zu Experimentierzwecken gewesen sein mag, die Aufstellung von Panzerdivisionen zu, da er der Meinung war, daß darüber hinaus die höhere Führung noch über eine ausreichende Anzahl Panzerverbände (Brigaden) für Einsatz im Schwerpunkt oder für selbständige operative Verwendung" verfügen müsse.

Mithin wird man abschließend sagen dürfen, daß die Hauptursache, die zu dem zögernden und von Skrupeln geplagten Herannähern L. Becks an den Gedanken einer operativen Panzerwaffe führte, wohl nicht so sehr in der unterschiedlichen Einschätzung ihrer taktischen und operativen Einsatzmöglichkeiten beruht hat, ohne diese dadurch irgendwie bagatellisieren zu wollen, sondern in erster Linie auf die andere strategische Beurteilung ihres Wertes für die Gesamtkriegführung zurückzuführen ist. Sie erschienen ihm für die Erringung eines schnellen und entscheidenden militärischen Sieges sicher unabdingbar, aber ein solcher allein oder mehrere hintereinander an verschiedenen Fronten bildeten noch keine hinreichende Gewähr dafür, daß damit zugleich auch der Krieg siegreich beendet sein würde. Für eine solche, auf den totalen Krieg hinauslaufende Kriegführung mußte das deutsche Heer ebenfalls gerüstet sein. Konkret hatte das zu bedeuten, daß zunächst allgemein die Verteidigungs- oder Angriffsfähigkeit zu erhöhen war. Erst darauf aufbauend konnte daran gedacht werden, in Übereinstimmung mit den weiteren personellen und materiellen Möglichkeiten des Reiches, eine zusätzliche, über das für alle Truppen notwendig erachtete Mindestmaß hinausgehende Offensivkapazität zu schaffen. Letztlich ließ sich nur vom politischen Zweck eines Krieges, der auch dessen letzten Akt, die Gewinnung des Friedens, mit in sein Kalkül einbezog, der Maßstab für einen zweckmäßigen Einsatz der vorhandenen Mittel, sei es bei der Durchführung einzelner Rüstungsmaßnahmen, der Heeresorganisation oder der Kriegführung selber, zur Erreichung des endlichen kriegerischen Zieles ableiten.

Getragen von diesem umfassenden Verständnis der Verantwortlichkeit her, sah sich Ludwig Beck 1938 unter Hinweis auf einen Aufsatz von Buchfink in der Historischen Zeitschrift, „Moltke und Schlieffen", zum Abschluß seiner Studie über „Strategie" zu der Mahnung veranlaßt:

„‚Der Glaube an die Allmacht der Operation, an die Schlachtenentscheidung als das einzige Mittel der Kriegführung, an die Unmöglichkeit eines lange dauernden Kriegszustandes hat uns in die Irre geführt.' Mag man zu diesem nachträglichen Urteil stehen wie man will, so enthält es doch zweifellos die nachdenkliche Mahnung für den obersten Strategen des deutschen Heeres, den präsumtiven Anführer im Kriege, daß die Grenzen seiner Verantwortung und Aufgabe nicht weit genug gezogen werden können, daß er von dem Urteil über einen bevorstehenden Krieg, über das Ziel, welches er haben darf, über die Mittel, welche nötig sind, kurz, von dem Gesamtüberblick aller Verhältnisse nicht ausgeschlossen werden darf. Auch für ihn gilt, was Clausewitz in ähnlichem Zusammenhange sagt, ‚daß alle Instanzen wohl überlegt sein müssen, um nicht in der letzten den Prozeß zu verlieren, den man in früheren gewonnen hat, und dann in die Kosten verurteilt zu werden'."

Wenn daher Feldmarschall von Manstein nach dem Zweiten Weltkrieg als Erklärung für die Haltung Becks gegenüber der Panzerwaffe darauf verwies, daß dieser die „hhöhere Aufgabe" gehabt habe, „an den Aufbau der ganzen Armee zu denken, die, soweit man auch in der Schaffung von Panzer- und motorisierten Verbänden gehen wollte, in der Masse immer doch noch aus Infanterie-Divisionen bestehen mußte", dann trifft dieser Begründungsversuch nur zum Teil zu. Nicht etwa, weil die Gegner Becks in dieser Frage die Gesamtverhältnisse des Heeres ungenügend beachtet hätten, war die Kontroverse entstanden, sondern weil er gerade über diese engere militärische Fachfrage hinaus politische, gesellschaftliche und ökonomische Bereiche mit in seine Erwägungen einbezog, gelangte er zu einer anderen Auffassung in bezug auf den Auf- und Ausbau des deutschen Heeres und die dabei zu setzenden Prioritäten. Damit löste er sich zugleich von den Fesseln, die militärischerseits die Erörterung der Kriegführungsdoktrin seit Schlieffen auf mehr oder weniger rein militärische Probleme beschränkt hatten. Für L. Beck durfte sich der verantwortliche Stratege bei seinen Entscheidungen nicht mehr angesichts des möglichen totalen Charakters eines Krieges allein von militärischen Überlegungen leiten lassen, er mußte vielmehr im weitesten Sinne politisch denken lernen.

Bezogen auf ihn persönlich bedeutete das nun nicht, daß er durch seine zögernde Haltung beim „Streben nach einer ‚operativ verwendbaren Angriffswaffe großen Stils' der ins Uferlose wachsenden politischen Zielsetzung Hitlers" keinen Vorschub hätte leisten wollen, wohl aber bildete sicherlich schon das eine Richtschnur seines Handelns, was er später in Abkehr von Ludendorff mit „totaler Politik" zu umschreiben versucht hat, verstanden als „das Meistern der Totalität des menschlichen Ringens, im eigenen Volk und von diesem mit den anderen Völkern, und zwar durch eine Staatsführung, welche die jeweiligen Ziele unter richtiger Einschätzung aller Kräfte und der eigenen Lebensansprüche und unter weiser Einschätzung auch der anderen Völker zu finden und zu bestimmen versucht und die sich ergebenden Aufgaben sinnvoll aneinanderreiht. Gewiß wird auch in Zukunft das politische Ringen der Staaten immer wieder zu

Kriegen führen können. Damit kann aber doch nicht grundsätzlich der Weg für nur eine Art des Krieges freigegeben sein, ebensowenig, wie die Politik den Entschluß über Krieg und Nichtkrieg überhaupt aus der Hand geben kann. Denn die Politik hat alle Faktoren in Rechnung zu stellen, die das Leben eines Staates intra et extra muros ausmachen. Sie hat heute auch noch besonders die mit dem totalen Krieg verbundene, immer klarer zutage getretene Erfahrung abzuwägen, daß selbst bei militärischem Erfolg die Lage von Volk und Staat nach Kriegsende unbefriedigend bleiben, ja schlechter sein kann als vorher und daß sie auch danach also ihre Entschlüsse einzurichten hat. Das setzt allerdings eine weise, vorurteilsfrei über allen Bedürfnissen des Volkes und Staates stehende Führung voraus, die neben der Anerkennung, Förderung und verständnisvollen Heranziehung und Ausnutzung aller körperlichen, geistigen und seelischen Kräfte des eigenen Volkes das Recht zu einem entsprechenden Leben der anderen Völker nicht ignoriert und demgemäß, wo irgend möglich, den ehrenhaften und nützlichen Ausgleich der grundsätzlichen Gewaltanwendung vorzieht ... Die These vom totalen Krieg ist nun allerdings nicht geeignet, einer so gemeinten totalen Politik den Weg zu bereiten. Dadurch, daß dieser Krieg vielmehr der anderen Seite das Gesetz gibt, indem er ‚eine Wechselwirkung hervorruft, die dem Begriffe nach zum Äußersten führen muß' (Clausewitz), birgt er bei nicht von vornherein bestehender sicherer Überlegenheit in besonderem Maße die Gefahr in sich, daß er zu einem immer maßloseren Ringen führt und daß in einem solchen zwar der Krieg militärisch gewonnen werden kann, aber damit nicht auch der Friede gewonnen wird".

Mithin mußten zur Überwindung der Gefahren des „totalen Krieges" wieder der Politik als der Gesamtfunktion der Vorrang über die Teilfunktion „Krieg" eingeräumt, beide zusammen von einem „neuen sittlichen Idealismus" getragen werden.

3. Das Ringen um die Konzeption der Landkriegführung

a. Wilhelm Ritter von Leeb und die Betonung des Abwehrgedankens

Um die Frage der Heeresmotorisierung entbrannte in Deutschland eine heftige, teilweise in der Öffentlichkeit ausgetragene Diskussion. Dabei war man sich darüber einig, daß die Motorisierung allgemein durch die von ihr ermöglichte größere Ausdauer und Schnelligkeit der Bewegungen der militärischen Führung ein hervorragendes operatives Mittel zur Überraschung des Gegners an die Hand gab. Konnte sie dann noch etwa in der Gestalt von Panzern eine entsprechende Kampfkraft und -wucht entwickeln, dann durfte es im Grunde nicht zweifelhaft sein, daß durch sie der Angriff wieder gegenüber der Verteidigung gestärkt worden war, mithin Aussicht bestand, im Gegensatz zum Stellungskrieg des Weltkrieges künftig zu einer freieren und beweglicheren Kriegführung zu gelangen.

So einsichtig dieser Gedankengang an sich war, bot er doch – wie an der Haltung L. Becks gezeigt – auch die Gefahr, daß er, überspitzt propagiert, zu Übertreibungen führen konnte, insbesondere zu einer erneuten einseitigen Bevorzugung und Ausrichtung des deutschen Heeres auf die Offensive unter Vernachlässigung der Ausbildung für die Defensive.

Gegen diese mögliche Tendenz wandte sich General W. Ritter von Leeb mit seiner zuerst in mehreren Einzelbeiträgen in der „Militärwissenschaftlichen Rundschau" in den Jahren 1936/37 abgedruckt, dann 1938 geschlossen herausgegebenen Schrift „Die Abwehr". Gerade wegen ihrer Veröffentlichung in der offiziösen Zeitschrift des Generalstabes zu einer

Zeit, als Guderian dort seine Vorstellungen nicht darlegen durfte, kommt ihr größere Bedeutung zu.

Dem Inhalt nach gegen Ansichten verschiedener französischer Militärschriftsteller gerichtet, vom Sinn her aber wohl eher auf die deutschen Verhältnisse gemünzt, hob er zunächst hervor, ausgehend von Clausewitz und innerhalb der bisherigen deutschen Militärtradition bleibend, daß „ein willensstarker Gegner ... nur durch Gewalt bezwungen werden [könne]. Die kriegerische und kämpferische Gewalt kommt am stärksten im strategischen und taktischen Angriff zur Geltung. Bei einem solchen können sich auch die soldatischen Tugenden ... voll entfalten. Der Angriff entspricht daher dem Wesen des Soldaten mehr als die Abwehr"; schränkte dann jedoch diese Feststellung sofort wieder ein, indem er meinte: „... Die Abwehr läßt sich weder in der Kriegführung noch in der Kampfführung ausschalten. Denn die Art der Kriegführung und Kampfführung hängt in erster Linie ab von den Gründen, die zum Kriege geführt haben, und von den Zwecken, die mit der kriegerischen Auseinandersetzung erreicht werden wollen, ferner von den Kräften und Mitteln, die für die Kriegführung und für die Kampfführung zur Verfügung stehen, und endlich von den Möglichkeiten des Ersatzes verbrauchter Kräfte und Mittel ... Mit Millionenheeren und ihrem maßlos gestiegenen Munitionsbedarf kann man nicht dauernd angreifen."

Der Abwehrgedanke dürfe in Deutschland schon allein deshalb nicht vernachlässigt werden, weil, nach Ansicht Leebs, die gesamte politische, militärische und geographische Lage des Deutschen Reiches bereits 1914 im Grunde auf eine Abwehraufgabe hinausgelaufen sei. Entsprechend wäre auch die Erziehung des deutschen Generalstabes durch Schlieffen im Prinzip auf die Führung eines Abwehrkrieges gegen Übermacht abgestellt gewesen, selbst wenn dessen Lösung in dem entscheidungssuchenden Angriff gegen zunächst nur einen der Gegner bestanden habe.

Aus einer näheren Untersuchung des Ersten Weltkrieges leitete Leeb dann ab, daß die Abwehr nicht mehr als ein Operationsmittel niederen Ranges angesehen werden dürfe, ihre Bedeutung nicht nur wesentlich gestiegen sei, sondern sich auch ihre operativen Anwendungsmöglichkeiten aufgrund der gesteigerten Waffenwirkung erweitert hätten.

Diese faßte er in vier Grundgesetze der operativen Abwehr zusammen:

1. Die Abwehr allein kann in einem entscheidungssuchenden, absoluten Krieg gegenüber einem willensstarken Gegner nicht zum Ziele führen.
2. Die Abwehr begünstigt die Kriegführung auf der inneren Linie, die darauf angelegt ist, den Feind einzeln und nacheinander zu schlagen.
3. Die Abwehr ermöglicht die Bildung eines Übergewichtes an dem Teil der Front, an dem die Entscheidung gesucht wird.
4. Die Abwehr kann bei starker gegnerischer Überlegenheit durch eine hinhaltende Kampfführung zunächst einen Kräfteausgleich anstreben.

Dabei ließen sich die durch die Motorisierung vervielfältigten Möglichkeiten des operativen Angriffs in gleicher Weise für die Abwehr ausnutzen, d. h., diese konnte sich ebenfalls der neuen Mittel, wie Panzer, Flugzeuge, motorisierter Truppentransport usw., für eine beweglich geführte Abwehr bedienen und mußte sie nur entsprechend zum richtigen Zusammenwirken bringen.

Lag damit ein Schwerpunkt der Ausführungen Leebs in dem Bemühen, der Gefahr einer einseitigen Ausrichtung des deutschen Heeres auf den Angriff und der alleinigen Förderung der diesem Zweck besonders dienlichen Kampfmittel bei gleichzeitiger Vernachlässigung der übrigen Elemente entgegenzuwirken, so entwickelte er daneben doch ebenfalls bedenkenswerte Überlegungen gerade auch zur Abwehr schneller gegnerischer Angriffsverbände, die der Vollständigkeit halber hier kurz noch erwähnt werden sollen.

Wegen der durch solche Truppen ständig drohenden Überraschung forderte er auf dem operativen Sektor einmal deren rechtzeitige Aufklärung und frühzeitige Bekämpfung unter wesentlicher Mitwirkung der Luftwaffe. Ferner sollte versucht werden, den Vormarsch durch die Anlage operativer Sperren entweder überhaupt zum Stoppen zu bringen oder zumindest seine Geschwindigkeit zu verlangsamen bzw. die unbestimmte Vielfalt der Angriffsmöglichkeiten in bestimmte, vom Verteidiger gewünschte Richtungen zu kanalisieren. Für den eigentlichen Abwehrkampf hatten dann eigene schnelle und bewegliche Sperrverbände bereitzustehen, die gegebenenfalls durch eine bewegliche Reserve rasch verstärkt werden konnten.

Daraus folgte für Leeb taktisch, daß die Abwehr ganz allgemein sowohl auf eine starke Gliederung nach vorwärts zur Verlangsamung des feindlichen Vormarsches als auch auf eine tiefe rückwärtige Gliederung achten mußte, um sich selber die notwendige Beweglichkeit zu Gegenmaßnahmen zu erhalten. Konkret forderte er dann unter anderem:

- Panzersicherheit der Stellung;
- Panzersperren vor der Front, in der Flanke und in Lücken;
- tiefgegliederte Panzerabwehr;
- starke Luftstreitkräfte zur unmittelbaren Unterstützung;
- bewegliche Reserven und Panzerverbände für den sofortigen Gegenangriff und endlich
- sehr gute Nachrichten- und Befehlsverbindungen.

b. Heinz Guderian und die Schaffung der operativen Panzerwaffe

Als Spiritus rector der deutschen Panzerwaffe und Wortführer der Gegenposition zu Beck und Leeb kann man den damaligen Obersten Heinz Guderian bezeichnen. Durch seine Versetzung 1922 zur Inspektion der Verkehrstruppen, Abteilung für Kraftfahrtruppen, insbesondere durch seine Beteiligung an einer Studie über Truppentransporte auf Kraftwagen, wurde er mit den Verwendungsmöglichkeiten motorisierter Truppen bekannt gemacht und gezwungen, sich ein eigenes Urteil darüber zu bilden.

Der Ausgangspunkt: Probleme des motorisierten Truppentransports

Größere Truppentransporte auf Lastkraftwagen waren auf seiten der Alliierten im Ersten Weltkrieg zur Versorgung Verduns und dann vor allem 1917 zur Bereitstellung der Reserven zur Tankschlacht bei Cambrai bzw. zur Abwehr der deutschen Angriffe im Frühjahr und Sommer 1918 durchgeführt worden. Der Hauptnachteil dieser Art von Beförderung gegenüber dem Eisenbahntransport hatte darin gelegen, daß sie zu einer Trennung der Infanterie von den pferdebespannten Teilen, so z.B. der Artillerie, führte, somit eine Zersplitterung bedeutete und im weiteren Verlauf eine starke Vermischung der Verbände brachte.

Umgekehrt lag ihr Vorteil aber in der Schnelligkeit des Transportbeginns, da kein zeitraubendes Bereitstellen von Leermaterial erforderlich war; in ihrer Ungebundenheit an starre Schienenverbindungen und feste Ein- und Ausladebahnhöfe sowie schließlich in der Möglichkeit, die Transporte nach Breite und Tiefe zu zerlegen. Dadurch konnten sie besser getarnt und Angriffen aus der Luft eher entzogen werden. Während des Transportes selber jedoch waren die Truppen nicht gefechtsbereit. Deshalb galt es, folgenden Unterschied zu beachten:

Hatte es sich 1917 noch um Kraftwagentransporte hinter einer feststehenden Front gehandelt, die daher „einer besonderen Aufklärung und Sicherheit entraten konnten, so mußten diese Transporte 1918 unmittelbar gegen den Feind gefahren werden, über dessen Fortschritte man zeitweise recht im unklaren war". Damit stellte sich nahezu zwangsläufig die Frage nach ihrer Sicherung, erhob sich „... die Forderung nach voll motorisierten Kampftruppen aller Waffen, die als Vorhuten der auf Lkw verlasteten Einheiten zum Schutze ihres Aufmarsches, zum Sichern und Sperren breiter Lücken in der Front dienen konnten".

Die Situation bei der Entente 1918 entsprach nun noch am ehesten der Lage, die die Reichswehr bei einem zukünftigen Krieg vorfinden mochte, d. h., aufgrund der Bestimmungen des Versailler Vertrages, Beschränkung auf ein 100 000 Mann-Heer, Verbot der Befestigung der Westgrenze usw., durfte sie nicht damit rechnen, daß es zu einem Stellungskampf mit festen Fronten kommen würde. Vielmehr mußte sie sich, wenn überhaupt, von vornherein auf eine beweglich zu führende Abwehr einstellen und somit ebenfalls dem Problem nicht nur des Transportes motorisierter Truppen im Bewegungskrieg, sondern gerade auch der Sicherung solcher Bewegungen erhöhte Bedeutung zumessen. Hierfür kamen in erster Linie mechanisierte Einheiten in Frage, bei denen also die Soldaten ihr Transportmittel zum Kampf nicht zu verlassen brauchten, vor allem wohl gepanzerte Fahrzeuge.

Ausländische Anregungen

Von diesem Ansatz her kam H. Guderian dazu, sich intensiver mit den Einsatzmöglichkeiten und Verwendungsgrundsätzen von Panzerfahrzeugen zu beschäftigen. Dabei waren es neben den Hinweisen des Oberleutnants Volckheim, „der die spärlichen Erfahrungen der kleinen deutschen Kampfwagentruppe sowie die erheblich umfassenderen der feindlichen Tanktruppe sammeln und unserem kleinen Heer nutzbar machen sollte", in der Hauptsache „... die englischen Bücher und Aufsätze von Fuller, Liddell Hart und Martel, die mein Interesse erregten und meine Phantasie befruchteten. Diese weitsichtigen Soldaten suchten damals schon aus dem Panzer mehr zu machen, als nur eine Hilfswaffe der Infanterie. Sie stellten ihn mitten in die entstehende Motorisierung unserer Epoche hinein und wurden so die Bahnbrecher einer neuartigen Kriegführung großen Stils".

Angesichts dieser eindeutigen Aussage sind die Versuche als verfehlt zu bezeichnen, Guderian unbedingt auch die eigentliche Urheberschaft an der Konzeption einer modernen Panzerkriegführung zuschreiben zu wollen, zumal dadurch die Frage eines eigenständigen, originären Beitrages nicht berührt wird.

Im Prinzip sollten nach J. F. Fuller und B. Liddell Hart kleine hochmechanisierte Heere, deren Kern aus Panzerverbänden bestand, unterstützt von Luftstreitkräften, die feindliche

Front zu durchstoßen suchen, um dann in weiträumigen und schnellen Operationen gegen die Nerven- und Schaltzentralen des Gegners, rückwärtige Verbindungen, Befehlsstellen etc., vorzustoßen und diese zu lähmen. Davon, nicht vom Kampf und der Vernichtung der feindlichen Truppen, erhoffte man sich eine rasche Kriegsentscheidung, so daß gegenüber diesen einigen wenigen Kampfmitteln, den darauf speziell zugeschnittenen Organisationsformen und entsprechenden Einsatzgrundsätzen die übrigen Waffen an Bedeutung verloren.

Guderians originärer Beitrag

Demgegenüber nahm die Entwicklung bei H. Guderian einen etwas anderen Verlauf, da er ja nicht von vornherein mit selbständigen Panzerverbänden rechnen konnte, sondern es ihm zunächst primär um den Schutz motorisierter Truppentransporte gehen mußte. Mithin zielten seine Bemühungen einstweilen nur auf eine diesen Transporten beizugebende bzw. vorauszusendende Kampftruppe, den Übergang der Kraftfahrtruppe von einer Nachschub- zu einer Kraftfahrkampftruppe ab. Dadurch blieb möglicherweise aber zugleich auch der Kontakt zu den anderen Waffen stärker erhalten.

Im Herbst 1924 zur 2. Division nach Stettin versetzt, wurde er Lehrer für Taktik und Kriegsgeschichte. Dabei widmete er seine besondere Aufmerksamkeit einmal dem Feldzug Napoleons von 1806 und zum andern der Kavallerietätigkeit während der ersten Monate des Weltkrieges 1914. Überzeugt davon, daß „in der Beweglichkeit ... eine wesentliche Stärke unseres kleinen Heeres liegen [kann]. Ein Anfang, sie zu steigern, ist gemacht. Es gilt, auf dem betretenen Wege fortzuschreiten und System in die Sache zu bringen" (zitiert bei D. Bradley), war sein leitendes Interesse hierbei das Studium der beweglichen Truppen- und Kriegführung. Im nachhinein bezeichnete er es als sehr nützlich für seine „nunmehr immer schärfer auf die Ausnutzung der Beweglichkeit zielende, taktische und operative Entwicklung".

Man wird wohl nicht fehlgehen, wenn man annimmt, daß er bereits damals bezüglich des Ersten Weltkrieges zu folgenden Ergebnissen gekommen war:

1. Die großen Kavalleriekörper hatten die Erwartungen hinsichtlich der strategisch-operativen Aufklärung nicht erfüllen können. „Es war ihnen zwar im allgemeinen gelungen, die feindlichen Sicherungslinien festzustellen, nirgends aber hatten sie vermocht, sie zu durchstoßen und Einblick in die Vorgänge hinter der feindlichen Front zu gewinnen."
2. Die zu einer Maschinengewehrtruppe gewordene Infanterie eignete sich infolge der abstoßenden Kraft ihrer Feuerwaffen vorwiegend nur noch zur Verteidigung. Ihre Mittel reichten allein nicht mehr zum Angriff aus. Im Stellungskrieg zur herrschenden Waffe aufgerückt, erschwerten die Maschinengewehre, eingegraben in Nestern und gesichert durch Posten und Verbindungsleute, jede Bewegung ungeschützter Kämpfer und Fortbewegungsmittel (Pferde) bzw. verhinderten sie ganz. „Dahinter standen in erheblicher Tiefe verdeckte Batterien und Bereitschaften ... Die Ziele, die diese Waffen dem Angreifer boten, waren so klein und so schwer zu finden, daß ein ungeheurer Aufwand von Artillerie und Munition erforderlich wurde, um sie zum Schweigen zu bringen. Wenige, nicht zerstörte Maschinengewehre genügten in der Regel, um den Angriff weit überlegener Massen zum Erliegen zu bringen. In jedem, selbst dem günstigsten Falle standen die Verluste des Infanterieangriffs in keinem Verhältnis zu den erreichbaren Erfolgen, und dies um so weniger, als die Schnelligkeit verkrafteter Reserven dem Verteidiger immer deren rechtzeitigen Einsatz gestattete und der Angreifer sich an-

statt des erstrebten Durchbruchs und seiner operativen Folgen immer mit einer Einbeulung der feindlichen Front und deren taktischen Nachteilen begnügen mußte."

3. „Die Eroberung eines Angriffszieles durch Artilleriefeuer kostet sehr viel Munition aus zahlreichen Batterien. Das Vorbereiten eines Artillerieangriffs wird damit zu einer zeitraubenden, schwer zu tarnenden Angelegenheit. Die Überraschung des Gegners wird bei diesem Angriffsverfahren in Frage gestellt ... Hat sich die Angriffskraft der Artillerie im Weltkrieg auch als wesentlich größer erwiesen als die der Infanterie, so war sie doch zu langsam wirkend, zu aufwendig und zu auffällig, um rasche Durchbruchserfolge zu ermöglichen."

Bezogen auf diese Waffen konnte er demnach als operative Bilanz des Weltkrieges feststellen, daß mit den schwerfälligen Massenheeren bisheriger Art eine bewegliche Kriegführung nur schwer durchzuführen war. Insbesondere ließ sich gegenüber der Abwehrkraft der modernen Waffen die Schlachtentscheidung nicht genügend schnell erzwingen, weil es unmöglich erschien, überlegene Stoßkraft rasch genug am entscheidenden Punkt zu versammeln und dadurch den Gegner zu überraschen.

Der entscheidende Begriff ist hier „Stoßkraft", verstanden als „die Kraft, die den Kämpfer befähigt, im Angriff seine Waffen auf wirksame Entfernung in den Feind zu tragen, um ihn zu vernichten. Nur Truppen, denen diese Fähigkeit innewohnt, sind stoßkräftig, das heißt angriffskräftig".

Am ehesten war diese Fähigkeit, sah man von der Luftwaffe ab, die jedoch für entscheidende Erfolge auf der Erde eines Partners bedurfte, der die abstoßende Wirkung der modernen Feuerwaffen zu überwinden vermochte, von der Panzertruppe zu erwarten, verfügten sie doch durch ihre Panzerung über einen gewissen Schutz gegenüber den Abwehrwaffen; erlaubte die Motorkraft ihnen eine Beweglichkeit, die sowohl die Überraschung des Gegners fördern konnte als auch ihnen in Verbindung mit dem Panzerschutz gestatten sollte, „trotz des Abwehrfeuers in der Bewegung zu bleiben, damit dem Verteidiger der Aufbau einer neuen Abwehrfront erschwert und der Angriffsstoß in die Tiefe der Verteidigung getragen wird", und schließlich besaßen sie in ihrer Bewaffnung mit Kanonen und/oder Maschinengewehren eine beachtliche Feuerkraft. Mithin mochte allein der Panzer in der Lage sein, „sein Feuer angriffsweise dem Feind entgegenzutragen, auch wenn noch nicht alle Maschinengewehre und Geschütze des Verteidigers zum Schweigen gebracht" waren.

Diese aus der Beschäftigung mit der Taktik und der Kriegsgeschichte gewonnenen Erkenntnisse veröffentlichte Guderian Ende 1927 in der Studie „Bewegliche Truppenkörper", nachdem er am 1. Oktober 1927 in das Reichswehrministerium zum Truppenamt versetzt und dort der Heeres-Transport-Abteilung zugeteilt worden war. Darin meinte er zusammenfassend:

„Seit dem Weltkriege ist die Technik mit Riesenschritten weitergeeilt, und sie wird die Taktik zwingen, ihr zu folgen." Es ist daher notwendig, „ständig motorisierte Verbände zu erproben, die als bewegliche Reserven der Führung oder als Vorhuten größerer Kraftwagentransporte verwendet werden können". Ein großer Teil der Fahrzeuge motorisierter Einheiten sollte geländegängig sein und diese überdies über einen ausreichenden Panzerschutz verfügen. Damit verlangte er praktisch „den zu selbständigen Gefechtsübungen befähigten Kampfwagenverband", zu dem der Techniker „im Zwitter und Räderraupenkampfwagen, im Ein- und Zweimanntank, im leichten Begleit- und schweren Durchbruchskampfwagen sowie in den verschiedenartigsten Formen motorisierter gepanzerter Artillerie die Waffen und Fahrzeuge, im drahtlosen Fernsprecher das Führungsmittel bietet ... Noch nie seit Menschengedenken hat aber die Beweglichkeit solche Aussichten gehabt, wie jetzt im Zeitalter des Motors und des Radio; die Errungenschaften der Technik zwingen sich geradezu dem Soldaten auf. Wir können daher nie und nimmer glauben, daß der Stellungskrieg die Kampfform der Zukunft sein wird; vielmehr wollen wir alles daran setzen, um durch Beweglichkeit die fehlende Zahl und mangelnde Rüstung wettzumachen. Wir müssen versuchen, in die Geheimnisse des Bewegungskrieges einzudringen, nicht nur des ordinären, sondern des Krieges der außergewöhnlichen Beweglichkeit, der überraschenden Mittel, der vollen Ausnutzung der reichen technischen Hilfsquellen unserer Zeit".

Insofern hatte Guderian mit seiner Option für eine bewegliche Kriegführung die entscheidende Frage, zu welchem Zweck überhaupt eine Panzertruppe geschaffen werden soll und von deren Beantwortung dann die Entscheidung „über die Wahl der Panzertypen, ihrer Bestückung, Panzerung, ihrer Gliederung und ihrer Ausstattung mit Ergänzungs- und Hilfswaffen" abhängen mußte, schon zugunsten einer angriffsweisen, operativen Verwendung entschieden, bevor er noch in die Lage gekommen war, Panzertaktik im engeren Sinne zu studieren. Das geschah verstärkt erst 1927/28, und der zweite Teil der englischen Vorschrift für Kampf- und Panzerkraftwagen gab dafür die notwendigen Anhaltspunkte, um eigene Versuche einleiten zu können, ohne gleichzeitig dabei auf eine bestimmte Meinung zu sehr festgelegt zu werden.

Die Panzerdivisionen

Aufgrund des jetzt einsetzenden vermehrten Studiums und der durchgeführten Versuche gelangte er 1929 zu der Überzeugung, „daß der Panzer allein und in der Bindung an die Infanterie niemals zu entscheidender Bedeutung" kommen würde. Gliederte man sie organisch in die Infanterie-Divisionen ein, so zersplitterte man sie und verhinderte ihre Zusammenfassung im entscheidenden Punkt. Zugleich gab man mit der Anpassung ihrer Geschwindigkeit an die geringere der Infanterie und pferdebespannter Artillerie den Vorteil möglicher Überraschung und operativer Ausnutzung von Anfangserfolgen auf, setzte sie vielmehr den Gefahren der gesteigerten Abwehrwaffen aus.

Umgekehrt war es gleichfalls falsch, reine Panzerverbände zu schaffen, da sie nicht nur mit einem für sie günstigen Einsatzgelände rechnen und stets auf einen wohleingerichteten Feind stoßen konnten. Für einen Kampf unter solchen Verhältnissen bedurften sie der Unterstützung durch andere Waffen wie Schützen und Artillerie, die sich aber in bezug auf Geschwindigkeit und Geländegängigkeit den Panzern anzupassen hatten. „Die Panzer mußten in diesem Verbande aller Waffen die erste Geige spielen, die anderen mußten sich nach den Panzern richten. Man durfte nicht Panzer in Infanterie-Divisionen stecken, sondern mußte Panzerdivisionen errichten, in denen alle Waffen enthalten waren, deren die Panzer zu wirkungsvollem Kampf bedurften."

Diese Aussagen Guderians sind ex-eventu erfolgt. Als Indiz für die damaligen Vorstellungen aber kann der Aufsatz Nehrings in dem „Militär-Wochenblatt" von 1933 gelten, der noch allgemein von einem Panzerverband sprach, also die Größenordnung bewußt offenließ:

„Was ist unter Panzerverband zu verstehen? Nach Auslandsnachrichten ist der Panzerverband eine operative Einheit, deren Kern aus Kampfwagen besteht, dem andere motorisierte Truppen ständig oder vorübergehend zugestellt sind. Ein Panzerverband untersteht im allgemeinen den obersten Kommandobehörden zu selbständiger Verwendung; doch kann auch seine vorübergehende Unterstellung bis zur Division herab erfolgen. Charakteristisch für den Panzerverband ist die Verbindung von starker Feuerkraft und Panzerschutz mit hoher Geschwindigkeit und Beweglichkeit auf Straßen und im Gelände. Seine Bewegungsfähigkeit beruht ausschließlich auf Maschinenkraft, die Truppe braucht ihr Fortbewegungsmittel zum Kampf nicht zu verlassen. Er stellt ein neues Kriegsmittel von höchster Kampfkraft dar, das geeignet ist, die Kriegführung beweglicher zu machen und vor Erstarrung zu bewahren. Seine Gliederung muß dem angepaßt werden. Es kommt dabei darauf an, einen handlichen, wendigen, beweglichen Verband mit großem Fahrbereich zu schaffen, der schnell eingesetzt werden kann und damit die überraschende Bildung eines Schwerpunktes sicherstellt.

Umfassender Einsatz gegen Flanke und Rücken des Gegners – abgesetzt von anderen, langsameren Verbänden – ist die Hauptaufgabe des Panzerverbandes; doch kann er auch im frontalen Durchbruch entscheidende Bedeutung haben. Zur Verfolgung eingesetzt, kann er die Auflösung des weichenden Feindes herbeiführen. Dagegen ist er wenig befähigt, gewonnenes Gelände nachhaltig zu behaupten; hierzu wird meist Zuteilung motorisierter Infanterie mit Artillerie notwendig werden.

Das Wesen seiner Kampfführung ist nicht die Führung langdauernder Kämpfe, sondern der Einsatz zu kurzen, zeitlich und räumlich begrenzten Operationen mit eng gefaßten Aufträgen. Sein Einsatz beruht auf dem Grundsatz der Schwerpunktverwendung von Kampfwagen, das heißt der Konzentrierung höchster Kampfkraft an der entscheidenden Stelle; ferner auf der richtigen Beurteilung des Geländes für den Einsatz dieser Kampfwagen und besonders auf dem überall gültigen Prinzip der Überraschung, um die feindliche Abwehr nicht oder möglichst wenig zur Geltung kommen zu lassen.

Neuzeitliche Heere werden ohne Panzerverbände, für deren Zusammensetzung es kein Schema gibt, kaum entscheidend operieren können, wenn ihnen ein Gegner gegenübersteht, der über solche Verbände verfügt."

Daß sich hier auf das Vorbild des Auslandes berufen wurde, darf nicht weiter verwundern, bildete es doch die einzige Möglichkeit, diese Fragen umfassend darzustellen, ohne mit den Bestimmungen des Versailler Vertrages in Konflikt zu kommen. Darüber hinaus ergab sich dadurch die Chance, die eigene schmale Erfahrungsbasis durch fremde Ansichten zusätzlich zu untermauern und abzusichern. Im Grunde jedoch handelte es sich dabei in erster Linie um camouflagierte eigene Auffassungen.

Nehring neigte nun bezüglich des Umfanges der aufzustellenden Panzerverbände zu der Ansicht, durch sie die bisher für erforderlich gehaltenen Kavallerie-Divisionen ersetzen zu lassen. Für Deutschland würde das damals die Bildung von 3 Panzerdivisionen bedeutet haben. In der Tat verlief die Entwicklung dann in dieser Richtung, d. h., bereits im November 1933 wurde mit der Aufstellung des Stabes Kraftfahr-Lehrkommando Zossen (Personal aus Kama und den Kraftfahr-Abteilungen) und eines „Lehrtrupps" begonnen, 1934 folgten mit der 3. Umbauverfügung, die einen beschleunigten Aufbau des Heeres einschließlich der Bildung von drei Panzerdivisionen vorsah, zwei weitere Lehrtrupps in Zossen. Gleichzeitig sollte die 3. Kavallerie-Division als geschlossener Truppenkörper für den Aufbau der neuen Panzertruppe absatteln und umgeschult werden. Bereits zu diesem Zeitpunkt also waren die entscheidenden Weichenstellungen für den im Herbst 1935 dann bekanntgegebenen Aufbau der ersten drei deutschen Panzerdivisionen erfolgt. Man wird sich daher fragen müssen, ob zum Beispiel der Widerstand Becks dagegen wirklich so grundsätzlicher Natur gewesen ist, wie er in der Literatur teilweise angenommen wird, oder ob es sich dabei nicht eher um unterschiedliche Wege zu dem selben Ziel gehandelt hat, wobei die gemeinsame Einschätzung der industriellen Kapazität und die verschiedenen Vorstellungen über die Erfolgsaussichten eines Krieges die entscheidenden intervenierenden Variablen bildeten.

Der Gegensatz zwischen Guderian und Beck

Die Auffassungen L. Becks dazu können als bekannt vorausgesetzt werden (s. o. S. 569). Ohne die Bedeutung der Panzerverbände für den Schlachterfolg irgendwie leugnen zu wollen, ging es ihm primär um einen kontinuierlichen Heeresaufbau mit einer dazu parallel verlaufenden Steigerung der Angriffsfähigkeit allgemein. Entsprechend der noch geringen wirtschaftlichen Möglichkeiten Deutschlands hieß das dann für ihn, daß neben einer ausreichenden Anzahl Panzerverbände für einen Einsatz im Schwerpunkt oder für eine selbständige operative Verwendung zwar die weiteren Panzerabteilungen auf die Infanterie-Divisionen verteilt werden sollten, aber nicht so, daß sie isoliert blieben, sondern vielmehr so, daß sie, in Regimentern gegliedert, aus Ausbildungsgründen und um die mobile Verwendung in größeren Verbänden zu ermöglichen, zu Panzerbrigaden wiederum zusammengefaßt wurden. Ohne Zweifel bedeutete das eine gewisse Zersplitterung der noch geringen Panzereinheiten.

Demgegenüber wollte Guderian, weil er wußte, daß die industrielle Kapazität Deutschlands nicht ausreichte, um neben dem Aufbau einer starken Panzerwaffe auch noch eine Motorisierung des Heeres auf breiter Grundlage durchzuführen, alle Anstrengungen zunächst auf die erste Aufgabe konzentriert wissen, da es seiner Ansicht nach für einen Feldherrn nichts Wünschenswerteres geben konnte, „als viele Panzerverbände im Rahmen des Gesamtheeres zu besitzen. Hier endlich winkt wieder die Aussicht auf bewegliche Führung, auf volle Operationsfreiheit, auf Umfassung und Umgehung, auf den wirklichen, großen entscheidenden Schlachterfolg".

Von dieser Zielprojektion her, aber unter dem ökonomischen Zwang der Selbstbescheidung stehend, wandte er sich sowohl gegen die Aufteilung der Panzer auf die Infanterie-Divisionen als auch gegen die Bildung „leichter" Divisionen. In beiden Fällen würde die Kampfkraft durch die Hinzufügung von Panzerabteilungen nur geringfügig gesteigert, die begrenzten Hilfsmittel auf dem Gebiet der Motorisierung dadurch jedoch überfordert werden. Deshalb forderte er die Konzentration der beschränkten Ressourcen auf das von ihm als wesentlich Erkannte, auf den Aufbau einer schlagkräftigen Panzerwaffe.

Konkret hieß das für ihn: „Panzer, mit denen in der Feldschlacht der Durchbruch oder ein tiefer Einbruch bis zu den feindlichen Stäben und Reserven, und eine Vernichtung der feindlichen Artillerie erstrebt wird, bedürfen mindestens teilweise einer Panzerung, die gegen die Masse der feindlichen Abwehrwaffen schützt, größerer Geschwindigkeit und größeren Fahrbereichs als der Infanteriebegleitpanzer und einer Bewaffnung vom Maschinengewehr bis zum 7,5-cm-Geschütz. Ihre Überschreit- und Watfähigkeit sowie ihr Umwerfvermögen muß gegen Feldbefestigungen genügen. Für das Aufräumen der Infanteriekampfzone kann man im Rahmen dieser Verbände ... mit leicht gepanzerten Maschinengewehrfahrzeugen auskommen, da die Masse der Abwehrgeschütze durch die vorhergehenden schwereren Panzer außer Gefecht gesetzt werden wird. Diese Panzerverbände müssen in großen Einheiten zusammengefaßt sein und durch Ergänzungs- und Hilfswaffen zu selbständigen Kampfhandlungen befähigt werden, wie dies bei Infanteriedivisionen auch der Fall ist.

Sie besitzen eine im Frieden bereits geschulte Führung. Die Verantwortung für den Einsatz liegt in der Hand der oberen Führung. Die Verwendung erfolgt in Massen, breit und tief gegliedert. Man erstrebt, den taktischen Erfolg zum operativen zu erweitern. Man ist in der Lage, den in Zukunft sicher zu erwartenden feindlichen Panzerangriffen im Kampf Panzer gegen Panzer mit Großeinheiten, die in dieser Kampfart ausgebildet sind, zu begegnen. Gleichviel, ob man sich im Großen verteidigungs- oder angriffsweise verhalten will, sowohl zum Durchbruch wie zur Umfassung, zur Verfolgung wie zum Gegenangriff aus der Verteidigung, stets wird das Zusammenfassen der verfügbaren Panzerkräfte wirksamer sein, als ihre Zersplitterung."

Das Problem der Führung motorisierter Großverbände

Das besondere Problem bildete dabei die Führung und Kontrolle dieser schnellen motorisierten Großverbände. Dazu hatte der damalige Major Fellgiebel schon 1929 die Zukunftsvision entworfen, daß sich die Kürze der Befehlsgebung diesen neuen Verhältnissen anpassen müsse. „Denken wir uns einen derartigen Verband mit geländegängigen Fahrzeugen ausgestattet – mit weit vorausgesandten Aufklärungsorganen –, über sich Aufklärungs- und, wenn möglich, Kampfflieger – sich schnell vorwärtsbewegend – schnell an den Feind kommend – die Führer vielleicht selbst im Panzerkraftwagen – sprungweises Vorwärtskommen oft nicht möglich – im Führerkraftwagen nur der Führer, ein Generalstabsoffizier, ein Ordonnanz-Offizier, der Kraftwagenführer und 1–2 Funker mit einem Sender und 1–2 Empfängern, Meldungen kommen drahtlos, Befehle müssen – wenigstens zunächst – ebenso gegeben werden. Werden wir uns dann nicht daran gewöhnen müssen, sogar wie die Marine mit Funksignalen oder ganz kurzen funktelephonischen Weisungen zu befehlen?"

Die damit aufgeworfene Frage der Nachrichtenmittel und -verbindungen, mit deren Hilfe ein solcher Truppenverband geführt werden konnte, war bis 1935 für die Praxis noch nicht hinreichend geklärt worden. Daher beschloß der Oberbefehlshaber des Heeres, General Freiherr von Fritsch, wohl, das erste Manöver einer „Übungs-Panzerdivision" im August des Jahres auf dem Truppenübungsplatz Munsterlager auch dazu zu benutzen, zu prüfen, inwieweit Führung und Truppe in der Lage waren, rasch auf eine unerwartete Lage einzugehen, zumal die Vorschrift „Truppenführung" noch davon ausging, daß es im allgemeinen nicht möglich sei, „einem im Kampfe befindlichen Kampfwagenverband neue Aufgaben zuzuteilen". Zu diesem Zweck arbeitete General Reinhardt für den letzten Tag der Lehr- und Versuchs-Übung, der einen Durchbruch vorsah, eine Einlage aus, nach der mit Erledigung der genannten Aufgabe das Manöver nicht beendet sein, vielmehr die Panzerdivision „unverzüglich nach der Flanke gegen einen von dort in Anmarsch befindlichen Feind geworfen werden [sollte]. Das war schwierig; denn der Durchbruch hatte die Truppe gehörig aufgelockert. Trotzdem, berichtet Reinhardt: ‚Alles gelang einwandfrei. In kürzester Zeit erreichten die neuen Befehle ihre Ziele, in kürzester Zeit fuhr die Panzer-Aufklärung in ihren Teilen mit neuen Aufträgen in die neue Richtung ab, und bald fädelten sich die Truppen in mehreren Kolonnen auf den neuen Wegen ein. Damit wurde die Übung abgebrochen.'"

Damit war das dem zugrunde liegende Problem zwar noch nicht in allen Einzelheiten befriedigend gelöst, jedoch die grundsätzliche Möglichkeit dazu aufgezeigt worden.

Guderian selber äußerte sich dazu in dem Aufsatz „Der mißverstandene Schlieffen": „Mit Recht bezweifelt aber der Fachmann auf nachrichtentechnischem Gebiet, Oberst Fellgiebel, ob das ‚Problem von 1935‘ als gelöst zu betrachten sei, das technische Problem der Führung motorisierter Verbände und der Luftstreitkräfte. Diese Verbände spielen in neuzeitlichen Heeren nicht mehr, wie 1914 bis 1918, die Rolle von Hilfswaffen. Sie entwickeln sich vielfach zur Hauptkampf- und Stoßkraft. Sie sind der Kern der Heere. Auf ihre richtige Verwendung kommt es in erster Linie an. Je stärker sie im Rahmen des Gesamtheeres gehalten werden, desto größer ist dessen Schlagkraft. Das Problem ihrer Führung wird bedingt durch den Umstand, daß sie in der Bewegung fechten ... Bei beiden Waffen erfordert die außerordentlich bewegliche Kampfweise eine ebenso bewegliche Führung. Nur Führer, die ihren Verbänden tatsächlich und buchstäblich vorausfliegen oder -fahren, werden in der Lage sein, den erforderlichen Einfluß auf den Gang des Gefechts zu behalten ... Man wird nicht umhin können, umzulernen: Luftstreitkräfte und Luftabwehr, Panzerstreitkräfte und Panzerabwehr sind die unentbehrlichen und selbständigen Kerntruppen neuzeitlicher Heere, um die sich die anderen, an Kopfzahl sicher umfangreicheren, am Kampfkraft aber schwächeren Einheiten gruppieren."

Mithin kehrte auch hier wieder H. Guderian zu seiner Hauptforderung zurück. Bestimmend für diese Auffassung war seine Ansicht, daß eine militärische Führung, die ihr Handwerkszeug beherrsche, nach schneller Entscheidung streben und dazu die ihr gegebenen Kampfmittel bis zu deren voller Leistungsgrenze ausschöpfen müsse. Deshalb durften einerseits die Panzer nicht in kleine Einheiten aufgeteilt organisch auf die Infanteriedivisionen verteilt werden. Daneben galt es gleichfalls zu bedenken, daß bei einem zukünftigen Kriege kaum noch mit einer solchen operativen Bewegungsfreiheit wie etwa im Ersten Weltkrieg nach dem Fall der Festung Lüttich gerechnet werden konnte. „Wahrscheinlich ist zunächst ein Kampf um Festungen oder befestigte Stellungen erforderlich; um zur Bewegung zu gelangen, muß dem Angreifer der Durchbruch glücken. Die einmal errungene Bewegungsfreiheit muß dann allerdings sehr schnell ausgenutzt werden, soll die Front nicht alsbald wieder erstarren, denn im Gegenangriff hat auch der Verteidiger Aussicht, seine schnell beweglichen Kräfte mit größtem Nutzen anzuwenden." Da die dabei auftretenden vielfachen Kampfaufgaben nicht allein von den Panzern selber gelöst werden konnten, bedurften daher andererseits sie der Unterstützung und des Zusammenwirkens mit anderen Waffen.

Aus diesen Eingangsüberlegungen folgte eine dritte, die von Guderian vertretene Richtung für die Verwendung der Panzerwaffe. Da er es für ausgeschlossen hielt, mit dem bisherigen Verfahren zu einem Durchbruch und zu einem entscheidenden Schlachterfolg zu gelangen, suchte er nach neuen Wegen, um „unter Erhebung der Luftwaffe und der Panzerwaffe zu Hauptwaffen, eine rasche – auch im Zeitalter der Luft- und Panzerwaffen genügend rasche – taktische Entscheidung herbeizuführen und diese sodann operativ auszuwerten".

Für dieses Ziel, einen Durchbruch mit anschließender Verfolgung und Aufrollen der haltenden Fronten des Gegners, einem durchschlagenden Erfolg also, entwarf Guderian idealtypisch für den notwendigen Panzerangriff unter Mitwirkung der anderen Waffen folgendes Vorgehen:

Ausgehend von den drei Kardinalforderungen für das Gelingen eines Panzerangriffs: „geeignetes Gelände, Überraschung und Zusammenfassen aller verfügbaren Kräfte an der entscheidenden Stelle, also Masseneinsatz", mußte der Angriff selber sowohl genügend breit, damit der Kern nicht flankiert und die ungepanzerten Waffen ungehindert folgen konnten, als auch angesichts der zu überwindenden Abwehr und der Größe des gesteckten Ziels genügend tief angesetzt bzw. gegliedert werden.

Dazu sah er, ohne damit ein Schema geben zu wollen, eine Gliederung der angreifenden Panzer in vier Treffen vor. „Das erste Treffen soll die feindlichen Reserven – auch an Panzern – binden und die Stäbe und Befehlszentren außer Gefecht setzen; es hat auf seinem Weg dorthin lediglich feindliche Abwehrwaffen zu vernichten, sich aber sonst in keine Kämpfe verwickeln zu lassen. Das zweite Treffen hat die Aufgabe, die gegnerische Artillerie und die in ihrem Raume fechtende Panzerabwehr zu vernichten. Das dritte Treffen soll die eigene Infanterie durch die gegnerische Infanteriekampfzone bringen und hierbei jeden infanteristischen Widerstand des Gegners so gründlich beseitigen, daß die Ergänzungswaffen der Panzer diesen zu folgen vermögen. Das vierte Treffen schließlich, das nur bei sehr starken Panzerkräften gebildet werden kann, diene als Reserve der Führung und zum Aufrollen noch haltender Fronten. Dieser ganze, gewaltige Angriff soll gleichzeitig auf breiter Front in den Feind einbrechen und sich in ununterbrochen einander folgenden Wellen bis zu seinem Ziele vorbewegen. Aufgabe aller Treffen ist es, nach Erledigung ihrer ersten Kampfaufträge nach vorne zu streben, um für die bevorstehende Panzerschlacht zur Hand zu sein. Das erste Treffen wird für diese, ihm sicher bevorstehende schwere Aufgabe sehr stark gemacht werden müssen, während das zweite und dritte Treffen schwächer gehalten werden können ... Können die Flügel des Angriffs sicher angelehnt werden, genügt unter Umständen ein Schutz durch Panzerabwehr und andere Waffen; offene Flügel und Flanken bedingen meist Schutz durch rückwärts gestaffelte Panzerkräfte."

Gingen dem Angriff Aufklärung und Erkundung, Anmarsch und Bereitstellung voraus, so gewannen mit Angriffsbeginn zunächst zwei weitere Waffen an Bedeutung, die Artillerie und die Pioniere. „Am günstigsten scheint es zu sein, wenn der Angriff ohne Artillerievorbereitung und somit völlig überraschend losbrechen kann. Der Angriff selbst bedarf freilich der Unterstützung durch die Artillerie." Die Pioniere waren dagegen besonders wichtig für die Beseitigung von den Panzerangriff hemmenden Sperren oder zur Überwindung von Geländehindernissen. Da keine Gewähr bestand, daß für diese notwendigen Arbeiten die feindliche Gegenwehr zum Schweigen gebracht werden konnte, schlug Guderian vor, „die zum Zusammenwirken mit Panzern bestimmten Pioniere wenigstens teilweise unter Panzer zu setzen, die mit Minensuch- und -räumgerät ausgestattet sind. Für das Überwinden von Wasserläufen eignen sich Schwimmpanzer und Brückenträgerpanzer".

War nun der Einbruch in die feindliche Verteidigungszone gelungen und der Panzerangriff ins Rollen gekommen, dann zeitigte er nach Ansicht Guderians vor allem zwei Wirkungen, d.h. während in der vorderen Kampfzone ein Nachlassen der gegnerischen Waffenwirkung spürbar wurde, begann im rückwärtigen Feindgebiet eine fieberhafte Tätigkeit mit dem Ziel, alle verfügbaren Reserven nach dem Kampfgebiet in Marsch zu setzen. Hier fiel nun den eigenen Fliegerstreitkräften die Aufgabe zu, in den Erdkampf einzugreifen und zu verhindern, daß diese feindlichen Reserven noch in den Kampf eingreifen konnten.

Umgekehrt mußte das Nachlassen der gegnerischen Waffenwirkung im vorderen Kampfraum sofort von allen Waffen und insbesondere von der Infanterie zum Vorwärtskommen energisch ausgenutzt werden:

„Je schneller die erste Überraschung des Gegners zum Vorwärtskommen benutzt wird, um so sicherer und unblutiger wird der Erfolg sein. Denn darüber muß sich die Infanterie klar sein: die Panzer können den Gegner lähmen, sie können ein Loch in sein Verteidigungssystem schlagen; ganz vom Kampf befreien können sie die eigene Infanterie nicht. Das ist auch für die eigene Infanterie gut und beweist ihre Unentbehrlichkeit für den gemeinsamen Kampf.

Der Kampf der Infanterie wird sich nun um jene feindlichen Widerstandsnester abspielen, die vom Panzerangriff ausgespart werden mußten oder von ihm nicht entdeckt wurden. Er wird erleichtert werden, weil diese Nester über das vom Panzerangriff bereits gesäuberte Gelände umfaßt und umgangen werden können und weil in der Regel Teile der Panzertruppe zu unmittelbarem Zusammenwirken mit der Infanterie – jedenfalls für die Dauer des Kampfes in der Infanteriekampfzone – abgezweigt werden.

Wir hoffen zuversichtlich, der Infanterie gründlich helfen zu können, wenn der Panzerangriff selbst überhaupt Erfolg hat. Wir müssen aber immer wieder betonen, daß der in die Tiefe der feindlichen Verteidigung reichende schnelle Erfolg der Panzer gegen ihre Hauptfeinde, die gegnerischen Panzer- und Panzerabwehrkräfte sowie gegen die gegnerische Artillerie erst die Vorbedingung dazu schafft."

Der Panzerangriff konnte nun entweder gleichzeitig mit dem Infanterieangriff oder zeitlich verschoben davon erfolgen. Auch brauchten beide nicht gleichlaufend angesetzt zu werden; wurden sie es aber, dann bedurften sie einer besonderen Abstimmung zwischen den vorgehenden Panzern und der Infanterie, um die Gefahr von Unfällen usw. auszuschließen.

„Das Begleiten des erfolgreichen Panzerangriffs durch Infanterie zu Fuß stellt erhebliche Anforderungen an die körperliche Leistungsfähigkeit der Truppe; sie muß hierzu durch Ausbildung und eine erleichterte Ausrüstung und zweckmäßige Bekleidung befähigt werden. Am schnellsten und wirksamsten lassen sich die Erfolge der Panzer freilich durch motorisierte Schützen ausnutzen, zumal wenn deren Kraftfahrzeuge voll geländegängig und gepanzert sind („Dragons portés!"). Werden solche Schützeneinheiten ständig mit Panzern in einem Verbande vereinigt, so ergibt sich eine für die Kampfentscheidung wertvolle Waffenbrüderschaft bereits im Frieden. Der moralische Gewinn einer solchen Maßnahme muß zweifellos ebenso hoch bewertet werden, wie der taktische."

Ergänzt noch um entsprechende Nachrichten- und Verbindungsmittel, unterstützt durch Versorgungstruppen für Instandhaltung, Nachschub an Munition, Betriebsstoffen und Lebensmittel sowie begleitet von Luft- und Panzerabwehrverbänden, sollten dergestalt gegliederte Panzerdivisionen, die über alle für den Kampf erforderlichen Waffengattungen verfügten und sich schon im Frieden aufeinander eingespielt hatten, Erfolge erzielen, die der Gesamtentscheidung mehr nützten als die begrenzten Einbrüche nach dem Muster des Ersten Weltkrieges, und die kampfentscheidende Angriffswaffe des Heeres schlechthin werden, die als „Architekten des Sieges" gleichsam „die übrigen Divisionen in ihrem ‚Kielwasser'" mitrissen.

Bibliographie

IX

Grundzüge der militärischen Kriegführung

Grundzüge der Landkriegführung zur Zeit des Absolutismus und im 19. Jahrhundert

Literaturbericht zum Kriegswesen 1648–1888

Volkmar Regling war es nicht mehr vergönnt, seinem vorliegenden Handbuchbeitrag über die Entwicklung der Landkriegführung auch noch die entsprechende Bibliographie folgen zu lassen.

Ich habe mich dieser Aufgabe gern unterzogen. Soweit es aus dem Text ersichtlich war, bin ich der von ihm mit großer Sachkenntnis verarbeiteten Literatur gefolgt. Wo ein entsprechender Nachweis nicht mehr geführt werden konnte, habe ich versucht, die jeweils einschlägigsten und jüngsten Veröffentlichungen beizuziehen.

Bernhard Kroener

Bibliographien zum Gesamtzeitraum

Da eine vollständige Bibliographie der seit 1914 erschienenen Schriften zur Militärgeschichte fehlt, ist auf die entsprechenden Abschnitte des DW, *Quellenkunde zur deutschen Geschichte, 9. Auflage Leipzig 1941,* Nr. 2855–2918 (Curt JANY), und DW, *Quellen und Literatur zur deutschen Geschichte, 10. Auflage Stuttgart 1971, Band 2, Abs. 40* (Werner HAHLWEG), die auch auf die älteren Arbeiten von RUMPF, POHLER und SCHARFENORT verweisen, zurückzugreifen. Damit liegt eine grobe Übersicht über die bis 1960 erschienene Literatur vor. Ab 1962 fortlaufend ist die *Militärgeschichtliche Quellenkunde hrsg. von ZBiblBw* in Düsseldorf nützlich, die jedoch für die ältere Militärgeschichte erhebliche Lücken aufweist, so daß in jedem Fall der Besprechungsteil der *Militärgeschichtlichen Mitteilungen* (seit 1967) und der *Zeitschrift für Militärgeschichte* (DDR) heranzuziehen ist. Die Literaturverweise in den neueren Gesamtdarstellungen zur deutschen Militärgeschichte von C. H. HERMANN, *Deutsche Militärgeschichte. Eine Einführung. Frankfurt 1968,* und Siegfried FIEDLER, *Grundriß der Militär- und Kriegsgeschichte. Bd. 1–3, München 1972–1978,* wobei die letztgenannte Arbeit bisher nur die Zeit bis zum Wiener Kongreß behandelt, sind für weiterführende Studien nützlich. Zum brandenburgisch-preußischen Militärwesen und seiner Entwicklung im 17. und 18. Jahrhundert aus marxistischer Sicht bietet die neuerdings erschienene Zusammenstellung von Helmut SCHNITTER, *Zur Darstellung des brandenburgisch-preußischen Militärwesens im 17. und 18. Jahrhundert in der marxistisch-leninistischen Geschichts- und Militärgeschichtsliteratur der DDR, in: ZMG 19 (1979) Heft 3* einen brauchbaren Überblick. Über die zwischen 1945 und 1969 erschienenen Arbeiten zur österreichischen Militärgeschichte informiert zuverlässig: *Aus drei Jahrhunderten. Beiträge zur österreichischen Heeres- und Kriegsgeschichte, in: Schriften des Heeresgeschichtlichen Museums (Militärwissenschaftliches Institut), Bd. 4, Wien 1969.* Einen besonderen Rang nimmt das Werk von Max JÄHNS, *Geschichte der Kriegswissenschaften vornehmlich in Deutschland, 3 Abt. 3 Bde, München 1889–1891 = Geschichte der Wissenschaften in Deutschland, Neuere Zeit, hrsg. von der Hist. Komm. bei der kgl. Akademie der Wissenschaften Bd. XXI,* ein, das die zeitgenössische militärtheoretische Literatur nahezu vollständig aufführt und kurz charakterisiert.

Weitere bibliographische Hinweise finden sich auch bei den nachfolgend vermerkten Handbüchern und Gesamtdarstellungen. Spezialbibliographien sind den einzelnen Unterabschnitten vorangestellt.

Von den älteren, lexikalisch aufgebauten Darstellungen zur Geschichte des Heerwesens ist heute noch mit Gewinn zu benutzen: Wilhelm RÜSTOW, *Militärisches Handwörterbuch nach dem Standpunkte der neuesten Literatur, 2 Bde., Zürich 1859, Nachtrag 1868.* Das von Bernhard POTEN besorgte *Handwörterbuch der gesamten Militärwissenschaften, 9 Bde., Leipzig 1877–1880* erläutert militärwissenschaftliche Begriffe und informiert zuverlässig über die technische Entwicklung am Ende des 19. Jahrhunderts. Die umfassendere Darstellung von G. von ALTEN und H. von ALBERT, *Handbuch für Heer und Flotte, Encyclopädie der Kriegswissenschaften und verwandter Gebiete, 6 Bde. (und 1 Kartenband), Berlin 1909–1914* endet mit dem Stichwort Österreich-Ungarn. Ebenfalls herangezogen werden kann: H. FRANKE, *Handbuch der neuzeitlichen Wehrwissenschaften, 4 Bde.* (Bd. 3,1 enthält Beiträge zur Entwicklungsgeschichte der Marine, Bd. 3,2 zu der der Luftwaffe), *Berlin 1936–1937*, das jedoch im bibliographischen Bereich dürftig ist.

Einen fundierten Überblick vermittelt die ältere Arbeit von Hermann MEYNERT, *Geschichte des Kriegswesens und der Heeresverfassungen in Europa seit dem frühen Mittelalter bis auf die Gegenwart, 3 Bde., Wien 1868.*

Aus den zu Beginn dieses Jahrhunderts erschienenen Gesamtdarstellungen, die sich auf Grund des zeitbedingten Verständnisses von Kriegsgeschichte auf organisationsspezifische Probleme und den Handlungsablauf militärischer Operationen beschränken, ragt die Arbeit von Hans DELBRÜCK, *Geschichte der Kriegskunst im Rahmen der politischen Geschichte, Bd. 1–4,* fortgesetzt von Emil DANIELS und Otto HAINTZ *(Bd. 5–7), Berlin 1900–1936* hervor, der auch die politische Komponente militärischer Entscheidungen ins Bild gerückt hat. Durch neuere Untersuchungen inzwischen stellenweise überholt, als Gesamtdarstellung jedoch weiterhin unentbehrlich: Eugen von FRAUENHOLZ, *Entwicklungsgeschichte des europäischen Heerwesens, 5 Bde., München 1935–1941.*

Von den nach dem Ende des Zweiten Weltkrieges entstandenen Arbeiten zur deutschen Militärgeschichte zeichnet sich die knappgehaltene Untersuchung von Carl H. HERMANN durch ihre umfangreiche Bibliographie aus. Als Handreichung für den Offizier hat S. FIEDLER seine bisher in drei Bänden erschienene Arbeit zur Militär- und Kriegsgeschichte konzipiert. Aus marxistischer Sicht und für die deutschen Zustände nicht immer zutreffend beschreibt die bereits in den frühen fünfziger Jahren entstandene und später ins Deutsche übertragene Arbeit des sowjetischen Historikers J. A. RASIN, *Geschichte der Kriegskunst, 2 Bde., Berlin (Ost) 1959–1960* die Entwicklung des europäischen Heerwesens.

Militärische Fachausdrücke, vor allem aus der älteren Militärgeschichte, erläutert in kleinen Essays: Walter TRANSFELDT, *Wort und Brauch im deutschen Heer. Allerlei Militärisches, was mancher nicht weiß; gründlich überarbeitet und erweitert von* Otto QUENSTEDT, *Hamburg* [7]*1976.*

Biographische Notizen:

Kurze Lebensabrisse bedeutender Heerführer lassen sich in ADB und NDB finden. Biographische Daten über die preußische Generalität, jedoch nicht immer frei von apologetischen Zügen liefert die Arbeit von: K. von PRIESDORFF, *Soldatisches Führertum, Bd. 1–8 (Teil 1–10), Berlin 1937–1940,* die in chronologischer Reihenfolge bis zum Jahre 1867 gekommen ist. Notizen zu den wichtigsten außerdeutschen Persönlichkeiten der Kriegsgeschichte enthält: *Große Soldaten der europäischen Geschichte,* hrsg. von Wolfgang von GROOTE, *Darmstadt 1961.* Über die wichtigsten Lebensdaten bedeutender Militärtheoretiker informiert zuverlässig: *Klassiker der Kriegskunst,* Hrsg. Werner HAHLWEG, *Darmstadt 1960.*

Schlachten, Truppenstärken und Verluste

Den Versuch einer umfassenden Auflistung aller bedeutenden Schlachten und Treffen der Weltgeschichte mit Angaben der Truppenstärken und Verluste hat Gaston BODART, *Militärhistorisches Kriegslexikon (1618–1905), Wien 1907–1908* unternommen. Seine Zahlenangaben halten jedoch nicht immer einer kritischen Überprüfung stand. Den Umfang, der durch Kriegsereignisse bedingten Bevölkerungsverluste in Europa in der Neuzeit hat neuerlich B. URLANIS, *Bilanz der Kriege, Die Menschenverluste Europas vom 17. Jahrhundert bis zur Gegenwart*, deutsche Ausgabe, *Berlin (Ost) 1966* zu erhellen versucht.

Uniformkunde

Grundlegend für die Darstellung der Uniformentwicklung bleibt H. KNÖTEL und H. SIEG, *Handbuch der Uniformkunde. Die militärische Tracht in ihrer Entwicklung bis zur Gegenwart, Hamburg* [3]*1956*. Eine mit ansprechendem Bildmaterial versehene Zusammenschau der europäischen Uniformentwicklung bietet: Preben KANNIK, *Uniformen in Farben, Berlin 1967*. Einen Eindruck von der Entwicklung der militärischen Bekleidung in Österreich-Ungarn vermittelt: Herbert von PATERA, *Unter Österreichs Fahnen, Graz 1960*. Zur Entwicklung der Uniformen preußischer Kontingente kann auch Paul PIETSCH, *Die Formations- und Uniformierungs-Geschichte des preußischen Heeres 1808–1912, Berlin 1913* mit Nutzen verwendet werden.

Handwaffen

Über die Entwicklung der Handfeuerwaffen gibt neuerdings W. Y. CARMAN, *A History of Firearms. From the Earliest Times to 1914, London 1977* erschöpfend Auskunft. Eine sehr ausführliche und sachkundig verfaßte Arbeit zur Geschichte der Handfeuerwaffen bis 1800 hat Arne HOFF, *Feuerwaffen. Ein waffentechnisches Handbuch, 2 Bde., Braunschweig 1969* verfaßt. Einen Überblick über die im preußisch-deutschen Heer verwendeten Hieb- und Stichwaffen vermittelt Werner ECKARDT und Otto MORAWIETZ, *Die Handwaffen des brandenburgisch-preußisch-deutschen Heeres 1640–1945, Hamburg 1957*. Eine vergleichbare, im Detail jedoch ausführlichere Darstellung zu Österreich-Ungarn: A. DOLLECZEK, *Monographie der k.u.k. blanken und Hand-feuer-Waffen, Wien 1896*, Nachdruck 1970. Für die süddeutschen Staaten hat Entsprechendes G. MAIER, *Süddeutsche Blankwaffen, 3 Bde., Oberhöfen 1968–1970; Bd. 1: Württemberg, Bd. 2: Baden, Bd. 3: Bayern* zusammengestellt.

A. Die Kriegführung zur Zeit des Absolutismus

1. Allgemeine Darstellungen zur Epoche

Vgl. auch die entsprechenden Abschnitte bei Gerhard PAPKE, *Handbuch zur deutschen Militärgeschichte, Bd. 1*, Abschn. I, S. 283 ff und Rainer WOHLFEIL, ebd., *Bd. 1*, Abschn. II, S. 191–212. Neben der dort genannten einführenden Literatur zum Absolutismus neuerdings: Robert MANDROU, *Staatsräson und Vernunft 1649–1775*, in: *Propyläen Geschichte Europas, Bd. 3, Frankfurt/M. 1976*, der seine Darstellung strukturgeschichtlich angelegt hat. Einen ähnlichen Ansatz zeigt auch die Arbeit von: Rudolf VIERHAUS, *Deutschland im Zeitalter des Absolutismus, 1648–1763, Vandenhoek Deutsche Geschichte, Bd. 6, Göttingen 1978*.

Im Rahmen eines komparatistischen Ansatzes versucht E. N. WILLIAMS, *The Ancient Regime in Europe. Government and Society in the Major States (1648–1789), London 1970* Herrschaftsstrukturen des europäischen Absolutismus nachzuzeichnen. Eine kritische Bewertung der Epoche stellt die nun auch ins Deutsche übertragene Arbeit von Paul ANDERSON, *Die Entstehung des absolutistischen Staates, Frankfurt/M. (Suhrkamp TB) 1980* dar. Einen Überblick über die Epoche gibt neuerdings: Günther BARUDIO, *Das Zeitalter des Absolutismus und der Aufklärung 1648–1779, München 1980 = FWG Bd. 25*.

Mit der geistesgeschichtlichen Einordnung des Begriffes „Moderner Staat“ beschäftigte sich der aus einem Vortrag entstandene Aufsatz von Stephan SKALWEIT, *Der moderne Staat. Ein historischer Begriff und seine Problematik*, in: RWAW, *Geisteswiss. Vorträge Opladen 1975*.

Zum Verhältnis von Krieg und Frieden in der frühen Neuzeit
Die Verstaatlichung des Kriegswesens

Zum Verhältnis von Krieg und Frieden in der frühen Neuzeit muß in Ermangelung neuerer Forschungen in deutscher Sprache auf die nicht unproblematischen Untersuchungen von Paul

SCHMITTHENNER, *Krieg und Kriegführung im Wandel der Weltgeschichte, Potsdam 1930,* und: ders., *Politik und Kriegführung in der neueren Geschichte, Hamburg 1937* zurückgegriffen werden. Die stark personengeschichtlich orientierte Darstellung fordert, ausgehend von der Prämisse der Unausweichlichkeit des Krieges, die „Wehrhaftmachung" der Bevölkerung im Frieden. Nicht so pointiert wie Schmitthenner, aber ebenfalls noch der Gedankenwelt der Zwischenkriegszeit verhaftet: Hermann STEGEMANN, *Der Krieg, sein Wesen und seine Wandlung, 2 Bde., Berlin 1939–1940.* Unter dem Eindruck des Zweiten Weltkrieges ist die Arbeit von G. N. CLARK, *The Place of War in Modern History, Cambridge 1949* entstanden, die etwa ein Jahrzehnt später unter dem Titel *War and Society in the Seventeenth Century, Cambridge 1958*, eine erweiterte Neufassung erfahren hat, die die Forschung nachhaltig beeinflußte. Unter kulturgeschichtlichem Aspekt beschäftigt sich J. U. NEF, *War and Human Progress, Cambridge, Mass.* ^{2}*1950* mit der Interdependenz von Krieg und zivilisatorischem Fortschritt.

Mit der Gestaltung völkerrechtlich verbindlicher Normen im Kriege setzt sich Carl SCHMITT, *Der Nomos der Erde im Völkerrecht des Jus Publicum Europaeum, Köln 1950* auseinander. Auf die historischen Grundlagen der Entwicklung von Kriegsrecht und Neutralitätsrecht gehen die beiden weniger bekannten Arbeiten von Martin HORN, *Die geschichtliche Entwicklung des neuzeitlichen Neutralitätsbegriffes, Phil. Diss. Würzburg 1937* und die in ihrem Untersuchungsrahmen weiter gesteckte von Josef L. KUNZ, *Kriegsrecht und Neutralitätsrecht, Wien 1935* ein. Obwohl der Entstehung des Neutralitätsbegriffes im 17. und 18. Jahrhundert nur wenig Raum gegeben wird, ist doch auf die Begründer der modernen Neutralitätstheorie, Bodin, Grotius, Bynkershoek und Vattel, verwiesen.

Über die Bewertung von Krieg und Frieden in den wichtigsten staatstheoretischen Abhandlungen der Neuzeit liegt seit einiger Zeit mit der Arbeit von Georges LIVET, *Guerre et Paix de Machiavel à Hobbes, Paris 1972* ein brauchbares Kompendium vor. Eine vergleichbare Untersuchung im Bereich der Wirtschaftstheorie hat Edmond SILBERNER, *La guerre et la paix dans l'histoire des doctrines économiques, Paris 1937* vorgelegt.

Das Verhältnis des Adels zur Armee ist unter sozialgeschichtlicher Fragestellung bisher nur von Otto BÜSCH, vgl. Bibl. Gerhard PAPKE, S. 309 für Preußen behandelt worden. Eine Einführung in die Thematik gibt Rainer WOHLFEIL, Adel und Heerwesen, in: Deutscher Adel 1555–1740, hrsg. H. RÖSSLER, Darmstadt 1965. Den Forschungsstand hat in letzter Zeit überzeugend zusammengefaßt: André CORVISIER, Armées et sociétés de 1494–1789, Paris 1976.

Die politisch-militärische Führungseinheit

Neben den bereits bei Rainer WOHLFEIL, Bd. 1, Abs. II, S. 200 genannten Arbeiten von Hans NIEBLER und Friedrich HOSSBACH sowie den bei Gerhard PAPKE, S. 295 vermerkten neueren Wallensteinbiographien von Helmut DIWALD und Golo MANN sind mit Nutzen zu verwenden: Heiner HAAN, *Kaiser Ferdinand II. und das Problem des Reichsabsolutismus. Die Prager Heeresreform von 1635*, in: *HZ 207 (1968)*, der das Problem des Oberbefehls im Rahmen der angestrebten kaiserlichen Suprematie im Reich behandelt. Eine interessante Detailuntersuchung bietet: Peter BROUCEK, *Erzherzog Leopold Wilhelm und der Oberbefehl über das kaiserliche Heer im Jahre 1645*, in: Aus drei Jahrhunderten, BÖHKG, Wien 1969.

Abnutzungskrieg und Rationalisierung des Kriegswesens

Einen Überblick vermitteln: H. DELBRÜCK, *Geschichte der Kriegskunst*, P. SCHMITTHENNER, *Krieg*, P. SCHMITTHENNER, *Politik*, E. v. FRAUENHOLZ, *Entwicklungsgeschichte* und Emil DANIELS, *Geschichte des Kriegswesens, 7 Bde., Leipzig (Göschen) 1910–1913.*

Für die Entwicklung des Kriegswesens im Mittelalter, vornehmlich für Fragen, die Bewaffnung, Kampfweise, Befestigung und Belagerung betreffen, ist Max JÄHNS, *Handbuch einer Geschichte des Kriegswesens. Von der Urzeit bis zur Renaissance, 1 Bd. und ein Tafelwerk, Leipzig 1880* mit Gewinn zu benutzen. Den technischen Aspekt der Kriegführung hat auch Charles OMAN, *The Art of War in the Middle Ages, Ithaka N.Y. 1953* in den Vordergrund seiner Betrachtung gerückt. Seine Abhandlung beruht jedoch weitgehend auf bereits 1882 und 1898 veröffentlichten

Forschungsergebnissen. Kampfweise und Aufbau mittelalterlicher Heere beschreibt sehr eindringlich H. DELBRÜCK, *Geschichte der Kriegskunst, Bd. 1,* dem Wilhelm ERBEN, *Kriegsgeschichte des Mittelalters = Beihefte der HZ 16, München 1929,* wenn auch nicht so detailreich, gefolgt ist. Das französische Heerwesen an der Schwelle zur Neuzeit beschreibt: P. CONTAMINE, vgl. bei Gerhard PAPKE, S. 299f. Der Frage, ob die Struktur des europäischen Heerwesens nach 1560 revolutionierend umgestaltet worden ist, geht M. ROBERTS, *The Military Revolution (1560–1660), London 1956* nach. Seine These von der „Military Revolution" hat in der Folge neben anderen Fachvertretern auch Geoffrey PARKER veranlaßt, Stellung zu nehmen. In seinem Aufsatz *The Military Revolution 1560–1660 a Myth?* in: *JMH, 48 (1976)* bestätigt er, gestützt auf eine breite Literaturbasis, weitgehend die Thesen Roberts. Die einschlägige neuere Literatur zum Söldnerwesen des 16. Jahrhunderts ist bei Gerhard PAPKE, S. 295 aufgeführt. Zu Hans Wilhelm KIRCHHOFF, *Militaris Disciplina. Kritische Ausgabe,* hrsg. von Bodo GOTZKOWSKY, *Stuttgart 1976* siehe die Rezension von V. REGLING in *MGM 24 (1978),* S. 181–184.

Auf die umfangreiche Literatur zum Dreißigjährigen Krieg kann im Rahmen dieser Bibliographie nur ansatzweise eingegangen werden, da dieser Zeitraum nicht mehr Gegenstand des vorliegenden Handbuches ist.

Neben der älteren, inzwischen ins Deutsche übertragenen Arbeit von C. V. WEDGWOOD, *Der Dreißigjährige Krieg, München ²1976,* der Dieter ALBRECHT eine seit der ersten Auflage von 1967 nicht mehr aktualisierte Auswahlbibliographe beigegeben hat, beschäftigt sich neuerdings in einer knappen Darstellung, die auf die Situation im Reich beschränkt bleibt: Gerhard BENECKE, *Germany in the Thirty Years War, London 1978,* mit der Geschichte des Dreißigjährigen Krieges.

Die Untersuchung von Josef V. POLISENSKY, *War and Society in Europe 1618–1648, Cambridge 1978* beinhaltet die weitere Fassung seiner bereits *1971* vorgestellten Arbeit: *Krieg und Gesellschaft in Europa 1618–1648.* Der Verfasser war bemüht, den Forschungsstand zur Geschichte des Dreißigjährigen Krieges zu referieren, wobei er jedoch einige der jüngeren deutschen Abhandlungen übersehen hat. Mit größerem Gewinn zu benutzen ist die von dem Greifwalder Historiker Herbert LANGER vorgelegte *Kulturgeschichte des Dreißigjährigen Krieges, Stuttgart 1978,* die vor allem die Lebensbedingungen des Soldaten und seine Beziehungen zur Bevölkerung anschaulich schildert. Seine Darstellung bestätigt das Bild, das aus der Fülle der zum Teil bereits publizierten Lebensbeschreibungen der Zeit deutlich wird. Hierzu zählt die Darstellung, die Anton ERNSTBERGER aus dem Familienarchiv der Familie Behaim unter dem Titel: *Abenteurer des Dreißigjährigen Krieges. Zur Kulturgeschichte der Zeit, Erlangen 1963 = Erlanger Forschungen, Reihe A, Bd. 15* erarbeitet hat genauso, wie die den schwedisch-polnischen Krieg betreffenden *Kriegsabenteuer des Rittmeisters Hieronymus Christian von HOLSTEN (1655–1666),* hrsg. von Hubert LAHRKAMP, *Wiesbaden 1971.* Das Verhalten friderizianischer Truppen in Feindesland beschreibt recht farbig: Hans BLECKWENN, *Unter dem Preußen-Adler, Osnabrück 1977.*

Über die materiellen Schäden, die im Rheingebiet durch die französische Wüstungspolitik im Pfälzischen Erbfolgekrieg entstanden sind, informiert zuverlässig: Fritz TEXTOR, *Entfestigungen und Zerstörungen im Rheingebiet während des 17. Jahrhunderts als Mittel der französischen Rheinpolitik, Bonn 1937 = Rhein. Archiv Bd. 31.* Auf die Lockerung der Disziplin in den Truppen, Bandentum und Depopulationen geht Kurt von RAUMER, *Die Zerstörung der Pfalz von 1689 im Zusammenhang mit der französischen Rheinpolitik, München 1930* ein.

Die Hintergründe des Volksaufstandes gegen die österreichische Besatzung Bayerns im Spanischen Erbfolgekrieg erhellt: Christian PROBST, *Lieber bayrisch sterben. Der bayerische Volksaufstand von 1705 und 1706, München 1978.*

Weitgehend unbeachtet geblieben ist bisher die knappe Darstellung zum Wechselverhältnis von Logistik und Strategie in der zweiten Hälfte des 17. Jahrhunderts, die Geza PERJES, *Army Provisioning and Strategy in the Second Half of the 17th Century, Budapest 1970, = AHASH, Bd. 16* vorgelegt hat.

Zur oranischen Heeresreform und zum frühen Landesdefensionswesen findet sich die wichtigste Literatur bereits bei Gerhard PAPKE, S. 294, denen die vornehmlich aus spanischen Quellen gearbeitete Untersuchung von Geoffrey PARKER, *Der Aufstand der Niederlande. Von der Herrschaft der Spanier zur Gründung der niederländischen Republik 1549–1609, München 1979* noch hinzugefügt werden kann.

2. Herausbildung der Lineartaktik

2a. Taktische Grundformen

Über die Entwicklung der taktischen Grundformen finden sich allgemeine Aussagen bei: H. DELBRÜCK, *Geschichte der Kriegskunst;* E. v. FRAUENHOLZ, *Entwicklungsgeschichte* sowie in den entsprechenden Artikeln „Infanterie“ bei POTEN, ALTEN und FRANKE. Einen Abriß über die zeitgenössischen Theorien zum Einsatz der Infanterie vermittelt M. JÄHNS, *Kriegswissenschaften.* Die neuere Arbeit von Günther BLUMENTRITT, *Strategie und Taktik. Ein Beitrag zur Geschichte des Wehrwesens vom Altertum bis zur Gegenwart, Konstanz 1960* kann die Problematik nur anreißen und bleibt daher unbefriedigend.

Wilhelm RÜSTOW, *Geschichte der Infanterie, 2 Bde., Gotha 1857–1858* ist auf Grund seiner detailreichen Darstellung auch heute noch unentbehrlich. A. von BOGUSLAWSKI. *Die Fechtweise aller Zeiten, Berlin 1880* versteht seine Abhandlung als Leitfaden zum Gebrauch in der Truppe und beschränkt sich weitgehend auf die Beschreibung der Einsatzgrundsätze für die Infanterie. Umfassend und grundlegend ist das Werk von Herbert SCHWARZ, *Gefechtsformen der Infanterie in Europa durch 800 Jahre, 2 Bde., München 1977,* der zu diesem Thema alles bisher Bekannte zusammengetragen hat, vgl. die ausführliche Besprechung durch V. REGLING in: MGM 23 (1978), S. 247 ff.

Einen knappen Überblick über die Entwicklung in Preußen gibt Eberhard KESSEL, *Die preußische Armee,* in: Karl LINNEBACH (Hrsg.), *Deutsche Heeresgeschichte, Hamburg 1935.* Das auf inzwischen verlorenen Quellen aufbauende Werk von Curt JANY, *Geschichte der preußischen Armee vom 15. Jahrhundert bis 1914,* von dem die Ausgabe Berlin 1924–1933 als Nachdruck in 4 Bden. *Osnabrück 1967* erschienen ist, ist weiterhin als Standardwerk zur preußischen Militärgeschichte anzusehen, auch wenn in der Forschung heute andere Schwerpunkte gesetzt werden. Neuere Erkenntnisse vermittelt H. BLECKWENNs *Preußen-Adler.* Für die Kenntnis von Aufbau und Gliederung der preußischen Infanterie unentbehrlich ist die Arbeit von: A. von CROUSAZ, *Die Organisationen des Brandenburgisch-Preußischen Heeres seit 1640, 2 Teile in 3 Bden. Berlin ²1873,* hier Bd. 1. Zur Formationsgeschichte der Stehenden Truppen in den Territorien des alten Reiches vgl. die Angaben bei Gerhard PAPKE, S. 296. Zur bayerischen Heeresgeschichte in der Zeit Max Emanuels ist aus heereskundlicher Sicht noch die Arbeit von A. HOFFMANN, *Das Heer des blauen Königs. Die Soldaten des Kurfürsten Max II. Emanuel von Bayern 1682–1726, München 1910* heranzuziehen.

Zur Geschichte der kaiserlichen (später österreichischen) Truppenteile ist A. Frhr. von WREDE, *Geschichte der K.u.K. Wehrmacht Die Regimenter, Corps, Branchen und Anstalten von 1616 bis zum Ende des 19. Jahrhunderts, 5 Bde. Wien 1898–1905* die vollständigste bisher noch nicht überholte Darstellung. Ähnliches gilt für R. OTTENFELD und O. TEUBER, *Die österreichische Armee von 1700–1867, Wien 1898.* Einen Überblick über die habsburgische Militärmacht vom ausgehenden 15. Jahrhundert bis zum Ausbruch des Ersten Weltkrieges versucht neuerdings der renommierteste Kenner der Materie und Leiter des Heeresgeschichtlichen Museums in Wien, Johann Christoph ALLMAYER-BECK. Von der auf drei Bände angelegten Arbeit sind bisher der erste: *Die kaiserlichen Kriegsvölker von Maximilian I. bis Prinz Eugen 1479–1718, München 1978* und der dritte, *Die K.(u.)K. Armee, 1848–1914, München 1977* erschienen. Der noch fehlende zweite Band: *Das Heer unter dem Doppeladler. Habsburgs Armeen 1718–1848* soll in Kürze folgen. Das dem Text beigegebene reiche Bildmaterial stammt ausnahmslos von Erich LESSING. Aus der Zahl, der bei Max JÄHNS, *Kriegswissenschaften* genannten zeitgenössischen Schriften zur Infanterietaktik des 17. Jahrhunderts sind besonders zu nennen: Johann Jacob von WALLHAUSEN, *Kriegskunst zu Fuß, Graz 1971* (Nachdruck der Ausgabe von 1615) sowie Raimondo Fürst MONTECUCCOLI, *Ausgewählte Schriften des R. Fürsten M. hrsg. von der Direktion des k.u.k. Kriegsarchivs von* Alois VELZÉ, *4 Bde. Wien 1899–1900.* Die Wandlungen, denen die Infanterietaktik bis zum Ende des Spanischen Erbfolgekrieges unterworfen war, schildert anschaulich: David CHANDLER, *The Art of Warfare in the Age of Marlborough, London 1976.*

Über das bisher erschienene Schrifttum zur Geschichte der Infanteriebewaffnung informiert neben der bereits genannten Arbeit von CARMAN auch die *Bibliographie zur Technik der Handfeuerwaffen und Maschinengewehre, Schwäbisch-Hall 1978* in überzeugender Weise. Für die Entwicklung der Handfeuerwaffen in Brandenburg-Preußen: W. ECKARD und Otto MORAWIETZ, *Die Handfeuerwaffen des brandenburgisch-deutschen Heeres 1640–1945, Hamburg 1957.* Der Herkunft, Entwicklung und dem Einsatz des Langspießes im 17. Jahrhundert geht Hugo SCHNEIDER, *Der Langspieß,* in: *Der Dreißigjährige Krieg = Schriften des HMMI, Bd. 7, Wien 1976* nach.

Über die Entwicklung in Frankreich, die für die anderen europäischen Staaten des 17. und frühen 18. Jahrhunderts vorbildlich war, ist die Arbeit von Léon MENTION, *L'armée française de L'Ancien Régime, Paris ²1900* auch heute noch mit Gewinn zu benutzen, während die im deutschen Sprachraum verbreitete Übersetzung der französischen Militärgeschichte von General WEYGAND, vgl. auch: Gerhard PAPKE, S. 299f, wissenschaftlichen Ansprüchen in keiner Weise genügt. Eine Fülle von Details vermittelt, wenn auch nicht immer exakt: Louis SUSANE, *Histoire de l'ancienne infanterie française, 5 Bde. Paris ²1878.* Als Ergänzung sollte in jedem Fall die Untersuchung des lieutenant-colonel BELHOMME, *Histoire de l'infanterie française, 4 Bde., Paris 1906* benutzt werden, die jedoch truppengeschichtlich ausgerichtet ist. Über die Weiterentwicklung der französischen Infanterietaktik im 18. Jahrhundert gibt die kleine Schrift von Jean COLIN, *L'infanterie au XVIIIe siècle: La tactique, Paris 1907* einen brauchbaren Überblick.

c. Die Herausbildung der Linienkavallerie

Für die Entwicklungsgeschichte der Kavallerie ist ein Teil der bereits für die Infanterie angeführten Arbeiten ebenfalls brauchbar. So Günther BLUMENTRITT für die Einsatzgrundsätze; und die allgemeingehaltenen Artikel zur Kavallerie bei POTEN und ALTEN.

Ebenso finden sich vielfältige Hinweise in den Gesamtdarstellungen von Hans DELBRÜCK, *Geschichte der Kriegskunst* und Emil DANIELS, *Geschichte des Kriegswesens.* Als Kompendium für den Kavallerieoffizier entstand G. T. DENISON, *A History of cavalery from the earliest times, with lessons for the future, London ³1913* (Deutsche Übersetzung 1877), die in den Jahren vor dem Ersten Weltkrieg eine große Verbreitung erfahren hat. Für die brandenburgisch-preußische Armee gilt, neben den Arbeiten von Eberhard KESSEL, *Der deutsche Soldat in den stehenden Heeren des Absolutismus,* in: *Die Deutsche Soldatenkunde,* hrsg. Bernhard SCHWERTFEGER und Erich-Otto VOLKMANN, *2 Bde. Berlin 1937* und A. von CROUSAZ, die breitangelegte Untersuchung von G. von PELET-NARBONNE, *Geschichte der brandenburgisch-preußischen Reiterei von den Zeiten des Großen Kurfürsten bis zur Gegenwart, 2 Bde. Berlin ³1908* als Standardwerke. Die reich illustrierte, heereskundlich ausgerichtete Arbeit soll in Kürze einen photomechanischen Nachdruck erfahren. Über die Einsatzgrundsätze der Reiterei gibt die Berliner Dissertation von Rudolf FRIEDRICHSDORF, *Markgraf Albrecht Alcibiades als Reiterführer, Berlin 1919* umfassend Auskunft. Ebenfalls mit Gewinn zu verwenden ist die bereits genannte Arbeit von Hans BLECKWENN, *Preußen-Adler.* Für die bayerische Heeresgeschichte sind STAUDINGER und HOFFMANN gültig, für die kaiserlichen Kontingente OTTENFELD-TEUBER und WREDE sowie die neuere Untersuchung von ALLMAYER-BECK. Speziell mit der Geschichte der Kavallerie befaßt sich Gustav SUTTNER, *Reiterstudien* (Nachdruck der Ausgabe von 1880), *Graz 1968* und Georg SCHREIBER, *Des Kaisers Reiterei. Österreichische Kavallerie in vier Jahrhunderten, Wien 1967.* Über zeitgenössischen Arbeiten zur Kavallerie vgl. Max JÄHNS, *Kriegswissenschaften*, und hier besonders das inzwischen auch in einem Nachdruck erschienene Werk Johann Jacob von WALLHAUSEN, *Kriegskunst zu Pferd* (Nachdruck der Ausgabe von 1616), *Graz 1971.* Über den Einsatz der Kavallerie zu Beginn des 18. Jahrhunderts: David CHANDLER, Marlborough. Zur Waffenentwicklung und hier speziell über die Handfeuerwaffen: W. ECKARD und O. MORAWIETZ. Uniformkundliche Hinweise finden sich bei TEUBER-OTTENFELD und KNÖTEL-SIEG.

Das auch bei der Kavallerie bedeutsame französische Vorbild wird im Rahmen der Militärgeschichte des Ancien Régime bei L. MENTION abgehandelt. Eine gelungene Monographie zur Geschichte der französischen Reiterei hat Henri CHOPPIN, *Les origines de la cavalerie française, Paris 1905* vorgelegt.

d. Artillerie

Eine knappe Einführung in die Geschichte der Artillerie geben die entsprechenden Artikel bei POTEN und ALTEN. Im Rahmen der Militärgeschichte ist ihre Bedeutung bei H. DELBRÜCK, *Geschichte der Kriegskunst* und S. FIEDLER, *Grundriß der Militär- und Kriegsgeschichte* ausführlich gewürdigt. Über das Verhältnis von Infanterie und Artillerie im 18. Jahrhundert äußert sich auch: SCHWARZ, *Gefechtsformen.*

Über die Herkunft der Artillerie aus den mittelalterlichen Belagerungsmaschinen informiert heute noch gültig: Max JÄHNS, *Entwicklungsgeschichte der alten Trutzwaffen, Berlin 1899.* Dem gleichen Zeitraum widmet sich auch die Arbeit von Volker SCHMIDTCHEN, *Bombarden, Befestigungen, Büchsenmacher. Von den ersten Mauerbrechern des Spätmittelalters zur Belagerungsartillerie der Renaissance, Düsseldorf 1977.* Der reichbebilderte Band *Kanonen. Illustrierte Geschichte der Artillerie, Bern 1971* ist zwar populärwissenschaftlich aufgemacht, bietet aber neben weitgehend unbekanntem Bildmaterial auch Informationen zur Geschichte der Artillerie. Generell treffen die bereits in den beiden vorangegangenen Abschnitten der Bibliographie genannten Untersuchungen zum Heerwesen in den einzelnen Territorien auch Aussagen über den Einsatz der Artillerie. Für Preußen ist zusätzlich noch die Arbeit von Curt JANY zu nennen.

e. Feldschlacht

Über das Zusammenwirken der drei Waffengattungen im Gefecht informieren sehr ausführlich die älteren Abhandlungen von W. RÜSTOW, *Handwörterbuch* und A. v. BOGUSLAWSKI, *Fechtweise.* Eugen von FRAUENHOLZ, *Das Gesicht der Schlacht. Taktik und Technik in der deutschen Kriegsgeschichte, Stuttgart 1937* widmet der Kavallerie- und Infanterietaktik des 17. Jahrhunderts nur eine knappe Darstellung, der überdies der kritische Apparat fehlt. Gleiches gilt auch für G. BLUMENTRITT. Ausführlicher ist: H. SCHWARZ, *Gefechtsformen.* Die Wandlungen der Infanterietaktik im Gefecht zu Beginn des 19. Jahrhunderts schildert anschaulich: Carl von CLAUSEWITZ, zu den bibliographischen Angaben vgl. den entsprechenden Abschnitt zu Clausewitz in dieser Bibliographie. Für den Gebrauch an Offizierschulen erarbeitete Friedrichfranz FEESER mit *Artillerie und Feldkriege. Kriegsgeschichtliche Beispiele, Berlin 1930* eine anschauliche Darstellung der Einsatzgrundsätze für die Artillerie.

Angaben über Gefechtsstärken liefert G. BODART, Kriegslexikon, während H. BLECKWENNs, *Preußen-Adler* exemplarisch die Verluste in verschiedenen Feldzügen beziffert. Auf Bevölkerungsverluste weist auch B. URLANIS hin, der jedoch nicht immer den aktuellen Forschungsstand referiert.

3. Die leichten Truppen und der Kleine Krieg

Neben allgemeinen Verweisen bei S. FIEDLER, *Grundriß der Militär- und Kriegsgeschichte* finden sich größere Passagen über die leichte Infanterie und Kavallerie in allen Formationsgeschichten. So bei: TEUBER-OTTENFELD, WREDE und SCHREIBER für das kaiserliche Heer; bei JANY, PELET-NARBONNE, SUTTNER für Brandenburg-Preußen, denen noch die kleine Studie von Georg ORTENBURG, *Die brandenburgisch-preußische Armee in historischer Darstellung, o. O. 1977* zugerechnet werden kann.

Die bei den leichten Truppen verwendeten Waffen beschreibt ECKARD-MORAWIETZ. Angaben über ihre Einsatzgrundsätze vermittelt neuerdings Johannes KUNISCH, *Der kleine Krieg. Studien zum Heerwesen des Absolutismus, Wiesbaden 1974 = Frankfurter Historische Studien 4.* Die Abhandlung, die im Rahmen seiner umfassenden Untersuchung zum Leben des österreichischen Feldmarschalls Loudon entstanden ist, beschäftigt sich vorwiegend mit den auch für die

Zeitgenossen vorbildlichen österreichischen Truppen. Eine einführende Darstellung zum kleinen Krieg gibt auch: Werner HAHLWEG, *Lehrmeister des kleinen Krieges von Clausewitz bis Mao Tse-Tung, Darmstadt 1968 = Beiträge zur Wehrforschung XVIII/XIX*. Weithin unbekannt geblieben ist die Dissertation von Joseph S. KRAEMER, *The Theory and Practice of Little War, Michigan (University of Michigan, Ann-Arbor), 1969.*

Die Verwendung der leichten Infanterie schildert neben W. RÜSTOW, *Geschichte der Infanterie,* sehr ausführlich: H. SCHWARZ, *Gefechtsformen.* H. BLECKWENN, *Preußen-Adler,* geht auf die Entwicklung der leichten Infanterie in Preußen nur am Rande ein.

Über die Herkunft der leichten Truppen, deren Ursprung in der besonderen militärischen Organisationsform und den sozialen Bedingungen der österreichischen Militärgrenze liegt, informiert die umfangreiche Literatur, die sich mit der Geschichte des „heiligen römischen Reiches Hofzauns" beschäftigt. Einen nützlichen Überblick über den Forschungsstand gibt Winfried SCHULZE, *Die österreichische Militärgrenze,* in: MGM, 1/1971, dem wir auch eine umfangreiche Dissertation zu diesem Thema verdanken: *Landesdefension und Staatsbildung. Studien zum Kriegswesen des innerösterreichischen Territorialstaates (1564–1619), Wien 1973 = Veröffentlichungen der Kommission für neuere Geschichte Österreichs, 60.* Während Schulze den Fragen der Bedingungen von Heeresorganisation und Staatswerdung nachgeht, beschäftigt sich der im gleichen Jahr veröffentlichte Band: *Die K(aiserlich) k(önigliche) Militärgrenze. Beiträge zu ihrer Geschichte. Wien 1973 = Schriften des HMMI 6, Wien 1973* mit überwiegend militärwissenschaftlichen Problemen. Die Arbeit von Carl GÖLLNER, *Die Siebenbürgische Militärgrenze. Ein Beitrag zur Sozial- und Wirtschaftsgeschichte 1762–1851, München 1974 = Buchreihe der Südostdeutschen Kommission 28* behandelt anhand eines regionalen Ausschnittes die wirtschafts- und sozialgeschichtlichen Aspekte der Militärgrenze in ihrer Spätzeit. Über die Kosakenverbände als Sonderform der berittenen leichten Truppen berichtet P. LONGWORTH, *Die Kosaken. Legende und Geschichte, Wiesbaden 1971.*

4. Festungskampf und Technische Truppen

4a. Der Festungskampf

Knappe Einführungen zur technischen Entwicklung und zur Taktik des Festungskampfes in der frühen Neuzeit finden sich bei: JÄHNS, *Kriegswissenschaften,* WREDE, *Geschichte der k.u.k. Wehrmacht,* STAUDINGER, *Geschichte des bayerischen Heeres,* DELBRÜCK, *Kriegskunst.* Bei ALTEN und POTEN ist jeweils unter dem entsprechenden Stichwort zu suchen. Mit dem Festungskrieg beschäftigt sich speziell: H. MÜLLER, *Geschichte des Festungskrieges seit allgemeiner Einführung der Feuerwaffen bis zum Jahre 1892, Berlin ²1892.* Eine Detailstudie über den Festungskampf in Oberitalien in der ersten Hälfte des 19. Jahrhunderts hat Paul RATH, *Schädlicher und nützlicher Einfluß der Festungen auf die Kriegführung. Dargestellt an den Kriegsereignissen im Bereiche des venezianischen Festungsdreiecks von 1796–1866, Wien 1909* vorgelegt.

Über die in der Forschung umfangreich dokumentierte Entwicklung der Festungsbaukunst in Frankreich informiert die nun in 2. Auflage vorliegende Arbeit von José-F. FINÓ, *Forteresses de la France médiévale, construction, attaque, défense, Paris ²1970.* Ihr entspricht auf deutscher Seite die ältere, aber heute noch unverzichtbare Untersuchung von Bodo EBERHARD, *Der Wehrbau Europas im Mittelalter. Versuch einer Gesamtdarstellung der europäischen Burgen.* Nachdruck der Ausgabe von 1939, *Frankfurt/M. 1977.* Ebenfalls auf die französische Entwicklung geht die umfangreiche Arbeit von Oberst ROCOLLE, *2000 ans de fortification française, 2 Bde., Paris 1973* ein, die jedoch, was die Baugeschichte angeht, nicht immer den neuesten Forschungsstand wiedergibt. Für die Beschäftigung mit dem europäischen Wehrbau und den Quellen zu seiner Geschichte unentbehrlich ist das dreisprachige Glossarium, das die zeitgenössischen Begriffe nach Sachgruppen geordnet auflistet und mit knappen Definitionen versieht: Rudolf HUBER, Renate RIETH, *Glossarium Artis. Burgen und Feste Plätze – Châteaux-forts et Places-fortes, München 1977.* Einen biographischen Abriß über den wohl bedeutendsten europäischen Festungsbaumeister des späten 17. Jahrhunderts gibt Werner GEMBRUCH, *Vauban,* in: KdK.

Zu einzelnen Festungsbauten im deutschen Raum sind in den letzten Jahren einige bemerkenswerte Arbeiten erschienen, von denen die Untersuchungen von Werner HUMMELBERGER und Kurt PEBALL, *Die Befestigungen Wiens, Hamburg 1974* und Henning EICHBERG, *Militär und Technik, Schwedenfestungen des 17. Jahrhunderts in den Herzogtümern Bremen und Verden, Düsseldorf 1976* besondere Beachtung verdienen.

Weniger der architektonischen Ausgestaltung einer Festung als ihrem inneren Gefüge und ihrem Wert für das umliegende Territorium ist die Untersuchung von Peter LAUTZAS, *Die Festung Mainz im Zeitalter des Ancien Régime, der französischen Revolution und des Empire 1736–1814, Beitrag zur Militärstruktur des Mittelrheingebietes, Wiesbaden 1973* gewidmet. Die Bedeutung der Festung Mainz im 17. und 18. Jahrhundert wird auch deutlich in der Arbeit von Friedrich P. Kahlenberg, *Kurmainzische Verteidigungseinrichtungen und Baugeschichte der Festung Mainz im 17. und 18. Jahrhundert, Mainz 1963 = Beitr. Gesch. Stadt Mainz 19.* Der Technik des Belagerungskampfes in der frühen Neuzeit geht Christopher DUFFY in seiner jüngsten Arbeit, *Siege Warface. The Fortress in the early modern World, London 1979* nach.

Über die Entstehung der Pioniertruppe aus den am Festungskampf beteiligten Truppen berichten für Preußen Curt JANY, *Geschichte der preußischen Armee,* für Bayern Carl STAUDINGER, *Geschichte der bayerischen Armee* und für die kaiserlichen und königlichen Truppen A. von WREDE, *Geschichte der K.u.K. Wehrmacht.* Eine eigenständige Arbeit über die Entwicklung der Pioniertruppe in Deutschland von ihren Anfängen bis zu ihrer Neuformierung im Rahmen der Bundeswehr liegt mit Dietrich PETTER, *Pioniere. Entwicklung einer deutschen Waffengattung, Darmstadt 1963* vor.

5. Die zunehmende Bedeutung der Militärstrategie

Neben den bereits genannten Arbeiten zur politischen Geschichte des Gesamtzeitraumes bietet einen knappen Abriß über den Wandel der Militärstrategie seit dem Spätmittelalter: Basil Henry LIDDELL HART, *Strategy, London 1954.* Über die wichtigsten Militärtheoretiker der frühen Neuzeit informiert zuverlässig: Edward Mead EARLE, *Makers of Modern Strategy. Military Thought from Machiavelli to Hitler, Princeton [8]1971,* der den bei Werner HAHLWEG in KdK genannten älteren Arbeiten vorzuziehen ist. Hahlweg selbst gibt in KdK eine breitangelegte Einführung zu den Begriffen Krieg, Kriegskunst und Kriegstheorie.

Die Bedeutung, die die Militärstrategie seit dem ausgehenden Mittelalter gewonnen hat, beleuchten H. DELBRÜCK, *Geschichte der Kriegskunst,* Walter GÖRLITZ, *Generalstab* und Friedrich MEINECKE, *Die Idee der Staatsräson in der neueren Geschichte, München 1957.* Über die Prinzipien der Kriegführung im Mittelalter ist neben den an anderer Stelle in dieser Bibliographie genannten Arbeiten gibt die neuere Untersuchung von Frederick H. RUSSELL, *The just War in the Middle Ages, Cambridge 1975,* der umfangreiches Material zum Begriff und zur Bedeutung des „gerechten Krieges" im Mittelalter zusammengetragen hat, erschöpfend Auskunft. Einige interessante Aspekte mittelalterlicher Kriegführung finden sich auch bei Johan HUIZINGA, *Herbst des Mittelalters, Studien über Lebens- und Geistesformen des 14. und 15. Jahrhunderts in Frankreich und in den Niederlanden. Stuttgart [9]1965.*

P. SCHMITTHENNER, *Krieg* beschäftigt sich mit der Zielsetzung militärischer Operationen im Mittelalter, während H. STEGEMANN, *Der Krieg,* der Frage nach der Verfügbarkeit von Lehensaufgebot und Söldnertruppe nachgeht. Über das Erscheinungsbild, die innere Verfassung und den Einsatz der frühen Söldnertruppen geben die bereits (G. PAPKE, S. 294) genannten Arbeiten von B.-M. MOELLER und R. BAUMANN zuverlässig Auskunft. G. OESTREICH, *Soldatenbild,* überzeichnet die Bedeutung der oranischen Heeresreform und damit die Bedeutung der niederländischen Reformen für das Heerwesen des 17. Jahrhunderts; vgl. auch die kritische Würdigung bei G. PAPKE, S. 295. Auf die Ursprünge des Söldnerwesens geht in einer originellen Skizze auch G. H. DODENHOFF, *A historical perspective of mercenaries,* in: *Naval War College Review 21 (1969)* ein. In einer regional begrenzten Studie beschäftigt sich H. BUCHAL, *Söldnerbanden und Grenzfehden im Bereich des heutigen Burgenlandes im Verlauf des 15. Jahr-*

hunderts, Phil. Diss. Wien 1967 mit den frühen Erscheinungsformen des Söldnerwesens in einer noch weitgehend von mittelalterlichen Vorstellungen geprägten Gesellschaft.

Auf den von Hans DELBRÜCK eingeführten Begriff der Ermattungsstrategie und der sich daran anschließenden umfangreichen Diskussion wird im Rahmen dieser Bibliographie im Abschnitt „Strategiestreit" näher eingegangen werden.

Wirtschaftliche Veränderungen/technischer Fortschritt

Die Bedeutung ökonomischer Faktoren auf die Möglichkeiten frühneuzeitlicher Kriegführung ist in der Forschung bisher weitgehend unterschätzt worden. Auf Grund der ungünstigen Quellenlage widmen die meisten Untersuchungen der Heeresversorgung in der frühen Neuzeit nur kurze einführende Abschnitte. Eine knappe Bibliographie hat Karl LINNEBACH, *Das Schrifttum zur Geschichte der Verpflegung der Feldheere in der Zeit von 1500 bis 1914*, in: *Zeitschrift für die Heeresverwaltung 2 (1937)* zusammengetragen. Weitgehend überholt sind die entsprechenden Passagen bei H. DELBRÜCK, *Geschichte der Kriegskunst*, E. v. FRAUENHOLZ, *Entwicklungsgeschichte*, E. DANIELS, *Geschichte des Kriegswesens* und Fürst N.S. GALITZIN, *Allgemeine Kriegsgeschichte der Neuzeit, 3 Bde. Kassel 1874–1875*, dessen Arbeit überdies stark von der spezifischen Entwicklung in Rußland geprägt ist.

Die wirtschaftstheoretischen Grundlagen der frühen Heeresversorgung untersucht E. SILBERNER, während Adolf CASPARY, *Wirtschaftsstrategie und Kriegführung. Wirtschaftliche Vorbereitung, Führung und Auswirkung des Krieges in geschichtlichen Aufrissen, Berlin 1932* und die ältere Arbeit von Georg Graf CANCRIN (Egor Francevič KANKRIN), *Über die Militairökonomie im Frieden und Krieg und ihr Wechselverhältnis zu den Operationen, 3 Bde., St. Petersburg 1820–1823* ausführlich auf die organisatorischen Bedingungen der Militärversorgung in der frühen Neuzeit eingehen. Über das Versorgungssystem der wallensteinschen Heeree gibt Anton ERNSTBERGER, *Wallenstein als Volkswirt im Herzogtum Friedland, Prag 1929 = Prager Studien aus dem Gebiete der Geschichtswissenschaft 19*, eine überzeugende Darstellung, die auf umfangreichem, heute nur schwer zugänglichem Archivmaterial beruht. Fritz REDLICH, *De praeda militaris, Looting and Booty 1500–1815*, vgl. auch: G. PAPKE, S. 293 versucht das Prinzip von Beute und Plünderung als tragendem Element militärischer Versorgung im 16. Jahrhundert näher zu untersuchen. Ausgewählte Aspekte zu dieser Fragestellung hat er bereits in früheren Untersuchungen wie etwa: *Der Marketender*, in: VSWG, 41 (1954) und *Military Enterpreneurship and the Credit System in the 16th and 17th centuries*, in: *Kyklos (1957)* herausgearbeitet. Sein Hauptwerk: *The German Military Enterpriser* ist bereits von G. PAPKE, S. 293 ausreichend gewürdigt worden. Insgesamt stellt sich bei seinen Arbeiten die Frage, ob es zutrifft, daß eine zunehmende Disziplinierung, neue Kriegssteuern und letztlich der Merkantilismus zum Verschwinden von Plünderung und unkontrollierten Beutezügen geführt haben; Sind nicht vielmehr diese archaischen Versorgungsformen immer wieder aufgetreten, wenn, was nicht selten der Fall war, die geregelte Versorgung zusammenbrach? Diese Sichtweise ist neuerdings von Martin van CREFELD, *Supplying War, Logistics from Wallenstein to Patton, Cambridge 1977* deutlich gemacht worden.

Der bereits genannte Aufsatz von G. PERJES, *Army Provisioning* vermittelt einige interessante Aspekte zur Heeresversorgung in der zweiten Hälfte des 17. Jahrhunderts, während Bernhard von BAUMANN, *Studien über die Verpflegung der Kriegsheere im Felde, 2 Bde., Leipzig 1867–1880* stärker auf die Zustände im 19. Jahrhundert abhebt.

Aus einer Münchener Antrittsvorlesung ist der Aufsatz von Hans SCHMIDT, *Der Einfluß der Winterquartiere auf Strategie und Kriegführung im Ancien Régime*, in: *Hist. Jahrbuch, 1971* entstanden, der in groben Zügen einen von der Forschung bisher weitgehend unberücksichtigt gelassenen Gesichtspunkt frühneuzeitlicher Kriegführung beschreibt.

Den Nutzen der Verkehrsverbindungen für die Vorbereitung und Durchführung militärischer Operationen hat W. HEINE, *Die Bedeutung der Verkehrswege für Planung und Ablauf militärischer Operationen*, in: *Wehrkunde 14 (1965)* anhand kriegsgeschichtlicher Beispiele anschaulich gewürdigt.

Inwieweit strategisch wichtige Straßenverbindungen und ihre Unverzichtbarkeit die außenpolitische und militärische Planung bestimmt haben, hat GEOFFREY PARKER, *The Army of Flanders and the Spanish Road (1567–1659), Cambridge 1972* dargelegt. Mit der Entwicklung eines Militärstraßensystems und seinen verwaltungstechnischen Grundlagen beschäftigt sich Bernhard KROENER, *Les Routes et les Etapes*, vgl. G. PAPKE, S. 299.

Über die technische Entwicklung im Bereich der Bewaffnung und beim Festungsbau vgl. die entsprechenden Absätze dieser Bibliographie S. 589 und S. 595.

Zur politischen Funktion des Festungsgürtels ist der Aufsatz von W. HAHLWEG, *Barriere*, vgl. G. PAPKE, S. 285 erhellend. Im Rahmen der politischen Geschichte des frühen 18. Jahrhunderts behandelt auch die umfassende Biographie von Prinz Eugen von Max BRAUBACH, *Prinz Eugen, Eine Biographie, 5 Bde., München 1963–1965* – hier Bd. 3 – die Bedeutung der flandrischen Festungen.

Auf die neueren Untersuchungen zur österreichischen Militärgrenze wurde bereits verwiesen. Auf die Impulse, die das kaiserliche Heer durch die Taktik der Osmanen erhielt, weist auch J. C. ALLMAYER-BECK, *Die kaiserlichen Kriegsvölker* hin. Sie hat in entscheidender Weise die Militärtheorie Montecuccolis bestimmt.

Zur Entwicklung des Offizierkorps

Neben den bei R. WOHLFEIL, Bd. 1, Abschn. II, S. 207 genannten Arbeiten die für Preußen immer noch richtungweisende Abhandlung von K. DEMETER, vgl. auch M. MESSERSCHMIDT, in diesem Handbuch Bd. 2, Abschn. IV/2, S. 413–414. Zusätzlich kann mit Gewinn verwendet werden: G. TEITLER, *The Genesis of the professional Officers Corps, Beverley Hills 1977.*

Gesellschaftliche Veränderungen

Vgl. hierzu die in dieser Bibliographie auf den SS. 590 f genannten Arbeiten von: G. CLARK, J. POLISENSKY, A. CORVISIER, J. U. NEF.

In zwei Aufsätzen hat Helmut SCHNITTER die Schwerpunkte aufgezeigt, die die Militärgeschichtschreibung der DDR in der Erforschung des Heerwesens im Absolutismus gesetzt hat: *Einige Probleme der Geschichte des feudalen Militärwesens in den deutschen Ländern*, in: *ZMG 9 (1970)*; zur besonderen Entwicklung in Brandenburg-Preußen: ders., *Zur Funktion und Stellung des Heeres im feudalabsolutistischen Militarismus in Brandenburg-Preußen*, in: *ZMG 10 (1971)*.

6. Hauptkriterien der Militärstrategie zur Zeit des Absolutismus

Neben den bereits im vorangegangenen Absatz genannten Untersuchungen zur Heeresversorgung bieten auch die allgemeinen Darstellungen von B. H. LIDDELL HART, *The Revolution in Warfare*, E. M. EARLE, *Makers of Modern Strategy*, S. FIEDLER, *Grundriß der Militär- und Kriegsgeschichte* sowie H. DELBRÜCK, *Geschichte der Kriegskunst* und E. v. FRAUENHOLZ, *Entwicklungsgeschichte* einen brauchbaren Einstieg in die Gesamtthematik.

Von Wert ist auch die kleinere Studie über den Nutzen der begrenzten Kriegführung im 18. Jahrhundert, die Yves GRAS, *Les guerres „limitées" du XVIIIe siècle*, in: *RHA 26 (1970)* veröffentlicht hat.

Über die Bedeutung der „methodischen" Kriegführung und ihre Beschränkung äußern sich rückblickend C. von CLAUSEWITZ, *Vom Kriege*, vgl. auch den Abs. „Clausewitz" in dieser Bibliographie und N. S. GALITZIN, *Allgemeine Kriegsgeschichte.* Über die letzte Phase der methodischen Kriegführung am Vorabend der französischen Revolution und ihre theoretische Ausformung bei Guibert vgl. Rudolf VIERHAUS, *Lloyd und Guibert*, in KdK, und E. M. EARLE, *Makers of Modern Strategy* sowie der Abs. „Grundtendenzen der Kriegführung während der letzten Jahre des Absolutismus" (9) in dieser Bibliographie.

b. Die Militärstrategie in der Kriegskunst Montecuccolis

Einen biographischen Abriß über Montecuccoli und sein Werk, verbunden mit einer knappen Literaturübersicht, gibt: Piero PIERI, in: KdK. Eine Edition seiner Schriften, die jedoch nicht auf den erhaltenen Urtexten beruht und auch im kritischen Apparat Schwächen aufweist, hat Alois VELTZÉ, *Ausgewählte Schriften des R. Fürsten M, hrsg. von der Direktion des k.u.k. Kriegsarchivs, 4 Bde., Wien 1899–1900* besorgt. Über einzelne Lebensabschnitte Montecuccolis liegen inzwischen zwei neuere Untersuchungen vor. T.M. BARKER, *The Military Intellectual and Battle. R. Montecuccoli and the Thirty Years War. Albany, N.Y. 1975* hat die Leistungen des kaiserlichen Feldherrn in seiner Frühphase untersucht, während Roland FOERSTER, *Turenne et Montecuccoli, une comparaison stratégique et tactique,* in: *Turenne et l'Art Militaire. Troisième centenaire de la Mort de Turenne (1975), Paris 1978* in einer gelungenen Studie das militärische Genie Turennes und Montecuccolis in der Spätphase (1673–1675) vergleicht.

Die Leistungen Montecuccolis im Kampf gegen die Türken würdigt J.C. ALLMEYER-BECK, *Die kaiserlichen Kriegsvölker.*

7. *Die Kriegspraxis zur Zeit Ludwigs XIV.*

Zur methodischen Kriegführung im ausgehenden 17. und zu Beginn des 18. Jahrhunderts C. v. CLAUSEWITZ, *Vom Kriege,* H. DELBRÜCK, *Geschichte der Kriegskunst* und N.S. GALITZIN, *Allgemeine Kriegsgeschichte,* eine ausführliche Darstellung. Gerade bei Galitzin ist, wie bei vielen Militärschriftstellern des 19. Jahrhunderts, eine durch die Vernichtungsstrategie der napoleonischen Zeit geprägte Ablehnung der methodischen Kriegführung des Absolutismus festzustellen. B.H. LIDDELL HART, *Strategy* wird dem Prinzip der „Ermattungsstrategie" gerechter, da er sie in den Rahmen der technischen und ökonomischen Bedingungen der Zeit analysiert. Napoleons eigene Sicht, die auch Carl von CLAUSEWITZ, *Strategische Beleuchtung mehrerer Feldzüge von Gustav Adolf, Turenne und Luxembourg und andere historische Materialien zur Strategie,* in: *Hinterlassene Werke, Bd. 9, Berlin 1837* reflektiert, findet sich bei: NAPOLEON I., *Darstellung der Kriege Caesars, Turennes, Friedrichs des Großen.* Mit einem Anhang: *Der Angriffskrieg in weltgeschichtlichen Beispielen, Darmstadt–Berlin* [3]*1943.*

a. Turenne und der Feldzug von 1674

Über das Sozialgefüge der französischen Generalität während der Regierung Ludwigs XIV. vermittelt die kleine Untersuchung von André CORVISIER, *Les généraux de Louis XIV. et leur origine sociale,* in: *XVII*[e] *siècle, 42/43 (1959)* wichtige Anstöße für weitergehende Forschungen.

Über Turenne und das Militärwesen seiner Zeit informiert umfassend, jedoch nicht immer ganz exakt und im Detail durch neuere Forschungen überholt: Jules ROY, *Turenne, sa vie les institutions militaires de son temps, Paris* [2]*1900.* Einen Zustandsbericht über die französische Armee im Jahre 1674 gibt: Amédée CORDIER, *Turenne et l'armée française en 1674, Paris 1895.* Auf weitgehend unbekanntem Quellenmaterial aus den Feldzügen von 1670–1675 baut die heute noch unentbehrliche Arbeit von Ferdinand DES ROBERT, *Les campagnes de Turenne en Allemagne d'après des documents inédits 1672–1675, Nancy 1903* auf. Mit der französischen Kriegführung im Winter 1674 beschäftigt sich eingehend G. von KORTZFLEISCH, *Der oberelsässische Winterfeldzug 1674–1675 und das Treffen bei Türckheim, Straßburg 1904 = Beiträge zur Landes- und Volkskunde von Elsaß-Lothringen, 29.* Stärker biographische Züge trägt dagegen die Untersuchung von Jules PICAVET, *Les dernières années de Turenne (1660–1675), Paris 1917.* Eine Beurteilung der Feldherrnqualitäten Turennes aus der Sicht verbündeter und gegnerischer Heerführer vermittelt der bereits genannte Aufsatzband: *Turenne et l'art militaire,* der aus Anlaß seines 300. Todestages entstanden ist.

b. Der Feldzug des Prinzen Eugen und des Herzogs von Marlborough 1704

Eine allgemeine Bewertung der Schlacht von Höchstädt geben B.H. LIDDELL HART, *Strategy* und E. v. FRAUENHOLZ, *Gesicht der Schlacht.* Frauenholz' Arbeit ist dort, wo sie den Ablauf militärischer Operationen beschreibt, wertvoll, die vom Verfasser vermittelte positive Bewertung des Krieges als Instrument der Konfliktlösung zwischen zwei Staaten ist jedoch heute bedenklich. Über das strategische Gesamtkonzept Englands während des Spanischen Erbfolgekrieges informiert neuerdings zuverlässig die von John HATTENDORF vorgelegte Dissertation mit dem Titel: *England in the War of the Spanish Succession: a study in the English view and conduct of grand strategy 1701–1713, Oxford 1979.* Ein dichtes biographisches Bild über Marlborough bietet die auf Aktenmaterial aus den Familienarchiven beruhende Arbeit von Sir Winston CHURCHILL, *Marlborough. His Life and Times, 4 Bde., New York 1933–1938;* verkürzte deutsche Übersetzung: *Marlborough, 2 Bde., München 1968–1969.* Auf die besonderen militärischen Verdienste Marlboroughs geht Werner GEMBRUCH, *Marlborough,* in: *Große Soldaten der europäischen Geschichte* ein. Einen Überblick über die Entwicklung der Kriegskunst zur Zeit des Spanischen Erbfolgekrieges vermittelt David CHANDLER, *The Art of Warfare in the Age of Marlborough, London 1976.* Daneben ist die Arbeit von H. BELLOC, *The Tactics and Strategy of the Great Duke of Marlborough, Bristol 1933* auch heute noch mit Gewinn zu verwenden.

Über Kommandostruktur und Verwaltung der englischen Truppen unter Marlborough geben die Untersuchung von David CHANDLER, *Marlborough as Military Commander, London 1973* und der Aufsatz von R. E. SCOULLIER, *Marlborough's Administration in the Field,* in: *Army Quarterly, 95* zuverlässig Auskunft.

Die versorgungstechnische Bedeutung des Marsches der englischen Truppen aus den Niederlanden nach Bayern würdigen: D. FRANCIS, *Marlborough's march to the Danube 1704,* in: *Journ. of the Soc. for Army Hist. Research 50 (1972)* und W. HIRZEL, *Der lange Marsch von 1704,* in: *Z. f. Heereskunde 40 (1976).* Die Verständigung zwischen Marlborough und dem österreichischen Staatsmann Graf Wratislaw als Voraussetzung des Sieges von Höchstädt versucht F. MATHIS, *Marlborough und Wratislaw. Eine politische Freundschaft als Grundlage des Sieges von Höchstädt 1704,* in: *MIÖG 83 (1975)* zu belegen.

Die umfassende Darstellung, die Max BRAUBACH, *Prinz Eugen,* dem bedeutendsten österreichischen Feldherrn des 18. Jahrhunderts gewidmet hat, wird die Forschung über Jahrzehnte hinaus bestimmen. Die Arbeit, die auch die politischen Aktivitäten Eugens stets im Zusammenhang mit dem sich formenden System des europäischen Gleichgewichts sieht, hat im Bereich der wissenschaftlich fundierten Biographien neue Akzente gesetzt. Stärker heereskundlich ausgerichtet ist dagegen der Katalog, den das Heeresgeschichtliche Museum in Wien aus Anlaß des dreihundertsten Geburtstag des Prinzen 1963 herausgegeben hat: PRINZ EUGEN VON SAVOYEN 1663–1736, *Katalog zur Ausstellung hrsg. vom Heeresgeschichtlichen Museum, Wien 1963.*

Das militärische und diplomatische Geschick Prinz Eugens würdigt in einer gelungenen Darstellung E. RITTER, *Politik und Kriegführung und ihre Beherrschung durch Prinz Eugen 1704, Berlin 1934 = Schriftenreihe der kriegsgeschichtlichen Abteilung im Historischen Seminar der Friedrich-Wilhelms-Universität Berlin, 10.* Ebenfalls mit dem politischen Hintergrund der Schlacht bei Höchstädt beschäftigt sich die kleine Skizze von Walter HUMMELBERGER, *Die Schlacht bei Höchstädt am 13. August 1704. Ein Triumph der Koalitionskriegführung,* in: *ÖMZ, 1964, Heft 6.* Die Haltung des bayerischen Kurfürsten in der Schlacht und sein nicht immer problemloses Verhältnis zur französischen Generalität schildert recht anschaulich Ludwig HÜTTL, *Max Emanuel – Der blaue Kurfürst, München 1976.*

8. Die Kriegführung Friedrichs II.

Aus der umfangreichen Literatur zur Persönlichkeit Friedrichs II., seinen politischen Anschauungen und ihrer praktischen Ausformung in der preußischen Politik werden in dieser Bibliographie nur diejenigen Arbeiten herangezogen, die auch über die Entwicklung des Heerwesens und die Tendenzen in der Kriegführung Auskunft geben können.

Grundsätzliche Hinweise finden sich bei: H. DELBRÜCK, *Geschichte der Kriegskunst,* H. FRANKE, *Handbuch,* S. FIEDLER, *Grundriß der Militär- und Kriegsgeschichte* sowie in den entsprechenden Artikeln bei POTEN, *Handwörterbuch,* und ALTEN, *Handbuch.* Eine gelungene Darstellung des friderizianischen Heerwesens bietet neuerdings H. BLECKWENN, *Unter dem Preußen-Adler.*

Hinweise zum zeitgenössischen Schrifttum und den militärtheoretischen Arbeiten Friedrichs vermittelt M. JÄHNS, *Kriegswissenschaften.*

Die umfangreiche Biographie von Reinhold Koser, *Geschichte Friedrichs II., 4 Bde., Berlin* [7]*1921–1925* bleibt auch weiterhin die gelungenste Gesamtdarstellung, zumal viele der verarbeiteten Archivalien inzwischen zerstört oder unzugänglich sind. Ein sehr knappes, durch Zitate aus Friedrichs militärtheoretischen Schriften angereichertes Lebensbild zeichnet Gustav-Adolf CASPAR, *Friedrich der Große,* in KdK. Eine Quellenedition der Schriften des Königs besorgte Gustav VOLZ, *Die Werke Friedrichs II., 10 Bde., Berlin 1913–1914.*

Die militärischen Operationen bis zum August 1760 erarbeitete minutiös und auf inzwischen verlorenen Aktenbeständen aufbauend die kriegsgeschichtliche Abteilung im Großen Generalstab: *Die Kriege Friedrichs II., 18 Bde., Berlin 1890–1913* (Erster und Zweiter Schlesischer Krieg in Bd. 1–6).

Eberhard Kessel versuchte vor Ausbruch des Zweiten Weltkrieges die Arbeit abzuschließen, seine Aufzeichnungen wurden jedoch noch vor Drucklegung durch die Kriegsereignisse zerstört.

Eine Einbindung Friedrichs II. in die Reihe der bedeutenden Militärtheoretiker des 18. Jahrhunderts versucht: R. R. PALMER, *Frederick the Great, Guibert, Bülow – From Dynastic to National War,* in: E. M. EARLE, *Makers of Modern Strategy.* Christopher DUFFY, *The army of Frederick the Great, London 1974* und ders., *The army of Maria Theresia – The armed forces of imperial Austria (1740–1780), London 1977* vergleicht in seinen Arbeiten das Heerwesen beider Staaten, wobei er an einigen Stellen eine Sympathie für die Belange der Kaiserin nicht verbergen kann. Die umfangreichen Literaturverzeichnisse, die er seinen Untersuchungen beigegeben hat, erleichtern weiterführende Forschungen.

Über einen Einzelaspekt der operativen Kriegführung während der ersten beiden Schlesischen Kriege informiert die kleine Arbeit von Rudolf KEIBEL, *Die schräge Schlachtordnung in den ersten beiden Kriegen Friedrichs des Großen, Leipzig 1901 = FBPG, Bd. XIV/1.*

Die Militärgeschichtsschreibung der DDR hat sich bereits sehr früh mit der Geschichte des Heerwesens und der Kriegskunst in der frühen Neuzeit beschäftigt. Grundlegend neue Forschungsergebnisse haben diese Untersuchungen jedoch nicht erbracht. Für das Zeitalter Friedrichs II. sind zwei Arbeiten von Olaf GROEHLER zu nennen, von denen die frühere als Vorstudie zu der nachfolgenden Abhandlung zu verstehen ist: *Probleme der preußischen Kriegskunst im Zeitalter der schlesischen Kriege (1740–1763),* in: *ZMG 5 (1966), Heft 3* und: *Die Kriege Friedrichs II., Berlin (Ost) 1968.*

c. Der Siebenjährige Krieg (1756–1763)

Einen gelungenen Literaturbericht zur Politik der europäischen Mächte am Vorabend des Siebenjährigen Krieges liefert Winfried BAUMGART, *Der Ausbruch des Siebenjährigen Krieges. Zum gegenwärtigen Forschungsstand,* in: *MGM 11 (1972).* Die Vorgeschichte des renversement des alliances, als des bedeutendsten diplomatiegeschichtlichen Ereignisses vor Ausbruch der Französischen Revolution, schildert sehr eindringlich: Max BRAUBACH, *Von Ludwig XIV. bis Kaunitz. Zur Vorgeschichte der diplomatischen Revolution im 18. Jahrhundert, Bonn 1952 = Bonner Historische Forschungen Bd. 2.*

Über die Frage, ob Friedrichs Einfall in Sachsen als Präventivschlag zu verstehen sei oder ob Preußen 1756 einen Eroberungskrieg begonnen habe, ist es nach der aufsehenerregenden Arbeit von Max LEHMANN, Friedrich der Große und der Ursprung des siebenjährigen Krieges, Leipzig 1894 zu einer ausgedehnten wissenschaftlichen Diskussion zwischen Lehmann, Delbrück und Daniels auf der einen, Koser, Naudé und zahlreichen weiteren Gelehrten, die an der überkommenen Auffassung vom preußischen Defensivkrieg festhalten wollten, auf der anderen Seite gekommen. Während Hans DELBRÜCK seine Auffassung vom Aufeinanderprallen zweier Offensiven in einem Sammelband unter dem Titel: *Ursprünge des siebenjährigen Krieges,* in: *Erinnerungen, Aufsätze und Reden, Berlin 1902* noch einmal veröffentlichte, nahm Emil DANIELS, *Friedrich der Große und Ma-*

ria Theresia am Vorabend des Siebenjährigen Krieges, in: *Preußische Jahrbücher 100 (1900)* die von G.B. VOLZ und G. KÜNTZEL besorgte Aktenpublikation *Preußische und österreichische Akten zur Vorgeschichte des Siebenjährigen Krieges, PPStA, Bd.74, Leipzig 1899* zum Anlaß, um zweifelsfrei festzustellen, daß Preußen 1756 einen Eroberungskrieg führen wollte und seinen Ausbruch bewußt herbeigeführt habe.

Der Frage, welche politischen und militärischen Faktoren das Überleben des preußischen Staates gegen eine europäische Koalition ermöglicht haben, geht neuerdings Johannes KUNISCH, *Das Mirakel des Hauses Brandenburg. Studien zum Verhältnis von Kabinettspolitik und Kriegführung im Zeitalter des Siebenjährigen Krieges, München 1978* nach.

Einen Überblick über die militärischen Aktionen im Siebenjährigen Krieg geben neben dem bereits genannten unvollendet gebliebenen Werk der kriegsgeschichtlichen Abteilung des Großen Generalstabes, H. DELBRÜCK, *Geschichte der Kriegskunst,* E.v. FRAUENHOLZ, *Entwicklungsgeschichte* und Max JÄHNS, *Kriegswissenschaften.*

Mit den militärischen Leistungen Friedrichs II. setzen sich B.H. LIDDELL HART, *Strategy,* NAPOLEON I., *Darstellung der Kriege,* H. SCHWARZ, *Gefechtsformen* sowie Reinhold KOSER, *Die preußische Kriegführung im Siebenjährigen Kriege,* in: *HZ 92 (1904)* auseinander.

Eine geschlossene Darstellung zur Strategie Friedrichs während des Siebenjährigen Krieges liefert P. CREUZINGER, *Die Probleme des Krieges, 2. Teil, Bd.2, Friedrichs Strategie im Siebenjährigen Kriege, Leipzig 1908.*

Einzelschlachten des Krieges beschreiben unter anderem: R. KOSER, *Geschichte Friedrichs II.* (über Kolin), J.F.C. FULLER, *Decisive Battles. Their Influence upon history ands civilisation, New York 1940* (Roßbach und Leuthen), *Rückzug und Verfolgung, Zwei Kampfarten 1757–1944 = Beiträge zur Militär- und Kriegsgeschichte, hrsg. vom Militärgeschichtlichen Forschungsamt, Bd.1, Stuttgart 1960* (Leuthen), Helmut SCHNITTER, *Die Schlacht bei Torgau,* in: *ZMG 19 (1979), Heft 2.*

Zur Organisationsgeschichte der preußischen Armee im Siebenjährigen Krieg sei an dieser Stelle auf die bereits zu Beginn dieses Abschnittes genannte Literatur von C. DUFFY, *The Army of Frederick the Great* und H. BLECKWENN, *Unter dem Preußen-Adler* verwiesen.

Für die österreichische Armee ist neben der ebenfalls bereits genannten Untersuchung von C. DUFFY, *The Army of Maria Theresia* auch ein weiterer Aufsatz des selben Autors: C. DUFFY, *Recruitment and Mentality in the Army of Maria Theresia (1740–1780),* in: *Recrutement, Mentalítés, Sociétés. Colloque international d'Histoire militaire, Montpellier 1974* mit Nutzen zu verwenden. Speziell zum Heerwesen der österreichischen Monarchie im Siebenjährigen Krieg gibt die inzwischen in deutscher Übersetzung erschienene Arbeit von A. SEATON, *Die österreichisch-ungarische Armee im Siebenjährigen Krieg, München 1978* Auskunft. Stärker heereskundlich ausgerichtet ist der Aufsatzband: MARIA THERESIA, *Beiträge zur Geschichte ihrer Zeit, Wien 1967 = Schriften des HMMI, Bd.3.* Über einen der bedeutenden Gegenspieler Friedrichs auf dem Schlachtfeld liegt mit der Biographie von Franz Lorenz von THADDEN, *Feldmarschall Daun, Maria Theresias größter Feldherr, München 1967* eine weitgehend überzeugende Darstellung vor. Von der 1971 in Frankfurt/M. angenommenen Habilitationsschrift, die Johannes KUNISCH dem Leben des Feldmarschall Loudon gewidmet hat, ist bisher nur eine knappe Darstellung der frühen Jahre veröffentlicht worden: Johannes KUNISCH, *Feldmarschall Loudons Jugend und erste Kriegsdienste,* in: *Archiv für österr. Geschichte 128/3, Wien 1972.* Dieter E. BANGERT, *Die russisch-österreichische Zusammenarbeit im Siebenjährigen Kriege in den Jahren 1758–1759, Boppard 1971 = MwF. Abt. MgSt. Bd.13,* hat anhand bisher weitgehend unbekannt gebliebenen Materials die Schwächen der Koalitionskriegführung im 18. Jahrhundert überzeugend dargestellt.

Für die am Siebenjährigen Krieg beteiligten Kontingente der Reichsarmee und ihre Rolle in der Schlacht bei Roßbach ist die ältere Untersuchung von K. BRODRÜCK, *Quellenstücke und Studien über den Feldzug der Reichsarmee von 1757, Beiträge zur deutschen Geschichte im 18. Jahrhundert, Leipzig 1858* auch heute noch gültig.

Die Schwächen in der inneren Struktur der französischen Armee legt: Lee KENNETT, *The French Army in the seven Years' War, Durham, N.C. 1967* dar. Sir R. SAVORY, *His Britannic Majesty's Army in Germany during the Seven Years War, Oxford 1966* schildert die Teilnahme englischer Truppen an den Operationen auf dem deutschen Kriegsschauplatz. Auf der Basis seiner umfangreichen Forschungen zieht Johannes KUNISCH, *Der Ausgang des Siebenjährigen Krieges*, in: *ZHF 2 (1975)* ein Resumé aus den politischen und militärischen Ereignissen des Krieges.

d. Der Strategiestreit

Einen Überblick über die Literatur zum Strategiestreit bis zum Jahre 1904 findet sich bei H. DELBRÜCK, *Geschichte der Kriegskunst, Bd. 4.* Zum selben Thema nimmt nochmals gegen Delbrück Stellung: Otto HINTZE, *Delbrück, Clausewitz und Friedrich der Große*, in: *FBPG 33 (1921);* am gleichen Ort findet sich auch die Erwiderung von H. Delbrück. Im Rahmen einer Gesamtwürdigung der Persönlichkeit H. Delbrücks äußert sich erneut: A. ROSENBERG, *Hans Delbrück, der Kritiker der Kriegsgeschichte*, in: *Die Gesellschaft 6 (1929).*

Die Deutung des von Clausewitz eingeführten Begriffes der doppelpoligen Strategie nimmt Eberhard KESSEL, *Doppelpolige Strategie. Eine Studie zu Clausewitz, Delbrück und Friedrich den Großen*, in: *Wissen und Wehr 12 (1931)* zum Anlaß, noch einmal auf die Genese des Strategiestreits einzugehen.

Die neuaufflammende Diskussion wird von Konrad LEHMANN, *Ermattungsstrategie – oder nicht?* in: *HZ 151 (1935)* fortgesetzt und findet ihren vorläufigen Abschluß bei: G. BUCHHEIT, *Vernichtungs- oder Ermattungsstrategie. Vom strategischen Charakter der Kriege, Berlin 1942.*

9. *Grundtendenzen während der letzten Jahre des Absolutismus*

a. Die allgemeine Situation

Die Situation in Europa am Vorabend der Französischen Revolution schildert neuerdings recht anschaulich: Eberhard WEIS, *Der Durchbruch des Bürgertums 1776–1847*, in: *Propyläen Geschichte Europas, Bd. 4, Frankfurt/M. 1978.* Einen Abriß der geistesgeschichtlichen Entwicklung in Europa im ausgehenden 18. Jahrhundert vermittelt: Fritz SCHALK, *Die europäische Aufklärung*, in: Golo MANN (Hrsg.), *Propyläen Weltgeschichte, Bd. 7, Frankfurt/M. 1964.* Den Umbruch von der Aufklärung zur Romantik in Preußen analysiert die bisher im deutschen Sprachraum wenig bekannte Arbeit von Henri BRUNSCHWIG, *Gesellschaft und Romantik in Preußen im 18. Jahrhundert*, deutsche Übersetzung der französischen Ausgabe von *1938, Ullstein TB, Frankfurt/M. 1978.*

Zum Prinzip des Ewigen Friedens und der Pazifizierung des Krieges: Karl von RAUMER, *Ewiger Friede. Friedensrufe und Friedenspläne seit der Renaissance, Freiburg/München 1953* (mit weiterführender Literatur). Eine deutsche Übersetzung des Traktats vom ewigen Frieden von Charles Irénée Chastel, Abbé de SAINT PIERRE ist 1922 in Berlin erschienen. Imanuel KANTs Schrift *Zum ewigen Frieden* (1795) findet sich bei: I. KANT, *Gesammelte Abhandlungen, hrsg. von der Preuß. Akademie der Wissenschaften, 23 Bde., Berlin 1900–1955*, Nachdruck: 1968.

Zur Bewertung des Krieges in der Politik vgl. R. WOHLFEIL, Bd. 1, Abschn. II, auch G. RITTER, *Staatskunst und Kriegshandwerk. Das Problem des „Militarismus" in Deutschland, 4 Bde. München* [4]1970. Eine geschlossene Darstellung zur Situation in den zeitgenössischen Armeen gibt: Werner GEMBRUCH, *Zur Diskussion um Heeresverfassung und Kriegführung in der Zeit vor der Französischen Revolution*, in: *Napoleon I. und das Militärwesen seiner Zeit, Freiburg 1968.*

Die Bedeutung des stehenden Heeres als Instrument der Friedenssicherung überschätzt: I. F. C. FULLER, *The Conduct of War. A Study of the Impact of the French, Industrial and the Russian Revolutions on War and its conduct. London 1961.* Eine kritische Edition der Werke des Grafen Wilhelm zu SCHAUMBURG-LIPPE hat jüngst C. OCHWALD besorgt: *Schriften und Briefe, Bd. II, Militärische Schriften, hrsg. Niedersächsische Landesbibliothek, Bd. 7, Frankfurt/M. 1977.* Die praktische Arbeit Schaumburg-Lippes hat in neuerer Zeit Christa BANASCHIK-EHL, *Scharnhorsts Lehrer, Graf Wilhelm von Schaumburg-Lippe, in Portugal. Die Heeresreform 1761–1777, Osnabrück 1974* einer kritischen Betrachtung unterzogen.

b. Kriegführung und Kriegwissenschaft

Erläuternde Hinweise zur zeitgenössischen Literatur finden sich vor allem bei: M. JÄHNS, *Kriegswissenschaften.* Über die wichtigsten französischen Militärtheoretiker des ausgehenden 18. Jahrhunderts informiert zuverlässig: Eugène CARRIAS, *La pensée militaire française, Paris 1960.* Robert S. QUIMBY, *The Background of Napoleonic Warfare. The Theory of Military Tactics in Eighteenth Century France, New York 1957* weist den Einfluß nach, den die französischen Militärtheoretiker des Ancien Régime auf die Entwicklung der Kriegführung unter Napoleon I. genommen haben. Die Gleichsetzung von Kriegskunst und Kriegswissenschaft und die damit verbundenen negativen Ausprägungen schildert anschaulich: Eberhard KESSEL, *Der deutsche Soldat in den stehenden Heeren des Absolutismus.* Die Bedeutung des englischen Militärschriftstellers H. H. E Lloyd überschätzt Fürst N. S. GALITZIN, *Allgemeine Kriegsgeschichte.* Ein realistischeres Bild des Engländers zeichnet Rudolf VIERHAUS, *Lloyd,* in KdK, dem wir auch eine weitere Skizze über *Guibert* in KdK verdanken. Die Erstarrung in der preußischen Armee nach dem Siebenjährigen Krieg beschreibt etwas überpointiert Colmar Frhr. von der GOLTZ, *Von Rossbach bis Jena und Auerstedt. Ein Beitrag zur Geschichte des preußischen Heeres, Berlin ²1906.*

Weitgehend unbekannt geblieben sind die Schriften von Georg Heinrich BERENHORST, dessen bedeutendste Arbeit *Betrachtungen über die Kriegskunst* als Nachdruck der 3. Auflage von 1827 mit einer Einführung und Literaturverweisen von Eckhard OPITZ in *Osnabrück 1978* herausgebracht worden ist. Weitere Literatur zu Berenhorst findet sich in dieser Bibliographie auf S. 610.

c. Erstarrung der Infanterietaktik und Ansätze zu ihrer Reformierung.

Einen Überblick über die Entwicklung der Infanterietaktik am Ende des 18. Jahrunderts vermittelt H. SCHWARZ, *Gefechtsformen.* Ebenfalls nützlich bleiben die Arbeiten von W. RÜSTOW, *Geschichte der Infanterie* und A. v. BOGUSLAWSKI, *Fechtweise.* S. FIEDLER, *Grundriß der Militär- und Kriegsgeschichte* behandelt das Thema unter Heranziehung neuerer Literatur.

Die für die Zeitgenossen vorbildlichen preußischen Zustände schildert neben C. JANY, *Geschichte der preußischen Armee* neuerdings auch H. BLECKWENN, *Unter dem Preußen-Adler.* Einen Überblick über das zeitgenössische Schrifttum zur Entwicklung der Infanterietaktik vermittelt M. JÄHNS, *Kriegswissenschaften.*

Die Veränderungen in der Kriegführung seit der Französischen Revolution, aber auch die Übereinstimmung mit wesentlichen Aspekten der Heeresreform, die in den letzten Jahren des Ancien Régime einsetzt, betont: R. HÖHN, *Revolution, Heer, Kriegsbild, Darmstadt 1944,* der die Gedanken von E. KESSEL, *Die Wandlungen der Kriegskunst im Zeitalter der französischen Revolution,* in: *HZ 148 (1933)* weiterführt. Neuerdings hat auch David CHANDLER, *The Campaigns of Napoleon, New York 1974* versucht, die Übereinstimmung zwischen den Grundsätzen der Kriegführung im I. Kaiserreich und den entsprechenden Reformbestrebungen in den letzten Jahren vor Ausbruch der Revolution nachzuzeichnen.

Zur Persönlichkeit Salderns vermittelt K. von PRIESDORFF, *Soldatisches Führertum,* einige biographische Notizen.

Amerikanischer Unabhängigkeitskrieg

Über Politik und Kriegführung im Unabhängigkeitskrieg informiert Hugh F. RANKIN, *The American Revolution, New York 1964.* Die Bedeutung der militärischen Verwicklungen in Amerika für England schildert sehr anschaulich Piers MACKESY, *The War for America 1775–1783, Cambridge 1964.* Die Rückwirkung der amerikanischen Revolution auf die deutschen Staaten hat in neuerer Zeit H. DIPPEL, *Deutschland und die amerikanische Revolution* herausgearbeitet. Einige grundsätzliche Bemerkungen finden sich darüber hinaus bei R. WOHLFEIL, Bd. 1, Abschn. II. Als Einführung in die amerikanische Militärgeschichte kann heute noch Walter MILLIS, *Amerikanische Militärgeschichte in ihren politischen, wirtschaftlichen und sozialen Zusammenhängen, Köln 1958* mit Gewinn benutzt werden. Die strategischen und taktischen Überlegungen, die in der amerikanischen Kontinentalarmee angestellt wurden, wird behandelt unter besonderer Berücksichtigung der Persönlichkeit George Washingtons Dave R. PALMER, *The Way of the Fox, Westport 1975.* Zum Verhältnis von Politik und Kriegführung nimmt Don HIGGINBOTHAM, *The War of American Independence. Military Attitudes, Politics and Practice 1763–1789, New York 1971* Stellung.

Über Daniel Morgan und die Bedeutung der revolutionären Milizen: Don HIGGINBOTHAM, *Daniel Morgan Revolutionary Rifleman, Chapel Hill 1961.* Zu den im Unabhängigkeitskrieg geübten Formen des „kleinen Krieges" vgl. auch den entsprechenden Absatz in dieser Bibliographie S. 594f.

Schützen bei der Linieninfanterie/Entwicklung der Kolonnentaktik in der Kriegstheorie

Neben den in diesem Absatz bereits genannten Arbeiten von C. JANY, H. SCHWARZ und W. RÜSTOW finden sich Hinweise auf die zeitgenössischen militärtheoretischen Schriften bei M. JÄHNS, *Kriegswissenschaften,* und, soweit es sich um französische Autoren wie etwa Folard, Guibert, S. GVermain, le maréchal de Saxe, Mesnil-Durand handelt bei Eugène CARRIAS, *La pensée militaire française, Paris 1956.*

Zur Bedeutung der Theorien Folards bei Friedrich II.: Karl LINNEBACH, *Friedrich der Große und Folard,* in: *Wissen und Wehr 17 (1936),* neuerdings auch: David CHANDLER, *The Campaigns of Napoleon,* der sich intensiv mit der Weiterentwicklung der Kolonnentaktik bei Napoleon I. beschäftigt. Über die frühe Verwendung der Kolonnentaktik im 18. Jahrhundert gibt Gustav von GRIESHEIM, *Vorlesungen über die Taktik. Hinterlassene Werke, Berlin 1855* Auskunft. Eine Zusammenschau der Entwicklung im 18. und 19. Jahrhundert vermittelt: Dietrich von MALACHOWSKI, *Scharfe Taktik und Revuetaktik im 18. und 19. Jahrhundert, Berlin 1892.*

d. Veränderungen bei den übrigen Waffengattungen – Kavallerie

Neben der von M. JÄHNS, *Kriegswissenschaften* vorgenommenen Beurteilung der zeitgenössischen Literatur finden sich weitere knappe Zusammenfassungen bei G. von ALTEN, *Handbuch für Heer und Flotte* und H. FRANKE, *Handbuch der neuzeitlichen Wehrwissenschaften* jeweils unter dem Stichwort „Kavallerie". Die besondere preußische Entwicklung schildert im Kontext der Heeresverfassung C. JANY, *Geschichte der preußischen Armee.*

Die bedeutendste und bis heute nicht überholte Arbeit zur Entwicklung der preußischen Kavallerie hat G. von PELET-NARBONNE, *Geschichte der Brandenburgisch-preußischen Reiterei* geliefert. Colmar Frhr. von der GOLTZ, *Von Rossbach bis Jena* geht im wesentlichen der Frage nach, welche Ursachen die Stagnation im preußischen Heerwesen nach 1763 bewirkt haben könnten.

Den Blick auf die gleichzeitige Entwicklung in der englischen Reiterei richtet: Corelli BARNETT, *Britain and Her Army 1502–1970, A Military, Political and Social Survey, London 1970.*

Artillerie

Zusätzlich zu den im Abschnitt „Artillerie" in dieser Bibliographie S. 594 genannten Arbeiten bietet die Untersuchung von Max KÖHLER, *Der Aufstieg der Artillerie bis zum Großen Kriege in Umrissen und Zeittafeln, München 1938* eine knappe und übersichtliche Zusammenstellung der gesamten Entwicklung. Ebenfalls nützlich bleibt der Artikel „Artillerie" bei H. FRANKE, *Handbuch der neuzeitlichen Wehrwissenschaften.*

Zum Einsatz der Artillerie im Gefecht vgl. die bibliographischen Angaben im Abschnitt „Feldschlacht", S. 594. Auf die besondere Entwicklung der Artillerie im österreichischen Heer geht A. Frhr. v. WREDE, *Geschichte der K.u.K. Wehrmacht* ein. Einen Ausblick auf die Bedeutung der Artillerie im 19. Jahrhundert erlaubt die Arbeit von Rudolf von CAEMMERER, *Die Entwicklung der strategischen Wissenschaft im 19. Jahrhundert, Berlin 1904 = Bibl. für Politik und Volkswirtschaft, 15.*

Technische Truppen

Vgl. die auf S. 596 dieser Bibliographie genannten Arbeiten, wobei auf die Untersuchung von D. PETTER besonders verwiesen wird. Eine knappe Zusammenfassung über die Situation der Ingenieure, Sappeure und Mineure findet sich unter den einzelnen Stichworten bei B. POTEN, *Handwörterbuch der gesamten Militärwissenschaften* und G. von ALTEN, *Handbuch für Heer und Flotte.* Über die zeitgenössische Literatur gibt M. JÄHNS, *Kriegswissenschaften* zuverlässig Auskunft.

e. Unterteilung des Feldheeres in Divisionen

Nach W. RÜSTOW, *Die Feldherrnkunst des 19. Jahrhunderts. Zum Selbststudium und für den Unterricht an höheren Militärschulen, Zürich 1867,* der in einer breitangelegten Arbeit die strategisch/taktischen Konzeptionen untersuchte, die den kriegerischen Begegnungen seiner Zeit zugrunde lagen, weist auch R. v. CAEMMERER, *Die Entwicklung der strategischen Wissenschaft* daraufhin, daß die Division als militärischer Großverband bereits nach dem Siebenjährigen Krieg entstanden ist. Dem folgt neuerdings auch: H. SCHWARZ, *Gefechtsformen.* Das französische Vorbild schildert recht anschaulich: Bernard DRUÈNE, *Les origines de l'organisation divisionnaire,* in: *Carnet de la Sabretache 69 (1961).* Die Situation in der französischen Armee am Vorabend der Revolution beschreibt: Albert DURUY, *L'armée royale en 1789, Paris 1888.* Die Phase des Umbruchs und der Konsolidierung in der Französischen Revolution untersucht Samuel F. SCOTT, *The French Revolution and the line Army 1787–1793, Univ. of Wisconsin Diss. mss. 1968.*

f. Gegensätzliche Auffassungen über Operationsführung (Lloyd und Guibert)

Einen biographischen Abriß zu Lloyd und Guibert liefern die beiden Abschnitte von R. VIERHAUS, in: KdK, weitere Literatur im Absatz Kriegführung und Kriegwissenschaft in dieser Bibliographie auf S. 604. Hinweise zu Guibert finden sich auch bei: Général WEYGAND, *Histoire de l'Armée française* und R. v. CAEMMERER, *Die Entwicklung der strategischen Wissenschaft.* Für das Verständnis der Theorien von Henry Lloyd ist sein Hauptwerk: *History of the late war in Germany, 3 Bde., London 1776–1790* wichtig. Den Erfahrungen des amerikanischen Bürgerkrieges und ihren Rückwirkungen auf die englische Armee im ausgehenden 18. Jahrhundert hat R. GLOVER, *Peninsula Preparation; the Reform of the British Army 1795–1809, Cambridge 1963* eine Studie gewidmet.

B. Die Kriegführung im 19. Jahrhundert

1. Die neuen Grundlagen

a. Der Nationalstaat

Da die wichtigste Literatur zur politischen Geschichte dieses Zeitraumes bereits in den entsprechenden Abschnitten des Handbuches vorgestellt worden ist (R. WOHLFEIL, bis 1815, *Bd. 1, Abschn. II,* und M. MESSERSCHMIDT, *Bd. 2 Abschn. IV/2* bis 1890) wird an dieser Stelle nur auf die im Text verwendeten Arbeiten sowie auf einschlägige Neuerscheinungen verwiesen.

Zur Phänomenologie des Nationalstaates in Europa: Theodor SCHIEDER, *Typologie und Erscheinungsbild des Nationalstaats in Europa,* in: *HZ 202 (1966).* Einen knappen Überblick über die europäische Geschichte in der Neuzeit gibt die inzwischen auch als Taschenbuch verlegte Arbeit von Werner NÄF, *Die Epochen der neueren Geschichte, 2 Bde., Aarau 1946.* Einen Abriß der Geschichte der deutschen Staaten in diesem Zeitraum bietet: Golo MANN, *Deutsche Geschichte des 19. und 20. Jahrhunderts,* Neuauflage *Frankfurt/M. 1974.* Die Entwicklung des europäischen Staatensystems schildert anschaulich, jedoch durch neuere Arbeiten stellenweise überholt, Richard NÜRNBERGER, *Das Zeitalter der Französischen Revolution und Napoleons,* in: *Propyläen*

Weltgeschichte, Bd. 8, Berlin 1960, der in seiner Betrachtung den verschiedenen Phasen der Revolutionsentwicklung bis hin zum 1. Kaiserreich eine besondere Bedeutung beimißt. Für die zweite Hälfte des 19. Jahrhunderts bietet die von Theodor SCHIEDER, *Staatensystem als Vormacht der Welt 1848–1918,* in: *Propyläen Geschichte Europas, Bd. 5, Frankfurt/M. 1977* vorgelegte Synthese einen günstigen Ansatzpunkt zur weiteren Beschäftigung mit der Epoche. Ebenfalls auf den Jahren nach 1848 liegt der Schwerpunkt der Untersuchung von Matthew S. ANDERSON, *The Ascendancy of Europe. Aspects of European History 1815–1914, London 1972,* der in einer vergleichenden Geschichtsbetrachtung die Entwicklung in der europäischen Pentarchie bis zum Ausbruch des Ersten Weltkrieges nachzeichnet.

Mit den Ereignissen in Frankreich vom Zusammentreten der Generalstände 1789 bis zum Staatsstreich Napoleons beschäftigt sich die inzwischen auch in deutscher Übersetzung vorliegende kenntnisreiche Arbeit von François FURET und Denis RICHET, *La Révolution, 2 Bde., Paris 1965–1966 (deutsche Ausgabe Frankfurt 1968).*

Über die Verfassungsgeschichte in den deutschen Territorien nach 1815 gibt neuerdings die von Ernst-Wolfgang BÖCKENFÖRDE herausgegebene *Moderne deutsche Verfassungsgeschichte 1815–1918, Köln 1972* zuverlässig Auskunft.

Über die Neuordnung Preußens nach 1806 bleibt weiterhin Rudolf VAUPEL, *Die Reorganisation des preußischen Staates unter Stein und Hardenberg, Bd. 1 = Publ. aus den preußischen Staatsarchiven, Bd. 94, Leipzig 1938* richtungweisend.

Den ideengeschichtlichen Hintergrund der preußischen Reformzeit referiert Rudolf IBBEKEN, *Preußen 1807–1913. Staat und Volk als Idee und in Wirklichkeit (Darstellung und Dokumentation) = Veröffentlichungen aus den Archiven der Stiftung preußischer Kulturbesitz, Bd. 5, Köln 1970.* Eine brillante Darstellung der preußischen Politik im Vormärz verdanken wir Sebastian HAFFNER, *Preußen ohne Legende, Düsseldorf 1978.*

Mit der Kriegszielpolitik des ersten französischen Kaiserreiches setzt sich Gerhard RITTER, *Staatskunst und Kriegshandwerk, Bd. 1* beschäftigt, während Paul SCHMITTHENNER, *Politik und Kriegführung* den Strukturelementen moderner Massenheere nachgeht. Mit dem Wesen des Guerillakampfes und den Rückwirkungen der spanischen Erhebung gegen Napoleon auf den deutschen Freiheitskampf setzt sich die Habilitationsschrift von Rainer WOHLFEIL, *Spanien und die deutsche Erhebung, 1808–1814, Wiesbaden 1965* auseinander.

b. Beibehaltung der stehenden Heere

Eine Klärung der Begriffe „stehendes Heer – Miliz" versucht Wilhelm RÜSTOW, *Militärisches Handwörterbuch.* Die Entwicklung in der französischen Armee seit Ausbruch der Revolution und die Integration der Kader der ehemals königlichen Armee in das revolutionäre Volksheer schildert anschaulich Général WEYAND, *Histoire de l'armée française.* Zur besonderen Entwicklung in Frankreich vgl. auch die unter B 1 c–d und B 2 a angegebene Literatur.

Die europäischen Kriege bis 1815 in ihrem sozialen, politischen und ökonomischen Kontext behandelt Michael HOWARD, *War in European History, London 1976.* Auch die bereits bei M. MESSERSCHMIDT, *Bd. 2, Abschn. IV/2 S. 379* ausführlich gewürdigte Untersuchung von Gordon A. CRAIG, *Die preußisch-deutsche Armee, 1640–1945, Staat im Staate, Düsseldorf 1960* (deutsche Übersetzung der englischen Ausgabe von 1955) beschäftigt sich vornehmlich mit der Stellung der bewaffneten Macht im Staat seit dem Beginn des 19. Jahrhunderts. Eine kritische Analyse der ablehnenden Haltung der Frühliberalen gegenüber dem stehenden Heer in Preußen versucht Gerhard RITTER, *Staatskunst und Kriegshandwerk, Bd. 1.*

c. Die patriotischen Streitkräfte
d. Die Volksbewaffnung

Die ältere Arbeit von E. DEPREZ, *Les volontaires nationaux 1791–1793, Paris 1908* basiert auf einer breiten Quellengrundlage, ist jedoch durch neuere sozialgeschichtliche Untersuchungen stellenweise überholt. Eine noch heute brauchbare Darstellung der sozialen Schichtung, Organisation und Disziplin in den revolutionären Truppen gibt Jean JAURÈS, *L'armée nouvelle, Paris 1910,* Kap. VI.

Zur Organisationsform der leichten Truppen und des kleinen Krieges vgl. den entsprechenden Abschnitt in dieser Bibliographie. Zu dem von V. REGLING beigebrachten Zitat vgl. Werner HAHLWEG, *Guerilla-Krieg ohne Fronten, Stuttgart 1968.* Über die Bewertung des Krieges als „Vater aller Dinge" gegen Ende des 19. Jahrhunderts: Max JÄHNS, *Über Krieg, Frieden und Kultur, Berlin 1893.* Eine treffende Darstellung findet sich auch bei Reinhard HÖHN, *Revolution, Heer, Kriegsbild, Darmstadt 1944.*

Über das Problem der völkerrechtlichen Fixierung der Volkserhebung und des Kombattantenstatus seiner Träger: Carl SCHMITT, *Theorie des Partisanen. Zwischenbemerkungen zum Begriff des Politischen, Berlin 1963.* In gleicher Weise auch: Alfred VERDROSS, *Völkerrecht, Wien* [3]*1955.*

Über Friedrich Engels als Militärtheoretiker informiert knapp Jehuda L. WALLACH, *Die Kriegslehre von Friedrich Engels, Hamburg 1968 = Hamburger Studien zur Neueren Geschichte, Bd. 10.* Die im Text verwendeten Zitate stammen aus der Schrift: Friedrich ENGELS, *Die preußische Militärfrage und die deutsche Arbeiterpartei, Hamburg 1865.* Zu Friedrich Engels aus marxistischer Sicht: Heinz HELMERT, *Friedrich Engels. Die Anfänge der proletarischen Militärtheorie (1842–1852), Berlin (Ost) 1970 = Schriftenreihe des Instituts für Militärgeschichte.*

e. Freie Wirtschaft, Industrialisierung und technische Revolution

Zum Verhältnis von Armee, Rüstung und Wirtschaft vgl. M. MESSERSCHMIDT, Bd. 2, Abschn. IV/2, S. 409–412. Als neuere Gesamtdarstellung unentbehrlich: *Handbuch der Deutschen Wirtschafts- und Sozialgeschichte, Bd. 2,* hrsg. von Hermann AUBIN und Wolfgang ZORN, *Stuttgart 1976.*

2. Die Kriegführung zur Zeit der Französischen Revolution und Napoleons I.

a. Die praktizierte Kolonnentaktik

Hinweise auf die zeitgenössischen Reglements und Dienstvorschriften finden sich bei Max JÄHNS, *Kriegswissenschaften.* Eine Einführung in die Grundsätze und Grundformen der Kolonnentaktik bieten Wilhelm RÜSTOW, *Feldherrenkunst* und Rudolf v. CAEMMERER, *Die Entwicklung der strategischen Wissenschaft.* Während Rüstow wie auch Caemmerer den militärisch-technischen Aspekt in den Vordergrund stellen, geht Ernst HAGEMANN, *Die deutsche Lehre vom Krieg, Berlin 1940* bei seiner Beurteilung der deutschen Kriegstheorien von einem mehr geistesgeschichtlichen Ansatz aus. In der neueren Literatur ist G. BLUMENTRITT, *Strategie* als Einführung brauchbar. Stärker biographisch aufgebaut sind die Darstellungen von J. L. WALLACH, *Kriegstheorien* und E. M. EARLE, *Makers of Modern Strategy.* Knappe Hinweise über die Verwendung von Infanterie, Kavallerie und Artillerie im Rahmen der Kolonnentaktik geben B. v. POTEN, *Handwörterbuch der gesamten Militärwissenschaften,* G. v. ALTEN, *Handbuch für Heer und Flotte* und H. FRANKE, *Handbuch der neuzeitlichen Wehrwissenschaften* und den jeweiligen Stichworten. Wegen seiner Ausführlichkeit besonders zu erwähnen ist: W. RÜSTOW, *Militärisches Handwörterbuch.*

Lazare Carnot und die Organisation der französischen Armee

Um die Funktionsprinzipien der napoleonischen Heere ausreichend würdigen zu können, ist die Kenntnis ihrer Genese in der Revolutionszeit Voraussetzung. Eine gute Einführung bieten dabei: Jean COLIN, *La Tactique et la discipline dans les armées de la Révolution. Correspondance du général Schauenbourg du 4 avril au 2 août 1793, Paris 1902,* und Richard COBB, *Les armées révolutionnaires instrument de la terreur dans les Départements avril 1793 – floréal an II, 2 Bde., Paris 1961–1963.*

Zum Leben Lazare Carnots bietet immer noch die Arbeit von Marcel REINHARD, *Le Grand Carnot, 2 Bde., Paris 1950–1952* die meisten Informationen. Robert WARSCHAUER, *Studien zur Entwicklung der Gedanken Lazare Carnots über die Kriegführung 1784–1793, Berlin 1937* hat sich intensiv mit dem militärtheoretischen Werk des französischen Heeresreformers beschäftigt. Ein kleines Lebensbild Carnots verfaßte in letzter Zeit Hans-Henning BURG, *Lazare Nicolas Carnot. Bildnis eines großen Militärs und beispielhaften Menschen*, in: *WWR 10 (1961)*.

Mit den politischen Bündniskonstellationen der Revolutionsepoche und des ersten Kaiserreiches beschäftigt sich Andreas HILLGRUBER, *Formveränderungen in der Koalitionskriegführung in der Epoche 1792–1815. Ein Aufriß*, in: *GWU 17 (1966)*. Den militärisch-technischen Umwälzungen am Ende des 18. Jahrhunderts widmet sich besonders Dietrich von MALACHOWSKI-BONIN, *Scharfe Taktik und Revuetaktik im 18. und 19. Jahrhundert, Berlin 1892*, während Eberhard KESSEL in zwei Aufsätzen der Frage nach dem Einfluß geistesgeschichtlich-politischer Faktoren auf die Entwicklung der Kriegskunst nachgeht:

Die Wandlungen der Kriegskunst im Zeitalter der französischen Revolution, in: *HZ 148 (1933)* und *Zum Problem des Wandels der Kriegskunst vom 18. zum 19. Jahrhundert*, in: *Wissen und Wehr 20 (1939)*.

Eine kurzgefaßte Quellenkunde zur preußischen Heeresreform legt Georg ECKERT, *Von Valmy bis Leipzig. Quellen und Dokumente zur Geschichte der preußischen Heeresreform, Hannover–Frankfurt/M. 1955* vor.

Kolonnentaktik – Infanterie

Neben den beiden grundlegenden Arbeiten von W. RÜSTOW, *Geschichte der Infanterie* und H. SCHWARZ, *Gefechtsformen* ist für Preußen C. JANY, *Geschichte der preußischen Armee* zu verwenden. Zusätzlich vgl. die unter B 2 a genannte Literatur.

Kolonnentaktik – Kavallerie

Zum Einsatz der Kavallerie bietet G. von PELET-NARBONNE, *Geschichte der brandenburgisch-preußischen Reiterei* einen ausgezeichneten Überblick. Das französische Beispiel behandelt B. DRUÈNE, *Les origines de l'organisation divisionnaire.* Eine kritische zeitgenössische Darstellung des Kavallerieeinsatzes in den napoleonischen Heeren gibt Antoine Charles, comte de LA ROCHE-AYMON, *Introduction à l'étude de l'art de guerre*, deutsch: *Einleitung in die Kriegskunst, 4 Teile, Weimar 1802–1805*.

Kolonnentaktik – Artillerie

Grundlegend für die preußische Entwicklung bleibt die Arbeit von Friedrichfranz FEESER, *Artillerie im Feldkrieg*, zu der als knappgehaltene Ergänzung M. KOEHLER, *Der Aufstieg der Artillerie* beigezogen werden kann. Der von Henry LACHOUGUE bearbeitete Abschnitt in *Kanonen, Illustrierte Geschichte der Artillerie* vermittelt zahlreiche mit Sachkenntnis ausgewählte zeitgenössische Zitate. Die führende Stellung Frankreichs bei der Entwicklung neuer Geschütztypen und ihres Einsatzes analysiert zutreffend: Matti LAUERMA, *L'artillerie de campagne française pendant les guerres de la révolution. Evolution de l'organisation et de la tactique, Helsinki 1956 = Annales Academiae Scientiarum Fennicae, ser. B96*. Zusätzlich vgl. auch die unter B 2 a genannte Literatur.

Technische Truppen

Neben der unter A 4 a genannten Literatur zur Geschichte der technischen Truppen in der preußischen, kaiserlich-österreichischen und bayerischen Armee bleibt die Arbeit von D. PETTER, *Pioniere* die einzige Gesamtdarstellung.

Das Gefecht der verbundenen Waffen

In diesen Abschnitt kann die Literatur der vorangegangenen vier verwendet werden. In der Darstellung wurde besonderes Gewicht auf die Arbeiten von W. RÜSTOW, *Feldherrnkunst* und ders., *Militärisches Handwörterbuch*, H. SCHWARZ, *Gefechtsformen*, H. FRANKE, *Handbuch der neuzeitlichen Wehrwissenschaften,* R. v. CAEMMERER, *Die Entwicklung der strategischen Wissenschaft,* A.-C. de LA ROCHE-AYMON, *Einleitung in die Kriegskunst,* gelegt.

Zusätzlich sind mit Gewinn zu verwenden: Général WEYAND, *Histoire de l'armée française,* H. DELBRÜCK, *Geschichte der Kriegskunst,* D. CHANDLER, *The campaigns of Napoleon, New York* [4]*1974.*

Kritik an der durch den Napoleon-Mythos im 19. Jahrhundert verbreiteten Ansicht, daß der Kaiser seine Schlachterfolge durch Zentrumsdurchbrüche erreicht habe, übt Alfred von SCHLIEFFEN in verschiedenen seiner kleineren Schriften und Aufsätze: *Gesammelte Abhandlungen, 2 Bde. und 1 Kartenband, Berlin 1913.*

b. Der Generalstab

Ausführliche Literaturverweise liefert M. MESSERSCHMIDT, Bd. 2, Abschn. IV/2, S. 402–404. Die Entwicklung dieser Institution im napoleonischen Frankreich skizziert Bernard DRUÈNE, *Der Feldherr Napoleon – Theorie und Praxis seiner Kriegskunst,* in: *Napoleon I. und das Militärwesen seiner Zeit,* hrsg. W. v. GROOTE und K.-J. MÜLLER, *Freiburg 1968.* Die Führungskader der französischen Armee behandelt auch: Général WEYGAND, *Histoire de l'armée française.*

c. Die Heeresversorgung

Auf Fragen der Heeresversorgung bezieht sich die im Abs. 5 d/e genannte Literatur. Während sich S. FIEDLER, *Grundriß der Militär- und Kriegsgeschichte* und H. DELBRÜCK, *Geschichte der Kriegskunst* nur ansatzweise mit der Entwicklung der Heeresversorgung beschäftigen, bieten A. CASPARY, *Wirtschaftsstrategie* und E.F. CANCRIN, *Über die Militairökonomie* wertvolle Hinweise auch für die napoleonische Epoche. K. LINNEBACH hat in seiner Bibliographie zur Heeresversorgung – vgl. S. 597 – die Literatur bis etwa 1935 aufgearbeitet, so daß an dieser Stelle nur noch auf die einschlägigsten Titel verwiesen zu werden braucht, da auch M. van CREFELD in seiner jüngst erschienenen Arbeit dem Versorgungssystem der napoleonischen Armeen einen auf einer breiten Literaturbasis erarbeiteten Abschnitt gewidmet hat.

Für die französische Entwicklung bleibt die gründliche Untersuchung von Henri de la BARRE de NANTEUIL, *Le comte Daru ou l'administration militaire sous la Révolution et l'Empire, Paris 1966* richtungweisend. Eine Zusammenfassung seiner bisherigen Forschungen hat de la BARRE de NANTEUIL in seinem Aufsatz: *Logistische Probleme der napoleonischen Kriegführung,* in: *Napoleon I. und das Militärwesen seiner Zeit,* niedergelegt. Einen Vergleich zwischen dem Verpflegungssystem der friderizianischen und dem der napoleonischen Truppen hat Ch. AUBRY, *Le ravitaillement des Armées de Frédéric le Grand et de Napoleon, Paris 1894* versucht. Dem Problem der überlängten Versorgungslinien ist J. ULLMANN, *Studie über die Ausrüstung sowie über das Verpflegungs- und Nachschubwesen im Feldzuge Napoleons I. gegen Rußland (1812), Wien 1891* nachgegangen. Seine Arbeit wird ergänzt durch die Detailstudie, die Geza PERJES, *Die Frage der Verpflegung im Feldzuge Napoleons gegen Rußland,* in: *MGM 4 (1968)* über das System der Pendelfuhren geliefert hat.

d. Erste kriegstheoretische Reaktionen auf die revolutionäre Kriegführung

Einen Überblick über den Einfluß der revolutionären Kriegführung auf nichtfranzösische Militärtheoretiker geben H. DELBRÜCK, *Geschichte der Kriegskunst,* Général WEYGAND, *Histoire de l'armée française* und E. KESSEL, *Die Wandlungen der Kriegskunst.*

Berenhorst

Vgl. auch R. WOHLFEIL, Bd. 1, Abschn. II, S. 201.

Mit Berenhorsts militärtheoretischem Werk beschäftigen sich M. JÄHNS, *Kriegswissenschaf-*

ten, K. DEMETER, *Das deutsche Offizierkorps in Gesellschaft und Staat 1650–1945, Frankfurt* [4]*1965* und R. HÖHN, *Revolution, Heer, Kriegsbild.*

Berenhorsts bedeutendste Arbeit, *Betrachtungen über die Kriegskunst,* ist als fotomechanischer Nachdruck der Ausgabe von 1827 mit einer ausführlichen Einleitung von Eckhard OPITZ, *Osnabrück 1978* neu herausgegeben worden. Das der Einführung beigegebene Literaturverzeichnis erleichtert weiterführende Forschungen zur Persönlichkeit und zum Werk Berenhorsts. Eine zutreffende Analyse der „Betrachtungen über die Kriegskunst" gibt die Dissertation von Rudolf BAHN, *Georg Heinrich von Berenhorst, der Verfasser der Betrachtungen über die Kriegskunst, Halle 1911.* Über das Verhältnis Berenhorsts zu Friedrich II. äußert sich Eberhard KESSEL, *Berenhorst und Friedrich der Große. Ein Nachtrag zur Lebensgeschichte von Georg Heinrich von Berenhorst,* in: *AKG 39 (1957).* Eingehend mit Berenhorst und den Wirkungen seiner Schriften beschäftigt sich die Arbeit von Otto TSCHIRSCH, *Geschichte der öffentlichen Meinung in Preußen, Weimar 1934.* Die Stellung Berenhorsts in der deutschen Militärtheorie schildert Ernst HAGEMANN, *Die deutsche Lehre vom Kriege 1940.*

Bülow

Vgl. auch R. WOHLFEIL, Bd. 1, Abschn. II, S. 201–202.

Einen Eindruck von Bülows schriftstellerischer Tätigkeit vermittelt: *Militärische und vermischte Schriften Heinrich Dietrich von Bülow, in einer Auswahl mit Bülows Leben und einer kritischen Einleitung, Leipzig 1853,* hrsg. von Eduard BÜLOW und Wilhelm RÜSTOW. R. v. CAEMMERER, *Geschichte der strategischen Wissenschaften* übt überspitzte und nicht immer sachbezogene Kritik an Bülow. Zutreffender: Wilhelm RÜSTOW, *Die Feldherrenkunst.*

Scharnhorst

Vgl. R. WOHLFEIL, Bd. 1, Abschn. II, S. 203–204. Weitere Literaturangaben finden sich auch bei C. H. HERMANN, *Deutsche Militärgeschichte.*

Zusätzlich zu der bei Wohlfeil genannten Literatur: Colmar Frhr. von der GOLTZ, *Von Roßbach bis Jena und Auerstedt,* der im Gegensatz zu E. KESSEL, *Die Wandlungen der Kriegskunst* Scharnhorst in die Tradition des 18. Jahrhunderts zu stellen versucht. Einige bisher unveröffentlichte Zitate aus dem Scharnhorst-Nachlaß sind im Anschluß an das Lebensbild von Karl DEMETER, *Scharnhorst* in KdK abgedruckt.

Eine neuere Detailstudie hat Jürgen HUCK, *Scharnhorsts Denkschriften für eine Reform der russischen Armee nach dem Feldzuge 1806–1807, Berlin 1962* vorgelegt.

Die Reklamation Scharnhorsts als Vorkämpfer des sozialistischen Wehrgedankens hat Hans-Jürgen USCZECK, *Scharnhorst, Theoretiker, Reformer, Patriot. Sein Werk und seine Wirkung in seiner und unserer Zeit, Berlin (Ost) 1972* versucht. Dem Verhältnis von Politik und Kriegführung bei Scharnhorst hat derselbe Verfasser eine aufschlußreiche Studie unter dem Titel: *Politik und Kriegführung in der militärischen Theorie und Praxis von Scharnhorst,* in: *ZMG 10 (1971)* gewidmet.

Erzherzog Karl

Eine Zusammenstellung der gedruckt vorliegenden Schriften Karls sowie der älteren Literatur findet sich im Anschluß an das anregende Lebensbild, das Walter NEMETZ in KdK gezeichnet hat.

Mit den Leistungen Karls als Heerführer setzt sich R. v. CAEMMERER, *Die Entwicklung der strategischen Wissenschaft* auseinander, dessen negative Kritik auf dem nicht immer zutreffenden Vergleich mit der napoleonischen Niederwerfungsstrategie beruht.

Ein wesentlich differenzierteres Bild zeichnet H. DELBRÜCK, *Geschichte der Kriegskunst,* während H. SCHWARZ, *Gefechtsformen* die defensiven Strukturen im taktischen Konzept Karls herausarbeitet.

Neuere Arbeiten und hier vor allem: B. H. LIDDELL HART, *Strategy* und J. F. C. FULLER, *The Conduct of War* werden den Leistungen und dem Werk Erzherzog Karls eher gerecht, als die von der Napoleon-Legende geprägten Arbeiten des 19. Jahrhunderts. Ähnlichkeiten mit der Kriegführung Napoleons sieht Robert van ROOSBROECK, *Der Einfluß Napoleons und seines Militärsystems auf die preußische Kriegführung und Kriegstheorie*, in: *Napoleon I. und das Militärwesen seiner Zeit.* Die Grundzüge der Kriegführung Erzherzog Karls schildert bereits W. RÜSTOW, *Feldherrenkunst.* Die umfassendste Darstellung verdanken wir jedoch Heinrich OMMEN, *Die Kriegführung des Erzherzog Carl, Berlin 1900.*

Das nicht immer spannungslose Verhältnis zwischen Franz I. und Karl analysiert Manfred RAUCHENSTEINER, *Kaiser Franz und Erzherzog Carl. Dynastie und Heerwesen in Österreich 1796–1809, Wien 1972.* Vom selben Verfasser stammt auch die kleine Skizze zur Schlacht bei Aspern: *Die Schlacht bei Aspern am 21. und 22. Mai 1809, Wien 1969.* Die wichtigste Schrift Karls, *Grundsätze der höheren Kriegskunst für die Generäle der österreichischen Armee* ist inzwischen als Neudruck der Ausgabe 1806, versehen mit einer Einleitung von Walter HUMMELBERGER, in *Osnabrück 1974* erschienen. Die Entwicklung taktischer Konzeptionen in der österreichischen Armee in der ersten Hälfte des 19. Jahrhunderts zeichnet Walter WAGNER, *Von Austerlitz bis Königgrätz. Österreichs Kampftaktik im Spiegel der Reglements 1805–1864, Osnabrück 1978* nach.

e. Die Militärstrategie Napoleon Bonapartes

Eine Übersicht über die Schriften Napoleons findet sich bei Walter NEMETZ, *Napoleon,* in: KdK. Eine Auswahl seiner Werke in deutscher Sprache hat G. von MARÉES, *Militärische Klassiker des In- und Auslandes, 16 Bde., Berlin 1880–1882* vorgelegt. Die beste französische Darstellung zum militärtheoretischen Konzept Napoleons bleibt Hubert CAMON, *La Guerre napoléonienne, 5 Bde., Paris 1907–1910,* hier: Teil II, Théorie et technique. Im Rahmen einer Gesamtdarstellung der französischen Militärtheorie behandeln Napoleon: E. CARRIAS, *La pensée militaire française* und F. SCHNEIDER, *Histoire des doctrines militaires, Paris 1957,* der einen knappen Überblick über die gesamte französische Militärtheorie gibt. Eine gelungene Darstellung für die Zeit nach 1789 bis zur Gegenwart bietet Jean PERRE, *Les mutations de la guerre moderne. De la révolution française à la révolution nucléaire. Les guerres nationales, mondiales, 1792–1962, Paris 1962.* Eine gut lesbare komprimierte Darstellung der napoleonischen Kriegskunst liefert B. DRUÈNE, *Der Feldherr Napoleon.*

Die Frage, ob Napoleon Vernichtungs- oder Ermattungsstratege oder gar beides zugleich gewesen sei, hat die deutschsprachige Literatur von Anfang an geprägt. Gestützt auf M. Graf YORCK von WARTENBURG, *Napoleon als Feldherr, 2 Bde., Berlin ³1901* kommt R. v. CAEMMERER, *Die Entwicklung der strategischen Wissenschaft* zu der Erkenntnis, Napoleon habe stets den Zentrumsdurchbruch angestrebt. Ohne Schematismus sieht H. DELBRÜCK, *Geschichte der Kriegskunst* das Vorgehen Napoleons. Dagegen: D. CHANDLER, *The campaigns of Napoleon,* und B. H. LIDDELL HART, *Strategy.* Die Kombination von Ermattungsstrategie und Niederwerfungsstrategie hat bisher abschließend analysiert: Eberhard KESSEL, *Die doppelte Art des Krieges,* in: *WWR 4 (1954).* Zur Beurteilung Napoleons bei Carl von CLAUSEWITZ, *Vom Kriege,* hrsg. W. HAHLWEG, *Bonn ¹⁸1973* vgl. auch: W. HAHLWEG, *Carl von Clausewitz, Soldat – Politiker – Denker, Göttingen 1957.* Die Stellung Napoleons im Rahmen der französischen Militärgeschichte beschreibt nicht ohne Subjektivität Général WEYGAND, *Histoire de l'armée française.* Das gleiche gilt auch für die Arbeit von Henry LACHOUGUE, *Napoléon, 20 ans de campagnes, Paris 1964.* Unter den nichtfranzösischen Arbeiten zur Geschichte strategischer Konzeptionen beschäftigen sich mit Napoleon: Friedrich RUGE, *Politik und Strategie. Strategisches Denken und politisches Handeln, Frankfurt/M. 1967.* Nützlich als knappe Einführung bleibt auch: Peter RASSOW, *Epochen neuzeitlicher Kriegführung, Köln 1942 = Kölner Universitäts-Reden Nr. 40.* Ebenfalls als Überblick konzipiert ist die Untersuchung von J. F. C. FULLER, *The conduct of war.* William BALDE, *Napoleons Schlachtenanlage und Schlachtenleitung,* in: Beiheft zum *Militär-Wochenblatt 1901* versucht Napoleons strategisches Konzept aus der Anlage seiner Schlachten herauszuarbeiten. Immer noch brauchbar ist: Hugo Frhr. von FREYTAG-LORINGHOVEN, *Die Heerführung Napoleons in ihrer Bedeutung für unsere Zeit, Berlin 1910.* Eine interessante Analyse der Leistungen Napoleons in Brienne hat Wolfgang WINDELBAND, *Die militärische Ausbildung des jungen Napoleon*, in: *GWU 2 (1953)* erarbeitet.

R. S. QUIMBY, *The Background of Napoleonic Warfare, New York 1957* stellt nur die Entwicklung der Infanterietaktik heraus. Informativ, wenn auch nicht ins Detail gehend: Cyril B. FALLS, *The Art of War from the Age of Napoleon to the Present Day, London 1961.* Ein völlig neues Napoleonbild zeichnet James MARSHALL-CORNWALL, *Napoleon as Military Commander, London 1967,* der die Annahme vertritt, der Kaiser habe ausschließlich die Theorien des 18. Jahrhunderts angewendet.

Die Forschung auf lange Sicht bestimmend ist die Arbeit von Gunther E. ROTHENBERG, *The Art of Warfare in the Age of Napoleon, London 1977,* der in einsichtiger Weise die Entwicklung der Militärtheorie vom ausgehenden Ancien Régime bis zum Ende des I. Kaiserreiches nachzeichnet. Die umfangreiche Bibliographie ist für die weitere Beschäftigung mit dem Kriegswesen zu Beginn des 19. Jahrhunderts sehr hilfreich.

f. Jena und Auerstedt (1806)

Einen Überblick über den Feldzug von 1806–1807 geben H. DELBRÜCK, *Geschichte der Kriegskunst* und E. v. FRAUENHOLZ, *Entwicklungsgeschichte des Heerwesens.* Aus französischer Sicht ist neben der Arbeit von Hubert CAMON, *La guerre napoléonienne,* auch P. FOUCART, *Campagne de Prusse, 1806, 2 Bde., Paris 1887–1890* zu nennen. Die neuere Arbeit von H. LACHOUGUE, *Iéna, Paris 1961* bezieht sich hauptsächlich auf die Ereignisse der Doppelschlacht. Die heute noch gültige Darstellung von Oscar von LETTOW-VORBECK, *Der Krieg von 1806 und 1807, 4 Bde., Berlin ^{2}1896–1899* zeichnet sich durch eine gründliche Quellenbearbeitung aus. D. CHANDLER, *The campaigns of Napoleon,* beschäftigt sich auch mit Kampfstärken und Verlusten. Das Versagen der preußischen Kavallerie beschreibt anschaulich: G. v. PELET-NARBONNE, *Geschichte der brandenburgisch-preußischen Reiterei.* Eine operationsgeschichtliche Studie am Beispiel Jena und Auerstedt liefert: *Rückzug und Verfolgung, Zwei Kampfarten 1757–1944, Stuttgart 1960 = Beiträge zur Militär- und Kriegsgeschichte, Bd. 1.* Die Haltung des preußischen Offizierkorps und sein Versagen in der Schlacht analysieren C. Frhr. v. der GOLTZ, *Zwischen Roßbach und Jena,* und W. GÖRLITZ, *Der deutsche Generalstab.* Für die frühe Phase der preußischen Reformzeit bietet Peter PARET, *York and the Era of Prussian Reforms 1807–1815, Princeton 1966* eine fundierte Darstellung, der eine reichhaltige Bibliographie beigefügt ist.

g. Grundzüge der Operationsführung während der Freiheitskriege 1808–1815

Die in den einleitenden Seiten des Abschnittes von V. Regling genannte Literatur bezieht sich mit Ausnahme des Aufsatzes von J. C. ALLMAYER-BECK, *Das Nachwirken Napoleons als Feldherr,* in: *Napoleon I. und das Militärwesen seiner Zeit,* hrsg. W. v. GROOTE und K.-J. MÜLLER, *Freiburg 1968* auf Fragen zum Strategiestreit (vgl. den entsprechenden Abschnitt in dieser Bibliographie). Eine zeitgenössische Darstellung der Kriegführung seit Ausbruch der Revolution stammt von Carl Frhr. du JARRYS de la ROCHE, *Geschichte der Kriegskunst seit dem 19. Jahrhundert, Mannheim 1844.*

Wellington und der Krieg in Spanien

Zum strategischen Konzept Wellingtons H. DELBRÜCK, *Geschichte der Kriegskunst* und E. DANIELS, *Geschichte des Kriegswesens,* die sich jedoch zu stark auf die Kategorisierung in Ermattungs- und Niederwerfungsstrategie festlegen.

Die noch heute gültige englische Darstellung des spanischen Feldzuges bietet Sir Charles W. C. OMAN, *History of the Penisular War, 7 Bde., Oxford 1902–1930.* Auf französischer Seite ist die Arbeit von A.-L. GRASSET, *La guerre d'Espagne 1807–1813, Paris 1914* zu benutzen. Einen Überblick bietet auch D. CHANDLER, *The campaigns of Napoleon.* Eine neuere englische Darstellung, die auch auf die Persönlichkeit Wellingtons eingeht, ist: Jack WELLER, *Wellington in the Peninsula 1808–1814, London 1962.* Eine Detailuntersuchung zum Verhältnis Masséna–Wellington liefert Donald D. HOWARD, *The Battle of Bussaco, Massena versus Wellington, Tallahassee 1965.* Eine regionalgeschichtliche Darstellung aus spanischer Sicht, die auch die Situation der betroffenen Bevölkerung widerspiegelt, ist von der Universität von Saragossa unter dem Titel: *La guerra de la independencia y los sitios de Zaragoza, Zaragoza 1958* herausgegeben worden. Die umfassendste Biographie neueren Datums über Wellington stammt von Elizabeth LONGFORD, *Wellington, 2 Bde., London 1969–1972.* Eine knappe Zusammenstellung über die Methoden der englischen Kriegführung gibt der Beitrag von S. George P. WARD, *Die englische Kriegskunst zur Zeit Napoleons unter besonderer Berücksichtigung Wellingtons,* in: *Napoleon I. und das Militärwesen seiner Zeit.* In dem selben Sammelband findet sich auch der sachkundige Beitrag von R. WOHLFEIL, *Der Volkskrieg im Zeitalter Napoleons,* der den Verfasser als Kenner der spanischen Verhältnisse ausweist.

Erzherzog Karl und der Krieg von 1809

Zur Literatur über Karl vgl. den entsprechenden Abschnitt in dieser Bibliographie S. 611 f.
Zusätzlich J.C. ALLMAYER-BECK, *Das Nachwirken Napoleons* und R. WOHLFEIL, *Der Volkskrieg.*

Kutusow und der Krieg von 1812

Eine knappe Einführung findet sich in: *Geschichte der Kriegskunst,* deutsche Übersetzung der Ausgabe Moskau 1970, *Berlin (Ost) 1973,* Kap. 3, bearbeitet von S. W. LIPITZKI. Über den operativen Verlauf des Rußlandfeldzuges informiert auch: Heinz HELMERT/Hansjürgen USCZECK, *Europäische Befreiungskriege 1808–1814/15 – Militärischer Verlauf, Berlin (Ost), 1976.*

Zur Organisationsgeschichte des russischen Heeres sind die älteren sachkundig erarbeiteten Darstellungen von F. von STEIN, *Geschichte des russischen Heeres vom Ursprunge desselben bis zur Thronbesteigung des Kaisers Nikolai I. Pawlowitsch, Hannover 1885* und Gustav KRAHMER, *Geschichte der Entwicklung des russischen Heeres von der Thronbesteigung des Kaisers Nikolai I. Pawlowitsch bis auf die neueste Zeit, Leipzig 1896,* als Nachdruck *Krefeld 1975,* zu benutzen. Die Bedeutung des Rußlandfeldzuges für die Geschichte des I. Kaiserreiches hat C.W. v. FABER DU FOUR, *La campagne de Russie 1812, Paris 1895* herausgearbeitet. Die Bewegungen der Großen Armee und ihre Marschleistungen verdeutlicht J.C. QUENNEVAT, *Atlas de la Grande Armée, Paris 1966.* Über die Versorgungslage der französischen Truppen: G. PERJES, vgl. Abs. B 2 c.

Die Persönlichkeit Kutusows würdigt zutreffend der UdSSR-Historiker und Napoleonkenner Eugene TARLÉ, *Napoleon's Invasion of Russia 1812, New York 1942.* Ein knappes Lebensbild des russischen Feldherrn in deutscher Sprache hat Erik AMBURGER, *Kutusow,* in: *Große Soldaten der europäischen Geschichte* verfaßt.

Die Bedeutung der Schlacht von Borodino für die neuere Kriegsgeschichte hat C.J. DUFFY, *Borodino, London 1972* herausgestellt.

Radetzky und die Kriegsplanung von 1813

Zur diplomatischen Vorgeschichte der Feldzüge von 1813–1815: Gordon A. CRAIG, *Problems of coalition warfare. The military alliance against Napoleon 1813–1815,* in: *War politics and diplomacy, London 1966.* Die Anfänge der Volkserhebung in Preußen behandelt Werner HAHLWEG, *Preußische Reformzeit und revolutionärer Krieg, Frankfurt/M. 1962 = WWR, Beiheft 18.*

Einen Überblick über die Entwicklung der Operationen geben H. DELBRÜCK, *Geschichte der Kriegskunst* und H. FRANKE, *Handbuch der neuzeitlichen Wehrwissenschaften.* Auf inzwischen verlorenem Aktenmaterial basiert die Untersuchung, die im Großen Generalstab, Kriegsgeschichtliche Abt. II unter dem Titel *Das preußische Heer der Befreiungskriege, 3 Bde., Berlin 1914* erarbeitet worden ist. Auf die Rolle Napoleons verweisen D. CHANDLER, *The campaigns of Napoleon* und J.C. ALLMAYER-BECK, *Das Nachwirken Napoleons als Feldherr,* in: *Napoleon I. und das Militärwesen seiner Zeit.* Eine Gesamtdarstellung, die jedoch die Rolle der preußischen Truppen etwas überzeichnet. findet sich bei C. Frhr. v. d. GOLTZ, *Kriegsgeschichte Deutschlands im*

19. Jahrhundert, Teil I, Berlin 1910. Eine kleine Studie zur Situation in den preußischen Truppen vor Ausbruch der Befreiungskriege liefert Heinz HELMERT, *Die Kriegskunst der preußischen Armee am Vorabend des Befreiungskrieges*, in: *Das Jahr 1813. Studien zur Geschichte und Wirkung der Befreiungskriege, Berlin (Ost) 1963.* Ebenfalls aus marxistischer Sicht schildern H. HELMERT und H. USCZECK, *Der Befreiungskrieg 1813–1815. Militärischer Verlauf, Berlin (Ost) 1968* die deutsche Erhebung. Die selben Autoren publizierten eine erweiterte Fassung ihrer Arbeit unter dem Titel *Europäische Befreiungskriege 1808–1814/15.*

Über das Leben Feldmarschall Radetzkys informiert umfassend: Oskar REGELE, *Feldmarschall Radetzky. Leben, Leistung, Erbe, München 1957.* Auf diese Arbeit hat sich auch Kurt PEBALL, *Zum Kriegsbild der österreichischen Armee und seiner geschichtlichen Bedeutung in den Kriegen gegen die Französische Revolution und Napoleon I. in den Jahren von 1792–1815*, in: *Napoleon I. und das Militärwesen seiner Zeit* gestützt.

Eine gründliche auf heute nicht mehr vorhandenem Quellenmaterial aufbauende Arbeit über den Frühjahrsfeldzug von 1813 verdanken wir R. v. CAEMMERER, *Geschichte des Frühjahrsfeldzuges von 1813 und seiner Vorgeschichte, 2 Bde., Berlin 1904–1909.* Eine ideologisch befrachtete Untersuchung zur Rolle der russischen Truppen im Frühjahr 1813 legt Fritz STRAUBE in seinem *Frühjahresfeldzug 1813. Die Rolle der russischen Truppen bei der Befreiung Deutschlands vom napoleonischen Joch*, in: *Veröffentl. d. Inst. für Geschichte der Völker der UdSSR an der Martin-Luther-Universität zu Halle-Wittenberg, Abhdl. Bd. 5 (1963)* vor.

Der Herbstfeldzug von 1813

Neben den für den Gesamtzeitraum genannten Arbeiten von H. DELBRÜCK, *Geschichte der Kriegskunst*, H. FRANKE, *Handbuch der neuzeitlichen Wehrwissenschaften*, D. CHANDLER, *The campaigns of Napoleon* und K. PEBALL, *Zum Kriegsbild der österreichischen Armee*, ist zusätzlich heranzuziehen: R. v. CAEMMERER, *Die Entwicklung der strategischen Wissenschaft.*

Immer noch gültig ist die umfassende Darstellung von Major FRIEDRICH, *Geschichte des Herbstfeldzuges von 1813, 3 Bde., Berlin 1903–1909.* Zu Jomini und seiner zeitgenössischen Bewertung des Herbstfeldzuges vgl. die im entsprechenden Abschnitt S. 616 genannte Literatur.

Eine Gesamtbibliographie zur Völkerschlacht bei Leipzig, bei der jedoch die außerdeutsche Literatur nicht genügend berücksichtigt wird, hat Gerhard LOH, *Die Völkerschlacht bei Leipzig. Eine bibliographische Übersicht, Leipzig 1963* zusammengestellt. Eine etwas zu positive Sicht der Rolle Schwarzenbergs bei Leipzig zeichnet Karl SCHWARZENBERG, *Feldmarschall Fürst Schwarzenberg – Der Sieger von Leipzig, München 1964.*

Der Feldzug von 1814 in Frankreich

Eine Gesamtdarstellung dieses Zeitraumes hat unter Verwendung preußischer Heeresakten Generalmajor JANSON, *Geschichte des Feldzuges 1814 in Frankreich, 2 Bde., Berlin 1903–1905* erarbeitet. Eine kriegsgeschichtliche Untersuchung aus englischer Sicht bietet F. W. O. MAYCOCK, *The invasion of France 1814, London 1914.*

Der Feldzug von 1815 in Belgien

Über die Differenzen, die zwischen dem Hauptquartier der preußischen Truppen und der politischen Leitung über die Kriegsziele und die Behandlung Frankreichs bestanden, gibt G. RITTER, *Staatskunst und Kriegshandwerk, Bd. 1* erhellend Auskunft.

Den militärischen Handlungsablauf bis zum 2. Pariser Frieden schildern: Generalmajor v. LETTOW-VORBECK und Generalmajor v. VOSS, *Napoleons Untergang 1815, 2 Bde., Berlin 1904–1906.* Die Persönlichkeit Napoleons und seine vor allem 1815 immer unverständlicher erscheinenden militärischen Entscheidungen untersucht A. LAJUSAN, *La deuxième et dernière phase de la catastrophe napoléonienne (1815)*, Zusammenfassung eines Vortrages in: *Bull. de la Soc. d'hist. mod. 51 (1962).*

Der kriegsgeschichtlichen Bedeutung der Schlacht bei Waterloo gehen zwei neuere Studien nach: *Rückzug und Verfolgung. Zwei Kampfarten*, und C. H. BRANTNER, *The Battle of Waterloo and the principles of war*, in: *Military Review 55 (1975).*

a. Militärische Grundtendenzen während der Restaurationszeit

Zur politischen Geschichte im Zeitalter der Restauration gibt das jüngst erschienene Bändchen von Karl Otmar Frhr. von ARETIN, *Vom Deutschen Reich zum Deutschen Bund, Göttingen 1979 = Vandenhoek Deutsche Geschichte Bd.5* eine brauchbare Einführung. Eine umfassende Literaturübersicht bietet M. MESSERSCHMIDT, Bd.2, Abschn.IV/2, S.363–369. Die Entwicklung in Frankreich seit dem Sturz Napoleons schildert sehr sachkundig G. de BERTIER DE SAUVIGNY, *La Restauration, Paris 1955.* In Ergänzung zu F. MEINECKEs Boyenbiographie hat E. KESSEL, *Zu Boyens Entlassung,* in: *HZ 175 (1953)* bisher unbekannte Briefe beigezogen.

Welchen Einfluß die Reorganisation der französischen Armee auf die preußische Heeresreform hatte, untersucht Heribert HÄNDEL, *Der Gedanke der allgemeinen Wehrpflicht in der Wehrverfassung des Königreiches Preußen bis 1819, Berlin 1962 = Beihefte der WWR 19.*

An anderer Stelle bereits genannt sind die Arbeiten von G. MANN, *Deutsche Geschichte des 19. Jahrhunderts;* Général WEYGAND, *Histoire de l'armée française;* W. GÖRLITZ, *Der deutsche Generalstab;* G.P. WARD, *Die englische Kriegskunst;* M. RAUCHENSTEINER, *Kaiser Franz;* J.C. ALLMAYER-BECK, *Das Nachwirken Napoleons.*

Mit der Situation in den österreichischen Streitkräften nach 1815 beschäftigt sich der kleine Aufsatz von Gunther E. ROTHENBURG, *The Austrian Army in the Ages of Metternich,* in: *JMH 40 (1968).* Dennis E. SHOWALTER, *Weapons, Technology and the Military in Metternichs Germany – A Study in Stagnation,* in: *Aus. JPH 24 (1978)* bemüht sich um eine geraffte Darstellung des technologischen Stillstandes in den ersten Jahrzehnten des 19. Jahrhunderts.

b. Jominis Kriegstheorie

Hinweise zum Leben und militärtheoretischen Werk Jominis finden sich bei H. DELBRÜCK, *Geschichte der Kriegskunst;* B.H. LIDDELL HART, *Strategy* und Jehuda L. WALLACH, *Kriegstheorien.* Einen Überblick über die neuere Literatur zu Jomini bietet W. HAHLWEG in der Einleitung zu C. v. CLAUSEWITZ, *Vom Kriege (1973).* Zu zeitgenössischen Definitionen militärtheoretischer Begriffe vgl. W. RÜSTOW, *Handwörterbuch.*

Jominis Hauptwerk, *Abriß der Kriegskunst (1837),* wurde übersetzt, erläutert und mit Anmerkungen versehen von Oberstleutnant von BOGUSLAWSKI, *Berlin 1881 = Militärische Klassiker des In- und Auslandes Bd.3.* hrsg. von G. v. MARÉES. Ein neueres Lebensbild, vermehrt durch Auszüge aus seinem Werk hat Gustav DÄNIKER in KdK verfaßt. Den Lebensabschnitt, den Jomini in französischen Diensten verbrachte, beschreibt Xavier comte de COURVILLE, *Jomini, ou le dévin de Napoléon, Paris 1935.* In diesem Zusammenhang sei nochmals auf den Aufsatz von B. DRUÈNE, *Der Feldherr Napoleon* verwiesen.

Für das Verständnis Jominis als Militärtheoretiker seiner Zeit bietet die fundierte Untersuchung von M. HOWARD, *Jomini and the classical tradition in military thought,* in: M. HOWARD, *The theory and practice of war, London 1965* einen brauchbaren Einstieg. E.A. NOHN, *Jomini und Clausewitz,* in: *Pol. Studien 10 (1959)* verdanken wir eine neuere deutsche Gegenüberstellung der beiden Militärtheoretiker. Jominis Einfluß auf die Kriegführung während des amerikanischen Bürgerkrieges untersucht A. JONES, *Jomini and the strategy of the American Civil War. A reinterpretation,* in: *Military Affairs 34 (1970).*

c. Die Kriegstheorie von Clausewitz

Werner HAHLWEG, der sich seit Jahrzehnten intensiv mit dem Werk Carl von Clausewitz' beschäftigt hat, hat 1973 die 18. Auflage der Schrift „Vom Kriege" herausgegeben und mit einer umfassenden, den Forschungsstand berücksichtigenden Einleitung versehen. Eine breitangelegte und ausgewogene Würdigung der Persönlichkeit und des Gedankengutes Clausewitz' hat Ulrich MARWEDEL, *Carl von Clausewitz. Persönlichkeit und Wirkungsgeschichte seines Werkes, Boppard*

1978 = Wehrwissenschaftliche Forschungen, Abt. Militärgeschichtliche Studien, Bd. 25 vorgelegt, dessen über 700 Titel umfassende Bibliographie weitere bibliographische Hinweise an dieser Stelle überflüssig erscheinen läßt. Aus diesem Grund wird im folgenden nur auf Arbeiten verwiesen, die V. REGLING in seinem Handbuchbeitrag S. 320–327 angesprochen hat.

Die Kontinuitätsthese in der Kriegstheorie, die sich an Clausewitz' Verständnis vom totalen Krieg anlehnte, ist außer von B. H. LIDDELL HART, *Strategy* und J. F. C. FULLER, *The conduct of war* neuerdings auch durch J. L. WALLACH, *Kriegstheorien,* vertreten worden. Vgl. dazu die kritische Doppelrezension von Wolfram WETTE und Volkmar REGLING in: *MGM 15 (1974).* Zur Begriffserklärung ist der Aufsatz von Hans-Ulrich WEHLER, *„Absoluter" und „totaler" Krieg. Von Clausewitz zu Ludendorff,* in: *PVS 10 (1969)* heranzuziehen.

Interessante Aspekte vermittelt auch die Rezeption der Gedanken Clausewitz' in Frankreich, die durch die Veröffentlichung von Raymond ARON, *Penser la Guerre, Clausewitz, 2 Bde., Paris 1976 = Bibliothèque des sciences humaines,* durch die kritische Stellungnahme von C. LEFORT, *Lectures de la Guerre: le Clausewitz de Raymond Aron,* in: *Annales 32 (1977)* und die Antwort Raymond ARONs, *Clausewitz et l'Etat,* in: *Annales 32 (1977)* in ein neues Stadium getreten ist. Ebenfalls zum Staatsverständnis Clausewitz' ist zur gleichen Zeit in England die Arbeit von Peter PARET, *Clausewitz and the state, Oxford 1976* erschienen.

Eine knappe Einführung in Leben und Werk Clausewitz gibt W. HAHLWEG in KdK.

4. Taktische Veränderungen infolge der waffentechnischen Revolution in der zweiten Hälfte des 19. Jahrhunderts

a. Die neuen Handfeuerwaffen

Eine ausführliche Darstellung der Entwicklung seit dem Ende der napoleonischen Kriege findet sich bei W. ECKARD und O. MORAWIETZ, *Die Handfeuerwaffen.* In gedrängter Form auch bei: W. Y. CARMAN, *A History of Firearms.* Über die Einführung des Zündnadelgewehres und seine Weiterentwicklung vgl. M. MESSERSCHMIDT, Bd. 2, Abschn. IV/2, S. 407–408.

b. Infanterie

Vgl. die bereits unter A 2 und A 9 c genannte Literatur. In diesem Zusammenhang sei besonders auf die Arbeiten von W. RÜSTOW, *Geschichte der Infanterie,* A. v. BOGUSLAWSKI, *Die Fechtweise aller Zeiten,* E. v. FRAUENHOLZ, *Das Gesicht der Schlacht,* H. DELBRÜCK, *Geschichte der Kriegskunst,* H. SCHWARZ, *Gefechtsformen der Infanterie,* C. JANY, *Geschichte der preußischen Armee* hingewiesen.

c. Kavallerie

Vgl. die bereits unter A 2 c und A 9 d genannte Literatur. Grundlegend für die Geschichte der preußischen Reiterei bleibt G. v. PELET-NARBONNE, *Geschichte der brandenburgisch-preußischen Reiterei;* für die gleichzeitige Entwicklung in Österreich-Ungarn ist G. SCHREIBER, *Des Kaisers Reiterei* zu benutzen. Die Bedeutung, die die Zeitgenossen dem Einsatz berittener Truppen in der zweiten Hälfte des 19. Jahrhunderts bzw. am Vorabend des Ersten Weltkrieges beimaßen, wird aus den Schriften von Kraft Prinz zu HOHENLOHE-INGELFINGEN, *Gespräche über Reiterei, Berlin 1887* und BERNHARDI, *Reiterdienst. Kritische Betrachtungen über Kriegstätigkeit, Taktik, Ausbildung und Organisation unserer Kavallerie, Berlin 1910* deutlich. Über den Einsatz der Reiterei im Kriege 1870 auf französischer und deutscher Seite geben die Aufsätze von Eberhard KAULBACH, *Der Feldzug von 1870 bis zum Fall von Sedan. Zur deutschen Führung in heutiger Sicht,* und Fernand Thiébaud SCHNEIDER, *Der Krieg in französischer Sicht,* beide in: *Entscheidung 1870. Der deutsch-französische Krieg,* Hrsg. W. v. GROOTE und U. v. GERSTORFF, *Stuttgart 1970* brauchbare Hinweise.

d. Artillerie

Vgl. die bereits unter A2d und A9d genannte Literatur. Für die Geschichte der berittenen Artillerie in der zweiten Hälfte des 19. Jahrhunderts bietet M. KÖHLER, *Der Aufstieg der Kavallerie* eine gut lesbare Darstellung. Über den Einsatz der Artillerie in den Kriegen 1866 und 1870 vgl. die Literatur zu diesen Abschnitten. Bereits zitiert ist der Aufsatz von F.T. SCHNEIDER, *Der Krieg in französischer Sicht.* Über die Einsatzgrundsätze der Artillerie vor Ausbruch des Ersten Weltkrieges informiert E. v. HOFFBAUER, *Entwicklung des Waffengebrauchs der Feldartillerie und des Schießens in großen Artillerieverbänden in Preußen, Berlin 1900.* Den Einsatz der Artillerie in den Kriegen des 19. Jahrhunderts schildert MÜLLER, *Die Entwicklung der Feldartillerie von 1815–1892, Berlin 1893.*

e. Technische Truppen

Vgl. die bereits unter A4 und A9d genannte Literatur. Für die Geschichte der Pioniertruppe ist die Arbeit von D. PETTER, *Pioniere* zu verwenden. Für die Anfangsphase in der Entwicklung der deutschen Eisenbahntruppen ist noch immer auf die Arbeit von Major HILLE und Major MEURIN, *Geschichte der preußischen Eisenbahntruppen, Berlin 1910* zurückzugreifen. Allgemeine Hinweise auf die Verwendung der Telegraphie als militärisches Führungsmittel finden sich bei Th. KARRASS, *Die Geschichte der Telegraphie, I. Teil, Berlin 1909,* während der Aufsatz von Theodor KÖRNER. Edler von SIERINGEN, *Telegraph und Telephon im Dienste der Gefechtsführung,* in: *Streffleur, Österreichische Militärzeitschrift 1908, Heft 3* bereits die Bedeutung erkennen läßt, die sie im Ersten Weltkrieg für die Kampfführung gewinnen wird.

6. Auswirkungen neuer technischer Errungenschaften auf die Militärstrategie

Neben der im vorangegangenen Absatz genannten Literatur zur Frage der Benutzung der Eisenbahn als Transportmittel für Nachschubgüter neuerdings M. van CREVELD, *Supplying War.* Creveld widerspricht der von W. BAUMGART, *Eisenbahnen und Kriegführung in der Geschichte,* in: *Technikgeschichte 38 (1971)* vorgetragenen These, daß Preußen im ausgehenden 19. Jahrhundert den Wert der Eisenbahn zu spät erkannt habe.

Zur Literatur über Wirtschaft, Transportwesen und Rüstung vgl. M. MESSERSCHMIDT, Bd. 2, Abschn. IV/2, S. 407–409. Zur Bedeutung der äußeren Linie bei verbesserten Transportverbindungen W. RÜSTOW, *Allgemeine Taktik nach dem gegenwärtigen Standpunkt der Kriegskunst bearbeitet, Zürich ²1868;* ders., *Feldherrnkunst des 19. Jahrhunderts;* auch: R. v. CAEMMERER, *Die Entwicklung der strategischen Wissenschaft.* Zu Moltkes Konzept im Kampf gegen Österreich 1866: Wolfgang von GROOTE, *Moltkes Planungen für den Feldzug in Böhmen und ihre Grundlagen,* in: *Entscheidungen 1866,* Hrsg. W. v. GROOTE und U.V. GERSTORFF, *Stuttgart 1966.*

7. Die Kriegspraxis nach der Mitte des 19. Jahrhunderts

a. Der Kampf um Sevastopol (1854–1855)

Knappe Hinweise zum Krimkrieg finden sich bei H. DELBRÜCK, *Geschichte der Kriegskunst* und E. DANIELS, *Geschichte des Kriegswesens.* Eine Literaturübersicht zur politischen Geschichte des Krimkrieges vermittelt Siegfried A. KAEHLER, *Realpolitik zur Zeit des Krimkrieges – eine Säkularbetrachtung,* in: *HZ 174 (1952).* Zur Geschichte der militärischen Operationen auf der Krim gibt Winfried BAUMGART, *Der Krimkrieg in der angelsächsischen und russischen militärgeschichtlichen Literatur der sechziger Jahre,* in: *MGM 8 (1970)* einen knappen Literaturbericht. Eine Auswahl der wichtigsten englischen Quellen und Darstellungen legt Brison GOOCH, *The Crimean War in Selected Documents and Secondary Works since 1940,* in: *Victorian Studies 1 (1958)* vor.

Über den militärischen Ablauf des Krieges gibt A.W. KINGLAKE, *The Invasion of the Crimea: its origin and an account of its progress down to the death of Lord Raglan, 8 Bde., London*

1863–1887 erschöpfend Auskunft. Dabei ist anzumerken, daß Kinglake den englischen Anteil an Kriegsgeschehen bisweilen überbetont. Eine ausgewogene Darstellung vor allem der politischen Entwicklungen hat J. B. DUROSELLE, *L'Europe de 1815 à nos jours, Paris 1964* vorgelegt. Über die Belagerung von Sevastopol und die Lebensumstände der beteiligten Soldaten hat neuerdings Henry STRACHAN, *Soldiers Strategy and Sevastopol,* in: *Historical Journal 21 (1978)* einen aufschlußreichen Aufsatz vorgelegt. Die Kontroversen in der Besetzung des Oberkommandos der verbündeten Truppen schildert J. REVOL, *Le vice des coalitions; études sur le haut commandement en Crimée (1854–1855), Paris 1923.* Das Schicksal Lord Raglans in diesem Zusammenhang schildert Christopher HIBBERT, *The Destruction of Lord Raglan, London 1961,* TB-Ausgabe London 1963.

Die Seeoperationen und Nachschubprobleme sowie die durch den Krimkrieg eingeleiteten technischen Neuerungen untersucht Wilhelm TREUE, *Der Krimkrieg und die Entstehung der modernen Flotten, Göttingen 1954* und James M. MERRILL, *British-French Amphibious Operations in the Sea of Azov 1855,* in: *Military Affaire 20 (1956).* Die Grundströmungen in der europäischen Politik seit dem Ende des Krimkrieges bis zur Proklamation des deutschen Kaiserreiches macht W. E. MOSSE, *The Rise and Fall of the Crimean System 1855–1871. The Story of a Peace Settlement, London 1963* deutlich.

b. Der Feldzug in Oberitalien

Zur politischen Vorgeschichte des Krieges und zur Frage der des Kampfes um die Vormachtstellung in Deutschland vgl. die Literatur bei M. MESSERSCHMIDT, Bd. 2, Abs. IV/2, S. 370–371. Die umfassende französische Literatur zur Außenpolitik des II. Kaiserreiches kann hier nicht vorgestellt werden. Napoleons Verhältnis zur italienischen Einigung wird aus der von B. MESMER herausgegebenen Aufsatzsammlung: *Napoleon und die italienische Einigung, Bern 1969* deutlich.

Die Operationen auf dem italienischen Kriegsschauplatz beschreibt zusammenfassend H. DELBRÜCK, *Geschichte der Kriegskunst.* Eine treffende Zustandsbeschreibung der österreichischen Truppen in den Jahren nach 1848 gibt J.-C. ALLMAYER-BECK, *Die K.(u.)K. Armee 1648–1914.*

Eine quellennahe Aufarbeitung des Kriegsgeschehens ist auf österreichischer Seite mit dem Werk *Der Krieg in Italien 1859, bearbeitet vom K.K. Generalstabsbureau für Kriegsgeschichte, 3 Bde., Wien 1872* geleistet worden. In Frankreich wurde eine entsprechende Untersuchung noch während des Kaiserreiches unter dem Titel: *Campagne de Napoléon III en Italie 1859, rédigée au dépôt de la Guerre, Paris 1863* abgeschlossen. Eine geraffte Darstellung des Geschehens auf dem Schlachtfeld von Solferino gibt Henri FABRE, *Précis des guerres du Second Empire, Paris 1887.* Aus bisher unveröffentlichtem Aktienmaterial hat Georges DETHAN, *La Campagne d'Italie (mai–juillet 1859) vue du quartier général de Napoléon III. Les souveniers et croquis inédits de Charles Robert,* in: *RHd (1961)* eine Darstellung des Feldzuges aus der Sicht des kaiserlichen Führungsstabes gegeben. Über die Anfangsphase des Krieges informiert eingehend R. v. CAEMMERER, *Magenta. Der Feldzug von 1859 bis zur ersten Entscheidung, Berlin 1902.* Einen neueren Literaturbericht zur italienischen Einigung hat der *Stato Maggiore Esercito – Ufficio Storico, Scritti sul 1860 nel Centenario, Roma 1960* herausgegeben.

c. Der Amerikanische Sezessionskrieg (1861–1865)

Da die Ereignisse der amerikanischen Geschichte dem europäischen Betrachter möglicherweise nur wenig Interesse abringen, soll an dieser Stelle versucht werden, eine umfangreichere Literaturübersicht vorzulegen, die auch der Bedeutung des Bürgerkrieges in der amerikanischen Geschichte gerecht wird. Einen kritischen Literaturbericht über die aktuellsten Veröffentlichungen zur amerikanischen Geschichte hat Udo SAUTTER, *Americana 1964–1976, Literaturbericht über Neuerscheinungen zur Geschichte der Vereinigten Staaten von Amerika, München 1978 = HZ*

Sonderheft 6, Hrsg. Walther KIENAST vorgelegt. Speziell zur amerikanischen Militärgeschichte ist Robin HIGHAM, *A Guide to the Sources of United States Military History, Hamden 1975* mit Gewinn zu benutzen. Aus den etwa 60000 Titel umfassenden Veröffentlichungen zum Bürgerkrieg haben Allan NEVINS, James I. ROBERTSON und Bell I. WILEY, *Civil War Books, A Critical Bibliography, 2 Bde., Baton Rouge 1967–1969* etwa 1500 der einschlägigsten kritisch vorgestellt. Die jüngsten Aufsätze zur Geschichte des Bürgerkrieges hat Jane A. BENSON, *A Bibliography of Civil War Articles: 1976*, in: *Civil War History 23 (1977)* zusammengestellt.

Von den älteren Arbeiten zum Sezessionskrieg ist vor allem unter operationsgeschichtlichen Gesichtspunkten die Synthese von J.C. ROPES und W.R. LIVERMORE, *The Story of the Civil War: A Concise Account of the War in the United States of America between 1861–1865, 4 Bde., New York 1894–1913* wichtig. Eine neuere Darstellung des gesamten Zeitraumes, die auch die ersten Nachkriegsjahre umfaßt, liefern J.G. RANDALL und D.H. DONALD, *Civil War and Reconstruction, Lexington 1969.* Die mit dem Kriegsgeschehen eng verzahnten wirtschafts- und sozialgeschichtlichen Fragestellungen behandeln ausführlich Bruce CATTON, *Centennial History of the Civil War, 3 Bde., New York 1961–1963;* Peter J. PARISH, *The American Civil War, New York 1975.*

Zur Verbindung von Politik und Strategie im Bürgerkrieg gibt es bisher noch keine eigenständige Untersuchung, so daß die knappe Darstellung, die sich bei Russell F. WEIGHLEY, *American Way of War. A History of the United States Military Strategy and Policy, New York 1973* findet, genügen muß. Eine neuere, quellennah gearbeitete Untersuchung der Operationen stammt von Raimondo LURAGHI, *Storia della guerra civile americana, Torino 1966.*

Das strategische Prinzip, das den Operationen der Südstaaten zugrunde lag, haben Thomas L. CONNELLY und Arder JONES, *The Politics of Command. Faction and Ideas in Confederate Strategy, Baton Rouge 1973* untersucht. Da eine vergleichbare Arbeit für die Union bisher fehlt, ist auf John G. NICOLAY und John HAY, *Abraham Lincoln. A History, 10 Bde., New York 1890* zurückzugreifen.

Über den Einsatz der Kavallerie in diesem Krieg vermittelt eine Detailstudie von Fairfax D. DOWNEY, *Clash of Cavalry. The Battle of Brandy Station June 9, 1863, New York 1959* ein zutreffendes Bild. Eine deutsche Darstellung dieses wichtigen Reitergefechts verfaßte Heros von BORCKE, *Die große Reiterschlacht bei Brandy-Station 9. Juni 1863, Berlin 1893.* Die legendäre Gestalt des konföderierten Reiterführers Jeb Stuart schildert anschaulich John W. THOMASON, *Jeb Stuart, New York 1930,* während Burke DAVIS in seiner neueren Arbeit *Jeb Stuart. The Last Cavalier, New York 1957* der allgemeinen romantischen Verklärung des Kriegshelden erlegen ist.

Eine klare und zutreffende Analyse der Versorgungslage bei den Truppen der Südstaaten gibt die Arbeit von Richard D. GOFF, *Confederate Supply, Durham N.C. 1969.*

Da deutschsprachige Arbeiten zum amerikanischen Bürgerkrieg kaum vorliegen, ist als grundlegende Darstellung das entsprechende Kapitel bei Willi Paul ADAMS (Hrsg.), *Die Vereinigten Staaten von Amerika, Frankfurt/M. 1977 = Fischer WG, Bd. 30* zu benutzen. Etwas ausführlicher, aber nicht mehr auf dem neuesten Forschungsstand: G. MANN, *Politische Entwicklung Europas und Amerikas 1815–1871,* in: *Propyläen Weltgeschichte, Bd. 8, Berlin 1960.* Walter MILLIS, *Amerikanische Militärgeschichte* gibt einige brauchbare Hinweise, muß aber insgesamt als überholt angesehen werden. Aus der Sicht der Zeitgenossen und gleichzeitig ein Beispiel dafür, welchen Eindruck der amerikanische Bürgerkrieg bei europäischen Militärtheoretikern hinterließ: W. RÜSTOW, *Feldherrenkunst.* Friedrich Engels' Analyse des Sezessionskrieges kommentiert Jehuda L. WALLACH, *Die Kriegslehre von Friedrich Engels.* Eine ausschließliche Beschreibung militärischer Ereignisse liefert O. Frhr. v. FREYTAG-LORINGHOVEN, *Studien über Kriegführung auf Grundlage des Nordamerikanischen Sezessionskrieges in Virginien, 1 Bd. und 1 Kartenband, Berlin 1901–1903.*

8. Moltkes Kriegführungslehren

a. Die Lehre

Vgl. zur politischen Geschichte der Ära Moltke die bei M. MESSERSCHMIDT, Bd. 2, Abschn. IV/2, S. 403–404 genannte Literatur.

Moltkes „militärisches Vermächtnis" ist durch die Veröffentlichung seiner *Militärischen Werke, 15 Bde., hrsg. vom Großen Generalstabe, Abteilung für Kriegsgeschichte, Berlin 1892–1912* lückenlos dokumentiert. Im Auftrage der Familie herausgegeben, dabei jedoch unsauber ediert und nicht immer zuverlässig: *Gesammelte Schriften und Denkwürdigkeiten, hrsg. Eliza v. Moltke, 8 Bde., Berlin 1891–1893.* Eine gelungene Einführung in Moltkes „Lehre", exemplifiziert anhand ausgewählter Texte, stammt von Hermann GACKENHOLZ, *Moltkes Kriegslehre. Eine Auswahl aus seinen militärischen Schriften, Berlin 1938.*

Zum Verhältnis von Befehl und Direktive bei Moltke: J. L. WALLACH, *Kriegstheorien.* Eine gelungene Würdigung der Persönlichkeit und des Werkes von Moltke findet sich bei E. M. EARLE, *Makers of Modern Strategy.* Etwas unkritisch, da noch im Banne der Persönlichkeit Moltkes: R. v. CAEMMERER, *Die Entwicklung der strategischen Wissenschaft.*

Die wichtigsten neueren Biographien stammen von Rudolf STADELMANN, *Moltke und der Staat, Krefeld 1950* und Eberhard KESSEL, *Moltke, Stuttgart 1957.* Stadelmann wie auch Kessel stellen die enge, nicht immer glückliche Verbindung von außenpolitischem Konzept und Kriegsbild in der Persönlichkeit Moltkes gegenüber. Vgl. dazu auch G. RITTER, *Staatskunst.* Eine ältere, detailreiche, von deutschnationalem Geist geprägte Arbeit ist von Max JÄHNS, *Feldmarschall Moltke, 2 Bde., Berlin ²1906* vorgelegt worden.

Eine umfassende Bibliographie zu Moltke, dem Werk und der politischen Geschichte seiner Zeit findet sich bei E. KESSEL, *Moltke.* Zur Bedeutung des preußischen Generalstabes unter Moltke: vgl. die Bibliographie von M. MESSERSCHMIDT, Bd. 2, Abschn. IV/2, S. 403–404. Die Bedeutung der Eisenbahnen und Telegraphenverbindungen im strategischen Konzept Moltkes beschreibt zutreffend: M. van CREVELD, *Supplying War.*

b. Der Krieg 1864 gegen Dänemark

Zur politischen Geschichte des Krieges vgl. die bei M. MESSERSCHMIDT, Bd. 2, Abschn. IV/2, S. 372ff angeführte Literatur. Neuerdings auch H. BURCKHARD, *Deutschland, England, Frankreich 1864–1866. Die politischen Beziehungen Deutschlands zu den beiden westeuropäischen Großmächten, München 1970,* der sich eingehend mit der von Dänemark erhofften Intervention der Großmächte auseinandersetzt. Zum Verhältnis von Außenpolitik und strategischem Konzept: G. RITTER, *Staatskunst;* E. KESSEL, *Moltke.* Bei der Analyse von Moltkes operativem Konzept wird B. H. LIDDELL HART, *Strategy* den Tatsachen nicht völlig gerecht, wenn er für 1864 nur ein „direktes Vorgehen" zu erkennen glaubt. Eine gelungene zeitgenössische Darstellung der Operationen in ihrem politischen Kontext findet sich bei Wilhelm RÜSTOW, *Der deutsch-dänische Krieg 1864 politisch-militärisch beschrieben, Zürich 1864.*

Zum Kriegsverlauf selbst liegen Generalstabswerke Dänemarks, Österreichs und Preußens vor:

Den dansk-tydske Krig 1864. Udgivet af Generalstaben, 3 Bde. und ein Kartenband, Kopenhagen 1890–1892; Friedrich von FISCHER, *Der Krieg in Jütland im Jahre 1864. Nach amtlichen Quellen bearbeitet im k.k. Generalstabsbureau für Kriegsgeschichte, Wien 1870; Der deutsch-dänische Krieg 1864. Hrsg. vom Großen Generalstabe, Abt. für Kriegsgeschichte, 2 Bde. und 1 Anlagenband, Berlin 1886.*

Aus marxistischem Verständnis haben H. HELMERT und H. USCZECK, *Preußischdeutsche Kriege von 1864–1871, Militärischer Verlauf, Berlin (Ost) ²1970* eine kriegsgeschichtliche Darstellung der Einigungskriege gegeben.

c. Der Feldzug in Böhmen 1866

Vgl. dazu auch die bei M. MESSERSCHMIDT, Bd. 2, Abschn. IV/2, S. 373 genannte Literatur.

Eine Übersicht über die ältere kriegsgeschichtliche Literatur findet sich in: *Streffleur, Österreichische Militärzeitschrift 1903, Heft 6.* Zur politischen Geschichte vgl. die bei M. MESSER-

SCHMIDT genannte Literatur. Zusätzlich: Paul KLUKE, *Der Kampf der beiden deutschen Großmächte um die Gestaltung Deutschlands,* in: *Deutsche Geschichte im Überblick,* Hrsg. Peter RASSOW, neuhrsg. von Theodor SCHIEFFER, *Stuttgart* ³*1970.* Das Spannungen, die sich zwischen Bismarck und Moltke bei der Frage nach der Behandlung Österreichs ergaben, schildert Karl-Georg FABER, *Realpolitik als Ideologie. Die Bedeutung des Jahres 1866 für das politische Denken in Deutschland,* in: *HZ 203 (1966).* Zur Haltung Preußens gegenüber Frankfurt und Hannover: Werner FRAUENDIENST, *Das Jahr 1866. Preußens Sieg, die Vorstufe des Deutschen Reiches, Göttingen 1966.* Zur Behandlung Österreichs nach Königgrätz auch G. RITTER, *Staatskunst.* Das Militärwesen des Deutschen Bundes und die Ursachen der Niederlagen von 1866 schildert Elmar WIENHÖFER, *Das Militärwesen des Deutschen Bundes,* s. W. PETTER in: Bd. 2, Abschn. IV/2, S. 438. Eine Verbindung zwischen Königgrätz und der Nationalitätenpolitik am Vorabend des Ersten Weltkrieges sehen vor allem österreichische Historiographen. So: Georg R. PLASCHKA, *Zwei Niederlagen um Königgrätz,* in: *MIÖG, 74 (1966)* und Oskar REGELE, *Österreichs Krieg 1866,* in: *Der österreichisch-ungarische Ausgleich von 1867, Wien–München 1967.* Eine Würdigung der italienischen Verhältnisse nimmt Adam WANDRUSZKA, *Schicksalsjahr 1866, Graz 1966* vor.

Eine ausführliche Darstellung der Operationen bietet: *Der Feldzug von 1866 in Deutschland, Bearb. von der kriegsgeschichtlichen Abt. des Großen Generalstabes, 1 Bd. und 1 Anlagenband, Berlin 1867.* Als Kartenwerk ist zusätzlich zu benutzen: *Gefechtsfelder von 1866, 6 Bde., Hrsg.: Kriegsgeschichtliche Abt. des Großen Generalstabes, Berlin o. J.* Von den veröffentlichten Generalstabswerken Österreichs und der deutschen Bundesstaaten sei hier nur auf die Arbeiten zu Österreich und Sachsen verwiesen. Weitere Quellenwerke und Darstellungen finden sich bei SCHARFENORT, *Quellenkunde, Sp. 772–793.* Zu Österreich: *Österreichs Kämpfe im Jahre 1866. Nach Feldakten bearbeitet durch das K.K. Generalstabs-bureau für Kriegsgeschichte, 5 Bde. und ein Kartenband, Wien 1867–1869.* Sachsen: *Der Antheil des königlich sächsischen Armeekorps am Feldzuge 1866 in Österreich. Bearbeitet nach den Feldakten des Generalstabes, Dresden 1869.* Zu Moltkes militärischen Planungen ist beizuziehen: *Moltke, Militärische Werke.* Eine neuere Deutung der Kriegsereignisse findet sich bei: J. C. ALLMAYER-BECK, *Der Feldzug der österreichischen Nordarmee und Königgrätz;* Wolfgang von GROOTE, *Moltkes Planungen für den Feldzug in Böhmen und ihre Grundlagen;* und Eberhard KAULBACH, *Königgrätz nach hundert Jahren. Zur militärischen Führung aus heutiger Sicht,* alle Beiträge in: *Entscheidung 1866.* Zur logistischen Vorbereitung: M. van CREFELD, *Supplying War.* Neuere marxistische Arbeiten, die der Frage von Volkskrieg oder Kabinettskrieg nachgehen, daneben aber auch den Ablauf militärischer Operationen im herkömmlichen Sinn schildern: H. HELMERT, H. USCZECK, *Preußisch-deutsche Kriege,* H. HELMERT, *Kriegspolitik und Strategie. Politische und militärische Ziele der Kriegführung des preußischen Generalstabes vor der Reichsgründung (1859–1869), Berlin (Ost) 1970 = Militärhistorische Studien, NF 14.* Ders., *Militärsystem und Streitkräfte im Deutschen Bund am Vorabend des preußisch-deutschen Krieges von 1866, Berlin (Ost) 1964 = Militärhistorische Studien NF 7,* beschäftigt sich mit der materiellen wie personellen Situation in den Kontingenten der deutschen Bundesstaaten zwischen 1815 und 1866. Von dem profilierten Kenner der deutschen Militärgeschichte des 19. Jahrhunderts, Gordon A. CRAIG, wurde der kleine Band *Königgrätz* (deutsche Ausgabe), *Hamburg 1966* verfaßt, der sich nicht nur mit der militärischen Ausgangslage bei beiden Kontrahenten, dem Verlauf der Schlacht, sondern auch mit den politischen Folgen beschäftigt. Weniger eine biographische Arbeit als eine komplexe Darstellung der finanziellen, innen- und außenpolitischen Situation Österreichs, die letztlich zur Niederlage von Königgrätz geführt hat, ist die Untersuchung von Oskar REGELE, *Feldzeugmeister Benedek. Der Weg nach Königgrätz, München 1966.* Mit der Wirkung des preußischen Zündnadelgewehrs auf die österreichische Kolonnentaktik setzt sich der Aufsatz von A. WAGNER, *Die österreichische Stoßtaktik und die preußische Feuertaktik im Krieg von 1866,* in: *Truppendienst 5 (1966)* auseinander.

d. Der deutsch-französische Krieg von 1870/71

Zur Vorgeschichte des Krieges und zum Konflikt zwischen ziviler und militärischer Führung vgl. M. MESSERSCHMIDT, Bd. 2, Abschn. IV/2, S. 372–373. Die noch vom Erleben geprägte

Literatur der ersten Stunde hat Albert SCHULZ, *Bibliographie de la guerre franco-allemande de 1870–1871 et la commune de 1871, catalogue de tous les ouvrages publiés en langue française et allemande de 1871–1885, Paris 1886* zusammengefaßt. Eine die politische Geschichte bevorzugende Bibliographie liefert W. WEDLICH, *Der deutsch-französische Krieg 1870–71, Literaturbericht und Auswahlbibliographie,* in: *Jahresbibliographie der Bibliothek für Zeitgeschichte 42 (1970).*

Die bei Messerschmidt etwas vernachlässigte französische Forschung ist in der sehr kenntnisreichen Arbeit von Jacques DROZ, *Histoire de l'Allemagne, Bd. 1, La formation de l'unité allemande 1789–1871, Paris 1970* verarbeitet. Eine kritische Darstellung des zweiten Kaiserreiches verdanken wir neuerdings A. GÉRARD, *Le Second Empire, innovation et réaction, Paris 1973.*

Ähnlich wie bei den vorangegangenen Kriegen (1864 und 1866) haben auch 1871 die kriegführenden Parteien umfangreiche quellennah gearbeitete Studien über den Ablauf der militärischen Operationen erarbeitet. Auf französischer Seite: *La Guerre de 1870–1871, Publication de la Section historique de l'Etat-Major général de l'Armée, 11 Abt. in 36 Bden., Paris o. D.*, etwa 1875–1914; abschließende Stellungnahmen zum Kriegsverlauf 1870–1871 finden sich auch in: *Revue d'histoire rédigée à l'Etat-Major de l'Armée, Service Historique 1914 und 1938/39.*

Auf deutscher Seite: *Der deutsch-französische Krieg, redigiert von der kriegsgeschichtlichen Abteilung des Großen Generalstabes, 5 Bde., 1874–1881.* Zu Moltkes strategischem Konzept und seinem Verhältnis zu Bismarck: E. KESSEl, *Moltke;* ders., *Bismarck und die „Halbgötter". Zu dem Tagebuch von Paul Bronsart von Schellendorf,* in: *HZ 181 (1956).* Kessel glaubt den Tagebuchnotizen entnehmen zu können, daß die Verstimmung zwischen Bismarck und der militärischen Führung nicht so tief gewesen ist, wie es in den Erinnerungen des Reichskanzlers den Anschein hat. Vgl. auch G. RITTER, *Staatskunst.*

Den Kriegsverlauf und die operativen Vorstellungen der deutschen Führung zeichnet R. v. CAEMMERER, *Die Entwicklung der strategischen Wissenschaft;* ausführlicher, aber wie Caemmerer noch zu sehr im Banne des Ereignisses: Colmar Frhr. von der GOLTZ, *Kriegsgeschichte Deutschlands im Neunzehnten Jahrhundert, 2 Bde., Teil II, Im Zeitalter Wilhelms des Siegreichen, Berlin 1914 = Das Neunzehnte Jahrhundert in Deutschlands Entwicklung Bd. IX.*

Auf deutschem wie französischem Material baut die Arbeit von Michael HOWARD, *The Franco-Prussian War. The German Invasion of France 1870–1871, London 1962* auf. Ausgewählte Aspekte des Kriegsgeschehens behandeln die Beiträge von Eberhard KAULBACH, *Der Feldzug 1870 bis zum Fall von Sedan. Zur deutschen Führung in heutiger Sicht;* Hans MEIER-WELCKER, *Der Kampf mit der Republik;* Fernand Thiébaut SCHNEIDER, *Der Krieg in Französischer Sicht,* und Joachim HOFFMANN, *Der Volkskrieg in Frankreich in der Sicht von Karl Marx und Friedrich Engels,* alle in: *Entscheidung 1870. Der deutsch-französische Krieg,* Hrsg. W. v. GROOTE und U. v. GERSTORFF, *Stuttgart 1970.*

Eine Bewertung des Nationalkrieges in Frankreich nach dem Sturz des Kaiserreiches versuchen H. HELMERT und H. USCZEK in *Preußischdeutsche Kriege von 1864–1871.*

Mit Fragen der Heeresversorgung und des Transportwesens beschäftigen sich Alfred Auguste baron d'ERMONT, *Histoire des chemins de fer pendant la guerre franco-prussienne, Paris 1874* und M. van CREFELD, *Supplying War,* der auch ein umfangreiches Literaturverzeichnis zur deutschen Heeresversorgung im Krieg 1870/71 vorlegt.

Die Kriegsfinanzierung, die die Forschung bisher immer etwas vernachlässigt hat, ist für einen Teil der auf deutscher Seite kämpfenden Staaten von Rudolf LENZ, *Kosten und Finanzierung des deutsch-französischen Krieges 1870–1871. Dargestellt am Beispiel Württembergs, Badens und Bayerns, Boppard 1970 = Wehrwiss. Forsch., Abt. Militärgesch. Studien, hrsg. vom MGFA, Bd. 11* erarbeitet worden.

In Überschneidung mit der von H.-L. BORGERT für die Zeit bis 1914 vorgestellten Literatur – s. die folgende Bibliographie – wäre für den späten Moltke noch die interessante Studie von Peter RASSOW, *Der Plan des Feldmarschall Grafen Moltke für den Zweifrontenkrieg 1871–1890, Breslau 1936 = Breslauer Hist. Forschungen, Heft 1* zu nennen, ein Plan, der entgegen der späteren Entwicklung im Ersten Weltkrieg davon ausging, weder im Westen noch im Osten offensiv zu werden, und der sich damit entscheidend von den Plänen Schlieffens abhebt.

Grundzüge der Landkriegführung von Schlieffen bis Guderian

Aus der äußeren Komposition, nicht der inneren Konzeption des Handbuches heraus wird in der vorliegenden Darstellung – trotz des Gefühls eines gewissen Unbehagens – „Kriegführung" für den Zweck der Abhandlung in Anlehnung an Max Jähns im engeren, mehr technischen Sinne verstanden als: „die Wissenschaften von der Truppenführung (Taktik) und die von der Heerführung (Strategie)". Das heißt, die Darstellung hat in erster Linie von dem Niederschlag der zeitgenössischen Diskussion in Form militärischer Dienstvorschriften und entsprechender militärwissenschaftlicher Fachveröffentlichungen auszugehen.

Die systematische Aufbereitung und Auswertung dieses Begriffs und seines Umfelds wurden aber bislang eher vernachlässigt, so daß man C.H. Hermann durchaus zustimmen kann, wenn er im Anschluß an H. ROSINSKI, *Die deutsche Armee. Vom Triumph zur Niederlage, München 1977,* Anm. 74, S. 320 meint, daß das Thema, das Führungsdenken in der deutschen Armee, „in einer umfassenden oder befriedigenden Weise noch nicht bearbeitet worden ist".

Diese Feststellung deckt sich in etwa auch mit dem Befund von H.A. JACOBSEN, *Zur Konzeption einer Geschichte des Zweiten Weltkrieges 1939–1945, Frankfurt/M. 1964,* S. 45, der in diesem Zusammenhang bedauerte, „daß bei allen bisherigen Forschungen viel zu wenig die Erscheinungsformen und Wandlungen des Kriegsbildes in ihren Auswirkungen auf die politischen Entscheidungen (und umgekehrt) untersucht worden sind".

Man muß auf diesem Gebiet einen deutlichen Vorsprung der „DDR-Historie" konstatieren, vgl. A. HILLGRUBER, *Deutschland im Zweiten Weltkrieg – zur Forschungssituation in der Bundesrepublik vor der „Herausforderung" durch die DDR-Historie,* in: *Tradition und Neubeginn. Internationale Forschungen zur deutschen Geschichte im 20. Jahrhundert, hrsg. von Joachim Hütter u.a., Köln 1975,* S. 235–243.

Angesichts dieser ungünstigen Ausgangslage fällt es schwer, überhaupt Literatur anzuführen, die nicht nur einzelne Aspekte an peripherer Stelle aufgreift, sondern den gesamten Komplex in umfassender und grundlegender Weise untersucht.

Am ehesten trifft das noch zu für Jehuda L. WALLACH, *Das Dogma der Vernichtungsschlacht. Die Lehren von Clausewitz und Schlieffen und ihre Wirkung in zwei Weltkriegen, Frankfurt/M. 1967,* dessen Darstellung des Themas jedoch durch die zu antipodische Gegenüberstellung der Gedanken von Clausewitz und Schlieffen sowie die strikte Durchhaltung dieses „erkenntnisleitenden" Gegensatzes auch für die Folgezeit leidet, zu Verzerrungen führt und Mißverständnisse erleichtert. Mit diesem inhaltlich praktisch identisch ist das weitere Buch des Verfassers: *Kriegstheorien. Ihre Entwicklung im 19. und 20. Jahrhundert, Frankfurt/M. 1972.*

Dagegen erscheint die Behandlung des Themas bei Larry H. ADDINGTON, *The Blitzkrieg Era and the German General Staff, 1865–19441, New Brunswick N.J. 1971,* ausgewogener, zumal sie auch stärker die logistische Komponente berücksichtigt. Gemeinsam ist ihnen aber, wie ebenfalls bei Günther BLUMENTRITT, *Strategie und Taktik. Ein Beitrag zur Geschichte des Wehrwesens vom Altertum bis zur Gegenwart, Konstanz 1960,* die im Hinblick auf den Untersuchungsgegenstand zu globale Betrachtungsweise. Erst recht gilt das für Paul SCHMITTHENNER, *Krieg und Kriegführung im Wandel der Weltgeschichte, Potsdam o.J.,* der durch historische Längsschnittuntersuchungen zwar interessante Akzentsetzungen vornimmt, aber doch ganz unter dem überwältigenden Geschehen des Ersten Weltkrieges steht, und für John F.C. FULLER, *Die entartete Kunst Krieg zu führen 1789–1961, Köln 1964,* mit seinem kulturpessimistischen Grundton.

Umgekehrt ermöglicht Edward M. EARLE (Ed.), *Makers of Modern Strategie. Military Thought from Machiavelli to Hitler, Princeton N.J. 1952* einen ersten Ein- und guten Überblick gerade auch im Vergleich mit der internationalen Entwicklung. Demgegenüber greifen die mehr biographisch angelegten Beiträge in Wolfgang von GROOTE, *Große Soldaten der europäischen Geschichte, Bonn 1961,* und Werner HAHLWEG, *Klassiker der Kriegskunst, Darmstadt 1960,* weniger tief.

Zusammenfassend ist man aber gezwungen, will man sich über das Thema im Sinne der eingangs vorgestellten Definition informieren, einmal auf eine zwar umfangreiche, jedoch breit gestreute Literatur zurückzugreifen, in der vielfach nur Teilaspekte oder Einzelfragen erörtert, manchmal gar nur gestreift werden, und zum andern sich der Mühe zu unterziehen, die „Primärquellen", das kaum zu begrenzende zeitgenössische Meinen und Denken unmittelbar zu befragen, die sich natürlich einer bewertenden Analyse in dieser Bibliographie, weil schon im Text geschehen, weitgehend entziehen.

Für die Literaturangaben zu dem allgemeinen historischen Hintergrund kann nur auf die Bibliographien zu den verschiedenen einschlägigen Beiträgen des vorliegenden Handbuches verwiesen werden. Daneben sind insbesondere die diversen Summarien der Militärgeschichte nützlich, so *Kurzer Abriß der Militärgeschichte von den Anfängen der Geschichte des deutschen Volkes bis 1945, Berlin (Ost) 1974,* oder Carl Hans HERMANN, *Deutsche Militärgeschichte. Eine Einführung, Frankfurt/M. 1966.*

Über den deutschen Generalstab informiert der Leiter des Militärhistorischen Instituts der DDR, Oberst Reinhard BRÜHL, *Militärgeschichte und Kriegspolitik. Zur Militärgeschichtsschreibung des preußisch-deutschen Generalstabes 1816–1945, Berlin (Ost) 1973* in einseitiger, von der Kampfposition gegen die Bundeswehr beeinflußter Weise; dazu Waldemar ERFURTH, *Die Geschichte des deutschen Generalstabes 1918 bis 1945, Göttingen 1957;* Gerhard FÖRSTER u.a., *Der preußisch-deutsche Generalstab 1640–1965. Zu seiner politischen Rolle in der Geschichte, 2. Aufl., Berlin (Ost) 1966;* Walter GÖRLITZ, *Der deutsche Generalstab. Geschichte und Gestalt 1657–1945, Frankfurt/M. 1950;* ders., *Kleine Geschichte des deutschen Generalstabes, Berlin 1967,* und Wiegand SCHMIDT-RICHBERG, *Die Generalstäbe in Deutschland 1871–1945, Stuttgart 1962.*

Grundlegend für das Verständnis der Diskussion sind natürlich Carl von CLAUSEWITZ, *Vom Kriege, 18. Aufl., Bonn 1973,* und *Moltkes taktisch-strategische Aufsätze aus den Jahren 1857 bis 1871, hrsg. vom Großen Generalstabe, Berlin 1900; Moltkes Kriegslehren. Die operativen Vorbereitungen zur Schlacht, hrsg. vom Großen Generalstabe, Berlin 1911,* vermischt dagegen schon Moltkes Ansichten mit zeitgenössischen Anschauungen. Interpretationshilfen grundsätzlicher Art geben dazu André BEAUFRE, *Die Revolutionierung des Kriegsbildes. Neue Formen der Gewaltanwendung, 2. Aufl., Stuttgart 1975;* B.H. LIDDELL HART, *Strategie, Wiesbaden o.J.;* Ferdinand Otto MIKSCHE, *Vom Kriegsbild, Stuttgart 1976,* und Friedrich RUGE, *Politik und Strategie. Strategisches Denken und politisches Handeln, Frankfurt/M. 1967.*

A. Die Grundzüge der Kriegführung bis 1914

1.–3. Die Diskussion über die Taktik bis 1906; Kriegserfahrung und Kriegsgeschichte; Das strategisch operative Denken in Deutschland vor 1914

Für den allgemeinen Hintergrund ist wichtig Gerhard RITTER, *Staatskunst und Kriegshandwerk. Das Problem des Militarismus in Deutschland, Bde. 1–4, München 1959ff.* Taktische und operative Probleme behandeln auch Günter HOWE, *Gedanken zur deutschen Wehrpolitik zwischen 1871 und 1919,* in: *Weltmachtstreben und Flottenbau, hrsg. von Wilhelm Schüssler, Witten 1956;* Eugen von FRAUENHOLZ, *Deutsche Kriegs- und Heeresgeschichte in den Umrissen dargestellt, München 1927;* Ludwig Freiherr RÜDT von Collenberg, *Das deutsche Heer von 1867 bis 1918,* in: *Deutsche Heeresgeschichte, hrsg. von Karl Linnebach, 2. Aufl., Hamburg 1943,* S. 293–399.

Unverzichtbar für die taktische und strategische Diskussion jener Tage ist aber noch immer die zeitgenössische Literatur: BALCK, *Taktik, 5 Bde., 1896ff* (4. Aufl., Berlin 1908ff); Friedrich von BERNHARDI, *Delbrück, Friedrich der Große und Clausewitz. Streiflichter auf die Lehren des Professors Dr. Delbrück über Strategie, Berlin 1892;* Rudolf von CAEMMERER, *Die Entwicklung der strategischen Wissenschaft im 19. Jahrhundert, Berlin 1904;* BRONSART von Schellendorff I, *Betrachtungen über eine zeitgemäße Fechtweise der Infanterie, Berlin 1891;* Hans DELBRÜCK, *Die Strategie des Perikles erläutert durch die Strategie Friedrich des Großen, Berlin 1890;* ders., *Friedrich, Napoleon, Moltke. Ältere und neuere Strategie, Berlin 1892;* ders., *Besprechung des Buches von Caemme-*

rer, *„Die Entwicklung ...“*, in: *Preußische Jahrbücher, Bd. 115 (1904)*, S. 347–351; ders., *Geschichte der Kriegskunst im Rahmen der politischen Geschichte, 7 Bde.*, verschiedene Auflagen und ein Nachdruck, *Berlin 1954; „Der deutsche Infanterie-Angriff 1902. Nach praktischen Erfahrungen auf dem Truppenübungsplatz Döberitz bei Berlin Mai 1902, Berlin 1902;* Ludwig Freiherr von FALKENHAUSEN, *Ausbildung für den Krieg, 2 Bde., Berlin 1902/04;* Hugo Freiherr von FREYTAG-LORINGHOVEN, *Die Exerzier-Reglements für die Infanterie von 1812, 1847, 1888 und 1906. Ein Jahrhundert taktischer Entwickelung. Beihefte zum Militär-Wochenblatt 1907*, S. 27–40; ders., *Das Exerzier-Reglement für die Infanterie vom 29. Mai 1906. Kriegsgeschichtlich erläutert, 2. Aufl., Berlin 1908;* E. von GAYL, *General von Schlichting und sein Lebenswerk, Berlin 1913;* Colmar Freiherr von der GOLTZ, *Das Volk in Waffen. Ein Buch über Heerwesen und Kriegführung unserer Zeit, 4. Aufl., Berlin 1890;* ders., *Krieg- und Heerführung, Berlin 1901;* Joachim HOFFMANN, *Die Kriegslehre des Generals von Schlichting*, in: *Militärgeschichtliche Mitteilungen 5 (1969)*, S. 5–35; ders., *Der Militärschriftsteller Fritz Hoenig*, in: ebd., 7 *(1970)*, S. 5–25; D. von MALACHOWSKI, *Scharfe Taktik und Revuetaktik im 18. und 19. Jahrhundert, Berlin 1892;* Jakob MECKEL, *Taktik, 2. Aufl., Berlin 1883;* ders., *Allgemeine Lehre von der Truppenführung im Kriege, 3. Aufl., Berlin 1890;* Wilhelm von SCHERFF, *Reglementarische Studien, Berlin 1891;* ders., *Delbrück und Bernhardi. Eine strategische Clausewitz-Studie für Gelehrte und Militärs, Berlin 1892;* ders., *Die Lehre vom Kriege auf der Grundlage seiner neuzeitlichen Erscheinungsformen. Ein Versuch, Berlin 1897;* ders., Der Schlachtenangriff, 2 Bde., Berlin 1898ff; Der Schlachterfolg, mit welchen Mitteln wurde er erstrebt, hrsg. vom Großen Generalstab, Berlin 1903; Sigismund von SCHLICHTING, *Taktische und strategische Grundsätze der Gegenwart, 3 Teile, Berlin 1897ff;* ders., *Gegensätze auf dem Gebiete der großen Truppenführung*, in: *Beilage zur Allgemeinen Zeitung, München 1902;* T. von VERDY du Vernois, *Studien über den Krieg, Berlin 1891ff; Vierteljahreshefte für Truppenführung und Heereskunde, hrsg. vom Großen Generalstabe, 1904ff.*

4. Alfred Graf von Schlieffen

Alfred Graf von SCHLIEFFEN, *Dienstschriften, 2 Bde., Berlin o.J.;* ders., *Gesammelte Schriften, 2 Bde., Berlin 1913;* ders., *Cannae, Berlin 1925;* Eberhard KESSEL, *Generalfeldmarschall Graf Alfred Schlieffen: Briefe, Göttingen 1958.* Gerhard RITTER, *Der Schlieffenplan. Kritik eines Mythos, München 1956* (grundlegend: man beachte aber die Interpretations- und Wertungsunterschiede zu „Staatskunst und Kriegshandwerk“, Bd. 2); Helmut OTTO, *Schlieffen und der Generalstab. Der Preußisch-Deutsche Generalstab unter der Leitung des Generals von Schlieffen 1891–1905 = Militärhistorische Studien 8, NF, Berlin (Ost) 1966.*

Solange nicht eine vollständige Ausgabe der gesamten schriftlichen und mündlichen Äußerungen Schlieffens vorliegt, ist man weiterhin auch auf die „Epigonen“-Literatur angewiesen, die längere Zitate bringen: Friedrich von BOETTICHER, *Der Lehrmeister des neuzeitlichen Krieges (Schlieffen)*, in: *Von Scharnhorst zu Schlieffen 1806–1906*, hrsg. von F. von COCHENHAUSEN, *Berlin 1933, S. 249–316;* ders., *Schlieffen, Göttingen 1957;* E. BUCHFINK, *Moltke und Schlieffen, Historische Zeitschrift 158 (1938)*, S. 308–322. Wolfgang FOERSTER, *Graf Schlieffen und der Weltkrieg, Berlin 1925;* ders., *Ist der deutsche Aufmarsch 1904 an die Franzosen verraten worden?*, in: *Berliner Monatshefte X (1932), S. 1053–1067;* ders., *Aus der Gedankenwerkstatt des deutschen Generalstabes, Berlin 1931;* Wilhelm GROENER, *Das Testament des Grafen Schlieffen, Berlin 1927;* E. v. KILIANI, *Die Operationslehre des Grafen Schlieffen und ihre deutschen Gegner*, in: *Wehrkunde 1961, S. 71–76* und *S. 133–138;* Hermann v. KUHL, *Der deutsche Generalstab in Vorbereitung und Durchführung des Weltkrieges, Berlin 1920;* SCHMERFELD, *Die deutschen Aufmarschpläne 1871–1890 = H. 7 der Quellen und Darstellungen aus dem Reichsarchiv, 1929.* Eugen von ZOELLNER, *Schlieffens Vermächtnis = Sonderheft Militärwissenschaftliche Rundschau, 3. Jahrgang 1938.*

4. Die strategische Diskussion bis 1914

Hier sind vor allem zu nennen: Friedrich von BERNHARDI, *Taktik und Ausbildung der Infanterie. Gedanken und Erwägungen im Geiste des modernen Gefechts, Berlin 1910;* ders., *Vom heutigen*

Kriege, 2 Bde., Berlin 1912; ders., *Deutschland und der nächste Krieg, 6. Aufl., Stuttgart 1913;* Wilhelm von BLUME, *Strategie, ihre Aufgaben und Mittel, Berlin 1912;* Ludwig Freiherr von FALKENHAUSEN, *Der große Krieg der Jetztzeit. Eine Studie über Bewegung und Kampf der Massenheere des 20. Jahrhunderts, Berlin 1909;* ders., *Flankenbewegung und Massenheer. Der Gedanke von Leuthen in Anwendung auf die Gegenwart, Berlin 1911;* Hugo Freiherr von FREYTAG-LORINGHOVEN, *Krieg und Politik in der Neuzeit, Berlin 1911;* Friedrich IMMANUEL, *Die deutsche Felddienst-Ordnung vom 22. März 1908 kriegsgeschichtlich erläutert, Berlin 1910;* ders., *Handbuch der Taktik, 2. Aufl., Berlin 1910;* ders., *Lehnerts Handbuch für den Truppenführer, 37. Aufl., Berlin 1914;* Alfred KRAUSS, *Theorie und Praxis in der Kriegskunst, München 1936.*

5. Helmuth von Moltke der Jüngere

Helmuth von MOLTKE, *Erinnerungen. Briefe. Dokumente 1877–1916. Ein Bild vom Kriegsausbruch, erster Kriegsführung und Persönlichkeit des ersten militärischen Führers des Krieges, hrsg. von Eliza von Moltke, Stuttgart 1922.*

Dazu ergänzend allgemein: Fritz FISCHER, *Griff nach der Weltmacht. Die Kriegszielpolitik des kaiserlichen Deutschland 1914/18, Düsseldorf 1967;* ders., *Krieg der Illusionen. Die deutsche Politik von 1911 bis 1914, 2. Aufl., Düsseldorf 1969;* Samuel WILLIAMSON, *The Politics of Grand Strategy. Britain and France prepare for War 1904–1914, Cambridge Mass. 1969;* Adolf GASSER, *Deutschlands Entschluß zum Präventivkrieg 1913/14,* in: *Discordia concors, Festgabe für Edgar Bonjour, Bd. 1, Basel 1968,* S. 171–224.

Zur Stellung des Durchbruchsangriff vgl. u. a. BRÜCKNER, *Der Durchbruchsangriff vor dem Weltkriege in Anwendung und Theorie,* in: *Militärwissenschaftliche Rundschau 1938,* S. 586–601 und S. 707–732; Konrad KRAFFT von Dellmensingen, *Der Durchbruch. Studie an Hand der Vorgänge des Weltkrieges 1914–1918, Hamburg 1937.*

Für die Entwicklung der Operationsplanung siehe auch Walter ELZE, *Das Deutsche Heer von 1914* und *Der strategische Aufbau des Weltkrieges 1914–1918. Mit einer Einleitung von U. v. Gersdorff, Osnabrück 1968;* Hermann GACKENHOLZ, *Entscheidung in Lothringen 1914. Der Operationsplan des jüngeren Moltke und seine Durchführung auf dem linken deutschen Heeresflügel, Berlin 1933.*

6. Die operativ-taktischen Anschauungen 1906–1914

Einen guten Zugang bietet Lothar BURCHARDT, *Friedenswirtschaft und Kriegsvorsorge. Deutschlands wirtschaftliche Rüstungsbestrebungen vor 1914, Boppard 1968.* Die umfangreiche Untersuchung zur taktischen Entwicklung von Bernd F. SCHULTE, *Die deutsche Armee 1900–1914. Zwischen Beharren und Verändern, Düsseldorf 1977,* verstellt sich den Blick zu einer unbefangenen Beurteilung, in dem sie unter einseitiger Bevorzugung englischer Stellungnahmen die deutsche Entwicklung in ein Schema zu pressen sucht.

(7.) Vorschriften

„Die französischen Befestigungen gegen Deutschland und die Grundsätze ihrer Verteidigung", Berlin 1913. „Bestimmungen für die Gefechtsübungen mit gemischten Waffen unter Beteiligung der schweren Artillerie des Feldheeres", D.V.E. No. 377, Berlin 1902; „Exerzier-Reglement für die Feldartillerie" von 1907, Berlin 1912; „Exerzier-Reglement für die Fußartillerie" (Ex.R.f.d.Fßa.), D.V.E. Nr. 200, Berlin 1908. „Exerzier-Reglement für die Infanterie", Berlin 1888; „Exerzier-Reglement für die Infanterie" (Ex.R.f.d.I.) D.V.E. Nr. 130, vom 29. 5. 1906, Berlin 1909; „Exerzier-Reglement für die Kavallerie" (Ex.R.f.d.K.), München 1909; „Exerzier-Reglement für Maschinengewehr-Abteilungen" (M.G.E.R.) D.V.E. Nr. 44, Stand 1913; „Feldbefestigungs-Vorschrift" (F.V.), Berlin 1893; Entwurf: „Feldbefestigungs-Vorschrift" (F.V.), Berlin 1906. „Felddienst-Ordnung" (F.O.) von 1908, D.V. 327, München 1914; „Felddienst-Ordnung", D.V.E. 267, Berlin 1890; „Felddienst-Ordnung", Berlin 1900; „Feld-Pionierdienst aller Waffen" (F.Pi.D.), Entwurf 1912, München 1912; „Das Gefecht", Zusammenstellung der Vorschriften über das Gefecht aus den Exerzier-Reglements aller Waffen, der Felddienstordnung und dem Feldpionierdienst aller Waffen, Berlin 1913; „Grundzüge der höheren Truppenführung", D.V.E. Nr. 53, Berlin 1910; „Leitfaden für den Unterricht in der Taktik auf den Königlichen Kriegsschulen", 17. Aufl., Berlin 1914; Entwurf: Maschinengewehr-Schießvorschrift (M.G.Sch.V.), München 1911.

B. Die Entwicklung im Ersten Weltkrieg

Zur allgemeinen Einführung und als Hintergrundinformation seien genannt Theodor FUCHS, *Geschichte des europäischen Kriegswesens, Bd. III, München 1977;* Hans HERZFELD, *Der Erste Weltkrieg, 3. Aufl., München 1974;* Walter HUBATSCH, *Der Weltkrieg 1914/18,* in: *Handbuch der deutschen Geschichte, hrsg. von Leo Just, Bd. IV, 1. Teil, 2. Abschnitt, Frankfurt/M. 1973;* Peter Graf von KIELMANNSEGG, *Deutschland und der Erste Weltkrieg, Frankfurt/M. 1968;* Fritz KLEIN (u. a.), *Deutschland im ersten Weltkrieg, 3 Bde., Berlin (Ost) 1968/69;* Bernard Law Viscount MONTGOMERY of Alamein, *Weltgeschichte der Schlachten und Kriegszüge, 2 Bde., München 1975 (dtv);* Helmut OTTO, *Der erste Weltkrieg. Militärhistorischer Abriß, Berlin (Ost) 1968;* Wolfgang SCHIEDER, *Erster Weltkrieg – Ursachen, Entstehung und Kriegsziele, Köln–Berlin 1969;* unverzichtbar für die Themenstellung ist weiter noch das Reichsarchiv-Werk *Der Weltkrieg 1914 bis 1918. Die militärischen Operationen zu Lande, Berlin 1925ff,* vgl. dazu in diesem Handbuch Bd. 3, Abschnitt VI, S. 165 ff und 366.

1. West- oder Ostaufmarsch?

Zu der bei anderer Gelegenheit genannten Literatur sie noch verwiesen auf Norman STONE, *The Eastern Front 1914–1917, London 1975;* ders., *Die Mobilmachungspläne der österreichisch-ungarischen Armee 1914,* in: *Militärgeschichtliche Mitteilungen 2/74,* S. 67–95.

2. Die Mobilmachung

Hermann RAHNE, *Die militärische Mobilmachungsplanung und -technik in Preußen und im deutschen Reich (Mitte des 19. Jahrhunderts bis zur Auslösung des Zweiten Weltkrieges), Phil. Diss. Leipzig 1972;* A. J. P. TAYLOR, *War by Time-Table. How the First World War Began, London 1969.*

3. Der deutsche Aufmarsch und die militärischen Operationen im Westen bis zum 15. September 1914

Gotthold BÄSSLER, *Die Kriegstagebücher als geschichtlicher Quellenstoff,* in: *Archivstudien, Dresden 1931,* S. 7–19; Corelli BARNETT, *Anatomie eines Krieges. Eine Studie über Hintergründe und entscheidende Phasen des Ersten Weltkrieges, München 1963; Die Entwicklung der deutschen Infanterie im Weltkrieg 1914–1918,* in: *Militärwissenschaftliche Rundschau 1938,* S. 367–419; Richard ERNST, *Die Entwicklung der Infanterie, Beiheft 14 der Wehrwissenschaftlichen Rundschau,* 1961; L. L. FARRAR, *The Short War Illusion. The Syndrome of German Strategy, August–December 1914,* in: *Militärgeschichtliche Mitteilungen 2/72,* S. 39–52; Friedrich Freiherr HILLER von Gaertringen, *Wilhelm Groener. Lebenserinnerungen, Göttingen 1957;* Wilhelm GROENER, *Der Weltkrieg und seine Probleme, Berlin 1920;* Jürgen von GRAUE, *Wie es zur Massenschlacht 1914 kam. Mit einem Dokument aus dem Nachlaß des jüngeren Moltke: Siegesmöglichkeiten, Stuttgart 1971;* Gotthard JÄSCHKE, *Zum Problem der Marne-Schlacht von 1914,* in: *Historische Zeitschrift 190 (1960),* S. 311–348; Theodor JOCHIM, *Die Operationen und rückwärtigen Verbindungen der 1. Armee in der Marne-*

schlacht 1914, Berlin 1933; Hermann von KUHL, *Der Marnefeldzug 1914, Berlin 1921;* LIEBMANN, *Die deutschen Gefechtsvorschriften von 1914 in der Feuerprobe des Krieges,* in: *Militärwissenschaftliche Rundschau 1937,* S. 456–487; SCHNIEWINDT, *Die Nachrichtenverbindungen zwischen den Kommandobehörden während des Bewegungskrieges 1914,* in: *Wissen und Wehr 1929,* S. 129–152.

4.5.6. *Der weitere Kriegsverlauf im Westen 1914; Der Krieg im Osten bis Ende 1915; Der Krieg im Westen 1915*

Erich von FALKENHAYN, *Die oberste Heeresleitung 1914–1916 in ihren wichtigsten Entschließungen, Berlin 1920;* Wolfgang FOERSTER, *Falkenhayns Plan für 1916,* in: *Militärwissenschaftliche Rundschau 1937,* S. 304–330; Karl-Heinz JANSSEN, *Der Kanzler und der General. Die Führungskrise um Bethmann Hollweg und Falkenhayn 1914–1916, Göttingen 1967;* Erich LUDENDORFF, *Meine Kriegserinnerungen 1914–1918, Berlin 1919;* Hans WÄCHTER, *Die Entwicklung der Artillerietaktik, Zürich 1973;* Anton WAGNER, *Der Erste Weltkrieg. Ein Blick zurück, Wien 1968.*

6. b. *Der Einsatz chemischer Kampfstoffe*

Rudolf HANSLIAN, *Der chemische Krieg, 2. Aufl., Berlin 1927;* Julius MEYER, *Der Gaskampf und die chemischen Kampfstoffe, Leipzig 1925;* Ulrich TRUMPENER, *The Road to Ypres: The Beginning of Gas Warfare in World War I,* in: *Journal of Modern History V (1975),* S. 460–480.

7.8.9. *Der Krieg im Westen 1916–1918*

Georg BRUCHMÜLLER, *Die deutsche Artillerie in den Durchbruchsschlachten des Weltkrieges, Berlin 1921;* Basil H. LIDDELL HART, *Infanterie von morgen, Potsdam 1934;* Kenneth MACKSEY, *Tank Warfare. A History of Tanks in Battle, 1976;* Hans MEIER-WELCKER, *Soldat und Geschichte, Freiburg 1976;* Otto von MOSER, *Feldzugsaufzeichnungen 1914–1918 als Brigade-, Divisionskommandeur und als kommandierender General, 3. Aufl., Stuttgart 1928;* Fritz RÜSTOW, *Sturmgrenadiere, Bonn–Mannheim 1959;* Adolf VOGT, *Oberst Max Bauer, Generalstabsoffizier im Zwielicht 1869–1929, Osnabrück 1974.*

(10.) Vorschriften

Merkblatt: „Angriff im Stellungskrieg", hrsg. vom Oberkommando der Heeresgruppe Albrecht, Neudruck 10. 8. 1918. „Infanteristische Ausbildung auf Grund der bisherigen Kriegserfahrungen", hrsg. vom Kriegsministerium, o. O. [1918]. Entwurf: „Ausbildungsvorschrift für die Fußtruppen im Kriege (A.V.F.)", Januar 1917. „Gasschießen der Artillerie" hrsg. vom Chef des Generalstabes des Feldheeres, 1917. „Gefechtsvorschrift für die Artillerie", Berlin 1917. „Kriegserfahrungen über Feldbefestigungen", hrsg. von der General-Inspektion des Ingenieur- und Pionierkorps und der Festungen mit Einverständnis des Chefs des Generalstabes des Feldheeres, Berlin 1915. „Mobilmachungsplan für das Deutsche Heer", 9. Okt. 1913, Berlin 1913. „Mobilmachungs-Verordnung" 1914/15, Berlin 1913. „Richtlinien für die Ausbildung des Kriegsersatzes 1916", hrsg. vom Kommando des Ersatzbataillons 2. Garde-Reserve-Regiments, 2. Aufl., Berlin 1916. „Vorschriften für den Stellungskrieg für alle Waffen", Teil 1–14, hrsg. vom Chef des Generalstabes des Feldheeres, Berlin 1915 ff.

C. Die Diskussion über Grundzüge der Landkriegführung in der Zwischenkriegszeit

(vgl. die Bibliographien zu Bd. 3, Abschn. VI und Bd. 4, Abschn. VII)

Neben den bereits eingangs genannten, einen größeren Zeitabschnitt abdeckenden Darstellungen sind hier besonders die Arbeiten von Gerhard FÖRSTER, *Totaler Krieg und Blitzkrieg. Die Theorie des Totalen Krieges und des Blitzkrieges in der Militärdoktrin des faschistischen Deutschlands am Vorabend des Zweiten Weltkrieges, Berlin (Ost) 1967*, und ders., *Zum Platz der Militärtechnik im Kriegsbild imperialistischer deutscher Militärs in den 20er und 30er Jahren*, in: *Militärgeschichte 14 (1975)*, S. 323–336 zu erwähnen, die, wenn auch aus kommunistischer Sicht, den Zeitraum am ehesten detailliert im Sinne der Fragestellung behandeln. Den besonderen Aspekt der Entstehung der Konzeption eines Blitkrieges in seiner breiten internationalen Grundlegung greift auch Charles MESSENGER, *The Art of Blitzkrieg, London 1976*, auf, und ergänzt dadurch Larry H. ADDINGTON, a.a.O.

1. Hans v. Seeckt

Für Seeckts Grundauffassung und Ziele bietet die Bibliographie von Hans MEIER-WELKKER, *Seeckt, Frankfurt/M. 1967*, einen guten Zugang. Sie löst im Hinblick auf die vorliegende Themenstellung jedoch nicht Friedrich von RABENAU, *Seeckt. Aus seinem Leben 1918–1936, 2. Aufl., Leipzig 1940*, trotz dessen zeitbedingter Unzulänglichkeiten ab, beide ergänzen sich vielmehr.

Unverzichtbar bleiben daneben Seeckts eigene Veröffentlichungen, insbesondere Hans von SEECKT, *Landesverteidigung, Berlin 1930*; ders., *Die Reichswehr, Leipzig 1933*; ders., *Gedanken eines Soldaten, Erweiterte Ausgabe, Leipzig 1935*. Seine Staatsauffassung speziell untersucht Claus GUSKE, *Das politische Denken des Generals von Seeckt. Ein Beitrag zur Diskussion des Verhältnisses Seeckt-Reichswehr-Republik = Historische Studien H. 422, Hamburg 1971*.

Für die Entwicklung des Führungsdenkens wichtig sind die Versuche, die Erfahrungen des Ersten Weltkrieges festzuhalten und auszuwerten. Dazu zählen u.a. ROHRBECK, *Taktik. Ein Handbuch auf Grund der Erfahrungen des Weltkrieges, Berlin 1919*, der die neu entwickelten Vorschriften kompilatorisch zusammenfaßt, und W. BALCK, *Entwickelung der Taktik im Weltkriege, Berlin 1920*, der damit seine früheren Arbeiten fortsetzt. Sie erreichen aber noch nicht eine solche geistige Durchdringung der Materie, wie sie sich schließlich zeigt in der Vorschrift „Führung und Gefecht der verbundenen Waffen" (F.u.G.), Abschnitt I–XI, Berlin 1921 und XII–XVIII, Berlin 1923. Seeckts Erläuterungen dazu werden in den *Bemerkungen des Chefs der Heeresleitung, Generaloberst von Seeckt bei Besichtigungen und Manövern aus den Jahren 1920 bis 1926* (Bes. Bem.), *hrsg. vom Reichswehrministerium, Berlin 1927*, wiedergegeben.

Eine auf den Alltag abgestellte Interpretation bringt von COCHENHAUSEN, *Die Truppenführung. Ein Handbuch für den Truppenführer und seine Gehilfen, Berlin 1924*.

„Die Ausbildungsvorschrift für die Infanterie" (A.V.I.), H. I–V, Berlin 1922, stellt das Exerzierreglement von 1906 auf eine modernere Grundlage. Sie wird erläutert durch HÜTTMANN, *Die Kampfweise der Infanterie auf Grund der neuen Ausbildungsvorschrift für die Infanterie vom 26. 10. 1922, Berlin 1924*.

Zur Auffassung W. Reinhardts, die insgesamt doch differenzierter zu sehen ist, als Herbert Rosinski es tut, vgl. Ernst REINHARDT (Hrsg.), *Walther Reinhardt. Wehrkraft und Wehrwille. Aus seinem Nachlaß mit einer Lebensbeschreibung, Berlin 1932*. Dazu ist ergänzend heranzuziehen Fritz ERNST, *Walther Reinhardt (1872 bis 1930)*, in: *Zeitschrift für Württembergische Landesgeschichte, XVI. Jg. 1957*, S. 331–364.

Erich MARCKS, *Angriff und Verteidigung im Großen Kriege, Berlin 1923*. Seine Person würdigt Otto JACOBSEN, *Erich Marcks. Soldat und Gelehrter, Göttingen 1971*.

Die Stellungsnahme G. Matzkys ist auszugsweise abgedruckt in der Zeitschrift *Militärgeschichte, 14. Jg. 1975*, S. 333/334. Sie liegt auch im Bundesarchiv-Militärarchiv, BA/MA-W10-1/9, vor.

Die Übergangszeit und den Beginn der forcierten Aufrüstung untersuchen Gerhard MEINCK, *Hitler und die deutsche Aufrüstung 1933–1937, Wiesbaden 1959;* Michael GEYER, *Militarismus, Aufrüstung und Landesverteidigung, Freiburg, Phil. Diss. 1976;* ders., *Militär, Rüstung und Außenpolitik – Aspekte militärischer Revisionspolitik in der Zwischenkriegszeit,* in: *Hitler, Deutschland und die Mächte, hrsg. von Manfred Funke, Düsseldorf 1976;* ders., *Das Zweite Rüstungsprogramm (1930–1934),* in: *Militärgeschichtliche Mitteilungen 17 (1975),* S. 125–172. Klaus-Jürgen MÜLLER, *Das Heer und Hitler. Armee und nationalsozialistisches Regime 1933–1940, Stuttgart 1969,* und Hans-Jürgen RAUTENBERG, *Deutsche Rüstungspolitik vom Beginn der Genfer Abrüstungskonferenz bis zur Wiedereinführung der Allgemeinen Wehrpflicht 1932–1935, Bonn, Phil. Diss. 1971;* ders., *Drei Dokumente zur Planung eines 300000-Mann-Friedensheeres aus dem Dezember 1933,* in: *Militärgeschichtliche Mitteilungen, 2/77,* S. 103–139.

2. Ludwig Beck

Zur Person Becks und seinen Ansichten und Gedanken sind vor allem heranzuziehen die Bibliographien von Wolfgang FÖRSTER, *Generaloberst Ludwig Beck. Sein Kampf gegen den Krieg. Aus nachgelassenen Papieren des Generalstabschefs, München 1953,* und der Habilitationsvortrag von Klaus-Jürgen MÜLLER, *Staat und Politik im Denken Ludwig Becks,* in: *Historische Zeitschrift 215 (1972),* S. 607–631, der eine distanziertere Haltung zu Beck bewahrt. Sie wird weitergeführt durch Nicholas REYNOLDS, *Beck. Gehorsam und Widerstand. Das Leben des deutschen Generalstabschefs 1935–1938, o. O. o. J.*

Die Ansichten Becks selber dokumentieren teilweise die von Hans SPEIDEL herausgegebenen *Studien, Stuttgart 1955.* Im sich verstärkenden Kontrast dazu stehen die Auffassungen LUDENDORFFS, *Der Totale Krieg, München 1935;* vgl. hierzu auch Hans-Ulrich WEHLER, *Absoluter und Totaler Krieg von Clausewitz bis Ludendorff,* in: *Politische Vierteljahresschrift 10 (1969).*

3. Das Ringen um die Konzeption der Kriegführung

Die damaligen Anschauungen allgemein geben wieder Hermann FOERTSCH, *Kriegskunst heute und morgen, Berlin 1939* und, spezieller auf Beck bezogen, die von Wilhelm Ritter von LEEB, *Die Abwehr, Berlin 1938.* Zur Person Leebs vgl. Georg MEYER (Hrsg.), *Generalfeldmarschall Wilhelm Ritter von Leeb. Tagebuchaufzeichnungen und Lagebeurteilungen aus zwei Weltkriegen, Stuttgart 1976.*

Vorschriften: „Truppenführung" (T.F.), Teil I und II, H.Dv. 300/1, Berlin 1936 und 1940. Eine wichtige Ergänzung für die Beurteilung des Einsatzes der Panzerwaffe ist die eher auf einen Durchbruch abgestellte, von Leeb bearbeitete Vorschrift „Der Stellungskrieg" (Entwurf), H.Dv. 91, Berlin 1938.

Zur Entwicklung und Konzeption einer deutschen Panzerwaffe siehe Walther NEHRING, *Die Geschichte der deutschen Panzerwaffe 1916 bis 1945, Berlin 1969,* die ganz auf Guderian zugeschnitten ist. Als historische Ergänzung notwendig sind VOLCKHEIM, *Die deutschen Kampfwagen im Weltkriege, Berlin 1923,* mit der Forderung nach Kampfwagen-Divisionen; ders., *Der Kampfwagen in der heutigen Kriegführung. Organisation, Verwendung und Bekämpfung, Berlin 1924.* Eine moderne Panzer-Division skizzierte auch schon Fritz HEIGL, *Taschenbuch der Tanks, München 1925ff.*

Die eigenen Ansichten sind niedergelegt in Heinz GUDERIANs, *Achtung – Panzer! Die Entwicklung der Panzerwaffe, ihre Kampftaktik und ihre operativen Möglichkeiten, Stuttgart 1937,* und ders., *Erinnerungen eines Soldaten, Heidelberg 1951.* Zu seiner Person und seinem Wirken vgl. Dermot BRADLEY, *Generaloberst Heinz Guderian und die Entstehungsgeschichte des modernen Blitzkrieges, Osnabrück 1978,* der sehr unkritisch ist; Kenneth MACKSEY, *Guderian. Der Panzergeneral, Düsseldorf 1976,* und Karl J. WALDE, *Guderian, Frankfurt/M. 1978.*

An zeitgenössischen Darstellungen sind zu beachten: Walther NEHRING, *Kampfwagen an die Front! Geschichtliche und neuzeitliche Entwicklung des Kampfwagens im Auslande, Leipzig 1934;*

ders., *Heere von morgen. Ein Beitrag zur Frage der Heeresmotorisierung des Auslandes, Potsdam o.J.;* Ludwig Ritter von EIMANNSBERGER, *Der Kampfwagenkrieg, 2. geänderte Aufl., München 1938,* und Walter SPANNENKREBS, *Angriff mit Kampfwagen, Oldenburg 1939.*

Die knappste und beste Übersicht ist wohl noch immer Hubertus SENFF, *Die Entwicklung der Panzerwaffe im deutschen Heer zwischen den beiden Weltkriegen. Eine Untersuchung der Auffassungen über ihren Einsatz anhand von Vorschriften, literarischer Diskussion und tatsächlichem Heeresaufbau, Frankfurt/M. 1969,* während die Einsatzdoktrin vorzüglich wiedergegeben wird von Gerhard-Peter von ZEZSCHWITZ, *Der Panzerkampf = Heigls Taschenbuch der Tanks, T. III, München 1938, Nachdruck 1971.*

Für die Panzerabwehr stehen Walther NEHRING, *Panzerabwehr. Eine Untersuchung über ihre Möglichkeiten, Berlin 1936,* und A. von SCHELL, *Kampf gegen Panzerwagen, Oldenburg 1936.*

Abkürzungen

ADB	Allgemeine Deutsche Biographie
AHASH	Acta Historica Academiae Scientiarum Hungaricae
AKG	Archiv für Kulturgeschichte
Alten	Georg v. Alten und H. v. Albert, Handbuch für Heer und Flotte. Enzyklopädie der Kriegswissenschaften und verwandter Gebiete, 7 Bde. und 2 Kartenbde. Berlin 1909–1914
AusJPH	Australian Journal for Political Science and History
Beitr. Gesch. Stadt Mainz	Beiträge zur Geschichte der Stadt Mainz
BÖHKG	Bibliothek zur österreichischen Heeres- und Kriegsgeschichte
Bull. de la Soc. d'hist mod.	Bulletin de la Société d'histoire moderne
Delbrück	Hans Delbrück, Geschichte der Kriegskunst im Rahmen der politischen Geschichte, 7 Bde. ^{3}Berlin 1920–1936
DW	Dahlmann-Waitz
FBPG	Forschungen zur Brandenburgischen und Preußischen Geschichte
Frauenholz	Eugen v. Frauenholz, Entwicklungsgeschichte des deutschen Heerwesens, 5 Bde. München 1935–1941
FWG	Fischer Weltgeschichte
Görlitz	Walter Görlitz, Der deutsche Generalstab 1657–1945, Frankfurt 1950
Große Soldaten	Große Soldaten der europäischen Geschichte, hrsg. von Wolfgang v. Groote, Frankfurt 1961
GWU	Geschichte in Wissenschaft und Unterricht
Hist. Jahrbuch	Historisches Jahrbuch der Görresgesellschaft
HMMI	Heeresgeschichtliches Museum/Militärwissenschaftliches Institut Wien
HZ	Historische Zeitschrift
Jähns	Max Jähns, Geschichte der Kriegswissenschaften vornehmlich in Deutschland, 3 Bde. München/Leipzig 1889–1891, Nachdruck Hildesheim 1966
JMH	Journal for Military History
KdK	Klassiker der Kriegskunst, hrsg. von Werner Hahlweg, Darmstadt 1960
Liddell Hart	Basil Henry Liddell Hart, Strategy, New York 1954, deutsche Übersetzung Wiesbaden 1955
MGM	Militärgeschichtliche Mitteilungen
MIÖG	Mitteilungen des Instituts für österreichische Geschichte
MwF Abt. Mg St.	Militärwissenschaftliche Forschungen Abteilung Militärgeschichtliche Studien

NDB	Neue Deutsche Biographie
ÖMZ	Österreichische Militärzeitschrift
Poten	Bernhard v. Poten, Handwörterbuch der gesamten Militärwissenschaften, 9 Bde. Bielefeld/Leipzig 1877–1879
PPStA	Publikationen aus den Preußischen Staatsarchiven
PVS	Politische Vierteljahresschrift
RHA	Revue Historique des Armées
RHd	Revue d'histoire diplomatique
RWAW	Rheinisch-Westfälische Akademie der Wissenschaften
VSWG	Vierteljahrschrift für Sozial- und Wirtschaftsgeschichte
Weygand	Le général Weygand, Histoire de l'armée française, Paris ^{3}1953, deutsche Ausgabe: Geschichte der französischen Armee, Berlin 1939
WWR	Wehrwissenschaftliche Rundschau
zBibl Bw	Zentralbibliothek der Bundeswehr
ZHF	Zeitschrift für Historische Forschung
ZMG	Zeitschrift für Militärgeschichte

Register

Inhalt

Als vorläufiger Schlußteil des Handbuchs zur deutschen Militärgeschichte 1648 bis 1939 wird hiermit das Personen- und Sachregister vorgelegt. Vorläufig – weil Überlegungen zur Rück- bzw. Vorverlängerung über die Daten 1648 bzw. 1939 hinaus beim Dienstherrn nicht ohne Resonanz geblieben zu sein scheinen.

Hinweisen aus dem Benutzerkreis folgend, wurde ein Autorenregister mit Kurztiteln hinzugefügt, das aber nur die in den kritischen Bibliographien der einzelnen Abschnitte zitierte Literatur erfaßt. Das Autorenregister ist keine Sammelbibliographie zur deutschen Militärgeschichte; als seine sinngemäße Fortsetzung auf die gegenwärtige Literatur- und Quellenlage zu seien die Besprechungen in der Halbjahreszeitschrift „Militärgeschichtliche Mitteilungen" des Militärgeschichtlichen Forschungsamts genannt.

Für die Mitarbeit am Register dankt die Projektleitung des Handbuchs den Damen und Herren Manuela Droll, Ralf Heinrich, Armin Huber, Hubert Jeschke, Hiltrud Meßmer, Eva Sandring, Reinhard Stumpf, Jürgen Treffeisen, Karl Wagner, Bernd Wegner.

Gerhard Papke und Wolfgang Petter

Hinweis zum wissenschaftlichen Zitieren des Handbuchs

Auf Anfragen aus dem Benutzerkreis hin wird empfohlen, aus dem Handbuch immer mit Band und Abschnitt zu zitieren, z. B.:

- Rainer WOHLFEIL, Vom Stehenden Heer des Absolutismus zur Allgemeinen Wehrpflicht (1789–1814) = Handbuch zur deutschen Militärgeschichte 1648–1939, hg. vom Militärgeschichtlichen Forschungsamt, Bd. 1/Abschn. II, München 1979
- Edgar Graf von MATUSCHKA, Organisationsgeschichte des Heeres 1890–1918, in: Handbuch zur deutschen Militärgeschichte 1648–1939, hg. vom Militärgeschichtlichen Forschungsamt, Bd. 3/Abschn. V, München 1979, S. 157–282
- Wiegand SCHMIDT-RICHBERG, Edgar Graf von MATUSCHKA, Karl KÖHLER, Von der Entlassung Bismarcks bis zum Ende des Ersten Weltkrieges 1890–1918 = Handbuch zur deutschen Militärgeschichte 1648–1939, hg. vom Militärgeschichtlichen Forschungsamt, Bd. 3/Abschn. V, München 1979

Hinweis zum Benutzen des Registers

Die Seitenangaben beziehen sich auf die Abschnitte.

I, II, III	= Bd. 1
IV/1, IV/2	= Bd. 2
V, VI	= Bd. 3
VII	= Bd. 4
VIII	= Bd. 5
IX	= Bd. 6

(vgl. die Konkordanzen auf der vierten Titelseite der einzelnen Bände)

Personenregister

Kurzbiographien sind durch Fettdruck gekennzeichnet

Sachregister

Gliederungsschema:

Stichwort
– *Unterstichwort*
– – *Subunterstichwort*

Spezifische Aufstände, Blockaden, Feldzüge, Gefechte, Kapitulationen, Konflikte, Kriege, Krisen, Manöver, Meutereien, Operationen, Revolutionen, Schlachten, Seeschlachten, Unruhen, bewaffnete Zwischenfälle, s. unter *„Kampfhandlungen"*

Spezifische Abkommen, Allianzen, Bündnisse, Ententen, Friedensschlüsse, Kapitulationen, Koalitionen, Konferenzen, Kongresse, Konventionen, Pakte, Verhandlungen, Waffenstillstände s. unter *„Verträge"*
Vgl. *Flotte/Marine* untereinander und mit *Bundes-, Deutsche -, Hochsee-, Kaiserliche -, Kriegs-, Norddeutsche -, Reichs-, -rüstung, Schiffs-, See-, Selbständige -, Wilhelminische -*
Vgl. untereinander *Armee, Bewaffnete Macht, Bundes-, Heer, Kriegs-, Militär-, Stehendes Heer, Reichsheer, Reichswehr, Wehr-, Wehrmacht*

Autorenregister

Percy E. Schramm (Hrsg.)

KRIEGS-TAGEBUCH DES OBER-KOMMANDOS DER WEHRMACHT 1940-1945

Streng geheim wurde das Kriegstagebuch des Wehrmachtführungsstabes im Oberkommando der Wehrmacht geführt und 1945 nach dem Zusammenbruch unter abenteuerlichen Umständen gerettet. Eine minutiöse Chronik, die die militärische Situation des 3. Reiches zwischen 1940 und 1945 auf über 6.800 Seiten Tag für Tag nüchtern und frei von politischer Propaganda beschreibt. Der eigentliche Tagebuchtext wird ergänzt durch meist unveröffentlichte Anlagen, Führerweisungen, OKW-Anordnungen und andere wichtige Dokumente.

Der renommierte Herausgeber- und Bearbeiterstab unter Leitung des ehemaligen Tagebuchführers 1943–1945, Prof. Dr. Percy Ernst Schramm, gewährleistet höchste Authentizität dieses wichtigsten deutschen Quellenwerkes zur militärischen Geschichte des 2. Weltkrieges.